Ihr kostenloses ebook
Kommentar zum Aktiengesetz

Unter **www.cfmueller.de/ebook-download** geben Sie den unten stehenden **freigerubbelten Code**, Ihren Namen und Ihre E-Mail-Adresse ein. Sie erhalten einen Download-Link und können das ebook nach dem Herunterladen auf Ihrem Endgerät (Tablet, Laptop/PC, Smartphone) nutzen.

Code:

Für PC oder Notebook benötigen Sie einen Reader (z.B. Acrobat Digital Editions). Den ebook Reader Adobe Digital Editions können Sie kostenlos unter www.adobe.com/de herunterladen und auf Ihrem PC oder Laptop installieren. Laden Sie das ebook auf Tablet, PC oder Smartphone, brauchen Sie in der Regel keine weitere Software, da hier ein Reader (App iBooks, App Bluefire Reader, DL Reader) vorinstalliert ist.

Bei Fragen informieren Sie sich bitte unter **www.cfmueller.de/service/FAQ/** oder kontaktieren Sie unseren Kundenservice unter kundenservice@hjr-verlag.de oder telefonisch unter 06221/489-555.

Heidelberger Kommentar

Aktiengesetz

Herausgegeben von

Dr. Tobias Bürgers   Prof. Dr. Torsten Körber, LL.M.

Bearbeitet von

Florian Becker, Referent · Dr. Florian Becker, Rechtsanwalt
Dr. Tobias Bürgers, Rechtsanwalt, Fachanwalt für Steuerrecht
Dr. Jan Eckert, LL.M. · Dr. Anton Ederle, Rechtsanwalt
Dr. Torsten Fett, Rechtsanwalt · Dr. Thomas Förl, Notar
Priv.-Doz. Dr. Jens Thomas Füller, Rechtsanwalt · Dr. Philipp Göz,
Rechtsanwalt · Dr. Timo Holzborn, Rechtsanwalt · Alexander Israel,
LL.M., Rechtsanwalt · Dr. Ronny Jänig, LL.M., Rechtsanwalt
Prof. Dr. Torsten Körber, LL.M. · Prof. Dr. Andrea Lohse
Prof. Dr. Reinhard Marsch-Barner, Rechtsanwalt
Dr. Roger Müller, Chefsyndikus, Rechtsanwalt · Dr. Christian Pelz,
Rechtsanwalt, Fachanwalt für Strafrecht und für Steuerrecht
Dr. Gerald Reger, Rechtsanwalt, Fachanwalt für Steuerrecht
Dipl.-Kfm. Santiago Ruiz de Vargas, Wirtschaftsprüfer · Dr. Rainer Runte,
Mitglied des Vorstands · Dr. Dieter Schenk, Rechtsanwalt,
Steuerberater · Dr. Thomas Schulz, LL.M., Rechtsanwalt
Dr. Markus Stadler, M.B.A., Rechtsanwalt, Fachanwalt für Steuerrecht
Dr. Ingo Theusinger, Rechtsanwalt · Prof. Dr. Dres. h.c. Harm Peter
Westermann · Dr. Laurenz Wieneke, LL.M., Rechtsanwalt

3., neu bearbeitete Auflage

Bibliografische Information der Deutschen Nationalbibliothek

Die Deutsche Nationalbibliothek verzeichnet diese Publikation in der Deutschen Nationalbibliografie; detaillierte bibliografische Daten sind im Internet über <http://dnb.d-nb.de> abrufbar.

Bei der Herstellung des Werkes haben wir uns zukunftsbewusst für umweltverträgliche und wiederverwertbare Materialien entschieden. Der Inhalt ist auf elementar chlorfreiem Papier gedruckt.

ISBN 978-3-8114-4213-9

E-Mail: kundenservice@hjr-verlag.de
Telefon: +49 6221/489-555
Telefax: +49 6221/489-410

© 2014 C.F. Müller, eine Marke der Verlagsgruppe Hüthig Jehle Rehm GmbH
Heidelberg, München, Landsberg, Frechen, Hamburg

www.cfmueller.de
www.hjr-verlag.de

Dieses Werk, einschließlich aller seiner Teile, ist urheberrechtlich geschützt. Jede Verwertung außerhalb der engen Grenzen des Urheberrechtsgesetzes ist ohne Zustimmung des Verlages unzulässig und strafbar. Dies gilt insbesondere für Vervielfältigungen, Übersetzungen, Mikroverfilmungen und die Einspeicherung und Verarbeitung in elektronischen Systemen.

Satz: TypoScript GmbH, München
Druck: Kösel, Altusried

Vorwort

Das erfreuliche Echo zur 2. Auflage hat uns ermuntert, im gleichbleibenden Rhythmus von zwei Jahren eine 3. Auflage vorzulegen. Ziel unseres Kommentars ist nach wie vor, die geltende Rechtslage prägnant, aber auch umfassend darzustellen. Dabei soll den Bedürfnissen der Praxis Rechnung getragen werden. Gleichzeitig legen wir Wert darauf, aktuelle wissenschaftliche Entwicklungen aufzuzeigen, um die Attraktivität des Kommentars in Wissenschaft, Beratung und Rechtsprechung weiter zu steigern.

Als neuen Autoren konnten wir Herrn Wirtschaftsprüfer Santiago Ruiz de Vargas gewinnen, der mit einer substantiierten Darstellung zur Unternehmensbewertung im Anhang zu § 305 AktG unseren Kommentar in einem für die Praxis wichtigen Punkt vervollständigt. Die Unternehmensbewertung ist bei Fragen des Konzernrechts und insbesondere auch bei Spruchverfahren immer wieder von erheblicher Bedeutung in gerichtlichen Auseinandersetzungen. Mit der umfassenden Darstellung der Unternehmensbewertung auf hohem wissenschaftlichem Niveau bietet der Kommentar nunmehr auch gegenüber vergleichbaren Werken ein weiteres Alleinstellungsmerkmal.

Die Kommentierung zum 2013 neu gefassten Deutschen Corporate Governance Kodex wurde wesentlich erweitert und noch praxisorientierter gestaltet; die Ausführungen sind nun gesondert als Anhang zu § 161 AktG zu finden.

Folgende Gesetzesänderungen wurden berücksichtigt: Zunächst das AIFM-Umsetzungsgesetz, welches am 22. Juli 2013 in Kraft getreten ist. Dem folgten die Änderungen des Gesetzes gegen Wettbewerbsbeschränkungen durch die 8. GWB-Novelle. Das 2. KostRMoG ist am 1. August 2013 in Kraft getreten. Berücksichtigt ist des Weiteren die Neufassung des Deutschen Corporate Governance Kodex vom 13. Mai 2013.

Auch in Rechtsprechung und Literatur waren wesentliche Entwicklungen zu verzeichnen; die Neuauflage spiegelt den Stand von Rechtsprechung und Literatur bis einschließlich Juli 2013 wieder.

Nachdem das VorstKoG – die ursprüngliche Aktienrechtsnovelle 2011 – der Diskontinuität zum Opfer gefallen ist, bleibt abzuwarten, ob die neue Bundesregierung die Umsetzung der zunächst geplanten Änderungen des Aktiengesetzes, insbesondere die Reformbestrebungen zum Wahlrecht zwischen Inhaber- und Namensaktien, einer Befristung der Nichtigkeitsklage und die Kontrolle zur Vorstandsvergütung, weiterverfolgen wird. Besonders bei der geplanten Regulierung der Vorstandsvergütung durch ein eigenes Entscheidungsrecht der Hauptversammlung über das vom Aufsichtsrat entwickelte Vergütungssystem, und der Pflicht des Aufsichtsrats zur Angabe konkret bezifferter Höchstbeträge, besteht noch Beratungsbedarf.

Die 3. Auflage des Kommentars steht nunmehr auch online bei Juris zur Verfügung. Darüber hinaus erhält jeder Käufer der Druckausgabe den kompletten Kommentar ohne Aufpreis als E-Book. Durch dieses technische Novum kann der Kommentar damit auch offline in elektronischer Form genutzt werden.

Vorwort

Wir danken den Autorinnen und Autoren, Mitarbeiterinnen und Mitarbeitern, ohne deren Engagement und wertvolle Unterstützung die Realisierung dieses Kommentars in seiner nunmehr 3. Auflage nicht möglich gewesen wäre. Besonderer Dank gebührt dem Team des Lehrstuhls von Professor Körber sowie der Doktorandin Claudia Hölzl, die sich um die Koordinierung und Fertigstellung dieser 3. Auflage in herausragender Weise verdient gemacht haben.

Göttingen/München, im August 2013 *Dr. Tobias Bürgers*
Prof. Dr. Torsten Körber, LL.M.

Bearbeiterverzeichnis

Becker:	§§ 20–22 AktG, §§ 21–30 WpHG, § 30 WpÜG
Becker, Dr.:	§§ 222–240 AktG
Bürgers:	§§ 76–91, 93–117 AktG, §§ 27, 33–33c WpÜG (zusammen mit Israel)
Eckert:	§ 161 AktG, Deutscher Corporate Governance Kodex (zusammen mit Runte)
Ederle:	SpruchG (zusammen mit Theusinger)
Fett:	§§ 15–19 AktG; §§ 278–290 AktG (zusammen mit Förl); §§ 308–327, 328 AktG
Förl:	§§ 278–290 AktG (zusammen mit Fett)
Füller:	§§ 262–277 AktG
Göz:	§§ 241–255 AktG
Holzborn:	§§ 133–141; §§ 142–149, 258–261a AktG (zusammen mit Jänig); §§ 327a–327f AktG (zusammen mit Müller); §§ 12–15b, 37b, 37c WpHG; §§ 39a–39c WpÜG (zusammen mit Müller)
Israel:	§§ 76–91, 93–117 AktG, §§ 27, 33–33c WpÜG (zusammen mit Bürgers)
Jänig:	§§ 142–149, 258–261a AktG (zusammen mit Holzborn)
Körber:	Einleitung, §§ 23, 41–53, 179–181, 329-336 AktG
Lohse:	§§ 24–40 AktG
Marsch-Barner:	§§ 182–210 AktG
Müller:	§§ 327a–327f AktG, §§ 39a–39c WpÜG (zusammen mit Holzborn)
Pelz:	§ 92, Vor § 394–410 AktG, § 20a WpHG
Reger:	§§ 118–132, 175, 176 AktG
Ruiz de Vargas:	Anhang zu § 305 Unternehmensbewertung
Runte:	§ 161 AktG, Deutscher Corporate Governance Kodex (zusammen mit Eckert)
Schenk:	§§ 291–307 AktG
Schulz:	§§ 150–160, 162–174, 256, 257 AktG
Stadler:	§§ 211–221 AktG
Theusinger:	SpruchG (zusammen mit Ederle)
Westermann:	§§ 1–14, Vor § 53a, §§ 53a–66 AktG
Wieneke:	§§ 67–75 AktG

Zitiervorschlag

Westermann in Bürgers/Körber, AktG, § 56 Rn 6

Inhaltsverzeichnis

Vorwort	V
Bearbeiterverzeichnis	VII
Abkürzungsverzeichnis	XIII
Literaturverzeichnis	XXIII
Einleitung	1

Erstes Buch
Aktiengesellschaft

Erster Teil	**Allgemeine Vorschriften (§§ 1–29)**	35
	Anhang zu § 22 §§ 21–30 WpHG, § 30 WpÜG	163
Zweiter Teil	**Gründung der Gesellschaft (§§ 30–53)**	298
Dritter Teil	**Rechtsverhältnisse der Gesellschaft und der Gesellschafter (§§ 53a–75)**	424
	Vorbemerkung zu § 53a	424
Vierter Teil	**Verfassung der Aktiengesellschaft**	676
Erster Abschnitt	*Vorstand (§§ 76–94)*	676
	Anhang zu § 76 §§ 27, 33–33c WpÜG	688
	Anhang zu § 93 §§ 12–15b, 37b, 37c WpHG	823
Zweiter Abschnitt	*Aufsichtsrat (§§ 95–116)*	857
Dritter Abschnitt	*Benutzung des Einflusses auf die Gesellschaft (§ 117)*	971
Vierter Abschnitt	*Hauptversammlung*	974
Erster Unterabschnitt	Rechte der Hauptversammlung (§§ 118–120)	974
Zweiter Unterabschnitt	Einberufung der Hauptversammlung (§§ 121–128)	1022
Dritter Unterabschnitt	Verhandlungsniederschrift. Auskunftsrecht (§§ 129–132)	1094
Vierter Unterabschnitt	Stimmrecht (§ 133–137)	1164
Fünfter Unterabschnitt	Sonderbeschluss (§ 138)	1228
Sechster Unterabschnitt	Vorzugsaktien ohne Stimmrecht (§§ 139–141)	1231
Siebenter Unterabschnitt	Sonderprüfung. Geltendmachung von Ersatzansprüchen (§§ 142–149)	1247

Inhaltsverzeichnis

Fünfter Teil	**Rechnungslegung. Gewinnverwendung**	1295
Erster Abschnitt	*Jahresabschluss und Lagebericht.*	
	Entsprechenserklärung (§ 150–161)	1295
	Deutscher Corporate Governance Kodex	1343
Zweiter Abschnitt	*Prüfung des Jahresabschlusses*	1379
Erster Unterabschnitt	Prüfung durch Abschlussprüfer (§§ 162–169)	1379
Zweiter Unterabschnitt	Prüfung durch den Aufsichtsrat (§§ 170–171)	1379
Dritter Abschnitt	*Feststellung des Jahresabschlusses, Gewinnverwendung*	1397
Erster Unterabschnitt	Feststellung des Jahresabschlusses (§§ 172–173)	1397
Zweiter Unterabschnitt	Gewinnverwendung (§ 174)	1409
Dritter Unterabschnitt	Ordentliche Hauptversammlung (§§ 175–176)	1411
Vierter Abschnitt	*Bekanntmachung des Jahresabschlusses (§§ 177, 178)*	1426
Sechster Teil	**Satzungsänderung. Maßnahmen der Kapitalbeschaffung und Kapitalherabsetzung**	1426
Erster Abschnitt	*Satzungsänderung (§§ 179–181)*	1426
Zweiter Abschnitt	*Maßnahmen der Kapitalbeschaffung*	1478
Erster Unterabschnitt	Kapitalerhöhung gegen Einlagen (§§ 182–191)	1478
Zweiter Unterabschnitt	Bedingte Kapitalerhöhung (§§ 192–201)	1559
Dritter Unterabschnitt	Genehmigtes Kapital (§§ 202–206)	1601
Vierter Unterabschnitt	Kapitalerhöhung aus Gesellschaftsmitteln (§§ 207–220)	1640
Fünfter Unterabschnitt	Wandelschuldverschreibungen. Gewinnschuldverschreibungen (§ 221)	1694
Dritter Abschnitt	*Maßnahmen der Kapitalherabsetzung*	1750
Erster Unterabschnitt	Ordentliche Kapitalherabsetzung (§§ 222–228)	1750
Zweiter Unterabschnitt	Vereinfachte Kapitalherabsetzung (§§ 229–236)	1784
Dritter Unterabschnitt	Kapitalherabsetzung durch Einziehung von Aktien. Ausnahme für Stückaktien (§§ 237–239)	1808
Vierter Unterabschnitt	Ausweis der Kapitalherabsetzung (§ 240)	1832
Siebenter Teil	**Nichtigkeit von Hauptversammlungsbeschlüssen und des festgestellten Jahresabschlusses. Sonderprüfung wegen unzulässiger Unterbewertung**	1834
Erster Abschnitt	*Nichtigkeit von Hauptversammlungsbeschlüssen*	1834
Erster Unterabschnitt	Allgemeines (§§ 241–249)	1834
Zweiter Unterabschnitt	Nichtigkeit bestimmter Hauptversammlungsbeschlüsse (§§ 250–255)	1933
Zweiter Abschnitt	*Nichtigkeit des festgestellten Jahresabschlusses (§§ 256–257)*	1953
Dritter Abschnitt	*Sonderprüfung wegen unzulässiger Unterbewertung (§§ 258–261a)*	1970

Inhaltsverzeichnis

Achter Teil	**Auflösung und Nichtigerklärung der Gesellschaft**	**1991**
Erster Abschnitt	*Auflösung*	1991
Erster Unterabschnitt	Auflösungsgründe und Anmeldung (§§ 262–263)	1991
Zweiter Unterabschnitt	Abwicklung (§§ 264–274)	2006
Zweiter Abschnitt	*Nichtigerklärung der Gesellschaft (§§ 275–277)*	2050

Zweites Buch
Kommanditgesellschaft auf Aktien (§§ 278–290)

Drittes Buch
Verbundene Unternehmen

Erster Teil	**Unternehmensverträge**	**2117**
Erster Abschnitt	*Arten von Unternehmensverträgen (§§ 291–292)*	2117
Zweiter Abschnitt	*Abschluss, Änderung und Beendigung von Unternehmensverträgen (§§ 293–299)*	2138
Dritter Abschnitt	*Sicherung der Gesellschaft und der Gläubiger (§§ 300–303)*	2196
Vierter Abschnitt	*Sicherung der außen stehenden Aktionäre bei Beherrschungs- und Gewinnabführungsverträgen (§§ 304–306)*	2219
	Anhang zu § 305 Unternehmensbewertung	2244
	Anhang zu § 306 SpruchG	2282
Zweiter Teil	**Leitungsmacht und Verantwortlichkeit bei Abhängigkeit von Unternehmen**	**2354**
Erster Abschnitt	*Leitungsmacht und Verantwortlichkeit bei Bestehen eines Beherrschungsvertrags (§§ 308–310)*	2354
Zweiter Abschnitt	*Verantwortlichkeit bei Fehlen eines Beherrschungsvertrags (§§ 311–318)*	2375
Dritter Teil	**Eingegliederte Gesellschaften (§§ 319–327)**	**2440**
Vierter Teil	**Ausschluss von Minderheitsaktionären (§§ 327a–f)**	**2479**
	Anhang zu § 327a §§ 39a – 39c WpÜG	2486
Fünfter Teil	**Wechselseitig beteiligte Unternehmen (§ 328)**	**2513**
Sechster Teil	**Rechnungslegung im Konzern (§§ 329–393)**	**2516**

Inhaltsverzeichnis

Viertes Buch
Sonder-, Straf- und Schlussvorschriften

Erster Teil	Sondervorschriften bei Beteiligung von Gebietskörperschaften (§§ 394–395)	2517
	Vorbemerkung zu §§ 394 ff	2517
Zweiter Teil	Gerichtliche Auflösung (§§ 396–398)	2527
Dritter Teil	Straf- und Bußgeldvorschriften. Schlussvorschriften (§§ 395–410)	2530
	Anhang zu § 410 § 20a WpHG	2555

Stichwortverzeichnis 2567

Abkürzungsverzeichnis

aA	anderer Ansicht
aaO	am angegebenen Ort
abgedr	abgedruckt
abl	ablehnend
ABl	Amtsblatt
ABlEG	Amtsblatt der Europäischen Gemeinschaften
ABlEU	Amtsblatt der Europäischen Union (ab 1.2.2003)
Abs	Absatz
abzgl	abzüglich
abw	abweichend
AcP	Archiv für die civilistische Praxis
ADHGB	Allgemeines Deutsches Handelsgesetzbuch
aE	am Ende
AEUV	Vertrag über die Arbeitsweise der Europäischen Union
aF	alte Fassung
AG	Aktiengesellschaft, Die Aktiengesellschaft, Amtsgericht, Ausführungsgesetz
AG-Report	Die Aktiengesellschaft – Report
AIFM-Richtlinie	Richtlinie 2011/61/EU über die Verwalter alternativer Investmentfonds
AktFoV	Aktionärsforumverordnung
AktG	Aktiengesetz
AktienR	Aktienrecht
allg	allgemein
allgM	allgemeine Meinung
Alt	Alternative
aM	anderer Meinung
amtl	amtlich
AN	Arbeitnehmer
AnfG	Anfechtungsgesetz
Anh	Anhang
Anm	Anmerkung
AnSVG	Anlegerschutzverbesserungsgesetz
AnwBl	Anwaltsblatt
AO	Abgabenordnung
AöR	Archiv des öffentlichen Rechts
AR	Aufsichtsrat
arg	lat, argumentum „Beweisgrund, Beweismittel"
Art	Artikel
ARUG	Gesetz zur Umsetzung der Aktionärsrechterichtlinie
Aufl	Auflage
ausf	ausführlich
Az	Aktenzeichen

Abkürzungsverzeichnis

BaFin	Bundesanstalt für Finanzdienstleistungsaufsicht
BAG	Bundesarbeitsgericht
BAGE	Entscheidungen des Bundesarbeitsgerichts
BankBiRiLiG	Bank-Bilanzrichtliniengesetz
BAnz	Bundesanzeiger
BAWe	Bundesaufsichtsamt für den Wertpapierhandel
BayObLG	Bayerisches Oberstes Landesgericht
BB	Der Betriebs-Berater
Bd	Band
Begr	Begründung
Beil	Beilage
Bek	Bekanntmachung
bes	besondere
Beschl	Beschluss
betr	betreffend
BetrVG	Betriebsverfassungsgesetz
BeurkG	Beurkundungsgesetz
BewG	Bewertungsgesetz
BFH	Bundesfinanzhof
BFHE	Entscheidungen des Bundesfinanzhofs
BFuP	Betriebswirtschaftliche Forschung und Praxis
BGB	Bürgerliches Gesetzbuch
BGBl	Bundesgesetzblatt
BGH	Bundesgerichtshof
BGHZ(St)	Entscheidungen des Bundesgerichtshofs in Zivilsachen (Strafsachen)
BHO	Bundeshaushaltsordnung
BilMoG	Gesetz zur Modernisierung des Bilanzrechts
BilReG	Gesetz zur Einführung internationaler Rechnungslegungsstandards und zur Sicherung der Qualität der Abschlussprüfung (Bilanzrechtsreformgesetz)
BiRiLiG	Bilanzrichtliniengesetz
BKartA	Bundeskartellamt
BKR	Zeitschrift für Bank- und Kapitalmarktrecht
BMF	Bundesministerium der Finanzen
BMinW	Bundeswirtschaftsministerium
BMJ	Bundesministerium der Justiz
BNotO	Bundesnotarordnung
BörsG	Börsengesetz
BörsZ	Börsen-Zeitung
BörsZulVO	Börsenzulassungs-Verordnung
BRAO	Bundesrechtsanwaltsordnung
BRat	Bundesrat
BR-Drucks	Bundesratsdrucksache
BReg	Bundesregierung
Bsp	Beispiel
bspw	beispielsweise
BStBl	Bundessteuerblatt

Abkürzungsverzeichnis

BTag	Bundestag
BT-Drucks	Bundestagsdrucksache
Buchst	Buchstabe
BVerfG	Bundesverfassungsgericht
BVerfGE	Entscheidungen des Bundesverfassungsgerichts
bzgl	bezüglich
bzw	beziehungsweise
ca	circa
CCZ	Corporate Compliance Zeitschrift
CFL	Corporate Finance law
CR	Computer und Recht
DAV	Deutscher Anwaltverein
D&O-Versicherung	Directors-and-Officers-Versicherung
Darst	Darstellung
DB	Der Betrieb
DCGK	Deutscher Corporate Governance Kodex
DepotG	Depotgesetz
dergl	dergleichen
ders	derselbe
desgl	desgleichen
dh	das heißt
dies	dieselbe/n
diesbzgl	diesbezüglich
Diss	Dissertation
DJ	Deutsche Justiz
DJT	Deutscher Juristentag
DMBilG	D-Markbilanzgesetz (Gesetz über die Eröffnungsbilanz der Deutschen Mark und die Kapitalneufestsetzung)
DNotZ	Deutsche Notarzeitschrift
DONot	Dienstordnung für Notare
DÖV	Die öffentliche Verwaltung
DPR	Deutsche Prüfstelle für Rechnungslegung
DrittelbG	Drittelbeteiligungsgesetz
DStR	Deutsches Steuerrecht
DZWIR	Deutsche Zeitschrift für Wirtschaftsrecht
E	Entwurf
EBanz	elektronischer Anzeiger
ebda	ebenda
EG	Europäische Gemeinschaften, Einführungsgesetz
EGBGB	Einführungsgesetz zum Bürgerlichen Gesetzbuch
EGV	Vertrag zur Gründung der Europäischen Gemeinschaft
EGZPO	Einführungsgesetz zur Zivilprozessordnung
EHUG	Gesetz über elektronische Handelsregister
Einf	Einführung
Einl	Einleitung

Abkürzungsverzeichnis

Entsch	Entscheidung
entspr	entsprechend
EStG	Einkommensteuergesetz
etc	et cetera
EU	Europäische Union
EuG	Europäisches Gericht erster Instanz
EuGH	Europäischer Gerichtshof
EuZW	Europäische Zeitschrift für Wirtschaftsrecht
eV	eingetragener Verein
evtl	eventuell
EWG	Europäische Wirtschaftsgemeinschaft
EWiR	Entscheidungen zum Wirtschaftsrecht
EWIV	Europäische Wirtschaftliche Interessenvereinigung
EWR	Europäischer Wirtschaftsraum
EWS	Europäisches Wirtschafts- und Steuerrecht
EZB	Europäische Zentralbank
f	folgende
FamFG	Gesetz über das Verfahren in Familiensachen und in den Angelegenheiten der freiwilligen Gerichtsbarkeit
ff	fortfolgende
FG	Finanzgericht
FGG	Gesetz über die freiwillige Gerichtsbarkeit
FinDAG	Gesetz über die Bundesanstalt für Finanzdienstleistungsaufsicht
FGG-RG	Gesetz zur Reform des Verfahrens in Familiensachen und in den Angelegenheiten der freiwilligen Gerichtsbarkeit
FGPrax	Praxis der Freiwilligen Gerichtsbarkeit
FKVO	Fusionskontrollverordnung
FMStBG	Finanzmarktstabilisierungsbeschleunigungsgesetz
FMStErgG	Finanzmarktstabilisierungsergänzungsgesetz
FMStFG	Finanzmarktstabilisierungsfondsgesetz
FMStG	Finanzmarktstabilisierungsgesetz
Fn	Fußnote
FRUG	Gesetz zur Umsetzung der Richtlinie über Märkte für Finanzinstrumente und der Durchführungsrichtlinie der Kommission
FS	Festschrift
GbR	Gesellschaft bürgerlichen Rechts
gem	gemäß
gen	genannt
GenG	Genossenschaftsgesetz
Ges	Gesellschaft
gesetzl	gesetzlich
GesR	Gesellschaftsrecht
GewStG	Gewerbesteuergesetz
GG	Grundgesetz
ggf	gegebenenfalls
GKG	Gerichtskostengesetz

Abkürzungsverzeichnis

Gl	Gläubiger
GmbH	Gesellschaft mit beschränkter Haftung
GmbHG	Gesetz betreffend die Gesellschaften mit beschränkter Haftung
GmbHR	GmbH-Rundschau
GNotKG	Gerichts- und Notarkostengesetz
GO	Geschäftsordnung
grds	grundsätzlich
GS	Gedenkschrift
GuV	Gewinn- und Verlustrechnung
GVG	Gerichtsverfassungsgesetz
GWB	Gesetz gegen Wettbewerbsbeschränkungen
GWR	Gesellschafts- und Wirtschaftsrecht
hA	herrschende Ansicht
HGB	Handelsgesetzbuch
hL	herrschende Lehre
hM	herrschende Meinung
HR	Handelsregister
Hrsg	Herausgeber
HRV	Handelsregisterverfügung
HS	Halbsatz
HV	Hauptversammlung
IAS	International Accounting Standards
idF	in der Fassung
idR	in der Regel
IDW HFA	Institut der Wirtschaftsprüfer, Hauptfachausschuss
iE	im Ergebnis
ieS	im engeren Sinne
IFRS	International Financial Reporting Standards
iHv	in Höhe von
insb	insbesondere
Inf	Die Information über Steuer und Wirtschaft
InvAG	Investment-Aktiengesellschaft
InvKG	Investment-Kommanditgesellschaft
InvG	Investmentgesetz
IPO	Initial Public Offer, Börseneinführung
IPrax	Praxis des internationalen Privat- und Verfahrensrechts
iRd	im Rahmen der/des
iSd	im Sinne der/des
ISIN	International Securities Identifikation Number
IStR	Internationales Steuerrecht
iSv	im Sinne von
iÜ	im Übrigen
iVm	in Verbindung mit
iwS	im weiteren Sinne

XVII

Abkürzungsverzeichnis

JBl	Juristische Blätter
jur	juristisch
JR	Juristische Rundschau
JVEG	Justizvergütungs- und -entschädigungsgesetz
JVKostG	Justizverwaltungskostengesetz
JW	Juristische Wochenschrift
JZ	Juristenzeitung
KAGB	Kapitalanlagengesetzbuch
KAGG	Gesetz über Kapitalanlagegesellschaften
Kap	Kapitel
KapAEG	Kapitalaufnahmeerleichterungsgesetz
KapCoRiLiG	Kapitalgesellschaften- und Co-Richtlinie-Gesetz
KapErhG	Kapitalerhöhungsgesetz
KapErhöhung	Kapitalerhöhung
kaufm	kaufmännisch
KfH	Kammer für Handelssachen
KG	Kammergericht, Kommanditgesellschaft
KGaA	Kommanditgesellschaft auf Aktien
KonTraG	Gesetz zur Kontrolle und Transparenz im Unternehmensbereich
KoR	Zeitschrft für internationale und kapitalmarktorientierte Rechungslegung
KostO	Kostenordnung
KostRMoG	Kostenrechtsmodernisierungsgesetz
KrG	Kreisgericht
krit	kritisch
KStG	Körperschaftsteuergesetz
KStR	Körperschaftsteuer-Richtlinien
KSzW	Kölner Schrift zum Wirtschaftsrecht
KVG	Kapitalverwaltungsgesellschaft
KWG	Gesetz über das Kreditwesen
LG	Landgericht
LHO	Landeshaushaltsordnung
Lit	Literatur
lit	Buchstabe
LöschG	Gesetz über die Auflösung und Löschung von Gesellschaften und Genossenschaften
LS	Leitsatz
lSp	linke Spalte
MaKonV	Verordnung zur Konkretisierung des Verbotes der Marktmanipulation
MBO	Management Buy-Out
Mio	Million
MitbestG	Gesetz über die Mitbestimmung der Arbeitnehmer
MittRHNotK	Mitteilungen der Rheinischen Notarkammer

Abkürzungsverzeichnis

mN	mit Nachweisen
MoMiG	Gesetz zur Modernisierung des GmbH-Rechts und zur Bekämpfung von Missbräuchen
MontanMitbest-ErgG	Gesetz zur Ergänzung des Gesetzes über die Mitbestimmung der Arbeitnehmer in den Aufsichtsräten und Vorständen der Unternehmen des Bergbaus und der Eisen und Stahl erzeugenden Industrie
MontanMitbestG	Gesetz über die Mitbestimmung der Arbeitnehmer in den Aufsichtsräten und Vorständen der Unternehmen des Bergbaus und der Eisen und Stahl erzeugenden Industrie
Mrd	Milliarde
mwN	mit weiteren Nachweisen
Nachw	Nachweise
NaStraG	Gesetz zur Namensaktie und zur Erleichterung der Stimmrechtsausübung
nF	neue Fassung
NJOZ	Neue Juristische Online-Zeitschrift
NJW	Neue Juristische Wochenschrift
NJW-RR	NJW-Rechtsprechungs-Report Zivilrecht
Nr	Nummer
nrk	nicht rechtskräftig
NZA	Neue Zeitschrift für Arbeitsrecht
NZG	Neue Zeitschrift für Gesellschaftsrecht
oÄ	oder Ähnliche/s
og	oben genannte
oHG	offene Handelsgesellschaft
OLG	Oberlandesgericht
öOGH	Österreichischer Oberster Gerichtshof
OLGR	Die Rechtsprechung der Oberlandesgerichte im Zivilrecht
pa	per annum
Prot	Protokoll
RA	Rechtsanwalt
RabelsZ	Zeitschrift für ausländisches und internationales Privatrecht
rd	rund
RdA	Recht der Arbeit
RefE	Referentenentwurf
Reg	Register
RegBegr	Begründung des Regierungsentwurfs
RegE	Regierungsentwurf
RegRichter	Registerrichter
REITG	REIT-Gesetz
RG	Reichsgericht
RGBl	Reichsgesetzblatt
RGZ(St)	Entscheidungen des Reichsgerichts in Zivilsachen (Strafsachen)

Abkürzungsverzeichnis

RisikoBG	Gesetz zur Begrenzung der mit Finanzinvestitionen verbundenen Risiken
RIW	Recht der internationalen Wirtschaft
RL	Richtlinie
Rn	Randnummer
RNotZ	Rheinische Notarzeitzeitschrift
Rpfleger	Der Deutsche Rechtspfleger
RPflG	Rechtspflegergesetz
Rs	Rechtssache
Rspr	Rechtsprechung
RVG	Rechtsanwaltsvergütungsgesetz
s	siehe
S	Satz, Seite
SchVG	Gesetz über Schuldverschreibungen aus Gesamtemissionen (Schuldverschreibungsgesetz)
SCE	Europäische Genossenschaft
SCEAG	Gesetz zur Ausführung der SCE-VO
scil	scilicet (lat: nämlich)
SE	Societas Europaea
SEAG	Gesetz zur Ausführung der SE-VO
SEEG	Gesetz zur Einführung der Europäischen Gesellschaft
SEStEG	Gesetz über steuerliche Begleitmaßnahmen zur Einführung der Europäischen Gesellschaft und zur Änderung weiterer steuerrechtlicher Vorschriften
SE-VO	Verordnung (EG) Nr 2157/2001 des Rates vom 8.10.2001 über das Statut der Europäischen Gesellschaft (SE)
Slg	Entscheidungssammlung des Europäischen Gerichtshofs
s.o.	siehe oben
sog	so genannte
SpruchG	Gesetz über das gesellschaftsrechtliche Spruchverfahren
StB	Der Steuerberater
StGB	Strafgesetzbuch
str	streitig
stRspr	ständige Rechtsprechung
su	siehe unten
Tb	Teilband
teilw	teilweise
TransPuG	Transparenz- und Publizitätsgesetz
TranspRLDV	Transparenzrichtlinie-Durchführungsverordnung
Tz	Teilziffer
TUG	Transparenzrichtlinie-Umsetzungsgesetz
ua	unter anderem, und andere
uÄ	und Ähnliche/s
Ubg	Unternehmensbesteuerung

Abkürzungsverzeichnis

UMAG	Gesetz zur Unternehmensintegrität und Modernisierung des Anfechtungsrechts
umstr	umstritten
UAbs	Unterabsatz
UmwG	Umwandlungsgesetz
unstr	unstreitig
unzutr	unzutreffend
Urt	Urteil
usw	und so weiter
uU	unter Umständen
UWG	Gesetz gegen den unlauteren Wettbewerb
v	von, vom
va	vor allem
VAG	Versicherungsaufsichtsgesetz
Var	Variante
VB/BW	Verwaltungsblätter für Baden-Württemberg
VerkProspG	Wertpapier-Verkaufsprospektgesetz
VerkProspVO	Wertpapier-Verkaufsprospektverordnung
VermRÄndG	Vermögensrechtsänderungsgesetz
VerwArch	Verwaltungsarchiv
VG	Verwaltungsgericht
vgl	vergleiche
VO	Verordnung
Vor	Vorbemerkung
VorstAG	Gesetz zur Angemessenheit der Vorstandsvergütung
VorstKoG	Gesetz zur Verbesserung der Kontrolle der Vorstandsvergütung und zur Änderung weiterer aktienrechtlicher Vorschriften
VVaG	Versicherungsverein auf Gegenseitigkeit
WahrnG	Urheberrechtswahrnehmungsgesetz
WiB	Wirtschaftliche Beratung
wg	wegen
WiPrO	Gesetz über die Berufsordnung der Wirtschaftsprüfer
WKN	Wertpapier-Kennnummer
WM	Wertpapiermitteilungen
WPAIV	Wertpapierhandelsanzeige- und Insiderverzeichnisverordnung
WPg	Die Wirtschaftsprüfung
WpHG	Wertpapierhandelsgesetz
WPO	Wirtschaftsprüfordnung
WpPG	Wertpapierprospektgesetz
WpÜG	Wertpapiererwerbs- und Übernahmegesetz
WpÜGAngVO	Angebotsverordnung zum Wertpapiererwerbs- und Übernahmegesetz
WuB	Entscheidungssammlung Wirtschafts- und Bankrecht
ZAP	Zeitschrift für die Anwaltspraxis
zB	zum Beispiel

Abkürzungsverzeichnis

ZBB	Zeitschrift für Bankrecht und Bankwirtschaft
ZfB	Zeitschrift für Betriebswirtschaft
ZfK	Zeitschrift für kommunale Wirtschaft
ZGR	Zeitschrift für Unternehmens- und Gesellschaftsrecht
ZHR	Zeitschrift für das gesamte Handels- und Wirtschaftsrecht
Ziff	Ziffer
ZIP	Zeitschrift für Wirtschaftsrecht
zit	zitiert
ZögU	Zeitschrift für öffentliche und gemeinwirtschaftliche Unternehmen
ZPO	Zivilprozessordnung
zT	zum Teil
zust	zustimmend
zutr	zutreffend
zw	zweifelnd
zz	zur Zeit
ZZB	Zeitschrift für Bank- und Börsenrecht
zzgl	zuzüglich

Literaturverzeichnis

Adler/Düring/Schmaltz Rechnungslegung und Prüfung der Unternehmen, 6. Aufl ab 1994; zitiert: *Adler/Düring/Schmaltz* Rechnungslegung
Assmann/Pötzsch/Schneider Wertpapiererwerbs- und Übernahmegesetz, 2. Aufl. 2013; zitiert: Assmann/Pötzsch/Schneider WpÜG/*Bearbeiter*
Assmann/Schneider Wertpapierhandelsgesetz, Kommentar, 6. Aufl 2012; zitiert: Assmann/Schneider WpHG/*Bearbeiter*
Baumbach/Hopt Handelsgesetzbuch, 35. Aufl 2012; zitiert: Baumbach/Hopt HGB/*Bearbeiter*
Baumbach/Hueck Aktiengesetz, 13. Aufl 1968, ergänzt 1970; zitiert: *Baumbach/Hueck* AktG
dies GmbH-Gesetz, 20. Aufl 2010; zitiert: Baumbach/Hueck GmbHG/*Bearbeiter*
Berger/Ellrott/Förschle/Hense Beck'scher Bilanzkommentar, Handels- und Steuerbilanz, §§ 238 bis 339 HGB, 8. Aufl 2012; zitiert: BeckBilKomm/*Bearbeiter*
Emmerich/Habersack Aktien- und GmbH-Konzernrecht, Kommentar zu den §§ 15–22 und 291–328 AktG, 6. Aufl 2010; zitiert: *Emmerich/Habersack* Aktien- und GmbH-KonzernR
dies Konzernrecht, 9. Aufl 2008; zitiert: *Emmerich/Habersack* KonzernR
Fleischer Handbuch des Vorstandsrechts, 2006; zitiert: Fleischer Hdb VorstR/*Bearbeiter*
Fuchs WpHG, 2009; zitiert: Fuchs WpHG/*Bearbeiter*
Geibel/Süßmann Wertpapiererwerbs- und Übernahmegesetz (WpÜG), 2. Aufl 2008; zitiert: Geibel/Süßmann WpÜG/*Bearbeiter*
Geßler/Hefermehl/Eckardt/Kropff Aktiengesetz, Kommentar, 1973 ff; zitiert: Geßler/Hefermehl/Eckardt/Kropff AktG/*Bearbeiter*
Goette/Habersack Münchener Kommentar zum Aktiengesetz, 3. Aufl 2008 ff; außer Bd 4, 7: 2. Aufl 1999 ff; zitiert: MünchKomm AktG/*Bearbeiter*
von Godin/Wilhelmi Aktiengesetz, Kommentar, 4. Aufl 1971; zitiert: *von Godin/Wilhelmi* AktG
Grigoleit Aktiengesetz, 2013; zitiert: Grigoleit AktG/*Bearbeiter*
Großfeld/Luttermann Bilanzrecht, 4. Aufl 2005; zitiert: *Großfeld/Luttermann* BilanzR
Haarmann/Schüppen Frankfurter Kommentar zum WpÜG, 3. Aufl 2008; zitiert: Haarmann/Schüppen WpÜG/*Bearbeiter*
Happ Aktienrecht, Handbuch – Mustertexte – Kommentar, 3. Aufl 2007; zitiert: Happ AktienR/*Bearbeiter*
Heidel Aktienrecht und Kapitalmarktrecht, 3. Aufl 2011; zitiert: AnwK-AktR/*Bearbeiter*
Henn/Frodermann/Jannott Handbuch des Aktienrechts, 8. Aufl 2009; zitiert: Henn/Frodermann/Jannott Hdb AktR/*Bearbeiter*
Henssler/Strohn Gesellschaftsrecht, 2. Aufl 2013; zitiert Henssler/Strohn/*Bearbeiter*
Henze Konzernrecht – Höchst- und obergerichtliche Rechtsprechung, 2. Aufl 2009; zitiert: *Henze* KonzernR
Hirte/von Bülow Kölner Kommentar zum WpÜG, 2010; zitiert: KölnKomm WpüG/*Bearbeiter*
Hoffmann-Becking Münchener Handbuch des Gesellschaftsrechts, Bd 4 Aktiengesellschaft, 3. Aufl 2007; zitiert: MünchHdb AG/*Bearbeiter*

Literaturverzeichnis

Hölters Aktiengesetz, 2011
Hopt/Wiedemann Großkommentar zum Aktiengesetz, 4. Aufl 1992 ff; außer §§ 221–240, 256–277, 291–299, 311–327, 329–395: 3. Aufl 1970 ff; zitiert: GroßKomm AktG/*Bearbeiter*
Hüffer Aktiengesetz, 10. Aufl 2012; zitiert: *Hüffer* AktG
Keidel Familienverfahren, Freiwillige Gerichtsbarkeit, 17. Aufl 2011; zitiert: Keidel FamFG/*Bearbeiter*
Krafka/Willer/Kühn Registerrecht, 8. Aufl 2010; zitiert: *Krafka/Willer/Kühn* RegisterR
Kropff Aktiengesetz, Textausgabe des Aktiengesetzes vom 6.9.1965 mit Begründung des Regierungsentwurfs und Bericht des Rechtsausschusses des Deutschen Bundestages, 1965; zitiert: *Kropff*
Kübler/Assmann Gesellschaftsrecht, 6. Aufl 2006; *Kübler/Assmann* GesR
Lutter Holding Handbuch, Recht, Management, Steuern, 4. Aufl 2004; zitiert: Lutter Holding-Hdb/*Bearbeiter*
Lutter/Hommelhoff GmbH-Gesetz, 18. Aufl 2012; zitiert: Lutter/Hommelhoff GmbHG/*Bearbeiter*
Lutter/Krieger Rechte und Pflichten des Aufsichtsrats, 5. Aufl 2008
Lutter/Winter Umwandlungsgesetz, 4. Aufl 2009; zitiert: Lutter UmwG/*Bearbeiter*
Manz/Mayer/Schröder Europäische Aktiengesellschaft SE, 2. Aufl 2010
Marsch-Barner/Schäfer Handbuch börsennotierte AG, 2. Aufl 2009; zitiert: Marsch-Barner/Schäfer Hdb AG/*Bearbeiter*
Michalski/Römermann PartGG, Kommentar zum Partnerschaftsgesellschaftsgesetz, 3. Aufl 2005; zitiert: *Michalski/Römermann* PartGG
Münchener Vertragshandbuch, Bd 1 Gesellschaftsrecht, 6. Aufl 2005; zitiert: Münch-VertragsHdb/*Bearbeiter*
Müller/Rödder Beck'sches Handbuch der AG, 2. Aufl 2009; zitiert: Beck Hdb AG/*Bearbeiter*
Musielak Kommentar zur Zivilprozessordnung, 10. Aufl 2013; zitiert: Musielak ZPO/*Bearbeiter*
Nirk/Ziemons/Binnewies Handbuch der Aktiengesellschaft, Loseblatt; zitiert: Nirk/Ziemer/Binnewies HdB AG/*Bearbeiter*
Obermüller/Werner/Winden Die Hauptversammlung der Aktiengesellschaft, 5. Aufl 2011; zitiert: Obermüller/Werner/Winden HV/*Bearbeiter*
Palandt Bürgerliches Gesetzbuch, 70. Aufl 2011; zitiert: Palandt/*Bearbeiter*
Raiser/Veil Recht der Kapitalgesellschaften, 5. Aufl 2010; zitiert: *Raiser/Veil* KapGesR
Rebmann/Säcker/Rixecker Münchener Kommentar zum Bürgerlichen Gesetzbuch, 5. Aufl 2006 ff; Bd 7/2, Bd 11: 4. Aufl 2000 ff; zitiert: MünchKomm BGB/*Bearbeiter*
Ritter Aktiengesetz, 2. Aufl 1939; zitiert: *Ritter* AktG
Roth/Altmeppen Gesetz betreffend die Gesellschaften mit beschränkter Haftung, Kommentar, 7. Aufl 2012; *Roth/Altmeppen* GmbHG
Rowedder/Schmidt-Leithoff Gesetz betreffend die Gesellschaften mit beschränkter Haftung, Kommentar, 5. Aufl 2013; zitiert: Rowedder/Schmidt-Leithoff GmbHG/*Bearbeiter*
K. Schmidt Gesellschaftsrecht, 4. Aufl 2002; zitiert: *K. Schmidt* GesR
ders Münchener Kommentar zum Handelsgesetzbuch, 2. Aufl 2005 ff; zitiert MünchKomm HGB/*Bearbeiter*
K. Schmidt/Lutter Aktiengesetz Kommentar, 2. Aufl. 2010; zitiert: K. Schmidt/Lutter AktG/*Bearbeiter*

Scholz Kommentar zum GmbHG, 10. Aufl 2006 ff; zitiert: Scholz GmbHG/*Bearbeiter*
Schüppen/Schaub Münchener Anwaltshandbuch Aktienrecht, 2. Aufl 2010; zitiert: Schüppen/Schaub Münch AnwHdb AktR/*Bearbeiter*
Schütz/Bürgers/Riotte Die Kommanditgesellschaft auf Aktien, Handbuch, 2004; zitiert: Schütz/Bürgers/Riotte KGaA/*Bearbeiter*
Schwark/Zimmer Kapitalmarktrechts-Kommentar, 4. Aufl 2010; zitiert: Schwark/Zimmer KMRK/*Bearbeiter*
Semler/Peltzer Arbeitshandbuch für Vorstandsmitglieder, 2005; zitiert: Semler/Peltzer ArbHdb Vorst/*Bearbeiter*
Semler/von Schenck Arbeitshandbuch für Aufsichtsratsmitglieder, 3. Aufl 2009; zitiert: Semler/von Schenck ArbHdb AR/*Bearbeiter*
Semler/Stengel Umwandlungsgesetz, 3. Aufl 2012; zitiert: Semler/Stengel UmwG/*Bearbeiter*
Semler/Volhard Arbeitshandbuch für Unternehmensübernahmen, Bd 2, 2003; zitiert: Semler/Volhard ArbHdb Übernahme/*Bearbeiter*
Semler/Volhard/Reichert Arbeitshandbuch für die Hauptversammlung, 3. Aufl 2011; zitiert: Semler/Volhard/Reichert ArbHdb HV/*Bearbeiter*
Spindler/Stilz Kommentar zum Aktiengesetz, 2. Aufl. 2010; zitiert: Spindler/Stilz AktG/*Bearbeiter*
Steinmeyer/Häger Wertpapiererwerbs- und Übernahmegesetz, Kommentar, 2. Aufl 2007; zitiert: *Steinmeyer/Häger* WpÜG
Ulmer/Habersack/Winter GmbHG Großkommentar, 2005 ff; zitiert: Ulmer GmbhG/*Bearbeiter*
Ulmer/Habersack/Löbbe Großkommentar zum GmbHG, Bd. 1, 2. Aufl 2013
Wachter Aktiengesetz, 2012; zitiert Wachter AktG/*Bearbeiter*
Westermann Handbuch der Personengesellschaften, Loseblatt, Stand 55. Lfg. 2013; zitiert *H. P. Westermann* Hdb der Personengesellschaften
Zöllner/Noack Kölner Kommentar zum Aktiengesetz, §§ 1–53, 67–94, 161, 258–261a, 291–328: 3. Aufl 2004 ff; §§ 53a–66, 95–117, 179–240, 262–290, 328–361: 2. Aufl 1986 ff; sonst: 1. Aufl 1970 ff; zitiert: KölnKomm AktG/*Bearbeiter*

Einleitung

Übersicht

	Rn			Rn
I. Entwicklung	1		ee) Einpersonenrichtlinie	20
1. Entwicklung vor Erlass des Aktiengesetzes von 1937	1		ff) Übernahmerichtlinie	21
2. Entwicklung vom Aktiengesetz 1937 bis 1965	4		gg) Aktionärsrechterichtlinie und AIFM-Richtlinie	21a
3. Erlass des Aktiengesetzes von 1965 und Änderungen in der Folgezeit	6		d) Weitere Entwicklungen und Richtlinienvorschläge	21b
			3. Grundfreiheiten des AEUV	22
4. Weiterentwicklung in den 90er Jahren (insbesondere KonTraG)	7	III.	Internationales Gesellschaftsrecht, insb EU-Niederlassungsfreiheit	23
5. Entwicklungen zwischen 2000 und 2004	9		1. Anknüpfung des Gesellschaftsstatuts	23
6. Entwicklungen zwischen 2005 und 2007	10		2. Grenzüberschreitende Sitzverlegung	26
7. Entwicklungen zwischen 2008 und 2010	10a		a) Allgemeines	26
			b) Zuzug	27
8. Aktuelle Entwicklungen ab 2011	10c		c) Wegzug	28
9. Aktienrechtsnovelle/VorstKoG (Entwürfe)	10f		d) Sonderanknüpfung von Schutzvorschriften	29
II. Rechtsquellen	11		e) Referentenentwurf zum Internationalen Gesellschaftsrecht	29a
1. Nationale Rechtsgrundlagen	11			
2. Gemeinschaftsrechtliche Richtlinien	12		3. Grenzüberschreitende Zweigniederlassung	30
a) Gemeinschaftskompetenz	12			
b) Richtlinienkonforme Auslegung nationalen Rechts	13		4. Grenzüberschreitende Verschmelzung	31
c) Einzelne Richtlinien (Auswahl)	14		5. Gründung einer Gesellschaft ausländischen Rechts mit inländischem Sitz	33
aa) Publizitätsrichtlinie und Zweigniederlassungsrichtlinie	14	IV.	Europäische Aktiengesellschaft (SE)	34
bb) Kapitalrichtlinie	15		1. Europäische Rechtsgrundlagen	34
cc) Verschmelzungs-, Spaltungs- und Sitzverlegungsrichtlinie	16		2. Nationale Rechtsgrundlagen	35
			3. Gründung; Sitzverlegung	36
			4. Binnenverfassung	37
dd) Jahresabschluss-, Konzernabschluss- und Abschlussprüferrichtlinie	19	V.	Investmentgesellschaften	38

Literatur: *Austmann* Der verschmelzungsrechtliche Squeeze-out nach dem 3. UmwÄndG 2011, NZG 2011, 684; *Bachmann* Der Deutsche Corporate Governance Kodex – Rechtswirkungen und Haftungsrisiken, WM 2002, 2137; *ders* Zur Umsetzung einer Frauenquote im Aufsichtsrat, ZIP 2011, 1131; *Bayer (Hrsg)* Aktienrecht in Zahlen, AG-Sonderheft August 2010; *Bayer/J. Schmidt* Der Schutz der grenzüberschreitenden Verschmelzung durch die Niederlassungsfreiheit, ZIP 2006, 210; *dies* Die neue Richtlinie über die grenzüberschreitende

Einleitung

Verschmelzung von Kapitalgesellschaften, NJW 2006, 401; *dies* Die Reform der Kapitalaufbringung bei der Aktiengesellschaft durch das ARUG, ZGR 2009, 805; *dies* Aktuelle Entwicklungen im Europäischen Gesellschaftsrecht (2004–2007), BB 2008, 454; *dies* BB-Rechtsprechungs- und Gesetzgebungsreport im Europäischen Gesellschaftsrecht 2008/09, BB 2010, 387; *dies* BB-Gesetzgebungs- und Rechtsprechungsreport zum Europäischen Unternehmensrecht 2010/2011, BB 2012, 3; *dies* Das Vale-Urteil des EuGH: Die endgültige Bestätigung der Niederlassungsfreiheit als „Formwechselfreiheit", ZIP 2012, 1481; *dies* BB-Gesetzgebungs- und Rechtsprechungsreport Europäisches Unternehmensrecht 2012, BB 2013, 3; *Becker/Mock* Finanzmarktstabilisierung in Permanenz, DB 2009, 1055; *Behrens* Anerkennung, internationale Sitzverlegung und grenzüberschreitende Umstrukturierung von Gesellschaften nach dem Centros-Urteil des EuGH, JBl 2001, 341; *ders* Das Internationale Gesellschaftsrecht nach dem Überseering-Urteil des EuGH und den Schlußanträgen zu Inspire Art, IPRax 2003, 193; *Böttcher/Kraft* Grenzüberschreitender Formwechsel und tatsächliche Sitzverlegung – Die Entscheidung VALE des EuGH, NJW 2012, 2701; *Bungert* Grenzüberschreitende Verschmelzungsmobilität – Anmerkung zur Sevic-Entscheidung des EuGH, BB 2006, 53; *Bungert/Wettich* Der neue verschmelzungsspezifische Squeeze-out nach § 62 Abs. 5 UmwG n.F., DB 2011, 1500; *Bußalb/Unzicker* Auswirkungen der AIFM-Richtlinie auf geschlossene Fonds, BKR 2012 309; *Caruso* Der Public Corporate Governance Kodex, NZG 2009, 1419; *Diekmann* Änderungen des Umwandlungsgesetzes, NZG 2010, 489; *Dohrn* Der Richtlinienvorschlag zur Festlegung eines Rahmens für die Sanierung und Abwicklung von Kreditinstituten und Wertpapierfirmen, WM 2012, 2033; *Dornseifer/Jesch/Klebeck/Tollmann* AIFM-Richtlinie, Kommentar, 2013; *Drinhausen/Keinath* Vorbereitung der Hauptversammlungssaison 2010, BB 2010, 3; *dies* Regierungsentwurf zur Aktienrechtsnovelle 2012, BB 2012, 395; *Drygala* Zur grenzüberschreitenden Verschmelzung, EWiR 2006, 25; *Eidenmüller* Beurteilung der Rechtsfähigkeit einer ausländischen Gesellschaft nach dem Recht des Gründungsstaats, JZ 2003, 526; *ders* Geschäftsleiter- und Gesellschafterhaftung bei europäischen Auslandsgesellschaften mit tatsächlichem Inlandssitz, NJW 2005, 1618; *ders* Gesellschaftsstatut und Insolvenzstatut, RabelsZ 2006, 474; *ders* Wettbewerb der Gesellschaftsrechte in Europa, ZIP 2002, 2233; *Eidenmüller/Engert/Hornuf* Vom Wert der Wahlfreiheit: Eine empirische Analyse der Societas Europaea als Rechtsformalternative, AG 2009, 845, 846; *Engert* Gesellschaftsrecht, in Langenbucher, Europarechtliche Bezüge des Privatrechts, 2. Aufl 2008, 225; *Fey/Deubert/Lewe* Erleichterungen nach dem MicroBilG – Einzelfragen zur Anwendung der neuen Vorschriften, BB 2013, 107; *Fingerhuth/Rumpf* MoMiG und grenzüberschreitende Sitzverlegung – Die Sitztheorie ein (lebendes) Fossil?, IPrax 2008, 90; *Fischer/Friedrich* Investmentaktiengesellschaften und Investmentkommanditgesellschaften unter dem Kapitalanlagegesetzbuch, ZBB 2013, 153; *Fleischer* Das Gesetz zur Angemessenheit der Vorstandsvergütung (VorstAG), NZG 2009, 801; *Fleischer/Schmolke* Das Anschleichen an eine börsennotierte Gesellschaft – Überlegungen zur Beteiligungstranzparenz de lege lata und de lege ferenda, NZG 2009, 401; *Franz* Internationales Gesellschaftsrecht und deutsche Kapitalgesellschaften im In- bzw Ausland, BB 2009, 1252; *Frischhut* Grenzüberschreitende Verschmelzungen von Kapitalgesellschaften – ein Überblick über die Zehnte gesellschaftsrechtliche Richtlinie, EWS 2006, 55; *Frobenius* „Cartesio"- Partielle Wegzugsfreiheit für Gesellschaften in Europa, DStR 2009, 487; *Goette* Zu den Folgen der Anerkennung ausländischer Gesellschaften mit tatsächlichem Sitz im Inland für die Haftung ihrer Gesellschafter und Organe, ZIP 2006, 541; *Göz/Holzborn* Die Aktienrechtsreform durch das Gesetz für Unternehmensintegrität und Modernisierung des Anfechtungsrechts – UMAG, WM 2006, 157; *Grigoleit/Rachlitz* Beteiligungstransparenz aufgrund des Aktienregisters, ZHR 174 (2010), 12; *Grohmann/Gruschinske* Grenzüberschreitende Mobilität von Kapitalgesellschaften in Europa, GmbHR 2006, 191; *Gronstedt* Sitzverlegung einer ausländischen Gesellschaft nach Deutschland führt zur Anerkennung von deren aktiver und passiver Parteifähigkeit, BB 2002, 2033; *Grundmann* Europäisches Gesellschaftsrecht, 2. Aufl 2011; *Habersack* Europäisches Gesellschaftsrecht, 2. Aufl 2003; *ders* Wandlungen des Aktien-

Einleitung

rechts, AG 2009, 1; *von Halen* Das Gesellschaftsstatut nach der Centros-Entscheidung des EuGH, 2001; *Harbarth/Jaspers* Verlängerung der Verjährung von Organhaftungsansprüchen durch das Restrukturierungsgesetz, NZG 2011, 368; *Hecker/Peters* Die Änderungen des DCGK im Jahr 2010, BB 2010, 2251; *Heintzen* Der Deutsche Corporate Governance Kodex aus der Sicht des deutschen Verfassungsrechts, ZIP 2004, 1933; *Heinze* Die Europäische Aktiengesellschaft, ZGR 2002, 66; *Hennrichs/Pöschke/von der Laage/Klavina* Die Niederlassungsfreiheit der Gesellschaften in Europa – Eine Analyse der Rechtsprechung des EuGH und ein Plädoyer für eine Neuorientierung, WM 2009, 2009; *Hirte* Die Europäische Aktiengesellschaft, NZG 2002, 1; *ders* Die „Große GmbH-Reform" – ein Überblick über das Gesetz zur Modernisierung des GmbH-Rechts und zur Bekämpfung von Missbräuchen (MoMiG), NZG 2008, 761; *Hoffmann* Die stille Bestattung der Sitztheorie durch den Gesetzgeber, ZIP 2007, 1581; *Hommelhoff/Hopt/Lutter* Konzernrecht und Kapitalmarktrecht, Bd 1, 2001; *Hopt/Mülbert/Kumpan* Reformbedarf im Übernahmerecht, AG 2005, 109; *Huke/Prinz* Die Wahl der Arbeitnehmervertreter in den Aufsichtsrat nach dem DrittelbG, 2005; *Ihrig/Wagner* Die Reform geht weiter: Das Transparenz- und Publizitätsgesetz kommt, BB 2002, 789; *Janott/Frodermann* Handbuch der Europäischen Aktiengesellschaft, 2005; *Jung* Das Grünbuch der Kommission zu einem europäischen Corporate Governance-Rahmen und die Weiterentwicklung des Europäischen Gesellschaftsrechts, BB 2011, 1987; *Kilian* EU-Richtlinie zur Verknüpfung des Handelsregister verabschiedet, FGPrax 2012, 185; *Kindler* Auf dem Weg zur Europäischen Briefkastengesellschaft, NJW 2003, 1073; *ders* Grundzüge des neuen Kapitalgesellschaftsrechts – Das Gesetz zur Modernisierung des GmbH-Rechts und zur Bekämpfung von Missbräuchen (MoMiG), NJW 2008, 3249; *ders* Internationales Gesellschaftsrecht 2009: MoMiG, Trabrennbahn, Cartesio und die Folgen, IPrax 2009, 189; *Kindler/Horstmann* Die EU-Übernahmerichtlinie – Ein europäischer Kompromiss, DStR 2004, 866; *Klausing* Gesetz über Aktiengesellschaften und Kommanditgesellschaften auf Aktien nebst Einführungsgesetz und amtlicher Begründung, 1937; *Knop* Die Wegzugsfreiheit nach dem Cartesio-Urteil des EuGH, DZWIR 2009, 147; *Kraft/Bron* Grundfreiheiten und grenzüberschreitende Verschmelzung im Lichte aktueller EuGH-Rechtsprechung, IStR 2006, 26; *Krause* Die erweiterte Beteiligungstransparenz bei börsennotierten Aktiengesellschaften, AG 2011, 469; *Krause/Kulpa* Grenzüberschreitende Verschmelzungen, ZHR 171 (2007), 38; *Küting/Eichenlaub* Verabschiedung des MicroBilG – Der „vereinfachte" Jahresabschluss für Kleinkapitalgesellschaften, DStR 2012, 2615; *Leible* Bilanzpublizität und Effektivität des Gemeinschaftsrechts, ZHR 162 (1998), 594; *Leible/Hoffmann* Grenzüberschreitende Verschmelzungen im Binnenmarkt nach „Sevic", RIW 2006, 161; *dies* „Überseering" und das deutsche Gesellschaftskollisionsrecht, ZIP 2003, 925; *dies* Cartesio – fortgeltende Sitztheorie, grenzüberschreitender Formwechsel und Verbot materiellrechtlicher Wegzugsbeschränkungen, BB 2009, 58; *Leitzen* Die Änderungen des Umwandlungsgesetzes durch das Dritte Gesetz zur Änderung des Umwandlungsrechts, DNotZ 2011, 526; *Lieder* Der Aufsichtsrat im Wandel der Zeit, 2006; *Lieder/Kliebisch* Nichts Neues im Internationalen Gesellschaftsrecht: Anwendbarkeit der Sitztheorie auf Gesellschaften aus Drittstaaten?, BB 2009, 338; *Lutter* Überseering und die Folgen, BB 2003, 7; *Maul/Muffat-Jeandet* Die EU-Übernahmerichtlinie – Inhalt und Umsetzung in nationales Recht, AG 2004, 221, 306; *Maul/Schmidt* Inspire Art – Quo vadis Sitztheorie, BB 2003, 2297; *Mülbert* Shareholder Value aus rechtlicher Sicht, ZGR 1997, 129; *Müller* Internationalisierung des deutschen Umwandlungsrechts: Die Regelung der grenzüberschreitenden Verschmelzung, ZIP 2007, 1081; *Müller-Eising/Brandi/Sinhart/Lorenz/Löw* Das Banken-Restrukturierungsgesetz, BB 2011, 66; *Nagel* Die Richtlinie zur grenzüberschreitenden Verschmelzung, NZG 2006, 97; *Neye* Die neue Richtlinie zur grenzüberschreitenden Verschmelzung von Kapitalgesellschaften, ZIP 2005, 1893; *Neye/Kraft* Neuigkeiten beim Umwandlungsrecht, NZG 2011, 681; *Neye/Timm* Die geplante Umsetzung der Richtlinie zur grenzüberschreitenden Verschmelzung von Kapitalgesellschaften im Umwandlungsgesetz, DB 2006, 488; *dies* Mehr Mobilität in Europa – Das neue Recht der grenzüberschreitenden Verschmelzungen, GmbHR 2007, 561; *Nikoleyc-*

Einleitung

zik/Schult Mehr Transparenz im Aufsichtsrat – Neufassung 2012 des Deutschen Corporate Governance Kodex, GWR 2012, 289; *Noack* Reform des deutschen Kapitalgesellschaftsrechts: Das Gesetz zur Modernisierung des GmbH-Rechts und zur Bekämpfung von Missbräuchen, DB 2006, 1475; *ders* Neues Recht für Namensaktionäre – Zur Änderung des § 67 AktG durch das Risikobegrenzungsgesetz, NZG 2008, 721; *ders* Das Aktienrecht der Krise – das Aktienrecht in der Krise?, AG 2009, 227; *Paefgen* „Cartesio": Niederlassungsfreiheit minderer Güte, WM 2009, 529; *Priester* Das neue Verschmelzungsrecht, NJW 1983, 1459; *Rapp-Jung/Bartosch* Das neue VW-Gesetz im Spiegel der Kapitalverkehrsfreiheit – Droht wirklich ein neues Verletzungsverfahren?, BB 2009, 2210; *Rohde* Europäische Integration und Sitzverlegung von Kapitalgesellschaften von und nach Deutschland, 2002; *Roitzsch/ Wächter* Gesellschaftsrechtliche Probleme des Finanzmarktstabilisierungsgesetzes, DZWIR 2008, 1; *M. Roth* Deutscher Corporate Governance Kodex 2012, WM 2012, 1985; *W-H. Roth* Internationales Gesellschaftsrecht nach Überseering, IPRax 2003, 117; *Rotheimer* Referentenentwurf zum Internationalen Gesellschaftsrecht, NZG 2008, 181; *Sandrock* Die Konkretisierung der Überlagerungstheorie in einigen zentralen Einzelfragen, FS Beitzke, 1979, S 669; *ders* Niederlassungsfreiheit und Internationales Gesellschaftsrecht, EWS 2005, 529; *Schaumburg* Grenzüberschreitende Umwandlungen, GmbHR 1996, 501; *J. Schmidt* „Deutsche" vs. „britische" Societas Europaea (SE), 2006; *K. Schmidt* Gesellschaftsrecht, 4. Aufl 2002; *Schulz/Sester* Höchstrichterliche Harmonisierung der Kollisionsregeln im europäischen Gesellschaftsrecht: Durchbruch der Gründungstheorie nach „Überseering", EWS 2002, 545; *Schwarz* Neuregelung des Kostenrechts aus notarieller Sicht, FGPrax 2013, 1 *Seibert* Das „TransPuG" – Gesetz zur weiteren Reform des Aktien- und Bilanzrechts, zu Transparenz und Publizität (Transparenz- und Publizitätsgesetz), NZG 2002, 608; *Seidel* Der Deutsche Corporate Governance Kodex – eine private oder doch eine staatliche Regelung?, ZIP 2004, 285; *Siems* SEVIC: Der letzte Mosaikstein im Internationalen Gesellschaftsrecht der EU?, EuZW 2006, 135; *Simon/Merkelbach* Das Dritte Gesetz zur Änderung des UmwG, DB 2011, 1317; *Sonnenberger* Vorschläge und Berichte zur Reform des europäischen und deutschen internationalen Gesellschaftsrechts: vorgelegt im Auftrag der zweiten Kommission des Deutschen Rates für Internationales Privatrecht, Spezialkommission Internationales Gesellschaftsrecht, 2007; *Spindler* Vorstandsgehälter auf dem Prüfstand – das Gesetz zur Angemessenheit der Vorstandsvergütung (VorstAG), NJOZ 2009, 3282; *ders* Finanzkrise und Gesetzgeber – Das Finanzmarktstabilisierungsgesetz, DStR 2008, 2268; *Spindler/Brandt* Verfassungsrechtliche Zulässigkeit einer Gleichstellungsquote im Aufsichtsrat der börsennotierten AG, NZG 2011, 401; *Staudinger* BGB/*Großfeld* Internationales Gesellschaftsrecht, Bearbeitung 1998; *Teichmann* Binnenmarktmobilität von Gesellschaften nach „Sevic", ZIP 2006, 355; *ders* Die Einführung der Europäischen Aktiengesellschaft – Grundlagen der Ergänzung des europäischen Statuts durch den deutschen Gesetzgeber, ZGR 2002, 383; *Theisen/Wenz* Die Europäische Aktiengesellschaft, 2. Aufl 2005; *Thoma/Leuering* Die Europäische Aktiengesellschaft – Societas Europaea, NJW 2002, 1449; *Weller* Scheinauslandsgesellschaften nach Centros, Überseering und Inspire Art: Ein neues Anwendungsfeld für die Existenzvernichtungshaftung, IPRax 2003, 207; *Wenglorz* Die grenzüberschreitende „Heraus"-Verschmelzung einer deutschen Kapitalgesellschaft: Und es geht doch!, BB 2004, 1061; *von Werder/Talaulicar* Kodex Report 2005: Die Akzeptanz der Empfehlungen und Anregungen des Deutschen Corporate Governance Kodex, DB 2005, 841; *Wicke* Zulässigkeit des grenzüberschreitenden Formwechsels Rechtssache „Vale" des Europäischen Gerichtshofs zur Niederlassungsfreiheit, DStR 2012, 1756; *Wieneke/Fett* Das neue Finanzmarktstabilisierungsgesetz unter Berücksichtigung der aktienrechtlichen Sonderregelungen, NZG 2009, 8; *Zimmer* Das Gesetz zur Kontrolle und Transparenz im Unternehmensbereich, NJW 1998, 3521; *ders* Internationales Gesellschaftsrecht und Niederlassungsfreiheit – Das Rätsel vor der Lösung?, BB 2000, 1361; *Zwirner* Das neue Bilanzrecht nach BilMoG: Umfassende Reformierung – ein Überblick über die neuen Regelungen, NZG 2009, 530.

Einleitung

I. Entwicklung

1. Entwicklung vor Erlass des Aktiengesetzes von 1937. Die Rechtsform der Aktiengesellschaft hat sich allmählich aus anderen Gesellschaftsformen entwickelt (vgl allg sehr ausf zur Geschichte des Aktienrechts von den Anfängen bis heute GroßKomm AktG/*Assmann* Rn 6 – 342; MünchKomm AktG/*Semler* Rn 16 – 116). Während viele andere Rechtsinstitute des heutigen Rechts aus dem römischen Recht übernommen wurden, war ein der AG vergleichbares Institut den Römern unbekannt. Die römische „societas" der Steuerpächter war ein schuldrechtlicher Vertrag, die societas selbst hatte keine Rechtspersönlichkeit. Die AG ist „ein Kind der Neuzeit, des Kolonialismus und der industriellen Revolution" (*K. Schmidt* GesR § 26 II 1). Die Rechtsform der AG erleichterte die Kapitalsammlung und begünstigte dadurch die wirtschaftliche Entwicklung seit dem späten 19. Jahrhundert. 1

Als erste der heutigen AG ähnliche Formen werden gemeinhin die Handelskompanien des 17. und 18. Jahrhunderts angesehen (KölnKomm AktG/*Zöllner* Rn 56). Eine gesetzliche Regelung von Grundzügen des Aktienrechts erfolgte erstmals im Preußischen Gesetz über Aktiengesellschaften vom 9.11.1843; vorher hatten nur vereinzelt Regelungen über das Genehmigungsverfahren existiert, so zB im preußischen Gesetz über die Eisenbahnunternehmungen von 1838, außerdem einzelne Regelungen im französischen code de commerce von 1807, der im 19. Jahrhundert auch in einigen deutschen Landesteilen galt. Vor Erlass des ADHGB 1861 war die innere Gesellschaftsverfassung – abgesehen von einigen Details – nicht gesetzlich geregelt, sie beruhte vielmehr fast vollständig auf der jeweiligen Satzung der Gesellschaft. Mit dem Inkrafttreten des **ADHGB** existierten erstmals umfassendere gesetzliche Regelungen, wenngleich nach wie vor dem Gesellschaftsstatut die überragende Bedeutung zukam. Das ADHGB sah in seinem Art 208 noch eine Genehmigungspflicht für die Errichtung einer AG vor. Dieses sog **„Konzessionssystem"** galt im Grundsatz bis 1870 (danach wurde es nur während des ersten Weltkriegs vorübergehend wieder eingeführt). Das Konzessionssystem wurde durch die Aktienrechtsnovelle vom 11.6.1870 durch das liberalere **„System der Normativbedingungen"** ersetzt: Seither liegt es nicht mehr in der Kompetenz des Staates, eine Ermessensentscheidung über die Genehmigung einer AG zu treffen. Vielmehr prüft er nur noch das Vorliegen der gesetzlich normierten Voraussetzungen; liegen diese Voraussetzungen vor, so erlangt die AG mit ihrer Eintragung in das Handelsregister Rechtspersönlichkeit. 2

Nach Aufhebung des Konzessionssystems kam es vermehrt zu Fällen betrügerischen Missbrauchs der Rechtsform der AG. Die Antwort des Gesetzgebers erfolgte am 18.7.1884 durch eine Verschärfung der Gründungsvorschriften und die Einführung verschiedener Minderheitsrechte durch das Gesetz betreffend die Kommanditgesellschaften auf Aktien und die Aktiengesellschaften. Erst im HGB vom 10.5.1897 wurde die AG als Grundform des Aktienrechts statuiert; vorher hatte die KGaA die Grundform dargestellt, ergänzt durch einige Sondervorschriften für die AG. Sachlich ergaben sich aber durch den Erlass des HGB keine wesentlichen Änderungen. Bedeutender inhaltliche Änderungen ergaben sich erst wieder in Folge der Weltwirtschaftskrise und einiger spektakulärer Gesellschaftszusammenbrüche durch Notverordnungen vom 19.9.1931 und vom 6.10.1931; so wurde die Pflichtprüfung des Jahresabschlusses eingeführt, der Erwerb eigener Aktien eingeschränkt und die Möglichkeit der Kapitalherabsetzung erleichtert. 3

Einleitung

4 **2. Entwicklung vom Aktiengesetz 1937 bis 1965.** Durch das **Aktiengesetz vom 30.1.1937** wurde das Aktienrecht aus gesetzestechnischen Gründen aus dem HGB herausgenommen. Im Zuge dieser Neuordnung kam es auch zu umfangreichen inhaltlichen Reformen. Dabei erfolgten zwar vordergründig gewisse Zugeständnisse an die NS-Ideologie, insb wurde eine Stärkung der Stellung des Vorstands als „Übernahme des Führerprinzips" (*Klausing* Gesetz über Aktiengesellschaften und Kommanditgesellschaften auf Aktien nebst Einführungsgesetz und amtlicher Begründung, 1937, Einl S 42) „rechtspolitisch verkäuflich gemacht". Im Wesentlichen wurde aber an umfangreiche Vorarbeiten aus der Zeit der Weimarer Republik angeknüpft (MünchHdb GesR/*Hoffmann-Becking* § 1 Rn 12; *Lieder* S 335 ff). So wurden die Anforderungen an die Rechnungslegung weiter verschärft, die Schaffung von Mehrstimmrechtsaktien und Verwaltungsaktien sowie die Hauptversammlungskompetenzen beschränkt und bedingte Kapitalerhöhung und genehmigtes Kapital eingeführt.

5 In den ersten Jahren **nach dem zweiten Weltkrieg** kam es nur zu kleineren Änderungen und Ergänzungen. Eine große Reform, wie sie zunächst aus ideologischen Gründen gefordert worden war, kam nicht zustande (KölnKomm AktG/*Zöllner* Rn 69). Insb wurden durch das Mitbestimmungsgesetz von 1951 und das Betriebsverfassungsgesetz von 1952 Arbeitnehmervertreter im AR, in montanmitbestimmten Unternehmen auch im Vorstand beteiligt. Zu weiteren Änderungen kam es durch die sog „Kleine Aktienrechtsreform" vom 23.12.1959, die insb auf eine Verbesserung der Lage des Kapitalmarktes durch eine Erleichterung des Aktienerwerbs für breite Bevölkerungskreise abzielte. Die Änderungen durch die „Kleine Aktienrechtsreform" betrafen hauptsächlich die Kapitalerhöhung aus Gesellschaftsmitteln, die Gliederung der Gewinn- und Verlustrechnung und den Erwerb eigener Aktien zur Ausgabe an Arbeitnehmer.

6 **3. Erlass des Aktiengesetzes von 1965 und Änderungen in der Folgezeit.** Eine umfassende Reform erfolgte nach langer Diskussion durch das noch heute (aufgrund von Art 8 Einigungsvertrag ausnahmslos auch in den neuen Bundesländern) geltende **Aktiengesetz vom 6.9.1965.** Diese große Reform brachte insb eine weitere Stärkung der Aktionärsrechte und der HV, eine Verbesserung der Publizität und der Auskunftsrechte der Aktionäre mit sich. Ferner wurden Regelungen zum Schutz der Minderheitsaktionäre im Konzern und zur Verantwortlichkeit der handelnden Personen getroffen. In der Folgezeit kam es zu verschiedenen kleineren Änderungen (Überblick bei MünchKomm AktG/*Semler* Rn 45 ff), die oftmals der Umsetzung europäischer Richtlinien dienten (vgl unten Rn 7 und 14–21), teilw aber auch nur Anpassungen an geänderte Gesetze auf anderen Gebieten bewirkten. Hierbei sind va das Gesetz zur Durchführung der Publizitätsrichtline vom 15.8.1969 (BGBl I 1969, 1146) und das Gesetz zur Durchführung der Kapitalrichtlinie vom 13.12.1978 (BGBl I 1978, 1959) zu erwähnen, die sich auf systemimmanente Änderungen des AktG beschränkten. Daneben kam es durch das Mitbestimmungsgesetz vom 4.5.1976 zur Einführung der paritätischen **Mitbestimmung** in AG mit mehr als 2000 Arbeitnehmern. Dies brachte einen gesteigerten Einfluss der Arbeitnehmerseite auf die Auswahl der Vorstandsmitglieder mit sich.

7 **4. Weiterentwicklung in den 90er Jahren (insbesondere KonTraG).** Seit Mitte der 90er Jahre hat das Reformtempo auf dem Gebiet des Aktienrechts unter dem Einfluss von Europäisierung und Globalisierung deutlich zugenommen. So sollte das **Gesetz**

Einleitung

für kleine **Aktiengesellschaften** und zur Deregulierung des Aktienrechts vom 2.8.1994 (BGBl I 1994, 1961) auch mittelständischen Unternehmen den Zugang zur Rechtsform der AG erleichtern. Durch dieses Gesetz wurde ua die Möglichkeit der Einpersonengründung auch für die AG eröffnet. Weitere Änderungen erfolgten durch mehrere Gesetze im Jahre 1998. So wurden Widersprüche zwischen den Mitteilungspflichten nach dem AktG und dem WpHG durch das **Dritte Finanzmarktförderungsgesetz** vom 24.3.1998 (BGBl I 1998, 529) beseitigt; durch das **Stückaktiengesetz** vom 25.3.1998 (BGBl I 1998, 590) wurde die nennwertlose Stückaktie eingeführt, wodurch die Umstellung von DM auf Euro erleichtert werden sollte, indem bei Stückaktien keine Umrechnung und Glättung der Beträge erforderlich wurde. Das **Handelsrechtsreformgesetz** (HRefG) vom 22.6.1998 (BGBl I 1998, 1474) führte im Bereich des Aktienrechts zu Änderungen im Firmenrecht, insb muss der Unternehmensgegenstand nicht mehr in der Firma genannt werden.

Im Zentrum der Aktienrechtsreform 1998 stand das Gesetz zur Kontrolle und Transparenz im Unternehmensbereich **(KonTraG)** vom 27.4.1998 (BGBl I 1998, 786). Es bezweckte eine Erhöhung der Transparenz der Unternehmenstätigkeit zugunsten des AR und der Aktionäre durch Verbesserung der unternehmensinternen Verwaltungs- und Kontrollmechanismen. Im Einzelnen wurde ua die Höchstzahl von Aufsichtsratsmandaten begrenzt und die Sitzungsfrequenz des AR vorgeschrieben (§§ 100, 110). Die Transparenz möglicher Interessenkonflikte bei Ausübung von Aufsichtsratsmandaten wurde verbessert (§§ 124 Abs 3 S 3, 125 Abs 1 S 3, 127 S 3) und die Berichtspflichten des Vorstandes präzisiert (§ 90 Abs 1 Nr 1). Weitere Regelungen dienten der Begrenzung der Macht der Banken bei Ausübung ihrer Vollmachtstimmrechte (§§ 125 Abs 1 S 2, 128, 135). Das Klageinitiativrecht von Aktionärsminderheiten wurde gestärkt (§ 147). In § 3 Abs 2 wurde erstmals eine Definition der börsennotierten Gesellschaft normiert. Mehrstimmrechte wurden grds abgeschafft (§ 12 Abs 2), ebenso Höchststimmrechte bei börsennotierten Gesellschaften (§ 134 Abs 1). Die Möglichkeit des Erwerbs eigener Aktien wurde durch § 71 Abs 1 Nr 8 erweitert (vgl *Zimmer* NJW 1998, 3521; *Lieder* S 479 ff).

5. Entwicklungen zwischen 2000 und 2004. Im neuen Jahrtausend eröffnete das Gesetz zur Namensaktie und zur Erleichterung der Stimmrechtsausübung **(NaStraG)** vom 18.1.2001 (BGBl I 2001, 123) einen weiteren Reigen von Änderungsgesetzen. Durch das NaStraG wurde insb das Recht der Namensaktie grundlegend modernisiert, dem heutigen technischen Stand angepasst und besser mit dem US-Recht harmonisiert; auch wurden die Regelungen zur Nachgründung (§ 52) neu gefasst. Im Wertpapiererwerbs- und Übernahmegesetz (WpÜG) vom 20.12.2001 (BGBl I 2001, 3822) wurden die Mindestanforderungen an den Inhalt eines öffentlichen Angebots zum Erwerb von Aktien einer Zielgesellschaft und des Übernahmeverfahrens geregelt und eine Pflicht zur Abgabe eines Angebots zur Aktienübernahme („Pflichtangebot") unter bestimmten Voraussetzungen statuiert. Im Februar 2002 wurde der **Deutsche Corporate-Governance-Kodex (DCGK)** vorgelegt, der verschiedenste Verhaltensempfehlungen für die Organe der AG und die Abschlussprüfer enthält (vgl *Lieder* S 589 ff) und einige Überarbeitungen durch laufen hat. Die Befolgung der Empfehlungen ist den Unternehmen zwar freigestellt, doch wird seit Erlass des Transparenz- und Publizitätsgesetzes **(TransPuG)** vom 19.7.2002 (BGBl I 2002, 2681) dadurch Druck in Richtung einer Befolgung der Empfehlungen ausgeübt, dass die Unternehmen jährlich erklären müssen, inwieweit sie dem Kodex folgen (dazu näher § 161). Das Trans-

Einleitung

PuG stellt auch sonst einen weiteren Schritt zur Anpassung von Unternehmensführung und -kontrolle sowie des Konzernbilanzrechts an internationale Standards dar. § 25 sieht seither Bekanntmachungen im elektronischen Bundesanzeiger vor. Die Berichtspflichten des Vorstandes wurden weiter präzisiert (§ 90 Abs 1 und Abs 5). Die Regelungen zur Einberufung des AR in § 110 wurden erneut überarbeitet. AR oder HV müssen seither zwingend einen Katalog zustimmungsbedürftiger Geschäfte beschließen (§ 111 Abs 4) und das Auskunftsrecht des Aktionärs wurde in § 131 Abs 4 auf konzernbezogene Aspekte erweitert (vgl Überblick bei *Seibert* NZG 2002, 608; s auch *Lieder* S 551 ff). Wesentliche Impulse gingen ferner vom Gesetz zur Neuordnung des gesellschaftsrechtlichen Spruchverfahrens **(SpruchG)** vom 12.6.2003 (BGBl I 2003, 838) aus, durch das für Bewertungsstreitigkeiten im Rahmen von Aktientausch, Abfindung bei Konzernverträgen, Eingliederung, Squeeze Out oder Umwandlung ein besonders zügig durchführbares Verfahren eingeführt wurde (vgl im Einzelnen Anh zu § 306). Das Drittelbeteiligungsgesetz vom 18.5.2004 (BGBl I 2004, 974) löste ab dem 1.7.2004 das Betriebsverfassungsgesetz 1952 ab (vgl *Huke/Prinz* Die Wahl der Arbeitnehmervertreter in den AR nach DrittelbG, 2005).

10 **6. Entwicklungen zwischen 2005 und 2007.** Einen weiteren großen Schritt auf dem Wege permanenter Reform des deutschen Aktienrechts stellt das am 1.11.2005 in Kraft getretene Gesetz zur Unternehmensintegrität und Modernisierung des Anfechtungsrechts **(UMAG)** vom 22.9.2005 (BGBl I 2005, 2802) dar. Regelungsgegenstand dieser Reform sind neben einer Kodifizierung der business judgement rule in § 93 Abs 1 S 2 und einer Herabsetzung des Schwellenwertes für eine Sonderprüfung (§ 142) insb die Erleichterung der klagweisen Durchsetzung von Haftungsansprüchen gegen Vorstände und Aufsichtsräte wegen Sorgfaltspflichtverletzung gegenüber der Gesellschaft (§ 148) und eine Modernisierung des Anfechtungsrechts (§§ 243, 245), insb durch Regelungen zum Frage- und Rederecht in der HV (§ 131) und zur Einführung eines aktienrechtlichen Freigabeverfahrens (§ 246a). Weitere Änderungen betreffen ua die Abschaffung des Haftungsprivilegs für Großaktionäre (§ 117 Abs 7) und die Abschaffung der Hinterlegung der Aktien als gesetzliches Basismodell für die Hauptversammlungslegitimation durch Änderung des § 123 (vgl Überblick bei *Göz/Holzborn* WM 2006, 157). Durch das Gesetz über elektronische HR und Genossenschaftsregister sowie das Unternehmensregister vom 10.11.2006 (**EHUG**, BGBl I 2006, 2553) wurde zum 1.1.2007 die Modernisierung der Publizitätsrichtlinie durch die Richtlinie 2003/58/EG vom 15.7.2003 (ABlEG 2003 L 221/13) umgesetzt. Zahlreiche Normen des AktG wurden insb mit Blick auf die nunmehr elektronische Registerführung angepasst. Kleinere Änderungen an den §§ 96 ff brachten ferner das **Gesetz zur Umsetzung der Regelungen über die Mitbestimmung der Arbeitnehmer bei einer Verschmelzung von Kapitalgesellschaften aus verschiedenen Mitgliedstaaten** (BGBl I 2006, 3332) sowie an den §§ 20, 21 und 160 das Transparenzrichtlinie-Umsetzungsgesetz (**TUG**, BGBl I 2007, 10) mit sich. Am 25.4.2007 trat das **Zweite Gesetz zur Änderung des Umwandlungsgesetzes** (BGBl I 2007, 542) in Kraft, mit dem ua die Richtlinie 2005/56/EG über die Verschmelzung von Kapitalgesellschaften aus verschiedenen Mitgliedstaaten vom 26.10.2005 (ABlEG 2005 L 310/1, vgl Rn 17) umgesetzt wurde. Zum 1.11.2007 folgten kleinere textliche Änderungen an einzelnen Normen durch das Finanzmarktrichtlinie-Umsetzungsgesetz (**FRUG**) zur Umsetzung der Richtlinie 2004/39/EG und 2006/73/EG. Die betr Änderungen werden bei der Kommentierung der einzelnen Vorschriften behandelt. Zu anstehenden Änderungen des Aktienrechts s Rn 38.

Einleitung

7. Entwicklungen zwischen 2008 und 2010. Dem verbesserten Überblick über die **10a** Aktionärsstruktur diente die Novellierung des § 67 durch das Gesetz zur Begrenzung der mit Finanzinvestitionen verbundenen Risiken (**Risikobegrenzungsgesetz**) vom 12.8.2009 (BGBl I 2008, 1666), welches insoweit am 19.8.2008 in Kraft getreten ist (s *Noack* NZG 2008, 721; *Grigoleit/Rachlitz* ZHR 174 (2010), 12; vgl auch *Fleischer/ Schmolke* NZG 2009, 401). Das am 1.11.2008 in Kraft getretene Gesetz zur Modernisierung des GmbH-Rechts und zur Bekämpfung von Missbräuchen (**MoMiG**, BGBl I 2008, 2026) brachte auch bedeutsame Änderungen des AktG mit sich (s dazu *Hirte* NZG 2008, 761; *Kindler* NJW 2008, 3249). Es wurde ua die Gründung einer AG durch die Abschaffung der §§ 36 Abs 2 und 37 Abs 4 Nr 5 erleichtert; dt AG wurde durch Streichung des § 5 Abs 2 ein ausländischer Verwaltungssitz ermöglicht (s zu kollisionsrechtlichen Problemen *Kindler* IPRax 2009, 189, 197 ff); § 57 Abs 1 S 3 beseitigt damit die durch die neuere Rspr des BGH (*BGH* NJW 2004, 1111, sog Novemberurteil) aufgekommene Rechtsunsicherheit beim Cash-Pooling. Die Regelungen bzgl der kapitalersetzenden Gesellschafterdarlehen bzw Gebrauchsüberlassung der §§ 32a, b GmbHG wurden in §§ 39, 135 InsO und §§ 6, 6a AnfG verlagert und erfassen seither auch die AG. Diese und weitere Änderungen werden bei den betr Normen kommentiert. Zur Umsetzung des *EuGH*-Urteils vom 23.10.2007 (Rs C-112/05; *EuGH* NJW 2007, 3481) ist der § 101 Abs 2 S 5 durch das Gesetz zur Änderung des Gesetzes über die Überführung der Anteilsrechte an der Volkswagenwerk Gesellschaft mit beschränkter Haftung in private Hand (**VWGÄndG**, BGBl I 2008, 2369) aufgehoben worden (vgl *Rapp-Jung/Bartosch* BB 2009, 2210). Da die Novelle jedoch die Sperrminoritätsregelung bewusst außer Acht gelassen hat, hat die Kommission erneut ein Vertragsverletzungsverfahren gegen die Bundesrepublik Deutschland vor dem EuGH angestrengt (Rs C-95/12). Das Finanzmarktstabilisierungsgesetz (**FMStG**), welches am 18.10.2008 in Kraft getreten ist (BGBl I 2008, 1982), sollte zur umgehenden Stabilisierung der Finanzmärkte nach Eintritt der Finanzmarktkrise dienen. Es beinhaltete in Art 1 das Gesetz zur Errichtung eines Finanzmarktstabilisierungsfonds (**FMStFG**) und in Art 2 das Gesetz zur Beschleunigung und Vereinfachung des Erwerbs von Anteilen an sowie Risikooptionen von Unternehmen (**FMStBG**). Das FMStG ist in der Folge mehrfach geändert worden: zum 9.4.2009 durch das Gesetz zur weiteren Stabilisierung des Finanzmarktes (**FMStErgG**, BGBl I 2009, 725), zum 29.7.2009 durch das Gesetz zur Stärkung der Finanzmarkt- und Versicherungsaufsicht (**FMVAStärkG**, BGBl I 2009, 2305), zum 24.9.2009 durch das Gesetz zur Erleichterung der Sanierung von Unternehmen (**FMStGÄndG**, BGBl I 2009, 3151) und zum 5.12.2012 durch das Gesetz zur Einführung einer Rechtsbehelfsbelehrung im Zivilprozess und zur Änderung anderer Vorschriften (**RechtsBehEG**, BGBl I 2012, 2418). Am 1.3.2012 trat das **2. FMStG** in Kraft (BGBl I 2012, 206), am 1.1.2013 das **3. FMStG** (BGBl I 2012, 2777). Die regelmäßig transitorischen Regelungen dieser Gesetze – die Maßnahmen des FMStBG greifen auf den Stabilisierungsfond des FMStFG zurück und dieser ist gem § 13 Abs 1 FMStFG (nach wiederholter Verlängerung) nach dem 31.12.2014 abzuwickeln und aufzulösen – enthalten etliche Modifikationen in Bezug auf die Anwendung aktienrechtlicher Regelungen auf Unternehmen des Finanzsektors (s dazu *Spindler* DStR 2008, 2269), die in verfassungsrechtlicher (s *Roitzsch/Wächter* DZWIR 2008, 1, 2) und europarechtlicher Hinsicht (vgl *Wieneke/Fett* NZG 2009, 8, 11 ff; *Noack* AG 2009, 227, 230 f) nicht unproblematisch erscheinen und im Einzelnen bei den betreffenden Normen kommentiert werden.

Einleitung

10b Das am 29.5.2009 in Kraft getretene Gesetz zur Bilanzmodernisierung (**BilMoG**, BGBl I 2009, 1102) setzt die Richtlinie 2006/43/EG (ABlEG 2006 L 264/32) und 2006/46/EG (ABlEG 2006 L 224/1) um (s auch unten Rn 19; zu den Änderungen im HGB s *Zwirner* NZG 2009, 530). Implementiert wurden ua eine Rückkaufbeschränkung bzgl eigener Aktien in § 71 Abs 2 und die Pflicht, mindestens ein AR-Mitglied zu bestellen, das unabhängig ist und über Sachverstand auf den Gebieten der Rechnungslegung oder Abschlussprüfung verfügt in § 100 Abs 5. Nach § 161 sind nunmehr auch die Gründe für ein Abweichen vom DCGK zu veröffentlichen (sog „comply or explain"-Mechanismus). Am 1.7.2009 wurde von der Bundesregierung der Public Corporate Governance Kodex (**PCGK**) vom 30.6.2009 veröffentlicht (abrufbar unter www.bmj.de), durch welchen die Gedanken der Corporate Governance auf die Besonderheiten öffentlicher Beteiligungsunternehmen ausgerichtet und auf diese übertragen werden. Unterfallen Unternehmen aufgrund einer Börsennotierung bereits dem DCGK, so ist ausschließlich dieser anzuwenden. Das am 5.8.2009 in Kraft getretene Gesetz zur Angemessenheit der Vorstandsvergütung (**VorstAG**) vom 31.7.2009 (BGBl I 2009, 2509) stellt eine Reaktion des Gesetzgebers auf die Finanzmarktkrise und damit verbundene Neiddebatten dar. Die Kriterien des § 87 Abs 1 S 1 zur Bestimmung der Angemessenheit der Vorstandsvergütung wurden erweitert (hierzu s *Fleischer* NZG 2009, 802 ff; *Spindler* NJOZ 2009, 3282); die Vergütungsstruktur hat sich an einer langfristigen Unternehmensentwicklung zu orientieren, daher dürfen Aktienoptionen gem § 193 Abs 2 Nr 4 auch erst nach vier Jahren eingelöst werden. Flankiert werden die Änderungen des § 87 durch einen rechtlich unverbindlichen Billigungsbeschluss der HV hinsichtlich des Vergütungssystems in § 120 Abs 4 und einem verbindlichen Selbstbehalt des Vorstandsmitglieds bei D&O-Versicherungen in § 93 Abs 2 S 3. Weitere Neuerungen liegen in der Herabsetzungsmöglichkeit der Vergütung gem § 87 Abs 2 S 1 und in der sog cooling-off-Periode, einer Karenzzeit ehemaliger Vorstandsmitglieder vor der AR-Mitgliedschaft, gem § 100 Abs 2 S 2. Am 1.9.2009 ist mit Inkrafttreten des Gesetzes zur Reform des Verfahrens in Familiensachen und in den Angelegenheiten der freiwilligen Gerichtsbarkeit (**FGG-RG**, BGBl I 2008, 2586), durch welches das FGG durch das FamFG abgelöst wurde, auch eine entspr Anpassungen der darauf verweisenden Vorschriften des AktG erfolgt (Art 74 FGG-RG). Die umfangreichste Änderung des AktG der letzten Jahre erfolgte durch das Gesetz zur Umsetzung der Aktionärsrechterichtlinie (**ARUG**), welches am 1.9.2009 in Kraft getreten ist (BGBl I 2009, 2479) und die Richtlinie 2007/36/EG sowie 2006/68/EG (Rn 15) umsetzt. Hierdurch sind ua die Fristenberechnung im Bereich der HV in §§ 121 Abs 7, 122 Abs 2, 123, 125 Abs 1 und 2, 126 Abs 1 umgestaltet und für börsennotierte AG die Informationspflichten vor der HV erweitert worden (s hierzu Auflistung bei *Drinhausen/Keinath* BB 2010, 3, 6). Die Durchführung der HV wurde den modernen technischen Möglichkeiten angepasst, so ist zB gem § 134 Abs 3 die Stimmrechtsbevollmächtigung in Textform möglich. Die Satzung kann jetzt sowohl die schriftliche oder elektronische Briefwahl als auch die elektronische Teilnahme an der HV gem § 118 vorsehen. § 124a AktG macht bestimmte, bisher lediglich im DCGK (Nr 2.3.1 S 3) empfohlene Veröffentlichungen auf der Internetseite der Gesellschaft zur Pflicht. Eine materiell bedeutsame Änderung durch das ARUG ist die Einräumung der Möglichkeit einer vereinfachten Sachgründung ohne externe Wertprüfung nach § 33a Abs 1 bzw § 52 Abs 4 bei der Nachgründung und der vereinfachten Sachkapitalerhöhung gem § 183a (s *Bayer/Schmidt* ZGR 2009, 808 ff). Die Rechtsfolgen des GmbHG bzgl der verdeckten Sacheinlage und des Hin- und Herzahlens wurden jetzt

Einleitung

auch auf das AktG in § 27 Abs 3 bzw Abs 4 übertragen (s hierzu *Bayer/Schmidt* ZGR 2009, 823 ff). Schließlich ist durch Änderungen des Freigabeverfahrens in §§ 246, 246a die Erhebung missbräuchlicher Aktionärsklagen erschwert worden. Durch das **RestrukturierungsG** vom 9.12.2010 (BGBl I 2010, 1900) wurde mit Wirkung ab 1.1.2011 die Verjährungsfrist des § 93 Abs 6 für im Zeitpunkt der Pflichtverletzung börsennotierte AG auf 10 Jahre verlängert; ebenso die daran angelehnte Frist des § 142 Abs 2 S 1. Daneben enthält es zahlreiche weitere Regelungen, die eine geordnete Sanierung bzw Abwicklung von Kreditinstituten ermöglichen sollen (zu den Regelungen des RStruktG s *Harbarth/Jaspers* NZG 2011, 368; *Müller-Eising/Brandi/ Sinhart/Lorenz/Löw* BB 2011, 66).

8. Aktuelle Entwicklungen ab 2011. Die **EU-Micro-Richtlinie** (Richtlinie 2012/6/EU zur Änderung der RL 78/660/EWG über den Jahresabschluss von Gesellschaften bestimmter Rechtsformen hinsichtlich Kleinstbetrieben; ABlEU 2012 Nr L 81/3), die es den EU-Mitgliedstaaten erlaubt, Kleinstkapitalgesellschaften Erleichterungen im Bereich der Rechnungslegungs- und Offenlegungsvorschriften zu gewähren, wurde in Deutschland durch das am 28.12.2012 in Kraft getretene **MicroBilG** (Gesetz zur Umsetzung der Richtlinie 2012/6/EU vom 14.2.2012, BGBl I 2012, 2751) umgesetzt (vgl zu den Neuerungen im Einzelnen *Küting/Eichenlaub* DStR 2012, 2615; *Fey/Deubert/ Lewe* BB 2013, 107). Insbesondere hat das MicroBilG für Kleinstkapital- und Kleinstpersonenhandelsgesellschaften die Möglichkeit geschaffen, eine verkürzte Bilanz und verkürzte Gewinn- und Verlustrechnung aufzustellen sowie auf die Aufstellung eines Anhangs zu verzichten, sofern bestimmte Angaben unter der Bilanz gemacht werden. Dabei sind „Kleinstkapitalgesellschaften" solche, bei denen mindestens zwei von drei der in § 267a HGB genannten Schwellenwerte (350 000 EUR Bilanzsumme; 700 000 EUR Umsatzerlös; zehn Arbeiter im Jahresdurchschnitt) an zwei aufeinander folgenden Abschlussstichtagen nicht überschritten werden. Auch können Kleinstkapitalgesellschaften nunmehr auf die Offenlegung des Jahresabschlusses im Bundesanzeiger verzichten. Sie können ihren Offenlegungspflichten nach § 325 HGB dadurch Rechnung tragen, dass sie ihre Bilanz lediglich beim Bundesanzeiger hinterlegen. Des Weiteren wurde durch eine Neufassung des § 264 Abs 3 HGB die Möglichkeit der Aufstellung eines befreienden Konzernabschlusses auf Mutterunternehmen mit Sitz im EU- bzw EWR-Ausland erweitert (s *Fey/Deubert/Lewe* BB 2013, 107, 110 f). Zu bemerken ist abschließend, dass nach Verabschiedung dieses Gesetzes unmittelbar eine erneute Gesetzesänderung bevorsteht, da der Bundestag mit Verabschiedung des MicroBilG zugleich die Beschlussempfehlung b) des Rechtsausschusses (BT-Drucks 17/11702, s 3 ff) angenommen hat, wonach die Bundesregierung bis März 2013 aufgefordert wird, einen das Ordnungsgeldverfahren nach § 335 HGB betreffenden Gesetzesvorschlag vorzulegen (vgl hierzu *Küting/Eichenlaub* DStR 2012, 2615, 2620).

Die **aktuelle Fassung des DCGK** vom 13.5.2013 ist am 10.6.2013 im elektronischen Bundesanzeiger (BAnz AT 10.6.2013 B3) bekannt gemacht worden und auch über die Website www.corporate-governance-code.de abrufbar. Die jüngste Überarbeitung beruht auf Änderungsvorschlägen der Kodexkommission und auf nahezu 40 Stellungnahmen, die im Wege des Konsultationsverfahrens abgegeben wurden. Neben einigen redaktionellen Änderungen zur Verschlankung des DCGK, wurden vor allem Anpassungen in Kapitel 4.2 „Vorstand – Zusammensetzung und Vergütung" beschlossen. Die Änderungen im Bereich der Vorstandsvergütung gehen über die von der Bundesregierung diskutierten Ansätze hinaus. Die Regierungskommission DCGK empfiehlt

Einleitung

Obergrenzen für die Vorstandsvergütung insgesamt sowie für die variablen Vergütungsteile, die vom Aufsichtsrat unternehmensspezifisch festgelegt werden sollen (4.2.3 Abs 2 S 6). Bei der Bemessung der Vorstandsvergütung soll der Aufsichtsrat das Verhältnis zur Vergütung des oberen Führungskreises und der gesamten Belegschaft auch in der zeitlichen Entwicklung berücksichtigen (4.2.2 Abs 2 S 3). Bei der Festlegung des Altersversorgungsniveaus für den Vorstand, soll der Aufsichtsrat auch den jährlichen und langfristigen Aufwand für das Unternehmen berücksichtigen (4.2.3 Abs 3). Informationen für den Vergütungsbericht sollen durch Verwendung der im Anhang enthaltenen Mustertabellen einheitlich erfasst werden (4.2.5 Abs 3), um so die Vergleichbarkeit für den Aufsichtsrat und die Öffentlichkeit zu verbessern. Der Aufwand für die Vereinheitlichung rechtfertigt es, dass diese Empfehlung erst 2014 in Kraft treten soll. Aus einer Pressemitteilung der Regierungskommission DCGK vom 14.5.2013 (abrufbar auf der oa Webseite unter „News") geht hervor, dass die neuen Empfehlungen für mehr Transparenz und Nachvollziehbarkeit im Bereich der Vorstandsvergütung sorgen sollen, um eine bessere Entscheidungsgrundlage zu schaffen und die Arbeit des Aufsichtsrats insgesamt zu stärken. Außerdem soll der Aufgabenkreis des vom Aufsichtsrat eingerichteten Prüfungsausschusses (Audit Committee) um das Risikomanagementsystem erweitert werden (5.3.2). Um den Tendenzen zur Verbesserung der Vielfalt (neudeutsch **„Diversity"**) in Vorstand und Aufsichtsrat gerecht zu werden, empfiehlt der DCGK in den Ziffern 4.1.5, 5.1.2 und 5.4.1 eine angemessene Berücksichtigung von Frauen, ohne sich auf eine konkrete **Frauenquote** oder andere Quoten festzulegen. Dies ist im Kontext aktueller Bestrebungen zur stärkeren Berücksichtigung von bisher unterrepräsentierten Gruppen, insb von Frauen, zu sehen, welche 2011 und 2012 auf juristischer wie politischer Ebene intensiv diskutiert wurden (vgl nur beispielhaft *Bachmann* ZIP 2011, 1131; *Spindler/Brandt* NZG 2011, 401; *Wachter* AktG Rn 27 mwN). Derzeit verfolgt das BMFSFJ insoweit einen Ansatz freiwilliger Selbstverpflichtung der Unternehmen (**Flexi-Quote**). Das Ministerium geht nach einem Stufenplan vor, der legislative Maßnahmen erst für den Fall erwägt, dass die freiwillige Selbstverpflichtung nicht zum gewünschten Erfolg führt (s www.bmfsfj.de). Zu entsprechenden Bestrebungen auf europäischer Ebene s Rn 21c.

10e Ohne unmittelbaren Einfluss auf den Text des AktG als solches, aber gleichwohl im hier untersuchten Kontext von Interesse ist das Gesetz zur Stärkung des Anlegerschutzes und Verbesserung der Funktionsfähigkeit des Kapitalmarktes (**AnsFuG**, BGBl I 2011, 538), das insb Verschärfungen in Bezug auf die Mitteilungs- und Veröffentlichungspflichten nach dem WpHG mit sich gebracht und zu diesem Zweck ua **§ 25 WpHG ergänzt und §§ 25a, 34d, 42d und 42e WpHG hinzugefügt** hat (hierzu *Krause* AG 2011, 469). Eine freilich nur redaktionelle Änderung etlicher aktienrechtlicher Normen ist demgegenüber durch das am 1.4.2012 in Kraft getretene **BAnzDiG** (BGBl I 2011, 3044) erfolgt. Da der Bundesanzeiger nunmehr ausschließlich in elektronischer Form existiert, wurde aus zahlreichen Normen des AktG (§§ 25, 97, 99, 127a, 161, 260, 305) das Wort „elektronischer" gestrichen. Eine Änderung kostenrechtlicher Vorschriften des AktG (§§ 99 Abs 5, 132 Abs 5, 260 Abs 6 AktG) ist durch das sog **2. Kostenrechtsmodernisierungsgesetz** (2. KostRMoG, BGBl I 2013, 2585) eingetreten, welches eine Vereinfachung des bisher unübersichtlichen Kostenrechts anstrebt. Zu diesem Zweck wurde insbesondere die KostO zum 1.8.2013 durch das sog **Gerichts- und Notarkostengesetz (GNotKG)** sowie die Justizverwaltungskostenordnung durch das sog Justizverwaltungskostengesetz (JVKostG) ersetzt (vgl *Schwarz*

Einleitung

FGPrax 2013, 1; s auch § 23 Rn 49). Schließlich wurde durch das AIFM-Umsetzungsgesetz (BGBl I 2013, 1981) eine Änderung der §§ 67 Abs 1 S 4, 256 Abs 5 S 4, 258 Abs 1a AktG vorgenommen, da im Zuge der Umsetzung der AIFM-RL (vgl hierzu Rn 21a) das InvG durch das **Kapitalanlagegesetzbuch (KAGB)** ersetzt wurde (vgl zu den Änderungen durch letzteres Rn 38 ff). Zu den zahlreichen Änderungen des FMStG s Rn 10a aE; zu aktuellen Entwicklungen auf europäischer Ebene s Rn 14 ff sowie insb Rn 21b ff.

9. Aktienrechtsnovelle/VorstKoG (Entwürfe). Am 2.11.2010 hat das Bundesjustizministerium einen **Referentenentwurf** für ein Gesetz zur Änderung des Aktiengesetzes („Aktienrechtsnovelle 2011") veröffentlicht. Dieser RefE fasste eine Reihe teils eher technischer, teils inhaltlich bedeutsamer Detailänderungen zusammen und sollte Unklarheiten bzw Redaktionsversehen vorausgehender Reformen (zB in §§ 130 Abs 2, 131 Abs 1 S 3, 175 Abs 2 S 1, 399 Abs 1 AktG-E) korrigieren. Unter den durch diesen RefE vorgesehenen Änderungen stechen vier Aspekte hervor: *Erstens* das Ziel der Verbesserung der **Transparenz der Beteiligungsverhältnisse nichtbörsennotierter AG:** Nichtbörsennotierte AG sollten nach Maßgabe des § 10 Abs 1 AktG-RefE nur noch Namensaktien ausgeben. Auch bei börsennotierten AG sollte dies nach § 24 Abs 1 AktG-RefE im Grundsatz gelten, wenn die Satzung nicht eine Ausgabe als Inhaberaktien vorsieht. § 24 Abs 2 AktG-RefE ermöglichte zudem die Ausstellung von **„Kombinationsaktien",** welche bestimmen, dass eine Namensaktie dem Inhaber zustehen soll, sobald die AG börsennotiert ist. Diese Neuregelungen sollten dem Vorwurf der FATF (Financial Action Task Force der G7) begegnen, die deutsche Inhaberaktie führe bei nichtbörsennotierten AG zur Intransparenz der Eigentümerverhältnisse und erleichtere dadurch Geldwäsche und Terrorfinanzierung. Ein *zweiter* Schwerpunkt zielte auf eine **Flexibilisierung der Finanzierung der AG:** Nach § 139 AktG-RefE musste der Vorzug stimmrechtsloser Aktien nicht mehr zwingend nachzahlbar sein, und nach § 192 AktG-RefE konnte das Umtauschrecht bei **Wandelschuldverschreibungen** nicht nur dem Gläubiger, sondern auch der AG als Schuldnerin eingeräumt werden. *Drittens* sollte eine Lücke in den **gegen missbräuchliche Aktionärsklagen gerichteten Vorschriften** geschlossen werden, die in Bezug auf das Phänomen sog nachgeschobener Aktionärsklagen (hierzu vgl *Schockenhoff* ZIP 2008, 1945) gesehen wurde. § 249 Abs 2 S 3 AktG-RefE unterstellte die Erhebung solcher Klagen einer „relativen" Befristung, der zufolge eine Nichtigkeitsklage nur binnen eines Monats nach Bekanntmachung der Ausgangsklage erhoben werden kann. Interessant war schließlich *viertens* auch eine Neuregelung in § 394 S 4 AktG-RefE, welche Satzungsfreiheit in Bezug auf die **Verschwiegenheitspflicht** und die Öffentlichkeit der Sitzungen des AR eröffnete, wenn an einer nicht börsennotierten AG eine Gebietskörperschaft beteiligt ist.

Am **20.12.2011** wurde ein **Regierungsentwurf** (BT-Drucks 17/8989) vorgelegt, der die im RefE vorgeschlagenen Regelungen im Wesentlichen beibehält, unter Berücksichtigung der Stellungnahmen aus Literatur und Praxis aber neben kleineren Konkretisierungen teils auch erhebliche Änderungen beinhaltete (vgl im Einzelnen *Drinhausen/ Keinath* BB 2012, 395). So war die im RefE vorgesehene Verpflichtung zur Ausgabe von Namensaktien für nichtbörsennotierte AG nach erheblicher Kritik aus Praxis und Wissenschaft im RegE nicht mehr enthalten. Die **Ausgabe von Namensaktien** sollte zwar auch nach dem RegE als Regel eingeführt werden (§ 10 Abs 1 S 1 AktG-E), doch sollte **auch für nichtbörsennotierte Unternehmen** unter bestimmten Vorausset-

10f

10g

Einleitung

zungen die Möglichkeit zur Ausgabe von Inhaberaktien bestehen bleiben. Die beabsichtigte **Ausweitung der Gestaltungsmöglichkeiten im Hinblick auf Wandelschuldverschreibungen** mit Umtauschrechten der Gesellschaft wurde präzisiert, aber im Wesentlichen beibehalten. Allerdings sollte nach dem RefE die Begrenzung des bedingten Kapitals (§ 192 Abs 3 S 1 AktG) auf max 50 % des Grundkapitals für Schuldverschreibungen mit Umtauschrecht der Gesellschaft vollständig aufgehoben werden. Diese Möglichkeit wurde im RegE auf zwei gesetzlich genannte Fälle beschränkt (s *Drinhausen/Keinath* BB 2012, 395, 396). In Bezug auf das **Aufleben des Stimmrechts bei unterbliebener Vorzugszahlung** sah § 140 Abs 2 nunmehr eine Differenzierung zwischen Vorzugsaktien mit und ohne nachzahlbarem Vorzug vor. Die **relative Befristung von Nichtigkeitsklagen** wurde unverändert übernommen. Die im RefE vorgesehene Möglichkeit zur satzungsmäßigen Regelung der **Verschwiegenheitspflichten** von Aufsichtsratsmitgliedern, die von der öffentlichen Hand entsandt wurden, wurde dagegen gestrichen. Als weitere wesentliche Neuerung ggü dem RefE sah der RegE schließlich die Streichung des § 25 S 2 AktG vor, mit der Folge, dass der **Bundesanzeiger zum einzigen „Gesellschaftsblatt"** iSd des AktG wird. Der Bundesrat hatte gegenüber diesem RegE in seiner Stellungnahme Zustimmung signalisiert (BR-Drucks 852/11(B)). Trotzdem wurde er letztlich nicht Gesetz.

10h Am 27.6.2013 hat der Bundestag auf der Grundlage der Beschlussempfehlung des Rechtsausschusses vom 26.6.2013 (BT-Drucks 17/14214) erneut die Initiative ergriffen und das **„Gesetz zur Verbesserung der Kontrolle der Vorstandsvergütung und zur Änderung weiterer aktienrechtlicher Vorschriften" (VorstKoG)** beschlossen, mit dem die Aktienrechtsnovelle in das AktG umgesetzt werden sollte. Mit Blick auf die bereits in den vorausgehenden Phasen diskutierten vier Problemfelder wurde darin die **Neuregelung des § 10 (Namensaktien)** nach dem Muster des RegE 2011 geregelt. § 24 und § 25 S 2 wurden wie vorgesehen gestrichen. Mit Blick auf die **Finanzierung der AG** wurden die Regelungen des RegE zur Nachzahlung des Vorzugs (§§ 139, 140), zur bedingten Kapitelerhöhung (§ 192) und zu Wandelschuldverschreibungen (§ 221) nochmals modifiziert. Die noch im RegE enthaltene **relative Befristung der Nichtigkeitsklage** (§ 249 Abs 2 S 3 AktG-RegE) wurde wieder gestrichen. Mit Blick auf die **Verschwiegenheitspflicht** der AR-Mitglieder bei Beteiligung von Gebietskörperschaften wurde § 394 ein dritter Satz hinzugefügt, nach welchem die Berichtspflicht nicht auf Gesetz, sondern auch auf Satzung oder Rechtsgeschäft beruhen kann. Im Mittelpunkt des VorstKoG stand, wie der Namen vermuten lässt, nunmehr eine politisch motivierte Neuregelung zur **Vorstandsvergütung**. Nach § 120 Abs 4 AktG sollte die HV der börsennotierten AG jährlich über die Billigung des vom AR vorgelegten Systems zur Vergütung der Vorstandsmitglieder beschließen. Die Darstellung des Systems musste auch Angaben zu den höchstens erreichbaren Gesamtbezügen, aufgeschlüsselt nach dem Vorsitzenden des Vorstands, dessen Stellvertreter und einem einfachen Mitglied des Vorstands, enthalten. Dadurch wären die Rechte der Aktionäre gestärkt worden, zumal dieser Beschluss nach § 120 Abs 4 S 3 nicht anfechtbar gewesen wäre. Die damit zugleich eintretende Schwächung des AR (einschließlich der Arbeitnehmervertreter) hat letztlich maßgeblich dazu beigetragen, dass der Bundesrat dem Gesetzentwurf am 20.9.2013 nicht zugestimmt hat. Damit ist dieser Versuch einer Novellierung des AktG der **Diskontinuität anheimgefallen** und konnte (vorerst) wiederum nicht umgesetzt werden. Ob und in welcher Form die Novelle in der laufenden Legislaturperiode erneut eingebracht oder gar umgesetzt wird, bleibt abzuwarten.

Einleitung

II. Rechtsquellen

1. Nationale Rechtsgrundlagen. Zum **Aktiengesetz** als zentraler Rechtsquelle des deutschen Aktienrechts treten das Einführungsgesetz zum Aktiengesetz und Rechtsverordnungen aufgrund des Aktiengesetzes (vgl § 128 Abs 6 Nr 2) sowie allg Gesetze wie das BGB (vgl bspw § 31 BGB, der auf alle juristischen Personen Anwendung findet). Die **Mitbestimmung** der Arbeitnehmer regeln MitbestG und Montan-MitbestG, Fragen der Bilanzierung sind seit Erlass des Bilanzrichtliniengesetzes im Jahr 1985 (dazu unten Rn 19) im 3. Buch des HGB geregelt, hier insb in den §§ 264–335b. Fragen der Umwandlung durch Verschmelzung, Spaltung, Vermögensübertragung und Formwechsel sind seit der Neukonzeption 1994 rechtsformübergreifend grds im **Umwandlungsgesetz** geregelt (zur grenzüberschreitenden Verschmelzung s unten Rn 17 und 31 f). Der Börsenhandel von Aktien ist in verschiedenen kapitalmarktrechtlichen Sondergesetzen geregelt: Hierzu zählen etwa BörsG, BörsZulV, WpPG, WpHG sowie das WpÜG. Daneben existieren Regelungen, die nur auf bestimmte AG anwendbar sind, zB §§ 108 ff; 140 ff des **Kapitalanlagegesetzbuchs** (KAGB) mit Regelungen zu Investment-AG mit variablem bzw fixem Kapital (hierzu unten Rn 38 ff), das **Gesetz über die Beaufsichtigung von Versicherungsunternehmen** (VAG) oder das **Urheberrechtswahrnehmungsgesetz** (UrhWG) mit Regelungen zu Verwertungsgesellschaften (dazu § 23 Rn 39). Alle deutschen Gesetze nebst Änderungsgesetzen seit dem 1.1.1999 können ua über die Website www.rechtliches.de abgerufen werden. Neben den Gesetzesrechtsquellen spielt im gesamten Gesellschaftsrecht die richterliche und rechtswissenschaftliche **Rechtsfortbildung** eine bedeutende Rolle. Die **Kautelarjurisprudenz** besitzt bei der Satzungsgestaltung im Aktienrecht aufgrund der Vielzahl zwingender Bestimmungen einen deutlich geringeren Spielraum als bei anderen Gesellschaftsformen mit größerer Regelungsfreiheit (GmbH, Personengesellschaften).

2. Gemeinschaftsrechtliche Richtlinien. – a) Gemeinschaftskompetenz. Seit den 60er Jahren haben viele Veränderungen des deutschen Aktienrechts ihren Ausgang bei der Entwicklung des europäischen Gesellschaftsrechts gehabt; oftmals (und in jüngster Zeit nahezu immer) stellten deutsche Reformgesetze Umsetzungen europäischer RL dar (vgl dazu in Auswahl unten Rn 14–21a sowie ausf *Habersack* Rn 45 ff und 77 ff; *Grundmann* S 74). Wichtigste Grundlage des EU-Richtlinienrechts ist die Kompetenzzuweisung an die Gemeinschaft für das Gesellschafts- und Unternehmensrecht nach **Art 50 Abs 2 lit g, 54 AEUV** (vormals Art 44 Abs 2 lit g, 48 EGV, davor Art 54 Abs 3 lit g, 58 Abs 2 EWG-Vertrag). Sie umfasst grds die Berechtigung zur Angleichung des gesamten Gesellschaftsrechts einschließlich des Bilanz- und Kollisionsrechts und der Arbeitnehmermitbestimmung (*Leible* ZHR 162 (1998), 594, 597 ff; *Grundmann* S 44 ff). Auch das Kriterium der „Erforderlichkeit" bildet keine echte Einschränkung, da Art 50 Abs 2 lit g AEUV nicht nur auf die Gewährleistung der Niederlassungsfreiheit abzielt, sondern allg auf die Herstellung gleicher Rahmenbedingungen. Als weitere Kompetenzgrundlagen kommen die auf das Funktionieren des Gemeinsamen Marktes bzw Binnenmarktes gerichteten Generalklauseln der Art 114, 115 AEUV (vormals Art 94, 95 EGV, davor Art 100, 100a EWG-Vertrag) in Betracht.

b) Richtlinienkonforme Auslegung nationalen Rechts. Die EU-Richtlinien sind bei der Auslegung des nationalen Rechts zu beachten. Dabei sind auch einzelstaatliche Regelungen, die vor Erlass der Richtlinien ergangen sind, richtlinienkonform auszule-

Einleitung

gen (*EuGH* 14.7.1994, Rs C-91/92, Slg 1994, I-3347, 3357 Tz 26 – Faccini Dori). EU-Verordnungen wirken nach Art 288 AEUV (vormals Art 249 EGV) unmittelbar auch in den Mitgliedstaaten, ohne dass es einer Umsetzung in das nationale Recht bedürfte. Als Ziele der gesellschaftsrechtlichen Gesetzgebung der EU stechen neben der Rechtsharmonisierung besonders Publizität und damit Verkehrsschutz hervor (*Habersack* Rn 48 f; zum unmittelbaren Einfluss der in **Art 49 ff AEUV** normierten Niederlassungsfreiheit auf das deutsche Gesellschaftsrecht s noch unten Rn 23 ff).

14 **c) Einzelne Richtlinien (Auswahl).** – **aa) Publizitätsrichtlinie und Zweigniederlassungsrichtlinie.** Die **Publizitätsrichtlinie** (ursprünglich 1. Richtlinie vom 9.3.1968, 68/151/EWG, ABlEG 1968 L 65/8, mit Wirkung vom 21.10.2009 als Richtlinie 2009/101/EG vom 16.9.2009, ABlEU 2009 L 258/11 neu kodifiziert) regelt die Offenlegung bestimmter Verhältnisse der Gesellschaft zugunsten potentieller Gesellschaftsgläubiger und Anleger; insb sind Mindestangaben über die Gesellschaft im Register und auf Geschäftsbriefen und die Unbeschränkbarkeit der Vertretungsmacht des Leitungsorgans vorgeschrieben. Für **Zweigniederlassungen** wurden die Regelungen der Publizitätsrichtlinie durch die Zweigniederlassungsrichtlinie ergänzt (11. Richtlinie vom 21.12.1989, 89/666/EWG, ABlEG 1989 L 395/36). Die maßgeblich vom deutschen Recht beeinflusste Publizitätsrichtlinie wurde mit Gesetz vom 15.8.1969 umgesetzt (BGBl I 1969, 1146; vgl auch RegBegr BT-Drucks 5/3862 S 8 ff); die Umsetzung der Zweigniederlassungsrichtlinie erfolgte verspätet mit Gesetz vom 22.7.1993 (BGBl I 1993,1282). Die **Publizitätsrichtlinie** wurde durch die **Richtlinie 2003/58/EG** vom 15.7.2003 (ABlEG 2003 L 221/13) modernisiert, die durch das Gesetz über elektronische HR- und Genossenschaftsregister sowie das Unternehmensregister vom 10.11.2006 (EHUG, BGBl I 2006, 2553) umgesetzt wurde. Die am 7.7.2012 in Kraft getretene **Richtlinie zur Verknüpfung von Zentral-, Handels- und Gesellschaftsregistern** der Mitgliedsstaaten (Richtlinie 2012/17/EU vom 13.6.2012 zur Änderung der Richtlinie 89/666/EWG sowie der Richtlinie 2005/56/EG und 2009/101/EG in Bezug auf die Verknüpfung von Zentral- Handels- und Gesellschaftsregistern; ABlEU 2012 Nr L 156/1) nimmt ebenfalls Änderungen an der Publizitäts-, Zweigniederlassungs- sowie an der grenzüberschreitenden Fusionsrichtlinie zum Zwecke einer Verknüpfung der nationalen Register vor (vgl zu den Änderungen im Einzelnen *Kilian* FGPrax 2012, 185; *Bayer/J. Schmidt* BB 2013, 3, 5). So wird insb eine europäische Registerplattform geschaffen, eine einheitliche europäische Handelsregisternummer sowie eine Regelfrist von 21 Tagen für Eintragungen ins Handelsregister eingeführt und schließlich Veröffentlichungs-, Informations- und Mitteilungspflichten für die Mitgliedstaaten und nationalen Registerstellen begründet. Die Richtlinie ist bis Anfang Juli 2014 in nationales Recht umzusetzen.

15 **bb) Kapitalrichtlinie.** Die Kapitalrichtlinie (2. Richtlinie vom 13.12.1976, 77/91/EWG, ABlEG 1977 L 26/1) schreibt den Grundsatz des festen Kapitals gemeinschaftsweit fest; geregelt werden die Voraussetzungen der Gesellschaftsgründung und die Vorschriften bezüglich der Kapitalerhaltung, -erhöhung und -herabsetzung. Ins deutsche Recht wurde die Kapitalrichtlinie durch Gesetz vom 13.12.1978 (BGBl I 1978, 1959) umgesetzt. Die Kapitalrichtlinie wurde durch die **Richtlinie 2006/68/EG** in Bezug auf die Gründung von Aktiengesellschaften und die Erhaltung und Änderung ihres Kapitals vom 6.9.2006 (ABlEG 2006 L 264/32) abgeändert. Die Änderungsrichtlinie sieht ua Erleichterungen bei der Bewertung von Sacheinlagen, beim Bezugsrechtsausschluss und beim Erwerb eigener Aktien sowie die Einführung erweiterter Aus-

Einleitung

schluss- und Andienungsrechte vor. Dies soll die Unternehmen in die Lage versetzen, rascher und effizienter auf Marktentwicklungen zu reagieren, ohne dass dadurch der Schutz der Aktionäre ins Hintertreffen gerät. Eine Umsetzung dieser RL in das deutsche Recht ist durch das ARUG erfolgt (s Rn 10b). Eine Neukodifizierung der Kapitalrichtline mit teils geänderter Nummerierung, aber ohne maßgebliche inhaltliche Änderungen ist durch die Richtlinie 2012/30/EU vom 25.10.2012 (AB1EU 2012 Nr L 315/74) erfolgt, die am 4.12.2012 in Kraft getreten ist (vgl dazu. *Bayer/J. Schmidt* BB 2013, 3, 6; *Bayer/J. Schmidt* BB 2012, 3, 4).

cc) Verschmelzungs-, Spaltungs- und Sitzverlegungsrichtlinie. Die Verschmelzungsrichtlinie (3. Richtlinie vom 9.10.1978, **78/855/EWG**, AB1EG 1978 L 295/36; auch „**Fusionsrichtlinie**"), die inzwischen durch die „Richtlinie 2011/35/EU vom 5.4.2011 über die Verschmelzung von Aktiengesellschaften" mit Wirkung vom 1.7.2011 aufgehoben (Art 32 Richlinie 2011/35/EU) und durch diese neu kodifiziert wurde, bezweckt die Angleichung der mitgliedstaatlichen Regelungen über die Verschmelzung von AG und regelt insb die Prüfung und die Information der HV im Vorfeld einer solchen Verschmelzung. Auf diese Weise wird ein Mindestschutz der Aktionäre und Gläubiger der im Zuge der Umstrukturierung erlöschenden Gesellschaft bewirkt. Die RL betrifft nur eine **innerstaatliche Verschmelzung** (vgl auch § 1 Abs 1 UmwG; s aber sogleich Rn 17); sie wurde durch Gesetz vom 25.10.1982 (BGBl I 1982, 1425 ff) umgesetzt (vgl dazu auch RegE BT-Drucks 9/1065 und Bericht Rechtsausschuss BT-Drucks 9/1785 sowie *Priester* NJW 1983, 1459). 17. Die Verschmelzungsrichtlinie wird durch die **Spaltungsrichtlinie** (6. Richtlinie vom 17.12.1982, **82/891/EWG**, AB1EG 1982 L 378/47) ergänzt, die eine Umgehung der Verschmelzungsrichtlinie verhindern soll, da der Rechtsträgerwechsel bei der Spaltung die Aktionäre und Gläubiger ähnlich gefährden kann wie bei einer Verschmelzung (*Habersack* Rn 248 ff). Die Spaltungsrichtlinie wurde erst durch Gesetz vom 28.10.1994 (BGBl I 1994, 3210) umgesetzt. 16

Regelungen zu **grenzüberschreitenden Verschmelzungsvorgängen** folgten nach langer, insb durch Differenzen hinsichtlich der Mitbestimmung ausgelöster Verzögerung (vgl *Habersack* Rn 213, 60 ff) erst durch die **Richtlinie 2005/56/EG** über die Verschmelzung von Kapitalgesellschaften aus verschiedenen Mitgliedstaaten vom 26.10.2005 (AB1EG 2005 L 310/1), die durch das Zweite Gesetz zur Änderung des Umwandlungsgesetzes (BGBl I 2007, 542) zum 25.4.2007 umgesetzt wurde (*Müller* ZIP 2007, 1081; *Neye/Timm* GmbHR 2007, 561; zum RefE *Neye/Timm* DB 2006, 488; *dies* GmbHR 2007, 561; *Grohmann/Gruschinske* GmbHR 2006, 191; *Nagel* NZG 2006, 97; *Krause/Kulpa* ZHR 171 (2007), 38). Die Änderungsrichtlinie **2009/109/EG** vom 16.9.2009 (AB1EG 2009 L 259/14) zielt auf die Überarbeitung und Vereinheitlichung von Berichts- und Dokumentationspflichten, die bei Verschmelzungen und Spaltungen nach den Richtlinien 78/855/EG, 82/891/EWG und 2005/56/EG anfallen (s *Bayer/Schmidt* BB 2010, 387, 389): So ist bspw eine Veröffentlichung des Verschmelzungs- oder Spaltungsplans auf der Webseite der AG möglich. Ferner wurde die Unterrichtungspflicht der HV bei gravierenden Änderungen des Aktiv- bzw Passivvermögens nach Planaufstellung auf Verschmelzungen erstreckt. Durch das am 15.7.2011 in Kraft getretene Dritte Gesetz zur Änderung des Umwandlungsgesetzes (BGBl I 2011, 1338; BT-Drucks 17/3122) wurden die Vorgaben der beiden Richtlinien umgesetzt. Die Änderungen bewirken im Wesentlichen eine Vereinfachung von Verschmelzungen und Spaltungen unter Beteiligung von AG durch Verzicht auf bestimmte Regelungen bzw durch Modifikation von Berichts- und Dokumentationspflichten (vgl Übersicht bei *Simon/Merkel-* 17

Einleitung

bach DB 2011, 1317; *Neye/Kraft* NZG 2011, 681; *Leitzen* DNotZ 2011, 526; *Diekmann* NZG 2010, 489). Bedeutend ist – neben der Ergänzung des § 64 Abs 1 UmwG um eine Nachinformationspflicht bei Vermögensveränderungen – insb die Einführung der umwandlungsrechtlichen Sonderregelung des § 62 Abs 5 UmwG, wonach unter bestimmten Voraussetzungen ein Squeeze-Out von Minderheitsaktionären bei der Verschmelzung von einer Tochter-AG auf die Mutter-AG („upstream merger") in Abweichung von § 327a AktG bereits bei einer Beteiligungsquote von 90 % möglich ist, soweit er in einem sachlichen und zeitlichen Zusammenhang mit der Verschmelzung erfolgt (vgl hierzu *Simon/Merkelbach* DB 2011, 1317, 1320 ff; *Austmann* NZG 2011, 684; *Bungert/Wettich* DB 2011, 1500). Eine weitere geringfügige Änderung der Richtlinie 2005/56/EG (vgl oben Rn 14) erfolgte in Bezug auf bestimmte Meldepflichten an die europäische Registerplattform durch die **Richtlinie 2012/17/EU zur Verknüpfung von Zentral-, Handels- und Gesellschaftsregistern** (s *Kilian* FGPrax 2012, 185; *Bayer/J. Schmidt* BB 2013, 3, 5).

18 Ein **Vorschlag für eine Sitzverlegungsrichtlinie** (14. Gesellschaftsrechts-Richtlinie) ist bisher nicht über das Vorschlags- und Konsultationsstadium hinausgekommen (dazu MünchKomm AktG/*Pentz* § 45 Rn 27 f). Trotz wiederholter Aufforderung durch Wissenschaft und Praxis, Reflection Group (Bericht Reflection Group, S 20) sowie Europäisches Parlament (zuletzt Entschließung des Europäischen Parlaments vom 14.6.2012 zur Zukunft des europäischen Gesellschaftsrechts) und trotz Vorlage eines Initiativberichts (Verfahren 2011/2046(INI)) durch das Europäische Parlament, hat die Kommission bisher keinen Entwurf für eine Sitzverlegungsrichtlinie vorgelegt, sondern in ihrem am 12.12.2012 publizierten „Aktionsplan Europäisches Gesellschaftsrecht" für 2013 (erneut) eine öffentliche Konsultation zu diesem Thema angekündigt. Ob hiervon eine tatsächliche Renaissance des Projekts zu erwarten ist, bleibt abzuwarten.

19 **dd) Jahresabschluss-, Konzernabschluss- und Abschlussprüferrichtlinie.** Die **Jahresabschlussrichtlinie** (4. Richtlinie vom 25.7.1978, 78/660/EWG, ABlEG 1978 L 222/11; geändert insb durch die „fair value"-Richtlinie 2001/65/EG, ABlEG 2001 L 283/28) dient einer Vereinheitlichung der Mindeststandards für die Gliederung, den Inhalt und die Offenlegung der Jahresabschlüsse mit dem Ziel einer verbesserten Information von Kapitalanlegern und Kreditgebern; allerdings bestehen aufgrund des Widerstreits zwischen der vorsichtigen, gläubigerschützenden Bilanzierung des deutschen Bilanzrechts und dem „true and fair view" des englischen Bilanzrechts im Gesetzgebungsverfahren viele Wahlmöglichkeiten. Die Jahresabschlussrichtlinie wurde für Konzerne ergänzt durch die **Konzernabschlussrichtlinie** (7. Richtlinie vom 13.7.1983, 83/349/EWG, ABlEG 1983 L 193/1). Hinsichtlich der Vermögens-, Finanz- und Ertragslage ist danach der Konzern in einem „konsolidierten Abschluss" wie eine rechtliche Einheit zu behandeln. Durch die Richtlinie 2006/46/EG vom 14.6.2006 (ABlEG 2006 L 224/1) wurden die Jahresabschluss- und Konzernabschlussrichtlinie abgeändert. Diese Richtlinie sieht ua vor, dass börsennotierte Gesellschaften eine Erklärung zur Unternehmensführung (Corporate Governance Statement) in ihren Lagebericht aufnehmen, die weit über die Entsprechenserklärung nach § 161 AktG hinausgeht. Die Richtlinie 2006/46/EG wurde durch das BilMoG in das deutsche Recht umgesetzt (oben Rn 10b). Eine maßgebliche Änderung im Hinblick auf die Konzernbilanzierung hat sich zwischenzeitlich ferner durch die **IAS-Verordnung** Nr 1606/2002 vom 19.7.2002 (ABlEG 2002 L 243/1) ergeben. Danach müssen börsen-

Einleitung

notierte Gesellschaften für alle nach dem 1.1.2005 beginnenden Geschäftsjahre ihren konsolidierten Abschluss nicht mehr nach der Konzernabschlussrichtlinie, sondern vielmehr nach Maßgabe der International Accounting Standards (IAS) aufstellen. Als Verordnung wirkt die IAS-VO nach Art 288 AEUV unmittelbar, ohne dass es dazu einer Umsetzung in das deutsche Recht bedürfte. Geringfügige Änderungen der Jahres- und der Konzernabschlussrichtlinie erfolgten ferner durch die Richtlinie 2009/49/EG (ABlEG 2009 L 164/42). Nachdem die Kommission am 25.10.2011 einen Vorschlag für eine neue einheitliche „Bilanz- und Konzernbilanzrichtlinie" vorgelegt hat, läuft derzeit ein entsprechendes Gesetzgebungsverfahren, welches eine Konsolidierung und umfassende inhaltliche Überarbeitung der 4. und 7. Richtlinie zum Gegenstand hat (dazu *Bayer/Schmidt* BB 2013, 3, 6 f; *Bayer/Schmidt* BB 2012, 3, 5 f). Die **Prüferbefähigungsrichtlinie** (8. Richtlinie vom 10.4.1984, 84/253/EWG, ABlEG 1984 L 126/20) stellte Zulassungskriterien für Abschlussprüfer auf. Jahresabschluss-, Konzernabschluss- und Prüferbefähigungsrichtlinie wurden durch das Bilanzrichtliniengesetz vom 19.12.1985 (BGBl I 1985, 2355) ins deutsche Recht umgesetzt. Später wurde sie **durch die Abschlussprüferrichtlinie** (2006/43/EG vom 17.5.2006, ABlEG 2006 L 157/87) **ersetzt**, die durch das BilMoG in das deutsche Recht umgesetzt wurde (oben Rn 10b) und bereits einer Änderung durch die RL 2008/30/EG (ABlEG 2008 L 81/53) unterlag. Initiiert durch das am 30.11.2011 von der Kommission vorgelegte Legislativpaket, bestehend aus einer Änderungsrichtlinie (KOM(2011) 778) und einem VO-Vorschlag (KOM 2011 779), befindet sich nunmehr auch eine umfassende **Reform der Abschlussprüfung** in einem kontrovers diskutierten Gesetzgebungsverfahren (dazu *Bayer/Schmidt* BB 2013, 3, 7; *Bayer/Schmidt* BB 2012, 3, 6).

ee) Einpersonenrichtlinie. Die (ursprüngliche) 12. Richtlinie 89/667/EWG auf dem Gebiet des Gesellschaftsrechts betr Gesellschaften mit beschränkter Haftung mit einem einzigen Gesellschafter vom 21.12.1989 (ABlEG 1989 L 395/40) wurde mit Wirkung vom 21.10.2009 als „Richtlinie 2009/102/EG vom 16.9.2009 auf dem Gebiet des Gesellschaftsrechts betreffend Gesellschaften mit beschränkter Haftung mit einem einzigen Gesellschafter" (ABlEU 2009 L 258/20) neu kodifiziert. Sie betrifft **unmittelbar nur die GmbH** (vgl im Einzelnen GroßKomm AktG/*Ehricke* Rn 2 ff). Trotzdem hat der deutsche Gesetzgeber 1994 von sich aus durch das Gesetz für kleine AG die Möglichkeit zur Gründung einer Einpersonen-AG eröffnet (dazu oben Rn 7). 20

ff) Übernahmerichtlinie. Die Übernahmerichtlinie vom 21.4.2004 (2004/25/EG, ABlEG L 142/12) legt allg Grundsätze fest, die bei Unternehmensübernahmen und dem Erwerb der Kontrolle über börsennotierte Gesellschaften einzuhalten sind. Sie regelt öffentliche Erwerbsangebote für Wertpapiere, die entweder mit dem Ziel oder in der Konsequenz eines Kontrollerwerbs abgegeben werden. Nachdem die Übernahmerichtlinie im ersten Anlauf im Jahre 2001 im Europäischen Parlament gescheitert war, stellt die neue Fassung eine Einigung auf dem kleinsten gemeinsamen Nenner dar (vgl ausführlich *Maul/Muffat-Jeandet* AG 2004, 221 ff; *Kindler/Horstmann* DStR 2004, 866 ff). Die Umsetzung in das deutsche Recht erfolgte mit Gesetz vom 8.7.2006 (BGBl I 2006, 1426). Im Juni 2012 hat die Kommission ihren Bericht zur Anwendung der Übernahme-Richtlinie (KOM(2012) 347) vorgelegt, in dem sie in einigen Punkten Verbesserungsbedarf feststellt und die Vornahme „geeigneter Schritte" erwägt. Welche Schritte die Kommission im Einzelnen ergreifen wird, bleibt abzuwarten (s *Bayer/Schmidt* BB 2013, 3, 7). 21

Einleitung

21a **gg) Aktionärsrechterichtlinie und AIFM-Richtlinie.** Die **Aktionärsrechterichtlinie** (Richtlinie 2007/36/EG vom 11.7.2007, ABlEG 2007 L 184/17) soll bei börsennotierten AG die grenzüberschreitende Ausübung von Aktionärsrechten erleichtern. Dem dienen neben der Erweiterung von Informationspflichten im Vorfeld der HV ua die Möglichkeit einer elektronischen HV-Teilnahme und Stimmrechtsausübung (s *Zetzsche* NZG 2007, 686). Die Aktionärsrechterichtlinie wurde durch das ARUG (s oben Rn 10b) mit Wirkung zum 1.9.2009 umgesetzt. Die sog **AIFM-Richtlinie** (Richtlinie 2011/61/EU über die Verwalter alternativer Investmentfonds) (hierzu *Dornseifer/Jesch/Klebeck/Tollmann* AIFM-Richtlinie, Kommentar, 2013) bezweckt, die gesamte (offene wie geschlossene) Fondsbranche einer harmonisierten Regulierung und Aufsicht zu unterwerfen und durch Abschaffung systemischer Risiken, einen Binnenmarkt für sog alternative Investmentfonds (AIF) zu schaffen. Zu diesem Zweck sollen AIF-Manager einer einheitlichen Erlaubnispflicht, Regulierung und Aufsicht unterworfen werden (s *Bußalb/Unzicker* BKR 2012 309 f). In Deutschland wurde die AIFM-Richtlinie durch das AIFM-UmsG (BGBl I 2013, 1981) mit Wirkung zum 22.7.2013 umgesetzt, wobei die deutschen Regelungen über die Mindestanforderungen der Richtlinie hinausgehen. Kernstück des AIFM-UmsG ist die Einführung des **Kapitalanlagegesetzbuches (KAGB)**, welches das InvG abgelöst hat (oben Rn 10e; zu den Regelungen des KAGB vgl auch Rn 38 ff).

21b **d) Weitere Entwicklungen und Richtlinienvorschläge.** Eine erwähnenswerte Entwicklung stellen die Erwägungen der Kommission zum Erlass einer einheitlichen **europäischen Regelung zur Corporate Governance** dar. Nachdem die Grünbücher „Weiteres Vorgehen im Bereich der Abschlussprüfung: Lehren aus der Krise" und „Corporate Governance in Finanzinstituten und Vergütungspolitik" veröffentlicht wurden, hat die Kommission im Sinne der Weiterentwicklung und Harmonisierung des europäischen Gesellschaftsrechts am 5.4.2011 nunmehr das Grünbuch „Europäischer Corporate Governance Rahmen" veröffentlicht. Ausgestaltet als Diskussionspapier, hat die Kommission zur Debatte gestellt, ob und wie Corporate Governance durch EU-Regelungen verbessert werden kann. Im Wesentlichen befasst sich das Grünbuch mit vier Themenkomplexen: *Erstens* mit der Frage des Adressatenkreises für einen etwaigen europäischen Corporate Governance Rahmen (Anwendung auch auf nicht börsennotierte Unternehmen?; Differenzierung nach Unternehmensgröße?), *zweitens* mit Regelungen für Verwaltungs- und Aufsichtsräte (Schaffung beruflicher, internationaler und geschlechtsspezifischer Diversität; externe Evaluation; Offenlegung der Vergütung; Risikomanagement), *drittens* mit der Einbeziehung von Aktionären in die Corporate Governance (Förderung langfristiger Investments; Schutz von Minderheitsaktionären; Förderung der Kapitalbeteiligung von Arbeitnehmern; Regelungen für proxy advisors) sowie *viertens* mit der Einführung und Ausgestaltung des „Comply or Explain"-Prinzips (Erläuterungspflichten hinsichtlich Abweichung und gewählten Alternativlösung?; Kontrolle durch Aufsichtsbehörde?) (vgl *Jung* BB 2011, 1987; *Bayer/Schmidt* BB 2012, 3, 9). Stellungnahmen konnten bis zum 22.7.2011 abgegeben werden. Sie sind unter der Webseite der EU-Kommission abrufbar.

21c Am 14.11.2012 hat die Kommission einen **Vorschlag für eine Richtlinie zur Geschlechterbalance** (Vorschlag für eine Richtlinie zur Gewährleistung einer ausgewogeneren Vertretung von Frauen und Männern unter den nicht geschäftsführenden Direktoren/Aufsichtsratsmitgliedern börsennotierter Gesellschaften und über damit zusammenhängende Maßnahmen, (KOM(2012) 614) vorgelegt. Während dieser für börsenno-

Einleitung

tierte Unternehmen im Hinblick auf nicht geschäftsführende Direktoren bzw Aufsichtsräte als „Zielvorgabe" eine Quote von 40 % des unterrepräsentierten Geschlechts (dh in aller Regel eine „Frauenquote") intendiert, ist für geschäftsführende Direktoren bzw Vorstandsmitglieder lediglich eine „Flexiquote" vorgesehen, wonach Gesellschaften Eigenverpflichtungen eingehen sollen (zu Einzelheiten s *Bayer/Schmidt* BB 2013, 3, 7 f).

Weitere Änderungen von Fusionsrichtlinie, Spaltungsrichtlinie, grenzüberschreitender Fusionsrichtlinie, Aktionärsrichtlinie und Kapitalrichtlinie könnten durch einen **Vorschlag für die sog Krisenmanagementrichtlinie** (2012/0150 (COD)) bewirkt werden. Hiernach sollen die betroffenen Richtlinien zwecks effektiver Sanierung bzw Abwicklung von Kreditinstituten und Wertpapierfirmen ganz oder teilweise nicht gelten, sofern Gesellschaften Gegenstand von Abwicklungsinstrumenten, -befugnissen und -mechanismen nach der neuen Richtlinie sind (dazu *Bayer/J. Schmidt* BB 2013, 3, 6; *Dohrn* WM 2012, 2033).   **21d**

3. Grundfreiheiten des AEUV. Neben dem sekundärrechtlichen Einfluss der EU-Richtlinien hat auch das europäische Primärrecht, namentlich der AEUV in Gestalt der unmittelbar die nationalen Gesetzgeber bindenden Grundfreiheiten (Art 34 ff AEUV), Einfluss auf das deutsche Aktienrecht gewonnen. Von herausragender Bedeutung ist die *EuGH*-Rspr zur **Niederlassungsfreiheit (Art 49, 54 AEUV**; früher Art 43, 48 EGV) in Bezug auf das Internationale Gesellschaftsrecht (dazu sogleich ausf Rn 23 ff). Daneben hat auch die **Kapitalverkehrsfreiheit (Art 63 AEUV**; früher Art 56 EGV) Bedeutung erlangt. In Kombination der beiden Grundfreiheiten ist der *EuGH* in mehreren Entscheidungen nationalen Regelungen entgegengetreten, durch welche einzelne Mitgliedstaaten einen Aktienerwerb durch ausländische Anleger begrenzen oder sich selbst Sonderrechte in Bezug auf börsennotierte Gesellschaften vorbehalten wollten (sog **„Golden Shares"-Entscheidungen**, vgl *EuGH* 4.6.2002, Rs C-367/98, Slg 2002, I-4731 – Kommission/Portugal; 4.6.2002, Rs C-483/99, Slg 2002, I-4781 – Kommission/Frankreich; 4.6.2002, Rs C-503/99, Slg 2002, I-4809 – Kommission/Belgien; 13.5.2003, Rs C-463/00, Slg 2003, I-4581 – Kommission/Spanien; 13.5.2003, Rs C-98/01, Slg 2003, I-4641 – Kommission/Vereinigtes Königreich; 2.6.2005, Rs C-174/04, Slg 2005, I-4933, Kommission/Italien; 28.9.2006, Rs C-282/04 und C-283/04, Slg 2006, I-9141 – Kommission/Niederlande; 3.12.2007, Rs C-463/04 und C-464/04, Slg 2007, I-10419 – Kommission/Federconsumatori ua; 17.7.2008, Rs C-207/07, Slg 2008, I-111 – Kommission/Spanien; 26.3.2009, Rs C-326/07, Slg. 2009, I-2291 – Kommission/Italien; 8.7.2010, Rs C-171/08 – Kommission/Portugal). Die Beschränkung der Stimmrechte von Anteilseignern auf maximal 20% durch § 2 des deutschen **VW-Gesetzes** (BGBl I 1960, 585) war Gegenstand eines weiteren Verfahrens vor dem *EuGH* (Rs C-112/05; *EuGH* NJW 2007, 3481). Diese Beschränkung ist mittlerweile durch den dt Gesetzgeber aufgehoben worden (vgl Rn 10b).   **22**

III. Internationales Gesellschaftsrecht, insb EU-Niederlassungsfreiheit

1. Anknüpfung des Gesellschaftsstatuts. Das deutsche Internationale Gesellschaftsrecht ist (noch) nicht gesetzlich geregelt (vgl Rn 29a). Es ist **Richterrecht**, das allerdings stark durch den AEUV und andere internationale Abkommen wie den deutschamerikanischen Freundschaftsvertrag vom 29.10.1954 (BGBl II 1956, 487 f) beeinflusst wird. Im Hinblick auf die kollisionsrechtliche Anknüpfung von Rechtsverhältnissen der AG ist zwischen gesellschaftsrechtlichen Fragen und sonstigen Fragen mit Bezug   **23**

Einleitung

auf Rechtsverhältnisse der Gesellschaft zu unterscheiden. Gesellschaftsrechtliche Fragestellungen richten sich nach dem Gesellschaftsstatut (Personalstatut), für andere Fragen können andere Anknüpfungspunkte wie das Vertrags-, Insolvenz- oder Deliktsstatut maßgeblich sein (KölnKomm AktG/*Zöllner* Rn 191).

24 Die früher in Deutschland **hM** zum Gesellschaftsstatut im deutschen Recht folgte der **Sitztheorie**. Anknüpfungsmerkmal für das anwendbare Gesellschaftsrecht war danach der tatsächliche Sitz der Hauptverwaltung der Gesellschaft (Verwaltungssitz). Anwendbar war dasjenige Gesellschaftsrecht, das am tatsächlichen Entscheidungszentrum der Gesellschaft galt, also an dem „Ort, wo die grundlegenden Entscheidungen der Unternehmensleitung effektiv in laufende Geschäftsführungsakte umgesetzt werden" (*BGHZ* 97, 269, 272; *Sandrock* FS Beitzke, S 669, 683; *Triebel/von Hase* BB 2003, 2409). Der Verwaltungssitz konnte faktisch von dem in der Satzung festgelegten Sitz abweichen und wurde anhand verschiedener Indizien durch das zur Entscheidung berufene Gericht ermittelt, was mit erheblichen praktischen Unsicherheiten verbunden war. Nach traditioneller Auffassung der Sitztheorie löste sich die Gesellschaft mit der Verlegung des Verwaltungssitzes ins Ausland von der Rechtsordnung, aus der sie ihre Rechtsfähigkeit ableitete; es trat dementsprechend grds ein Statutenwechsel ein. Aufgrund der Unterschiede der staatlichen Gesellschaftsrechtsordnungen führte dies regelmäßig zu dem **Zwang, die Gesellschaft aufzulösen und nach dem Recht des neuen Sitzstaates neu zu gründen,** selbst wenn das Gründungsrecht die Gesellschaft trotz der Sitzverlegung als weiterhin existent betrachtete. Ein auf den Sitzwechsel gerichteter Beschluss wurde danach überwiegend als Auflösungsbeschluss ausgelegt (vgl etwa *RGZ* 107, 94, 97; *BayObLG* NJW-RR 1993, 43; Staudinger BGB/*Großfeld* IntGesR Rn 579 ff; dazu iE § 45 Rn 12).

24a Infolge der ***Centros*-Entscheidung** des *EuGH* (9.3.1999, Rs C-212/97 Slg 1999, I-1459) wurde die Sitztheorie in Deutschland zunächst modifiziert. Nach der **Kanalinsel-Entscheidung** (*Jersey*-Entscheidung) des *BGH* (BB 2002, 2031 m Anm *Gronstedt*) v 1.7.2002 sollte das Gesellschaftsstatut nach der sog **Neuen Sitztheorie** festgestellt werden, derzufolge Gesellschaften ausländischen Rechts nach der Sitzverlegung jedenfalls als Gesellschaften bürgerlichen Rechts rechts- und parteifähig sein sollten (vgl zur Anerkennung der Rechts- und Parteifähigkeit der BGB-Gesellschaft *BGHZ* 146, 341). Die Vereinbarkeit dieses Ansatzes mit der europäischen Niederlassungsfreiheit war aber zweifelhaft, da eine Sitzverlegung ausländischer Kapitalgesellschaften unter Beibehaltung der Identität als *Kapital*gesellschaften ausländischen Rechts (mit beschränkter persönlicher Haftung) ausgeschlossen blieb (*Gronstedt* BB 2002, 2033, 2034; *Lutter* BB 2003, 7, 9). Sie ist spätestens mit der ***Überseering*-Entscheidung** des ***EuGH*** **bereits wieder weitgehend obsolet** geworden (dazu sogleich Rn 27 f).

24b Dort wo weder der AEUV in der Auslegung durch den *EuGH* noch andere völkerrechtliche Verträge den *BGH* dazu zwingen, die Gründungstheorie anzuwenden (dh in Bezug auf EU-, EWR- und US-Gesellschaften, ausf Rn 27) hält der *BGH* nach wie vor an der Sitztheorie fest, so in *BGH* NJW 2009, 289 (***Trabrennbahn*-Urteil**) in Bezug auf den Zuzug zu einer schweizerischen AG und in *BGH* AG 2010, 79 für den Zuzug einer Gesellschaft aus Singapur, deren Rechtsform der britischen Ltd. gleichstand. Der neue § 5, der lediglich den Spielraum für Inlandsgesellschaften erweitern sollte, hilft insoweit nicht weiter (*BGH* NJW 2009, 289, 291). Eine Änderung des deutschen Internationalen Gesellschaftsrechts, die einen Übergang zur Gründungstheorie bewir-

Einleitung

ken würde (Rn 29a) ist ebenso wie eine EU-Sitzverlegungsrichtlinie (Rn 18) seit Langem geplant. Doch ist derzeit nicht absehbar, ob bzw wann diese Regelungen realisiert werden.

Demgegenüber geht die **Gründungstheorie**, die traditionell insb im anglo-amerikanischen Recht vertreten wird und die sich auf Druck durch die *EuGH*-Rspr **auch in Deutschland immer weiter durchsetzt**, von einer Anknüpfung an den Satzungssitz bzw an das Gründungsrecht aus: Gesellschaftsstatut ist danach dasjenige Gesellschaftsrecht, das die Gesellschafter bei der Gründung der Gesellschaft durch die Wahl des Satzungssitzes und des dort geltenden Rechts dazu gemacht haben (*Behrens* IPRax 2003, 193, 194). Der tatsächliche Sitz der Hauptverwaltung ist aus Sicht der Gründungstheorie irrelevant, auch eine „Briefkastenfirma" am Satzungssitz reicht aus. Die Gründungstheorie führt damit praktisch zu einer **Rechtswahlfreiheit der Gründer**. Gegenüber der Sitztheorie hat sie den Vorteil größerer Rechtssicherheit, da die maßgebliche Rechtsordnung unproblematisch festgestellt werden kann (KölnKomm AktG/*Zöllner* Rn 190). Die Gründungstheorie hat darüber hinaus den Vorzug, dass sie in jeder denkbaren Fallgestaltung mit der Niederlassungsfreiheit (**Art 49, 54 AEUV**; früher Art 43, 48 EGV) vereinbar ist, während dies bei der Sitztheorie teilweise problematisch ist (ausf dazu Rn 26 ff). Ähnliche Probleme ergeben sich hinsichtlich der Vereinbarkeit der Sitztheorie mit Art XXV Abs 5 S 2 des **deutsch-amerikanischen Freundschaftsvertrages**, der die deutschen Gerichte zur „Anerkennung" von Gesellschaften verpflichtet, die in den USA nach dem Recht eines US-Staats gegründet worden sind. Die Gründungstheorie ist demgegenüber auch mit dieser völkerrechtlichen Verpflichtung problemlos vereinbar.

25

Das durch *BGH*-Rspr bewirkte **Nebeneinander von Sitz- und Gründungstheorie** erscheint nicht nur anachronistisch, sondern auch aus verschiedenen anderen Gründen nicht sinnvoll. Bereits die Aufspaltung des deutschen Internationalen Gesellschaftsrechts an sich ist kaum wünschenswert. Die Gründungstheorie ist im Gegensatz zur Sitztheorie mit AEUV und anderen völkerrechtlichen Verträgen vereinbar (Rn 25). Sie entspricht eher den Erfordernissen einer zunehmend globalisierten Weltwirtschaft. Zudem lässt sich der mit dem Festhalten an der Sitztheorie angestrebte Schutz inländischer Interessen (soweit sie überhaupt schutzwürdig sind, was man zB mit Blick auf das deutsche Mitbestimmungsrecht mit guten Gründen bezweifeln kann) durch eine Sonderanknüpfung gewährleisten (vgl Rn 29; zu Recht krit zur Trabrennbahn-Rspr des *BGH* auch *Lieder/Kliebisch* BB 2009, 339 ff). Ganz abgesehen davon, dass es mit Blick auf das Ziel des Schutzes der Minderheitsgesellschafter, der Gläubiger oder Dritter wenig überzeugt, Gesellschaften aus Drittstaaten trotz dem EU-Recht (und erst Recht dem US-Recht) materiell vergleichbaren Schutzniveaus ihres Gründungsrechts die rechtliche Anerkennung zu verweigern. **De lege ferenda** spricht dies dafür, dass die Gesellschaftsstatut auch in Deutschland in Zukunft **für alle Fallgestaltungen** und unabhängig vom Herkunftsland der Gesellschaft innerhalb oder außerhalb der EU nach der **Gründungstheorie** anzuknüpfen (vgl *Behrens* IPRax 2003, 193, 205 f; s auch Rn 28 aE und 33 aE; aA ua *Grigoleit* AktG Einl Rn 10). Gesetzgeberische Schritte in diese Richtung sind mit einem Referentenentwurf zum Internationalen Privatrecht der Gesellschaften zwar auf den Weg gebracht worden, liegen aber derzeit auf Eis (dazu Rn 29a).

25a

2. Grenzüberschreitende Sitzverlegung. – a) Allgemeines. Möglichkeiten und Grenzen grenzüberschreitender Sitzverlegung werden nach wie vor durch das nationale Internationale Gesellschaftsrecht bestimmt (vgl oben Rn 18 zum Vorschlag für eine

26

Einleitung

Sitzverlegungsrichtlinie). Im Einzelnen ist hinsichtlich der Anknüpfung des Gesellschaftsstatuts wie folgt zu differenzieren:

27 **b) Zuzug.** In der Praxis wird sich ein Zuzug einer Gesellschaft ausländischen Rechts regelmäßig in Gestalt der **Verlegung des Sitzes der Hauptverwaltung nach Deutschland** vollziehen. Die Frage nach der Anknüpfung nach Sitz- oder Gründungstheorie in einem solchen Fall wurde für Fälle des Zuzugs einer EU-Gesellschaft durch die in konsequenter Fortsetzung der *Centros*-Entscheidung (9.3.1999, Rs C-212/97 Slg 1999, I-1459) ergangene *Überseering*-Entscheidung des *EuGH* (5.11.2002, Rs C-208/00, Slg 2002, I-9919) determiniert. Danach ist der Entzug der Rechts- und Parteifähigkeit einer nach dem Recht eines anderen EU-Mitgliedstaates gegründeten Gesellschaft **(EU-Gesellschaft)** allein infolge der Verlegung des Verwaltungssitzes nicht mit der Niederlassungsfreiheit vereinbar. Vielmehr folgt aus Art 49, 54 AEUV (vormals Art 43, 48 EGV) für nach dem Recht eines Mitgliedstaates gegründete Kapitalgesellschaften das Recht, von ihrer Niederlassungsfreiheit in einem anderen Mitgliedstaat unter Wahrung ihrer Rechtspersönlichkeit als *Kapital*gesellschaft *nach dem Recht ihres Gründungsstaates* Gebrauch zu machen. Art 49, 54 AEUV (früher Art 43, 48 EGV) wirken zwar unmittelbar nur kassatorisch. Sie ersetzen das deutsche Gesellschaftskollisionsrecht nicht. Da die Rechts- und Parteifähigkeit nach der *Überseering*-Entscheidung aber nach der Maßgabe des ausländischen Gründungsrechts zu achten ist und da diese Vorgabe nicht mit der Sitztheorie vereinbar ist, folgt aus dieser Rspr letztlich ein Gebot, jedenfalls die Rechts- und Parteifähigkeit von nach dem Recht eines EU-Mitgliedstaates gegründeten Gesellschaften nach Maßgabe der **Gründungstheorie** anzuknüpfen (so auch *BGH* NZG 2011, 1114, 1115 f; *BGH* JZ 2003, 525 ff; vgl auch *BayObLG* ZIP 2003, 398; *OLG Zweibrücken* BB 2003, 864, 866). Die „Neue Sitztheorie" genügt diesen Anforderungen nicht. Insb führt die *Überseering*-Entscheidung dazu, dass auch die ausländische Haftungsverfassung fortbestehen muss. Entsprechendes gilt auch für **US-Gesellschaften** *BGH* WM 2003, 699 und **EWR-Gesellschaften** *BGH* ZIP 2005, 1869; zustimmend *Goette* ZIP 2006, 541; *Leible/Hoffmann* ZIP 2003, 925, 926; *Eidenmüller* JZ 2003, 526 ff; **aA** noch *Kindler* NJW 2003, 1073, 1076 f; *Roth* IPRax 2003, 117, 122 ff.

27a Für **Gesellschaften aus sonstigen Drittstaaten**, die ihren Verwaltungssitz nach Deutschland verlegen, bleibt es nach *BGH* NJW 2009, 289 (*Trabrennbahn*-Urteil zu einer schweizerischen AG) in der Praxis bis auf Weiteres (vgl Rn 29a) bei der Anwendung der **Sitztheorie** (so auch *BGH* NZG 2010, 712, 713) (zu den Folgen vgl Rn 24, 24a). Dies gilt nach *BGH* AG 2010, 79 selbst dann, wenn das Gesellschaftsrecht des Drittstaates weitgehend dem Recht eines EU-Staates entspricht (Gesellschaft aus Singapur, deren Rechtsform der britischen Ltd. gleichstand). Dieses nur anachronistisch anmutende partielle Festhalten an der Sitztheorie ist abzulehnen (vgl Kritik in Rn 25a).

27b Zu dem wohl eher theoretischen Fall eines Zuzugs einer ausländischen Gesellschaft in Form der **Verlegung (auch) des Satzungssitzes** nach Deutschland, lässt sich dem EU-Recht bisher keine klare Aussage entnehmen (s auch K. Schmidt/Lutter AktG/*Zimmer* Rn 24). Zur Behandlung dieser Fälle nach deutschem Recht s § 45 Rn 17 ff. Zur grenzüberschreitenden Umwandlung s Rn 28b ff; zur grenzüberschreitenden Verschmelzung s Rn 32 f.

Einleitung

c) **Wegzug.** Die *Überseering*-Entscheidung betraf unmittelbar nur den Fall des Zuzugs, also die Verpflichtung zur Anerkennung einer EU-ausländischen Gesellschaft durch das Recht des aufnehmenden Staates. Für Fälle des Wegzugs bleibt es bei der Linie der **Daily Mail**-Entscheidung (*EuGH* 27.9.1988, Rs 81/87, Slg 1988, I-5483 = NJW 1989, 2186), nach der es dem Gründungsstaat – dessen Recht die Gesellschaft ihre Existenz verdankt – freisteht, ihr bei Wegzug ihre Rechtsfähigkeit wieder zu entziehen und auf diese Weise einen **rechtsformwahrenden Wegzug** auszuschließen (vgl auch *EuGH* 5.11.2002, Rs C-208/00, Slg 2002, I-9919 Rn 67; krit dazu *Wenglorz* BB 2004, 1061, 1062). Eine Gesellschaft deutschen Rechts konnte dementsprechend nach **früher hM** bei Sitzverlegung ins Ausland regelmäßig nicht als solche fortbestehen (*BayObLG* JZ 1993, 372 m Anm *Ebenroth/Auer* = EuZW 1992, 548 m Anm *Behrens*; s auch § 45 Rn 12 ff). Die *Daily Mail*-Rspr ist seitens des *EuGH* in der **Rechtssache Cartesio** (*EuGH* 16.12.2008, Rs C-210/06, Slg 2008, I-9641) ausdrücklich bestätigt worden (krit dazu *Knop* DZWIR 2009, 147, 148 ff; *Leible/Hoffmann* BB 2009, 58, 60 ff; *Hennrichs/Pöschke/von der Laage/Klavina* WM 2009, 2009, 2013 f). Die Cartesio-Rspr ermöglicht auch in Bezug auf Wegzugsfälle eine Gemengelage aus Sitz- und Gründungstheorie, die im Ergebnis weder wünschenswert noch zwingend erforderlich erscheint (so auch *Leible/Hoffmann* ZIP 2003, 925, 930). Die Rechtsfähigkeit, die sich nach dem Gesellschaftsstatut richtet, lässt sich nicht sinnvoll von anderen gesellschaftsrechtlichen Fragestellungen trennen. Es ist daher zu begrüßen, dass der deutsche Gesetzgeber durch Streichung des § 5 Abs 2 aF mit dem **MoMiG** deutschen AG entgegen der früher hM (dazu § 45 Rn 13) die **rechtliche Möglichkeit eröffnet** hat, unter Beibehaltung ihres deutschen Satzungssitzes ihren Verwaltungssitz ins Ausland zu verlegen (vgl im Einzelnen § 45 Rn 12 ff; s auch § 5 Rn 1 ff). Eine Verlegung des Satzungssitzes ins Ausland unter Beibehaltung der Rechtsform der AG ist demgegenüber durch § 5, der für deutsche AG einen Satzungssitz im Inland vorschreibt, ausgeschlossen. Dies dürfte nach Maßgabe der Cartesio-Rspr mit der Niederlassungsfreiheit vereinbar sein (zur grenzüberschreitenden Umwandlung s Rn 28b ff). 28

Kollisionsrechtlich ist die Frage aufgeworfen, ob die bloße Verlegung des Verwaltungssitzes ins Ausland unter Beibehaltung des deutschen Satzungssitzes (**rechtsformwahrender Wegzug**) zu einem Statutenwechsel führt (zu den Folgen der Verlegung (auch) des Satzungssitzes s § 45 Rn 12 ff). Nach **früher hM** war insoweit danach zu differenzieren, ob der Aufnahmestaat der Sitztheorie oder der Gründungstheorie folgte: Folgte das Recht des Zuzugsstaates der **Sitztheorie** (vgl Rn 24), so zog die Änderung des Verwaltungssitzes einen Statutenwechsel nach sich mit der Folge, dass die Gesellschaft grds aufzulösen und nach dem Recht des Zuzugsstaates neu zu gründen war (so iE auch GroßKomm AktG/*Ehricke* § 45 Rn 51). Für den Fall, dass das Recht des Zuzugsstaates der **Gründungstheorie** folgte (vgl Rn 25; s auch Rn 27 zur Pflicht der EU-Staaten, nach der Gründungstheorie anzuknüpfen), kam es zwar gem Art 4 Abs 1 S 1 EGBGB zu einem Renvoi auf das deutsche Recht, den dieses nach Art 4 Abs 1 S 2 auch akzeptierte (vgl GroßKomm AktG/*Ehricke* Rn 52; gegen die Annahme des Renvoi *Rohde* S 26). Doch blieb das Ergebnis nach der **hM** in diesem Fall letztlich das gleiche, weil das materielle deutsche Gesellschaftsrecht gem § 5 Abs 2 AktG aF die Konvergenz von Satzungs- und Verwaltungssitz verlangte und daher zwingend eine Auflösung zu erfolgen hatte; diese Konsequenz wurde jedoch durch die Abschaffung des Abs 2 durch das MoMiG beseitigt. Es wird jedoch für den Fall, dass der Zuzugsstaat der Sitztheorie folgt, vertreten, dass die Auffassung der hM 28a

Einleitung

nach wie vor Geltung beanspruchen könne (*Kindler* IPRax 2009, 189, 199; *ders* NZG 2009, 130, 132: *Grigoleit* AktG Einleitung Rn 27). Vorzugswürdig ist demgegenüber eine **im vordringen befindliche Auffassung,** nach welcher der neue § 5 nicht nur im Sinne einer Verschaffung materiellrechtlicher Wahlfreiheit (Rn 28 aE), sondern **auch im Sinne einer versteckten Kollisionsnorm** zu deuten ist, die eine AG mit deutschem Satzungssitz dem **deutschen Sach- und Verfahrensrecht** unterwirft. Diese Auffassung überzeugt, denn die durch die Änderung des § 5 durch das MoMiG angestrebte Wettbewerbsgleichheit für deutsche Unternehmen (RegBegr zum MoMiG, BR-Drucks 354/07, 65 und BT-Drucks 16/640, 29) würde kollisionsrechtlich unterlaufen, wenn man zwar Gesellschaften mit deutschem Satzungssitz und ausländischem Verwaltungssitz anerkennen, die übrigen vom Gesellschaftsstatut betroffenen Materien aber nach Maßgabe der Sitztheorie anknüpfen würde (so auch § 5 Rn 6; *Hüffer* AktG § 5 Rn 3; KölnKomm AktG/*Arnold* § 45 Rn 28; *Fingerhuth/Rumpf* IPrax 2008, 90, 92; *Paefgen* WM 2009, 529, 530 f; wohl auch KölnKomm AktG/*Dauner-Lieb* § 5 Rn 29; noch weitergehend *Hoffmann* ZIP 2007, 1581, 1584 ff, der in der Neufassung des § 5 eine generelle Abkehr von der Sitztheorie sieht).

28b In einem obiter dictum hat der *EuGH* in der **Cartesio-Entscheidung** (*EuGH* 16.12.2008, Rs C-210/06, Slg 2008, I-9641 Rn 111 f) ferner klargestellt, dass der Gründungsstaat nach Maßgabe der Niederlassungsfreiheit gem **Art 49, 54 AEUV** (früher Art 43, 48 EGV) grds nicht durch einen Zwang zur Auflösung und Liquidation verhindern darf, dass eine Gesellschaft aus einem EU-Mitgliedstaat in einen anderen EU-Mitgliedstaat unter Änderung des anwendbaren nationalen Rechts verlegt und dabei in eine dem nationalen Recht des zweiten Mitgliedstaats unterliegende Gesellschaftsform umgewandelt wird. Während also der rechtsformwahrende Wegzug unter Beibehaltung des Gründungsrechts vom Gründungsstaat verhindert werden kann (Rn 28), darf der Gründungsstaat sich einer vom Aufnahmestaat ermöglichten **grenzüberschreitenden Umwandlung** unter Änderung der Rechtsform in eine solche des Aufnahmestaates **(rechtsformwechselnder Wegzug)** nicht in den Weg stellen (zu damit verbundenen Unsicherheiten *Hennrichs/Pöschke/von der Laage/Klavina* WM 2009, 2009, 2012 f; *Frobenius* DStR 2009, 487, 490 f), **sofern nicht zwingende Gründe des Allgemeininteresses** entgegenstehen (dazu *Bayer/Schmidt* BB 2010, 387, 391; KölnKomm AktG/*Arnold* § 45 Rn 23; s auch *Franz* BB 2009, 1251). Gleiches dürfte in Bezug auf US- und EWR-Gesellschaften gelten, während in Bezug auf Gesellschaften aus anderen Drittstaaten ein größerer nationaler Spielraum besteht (dazu Rn 27 f).

28c Der EuGH hat seine *Cartesio*-Rspr nunmehr in der **VALE-Entscheidung** (*EuGH* 12.7.2012, Rs C-378/10; vgl dazu *Bayer/Schmidt* ZIP 2012, 1481; *Wicke* DStR 2012, 1756) ausdrücklich bekräftigt und betont, dass Art 49, 54 AEUV grds einer nationalen Regelung entgegenstehen, welche die **grenzüberschreitende Umwandlung** anders als eine innerstaatliche Umwandlung generell ausschließt. Eventuelle Beschränkungen müssen durch zwingende Gründe des Allgemeininteresses gerechtfertigt sein; dafür reicht es aber nicht aus, dass eine unionsrechtliche Regelung für grenzüberschreitende Umwandlungen bisher fehlt (*EuGH* Rn 38 ff). Im Gegenteil gelten insoweit die unionsrechtlichen **Grundsätze der Äquivalenz und Effektivität.** Unter Beachtung dieser Grundsätze kann und muss der Aufnahmemitgliedstaat in Ermangelung einer einschlägigen Unionsregelung dann sein nationales Umwandlungsrecht auch auf grenzüberschreitende Vorgänge anwenden (*EuGH* Rn 42 ff).

Einleitung

Umstritten sind die **Auswirkungen der *VALE*-Entscheidung auf die Frage der Zulässigkeit sog „isolierter Sitzverlegungen"** (dh der Verlegung des Satzungssitzes, nicht aber des tatsächlichen Tätigkeitsschwerpunkts in einen anderen Mitgliedstaat). Der EuGH hat in *VALE* unter Berufung auf die Entscheidung *Cadbury Schweppes* (*EuGH* 12.9.2006, Rs C-196/04, Slg 2006, I-7995 Rn 54) betont „dass der Niederlassungsbegriff im Sinne der Bestimmungen des Vertrags über die Niederlassungsfreiheit die tatsächliche Ausübung einer wirtschaftlichen Tätigkeit mittels einer festen Einrichtung im Aufnahmemitgliedstaat auf unbestimmte Zeit impliziert. Daher setzt er eine tatsächliche Ansiedlung der betreffenden Gesellschaft und die Ausübung einer wirklichen wirtschaftlichen Tätigkeit in diesem Staat voraus" (*EuGH* Rn 34). Daraus ist gefolgert worden, dass isolierte Sitzverlegungen vom Anwendungsbereich der Niederlassungsfreiheit ausgenommen seien (*Wicke* DStR 2012, 1756, 1757 f). Teilweise wurde daraus sogar eine ausdrückliche Abkehr des EuGH von der *Centros-*, *Überseering-* und *Inspire Art*-Rspr (oben Rn 27) abgeleitet (*Böttcher/Kraft* NJW 2012, 2701, 2703). Andere interpretieren die Aussage zu Recht zurückhaltender. Es sei weiterhin davon auszugehen, dass jedenfalls dann, wenn der Aufnahmemitgliedstaat es zulasse, dass der Verwaltungssitz „seiner" Gesellschaften im Ausland liege, der Herkunftsmitgliedstaat die „Verlegung" nicht verbieten dürfe. Vielmehr könnten allein bei rein künstlichen (dh jeder wirtschaftlichen Realität baren) Gestaltungen isD *Cadbury Schweppes*-Entscheidung (dort Rn 51 ff) uU Beschränkungen zur Bekämpfung von Missbräuchen gerechtfertigt sein (so *Bayer/Schmidt* ZIP 2012, 1481, 1487). Dem ist zuzustimmen. Es erscheint unwahrscheinlich, dass der EuGH eine ständige Rspr gleichsam nebenbei und zudem nur indirekt für obsolet erklärt, ohne die betreffenden Entscheidungen auch nur zu zitieren. Der EuGH hat in *VALE* aber nur *Cadburry Schweppes* und nicht die Entscheidungen der *Centros*-Rspr zitiert. 28d

d) Sonderanknüpfung von Schutzvorschriften. Ein Unterlaufen von Schutzvorschriften **zugunsten von Gläubigern, Minderheitsgesellschaftern oder Arbeitnehmern** kann auch bei Anknüpfung nach der Gründungstheorie nach Maßgabe der *Centros*- und *Überseering*-Rspr (*EuGH* 9.3.1999, Rs C-212/97, Slg 1999, I-1459 Rn 34 ff; 5.11.2002, Rs C-208/00, Slg 2002, I-9919, Rn 92 f) verhindert werden; insb kommen hier punktuelle Sonderanknüpfungen in Betracht, so dass einzelne Normen des jeweiligen eigenen Rechts trotz grds Anknüpfung an das Gründungsrecht als international zwingend behandelt werden. Möglich ist das aber nur **ausnahmsweise**, wenn die Anwendung dieser Norm im Einzelfall geeignet und erforderlich ist, um zwingende Allgemeinwohlinteressen zu schützen (*Eidenmüller* JZ 2003, 526, 529). Eine Sonderanknüpfung sollte bspw möglich sein hinsichtlich der *BGH*-Rspr zur sog **„Durchgriffshaftung"** bei existenzvernichtendem Eingriff (vgl *Weller* IPRax 2003, 207 ff), entgegen einer verbreiteten Auffassung (zB *Kieninger* ZGR 1999, 724, 744 f; *von Halen* S 268 f) dagegen **nicht** hinsichtlich der unternehmerischen **Arbeitnehmermitbestimmung** im AR (*Eidenmüller* ZIP 2002, 2233, 2242). Der *BGH* hat insoweit in einer Entscheidung zur Haftung analog § 11 Abs 2 GmbHG eine restriktive Linie erkennen lassen (*BGH* NJW 2005, 1648; dazu *Eidenmüller* NJW 2005, 1618; *Goette* ZIP 2006, 541). 29

e) Referentenentwurf zum Internationalen Gesellschaftsrecht. Am 7.1.2008 ist der Referentenentwurf für ein Gesetz zum Internationalen Privatrecht der Gesellschaften, Vereine und jur Personen (abrufbar unter www.bmj.de) veröffentlicht worden (s *Franz* BB 2009, 1250; *Rotheimer* NZG 2008, 181), der auf Vorarbeiten der Kommission „Internationales Gesellschaftsrecht" des Deutschen Rates für IPR basiert (s dazu 29a

Einleitung

Sonnenberger Vorschläge des Deutschen Rates für IPR). **Bei Umsetzung dieses Entwurfs würde** in Art 10 EGBGB die **Gründungstheorie gesetzlich verankert** und damit dem anachronistischen Festhalten des *BGH* an der Sitztheorie für bestimmte Drittstaatenfälle (s oben Rn 27 aE) die Grundlage entzogen. Es ist vorgesehen in Art 10a EGBGB Regelungen zur Umwandlung, in Art 10b EGBGB Regelungen zum Statutenwechseln und in Art 12 Abs 2 und 3 Regelungen zum Schutz des Rechtsverkehrs zu treffen (abrufbar unter www.bmj.de). Der Entwurf liegt derzeit jedoch „auf Eis".

30 3. **Grenzüberschreitende Zweigniederlassung.** Art 49, 54 AEUV (früher Art 43, 48 EGV) greifen auch ein, wenn eine Gesellschaft ihren Sitz in ihrem Gründungsstaat behält und lediglich eine Zweigniederlassung in einem anderen Mitgliedstaat gründet. Nach der *Inspire Art*-Entscheidung des *EuGH* (30.9.2003, Rs C-167/01, Slg 2003, I-10155 = BB 2003, 2195, dazu *Maul/Schmidt* BB 2003, 2297) muss die Errichtung einer solchen Zweigniederlassung möglich sein, ohne dass der Aufnahmestaat zusätzliche Anforderungen (etwa hinsichtlich eines nach innerstaatlichem Recht geforderten Mindestkapitals) stellen darf, selbst wenn das Geschäft de facto ausschließlich oder nahezu ausschließlich im Mitgliedstaat der Niederlassung von der Zweigniederlassung aus betrieben werden soll. Dies gilt nach Auffassung des *EuGH* selbst für den Fall, dass die hinter der Zweigniederlassung stehende Gesellschaft nur zur Umgehung des strengeren Rechts des Aufnahmestaates in einem anderen Mitgliedstaat gegründet wurde (zur Frage, ob durch die *Vale*-Entscheidung (*EuGH* 12.7.2012, Rs C-378/10) eine Abkehr von dieser Rspr stattgefunden hat s Rn 28d). Durch das **MoMiG** sollte klargestellt werden, dass diese Möglichkeit auch in Bezug auf ausländische Zweigniederlassungen einer AG deutschen Rechts besteht (vgl RegBegr zum MoMiG, BT-Drucks 16/6140, 29 zu § 4a GmbHG).

31 4. **Grenzüberschreitende Verschmelzung.** Eine gesetzliche Regelung zur Anknüpfung von Verschmelzungsvorgängen existiert nicht. Die **hM** folgt der **Kombinationslehre oder Vereinigungstheorie**, nach der bei grenzüberschreitenden Verschmelzungen die Statuten aller beteiligten Gesellschaften Anwendung finden (*Leible/Hoffmann* RIW 2006, 161). Auch § 1 Abs 1 UmwG ist keine Kollisionsnorm, sondern eine selbstbeschränkte Sachnorm. Insoweit ist problematisch, dass die Regelung eine Umwandlung nur in Bezug auf „Rechtsträger mit Sitz im Inland" vorsieht. Unbeschadet der umstr Frage, ob dadurch Fälle grenzüberschreitender Verschmelzung lediglich nicht geregelt (vgl *Behrens* JBl 2001, 341, 353 f) oder sogar ausgeschlossen sind (so die **bislang hM**, vgl etwa Staudinger BGB/*Großfeld* IntGesR Rn 699), resultiert daraus eine Ungleichbehandlung innerstaatlicher und grenzüberschreitender Verschmelzungen. Der *EuGH* hat in seiner *SEVIC*-**Entscheidung** (*EuGH* 13.12.2005, Rs C-411/03, Slg 2005, I-10805) festgestellt, dass grenzüberschreitende Verschmelzungen durch die europäische Niederlassungsfreiheit (Art 49, 54 AEUV, vormals Art 43, 48 EGV) geschützt seien und dass eine generelle Verweigerung der Eintragung unter Verweis auf eine in § 1 Abs 1 UmwG normierte Beschränkung auf inländische Gesellschaften eine gemeinschaftsrechtlich verbotene Diskriminierung darstelle (zustimmend *Bayer/Schmidt* ZIP 2006, 210, 211; *Kraft/Bron* IStR 2006, 26 ff). Zwar erkennt der *EuGH* den Schutz von Gläubiger-, Minderheitsaktionärs- und Arbeitnehmerinteressen, der Lauterkeit des Handelsverkehrs und der Wirksamkeit der Steueraufsicht als Gründe des Allgemeininteresses an, die eine Beschränkung rechtfertigen könnten, doch sei eine generelle Verweigerung der Eintragung grenzüberschreitender Verschmelzungen unverhältnismäßig (*EuGH* aaO Rn 28). Im Ergebnis dürfte die *SEVIC*-Entscheidung dazu führen,

dass jedenfalls für grenzüberschreitende **Hineinverschmelzungen und -spaltungen** prinzipiell die gleichen verfahrensrechtlichen Anforderungen gelten müssen wie bei innerstaatlichen Verschmelzungsvorgängen (*Bayer/Schmidt* ZIP 2006, 210, 211). In Bezug auf **Hinausverschmelzungen und -spaltungen** dürften die Mitgliedstaaten dagegen (noch) über einen weiteren Spielraum verfügen; zur Vermeidung von Wertungswidersprüchen sind insoweit die Grundsätze der Daily Mail-Rspr (oben Rn 28) heranzuziehen (*Leible/Hoffmann* RIW 2006, 161, 165 f; zu den Folgen der SEVIC-Entscheidung auch *Drygala* EWiR 2006, 25 ff; *Schmidt/Maul* BB 2006, 13 ff; *Bungert* BB 2006, 53 ff; ausf zu praktischen Problemen der grenzüberschreitenden Verschmelzung *Wenglorz* BB 2004, 1061, 1063 ff; *Teichmann* ZIP 2006, 355, 360 ff; *Krause/Kulpa* ZHR 171 (2007), 38 ff).

Während die *SEVIC*-Rspr die Frage des „Ob" grenzüberschreitender Verschmelzungen im Grundsatz positiv beantwortet hat, hat hinsichtlich des „Wie" die Umsetzung der **RL über die Verschmelzung von Kapitalgesellschaften aus verschiedenen Mitgliedstaaten** vom 26.10.2005 durch das Zweite Gesetz zur Änderung des Umwandlungsgesetzes (BGBl I 2007, 542; s auch oben Rn 17) ein bes Verfahren eröffnet (vgl die neuen §§ 122a–122l UmwG) und damit wesentlichen Erleichterungen mit sich gebracht. Erfasst werden nach Art 1 der Richtlinie (§§ 122a, 122b UmwG) Verschmelzungen von Kapitalgesellschaften, die nach dem Recht eines Mitgliedstaates gegründet worden sind und ihren Satzungs- oder Verwaltungssitz oder ihre Hauptniederlassung in der Gemeinschaft haben, wenn mindestens zwei von ihnen dem Recht verschiedener Mitgliedstaaten unterliegen. Grds finden die Vorschriften des nationalen Rechts Anwendung (§ 122a Abs 2 UmwG). Ergänzend treffen die Art 5 ff der Richtlinie (§§ 122b ff UmwG) verschiedene formelle und inhaltliche Sonderregelungen (ausf zu den Richtlinienbestimmungen *Bayer/J. Schmidt* NJW 2006, 401; *Frischhut* EWS 2006, 55; *Neye* ZIP 2005, 1893). 32

5. Gründung einer Gesellschaft ausländischen Rechts mit inländischem Sitz. Die Gründung einer **Gesellschaft ausländischen Rechts mit Sitz in Deutschland** ist nach der **Sitztheorie** ausgeschlossen, da es gerade zu den Hauptanliegen der Sitztheorie gehört, die Entstehung solcher „pseudo-ausländischer" Gesellschaften und die damit verbundene Umgehung zwingender Schutzvorschriften zugunsten der Gläubiger, Minderheitsgesellschafter und Arbeitnehmer zu verhindern. Nach der **Gründungstheorie** ist sie dagegen möglich, wenn sich zwar der tatsächliche Verwaltungssitz in Deutschland befindet, zumindest aber der Satzungssitz im Anwendungsbereich des jeweiligen ausländischen Rechts gewählt wird. Wenn es nach der **Inspire Art-Entscheidung** *EuGH*, 30.9.2003, Rs C-167/01, Slg 2003, I-10155 = BB 2003, 2195, vgl dazu oben Rn 30) möglich ist, eine Gesellschaft mit dem alleinigen Ziel der Umgehung strengeren Rechts in einem Mitgliedstaat zu gründen und sodann eine Zweigniederlassung in einem anderen Mitgliedstaat zu eröffnen, kann das Schutzanliegen der Sitztheorie ohnehin nicht durch die Verhinderung der Gründung einer Gesellschaft ausländischen Rechts mit inländischem Verwaltungssitz erreicht werden (zur Frage, ob durch die *VALE*-Entscheidung (*EuGH* 12.7.2012, Rs C-378/10) eine Abkehr von dieser Rspr stattgefunden hat s Rn 28d). Auch insoweit gibt es daher keinen Grund, an der Sitztheorie festzuhalten (zu Möglichkeiten, gleichwohl ein Mindestmaß an Gläubiger-, Minderheitsaktionärs- und Arbeitnehmerschutz zu erreichen, s oben Rn 29). Umgekehrt ist die Gründung einer **AG deutschen Rechts mit deutschem Satzungssitz und ausländischem Verwaltungssitz** seit Streichung des § 5 Abs 2 durch das **MoMiG** im 33

Einleitung

Gegensatz zur früher hM möglich geworden (vgl RegBegr zum MoMiG, BT-Drucks 16/6140, 29 zu § 4a GmbHG; dazu auch ausf § 5 Rn 6 sowie § 45 Rn 13a; **aA** *Kindler* IPRax 2009, 189, 196). Die Gründung einer deutschen AG mit Satzungssitz im Ausland ist demgegenüber durch § 5 (Sitz im Inland) weiterhin ausgeschlossen.

IV. Europäische Aktiengesellschaft (SE)

34 **1. Europäische Rechtsgrundlagen.** Schon seit den 60er Jahren gab es Bestrebungen zur Einrichtung einer europäischen Form der AG. Eine derartige supranationale Rechtsform ist nach langen Auseinandersetzungen – die insb um die Frage der Mitbestimmung der Arbeitnehmer kreisten – durch die Verordnung (EG) Nr 2157/2001 vom 8.10.2001 über das Statut der Europäischen Gesellschaft (SE), AblEG 2001 L 294/1, geschaffen worden **(SE-VO)**. Dieses Statut wurde durch die Richtlinie 2001/86/EG vom 8.10.2001 (AblEG 2001 L 294/22) hinsichtlich der Beteiligung der Arbeitnehmer flankiert **(SE-RL)**. Ende 2012 gab es in Deutschland 242 SE, europaweit existierten nach Angaben der ETUI 1426 SE (*Bayer/Schmidt* BB 2013, 3). Als namenhafte Neugründungen „deutscher" SE können für 2012 bspw E.ON SE oder RWE Generation SE genannt werden.

35 **2. Nationale Rechtsgrundlagen.** Obgleich die SE-VO als EU-Verordnung nach Art 288 AEUV in Deutschland unmittelbar gilt, bietet sie nur einen Rahmen, welcher der Ausfüllung durch deutsches Recht bedurfte. Dies geschah durch das Gesetz zur Einführung der Europäischen Gesellschaft **(SEEG)** vom 28.12.2004 (BGBl I 2004, 3675). Dessen Art 1 enthält das SE-Ausführungsgesetz **(SEAG)** mit Regelungen zu Gründung, Sitzverlegung, Aufbau und Auflösung der SE. In Art 2 des SEEG wurde zugleich auch die Richtlinie 2001/86/EG in das SE-Beteiligungsgesetz **(SEBG)** umgesetzt, das Mitbestimmungsfragen regelt. Die nationalen Regelungen verweisen vielfach auf das Aktiengesetz. Sofern eine solche Verweisung fehlt, kann das AktG auch über Art 9 Abs 1 lit c ii SE-VO zur Anwendung gelangen (für eine Sachnormverweisung *Wagner* NZG 2002, 985, 989; *Engert* in Langenbucher, Europarechtliche Bezüge des Privatrechts, 2008, S 225, 277 f; **aA** *Teichmann* ZGR 2002, 383, 396 ff, der eine Gesamtverweisung auch auf das jeweilige IPR annimmt; zur Hierarchie der Rechtsquellen für die SE nach Art 9 SE-VO vgl *Schäfer* NZG 2004, 785 ff).

36 **3. Gründung; Sitzverlegung.** Die Gründung einer SE, für die ein Mindestkapital von 120 000 Euro vorgeschrieben ist (Art 4 Abs 2 SE-VO), vollzieht sich grds nach dem Recht des Sitzstaats (Art 15 Abs 1 SE-VO). Sie setzt einen grenzüberschreitenden Bezug voraus. Die Gründung einer SE (vgl Art 15–42 SE-VO) ist möglich erstens durch **Verschmelzung** mehrerer AG aus verschiedenen Mitgliedstaaten (Art 2 Abs 1, 17 ff SE-VO; §§ 5 ff SEAG); zweitens können sich mehrere Kapitalgesellschaften der neu zu gründenden SE als **Holdinggesellschaft** unterstellen, wenn die beteiligten Gesellschaften aus verschiedenen Mitgliedstaaten stammen oder Tochtergesellschaften oder Zweigniederlassungen in anderen Mitgliedstaaten betreiben (Art 2 Abs 2, 32 ff SE-VO; §§ 9 ff SEAG); drittens können mehrere Gesellschaften nationalen Rechts unter den gleichen Voraussetzungen auch eine SE als **Tochtergesellschaft** gründen (Art 2 Abs 3, 35 f SE-VO); eine vierte Möglichkeit der Entstehung einer SE ist die **Umwandlung** einer AG nationalen Rechts, die seit mindestens zwei Jahren eine Tochtergesellschaft in einem anderen Mitgliedstaat hat, in eine SE (Art 2 Abs 4, 37 SE-VO); schließlich kann fünftens eine schon bestehende SE eine Tochter-SE gründen (Art 3 Abs 2 SE-VO). Zur **Sitzverlegung** bei einer SE vgl Art 8 SE-VO, §§ 12 ff SEAG.

Einleitung

4. Binnenverfassung. Die Binnenverfassung der SE ist grds derjenigen einer AG nationalen Rechts vergleichbar. Eine Besonderheit ist, die Möglichkeit der Leitung und Überwachung nach dem nach deutschem Recht vertrauten **dualistischen System** (Vorstand und Aufsichtsorgan), aber auch nach **monistischem System** angelsächsischer Prägung (einheitliches Verwaltungsorgan) zu organisieren (Art 38 SE-VO). Regelungen zum dualistischen System finden sich in Art 39 ff SE-VO (§§ 15 SEAG), Regelungen zum monistischen System in Art 43 ff SE-VO (§§ 20 ff SEAG), gemeinsame Vorschriften in Art 46 ff SE-VO. Die **Mitbestimmung der Arbeitnehmer**, die die Schaffung einer SE lange Zeit blockiert hat, erfolgt im dualistischen System im Aufsichtsorgan, im monistischen im Verwaltungsrat. Ein Verhandlungsverfahren ist in Art 3 – 6 SE-RL geregelt, die in §§ 11 ff SEBG umgesetzt wurden. Jede SE verfügt zudem über eine **HV** (Art 53 ff SE-VO, §§ 50 f SEAG). Näher zur SE *Janott/Frodermann* Handbuch der Europäischen Aktiengesellschaften, 2. Aufl 2005; *Grundmann* S 614 ff; *Henze* ZGR 2002, 66; *Hirte* NZG 2002, 1; *Thoma/Leuering* NJW 2002, 1449; *J. Schmidt* „Deutsche" vs. „britische" Societas Europaea (SE), 2006; *Eidenmüller/Engert/Hornuf* AG 2009, 845. Zur unternehmerischen Mitbestimmung in der SE insb *Köstler* in Theisen/Wenz, Die Europäische Aktiengesellschaft, 2. Aufl 2005, S 331 ff; *Kraushaar* BB 2003, 1614; *Grobys* NZA 2005, 84; *Wollburg/Banerjea* ZIP 2005, 277; *Habersack* S 425 ff.

37

V. Investmentgesellschaften

Auf die Entwicklung von Investmentgesellschaften zur immer beliebteren Anlageform, hat der deutsche Gesetzgeber mit der Einführung von Sonderregeln für derartige Gesellschaften reagiert. Das insoweit heute maßgebliche **Kapitalanlagegesetzbuch (KAGB, BGBl I 2013, 1981)**, ist zum 22.7.2013 in Kraft getreten und hat das **Investmentgesetz** (BGBl I 2004, 2676) abgelöst (zur Entwicklung vgl den Überblicksaufsatz zum KAGB von *Fischer/Friedrich* ZBB 2013, 153). Das KAGB vereint Regelungen für die bereits im InvG geregelten OAGW-Fonds mit Regelungen für sog AIFM-Fonds in einem Gesetz. Es geht dabei über die Umsetzung der **AIFM-Richtlinie** (s oben Rn 21a) hinaus und intendiert die Schaffung eines umfassenden und abschließenden Rechtsrahmens für Investmentfonds und deren Verwalter (s allerdings Rn 45). Insbesondere sollen nunmehr auch geschlossene Fonds, die dadurch gekennzeichnet sind, dass den Anlegern kein Recht auf (mindestens) einmal jährliche Rückgabe der gehaltenen Anteile zusteht (§ 1 Abs 4, 5 KAGB), in die Regulierung einbezogen und damit dem „grauen Kapitalmarkt" entzogen werden. Zu diesem Zweck wurden weitere Fondsvehikel zur Auflage von Investmentvermögen in das KAGB aufgenommen, die nunmehr einen abschließenden Katalog darstellen. Die bereits unter dem InvG bestehenden Vehikel des **Sondervermögens** (dazu Rn 40) und der **Investment-Aktiengesellschaft (InvAG)** bestehen weitgehend unverändert fort, allerdings nennt sich die bisherige InvAG nunmehr **InvAG mit variablem Kapital (InvAG mv.)**, dazu Rn 41 f. Als zusätzliche Gestaltungsform für offene Fonds ist die **offene Investment-Kommanditgesellschaft (InvKG)** eingeführt worden, dazu Rn 44. Für geschlossene Fonds stehen nunmehr die **InvAG mit fixem Kapital** sowie die **geschlossene InvKG** zur Verfügung (dazu Rn 43 f). Alle Kapitalanlageprodukte, die dem **„materiellen Investmentfondsbegriff"** des § 1 Abs 1 KAGB unterfallen und keinen der Ausnahmetatbestände des § 2 KAGB erfüllen, unterfallen dem KAGB und müssen in Form einer der genannten Fondsvehikel ausgestaltet sein (*Fischer/Friedrich* ZBB 2013, 153, 157). Der Genehmigung zur Geschäftsaufnahme

38

Einleitung

bedürfen dabei nicht mehr die Fonds selbst, sondern gem § 20 KAGB ausschließlich deren Verwalter, die sog **Kapitalverwaltungsgesellschaften (KVG)**, dazu Rn 39. Diese können entweder, soweit das Fondsvehikel hinreichende Rechtspersönlichkeit hat (hieran fehlt es beim Sondervermögen), in das Investmentvermögen integriert sein (**interne KVG**, § 17 Abs 2 Nr 1 AktG) oder als vom Investmentvermögen getrennte, externe KVG bestellt werden (**externe KVG**, § 17 Abs 1 Nr 1 AktG). Im ersten Falle bedarf schon die Auflage des Fondsvehikels einer Genehmigung durch die BaFin, im zweiten nur die Aufnahme der Geschäftstätigkeit durch die externe KVG. Bei Missachtung des Genehmigungserfordernisses liegt ein Fall der (nach § 339 Abs 1 Nr 1 KAGB strafbaren) unerlaubten Erbringung von Investmentgeschäften vor. Alle genannten Gestaltungsformen unterliegen zudem der Finanzdienstleistungsaufsicht (§ 5 KAGB). Schließlich unterscheidet das KAGB zwischen Spezialfonds, deren Anteile nur von professionellen und semi-professionellen Anlegern erworben werden können (§ 1 Abs 6 KAGB), und sog Publikumsfonds, in die auch private Anleger investieren können. So besteht für geschlossene Publikumsfonds bspw ein „numerus clausus" erwerbbarer Vermögensgegenstände.

39 Die **Kapitalverwaltungsgesellschaft (KVG)**, welche begrifflich die Kapitalanlagegesellschaft (KAG) ersetzt hat, verwaltet inländisches Investmentvermögen, EU-Investmentvermögen oder ausländische AIF (§ 17 Abs 1 KAGB). Es wird zwischen OGAW-KVG und AIF-KVG sowie zwischen externer und interner KVG unterschieden (s hierzu Rn 38). Externe KVG dürfen nur in der Rechtsform der AG, GmbH oder KG, deren persönlich haftender Gesellschafter ausschließlich eine GmbH ist, betrieben werden (§ 18 Abs 1 KAGB). Im Falle der internen KVG verwaltet der Vorstand bzw die Geschäftsführung des jeweiligen Fondsvehikels das Investmentkapital selbstständig (vgl zu KVG *Fischer/Friedrich* ZBB 2013, 153, 154 ff). Die KVG bedarf als Verwalter des Investmentvermögens zur Aufnahme ihrer Geschäfte stets einer Genehmigung der BaFin, unabhängig davon, ob es sich um interne oder externe KVG handelt (§§ 20 ff KAGB).

40 Das **vertragliche Sondervermögen** steht regelmäßig im Miteigentum der Anleger und wird von einer Depotbank verwahrt. Da es keine eigene Rechtspersönlichkeit hat, muss es von einem externen KVG verwaltet werden (s oben Rn 38).

41 Bei der **Investmentaktiengesellschaft** hingegen werden die Anleger Aktionäre der InvAG und das Investmentvermögen bildet das Gesellschaftsvermögen. Es wird zwischen der Investmentaktiengesellschaft mit variablem Kapital und der Investmentaktiengesellschaft mit fixem Kapital unterschieden:

42 Die **Investmentaktiengesellschaft mit variablem Kapital** ist in §§ 108-123 KAGB geregelt. Nach § 108 Abs 2 S 1 KAGB gelten die Vorschriften des AktG „mit Ausnahme des § 23 Abs 5, der §§ 150–158, 161, 182–240 und 278–290 des Aktiengesetzes, soweit sich aus den Vorschriften dieses Unterabschnitts nichts anderes ergibt." Die Anwendung der §§ 182-240 AktG ist ausgeschlossen, eben weil das Gesellschaftskapital der InvAG mit variablem Kapital variabel ist und der Vorstand innerhalb des satzungsmäßig festgelegten Mindest- und Höchstkapitals Aktien ausgeben oder zurücknehmen kann (§ 116 Abs 1 KAGB), ohne dass dies eines Beschlusses der Hauptversammlung oder einer Eintragung ins Handelsregister bedürfte. Die InvAG mit variablem Kapital kann Unternehmens- und Anlageaktien ausgeben (§ 109 Abs 1 KAGB) sowie haftungs- und vermögensrechtlich voneinander getrennte Teilgesellschaftsvermögen bil-

Einleitung

den (§ 117 Abs 1 KAGB) (vgl zu InvAG mit variablem Kapital *Fischer/Friedrich* ZBB 2013, 153, 158 ff). Das Investmentvermögen der InvAG mit variablem Kapital kann entweder vom eigenen Vorstand verwaltet werden (interne KVG) oder von einer externen, zur Verwaltung des Vermögens bestellten KVG (externe KVG), s.o. Rn 38.

Die **Investmentaktiengesellschaft mit fixem Kapital** stellt neben der geschlossenen InvKG das einzig erlaubte Investmentvehikel für geschlossene Fonds dar (§ 139 KAGB) und ist in den §§ 140-148 KAGB geregelt. Nach § 140 Abs 1 S 2 KAGB unterliegen InvAG mit fixem Kapital den Vorschriften des AktG, soweit sich aus den Vorschriften des KAGB nichts anderes ergibt. In Abs 2 fällt auf, dass anders als bei der InvAG mit fixem Kapital die Vorschriften zur Kapitalbeschaffung und Kapitalherabsetzung (§§ 182–240 KAGB) uneingeschränkt Anwendung finden. Zudem ist es der InvAG mit fixem Kapital in Ermangelung einer § 109 KAGB entsprechenden Regelung verwehrt, Unternehmens- und Anlageaktien auszugeben, mit der Folge, dass sich – als Ausgleich für das Fehlen eines jederzeitigen Rechts auf Aktienrückgabe – die Teilnahme- und Stimmrechte der Aktionäre vollumfänglich nach dem AktG richten. Schließlich ist es der InvAG mit fixem Kapital nicht möglich Teilgesellschaftsvermögen zu bilden (vgl zu InvAG mit fixem Kapital *Fischer/Friedrich* ZBB 2013, 153, 160). 43

Die **Investmentkommanditgesellschaft (InvKG)** ist eine KG im Sinne des HGB, die entweder als offene oder als geschlossene InvKG ausgestaltet sein kann. Diese Fondsvehikel wurden durch das KAGB eingeführt und stellen eine alternative Fondsplattform für offene Spezial-AIF sowie geschlossene AIF dar. Nach §§ 124 Abs 1 S 2, 149 Abs 1 S 2 KAGB sind die Vorschriften des HGB anzuwenden, soweit sich aus den Vorschriften des KAGB nichts anderes ergibt. Sowohl die offene wie auch die geschlossene InvKG können dabei wahlweise intern oder extern verwaltet werden (s Rn 38). Die **offene InvKG** ist in den §§ 124-138 KAGB geregelt. Anleger müssen gem § 127 Abs 1 S 2 KAGB unmittelbare Kommanditisten der InvKG werden. Da es sich um einen offenen Fonds handelt, muss den Anlegern/Kommanditisten mindestens einmal jährlich die Möglichkeit zur Kündigung ihrer Beteiligung eingeräumt werden (§ 133 KAGB). Allerdings können in der Rechtsform einer InvKG keine Publikumsfonds sondern nur Spezial-AIF aufgelegt werden, da § 127 Abs 1 InvKG den Anlegerkreis auf professionelle und semi-professionelle Anleger beschränkt (s zu Spezial- und Publikumsfonds oben Rn 38). Die **geschlossene InvKG** hingegen ist in §§ 149-161 KAGB geregelt. Während die offene InvKG nur als Investmentvehikel für Spezial-AIF taugt, kann die geschlossene InvKG daneben auch Publikums-AIF auflegen. Schließlich ist, anders als bei der offenen InvKG, bei der geschlossenen InvKG die mittelbare Beteiligung als Treuhandkommanditist möglich (vgl zu InvKG *Fischer/ Friedrich* ZBB 2013, 153, 160 ff). 44

Eine nach wie vor außerhalb des KAGB geregelte weitere Form einer Investmentgesellschaft stellt die im Gesetz über deutsche Immobilienaktiengesellschaften mit börsennotierten Anteilen (**REIT-Gesetz**, BGBl I 2007, 914) geregelte **Immobilienaktiengesellschaft** (auch **REIT** = Real Estate Investment Trust) dar, die mit ihrer ausschließlichen Besteuerung auf Gesellschafterebene insb durch steuerrechtliche Besonderheiten geprägt ist (vgl hierzu MünchKomm AktG/*Habersack* Rn 180 mwN). Dies heißt aber nicht, dass Immobilienaktiengesellschaften nicht auch unter das KAGB fallen können, soweit sie unter den materiellen Investmentfondsbegriff des § 1 Abs 1, § 2 KAGB fallen (s.o. Rn 38; vgl *Fischer/Friedrich* ZBB 2013, 153, 157). 45

Aktiengesetz

vom 6.9.1965 (BGBl. I S. 1089),
zuletzt geändert durch Art. 26 G vom 23.7.2013 (BGBl. I S. 2586)

Erstes Buch
Aktiengesellschaft

Erster Teil
Allgemeine Vorschriften

§ 1 Wesen der Aktiengesellschaft

(1) ¹Die Aktiengesellschaft ist eine Gesellschaft mit eigener Rechtspersönlichkeit. ²Für die Verbindlichkeiten der Gesellschaft haftet den Gläubigern nur das Gesellschaftsvermögen.

(2) Die Aktiengesellschaft hat ein in Aktien zerlegtes Grundkapital.

Übersicht

	Rn		Rn
I. Entstehungsgeschichte und Normzweck	1	III. Grundkapital	15
II. Rechtspersönlichkeit	4	IV. Die Aktie	16
1. Grundsätzliche rechtstechnische Bedeutung	4	1. Begriff	16
		2. Nennwert- und Stückaktie	17
2. Verfahrensrecht	7	3. Aktie und Mitgliedschaftsrecht	21
3. Handlungsfähigkeit und Verantwortlichkeit	11	V. Schuldenhaftung	24
		1. Grundsatz	24
4. Strafrechtliche Verantwortlichkeit	13	2. Der „Haftungsdurchgriff" im Einzelnen	29
5. Rechtsfähigkeit im öffentlichen Recht	14	3. Gesellschafterfreundlicher Durchgriff	33

Literatur: *Altmeppen* Existenzvernichtungshaftung und Scheinauslandsgesellschaften, FS Röhricht, 2005, S 3; *Baums* Ersatz von Reflexschäden in der Kapitalgesellschaft, ZGR 1987, 554; *Blanke* Private Aktiengesellschaft und Deregulierung des Aktienrechts, BB 1994, 1505; *Bauschke* Durchgriff bei juristischen Personen, BB 1975, 1322; *Boujong* Das Trennungsprinzip des § 13 Abs 2 GmbHG und seine Grenzen in der neueren Judikatur des Bundesgerichtshofes, FS Odersky, 1996, S 739; *Brandes* Ersatz von Gesellschafts- und Gesellschafterschaden, FS Fleck, 1988, S 13; *Buri/Streit* Aktiengesellschaft und Euro – Handlungsbedarf und Möglichkeiten der Aktiengesellschaft anlässlich der Euro-Einführung zum 1.1.1999, NZG 1998, 201; *Claussen* Das Gesetz über die kleine Aktiengesellschaft – und die ersten praktischen Erfahrungen, WM 1996, 609; *ders* Die Aktie ohne Nennbetrag ist die richtigere, AG 1963, 237; *Eidenmüller/Engert* Rechtsökonomik des Mindestkapitals im GmbH-Recht, GmbHR 2005, 433; *Funke* Wert ohne Nennwert – Zum Entwurf einer gesetzlichen Regelung über die Zulassung nennwertloser Aktien, AG 1997, 385; *Grunewald/Noack* Zur Zukunft des Kapitalsystems der GmbH – Die Ein-Euro-GmbH in Deutschland, GmbHR 2005, 189; *Habersack* Die Mitgliedschaft – subjektives und „sonstiges" Recht, 1996; *Hadding* Zur Rechtsfähigkeit und Parteifähigkeit der (Außen-)Gesellschaft bürgerlichen Rechts sowie der Haftung ihrer Gesellschafter für Gesellschaftsverbindlichkeiten, ZGR 2001, 712; *ders* Die Mitgliedschaft in handelsrechtlichen Personengesellschaften – ein subjektives Recht?, FS Reinhardt, 1972, S 249; *Häuser/van Look* Zur Änderung des Zwecks beim eingetragenen Verein, ZIP 1986, 749; *Heider* Einführung der nennwertlosen Aktie in Deutschland anlässlich der Umstellung des Gesellschaftsrechts auf den Euro, AG 1998, 1; *Hoffmann-Becking* Gesetz zur kleinen AG – unwesentliche Randkorrekturen oder grundlegende Reform?, ZIP 1995, 1; *Hommelhoff/Stimpel/Ulmer* Heidelberger Konzernrechtstage: Der qualifizierte faktische Konzern, 1992; *John* Gesellschafterfreundlicher Durchgriff?, JZ 1977, 511; *Kling* Der bes Vertreter im Aktienrecht, ZGR 2009, S 190; *Koenig* Zur Anwendung der Ultra-vires-Lehre im Falle des Überschreitens der gesetzlich begrenzten Aufgaben öffentlicher Kreditanstalten am Beispiel der Landesbank, WM 1995, 301; *Kopp* Stückaktie und Euroumstellung, BB 1998, 701; *Kowalski* Der Ersatz von Gesellschafts- und Gesellschafterschaden, 1990; *Kropff* Das TBB-Urteil und das Aktienkonzernrecht, AG 1993, 485; *Kübler* Kapitalmarktgerechte Aktien?, WM 1990, 1853; *Lutter* Theorie der Mitgliedschaft, AcP 180, 84; *Lutter/Banerjea* Die Haftung wegen Existenzvernichtung, ZGR 2003, 402; *G. Müller* Gesellschafts- und Gesellschafterschaden, FS Kellermann, 1991, S 317; *K. Müller* Die Haftung der Muttergesellschaft für die Verbindlichkeiten der Tochtergesellschaft im Aktienrecht, ZGR 1977, 1; *Müller-Freienfels* Zur Lehre von so genannten „Durchgriff" bei juristischen Personen im Privatrecht, AcP 156 (1957), 522; *Nirk* Zur Rechtsfolgenseite der Durchgriffshaftung, FS Stimpel, 1985, S 443; *Raiser* Der Begriff der juristischen Person. Eine Neubesinnung, AcP 199 (1999), 104; *Rehbinder* Zehn Jahre Rspr zum Durchgriff im Gesellschaftsrecht, FS R. Fischer, 1979, S 579; *ders* Neues zum Durchgriff unter besonderer Berücksichtigung der höchstrichterlichen Rspr, FS Kübler, 1997; *ders* Konzernaußenrecht und allgemeines Privatrecht, 1969; *Roth* Subjektives Recht oder prozessuale Befugnis als Voraussetzungen einer „Aktionärsklage", FS Henckel, 1995, S 707; *Schindler* Das Austrittsrecht in Kapitalgesellschaften, 1999; *K. Schmidt* Konzernhaftung oder mitgliedschaftliche Haftung des privaten GmbH-Gesellschafters?, ZIP 1986, 146; *Schneider-Busch* Swapgeschäfte der Landesbanken, WM 1995, 326; *Schröer* Zur Einführung der unechten nennwertlosen Aktie aus Anlaß der Europäischen Währungsunion, ZIP 1997, 221; *Schürmann* Die Anpassung des Gesellschaftsrechts bei Einführung des Euro, DB 1997, 1381; *Seibert* Die Umstellung des Gesellschaftsrechts auf den Euro, ZGR 1998, 1; *Serick* Rechtsform und Realität juristischer Personen, 1995; *Stimpel* „Durchgriffshaftung" bei der GmbH: Tatbestände, Verlustausgleich, Ausfallhaftung, FS Goerdeler, 1987, S 601; *ders* Anpassung von Versorgungsbezügen im Konzern, FS Kellermann, 1989, S 423; *H. P. Westermann* § 826 BGB als Grundlage einer „Durchgriffshaftung" des Gesellschafters, Jura 1980, 532; *ders* Das TBB-Urteil – ein Neuansatz bei der Haftung wegen qualifizierter faktischer Konzernierung?, ZIP 1993, 554; *ders* Der besondere Vertreter im Aktienrecht, AG 2009, 237; *Wiedemann* Übertragung und Vererbung von Mitgliedschaftsrechten bei Handelsgesellschaften, 1963; *ders* Die Unternehmensgruppe im Privatrecht, 1988; *ders* Reflexionen zur Durchgriffshaftung, ZGR 2003, 283; *Wilhelm* Rechtsform und Haftung bei der juristischen Person, 1981; *Zöllner* Die Anpassung von Betriebsrenten im Konzern, AG 1994, 285.

I. Entstehungsgeschichte und Normzweck

1 Die Vorschrift gibt keine Zusammenfassung der Rechtsformelemente der Aktiengesellschaft im Sinne einer Definition, stellt aber einige zentrale Typenmerkmale neben die kurze Bezeichnung der Stellung der AG im System der Gesellschaftsformen. Die Vorschrift enthält nicht ausdrücklich das Gebot der Beteiligung der Aktionäre mit

Wesen der Aktiengesellschaft § 1

Einlagen auf das in Aktien zerlegte Grundkapital, das aber für die Gründung uneingeschränkt gilt (RegBegr *Kropff* S 19; s auch MünchKomm AktG/*Heider* Rn 2; mehr im Sinne einer Legaldefinition GroßKomm AktG/*Brändel* Rn 3), näher § 2. Bei der Kapitalerhöhung ist demgegenüber eine Leistung aus Gesellschaftsmitteln möglich. Der Wegfall dieses Teils der früheren Regelung zeigt an – verursacht freilich nicht –, dass sich die Finanzierungsgewohnheiten der AG in ständiger Entwicklung befinden, so dass eine bestimmte Art der Beteiligung der Gesellschafter nicht mehr unter die Begriffsmerkmale der AG gezählt werden sollte. Als **Normzweck** kann unter diesen Umständen nicht schlechthin die Zusammenstellung aller Strukturmerkmale der AG angesehen werden; dies wird schon daraus ersichtlich, dass die gewiss zu den letzteren gehörende typbestimmende „körperschaftliche Struktur" (dazu Schmidt/Lutter AktG/*Lutter* Rn 2) der Gesellschaft im Gesetz nicht erwähnt ist.

§ 1 gibt in diesem Rahmen wichtige Merkmale der AG an, die **Rechtsfähigkeit**, die **Haftung** nur des **Gesellschaftsvermögens** – also nicht der Gesellschafter – für Gesellschaftsschulden, und das Vorhandensein eines in Aktien eingeteilten **Grundkapitals**. Die AG ist typologisch Kapitalgesellschaft, wie die Personenhandelsgesellschaft aber Handelsgesellschaft gem § 3. Die eigene juristische Persönlichkeit und die Ausgestaltung als Kapitalgesellschaft sind auch dort zwingend, wo die AG (als „Familien-AG") hinsichtlich der Zusammenstellung des Gesellschafterkreises und der Kompetenz der Organe von dem dem Gesetz zugrunde liegenden Bild der Publikumsgesellschaft abweicht, obwohl Abweichungen bezüglich der Organbefugnisse nur sehr begrenzt möglich sind. Daran hat auch die Einführung der „kleinen" AG nichts geändert (eingeführt durch das Gesetz für kleine Aktiengesellschaften und zur Deregulierung des Aktienrechts vom 2.8.1994 BGBl I S 1961; *Blanke* BB 1994, 1505; *Claussen* WM 1996, 609; speziell zur Gründung *Hoffmann-Becking* ZIP 1995, 1 ff). 2

Die Bezeichnung als „Gesellschaft" ändert nichts an der Einordnung der AG unter die **Körperschaften** und damit die „Gesellschaften im weiteren Sinne" im Verständnis eines verbreiteten wissenschaftlichen Sprachgebrauchs. Die §§ 705 ff BGB sind durchgehend unanwendbar; die Bezugnahme auf die „Gesellschaft" bedeutet keine Einordnung in die Typenreihe des Gesellschaftsrechts, sondern allenfalls eine Betonung des Vertragscharakters (ähnlich *K. Schmidt* GesR § 3 I 1; MünchKomm AktG/*Heider* Rn 12; etwas anders *Hüffer* AktG Rn 2), der aber wenig besagt, wenn die Gründung durch einen Einzelnen erfolgt (KölnKomm AktG/*Dauner-Lieb* Rn 3). Die Umstellung des Rechts der BGB-Gesellschaft auf die Annahme eigener Rechtsfähigkeit des Verbandes (*BGHZ* 146, 341; *Ulmer* ZIP 2003, 1113; *K. Schmidt* NJW 2001, 992; *Hadding* ZGR 2001, 712; *Habersack* BB 2001, 477) ändert nichts an dem grundlegenden Unterschied zwischen der körperschaftlichen Struktur, dh der Unabhängigkeit des Rechtsträgers von den Personen seiner Mitglieder, und personalistischen Verfassung der typischen Personengesellschaften. Demgegenüber wird vielfach eine – wenn auch stets vorsichtige – ergänzende Anwendung des **BGB-Vereinsrechts** für möglich gehalten (*Hüffer* AktG Rn 3; MünchKomm AktG/*Heider* Rn 15; zurückhaltend GroßKomm AktG/*Brändel* Rn 30 f). Die in diesem Zusammenhang angeführte allg Meinung entsprechende Anwendbarkeit des § 31 BGB gilt freilich auch für OHG und KG; doch auch insoweit ist klar, dass etwa die vereinsrechtlichen Bestimmungen über die Mitgliederversammlung und ihre Einberufung, das Stimmrecht der Mitglieder, Satzungsänderung und Auflösung der Korporation für die AG durch die Vorschriften des AktG, vor allem die starke Formalisierung der Willensbildung mit Blick auf die Ver- 3 hältnisse der Publikums-Gesellschaft, verdrängt werden (näher GroßKomm AktG/ *Brändel* Rn 31; ausf MünchKomm AktG/*Heider* Rn 20; Schmidt/Lutter AktG/*Lutter* Rn 3). Auch die heute nicht mehr zweifelhafte Anerkennung der Dauerhaftigkeit der Einmann-AG steht im Gegensatz zu § 73 BGB. Die seit der Neufassung des § 2 im Jahre 1994 nicht mehr bezweifelbare Einmann-Gründung macht auch eine nach Vertragsregeln zu beurteilende rechtsgeschäftliche Einigung über eine Satzung entbehrlich, was die Modelle sowohl des Personengesellschafts- als auch des Vereinsrechts weiter an Bedeutung für die AG verlieren lässt. Die grds Anwendbarkeit des **§ 35 BGB** über die Nichtentziehbarkeit von Sonderrechten (GroßKomm AktG/*Brändel* Rn 30 f; MünchKomm AktG/*Heider* Rn 21) ist mehr Ausdruck eines allg Rechtsgedankens, der in der AG an die Behandlung des Verhältnisses der Gesellschafter einer Kapitalgesellschaft angepasst werden muss. Nicht tragfähig ist die Parallele zum Vereinsrecht schließlich für die Einstellung zu den **Treuepflichten** der Gesellschafter, s § 53a Rn 4. Dasselbe gilt für die weitgehende Unabhängigkeit der Geschäftsführung und des Bestandes der Gesellschaft von den Personen der Gesellschafter, sie verhindert weder im GmbH- noch im Aktienrecht die Anerkennung eines Rechtsverhältnisses zwischen Gesellschaft und Gesellschaftern sowie zwischen Gesellschaftern untereinander, das auch Quelle von Treupflichten sein kann. Schließlich ist der in § 33 BGB zum Ausdruck kommende Gedanke, dass einer Änderung des satzungsmäßigen Zwecks alle Mitglieder zustimmen müssen, seinerseits nur die Ausprägung eines allg korporationsrechtlichen Gedankens, und die Geltung dieses Prinzips ist im Aktienrecht umstr (gegen die Zulässigkeit einer Mehrheitsentscheidung über den Gesellschaftszweck GroßKomm AktG/*Brändel* Rn 31; *K. Schmidt* GesR § 4 II 3a; MünchKomm AktG/*Heider* Rn 20; **aA** wohl *BGHZ* 96, 245, 251; s dazu *Häuser/van Look* ZIP 1986, 749, 754 f), wobei zT noch zwischen Unternehmensgegenstand und satzungsmäßigem Zweck differenziert wird.

II. Rechtspersönlichkeit

4 **1. Grundsätzliche rechtstechnische Bedeutung.** Die eigene Rechtspersönlichkeit der AG bedeutet, dass die Gesellschaft **Zurechnungssubjekt** von Rechten und Pflichten sein kann und dass zwischen dieser Rechtssphäre und den Rechten und Pflichten der Aktionäre eine scharfe Grenze verläuft (s grundlegend *Stimpel* FS Goerdeler, S 605; *Wiedemann* GesR § 4 I). Die Aktionäre haben keinerlei Anteil am Gesellschafts-Vermögen einschließlich der Verbindlichkeiten. In welchem Umfang und mit welchen Folgen für die Rechtsdurchsetzung iÜ die Gesellschaft als selbstständige jur Einheit behandelt wird und inwieweit bei der Bestimmung des Inhalts der Rechtsverhältnisse der Gesellschaft die Person der Gesellschafter berücksichtigt werden muss, ist eine Zweckmäßigkeitsentscheidung der Rechtsordnung, wie umgekehrt die fehlende Qualifikation der Gesamthandsgesellschaft als juristische Person nicht einer weitgehenden rechtlichen Verselbstständigung einer „Personengruppe" von den Gesellschaftern (s die Angaben in Rn 3) entgegengestanden hat. Das Gesetz ermöglicht durch die rechtliche Verselbstständigung eines Verbandes, dessen Vermögen und Organisation für einen bestimmten Zweck eingesetzt werden müssen und reserviert sind, eine überindividuelle Sicherung der Zweckverfolgung, was ua bedeutet, dass in die Widmung des Kapitals allein für Gesellschaftszwecke von Gesellschafterseite nicht mehr eingegriffen werden kann. Auch dass die Trennung von Gesellschafter- und Gesellschafts-Rechten einen Rechtssubjektwechsel und Rechtsstreitigkeiten zwischen ihnen ermög-

Wesen der Aktiengesellschaft § 1

licht, erlaubt es, den heutigen Entwicklungsstand dahin zu umschreiben, dass die eigene Rechtsfähigkeit der Körperschaft und ihre alleinige Vermögenszuständigkeit und Schuldenhaftung die Trennung von Gesellschafts- und Gesellschaftersphäre, die auch sonst dem Gesellschaftsrecht zu eigen ist, bes stark ausgestaltet (zum Problem der Zuteilung der Rechtsfähigkeit an einen Personenverband durch weitere Rechtsfortbildung *Th. Raiser* AcP 199 (1999), 104 ff).

Die AG kann alle Rechte oder Pflichten haben, die einer jur Person zustehen können, 5 sie ist grundbuch- und kontofähig, sie ist besitzfähig, wobei der Vorstand ihr aufgrund seiner Organstellung Besitz verschafft (*BGHZ* 56, 73, 77; 57, 166, 167; 156, 310, 316). Die AG kann GmbH-Geschäftsanteile und Aktien halten, sie kann Gesellschafter einer Personengesellschaft sein (*RGZ* 105, 101; GroßKomm HGB/*Ulmer* § 105 Rn 91; *H. P. Westermann* Hdb der Personengesellschaften Teil I Rn 151a; zur Fähigkeit, einzige Komplementärin einer AG & Co. KG und sogar einer KGaA zu sein, grundlegend *BGHZ* 134, 392; näher zu § 279 Abs 2), sie kann Namens-, Firmen- und Markenschutz ua nach §§ 12 BGB, 37 HGB oder 14 ff MarkenG geltend machen. Das Urheber- und Erfinderrecht, im Ausgangspunkt auf die natürliche Person als den Träger schöpferischer Kräfte beschränkt, kann die AG nicht haben, wohl aber kann sie die aus den entspr Immaterialgüterrechten entstehenden Nutzungsrechte erwerben, wobei sie dann auch Erfindungen zum Patent- und Gebrauchsmusterschutz anmelden kann (GroßKomm AktG/*Brändel* Rn 41; MünchKomm AktG/*Heider* Rn 31; s auch das ArbeitnehmererfindungsG vom 25.7.1957, BGBl I S 756), nicht durchweg kann die AG Ämter zur Wahrnehmung fremder Interessen erhalten, Spindler/Stilz AktG/*Fock* Rn 19. Die sog **ultra-vires-Lehre**, die die Rechtsfähigkeit der jur Person auf den Unternehmensgegenstand beschränkt, gilt im deutschen Recht der privaten Gesellschaften nicht (*Schneider-Busch* WM 1995, 326; Spindler/Stilz AktG/*Fock* Rn 14), s auch Rn 11. Freilich ist das allg **Persönlichkeitsrecht** jur Personen nur mit der – wenig klaren – Einschränkung zugebilligt worden, dass ein Schutz nur dem „Wesen als Zweckschöpfung des Rechts" und den dadurch begründeten Funktionen zugebilligt wird; das umfasst immerhin den „sozialen Geltungsanspruch als Arbeitgeben und Wirtschaftsunternehmen" (*BGHZ* 98, 94; *BGH* NJW 1983, 1283; ähnlich KölnKomm AktG/*Dauner-Lieb* Rn 16). Die AG kann Abwickler sein (auch bei einer AG, § 265 Abs 2), nicht aber Mitglied des Vorstandes oder AR einer AG (§§ 76 Abs 3, 100 Abs 1). Die AG kann in einer anderen AG Abschluss- oder Sonderprüfer sein. Sie kann rechtsgeschäftlich bevollmächtigt werden, die Vollmacht wird durch ihre gesetzl Vertreter ausgeübt. Die Tatsache, dass sie nicht Organ einer anderen Kapitalgesellschaft sein kann, legt es nahe, ihr trotz der Zulässigkeit einer rechtsgeschäftlichen Bevollmächtigung die Übertragung von Prokura zu verwehren (GroßKomm HGB/*Joost* § 48 Rn 29; *Heymann/Emmerich* HGB § 48 Rn 13; MünchKomm HGB/*Krebs* § 48 Rn 26; **aA** aber GroßKomm AktG/*Brändel* Rn 42; MünchKomm AktG/*Heider* Rn 30). Die AG kann auch Vormund oder Insolvenzverwalter sein, da sie – zB im Bereich der allg Wirtschaftsberatung – zur Wahrnehmung fremder Vermögensinteressen aufgrund ihrer Anonymität sogar bes befähigt sein kann (im Einzelnen str, zust GroßKomm AktG/*Brändel* Rn 40; *Hachenburg/Raiser* § 13 GmbHG Rn 4; zurückhaltend KölnKomm AktG/*Dauner-Lieb* Rn 15), sie muss allerdings persönliche Aspekte der Betreuung einzelnen Mitarbeitern übertragen (§ 1791a Abs 3 BGB).

Ein Sonderfall ist die **AG & Co KG**, die aus den zur GmbH & Co KG angestellten 6 Erwägungen grds zulässig ist. Die AG kann hier sowohl Komplementärin als auch Kommanditistin sein (*BayObLG* DB 1986, 1326; *OLG Frankfurt* NJW 1990, 647;

Westermann 39

OLG Saarbrücken NJW 1990, 647). Grds geklärt ist auch die steuerrechtliche Behandlung (§ 6 Abs 1 S 4 KStG, dazu *BVerfG* BB 1968, 1191). Praktikabel ist das Mischgebilde allenfalls bei sehr kleinem Gesellschafterkreis der AG und Interesseneinheit im AR. In neuerer Zeit hat es den Anschein, als gewinne die AG als Komplementärin einer KGaA, bei der eine (uU auch bedeutende) Zahl von nicht an der Geschäftsführung beteiligten Personen als Kommanditaktionär teilhaben kann, zunehmende Bedeutung.

7 2. **Verfahrensrecht.** Die AG kann **unter ihrer Firma klagen und verklagt werden.** Sie ist also **parteifähig.** Im Prozess wird sie durch ihre vertretungsberechtigten Organe vertreten, idR durch den Vorstand; ausnahmsweise kommt auch der AR in Betracht. Dieser handelt hier manchmal allein, so bei Rechtsstreitigkeiten mit Vorstandsmitgliedern (auch mit ausgeschiedenen, *BGH* WM 1991, 941) und ihren Angehörigen, soweit es um Versorgungsbezüge geht, manchmal zusammen mit dem Vorstand (vgl namentlich §§ 246 Abs 2, 249 Abs 1 S 1). Zur Vertretung im Schadensersatzprozess gegen die in §§ 46–48, 53 bezeichneten Personen kann schon nach bisherigem Recht auch die Bestellung bes Vertreter der AG durch die HV in Betracht kommen (§ 147 Abs 3 S 1 und 2), die durch Art 1 Nr 14 des UMAG vom 22.09.2005 (BGBl I S 786) durch ein Klagezulassungsverfahren stark modifiziert worden ist. Zur Bestellung, den Aufgaben und Kompetenzen eines besonderen Vertreters *H. P. Westermann* Die AG 2009, 237 ff; *Kling* ZGR 2009, 190 ff.; *Konzen* FS Hommelhoff, 2012, S 565, 567 f. Fehlt für Vertretungshandlungen ein erforderliches Vorstandsmitglied, so hat in dringenden Fällen das RegGericht auf Antrag eines Beteiligten das Mitglied zu bestellen (§ 85; über Bestellung eines fehlenden AR-Mitglieds vgl § 104). Auch hilft § 57 ZPO, der, wenn eine AG verklagt werden soll, die ohne gesetzlichen Vertreter ist, auf Antrag des Klägers den Vorsitzenden des Prozessgerichts verpflichtet, bei Gefahr im Verzuge einen anderen Vertreter zu bestellen; dies kommt etwa in Betracht, wenn sowohl Vorstands- als auch AR-Mitglieder einen HV-Beschluss durch Anfechtungs- oder Nichtigkeitsklage angreifen (GroßKomm AktG/*Brändel* Rn 45; KölnKomm AktG/*Zöllner* § 246 Rn 39). Die Auflösung der AG unterbricht den Prozess; Fortführung geschieht durch die Abwickler, notfalls ist auch hier nach § 57 ZPO vorzugehen.

8 Mitglieder des Vorstandes unterliegen als gesetzliche Vertreter der Parteivernehmung und sind in ihrem Prozess zeugnisunfähig. Sie haben die eidesstattliche Versicherung zu leisten. Sie können im Prozess der Gesellschaft nicht Richter sein (§ 41 ZPO), ebenso nicht Schiedsrichter (*RGZ* 93, 288; anders für die AG als solche MünchKomm AktG/*Heider* Rn 36; dagegen aber KölnKomm AktG/*Dauner-Lieb* Rn 20). Alles das gilt nicht für Aktionäre und – mit Ausnahme der Bestellung zum Schiedsrichter – grds auch nicht für AR-Mitglieder, soweit sie nicht im Einzelfall die AG im Prozess vertreten (*OLG Koblenz* DB 1987, 1037). Sie stehen der AG als Dritte gegenüber und haben auch kein Zeugnis- oder Eidesverweigerungsrecht, weil sie am Prozessausgang nur wirtschaftlich, nicht rechtlich interessiert sind (vgl *RGZ* 83, 183, allerdings zu § 393 Nr 4 ZPO aF). Dass ihr Zeugnis wegen ihres wirtschaftlichen Interesses vorsichtig zu bewerten ist, ist eine andere Frage. Ein gegen die Gesellschaft ergangenes Urteil wirkt nicht für und gegen die Aktionäre (Ausnahme die Gestaltungsurteile gem §§ 248, 249 Abs 1). Aktionäre können deshalb der AG im Prozess auch nicht als Nebenintervenienten beitreten, weil ihnen das rechtliche Interesse iSd § 66 ZPO fehlt (**hM** vgl *RGZ* 83, 182; GroßKomm AktG/*Brändel* Rn 50; zu neueren Entwicklungen aber *Bayer*, FS Maier-Reimer, 2010, S 1 ff). Eine Ausnahme gilt auch

Wesen der Aktiengesellschaft § 1

hier im gesellschaftsrechtlichen Innenverhältnis, etwa in Bezug auf die Organe, s die Fälle in §§ 248, 249 Abs 1.

Prozesskostenhilfe kann nach § 116 S 1 Nr 2 ZPO einer inländischen AG bewilligt werden, wenn die zur Führung des Prozesses erforderlichen Mittel weder von ihr noch von den an der Führung des Prozesses wirtschaftlich Beteiligten aufgebracht werden können und die Unterlassung der Rechtsverfolgung oder Rechtsverteidigung allg Interessen zuwiderlaufen würde. Als Beteiligte in diesem Sinn kommen namentlich Großaktionäre in Betracht (*LG Dresden* AG 1995, 335; *Stein/Jonas/Leipold* ZPO § 114 Rn 82), nicht alle Aktionäre (für Grenzziehung nach Maßgabe der für die Anwendung der Eigenkapitalersatzvorschriften geltenden 25 %-Grenze im Hinblick auf das Eingreifen der „Finanzierungsverantwortung" auch eines Aktionärs Groß-Komm AktG/*Brändel* Rn 49), Gläubiger nur unter ganz bes Umständen (vgl *RGZ* 148, 196). Praktisch werden diese Voraussetzungen bei einer AG nur selten vorliegen. 9

Zum **Gerichtsstand** der AG, der sich gem § 17 ZPO grds nach dem Sitz bestimmt, s § 14. Es kann allerdings sein, dass durch RechtsVO für die Bezirke mehrerer Landgerichte bestimmte Verfahren bei einem LG zusammengefasst sind (§ 132 Abs 1 S 3). Ein neben den allg tretender, ebenfalls allg Gerichtsstand kann nach § 17 Abs 3 ZPO durch die Satzung festgelegt werden. 10

3. Handlungsfähigkeit und Verantwortlichkeit. Die **rechtsgeschäftliche** Handlungsfähigkeit der AG ist grds unbeschränkt, s aber die Einschränkungen in Rn 4. Einsetzung als Erbin oder Vermächtnisnehmerin ist möglich, bisweilen zweckmäßig wegen der Möglichkeit, den damit verbundenen Pflichten durch ihre Organe nachzukommen; von daher zulässig auch die Einsetzung als Testamentsvollstreckerin (GroßKomm AktG/ *Brändel* Rn 39; MünchKomm AktG/*Heider* Rn 28). Eine Beschränkung der Rechts- oder auch nur Handlungsfähigkeit durch den Zweck der Gesellschaft oder den Gegenstand des von ihr betriebenen Unternehmens findet im deutschen Privatrecht nicht statt (*Hüffer* AktG Rn 4; MünchKomm AktG/*Heider* Rn 29), weil die Interessen außenstehender Dritter durch eine Abhängigkeit der Gültigkeit von Geschäften vom Inhalt der Satzung oder von Erfüllung des Unternehmenszwecks beeinträchtigt würden (*Wiedemann* GesR § 4 II 2a; anders im Bereich der jur Person öffentlichen Rechts *BGHZ* 20, 119, 124; *Koenig* WM 1995, 317, 323). Eine andere Frage ist, ob die Organe zweckwidrige oder gegenstandsfremde Geschäfte tätigen dürfen, s § 76 Rn 11 ff. 11

Die AG ist **deliktsfähig** in dem Sinne, dass sie für unerlaubte und sonstige zum Schadensersatz verpflichtende Handlungen ihrer Organe (Vorstand und AR) und ihrer satzungsgemäß berufenen Vertreter (zum Begriff *BGHZ* 49, 19, 21; *BGH* NJW 1977, 2259; Erman BGB/*H.P. Westermann* § 31 Rn 2; zur Weiterentwicklung in Richtung auf eine allg „Repräsentantenhaftung" MünchKomm BGB/*Reuter* § 31 Rn 5.) nach § 31 BGB haftet, ohne sich exkulpieren zu können. Für andere Mitarbeiter kommt eine Haftung nach § **831 BGB** in Betracht. Im rechtsgeschäftlichen Bereich gilt § 278 BGB. Tatbestände der **Gefährdungshaftung** kann die AG direkt verwirklichen, wenn sie etwa Halter eines Fahrzeugs, Betreiber einer gefährlichen Anlage oder Hersteller von unsicheren oder sonst gefahrbegründenden Produkten ist. Sie kann auch iSd Haftung aus **Verkehrssicherungspflicht** für die Eröffnung eines Verkehrs verantwortlich sein, so dass eine Haftung bei Versäumung ausreichender Gefahrenvorsorge gerade auch dann eingreifen kann, wenn ein Organ oder ein verfassungsmäßig berufener Vertreter, 12

Westermann 41

dem die Säumnis zugerechnet werden kann, nicht bestimmt worden ist (*BGHZ* 24, 200, 213; 39, 124, 130; *OLG Nürnberg* OLG Rspr 2000, 349; Erman BGB/*H. P. Westermann* § 31 Rn 7).

13 **4. Strafrechtliche Verantwortlichkeit.** IdR besteht keine strafrechtliche Verantwortlichkeit der Gesellschaft, weil der Schuldvorwurf eine jur Person nicht treffen kann. Denkbar, wenn auch nicht die Regel, ist kraft positiver gesetzlicher Anordnung eine Verantwortlichkeit für Handlungen und Unterlassungen der handelnden natürlichen Personen, möglich und praktisch bes im Steuer-, Bilanz- und Umweltstrafrecht und hier auch durchaus im Vordringen, s auch § 14 StGB. Zur Verhängung von Geldbußen gegen die AG wegen der Ordnungswidrigkeiten der Organe s §§ 30 OWiG, 401 AktG. Das dürfte sich auch dadurch nicht ändern, dass die Vollstreckung von Geldbußen gegen jur Personen, für die § 89 OWiG auf die gegen natürliche Personen anzuwendenden Zwangsmaßnahmen verweist, praktisch schwierig ist (differenzierend MünchKomm AktG/*Heider* Rn 40 f; abl GroßKomm AktG/*Brändel* Rn 54). Außerhalb spezieller gesetzlicher Regelung ist eine Verantwortung für Straftaten der Organe abzulehnen (*OLG Köln* NJW 1961, 422; KölnKomm AktG/*Dauner-Lieb* Rn 23; Spindler/Stilz AktG/*Fock* Rn 28).

14 **5. Rechtsfähigkeit im öffentlichen Recht.** Auch im **öffentlichen Recht** ist die Rechtsfähigkeit der AG weitgehend anzuerkennen, sie nimmt daher auch am Grundrechtschutz nach Maßgabe des Art 19 Abs 3 GG teil, allerdings nicht im Hinblick auf solche Grundrechte, die inhaltlich auf natürliche Personen und ihre Interessenssphäre bezogen sind, was jeweils von Fall zu Fall zu prüfen ist (dazu *Wiedemann* GesR § 12 II; *BVerfGE* 21, 362, 369; 42, 212, 219; 68, 193, 205). Öffentlich-rechtliche Bestimmungen über den Geschäftsbetrieb und seine Ordnung gelten voll für Kapitalgesellschaften, die ein solches Geschäft betreiben. Die AG kann auch als Rechtsform für **hoheitliches Handeln** benutzt werden; häufiger nehmen auch Träger hoheitlicher Gewalt iRd Beteiligung an einer Kapitalgesellschaft öffentliche Aufgaben (Daseinsvorsorge) wahr oder verfolgen finanzwirtschaftliche Ziele in den Formen des (Verwaltungs-) Privatrechts. Beteiligt sich die öffentliche Hand neben privaten Aktionären, spricht man von **gemischtwirtschaftlichen Unternehmen**; hierbei ist insb für Träger hoheitlicher Gewalt als Aktionäre auf die Geltung der konzernrechtlichen Vorschriften hinzuweisen (*BGHZ* 69, 334 – Veba-Gelsenberg; *BGH* ZIP 1997, 887 mit Kurzkomm *H.P. Westermann* EWiR § 313 AktG 1/97; näher dazu § 15 Rn 13). Zur Rechtsstellung der von einer Gebietskörperschaft entsandten AR-Mitglieder §§ 394, 395.

III. Grundkapital

15 Jede AG muss nach Abs 2 ein bestimmtes, in der Satzung ziffernmäßig festgelegtes Grundkapital haben (§ 23 Abs 3 Nr 3), das auf einen Nennbetrag in EUR mit einer Mindesthöhe von 50 000,00 lauten muss (§ 6) und nach § 39 Abs 1 S 1 auch im HR eingetragen wird. Darunter ist der bei der Gründung von den Aktionären auf Grund übernommener Verpflichtung mindestens aufzubringende Kapitalbetrag zu verstehen, dessen Ziffer sodann die Rechnungsgröße für eine Reihe von kapitalgesellschaftsrechtlichen Schutzvorschriften im Interesse der Gesellschafts-Gläubiger bildet. So gesehen, dient das Grundkapital, seine Aufbringung und seine Erhaltung, der **Seriosität** (K. Schmidt/Lutter AktG/*Lutter* Rn 22). Seine Ziffer ist fixiert und kann ohne Änderung der Satzung nicht verändert werden. Über eine gewisse Ausnahme beim genehmigten Kapital s § 202. Das Grundkapital ist von dem ständig wechselnden Gesellschafts-Vermögen scharf zu unterscheiden (KölnKomm AktG/*Dauner-Lieb* Rn 62), seine ziffernmäßige Höhe besagt somit nichts über das zu einer bestimmten Zeit tatsächlich vorhandene Vermögen der AG, insoweit besteht Übereinstimmung allenfalls bei der Gründung. Das Gesetz sucht die Aufbringung des Grundkapitals und die Erhaltung eines dem Grundkapital entspr Gesellschafts-Vermögens mit möglichst starken Mitteln zu sichern (sog **Grundsatz der effektiven Aufbringung und Erhaltung des Grundkapitals**), was nach den kontinental-europäischen Vorstellungen vom Gläubigerschutz deren Befriedigungsaussichten, aber auch den Belangen zukünftiger Aktionäre dienen soll; zur Garantiefunktion Spindler/Stilz AktG/*Fock* Rn 83, 87. Der Betrag des Grundkapitals, das in der Bilanz als Passivposten auszuweisen ist (§ 266 Abs 3 A I HGB), bildet die Grenze für eine Reihe von Maßnahmen der Gesellschaft, zumal im Zusammenhang mit der Finanzierung, die zwar nicht unbedingt verboten, aber doch nur zulässig sind, wenn durch sie das tatsächliche Vermögen der Gesellschaft nicht unter die in der Satzung festgelegte Bilanzziffer sinkt. Das betrifft etwa das Verbot der Unterpariemission (§ 9 Abs 1); das Verbot der Stufengründung (§§ 2, 29); die Satzungspublizität von Sondervorteilen und Gründungsaufwand sowie die Gründungsprüfung; strenge Regelungen zur Einlageleistung und eine Verleihung der Rechtsfähigkeit erst nach Übernahme aller Aktien; Verbot der Einlagenrückgewähr; Beschränkung von Gewinnausschüttung auf den ausgewiesenen Reingewinn uÄ. Auf diese Weise soll (aus Gläubigersicht) ein Ausgleich für die fehlende Einstandspflicht der Aktionäre für die Gesellschaftsverbindlichkeiten geschaffen werden. Dieser Gedanke hat auch zu Rechtsfortbildungen zur Bewältigung ua von Praktiken der verschleierten Sacheinlage (§ 26 Rn 10, § 27 Rn 25 ff) und der Finanzierung mit kapitalersetzenden Aktionärsdarlehen (§ 57 Rn 21 ff) geführt. Zwar kann das Gesetz den Eintritt von Verlusten und eine dadurch bedingte Verringerung des Gesellschafts-Vermögens unter die Ziffer des Grundkapitals nicht verhindern, aber es verbietet jede willkürliche Schmälerung des Gesellschafts-Vermögens, insb durch Vermögensverschiebungen zugunsten von Aktionären. Die gläubigerschützende Funktion des zwingend auf einen bestimmten Mindestbetrag lautenden Grundkapitals wird für die in manchem vergleichbare Rechtsform der GmbH in neuerer Zeit vielfach bezweifelt, wobei allerdings die Stellung der „kleineren" Kapitalgesellschaft im europäischen Wettbewerb eine große Rolle spielt (*Mülbert* Der Konzern 2004, 151, 155; *Noack* DB 2006, 1475; *Grunewald/Noack* GmbHR 2005, 189 ff; *Eidenmüller/Engert* GmbHR 2005, 433 ff; *Schärtel* Die Doppelfunktion des Stammkapitals im europäischen Wettbewerb, 2006). Für die AG sind derartige Überlegungen bes auch wegen des rechtstatsächlich in aller Regel deutlich höheren eingesetzten Kapitals nicht angebracht. Im geltenden Recht bezeichnet das Grundkapital ferner die **Summe der Nennbeträge** der übernommenen Aktien, bei Ausgabe von Stückaktien (s § 8) gibt es die Summe der geringsten Ausgabebeträge iSd § 9 Abs 1 S 1 wieder. Zum Grundkapital gehören nicht die Beträge, die das Gesellschafts-Vermögen unabhängig vom Nennwert der Aktien erhöhen, wie Zuzahlungen bei Über-Pari-Emission oder freiwillige Zahlungen zum Ausgleich von Verlusten (Abs 4). Die Nennung des Grundkapitals ist nach § 23 Abs 3 Nr 3 notwendiger Satzungsbestandteil.

IV. Die Aktie

1. Begriff. Das Grundkapital wird in Anteile **(Aktien)** zerlegt. Das bedeutet, dass die Rechte und Pflichten der Aktionäre aus ihrer Mitgliedschaft sich nach der Quote ihrer Beteiligung am Grundkapital richten; nur diese, nicht das Mitgliedschaftsrecht des

16

Aktionärs ist in Abs 2 gemeint; K. Schmidt/Lutter AktG/*Lutter* Rn 27. Die Beteiligung der Aktionäre kann unterschiedlich hoch sein (§ 8), und ein Aktionär kann mehrere Mitgliedschaften haben; MünchKomm AktG/*Heider* Rn 98. Auf die Beteiligung haben die Aktionäre idR entspr Einlagen zu leisten. Eine Ausnahme gilt für Kapitalerhöhungen aus Gesellschafts-Mitteln (vgl § 207). Die Summe der Aktien (Mitgliedschaften) kann nicht größer sein als das Stammkapital.

17 **2. Nennwert- und Stückaktie.** Nach früherem Recht musste jede Aktie auf einen festen Betrag lauten, den **Nennbetrag**, nicht auf einen Anteil oder eine Quote, obwohl sie in Wahrheit einen Bruchteil des Grundkapitals darstellt. Das war das System der Summenaktie **(Nennwertaktie)**, während eine Quotenaktie, die auf einen Bruchteil des Grundkapitals lautet, zwar, wenn der Bruchteil in der Aktie selbst angegeben ist, Auskunft darüber gibt, in welchem Umfang der Inhaber am Grundkapital beteiligt ist, dafür aber bei Veränderungen des Grundkapitals in diesem Punkt unrichtig wird (zur Terminologie eingehend *Heider* AG 1998, 1, 2). Die Nennwertaktie gibt außerdem den Betrag der satzungsmäßig geleisteten oder noch zu leistenden Mindesteinlagen an, dagegen besagt der Nennbetrag nichts über ihren wirklichen Wert. Dieser kann vielmehr bei Vorhandensein von Reserven oder guter Gewinnaussichten sehr viel höher, bei Verlusten auch wesentlich geringer sein; er spiegelt sich bis zu einem gewissen Grade im Börsenkurs wieder. Wird eine Einlage über den Nennwert geleistet (Über-Pari-Emission), so erhöht sie nicht das Grundkapital; buchmäßig ist sie in die gesetzliche Rücklage einzustellen (§ 150 Abs 2).

18 Die durch das Gesetz über die Zulassung von Stückaktien vom 25.03.1998 (BGBl I S 590) im deutschen Recht heimisch gemachte und inzwischen in der Praxis verbreitete **unechte nennwertlose Aktie** kann auch als **Stückaktie** bezeichnet werden, weil sie weder auf einen Nennbetrag noch auf einen in der Aktienurkunde angegebenen Bruchteil oder eine Quote lautet, aber doch einen Anteil des Grundkapitals verkörpert. Ihre Einführung hängt mit dem Umstand zusammen, dass die Notwendigkeit zur Umstellung der Grundkapitalziffer und auch der Aktienbeträge auf den Euro zu erheblichen Rundungsproblemen führte, die ebenfalls durch eine gesetzliche Regelung bewältigt werden, aber einfacher gelöst werden konnten, wenn die Gesellschaften eine Umstellung der bisher verwendeten Nennwertaktien in Stückaktien vornahmen (so der RegE vom 6.11.1997, abgedruckt ZIP 1998, 130 ff; zur Entstehungsgeschichte näher *Heider* AG 1998, 1, 4 ff; *Schröer* ZIP 1997, 221 ff; *Schürmann* DB 1997, 1381 ff). Die Einwände gegen die nennwertlose Aktie früherer Prägung, die im wesentlichen darauf hinausliefen, dass hierdurch das Prinzip des festen Grundkapitals und der dadurch bewirkte Gläubigerschutz aufgegeben werden (Darstellung bei MünchKomm AktG/*Heider* § 8 Rn 14 ff), sollen dadurch ausgeräumt werden, dass die unechte nennwertlose Aktie das System mit einem festen Grundkapital und die Prinzipien der Kapitalaufbringung und -erhaltung nicht aufgibt. Die Ausgestaltung der Aktien ist weitgehend durch die europäische Kapitalrichtlinie vom 13.12.1976 (77/91 EWG AB1EG Nr I v 31.1.1977, 26/1) vorgegeben worden, die das in Deutschland geltende System eines festen Grundkapitals und eines rechnerischen Werts der Aktie beibehält.

18a Bei der jetzt eingeführten Form der Stückaktie bleibt der Aktionär an dem satzungsmäßig festgelegten Grundkapital quotal beteiligt (näher § 98 BörsG und dazu *Funke* AG 1997, 385), ohne dass freilich in der Aktienurkunde eine Quote genannt wird,

Wesen der Aktiengesellschaft § 1

weshalb auch nicht von **Quotenaktien** die Rede sein kann (*Funke* AG 1997, 385, 387; *Kübler* WM 1990, 1853 f; K. Schmidt/Lutter AktG/*Lutter* Rn 28; Spindler/Stilz AktG/ *Fock* Rn 96; zu den Gründen gegen die Einführung von Quotenaktien *Claussen* AG 1963, 237, 239). Der Grund liegt in dem Umstand, dass sonst jede Änderung der Gesamtaktienzahl im Rahmen einer Kapitaländerung die ausgegebenen Aktienurkunden unrichtig werden ließe. In der Satzung muss allerdings auch bei einer Verwendung von Stückaktien die Gesamtzahl der Aktien angegeben werden, RegBegr (Rn 18) S 131. Somit lässt sich aber die Quote für jeden Einzelfall errechnen, da der Betrag des Grundkapitals und die Zahl der ausgegebenen Aktien bekannt sind. Folgerichtig sind alle Aktien im gleichen Umfang am Grundkapital beteiligt, es soll keine Betragsstufen oberhalb des Mindestbetrages geben. Die Wahlfreiheit der Gesellschaft zur Beibehaltung von Nennbetragsaktien berechtigt nicht dazu, dass ein und dieselbe Gesellschaft beide Aktienformen nebeneinander verwendet (RegE Abschnitt I 3, ZIP 1998, 131; RegBegr BT-Drucks 13/9573 S 11; *Hüffer* AktG § 8 Rn 4; MünchKomm AktG/*Heider* § 8 Rn 37). Zur Wahl zwischen Inhaber- und Namensaktien § 10 Rn 9.

Eine weitergehende Änderung etwa durch Einführung einer **echten nennwertlosen** **19** **Aktie**, die einen Anteil am gesamten Vermögen der Gesellschaft (und nicht nur am Grundkapital) verkörpert, würde demgegenüber das feste Grundkapital aufgeben und stattdessen für die Bilanz eine Position wie „gezeichnetes Endkapital" erfordern, welches nicht dieselben Gläubigerschutzfunktionen haben könnte wie das Grundkapital derzeitiger Prägung. Als Folge müsste die Regelung sämtlicher Kapitalmaßnahmen modifiziert werden (Übersicht dazu bei *Schroer* ZIP 1997, 221 ff). Zu den durch die Umstellung auf den Euro geforderten Änderungen im Einzelnen § 6 Rn 7, § 8 Rn 18.

Aber auch die unechte nennwertlose Aktie stellt die Praxis vor einige Probleme (dazu **20** näher *Heider* AG 1998, 1, 5 ff; *Kopp* BB 1998, 701 ff; *Burig/Streit* NZG 1998, 201 ff; s aber auch *Seibert* ZGR 1998, 1 ff). Denn auch nach der Neuregelung (auch durch die Umstellung auf Euro) darf der auf die einzelne Stückaktie entfallende Betrag, wie der Mindestnennbetrag der Nennwertaktie, nicht den Mindestbetrag von 1 EUR unterschreiten (s Abschnitt I 3 des RegE, ZIP 1998, 131), nur oberhalb eines Euro wird die Stückaktie stufenlos sein. Dadurch soll vermieden werden, dass durch wiederholte Aktienteilungen („splitting") sog **Pennystocks** geschaffen werden, die, weil als solche zunächst unerkennbar, die Anleger verwirren würden, s im Einzelnen § 8 Rn 16. Praktische Konsequenzen der Zulassung der Stückaktie zeigen sich zunächst darin, dass die Gesellschaft die Möglichkeit hat (sie aber, wenn sie die unechte nennwertlose Aktie einführen will, auch nutzen muss), durch Satzungsänderung ihre bestehenden Aktien in Stückaktien umzuwandeln. Der Änderungsbeschluss muss das Grundkapital und seine Einteilung in eine genau bestimmte Zahl von Stückaktien angeben, daneben auch bestimmen, ob die Aktien als Inhaber- oder als Namensaktien gestaltet sein sollen (beides ist auch für die Stückaktie zulässig, s RegE Abschn I 3, ZIP 1998, 132). Wurde gleichzeitig (was praktisch sinnvoll sein kann) das Grundkapital auf Euro umgestellt, so brauchte es, wenn Stückaktien vorgesehen waren, in dem Beschl nur die Ziffer des Stammkapitals und die Zahl der Aktien genannt zu werden.

3. Aktie und Mitgliedschaftsrecht. Unter der Aktie versteht man (zB in § 123 Abs 3) **21** auch die **Aktienurkunde**, die die Mitgliedschaft verbrieft und die Beteiligungsquote des Mitglieds anzeigt (K. Schmidt/Lutter AktG/*Lutter* Rn 27). Es ist üblich, über die Mitgliedschaft Urkunden auszustellen. Geschieht das, so ist die Ausübung der in der

Westermann 45

Mitgliedschaft enthaltenen Rechte an den Besitz der Urkunde gebunden, die Aktie ist also Wertpapier; MünchKomm AktG/*Heider* Rn 97. Dagegen kann die Mitgliedschaft auch ohne Ausstellung eines solchen Wertpapiers bestehen; diese wirkt mithin nicht konstitutiv, sondern nur deklaratorisch, RGZ 52, 417, *LG Berlin* AG 1994, 378 f; *Hüffer* § 10 Rn 2, im Gegensatz zur Aktie als solcher, für deren Entstehung die Eintragung der AG oder diejenige einer Kapitalerhöhung im HR zum Begründungstatbestand gehört. Zu der Mitgliedschaft gehört aber stets das Recht, Verbriefung zu verlangen (KölnKomm AktG/*Dauner-Lieb* § 10 Rn 10), obwohl dies im Zusammenhang mit der Einführung der unechten nennwertlosen Aktien (Rn 18 ff) nach der Ansicht von Kritikern (*Schröer* ZIP 1997, 221, 224; abl *Heider* AG 1998, 1, 6) hätte geändert werden sollen; näher dazu § 10 Rn 2.

22 Die **Mitgliedschaft** ist ein Recht des Gesellschafters, das mit der Entstehung der Gesellschaft, im Falle der Begründung von Rechten durch Kapitalerhöhung mit deren Eintragung (§ 189) entsteht. Wenn die Mitgliedschaft verbrieft werden soll, so entsteht sie nicht vor der Eintragung der Gesellschaft, da vor diesem Zeitpunkt Aktien nicht ausgegeben werden dürfen (§ 41 Abs 4). Hierdurch wird die Verfügung über die Beteiligung an der Vor-Gesellschaft verhindert. Zur Entstehung eines verbrieften Mitgliedschaftsrechts bedarf es der Ausstellung der Aktienurkunde und eines Begebungsvertrages zwischen Gesellschaft und Gesellschafter. Ein verbrieftes wie ein nicht verbrieftes Mitgliedschaftsrecht kann kraft Gesetzes auf andere Rechtsträger übergehen, beim nicht verbrieften Mitgliedschaftsrecht ist eine rechtsgeschäftliche Übertragung gem §§ 413, 398 BGB möglich (*RGZ* 86, 154; K. Schmidt/Lutter AktG/*Ziemons* § 10 Rn 23) und kann auch durch Satzung nicht eingeschränkt werden (KölnKomm AktG/*Drygala* Anh § 68 Rn 6; MünchHdb AktG/*Wiesner* § 14 Rn 2). Auch ein verbrieftes Mitgliedschaftsrecht, das gewöhnlich nach sachenrechtlichen Grundsätzen durch Übereignung des Papiers nach § 929 BGB (unter Einbeziehung der Regeln des DepotG) übertragen wird, kann durch Zession nach BGB-Grundsätzen übertragen werden (K. Schmidt/Lutter AktG/*Ziemons* § 10 Rn 29), für das Eigentum an der Aktie gilt dann § 952 Abs 2 BGB. An der früheren Annahme, dass die wertpapierrechtliche Übertragung diejenige nach BGB-Grundsätzen ausschließe, ist somit nur richtig, dass dem Erwerber, der ohne Übergabe der Aktienurkunde erwirbt, die Legitimation seines Rechts fehlt, die sich bezüglich der Mitgliedschaft aus §§ 793 Abs 1, 1006 Abs 1 S 1 BGB ergibt (zur wertpapierrechtlichen Behandlung *RG* JW 1913, 30; *BGH* NJW 1994, 939 f; gegen die Annahme von *Würdinger* § 10 X 3, dass die wertpapierrechtlichen Regeln zur Übertragung vorgehen, *RG* JW 1932, 2599; s ferner GroßKomm AktG/*Brändel* § 10 Rn 36; MünchHdb AG/*Wiesner* § 10 Rn 4). Somit könnte ein Dritter gutgläubig erwerben. Zur Übertragung von Namensaktien s die Erläuterungen zu § 68.

23 Die Mitgliedschaft in der AG erfüllt alle Merkmale des Teilhaberechts an einer privaten Personengruppe, bestehend aus Rechten und Pflichten der Gruppenmitglieder untereinander und zwischen Einzelmitglied und Verband. Bei aller Bedeutung des Kapitalbeitrags (Rn 15) besteht auch in der AG ein **personales Element** mit einem unverzichtbaren Rest von persönlicher Teilnahme des Anteilseigners an der verbandsmäßigen Willensbildung sowie an den zentralen Entscheidungen über die Existenz des Verbandes und die ihm von Mitgliedsseite zu widmenden Mittel (*Lutter* AcP 180, 84, 88 f; eingehend *Habersack* Die Mitgliedschaft, S 62 f). Das schließt nicht aus, die eigene Rechtsfähigkeit des Verbandes auch bei Absinken der Mitgliederzahlen unter zwei oder gar bei Verlust aller Gesellschafter (sog Keinmann-Gesellschaft) dauernd

Wesen der Aktiengesellschaft § 1

oder vorübergehend aufrechtzuerhalten, und es steht auch einem Erwerb von Anteilsrechten durch den Verband als solchen nicht per se entgegen, doch greifen hier spezielle Instrumente des Gläubigerschutzes ein. Ein Verzicht auf das Mitgliedschaftsrecht ist im Kapitalgesellschaftsrecht, da die Gesetze hier von der Veräußerlichkeit der Beteiligung als ganzer ausgehen, nur durch **Austritt** möglich, der allerdings nicht ohne Weiteres und auch nicht ohne Gründe zugelassen wird (allg *Schindler* Das Austrittsrecht in Kapitalgesellschaften, 1999; *Raiser-Veil* KapGesR S 71 f Rn 48; *Wiedemann* GesR S 400 f; Bsp aus der Rspr bei *BGHZ* 9, 157, 162; 116, 359, 369). Trotz der bedeutenden Unterschiede zwischen den Rechten und Pflichten der Mitglieder in Personen- und Kapitalgesellschaft, bes hinsichtlich der Intensität der Treubindung, ist die Anschauung beider unter einem Oberbegriff der Mitgliedschaft sinnvoll, auch im Hinblick auf die Ausbildung einer gegenständlichen Beziehung des Mitglieds zu seiner Mitgliedschaft, die einen Schutz gegen Schädigung, Verwässerung der Einflussrechte erforderlich macht, aber auch strukturell vergleichbare Rechte und Pflichten in Bezug auf die Übertragung und anderweitige Verwertung der Mitgliedschaft entstehen lassen kann. Die Mitgliedschaft ist somit auch ein **subjektives Recht** (*Lutter* AcP 180, 84, 101; *Wiedemann* Übertragung und Vererbung S 39; *Flume* Jur Person S 125 ff; *Habersack* Die Mitgliedschaft, S 62 Fn 60; aM *Hadding* FS Reinhardt, S 49 ff; für die Qualifikation der Mitgliedschaft des Aktionärs als subjektives Recht *Raiser-Veil* KapGesR § 12 Rn 1; GroßKomm AktG/*Brändel* Rn 82; abw *Roth* FS Henckel, S 707, 713 f).

V. Schuldenhaftung

1. Grundsatz. Für die Ges-Schulden haftet grds nur das Ges-Vermögen; das betont 24 § 1 als Begriffsmerkmal der AG. Deswegen können die Gläubiger im scharfen Gegensatz zur OHG die Aktionäre nicht in Anspruch nehmen. Eine unmittelbare Haftung der Aktionäre gegenüber den Gläubigern kann sich nur ergeben, wenn sie verbotswidrig Zahlungen von der Ges erhalten haben (§ 62 Abs 2). Auch dann haften sie aber in erster Linie der AG auf Rückerstattung; aber diesen Anspruch der Ges können auch die Gläubiger geltend machen, soweit sie keine Befriedigung von der Ges erlangen können (Näheres § 62 Rn 11 ff).

Die in der Haftungsregelung zum Ausdruck kommende scharfe **Trennung** zwischen 25 **Gesellschafter- und Gesellschaftsvermögen** bei voller juristischer Persönlichkeit der Ges ist die eigentliche Motivation für die Haftungsbeschränkung des Aktionärs, so dass Ausnahmen zunächst – wenn auch nicht allein – in Betracht kommen, wenn die Vermögensbereiche ununterscheidbar vermischt (*BGH BGHZ* 95, 330, 334; 125, 366, 368; hohe Anforderungen an den subjektiven Tatbestand (Verschleierung) bei *AG* Brühl NZG 2002, 584.) oder die Regeln über die Kapitalaufbringung und Kapitalerhaltung verletzt worden sind (dazu *Stimpel* FS Goerdeler, S 601, 605; GroßKomm AktG/*Brändel* Rn 100; MünchKomm AktG/*Heider* Rn 64). Aber auch darüber hinaus hängt die Haftungsbeschränkung des Aktionärs, auch wenn man sie in der gesetzestypischen AG ohne Einfluss des einzelnen Gesellschafters auf die Geschäftsführung nicht eigentlich als Privilegierung betrachten kann (so aber GroßKomm AktG/*Brändel* Rn 92), davon ab, dass die Trennung der Vermögenssphären dem einzelnen Gläubiger auch bei wertender Betrachtung noch entgegengehalten werden kann. Der Trennungsgrundsatz, wie die Figur der jur Person (Rn 4) eine Zweckschöpfung der Rechtsordnung, steht nämlich nicht entgegen, bei der Beurteilung von Rechtsverhältnissen, an denen die Ges und ihre Gesellschafter materiell interessiert sind, namentlich bei

Westermann 47

Problemen der Schuldenhaftung, die Berufung auf die Selbstständigkeit der jur Person und die durch sie erfolgte Abschirmung ihrer Mitglieder von der Parteistellung in den betreffenden Rechtsverhältnissen einzelfallbezogen zu relativieren (so schon *RGZ* 99, 232, 234; *BGHZ* 20, 4, 12; 22, 226, 230; 54, 222, 224; 62, 380, 383; 68, 312, 314; 78, 318, 334; Übersicht bei *BGH* ZIP 1996 1934; s ferner *Müller/Freienfels* AcP 156, 1957, 522; *E. Rehbinder* FS Kübler, S 493 ff; *Wilhelm* S 285 ff; Übersichten bei MünchKomm AktG/*Heider* Rn 45 ff; Köln/Komm AktG/*Dauner-Lieb* Rn 33 ff; (Spindler/Stilz AktG/*Fock* Rn 40 ff). Methodisch geht es dabei um die Anwendung von Rechtssätzen, die das Rechtsverhältnis von Gesellschaftern und außenstehenden Dritten zu einer rechtlich selbstständigen Einheit betreffen; in Ansehung der rechtlichen oder tatsächlichen Verhältnisse der Mitglieder der jur Person bzw – bei Konzerntatbeständen – beherrschenden Mitglieder der Unternehmensgruppe gilt dies mit der Maßgabe, dass der betreffende Rechtssatz unter bes Umständen auch von der Anknüpfung an die selbstständige jur Person absehen und auf die dahinter stehenden natürlichen Personen abstellen kann, sog Normanwendungslehre (*Müller/Freienfels* AcP 156, 522 ff; *E. Rehbinder* Konzernaußenrecht, 1969; im wesentlichen auch *K. Schmidt* GesR § 9 II 3). Dieser Ausgangspunkt ändert aber nichts daran, dass die Rspr Aufweichungen des Trennungsprinzips und den „Durchgrifflehren" sehr zurückhaltend gegenübersteht und sich zu entspr Lösungen nur unter bes Ausnahmen rechtfertigenden Umständen entschlossen hat. Insb hat sie sich zu keinem der im wissenschaftlichen Schrifttum anzutreffenden Begründungsansätze bekannt (s etwa *BGHZ* 68, 312, 315 f; dazu auch Henssler/Strohn/*Lange* Rn 7), obwohl sie erkennt, dass die Kapitalaufbringungs- und vor allem die Kapitalerhaltungsregeln Missbräuche, die dann eine Durchbrechung der Haftungsbeschränkung erfordern, nicht verhindern können (zu der damit angesprochenen „Existenzvernichtungshaftung" Rn 31).

26 Die Bildung von Fallgruppen (s etwa *Wiedemann* Die Unternehmensgruppe, S 19 ff; *Hüffer* AktG Rn 19 ff; Wachter AktG/*Franz* Rn 21 ff; Henssler/Strohn/*Lange* Rn 7), fällt schwer, da die maßgeblichen Wertungsgesichtspunkte sich unter dem verbreiteten, aber zu wenig aussagekräftigen Stichwort **„Durchgriff"** (davor warnend *E. Rehbinder* FS R. Fischer, S 579; *Stimpel* FS Goerdeler, S 601, 610), aber auch unter dem Oberbegriff „Zurechnung" von Eigenschaften und Kenntnissen (KölnKomm AktG/ *Dauner-Lieb* Rn 34) nur beschreibend zusammenfassen, nicht aber in eine systematische Ordnung bringen lassen, s auch MünchKomm AktG/*Heider* Rn 49. Ein anderer Ansatz, ebenfalls der Durchgriffslehre zugeordnet, stellt daher auf den im Verhalten des Gesellschafters, möglicherweise auch eines herrschenden Unternehmens liegenden **Missbrauch** der jur Person ab, wobei weiter str ist, ob hierunter schon eine objektiv zweckwidrige Verwendung oder ein zum Zweck (oder jedenfalls unter Inkaufnahme) der Schädigung anderer erfolgter Einsatz der jur Person zu verstehen ist (näher *Wiedemann* Die Unternehmensgruppe, S 21 ff, 30). Man kann dies als subjektive Duchgriffslehre bezeichnen, neben die inzwischen noch eine Ausprägung des **Treupflichtgedankens** getreten ist, wonach der Gesellschafter aufgrund einer Pflichtverletzung gegenüber der Ges vom Gläubiger in Anspruch genommen werden könne (*K. Schmidt* ZIP 1986, 146, 148; Scholz GmbHG/*Emmerich* § 13 Rn 93). Insgesamt ist somit zu unterscheiden je nach dem, ob bei der Auslegung von Normen oder Rechtsgeschäften, die sich auf die Rechtsverhältnisse der AG beziehen, entgegen dem Trennungsgedanken auf die rechtlichen und tatsächlichen Verhältnisse der Mitglieder bei einer einzelnen Trägerperson abzustellen ist (und umgekehrt) – sog **Zurechnungs-**

durchgriff, oder ob für Verbindlichkeiten, die formal allein die Ges treffen, an ihrer Stelle oder auch neben ihr Gesellschafter als Schuldner angesehen werden, also entgegen der Regel des § 1 mit ihrem nicht in der Ges angelegten Vermögen haften (sog **Haftungsdurchgriff**), der seinerseits als Normanwendungsproblem dargestellt werden kann. Praktisch spielt das Durchgriffsproblem seine hauptsächliche Rolle bei der GmbH (*Wilhelm* S 33 ff; Scholz GmbHG/*Emmerich* § 13 Rn 76 ff; *Boujong* FS Odersky, S 739 ff; für die AG GroßKomm AktG/*Brändel* Rn 99 ff), die Grundfragen sind aber allg – kapitalgesellschaftsrechtlicher Art, wenn man davon absieht, dass bei der GmbH der möglicherweise einen Durchgriff oder eine Zurechnung rechtfertigende Einfluss der Gesellschafter auf die Unternehmensführung ungleich größer ist als in der nicht konzernverbundenen AG.

Manche für einen Durchgriff in Anspruch genommene Sachverhalte haben ihren Ursprung in **konzernrechtlich** begründeten Einflussnahmen. Dabei geht es um die Haftung von Gesellschaftern oder die Zurechnung von Rechtsbeziehungen zu einem Teil der Unternehmensgruppe, hauptsächlich ihrer Spitze, aufgrund der Verantwortlichkeit für die Ausübung bloß tatsächlicher oder rechtlich abgesicherter, durch Mehrheit- oder Alleinbesitz, aber auch durch Vertrag vermittelter Leitungsmacht, womit der Schutz außenstehender Gesellschafter und Gläubiger einer abhängigen Ges gemeint ist. Obwohl auch hierbei bisweilen von „Durchgriff" gesprochen wird, geht es im Kern um die Wertung der Führung von Unternehmensgruppen in einem wirtschaftlich einheitlichen Konzept, das zwar auf der Tätigkeit rechtlich selbstständiger Gesellschaften, die meist jur Personen sind, aufbaut, aber wirtschaftlich diese Selbständigkeit nicht immer beachtet (zum theoretischen Ansatz s *Wiedemann* Die Unternehmensgruppe, S 18 ff; zur Gefahrenlage, die den Gedanken an eine „Durchgriffshaftung im Konzern" begründet, s MünchKomm AktG/*Heider* Rn 64); maßgebend ist hier ua der Gesichtspunkt, dass aus der Sicht eines herrschenden Unternehmens die Konzerninteressen vor den Belangen des abhängigen Unternehmens stehen können. Das Problem ist nicht auf das Gesellschaftsrecht beschränkt, sondern kann etwa auch im **Arbeitsrecht** auftreten, zB wenn es um die Prüfung einer durch ein Konzernunternehmen ausgesprochenen, dort betriebsbedingten Kündigung geht, die im Hinblick auf Beschäftigungsmöglichkeiten im gesamten Konzern möglicherweise nicht sozial gerechtfertigt ist (zu diesem Problemkreis *BAG* ZIP 2005, 1044; *BAG* ZIP 2006, 2279, wobei zu betonen ist, dass das KSchG nach der ständigen Rspr gerade nicht konzernbezogen ist). So ist etwa von der Rspr anerkannt, dass bei der Anpassung von Betriebsrenten im Konzern die wirtschaftliche Lage der Konzernspitze maßgebend sein kann – Berechnungsdurchgriff (*BAG* AG 1995, 276; **aM** aber *Stimpel* FS Kellermann, S 423, 431; *Zöllner* AG 1994, 285, 290 f). Eine andere Fallgruppe ist die – vielfach gesetzlich geregelte – Zusammensetzung von Tatbeständen und Tatbestandsmerkmalen aufgrund von Gegebenheiten in Mutter- und Tochter-Ges, etwa §§ 16 Abs 4, 21 Abs 1 und 2, 100 Abs 2, 344 Abs 2, § 5 MitbestimmungsG, §§ 22 Abs 2, 23 Abs 1 GWB. Dennoch sind Konzernverhältnisse noch kein Anlass, Durchgriffs- oder Zurechnungslehren zu entwickeln, da der Schutz von Gläubigern und außenstehenden Gesellschaftern abhängiger Unternehmen sowohl im „faktischen" als auch im Vertragskonzern positiv-rechtlich weithin ausgeformt ist (*K. Schmidt* GesR § 9 IV 3; dem folgend *Hüffer* AktG Rn 21; s auch Köln/Komm AktG/*Dauner-Lieb* Rn 37; anders allerdings *K. Müller* ZGR 1977, 1, 4 ff). Zu der – inzwischen aufgegebenen – Haftung wegen qualifiziert faktischer Konzernierung s Rn 31.

28 Fälle eines „**Zurechnungsdurchgriffs**" können sich ergeben, wenn für Rechtsbeziehungen der Ges Kenntnisse, Verhaltensweisen oder auch Eigenschaften der in ihr zusammengeschlossenen natürlichen Personen zur Bewertung herangezogen werden. Dies hängt von der Auslegung und Anwendung der die Rechtsbeziehungen zur Ges beherrschenden gesetzlichen oder vertraglichen Norm ab, es handelt sich damit nicht um ein speziell gesellschaftsrechtliches, sondern um ein generelles methodisches Problem der Erfassung der rechtlichen Selbstständigkeit des Verbandes (s dazu bes *E. Rehbinder* Konzernaußenrecht und allg Privatrecht, S 85 ff; ähnlich K. Schmidt/Lutter AktG/*Lutter* Rn 13; Spindler/Stilz AktG/*Fock* Rn 65 ff). Eine Zurechnung von Kenntnissen, Eigenschaften oder Verhaltensweisen von Mitgliedern zur Ges wird somit in Betracht kommen, wenn das Mitglied herrschenden Einfluss hat (KölnKomm AktG/*Dauner-Lieb* Rn 35; dagegen MünchKomm AktG/*Heider* Rn 51). Als Zurechnungstatbestände kommen unterschiedliche objektive und subjektive Sachverhalte in Betracht, ohne dass allerdings auf Seiten des Gesellschafters ein „manipulatives Verhalten" vorliegen müsste (*Wiedemann* Die Unternehmensgruppe S 23), das aber neben der Beherrschung als Zurechnungstatbestand des kollusiven Zusammenwirkens von Aktionären und Organen der AG zur Schädigung der Ges oder Dritter zu einem Zurechnungsdurchgriff führen kann (K. Schmidt/Lutter AktG/*Lutter* Rn 15; MünchKomm AktG/*Heider* Rn 52, 56). Eine Beherrschungsmöglichkeit iSd Konzernrechts reicht nicht aus, um Kenntnisse dieses Gesellschafters der Ges zuzurechnen oder für die Verletzung von Pflichten der Ges durch einen Gesellschafter die Ges nach § 278 BGB haften zu lassen. Die Zurechnung kann auch negativ sein, etwa wenn einer Makler-Ges wegen enger gesellschaftsrechtlicher Verflechtung mit dem Vertragsgegner des Auftragsgebers der Maklerlohn versagt wird (*BGH* NJW 1981, 2293; *LG Frankfurt* NJW 1973, 1502; *von Hoyningen-Huene* BB 1974, 258 f), wenn dem Alleingesellschafter bei Verkauf eines von der Ges als Bauträgerin erstellten Objekts die Maklergebühr versagt wird (*BGH* NJW 1971, 1839; 1973, 1649; 1974, 1130), oder wenn eine durch alle Gesellschafter iRd Abschlusses mit der Ges begangene Täuschung dieser trotz § 123 Abs 2 BGB zugerechnet wird (*BGH* NJW 1962, 1907 f; 1962, 2195). Eine andere Form der Zurechnung liegt vor, wenn ein dingliches Geschäft zwischen Ges und Gesellschafter iSd Regeln über Erwerb vom Nichtberechtigten, der an sich möglich wäre (*BGH* GmbHR 2009, 39), nicht als „Verkehrsgeschäft" angesehen wird (*RGZ* 119, 126; 142, 202, 207; MünchKomm AktG/*Heider* Rn 60), wie überhaupt der Alleingesellschafter aufgrund einer Verfügung „seiner Gesellschaft" nicht gutgläubig Eigentum erwerben kann (gegen Zurechnung zu Lasten des Gesellschafters KölnKomm AktG/*Dauner-Lieb* Rn 45; zur Versagung von Prozesskostenhilfe für eine AG mit leistungsfähigem Großaktionär s Rn 9). Das gilt auch für Fälle zu § 166 BGB.

29 **2. Der „Haftungsdurchgriff" im Einzelnen.** Obwohl die Probleme bislang fast nur bei der GmbH praktisch geworden sind, sind auch für die AG verschiedene Ansätze für einen **Haftungsdurchgriff** entwickelt worden, worunter eine Inanspruchnahme eines Gesellschafters mit seinem Privatvermögen zur Befriedigung von Verbindlichkeiten der Ges verstanden wird (*BGH* 54, 222, 224; *BGH* NJW 1974, 134; vor allem *BGH* 149, 10 – Bremer Vulkan; *BGH* 151, 181; MünchKomm AktG/*Heider* Rn 62; K. Schmidt/Lutter AktG/*Lutter* Rn 14, 15). Über die theoretischen Grundlagen des Haftungsdurchgriffs herrscht keine Klarheit, was allerdings nicht allzu schwer wiegt, da die Kriterien für die einzelnen Fallgruppen im Wesentlichen klar sind. Das ist allerdings bei der Theorie, die bei einem **Missbrauch der juristischen Person** anknüpft, mit der

Schwierigkeit behaftet, dass es möglicherweise eines nicht immer leicht nachweisbaren subjektiven Handlungselements bedarf (dazu *Serick* S 203 ff; *Bauschke* BB 1975, 1322, 1324 f), was dann uU schon für eine Anwendung des § 826 BGB ausreicht, auf dessen Voraussetzungen aber um eines ernsthaften Schutzes der Gläubiger willen nicht entscheidend abgestellt werden sollte (Erman BGB/*H.P. Westermann* vor § 21 BGB Rn 5; zu Anwendungsfällen des § 826 BGB aber *BGH* NJW 1979, 2104 und dazu *H.P. Westermann* Jura 1980, 532; *OLG Oldenburg* NZG 2000, 535). Dennoch stehen Äußerungen in der neueren Rspr (etwa *BGH* 149, 10) der Missbrauchslehre nahe, was freilich auch aus dem Verhalten der beteiligten Subjekte zu erklären wäre. Mehr Anhänger hat die **Normzwecklehre**, die prüfen will, ob die jeweils in Rede stehende Norm, etwa das Haftungsprivileg des Gesellschafters einer Kapitalgesellschaft, von ihrem Zweck her die Trennung der juristischen Person und ihrer Gesellschafter (bzw der jeweiligen Vermögenssphären) fordert oder eine Überwindung dieser Trennung im Einzelfall zulässt; die Lehre wird in verschiedenen Varianten vertreten (Nachw Rn 25). Überwiegend wird unter der Bezeichnung als **Mischtheorie** oder **differenzierte Betrachtungsweise** (*K. Schmidt* GesR § 9 II 3; MünchKomm AktG/*Heider* Rn 48; s auch Erman BGB/*H.P. Westermann* vor § 21 BGB Rn 5) auf einzelne (subjektive oder objektive) Umstände abgestellt, die allein oder zusammengenommen so schwer wiegen, dass sie eine Durchbrechung des Trennungsprinzips fordern. So ist klar, dass bei Missachtung oder auch nur Erschleichung des Schutzes, den die Vorschriften über Kapitalaufbringung bzw. -erhaltung aus Gläubigersicht bewirken sollen, die Haftungsbeschränkung gem § 1 nicht mehr ihrer Funktion gem wirkt und infolgedessen von dem für die Missachtung dieser Regeln verantwortlichen Gesellschafter nicht zur Begründung seiner beschränkten Haftung herangezogen werden kann (hierzu GroßKomm AktG/*Brändel* Rn 100 unter Berufung auf *Stimpel* FS Goerdeler, S 601, 605 Fn 91; s auch *Nirk* FS Stimpel, S 443, 445). Allg kann es aber zu einem Durchgriff nicht kommen, solange gesetzesnahe Lösungen möglich sind, und auch nicht gegenüber Gläubigern, denen bei ihrem Engagement klar war, dass ihnen nur das Ges-Vermögen haftet (*RGZ* 156, 271, 277; Groß-Komm AktG/*Brändel* Rn 102). Angesichts der Tatsache, dass der Haftungsdurchgriff immer eine Ausnahme von einer für das Funktionieren der jur Person und bes der Kapital-Ges bedeutsamen Regel darstellt, müssen die Gründe für eine solche Maßnahme **schwerwiegend** sein, eine Beachtung des Trennungsgrundsatzes müsste demgegenüber zu praktisch unerträglichen Ergebnissen führen.

Bei Anwendung genereller Tatbestände wie der Normanwendungs- oder der Missbrauchslehre, nicht weniger des § 826 BGB, hat sich die Einteilung nach **Fallgruppen** bewährt. Gewöhnlich wird unterschieden nach den Tatbeständen der **Vermögensvermischung**, der **Unterkapitalisierung**, heute seltener noch der Konzernherrschaft. Eine – uU zum Haftungsdurchgriff führende – Vermögensvermischung liegt vor, wenn nicht festgestellt werden kann, welche von der Gesellschaft genutzten Gegenstände zu ihrem und welche zum Privatvermögen eines Gesellschafters gehören (*BGHZ* 95, 330, 333 f; 125, 366, 368; *BGH* ZIP 1985, 29 ff; *BSG* AG 1995, 279; *OLG Rostock* DB 1996, 1818 f; MünchKomm AktG/*Heider* Rn 71; Spindler/Stilz AktG/*Fock* Rn 52, 59), so dass die korrekte Beachtung des Kapitalerhaltungsprinzips nicht überprüft werden kann. Allerdings muss die Vermischung so weit gehen, dass sich auch nicht mit einigem Aufwand aufklären lässt, was zum Gesellschafts- und was zum Privatvermögen gehört, eine mangelhafte Buchführung reicht dafür nicht aus (BGH 95, 330; 165, 85, 91; *K. Schmidt*/Lutter AktG/*Lutter* Rn 17). In diesen Fällen kommt auch ein

30

Anspruch etwa aus § 823 Abs 2 BGB iVm gesellschaftsrechtlichen Bestimmungen gegen Organe der Ges in Betracht (GroßKomm AktG/*Brändel* Rn 103), wobei allerdings Auszahlungen an Aktionäre, die zu einer Vermögensvermischung geführt haben, bereits Ansprüche aus §§ 57, 62 nach sich ziehen können, die dann dem Haftungsdurchgriff vorgehen (zur den vorherigen noch *BGH* NJW 1994, 1801; MünchKomm AktG/*Heider* Rn 71; *Hüffer* AktG Rn 20). Zur „Existenzvernichtungshaftung" und dem an ihre Stelle getretenen Konzept Rn 31. Eine Vermögensvermischung kann auch wegen vorsätzlicher Gläubigertäuschung eine Haftung aus § 826 BGB begründen. Dieser Durchgriffstatbestand ist iÜ subsidiär gegenüber der Haftung der Ges (*Boujong* FS Odersky, S 743). Ähnliches gilt für die Durchgriffshaftung aus dem Gesichtspunkt der schweren und nachhaltigen, für die Gesellschafter auch erkennbaren **Unterkapitalisierung**, welche vorliegt, wenn für den konkreten in der Ges verfolgten unternehmerischen Zweck das eingesetzte Eigenkapital offensichtlich (nicht erst: bei Betrachtung ex post) völlig unzureichend ist, sog materielle Unterkapitalisierung (*BGHZ* 54, 222 – allerdings zum eingetragenen Verein; zur Anwendung des § 826 BGB *BGH* NJW 1979, 2104; *BGH* BB 1981, 1849; *BGH* GmbHR 1991, 409, 412; sehr zurückhaltend *BGHZ* 68, 312, 316; zust MünchKomm AktG/*Heider* Rn 75, 56; anders aber *BSG* NJW 1994, 2117, wovon *BSG* DB 1996, 1475 für die beherrschte GmbH teilw abrückt, s auch BSG AG 1995, 279). IE hat freilich der *BGH* auf diesem Gesichtspunkt einen Haftungsdurchgriff nicht gestützt, in der Judikatur wie auch im Schrifttum wird bezüglich der Höhe des Stammkapitals ein unternehmerischer Ermessensspielraum anerkannt (MünchKomm AktG/*Heider* Rn 76). Der Fall ist nicht zu verwechseln mit der nominellen Unterkapitalisierung, bei der die unzureichende Ausstattung der Ges mit Eigenkapital durch kapitalersetzende Finanzierungsmittel aufgefangen wird (hierzu für die AG § 57 Rn 27 ff). Die letztere Störung kann auch nach der Gründung auftreten, während die materielle Unterkapitalisierung durchweg einen Vorwurf gegen die Gründer der Ges und nur in Ausnahmefällen gegen diejenigen begründen kann, die ohne Erhöhung der Eigenmittel eine so keinesfalls finanzierbare Ausweitung des Geschäfts betrieben haben, da eine Pflicht des Aktionärs zur Zahlung von Nachschüssen keinesfalls angenommen werden kann (*Stimpel* FS Goerdeler, S 601, 609 Fn 91; ihm folgend GroßKomm AktG/*Brändel* Rn 110; zur Missachtung auch eines nach Gründung auftretenden Kapitalbedarfs als Durchgriffsgrund *Ulmer* GmbHR 1984, 261; *Wiedemann* GesR IV 3 1b).

31 Kein Durchgriffsfall im bisher erörterten Sinn liegt vor, wenn ein Gesellschafter den Gläubigern aus dem Gesichtspunkt des veranlassten **Rechtsscheins** einer persönlichen Einstandspflicht haftet (*BGHZ* 5, 111; 12, 105; 17, 13), ebensowenig, wenn eine vermögenslose Ges iRd in Wahrheit von den Gesellschaftern betriebenen Geschäfte vorgeschoben wird. Auch dies ist allerdings mehr eine Erscheinung im Recht der mittelständischen Gesellschaften. Die zum GmbH-Konzernrecht entwickelte Haftung wegen Einrichtung eines **qualifizierten faktischen Konzerns**, die auf heftigen Widerstand in der Praxis gestoßen ist (*BGHZ* 95, 330; 107, 7, 15; 115, 187, 192; zusammenfassend insoweit die Beiträge im Sammelband von *Hommelhoff/Stimpel/Ulmer* Heidelberger Konzernrechtstage: Der qualifizierte faktische Konzern, 1992), ist inzwischen aufgegeben, indem die Rspr eine konkret vorliegende rechtswidrige Einflussnahme eines herrschenden auf ein abhängiges Unternehmen unter Außerachtlassung der Eigeninteressen des abhängigen Unternehmens verlangte (*BGHZ* 122, 125 (TBB); *BGH* DB 2005, 328 und dazu *H. P. Westermann* ZIP 1993, 554), was auch für das Aktienrecht gilt (MünchKomm AktG/*Heider* Rn 68; anders freilich *Habersack* in: Emmerich/Habersack Anh § 317 Rn 5, 7). Auch dies war aber nur ein Übergang zu der von langer Hand vorbereiteten (grundlegend *Röhricht* 50 Jahre BGH, 2000, S 83 ff) Lösung über die Figur der **Existenzvernichtungshaftung**, bei der es sich um einen echten Durchgriffsfall insofern handelt, als hier die Gesellschafter unter Überwindung des Trennungsprinzips für die Verbindlichkeiten einer zur Erfüllung unfähigen Ges persönlich (wie nach § 128 HGB) haften sollten, wenn sie offen oder verdeckt Vermögenswerte aus dem Gesellschafts- in ihr Privatvermögen überführt haben, ohne dass hierfür die Instrumente des Kapitalerhaltungsgebots eine passende Lösung bieten (*BGHZ* 149, 10, 15; 150, 61, 67 f; 151, 181, 186; *BGH* NJW 2005, 145; *BGH* GmbHR 2005, 299).

Diese Haftung in etwa mit derjenigen für eine rechtswidrige und schuldhafte Pflichtverletzung bei der Wahrung der Vermögenssubstanz der Ges zu erklären, wobei nicht schon Fehler in der Geschäftsführung ausreichen, auch wenn sie zu Vermögensverlusten führen (*BGH* ZIP 2005, 117; *BGH* ZIP 2005, 250; *OLG München* GmbHR 2005, 1486, 1489). Ernst zu nehmen ist auch das Erfordernis einer Vermögensminderung bei der Ges, die Insolvenzgefahr heraufbeschwört (*Röhricht* ZIP 2005, 505, 513). Dieser Kurs des *BGH* fand weithin Zustimmung (*Altmeppen* FS Röhricht, S 3 ff; *Lutter/ Banerjea* ZGR 2003, 402, 410 ff; *Wiedemann* ZGR 2003, 283 ff; *Hüffer* AktG Rn 24), wurde aber nochmals modifiziert durch das Urteil *BGH* ZIP 2007, 1552 – Trihotel, das zwar am Prinzip der Existenzvernichtungshaftung festzuhalten erklärte, es aber jetzt auf § 826 BGB stützte, dessen Anwendung aber zu einer bloßen Innenhaftung der schuldigen Aktionäre gegenüber der Gesellschaft führen soll (krit *Dauner-Lieb* ZGR 2008, 34, 42), so dass es sich um einen Durchgriffsfall nicht mehr handelt (K. Schmidt/ Lutter AktG/*Lutter* Rn 18). Obwohl dies noch nicht höchstrichterlich entschieden ist, wird man von einer Anwendbarkeit dieses (neuen) Konzepts auf die AG ausgehen können (MünchKomm AktG/*Heider* Rn 85; Spindler/Stilz AktG/*Fock* Rn 64); zwar werden bei der AG dahingehende faktische Möglichkeiten, in der hier als haftungsbegründend erkannten Weise das Gesellschaftsvermögen zugunsten des Privatvermögens von Gesellschaftern zu schmälern, nicht oft gegeben sein, aber im Grundsatz kann der Gläubigerschutz hier nicht schwächer sein als bei der GmbH (*Kropff* AG 1993, 485 ff; KölnKommAktG/*Koppensteiner* Anh § 318 Rn 72 ff; *Hüffer* AktG Rn 25), zumal eigenes und direktes Handeln eines Aktionärs regelmäßig auf Grenzen der Kompetenz stoßen wird. Andererseits werden schädigende Einflüsse eines beherrschenden Aktionärs auch über aktienkonzernrechtliche Normen erfasst werden können, auch steht die Anspruchsgrundlage § 826 BGB nach dem Urteil des BGH (so auch schon *Röhricht* ZIP 2005, 505, 514; jetzt auch MünchKomm AktG/*Heider* Rn 85) neben und nicht hinter den Kapitalerhaltungsvorschriften. 32

3. Gesellschafterfreundlicher Durchgriff. Manchmal werden bestimmte Fallkonstellationen unter den Begriff des „**umgekehrten**" oder „gesellschafterfreundlichen" Durchgriffs gebracht. Die Problemstruktur ist freilich nur insofern mit dem Haftungsdurchgriff vergleichbar, als der Trennungsgrundsatz einer allseits interessengerechten Lösung im Wege stehen könnte. Es handelt sich um ein schuldrechtliches Problem, das sich durch die Schädigung des Vermögens des alleinigen Gesellschafters durch einen Schaden im Vermögen der Ges ergibt. Der *BGH* hat in drei vergleichbaren Fällen (*BGHZ* 61, 381; *BGH* NJW 1977, 1283 m Anm *Hüffer* und *Mann* S 2160; *BGH* AG 1989, 170) dem Alleingesellschafter einer Kapitalges Ansprüche zugebilligt, der 33 geltend machen konnte, dass die Folgen einer ihm gegenüber ergangenen Vertragsverletzung (dazu das Urteil *BGHZ* 61, 381) oder unerlaubten Handlung bzw Amtspflichtverletzung unmittelbar nicht in seinem Privatvermögen aufgetreten, sondern dadurch entstanden waren, dass die Ges infolge der Verletzungshandlung wirtschaftliche Einbußen erlitten hatte. Der *BGH* hat dabei darauf abgestellt, dass der Schaden in einem Sondervermögen des Gesellschafters eingetreten sei, so dass die Dinge im Verhältnis zum Schädiger so angesehen werden könnten, als habe der Schaden den Alleingesellschafter getroffen. Soweit es sich um Vertragsverletzungen handelt, kommen als gesetzesnahe Lösung auch die Regeln über Vertrag (des Gesellschafters mit dem Dritten) zugunsten der Ges oder die Drittschadensliquidation in Frage (*K. Schmidt* GesR § 40 Abs 3 S 4); aber auch die schadensrechtliche Lösung des *BGH*, die allerdings die Trennung von Gesellschafts- und Gesellschaftervermögen überwindet, erscheint lebensnah und interessengerecht. Vorausgesetzt ist allerdings, dass der Gesellschafter eine Ersatzleistung ins Gesellschaftsvermögen betreibt, wovon er nur entbunden ist, wenn und soweit er frei zu Lasten des Gesellschaftsvermögens entnehmen kann (zum Problem *Baums* ZGR 1987, 554; *John* JZ 1979, 511; *Brandes* FS Fleck, S 13; *G. Müller* FS Kellermann, S 317; *Kowalski* Der Ersatz von Gesellschafts- und Gesellschafterschaden, 1990).

§ 2 Gründerzahl

An der Feststellung des Gesellschaftsvertrags (der Satzung) müssen sich eine oder mehrere Personen beteiligen, welche die Aktien gegen Einlagen übernehmen.

Übersicht

	Rn		Rn
I. Allgemeines	1	III. Gründung durch Bevollmächtigte	
II. Gründerfähigkeit	4	und Treuhänder	10
		IV. Verstoß gegen § 2	13

Literatur: *Ballerstedt* Zur Rechtsstellung des Auftraggebers eines Strohmannes nach GmbH-Recht, JZ 1960, 513; *Beuthien* Treuhand an Gesellschaftsanteilen, ZGR 1974, 26; *Kuhn* Strohmanngründung bei Kapitalgesellschaften, 1964; *Lutter* Das neue „Gesetz für kleine Aktiengesellschaften und zur Deregulierung des Aktienrechts", AG 1994, 429; *Planck* Kleine AG als Rechtsform-Alternative zur GmbH, GmbHR 1994, 501; *Wachter* Ausländer als GmbH-Gesellschafter und -Geschäftsführer, ZIP 1999, 1577.

I. Allgemeines

1 Die Vorschrift geht im Rahmen einer stichwortartigen Regelung einzelner Gründungsvoraussetzungen davon aus, dass „die Aktien" von den Gründern übernommen werden. Das bedeutet, dass **alle** Aktien übernommen werden müssen (Einheits- statt der verbotenen Stufengründung *Hüffer* AktG Rn 12; zu den Gründen für diese vom früheren Recht abw Lösung s die Begründung zum RegE, abgedruckt bei *Kropff* Textausgabe, S 57). Terminologisch ist von Interesse, dass § 2 vom Gesellschaftsvertrag spricht, ihn aber dem bei Vereinen üblichen Ausdruck „Satzung" gleichstellt.

2 Von der Feststellung des Gesellschaftsvertrages, die durch mehrere oder nur einen Gründer geschieht, muss die Gründung der AG, ihre Entstehung, unterschieden werden; die Feststellung des Gesellschaftsvertrages ist nur der erste Akt, die AG entsteht mit der Eintragung in das HR (§ 41 Abs 1). Vorher bedarf es noch der in § 23 geforderten Erklärungen im notariellen Akt. IÜ ist zwischen dem Vertrag mehrerer Personen zur Feststellung der Satzung und dem einseitigen Rechtsgeschäft zu unterscheiden, das bei der Einpersonen-Gründung stattfindet (*Hüffer* AktG Rn 4, 4a; K. Schmidt/Lutter AktG/*Lutter* Rn 11). Um einen Vertrag handelt es sich hierbei nur, wenn wenigstens zwei Personen beteiligt sind (MünchKomm AktG/*Heider* Rn 33), was nach der Novellierung durch das Gesetz für kleine Aktiengesellschaften und zur Deregulierung des Aktienrechts (§ 1 Rn 2) nach wie vor auch als sog „Strohmann-Gründung" möglich ist (*Hüffer* AktG Rn 4, 4a).

Nachdem die Bedeutung der Vorschrift früher noch darin gelegen hatte, die Mindestzahl der Gründer festzulegen, ist seit der Novellierung wegen der jetzt zulässigen Einmanngründung eine Änderung des § 36 nötig geworden, indem bei der Einpersonengründung die Kapitalaufbringung durch Sicherheitenbestellung gewährleistet werden muss, wenn nicht der über den Mindestbetrag hinausgehende Betrag durch freiwillige Zahlung gedeckt ist, s im Einzelnen zu § 36 Rn 9 f. Die früher geforderte Mindestzahl von 5 Gründern wurde als Hindernis für die Verwirklichung der Geschäftsidee eines Unternehmers rechtspolitisch kritisiert (Übersicht bei *Lutter* AG 1994, 429, 430), die Zulassung einer Einmann-Gründung entsprach aber vor allem der zwölften gesellschaftsrechtlichen RL der EG (ABl Nr L 395 v 30.12.1989, S 40 ff). 3

II. Gründerfähigkeit

Gründer können beliebige natürliche oder jur Personen sein (zur ausländischen natürlichen Person (s das Zuwanderungsgesetz vom 30.7.2004 – BGBl I S 1950), auch eine **OHG oder KG**. Für die Leistung der Einlage haftet auch im letzteren Fall das Gesellschaftsvermögen, daneben die Gesellschafter mit ihrem Privatvermögen. Die früher str Frage, ob neben der Ges auch noch ihre Gesellschafter als Gründer fungieren konnten, um die Mindestzahl an Gründern zu erfüllen, hat heute nur noch Bedeutung für die Erwägung, ob für einen solchen Fall nicht die Regeln des § 36 Abs 2 S 2 über die Einpersonengründung anzuwenden sind; dies wird man, da die Haftung der Personenhandelsges sich ohne weiteres auf das Privatvermögen ihrer Gesellschafter erstreckt, so dass die Hinzuziehung dieser Personen als Gründer nicht die Haftung eines weiteren Vermögens bedeutet, wohl bejahen müssen (Diskussion bei MünchKomm AktG/*Pentz* § 36 Rn 84, 85). **Jur Personen**, auch solche des (inländischen) öffentlichen Rechts, sind unbeschränkt gründerfähig, bei den juristischen Personen des öffentlichen Rechts kann jedoch im Einzelfall eine gesetzliche oder satzungsmäßige Regelung der Teilnahme an einer AG-Gründung entgegenstehen; wird die Ges trotzdem eingetragen, so entsteht sie aber wirksam. 4

Für ausländische natürliche Personen (Einl Rn 27 ff) ist der auf die GmbH-Gründung bezogenen Rspr (*OLG Celle* DB 1977, 993; *OLG Stuttgart* OLGZ 1984, 143, 145 f; *KG* DZWIR 1997, 120; Scholz GmbHG/*Emmerich* § 2 Rn 41), die Verstöße gegen ausländerrechtliche Bestimmungen nicht als Grund für eine Unwirksamkeit der Gründungsakte zu nehmen, auch für die AG zu folgen (*Hüffer* AktG Rn 7; Spindler/Stilz AktG/*Drescher* Rn 9; Hensler/Strohn/*Lange* Rn 3; KölnKomm AktG/*Dauner-Lieb* Rn 6), weil die rechtsgeschäftliche Kapazität der Person nicht außerhalb ihres Heimatrechts verändert werden kann. Ihre Gründerfähigkeit als solche richtet sich nach ihrem Gründungsrecht. Sollten durch die Mitwirkung an der Gründung gezielt ausländerrechtliche Beschränkungen umgangen werden, ist allerdings Gesetzeswidrigkeit 5

§ 2 Gründerzahl

der Gründung wegen einer **Umgehung** vorstellbar (ebenso *Hüffer* AktG Rn 7; *Wachter* ZIP 1999, 1577, 1583 f; anders zum Aktienrecht GroßKomm AktG/*Brändel* Rn 18; für die GmbH auch *LG Ulm* Rpfl 1982, 228). Daran ist auch im Bereich der europäischen Gemeinschaft festzuhalten.

6 Die Gründerfähigkeit einer **Ges bürgerlichen Rechts** wurde früher bezweifelt oder durch eine gemeinsame Übernahme von Aktien durch die Gesellschafter ersetzt. Nachdem schon *BGHZ* 78, 311 ff für die BGB-Ges die Teilnahme an einer anderen BGB-Ges zugelassen hat, war schon vor der Anerkennung der Rechtsfähigkeit der GbR ihre Gründerfähigkeit unter der Voraussetzung anerkannt, dass die Gesellschafter unbeschränkt haften (*BGH* 118, 83, 86; 126, 226, 234; krit zu diesem Erfordernis MünchKomm AktG/*Heider* Rn 17). Somit hat die jetzt bestehende volle Rechts- und Parteifähigkeit der Ges (§ 1 Rn 3) die Gründerfähigkeit geklärt, die Einlagen schuldet die Ges, die Gesellschafter haften entspr §§ 128 ff HGB (K. Schmidt/Lutter AktG/*Lutter* Rn 8; MünchKomm AktG/*Heider* Rn 17), eine rechtsgeschäftliche Beschränkung dieser Haftung geht nicht an, weil der AG bei ihrer Gründung nicht wie einem gewöhnlichen Gläubiger freigestellt ist, mit der Ges bürgerlichen Rechts zu kontrahieren oder nicht, und weil eine Haftungsbeschränkung im Registerverfahren nicht verlautbart werden könnte.

7 Nach umstr Meinung steht das Haftungsstatut und die jederzeitige Auflösbarkeit einer **Erbengemeinschaft** der Beteiligung als Gründer entgegen, wobei allerdings erwogen wird, ob nicht mindestens für eine schon vom Erblasser begonnene Gründung eine Ausnahme zu machen ist (KölnKomm AktG/*Dauner-Lieb* Rn 11). In diesem Fall würde nämlich eine Verneinung der Gründerfähigkeit der Erbengemeinschaft dieser die Möglichkeit geben, sich aus den vom Erblasser begründeten Pflichten zurückzuziehen. Dies heißt zwar nicht, dass der Erbengemeinschaft als solcher gestattet werden müsste, sich eigenständig an einer AG-Gründung zu beteiligen, aber da jedenfalls die Rechtsnachfolge (nach erbrechtlichen Regeln) in die Rechte und Pflichten des Gründers stattfinden muss, erscheint es folgerichtig, nunmehr auch die Beteiligung einer Erbengemeinschaft an einer Gründung zuzulassen (GroßKomm AktG/*Brändel* Rn 29; MünchKomm AktG/*Heider* Rn 19; *Hüffer* AktG Rn 11; Spindler/Stilz AktG/ *Drescher* Rn 12; K. Schmidt/Lutter AktG/*Lutter* Rn 7; Henssler/Strohn/*Lange* Rn 5), wobei die mögliche Haftungsbeschränkung nach § 2095 BGB nichts daran ändert, dass nach einer vom Erblasser begonnenen Gründungsbeteiligung die Erben über dasselbe Vermögen verfügen. Bzgl der Beteiligung der **Ehegatten** persönlich gelten die allg Regeln, bes § 1365 BGB. Es handelt sich dann um einen gemeinsamen Aktienerwerb, so dass nach § 69 Abs 2 für die Einlagen gesamtschuldnerisch gehaftet wird. Soweit für einen Nachlass **Testamentsvollstreckung** angeordnet ist, steht § 2206 einer Übernahmeerklärung allein durch den Vollstrecker entgegen (KGJ 33 A 135; GroßKomm AktG/*Brändel* Rn 30), es bedarf also der Zustimmung des oder der Erben mit der Folge unbeschränkter Haftung für die Einlage, bei mehreren Erben ist der Testamentsvollstrecker gemeinsamer Vertreter iSd § 69 Abs 1. IÜ hat der Testamentsvollstrecker auch gegen den Widerspruch der Erben eine Anordnung des Erblassers, die Gründung der AG zu bewirken, zu befolgen (GroßKomm AktG/*Brändel* Rn 30).

8 Für **beschränkt Geschäftsfähige** handelt bei der Gründung ihr gesetzlicher Vertreter, der auch nachträglich zustimmen kann. Einschaltung eines gesetzlichen Vertreters ist notwendig unter den Voraussetzungen der §§ 1629 Abs 2 S 1, 1795 Abs 2 BGB; soll

Gründerzahl § 2

einer der Gründer auch einen geschäftsbeschränkten Mitgründer vertreten, ist Einschaltung eines Pflegers erforderlich (näher *Haegele* GmbHR 1971, 198). Str, ob es einer Genehmigung des **Vormundschaftsgerichts** nach §§ 1643 Abs 1, 1822 Nr 3 BGB bedarf. Hier danach zu differenzieren, ob die Ges ein Erwerbsgeschäft betreiben soll (*Hüffer* AktG Rn 6; K. Schmidt/Lutter AktG/*Lutter* Rn 3), berücksichtigt zu wenig die Eigenschaft der Ges als Formkaufmann (§ 3). Dass später nicht die Aktionäre das Geschäft betreiben, sondern die Ges, ist angesichts der im Gründungsstadium übernommenen Haftung formalistisch, so dass Genehmigungspflicht zu bejahen ist (KölnKomm AktG/*Kraft* Rn 16; GroßKomm AktG/*Brändel* Rn 20; MünchKomm AktG/ *Heider* Rn 11). Bei der Bewirkung der Einlage mit nicht dem Minderjährigen gehörenden Mitteln sind außerdem §§ 1643 Abs 1, 1811, 1915 BGB zu beachten. Trägt das RegGericht die Gesellschaft trotz Fehlens der gem § 1822 Nr 3 nötigen Genehmigung ein, so ist die Ges trotzdem wirksam, nur ist der beschränkt Geschäftsfähige nicht Aktionär geworden (*Biddermann* GmbHR 1966, 4 – zur GmbH).

Jeder der Gründer muss **mindestens eine Aktie** übernehmen. Eine Beteiligung von Personen, die keine Aktien übernehmen, ist bei der Festsetzung des Ges-Vertrages nicht möglich; sie begründet zwar keine Nichtigkeit des Gründungsvorgangs, da die Mitwirkung eines einzigen Gründers genügt, aber die betr Personen sind keine Gründer isd Gesetzes (MünchKomm AktG/*Heider* Rn 32; *Hüffer* AktG Rn 13; KölnKomm AktG/*Dauner-Lieb* Rn 21; anders GroßKomm AktG/*Brändel* Rn 64; K. Schmidt/Lutter AktG/*Lutter* Rn 14) und erwerben keine Mitgliedschaft, allenfalls können sie hierdurch schuldrechtliche Förderpflichten übernehmen; großzügiger Wachter AktG/ *Franz* Rn 19.   9

III. Gründung durch Bevollmächtigte und Treuhänder

Vertretung durch Bevollmächtigte ist statthaft, es gelten die §§ 164 ff BGB. Die Vollmacht bedarf gerichtlicher oder notarieller Beurkundung (§ 23 Abs 1 S 2), wobei allerdings die Notwendigkeit einer Sondervollmacht für einen Prokuristen bestritten ist, nicht für Handlungsbevollmächtigte, s § 23 Rn 10 ff. Die Vollmacht darf auf Mitgründer lauten. Ist die Vollmacht gerade zum Zweck einer Gründung erteilt, an der der Bevollmächtigte beteiligt ist, so liegt darin die Ermächtigung, mit sich selbst abzuschließen, was bei einer Gründung, die nicht nur durch eine Person erfolgt, wegen des Vertragscharakters einer solchen Gründung den Erfordernissen des § 181 BGB entspricht (GroßKomm AktG/*Brändel* Rn 45), ohne dass die Befreiung vom Verbot des Selbstkontrahierens noch ausdrücklich erklärt zu werden braucht (MünchHdB AG/ *Hoffmann-Becking* Rn 5; GroßKomm AktG/*Röhricht* § 23 Rn 61).   10

Die Diskussion um die Gründung durch **Treuhänder** oder „**Strohmänner**" ist schon von der Terminologie her belastet. Wirkt jemand im eigenen Namen, aber für fremde Rechnung an der Gründung mit, so ist er Gründer, nach § 46 S 1 ist er (und neben ihm derjenige, für dessen Rechnung er Aktien übernommen hat, § 46 Abs 5) für die bei der Gründung abgegebenen Erklärungen verantwortlich. Das gilt also für den bei der Gründung treuhänderisch Handelnden und den Treugeber, der allerdings gewöhnlich nicht die Einlagepflicht übernehmen wird (zum Ganzen *Armbrüster* Die treuhänderische Beteiligung an Gesellschaften, 2000, S 324, 411). Die Zulässigkeit derartiger Gestaltungen folgt auch aus § 33 Abs 2 Nr 2. Jedoch ist der „Hintermann" selber nicht Gründer, sondern haftet nur so, als ob er sich als Gründer beteiligt hätte, *BGH* BB 1971, 368; *Ballerstedt* JZ 1960, 513 ff gegen die anders lautende Entscheidung *BGHZ* 31, 258 (betr   11

Westermann

GmbH); *Hüffer* AktG § 46 Rn 18. Er wird also auch nicht Aktionär, welche Rolle vielmehr – allg Regeln des Gesellschaftsrechts und der Treuhandlehre folgend – beim Treuhänder liegt (*BGHZ* 21, 378, 381; *BGH* NJW 1988, 3143, 3145; GroßKomm AktG/*Brändel* Rn 5; MünchKomm AktG/*Heider* Rn 22). Ob das Handeln für fremde Rechnung offen gelegt wird, ist nicht entscheidend. Das Ende des Treuhandvertrages ändert nichts an der Gesellschafterstellung des Treuhänders (*BGH* BB 1971, 368).

12 Wird der für fremde Rechnung Handelnde schon bei der Gründung eingeschaltet, und soll die Tätigkeit für einen Dritten nicht offen gelegt, sondern getarnt werden, so spricht man auch von Mitwirkung eines „**Strohmanns**", der die Aktie für den Hintermann halten soll, sich möglicherweise aber auch verpflichtet hat, die Aktie auf Weisung des Hintermanns auf diesen oder einen Dritten zu übertragen und jedenfalls – insoweit wie ein Treuhänder – bei der Wahrnehmung der gesellschaftsrechtlichen Rechte nach Weisung des Hintermanns zu handeln. Die Grenze zwischen Treuhänder und Strohmann ist somit nicht scharf. Allg Bedenken gegen die Tätigkeit eines Strohmanns bestehen nicht (Wachter AktG/*Franz* Rn 5); vor der Novellierung des § 2 wurde eine solche Konstruktion öfter zur „verdeckten" Einmanngründung benutzt (zur Zulässigkeit s *BGHZ* 21, 378; 31, 258, 263; GroßKomm AktG/*Brändel* Rn 36; *Beuthien* ZGR 1974, 26, 75 ff). Ein **Scheingeschäft** liegt nicht vor, da die Beteiligten die Gründung ernsthaft wollen und ohne eine gültige Gründung die gesellschaftsrechtlichen Rechte und die Ges nicht entstehen würden (*BGH* 31, 258, 263; schon früher *RGZ* 84, 17, 21; ebenso GroßKomm AktG/*Brändel* Rn 37; KölnKomm AktG/ *Dauner-Lieb* Rn 5; MünchKomm AktG/*Heider* Rn 22). Anders, wenn alle an der „Gründung" Mitwirkenden die Entstehung einer Ges nicht ernsthaft wollen, was jedoch nur selten praktisch werden wird (näher *Kuhn* S 127 ff) und jedenfalls nicht mit der Absicht vereinbar ist, die Eintragung der Ges ins Reg zu erreichen (*RG* JW 01, 484 f; s auch *BGHZ* 21, 378, 382). Umgehung oder Scheingeschäft ist also allenfalls dann zu bejahen, wenn es den Beteiligten gerade darum geht, mit der Gründung einen Effekt zu erreichen, etwa Gelder zu vereinnahmen, die in Wahrheit nicht, wie vorgeschoben, der Ges zufließen sollen. Unabhängig hiervon kann die Nichtigkeit nach Eintragung nicht mehr geltend gemacht werden (*BGH* AG 1961, 354). Für Nichtigkeit der Gründung reicht es danach auch nicht aus, wenn alle Gründer für denselben Hintermann auftreten (*BGHZ* 21, 378, 382), zumal heute eine offene Einmanngründung erlaubt ist. Daran ändert es auch nichts, wenn das sofortige Ausscheiden der Strohmänner beabsichtigt ist (s auch *Hüffer* ZHR 142 – 1978 – 486, 489). In allem wirkt der Gedanke, dass den durch die Gründung berührten Gläubiger- und Gesellschaftsbelangen am besten durch Wirksamkeit der Gründung und volle Gründerverantwortlichkeit gedient ist. Nichtigkeit muss also auf bes Elementen (Schädigungsabsicht) oder auf einem Verstoß gegen spezielle Verbotsvorschriften beruhen. Der RegRichter darf deshalb nicht wegen des Verdachts einer Strohmanngründung die Eintragung ablehnen (GroßKomm AktG/*Brändel* Rn 41). Sodann muss der Umstand, dass ein Gründer die Aktien für Rechnung eines Organmitglieds übernimmt, im Gründungsbericht (§ 32) erwähnt werden und beeinflusst auch die Gründungsprüfung (§ 33 Abs 2 Nr 2).

IV. Verstoß gegen § 2

13 **Gründungsmängel** können sich heute nur mehr durch Ungültigkeit der zur Gründung führenden Rechtsgeschäfte sowie aus mangelnder Gründerfähigkeit ergeben; hinzu treten Formmängel (s § 23 Abs 1 und Abs 2) und unzulässige Regelungen in der Satzung; in letzterer Hinsicht ist auf die Erläuterungen zu § 23 zu verweisen. Der Reg-Richter hat das Vorliegen solcher Mängel vor Eintragung zu prüfen, der Einfluss solcher Mängel auf die Rechtsverhältnisse im Stadium bis zur Errichtung der Vor-AG ist ein anderer als nach diesem Zeitpunkt (näher § 23 Rn 46 ff), und nach der Eintragung kommt eine Berufung hierauf nicht mehr in Betracht. Allerdings kann in den in § 275 geregelten Fällen Klage auf Nichtigerklärung der Ges erhoben werden; diese Regelung ist abschließend (GroßKomm AktG/*Brändel* Rn 81).

§ 3 Formkaufmann; Börsennotierung

(1) Die Aktiengesellschaft gilt als Handelsgesellschaft, auch wenn der Gegenstand des Unternehmens nicht im Betrieb eines Handelsgewerbes besteht.

(2) Börsennotiert im Sinne dieses Gesetzes sind Gesellschaften, deren Aktien zu einem Markt zugelassen sind, der von staatlich anerkannten Stellen geregelt und überwacht wird, regelmäßig stattfindet und für das Publikum mittelbar oder unmittelbar zugänglich ist.

Übersicht

	Rn		Rn
I. Folgen der Einordnung als Handelsgesellschaft	1	III. Die börsennotierte Aktiengesellschaft	6
II. Unternehmensgegenstand	4		

Literatur: *Claussen* Nachtrag zur „kleinen AG", FS Röhricht, 2005, S 63; *Henssler* Gemeinsame Berufsausübung in der Anwalts-AG, NZG 2000, 875; *Herchen* Checkliste zur Eintragung einer Zweigniederlassung einer englischen private company limited by shares im Handelsregister, RIW 2005, 529; *Mankowski* Zum Vertretungsnachweis bei Anmeldung einer deutschen Zweigniederlassung, EWiR 2004, 185; *Süß* Häufige Probleme mit Zweigniederlassungen englischer Limited Companies, DNotZ 2005, 180; *Wachter* Zur Eintragung der Zweigniederlassung einer englischen private limited company, EWiR 2006, 345.

I. Folgen der Einordnung als Handelsgesellschaft

Die AG kann, obwohl dies im Gesetzeswortlaut nicht ausdrücklich steht, aber unterstellt wird (K. Schmidt/Lutter AktG/*Lutter* Rn 1), zu **jedem beliebigen Zweck** gegründet werden, auch zu Zwecken, die mit einem Handelsgewerbe nichts zu tun haben, etwa zum Betrieb der Land- oder Forstwirtschaft oder zu einem gemeinnützigen Zweck. Trotzdem gilt sie unwiderlegbar stets als Handelsges iSd HGB. Darum ist sie als Formkaufmann ausnahmslos Kaufmann kraft Rechtsform, § 6 Abs 2 HGB, dies auch dann, wenn ihre Geschäfte nach Art und Umfang keinen kaufmännischen Zuschnitt (mehr) haben. Auch sind ihre Geschäfte immer Handelsgeschäfte, denn eine Handelsges kann nur solche abschließen (GroßKomm AktG/*Brändel* Rn 5; KölnKomm AktG/*Dauner-Lieb* Rn 7; *Hüffer* AktG Rn 4). Das gilt nicht für die Vor-AG, die ihre Firma erst mit der Eintragung erwirbt und vorher nicht als Kaufmann gilt (MünchKomm AktG/*Heider* Rn 7; KölnKomm AktG/*Arnold* § 41 Rn 21), was nicht ausschließt, dass sie kraft ihrer tatsächlich ausgeübten, etwa in einem bestehenden Betrieb durchgeführten, Tätigkeit Kaufmann iSd §§ 1, 105 Abs 2 HGB ist (*K. Schmidt* JZ 1973, 299, 303 f; GroßKomm AktG/*Brändel* Rn 8). Dann, aber auch nach der Eintragung als AG, hat die AG ein kaufmännisches Zurückbehaltungsrecht nach §§ 369 ff 1

HGB, sie unterliegt der kaufmännischen Untersuchungs- und Rügepflicht gem § 377 HGB, zur Firma s § 4, Sorgfaltsmaßstab ist derjenige des § 347 HGB. Die Angestellten der Ges sind, soweit ihre Arbeit kaufm Tätigkeit entspricht, Handlungsgehilfen iSd HGB (GroßKomm AktG/*Brändel* Rn 56; *Hüffer* AktG Rn 4; ebenso für Steuerberatungs-GmbH *BAG* WM 1967, 670). Die AG kann Prokura und Handlungsvollmacht nach § 54 HGB erteilen, auch wenn sie kein Handelsgewerbe betreibt. Die AG unterliegt den steuerrechtlichen Vorschriften über Kapitalges Ihre Einkünfte sind Einkünfte aus Gewerbebetrieb, sie ist körperschaftsteuerpflichtig, § 1 KStG, sie unterliegt grds der Gewerbesteuer (§ 2 Abs 1, 2 Nr 2 GewStG), freilich mit der Ausnahme, dass eine Befreiung von Körperschaft- und Gewerbesteuer eintreten kann, wenn die Ges ausschließlich und unmittelbar gemeinnützige, mildtätige oder kirchliche Zwecke verfolgt (§§ 3 Nr 6 GewStG, 5 Abs 1 Nr 9 KStG). Zur Freiberufler-AG s Rn 5.

2 Die Eigenschaft als Handels-Ges des Privatrechts kommt auch dann uneingeschränkt zum Tragen, wenn die AG **öffentliche Aufgaben** erfüllt, nur können dann auch zusätzlich öffentlich-rechtliche, etwa haushaltsrechtliche Vorschriften Anwendung finden. Ob die AG unter Vorschriften des **Gewerberechts** fällt, hängt grds davon ab, ob sie wirklich ein Gewerbe betreibt, wobei freilich der öffentlich-rechtliche Gewerbebegriff in den entspr Normen nicht immer ganz inhaltsgleich gebraucht wird und nach Maßgabe der jeweiligen Normsituation angewendet werden muss (so schon *BGHZ* 33, 318, 327; s auch GroßKomm AktG/*Brändel* Rn 4).

3 Für eine **ausländische Gesellschaft** gilt § 3 nicht automatisch, vielmehr muss nach Maßgabe der Organisation, der Kapitalausstattung und des Ausmaßes der Ablösung der Ges von der Person ihrer Gesellschafter entschieden werden, ob die Zuordnung zum inländischen Handelsstand gerechtfertigt ist (zu diesem Ausgangspunkt GroßKomm AktG/*Brändel* Rn 9; KölnKomm AktG/*Dauner-Lieb* Rn 5; MünchKomm AktG/*Heider* Rn 9). Das ist nicht eine Frage des Personalstatuts, das über die Rechts- und Parteifähigkeit entscheidet und das Verhältnis der Aktionäre untereinander und zur Ges bestimmt, und das nach der neueren Entwicklung des internationalen Gesellschaftsrechts (Einl Rn 23 ff) zumindest im europäischen Bereich dem Gründungsrecht zu entnehmen ist, sondern auch dem jeweiligen Vertragsstatut, dem Vollmachtsstatut oder dem Wirkungsstatut, während sich die Registerfähigkeit und die Pflicht einer ausländischen Gesellschaft mit Sitz in Deutschland zur Eintragung in das inländische HR nach den Regeln der §§ 13 d ff HGB über die Eintragung einer Zweigniederlassung richten (dies ist im Wesentlichen für die GmbH behandelt worden, s etwa *OLG Zweibrücken* RIW 2003, 542; *OLG Naumburg* GmbHR 2003, 533; *KG* ZIP 2002, 2297 mit Kurzkomm *Mankowski* EWiR 2004, 185; *OLG Düsseldorf* ZIP 2005, 806 mit Kurzkomm *Wachter* EWiR 2006, 345; zum Ganzen *Leible/Hoffmann* EZW 2003, 677, 679; *Herchen* RIW 2005, 529 ff; *Süß* DNotZ 2005, 180 ff; MünchKomm BGB/*Kindler* IntGesR Rn 215; Scholz/*H.P. Westermann* Anh § 4a GmbHG Rn 33). Das kann also auch in Betracht kommen, wenn die Ges nicht iSd deutschen Rechts ein Handelsgewerbe betreibt. Inländische Zweigniederlassungen einer nach Auslandsrecht gegründeten und dort ansässigen Ges haben keine eigene Rechtspersönlichkeit (weshalb verbreitet Tochtergesellschaften errichtet werden). Diese kommt vielmehr nur der ausländischen Ges nach Maßgabe ihres Gründungsstatuts zu (GroßKomm HGB/*Hüffer* § 13b Rn 13; MünchKomm AktG/*Heider* Rn 10), wobei zweifelhaft ist, ob sich nach inländischem Recht oder nach dem bezogenen ausländischen Gesellschaftsstatut richtet, inwieweit der Hauptniederlassung, wenn sie mit nach inländischem Recht zu beur-

Formkaufmann. Börsennotierung　§ 3

teilenden Sachverhalten in Berührung kommt, iSd hier geltenden Vorschriften Kaufmannsqualität zukommt; zum Ganzen Einl Rn 30 ff.

II. Unternehmensgegenstand

§ 3 Abs 1 stellt keinen Zusammenhang mit den anderen den Unternehmensgegenstand betreffenden Vorschriften des AktG her, in denen die Angabe des Unternehmensgegenstandes zum **Mindestinhalt der Satzung** erklärt wird (§ 23 Abs 3 Nr 3). Fehlt in der Satzung eine solche Bestimmung, so ist nach § 275 Abs 1 S 1 die Ges von einer Nichtigkeitsklage bedroht. Einen Ansatz zur gesetzlichen Klärung des in seinem Inhalt und in seiner rechtssystematischen Tragweite problematischen Begriffs des „Unternehmens" liefert § 3 nicht, da es hier nur darum geht, die Kriterien für die Einordnung konkreter Ges ins Handelsrecht nach Maßgabe des von ihnen verfolgten Zwecks festzulegen. Zu dem schwierigen und vielschichtigen Verhältnis von Gegenstand und Zweck einer AG, die auch im Aktienrecht nicht identisch sein müssen (Zusammenfassung bei GroßKomm AktG/*Brändel* Rn 12 ff; MünchKomm AktG/*Heider* Rn 15, 16; K. Schmidt/Lutter AktG/*Lutter* Rn 3) trägt § 3 nicht bei, für den Umgang mit der Norm genügt die Vorstellung, dass mit dem Gegenstand der Tätigkeitsbereich bezeichnet wird, auf dem die Gesellschafter durch ihren Zusammenschluss und ihre Beiträge bestimmte, zumeist erwerbswirtschaftliche (Gewinn- oder Kostendeckung), aber uU auch ideelle, etwa kulturelle oder soziale, Zwecke erreichen wollen. Auf die Unterscheidung von Zweck und Gegenstand kommt es in der Praxis bei der Anwendung des § 179 Abs 2 S 2 an, neben dem § 33 Abs 1 S 2 BGB für analog anwendbar gehalten wird, so dass für eine Änderung des Unternehmensgegenstandes eine qualifizierte Mehrheit genügen kann, während eine Zweckänderung der Einstimmigkeit bedarf; hierzu näher § 179 Rn 13 und § 23 Rn 29. Die satzungsmäßige Formulierung des Unternehmensgegenstandes hat auch der Zwecksetzung als **Vorrats-AG** Rechnung zu tragen, indem etwa „Verwaltung eigenen Vermögens" angegeben wird (MünchKomm AktG/*Heider* Rn 18). Probleme treten auf, wenn die Zielsetzung als Vorrats-AG nicht in dieser Weise offengelegt, sondern verschleiert wird, was zur Unwirksamkeit der Vorratsgründung führt (*BGH* 117, 323, 330; *OLG Stuttgart* ZIP 1992, 215), mit der weiteren Folge, dass bei einer „Aktivierung" eines solchen Gebildes die Einhaltung der Kapitalaufbringungsgebote dargetan und kontrolliert werden muss (*BGH* GmbHR 2003, 227; *OLG Celle* GmbHR 2002, 1066; zur AG ebenso *Hüffer* § 23 Rn 27; MünchKomm AktG/*Heider* Rn 18). Zur Anwendung der Gründungsvorschriften auf eine wirtschaftliche Neugründung s § 64 Rn 2.

Die AG ist in den allg geltenden Grenzen in der **Wahl des Unternehmensgegenstandes** frei. Allerdings schreibt § 23 Abs 2 Nr 2 eine nähere Angabe in der Satzung vor. Wie konkret diese Festlegungen sein müssen, ob insb der Erwerb anderer Unternehmen oder der Beteiligungserwerb im Wirtschaftszweig der AG ohne eine – heute verbreitete – dies erfassende Satzungsregelung erlaubt ist, muss einschließlich der Frage der nötigen Bestimmtheit nach den Regeln des § 23 entschieden werden. Die Gesellschaft kann auch mehrere Unternehmensgegenstände verfolgen, und es gibt auch Aktivitäten, die nur in der Rechtsform der AG betrieben werden können, so bei bestimmten Versicherungsunternehmen (§ 7 Abs 2 VAG) sowie Bausparkassen und Unternehmensbeteiligungsgesellschaften (§ 2 Abs 1 BauspG, § 2 Abs 1 UBGG). Von Zweckbeschränkungen dieser Art ist aber die AG nur in geringem Umfang betroffen, auf der anderen Seite können **öffentlich-rechtlich** strukturierte Rechtsträger ihre Aufgaben, gerade auch der Daseinsvorsorge dienende, in eine ganz oder mehrheitlich von ihnen gehaltene AG ausgliedern, wobei es sein kann, dass die Rechtsgeschäfte, die iRd Betreibens eines derartigen Gegenstandes anfallen, ganz oder zumindest teilweise öffentlich-rechtlichen Regeln unterliegen (hierzu schon *Ossenbühl* DÖV 1971, 513). Für den Regelungsbereich des § 3 stehen jedenfalls diese Gesellschaften, ob ihr Unternehmensgegenstand ein Handelsgewerbe betrifft oder nicht, gleich. Unübersichtlich ist die Öffnung der AG für **freiberufliche** Tätigkeiten. Das standesrechtliche Verbot für Ärzte, sich zu einer Kapitalgesellschaft zusammenzuschließen, ist durch eine Änderung der Musterberufsordnung, die für medizinische Kooperationsgemeinschaften eine Organisation als juristische Person zulässt, entfallen (*Häußermann/Dallmann* MedR 2005, 255; *Krahe* MedR 2005, 691 ff), während die Rechtsanwalts-AG ohne spezielle gesetzliche Regelung zugelassen und inzwischen auch praktiziert wird (*BayObLG* BB 2000, 946), allerdings mit der Maßgabe, dass auch eine solche Ges nur durch zugelassene Anwälte handeln kann (§ 59 f BRAO, näher *Henssler/Streck* in Handbuch Sozietätsrecht, 2. Aufl 2011, S 513 ff). Dasselbe gilt für Wirtschaftsprüfungsgesellschaften (§§ 27, 28 WPO). Grenzüberschreitende Zusammenschlüsse können auch Rechtsformen ausländischen Rechts (zB LLP) benutzen und entspr firmieren.

III. Die börsennotierte Aktiengesellschaft

6 Die **Entstehungsgeschichte** des Abs 2 ist durch Entwicklungen des Kapitalmarktrechts geprägt. Das Gesetz zur Kontrolle und Transparenz im Unternehmensbereich (KonTraG; Gesetz vom 27.4.1998, BGBl I S 786) sollte in diesem Zusammenhang eine Legaldefinition der „Börsennotierung" und damit des Begriffs einer „Börse" geben, die für die auf diesen Begriff Bezug nehmenden Normen des AktG (§§ 58 Abs 2 S 2, 110 Abs 3, 124 Abs 3, 130 Abs 1 S 3, 134 Abs 1 S 2, 171 Abs 2 S 2, 328 Abs 3, auch den durch das Restrukturierungsgesetz „neu gefassten § 93 Abs 6), ein einheitliches Verständnis sicherstellen. Der damit verfolgte rein rechtssystematische, Regelungszweck führte zu Zweifeln hinsichtlich des Anwendungsbereichs durch das Aufkommen des sog Neuen Markts, weshalb das Gesetz zur Umsetzung der EG-Einlagensicherungsrichtlinie (Gesetz vom 22.7.1998, BGBl I S 1842) die in § 3 Abs 2 gegebene Definition dahin änderte, dass es auf die Zulassung von Aktien zu einem amtlichen Handel iSd §§ 30 ff BörsG nicht mehr ankommt, sondern auch die Zulassung zu einem „geregelten Markt" iSd §§ 49 ff BörsG genügt, nicht aber der Handel im Freiverkehr iSd § 57 BörsG; die jetzige Fassung des Abs 2 geht auf Art 2 des Finanzmarktrichtlinie-Umsetzungsgesetzes vom 16.7.2007 (BGBl I S 1330) zurück. Gedacht ist nur an einen regelmäßig stattfindenden, von staatlichen Stellen anerkannten und überwachten, wenn auch privatwirtschaftlich organisierten Markt, zu dem „das Publikum" unmittelbar oder mittelbar Zugang hat. Für die Anwendung der aktienrechtlichen Bestimmungen, die allein § 3 Abs 2 im Auge hat, kommt es auf die rechtstatsächlichen Unterschiede in der Bedeutung gesellschaftsrechtlicher Rechtsanwendung an, nicht auf kapitalmarktrechtliche Gegebenheiten (die in §§ 21 Abs 2 iVm mit 2 V WpHG, 2 VII WpHG und im Deutschen Corporate Governance-Kodex eigenständig festgelegt sind); der Begriff der börsennotierten Ges in § 21 Abs 2 WPHG ist aber ders. In aller Regel werden schon die Verfahren der Zulassung zum amtlichen Handel und zum Geregelten Markt die Kleine AG fernhalten (zum Anwendungsbereich unter diesem Gesichtspunkt *Claussen* FS Röhricht, S 63, 67 ff), und die diesbezüglichen Probleme um den Handel am „Neuen Markt" sind durch seine Einstellung erledigt. Abzuwarten

bleibt noch, ob sich Anwendungsprobleme aus dem Umstand ergeben werden, dass das Gesetz als „Markt" offensichtlich nicht nur eine inländische Börse versteht, so dass auch eine Auslandsnotierung genügt (*Böcker* RNotZ 2002, 129, 131; *Hüffer* AktG Rn 6; Spindler/Stilz AktG/*Drescher* Rn 5). Auch dies dürfte aber weniger schwer wiegen als die kapitalmarkt- und aufsichtsrechtlichen, bis in das Bilanzrecht hineinreichenden Anforderungen, die für eine deutsche Ges mit der Notierung an manchen ausländischen Börsen verbunden sind. Auch im deutschen Aktienrecht bestehen zwischen börsennotierten und nicht börsennotierten Gesellschaften nicht unerhebliche Unterschiede, abgesehen von den Schwierigkeiten einer Rücknahme der Börsenzulassung/„delisting").

§ 4 Firma

Die Firma der Aktiengesellschaft muss, auch wenn sie nach § 22 des Handelsgesetzbuchs oder nach anderen gesetzlichen Vorschriften fortgeführt wird, die Bezeichnung „Aktiengesellschaft" oder eine allgemein verständliche Abkürzung dieser Bezeichnung enthalten.

Übersicht

	Rn		Rn
I. Bedeutung des § 4 im Firmenrecht der AG	1	III. Die abgeleitete Firma	8
II. Die ursprüngliche Firma einer AG	5	IV. Die Firma der Zweigniederlassung	9
1. Der Firmenkern	5	V. Frühere Firmen	10
2. Der Rechtsformzusatz	7		

Literatur: *Ammon* Die Sachfirma der Kapitalgesellschaft, DStR 1994, 325; *Bokelmann* Die Rspr zum Firmenrecht der GmbH und der GmbH & Co KG seit 1987 (Auswahl), GmbHR 1994, 356; *Dirksen/Volkers* Die Zweigniederlassung in der Satzung von AG und GmbH, BB 1993, 598; *Gabbert* Firma der Aktiengesellschaft – Zulässige Abkürzung als „AG"?, DB 1992, 198; *Heinrich* Bezeichnung „Aktiengesellschaft" nun auch für die alten Firmen aus der Zeit vor 1900, BB 1979, 1480; *Hönn* Akademische Grade, Amts-, Dienst- und Berufsbezeichnungen sowie Titel (Namensattribute) in der Firma in firmen- und wettbewerbsrechtlicher Sicht, ZHR 153, 1989, 386; *Klippel* Der zivilrechtliche Persönlichkeitsschutz von Verbänden, JZ 1988, 625; *Knopp* Über den Grundsatz der Firmeneinheit, ZHR 125 (1963), 161; *Krüger/Nieland* Anwendungsbereich und Rechtsnatur des Namensrechts, FS Fischer, 1979, S 339; *Leßmann* Persönlichkeitsschutz juristischer Personen, AcP 170, 266; *Lutter/Welp* Das neue Firmenrecht der Kapitalgesellschaften, ZIP 1999, 1073; *Wessel* Die fragwürdige Firmenwahrheit, BB 1960, 1268.

§ 22 HGB

(1) Wer ein bestehendes Handelsgeschäft unter Lebenden oder von Todes wegen erwirbt, darf für das Geschäft die bisherige Firma, auch wenn sie den Namen des bisherigen Geschäftsinhabers enthält, mit oder ohne Beifügung eines des Nachfolgeverhältnis andeutenden Zusatzes fortführen, wenn der bisherige Geschäftsinhaber oder dessen Erben in die Fortführung der Firma ausdrücklich willigen.

(2) Wird ein Handelsgeschäft auf Grund eines Nießbrauchs, eines Pachtvertrags oder eines ähnlichen Verhältnisses übernommen, so finden diese Vorschriften entsprechende Anwendung.

§ 4 Firma

I. Bedeutung des § 4 im Firmenrecht der AG

1 § 4 ist durch Art 8 Nr 1 des HandelsrechtsreformG (Gesetz vom 22.6.1998 BGBl I S 1474; dazu *Lutter/Welp* ZIP 1999, 1073) nicht nur neu gefasst, sondern in seiner Funktion verändert worden; die Norm regelt heute nicht mehr die Firmenbildung, die sich vielmehr nach allg Handelsrecht (**§ 18 HGB**) bestimmt, sondern betrifft lediglich den **Rechtsformzusatz**, der zu einer nach allg Regeln gebildeten Firma hinzutreten muss. Die Neuregelung ist seit dem 1.7.1998 in Kraft (zur Übergangsregelung, die vor dem 1.7.1998 sowie (§ 22 EGHGB) vor dem 1.1.1900 eingetragene Firmen betrifft, eingehend MünchKomm AktG/*Heider* Rn 4, 5). Die HGB-Vorschriften über die Firma gelten für die AG als Formkaufmann iSd § 6 HGB, was bedeutet, dass bei grds Gestaltungsfreiheit das generelle Irreführungsverbot des § 18 Abs 2 S 1 HGB gilt und die konkret gewählte Firma den Anforderungen hinsichtlich Unterscheidungskraft (**§ 30 HGB**) und Kennzeichnungsfähigkeit genügen muss, die das Recht der Firmenbildung bestimmen. Dies betrifft die Bildung der ursprünglichen Firma, § 4 überträgt sodann die hier konstitutiv getroffenen Bestimmungen über den Rechtsformzusatz auf die abgeleitete Firma, wodurch die Regelung neben **§ 22 HGB** tritt. Damit ist, wie sich aus § 22 Abs 2 HGB ergibt, auch die Firmenübernahme aufgrund eines Nießbrauchs, eines Pachtvertrages oder eines ähnlichen Verhältnisses erfasst. Die Auswirkungen des europäischen Gemeinschaftsrechts auf § 4 sind begrenzt, nur für vor dem 1.1.1900 gegründete „Alt-Gesellschaften" wurde aufgrund der 2. Richtlinie die Aufnahme des Zusatzes „Aktiengesellschaft" in die Firma vorgeschrieben (§ 26a EGAktG, neu gefasst durch Gesetz vom 13.12.1978 BGBl I S 1959). Die aus dieser Zeit stammenden Firmen dürfen danach auch fortgeführt werden, wenn sie mit § 22 Abs 1 HGB nicht zu vereinbaren sind, hinzuzufügen ist lediglich der Rechtsformzusatz.

2 Das Recht zur Führung einer Firma (**Firmenfähigkeit**) kommt der AG von ihrer Entstehung als Handelsgesellschaft und Formkaufmann an zu, woraus folgt, dass sie vor ihrer Eintragung im HR für ein etwa schon betriebenes Unternehmen auch keine bestehende Firma fortführen kann (*Hüffer* AktG Rn 4; MünchKomm AktG/*Heider* Rn 11; K. Schmidt/Lutter AktG/*Langhein* Rn 4). Meist wird aber in diesem Stadium eine Vor-AG existieren (§ 3 Rn 3), die, wenn sie ein Handelsgewerbe betreibt, nach allg handelsrechtlichen Grundsätzen dieses mit einer Firma als Namen versehen darf und kann, wie es auch zu ihrer Anerkennung als Gesamthandsgesellschaft eigener Art passt. Soweit, da noch kein Handelsgewerbe besteht, die Regeln über die Gesellschaft bürgerlichen Rechts eingreifen, kann die Vor-AG immerhin einen Namen führen (zum Namen der BGB Gesellschaft *BGHZ* 136, 254, 258; *BGH* NJW 1982, 877; *H.P. Westermann/Wertenbruch* Hdb Personengesellschaften Teil I Rn 182 ff), der dann, soweit hierfür – zulässigerweise – bereits der Kern der künftigen AG-Firma verwendet wird, anzeigen muss, dass die Gesellschaft sich im Gründungsstadium befindet (im Einzelnen dazu *Bokelmann* GmbHR 1994, 356 ff; GroßKomm HGB/*Hüffer* § 17 Rn 14; MünchKomm AktG/*Heider* Rn 11). Die Firmenfähigkeit der AG **endet** nicht schon mit Einstellung des Gewerbebetriebs, auf den es ja für die Kaufmannseigenschaft auch nicht ankommt (§ 3 Rn 1), sondern erst mit der Löschung der Gesellschaft im HR (MünchKomm AktG/*Heider* Rn 11; GroßKomm AktG/*Brändel* Rn 70; für Ende der Firmenfähigkeit mit Einstellung des Gewerbebetriebs K. Schmidt/Lutter AktG/*Langhein* Rn 4); während eines Liquidationsverfahrens ist nach §§ 269 Abs 6, 278 Abs 3 der Firmenzusatz aufzunehmen.

Die Firma muss gem § 23 Abs 3 Nr 1 in der **Satzung** festgelegt werden, anderenfalls 3
besteht ein Eintragungshindernis, § 38. Die Änderung der Firma, etwa nach dem Erwerb
eines anderen Unternehmens, setzt daher eine Satzungsänderung voraus. Wird eine eingetragene Firma nachträglich unzulässig, etwa weil im Gefolge einer Änderung des
Unternehmensgegenstandes die gebrauchte Firma irreführend wird (so zum früheren
Recht *BGHZ* 10, 196, 210), so kann das Registergericht nach § §§ 37 Abs 1 HGB iVm
392 FamFG die Ges auffordern, innerhalb einer Frist die Firma zu ändern; geschieht
dies nicht, so muss es einen Mangel der Satzung feststellen, mit Rechtskraft seiner Verfügung wird nach § 262 Abs 1 Nr 5 die Auflösung der Ges betrieben (zur nachträglichen
Unzulässigkeit *OLG Hamm OLGZ* 77, 53 f; MünchHdb GesR/*Wiesner* § 7 Rn 2; Groß-Komm AktG/*Brändel* Rn 45). Bei einer nachträglichen Änderung, die zur Unzulässigkeit der Firma führt, sind die für die AG existenzgefährdenden Folgen nach § 262 Abs 1
Nr 5 nicht anwendbar, wohl aber soll eine zur Unzulässigkeit der geänderten Firma,
etwa durch Täuschungseignung, führende Änderung zur Nichtigkeit und damit zur
Amtsauflösung führen (*Hüffer* AktG § 262 Rn 16; Spindler/Stilz AktG/*Drescher* Rn 6;
anders aber *BayObLGZ* 1979, 207, 208 ff).

Die AG und – im Rahmen ihrer Firmenfähigkeit, Rn 2 – die Vor-AG genießen den 4
allg **Firmenschutz** nach §§ 12 BGB, 16 UWG, sie können Firmenmissbrauchsverfahren
gem § 37 Abs 1 HGB gegen Konkurrenten anregen und nach § 37 Abs 2 HGB klagen.
Die Anwendbarkeit des Namensschutzes gem § 12 BGB haben sie mit anderen Kapitalgesellschaften gemein (*RGZ* 100, 182; 109, 213.), auch wenn die Firma reine Sachfirma ist (*BGHZ* 11, 214; 19, 23, 27; *Krüger/Nieland* FS R. Fischer, S 339 ff). Auch
Persönlichkeitsschutz steht der AG zu, wenn auch nach der Rspr mit der – wenig klaren – Einschränkung, dass dieser Anspruch nur iRd Wesens der jur Person und der ihr
vom Gesetz zugewiesenen Funktion besteht, also wohl vor allem in Bezug auf wirtschaftliche Interessen (*BGH* NJW 1974, 1962; *BGH* NJW 1975, 1882; *BGHZ* 98, 94,
näher *Leßmann* AcP 170, 266; *Klippel* JZ 1988, 625 ff; Erman BGB/*Klass* 13. Aufl
2011 Anh § 12 BGB Rn 60, 61).

II. Die ursprüngliche Firma einer AG

1. Der Firmenkern. Seit der Handelsrechtsreform kommt der AG ohne Unterschei- 5
dung nach Sach- oder Personenfirma die volle Freiheit zur Wahl ihres in der Firma
wiedergegebenen Namens zu, wenn dabei die allg Grundsätze des § 18 Abs 1 HGB
beachtet werden, also Kennzeichnungsfähigkeit, Unterscheidungskraft und Offenlegung der Haftungsverhältnisse, die bei der AG in Gestalt des Rechtsformzusatzes
geschieht. Hinlängliche **Unterscheidungskraft** kann eine Sach- wie eine Personenfirma, aber auch eine reine Fantasiefirma haben (Spindler/Stilz AktG/*Drescher* Rn 6),
allerdings ist bei Abkürzungen und reinen Buchstabenkombinationen insoweit
Zurückhaltung angebracht (*OLG Frankfurt* IPRax 2002, 131 f; *OLG Celle* DB 1999,
40; großzügig *Lutter/Welp* ZIP 1999, 1073, 1078; enger aber *Hüffer* AktG Rn 12),
bloße Bildzeichen reichen nicht (*BGHZ* 14, 155, 160; *BayObLGZ* 2001, 83, 84 f; Henssler/Strohn/*Lange* Rn 3), auch nicht: „Autodienst Berlin" (*KG* DNotZ 2008, 392; abl
Anm *Kanzleiter*). Bei Verwendung einer Branchenbezeichnung als Firmenkern einer
Sachfirma kann die **Kennzeichnungsfähigkeit** zweifelhaft sein (Bsp *OLG Hamm*
DNotZ 1978, 112; *OLG Oldenburg* DB 1990 519; *OLG Stuttgart* GmbHR 1990, 351,
352; weitere Nachw bei MünchKomm AktG/*Heider* Rn 36). So genügt nicht ein nicht
näher spezifizierter Hinweis auf Tätigkeit im Bau oder auf eine sonstige Branche, *KG*

JW 1925, 639; 1927, 1107), so dass sich den Rechtsträger weiter individualisierende Zusätze empfehlen. Als solche können Ortsangaben oder auch Buchstabenkombinationen dienen (*BGH* DB 1990, 36). Insoweit ist zunehmendes Interesse der Praxis zu beobachten, die auf die unbestreitbare Verkehrsgeltung von Kombinationen mit zwei oder drei Buchstaben (VW, BMB, LTU, KKB) zurückgeht, bei der aber auch Missbrauchstendenzen oder die Gefahr einer Unaussprechlichkeit (K. Schmidt/Lutter AktG/*Langhein* Rn 17; großzügig *Lutter/Welp* ZIP 1999, 1073, 1078) aufkommen könnten. Wenn eine Sachfirma auf dem Unternehmensgegenstand beruht, muss nicht dieselbe Formulierung verwendet werden wie in der satzungsmäßigen Bestimmung, es genügt eine allg Kennzeichnung (*BayObLG* DB 1978, 579 f; *OLG Neustadt* NJW 1962, 2208; *Ammon* DStR 1994, 325, 326), etwa auch bei einer Rechtsanwalts-AG (*BayObLGZ* 2000, 83, 86). Eine Sachfirma kann nicht allein aus einer Branchenbezeichnung bestehen, solange nicht durch einen Namen oder einen sonst individualisierenden Zusatz die Kennzeichnung ermöglicht wird (*OLG Frankfurt* AG 2005, 403). Um Irreführung zu vermeiden, muss die Bezeichnung mit der tatsächlichen Tätigkeit der Ges übereinstimmen (*AG Berlin* BB 1965, 805.), wobei es ausreicht, wenn von mehreren Aktivitäten die hauptsächliche genannt wird (*KG* SeuffA 56 Nr 8; ; Groß-Komm AktG/*Brändel* Rn 10). Die Formulierung muss einerseits die Ges so individualisieren, dass sie sich von anderen in ders Branche tätigen Unternehmen abhebt und diesen Unternehmen die Wirkungen gem § 30 Abs 1 HGB zugemutet werden können. Auch § 16 UWG ist zu beachten. In beiderlei Hinsicht können auch Hinweise auf rechtliche Gegebenheiten schädlich sein (großzügig für die Verwendung des Wortes „genossenschaftlich", das im Verkehr nicht nur im Rechtssinne gebraucht werde, *OLG Frankfurt* OLGZ 1993, 161). Soweit die AG Komplementärin einer KG ist, gelten die Anforderungen des § 19 Abs 3 HGB, was bes Schwierigkeiten mit dem Rechtsformzusatz und der Kennzeichnung der Haftungsbeschränkung verursacht (näher dazu Baumbach/Hopt HGB/*Hopt* § 19 Rn 33, 34 mit Nachw); was den Firmenkern anbelangt, ist die AG Namensgeberin; soweit ihre Firma Sachfirma ist, muss der darin enthaltene Hinweis auf den Unternehmensgegenstand auch denjenigen der KG richtig bezeichnen (näher dazu GroßKomm HGB/*Hüffer* § 19 Rn 74).

6 Bei einer **Personenfirma** ist es nicht notwendig, auf den Namen eines Gründungsaktionärs zurückzugreifen, obwohl dies nahe liegt (näher *Lutter/Welp* ZIP 1999, 1073, 1081); daher sind auch Phantasienamen – soweit aussprechbar – kennzeichnungsfähig, Münch-Komm AktG/*Heider* Rn 30; großzügig in Bezug auf Werbeslogans: K. Schmidt/Lutter AktG/*Langhein* Rn 14. Ein Bezug auf den Unternehmensgegenstand ist auch bei sonstigen Phantasiefirmen nicht erforderlich, wird er gebracht, muss er allerdings richtig sein. Ferner kann in Einzelfällen eine Täuschung des Rechtsverkehrs über Größe oder Verbreitung der Aktivitäten zu besorgen sein. Auch eine Irreführung ist durch eine derartige Namensgebung nicht zu besorgen, da der Verkehr aus der Namensnennung nicht ohne weiteres auf eine maßgebliche Stellung einer bestimmten Person in der Gesellschaft schließen wird; anderes kann sich freilich aus § 18 Abs 2 S 1 HGB ergeben (großzügig insoweit *LG Wiesbaden* NZG 2004, 829; eine „wesentliche Information" in diesem Sinne halten MünchKomm AktG/*Heider* Rn 30 und *Lutter/Welp* ZIP 1999, 1073, 1081 für möglicherweise geboten), so dass unbedenklich am ehesten die Fälle der Einbeziehung eines mit dem Produkt oder dem Unternehmensgegenstand verbundenen Namens sind. Auch kann im Einzelfall durch die Erwähnung eines Namens in der Firma eine Täuschung des Verkehrs verursacht werden, was auch bei Verwendung in- und ausländi-

scher **akademischer Titel** gelten kann; wenn hierdurch nicht die gänzliche Unzulässigkeit begründet ist, müssen Zusätze, etwa zur Fakultät oder Disziplin des Titelträgers beigefügt werden. Insgesamt gelten insoweit aber keine anderen Regeln als sonst bei der Firmenbildung (*Hönn* ZHR 153, (1989), 386, 389 ff; GroßKomm AktG/*Brändel* Rn 38). Die nicht mehr seltene Verwendung **fremdsprachiger** Namen begegnet keinem großen Widerstand mehr, wenn diese in lateinischen Buchstaben geschrieben und für den Durchschnitts-Adressaten aussprechbar sind (K. Schmidt/Lutter AktG/*Langhein* Rn 15). Auch nach dem Ausscheiden eines Aktionärs oder Organmitglieds, dessen Name in der Firma steht, kann nicht die Änderung der Firma verlangt werden, auch § 24 Abs 2 HGB ist nicht entspr anwendbar (*BGHZ* 58, 322, 324; 85, 221, 224 für GmbH; ebenso *Wessel* BB 1960, 1271; GroßKomm AktG/*Brändel* Rn 4). Im ganzen Bereich muss eine fehlende Unterscheidungskraft ggf durch individualisierende Zusätze hergestellt werden. Unter diesen Voraussetzungen müssen auch **gemischte Firmen** zulässig sein, bei denen neben der Sachangabe Personennamen stehen, auch mehrere, und zwar mit und ohne Vornamen. Das gilt auch für die Namen von Nichtbeteiligten, wenn keine Täuschungsgefahr besteht; die Firma darf etwa den Namen des Erfinders der hergestellten Ware oder eines Gründers enthalten. Dasselbe gilt für die Verbindung mit geografischen Zusätzen (GroßKomm AktG/*Brändel* Rn 14), die nicht schon deshalb als täuschend angesehen werden, weil sich die Tätigkeit des Unternehmens nicht auf das betreffende geografische Gebiet beschränkt (*OLG Frankfurt OLGZ* 1993, 161; K. Schmidt/Lutter AktG/*Langhein* Rn 16).

2. Der Rechtsformzusatz. Der durch § 4 zwingend vorgeschriebene Rechtsformzusatz, 7
der nach § 80 auch auf den Geschäftsbriefen zu stehen hat, dient der Information des Verkehrs vorwiegend über die Haftungsverhältnisse. Da es dabei auf den inländischen Rechtsverkehr ankommt, ist der Zusatz in deutscher Sprache abzufassen, auch wenn die Firma iÜ fremdsprachige Ausdrücke verwendet (MünchKomm AktG/*Heider* Rn 17; *Franz* in Wachter Rn 3). Freilich muss das Wort „Aktiengesellschaft" nicht ausgeschrieben werden, es genügt eine Abkürzung (so schon die Begründung zum RefE, ZIP 1996, 1445, 1451; zum geltenden Recht in diesem Sinne *Gabbert* DB 1992, 198; MünchKomm AktG/*Heider* Rn 18; *Hüffer* AktG Rn 17), die in der Praxis immer „AG" lauten wird. Es kommt auch nicht (mehr) darauf an, an welcher Stelle der Firma der Rechtsformzusatz steht (GroßKomm AktG/*Brändel* Rn 28), es genügt allerdings nicht, wenn in irgendeinem die Ges individualisierenden Wort oder einer Wortkombination der Hinweis auf „Aktien" auftaucht (*Hüffer* AktG Rn 7; GroßKomm AktG/*Brändel* Rn 28; KölnKomm AktG/*Dauner-Lieb* Rn 8); anders wenn „Aktiengesellschaft" oder „AG" mit einem anderen Wort verbunden wird, etwa „Investment-Aktiengesellschaft" gegen Einfügung in eine Wortkombination wie „Aktienbrauerei" MünchKomm AktG/*Heider* aaO. Zum Rechtsformzusatz bei der Grundtypenvermischung s Rn 5. Wird im Rechtsverkehr die Firma ohne den die Haftungsbeschränkung verlautbarenden Rechtsformzusatz verwendet, laufen die handelnden Personen Gefahr, aus dem Gesichtspunkt der Rechtsscheinshaftung persönlich in Anspruch genommen zu werden (*BGHZ* 62, 216, 222; 71, 354, 356; *BGH* NJW 1990, 2678 f; *BGH* NJW 1991, 2627).

III. Die abgeleitete Firma

Die Voraussetzungen, unter denen die AG als Erwerberin eines Handelsgeschäfts die 8
dafür verwendete Firma fortführen darf, folgen aus § 22 HGB; klar ist, dass die AG auch nach den für die ursprüngliche Firmenbildung geltenden Regeln eine neue Firma

wählen oder die für ihr bisheriges Geschäft gebrauchte Firma beibehalten darf, sofern diese zulässig war. Jedoch dürfen die bisher benutzte und die erworbene Firma nicht nebeneinander geführt werden, Grundsatz der **Firmeneinheit** (so für GmbH *RGZ* 85, 387, 399; für PersonenGes *BGHZ* 67, 166; für AG *Knopp* ZHR 125, (1963), 161, 168; *Hüffer* AktG Rn 7; **aM** *Wünsch* ZGR (1967), S 341, 345). Daher muss jedenfalls ein in der übernommenen Firma stehender, mit „AG" unvereinbarer Zusatz gestrichen werden. Dafür ist auch eine Satzungsänderung erforderlich. Vorbehaltlich einer Täuschung des Rechtsverkehrs kann es also auch vorkommen, dass eine AG eine zulässigerweise übernommene Firma beim Betrieb ihres bisherigen, möglicherweise einen anderen Gegenstand betreffenden Geschäfts benutzt, andernfalls wäre die Übernahme eines Geschäfts mit einem anderen als dem vom Übernehmer betriebenen Gegenstand nicht möglich (GroßKomm AktG/*Brändel* Rn 25). Der AG-Zusatz muss auch der übernommenen Firma hinzugefügt werden, während bei Übernahme der Komplementärstellung in einer GmbH & Co., wenn die Firma der AG auch für die KG namensgebend sein soll, den Rechtsformzusatz „KG" erzwingt (*OLG Stuttgart* FG-Praxis 2001, 28; Baumbach/Hopt HGB/*Hopt* § 19 HGB Rn 28; *Hüffer* AktG Rn 18), obwohl auch „AG & Co." auf eine Haftungsbeschränkung hindeutet. Der bisherige Inhaber oder seine Erben müssen der Firmenfortführung zustimmen, auch wenn es sich nicht um eine Personenfirma handelt. Für Firmenübernahmen im Rahmen von **Umwandlungen** gelten die Bestimmungen des UmwG.

IV. Die Firma der Zweigniederlassung

9 Juristische Personen, die Kaufleute sind, können nach §§ 13 ff HGB eine Zweigniederlassung errichten. Wie sich schon aus § 13 Abs 6 Nr 2 und 3 HGB ergibt, kann die Zweigniederlassung eine eigene Firma erhalten, es kann aber auch für diesen Teil des Gesamtunternehmens die Firma der AG benutzt werden, ohne dass ein Zusatz eingefügt wird, der die Zweigniederlassung als solche ausweist (*BayObLG* BB 1990, 1364; näher *Dirksen/Volkers* BB 1993, 598). Eine selbstständige Firma für die Zweigniederlassung muss aber nach hM den bestehenden Zusammenhang zwischen Haupt- und Zweigniederlassung zum Ausdruck bringen (seit *RGZ* 113, 213, 218 **hM**, *BayObLG* BB 1992, 994; *Ammon* DStR 1994, 325; *Dirksen/Volkers* BB 1993, 598 f; KölnKomm AktG/*Kraft* Rn 13; K. Schmidt/Lutter AktG/*Langhein* Rn 44; Spindler/Stilz AktG/*Drescher* Rn 21); es heißt, dies müsse in der Satzung der AG niedergelegt sein (*BayObLG* BB 1992, 994; MünchKomm AktG/*Heider* Rn 54; **aM** wohl mit Recht *Dirksen/Volkers* BB 1993, 598 f). Jedenfalls muss dabei die Firma der AG – zumindest als Zusatz einschließlich des Rechtsformzusatzes – vorkommen; auch hier bleibt § 18 Abs 2 HGB zu beachten. Das gilt im Grundsatz auch bei Übernahme eines bisher selbstständigen Unternehmens mit Firma, das hinfort als Zweigniederlassung der erwerbenden AG fortgeführt werden soll; die **abgeleitete Firma** muss dann nur durch einen Zusatz deutlich machen, dass sie eine Zweigniederlassung der übernehmenden AG ist (*RGZ* 113, 213, 217; GroßKomm AktG/*Brändel* Rn 66; *Hüffer* AktG Rn 21; zum Rechtsformzusatz in diesem Sinne MünchKomm AktG/*Heider* Rn 57; Henssler/Strohn/*Lange* Rn 8). Zulässig ist dabei auch, die bisherige Firma des übernommenen Unternehmens neben der Firma der übernehmenden AG zu führen und den Sachverhalt durch einen Nachfolgezusatz zu dokumentieren (*RGZ* 113, 213, 217; *Hüffer* AktG Rn 21).

Sitz § 5

V. Frühere Firmen

Firmen aus der Zeit vor dem 1.1.1900 durften nach Art 22 EGHGB ohne den Zusatz **10** „Aktiengesellschaft" fortgeführt werden, es sei denn, dass sie aus Personennamen zusammengesetzt waren und nicht erkennen ließen, dass eine AG Inhaberin war. Dies ist durch § 26a EGAktG aufgrund des Gesetzes zur Durchführung der 2. EG-Richtlinie v 31.12.1978 (BGBl I S 1995) dahin geändert worden, dass solche „alten" Firmen die Bezeichnung „Aktiengesellschaft" bis zum 16.6.1980 aufnehmen mussten. Andernfalls wurde die Satzungsbestimmung über die Firma nichtig, und das Registergericht hatte nach § 144a FGG vorzugehen (näher zu dem Gesetz *Hüffer* NJW 1979, 1065; *Heinrich* BB 1979, 1480). Diese Erscheinungen haben nach der Handelsrechtsreform keine große praktische Bedeutung mehr.

§ 5 Sitz

Sitz der Gesellschaft ist der Ort im Inland, den die Satzung bestimmt.

Übersicht

	Rn		Rn
I. Allgemeines	1	3. Die „Spaltgesellschaft"	9
II. Die Satzungsbestimmung	4	4. Verstöße gegen § 5	10
1. Regelfall und Ausnahmen	4		
2. Doppelsitz	7		

Literatur: *Bork* Doppelsitz und Zuständigkeit im aktienrechtlichen Anfechtungsprozess, ZIP 1995, 609; *Dreher* Widersprechende Anfechtungsurteile bei Aktiengesellschaft mit Doppelsitz – „VIAG", EWiR 1996, 721; *Fingerhuth/Rumpf* MoMiG und die grenzüberschreitende Sitzverlegung – Die Sitztheorie ein lebendes Fossil, IPrax 2008, 90; *Franz/Laeger* Die Mobilität deutscher Kapitalgesellschaften nach Umsetzung des MoMiG unter Einbeziehung des Referentenentwurfs zum internationalen Gesellschaftsrecht, BB 2008, 678; *Hoffmann* Die stille Bestattung der Sitztheorie durch den Gesetzgeber, ZIP 2007, 1581; *Katschinski* Die Begründung eines Doppelsitzes nach Verschmelzung, ZIP 1997, 620; *Kögel* Der Sitz der GmbH und seine Bezugspunkte, GmbHR 1998, 1108; *König* Doppelsitz einer Kapitalgesellschaft – Gesetzliches Verbot oder zulässiges Mittel der Gestaltung einer Fusion?, AG 2000, 18; *Paefgen* „Cartesio": Niederlassungsfreiheit minderer Güte – Zum Urt des EuGH vom 16.12.2008, WM 2009, 223; *Pluskat* Die Zulässigkeit des Mehrfachsitzes und die Lösung der damit verbundenen Probleme, WM 2004, 601; *Preuß* Die Wahl des Satzungssitzes im geltenden Gesellschaftsrecht und nach dem MoMiG-Entwurf, GmbHR 2007, 57; *W. Schmidt* Gesellschaftsrechtliche Probleme, JR 1949, 207; *Werner* Ausgewählte Fragen zum Aktienrecht, AG 1990, 1.

I. Allgemeines

Die Vorschrift ist durch das Gesetz zur Modernisierung des GmbH-Rechts und zur **1** Bekämpfung von Missbräuchen (**MoMiG**) in dem Sinn geändert worden, dass Abs 2, der Vorgaben für die Bestimmung des Sitzes durch die Satzung enthielt, entfiel und Abs 1 modifiziert wurde. Mit der Änderung des Abs 1 wird klargestellt, dass der Sitz, „den die Satzung bestimmt", also der **Satzungssitz**, im Inland liegen muss, während im Übrigen Satzungsautonomie besteht (*Hüffer* AktG Rn 1; Spindler/Stilz AktG/*Drescher* Rn 1). Praktisch heißt dies vor allem, dass es auch keine Bindung der Satzungsbestimmung über den Sitz an die Orte gibt, wo die Gesellschaft einen Betrieb hat, wo die Geschäftsführung oder wo die Verwaltung geführt wird, wobei häufig auf den tatsächlichen Schwerpunkt der wirtschaftlichen Betätigung abgestellt wird *(OLG Oldenburg* NJW 1990, 1422; anders insoweit MünchKomm BGB/*Kindler* IntGesR, Rn 441 f; näher hier Rn 4). Hintergrund der Gesetzesänderung ist die Judikatur des EuGH zur Niederlassungsfreiheit (Einl Rn 38), die den Kapitalgesellschaften erlaubt, ihren effektiven Verwaltungssitz vom Gründungssitz und von dem dadurch bestimmten Satzungssitz zu trennen. Bisher war es ausländischen Unternehmen nicht möglich, bei ihrer Gründung die Rechtsform der (deutschen) AG oder GmbH zu wählen, wenn der tatsächliche Sitz iSd. bisherigen § 5 Abs 2 im Ausland lag; umgekehrt konnte eine deutsche Konzernmuttergesellschaft Tochtergesellschaften in einer deutschen Rechtsform nicht gründen, wenn deren Verwaltungssitz im Ausland liegen sollte. Die Neuregelung soll es deutschen Gesellschaften ermöglichen, einen Verwaltungssitz zu wählen, der nicht notwendig mit dem inländischen Satzungssitz übereinstimmt (RegBegr zu Teil B Art 1 Nr 4 des MoMiG-Entwurfs; hier wird die gleichlautende und gleich intendierte Vorschrift des § 4a GmbHG erläutert). Ob und wie sich die Änderung auf die Freiheit der Ges zum Wegzug aus dem Gründungsstaat auswirkt, ob insb „deutsche" AG die Möglichkeit haben werden, unter Beibehaltung ihres inländischen Satzungssitzes ihren Verwaltungssitz und ihre unternehmerischen Aktivitäten ins Ausland zu verlegen, ist ein Sonderproblem (§ 45 Rn 13; näher Einl Rn 38). Die Fragen um den „Doppelsitz" (Rn 7) verschieben sich nicht. Die Neuregelung ist trotz ihrer Herkunft aus dem Europarecht nicht auf eine Wahl des Verwaltungssitzes im europäischen Ausland beschränkt. Nach der RegBegr bleibt es iÜ dabei, dass die Ges eine Geschäftsanschrift im Inland im Register eintragen lassen und aufrechterhalten muss. Zur gerichtlichen Zuständigkeit s § 14 Rn 1.

2 Der klaren Zielsetzung der Reform – Parität deutscher und ausländischer Gesellschaften – sind einzelne zum Normzweck der früheren Regelung gehörende Aspekte geopfert worden (krit *Preuß* GmbHR 2007, 57, 59 f; *Franz/Laeger* BB 2008, 678; *Hüffer* Rn 2; zweifelnd KölnKomm AktG/*Dauner-Lieb* Rn 7), und die Folgen im Rahmen der Abgrenzung kollisions- und materiellrechtlicher Elemente der Vorschrift sind noch nicht ausdiskutiert (eingehend *Kindler* in: Goette/Habersack, Das MoMiG in Wissenschaft und Praxis, 2009, Rn 7.38 ff; *Hoffmann* ZIP 2007, 1581; *Paefgen* WM 2009, 529; *Fingerhuth/Rumpf* IPrax 2008, 90), so dass insoweit noch Fragen zur Rechtsanwendung einschließlich derjenigen nach der grundsätzlichen Zulässigkeit eines ausländischen Verwaltungssitzes (*Kindler* aaO Rn 7.13) bleiben. Abs 1, nach dem sich der Sitz der Ges nach der satzungsmäßigen Bestimmung richtet, steht in Verbindung mit § 23 Abs 2 Nr 1, der die Satzung zu einer solchen Angabe zwingt. Aufgegeben ist aber der mit der früheren Fassung des § 5 verfolgte Zweck, denkbaren Tendenzen entgegenzuwirken, den Satzungssitz nach der (vielleicht auch nur: angenommenen) Praktikabilität des Umgangs mit einem bestimmten Registergericht oder (neuerdings) nach Maßgabe einer gewünschten international-privatrechtlichen Anknüpfung für das Personalstatut zu bestimmen, den Verwaltungssitz aber dort zu haben, wo die wesentliche geschäftliche Aktivität stattfinden soll. Vor diesem Hintergrund engte der frühere Abs 2 die Freiheit der Satzungsgestaltung hinsichtlich der Wahl des Satzungssitzes im öffentlichen Interesse ein. Für eine Abweichung von der Regel des Abs 2, die immerhin zulässig war, mussten also bes Gründe vorhanden sein; wurde ein Ort gewählt, um der Kontrolle eines bestimmten Gerichts zu entgehen oder um die Zuständigkeit eines in derartigen Sachen unerfahrenen Gerichts zu erschleichen, ohne dass die Ges zum bezeichneten Ort wirtschaftliche Beziehungen unterhält, hatte das gem § 39 Abs 1 HGB angerufene Registergericht die Eintragung abzulehnen (vgl die Begründung zum insoweit gleichlautenden AktG 1937). Für die **Gerichtsstände** gilt: Allg Gerichtsstand gem § 17 ZPO ist der Satzungssitz, ebenso für die ausschließlichen Gerichtsstände der §§ 246 ff (Anfechtungs- und Nichtigkeitsklagen, Übersicht bei MünchKomm AktG/*Heider* Rn 16 ff; K. Schmidt/Lutter AktG/*Zimmer* Rn 3), für den Gerichtsstand der Niederlassung gem § 21 ZPO kommt es auf § 5 nicht an (MünchKomm AktG/*Heider* Rn 17). Durch den allg Gerichtsstand wird auch der Sitz des Insolvenzgerichts bestimmt, *BayObLGZ* 2003, 192. Schließlich enthielt § 5 aF (und enthält auch jetzt § 5 nF) keine Regelung der Fragen um die Begründung eines Doppelsitzes, die sich neuerdings wieder häufiger im Zusammenhang mit Verschmelzungen stellen (Rn 7). Das Gesamtbild bleibt also ein wenig undurchsichtig (s auch *Hüffer* AktG Rn 3).

Der Sitz der AG entspricht dem Wohnsitz der natürlichen Person. Er ist von **Bedeutung** für den allg Gerichtsstand, auch wenn der Verwaltungssitz anderswo liegt (§ 17 Abs 1 S 1 und 2 ZPO; s näher dazu § 14, dort auch zu speziellen Zuständigkeitsregeln des AktG); zu den praktischen Folgen (bei der GmbH) näher *Kögel* GmbHR 1998, 1108. Der Sitz kann **verlegt** werden, wozu es wg § 23 Abs 3 Nr 1 einer **Satzungsänderung** bedarf; näher – auch zur Ungültigkeit der Änderung – bei § 45. Bei einer tatsächlichen Änderung, die vollzogen ist, ist die Ges zu einer entsprechenden Satzungsänderung verpflichtet, weil hierdurch allein der Satzungssitz nicht verändert wird (KG AG 1996, 421, 422; hierzu auch MünchKomm AktG/*Heider* Rn 63). Zu den hierher gehörenden Fällen der Spaltgesellschaft s Rn 9. Gibt die Ges die tatsächliche Beziehung zum Ort ihrer Aktivitäten auf, so handelt es sich also nicht um eine Sitzverlegung, und der Vorgang ändert nichts an den rechtlichen Folgen der satzungsmäßigen Sitzbestimmung. Nach der Neuregelung kann das RegG nicht mehr wegen des Auseinanderfallens des tatsächlichen und satzungsmäßigen Sitzes auf eine Zusammenführung von Satzungs- und Verwaltungssitz dringen, ebenso wenig bestehen noch die Möglichkeiten gem § 262 Abs 1 Nr 5 (dazu *OLG Köln* BB 1984, 1065; *Wessel* BB 1984, 1057, 1059; Spindler/Stilz AktG/*Drescher* Rn 10; **aM** für GmbH *BayObLG* BB 1982, 578; zur AG GroßKomm AktG/*Brändel* Rn 43; wohl auch Henssler/Strohn/*Lange* Rn 10). Zu den Prüfungsbefugnissen des Registergerichts *OLG Hamm* AG 2004, 47; Henssler/Strohn/*Lange* Rn 9.

II. Die Satzungsbestimmung

1. Regelfall und Ausnahmen. Die Satzung ist in der **Wahl** des **Ortes** frei, muss aber den Ort durch eine so genaue Angabe individualisieren, dass allein damit das zuständige RegG ermittelt werden kann (*Hüffer* AktG Rn 4; MünchKomm AktG/*Heider* Rn 25). Das weist auf eine bestimmte politische Gemeinde im deutschen Staatsgebiet. Das kann in Gemeinden mit mehreren für Ortsteile zuständigen Registergerichten dazu zwingen, den betr Ortsteil zu nennen (KGJ 39 A 117, 119; *RGZ* 59, 106, 109; *BayObLG* BB 1976, 622; MünchKomm AktG/*Heider* Rn 26 gegen GroßKomm AktG/ *Brändel* Rn 12). Die Ges kann also wählen zwischen **a)** dem Ort, an dem die AG einen Betrieb hat, gleichviel ob den Hauptbetrieb oder nur einen Nebenbetrieb. Dabei ist unter einem Betrieb eine selbstständige organisatorische Einheit zu verstehen, in, der oder von der aus zum satzungsmäßigen Unternehmensgegenstand gehörende Geschäfte, nicht bloß Nebengeschäfte oder Voraussetzungen der unternehmerischen Tätigkeit wie die EDV durchgeführt oder hergestellt werden (auch Vertrieb steht gleich); rechtl Selbstständigkeit oder steuerliche Anerkennung als „Betriebsstätte" genügen nicht und sind nicht erforderlich (GroßKomm AktG/*Brändel* Rn 17; MünchKomm AktG/*Heider* Rn 33, 34), auch § 4 BetrVG ist nicht maßgeblich; **b)** dem Ort, an dem sich die Geschäftsleitung befindet oder **c)** dem Ort, an dem die Verwaltung, und zwar bei dezentralisierter Leitung die Hauptverwaltung, geführt wird. Der Unterschied zwischen „Geschäftsleitung" und „Hauptverwaltung" lässt sich nicht genau bestimmen, häufig werden beide Orte übereinstimmen. Nach dem Gesetz steht es aber der Satzung frei, einen vom Ort der täglichen Entscheidungen (Geschäftsleitung oder Verwaltungsdurchführung) verschiedenen Ort als maßgeblich zu bestimmen, an dem der Vorstand (möglicherweise in eine Konzernleitung eingebunden) seinen Sitz hat. Gewöhnlich wird die Verwaltung an dem Ort geführt, von dem aus der Vorstand seine Leitungsaufgaben wahrnimmt (*KG* AG 1996, 421, 422; MünchKomm AktG/*Heider* Rn 35), doch können diese Orte gerade bei einheitlich geleiteten Unternehmen auseinander fallen (GroßKomm AktG/*Brändel* Rn 20).

5 Bestimmt die Satzung einen Ort, an dem auch tatsächlich unternehmerische Aktivitäten vorgesehen sind, handelt es sich um die Hauptniederlassung, alle anderen sind Zweigniederlassungen (RG 107, 44, 46; *OLG Frankfurt* Rpfl 79, 339 f; K. Schmidt/Lutter AktG/*Zimmer* Rn 2; MünchKomm AktG/*Heider* Rn 13; KölnKomm AktG/*Dauner-Lieb* Rn 14), wobei aufgrund der Neuregelung weder eine Haupt- noch eine Zweigniederlassung im Inland zu liegen braucht. Die frühere Vorstellung, dass zumindest bei der Unternehmensgründung die Wahl eines Orts, zu dem keine wirtschaftlichen Beziehungen bestehen, und an dem sich nicht wenigstens ein Betrieb oder die Verwaltung befinden, kaum anders zu deuten sei denn als Manipulation gerichtlicher Zuständigkeiten und Kontrollmöglichkeiten (GroßKomm AktG/*Brändel* Rn 21), ist mithin überholt, die Ges – auch eine Konzernspitze – kann also – von der Pflicht zur Registereintragung und der Angabe einer inländischen Geschäftsanschrift abgesehen – mehr oder weniger **Briefkastenfirma** sein (*Kindler* in: Goette/Habersack, Das MoMiG in Wissenschaft und Praxis, 2009, Rn 7.38). In Anknüpfung an die frühere Rechtslage wird indessen überlegt, ob nicht doch in Ausnahmefällen die Wahl eines Satzungssitzes, der mit den tatsächlichen (auch: den geplanten) Verhältnissen nichts zu tun hat und im Verdacht steht, schutzwürdige Belange von Minderheitsgesellschaftern oder Dritten zu verletzen, als rechtsmissbräuchlich anzusehen ist, wofür früher die bloße tatsächliche Bedeutungslosigkeit des Orts des Satzungssitzes nicht ausreichte (*Hüffer* AktG Rn 8). Da die Gerichtsstände und besonders die Zuständigkeit eines inländischen Insolvenzgerichts nicht berührt werden, sind außerhalb von Wirtschaftskriminalität solche Ausnahmefälle kaum denkbar.

6 Abseits der Beschränkung der materiell-rechtlichen Satzungsautonomie wird die Frage zu entscheiden sein, ob bei der Gründung einer AG mit inländischem Satzungssitz, die sämtliche unternehmerische Aktivitäten einschließlich der dazu erforderlichen geschäftsleitenden Maßnahmen und Weisungen im Ausland entfalten soll, kollisionsrechtlich der Satzungssitz maßgebend sein, also zur Anwendbarkeit deutschen Sachrechts führen soll. Dies wird in der Tat bejaht, so dass man in § 5 nicht nur eine Vorschrift zur (materiellrechtlichen) Wahlfreiheit der Satzung, sondern zugleich eine besondere (und neue) **Kollisionsnorm** sehen kann, die auch in derartigen Fällen die AG deutschem Sachrecht (einschließlich Verfahrensrecht) unterwirft. Das letztere erscheint praktisch durchführbar, wenn man bedenkt, dass die deutsche Registerzu-

ständigkeit und die Zustellungserfordernisse durch die zwingende inländische Geschäftsanschrift gesichert sind, so dass tatsächlich ein inländischer Verwaltungssitz als sachrechtliches Erfordernis entbehrlich ist (*Hoffmann* ZIP 2007, 1581, 1582 f; *Kindler* aaO Rn 7.45). Dann aber sollte die Entscheidungsfreiheit der Satzung und die zentrale Bedeutung und Verlässlichkeit des Satzungssitzes nicht durch eine kollisionsrechtlich begründete Unanwendbarkeit des deutschen Sachrechts in den übrigen vom Gesellschaftsstatut betroffenen Materien unterlaufen werden (so auch *Fingerhuth/ Rumpf* IPrax 2008, 90, 92; *Hoffmann* ZIP 2007, 1581, 1584 ff; *Paefgen* WM 2009, 529, 530 f; *Hüffer* AktG Rn 3), anders aber *Kindler* aaO Rn 7.40 ff, dem freilich zuzugeben ist, dass das Ziel einer Gleichbehandlung der vom europäischen Recht beeinflussten Schein-Auslandsgesellschaften und der nunmehr eingeführten Schein-Inlandsgesellschaften zwar vom Gesetzgeber offensichtlich gewollt ist, aber sich (noch) nicht in einer klaren kollisionsrechtlichen Konzeption niedergeschlagen hat. Auch die verbleibenden Unklarheiten zwischen Gründungs- und Sitztheorie in Europa und in anderen Staaten, wie sie sich etwa beim Wegzug von Gesellschaften ergeben haben, sind nicht beseitigt; hierzu, zum Zuzug ausländischer Gesellschaften sowie zur grenzüberschreitenden Verschmelzung s Einl Rn 27 f und 31 f.

2. Doppelsitz. Das Problem der Zulässigkeit eines Doppelsitzes, im Gesetz nicht ausdrücklich entschieden, hat sich in der Praxis ursprünglich nur im Zuge der Behandlung solcher Ges gestellt, deren satzungsmäßiger Sitz im Gebiet der ehemaligen DDR oder in Ostberlin lag und die aus währungstechnischen oder wirtschaftlichen Gründen, etwa wegen ihres hier belegenen Vermögens, einen Sitz in der BRD zu haben wünschten (näher *Schmidt* JR 1949, 207 ff; *Vogel* NJW 1950, 352; eingehend *Karl* AcP 159, 293 ff). Die dagegen sprechenden registerrechtlichen, aber auch die wirtschafts- und währungsrechtlichen Schwierigkeiten, die die westdeutschen Registergerichte bei Vorliegen besonderer Gründe für einen Doppelsitz als zur Not hinnehmbar betrachteten (*KG* NJW 1973, 1201; *OLG Düsseldorf* NJW-RR 1988, 354; *LG Essen* AG 2001, 429, 430; *Werner* AG 1990, 1, 3; *Karl* AcP 1959, 293, 302 ff; GroßKomm AktG/*Brändel* Rn 31 ff, 36), sind durch die deutsche Einheit weithin erledigt, so dass es nur noch um die Vereinbarkeit eines Doppelsitzes mit den Anforderungen an eine rechtssichere und praktikable Handhabung der Zuständigkeit mehrerer Registergerichte geht. Daher ist verständlich, dass die heute ganz hM (*König* AG 2000, 18, 21 ff; GroßKomm AktG/*Brändel* Rn 36; *Hüffer* AktG Rn 10; Wachter AktG/*Franz* Rn 25; Spindler/Stilz AktG/*Drescher* Rn 7; Hensseler/Strohn/*Lange* Rn 8) die Zulässigkeit auf das Vorliegen **ausnahmsweise** wichtiger Gründe beschränkt. Zu denken ist etwa an Fusionen, bei denen die beteiligten Unternehmen für Kunden, Mitarbeiter und Öffentlichkeit noch für einige Zeit durch Fortbestand der bisherigen Standorte den Anschein einer gewissen Selbstständigkeit erwecken sollen, und an den Doppelsitz von Landesbanken in Bundesländern mit landsmannschaftlich geprägten Untergliederungen (*Katschinski* ZIP 1997, 620; *Pluskat* WM 2004, 601, 603; *Werner* AG 1990, 3; *König* AG 2000, 18, 23). Eine **Verschmelzung** genügt als Grund für sich allein nicht (*BayObLG AG* 1986, 48, 50; *LG Essen* AG 2001, 429; **aM** GroßKomm AktG/*Brändel* Rn 36; Spindler/Stilz AktG/*Drescher* Rn 7; LG *Frankfurt* DB 1973, 2237). Ein neben dem inländischen stehender **ausländischer Satzungssitz** ist nicht zuzulassen, dem stehen die Schwierigkeiten mit unterschiedlichen Systemen der staatlichen Registrierung, uU auch der Ableitung des Personalstatuts, entgegen, während doch die Möglichkeiten der Gründung von Zweigniederlassungen oder Tochtergesellschaften im Ausland den praktischen

Bedürfnissen genügen sollten. Eine gesetzliche Zulassung, die die Dinge ändern würde (MünchKomm AktG/*Heider* Rn 48), fehlt, ebenso Staatsverträge, die einen Doppelsitz vorschreiben würden.

Die Probleme, die zu lösen sind, wenn den genannten praktischen Bedürfnissen Rechnung getragen werden soll, sind hauptsächlich verfahrensrechtlicher Natur. So ergeben sich zwangsläufig mehrere allg Gerichtsstände (MünchKomm AktG/*Heider* Rn 55), was hinderlich sein kann, weil für eine möglichst weitgehende Konzentration der gerichtlichen Zuständigkeiten der Umstand spricht, dass bei unterschiedlichen Gerichten erhobene Anfechtungs- und Nichtigkeitsklagen nicht gem §§ 246 Abs 2, 249 Abs 2 verbunden werden können (*LG Berlin* AG 1995, 41; *LG Bonn* AG 1995, 44; *KG* AG 1996, 421; *Marsch/Barner* Anm WuB II A § 131 AktG 1/95; *Bork* ZIP 1995, 609, 615). Dies sollte sich die Ges auch nach dem „Schlechterstellungsprinzip", nach dem sämtliche Nachteile eines Doppelsitzes zu ihren Lasten gehen, besser nicht zumuten (anders *Katschinski* ZIP 1997, 620, 626); das Zuständigkeits-Chaos im VIAG-Fall (dazu *LG Bonn* und *Berlin* AG 1995, 41 Fn 25) spricht insofern für sich. Auch die Möglichkeit, dass zwei Registergerichte jeweils ohne Bindung an die Entscheidung des anderen judizieren (*KG* AG 1992, 9; *BayObLG* ZIP 1985, 929; *OLG Hamm* Rpfl 1965, 120; *Katschinski* aaO 623; aM aber *Priester* KurzKomm EWiR 1985, 335), wirkt einer effektiven Klärung entgegen, weil bei konstitutiven Entscheidungen nur beide Gerichte zusammen „das HR" darstellen und bei deklaratorischen wieder nur das „Schlechterstellungsprinzip" eine Lösung bringen kann (näher *Katschinski* aaO S 620). Die doppelte Zuständigkeit in Verfahren der freiwilligen Gerichtsbarkeit kann zu Komplikationen und in den ohnehin von Angriffsflächen nicht freien Verschmelzungsverfahren zu weiteren Möglichkeiten führen, die Klärung von Streitfragen missbräuchlich zu verzögern. § 19 UmwG, der für den Fall der Eintragung einer Verschmelzung eine praktikable Lösung bietet, ist als Konzept für ein dauerndes Nebeneinander mehrerer Gesellschaftssitze nicht geeignet (aM *Katschinski* ZIP 1997, 620, 624).

8 Bei grds Zulässigkeit sind die an den Sitzen bestehenden RegG zuständig und haben ein selbstständiges Prüfungs- und Entscheidungsrecht (*BayObLG* ZIP 1985, 925; *OLG Düsseldorf* AG 1988, 50 f; KölnKomm AktG/*Dauner-Lieb* Rn 22). Die Anmeldungen müssen bei beiden Gerichten erfolgen. Bei allen die AG betr Registereintragungen hat die entstehenden Kosten die AG zu tragen (*BayObLG* NJW 1962, 114; *LG Hamburg* BB 1973, 2237). Sofern der Beginn einer Frist gegen die AG von der Eintragung abhängt, ist die jeweils zweite Eintragung maßgeblich (*LG Hamburg* aaO; MünchKomm AktG/*Heider* Rn 54; aM aber *KG* NJW 1973, 1201). Der Schutz gutgläubiger Dritter gegen das Auseinanderfallen zweier Registereintragungen lässt sich dadurch sicherstellen, dass nur Unkenntnis von der Unrichtigkeit der Registereintragung an dem Ort, an dem der Dritte mit der Ges in Kontakt tritt, ihm schadet.

9 **3. Die „Spaltgesellschaft".** Bes Probleme auch hinsichtlich des Sitzes haben sich bei **Enteignung** ausländischer Ges im Staat ihres Personalstatuts ergeben. Nach der deutschen Rspr, die namentlich bei Enteignungen in ehemaligen Ostblockländern praktisch geworden ist, bestand die Ges, ohne Ges deutschen Rechts zu werden, in Deutschland als sog **Spaltgesellschaft** fort (*BGHZ* 20, 12, 15; 23, 336; 32, 257; 33, 195; *BGH* WM 1989, 1682). Sie musste also ihren Sitz ins Inland verlegen (*BGHZ* 29, 320; *KG* WM 1962, 123; *BayObLG* AG 1985, 250; *BGH* AG 1986, 45; WM 1989, 1682) und verlor ihren bisherigen Sitz im enteignenden Staat. Sie konnte dies aber tun, ohne dass ausländische Behörden mitwirken mussten (*BGHZ* 33, 195; *BGH* WM 1985, 353), auch noch im Stadium der Liquidation (*BayObLG* AG 1985, 353), obwohl die Einberufung einer HV schwierig, wenn nicht unmöglich war. Die vom *OLG Düsseldorf* (NJW 1962, 869) bejahte Möglichkeit des Registergerichts am Ort der laufenden Verwaltungsentscheidungen, die Ges zur Anmeldung eines inländischen Sitzes anzuhalten, bot nicht immer eine Lösung, wenn sich ein solches Entscheidungszentrum nicht gebildet hatte. Zur Bestimmung der gerichtlichen Zuständigkeit s § 14 Rn 2.

4. Verstöße gegen § 5. Angesichts der Beseitigung der in Abs 2 aF vorgesehenen 10 Schranke der Satzungsfreiheit sind Verstöße nur so denkbar, dass keine genügend präzise Angabe über den inländischen Sitz gemacht wird. Wenn die Ges trotzdem eingetragen wird, auch wenn die Wahl eines vom Satzungssitz abweichenden Verwaltungssitzes ausnahmsweise (Rn 7) missbräuchlich war und nicht hätte eingetragen werden dürfen, entsteht die Ges nach § 41 Abs 1 S 1 voll wirksam (*Hüffer* Rn 9; zum fehlerhaften Beschl ebenso K. Schmidt/Lutter AktG/*Zimmer* Rn 22; MünchKomm AktG/ *Heider* Rn 62; Spindler/Stilz AktG/*Drescher* Rn 11). Wegen des hier vorliegenden ursprünglichen Satzungsmangels kommt das Amtslöschungsverfahren nach §§ 262 Abs 1 Nr 5, 399 FamFG zum Zuge. Ein gegen § 5 verstoßender nachträglicher Beschl zur Satzungsverlegung (etwa: Verlegung „ins Ruhrgebiet") wäre nach § 241 Nr 3 nichtig (*BGH* NJW 2008, 2914 zur GmbH) und darf nicht eingetragen werden, was bedeutet, dass die – gültige – ursprüngliche Satzungsbestimmung Bestand hat (*Hüffer* Rn 9). Zu den Folgen eines Versuchs, den Satzungssitz ins Ausland zu verlegen, s Einl Rn 26 ff.

§ 6 Grundkapital

Das Grundkapital muss auf einen Nennbetrag in Euro lauten.

Übersicht

	Rn		Rn
I. Die Bedeutung des Nennbetrages	1	2. Zur Praxis der Umstellung	7
II. Die Umstellung von DM auf Euro	5	3. Die Einführung der „Stückaktie"	9
1. Die Rechtslage während und nach der Übergangszeit	5		

Literatur: *Claussen* Die Aktie ohne Nennbetrag ist die richtigere, AG 1963, 237; *Coing/ Kronstein* Die nennwertlose Aktie als Rechtsproblem, 2. Aufl, 1962; *König* Aktie und Euro, EWS 1996, 156; *Heidinger* Neue Probleme der Euroumstellung im Gesellschaftsrecht, ZNotP 2002, 179; *Jahr/Stützel* Aktien ohne Nennbetrag, 1963; *Schneider/Sünner* Die Anpassung des Aktienrechts bei Einführung der Europäischen Währungsunion, DB 1996, 817; *Schröer* Zur Einführung der unechten nennwertlosen Aktie aus Anlaß der Europäischen Währungsunion, ZIP 1997, 221.

I. Die Bedeutung des Nennbetrages

Die Vorschrift steht in enger Verbindung zu § 1, der die Zerlegung des Grundkapitals 1 in Aktien normiert, ferner zu § 8, der früher lediglich Form und Mindestnennbeträge der Aktien festlegte, jetzt aber bestimmt, dass die Aktien entweder als Nennbetragsaktien oder als Stückaktien begründet werden können. § 6 aF fügte dem durch die Bestimmung, dass die Aktien auf DM lauten müssen, den Grundsatz der Ausschließ-

§ 6 Grundkapital

lichkeit der **Nennwertaktie** hinzu, der bei der Schaffung des AktG 1965 heftig umstritten war (*Coing/Kronstein* Die nennwertlose Aktie als Rechtsproblem, 2. Aufl 1962; *Jahr/Stützel* Aktien ohne Nennbetrag 1963; *Claussen* AG 1963, 237), dann aber durch das Stück-AG von 1998 (BGBl I S 590) im Zuge der Einführung der unechten nennwertlosen Aktie (dazu § 1 Rn 17f) in der jetzt geltenden Fassung des § 6 aufgegeben worden ist. § 6 betrifft nur mehr die durch das EuroG ebenfalls von 1998 (BGBl IS 1242) begründete Notwendigkeit, das Grundkapital in einem Nennbetrag in Euro anzugeben. Hierdurch und durch die Neufassung auch des § 8 haben die Ges die Möglichkeit zur Ausgabe unechter nennwertloser Aktien, auf die sie die bisherigen Nennwertaktien umstellen können, so dass eine generelle Notwendigkeit der Angabe von Aktiennennbeträgen nicht mehr besteht. Soweit allerdings die Nennbetragsaktie, was zulässig ist, beibehalten wird, folgt aus §§ 1 Abs 2 und 8 Abs 2 und 3 nF, dass nach wie vor die Nennbetragsaktien auf einen Betrag von mindestens einem Euro lauten müssen. Zum Begriff des Grundkapitals § 1 Rn 15, der Aktie § 1 Rn 16.

2 Die trotz der genannten Änderungen beibehaltene ziffernmäßige Festlegung des Grundkapitals, die unter Beachtung des Mindestnennbetrages des Grundkapitals (§ 7) in der Satzung erfolgen muss (§ 23 Abs 3 Nr 3 und 4), bedeutet, dass weder das Grundkapital den **Wert des Gesellschaftsvermögens** noch der Betrag der Nennbetragssaktie den wirtschaftlichen **Wert der Beteiligung** des Aktionärs wiedergibt; dies letztere ändert sich durch die Einführung der unechten nennwertlosen Aktie nicht. Wohl ergibt die Summe der Nennbeträge der ausgegebenen Aktien die Ziffer des Grundkapitals, das gem § 1 Abs 2 in Aktien „zerlegt" ist. Sind Nennwertaktien ausgegeben, so ergibt das Verhältnis des Nennwerts der Aktien zum Nominalkapital den Verteilungsschlüssel für vermögensrechtliche Ansprüche; der Aktionär hat insofern eine klare Rechnungsgrundlage (K. Schmidt/Lutter AktG/*Fleischer* Rn 1); gleichzeitig erhalten durch das ziffernmäßig festgelegte Nominalkapital die Gläubiger eine Information über das nach den Regeln des Kapitalgesellschaftsrechts vor dem Gesellschafterzugriff zu bewahrende Mindestkapital (MünchKomm AktG/*Heider* Rn 6) Der **Börsenpreis** einer Aktie wird, wenn die Ges Nennbetragsaktien ausgegeben hat, je Stück im jeweiligen Nennbetrag bestimmt (VO über die Feststellung des Börsenpreises von Wertpapieren vom 17.4.1967, BGBl I S 479). Der Nennbetrag des Grundkapitals muss in einer Ziffer ausgedrückt werden, Umschreibungen wie etwa Bezugnahmen auf die Summe oder den Wert von (Sach)einlagen sind unzulässig (K. Schmidt/Lutter AktG/*Fleischer* Rn 4; *Hüffer* AktG Rn 1).

3 Das Grundkapital kann durch Erhöhung oder Herabsetzung im Verfahren nach §§ 182–240 geändert werden, ohne formelle Kapitalherabsetzung würde eine Senkung des Nennbetrages einer Aktie eine unzulässige Befreiung des Aktionärs von der Leistungspflicht bedeuten (GroßKomm AktG/*Brändel* Rn 18). Auch eine Heraufsetzung des Nennwerts ausgegebener Aktien scheidet aus; zwar können neue Einlagepflichten durch Kapitalerhöhung begründet werden, doch sind nach § 182 Abs 1 S 4 neue Aktien auszugeben (die Ausnahme gem § 215 Nr 2 gilt nur für teileingezahlte Aktien bei Kapitalerhöhung aus Gesellschaftsmitteln). Die Änderung des Nennwerts ausgegebener Nennbetragsaktien kann auch durch Satzungsänderung nicht ohne Zustimmung jedes betroffenen Aktionärs geschehen. Zum Mindestnennbetrag der Aktien s § 8. Weder dort noch in § 6 ist gefordert, dass alle ausgegebenen Aktien denselben Nennwert haben; sind unterschiedliche Nennwerte vorgesehen, was § 23 Abs 3 Nr 4 zulässt, so sind freilich § 8 Abs 1 und 2 zu beachten. In der **Bilanz** ist das Grundkapital

Grundkapital § 6

als gezeichnetes Kapital ausgewiesen (§ 152 Abs 1 S 1), und zwar gem § 283 zum Nennbetrag.

Macht die Satzung nicht die nach § 6 erforderliche Angabe oder lautet der Nennbetrag auf eine andere Währung als den Euro, darf nicht eingetragen werden, § 38 Abs 1 S 2. Geschieht dies trotzdem, ist die Ges nicht nichtig (MünchKomm AktG/*Heider* Rn 17; *Hüffer* AktG Rn 9), fehlt jegliche Bestimmung über die Höhe des Grundkapitals, so kann gem § 275 die Nichtigkeitsklage erhoben werden, auch kann das Registergericht nach den Regeln des FamFG die Löschung der Ges betreiben (Groß-Komm AktG/*Brändel* Rn 21; KölnKomm AktG/ *Dauner-Lieb* Rn 9; s auch Spindler/ Stilz AktG/*Drescher* § 7 Rn 3). Ist die Bestimmung über das Grundkapital unzulässig (etwa bei Angabe des Kapitals oder der Aktien in einer unzulässigen Währung), so hat das Registergericht die Ges unter Fristsetzung zur Behebung des Mangels aufzufordern; verstreicht die Frist fruchtlos, ist der Mangel der Satzung durch Beschl festzustellen, die Folgen ergeben sich aus § 262 I Nr 5 (MünchKomm AktG/*Heider* Rn 19, 20). Satzungsändernde Beschl, die gegen § 6 verstoßen, sind gem § 241 Abs 3 Nr 3 nichtig.

II. Die Umstellung von DM auf Euro

1. Die Rechtslage während und nach der Übergangszeit. Die **Entwicklung** der Norm 5
ist eng mit der Einführung des Euro, im vorliegenden Zusammenhang mit Art 3 § 1 Nr 1 EuroEG verbunden, die zum 1.1.1999 die Denomination des Grundkapitals in Euro vorschrieb, ferner mit dem StückaktienG. Das hieß, dass vor dem 1.1.1999 im Handelsregister eingetragene Ges verpflichtet waren, bis zum Ende einer Übergangszeit (zum 31.12.2001) auf die Umstellung zu reagieren. Sie konnten zunächst die Denomination in DM beibehalten, und zwar auch solche Ges, die während des Übergangszeitraums neu gegründet wurden. Nach dem Ende der Übergangszeit galt eine **Registersperre** gem § 3 Abs 5 EGAktG. Dies bedeutete, dass etwa eine Kapitalerhöhung nicht ohne gleichzeitige (satzungsändernde) Anpassung der Aktiennennbeträge gem § 8 eingetragen werden durfte. Wurde bis zu diesem Zeitpunkt das Grundkapital nicht auf Euro umgestellt, so war kraft Gesetzes (Art 14 EuroVO II) ein nach dem vorgegebenen Umrechnungskurs zu berechnender Euro-Betrag maßgebend, ohne dass es einer Satzungsänderung bedurfte, das galt auch für börsennotierte Ges; dies war vor allem für die materiellen Folgen der Angabe des Grundkapitals maßgeblich Soweit schon vor Ende der Übergangszeit, was möglich war, eine solche Änderung der Denomination erfolgt war, desgl dann, wenn nunmehr eine rechnerische Umstellung erfolgte, bestand der nächste Schritt darin, die bei der Umstellung sich ergebenden „krummen" Beträge der Nennbetragsaktien und damit auch des Grundkapitals (Art 5 EuroVO I) durch Auf- oder Abrundung auf den nächstliegenden Cent-Betrag zu glätten, was im Einzelfall schwierige Berechnungen erforderte, die allerdings die rechtlichen Wirkungen nicht beeinflussen sollten (eingehende Darstellung bei *Schroer* ZIP 1997, 221 ff; *Heidinger* ZNotP 2002, 179; *Schneider/Sünner* DB 1996, 817 f; MünchKomm AktG/*Heider* Rn 45 ff). Eine solche Nennbetragsglättung einschließlich einer Neustückelung des Grundkapitals ergab sich vor allem iRv Maßnahmen der Kapitalbeschaffung.

Fast neun Jahre nach dem Ende der Übergangszeit ist davon auszugehen, dass die 6
Umstellung bei den weitaus meisten unternehmerisch tätigen Ges stattgefunden hat, es ist aber vorstellbar, dass noch jetzt bei Kapitalmaßnahmen einer Ges eine Umstel-

lung des Nennbetrages nötig ist (MünchKomm AktG/*Heider* Rn 44). Eine Neugründung mit einem in DM denominierten Grundkapital dürfte nunmehr nicht mehr eingetragen werden, § 1 Abs 2 S 3 EGAktG. Weist die Satzung noch ein in DM denominiertes Grundkapital aus, so ist ihr Wortlaut unrichtig, eine Anpassung an die materielle Lage kann nach § 4 Abs 1 S 2 EGAktG der AR vornehmen, Kapitalmaßnahmen, die lediglich der Glättung dienten, konnten nach § 4 Abs 1 EGAktG von der HV mit einfacher Mehrheit beschlossen werden. Gegenüber dem gewöhnlichen Verfahren der Satzungsänderung gelten Erleichterungen; so bedarf es auch bei börsennotierten Gesellschaften keiner notariellen Beurkundung, es genügt ein vom Vorsitzenden des AR unterzeichnetes Protokoll. Die Anmeldung einer durch die Änderung der Denomination verursachten Änderung der Satzung bedarf nicht der Form des § 12 HGB, auch ist keine Bekanntmachung erforderlich, Spindler/Stilz AktG/*Drescher* Rn 5.

7 **2. Zur Praxis der Umstellung.** Die Schwierigkeiten der Umstellung von DM auf Euro waren (und sind) trotz der Verfahrenserleichterungen (Rn 6) nicht unerheblich, insb bei der Umrechnung der den Aktionären als Inhaber einer Nennwertaktie zustehenden Werte, auch ist § 8 Abs 2 zu beachten. Wird im Hinblick auf die Denomination einfach nur die DM durch den Euro ersetzt, so würde schon auf der Grundlage eines (vereinfachten) Umrechnungskurses von 1,94 DM für 1 EUR der Nennbetrag einer 5-DM-Aktie bei Rundung auf zwei Stellen hinter dem Komma auf 2,58 EUR kommen, bei einer 50-DM-Aktie auf 29,57 EUR. Der Mindestnennbetrag des Kapitals würde 52 910,05 EUR betragen. Sollen derart „krumme" Werte auf- oder abgerundet werden, so sind entweder einheitliche ganze Eurobeträge anzustreben, der Aktiennennwert zB einheitlich auf 1 EUR festzulegen und die entstandenen Teilrechte – was dann einen Teilrechtehandel voraussetzt (näher dazu MünchKomm AktG/*Heider* Rn 64, 65) – zusammenzulegen, oder es sind durch Kapitalerhöhungen, die wohl letztlich nur aus Gesellschaftsmitteln erfolgen könnten, oder Kapitalherabsetzungen die Beträge zu glätten. Ferner würde sich beim genannten Umrechnungskurs von 1,94 DM pro Euro ein Grundkapital, das bisher eine Mrd DM betrüge, auf 515 463 917,53 EUR belaufen; ist das Kapital auf 200 Mio Aktien zu je 5,– DM verteilt, so ergäbe die Gesamtheit der neuen Nennwerte, nach demselben Schlüssel errechnet, nur 516 Mio EUR, was durch kleine Unterschiede in den Rundungen verursacht wird. Außerdem müsste, wenn solche Rechnungen möglich wären, auch die Vorstellung aufgegeben werden, dass das Grundkapital und die Aktien auf eine volle Euro-Summe lauten muss (zu diesen Perspektiven und zu den Auswirkungen auf das Grundkapital wiederum *Schroer* ZIP 1997, 222; *Schneider/Sünner* DB 1996, 817).

8 Geht man aus diesem Grunde nicht auf das Konzept der Stückaktie (Rn 9) ein, so käme als Lösung noch in Betracht, an die Stelle der bisher geforderten glatten DM-Beträge ebenfalls glatte Euro-Beträge zu setzen, wobei von vornherein die in Euro ausgedrückte Betragszahl gegenüber der Denomination in DM zu halbieren ist. Das hätte für § 7 bedeutet, dass das Stammkapital mindestens 30 000 EUR zu betragen hat, was also unzulässig wäre. Dagegen geht der in § 8 Abs 2 vorgesehene Aktienmindestnennbetrag von 1 Euro nicht lediglich auf eine gerundete Umrechnung zurück, sondern bedeutet eine materielle Änderung in Gestalt einer weiteren Absenkung. Insgesamt ist nicht auszuschließen, dass für die Umstellung im Einzelfall ein gewisser Betrag an umwandlungsfähigen Rücklagen benötigt wird (näher *König* EWS 1996, 156, 157), so dass sich am Ende meistens die zugleich vorgenommene Umstellung auf die unechten nennwertlosen Aktien als die praktikablere Lösung erwiesen hat.

3. Die Einführung der „Stückaktie". Bei der Einführung der unechten nennwertlosen Aktie oder Stückaktie (§ 1 Rn 17) mussten die vorstehend erwähnten Probleme der Umstellung von DM auf Euro und der Rundung der Aktiennennbeträge nicht auftreten, da die (auf der Aktie nicht genannte) Quote sich durch die Änderung der Denomination nicht verschieben musste; auch bestanden keine Bedenken, wenn der (unechte) Nennbetrag nur durch eine unrunde Ziffer mit Nachkommastellen ausgedrückt werden konnte. Allerdings wurden Angaben zu verbrieften Aktienrechten bei Kapitalmaßnahmen später unrichtig, weil die Ausgabe neuer Aktien die quotale Beteiligung bisher bestehender Mitgliedschaften veränderte. Da allerdings nicht alle bestehenden Ges auf die neue Aktienart umgestellt haben, kann es auch jetzt noch bei der Vergleichbarkeit börsennotierter Werte zu Schwierigkeiten kommen; freilich ist durch die Formulierung in § 8 Abs 1, die auf einer Alternative zwischen Nennbetrags- und Stückaktien beruht („entweder.... oder"), gesichert, dass keine Ges beide Aktientypen nebeneinander haben kann. 9

§ 7 Mindestnennbetrag des Grundkapitals
Der Mindestnennbetrag des Grundkapitals ist fünfzigtausend Euro.

Die Einrichtung eines Mindestnennbetrages des Grundkapitals ist trotz der abweichenden Rechtslage in vielen ausländischen Rechtsordnungen (dazu *Schuster* AG 1998, 379; *Lutter* Das Kapital der Aktiengesellschaft in Europa, 2006) und der auch in Deutschland aufgekommenen Zweifel an der Notwendigkeit und bes auch der gläubigerschützenden Funktion eines festen Mindest-Stammkapitals beibehalten worden. Das feste Grundkapital sollte Zwecken des Gläubigerschutzes dienen, die ursprünglich schon auf die Gründung als „anonyme" Ges zielten (Nachw bei GroßKomm AktG/*Brändel* Rn 2), inzwischen aber allenfalls noch im Hinblick auf die Kapitalerhaltung von Bedeutung sein können. Denn ein Grundkapital in der Höhe des Mindestnennbetrages kann wirtschaftliche Funktionen bei der Finanzierung von Großunternehmen oder als Ausgleich für die beschränkte Haftung der Aktionäre nicht erfüllen; KölnKomm AktG/*Dauner-Lieb* Rn 3; zu den Funktionen des Grundkapitals bei der Kapitalerhaltung s § 57 Rn 1. Der derzeit maßgebliche Betrag von fünfzigtausend Euro, der an die Stelle der hunderttausend DM getreten ist, stammt aus dem DMBilG v 21.8.1948 und hängt erkennbar noch mit der Absicht zusammen, die Rechtsform der AG angesichts der damals herrschenden Kapitalarmut nicht auf ausgesprochene Großunternehmen zu beschränken; derartige Beträge sind heute aber schon für mittelständische Unternehmen nicht hoch genug, so dass sich auch die Vorstellung, Kleinunternehmen vom Zugang zur AG auszuschließen, überholt hat (MünchKomm AG/*Heider* Rn 10; K. Schmidt/Lutter AktG/*Fleischer* Rn 1). Dennoch haben sich Überlegungen zur Erhöhung des Mindest-Grundkapitals (Albach/*Lutter* Deregulierung des Aktienrechts 1988, S 58 f; GroßKomm AktG/*Brändel* Rn 11; *Baldamus* Reform der Kapitalrichtlinie, 2002, S 78 ff; zu den Motiven für die geltende Regelung s RegBegr BT-Drucks 13/9347 S 314 f) nicht durchgesetzt, s MünchKomm AktG/*Heider* Rn 5. 1

Nach dem 1.1.1999 gegründete Gesellschaften müssen ein Grundkapital von mindestens fünfzigtausend Euro haben, zur Anpassung bei zu diesem Zeitpunkt bestehenden Gesellschaften s § 6 Rn 7. **Ausnahmen** gelten in Gestalt höherer Mindestnennbeträge: für Hypothekenbanken und Schiffspfandbriefbanken, teils auch in Gestalt des Erfor- 2 dernisses eines höheren eingezahlten Grundkapitals (zB bei KapitalanlageGes 2,5 Mio EUR gem § 11 Abs 1 Nr 1 InvG). Bei UnternehmensbeteiligungsGes ist ein Grundkapital von 1 Mio EUR vorgeschrieben, die Einlagen müssen voll geleistet sein (§ 2 Abs 4 UBBG v 17.12.1996; BGBl I S 2488); zur Rechtslage bei VersGes §§ 5 Abs 4, 8 Abs 1 Nr 2, 53c VAG; zu den Bausparkassen § 18 BausparkG. Diese Sonderregeln sind **aufsichtsrechtlicher** Natur, so dass ihre Verletzung zu daher rührenden Sanktionen und nicht zu den aktienrechtlichen Folgen einer Unterschreitung des Mindestgrundkapitals (Rn 5) führt (GroßKomm AktG/*Brändel* Rn 23, 24; MünchKomm AktG/*Heider* Rn 15; Spindler/Stilz AktG/*Drescher* Rn 2); unter den Sanktionen ist etwa an die Entziehung gewerberechtlicher Erlaubnisse zu denken.

3   In der Festsetzung der Höhe des Grundkapitals ist die Satzung iÜ **frei**. Die Forderungen, zur Vermeidung haftungsbegründender Unterkapitalisierung ein den unternehmerischen Zielen angemessenes Grundkapital aufzubringen (dazu *Eidenmüller/Engert* Die angemessene Höhe des Grundkapitals der Aktiengesellschaft, AG 2005, 97), betreffen vorwiegend, wenn auch nicht allein die GmbH, haben sich aber bei der Rspr zum Aktienrecht so wenig durchgesetzt wie in der Rechtspolitik (Fn 2). Dem ist beizutreten, da eine Finanzierungsverantwortung und daraus folgende Ausfallhaftung jedes Aktionärs bei materieller Unterkapitalisierung angesichts seines geringen Einflusses auf das Geschäftsvolumen der Ges nicht gerechtfertigt wäre, s auch § 1 Rn 26 zur Durchgriffshaftung des Aktionärs. Ohnehin arbeitet aber die Praxis fast ausnahmslos mit bedeutend höheren, zumeist Millionenbeträge umfassenden Grundkapitalien, einen Höchstbetrag kennt das Gesetz nicht. Allerdings ist bei der im Rahmen einer Gründung zu entscheidenden Überlegung, ob ein verhältnismäßig so niedriges Grundkapital, wie es § 7 zulässt, praktisch ausreichen wird, auch daran zu denken, dass die Vorschriften über eine Nachgründung (§ 52) keine sehr flexible Handhabung gestatten (dazu *Hüffer* Rn 5).

4   Die Höhe des Grundkapitals ist in der Satzung zu bestimmen (§ 23 Abs 3 Nr 3) und kann nur durch **Satzungsänderung** verändert werden, wobei nach einer Kapitalherabsetzung auch der Mindestnennbetrag unterschritten werden kann (§ 228 Abs 1), allerdings nur vorübergehend bis zur Durchführung der gleichzeitig zu beschließenden Barkapitalerhöhung. Ein Beschl, der ohne die dort genannten Voraussetzungen einen niedrigeren Betrag festlegt, ist nichtig (Arg aus § 228 Abs 2). Ein wegen Verstoßes gegen § 7 nichtiger Kapitalherabsetzungsbeschluss kann nach Eintragung gem § 242 Abs 2 geheilt werden (MünchKomm AktG/*Heider* Rn 31). Die Festsetzung des Grundkapitals in der Satzung ist nur ein Teil des Gründungsvorgangs, da hiermit auch die Übernahme- und Einlageverpflichtungen begründet werden; zur Errichtung durch Übernahme s § 29.

5   Bei einem **Verstoß** gegen § 7 ist gem § 38 die Eintragung abzulehnen; desgl, wenn (bei Nennbetragsaktien) nicht insgesamt Aktien im Nennbetrag des Grundkapitals übernommen sind (GroßKomm AktG/*Brändel* Rn 19; MünchKomm AktG/*Heider* Rn 30). Zur Nichtigkeitsklage und zum Vorgehen des Registergerichts § 6 Rn 4. Dagegen greift bei Fehlen genügender Übernahmeerklärungen die Gründerhaftung ein (GroßKomm AktG/*Brändel* Rn 19; ähnlich MünchKomm AktG/*Heider* Rn 34). Gibt (wohl infolge eines Rechenfehlers) die Satzung eine Grundkapitalziffer an, die mit der Summe der Nennbeträge nicht übereinstimmt, so ändert dies an der Wirksamkeit der Gründung und der Höhe des rechtlichen Grundkapitals (§ 6 Rn 7) nichts, obwohl die

falsche Bezeichnung § 23 Abs 3 Nr 4 zu verletzen scheint (die von GroßKomm AktG/ *Brändel* Rn 17 vorgeschlagene Korrektur durch Auslegung müsste wohl im Streitfall durch ein Gericht erfolgen; zu Korrekturen durch den AR s § 6 Rn 6). Ein fehlerhafter Herabsetzungsbeschluss ist gem § 241 Rn 3 nichtig.

§ 8 Form und Mindestbeträge der Aktien

(1) Die Aktien können entweder als Nennbetragsaktien oder als Stückaktien begründet werden.

(2) ¹Nennbetragsaktien müssen auf mindestens einen Euro lauten. ²Aktien über einen geringeren Nennbetrag sind nichtig. ³Für den Schaden aus der Ausgabe sind die Ausgeber den Inhabern als Gesamtschuldner verantwortlich. ⁴Höhere Aktiennennbeträge müssen auf volle Euro lauten.

(3) ¹Stückaktien lauten auf keinen Nennbetrag. ²Die Stückaktien einer Gesellschaft sind am Grundkapital in gleichem Umfang beteiligt. ³Der auf die einzelne Aktie entfallende anteilige Betrag des Grundkapitals darf einen Euro nicht unterschreiten. ⁴Absatz 2 Satz 2 und 3 findet entsprechende Anwendung.

(4) Der Anteil am Grundkapital bestimmt sich bei Nennbetragsaktien nach dem Verhältnis ihres Nennbetrags zum Grundkapital, bei Stückaktien nach der Zahl der Aktien.

(5) Die Aktien sind unteilbar.

(6) Diese Vorschriften gelten auch für Anteilscheine, die den Aktionären vor der Ausgabe der Aktien erteilt werden (Zwischenscheine).

Übersicht

	Rn		Rn
I. Allgemeines	1	IV. Die unechte nennwertlose Aktie	
II. Mindestnennbetrag der Nenn-		oder Stückaktie	15
betragsaktie	4	1. Ausgabebetrag	15
III. Unteilbarkeit der Aktie, Abs 5	10	2. Umwandlung von Nennbetrags-	
1. Grundsatz	10	in Stückaktien	18
2. Mitberechtigung und Abspal-		V. Zwischenscheine	19
tung	12		

Literatur: *Funke* Wert ohne Nennwert – Zum Entwurf einer gesetzlichen Regelung über die Zulassung nennwertloser Aktien, AG 1997, 385; *Heider* Einführung der nennwertlosen Aktie in Deutschland anläßlich der Umstellung des Gesellschaftsrechts auf den Euro, AG 1998, 1; *Ihrig/Streit* Aktiengesellschaft und Euro, NZG 1998, 201; *Lutter/Grunewald* Zur Umgehung von Vinkulierungsklauseln in Satzungen von Aktiengesellschaften und Gesellschaften mbH, AG 1989, 109; *Pleyer* Zur Verbriefung mehrerer Rechte in einer Urkunde, FS Werner, 1984, S 639; *Reichert/Harbarth* Stimmrechtsvollmacht, Legitimationszession und Stimmrechtsausschlußvertrag in der AG, AG 2001, 447; *Seibert* Gesetzentwurf zur Herabsetzung des Mindestnennbetrags der Aktien, AG 1993, 315; *Sieveking/Technau* Das Problem sogenannter „disponibler Stimmrechte" zur Umgehung der Vinkulierung von Namensaktien, AG 1989, 17; *J. Vetter* Verpflichtung zur Schaffung von 1 Euro-Aktien?, AG 2000, 193; *Zöllner* Neustückelung des Grundkapitals und Neuverteilung von Einzahlungsquoten bei teileingezahlten Aktien der Versicherungsgesellschaften, AG 1985, 19.

I. Allgemeines

1 Der Text beruht auf dem Gesetz über die Einführung der unechten nennwertlosen Aktie oder auch Stückaktie vom 29.3.1988 (BGBl I S 590), die zahlreiche Änderungen des AktG zur Folge gehabt hat. Die grds Entscheidung, den Gesellschaften die Wahl zwischen der bisher allein zugelassenen Nennbetragsaktie und der Stückaktie freizugeben, ohne dass freilich eine Gesellschaft die beiden Formen nebeneinander ausgeben darf (Begr RegE, BT-Drucks 13/9573 S 14), sollte das System der Kapitalaufbringung und -erhaltung nicht verlassen (näher § 1 Rn 18). Es bleibt auch dabei, dass sich das feste in Euro auszugebende Stammkapital auf eine bestimmte und in der Satzung anzugebende Zahl von Aktien verteilt, wobei, wie es jetzt § 8 Abs 3 S 2 ausdrücklich festlegt, auch bei der Stückaktie der auf die einzelne Aktie entfallende anteilige Betrag des Grundkapitals einen Euro nicht unterschreiten darf. Das Gesetz ist durch das Zusammenspiel von Abs 2 und 3 bestrebt, den Mindestnennbetrag und für die Stückaktie den niedrigsten anteiligen Betrag des Grundkapitals aneinander anzugleichen. Vor diesem Hintergrund wirkt Abs 4 nur klarstellend. Ferner setzen die jetzt vorgesehenen Mindestbeträge die Linie der durch das Zweite FinanzmarktförderungsG (Gesetz vom 26.7.1994; BGBl I S 1749) ermöglichten Absenkung des Aktienwertes fort; zugleich mit der Einführung des Euro ist an die Stelle der früher zugelassenen 5-DM-Aktie die 1-Euro-Aktie getreten.

2 In diesem Zusammenhang mussten die §§ 3 Abs 2, Abs 3 S 2, Abs 4 S 4 EGAktG aufgehoben werden, um vor dem Hintergrund der Herabsetzung des Mindestnennbetrages von 50 auf 5 DM das Schicksal früher ausgegebener Aktien bei Kapitalerhöhung aus GesMitteln und Kapitalherabsetzungen zu regeln. Durch solche Maßnahmen darf der Mindestnennbetrag nicht unterschritten werden; andernfalls kommt nur Zusammenlegung (§ 222 Abs 4) oder Einziehung (§ 237) in Betracht.

3 Die Herabsetzung des Mindestnennbetrages von Nennbetragsaktien, die bei der Stückaktie wirtschaftlich nachvollzogen wird und auch mit der Umstellung der Denomination auf Euro keine Änderung erfährt, ist **rechtspolitisch** heute nicht anders zu beurteilen als bei ihrer Einführung im Jahre 1994. Die vielfach gegebene Begründung mit dem Streben nach breiterer Streuung des Kapitals (*Seibert* AG 1993, 315 f; MünchKomm AktG/*Heider* Rn 12) scheidet bei Beträgen dieser Größenordnung freilich wohl aus. Die auf die Einführung der 5,- DM-Aktie gerichteten Forderungen der Börsenorganisationen und der Sachverständigenkommission (s dazu RegBegr BT-Drucks 12/6679 S 82 f; *Seibert* AG 1993, 315 f) waren mit Wettbewerbsnachteilen deutscher Aktien bei der Börseneinführung im Ausland einigermaßen, mit Nachteilen gegenüber ausländischen Aktien aber weniger einleuchtend begründet. Ohnehin gibt es für Stückaktien nach § 1 II der VO über die Feststellung des Börsenpreises von Wertpapieren (BGBl I 1967, 479) eine Stücknotiz (*Hüffer* AktG Rn 3). IÜ steigt bei der Splitteraktie die Gefahr eines missbräuchlichen Einsatzes der Mitverwaltungs-, bes der Anfechtungs- und Klagerechte des Aktionärs. Andererseits können durch die 1-Euro-Aktie Probleme mit der richtigen Berechnung des Aktienwertes – etwa bei einer Abfindung – abgeschwächt werden (s etwa den Fall des *LG Berlin* AG 1996, 230, 232). Schließlich wies bereits der RegE darauf hin (ZIP 1998, 133), dass bei Stückaktien ein Bedürfnis für unterschiedliche Aktiengrößen nicht besteht, so dass eine gemeinsame Verbriefung durch Einschaltung von Sammelurkunden geschehen kann. Für die Stückaktie spricht, dass eine Kapitalerhöhung aus Gesellschaftsmitteln nach § 207 Abs 2 S 2 durch Aufstockung des rechnerischen Anteils möglich ist, ohne dass der Inhaber einer Aktie mit hohem rechnerischen Anteil einen Anspruch auf Neueinteilung des Grundkapitals geltend machen könnte (*J. Vetter* AG 2000, 193, 201; *K. Schmidt/Lutter* AktG/*Ziemons* Rn 5), umgekehrt kann ein Großaktionär aus Treupflichtgründen gehalten sein, dem geringst zulässigen Nennbetrag zuzustimmen (*BGH* WM 1999, 1767; *Hüffer* AktG Rn 6; MünchKomm AktG/*Heider* Rn 59). Die Auseinandersetzung um die Zulassung der unechten nennwertlosen Aktie ist – auch angesichts des Fehlens europarechtlicher Vorgaben – erledigt (MünchKomm AktG/*Heider* Rn 26; *Hüffer* AktG Rn 3).

II. Mindestnennbetrag der Nennbetragsaktie

Der Mindestnennbetrag ist ein Euro, ein höherer Betrag muss gem § 8 Abs 2 S 4 auf volle Euro lauten, ohne dass es eine Höchstgrenze für den Nennbetrag gibt, soweit er nur auf volle Euro lautet (GroßKomm AktG/*Brändel* Rn 10). Zur Unter- und Überpari-Emission § 9 Rn 2 ff. Der Betrag ist in der Satzung festzulegen (§ 23 Abs 3 Nr 4). § 8 gilt auch bei KapErhöhungen. Das RegGericht hat, wenn die genannten Vorschriften nicht eingehalten sind, die Eintragung abzulehnen. Sollten Aktien unter einem Euro ausgegeben werden, so sind sie nach § 8 Abs 2 S 2 schlechthin **nichtig**, welche Rechtsfolge allerdings näherer Bestimmung bedarf. War die Ges zu diesem Zeitpunkt noch nicht eingetragen, so entstehen keine Mitgliedschaftsrechte, weil zu dem Verstoß gegen § 8 die Nichtigkeit wegen Ausgabe vor Eintragung (§ 41 Abs 4 S 2) hinzutritt (GroßKomm AktG/*Brändel* Rn 19; MünchKomm AktG/*Heider* Rn 65). Trifft die Satzung gegen § 8 verstoßende Bestimmungen über den Aktiennennwert, so erfasst die Nichtigkeit auch Satzung und Übernahmeerklärungen, s § 23 Abs 3 Nr 4. Das kann zur Nichtigkeit der Ges führen, wenn nicht nach Auftretens der Ges im Rechtsverkehr die Regeln über die fehlerhafte Ges eingreifen (*Hüffer* AktG Rn 7; MünchKomm AktG/*Heider* Rn 68; KölnKomm AktG/*Dauner-Lieb* Rn 18; Spindler/Stilz AktG/*Vatter* Rn 32); in diesem Fall entstehen Mitgliedschaftsrechte. Das Registergericht darf in allen diesen Fällen nicht eintragen (§ 38 Abs 1 S 2). Geschieht dies trotzdem, so besteht die Ges, und es entstehen die Mitgliedschaftsrechte, die im Vorstadium noch nicht existierten (Henssler/Strohn/*Lange* Rn 5). Auch können sich die Aktionäre auf die Mängel der Satzung und der Übernahmeerklärung nicht berufen, und da ein Nichtigkeitsgrund gem § 275 Abs 1 nicht gegeben ist, kommt als Handeln des RegGerichts nur eine Amtsauflösung nach § 262 I Nr 5 iVm § 399 FamFG in Betracht. Die Nichtigkeit gem Abs 2 S 2 kann sich hier, da die Mitgliedschaftsrechte bestehen, nur auf die Verbriefung der Rechte in einem Wertpapier beziehen (GroßKomm AktG/*Brändel* Rn 25; *Hüffer* AktG Rn 9; MünchKomm AktG/*Heider* Rn 69). Die Mitgliedschaftsrechte können also nur nach §§ 398, 413 BGB übertragen werden.

Bei **KapErhöhungen**, die dazu führen würden, dass der Nennbetrag der auf das erhöhte Grundkapital ausgegebenen Aktien nicht auf volle Euro lautet, führt der Verstoß zur Nichtigkeit des Erhöhungsbeschlusses (Spindler/Stilz AktG/*Vatter* Rn 33), die wiederum auch die Bezugserklärungen und Zeichnungsscheine erfasst. Das RegGericht muss die Eintragung ablehnen (GroßKomm AktG/*Brändel* Rn 26; MünchKomm AktG/*Heider* Rn 70). Tut es das nicht, so scheidet das Amtsauflösungsverfahren mangels öffentlichen Interesses aus, wenn die Erhöhung effektiv durchgeführt ist, da dann die Zeichner und etwaige Erwerber Schutz genießen müssen (GroßKomm AktG/*Brändel* Rn 29). Auch hier sind die Mitgliedschaftsrechte entstanden. Es fehlt aber eine gültige Verbriefung, so dass die daran anknüpfenden Gesetzesvorschriften nicht eingreifen und der Inhaber von der Ges die Ausstellung ordnungsmäßiger Urkunden verlangen kann (MünchKomm AktG/*Heider* Rn 71; K. Schmidt/Lutter AktG/*Ziemons* Rn 19), eine Übertragung des Mitgliedschaftsrechts ist nach bürgerlich-rechtlichen Regeln möglich; zum Schadensersatz Rn 8. Durch eine besonders hohe Festsetzung des Nennbetrages bei einer Kapitalerhöhung besteht die Gefahr einer Aushöhlung des **Bezugsrechts**, dann ist der Erhöhungsbeschluss anfechtbar (Spindler/Stilz AktG/ *Vatter* § 9 Rn 29; Wachter AktG/*Franz* Rn 8).

6 Für den Fall, dass ein (nach Abs 2 grds zulässiger) **höherer Nennbetrag** nicht auf volle Euro lautet, fehlt eine ausdrückliche Regelung über die Sanktion, was vielleicht bei einer KapErhöhung aus GesMitteln zum Entstehen unzulässiger Spitzen führen könnte, ein solcher Erhöhungsbeschluss wäre anfechtbar. Das RegGericht muss die Eintragung ablehnen, doch ist nicht auszuschließen, dass der Verstoß verborgen bleibt. Bei Eintragung trotz Verstoßes wird aus der Gegenüberstellung von Abs 2 S 2 und 4 geschlossen, dass die Nichtigkeitsfolge nicht auch den Fall unzulässig höherer Nennbeträge erfasst, so dass die Aktien voll rechtswirksam sind (KölnKomm AktG/ *Kraft* Rn 32; GroßKomm AktG/*Brändel* Rn 45; *Hüffer* AktG Rn 12), die Voraussetzungen einer Amtsauflösung oder –löschung gem §§ 275 AktG, 397 FamFG bzw §§ 262 I Nr 5 iVm § 399 FamFG liegen nicht vor, *Hüffer* AktG Rn 9. Behebt die Gesellschaft die Beanstandungen, haben die Aktionäre Anspruch auf ordnungsmäßige Aktienurkunden.

7 Die Nennbeträge müssen nicht für alle Aktien gleich festgesetzt werden, auch nicht für alle Aktien ders Gattung. Die Satzung muss aber nach § 23 Abs 3 Nr 4 die Nennbeträge der Aktien und die Zahl der Aktien jeden Nennbetrags bestimmen, was bedeutet, dass Änderungen nur durch Satzungsänderung geschehen kann; davon weicht, da auf eine Ermächtigung der HV zurückgegriffen wird, auch § 205 Abs 2 für den Fall eines genehmigten Kapitals im Grunde nicht ab.

8 Nach § 8 **Abs 2 S 3** haften bei **Nichtigkeit der Aktien** wegen Verstoßes gegen die Vorschriften über den Mindestnennbetrag (Rn 4) die „Ausgeber" den Inhabern als Gesamtschuldner. Verantwortlich sind zunächst diejenigen, die über die Ausgabe entscheiden, idR also der Vorstand, im Fall einer Zuständigkeit nach § 111 Abs 4 auch AR-Mitglieder (GroßKomm AktG/*Brändel* Rn 32; MünchKomm AktG/*Heider* Rn 74; für die vergleichbare Regelung des § 191 S 3 ebenso *BGH* AG 1977, 295 f), nicht aber Mitarbeiter; daneben auch Personen als Ausgeber zu betrachten, denen von der Ges eine selbstständig auszuübende Befugnis zur Ausgabe übertragen worden ist, etwa Kreditinstitute, ginge daran vorbei, dass der Verstoß organschaftliche Pflichten betrifft, die nicht jeder auf Weisung von Organen Handelnde verletzt (iE ebenso GroßKomm AktG/*Brändel* Rn 32; MünchKomm AktG/*Heider* Rn 74). Die Verteilung einer Emission durch Banken iRdVerfahrens nach § 186 Abs 5 genügt nicht (Köln-Komm AktG/*Dauner-Lieb* Rn 25; *Hüffer* AktG Rn 10; **aM** GroßKomm AktG/*Brändel* Rn 32). Die AG selbst haftet ebenfalls nicht, da ihr das Kapital ungeschmälert zukommen soll. **Ausgabe** ist das erste Inverkehrbringen der Aktie durch Aushändigung an einen Dritten, sei es denjenigen, der Aktionär werden soll, sei es an jemanden, der die Aktie für den Aktionär entgegennimmt, zB einen Pfandgläubiger; es kann sich auch um Umtausch gegen andere Aktien handeln. Damit wird nämlich eine nichtige oder jedenfalls ungültig verbriefte Aktie in Umlauf gesetzt. Bloße Ausstel-

Form und Mindestbeträge der Aktien § 8

lung der Aktien (Unterschreiben) genügt nicht. **Verschulden** des Ausgebers ist nach ganz hM nicht erforderlich, da es sich um einen Fall der **Gefährdungshaftung** handle (*Hüffer* AktG Rn 10; GroßKomm AktG/*Brändel* Rn 39; MünchKomm AktG/*Heider* Rn 72; Spindler/Stilz AktG/*Vatter* Rn 38). Das überzeugt allerdings angesichts der Vielschichtigkeit der Vorgänge um die Nichtigkeit von Satzungsregelungen und Gründungsvorgängen nicht. Da Aktien, die nicht auf volle Euro lauten, auch den Erwerber stutzig machen müssen, ist ferner mitwirkendes Verschulden zu prüfen, das jedenfalls relevant ist (GroßKomm AktG/*Brändel* Rn 39). Mehrere auch unterschiedlich tätige Ausgeber haften als **Gesamtschuldner**. Der Anspruch steht dem derzeitigen, nicht auch den früheren Inhabern zu, dh in durch die Aktie ausgewiesenen (§ 793 BGB). **Strafvorschrift:** § 405 Abs 1 Nr 3 (Ordnungswidrigkeit).

Aktien können auch in Gestalt einer sog **Globalurkunde** ausgegeben werden. Hier werden in einer den Erfordernissen der Sammelverwahrung angepassten Art mehrere Rechte, meist die Rechte aus einer gesamten Neuemission, in einer Urkunde verbrieft, § 9a Abs 1 S 1 DepotG. Die Rechte der einzelnen Aktionäre bleiben selbstständig, ihre Inhaber bilden eine Bruchteilsgemeinschaft nach § 741 BGB und können von der Ges gem § 740 BGB Ausstellung von Einzelurkunden verlangen, was der Stellung des Hinterlegers bei der Sammelverwahrung entspricht; die Kosten für den Umtausch und ggf den Druck von Aktienurkunden fallen der Ges zur Last (*AG Köln* WM 1993, 2010). Die Ges kann jederzeit die Global- durch Einzelaktien ersetzen, § 9a Abs 1 S 1 Nr 2 DepotG, das Abspaltungsverbot steht nicht entgegen, Spindler/Stilz AktG/*Vatter* Rn 53. Für eine Globalaktie als Zusammenfassung mehrerer Rechte gelten Abs 2 und Abs 5 nicht (GroßKomm AktG/*Brändel* Rn 65; KölnKomm AktG/*Dauner-Lieb* Rn 51; MünchKomm AktG/*Heider* Rn 96, 97); auch das Teilungsverbot gem Abs 3 ist nicht anwendbar. Eine Satzungsermächtigung zur Ausgabe von Globalaktien wird nicht benötigt. Die **interimistische** Globalaktie dient der beschleunigten Börseneinführung, gehandelt werden Anteile am Sammelbestand, anders bei der **Mehrfachaktie** (dazu *Pleyer* FS Werner, S 639 ff). Die Regelung über eine „Sammelurkunde" gilt auch für die Stückaktien und wird vom RegE sogar als Argument dafür angefügrt, dass ein praktisches Bedürfnis für unterschiedliche Aktiengrößen einzelner Stücke nicht gegeben sei, da sie wie Nennbetragsaktien mit verschiedenen Nennbeträgen in einer einheitlichen Urkunde verbrieft werden könnten (RegE 2c; die Dinge haben allerdings unmittelbar nichts miteinander zu tun). Zur Dauer-Globalurkunde Spindler/Stilz AktG/*Vatter* § 10 Rn 39, 60. Änderungen des Systems im Sinne einer verstärkten Beteiligungstransparenz bei nicht börsennotierten Gesellschaften auch bei Ausgabe von Sammelurkunden sind bei Inkrafttreten der Aktienrechtsnovelle 2012 zu erwarten, s dazu § 10 Rn 9.

III. Unteilbarkeit der Aktie, Abs 5

1. Grundsatz. Aktien, dh in diesem Zusammenhang: Mitgliedschaftsrechte, können von einem Aktionär nicht in einzelne Teile **zerlegt** werden, auch nicht mit Genehmigung der Ges. Das gilt auch dann, wenn die Ges schon Aktien mit verschiedenen Nennbeträgen ausgegeben hat. Der Inhaber einer 100-Euro-Aktie könnte diese also nur gegen zwei Aktien zu 50 EUR umtauschen und dann eine veräußern. Das Teilungsverbot, das zwingend ist, so dass ein Verstoß zur Nichtigkeit gem § 134 BGB führt (GroßKomm AktG/*Brändel* Rn 49; MünchKomm AktG/*Heider* Rn 88), soll die Übereinstimmung der tatsächlichen mit der satzungsmäßigen Stückelung sicherstellen.

Westermann

Bei der **Stückaktie** würde eine Teilung dem Gebot des Abs 3 S 2 zuwiderlaufen, wonach die Aktien am Grundkapital in gleicher Höhe beteiligt sind.

11 Das Teilungsverbot steht nicht entgegen, dass durch satzungsändernden Beschl die HV in den Grenzen des § 8 Abs 1 die Aktiennennbeträge **neu stückelt**, da hierdurch nicht geteilt, sondern der Einklang zwischen satzungsmäßiger und tatsächlicher Stückelung erhalten bleibt (*Seibert* AG 1993, 315, 317; Hensslein/Strohn/*Lange* Rn 137; eingehend im Hinblick auf – seltene – teileingezahlte Aktien *Zöllner* AG 1985, 19 ff; MünchKomm AktG/*Heider* Rn 95; GroßKomm AktG/*Brändel* Rn 51). Eine solche Maßnahme bedarf nicht der Zustimmung der Aktionäre. Wird dagegen durch die Neueinteilung den Aktionären ein Teil ihrer Rechte entzogen, bedarf es auch der Zustimmung jedes von ihnen (GroßKomm AktG/*Brändel* Rn 51; gegen ein Zustimmungserfordernis *Zöllner* AG 1985, 19, 20; MünchKomm AktG/*Heider* Rn 95); dies gilt allg, wenn durch die Neueinteilung der Nennbeträge die Aktionäre keinen Nachteil erleiden können. Ohnehin muss jede Aktie so geteilt werden, dass keine nach § 8 unzulässige Spitze bleibt. Urkunden über Rechte aus einer Teilung, die § 8 nicht beachten, sind nichtig, gutgläubiger Erwerb ist unmöglich. Einen Anspruch auf Mitwirkung des Aktionärs am **Aktienumtausch** hat die Ges nur, und zwar nur aus Vertrag, wenn der Aktionär der Satzungsänderung zugestimmt hat (*Zöllner* AG 1985, 19, 20; KölnKomm AktG/*Kraft* Rn 50). Da die Ges nicht berechtigt ist, nicht zum Umtausch eingereichte Aktien für kraftlos zu erklären, bleibt als Lösung insoweit nur, die „alte" Urkunde als Globalaktie über mehrere Anteilsrechte (dazu Rn 9) aufzufassen (auch dazu *Zöllner* AG 1985, 19, 20).

12 **2. Mitberechtigung und Abspaltung.** Die Begründung einer **Mitberechtigung** mehrerer an einer Aktie zu Bruchteilen oder zur gesamten Hand, zB durch Einbringung in eine Personenges, ist zulässig, zur Ausübung der Rechte s § 69 (GroßKomm AktG/*Brändel* Rn 54). Zulässig ist ferner eine **Unterbeteiligung** eines Dritten, aber nur mit rein schuldrechtlicher Wirkung zwischen ihm und dem Aktionär (KölnKomm AktG/*Dauner-Lieb* Rn 49; K. Schmidt/Lutter AktG/*Ziemons* Rn 30), und innerhalb der allg Grenzen einer Stimmbindung gegenüber Dritten. Die Regelung gilt auch für die Stückaktie.

13 Aus der Unteilbarkeit von Aktien wird verbreitet geschlossen, dass einzelne Mitgliedschaftsrechte, etwa auf Teilnahme an der Willensbildung oder Durchsetzung eigener diesbezüglicher Interessen (Stimmrecht, Auskunfts- und Anfechtungsrechte) von der Mitgliedschaft nicht **abgespalten** werden können (MünchKomm AktG/*Heider* Rn 89; GroßKomm AktG/*Brändel* Rn 53; *Hüffer* AktG Rn 29). Dies entspricht allg gesellschaftsrechtlichem Denken und ist auch in der Rspr anerkannt (*BGH* NJW 1987, 780; zur GmbH *BGHZ* 43, 261, 267; *OLG Koblenz* NJW 1992, 2163 f; *Fleck* FS Fischer, S 107 f), das Verbot wurde allerdings ursprünglich für das Personengesellschaftsrecht entwickelt, wo es wegen des Personenbezuges besser passt, wenn es auch dort nicht unbestritten ist (*BGHZ* 3, 354, 358; *BGH* NJW 1956, 1198; *K. Schmidt* GesR § 19 III 4; *H.P. Westermann* Vertragsfreiheit und Typengesetzlichkeit, 1970, S 389 ff; *Reichert/Harbarth* AG 2001, 447 f; für die Ableitung aus § 717 BGB auch *Hüffer* AktG Rn 29). Ob es im Kapitalgesellschaftsrecht zwingend gilt, kann schon angesichts der anerkannten Ausnahmefälle nicht pauschal beantwortet werden. So werden gegen die nach § 129 Abs 3 zulässige Ermächtigung zur Ausübung des Stimmrechts im eigenen Namen wie auch gegen breitflächig geübte Stimmrechtsbevollmächtigungen (§§ 134 Abs 3, 135) keine

Bedenken erhoben (zur Überlassung einzelner Aktionärsrechte zur Ausübung über §§ 129 Abs 3, 135 hinaus MünchKomm AktG/*Heider* Rn 93), ebensowenig gegen **Treuhandschaft** an einer Aktie, die den Treuhänder zum Aktionär mit lediglich schuldrechtlichen Bindungen zum Treugeber macht (MünchKomm AktG/*Heider* Rn 92; KölnKomm AktG/*Dauner-Lieb* Rn 49; GroßKomm AktG/*Brändel* Rn 54; Spindler/Stilz AktG/*Vatter* Rn 58), s schon § 2 Rn 11. Anerkannt ist auch die Abtretbarkeit des Anspruchs auf Gewinn nach Gewinnverwendungsbeschluss (*BGHZ* 7, 263 f; 65, 230, 235; 124, 27, 31; MünchKomm AktG/*Heider* Rn 90). Zur Übertragung des abstrakten Gewinnbezugsrechts des Aktionärs vor Entstehung des Dividendenanspruchs durch Gewinnverwendungsbeschluss s § 58 Rn 28. Erkennt man ferner, wie heute unstr ist, **Stimmbindungsverträge** an, die auch mit Vollstreckungszwang ausgestattet sein und grds mit Dritten abgeschlossen sein können (näher Erl zu § 136), so ist insgesamt ein nicht unerheblicher Fremdeinfluss auf die Ausübung von Aktionärsrechten möglich. Wie auch das Problem der Umgehung von Vinkulierungen durch Stimmbindungs- und Treuhandverträge gezeigt hat (dazu *Sieveking/Technau* AG 1989, 17; *Lutter/Grunewald* AG 1989, 109), lassen sich insgesamt die Grenzen zulässigen Fremdeinflusses nicht mit dem Abspaltungsverbot, sondern nur mit allg Rechtssätzen zur Umgehung und zur Nichtigkeit von Rechtsgeschäften bestimmen.

Das Gegenstück zur Teilung von Aktien ist die **Vereinigung** mehrerer bisher selbstständiger Aktien zu einer einzigen mit der Folge, dass der Nennbetrag der neuen Aktie auf die Summe der Nennbeträge der alten Aktien lautet. Gegen § 8 Abs 1 oder 2 kann hierdurch nicht verstoßen werden, wohl aber können Rechte des Aktionärs betroffen sein, der zB die vereinigte und nunmehr unteilbare Aktie nur noch als Ganze veräußern kann. Eine allg gesetzliche Regelung fehlt, lediglich § 4 EGAktG sah die Vereinigung von Aktien vor, um die Anpassung von Aktiennennbeträgen, die vor Inkrafttreten des AktG bestimmt wurden, an § 8 Abs 1, 2 zu ermöglichen, s näher Rn 2. Allg bedarf es zur Vereinigung eines **satzungsändernden HV-Beschlusses** sowie der **Zustimmung** jedes betroffenen **Aktionärs** (GroßKomm AktG/*Brändel* Rn 60), auch wenn durch die Vereinigung im Einzelfall keine unzulässigen Spitzen entstehen. Die Vereinigung von Aktien zu einer neuen Aktie mit entspr höherem Nennbetrag kommt nur bei der Nennbetragsaktie in Betracht, weil das Gesetz Stückaktien mit unterschiedlichen Größen (dh Anteilsquoten) nicht zulässt. Von der Vereinigung von Aktien zu unterscheiden ist eine **Zusammenlegung** von Aktien iSd § 222 Abs 4 bei Kapitalherabsetzung (zur allg Zulässigkeit *Zöllner* AG 1985, 19, 20 f); dies ist nach § 222 auf die Stückaktie mit der Maßgabe anwendbar, dass im Zuge der Zusammenlegung der auf die einzelne Aktie entfallende Betrag des herabgesetzten Grundkapitals den Mindestbetrag gem § 8 Abs 2 oder 3 nicht unterschreiten darf. Zur praktischen Durchführung des Aktienumtausches gilt im Wesentlichen dasselbe wie bei der Neustückelung (Rn 11; hierzu und zum folgenden *Zöllner* AG 1985, 19, 28, 29). An der Einlageverpflichtung der Aktionäre ändert sich durch die Vereinigung nichts, so dass iE auch **teileingezahlte** Aktien, wie sie in der Praxis (wohl hauptsächlich nur) bei Versicherungsgesellschaften vorkommen, vereinigt werden können; das kann einer Vereinheitlichung der Einzahlungsquoten bei gleichzeitiger Beseitigung von Unterschieden in den Nennbeträgen der Aktien dienen, erfordert allerdings auch die Zustimmung nach § 66 haftender Vormänner. Ferner erfordert die Eintragung des Vorgangs zum Register den effektiven Umtausch der Aktien, damit der Vermerk über Einlageleistungen auf der Urkunde (§ 10 Abs 2 S 2) berichtigt werden kann.

14

IV. Die unechte nennwertlose Aktie oder Stückaktie

15 **1. Ausgabebetrag.** Für die Stückaktie (zu den grds Überlegungen, die zu ihrer Zulassung führten, s schon § 1 Rn 17 ff; hier Rn 3) enthält Abs 3 die maßgebliche Regelung, die durch § 9 ergänzt wird. Danach bleibt es dabei, dass es eine feste Beziehung zwischen dem Grundkapital und jeder Aktie, somit einen anteiligen Betrag am Grundkapital gibt, der freilich nicht zur Kennzeichnung der Aktie benutzt wird; aus § 9 folgt ferner, dass es einen „geringsten Ausgabebetrag" der Aktien gibt. Der anteilige Betrag der Aktie am Grundkapital wird nicht in der Satzung festgelegt, sondern ergibt sich nur aus einer Division des Grundkapitals durch die Zahl der Stückaktien, die allerdings in der Satzung genannt sein müssen, § 8 Abs 4 (K. Schmidt/Lutter AktG/*Ziemons* Rn 11, 14; MünchKomm AktG/*Heider* Rn 81). Die Quote ist für alle Inhaber von Stückaktien notwendig dieselbe. Die feste Relation zwischen Aktie und Stammkapital ermöglicht es, bei KapErhöhung aus GesMitteln den (quotalen) Wert der Aktie durch bloße Erhöhung der Ziffer des Kapitals zu erhöhen, ohne dass neue Aktien ausgegeben werden müssen (§ 207 Abs 2 S 2; zu diesem Vorgang *Funke* AG 1997, 385 ff; Wachter AktG/*Franz* Rn 19). „Betragsstufen" gibt es nicht, Hensslinger/Strohn/*Lange* Rn 10.

16 Abs 3 S 3 enthält die auf die Stückaktie zugeschnittene Regelung eines der 1-Euro-Grenze entspr **Mindestbetrages**, durch den die sog Penny-Stocks verhindert werden sollten (RegBegr zum StückaktienG, BT-Drucks 13/9347 S 14). Durch die Division (Rn 15) ergibt sich ein Geldbetrag, der mit dem für die Nennbetragsaktien maßgebenden Betrag verglichen werden und auf die Beachtung der Mindestgrenze überprüft werden kann (MünchKomm AktG/*Heider* Rn 85). Dass im Zuge einer Umstellung von DM auf Euro die quotale Beteiligung einer Stückaktie am Grundkapital einen „krummen" Wert ergeben kann, schadet an dieser Stelle nicht (so auch die RegBegr Abschnitt 2c, s ZIP 1998, 134), Probleme treten aber bei späteren **KapErhöhungen** auf (hierzu und zum folgenden *Heider* AG 1998, 1, 8). Denn wenn eine Erhöhung zu pari erfolgen soll, kann der Anteil, den eine neue Aktie an einem „krummen" Kapital haben soll, uU nicht in einem glatten Geldbetrag ausgedrückt werden, so dass eine Aufrundung auf den nächsten vollen Cent-Betrag stattfinden muss. Dann stimmt aber der auf eine „junge" Aktie entfallende Anteil am Grundkapital nicht mit der zu leistenden Einlage überein. Um dies zu vermeiden, müsste also die Ges aus Gesellschaftsmitteln (wenn vorhanden) das Grundkapital so erhöhen, dass auf jede Stückaktie ein Anteil entfällt, der wertmäßig auf einen glatten Cent-Betrag kommt; dieser Beschl kann zugleich mit der Umstellung auf Stückaktien gefasst werden. Das ist auch ohne Ausgabe neuer Aktien möglich, Spindler/Stilz AktG/*Vatter* Rn 46. IÜ besteht bei der KapErhöhung die Gefahr, dass der Anteil der neu ausgegebenen Stückaktien am erhöhten Grundkapital die Beteiligungsquote der alten Aktien überproportional vermindert, dann nämlich, wenn eine überproportional große Zahl junger Aktien ausgegeben wird. Daher schreibt § 182 Abs 1 S 4 vor, dass sich bei der KapErhöhung die Zahl der Stückaktien in demselben Verhältnis erhöhen muss wie das Grundkapital. Enthält die Satzung ein **genehmigtes Kapital** (§ 202 Abs 1) auf der Grundlage der Ausgabe von Nennbetragsaktien, muss die satzungsmäßige Ermächtigung, wenn nunmehr Stückaktien ausgegeben werden sollen, angepasst werden können, bzw der Vorstand mit Zustimmung des AR entspr entscheiden, *Hüffer* AktG Rn 24; Wachter AktG/*Franz* Rn 22. Dasselbe gilt, wenn ein **bedingtes Kapital** (§§ 179 ff) in die Satzung aufgenommen ist (Spindler/Stilz AktG/*Vatter* Rn 47; zu den Einzelheiten der zu fassenden Beschl *Ihrig/Streit* NZG 1998, 201 ff).

Form und Mindestbeträge der Aktien § 8

Die Regelung in § 8 Abs 4 stellt für Nennbetrags- und Stückaktien den jeweiligen **17** „**Anteil am Grundkapital**", also die Beteiligungsquote, klar, die etwa für die Gewinnverteilung oder den Anteil des Aktionärs am Liquidationserlös von Bedeutung ist. Bei der Nennbetragsaktie muss der Nennwert der einzelnen Aktie oder des einem Ges gehörenden Pakets zum Grundkapital in Beziehung gesetzt werden. Über den effektiven Wert der Beteiligung sagen beide Zahlen nichts aus.

2. Umwandlung von Nennbetrags- in Stückaktien. Da die Ges zwischen der Nennbe- **18** trags- und der Stückaktie wählen muss (dazu schon § 1 Rn 20), muss sie bei Entscheidung für die Stückaktie die bestehenden Nennbetrags- in Stückaktien **umwandeln**. Das geschieht, da die Zahl der Stückaktien in der Satzung angegeben sein muss (§ 23 Abs 3 Nr 4), durch **Satzungsänderung**. Die praktische Abwicklung muss in mehreren Schritten geschehen. Da alle Stückaktien zwingend gleich sein müssen, waren bzw sind zunächst die Nennwerte der bestehenden Aktien zu vereinheitlichen (zum folgenden *Heider* AG 1998, 1, 8). Das kann durch Teilung geschehen, wenn die Ges Aktien über einen höheren Nennbetrag als 5 DM oder 1 EUR ausgegeben hat. Da dies im Wesentlichen ohne die Zustimmung der beteiligten Aktionäre möglich ist (Rn 11) – anders als die Vereinigung mehrerer Aktien zu einer neuen, die uU die Fungibilität des bisherigen Rechts einschränkt – müsste der notwendige satzungsändernde Beschl zu erlangen sein, der dann auch die auf Aktien-Nennbeträge bezogenen Satzungsklauseln ändern muss; dabei ist es zweckmäßig, bei der Herstellung des neuen Satzungstextes nach § 179 I 2 zu verfahren (*Hüffer* AktG Rn 26; KölnKomm AktG/*Dauner-Lieb* Rn 36). In einem weiteren Schritt sind dann wiederum durch Beschl der HV die im Nennwert vereinheitlichten Aktien in Stückaktien umzuwandeln, wobei die Vorgaben in Abs 3 S 3 zu beachten sind. Auch gelten die in Rn 16 genannten Bestimmungen zum Betrag des Grundkapitals und zu der daraus folgenden Höhe der Beteiligungsquote des Inhabers einer Stückaktie. Durch den Beschl werden bisher ausgegebene Nennbetragsaktien unrichtig, und es liegt im Ermessen des Vorstandes, ob die Urkunden berichtigt oder umgetauscht werden, zum Verfahren s § 73.

V. Zwischenscheine

Zwischenscheine (früher: Interimscheine) sind **Anteilscheine**, die die AG den Aktio- **19** nären **vor Ausgabe der Aktien** ausstellt. Ein Zwischenschein liegt nur vor, wenn die Mitgliedschaft (vorläufig) verbrieft wird und dies auch aus dem Text der Urkunde hervorgeht; Henssler/Strohn/*Lange* Rn 14; eine bloße Quittung über die Einzahlung genügt nicht (MünchKomm AktG/*Heider* Rn 99; zur Einzahlungsquittung *RGZ* 49, 23), die Bezeichnung allein ist aber nicht entscheidend. Die Ausstellung ist ein Recht der AG; die Aktionäre können sie nur bei entspr Vorschrift der Satzung fordern (MünchHdb AktG/*Wiesner* § 12 Rn 19; *Hüffer* AktG Rn 31; Spindler/Stilz AktG/*Vatter* Rn 63; anders anscheinend GroßKomm AktG/*Brändel* Rn 66). Fehlt es daran, so liegt die Ausgabe im Ermessen des Vorstandes (KölnKomm AktG/*Dauner-Lieb* Rn 55; MünchKomm AktG/*Heider* Rn 119), der dabei allerdings zu bedenken hat, dass im Hauptfall der Ausgabe von Zwischenscheinen, nämlich der wg § 10 Abs 2 S 1 noch nicht möglichen Ausgabe von Inhaberaktien, dem Aktionär, der voll eingezahlt hat, die Möglichkeit gegeben werden muss, sein Mitgliedschaftsrecht dokumentiert zu sehen, zumal nach § 10 Abs 3 der Zwischenschein **auf Namen** lauten muss. Ein Zwischenschein darf auch über mehrere Aktien ausgestellt werden (*RGZ* 22, 116), eine Verbriefung durch Sammelurkunde (Rn 9) ist möglich.

Westermann

20 Wg § 10 Abs 3 wäre ein auf Inhaber ausgestelltes Papier nichtig. Daher muss die Gesellschaft vorübergehend ein Aktienbuch führen, auch wenn sie an sich nur Inhaberaktien ausgeben soll; der Inhaber des Zwischenscheins wird gem §§ 67 Abs 4, 68 Abs 4 in das Aktienbuch eingetragen. IÜ steht der Ausstellung von Zwischenscheinen trotz Vollzahlung bis zur Fertigstellung der Aktienurkunden nichts entgegen. Der Schein ist eine vorläufige Aktie, er ist wie sie ein Wertpapier (Orderpapier), so dass die Geltendmachung der Aktionärsrechte von seiner Innehabung abhängt, und er ist wie die Aktie durch Indossament veräußerlich (*RGZ* 36, 35). Er gewährt die Rechte, die ein Aktionär hat, der den entspr Betrag eingezahlt hat. Auch Zwischenscheine dürfen nur ausgegeben werden, wenn die AG bzw die Durchführung der KapErhöhung eingetragen ist (§§ 41 Abs 4, 191 S 1). Der **Umtausch in eine Aktie** ist nach Vollzahlung gegen Rückgabe des Scheins vorzunehmen; berechtigt zum Empfang ist der im Aktienbuch eingetragene Aktionär, der auch einen Anspruch auf endgültige Verbriefung seines Anteilsrechts hat (GroßKomm AktG/*Brändel* Rn 66).

21 Für die Zwischenscheine gelten die in Rn 4, 8, 10 ff erläuterten Vorschriften über den Mindestnennbetrag, die Nichtigkeit und Ersatzpflicht sowie die Unteilbarkeit entspr, daneben sind die §§ 10 Abs 3 und 4 sowie 41 Abs 4 zu beachten. Zu den Sanktionen bei Verstoß gegen die Vorschriften über die Ausgabe s § 405 Abs 1 Nr 2, 3. Verlust oder Kraftloserklärung des Zwischenscheins ändert an der Mitgliedschaft nichts; unter den Voraussetzungen des § 74 kann der Aktionär die Ausstellung einer neuen Urkunde verlangen.

§ 9 Ausgabebetrag der Aktien

(1) Für einen geringeren Betrag als den Nennbetrag oder den auf die einzelne Stückaktie entfallenden anteiligen Betrag des Grundkapitals dürfen Aktien nicht ausgegeben werden (geringster Ausgabebetrag).

(2) Für einen höheren Betrag ist die Ausgabe zulässig.

Übersicht

	Rn		Rn
I. Allgemeines	1	III. Über-Pari-Emission	6
II. Unter-Pari-Emission	2		

Literatur: *Kort* Aktien aus vernichteten Kapitalerhöhungen, ZGR 1994, 291; *Simon* Rückwirkende Dividendengewährung beim genehmigten Kapital?, AG 1960, 148; *H. P. Westermann* Aktienrechtliche Grenzen einer Übernahme von Umwandlungs- und Kurspflegekosten durch die Gesellschaft, FS Peltzer, 2001, S 613.

I. Allgemeines

1 Die Vorschrift, die einen Ausfluss des Prinzips der Sicherung der realen Kapitalaufbringung darstellt, gilt für alle Formen der Ausgabe von Aktien durch die Gründer und später durch die Ges, also auch für alle Arten effektiver KapErhöhung, nicht dagegen für den Verkauf eigener Aktien, da hierbei keine Einlagepflicht begründet wird. Gefahren für die Kapitaldeckung wird durch die Regeln über den Erwerb eigener Aktien vorgebeugt. Die Regelung in Abs 1 dehnt das hier ausgesprochene Verbot der Unterpariemission auf den Fall aus, dass die Ges Stückaktien (§ 1 Rn 17, § 8

Rn 15) begibt, wobei auf den auf die Aktie „entfallenden anteiligen Betrag des Grundkapitals" abgestellt wird, während die Zulassung der Über-Pari-Emission selbstverständlich auch hier passt (näher Rn 7). Die Vorschriften des § 9 sind für Bar- wie für Sacheinlagen anwendbar, Zweifel bestehen bezüglich der KapErhöhung aus GesMitteln (Rn 6). Folgerungen für die Verwendung der eingezahlten Beträge erlaubt § 9 nicht. Für die **Festsetzung des Ausgabebetrages** gilt § 23 Abs 2 Nr 2 und für die Zeichnungsscheine bei der KapErhöhung § 185 Abs 1 S 2. Die rechtspolitische Zweckmäßigkeit des Verbots der Unterpariemission, das bei einer in Krisensituationen versuchten KapErhöhung dem Einleger zumutet, Aktien der Krisengesellschaft zumindest zu pari zu erwerben (näher dazu GroßKomm AktG/*Brändel* Rn 4, 5), muss somit dahinstehen, zumal hier der Gläubigerschutzgedanke im Vordergrund steht, der sehr ernst genommen wird (das Verbot der Unterpariemission ist einer „der wichtigsten Grundsätze des deutschen Aktienrechts", MünchKomm AktG/*Heider* Rn 4; zum Gläubigerschutz in diesem Zusammenhang *BGHZ* 64, 52, 62; 68, 191; KölnKomm AktG/*Dauner-Lieb* Rn 13).

II. Unter-Pari-Emission

Die Einlage eines Gründers und (bei einer KapErhöhung) eines **Aktienübernehmers** 2 muss bei Nennbetragsaktien **mindestens dem Nennwert der Aktie gleichkommen**. Bei **Stückaktien** ist auf den für alle Aktien gleichmäßig bestimmten anteiligen Betrag des Grundkapitals abzustellen, was bedeutet, dass die uU (s § 8 Rn 16) nicht völlig sichere Berechnung des auf eine Aktie entfallenden Teilbetrages des Grundkapitals ergeben muss, welche konkret in Euro anzugebende Zahlung die „pari"-Grenze erreicht. Dies muss folglich auch offengelegt werden, da insb die Gleichbehandlung aller Aktionäre bei dieser Maßnahme deutlich sein und für jede einzelne Aktie klar sein muss (MünchKomm AktG/*Heider* Rn 9). Die Grenze zur verbotenen Unter-Pari-Emission kann also nicht einfach am Nennbertrag der (ggf jungen) Aktien festgemacht werden, sondern es kommt auf den (hier als Oberbegriff für Nennbetrag- und Stückaktien gebrauchten) **„geringsten Ausgabebetrag"** an. Der Ausgabebetrag der Aktien wird auch in der Übernahmeerklärung (§ 23 Abs 2 Nr 2) festgehalten, gibt also das wieder, was der Aktionär zu zahlen hat, wobei ein **Agio** eingeschlossen ist (*Hüffer* AktG Rn 2; K. Schmidt/Lutter AktG/*Ziemons* Rn 14, 18; Spindler/Stilz AktG/*Vatter* Rn 5), das bei Bareinlagen gem § 36a I bei Gründung wie bei der Durchführung einer KapErhöhung in voller Höhe eingezahlt sein muss; auch nimmt das Agio an den Kapitalaufbringungsvorschriften und (über § 272 Abs 2 Nr 1 HGB) am Kapitalschutz teil.

Die Vorschriften des § 9 sind zwingend, um der AG den vollen Betrag des Grundkapi- 3 tals zu sichern. Bei **Sacheinlagen** muss ihr Wert geschätzt werden, so dass der Wert der Sacheinlage im Rahmen einer vertretbaren Schätzung den geringsten Ausgabebetrag der Aktie erreicht (§ 36a Abs 2 S 3), ferner sind die Vorschriften zur Vermeidung von Überbewertungen (§§ 27, 32–35, 183 Abs 3, 188 Abs 2 Nr 2, 194 Nr 4, 206) anzuwenden. Sind Sacheinlagen ersichtlich überbewertet, muss das RegGericht die Eintragung ablehnen (§ 38 Abs 2 S 2). Das Verbot der Unter-Pari-Emission macht auch jeden verschleierten Erlass der Einlagepflicht durch Gewährung von Diskont, Provisionen und dergl an Gründer oder Aktionäre (verdeckte Unter-Pari-Emission) unzulässig (*Simon* AG 1960, 148, 151; Spindler/Stilz AktG/*Vatter* Rn 10; GroßKomm AktG/*Brändel* Rn 18; MünchKomm AktG/*Heider* Rn 11; Wachter AktG/*Franz* Rn 10ff). Das Problem der Behandlung der von der Ges aufgebrachten Umwandlungs- und bes Kurspflegekosten wird bis-

Westermann

her hauptsächlich unter dem Aspekt der Kapitalerhaltung behandelt (*H.P. Westermann* FS Peltzer, S 613 ff), müsste aber hier entspr gesehen werden, auch die über die verdeckte Sacheinlage entwickelten Regeln (§ 27 Rn 25 ff) sind heranzuziehen (MünchKomm AktG/*Heider* Rn 18). Dagegen ist der AG nicht verwehrt, von der Einlage des Aktionärs Kosten, Steuern, Provisionen an Vermittler und sonstige Aufwendungen zu bezahlen, die nicht dem Aktionär zugutekommen; den zulässigen Rahmen setzt § 36 Abs 2. Wenn der an die Gründer zu zahlende Aufwendungsersatz in der Satzung gesondert festgelegt wird (§ 26 Abs 2), desgleichen, wenn die Aktien schon für frühere Geschäftsjahre gewinnbringend sein sollen, ist ebenfalls das Verbot der Unter-Pari-Emission kein Hindernis für die Zahlung (*Simon* AG 1960, 148, 151; GroßKomm AktG/*Brändel* Rn 17; MünchKomm AktG/*Heider* Rn 12). Bei Überbewertung einer Sacheinlage oder sonst bei einem **Verstoß** gegen das Verbot der Unter-Pari-Emission ist zu unterscheiden, ob die Ges – was an sich zu unterbleiben hat (KölnKomm AktG/*Dauner-Lieb* Rn 19; GroßKomm AktG/*Brändel* Rn 20) – eingetragen ist oder nicht, Henssler/Strohn/*Lange* Rn 6. Vor der Eintragung bewirkt der Verstoß gegen § 9 Nichtigkeit der Übernahmeerklärung (GroßKomm AktG/*Brändel* Rn 20; Hüffer AktG Rn 5) bzw eines KapErhöhungsbeschlusses, was zur Folge hat, dass auch die Zeichnung junger Aktien nichtig ist (§ 185 Abs 2). Eine verbotswidrige Eintragung der Ges (§ 241 Nr 3) hat nicht die Nichtigkeit der Ges gem § 275 oder die Auflösbarkeit durch das Gericht gem FamFG zur Folge, weil hierdurch die Gläubigerinteressen erst gefährdet würden. Die Übernehmer haben aber den geringsten Ausgabebetrag an die Ges zu leisten (GroßKomm AktG/*Brändel* Rn 21; MünchKomm AktG/*Heider* Rn 29, 30; zweifelnd KölnKomm AktG/*Dauner-Lieb* Rn 20), möglicherweise entsteht auch materiell die Einlagepflicht nach den Regeln über die fehlerhafte Vor-AG (*Hüffer* AktG Rn 5). Auch kann bis zum Ablauf der Dreijahresfrist gem §§ 249, 242 II, 241 Nr 3) der Beschluss als nichtig gelöscht werden, wenn nicht Vorstand oder Aufsichtsrat Klage auf Feststellung der Nichtigkeit des Hauptversammlungsbeschlusses erheben. Bes bei **Überbewertung** einer Sacheinlage hat demgemäß die Rspr aus § 9 eine Kapitaldeckungszusage und auch über die Haftung aus § 48 hinaus eine daraus folgende Differenzhaftung des Einlegers angenommen (*BGHZ* 64, 52, 62 = NJW 1975, 974; *BGH* 2118, 83, 101 für AG; *BGHZ* 68, 191, 195 = NJW 1977, 1196 für GmbH). Die Ansprüche stehen der Ges zu, eine darüber hinausgehende Haftung gegenüber den Gläubigern auf der Grundlage einer Qualifizierung des § 9 als Schutzgesetz iSd § 823 Abs 2 BGB (GroßKomm AktG/*Brändel* Rn 38; zweifelnd auch *Hüffer* AktG Rn 6) ist unangebracht, da der Gläubiger notfalls den Anspruch der Ges pfänden lassen kann und letztlich allein die Einlage ins GesVermögen dem Sinn der KapAufbringung entspricht; ähnlich auch *BGH* AG 1993, 28, 33, wonach – gerade auch im Hinblick auf § 823 Abs 2 BGB – der Zweck des § 9 sich darin erschöpft, die Aufbringung des Grundkapitals zu gewährleisten, nicht aber den Schutz darüber hinausgehender individualrechtlicher Vermögensinteressen im Auge hat. Ohnehin können noch Haftungstatbestände gem §§ 46 Abs 1 S 3, 47, 48, 49 erfüllt sein, Spindler/Stilz AktG/*Vatter* Rn 21. Ist die Aktie bereits verbrieft, so kommt für einen gutgläubigen **Rechtsnachfolger** des Übernehmers lastenfreier Erwerb in Betracht (GroßKomm AktG/*Brändel* Rn 30).

4 Ein Verstoß gegen § 9 hat bei der **KapErhöhung** außer den in Rn 4 genannten Konsequenzen nach einer im Schrifttum herrschenden Ansicht die weitere Folge, dass die Nichtigkeit des Erhöhungsbeschlusses auch nicht durch eine – unzulässige – Eintragung geheilt werden kann, so dass anders als bei der insoweit fehlerhaften Gründung eine wirksame KapErhöhung nicht zustande kommt und das RegGericht gegen die Eintragung des Beschl vorgehen muss (MünchKomm AktG/*Heider* Rn 30; *Hüffer* AktG Rn 7; anders wohl GroßKomm AktG/*Brändel* Rn 21, der nicht zwischen Gründung und KapErhöhung differenziert), die Aktien sind gem § 237 einzuziehen (*Kort* ZGR 1994, 291, 314). Indessen sollte es, da die Ges jedenfalls existiert, auf eine Anfechtung des Erhöhungsbeschlusses gem § 249 ankommen, ohne sie bleibt der Erhöhungsbeschluss gültig (so wohl KölnKomm AktG/*Kraft* Rn 17, 18), eine Heilung kann nach § 242 eintreten (Spindler/Stilz AktG/*Vatter* Rn 16). Die Differenzhaftung kann unabhängig hiervon geltend gemacht werden; hierzu wendet die Meinung, die ein Scheitern der KapErhöhung als ein Nichtentstehen der Einlagepflicht ansieht, § 277 Abs 3 analog an (*Hüffer* AktG Rn 7; K. Schmidt/Lutter AktG/*Ziemons* Rn 10), wonach die Aktionäre einer für nichtig erklärten Ges die Einlagen zu leisten haben, soweit dies zur Begleichung der Verbindlichkeiten nötig ist; daraus muss dann aber auch gefolgert werden, dass im Einzelfall die Einlageleistung entbehrlich sein kann. Auch bei der KapErhöhung ist **Über-Pari-Emission** zulässig und in § 182 Abs 3 näher geregelt. Die Unzulässigkeit der Unterpariemission bei einer KapErhöhung verhindert praktisch die Beschaffung neuen Kapitals, wenn der aktuelle Kurs unter dem Nennwert liegt. Dann kann die Ges nur das Kapital herabsetzen; wenn dann der Kurs der alten Aktien über dem Nennwert bleibt, könnte eine KapErhöhung unter Beachtung des § 9 erfolgen (KölnKomm AktG/*Dauner-Lieb* Rn 13). Mit Zustimmung der betroffenen Aktionäre kann die Ges den Ausgabebetrag erhöhen, ermäßigen kann sie ihn aber nach Eintragung nicht mehr, weil hierin eine unzulässige Befreiung von der Einlagepflicht läge (näher zu beiden Fällen GroßKomm AktG/*Brändel* Rn 36, 37).

Bei der **KapErhöhung** aus **GesMitteln** wird zwar der Gegenwert nicht von demjenigen aufgebracht, der die Aktie erhält, sondern er wird aus freien Reserven der AG entnommen. Auch dadurch findet aber eine entspr Erhöhung des Grundkapitals und damit des gebundenen Vermögens der AG statt. Demgegenüber bedarf es hier nicht der Feststellung eines Ausgabebetrages (MünchKomm AktG/*Heider* Rn 38 im Hinblick auf Über-Pari-Emissionen). 5

III. Über-Pari-Emission

Sie ist zulässig, weil sie die Ges nicht gefährdet, sondern ihr nützt, zur Behandlung des Agio s schon Rn 2. Als Problem der Übernahme mit einem zT erheblichen Agio durch bei einer Kapitalerhöhung eintretende Investoren hat sich die Vorstellung entwickelt, dem Neu-Aktionär bei dieser Gelegenheit besondere Rechte einzuräumen, die nicht ohne Weiteres als bloße investor-relations hingenommen werden können (dazu *Fleischer* ZGR 2009, 505 ff), sondern die Grundsätze der Gleichbehandlung der Aktionäre beachten müssen; zu Zusatzleistungen des Inferenten, die nicht in den Ausgabebetrag, aber in die Kapitalrücklage eingehen sollen, sowie zur – insoweit unbedenklichen – Unterbewertung von Sacheinlagen K. Schmidt/Lutter AktG/*Ziemons* Rn 15–17, näher § 36a Rn 3, 4; Spindler/Stilz AktG/*Vatter* Rn 41 ff. Wenn der Wert einer Sacheinlage zwar den geringsten Ausgabebetrag iSd Abs 1 deckt, nicht aber ein **Agio**, so liegt nach *BGHZ* 191, 364 (ZIP 2012, 73 – *Babcock/Borsig*) hierin ein Verstoß gegen die in der Übernahme liegende Kapitaldeckungszusage, so dass die Differenzhaftung gem § 36a Abs 3 S 3 eingreift (s § 36a Rn 2, 3), so schon bisher *OLG Jena* ZIP 2006, 1989, 1997; *Loges/Zimmermann* WM 2005, 350 ff; *Priester* FS Lutter, 2000, S 617, 622; dem BGH zust Verse, ZPR 2012, 875, 878 ff). Auf eine besondere vertragli- 6 che Deckungszusage kommt es also nicht an (anders noch *Habersack* FS Konzen, S 179, 183 f; KölnKomm AktG/*Lutter* § 183 Rn 66). Das entspricht dem Umstand, dass bei einer verdeckten Sacheinlage die Bareinlagepflicht gem § 54 Abs 1 den gesamten Ausgabebetrag decken muss (*Priester* aaO S 622). Von der Über-Pari-Emission ist die Leistung von Zuzahlungen gegen Gewährung eines Vorzugs für die Aktie (§ 272 Abs 2 Nr 3 HGB) zu unterscheiden, Grundlage sind idR schuldrechtliche Vereinbarungen, so dass Verbindlichkeiten der Ges hieraus gem § 272 Abs 2 Nr 4 HGB zu passivieren sind (*Hüffer* AktG Rn 9; Wachter AktG/*Franz* Rn 19). Praktisch besteht die Möglichkeit einer Über-Pari-Emission nur bei KapErhöhung und beim Gang an die Börse. Nur in Ausnahmefällen extrem hoher Festsetzung des Ausgabebetrages kann der Beschl wegen der Gefahr, Minderheitsaktionären treuwidrig die Ausübung ihres Bezugsrechts zu verleiden, nach § 255 iVm § 243 anfechtbar sein (näher GroßKomm AktG/*Brändel* Rn 34; MünchKomm AktG/*Heider* Rn 39). In einem Zeichnungsschein muss (bei einer KapErhöhung) der zur sofortigen Leistung festgesetzte Betrag sowie das Aufgeld angegeben werden (§ 185 Abs 2 Nr 2).

7 Auch bei **Sacheinlagen** ist Über-Pari-Emission zulässig; der den Nennwert übersteigende Betrag der Sacheinlage bzw die Zahl der Stückaktien sind dann in der Satzung anzugeben (das wird aus § 27 Abs 1 geschlossen, s *Hüffer* AktG Rn 8) und in die Rücklage gem § 266 Abs 3 A II, 272 Abs 2 Nr 1 HGB einzustellen. Möglich ist aber auch, stattdessen die Sacheinlage bewusst mit einem unter ihrem Wert liegenden Betrag anzusetzen und so eine stille Reserve zu schaffen (GroßKomm AktG/*Brändel* Rn 31). Bei der KapErhöhung muss der höhere Ausgabebetrag sich ausdrücklich aus dem HV-Beschluss ergeben, da sonst Ausgabe zum Nennbetrag zwingend ist (*BGHZ* 33, 175, 178 = NJW 1961, 26). Bei der **bedingten KapErhöhung** muss nach § 193 Abs 2 Nr 3 der HV-Beschluss die Grundlagen der Berechnung des Ausgabebetrages und damit eines Agios angeben; nur beim **genehmigten Kapital** hat der Vorstand mit Zustimmung des Aufsichtsrats Ausgabebetrag und Agio festzusetzen, wenn nicht die Ermächtigung anders verfügt (§ 204 Abs 1). Die Bestimmung über den Inhalt des Zeichnungsscheins (Rn 6) gilt auch hier (*LG Frankfurt* AG 1992, 240).

8 Der Ausgabekurs braucht nicht einheitlich zu sein, vielmehr kann er für die Gründer und später bei einer KapErhöhung für die Übernehmer von Aktien – freilich stets unter Beachtung des § 8 – verschieden hoch festgesetzt werden, desgl können bei einer gemischten Bar- und Sachgründung unterschiedliche Ausgabebeträge festgesetzt werden (GroßKomm AktG/*Brändel* Rn 35; MünchKomm AktG/*Heider* Rn 41). Es darf aber keine Täuschung vorliegen, und es darf sowohl bei der Gründung als auch bei der Zuteilung der Aktien auf ein Bezugsrecht der Aktionäre nicht ohne Zustimmung der betroffenen Aktionäre das Recht auf gleichmäßige Behandlung verletzt werden (näher *G. Hueck* Der Grundsatz der gleichmäßigen Behandlung im Privatrecht, 1958, S 333 ff).

§ 10 Aktien und Zwischenscheine

(1) Die Aktien können auf den Inhaber oder auf Namen lauten.

(2) ¹Sie müssen auf Namen lauten, wenn sie vor der vollen Leistung des Ausgabebetrags ausgegeben werden. ²Der Betrag der Teilleistungen ist in der Aktie anzugeben.

(3) Zwischenscheine müssen auf Namen lauten.

Aktien und Zwischenscheine § 10

(4) ¹Zwischenscheine auf den Inhaber sind nichtig. ²Für den Schaden aus der Ausgabe sind die Ausgeber den Inhabern als Gesamtschuldner verantwortlich.

(5) In der Satzung kann der Anspruch des Aktionärs auf Verbriefung seines Anteils ausgeschlossen oder eingeschränkt werden.

Übersicht

	Rn
I. Allgemeines	1
II. Inhaber und Namensaktien	4

Literatur: *Harbarth* Dual Headed Companies, AG 2004, 573; *Heider* Einführung der nennwertlosen Aktie in Deutschland anlässlich der Umstellung des Gesellschaftsrechts auf den Euro, AG 1998, 1; *Hoffmann-Becking* Gesetz zur „kleinen AG" – unwesentliche Randkorrekturen oder grundlegende Reform?, ZIP 1995, 1; *Lutter* Die kleine Aktiengesellschaft – ein Angebot, FS Vieregge, 1995, S 603; *Mülbert* Die Aktie zwischen mitgliedschafts- und wertpapierrechtlichen Vorstellungen, FS Nobbe, 2009, S 691; *v. Rosen/Seibert* Die Namensaktie, 2000; *Schröer* Zur Einführung der unechten nennwertlosen Aktie aus Anlaß der Europäischen Währungsunion, ZIP 1997, 221; *Schwennicke* Der Ausschluss der Verbriefung der Aktien bei der kleinen Aktiengesellschaft, AG 2001, 118; *Seibert* Der Ausschluss des Verbriefungsanspruchs des Aktionärs in Gesetzgebung und Praxis, DB 1999, 267.

I. Allgemeines

Die Regelung, die sich nicht wie § 9 auf die Aktien als Anteilsrechte bezieht, sondern auf die **Aktienurkunde** und damit die wertpapiermäßige Verbriefung des Mitgliedschaftsrechts, ist zuletzt zweimal geändert worden. Abs 5 wurde durch das Gesetz für kleine Aktiengesellschaften und zur Deregulierung des Aktienrechts vom 2.8.1994 (BGBl I S 1961) eingefügt und durch Art 1 Nr 2 des KonTraG (Gesetz vom 27.4.1998 (BGBl I S 786)) geändert. Abs 2 ist durch Art 1 Nr 4 des StückaktienG (s § 1 Rn 18) geändert worden, indem die hier früher enthaltene Bezugnahme auf den Nennbetrag der Aktien gestrichen und die daraus folgende Maßgeblichkeit des „Ausgabebetrages" (s auch § 9 Abs 1) auf die Verbriefung von Stückaktien anwendbar gemacht wurde. IÜ entspricht die Norm im Wesentlichen ihren Vorläufern im AktG 1937 (Nachw bei GroßKomm AktG/*Brändel* Rn 1). 1

Im Zuge der Überlegungen zur Einführung der Stückaktie ist erwogen worden, den Anspruch auf Verbriefung der Mitgliedschaftsrechte weiter einzuschränken (*Schroer* ZIP 1997, 221, 224; *Seibert* DB 1999, 267 ff; dagegen *Heider* AG 1998, 1, 6). Dem ist der Gesetzgeber nicht gefolgt. Es ist zwar nicht unbedingt nötig, aber seit langem üblich, die Aktienrechte in Urkunden zu verbriefen, um ihre Geltendmachung und ihre Übertragung zu erleichtern, obwohl inzwischen der Börsenhandel bei Verwahrung nach Maßgabe des DepotG auch stückelos möglich ist, *Heissel/Kienle* WM 1993, 1909. Deshalb hat der Aktionär nach Leistung der vollen Einlage und Eintragung der Ges (§ 41 Abs 4) einen **Rechtsanspruch** auf **Aushändigung** einer Aktienurkunde, wovon jetzt auch Abs 5 ausgeht. Demgemäß braucht die Satzung über die Verbriefung nichts zu enthalten (*Hüffer* AktG Rn 2). Der Anspruch auf Aktienurkunden wurde schon früher als ein unentziehbares Mitgliedschaftsrecht angesehen und ist inzwischen gesichert (*RGZ* 94, 64; *Mülbert*, FS für Nobbe, 2009, S 691, 697; *Hüffer* AktG Rn 3; GroßKomm AktG/*Brändel* Rn 23; Schmidt/Lutter AktG/*Ziemons* Rn 31; aM aber 2

Westermann 95

Schwennicke AG 2001, 118, 199 ff), wenn auch nicht satzungsfest (Rn 3). Auch hängt der Bestand des Mitgliedschaftsrechts nicht von der Ausstellung der Urkunde ab, es existiert schon vorher und kann auch ohne Urkunde fortbestehen, die Verbriefung hat darum nur deklaratorischen Charakter (*RGZ* 52, 423; *BGH* NJW 1993, 1983, 1987; KölnKomm AktG/*Dauner-Lieb* Rn 2; MünchHdb GroßKomm AktG/*Brändel* Rn 10; Spindler/Stilz AktG/*Vatter* Rn 27). Das gilt auch dann, wenn die Aktienurkunde durch fälschliche Bezeichnung als Nennbetrags- statt als Stückaktie formal nichtig ist; das Mitgliedschaftsrecht kann dann durch Abtretung übertragen werden, ohne dass es sich um ein reines Wertrecht handeln würde (*BFH* AG 2011, 2254; zust *Nodoushani* EWiR 2012, 193). Die Entstehung des Mitgliedschaftsrechts hängt auch nicht von vorheriger Volleinzahlung ab (MünchKomm AktG/*Heider* Rn 13; *Hüffer* AktG Rn 3), es kann aber vor diesem Zeitpunkt nur in Gestalt von Namensaktien oder Zwischenscheinen (§ 8 Rn 19) verbrieft werden.

3 Entgegen der früheren Annahme, dass der Anspruch auf Verbriefung des Mitgliedschaftsrechts satzungsfest sei, erlaubt jetzt die Regelung in Abs 5, den Anspruch auf Verbriefung durch die Satzung auszuschließen oder zu beschränken. Daneben hatte der Aktionär schon nach früherem Recht die Möglichkeit, Verbriefung in einer Globalurkunde zu verlangen, wonach er dann sein Recht in den für die Globalurkunde entwickelten Formen veräußern kann (BT-Drucks 12/6721 S 7 = ZIP 1994, 247, 249; dem folgend *Planck* GmbHR 1994, 501, 504), auf seine Übertragung kann auch geklagt werden, Vollstreckung nach § 886 ZPO (*BGH* 160, 121, 125), näher *Müller/von Pilchau* in: von Rosen/Seibert S 974; zur Hinterlegung der Globalaktie *OLG München* NZG 2005, 756. Da es sich nicht aus § 10, sondern aus den Bestimmungen des DepotG über die Verwahrung (§§ 2 ff, 5, 9a) ergibt, bleibt es auch bei einer satzungsmäßigen Beschränkung des mitgliedschaftlichen Verbriefungsanspruchs bestehen (näher *Seibert* BB 1999, 267, 269; MünchKomm AktG/*Heider* Rn 39). Auch hat der Aussteller nach § 9a DepotG das Recht, eine Globalurkunde durch Einzelurkunden zu ersetzen. IÜ beziehen sich Ausschluss- und Beschränkungsmöglichkeiten auf den mitgliedschaftlichen Verbriefungsanspruch; auch kann die Ges bei einer Verbriefung möglicherweise – wenn auch unter Beachtung des Gleichbehandlungsgebots des § 53a (*Hüffer* AktG Rn 12) – bes bei Stückaktien die dabei auftretenden finanziellen Belastungen durch die Satzungsregelung (als Einschränkung des Anspruchs auf Einzelverbriefung) auf den Aktionär abwälzen (*Hoffmann/Becking* ZIP 1995, 1, 5; *Lutter* FS Vieregge, S 603, 611). Es wäre aber auch vertretbar, den Verbriefungsanspruch nur bei Aktien mit geringem Nennbetrag und/oder bei Stückaktien, die niedrige Beträge repräsentieren, auszuschließen oder den Anspruch von der Kostenübernahme abhängig zu machen (*Hüffer* AktG Rn 12). Eine **nachträgliche Ausschließung** oder Beschränkung des Verbriefungsrechts durch Satzungsänderung greift zwar in ein bestehendes Mitgliedschaftsrecht ein und bedürfte somit der Zustimmung der betroffenen Aktionäre, aus § 10 Abs 5 lässt sich aber schließen, dass satzungsändernde Mehrheit den Verbriefungsanspruch soll beseitigen können (MünchKomm AktG/*Heider* Rn 59; zur Überwindung des Grundsatzes im Einzelfall *Harbarth* AG 2004, 573, 583; *Seibert* DB 1999 267, 268). Wenn die Einschränkung im Zusammenhang mit der (satzungsändernden) Einführung von Aktien mit sehr niedrigem Nennwert oder von Stückaktien geschieht, ist angesichts der Kosten für eine Einzelverbriefung Widerspruch treupflichtwidrig.

II. Inhaber und Namensaktien

Das Gesetz lässt der Satzung (§ 23 Abs 2 Nr 5) die **Wahl zwischen Inhaber- und** 4
Namensaktien. Das gilt nicht für Kapitalanlagegesellschaften (§ 1 Abs 6 InvG) und
Ges, bei denen von Gesetzes wegen durch Ausgabe vinkulierter Namensaktien Einfluss auf den Mitgliederkreis genommen werden muss, wie Wirtschaftsprüfungs- und Buchführungsgesellschaften (§§ 28 Abs 5 S 2, 130 Abs 2 WPO), Steuerberatungsgesellschaften (§ 50 Abs 5 S 2 StBerG). Gleiches gilt iE für Nebenleistungsgesellschaften, die nach § 55 vinkulierte Aktien haben müssten, Verstöße haben freilich nur gewerberechtliche Folgen (GroßKomm AktG/*Brändel* Rn 18; MünchKomm AktG/ *Heider* Rn 22). In Deutschland ist wegen der Wertschätzung der Börsengängigkeit die Inhaberaktie stärker verbreitet als die Namensaktie, doch wird für die letztere entschieden, wo es der Ges auf die Möglichkeit von Kontakten mit den Aktionären (Investor Relations) ankommt oder die Einführung an ausländischen Börsen vorgesehen ist, an denen Namensaktien bevorzugt werden. Aber auch in Deutschland bestehen praktische Möglichkeiten, Namensaktien, selbst vinkulierte, zum Börsenhandel zuzulassen. Die Kapitalrichtlinie (RL 77/91 EWG, ABlEG Nr L 26 vom 31.1.1977) lässt ebenfalls beides zu. Beide Aktienarten sind **Wertpapiere**, dh die Geltendmachung der Mitgliedschaftsrechte ist, sobald Aktienurkunden ausgegeben sind, an die Innehabung der Urkunde gebunden. Die **Inhaberaktie** ist Inhaberpapier, die Vorschriften über Inhaberschuldverschreibungen (§§ 793 ff BGB) finden entspr Anwendung, soweit das die Rechtsnatur der Inhaberaktien als Mitgliedspapiere zulässt (*Zöllner* Wertpapierrecht, §§ 2 Abs 2 S 1, 29 Abs 2 S 1; MünchKomm BGB/ *Hüffer* Vor § 793 Rn 14; Schmidt/Lutter AktG/*Ziemons* Rn 4). Die Namensaktie ist trotz dieser Bezeichnung nicht Namenspapier (Rektapapier), sondern (geborenes) Orderpapier (MünchKomm AktG/*Heider* Rn 25; MünchKomm BGB/*Hüffer* Vor § 793 Rn 15; Spindler/Stilz AktG/*Vatter* Rn 9), dh sie kann durch Indossament übertragen werden; die Art 12, 13 und 16 des Wechselgesetzes gelten für sie sinngemäß (Näheres bei § 68).

Die **Satzung** kann auch vorsehen, dass beide Arten von Aktien ausgegeben werden 5
sollen, ohne dass die Zahl der Aktien der einzelnen Arten genannt werden muss (MünchKomm AktG/*Heider* Rn 15; *Lange* in: Henssler/Strohn Rn 4). Bes Aktiengattungen iSd § 11 werden nicht geschaffen, sofern beide gleiche Rechte verbriefen (näher zu § 11). Die Satzung kann auch dem Vorstand oder AR das Recht einräumen, nach seinem Ermessen zu bestimmen, ob Inhaber- oder Namensaktien oder beide Arten und wie viele von jeder Art ausgegeben werden sollen. Die Bestimmung gem § 23 Abs 2 Nr 5 ist zwingender Satzungsbestandteil. Dennoch kann es bei entspr Satzungsbestimmung bei einer Ermächtigung für die Verwaltung bleiben, über das Verhältnis von Inhaber- und Namensaktien zu entscheiden. Fehlt eine Satzungsbestimmung nach § 23 Abs 3 Nr 5, so führt dies nicht zur Nichtigkeit, wohl aber zu einer Korrekturmöglichkeit durch das Reg Gericht. Zum Anspruch des Aktionärs, Umwandlung der Aktien einer Gattung in die der anderen zu verlangen, s § 24. Zum Inhalt der Aktienurkunden § 13, zur Ausgabe von **Globalurkunden** § 8 Rn 9; s auch die Erläuterungen zu § 68. Zu möglichen Änderungen des Systems durch die Aktienrechtsnovelle 2012 s Rn 9.

§ 10 Aktien und Zwischenscheine

6 Nach Abs 2 S 1 können Aktien, die vor voller Leistung des Nennbetrages oder eines höheren Ausgabebetrages ausgegeben werden sollen, nicht als Inhaberaktien ausgegeben werden; zu dieser Einschränkung der Wahlfreiheit näher *Lange* in Henssler/Strohn Rn 5), das gilt für Bar- wie für Sacheinlagen, die nach § 36a Abs 2 vollständig zu leisten sind, so dass sich insoweit das Problem der Teilleistung ohnehin nicht stellt. Durch die Ausgabe von Namensaktien, in denen der Betrag der erbrachten Teilleistungen anzugeben ist, weiß die Ges aufgrund der Eintragung ins Aktienbuch (§ 68), an wen sie sich wegen der ausstehenden Einlage zu halten hat; deswegen kommen teileingezahlte Namensaktien praktisch nur dort vor, wo wegen der Eigenart des Geschäfts das Grundkapital nicht voll für den operativen Einsatz, sondern mehr als Reserve benötigt wird (Versicherungsgesellschaften). Ein **Verstoß** wie die Unterlassung des Vermerks macht die Aktien nicht ungültig, aber ein gutgläubiger Erwerber haftet nicht für die ausstehende Einlage (*RGZ* 144, 138, 145; *OLG Köln* AG 2002, 92; GroßKomm AktG/*Brändel* Rn 33; MünchKomm AktG/*Heider* Rn 55). Werden unter Verletzung des Abs 2 S 1 Inhaber- statt Namensaktien ausgegeben, so entsteht trotzdem die Mitgliedschaft und ihre wertpapiermäßige Verbriefung (MünchKomm AktG/*Heider* Rn 53), aber Vorstand und Aufsichtsrat sind zum Ersatz verpflichtet. Der Vermerk über Teilleistungen gem Abs 2 S 2 ist auch anzubringen, wenn satzungsgemäß Namensaktien ausgegeben werden (*Hüffer* AktG Rn 6), um gutgläubigen Erwerb zu vermeiden. Sieht dagegen die Satzung Inhaberaktien vor, so kann bei Teilleistung nicht jedes Recht des Aktionärs auf Verbriefung seines Anteilsrechts entfallen.

7 **Zwischenscheine** (dazu bereits § 8 Rn 19) müssen nach Abs 3 **stets auf den Namen** lauten, auch wenn die Satzung Inhaberaktien vorschreibt. Sie sind Orderpapiere, die durch Indossament übertragen werden (§ 68 Abs 1, 5). Scheine auf den Inhaber sind nichtig (Abs 4 S 1), auch wenn die volle Einlage bezahlt ist. **Teileinzahlungen** brauchen auf ihnen nicht angegeben zu werden (GroßKomm AktG/*Brändel* Rn 35). Kein Erwerber kann sich aber darauf berufen, er habe an Volleinzahlung geglaubt, weil Zwischenscheine bes häufig gerade vor Volleinzahlung ausgegeben werden, Schmidt/Lutter AktG/*Ziemons* Rn 14; Henssler/Strohn/*Lange* Rn 8. Der Erwerber ist also zur Leistung der restlichen Einlage verpflichtet (*KG* JW 1927, 2434). Ist gesetzwidrig ein Zwischenschein auf den Inhaber ausgegeben, so hat dieser, wie aus dem Schadensersatzanspruch aus Abs 4 S 2 zu schließen ist, zunächst Anspruch auf einen gültigen, auf den Namen lautenden Schein und, falls ihm ein Schaden entstanden ist, gegen den Ausgeber den Ersatzanspruch. Als nichtige Urkunde kann der Inhaberzwischenschein kein Anteilsrecht übertragen, an der Übergabe kann aber die formlose Übertragung des nicht beurkundeten Anteilsrechts liegen (GroßKomm AktG/*Brändel* Rn 50; *Hüffer* AktG Rn 9).

8 Zur Ausstellung eines Zwischenscheins ist die AG nur verpflichtet, wenn die Satzung es vorschreibt. Zwischenscheine sind **börsengängige Wertpapiere** iSd § 36 Abs 1 BörsG; allerdings erfolgt die Zulassung zum Börsenhandel nicht vor Volleinzahlung, und auch dann nicht, wenn nicht Volleinzahlung jederzeit zulässig ist (KölnKomm AktG/*Kraft* Rn 33; Spindler/Stilz AktG/*Vatter* Rn 87). Zwischenscheine können nämlich auch nach Volleinzahlung ausgegeben werden (KölnKomm AktG/*Dauner-Lieb* Rn 42).

§ 11 Aktien besonderer Gattung

¹Die Aktien können verschiedene Rechte gewähren, namentlich bei der Verteilung des Gewinns und des Gesellschaftsvermögens. ²Aktien mit gleichen Rechten bilden eine Gattung.

Übersicht

	Rn		Rn
I. Allgemeines	1	2. Mögliche Differenzierungen	8
II. Die Rechte der Aktionäre im Überblick	4	3. Veränderungen von Mitgliedschaftsrechten, besonders durch Schaffung von Gattungen	11
III. Aktiengattungen	6		
1. Begriff der „Gattung"	6		

Literatur: *Adams* Höchststimmrechte, Mehrfachstimmrechte und sonstige wundersame Hindernisse auf dem Markt für Unternehmenskontrolle, AG 1998, 63; *Bauer* Die Zulässigkeit der Ausgabe von sog „Tracking Stocks" durch Aktiengesellschaften nach deutschem Aktienrecht, AG 1993, 324; *Baums* Höchststimmrechte, AG 1990, 221; *ders* Spartenorganisation, „Tracking Stock" und deutsches Aktienrecht, FS Boujong (1996), S 19; *G. Bezzenberger* Zum Bezugsrecht stimmrechtsloser Vorzugsaktionäre, FS Quack, 1991, S 153; *T. Bezzenberger* Vorzugsaktien ohne Stimmrecht, 1991; *Fuchs* ECLR – Tracking Stock – Spartenaktien als Finanzierungsinstrument für deutsche Aktiengesellschaften, ZGR 2003, 167; *G. Hueck* Der Grundsatz der gleichmäßigen Behandlung im Privatrecht, 1958; *Loges/Distler* Gestaltungsmöglichkeiten durch Aktiengattungen, ZIP 2002, 467; *Sieger/Hasselbach* „Tracking Stock" im deutschen Aktien- und Kapitalmarktrecht, AG 2001, 391.

I. Allgemeines

Nach S 1 der Vorschrift kann das in der Aktie verkörperte **Mitgliedschaftsrecht** inhaltlich verschieden ausgestaltet sein, wobei offensichtlich davon ausgegangen wird, dass dies für eine jeweils größere Zahl von Mitgliedschaften gelten soll und nicht an die Person bestimmter Aktionäre gebunden wird. Die Einrichtung von Gattungen durch die Satzung (§ 23) ist also mit dem Gleichbehandlungsgebot (§ 53a) vereinbar, s auch Rn 3. Neben den durch die Aktiengattung begründeten bes Rechten (und Pflichten) gibt es auch Vorrechte eines Aktionärs, die aber nicht in Gestalt von bes Mitverwaltungsrechten, sondern nur im Hinblick auf Gewinnverwendung oder Verteilung des Abwicklungserlöses eingeräumt werden können, s etwa § 60 Abs 3. Hingegen können bei Bildung von Aktiengattungen auch bezüglich der Stimmrechte Besonderheiten begründet werden. S 2 der Vorschrift stellt klar, dass Aktien mit gleichen Rechten eine „**Gattung**" (Rn 6) bilden, im Unterschied zu den „**Arten**" von Aktien, wie sie durch Schaffung von Inhaber- und Namensaktien (§ 10), durch Vinkulierung eines Teils der Aktien, durch Differenzierung nach Nennbeträgen (§ 8 Rn 4) oder durch die Unterscheidung von Nennbetrags- und Stückaktien entstehen. Allerdings können die beiden letzteren Gattungen nicht bei ein und ders Ges bestehen, was bei den anderen Gattungen unbedenklich und zT verbreitet ist (Nebeneinander von Stamm- und Vorzugsaktien). Die Frage, ob eine bestimmte Ausgestaltung des Mitgliedschaftsrechts, die die Satzung begründet, eine „Gattung" schafft, kann praktische Bedeutung iRv Erfordernissen qualifizierter Mehrheiten erlangen, so bei Beschl über die Veränderung des Verhältnisses verschiedener Aktiengattungen (§ 179 Abs 3), ebenso im Umwandlungsrecht bei HV-Beschlüssen, wenn in der AG mehrere Aktiengattungen vorhanden sind, § 65 Abs 2 UmwG, ferner in den Fällen der §§ 182 Abs 2, 222 Abs 2.

1

Westermann

§ 11   Aktien besonderer Gattung

2   Unter den vom gesetzlichen Inhalt der Rechte abw Gattungen stehen praktisch im Vordergrund: **Vorzugsaktien**, die bei der Gewinnverteilung begünstigt werden, aber kein Stimmrecht gewähren (näher § 139); Vorzugsrechte bei der Verteilung des Liquidationserlöses (§ 271 Abs 2); **Mehrstimmrechtsaktien** (näher § 12). Es gibt auch Aktien mit **Nebenleistungspflichten** (näher § 55). In jedem Fall bedarf die Schaffung einer Aktiengattung einer Satzungsbestimmung (§ 23 Abs 3 Nr 4), wobei das Gesetz klarstellt, dass in der Satzung auch die Zahl der Aktien jeder Gattung festgelegt werden muss, desgleichen bei Gründung die von jedem Gründer übernommene Aktiengattung, § 23 Abs 2 Nr 2. Zu den Angaben bei **Kapitalerhöhung** § 185 Abs 1 S 3 Nr 3. Zur nachträglichen Änderung der gattungsmäßigen Rechte Rn 11. Von **Sondervorteilen** ist demgegenüber die Rede, wenn einem oder mehreren Aktionären, aber auch Dritten, bei der Gründung oder später Gläubigerrechte gewährt werden, die nicht aus der Mitgliedschaft fließen, s § 26 (MünchKomm AktG/*Heider* Rn 19; GroßKomm AktG/*Brändel* Rn 12; *Hüffer* AktG Rn 5). Andere Gläubigerrechte beruhen auf der Mitgliedschaft, verselbstständigen sich aber nach der Entstehung und können dann meist auch gesondert abgetreten werden, so etwa der Anspruch auf Dividende oder Liquidationserlös (GroßKomm AktG/*Brändel* Rn 12; MünchKomm AktG/*Heider* Rn 21). Für Gläubigerrechte gilt S 1 nicht, und sie können auch nicht durch Maßnahmen der Gesellschaftsorgane beeinträchtigt werden (KölnKomm AktG/*Dauner-Lieb* Rn 32; *Franz* in Wachter Rn 6).

3   Die Satzung muss bei der Schaffung von Aktiengattungen, persönlichen Vorrechten sowie bei späteren Änderungen den Grundsatz der **Gleichbehandlung der Aktionäre** beachten (*BGHZ* 33, 175, 186; 44, 245, 255; *G. Hueck* S 44 ff; Spindler/Stilz AktG/*Vatter* Rn 6; GroßKomm AktG/*Brändel* Rn 13; Spindler/Stilz AktG/*Vatter* Rn 6). Er schließt, wie gerade § 11 zeigt, inhaltliche Differenzierungen in den Mitgliedschaftsrechten nicht aus, gilt dann aber innerhalb der einzelnen Aktiengattungen. Die Möglichkeit einer Ungleichbehandlung verschiedener Aktiengattungen folgt daraus, dass durch die unterschiedliche Ausgestaltung der Mitgliedschaftsrechte verschiedene Voraussetzungen geschaffen worden sind, die sich dann auch in der Behandlung der Inhaber durch die Ges oder einen HV-Beschluss niederschlagen können (so etwa *OLG Düsseldorf* AG 1973, 282 – allerdings vor Schaffung des § 53a – für die Berechnung der Barabfindung gem § 305 für Stamm- und Vorzugsaktien). Der Gleichbehandlungsgrundsatz in seinem Verständnis als Verbot willkürlicher Differenzierungen fungiert dann als Schranke der Gestaltungsfreiheit für satzungsändernde Beschlüsse oder Maßnahmen unterhalb der Satzungsebene, so auch *OLG Hamm* NZG 2008, 914 f.

II. Die Rechte der Aktionäre im Überblick

4   Wie bei allen Mitgliedschaftsrechten ist zwischen **Vermögens- und Mitverwaltungsrechten** zu unterscheiden. Dem Aktionär steht an Vermögensrechten das Recht auf Dividende aus den Bilanzgewinnen (§ 58 Abs 4), auf den Liquidationserlös (§ 271 Abs 1) und das Bezugsrecht (§ 186 Abs 2) zu. Insoweit hat die Satzung Gestaltungsfreiheit in Bezug auf Dividende und Liquidationserlös, nicht aber im Hinblick auf das Bezugsrecht, das allenfalls im jeweiligen Kapitalerhöhungsbeschluss ausgeschlossen werden kann (§ 186 Abs 3; zur Inhaltskontrolle solcher Beschl näher die Erläuterungen zu § 186). Mitverwaltungsrechte des Aktionärs sind das Stimmrecht (§ 12 Abs 1), das Teilnahme- und Rederecht in der HV (§ 180 Abs 1), vor allem auch das Auskunftsrecht (§ 131). Zur Verteidigung seiner Vermögens- und Mitverwaltungsrechte

hat der Aktionär das Recht, Beschl anzufechten (§ 245 Nr 1–3). Manche Rechte sind an den Besitz einer bestimmten Quote des Grundkapitals geknüpft und werden dann als **Minderheitenrechte** bezeichnet (im Unterschied zu **Individualrechten** des Aktionärs).

Der Begriff des **Sonderrechts** ist nicht ganz geklärt. § 35 BGB geht von Rechten aus, die die Mitgliederversammlung ohne Zustimmung des Inhabers nicht beeinträchtigen kann. Im Schrifttum wird zT angenommen, dass diese Rechte nicht aus den allgm Mitgliedschaftsrechten, sondern aus einem zur Mitgliedschaft hinzutretenden Umstand fließen müssen, so dass jedem Mitglied zustehende Rechte nicht Sonderrechte sein könnten (so *BGHZ* 84, 208, 218 für das satzungsmäßige Recht, geheime Abstimmung zu verlangen). Wenn in den Begriff des Sonderrechts die Vorstellung eingehen sollte, dass die Position dem Aktionär nicht entzogen werden kann, was dann auf den Verständnisinhalt des § 35 BGB hinausläuft (in dieser Richtung etwa GroßKomm AktG/ *Brändel* Rn 7; Wachter AktG/*Franz* Rn 14; zum bürgerlich-rechtlichen Begriff des Sonderrechts *RGZ* 104, 255; *BGH* WM 1989, 250), so muss berücksichtigt werden, dass die Entscheidung über Bestandskraft und Entziehbarkeit eines Rechts von seiner konkreten inhaltlichen Ausgestaltung abhängt, weshalb das AktG den Ausdruck nicht verwendet; das ist dann ggf gerade das Kriterium für eine „Aktiengattung" (MünchKomm AktG/*Heider* Rn 15; *Hüffer* AktG Rn 6). Deshalb passt die Bezeichnung als „Sonderrecht" besser dort, wo das Gesetz an das Vorhandensein von über den gewöhnlichen Bestand an Mitgliedschaftsrechten hinausgehenden (oder dahinter zurückbleibenden) Rechten bestimmte Rechtsfolgen knüpft (was natürlich wiederum am Gleichbehandlungsgrundsatz zu messen ist). So, indem etwa in § 23 UmwG den Inhabern der dort umschriebenen bes Aktien der Anspruch auf Einräumung inhaltlich gleicher Rechte im übernehmenden Rechtsträger eingeräumt wird. Zur Schaffung derartiger „Sonderrechte" wie auch zur Verstärkung des Bestandes der Berechtigung bedarf es jedenfalls einer satzungsmäßigen Grundlage (*BGH* NJW 1969, 131; *BGH* MDR 1970, 913; GroßKomm AktG/*Brändel* Rn 14), die dann erkennen lassen muss – notfalls durch Auslegung –, ob das hier begründete Aktionärsrecht mehrheits- oder sogar satzungsfest sein soll. Somit besagt der Begriff des Sonderrechts nichts über die Abgrenzung der Privatinteressen des Mitglieds von der Verbandssphäre sowie über die Möglichkeiten, jede gegen die Einflüsse der jeweils anderen abzusichern. Darum aber den Begriff des Sonderrechts für ganz unbrauchbar zu erklären (*Wiedemann* GesR § 7 III 1; gegen begriffliche Überspitzung mit Recht *Hüffer* AktG Rn 6; KölnKomm AktG/*Dauner-Lieb* Rn 24), ist nicht angezeigt, da die Satzung einzelnen Aktionären ein nur mit ihrer Zustimmung entziehbares Recht einräumen kann (GroßKomm AktG/*Brändel* Rn 40); soll dies nachträglich geschehen, so ist die Zustimmung aller derer erforderlich, denen eine entspr Verstärkung ihrer Rechte nicht zugedacht ist, und es ist stets zu prüfen, ob die zwingende Natur einzelner die Mitgliedschaftsrechte ausgestaltender Normen des Aktiengesetzes nicht entgegensteht (Rechtsgedanke des § 23 Abs 5; Henssler/Strohn/ *Lange* Rn 6; KölnKomm AktG/*Dauner-Lieb* Rn 6). IÜ sind nicht alle die Rechte der Aktionäre betreffenden Regelungen abschließend; wo dies, etwa bei Festlegung der für bestimmte Beschlussgegenstände nötigen Mehrheiten, doch anzunehmen ist, kann auch die Satzung weitergehende Sonderrechte nicht einräumen. Zu unterscheiden von Sonderrechten dieser Art sind solche Befugnisse, die nur Inhabern bestimmter Aktien oder bestimmten Aktionären eingeräumt werden können, so ein Entsenderecht zum AR (§ 101 Abs 2), wobei nach der ausdrücklichen Bestimmung des § 101 Abs 2 S 3 die

Aktien der Entsendeberechtigten keine bes Gattung bilden. Möglich ist ferner, dass Sonderrechte, die dem Inhaber selbst nach Beendigung seiner Mitgliedschaft verbleiben sollen, nicht durch schuldrechtlichen Vertrag, sondern durch Satzung geschaffen werden. Die Satzung muss dann auch die Voraussetzung des Verlusts derartiger Gläubigerrechte regeln, sonst sind sie grds unentziehbar (KölnKomm AktG/*Kraft* Rn 15; MünchKomm AktG/*Heider* Rn 22).

III. Aktiengattungen

6   **1. Begriff der „Gattung".** Bestimmt die Satzung (was ihr gem § 23 Abs 3 Nr 5 vorbehalten ist), dass Aktien mit **verschiedenen Rechten** ausgegeben werden, so bilden Aktien mit den gleichen Rechten eine bes Gattung; der Begriff hat Bedeutung für eine Reihe von Gesetzesvorschriften (etwa §§ 23 Abs 3 Nr 4, 179 Abs 3, 182 Abs 2), s Henssler/Strohn/*Lange* Rn 5. Die Verschiedenheit der Rechte besteht meist darin, dass Aktien mit Vorrechten irgendwelcher Art ausgestattet werden; man bezeichnet sie dann als Vorzugsaktien und die übrigen Aktien als Stammaktien. Innerhalb der Gattung kann weiter differenziert werden, so bei Gewährung einer Dividendengarantie für einen Teil der Stammaktien (*LG Hannover* DB 1994, 1968 mit der weiteren Feststellung, dass eine Gattung iSd § 11 auch dann gebildet werde, wenn die Dividendengarantie nicht in der Satzung der Ges festgelegt ist, sondern vertraglich von einem herrschenden Unternehmen eingeräumt wird, da auch diese Zusage im Gesellschaftsverhältnis ihren Grund hat). Die Verschiedenheit der Rechte kann aber auch darin bestehen, dass bestimmte Aktien gegenüber den normalen benachteiligt werden, indem den Inhabern **bes Pflichten** bis hin zu Nebenleistungen gem § 55 (*RGZ* 80, 95, 97; GroßKomm AktG/*Brändel* Rn 19; Spindler/Stilz AktG/*Vatter* Rn 16) auferlegt werden. Ebenso können Vorteile und Nachteile miteinander verbunden werden, so bei den Vorzugsaktien ohne Stimmrecht. Möglich ist auch, dass **drei oder noch mehr verschiedene Gattungen** gebildet werden (GroßKomm AktG/*Brändel* Rn 26; zu den Gestaltungsmöglichkeiten *Loges/Distler* ZIP 2002, 567 ff). Freilich sind nicht alle Differenzierungen – auch nicht alle zulässigen – gattungsbegründend (näher Rn 8 ff).

7   Eine Gattung kann auch durch eine **einzige Aktie** gebildet werden (ebenso MünchKomm AktG/*Heider* Rn 29; Wachter AktG/*Franz* Rn 5). Zusagen des Vorstands an einen Investor, ihn außerhalb der HV regelmäßig zu informieren, sind ohne eine die Bildung einer Gattung zulassende Satzungsbestimmung also auch im Zuge von „investor relations" unwirksam; zur Begründung solcher Rechte durch eine Aktiengattung *Loges/Distler* ZIP 2012, 567. Die Schaffung einer Aktiengattung, die ein Recht auf bevorzugte Informationserteilung begründet, ist unter Gesichtspunkten der Gleichbehandlung der Aktionäre nicht verboten, Bedenken können sich aber daraus ergeben, dass nach § 131 Abs 4 dann jedem Aktionär in der HV dieselben Informationen gegeben werden müssen; ob sich hieraus die Unzulässigkeit einer solchen Aktiengattung ergibt, ist nicht geklärt (dagegen *Fleischer* ZGR 2009, 505, 520). Bei Schaffung einer Gattung kommt gem § 179 Abs 3 dem Gattungssonderbeschluss keine Bedeutung zu. Sind mehrere Aktiengattungen vorgesehen, so muss in der Gründungsurkunde auch angegeben werden, welche Inhaber welcher Gattungen die Gründung übernehmen (§ 23 Abs 2 Nr 2). Ebenso muss bei KapErhöhungen im Zeichnungsschein der Gesamtbetrag jeder Aktiengattung genannt werden (§ 185 Abs 2 S 3). In der Bilanz ist ferner nach § 152 Abs 1 S 2 der auf jede Aktiengattung entfallende Betrag des Grundkapitals gesondert anzugeben.

Aktien besonderer Gattung § 11

2. Mögliche Differenzierungen. Eine zulässige Bevorzugung oder Benachteiligung 8
kann alle beliebigen Rechte betreffen, soweit nicht die Möglichkeiten der Aktionäre
beschnitten werden sollen, ihre Ansprüche in der Ges durchzusetzen. Es kann nämlich nicht Aktionäre geben, denen gegenüber schon nach der Satzung weniger korrekt verfahren werden muss als gegenüber „gewöhnlichen" Gesellschaftern. Deshalb sind Informations- und Auskunftsrechte nicht auf dem Wege über § 11 beschränkbar (*BGHZ* 70, 117, 122; MünchKomm AktG/*Heider* Rn 56; KölnKomm AktG/*Dauner-Lieb* Rn 12); eine Ausübungsbeschränkung im Einzelfall wie etwa die Verkürzung der Redezeit in der HV oder im Notfall die Beendigung der Teilnahme zum Zweck der geordneten Durchführung ist etwas anderes, ebenso die Einführung eines Höchststimmrechts (Rn 10). Eine Bevorzugung beim Stimmrecht ist nur in den engen Grenzen des § 12 möglich, Zustimmungs- oder Vetorechte, die zugunsten einzelner Aktionäre nicht begründet werden können, können in ihrer praktischen Wirkung nahezu erreicht werden, wenn dem Inhaber einer bestimmten Gattung das Recht eingeräumt wird, in einem Sonderbeschluss über satzungsmäßig festgelegte Gegenstände abzustimmen (K. Schmidt/Lutter AktG/*Ziemons* Rn 5).

Am häufigsten sind Vorrechte bei der **Gewinnverteilung**, wie sie in § 60 Abs 3 ausdrücklich zugelassen werden. Der vorstellbare Fall, dass für Sacheinleger, etwa bei Einbringung eines Unternehmens, ein bes Vorzug begründet werden soll, ist nicht durch die Bildung einer bes Aktiengattung zu bewältigen, da die Differenzierung nach Einlagen die Mitgliedschaftsrechte nicht beeinflusst (KölnKomm AktG/*Dauner-Lieb* Rn 21; GroßKomm AktG/*Brändel* Rn 18; MünchKomm AktG/*Heider* Rn 31). Vorzugsaktien erhalten verbreitet einen festen Prozentsatz als Dividende vorweg, so dass nur der verbleibende Betrag den Stammaktien zufließt, sei es ihnen allein, sei es zusammen mit den Vorzugsaktien. Zulässig und nicht selten ist ein Nachbezugsrecht auf Dividende aus dem Reingewinn späterer Jahre (näheres § 140). Weiter kann die Bevorzugung den Anteil am Abwicklungserlös betreffen; umgekehrt kann der Anteil am Abwicklungserlös oder der Rückzahlungsbetrag bei der Einziehung auf einen bestimmten Prozentsatz des Nennbetrages oder nach sonstigen Kriterien beschränkt sein (MünchKomm AktG/*Heider* Rn 53). Vorstellbar ist auch, dass für Aktien einer Gattung die Zwangseinziehung gegen angemessenes Entgelt unter bestimmten Voraussetzungen gestattet wird.   9

Keine Gattungsverschiedenheit wird durch Differenzierungen des **Nenn-** oder **Ausga-** 10
bebetrages begründet, da die Mitgliedschaftsrechte qualitativ gleich, nur im Umfang durch die Höhe der Kapitalbeteiligung bestimmt sind (GroßKomm AktG/*Brändel* Rn 16; MünchKomm AktG/*Heider* Rn 31; Spindler/Stilz AktG/*Vatter* Rn 18). Auch Differenzierungen hinsichtlich Verbriefung und Börsenzulassung sind nicht gattungsbegründend (MünchKomm AktG/*Heider* Rn 30, 31; Wachter AktG/*Franz* Rn 15; **aM** bezüglich der Verbriefung GroßKomm AktG *Brändel* Rn 17). Ob Nennbetrags- und Stückaktien bes Gattungen darstellen, wofür die Neufassung des § 152 Abs 1 S 2 nach Einführung der Stückaktie angeführt werden könnte, kann dahinstehen, da eine Ges nicht gleichzeitig Stück- und Nennbetragsaktien haben kann. Wenn angenommen wird, dass Inhaber- und Namensaktien keine gesonderten Gattungen darstellen (Wachter AktG/*Franz* Rn 15; MünchKomm AktG/*Heider* Rn 30; *Hüffer* AktG Rn 7; **aM** jedoch GroßKomm AktG/*Brändel* Rn 17), so ist zwar zuzugeben, dass die Mitgliedschaftsrechte gleich sind, doch ist die Rechtsstellung des Aktionärs, etwa auch beim Börsenzugang der Aktie, zumindest durch die Vinkulierung nachhaltig betrof-

Westermann

fen, so dass hier bei nachträglicher Einführung der Sonderbeschluss gem § 179 Abs 3 angebracht erscheint, wenn nicht im Einzelfall schon § 180 Abs 2 greift. Wenn bei einer KapErhöhung den Inhabern der neuen Aktien ein später einsetzendes Gewinnbezugsrecht eingeräumt wird, entsteht bis zum Gewinnverwendungsbeschluss eine Gattung (K. Schmidt/Lutter AktG/*Ziemons* Rn 5). Keine bes Gattung sind die **Vorratsaktien**, s zu § 56. Auch durch die Festsetzung eines **Höchststimmrechts** für den Inhaber mehrerer Aktien an einer nicht börsennotierten AG (§ 134 Abs 1 S 2) wird nicht eine Aktiengattung geschaffen, sondern es wird nur das Stimmrecht für jeden Gesellschafter, der die Voraussetzungen erfüllt, aus seinen Aktien beschränkt, bis sein Aktienbesitz unter den Höchstbetrag sinkt. Dies ist im Rahmen einer Satzungsänderung ohne Zustimmung der betroffenen Aktionäre möglich, *BGHZ* 70, 117 ff.

11 **3. Veränderungen von Mitgliedschaftsrechten, besonders durch Schaffung von Gattungen.** Ein einheitliches Konzept der Veränderung bestehender Mitgliedschaftsrechte liegt dem Gesetz nicht zugrunde. Manchmal sind Modifikationen gesetzlicher Ansprüche durch qualifizierte satzungsändernde Beschl möglich (zB beim Ausschluss des Bezugsrechts, § 186 Abs 3, mit zusätzlichen Anforderungen hinsichtlich der Voraussetzungen des Bezugsrechtsausschlusses). Die Inhaber bereits bestehender, durch einen Beschluss in ihrem Rechtsbestand beeinträchtigter oder ganz um ihren Vorzug gebrachter Gattungen müssen ebenfalls zustimmen, wenn auch nur mit einer (qualifizierten) Mehrheit, so für Vorzugsaktien ohne Stimmrecht § 141 Abs 1, generell für das Verhältnis bestehender Aktiengattungen zueinander § 179 Abs 3. Innerhalb einer Gattung gilt der Gleichbehandlungsgrundsatz, so dass insoweit die Bevorzugung eines Teils der Aktionäre der Zustimmung aller anderen bedarf; es ginge nicht an, dass innerhalb einer Gattung ein geringerer Schutz gegen benachteiligende Veränderungen bestünde als im Verhältnis bestehender Gattungen zueinander (GroßKomm AktG/ *Brändel* Rn 40). Aber auch die Aktionäre der nicht betroffenen Gattungen müssen zustimmen, wobei die Erleichterungen der §§ 179 Abs 3, 141 Abs 2 nur gelten, weil durch die Neuregelung nicht das Verhältnis bestehender Gattungen verändert wird, sondern eine „Unter-Gattung" mit bes Vorrechten ausgestattet wird (GroßKomm AktG/*Brändel* Rn 40). Eine Benachteiligung nur einzelner Aktionäre ein und ders Gattung, also die Schaffung einer „Unter-Gattung", bedarf der Zustimmung aller davon Betroffenen oder eines Sonderbeschlusses gem § 179 Abs 3 (gegen die Anwendbarkeit des § 179 Abs 3 GroßKomm AktG/*Brändel* Rn 40; MünchKomm AktG/*Heider* Rn 45).

12 Die **nachträgliche Schaffung** oder **Veränderung** von **Aktiengattungen** findet im wesentlichen iRv KapErhöhungen statt, so dass es eines Beschlusses mit satzungsändernder Mehrheit bedarf, eines Sonderbeschlusses allerdings nicht, wenn lediglich eine Gattung mit geringerwertigen Rechten geschaffen wird (GroßKomm AktG/ *Brändel* Rn 25); anders – Sonderbeschluss genügt nicht – Spindler/Stilz AktG/*Vatter* Rn 23. § 179 Abs 3 gilt auch nicht für eine Erweiterung von Aktionärsrechten, die sich nicht auf alle Aktien erstrecken soll, da hier jeder Aktionär betroffen ist, der Vorzug nicht zu Gute kommen soll (GroßKomm AktG/*Brändel* Rn 40). Auf diesem Wege können aber immerhin Bevorzugungen im Dividendenanspruch, beim Recht auf Liquidationserlös (zur Zustimmung aller Aktionäre, denen dieses Recht erhalten werden soll, s schon *RGZ* 62, 57; 69, 82) sowie – iRd nach § 12 Zulässigen – beim Stimmrecht erreicht werden. Denkbar wäre auch, bestimmten Aktionären Vorrechte beim Bezug junger Aktien einzuräumen; die Grenze solcher Bevorzugung liegt dort,

Westermann

§ 11 Aktien besonderer Gattung

wo Aktionären Mitverwaltungs- oder Vermögensrechte gegeben werden sollen, die das Gesetz für den Aktionär oder die HV überhaupt nicht vorsieht. Soll durch die Satzungsänderung eine Gattung mit besser ausgestatteten Rechten geschaffen werden, etwa Vorzugsaktien, die den Vorzugsaktien ohne Stimmrecht vorgehen oder gleichstehen sollen, ist § 141 Abs 2 anzuwenden, auch mit der Ausnahme für den Fall, dass schon in der Satzung die Möglichkeit der Schaffung von Vorzugsaktien vorgesehen ist und die Altaktionäre auf die neuen Aktien ein uneingeschränktes Bezugsrecht erhalten (KölnKomm AktG/*Zöllner* § 139 Rn 34; GroßKomm AktG/*Brändel* Rn 25; zum Erfordernis einer satzungsmäßigen Festlegung *T. Bezzenberger* S 148; *Hüffer* AktG § 141 Rn 16; teilw anders *Werner* AG 1971, 69, 72; zur Ausübung des Bezugsrechts, das auch Vorzugsaktionären zusteht (§ 186 Rn 7), *G. Bezzenberger* FS Quack, S 153 ff). Die Beseitigung stimmrechtsloser Vorzugsaktien oder die Beseitigung des Vorzugs kann durch Satzungsänderung geschehen, die aber nach § 141 Abs 1 der Zustimmung der Vorzugsaktionäre bedarf, wobei § 179 Abs 3 nicht anwendbar ist (*OLG Köln* NZG 2002, 966, 967; MünchKomm AktG/*Stein* § 141 Rn 181). Die Vorschriften über das Verhältnis von Aktiengattungen zueinander sind entspr anzuwenden, wenn aufgrund Satzungsänderung neue Aktien ausgegeben werden, deren rechtliche Ausgestaltung die Mitgliedschaftsrechte der anderen Aktionäre beeinträchtigt; im einzelnen handelt es sich um die Auslegung der Tragweite der betreffenden Gesetzesvorschriften, zT (§§ 141 Abs 2, 182 Abs 2) bestehen auch bereits Regelungen über die Zustimmung der Inhaber der einer Gattung angehörigen Rechte. In Deutschland noch nicht verbreitet, gleichwohl aber (bei entspr Satzungsregelung) zulässig, ist eine Einführung einer Aktiengattung, deren Inhaber Gewinnansprüche nach Maßgabe der Erträge einer Tochtergesellschaft oder einer Sparte der die Aktien ausgebenden Ges haben sollen **(Tracking Stocks)** (dazu im Einzelnen *Brauer* AG 1993, 324, 325; *Baums* FS Boujong, S 19, 26 ff; *Fuchs* ZGR 2003, 167, 169 f; *Cichy/Heins* AG 2010, 181; *Sieger/Hasselbach* AG 2001, 391). Die Stimmrechte lassen sich aber nicht entsprechend beschränken.

Nur mit Zustimmung aller Aktionäre möglich ist eine nachträgliche, alle Aktien erfassende gänzliche **Ausschließung** des **Dividendenanspruchs** oder des Rechts auf Beteiligung am Abwicklungserlös, da hierdurch der Zweck der Teilnahme an einem Wirtschaftsunternehmen vereitelt wird (ebenso GroßKomm AktG/*Brändel* Rn 34, 35). Für eine gemeinnützige Gesellschaft werden aber Aktien ohne Vermögensbeteiligung zugelassen (näher *Sethe* ZHR 162 (1998), 474 ff) Dasselbe würde für die nachträgliche Beseitigung des Stimmrechts gelten; zur Einführung von Höchststimmrechten s zu § 134, zur nachträglichen Vinkulierung zu § 180 Abs 2. **13**

Hinsichtlich der **Auswirkungen** eines **Verstoßes** gegen die gesetzlichen oder satzungsmäßigen Schranken der Veränderung von Aktionärsrechten gilt die allg Differenzierung nach Nichtigkeit und Anfechtbarkeit von Beschl (MünchKomm AktG/*Heider* Rn 59; Spindler/Stilz AktG/*Vatter* Rn 36). Solange ein nach §§ 179 Abs 3 oder 141 Abs 2 notwendiger Sonderbeschluss betroffener Aktionäre fehlt, ist der vorausgehende HV-Beschluss schwebend unwirksam, bei Ablehnung einer Zustimmung ist er auch ohne Anfechtung endgültig nichtig (*RGZ* 148, 175, 187; *BGHZ* 15, 181 – Genossenschaft; zu dieser Differenzierung GroßKomm AktG/*Brändel* Rn 46; KölnKomm AktG/*Dauner-Lieb* Rn 39). Zu den Folgen von Verstößen gegen die allg Gleichbehandlung s zu § 53a. **14**

Westermann

§ 12 Stimmrecht. Keine Mehrstimmrechte

(1) ¹Jede Aktie gewährt das Stimmrecht. ²Vorzugsaktien können nach den Vorschriften dieses Gesetzes als Aktien ohne Stimmrecht ausgegeben werden.

(2) Mehrstimmrechte sind unzulässig.

Übersicht

	Rn
I. Allgemeines	1
II. Mehrstimmrechte	4

Literatur: *Arnold* Entschädigung von Mehrstimmrechten nach § 5 EGAktG, DStR 2003, 784; *Brändel* Mehrstimmrechtsaktien – ein in Vergessenheit geratenes Instrument der Beherrschung und des Minderheitenschutzes?, FS Quack, 1991, S 175; *Hering/Olbrich* Der Wert der Mehrstimmrechte und der Fall „Siemens", ZIP 2003, 104; *Lutter* Der Aktionär in der Marktwirtschaft, 1973; *Peltzer* Die Abschaffung von Mehrstimmrechten und Stimmrechtsbeschränkungen im KonTraG-Entwurf, AG 1997, 90; *Schulz* Der Ausgleichanspruch für erloschene und beseitigte Mehrstimmrechte gem § 5 III EGAktG, NZG 2002, 996; *Schwark* Zur Rechtsposition der Mehrstimmrechtsaktionäre, FS Semler, 1993, S 367; *Zöllner/Hanau* Die verfassungsrechtlichen Grenzen der Beseitigung von Mehrstimmrechten bei Aktiengesellschaften, AG 1997, 117; *Zöllner/Noack* One share – one vote?, AG 1991, 117; *dies* Zulässigkeit des gesetzgeberischen Eingriffs in Gesellschafterrechte, AG 1991, 157.

I. Allgemeines

1 Die grds gleichmäßige Beteiligung aller Aktionäre am Stimmrecht nach Maßgabe ihres Kapitaleinsatzes gehört zur marktwirtschaftlichen Ordnung der auf Fungibilität des Anteilsbesitzes angelegten Kapitalgesellschaft (zu den Funktionen der Kontrolle über den Anteilsbesitz auch bei Anlage kleiner Vermögen *Lutter* S 27). Von dem Grundsatz der Gleichheit der durch Kapitalbeteiligung vermittelten Mitwirkungsrechte (one share, one vote) gibt es allerdings einige Ausnahmen, so die in Abs 1 S 2 ausdrücklich zugelassenen Vorzugsaktien ohne Stimmrecht, ferner die in § 134 Abs 1 S 2 anerkannten Höchststimmrechte, die der Sache nach Ausübungsbeschränkungen sind (*Hüffer* AktG Rn 6; *K. Schmidt/Lutter* AktG/*Ziemons* Rn 13). Hinter diesen Ausnahmen stehen klar umgrenzte rechtspolitische Überlegungen. Hingegen hat es um die noch im AktG 1937 zum Gegenstand einer ausnahmsweisen (behördlichen) Zulassung gemachten Mehrstimmrechte von jeher eine scharfe Diskussion gegeben, in der die Kritik an dieser möglichen Durchbrechung des Grundsatzes deutlich überwog (*Zöllner/Noack* AG 1991, 117, 157; *Schwark* FS Semler, S 376, 369 ff; *Zöllner/Hanau* AG 1997, 206; s auch *Kluth* ZIP 1997, 1217; anders *Brändel* FS Quack, S 175 ff), so dass die Möglichkeit einer Ausnahme durch das KonTraG schließlich ganz gestrichen wurde (Gesetz zur Kontrolle und Transparenz im Unternehmensbereich vom 27.4.1998, BGBl I S 786; diese Entscheidungen beruhten zum Teil auch auf dem Einfluss der EG-Kommission, s Vorschlag zur Änderung der fünften Richtlinie des Rates über die Struktur der AG – Strukturrichtlinie, ABl Nr C 7 v 11.1.1991, S 4 ff; dazu *Zöllner/Noack* AG 1991, 117, 129 ff; *Peltzer* AG 1997, 90). Zur Übergangsregelung Rn 4, 5. Auf der anderen Seite gibt es kein Stimmrecht ohne Inhaberschaft an einer Aktie (*BGHZ* 119, 305, 316 f; KölnKomm AktG/*Dauner-Lieb* Rn 6; *Hüffer* AktG Rn 1). Zu den Vorzugsaktien ohne Stimmrecht sowie zur Schaffung dieser Aktiengattung und zur Rechtsstellung der Vorzugsaktionäre s im Einzelnen §§ 139–141.

Stimmrecht. Keine Mehrstimmrechte   § 12

Der Grundsatz, dass es kein Stimmrecht ohne Inhaberschaft an einer Aktie geben 2
soll, hängt mit der Vorstellung zusammen, dass die Rechte zur Mitwirkung an der Willensbildung, ua Stimmrecht oder Auskunftsrechte, von der Mitgliedschaft nicht sollen abgespalten werden können (§ 8 Rn 13). Dies schließt aber eine Ermächtigung zur Ausübung eines fremden Stimmrechts im eigenen Namen (§ 129 Abs 3) nicht aus, ebensowenig die organisierte Ausübung fremder Stimmrechte durch hierzu bevollmächtigte Kreditinstitute (§§ 129 Abs 3, 135). Ein Treuhänder ist Aktionär mit sämtlichen Rechten und Pflichten, übt also auch das Stimmrecht aus (*BGHZ* 105, 168, 175; GroßKomm AktG/*Brändel* Rn 12). Zur Ausübung des Stimmrechts bei Rechtsgemeinschaft an einer Aktie § 69. Aufgrund der Überlegungen zum Abspaltungsverbot geben auch Anleihen und Genussscheine (dazu s § 221) kein Stimmrecht, *Hüffer* AktG Rn 3. Bei der **Rest-** oder **Spaltgesellschaft** (§ 5 Rn 9) wurden Bruchteilsstimmrechte vorübergehend zugelassen (*BGH* AG 1992, 27, 29).

Das zu den unabdingbaren Mitgliedschaftsrechten gehörende Stimmrecht kann 3
Beschränkungen im Hinblick auf seine **Ausübung** unterliegen. Das ist aufgrund spezieller Gesetzesvorschrift der Fall bei der Verletzung von (konzernbezogenen) Mitteilungspflichten, §§ 20 Abs 7 S 1, 21 Abs 4, bei Interessenkollisionen (§ 136), ferner in Bezug auf die Ausübung von Rechten aus eigenen Aktien, wobei das Stimmrecht ruht (§ 71b). Auch ist bei wechselseitigen Beteiligungen nach § 328 Abs 1 die Ausübung der Stimmrechte auf 25 % der Anteile des anderen Unternehmens beschränkt. Ganz allg Schranken der Stimmrechtsausübung können sich ferner aus der gesellschaftsrechtlichen Treupflicht ergeben, näher § 53a Rn 13, schließlich aus der Verletzung von Mitteilungspflichten nach §§ 20 Abs 7 S 1, 71b, 28 S 1 WpGH sowie in den gesetzlich bestimmten Fällen von Interessenkollisionen.

II. Mehrstimmrechte

Das Verbot der Begründung von Mehrstimmrechtsaktien gilt ausnahmslos, die nach 4
früherem Recht mögliche Erteilung einer Ausnahmegenehmigung aus Gründen des öffentlichen Wohls ist entfallen, so dass zur Abwehr von Überfremdung durch ausländische Investoren und Übernehmer nicht mehr auf dieses Instrument, sondern im Wesentlichen nur auf die Schaffung von Höchststimmrechten und auf Vinkulierungen zurückgegriffen werden kann. Das Verbot gilt auch für nicht börsennotierte und „kleine" AG, was rechtspolitisch nicht unbedingt überzeugt (ebenso *Hüffer* AktG Rn 10). Problematisch, wenn auch mit nachlassender Aktualität, ist der Umgang mit bestehenden Rechten dieser Art, der zT in **Übergangsregelung** erfolgt ist (eingehend dazu MünchKomm AktG/*Heider* Rn 43 ff). Das Verbot der Neuschaffung gilt seit 1.6.2003, an diesem Zeitpunkt erloschen bestehende Mehrstimmrechte automatisch. Die Übergangsregelung steht in § 5 Abs 1–6 EGAktG und war von der Einsicht getragen, dass bestehende Mehrstimmrechte verfassungsrechtlichen Schutz gem Art 14 GG genossen (näher *Zöllner/Noack* AG 1991, 117 ff; *Brändel* FS Quack, S 175, 180; bestätigend mit Blick auf den RegE des KonTraG *Zöllner/Hanau* AG 1997, 209 ff). Als Problem kam hinzu, dass entschieden werden musste, ob bei Beseitigung bestehender Mehrstimmrechte Entschädigungspflichten die Ges oder den Staat treffen müssten. Der erste Schritt der Übergangslösung bestand darin, dass Mehrstimmrechte bis zum Stichtag erhalten bleiben konnten; das anschließende Erlöschen löst eine Ausgleichspflicht der Ges gem § 5 Abs 3 S 1 EGAktG aus. Das Erlöschen der Mehrstimmrechte bedeutete, dass hinfort die Aktien nur noch Stimmrechte nach

Westermann

Maßgabe des § 134 Abs 1 geben. Die Ausgleichspflicht der Ges konnte eine erhebliche Belastung darstellen, deshalb wurde die Möglichkeit eines **Fortgeltungsbeschlusses** vorgesehen, Henssler/Strohn/*Lange* Rn 7; Spindler/Stilz AktG/*Vatter* Rn 26. Dieser Beschl bedurfte einer Mehrheit von mindestens drei Vierteln des bei der Beschlussfassung vertretenen Grundkapitals, wobei nach § 5 Abs 1 S 2 EGAktG die Mehrstimmrechte nicht teilnehmen konnten; für den Beschluss bedurfte es nicht bestimmter Gründe des Allgemeinwohls. Ferner konnte die HV nach § 5 Abs 2 S 1 EGAktG von sich aus, schon vor dem Stichtag, die Beseitigung der Mehrstimmrechte beschließen.

5 Die Abschaffung der Mehrstimmrechte, sei es kraft Gesetzes oder durch Beschluss der HV, hat bei den auf diese Weise verstärkten Beteiligungen von Kommunen an privatwirtschaftlichen Unternehmen der Energieversorgung (zur rechtstatsächlichen Verbreitung des *Brändel* FS Quack, S 175 ff) erhebliche Entschädigungspflichten der Gesn ausgelöst. Allerdings bestand für die (gerichtliche) Geltendmachung der Entschädigungsansprüche nach einem automatischen Erlöschen gem § 5 Abs 1 EGAktG nach § 5 Abs 3 S 2 eine 2-monatige Ausschlussfrist. Wenn es nicht zu einer einverständlichen Regelung kam, musste der Anspruch in einem **Spruchstellenverfahren** nach § 206 iVm § 5 Abs 5 EGAktG geltend gemacht werden, ebenso nach einem Beseitigungsbeschluss der HV, gegen den der Aktionär Widerspruch zu Protokoll erklärt hat (§ 5 Abs 4 S 2 EGAktG). Zu den Einzelheiten dieses Verfahrens *Hering/Ollbrich* ZIP 2003, 104; *dies* DStR 2003, 1579; *Arnold* DStR 2003, 784 ff; *Schulz* NZG 2003, 996 ff; zur Praxis *LG München* I ZIP 2001, 1959. Die verfassungsrechtlichen Bedenken wegen der Auferlegung der Entschädigungspflicht auf die Ges (*Zöllner/Hanau* AG 1997, 206, 218) haben nicht zu einer verfassungsgerichtlichen Überprüfung geführt.

Es könnte aber sein, dass bei einer veränderten Einstellung bes zu den Abwehrmöglichkeiten gegen Übernahmeversuche das Rechtsinstitut erneut in Erwägung gezogen wird; *Habersack* AG 2009, 1, 10 f; Spindler/Stilz AktG/*Vatter* Rn 19.

§ 13 Unterzeichnung der Aktien

¹**Zur Unterzeichnung von Aktien und Zwischenscheinen genügt eine vervielfältigte Unterschrift.** ²**Die Gültigkeit der Unterzeichnung kann von der Beachtung einer besonderen Form abhängig gemacht werden.** ³**Die Formvorschrift muss in der Urkunde enthalten sein.**

Übersicht

	Rn
I. Unterzeichnung	1
II. Sonstiger Inhalt	3

I. Unterzeichnung

1 § 13 ist dem § 793 Abs 2 BGB nachgebildet. Es geht dabei um eine Erleichterung der wertpapierrechtlich notwendigen Verbriefung der Mitgliedschaft, die zwar für das Entstehen der Mitgliedschaftsrechte nicht unerlässlich ist (§ 10 Rn 2), wenn aber eine Aktie, die deklaratorisches Wertpapier ist, entstehen soll, bedarf es einer Unterschrift der für die AG zeichnungsberechtigten Personen. Zur Global- oder Sammelurkunde s § 9a DepotG. § 13 lässt zur Unterzeichnung von Aktien und Zwischenscheinen eine

Unterzeichnung der Aktien § 13

mechanisch durch Druck oder Stempel vervielfältigte, sogenannte **faksimilierte**, dh mechanisch oder fototechnisch vervielfältigte **Unterschrift** genügen (GroßKomm AktG/*Brändel* Rn 15, MünchKomm AktG/*Heider* Rn 26; *Hüffer* AktG Rn 6; Spindler/ Stilz AktG/*Vatter* Rn 9), es bedarf also im Gegensatz zu § 126 BGB keiner eigenhändigen Unterschrift. Druckschrift (in Drucklettern hergestellte Unterschrift) genügt aber nicht. Unterschreiben muss der Vorstand als gesetzlicher Vertreter der AG oder ein bes dazu Bevollmächtigter (zur Emission von Wertpapieren mit den Unterschriften pensionierter oder verstorbener Vorstandsmitglieder *Kümpel* FS Werner, 1984, S 449 ff), nicht der AR. Prokura und Handlungsvollmacht genügen hierfür als solche nicht, weil die Ausstellung von Aktien nicht zum Bereich eines Handelsgewerbes gehört, allerdings können diese Personen vom Vorstand bes bevollmächtigt werden (so auch GroßKomm AktG/*Brändel* Rn 14). **Verstoß** gegen § 13, also auch gegen bes, nicht vom Gesetz aufgestellte Formerfordernisse (Rn 2), verletzt das Recht des Aktionärs auf Verbriefung, nicht die Mitgliedschaft, die auch ohne wirksame Verbriefung besteht (gegen die Annahme, die Urkunde sei nichtig, *Hüffer* AktG Rn 8; iE ebenso MünchKomm AktG/*Heider* Rn 29). Das bedeutet praktisch, dass der Aktionär die Urkunde zurückweisen kann (*Hüffer* AktG Rn 8; Wachter AktG/*Franz* Rn 5). Auch kann eine die Mitgliedschaft nicht wirksam verbriefende Urkunde dazu führen, mit ihrer Hilfe die Mitgliedschaft zu übertragen (KölnKomm AktG/*Dauner-Lieb* Rn 21; GroßKomm AktG/*Brändel* Rn 19). Die Vorschrift gilt auch für Zwischenscheine (MünchKomm AktG/*Heider* Rn 7, näher § 10 Rn 7), aber nicht für Gewinnanteilscheine, Wandelschuldverschreibungen, Erneuerungsscheine, Genussscheine, bei denen mangels spezieller gesetzlicher Vorschrift die allg Grundsätze des Urkundenbegriffs gelten (GroßKomm AktG/*Brändel* Rn 26; KölnKomm AktG/*Dauner-Lieb* Rn 8). Str ist die Anwendbarkeit für die Globalaktie, die aber, da sie unmittelbar (mehrere) Mitgliedschaftsrechte verbriefen soll, nach § 13 zu behandeln ist (*Hüffer* AktG Rn 2; Spindler/Stilz AktG/*Vatter* Rn 6; **aM** aber GroßKomm AktG/*Brändel* Rn 20).

Die Urkunde selbst kann eine **bes Form** vorsehen, etwa handschriftliche Unterschrift 2 oder Mitzeichnung anderer Personen wie etwa eines AR-Mitglieds. Allerdings muss diese Anforderung eine Grundlage in der Satzung oder in einem entspr HV-Beschluss haben (MünchKomm AktG/*Heider* Rn 27; *Hüffer* AktG Rn 7). Ein **Verstoß** gegen satzungsmäßige, aber in die Urkunde nicht aufgenommene Formvorschrift beeinträchtigt zwar die Wirksamkeit der Verbriefung (Rn 1), aber ein Gutgläubiger kann nach allg wertpapierrechtlichen Grundsätzen die Mitgliedschaft erwerben (GroßKomm AktG/ *Brändel* Rn 22; MünchKomm AktG/*Heider* Rn 30; **aM** wohl K. Schmidt/Lutter AktG/ *Ziemons* Rn 30; Spindler/Stilz AktG/*Vatter* Rn 11); dies folgt aus § 13 S 3. Bei börsennotierten Aktien gelten die bes Vorschriften der BörsenzulVO idF v 17.7.1996 (BGBl I S 1052), die namentlich die Druckausstattung betreffen (s auch die Bekanntmachung über die Zulassung von Wertpapieren zum Börsenhandel idF v 1961, BGBl III S 16, sowie die Richtlinie über den Druck von Wertpapieren WM 1956 Sonderbeilage Nr 11; WM 1963, 21 und dazu *Degner* WM 1963, 861).

II. Sonstiger Inhalt

Über den **sonstigen Inhalt der Aktienurkunde** s §§ 6, 8, 10, 55, dort auch zu den Fol- 3 gen von Verstößen. Unentbehrlich sind Bezeichnung der Ges – und bei Nennbetragsaktien – des Nennbetrages, bei Stückaktien ein Hinweis auf die Qualität als solche.

Westermann

Auch muss klar sein, dass die Urkunde ein Mitgliedschaftsrecht an einer mit Firma und Sitz bezeichneten Ges verbrieft. Ferner muss sich jede Aktie erkennbar von anderen Aktien der Ges unterscheiden, da sie ein individuelles Recht verbrieft. Umstr ist die Notwendigkeit der Kennzeichnung der Urkunde mit einer **Seriennummer**, die zwar weithin üblich ist, aber nicht zu den gewöhnlichen Wirksamkeitserfordernissen einer Urkunde gehört. Eine Zulassung zum Börsenhandel ist ohne eine durch eine solche Kennzeichnung mögliche Individualisierung der Urkunde nicht möglich, und §§ 72, 74 gehen für Kraftloserklärung und Umtausch von Aktien davon aus, dass die „Unterscheidungsmerkmale der Urkunde" sicher zu erkennen sein müssen. Daher fordert die wohl **hM** (MünchKomm AktG/*Heider* Rn 14; GroßKomm AktG/*Brändel* Rn 9; Henssler/Strohn/*Lange* Rn 3; *Hüffer* AktG Rn 4; jetzt auch KölnKomm AktG/ *Dauner-Lieb* Rn. 20; Spindler/Stilz AktG/*Vatter* Rn 23) die Ausstattung mit einem Serienzeichen. Vorgeschrieben sind weiter bei Namensaktien Name des Berechtigten (ohne diese Angabe ist die Aktie Inhaberaktie) und etwaige Teilleistungen sowie etwaige Nebenverpflichtungen, s § 55 Abs 1 S 3. Das Fehlen einer der beiden letzten Angaben beeinträchtigt die Gültigkeit der Aktie nicht, steht aber dem Schutz gutgläubiger Erwerber nicht entgegen (GroßKomm AktG/*Brändel* Rn 21; K. Schmidt/Lutter AktG/*Ziemons* Rn 15). Ort und Tag der Ausstellung sind nicht unentbehrlich (*Kümpel* FS Werner, 1984, S 449, 462; MünchKomm AktG/*Heider* Rn 14). Bei Zwischenscheinen muss der vorläufige Charakter der Verbriefung aus dem Text deutlich werden (*RGZ* 31, 31; 49, 22; GroßKomm AktG/*Brändel* Rn 25). Nicht nötig ist hier genaue Angabe der eine Aktiengattung (§ 11 Rn 6) ausmachenden Besonderheiten, die Angabe der Gattung ist aber erforderlich. Die Urkunde braucht nach heute **hM** nicht in **deutscher Sprache** abgefasst zu sein (GroßKomm AktG/*Brändel* Rn 11; KölnKomm AktG/*Dauner-Lieb* Rn 14, der Aktionär hat aber, wenn eine nicht gebräuchliche Sprache verwendet wird, Anspruch auf Abfassung in deutscher Sprache – K. Schmidt/Lutter AktG/*Ziemons* Rn 14).

4   Zum **Anspruch** auf **Verbriefung** des Mitgliedschaftsrechts § 10 Rn 1. Entsteht aus der Ausgabe eine Urkunde, die nach den in Rn 1 und 2 genannten Maßstäben die Mitgliedschaft nicht wirksam verbrieft, dem Aktionär ein Vermögensschaden, so ist eine Haftung des Ausgebers (zur Definition des „Ausgebers" s *BGH* LM Nr 1 zu § 191 AktG) in entspr Anwendung der §§ 8 Abs 2 S 3, 41 Abs 4 S 3 zu erwägen. Angesichts der Gefahr, dass mit der Urkunde das Mitgliedschaftsrecht nicht übertragen werden kann (Rn 1), ist die Frage hinsichtlich daraus folgender Schäden auch zu bejahen (ähnlich GroßKomm AktG/*Brändel* Rn 23; Spindler/Stilz AktG/*Vatter* Rn 27; Henssler/Strohn/*Lange* Rn 8). Bes Strafvorschriften existieren in diesem Bereich nicht.

§ 14 Zuständigkeit

Gericht im Sinne dieses Gesetzes ist, wenn nichts anderes bestimmt ist, das Gericht des Sitzes der Gesellschaft.

1   Die Vorschrift regelt die **örtliche Zuständigkeit** in den im Gesetz angegebenen Fällen der Anrufung eines Gerichts der freiwilligen Gerichtsbarkeit; zur Zuständigkeit in „Streitsachen" Rn 3. Funktionell zuständig ist das Amtsgericht, (§§ 23a Abs 2 Nr 3, Nr 4 GVG). Die örtliche Zuständigkeit kann noch gem §§ 125 Abs 2, 145 Abs 2 FGG vereinfacht werden. Aufgrund des MoMiG wird es für § 14 auf den durch die Satzung

Verbundene Unternehmen § 15

angegebenen inländischen Satzungssitz ankommen. Zur Zuständigkeit für die Errichtung von **Zweigniederlassungen** s § 13 HGB, für die Sitzverlegung § 13h HGB.

IRd gesamten Geltungsbereichs stellt § 14 klar, dass immer das Gericht des Ges-Sitzes zuständig ist, wenn das AktG (nicht die Satzung) dem Gericht eine Aufgabe zuweist, ohne zu sagen, welchem Gericht. Dabei kommt es darauf an, welchen Ort die Satzung als Sitzort bestimmt (§§ 23 Nr 1, 5 Abs 1). Bei der Spaltgesellschaft (§ 5 Rn 9) sollte nach der Rspr (*BGHZ* 19, 102; s auch *BGH* WM 1971, 566) das RegGericht entspr § 5 Abs 1 S 2 FGG die Zuständigkeit bestimmen, wobei gem § 145 Abs 1 FGG darauf abzustellen ist, wo sich das Vermögen der Ges befindet. Das ZuständigkeitsergänzungsG reicht hierfür nicht aus (*BGH* AG 1986, 45 im Hinblick auf die Bestellung eines NotAR anders *BayObLG* AG 1985, 250, das für die Bestellung eines NotAR Sitzverlegung in die BRD verlangte). Das Gesetz betraf (in seinen §§ 14, 15) die Fälle, in denen nach dem 8.5.1945 keine deutsche Gerichtsbarkeit mehr existierte. 2

§ 14 greift nicht ein, wenn das Gesetz im Zuge von „Streitverfahren der freiwilligen Gerichtsbarkeit", so in §§ 98 Abs 1, 132 Abs 1, 260 Abs 1, 304 Abs 3, 305 Abs 5, 320b Abs 2, ausdrücklich auf das Landgericht als (örtlich und sachlich ausschließlich) zuständiges Gericht (ebenso wohl auf § 99 Abs 2) oder auf ein Spruchstellenverfahren hinweist (Übersicht bei GroßKomm AktG/*Brändel* Rn 9; Wachter AktG/*Franz* Rn 2). § 14 gilt ferner auch dann nicht, wenn in einer Vorschrift erkennbar das Insolvenz- oder Urkundsgericht gemeint ist, dessen Zuständigkeiten unberührt bleiben (Groß-Komm AktG/*Brändel* Rn 4). Zum Gerichtsstand der Ges nach gesetzlichen Zuständigkeitsregeln außerhalb des AktG s §§ 17 Abs 3, 21 Abs 1 ZPO. 3

§ 15 Verbundene Unternehmen

Verbundene Unternehmen sind rechtlich selbstständige Unternehmen, die im Verhältnis zueinander in Mehrheitsbesitz stehende Unternehmen und mit Mehrheit beteiligte Unternehmen (§ 16), abhängige und herrschende Unternehmen (§ 17), Konzernunternehmen (§ 18), wechselseitig beteiligte Unternehmen (§ 19) oder Vertragsteile eines Unternehmensvertrags (§§ 291, 292) sind.

Übersicht

	Rn		Rn
I. Übersicht	1	b) Juristische Personen	11
1. Regelungstechnik	1	c) Personengesellschaften	12
2. Arten von Unternehmensverbindungen	2	d) Öffentliche Hand	13
		e) Kraft einzelner Beteiligung bei anderweitiger Bindung?	16
3. Geltungsbereich/Auslandsberührung	3	f) Kraft Zurechnung	18
4. Bedeutung der Norm	5	g) Personenmehrheiten, Familiengesellschaften	20
II. Unternehmensbegriff (herrschendes Unternehmen)	6	3. Unternehmensbegriff in anderen Rechtsgebieten	21
1. Definition	6	III. Abhängiges Unternehmen	22
2. Einzelheiten	9	IV. Rechtliche Selbstständigkeit	23
a) Natürliche Personen	9		

Literatur: *Baums/Steck* Bausparkassen als Konzerntöchter, WM 1998, 2261; *Bayer* Der an der Tochter beteiligte Mehrheitsgesellschafter der Mutter: herrschendes Unternehmen?, ZGR 2002, 933; *von Dannwitz* Vom Verwaltungsprivat- zum Verwaltungsgesellschaftsrecht,

Fett

AöR 120 (1995), 595; *Ehlers* Die Anstalt öffentlichen Rechts als neue Unternehmensform der kommunalen Wirtschaft, ZHR 167 (2003), 546; *Fett* Öffentlich-rechtliche Anstalten als abhängige Konzernunternehmen, Diss Berlin, 2000; *Fiedler* Konzernhaftung beim eingetragenen Verein, Diss Hannover, 1998; *Gratzel* Zur konzernrechtlichen Haftung der Gebietskörperschaften aus Ingerenz, BB 1998, 175; *Heinzelmann* Die Stiftung im Konzern, Diss Würzburg, 2003; *Hommelhoff* Die qualifizierte faktische Unternehmensverbindung – ihre Tatbestandsmerkmale nach dem TBB-Urteil und deren rechtsdogmatisches Fundament, ZGR 1994, 395; *Hübner* Der Versicherungsverein auf Gegenseitigkeit als Konzernspitze bei internen Strukturmaßnahmen, FS Wiedemann, 2002, S 1033; *Ihrig/Wandt* Die Stiftung im Konzernverbund, FS Hüffer, 2010, S 387; *Koppensteiner* Internationale Unternehmen im deutschen Gesellschaftsrecht, 1971; *ders* Zur konzernrechtlichen Behandlung von BGB-Gesellschaften und Gesellschaftern, FS Ulmer, 2003, S 349; *Lutter* 100 Bände BGHZ – Konzernrecht, ZHR 151 (1987), 444; *ders* Vermögensveräußerungen einer abhängigen AG, FS Steindorff, 1990, S 125; *Mertens* Verpflichtung der Volkswagen AG, einen Bericht gem § 312 AktG über ihre Beziehungen zum Land Niedersachsen zu erstatten?, AG 1996, 241; *Mülbert* Unternehmensbegriff und Konzernorganisationsrecht, ZHR 163 (1999), 1; *Preußner/Fett* Hypothekenbanken als abhängiges Konzernunternehmen, AG 2001, 337; *Püttner* Die öffentlichen Unternehmen, 2. Aufl 1985; *Raiser* Konzernhaftung und Unterkapitalisierungshaftung, ZGR 1995, 156; *Reul* Das Konzernrecht der Genossenschaften, Diss Bayreuth, 1997; *K. Schmidt* Konzernunternehmen, Unternehmensgruppe und Konzern-Rechtsverhältnis, FS Lutter, 2000, S 1167; *Wolframm* Mitteilungspflichten familiär verbundener Aktionäre nach § 20 AktG, Diss Berlin, 1998; *Zöllner* Zum Unternehmensbegriff der §§ 15 ff AktG, ZGR 1976, 1.

I. Übersicht

1. Regelungstechnik. Mit dem Oberbegriff der verbundenen Unternehmen wird in § 15 das „**allgemeine Konzernrecht**" (§§ 15–19 und anknüpfende Meldepflichten, §§ 20–22) eingeleitet. In §§ 291–328 schließt sich der „materielle Teil des Konzernrechts" an. Nach der Formulierung des Gesetzes müsste genauer v Recht der **verbundenen Unternehmen** gesprochen werden, denn dieser Begriff ist weiter und nicht auf die Konzernierung nach § 18 Abs 1 beschränkt.

2. Arten von Unternehmensverbindungen. Aufgezählt werden fünf verschiedene Arten v Unternehmensverbindungen. Mit steigender Intensität der Verbindung ist zwischen Mehrheitsbeteiligung (§ 16), Beherrschung (§ 17), Konzern (§ 18), wechselseitigen Beteiligungen (§ 19) sowie Verbindungen durch Unternehmensvertrag (§§ 291, 292) zu unterscheiden. Eine Verbindung kommt auch im Wege der Eingliederung (§§ 319 ff) in Betracht, die v Gesetz als Mehrheitsbeteiligung eingestuft wird (*Hüffer* AktG Rn 16).

3. Geltungsbereich/Auslandsberührung. Die §§ 15 ff regeln einen **rechtsformunabhängigen** allg Teil des Konzernrechts. Das allg Konzernrecht ist nicht auf die AG und die KGaA beschränkt. Die Anwendbarkeit des materiellen Konzernrechts und der für die AG und KGaA vorgesehenen Rechtsfolgen gelten jedoch für die anderen Rechtsformen nicht uneingeschränkt. Die Anwendung ist jeweils im Einzelnen zu prüfen.

Grds finden die §§ 15 ff auch bei ausländischen Unternehmen Anwendung; dann gilt auch hinsichtlich des Inhalts darin verwendeter Begriffe deutsches Recht. Ausnahmen ergeben sich, *wenn* gesetzlich der Verwaltungssitz im Inland vorausgesetzt wird (*Koppensteiner* S 219 ff). Dies ist etwa bei wechselseitigen Beteiligungen (vgl § 19 Abs 1) oder im materiellen Konzernrecht (vgl §§ 305 Abs 2 Nr 1 und 2, 319 Abs 1, 320 Abs 1) der Fall.

Verbundene Unternehmen § 15

4. Bedeutung der Norm. § 15 selbst ist **Definitionsnorm** ohne Rechtsfolgen. Sie ist 5 aber Anknüpfungspunkt für Normen, die ein verbundenes Unternehmen voraussetzen (vgl §§ 90 Abs 1, S 2, 90 Abs 3 S 1, 131 Abs 1 S 2, 131 Abs 3 Nr 1, 145 Abs 4 S 2, 400 Abs 1 Nr 1 und 2). Im Bereich der Rechnungslegung ist der unterschiedliche Begriff nach § 271 Abs 2 HGB zu beachten (K. Schmidt/Lutter AktG/*Vetter* Rn 6; MünchKomm HGB/*Reiner* § 271 Rn 15 ff; vgl Rn 21), der sich auf § 290 Abs 2 HGB bezieht und damit auf das Control-Konzept verweist (MünchKomm HGB/*Busse von Colbe* § 290 Rn 27 ff).

II. Unternehmensbegriff (herrschendes Unternehmen)

1. Definition. § 15 bestimmt, dass nicht jede Person, die einen herrschenden Einfluss 6 ausübt, dem Konzernrecht unterfällt. Entscheidend ist vielmehr der Begriff des **Unternehmens**. In der früheren Diskussion war umstr, ob dieser Begriff funktional oder institutionell zu bestimmen ist (MünchKomm AktG/*Bayer* Rn 10). Heute ist anerkannt, dass es einen einheitlichen, auf alle Sachlagen passenden Unternehmensbegriff nicht gibt. Um dem Schutzzweck des Konzernrechts zu entsprechen, wird auf die jeweiligen Wertungen und Interessen des Konzernrechts abgestellt (**teleologischer Unternehmensbegriff**, vgl KölnKomm AktG/*Koppensteiner* Rn 10; K. Schmidt/Lutter AktG/*Vetter* Rn 32). Die Rspr hat die Unternehmenseigenschaft bejaht, wenn „**anderweitige** wirtschaftliche **Interessen** außerhalb der Ges bestehen", die die Besorgnis begründen, dass sie zu einer nachteiligen Behandlung der Ges führen (*BGHZ* 69, 334, 338 ff – VEBA/Gelsenberg; *BAGE* 76, 79, 83 f; *BSGE* 75,82, 89 f). Hinsichtlich des **maßgeblichen Zeitpunkts** der Unternehmenseigenschaft ist für in der Vergangenheit bereits abgeschlossene Sachverhalte auf diesen Zeitpunkt abzustellen, bei anhängigen Rechtsstreiten auf den Zeitpunkt der letzten mündlichen Verhandlung (Spindler/Stilz AktG/*Schall* Rn 45).

Sinn und Zweck des Konzernrechts ist die Abwehr v (abstrakten) Gefahren, die sich 7 aus (potentiellen) Interessenkollisionen des herrschenden Unternehmens mit denen des abhängigen Unternehmens für dessen (Minderheits-)Aktionäre und Gläubiger ergeben können (*Kropff* S 373 f; vgl *BGHZ* 95, 330 – Autokran; 65, 15 – ITT). Diese Konzerngefahr realisiert sich insb, wenn ein Unternehmen Liquidität aus einer untergeordneten Ges abzieht oder Vermögen zugunsten einer anderen untergeordneten Ges verschiebt mit der Folge, dass der mitgliedschaftliche Gewinnanspruch für die Minderheitsgesellschafter leer läuft und Forderungen außenstehender Gläubiger gefährdet werden (*Hüffer* AktG Rn 3).

Darüber hinaus wird der Unternehmensbegriff in jüngerer Zeit auch **konzernorgani-** 8 **sationsrechtlich** verstanden; erst die konzernrechtlichen Regelungen machten eine sonst wg § 23 Abs 5 ausgeschlossene Änderung der Organisationsstruktur möglich (*Mülbert* ZHR 163 (1999), 1, 28 ff; ausf dazu *K. Schmidt* FS Lutter, S 1167, 1179 ff; dagegen etwa KölnKomm AktG/*Koppensteiner* Rn 12 ff).

2. Einzelheiten. – a) Natürliche Personen. Natürliche Personen können „Unterneh- 9 men" iSd Konzernrechts sein. Entscheidend ist, ob die Person **anderweitige** unternehmerische **Interessen** außerhalb der betroffenen Ges verfolgt und damit gerade die konzernrechtliche Gefährdungssituation schafft (MünchKomm AktG/*Bayer* Rn 17 ff; *Lutter* ZHR 151 (1987), 444, 451 f; *Raiser* ZGR 1995, 156 ff; *BGHZ* 122, 123, 127 f – TBB; *BGH* NJW 2001, 370; krit Spindler/Stilz AktG/*Schall* Rn 16 f). Dies trifft etwa

Fett 113

bei Inhabern eines Gewerbes, bei **Kaufleuten** und **Land- und Forstwirten**, ggf aber auch bei **Freiberuflern** zu (KölnKomm AktG/*Koppensteiner* Rn 30 ff; K. Schmidt/Lutter AktG/*Vetter* Rn 41 ff), nicht aber automatisch auch bei Formkaufleuten (hM *Hüffer* AktG Rn 11; Spindler/Stilz AktG/*Schall* Rn 19; Grigoleit AktG/*Grigoleit* Rn 19; **aA** *Emmerich/Habersack* Aktien- und GmbH-KonzernR Rn 22; K. Schmidt/Lutter AktG/*Vetter* Rn 53 ff; Henssler/Strohn/*Maier-Reimer* Rn 5). Bejaht wird die Unternehmenseigenschaft auch, wenn zu einer maßgeblichen Beteiligung eine vermögensverwaltende Tätigkeit durch die Vermietung der wesentlichen Betriebsgrundlagen an das Unternehmen hinzukommt (*BFH* NZG 2011, 916, 919 f). Die bloße (Mehrheits-)Beteiligung einer natürlichen Person an einem Unternehmen, auch eine solche, die mithilfe eines Verwaltungsapparates organisiert wird, reicht für die Qualifikation als Unternehmen jedenfalls nicht aus. Eine Eingrenzung des Unternehmensbegriffs durch eine weitere Voraussetzung im Sinne einer „faktischen Geschäftsführung" wird v der hM zu Recht abgelehnt; eine maßgebliche Beteiligung liegt bereits bei der Möglichkeit zur Einflussnahme vor (*BGHZ* 148, 123, 125 – MLP; *Schall* aaO Rn 25; *Henn/Frodermann/Jannoth* Hdb AktR/*Schabel* 14. Kap Rn 9; Hachenburg GmbHG/*Ulmer* Anh § 77 Rn 21; GroßKomm AktG/*Windbichler* Rn 36 ff; **aA** etwa *Hommelhoff* ZGR 1994, 395, 399; *Mertens* AG 1996, 241, 243). Angesichts der (ausreichenden) abstrakten Konfliktlage ist auch der Kaufmann, der seinen Betrieb in eine Besitz- und in eine Betriebsgesellschaft aufspaltet, als Unternehmen zu qualifizieren (statt vieler *Wachter* AktG/*Franz* Rn 7).

10 Von einer maßgeblichen Beteiligung kann bei Anteils- oder Stimmenmehrheit ausgegangen werden (*BGHZ* 148, 123, 125 – MLP). Sie kommt jedoch im Falle v niedrigen HV-Präsenzen oder Stimmbindungsverträgen bereits bei geringerer Beteiligung in Betracht. Im Einzelfall kann eine Beteiligung v unter 25 % ausreichen, wenn weitere gesellschaftsrechtlich vermittelte Umstände hinzutreten (vgl *BGH* aaO; zust K. Schmidt/Lutter AktG/*Vetter* Rn 47; zu weit Spindler/Stilz AktG/*Schall* Rn 28, der in Anlehnung an den Begriff der wesentlichen Beteiligung im KWG eine Mehrheit v 10 % des Kapitals oder der Stimmrechte ausreichen lassen will; **aA** *Mülbert* ZHR 163 (1999) 1, 33 f). Eine Zuordnung über § 16 Abs 4 reicht nach Ansicht des BGH hingegen nicht aus, da dieser eine Unternehmenseigenschaft seinerseits voraussetzte (*BGHZ* 148, 123, 126 f – MLP).

11 **b) Juristische Personen.** Nahe liegender ist die Unternehmenseigenschaft für **jur Personen**, da diese neben der gehaltenen Beteiligung regelmäßig noch eine eigene Unternehmung betreiben. Herrschendes Unternehmen im aktienkonzernrechtlichen Sinn kann die **AG** und die **KGaA** sein, auch die **Vorgesellschaft** (KölnKomm AktG/*Koppensteiner* Rn 56). Weil § 15 nicht aktienrechtsspezifisch ist (vgl Rn 3), erfolgt die Anwendung auch auf andere Rechtsformen der **GmbH** (*BGHZ* 107, 7, 15 – Tiefbau; 95, 330, 337 – Autokran; 80, 69, 72 – Süssen), **Genossenschaften** (*Reul* S 61 ff), **VVaG** (*Hübner* FS Wiedemann, S 1033 ff), **Vereine** (*BGHZ* 85, 84, 90 f; *Fiedler* S 33 ff), **Stiftungen** (MünchKomm AktG/*Bayer* Rn 16; *Heinzelmann* S 108 ff; *Ihrig/Wandt* FS Hüffer, S 387, 388 ff), ebenso **jur Personen des öffentlichen Rechts** (*Ehlers* ZHR 167 (2003), 546 ff; vgl Rn 13 ff) und ausländische Gesellschaften (Spindler/Stilz AktG/*Schall* Vor § 15 Rn 35 f). Die mögliche Unzulässigkeit der Führung einer Unternehmung nach dem jeweiligen Statut des Rechtsträgers berührt die konzernrechtliche Wirkung nicht (KölnKomm AktG/*Koppensteiner* aaO Rn 56 f mit Verweis auf Genossenschaft, Stiftung und Verein).

§ 15

c) Personengesellschaften. Personengesellschaften des Handelsrechts können Unternehmen sein (*BGH* NJW 1980, 231 – Gervais/Danone; *BGHZ* 89, 162, 167 – Heumann/Ogilvy), gleichfalls die **Partnerschaftsgesellschaft** (*Michalski/Römermann* PartGG Einf Rn 47), nicht jedoch die EWIV (MünchKomm AktG/*Bayer* Rn 16; differenzierend Spindler/Stilz AktG/*Schall* Rn 52: nur Konzernleitungs- und Holdingverbot). Ferner wird derjenige, der als Gesellschafter persönlich haftet, bei entspr anderweitiger Interessenbindung stets als Unternehmen angesehen (KölnKomm AktG/ *Koppensteiner* Rn 49; Henn/Frodermann/Jannott Hdb AktR/*Schubel* 14. Kap Rn 8). Mit Anerkennung der Rechtsfähigkeit der **Außen-GbR** (*BGHZ* 146, 341 ff) kann diese Unternehmen sein (so schon *KG* AG 1980, 78; *Bayer* aaO Rn 16; *Koppensteiner* FS Ulmer, S 349, 356). Gleiches gilt für **Erbengemeinschaften** (AG 1995, 85, 86; *Wolfram* S 94 ff) und **Gütergemeinschaften** (*Wolfram* S 98 ff). 12

d) Öffentliche Hand. Die **Unternehmenseigenschaft der öffentlichen Hand** insb der **Bundesrepublik** ist heute anerkannt (*BGHZ* 69, 334, 338 ff – VEBA/Gelsenberg; 135, 107, 113 – VW; *BGH* WM 2008, 787 – UMTS; offen gelassen *KG* AG 1996, 421, 423 – VIAG). Die Gegenmeinung, welche einen Anwendungsvorrang des öffentlichen Rechts befürwortet (*Zöllner* ZGR 1976, 1, 23 ff; *Mertens* AG 1996, 241, 242 ff), hat sich nicht durchgesetzt. Jüngst ist dieser partielle Anwendungsvorrang insb für Gemeinden gefordert worden, um ihnen eine Betätigung im öffentlichen Interesse zu ermöglichen (*von Dannwitz* AöR 120 (1995), 595; *Gratzel* BB 1998, 175). Gegen die Eingrenzung der Anwendbarkeit des Konzernrechts spricht vor allem die gleich bleibende Gefährdungssituation, der iSd der Gläubiger der Unternehmen Rechnung getragen werden muss. Auch hier gilt der Grundsatz, dass die öffentliche Hand, wenn sie privatrechtlich handelt, die dort für alle gleichermaßen geltenden Regeln einhalten muss (vgl nur *Püttner* S 234 f; *Fett* S 109). Die Unternehmenseigenschaft besteht somit jedenfalls dann (s aber auch Rn 14), wenn sich die öffentliche Hand in Gestalt der jeweiligen Körperschaft noch anderweitig unternehmerisch betätigt (MünchKomm AktG/*Bayer* Rn 41). 13

Die Rspr hat den Unternehmensbegriff für die öffentliche Hand auf Fälle ausgedehnt, in denen diese nur an *einem* Unternehmen eine beherrschende Stellung hat (*BGHZ* 135, 107, 113 f – VW; *OLG Celle* AG 2001, 474, 476). Begr war, dass die öffentliche Hand zur Durchsetzung der v ihr zu verfolgenden öffentlichen Interessen auf ihre dazu geschaffenen Unternehmungen Einfluss nehmen müsse **(Ingerenzprinzip)**; die konzerntypische Gefährdungssituation besteht danach selbst dann, wenn die öffentliche Hand keine anderweitigen wirtschaftlichen Interessen verfolgt (KölnKomm AktG/*Koppensteiner* Rn 72; Henn/Frodermann/Jannott Hdb AktR/*Schubel* 14. Kap Rn 10). 14

Die gleichlautende Frage nach einer Unternehmensqualität der ehemaligen **Treuhandanstalt** (*KrG Erfurt* AG 1992, 126 ff) hat sich durch Art 11 § 5 des 2. VermRÄndG erledigt, mit dem der Gesetzgeber im eigens geschaffenen § 28a EGAktG die ehemalige Treuhand v den Vorschriften über herrschende Unternehmen freistellte. Im Zusammenhang mit der Finanzmarktkrise 2008 hat der Gesetzgeber die im Rahmen einer Stabilisierungsmaßnahme agierenden öffentlich-rechtlichen Einheiten von den Vorschriften über verbundene Unternehmen ausgenommen (vgl § 7d FMStBG). 15

e) Kraft einzelner Beteiligung bei anderweitiger Bindung? Grds ist für die Unternehmenseigenschaft die Verfolgung unternehmerischer Interessen außerhalb des Ges erforderlich, so dass zumindest eine weitere Beteiligung hinzutreten muss (vgl Rn 6 ff, 16

Fett

s a Rn 18 für die Holding). Fraglich ist allerdings, ob die Rspr zur Unternehmenseigenschaft der öffentlichen Hand bereits bei **maßgeblicher Beteiligung** an einem Unternehmen auf andere Fälle auszudehnen ist.

17 Danach läge ein Unternehmen auch ohne weitere unternehmerische Beteiligung vor, sofern eine für den Betroffenen **zwingende Bindung** an Interessen außerhalb des Unternehmens bestünde. Bei einer Tätigkeit der öffentlichen Hand ergibt sich die Bindung an andere Interessen aus dem Rechtsstaatsprinzip und der daraus bestehenden Pflichtenbindung (vgl Rn 14). Um diesen Gedanken auf andere Unternehmen zu übertragen, müsste eine vergleichbare Bindung bestehen, die über einen bloßen Förderungswillen hinausgeht und sich hinreichend konkretisiert hat. In Betracht kommt dies etwa bei **Gewerkschaften** und **politischen Parteien** (GroßKomm AktG/*Windbichler* Rn 25) und bes **zweckgebundenen Gesellschaften**, so bei Gemeinnützigkeit iRd bes Zweckverfolgung (vgl *LAG Rheinland-Pfalz* Der Konzern 2010, 327 ff – DRK). Gleiches gilt über den Stiftungszweck des Vermögens auch für **Stiftungen** (*Ihrig/Wandt* FS Hüffer, S 387, 389 f). Einen entspr Hinweis darauf können unabhängig v der Rechtsform Satzung oder Gesellschaftsvertrag geben (KölnKomm AktG/*Koppensteiner* Rn 21; *Fiedler* S 43 f). Zu weit geht jedoch eine Ausdehnung des Unternehmensbegriffs auf alle Pflichten oder Interessen außerhalb der Ges. Bloße Interessen Privater abseits einer unternehmerischen oder wirtschaftlichen Beteiligung sind unvorhersehbaren Schwankungen unterworfen und damit gerade nicht „zwingend". Sie können daher keine konzernrechtliche Interessenkollision begründen (KölnKomm AktG *Koppensteiner* aaO Rn 21, 34; K. Schmidt/Lutter AktG/*Vetter* Rn 42). Dies verdeutlicht den **Unterschied** zwischen den konzernrechtlichen Regelungen und der zum Schutz der Kapitalerhaltung in der GmbH entwickelten Rechtsfigur des „existenzvernichtenden Eingriffs", bei dem die Motivationsrichtung bei schädigenden Handlungen ohne Belang ist (vgl § 311 Rn 28).

18 **f) Kraft Zurechnung.** Die Holding selbst ist jedenfalls dann Unternehmen, wenn sie maßgebliche Beteiligungen an mehreren Ges hält. Abgelehnt wird die Unternehmenseigenschaft bei der Verwaltung nur einer Ges durch die Holding (*BGH* AG 1980, 342; *Bayer* ZGR 2002, 933, 942; *Henze* Konzernrecht Rn 18; **aA** etwa K. Schmidt/Lutter AktG/*Vetter* Rn 62). Leitet die Holding unter dem Dach einer Tochtergesellschaft hingegen mehrere (Enkel-)Töchter, droht auch in dieser Konstellation (für die Enkel-Töchter) der typische Konzernkonflikt durch die Verfolgung unternehmerischer Interessen außerhalb der jeweiligen Ges (GroßKomm AktG/*Windbichler* Rn 20). Es überzeugt daher, auch in diesen Fällen v der Unternehmenseigenschaft der Holdinggesellschaft auszugehen (MünchKomm AktG/*Bayer* Rn 31; **aA** Spindler/Stilz AktG/*Schall* Rn 39).

19 Auch bei Treuhandverhältnissen droht die Umgehung konzernrechtlicher Vorschriften. Denn das **Weisungsrecht des Treugebers** (§§ 675 Abs 1, 665 BGB) lässt ihm auch bei formaler Aufteilung seiner Beteiligungen auf mehrere Treuhänder die Möglichkeit, auf die Verwaltung der Beteiligung direkten Einfluss zu nehmen. Der Treugeber ist in einem solchen Fall Unternehmen (vgl Grigoleit AktG/*Grigoleit* Rn 22).

20 **g) Personenmehrheiten, Familiengesellschaften.** Grds kommt Stimmrechtskonsortien und **Familiengesellschaften** Unternehmensqualität zu, wenn diese Außengesellschaften mit mehreren Beteiligungen oder Holdinggesellschaften sind (vgl Rn 18 f). Familienstämmen (also der Bündelung v Stimmrechten) kommt dabei mangels eigener

Rechtspersönlichkeit keine Unternehmensqualität zu (*BGHZ* 121, 137, 144 f (WAZ/ IKZ) zum GWB). Keine Unternehmen sind Stimmrechtskonsortien und Familiengesellschaften, die als bloße **Innen-GbR** aufgebaut sind (*Emmerich/Habersack* Aktien- und GmbH-KonzernR Rn 20 ff; K. Schmidt/Lutter AktG/*Vetter* Rn 66; Spindler/Stilz AktG/*Schall* Rn 42). Die Unternehmensqualität kommt hier aber dann in Betracht, wenn sich die GbRs darüber hinaus unternehmerisch betätigen (somit auch als Außen-GbRs einzustufen sind) oder v Gesellschaftern dominiert werden, die ihrerseits außerhalb der Ges unternehmerische Ziele verfolgen (*OLG Köln* AG 2002, 89, 90 – Cremer und Breuer; *OLG Hamm* AG 2001, 146, 147 – Hucke AG; *OLG Hamburg* AG 2001, 479, 481 – Bauverein zu Hamburg; *LG Heidelberg* AG 1998, 47, 48 – SAP; GroßKomm AktG/*Windbichler* Rn 16, 47).

3. Unternehmensbegriff in anderen Rechtsgebieten. Wie im Konzernrecht ist der **21** Unternehmensbegriff auch in anderen Rechtsgebieten abhängig v der Funktion der jeweiligen Normen zu ermitteln; es besteht also kein einheitlicher Unternehmensbegriff, selbst wenn auf die §§ 15 ff verwiesen wird (MünchKomm AktG/*Bayer* Rn 5), etwa im Bereich der Mitbestimmung (vgl §§ 54 Abs 1 S 1 BetrVG, 5 MitBestG 1976, 77a BetrVG 1952, 32 MitBestG), im Wettbewerbsrecht (vgl §§ 22 ff GWB), im Wertpapierhandelsrecht (vgl § 22 Abs 3 WpHG) oder in bilanzrechtlichen Vorschriften (vgl §§ 266, 268 Abs 7, 271 Abs 2, 319 Abs 2 und 3, 323 Abs 1 HGB).

III. Abhängiges Unternehmen

Die Uneinheitlichkeit des Unternehmensbegriffes zeigt sich sowohl bei der Bestim- **22** mung des übergeordneten (möglicherweise herrschenden) Unternehmens, als auch bei dem untergeordneten (ggf **abhängigen**) **Unternehmen**. Der Unternehmensbegriff bestimmt sich wiederum nach dem Normzweck (MünchKomm AktG/*Bayer* Rn 47 f), wobei dieser hier wg der Schutzfunktion des Konzernrechts denkbar weit zu fassen ist (KölnKomm AktG/*Koppensteiner* Rn 86). Abhängiges Unternehmen kann danach **jede rechtlich besonders organisierte Vermögenseinheit** sein (Hachenburg GmbHG/ *Ulmer* Anh § 77 Rn 23). Rechtsform oder Rechtsfähigkeit spielen keine Rolle. Vereine (*Emmerich/Habersack* Aktien- und GmbH-KonzernR Rn 18), Hypothekenbanken (*Preußner/Fett* AG 2001, 337, 338), Anstalten des öffentlichen Rechts (*Fett* passim, mit den Einzelheiten zur seinerzeitigen Konzernierung der Landesbank Berlin; vgl auch *OLG Düsseldorf* AG 2008, 859, 860 f; **aA** Grigoleit AktG/*Grigoleit* Rn 30), Bausparkassen (*Baums/Steck* WM 1998, 2261 ff) Stiftungen (*Ihrig/Wandt* FS Hüffer, S 387, 396 ff), EWIV (Wachter AktG/*Franz* Rn 14) und ausländische Gesellschaftsformen mit Sitz im Inland (Spindler/Stilz AktG/*Schall* Rn 55, Vor § 15 Rn 37 f) können daher abhängige Konzernunternehmen sein.

IV. Rechtliche Selbstständigkeit

Ein verbundenes Unternehmen muss **rechtlich selbstständig** sein, dh die Beteiligten **23** einer Unternehmensverbindung müssen unterschiedlichen Rechtsträgern zugeordnet werden können. Zwei Betriebsteile einer Ges können daher ebenso wenig zur Annahme einer Unternehmensverbindung führen wie eine Verschmelzung zwischen zwei selbstständigen Unternehmensträgern (KölnKomm AktG/*Koppensteiner* Rn 94; Spindler/Stilz AktG/*Schall* Rn 56).

§ 16 In Mehrheitsbesitz stehende Unternehmen und mit Mehrheit beteiligte Unternehmen

(1) Gehört die Mehrheit der Anteile eines rechtlich selbstständigen Unternehmens einem anderen Unternehmen oder steht einem anderen Unternehmen die Mehrheit der Stimmrechte zu (Mehrheitsbeteiligung), so ist das Unternehmen ein in Mehrheitsbesitz stehendes Unternehmen, das andere Unternehmen ein an ihm mit Mehrheit beteiligtes Unternehmen.

(2) [1]Welcher Teil der Anteile einem Unternehmen gehört, bestimmt sich bei Kapitalgesellschaften nach dem Verhältnis des Gesamtnennbetrags der ihm gehörenden Anteile zum Nennkapital, bei Gesellschaften mit Stückaktien nach der Zahl der Aktien. [2]Eigene Anteile sind bei Kapitalgesellschaften vom Nennkapital, bei Gesellschaften mit Stückaktien von der Zahl der Aktien abzusetzen. [3]Eigenen Anteilen des Unternehmens stehen Anteile gleich, die einem anderen für Rechnung des Unternehmens gehören.

(3) [1]Welcher Teil der Stimmrechte einem Unternehmen zusteht, bestimmt sich nach dem Verhältnis der Zahl der Stimmrechte, die es aus den ihm gehörenden Anteilen ausüben kann, zur Gesamtzahl aller Stimmrechte. [2]Von der Gesamtzahl aller Stimmrechte sind die Stimmrechte aus eigenen Anteilen sowie aus Anteilen, die nach Absatz 2 Satz 3 eigenen Anteilen gleichstehen, abzusetzen.

(4) Als Anteile, die einem Unternehmen gehören, gelten auch die Anteile, die einem von ihm abhängigen Unternehmen oder einem anderen für Rechnung des Unternehmens oder eines von diesem abhängigen Unternehmens gehören und, wenn der Inhaber des Unternehmens ein Einzelkaufmann ist, auch die Anteile, die sonstiges Vermögen des Inhabers sind.

Übersicht

	Rn		Rn
I. Allgemeines	1	2. Zuordnung („gehören")	12
II. Anwendungsbereich	3	3. Zurechnung (§ 16 Abs 4)	13
1. Kapitalgesellschaften	4	IV. Stimmrechtsmehrheit	18
2. Sonstige Gesellschaften	6	1. Berechnung (§ 16 Abs 3)	19
III. Anteilsmehrheit	8	2. Anteil des Unternehmens und	
1. Berechnung (§ 16 Abs 2)	9	Zuordnung	20

Literatur: *Bayer* Der an der Tochter beteiligte Mehrheitsgesellschafter der Mutter: herrschendes Unternehmen?, ZGR 2002, 933; *von Detten* Die eingetragene Genossenschaft im Recht der verbundenen Unternehmen, Diss Kiel, 1995; *Künnemann* Die Stiftung im System des Unterordnungskonzerns, Diss Münster, 1995; *Maslo* Zurechnungstatbestände und Gestaltungsmöglichkeiten zur Bildung eines Hauptaktionärs beim Ausschluss von Minderheitsaktionären (Squeeze-out), AG 2004, 163; *Schäfer* Aktuelle Probleme des Aktienrechts, BB 1966, 229; *Schön* Der Nießbrauch am Gesellschaftsanteil, ZHR 158 (1994), 229; *Vedder* Zum Begriff „für fremde Rechnung" im AktG und im WpHG, Diss Bonn, 1999; *Zapf* Kreditgewährung an Konzernunternehmen, Diss Frankfurt/Main, 1996; *Zöllner* Zum Unternehmensbegriff der §§ 15 ff AktG, ZGR 1976, 1.

In Mehrheitsbesitz stehende Unternehmen § 16

I. Allgemeines

Über § 16 Abs 1 wird die Mehrheitsbeteiligung definiert, deren Einzelheiten sich nach Abs 2 und 3 richten. Daneben wird in § 16 Abs 4 eine Regel für die Zurechnung v Beteiligungen aufgestellt. Aus der Formulierung v Abs 1 ergibt sich die Möglichkeit zweier unterschiedlicher Mehrheitsbeteiligungen. Unterschieden wird zwischen der **Mehrheit der Anteile und der Mehrheit der Stimmen.** Für beide Fälle ist der individuelle Anteils- oder Stimmenbesitz im Verhältnis zur Gesamtheit der Anteile oder Stimmen zu betrachten. Dazu enthalten Abs 2 und 3 nähere Regelungen, sowohl zur Definition des Gesamtkapitals bzw der Gesamtzahl der Stimmrechte als auch zur Ermittlung v Mehrheiten. Fallen diese beiden Anknüpfungstatbestände ausnahmsweise auseinander, sind beide als mit Mehrheit beteiligt anzusehen (K. Schmidt/Lutter AktG/*Vetter* Rn 2). 1

Bei den Rechtsfolgen ist zwischen den unmittelbar an die Mehrheitsbeteiligung anknüpfenden Verhaltensregeln und der Abhängigkeitsvermutung nach § 17 Abs 2 (vgl § 17 Rn 26 f) zu unterscheiden. **Unmittelbare Folge** einer Mehrheitsbeteiligung – auch ohne eine Abhängigkeit – sind die Vorschriften v §§ 56 Abs 2 und 3, 71d S 2, 160 Abs 1 Nr 1, 2, 8, 305 Abs 2 Nr 1 und 2 sowie die Publizitäts- und Nachweispflichten gem §§ 20 Abs 4 und 5, 21 Abs 2 und 3, 22. Schließlich verweisen auch die Regelung in § 271 Abs 1 S 4 HGB und für das Squeeze-Out-Verfahren § 327a Abs 2 auf § 16. 2

II. Anwendungsbereich

Auch für die Mehrheitsbeteiligung gilt der Grundsatz des **rechtsformübergreifenden Konzepts** (vgl dazu § 15 Rn 3), weshalb auch andere Unternehmen als AG und KGaA v § 16 erfasst werden (vgl Rn 6). Jedes Unternehmen kann Inhaber der Mehrheit an einem anderen sein (MünchKomm AktG/*Bayer* Rn 9). In Betracht kommen aber rechtsformspezifische Besonderheiten für das im Mehrheitsbesitz stehende Unternehmen. 3

1. Kapitalgesellschaften. Bei der **GmbH** muss eine Kapital- oder Stimmenmehrheit nicht gleichbedeutend mit einer „Mehrheitsbeteiligung" sein. Zwar reicht regelmäßig für die Bestellung der Geschäftsführer, die Grundsätze der Unternehmenspolitik oder für Einzelweisungen an den Geschäftsführer die einfache Mehrheit der Stimmen (§ 47 Abs 1 GmbHG). Hiervon sind jedoch Abweichungen bspw in Richtung einer qualifizierten Mehrheit möglich. Daher geht die wohl hM davon aus, dass Mehrheitsbeteiligungen bei einer GmbH iSv § 16 erst dann anzunehmen sind, wenn die Stimmenmehrheit auch tatsächlich „einen gewichtigen Einfluss auf die Geschäftsführung" zulässt (MünchHdb AG/*Krieger* § 68 Rn 31; Scholz GmbHG/*Emmerich* Anh KonzernR Rn 36; MünchHdb AG/*Krieger* § 68 Rn 29; **aA** MünchKomm AktG/*Bayer* Rn 11; Spindler/Stilz AktG/*Schall* Rn 38 f). Für die **Aktiengesellschaft** hingegen wird das Erfordernis einer qualifizierten Mehrheit erst bei der Widerlegung der Abhängigkeitsvermutung, nicht bereits bei der Feststellung der Stimmenmehrheit berücksichtigt (vgl § 17 Rn 28 ff; MünchKomm AktG/*Bayer* Rn 11). Dass allein die größere Gestaltungsfreiheit in der GmbH eine unterschiedliche Behandlung v GmbH und AG rechtfertigt, erscheint angesichts der Möglichkeit, die hierdurch ausgelösten Rechtsfragen im Rahmen v § 17 zu lösen, wenig überzeugend. Aus Gründen der Rechtssicherheit sollte daher bei § 16 allein an formalen Kriterien angeknüpft und damit eine Mehrheitsbeteiligung angenommen werden, wenn eine solche **rechnerisch** in Form einer einfachen Stimmenmehrheit besteht (s dazu Rn 9 f). 4

Fett

§ 16 In Mehrheitsbesitz stehende Unternehmen

5 Die Anwendung auf **Genossenschaften** bzgl einer Stimmenmehrheit ist wg § 43 Abs 3 S 1 GenG regelmäßig ausgeschlossen (KölnKomm AktG/*Koppensteiner* Rn 17); Ausnahmen können sich ergeben, soweit Mehrstimmrechte zugelassen sind (MünchKomm AktG/*Bayer* Rn 15). Eine Anteilsmehrheit ist wg der personalistischen Struktur ebenfalls unwahrscheinlich, aber rechtlich nicht ausgeschlossen (vgl § 7a GenG; *von Detten* S 7; GroßKomm AktG/*Windbichler* Rn 19).

6 **2. Sonstige Gesellschaften.** Besonderheiten ergeben sich auch bei **Personengesellschaften (OHG, KG, Außen-GbR, Partnerschaftsgesellschaft)**. Anders als bei Kapitalgesellschaften wird die Mitgliedschaft in Personengesellschaften nicht über „Anteile" ausgedrückt, sondern ist mit der Stellung als Gesellschafter verbunden. Soweit die Gesellschaftsverträge aber – wie in der Praxis gängig – die Höhe der jeweiligen Beteiligung an einem bestimmten Betrag des Kapitalkontos festmachen, ist dieser Betrag auch in der Personengesellschaft der wirtschaftliche Ausdruck der Beteiligung. Daher können bei festen wie bei variablen Kapitalkonten (**hM** KölnKomm AktG/*Koppensteiner* Rn 14; GroßKomm AktG/*Windbichler* Rn 20; *Vetter* aaO Rn 9; **aA** *Zapf* S 299 ff) **Anteilsmehrheiten** festgestellt werden. Maßgeblich ist das Kapitalkonto, nicht die Haftsumme im Außenverhältnis (K. Schmidt/Lutter AktG/*Vetter* Rn 9). Eine ähnliche Überlegung gilt für die Frage der **Stimmenmehrheiten**. Das Gesetz fordert zwar Einstimmigkeit für Beschlussfassungen (§§ 709 Abs 1 BGB, 119 Abs 1 HGB). Von diesem dispositiven Innenrecht wird jedoch regelmäßig abgewichen und eine Stimmengewichtung nach Kapitalkonten vorgesehen, weshalb auch hier § 16 Abs 3 angewendet werden kann (MünchKomm AktG/*Bayer* Rn 13; KölnKomm AktG/*Koppensteiner* aaO Rn 17).

7 Ausgeschlossen ist eine Mitgliedschaft und damit die **Anteilsmehrheit** in der **Stiftung** (**aA** *Künnemann* S 191 f) ebenso wie bei **Idealverein** und **VVaG** (anders bei **wirtschaftlichen Vereinen**, KölnKomm AktG/*Koppensteiner* Rn 15). Bei einem **Einzelkaufmann** käme eine Anteilsmehrheit allenfalls im Rahmen **einer atypischen stillen Gesellschaft** in Betracht. Hier wird vertreten, dass die Vermögensbeteiligung im Innenverhältnis eine ausreichende Vermögensverflechtung darstelle (MünchKomm AktG/*Bayer* Rn 18; *Hüffer* AktG Rn 4; *Koppensteiner* aaO Rn 16; *Emmerich/Habersack* Aktien- und GmbH-KonzernR Rn 8). Die Mehrheitsbeteiligung setzt jedoch eine mitgliedschaftliche Verbundenheit voraus, die bei der atypisch ausgestalteten stillen Ges mit einem Einzelkaufmann fehlt; ob diese schuldrechtliche Verflechtung zur Abhängigkeit nach § 17 Abs 1 führt, ist eine unabhängig v § 16 zu beantwortende Frage (**so zu Recht** GroßKomm AktG/*Windbichler* Rn 18; *Adler/Düring/Schmaltz* Rn 15; K. Schmidt/Lutter AktG/*Vetter* Rn 6).

III. Anteilsmehrheit

8 Eine **Anteilsmehrheit** an einem Unternehmen besteht, wenn die Mehrheit eines rechtlich selbstständigen Unternehmens einem anderen gehört (§ 16 Abs 1). Dazu muss die Kapitalsumme der gehaltenen Anteile die Hälfte des Unternehmenskapitals überschreiten, weshalb eine Anteilsmehrheit im Grundsatz nur bei Kapitalgesellschaften in Betracht kommt (vgl Rn 3 ff).

9 **1. Berechnung (§ 16 Abs 2).** Grds errechnet sich die Anteilsmehrheit nach § 16 Abs 2 S 1 aus dem Verhältnis des Nennbetrages der Anteile des beteiligten Unternehmens zum Gesamtbetrag des Grund- oder Stammkapitals der Beteiligungsgesellschaft.

Bei Aktiengesellschaften mit Stückaktien ist auf die Zahl der Aktien abzustellen, das Vorhandensein verschiedener Aktiengattungen (insb Vorzugsaktien) ist unerheblich (K. Schmidt/Lutter AktG/*Vetter* Rn 8). Berücksichtigt werden für das Unternehmen alle Anteile, die dem Unternehmen entweder gehören (vgl Rn 12) oder nach § 16 Abs 4 zugerechnet werden (vgl Rn 13 ff), nicht jedoch Rücklagen gleich welcher Art (MünchKomm AktG/*Bayer* Rn 30; *Vetter* aaO Rn 8). Genehmigtes oder bedingtes Kapital soll erst *mit der Eintragung der Durchführung* in das Handelsregister berücksichtigt werden (*Bayer* aaO Rn 30; *Hüffer* AktG Rn 8; KölnKomm AktG/*Koppensteiner* Rn 22; GroßKomm AktG/*Windbichler* Rn 11; Spindler/Stilz AktG/*Schall* Rn 14). Richtigerweise wird man dies wg der bloß deklaratorischen Wirkung der Eintragung bei Ausgaben aus bedingtem Kapital (vgl § 200) nur für genehmigtes Kapital annehmen können (s a *Vetter* aaO Rn 8).

Vom Nennkapital (oder der Zahl der Aktien bei Ges mit Stückaktien) sind **eigene** **10** **Anteile der Gesellschaft** abzuziehen (§ 16 Abs 2 S 2). Allerdings werden Anteile, die einem abhängigen Unternehmen gehören oder auf dessen Rechnung gehalten werden, nicht erfasst und damit auch nicht v Gesamtbetrag der Anteile abgezogen (**hM** *Hüffer* AktG Rn 9; MünchHdb AG/*Krieger* § 68 Rn 25). Hier ist die Rechtslage anders als bei der Zurechnung nach § 16 Abs 4 (vgl Rn 13 ff), wo diese Anteile berücksichtigt werden. Unter Hinweis auf die fehlende Ausübungsmöglichkeit nach §§ 71d S 4, 71b wird die Regelung zu Recht kritisiert (MünchKomm AktG/*Bayer* Rn 34; K. Schmidt/Lutter AktG/*Vetter* Rn 10; zweifelnd auch KölnKomm AktG/*Koppensteiner* Rn 25; für eine extensive Auslegung Grigoleit AktG/*Grigoleit* Rn 12: gesetzgeberische Wertung in §§ 71d, 71b sei jüngeren Datums und daher vorrangig).

Ohne Berücksichtigung bleiben daneben auch die Anteile, die **einem Dritten für** **11** **Rechnung der Gesellschaft gehören**, § 16 Abs 2 S 3. Nach dem Sinn der Regelung ist dabei nicht entscheidend, ob die Ges die Anteile herausverlangen kann. Vielmehr ist zu fragen, wer der Träger des wirtschaftlichen Risikos ist (**hM** MünchKomm AktG/ *Bayer* Rn 47; *Emmerich/Habersack* Aktien- und GmbH-KonzernR Rn 12; K. Schmidt/ Lutter AktG/*Vetter* Rn 26; *Vedder* S 122 ff, 150 ff; GroßKomm AktG/*Windbichler* Rn 26 f). Somit sind Anteile, die Dritte im Wege eines **Geschäftsbesorgungs-** (etwa eines Kommissionsgeschäftes) oder **Treuhandvertrages** (etwa iRd Sicherungsübereignung) für die Ges halten, dieser zuzurechnen. In Betracht kommt dies auch für Kurs- und Dividendengarantien, nicht jedoch für Kauf- und Verkaufsoptionen (vgl *Vedder* S 154 ff).

2. Zuordnung („gehören"). § 16 Abs 1 stellt auf denjenigen ab, dem die Mehrheit der **12** Anteile der Gesellschaft „**gehört**". Darunter versteht man den Eigentümer der Mehrzahl der Aktien oder in anderen Gesellschaften denjenigen, in dessen Vermögen sich die Anteile mehrheitlich befinden. Dabei ist bei Namensaktien die Legitimation gegenüber der Ges unerheblich (§ 67 Abs 2, auch § 16 Abs 1 GmbHG). Eine nur vorübergehende Stellung als Eigentümer wie bei der Wertpapierleihe reicht für die Zuordnung aus (*Heidel/Peres/Walden* AktG Rn 7; Grigoleit AktG/*Grigoleit* Rn 10). Im Falle einer **treuhänderischen Übertragung** gehören die Anteile formal dem Treuhänder als direktem Eigentümer. Daneben sind die Anteile als wirtschaftliches Eigentum auch dem Treugeber in unmittelbarer Anwendung v § 16 Abs 4 zugeordnet (*BGHZ* 107, 7, 15 – Tiefbau; *BGH* NJW 1992, 1167; *Emmerich/Habersack* Aktien- und GmbH-KonzernR Rn 13a; *Hüffer* AktG Rn 7, 12; K. Schmidt/Lutter AktG/*Vetter* Rn 26; **aA**

Adler/Düring/Schmaltz Rechnungslegung Rn 8). Damit sind **sowohl Treuhänder als auch der Treugeber** Inhaber der Anteile und damit auch Inhaber der Mehrheitsbeteiligung.

13 **3. Zurechnung (§ 16 Abs 4).** Für die Bestimmung der Mehrheitsbeteiligung sind nach § 16 Abs 4 alle Anteile erfasst, die einem Unternehmen „gehören". Dazu zählen neben den eigenen Anteilen auch solche, die einem abhängigen Unternehmen (§ 17) gehören, sowie v einem Dritten für Rechnung des Unternehmens oder eines v diesem abhängigen gehalten werden.

14 Für eine Zuordnung der Anteile **eines abhängigen Unternehmens** muss es sich bei beiden um Unternehmen nach § 15 handeln (vgl § 15 Rn 6 ff). Dabei wird die Unternehmenseigenschaft vorausgesetzt, sie kann **nicht erst durch Zurechnung begründet werden** (*BGHZ* 148, 123, 126 f – MLP; Spindler/Stilz AktG/*Schall* Rn 2; differenzierend *Bayer* ZGR 2002, 933, 946 ff). Auch ausländische Unternehmen werden erfasst (MünchKomm AktG/*Bayer* Rn 44). Handelt es sich um Unternehmen, findet die Vermutung v § 17 Abs 2 Anwendung (*Emmerich/Habersack* Aktien- und GmbH-KonzernR Rn 16). Dabei sind zur Ermittlung der Mehrheitsbeteiligung die Anteile des herrschenden und der v diesem abhängigen Unternehmen zusammenzuzählen (*LG Berlin* AG 1998, 195, 196; KölnKomm AktG/*Koppensteiner* Rn 35 f; *Maslo* AG 2004, 163, 167; **aA** *Schäfer* BB 1966, 229, 230). Eine unmittelbare Beteiligung der Muttergesellschaft an einer Enkelgesellschaft ist nicht erforderlich, vielmehr ist wg der Zurechnung der Anteile der Tochter auch deren alleinige Beteiligung ausreichend. Somit können Mutter- und Tochtergesellschaft auch gleichzeitig an der Enkelin mehrheitlich beteiligt sein (*Bayer* aaO Rn 45; K. Schmidt/Lutter AktG/*Vetter* Rn 23).

15 Daneben kommt eine Zurechnung v Anteilen in Betracht, die einem Dritten **für Rechnung des Unternehmens** (oder des abhängigen Unternehmens) gehören. Der Dritte muss nicht Unternehmen oder Inländer sein (*Emmerich/Habersack* Aktien- und GmbH-KonzernR Rn 18). Der Begriff „für Rechnung" ist dabei ebenso wie bei § 16 Abs 2 S 3 mit Blick darauf auszufüllen, wer das wirtschaftliche Risiko trägt (vgl Rn 11). Anerkannt ist dies für Geschäftsbesorgungs- und Treuhandverhältnisse (MünchKomm AktG/*Bayer* Rn 47; Spindler/Stilz AktG/*Schall* Rn 22; K. Schmidt/Lutter AktG/*Vetter* Rn 26). Keine Zurechnung findet jedoch statt bei **Stimmbindungsverträgen** (**hM** *Schall* aaO Rn 23; *Adler/Düring/Schmaltz* Rn 8; GroßKomm AktG/*Windbichler* Rn 29, 37 ff; *Vedder* S 134 f; **aA** MünchKomm AktG/*Bayer* Rn 41, 48). Das gleiche gilt für **Kaufoptionen** (arg § 20 Abs 2 Nr 1; vgl *Emmerich* aaO Rn 18a; *Schall* aaO Rn 17). Dies gilt auch für sonstige, die Zurechnung v Stimmrechten etwa im Wertpapierhandelsrecht begründenden Tatbestände wie das „Anvertrautsein" iSd § 22 Abs 1 Nr 6 WpHG oder das „Acting in Concert" iSd § 22 Abs 2 WpHG (K. Schmidt/Lutter AktG/*Vetter* Rn 30).

16 Eine Zurechnung erfolgt schließlich auch dann, wenn der Inhaber des Unternehmens **Einzelkaufmann** ist und die **Anteile im Privatvermögen** des Einzelkaufmanns gehalten werden. Für die Anteilsberechnung wird nicht zwischen dem Privat- und Betriebsvermögen des Einzelkaufmanns unterschieden, um die Annahme einer Mehrheitsbeteiligung nicht durch eine bloße Umschichtung verhindern zu können. Unerheblich ist auch, ob der Anteilserwerb aus der gleichen Branche des Kaufmanns stammt und auf welchem Weg (etwa durch Erbfall) der Anteilsbesitz erlangt wurde (MünchKomm AktG/*Bayer* Rn 49). Hingegen scheidet eine (auch nur entspr) Anwendung der für

In Mehrheitsbesitz stehende Unternehmen § 16

den Einzelkaufmann geltenden Regelungen auf die **Gesellschafter v Personengesellschaften** aus. Wg der Verschiedenheit der Rechtsträger (§ 124 Abs 2 HGB) lässt sich nicht einfach v einer Interessenidentität zwischen Ges und Gesellschafter ausgehen. Anders als beim Einzelkaufmann verhindert die gesamthänderische Bindung des Gesellschaftsvermögens „Umschichtungen" aus dem Vermögen der Personengesellschaft in die Vermögen ihrer Gesellschafter (K. Schmidt/Lutter AktG/*Vetter* Rn 27; KölnKomm AktG/*Koppensteiner* Rn 32).

Die Zurechnungsnorm gilt gleichermaßen auch für die **öffentliche Hand**, so dass 17 Anteile, die der öffentlichen Hand gehören, mit denen ihrer Unternehmen zusammenzurechnen sind (MünchKomm AktG/*Bayer* Rn 50; KölnKomm AktG/*Koppensteiner* Rn 33).

IV. Stimmrechtsmehrheit

Neben der Anteilsmehrheit kommt auch eine Mehrheitsbeteiligung aufgrund einer 18 **Stimmrechtsmehrheit** in Betracht. Deren Berechnung ergibt sich aus § 16 Abs 3, 4 und gleicht im Wesentlichen der Bestimmung der Anteilsmehrheit (vgl Rn 8 ff). Insb die Zurechnung v Stimmen richtet sich nach § 16 Abs 4, so dass auf die dortigen Ausführungen verwiesen werden kann (vgl Rn 13 ff).

1. Berechnung (§ 16 Abs 3). Bei der Berechnung sind die ausübbaren Stimmrechte 19 des beteiligten Unternehmens (einschließlich der zugeordneten nach § 16 Abs 4) zu der Gesamtzahl der Stimmrechte der Beteiligungsgesellschaft ins Verhältnis zu setzen (§ 16 Abs 3 S 1). Vorzugsaktien (bis zum Aufleben des Stimmrechts, vgl § 140 Abs 2) oder stimmrechtslose Beteiligungen an Personengesellschaften werden nicht mit einbezogen (MünchKomm AktG/*Bayer* Rn 37). Von der Gesamtzahl sind die Stimmrechte aus eigenen Anteilen (§ 16 Abs 3 S 2) bzw aus Anteilen, die einem anderen für Rechnung der Ges gehören (§ 16 Abs 2 S 3), abzuziehen. Dies gilt wg des klaren Wortlauts trotz berechtigter rechtpolitischer Kritik nicht für Stimmrechte aus Anteilen abhängiger Unternehmen (**hM** *Hüffer* AktG Rn 9, 11; MünchHdb AG/*Krieger* § 68 Rn 25; GroßKomm AktG/*Windbichler* Rn 13; **aA** K. Schmidt/Lutter AktG/*Vetter* Rn 16; Spindler/Stilz AktG/*Schall* Rn 29; s zum vergleichbaren Problem bei der Bestimmung der Anteilsmehrheit bereits oben Rn 10). Ebenso unberücksichtigt bleiben bei der Ermittlung der Gesamtzahl der Stimmrechte Stimmrechtsbeschränkungen, die einzelne Anteile betreffen können, etwa Verlust des Stimmrechts bei unterbliebenen oder fehlerhaften Meldungen nach §§ 20 Abs 7, 21 Abs 4, § 28 WpHG, bei unterlassenem Pflichtangebot, § 59 WpÜG, bei Befangenheit nach § 136 AktG oder bei Ausschluss des Stimmrechts vor vollständiger Leistung der Einlage (§ 134 Abs 2 S 1, vgl *Vetter* aaO Rn 19; *Windbichler* aaO Rn 11).

2. Anteil des Unternehmens und Zuordnung. Zur Ermittlung einer Stimmrechts- 20 mehrheit sind dann die Anteile zu bestimmen, die dem beteiligten Unternehmen gehören oder nach § 16 Abs 4 zugerechnet werden. Mehrfach- und Höchststimmrechte sind zu berücksichtigen. Entscheidend ist dabei auf die **absolute Mehrheit** der Stimmen abzustellen, nicht ausreichend ist die bloße HV-Mehrheit (*Emmerich/Habersack* Aktien- und GmbH-KonzernR Rn 23; Spindler/Stilz AktG/*Schall* Rn 28); dies gilt auch, wenn bestimmte Beschlussgegenstände qualifizierten Mehrheitserfordernissen unterliegen (*Emmerich* aaO Rn 23; anders MünchKomm AktG/*Bayer* Rn 42, K. Schmidt/Lutter AktG/*Vetter* Rn 13). Hierin zeigt sich der Unterschied zwischen

Fett 123

Mehrheitsbeteiligung (erst bei absoluter Mehrheit) und Abhängigkeit nach § 17 (ggf bereits bei HV-Mehrheit, vgl § 17 Rn 11), der den eigenständigen Charakter v § 16 mitbegründet (vgl Rn 2).

21 Notwendig ist darüber hinaus, dass das beteiligte Unternehmen die Stimmrechte auch ausüben kann. Stimmrechtsbeschränkungen aus unterlassenen Mitteilungen nach §§ 20 Abs 7, 21 Abs 4, § 28 WpHG, oder § 59 WpÜG sowie solche nach § 134 Abs 2 S 1 und § 136 sind bei der Ermittlung des Stimmrechtsanteils zu berücksichtigen (*Hüffer* AktG Rn 11; GroßKomm AktG/*Windbichler* Rn 35; Spindler/Stilz AktG/*Schall* Rn 35; **aA** MünchKomm AktG/*Bayer* Rn 40 unter Hinweis darauf, der Aktionär habe es in der Hand, wann er das Stimmrecht wieder aufleben lassen wolle; dem folgend zB K. Schmidt/Lutter AktG/*Vetter* Rn 20). Insoweit unterscheidet sich die Berechnung des Anteils des Beteiligungsunternehmens von der der Gesamtstimmrechte (s oben Rn 20; anders die wohl überwiegende Ansicht, die die Frage einheitlich bewertet, s etwa Grigoleit AktG/*Grigoleit* Rn 14). Nicht erfasst werden Stimmbindungsverträge (vgl Rn 15) oder Stimmrechtsvollmachten, da hier lediglich fremde Stimmrechte (mit-)ausgeübt werden und der Stimminhaber diese (auch vertragswidrig) weiter ausüben kann (**hM** *Adler/Düring/Schmaltz* Rn 8; KölnKomm AktG/*Koppensteiner* Rn 44; *Windbichler* aaO Rn 37 ff; *Vetter* aaO Rn 14; *Schall* aaO Rn 34; **aA** *Bayer* aaO Rn 41; *Emmerich* aaO Rn 25; Hölters AktG/*Hirschmann* Rn 10). In beiden Fällen kommt aber eine Abhängigkeit nach § 17 Abs 1 in Betracht (vgl § 17 Rn 10).

22 Bei einer dinglichen Belastung kommt es nicht zu einer Aufhebung der Zuordnung (für das **Pfandrecht** arg aus § 1277 BGB; MünchHdb AG/*Krieger* § 68 Rn 27; Spindler/Stilz AktG/*Schall* Rn 35), so dass nur der Inhaber des Vollrechts mit Mehrheit beteiligt sein kann, nicht aber der Pfandgläubiger.

23 Umstr ist die Zuordnung hinsichtlich eines **bestellten Nießbrauchs** am Anteil, was insb mit der Frage zusammenhängt, ob der Nießbraucher am Gesellschaftsanteil direkt aus diesem Rechte, wie zB das Stimmrecht, ableiten kann (vgl *K.Schmidt* ZGR 1999, 601; *Schön* ZHR 158 (1994), 229, 260 ff). Da dem Gesellschafter bei Grundlagenbeschlüssen regelmäßig das Stimmrecht verbleiben soll (*BGH* NJW 1999, 571 f), kann dem Nießbraucher der Anteil letztlich nicht im erforderlichen Umfang zugerechnet werden (*Emmerich/Habersack* Aktien- und GmbH-KonzernR Rn 14). Daneben kann der Nießbraucher wg des Abspaltungsverbotes nur fremde Stimmrechte, nämlich die des Aktionärs, ausüben (GroßKomm AktG/*Windbichler* Rn 42). Wer den mitgliedschaftsspaltenden Nießbrauch für zulässig erachtet (vgl MünchKomm AktG/*Bayer* Rn 28; *Hüffer* AktG Rn 7; Spindler/Stilz AktG/*Schall* Rn 31) kommt freilich zum gegenteiligen Ergebnis.

§ 17 Abhängige und herrschende Unternehmen

(1) Abhängige Unternehmen sind rechtlich selbstständige Unternehmen, auf die ein anderes Unternehmen (herrschendes Unternehmen) unmittelbar oder mittelbar einen beherrschenden Einfluss ausüben kann.

(2) Von einem in Mehrheitsbesitz stehenden Unternehmen wird vermutet, dass es von dem an ihm mit Mehrheit beteiligten Unternehmen abhängig ist.

Abhängige und herrschende Unternehmen § 17

Übersicht

	Rn		Rn
I. Allgemeines und Rechtsfolgen	1	e) Abhängigkeit ohne gesellschaftsrechtliche Grundlage?	20
II. Abhängigkeit	2	III. Unmittelbare und mittelbare Abhängigkeit	22
1. Einheitlicher Abhängigkeitsbegriff für das gesamte AktG	2	IV. Mehrfache Abhängigkeit, Gemeinschaftsunternehmen	23
2. Beherrschender Einfluss	3	1. Grundsatz	23
3. Umfang und Dauer	4	2. Herrschaftssubjekt	25
a) gesamter Tätigkeitsbereich	4	V. Vermutungsregelung (§ 17 Abs 2)	26
b) gewisse Beständigkeit	5	1. Tatbestand und Folgen	26
4. Mittel	7	2. Widerlegung	28
a) Mehrheitsbeteiligung	7	3. Entherrschungsverträge	32
b) Minderheitsbeteiligungen	9	VI. Kommanditgesellschaft auf Aktien	35
c) Unternehmensverträge	15		
d) Kreditinstitute	18		

Literatur: *Barz* Der Abhängigkeitstatbestand bei der Aktiengesellschaft, FS Bärmann, 1975, S 185; *Becker* Der Entherrschungsvertrag im Spiegel verschiedener Rechtsgebiete, FS Möschel, 2011, S 1119; *Böttcher/Liekefett* Mitbestimmung bei Gemeinschaftsunternehmen mit mehr als zwei Muttergesellschaftern – Eine kautelarjuristische Betrachtung, NZG 2003, 701; *Brellochs* Konzernrechtliche Beherrschung und übernahmerechtliche Kontrolle, NZG 2012, 1010; *Dierdorf* Herrschaft und Abhängigkeit, Diss Bochum, 1978; *Druey/Vogel* Das schweizerische Konzernrecht in der Praxis der Gerichte, 1999; *Feldgen* Die umsatzsteuerliche Organschaft im Konzern, BB 2010, 285; *Geßler* Atypische Beherrschungsverträge, FS Beitzke, 1979, S 923; *Götz* Der Entherrschungsvertrag im Aktienrecht, 1991; *Grundmann* Das neue Depotstimmrecht nach der Fassung im Regierungsentwurf zum ARUG, BKR 2009, 31; *Hentzen* Der Entherrschungsvertrag im Aktienrecht, ZHR 157 (1993), 65; *Hommelhoff* Konzernleitungspflicht, 1982; *Hüttemann* Der Entherrschungsvertrag im Aktienrecht, ZHR 156 (1992), 314; *Jäger* Der Entherrschungsvertrag, DStR 1995, 1113; *Krieger* Vorwirkende Abhängigkeit?, FS Semler, 1993, S 503; *Kropff* Das Konzernrecht des Aktiengesetzes 1965, BB 1965, 1281; *Lutter* Vermögensveräußerungen einer abhängigen Aktiengesellschaft – Haftungsrisiken beim „asset-stripping", FS Steindorff, 1990, S 125; *Martinek* Franchising, 1987; *ders* Zulieferverträge und Qualitätssicherung, 1991; *Mertens* Verpflichtung der Volkswagen AG, einen Bericht gem § 312 AktG über ihre Beziehungen zum Land Niedersachsen zu erstatten?, AG 1996, 241; *Müller-Eising/Stoll* Beherrschung von Unternehmen aufgrund faktischer Hauptversammlungsmehrheiten, GWR 2012, 315; *Nagel/Riess/Theis* Der faktische Just-in-Time-Konzern – Unternehmensübergreifende Rationalisierungskonzepte und Konzernrecht am Beispiel der Automobilindustrie, DB 1989, 1505; *Noack* Gesellschaftervereinbarungen bei Kapitalgesellschaften, 1994; *Rasch* Sperrminoritäten in Bankbesitz als Grundlage einer „Abhängigkeit" nach § 17 AktG?, AG 1979, 49; *Raupach* Schuldvertragliche Verpflichtung anstelle beteiligungsgestützter Beherrschung, FS Bezzenberger, 2000, S 327; *Rittner* Die Beteiligung als Grund der Abhängigkeit einer Aktiengesellschaft, DB 1976, 1465; *Säcker* Mehrmütterklausel und Gemeinschaftsunternehmen, NJW 1980, 801; *Schürnbrand* „Verdeckte" und „atypische" Beherrschungsverträge im Aktien- und GmbH-Recht, ZHR 169 (2005), 35; *Seibt* Unternehmensmitbestimmungsrechtliche Konzernzurechnung bei Einschaltung von Stiftung & Co. KG und paritätischen Beteiligungsunternehmen, ZIP 2011, 249; *Siegels* Die Privatperson als Konzernspitze, 1997; *Soudry/Löb* Der Begriff des abhängigen Unternehmens im Sinne des § 17 AktG – Zur Einbeziehung rein wirtschaftlich vermittelter Abhängigkeiten in den Anwendungsbereich des Konzernrechts, GWR 2011, 127; *Ulmer* Aktienrechtliche Beherrschung durch Leistungsaustauschbeziehungen?, ZGR 1978, 457; *Weber* Vormitgliedschaftliche Abhängigkeitsbegründung, ZIP 1994, 678; *Werner* Der aktienrechtliche Abhängigkeitstatbestand, Diss Göttingen, 1979.

Fett

§ 17 Abhängige und herrschende Unternehmen

I. Allgemeines und Rechtsfolgen

1 In § 17 Abs 1 wird der Begriff der **„Abhängigkeit"** definiert. Die Rechtsfolgen, die hieran geknüpft werden, gehen deutlich über jene hinaus, die mit der Annahme eines „Konzerns" (§ 18) verbunden sind (vgl § 18 Rn 1). Deshalb spricht man zu Recht v der Abhängigkeit als **zentralem Begriff** des Rechts der verbundenen Unternehmen (vgl nur *Emmerich/Habersack* Aktien- und GmbH-KonzernR Rn 2). So knüpft etwa das materielle (faktische) Konzernrecht in den §§ 311 ff mit seinen Ausgleichsansprüchen gegen das herrschende Unternehmen bereits an die Abhängigkeit und nicht (erst) an die einheitliche Leitung und damit das Vorliegen eines Konzerns an. Gleiches gilt für das Verbot eines Anteilserwerbs durch das abhängige Unternehmen (§§ 56 Abs 2, 71b S 2) und dessen Stimmrechtsausübung (§§ 71b S 4, 71b). Zudem löst Abhängigkeit die Konzernvermutung nach § 18 Abs 1 S 3 erst aus, setzt diese also voraus. Auch andere Normen knüpfen an die Abhängigkeit an (vgl §§ 16 Abs 4, 100 Abs 2 S 1 Nr 2, 115 Abs 1 S 2, 134 Abs 1 Nr 4, 136 Abs 2 S 1, 145 Abs 3, 160 Abs 1 Nr 1 und 2).

II. Abhängigkeit

2 **1. Einheitlicher Abhängigkeitsbegriff für das gesamte AktG.** Nach Inkrafttreten des AktG herrschte Uneinigkeit darüber, ob v einem **einheitlichen** aktienrechtlichen **Abhängigkeitsbegriff** auszugehen ist, der für alle Verwendungen im Aktiengesetz den gleichen Inhalt hat. Einige verlangten unter Berufung auf die unterschiedlichen Schutzzwecke einzelner Normen (vgl §§ 16, 18, 302, 311 ff, andererseits § 305 Abs 2 S 2), die Abhängigkeit je nach Funktion der betr Norm unterschiedlich zu bestimmen (GroßKomm AktG/*Würdinger* 3. Aufl, Anm 2; *Werner* S 87 ff), was dem Sinn und Zweck des § 17 als Definitionsnorm in den „allgemeinen Vorschriften" widerspricht. Dieser Meinungsstreit dürfte heute zugunsten des einheitlichen Abhängigkeitsbegriffs entschieden sein (so auch MünchKomm AktG/*Bayer* Rn 4; K. Schmidt/Lutter AktG/ *Vetter* Rn 3; zurückhaltender *Emmerich/Habersack* Aktien- und GmbH-KonzernR Rn 4; für den einheitlichen Abhängigkeitsbegriff wohl auch BGHZ 90, 381, 395 – BuM/WestLB; offen gelassen noch BGHZ 62, 193, 201 – Seitz).

3 **2. Beherrschender Einfluss.** Abhängigkeit liegt vor, wenn ein (herrschendes) Unternehmen auf ein anderes (abhängiges) Unternehmen **beherrschenden Einfluss** ausüben kann. Die Beherrschung muss nicht tatsächlich ausgeübt werden, ausreichend ist die Möglichkeit hierzu (BGHZ 62, 193, 201 – Seitz; OLG München AG 1995, 383; MünchKomm AktG/*Bayer* Rn 11 ff). Ob die Möglichkeit zur beherrschenden Einflussnahme besteht, ist **aus der Sicht des abhängigen Unternehmens** zu bestimmen (BGH WM 2012, 1121, 1123; BGHZ 62, 193, 196 f – Seitz; GroßKomm AktG/*Windbichler* Rn 18). Heute geht man bereits dann v einem beherrschenden Einfluss aus, wenn das **Einflusspotential** dem einer Mehrheitsbeteiligung entspricht (**hM** *Bayer* aaO Rn 5 ff; *Windbichler* aaO Rn 3 ff; LG Köln AG 2008, 336, 338; restriktiver noch *RGZ* 167, 40, 49 ff – Thega; *Baumbach/Hueck* AktG Rn 2; *Rasch* AG 1979, 49, 54; Groß-Komm AktG/*Würdinger* 3. Aufl Anm 2). Bei einer Mehrheitsbeteiligung kann über die Bestellung des AR mittelbarer Einfluss auf den Vorstand der AG ausgeübt werden. Diese Gefährdungslage hat Ausdruck in der Abhängigkeitsvermutung des § 17 Abs 2 gefunden, die so auf die Auslegung des Abhängigkeitsbegriffs ausstrahlt (*Hüffer* AktG Rn 5). Ein beherrschender Einfluss ist anzunehmen, wenn das herrschende Unternehmen über **gesicherte rechtliche Einflussmöglichkeiten** beim abhängigen Unternehmen verfügt und damit in der Lage ist, diesem Konsequenzen für den Fall der Nichtbefolgung anzudrohen und durchzusetzen (*BGHZ* 121, 137, 146 – WAZ/ IKZ; *OLG Düsseldorf* AG 1994, 36, 37 f – Feno; *KG* AG 2001, 529; *OLG Hamm* AG 2001, 146 – Hucke; *LG Mosbach* AG 2001, 206 – M. Weining). Denn in diesem Fall besteht die Befürchtung, dass die Verwaltungsorgane des abhängigen Unternehmens **zur Vermeidung persönlicher Nachteile** ihre Geschäftspolitik an den Interessen des herrschenden Unternehmens ausrichten werden (vgl nur *Bayer* aaO Rn 27; *Adler/ Düring/Schmaltz* Rn 13, 26). Die Möglichkeit zur Durchsetzung v Grundlagengeschäften ist ebenso wenig erforderlich wie ein Weisungsrecht in Hinsicht auf das operative Geschäft (*K. Schmidt/Lutter* AktG/*Vetter* Rn 6). Eine Eingrenzung dieses **weiten Verständnisses** ist über die Beschränkung auf eine gesellschaftsrechtliche Vermittlung des Einflusses möglich (vgl Rn 9 ff).

3. Umfang und Dauer. – a) gesamter Tätigkeitsbereich. Überwiegend wird gefordert, dass sich die Möglichkeit zur Einflussnahme auf den **gesamten Tätigkeitsbereich** des abhängigen Unternehmens erstrecken muss (hM MünchHdb AG/*Krieger* § 68 Rn 38; *Ulmer* ZGR 1978, 457, 461; GroßKomm AktG/*Windbichler* Rn 17; *BGHZ* 135, 107, 114 – VW; *KG* AG 2001, 529; *OLG Düsseldorf* AG 1994, 36 – Feno). Dies soll sich einerseits aus dem Wortlaut und dem Erfordernis „beständiger und umfassender" Einflussnahme und andererseits aus der organisationsrechtlichen Bedeutung der Abhängigkeit für die Unternehmensgruppe ergeben. Der systematische Zusammenhang zwischen § 17 und der Konzernvermutung in § 18 Abs 1 S 3 spricht aber dafür, bereits eine **punktuelle Abhängigkeit** in nur einem **zentralen Unternehmensbereich** (insb Finanzplanung) ausreichen zu lassen (*Emmerich/Habersack* Aktien- und GmbH-KonzernR Rn 9 f; *Hüffer* AktG Rn 7; Henn/Frodermann/Jannott Hdb AktR/*Schubel* 14. Kap Rn 16; KölnKomm AktG/*Koppensteiner* Rn 26 f; *Rittner* DB 1976, 1465, 1513; *OLG Karlsruhe* AG 2004, 147 f; enger Spindler/Stilz AktG/*Schall* Rn 13). Dies entspricht der Voraussetzung, die für eine Konzernannahme aufgestellt wird (vgl § 18 Rn 4 ff). Die Einwirkungsmöglichkeit muss gleichwohl umfassend sein und über lose Einzelkontakte oder punktuelle Bindungen hinausgehen. 4

b) gewisse Beständigkeit. Weiterhin muss die Einflussmöglichkeit des herrschenden Unternehmens v einer gewissen Beständigkeit sein. Darunter ist die Verlässlichkeit der Einflussmöglichkeit und nicht deren Zeitumfang zu verstehen (*RGZ* 167, 40 49 f – Thega; *BGHZ* 135, 107, 114 – VW; *OLG Karlsruhe* AG 2004, 147 f; *OLG Frankfurt* AG 2004, 567 f; KölnKomm AktG/*Koppensteiner* Rn 25; su Rn 6). Der Begriff der Beständigkeit erlangt vor allem Bedeutung, wenn die Mitwirkung Dritter zur Beherrschung erforderlich ist, etwa über deren Stimmverhalten in der HV. Hier muss deshalb entweder eine **vertragliche Grundlage** (etwa bei Treuhandabreden oder Stimmbindungsverträgen) oder eine **sonstige enge Bindung** (etwa durch Verwandtschaft und geübte Praxis der gemeinsamen Abstimmung) hinzutreten. Endet die Mitwirkung des Dritten, gleich aus welchem Grund, endet auch die Abhängigkeit (*Emmerich/Habersack* Aktien- und GmbH-KonzernR Rn 13). 5

Auf eine bestimmte **Zeitdauer** kommt es für die Annahme der Beständigkeit nicht an, zumal jede Festlegung einer solchen willkürlich erschiene (vgl *Henze* Konzernrecht Rn 28). Die Einflussmöglichkeit muss jedoch über eine rein zufällige, auf den Moment bezogene Situation hinausgehen (nicht anzunehmen bei einer dem Vorstand bekannten kurzen Haltedauer der Beteiligung, wenn in diesem Zeitraum keine HV stattfindet, *K. Schmidt/Lutter* AktG/*Vetter* Rn 11). Der Einfluss des herrschenden Unterneh- 6 mens muss für einen überschaubaren Zeitraum gesichert sein; die freiwillige Mitwirkung Dritter bewirkt mithin keine Abhängigkeit (*RGZ* 167, 40 49 ff – Thega; *BGHZ* 80, 69, 73 – Süssen; *OLG Frankfurt* AG 1998, 193). Damit ist ein Minderheitsaktionär, der durch die freiwillige (und damit jederzeit aufkündbare) Unterstützung anderer Aktionäre die HV-Mehrheit innehat, regelmäßig nicht herrschendes Unternehmen (*Vetter* aaO Rn 12).

7   **4. Mittel. – a) Mehrheitsbeteiligung.** Grundsatz und Regelfall der Beherrschung ist die Mehrheitsbeteiligung des herrschenden an dem abhängigen Unternehmen, vgl § 17 Abs 2 (dazu Rn 26 ff). Das Vorliegen einer Mehrheitsbeteiligung bestimmt sich nach § 16 (vgl § 16 Rn 8 ff, 18 ff). Sind weitere Umstände zur Begr der Mehrheit erforderlich (etwa Stimmbindungsverträge), liegt keine Mehrheitsbeteiligung vor (vgl Rn 10; aA *Emmerich/Habersack* Aktien- und GmbH-KonzernR Rn 17).

8   Entscheidender **Zeitpunkt** für die Bestimmung der Mehrheit ist nach **hM** nicht der Erwerb des schuldrechtlichen Anspruchs sondern erst der dingliche Erwerbszeitpunkt, mit dem die Einflussmöglichkeit tatsächlich gesichert wird (*OLG Düsseldorf* AG 1994, 36, 38 f – Feno; *Emmerich/Habersack* Aktien- und GmbH-KonzernR Rn 11; *Hüffer* AktG Rn 9; *Krieger* FS Semler, S 503, 506 ff; KölnKomm AktG/*Koppensteiner* Rn 47; K. Schmidt/Lutter AktG/*Vetter* Rn 35; anders MünchKomm AktG/*Bayer* Rn 53 f; *Lutter* FS Steindorff, S 125, 132 ff; *Weber* ZIP 1994, 678 ff; für eine Vorwirkung der Abhängigkeit bei Zahlungen zwischen (zukünftigen) Konzernunternehmen aus strafrechtlicher Sicht, *BGH* NJW 2006, 453, 456). Selbst wenn der Eintritt der noch offenen Bedingungen, die zum sog „Closing" des Aktienkaufvertrages und damit zum dinglichen Übergang der Aktien führt, nur noch eine Formalie ist, muss die Abhängigkeit im Einzelfall dargelegt und bewiesen werden; die Vermutungsregel des Abs 2 steht mangels dinglichem Übergang der Aktien auf den Erwerber (noch nicht) zur Verfügung (so zu Recht *Koppensteiner* aaO Rn 47). Einfacher ist es, Abhängigkeit (im Sinne des Abs 1) festzustellen, wenn der Beteiligungserwerb unwirksam ist, aber v den Parteien als wirksam angesehen und gelebt wird (*Bayer* aaO Rn 63; *Vetter* aaO Rn 14, 24; Spindler/Stilz AktG/*Schall* Rn 14); hier wäre es nicht sachgerecht, das faktisch herrschende Unternehmen allein wg der im Nachhinein festgestellten Unwirksamkeit der Anteilsübertragung aus der Verantwortung zu entlassen.

9   **b) Minderheitsbeteiligungen.** Herrschaftsmöglichkeiten ergeben sich auch unterhalb der Schwelle einer Mehrheitsbeteiligung. Dabei muss die Einflussmöglichkeit **gesellschaftsrechtlich vermittelt** sein, so dass die Beherrschung sich auf die Binnenstruktur der Gesellschaft auswirkt (*BGHZ* 90, 381, 395 f – BuM/WestLB; MünchKomm AktG/*Bayer* Rn 29; KölnKomm AktG/*Koppensteiner* Rn 50). Dieses ungeschriebene Merkmal ist ursprünglich in Zusammenhang mit Herrschaftsmöglichkeiten aus Vertragsbeziehungen entwickelt worden (vgl Rn 20 f); dem Merkmal kommt darüber hinaus auch in anderen Fällen Bedeutung zu.

10   Eine **Minderheitsbeteiligung** kann in Zusammenhang mit anderen Einflussmöglichkeiten der Beherrschung durch eine Mehrheitsbeteiligung gleichkommen. Notwendig ist für eine tatsächliche Stimmrechtsmehrheit nicht das Eigentum an den Anteilen, sondern die Möglichkeit, über die Stimmrechte sicher und beständig zu verfügen (*BayObLG* AG 2002, 511, 513; *OLG Karlsruhe* AG 2004, 147 f; *OLG Düsseldorf* AG 1994, 36 – Feno). Damit sind insb Stimmrechtskonsortien oder Stimmbindungsverträge sowie Treuhandvereinbarungen erfasst (*OLG Schleswig-Holstein* GWR 2011, 34

Abhängige und herrschende Unternehmen § 17

m Anm Soudry). Weil Stimmrechtsvollmachten grds frei widerrufbar sind, kommt die hieraus abgeleitete Herrschaft zur Begr v Abhängigkeit v Ausübenden grds nicht in Betracht; diese Frage wird vor allem beim sog Depotstimmrecht der Banken diskutiert (vgl KölnKomm AktG/*Koppensteiner* Rn 49; Spindler/Stilz AktG/*Schall* Rn 30 und unten Rn 18 f).

Führt eine Minderheitsbeteiligung aufgrund geringer HV-Präsenzen zu einer **faktischen HV-Mehrheit,** kann auch diese Abhängigkeit begründen (*BGHZ* 148, 123 – MLP). Der Einzelfall ist entscheidend (für einen Anteil v 43,74 % bei einer regelmäßigen Präsenz v 80 % *BGHZ* 69, 334, 347 – VEBA/Gelsenberg; v 20 % bei 37 % 135, 107 – VW; v 25,6 % bei 80 % unter Berücksichtigung der hälftigen Beteiligung an einem zu 24,9 % beteiligten Aktionär und Depotstimmrechten v 2 % *KG* AG 2005, 398, 399 f – Brau und Brunnen; so auch *LG Berlin* AG 1996, 230, 231, 1997, 183, 184 f). Auch hier ist eine **gewisse Beständigkeit** zu fordern, damit nicht zufällige Mehrheiten Abhängigkeit begründen (für Abhängigkeit jedenfalls dann, wenn im fünften aufeinander folgenden Jahr die faktische HV-Mehrheit gegeben ist, GroßKomm AktG/ *Windbichler* Rn 23 unter Verweis auf den Fall *BGHZ* 135, 107 – VW; *Müller-Eising/ Stoll* GWR 2012, 315, 317, lassen unter Verweis auf die gesetzgeberische Wertung des § 9 S 2 Nr 2 WpÜG-AngebVO drei Jahre genügen; wegen der typischerweise alle fünf Jahre stattfindenden AR-Wahl, vgl § 102 Abs 1, ist das Abstellen auf einen Fünf-Jahres-Zeitraum überzeugender). Die Schwelle des § 29 Abs 2 WpÜG, welche bei Überschreiten von 30 % der Stimmrechte zur Abgabe eines Übernahmeangebots verpflichtet, eignet sich wegen des fehlenden Bezugs zu den tatsächlichen Gegebenheiten auf der HV der jeweiligen AG nicht für eine typisierte Annahme von Abhängigkeit (**hM,** vgl nur *BGH* WM 2012, 1121, 1124; zust *Brellochs* NZG 2012, 1010, 1017 f; *Widder* EWiR 2012, 537; grds **aA** Spindler/Stilz AktG/*Schall* Rn 29). Wer von einem Aktionär erwirbt, der bereits über eine beständige faktische HV-Mehrheit verfügt hat, kann direkt mit dem Erwerb zum herrschenden Unternehmen werden – vorausgesetzt, die Gesamtumstände bleiben unverändert, so dass mit ähnlichen Mehrheitsverhältnissen in der nächsten HV zu rechnen ist (vgl GroßKomm AktG/*Windbichler* Rn 24; *Müller-Eising/Stoll* GWR 2012, 315, 317).

11

Auch **Satzungsbestimmungen** können Möglichkeiten zum beherrschenden Einfluss schaffen. In der Aktiengesellschaft sind diese wg § 23 Abs 5 freilich begrenzt. Zu denken ist an Entsenderechte (§ 101 Abs 2, s dazu Rn 13) oder Mehrfachstimmrechte – soweit diese iRd Übergangsregelung (§ 12 Abs 2 S 2 aF iVm § 5 EGAktG) noch Bestand haben (*Emmerich/Habersack* Aktien- und GmbH-KonzernR Rn 20); daneben kann die **Bestimmung des Unternehmensgegenstandes** Abhängigkeit begründen (zB Beschränkung des Unternehmens auf Zuarbeiterfunktionen im Unternehmensverbund, vgl GroßKomm AktG/*Windbichler* Rn 33 mwN).

12

Ob **personelle Verflechtungen** oder **Entsenderechte** herrschenden Einfluss vermitteln können, bedarf stets einer Betrachtung des Einzelfalls. Treten bspw Entsenderechte zu einer Minderheitsbeteiligung, kann – soweit dem Entsendeberechtigten damit die mehrheitliche Besetzung des AR möglich wird (etwa aufgrund Absprachen mit weiteren Gesellschaftern) – Herrschaftsmacht anzunehmen sein. Dass personelle Verflechtungen für sich genommen Herrschaft vermitteln können (dafür *Werner* S 166, 207; *Adler/Düring/Schmaltz* Rn 64), wird v der hM zu Recht nicht geteilt (vgl nur Köln-Komm AktG/*Koppensteiner* Rn 62; Henn/Frodermann/Jannott Hdb AktR/*Schubel*

13

Fett

14. Kap Rn 17; *Seibt* ZIP 2011 249, 253); so ist etwa im Fall identischer besetzter Vorstände offen, welches Unternehmen herrscht und welches beherrscht wird (vgl *Dierdorf* S 204; GroßKomm AktG/*Windbichler* Rn 48: Gleichordnung liegt näher); selbst dann, wenn sie neben eine gesellschaftsrechtlich vermittelte Minderheitsbeteiligung treten, führt dies nicht gleichsam zur Herrschaftsmacht (so aber wohl MünchKomm AktG/*Bayer* Rn 33), da mit dieser Minderheitsbeteiligung typischerweise keine weitergehenden Rechte verbunden sind (zu einem besonderen Fall des Zusammentreffens von Beteiligung durch das Organ und eine der Gesellschaften *OLG München* AG 1995, 383). Abhängigkeit ist aber etwa dann zu bejahen, wenn der Vorstand des einen Unternehmens mit weisungsabhängigen Angestellten des anderen besetzt ist (zum Ganzen instruktiv *Windbichler* aaO Rn 46 ff).

14 Eine auf die Möglichkeit zur Verhinderung v Grundlagenentscheidungen gestützte (negative) Beherrschungsmöglichkeit mittels einer **Sperrminorität** führt nicht zur Abhängigkeit (**hM** *OLG Stuttgart* v 21.12.2012, BeckRS 2013, 00660; *Hüffer* AktG Rn 10; GroßKomm AktG/*Windbichler* Rn 20; **aA** *Werner* S 43, 107 ff). Ob eine Beherrschungsmöglichkeit angenommen werden kann, wenn die AR-Wahlen an eine qualifizierte Mehrheit anknüpfen, der AR also nicht ohne Zutun des mit einer Sperrminorität ausgestatteten Aktionärs gewählt werden kann (vgl *Emmerich/Habersack* Aktien- und GmbH-KonzernR Rn 25; K. Schmidt/Lutter AktG/*Vetter* Rn 9), dürfte jedenfalls dann zu verneinen sein, wenn ein (anderer) Mehrheitsaktionär vorhanden ist (vgl *Hüffer* aaO Rn 10). Zu erwägen ist in einem solchen Fall aber ggf Mehrmütterherrschaft, wenn der mit Mehrheit beteiligte Aktionär zum Erreichen v qualifizierten Mehrheiten seine Interessen mit denen des Minderheitsaktionärs koordiniert (vgl Rn 23 ff). Daneben kommt eine beherrschende Stellung in Betracht, wenn sich die Beteiligung mit weiteren rechtlichen oder tatsächlichen Umständen verbindet (vgl Rn 20 f).

15 c) Unternehmensverträge. Ein gesellschaftsrechtlich vermittelter Einfluss des herrschenden Unternehmens folgt wg der organisationsrechtlichen Wirkungen auch aus Unternehmensverträgen. Im Falle eines **Beherrschungsvertrages** nach § 291 Abs 1 S 1, 1. Fall ergibt sich nicht nur die unwiderlegliche Vermutung eines Konzerns nach § 18 Abs 1 S 2 (vgl § 18 Rn 13), sondern auch Abhängigkeit (*BGHZ* 62, 193, 196 – Seitz). Gleiches gilt für die Eingliederung nach §§ 319 ff (MünchKomm AktG/*Bayer* Rn 64). Bei Abschluss eines Beherrschungsvertrags wird es regelmäßig bereits einen Mehrheitsgesellschafter geben, allein schon, um dem Erfordernis eines HV-Beschlusses mit qualifizierter Mehrheit entsprechen zu können; bei der Mehrheitseingliederung ist dies v § 320 Abs 1 vorausgesetzt. Daher liegt hier regelmäßig bereits Abhängigkeit nach Abs 2 vor. Einem isolierten **Gewinnabführungsvertrag** (§ 291 Abs 1 S 1, 2. Fall) wird man wg der – durch die jüngere *BFH*-Rspr (vgl ZIP 2009, 1009 ff; zum Ganzen *Feldgen* BB 2010, 285 ff) noch verschärften – Anforderungen an die steuerliche Organschaft (§ 14 Nr 2 KStG) in der Praxis kaum begegnen; ist ein solcher mit einem Minderheitsgesellschafter (sonst Abs 2) abgeschlossen, soll dies nach hM zumindest Indizwirkung für die Abhängigkeit haben (*Emmerich/Habersack* Aktien- und GmbH-KonzernR Rn 22; noch weitergehend GroßKomm AktG/*Windbichler* Rn 35 und AnwK-AktR/*Peres/Walden* Rn 11: stets Abhängigkeit; **aA** *Bayer* aaO Rn 65). Schließlich ist zu beachten, dass auch **unwirksame Unternehmensverträge** Abhängigkeit begründen können, da **für § 17 Abs 1** allein ihre tatsächliche Durchführung entscheidend ist (*Emmerich* aaO Rn 22; enger *Henze* Konzernrecht Rn 53: Eintragung in das HR erforderlich).

Andere Unternehmensverträge nach § 292 sind wg ihres **schuldrechtlichen Charakters** grds nicht geeignet, Abhängigkeit zu begründen (hM KölnKomm AktG/*Koppensteiner* Rn 53). Je nach Art des Vertrages können die darin gewährten Rechte zusammen mit einer Minderheitsbeteiligung zu einer beherrschenden Stellung erstarken (*Raupach* FS Bezzenberger, S 327, 336; vgl ferner *Emmerich/Habersack* Aktien- und GmbH-KonzernR Rn 23; K. Schmidt/Lutter AktG/*Vetter* Rn 43; Spindler/Stilz AktG/ *Schall* Rn 41: Indizwirkung). 16

Gelegentlich wird diskutiert, ob es möglich sei, einen Beherrschungsvertrag unter Verzicht auf das Weisungsrecht der Obergesellschaft abzuschließen (vgl § 291 Rn 7; dafür *Geßler* FS Beitzke, S 923, 928 ff; anders die **hM** MünchHdb AG/*Krieger* § 70 Rn 6; s ferner *Schürnbrand* ZHR 169 (2005), 35, 41 ff). Erkennt man solche „**atypischen**" **Beherrschungsverträge an**, ist wg der auch hier fortbestehenden konzernrechtlichen Gefährdungslage Abhängigkeit der Untergesellschaft anzunehmen (MünchKomm AktG/*Bayer* Rn 67). Eine weitere Besonderheit stellen Verträge dar, die unter Umgehung der hierfür erforderlichen Formvorschriften oder wg anderer Mängel bloß inhaltlich einen (**verdeckten**) **Beherrschungsvertrag** darstellen (vgl § 291 Rn 12; *Schürnbrand* aaO 35; ferner § 311 Rn 3, 11). Werden sie v den Parteien gelebt, haben auch diese die Abhängigkeit der Untergesellschaft zur Folge (*Bayer* aaO Rn 68; *Schürnbrand* aaO 35, 57 ff). 17

d) Kreditinstitute. Vor Änderung der Bestimmung des Depotstimmrechts in § 135 war die Stimmrechtsmacht der Kreditinstitute eines der vieldiskutierten Themen zum Abhängigkeitsbegriff (vgl GroßKomm AktG/*Windbichler* Rn 56). Nach § 135 Abs 3 S 4 in der Fassung des ARUG kann das Kreditinstitut bei einer mittelbaren oder unmittelbaren Beteiligung von mehr als 20 % an der Gesellschaft das Stimmrecht der Kunden nur nach ausdrücklicher Weisung ausüben (vgl *Grundmann* BKR 2009, 31, 37; zuvor lag die Schwelle bei 5 %). Doch selbst wenn es diese Beteiligungsschwelle nicht erreicht und damit das Depotstimmrecht nach den eigenen Vorschlägen ausüben kann, widerspricht die Vermittlung v Abhängigkeit allein über eine jederzeit vom Depotkunden frei widerrufbare Vollmacht dem Grundsatz, dass Herrschaftsmacht gesellschaftsrechtlich vermittelt sein muss (vgl Rn 20 ff). Eine für die Abhängigkeit notwendige Möglichkeit zur beherrschenden Einflussnahme mittels verwalteter Depotaktien ist daher zu verneinen (*Hüffer* AktG Rn 10; *Windbichler* aaO Rn 56; **aA** MünchKomm AktG/*Bayer* Rn 49). 18

Bei einer mehrheitlichen Beteiligung durch ein Kreditinstitut ist beherrschender Einfluss auch dann gegeben, wenn die Beteiligung nur vorübergehend oder ohne unternehmerisches Interesse, etwa zum Zwecke des **Eigenhandels**, gehalten wird (KölnKomm AktG/*Koppensteiner* Rn 38); Voraussetzung ist freilich auch hier, dass die Beteiligung eine gewisse Dauer und Beständigkeit erreicht (s o Rn 6). Dies wird wg der Abberufungsmöglichkeit (vgl § 103 Abs 1) auch nicht durch eine unabhängige Besetzung des AR widerlegt (MünchKomm AktG/*Bayer* Rn 45; *Rittner* DB 1976, 1465, 1470). 19

e) Abhängigkeit ohne gesellschaftsrechtliche Grundlage? Die hM lässt das Bestehen v „tatsächlichen" oder „wirtschaftlichen" Abhängigkeitsverhältnissen, wie sie durch **Liefer- oder Kreditbeziehungen** entstehen können, als ausschließliche Begr für Abhängigkeit zu Recht nicht genügen (MünchKomm AktG/*Bayer* Rn 28 ff; *Emmerich/Habersack* Aktien- und GmbH-KonzernR Rn 14 ff; GroßKomm AktG/*Windbich-* 20 ler Rn 40 f; K. Schmidt/Lutter AktG/*Vetter* Rn 15; *BGHZ* 90, 381, 395 – BuM/WestLB; 121, 137, 145 – WAZ/IKZ I; 135, 107, 114 – VW; *OLG Düsseldorf* AG 2009, 873). Aus der RegBegr ergibt sich freilich, dass – wie nach bis dahin geltendem Recht (§ 15 Abs 2 AktG 1937) – auch „tatsächliche Verhältnisse" Grundlage eines Abhängigkeitsverhältnisses sein sollen (*Kropff* S 31). Daher wird unter Berufung auf den Gesetzeswortlaut, der nur allgemein v „beherrschendem Einfluss" spricht, eine Ausdehnung auch auf sonstige, nicht gesellschaftsrechtlich vermittelte Einflussmöglichkeiten gefordert. Erforderlich aber auch ausreichend sei eine der Mehrheitsbeteiligung ähnliche Intensität, wie sie bei **Just-in-Time**-Lieferverträgen gegenüber dem Zulieferer oder bei engen **Franchise**-Beziehungen gegenüber dem Franchisenehmer bestehe (*Dierdorf* S 38 ff; *Werner* S 140 ff; *Nagel/Riess/Theis* DB 1989, 1505, 1508 ff; *Lutter* FS Steindorff, S 125, 132 ff; *Druey/Vogel* S 550; *Soudry/Löb* GWR 2011, 127 f; für Franchising *Martinek* Franchising S 644 f; *ders* Zulieferverträge und Qualitätssicherung S 175 ff; mit drastischen Worten auch Spindler/Stilz AktG/*Schall* Rn 21 f: „Versklavung" sei nicht erlaubt, „degenerierte Austauschbeziehungen" hätten dem Konzernrecht zu unterfallen). Dieser Auffassung liegt die nicht v der Hand zu weisende Erkenntnis zugrunde, dass Vertragsverhältnisse, die keine gleichstarken Partner aufweisen, für einen der beiden auch in einer existenzbedrohenden Situation enden können. Sie verkennt jedoch, dass das Konzernrecht für diese Fälle nicht das richtige Normengerüst ist. Vertrags- wie Wettbewerbsrecht halten fallbezogene Regelungen bereit, die dem Schutz der (schwächeren) Vertragspartei in ausreichendem Maße Rechnung tragen. Es wäre daher verfehlt, bestehende Defizite – etwa des allgemeinen Zivilrechts oder des Wettbewerbsrechts – über eine Ausdehnung konzernrechtlicher Regelungen auszugleichen (*Hüffer* AktG Rn 8; *Windbichler* aaO Rn 40 f; *BGHZ* 90, 381, 397 – BuM/WestLB; *BGHZ* 121, 137, 146 – WAZ/IKZ; *BGHZ* 135, 107, 114 – VW; *OLG Karlsruhe* AG 2004, 147 f; *OLG Frankfurt* AG 2004, 567 f; *OLG Düsseldorf* AG 2009, 873, 874 f).

21 Wenn danach Abhängigkeit ohne gesellschaftsrechtliche Vermittlung ausscheidet, stellt sich die Frage, ob in Fällen, in denen zur gesellschaftsrechtlichen (Minderheits-) Beteiligung noch weitere tatsächliche Einflussmöglichkeiten hinzutreten, v Abhängigkeit gesprochen werden kann. Während eine Mindermeinung die Möglichkeit einer solchen sog **kombinierten Abhängigkeit** generell ablehnt, weil das dazu hinzutretende Mittel nicht durch das Vorliegen einer (Minderheits-)Beteiligung „aufgewertet" werden könne (KölnKomm AktG/*Koppensteiner* Rn 68; *Mertens* AG 1996, 241, 246), schließt die hM dies nicht v vornherein aus; dem ist jedenfalls dann zuzustimmen, wenn ein bereits bestehender (gesellschaftsinterner) Einfluss durch andere Faktoren verstärkt wird (*OLG Düsseldorf* AG 2003, 688 f – Veba; *OLG Frankfurt* AG 2004, 567 f; *Emmerich/Habersack* Aktien- und GmbH-KonzernR Rn 15; K. Schmidt/Lutter AktG/*Vetter* Rn 16; Spindler/ Stilz AktG/*Schall* Rn 25). Weitgehend ungeklärt ist die Höhe der erforderlichen Beteiligung; abgelehnt wurde eine **kombinierte Abhängigkeit** bei einer Beteiligung unter 25 % (*BGHZ* 90, 381, 397 – BuM/WestLB). Solange der wirtschaftliche Einfluss zumindest durch eine Sperrminorität gesellschaftsrechtlich verankert ist (vgl hierzu Rn 14), überzeugt es, den dann signifikant beteiligten Aktionär einem mit der Anwendung des materiellen Konzernrechts einhergehenden erhöhten Sorgfaltsmaßstab auszusetzen.

III. Unmittelbare und mittelbare Abhängigkeit

22 Die unmittelbare und mittelbare Abhängigkeit stehen sich nach § 17 Abs 1 gleich. Im Fall einer **mehrfachen einstufigen Abhängigkeit** ist der Dritte dem herrschenden

Unternehmen zur Ausübung der Beherrschungsmittel verpflichtet, ohne jedoch selbst abhängig zu sein, wie etwa bei Vorliegen eines Stimmbindungsvertrages. Gleiches gilt für den Treuhandvertrag, durch den der Treugeber neben dem Treuhänder zum (mittelbar) herrschenden Unternehmen wird (MünchKomm AktG/*Bayer* Rn 73 f). Hingegen liegt eine **mehrstufige Abhängigkeit** vor, wenn der Dritte v mittelbar herrschenden Unternehmen abhängig ist. In der Folge ist das Enkelunternehmen sowohl v der Tochter (unmittelbar) als auch v der Mutter (mittelbar) abhängig (*Hüffer* AktG Rn 6; Spindler/Stilz AktG/*Schall* Rn 14).

IV. Mehrfache Abhängigkeit, Gemeinschaftsunternehmen

1. Grundsatz. Hat ein abhängiges Unternehmen mehrere übergeordnete Unternehmen, die beherrschenden Einfluss ausüben können, kommt eine **mehrfache Abhängigkeit** in Betracht (*BGHZ* 62, 193, 196 – Seitz; *BGHZ* 74, 359, 363 – WAZ; *BGHZ* 80, 69, 73 – Süssen; *BGHZ* 99, 1, 3 ff; *BKartA* AG 1991, 183 f – BAM/H + W). Hierfür ist eine gesicherte Interessenkoordination zwischen den Müttern erforderlich; maßgeblich ist die Perspektive des abhängigen Unternehmens, einem einheitlichen Willen der Mütter unterworfen zu sein (*Hüffer* AktG Rn 15). Diese sog „**Mehrmütterherrschaft**" kann durch vertragliche Vereinbarungen (etwa Stimmbindungsverträge) begründet werden (vgl KölnKomm AktG/*Koppensteiner* Rn 90). Die gemeinsame Beherrschung kann aber auch aus den tatsächlichen Verhältnissen folgen, wenn diese eine sichere Grundlage für den gemeinsam wahrgenommenen Einfluss bilden (*BGHZ* 62, 193, 196 – Seitz; *BAG* NZG 2005, 512, 514; *Hüffer* AktG Rn 16; MünchKomm AktG/*Bayer* Rn 78). Eine sichere Grundlage kann etwa bei einer paritätischen Beteiligung v **Familien** vorliegen, wenn diese in der Vergangenheit beständig als geschlossene Einheit aufgetreten sind (vgl *Koppensteiner* aaO Rn 92). Eine Interessenkoordination auf gesicherter Grundlage besteht regelmäßig auch bei **personellen Verflechtungen** zwischen den Müttern (*BAGE* 80, 322, 327). 23

Ferner kann eine gesicherte Grundlage bei **Gemeinschaftsunternehmen** (Joint Ventures) anzunehmen sein, an denen die beiden übergeordneten Unternehmen jeweils zur Hälfte beteiligt sind; Abhängigkeit hier bereits wg eines **faktischen Einigungszwangs** anzunehmen, ginge aber zu weit (**hM** OLG Stuttgart v 21.12.2012, BeckRS 2013, 00660; *OLG Frankfurt* AG 2004, 567; *OLG Hamm* AG 1998, 588; KölnKomm AktG/ *Koppensteiner* Rn 93; GroßKomm AktG/*Windbichler* Rn 20; **aA** *Säcker* NJW 1980, 801, 804; *Siegels* S 102). Eine fehlende Einigung führt nicht zwangsläufig zum Verlust des investierten Kapitals (*Böttcher/Liekefett* NZG 2003, 701, 703; *Noack* S 94). Es überzeugt auch nicht, in diesen Fällen *prima facie* eine mehrfache Abhängigkeit anzunehmen (so aber MünchKomm AktG/*Bayer* Rn 81; K. Schmidt/Lutter AktG/*Vetter* Rn 46; zum Kartellrecht auch *BGHZ* 74, 359, 363 – WAZ; anders im Recht *Koppensteiner* aaO Rn 93). Die Vertragsgestaltung hält für Joint Ventures regelmäßig differenzierte Möglichkeiten der Streitschlichtung bereit, die bis zu einer v Zufall abhängigen Entscheidungsbefugnis einer der beiden Unternehmen gehen kann (vgl *Fett/ Spiering* Hdb JV 7. Kap Rn 559 ff). 24

2. Herrschaftssubjekt. Dass bei einem Gemeinschaftsunternehmen die zwischen den Müttern regelmäßig bestehende GbR das herrschende Unternehmen ist (dafür noch *Baumbach/Hueck* AktG § 15 Rn 5; *Kropff* BB 1965, 1281, 1285; offenbar auch *LG Moosbach* AG 2001, 206, 208 – M. Weining, freilich ohne auf den Meinungsstreit einzugehen), wird heute kaum mehr vertreten. Herrschaftssubjekte sind die einzelnen 25

Gesellschafter der GbR, sofern sie Unternehmen iSd Konzernrechts sind (vgl schon *BGHZ* 62, 193, 196 – Seitz; ferner *OLG Hamm* AG 2001, 146, 147 f – Hucke; KölnKomm AktG/*Koppensteiner* Rn 87; die Gesellschafter des Gemeinschaftsunternehmens bilden typischerweise lediglich eine Innen-GbR, vgl *Fett/Spiering* Hdb JV 7. Kap Rn 113). Sofern ausnahmsweise eine Außen-GbR begründet wird, ist auch diese neben den Mutterunternehmen herrschendes Unternehmen (vgl MünchKomm AktG/ *Bayer* Rn 83; Grigoleit AktG/*Grigoleit* Rn 16).

V. Vermutungsregelung (§ 17 Abs 2)

26 **1. Tatbestand und Folgen.** Nach § 17 Abs 2 wird v einem in Mehrheitsbesitz stehenden Unternehmen dessen **Abhängigkeit widerleglich vermutet; daran schließt sich die ihrerseits widerlegliche Konzernvermutung an** (§ 18 Abs 1 S 3). Das Vorliegen einer solchen Mehrheitsbeteiligung richtet sich nach § 16 Abs 1, so dass Kapital- wie Stimmenmehrheit gleichermaßen erfasst werden. Fallen diese ausnahmsweise auseinander, genügt also auch die Kapitalmehrheit für die Begr der Abhängigkeitsvermutung. Bei einer wechselseitigen Beteiligung bringt eine Mehrheitsbeteiligung zwingend Abhängigkeit mit sich (§ 19 Abs 2 und 3, vgl dort Rn 7 ff). Für die **KGaA** ergeben sich Besonderheiten (vgl Rn 35).

27 Aus der Vermutung der Abhängigkeit des in Mehrheitsbesitz stehenden Unternehmens ergibt sich im Rechtsstreit eine **Umkehr der Darlegungs- und Beweislast**. Das mehrheitlich beteiligte Unternehmen muss mithin seine beherrschende Stellung widerlegen. Bedeutung hat die Vermutung auch im Rahmen eines zu erstellenden Abhängigkeitsberichts nach § 312. Verzichtet das auf Grund der Vermutungsregel eigentlich berichtspflichtige abhängige Unternehmen auf einen Abhängigkeitsbericht, muss es seine Unabhängigkeit im Zweifel darlegen und beweisen; dies ist v Abschlussprüfer nachzuvollziehen (vgl *Emmerich/Habersack* Aktien- und GmbH-KonzernR Rn 34).

28 **2. Widerlegung.** Zur Widerlegung der Abhängigkeitsvermutung ist zu beweisen, dass kein beherrschender Einfluss ausgeübt werden kann. Nicht ausreichend ist hingegen, dass der Einfluss trotz Möglichkeit dazu nicht ausgeübt wird, da sich die Abhängigkeitsgefahren bereits aus der Möglichkeit der Ausübung ergeben (vgl Rn 3). Dabei muss sich die Widerlegung an der Personalhoheit als Grundlage der Einflussmöglichkeit auf die abhängige Gesellschaft orientieren.

29 Wg des klaren Wortlauts in Abs 2, der auf Kapital- und Stimmenmehrheit gleichermaßen rekurriert, genügt es zur Widerlegung nicht, dass das potentiell herrschende Unternehmen mangels Stimmenmehrheit in der HV den AR des abhängigen Unternehmens nicht allein bestimmen kann (so aber KölnKomm AktG/*Koppensteiner* Rn 100; GroßKomm AktG/*Windbichler* Rn 71 ff, 74; Spindler/Stilz AktG/*Schall* Rn 50). Bei einer Kapital- bzw Anteilmehrheit müssen auch andere Einflussmöglichkeiten sicher ausgeschlossen sein (*BVerfGE* 98, 145, 162; BayObLG AG 1998, 523; MünchKomm AktG/*Bayer* Rn 90 ff; *Emmerich/Habersack* Aktien- und GmbH-KonzernR Rn 35 ff; Grigoleit AktG/*Grigoleit* Rn 23; *Henze* Konzernrecht Rn 54 ff; MünchHdb AG/*Krieger* § 68 Rn 59; vgl auch *OLG Stuttgart* AG 2009, 204, 206), wobei ein substantiierter Vortrag einschlägiger beherrschungsbegründender Umstände durch die andere Seite erforderlich ist (*Emmerich* aaO Rn 36 f). Sonst stünde das potenziell herrschende Unternehmen vor dem Problem, etwas beweisen zu müssen, was es nicht gibt (vgl *Hüffer* AktG Rn 20; K. Schmidt/Lutter AktG/*Vetter* Rn 53; zu eng MünchKomm AktG/*Bayer* Rn 95, der zunächst einen umfassenden Vortrag des potenziell herrschenden Unternehmens fordert, welcher dann substantiiert bestritten werden müsse).

Bei Vorliegen einer **Stimmrechtsmehrheit** muss dargetan werden, dass diese entweder aufgrund einer **Satzungsregelung** oder eines bes Vertrages nicht ausgeübt werden kann. Satzungsregeln können entweder die Stimmrechtsausübung beschränken (vgl § 12 Abs 1) oder die erforderliche Beschlussmehrheit über die Stimmenmehrheit des Unternehmens hinaus erhöhen. Eine Widerlegung der Vermutung durch Vertrag ist einerseits durch einen Entherrschungsvertrag möglich (vgl Rn 32). Daneben kommt eine Widerlegung auch durch Stimmbindungsverträge über die Beschränkung des gesamten oder eines Teils des Aktienbesitzes in Betracht (*Hüffer* AktG Rn 22), soweit hierdurch auf Dauer die **Bestellung des AR** verhindert wird (Grigoleit AktG/*Grigoleit* Rn 24). Ein darüber hinausgehender Verzicht auf das Stimmrecht auch in Fällen geschriebener oder ungeschriebener Zuständigkeit der HV – insb auch bei Grundlagenentscheidungen (sog Holzmüller-Sachverhalte, vgl § 119 Rn 12 ff) – ist nicht erforderlich, da sich hieraul typischerweise keine beherrschende Stellung aufbauen lässt (vgl MünchKomm AktG/*Bayer* Rn 101; KölnKomm AktG/*Koppensteiner* Rn 107; MünchHdb AG/*Krieger* § 68 Rn 60; aA *Adler/Düring/Schmaltz* Rechnungslegung Rn 104; vgl auch zur GmbH BKartA AG 2000, 520, 523 – WAZ/OTZ). Solche Umstände sind stattdessen iRd Abs 1 zu berücksichtigen, weshalb sich die Beweislastfrage dann zugunsten des potenziell herrschenden Unternehmens wieder umkehrt.

30

Bei der Widerlegung der Vermutung **mehrstufiger Abhängigkeit** ist das Verhältnis der Tochter zur Enkelgesellschaft vorrangig zu berücksichtigen. Wurde hier die Vermutung widerlegt, ist sie es bei Fehlen einer selbstständigen Beherrschungsmöglichkeit der Mutter auch im Verhältnis zwischen Mutter- und Enkelgesellschaft (arg § 16 Abs 4, vgl GroßKomm AktG/*Windbichler* Rn 85). Liegt ein Beherrschungsvertrag zwischen Mutter- und Enkelunternehmen vor, ist die beherrschende Stellung des Tochterunternehmens widerlegt (vgl MünchKomm AktG/*Bayer* Rn 114; K. Schmidt/Lutter AktG/*Vetter* Rn 58). Haben Tochter- und Enkelunternehmen einen Beherrschungsvertrag geschlossen, bleibt es bei der beherrschenden Stellung des Mutterunternehmens; ihm steht aber noch die Möglichkeit offen, die Abhängigkeit des Tochterunternehmens zu widerlegen (*Hüffer* AktG Rn 23).

31

3. Entherrschungsverträge. Wohl wichtigstes Mittel zur Widerlegung der Abhängigkeitsvermutung ist der sog **Entherrschungsvertrag**, der zwischen den beteiligten Unternehmen abgeschlossen wird. Dessen Zulässigkeit ist weitgehend anerkannt (**hM** *OLG Köln* AG 1993, 86, 87; – Winterthur/Nordstern; *LG Köln* AG 1992, 238; *LG Mainz* AG 1991, 30, 32 – Massa/Asko; KölnKomm AktG/*Koppensteiner* Rn 109; **aA** *Hüttemann* ZHR 156 (1992), 314, 317 ff). Eine einseitige Erklärung des mit Mehrheit beteiligten Unternehmens genügt nicht (*Hüffer* AktG Rn 22). In dem schriftlich abzuschließenden Entherrschungsvertrag muss sich das mit Mehrheit beteiligte Unternehmen zum Verzicht auf den Einsatz dieser Mehrheit verpflichten (weitergehend *Götz* S 69 ff; Hinterlegung der Aktien erforderlich; ähnlich *Becker* FS Möschel, S 1119, 1121, der vor allem für die Darlegung gegenüber den Kartellbehörden eine Absicherung durch Hinterlegung erwägt). Dies geschieht durch Begrenzung der Stimmrechtsmacht auf weniger als die Hälfte der Gesamtzahl aller Stimmrechte (§ 16 Abs 3; *LG*

32

Mainz aaO; *Emmerich/Habersack* Aktien- und GmbH-KonzernR Rn 43). Dabei wird v der hM gefordert, dass die durchschnittliche HV-Präsenz berücksichtigt werden müsse und sich die Begrenzung der Stimmrechtszahl an dieser auszurichten habe (*OLG Köln* aaO; *LG Köln* aaO (beide Winterthur/Nordstern)); eine Begrenzung auf eine feste Größe sei mithin nicht ausreichend (*Barz* FS Bärmann, S 185, 193; *Jäger* DStR 1995, 1113, 1116). Hiergegen hat *Koppensteiner* (aaO Rn 111) zu Recht vorgetragen, dass die Vermutung in Abs 2 allein auf die **Mehrheit**, nicht auf die tatsächliche Mehrheit abstellt. Daher lässt sich mit einem auf eine feste Größe bezogener Entherrschungsvertrag in der Tat die Vermutung des Abs 2 widerlegen. Das herrschende Unternehmen kann sein Ziel am Ende gleichwohl verfehlt haben, ist doch bei entspr Beständigkeit der niedrigen HV-Präsenz regelmäßig Abhängigkeit nach Abs 1 anzunehmen (vgl Rn 11). Es empfiehlt sich daher, die Größe variabel zu halten, will man sich den Folgen der §§ 311 ff am Ende nicht doch aussetzen.

33 Der Verzicht muss sich auf die Wahlen zum AR beziehen. Eine Ausdehnung des Ausübungsverzichts auf andere Beschlussgegenstände ist grds nicht erforderlich (insofern spiegelbildlich zu der Thematik bei Stimmbindungsverträgen, vgl Rn 30; diese Frage ist dort wie hier str, vgl Grigoleit AktG/*Grigoleit* Rn 27; *Hentzen* ZHR 157 (1993), 65, 69). In der Praxis empfiehlt sich ein eher umfassender Ausübungsverzicht, um das verbleibende Restrisiko auszuschließen (s MünchKomm AktG/*Bayer* Rn 101).

34 Da auf die Verhinderung der Personalhoheit ausgerichtet, muss der Entherrschungsvertrag über die nächste AR-Wahl andauern, also **mindestens fünf Jahren** laufen, vgl § 102 (*OLG Köln* AG 1993, 86, 87 – Winterthur/Nordstern; *LG Mainz* AG 1991, 30, 32 – Massa/Asko; MünchKomm AktG/*Bayer* Rn 102; K.Schmidt/Lutter AktG/*Vetter* Rn 62; aA für die GmbH Spindler/Stilz AktG/*Schall* Rn 52) und die **ordentliche Kündigung** ausschließen; die außerordentliche Kündigung aus wichtigem Grund bleibt freilich möglich (KölnKomm AktG/*Koppensteiner* Rn 111). Einer Zustimmung der HV der herrschenden Gesellschaft bedarf es nach zutr **hM** nicht (*LG Mainz* aaO; *Schall* aaO; *Vetter* aaO Rn 64; **aA** *Jäger* DStR 1995, 1113, 1117; auch *Becker* FS Möschel, S 1119, 1126 bei gleichzeitiger Disposition über wichtige Aktivposten). Dass sich der Vorstand bei Abschluss des Vertrages im Rahmen des Unternehmensgegenstandes bewegen muss (hier: Zulässigkeit der rein kapitalistischen, nicht-unternehmerischen Vermögensverwaltung, vgl MünchKomm AktG/*Bayer* Rn 109) ist keine Besonderheit des Entherrschungsvertrags, sondern folgt aus den allg aktienrechtlichen Regeln (vgl § 23 Rn 28).

VI. Kommanditgesellschaft auf Aktien

35 Bei der **KGaA** ist zwischen den geschäftsführenden Komplementären und den Kommanditaktionären als Gesellschaftergruppen zu unterscheiden. Für die Kommanditaktionäre ist die Vermutungsregel des Abs 2 generell ungeeignet, da der AR nicht zur Bestellung der Geschäftsführung befugt ist (GroßKomm AktG/*Assmann/Sethe* Vor § 278 Rn 79; Schütz/Bürgers/Riotte KGaA/*Fett* § 12 Rn 27 und § 278 Rn 53). Eine Beherrschung – dann nach Abs 1 begründet – ist vielmehr nur im Falle einer atypischen Satzungsgestaltung möglich, die etwa über ausgeprägte Widerspruchsrechte den Kommanditaktionären bes Einflussmöglichkeiten eröffnet. Auch bei den persönlich haftenden Gesellschaftern ist stets eine Einzelfallbetrachtung erforderlich (MünchKomm AktG/*Semler/Perlitt* § 278 Rn 320). Dabei haben sowohl andere Komplementäre als auch die satzungsmäßige Rechtverteilung je nach Gewichtung zwischen

Komplementären und Kommanditisten Berücksichtigung zu finden. Regelmäßig wird der Komplementär wg seiner gesetzlich verankerten starken Stellung in der KGaA einen beherrschenden Einfluss nach Abs 1 ausüben (vgl *Fett* aaO § 12 Rn 28 mwN).

§ 18 Konzern und Konzernunternehmen

(1) [1]Sind ein herrschendes und ein oder mehrere abhängige Unternehmen unter der einheitlichen Leitung des herrschenden Unternehmens zusammengefasst, so bilden sie einen Konzern; die einzelnen Unternehmen sind Konzernunternehmen. [2]Unternehmen, zwischen denen ein Beherrschungsvertrag (§ 291) besteht oder von denen das eine in das andere eingegliedert ist (§ 319), sind als unter einheitlicher Leitung zusammengefasst anzusehen. [3]Von einem abhängigen Unternehmen wird vermutet, dass es mit dem herrschenden Unternehmen einen Konzern bildet.

(2) Sind rechtlich selbstständige Unternehmen, ohne dass das eine Unternehmen von dem anderen abhängig ist, unter einheitlicher Leitung zusammengefasst, so bilden sie auch einen Konzern; die einzelnen Unternehmen sind Konzernunternehmen.

Übersicht

	Rn		Rn
I. Allgemeines	1	a) Mehrstufige Konzerne	9
1. Grundlagen	1	b) Mehrfache Konzernbindung	10
2. Vertragliche und faktische Konzernierung	2	5. Konzernvermutung	13
II. Unterordnungskonzern (§ 18 Abs 1 AktG)	3	a) Beherrschungsvertrag / Eingliederung	13
1. Rechtlich selbstständige Unternehmen, Abhängigkeit	3	b) Abhängigkeit	14
2. Einheitliche Leitung	4	III. Gleichordnungskonzern (§ 18 Abs 2 AktG)	16
a) Enger und weiter Konzernbegriff	4	1. Einheitliche Leitung – vertraglich/faktisch	17
b) Möglichkeiten der Leitung/Mittel	7	2. Keine Abhängigkeit	19
3. „Zusammenfassung" als eigenständiges Tatbestandsmerkmal?	8	3. Nebeneinander von Gleichordnungs- und Unterordnungskonzern?	20
4. Mehrfache Konzernzugehörigkeit	9	4. Rechtsfolgen	21
		5. Konzerneingangskontrolle?	25

Literatur: *Bälz* Verbundene Unternehmen, AG 1992, 277; *Birk* Betriebsaufspaltung und Änderung der Konzernorganisation im Arbeitsrecht, ZGR 1984, 23; *Bissels* ArbG Düsseldorf: Fortbestand eines Konzernbetriebsrates, BB 2011, 1280; *Cahn* Kapitalerhaltung im Konzern, Diss Frankfurt/Main, 1998; *Deilmann* Die Zurechung von Arbeitnehmern nach dem neuen Drittelbeteiligungsgesetz, NZG 2005, 659; *Dierdorf* Herrschaft und Abhängigkeit, Diss Bochum, 1978; *Drygala* Der Gläubigerschutz bei der typischen Betriebsaufspaltung, Diss Giessen, 1991; *Hommelhoff* Konzernleitungspflicht, 1982; *Gromann* Die Gleichordnungskonzerne im Konzern- und Wettbewerbsrecht, Diss Bielefeld, 1979; *Grüner* Zu den Voraussetzungen der Annahme eines Konzernverhältnisses zwischen gleichgeordneten Gesellschaften sowie zur Durchgriffshaftung bei Gläubigerschädigung durch dauernde Unterkapitalisierung, NZG 2000, 601, 602; *Lutter/Drygala* Grenzen der Personalverflechtung und Haftung im Gleichordnungskonzern, ZGR 1995, 557; *Milde* Der Gleichordnungskonzern im Gesellschaftsrecht, Diss Mainz, 1996; *Oetker* Das Recht der Unternehmensmitbestimmung im Spiegel der neueren Rspr, ZGR 2000, 19; *Paschke/Reuter* Der Gleichordnungskonzern als Zurechnungsgrund im Kartellrecht, ZHR 158 (1994), 391; *K. Schmidt* Gleichordnung im Konzern: terra incognita?, ZHR 155 (1991), 417; *ders* Konzernunternehmen, FS Lutter, 2000, S 1167; *Schneider* Mitbestimmung im Gleichordnungskonzern, FS Großfeld, 1999, S 1045; *Seibt* Mitbestimmungsrechtliche Konzernzurechnung bei Einschaltung von Stiftung & Co. KG und paritätischen Beteiligungsunternehmen, ZIP 2011, 249; *Theisen* Der Konzern, 2. Aufl 2000; *Timm* Die Aktiengesellschaft als Konzernspitze, Diss Bochum, 1980; *Wellkamp* Der Gleichordnungskonzern – Ein Konzern ohne Abhängigkeit?, DB 1993, 2517; *Wieneke* Leistungsstrukturen bei Integration in internationale Konzerne, VGR (Hrsg), Bd 16, 91.

I. Allgemeines

1. Grundlagen. § 18 definiert den Unterordnungskonzern (Abs 1 S 1) und Gleichordnungskonzern (Abs 2). Beiden gemein ist die **Zusammenfassung mehrerer rechtlich selbstständiger Unternehmen unter einheitlicher Leitung.** Ein Unterordnungskonzern setzt zwischen den beteiligten Unternehmen ein Abhängigkeitsverhältnis iSd § 17 voraus, während dieses beim Gleichordnungskonzern gerade fehlt. Die Bedeutung der genuinen Rechtsfolgen einer Konzernierung sind trotz der allgemein verbreiteten Bezeichnung „Konzernrecht" im Vergleich zu denen der Abhängigkeit gering (vgl § 17 Rn 1). Unmittelbare Anknüpfungspunkte ergeben sich lediglich aus §§ 97 Abs 1 S 1 und 100 Abs 2 S 2 (vgl daneben noch §§ 134 Abs 1 S 4, 145 Abs 3, 293d Abs 1 S 2, 308 Abs 1, 2, 313 Abs 1 S 4). Dem Konzernbegriff kommt ferner vor allem im Bereich der Rechnungslegung nach § 290 Abs 1 HGB (hier aber „Control-Konzept"), der Mitbestimmung (§ 5 MitbestG 1976, § 54 Abs 1 BetrVG) und der wettbewerbsrechtlichen Fusionskontrolle (§ 36 Abs 2 S 1 GWB) Bedeutung zu (ausf Übersicht bei Groß-Komm AktG/*Windbichler* Rn 9 ff).

2. Vertragliche und faktische Konzernierung. Die AG kann sich nicht nur im Vertrags- oder Eingliederungskonzern der einheitlichen Leitung eines anderen Unternehmens unterwerfen, sondern auch im sog faktischen Konzern, bei dem die Leitungsmacht regelmäßig über eine Mehrheitsbeteiligung vermittelt wird (vgl *BGHZ* 119, 1, 7 – ASEA/BBC; statt vieler *Hüffer* AktG Rn 4). Dies folgt bereits aus den §§ 311 ff, welche die Zulässigkeit des faktischen Konzerns schlicht voraussetzen (**hM** MünchKomm AktG/*Bayer* Rn 10; **aA** etwa *Bälz* AG 1992, 277, 303 f; vgl ferner § 311 Rn 3).

II. Unterordnungskonzern (§ 18 Abs 1 AktG)

1. Rechtlich selbstständige Unternehmen, Abhängigkeit. Voraussetzung eines Unterordnungskonzerns ist zunächst der Zusammenschluss v **Unternehmen.** Der Unternehmensbegriff ist dabei am Schutzzweck des Konzernrechts orientiert (vgl § 15 Rn 6 ff). Weiterhin muss es sich um **rechtlich selbstständige** Unternehmen handeln, dh die Unternehmen müssen verschiedenen Rechtsträgern zugeordnet werden können (vgl § 15 Rn 22). Schließlich muss das eine Unternehmen v anderen iSd § 17 Abs 1 **abhängig** sein (vgl § 17 Rn 2 ff).

2. Einheitliche Leitung. – a) Enger und weiter Konzernbegriff. Obgleich die „einheitliche Leitung" das zentrale Merkmal des Konzerns ist, fehlt eine gesetzliche Definition des Begriffs. Bereits zum Zeitpunkt der Entstehung des AktG schien dies angesichts der Meinungsvielfalt in der Lit kaum möglich (*Kropff* S 33). Auch danach hat sich **kein einheitliches Verständnis** des Begriffs entwickelt, was jedenfalls auch an feh-

Konzern und Konzernunternehmen § 18

lender höchstrichterlicher Rspr außerhalb des Mitbestimmungsrechts liegen mag (vgl *BGHZ* 107, 7, 20 – Tiefbau; 115, 187, 191 – Video, jeweils ohne konkrete Festlegung). Die vertretenen Meinungen werden typischerweise unter engem und weitem Konzernbegriff subsumiert (krit GroßKomm AktG/*Windbichler* Rn 20).

Die bisher wohl überwiegende Meinung im Schrifttum geht v einem **engen Konzern-** 5
begriff aus. Danach soll eine einheitliche Leitung des Konzerns vor dem Hintergrund des zugrunde gelegten Verständnisses des Konzerns als „wirtschaftliche Einheit" (vgl etwa *Theisen* S 199, 259 ff) nur vorliegen, wenn eine umfassende Planung in allen wichtigen Bereichen durch die Konzernleitung erfolgt (*Adler/Düring/Schmaltz* Rn 31 ff; *Hüffer* AktG Rn 11; KölnKomm AktG/*Koppensteiner* Rn 19 ff; *Milde* S 70 ff). Neben der Planung ist auch die Durchführung und Kontrolle der Umsetzung der Konzernvorgaben Bestandteil der einheitlichen Konzernleitung.

Demgegenüber kann nach dem zutreffenden **weiten Konzernbegriff** bereits dann v 6
einheitlicher Leitung ausgegangen werden, wenn die gemeinsame Planung in einem zentralen Bereich erfolgt. Dies gilt jedenfalls für das Finanzwesen (so etwa auch Henn/Frodermann/Jannott Hdb AktR/*Schubel* 14. Kap Rn 26), dh insb bei Vorgaben über den Beitrag zum Konzernerfolg und die Verwendung und Aufbringung dieser Mittel (zB zentrales Cash-Management). Einheitliche Leitung kann aber auch vorliegen, wenn sich die einheitliche Planung auf andere Bereiche v einiger Bedeutung und Ausstrahlung auf den Gesamtkonzern bezieht (zutr MünchKomm AktG/*Bayer* Rn 33; *Dierdorf* S 70 ff; *Emmerich/Habersack* Aktien- und GmbH-KonzernR Rn 13 ff; *Hommelhoff* S 220 ff; MünchHdb AG/*Krieger* § 68 Rn 67 ff; *Raiser/Veil* KapGesR § 51 Rn 40; K. Schmidt/Lutter AktG/*Vetter* Rn 11). In Betracht kommen das Personalwesen, Ein- und Verkauf oder auch eine einheitliche Organisation.

b) Möglichkeiten der Leitung/Mittel. Für die Annahme einheitlicher Leitung ist nicht 7
maßgeblich, auf welche Art und Weise Leitungsmaßnahmen durchgeführt werden. Die Vornahme v ausdrücklichen Weisungen ist nicht erforderlich. Vielmehr kommen alle Mittel, insb solcher bloß faktischer Einflussnahmen in Betracht. Dazu zählen neben Wünschen, Ratschlägen und Empfehlungen (*Kropff* S 33) auch Zielvorgaben und Richtlinien (*Emmerich/Habersack* Aktien- und GmbH-KonzernR Rn 16) oder auch personelle Verflechtungen etwa durch Doppelmandate (*BayObLG* AG 1998, 523, 524 f; 2002, 511, 512; einschränkend *LG Dortmund* ZIP 2010 2152, 2153, sofern das herrschende Unternehmen nicht mehr als die Hälfte der Organmitglieder des abhängigen Unternehmens besetzt).

3. „Zusammenfassung" als eigenständiges Tatbestandsmerkmal? Diskutiert wird fer- 8
ner, ob auch eine „**Zusammenfassung**" der Konzernunternehmen unter einheitlicher Leitung erforderlich ist, um einen Unterordnungskonzern annehmen zu können. Nach einer Auffassung soll der „Zusammenfassung" insofern eigenständige Bedeutung zukommen, als sich mit ihrer Hilfe eine dauerhafte Verbindung im Rahmen eines Konzerns v einer bloßen Koordinierung für den Einzelfall abgrenzen lasse (*Emmerich/Habersack* Aktien- und GmbH-KonzernR Rn 15; GroßKomm AktG/*Windbichler* Rn 21, 24, 26). Hiergegen lässt sich anführen, dass bereits das Tatbestandsmerkmal einheitliche Leitung die gemeinsame Planung für wesentliche Bereiche des Konzerns erfordert. Wenn einheitliche Leitung vorliegt, liegt daher regelmäßig auch eine jedenfalls nicht nur auf Einzelfälle beschränkte Verbindung zwischen den Unternehmen vor, weshalb die hM zu Recht in der „Zusammenfassung" **kein eigenständiges Merk-**

Fett

mal der Konzernierung sieht (K. Schmidt/Lutter AktG/*Vetter* Rn 6; MünchKomm AktG/*Bayer* Rn 27; *Dierdorf* S 86 f; *Hüffer* AktG Rn 7; KölnKomm AktG/*Koppensteiner* Rn 4).

9 **4. Mehrfache Konzernzugehörigkeit. – a) Mehrstufige Konzerne.** Der v Gesetzgeber vorgesehene Grundfall einer Konzernbildung ist die Abhängigkeit einer Ges v einer Obergesellschaft. Daneben kommt ein Konzern auch in mehrstufigen Verhältnissen vor, wenn auf vertikaler Ebene neben Tochter- auch Enkelgesellschaften hinzutreten (zum Nebeneinander v Unterordnungs- und Gleichordnungskonzern vgl Rn 20).

10 **b) Mehrfache Konzernbindung.** Umstr ist, ob darüber hinaus auch eine **mehrfache Konzernbindung** möglich ist. Dabei ist zwischen dem Fall des Gemeinschaftsunternehmens und der Konstellation des „Konzerns im Konzern" zu unterscheiden.

11 Üben **mehrere Unternehmen**, die ihrerseits nicht miteinander in einem Konzernverhältnis stehen, auf ein **Gemeinschaftsunternehmen** einheitliche Leitung aus, liegt ein Konzernverhältnis jeweils zwischen diesen mehreren Obergesellschaften und dem Gemeinschaftsunternehmen vor (*BAGE* 53, 287; 80, 322, 326; KölnKomm AktG/*Koppensteiner* Rn 34). Insoweit ist eine Einbeziehung eines Unternehmens in mehrfache Konzernverhältnisse ebenso wie mehrfache Abhängigkeit (vgl § 17 Rn 23 f) möglich (sog „Mehrmütterherrschaft"); die Rechtsfolgen betreffen dann alle Mütter gleichermaßen.

12 Darüber hinaus wird eine mehrfache Konzernzugehörigkeit auch **innerhalb einer Unternehmensgruppe** diskutiert, etwa zwischen Enkel und Mutter einerseits und Enkel und Tochter andererseits. Die damit zusammenhängenden Fragen eines „**Konzerns im Konzern**" werden im Wesentlichen im Mitbestimmungsrecht diskutiert (vgl § 5 MitbestG). Hier soll eine Verlagerung der Unternehmensleitung auf eine mitbestimmungsfreie Konzernspitze nicht zu einer Vermeidung der Mitbestimmung führen (*BAGE* 34, 230, 232 ff; *OLG Düsseldorf* AG 1979, 317, 318; *OLG Zweibrücken* AG 1984, 80; *OLG Frankfurt* AG 1987, 53; *LG Hamburg* AG 1996, 89 f; *LG München I* AG 1996, 186, 187). Außerhalb dieser mitbestimmungsrechtlichen Erwägungen ist die Rechtsfigur des „Konzerns im Konzern" nicht anzuerkennen; dies folgt bereits aus dem Erfordernis einer einheitlichen Leitung durch die Konzernspitze. Wird sie für die nachfolgenden Gesellschaften ausgeübt, ist – unabhängig v einem engen oder weiten Konzernbegriff – für eine weitere „einheitliche" Leitung auf einer nachfolgenden Ebene kein Raum (**hM** vgl etwa *Birk* ZGR 1984, 23, 56; *Emmerich/Habersack* Aktien- und GmbH-KonzernR Rn 18 auch mit Blick auf die Konsequenzen nach § 290 Abs 1 HGB; Grigoleit AktG/*Grigoleit* Rn 10; **aA** *K. Schmidt* FS Lutter, S 1167, 1189 ff).

13 **5. Konzernvermutung. – a) Beherrschungsvertrag / Eingliederung.** Für Unternehmen, die entweder durch einen Beherrschungsvertrag (§ 291 Abs 1 S 1) oder im Wege der Eingliederung (§§ 319 ff) miteinander verbunden sind, spricht Abs 1 S 2 eine **unwiderlegbare** gesetzliche Vermutung aus, dass ein Konzern vorliegt. Grund hierfür ist die in diesen Fällen gesetzlich garantierte Einflussmöglichkeit des herrschenden Unternehmens zu einer für das einzelne abhängige Unternehmen auch nachteiligen, im Interesse des Gesamtkonzerns stehenden Führung (vgl dazu §§ 308 Rn 21 ff und 323 Rn 1). Ob das Weisungsrecht und die damit verbundenen Einwirkungsmöglichkeiten tatsächlich ausgeübt werden, ist unerheblich (KölnKomm AktG/*Koppensteiner* Rn 39).

Konzern und Konzernunternehmen § 18

b) Abhängigkeit. Abs 1 S 3 knüpft eine **widerlegbare** Konzernvermutung an das 14
Bestehen eines Abhängigkeitsverhältnisses (s dazu § 17 Rn 2 ff). Besteht bspw eine
Mehrheitsbeteiligung, folgt über § 17 Abs 2 die Vermutung der Abhängigkeit und
damit über § 18 Abs 1 S 3 die Konzernvermutung. Hintergrund dieser Vermutungsregel ist der Erfahrungssatz, das herrschende Unternehmen werde seine Stellung auch
zur Konzernbildung nutzen (*Kropff* S 33; Spindler/Stilz AktG/*Schall* Rn 27).

Voraussetzung für die Vermutung nach § 18 Abs 1 S 3 ist das Bestehen v Abhängigkeit. 15
Liegt also keine Abhängigkeit iSd § 17 Abs 1 vor bzw kann die Vermutung v § 17 Abs 2
widerlegt werden, lässt sich auch nicht vermuten, die beteiligten Unternehmen bildeten
einen Konzern (KölnKomm AktG/*Koppensteiner* Rn 45). Steht die Abhängigkeit des
einen Unternehmens v anderen hingegen fest, müssen zur **Widerlegung der Vermutung**
Tatsachen vorgebracht werden, die eine einheitliche Leitung trotz Abhängigkeit tatsächlich ausschließen (*BayObLG* AG 2002, 511, 512; 1998, 523, 524; vgl *Oetker* ZGR
2000, 19, 31; *LAG Düsseldorf* Konzern 2010, 632 ff; *BAG* NZA 2012, 633). Nur so wird
der eigenständigen Bedeutung der Konzernvermutung Rechnung getragen. Welche Tatsachen dies im Einzelnen sind, ist v dem zu Grunde liegenden engen oder weiten Konzernbegriff abhängig. Legt man wie hier den weiten Konzernbegriff zugrunde, wird man
nur in Ausnahmefällen die Konzernvermutung widerlegen können (vgl Rn 6; ebenso
K. Schmidt/Lutter AktG/*Vetter* Rn 18). Bes Bedeutung kommt auch hier der Entscheidungsgewalt im Bereich der Unternehmensfinanzen zu (MünchKomm AktG/*Bayer*
Rn 48; *Hüffer* AktG Rn 19; *Henn* Hdb AktR 14. Kap Rn 29; *LAG Düsseldorf* BB 2011,
384). Für eine Widerlegung ist die Behauptung der bloßen Beschränkung auf die Gesellschafterrechte nicht ausreichend (*LG Stuttgart* AG 1989, 445, 447); anders liegt es hingegen, wenn die Möglichkeiten zur Ausübung tatsächlich und nachweisbar nicht genutzt
werden (*BayObLG* aaO). Multi-nationale Matrixstrukturen, sog unabhängig von juristischen Einheiten sog Business Units formen (s dazu *Wieneke* S 91 ff), können Anhaltspunkt für eine Widerlegung der Konzernvermutung sein (*Arb Düsseldorf* BB 2011, 1280
mit Anm *Bissels*). Führt ein sog „Entherrschungsvertrag" (vgl dazu § 17 Rn 32 ff) ausnahmsweise nicht bereits dazu, dass die Vermutung der Abhängigkeit und damit auch
die Konzernvermutung widerlegt ist, muss angesichts des Gesetzeswortlauts auch ein
weitergehender Verzicht auf die einheitliche Leitung möglich sein (GroßKomm AktG/
Windbichler Rn 40). So wird etwa daran gedacht, dem abhängigen Unternehmen das
Recht zu bestimmten Entscheidungen im Finanzbereich einzuräumen, zB durch Unternehmensrichtlinien (*Koppensteiner* aaO Rn 45; *Seibt* ZIP 2011, 249, 254), was bei bestehender Abhängigkeit die Unternehmensleitung des abhängigen Unternehmens gleichwohl veranlassen kann, dem vermuteten Willen des herrschenden Unternehmens
hinsichtlich der Finanzplanung zu entsprechen. Zur Lösung des Problems wird man für
die Widerlegung der Konzernvermutung einen prima-facie-Nachweis für ausreichend
halten müssen, um eine quasi-gesetzliche Vermutungsregel für den Konzerntatbestand
zu verhindern (so zu Recht *Koppensteiner* aaO Rn 45; dagegen *Bayer* aaO Rn 48; *Hüffer*
aaO Rn 19).

III. Gleichordnungskonzern (§ 18 Abs 2 AktG)

Ein **Gleichordnungskonzern** nach § 18 Abs 2 besteht bei einheitlicher Leitung mehrerer Unternehmen ohne gleichzeitige Abhängigkeit. In der Praxis ist er relativ selten 16
anzutreffen, was vor allem daran liegt, dass dem Leitungsorgan häufig Unternehmensqualität zugesprochen wird und damit ein Unterordnungskonzern vorliegt. Im Bereich

Fett 141

§ 18 Konzern und Konzernunternehmen

der Versicherungswirtschaft wurde mit dem VVaG ein Anwendungsfeld des Gleichordnungskonzerns beschrieben (*Lutter/Drygala* ZGR 1995, 557, 558; K. Schmidt/Lutter AktG/*Vetter* Rn 26) und auch bei grenzüberschreitenden Unternehmenskooperationen ist er ab und an vorzufinden (Hölters AktG/*Hirschmann* Rn 22).

17 **1. Einheitliche Leitung – vertraglich/faktisch.** Grundlage des Gleichordnungskonzerns ist wie bei einem Unterordnungskonzern ebenfalls die einheitliche Leitung. Diese kann **vertraglich** abgesichert werden (vgl § 291 Abs 2). Der Gleichordnungsvertrag schafft dabei zwischen den beteiligten Unternehmen eine BGB-Innengesellschaft, §§ 705 ff BGB (KölnKomm AktG/*Koppensteiner* Rn 10). Dabei können sich die Unternehmen sowohl einer natürlichen Person wie auch einem gemeinsamen Leitungsorgan in Form eines „Leitungsausschusses" oder einer Leitungsgesellschaft (Holding) unterstellen (vgl auch *BAG* ZIP 2004, 1468 – Bofrost; MünchKomm AktG/ *Bayer* Rn 52 f). Die Holding muss sich jedoch auf eine Koordinierungsfunktion beschränken und die Leitung weiter bei den beteiligten Unternehmen liegen, ansonsten handelt es sich um einen Unterordnungskonzern (vgl Rn 19).

18 Ferner ist auch beim Gleichordnungskonzern eine **faktische** Konzernierung möglich, dh gemeinsame einheitliche Leitung auf rein tatsächlicher Grundlage, regelmäßig erreicht durch personelle Verflechtungen, die häufig v wechselseitigen Beteiligungen unterstützt werden (vgl *BGHZ* 121, 137, 146 ff – WAZ/IKZ; BGH AG 1999, 181 – Tukan/Deil; GroßKomm AktG/*Windbichler* Rn 53 ff; Spindler/Stilz AktG/*Schall* Rn 32; *Lutter/Drygala* ZGR 1995, 557, 558; *Schneider* FS Großfeld, S 1045, 1047 f). Denkbar ist auch, dass der Gleichordnungskonzern durch eine Unternehmerpersönlichkeit gesteuert wird, die – ohne selbst herrschendes Unternehmen iSd des Konzernrechts zu sein – die Aufgabe der einheitlichen Leitung übernimmt (*Emmerich/Habersack* Aktien- und GmbH-KonzernR Rn 31, vgl auch Rn 19).

19 **2. Keine Abhängigkeit.** Beim Gleichordnungskonzern darf keines der Unternehmen einen herrschenden Einfluss auf das andere Unternehmen mit der Folge v Abhängigkeit ausüben (*Emmerich/Habersack* Aktien- und GmbH-KonzernR Rn 32). Daneben darf auch keine Abhängigkeit v dem Leitungsorgan bestehen (MünchKomm AktG/ *Bayer* Rn 57; MünchHdb AG/*Krieger* § 68 Rn 80, 82). Dies ist etwa sichergestellt, wenn keines der beteiligten Unternehmen im „Leitungsorgan" (das sich in regelmäßigen Treffen der Vorstände erschöpfen mag) überstimmt werden kann. Mehrheitsentscheidungen sind freilich insb bei mehr als zwei Unternehmen aus rein praktischen Gründen erforderlich und rechtlich auch möglich. Um Abhängigkeit zu verhindern, ist ein jederzeitiges Kündigungs- bzw (faktisches) Beendigungsrecht des überstimmten Teils erforderlich (*Lutter/Drygala* ZGR 1995, 557, 575 f; zweifelnd K. Schmidt/Lutter AktG/*Vetter* Rn 30; **aA** KölnKomm AktG/*Koppensteiner* Rn 9).

20 **3. Nebeneinander von Gleichordnungs- und Unterordnungskonzern?** Ein bes Fall einer mehrfachen Konzernzugehörigkeit (vgl Rn 9 f) ist das Zusammentreffen v Gleichordnungs- und Unterordnungskonzern. Ein Nebeneinander v beiden Formen der Unternehmensverbindung wird v der hM auf der Ebene der Untergesellschaft zu Recht grds ausgeschlossen (Spindler/Stilz AktG/*Schall* Rn 18). Es ist schwerlich vorstellbar, dass Unternehmen eine gemeinsame einheitliche Leitung begründen, die ihrerseits v einem dritten herrschenden Unternehmen in eine einheitliche Leitung einbezogen werden. Leitet also etwa eine „Unternehmerpersönlichkeit" zwei Unternehmen, ist die Art der Konzernierung abhängig v seiner Unternehmensqualität. Wird die

Frage der Unternehmenseigenschaft bejaht, ist ein Gleichordnungskonzern ausgeschlossen (**hM** MünchKomm AktG/*Bayer* Rn 55 ff; GroßKomm AktG/*Windbichler* Rn 63; **aA** *K. Schmidt* FS Lutter, S 1167, 1186 f). Ein Nebeneinander beider Formen ist hingegen möglich, wenn das herrschende Unternehmen mit anderen als abhängigen Unternehmen einen Gleichordnungskonzern eingeht (*Emmerich/Habersack* Aktien- und GmbH-KonzernR Rn 7).

4. Rechtsfolgen. Die Rechtsfolgen eines Gleichordnungskonzerns i S einer Haftungsordnung sind in weiten Teilen noch umstr und nicht abschließend geklärt. Richtigerweise wird man v einem **Verbot zur Erteilung nachteiliger Weisungen** durch das Leitungsorgan des faktischen Gleichordnungskonzerns ausgehen müssen; denn die Vorstände der beteiligten Unternehmen haben ihr Unternehmen eigenverantwortlich zu leiten (§ 76 Abs 1, vgl etwa *Gromann* S 56 ff; *Grüner* NZG 2000, 601, 602). Kommt es im Zuge der Umsetzung der einheitlichen Leitung zu Benachteiligungen, sollten sich im Gleichordnungskonzern die Belastungen gleichmäßig auf die Beteiligten verteilen; andernfalls liegt die Annahme eines Unterordnungskonzerns näher (vgl aber *Lutter/Drygala* ZGR 1995, 557, 558). 21

Gelegentlich wird vertreten, im **vertraglichen Gleichordnungskonzern** seien die Regeln der §§ 302 ff entspr anzuwenden (*Emmerich/Habersack* Aktien- und GmbH-KonzernR Rn 36, 39; *Raiser/Veil* KapGesR § 56 Rn 13 mwN). Dies erscheint nahe liegend, da § 76 im vertraglichen Gleichordnungskonzern soweit überlagert wird, wie sich der Vorstand auf dieser vertraglichen Grundlage an nachteiligen Entscheidungen des Leitungsorgans orientieren muss (KölnKomm AktG/*Koppensteiner* § 291 Rn 109; MünchKomm AktG/*Altmeppen* § 291 Rn 230), ein Anspruch aus § 93 Abs 2 gegen den Vorstand des benachteiligten Unternehmens wg Befolgung der Entsch also ausscheiden dürfte. Richtigerweise wird man aber auch hier zu fragen haben, ob die Schwelle zum Unterordnungskonzern überschritten ist. Sollte dies nicht der Fall sein, muss das benachteiligte Unternehmen an der eigenen Benachteiligung mitgewirkt haben – andernfalls hätte es die Möglichkeit gehabt, mit einer sofortigen Kündigung auszuscheiden (vgl oben Rn 19). Lässt der Vorstand die Möglichkeit zur außerordentlichen Kündigung in solchen Fällen verstreichen und begibt sich so de facto in ein Unterordnungsverhältnis, begründet dies eine Pflichtverletzung und damit einen Schadensersatzanspruch nach § 93 Abs 2. 22

Denkbar wäre danach auch eine Verlustausgleichspflicht innerhalb des **faktischen Gleichordnungskonzerns**. Diese ist zumindest für den Fall einer engen („qualifiziert faktischen") Verbindung angenommen worden (*AG Eisenach* AG 1995, 519 f; *OLG Dresden* AG 2000, 419; *Drygala* S 119, 123 ff; *Emmerich/Habersack* Aktien- und GmbH-KonzernR Rn 37; *Lutter/Drygala* ZGR 1995, 557, 564 ff; **aA** *Milde* S 180 ff; *Cahn* S 48 ff). Dabei wird unterschieden zwischen einem Durchgriff v der einen auf die andere Schwester und einer ausnahmsweisen Haftungsgemeinschaft aller Schwestern bei Vermögensvermischung. Zu beachten ist freilich auch hier, dass es sich für die beteiligten Unternehmen gerade nicht um einen Unterordnungskonzern mit den v Gesetz vorgesehenen Folgen, sondern um einen Gleichordnungskonzern handelt. Keine der beiden Parteien hat ein Übergewicht, das die gesetzliche Notwendigkeit zum Nachteilsausgleich auslöst. Kommt es doch zu einem solchen Übergewicht, liegt die Annahme eines Unterordnungskonzerns näher (vgl oben Rn 19). Der Anspruchsinhaber muss dann darauf verwiesen werden, die Voraussetzungen des § 17 nachzu- 23

Fett

weisen; ansonsten käme es iRd Gleichordungskonzerns zu einer Aufweichung der Anspruchsvoraussetzungen. Lässt sich ein Unternehmen pflichtwidrig auf eine nachteilige Einflussnahme durch das andere Unternehmen ein, kann sich der Vorstand des benachteiligten Unternehmens schadensersatzpflichtig machen, § 93 Abs 2. Allein um den potentiell Geschädigten eine breitere Haftungsgrundlage zu verschaffen, ist eine analoge Anwendung der Normen des Unterordnungskonzerns wie auch die Haftung aus §§ 311, 317 auf den Gleichordnungskonzern nicht angezeigt (so iE auch Grigoleit AktG/*Grigoleit* Rn 18; MünchKomm AktG/*Altmeppen* § 291 Rn 221 f; *Hüffer* AktG § 291 Rn 35; anders etwa *Emmerich* aaO Rn 36; Spindler/Stilz AktG/*Schall* Rn 30). Dass es aus Grundsätzen allg Rechtsformenmissbrauchs, wie etwa der Vermögensvermischung oder des Missbrauchs der Haftungsbeschränkung, zu Schadensersatzansprüchen kommen kann, ist nicht den Besonderheiten des Gleichordnungskonzerns geschuldet, sondern ergibt sich zwanglos aus den allg (deliktsrechtlichen) Vorschriften und Rechtsgrundsätzen.

24 Aus denselben dogmatischen Erwägungen ist es auch nicht angezeigt, in einem faktischen Gleichordnungskonzern einen „Gleichordnungsbericht" zu fordern (dafür Grigoleit AktG/*Grigoleit* Rn 22: analoge Anwendung des § 312 AktG; de lege ferenda auch MünchKomm AktG/*Bayer* Rn 59). Es ist den beteiligten Vorständen aber zu empfehlen, zu **Dokumentationszwecken** (freiwillig) solche Berichte zu verfassen, um im Schadensfall den Nachweis pflichtgemäßen Verhaltens führen zu können (vgl § 93 Abs 2 S).

25 **5. Konzerneingangskontrolle?** Wg der vermehrt angenommenen potentiellen Folgen einer Gleichordnungsverbindung (vgl Rn 21 ff) wird ferner eine Konzerneingangskontrolle durch die HV diskutiert. Für die Fälle einer Vermögensübertragung (§ 179a) oder einer Gewinngemeinschaft (§§ 292 Abs 1 Nr 1, 293 Abs 1) folgt dies bereits aus dem Gesetz. Eine Ausdehnung auf weitere Fälle im Wege der Analogie zu §§ 291 ff wird vordringend gefordert (*Emmerich/Habersack* Aktien- und GmbH-KonzernR Rn 35; *Paschke/Reuter* ZHR 158 (1984), 390, 391, 396; *K.Schmidt* ZHR 155 (1991), 417, 426 ff; *Timm* S 152 ff; *Wellkamp* DB 1993, 2517, 2518). Dem ist jedoch die bisher überwiegende Meinung wg des anderslautenden Willens des Gesetzgebers (vgl § 291 Abs 2) zu Recht nicht gefolgt (*Hüffer* AktG Rn 20; MünchKomm AktG/*Altmeppen* § 291 Rn 214; Grigoleit AktG/*Grigoleit* Rn 23; KölnKomm AktG/*Koppensteiner* § 291 Rn 104 f; MünchHdb AG/*Krieger* § 68 Rn 86; K. Schmidt/Lutter AktG/*Vetter* Rn 37; *Milde* S 229 f; dazu auch *Kropff* S 377). Wer zur Begr einer Haftungsverfassung die analoge Anwendung der Normen des Unterordnungskonzerns annimmt (vgl oben Rn 21 ff), wird konsequenterweise auch die Anwendbarkeit der Grundsätze der Konzerneingangskontrolle befürworten.

§ 19 Wechselseitig beteiligte Unternehmen

(1) ¹**Wechselseitig beteiligte Unternehmen sind Unternehmen mit Sitz im Inland in der Rechtsform einer Kapitalgesellschaft, die dadurch verbunden sind, dass jedem Unternehmen mehr als der vierte Teil der Anteile des anderen Unternehmens gehört.** ²**Für die Feststellung, ob einem Unternehmen mehr als der vierte Teil der Anteile des anderen Unternehmens gehört, gilt § 16 Abs. 2 Satz 1, Abs. 4.**

Wechselseitig beteiligte Unternehmen § 19

(2) Gehört einem wechselseitig beteiligten Unternehmen an dem anderen Unternehmen eine Mehrheitsbeteiligung oder kann das eine auf das andere Unternehmen unmittelbar oder mittelbar einen beherrschenden Einfluss ausüben, so ist das eine als herrschendes, das andere als abhängiges Unternehmen anzusehen.

(3) Gehört jedem der wechselseitig beteiligten Unternehmen an dem anderen Unternehmen eine Mehrheitsbeteiligung oder kann jedes auf das andere unmittelbar oder mittelbar einen beherrschenden Einfluss ausüben, so gelten beide Unternehmen als herrschend und als abhängig.

(4) § 328 ist auf Unternehmen, die nach Absatz 2 oder 3 herrschende oder abhängige Unternehmen sind, nicht anzuwenden.

Übersicht

	Rn		Rn
I. Einleitung/Überblick	1	3. Beiderseitige qualifizierte wechselseitige Beteiligungen	9
II. Wechselseitige Beteiligungen	4	III. Dreiecks-/Ringbeteiligungen	10
1. Einfache wechselseitige Beteiligung	4	IV. § 328	12
2. Einseitig qualifizierte wechselseitige Beteiligungen	7		

Literatur: *Adams* Die Usurpation von Aktionärsbefugnissen mittels Ringverflechtungen in der „Deutschland AG", AG 1994, 148; *Baums* Die Macht der Banken, ZBB 1994, 86; *Kropff* Die wechselseitige Beteiligung nach dem Entwurf des AktG, DB 1959, 15; *Lutter* Kapital, Sicherung der Kapitalaufbringung und Kapitalerhaltung in den Aktien- und GmbH-Rechten der EWG, 1964; *Mestmäcker* Verwaltung, Konzerngewalt und Rechte der Aktionäre, 1958; *K. Schmidt* Wechselseitige Beteiligungen im Gesellschafts- und Kartellrecht, Diss Hamburg, 1995; *Zöllner* Die Schranken mitgliedschaftlicher Stimmrechtsmacht bei den privatrechtlichen Personenverbänden, 1963.

I. Einleitung/Überblick

§ 19 regelt die Unternehmensverbindung der wechselseitigen Beteiligung. Erfasst werden inländische Kapitalgesellschaften, die dadurch verbunden sind, dass beiden jeweils mehr als 25 % der Anteile des anderen Unternehmens gehören. Mit § 19 Abs 4 lässt sich zwischen einfachen (Abs 1) und qualifizierten (Abs. 2, 3) wechselseitigen Beteiligungen unterscheiden, wobei letztere zusätzlich einseitige oder wechselseitige Mehrheits- oder Abhängigkeitsbeziehungen unterhalten. Für diese gelten zusätzlich die Bestimmungen über die Abhängigkeit und den Konzern (vgl Rn 7, 9), allein für den Fall der einfachen wechselseitigen Beteiligung gilt § 328 (vgl Rn 12, § 328 Rn 1 ff). **1**

Auch wenn über diese Erscheinungsform der Unternehmensverbindung aus nachvollziehbaren Gründen nur wenig bekannt ist, dürfte sie in der Praxis jedenfalls zu Zeiten der „Deutschland AG" durchaus häufiger vorgekommen sein (vgl *Adams* AG 1994, 148; *Baums* ZBB 1994, 86). Mit der Regelung soll den spezifischen Gefahren dieser speziellen Unternehmensverbindung begegnet werden (*Kropff* S 34). Dazu zählen zum einen Risiken iRd Kapitalaufbringung und Kapitalerhaltung. Denn durch „Hin- und Herzahlen" der Einlagen kann das Kapital unter Umständen bloß rechnerisch vorhanden sein (Bsp B zeichnet Einlage bei Kapitalerhöhung durch A, A wiederum verwendet diesen Betrag für eine Kapitalerhöhung bei B usw). Zum anderen drohen **2**

Fett 145

sog „Verwaltungsstimmrechte", die der Verwaltung der Ges über das jeweils andere Unternehmen Einfluss in der eigenen HV verschaffen, was letztlich zu einer Verselbstständigung der Verwaltungen führen kann (MünchKomm AktG/*Bayer* Rn 1; K. Schmidt/Lutter AktG/*Vetter* Rn 1; *Lutter* S 187 ff, 452 ff, 528 ff; *Mestmäcker* S 114 ff, 147 ff; *Zöllner* S 130 ff).

3   Grds sind für wechselseitig beteiligte Unternehmen alle Vorschriften über verbundene Unternehmen anwendbar (vgl § 15 Rn 4), so insb auch §§ 311 ff. Ferner sind die Mitteilungspflichten nach §§ 20 ff (für börsennotierte AG §§ 21 ff WpHG) zu beachten, die gerade der Aufdeckung auch solcher Beteiligungen dienen. Weiterhin ist die wechselseitige Beteiligung im Anhang zum Jahresabschluss zu nennen (§ 160 Abs 1 Nr 7). Für qualifizierte wechselseitige Beteiligungen, dh bei Mehrheits- oder Abhängigkeitsbeziehungen, sind insb §§ 71 ff über die Ausübung der Stimmrechte v Bedeutung (vgl Rn 8).

II. Wechselseitige Beteiligungen

4   **1. Einfache wechselseitige Beteiligung.** Der Norm unterfallen nur inländische Kapitalgesellschaften (AG, KGaA, GmbH, SE). Der allgemeine Unternehmensbegriff des § 15 gilt nicht. Personengesellschaften sind folglich v der Regelung nicht erfasst (K. Schmidt/Lutter AktG/*Vetter* Rn 6; für die Ausdehnung auch auf ausländische Kapitalgesellschaften unter Hinweis auf die Rspr des EuGH Spindler/Stilz AktG/*Schall* Rn 11 f).

5   Erforderlich ist nach § 19 Abs 1 S 1 für die einfache wechselseitige Beteiligung eine Kapitalbeteiligungshöhe v mehr als 25 %. Ohne Bedeutung bleibt eine wechselseitige Beteiligung an Stimmrechten, was aus dem fehlenden Verweis auf § 16 Abs 3 folgt (KölnKomm AktG/*Koppensteiner* Rn 17). Unterhalb dieser Kapitalschwelle v 25 % sind damit Verwaltungsstimmrechte möglich, die je nach Vorhandensein v Vorzugsaktien oder eigenen Anteilen auch mehr als 25 % der Stimmrechte ausmachen können (krit MünchKomm AktG/*Bayer* Rn 16).

6   Die Berechnung des Anteils richtet sich gem § 19 Abs 1 S 2 ausschließlich nach § 16 Abs 2 S 1 und Abs 4 (vgl § 16 Rn 9 ff, 13 ff). Danach ist das Verhältnis des Gesamtnennbetrags der Anteile im Besitz des einen Unternehmens zum Nennkapital des anderen Unternehmens maßgeblich. Mangels Verweis auf § 16 Abs 2 S 3 finden die eigenen Anteile des anderen Unternehmens keine Berücksichtigung und sind nicht abzusetzen (MünchHdb AG/*Krieger* § 68 Rn 96). Nach § 16 Abs 4 sind zu den Anteilen, die dem Unternehmen gehören auch solche zu zählen, die einem v diesem abhängigen Unternehmen oder einem anderen für Rechnung des Unternehmens oder einem v diesem abhängigen Unternehmen gehören. Damit kann eine wechselseitige Beteiligung allein aufgrund Zurechnung vorliegen, dh ohne direkte Beteiligung der Unternehmen aneinander. Da die Zurechnung nicht zu einer Absorption beim Anteilsmittler führt, kann eine wechselseitige Beziehung auch dreiseitig ausgestaltet sein (so schon *Kropff* DB 1959, 15, 18; ferner KölnKomm AktG/*Koppensteiner* Rn 25).

7   **2. Einseitig qualifizierte wechselseitige Beteiligungen.** Eine einseitig qualifizierte wechselseitige Beteiligung liegt nach § 19 Abs 2 vor, wenn ein Unternehmen über eine einfache wechselseitige Beteiligung hinaus (vgl Rn 5) entweder eine Mehrheitsbeteiligung innehat oder auf das andere Unternehmen einen beherrschenden Einfluss mit

der Folge v Abhängigkeit ausübt. Für die Bestimmung ist dabei durch Bezugnahme auf den Begriff der Mehrheitsbeteiligung in § 19 Abs 2 und 3 anders als bei der Anteilsberechnung (vgl Rn 6) uneingeschränkt auf § 16 verwiesen, so dass die allgemeinen Regeln Anwendung finden (KölnKomm AktG/*Koppensteiner* Rn 24). Das hat insb zur Folge, dass aufgrund des Abzugs eigener Anteile eine Mehrheitsbeteiligung bereits unter einem Anteil v 50,1 % des Nennkapitals oder der Stimmrechte vorliegen kann. Daneben kommt als Grundlage einer qualifizierten wechselseitigen Beteiligung Abhängigkeit nach § 17 Abs 1 in Betracht (vgl auch unten Rn 9), weshalb in diesem Zusammenhang zB auch die tatsächlichen HV-Präsenzen zu berücksichtigen sind (vgl § 17 Rn 11).

Liegt eine qualifiziert wechselseitige Beteiligung vor, sind insb die Regelungen der §§ 71–71e zu beachten. Danach ist auch bei einer wechselseitigen Beteiligung nach § 19 Abs 2 ein Ruhen der Mitgliedschaftsrechte des abhängigen am herrschenden Unternehmen die Folge, § 71d S 4 iVm § 71b. Ferner besteht die Pflicht zur Veräußerung der Anteile binnen eines Jahres, sofern der Anteil 10 % übersteigt und der Erwerb unter Verstoß gg § 71 Abs 1 oder 2 erfolgte, sonst innerhalb von drei Jahren, vgl § 71d S 2 und 4 iVm § 71c Abs 1 bzw Abs 2 (GroßKomm AktG/*Windbichler* Rn 25 ff; Grigoleit AktG/*Grigoleit* Rn 8). § 19 Abs 2 knüpft des Weiteren eine unwiderlegbare Vermutung der Abhängigkeit an das Vorliegen einer qualifizierten wechselseitigen Beteiligung; als Grund für diese, im Vergleich zu § 17 Abs 2 strengere Regelung wird insb die Gefahr der Kapitalverwässerung angegeben (MünchKomm AktG/*Bayer* Rn 46; krit KölnKomm AktG/*Koppensteiner* Rn 25). 8

3. Beiderseitige qualifizierte wechselseitige Beteiligungen. § 19 Abs 3 regelt den Fall der beiderseitigen qualifizierten wechselseitigen Beteiligung, dh die (wohl eher nur theoretische) gegenseitige Beherrschungsmöglichkeit iSd § 17 Abs 1 (vgl Rn 7). Hier gilt nach dem Gesetz die unwiderlegbare Vermutung, dass beide Unternehmen sowohl herrschend als auch abhängig sind (*Emmerich/Habersack* Aktien- und GmbH-KonzernR Rn 17). Dementsprechend finden sowohl die Vorschriften für abhängige Unternehmen (heute **hM** vgl nur MünchKomm AktG/*Bayer* Rn 35; *Hüffer* AktG Rn 7; anders noch *RGZ* 149, 305, 308 – Iduna: gegenseitige Neutralisierung) als auch die §§ 71 ff auf beide Unternehmen und beide Beteiligungen Anwendung (vgl Rn 8), wobei das Gesetz keine Entsch trifft, welches Unternehmen seine Anteile zu veräußern hat. Richtigerweise wird man beide hierzu für verpflichtet halten müssen, um die Kapitalverwässerung nicht zu perpetuieren (so zu Recht die **hM** *Emmerich* aaO Rn 19; MünchKomm AktG/*Bayer* Rn 51; Grigoleit AktG/*Grigoleit* Rn 9; *Kerstin Schmidt* S 70; K. Schmidt/Lutter AktG/*Vetter* Rn 18; **aA** *Hüffer* aaO Rn 8 und KölnKomm AktG/*Lutter* § 71d Rn 48; s auch § 71d Rn 5). 9

III. Dreiecks-/Ringbeteiligungen

Unter den Begriff der wechselseitigen Beteiligung iSv § 19 fallen grds nur Beziehungen zwischen **zwei** Unternehmen (zur Ausnahme bei Zurechnung nach §§ 19 Abs 1 S 2, 16 Abs 4 vgl Rn 6). Nicht erfasst werden daher Dreiecks- oder Ringbeteiligungen mit mehreren Unternehmen (Spindler/Stilz AktG/*Schall* Rn 13; MünchKomm AktG/ *Bayer* Rn 36; MünchHdb AG/*Krieger* § 68 Rn 98). Grund ist dabei das Höchstmaß einer möglichen mittelbaren Beteiligung bei drei beteiligten Unternehmen v jeweils 12,5 % an sich selbst, was unterhalb der Schwelle einer wechselseitigen Beteiligung bei zwei Ges liegt (KölnKomm AktG/*Koppensteiner* Rn 22 mit Rechenbeispiel). 10

11 Ausnahmen hierzu werden v Schrifttum für Fallkonstellationen beschrieben, bei denen neben die Beteiligung ein Abhängigkeitsverhältnis iSd § 17 Abs 1 tritt. Dies gilt bspw bei (ringförmigen) einfachen wechselseitigen Beteiligungen und zusätzlicher Abhängigkeit, die nicht auf einer Mehrheitsbeteiligung beruht (Bsp: Jeweils mehr als 25 %-Beteiligung v A an B, B an C, C an A und Beherrschung v B durch A: Hier muss sich A die Beteiligung v B an C nach § 16 Abs 4 zurechnen lassen, so dass zwischen A und C eine wechselseitige Beteiligung besteht). Eine weitere Ausnahme besteht im Fall v beidseitig qualifizierten wechselseitigen Beteiligungen und einer gleichzeitigen Abhängigkeitskette (Beispiel: Neben der wechselseitigen Beteiligung unterhalb einer Mehrheitsbeteiligung liegt jeweils auch ein Beherrschungsverhältnis bei A–B, B–C und C–A vor). Aus der Zurechnung nach § 16 Abs 4 ergibt sich dann, dass das abhängige Unternehmen jeweils auch sein herrschendes Unternehmen wiederum selbst beherrscht (Bsp: A beherrscht damit auch C usw) und damit ein Fall v § 19 Abs 3 vorliegt (Bsp nach MünchKomm AktG/*Bayer* Rn 37 ff; KölnKomm AktG/*Koppensteiner* Rn 22; zust *Hüffer* AktG Rn 5, 8; MünchHdb AG/*Krieger* § 68 Rn 98).

IV. § 328

12 Nach § 19 Abs 4 ist die Anwendung v § 328 auf einfache wechselseitige Beteiligungen beschränkt (s zu den Anforderungen im Einzelnen die Kommentierung zu § 328). Andernfalls könnte für die qualifizierten wechselseitigen Beteiligungen nach Abs 2 und 3 sachwidrig argumentiert werden, § 328 setze das Fortbestehen der Stimmrechte trotz der Ausübungssperre des § 71b voraus (GroßKomm AktG/*Windbichler* Rn 27).

§ 20 Mitteilungspflichten*)

(1) ¹Sobald einem Unternehmen mehr als der vierte Teil der Aktien einer Aktiengesellschaft mit Sitz im Inland gehört, hat es dies der Gesellschaft unverzüglich schriftlich mitzuteilen. ²Für die Feststellung, ob dem Unternehmen mehr als der vierte Teil der Aktien gehört, gilt § 16 Abs. 2 Satz 1, Abs. 4.

(2) Für die Mitteilungspflicht nach Absatz 1 rechnen zu den Aktien, die dem Unternehmen gehören, auch Aktien,

1. deren Übereignung das Unternehmen, ein von ihm abhängiges Unternehmen oder ein anderer für Rechnung des Unternehmens oder eines von diesem abhängigen Unternehmens verlangen kann;
2. zu deren Abnahme das Unternehmen, ein von ihm abhängiges Unternehmen oder ein anderer für Rechnung des Unternehmens oder eines von diesem abhängigen Unternehmens verpflichtet ist.

(3) Ist das Unternehmen eine Kapitalgesellschaft, so hat es, sobald ihm ohne Hinzurechnung der Aktien nach Absatz 2 mehr als der vierte Teil der Aktien gehört, auch dies der Gesellschaft unverzüglich schriftlich mitzuteilen.

(4) Sobald dem Unternehmen eine Mehrheitsbeteiligung (§ 16 Abs. 1) gehört, hat es auch dies der Gesellschaft unverzüglich schriftlich mitzuteilen.

---

*) Die Kommentierung gibt die persönliche Meinung des Verfassers wieder und stellt keine offizielle Stellungnahme der BAFin dar.

(5) Besteht die Beteiligung in der nach Absatz 1, 3 oder 4 mitteilungspflichtigen Höhe nicht mehr, so ist dies der Gesellschaft unverzüglich schriftlich mitzuteilen.

(6) ¹Die Gesellschaft hat das Bestehen einer Beteiligung, die ihr nach Absatz 1 oder 4 mitgeteilt worden ist, unverzüglich in den Gesellschaftsblättern bekannt zu machen; dabei ist das Unternehmen anzugeben, dem die Beteiligung gehört. ²Wird der Gesellschaft mitgeteilt, dass die Beteiligung in der nach Absatz 1 oder 4 mitteilungspflichtigen Höhe nicht mehr besteht, so ist auch dies unverzüglich in den Gesellschaftsblättern bekannt zu machen.

(7) ¹Rechte aus Aktien, die einem nach Absatz 1 oder 4 mitteilungspflichtigen Unternehmen gehören, bestehen für die Zeit, für die das Unternehmen die Mitteilungspflicht nicht erfüllt, weder für das Unternehmen noch für ein von ihm abhängiges Unternehmen oder für einen anderen, der für Rechnung des Unternehmens oder eines von diesem abhängigen Unternehmens handelt. ²Dies gilt nicht für Ansprüche nach § 58 Abs. 4 und § 271, wenn die Mitteilung nicht vorsätzlich unterlassen wurde und nachgeholt worden ist.

(8) Die Absätze 1 bis 7 gelten nicht für Aktien eines Emittenten im Sinne des § 21 Abs. 2 des Wertpapierhandelsgesetzes.

Übersicht

	Rn		Rn
I. Regelungsgehalt und -zweck	1	4. Unverzüglich	22
II. Mitteilungspflicht	4	III. Bekanntmachungspflicht der	
1. Adressat der Mitteilungspflicht	4	Gesellschaft (Abs 6)	23
2. Entstehen der Mitteilungspflicht	7	IV. Nichterfüllung der Mitteilungs-	
a) Allgemeines	7	pflicht (Abs 7)	25
b) Schachtelbeteiligung mit Hinzurechnung (Abs 1 und 2)	9	1. Allgemeines	25
c) Schachtelbeteiligung ohne Hinzurechnung (Abs 3)	14	2. Betroffene Aktien, Dauer des Rechtsverlusts	26
d) Mehrheitsbeteiligung (Abs 4)	17	3. Ausnahme (Abs 7 S 2)	27
e) Reduktion und Wegfall einer mitteilungspflichtigen Beteiligung (Abs 5)	19	4. Nicht erfasste Fälle	28
		5. Betroffene Rechte	29
		a) Allgemeines	29
		b) Stimmrecht	30
		c) Kapitalerhöhung	31
3. Inhalt und Form der Mitteilung, Zuständigkeit	20	V. Einschränkung des Anwendungsbereichs (Abs 8)	32

Literatur: *Gelhausen/Bandey* Bilanzielle Folgen der Nichterfüllung von Mitteilungspflichten gemäß §§ 20f AktG und §§ 21ff WpHG nach Inkrafttreten des Dritten Finanzmarktförderungsgesetzes, WPg 2000, 497; *Grimm/Wenzel* Praxisrelevante Probleme der Mitteilungspflichten nach § 21 AktG, AG 2012, 274; *Hägele* Praxisrelevante Probleme der Mitteilungspflichten nach §§ 20, 21 AktG, NZG 2000, 726; *Horbach* Der Gewinnverzicht des Großaktionärs, AG 2001, 78; *König/Römer* Reichweite aktien- und kapitalmarktrechtlicher Rechtsausübungshindernisse, NZG 2004, 944; *Mülbert* Das Recht des Rechtsverlusts – insbesondere am Beispiel des § 28 WpHG, FS K. Schmidt, 2009, S 1219; *Priester* Die Beteiligungspublizität gemäß §§ 20, 160 III Nr 11 AktG, AG 1974, 212; *Schneider/Schneider* Der Rechtsverlust gemäß § 28 WpHG bei Verletzung der kapitalmarktrechtlichen Meldepflichten – zugleich eine Untersuchung zu § 20 Abs 7 AktG und § 59 WpÜG, ZIP 2006, 493; *Schwarz*

SE-VO, 2006; *Semler/Asmus* Der stimmlose Beschluss, NZG 2004, 881; *Wand/Tillmann* Der stimmlose Gesellschafterbeschluss in der Vollversammlung, AG 2005, 227; *Widder* Kapitalmarktrechtliche Beteiligungstransparenz und Gesamtrechtsnachfolge, BB 2005, 1979; *ders* Rechtsnachfolge in Mitteilungspflichten nach §§ 21 ff WpHG, § 20 AktG?, NZG 2004, 275; vgl auch die Nachweise bei § 21 WpHG.

I. Regelungsgehalt und -zweck

1 § 20 regelt Mitteilungspflichten von Unternehmen, nicht dagegen von Privataktionären, über Beteiligungen an Gesellschaften. Die Vorschrift ist im Zusammenhang mit §§ 15 ff und dem Konzernrecht zu sehen, die an 25- bzw 50 %-Beteiligungen anknüpfen. § 20 dient dazu, die Faktengrundlage für die Anwendung der §§ 16 ff und für andere Normen des AktG zu klären, die Rechtsfolgen an eine bestimmte Beteiligung knüpfen. Die Bekanntmachungspflicht der Gesellschaft nach Abs 6 dient der Information der übrigen Aktionäre und der Allgemeinheit und gibt anderen Aktionären und Dritten die Gelegenheit, auf Veränderungen der Beteiligungsverhältnisse zu reagieren.

2 § 20 gilt nach Abs 8 nicht für Emittenten iSd § 21 Abs 2 WpHG. Die Vorschrift gilt damit nicht für Gesellschaften, deren Aktien gem § 2 Abs 5 WpHG zum Handel an einem organisierten Markt im Inland oder in einem anderen Mitgliedstaat der Europäischen Union oder in einem anderen Vertragsstaat des Abkommens über den Europäischen Wirtschaftsraum zugelassen sind. Im Inland ist der regulierte Markt gem § 32 BörsG ein organisierter Markt, der Freiverkehr hingegen nicht. Auf Gesellschaften, deren Aktien lediglich in den Freiverkehr einbezogen sind, ist daher § 20 anwendbar.

3 Durch die Abgrenzung zum Anwendungsbereich der §§ 21 ff WpHG wird deutlich, dass **kapitalmarktrechtliche Belange** iRd § 20 **nicht** zu berücksichtigen sind. Der unterschiedliche Anwendungsbereich des § 20 im Vergleich zu §§ 21 ff WpHG beruht darauf, dass beide Normenkomplexe zwar iwS der Transparenz in Bezug auf Beteiligungen dienen, jedoch an § 20 vornehmlich konzernrechtlich relevante Sachverhalte angeknüpft werden, während §§ 21 ff WpHG bei Emittenten im Interesse des Kapitalmarktes darüber hinausgehen. Durch die Satzung können keine den §§ 20 f entspr Mitteilungspflichten begründet werden.

II. Mitteilungspflicht

4 **1. Adressat der Mitteilungspflicht.** Mitteilungspflichtig sind Unternehmen, die eine Beteiligung in entspr Höhe an einer AG, einer KGaA oder einer societas europaea (Art 9 Abs 1 lit c ii SE-VO; *Schröder* in Manz/Mayer/Schröder B Art 9 SE-VO Rn 100 f; *Schwarz* SE-VO Einl Rn 201 mwN) mit Sitz im Inland halten. Auch die öffentliche Hand kann mitteilungspflichtig sein (MünchKomm AktG/*Bayer* Rn 6; *BGHZ* 69, 334 zu §§ 17, 320 aF). Die Pflicht gilt auch für Gründungsaktionäre (*BGH* NJW-RR 2006, 1110, 1111 f; Spindler/Stilz AktG/*Petersen* Rn 2).

5 Ob die Beteiligung in entspr Höhe an einer **Vor-AG** mitteilungspflichtig ist oder erst zum Zeitpunkt der Entstehung der Gesellschaft mit der Eintragung, ist umstr (dafür *Priester* AG 1974, 212, 213; abl GroßKomm AktG/*Windbichler* Rn 19). Da die Aktien vor der Eintragung der Gesellschaft nicht übertragen werden können (§ 41 Abs 4), und damit der Inhalt einer Mitteilung hinsichtlich der direkten Beteiligungen zum Zeitpunkt der Entstehung der Aktien derselbe sein muss wie zum Zeitpunkt der Ein-

tragung der Gesellschaft, stellt sich die Frage, welchen Nutzen eine frühzeitige Mitteilung bzw Veröffentlichung zum Zeitpunkt der Entstehung der Aktien für die Gesellschaft, die anderen Aktionäre und die Öffentlichkeit haben kann. Dabei ist einerseits zu berücksichtigen, dass der Gesellschaft und den Aktionären die Beteiligungsstruktur aus der Satzung bekannt ist, andererseits die Tatsache, dass die Satzung Zurechnungstatbestände nicht abbildet. Voraussetzung für die Mitteilungspflicht ist mindestens, dass Aktien entstanden sind. Dies geschieht erst mit der Eintragung der AG (MünchKomm AktG/*Heider* § 10 Rn 13 und § 9 Rn 7). Damit werden Beteiligungen an einer Vor-AG nicht erfasst, Mitgliedschaften an einer Vor-AG sind keine Anteile iSd § 20 (GroßKomm AktG/*Windbichler* Rn 19; *Emmerich* in Emmerich/Habersack Aktien- und GmbH-KonzernR Rn 20; aA *Priester* AG 1974, 212, 213; *Hüffer* AktG Rn 2).

Für die Frage, ob es sich bei der beteiligten Person/der beteiligten Gesellschaft um ein Unternehmen handelt, ist auf den aktienrechtlichen Unternehmensbegriff in § 15 zurückzugreifen (KölnKomm AktG/*Koppensteiner* Rn 31). Auf die Rechtsform und den Sitz des Unternehmens kommt es nicht an, auch ausländische Unternehmen sind mitteilungspflichtig (allgM, s *Hüffer* AktG Rn 2, KölnKomm AktG/*Koppensteiner* Rn 34). Privataktionäre sind, anders als in §§ 21 ff WpHG, nicht mitteilungspflichtig. Damit hält § 20 derzeit noch an der Wertung fest, dass die Einflussnahme durch Unternehmen ein anderes Gewicht hat als diejenige von anderen bedeutenden Beteiligungen. Eine **GbR** ist ein Unternehmen, wenn bei ihr das unternehmerische Interesse ihrer Gesellschafter in der Weise durchschlägt, dass sie sich über das bloße Halten der Aktien hinaus bzgl dieser Beteiligung wirtschaftlich planend und entscheidend betätigt; es ist jedoch dann kein Unternehmen, wenn sich ihr Gesellschaftszweck auf das bloße anteilige Halten der Aktien beschränkt (*BGHZ* 114, 203, 210 f). 6

2. Entstehen der Mitteilungspflicht. – a) Allgemeines. Die Erlangung mehr als eines Viertels am Kapital an einer AG mit Sitz im Inland führt zur Mitteilungspflicht (Abs 1, 2 und 3), ebenso die Erlangung einer Mehrheitsbeteiligung iSd § 16 Abs 1 (Abs 4). Voraussetzung ist aber grds ein Wechsel der Rechtszuständigkeit, wie zB Einzel- und Gesamtrechtsnachfolge, Verschmelzung, Spaltung, nicht aber Formwechsel (Umwandlung in AG) (*Hüffer* AktG Rn 3). Entsteht bei der Umwandlung einer beteiligten Gesellschaft ein neuer Rechtsträger, so ist dieser dadurch mitteilungspflichtig. Relevanter Zeitpunkt ist insoweit das Wirksamwerden der Umwandlung. Die Mitteilungspflicht kann auch durch Beteiligungserwerb aufgrund einer Kapitalerhöhung entstehen (GroßKomm AktG/*Windbichler* Rn 22). Sie entsteht ferner auch dann, wenn ein (Privat)Aktionär, der eine Beteiligung in entspr Höhe an der Gesellschaft hält, erst durch Verfolgung anderweitiger unternehmerischer Interessen, zB durch Erwerb einer weiteren Beteiligung, zum Unternehmen iSd § 15 wird (GroßKomm AktG/*Windbichler* Rn 22, zur Zurechnung der Unternehmenseigenschaft vgl GroßKomm AktG/*Windbichler* § 15 Rn 44). Weiterhin ist auch der Fall meldepflichtig, dass die Beteiligung von 25 % bzw die Mehrheitsbeteiligung nicht mehr besteht (Abs 5). Auch hierfür ist grds ein Wechsel der Rechtszuständigkeit Voraussetzung, ein Formwechsel (zB Umwandlung einer AG in eine GmbH) genügt auch hierfür nicht. Die Umfirmierung eines gem § 20 mitteilungspflichtigen Unternehmens führt nicht zur Mitteilungspflicht. An der rechtlichen Zuordnung der Aktien ändert sich durch die Umfirmierung nichts (*OLG Karlsruhe* NZG 1999, 604; *OLG Köln* ZIP 2009, 1762; Spindler/Stilz AktG/*Petersen* Rn 8; s auch *OLG Hamm* AG 2009, 876, 878 zu § 21 WpHG). 7

8 Da es auf den Anteilsbesitz, nicht auf das Stimmrecht, ankommt (Schmidt/Lutter AktG/*Veil* Rn 19), kommt es bei **Namensaktien** auf die Legitimation nach § 67 Abs 2 nicht an (GroßKomm AktG/*Windbichler* Rn 20). Das heißt: Ist ein Aktionär zu Unrecht nicht im Aktienregister eingetragen, ist er bei entspr Beteiligungsbesitz trotzdem mitteilungspflichtig. Umgekehrt wäre die Mitteilung eines zu Unrecht im Aktienregister eingetragenen Aktionärs nicht erforderlich. Eine dennoch abgegebene Mitteilung wäre falsch. Im Zweifel kann die Gesellschaft hier einen Nachweis der Beteiligung auf der Grundlage des § 22 verlangen, etwa wenn zwei Mitteilungen vorliegen, aus denen sich ergibt, dass eine unrichtig sein muss. Bei der Übertragung von vinkulierten Namensaktien ersetzt die Mitwirkung der Gesellschaft bei der Übertragung und die Tatsache, dass die Gesellschaft von der Höhe der Beteiligung Kenntnis erlangt, nicht die Mitteilung nach § 20. Dies nicht zuletzt deshalb, weil nur eine Mitteilung nach § 20 eine Veröffentlichungspflicht der Gesellschaft auslöst. **Anderweitig erlangte Kenntnis** lässt die Mitteilungspflicht in **keinem Fall entfallen** (*Hägele* NZG 2000, 726, 728).

9 **b) Schachtelbeteiligung mit Hinzurechnung (Abs 1 und 2).** Sobald einem Unternehmen mehr als der vierte Teil der Aktien gehört (Sperrminorität), muss es dies der Gesellschaft mitteilen, § 20 Abs 1. Für die Berechnung des Anteils gelten § 16 Abs 2 S 1, Abs 4 und § 20 Abs 2. Diese Zurechnungsvorschriften verhindern die Umgehung der Mitteilungspflicht durch Verlagerung des Anteilsbesitzes auf andere Unternehmen und Dritte, deren Verhalten im Hinblick auf die Gesellschaft das Unternehmen bestimmen kann. Bei bestimmten rechtlichen Gestaltungen können auf dieselben Aktien mehrere Zurechnungstatbestände anwendbar sein. Ein Vertrag kann etwa bestimmen, dass ein Dritter Aktien für Rechnung des Unternehmens hält, zugleich verpflichtet sich das Unternehmen zur Abnahme. Insb für die Berechnung von Anteilen von Kapitalgesellschaften iRd § 20 Abs 3, der die Zurechnung nach Abs 2 wg §§ 19, 16 Abs 2 S 1, Abs 4 ausschließt, ist genau zu differenzieren, welche vertragliche Regelung welchen Zurechnungstatbestand erfüllt. Werden Aktien einem Unternehmen als mittelbare Beteiligung zugerechnet, so bleibt auch das Unternehmen, dem die Aktien gehören, je nach Höhe der Beteiligung mitteilungspflichtig (Schmidt/Lutter AktG/*Veil* Rn 16). IRd Mitteilungspflichten werden die Aktien dadurch unter Umständen „doppelt" berücksichtigt.

10 Bei der Berechnung der Höhe der Beteiligung ist allein auf den Kapitalanteil abzustellen, dies ergibt sich aus dem Verweis in Abs 1 auf § 16 Abs 2 S 1, Abs 4. Maßgeblich ist das Grundkapital. **Eigene Anteile** der Gesellschaft sind aufgrund des fehlenden Verweises auf § 16 Abs 1 S 2 nicht vom Grundkapital abzuziehen (Spindler/Stilz AktG/*Petersen* Rn 7). Bei der KGaA bleiben Kapitalanteile der persönlich haftenden Gesellschafter außer Betracht (GroßKomm AktG/*Windbichler* Rn 24). Den direkt dem Unternehmen gehörenden Aktien sind hinzuzurechnen: Aktien, die einem von ihm abhängigen Unternehmen oder einem anderen für Rechnung des Unternehmens oder eines von diesem abhängigen Unternehmens gehören, § 16 Abs 4.

11 Darüber hinaus sind **nach Abs 2 zuzurechnen**: Aktien, deren Übereignung das Unternehmen, ein von ihm abhängiges Unternehmen oder ein anderer für Rechnung des Unternehmens oder eines von diesem abhängigen Unternehmens verlangen kann (Abs 2 Nr 1), bzw zu deren Abnahme eine Verpflichtung besteht (Abs 2 Nr 2). Dem Unternehmen, dem Aktien nach Abs 2 zugerechnet werden, muss selbst keine unmittelbare Beteiligung gehören, damit der Anwendungsbereich der Vorschrift gegeben ist, eine Mitteilungspflicht kann auch allein aufgrund von Zurechnung von Aktien entstehen (Spindler/Stilz AktG/*Petersen* Rn 10, 14). Die Zurechnung nach Abs 2 Nr 1 greift ein, wenn das Unternehmen/der Dritte einen Anspruch hat, aufgrund dessen er einseitig die Übertragung der Aktien verlangen kann. Die Übereignung darf daher nicht unter einer Bedingung stehen, auf deren Erfüllung das Unternehmen/der Dritte keinen Einfluss hat. Das Bestehen eines Zurückbehaltungsrechts ist unschädlich (GroßKomm AktG/*Windbichler* Rn 31). Ein Vorkaufsrecht führt nicht zur Zurechnung gem Abs 2 Nr 1, da der Anspruch erst entsteht, wenn der Vorkaufsfall eintritt. Ein unwiderrufliches bzw bindendes Erwerbsangebot ist vom Wortlaut des Abs 2 Nr 1 zwar nicht erfasst, führt jedoch nach allg Meinung aufgrund der Vergleichbarkeit der rechtlichen Lage ebenfalls zur Zurechnung nach Abs 2 (KölnKomm AktG/*Koppensteiner* Rn 17; *Hägele* NZG 2000, 726; Schmidt/Lutter AktG/*Veil* Rn 24).

Umstr ist, wann die Mitteilungspflicht bei der Zurechnung nach Abs 2 entsteht, wenn **12** es sich um **vinkulierte Namensaktien** handelt. Nach einer Ansicht (*KG* AG 1990, 500 f; *Emmerich* in Emmerich/Habersack Aktien- und GmbH-KonzernR Rn 18, 23) sind die Voraussetzungen des Abs 2 auch ohne Zustimmung der Gesellschaft erfüllt. Nach der anderen Ansicht ist die Zustimmung der Gesellschaft erforderlich, da der Erwerbstatbestand vor diesem Zeitpunkt noch in der Schwebe sei (KölnKomm AktG/*Koppensteiner* Rn 18; Spindler/Stilz AktG/*Petersen* Rn 11). Dem ist zu folgen, da die Position des Erwerbes ohne die Zustimmung noch nicht hinreichend gefestigt ist.

Die **Ausübung des Bezugsrechts** führt nicht schon zur Zurechnung nach Abs 2, da es **13** sich nicht um eine Übereignung, sondern um originären Anteilserwerb handelt. Obwohl im Falle des mittelbaren Bezugsrechts gem § 186 Abs 5 eine Übereignung gegeben ist, soll aufgrund der Nähe zum originären Erwerb nichts anderes gelten (GroßKomm AktG/*Windbichler* Rn 30). Werden durch die Kapitalerhöhung die Schwellen von über 25 % oder 50 % der Aktien erreicht, so ist dies nach Abs 1 oder 4 mitteilungspflichtig.

c) Schachtelbeteiligung ohne Hinzurechnung (Abs 3). Kapitalgesellschaften haben **14** der Gesellschaft mitzuteilen, wenn ihr Anteil ohne Hinzurechnung von Aktien nach Abs 2 mehr als 25 % beträgt. Diese Mitteilungspflicht dient der Feststellung, ob eine wechselseitige Beteiligung iSd § 19 vorliegt. Daran anknüpfend bestimmt § 328 Abs 4, dass wechselseitig beteiligte Unternehmen einander unverzüglich die Höhe ihrer Beteiligung und jede Änderung schriftlich mitzuteilen haben. Vor diesem Hintergrund richtet sich § 20 Abs 3 nach allg Meinung nur an Kapitalgesellschaften mit **Sitz im Inland** (Spindler/Stilz AktG/*Petersen* Rn 16; *Hüffer* AktG Rn 5; aA KölnKomm AktG/*Koppensteiner* Rn 34).

Für Emittenten iSd § 21 Abs 2 WpHG besteht insoweit wg Abs 8 eine Lücke, als sich **15** die Mitteilungspflichten nach WpHG sowohl im Hinblick auf den Mitteilungspflichtigen, die Zurechnungstatbestände und den Inhalt der Mitteilung unterscheiden. Daher kann nicht ohne weiteres davon ausgegangen werden, dass ein Emittent durch eine Mitteilung nach §§ 21 ff WpHG, etwa über das Überschreiten der Schwelle von 25 %, darüber informiert wird, dass eine Beteiligung von mehr als 25 % gem § 16 Abs 2 S 1, Abs 4 vorliegt. Auch hier könnte man fragen, ob die (potentiell) wechselseitig beteiligten Emittenten aus konzernrechtlichen Erwägungen verpflichtet sind, im Hinblick auf die Rechtsfolgen des § 328 der Gesellschaft mitzuteilen, dass die Voraussetzungen für eine wechselseitige Beteiligung vorliegen.

§ 20 Mitteilungspflichten

16 Im Fall des Abs 3 ist zugleich immer auch Abs 1 erfüllt. Es sind dann zwei Mitteilungen abzugeben, ggf eine Mitteilung mit zwei Rechtsgrundlagen, sofern die Pflicht nach Abs 1 nicht aufgrund Zurechnung nach Abs 2 schon früher entstanden ist und erfüllt wurde. Die Mitteilung nach Abs 3 macht die Mitteilung nach Abs 1 nicht überflüssig.

17 d) Mehrheitsbeteiligung (Abs 4). Sobald einem Unternehmen eine Mehrheitsbeteiligung gehört, muss es dies der Gesellschaft mitteilen. Mit dem Begriff der Mehrheitsbeteiligung wird an die Definition in § 16 Abs 1 angeknüpft. Sie besteht, wenn entweder der Kapitalanteil oder der Stimmrechtsanteil mehr als 50 % beträgt (*Hüffer* AktG Rn 6). Das Abstellen auf den Kapitalanteil bzw den Stimmrechtsanteil kann bei stimmrechtslosen Vorzugsaktien sowie bei Mehrstimmrechtsaktien zu unterschiedlichen Werten führen.

18 Für die Berechnung des Anteils sind entgegen der Verweisung nur auf § 16 Abs 1 nach allgM alle Absätze des § 16 anwendbar (*Hüffer* AktG Rn 6; KölnKomm AktG/*Koppensteiner* Rn 20; MünchKomm AktG/*Bayer* Rn 25). § 16 Abs 4 stellt insoweit sicher, dass unabhängig von der Ausgestaltung der Aktien im Einzelfall jede Mehrheitsbeteiligung mitteilungspflichtig ist.. Die Zurechnungsvorschriften iRd Abs 4 unterscheiden sich nicht unerheblich von denjenigen in Abs 1. Einerseits ist die Zurechnung nach Abs 2 nicht anwendbar. Anders als in Abs 1 sind jedoch § 16 Abs 2 S 2 und Abs 3 anwendbar, so dass eigene Anteile sowohl bei der Berechnung des Kapitalanteils als auch bei der Berechnung des Stimmrechtsanteils abgezogen werden. Darüber hinaus werden Anteile, die ein anderer für Rechnung des Unternehmens hält, eigenen Anteilen gleichgestellt, § 16 Abs 2 S 3. Praktischer Anwendungsfall wäre eine Beteiligung knapp unter 50 % an einer Gesellschaft, die 10 % eigene Aktien hält, da die Gesellschaft nur im Falle des Abzugs eigener Anteile erfährt, dass §§ 16, 17 und §§ 311 ff anwendbar sind.

19 e) Reduktion und Wegfall einer mitteilungspflichtigen Beteiligung (Abs 5). Mitzuteilen ist gem § 20 Abs 5 jeweils auch, wenn die Höhe der Beteiligung unter die in Abs 1, 3 und 4 genannten Schwellenwerte sinkt. Verringert sich eine Beteiligung von über 50 % auf über 25 % iSd Abs 1 oder 3, ist dieser Umstand neben der Mitteilung über das Absinken der Beteiligung anzugeben. Umstr ist, ob eine Mitteilung über das Absinken auch dann abzugeben ist, wenn das Unternehmen es unterlassen hat, die Mitteilung, auf die sich das Absinken beziehen soll, abzugeben (dafür: MünchHdb AG/*Krieger* § 68 Rn 124, *Emmerich* in Emmerich/Habersack Aktien- und GmbH-KonzernR Rn 29; Schmidt/Lutter AktG/*Veil* Rn 31; dagegen *Hüffer* AktG Rn 7, KölnKomm AktG/*Koppensteiner* Rn 21, da es nur um aktuelle Gegebenheiten geht). Dafür, dass die Pflicht nach Abs 5 nur dann besteht, wenn auch die Mitteilungen nach Abs 1, 3 oder 4 abgegeben wurden, bietet die Vorschrift keine Anhaltspunkte. Hinzu kommt, dass das Interesse an der Information nicht dadurch entfällt, dass die ursprüngliche Schwellenüberschreitung nicht mitgeteilt wurde. Die Mitteilung nach Abs 5 ist daher auch im Falle der unterbliebenen Vormitteilung abzugeben. Es ist empfehlenswert, darin die unterbliebene Mitteilung inhaltlich nachzuholen.

20 3. Inhalt und Form der Mitteilung, Zuständigkeit. Die Mitteilung selbst muss als geschäftsähnliche Handlung (GroßKomm AktG/*Windbichler* Rn 40; Schmidt/Lutter AktG/*Veil* Rn 8) von einer vertretungsberechtigten Person des Unternehmens gegenüber dem Vorstand der Gesellschaft (bei der KGaA dem Komplementär) abgegeben werden. Die Mitteilung bedarf der **Schriftform** (§ 126 BGB). Die Übermittlung per

Mitteilungspflichten § 20

Telefax ist möglich, nicht aber per E-Mail. Hinsichtlich der Form gilt somit das Gleiche wie bei Mitteilungen nach §§ 21, 25, 25a WpHG (s dazu Anh § 22/§ 21 WpHG Rn 7).

§ 20 Abs 1–5 legen fest, in welchen Fällen eine Mitteilung abzugeben ist. Dadurch ist zwingend ein **Mindestinhalt** der Mitteilung festgelegt, die Formulierung der Mitteilung ist aber vom Gesetz nicht zwingend vorgegeben. Aus der Mitteilung muss durch Angabe des Namens und der Anschrift des Mitteilungspflichtigen klar hervorgehen, von welchem Unternehmen sie stammt (GroßKomm AktG/*Windbichler* Rn 42). Aus der Mitteilung muss sich ergeben, welche Schwelle über- oder unterschritten wurde; es bietet sich insoweit an, die gesetzliche Grundlage zu nennen, die die Mitteilungspflicht ausgelöst hat. Im Unterschied zu §§ 21 ff WpHG ist es nicht erforderlich, den genauen Kapital- oder Stimmrechtsanteil anzugeben; ebenso wenig den Zeitpunkt, an dem die jeweilige Schwelle über- oder unterschritten wurde. Werden Aktien nach § 16 Abs 2 S 1, Abs 4 oder nach § 20 Abs 2 zugerechnet, so ist dies nach dem Gesetzeswortlaut ebenfalls nicht mitzuteilen (GroßKomm AktG/*Windbichler* Rn 45). Allenfalls iRd § 20 Abs 3 könnte mitzuteilen sein, dass keine Aktien zugerechnet werden. Die Mitteilungspflichten nach dem Aktiengesetz geben damit keinen Aufschluss über das Verhältnis von direkten und zugerechneten Anteilen oder über die Grundlage der Zurechnung. Rückschlüsse über die Struktur einer Beteiligung lassen sich daher allenfalls aus dem Zusammenhang zwischen mehreren Mitteilungen ziehen, etwa von Konzernunternehmen.

4. Unverzüglich. Die Mitteilung ist unverzüglich, also **ohne schuldhaftes Zögern** (§ 121 Abs 1 S 1 BGB) abzugeben.

III. Bekanntmachungspflicht der Gesellschaft (Abs 6)

Die Gesellschaft hat das Bestehen einer Beteiligung, die ihr nach Abs 1 oder 4 mitgeteilt worden ist, unverzüglich (§ 121 Abs 1 S 1 BGB) in den Gesellschaftsblättern (§ 25) bekannt zu machen; dabei ist das Unternehmen anzugeben, dem die Beteiligung gehört (Abs 6 S 1 2. HS). Wird der Gesellschaft mitgeteilt, dass die Beteiligung in der nach Abs 1 oder 4 mitteilungspflichtigen Höhe nicht mehr besteht (s Abs 5), so ist auch dies unverzüglich in den Gesellschaftsblättern bekannt zu machen (Abs 6 S 2). Die Bekanntmachungspflicht setzt eine ordnungsgemäße Mitteilung voraus, liegt eine solche nicht vor, muss nicht bekannt gemacht werden (*OLG Dresden* BB 2005, 680, 681). Eine Mitteilungspflicht besteht auch, wenn die Beteiligung nur durch Zurechnung nach Abs 2 entstanden ist (*Hüffer* AktG Rn 9). Nicht erwähnt ist Abs 3, folglich besteht in diesem Fall keine Bekanntmachungspflicht (außer es liegt zugleich ein Fall des Abs 1 oder 4 vor, dann folgt die Bekanntmachungspflicht aber hieraus und nicht aus Abs 3). Eine ordnungsgemäße Mitteilung nach Abs 1 oder 4 ist formale Voraussetzung für die Bekanntmachungspflicht (Schmidt/Lutter AktG/*Veil* Rn 33). Erfüllt die Mitteilung die Anforderungen nicht oder liegt gar keine Mitteilung vor, ersetzt eine dennoch vorgenommene Bekanntmachung nicht die korrekte Mitteilung (GroßKomm AktG/*Windbichler* Rn 57). Abzulehnen ist die Ansicht, die Gesellschaft habe eine Bekanntmachungsbefugnis, wenn sie Kenntnis von einer mitteilungspflichtigen Beteiligung erhalte, eine Mitteilung aber nicht abgegeben werde (KölnKomm AktG/*Koppensteiner* Rn 45). Dagegen spricht, dass die Bekanntmachung die unrichtige Tatsache einer Mitteilung behaupten bzw suggerieren würde. Eine Bekanntmachung könnte allenfalls mit dem Hinweis erfolgen, dass keine Mitteilung erfolgt ist. Abzulehnen ist jedenfalls, dass eine solche Bekanntmachung dazu führt, dass Rechte aus den Aktien entgegen Abs 7 wieder bestehen. Die Gesellschaft kann nicht darüber bestimmen, ob Aktionäre nach einer Verletzung der Mitteilungspflicht Rechte aus den Aktien ausüben können oder nicht (GroßKomm AktG/*Windbichler* Rn 57). Ein Verstoß gegen Abs 6 führt nicht zum Rechtsverlust nach Abs 7 (*Hüffer* AktG Rn 9). Nach allg Meinung darf nicht bis zum Nachweis gem § 22 gewartet werden (*Emmerich* in Emmerich/Habersack Aktien- und GmbH-KonzernR Rn 36 mwN).

IV. Nichterfüllung der Mitteilungspflicht (Abs 7)

25 **1. Allgemeines.** Erfüllt das Unternehmen die Mitteilungspflicht nach Abs 1 oder nach Abs 4 nicht, bestehen die Rechte aus den Aktien für die Zeit der Nichterfüllung nicht. Für den Zeitraum der Nichterfüllung kommt es zu einem vollständigen Rechtsverlust, nicht nur zu einem Ruhen der Rechte, eine Ausnahme macht Abs 7 S 2 für den Anspruch auf Bilanzgewinn (§ 58 Abs 4) und für den Liquidationserlös (§ 271), dazu unten Rn 27. Wird eine unterlassene Mitteilung später abgegeben, kann diese daher grds keine Rückwirkung für die Vergangenheit entfalten (GroßKomm AktG/ *Windbichler* Rn 73). Die Mitteilungspflicht ist nicht erfüllt, wenn die **Mitteilung unterlassen** wird. Darüber hinaus ist die Pflicht auch dann verletzt, wenn die Mitteilung in sonstiger Hinsicht **nicht zutreffend oder** den **gesetzlichen Vorgaben entspr** abgegeben wird, da sonst das Ziel der Vorschrift, die Öffentlichkeit zutreffend über die Beteiligungssituation zu informieren, nicht erfüllt würde (*BGHZ* 114, 203, 215). Weitere Voraussetzung ist **Verschulden**, also Vorsatz oder Fahrlässigkeit, die Beweislast trifft den Meldepflichtigen (Exkulpation) (MünchKomm AktG/*Bayer* Rn 49 und 81; *KG NZG* 2000, 42, 43; Schmidt/Lutter AktG/*Veil* Rn 43; **aA** betr das Verschuldenserfordernis KG AG 1990, 500, 501). In Betracht kommt ein Irrtum über die tatsächlichen Voraussetzungen, ein Rechtsirrtum kann aber nur in Ausnahmefällen (zB unvorhersehbarer Rechtsprechungswandel) einem Verschulden entgegenstehen (*KG AG* 1998, 195, 197; KG AG 1990, 500, 501; vgl § 28 WpHG Rn 2). Nach *Hüffer* AktG Rn 11 soll das Verschuldenserfordernis nicht gelten für versammlungsbezogene Verwaltungsrechte auf Teilnahme, Stimmabgabe und Auskunft, weil Verschulden in der HV nicht geprüft werden könne und der Aktionär für die Rechtsunsicherheit verantwortlich sei (**aA** *Mülbert* FS K. Schmidt, 2009, S 1219, 1230 ff, der von einem generellen Verschuldenserfordernis ausgeht). Denkbar ist eine **vorsorgliche Mitteilung** (*BGHZ* 114, 203, 217; *KG AG* 1998, 195, 197). Zwar ist insoweit problematisch, dass dies die AG und die Öffentlichkeit mehr verwirrt als informiert, jedoch ist es in Zweifelsfällen oft die einzige Möglichkeit eines Unternehmens, sich die Rechte zu wahren. Die **Beweislast** liegt nach allg Grundsätzen bei demjenigen, der den Rechtsverlust behauptet (*BGH* NJW-RR 2006, 1110, 1112 f; *LG Memmingen* DB 2001, 1240). Gem § 405 Abs 3 Nr 5 handelt ordnungswidrig, wer Aktien, für die er oder der von ihm Vertretene das Stimmrecht nach § 20 Abs 7 nicht ausüben darf, einem anderen zum Zweck der Ausübung des Stimmrechts überlässt oder solche ihm überlassene Aktien zur Ausübung des Stimmrechts benutzt. Für den rechtlosen Aktionär, der trotzdem Rechte aus der Aktie in Anspruch nimmt, besteht hingegen keine straf- oder bußgeldrechtliche Vorschrift.

26 **2. Betroffene Aktien, Dauer des Rechtsverlusts.** Vom Rechtsverlust sind **alle Aktien der Gesellschaft** betroffen, die dem Unternehmen gehören, nicht nur solche, die die Meldeschwelle nach Abs 1 oder Abs 4 überschreiten. Daneben sind nach dem Wort-

laut auch die Aktien erfasst, die einem abhängigen Unternehmen gehören und Aktien, die ein Dritter für Rechnung des Unternehmens oder ein von diesem abhängigen Unternehmen hält. Damit wird auf die Berechnung des Aktienbesitzes in **Abs 1 S 2** Bezug genommen. Vom Rechtsverlust betroffen ist somit bei mehrstufigen Konzernstrukturen die gesamte Beteiligungskette (*Grimm/Wenzel* AG 2012, 274, 279 mwN). Es besteht insoweit ein Gleichlauf zu § 28 WpHG, der sich auf die Zurechnungstatbestände des Eigentums eines Tochterunternehmens und des Haltens für Rechnung des Meldepflichtigen beschränkt. Die nach **Abs 2** hinzuzurechnenden Aktien werden dagegen vom Rechtsverlust **nicht erfasst** (KölnKomm AktG/*Koppensteiner* Rn 62; Spindler/Stilz AktG/*Petersen* Rn 42; Schmidt/Lutter AktG/*Veil* Rn 37). Der Verlust der Rechte **dauert** für das Unternehmen **so lange,** bis es die Mitteilung nachholt. Bei Nachholung entstehen die Rechte wieder **ex nunc** (Spindler/Stilz AktG/ *Petersen* Rn 48; zur Ausnahme s Rn 27). Veräußert das Unternehmen seine Beteiligung, endet auch dadurch grds der Rechtsverlust: Nach dem Eigentumsübergang gehören die Aktien dem mitteilungspflichtigen Unternehmen ja nicht mehr. Das erwerbende Unternehmen kann je nach Höhe der Beteiligung ggf selbst mitteilungspflichtig sein, es wird jedoch nicht vom Rechtsverlust des veräußernden Unternehmens betroffen (MünchKomm AktG/*Bayer* Rn 51; *LG Hamburg* WM 1996, 168, 170). Das gilt auch für die Gesamtrechtsnachfolge (*Widder* NZG 2004, 275 ff; ders BB 2005, 1979, 1980 in Bezug auf § 28 WpHG: personenbezogene Pflicht). Unterlässt hingegen der Rechtsnachfolger eine notwendige Mitteilung, tritt in seiner Person der Rechtsverlust ein.

3. Ausnahme (Abs 7 S 2). Eine Ausnahme regelt Abs 7 S 2 für den Anspruch nach 27 § 58 Abs 4 (Dividendenanspruch) und den Anspruch nach § 271 (Anspruch auf Auszahlung des Liquidationserlöses), wenn die Mitteilung nicht vorsätzlich unterlassen wurde und nachgeholt worden ist. Vorsatz liegt vor bei Kenntnis oder Eventualvorsatz zu irgendeinem Zeitpunkt zwischen Entstehung der Meldepflicht bis zum Nachholen. Eine **Zeitschranke** besteht **nicht** (MünchKomm AktG/*Bayer* Rn 82). Da es sich um einen Ausnahmetatbestand handelt, trägt derjenige die **Beweislast** für die Voraussetzungen des S 2 (insb für den fehlenden Vorsatz), der sich auf diese Ausnahmeregelung beruft, also idR der Mitteilungspflichtige. Das Nachholen der Mitteilung hat Rückwirkung, Bilanzgewinn und Liquidationserlös können auch für die Vergangenheit verlangt werden (*Hüffer* AktG Rn 13). Die **Dividende** wird nur dann ausgeschlossen, wenn die Mitteilung zum Zeitpunkt des Gewinnverwendungsbeschlusses noch nicht nachgeholt worden ist (MünchKomm AktG/*Bayer* Rn 70). Zwar entsteht mit Feststellung des Jahresabschlusses (§§ 172 f) bereits ein nicht auszahlbarer mitgliedschaftlicher Gewinnanspruch der Aktionäre (*BGHZ* 124, 111, 122 f; s § 172 Rn 7). Jedoch verfestigt sich der Gewinnanspruch erst mit dem Verwendungsbeschluss gem § 174 zu einem der Höhe nach bestimmbaren Dividendenanspruch (*BGHZ* 65, 230, 235; 23, 150, 154), auf den es insoweit ankommt. Beim Dividendenverlust gelten dieselben Maßstäbe wie bei einem Verzicht des betroffenen Aktionärs auf die Dividende. Das Schicksal des Anteils, auf den sich der Verzicht bezieht, hängt vom Gewinnverwendungsbeschluss ab. Möglich ist die Einstellung in eine Gewinnrücklage oder ein Vortrag, er kann auch den anderen Aktionären zugutkommen (*Horbach* AG 2001, 78, 83; *Gelhausen/Bandey* WPg 2000, 497, 501 f: Erhöhung des Dividendenrechts der berechtigten Aktionäre). Wurde bereits ausgezahlt, kann die AG vom nichtberechtigten Aktionär die Dividende gem § 62 Abs 1 zurückverlangen (MünchKomm AktG/*Bayer* Rn 76). Beim

§ 20 Mitteilungspflichten

Liquidationserlös ist entscheidender Zeitpunkt der der Auflösung nach § 262 Abs 2 (*Emmerich* in Emmerich/Habersack Aktien- und GmbH-KonzernR Rn 59 mwN)

28 **4. Nicht erfasste Fälle.** Ein Verstoß gegen die Meldepflicht nach Abs 3 führt nicht zum Rechtsverlust nach Abs 7. Die Rechtsfolgen einer unterlassenen Mitteilung ergeben sich in diesem Fall aus § 328. Auch das Unterlassen der Mitteilung über den Wegfall einer Beteiligung (Abs 5) führt nicht zum Rechtsverlust. Verringert ein Unternehmen seine Beteiligung von 50 % auf unter 50 % oder von über 25 % auf 25 % oder darunter und teilt dies entgegen Abs 5 nicht mit, hat dies keinen Einfluss auf das Bestehen der Rechte aus den Aktien. Verringert ein Unternehmen seine Beteiligung von über 50 % auf über 25 %, besteht nach Abs 1 S 1 keine Mitteilungspflicht, deren Verletzung zum Verlust der Rechte aus diesen Aktien nach Abs 7 führen würde.

29 **5. Betroffene Rechte. – a) Allgemeines.** Der Rechtsverlust erfasst grds sämtliche Rechte aus einer Aktie (*Schneider/Schneider* ZIP 2006, 493, 494). Dies sind sowohl Mitverwaltungsrechte (insb Teilnahmerecht, Einberufungsrecht nach § 122 AktG, Stimmrecht, Antragsrecht, Antrag nach § 327a AktG – *König/Römer* NZG 2004, 944, 945 ff, Informationsrechte, Auskunftsrechte, Beschlussanfechtung – *BGH* NJW-RR 2006, 1110, 1112, Nebenintervention bei Anfechtung, *Schneider/Schneider* ZIP 2006, 493, 495) als auch Vermögensrechte (ua Dividendenrecht, Bezugsrecht, Recht auf Beteiligung am Liquidationserlös). Liegt die nach § 20 erforderliche Mitteilung zum Zeitpunkt der HV nicht vor, besteht keine Anfechtungsbefugnis nach § 245 Nr 1 oder Nr 2. Demgegenüber ist für die Anfechtungsbefugnis nach § 245 Nr 3 ein Nachholen der Mitteilung vor Ablauf der Anfechtungsfrist ausreichend (*BGH* DB 2009, 1520, 1521; *Hüffer* AktG Rn 14). Der Rechtsverlust erfasst hingegen nicht das Mitgliedschaftsrecht und das Eigentum an der Aktie (*Emmerich* in Emmerich/Habersack Aktien- und GmbH-KonzernR Rn 47; *Schneider/Schneider* ZIP 2006, 493, 495). Das Recht nach § 132 setzt voraus, dass beim Auskunftsverlangen nach § 131 die Mitteilung gemacht worden ist (MünchKomm AktG/*Bayer* Rn 55). Eine nach § 122 AktG einberufene HV bleibt trotz des Nichterreichens der erforderlichen Quote von 20 % des Grundkapitals aufgrund des Rechtsverlusts nach Abs 7 ordnungsgemäß; die gefassten Beschl sind deswegen nicht anfechtbar (*König/Römer* NZG 2004, 944, 946). Zur Sonderregelung für die Nachholmöglichkeit der Mitteilung für die Wahrung der Rechte auf Bilanzgewinn und Liquidationserlös vgl Rn 27.

30 **b) Stimmrecht.** Stimmt in der HV der säumige Meldepflichtige trotz Rechtsverlusts ab, ist seine **Stimme ungültig** und darf nicht mitgezählt werden (§ 133 Rn 13). Wird die Stimme irrtümlich mitgezählt, so ist der Beschl nur dann anfechtbar, wenn die Stimme rechnerisch kausal für das Beschlussergebnis war (*Emmerich* in Emmerich/Habersack Aktien- und GmbH-KonzernR Rn 51; *Gelhausen/Bandey* WPg 2000, 497, 499). Eine Bestätigung durch einen neuen HV-Beschluss ist möglich (*OLG Stuttgart* AG 2005, 125, 130; anders *LG Mannheim* AG 2005, 780, 781 für einen Spezialfall). Zur Nichtigkeit oder gänzlichem Fehlen eines Beschl kann es selbst dann nicht kommen, wenn ein festgestellter Beschl sich auf keine wirksame Stimme stützen kann (*BGH* NJW-RR 2006, 1110, 1113 zu § 20 Abs 7 AktG; *Wand/Tillmann* AG 2005, 227, 231; *Wilsing/Goslar* EWiR 2006, 449, 450; aA *Semler/Asmus* NZG 2004, 881, 890: Scheinbeschluss). Bei der Berechnung der Stimmenmehrheit werden bei den insgesamt abgegebenen Stimmen die Stimmrechte aus rechtlosen Aktien nicht mitgezählt, weil es bei der Berechnung nur auf gültige Stimmen ankommt (*Schneider/Schneider* ZIP 2006, 493,

495; MünchKomm AktG/*Volhard* § 133 Rn 28). Dasselbe gilt auch bei der Kapitalmehrheit, da es nur auf das stimmberechtigte Kapital ankommt (*Schneider/Schneider* ZIP 2006, 493, 495; MünchKomm AktG/*Volhard* § 133 Rn 37). Die Mitgliedschaft bleibt erhalten, die Aktie kann daher veräußert werden (*Schneider/Schneider* ZIP 2006, 493, 495; zur Rechtsnachfolge s Rn 26).

c) Kapitalerhöhung. Bei der Kapitalerhöhung gegen Einlagen gilt § 20 Abs 7 im Hinblick auf das Bezugsrecht (*BGHZ* 114, 203, 208), hingegen nicht bei einer Kapitalerhöhung aus Gesellschaftsmitteln (str, *Hüffer* AktG Rn 16, KölnKomm AktG/*Koppensteiner* Rn 72; Spindler/Stilz AktG/*Petersen* Rn 44; aA MünchKomm AktG/*Bayer* Rn 67). Maßgeblicher Zeitpunkt für den Bezugsrechtsverlust bei der Kapitalerhöhung gegen Einlage ist der Erhöhungsbeschluss, die Aktien dürfen auch bei Wirksamwerden der Erhöhung nicht ausgegeben werden (MünchKomm AktG/*Bayer* Rn 61). Über die jungen Aktien kann der Vorstand verfügen, eine anteilige Erhöhung der Bezugsberechtigten scheidet aus (*Hüffer* AktG Rn 16; MünchKomm AktG/*Bayer* Rn 64). 31

V. Einschränkung des Anwendungsbereichs (Abs 8)

§ 20 gilt nicht für Aktien von Emittenten iSd § 21 Abs 2 WpHG. Dies sind solche Emittenten, deren Aktien zum Handel an einem organisierten Markt iSd § 2 Abs 5 WpHG zugelassen sind. Die Regelung gilt auch für die societas europaea (*Schröder* in Manz/Mayer/Schröder B Art 9 SE-VO Rn 102). 32

§ 21 Mitteilungspflichten der Gesellschaft*)

(1) ¹Sobald der Gesellschaft mehr als der vierte Teil der Anteile einer anderen Kapitalgesellschaft mit Sitz im Inland gehört, hat sie dies dem Unternehmen, an dem die Beteiligung besteht, unverzüglich schriftlich mitzuteilen. ²Für die Feststellung, ob der Gesellschaft mehr als der vierte Teil der Anteile gehört, gilt § 16 Abs. 2 Satz 1, Abs. 4 sinngemäß.

(2) Sobald der Gesellschaft eine Mehrheitsbeteiligung (§ 16 Abs. 1) an einem anderen Unternehmen gehört, hat sie dies dem Unternehmen, an dem die Mehrheitsbeteiligung besteht, unverzüglich schriftlich mitzuteilen.

(3) Besteht die Beteiligung in der nach Absatz 1 oder 2 mitteilungspflichtigen Höhe nicht mehr, hat die Gesellschaft dies dem anderen Unternehmen unverzüglich schriftlich mitzuteilen.

(4) ¹Rechte aus Anteilen, die einer nach Absatz 1 oder 2 mitteilungspflichtigen Gesellschaft gehören, bestehen nicht für die Zeit, für die sie die Mitteilungspflicht nicht erfüllt. ²§ 20 Abs. 7 Satz 2 gilt entsprechend.

(5) Die Absätze 1 bis 4 gelten nicht für Aktien eines Emittenten im Sinne des § 21 Abs. 2 des Wertpapierhandelsgesetzes.

---

*) Die Kommentierung gibt die persönliche Meinung des Verfassers wieder und stellt keine offizielle Stellungnahme der BAFin dar.

§ 21 Mitteilungspflichten der Gesellschaft

Übersicht

	Rn		Rn
I. Verhältnis zu § 20	1	IV. Reduktion und Wegfall einer mitteilungspflichtigen Beteiligung (Abs 3)	4
II. Schachtelbeteiligung (Abs 1)	2		
III. Mehrheitsbeteiligung (Abs 2)	3	V. Nichterfüllung der Mitteilungspflicht (Abs 4)	5

Literatur: *Bungert* Mitteilungspflichten gemäß § 21 II AktG gegenüber Beteiligungsunternehmen mit Auslandssitz?, NZG 1999, 757; *Hägele* Praxisrelevante Probleme der Mitteilungspflichten nach §§ 20, 21 AktG, NZG 2000, 726; *Holland/Burg* Mitteilungspflicht nach § 21 AktG beim Erwerb sämtlicher Geschäftsanteile an einer GmbH?, NZG 2006, 601; vgl auch die Nachweise zu § 20.

I. Verhältnis zu § 20

1   Während § 20 die Mitteilungspflichten eines Unternehmens gegenüber der AG (bzw KGaA und SE) aufgrund einer relevanten Beteiligung regelt, behandelt § 21 den umgekehrten Fall, die Mitteilungspflichten der AG (bzw KGaA und SE) gegenüber einem Unternehmen aufgrund einer relevanten Beteiligung. Gesellschaft iSd § 21 ist nur die AG, die KGaA (vgl GroßKomm AktG/*Windbichler* Rn 6) und die SE (zur Geltung der §§ 20 ff für die SE s § 20 Rn 4). Sowohl die Gesellschaft als auch das andere Unternehmen müssen ihren Sitz im Inland haben (*Hüffer* AktG Rn 2; *Emmerich* in Emmerich/Habersack Aktien- und GmbH-KonzernR Rn 5). Abs 1 entspricht § 20 Abs 3, Abs 2 entspricht § 20 Abs 4. Eine Entsprechung für § 20 Abs 1 und 2 hingegen fehlt in § 21, insoweit besteht allerdings auch kein Regelungsbedürfnis. Ebenso fehlt in § 21 eine Bekanntmachungspflicht iSd § 20 Abs 6 (dazu KölnKomm AktG/ *Koppensteiner* Rn 6; Schmidt/Lutter AktG/*Veil* Rn 1). Abs 3 sieht eine dem § 20 Abs 5 vergleichbare Regelung für den Wegfall der Beteiligung vor, Abs 4 behandelt den Rechtsverlust entspr § 20 Abs 7. Wenn eine AG an einer anderen AG beteiligt ist, überschneiden sich § 20 und § 21 im Anwendungsbereich. Die Pflichten nach § 20 reichen jedoch weiter, § 20 ist somit lex specialis zu § 21 (*Hägele* NZG 2000, 726; vgl auch Spindler/Stilz AktG/*Petersen* Vor § 20 Rn 8). Emittenten iSd § 21 Abs 2 WpHG nimmt Abs 5 wie § 20 Abs 8 aus dem Anwendungsbereich heraus (vgl auch § 20 Rn 32), insoweit gelten die §§ 21 ff WpHG.

II. Schachtelbeteiligung (Abs 1)

2   Sobald der Gesellschaft (AG, KGaA, SE, Rn 1) mehr als 25 % der Anteile einer anderen **Kapitalgesellschaft** (AG, KGaA, GmbH, SE) **mit Sitz im Inland** gehört, hat sie dies dem Unternehmen, an dem die Beteiligung besteht, unverzüglich (ohne schuldhaftes Zögern, § 121 Abs 1 S 1 BGB) schriftlich mitzuteilen (S 1). Für die Feststellung, ob eine solche Beteiligung besteht, gilt § 16 Abs 2 S 1, Abs 4 sinngemäß. Zur Zurechnung nach § 16 vgl § 20 Rn 9 f. Das im Vergleich zu § 20 Abs 1 S 2 zusätzliche „sinngemäß" hat keine eigene Bedeutung (MünchKomm AktG/*Bayer* Rn 2; GroßKomm AktG/*Windbichler* Rn 7). Eine Zurechnung wie nach § 20 Abs 2 erfolgt nicht. Zur Form der Mitteilung vgl § 20 Rn 20. Der Erwerb von 100 % an einer GmbH soll nach einer Literaturansicht (*Holland/Burg* NZG 2006, 601 ff; *Heidel/Heinrich* AktG Rn 3; wohl auch *Hägele* NZG 2000, 726, 729) nicht mitteilungspflichtig sein. Das überzeugt zumindest dann nicht, wenn man mit § 21 allg Interessen verknüpft. Auf jeden Fall ist

wg der einschneidenden Folgen, insb der des Rechtsverlusts, in der Praxis davon abzuraten, sich auf eine solche ungeklärte (vermeintliche) Einschränkung des § 21 zu stützen (so auch *Hägele* NZG 2000, 726, 729).

III. Mehrheitsbeteiligung (Abs 2)

Sobald der Gesellschaft (AG, KGaA, SE, Rn 1) eine Mehrheitsbeteiligung (§ 16, zur 3
Berechnung § 20 Rn 17 f) an einem anderen Unternehmen gehört, hat sie dies dem Unternehmen, an dem die Mehrheitsbeteiligung besteht, unverzüglich schriftlich mitzuteilen. Zum Unternehmensbegriff vgl § 20 Rn 6, auf die Rechtsform kommt es bei § 21 Abs 2 nicht an, es werden also auch Beteiligungen zB an Personengesellschaften erfasst (*Hüffer* AktG Rn 3; GroßKomm AktG/*Windbichler* Rn 9; KölnKomm AktG/*Koppensteiner* Rn 4). Weitere Voraussetzung ist, dass sowohl die beteiligte Gesellschaft als auch das Unternehmen, an welchem die betr Beteiligung gehalten wird, ihren **Sitz im Inland** haben (eingehend *Bungert* NZG 1999, 757, 758 ff; MünchKomm AktG/*Bayer* Rn 3 mwN; *Emmerich* in Emmerich/Habersack Aktien- und GmbH-KonzernR Rn 8; Schmidt/Lutter AktG/*Veil* Rn 5; bzgl des Unternehmens aA GroßKomm AktG/*Windbichler* Rn 9; KölnKomm AktG/*Koppensteiner* Rn 4; *Grimm/Wenzel* AG 2012, 274 ff).

IV. Reduktion und Wegfall einer mitteilungspflichtigen Beteiligung (Abs 3)

Besteht die Beteiligung in der nach Abs 1 oder 2 mitteilungspflichtigen Höhe nicht 4
mehr, hat die Gesellschaft dies dem Unternehmen, an dem die mitteilungspflichtige Beteiligung bestanden hat, unverzüglich schriftlich mitzuteilen. S dazu § 20 Rn 19.

V. Nichterfüllung der Mitteilungspflicht (Abs 4)

Rechte aus Anteilen, die einer nach Abs 1 oder 2 mitteilungspflichtigen Gesellschaft 5
gehören, bestehen nicht für die Zeit, für die sie die Mitteilungspflicht nicht erfüllt. Erfasst werden auch die Anteile, die gem § 16 Abs 4 zugerechnet werden (Anteile eines abhängigen Unternehmens, Anteile eines für Rechnung der Gesellschaft Handelnden), also auch Anteile Dritter (unstr, *Emmerich* in Emmerich/Habersack Aktien- und GmbH-KonzernR Rn 10; *Hüffer* AktG Rn 4). § 20 Abs 7 S 2 gilt entspr, wonach eine Nachholmöglichkeit für den Anspruch auf Bilanzgewinn (§ 58 Abs 4) und Liquidationserlös (§ 271) besteht, wenn die Mitteilung nicht vorsätzlich unterlassen worden ist (s dazu § 20 Rn 27). Gem § 405 Abs 3 Nr 5 handelt ordnungswidrig, wer Aktien, für die er oder der von ihm Vertretene das Stimmrecht nach § 21 Abs 4 nicht ausüben darf, einem anderen zum Zweck der Ausübung des Stimmrechts überlässt oder solche ihm überlassene Aktien zur Ausübung des Stimmrechts benutzt. Für den rechtlosen Aktionär, der trotzdem Rechte aus der Aktie in Anspruch nimmt, besteht hingegen keine straf- oder bußgeldrechtliche Vorschrift. IÜ vgl zum Rechtsverlust eingehend § 20 Rn 25 ff.

§ 22 Nachweis mitgeteilter Beteiligungen*)

Ein Unternehmen, dem eine Mitteilung nach § 20 Abs. 1, 3 oder 4, § 21 Abs. 1 oder 2 gemacht worden ist, kann jederzeit verlangen, dass ihm das Bestehen der Beteiligung nachgewiesen wird.

Übersicht

	Rn			Rn
I. Allgemeines	1	III. Nachweis		3
II. Voraussetzung	2			

I. Allgemeines

1   Eine vergleichbare Regelung enthält § 27 WpHG für Emittenten iSd § 21 Abs 2 WpHG. Geschützt wird das Unternehmen, welchem eine betr Mitteilung gemacht worden ist. Das Unternehmen erhält einen durchsetzbaren (§ 888 ZPO) Anspruch (GroßKomm AktG/*Windbichler* Rn 1 und 8). Für §§ 20 Abs 7, 21 Abs 4 (Rechtsverlust bei fehlender oder fehlerhafter Mitteilung) ist § 22 nicht von Bedeutung (MünchKomm AktG/*Bayer* Rn 1). Nachweispflichtig ist nur der Mitteilungspflichtige, nicht derjenige, dessen Anteile nach § 16 Abs 4 zugerechnet werden (*Emmerich* in Emmerich/Habersack Aktien- und GmbH-KonzernR Rn 3, 5; GroßKomm AktG/*Windbichler* Rn 4).

II. Voraussetzung

2   Voraussetzung für die Anwendbarkeit des § 22 ist, dass eine Mitteilung nach §§ 20 Abs 1, 3 oder 4, 21 Abs 1 oder 2 tatsächlich abgegeben worden ist. Eine anderweitig erlangte Kenntnis genügt nicht für ein Verlangen nach § 22 (Spindler/Stilz AktG/*Petersen* Rn 3). Das Unternehmen kann auch verlangen, dass der Fortbestand nachgewiesen wird, ein Nachweis über den Wegfall kann dagegen nicht gefordert werden (MünchKomm AktG/*Bayer* Rn 2; *Hüffer* AktG Rn 2). Der Nachweis kann jederzeit verlangt werden (GroßKomm AktG/*Windbichler* Rn 3 und 6). Es muss kein enger zeitlicher Zusammenhang zur Mitteilung bestehen (Spindler/Stilz AktG/*Petersen* Rn 3). Für das Verlangen gilt weder Form noch Frist (*Emmerich* in Emmerich/Habersack Aktien- und GmbH-KonzernR Rn 4).

III. Nachweis

3   Nachzuweisen ist der Inhalt der Mitteilung, also das Überschreiten der betr Schwelle (GroßKomm AktG/*Windbichler* Rn 5). Die genaue Höhe, woher die Anteile stammen, sowie die Inhaber der zugerechneten Anteile müssen **nicht** angegeben werden (MünchKomm AktG/*Bayer* Rn 3; *Hüffer* AktG Rn 1). Das hindert aber nicht, dass ggf diese Umstände iRd Nachweises offenbart werden müssen (KölnKomm AktG/*Koppensteiner* Rn 1; GroßKomm AktG/*Windbichler* Rn 5). Bei Zurechnungen kann auch ein Nachweis bzgl der Zurechnung verlangt werden (*Emmerich* in Emmerich/Habersack Aktien- und GmbH-KonzernR Rn 5). Für die **Form** gilt nur, dass sie für einen Nachweis tauglich sein muss. Möglich sind zB Depotbescheinigungen, Gesellschaftsverträge, Abtretungsurkunden (*Emmerich* in Emmerich/Habersack Aktien- und

---

*) Die Kommentierung gibt die persönliche Meinung des Verfassers wieder und stellt keine offizielle Stellungnahme der BAFin dar.

GmbH-KonzernR Rn 7; zum Nachweis bei Zurechnungen vgl MünchKomm AktG/*Bayer* Rn 4). Eidesstattliche Erklärungen und selbst erstellte Bescheinigungen genügen hingegen nicht (Assmann/Schneider WpHG/*Schneider* § 27 Rn 13 f). Die Wahl unter mehreren tauglichen Nachweismittel hat der Nachweispflichtige (MünchKomm AktG/*Bayer* Rn 4). Die **Kosten** für den Nachweis trägt der Nachweispflichtige (*Emmerich* in Emmerich/Habersack Aktien- und GmbH-KonzernR Rn 7 mwN).

Anhang zu § 22
§§ 21–30 WpHG, § 30 WpÜG

§ 21 Mitteilungspflichten des Meldepflichtigen*)

(1) ¹Wer durch Erwerb, Veräußerung oder auf sonstige Weise 3 Prozent, 5 Prozent, 10 Prozent, 15 Prozent, 20 Prozent, 25 Prozent, 30 Prozent, 50 Prozent oder 75 Prozent der Stimmrechte an einem Emittenten, für den die Bundesrepublik Deutschland der Herkunftsstaat ist, erreicht, überschreitet oder unterschreitet (Meldepflichtiger), hat dies unverzüglich dem Emittenten und gleichzeitig der Bundesanstalt, spätestens innerhalb von vier Handelstagen unter Beachtung von § 22 Abs. 1 und 2 mitzuteilen. ²Bei Zertifikaten, die Aktien vertreten, trifft die Mitteilungspflicht ausschließlich den Inhaber der Zertifikate. ³Die Frist des Satzes 1 beginnt mit dem Zeitpunkt, zu dem der Meldepflichtige Kenntnis davon hat oder nach den Umständen haben musste, dass sein Stimmrechtsanteil die genannten Schwellen erreicht, überschreitet oder unterschreitet. ⁴Es wird vermutet, dass der Meldepflichtige zwei Handelstage nach dem Erreichen, Überschreiten oder Unterschreiten der genannten Schwellen Kenntnis hat.

(1a) ¹Wem im Zeitpunkt der erstmaligen Zulassung der Aktien zum Handel an einem organisierten Markt 3 Prozent oder mehr der Stimmrechte an einem Emittenten zustehen, für den die Bundesrepublik Deutschland der Herkunftsstaat ist, hat diesem Emittenten sowie der Bundesanstalt eine Mitteilung entsprechend Absatz 1 Satz 1 zu machen. ²Absatz 1 Satz 2 gilt entsprechend.

(2) Inlandsemittenten und Emittenten, für die die Bundesrepublik Deutschland der Herkunftsstaat ist, sind im Sinne dieses Abschnitts nur solche, deren Aktien zum Handel an einem organisierten Markt zugelassen sind.

(3) Das Bundesministerium der Finanzen kann durch Rechtsverordnung, die nicht der Zustimmung des Bundesrates bedarf, nähere Bestimmungen erlassen über den Inhalt, die Art, die Sprache, den Umfang und die Form der Mitteilung nach Absatz 1 Satz 1 und Absatz 1a.

---

*) Die Kommentierung gibt die persönliche Meinung des Verfassers wieder und stellt keine offizielle Stellungnahme der BAFin dar.

Anh § 22/§ 21 WpHG — Mitteilungspflichten

Übersicht

	Rn			Rn
I. Allgemeines	1		3. Börsenzulassung (§ 21 Abs 1a WpHG)	5
II. Voraussetzungen	2		4. Emittent (§ 21 Abs 2 WpHG)	6
1. Normadressat	2	III.	Mitteilung	7
2. Schwellenwerte	3		1. Inhalt und Form	7
a) Stimmrecht	3		2. Frist	8
b) Erreichen, Überschreiten und Unterschreiten	4		3. Rechtsverlust und Bußgeld	9

Literatur: *Bedkowski/Widder* Meldepflichten nach WpHG bei Umfirmierung bzw. Namensänderung des Aktionärs, BB 2008, 245; *Bosse* Wesentliche Neuregelung ab 2007 aufgrund des Transparenzrichtlinie-Umsetzungsgesetzes für börsennotierte Unternehmen, DB 2007, 39; *Falkenhagen* Aktuelle Fragen zu den neuen Mitteilungs- und Veröffentlichungspflichten nach Abschnitt 4 und 7 des Wertpapierhandelsgesetzes, WM 1995, 1005; *Göres* Kapitalmarktrechtliche Pflichten nach dem Transparenzrichtlinie-Umsetzungsgesetz, Der Konzern 2007, 15; *Happ* Zum Regierungsentwurf eines Wertpapierhandelsgesetzes, JZ 1994, 240; *Hutter/Kaulamo* Das Transparenzrichtlinie-Umsetzungsgesetz: Änderung der anlassabhängigen Publizität, NJW 2007, 471; *Kirschner* Unterlassene Meldung einer Umfirmierung als Verstoß gegen § 21 Abs 1 Satz 1 WpHG?, DB 2008, 623; *Merkner* Das Damoklesschwert des Rechtsverlusts – Vorschlag für eine Neufassung von § 28 WpHG, AG 2012, 199; *Nartowska* Stimmrechtsmeldepflichten und Rechtsverlust eines Legitimationsaktionärs nach §§ 21 ff. WpHG, NZG 2013, 124; *Nießen* Die Harmonisierung der kapitalmarktrechtlichen Transparenzregeln durch das TUG, NZG 2007, 41; *Nottmeier/Schäfer* Praktische Fragen im Zusammenhang mit §§ 21, 22 WpHG, AG 1997, 87; *Schlitt/Schäfer* Auswirkungen der Umsetzung der Transparenzrichtlinie und der Finanzrichtlinie auf Aktien und Equity-Linked-Emissionen, AG 2007, 227; *K. Schmidt* Die BGB-Außengesellschaft: rechts- und parteifähig, NJW 2001, 993; *Schneider* Anwendungsprobleme bei den kapitalmarktrechtlichen Vorschriften zur Offenlegung von wesentlichen Beteiligungen an börsennotierten Aktiengesellschaften (§§ 21 ff WpHG), AG 1997, 81; *Widder/Kocher* Die Behandlung eigener Aktien im Rahmen der Mitteilungspflichten nach §§ 21 ff WpHG, AG 2007, 13; *dies* Stimmrechtsmitteilungspflicht des weisungsgebundenen Legitimationsaktionärs nach §§ 21 ff. WpHG?, ZIP 2012, 2092.

I. Allgemeines

1 §§ 21 ff WpHG setzen Vorgaben aus mehreren europäischen Richtlinien in nationales Recht um. Dies ist zum einen die RL 88/627/EWG v 17.12.1988 und zum anderen die RL 2004/109/EG v 15.12.2004 (beide werden als „Transparenzrichtlinie" bezeichnet). Die Richtlinien stellen zum Schutz der Anleger in Europa und zur Schaffung eines effizienten europäischen Wertpapiermarktes europaweit einheitliche Transparenzanforderungen in Bezug auf Informationen über Emittenten auf. §§ 21 ff WpHG dienen dazu, Anlegern Informationen über bedeutende Stimmrechtsanteile an dem betr Emittenten zu geben und damit die Funktionsfähigkeit des Kapitalmarktes zu verbessern. Durch das Transparenzrichtlinie-Umsetzungsgesetz v 5.1.2007 (BGBl I 2007, 10), das der Umsetzung der RL 2004/109/EG dient, wurden §§ 21 WpHG maßgeblich modifiziert bzw neu gefasst. Über das von der Richtlinie geforderte Maß hinausgehend führte das Transparenzrichtlinie-Umsetzungsgesetz als niedrigste Meldeschwelle die Schwelle von 3 % ein, um die Transparenz zu verbessern und um ein „Anschleichen" an die emittierende Gesellschaft zu erschweren (RegBegr BT-Drucks 16/2498, 28; krit zu dieser Begründung *Hutter/Kaulamo* NJW 2007, 471, 474). Darüber hinaus wurden durch das Transparenzrichtlinie-Umsetzungsgesetz weitere neue Schwellen

sowie neue Fristen eingeführt. Begründet wurde außerdem eine Mitteilungspflicht für das Halten von Finanzinstrumenten in § 25 WpHG (Spindler/Stilz AktG/*Petersen* § 22 Anh Rn 5). Aufgrund der Verordnungsermächtigung in Abs 3 wurde die WpAIV erlassen, die in §§ 17, 18 nun ausf Art, Form und Sprache einer Stimmrechtsmitteilung regelt (s dazu Rn 7). Weitere Änderungen erfuhren §§ 21 ff WpHG durch das Risikobegrenzungsgesetz vom 12.8.2008 (BGBl I 2008, 1666). Darin wurde ua das abgestimmte Verhalten nach § 22 Abs 2 WpHG konkretisiert, die Zusammenrechnung mit Stimmrechten aus §§ 21, 22 WpHG iRd § 25 WpHG eingeführt und § 27a WpHG eine Mitteilungspflicht für Inhaber bedeutender Beteiligungen geschaffen. Außerdem wurden die Regelungen zum Rechtsverlust nach § 28 WpHG verschärft. Durch das Anlegerschutz- und Funktionsverbesserungsgesetz vom 5.4.2011 (BGBl I 2011, 538) wurde § 25 WpHG ergänzt und § 25a WpHG eingefügt. **Bestandsmitteilungspflichten** aufgrund von Änderungen durch das Transparenzrichtlinie-Umsetzungsgesetz finden sich in § 41 Abs 4a WpHG. Solche, die auf dem Inkrafttreten des Risikobegrenzungsgesetzes beruhen, sind in §§ 41 Abs 4b und 4c WpHG geregelt. §§ 41 Abs 4d und 4e WpHG regeln Bestandsmitteilungs- und entsprechende Veröffentlichungspflichten in Bezug auf den durch das Anlegerschutz- und Funktionsverbesserungsgesetz eingefügten § 25a WpHG. Die BaFin hat im Mai 2009 einen Emittentenleitfaden auf ihre Homepage (www.bafin.de) gestellt. Im 8. Kap dieses Leitfadens stellt die Aufsichtsbehörde ihre Verwaltungspraxis hinsichtlich einer Vielzahl von Problemen aus dem Bereich „Bedeutende Stimmrechtsanteile" dar.

II. Voraussetzungen

1. Normadressat. Meldepflichtig ist jedermann, der relevante Schwellenwerte an einem Emittenten, für den die Bundesrepublik Deutschland der Herkunftsstaat ist, erreicht, überschreitet oder unterschreitet. Maßgeblich ist der dingliche Erwerb, die dingliche Veräußerung oder dingliche Rechtsänderungen auf sonstige Weise **von Stimmrechten** (Assmann/Schneider WpHG/*Schneider* Rn 6). Voraussetzung ist, insoweit anders als in § 20 AktG, nur die Rechtsfähigkeit. Meldepflichtig sind damit natürliche und jur Personen im In- und Ausland, der Unternehmenseigenschaft bedarf es nicht (Assmann/Schneider WpHG/*Schneider* Rn 9; *BaFin* Emittentenleitfaden 2009, 133; Spindler/Stilz AktG/*Petersen* § 22 Anh Rn 19). Rechtsfähige Personengesellschaften (OHG, KG, Außen-GbR, vgl *BGHZ* 146, 341 ff) sind ebenfalls meldepflichtig, die Mitteilung erfolgt durch vertretungsberechtigte Gesellschafter. Bei Bruchteilseigentum an Aktien besteht die Meldepflicht nur in Höhe des Bruchteils (*OLG Stuttgart* AG 2005, 125, 127; Assmann/Schneider WpHG/*Schneider* Rn 11). Bei einer Gesamthand an Aktien sind die einzelnen Gesamthänder jeweils für die gesamte Zahl der Aktien meldepflichtig (Assmann/Schneider WpHG/*Schneider* Rn 17). Eine InnenGbR ist nicht mitteilungspflichtig (*Dehlinger/Zimmermann* in Fuchs WpHG Rn 9). Mitteilungspflichtig sind die Gesellschafter als Gesamthänder (vgl *BGHZ* 146, 341 ff). **Nicht eingetragene Vereine** (§ 54 BGB) sind kraft der Verweisung in § 54 S 1 BGB rechtsfähig (vgl *K. Schmidt* NJW 2001, 993, 1002 f mwN) und können somit, wie die Außen-GbR, selbst meldepflichtig sein (MünchKomm AktG/*Bayer* Anh § 22 AktG § 21 WpHG Rn 3). Bei **Zertifikaten, die Aktien vertreten**, trifft die Mitteilungspflicht ausschließlich den Inhaber der Zertifikate und nicht den Zertifikateaussteller, der idR rechtlicher Eigentümer der betr Aktien ist (Abs 1 S 2; vgl dazu RegBegr BT-Drucks 16/2498, 34). Dies betrifft hauptsächlich Depositary Receipts. 2

3 **2. Schwellenwerte. – a) Stimmrecht.** Relevante Schwellenwerte für die Meldepflicht sind 3, 5, 10, 15, 20, 25, 30, 50 und 75 % der Stimmrechte an einem Emittenten. Auf die Höhe der Kapitalbeteiligung kommt es, anders als nach § 20 AktG, nicht an (*Dehlinger/Zimmermann* in Fuchs WpHG Rn 17; *BaFin* Emittentenleitfaden 2009, 128). Folgendes ist bei der Ermittlung der Anzahl der dem Meldepflichtigen gehörenden Stimmrechte bzw der Gesamtzahl der Stimmrechte zu berücksichtigen: **Mehrstimmrechte** dürfen nach § 12 Abs 2 AktG für Aktiengesellschaften deutschen Rechts nicht neu begründet werden. Sofern Mehrstimmrechte existieren, sind diese bei der Berechnung des Stimmrechtsanteils einzubeziehen, wobei zu beachten ist, dass sich bei Mehrstimmrechten nicht nur der Stimmrechtsanteil des Mitteilungspflichtigen, sondern auch die Gesamtzahl der Stimmrechte erhöht (Assmann/Schneider WpHG/*Schneider* Rn 42 f; MünchHdb AG/*Krieger* § 68 Rn 150; KölnKomm WpHG/*Hirte* Rn 87). Besteht das Mehrstimmrecht nur bei bestimmten Beschlussgegenständen, muss doppelt ermittelt werden, ob ein die Meldepflicht auslösender Vorgang vorliegt (KölnKomm WpHG/*Hirte* Rn 88): Das Stimmenverhältnis muss dann zum einen unter Berücksichtigung des Mehrstimmrechts als auch unter Außerachtlassung des Mehrstimmrechts ermittelt werden (*Nottmeier/Schäfer* AG 1997, 87, 92). **Vorzugsaktien ohne Stimmrecht** sind in die Berechnung des Stimmrechtsanteils einzubeziehen, wenn sie ausnahmsweise, wie zB unter den Voraussetzungen des § 140 Abs 2 AktG, Stimmrechte gewähren (KölnKomm WpHG/*Hirte* Rn 85; *BaFin* Emittentenleitfaden 2009, 128; *Falkenhagen* WM 1995, 1005, 1008; aA *Happ* JZ 1994, 240, 244). **Eigene Aktien** und Aktien, deren Stimmrechte zB wg §§ 20 Abs 7 AktG, 28 WpHG **nicht ausgeübt** werden können, sind bei der Gesamtzahl Stimmrechte zu berücksichtigen (§ 17 Abs 1 Nr 5 WpAIV; *Widder/Kocher* AG 2007, 13 ff; *Schlitt/Schäfer* AG 2007, 227, 229; MünchHdb AG/*Krieger* § 68 Rn 150; *BaFin* Emittentenleitfaden 2009, 129; so wohl auch *Falkenhagen* WM 1995, 1005, 1008). Ist bei **Namensaktien** der im Register eingetragene Aktionär auch Eigentümer der Aktien, so ist er meldepflichtig. Ist der Registeraktionär dagegen nicht Eigentümer, ist der Eigentümer (wahrer Aktionär) meldepflichtig. Daran ändert nichts, dass nach § 67 Abs 2 AktG gegenüber der Gesellschaft nur der im Register eingetragene als Aktionär gilt (Assmann/Schneider WpHG/*Schneider* Rn 49 ff.). Keine Mitteilungspflichten treffen nach hM hingegen den Legitimationsaktionär, der anstelle des Eigentümers der Namensaktien ins Aktienregister eingetragen ist (*Nartowska* NZG 2013, 124, 126 f; *Widder/Kocher* ZIP 2012, 2092 ff mwN; aA *OLG Köln* NZG 2012, 946, 948; widersprüchlich Assmann/Schneider WpHG/*Schneider* Rn 32 gegen Mitteilungspflicht, Rn 53 für Mitteilungspflicht), sofern keine Zurechnungstatbestände des § 22 WpHG erfüllt sind. Für die Berechnung des Stimmrechtsanteils ist grds die letzte Veröffentlichung des Emittenten nach § 26a WpHG zugrunde zu legen (§ 17 Abs 5 WpAIV). Weicht der aktuelle, tatsächlich bestehende Gesamtstimmrechtsanteil von der letzten Veröffentlichung nach § 26a WpHG ab, ist nach Verwaltungspraxis der BaFin auf den tatsächlichen Stimmrechtsanteil abzustellen, sofern der Meldepflichtige hiervon Kenntnis hat oder haben musste. Ein Abstellen auf den tatsächlich bestehenden Stimmrechtsanteil wird von der BaFin als stets möglich und rechtlich zulässig angesehen (*BaFin* Emittentenleitfaden 2009, 129 mit lesenswertem Beispiel zur Problemlage). Das Abstellen auf den tatsächlich bestehenden Gesamtstimmrechtsanteil ist grds sinnvoll. Jedoch ist aufgrund des eindeutigen Wortlauts von § 17 Abs 4 WpAIV auch ein Abstellen auf die letzte Veröffentlichung nach § 26a WpHG zulässig (s auch Spindler/Stilz AktG/*Petersen* § 22 Anh Rn 24). Allerdings besteht dabei die Gefahr, dass aufgrund einer inzwischen veränderten Gesamtzahl von Stimmrechten eine Mitteilung abgegeben wird, die den tatsächlichen Verhältnissen nicht entspricht. Zur Lösung des Problems wird vorgeschlagen, § 26a WpHG dahingehend zu ändern, dass die Veröffentlichung des Gesamtstimmrechtsanteils unverzüglich zu erfolgen hat (Schmidt/Lutter AktG/*Veil* Anh 22: § 26a WpHG Rn 3). Dem steht jedoch der klare Wortlaut von Art 15 der Richtlinie 2004/109/EG entgegen, der eine Veröffentlichung am Ende jeden Kalendermonats, in dem es zu einer Veränderung gekommen ist, vorsieht.

b) Erreichen, Überschreiten und Unterschreiten. Die Meldepflicht wird ausgelöst, 4
wenn einer der Schwellenwerte erreicht, über- oder unterschritten wird. Dies kann durch Erwerb, Veräußerung oder auf sonstige Weise geschehen, wobei hinsichtlich Erwerb und Veräußerung auf das rechtsgeschäftliche Verfügungsgeschäft abzustellen ist. Ein lediglich schuldrechtlicher Anspruch auf Übereignung mit Stimmrechten verbundener Aktien aufgrund eines abgeschlossenen Kaufvertrages führt nicht zu einer Meldepflicht nach § 21 WpHG (MünchKomm AktG/*Bayer* Anh § 22 AktG § 21 WpHG Rn 25). Eine Schwellenberührung auf sonstige Weise kann sich zB bei Kapitalmaßnahmen, Gesamtrechtsnachfolge im Erbfall (Assmann/Schneider WpHG/*Schneider* Rn 75) oder Aufleben/Wegfallen des Stimmrechts bei Vorzugsaktien ergeben. Ferner dann, wenn Zurechnungstatbestände des § 22 WpHG entstehen oder entfallen (KölnKomm WpHG/*Hirte* Rn 124; *BaFin* Emittentenleitfaden 2009, 130). Bei einer Kapitalmaßnahme der Gesellschaft sowie beim Wiederaufleben des Stimmrechts bei Vorzugsaktien, §§ 140 Abs 2, 141 Abs 4 AktG kommt es für den Zeitpunkt der Schwellenberührung auf das **Wirksamwerden** an. Bei der **Wertpapierleihe** wird der Entleiher Eigentümer der Aktien und ist damit ggf gem § 21 Abs 1 WpHG mitteilungspflichtig. Erwirbt der Emittent **eigene Aktien** (§ 71 AktG) besteht **keine Meldepflicht**, sondern lediglich eine Veröffentlichungspflicht, die in § 26 Abs 1 S 2 WpHG geregelt ist (Assmann/Schneider WpHG/*Schneider* Rn 58 ff). Eine Umfirmierung des Halters von Stimmrechten ist nicht geeignet, eine Schwellenberührung auszulösen und damit eine Meldepflicht nach Abs 1 auszulösen (*OLG Hamm* AG 2009, 876, 878; *OLG Düsseldorf* AG 2009, 40, 41; *Merkner* AG 2012, 199, 201; *Kirschner* DB 2008, 623, 624; *Bedkowski/Widder* BB 2008, 245; Assmann/Schneider WpHG/*Schneider* Rn 77; Schmidt/Lutter AktG/*Veil* Anh 22: § 21 WpHG Rn 18; aA *LG Köln* AG 2008, 336, 338 mit sehr fragwürdiger Begründung). Gemäß Verwaltungspraxis der BaFin reicht bei mehreren Schwellenberührungen innerhalb eines Tages in einer Richtung eine Stimmrechtsmitteilung aus, mit der der Stimmrechtsanteil am Ende des Tages gemeldet wird (*BaFin* Emittentenleitfaden 2009, 132 f; aA Assmann/Schneider WpHG/*Schneider* Rn 69, wonach die erste und die letzte Schwellenüber- oder –unterschreitung innerhalb eines Tages zu melden ist). Werden innerhalb eines Tages dieselben Schwellen erst überschritten und anschließend unterschritten, muss nach Verwaltungspraxis der BaFin keine Stimmrechtsmitteilung abgegeben werden (*BaFin* Emittentenleitfaden 2009, 132 f). Vor dem Hintergrund des § 28 WpHG erscheint jedoch eine Abgabe entspr Stimmrechtsmitteilungen ratsam (s auch Spindler/Stilz AktG/*Petersen* § 22 Anh Rn 23).

3. Börsenzulassung (§ 21 Abs 1a WpHG). Wem im Zeitpunkt der **erstmaligen Zulas-** 5
sung der Aktien zum Handel an einem organisierten Markt (§ 2 Abs 5 WpHG) 3 % oder mehr der Stimmrechte an einem Emittenten zustehen, für den die Bundesrepublik Deutschland der Herkunftsstaat (§ 2 Abs 6 WpHG) ist, muss eine Mitteilung entsprechend § 21 Abs 1 S 1 WpHG machen. Für den Zeitpunkt der Entstehung der Mitteilungspflicht kommt es auf die Entscheidung der Zulassungsstelle, den Zulassungs-

beschluss, an (Assmann/Schneider WpHG/*Schneider* Rn 89). Schwellen sind bei einer Mitteilung nach § 21 Abs 1a WpHG nicht anzugeben (*BaFin* Emittentenleitfaden 2009, 136).

6 **4. Emittent (§ 21 Abs 2 WpHG).** Inlandsemittenten und Emittenten, für die die Bundesrepublik Deutschland der Herkunftsstaat ist, sind iSd 5. Abschn des WpHG nur solche, deren Aktien zum Handel an einem organisierten Markt zugelassen sind, § 21 Abs 2 WpHG. Der Begriff des Emittenten, für den die Bundesrepublik Deutschland der Herkunftsstaat ist, ist für die Mitteilungspflicht entscheidend. Er ist in § 2 Abs 6 WpHG definiert. Auch Gesellschaften mit Sitz in einem Drittstaat werden erfasst, wenn sie die Bundesrepublik Deutschland als Herkunftsstaat nach § 2b Abs 1a WpHG gewählt haben. Ist keine Wahl erfolgt, müssen sich diejenigen Emittenten, deren Wertpapiere zum Handel an einem organisierten Markt im Inland zugelassen sind, so behandeln lassen, als hätten sie die Bundesrepublik Deutschland als Herkunftsstaat gewählt, bis sie eine Wahl getroffen haben, § 2 Abs 6 Nr 1 b) aE WpHG Der Begriff des Inlandsemittenten ist maßgeblich für die Veröffentlichungspflichten nach §§ 26 ff WpHG. Er ist in § 2 Abs 7 WpHG definiert. Was der organisierte Markt ist, ergibt sich aus § 2 Abs 5 WpHG. Darunter fällt der regulierte Markt (früher amtlicher und geregelter Markt) an einer deutschen Börse, nicht jedoch der Freiverkehr. Darüber hinaus ist der Handel an einem organisierten Markt in einem anderen Mitgliedstaat der EU oder des EWR erfasst.

III. Mitteilung

7 **1. Inhalt und Form.** Die Mitteilung muss gegenüber dem Emittenten und gleichzeitig gegenüber der BaFin (per Post: Postfach 50 01 54, 60391 Frankfurt am Main, per Fax: 0228/4108-3119) abgegeben werden. **Gleichzeitig** meint gleichzeitige Absendung, ein unmittelbares Versenden hintereinander genügt jedoch (RegBegr BT-Drucks 16/2498, 34). Die Mitteilungspflicht entfällt nicht dadurch, dass der Emittent oder die BaFin Kenntnis von der Schwellenberührung hat (Assmann/Schneider WpHG/*Schneider* Rn 110). Dies folgt schon daraus, dass der Emittent nur Mitteilungen nach § 21 WpHG veröffentlichen muss und erst durch die Veröffentlichung die Transparenz für die Anleger und die Öffentlichkeit hergestellt wird. Den Inhalt der Mitteilung regelt § 17 Abs 1 und 2 WpAIV, die Art, Form und Sprache der Mitteilung § 18 WpAIV. Die Mitteilung muss unter der ausdrücklichen Überschrift "Stimmrechtsmitteilung" die Höhe des Stimmrechtsanteils (Angabe des Prozentsatzes auf zwei Nachkommastellen kaufmännisch gerundet sowie der absoluten Zahl der Stimmrechte) zum Zeitpunkt der Schwellenberührung enthalten, darüber hinaus Namen und Anschrift sowohl des Mitteilungspflichtigen als auch des Emittenten, sämtliche berührten Schwellen und die Angabe, ob diese Schwellen überschritten, unterschritten oder erreicht wurden. Die Angabe, ob und wie viele Stimmrechte durch die Ausübung von Finanzinstrumenten iSv § 25 Abs 1 S 1 WpHG erlangt wurden, ist seit dem 11.2.2012 nicht mehr erforderlich. Nach § 17 Abs 2 S 2 WpAIV sind die zuzurechnenden Stimmrechte für jeden Zurechnungstatbestand des § 22 WpHG getrennt anzugeben. Darüber hinaus ist im Fall der Zurechnung von Stimmrechten nach § 22 Abs 1 und 2 WpHG auch der Name des Dritten, aus dessen Aktien zugerechnet wird, bzw die Namen aller kontrollierten Unternehmen, über die die Stimmrechte gehalten werden, anzugeben, wenn dessen bzw deren dem Meldepflichtigen zuzurechnender Stimmrechtsanteil 3 % oder mehr beträgt. Nach § 17 Abs 2 WpAIV muss die Mitteilung somit nur die Namen solcher Dritter enthalten, die selbst einer Mitteilungspflicht nach § 21 WpHG unterliegen. Die Mitteilung muss in deutscher

oder englischer Sprache schriftlich oder per Telefax erfolgen (§ 18 WpAIV). Die BaFin stellt im Internet unter www.bafin.de ein Standardformular sowie Mustertexte für Stimmrechtsmitteilungen gem § 21 ff WpHG zur Verfügung und empfiehlt, grds das Standardformular zu verwenden (*BaFin* Emittentenleitfaden 2009, 136).

2. Frist. Die Mitteilung muss **unverzüglich** (§ 121 Abs 1 BGB), spätestens innerhalb von **vier Handelstagen** erfolgen. Entscheidend ist der rechtzeitige Zugang beim Adressaten (Assmann/Schneider WpHG/*Schneider* Rn 131; MünchKomm AktG/*Bayer* Anh § 22 AktG § 21 WpHG Rn 39). Teilw wird empfohlen, eine vorsorgliche Mitteilung abzugeben, wenn Zweifel daran bestehen, ob eine Meldepflicht besteht oder nicht (Assmann/Schneider WpHG/*Schneider* Rn 140; aA Schmidt/Lutter AktG/*Veil* Anh 22: § 21 WpHG Rn 4). Die BaFin gestattet vorsorgliche Mitteilungen nicht und empfiehlt, sich in Zweifelsfragen mit ihr abzustimmen (*BaFin* Emittentenleitfaden 2009, 135). Die Frist von vier Handelstagen beginnt mit dem Zeitpunkt, zu dem der Meldepflichtige Kenntnis davon hat oder nach den Umständen haben musste, dass sein Stimmrechtsanteil die genannten Schwellen erreicht, überschreitet oder unterschreitet (§ 21 Abs 1 S 3 WpHG). Bei jur Personen kommt es auf die Kenntnis des geschäftsführenden Organs an, besteht dieses aus mehreren Mitgliedern, so ist die Kenntnis eines Mitglieds ausreichend (Assmann/Schneider WpHG/*Schneider* Rn 134). Die Kenntnis nachgeordneter Mitarbeiter ist ausreichend, wenn diese mit der Erfüllung der entspr Pflichten betraut sind (Assmann/Schneider WpHG/*Schneider* Rn 135). **Handelstage** sind nach § 30 WpHG alle Kalendertage, die nicht Sonnabende, Sonntage oder zumindest in einem Land landeseinheitlich anerkannte Feiertage sind. Nach § 30 Abs 2 WpHG ist die BaFin verpflichtet, im Internet unter ihrer Adresse (www.bafin.de) einen Kalender der Handelstage zur Verfügung zu stellen. §§ 187 Abs 1, 188 Abs 1 BGB finden Anwendung (KölnKomm WpHG/*Hirte* Rn 164, noch in Bezug auf die frühere Regelung von sieben Kalendertagen). 8

3. Rechtsverlust und Bußgeld. Bei Verstößen gegen die Mitteilungspflichten nach § 21 Abs 1 oder 1a WpHG kommt es grds gem § 28 S 1 WpHG zum Verlust der Rechte aus den Aktien, die einem Meldepflichtigen gehören oder aus denen ihm Stimmrechte gem § 22 Abs 1 S 1 Nr 1 oder 2 WpHG zugerechnet werden (s dazu die Kommentierung zu § 28 WpHG). Außerdem handelt gem § 39 Abs 2 Nr 2e WpHG ordnungswidrig, wer eine Mitteilung vorsätzlich oder leichtfertig nicht, nicht richtig, nicht vollständig, nicht in der vorgeschriebenen Weise oder nicht rechtzeitig macht. Diese Ordnungswidrigkeit kann gem § 39 Abs 4 WpHG mit einer Geldbuße bis zu einer Million EUR geahnet werden. 9

§ 22 Zurechnung von Stimmrechten*)

(1) ¹**Für die Mitteilungspflichten nach § 21 Abs. 1 und 1a stehen den Stimmrechten des Meldepflichtigen Stimmrechte aus Aktien des Emittenten, für den die Bundesrepublik Deutschland der Herkunftsstaat ist, gleich,**
1. **die einem Tochterunternehmen des Meldepflichtigen gehören,**
2. **die einem Dritten gehören und von ihm für Rechnung des Meldepflichtigen gehalten werden,**

---

*) Die Kommentierung gibt die persönliche Meinung des Verfassers wieder und stellt keine offizielle Stellungnahme der BAFin dar.

3. die der Meldepflichtige einem Dritten als Sicherheit übertragen hat, es sei denn, der Dritte ist zur Ausübung der Stimmrechte aus diesen Aktien befugt und bekundet die Absicht, die Stimmrechte unabhängig von den Weisungen des Meldepflichtigen auszuüben,
4. an denen zugunsten des Meldepflichtigen ein Nießbrauch bestellt ist,
5. die der Meldepflichtige durch eine Willenserklärung erwerben kann,
6. die dem Meldepflichtigen anvertraut sind oder aus denen er die Stimmrechte als Bevollmächtigter ausüben kann, sofern er die Stimmrechte aus diesen Aktien nach eigenem Ermessen ausüben kann, wenn keine besonderen Weisungen des Aktionärs vorliegen.

²Für die Zurechnung nach Satz 1 Nr. 2 bis 6 stehen dem Meldepflichtigen Tochterunternehmen des Meldepflichtigen gleich. ³Stimmrechte des Tochterunternehmens werden dem Meldepflichtigen in voller Höhe zugerechnet.

(2) ¹Dem Meldepflichtigen werden auch Stimmrechte eines Dritten aus Aktien des Emittenten, für den die Bundesrepublik Deutschland der Herkunftsstaat ist, in voller Höhe zugerechnet, mit dem der Meldepflichtige oder sein Tochterunternehmen sein Verhalten in Bezug auf diesen Emittenten aufgrund einer Vereinbarung oder in sonstiger Weise abstimmt; ausgenommen sind Vereinbarungen in Einzelfällen. ²Ein abgestimmtes Verhalten setzt voraus, dass der Meldepflichtige oder sein Tochterunternehmen und der Dritte sich über die Ausübung von Stimmrechten verständigen oder mit dem Ziel einer dauerhaften und erheblichen Änderung der unternehmerischen Ausrichtung des Emittenten in sonstiger Weise zusammenwirken. ³Für die Berechnung des Stimmrechtsanteils des Dritten gilt Absatz 1 entsprechend.

(3) Tochterunternehmen sind Unternehmen, die als Tochterunternehmen im Sinne des § 290 des Handelsgesetzbuchs gelten oder auf die ein beherrschender Einfluss ausgeübt werden kann, ohne dass es auf die Rechtsform oder den Sitz ankommt.

(3a) ¹Für die Zurechnung nach dieser Vorschrift gilt ein Wertpapierdienstleistungsunternehmen hinsichtlich der Beteiligungen, die von ihm im Rahmen einer Wertpapierdienstleistung nach § 2 Abs. 3 Satz 1 Nr. 7 verwaltet werden, unter den folgenden Voraussetzungen nicht als Tochterunternehmen im Sinne des Absatzes 3:
1. das Wertpapierdienstleistungsunternehmen darf die Stimmrechte, die mit den betreffenden Aktien verbunden sind, nur aufgrund von in schriftlicher Form oder über elektronische Hilfsmittel erteilten Weisungen ausüben oder stellt durch geeignete Vorkehrungen sicher, dass die Finanzportfolioverwaltung unabhängig von anderen Dienstleistungen und unter Bedingungen, die denen der Richtlinie 2009/65/EG des Europäischen Parlaments und des Rates vom 13. Juli 2009 zur Koordinierung der Rechts- und Verwaltungsvorschriften betreffend bestimmte Organismen für gemeinsame Anlagen in Wertpapieren (OGAW) (ABl. L 302 vom 17.11.2009, S. 32) in der jeweils geltenden Fassung gleichwertig sind, erfolgt,
2. das Wertpapierdienstleistungsunternehmen übt die Stimmrechte unabhängig vom Meldepflichtigen aus,
3. der Meldepflichtige teilt der Bundesanstalt den Namen dieses Wertpapierdienstleistungsunternehmens und die für dessen Überwachung zuständige Behörde oder das Fehlen einer solchen mit und
4. der Meldepflichtige erklärt gegenüber der Bundesanstalt, dass die Voraussetzungen der Nummer 2 erfüllt sind.

²Ein Wertpapierdienstleistungsunternehmen gilt jedoch dann für die Zurechnung nach dieser Vorschrift als Tochterunternehmen im Sinne des Absatzes 3, wenn der Meldepflichtige oder ein anderes Tochterunternehmen des Meldepflichtigen seinerseits Anteile an der von dem Wertpapierdienstleistungsunternehmen verwalteten Beteiligung hält und das Wertpapierdienstleistungsunternehmen die Stimmrechte, die mit diesen Beteiligungen verbunden sind, nicht nach freiem Ermessen, sondern nur aufgrund unmittelbarer oder mittelbarer Weisungen ausüben kann, die ihm vom Meldepflichtigen oder von einem anderen Tochterunternehmen des Meldepflichtigen erteilt werden.

(4) ¹Wird eine Vollmacht im Falle des Absatzes 1 Satz 1 Nr. 6 nur zur Ausübung der Stimmrechte für eine Hauptversammlung erteilt, ist es für die Erfüllung der Mitteilungspflicht nach § 21 Abs. 1 und 1a in Verbindung mit Absatz 1 Satz 1 Nr. 6 ausreichend, wenn die Mitteilung lediglich bei Erteilung der Vollmacht abgegeben wird. ²Die Mitteilung muss die Angabe enthalten, wann die Hauptversammlung stattfindet und wie hoch nach Erlöschen der Vollmacht oder des Ausübungsermessens der Stimmrechtsanteil sein wird, der dem Bevollmächtigten zugerechnet wird.

(5) Das Bundesministerium der Finanzen kann durch Rechtsverordnung, die nicht der Zustimmung des Bundesrates bedarf, nähere Bestimmungen erlassen über die Umstände, unter welchen im Falle des Absatzes 3a eine Unabhängigkeit des Wertpapierdienstleistungsunternehmens vom Meldepflichtigen gegeben ist, und über elektronische Hilfsmittel, mit denen Weisungen im Sinne des Absatzes 3a erteilt werden können.

Übersicht

	Rn		Rn
I. Allgemeines	1	3. Sicherungsübereignung (Nr 3)	5
1. Regelungsgegenstand und -zweck	1	4. Nießbrauch (Nr 4)	6
2. Zurechnungsgrundsätze	2	5. Potentieller Erwerb (Nr 5)	7
II. Zurechnung nach § 22 Abs 1 S 1 WpHG	3	6. Anvertraute Aktien, Vollmacht (Nr 6)	8
1. Tochterunternehmen (Nr 1)	3	III. Abgestimmtes Verhalten (§ 22 Abs 2 WpHG)	9
2. Für Rechnung des Meldepflichtigen (Nr 2)	4		

Literatur: *Borges* Acting in Concert: Vom Schreckgespenst zur praxistauglichen Zuordnungsnorm, ZIP 2007, 357; *von Bülow/Petersen* Stimmrechtszurechnung zum Treuhänder?, NZG 2009, 1373; *von Bülow/Stephanblome* Acting in Concert und neue Offenlegungspflichten nach dem Risikobegrenzungsgesetz, ZIP 2008, 1797; *Burgard* Die Berechnung des Stimmrechtsanteils nach §§ 21–23 Wertpapierhandelsgesetz, BB 1995, 2069; *Falkenhagen* Aktuelle Fragen zu den neuen Mitteilungs- und Veröffentlichungspflichten nach Abschnitt 4 und 7 des Wertpapierhandelsgesetzes, WM 1995, 1005; *Frank* Die Stimmrechtszurechnung nach § 22 WpHG und § 30 WpÜG, BKR 2002, 709; *Mayrhofer/Pirner* Meldepflichten wegen Stimmrechtszurechnung im Rahmen eines Treuhandverhältnisses – Meldepflicht des Treuhänders hinsichtlich der dem Treugeber zuzurechnenden Stimmrechte aus einem „acting in concert", DB 2009, 2310; *Meyer/Bundschuh* Sicherungsübereignung börsennotierter Aktien, Pflichtangebot und Meldepflichten, WM 2003, 960; *Nietsch* Kapitalmarktrechtliche Beteiligungstransparenz bei Treuhandverhältnissen, WM 2012, 2217; *Petersen/Wille* Zulässigkeit eines Squeeze-out und Stimmrechtszurechnung bei Wertpapierdarlehen, NZG 2009, 856; *Pluskat* Acting in Concert in der Fassung des Risikobegrenzungsgesetzes – jetzt alles anders?, DB 2009, 383; *Schneider* Acting in Concert – ein kapitalmarktrechtlicher Zurechnungstatbestand, WM 2006, 1321; *Schneider/Anzinger* Institutionelle Stimmrechtsberatung und Stimmrechtsvertretung – „A quiet guru's enormous clout", NZG 2007, 88; *Wackerbarth* Die Auslegung des § 30 Abs. 2 WpÜG und die Folgen des Risikobegrenzungsgesetzes, ZIP 2007, 2340; *Widder/Kocher* Stimmrechtszurechnung vom Treugeber zum Treuhänder gem. § 22 Abs. 1 Satz 1 Nr. 2 WpHG analog?, ZIP 2010, 457; *Witt* Vorschlag für eine Zusammenfügung der §§ 21 ff WpHG und des § 20 AktG zu einem einzigen Regelungskomplex, AG 1998, 171; vgl auch die Nachweise zu § 21 WpHG.

I. Allgemeines

1 **1. Regelungsgegenstand und -zweck.** § 22 WpHG setzt Stimmrechte aus Aktien eines Dritten für die Mitteilungspflichten Stimmrechten aus Aktien, die der Meldepflichtige selbst hält, unter bestimmten Voraussetzungen gleich und bezeichnet dies als Zurechnung von Stimmrechten. Die Ausweitung der Mitteilungspflichten über das im Eigentum Halten von mit Stimmrechten verbundenen Aktien hinaus erhöht die Transparenz am Kapitalmarkt weiter. Die Zurechnungsvorschriften machen rechtlichen oder faktischen Einfluss bzw Einflussmöglichkeiten sichtbar (MünchKomm AktG/*Bayer* Anh § 22 AktG § 22 WpHG Rn 1). Die Regelung des § 22 Abs 1 S 1 Nr 5 WpHG zielt darauf, eventuell künftig bestehenden Einfluss offen zu legen. § 22 WpHG wurde durch das Transparenzrichtlinie-Umsetzungsgesetz v 5.1.2007 (BGBl I 2007, 10) modifiziert, ergänzt und teilw neu gefasst. Die Änderungen dienen der Umsetzung der Transparenzrichtlinie (2004/109/EG), teilw handelt es sich auch um redaktionelle Änderungen (Reg-Begr BT-Drucks 16/2498, 34). § 22 Abs 2 WpHG wurde durch das Risikobegrenzungsgesetz (BGBl I 2008, 1666) neu gefasst. Die Änderung trat zum 19.8.2008 in Kraft. Ziel war eine Erweiterung und Konkretisierung der gesetzlichen Regelung zum abgestimmten Verhalten als Reaktion auf die restriktive Auslegung der Parallelnorm des § 30 Abs 2 S 1 WpÜG in der damaligen Fassung durch den BGH (Urteil v 18.9.2006, Az II ZR 137/05, *BGHZ* 169, 98 ff). § 22 Abs 3a WpHG wurde durch das **Gesetz zur Umsetzung der Richtlinie 2009/65/EG zur Koordinierung der Rechts- und Verwaltungsvorschriften betreffend bestimmte Organismen für gemeinsame Anlagen in Wertpapieren** v 22.6.2011 (BGBl I 2011, 1126) geändert. Die Änderung trat zum 1.7.2011 in Kraft.

2 **2. Zurechnungsgrundsätze.** Die Mitteilungspflicht aufgrund von Zurechnungsvorschriften tritt neben die Mitteilungspflicht, die durch das Halten von Aktien ausgelöst werden kann. Werden Stimmrechte nach § 22 WpHG zugerechnet, kommt es nicht zu einem Abzug (Absorption) dieser Stimmrechte beim Aktionär. Dies wird als **„Grundsatz der doppelten Meldepflicht"** bezeichnet (Assmann/Schneider WpHG/*Schneider* Rn 15; MünchKomm AktG/*Bayer* Anh § 22 AktG § 22 WpHG Rn 4). Eine Ausnahme bildet Abs 1 S 1 Nr 3 WpHG. Dort gilt der Grundsatz der alternativen Zurechnung (Assmann/Schneider WpHG/*Schneider* Rn 17, 93). Darüber hinaus können Stimmrechte, die einem Meldepflichtigen zugerechnet werden, unter bestimmten Voraussetzungen auch weiteren Meldepflichtigen zugerechnet werden **(Kettenzurechnung).** § 22 Abs 1 S 2 und Abs 2 S 1 1. HS WpHG („oder sein Tochterunternehmen") regeln bestimmte Fälle der Kettenzurechnung ausdrücklich.

II. Zurechnung nach § 22 Abs 1 S 1 WpHG

3 **1. Tochterunternehmen (Nr 1).** Stimmrechte aus Aktien, die einem Tochterunternehmen des Meldepflichtigen gehören, werden dem Meldepflichtigen in voller Höhe

zugerechnet (*BaFin* Emittentenleitfaden 2009, 137). Tochterunternehmen sind gem § 21 Abs 3 WpHG Unternehmen, die als Tochterunternehmen iSd § 290 HGB gelten oder auf die ein beherrschender Einfluss (§ 17 AktG) ausgeübt werden kann, ohne dass es auf die Rechtsform oder den Sitz ankommt. Tochterunternehmen kann daher auch eine OHG, KG, GbR, Stifung oder ausländische Gesellschaft sein (Assmann/Schneider WpHG/*Schneider* Rn 31). Bei mehrstufigen Mutter-Tochterverhältnissen werden dem Meldepflichtigen die Stimmrechte aller Tocherunternehmen zugerechnet. Tochterunternehmen sind auch Enkel-, Urenkelunternehmen usw. Bei einer nach dem gesetzlichen Normalstatut organisierten GmbH & Co KG, bei der also die Komplementär-GmbH die gesetzlich vorgesehenen Geschäftsführungs- und Vertretungsbefugnisse innehat, ist die GmbH & Co KG Tochter der Komplementär-GmbH (*BaFin* Emittentenleitfaden 2009, 138; Schmidt/Lutter AktG/*Veil* Anh 22: § 22 WpHG Rn 10; vgl auch RegBegr BT-Drucks 14/1608, 22 zu § 264c HGB, wo allerdings auf das damals gültige Kriterium der einheitlichen Leitung nach § 290 Abs 1 HGB abgestellt wird). Die Stimmrechte sind der Komplementärin daher zuzurechnen. Entspr gilt für einen Komplementär, der nicht in der Rechtsform der GmbH organisiert ist. Nicht als Tochterunternehmen gelten dagegen nach § 22 Abs 3a S 1 WpHG Wertpapierdienstleistungsunternehmen (§ 2 Abs 4 WpHG), die Finanzportfolioverwaltung iSd § 2 Abs 3 Nr 7 WpHG erbringen, wenn die Voraussetzungen nach § 22 Abs 3a S 1 Nr 1–4 WpHG erfüllt werden. Nähere Ausgestaltungen zur Unabhängigkeit iSv Abs 3a S 1 Nr 2 enthält § 2 TranspRLDV. § 3 TranspRLDV enthält Detailregelungen zu § 22 Abs 3a S 1 Nr 3 und 4 WpHG. Die Ausnahme nach § 22 Abs 3a S 1 WpHG gilt nach § 22 Abs 3 a S 2 WpHG jedoch nicht, wenn der Meldepflichtige oder ein anderes seiner Tochterunternehmen Anteile an der von dem Wertpapierdienstleistungsunternehmen verwalteten Beteiligung hält und das Wertpapierdienstleistungsunternehmen die mit diesen Beteiligungen verbundenen Stimmrechte nur aufgrund von Weisungen des Meldepflichtigen oder eines Tochterunternehmens des Meldepflichtigen ausüben kann. Eine vergleichbare Ausnahmeregelung für Tochterunternehmen mit Sitz in Drittstaaten findet sich in § 29a Abs 3 WpHG. Entspr Regelungen für Kapitalverwaltungsgesellschaften, EU-Verwaltungsgesellschaften und für entsprechende Gesellschaften mit Sitz in Drittstaaten enthalten § 94 Abs 2–4 KAGB (vgl dazu *BaFin* Emittentenleitfaden 2009, 148 ff).

2. Für Rechnung des Meldepflichtigen (Nr 2). Stimmrechte aus Aktien, die einem **4** Dritten gehören und von ihm für Rechnung des Meldepflichtigen gehalten werden, werden diesem zugerechnet. Ein Für-Rechnung-Halten iSv § 22 Abs 1 S 1 Nr. 2 WpHG liegt vor, wenn der Meldepflichtige die wirtschaftlichen Chancen und Risiken trägt (Assmann/Schneider WpHG/*Schneider* Rn 55 mwN). Typischer Anwendungsfall ist die Verwaltungstreuhand, einschließlich der mittelbaren Stellvertretung (MünchKomm AktG/*Bayer* Anh § 22 AktG § 22 WpHG Rn 17). Hinsichtlich des Einflusses auf die Stimmrechtsausübung gilt grds eine **abstrakte Betrachtungsweise** (*Nietsch* WM 2012, 2217, 2218; Assmann/Schneider WpHG/*Schneider* Rn 3; Schmidt/Lutter AktG/*Veil* Anh 22: § 22 WpHG Rn 1 spricht generell von abstrakten Zurechnungstatbeständen). Der Meldepflichtige hat aufgrund der Tatsache, dass er das wirtschaftliche Risiko (zumindest zum Teil) trägt, typischerweise die rechtliche, zumindest aber die tatsächliche Möglichkeit, auf die Stimmrechtsausübung Einfluss zu nehmen (Assmann/Schneider WpHG/*Schneider* Rn 57 ff; *BaFin* Emittentenleitfaden 2009, 140; für das Erfordernis einer rechtlich gesicherten Einflussmöglichkeit als Voraussetzung für die Zurechnung Spindler/Stilz AktG/*Petersen* § 22 Anh Rn 46; *von Bülow/Petersen* NZG 2009, 1373, 1375). Bei sog Vorschaltgesellschaften, also bei Gesellschaften, deren einziger Zweck im Halten von Beteiligungen für die Gesellschafter liegt, kann es auch ohne konkrete Treuhandabrede zwischen Gesellschaftern und Gesellschaft zu einer Zurechnung nach § 22 Abs 1 S 1 Nr 2 WpHG auf einen oder mehrere Gesellschafter kommen (*Nietsch* WM 2012, 2217, 2220; Assmann/Schneider WpHG/*Schneider* Rn 75 f; **aA** Falkenhagen WM 1995, 1005, 1007; KölnKomm WpHG/*von Bülow* Rn 77). Dafür ist erforderlich, dass der einzelne Gesellschafter wesentlichen Einfluss auf das Stimmrechtsverhalten der Gesellschaft hat. Ein solcher Einfluss ist bei einer Minderheitsbeteiligung und bei einer 50 %-Beteiligung dann gegeben, wenn der Gesellschafter Entscheidungen durch Vetorecht blockieren kann. Zugerechnet wird dem Gesellschafter iRd quotalen Zurechnung ein seiner Beteiligung entspr Anteil an Stimmrechten der Gesellschaft (Schmidt/Lutter AktG/*Veil* Anh § 22: § 22 WpHG Rn 17). Im Rahmen von Wertpapierdarlehen werden darlehenshalber überlassene Aktien nur dann vom Darlehensnehmer für Rechnung des Darlehensgebers gehalten, wenn der Darlehensgeber nach der vertraglichen Regelung weiterhin Einfluss auf die Stimmrechtsausübung nehmen kann (*BGH* Urt v 16.3.2009, Az II ZR 302/06, *BGH* NZG 2009, 585, 589; Schmidt/Lutter AktG/*Veil* Anh § 22: § 22 WpHG Rn 18; Spindler/Stilz AktG/*Petersen* § 22 Anh Rn 47). Es ist davon auszugehen, dass die BaFin sich an der Sichtweise des BGH in Bezug auf Wertpapierdarlehen orientiert (zur bisherigen Praxis der BaFin bei Wertpapierdarlehen s *BaFin* Emittentenleitfaden 2009, 140). Ob der BGH durch das Urteil der abstrakten Betrachtungsweise bei § 22 Abs 1 S 1 Nr 2 WpHG generell eine Absage erteilt hat, wie teilw angenommen (*Petersen/Wille* NZG 2009, 856, 858 f) ist fraglich. Eine solche Sichtweise ließe erhebliche Transparenzlücken entstehen und liefe daher dem Sinn und Zweck v § 22 Abs 1 S 1 Nr 2 WpHG zuwider. Auch der Wortlaut der Vorschrift bietet dafür keine Anhaltspunkte. In einem jüngeren Urteil führt der *BGH* aus, maßgeblich für die Zurechnung nach § 22 Abs 2 WpHG müsse wie bei § 22 Abs 1 WpHG die Möglichkeit der Einflussnahme auf die Stimmrechtsausübung sein *BGH* NZG 2011, 1147, 1149; s dazu auch *Nietsch* WM 2012, 2217, 22). Auch diese Ausführungen bieten keine Anhaltspunkte für eine generelle Abkehr des *BGH* von der abstrakten Betrachtungsweise. In der Literatur auf berechtigten Widerstand gestoßen ist die Sichtweise des *OLG München*, wonach reine Treuhänder Stimmrechte zuzurechnen sind, die dem Treugeber aufgrund dessen Verhaltensabstimmung mit einem Dritten nach § 22 Abs 2 WpHG zugerechnet werden (*OLG München* Urt v 9.9.2009, Az 7 U 1997/09, NZG 2009, 1386, 1387). Im Gesetz findet sich für die Ansicht des *OLG München* keine Grundlage (vgl dazu *von Bülow/Petersen* NZG 2009, 1373 ff; *Widder/Kocher* ZIP 2010, 457; krit auch Schmidt/Lutter AktG/*Veil* Anh § 22: § 22 WpHG Rn 20; *Nietsch* WM 2012, 2217, 2221 f; dem *OLG München* zustimmend jedoch *Mayrhofer/Pirner* DB 2009, 2310, 2313). Inzwischen hat der *BGH* klargestellt, dass die Auffassung des *OLG München* weder dem Gesetzeswortlaut entspricht noch aufgrund von Sinn und Zweck des Gesetzes geboten ist (*BGH* NZG 2011, 1147, 1148 f.).

5 **3. Sicherungsübereignung (Nr 3).** Hat ein Sicherungsgeber einem Dritten (Sicherungsnehmer) Aktien als Sicherheit übertragen, werden die Stimmrechte aus diesen Aktien dem Sicherungsgeber zugerechnet, es sei denn, der Dritte ist zur Ausübung der Stimmrechte aus diesen Aktien befugt und bekundet die Absicht, die Stimmrechte unabhängig von den Weisungen des Meldepflichtigen auszuüben. Die Stimmrechte

werden dabei entweder dem Sicherungsgeber oder dem Sicherungsnehmer zugerechnet, nicht jedoch beiden (*Meyer/Bundschuh* WM 2003, 960, 961 f; RegBegr BT-Drucks 12/6679, 53; MünchKomm AktG/*Bayer* Anh § 22 AktG § 22 WpHG Rn 24; Assmann/Schneider WpHG/*Schneider* Rn 93). Es gilt im Gegensatz zu den übrigen Zurechnungstatbeständen des § 22 WpHG der **Grundsatz der alternativen Zurechnung** (*BaFin* Emittentenleitfaden 2009, 142; Schmidt/Lutter AktG/*Veil* Anh § 22: § 22 WpHG Rn 21). Im Regelfall wird eine Sicherungsübereignung daher keine Mitteilungspflicht auslösen: Die Höhe des Stimmrechtsanteils ändert sich für den Sicherungsgeber nicht, da ihm die Stimmrechte aus den Aktien, an denen er das Eigentum an den Sicherungsnehmer verliert, nun nach § 22 Abs 1 S 1 Nr 3 WpHG zuzurechnen sind. Der Sicherungsnehmer dagegen ist wegen der ausschließlichen Zuordnung der Stimmrechte zum Sicherungsgeber nicht mitteilungspflichtig. Damit wird die Vertraulichkeit der Kreditbeziehungen geschützt (Assmann/Schneider WpHG/*Schneider* Rn 96).

4. Nießbrauch (Nr 4). Stimmrechte aus Aktien, an denen ein Nießbrauch besteht, werden demjenigen zugerechnet, zu dessen Gunsten der Nießbrauch besteht. Die im Aktienrecht umstr Frage, wem bei einem Nießbrauch an Aktien das Stimmrecht zusteht, kann für die Meldepflichten nach §§ 21 WpHG damit offen bleiben. Für den Eigentümer ergibt sich die Meldepflicht unmittelbar aus § 21 Abs 1 WpHG, der Nießbrauchsberechtigte bekommt die Stimmrechte stets über § 22 Abs 1 S 1 Nr 4 WpHG zugerechnet (*BaFin* Emittentenleitfaden 2009, 142 f; **aA** Spindler/Stilz AktG/*Petersen* § 22 Anh Rn 49). 6

5. Potentieller Erwerb (Nr 5). Stimmrechte, die der Meldepflichtige durch eine Willenserklärung erwerben kann, werden diesem nach § 22 Abs 1 S 1 Nr 5 WpHG zugerechnet. Der Begriff des Erwerbes ist dabei iSd Erlangung des Eigentums zu verstehen. Zugerechnet werden Stimmrechte nach § 22 Abs 1 S 1 Nr 5 WpHG damit nur dann, wenn der Meldepflichtige durch die Willenserklärung (oder durch die Kaufpreiszahlung) unmittelbar Eigentum an den mit Stimmrechten verbundenen Aktien erwirbt (*BaFin* Emittentenleitfaden 2009, 143). Ein lediglich schuldrechtlicher Anspruch auf Übereignung führt nicht zu einer Zurechnung nach § 22 Abs 1 S 1 Nr 5 WpHG (seit der 6. Auflage jetzt auch Assmann/Schneider WpHG/*Schneider* Rn 109 f). Die von *Schneider* in der Vorauflage angesprochenen Regelungslücken in § 25 WpHG (Assmann/Schneider WpHG, 5. Auflage/*Schneider* Rn 108) wurden durch die Änderung des § 25 WpHG zum 1.2.2012 geschlossen (vgl dazu das Gesetz zur Stärkung des Anlegerschutzes und Verbesserung der Funktionsfähigkeit des Kapitalmarkts; Assmann/Schneider WpHG/*Schneider* Rn 109; s dazu auch Anh § 22/§ 25 WpHG). Erforderlich ist für die Zurechnung, dass dem Meldepflichtigen ein Anwartschaftsrecht an den mit Stimmrechten verbundenen Aktien zusteht. Typischer Anwendungsfall der Zurechnung nach § 22 Abs 1 S 1 Nr 5 WpHG sind dinglich ausgestaltete Optionen (vgl dazu *BaFin* Emittentenleitfaden 2009, 143 f). 7

6. Anvertraute Aktien, Vollmacht (Nr 6). Aktien, die dem Meldepflichtigen anvertraut sind oder aus denen er die Stimmrechte als Bevollmächtigter ausüben kann, werden ihm zugerechnet, wenn er die Stimmrechte aus diesen Aktien im Falle des Nichtvorliegens besonderer Weisungen des Aktionärs nach eigenem Ermessen ausüben kann. Anvertrautsein iSv § 22 Abs 1 S 1 Nr 6 WpHG liegt vor, wenn der Meldepflichtige verpflichtet ist, die Vermögensinteressen des Aktionärs wahrzunehmen (Köln- 8

Komm WpHG/*von Bülow* Rn 133; Assmann/Schneider WpHG/*Schneider* Rn 118; *BaFin* Emittentenleitfaden 2009, 144). Hinsichtlich des Ermessens ist entscheidend, ob der Meldepflichtige in dem Falle, dass er keine Weisungen des Aktionärs erhält, Ermessen ausüben kann. Somit lässt eine regelmäßige Erteilung von Weisungen die Zurechnung nach § 22 Abs 1 S 1 Nr 6 WpHG nicht entfallen. Entfallen würde diese nur dann, wenn beim Ausbleiben von Weisungen keine Ermessensentscheidung getroffen werden dürfte (*BaFin* Emittentenleitfaden 2009, 144). Unter § 22 Abs 1 S 1 Nr 6 WpHG fallen auch gesetzliche Pflichten zur Vermögensverwaltung, wie zB elterliche Sorge, Insolvenzverwaltung und Testamentsvollstreckung, ferner auch Betreuung und Pflegschaft (Assmann/Schneider WpHG/*Schneider* Rn 119). Die Alternative der Bevollmächtigung ist durch das TUG hinzugefügt worden und trägt der Tatsache Rechnung, dass die Tatbestände der Bevollmächtigung und des Anvertrautseins nicht vollständig deckungsgleich sind (RegBegr BT-Drucks 16/2498, 34). Das **Vollmachtsstimmrecht der Kreditinstitute** fällt nicht unter § 22 Abs 1 S 1 Nr 6 WpHG, da diese **kein eigenes Ermessen** bei der Stimmrechtsausübung besitzen, sondern an ihre eigenen Vorschläge gebunden sind (**hM**, RegBegr BT-Drucks 16/2498, 35; *Falkenhagen* WM 1995, 1005, 1007; Assmann/Schneider WpHG/*Schneider* Rn 134; MünchHdb AG/*Krieger* § 68 Rn 151 a; *BaFin* Emittentenleitfaden 2009, 145; **aA** *Burgard* BB 1995, 2069, 2076; *Witt* AG 1998, 171, 176 f Fn 64). Dieselbe Erwägung soll auch für **institutionelle Stimmrechtsvertreter** gelten: IdR warte der institutionelle Stimmrechtsvertreter auf entgegenstehende Weisungen; nur in dem Fall, in dem er völlig freie Hand hat, sei eine Zurechnung gerechtfertigt (*Schneider/Anzinger* NZG 2007, 88, 94). Entscheidend ist die vertragliche Gestaltung der Stimmrechtsvertretung im Einzelfall. Hat ein institutioneller Stimmrechtsvertreter den Aktionären keine Vorschläge unterbreitet, an die er mangels besonderer Weisung gebunden ist, werden ihm die Stimmrechte nach § 22 Abs 1 S 1 Nr 6 WpHG zugerechnet (Assmann/Schneider WpHG/*Schneider* Rn 136). Wird eine **Vollmacht nur** zur Ausübung der Stimmrechte **für eine HV** erteilt, ist es für die Erfüllung der Mitteilungspflicht ausreichend, wenn die Mitteilung lediglich bei Erteilung der Vollmacht abgegeben wird (§ 22 Abs 4 S 1 WpHG). Damit entfällt die Mitteilungspflicht beim Erlöschen der Bevollmächtigung. Die Mitteilung muss die Angabe enthalten, **wann** die HV stattfindet und **wie hoch** nach Erlöschen der Vollmacht oder des Ausübungsermessens der Stimmrechtsanteil sein wird, der dem Bevollmächtigten zugerechnet wird (§ 22 Abs 4 S 2 WpHG).

III. Abgestimmtes Verhalten (§ 22 Abs 2 WpHG)

9   Dem Meldepflichtigen werden auch Stimmrechte eines Dritten aus Aktien des Emittenten, für den die Bundesrepublik der Herkunftsstaat (§ 2 Abs 6 WpHG) ist, in voller Höhe zugerechnet, mit dem der Meldepflichtige oder sein Tochterunternehmen (bzgl Tochterunternehmen s oben Rn 3) sein Verhalten in Bezug auf diesen Emittenten **auf Grund einer Vereinbarung** oder **in sonstiger Weise** abstimmt; ausgenommen sind Vereinbarungen über die Ausübung von Stimmrechten in Einzelfällen (§ 22 Abs 2 S 1 WpHG). Voraussetzung für ein abgestimmtes Verhalten ist, dass der Meldepflichtige oder sein Tochterunternehmen und der Dritte sich entweder **über die Ausübung von Stimmrechten verständigen** oder **in sonstiger Weise zusammenwirken** mit dem Ziel, eine dauerhafte und erhebliche Änderung der unternehmerischen Ausrichtung des Emittenten herbeizuführen (§ 22 Abs 2 S 2 WpHG). Vereinbarungen iSv § 22 Abs 2 WpHG müssen rechtlich bindend sein. In Betracht kommen alle Vertragsformen des

Zivilrechts. Demgegenüber liegt eine Verhaltensabstimmung in sonstiger Weise vor, wenn, wie zB beim gentlemen's agreement, gerade keine Rechtsbindung besteht (Assmann/Schneider WpHG/*Schneider* Rn 172 f; *BaFin* Emittentenleitfaden 2009, 146). Allein die Verständigung über die Stimmrechtsausübung führt zur Zurechnung (Assmann/Schneider WpHG/*Schneider* Rn 177), sofern nicht die Einzelfallausnahme greift (dazu unten). Es ist nicht erforderlich, dass weitere Voraussetzungen, wie zB ein Gesamtplan, vorliegen müssen (Spindler/Stilz AktG/*Petersen* § 22 Anh Rn 54; aA *von Bülow/Stephanblome* ZIP 2008, 1797, 1798 mwN). Auch die Variante des Zusammenwirkens mit Änderungsabsicht kann durch rechtlich bindende Vereinbarung oder durch Verhaltensabstimmung in sonstiger Weise erfolgen. **Unternehmerische Ausrichtung** ist mehr als nur der in der Satzung festgelegte Gesellschaftszweck. Auch die Unternehmenspolitik fällt darunter (Assmann/Schneider WpHG/*Schneider* Rn 184; *von Bülow/Stephanblome* ZIP 2008, 1797, 1798). So ist zB eine grundlegende Änderung des Geschäftsmodells oder eine Trennung von wesentlichen Geschäftsbereichen als unter den Tatbestand fallende Änderung der unternehmerischen Ausrichtung anzusehen (Bericht Finanzausschuss, BT-Drucks 16/9821, 12). Zur Erfüllung von § 22 Abs 2 S 2 2. Alt WpHG muss mit dem Ziel, eine **Änderung** herbeizuführen, zusammengewirkt werden. Ein Zusammenwirken in sonstiger Weise zur Beibehaltung des status quo führt nicht zur Zurechnung (Bericht Finanzausschuss, BT-Drucks 16/9821, 11; *Pluskat* DB 2009, 383, 385; *von Bülow/Stephanblome* ZIP 2008, 1797, 1799). **Erheblich** und **dauerhaft** ist die Einflussnahme auf die unternehmerische Ausrichtung, wenn sie für die unternehmerische Ausrichtung des Emittenten von großer Bedeutung und von einer gewissen Nachhaltigkeit geprägt ist (Bericht Finanzausschuss, BT-Drucks 16/9821, 11). Die Erheblichkeit dürfte damit anhand der Parameter des jeweiligen Unternehmens zu beurteilen sein. So dürfte zB ein neuer Geschäftszweig mit 50 Beschäftigten bei einem Unternehmen mit bis dahin 50 Mitarbeitern erheblich sein, bei einem Unternehmen mit mehreren 1 000 Mitarbeitern hingegen nicht (zumindest nicht aufgrund der Mitarbeiterzahl). Vom Vorliegen einer dauerhaften Änderung dürfte auszugehen sein, wenn ein Ende der Auswirkungen nicht absehbar ist. So dürfte zB eine Einflussnahme, die zu einem Rücktritt von Vorstandsmitgliedern führt, als dauerhaft zu qualifizieren sein. Zur Zurechnung nach § 22 Abs 2 WpHG kommt es nicht, wenn die Abstimmung nur in einem **Einzelfall** erfolgt. Die Ausnahme erfasst über den Wortlaut der Vorschrift hinaus nicht nur Vereinbarungen, sondern auch die Abstimmung in sonstiger Weise (*von Bülow/Stephanblome* ZIP 2008, 1797, 1799; aA *Wackerbarth* ZIP 2007, 2340, 2344 zu § 30 Abs 2 WpÜG). Eine Privilegierung von rechtlich bindenden Vereinbarungen gegenüber Abstimmungen in sonstiger Weise dadurch, dass nur bei ersteren die Einzelfallausnahme in Betracht kommt, wäre nicht sinnvoll. Stets Einzelfälle sind nicht nur punktuelle Einflussnahmen sowie die Beibehaltung des status quo durch Ablehnen geplanter unternehmerischer Maßnahmen (vgl Bericht Finanzausschuss, BT-Drucks 16/9821, 11 f). Nie als Einzelfall zu qualifizieren sein dürfte hingegen die dauerhafte und erhebliche Änderung der unternehmerischen Ausrichtung, da dafür eine längerfristige Strategie erforderlich ist. Somit kommt beim Vorliegen von § 22 Abs 2 S 2 2. Alt WpHG kein Einzelfall in Betracht. Die Zurechnung nach § 22 Abs 2 WpHG erfolgt **stets wechselseitig** (*Nietsch* WM 2012, 2217, 2222 f; *BaFin* Emittentenleitfaden 2009, 147; **aA** Schmidt/Lutter AktG/*Veil* Anh § 22: § 22 WpHG Rn 44, der von einer Ausnahme von der wechselseitigen Zurechnung durch teleologische Reduktion der Vorschrift ausgeht, wenn ein Aktionär sich gegenüber den anderen durchsetzen kann). Es ist nicht erforderlich, dass ein Meldepflichtiger selbst mit Stimmrechten verbundene Aktien hält oder Stimmrechte anderweitig (nach § 22 Abs 1 S 1 Nr 1–6 WpHG) zugerechnet bekommt (*BaFin* Emittentenleitfaden 2009, 146 f; Assmann/Schneider WpHG/*Schneider* Rn 193b; **aA** KölnKomm WpHG/*von Bülow* Rn 175 f). Nicht genügend für abgestimmtes Verhalten ist ein nur gleichförmiges Verhalten ohne gemeinschaftliche Koordinierung (*Schneider* WM 2006, 1321, 1323; *Borges* ZIP 2007, 357, 360). Ebenfalls kein abgestimmtes Verhalten liegt vor bei einem gemeinsam erfolgenden Erwerb von Aktien (BT-Drucks 16/9821, 11; **aA** Assmann/Schneider WpHG/*Schneider* Rn 185 mwN). Ein acting in concert besteht nicht grds zwischen einer Gesellschaft und ihren geschäftsführenden Organmitgliedern (**aA** Assmann/Schneider WpHG/*Schneider* Rn 209). Es ist durchaus denkbar, dass die Gesellschaft einerseits und das Organmitglied andererseits unterschiedliche Ziele verfolgen. Da §§ 21 ff WpHG keine Beweislastumkehr vorsehen, muss einem Meldepflichtigen das abgestimmte Verhalten nachgewiesen werden, wenn er zB mit Bußgeldern belegt werden soll oder sich jemand auf den Rechtsverlust nach § 28 WpHG bezüglich dieses Meldepflichtigen beruft (Assmann/Schneider WpHG/*Schneider* Rn 194).

§ 23 Nichtberücksichtigung von Stimmrechten*)

(1) **Stimmrechte aus Aktien eines Emittenten, für den die Bundesrepublik Deutschland der Herkunftsstaat ist, bleiben bei der Berechnung des Stimmrechtsanteils unberücksichtigt, wenn ihr Inhaber**
1. ein Unternehmen mit Sitz in einem Mitgliedstaat der Europäischen Union oder in einem anderen Vertragsstaat des Abkommens über den Europäischen Wirtschaftsraum ist, das Wertpapierdienstleistungen erbringt,
2. die betreffenden Aktien im Handelsbestand hält oder zu halten beabsichtigt und dieser Anteil nicht mehr als 5 Prozent der Stimmrechte beträgt und
3. sicherstellt, dass die Stimmrechte aus den betreffenden Aktien nicht ausgeübt und nicht anderweitig genutzt werden, um auf die Geschäftsführung des Emittenten Einfluss zu nehmen.

(2) **Stimmrechte aus Aktien eines Emittenten, für den die Bundesrepublik Deutschland der Herkunftsstaat ist, bleiben bei der Berechnung des Stimmrechtsanteils unberücksichtigt, sofern**
1. die betreffenden Aktien ausschließlich für den Zweck der Abrechnung und Abwicklung von Geschäften für höchstens drei Handelstage gehalten werden, selbst wenn die Aktien auch außerhalb eines organisierten Marktes gehandelt werden, oder
2. eine mit der Verwahrung von Aktien betraute Stelle die Stimmrechte aus den verwahrten Aktien nur aufgrund von Weisungen, die schriftlich oder über elektronische Hilfsmittel erteilt wurden, ausüben darf.

(3) [1]Stimmrechte aus Aktien, die die Mitglieder des Europäischen Systems der Zentralbanken bei der Wahrnehmung ihrer Aufgaben als Währungsbehörden zur Verfügung gestellt bekommen oder die sie bereitstellen, bleiben bei der Berechnung des Stimmrechtsanteils am Emittenten, für den die Bundesrepublik Deutschland der Herkunfts-

---

*) Die Kommentierung gibt die persönliche Meinung des Verfassers wieder und stellt keine offizielle Stellungnahme der BAFin dar.

staat ist, unberücksichtigt, soweit es sich bei den Transaktionen um kurzfristige Geschäfte handelt und die Stimmrechte aus den betreffenden Aktien nicht ausgeübt werden. ²Satz 1 gilt insbesondere für Stimmrechte aus Aktien, die einem oder von einem Mitglied im Sinne des Satzes 1 zur Sicherheit übertragen werden, und für Stimmrechte aus Aktien, die dem Mitglied als Pfand oder im Rahmen eines Pensionsgeschäfts oder einer ähnlichen Vereinbarung gegen Liquidität für geldpolitische Zwecke oder innerhalb eines Zahlungssystems zur Verfügung gestellt oder von diesem bereitgestellt werden.

(4) ¹Für die Meldeschwellen von 3 Prozent und 5 Prozent bleiben Stimmrechte aus solchen Aktien eines Emittenten, für den die Bundesrepublik Deutschland der Herkunftsstaat ist, unberücksichtigt, die von einer Person erworben oder veräußert werden, die an einem Markt dauerhaft anbietet, Finanzinstrumente im Wege des Eigenhandels zu selbst gestellten Preisen zu kaufen oder zu verkaufen (Market Maker), wenn
1. diese Person dabei in ihrer Eigenschaft als Market Maker handelt,
2. sie eine Zulassung nach § 32 Abs. 1 Satz 1 in Verbindung mit § 1 Abs. 1a Satz 2 Nr. 4 des Kreditwesengesetzes hat,
3. sie nicht in die Geschäftsführung des Emittenten eingreift und keinen Einfluss auf ihn dahingehend ausübt, die betreffenden Aktien zu kaufen oder den Preis der Aktien zu stützen und
4. sie der Bundesanstalt unverzüglich, spätestens innerhalb von vier Handelstagen mitteilt, dass sie hinsichtlich der betreffenden Aktien als Market Maker tätig ist; für den Beginn der Frist gilt § 21 Abs. 1 Satz 3 und 4 entsprechend.

²Die Person kann die Mitteilung auch schon zu dem Zeitpunkt abgeben, an dem sie beabsichtigt, hinsichtlich der betreffenden Aktien als Market Maker tätig zu werden.

(5) Stimmrechte aus Aktien, die nach den Absätzen 1 bis 4 bei der Berechnung des Stimmrechtsanteils unberücksichtigt bleiben, können mit Ausnahme von Absatz 2 Nr. 2 nicht ausgeübt werden.

(6) Das Bundesministerium der Finanzen kann durch Rechtsverordnung, die nicht der Zustimmung des Bundesrates bedarf,
1. eine geringere Höchstdauer für das Halten der Aktien nach Absatz 2 Nr. 1 festlegen,
2. nähere Bestimmungen erlassen über die Nichtberücksichtigung der Stimmrechte eines Market Maker nach Absatz 4 und
3. nähere Bestimmungen erlassen über elektronische Hilfsmittel, mit denen Weisungen nach Absatz 2 Nr. 2 erteilt werden können.

Übersicht

	Rn		Rn
I. Allgemeines	1	IV. Aufgaben des Europäischen Systems der Zentralbanken (§ 23 Abs 3 WpHG)	4
II. Handelsbestand von Wertpapierdienstleistungsunternehmen (§ 23 Abs 1 WpHG)	2	V. Market Maker (§ 23 Abs 4 WpHG)	5
		1. Betroffene Schwellenwerte	5
III. Abrechnung, Abwicklung oder Verwahrung von Aktien (§ 23 Abs 2 WpHG)	3	2. Voraussetzungen	6
		VI. Keine Ausübung der Stimmrechte (§ 23 Abs 5 WpHG)	7

Literatur: Vgl die Nachweise zu § 21 WpHG.

Anh § 22/§ 23 WpHG — Nichtberücksichtigung von Stimmrechten

I. Allgemeines

1 § 23 WpHG wurde durch das **TUG** v 5.1.2007 (BGBl I 2007, 10) vollständig **neu gefasst**. Die Vorschrift normiert **Ausnahmen** von der Berücksichtigung von Stimmrechten bei der Berechnung des Stimmrechtsanteils. **Entfallen** ist mit dem Inkrafttreten der Neuregelung das **Antragserfordernis** hinsichtlich der sogenannten Handelsbestandsbefreiung. Die Freistellung tritt nun von Gesetzes wegen ein. (*Schlitt/Schäfer* AG 2007, 227, 230; RegBegr BT-Drucks 16/2498, 35; krit dazu *Göres* Der Konzern 2007, 15, 19). Der Meldepflichtige muss die Stimmrechte unberücksichtigt lassen, wenn die Voraussetzungen des § 23 WpHG erfüllt sind, entspr dürfen die betroffenen Stimmrechte mit Ausnahme solcher, die von § 23 Abs 2 Nr 2 WpHG erfasst sind, auch nicht ausgeübt werden, § 22 Abs 5 WpHG. Die von § 23 WpHG erfassten Stimmrechte bleiben nicht nur beim Eigentümer selbst, sondern auch bei demjenigen, dessen Tochterunternehmen der Eigentümer der mit Stimmrechten verbundenen Aktien ist, unberücksichtigt. Liegen mehrere Befreiungstatbestände nach § 23 WpHG vor, können die jeweiligen Höchstgrenzen kumulativ in Anspruch genommen werden (*BaFin* Emittentenleitfaden 2009, 157 f).

II. Handelsbestand von Wertpapierdienstleistungsunternehmen (§ 23 Abs 1 WpHG)

2 Nach § 23 Abs 1 WpHG bleiben Stimmrechte bei der Berechnung des Stimmrechtsanteils unberücksichtigt, wenn ihr Inhaber ein Unternehmen mit Sitz in einem Mitgliedstaat der Europäischen Union oder in einem anderen Vertragsstaat des Abkommens über den EWR ist, das Wertpapierdienstleistungen erbringt und die betr Aktien im Handelsbestand hält oder zu halten beabsichtigt. Voraussetzung für die Nichtberücksichtigung ist weiter, dass der Stimmrechtsanteil **nicht mehr als 5 %** beträgt und das Wertpapierdienstleistungsunternehmen sicherstellt, dass die Stimmrechte aus den betr Aktien nicht ausgeübt und nicht anderweitig genutzt werden, um auf die Geschäftsführung des Emittenten Einfluss zu nehmen. Der Begriff des **Handelsbestandes** ist nicht gesetzlich definiert. Nach Sinn und Zweck fallen unter den Handelsbestand Aktien, die zur Erbringung von Wertpapierdienstleistungen bestimmt sind (Assmann/Schneider WpHG/*Schneider* Rn 11). Der Handelsbestand ist vom Anlagebestand und der Liquiditätsreserve zu unterscheiden (Assmann/Schneider WpHG/*Schneider* Rn 7). Im Anlagebestand werden Aktien gehalten, die der langfristigen Vermögensbildung, insb dem Paketaufbau, der Beteiligungspolitik und strategischen Zielen dienen (Assmann/Schneider WpHG/*Schneider* Rn 10; MünchKomm AktG/*Bayer* Anh § 22 AktG § 23 WpHG Rn 5). Die Zuordnung zum Handels- oder zum Anlagebestand obliegt dem die Wertpapierdienstleistung erbringenden Unternehmen. Die Zuordnung erfolgt durch das Führen eigener, vom Anlagebestand getrennter Konten (Assmann/Schneider WpHG/*Schneider* Rn 23). Entfallen eine oder mehrere Voraussetzungen für die Nichtberücksichtigung, zählen die Aktien bei der Berechnung des Stimmrechtsanteils wieder mit.

III. Abrechnung, Abwicklung oder Verwahrung von Aktien (§ 23 Abs 2 WpHG)

3 Die ursprünglich in § 23 Abs 2 WpHG geregelte Befreiung für den sog „Spekulationsbestand" wurde durch das TUG aufgehoben. § 23 Abs 2 WpHG setzt Art 9 Abs 4 der RL 2004/109/EG um und enthält zwei neue Ausnahmetatbestände: Stimmrechte aus Aktien eines Emittenten, für den die Bundesrepublik der Herkunftsstaat ist (§ 2 Abs 6 WpHG), bleiben bei der Berechnung des Stimmrechtsanteils unberücksichtigt, wenn die betr Aktien ausschließlich für den Zweck der **Abrechnung und Abwicklung** von Geschäften für **höchstens 3 Handelstage** gehalten werden. Dies gilt auch, wenn die Aktien außerhalb eines organisierten Marktes (§ 2 Abs 5 WpHG) gehandelt werden. Nach Praxis der *BaFin* gilt die Befreiung nur dann, wenn der Erwerb ausschließlich ein Clearing & Settlement-Geschäft darstellt. Dies ist zB beim Eigentumserwerb durch Institute, die eine Kapitalerhöhung des Emittenten durchführen, nicht der Fall (*BaFin* Emittentenleitfaden 2009, 159). Unberücksichtigt bleiben auch Stimmrechte aus Aktien, wenn die mit der **Verwahrung** betraute Stelle die Stimmrechte aus den verwahrten Aktien nur **aufgrund von Weisungen**, die schriftlich oder über elektronische Hilfsmittel erteilt wurden, ausüben darf. Es handelt sich um Ausnahmen für Unternehmen, die iRd Abrechnung und Abwicklung von Wertpapiergeschäften tätig sind (clearing und settlement), da diese üblicherweise keinen Einfluss auf die Emittenten ausüben (RegBegr BT-Drucks 16/2498, 35). Die Nichtberücksichtigung von Stimmrechten kommt allerdings nur zum Tragen, wenn der Meldepflichtige Eigentum an den Aktien erwirbt. Ein Eigentumserwerb des Verwahrers erfolgt in Deutschland regelmäßig nicht (Assmann/Schneider WpHG/*Schneider* Rn 45). Die Vorschrift hat jedoch für Verwahrstellen außerhalb Deutschlands Bedeutung.

IV. Aufgaben des Europäischen Systems der Zentralbanken (§ 23 Abs 3 WpHG)

§ 23 Abs 3 WpHG regelt die Nichtberücksichtigung von Stimmrechten aus Aktien, die die Mitglieder des Europäischen Systems der Zentralbanken (die jeweiligen Zentralbanken der Mitgliedstaaten, in der Bundesrepublik Deutschland die Deutsche Bundesbank) bei der Wahrnehmung ihrer Aufgaben als Währungsbehörden zur Verfügung gestellt bekommen oder die sie bereitstellen. Die Vorschrift setzt Art 11 der Transparenzrichtlinie 2004/109/EG um (RegBegr BT-Drucks 16/2498, 36). Kurzfristig iSd § 23 Abs 3 WpHG sind ausweislich der Regierungsbegründung Kreditgeschäfte, die im Einklang mit dem Vertrag und den Rechtsakten der EZB, insb den EZB-Leitlinien über geldpolitische Instrumente und Verfahren und dem System TARGET stehen, und auf Kreditgeschäfte, die im Einklang mit nationalen Vorschriften zur Durchführung vergleichbarer Aufgaben vorgenommen werden (RegBegr BT-Drucks 16/2498, 36).

4

V. Market Maker (§ 23 Abs 4 WpHG)

1. Betroffene Schwellenwerte. § 23 Abs 4 WpHG regelt eine Ausnahme von den Mitteilungspflichten für Market Maker. Nach der Legaldefinition in § 23 Abs 4 WpHG ist Market Maker eine Person, die an einem Markt dauerhaft anbietet, Finanzinstrumente im Wege des Eigenhandels zu selbst gestellten Preisen zu kaufen oder zu verkaufen. Die Ausnahme von der Mitteilungspflicht ist auf die Schwellenwerte von 3 % und 5 % beschränkt (näher dazu RegBegr BT-Drucks 16/2498, 36).

5

2. Voraussetzungen. Die Stimmrechte können nur dann unberücksichtigt bleiben, wenn der Market Maker in seiner Eigenschaft als solcher Aktien des Emittenten erwirbt oder veräußert, er also in Wahrnehmung seiner Aufgaben als Market Maker handelt und nicht nur bei Gelegenheit oder im Rahmen sonstiger Tätigkeiten (§ 23 Abs 4 Nr 1 WpHG, RegBegr BT-Drucks 16/2498, 36). Darüber hinaus muss der Market Maker eine Erlaubnis nach § 32 Abs 1 S 1 iVm § 1 Abs 1 a S 2 Nr 4 KWG besitzen (§ 23 Abs 4 Nr 2 WpHG, Einzelheiten dazu in der RegBegr BT-Drucks 16/2498, 36). Die Ausnahme greift nur ein, wenn der Market Maker nicht in die Geschäftsführung

6

des Emittenten eingreift und keinen Einfluss auf den Emittenten dahingehend ausübt, die betreuten Aktien zurückzukaufen oder Stabilisierungsmaßnahmen zu ergreifen (§ 23 Abs 4 Nr 3 WpHG). Ferner muss der Market Maker der BaFin unverzüglich, spätestens innerhalb von 4 Handelstagen mitteilen, dass er hinsichtlich der betr Aktien als Market Maker tätig ist (§ 23 Abs 4 Nr 4 WpHG).

VI. Keine Ausübung der Stimmrechte (§ 23 Abs 5 WpHG)

7 Stimmrechte aus Aktien, die nach § 23 Abs 1–4 WpHG bei der Berechnung des Stimmrechtsanteils unberücksichtigt bleiben, können mit Ausnahme von Stimmrechten nach § 23 Abs 2 Nr 2 WpHG nicht ausgeübt werden. Erfasst sind alle Stimmrechte, die bei der Berechnung des Stimmrechtsanteils unberücksichtigt bleiben (so schon zu § 23 Abs 4 aF WpHG Heidel AnwK-AktR/*Heinrich* Rn 10; **aA** Assmann/Schneider WpHG/*Schneider* Rn 74 f mwN).

§ 24 Mitteilung durch Konzernunternehmen*)

Gehört der Meldepflichtige zu einem Konzern, für den nach den §§ 290, 340i des Handelsgesetzbuchs ein Konzernabschluss aufgestellt werden muss, so können die Mitteilungspflichten nach § 21 Abs. 1 und 1a durch das Mutterunternehmen oder, wenn das Mutterunternehmen selbst ein Tochterunternehmen ist, durch dessen Mutterunternehmen erfüllt werden.

Übersicht

	Rn		Rn
I. Allgemeines	1	III. Mitteilung	3
II. Konzern	2		

Literatur: *Nottmeier/Schäfer* Zu den Mitteilungspflichten von Konzernunternehmen gemäß § 24 Wertpapierhandelsgesetz, WM 1996, 513; *Witt* Vorschlag für eine Zusammenfügung der §§ 21 ff WpHG und des § 20 AktG zu einem einzigen Regelungskomplex, AG 1998, 171; vgl auch die Nachweise zu § 21 WpHG.

I. Allgemeines

1 Zweck des § 24 WpHG ist es, Mitteilungen von Konzernen dadurch zu vereinfachen, dass sie zusammengefasst werden können. Die Mitteilungspflichten des Tochterunternehmens können durch das Mutterunternehmen erfüllt werden, ohne dass es dafür einer rechtsgeschäftlichen Vollmacht bedarf. Die Mutter kann Mitteilungen von meldepflichtigen Tochterunternehmen im eigenen Namen vornehmen (Assmann/Schneider WpHG/*Schneider* Rn 6). Die Mitteilung der Konzernmutter hinsichtlich ihres eigenen Stimmrechtsanteils ersetzt jedoch nicht die Mitteilungen der Tochterunternehmen. Vielmehr muss die Mutter den jeweiligen Stimmrechtsbestand der Tochterunternehmen mitteilen (*BaFin* Emittentenleitfaden 2009, 161). Bei einem mehrstöckigen Konzern genügt die Meldepflichterfüllung durch die Konzernspitze.

---

*) Die Kommentierung gibt die persönliche Meinung des Verfassers wieder und stellt keine offizielle Stellungnahme der BAFin dar.

II. Konzern

Voraussetzung ist, dass der Meldepflichtige zu einem Konzern gehört, für den nach den §§ 290, 340i HGB ein Konzernabschluss aufgestellt werden muss. Es kommt somit allein auf die Pflicht an, einen Konzernabschluss aufzustellen. Wird statt eines Konzernabschlusses nach § 290 HGB ein Konzernabschluss nach § 291 HGB oder § 315a HGB (internationale Standards) aufgestellt, bleibt § 24 WpHG anwendbar. Da § 24 WpHG nicht an den aktienrechtlichen Konzernbegriff anknüpft, scheidet eine Anwendbarkeit auf Gleichordnungskonzerne iSd § 18 Abs 2 AktG aus. (MünchKomm AktG/*Bayer* Anh § 22 AktG § 24 WpHG Rn 3; Assmann/Schneider WpHG/*Schneider* Rn 26). 2

III. Mitteilung

Auch wenn die Mitteilung durch das Mutterunternehmen abgegeben wird, bleibt für die Frage der Unverzüglichkeit die Kenntnis bzw das Kennenmüssen des meldepflichtigen Tochterunternehmens maßgebend (Assmann/Schneider WpHG/*Schneider* Rn 15; KölnKomm WpHG/*Hirte* Rn 15). Die Mitteilung muss alle Informationen enthalten (s § 17 WpAIV), die eine Mitteilung durch das Tochterunternehmen enthalten hätte (**hM**, *Nottmeier/Schäfer* WM 1996, 513, 514 ff; *Witt* AG 1998, 171, 177; MünchKomm AktG/*Bayer* Anh § 22 AktG § 24 WpHG Rn 7 mwN; **aA** *Falkenhagen* WM 1995, 1005, 1009). 3

§ 25 Mitteilungspflichten beim Halten von Finanzinstrumenten und sonstigen Instrumenten*)

(1) ¹**Wer unmittelbar oder mittelbar Finanzinstrumente oder sonstige Instrumente hält, die ihrem Inhaber das Recht verleihen, einseitig im Rahmen einer rechtlich bindenden Vereinbarung mit Stimmrechten verbundene und bereits ausgegebene Aktien eines Emittenten, für den die Bundesrepublik Deutschland der Herkunftsstaat ist, zu erwerben, hat dies bei Erreichen, Überschreiten oder Unterschreiten der in § 21 Abs. 1 Satz 1 genannten Schwellen mit Ausnahme der Schwelle von 3 Prozent entsprechend § 21 Abs. 1 Satz 1 unverzüglich dem Emittenten und gleichzeitig der Bundesanstalt mitzuteilen.** ²**Die §§ 23 und 24 gelten entsprechend.** ³**Eine Zusammenrechnung mit den Beteiligungen nach den §§ 21 und 22 findet statt; Finanzinstrumente und sonstige Instrumente, die jeweils unter § 22 Absatz 1 Satz 1 Nummer 5 fallen, werden bei der Berechnung nur einmal berücksichtigt.**

(2) **Beziehen sich verschiedene der in Absatz 1 genannten Finanzinstrumente oder sonstige Instrumente auf Aktien des gleichen Emittenten, muss der Mitteilungspflichtige die Stimmrechte aus diesen Aktien zusammenrechnen.**

(2a) **Eine Mitteilungspflicht nach Absatz 1 besteht nicht, soweit die Zahl der Stimmrechte aus Aktien, für die ein Angebot zum Erwerb aufgrund eines Angebots nach dem Wertpapiererwerbs- und Übernahmegesetz angenommen wurde, gemäß § 23 Absatz 1 des Wertpapiererwerbs- und Übernahmegesetzes offenzulegen ist.**

---

*) Die Kommentierung gibt die persönliche Meinung des Verfassers wieder und stellt keine offizielle Stellungnahme der BAFin dar.

(3) Das Bundesministerium der Finanzen kann durch Rechtsverordnung, die nicht der Zustimmung des Bundesrates bedarf, nähere Bestimmungen erlassen über den Inhalt, die Art, die Sprache, den Umfang und die Form der Mitteilung nach Absatz 1.

Übersicht

	Rn		Rn
I. Allgemeines	1	1. Erfasste Finanzinstrumente oder sonstige Instrumente	3
II. Mitteilungspflicht beim Halten von Finanzinstrumenten oder sonstigen Instrumenten (§ 25 Abs 1 WpHG)	2	2. Zusammenrechnung, Vermeidung von Doppelmitteilungen	4
		3. Verhältnis zu § 23 Abs 1 WpÜG	5

Literatur: *Baums/Sauter* Anschleichen an Übernahmeziele mit Hilfe von Aktienderivaten, ZHR 2009, 454; *Cascante/Topf* „Auf leisen Sohlen"? – Stakebuilding bei der börsennotierten AG, AG 2009, 53; *Fleischer/Schmolke* Kapitalmarktrechtliche Beteiligungstransparenz nach §§ 21 ff. WpHG und „Hidden Ownership", ZIP 2008, 1501; *dies* Zum beabsichtigten Ausbau der kapitalmarktrechtlichen Beteiligungstransparenz bei modernen Finanzinstrumenten (§§ 25, 25a DiskE-WpHG), NZG 2010, 846; *Schneider/Brouwer* Kapitalmarktrechtliche Meldepflichten bei Finanzinstrumenten, AG 2008, 557; *Weber/Meckbach* Finanzielle Differenzgeschäfte – Ein legaler Weg zum „ Anschleichen" an die Zielgesellschaft bei Übernahmen?, BB 2008, 2022; vgl auch die Nachweise zu § 21 WpHG.

I. Allgemeines

1 § 25 WpHG wurde durch das TUG v 5.1.2007 (BGBl I 2007, 10) vollständig neu gefasst und setzt Art 13 der Transparenzrichtlinie 2004/109/EG um, die eine Mitteilungspflicht beim Halten von Finanzinstrumenten vorsieht (ausführlich RegBegr BT-Drucks 16/2498, 36 f). Die in § 25 WpHG aF geregelten Veröffentlichungspflichten finden sich nun in §§ 26 ff WpHG. § 25 WpHG erfasst Termingeschäfte aller Art, die Aktien als Basiswert haben und bei denen die physische Lieferung der Aktien verlangt werden kann. Dinglich ausgestaltete Optionsgeschäfte fallen sowohl unter § 22 Abs 1 Nr 5 WpHG als auch unter § 25 WpHG, werden aber gem § 25 Abs 1 S 3 2. HS WpHG nur einmal berücksichtigt (s zum Verhältnis von § 25 WpHG zu § 22 Abs 1 S 1 Nr 5 WpHG *BaFin* Emittentenleitfaden 2009, 163). Eine Mitteilungspflicht besteht, anders als iRv § 21 WpHG, erst bei Erreichen, Überschreiten oder Unterschreiten der Schwelle von 5 % (krit dazu *Schneider/Brouwer* AG 2008, 557 f, 565). Für Inhalt, Art, Sprache, Umfang und Form gelten §§ 17 und 18 WpAIV. § 17 Abs 3 WpAIV regelt den Inhalt einer Mitteilung nach § 25 WpHG ausführlich. Weitere Änderungen erfuhr § 25 WpHG durch das Risikobegrenzungsgesetz vom 12.8.2008 (BGBl I 2008, 1666). Durch das Anlegerschutz- und Funktionsverbesserungsgesetz vom 5.4.2011 (BGBl I 2011, 538) kam es zu umfangreichen Änderungen in Bezug auf Mitteilungspflichten beim Halten von Finanzinstrumenten. Der Gesetzgeber reagierte damit auf den Aufbau von Beteiligungen durch derivative Finanzinstrumente, insb in den Fällen Porsche/Volkswagen und Schaeffler/Continental (*Fleischer/Schmolke* NZG 2010, 846, 847). § 25 WpHG wurde um Mitteilungspflichten beim Halten sonstiger Instrumente erweitert. § 25 Abs 1 S 4 WpHG wurde gestrichen und § 25 Abs 2 WpHG eingefügt. Die Neuregelung trat zum 1.2.2012 in Kraft.

II. Mitteilungspflicht beim Halten von Finanzinstrumenten oder sonstigen Instrumenten (§ 25 Abs 1 WpHG)

Wer unmittelbar oder mittelbar Finanzinstrumente oder sonstige Instrumente hält, die ihrem Inhaber das Recht verleihen, **einseitig im Rahmen einer rechtlich bindenden Vereinbarung** mit Stimmrechten verbundene und bereits ausgegebene Aktien eines Emittenten, für den die Bundesrepublik der Herkunftsstaat (§ 2 Abs 6 WpHG) ist, zu erwerben, hat dies bei Erreichen, Überschreiten oder Unterschreiten der in § 21 Abs 1 S 1 WpHG genannten Schwellen mit Ausnahme der Schwelle von 3 % entspr § 21 Abs 1 S 1 WpHG unverzüglich dem Emittenten und gleichzeitig (s § 21 WpHG Rn 7) der BaFin mitzuteilen (§ 25 Abs 1 S 1 WpHG). Für die Berechnung des Stimmrechtsanteils ist grds die letzte Veröffentlichung nach § 26a WpHG zugrunde zu legen (§ 17 Abs 5 WpAIV). Weicht der aktuelle, tatsächlich bestehende Gesamtstimmrechtsanteil von der letzten Veröffentlichung nach § 26a WpHG ab, ist nach Verwaltungspraxis der BaFin auf den tatsächlichen Stimmrechtsanteil abzustellen, sofern der Meldepflichtige hiervon Kenntnis hat oder haben musste. Ein Abstellen auf den tatsächlich bestehenden Stimmrechtsanteil wird von der BaFin als stets möglich und rechtlich zulässig angesehen (*BaFin* Emittentenleitfaden 2009, 129). Das Abstellen auf den tatsächlich bestehenden Gesamtstimmrechtsanteil ist grds sinnvoll. Jedoch ist aufgrund des eindeutigen Wortlauts von § 17 Abs 5 WpAIV auch ein Abstellen auf die letzte Veröffentlichung nach § 26a WpHG zulässig. Die **§§ 23 und 24 WpHG** gelten für Finanzinstrumente und sonstige Instrumente **entspr** (§ 25 Abs 1 S 2 WpHG).

1. Erfasste Finanzinstrumente oder sonstige Instrumente. Der Begriff des Finanzinstruments ist in § 2 Abs 2b WpHG definiert. Darunter fallen insb als Kauf, Tausch oder durch anderweitigen Bezug auf das Basiswert ausgestalteten Festgeschäfte oder Optionsgeschäfte, die zeitlich verzögert zu erfüllen sind und deren Wert sich unmittelbar oder mittelbar vom Preis oder Maß des Basiswerts ableitet (Termingeschäfte), mit Aktien als Basiswert (RegBegr BT-Drucks 16/2498, 36). Für die Erfüllung der Tatbestandsvoraussetzungen des § 25 WpHG ist es nicht erforderlich, dass das Instrument fungibel ist (*Cascante/Topf* AG 2009, 53, 63 f; *Baums/Sauter* ZHR 2009, 454, 469; *BaFin* Emittentenleitfaden 2009, 162). Auch zB ein Lieferungsanspruch aus einem Kaufvertrag kann ein Finanzinstrument iSv § 25 WpHG darstellen, wenn dieser zeitlich verzögert zu erfüllen ist (*Cascante/Topf* AG 2009, 53, 64 f). Es muss ein einseitiger, rechtlich bindender Anspruch auf Lieferung der mit Stimmrechten verbundenen Aktien bestehen (physical settlement). Besteht lediglich ein Anspruch auf Barausgleich, liegt kein Finanzinstrument iSv § 25 WpHG vor (*Weber/Meckbach* BB 2008, 2022, 2024; *Fleischer/Schmolke* ZIP 2008, 1501, 1504; Fuchs WpHG/*Dehlinger/Zimmermann* Rn 9; *BaFin* Emittentenleitfaden 2009, 162; *Göres* Der Konzern 2007, 15, 18; *Schlitt/Schäfer* AG 2007, 227, 233). Typisch für ein Finanzinstrument iSd Vorschrift sind Call-Optionen, bei denen das Recht auf Lieferung der Aktien besteht (*BaFin* Emittentenleitfaden 2009, 162; Schmidt/Lutter AktG/*Veil* Anh § 25 WpHG Rn 4). Das Finanzinstrument muss sich auf bereits ausgegebene Aktien beziehen (*Schlitt/Schäfer* AG 2007, 227, 233; *Schneider/Brouwer* AG 2008, 557, 559). Wandelschuldverschreibungen fallen daher in aller Regel nicht unter § 25 WpHG (*Hutter/Kaulamo* NJW 2007, 471, 475; *BaFin* Emittentenleitfaden 2009, 162). Sonstige Instrumente iSv § 25 Abs 1 S 1 WpHG sind solche, die nicht unter den Finanzinstrumentebegriff des § 2 Abs 2b WpHG fallen. In Betracht kommen dafür zB der Rückforderungsanspruch des Darlehensgebers im Rahmen eines Wertpapierdarlehens sowie die Rückkaufvereinbarung bei einem Repo-Geschäft. Zweck dieser Regelung ist es, bestehende Transparenzlücken zu schließen (BT-Drucks 17/3628 S 19). In der Vergangenheit bestanden zumindest Zweifel, ob im Rahmen eines Wertpapierdarlehens der Rückforderungsanspruch unter § 2 Abs 2b WpHG subsumiert werden kann Nach damaliger Verwaltungspraxis der BaFin bestand keine Meldepflicht nach § 25 WpHG für Rückforderungsansprüche des Darlehensgebers bei Wertpapierdarlehen sowie für die Rückkaufvereinbarung im Rahmen eines Repo-Geschäfts (*BaFin* Emittentenleitfaden 2009, 142, 166). Durch die Erstreckung auf sonstige Instrumente ist dieses Problem nun gegenstandslos. Rückforderungsansprüche bei Wertpapierdarlehen sowie die Rückkaufvereinbarungen bei Repo-Geschäften sind nun zweifelsfrei von § 25 WpHG erfasst. Entscheidend für die Frage, ob ein Finanzinstrument oder sonstiges Instrument iSv § 25 WpHG vorliegt, ist, dass der **Erwerb von mit Stimmrechten verbundenen Aktien nicht von äußeren Umständen** (zB Aktienkurs), **sondern nur vom Willen des Berechtigten** abhängt (*Bosse* DB 2007, 39, 41). **Mittelbares Halten** meint, dass Finanzinstrumente oder sonstige Instrumente über Tochterunternehmen oder Verwaltungstreuhänder gehalten werden (RegBegr BT-Drucks 16/2498, 37; Spindler/Stilz AktG/*Petersen* § 22 Anh Rn 69). Damit ist das mittelbare Halten in § 25 WpHG mit den Zurechnungstatbeständen Nr 1 und Nr 2 in § 22 Abs 1 S 1 WpHG vergleichbar.

4 2. Zusammenrechnung, Vermeidung von Doppelmitteilungen. Seit 1.3.2009 findet, anders als zuvor, eine Zusammenrechnung (Aggregation) mit den Beteiligungen nach §§ 21 und 22 WpHG statt. § 25 Abs 1 WpHG wurde durch das Risikobegrenzungsgesetz entspr geändert. Durch die **Aggregation** wird die Eingangsmeldeschwelle früher erreicht, Mitteilungen nach § 25 WpHG müssen häufiger abgegeben werden (*BaFin* Emittentenleitfaden 2009, 163). Zur Aggregation kommt es jedoch nur dann, wenn ein Meldepflichtiger aufgrund von Finanzinstrumenten oder sonstigen Instrumenten **wenigstens eine mit einem Stimmrecht verbundene Aktie beziehen** kann. Werden keinerlei Finanzinstrumente oder sonstige Instrumente iSv § 25 WpHG gehalten, wird nichts aggregiert. Soweit eine Mitteilung nach §§ 21, 22 WpHG erfolgt oder erfolgt ist, war vor dem 1.2.2012 eine zusätzliche Mitteilung aufgrund der Aggregation mit Finanzinstrumenten nur dann erforderlich, wenn dadurch eine weitere Meldeschwelle berührt wurde (§ 25 Abs 1 S 4 aF WpHG). Diese Regelung sollte verhindern, dass zusätzliche Mitteilungen mit einem sehr geringem Mehrwert gegenüber der Mitteilung nach § 21 WpHG abgegeben werden mussten. Allerdings konnte die Vorschrift zu Transparenzlücken führen, da die aufgrund der Regelung entfallene Mitteilungspflicht nach § 25 WpHG nicht wieder auflebte, wenn später nach § 21 WpHG Schwellenunterschreitungen gemeldet werden. Das Halten von Finanzinstrumenten in schwellenrelevanter Höhe wurde somit in einzelnen Fällen nicht transparent. Daher wurde die Regelung durch das Anlegerschutz- und Funktionsverbesserungsgesetz ersatzlos gestrichen. Finanzinstrumente und sonstige Instrumente, die auch den Zurechnungstatbestand des § 22 Abs 1 S 1 Nr 5 WpHG erfüllen, werden iRd Aggregation nur einmal berücksichtigt, also nicht doppelt gezählt (vgl in Bezug auf Finanzinstrumente Schmidt/Lutter AktG/*Veil* Anh 22: § 25 WpHG Rn 610).

5 3. Verhältnis zu § 23 Abs 1 WpÜG. Nach § 25 Abs 2a WpHG besteht keine Mitteilungspflicht nach § 25 Abs 1 WpHG in den Fällen, in denen Offenlegungspflichten nach § 23 Abs. 1 WpÜG bestehen. Die Veröffentlichungspflichten des WpÜG werden zur Herstellung einer angemessenen Markttransparenz als ausreichend erachtet (BT-Drucks 17/3628, 19).

§ 25a Mitteilungspflichten beim Halten von weiteren Finanzinstrumenten und sonstigen Instrumenten*)

(1) ¹Wer unmittelbar oder mittelbar Finanzinstrumente oder sonstige Instrumente hält, welche nicht bereits von § 25 erfasst sind und die es ihrem Inhaber oder einem Dritten aufgrund ihrer Ausgestaltung ermöglichen, mit Stimmrechten verbundene und bereits ausgegebene Aktien eines Emittenten, für den die Bundesrepublik Deutschland der Herkunftsstaat ist, zu erwerben, hat dies bei Erreichen, Überschreiten oder Unterschreiten der in § 21 Absatz 1 Satz 1 genannten Schwellen mit Ausnahme der Schwelle von 3 Prozent entsprechend § 21 Absatz 1 Satz 1 unverzüglich dem Emittenten und gleichzeitig der Bundesanstalt mitzuteilen. ²Ein Ermöglichen im Sinne des Satzes 1 ist insbesondere dann gegeben, wenn

1. die Gegenseite des Inhabers ihre Risiken aus diesen Instrumenten durch das Halten von Aktien im Sinne des Satzes 1 ausschließen oder vermindern könnte, oder
2. die Finanzinstrumente oder sonstigen Instrumente ein Recht zum Erwerb von Aktien im Sinne des Satzes 1 einräumen oder eine Erwerbspflicht in Bezug auf solche Aktien begründen.

³Bei Optionsgeschäften oder diesen vergleichbaren Geschäften ist deren Ausübung zu unterstellen. ⁴Ein Ermöglichen im Sinne des Satzes 1 ist nicht gegeben, wenn an die Aktionäre einer Zielgesellschaft im Sinne des § 2 Absatz 3 des Wertpapiererwerbs- und Übernahmegesetzes im Rahmen eines Angebots nach dem Wertpapiererwerbs- und Übernahmegesetz Angebote zum Erwerb von Aktien unterbreitet werden. ⁵Eine Mitteilungspflicht nach Satz 1 besteht nicht, soweit die Zahl der Stimmrechte aus Aktien, für die ein Angebot zum Erwerb aufgrund eines Angebots nach dem Wertpapiererwerbs- und Übernahmegesetz angenommen wurde, gemäß § 23 Absatz 1 des Wertpapiererwerbs- und Übernahmegesetzes offenzulegen ist. ⁶§ 24 gilt entsprechend. ⁷Eine Zusammenrechnung mit den Beteiligungen nach den §§ 21, 22 und 25 findet statt.

(2) ¹Die Höhe des mitzuteilenden Stimmrechtsanteils nach Absatz 1 ergibt sich aus der Anzahl von Aktien im Sinne des Absatzes 1 Satz 1, deren Erwerb dem Inhaber oder einem Dritten aufgrund des Finanzinstruments oder sonstigen Instruments ermöglicht wird. ²Enthält das Finanzinstrument oder sonstige Instrument keine diesbezüglichen Angaben, so ergibt sich der mitzuteilende Stimmrechtsanteil aus der erforderlichen Anzahl entsprechender Aktien, die die Gegenseite zum Zeitpunkt des Erwerbs der Finanzinstrumente oder sonstigen Instrumente zu deren vollständiger Absicherung halten müsste; bei der Berechnung der erforderlichen Anzahl entsprechender Aktien ist ein Deltafaktor entsprechend § 308 Absatz 4 Satz 2 der Solvabilitätsverordnung mit einem Betrag von 1 anzusetzen. ³Beziehen sich verschiedene der in Absatz 1 genannten Finanzinstrumente und sonstigen Instrumente auf Aktien des gleichen Emittenten, muss der Mitteilungspflichtige die Stimmrechte aus diesen Aktien zusammenrechnen.

(3) Bei der Berechnung der Höhe des mitzuteilenden Stimmrechtsanteils bleiben solche Finanzinstrumente oder sonstigen Instrumente unberücksichtigt, welche von einem Unternehmen mit Sitz in einem Mitgliedstaat der Europäischen Union oder in

---

*) Die Kommentierung gibt die persönliche Meinung des Verfassers wieder und stellt keine offizielle Stellungnahme der BAFin dar.

einem anderen Vertragsstaat des Abkommens über den Europäischen Wirtschaftsraum, das Wertpapierdienstleistungen erbringt, gehalten werden, soweit diese im Rahmen der dauernden und wiederholten Emissionstätigkeit des Unternehmens gegenüber einer Vielzahl von Kunden entstanden sind.

(4) ¹Das Bundesministerium der Finanzen kann durch Rechtsverordnung, die nicht der Zustimmung des Bundesrates bedarf, nähere Bestimmungen erlassen über
1. den Inhalt, die Art, die Sprache, den Umfang, die Form der Mitteilung und die Berechnung des Stimmrechtsanteils nach Absatz 2,
2. Ausnahmen von der Mitteilungspflicht in Bezug auf Finanzinstrumente oder sonstige Instrumente nach Absatz 1, insbesondere hinsichtlich solcher Instrumente, die von Unternehmen, die Wertpapierdienstleistungen im Sinne des § 2 Absatz 3 Satz 1 erbringen, im Handelsbestand gehalten werden oder die diese Unternehmen zum Zweck der Durchführung von Geschäften für Kunden halten oder die ausschließlich für den Zweck der Abrechnung und Abwicklung von Geschäften für höchstens drei Handelstage gehalten werden.

²Das Bundesministerium der Finanzen kann die Ermächtigung durch Rechtsverordnung auf die Bundesanstalt übertragen.

Übersicht

	Rn		Rn
I. Allgemeines	1	III. Berechnung des Stimmrechtsanteils (§ 25a Abs 2 WpHG)	3
II. Mitteilungspflicht beim Halten von (Finanz-)Instrumenten (§ 25a Abs 1 WpHG)	2	IV. Ausnahmen	4
		V. Einzelfälle	5

Literatur: *Cascante/Bingel* Verbesserte Beteiligungstransparenz (nicht nur) vor Übernahmen?, NZG 2011, 1086; *Heusel* Der neue § 25a WpHG im System der Beteiligungstransparenz, WM 2012, 291; *Merkner/Sustmann* Erste „Guidance" der BaFin zu den neuen Meldepflichten nach §§ 25, 25 a WpHG, NZG 2012, 241; *Renn/Weber/Gotschev* Beteiligungstransparenz und dynamisches Hedging, AG 2012, 440; *Schneider* § 25a WpHG – die dritte Säule im Offenlegungsrecht, AG 2011, 645; *Teichmann/Epe* Die neuen Meldepflichten für künftig erwerbbare Stimmrechte (§§ 25, 25a WpHG), WM 2012, 1213; *Werder/Petersen* Mitteilungspflichten nach § 25a WpHG bei Erwerbsrechten und Erwerbsmöglichkeiten aus Gesellschaftsverträgen oder Gesellschaftervereinbarungen?, CFL 2012, 178; vgl auch die Nachweise zu § 21 WpHG.

I. Allgemeines

1 Durch das am 7.4.2011 verkündete Anlegerschutz- und Funktionsverbesserungsgesetz (BT-Drucks 17/4710) wurde § 25a WpHG geschaffen. Die Vorschrift trat gem Art 14 des Anlegerschutz- und Funktionsverbesserungsgesetzes (BGBl I 2011, 538) am 1.2.2012 in Kraft. Sie erweitert die Mitteilungspflichten des WpHG auf solche (Finanz-)Instrumente, die nicht bereits von § 25 WpHG erfasst sind und es ihrem Inhaber faktisch oder wirtschaftlich **ermöglichen**, mit Stimmrechten verbundene, bereits ausgegebene Aktien zu beziehen. Die Stillhalterposition bei einer Put-Option ist ein Beispiel für ein solches Instrument (BT-Drucks 17/3628, 19). Eine Mitteilungspflicht nach § 25a WpHG besteht in den Fällen, in denen das Instrument gerade **keinen rechtlich bindenden Anspruch** auf Lieferung entspr Aktien beinhaltet. Die Schaffung einer solchen Mitteilungspflicht wurde in der Lit überwiegend positiv aufgenommen (Schmidt/Lutter AktG/*Veil* Anh 22:

§ 25 WpHG Rn 18 mwN). Ziel der Vorschrift ist es, einen unbemerkten Beteiligungsaufbau („Anschleichen") durch die Nutzung nicht meldepflichtiger Finanzinstrumente, insb solche mit Barausgleich (*Merkner/Sustmann* NZG 2012, 241), zu verhindern (*Cascante/Bingel* NZG 2011, 1086; *Teichmann/Epe* WM 2012, 1213). Beispiele für einen solchen Positionsaufbau ohne das Auslösen von entsprechenden Meldepflichten sind unter anderem die Fälle Schaeffler/Continental und Porsche/Vokswagen, (Assmann/Schneider WpHG/*Schneider* Rn 1 mit weiteren Beispielen; krit in Bezug auf den bei der VW-Aktie erfolgten short squeeze als Begründung für die Neuregelung *Heusel* WM 2012, 291, 293). Mit der Einführung von § 25a WpHG wurde eine 3. Säule im Offenlegungsrecht geschaffen (*Schneider* AG 2011, 645; Assmann/Schneider WpHG/*Schneider* Rn 12). §§ 21, 22 WpHG zeigen einen tatsächlichen oder potentiellen Einfluss auf die Stimmrechtsausübung auf, § 25 WpHG zeigt die rechtlich gesicherte Möglichkeit auf, künftig mit Stimmrechten verbundene Aktien zu erwerben und § 25a WpHG macht die Möglichkeit transparent, künftig entsprechende Aktien zu erwerben, ohne dass ein rechtlicher Anspruch besteht.

II. Mitteilungspflicht beim Halten von (Finanz-)Instrumenten (§ 25a Abs 1 WpHG)

Die Mitteilungspflicht des § 25a WpHG trifft denjenigen, der unmittelbar oder mittelbar Finanzinstrumente oder sonstige Instrumente (s dazu § 25 WpHG Rn 3) hält, die es ihrem Inhaber oder einem Dritten lediglich **ermöglichen**, entspr Aktien in schwellenrelevanter Höhe ab 5 % zu erwerben. Erfasst werden nur solche Instrumente, die nicht bereits von § 25 WpHG erfasst sind. Die Regelung stellt damit einen Auffangtatbestand dar (Assmann/Schneider WpHG/*Schneider* Rn 14; *Merkner/Sustmann* NZG 2012, 241, 242). Unter den Tatbestand fallen auch Instrumente, die lediglich einen Barausgleich (Cash Settlement) vorsehen. Erfasst sind zB finanzielle Differenzgeschäfte (Contracs for Difference), Swaps wie zB Cash Settled Equity Swaps, Call-Optionen mit Cash Settlement und Put-Optionen im Hinblick auf die Stillhalterposition. Ausreichend ist, dass der Erwerb von mit Stimmrechten verbundenen Aktien aufgrund der dem Instrument zugrundeliegenden wirtschaftlichen Logik zumindest möglich ist (BT-Drucks 17/3628, 19; *Schneider* AG 2011, 645, 647). Die Formulierung „oder einem Dritten" war im RefE nicht vorgesehen und fand aufgrund der Beschlussempfehlung des Finanzausschusses (BT-Drucks 17/4710) ihren Weg ins Gesetz. Geht man davon aus, dass „Halter" eines Instrumentes nach § 25a WpHG, derjenige ist, dem durch das Instrument der Aktienbezug ermöglicht wird, stellt sich die Frage, bei wem durch die Ergänzung des Dritten im Wortlaut eine (zusätzliche?) Mitteilungspflicht ausgelöst werden soll. Evtl wird eine restriktive Auslegung dahingehend geboten sein, dass nur dann eine Mitteilungspflicht des „Halters" besteht, wenn der Dritte selbst nicht mitteilungspflichtig ist. In § 25 Abs 2 S 1 WpHG wird der Begriff des Ermöglichens in zwei Fallgruppen (Regelbeispielen) präzisiert. Die erste Fallgruppe erfasst diejenigen Instrumente, bei denen einen Risikoabsicherung (Hedging) der jeweiligen Gegenseite des Geschäftes durch Halten entspr Aktien möglich ist. Die zweite Fallgruppe erfasst Fälle, in denen ein Erwerb der entspr Aktien direkt aufgrund der Ausgestaltung des Instruments erfolgen kann (BT-Drucks 17/3628, 20). Die zweite Fallgruppe hat gegenüber der ersten Fallgruppe keine eigenständige Bedeutung. Auch in den von der zweiten Fallgruppe erfassten Fällen kann die Gegenseite, die Ausübung des Instruments unterstellt (§ 25a Abs 1 S 3 WpHG), ihr Risiko durch Halten der entspr Aktien ausschließen oder vermindern. Instrumente nach

§ 25a WpHG sind mit Beteiligungen nach §§ 21, 22 und 25 WpHG zusammenzurechnen, § 25a Abs 1 S 7 WpHG. Die Beteiligungen nach §§ 21, 22 WpHG sind nur einmal zu berücksichtigen. Nähere Bestimmungen zum Inhalt der Mitteilung nach § 25a WpHG regelt § 17 Abs 4 WpAIV. Die entsprechende Verordnungsermächtigung enthält § 25a Abs 4 WpHG. Neben der Gesamtsumme aus Beteiligungen nach §§ 21, 22 WpHG, § 25 WpHG und § 25a WpHG, die nach § 17 Abs 4 Nr 2 WpAIV anzugeben ist, hat der Meldepflichtige nach § 17 Abs 4 Nr 3–5 WpAIV auch die jeweiligen Einzelsummen aus den drei Bereichen in der Mitteilung anzugeben. Gem § 25a Abs 1 S 6 WpHG gilt § 24 WpHG entspr, so dass auch die Mitteilungspflicht nach § 25a WpHG durch das Mutterunternehmen erfüllt werden kann.

III. Berechnung des Stimmrechtsanteils (§ 25a Abs 2 WpHG)

3 Entscheidend für die Berechnung des Stimmrechtsanteils ist nach § 25a Abs 2 S 2 HS 1 WpHG die Zahl der Aktien, die die Gegenseite bei unterstellter Ausübung des Instruments zur vollumfänglichen Absicherung halten müsste. Maßgeblicher Beurteilungszeitpunkt ist der Zeitpunkt des Erwerbes oder sonstigen Entstehens des Instruments durch den bzw beim Meldepflichtigen (BT-Drucks 17/3628, 20). Diese Zahl entspricht regelmäßig der Zahl der Aktien, deren Erwerb nach § 25a Abs 2 S 1 WpHG ermöglicht wird. § 25a Abs 2 S 2 HS 2 WpHG stellt klar, dass bei der Berechnung ein Deltafaktor mit dem Betrag 1 zugrundezulegen ist (BT-Drucks 17/4739 S 24; zur Frage der Delta-Adjustierung s auch *Renn/Weber/Gotschev* AG 2012, 440 ff). Durch dieses „Konzept der festen Meldesätze" ist der zu meldende Stimmrechtsanteil unabhängig vom aktuellen Marktpreis des Instruments (Assmann/Schneider WpHG/*Schneider* Rn 60). § 25a Abs 2 S 3 WpHG legt fest, dass der Mitteilungspflichtige die Stimmrechte aus verschiedenen Instrumenten nach § 25a Abs 1 WpHG zusammenrechnen muss, wenn sich diese Instrumente auf Aktien desselben Emittenten beziehen.

IV. Ausnahmen

4 § 25a Abs 1 S 4 WpHG stellt klar, dass bei einem abgegebenen Angebot nach dem WpÜG kein Ermöglichen vorliegt, solange dieses Angebot nicht angenommen wurde. § 25a Abs 1 S 5 WpHG regelt, dass die Veröffentlichungspflicht nach § 23 Abs 1 WpÜG vorrangig gegenüber einer Mitteilung nach § 25a Abs 1 WpHG ist (BT-Drucks 17/3628, 20). In letzterem Fall (angenommenes WpÜG-Angebot) liegt ein Ermöglichen demnach vor, allerdings besteht keine Mitteilungspflicht. § 25a Abs 3 WpHG enthält eine Ausnahme für Unternehmen mit Sitz in einem EU-Mitgliedsstaat bzw EWR-Vertragsstaat, die Wertpapierdienstleistungen erbringen. Sofern bei diesen Unternehmen Instrumente iSv § 25a WpHG iRd dauernden und wiederholten Emissionstätigkeit gegenüber einer Vielzahl von Kunden entstanden sind, bleiben diese bei der Berechnung der Höhe des mitzuteilenden Stimmrechtsanteils unberücksichtigt. Mit dieser Regelung soll vermieden werden, dass die entspr Emittenten eine hohe Zahl von Mitteilungen abzugeben hätten, die der Steigerung der Transparenz nicht dienlich wäre (BT-Drucks 17/3628, 20). § 17a WpAIV regelt, in welchen Fällen Instrumente in die Berechnung des Stimmrechtsanteils nicht einzubeziehen sind. Die Regelung basiert auf der Verordnungsermächtigung des § 25a Abs 4 S 1 Nr 2 WpHG. Nach § 17a Nr 1 WpAIV werden Instrumente in die Berechnung des Stimmrechtsanteils nicht einbezogen, die sich auf **eigene Aktien** des Emittenten beziehen, für die die Bundesrepublik Deutschland der Herkunftsstaat ist, beziehen und es diesem Emittenten ermöglichen, solche Aktien zu beziehen. § 17a Nr 2 WpAIV legt fest, dass Anteile von Aktien innerhalb von **Aktienkörben (Baskets) und Indizes** als Instrumente nicht berücksichtigt werden, wenn bei der Berechnung des Preises des Instruments die betreffenden Aktien zum Erwerbszeitpunkt mit lediglich bis zu 20 % Berücksichtigung finden. Da § 25a WpHG keinen Verweis auf § 23 WpHG enthält, gibt es **bei Instrumenten nach § 25a WpHG keine Handelsbestandsbefreiung.**

V. Einzelfälle

Laut einer von der BaFin auf ihrer Homepage (www.bafin.de) veröffentlichten Gesamtliste der häufigen Fragen (FAQ) zu den neuen Meldepflichten nach §§ 25 und 25a WpHG (Stand: 9.1.2012) fallen folgende Finanzinstrumente und sonstigen Instrumente unter die Mitteilungspflicht nach § 25a WpHG: Unechte Pensionsgeschäfte nach § 340b Abs 3 HGB (*Teichmann/Epe* WM 2012, 1213, 1216), Kaufverträge die nicht innerhalb von 2 Tagen nach Vertragsschluss zu erfüllen sind, sofern diese nicht schon von § 25 WpHG erfasst sind (krit in Bezug auf M&A-Transaktionen *Merkner/Sustmann* NZG 2012, 241, 242; *Cascante/Bingel* NZG 2011, 1086, 1094; für eine Mitteilungspflicht jedoch *Teichmann/Epe* WM 2012, 1213, 1219) „Irrevocable Undertakings" („Irrevocables"), Absichtserklärungen („Letters of Intent") und Memoranda of Understanding („MoU") je nach deren Ausgestaltung (s dazu *Teichmann/Epe* WM 2012, 1213, 1219; *Schneider* AG 2011, 645, 647) , Gesellschaftervereinbarungen in Bezug auf den Erwerb von mit Stimmrechten verbundenen Aktien in Form von Vorkaufsrechten (*Teichmann/Epe* WM 2012, 1213, 1219 f; aA *Werder/Petersen* CFL 2012, 178, 181) sowie der sog Kettenerwerb von Finanzinstrumenten, also (Finanz-)Instrumente, die den Erwerb von (Finanz-)Instrumenten ermöglichen, die ihrerseits den Erwerb von mit Stimmrechten verbundenen Aktien ermöglichen (*Schneider* AG 2011, 645, 651; *Teichmann/Epe* WM 2012, 1213, 1220). Nicht unter § 25a WpHG fallen eine invitatio ad offerendum (*Schneider* AG 2011, 645, 647) sowie Wandel- und Optionsanleihen, die sich auf noch nicht ausgegebene Aktien beziehen (*Teichmann/Epe* WM 2012, 1213, 1218; *Schneider* AG 2011, 645, 649). Voraussichtlich wird die FAQ-Liste der BaFin im Laufe des Jahres 2013 durch eine überarbeitete Version des Emittentenleitfadens ersetzt. Die teilw in der Lit geäußerte Kritik hinsichtlich des Bestehens der Mitteilungspflicht nach § 25a WpHG in Bezug auf einzelne Instrumente verkennt, dass schon eine einzige Lücke im Bereich der Vorschrift, die ein unbemerktes „Anschleichen" ermöglicht, den Sinn der gesamten Regelung entfallen ließe. Somit muss nach dem Telos von § 25a WpHG im Zweifelsfall stets vom Bestehen einer Mitteilungspflicht ausgegangen werden, auch wenn die betreffenden Instrumente typischerweise nicht zum verdeckten Beteiligungsaufbau genutzt werden.

§ 26 Veröffentlichungspflichten des Emittenten und Übermittlung an das Unternehmensregister*)

(1) ¹**Ein Inlandsemittent hat Informationen nach § 21 Abs. 1 Satz 1, Abs. 1a und § 25 Abs. 1 Satz 1 sowie § 25a Absatz 1 Satz 1 oder nach entsprechenden Vorschriften anderer Mitgliedstaaten der Europäischen Union oder anderer Vertragsstaaten des**

---

*) Die Kommentierung gibt die persönliche Meinung des Verfassers wieder und stellt keine offizielle Stellungnahme der BAFin dar.

Abkommens über den Europäischen Wirtschaftsraum unverzüglich, spätestens drei Handelstage nach Zugang der Mitteilung zu veröffentlichen; er übermittelt sie außerdem unverzüglich, jedoch nicht vor ihrer Veröffentlichung dem Unternehmensregister im Sinne des § 8b des Handelsgesetzbuchs zur Speicherung. ²Erreicht, überschreitet oder unterschreitet ein Inlandsemittent in Bezug auf eigene Aktien entweder selbst oder über eine in eigenem Namen, aber für Rechnung dieses Emittenten handelnde Person die Schwellen von 5 Prozent oder 10 Prozent durch Erwerb, Veräußerung oder auf sonstige Weise, gilt Satz 1 entsprechend mit der Maßgabe, dass abweichend von Satz 1 eine Erklärung zu veröffentlichen ist, deren Inhalt sich nach § 21 Abs. 1 Satz 1, auch in Verbindung mit einer Rechtsverordnung nach § 21 Absatz 3 bestimmt, und die Veröffentlichung spätestens vier Handelstage nach Erreichen, Überschreiten oder Unterschreiten der genannten Schwellen zu erfolgen hat; wenn für den Emittenten die Bundesrepublik Deutschland der Herkunftsstaat ist, ist außerdem die Schwelle von 3 Prozent maßgeblich.

(2) Der Inlandsemittent hat gleichzeitig mit der Veröffentlichung nach Absatz 1 Satz 1 und 2 diese der Bundesanstalt mitzuteilen.

(3) Das Bundesministerium der Finanzen kann durch Rechtsverordnung, die nicht der Zustimmung des Bundesrates bedarf, nähere Bestimmungen erlassen über
1. den Inhalt, die Art, die Sprache, den Umfang und die Form der Veröffentlichung nach Absatz 1 Satz 1 und
2. den Inhalt, die Art, die Sprache, den Umfang und die Form der Mitteilung nach Absatz 2.

Übersicht

	Rn		Rn
I. Allgemeines	1	1. Veröffentlichung und Unternehmensregister	2
II. Veröffentlichung (§ 26 Abs 1 WpHG)	2	2. Eigene Aktien	3
		III. Mitteilung an die BaFin	4

Literatur: *Liebscher/Scharff* Das Gesetz über elektronische Handelsregister und Genossenschaftsregister sowie das Unternehmensregister, NJW 2006, 3745; *Pirner/Lebherz* Wie nach dem Transparenzrichtlinie-Umsetzungsgesetz publiziert werden muss, AG 2007, 19; vgl auch die Nachweise zu § 21 WpHG.

I. Allgemeines

1 § 26 WpHG nF ersetzt § 25 WpHG aF und regelt die Pflichten des Emittenten zur Veröffentlichung von Stimmrechtsmitteilungen und zur Übermittlung an das Unternehmensregister. Aufgrund der Vorgaben der Transparenzrichtlinie änderten sich die Veröffentlichungspflichten insb im Hinblick darauf, welche Emittenten auf welche Weise und in welchem Mitgliedstaat veröffentlichen müssen. Nach § 26 WpHG veröffentlicht der Emittent die Informationen nur noch nach den Vorschriften eines Mitgliedsstaats, die Informationen werden iRd Veröffentlichung europaweit verbreitet. Eine Veröffentlichung nach den Vorschriften mehrerer Staaten ist daher nicht mehr erforderlich (RegBegr BT-Drucks 16/2498, 37). Emittenten mit Sitz im Inland, EU-Ausland oder in einem Drittstaat veröffentlichen die Informationen nur dann nach § 26 WpHG, wenn es sich bei diesen Emittenten um **Inlandsemittenten** nach § 2 Abs 7 WpHG han-

delt. Neben der Veröffentlichung muss der Emittent die Informationen auch dem Unternehmensregister zur Speicherung übermitteln (www.unternehmensregister.de; § 8b HGB). § 26 Abs 3 WpHG enthält eine Ermächtigung für eine Verordnungsregelung bzgl Inhalt, Form etc für die Veröffentlichung und Mitteilung nach § 26 Abs 2 WpHG (s dazu §§ 3a ff WpAIV und eingehend *Pirner/Lebherz* AG 2007, 19 ff). Die BaFin kann gem § 29a WpHG Inlandsemittenten mit Sitz in einem Drittstaat von den Veröffentlichungspflichten nach § 26 Abs 1 und § 26 a WpHG **freistellen**, soweit diese Emittenten gleichwertigen Regeln eines Drittstaates unterliegen oder sich solchen Regeln unterwerfen. Nach § 11 WpHG ist der Insolvenzverwalter verpflichtet, den Emittenten ua bei der Erfüllung seiner Pflichten nach § 26 WpHG zu unterstützen, insb indem er aus der Insolvenzmasse die hierfür erforderlichen Mittel bereitstellt. Durch das am 7.4.2011 verkündete Anlegerschutz- und Funktionsverbesserungsgesetz (BGBl I 2011, 538) wurde in § 26 Abs 1 S 1 WpHG die Veröffentlichungspflicht auch auf Informationen nach § 25a Abs 1 S 1 WpHG erstreckt. Ferner verweist § 26 Abs 1 S 2 WpHG auf § 21 Abs 3 WpHG (anstatt auf § 21 Abs 2 WpHG). Die erste Änderung trägt der Schaffung des § 25a WpHG Rechung und trat zum 1.2.2012 in Kraft, die zweite Änderung dient der Beseitigung eines Redaktionsversehens und gilt ab dem 8.4.2011.

II. Veröffentlichung (§ 26 Abs 1 WpHG)

1. Veröffentlichung und Unternehmensregister. Ein Inlandsemitent (§ 2 Abs 7 WpHG) hat Informationen nach §§ 21 Abs 1 S 1, Abs 1a, 25 Abs 1 S 1, 25a Abs 1 S 1 WpHG, oder nach entspr Vorschriften anderer Mitgliedstaaten der EU oder des EWR unverzüglich, spätestens drei Handelstage (zum Kalender der Handelstage s § 30 WpHG) nach Zugang der Mitteilung zu veröffentlichen (§ 26 Abs 1 S 1 HS 1 WpHG). Zum Begriff der Unverzüglichkeit und zur Frist vgl Anh § 22/§ 21 WpHG Rn 8. Keine Veröffentlichungspflicht besteht bei nicht auf den oben genannten Vorschriften beruhenden Mitteilungen (freiwillige Mitteilungen) oder bei anderweitiger Kenntniserlangung von mitteilungspflichtigen Sachverhalten (Spindler/Stilz AktG/ *Petersen* § 22 Anh Rn 78). Nähere Bestimmungen zur Veröffentlichung finden sich in §§ 3a ff WpAIV. Der Begriff des Inlandsemittenten iSd §§ 26, 2 Abs 7 WpHG ist nicht deckungsgleich mit dem des Emittenten, für den die Bundesrepublik Deutschland der Herkunftsstaat ist iSd § 2 Abs 6 WpHG, der für die Mitteilungspflichten nach §§ 21 und 25 WpHG maßgeblich ist (s zum Begriff des Inlandsemittenten und des Emittenten, für den die Bundesrepublik Deutschland der Herkunftsstaat ist *BaFin* Emittentenleitfaden 2009, 48 ff). Unter den Begriff des Inlandsemittenten fallen ua Emittenten mit Sitz in einem anderen Mitgliedstaat, deren Aktien nur im Inland zum Handel an einem organisierten Markt zugelassen sind (*BaFin* Emittentenleitfaden 2009, 169). Dagegen sind Emittenten mit Sitz im Inland, deren Aktien nur in einem anderen Mitgliedstaat zugelassen sind, nicht nach § 26 WpHG, sondern nach den Vorschriften dieses Mitgliedstaats veröffentlichungspflichtig. Die Pflicht zur Übermittlung an das Unternehmensregister folgt bereits aus § 8b Abs 2 Nr 9 iVm Abs 3 S 1 Nr 2 HGB, § 26 WpHG hat insoweit nur deklaratorische Bedeutung (RegBegr BT-Drucks 16/2498, 37). Die Übermittlung zum Unternehmensregister erfolgt unverzüglich, jedoch nicht vor der Veröffentlichung iSd § 26 Abs 1 S 1 HS 1 WpHG. Zu weiteren Details zur Veröffentlichung s *BaFin* Emittentenleitfaden 2009, 170 ff.

3 2. Eigene Aktien. Wenn ein Inlandsemittent (§ 2 Abs 7 WpHG) entweder selbst oder über eine in eigenem Namen, aber für Rechnung dieses Emittenten handelnde Person, zB einen Strohmann, **in Bezug auf eigene Aktien** die Schwellen von **5 oder 10 %** durch Erwerb, Veräußerung oder auf sonstige Weise erreicht, überschreitet oder unterschreitet, so hat er dies zu veröffentlichen, § 26 Abs 1 S 2 WpHG. § 26 Abs 1 S 1 WpHG gilt entspr mit der Maßgabe, dass abw von S 1 eine **Erklärung** zu veröffentlichen ist, deren Inhalt sich nach § 21 Abs 1 S 1 iVm der WpAIV bestimmt, und die Veröffentlichung **spätestens vier Handelstage** (§ 30 WpHG) nach Erreichen, Überschreiten oder Unterschreiten der genannten Schwellen erfolgen muss. Wenn für den Emittenten die **Bundesrepublik** der Herkunftsstaat ist (§ 2 Abs 6 WpHG), ist außerdem die Schwelle von **3 %** maßgeblich. Bzgl des für Rechnung Haltens s § 22 WpHG Rn 4. Erfasst ist auch das Erreichen, Über- oder Unterschreiten der Schwellen **auf sonstige Weise**, etwa wenn durch Einziehung von Aktien eine Schwelle berührt wird (RegBegr BT-Drucks 16/2498, 38; *Nießen* NZG 2007, 41, 44; *Bosse* DB 2007, 39, 41). So werden fehlerhafte Informationen vermieden und die Richtigkeit der im Unternehmensregister gespeicherten Daten sichergestellt (Assmann/Schneider WpHG/*Schneider* Rn 22). Nach § 71 d AktG sind auch solche Aktien, die ein abhängiges oder im Mehrheitsbesitz stehendes Unternehmen hält, eigene Aktien des Emittenten. § 26 Abs 1 S 2 WpHG sieht jedoch hinsichtlich dieser von Tochterunternehmen gehaltenen Aktien keine Veröffentlichungspflicht des Emittenten vor. Dabei dürfte es sich um ein Redaktionsversehen handeln. Die BaFin hält eine Einbeziehung dieser Aktien und eine entspr freiwillige Veröffentlichung für wünschenswert (*BaFin* Emittentenleitfaden 2009, 175 f).

III. Mitteilung an die BaFin

4 Der Inlandsemittent muss nach § 26 Abs 2 WpHG gleichzeitig mit der Veröffentlichung nach § 26 Abs 1 S 1 und 2 WpHG diese der BaFin mitteilen. **Gleichzeitig** meint gleichzeitige Absendung, ein unmittelbares Versenden hintereinander genügt jedoch (RegBegr BT-Drucks 16/2498, 38). Die Mitteilung muss gem § 21 iVm § 3 c WpAIV den Veröffentlichungstext, die Medien, an die dieser gesendet wurde sowie den genauen Versendungszeitpunkt enthalten. Die Mitteilung kann, anders als Stimmrechtsmitteilungen nach §§ 21 und 25 WpHG, auch per E-Mail an die BaFin gerichtet werden (*BaFin* Emittentenleitfaden 2009, 176).

§ 26a Veröffentlichung der Gesamtzahl der Stimmrechte und Übermittlung an das Unternehmensregister*)

¹Ein Inlandsemittent hat die Gesamtzahl der Stimmrechte am Ende eines jeden Kalendermonats, in dem es zu einer Zu- oder Abnahme von Stimmrechten gekommen ist, in der in § 26 Abs. 1 Satz 1, auch in Verbindung mit einer Rechtsverordnung nach Absatz 3 Nr. 1, vorgesehenen Weise zu veröffentlichen und gleichzeitig der Bundesanstalt entsprechend § 26 Abs. 2, auch in Verbindung mit einer Rechtsverordnung nach Absatz 3 Nr. 2, die Veröffentlichung mitzuteilen. ²Er übermittelt die Information außerdem unverzüglich, jedoch nicht vor ihrer Veröffentlichung dem Unternehmensregister im Sinne des § 8b des Handelsgesetzbuchs zur Speicherung.

---

*) Die Kommentierung gibt die persönliche Meinung des Verfassers wieder und stellt keine offizielle Stellungnahme der BAFin dar.

Nachweis mitgeteilter Beteiligungen Anh § 22/§ 27 WpHG

Literatur: Vgl die Nachweise zu § 21 WpHG.

§ 26a WpHG wurde durch das TUG v 5.1.2007 (BGBl I 2007, 10) eingefügt und setzt **1**
Art 15 der Transparenzrichtlinie 2004/109/EG um (RegBegr 16/2498 S 38). Der Meldepflichtige muss die Gesamtzahl der Stimmrechte nicht selbst ermitteln, sondern kann sich auf diese Veröffentlichung verlassen (RegBegr 16/2498 S 38; *Göres* Der Konzern 2007, 15, 20). Die Veröffentlichung erfolgt in der in § 26 Abs 1 S 1 WpHG iVm der WpAIV vorgesehenen Weise. Nach der Verwaltungspraxis der BaFin ist als Ende des Kalendermonats grds der letzte Tag des Monats anzusehen. Ist dies ein Samstag, Sonntag oder bundeseinheitlich gesetzlicher Feiertag, kann die Veröffentlichung am letzten Handelstag zuvor vorgenommen werden. Bei bedingten Kapitalerhöhungen, zB im Rahmen von Mitarbeiter-Optionsprogrammen empfiehlt die BaFin, aus Praktikabilitätsgründen bereits mit der Anweisung durch das beauftragte Institut, die Aktien beim Berechtigten einzubuchen, von einer Erhöhung des Grundkapitals auszugehen, da dem Emittent das genaue Datum der Ausgabe regelmäßig nicht bekannt ist (*BaFin* Emittentenleitfaden 2009, 177 f).

Gem § 17 Abs 5 WpAIV ist für die Berechnung des Stimmrechtsanteils iRv Mitteilungen nach §§ 21 Abs 1, 1a, 25 Abs 1 und 25a Abs 1 WpHG die letzte Veröffentlichung gem § 26a WpHG zugrunde zu legen. Die BaFin begrüßt es jedoch, wenn der tatsächlich zum Zeitpunkt der Schwellenberührung bestehende Gesamtstimmrechtsanteil zugrunde gelegt wird (s Anh § 22/§ 21 WpHG Rn 3 WpHG). **2**

§ 27 Nachweis mitgeteilter Beteiligungen*)

Wer eine Mitteilung nach § 21 Abs. 1, 1a oder § 25 Abs. 1 abgegeben hat, muss auf Verlangen der Bundesanstalt oder des Emittenten, für den die Bundesrepublik Deutschland der Herkunftsstaat ist, das Bestehen der mitgeteilten Beteiligung nachweisen.

Übersicht

	Rn		Rn
I. Allgemeines	1	III. Nachweis	3
II. Voraussetzungen	2		

I. Allgemeines

§ 27 WpHG verbessert die Markttransparenz, ferner dient die Vorschrift der Kapitalmarktaufsicht und dem Schutz des Emittenten vor unrichtigen Mitteilungen (Heidel AnwK-AktR/*Heinrich* Rn 1). § 27 WpHG beinhaltet **zwei** Nachweispflichten, zum einen auf Verlangen der BaFin und zum anderen auf Verlangen des Emittenten. Beide Nachweispflichten bestehen unabhängig voneinander. **1**

II. Voraussetzungen

Voraussetzung für § 27 WpHG ist, dass eine Mitteilung nach § 21 Abs 1, 1a oder § 25 Abs 1 tatsächlich abgegeben worden ist. Eine anderweitig erlangte Kenntnis über eine Beteiligung in meldepflichtiger Höhe genügt für ein Verlangen nach § 27 WpHG **2**

---

*) Die Kommentierung gibt die persönliche Meinung des Verfassers wieder und stellt keine offizielle Stellungnahme der BAFin dar.

nicht, für die BaFin ist aber ein Auskunftsverlangen auf der Grundlage des § 4 Abs 3 WpHG möglich. Gibt das Mutterunternehmen die Mitteilung nach § 24 WpHG für das Tochterunternehmen ab, kann die BaFin sowohl von dem Mutterunternehmen als auch vom Tochterunternehmen den Nachweis verlangen (str, Assmann/Schneider WpHG/*Schneider* Rn 4; **aA** MünchHdb AG/*Krieger* § 68 Rn 162; Heidel AnwK-AktR/ *Heinrich* Rn 2). Ein Nachweis aufgrund von Mitteilungen nach § 25a Abs 1 WpHG kann nicht verlangt werden.

III. Nachweis

3   Anzugeben sind die Höhe der Beteiligung und der Zeitpunkt, an dem der Schwellenwert berührt wurde, in den Fällen des § 22 WpHG auch der jeweilige Zurechnungstatbestand (MünchHdb AG/*Krieger* § 68 Rn 162). Eine gesetzliche **Frist** besteht nicht, die BaFin bzw der Emittent kann jedoch eine angemessene Frist setzen. Die **Kosten** für den Nachweis trägt der Nachweispflichtige (AnwK-AktR/*Heinrich* Rn 7). Für die **Form** gilt nur, dass sie für einen Nachweis tauglich sein muss. Möglich sind Erwerbsunterlagen, Depotbescheinigungen, Abtretungsurkunden (AnwK-AktR/*Heinrich* Rn 5). Eidesstattliche Erklärungen und selbst erstellte Bescheinigungen genügen hingegen nicht (Assmann/Schneider WpHG/*Schneider* Rn 13 f).

§ 27a Mitteilungspflichten für Inhaber wesentlicher Beteiligungen

(1) ¹Ein Meldepflichtiger im Sinne der §§ 21 und 22, der die Schwelle von 10 Prozent der Stimmrechte aus Aktien oder eine höhere Schwelle erreicht oder überschreitet, muss dem Emittenten, für den die Bundesrepublik Deutschland Herkunftsstaat ist, die mit dem Erwerb der Stimmrechte verfolgten Ziele und die Herkunft der für den Erwerb verwendeten Mittel innerhalb von 20 Handelstagen nach Erreichen oder Überschreiten dieser Schwellen mitteilen. ²Eine Änderung der Ziele im Sinne des Satzes 1 ist innerhalb von 20 Handelstagen mitzuteilen. ³Hinsichtlich der mit dem Erwerb der Stimmrechte verfolgten Ziele hat der Meldepflichtige anzugeben, ob

1. die Investition der Umsetzung strategischer Ziele oder der Erzielung von Handelsgewinnen dient,
2. er innerhalb der nächsten zwölf Monate weitere Stimmrechte durch Erwerb oder auf sonstige Weise zu erlangen beabsichtigt,
3. er eine Einflussnahme auf die Besetzung von Verwaltungs-, Leitungs- und Aufsichtsorganen des Emittenten anstrebt und
4. er eine wesentliche Änderung der Kapitalstruktur der Gesellschaft, insbesondere im Hinblick auf das Verhältnis von Eigen- und Fremdfinanzierung und die Dividendenpolitik anstrebt.

⁴Hinsichtlich der Herkunft der verwendeten Mittel hat der Meldepflichtige anzugeben, ob es sich um Eigen- oder Fremdmittel handelt, die der Meldepflichtige zur Finanzierung des Erwerbs der Stimmrechte aufgenommen hat. ⁵Eine Mitteilungspflicht nach Satz 1 besteht nicht, wenn der Schwellenwert aufgrund eines Angebots im Sinne des § 2 Abs. 1 des Wertpapiererwerbs- und Übernahmegesetzes erreicht oder überschritten wurde. ⁶Die Mitteilungspflicht besteht ferner nicht für Kapitalverwaltungsgesellschaften sowie ausländische Verwaltungsgesellschaften und Investmentgesellschaften im Sinne der Richtlinie 2009/65/EG, die einem Artikel 56 Absatz 1 Satz 1 der Richtlinie 2009/65/EG entsprechenden Verbot unterliegen, sofern eine Anlage-

grenze von 10 Prozent oder weniger festgelegt worden ist; eine Mitteilungspflicht besteht auch dann nicht, wenn eine Artikel 57 Absatz 1 Satz 1 und Absatz 2 der Richtlinie 2009/65/EG entsprechende zulässige Ausnahme bei der Überschreitung von Anlagegrenzen vorliegt.

(2) Der Emittent hat die erhaltene Information oder die Tatsache, dass die Mitteilungspflicht nach Absatz 1 nicht erfüllt wurde, entsprechend § 26 Abs. 1 Satz 1 in Verbindung mit der Rechtsverordnung nach § 26 Abs. 3 Nr. 1 zu veröffentlichen.

(3) ¹Die Satzung eines Emittenten mit Sitz im Inland kann vorsehen, dass Absatz 1 keine Anwendung findet. ²Absatz 1 findet auch keine Anwendung auf Emittenten mit Sitz im Ausland, deren Satzung oder sonstige Bestimmungen eine Nichtanwendung vorsehen.

(4) Das Bundesministerium der Finanzen kann durch Rechtsverordnung, die nicht der Zustimmung des Bundesrates bedarf, nähere Bestimmungen über den Inhalt, die Art, die Sprache, den Umfang und die Form der Mitteilungen nach Absatz 1 erlassen.

Übersicht

	Rn		Rn
I. Allgemeines	1	III. Rechtsfolgen	3
II. Voraussetzungen	2	IV. Ausnahmen von der Mitteilungspflicht	4

Literatur: *Fleischer* Mitteilungspflichten für Inhaber wesentlicher Beteiligungen (§ 27a WpHG), AG 2008, 873; *Greven/Fahrenholz* Die Handhabung der neuen Mitteilungspflichten nach § 27a WpHG, BB 2009, 1487; *Pluskat* „Investorenmitteilung nach § 27a WpHG – wie viel Beteiligungstransparenz geht noch?", NZG 2009, 206; vgl auch die Nachweise zu § 21 WpHG.

I. Allgemeines

§ 27a WpHG wurde durch das Risikobegrenzungsgesetz vom 12.8.2008 (BGBl I 2008, 1666) eingeführt und trat zum 31.5.2009 in Kraft. Ziel der Vorschrift ist es, die Informationen über Inhaber wesentlicher Beteiligungen (als wesentlich gelten Stimmrechtsanteile ab 10 %) zu verbessern (BT-Drucks 16/7438, 12). Die erweiterten Mitteilungspflichten nach § 27a WpHG verbessern die Informationseffizienz des Marktes sowie den Minderheitenschutz, da ein Anschleichen erschwert wird (*Fleischer* AG 2008, 873, 875). Dazu haben Inhaber wesentlicher Beteiligungen die mit dem Erwerb der Stimmrechte verfolgten Ziele und die Herkunft der für den Erwerb verwendeten Mittel anzugeben. Durch das Gesetz zur Umsetzung der Richtlinie 2011/61/EU über die Verwalter alternativer Investmentfonds (AIFM-Umsetzungsgesetz) vom 4.7.2013 (BGBl I 2013, 1981) wurden in § 27a Abs 1 S 6 WpHG die Wörter „Kapitalanlagegesellschaften, Investmentaktiengesellschaften durch den Begriff „Kapitalverwaltungsgesellschaften" ersetzt.

1

II. Voraussetzungen

Mitteilungspflichtig ist gem § 27a Abs 1 S 1 WpHG jeder, der nach Inkrafttreten der Vorschrift am 31.5.2009 die **Schwelle von 10 % oder eine höhere Schwelle** erreicht oder überschreitet. Auch wenn lediglich Stimmrechte nach § 22 WpHG zugerechnet werden, entsteht bei Schwellenerreichung, oder -überschreitung (oder Zieländerung)

2

eine Mitteilungspflicht. Für die Schwellenüberschreitung sind nur Stimmrechte aus §§ 21, 22 WpHG, nicht hingegen solche aus § 25 WpHG maßgeblich (*Greven/Fahrenholz* BB 2009, 1487, 1489; Assmann/Schneider WpHG/*Schneider* Rn 4; Spindler/Stilz AktG/*Petersen* § 22 Anh Rn 95; **aA** *Fleischer* AG 2008, 873, 876; Schmidt/Lutter AktG/*Veil* Anh 22: § 27a WpHG Rn 5). Ebenfalls irrelevant für die Schwellenüberschreitung sind Stimmrechte aus § 25a WpHG. Aufgrund des Fehlens einer § 21 Abs 1a WpHG entspr Regelung bestehen keine Mitteilungspflichten nach § 27a WpHG bei der erstmaligen Zulassung von Aktien zum Handel an einem organisierten Markt (*von Bülow/Stephanblome* ZIP 2008, 1797, 1801; *Pluskat* NZG 2009, 206, 207). Eine Mitteilungspflicht besteht gem § 27a Abs 1 S 2 WpHG auch dann, wenn sich die mit dem Erwerb der Stimmrechte verfolgten Ziele ändern. Dies gilt jedoch nur, wenn der Stimmrechtsanteil des Meldepflichtigen weiterhin bei 10 % oder darüber liegt (Schmidt/Lutter AktG/*Veil* Anh 22: § 27a WpHG Rn 13).

III. Rechtsfolgen

3 Entsteht eine Mitteilungspflicht nach § 27a Abs 1 WpHG, hat der Meldepflichtige die mit dem Erwerb der Stimmrechte verfolgten **Ziele** und die **Herkunft der** für den Erwerb verwendeten **Mittel** innerhalb von 20 Handelstagen nach Schwellenberührung oder Zieländerung anzugeben (krit zur Länge der Frist Assmann/Schneider WpHG/*Schneider* Rn 26; Schmidt/Lutter AktG/*Veil* Anh 22: § 27a WpHG Rn 19). Anders als bei §§ 21, 25, 25a WpHG ist keine unverzügliche Abgabe der Mitteilung erforderlich. Ferner hat die Mitteilung **nur gegenüber dem Emittenten** und nicht gegenüber der BaFin zu erfolgen (Spindler/Stilz AktG/*Petersen* § 22 Anh Rn 94; krit dazu Schmidt/Lutter AktG/*Veil* Anh 22: § 27a WpHG Rn 2). Hinsichtlich der mit dem Erwerb verfolgten Ziele hat der Meldepflichtige gem § 27a Abs 1 S 3 WpHG anzugeben, ob die Investition der **Umsetzung strategischer Ziele** dient oder lediglich Handelsgewinne erzielt werden sollen, ob der Meldepflichtige beabsichtigt, innerhalb der nächsten zwölf Monate **weitere Stimmrechte zu erlangen,** ob der Meldepflichtige anstrebt, auf die **Besetzung von Verwaltungs-, Leitungs- oder Aufsichtsorganen** des Emittenten Einfluss zu nehmen sowie ob der Meldepflichtige eine **wesentliche Änderung der Kapitalstruktur** der Gesellschaft, insb im Hinblick auf das Verhältnis von Eigen- und Fremdfinanzierung und die Dividendenpolitik anstrebt. Die Aufzählung dieser Ziele ist abschließend (BT-Drucks 16/7438, 12; *BaFin* Emittentenleitfaden 2009, 167). Entsprechende Angaben, die der Meldepflichtige gemacht hat, entfalten keine Bindungswirkung. Im Falle einer Änderung der Ziele muss der Meldepflichtige jedoch die betr Angaben aktualisieren (*von Bülow/Stephanblome* ZIP 2008, 1797, 1803). Hinsichtlich der Mittelherkunft hat der Meldepflichtige anzugeben, ob es sich bei den zur Finanzierung des Erwerbs der Stimmrechte verwendeten Mitteln um **Eigen- oder Fremdmittel** des Meldepflichtigen handelt. Bei einer gemischten Finanzierung ist der jeweilige Anteil an der Gesamtfinanzierung anzugeben (BT-Drucks 16/7438, 12; *BaFin* Emittentenleitfaden 2009, 167). Nähere Angaben zu den Bedingungen einer vorliegenden Fremdfinanzierung, wie zB Laufzeit und Konditionen sind nicht erforderlich (Assmann/Schneider WpHG/*Schneider* Rn 20; Spindler/Stilz AktG/*Petersen* § 22 Anh Rn 98). **Der Emittent hat die erhaltenen Informationen** zu Zielen und zur Herkunft der verwendeten Mittel gem § 27a Abs 2 WpHG entsprechend § 26 Abs 1 S 1 WpHG iVm der Rechtsverordnung nach § 26 Abs 3 Nr 1 WpHG **zu veröffentlichen.** Erfüllt der Meldepflichtige seine Mitteilungspflicht nicht, so hat der Emittent diese Tatsache

zu veröffentlichen. Eine § 26 Abs 2 WpHG entspr Pflicht, der BaFin die erfolgte Veröffentlichung mitzuteilen, besteht nicht. Verstöße gegen die Pflichten des § 27a WpHG werden nicht durch Bußgelder oder Rechtsverlust nach § 28 WpHG geahndet (krit dazu Schmidt/Lutter AktG/*Veil* Anh 22: § 27a WpHG Rn 2).

IV. Ausnahmen von der Mitteilungspflicht

Nach § 27a Abs 1 S 5 WpHG besteht eine Mitteilungspflicht nicht, wenn der Schwellenwert auf Grund eines **Angebots iSv § 2 Abs 1 WpÜG** erreicht oder überschritten wurde. Grund dafür ist, dass die entsprechenden Ziele und die Finanzierung im Rahmen eines Erwerbs- oder Übernahmeangebots nach dem WpÜG offenzulegen sind und es daher in diesem Falle einer Offenlegung nach § 27a Abs 1 WpHG nicht bedarf (BT-Drucks 16/7438, 12). Nach § 27a Abs 1 S 6 WpHG besteht eine Mitteilungspflicht nicht für **Kapitalverwaltungsgesellschaften** sowie ausländische Verwaltungsgesellschaften und Investmentgesellschaften ISd RL 2009/65/EG des Europäischen Parlaments und des Rates v 13.7.2009 (ABlEU Nr L 302/32), die einem Art 56 Abs 1 S 1 der RL 2009/65/EG entspr Verbot unterliegen, sofern eine **Anlagegrenze von 10 % oder weniger** festgelegt worden ist. Auch im Falle einer zulässigen Ausnahme bei der Überschreitung von Anlagegrenzen gem Art 57 Abs 1 S 1 und Abs 2 der RL 2009/65/EG besteht keine Mitteilungspflicht. Ferner besteht keine Mitteilungspflicht, wenn der **Emittent in seiner Satzung** oder in entpr sonstigen Bestimmungen (bei Emittenten mit Sitz im Ausland) die Anwendung von § 27a Abs 1 WpHG **ausschließt**, § 27a Abs 3 WpHG. Gem § 11 Finanzmarktstabilisierungsbeschleunigungsgesetz (s dazu Art 2 § 11 Finanzmarktstabilisierungsgesetz v 17.10.2008, BGBl I 2008, 1982) findet § 27a WpHG keine Anwendung auf den Erwerb von Anteilen durch den **Finanzmarktstabilisierungsfonds**.

§ 28 Rechtsverlust*)

¹Rechte aus Aktien, die einem Meldepflichtigen gehören oder aus denen ihm Stimmrechte gemäß § 22 Abs. 1 Satz 1 Nr. 1 oder 2 zugerechnet werden, bestehen nicht für die Zeit, für welche die Mitteilungspflichten nach § 21 Abs. 1 oder 1a nicht erfüllt werden. ²Dies gilt nicht für Ansprüche nach § 58 Abs. 4 des Aktiengesetzes und § 271 des Aktiengesetzes, wenn die Mitteilung nicht vorsätzlich unterlassen wurde und nachgeholt worden ist. ³Sofern die Höhe des Stimmrechtsanteils betroffen ist, verlängert sich die Frist nach Satz 1 bei vorsätzlicher oder grob fahrlässiger Verletzung der Mitteilungspflichten um sechs Monate. ⁴Satz 3 gilt nicht, wenn die Abweichung bei der Höhe der in der vorangegangenen unrichtigen Mitteilung angegebenen Stimmrechte weniger als 10 Prozent des tatsächlichen Stimmrechtsanteils beträgt und keine Mitteilung über das Erreichen, Überschreiten oder Unterschreiten einer der in § 21 genannten Schwellen unterlassen wird.

---

*) Die Kommentierung gibt die persönliche Meinung des Verfassers wieder und stellt keine offizielle Stellungnahme der BAFin dar.

Anh § 22/ § 28 WpHG — Rechtsverlust

Übersicht

	Rn		Rn
I. Allgemeines	1	a) Aktien im Eigentum des Meldepflichtigen	3
II. Voraussetzungen des Rechtsverlusts	2	b) Fremde Aktien	4
III. Rechtsfolge	3	2. Rechtsverlust für die Zukunft	5
1. Rechtsverlust	3		

Literatur: *Gelhausen/Bandey* Bilanzielle Folgen der Nichterfüllung von Mitteilungspflichten gemäß §§ 20 f AktG und §§ 21 ff WpHG nach Inkrafttreten des Dritten Finanzmarktförderungsgesetzes, WPg 2000, 497; *Heinrich/Kiesewetter* Praxisrelevante Aspekte des Stimmrechtsverlusts nach § 28 WpHG i.d.F. des Risikobegrenzungsgesetzes, Der Konzern 2009, 137; *König/Römer* Reichweite aktien- und kapitalmarktrechtlicher Rechtsausübungshindernisse – Nach § 20 VII AktG und § 28 S 1 WpHG ruhende Beteiligungsrechte, NZG 2004, 944; *Schneider/Schneider* Der Rechtsverlust gemäß § 28 WpHG bei Verletzung der kapitalmarktrechtlichen Meldepflichten – zugleich eine Untersuchung zu § 20 Abs 7 AktG und § 59 WpÜG, ZIP 2006, 493; *Süßmann/Meder* Schärfere Sanktionen bei Verletzung der Mitteilungspflichten, WM 2009, 976; *Wand/Tillmann* Der stimmlose Gesellschafterbeschluss in der Vollversammlung, AG 2005, 227; *Widder* Kapitalmarktrechtliche Beteiligungstransparenz und Gesamtrechtsnachfolge, BB 2005, 1979; *ders* Rechtsnachfolge in Mitteilungspflichten nach §§ 21ff WpHG, § 20 AktG?, NZG 2004, 275; vgl auch die Nachweise zu § 21 WpHG.

I. Allgemeines

1 § 28 WpHG sanktioniert die Nichterfüllung der Mitteilungspflichten nach § 21 Abs 1 oder 1a WpHG mit dem Verlust der Rechte aus den Aktien, die dem Meldepflichtigen gehören oder aus denen ihm Stimmrechte gem § 22 Abs 1 S 1 Nr 1 oder 2 WpHG zugerechnet werden. Mit dem Risikobegrenzungsgesetz vom 12.8.2008 (BGBl I 2008, 1666) wurde § 28 WpHG um die Sätze 3 und 4 erweitert. Die Änderung trat am 19.8.2008 in Kraft. Die Folgen von Verstößen gegen Mitteilungspflichten wurden in bestimmten Fällen verschärft, indem die Vorschrift eine Fortwirkung des Rechtsverlusts für einen Zeitraum von sechs Monaten nach der ordnungsgemäßen Erfüllung der Mitteilungspflicht anordnet (s dazu unten Rn 5).

II. Voraussetzungen des Rechtsverlusts

2 Voraussetzung ist die **Nichterfüllung der Mitteilungspflichten nach § 21 Abs 1 oder 1a WpHG**. Auch das Unterlassen der Mitteilung über das Unterschreiten einer Schwelle führt zum Rechtsverlust, solange der Meldepflichtige noch Aktien hält (MünchKomm AktG/*Bayer* Anh § 22 AktG § 28 WpHG Rn 3; Assmann/Schneider WpHG/*Schneider* Rn 19). Die Mitteilungspflicht gegenüber dem Emittenten ist mit Zugang der Mitteilung beim Emittenten erfüllt, eine vom Emittenten vorzunehmende Veröffentlichung ist insoweit nicht maßgebend (*LG Karlsruhe* AG 1998, 99, 100). Da die Mitteilungspflicht sowohl gegenüber dem Emittenten als auch gegenüber der BaFin besteht, genügt für den Eintritt des Rechtsverlusts, dass eine der beiden Meldungen unterlassen worden ist (Assmann/Schneider WpHG/*Schneider* Rn 13; Schmidt/Lutter AktG/*Veil* Anh 22: § 28 WpHG Rn 5). Wenn also nur gegenüber dem Emittenten und nicht gegenüber der BaFin oder nur gegenüber der BaFin und nicht gegenüber dem Emittenten die Mitteilung abgegeben worden ist, tritt der Rechtsverlust ebenso ein wie wenn überhaupt keine Mitteilung abgegeben wurde. Bereits vorhandene Kenntnis über die Beteiligung bei einem Mitteilungsempfänger hindert den Rechtsverlust nicht (MünchKomm AktG/

Bayer Anh § 22 AktG § 28 WpHG Rn 4; Heidel AnwK-AktR/*Heinrich* AktR Rn 4; Assmann/Schneider WpHG/*Schneider* Rn 14; Schmidt/Lutter AktG/*Veil* Anh 22: § 28 WpHG Rn 5). Die Mitteilungspflicht ist auch dann nicht erfüllt iSv § 28 S 1 WpHG, wenn sie **unrichtig** oder **unvollständig** erfüllt worden ist; rein formale Mängel (zB in Anschrift oder Absender) und inhaltliche Ungenauigkeiten, die nicht geeignet sind, falsche Vorstellungen zu erwecken, schaden jedoch nicht (MünchKomm AktG/*Bayer* Anh § 22 AktG § 28 WpHG Rn 3; Assmann/Schneider WpHG/*Schneider* Rn 19; Spindler/Stilz AktG/*Petersen* § 22 Anh Rn 107; *Merkner* AG 2012, 199, 203; ebenso *OLG Düsseldorf* AG 2006, 202, 205 für erkennbare Schreibversehen). Weitere Voraussetzung ist nach hA das **Verschulden** des Mitteilungspflichtigen, also Vorsatz oder Fahrlässigkeit (*Merkner* AG 2012, 199, 204 mwN). Die Beweislast dafür, dass kein Verschulden vorliegt, trifft den Meldepflichtigen (MünchKomm AktG/*Bayer* Anh § 22 AktG § 28 WpHG Rn 6; KölnKomm WpHG/*Kremer/Oesterhaus* Rn 30). In Betracht kommt ein Irrtum über die tatsächlichen Voraussetzungen, ein Rechtsirrtum wird dagegen nur in seltenen Ausnahmefällen (zB unvorhersehbarer Rechtsprechungswandel) einem Verschulden entgegenstehen (Assmann/Schneider WpHG/*Schneider* Rn 20 f).

III. Rechtsfolge

1. Rechtsverlust. – a) Aktien im Eigentum des Meldepflichtigen. Solange die Mitteilungspflicht nicht erfüllt wird, bestehen Rechte aus diesen Aktien nicht. Der Rechtsverlust bezieht sich auf **alle Aktien**, die vom Meldepflichtigen gehalten werden, nicht etwa nur auf diejenigen, welche eine Schwelle erreichen, über- oder unterschreiten (*Merkner* AG 2012, 199, 202; Assmann/Schneider WpHG/*Schneider* Rn 26). Erfasst werden sowohl Mitverwaltungsrechte (insb Teilnahmerecht, Einberufungsrecht nach § 122 AktG, Stimmrecht, Antragsrecht, Antrag nach § 327a AktG, *König/Römer* NZG 2004, 944, 946, Informationsrechte, Auskunftsrechte, Beschlussanfechtung, Nebenintervention bei Anfechtung, *Schneider/Schneider* ZIP 2006, 493, 495) als auch Vermögensrechte (*Merkner* AG 2012, 199, 202), ua Bezugsrechte, Ausgleichsansprüche, Abfindungsansprüche, Zuzahlungsansprüche. Eine **Ausnahme** gilt gem § 28 S 2 WpHG für die Ansprüche aus §§ 58 Abs 4, 271 AktG (**Dividende** und Abwicklungserlös), wenn die Mitteilungspflicht nicht vorsätzlich verletzt wurde und nachgeholt worden ist. Der Anspruch auf Auszahlung der Dividende entsteht daher nicht, wenn die Mitteilungspflicht vorsätzlich (dazu eingehend Assmann/Schneider WpHG/*Schneider* Rn 62 ff, Beweislast: Meldepflichtiger) nicht erfüllt wurde und während der Zeit des Rechtsverlusts der Gewinnverwendungsbeschluss gefasst worden ist (Assmann/Schneider WpHG/*Schneider* Rn 33). Stimmt in der HV der säumige Meldepflichtige trotz Rechtsverlusts ab, ist seine **Stimme ungültig** und darf nicht mitgezählt werden. Wird die Stimme irrtümlich mitgezählt, so ist der Beschl nur dann anfechtbar (*Wand/Tillmann* AG 2005, 227, 231; *LG Berlin* NZG 2004, 337, 338; *LG Mannheim* AG 2005, 780, 781: nicht nichtig), wenn die Stimme rechnerisch kausal zum Beschlussergebnis war (*Gelhausen/Bandey* WPg 2000, 497, 499). Bei der Berechnung der Stimmenmehrheit werden bei den insgesamt abgegebenen Stimmen die Stimmrechte aus rechtlosen Aktien nicht mitgezählt, weil es bei der Berechnung nur auf gültige Stimmen ankommt (*Schneider/Schneider* ZIP 2006, 493, 495; MünchKomm AktG/*Volhard* § 133 Rn 28). Dasselbe gilt auch bei der Kapitalmehrheit, da es nur auf das stimmberechtigte Kapital ankommt (*Schneider/Schneider* ZIP 2006, 493, 495; MünchKomm AktG/*Volhard* § 133 Rn 37). Die Mitgliedschaft bleibt erhalten, die Aktie kann veräußert

3

werden (*Schneider/Schneider* ZIP 2006, 493, 495). Der Rechtsverlust setzt sich beim **Rechtsnachfolger nicht** fort, da nicht er die Meldung unterlassen hat (Assmann/ Schneider WpHG/*Schneider* Rn 70, allerdings mit einer Einschränkung in Bezug auf den Hin- und Hererwerb aufgrund von Sinn und Zweck der Vorschrift; *OLG Stuttgart* AG 2005, 125, 127). Das gilt auch für die Gesamtrechtsnachfolge (*Widder* NZG 2004, 275 ff; *ders* BB 2005, 1979, 1980: personenbezogene Pflicht). Unterlässt der Rechtsnachfolger eine notwendige Meldung, tritt in seiner Person der Rechtsverlust ein.

4 **b) Fremde Aktien.** Vom Rechtsverlust erfasst werden auch Aktien, aus denen dem säumigen Meldepflichtigen Stimmrechte gem § 22 Abs 1 S 1 Nr 1 (einem Tochterunternehmen des Meldepflichtigen gehörend) oder Nr 2 WpHG (einem Dritten gehörend und von ihm für Rechnung des Meldepflichtigen gehalten) zugerechnet werden. Somit werden in diesen Fällen auch **Aktien Dritter** vom Rechtsverlust erfasst.

5 **2. Rechtsverlust für die Zukunft.** Bezieht sich die Verletzung der Mitteilungspflicht auf die Höhe der Beteiligung und verletzt der Meldepflichtige die Mitteilungspflicht vorsätzlich oder grob fahrlässig, beschränkt sich der **Rechtsverlust** nicht nur auf den Zeitraum bis zur Erfüllung der Mitteilungspflicht, sondern **verlängert sich um sechs Monate**, § 28 S 3 WpHG. Erfasst sind nur die Mitverwaltungsrechte (insb das **Stimmrecht**), nicht hingegen die Vermögensrechte des Aktionärs (BT-Drucks 16/7438, 13; Spindler/Stilz AktG/*Petersen* § 22 Anh Rn 116; Schmidt/Lutter AktG/*Veil* Anh 22: § 28 WpHG Rn 22). Durch die Änderung soll verhindert werden, dass der Aktionär unter Nichterfüllung der Mitteilungspflichten zwischen zwei Hauptversammlungen unbemerkt ein Aktienpaket aufbauen und durch die Abgabe einer Stimmrechtsmitteilung kurz vor der HV den Stimmrechtsverlust vermeiden kann (*BaFin* Emittentenleitfaden 2009, 168). Nach § 28 S 4 WpHG kommt es jedoch nicht zu einem Rechtsverlust für weitere sechs Monate, wenn die Abweichung bei der Höhe der in der vorangegangenen unrichtigen Mitteilung angegebenen Stimmrechte weniger als 10 % des tatsächlichen Stimmrechtsanteils (nicht 10 %-Punkte) beträgt und keine Mitteilung über das Berühren einer Schwelle nach § 21 WpHG unterlassen wird (Spindler/Stilz AktG/ *Petersen* § 22 Anh Rn 117). Die Regelung hat den Zweck, **Bagatellverstöße** vom fortwirkenden Rechtsverlust **auszunehmen** (*BaFin* Emittentenleitfaden 2009, 169). Für das Greifen der Ausnahme ist lediglich erforderlich, dass die Stimmrechtsmitteilung im Hinblick auf die aktuelle Schwellenberührung abgegeben wurde, nicht hingegen, dass frühere, inzwischen überholte Mitteilungen abgegeben wurden (*von Bülow/Stephanblome* ZIP 2008, 1797, 1804). Str ist, ob der fortdauernde Rechtsverlust auch in Fällen gilt, in denen die Mitteilungspflicht schon vor dem 19.8.2008 entstanden ist und nicht oder nicht richtig erfüllt wurde (dafür: *Süßmann/Meder* WM 2009, 976, 978 f; dagegen: *Heinrich/Kiesewetter* Der Konzern 2009, 137, 144).

§ 29 Richtlinien der Bundesanstalt*)

¹**Die Bundesanstalt kann Richtlinien aufstellen, nach denen sie für den Regelfall beurteilt, ob die Voraussetzungen für einen mitteilungspflichtigen Vorgang oder eine Befreiung von den Mitteilungspflichten nach § 21 Abs. 1 gegeben sind.** ²**Die Richtlinien sind im Bundesanzeiger zu veröffentlichen.**

---

*) Die Kommentierung gibt die persönliche Meinung des Verfassers wieder und stellt keine offizielle Stellungnahme der BAFin dar.

Richtlinien aufgrund § 29 WpHG sind bislang nicht ergangen. Durch das Gesetz zur Änderung von Vorschriften über Verkündung und Bekanntmachungen sowie der Zivilprozessordnung, des Gesetzes betreffend die Einführung der Zivilprozessordnung und der Abgabenordnung vom 22.11.2011 (BGBl I 2011, 3044) wurde in § 29 S 2 WpHG der Begriff „elektronischen" gestrichen. Grund ist die ausschließlich elektronische Herausgabe des Bundesanzeigers (Assmann/Schneider WpHG/*Schneider* Rn 8). Die Änderung trat zum 1.4.2012 in Kraft. 1

§ 29a Befreiungen*)

(1) ¹Die Bundesanstalt kann Inlandsemittenten mit Sitz in einem Drittstaat von den Pflichten nach § 26 Abs. 1 und § 26a freistellen, soweit diese Emittenten gleichwertigen Regeln eines Drittstaates unterliegen oder sich solchen Regeln unterwerfen. ²Satz 1 gilt nicht für Pflichten dieser Emittenten nach § 26 Absatz 1 und § 26a aufgrund von Mitteilungen nach § 25a. ³Die Bundesanstalt unterrichtet die Europäische Wertpapier- und Marktaufsichtsbehörde über die erteilte Freistellung.

(2) ¹Emittenten, denen die Bundesanstalt eine Befreiung nach Absatz 1 erteilt hat, müssen Informationen über Umstände, die denen des § 21 Abs. 1 Satz 1, Abs. 1a, § 25 Abs. 1 Satz 1, § 26 Abs. 1 Satz 1 und 2 und § 26a entsprechen und die nach den gleichwertigen Regeln eines Drittstaates der Öffentlichkeit zur Verfügung zu stellen sind, in der in § 26 Abs. 1 Satz 1, auch in Verbindung mit einer Rechtsverordnung nach Absatz 3, geregelten Weise veröffentlichen und gleichzeitig der Bundesanstalt mitteilen. ²Die Informationen sind außerdem unverzüglich, jedoch nicht vor ihrer Veröffentlichung dem Unternehmensregister im Sinne des § 8b des Handelsgesetzbuchs zur Speicherung zu übermitteln.

(3) ¹Für die Zurechnung der Stimmrechte nach § 22 gilt ein Unternehmen mit Sitz in einem Drittstaat, das nach § 32 Abs. 1 Satz 1 in Verbindung mit § 1 Abs. 1a Satz 2 Nr. 3 des Kreditwesengesetzes einer Zulassung für die Finanzportfolioverwaltung bedürfte, wenn es seinen Sitz oder seine Hauptverwaltung im Inland hätte, hinsichtlich der Aktien, die von ihm im Rahmen der Finanzportfolioverwaltung verwaltet werden, nicht als Tochterunternehmen im Sinne von § 22 Abs. 3. ²Das setzt voraus, dass

1. es bezüglich seiner Unabhängigkeit Anforderungen genügt, die denen für Wertpapierdienstleistungsunternehmen nach § 22 Abs. 3a, auch in Verbindung mit einer Rechtsverordnung nach § 22 Abs. 5, gleichwertig sind,
2. der Meldepflichtige der Bundesanstalt den Namen dieses Unternehmens und die für dessen Überwachung zuständige Behörde oder das Fehlen einer solchen mitteilt und
3. der Meldepflichtige gegenüber der Bundesanstalt erklärt, dass die Voraussetzungen der Nummer 1 erfüllt sind.

(4) Das Bundesministerium der Finanzen wird ermächtigt, durch Rechtsverordnung, die nicht der Zustimmung des Bundesrates bedarf, nähere Bestimmungen über die Gleichwertigkeit von Regeln eines Drittstaates und die Freistellung von Emittenten nach Absatz 1 und Unternehmen nach Absatz 3 zu erlassen.

---

*) Die Kommentierung gibt die persönliche Meinung des Verfassers wieder und stellt keine offizielle Stellungnahme der BAFin dar.

Anh § 22/§ 30 WpHG   Handelstage

1 § 29a WpHG wurde durch das TUG v 5.1.2007 (BGBl I 2007, 10) eingefügt und regelt Ausnahmen von den Mitteilungs- und Veröffentlichungspflichten für Emittenten aus Drittstaaten. Damit wird Art 23 der Transparenzrichtlinie 2004/109/EG umgesetzt (RegBegr BT-Drucks 16/2498, 39). Gelten für einen Emittenten mit Sitz in einem Drittstaat gleichwertige Regeln oder hat der Emittent sich solchen Regeln unterworfen, kann die BaFin diesen Emittenten von den Veröffentlichungspflichten nach § 26 Abs 1 und § 26a WpHG freistellen. Zweck der Regelung ist es, Doppelbelastungen des Emittenten in Hinblick auf Veröffentlichungspflichten zu vermeiden. (RegBegr BT-Drucks 16/2498, 39). § 29a Abs 2 WpHG regelt die Pflicht des Emittenten, der eine Befreiung erhalten hat, die Informationen, die er nach dem Recht des Drittstaats veröffentlichen muss, auch in einer in § 26 Abs 1 S 1 WpHG, auch in Verbindung mit einer Rechtsverordnung nach § 26 Abs 3 WpHG, geregelten Weise zu veröffentlichen und der BaFin mitzuteilen. Ziel des § 29a Abs 2 WpHG ist es, die Veröffentlichung der Informationen, die im Drittstaat zu veröffentlichen sind, auch nach Maßgabe der im Inland geltenden Veröffentlichungsvorschrift des § 26 WpHG zu veröffentlichen. § 29a Abs 3 WpHG schafft eine § 22 Abs 3a WpHG entspr Ausnahme von der Tochterunternehmenseigenschaft für Unternehmen mit Sitz in einem Drittstaat, die Aktien iRd Finanzportfolioverwaltung verwalten. Zum 1.1.2012 wurde § 29a Abs 1 WpHG um folgenden Satz ergänzt: „Die Bundesanstalt unterrichtet die Europäische Wertpapier- und Marktaufsichtsbehörde über die erteilte Freistellung." Die Ergänzung geht zurück auf das Gesetz zur Umsetzung der Richtlinie 2010/78/EU vom 24. November 2010 im Hinblick auf die Errichtung des Europäischen Finanzaufsichtssystems (BGBl I 2011, 2427). Zum 1.2.2012 wurde dem § 29a Abs 1 WpHG folgender **Satz angefügt**: „Satz 1 gilt nicht für Pflichten dieser Emittenten nach § 26 Abs 1 und § 26a auf Grund von Mitteilungen nach § 25a." Damit wurde klargestellt, dass entspr Emittenten nicht von den Pflichten des § 25a WpHG, der durch das Anlegerschutz- und Funktionsverbesserungsgesetz (BGBl I 2011, 538) geschaffen wurde, befreit werden können (vgl dazu BT-Drucks 17/4739, 25).

§ 30 Handelstage*)

(1) Für die Berechnung der Mitteilungs- und Veröffentlichungsfristen nach diesem Abschnitt gelten als Handelstage alle Kalendertage, die nicht Sonnabende, Sonntage oder zumindest in einem Land landeseinheitliche gesetzlich anerkannte Feiertage sind.

(2) Die Bundesanstalt stellt im Internet unter ihrer Adresse einen Kalender der Handelstage zur Verfügung.

1 § 30 WpHG wurde durch das TUG v 5.1.2007 (BGBl I 2007, 10) eingefügt. Ein landeseinheitlicher Feiertag liegt vor, wenn er landesweit und nicht nur in bestimmten Gemeinden oder Kreisen gesetzlicher Feiertag ist (RegBegr BT-Drucks 16/2498, 39). Der Kalender der BaFin unter www.bafin.de (§ 30 Abs 2 WpHG) hat lediglich informatorische Bedeutung und soll die fristgemäße Erfüllung der Mitteilungs- und Veröffentlichungspflichten aus §§ 21 ff WpHG erleichtern (RegBegr BT-Drucks 6/2498, 39).

---

*) Die Kommentierung gibt die persönliche Meinung des Verfassers wieder und stellt keine offizielle Stellungnahme der BAFin dar.

§ 30 Zurechnung von Stimmrechten*)

(1) ¹Stimmrechten des Bieters stehen Stimmrechte aus Aktien der Zielgesellschaft gleich,
1. die einem Tochterunternehmen des Bieters gehören,
2. die einem Dritten gehören und von ihm für Rechnung des Bieters gehalten werden,
3. die der Bieter einem Dritten als Sicherheit übertragen hat, es sei denn, der Dritte ist zur Ausübung der Stimmrechte aus diesen Aktien befugt und bekundet die Absicht, die Stimmrechte unabhängig von den Weisungen des Bieters auszuüben,
4. an denen zugunsten des Bieters ein Nießbrauch bestellt ist,
5. die der Bieter durch eine Willenserklärung erwerben kann,
6. die dem Bieter anvertraut sind oder aus denen er die Stimmrechte als Bevollmächtigter ausüben kann, sofern er die Stimmrechte aus diesen Aktien nach eigenem Ermessen ausüben kann, wenn keine besonderen Weisungen des Aktionärs vorliegen.

²Für die Zurechnung nach Satz 1 Nr. 2 bis 6 stehen dem Bieter Tochterunternehmen des Bieters gleich. ³Stimmrechte des Tochterunternehmens werden dem Bieter in voller Höhe zugerechnet.

(2) ¹Dem Bieter werden auch Stimmrechte eines Dritten aus Aktien der Zielgesellschaft in voller Höhe zugerechnet, mit dem der Bieter oder sein Tochterunternehmen sein Verhalten in Bezug auf die Zielgesellschaft auf Grund einer Vereinbarung oder in sonstiger Weise abstimmt; ausgenommen sind Vereinbarungen in Einzelfällen. ²Ein abgestimmtes Verhalten setzt voraus, dass der Bieter oder sein Tochterunternehmen und der Dritte sich über die Ausübung von Stimmrechten verständigen oder mit dem Ziel einer dauerhaften und erheblichen Änderung der unternehmerischen Ausrichtung der Zielgesellschaft in sonstiger Weise zusammenwirken. ³Für die Berechnung des Stimmrechtsanteils des Dritten gilt Absatz 1 entsprechend.

(3) ¹Für die Zurechnung nach dieser Vorschrift gilt ein Wertpapierdienstleistungsunternehmen hinsichtlich der Beteiligungen, die von ihm im Rahmen einer Wertpapierdienstleistung nach § 2 Abs. 3 Satz 1 Nr. 7 des Wertpapierhandelsgesetzes verwaltet werden, unter den folgenden Voraussetzungen nicht als Tochterunternehmen im Sinne des § 2 Abs. 6:
1. das Wertpapierdienstleistungsunternehmen darf die Stimmrechte, die mit den betreffenden Aktien verbunden sind, nur aufgrund von in schriftlicher Form oder über elektronische Hilfsmittel erteilten Weisungen ausüben oder stellt durch geeignete Vorkehrungen sicher, dass die Finanzportfolioverwaltung unabhängig von anderen Dienstleistungen und unter Bedingungen, die denen der Richtlinie 85/611/EWG des Rates vom 20. Dezember 1985 zur Koordinierung der Rechts- und Verwaltungsvorschriften betreffend bestimmten Organismen für gemeinsame Anlagen in Wertpapieren (OGAW) (ABl. EG Nr. L 375 S. 3), die zuletzt durch Artikel 9 der Richtlinie 2005/1/EG des Europäischen Parlaments und des Rates vom 9. März 2005 (ABl. EU Nr. L 79 S. 9) geändert worden ist, gleichwertig sind, erfolgt,
2. das Wertpapierdienstleistungsunternehmen übt die Stimmrechte unabhängig vom Bieter aus,

---

*) Die Kommentierung gibt die persönliche Meinung des Verfassers wieder und stellt keine offizielle Stellungnahme der BAFin dar.

3. der Bieter teilt der Bundesanstalt den Namen dieses Wertpapierdienstleistungsunternehmens und die für dessen Überwachung zuständige Behörde oder das Fehlen einer solchen mit und
4. der Bieter erklärt gegenüber der Bundesanstalt, dass die Voraussetzungen der Nummer 2 erfüllt sind.

²Ein Wertpapierdienstleistungsunternehmen gilt jedoch dann für die Zurechnung nach dieser Vorschrift als Tochterunternehmen im Sinne des § 2 Abs. 6, wenn der Bieter oder ein anderes Tochterunternehmen des Bieters seinerseits Anteile an der vom Wertpapierdienstleistungsunternehmen verwalteten Beteiligung hält und das Wertpapierdienstleistungsunternehmen die Stimmrechte, die mit diesen Beteiligungen verbunden sind, nicht nach freiem Ermessen, sondern nur aufgrund unmittelbarer oder mittelbarer Weisungen ausüben kann, die ihm vom Bieter oder von einem anderen Tochterunternehmen des Bieters erteilt werden.

(4) Das Bundesministerium der Finanzen kann durch Rechtsverordnung, die nicht der Zustimmung des Bundesrates bedarf, nähere Bestimmungen über die Umstände erlassen, unter denen im Falle des Absatzes 3 eine Unabhängigkeit des Wertpapierdienstleistungsunternehmens vom Bieter gegeben ist.

Übersicht

	Rn
I. Allgemeines	1
II. Zurechnungstatbestände	3

I. Allgemeines

1 § 30 WpÜG regelt die Zurechnung von Stimmrechten und ist somit maßgeblich für die Beurteilung, ob die Kontrollschwelle von 30 % nach § 29 Abs 2 WpÜG erreicht ist und ob ein Pflichtangebot gem § 35 Abs 2 S 1 WpÜG abgegeben werden muss (*Steinmeyer/Häger* WpÜG Rn 1). § 30 WpÜG wurde durch das TUG v 5.1.2007 (BGBl I 2007, 10) an die Änderungen des § 22 WpHG (dazu s oben) angepasst, soweit es der Gleichlauf zur Beteiligungspublizität gebietet und um Irritationen am Kapitalmarkt zu verhindern (RegBegr BT-Drucks 16/2498, 57; für eine identische Auslegung zB Schmidt/Lutter AktG/*Veil* Anh 22: Vor §§ 21 ff Rn 10 mwN; krit zur identischen Auslegung Assmann/Pötzsch/Schneider WpÜG/*Schneider* Rn 8). Mit dem Risikobegrenzungsgesetz vom 12.8.2008 (BGBl I 2008, 1666) wurde § 30 Abs 2 WpÜG geändert. Die Änderung trat am 19.8.2008 in Kraft. Mit der Änderung würde der Gleichlauf zur Parallelvorschrift des § 22 Abs 2 WpHG hergestellt (RegBegr BT-Drucks 16/7438, 13). § 30 Abs 3 WpÜG enthält eine Ausnahme von der Tochterunternehmenseigenschaft von Unternehmen, die Finanzportfolioverwaltung betreiben. Die Regelung entspricht § 22 Abs 3a WpHG (s dazu oben Anh § 22/§ 22 WpHG Rn 3). Abs 4 enthält eine Ermächtigung für Rechtsverordnungen.

II. Zurechnungstatbestände

3 Bei § 30 Abs 1 S 1 **Nr 3** WpÜG handelt es sich, anders als bei § 22 Abs 1 S 1 Nr 3 WpHG, nicht um eine ausschließliche Zuordnung der Stimmrechte auf den Sicherungsgeber. Es findet **keine Absorption** statt (*Steinmeyer/Häger* WpÜG Rn 38; KölnKomm WpÜG/*von Bülow* Rn 156; Assmann/Pötzsch/Schneider WpÜG/*Schneider* Rn 56; **aA** Haarmann/Schüppen WpÜG/*Walz* Rn 49; vgl auch Anh § 22/§ 22 WpHG

Rn 5). Zu den weiteren Zurechnungstatbeständen s die Ausführungen zu § 22 Abs 1 und 2 WpHG (oben Anh § 22/§ 22 WpHG Rn 1–9).

§ 23 Feststellung der Satzung

(1) ¹Die Satzung muss durch notarielle Beurkundung festgestellt werden. ²Bevollmächtigte bedürfen einer notariell beglaubigten Vollmacht.

(2) In der Urkunde sind anzugeben
1. die Gründer;
2. bei Nennbetragsaktien der Nennbetrag, bei Stückaktien die Zahl, der Ausgabebetrag und, wenn mehrere Gattungen bestehen, die Gattung der Aktien, die jeder Gründer übernimmt;
3. der eingezahlte Betrag des Grundkapitals.

(3) Die Satzung muss bestimmen
1. die Firma und den Sitz der Gesellschaft;
2. den Gegenstand des Unternehmens; namentlich ist bei Industrie- und Handelsunternehmen die Art der Erzeugnisse und Waren, die hergestellt und gehandelt werden sollen, näher anzugeben;
3. die Höhe des Grundkapitals;
4. die Zerlegung des Grundkapitals entweder in Nennbetragsaktien oder in Stückaktien, bei Nennbetragsaktien deren Nennbeträge und die Zahl der Aktien jeden Nennbetrags, bei Stückaktien deren Zahl, außerdem, wenn mehrere Gattungen bestehen, die Gattung der Aktien und die Zahl der Aktien jeder Gattung;
5. ob die Aktien auf den Inhaber oder auf den Namen ausgestellt werden;
6. die Zahl der Mitglieder des Vorstands oder die Regeln, nach denen diese Zahl festgelegt wird.

(4) Die Satzung muss ferner Bestimmungen über die Form der Bekanntmachungen der Gesellschaft enthalten.

(5) ¹Die Satzung kann von den Vorschriften dieses Gesetzes nur abweichen, wenn es ausdrücklich zugelassen ist. ²Ergänzende Bestimmungen der Satzung sind zulässig, es sei denn, dass dieses Gesetz eine abschließende Regelung enthält.

Übersicht

	Rn		Rn
I. Regelungsgegenstand und Normzweck	1	5. Satzungsfeststellung durch Vertreter	10
II. Satzungsfeststellung (Abs 1)	2	a) Rechtsgeschäftliche Vertretungsmacht	10
1. Begriff der Satzung	2	b) Gesetzliche/organschaftliche Vertretungsmacht	13
2. Rechtsnatur bei Ein- und Mehrpersonengründung	3	III. Erklärung der Aktienübernahme (Abs 2)	14
3. Verhältnis zur Aktienübernahmeerklärung (Abs 2)	5	1. Allgemeines	14
4. Form	6	2. Gesetzlich geforderte Einzelangaben	15
a) Notarielle Beurkundung	6		
b) Beurkundung im Ausland	7		

Körber

	Rn
a) Gründer (Nr 1)	15
b) Angaben zu Aktien (Nr 2)	16
c) Eingezahlter Betrag (Nr 3)	17
IV. Inhalt und Auslegung der Satzung (Abs 3, 4)	18
1. Bestandteile der Satzung	18
a) Abgrenzung	18
b) Materielle Satzungsbestimmungen	19
c) Formelle Satzungsbestimmungen	20
d) Indifferente Satzungsbestimmungen	21
2. Auslegung der Satzung	22
a) Materielle Satzungsbestimmungen	22
b) Formelle Satzungsbestimmungen	24
c) Indifferente Satzungsbestimmungen	25
3. Notwendiger Inhalt der Satzung (Abs 3)	26
a) Firma und Sitz (Nr 1)	27
b) Unternehmensgegenstand (Nr 2)	28
aa) Begriff, Zweck und Funktion	28
bb) Abgrenzung zum Gesellschaftszweck	29
cc) Individualisierung	30
dd) Unzulässigkeit	32

	Rn
ee) Besonderheiten bei der Vorrats- oder Mantelgründung	33
c) Höhe des Grundkapitals (Nr 3)	34
d) Zerlegung des Grundkapitals (Nr 4)	35
e) Aktienart (Nr 5)	36
f) Zahl der Vorstandsmitglieder (Nr 6)	37
g) Form der Bekanntmachungen (Abs 4)	38
h) Weitere notwendige Satzungsbestimmungen	39
V. Abweichende und ergänzende Satzungsbestimmungen (Abs 5)	40
1. Grundsatz der Satzungsstrenge	40
2. Abweichungen (S 1)	41
3. Ergänzungen (S 2)	42
4. Rechtsfolgen	44
VI. Gründungsmängel	45
1. Vor Eintragung	46
2. Nach Eintragung	48
VII. Kosten	49
VIII. Satzungsergänzende Nebenabreden	50
1. Rechtsnatur	50
2. Gegenstand und Schranken	52
3. Verhältnis zur Satzung	54

Literatur: *Baumann/Reiß* Satzungsergänzende Vereinbarungen – Nebenverträge im Gesellschaftsrecht, ZGR 1989, 157; *Baumbach/Hueck* GmbHG 19. Aufl 2010; *Bayer* Gutachten E, in Verhandlungen des 67. Deutschen Juristentages, Bd I: Gutachten, 2008, 96; *Blasche* Individualisierung sowie Über- und Unterschreitung des Unternehmensgegenstandes, DB 2011, S 517; *Blaurock* Der Vorvertrag zur Zeichnung von Aktien, FS Rittner, 1991, S 33; *Bungert/Wettich* Aktienrechtsnovelle 2012 – der Regierungsentwurf aus Sicht der Praxis, ZIP 2011, 160; *Drygala* Nur noch Namensaktien für die nicht börsennotierten Aktiengesellschaften?, ZIP 2011, 798; *Dürr* Die nach- bzw nicht-bevollmächtigte Einpersonen-Gründung einer GmbH, GmbHR 2008, 410; *Fleischer* Gesetz und Vertrag als alternative Problemlösungsmodelle im Gesellschaftsrecht, ZHR 168 (2004), 673; *Ganske* Das zweite gesellschaftsrechtliche Koordinierungsgesetz vom 13. Dezember 1978, DB 1978, 2461; *Goette* Auslandsbeurkundungen im Kapitalgesellschaftsrecht, DStR 1996, 709 = FS Boujong, 1996, S 131; *ders* Satzungsdurchbrechung und Beschlussanfechtung, in Henze/Timm/Westermann (Hrsg), Gesellschaftsrecht 1995, 1996, S 113; *ders* Fehlerhafte Personengesellschaftsverhältnisse in der jüngeren Rechtsprechung des Bundesgerichtshofs, DStR 1996, 266; *Gronstedt* Vorratsgesellschaften: Praktische Konsequenzen nach der neuen BGH-Rechtsprechung, BB 2003, 860; *Grooterhorst* Praktische Probleme beim Erwerb einer Vorrats-AG, NZG 2001, 145; *Grunewald* Die Auslegung von Gesellschaftsverträgen und Satzungen, ZGR 1995, 68; *Habersack* Referentenentwurf eines Gesetzes zur Änderung des Aktiengesetzes, BB 2011, S I; *Happ* Stimmbindungsverträge und Beschlussanfechtung,

ZGR 1984, 168; *Heckschen* Auslandsbeurkundung und Richtigkeitsgewähr, DB 1990, 161; *Hellermann* Aktienrechtliche Satzungsstrenge und Delegation von Gestaltungsspielräumen an den Vorstand, NZG 2008, 561; *Hellwig* Auslandsbeurkundungen im Gesellschaftsrecht, 1997, S 285; *Hirte* Der Unternehmensgegenstand und die Abschaffung seiner registerrechtlichen Kontrolle durch das Gesetz zur Modernisierung des GmbH-Rechts und zur Bekämpfung von Missbräuchen (MoMiG), FS Hüffer, 2010, S 329; *Hüffer* Harmonisierung des aktienrechtlichen Kapitalschutzes, NJW 1979, 1065; *Körber/Effer-Uhe* Anforderungen an den Nachweis der Vertretungsmacht von Prokuristen und GbR-Gesellschaftern bei der Gründung von Kapitalgesellschaften, DNotZ 2009, 92; *Kort* Die Bedeutung von Unternehmensgegenstand und Gesellschaftszweck einer AG bei Auslagerung von Geschäftsbereichen auf gemeinnützige Gesellschaften, NZG 2011, 929; *Krafka* Die wirtschaftliche Neugründung von Kapitalgesellschaften, ZGR 32 (2003), 577; *Lehmann* Zulässigkeit von Satzungsbestimmungen über die Gewährung von Sondervergütungen an Aufsichtsratsmitglieder, DB 1966, 1757; *Lehmann/ Heinsius* Aktienrecht und Mitbestimmung, 6. Aufl 1990, S 65; *Mertens* Satzungs- und Organisationsautonomie im Aktien- und Konzernrecht, ZGR 1994, 426; *Meyding* Die Mantel-GmbH im Gesellschafts- und Steuerrecht, 1989; *Meyer* Neue und alte Mäntel im Kapitalgesellschaftsrecht, ZIP 1994, 1661; *Möhring/Schwartz/Rowedder/Haberlandt* Die Aktiengesellschaft und ihre Satzung, 2. Aufl 1966; *Noack* Gesellschaftervereinbarungen bei Kapitalgesellschaften, 1994; *ders* Aktienrechtsnovelle 2011, DB 2010, 2657; *Paschke* Die fehlerhafte Korporation, ZHR 155 (1991), 1; *Priester* Nichtkorporative Satzungsbestimmungen bei Kapitalgesellschaften, DB 1979, 681; *Schäfer* Besondere Regelungen für börsennotierte und für nichtbörsennotierte Gesellschaften?, NJW 2008, 2536; *Spindler* Die Entwicklung der Satzungsfreiheit und Satzungsstrenge im deutschen Aktienrecht, in Habersack/Bayer (Hrsg), Aktienrecht im Wandel, Bd II, 2007, S 995; *ders* Regeln für börsennotierte vs Regeln für geschlossene Gesellschaften – Vollendung des Begonnenen?, AG 2008, 598; *Wallner* Der Unternehmensgegenstand der GmbH als Ausdruck der Unternehmensfreiheit, JZ 1986, 721; *Wiesner* Die Lehre von der fehlerhaften Gesellschaft, 1980; *Winkler* Materielle und formelle Bestandteile in Gesellschaftsverträgen und Satzungen und ihre verschiedenen Auswirkungen, DNotZ 1969, 394; *Winter* Organisationsrechtliche Sanktionen bei Verletzung schuldrechtlicher Gesellschaftervereinbarungen?, ZHR 154 (1990), 259.

I. Regelungsgegenstand und Normzweck

§ 23 regelt die Feststellung der Satzung und (ergänzt durch §§ 24–27) deren Inhalt. Bei der Auslegung der Norm ist zu berücksichtigen, dass sie teilweise auf die Publizitäts- und die Kapitalrichtlinie zurückgeht (MünchKomm AktG/*Pentz* Rn 8; KölnKomm AktG/*Arnold* Rn 7). Abs 1 betrifft die formellen Anforderungen an die Satzungsfeststellung. Abs 2 regelt die Aktienübernahmeerklärung und stellt klar, dass eine Stufengründung, nach der nicht alle Aktien zu übernehmen sind, nicht mehr möglich ist. Die Abs 3 und 4 normieren den notwendigen Mindestinhalt der Satzung. Abs 5 regelt die Zulässigkeit von Satzungsbestimmungen, die vom AktG abweichen oder dessen Regelungen ergänzen, als Ausnahme (sog **Grundsatz der Satzungsstrenge**). Soweit die Norm nicht nur die Satzungsfeststellung, sondern auch den Inhalt der Satzung betrifft (Abs 3–5), findet sie auch auf spätere **Satzungsänderungen** Anwendung. Die formellen Anforderungen dienen der **Rechtssicherheit** und haben zugleich eine **Warnfunktion** zum Schutz der Gründer. Der Grundsatz der Satzungsstrenge ist Grundlage der Verkehrsfähigkeit der Aktie. 1

II. Satzungsfeststellung (Abs 1)

1. Begriff der Satzung. Der Begriff der Satzung umfasst in **formeller** Hinsicht den 2 gesamten Inhalt der Satzungsurkunde einschließlich der Aktienübernahmeerklärung nach Abs 2 und der in der Urkunde enthaltenen Nebenabreden (vgl dazu Rn 50 ff). Von diesem formellen Satzungsbegriff ist der **materielle** Satzungsbegriff zu unterscheiden, der nur die Regelungen umfasst, die die Gesellschaft und ihre Beziehungen zu ihren Gründern betreffen (näher dazu Rn 19). Wie sich aus § 2 ergibt, verwendet das AktG die Begriffe „Satzung" und „Gesellschaftsvertrag" synonym. Zum der Satzungsfeststellung ggf vorausgehenden Vorgründungsvertrag vgl § 41 Rn 3.

3 2. Rechtsnatur bei Ein- und Mehrpersonengründung. Die **Feststellung der Satzung** erfolgt bei mehreren Gründern durch **Abschluss des Gesellschaftsvertrages** (auch: Gründungs- oder Errichtungsvertrag). Bei der Einpersonengründung tritt an die Stelle dieses Vertrages die sog **Errichtungserklärung** als einseitiges Rechtsgeschäft im Sinne einer einseitigen, nicht empfangsbedürftigen Willenserklärung (MünchKomm AktG/*Pentz* Rn 11; *Hüffer* AktG § 2 Rn 4a). Ist der Gesellschaftsvertrag nicht in deutscher Sprache abgefasst, so muss der Anmeldung zur Eintragung in das Handelsregister eine deutsche Übersetzung beigefügt werden (*LG Düsseldorf* NZG 1999, 730 zur GmbH). Bis zur Invollzugsetzung der Vorgesellschaft finden auf die Satzungsfeststellung mit Blick auf ihren Vertrags- bzw Willenserklärungscharakter grds die Vorschriften der §§ 104 ff BGB Anwendung (Spindler/Stilz AktG/*Limmer* Rn 12); danach – und erst recht ab Eintragung – können Willensmängel nur noch sehr eingeschränkt geltend gemacht werden (dazu näher Rn 47 f). Die §§ 320 ff BGB sind nicht anwendbar, weil der Gesellschaftsvertrag auf gemeinsame Zweckverfolgung und nicht auf Leistungsaustausch gerichtet ist.

4 Die Satzung regelt die Rechtsverhältnisse der Gründer untereinander, zugleich ist sie Grundlage der Gesellschaft. Sie ist daher **Schuld- und zugleich Organisationsvertrag** (**hM**, zB MünchKomm AktG/*Pentz* Rn 10; *Hüffer* AktG Rn 7; *K. Schmidt/Lutter* AktG/*Seibt* Rn 3; Spindler/Stilz AktG/*Limmer* Rn 3; **abw** GroßKomm AktG/*Röhricht* Rn 6: nur Organisationsvertrag, der aber auch schuldrechtliche Vereinbarungen enthalten kann). Mit der Eintragung der AG tritt der Vertragscharakter der Satzung zurück; die Satzung bildet dann die Verfassung des Verbandes. Dies hat insb zur Folge, dass bei der Auslegung des Satzungsinhalts der Gründerwille zurückstehen muss, weil die Satzungsregelungen auch gegenüber neuen Aktionären gelten (*RGZ* 165, 140, 143 f; *BGHZ* 47, 172, 179 f jeweils zum Verein; *K. Schmidt* GesR S 76; näher zur Auslegung Rn 22–24).

5 3. Verhältnis zur Aktienübernahmeerklärung (Abs 2). Die in Abs 2 geregelte Aktienübernahmeerklärung ist nach **traditioneller Auffassung** ein von der Satzungsfeststellung zu unterscheidendes, eigenständiges Rechtsgeschäft (*Hüffer* AktG Rn 16 mwN). Die Trennung von Übernahmeerklärung und Satzungsfeststellung soll verhindern, dass die Satzungsurkunde (Abs 3) mit Angaben überfrachtet wird, die nur im Gründungsstadium von Interesse sind. Nach **vordringender Auffassung** hat diese Differenzierung ihre Bedeutung im geltenden Recht verloren, zumal eine Stufengründung mit nachträglicher Aktienübernahme (vgl § 22 AktG 1937) nicht mehr möglich ist und Gründer demnach nur sein kann, wer auch Aktien übernimmt. Die sich aus der Aktienübernahmeerklärung ergebende **Einlageverpflichtung (§ 54) ist notwendig materieller Satzungsbestandteil** (*Hüffer* AktG Rn 16; GroßKomm AktG/*Röhricht* Rn 66; MünchKomm AktG/*Pentz* Rn 12 und 55; KölnKomm AktG/*Arnold* Rn 58).

6 4. Form. – a) Notarielle Beurkundung. Nach § 23 Abs 1 S 1 ist die Satzung durch notarielle Beurkundung (§ 128 BGB, §§ 8 ff BeurkG) festzustellen. Dies dient einerseits der **Rechtssicherheit**, andererseits auch der **Warnung** der Gründer in Bezug auf

§ 23 Feststellung der Satzung

die mit der AG-Gründung verbundenen Risiken und Pflichten (ausf Spindler/Stilz AktG/*Limmer* Rn 7 f). Nicht nur die Satzungsurkunde, sondern auch die in Abs 2 geregelte Übernahmeerklärung bedarf der notariellen Beurkundung (GroßKomm AktG/*Röhricht* Rn 36). Über den Satzungsinhalt (Abs 3 und 4) und die Übernahmeerklärung (Abs 2) ist **eine einheitliche Urkunde** aufzunehmen (dazu ausf Spindler/Stilz AktG/*Limmer* Rn 6). Fehlende oder fehlerhafte Angaben können allerdings durch auf die Haupturkunde Bezug nehmende Nachtragsurkunden nachgeholt werden (GroßKomm AktG/*Röhricht* Rn 40). Auch in persönlicher Hinsicht ist eine (zeitlich oder örtlich) **getrennte Abgabe der Erklärungen** durch die einzelnen Gründer (auch bei verschiedenen Notaren) möglich (vgl § 13a BeurkG). Diese Erklärungen müssen aufeinander verweisen und deutlich machen, dass sie Teil eines Ganzen sind, das nur in seiner Zusammenfassung die Satzungsfeststellung darstellt (GroßKomm AktG/*Röhricht* Rn 38 ff; MünchKomm AktG/*Pentz* Rn 29). Der vollständige Wortlaut der Satzung muss in mindestens einer Urkunde vollständig enthalten sein, die entspr § 181 Abs 1 S 2 zum HR eingereicht wird (*Hüffer* AktG Rn 9). Die Satzungsfeststellung wird **mit der letzten Unterschrift wirksam**; ein Zugang bei den übrigen Gründern ist entbehrlich (§ 152 S 1 BGB).

b) Beurkundung im Ausland. Die **notarielle Beurkundung** nach Abs 1 S 1 ist **nach** 7 **hM** auch **erforderlich**, wenn bei inländischem Verwaltungssitz die Satzungsfeststellung im Ausland erfolgt. Der inländische Verwaltungssitz führt zur **Geschäftsform** (*Hüffer* AktG Rn 10). Zwar legt der Wortlaut des Art 11 Abs 1 EGBGB nahe, dass die Ortsform genügt, jedoch sollte diese Vorschrift nach dem Willen des Gesetzgebers nicht Fragen der Verfassung jur Personen betreffen (BT-Drucks 10/504, 49; ebenso *LG Augsburg* ZIP 1996, 1872, 1873 zur GmbH; *Lichtenberger* DNotZ 1986, 644, 653; Spindler/Stilz AktG/*Limmer* Rn 10; **anders** aber *OLG Düsseldorf* NJW 1989, 2200; Palandt/*Heldrich* Art 11 EGBGB Rn 13; MünchKomm BGB/*Spellenberg* Art 11 EGBGB Rn 9; offen gelassen in *BGH* NJW-RR 1989, 1259, 1261 und *BGHZ* 80, 76, 78). Der **hM** ist zu folgen. Gegen eine Anwendung des Art 11 EGBGB auf die Satzungsfeststellung sprechen die systematische Stellung der Norm im Abschnitt über natürliche Personen (*Goette* DStR 1996, 709, 711) und das Ziel der Beweissicherung, das durch Anwendung der Ortsform bei Satzungsfeststellung in einem Land, dessen Recht keine öffentliche Beurkundung für die Gründung einer Kapitalgesellschaft vorsieht, nicht erreicht werden könnte (GroßKomm AktG/*Röhricht* Rn 48; *Heckschen* DB 1990, 161, 165). In die gleiche Richtung weist auch der Referentenentwurf für ein Gesetz zum Internationalen Privatrecht der Gesellschaften, Vereine und jur Personen vom 7.1.2008 (abrufbar unter www.bmj.de; vgl Einl Rn 29a).

Enthält das ausländische Recht **gleichwertige Vorschriften,** kann die notarielle Form 8 nach **hM** allerdings auch durch **Beurkundung nach ausländischem Recht** eingehalten werden. Eine solche Gleichwertigkeit ist anzunehmen, wenn die Urkundsperson nach Vorbildung und Stellung im Rechtsleben eine der Tätigkeit eines deutschen Notars vergleichbare Funktion ausübt und wenn das ausländische Recht den tragenden Grundsätzen des deutschen Beurkundungsverfahrens genügt (*BGHZ* 80, 76, 78; *BHG* NJW-RR 1989, 1259, 1261; MünchKomm AktG/*Pentz* Rn 33; *Hüffer* AktG Rn 11). Die Gleichwertigkeit wird insb beim US-amerikanischen notary public einhellig verneint (*Stephan* NJW 1974, 1596, 1597; *OLG Stuttgart* NZG *2000,* 40, 42 zur GmbH; zur Gleichwertigkeit verschiedener anderer Notariatsverfassungen MünchKomm AktG/*Pentz* Rn 35; K. Schmidt/Lutter AktG/*Seibt* Rn 19: Anerkennung der Beurkundung ua österreichische, niederländische und englische Urkundspersonen; aufgrund kantonaler Rechtsunterschiede nach Kantonen differenzierte Betrachtung bei der Schweiz; s auch KölnKomm AktG/*Arnold* Rn 42). Nach **aA** ist die Zulässigkeit der Auslandsbeurkundung generell zu verneinen, weil der mit dem deutschen Recht nicht ausreichend vertraute ausländische Notar keine Belehrung vornehmen könne (zB *LG Augsburg* NJW-RR 1997, 420; ebenso *Goette* DStR 1996, 709, 712 f mwN; Hölters AktG/*Solveen* Rn 12; Heidel Anwk-AktR/*Braunfels* Rn 5; Spindler/Stilz AktG/*Limmer* Rn 11 mwN; zw auch *Tebben* RNotZ 2008, 179). Gegen diese Auffassung spricht, dass die Belehrung nach § 17 BeurkG kein Wirksamkeitserfordernis ist (vgl KölnKomm AktG/*Arnold* Rn 39 ff; MünchKomm AktG/*Pentz* Rn 33, der zudem auf europarechtliche Bedenken gegenüber einer generellen Ablehnung der Auslandsbeurkundung hinweist). In der Praxis werden Gründungen durch Auslandsbeurkundung vermieden. Der Registerrichter ist aber in seiner Entscheidung über eine Eintragung trotz Auslandsbeurkundung letztlich frei; es empfiehlt sich daher eine informelle Kontaktaufnahme vor Stellung eines förmlichen Eintragungsantrags. Ein evtl **Formmangel** stellt zwar nach § 38 Abs 1 und 3 Nr 1 ein Eintragungshindernis dar, doch wird er **durch die** gleichwohl erfolgende **Eintragung in das HR geheilt** (Beck AG-Hdb/ *Zätzsch/Maul* § 2 Rn 124; MünchKomm AktG/*Pentz* Rn 36 und 174).

9   Bei Beurkundung durch einen **deutschen Notar im Ausland** ist die Satzungsfeststellung dagegen **formnichtig** nach § 125 BGB iVm dem Grundsatz der territorialen Beschränkung der Urkundsgewalt und dem völkerrechtlichen Verbot von Amtshandlungen auf fremdem Territorium (*BGH* ZIP 1998, 1316, 1317; MünchKomm AktG/ *Pentz* Rn 32). Eine gültige Beurkundung im Ausland ist nur durch einen **deutschen Konsul** möglich (vgl § 10 Abs 1 Nr 1, Abs 2 KonsularG), der über die Vornahme der Beurkundung nach pflichtgemäßem Ermessen entscheidet.

5. Satzungsfeststellung durch Vertreter. – a) Rechtsgeschäftliche Vertretungsmacht

10 Für eine rechtsgeschäftliche Stellvertretung gelten auch bei der Satzungsfeststellung die §§ 164 ff BGB (ausf auch Spindler/Stilz AktG/*Limmer* Rn 13 f), jedoch bedarf die Vollmacht entgegen § 167 Abs 2 BGB nach § 23 Abs 1 S 2 AktG der **notariellen Beglaubigung** (§ 129 BGB, § 40 BeurkG); strengere Formerfordernisse (etwa nach § 311b Abs 1 BGB) bleiben unberührt (Grigoleit AktG/*Vedder* Rn 15; MünchKomm AktG/*Pentz* Rn 20). Bei Formmangel ist die Vollmacht nach § 125 BGB formnichtig. Die Satzungsfeststellung ist in diesem Fall mangels Vertretungsmacht schwebend unwirksam. Eine **Genehmigung** des Vertretenen ist möglich; sie bedarf allerdings ebenfalls der notariell beglaubigten Form. Das **Nachreichen** einer formwirksamen Vollmachtsurkunde zwischen Satzungsfeststellung und Eintragung ins HR ist möglich, wenn die Urkunde bei der Satzungsfeststellung bereits formwirksam vorlag und lediglich nicht mitgeführt wurde. Wird eine notariell beglaubigte Vollmacht erst nachträglich erstellt, liegt darin eine Genehmigung des Vertreterhandelns (MünchKomm AktG/*Pentz* Rn 17). Bei der **Einpersonen-AG** ist eine vollmachtlose Gründung demgegenüber nach § 180 BGB möglich; hier ist eine Bestätigung durch formwirksame Wiederholung (§ 141 BGB) erforderlich (*LG Berlin* GmbHR 1996, 123; Baumbach/ Hueck/*Fastrich* § 2 GmbHG Rn 22; **aA** *Dürr* GmbHR 2008, 410 ff: nur schwebende Unwirksamkeit, Genehmigung nach § 177 BGB möglich).

11 Auch der **Handlungsbevollmächtigte** nach § 54 HGB bedarf nach allg Meinung einer bes Vollmacht. Ob Gleiches für den **Prokuristen** gilt, ist umstr: Die **hM** lehnte die

Feststellung der Satzung § 23

Erforderlichkeit einer notariell beglaubigten Spezialvollmacht ab und ließ die Vorlage eines Registerauszugs gem § 9 Abs 3 S 2 HGB aF ausreichen (vgl etwa *Hüffer* AktG Rn 12; Geßler/Hefermehl/Eckardt/Kropff AktG/*Eckardt* Rn 18; KölnKomm AktG/*Arnold* Rn 46). Mit der Abschaffung des § 9 Abs 3 S 2 HGB aF durch das Gesetz über das elektronische HR sowie Unternehmensregister (**EHUG**) zum 1.1.2007 (BGBl I 2006, 2553) dürfte insoweit mittlerweile grds die behördliche Einsichtnahme in das elektronische HR ausreichen (*Körber/Effer-Uhe* DNotZ 2009, 92, 96 f). Nach aA bedarf auch der Prokurist einer Spezialvollmacht, weil der Rechtsverkehr nicht in gleicher Weise auf einen Handelsregisterauszug in Bezug auf die Prokuraerteilung vertrauen dürfe wie auf eine Vollmachturkunde (näher MünchKomm AktG/*Pentz* Rn 18; vgl auch Spindler/Stilz AktG/*Limmer* Rn 13a: bei Fehlen einer beglaubigten Vollmacht jedenfalls öffentlich beglaubigter HR-Auszug oder Notarbescheinigung nach § 21 BNotO erforderlich); ferner wird auf die Ungewöhnlichkeit der AG-Gründung und das hohe Haftungsrisiko verwiesen (so noch KölnKomm AktG/*Kraft* 2. Aufl Rn 27). Zwar überzeugen die letztgenannten Argumente nicht, weil die Gründung von Gesellschaften zB bei Banken durchaus zum Betrieb des Handelsgeschäfts gehören kann und weil mit der Bestellung des Prokuristen naturgemäß hohe Haftungsrisiken einhergehen, doch erscheint die **Erteilung einer Spezialvollmacht gleichwohl sinnvoll**, um Zweifel an der Legitimation des Bevollmächtigten auszuschließen, die auch beim Prokuristen bestehen können: Selbst wenn ein Prokurist ohne Spezialvollmacht als Vertreter bei der Gründung von Tochtergesellschaften fungieren kann, darf er jedenfalls keine Gesellschaftsverträge abschließen, die die Grundlagen des eigenen kaufmännischen Unternehmens betreffen, sog Grundlagengeschäfte (vgl allg *K. Schmidt* Handelsrecht § 16 III 3a und GroßKomm HGB/*Joost* § 49 Rn 23).

Die Vollmacht iSd § 23 Abs 1 S 2 muss **inhaltlich** auf die Vertretung bei der Satzungsfeststellung gerichtet sein; die Auslegung einer Generalvollmacht kann nach **ganz hM** im Einzelfall dazu führen, dass sie zur Feststellung der Satzung einer AG berechtigt (GroßKomm AktG/*Röhricht* Rn 62). **Dagegen** spricht der Zweck der Vorschrift, Zweifel über die Legitimation des Vertreters auszuräumen und die dem Registergericht obliegende Prüfung zu erleichtern (zum Zweck MünchKomm AktG/*Pentz* Rn 15). Ein vollständiger Ausschluss aller Zweifel an der Legitimation ist aber nicht möglich, wenn sich die Vertretungsmacht nur aus der Auslegung einer Generalvollmacht ergibt. Daher ist zu fordern, dass sich die Vollmacht ausdrücklich auf die Mitwirkung bei der Gründung einer AG bezieht (**aA** KölnKomm AktG/*Arnold* Rn 51). Zum der Satzungsfeststellung ggf vorausgehenden Vorgründungsvertrag vgl § 41 Rn 3. 12

b) Gesetzliche/organschaftliche Vertretungsmacht. Eine notariell beglaubigte Vollmacht ist bei **gesetzlichen oder organschaftlichen Vertretern** naturgemäß nicht erforderlich, da die Vertretungsmacht nicht durch Vollmacht erteilt wird, sondern es allein um den Nachweis der bereits bestehenden Vertretungsmacht geht. Der Nachweis der Vertretungsmacht hat hier durch andere Urkunden zu erfolgen, insb Registerauszüge, Bestallungsurkunden, Geburtsurkunden oder Sorgeerklärungen. Bei der **GbR** kommt ein Nachweis durch Vorlage des Gesellschaftsvertrages in Betracht. Doch empfiehlt sich aus Klarstellungsgründen die Vorlage einer notariell beglaubigten Spezialvollmacht der nicht persönlich an der AG-Gründung beteiligten Gesellschafter (so auch MünchKomm AktG/*Pentz* Rn 24, vgl *Körber/Effer-Uhe* DNotZ 2009, 92, 101: ggf freiwillige Eintragung in das HR oder Partnerschaftsregister; **aA** KölnKomm AktG/*Arnold* Rn 49). Bei **öffentlich-rechtlichen Körperschaften** genügt die Vorlage einer 13

Legitimationsurkunde, die nicht dem Formzwang des § 23 Abs 1 S 2 unterliegt (MünchKomm AktG/*Pentz* Rn 25).

III. Erklärung der Aktienübernahme (Abs 2)

14 **1. Allgemeines.** Mit der Aktienübernahmeerklärung nach Abs 2 verpflichten sich die Gründer zur Übernahme von Aktien und gem § 54 zur Leistung der Einlage (zum Verhältnis zur Satzung vgl Rn 5). Zur Aktienübernahme sind nur die Gründer (§ 28) zugelassen (*Hüffer* AktG § 29 Rn 2); an der Gründung können nur Personen teilnehmen, die auch Aktien übernehmen (vgl dazu § 2 Rn 9; *Hüffer* AktG § 2 Rn 13 mwN). Die Übernahmeerklärungen müssen das gesamte in der Satzung angegebene Grundkapital der Gesellschaft abdecken. Die Aktienübernahmeerklärung ist eine **einseitige empfangsbedürftige, an die Mitbegründer gerichtete Willenserklärung** (Spindler/Stilz AktG/*Limmer* Rn 24; K. Schmidt/Lutter AktG/*Seibt* Rn 24). Die Aktienübernahme ist gegenüber den Mitgründern zu erklären und bedarf der notariellen Beurkundung in derselben Urkunde, in der auch die Satzungsfeststellung aufgenommen ist (s oben Rn 6). Die Erklärung ist bedingungs- und befristungsfeindlich, sofern es sich nicht um reine Rechtsbedingungen handelt, die lediglich die gesetzlichen Vorgaben wiederholen. Eine bedingte oder befristete Erklärung ist nichtig. Ob dies auch gilt, wenn zum Zeitpunkt der Eintragung bereits der Eintritt oder das Ausbleiben der Bedingung feststeht, ist umstritten (für Nichtigkeit und Erfordernis einer Neuvornahme etwa MünchKomm AktG/*Pentz* Rn 56; Heidel Anwk-AktR/*Braunfels* Rn 14; aA Groß-Komm AktG/*Röhricht* Rn 68: in diesem Fall Eintragung ohne Erfordernis einer Neuvornahme; Spindler/Stilz AktG/*Limmer* Rn 24: Eintragung, wenn dem Registergericht der Bedingungs- oder Befristungseintritt in öffentlich beglaubigter Form nachgewiesen wird; ähnlich Grigoleit AktG/*Vedder* Rn 18).

15 **2. Gesetzlich geforderte Einzelangaben. – a) Gründer (Nr 1).** Gründer sind gem § 28 **die an der Satzungsfeststellung beteiligten Aktionäre.** Vertreter werden von § 23 Abs 2 Nr 1 nicht erfasst, doch sind insoweit §§ 10, 12 BeurkG zu beachten. Die Angabe muss die Individualisierung ermöglichen. Bei natürlichen Personen müssen also Vor- und Nachname sowie Anschrift genannt werden, bei **jur Personen bzw Personenhandelsgesellschaften** Firma und Sitz. Bei der Beteiligung von **Gesellschaften bürgerlichen Rechts** müssen nach traditioneller Auffassung in Ermangelung eines GbR-Registers die einzelnen Gesellschafter benannt werden (so zB die Vorauflage). Zwischenzeitlich hat der *BGH* anerkannt, dass die GbR nicht nur in Gestalt der Namen der Gesellschafter mit dem Zusatz „als Gesellschafter bürgerlichen Rechts" (*BGH* NJW 2006, 3716), sondern auch als solche unter der Bezeichnung in das Grundbuch eingetragen werden kann, die ihre Gesellschafter im Gesellschaftsvertrag für sie vorgesehen haben bzw in Ermangelung einer solchen als „Gesellschaft bürgerlichen Rechts bestehend aus ..." (*BGH* NJW 2009, 594). Dass der *BGH* dies sogar für das strenge Grundbuchrecht genügen lässt, spricht dafür, nunmehr auch in Bezug auf die AG-Gründung eine Benennung der GbR selbst nach Maßgabe dieser Kriterien ausreichen zu lassen (Spindler/Stilz AktG/*Limmer* Rn 25).

16 **b) Angaben zu Aktien (Nr 2).** Unabhängig von der Aktienart sind der Ausgabebetrag (dazu § 9 Rn 1 ff; s auch § 8 Rn 15 ff) und ggf Aktiengattungen anzugeben. Der Ausgabebetrag ist auch zu nennen, wenn er dem Nennbetrag entspricht und kein Aufgeld (Agio) vereinbart wurde (GroßKomm AktG/*Röhricht* Rn 74; MünchKomm AktG/*Pentz* Rn 60). Bei Nennbetragsaktien (§ 8 Abs 2, vgl § 8 Rn 4 ff) ist zusätzlich

der Nennbetrag (§ 8 Abs 2), bei Stückaktien (§ 8 Abs 3, vgl § 8 Rn 15 ff) die Zahl der von jedem Gründer übernommenen Aktien anzugeben. Der auf die einzelne Stückaktie entfallende anteilige Betrag des Grundkapitals (§ 8 Abs 3 S 3) muss nicht angegeben werden (RegBegr zum Stückaktiengesetz BT-Drucks 13/9573, 15 zu Nr 7; *Hüffer* AktG Rn 18). Mit Blick auf den **Zweck** der Vorschrift, Rechte und Pflichten zwischen den einzelnen Gründern und der AG eindeutig festzulegen, ist bei der Ausgabe von Aktien mit unterschiedlichen Nennbeträgen auch anzugeben, wie viele Aktien welcher Art der jeweilige Gründer übernimmt, obgleich § 23 Abs 2 Nr 2 dies nicht ausdrücklich verlangt. Falls unterschiedliche Aktiengattungen ausgegeben werden, ist aus dem gleichen Grunde die Aufteilung der Nennbeträge oder die Stückzahl der jeweiligen Gattungsart zu nennen (MünchKomm AktG/*Pentz* Rn 59 und 61). Ob Angaben dazu, welcher Gründer welche Anzahl von Aktien übernimmt, auch erforderlich sind, wenn sowohl Namens- als auch Inhaberaktien ausgegeben werden, ist umstr. Dagegen spricht, dass es sich hierbei lediglich um verschiedene Aktienarten und nicht um unterschiedliche Aktiengattungen handeln dürfte, so dass § 23 Abs 2 Nr 2 seinem Wortlaut nach nicht eingreift (GroßKomm AktG/*Röhricht* Rn 75). Nach **aA** sind auch in diesem Fall entspr Angaben erforderlich, um Unklarheiten über die Verteilung der Stücke zu vermeiden (*Hüffer* AktG Rn 18; KölnKomm AktG/*Arnold* Rn 64; K. Schmidt/Lutter AktG/*Seibt* Rn 28).

c) Eingezahlter Betrag (Nr 3). Nach Nr 3 ist schließlich auch der von den Gründern **17** **im Zeitpunkt der Satzungsfeststellung** tatsächlich eingezahlte Betrag des Grundkapitals anzugeben. Erforderlich ist nur die Angabe der Gesamtsumme, nicht dagegen eine Aufschlüsselung nach einzelnen Gründern. Dieser Betrag kann von dem nach § 37 Abs 1 S 1 bei Anmeldung zur Eintragung zu nennenden Betrag abweichen (*Hüffer* AktG Rn 19; MünchKomm AktG/*Pentz* Rn 63).

IV. Inhalt und Auslegung der Satzung (Abs 3, 4)

1. Bestandteile der Satzung. – a) Abgrenzung. Die Satzung setzt sich regelmäßig aus **18** **materiellen und lediglich formellen Bestimmungen** zusammen (vgl schon Rn 2). Sofern eine Bestimmung nur materielle oder nur formelle Satzungsbestimmung sein kann, spricht man von einer notwendig materiellen bzw notwendig formellen Satzungsbestimmung. Zur Abgrenzung stellt der *BGH* darauf ab, dass eine materielle Satzungsbestimmung nicht nur für die bei Inkrafttreten der Bestimmung vorhandenen Gesellschafter gilt, sondern für einen unbestimmten Personenkreis, zu dem auch künftige Gesellschafter oder Gläubiger gehören (stRspr, zB *BGHZ* 123, 347, 350). Neben Bestimmungen, die sich eindeutig einer der beiden Kategorien zuordnen lassen, gibt es auch solche, die sich nicht ohne Weiteres einordnen lassen und daher als **indifferente Satzungsbestimmungen** bezeichnet werden. Die Gründer haben hier ein allg anerkanntes Gestaltungswahlrecht (*BGHZ* 38, 155, 161); wenn keine eindeutige Zuordnung getroffen wurde, ist hinsichtlich der Einordnung in die Gruppe der materiellen oder formellen Satzungsbestandteile die Auslegung entscheidend (MünchKomm AktG/*Pentz* Rn 39). Diese Auslegung erfolgt objektiv (und nicht nach dem Willen der Gründer), um zugunsten später eintretender Aktionäre ein einheitliches Verständnis sicherzustellen. Abzustellen ist auf Wortlaut, Zweck, systematische Stellung und zum Handelsregister eingereichte Unterlagen, sofern diese allg zugänglich sind (MünchenKomm AktG/*Pentz* Rn 45). Die Aufnahme in die Satzung wird gemeinhin zumindest als Indiz für die Einordnung als materielle Satzungsbestimmung gewertet (*Hüffer*

AktG Rn 5; weitergehend KölnKomm AktG/*Arnold* Rn 12; GroßKomm AktG/*Röhricht* Rn 27). Zu den Satzungsbestandteilen können schließlich noch ergänzende **Nebenabreden** treten, die bei Gründung oder auch nachträglich außerhalb der Satzungsurkunde vereinbart werden (vgl unten Rn 50 ff).

19 b) Materielle Satzungsbestimmungen. Notwendig materielle (auch: echte, korporative, körperschaftliche oder normative) Satzungsbestimmungen sind Bestimmungen, welche die Organisation der Gesellschaft und ihr Verhältnis zu Gründern oder zu zukünftigen Gesellschaftern regeln. Die Einordnung als materieller Satzungsbestandteil hat zur Folge, dass für die betr Regelung aktienrechtliche Sonderregeln in Bezug auf Auslegung (vgl unten Rn 22 f), Änderung (§§ 179 ff) und Anfechtung gelten (GroßKomm AktG/*Röhricht* Rn 8). Zu den materiellen Satzungsbestimmungen zählen insb die notwendigen Satzungsbestimmungen nach Abs 3 und 4, ferner auch vom Gesetz abw Regelungen nach Abs 5 S 1 sowie Bestimmungen zu Sonderrechten von Aktionären, über gesellschaftsrechtliche Verpflichtungen der Gesellschaft gegenüber den Aktionären, zur Feststellung des Geschäftsjahres und zur Dauer der Gesellschaft (§ 39 Abs 2). Die Vereinbarung einer Sachübernahme beruht zwar auf einem schuldrechtlichen Vertrag, ihre Festsetzung in der Satzung ist aber für die AG und ihren künftigen Vorstand eine bindende Vorgabe und daher materieller Satzungsinhalt (so die **hM**, zB GroßKomm AktG/*Röhricht* Rn 13; Grigoleit AktG/*Vedder* Rn 5; **aA** *Priester* DB 1979, 681, 682). Zur Auslegung s unten Rn 22 f.

20 c) Formelle Satzungsbestimmungen. Notwendig formelle (auch: unechte, nicht korporative, individualrechtliche oder zufällige) Satzungsbestimmungen sind Bestimmungen, die zwar förmlich in die Satzung aufgenommen wurden, aber nicht die Organisation der Gesellschaft oder ihr Verhältnis zu den Gesellschaftern betreffen und daher regelmäßig auch außerhalb der Satzung hätten geregelt werden können. Die Aufnahme in die Satzungsurkunde hat keinen Einfluss auf die Rechtsnatur dieser (regelmäßig schuldrechtlichen) Regelungen; deshalb erfolgt ihre Auslegung, Änderung oder Aufhebung grds nach allg Regeln, ohne dass dafür eine Satzungsänderung iSd §§ 179 ff erforderlich wäre (*Hüffer* AktG Rn 4; MünchKomm AktG/*Pentz* Rn 41; Spindler/Stilz AktG/*Limmer* Rn 4). Beispiele sind die Bestellung der ersten Aufsichtsratsmitglieder und die Begründung über § 55 hinausgehender Nebenleistungspflichten (MünchKomm AktG/*Pentz* Rn 42). Absprachen über Sondervorteile (**hM**, differenzierend aber KölnKomm AktG/*Zöllner* § 179 Rn 29) und über den Gründungsaufwand sind ebenfalls formelle Satzungsbestimmungen, obwohl ihre Wirksamkeit eine Aufnahme in die Satzung voraussetzt (vgl § 26 Rn 6; *Hüffer* AktG Rn 4). Satzungsbestimmungen von nur deklaratorischer Bedeutung, zB die Feststellung des eingezahlten Betrags gem § 23 Abs 2 Nr 3, sind notwendig formeller Natur; ebenso alle Regelungen, die schon ihrem Inhalt nach nur schuldrechtliche Vereinbarungen zwischen den Gesellschaftern untereinander bzw zwischen Gesellschaftern und Gesellschaft betreffen. Schließlich sind auch Konsortialverträge, die zB bei Gemeinschafts- oder Familienunternehmen die Überfremdung der Gesellschaft verhindern oder Machtverhältnisse ausbalancieren sollen, notwendig formeller Natur, wenn sie – eher unüblicher Weise – in die Satzungsurkunde aufgenommen werden (vgl *Hüffer* AktG Rn 4; MünchKomm AktG/*Pentz* Rn 42). Zur Auslegung s unten Rn 24.

21 d) Indifferente Satzungsbestimmungen. Die sog indifferenten Satzungsbestandteile bilden genau genommen keine eigene Kategorie. Hierbei handelt es sich vielmehr um

Feststellung der Satzung § 23

solche Bestimmungen, die weder notwendig formell noch notwendig materiell sind und über deren Einordnung als materiell oder nur formell durch Auslegung zu entscheiden ist (dazu schon oben Rn 18). Typischerweise handelt es sich bei indifferenten Satzungsbestimmungen um Satzungsergänzungen iSd § 23 Abs 5 S 2 (*Hüffer* AktG Rn 5). Zweifel an einer Einordnung als Organisationsregelung oder bloß schuldrechtliche Regelung können zB auch in Bezug auf Regelungen zu Nebenpflichten der Aktionäre (§ 55) oder zur Vergütung der Aufsichtsratsmitglieder (§ 113) auftreten (vgl MünchKomm AktG/*Pentz* Rn 44).

2. Auslegung der Satzung. – a) Materielle Satzungsbestimmungen. Materielle Satzungsbestimmungen richten sich typischerweise nicht an individuelle Empfänger, sondern an alle – auch zukünftigen – Aktionäre und Gläubiger. Jedenfalls **nach der Eintragung** unterliegen materielle Satzungsbestimmungen deshalb abw von §§ 133, 157 BGB einer grds **objektiven Auslegung**, die eher mit der AGB- oder Gesetzesauslegung vergleichbar ist (*BGH* NJW 1994, 51, 52; KölnKomm AktG/*Arnold* Rn 22; *Hüffer* AktG Rn 39; Spindler/Stilz AktG/*Limmer* Rn 39; differenzierend noch KölnKomm AktG/*Kraft* Rn 99 ff, 2. Aufl 1988). Zur Auslegung sind Wortlaut, Zweck und systematische Stellung der Bestimmungen in der Satzungsurkunde sowie allg zugängliche Unterlagen heranzuziehen, insb Registerakten nebst Anlagen (*BGH* NJW 1994, 51, 52; *BGH* NZG 2008, 309). Ziel ist eine für alle Beteiligten einheitliche Auslegung (vgl *RGZ* 127, 186, 191; *BGHZ* 14, 25, 37). **Subjektive Erwägungen** der Gründer bleiben sogar dann unberücksichtigt, wenn die Auslegung nur zwischen diesen selbst umstr ist (GroßKomm AktG/*Röhricht* Rn 31); Ausnahmen sind allenfalls bei missbräuchlicher Berufung auf misslungene Satzungsbestimmungen denkbar, sofern Dritte davon nicht betroffen sind (MünchKomm AktG/*Pentz* Rn 50; aA *Grunewald* ZGR 1995, 68, 84 f). Mehrdeutige Satzungsbestimmungen sind gesetzeskonform und grds restriktiv auszulegen (*RGZ* 165, 78; *Hüffer* AktG Rn 39). Eine **ergänzende Auslegung** im Fall von Satzungslücken ist möglich; dabei ist aber ebenfalls ein objektiver Maßstab anzulegen, aufgrund dessen die Satzung aus sich heraus „weitergedacht" wird (vgl *BGH* WM 1983, 835, 837; MünchKomm AktG/*Pentz* Rn 52; KölnKomm AktG/*Arnold* Rn 24). Die Auslegung ist in der Revisionsinstanz uneingeschränkt nachprüfbar (*BGH* NJW 1994, 51, 52).

Nach **hM** gelten die vorbeschriebenen Grundsätze **vor der Eintragung** noch nicht; vielmehr soll die Satzungsurkunde in diesem Stadium noch **nach allg Grundsätzen** (§§ 133, 157 BGB) auszulegen sein (*BGHZ* 96, 245, 250; MünchKomm AktG/*Pentz* Rn 48; *Hüffer* AktG Rn 40; Hölters AktG/*Solveen* Rn 7; Heidel Anwk-AktR/*Braunfels* Rn 11; Spindler/Stilz AktG/*Limmer* Rn 39). Geht man (zu Recht) vom korporativen Charakter der Vor-AG oder sogar von ihrer Identität mit der AG aus (vgl § 41 Rn 6 und 25), so überzeugt dieser Ansatz nicht. Es ist anerkannt, dass auf die Vorgesellschaft bereits die Vorschriften der eingetragenen Gesellschaft Anwendung finden, sofern sie nicht gerade eine Eintragung voraussetzen (vgl *BGHZ* 21, 242, 246 zur GmbH). Dieser Grundsatz sollte auch für die Satzungsauslegung gelten. Der Satzungsinhalt kann vor und nach Eintragung nicht unterschiedlich sein. Materielle Satzungsbestimmungen sind daher mit der **Gegenauffassung** (GroßKomm AktG/*Röhricht* Rn 33; KölnKomm AktG/*Arnold* Rn 25; K. Schmidt/Lutter AktG/*Seibt* Rn 9) auch vor Eintragung objektiv auszulegen.

b) Formelle Satzungsbestimmungen. Formelle Satzungsbestimmungen unterliegen (vor wie nach Eintragung) den nach der allg Rechtsgeschäftslehre geltenden Grundsätzen zur Auslegung von Willenserklärungen (§§ 133, 157 BGB). Es können dementsprechend auch subjektive Vorstellungen der Parteien berücksichtigt werden (hM, zB KölnKomm AktG/*Arnold* Rn 19; *Hüffer* AktG Rn 40; Beck AG-Hdb/*Zätzsch/Maul* § 2 Rn 363; einschränkend noch KölnKomm AktG/*Kraft* Rn 104 f, 2 Aufl, 1988). Die Auslegung nach §§ 133, 157 BGB ist in der Revisionsinstanz nur eingeschränkt daraufhin überprüfbar, ob gesetzliche Auslegungsregeln, allg anerkannte Auslegungsgrundsätze, Denkgesetze, Erfahrungssätze oder Verfahrensvorschriften verletzt wurden (*BGH* WM 1991, 495, 496; MünchKomm AktG/*Pentz* Rn 53).

25 **c) Indifferente Satzungsbestimmungen.** Indifferente Satzungsbestimmungen sind im ersten Schritt im Wege objektiver Auslegung als materiell oder nur formell zu klassifizieren (dazu oben Rn 18). Abhängig vom Ergebnis dieser Auslegung wird ihr Inhalt dann nach den für materielle oder formelle Satzungsbestimmungen geltenden Grundsätzen bestimmt (dazu oben Rn 22 ff).

26 **3. Notwendiger Inhalt der Satzung (Abs 3).** Die Regelungen zum notwendigen Satzungsinhalt in Abs 3 und 4 dienen in erster Linie der Publizität, da die entspr Festsetzungen der Handelsregisterpublizität (§ 9 Abs 1 HGB) unterliegen; ebenso evtl spätere Änderungen (§ 181). Der erforderliche Mindestinhalt kann ausnahmsweise durch andere Gesetze ergänzt werden (vgl Rn 39).

27 **a) Firma und Sitz (Nr 1).** Die Satzung muss nach § 23 Abs 3 Nr 1 die Firma (§ 4) und den Sitz (§ 5) der Gesellschaft bestimmen. Die **Firma** kann grds beliebig gebildet werden; sie muss nach § 4 die Bezeichnung „Aktiengesellschaft" oder eine allg verständliche Abkürzung – in Frage kommt wohl nur „AG" – enthalten. Aufzunehmen ist auch eine evtl Zweitniederlassungsfirma, sofern sie von der Hauptfirma abweicht (*BayObLG* 1992, 59, 62). Hinsichtlich des (Satzungs-)**Sitzes** ist eine eindeutig identifizierbare politische Gemeinde zu benennen. Bei gleichnamigen Gemeinden ist daher ein unterscheidungsfähiger Zusatz erforderlich. Werden zwei Orte im Sinne eines Doppelsitzes bestimmt, sind beide Gemeinden individualisierbar zu benennen (zu den Zulässigkeitsanforderungen an einen Doppelsitz vgl § 5 Rn 7 ff).

28 **b) Unternehmensgegenstand (Nr 2). – aa) Begriff, Zweck und Funktion.** Die Satzung hat nach § 23 Abs 3 Nr 2 den Unternehmensgegenstand zu nennen (vgl auch § 3 Rn 4 f). Der Unternehmensgegenstand ist die **Art der Tätigkeit, welche die Gesellschaft zu betreiben beabsichtigt** (*BGHZ* 102, 209, 213; MünchKomm AktG/*Pentz* Rn 69). Dabei kann es sich um jede Tätigkeit wirtschaftlicher oder nicht wirtschaftlicher Art handeln, die nicht gegen das Gesetz oder die guten Sitten verstößt (vgl *RGZ* 62, 96, 97; KölnKomm AktG/*Arnold* Rn 80). **Ziel** der Regelung ist eine Individualisierung des Unternehmensgegenstands in der Satzung. Sie will damit farblose, **nichtssagende Angaben unterbinden** (RegBegr bei *Kropff* S 43; *Hüffer* AktG Rn 21; Spindler/ Stilz AktG/*Limmer* Rn 16; s auch *Blasche* DB 2011, 517). Dies macht das explizit genannte Regelbeispiel („namentlich") deutlich, demzufolge „bei Industrie- und Handelsunternehmen die Art der Erzeugnisse und Waren, die hergestellt und gehandelt werden sollen, näher anzugeben" ist. Die Regelung erfüllt damit eine doppelte **Funktion**: Einerseits wird außenstehenden **Dritten** ermöglicht, sich über den Tätigkeitsbereich der Gesellschaft zu **informieren**, andererseits wird eine **Grenze der Geschäftsführungsbefugnis** des Vorstands bestimmt (*BGH* WM 1981, 163, 164; *OLG Köln* AG 2009, 416), bei deren **Überschreitung** sich der Vorstand der Gesellschaft gegenüber nach § 93 Abs 2 schadensersatzpflichtig machen kann. Die Vertretungsbefugnis des

Vorstandes nach außen wird dadurch aber nicht beschränkt. Der Unternehmensgegenstand bestimmt auch die Reichweite des Wettbewerbsverbots für den Vorstand nach § 88 Abs 1 S 1, 2. Fall (Beck AG-Hdb/*Zätzsch/Maul* § 2 Rn 339). Unzulässig ist schließlich auch eine dauerhafte **Satzungsunterschreitung** (*OLG Köln* AG 2009, 416, 417; dazu § 179 Rn 15; s auch Spindler/Stilz AktG/*Limmer* Rn 16). Bei der **Eintragung der inländischen Zweigniederlassung einer englischen Limited** muss ihr Gegenstand so bestimmt angegeben werden, dass der Schwerpunkt der Geschäftstätigkeit für die betr Wirtschaftskreise hinreichend erkennbar wird (*OLG Schleswig* FGPrax 2008, 217). Zur Anpassungspflicht bei Altgesellschaften aus der Zeit vor Inkrafttreten des AktG 1965 vgl § 8 EGAktG. Zu sog **Konzernklauseln** vgl § 179 Rn 16 f; Spindler/Stilz AktG/*Limmer* Rn 16a (dazu auch jüngst *OLG Frankfurt/Main* AG 2008, 862: Konzernöffnungsklausel gestattet – auch wenn sie letztere nicht ausdrücklich erwähnt – neben unternehmerischer auch eine rein kapitalistische Beteiligung).

bb) Abgrenzung zum Gesellschaftszweck. Der Unternehmensgegenstand ist vom Gesellschaftszweck zu unterscheiden. Diese Unterscheidung ist nicht rein dogmatischer Natur. Sie wird **praktisch relevant, weil** – unbeschadet einer abw Satzungsregelung – nach **hM** eine **Änderung des Gesellschaftszwecks** analog **§ 33 Abs 1 S 2 BGB nur mit einer** (jedenfalls bei einer Publikums-AG kaum erreichbaren) **Zustimmung aller Aktionäre** möglich ist, während der Unternehmensgegenstand gem § 179 Abs 2 AktG durch Satzungsänderung mit Mehrheitsbeschluss geändert werden kann (vgl nur *Hüffer* AktG Rn 22; MünchKomm AktG/*Pentz* Rn 70; s auch § 179 Rn 13). Die bloße Ausweitung des Unternehmensgegenstands stellt keine Zweckänderung dar und unterliegt deshalb nicht dem Einstimmigkeitserfordernis (*KG* NZG 2005, 88, 89). Für die AG hat die Abgrenzung allerdings eine geringere Bedeutung als für andere Gesellschaftsformen, weil das AktG für viele strukturändernde Maßnahmen abschließende **Sonderregelungen** enthält, welche die subsidiäre Anwendung des § 33 Abs 1 S 2 BGB ausschließen, zB §§ 291 ff, 320 ff (GroßKomm AktG/*Röhricht* Rn 102). Unternehmensgegenstand und Gesellschaftszweck stehen im Aktienrecht nach hM in einer **Zweck-Mittel-Relation**: Während der Gesellschaftszweck das Ziel der Gesellschaft (regelmäßig Gewinnerzielung) bezeichnet, beschreibt der Unternehmensgegenstand die dazu eingesetzten Mittel (*Hüffer* AktG Rn 22; MünchKomm AktG/*Pentz* Rn 71 ff und GroßKomm AktG/*Röhricht* Rn 97 ff jeweils mit Überblick über den Meinungsstand; zum abw Meinungsstand in Bezug auf die GmbH vgl Hachenburg GmbHG/*Ulmer* § 1 Rn 5 ff). Sofern der Gesellschaftszweck in der Satzung überhaupt genannt wird, sollte eine eindeutige Abgrenzung zum Unternehmensgegenstand erfolgen, um dem Einstimmigkeitserfordernis des § 33 Abs 1 S 2 BGB zu entgehen. Als Änderung des Gesellschaftszwecks ist es jedenfalls anzusehen, wenn das Ziel der Gewinnerzielung zugunsten anderer Ziele eingeschränkt wird oder ein wesentlicher Teil des Gewinns anderen Zwecken zugeführt werden soll (KölnKomm AktG/*Zöllner* § 179 Rn 114).

cc) Individualisierung. Bes Anforderungen an die Individualisierung des Unternehmensgegenstandes ergeben sich aus der **Informationsfunktion** zugunsten außenstehender Dritter. Leerformeln wie „Betrieb eines Handelsgewerbes" sind dazu nicht geeignet (vgl Rn 28 zum Normzweck). Weitreichende Formulierungen wie „Verwaltung von Vermögen und Beteiligung an Unternehmen" sind grds nur zulässig, wenn eine weitere Präzisierung nicht möglich ist (*BayObLG* NZG 2003, 482). Der Unternehmensgegenstand muss ausreichend präzise angegeben werden, um für außenstehende Dritte den **Schwerpunkt der Geschäftstätigkeit** erkennbar zu machen (dazu *OLG*

Schleswig GmbHR 2008, 1041). Eine anderweitige Geschäftstätigkeit in Randbereichen wird dadurch nicht ausgeschlossen (*Hüffer* AktG Rn 24). Es reicht grds aus, dass der Unternehmensgegenstand sich durch Auslegung des Gesamtinhalts der Satzung ermitteln lässt *(Kort* NZG 2011, S 929). Auch **klarstellende Zusätze** wie „und verwandte Geschäfte" oder „einschließlich des Erwerbs von Beteiligungen und der Gründung von Zweigniederlassungen" sind zulässig, soweit sich der dadurch abgedeckte Bereich unter Hinzuziehung des Hauptgegenstandes hinreichend präzise bestimmen lässt (MünchKomm AktG/*Pentz* Rn 82). Die Benennung von **Hilfsgeschäften** („alle Geschäfte und Rechtshandlungen, die den Zwecken der Gesellschaft dienlich sind") kann insb mit Blick auf § 52 Abs 9 sinnvoll sein (vgl § 52 Rn 23; *OLG Köln* OLGZ 1981, 428; *Hüffer* AktG Rn 24a). Die Aufnahme von **Negativklauseln**, nach denen bestimmte Unternehmensgegenstände nicht betrieben werden, kann insb zur Abgrenzung gegenüber Unternehmensgegenständen empfehlenswert sein, die einer staatlichen Genehmigung bedürfen (Beck Hdb AG/*Zätzsch* 1. Aufl § 3 Rn 337); zu genehmigungsbedürftigen Unternehmensgegenständen vgl § 37 Rn 6. Dies gilt umso mehr, als der Unternehmensgegenstand, wenn die Tätigkeitsfelder in der Satzung verbindlich und abschließend gefasst sind, den Vorstand auch zur Ausfüllung des Unternehmensgegenstands verpflichten bzw ihm die dauerhafte Aufgabe der dort festgelegten Tätigkeit untersagen kann (*OLG Köln* AG 2009, 416). Hat eine AG **mehrere Unternehmensgegenstände**, so sind alle anzugeben (KölnKomm AktG/*Arnold* Rn 84). Eine mit Blick auf die Informationsfunktion **unzureichende Individualisierung** ist ein **Eintragungshindernis** iSd § 38 Abs 1 (vgl § 38 Rn 4). Die Funktion der Begrenzung der Geschäftsführungsbefugnis spielt insoweit keine Rolle, weil es allein Sache der Gründer selbst ist, sich durch eine präzise Formulierung vor Haftungsrisiken zu schützen (*Wallner* JZ 1986, 721, 724). Entgegen vereinzelten Literaturstimmen kann angesichts des unveränderten Wortlauts des § 23 aus der Streichung des früheren § 37 Abs 4 Nr 5 nicht abgeleitet werden, dass auch die Individualisierungspflicht weitgehend abgeschafft sei (so aber *Hirte* FS Hüffer, S 329, 333 ff; dagegen zu Recht *Hüffer* AktG § 23 Rn 24).

31 Die explizit im Regelbeispiel benannten **Industrie- und Handelsunternehmen** genügen den gesetzlichen Anforderungen, wenn sie zusammenfassend die Gattungen der hergestellten Erzeugnisse oder gehandelten Waren angeben (KölnKomm AktG/*Arnold* Rn 85; MünchKomm AktG/*Pentz* Rn 80). Wie genau die Angaben sein müssen, hängt von der Art des Unternehmens ab, zB muss der Unternehmensgegenstand bei einem Warenhaus notwendig weiter gefasst werden als bei einem auf Lebensmittel spezialisierten Vertriebsunternehmen. Entspr Anforderungen gelten auch für **andere Unternehmen**, so ist zB bei Dienstleistungsunternehmen der Tätigkeitsbereich in gleicher Weise zu präzisieren (zB „Betrieb von Gaststätten", *OLG Frankfurt/Main* WM 1980, 22 oder „Ingenieurmäßige Planung der haustechnischen Gewerbe des Bauvorhabens Klinikum A", *BGH* WM 1981, 163 f; weitere Beispiele bei GroßKomm AktG/*Röhricht* Rn 112). Bei **Holdinggesellschaften** ist die Gruppenleitung als Unternehmensgegenstand in einer Holdingklausel zu nennen; zusätzlich ist die Geschäftstätigkeit der Gruppengesellschaften zu umschreiben oder aufzulisten (*Hüffer* AktG Rn 24a). Die Beschreibung des Unternehmensgegenstandes iSv § 23 Abs 3 Nr 2 muss auch bei anderen Gesellschaften die Angabe enthalten, ob sich die Gesellschaft auf ihrem Gebiet auch mittelbar durch Beteiligung an anderen Unternehmen betätigen will (MünchKomm AktG/*Stein* § 179 Rn 113).

dd) Unzulässigkeit. Die Unzulässigkeit eines Unternehmensgegenstandes kann sich insb aus §§ **134, 138 BGB** ergeben (zB *RGZ* 96, 282 f). Beispiele für gesetzlich verbotene Unternehmensgegenstände nach § 134 BGB sind Drogenhandel oder Hehlerei. Das Verbot muss sich grds auf die ausgeübte Tätigkeit beziehen; dass ausländische Gründer einer AG nicht über eine die Erwerbstätigkeit zulassende Aufenthaltserlaubnis verfügen, macht den Unternehmensgegenstand daher nicht gesetzeswidrig (vgl dazu GroßKomm AktG/*Brändel* § 3 Rn 41; *Hüffer* AktG Rn 23 und *ders* AktG § 2 Rn 7 mwN). Sittenwidrig iSd § 138 ist zB ein auf den organisierten Austausch von Finanzwechseln gerichteter Unternehmensgegenstand (*BGHZ* 27, 172, 176). Die **Rechtslage** ist insoweit allerdings in vielen Fällen **im Fluss**: So ist bspw unter dem Druck der *EuGH*-Rspr das frühere Arbeitsvermittlungsmonopol der BfA gefallen (vgl § 23 AFG) und auch das staatliche Glücksspielmonopol ist ins Wanken geraten. Ob der Betrieb eines Bordells noch als Verstoß gegen § 138 BGB gewertet werden kann (so zB *Hüffer* AktG Rn 23 mit Verweis auf *BGH* NJW 1964, 1791), erscheint nach Erlass des ProstitutionsG fraglich, solange nicht gegen strafrechtliche Bestimmungen verstoßen wird (vgl *Bamberger/Roth/Wendtland* BGB § 138 Rn 68; ausf zur Sittenwidrigkeit im Gewerberecht *Pöltl* VBlBW 2003, 181, 188 f). Die Angabe dergestalt zweifelhafter Unternehmensgegenstände wird in der Praxis kaum vorkommen. Sofern der in der Satzung angegebene Gegenstand andererseits nicht die tatsächlich geplanten Geschäfte wiedergibt, ist die Erklärung als Scheinerklärung nach § 117 Abs 1 BGB nichtig (GroßKomm AktG/*Brändel* § 3 Rn 42). Zur Unzulässigkeit eines Unternehmensgegenstandes können auch **standesrechtliche Gründe** führen: Ein standesrechtliches Verbot der Rechtsform einer AG wird von der **hM** für Apotheker (§§ 7, 8 Gesetz über das Apothekenwesen, BGBl I 980 S 1994), Notare und Ärzte angenommen (*Hüffer* AktG Rn 23); zwar hat der *BGH* einen wettbewerbsrechtlichen Unterlassungsanspruch gegen eine Zahnarzt-GmbH abgelehnt, weil damals ein gesetzliches Verbot fehlte (*BGHZ* NJW 1994, 786 f), doch wurden nach dieser Entscheidung landesrechtliche Regelungen erlassen, die solche Verbote in Bezug auf Heilberufe normierten (vgl KölnKomm AktG/*Arnold* Rn 81 mwN; Heidel Anwk-AktG/*Braunfels* Rn 24 mwN). Für Anwälte ist die **Zulässigkeit** der Gründung einer **Anwalts-AG** dagegen eindeutig zu bejahen (so auch *BayObLGZ* 2000, 83, 85; *BFH* NJW 2004, 1974; vgl *BGHZ* 161, 376, 381 ff), da seit Änderung der BRAO im Jahre 1998 (BGBl I S 2600) die Gründung einer Anwalts-GmbH zulässig ist und keine hinreichenden Gründe für eine unterschiedliche Behandlung der Anwalts-AG ersichtlich sind (*Stabreit* NZG 1998, 452 ff). Auch Wirtschaftsprüfern (§ 27 Abs 1 WPO), Steuerberatern (§ 49 Abs 1 StBerG), Architekten und Ingenieuren steht die Rechtsform der AG offen (MünchKomm AktG/*Pentz* Rn 84; *Hüffer* AktG Rn 23).

ee) Besonderheiten bei der Vorrats- oder Mantelgründung. Eine **Vorrats- oder Mantelgründung** liegt vor, wenn eine AG gegründet wird, ohne dass die Absicht besteht, dass die Gesellschaft in der nächsten Zeit am wirtschaftlichen Verkehr teilnimmt. Die Gründung einer solchen Gesellschaft ohne eigenen Geschäftsbetrieb dient dazu, durch Eintragung der AG in das Handelsregister äußerlich eine Kapitalgesellschaft zu schaffen und damit eine „leere Hülle" herzustellen, die irgendwann als Mantel für die Aufnahme einer AG dienen soll. Diese künftige AG kann dann ohne Verzögerung durch ein zeitaufwendiges Gründungsverfahren sogleich im Verkehr aktiv werden (GroßKomm AktG/*Röhricht* Rn 118 f; *Grooterhorst* NZG 2001, 145). Ein solcher **AG-Mantel** kann auch dadurch entstehen, dass eine AG ihre wirtschaftliche Tätigkeit einstellt, ohne dass ihr Handelsregistereintrag gelöscht wird (*Hüffer* AktG Rn 25). Gegen die **Zulässigkeit** einer solchen Vorratsgründung wurde von einer früher verbreiteten Ansicht angeführt, ein solches Vorgehen sei wg Gesetzes- oder Sittenverstoßes (§§ 134, 138 BGB) bzw als Scheingeschäft (§ 117 BGB) nichtig; insb drohe die Gefahr eines Mantelmissbrauchs zur Umgehung der Kapitalaufbringungsvorschriften (vgl noch Scholz/*Emmerich* GmbHG 8. Aufl 1993, § 3 Rn 19 f). Heute differenzieren **Rspr und hL** zu Recht wie folgt:

33a Die **offene Vorratsgründung** (offene Mantelgründung), bei der der tatsächliche Unternehmensgegenstand – zB „Verwaltung und Erhaltung des eigenen Vermögens" – offen gelegt wird, wird für zulässig erachtet (*BGHZ* 117, 323, 335 f (zur AG); 153, 158, 160 ff (zur GmbH); *Krafka* ZGR 2003, 577; *Priester* DB 1983, 2291, 2298; *Gronstedt* BB 2003, 860; aA *Wallner* JZ 1986, 721, 729). Das wirtschaftliche Interesse an der schnellen Verfügbarkeit der gewählten Rechtsform zur Aufnahme eines Geschäftsbetriebs wird dadurch angesichts der langen Eintragungsfristen als grds legitim anerkannt. **Bedenken wegen eines möglichen Missbrauchs wird sachgerecht erst bei der späteren Verwendung der Vorratsgesellschaft (sog Mantelverwendung) Rechnung getragen** (vgl dazu § 179 Rn 22 ff; MünchKomm AktG/*Pentz* Rn 90, 93 ff).

33b Dagegen verstößt die Aufnahme eines fiktiven Unternehmensgegenstandes „auf Vorrat" gegen § 23 Abs 3 Nr 2. Dies ist der Fall, wenn keine ernsthafte und konkrete Absicht besteht, den beschriebenen Unternehmensgegenstand nach einer angemessenen Anlauf- und Vorlaufzeit zu verfolgen (vgl MünchKomm AktG/*Pentz* Rn 91). Eine dergestalt durch einen fiktiven Unternehmensgegenstand **verdeckte Vorratsgründung** (verdeckte Mantelgründung) ist nach **ganz hM** unzulässig und nichtig (*BGHZ* 117, 323, 334; KölnKomm AktG/*Kraft* Rn 56; *Hüffer* AktG Rn 26). Begründet wird dieses Ergebnis teilw mit § 117 BGB (zB *Meyding* S 37 f), teilw mit § 134 BGB (KölnKomm AktG/*Arnold* Rn 93 mwN). Im Falle einer empfangsbedürftigen Willenserklärung (Mehrpersonengründung) liegt ohne Weiteres eine Scheinerklärung vor. Der drittschützende Charakter der geforderten Angaben in der Satzung lässt es aber notwendig erscheinen, daneben auch eine Nichtigkeit wg Gesetzesverstoßes zu bejahen, um auch nicht empfangsbedürftige Willenserklärungen (Einpersonengründung) zu erfassen (*Meyer* ZIP 1994, 1661, 1663).

34 **c) Höhe des Grundkapitals (Nr 3).** Nach § 23 Abs 3 Nr 3 ist die Höhe des Grundkapitals anzugeben. Das Grundkapital muss gem § 6 auf einen Nennbetrag in Euro lauten (zur Umstellung auf den Euro vgl § 6 Rn 5 ff; zu Übergangsregelungen vgl §§ 1 Abs 2 und 4 EGAktG; MünchKomm AktG/*Pentz* Rn 111 ff; zum Mindestgrundkapital von 50 000 Euro vgl § 7). Nach **allgM** genügt die bloße Berechenbarkeit des Grundkapitals aus der Zahl der Aktien und ihrer Ausgabebeträge den Anforderungen der Nr 3 nicht (s schon *KG* RJA 9, 185, 189). Die Schaffung eines beweglichen Grundkapitals durch Angabe von Mindest- und Höchstgrenzen ist ausgeschlossen (*Hüffer* AktG Rn 28). Ein schon bei der Gründung in die Satzung aufgenommenes genehmigtes Kapital (§§ 202 ff) wird nicht angerechnet; das Grundkapital iSd § 23 Abs 3 Nr 3 ergibt sich allein aus dem alsbald auszugebenden Teil der Aktien. Angaben über eingeforderte Beträge auf die ausgegebenen Aktien sind nicht erforderlich (MünchKomm AktG/*Pentz* Rn 114; zur Angabe des eingezahlten Betrags iRd Aktienübernahme nach § 23 Abs 2 Nr 3 s oben Rn 17.

Feststellung der Satzung § 23

d) Zerlegung des Grundkapitals (Nr 4). Die Satzung muss nach § 23 Abs 3 Nr 4 die 35
Zerlegung des Grundkapitals (§ 1 Abs 2) deutlich machen und daher angeben, ob das
Grundkapital in Nennbetragsaktien oder in Stückaktien aufgeteilt ist. Dass beide
Aktienformen nebeneinander bestehen, ist gem § 8 Abs 1 ausgeschlossen (vgl § 1
Rn 18a). Bei Nennbetragsaktien sind die Nennbeträge und die Zahl der Aktien je
Nennbetrag anzugeben, bei Stückaktien deren Zahl. Sofern mehrere **Aktiengattungen**
bestehen, sind auch die Gattungen der Aktien, die Zahl der Aktien je Gattung sowie
die unterschiedlichen Rechte und Pflichten der jeweiligen Gattung (s KölnKomm
AktG/*Arnold* Rn 116 mwN; Grigoleit AktG/*Vedder* Rn 31) zu nennen. Verschiedene
Gattungen bestehen, wenn Aktien unterschiedliche Rechte gewähren oder Pflichten
auferlegen (zu gattungsbegründenden Merkmalen vgl § 11 Rn 6 ff). Bei Ausgabe von
Aktien zu unterschiedlichen Nennbeträgen iSd § 8 Abs 2 ist nicht nur die Zahl der
Aktien jeder Gattung anzugeben, sondern auch die jeweiligen Nennbeträge (Groß-
Komm AktG/*Röhricht* Rn 150; *Hüffer* AktG Rn 29).

e) Aktienart (Nr 5). Nach § 23 Abs 3 Nr 5 ist anzugeben, ob **Inhaber- oder Namens-** 36
aktien (§ 10 Abs 1) bzw beide Aktienarten nebeneinander ausgegeben werden. Die
Entscheidung darüber steht den Gründern zwar frei (so auch Spindler/Stilz AktG/
Limmer Rn 21); sie ist aber bereits bei der Satzungsfeststellung zu treffen und kann
nicht an AR oder Vorstand delegiert werden (MünchKomm AktG/*Pentz* Rn 126).
Nicht anzugeben ist die Zahl der Aktien jeder Aktienart; die Festlegung der Anzahl
der auf jede Art entfallenden Aktien kann damit dem Vorstand überlassen werden
(*Hüffer* NJW 1979, 1065, 1066), solange nur die Gesamtzahl der auszugebenden
Aktien feststeht (§ 23 Abs 3 Nr 4). Eine **Ausnahme** von der Entscheidungsfreiheit der
Gründer hinsichtlich der Aktienart besteht, wenn Aktien schon vor der vollen Einzahlung des Nennbetrags oder des höheren Ausgabebetrags ausgegeben werden: Die
Aktien müssen dann nach **§ 10 Abs 2** auf den Namen lauten, auch wenn eine spätere
Umwandlung in Inhaberaktien beabsichtigt ist; die spätere Umwandlung erfordert
eine Satzungsänderung (KölnKomm AktG/*Arnold* Rn 119; GroßKomm AktG/*Röhricht* Rn 154; MünchKomm AktG/*Pentz* Rn 129). Das Erfordernis der späteren Satzungsänderungen kann durch Ausgabe von Zwischenscheinen (§ 10 Abs 3) vermieden
werden (vgl GroßKomm AktG/*Röhricht* Rn 154). Nach § 24 kann in der Satzung ein
Recht der Aktionäre auf Umwandlung, nicht aber eine Pflicht zur Umwandlung
begründet werden (s aber Rn 55). **Entgegen der Satzung ausgegebene Aktien** sind
nach allg wertpapierrechtlichen Grundsätzen aus Gründen des Verkehrsschutzes **voll
wirksam**; die Aktionäre haben aber einen Anspruch auf Umtausch in satzungskon-
forme Aktien (*Hüffer* AktG Rn 30). Für Schäden aufgrund unzulässiger Aktienausgabe haften Vorstand und ggf AR nach §§ 93, 116 (GroßKomm AktG/*Röhricht*
Rn 156).

f) Zahl der Vorstandsmitglieder (Nr 6). Die Satzung muss nach § 23 Abs 3 Nr 6 37
Angaben über die Zahl der Vorstandsmitglieder oder die Regeln enthalten, nach
denen diese Zahl festgelegt wird. Stellvertretende Vorstandsmitglieder sind nach § 94
mitzuzählen. Möglich ist die Festlegung einer **festen Zahl** von Vorstandsmitgliedern
unter Beachtung des § 76 Abs 2 S 2 und S 3, aber auch die Festlegung der **Mindest-
und Höchstzahl** (BT-Drucks 8/1678, 12; *LG Köln* AG 1999, 137, 138; *Ganske* DB
1978, 2461, 2462). Ausreichend ist schließlich die Angabe einer **Regel**, die auch
bestimmen kann, dass die konkrete Zahl vom AR festgelegt wird (BT-Drucks 8/1678,
12; *BGH* NZG 2002, 817, 818; MünchKomm AktG/*Pentz* Rn 138; Spindler/Stilz AktG/

Körber

Limmer Rn 22; an der Richtlinienkonformität zweifelnd *Lutter* FS Ferid, S 599, 613 f Fn 58a). Die Unterschreitung der in der Satzung angegebenen Zahl durch Ausscheiden eines Vorstandsmitglieds macht eine Satzungsänderung nur dann erforderlich, wenn eine Neubesetzung nicht erfolgen soll (*Hüffer* AktG Rn 31); eine Überbesetzung des Vorstands ist hingegen folgenlos (Wachter AktG/*Wachter* Rn 48). Die Zahl der Aufsichtsratsmitglieder muss nicht in der Satzung bestimmt sein (vgl dazu § 95).

38 **g) Form der Bekanntmachungen (Abs 4).** Nach § 23 Abs 4 muss die Satzung Bestimmungen über die Form der Bekanntmachungen der Gesellschaft enthalten. Insoweit ist zu beachten, dass bei sog Pflichtbekanntmachungen regelmäßig zwingend eine Veröffentlichung in den Gesellschaftsblättern, dh nach § 25 S 1 im (seit Inkrafttreten des BAnzDiG, BGBl I 2011, 3044, ausschließlich elektronischen) Bundesanzeiger, vorgeschrieben ist. Daneben kann die Satzung zwar nach § 25 S 2 weitere Publikationsmedien benennen, sie muss es aber nicht (s aber Rn 55). § 23 Abs 4 erfasst daher nur sog **freiwillige Bekanntmachungen.** Das sind Bekanntmachungen, die durch Gesetz oder Satzung vorgeschrieben sind, ohne zugleich das Publikationsorgan festzulegen (*Hüffer* AktG Rn 32); nur für diese muss nach § 23 Abs 4 eine Form der Bekanntmachung bestimmt werden, wobei aber Wahlfreiheit besteht. Möglich sind zB Veröffentlichung in Tages- oder anderen Zeitungen, eingeschriebene Briefe (MünchKomm AktG/*Pentz* Rn 143) oder elektronische Publikation (*Hüffer* AktG Rn 32).

39 **h) Weitere notwendige Satzungsbestimmungen.** Neben § 23 können **andere Gesetze** vorschreiben, dass in der Satzung bestimmte Regelungen zu treffen sind. Ein Beispiel bieten die §§ 6 Abs 2 S 2 und 7 S 3 Urheberrechtswahrnehmungsgesetz (UrhWahrnG), die spezielle Vorgaben für die Satzung von **Verwertungsgesellschaften** treffen (BGBl I 1965 S 1294; dazu MünchKomm AktG/*Pentz* Rn 146). Ob das Registergericht eine AG eintragen darf bzw sogar eintragen muss, deren Satzung diesen außerhalb des AktG normierten Bestimmungen nicht genügt, ist im Einzelfall nach dem Sinn und Zweck der betr Norm zu ermitteln. Im Falle eines Verstoßes gegen die benannten Vorschriften des UrhWahrnG ist bei fehlerhafter Satzung nach §§ 3 Abs 1 Nr 1, 18 Abs 1 UrhWahrnG die erforderliche Tätigkeitserlaubnis des Patentamts zu versagen. Die AG ist in diesem Fall nicht ordnungsgemäß errichtet und kann nach § 38 Abs 1 AktG nicht eingetragen werden. Sonderregelungen enthält auch das Gesetz zur Schaffung deutscher **Immobilien-Aktiengesellschaften mit börsennotierten Anteilen (REITG)** vom 28. 5. 2007 (BGBl I 2007 S 914, dazu auch Einl Rn 45).

V. Abweichende und ergänzende Satzungsbestimmungen (Abs 5)

40 **1. Grundsatz der Satzungsstrenge.** § 23 Abs 5 normiert den sog Grundsatz der Satzungsstrenge (zur historischen Entwicklung *Spindler* Die Entwicklung der Satzungsfreiheit und Satzungsstrenge im deutschen Aktienrecht, S 995 ff). Danach sind **grds alle Bestimmungen des AktG zwingendes Recht.** § 23 Abs 5 schränkt die Satzungsautonomie zum **Schutz zukünftiger Aktionäre und Gläubiger** stark ein; vor allem sollen sich zukünftige Aktionäre auch ohne einen Blick in die Satzung darauf verlassen können, dass die Satzung der Gesellschaft keine ungewöhnlichen Bestimmungen enthält. **Rechtspolitisch** ist diese Einschränkung der Satzungsautonomie **umstr** (vgl zB *Mertens* ZGR 1994, 426, 427 ff; *Hirte* Gestaltungsfreiheit im Gesellschaftsrecht, ZGR-Sonderheft 13, 1998, 61 ff; *Hüffer* AktG Rn 34 mwN; *Fleischer* ZHR 168 (2004), 673, 687 ff; mit guten Argumenten gegen eine weitgehende Aufgabe GroßKomm AktG/*Röhricht* Rn 167, aber auch ebda Rn 174 zu Ausnahmen). Auf dem 67. DJT 2008 wurde der

Feststellung der Satzung § 23

Grundsatz der Satzungsstrenge wieder thematisiert. Der DJT hat mehrheitlich dafür plädiert, daran festzuhalten (Beschluss 4 a und 4 b) und zwar auch vollumfänglich für nichtbörsennotierte Gesellschaften (Beschluss 9 bis 13; insoweit a**A** *Bayer* Gutachten zum 67. DJT 2008, Bd I, 96 ff, der für punktuelle Lockerungen bei nichtbörsennotierten AG plädiert; zurückhaltender *Habersack* AG 2009, 1, 10 f und *Schäfer* NJW 2008, 2536, 2538 ff; für eine notierungsunabhängige Lockerung zumindest bzgl Beschlussmangelklagen *Grunewald* NZG 2009, 967; für eine enge Auslegung in Bezug auf nicht börsennotierte AG auch K. Schmidt/Lutter AktG/*Seibt* Rn 53; generell die bisherige Satzungsstrenge anzweifelnd *Spindler* AG 2008, 598, 600 ff, der auch bei börsennotierten AG für mehr Gestaltungsspielraum plädiert). Der Gesetzgeber hat mit dem Gesetz zur Umsetzung der Aktionärsrechterichtlinie (**ARUG**, BGBl I 2009, 2479) im Bereich der Ausgestaltung der Aktionärsrechte (§§ 118 Abs 1 S 2, 118 Abs 2, 125 Abs 2 S 2, 134 Abs 3 S 3) teilw dispositive Regelungen eingeführt. IÜ ist der Grundsatz der Satzungsstrenge de lege lata zu respektieren, solange keine (weitere) gesetzliche Aufweichung erfolgt (Spindler/Stilz AktG/*Limmer* Rn 28a).

Der **Anwendungsbereich** des § 23 Abs 5 ist auf **materielle Satzungsbestimmungen** **40a** beschränkt (MünchKomm AktG/*Pentz* Rn 150). Hinsichtlich des anzulegenden Maßstabs ist zwischen Abweichungen (§ 23 Abs 5 S 1) und Ergänzungen (§ 23 Abs 5 S 2) zu unterscheiden: **Abweichungen** sind nur erlaubt, wenn das Gesetz sie ausdrücklich zulässt; **Ergänzungen** dagegen immer dann, wenn das Gesetz keine abschließende Regelung enthält. Die speziellen Anforderungen des § 23 Abs 5 gelten nur für Abweichungen und Ergänzungen in Bezug auf das AktG („von den Vorschriften dieses Gesetzes"). Auf Aktiengesellschaften bezogene Normen in **anderen Gesetzen** (etwa im MitbestimmungsG) werden weder unmittelbar noch im Wege der Analogie von § 23 Abs 5 erfasst. Ergibt sich der zwingende Charakter einer solchen Norm aus dem anderen Gesetz selbst, fehlt es schon an einer Regelungslücke (MünchKomm AktG/ *Pentz* Rn 148).

2. Abweichungen (S 1). Eine Abweichung liegt vor, wenn die Satzung eine **41** bestimmte Frage anders regelt als das Gesetz. Eine solche Abweichung ist nach dem Wortlaut des § 23 Abs 5 S 1 nur zulässig, wenn das Gesetz sie „**ausdrücklich**" zulässt (s Auflistung bei KölnKomm AktG/*Arnold* Rn 139 ff; GroßKomm AktG/*Röhricht* Rn 177 ff). Das Ausdrücklichkeitserfordernis ist wörtlich zu verstehen. Es verlangt eine klare und positive Aussage über die Abweichungsbefugnis (MünchKomm AktG/*Pentz* Rn 153). Zwar ist eine **Auslegung** der betr Norm nicht schlechthin ausgeschlossen, wenn das Gesetz nicht ganz eindeutig formuliert ist; doch ist diese Auslegungsmöglichkeit ohne erkennbare praktische Bedeutung (GroßKomm AktG/*Röhricht* Rn 170). Ein bloßes Schweigen des Gesetzes kann angesichts des eindeutigen Wortlauts und der Entstehungsgeschichte (vgl GroßKomm AktG/*Röhricht* Rn 167 ff) nicht als ausdrückliche Zustimmung ausgelegt werden. Wenn eine Abweichung durch eine Norm grds für zulässig erachtet wird, folgt daraus noch keine unbeschränkte Gestaltungsfreiheit. Vielmehr ist in diesem Fall in einem zweiten Schritt die **Reichweite** der Abweichungsbefugnis zu ermitteln und zu prüfen, ob die sich aus dem Zweck der betroffenen Norm ergebenden Grenzen eingehalten wurden (MünchKomm AktG/*Pentz* Rn 154; GroßKomm AktG/*Röhricht* Rn 171) und ob die Abweichung nicht im Widerspruch zu anderen zwingenden Normen des AktG steht (GroßKomm AktG/*Röhricht* Rn 171). Stellt die Satzung bestimmte Aspekte wie Beschränkungen des Frage- und Rederechts des Aktionärs in das Ermessen des Versammlungsleiters, so hat dieser das

Ermessen nach den allg Grundsätzen unter Berücksichtigung der konkreten Umstände der HV pflichtgemäß auszuüben, sich also insb an den Geboten der Sachdienlichkeit, der Verhältnismäßigkeit und der Gleichbehandlung zu orientieren, ohne dass dies in der Satzung ausdrücklich geregelt werden muss (*BGH* NJW 2010, 1604; in Bezug die Verkürzung der Frist zur Anmeldung zur HV nach § 123 Abs 2 S 3 strenger *OLG München* NZG 2008, 599; dazu krit *Hellermann* NZG 2008, 561). Ein nach Sachgebieten geordneter Überblick über gesetzlich gestattete Abweichungen findet sich bei GroßKomm AktG/*Röhricht* Rn 177 ff.; vgl auch Spindler/Stilz AktG/*Limmer* Rn 29. Mit Blick auf den Grundsatz der Satzungsstrenge ist es aus Klarstellungsgründen regelmäßig sachgerecht und nicht ungewöhnlich, dass eine Satzungsbestimmung die ihr zu Grunde liegende gesetzliche Ermächtigungsgrundlage nennt (*BGH* NJW 2010, 1604, 1607).

42   **3. Ergänzungen (S 2).** Eine Ergänzung liegt vor, wenn das Gesetz zu der in der Satzungsbestimmung geregelten Frage keine Regelung trifft oder wenn die gesetzliche Regelung ihrem Gedanken nach ausgefüllt oder weitergeführt wird und deshalb im Grundsatz unberührt bleibt. Ergänzungen sind grds zulässig, soweit das Gesetz keine abschließende Regelung trifft. Sind Ergänzungen nicht ausdrücklich zugelassen (vgl zB § 25), ist durch Auslegung zu ermitteln, ob die Norm eine abschließende Regelung enthält. Die Formulierung „es sei denn" in § 23 Abs 5 S 2 deutet dabei auf ein zur Abweichung nach S 1 umgekehrtes Regel-Ausnahme-Verhältnis: Der **abschließende Charakter** einer Vorschrift ist danach die begründungsbedürftige **Ausnahme** (MünchKomm AktG/*Pentz* Rn 157). **Grenzen** der Ergänzungsbefugnis können sich neben dem AktG auch aus ungeschriebenen Prinzipien des Aktienrechts und aus anderen Gesetzen ergeben (MünchKomm AktG/*Pentz* Rn 159); dies gilt nicht nur für das „Ob", sondern auch für die Reichweite der Ergänzungsbefugnis (GroßKomm AktG/ *Röhricht* Rn 191 ff).

43   Grds **unzulässig** sind zB Regelungen, die dem Vorstand außerhalb der Festlegung von Unternehmensgegenstand und Gesellschaftszweck Vorgaben für die Führung der Geschäfte des Unternehmens machen (näher dazu GroßKomm AktG/*Röhricht* Rn 194 ff). **Zulässig** sind zB die Festlegung persönlicher Voraussetzungen für Vorstandsmitglieder (Alter, Qualifikation etc), sofern dem AR ein echtes Auswahlermessen verbleibt (MünchKomm AktG/*Pentz* Rn 161), die Bildung zusätzlicher Gremien (zB von Verwaltungsräten) ohne Änderung der gesetzlichen Zuständigkeitsverteilung (GroßKomm AktG/*Röhricht* Rn 190), die Erweiterung des Auskunftsrechts der Aktionäre, wenn dabei § 53a beachtet wird (*Hüffer* AktG Rn 38), Gerichtsstandsvereinbarungen (*BGHZ* 123, 347, 349 ff), die Einrichtung eines Vorstandssprechers oder eines Ehrenvorsitzenden des AR (GroßKomm AktG/*Röhricht* Rn 190) und das Erfordernis der Familienzugehörigkeit der Aufsichtsratsmitglieder (*Hüffer* AktG Rn 38).

44   **4. Rechtsfolgen.** Ein Verstoß gegen § 23 Abs 5 führt nach **hM** zur **Nichtigkeit der betr Bestimmung** (*BGHZ* 144, 365, 367; **aA** *Werner* AG 1968, 181, 182: nur Anfechtbarkeit). Teils wird diese Rechtsfolge aufgrund des Wortlauts oder Schutzzwecks bereits unmittelbar aus § 23 Abs 5 hergeleitet (MünchKomm AktG/*Pentz* Rn 162; GroßKomm AktG/*Röhricht* Rn 202 f). Teils wird die Nichtigkeit aus einer analogen Anwendung des § 241 Nr 3 gefolgert und dazu betont, der Terminus „Wesen der Aktiengesellschaft" in § 241 Nr 3 sei im Lichte von § 23 Abs 5 auszulegen: Wenn der Gesetzgeber eine Vorschrift der Satzungsautonomie entziehe, zeigt er damit, dass er

sie für wesentlich halte, einen Verstoß also für mit dem Wesen der AG unvereinbar erachte (*OLG Düsseldorf* AG 1968, 19, 22; *Wiesner* MünchHdb AG § 6 Rn 12; **differenzierend** *Hüffer* AktG Rn 43; Hölters AktG/*Solveen* Rn 32; KölnKomm AktG/*Arnold* Rn 154; K. Schmidt/Lutter AktG/*Seibt* Rn 62; *Raiser/Veil* KapGesR § 9 Rn 30: Nichtigkeit nach Rechtsgedanken des § 241 Nr 3 nur, wenn die Satzungsregelung nach ihrem konkreten Inhalt gegen eine Einzelnorm verstoße, die zum aktienrechtlichen Regelungskern gehöre, ansonsten nur Anfechtbarkeit). Darüber hinaus sind Verstöße gegen § 23 Abs 5 Errichtungsmängel und führen, wenn dem Mangel nicht auf eine Zwischenverfügung des Registergerichts hin abgeholfen wird, zur **Zurückweisung der Eintragung** (§ 38 Abs 1 S 2). Wird die Gesellschaft gleichwohl eingetragen, besteht die Möglichkeit der **Heilung** analog § 242 Abs 2 (*BGHZ* 144, 365, 368; *Geßler* ZGR 1980, 427, 453; *Emde* ZIP 2000, 1753, 1755; Spindler/Stilz AktG/*Limmer* Rn 32). Daraus folgt auch, dass die Nichtigkeit rückwirkend entfällt, wenn sie nicht binnen dreier Jahre nach Eintragung der AG geltend gemacht wird (*Hüffer* AktG Rn 43).

VI. Gründungsmängel

Wenn die Satzungsfeststellung oder die Aktienübernahme an einem Mangel leidet, ist die Gesellschaft nicht ordnungsgemäß errichtet, das Registergericht darf die Gesellschaft nach § 38 Abs 1 S 2 **nicht eintragen**. Fehler können sowohl die Satzung in ihrer Gesamtheit als auch einzelne Bestimmungen betreffen (zu Prüfungsrecht und Prüfungspflicht des Registergerichts sowie zum Verfahren vgl Kommentierung zu § 38). Hinsichtlich der Rechtsfolgen ist die Situation vor und nach Eintragung zu unterscheiden: **45**

1. Vor Eintragung. Hat die Vor-AG die Geschäfte noch nicht aufgenommen und noch kein Vermögen gebildet (dh **vor Invollzugsetzung**), sind die allg Vorschriften des BGB über Fehler von Rechtsgeschäften (zB §§ 119, 123, 125, 134, 138 BGB) anwendbar (*RZG* 127, 186, 191; *Hüffer* AktG Rn 41). Umstr ist, ob § 139 BGB anwendbar ist mit der Folge, dass einzelne Gründer aufgrund eines punktuellen Mangels auf der Gesamtnichtigkeit des Vertrages bestehen könnten. Die **hM** lehnt dies ab (*Hüffer* AktG Rn 41; MünchKomm AktG/*Pentz* Rn 172; **aA** GroßKomm AktG/*Röhricht* Rn 212: Unanwendbarkeit nur, wenn Mangel keine essentialia der Gründung betrifft und der Gesellschaftsvertrag deshalb auch ohne die betr Bestimmung geschlossen worden wäre; zust KölnKomm AktG/*Arnold* Rn 159). Das Problem dürfte praktisch selten relevant werden, da sich aus der gesellschaftlichen Treuepflicht eine Verpflichtung ableiten lässt, den Mangel iRd Zumutbaren durch Satzungsänderung zu beseitigen und nicht sogleich auf die Nichtigkeit zu bestehen (so auch GroßKomm AktG/*Röhricht* Rn 213). **46**

Nach Invollzugsetzung gelten grds die **Regeln über die fehlerhafte Gesellschaft** (*Hüffer* AktG Rn 41): die Geltendmachung von Mängeln führt danach nicht zur ex tunc Nichtigkeit, sondern nur zur Auflösung und Abwicklung der Gesellschaft (MünchKomm AktG/*Pentz* Rn 167 ff; Spindler/Stilz AktG/*Limmer* Rn 37; dazu auch § 275 Rn 1 ff; *Weber* Zur Lehre von der fehlerhaften Gesellschaft, 1977). **Ausnahmsweise** soll jedoch eine rückwirkende Nichtigkeit angenommen werden können, wenn übergeordnete Allgemeininteressen oder besonders schutzwürdige Belange von Einzelpersonen betroffen sind (stRspr, zB *BGHZ* 75, 214, 217 f; *Wiesner* Die Lehre von der fehlerhaften Gesellschaft, 1980, S 132 ff; vgl auch *Goette* DStR 1996, 266, 270; **aA** KölnKomm AktG/*Arnold* Rn 163; MünchKomm AktG/*Pentz* Rn 170; *K. Schmidt* GesR S 149 ff). **47**

§ 23 Feststellung der Satzung

48 **2. Nach Eintragung.** Wird eine AG in das HR eingetragen, so können Gründungsmängel grds selbst dann nicht mehr geltend gemacht werden, wenn sich schon vorher Gründer auf sie berufen haben (*BGHZ* 21, 378, 382 f; *Hüffer* AktG Rn 42). Eine **Heilung** durch die Eintragung tritt grds auch bei subjektiven Mängeln iSd §§ 116 ff BGB ein, die nur die Erklärung eines Gründers betreffen (GroßKomm AktG/*Röhricht* Rn 225); anderes gilt nur, wenn die Erklärung dem vermeintlichen Gründer schon nach allg Rechtsgrundsätzen nicht zuzurechnen ist (zB Unterschriftenfälschung, näher dazu GroßKomm AktG/*Röhricht* Rn 228 ff) oder bei Drohung mit Gewalt gegen Leib oder Leben; im zweiten Fall ist die Erklärung aber abw von § 124 BGB unverzüglich anzufechten (MünchKomm AktG/*Pentz* Rn 175; GroßKomm AktG/*Röhricht* Rn 230). Hinter dieser Auffassung steht die Überlegung, dass die Gesellschaft mit der Eintragung eine eigene, nur noch durch ihre Satzung bestimmte Existenz als jur Person erlangt hat (GroßKomm AktG/*Röhricht* Rn 220). Die **in § 275 Abs 1 S 1 aufgeführten Nichtigkeitsgründe** sind aktienrechtlich **abschließend**, wie sich aus § 275 Abs 1 S 2 ergibt (dazu auch § 275 Rn 5). Eine auf die in § 275 Abs 1 S 1 normierten Gründe gestützte **Nichtigkeitsklage** der Aktionäre ist nur binnen drei Jahre nach Eintragung möglich (§ 275 Abs 3 S 1). Liegt ein Nichtigkeitsgrund vor, ist ohne zeitliche Beschränkung auch die **Amtslöschung** durch das Registergericht möglich (§ 275 Abs 3 S 2 iVm § 398 FamFG; (zur Amtslöschung s auch § 275 Rn 24). Gem § 399 FamFG kann das Registergericht bei Verstößen gegen § 23 Abs 3 Nr 1, 4, 5 oder 6 AktG die Gesellschaft unter Fristsetzung auffordern, den Fehler durch Satzungsänderung zu beheben; kommt die Gesellschaft der Aufforderung nicht nach, kommt es zur Auflösung (§ 262 Abs 1 Nr 5 AktG).

VII. Kosten

49 Die für die Beurkundung anfallenden Gebühren bestimmen sich seit dem 1.8.2013 nach **dem Kostenverzeichnis des GNotKG (KV GNotKG, Anlage 1 zu § 3 Abs 2 GNotKG)**. Gem Nr 21100 KV GNotKG fällt – außer bei der Einpersonengründung – das **Doppelte der vollen Gebühr** an (§ 34 GNotKG iVm Anlage 2 Geschäftswerttabelle GNotKG). Für den Geschäftswert (§ 97 GNotKG) ist die Höhe des Grundkapitals zuzüglich eines schon in der Satzung bestimmten genehmigten Kapitals maßgebend. Für eine Vollmachtsbeglaubigung fällt ein Fünftel der vollen Gebühr, höchstens jedoch ein Betrag von 70 EUR, an (Nr 25100 und 25101 KV GNotKG), für die Beurkundung einer Vollmacht eine ganze Gebühr (Nr 21200 KV GNotKG), wobei allerdings nach § 98 Abs 1 GNotKG bei der Beurkundung einer Vollmacht der Geschäftswert die Hälfte des Geschäftswerts für die Beurkundung des Geschäfts ist, auf das sich die Vollmacht oder die Zustimmungserklärung bezieht. Das Doppelte der vollen Gebühr wird für die Beurkundung des Beschlusses über die Bestellung der ersten AR und des ersten Abschlussprüfers erhoben (Nr 21100 KV GNotKG). Die Kosten sind gem § 29 Nr 1 GNotKG **von den Gründern zu tragen**, eine **Übernahme durch die Gesellschaft** im Innenverhältnis ist aber **möglich**, wenn den Anforderungen von § 26 Abs 2 AktG genügt wird (vgl GroßKomm AktG/*Röhricht* Rn 285). Die Rspr des *EuGH*, nach der die Notariatsgebühren ggf als Steuern anzusehen sind und daher gegen die Gesellschaftssteuerrichtlinie verstoßen, wenn sie nicht nach tatsächlichem Aufwand erhoben werden (*EuGH* 29.9.1999, Slg 1999, I-6427 – *Modelo SGPS SA*), betrifft nur die als Staatsaufgabe wahrgenommene Beurkundung durch beamtete Notare (*Hüffer* AktG Rn 44). Zu **Übergangsregelungen** s §§ 134 ff GNotKG; zu den für Altfälle nach Maßgabe der Übergangsvorschriften ggf geltenden Regelungen der KostO s § 23 Rn 49 in der Vorauflage.

VIII. Satzungsergänzende Nebenabreden

1. Rechtsnatur. Satzungsergänzende Nebenabreden sind Vereinbarungen, die die Gesellschafter oder bestimmte Gesellschaftergruppen bei der Gründung oder nachträglich außerhalb der Satzungsurkunde zur Regelung ihrer Rechtsverhältnisse untereinander oder zur AG treffen (*Hüffer* AktG Rn 45; *Baumann/Reiß* ZGR 1989, 157, 158). Dabei handelt es sich um gegenüber der Satzung selbstständige **schuldrechtliche Verträge**, die regelmäßig zu einem gemeinsamen Zweck geschlossen werden und daher zur Gründung einer **GbR** nach §§ 705 ff BGB führen (MünchKomm AktG/*Pentz* Rn 190). Die Aufnahme derartiger Abreden in eine neben der Satzung bestehende Vereinbarung vermeidet ihre Publikation durch das HR und ermöglicht größere Flexibilität im Hinblick auf spätere Änderungen. 50

Satzungsergänzende Nebenabreden unterliegen nicht dem Aktienrecht, insb nicht dem Formzwang des § 23 Abs 1, sondern **allg bürgerlich-rechtlichen Regeln** (zB §§ 133, 157 BGB, allg Leistungsstörungsrecht). Die Nebenabreden haben keine unmittelbare Bindungswirkung gegenüber der Gesellschaft und ihren Organen. Gegenüber Einzelrechtsnachfolgern der beteiligten Gesellschafter ist eine rechtsgeschäftliche Überleitung notwendig. Rechte können auch durch Abtretung, Verpflichtungen durch Schuldübernahme oder Schuldbeitritt übernommen werden. Für den **Übergang** der Verpflichtungen ist – ebenso wie für eine Vertragsübernahme – die Zustimmung der übrigen an der Nebenabrede beteiligten Gesellschafter erforderlich (GroßKomm AktG/*Röhricht* Rn 272). Die Überleitung der Rechte und Pflichten ist zwar auch konkludent möglich, doch kann nicht allein aus der Kenntnis des Aktienerwerbers von der Nebenabrede auf eine solche konkludente Pflichtenübernahme geschlossen werden (*Winkler* DNotZ 1969, 394, 397; *Priester* DB 1979, 681, 685 f). Besteht aufgrund der Nebenvereinbarung eine GbR, so werden die sich aus der Vereinbarung ergebenden Rechte und Pflichten durch Übertragung der Gesellschafterstellung dieser GbR übertragen. Auch die **Kündigungsmöglichkeit** bestimmt sich in diesem Fall nach § 723 BGB (MünchKomm AktG/*Pentz* Rn 191). 51

2. Gegenstand und Schranken. Gegenstand satzungsergänzender Nebenabreden können **bspw** sein: Vorhand- und Vorkaufsrechte (*OLG Karlsruhe* AG 1990, 499), Abreden über die Besetzung oder die Vergütung des Vorstands oder AR (*Hoffmann-Becking* ZGR 1994, 442, 459 f) und über die zukünftige Geschäftspolitik (*BGH* NJW 1983, 1910) sowie Selbstverpflichtungen der Aktionäre dahingehend, zusätzliche Leistungen neben der Einlage zu erbringen (*BGH* AG 1970, 86 f; Spindler/Stilz AktG/*Limmer* Rn 41). Auch gegenüber der Gesellschaft können durch Nebenabreden zwischen den Gesellschaftern Pflichten übernommen werden (§ 328 BGB), zB eine Verlustausgleichspflicht oder die Verpflichtung, Wettbewerb gegenüber der Gesellschaft zu unterlassen (*BGH* NJW 1983, 1910), soweit sich ein solches **Wettbewerbsverbot** mit dem Kartellrecht (§ 1 GWB, Art 101 AEUV) vereinbaren lässt. Denkbar ist aber auch die Vereinbarung einer geringeren als in der Satzung vorgesehenen Abfindung für den Fall des Ausscheidens aus der Gesellschaft; in diesem Fall kann die Gesellschaft diese Abrede gem § 328 BGB einem Gesellschafter entgegenhalten, der trotz seiner schuldrechtlichen Bindung aus der von ihm mit getroffenen Nebenabrede auf die in der Satzung festgelegte höhere Abfindung klagt (*BGH* NZG 2010, 988). 52

53 Obgleich satzungsergänzende Nebenabreden im Grundsatz zulässig sind, finden sie ihre **Schranken** in Satzung und zwingendem Recht. So können in Nebenabreden zwar Vereinbarungen getroffen werden, die im korporativen Bereich unwirksam wären; § 23 Abs 5 erfasst derartige Vereinbarungen nicht. Doch sind solche Nebenabreden nur bindend, soweit sie nicht gegen Gesetz oder Satzung verstoßen (MünchKomm AktG/*Pentz* Rn 188). Unzulässig sind Nebenabreden über Gegenstände, die notwendiger Satzungsinhalt sind. **Stimmbindungsvereinbarungen** in Nebenabreden sind nur **beschränkt zulässig**: Klagbare Verpflichtungen gegenüber Nichtaktionären werden grds einer unzulässigen Stimmrechtsabspaltung gleichgestellt, Stimmbindungen gegenüber anderen Aktionären sind dagegen unter Beachtung des § 136 im Grundsatz zulässig (ausf dazu MünchKomm AktG/*Pentz* Rn 195). Gesetzliche Grenzen können sich neben aktienrechtlichen Bestimmungen und §§ 134, 138 BGB auch aus anderen Gesetzen wie dem GWB ergeben (vgl Rn 52 aE). Eine schuldrechtliche Abrede zwischen einer AG und einem Aktionär, die den Aktionär im Fall der Vertragsbeendigung zur unentgeltlichen Rückübertragung seiner Aktien verpflichtet, verstößt gegen die guten Sitten und ist gem § 138 Abs 1 BGB nichtig, wenn der Aktionär die Aktien zuvor entgeltlich erworben hat (*BGH* NZG 2013, 220).

54 **3. Verhältnis zur Satzung.** Satzung und satzungsergänzende Nebenabreden sind grds voneinander unabhängige Rechtsgeschäfte. Die **Satzung kann zur Auslegung** von Nebenabreden **herangezogen** werden. Nebenabreden haben aber **umgekehrt keinerlei Einfluss** auf die Auslegung der Satzung, selbst wenn an der Nebenabrede alle Aktionäre beteiligt sind (*Hüffer* AktG Rn 47; MünchKomm AktG/*Pentz* Rn 192; *Ulmer* FS Röhricht, S 633, 650 ff; Spindler/Stilz AktG/*Limmer* Rn 41b; **aA** *Grunewald* ZGR 1995, 68, 86 ff; zur Satzungsauslegung vgl oben Rn 22–24). Auch Inhalt und Umfang der **Treuepflicht** der Aktionäre werden von Nebenabreden grds nicht beeinflusst (Grigoleit AktG/*Vedder* Rn 11; *Hüffer* AktG Rn 47; MünchKomm AktG/*Pentz* Rn 193; **zweifelnd** GroßKomm AktG/*Röhricht* Rn 255; wohl **aA** *Baumann/Reiß* ZGR 1989, 157, 214 f). **Hauptversammlungsbeschlüsse** können nach traditioneller Rspr des *BGH* zur GmbH (zuletzt *BGH* NJW 1987, 1890, 1891) wg Verstoßes gegen Nebenabreden angefochten werden, wenn alle Aktionäre an der Nebenabrede verpflichtet sind; der Sache nach ist diese Rspr aber wohl zwischenzeitlich aufgegeben (*OLG Stuttgart* NZG 2001, 416; MünchKomm AktG/*Pentz* Rn 194; *Goette* in Henze/Timm/Westermann, Gesellschaftsrecht 1995, S 113, 118 ff unter Verweis auf BGHZ 123, 15, 20; Spindler/Stilz AktG/*Limmer* Rn 41a; gegen ein Anfechtungsrecht auch *Hüffer* AktG Rn 47; **aA** GroßKomm AktG/*K. Schmidt* § 243 Rn 18 ff). Eine Anknüpfung **organisationsrechtlicher Sanktionen** (zB Kaduzierung nach § 64) an die Verletzung schuldrechtlicher Nebenabreden durch die Satzung ist wg Verstoßes gegen § 23 Abs 5 unwirksam (*Hüffer* AktG Rn 47; MünchKomm AktG/*Pentz* Rn 193; *Winter* ZHR 154 (1990), 259, 281).

§ 24 Umwandlung von Aktien

Die Satzung kann bestimmen, dass auf Verlangen eines Aktionärs seine Inhaberaktie in eine Namensaktie oder seine Namensaktie in eine Inhaberaktie umzuwandeln ist.

Übersicht

	Rn		Rn
I. Regelungsgehalt	1	III. Umwandlung durch Änderung der Satzung	5
II. Umwandlung auf Verlangen eines Aktionärs	2	1. Allgemeines	5
1. Allgemeines	2	2. Voraussetzungen	6
2. Voraussetzungen und Durchführung	3	3. Durchführung und Kosten	8
3. Kosten	4	IV. Steuern	9

Literatur: *Baums* Umwandlung und Umtausch von Finanzinstrumenten im Aktien- und Kapitalmarktrecht, FS Canaris, 2007, Bd 2, S 3; *Bungert/Wettich* Kleine Aktienrechtsnovelle 2011 – Kritische Würdigung des Referentenentwurfs aus Sicht der Praxis, ZIP 2011, 160; *Dietrich* Die Umwandlung von Inhaber- und Namensaktien und ihre Vinkulierung, SozPraxis 1940, 303; *Diekmann/Nolting* Aktienrechtsnovelle 2011, NZG 2011, 6; *Götze/Arnold/ Carl* Der Regierungsentwurf der Aktienrechtsnovelle 2012 – Anmerkungen aus der Praxis, NZG 2012, 321; *Handelsrechtsausschuss des Deutschen Anwaltvereins* Stellungnahme zum Referentenentwurf eines Gesetzes zur Änderung des Aktiengesetzes (Aktienrechtsnovelle 2011), NZG 2011, 27; *ders* Stellungnahme zum Regierungsentwurf der Aktienrechtsnovelle 2012, NZG 2012, 380; *Huep* Die Renaissance der Namensaktie – Möglichkeiten und Probleme im geänderten aktienrechtlichen Umfeld, WM 2000, 1623; *Merkner/Schmidt-Bendun* Die Aktienrechtsnovelle 2012 – Überblick über den Regierungsentwurf, DB 2012, 98; *Müller-Eising* Aktienrechtsnovelle 2011 – Änderungen zur Vorzugsaktie und zum bedingten Kapital für Wandelanleihen, GWR 2010, 591; *Nikoleyczik* Aktienrechtsnovelle 2011 – Neues zum Beschlussmängelrecht und zur Namensaktie, GWR 2010, 594; *Noack* Die Umstellung von Inhaber- auf Namensaktien, FS Bezzenberger, 2000, S 291; *ders* Aktienrechtsnovelle 2011, DB 2010, 2657.

I. Regelungsgehalt

Die Vorschrift geht auf Art 3 lit f der Kapitalrichtlinie zurück, wonach die Satzung die Form der Aktien, Namens- oder Inhaberaktien, sofern die einzelstaatlichen Vorschriften diese beiden Formen vorsehen, sowie alle Vorschriften über deren Umwandlung enthalten muss, es sei denn, dass das Gesetz die Einzelheiten festlegt. § 24 ist daher iVm § 10 Abs 1 und § 23 Abs 3 Nr 5 zu sehen, wonach die Aktien auf den Inhaber oder auf den Namen lauten können und die Satzung bestimmen muss, ob die Aktien auf den Inhaber oder auf den Namen ausgestellt oder zT als Inhaber- und zT als Namensaktien ausgegeben werden. § 24 eröffnet vor diesem Hintergrund die Möglichkeit, für den Aktionär in der Satzung ein Recht auf nachträgliche Umwandlung seiner Inhaberaktie in eine Namensaktie oder umgekehrt zu begründen (MünchKomm AktG/*Pentz* Rn 1 f, § 23 Rn 128, 132; *Hüffer* AktG Rn 1, § 23 Rn 3). § 24 verkörpert eine richtlinienkonforme Entscheidung des Gesetzgebers gegen einen zwingenden Umwandlungsanspruch des Aktionärs und steht – gerade auch im Lichte der Kapitalrichtlinie – in einem Zusammenhang mit dem gesetzlichen Recht der HV, eine Umwandlung der Aktienart durch Satzungsänderung zu beschließen (vgl Münch- 1

§ 24 Umwandlung von Aktien

Komm AktG/*Pentz* 2. Aufl Rn 11). § 24 ist abschließend, so dass Satzungsregelungen über eine Umwandlung bezogen auf Aktien mit unterschiedlichem Nennbetrag (§§ 8, 9, 23 Abs 3 Nr 4) oder Aktien verschiedener Gattung (§ 11) unzulässig sind (*Hüffer* AktG Rn 1; Spindler/Stilz AktG/*Limmer* Rn 1; Hölters AktG/*Solveen* Rn 1; K. Schmidt/Lutter AktG/*Seibt* Rn 1; KölnKomm AktG/*Arnold* Rn 3). § 24 sollte im Zuge der Aktienrechtsnovelle 2011/2012 aufgehoben werden (s dazu insb BT Drucks 17/8989), und zwar nicht zuletzt, weil die Vorschrift in der Praxis kaum Bedeutung erlangt hat (Begr RegE S 13); die Novelle ist aber im Gesetzgebungsverfahren gescheitert.

II. Umwandlung auf Verlangen eines Aktionärs

2 **1. Allgemeines.** Als Inhaber des satzungsrechtlichen Umwandlungsanspruchs kommt nur der Aktionär in Betracht; bei Namensaktien gilt § 67 Abs 2 (KölnKomm AktG/ *Kraft* 2. Aufl Rn 8; vgl *Hüffer* AktG Rn 3; K. Schmidt/Lutter AktG/*Seibt* Rn 4 und Hölters AktG/*Solveen* Rn 1). Eine Satzungsbestimmung, die ein Umwandlungsrecht einräumt, kann bereits in der ursprünglichen Satzung enthalten sein, aber auch im Wege der Satzungsänderung gem §§ 179 ff nachträglich in die Satzung Eingang finden; es erfasst im Zweifel auch die schon zuvor ausgegebenen Aktien (*Hüffer* AktG Rn. 2; Spindler/Stilz AktG/*Limmer* Rn 1; Hölters AktG/*Solveen* Rn 1; KölnKomm AktG/ *Arnold* Rn 4; s auch bereits KölnKomm AktG/*Kraft* 2. Aufl Rn 6). Das so geschaffene Umwandlungsrecht wird als **allgemeines Mitgliedsrecht** (und nicht als Sonderrecht) angesehen, so dass es durch Satzungsänderung gem §§ 179 ff ohne Zustimmung der betroffenen Aktionäre beseitigt werden kann (MünchKomm AktG/*Pentz* Rn 10; *Hüffer* AktG Rn 2; K. Schmidt/Lutter AktG/*Seibt* Rn 8; vgl auch KölnKomm AktG/*Kraft* 2. Aufl Rn 21: „allgemeines, allen Aktionären in gleicher Weise zustehendes Recht, das mit dem allgemeinen Mitgliedschaftsrecht zumindest vergleichbar ist"). In den Grenzen des Gleichbehandlungsgrundsatzes (§ 53a) kann der satzungsrechtliche Umwandlungsanspruch näher ausgestaltet und insb auf eine Aktienart oder eine Aktiengattung beschränkt, von der Zustimmung des Vorstands abhängig gemacht oder an die Schriftform des Umwandlungsbegehrens gebunden werden (MünchKomm AktG/ *Pentz* Rn 6 f; *Hüffer* AktG Rn 2 f; Spindler/Stilz AktG/*Limmer* Rn 2; K. Schmidt/Lutter AktG/*Seibt* Rn 4; KölnKomm AktG/*Arnold* Rn 4, 6; s auch bereits KölnKomm AktG/*Kraft* 2. Aufl Rn 7 f).

3 **2. Voraussetzungen und Durchführung.** Das Umwandlungsverlangen ist von dem Aktionär gegenüber dem VR als Vertretungsorgan der Gesellschaft geltend zu machen; es ist eine empfangsbedürftige Willenserklärung (MünchKomm AktG/*Pentz* Rn 7; *Hüffer* AktG Rn 3; Spindler/Stilz AktG/*Limmer* Rn 2; Hölters AktG/*Solveen* Rn 2; K. Schmidt/Lutter AktG/*Seibt* Rn 5; KölnKomm AktG/*Arnold* Rn 6). Die Aktienurkunden sind vorzulegen (MünchKomm AktG/*Pentz* Rn 7; s auch bereits KölnKomm AktG/*Kraft* 2. Aufl Rn 9). Es ist nicht erforderlich, dass die begehrte Aktienart in der Satzung gem § 23 Abs 3 Nr 5 vorgesehen ist; ist dies nicht der Fall, sind die Satzungsregelungen in ihrer Gesamtschau dahin auszulegen, dass die Umwandlung zulässig, aber neue Aktien nur in der gem § 23 Abs 3 Nr 5 vorgesehenen Verbriefungsart ausgegeben werden dürfen (so zutr K. Schmidt/Lutter AktG/*Seibt* Rn 5). Die Umwandlung muss durch die Gesellschaft als Ausstellerin der Aktien, vertreten durch den VR, erfolgen. Dem Aktionär kann **kein Selbstumwandlungsrecht** eingeräumt werden; das wäre ein Verstoß gegen § 23 Abs 5, da § 24 diese Möglichkeit nach seinem

klaren Wortlaut nicht eröffnet (MünchKomm AktG/*Pentz* Rn 7; vgl auch bereits KölnKomm AktG/*Kraft* 2. Aufl Rn 11). Die Umwandlung wird vom VR durch Änderung des Urkundentextes oder durch Ausgabe neuer Urkunden gegen Rückgabe der alten Urkunden vollzogen. Das Aktienregister ist zu korrigieren (MünchKomm AktG/*Pentz* Rn 7; *Hüffer* AktG Rn 4; Hölters AktG/*Solveen* Rn 3; K. Schmidt/Lutter AktG/*Seibt* Rn 6; KölnKomm AktG/*Arnold* Rn 7; s auch bereits KölnKomm AktG/ *Kraft* 2. Aufl Rn 9 f).

3. Kosten. Überwiegend wird heute angenommen, es könne in der Satzung bestimmt werden, wer die Umwandlungskosten zu tragen habe (MünchKomm AktG/*Pentz* Rn 8; *Hüffer* AktG Rn 5; Spindler/Stilz AktG/*Limmer* Rn 2; Hölters AktG/*Solveen* Rn 3; K. Schmidt/Lutter AktG/*Seibt* Rn 7; s auch bereits KölnKomm AktG/*Kraft* 2. Aufl Rn 11). Eine **satzungsrechtliche Kostentragung durch die Gesellschaft** ist im Hinblick auf § 57 Abs 1 S 1 nicht unproblematisch, lässt sich aber im Lichte des § 26 Abs 2 als zulässig ansehen (so MünchKomm AktG/*Pentz* Rn 9 mit dem Hinweis, „vorsorglich sollte die Satzung jedoch entspr § 26 Abs 2 den auf die Umwandlung einer Aktie zu übernehmenden Gesamtbetrag der Höhe nach bestimmen"; s dazu auch KölnKomm AktG/*Arnold* Rn 7). **IÜ ist streitig, ob die Kosten die Gesellschaft treffen**, da andernfalls die Ausübung des Rechts erschwert würde und andere Rechte auch nicht mit einer Kostentragungspflicht verbunden wären (*von Godin/Wilhelmi* AktG Anm 8), **oder den Aktionär** (MünchKomm AktG/*Pentz* Rn 9; *Hüffer* AktG Rn 5; Spindler/Stilz AktG/*Limmer* Rn 2; Hölters AktG/*Solveen* Rn 3; K. Schmidt/Lutter AktG/*Seibt* Rn 7; KölnKomm AktG/*Arnold* Rn 7; GroßKomm AktG/*Röhricht* Rn 9; KölnKomm AktG/*Kraft* 2. Aufl Rn 11), da sie durch ihn veranlasst würden (*Hüffer* AktG Rn 5; K. Schmidt/Lutter AktG/*Seibt* Rn 7; GroßKomm AktG/*Röhricht* Rn 9 mit dem zusätzlichen Hinweis, diese Kosten „könnten nicht auf eine Stufe mit den normalen Kosten gestellt werden..., die durch die Ausübung der allgemeinen Aktionärsrechte entstehen"; vgl demgegenüber auch KölnKomm AktG/*Arnold* Rn 7 und MünchKomm AktG/*Pentz* Rn 9 mit dem Hinweis auf § 74 S 2). Die Annahme einer Veranlasserhaftung des Aktionärs ist angesichts des ihm von der Gesellschaft erst durch eine Satzungsregelung eingeräumten Umwandlungsanspruchs durchaus zweifelhaft (MünchKomm AktG/*Pentz* Rn 9). Die Kostentragung durch den Aktionär dürfte aber in der Tat der gesetzgeberischen Wertung (§ 74 S 2) entsprechen (so auch KölnKomm AktG/*Arnold* Rn 7).

III. Umwandlung durch Änderung der Satzung

1. Allgemeines. § 24 lässt das gesetzliche Recht der HV, eine Umwandlung der Aktienart durch Satzungsänderung zu beschließen, unberührt. Nach § 23 Abs 3 Nr 5 steht in der Satzung, ob die Aktien auf den Inhaber oder auf den Namen oder zT auf den Inhaber und zT auf den Namen lauten (MünchKomm AktG/*Pentz* § 23 Rn 128), und für einen darauf bezogenen satzungsändernden Beschluss gelten die §§ 179 ff (MünchKomm AktG/*Pentz* Rn 11 f; MünchHdbGesR AG/*Wiesner* § 13 Rn 6; *Hüffer* AktG Rn 6; Spindler/Stilz AktG/*Limmer* Rn 3 f; Hölters AktG/*Solveen* Rn 4; K. Schmidt/ Lutter AktG/*Seibt* Rn 2 f; KölnKomm AktG/*Arnold* Rn 8; s auch bereits KölnKomm AktG/*Kraft* 2. Aufl Rn 12).

2. Voraussetzungen. Eine Umwandlung durch satzungsändernden Beschluss kommt zunächst in Betracht, **wenn die Gesellschaft bislang ausschließlich eine Aktienart oder aber beide Aktienarten ausgegeben hat und es künftig nur noch die andere bzw nur**

§ 24 Umwandlung von Aktien

noch eine Aktienart geben soll (GroßKomm AktG/*Röhricht* Rn 11; KölnKomm AktG/*Kraft* 2. Aufl Rn 13; MünchHdbGesR AG/*Wiesner* § 13 Rn 6). Dabei ist str, ob ein Sonderbeschluss der betroffenen Aktionäre oder die Zustimmung jedes einzelnen von ihnen erforderlich ist. Die überwiegende Ansicht verneint diese Frage (MünchKomm AktG/*Pentz* Rn 12; MünchHdb AG/*Wiesner* § 13 Rn 6; *Hüffer* AktG Rn 6; GroßKomm AktG/*Röhricht* Rn 11, 12; Spindler/Stilz AktG/*Limmer* Rn 5; Hölters AktG/*Solveen* Rn 4; K. Schmidt/Lutter AktG/*Seibt* Rn 3; KölnKomm AktG/*Arnold* Rn 8; **aA** etwa KölnKomm AktG/*Kraft* 2. Aufl Rn 18), und zwar mit Recht: Eine Satzungsbestimmung nach § 23 Abs 2 Nr 5 begründet weder Sonderrechte iSv § 35 BGB noch vergleichbare Rechtspositionen (MünchKomm AktG/*Pentz* Rn 12; *Hüffer* AktG Rn 6; GroßKomm AktG/*Röhricht* Rn 11; Hölters AktG/*Solveen* Rn 4; K. Schmidt/Lutter AktG/*Seibt* Rn 3; KölnKomm AktG/*Arnold* Rn 8; **aA** etwa KölnKomm AktG/*Kraft* 2. Aufl Rn 18), und die Ausnahmeregelungen der §§ 179 Abs 3, 180 Abs 2 betreffen andere bzw weit einschneidendere Maßnahmen als die Umwandlung von Inhaberaktien in Namensaktien und umgekehrt (GroßKomm AktG/*Röhricht* Rn 11).

7 Eine Umwandlung der Aktienart durch Satzungsänderung kommt auch dann in Betracht, **wenn die Gesellschaft bislang beide Aktienarten ausgegeben hat und nur ein Teil der einen Aktienart in Aktien der anderen Art umgewandelt werden sollen,** die Umwandlung also nur eine Aktiengattung oder nur einen Teil der Aktionäre derselben Aktienart bzw Aktiengattung betreffen soll (KölnKomm AktG/*Kraft* 2. Aufl Rn 13; GroßKomm AktG/*Röhricht* Rn 12; MünchHdb GesR AG/*Wiesner* § 13 Rn 6). Dem steht nicht entgegen, dass die Zahl der Aktien jeder Aktienart nach § 23 Abs 3 Nr 5 nicht in der Satzung anzugeben ist und mit Rücksicht auf § 24 zumeist auch nicht in der Satzung angegeben wird, diese Feststellung vielmehr dem VR oder dem AR überlassen bleibt (MünchKomm AktG/*Pentz* § 23 Rn 132; GroßKomm AktG/*Röhricht* § 23 Rn 153; *Hüffer* Harmonisierung des aktienrechtlichen Kapitalschutzes, NJW 1979, 1065, 1066). Denn diese Praxis hindert die HV nicht, diese Feststellung durch einen satzungsergänzenden Beschluss in die Satzung aufzunehmen. Allerdings wird auch hier diskutiert, ob ein Sonderbeschluss der betroffenen Aktionäre oder die Zustimmung jedes einzelnen von ihnen erforderlich ist, und dies im Lichte des § 53a für die erste Konstellation verneint und für die zweite Konstellation bejaht (GroßKomm AktG/*Röhricht* Rn 12; MünchHdbGesR AG/*Wiesner* § 13 Rn 6; vgl auch MünchKomm AktG/*Pentz* Rn 11 mit dem Hinweis, werde nur ein Teil der Aktien umgewandelt, sei § 53a zu beachten, und KölnKomm AktG/*Arnold* Rn 9 mit dem schlichten Hinweis auf den Gleichbehandlungsgrundsatz).

8 **3. Durchführung und Kosten.** Die Satzungsänderung verpflichtet die betroffenen Aktionäre, ihre Aktienurkunden bei der Gesellschaft einzureichen, und den VR, den Text dieser Aktienurkunden zu ändern und sie den Aktionären zurückzugeben oder ihnen neue Aktienurkunden auszuhändigen. Die Umwandlung wird mithin wie im Falle eines Umwandlungsverlangens nach § 24 und nicht etwa durch den satzungsändernden Beschluss vollzogen. Erfüllen die betroffenen Aktionäre ihre Mitwirkungspflicht nicht, können ihre Aktien nach § 73 für kraftlos erklärt werden, weil ihre Aktienurkunden durch die Satzungsänderung unrichtig geworden sind (MünchKomm AktG/*Pentz* Rn 13; *Hüffer* AktG Rn 7; Spindler/Stilz AktG/*Limmer* Rn 6; Hölters AktG/*Solveen* Rn 4; K. Schmidt/Lutter AktG/*Seibt* Rn 3; KölnKomm AktG/*Arnold* Rn 10; GroßKomm AktG/*Röhricht* Rn 13). Die Umwandlungskosten trägt in diesem Fall unstr die Gesellschaft (MünchKomm AktG/*Pentz* Rn 13; *Hüffer* AktG Rn 7; Hölters AktG/*Solveen* Rn 4; K. Schmidt/Lutter AktG/*Seibt* Rn 3; KölnKomm AktG/*Arnold* Rn 10; GroßKomm AktG/*Röhricht* Rn 13).

IV. Steuern

Die Umwandlungskosten sind abzugsfähige Betriebsausgaben, wenn für die Umwandlung ein betriebliches Interesse wegen der Einsparung nicht unerheblicher Aufwendungen vorliegt (*OFD Düsseldorf* WPg 1961, 220). **9**

§ 25 Bekanntmachungen der Gesellschaft

¹Bestimmt das Gesetz oder die Satzung, dass eine Bekanntmachung der Gesellschaft durch die Gesellschaftsblätter erfolgen soll, so ist sie in den Bundesanzeiger einzurücken. ²Daneben kann die Satzung andere Blätter oder elektronische Informationsmedien als Gesellschaftsblätter bezeichnen.

Übersicht

	Rn		Rn
I. Regelungsgehalt	1	2. Weitere Gesellschaftsblätter	3
II. Bekanntmachungen in den Gesell-		3. Rechtsfolgen	4
schaftsblättern	2	III. Bekanntmachungen in anderen	
1. Gesetzliches Gesellschaftsblatt	2	Formen	7

Literatur: *Deilmann/Messerschmidt* Erste Erfahrungen mit dem elektronischen Bundesanzeiger, NZG 2003, 616; *Groß* Hauptversammlungen 2003: Bekanntmachung der Einberufung nur im elektronischen Bundesanzeiger?, DB 2003, 867; *Handelsrechtsausschuss des Deutschen Anwaltvereins* Stellungnahme zum Regierungsentwurf der Aktienrechtsnovelle 2012, NZG 2012, 380; *Noack* Neue Entwicklungen im Aktienrecht und moderne Informationstechnologien 2003–2005, NZG 2004, 297; *ders* Elektronische Publizität im Aktien- und Kapitalmarktrecht in Deutschland und Europa, AG 2003, 537; *ders* Der elektronische Bundesanzeiger im Aktienrecht, BB 2002, 2025; *Oppermann* Veröffentlichung der Hauptversammlungseinladung im elektronischen Bundesanzeiger ausreichend?, ZIP 2003, 793; *Rottnauer* Kurzkommentar zu LG Düsseldorf, Urt v 9.11.2007 – 39 O 38/07 (rechtskräftig), EWiR § 175 AktG 1/08, 67; *Spindler/Kramski* Der elektronische Bundesanzeiger als zwingendes Gesellschaftsblatt für Pflichtbekanntmachungen der GmbH, NZG 2005, 746; *Zöllner* Vereinheitlichung der Informationswege bei Aktiengesellschaften?, NZG 2003, 354.

I. Regelungsgehalt

§ 25 knüpft an die Unterscheidung zwischen den Bekanntmachungen der Gesellschaft, die nach Gesetz oder Satzung in den Gesellschaftsblättern vorzunehmen sind (sog Pflichtbekanntmachungen), und den Bekanntmachungen der Gesellschaft, die Gesetz oder Satzung anordnen, ohne dafür gerade die Gesellschaftsblätter vorzusehen (sog freiwillige Bekanntmachungen), an. § 25 betrifft nicht die freiwilligen Bekanntmachungen (Publikationsmittel sind in einer dem § 23 Abs 4 genügenden Satzungsbestimmung festzulegen), sondern nur die Pflichtbekanntmachungen (zwingend zB §§ 20 Abs 6, 64 Abs 2 S 1, 97 Abs 1, 99 Abs 4 S 2, 121 Abs 4 S 1, 124 Abs 1 S 1 iVm Abs 2 und Abs 3, 186 Abs 2 und Abs 5, 214 Abs 1 und Abs 2, 226 Abs 1 S 1 iVm Abs 2, 246 Abs 4 S 1, 259 Abs 5; vorbehaltlich einer abweichenden Satzungsregelung zB § 63 Abs 1 S 2) und konkretisiert den Begriff der Gesellschaftsblätter. **Der elektronische Bundesanzeiger ist am 1.1.2003 als gesetzliches Gesellschaftsblatt an die Stelle 1**

§ 25 Bekanntmachungen der Gesellschaft

des gedruckten Bundesanzeigers getreten (TransPuG BGBl I 2002, 2681); andere Publikationsmittel, die in der Satzung als Gesellschaftsblätter bestimmt sind, sind als weitere Gesellschaftsblätter anzusehen. Hinter der Neuregelung stand die Überlegung, dass die Pflichtbekanntmachungen in einer allgemein zugänglichen Quelle veröffentlicht und dabei gerade auch im Interesse ausländischer Informationsbedürfnisse die technischen Möglichkeiten genutzt werden sollten; es sollte aber auch dem Interesse der Aktionäre Rechnung getragen werden, die Pflichtbekanntmachungen durch andere Publikationsmittel zu erfahren (*Hüffer* AktG Rn 1 f, § 23 Rn 32; MünchKomm AktG/*Pentz* Rn 1 f, 3 f, 5, § 23 Rn 142 ff; Spindler/Stilz AktG/*Limmer* Rn 1 f, 3; Hölters AktG/*Solveen* Rn 1 ff; K. Schmidt/Lutter AktG/*Seibt* Rn 1, 2 f; KölnKomm AktG/ *Arnold* Rn 1, 2, 3 f). **Seit dem 1.4.2012 wird der Bundesanzeiger elektronisch herausgegeben** und kann der gedruckte Bundesanzeiger nur noch herausgegeben werden, wenn die elektronische Herausgabe nicht nur kurzzeitig unmöglich ist; **demgemäß wurde in § 25 S 1 der Zusatz „elektronisch" vor dem Wort „Bundesanzeiger" gestrichen** (§§ 5–12 VkBkmG und § 25 S 1 AktG idF des Gesetzes zur Änderung von Vorschriften über Verkündung und Bekanntmachung sowie der Zivilprozessordnung, des Gesetzes betreffend die Einführung der Zivilprozessordnung und der Abgabenordnung, BGBl I 2001, 3044; s insb § 12 S 1 VkBkmG: „Der elektronische Bundesanzeiger wird in den Bundesanzeiger überführt."). In der Begründung heißt es dazu, der bisherige gedruckte Bundesanzeiger werde eingestellt und der bisherige elektronische Bundesanzeiger als ausschließlich elektronisches Verkündungs- und Bekanntmachungsorgan unter der Bezeichnung „Bundesanzeiger" weitergeführt. Da in den Gesetzen und Rechtsverordnungen des Bundes derzeit zwischen dem Bundesanzeiger in gedruckter Form und dem elektronischen Bundesanzeiger unterschieden werde, weil es sich um zwei verschiedene Veröffentlichungsorgane handele, müssten die Rechtsvorschriften angepasst werden. Mit den Änderungen enthielten die im Bundesrecht enthaltenen Bezugnahmen und Verweise auf den „Bundesanzeiger" eine neue Bedeutung – Bundesanzeiger meine künftig einzig die unter den Internetadresse www.bundesanzeiger.de verfügbare authentische Ausgabe; eines ausdrücklich als „elektronisch" bezeichneten Bundesanzeigers bedürfe es demzufolge nicht mehr. Regelungen, die auf den bisherigen elektronischen Bundesanzeiger verweisen, seien für die Zukunft nicht mehr erforderlich und könnten gestrichen werden; alle Hinweise auf den „Bundesanzeiger" werden ab Inkrafttreten des Gesetzes zu Hinweisen auf den Bundesanzeiger im Internet (Begr RegE, BT Drucks 17/6610, 16, 17, 18, 24). § 25 S 2 sollte im Zuge der Aktienrechtsnovelle 2011/2012 aufgehoben werden (s dazu insb BT-Drucks 17/8989), und zwar nicht zuletzt, weil die Vorschrift in der Praxis kaum Bedeutung erlangt hat und die Literatur sich gegen die Bestimmung weiterer Gesellschaftsblätter ausgesprochen hatte (Begr RegE S 13 f); die Novelle ist aber im Gesetzgebungsverfahren gescheitert.

II. Bekanntmachungen in den Gesellschaftsblättern

2 **1. Gesetzliches Gesellschaftsblatt.** Eine Pflichtbekanntmachung ist zwingend jedenfalls im (elektronischen) Bundesanzeiger zu veröffentlichen. Die Bundesanzeiger Verlagsgesellschaft mbH in Köln unterliegt demgemäß einem **Kontrahierungszwang**, und zwar auch dann, wenn die Bekanntmachung mit Gesetz oder Satzung ersichtlich nicht übereinstimmt; Ausnahmen sollten nur nach allgemeinen Grundsätzen und damit lediglich in Fällen der Sittenwidrigkeit oder der Verwirklichung eines Straftatbestandes aner-

Bekanntmachungen der Gesellschaft § 25

kannt werden (MünchKomm AktG/*Pentz* Rn 6 f; K. Schmidt/Lutter AktG/*Seibt* Rn 4; **aA** GroßKomm AktG/*Röhricht* Rn 2: bei „offensichtlich gesetzeswidrigen und deshalb nichtigen Bekanntmachungen"). Als **Beleg über die Einberufung der HV** (§ 130 Abs 3) ist nunmehr Hinweis auf Internetadresse des (elektronischen) Bundesanzeigers ausreichend (*Hüffer* AktG Rn 3; *Noack* BB 2002, 2025, 2027; Spindler/Stilz AktG/*Limmer* Rn 4; K. Schmidt/Lutter AktG/*Seibt* Rn 4). Satzungsklauseln, die den Bundesanzeiger als gesetzliches Gesellschaftsblatt bestimmen, meinen seit Inkrafttreten der Änderung des § 25 am 1.1.2003 den (elektronischen) Bundesanzeiger; eine **Doppelpublikation** im gedruckten und im elektronischen Bundesanzeiger war, solange sie nebeneinander existierten, nicht erforderlich (*OLG Stuttgart* NZG 2011, 29, 29 f; *OLG Köln* BB 2003, 2311: dynamische Bezugnahme auf die Grundregel des Gesetzes; *Rottnauer* EwiR § 175 AktG 1/08, 67, 68; *Hüffer* AktG Rn 3; *Noack* AG 2003, 537, 539; Spindler/Stilz AktG/*Limmer* Rn 5 unter Hinweis auf *OLG München* NZG 2006, 35, 35 f und § 12 S 3 GmbHG idF des EHUG BGBl I 2006, 2553; Hölters AktG/*Solveen* Rn 5; K. Schmidt/Lutter AktG/*Seibt* Rn 3, 6; **aA** MünchKomm AktG/*Pentz* Rn 8).

2. Weitere Gesellschaftsblätter. In der Satzung können weitere Publikationsmittel als Gesellschaftsblätter bestimmt sein. Dabei empfiehlt es sich, sie ausdrücklich als Gesellschaftsblätter zu benennen (*Hüffer* AktG Rn 4; MünchKomm AktG/*Pentz* Rn 9; K. Schmidt/Lutter AktG/*Seibt* Rn 5). Es reicht jedoch aus, wenn sich der Charakter des Publikationsmittels im Wege der Auslegung aus der Satzung entnehmen lässt; demgemäß genügt es nicht, wenn die Satzung es VR, AR oder HV überlässt, Gesellschaftsblätter zu bestimmen (MünchKomm AktG/*Pentz* Rn 9 f; Hölters AktG/*Solveen* Rn 6; K. Schmidt/Lutter AktG/*Seibt* Rn 5). Als weitere Gesellschaftsblätter kommen papiergebundene und elektronische Medien in Betracht, dh alle in Deutschland erscheinenden (krit dazu KölnKomm AktG/*Arnold* Rn 8) **Printmedien und insb die Internetseite der Gesellschaft**; fremdsprachige Veröffentlichungen sind auch ohne Satzungsregelung (§ 23 Abs 5 S 2) zulässig, da jedenfalls im (elektronischen) Bundesanzeiger eine deutschsprachige Bekanntmachung erfolgt und die Bestimmung weiterer Gesellschaftsblätter ohnehin im Belieben des Satzungsgebers steht (noch zur Druckausgabe GroßKomm AktG/*Röhricht* Rn 5; **aA** MünchKomm AktG/*Pentz* Rn 11 und KölnKomm AktG/*Kraft* 2. Aufl Rn 8 sowie *Hüffer* AktG Rn 4 und Hölters AktG/*Solveen* Rn 6 sowie K. Schmidt/Lutter AktG/*Seibt* Rn 7 und KölnKomm AktG/*Arnold* Rn 10: fremdsprachige Veröffentlichungen nur bei Satzungsvorbehalt). Werden weitere Gesellschaftsblätter bestimmt, **so müssen Pflichtbekanntmachungen sowohl im (elektronischen) Bundesanzeiger als auch in ihnen veröffentlicht werden** (*OLG Stuttgart* NZG 2011, 29, 29 f; *Hüffer* AktG Rn 4; MünchKomm AktG/*Pentz* Rn 9; Spindler/Stilz AktG/*Limmer* Rn 6; Hölters AktG/*Solveen* Rn 7; K. Schmidt/Lutter AktG/*Seibt* Rn 5; KölnKomm AktG/*Arnold* Rn 7). Es wird empfohlen, von der Möglichkeit des § 25 S 2 keinen Gebrauch zu machen (*Hüffer* AktG Rn 4; MünchKomm AktG/*Pentz* Rn 9), und zwar insb deshalb, weil damit das Risiko fehlerhafter Bekanntmachungen erhöht wird (Spindler/Stilz AktG/*Limmer* Rn 6; Hölters AktG/*Solveen* Rn 7; KölnKomm AktG/*Arnold* Rn 7). Dazu ist festzustellen, dass die Praxis von dieser Möglichkeit und gerade auch von den elektronischen Informationsmedien in der Tat kaum Gebrauch macht (*Noack* AG 2003, 537, 539; Hölters AktG/*Solveen* Rn 7).

3. Rechtsfolgen. Fristen beginnen gem § 187 BGB mit dem Einstellen der Information auf der Website des (elektronischen) Bundesanzeigers, wenn dieser das einzige Gesellschaftsblatt ist oder die Gesellschaftsblätter zeitgleich erscheinen. **Gibt es meh-**

Lohse

rere **Gesellschaftsblätter und erscheinen sie nicht zeitgleich, ist zu unterscheiden:** Soweit das Gesetz für den Fristbeginn ausdrücklich und damit ausschließlich auf den (elektronischen) Bundesanzeiger abstellt (§§ 97 Abs 1 S 3), kommt es allein auf diesen an. Soweit eine solche Regelung fehlt (§§ 121 Abs 4 S 1, 124 Abs 1 S 1, 186 Abs 2, 214 Abs 1 und Abs 2, 226 Abs 1 S 1 iVm Abs 2, 246 Abs 4 S 1, 259 Abs 5), kommt es auf das letztere Erscheinungsdatum an (*Hüffer* AktG Rn 5, 5a; Spindler/Stilz AktG/*Limmer* Rn 8; K. Schmidt/Lutter AktG/*Seibt* Rn 8), und zwar nicht zuletzt deshalb, weil nur dann alle Aktionäre die Frist voll ausschöpfen können (MünchKomm AktG/*Pentz* Rn 13; Hölters AktG/*Solveen* Rn 8; KölnKomm AktG/*Arnold* Rn 14).

5 **Fehlerhafte Bekanntmachungen** (unrichtige Angabe der bekanntzumachenden Information in mindestens einem der Gesellschaftsblätter) setzen keine Fristen in Gang und haben keine Rechtswirkungen (zB nach § 64 Abs 3 S 1). Fehlerhafte Bekanntmachung der Einberufung der HV (§ 121 Abs 4 S 1) zieht gem § 241 Nr 1 Nichtigkeit der HV-Beschluss nach sich, fehlerhafte Bekanntmachung der Tagesordnung führt nach §§ 124 Abs 4 S 1, 243 Abs 1 zur Anfechtbarkeit der HV-Beschlüsse über die betroffenen Gegenstände der Tagesordnung (*Hüffer* AktG Rn 5a; MünchKomm AktG/*Pentz* Rn 14; Spindler/Stilz AktG/*Limmer* Rn 8; Hölters AktG/*Solveen* Rn 9; K. Schmidt/ Lutter AktG/*Seibt* Rn 9; KölnKomm AktG/*Arnold* Rn 15).

6 Stellt ein weiteres Gesellschaftsblatt iSv § 25 S 2 vorübergehend oder endgültig sein Erscheinen ein, kommt es für die Rechtsfolgen allein auf die verbliebenen Gesellschaftsblätter an, und zwar solange, bis der Satzungsgeber diese Frage neu regelt (*Hüffer* AktG Rn 5a; K. Schmidt/Lutter AktG/*Seibt* Rn 10).

III. Bekanntmachungen in anderen Formen

7 Bekanntmachungen der Gesellschaft, die Gesetz oder Satzung anordnen, ohne dafür gerade die Gesellschaftsblätter vorzusehen (**sog freiwillige Bekanntmachungen**), können auch in der Form auftreten, dass Bekanntmachungen, die in den Gesellschaftsblättern zu veröffentlichen sind, daneben vermittels anderer papiergebundener oder elektronischer Medien veröffentlicht werden. Die Rechtsfolgen hängen aber auch in diesem Fall nur von den Pflichtbekanntmachungen ab, die ergänzenden freiwilligen Bekanntmachungen haben weder Einfluss auf die Wirksamkeit der Bekanntmachungen noch der angestrebten Maßnahmen (MünchKomm AktG/*Pentz* Rn 15; KölnKomm AktG/*Arnold* Rn 16 mit der Einschränkung, es müsse aus der Satzung klar hervorgehen, dass es sich nicht um Gesellschaftsblätter handele). Satzungsklauseln, die für freiwillige Bekanntmachungen auf den Bundesanzeiger verweisen, nehmen nunmehr ebenfalls allein den (elektronischen) Bundesanzeiger in Bezug (Spindler/Stilz AktG/ *Limmer* Rn 7; *Groß* DB 2003, 867, 868 f; **aA** *Oppermann* ZIP 2003, 793, 794 f).

§ 26 Sondervorteile. Gründungsaufwand

(1) **Jeder einem einzelnen Aktionär oder einem Dritten eingeräumte besondere Vorteil muss in der Satzung unter Bezeichnung des Berechtigten festgesetzt werden.**

(2) **Der Gesamtaufwand, der zu Lasten der Gesellschaft an Aktionäre oder an andere Personen als Entschädigung oder als Belohnung für die Gründung oder ihre Vorbereitung gewährt wird, ist in der Satzung gesondert festzusetzen.**

(3) ¹Ohne diese Festsetzung sind die Verträge und die Rechtshandlungen zu ihrer Ausführung der Gesellschaft gegenüber unwirksam. ²Nach der Eintragung der Gesellschaft in das Handelsregister kann die Unwirksamkeit nicht durch Satzungsänderung geheilt werden.

(4) Die Festsetzungen können erst geändert werden, wenn die Gesellschaft fünf Jahre im Handelsregister eingetragen ist.

(5) Die Satzungsbestimmungen über die Festsetzungen können durch Satzungsänderung erst beseitigt werden, wenn die Gesellschaft dreißig Jahre im Handelsregister eingetragen ist und wenn die Rechtsverhältnisse, die den Festsetzungen zugrunde liegen, seit mindestens fünf Jahren abgewickelt sind.

Übersicht

	Rn		Rn
I. Regelungsgehalt	1	2. Inhalt	8
II. Sondervorteile	2	3. Festsetzung in der Satzung	9
1. Begriff	2	IV. Rechtsfolgen bei Verstoß gegen	
2. Inhalt	3	Satzungspublizität	11
3. Festsetzung in der Satzung	6	V. Änderung und Beseitigung der	
III. Gründungsaufwand	7	Festsetzungen	14
1. Begriff	7		

Literatur: *Abrell* Der Begriff des aktienrechtlichen Sondervorteils bei entgeltlichen Geschäften der Gesellschaft mit ihrem Mehrheitsaktionär, BB 1974, 1463; *Heim* Berechtigung und Verpflichtung der Aktiengesellschaften aus Verträgen vor ihrer Eintragung, ZHR 108 (1941), 181; *Jürgenmeyer/Maier* Der Gründungsaufwand bei der GmbH als verdeckte Gewinnausschüttung, BB 1996, 2135; *Junker* Der Sondervorteil im Sinne des § 26 AktG, ZHR 159 (1995), 207; *Sagasser* Sondervorteile bei der Gründung einer Aktiengesellschaft, 1986.

I. Regelungsgehalt

§ 26 ist im Zusammenhang mit § 27 zu sehen. Diese Vorschriften betreffen die sog qualifizierte Gründung und regeln abschließend die insoweit zulässigen Abreden. Während § 27 sich mit der Sachgründung befasst, betrifft § 26 die Einräumung von Sondervorteilen anlässlich der Gründung und die Gewähr von Entschädigungen oder Belohnungen für die Mitwirkung an der Gründung. § 26 geht auf die Aktienrechtsnovelle von 1884 zurück und ist vor dem Hintergrund von Missbräuchen entstanden, die in der Gründerzeit nach 1871 aufgetreten waren. Die Vorschrift beggenet im Interesse der Gläubiger und der (übrigen) Aktionäre die mit Absprachen über Sondervorteile und Gründungsaufwand verbundene **Gefahr, dass der Gewinn der Gesellschaft geschmälert und darüber hinaus mit den Kapitalgrundlagen die wirtschaftliche Existenz der Gesellschaft gefährdet wird.** Das Gesetz verbietet diese Absprachen nicht, zwingt aber zur Offenlegung in der Satzung, damit die dadurch begründete Belastung der Gesellschaft für Dritte erkennbar ist (*Junker* ZHR 159 (1995), 207, 209 f; MünchKomm AktG/*Pentz* Rn 1 ff, 3 ff; GroßKomm AktG/*Röhricht* Rn 2; *Hüffer* AktG Rn 1; Spindler/Stilz AktG/*Limmer* Rn 1; Hölters AktG/*Solveen* Rn 1 f; K. Schmidt/Lutter AktG/*Seibt* Rn 1 f; KölnKomm AktG/*Arnold* Rn 1 f, 3 f). Dabei wird § 26 durch die Vorschriften über Gründungsbericht und Gründungsprüfung (§§ 32 Abs 1 und Abs 3, 33 Abs 1 und Abs 2 Nr 3, 34 Abs 1 Nr 1) und die Registerkontrolle (§§ 37 Abs 4

§ 26 Sondervorteile. Gründungsaufwand

Nr 2, 38, 41 Abs 3) sowie die Haftungsvorschriften der §§ 46 ff und den Straftatbestand des § 399 Abs 1 Nr 1 flankiert.

II. Sondervorteile

2 1. Begriff. Sondervorteile sind aus Anlass der Gründung einem oder mehreren Aktionären oder Dritten persönlich eingeräumte **Gläubigerrechte, die zumindest auch durch die Gesellschaft zu erfüllen sind und denen keine (angemessenen) Gegenleistungen gegenüberstehen.** Aus Anlass der Gründung bedeutet, dass die Gläubigerrechte mit der Gründung in einem sachlichen Zusammenhang stehen müssen. Der Begriff des Gläubigerrechts impliziert, dass die Rechte **unabhängig von der Mitgliedschaft** sind und damit unabhängig von ihr bestehen, unabhängig von der Aktie nach §§ 398, 413 BGB in den Grenzen des § 399 BGB übertragen werden können und nach §§ 362 ff, 397 BGB oder nach Maßgabe der Satzung erlöschen; das unterscheidet sie von den Sonderrechten nach § 11 S 1. Schuldner muss angesichts des Schutzzwecks des § 26, nicht offengelegte gründungsbezogene Belastungen der Gesellschaft zu verhindern, zumindest in erster Linie die Gesellschaft sein (*Junker* ZHR 159 (1995), 207, 211 f; GroßKomm AktG/*Röhricht* Rn 3 ff, 23 ff, 25 mit dem Hinweis, dass auch der Anspruch auf Abschluss eines Vertrages zu marktgerechten Bedingungen einen Sondervorteil darstelle, weil die „Kontrahierungspflicht" der Gesellschaft ohne Gegenleistung eingegangen werde (Rn 3, 10); MünchKomm AktG/*Pentz* Rn 8 ff, 19, 20, 21 ff; Hölters AktG/*Solveen* Rn 3, 7; K. Schmidt/Lutter AktG/*Seibt* Rn 4 f; KölnKomm AktG/*Arnold* Rn 5 ff, 8, 15 f; aA im letzten Punkt *Hüffer* AktG Rn 2 und Spindler/Stilz AktG/*Limmer* Rn 2).

3 2. Inhalt. Als Sondervorteile kommen vermögensrechtliche und nicht vermögensrechtliche Ansprüche in Betracht, soweit kein Verstoß gegen zwingendes Aktienrecht vorliegt (MünchKomm AktG/*Pentz* Rn 11 ff; GroßKomm AktG/*Röhricht* Rn 9, 13, 15, 17).

4 Bei **vermögensrechtlichen Ansprüchen** ist insb § 57 zu beachten: So kann ein Recht auf Warenbezug (*RG* LZ 1908, 297), ein Recht zum Wiederkauf eingebrachter Sachen (*RGZ* 81, 404, 409), ein Recht auf Abschluss eines gegenseitigen Vertrages zu angemessenen Bedingungen (GroßKomm AktG/*Röhricht* Rn 3, 10, 16; KölnKomm AktG/ *Lutter* 2. Aufl § 57 Rn 83; Spindler/Stilz AktG/*Limmer* Rn 2; Hölters AktG/*Solveen* Rn 3; K. Schmidt/Lutter AktG/*Seibt* Rn 5, 6; KölnKomm AktG/*Arnold* Rn 8), die Einräumung unentgeltlicher Nutzungsrechte oder ein Recht auf Naturalleistungen (MünchKomm AktG/*Pentz* Rn 11; GroßKomm AktG/*Röhricht* Rn 11; Spindler/Stilz AktG/*Limmer* Rn 3) sowie eine Bevorzugung bei Bilanzgewinn oder Liquidationserlös (MünchKomm AktG/*Pentz* Rn 11; GroßKomm AktG/*Röhricht* Rn 10; Spindler/ Stilz AktG/*Limmer* Rn 3; Hölters AktG/*Solveen* Rn 4; K. Schmidt/Lutter AktG/*Seibt* Rn 6; KölnKomm AktG/*Arnold* Rn 8; KölnKomm AktG/*Lutter* 2. Aufl § 57 Rn 83) vereinbart werden, nicht aber die **Einräumung einer überhöhten Vergütung** (MünchKomm AktG/*Pentz* Rn 11, 33; Spindler/Stilz AktG/*Limmer* Rn 2, 4; K. Schmidt/ Lutter AktG/*Seibt* Rn 8; aA *Junker* ZHR 159 (1995), 207, 212 f und *Hüffer* AktG Rn 6 sowie Hölters AktG/*Solveen* Rn 3, 4 und KölnKomm AktG/*Kraft* 2. Aufl Rn 28; unentschieden GroßKomm AktG/*Röhricht* Rn 12); ein **Recht auf Umsatzprovision** (*KG* JW 1938, 2754) ist zulässig, darf aber nur aus dem Bilanzgewinn erfüllt werden (MünchKomm AktG/*Pentz* Rn 13; GroßKomm AktG/*Röhricht* Rn 14; K. Schmidt/ Lutter AktG/*Seibt* Rn 8; aA *Junker* ZHR 159 (1995), 207, 214 ff und *Hüffer* AktG Rn 3 sowie Spindler/Stilz AktG/*Limmer* Rn 3 und Hölters AktG/*Solveen* Rn 4; differenzierend KölnKomm AktG/*Arnold* Rn 8, 10).

Bei **nicht vermögensrechtlichen Ansprüchen** ist insb die zwingende Kompetenzordnung des AktG zu beachten: So können Rechte auf Bestellung von Arbeitnehmern oder von Vorständen nicht vereinbart werden (§§ 76 Abs 1, 84 Abs 1; MünchKomm AktG/*Pentz* Rn 15; GroßKomm AktG/*Röhricht* Rn 18). Rechte auf Entsendung von Aufsichtsratsmitgliedern können nach § 101 Abs 2 S 1 nicht zugunsten von Dritten begründet werden, und das Auskunftsrecht des Aktionärs nach § 131 kann erweitert, aber nicht einem Dritten zugewiesen werden (MünchKomm AktG/*Pentz* Rn 12, 15; GroßKomm AktG/*Röhricht* Rn 17; **aA** KölnKomm AktG/*Kraft* 2. Aufl Rn 9: Herrschaftsrechte können nicht als Sondervorteile eingeräumt werden; s dazu auch MünchKomm AktG/*Pentz* Rn 12 und K. Schmidt/Lutter AktG/*Seibt* Rn 7). **Rechte dieser Art sind allerdings an die Mitgliedschaft gebunden** und erlöschen, wenn diese übertragen wird und die Rechte nicht gesondert an den Erwerber abgetreten werden (GroßKomm AktG/*Röhricht* Rn 17, 26; KölnKomm AktG/*Arnold* Rn 11; **aA** MünchKomm AktG/*Pentz* Rn 12, 21 und K. Schmidt/Lutter AktG/*Seibt* Rn 7: Rechte sind unübertragbar).

3. Festsetzung in der Satzung. Die Festsetzung nach § 26 Abs 1 erfordert eine **genaue Bezeichnung des Vorteils und des Berechtigten in der Satzung**; zusammenfassende Angaben oder gar Ermächtigungen, Sondervorteile zu gewähren, genügen nicht (GroßKomm AktG/*Röhricht* Rn 19; MünchKomm AktG/*Pentz* Rn 17; *Hüffer* AktG Rn 4; Spindler/Stilz AktG/*Limmer* Rn 5; Hölters AktG/*Solveen* Rn 6; K. Schmidt/Lutter AktG/*Seibt* Rn 10; KölnKomm AktG/*Arnold* Rn 10). Die Zustimmung aller Gründer ist erforderlich (MünchKomm AktG/*Pentz* Rn 17; Hölters AktG/*Solveen* Rn 6; *Hüffer* AktG Rn 4). Die der Einräumung der Sondervorteile zugrunde liegenden Verträge müssen dagegen nicht aufgenommen werden. Sie unterliegen keiner aktienrechtlichen Formvorschrift; insb lässt sich aus § 37 Abs 4 Nr 2 kein Schriftformerfordernis ableiten. Danach sind Verträge über Sondervorteile zwar der Handelsregisteranmeldung beizufügen, aber nur dann, wenn sie tatsächlich existieren, andernfalls genügt eine Fehlanzeige (MünchKomm AktG/*Pentz* Rn 18; *Hüffer* AktG Rn 4, § 37 Rn 10; Spindler/Stilz AktG/*Limmer* Rn 5; Hölters AktG/*Solveen* Rn 6; K. Schmidt/Lutter AktG/*Seibt* Rn 10; KölnKomm AktG/*Arnold* Rn 13). Die Gewährung von Sondervorteilen wird in den Gründungsbericht aufgenommen, unterliegt der Gründungsprüfung durch die Verwaltungsmitglieder und macht eine externe Gründungsprüfung erforderlich, wenn Vorstände oder Aufsichtsräte begünstigt werden (§§ 32 Abs 1 und Abs 3, 33 Abs 1 und Abs 2 Nr 3, 34 Abs 1 Nr 1), und ist der Registerkontrolle (§§ 37 Abs 4 Nr 2, 38, 41 Abs 3) unterworfen.

III. Gründungsaufwand

1. Begriff. Gründungsaufwand ist die **Gesamtheit aller Leistungen, die die Gesellschaft an Aktionäre oder Dritte als Ersatz von Aufwendungen**, die diese im Zusammenhang mit der Gründung gehabt haben („Entschädigung"), **oder als Vergütung für die Mitwirkung bei der Gründung** oder ihrer Vorbereitung („Belohnung") **zu erbringen hat**. In dieser Gegenleistungsgebundenheit unterscheidet sich der Gründungsaufwand vom Sondervorteil. Er verkörpert wie dieser ein Gläubigerrecht, so dass die damit begründeten schuldrechtlichen Ansprüche gegen die Gesellschaft unabhängig von der Mitgliedschaft sind und damit insb unabhängig von der Aktie nach §§ 398, 413 BGB in den Grenzen des § 399 BGB übertragen werden können und nach §§ 362 ff, 397 BGB erlöschen (GroßKomm AktG/*Röhricht* Rn 27, 30; MünchKomm AktG/

Pentz Rn 26, 28, 30, 38 f; K. Schmidt/Lutter AktG/*Seibt* Rn 13; KölnKomm AktG/ *Arnold* Rn 17 f, 19, 27, 28).

8 2. Inhalt. Als Gründungsaufwand kann Gründungsentschädigung und Gründerlohn gewährt werden, soweit darin kein Verstoß gegen zwingendes Aktienrecht (insb § 57) liegt (GroßKomm AktG/*Röhricht* Rn 28; MünchKomm AktG/*Pentz* Rn 33; Hölters AktG/*Solveen* Rn 11). Die **Gründungsentschädigung** umfasst die Auslagen für die Kosten der Gründung und der Einlagenleistung und damit nur die durch die Gründung anfallenden Steuern, Notar- und Gerichtsgebühren, Aufwendungen für Gründungsprüfer sowie die Kosten für den Druck der Aktienurkunden sowie die erforderlichen Bekanntmachungen. Ausgaben, die im Zusammenhang mit der Aufnahme des Geschäftsbetriebs erbracht werden, sind kein Gründungsaufwand; dabei begründete Verbindlichkeiten unterliegen den Regeln über die Vorgesellschaft bzw dem § 41 (GroßKomm AktG/*Röhricht* Rn 32, 34; MünchKomm AktG/*Pentz* Rn 30 f; Spindler/ Stilz AktG/*Limmer* Rn 8; KölnKomm AktG/*Arnold* Rn 20 f; *Hüffer* AktG Rn 5 und Hölters AktG/*Solveen* Rn 9 sowie K. Schmidt/Lutter AktG/*Seibt* Rn 14 mit dem Hinweis auf §§ 248 Abs 1, 269 HGB). Die **Vergütung des ersten VR** ist nach *BGH* ZIP 2004, 1409, 1410 kein Gründungsaufwand, weil sie den Verbindlichkeiten gleichzustellen sei, die im Zusammenhang mit der Aufnahme des Geschäftsbetriebs eingegangen würden; der *BGH* hat damit diesen Streitstand (s *BGH* aaO mN) für die Praxis entschieden. **Gründerlohn** ist Tätigkeitsvergütung für im Zusammenhang mit der Gründung erbrachte Dienstleistungen, und zwar einschließlich der Honorare für Gutachten, Beratung und Vermittlung (GroßKomm AktG/*Röhricht* Rn 33; MünchKomm AktG/*Pentz* Rn 32; Spindler/Stilz AktG/*Limmer* Rn 8; *Hüffer* AktG Rn 5; Hölters AktG/*Solveen* Rn 10). Schranken folgen aus § 57: Als Gründungsaufwand darf nur der tatsächlich entstandene Aufwand erstattet, als Gründerlohn **nur eine angemessene Tätigkeitsvergütung** gewährt werden (MünchKomm AktG/*Pentz* Rn 33; GroßKomm AktG/*Röhricht* Rn 28; Spindler/Stilz AktG/*Limmer* Rn 9; Hölters AktG/*Solveen* Rn 11; K. Schmidt/Lutter AktG/*Seibt* Rn 15; KölnKomm AktG/*Arnold* Rn 22); eine überhöhte Vergütung ist nach hier vertretener Auffassung ein unzulässiger Sondervorteil (s Rn 4).

9 3. Festsetzung in der Satzung. Der Gründungsaufwand ist in der Satzung – anders bei der Anmeldung nach § 37 Abs 4 Nr 2 – als **Gesamtbetrag** anzugeben (*BayObLGZ* 1988, 293, 296 ff; *OLG Düsseldorf* GmbHR 1987, 59); ggf ist er zu schätzen (MünchKomm AktG/*Pentz* Rn 34 f mit dem Hinweis auf § 248 Abs 1 HGB; *Hüffer* AktG Rn 6; Spindler/Stilz AktG/*Limmer* Rn 9; KölnKomm AktG/*Arnold* Rn 24). **Die Registergerichte erkennen regelmäßig einen Gründungsaufwand ohne einzelne Belege an, wenn er der Höhe nach 10 % des Stammkapitals nicht übersteigt** (Spindler/ Stilz AktG/*Limmer* Rn 9; Hölters AktG/*Solveen* Rn 11). Zugrunde liegende Verträge müssen dagegen nicht aufgenommen werden. Sie unterliegen keiner aktienrechtlichen Formvorschrift; insb lässt sich aus § 37 Abs 4 Nr 2 kein Schriftformerfordernis ableiten. Danach sind Verträge über Gründungsaufwand zwar der Handelsregisteranmeldung beizufügen, aber nur dann, wenn sie tatsächlich existieren, andernfalls genügt eine Fehlanzeige (*Hüffer* AktG Rn 6, § 37 Rn 10). Die Wirkung der ordnungsgemäßen Festsetzung liegt in der **Wirksamkeit der daraus folgenden Ansprüche gegen die Gesellschaft** und darin, dass eine hieraus verursachte Unterbilanz weder der Eintragung der Gesellschaft entgegensteht noch die mit der Eintragung entstehende Vorbelastungshaftung der Gründer (Unterbilanzhaftung) auslöst (*Hüffer* AktG Rn 6;

MünchKomm AktG/*Pentz* Rn 27, 36; GroßKomm AktG/*Röhricht* Rn 37; Spindler/ Stilz AktG/*Limmer* Rn 10; KölnKomm AktG/*Arnold* Rn 25). Die Gewährung von Gründungsaufwand wird in den Gründungsbericht aufgenommen, unterliegt der Gründungsprüfung durch die Verwaltungsmitglieder und macht eine externe Gründungsprüfung erforderlich, wenn Vorstände oder AR begünstigt werden (§§ 32 Abs 1 und Abs 3, 33 Abs 1 und Abs 2 Nr 3, 34 Abs 1 Nr 1), und ist der Registerkontrolle (§§ 37 Abs 4 Nr 2, 38) unterworfen.

Ein **verschleierter Gründungsaufwand** liegt vor, wenn bei überbewerteten Sacheinlagen oder Sachübernahmen der Einbringer den Mehrwert als Gründungsaufwand behalten oder an einen Dritten abführen soll (GroßKomm AktG/*Röhricht* Rn 36). Zum Teil wird er im Falle der überbewerteten Sacheinlage selbst bei ordnungsgemäßer Festsetzung der Differenz nach § 26 Abs 2 für unzulässig, im Falle der überbewerteten Sachübernahme dagegen bei ordnungsgemäßer Festsetzung der Differenz nach § 26 Abs 2 für zulässig gehalten (MünchKomm AktG/*Pentz* Rn 37; KölnKomm AktG/ *Arnold* Rn 26; KölnKomm AktG/*Kraft* 2. Aufl Rn 32 ff). Andere Stimmen gehen in beiden Fällen vorbehaltlich einer ordnungsgemäßen Festsetzung der Differenz nach § 26 Abs 2 von einer Zulässigkeit aus (GroßKomm AktG/*Röhricht* Rn 36; *von Godin/ Wilhelmi* AktG Anm 9). Der differenzierenden Auffassung ist zuzustimmen, da nur im Fall der überbewerteten Sachübernahme eine Zuwendung vorliegt, die keine Verfügung über die Einlageforderung beinhaltet; im Fall der überbewerteten Sacheinlage ist die Differenz dagegen in bar zu zahlen (Differenzhaftung; vgl § 9 GmbHG) und ist damit Teil der Einlageforderung (MünchKomm AktG/*Pentz* Rn 37; KölnKomm AktG/*Arnold* Rn 26; KölnKomm AktG/*Kraft* 2. Aufl Rn 33 f). 10

IV. Rechtsfolgen bei Verstoß gegen Satzungspublizität

Bei einem Verstoß gegen § 26 Abs 1 oder Abs 2 ist die Gesellschaft nicht ordnungsgemäß errichtet, so dass das Registergericht die Eintragung abzulehnen muss (§ 38 Abs 1), es sei denn, der Mangel wird aufgrund einer Zwischenverfügung (§ 382 Abs 4 S 1 FamFG) behoben (MünchKomm AktG/*Pentz* Rn 41; Hölters AktG/*Solveen* Rn 14). Wird die Gesellschaft trotz unterbliebener oder unrichtiger Festsetzungen eingetragen, wird die Wirksamkeit des Entstehens der Gesellschaft dadurch nicht berührt; das gleiche gilt für die sich aus der Satzung iÜ ergebenden Rechte und Pflichten der Gründer (MünchKomm AktG/*Pentz* Rn 45; Spindler/Stilz AktG/*Limmer* Rn 12; Hölters AktG/*Solveen* Rn 14). **Vor Eintragung können unterbliebene oder unrichtige Festsetzungen durch Satzungsänderung (Aufnahme bzw Änderung der Festsetzungen) geheilt werden** (s § 26 Abs 3 S 2), und zwar aufgrund eines notariell zu beurkundenden einstimmig zu fassenden Beschlusses mit Zustimmung aller Gründer (MünchKomm AktG/*Pentz* Rn 43; *Hüffer* AktG Rn 8; K. Schmidt/Lutter AktG/*Seibt* Rn 20). **Nach Eintragung kommt eine solche Heilung nicht mehr in Betracht** (§ 26 Abs 3 S 2). Etwas anderes folgt auch nicht aus § 26 Abs 4. Im Lichte des Schutzzwecks des § 26, nicht offengelegte gründungsbezogene Belastungen der Gesellschaft zu verhindern, ist vielmehr dem § 26 Abs 3 S 2 die Anordnung endgültiger Unwirksamkeit und dem § 26 Abs 4 lediglich die Befugnis zu entnehmen, bestehende (rechtswirksame) Festsetzungen zugunsten der Gesellschaft und mit Zustimmung der Betroffenen zu ändern (MünchKomm AktG/*Pentz* Rn 44, 56; *Hüffer* AktG Rn 9; KölnKomm AktG/*Arnold* Rn 35). 11

12 Unabhängig von der Eintragung sind **Verträge und Ausführungsgeschäfte bei unterbliebenen Festsetzungen im Verhältnis zur Gesellschaft nach § 26 Abs 3 S 1 unwirksam** (s auch § 41 Abs 3): Sie muss die Erfüllung verweigern und gleichwohl erfolgte Leistungen zurückfordern (§§ 985, 812 ff BGB bzw §§ 812 ff, 951 BGB); Ansprüche gegen die Gesellschaft auf Wertersatz nach § 818 Abs 2 BGB oder auf Schadensersatz aus § 311 Abs 2 BGB scheiden aus, weil es dadurch zu einer Belastung der Gesellschaft käme, die mit § 26 Abs 3 S 1 unvereinbar wäre (MünchKomm AktG/*Pentz* Rn 47; KölnKomm AktG/*Arnold* Rn 32; **aA** für die Erfüllungshandlungen unter Hinweis auf das Abstraktionsprinzip Spindler/Stilz AktG/*Limmer* Rn 12). **Im Falle unrichtiger Festsetzungen ist zu differenzieren.** Die Gesellschaft darf überhöhte Festsetzungen von Sondervorteilen und Gründungsaufwand nicht erfüllen (§ 57), ebenso wenig darf sie im Falle zu niedriger Festsetzungen überschießende Leistungen erbringen, denn insoweit gilt die satzungsmäßige Festsetzung; im Falle zu niedriger Festsetzung von Gründungsaufwand sind die Leistungen an die einzelnen Berechtigten anteilsmäßig zu kürzen (MünchKomm AktG/*Pentz* Rn 51; KölnKomm AktG/*Kraft* 2. Aufl Rn 42 f; GroßKomm AktG/*Röhricht* Rn 54; KölnKomm AktG/*Arnold* Rn 31; **aA** *von Godin/Wilhelmi* AktG Anm 6). § 26 Abs 3 S 1 betrifft nicht die **Verträge zwischen den Gründern untereinander oder mit Dritten**. Sie sind wirksam. Dies gilt grds auch dann, wenn sich aus dem Vertrag mit der Gesellschaft eine Mitverpflichtung der Gründer ergibt. Fehlt es an einer vertraglichen Regelung, können sich wegen der unterbliebenen oder unrichtigen Festsetzungen Schadensersatzansprüche gegen die Gründer aus § 311 Abs 2 BGB ergeben (ausf MünchKomm AktG/*Pentz* Rn 49 f; GroßKomm AktG/*Röhricht* Rn 38, 56 ff; KölnKomm AktG/*Arnold* Rn 33).

13 Im Falle unterbliebener oder unrichtiger Festsetzungen sind die Gründer und die neben ihnen haftenden Personen der Gesellschaft nach den §§ 46 ff zum Schadensersatz verpflichtet; daneben tritt der Straftatbestand des § 399 Abs 1 Nr 1.

V. Änderung und Beseitigung der Festsetzungen

14 Satzungsbestimmungen können grds durch satzungsändernden Beschluss anders gefasst oder aufgehoben werden. § 26 Abs 4 und Abs 5 stellen hierzu eine Ausnahme dar (mit der Konsequenz nach § 241 Nr 3; so zutr Hölters AktG/*Solveen* Rn 17, 18). **§ 26 Abs 4 betrifft die Änderung von bestehenden (rechtswirksamen) Festsetzungen** und soll verhindern, dass Ersatzansprüche der Gesellschaft nach §§ 46 ff wegen rechtswidrigen Bezugs von Sondervorteilen oder rechtswidriger Inanspruchnahme von Gründungsaufwand vor Ablauf der fünfjährigen Verjährungsfrist des § 51 durch nachträgliche Satzungsänderungen unterlaufen werden (*Hüffer* AktG Rn 9; GroßKomm AktG/*Röhricht* Rn 66; MünchKomm AktG/*Pentz* Rn 55). Selbst **nach Ablauf der Sperrfrist** dürfen die Festsetzungen nur zugunsten der Gesellschaft und mit Zustimmung des Betroffenen geändert werden (s Rn 11). Str ist, ob dann auch Änderungen der Art der festgesetzten Leistung, die zum Änderungszeitpunkt zu keiner zusätzlichen Belastung der Gesellschaft führen, zulässig sind (so GroßKomm AktG/*Röhricht* Rn 68 und KölnKomm AktG/*Kraft* 2. Aufl Rn 55; **aA** MünchKomm AktG/*Pentz* Rn 57). Es dürfte danach zu differenzieren sein, ob die Änderung in der Zukunft zu einer zusätzlichen Belastung der Gesellschaft führen kann (s Bsp bei GroßKomm AktG/*Röhricht* Rn 68).

15 **§ 26 Abs 5 betrifft die Beseitigung erledigter Festsetzungen** und ist im Lichte des Schutzwecks des § 26 zu verstehen, nicht offengelegte gründungsbezogene Belastun-

§ 27 Sacheinlagen. Sachübernahmen

gen der Gesellschaft zu verhindern. Er stellt diese Publizität für Festsetzungen, aufgrund derer keine Leistungen mehr zu erbringen sind, für mindestens 30 Jahre sicher, und zwar, um der Gefahr von Nachwirkungen zu begegnen (GroßKomm AktG/*Röhricht* Rn 70 f). Str ist, ob eine **Festsetzung, die aufgrund eines Erlassvertrages aufgehoben worden ist oder mit Zustimmung des Berechtigten gestrichen werden soll,** in den Anwendungsbereich des § 26 Abs 4 (MünchKomm AktG/*Pentz* Rn 58, 62; GroßKomm AktG/*Röhricht* Rn 72; Spindler/Stilz AktG/*Limmer* Rn 16; dazu neigend *Hüffer* AktG Rn 10) oder in den Anwendungsbereich des § 26 Abs 5 fällt (KölnKomm AktG/*Kraft* 2. Aufl Rn 57). Für die erste Ansicht spricht, dass § 26 Abs 5 die tatsächliche Belastung der Gesellschaft verlautbaren und den Risiken (scheinbar) abgewickelter Rechtsverhältnisse begegnen soll (GroßKomm AktG/*Röhricht* Rn 70, 72; MünchKomm AktG/*Pentz* Rn 62). Die Sperrfrist von mindestens 30 Jahren erscheint angesichts der Änderung der Verjährungsvorschriften (§§ 54 Abs 4 S 1, 62 Abs 3 S 1, § 195 BGB) heute nicht mehr zeitgemäß (so zutr *Hüffer* AktG Rn 10 mit dem Vorschlag, auf 10 Jahre überzugehen).

§ 27 Sacheinlagen. Sachübernahmen; Rückzahlung von Einlagen

(1) [1]**Sollen Aktionäre Einlagen machen, die nicht durch Einzahlung des Ausgabebetrags der Aktien zu leisten sind (Sacheinlagen), oder soll die Gesellschaft vorhandene oder herzustellende Anlagen oder andere Vermögensgegenstände übernehmen (Sachübernahmen), so müssen in der Satzung festgesetzt werden der Gegenstand der Sacheinlage oder der Sachübernahme, die Person, von der die Gesellschaft den Gegenstand erwirbt, und der Nennbetrag, bei Stückaktien die Zahl der bei der Sacheinlage zu gewährenden Aktien oder die bei der Sachübernahme zu gewährende Vergütung.** [2]**Soll die Gesellschaft einen Vermögensgegenstand übernehmen, für den eine Vergütung gewährt wird, die auf die Einlage eines Aktionärs angerechnet werden soll, so gilt dies als Sacheinlage.**

(2) Sacheinlagen oder Sachübernahmen können nur Vermögensgegenstände sein, deren wirtschaftlicher Wert feststellbar ist; Verpflichtungen zu Dienstleistungen können nicht Sacheinlagen oder Sachübernahmen sein.

(3) [1]**Ist eine Geldeinlage eines Aktionärs bei wirtschaftlicher Betrachtung und auf Grund einer im Zusammenhang mit der Übernahme der Geldeinlage getroffenen Abrede vollständig oder teilweise als Sacheinlage zu bewerten (verdeckte Sacheinlage), so befreit dies den Aktionär nicht von seiner Einlageverpflichtung.** [2]**Jedoch sind die Verträge über die Sacheinlage und die Rechtshandlungen zu ihrer Ausführung nicht unwirksam.** [3]**Auf die fortbestehende Geldeinlagepflicht des Aktionärs wird der Wert des Vermögensgegenstandes im Zeitpunkt der Anmeldung der Gesellschaft zur Eintragung in das Handelsregister oder im Zeitpunkt seiner Überlassung an die Gesellschaft, falls diese später erfolgt, angerechnet.** [4]**Die Anrechnung erfolgt nicht vor Eintragung der Gesellschaft in das Handelsregister.** [5]**Die Beweislast für die Werthaltigkeit des Vermögensgegenstandes trägt der Aktionär.**

(4) [1]**Ist vor der Einlage eine Leistung an den Aktionär vereinbart worden, die wirtschaftlich einer Rückzahlung der Einlage entspricht und die nicht als verdeckte Sacheinlage im Sinne von Absatz 3 zu beurteilen ist, so befreit dies den Aktionär von seiner Einlageverpflichtung nur dann, wenn die Leistung durch einen vollwertigen**

Rückgewähranspruch gedeckt ist, der jederzeit fällig ist oder durch fristlose Kündigung durch die Gesellschaft fällig werden kann. ²Eine solche Leistung oder die Vereinbarung einer solchen Leistung ist in der Anmeldung nach § 37 anzugeben.

(5) Für die Änderung rechtswirksam getroffener Festsetzungen gilt § 26 Abs. 4, für die Beseitigung der Satzungsbestimmungen § 26 Abs. 5.

Übersicht

	Rn			Rn
I. Regelungsgehalt	1	VI.	Änderung und Beseitigung der Festsetzungen	24
II. Sachgründung	2	VII.	Verdeckte Sacheinlage	25
1. Sacheinlage	2		1. Hintergrund	25
2. Sachübernahme	6		2. Tatbestand	30
3. Fingierte Sacheinlage	9		3. Rechtsfolgen	37
4. Gemischte Sacheinlage	10		4. Heilung	44
III. Gegenstand und Bewertung	11	VIII.	Hin- und Herzahlen	45
1. Gegenstand	11		1. Hintergrund	45
2. Bewertung	13		2. Tatbestand	50
IV. Festsetzung in der Satzung	15		3. Rechtsfolgen	53
V. Rechtsfolgen bei Verstoß gegen Satzungspublizität	18		4. Heilung	57

Literatur: *Altmeppen* Cash-Pool, Kapitalaufbringungshaftung und Strafbarkeit der Geschäftsleiter wegen falscher Versicherung, ZIP 2009, 1545; *ders* Cash Pooling und Kapitalaufbringung, NZG 2010, 441; *Altrichter-Herzberg* Tatbestand und Rechtsfolgen der verdeckten Sacheinlage bei der GmbH sowie die nachträgliche Umwandlung der Bareinlage in eine (offene) Sacheinlage im Zivil- und Steuerrecht, Diss Frankfurt/Main, 2004; *Andrianesis* Die Neuregelung der verdeckten Sacheinlagen bei der AG durch das ARUG, WM 2011, 968; *Avvento* Hin- und Herzahlen: Offenlegung als konstitutive Voraussetzung der Erfüllungswirkung?, BB 2010, 202; *Bartels* Die Haftung für Sachmängel bei Einbringung von Sacheinlagen in Aktiengesellschaften und Gesellschaften mit beschränkter Haftung, Diss Göttingen, 1960; *Bartz* Know-how als Einbringungsgegenstand, FS W. Schmidt, 1959, S 157; *Bayer* Unwirksame Leistungen auf die Stammeinlage und nachträgliche Erfüllung, GmbHR 2004, 445; *ders* Moderner Kapitalschutz, ZGR 2007, 220; *Bayer/Fiebelkorn* Anmerkung zu BGH Urteil vom 1.2.2010 – II ZR 173/08 – Eurobike, LMK 2010, 304616; *Bayer/Lieder* Kapitalaufbringung im Cash-Pool, GmbHR 2006, 449; *dies* Moderne Kapitalaufbringung nach ARUG, GWR 2010, 3; *dies* Einbringung von Dienstleistungen in die AG, NZG 2010, 86; *Bayer/J. Schmidt* Die Reform der Kapitalaufbringung bei der Aktiengesellschaft durch das ARUG, ZGR 2009, 805; *Benecke* Die Prinzipien der Kapitalaufbringung und ihre Umgehung – Rechtsentwicklung und Perspektiven, ZIP 2010, 105; *Benz* Verdeckte Sacheinlage und Einlagenrückzahlung im reformierten GmbH-Recht (MoMiG), 2010; *Blasche* Verdeckte Sacheinlage und Hin- und Herzahlen – Abgrenzung, Unterschiede sowie Einordnung wichtiger Praxisfälle, GmbHR 2010, 288; *Böttcher* Die gemischte verdeckte Sacheinlage im Rahmen der Kapitalerhöhung – „Rheinmöve", NZG 2008, 416; *Bork* Die Einlagefähigkeit obligatorischer Nutzungsrechte, ZHR 154 (1990), 205; *Bormann/Ulrichs* Kapitalerhöhungen im Cash-Pooling – welche Erleichterungen bringt das MoMiG wirklich?, DStR 2009, 641; *Crisolli* Die Rechtsnatur der Sacheinlageverpflichtung des Aktionärs, ZHR 93 (1929), 239; *Dauner-Lieb* Die Auswirkungen des MoMiG auf die Behandlung verdeckter Sacheinlagen im Aktienrecht, AG 2009, 217; *Drygala* Anmerkung zu BGH Urteil vom 1.2.2010 – II ZR 173/08 – Eurobike, JZ 2011, 50, 53; *Ekkenga* Kapitalaufbringung im konzernweiten Cash-Pool: Ungelöste Probleme und verbleibende Gestaltungsspielräume, ZIP 2010, 2469; *ders* Vom Umgang mit überwertigen Sacheinlagen im Allgemeinen und mit

Sacheinlagen. Sachübernahmen § 27

gemischten (verdeckten) Sacheinlagen im Besonderen, ZIP 2013, 541; *Fedtke* Anmerkung zu BGH Urteil vom 20.9.2011 – II ZR 234/09 – ISION, BB 2011, 2960, 2963; *Fuchs* Die Neuregelung zur verdeckten Sacheinlage durch das MoMiG und ihre Rückwirkung, BB 2009, 170; *Giedinghagen/Lakenberg* Kapitalaufbringung durch Dienstleistungen?, NZG 2009, 201; *Götting* Die Einlagefähigkeit von Lizenzen an Immaterialgüterrechten, AG 1999, 1; *Grunewald* Rechtsfolgen verdeckter Sacheinlagen, FS Rowedder, 1994, S 111; *Gruschinske* Haftung für Schulden des nahen Angehörigen – Erste Signale aus der Rechtsprechung des BGH zur Zurechnung von Zahlungen an „gesellschaftergleiche Dritte" nach dem Inkrafttreten des MoMiG, GmbHR 2012, 551; *Haas/Vogel* Die Verfassungsmäßigkeit der in § 3 IV EGGmbHG angeordneten Rückwirkung des § 19 IV GmbHG, NZG 2010, 1081; *Habersack* Dienst- und Werkleistungen des Gesellschafters und das Verbot der verdeckten Sacheinlage und des Hin- und Herzahlens, FS Priester, 2007, S 157; *ders* Verdeckte Sacheinlage und Hin- und Herzahlen nach dem ARUG – gemeinschaftsrechtlich betrachtet, AG 2009, 557; *ders* Neues zur verdeckten Sacheinlage und zum Hin- und Herzahlen – das „Qivive"-Urteil des BGH, GWR 2009, 129; *ders* Verdeckte Sacheinlage, nicht ordnungsgemäß offengelegte Sacheinlage und Hin- und Herzahlen – Geklärte und ungeklärte Fragen nach „Eurobike", GWR 2010, 107; *ders* Verdeckte (gemischte) Sacheinlage, Sachübernahme und Nachgründung im Aktienrecht – Zugleich Besprechung der Entscheidung des BGH ZIP 2007, 1751 (Lurgi), ZGR 2008, 48; *Heinze* Verdeckte Sacheinlagen und verdeckte Finanzierungen nach MoMiG, GmbHR 2008, 1065; *Henkel* Kapitalaufbringung bei der GmbH nach dem MoMiG – Hin- und Herzahlen, NZI 2010, 84; *ders* Kapitalaufbringung bei der GmbH nach dem MoMiG – Verdeckte Sacheinlage, NZI 2010, 6; *Hentzen* Die Abgrenzung von Kapitalaufbringung und Kapitalerhaltung im Cash-Pool, DStR 2006, 948; *Hentzen/Schwandtner* Für eine Vereinfachung des Rechts der Kapitalaufbringung!, ZGR 2009, 1007; *Herrler* Erfüllung der Einlageschuld und entgeltliche Dienstleistungen durch Aktionäre, NZG 2010, 407; *ders* Heilung einer nicht erfüllungstauglichen Einlagenrückzahlung, GmbHR 2010, 785; *ders* Erleichterung der Kapitalaufbringung durch § 19 Abs 5 GmbHG (sog Hin- und Herzahlen)? Zweifelsfragen und Ausblick, DStR 2011, 2255; *ders* Handlungsoptionen bei tilgungsschädlicher Einlagenrückzahlung iSv § 19 Abs 5 GmbHG (sog Hin- und Herzahlen), DStR 2011, 2300; *Herrler/Reimann* Die Neuerungen im Aktienrecht durch das ARUG – Unter besonderer Berücksichtigung der Neuregelungen zur Hauptversammlung und zur Kapitalaufbringung bei der AG (Teil 2), DNotZ 2009, 914; *Hofmeister* Entgeltliche Dienstvereinbarungen und Kapitalaufbringung bei Gründung der AG, AG 2010, 261; *Illhardt* Die Einlagenrückzahlung nach § 27 Abs 4 AktG, Diss Jena 2013; *Kersting* Verdeckte Sacheinlage, Center for Business and Corporate Law Research Paper Series (CBC-RPS) 0042 (12/2008); *ders* Dienstabreden über die Erbringung entgeltlicher Dienstleistungen durch einen Inferenten im GmbH-Recht, FS Hopt, 2010, S 919; *Kleindiek* Verdeckte (gemischte) Sacheinlage nach MoMiG: Rückwirkende Neuregelung und Wertanrechnung – Zugleich Besprechung der Entscheidung BGHZ 185/44 (AdCoCom), ZGR 2011, 334; *Koch* Die verdeckte gemischte Sacheinlage im Spannungsfeld zwischen Kapitalaufbringung und Kapitalerhaltung, ZHR 175 (2011), 55; *Komo* Kapitalaufbringung im Cash Pool – Aktuelle Entwicklungen in Rechtsprechung und Literatur, BB 2011, 2307; *Krolop* Die (verdeckte) gemischte Sacheinlage und die Mischeinlage – Gemischte Gefühle angesichts der jüngsten Rechtsprechung des BGH und einer „gespaltenen" Auslegung, NZG 2007, 577; *Krolop/Pleister* Die entdeckte verdeckte Sacheinlage – Rücktritt vom „Versuch" ohne Beteiligung der Hauptversammlung?, AG 2006, 650; *Lieder* Anmerkung zu BGH Urteil von Urteil vom 1.2.2010 – II ZR 173/08 – Eurobike, EWiR § 27 AktG 1/10, 169; *Maier-Reimer/Wenzel* Kapitalaufbringung in der GmbH nach dem MoMiG, ZIP 2008, 1449; *dies* Nochmals: Die Anrechnung der verdeckten Sacheinlage nach dem MoMiG, ZIP 2009, 1185; *Martens* Die verschleierte gemischte Sacheinlage als Stolperstein der Gerechtigkeit – Zugleich Anmerkungen zu BGH v 9.7.2007 – II ZR 62/06 (Lurgi), AG 2007, 741, AG 2007, 732; *Merkner/Schmidt-Bendun* Haftung von Rechtsanwälten und Steuerberatern nach Empfehlung einer (gemischten) verdeckten Sacheinlage, NZG 2009, 1054; *dies* Verdeckte Sacheinlage und/oder unzulässiges Hin- und Herzahlen?, Cash-Pooling in der Rechtsprechung des BGH nach Inkrafttreten des MoMiG, NJW 2009, 3072; *Merkt* Einlage eigener Aktien und Rechtsrat durch den Aufsichtsrat – Zwei aktienrechtliche Fragen im Lichte der ISION-Entscheidung des BGH, NZG 2012, 525; *Müller* Anmerkung zu BGH Urteil vom 1.2.2010 – II ZR 173/08 – Eurobike, GmbHR 2010, 421, 424; *ders* Rechtsfolgen verdeckter Sacheinlagen, NZG 2011, 761; *Pentz* Die Bedeutung der Sacheinlagefähigkeit für die verdeckte Sacheinlage und den Kapitalersatz sowie erste höchstrichterliche Aussagen zum Hin- und Herzahlen nach MoMiG – Das Qivive-Urteil des BGH v. 16.2.2009 – II ZR 120/07, GmbHR 2009, 505; *ders* Die verdeckte Sacheinlage im GmbH-Recht nach dem MoMiG, FS Karsten Schmidt, 2009, S 1265; *ders* Die Anrechnung bei der verdeckten (gemischten) Sacheinlage – Zugleich Besprechung des BGH-Urteils vom 22.3.2010 – II ZR 12/08 – AdCoCom, GmbHR 2010, 673; *ders* Kapitalaufbringung und -erhaltung bei der verdeckten (gemischten) Sacheinlage nach „AdCoCom", GWR 2010, 304906; *Priester* Geschäfte mit Dritten vor Eintragung der AG – Zur teleologischen Reduktion des § 27 AktG, ZHR 165 (2001), 383; *ders* Anmerkung zu BGH Urteil vom 1.2.2010 – II ZR 173/08 – Eurobike, DNotZ 2010, 456, 462; *ders* Vorausleistungen auf die Kapitalerhöhung nach MoMiG und ARUG, DStR 2010, 494; *Rezori* Die Kapitalaufbringung bei der GmbH-Gründung – Ausgewählte Gesichtspunkte und Neuregelung der §§ 19 Abs 4 und Abs 5 GmbHG, RNotZ 2011, 125; *Richter* Die Verpflichtung des Inferenten zur Übertragung eines Vermögensgegenstandes als Gegenstand der Sacheinlage, ZGR 2009, 721; *Rodewald/Scheel* Kapitalaufbringung in der GmbH durch Einlage von Dienstleistungen?, GmbHR 2003, 1478; *Roth* Die Reform der verdeckten Sacheinlage, FS Hüffer, 2010, S 853; *Rotheimer* Gemischte Sacheinlage und Umsatzgeschäfte bei der Gründung von Aktiengesellschaften, NZG 2007, 256; *Schäfer* Die „Heilung" der verdeckten Sacheinlage im Aktienrecht – was bleibt nach „Rheinmöve"?, FS Hüffer, 2010, S 863; *Schall* Kapitalaufbringung nach dem MoMiG, ZGR 2009, 126; *K. Schmidt* Obligatorische Nutzungsrechte als Sacheinlagen?, ZHR 154 (1990), 237; *Schulz* Unwirksame Sacheinlagevereinbarungen bei börsennotierten Aktiengesellschaften, NZG 2010, 41; *Seibert/Florstedt* Der Regierungsentwurf des ARUG – Inhalt und wesentliche Änderungen gegenüber dem Referentenentwurf, ZIP 2008, 2145; *Sernetz* Anrechnung und Bereicherung bei der verdeckten Sacheinlage, ZIP 2010, 2173; *Sporré* Verdeckte Sacheinlagen und (unzulässiges) Hin- und Herzahlen einer Einlage nach dem MoMiG – ein Überblick, DZWIR 2010, 184; *Theusinger* Barkapitalerhöhung im Cash-Pool nach MoMiG, NZG 2009, 1017; *Theusinger/Liese* Keine verdeckte Sacheinlage bei der „Einlage" von Dienstleistungen, NZG 2009, 641; *Trölitzsch* Differenzhaftung für Sacheinlagen in Kapitalgesellschaften, 1998; *Ulmer* Der „Federstreich" des Gesetzgebers und die Anforderungen der Rechtsdogmatik – Kritische Anmerkungen aus rechtssystematischer Sicht zur Ausgestaltung bestimmter Deregulierungsvorschläge im RegE MoMiG, ZIP 2008, 45; *ders* Die „Anrechnung" (MoMiG) des Wertes verdeckter Sacheinlagen auf die Bareinlageforderung der GmbH – ein neues Erfüllungssurrogat?, ZIP 2009, 293; *ders* Sacheinlagenverbote im MoMiG – umgehungsfest?, GmbHR 2010, 1298; *Veil/Werner* Die Regelung der verdeckten Sacheinlage – eine gelungene Rechtsfortbildung des GmbH-Rechts und bürgerlich-rechtlichen Erfüllungsregimes?, GmbHR 2009, 729; *Verse* (Gemischte) Sacheinlagen, Differenzhaftung und Vergleich über Einlageforderungen – Besprechung von BGHZ 191, 364 – Babcock, ZGR 2012, 875; *Wachter* Dienstleistungen und Kapitalaufbringung, NJW 2010, 1715; *ders* Leitlinien der Kapitalaufbringung in der neueren Rechtsprechung des Bundesgerichtshofs, DStR 2010, 1240; *ders* Anmerkung zu BGH Urteil v. 12.4.2011 - II ZR 17/10, BB 2011, 1804, 1806, 1807; *Wansleben* Werthaltigkeitsprüfung und Offenlegung beim Debt Equity Swap, WM 2012, 2083; *Weng* Aktienrechtliche Differenzhaftung bei Sacheinlagen – Anmerkungen zum BGH-Urteil vom 6.12.2011 – II ZR 149/10, DStR 2012, 862; *Wienecke* Die Differenzhaftung des Inferenten und die Zulässigkeit eines Vergleichs über ihre Höhe, NZG 2012, 136; *Winter* Die Rechtsfolgen der „verdeckten" Sacheinlage – Versuch einer Neubestimmung, FS Priester, 2007, S 867; *Wirsch*

Sacheinlagen. Sachübernahmen § 27

Die Vollwertigkeit des Rückgewähranspruchs – Kapitalaufbringung und Kapitalerhaltung im Cash Pool, Der Konzern 2009, 443; *Zabel* Welche Bedeutung hat § 19 Abs 5 S 2 GmbHG für die Erfüllung der Einlageschuld?, DZWIR 2010, 359.

I. Regelungsgehalt

§ 27 ist im Zusammenhang mit § 26 zu sehen. Diese Vorschriften betreffen die sog qualifizierte Gründung und regeln abschließend die insoweit zulässigen Abreden. Während § 26 sich mit der Einräumung von Sondervorteilen anlässlich der Gründung und der Gewähr von Entschädigungen oder Belohnungen für die Mitwirkung an der Gründung befasst, betrifft § 27 die Sachgründung und damit die Fälle, in denen Gründer statt Bareinlagen Vermögensgegenstände einbringen (Sacheinlagen) und in denen die Gesellschaft Vermögensgegenstände übernimmt (Sachübernahmen). Die Vorschrift begegnet im Interesse der Gläubiger und der (übrigen) Aktionäre der mit Absprachen über Sacheinlagen und Sachübernahmen verbundenen **Gefahr, dass** der einzubringende oder zu übernehmende Vermögensgegenstand nicht einlagefähig oder überbewertet und damit **das in der Satzung ausgewiesene Grundkapital entweder von vornherein nicht vollständig aufgebracht (Sacheinlagen) oder zwar vollständig aufgebracht, aber zum Teil schon bei der Gründung wieder abgezogen (Sachübernahmen) wird** (GroßKomm AktG/*Röhricht* Rn 8, 113). Das Gesetz verbietet diese Absprachen nicht, zwingt aber zur Offenlegung des Vermögensgegenstandes und seiner Bewertung in der Satzung, damit das dadurch begründete Risiko einer unvollständigen Kapitalaufbringung für Dritte erkennbar ist (MünchKomm AktG/*Pentz* Rn 4 ff; GroßKomm AktG/*Röhricht* Rn 5 ff, 112 f; *Hüffer* AktG Rn 1; Spindler/Stilz AktG/*Heidinger/Benz* Rn 3; Hölters AktG/*Solveen* Rn 3 f; K. Schmidt/Lutter AktG/*Bayer* Rn 1, 3; KölnKomm AktG/*Arnold* Rn 4 ff). **Seit dem 1.9.2009** (ARUG BGBl I 2009, 2479) **enthält § 27** – wie § 19 GmbHG seit dem 1.11.2008 (MoMiG BGBl I 2008, 2026) – **Regelungen zu den Fallkonstellationen der verdeckten Sacheinlage**, in der ein sacheinlagefähiger Gegenstand auf eine Weise eingebracht wird, die von § 27 nicht erfasst wird, **und des Hin- und Herzahlens**, in der eine Forderung gegen den Gründer und damit ein nicht sacheinlagefähiger Gegenstand eingebracht wird. Das diese Fälle mit der Sacheinlage nach § 27 verbindende Element liegt darin, dass die Gründer statt der Bareinlagen Vermögensgegenstände einbringen (wollen). § 27 wird durch das Verbot der Unterpariemission (§§ 9, 36a Abs 2 S 3) und die Vorschriften über Gründungsbericht und Gründungsprüfung (§§ 32 Abs 1 und Abs 2, 33 Abs 1 und Abs 2 Nr 4, 33a, 34 Abs 1 Nr 2 und Abs 2 und Abs 3), die Registerkontrolle (§ 36a Abs 2 S 1 und S 2, 37 Abs 1 und Abs 4 Nr 2, 37a, 38 Abs 1 S 2 und Abs 2 S 2, Abs 3, 41 Abs 3, 54 Abs 2) und die Nachgründung (§§ 52 f) sowie die Differenzhaftung (vgl § 9 GmbHG), die Haftungsvorschriften der §§ 46 ff und den Straftatbestand des § 399 Abs 1 Nr 1 flankiert.

II. Sachgründung

1. Sacheinlage. Sacheinlage ist nach § 27 Abs 1 S 1 HS 1 jede **Einlage (Leistung auf Aktien iSv § 2)**, die nicht durch Einzahlung des Ausgabebetrages der Aktien erbracht wird. Es kommen **alle Vermögensgegenstände** in Betracht, **die einlage- und bewertungsfähig iSv § 27 Abs 2 sowie übertragbar sind**, so dass sie iSv §§ 36a Abs 2 S 1, 37 Abs 1 S 1 zu einem Stichtag „zur freien Verfügung" in das Vermögen der Gesellschaft überführt werden können (MünchKomm AktG/*Pentz* Rn 21, § 37 Rn 43, 45; GroßKomm AktG/*Röhricht* Rn 17 ff; Spindler/Stilz AktG/*Heidinger/Benz* Rn 10; Hölters

AktG/*Solveen* Rn 7; K. Schmidt/Lutter AktG/*Bayer* Rn 6, 10 f, 12; KölnKomm AktG/*Arnold* Rn 11, 42 ff); die Frage, ob nicht nur **Übertragbarkeit an die Gesellschaft**, sondern auch **Übertragbarkeit durch die Gesellschaft** oder zumindest Übertragbarkeit mit dem Unternehmen erforderlich ist, wird dabei unterschiedlich beurteilt (dagegen überzeugend GroßKomm AktG/*Röhricht* Rn 20, 28 ff; ebenso Spindler/Stilz AktG/*Heidinger/Benz* Rn 12 f und K. Schmidt/Lutter AktG/*Bayer* Rn 12 sowie KölnKomm AktG/*Arnold* Rn 46 und so wohl auch MünchKomm AktG/*Pentz* Rn 21; s dazu aber auch *Hüffer* AktG Rn 14 und Hölters AktG/*Solveen* Rn 7). Dagegen kommt es unstr nicht darauf an, ob es sich um eine Sache iSv § 90 BGB handelt (MünchKomm AktG/*Pentz* Rn 11; *Hüffer* AktG Rn 3; K. Schmidt/Lutter AktG/*Bayer* Rn 6).

3 Die **Rechtsnatur der Sacheinlagevereinbarung** (des die Sacheinlageverpflichtung begründenden Rechtsgeschäfts) ist str, aber weitgehend konsequenzlos. Die **hM** nimmt einen unselbstständigen Bestandteil des Gesellschaftsvertrages an, der gesellschaftsrechtliche Pflichten begündet (*BGH BGHZ* 45, 338, 345; MünchKomm AktG/*Pentz* Rn 16; GroßKomm AktG/*Röhricht* Rn 13; *Hüffer* AktG Rn 4; Spindler/Stilz AktG/*Heidinger/Benz* Rn 8; K. Schmidt/Lutter AktG/*Bayer* Rn 7 f; KölnKomm AktG/*Arnold* Rn 13), die Gegenansicht ein eigenständiges Rechtsgeschäft (Geßler/Hefermehl/Eckardt/Kropff AktG/*Eckardt* Rn 21: körperschaftsrechtlicher Verpflichtungsvertrag eigener Art; KölnKomm AktG/*Kraft* 2. Aufl Rn 8, 66: Gründervereinbarung nicht körperschaftlicher Art; *Schönle* Anmerkung zu *BGH* NJW 1966, 1311, NJW 1966, 2161, 2162: einseitig verpflichtender Vertrag). **In jedem Fall werden mögliche zivilrechtliche Folgen durch den Grundsatz der realen Kapitalaufbringung modifiziert**, und zwar mit der Konsequenz, dass idR die Einlagepflicht nicht entfällt. Die **Anfechtung** (§§ 119, 123 BGB) ist nach noch **hM** nur vor Eintragung möglich (**aA** GroßKomm AktG/*Röhricht* Rn 163 ff und KölnKomm AktG/*Kraft* 2. Aufl Rn 67), wobei, wenn die Beitrittserklärung des Gründers nicht mehr angefochten werden kann, danach zu differenzieren ist, ob der Gründer auch ohne die Sacheinlagevereinbarung an der Gesellschaftsgründung beteiligt wäre; ist dies der Fall, bleibt der Gründer beteiligt und hat eine entspr Bareinlage zu erbringen, ist dies nicht der Fall, ist str, ob die Anfechtung ausgeschlossen (MünchKomm AktG/*Pentz* Rn 49; Spindler/Stilz AktG/*Heidinger/Benz* Rn 86 f; K. Schmidt/Lutter AktG/*Bayer* Rn 45 f) oder auch der Beitritt des Gründers nichtig ist (GroßKomm AktG/*Röhricht* Rn 160 ff). Im Falle der **Unmöglichkeit** wird der Gründer nach § 275 BGB (nur) von der Sacheinlageverpflichtung frei, er hat nunmehr eine entspr Bareinlage zu erbringen, und lediglich daneben können Ansprüche der Gesellschaft auf (insb weitergehenden) Schadensersatz, Rücktritt und das stellvertretende commodum (§ 280 Abs 1 BGB, § 280 Abs 3 iVm §§ 283, 311a Abs 2 BGB, § 326 Abs 5 BGB iVm § 323 BGB, § 285 BGB) treten (ausf K. Schmidt/Lutter AktG/*Bayer* Rn 47 und KölnKomm AktG/*Arnold* Rn 19 f sowie Spindler/Stilz AktG/*Limmer* Rn 90 ff). Im Falle des **Verzugs** stehen der Gesellschaft nach **hM** Ansprüche auf Schadensersatz und Rücktritt zu (§ 280 Abs 2 BGB iVm § 286 BGB, § 280 Abs 3 BGB iVm § 281 BGB, § 323 BGB), wählt sie den Schadensersatz statt der Leistung oder den Rücktritt, so hat der Gründer eine entspr Bareinlage zu erbringen (ausf K. Schmidt/Lutter AktG/*Bayer* Rn 48 und KölnKomm AktG/*Arnold* Rn 21). Bei **Sach- und Rechtsmängeln** soll nach überwiegender Ansicht von den kaufrechtlichen Bestimmungen auszugehen sein. Ansprüche auf Nacherfüllung (§§ 437 Nr 1, 439 BGB) oder Schadensersatz (§§ 437 Nr 3, 280 ff, 311a Abs 2 BGB) sollen neben den Anspruch auf Bareinlage treten. Ein Rücktritt (§ 437 Nr 2, 323 ff BGB) soll

§ 27
Sacheinlagen, Sachübernahmen

dazu führen, dass der Gründer eine entspr Bareinlage zu erbringen, eine Minderung (§ 437 Nr 2, 441 BGB) dazu, dass der Gründer den Differenzbetrag in bar zu zahlen hat (ausf K. Schmidt/Lutter AktG/*Bayer* Rn 49 und KölnKomm AktG/*Arnold* Rn 22 ff).

Bleibt der Wert der Sacheinlage hinter dem Ausgabebetrag der dafür zu gewährenden 4 Aktien (hinter dem geringsten Ausgabebetrag und, wenn der Ausgabebetrag höher ist als der geringste Ausgabebetrag, hinter dem Aufgeld, § 9 Über-Pari-Emission; wie hier KölnKomm AktG/*Arnold* Rn 67 und K. Schmidt/Lutter AktG/*Bayer* Rn 19 sowie Hölters AktG/*Solveen* Rn 11 und ähnlich wohl Spindler/Stilz AktG/*Heidinger/Benz* Rn 42; **aA** GroßKomm AktG/*Röhricht* Rn 86 f und MünchKomm AktG/*Pentz* Rn 37: Maßgebend ist geringster Ausgabebetrag), zurück (**Überbewertung**; s dazu auch § 32 Rn 4, § 34 Rn 2, § 37a Rn 3, § 38 Rn 6), führt dies zur Nichtigkeit der Sacheinlagevereinbarung mit der Folge der Nichtigkeit der Übernahmeerklärung des Gründers (§ 23 Abs 2) und damit der gesamten Satzung, und zwar wegen Verstoßes gegen das Verbot der Unter-Pari-Emission nach den §§ 9 Abs 1, 36a Abs 2 S 3 (GroßKomm AktG/*Röhricht* Rn 98; K. Schmidt/Lutter AktG/*Bayer* Rn 23 f; **aA** MünchKomm AktG/*Pentz* Rn 41 f und KölnKomm AktG/*Arnold* Rn 73: Differenzhaftung; vgl auch Spindler/Stilz AktG/*Heidinger/Benz* Rn 44). Das Gericht hat die Eintragung der Gesellschaft abzulehnen (§ 38 Abs 1 S 2, Abs 2 S 2), sofern die Differenz nicht ausgeglichen wird (KölnKomm AktG/*Arnold* Rn 72; K. Schmidt/Lutter AktG/*Bayer* Rn 25; Hölters AktG/*Solveen* Rn 12; GroßKomm AktG/*Röhricht* Rn 99 f mit dem Hinweis, dies gelte auch, wenn der Wert der Sacheinlage zwar den Nennwert der übernommenen Aktien, nicht aber ein etwaiges Aufgeld abdecke; vgl auch MünchKomm AktG/*Pentz* Rn 43 und Spindler/Stilz AktG/*Heidinger/Benz* Rn 45). Wird die Gesellschaft dennoch eingetragen, so ist sie wirksam entstanden; die § 275 AktG, § 397 FamFG greifen nicht ein. Die Sacheinlageverpflichtung besteht, und die Gesellschaft hat daneben einen unverzichtbaren und verschuldensunabhängigen Anspruch auf Ausgleich der Wertdifferenz durch Geldleistung (**Differenzhaftung**; s auch § 9 GmbHG), über dessen Begründung allerdings keine Einigkeit besteht (s dazu: *BGHZ* 64, 52, 62; 68, 191, 195 f; GroßKomm AktG/*Röhricht* Rn 86 f, 98, 101 ff; MünchKomm AktG/*Pentz* Rn 44; Spindler/Stilz AktG/*Heidinger/Benz* Rn 47 f; K. Schmidt/Lutter AktG/*Bayer* Rn 26; KölnKomm AktG/*Arnold* Rn 74; Hölters AktG/*Solveen* Rn 12). Der *BGH* hat nunmehr die verschiedenen Begründungsansätze miteinander verbunden und den Differenzhaftungsanspruch aus § 36a Abs 2, „der mit der Übernahme zwangsläufig verbundenen Kapitaldeckungszusage", § 9 Abs 1 und einer Analogie zu § 9 GmbHG abgeleitet (*BGH* NZG 2012, 69, 71 – Babcock; s dazu *Verse* ZGR 2012, 875, 878); er hat überdies klargestellt, dass er auch „besteht, soweit der Wert der Sacheinlage zwar den geringsten Ausgabebetrag (§ 9 Abs 1), aber nicht das Aufgeld (§ 9 Abs 2) deckt" (*BGH* NZG 2012, 69, 71 – Babcock; s dazu *Verse* ZGR 2012, 875, 878 ff und *Weng* DStR 2012, 862, 863 sowie *Wienecke* NZG 2012, 136, 137 f; so auch bereits zuvor: *Koch* ZHR 175 (2011), 55, 64, 74; GroßKomm AktG/*Röhricht* Rn 105; MünchKomm AktG/*Pentz* Rn 44; Spindler/Stilz AktG/*Heidinger/Benz* Rn 48; K. Schmidt/Lutter AktG/*Bayer* Rn 26; KölnKomm AktG/*Arnold* Rn 74; Hölters AktG/*Solveen* Rn 12). Er hat zur Begründung auch darauf verwiesen, dass die Verpflichtung zur Kapitalaufbringung bei der Bareinlage das Aufgeld umfasse und bei der Anrechnung einer verdeckten Sacheinlage auf die Bareinlagepflicht der Ausgabebetrag zugrunde gelegt werde, weshalb es widersprüchlich wäre, bei der offenen Sacheinlage nur für den geringsten Ausgabebetrag eine zwingende Wertdeckung vorzuschreiben (*BGH* NZG 2012, 69, 71 – Babcock; s dazu *Verse* ZGR 2012, 875, 881). Der *BGH* hat weiter ausgeführt, dass ein **Vergleich über den Differenzhaftungsanspruch** zulässig ist, „wenn er wegen tatsächlicher oder rechtlicher Ungewissheit über den Bestand oder Umfang des Anspruchs geschlossen wird" bzw „wenn gerade die Unsicherheit beseitigt werden soll, ob das Kapital aufgebracht ist" und „nicht in Analogie zu § 50 S 1, § 93 Abs 4 S 3, § 117 Abs 4 der Zustimmung der Hauptversammlung bedarf"; er hat weiter darauf hingewiesen, dass „der Vergleich die Rechtsnatur der Forderung nicht veränderte", weshalb „die **Aufrechnungsbeschränkung nach § 66 Abs 1 S 2** für den Differenzhaftungsanspruch für die in einem Vergleich über diesen Anspruch vereinbarte Forderung fort gilt" und eine Verrechnungsvereinbarung nur „wirksam ist, wenn die Forderung des Aktionärs gegen die Gesellschaft vollwertig, fällig und liquide ist" (*BGH* NZG 2012, 69, 72 f, 74 – Babcock; s dazu *Verse* ZGR 2012, 875, 885 ff, 890, der im Hinblick auf die Zulässigkeit eines Vergleichs von einer „begrüßenswert pragmatischen Haltung des Senats" spricht und im Hinblick auf die Verrechnungsvereinbarung § 66 Abs 1 S 1 für einschlägig hält; *Weng* DStR 2012, 862, 864 f; *Wienecke* NZG 2012, 136, 138 f). Das OLG Düsseldorf hat sich jüngst zu der **Frage der Beweislast** für die Überbewertung iRd Differenzhaftung mit Blick auf das GmbH-Recht geäußert: Es würden zwar Beweiserleichterungen bis hin zu einer vollständigen Umkehr der Beweislast zumindest in besonders gelagerten Ausnahmefällen wie der Vorlage von unzureichenden oder falschen Wertnachweisen durch den einlegenden Gesellschafter für möglich gehalten, teilweise auch darüber hinausgehend immer dann, wenn die Gesellschaft Umstände vortrage oder beweise, aus denen sich zumindest der Verdacht einer Überbewertung ergebe, aber zumindest eine vollständige Umkehr der Beweislast in den zuletzt genannten Fällen dürfte mit Rücksicht auf die vorangegangenen Werthaltigkeitsprüfungen durch die Gesellschaft und das Registergericht nicht angemessen sein. Unabhängig von einer etwaigen Umkehr der Beweislast oder auch von besonderen Beweislasterleichterungen könne sich die Gesellschaft aber zumindest auf die allgemeinen zivilprozessualen Grundsätze über die Darlegungs- und Beweislast berufen; dies führe zu einer gesteigerten Darlegungslast des einlegenden Gesellschafters nach den Regeln der sekundären Beweislast bei negativen Tatsachen und zu einer herabgesetzten Darlegungslast der Gesellschaft iRd Schätzung nach § 287 Abs 2 ZPO, denn auf eine vollständige Aufklärung aller maßgeblichen Umstände werde im Anwendungsbereich dieser Vorschrift gerade verzichtet (*OLG Düsseldorf* AG 2011, 823, 824 f; s dazu *Karrer* Anmerkung zu OLG Düsseldorf, Urt v 5.5.2011 – I-6 U 70/10, GWR 2011, 321216). Zur Rechtslage bei **Unterbewertung** s GroßKomm AktG/*Röhricht* Rn 88, 92, 94 sowie MünchKomm AktG/*Pentz* Rn 39 und Spindler/Stilz AktG/*Heidinger/Benz* Rn 43 sowie K. Schmidt/Lutter AktG/*Bayer* Rn 22 und KölnKomm AktG/*Arnold* Rn 68.

5 Die **Erfüllung der Sacheinlagevereinbarung** (Vollzugsgeschäft) folgt den für den betroffenen Vermögensgegenstand einschlägigen Vorschriften (bewegliche Sachen: §§ 929 ff BGB; Grundstücke: §§ 873, 925 BGB; Forderungen und forderungsgleiche Rechte: §§ 398, 413 BGB). Vor der Eintragung der Gesellschaft erfolgt die Übertragung an die Vorgesellschaft, vertreten durch ihren VR bzw – bei Aufnahme des Vollzugsgeschäfts in die Satzung – durch die Gründer (MünchKomm AktG/*Pentz* Rn 17; K. Schmidt/Lutter AktG/*Bayer* Rn 9; KölnKomm AktG/*Arnold* Rn 15).

2. Sachübernahme. Eine Sachübernahme ist nach § 27 Abs 1 S 1 HS 2 eine **Über-** 6 **nahme von Vermögensgegenständen der Gründer oder Dritter durch die Gesellschaft gegen eine Vergütung** und unterscheidet sich von der Sacheinlage demnach vor allem dadurch, dass sie keine Einlage (Leistung auf Aktien iSv § 2) ist (MünchKomm AktG/*Pentz* Rn 63; Spindler/Stilz AktG/*Heidinger/Benz* Rn 49; KölnKomm AktG/*Arnold* Rn 25). Die Übernahme muss aus Anlass der Gründung erfolgen. Erfasst werden daher nur Abreden der Gründer oder von ihnen mit Dritten, nicht aber Geschäfte der Vorgesellschaft, vertreten durch ihren VR (*Priester* ZHR 165 (2001), 383, 388 ff; MünchKomm AktG/*Pentz* Rn 61; Spindler/Stilz AktG/*Heidinger/Benz* Rn 53; Köln-Komm AktG/*Arnold* Rn 26, 30; *Hüffer* AktG Rn. 5a); maßgeblicher Zeitpunkt ist die Feststellung der Satzung nach § 23 (MünchKomm AktG/*Pentz* Rn 61 f; GroßKomm AktG/*Röhricht* Rn 112; Hölters AktG/*Solveen* Rn 14). Auf das Vorliegen einer **Verrechnungsabrede** (Verrechnung der Vergütungsforderung mit der Einlagepflicht) kommt es im Lichte des § 27 Abs 1 S 2 (s Rn 9) – anders als im GmbH-Recht (Scholz GmbHG/*Veil* § 5 Rn 31, 73 f, 80) – für das Eingreifen der Vorschriften über die Sachgründung nicht an (MünchKomm AktG/*Pentz* Rn 61; *Hüffer* AktG Rn 5 mit dem Hinweis auf das Aufrechnungsverbot des § 66 Abs 1 S 2). Es kommen wie bei Sacheinlagen (s Rn 2) **alle Vermögensgegenstände** in Betracht, **die einlage- und bewertungsfähig iSv § 27 Abs 2 sowie übertragbar sind** (GroßKomm AktG/*Röhricht* Rn 122 ff; MünchKomm AktG/*Pentz* Rn 61; Spindler/Stilz AktG/*Heidinger/Benz* Rn 58).

Die **Sachübernahmevereinbarung** (das die Sachübernahmeverpflichtung begründende 7 Rechtsgeschäft) ist ein schuldrechtlicher Austauschvertrag, dessen rechtliche Behandlung sich nach dem vereinbarten Leistungsgegenstand richtet; es ist **zumeist ein Kauf- oder Werkvertrag** (MünchKomm AktG/*Pentz* Rn 65; KölnKomm AktG/*Arnold* Rn 30). Fraglich ist, ob nur wirksame Vereinbarungen von § 27 erfasst werden (so KölnKomm AktG/*Kraft* 2. Aufl Rn 43). Nach *RGZ* 167, 99, 108 soll es genügen, dass die Vereinbarungen bereits „so feste Gestalt angenommen haben, dass mit ihrer Verwirklichung bestimmt gerechnet werden kann." Die Frage gewinnt vor allem Bedeutung im Hinblick auf **nicht rechtsverbindliche Absprachen** unter den Gründern: Je nachdem, ob es zum Vertrag kommt oder nicht, besteht die Gefahr einer Umgehung der Vorschriften über Sacheinlagen und Sachübernahmen oder die Gefahr einer Irreführung über die Kapitalgrundlage. In letzter Konsequenz kommt es mithin insb darauf an, ob man derartige unverbindliche Gründerabsprachen als verdeckte Sacheinlagen (s Rn 25 ff) erfassen kann und will (GroßKomm AktG/*Röhricht* Rn 117; s dazu insb MünchKomm AktG/*Pentz* Rn 62, 88, 94, der von einer Bekanntmachungspflicht und bei fehlender Bekanntmachung von verdeckten Sacheinlagen bzw unwirksamen Sachübernahmen ausgeht, und Hölters AktG/*Solveen* Rn 16, der von verdeckten Sacheinlagen bzw zulässigen Verwendungsabreden ausgeht, sowie KölnKomm AktG/*Arnold* Rn 30, der verdeckte Sacheinlagen bzw festsetzungspflichtige Sachübernahmen annimmt). Die **zivilrechtlichen Folgen von Willensmängeln und Leistungsstörungen werden** anders als bei Sacheinlagevereinbarungen **nicht durch den Grundsatz der realen Kapitalaufbringung modifiziert** (MünchKomm AktG/*Pentz* Rn 65; Groß-Komm AktG/*Röhricht* Rn 118, 159, 168; KölnKomm AktG/*Arnold* Rn 34).

Bleibt der Wert der Sachübernahme hinter dem Wert der dafür zu gewährenden Leis- 8 tung zurück (**Überbewertung**), berührt dies nicht die Wirksamkeit der Sachübernahmevereinbarung. Allerdings hat das Gericht die Eintragung der Gesellschaft abzulehnen (§ 38 Abs 1 S 2, Abs 2 S 2), sofern die Differenz nicht ausgeglichen wird; bei

§ 27 Sacheinlagen. Sachübernahmen

einem Rechtsgeschäft mit einem Gründer kann in diesem Fall eine verdeckte Einlagenrückgewähr (§ 57) vorliegen (MünchKomm AktG/*Pentz* Rn 65; Spindler/Stilz AktG/*Heidinger/Benz* Rn 62; KölnKomm AktG/*Arnold* Rn 76, der allerdings auch in diesem Fall einen unverzichtbaren und verschuldensunabhängigen Anspruch auf Ausgleich der Wertdifferenz durch Geldleistung – Differenzhaftung; s auch § 9 GmbHG – annimmt; zur Rechtslage bei **Unterbewertung** s GroßKomm AktG/*Röhricht* Rn 126 und Spindler/Stilz AktG/*Heidinger/Benz* Rn 62 sowie KölnKomm AktG/*Arnold* Rn 76). Für die Erfüllung der Sachübernahmevereinbarung (Vollzugsgeschäft) gilt das zur Erfüllung der Sacheinlagevereinbarung Gesagte entspr (s Rn 5).

9 3. **Fingierte Sacheinlage.** Nach § 27 Abs 1 S 2 gilt eine **Sachübernahme bei Vorliegen einer Verrechnungsabrede** (Verrechnung der Vergütungsforderung mit der Einlagepflicht; s Rn 6) als Sacheinlage. Darin liegt eine gesetzliche Fiktion, hinter der Umgehungsgesichtspunkte stehen und die hier für diese Sachübernahmen die vorverlegte Leistungspflicht für Sacheinlagen (§ 36a Abs 2) begründen soll (MünchKomm AktG/ *Pentz* Rn 66; GroßKomm AktG/*Röhricht* Rn 114; *Hüffer* AktG Rn 7; Spindler/Stilz AktG/*Heidinger/Benz* Rn 51, 62). Darin kommt insoweit eine Parallele zum GmbH-Recht zum Ausdruck, als Sachübernahmen mit Verrechnungsabrede als Sacheinlagen iSv § 5 Abs 4 S 1 GmbHG erfasst werden (Scholz GmbHG/*Veil* § 5 Rn 31, 73 f).

10 4. **Gemischte Sacheinlage.** Die Gemischte Sacheinlage ist eine **Kombination von Sacheinlage und Sachübernahme**: Der Gründer soll den Vermögensgegenstand zum Teil als Einlage gegen Gewähr von Aktien und zum Teil gegen Gewähr eines anderen Entgelts (Vergütung in Geld oder sonstigen Vermögenswerten) einbringen (s zu den Erscheinungsformen nur *Koch* ZHR 175 (2011), 55, 56 ff). Sie ist von der **Mischeinlage** zu unterscheiden, bei der der Gründer eine Einlage erbringt, die zum Teil aus einer Bareinlage und zum Teil aus einer Sacheinlage besteht (MünchKomm AktG/*Pentz* Rn 67; GroßKomm AktG/*Röhricht* Rn 106, 111; *Hüffer* AktG Rn 8; Spindler/Stilz AktG/*Heidinger/Benz* Rn 64; K. Schmidt/Lutter AktG/*Bayer* Rn 31, 32; KölnKomm AktG/*Arnold* Rn 35). **Die gemischte Sacheinlage unterliegt den Regeln für Sacheinlagen, und zwar nicht nur dann, wenn die Sachleistung unteilbar ist** (*BGH* DStR 2007, 263, 265 – Warenlager: Einheitliches Rechtsgeschäft „jedenfalls dann, wenn ... kraft Parteivereinbarung unteilbare Leistung"; *BGH* NZG 2010, 702, 704 – AdCoCom; *BGH* BGHZ 175, 265, 272 f – Rheinmöve; *BGH* BGHZ 173, 145, 152 f – Lurgi; *BGH* NZG 2009, 747, 748 – Lurgi II; s zur Unteilbarkeit insb *Stiller/Redeker* Aktuelle Rechtsfragen der verdeckten gemischten Sacheinlage, ZIP 2010, 865, 869 f), **sondern nach überwiegender Literaturansicht auch dann, wenn die Sachleistung teilbar ist;** es handelt sich um ein einheitliches Rechtsgeschäft gesellschaftsrechtlicher Natur (MünchKomm AktG/*Pentz* Rn 68; GroßKomm AktG/*Röhricht* Rn 107; *Hüffer* AktG Rn 8; Spindler/Stilz AktG/*Heidinger/Benz* Rn 65; K. Schmidt/Lutter AktG/*Bayer* Rn 31; KölnKomm AktG/*Arnold* Rn 35; *Rotheimer* NZG 2007, 256, 257; aA KölnKomm AktG/*Kraft* 2. Aufl Rn 51; krit *Krolop* NZG 2007, 577, 577 f und *Habersack* NZG 2008, 48, 55 ff, 58). **Der BGH hat sich der überwiegenden Literaturansicht jüngst angenähert:** Während im Fall einer Kapitalerhöhung „bei einer teilbaren Leistung, bei der ein Teil als offene Sacheinlage eingebracht wird, während ein weiterer Teil in zeitlichem Zusammenhang mit der Sacheinlage gegen Entgelt übertragen wird, ...nur bei entsprechender Parteivereinbarung eine gemischte Sacheinlage" vorliegen soll, „liegt es nahe, dass bei der bereits bei der Gründung vereinbarten Sachübernahme eine kraft Parteivereinbarung unteilbare Leistung vorliegt, selbst wenn eine Sachleistung teilbar ist," weil „nach § 27 Abs 1 Sachübernahmen wegen des Risikos einer überhöhten Vergütung in der Satzung festgesetzt werden müssen" (*BGH* NZG 2012, 69, 75 – Babcock; s dazu *Verse* ZGR 2012, 875, 896 ff, der ausführt, ein wirklich zwingender Grund, warum die Parteien nicht auch bei der Gründung eine Sacheinlage und eine Sachübernahme anstelle einer gemischten Sacheinlage festsetzen können sollten, sei nicht erkennbar, und *Ekkenga* ZIP 2013, 541, 545 ff). **Die Anwendung der Regeln für Sacheinlagen hat Konsequenzen für die Festsetzungen** (auch die Vergütung ist offen zu legen: *BGH* DStR 2007, 263, 265 – Warenlager; *BGH* BGHZ 173, 145, 153 – Lurgi; *Koch* ZHK 175 (2011), 55, 59 f; *Hüffer* AktG Rn 8; MünchKomm AktG/*Pentz* Rn 68; GroßKomm AktG/*Röhricht* Rn 108; K. Schmidt/Lutter AktG/*Bayer* Rn 31; KölnKomm AktG/*Arnold* Rn 35), **den Umfang des Differenzhaftungsanspruchs** (*BGH* NZG 2012, 69, 75 – Babcock; s dazu *Verse* ZGR 2012, 875, 894, 895 f: Differenzhaftung bemisst sich danach, ob der Wert des Vermögensgegenstandes hinter der Summe aus Ausgabebetrag und Entgelt zurückbleibt) **und die Rechtsfolgen mangelhafter und überbewerteter Leistungen.** Eine Minderung (§§ 437 Nr 2, 441 BGB) betrifft zunächst die von der Gesellschaft zu leistende Vergütung, nur wenn sie darüber hinausgeht, führt sie dazu, dass der Gründer den Differenzbetrag in bar zu zahlen hat (GroßKomm AktG/*Röhricht* Rn 110). Das Gericht hat die Eintragung der Gesellschaft nur abzulehnen (§ 38 Abs 1 S 2, Abs 2 S 2), wenn der Wert der Sacheinlage und des Ausgabebetrag (str, s dazu bereits § 32 Rn 4, § 34 Rn 2, § 37a Rn 3, § 38 Rn 6) der dafür zu gewährenden Aktien nicht erreicht und der Gründer die Differenz nicht ausgleicht; andernfalls geht die Überbewertung wiederum nur zulasten der von der Gesellschaft zu leistenden Vergütung (vgl dazu GroßKomm AktG/*Röhricht* Rn 109).

III. Gegenstand und Bewertung

1. Gegenstand. Es kommen alle Vermögensgegenstände in Betracht, die einlage- und bewertungsfähig iSv § 27 Abs 2 sowie übertragbar sind (s Rn 2 und Rn 6). Verpflichtungen zu Dienstleistungen sind gem § 27 Abs 2 HS 2 nicht einlagefähig; dies gilt nach **hM** für **Dienstleistungsansprüche gegen Gründer und Dritte** (MünchKomm AktG/*Pentz* Rn 33; Hölters AktG/*Solveen* Rn 9; K. Schmidt/Lutter AktG/*Bayer* Rn 18, 59; differenzierend *Hüffer* AktG Rn 17, 22 und Spindler/Stilz AktG/*Heidinger/Benz* Rn 30 f sowie KölnKomm AktG/*Arnold* Rn 66 und *Hentzen/Schwandtner* ZGR 2009, 1007, 1014). Der BGH hat dies in zwei Entscheidungen, die Dienstleistungsansprüche gegen Gründer betrafen, bestätigt (*BGH* NZG 2009, 463, 464 – Qivive; *BGH* NZG 2010, 343, 344 f – Eurobike mit dem Hinweis zu § 27 Abs 2, „dass die Durchsetzung von Dienstleistungsverpflichtungen auf Schwierigkeiten stößt (vgl §§ 887, 888 Abs 3 ZPO) und sie deshalb als Einlagen nicht geeignet sind."). **Vergütungsforderungen für künftige Dienstleistungen** werden ebenfalls als nicht sacheinlagefähig angesehen (*BGH* NZG 2010, 343, 345 – Eurobike und *BGH* NZG 2009, 463, 464 – Qivive mit dem Hinweis, „dass erst künftig entstehende und erst recht von einer Dienstleistung abhängige Forderungen nicht sacheinlagefähig sind."; K. Schmidt/Lutter AktG/*Bayer* Rn 18; Spindler/Stilz AktG/*Heidinger/Benz* Rn 25). Der *BGH* hat auch klargestellt, dass „**eigene Aktien der Gesellschaft** nicht als Sacheinlage eingebracht werden können, weil der Gesellschaft mit der Überlassung der alten Aktien als Teil des Grundkapitals real kein neues Kapital zugeführt wird", und dass auch ein **Anspruch auf die Leistung von Aktien aus einem der Gesellschaft gewährten Wertpapierdarlehen** nicht sacheinlagefähig ist, „weil die Aktien selbst kein tauglicher Einlagegegenstand waren"

§ 27 Sacheinlagen. Sachübernahmen

und weil der Verzicht auf diesen Anspruch der Gesellschaft kein zusätzliches Haftungskapital zuführen würde, denn die Ersparnis eines zur Beschaffung der Aktien erforderlichen Kapitaleinsatzes wäre gleichfalls keine Zuführung neuen Kapitals (*BGH* NZG 2011, 1271, 1272 – ISION; s dazu *Fedtke* BB 2011, 2960, 2963 f mit dem zutreffenden Hinweis, dass dieses Urteil die Rechtsprechung zu Sacheinlagefähigkeit von Forderungen gegen die Gesellschaft konkretisiert; *Hüffer* AktG Rn 13; krit *Hartmann* Anmerkung zu *BGH* Urt v 20.9.2011 – II ZR 234/09 – ISION, ErbStB 2012, 244, 244; diff *Merkt* NZG 2012, 525, 525 ff). Der *BGH* hat schließlich zu **Bürgschaften von Inferenten für Bankdarlehen an die Gesellschaft** festgehalten, dass „der künftige Regressanspruch des Bürgen nicht sacheinlagefähig ist," weil es „sich nicht um eine bereits entstandene ‚Altforderung' handelt, sondern um eine Forderung, die erst werthaltig entsteht, wenn der Bürge an den Gläubiger zahlt, und die damit aufschiebend bedingt ist"; „aufschiebend bedingte Forderungen sind, jedenfalls solange die Bedingung nicht eingetreten ist und der Bedingungseintritt auch nicht überwiegend wahrscheinlich ist, keine tauglichen Sacheinlagegegenstände, weil ihre Entstehung ungewiss ist und dem Anspruch kein wirtschaftlicher Wert zukommt" (*BGH* NZG 2011, 667, 668).

11a Ob das **Erfordernis eines feststellbaren wirtschaftlichen Werts** (MünchKomm AktG/*Pentz* Rn 12; *Hüffer* AktG Rn 13, 16) impliziert, dass nur aktivierungsfähige Vermögensgegenstände infrage kommen, ist sehr zweifelhaft (unklar *BGH* BGHZ 29, 300, 304; dafür Geßler/Hefermehl/Eckardt/Kropff AktG/*Eckardt* Rn 8 und *von* Godin/Wilhelmi AktG Anm 11 sowie KölnKomm AktG/*Kraft* 2. Aufl Rn 14; dagegen MünchKomm AktG/*Pentz* Rn 19 f und GroßKomm AktG/*Röhricht* Rn 19 f, 21 ff sowie *Hüffer* AktG Rn 15 und Spindler/Stilz AktG/*Heidinger/Benz* Rn 11 sowie Hölters AktG/*Solveen* Rn 7 und K. Schmidt/Lutter AktG/*Bayer* Rn 11 sowie KölnKomm AktG/*Arnold* Rn 44). Ausschlaggebend dürfte das Argument sein, dass es im Lichte der Funktion des Kapitalaufbringungsrechts allein darauf ankommen kann, ob der Gesellschaft ein das Gesellschaftsvermögen mehrender Vermögensgegenstand zugeführt wird, der im Gesellschaftsunternehmen auch im Interesse der Gläubiger genutzt werden kann; diesem Erfordernis ist indes bereits dann genüge getan, wenn der Vermögensgegenstand einen fassbaren (in Geld ausdrückbaren) Vermögenswert hat (MünchKomm AktG/*Pentz* Rn 18 f; GroßKomm AktG/*Röhricht* Rn 20, 26, 31). Vor diesem Hintergrund **scheiden** im Lichte des Erfordernisses eines feststellbaren wirtschaftlichen Werts lediglich **diejenigen Vermögensgegenstände aus, deren Erbringung oder Wert mit Unsicherheiten behaftet ist, denen selbst im Rahmen einer vorsichtigen Bewertung keine Rechnung getragen werden kann** (MünchKomm AktG/*Pentz* Rn 20, 34 unter Hinweis auf den in § 27 Abs 2 HS 2 enthaltenen Rechtsgedanken; KölnKomm AktG/*Lutter* 2. Aufl § 183 Rn 24).

12 Die soeben genannten Voraussetzungen erfüllen: Eigentum an Sachen; grundstücksgleiche Rechte und beschränkt dingliche Rechte an Sachen; Immaterialgüterrechte einschließlich der Urheber- und Markenrechte (problematisch: Firma; vgl § 22 HGB) sowie Lizenzrechte; **nicht geschützte gewerbliche Schutzrechte** (insb Knowhow; s dazu insb *Barz* FS W. Schmidt, S 157, 161 ff), wenn sie wirtschaftlich nutzbar gemacht werden können; Gesellschaftsanteile, wenn sie übertragbar sind; Sach- und Rechtsgesamtheiten (insb Unternehmen); **Befreiung der Gesellschaft von Verbindlichkeiten gegenüber Dritten** (Schuldübernahme, Tilgung), wenn sie werthaltig sind (dh die Gesellschaft sie ohne Kapitalerhöhung befriedigen könnte); **Forderungen gegen**

Dritte und Forderungen gegen die Gesellschaft (Übertragung mit der Folge der Konfusion oder Erlass; s dazu auch oben Rn 11), wenn sie werthaltig sind (**nicht aber Forderungen gegen den einbringenden oder – str – gegen andere Gründer**, die weder durch dingliche Rechte gesichert sind noch mit einer Besitzverschaffung zugunsten der Gesellschaft einhergehen; s insb *BGH* BGHZ 165, 113, 116 f); **obligatorische Nutzungsrechte**, wenn es sich um übertragbare Ansprüche gegen Dritte handelt (str, wenn es sich um einen Anspruch gegen den einbringenden Gründer handelt; nach **hM** jedenfalls dann, wenn das Nutzungsrecht für eine bestimmte Mindestdauer fest vereinbart und der Gesellschaft Besitz verschafft wird, wobei den Gefahren für den Bestand des Nutzungsrechts durch eine vorsichtige Bewertung auf der Grundlage des kapitalisierten Nutzungsentgelts Rechnung zu tragen ist). S dazu MünchKomm AktG/*Pentz* Rn 22 ff; *Hüffer* AktG Rn 16, 17 ff; GroßKomm AktG/*Röhricht* Rn 19, 36 ff, 122 ff; Spindler/Stilz AktG/*Heidinger/Benz* Rn 15 ff; Hölters AktG/*Solveen* Rn 8 f; K. Schmidt/Lutter AktG/*Bayer* Rn 13 ff; KölnKomm AktG/*Arnold* Rn 48 ff; *Rezori* RNotZ 2011, 125, 135 f. S zu den obligatorischen Nutzungsrechten insb *BGH* BGHZ 144, 290, 294; *BGH* ZIP 2004, 1642, 1643; *OLG Nürnberg* AG 1999, 381, 382; *Bork* ZHR 154 (1990), 205, 209 ff, 224 ff, 236; *K. Schmidt* ZHR 154 (1990), 237, 248 ff, 254 ff; *Götting* AG 1999, 1, 3 ff, 5 ff, der auch zur Übertragung der für die Einlagefähigkeit obligatorischer Nutzungsrechte geltenden Kriterien auf Nutzungsrechte an Immaterialgüterrechten Stellung nimmt.

2. Bewertung. Bei einer Sacheinlage muss der Ausgabebetrag (str, s dazu bereits Rn 4 und § 32 Rn 4, § 34 Rn 2, § 37a Rn 3, § 38 Rn 6) der dafür zu gewährenden Aktien, bei einer Sachübernahme die Höhe der dafür zu gewährenden Vergütung bestimmt werden (vgl § 27 Abs 1 S 1 aE). Sacheinlagen und Sachübernahmen dürfen nicht überbewertet werden (Sacheinlagen: **Verbot der Unterpari-Emission** nach den §§ 9 Abs 1, 36a Abs 2 S 3; Sacheinlagen und Sachübernahmen: §§ 32 Abs 1 und Abs 2, 33 Abs 1 und Abs 2 Nr 4, 33a, 34 Abs 1 Nr 2 und Abs 2, 37 Abs 1 und Abs 4 Nr 2, 38 Abs 1 S 2 und Abs 2 S 2 und Abs 3; s dazu bereits Rn 4 und Rn 8). Eine **Unterbewertung** wird jedenfalls bei Sachübernahmen als zulässig angesehen (Spindler/Stilz AktG/*Heidinger/Benz* Rn 43, 62; K. Schmidt/Lutter AktG/*Bayer* Rn 22; KölnKomm AktG/*Arnold* Rn 68, 76; MünchKomm AktG/*Pentz* Rn 39; GroßKomm AktG/*Röhricht* Rn 88, 92, 94, 126). **13**

Für die **Wertermittlung** ist im Falle einer Sacheinlage der Zeitwert des Gegenstandes zum Zeitpunkt der Anmeldung, im Falle einer Sachübernahme der Zeitwert des Gegenstandes zum Zeitpunkt seines Übergangs auf die Gesellschaft maßgebend. Gegenstände des Anlagevermögens sind mit ihrem Wiederbeschaffungs- oder Reproduktionswert anzusetzen, wenn Wiederbeschaffung oder Reproduktion nicht möglich sind, mit ihrem Ertragswert anzusetzen, Gegenstände des Umlaufvermögens mit ihrem Einzelveräußerungswert. Der Wert von Forderungen bemisst sich nach dem objektiven Wert aus Sicht eines Dritten („der realisierbare Erlös", so K. Schmidt/Lutter AktG/*Bayer* Rn 20; KölnKomm AktG/*Arnold* Rn 69), der von obligatorischen Nutzungsrechten nach der erzielbaren Vergleichsmiete bzw Vergleichspacht (s auch Rn 12). Bei Unternehmen kann – zumindest im Grundsatz – auf die Buchwerte der letzten Jahresbilanz abgestellt werden. S dazu GroßKomm AktG/*Röhricht* Rn 81 ff, 89 f, 91, 92 ff, 126; MünchKomm AktG/*Pentz* Rn 37 f; Spindler/Stilz AktG/*Heidinger/ Benz* Rn 34 ff, 61; K. Schmidt/Lutter AktG/*Bayer* Rn 20; KölnKomm AktG/*Arnold* Rn 67, 89 ff, 76; *Rezori* RNotZ 2011, 125, 136. **14**

IV. Festsetzung in der Satzung

15 Nach § 27 Abs 1 S 1 sind in der Satzung der **Gegenstand der Sacheinlage bzw Sachübernahme, die Person des Einlegers bzw Veräußerers und die von der Gesellschaft zu gewährende Gegenleistung** festzusetzen. Die Angaben müssen so genau sein, dass sie eine zutreffende Unterrichtung über die Kapitalverhältnisse und Übernahmeverpflichtungen der Gesellschaft und eine Prüfung der Werthaltigkeit der Sacheinlagen bzw Sachübernahmen ermöglichen; die zugrunde liegenden Verträge müssen nicht aufgenommen werden, wohl aber Nebenabreden, soweit sie für Umfang oder Wert des Gegenstandes oder der Gegenleistung bedeutsam sind (GroßKomm AktG/*Röhricht* Rn 128 f, 135; MünchKomm AktG/*Pentz* Rn 69).

16 **Hinsichtlich des Gegenstandes ist erforderlich, dass seine Identität festgestellt werden kann** (objektive Bestimmbarkeit genügt). Sachen müssen idR einzeln aufgelistet werden; bei vertretbaren Sachen ist eine Beschreibung mit einer genauen Angabe von Zahl oder Menge ausreichend (§ 91 BGB). Angaben wie „Material, Werkzeug, Maschinen und Einrichtungsgegenstände im Gesamtwert von ..." oder „Textilwaren im Wert von ..." genügen nicht (*OLG Kiel* JR 1948, 325), wohl aber Angaben wie „alle seine Schiffe" (*KG* OLGR 22, 25, 26). Belastungen und vorbehaltene Rechte (etwa Wohn- und Wegerechte) sind anzugeben (*RGZ* 114, 77). Forderungen sind idR mit Schuldner, Gegenstand und Schuldgrund zu bezeichnen. Unternehmen können mit ihrer Firma und dem Zusatz „mit allen Aktiven und Passiven gemäß der auf einen bestimmten Stichtag aufgestellten (oder aufzustellenden) Bilanz" hinreichend bestimmt werden, wenn damit ein zutreffendes Bild vermittelt wird (GroßKomm AktG/*Röhricht* Rn 130); andernfalls sind weitere Angaben erforderlich (etwa zu ausgenommenen Gegenständen; *OLG München* OLGR 32, 135). S dazu GroßKomm AktG/*Röhricht* Rn 130; MünchKomm AktG/*Pentz* Rn 70; *Hüffer* AktG Rn 10; Spindler/Stilz AktG/*Heidinger/Benz* Rn 69 f; KölnKomm AktG/*Arnold* Rn 38 f, *Rezori* RNotZ 2011, 125, 134 mit dem Hinweis, auch der „Stichtag der Einbringung" sollte angegeben werden.

17 Die **Person des Einlegers bzw Veräußerers** ist im Falle einer natürlichen Person mit Name, Vorname und Anschrift, im Falle einer jur Person oder eingetragenen Personengesellschaft mit Firma und Sitz der Gesellschaft und im Falle einer Gesellschaft bürgerlichen Rechts mit Namen, Vornamen und Anschriften der Gesellschafter zu bezeichnen (MünchKomm AktG/*Pentz* Rn 71). Im Hinblick auf die **Gegenleistung** ist bei einer Sacheinlage nach § 27 Abs 1 S 1 der Nennbetrag, bei Stückaktien die Zahl der zu gewährenden Aktien festzusetzen. Im Lichte des Schutzzwecks (s Rn 1 und Rn 15) ist jedoch mehr erforderlich: Im Falle von Nennbetragsaktien kommt es entscheidend auf den Gesamtnennbetrag an, so dass Anzahl und Nennbetrag (§ 8 Abs 2) angegeben werden müssen, um dessen Berechnung zu ermöglichen. Im Falle von Stückaktien, die auf keinen Nennbetrag lauten (§ 8 Abs 3 S 1), ist Angabe der Zahl nicht ausreichend, wenn der auf die einzelne Aktie entfallende anteilige Betrag des Grundkapitals den Mindestbetrag von 1 EUR (§ 8 Abs 3 S 3) überschreitet; der anteilige Betrag des Grundkapitals ist dann anzugeben (vgl *Hüffer* AktG Rn 9 und KölnKomm AktG/*Arnold* Rn 37; siehe zu dem Problem der **Wertschwankungen der Einlagegegenstände** nur *Rezori* RNotZ 2011, 125, 134). Bei einer Sachübernahme ist die Übernahmevergütung in die Satzung aufzunehmen: Besteht sie in Geld, ist der Betrag zu beziffern, besteht sie in einer anderen Leistung, ist sie nach den gleichen Regeln zu bezeichnen wie der Gegenstand der Sachübernahme (GroßKomm AktG/*Röhricht* Rn 132).

V. Rechtsfolgen bei Verstoß gegen Satzungspublizität

Bei einem Verstoß gegen § 27 Abs 1 S 1 ist die **Gesellschaft nicht ordnungsgemäß** 18 errichtet, so dass das RegGericht die Eintragung abzulehnen hat (§ 38 Abs 1), es sei denn, der Mangel wird infolge einer Zwischenverfügung (§ 382 Abs 4 S 1 FamFG) behoben (MünchKomm AktG/*Pentz* Rn 78, 80, 81; Spindler/Stilz AktG/*Heidinger/ Benz* Rn 78; K. Schmidt/Lutter AktG/*Bayer* Rn 39; KölnKomm AktG/*Arnold* Rn 40). Im Falle einer Sacheinlage darf die Eintragung aber auch dann nicht abgelehnt werden, wenn der Einleger den auf die Sacheinlage entfallenden Betrag gem §§ 36 Abs 2, 54 Abs 2 in bar eingezahlt hat (GroßKomm AktG/*Röhricht* Rn 143 f; MünchKomm AktG/*Pentz* Rn 78; Spindler/Stilz AktG/*Heidinger/Benz* Rn 78). Wird die Gesellschaft trotz unterbliebener oder unrichtiger Festsetzungen eingetragen, wird die Wirksamkeit ihres Entstehens dadurch nicht berührt (*Hüffer* AktG Rn 12; Spindler/Stilz AktG/ *Heidinger/Benz* Rn 76, 77; K. Schmidt/Lutter AktG/*Bayer* Rn 37, 39; KölnKomm AktG/*Arnold* Rn 40).

Vor Eintragung können unterbliebene oder unrichtige Festsetzungen durch Satzungs- 19 änderung (Aufnahme bzw Änderung der Festsetzungen) geheilt werden, und zwar aufgrund eines notariell zu beurkundenden einstimmig zu fassenden Beschluss mit Zustimmung aller Gründer (MünchKomm AktG/*Pentz* Rn 81; KölnKomm AktG/ *Arnold* Rn 41; K. Schmidt/Lutter AktG/*Bayer* Rn 41). Die **Frage einer Heilung nach Eintragung lässt sich nur vor dem Hintergrund der Rechtsfolgen unterbliebener oder unrichtiger Festsetzungen beurteilen.** Dabei ist von der Unterscheidung zwischen der Festsetzung in der Satzung, der Sacheinlage- bzw Sachübernahmevereinbarung zwischen den Gründern (das die Sacheinlage- bzw Sachübernahmeverpflichtung begründende Rechtsgeschäft) und dem Vollzugsgeschäft (das die Sacheinlage- bzw Sachübernahmevereinbarung erfüllende Rechtsgeschäft) auszugehen (vgl GroßKomm AktG/ *Röhricht* Rn 12, 13 ff; Spindler/Stilz AktG/*Heidinger/Benz* Rn 8; s dazu auch MünchKomm AktG/*Pentz* Rn 69 und KölnKomm AktG/*Arnold* Rn 36).

Nimmt man nun zunächst die Sacheinlage in den Blick, so ist des Weiteren an ihr Ver- 20 hältnis zur Bareinlage anzuknüpfen. Es wird gemeinhin dahin beschrieben, dass die Aktionäre eine Bareinlageverpflichtung haben, die nur bei ordnungsgemäßer Festsetzung in der Satzung durch eine Sacheinlage erfüllt werden kann (*Hüffer* AktG Rn 2; Spindler/Stilz AktG/*Heidinger/Benz* Rn 4; KölnKomm AktG/*Arnold* Rn 12; K. Schmidt/Lutter AktG/*Bayer* Rn 8), dann aber auch durch Einlage des festgesetzten Gegenstandes erfüllt werden muss (kein Wahlrecht; KölnKomm AktG/*Arnold* Rn 12). **Vor diesem Hintergrund führt eine unterbliebene oder unrichtige Festsetzung in der Satzung dazu, dass eine Bareinlageverpflichtung besteht**, von der der Gründer nicht durch Leistung einer Sacheinlage befreit werden kann (vgl *Hüffer* AktG Rn 2, 12 und K. Schmidt/Lutter AktG/*Bayer* Rn 37 f; s dazu auch das aus § 66 Abs 1 S 1 abgeleitete Verbot der Annahme einer Leistung an Erfüllungs Statt iSd § 364 Abs 1 BGB und dazu *OLG Köln* ZIP 1989, 174, 176 sowie *Hüffer* AktG § 66 Rn 4 und K. Schmidt/Lutter AktG/*Bayer* § 66 Rn 5); es tritt mit anderen Worten keine Erfüllungswirkung ein. Wenn man es nun – wie es richtig scheint – für unangemessen hält, einen Gründer im Fall einer verdeckten Sacheinlage, in dem das Erfordernis der Satzungspublizität bewusst missachtet wird, besser zu stellen, als in den Fällen, in denen eine ordnungsgemäße Festsetzung angestrebt worden und lediglich misslungen ist (so MünchKomm GmbHG/*Märtens* Rn 241 und KölnKomm AktG/*Arnold* Rn 41 sowie *Habersack*

GWR 2010, 299601 und *Rezori* RNotZ 2011, 125, 137), so kommt man nicht umhin, **§ 27 Abs 3 S 2–5 in diesen Fällen entspr anzuwenden: Die Sacheinlagevereinbarung ist ebenso wirksam wie das Erfüllungsgeschäft**, und zwar mit der Konsequenz, dass sich daraus weder Rechte der Gesellschaft ergeben, die Annahme des Gegenstandes abzulehnen oder den bereits empfangenen Gegenstand zurückzugewähren, noch Rückgewähr-, Wertersatz- oder Schadensersatzansprüche des Gründers nach §§ 985, 812 ff, 951 iVm §§ 812 ff, 311 Abs 2 BGB im Hinblick auf den übertragenen Gegenstand; **der Wert des Vermögensgegenstandes wird auf die fortbestehende Bareinlageverpflichtung angerechnet** (wie hier KölnKomm AktG/*Arnold* Rn 41 und Hölters AktG/*Solveen* Rn 25 sowie *Hüffer* AktG Rn 12a und *Rezori* RNotZ 2011, 125, 135, 137; vgl auch K. Schmidt/Lutter AktG/*Bayer* Rn 37 ff: Sacheinlagevereinbarung im Verhältnis zwischen AG und Gründer unwirksam, aber im Fall der Leistung Ausführungsgeschäft wirksam und Anrechnung auf Bareinlageschuld nach § 27 Abs 3 S 2 und S 3 analog; vgl auch Spindler/Stilz AktG/*Heidinger/Benz* Rn 77: „Insofern muss im Ergebnis der Ersatzeinlageanspruch auf Geldleistung in dieser Höhe erlöschen."). Die Anrechnung führt dazu, dass der Gründer wegen der ohne Erfüllungswirkung erbrachten Zahlung keinen Anspruch wegen Zweckverfehlung nach § 812 Abs 1 S 2 Alt 2 BGB hat, weil der Zweck mit der Anrechnung eingetreten und zuvor nicht endgültig verfehlt gewesen ist (K. Schmidt/Lutter AktG/*Bayer* Rn 75 und Spindler/Stilz AktG/*Heidinger/Benz* Rn 182 ff sowie Hölters AktG/*Solveen* Rn 38). Nimmt man nun die **Sachübernahme** in den Blick, so kann man sie kaum strenger behandeln als Sacheinlagen, schon mal sie die Kapitalaufbringung weniger stark gefährden (so zutr Spindler/Stilz AktG/*Heidinger/Benz* Rn 79, 80). Daher ist die Sachübernahmevereinbarung wie das Erfüllungsgeschäft **gem § 27 Abs 3 S 2 analog wirksam**, auch wenn sich hier die Frage einer Anrechnung nicht stellt (Spindler/Stilz AktG/*Heidinger/Benz* Rn 80; KölnKomm AktG/*Arnold* Rn 41, 128).

21 Die Frage einer **Heilung unterbliebener oder unrichtiger Festsetzungen durch Satzungsänderung nach Eintragung** hat vor diesem Hintergrund nur noch eine sehr untergeordnete Bedeutung. Bei Sacheinlagen dürfte es regelmäßig angesichts der Anrechnung kraft Gesetzes an einem diesbezüglichen praktischen Bedürfnis fehlen (so auch KölnKomm AktG/*Arnold* Rn 41, 123; s auch *Kersting* CBC-RPS 0042, S 10 und Spindler/Stilz AktG/*Heidinger/Benz* Rn 204). Bei Sachübernahmen liegt es nicht anders, weil im Verhältnis zu Gesellschaftern typischerweise eine verdeckte Sacheinlage mit der Folge der Anrechnung kraft Gesetzes vorliegen wird und im Verhältnis zu Dritten Sachübernahmevereinbarung und Erfüllungsgeschäft wirksam sind und insoweit keine Rechtsfolgen eintreten (KölnKomm AktG/*Arnold* Rn 41, 128). **Dabei darf indes nicht außer Blick geraten, dass im Falle unterbliebener oder unrichtiger Festsetzungen die Gründer und die neben ihnen haftenden Personen der Gesellschaft nach den §§ 46 ff zum Schadensersatz verpflichtet sind; daneben tritt der Straftatbestand des § 399 Abs 1 Nr 1 AktG**. Eine Strafbarkeit würde durch eine Heilung keinesfalls entfallen (KölnKomm AktG/*Arnold* Rn 123; Spindler/Stilz AktG/*Heidinger/Benz* Rn 204; GroßKomm GmbHG/*Casper* § 19 Rn 175; *Kersting* CBC-RPS 0042, S 10). Die Frage, ob bzw unter welchen Voraussetzungen die zivilrechtliche Haftung berührt werden könnte, ist noch nicht abschließend geklärt (differenzierend KölnKomm AktG/*Arnold* Rn 123; s zur Geschäftsführerhaftung *Kersting* CBC-RPS 0042, S 10 und GroßKomm GmbHG/*Casper* § 19 Rn 175 sowie Scholz GmbHG/*Veil* § 19 Rn 159, 162).

Sacheinlagen. Sachübernahmen § 27

Vor der Neubestimmung der Rechtsfolgen von unterbliebenen oder unrichtigen Festsetzungen bei Sacheinlagen und insb von verdeckten Sacheinlagen ist intensiv diskutiert worden, ob und wie eine Heilung im Sinne einer nachträglichen Änderung der infolge des Festsetzungsmangels bestehenden Bareinlageverpflichtung erreicht werden könnte (eine rückwirkende Heilung durch Satzungsänderung galt auch ungeachtet das § 27 Abs 4 aF im Lichte des Sinn und Zwecks der Sachgründungsvorschriften als ausgeschlossen; Scholz GmbHG/*Veil* § 5 Rn 97). Dies kann jedenfalls im Wege einer **Kapitalherabsetzung iVm einer Sachkapitalerhöhung** (§§ 222 ff, 183 ff) geschehen, die den Einleger von der Bareinlageverpflichtung befreit und ihm die angestrebte Sacheinlage ermöglicht (*Krolop/Pleister* AG 2006, 650, 652 f; MünchKomm AktG/*Pentz* Rn 82; GroßKomm AktG/*Röhricht* Rn 217; Scholz GmbHG/*Veil* § 5 Rn 97; Spindler/Stilz AktG/*Heidinger/Benz* Rn 211). Dagegen begegneten und begegnen Versuche, eine Möglichkeit zur **nachträglichen Umwandlung der Bareinlageverpflichtung in eine Sacheinlageverpflichtung in sinngemäßer Anwendung des § 52** zu entwickeln, erheblichen Bedenken (so etwa *Volhard* Zur Heilung verdeckter Sacheinlagen, ZGR 1995, 286, 293 f, 295 ff, 322 ff und *Rasner* Verdeckte Sacheinlage und ihre Heilung, NJW 1993, 186, 187 sowie *Hinterdobler* Heilung verdeckter Sacheinlage durch Nachgründung (§§ 52f. AktG)?, AG 1993, 123, 124 f; s dazu ausf GroßKomm AktG/*Röhricht* Rn 154, 218 und MünchKomm AktG/*Pentz* Rn 83 sowie auch Spindler/Stilz AktG/*Heidinger/Benz* Rn 211). Gewiss war nur, dass im Wege der **Nachgründung nach § 52** das gewünschte wirtschaftliche Ergebnis erreicht werden konnte: Eine Neuvornahme des nach § 27 Abs 3 S 1 aF unwirksamen Rechtsgeschäfts befreite den Einleger zwar nicht von der Bareinlageverpflichtung, eröffnete aber die Möglichkeit, den eingelegten Barbetrag für den Erwerb des Sacheinlagegegenstandes einzusetzen, und zwar selbst dann, wenn die Voraussetzungen des § 52 (10%-Schranke und Zweijahresfrist) nicht vorliegen (*Priester* Die Heilung verdeckter Sacheinlagen im Recht der GmbH, DB 1990, 1753, 1756; *Hoffmann* Die unzulässige Einlage von Dienstleistungen im GmbH- und Aktienrecht, NZG 2001, 433, 439 f; *Ulmer* Verdeckte Sacheinlagen im Aktien- und GmbH-Recht, ZHR 154 (1990), 128, 143; MünchKomm AktG/*Pentz* Rn 82 f, 106 ff, § 52 Rn 68 f, 70, 71).

22

Diese Diskussion ist überholt (so auch KölnKomm AktG/*Arnold* Rn 122). Mit der Streichung der § 27 Abs 4, 183 Abs 2 S 4 AktG aF hat der Gesetzgeber den Weg frei gemacht (s zum alten Recht *Priester* DB 1990, 1753, 1758 f; *Hoffmann* NZG 2001, 433, 438 f; MünchKomm AktG/*Pentz* Rn 83; GroßKomm AktG/*Röhricht* Rn 154, 182, 219 ff) und frei machen wollen, die vom BGH zum GmbH-Recht entwickelte **nachträgliche Umwandlung der Bareinlageverpflichtung in eine Sacheinlageverpflichtung durch satzungsändernden Gesellschafterbeschluss** (*BGHZ* 132, 141, 150 ff, ergänzt durch *BGHZ* 155, 329, 337 ff; vgl auch OLG Schleswig GmbHR 2005, 357; s dazu Scholz GmbHG/*Veil* § 5 Rn 97, 106 f und GroßKomm GmbHG/*Ulmer* 1. Aufl. § 19 Rn 137 f) in das Aktienrecht zu übernehmen (Begr zu § 27 Abs 3 idF der Beschlussempfehlung des Rechtsausschusses des Deutschen Bundestages zum RegE ARUG). Er hat dabei allerdings übersehen, dass infolge der Wirksamkeit der Rechtsgeschäfte und der Anrechnung kraft Gesetzes der Gegenstand bereits übertragen worden ist und deshalb eine Sacheinlageverpflichtung iSd Rspr nicht mehr begründet werden kann. Die „Heilungsrechtsprechung" beruhte auf der Annahme der Nichtigkeit der Rechtsgeschäfte, so dass der satzungsändernde Gesellschafterbeschluss auf die Neuvornahme der Rechtsgeschäfte zielte, und sie verlangte demgemäß, dass dieser

23

Beschluss die nach § 27 Abs 1 S 1 erforderlichen Festsetzungen enthielt; der „Heilungsbeschluss" sollte den Rechtsgrund für die beabsichtigte Übertragung des Gegenstandes darstellen und zum einen die Neuvornahme des Veräußerungsgeschäfts und zum anderen die Nachholung der Prüfung auf die Werthaltigkeit des einzubringenden Gegenstands ermöglichen (*BGHZ* 155, 329, 337 ff). **Eine Heilung setzt vor diesem Hintergrund heute zweierlei voraus:** Es ist ein mit satzungsändernder Mehrheit gefasster Hauptversammlungsbeschluss erforderlich, der „die Einbringung des ursprünglichen Vermögensgegenstandes und das hieraus resultierende Erlöschen der Bareinlageverpflichtung gem § 27 Abs 3 S 3 ex nunc feststellt" (so zutr K. Schmidt/Lutter AktG/*Bayer* Rn 84; im Ergebnis ebenso KölnKomm AktG/*Arnold* Rn 124 und Groß-Komm GmbHG/*Casper* § 19 Rn 173; s dazu auch Spindler/Stilz AktG/*Heidinger/Benz* Rn 206 ff), und es muss die Werthaltigkeitskontrolle nach den §§ 32 Abs 1 und Abs 2, 33 Abs 1 und Abs 2, 33a, 34 Abs 1 Nr 2 und Abs 2 und Abs 3 (Gründungsbericht und Gründungsprüfung), §§ 36 Abs 2 S 1 und S 2, 37 Abs 1 und Abs 4 Nr 2, 37a, 38 Abs 1 S 2, Abs 2 S 2, Abs 3 (Registerkontrolle) durchgeführt werden; es greifen auch die Regeln über die Differenzhaftung nach § 9 GmbHG analog (K. Schmidt/Lutter AktG/*Bayer* Rn 83 ff; KölnKomm AktG/*Arnold* Rn 125; Spindler/Stilz AktG/*Heidinger/Benz* Rn 209 f; vgl auch GroßKomm GmbHG/*Casper* § 19 Rn 174 f). Nach Ansicht des *BGH* kann der betroffene Gründer „aus dem **Gesichtspunkt der gesellschaftlichen Treupflicht** von seinen Mitgesellschaftern die Mitwirkung an einer ‚heilenden' Änderung der Einlagendeckung von der Bar- zur Sacheinlage jedenfalls dann verlangen, wenn sich die Gesellschafter über die geplante Einlage einig waren, dafür aber – gleich aus welchen Gründen – gemeinsam den rechtlich falschen Weg gewählt haben" (*BGHZ* 155, 329, 329; s dazu Spindler/Stilz AktG/*Heidinger/Benz* Rn 209 und Groß-Komm GmbHG/*Casper* § 19 Rn 173).

VI. Änderung und Beseitigung der Festsetzungen

24 § 27 Abs 5 verweist für die Änderung von bestehenden (rechtswirksamen) Festsetzungen und die Beseitigung erledigter Festsetzungen auf § 26 Abs 4 und Abs 5 (s § 26 Rn 14 f). **Hier wie dort dürfen die Festsetzungen selbst nach Ablauf der Sperrfrist nur zugunsten der Gesellschaft und mit Zustimmung des Betroffenen geändert werden.** Damit scheidet eine Erhöhung des Nennbetrages der im Rahmen einer Sacheinlage zu gewährenden Aktien bzw der Anzahl der zu gewährenden Stückaktien ebenso aus wie eine Herabsetzung der Leistungspflicht des Gründers; eine Erhöhung der Leistungspflicht des Gründers ist demgegenüber zulässig und ist gem den Regeln zur unterbewerteten Sacheinlage (s Rn 13) zu behandeln (MünchKomm AktG/*Pentz* Rn 128 f; GroßKomm AktG/*Röhricht* Rn 180 f; KölnKomm AktG/*Arnold* Rn 155 ff;). § 27 Abs 5 iVm § 26 Abs 4 betrifft nach seinem klaren Wortlaut nur bestehende (rechtswirksame) Festsetzungen zu Sacheinlagen und errichtet damit keine zeitliche Sperre für die Umwandlung einer Bareinlage in eine Sacheinlage (Begr zu § 27 Abs 3 idF der Beschlussempfehlung des Rechtsausschusses des Deutschen Bundestages zum RegE ARUG; K. Schmidt/Lutter AktG/*Bayer* Rn 43 iVm Rn 83 ff; **aA** MünchKomm AktG/*Pentz* Rn 130; GroßKomm AktG/*Röhricht* Rn 182; KölnKomm AktG/*Arnold* Rn 156; s auch Spindler/Stilz AktG/*Heidinger/Benz* Rn 288: jedenfalls nach fünf Jahren zulässig). Dagegen ist zumindest im Grundsatz wohl nicht zweifelhaft, dass eine Umwandlung einer Sacheinlage in eine Bareinlage erlaubt ist (GroßKomm AktG/ *Röhricht* Rn 183; *Hüffer* AktG Rn 46; Spindler/Stilz AktG/*Heidinger/Benz* Rn 288;

KölnKomm AktG/*Arnold* Rn 157; K. Schmidt/Lutter AktG/*Bayer* Rn 43; Münch-Komm AktG/*Pentz* Rn 130, der allerdings einen Beschluss mit der für einen Auflösungsbeschluss nach § 262 Abs 1 Nr 2 erforderlichen Mehrheit verlangt).

VII. Verdeckte Sacheinlage

1. Hintergrund. § 27 enthält nunmehr auch Regelungen zu den Fallkonstellationen der verdeckten Sacheinlage, in der ein sacheinlagefähiger Gegenstand auf eine Weise eingebracht wird, die von § 27 nicht erfasst wird, und des Hin- und Herzahlens, in der eine Forderung gegen den Gründer und damit ein nicht sacheinlagefähiger Gegenstand eingebracht wird. Bei der verdeckten Sacheinlage geht es im Kern um das folgende Problem: Eine Gründung mit Sacheinlagen ist aufwendiger als eine Bargründung. Das hat in der Praxis zu Verfahrensweisen geführt, die zu demselben Ergebnis wie eine Gründung mit Sacheinlagen führen, aber den Vorschriften über die Einbringung von Sacheinlagen nicht unterliegen. **So kann die Gesellschaft im Wege der Bargründung gegründet werden und mit den eingelegten Barmitteln den fraglichen Vermögensgegenstand erwerben oder der Gründer die Bareinlageverpflichtung mit Mitteln erfüllen, die er zuvor aufgrund eines Erwerbsgeschäfts erhalten hat** (einer offenen Verrechnung steht § 27 Abs 1 S 2 entgegen); **in gleicher Weise kann die Gesellschaft im Wege der Bargründung gegründet werden und mit den eingelegten Barmitteln eine Altforderung des Gründers** (Forderung gegen die Gesellschaft, die bei Begründung der Bareinlageverpflichtung bereits bestand; s dazu *BGHZ* 152, 37, 42 f) **tilgen oder der Gründer die Bareinlageverpflichtung mit Mitteln erfüllen, die er zuvor aufgrund der Tilgung der Altforderung erhalten hat** (MünchKomm AktG/*Pentz* Rn 84, 111, 113 ff; GroßKomm AktG/*Röhricht* Rn 188, 190, 206 ff; *Hüffer* AktG Rn 25, 26 ff; GroßKomm GmbHG/*Casper* § 19 Rn 115 ff, 122 ff). Das charakteristische Element dieser Verfahrensweisen ist die **Aufspaltung des wirtschaftlich einheitlichen Vorgangs einer Sacheinlage in zwei rechtlich getrennte Geschäfte,** und zwar in eine Bareinlage und ein gegenläufiges Erwerbsgeschäft bzw in eine Bareinlage und eine gegenläufige Forderungstilgung (*Bayer* GmbHR 2004, 445, 448 f, 449 f; GroßKomm AktG/*Röhricht* Rn 190, 211; MünchKomm AktG/*Pentz* Rn 85; *Hüffer* AktG Rn 25; *Rezori* RNotZ 2011, 125, 138 mit dem Hinweis, die Grundsätze der verdeckten Sacheinlage kämen auch zur Anwendung, wenn ein anderer als der vereinbarte Vermögensgegenstand eingebracht wird; s zur Frage, ob nach diesen Grundsätzen eine Stafettengründung als verdeckte Sacheinlage anzusehen ist, etwa *Wälzholz/Bachner* Probleme der sog Stafettengründung von Kapitalgesellschaften, NZG 2006, 361, 364).

25

Die **hM** sah vor der Aufnahme der Regelung in § 27 Abs 4 in einer solchen Aufspaltung des wirtschaftlich einheitlichen Vorgangs einer Sacheinlage in zwei rechtlich getrennte Geschäfte einen Widerspruch zum Sinn und Zweck der Sacheinlagebestimmungen, da keine Offenlegung und keine Prüfung der Werthaltigkeit des Vermögensgegenstandes stattfindet, und damit eine unzulässige Umgehung der Sacheinlagevorschriften. Die von ihr angenommenen **Konsequenzen waren folgenschwer**: Da das Ziel des Vorgangs nicht die endgültige Aufbringung von Barmitteln sei, stelle die von dem Gründer erbrachte Zahlung keine Barleistung zur endgültig freien Verfügung des VR (§§ 36 Abs 2, 37 Abs 1 S 1 und S 2) und damit auch keine Erfüllung seiner Bareinlageverpflichtung (§ 27 Abs 3 S 3 aF) dar. Die von dem Gründer erbrachte Zahlung sei infolgedessen unwirksam, und zwar mit der Konsequenz, dass der Gründer seine Bareinlageverpflichtung nach wie vor erfüllen müsse; die den Vermögensgegenstand

26

§ 27 Sacheinlagen. Sachübernahmen

betreffenden Maßnahmen (so im Falle einer Verknüpfung von Bareinlage und Erwerbsgeschäft das gesamte Erwerbsgeschäft) seien nichtig (§ 27 Abs 3 S 1 aF). Die Rückabwicklungsansprüche des Gründers (so im Falle einer Verknüpfung von Bareinlage und Erwerbsgeschäft die Ansprüche auf Herausgabe nach § 985 BGB bzw Wertersatz nach den §§ 812, 818 Abs 2 BGB im Hinblick auf den Vermögensgegenstand und auf Rückzahlung nach den §§ 812 ff BGB im Hinblick auf die erbrachte Zahlung) könnten gegen die Bareinlageverpflichtung nicht aufgerechnet werden (§ 66 Abs 1 S 2); auch ein Zurückbehaltungsrecht könne nicht geltend gemacht werden. **Im Falle der Insolvenz der Gesellschaft** konnte das Ergebnis dann so aussehen, dass der Gründer die Bareinlage noch einmal voll leisten, sich seinerseits aber auf eine anteilige Befriedigung von Zahlungsansprüchen verweisen lassen musste (GroßKomm AktG/*Röhricht* Rn 190, 193, 214 mwN; MünchKomm AktG/*Pentz* Rn 85, 89 ff, 98 ff mwN), **ein Ergebnis, das vom *BGH* schließlich** dadurch **abgemildert wurde**, dass, wenn keine dinglichen Ansprüche des Gründers auf Herausgabe des Vermögensgegenstandes bestehen, auch im Insolvenzverfahren das unwirksame Austauschgeschäft unter Saldierung der beiderseitigen Bereicherungsansprüche abzuwickeln war, jedenfalls soweit die Voraussetzungen des sinngemäß anzuwendenden § 94 InsO vorlagen (*BGHZ* 173, 145, 156 f – Lurgi), und dass in diese Saldierung auch der Bereicherungsanspruch im Hinblick auf die ohne Tilgungswirkung erbrachte Zahlung einzubeziehen war (*BGH* NZG 2009, 747, 749 – Lurgi II; s zu dieser Rspr insb K. Schmidt/Lutter AktG/*Bayer* Rn 51). Eine Haftung der Gründer und der neben ihnen haftenden Personen konnte sich nach den § 46 ff, 399 Abs 1 Nr 1, eine Haftung des am Vorgang beteiligten Kreditinstituts nach § 37 Abs 1 S 4 ergeben (MünchKomm AktG/*Pentz* Rn 85, 102; zur Haftung eines anwaltlichen Beraters der Gesellschaft gegenüber dem betroffenen Gründer s *BGH* NJW 2000, 725, 727, zu der des die Satzung beurkundenden Notars s MünchKomm AktG/*Pentz* Rn 103). Die **Gegner dieser sog Lehre von der verdeckten Sacheinlage** gingen im Kern davon aus, die vorhandenen gesetzlichen Regelungen (insb die §§ 93, 52) würden keinen Raum für diese Auffassung lassen und die Rechtsfolgen einer verdeckten Sacheinlage würden sich darauf beschränken, dass nach § 27 Abs 1 S 1 und § 27 Abs 3 S 1 aF eine unwirksame, da nicht in der Satzung festgesetzte Sachübernahme vorliege, also insb nicht in einer nicht erfüllten Bareinlageverpflichtung bestehen (*Loos* Zur verschleierten Sacheinlage bei der Aktiengesellschaft, AG 1989, 381, 382 ff, 384 f, 385 f, 386 f, 389 ff und *ders* Verschleierte Sacheinlage bei Aktiengesellschaften?, BB 1989, 2147, 2147, 2150; s zur Kritik an dieser Ansicht: GroßKomm AktG/*Röhricht* Rn 191 und MünchKomm AktG/*Pentz* Rn 86). Die höchstrichterliche Rspr hatte die Einwände gegen die Lehre von der verdeckten Sacheinlage zurückgewiesen und damit den Streit jedenfalls für die Praxis entschieden (s insb *BGHZ* 110, 47, 52 ff).

27 An dieser Rechtslage wurde durch das MoMiG (BGBl I 2008, 2026), das am 1.11.2008 in Kraft trat und das mit § 19 Abs 4 GmbHG eine dem heutigen § 27 Abs 3 entspr Vorschrift in das GmbHG aufnahm, nichts geändert. Es handelte sich um eine Sonderregelung für das GmbH-Recht, die dem gesellschaftsrechtlichen Kenntnisstand der Beteiligten im Bereich kleiner und mittelständischer Unternehmen, an den keine überzogenen Erwartungen zu stellen seien, Rechnung tragen und die das insb an die mittelständische Wirtschaft gerichtete GmbH-Recht leichter handhabbar machen sollte; sie wurde überdies in einem engen Zusammenhang mit der Herabsetzung des Mindestkapitals gesehen, weil auch dadurch der Anreiz zur Umgehung der Sachgrün-

Sacheinlagen. Sachübernahmen   § 27

dungsvorschriften verringert werde (Begr zu § 19 Abs 4 GmbHG idF des RegE MoMiG). Es wurde ausdrücklich darauf hingewiesen, dass eine Absenkung des Mindestkapitals im Aktienrecht wegen der Kapitalrichtlinie nicht möglich sei und die Deregulierung der Sacheinlage im Aktienrecht erst iRd Umsetzung der Änderungsrichtlinie zur Kapitalrichtlinie (2006/L 2647/32) in Angriff genommen werden solle (Begr zu Art 5 RegE MoMiG). **So wurde der § 27 Abs 3 dann erst durch das ARUG (BGBl I 2009, 2479), das am** 1.9.2009 **in Kraft trat, geschaffen,** und zwar mit der Begründung, die im GmbH-Recht getroffene, von Praxis und Wissenschaft überwiegend gut aufgenommene Regelung des § 19 Abs 4 GmbHG solle nunmehr im Wesentlichen in das Recht der Aktiengesellschaft übertragen werden (Begr zu § 27 Abs 3 idF der Beschlussempfehlung des Rechtsausschusses des Deutschen Bundestages zum RegE ARUG). S zur Entstehungsgeschichte ausf K. Schmidt/Lutter AktG/*Bayer* Rn 1, 5, 51 f, 53 f und KölnKomm AktG/*Arnold* Rn 1 ff, 77 ff. S zur rechtspolitischen Kritik an diesen Vorschriften etwa K. Schmidt/Lutter AktG/*Bayer* Rn 1, 55 f und *Hüffer* AktG Rn. 34, aber auch *Andrianesis* WM 2011, 968, 969 mit dem Hinweis, der Reformbedarf würde dadurch relativiert, dass der Gründer Aktien erhalte, diese Transaktion gültig bleibe und die Aktien bisweilen den Wert der Einlage mehrfach übersteigen würde („Die Situation des Aktionärs war bei der früheren Rechtslage nicht derart desolat wie es schien.") sowie *Henkel* NZI 2010, 6, 8 und *Wansleben* WM 2012, 2083 ff, 2086 ff zum Spannungsverhältnis zwischen § 27 Abs 4 und einem debt equity swap im Sanierungsfall.

Was die möglichen **Bedenken gegen eine solche Regelung aufgrund der aktienrechtlichen und europarechtlichen Rahmenbedingungen** angeht – die, was angemerkt sei, in ähnlicher Weise bereits gegen die sog Lehre von der verdeckten Sacheinlage geltend gemacht worden waren (s dazu GroßKomm AktG/*Röhricht* Rn 191 f; MünchKomm AktG/*Pentz* Rn 86 f; s insb zur Frage, ob die Nachgründungsvorschriften der Lehre von der verdeckten Sacheinlage entgegenstehen, *Kindler* Verdeckte Sacheinlage und Kapitalschutzrichtlinie – Zur Umwandlung von Geldkrediten in Nennkapital der AG, FS Boujong, S 299, 308 ff) – wird in der Gesetzesbegründung darauf verwiesen, dass das **nationale Nachgründungsrecht in § 52 nicht abschließend** sei und die korrespondierende europarechtliche Regelung in Art 11 KapRL die Neuregelung nicht ausschließe, weil die Kapitalrichtlinie nur einen Mindeststandard festschreibe und weil, selbst wenn sie Vorschriften entgegenstünde, die funktional dem abstrakten Umgehungsschutz iSd § 52, Art 11 KapRL entsprächen, und die von der Rspr entwickelten Regeln zum Vorliegen einer verdeckten Sacheinlage deshalb nicht mit den Vorgaben der Kapitalrichtlinie vereinbar wären, der Wortlaut des § 27 Abs 3 doch so gefasst sei, dass er etwa erforderlichen Fortentwicklungen der Rechtsprechung offen gegenüberstehe; man gehe allerdings davon aus, dass § 27 Abs 3 jedenfalls derzeit ebenso angewandt und ausgelegt werden könne wie § 19 Abs 4 GmbHG (Begr zu § 27 Abs 3 idF der Beschlussempfehlung des Rechtsausschusses des Deutschen Bundestages zum RegE ARUG). Der *BGH* hat mit Blick auf die sog Lehre von der verdeckten Sacheinlage die Einwände aus § 52 zurückgewiesen und auch die europarechtlichen Bedenken nicht geteilt (*BGHZ* 110, 47, 52 ff, 68 ff). Damit dürften diese Fragen jedenfalls zunächst einmal für die Praxis geklärt sein (s dazu *Habersack* AG 2009, 557, 559; K. Schmidt/Lutter AktG/ *Bayer* Rn 57, § 52 Rn 52 ff; Spindler/Stilz AktG/*Heidinger/Benz* Rn 106, 114 ff; Köln-Komm AktG/*Arnold* Rn 8 ff, 86 ff, der keinen Änderungsbedarf sieht, da es sich bei der Vermutung einer Abrede bei einem zeitlichen und sachlichen Zusammenhang nur um

Lohse   265

eine Beweisregel handele, die nichts daran ändere, dass die verdeckte Sacheinlage ein subjektives Element voraussetze). **Eine andere Frage ist es allerdings, ob § 27 Abs 3 mit der darin enthaltenen Neubestimmung der Rechtsfolgen der verdeckten Sacheinlage sich noch unter dem Gesichtspunkt des Umgehungsschutzes rechtfertigen lässt**, aber auch diese Frage lässt sich mit Blick auf das „Sanktionsgefälle zwischen einer verdeckten und einer ordnungsgemäß festgesetzten Sacheinlage" (so Begr zu § 27 Abs 3 idF der Beschlussempfehlung des Rechtsausschusses des Deutschen Bundestages zum RegE ARUG) bejahen, das in der Anrechnung nicht vor Eintragung (§ 27 Abs 3 S 4), der Haftung und Strafbarkeit für die dennoch gemachte Erklärung, die Geldleistung stehe endgültig zur freien Verfügung des VR (§ 37 Abs 1 S 1 und S 2 iVm §§ 46 ff, 399 Abs 1 Nr 1; s zu der Frage, ob die Anrechnungslösung Auswirkungen auf die Haftung des Kreditinstituts nach § 37 Abs 1 S 4 hat, *Henkel* NZI 2010, 6, 8), der Ablehnung der Eintragung durch das Registergericht (§ 38 Abs 1 S 2), der Beweislastregel des § 37 Abs 3 S 5 und der Stimmrechtsbeschränkung des § 134 Abs 2 S 2 zum Ausdruck kommt (*Habersack* AG 2009, 557, 559 f; *Hüffer* AktG Rn 24; KölnKomm AktG/*Arnold* Rn 88; K. Schmidt/Lutter AktG/*Bayer* Rn 57; Spindler/Stilz AktG/*Heidinger/Benz* Rn 106; *Andrianesis* WM 2011, 968, 970 f, 972 f).

29 Eine wiederum andere Frage hat die **Übergangsvorschrift des § 20 Abs 7 EGAktG aufgeworfen**, wonach § 27 Abs 3 auch für Einlageleistungen gilt, die vor dem 1.9.2009 bewirkt worden sind, soweit sie nach der bis dahin geltenden Rechtslage keine Erfüllung der Einlageverpflichtung bewirkt haben, es sei denn, es ist über die daraus folgenden Ansprüche bereits vor dem 1.9.2009 ein rechtskräftiges Urteil ergangen oder eine wirksame Vereinbarung getroffen worden. Der BGH hat die geltend gemachten **verfassungsrechtlichen Bedenken** für die entspr Vorschrift im GmbH-Recht (§ 3 Abs 4 EGGmbHG) inzwischen zurückgewiesen (*BGH* NZG 2010, 702, 705 ff – AdCoCom): Es werde zwar der Gesellschaft die Bareinlageforderung entzogen und im Hinblick auf das Verkehrsgeschäft in bestehende Forderungen der Gesellschaft und (Eigentums-)Rechte des Inferenten eingegriffen, es liege aber eine zulässige unechte Rückwirkung bzw tatbestandliche Rückanknüpfung vor, da der Sachverhalt der Kapitalaufbringung bzw -erhöhung in den erfassten Fällen wegen der fehlenden Erfüllungswirkung der einzelnen Geschäfte nicht abgeschlossen sei und die dem Gesetzgeber bei der Anordnung einer unechten Rückwirkung gezogenen Grenzen eingehalten seien; es würden keine Vertrauensinvestitionen nachteilig beeinflusst, und das schützenswerte Bestandsinteresse der Gesellschaft am Erhalt ihres Vermögens werde durch die Rechtsänderung nicht berührt, da die verdeckte Leistung nur in dem Umfang angerechnet würde, in dem der Gesellschaft ursprünglich ein werthaltiger Gegenstand zugeführt worden sei. Damit dürfte auch diese Frage jedenfalls zunächst einmal für die Praxis geklärt sein (s auch *OLG Köln* GmbHR 2010, 1213, 1215 f; s zu der Diskussion *Andrianesis* WM 2011, 968, 971; *Bormann* Die Kapitalaufbringung nach dem Regierungsentwurf des MoMiG, GmbHR 2007, 897, 900 f; *Heinze* Verdeckte Sacheinlagen und verdeckte Finanzierungen nach MoMiG, GmbHR 2008, 1065, 1073; *Fuchs* BB 2009, 170, 173 ff; *Pentz* GmbHR 2009, 505, 506 f; *ders* GmbHR 2010, 673, 675 ff; *Kleindiek* ZGR 2011, 335, 339 ff; *Haas/Vogel* NZG 2010, 1081, 1083 ff; Spindler/Stilz AktG/*Heidinger/Benz* Rn 212; Hölters AktG/*Solveen* Rn 39; K. Schmidt/Lutter AktG/*Bayer* Rn 116; KölnKomm AktG/*Arnold* Rn 85; GroßKomm GmbHG/*Casper* § 19 Rn 211 f). **Die Problematik der Übergangsregelung liegt darin, dass die erfassten schuldrechtlichen Austauschgeschäfte und dinglichen Vollzugsgeschäfte ex tunc wirksam werden**: Hätte die Gesellschaft über den Ver-

mögensgegenstand weiterverfügt, so hätte sie nunmehr als Berechtigte verfügt. Hätte die Gesellschaft den aufgrund des unwirksamen schuldrechtlichen Austauschgeschäfts bestehenden Bereicherungsanspruch nach § 398 abgetreten, so hätte sie nunmehr als Nichtberechtigte verfügt, und der Dritte würde der Forderung verlustig gehen. Hätte der Gründer das aufgrund des unwirksamen dinglichen Vollzugsgeschäfts nicht übergegangene Eigentum an dem Vermögensgegenstand nach § 931 BGB übertragen, so hätte er nunmehr als Nichtberechtigter verfügt und der Dritte könnte das Eigentum verlieren. Der Gesetzgeber hat die Bedenken dagegen, dass „die Vorschrift rückwirkend die Rechtszuständigkeit am Einlagegegenstand ändere", mit dem Hinweis zurückgewiesen, es handele sich dabei „um ein eher theoretisches Problem" (Begr zu § 20 Abs 7 idF der Beschlussempfehlung des Rechtsausschusses des Deutschen Bundestages zum RegE ARUG). In der Literatur wird dagegen für den Fall, dass ein Dritter betroffen und sein Interesse schutzwürdig sein sollte, eine **teleologische Reduktion des § 20 Abs 7 EGAktG** in Erwägung gezogen (s zu diesem Problemkreis: *Andrianesis* WM 2011, 968, 972; GroßKomm GmbHG/*Casper* § 19 Rn 213; KölnKomm AktG/*Arnold* Rn 85; *Haas/ Vogel* NZG 2010, 1081, 1086; *Heinze* Verdeckte Sacheinlagen und verdeckte Finanzierungen nach MoMiG, GmbHR 2008, 1065, 1073 f; *Pentz* FS Karsten Schmidt, S 1265, 1275, 1281 ff; *ders* Verdeckte Sacheinlagen nach dem MoMiG und prozessuale Folgen des Übergangsrechts, GmbHR 2009, 126, 129 ff; *ders* GmbHR 2010, 673, 677; *Kleindiek* ZGR 2011, 335, 342 f mit dem Vorschlag, die Ausnahme des § 20 Abs 7 S 2 EGAktG – Vereinbarung zwischen Gesellschaft und Gesellschafter über die aus der Unwirksamkeit folgenden Ansprüche – in den Fällen eingreifen zu lassen, in denen der Gesellschafter den verdeckt eingelegten Gegenstand veräußert hat).

2. Tatbestand. Der Gesetzgeber hat mit der Formulierung „ist eine Geldeinlage eines Aktionärs bei wirtschaftlicher Betrachtung und auf Grund einer im Zusammenhang mit der Übernahme der Geldeinlage getroffenen Abrede vollständig oder teilweise als Sacheinlage zu bewerten" die **Voraussetzungen für das Vorliegen einer verdeckten Sacheinlage** nicht neu regeln, sondern „auf die in der Rechtsprechung übliche Definition aufsetzen", es aber zugleich der „Rechtsprechung weiterhin freistellen" wollen, „die Voraussetzungen der verdeckten Sacheinlage innerhalb der gegebenen Definition zu entwickeln und Beweisregeln mit Zeitfaktoren zu verbinden" (Begr zu § 19 Abs 4 GmbHG idF des RegE MoMiG; s auch Begr zu § 27 Abs 3 idF der Beschlussempfehlung des Rechtsausschusses des Deutschen Bundestages zum RegE ARUG; s dazu KölnKomm AktG/*Arnold* Rn 89 und K. Schmidt/Lutter AktG/*Bayer* Rn 58; s zur Formulierung des Gesetzgebers auch *Hüffer* AktG Rn 25: „falsa demonstratio" und *Pentz* GWR 2010, 304906: „die Sache eher verdunkelnder Gesetzestext"). Der *BGH* nimmt eine verdeckte Sacheinlage demgemäß auch weiterhin an, **„wenn die gesetzlichen Regeln für Sacheinlagen dadurch unterlaufen werden, dass zwar eine Bareinlage vereinbart wird, die Gesellschaft aber bei wirtschaftlicher Betrachtung von dem Einleger aufgrund einer im Zusammenhang mit der Übernahme der Einlage getroffenen Absprache einen Sachwert erhalten soll"** (*BGH* NZG 2010, 702, 703 – AdCoCom; *BGH* NZG 2010, 343, 344 – Eurobike; NZG 2009, 463, 464 – Qivive; NZG 2008, 311, 311 f; *BGH* DStR 2007, 263, 264 – Warenlager; *BGH* NJW 2006, 1736, 1737 – Cash-Pool; *BGH* NZG 2003, 867, 869 – Mitwirkungspflicht bei Heilung; etwas anders *BGH* BGHZ 173, 145, 152 – Lurgi, wo es heißt, „wenn die gesetzlichen Regeln für Sacheinlagen... *objektiv* dadurch unterlaufen werden, dass... von dem Einleger aufgrund *eines im Zusammenhang mit der Übernahme der Einlage abgeschlossenen Gegengeschäfts* (*oder einer sonstigen Absprache*) einen Sachwert erhalten soll," und ganz ähnlich *BGHZ* 175, 265, 270 – Rheinmöve). Der Gesetzgeber hat zugleich den Streit positivrechtlich entschieden (so auch KölnKomm AktG/*Arnold* Rn 89 und K. Schmidt/Lutter AktG/*Bayer* Rn 60), ob das Vorliegen einer verdeckten Sacheinlage anzunehmen ist, wenn ein sachlich und zeitlicher Zusammenhang zwischen der Begründung der Bareinlageverpflichtung und dem gegenläufigen Rechtsgeschäft gegeben ist (sog rein objektiver Tatbestand; s insb KölnKomm AktG/*Lutter* 2. Aufl § 66 Rn 32) oder wenn eine (auch unwirksame) **Abrede unter den Gründern** darüber vorliegt, dass er im wirtschaftlichen Ergebnis keine Bareinlage, sondern eine Sacheinlage erbringen soll, die allerdings bei Vorliegen eines sachlichen und zeitlichen Zusammenhangs zwischen der Begründung der Bareinlageverpflichtung und dem gegenläufigen Rechtsgeschäft vermutet werden kann (sog gemischt objektiver/subjektiver Tatbestand mit Beweislastumkehr; s insb *Henze* Zur Problematik der „verdeckten" (verschleierten) Sacheinlage im Aktien- und GmbH-Recht, ZHR 154 (1990), 105, 109 ff, 114 und *Mülbert* Das „Magische Dreieck" der Barkapitalaufbringung, ZHR 154 (1990), 145, 187 ff sowie *Ulmer* Verdeckte Sacheinlagen im Aktien- und GmbH-Recht, ZHR 154 (1990), 128, 141 f; MünchKomm AktG/*Pentz* Rn 94 ff mwN). Die Abrede zum Zeitpunkt der Begründung der Bareinlageverpflichtung des betroffenen Gründers ist wohl in der Tat unverzichtbar, da es hier anders als in § 52 um einen konkreten Umgehungstatbestand geht (GroßKomm AktG/*Röhricht* Rn 192, 197). Nunmehr ist jedenfalls davon auszugehen, dass eine verdeckte Sacheinlage **einen dreigliedrigen Tatbestand** hat (vgl Hölters AktG/*Solveen* Rn 30), der im Ausgangspunkt aus (1) der Begründung einer Bareinlageverpflichtung und der Bareinlageleistung im Zuge der Gründung (Kapitalerhöhung), (2) der Vornahme eines Verkehrsgeschäfts hinsichtlich des einzubringenden Gegenstandes (Verpflichtungs- und Erfüllungsgeschäft) und (3) einer Umgehungsabrede zum Zeitpunkt der Begründung der Bareinlageverpflichtung besteht (letzteres ist str; wie hier etwa K. Schmidt/Lutter AktG/*Bayer* Rn 60, 61 und Spindler/Stilz AktG/*Heidinger/Benz* Rn 169 sowie MünchKomm AktG/*Pentz* Rn 95; aA etwa KölnKomm AktG/*Arnold* Rn 95 und *Veil/Werner* GmbHR 2009, 729, 731, 732).

31 Die typischen Fälle der verdeckten Sacheinlage sind die bereits oben (Rn 25) genannten **Fälle der verdeckten Sach- oder Forderungseinbringung** (so zutr *Hüffer* AktG Rn 26), insb seitdem in den Fällen des „Schütt-aus-hol-zurück-Verfahrens" richtigerweise keine verdeckte Einbringung des Gewinnausschüttungsanspruchs angenommen wird, wenn die Grundsätze des Verfahrens einer Kapitalerhöhung aus Gesellschaftsmitteln sinngemäß angewendet werden (*BGHZ* 135, 381, 384; 152, 37, 43; vgl GroßKomm AktG/*Röhricht* Rn 210; MünchKomm AktG/*Pentz* Rn 115; *Hüffer* AktG Rn 26; *Lutter/Zöllner* Ausschüttungs-Rückhol-Verfahren und Sachkapitalerhöhung, ZGR 1996, 164, 180 ff). Allerdings hat der BGH für den Fall, dass eine **Voreinzahlung auf eine Kapitalerhöhung** die Einlageschuld nicht tilgt und daher einen Bereicherungsanspruch begründet und nach dem Kapitalerhöhungsbeschluss dann eine Zahlung mit der Maßgabe erfolgt, diesen Anspruch zu tilgen, eine verdeckte Sacheinlage angenommen: „Denn bei wirtschaftlicher Betrachtung wird die Einlage nicht durch Geldleistung, sondern durch **Einbringung der Bereicherungsforderung des Gesellschafters** erfüllt" (*BGH* GmbHR 2012, 1066, 1069; s dazu *Bormann* Anmerkung zu *BGH* Urt v 10.7.2012 – II ZR 212/10, GmbHR 2012, 1066, 1069, 1070 mit dem Hinweis, dass die Einordnung als verdeckte Sacheinlage wünschenswert sei, weil ihr Erfüllungswirkung zukomme, soweit die Forderung gegen die Gesellschaft werthaltig sei; *Böcker* Anmerkung zu *BGH* Urt v 10.7.2012 – II ZR 212/10, DZWIR 2013, 34, 366, 366 f; *OLG Nürnberg* DZWIR 2011, 167, 170 f, das als Vorinstanz vorrangig angenommen hatte, „dass es sich nicht um eine Einzahlung, sondern um bloßes Hin- und Herzahlen handelte"; *Priester* DStR 2010, 494, 499 f.). Zu den Fällen der verdeckten Forderungseinbringung (s dazu etwa *OLG Köln* GmbHR 2010, 1213, 1214 f) ist weiter nachzutragen, dass nach verbreiteter Ansicht auch **Neuforderungen (Forderungen gegen die Gesellschaft, die bei Begründung der Bareinlageverpflichtung noch nicht bestanden)** verdeckt eingebracht werden können; entscheidend ist dann, dass die Umgehungsabrede zum Zeitpunkt der Begründung der Bareinlageverpflichtung getroffen wird (*BGH* NZG 2009, 944, 945 – Cash-Pool II mit dem Hinweis, es genüge die Vereinbarung der Zahlung auf ein in den Cash-Pool einbezogenes Konto, weil der Inferent es in Kauf nehme, dass auf dem Zentralkonto im Zeitpunkt der Weiterleitung des Einlagebetrages ein negativer Saldo zu Lasten der Gesellschaft bestehe und es dann zu einer verbotenen Verrechnung komme; s auch *BGH* NZG 2010, 343, 345 – Eurobike; Spindler/Stilz AktG/*Heidinger/Benz* Rn 151; KölnKomm AktG/*Arnold* Rn 100; K. Schmidt/Lutter AktG/*Bayer* Rn 64 zur Kapitalerhöhung unter Hinweis auf *BGHZ* 132, 141, 144 ff und *BGHZ* 152, 37, 43 f; zurückhaltender *Hüffer* AktG Rn 28).

In beiden Fallgruppen muss es sich nach wohl hM um **einen sacheinlagefähigen Gegenstand** handeln (*Hüffer* AktG Rn 27; Hölters AktG/*Solveen* Rn 34; K. Schmidt/ Lutter AktG/*Bayer* Rn 59; KölnKomm AktG/*Arnold* Rn 92). Dieses Erfordernis hat die Rechtsprechung in jüngerer Zeit mehrfach beschäftigt. Der *BGH* hat es abgelehnt, im Hinblick auf **Dienstleistungen und Vergütungsforderungen für künftige Dienstleistungen** gegen die Gesellschaft (s bereits Rn 11) eine verdeckte Sacheinlage anzunehmen (*BGH* NZG 2009, 463, 464 – Qivive und *BGH* NZG 2010, 343, 344 f – Eurobike). Der *BGH* hat im Hinblick auf „eine Anwendung der Regeln über die verdeckte Sacheinlage auf nicht sacheinlagefähige Dienstleistungen" zunächst darauf verwiesen, **dass die Rechtsordnung dem Einlageschuldner nachteilige Rechtsfolgen nicht an die Nichteinhaltung eines Verfahrens knüpfen könne, das sie für den betreffenden Vorgang nicht bereitstelle** (*BGH* NZG 2010, 343, 344 – Eurobike; s auch *BGH* NZG 2009, 463, 464 – Qivive; zust etwa *Drygala* JZ 2011, 50, 53, 54 und *Wachter* NJW 2010, 1715, 1717; vgl dazu auch *BGH* NZG 2012, 69, 73 f – Babcock: Der Vergleich ist „nicht unwirksam, weil die Beklagte damit auf den Kaufpreis für die zweite Tranche verzichtet und so auf den Differenzhaftungsanspruch eine Sachleistung erbracht hätte. Die Grundsätze der verdeckten Sacheinlage können auf den Vergleich über einen Differenzhaftungs- oder Nachzahlungsanspruch keine Anwendung finden... Auf den Differenzhaftungsanspruch können wie auf die anderen unter § 66 abs 1 AktG fallenden Geldzahlungsansprüche keine Sacheinlagen erbracht werden; das Aktiengesetz stellt dafür auch kein Verfahren zur Verfügung. Die Rechtsordnung kann nachteilige Rechtsfolgen nicht an die Nichteinhaltung eines Verfahrens knüpfen, das sie für den betreffenden Vorgang nicht bereitstellt."). Der *BGH* führt des weiteren aus, gegen eine Anwendung der Regeln über die verdeckte Sacheinlage auf nicht sacheinlagefähige Dienstleistungen spreche seit der Neufassung des § 27 Abs 3, **dass § 27 Abs 2 über den Umweg einer verdeckten Sacheinlage ausgehebelt werden und entgegen Art 7 KapRL gezeichnetes Kapital aus Dienstleistungen gebildet werden könnte** (*BGH* NZG 2010, 343, 344 – Eurobike; zust etwa *Drygala* JZ 2011, 50, 53, 54). Dieses Argument erscheint nicht gänzlich zweifelsfrei. So ist in der Literatur geltend gemacht worden, dass die Regelungen über die verdeckte Sacheinlage die Kapitalaufbringung absichern sollen und deshalb in diesen Fällen erst recht eingreifen müssten, weil der Gründer die Bareinlage in Geld erbringen müsse und nicht als Sacheinlage erbringen dürfe - und deshalb erst recht nicht als eine - noch nicht einmal als Sacheinlage zugelassene - Dienstleistung (*Müller* GmbHR 2010, 421, 424, 425: „zweckentsprechende Erweiterung von § 27 Abs 3"; ebenso etwa *Pentz* GmbHR 2009, 505, 508 f; s dazu auch Spindler/Stilz AktG/*Heidinger/Benz* Rn 146 und *Priester* DNotZ 2010, 456, 462, 463 f; vgl dazu auch *Herrler* NZG 2010, 407, 409 mit dem Hinweis, eine Schlechterstellung der zumindest teilweise werthaltigen Dienstleistung gegenüber der verdeckten Sacheinlage und dem Forderungstausch als Standardfall des Hin- und Herzahlens sei nicht gerechtfertigt, und dem Vorschlag, „eine erfüllungsschädliche Einlagenrückgewähr nur insoweit anzunehmen, als die Dienstleistung nicht objektiv werthaltig ist, was einer Anrechnungslösung gleichkäme" und sowie *Kersting* FS Priester, S 919, 925 ff, 929 ff, 931 ff). Der *BGH* hat im Hinblick auf „eine Anwendung der Regeln über die verdeckte Sacheinlage auf die Honorarforderungen aus dem Beratervertrag, die erst nach Begründung der Einlageschuld entstanden sind (Neuforderungen)" überdies seine Auffassung bekräftigt, dass zum Zeitpunkt der Begründung der Bareinlageverpflichtung eine Umgehungsabrede getroffen worden sein muss (*BGH* NZG 2009, 944, 945 – Cash-Pool II; s dazu Rn 31), und darauf verwiesen, einer Absprache stehe schon entgegen, dass erst künftig entstehende und von einer Dienstleistung abhängige Forderungen nicht sacheinlagefähig seien (*BGH* NZG 2010, 343, 345 – Eurobike).

32a Der *BGH* hat es weiter abgelehnt, im Hinblick auf **eigene Aktien der Gesellschaft** oder einen **Anspruch auf die Leistung von Aktien aus einem der Gesellschaft gewährten Wertpapierdarlehen** (s bereits Rn 11) eine verdeckte Sacheinlage anzunehmen, und unter ausdrücklichem Bezug auf die Entscheidung Eurobike betont, dass „die Regeln der verdeckten Sacheinlage auf untaugliche Sacheinlagegegenstände nicht angewendet werden können" (*BGH* NZG 2011, 1271, 1272 – ISION; s dazu: *Fedtke* BB 2011, 2960, 2963, 2964). Der *BGH* hat es auch abgelehnt, im Hinblick auf **Bürgenregressforderungen von Inferenten**, die sich für Bankdarlehen an die Gesellschaft verbürgt hatten (s bereits Rn 11), eine verdeckte Sacheinlage anzunehmen: Wenn mit der Bareinlage ein Bankdarlehen abgelöst werde, für das sich der Inferent verbürgt habe, sei nicht statt der Bareinlage infolge der Ablösung der Bankdarlehen verdeckt eine Sacheinlage eingebracht worden; der künftige Regressanspruch des Bürgen sei nicht sacheinlagefähig, und überdies stehe mit der Ablösung der gesicherten Darlehen fest, dass er nicht mehr zur Entstehung gelangen werde (*BGH* NZG 2011, 667, 668); er setzt damit die mit den Entscheidungen Eurobike und Qivive begonnene Rechtsprechung konsequent fort (*Wachter* BB 2011, 1804, 1806, 1807; *Cramer* Anmerkung zu *BGH* Urteil v 12.4.2011 – II ZR 17/10, EWiR § 19 GmbHG 3/11; *Podewells* Anmerkung zu *BGH* Urteil v 12.4.2011 – II ZR 17/10, GmbHR 2011, 705, 707, 708; vgl dazu aber auch *OLG Köln* GmbHR 2011, 648, 649: „Dagegen, dass die Einlage mittelbar an CTB zurückgeflossen ist, weil sie durch die Tilgung des Darlehens von ihrer Bürgenverpflichtung freigeworden ist, ist aber auch unter Berücksichtigung des Grundsatzes der realen Kapitalaufbringung nichts einzuwenden, denn damit entfiel auch der grundsätzlich bestehende Freistellungsanspruch der CTB gegenüber der Schuldnerin." und *Schodder* Anmerkung zu *OLG Köln* Urteil v 31.3.2011 – 18 U 171/10, EWiR § 16 GmbHG 1/11: Anwendung der Regeln über die Kapitalerhaltung). Der *BGH* hat es schließlich abgelehnt, im Hinblick auf **Forderungen (insb Darlehensforderungen) gegen den einbringenden Gründer** (s bereits Rn 12) eine verdeckte Sacheinlage anzu-

Sacheinlagen. Sachübernahmen § 27

nehmen (*BGH* BGHZ 165, 113, 116f – Darlehen mit dem Hinweis, es liege ein Hin- und Herzahlen vor, und dazu insb *Bayer* GmbHR 2004, 445, 451 sowie *Bayer/Lieder* GmbHR 2006, 450 f). Diese Rspr hat vor allem **Konsequenzen für die Kapitalaufbringung im Cash-Pool** und damit für die Fälle, in denen die als Bareinlage geleisteten Gelder aufgrund einer Cash-Pool-Abrede an den Gesellschafter zurückfließen. Soweit Altverbindlichkeiten gegenüber dem Cash-Pool bestehen, liegt eine verdeckte Forderungseinbringung vor (*BGH* NZG 2009, 944, 945 – Cash-Pool II; *BGH* NJW 2006, 1736, 1737 f – Cash-Pool; siehe dazu: *Bayer/Lieder* GmbHR 2006, 449, 450 f, 453; *Altmeppen* NZG 2010, 441, 442 f, 443 f; *ders* ZIP 2009, 1545, 1546 f; *Ekkenga* ZIP 2010, 2469, 2470, 2472 ff; *Hentzen* DStR 2006, 948, 949 ff, 952 ff; *Henkel* NZI 2010, 84, 85; *Rezori* RNotZ 2011, 125, 144 f), soweit keine Altverbindlichkeiten gegenüber dem Cash-Pool bestehen, ist ein Hin- und Herzahlen anzunehmen (*BGH* NZG 2009, 944, 945 – Cash-Pool II; s dazu: *Bayer/Lieder* GmbHR 2006, 449, 451 f, 453 f; *Altmeppen* NZG 2010, 441, 442 f, 444 f; *ders* ZIP 2009, 1545, 1546, 1547 f; *Ekkenga* ZIP 2010, 2469, 2470 f; *Henkel* NZI 2010, 84, 85 ff; *Rezori* RNotZ 2011, 125, 144 f mit praktischen Hinweisen zur Anmeldung; *Hentzen* DStR 2006, 948, 952 ff zur Anwendung der Kapitalerhaltungsvorschriften).

Den beiden Fallgruppen der verdeckten Sach- oder Forderungseinbringung ist auch gemein, dass nach hM „die **Einschaltung von Dritten** nichts hilft, soweit sie Teil der Umgehungsstrategie ist", und zwar nicht zuletzt deshalb, „weil es ohnehin um Umgehungssachverhalte geht" (so zutr *Hüffer* AktG Rn 27). Entscheidend ist, ob das Verhalten des Dritten dem Einleger zugerechnet werden kann und muss (MünchKomm AktG/*Pentz* Rn 117 ff; Hölters AktG/*Solveen* Rn 35; K. Schmidt/Lutter AktG/*Bayer* Rn 67; KölnKomm AktG/*Arnold* Rn 101; vgl *BGHZ* 110, 47, 66 ff: „nahestehende Person"), so etwa wenn der Dritte ein vom Einleger beherrschtes Unternehmen ist (*BGH* NZG 2010, 343, 344 – Eurobike; *BGH* NJW 2006, 1736, 1738 – Cash Pool; *BGH* GmbHR 2012, 1066, 1069), für Rechnung des Einlegers handelt oder sonst als Strohmann auftritt (K. Schmidt/Lutter AktG/*Bayer* Rn 67; KölnKomm AktG/*Arnold* Rn 101; MünchKomm AktG/*Pentz* Rn 120, 123). Soweit angenommen wird, es genüge, dass der Dritte in einer besonderen persönlichen Nähebeziehung zum Gründer stehe (*Hüffer* AktG Rn 27; *Rezori* RNotZ 2011, 125, 139 unter Hinweis auf § 138 InsO), hat der *BGH* allerdings jüngst in einem Fall, in dem mit der Bareinlage Darlehen getilgt wurden, die die Ehefrauen der Inferenten der Gesellschaft gewährt hatten, klargestellt: „Ein Näheverhältnis des Inferenten zum Darlehensgeber allein genügt nicht." Er hat weiter ausgeführt: „In der Tilgung eines vom Ehegatten des Inferenten gewährten Darlehens mit der Bareinlage liegt eine verdeckte Sacheinlage durch Einbringung eines (Gesellschafter-)Darlehens, wenn es wirtschaftlich vom Inferenten gewährt wurde oder die Einlage mit Mitteln bewirkt wird, die dem Inferenten vom Ehegatten zur Verfügung gestellt worden sind." (*BGH* NZG 2011, 667, 668; s dazu: *Wachter* BB 2011, 1804, 1806, 1807; *Gruschinske* GmbHR 2012, 551, 553 ff; *Cramer* Anmerkung zu *BGH* Urt v 12.4.2011 - II ZR 17/10, EWiR § 19 GmbHG 3/11; *Podewells* Anmerkung zu *BGH* Urt v 12.4.2011 – II ZR 17/10, GmbHR 2011, 705, 707, 708; für bloße Indizwirkung KölnKomm AktG/*Arnold* Rn 101 und MünchKomm AktG/ *Pentz* Rn 120).

Die **Umgehungsabrede** besteht in der Abrede unter den Gründern zum Zeitpunkt der Begründung der Bareinlageverpflichtung des betroffenen Gründers darüber, dass er im wirtschaftlichen Ergebnis keine Bareinlage, sondern eine Sacheinlage erbringen soll, und sie **wird bei Vorliegen eines sachlichen und zeitlichen Zusammenhangs zwischen der Begründung der Bareinlageverpflichtung und dem gegenläufigen Rechtsgeschäft vermutet** (*BGH* GmbHR 2012, 1066, 1069; *BGH* NZG 2010, 702, 704 – AdCoCom; *BGHZ* 132, 133, 139; *Hüffer* AktG Rn 29 f; MünchKomm AktG/*Pentz* Rn 94, 96; Spindler/Stilz AktG/*Heidinger/Benz* Rn 166 ff; Hölters AktG/*Solveen* Rn 37; K. Schmidt/Lutter AktG/*Bayer* Rn 60, 63; KölnKomm AktG/*Arnold* Rn 93 f, 96). Der sachliche Zusammenhang liegt vor, wenn der Vermögensgegenstand bereits bei der Gründung als Sacheinlage hätte eingebracht werden können; als Indizien werden die Unvertretbarkeit der Sache, Vermögenszugehörigkeit bei Begründung der Bareinlageverpflichtung und Wertgleichheit zwischen Bareinlageverpflichtung und Vermögensgegenstand genannt (MünchKomm AktG/*Pentz* Rn 96; GroßKomm AktG/*Röhricht* Rn 195). Der zeitliche Zusammenhang soll Rechtsgeschäfte ausgrenzen, die zwar bereits bei der Gründung hätten abgeschlossen werden können, wegen ihrer zeitlichen Ferne vom Gründungsvorgang aber nicht mehr als gründungsbezogen anzusehen sind; als Indiz wird ein Zeitraum von bis zu sechs Monaten genannt (MünchKomm AktG/ *Pentz* Rn 96; GroßKomm AktG/*Röhricht* Rn 195; KölnKomm AktG/*Lutter* 2. Aufl § 66 Rn 32, 34; *Rezori* RNotZ 2011, 125, 138).

35 Es wird diskutiert, ob in bestimmten Fällen Ausnahmen von den dargestellten Grundsätzen zu machen sind. Zum einen wird befürwortet, **Umsatzgeschäfte (normale Umsatzgeschäfte des täglichen Geschäftsverkehrs) zu privilegieren**, und zwar mit der Erwägung, dass diese Geschäfte im Lichte des Zwecks der Lehre von der verdeckten Sacheinlage unverdächtig seien, weil sie so auch mit jedem beliebigen Dritten hätten geschlossen werden können bzw weil bei ihnen eine Abwicklung zu marktüblichen Preisen gegeben und damit kein Bedürfnis zu erkennen sei, die Rechtsfolgen der Annahme einer verdeckten Sacheinlage eintreten zu lassen. Es wird insb vorgeschlagen, in diesen Fällen von der an den sachlichen und zeitlichen Zusammenhang anknüpfenden Vermutung einer Abrede abzusehen (so etwa MünchKomm AktG/ *Pentz* Rn 97 und GroßKomm AktG/*Röhricht* Rn 205 sowie K. Schmidt/Lutter AktG/ *Bayer* Rn 63 und Spindler/Stilz AktG/*Heidinger/Benz* Rn 173; vorsichtiger KölnKomm AktG/*Arnold* Rn 97). Der *BGH* hat diese Frage bislang offen gelassen (*BGH* DStR 2007, 263, 266 f); er hat aber immerhin die vom *OLG Hamm* vertretene Auffassung, „gewöhnliche Umsatzgeschäfte im Rahmen des laufenden Geschäftsverkehrs" seien vollständig aus dem Anwendungsbereich der verdeckten Sacheinlage auszuklammern (s dazu etwa *Henze* Zur Problematik der „verdeckten" (verschleierten) Sacheinlage im Aktien- und GmbH-Recht, ZHR 154 (1990), 105, 112 f) und diese Ausnahme gelte „in gleicher Weise für die Übernahme eines für den Geschäftsbetrieb notwendigen Warenlagers im Rahmen der Erstausstattung des Betriebs" (*OLG Hamm* ZIP 2005, 1138, 1140), ausdrücklich zurückgewiesen (*BGH* DStR 2007, 263, 266 f; auch *Rotheimer* NZG 2007, 256, 256 f; *Krolop* NZG 2007, 577, 579 f mit dem Vorschlag, „die Wertung des § 52 Abs 9 zumindest im Gründungsstadium generell bei der Lehre von der verdeckten Sacheinlage zu berücksichtigen"; s auch *BGH* NZG 2008, 311, 312: keine „generelle Bereichsausnahme" für „gewöhnliches Umsatzgeschäft im Rahmen des laufenden Geschäftsverkehrs"). In diesem Zusammenhang ist darauf hinzuweisen, dass die Entscheidungen des BGH (*BGH* NZG 2009, 463 – Qivive; *BGH* NZG 2010, 343 – Eurobike), in denen es um eine „spätere Zahlung auf nach der ordnungsgemäß erbrachten Einlageleistung geleistete Dienste des Inferenten" (*BGH* NZG 2009, 463, 465 – Qivive; s auch *BGH* NZG 2010, 343, 345 – Euro-

bike) und „ein vor Übernahme der Aktien an den Inferenten gezahltes Beratungshonorar" (*BGH* NZG 2010, 343, 345 – Eurobike) ging (s dazu ausf Rn 51 ff), zwar das Erfordernis der Leistung zur (endgültig) freien Verfügung des VR nach §§ 36 Abs 2 HS 1, 54 Abs 3 betreffen, soweit die Einlage für die Bezahlung der Dienstleistung „reserviert" wird (*BGH* NZG 2009, 463, 465 – Qivive; *BGH* NZG 2010, 343, 345 – Eurobike) bzw die Gesellschaft die Einlage aus ihrem Vermögen erbringt, weil der Zahlung keine vollwertige Gegenleistung gegenübersteht (*BGH* NZG 2010, 343, 346 – Eurobike), aber eine ähnliche Frage aufgeworfen haben. Der Vorschlag einer **Bereichsausnahme für marktübliche Vergütungen** (*Bayer/Lieder* NZG 2010, 86, 88 ff, 90 f und K. Schmidt/Lutter AktG/*Bayer* Rn 99, 59 sowie wohl ebenso *Bayer/Fiebelkorn* LMK 2010, 304616 und *Habersack* GWR 2010, 299601 sowie *Lieder* EWiR § 27 AktG 1/10, 169, 170; s auch bereits *Habersack* FS Priester, S 157, 168, 169 ff, 171 f mit dem Vorschlag, bei zeitlichem Zusammenhang keine Absprache zu vermuten) ist allerdings im Schrifttum auf Kritik gestoßen (*Drygala* JZ 2011, 50, 53, 54 und *Priester* DNotZ 2010, 456, 462, 462); der *BGH* ist nicht auf diesen Ansatz eingegangen (s dazu *Goette* Anmerkung zu *BGH* Urteil vom 1.2.2010 – II ZR 173/08 – Eurobike, DStR 2010, 563, 563 f, aber auch *Rezori* RNotZ 2011, 125, 145 f).

Keine verdeckten Sacheinlagen sind **reine Verwendungsabreden, also Abreden über die Mittelverwendung, die keine Rückführung von Bareinlagen darstellen** (*BGHZ* 171, 113, 117 – Konzernumstrukturierung: „Nach ständiger Rechtsprechung des Senats sind ... schuldrechtliche Absprachen zwischen dem Inferenten und der Gesellschaft über die Verwendung der Einlagemittel ... unter dem Gesichtspunkt der Kapitalerhöhung unschädlich, wenn sie nur zur Erreichung bestimmter geschäftlicher Zwecke dienen und nicht dazu bestimmt sind, die eingezahlten Mittel wieder an den Inferenten zurückfließen zu lassen."; *BGH* NZG 2011, 667, 668 zur „Befriedigung des Gesellschaftsgläubigers bei der Weiterleitung der an die Gesellschaft geleisteten Einlagezahlung": „Verwendungsabsprachen sind in diesem Fall unschädlich, soweit die Einlage nicht unmittelbar an den Gesellschafter zurückfließt."; *OLG Köln* GmbHR 2011, 648, 649: „Der Umstand, dass dieses Kapital dann dazu benutzt worden ist, Schulden der Schuldnerin gegenüber einem Dritten zu tilgen, ändert an der realen Kapitalaufbringung nichts ... Die Ablösung von Fremdkapital durch Eigenkapital ist eine grundsätzlich legitime geschäftspolitische Entscheidung... Dagegen, dass die Einlage mittelbar an CTB zurückgeflossen ist, weil sie durch die Tilgung des Darlehens von ihrer Bürgenverpflichtung freigeworden ist, ist aber auch unter Berücksichtigung des Grundsatzes der realen Kapitalaufbringung nichts einzuwenden, denn damit entfiel auch der grundsätzlich bestehende Freistellungsanspruch der CTB gegenüber der Schuldnerin." – s dazu *Schodder* Anmerkung zu *OLG Köln* Urteil v 31.3.2011 – 18 U 171/10, EWiR § 16 GmbHG 1/11; *BGH* NZG 2010, 702, 704 – AdCoCom; *BGH* NZG 2009, 463, 465 – Qivive: „... unschädlich, wenn sie allein der Umsetzung von Investitionsentscheidungen der Gesellschafter oder sonstiger ihrer Weisung unterliegender geschäftlicher Zwecke dienen."; *BGH* NJW 1991, 226, 227: „... sind schuldrechtliche Verwendungsabsprachen, durch die die Geschäftsführung der Gesellschaft verpflichtet wird, mit den in Vollzug einer Kapitalerhöhung eingezahlten Mitteln in bestimmter Weise zu verfahren, aus der Sicht der Kapitalaufbringung unschädlich, wenn sie weder mittelbar noch unmittelbar dazu bestimmt sind, die eingezahlten Mittel wieder an den Einleger zurückfließen zu lassen, sondern allein der Umsetzung von Investitionsentscheidungen der Gesellschafter oder sonstiger, der Weisung der Gesellschafter unterliegender geschäftspolitischer Zwecke dienen." - ebenso bereits *BGHZ* 153, 107, 110; *OLG Hamm* ZIP 2005, 1138, 1139 f; vgl auch *BGHZ* 113, 335, 348 f). **Ist jedoch eine Abrede des Inhalts getroffen, dass ein Gründer im wirtschaftlichen Ergebnis keine Bareinlage, sondern eine Sacheinlage erbringen soll, ist im Hinblick auf die Rechtsfolgen nach hier vertretener Auffassung (s Rn 30, Rn 34) auf den Zeitpunkt der Abrede abzustellen:** Wird sie zum Zeitpunkt der Begründung der Bareinlageverpflichtung des betroffenen Gründers getroffen, liegt eine verdeckte Sacheinlage vor. Wird sie zwischen Begründung der Bareinlageverpflichtung und Leistung der Einlage vorgenommen, ist dagegen die für eine verdeckte Sacheinlage charakteristische „Kopplungsabsprache" (so treffend GroßKomm AktG/*Röhricht* Rn 202) nicht gegeben. Es fehlt allerdings auch in diesem Fall an einer Barleistung zur endgültig freien Verfügung des VR (§§ 36 Abs 2, 37 Abs 1 S 1 und S 2) und damit an einer Erfüllung der Bareinlageverpflichtung. Daneben kann eine unzulässige Umgehung des Befreiungs- und Aufrechnungsverbots (§ 66 Abs 1) vorliegen. S dazu Spindler/Stilz AktG/*Heidinger/Benz* Rn 169 und *Bayer* GmbHR 2004, 445, 448 f, 450 sowie K. Schmidt/Lutter AktG/*Bayer* Rn 61, 65 und *Heinze* GmbHR 2008, 1065, 1069, die bei einer Abrede zwischen Begründung der Bareinlageverpflichtung und Leistung der Einlage eine Leistung an Erfüllungs statt iSd § 364 Abs 1 BGB annehmen und § 27 Abs 3 analog anwenden wollen, und - auch zu späteren nachträglichen Absprachen - etwa GroßKomm AktG/*Röhricht* Rn 202, § 36 Rn 37, 65 ff und MünchKomm AktG/*Pentz* Rn 62, 88, 95, § 36 Rn 52 ff, 58 ff, 62 f.

37 **3. Rechtsfolgen.** Die Rechtsfolgen einer verdeckten Sacheinlage sind durch § 27 Abs 3 modifiziert worden. Dabei ist zunächst festzuhalten, dass - wie bisher - **die von dem Gründer erbrachte Zahlung nicht als Barleistung zur endgültig freien Verfügung des VR (§§ 36 Abs 2, 37 Abs 1 S 1 und S 2) und damit nicht als Erfüllung seiner Bareinlageverpflichtung angesehen wird** (§ 27 Abs 3 S 1), und zwar mit der Konsequenz, dass der Gründer seine Bareinlageverpflichtung nach wie vor erfüllen muss, dass - haftungs- und strafbewehrt - nicht erklärt werden darf, die Geldleistung stehe endgültig zur freien Verfügung des VR (§ 37 Abs 1 S 1 und S 2 iVm §§ 46 ff, 399 Abs 1 Nr 1), dass bei ordnungsgemäßer Erklärung die Eintragung durch das Registergericht abgelehnt werden muss (§ 38 Abs 1 S 2), dass eine Stimmrechtsbeschränkung in Betracht kommt (§ 134 Abs 2 S 2), dass sich eine Haftung des an dem Vorgang beteiligten Kreditinstituts nach § 37 Abs 1 S 4 und eine Haftung von Rechtsanwälten und Beratern wegen einer Beratungspflichtverletzung ergeben kann (ausf *Merkner/Schmidt-Bendun* NZG 2009, 1054, 1057 ff). **Kommt es allerdings zur Eintragung, so erfolgt kraft Gesetzes eine Anrechnung des Wertes des der Gesellschaft** aufgrund der - nunmehr als wirksam angesehenen Rechtsgeschäfte - bereits zuvor oder aber später **übertragenen Vermögensgegenstandes auf die fortbestehende Bareinlageverpflichtung**, und zwar mit dem Wert, den der Vermögensgegenstand im Zeitpunkt der Anmeldung zum Handelsregister oder im Zeitpunkt seiner späteren Übertragung hat, **wobei der Gründer die Beweislast für die Werthaltigkeit des Vermögensgegenstandes trägt** (§ 27 Abs 3 S 3–6). Der *BGH* hat darauf hingewiesen, dass bei der Anrechnung im Hinblick auf die Bareinlagepflicht der Ausgabebetrag (und nicht der geringste Ausgabebetrag) zugrunde zu legen ist (*BGH* NZG 2012, 69, 71 – Babcock; s dazu *Verse* ZGR 2012, 875, 881 sowie zuvor bereits *Koch* ZHR 175 (2011), 55, 62 ff und *Hüffer* AktG Rn 336) und dass es bei der verdeckten Forderungseinbringung darauf ankomme, dass die Forderung gegen die Gesellschaft „vollwertig, nämlich durch entsprechendes Vermö-

gen der Gesellschaft vollständig abgedeckt ist," woran es fehle, soweit eine Überschuldung der Gesellschaft vorgelegen habe; eine Unterbilanz schade dagegen im Grundsatz nicht, weil die Erfüllung bilanzneutral sei (*BGH* GmbHR 2012, 1066, 1069; s dazu: *Bormann* Anmerkung zu *BGH* Urt v 10.7.2012 – II ZR 212/10, GmbHR 2012, 1066, 1069, 1070; *Böcker* Anmerkung zu *BGH* Urt v 10.7.2012 – II ZR 212/10, DZWIR 2013, 34, 37; *OLG Nürnberg* DZWIR 2011, 167, 172: „vollwertig, fällig und liquide"; ebenso *OLG Köln* GmbHR 2010, 1213, 1215 mit dem Hinweis, es sei eine Überschuldungsbilanz unter Berücksichtigung stiller Reserven aufzustellen, bei einem Darlehensvertrag könne nach § 311 Abs 1 BGB jederzeit die Aufhebung vereinbart werden und es dürften weder Einwendungen noch Einreden der Gesellschaft gegen die Altforderung des Gesellschafters bestehen). **Wenn sich die Bareinlageverpflichtung und die Gegenleistungspflicht der Gesellschaft aus dem Verkehrsgeschäft wertmäßig entsprechen und der Gründer die Zahlung auf die Bareinlageverpflichtung vollständig erbringt** (s dazu KölnKomm AktG/*Arnold* Rn 109), führt das zunächst dazu, dass der Gründer von seiner Bareinlageverpflichtung vollständig entbunden wird, wenn der Wert des Vermögensgegenstandes dem der Einlageverpflichtung entspricht oder ihn übersteigt, und von seiner Bareinlageverpflichtung teilweise entbunden wird und in Höhe der Differenz weiter zu einer Bareinlage verpflichtet bleibt, wenn der Wert des Vermögensgegenstandes niedriger ist als der der Einlageverpflichtung (Spindler/Stilz AktG/*Heidinger/Benz* Rn 180; Hölters AktG/*Solveen* Rn 38; *Hüffer* AktG Rn 34; K. Schmidt/Lutter AktG/*Bayer* Rn 75 mit dem Hinweis in Rn 70, § 36 Abs 2 sei insoweit teleologisch zu reduzieren; KölnKomm AktG/*Arnold* Rn 104, 109 ff mit dem Hinweis in Rn 7, es handele sich um eine Ausnahme zu § 36 Abs 2; Scholz GmbHG/*Veil* § 19 Rn 144 f, 156 ff; GroßKomm GmbHG/*Casper* § 19 Rn 149 f). Darüberhinaus ist die Folge, **dass der Gründer wegen der ohne Erfüllungswirkung erbrachten Zahlung keinen Anspruch wegen Zweckverfehlung nach § 812 Abs 1 S 2 Alt 2 BGB hat**, weil der Zweck mit der Anrechnung eingetreten und zuvor nicht endgültig verfehlt gewesen ist (so auch K. Schmidt/Lutter AktG/*Bayer* Rn 75 und Spindler/Stilz AktG/*Heidinger/Benz* Rn 182 ff sowie Hölters AktG/*Solveen* Rn 38 und GroßKomm GmbHG/*Casper* § 19 Rn 135; im Ergebnis ebenso *Hüffer* AktG Rn. 33).

Die **Dogmatik der Anrechnung wird intensiv diskutiert** (ausdrücklich offengelassen von *BGH* NZG 2010, 702, 705 – AdCoCom; instruktiver Überblick bei *Sernetz* ZIP 2010, 2173, 2174 ff und *Pentz* GmbHR 2010, 673, 680 ff). *Meier-Reimer/Wenzel* nehmen eine **Leistung an Erfüllung statt** an, und zwar mit der Folge, dass die Leistung des Vermögensgegenstandes auf die Bareinlageverpflichtung erfolgt und die Kaufpreiszahlung den Bereicherungsanspruch des Gründers wegen der ohne Erfüllungswirkung erbrachten Zahlung tilgt („Umgestaltung der Rechtsverhältnisse"; s dazu *Meier-Reimer/Wenzel* ZIP 2008, 1449, 1451 f und ZIP 2009, 1185, 1190, 1190 f; ebenso *Veil/Werner* GmbHR 2009, 729, 732 f; etwas anders nunmehr Scholz GmbHG/*Veil* § 19 Rn 134 ff: Bereicherungsanspruch infolge der Eintragung ausgeschlossen). *Ulmer* geht davon aus, dass die Bareinlageforderung kraft Gesetzes erlischt oder reduziert wird, und zwar mit dem „Zweck, dem Muster des § 326 Abs 2 S 2 BGB folgend, ...den der Gesellschaft aus der Kombination von fehlgeschlagener Bareinlage und wirksamem Verkehrsgeschäft zugeflossenen Vorteil zu Gunsten des Inferenten auszugleichen"; der Bereicherungsanspruch des Gründers wegen der ohne Erfüllungswirkung erbrachten Zahlung werde durch § 27 Abs 3 S 3 als lex specialis verdrängt, weil andernfalls ein etwaiger Vorteil der Gesellschaft schon auf diesem Wege abgeschöpft und für eine

38

Vorteilsanrechnung nach Maßgabe des § 27 Abs 3 S 3 kein Raum wäre (*Ulmer* ZIP 2009, 293, 295 f, 296 f, 297 f; ebenso GroßKomm GmbHG/*Casper* § 19 Rn 139 f und *Hüffer* AktG Rn 35 sowie wohl auch *Müller* NZG 2011, 761, 762). *Pentz* meint, es handele sich um ein **"verrechnungsähnliches Erfüllungssurrogat eigener Art"**; im Hinblick auf den Bereicherungsanspruch des Gründers wegen der ohne Erfüllungswirkung erbrachten Zahlung sei von einem Wegfall der Bereicherung (§ 818 Abs 3 BGB) auszugehen, weil die Gesellschaft den Vermögensgegenstand „gleichsam doppelt ‚bezahlt' habe, und zwar, zum einen mit Kaufpreisleistung' und ‚zum anderen mit der Anrechnung des Wertes des Vermögensgegenstandes auf ihre noch offene Einlageforderung" (*Pentz* FS K Schmidt, S 1265, 1275, 1277 f; *ders* Verdeckte Sacheinlagen nach dem MoMiG und prozessuale Folgen des Übergangsrechts, GmbHR 2009, 126, 127 ff; *ders* GmbHR 2010, 673, 680 ff; zust *Müller* NZG 2011, 761, 762 und *Kersting* CBC-RPS 0042, S 6 f). *Kersting* ist der Ansicht, dass – soweit die Anrechnung reiche – die erste Geldzahlung an die Gesellschaft Erfüllungswirkung habe, weil der mit der Leistung bezweckte Erfolg doch noch eingetreten sei. Reiche der Wert des Vermögensgegenstandes nicht aus, blieben insoweit die Einlagepflicht und die Zweckverfehlungskondiktion bestehen. Damit der fortbestehende Einlageanspruch nicht ins Leere laufe, sei er zu neutralisieren. In Höhe einer nach Anrechnung verbleibenen Differenz sei ein **Wegfall der Bereicherung** (§ 818 Abs 3 BGB) anzunehmen, weil die Gesellschaft mit dem erhaltenen Geld „ein schlechtes Geschäft" getätigt und einen Verlust in Höhe der Differenz zwischen Einlage und Wert des Vermögensgegenstandes erlitten habe (*Kersting* CBC-RPS 0042, S 5 ff; zust *Schall* ZGR 2009, 126, 139 f und KölnKomm AktG/*Arnold* Rn 108). *Sernetz* nimmt eine **„Erfüllungsalternative zur sonst allein zulässigen Barzahlungspflicht"** an und sieht sie in einer Verrechnung der Einlageforderung der Gesellschaft mit dem Bereicherungsanspruch des Gründers (*Sernetz* ZIP 2010, 2173, 2176 ff). *Benz* und *Bayer* ziehen eine **Parallele zur fingierten Sacheinlage** (§ 27 Abs 1 S 2), da hier die Vergütung auf die Einlageverpflichtung des Gründers angerechnet werde und den Gründer bei einem Minderwert des Vermögensgegenstandes die Differenzhaftung treffe. Der Gründer habe wegen der ohne Erfüllungswirkung erbrachten Zahlung keinen Anspruch wegen Zweckverfehlung nach § 812 Abs 1 S 2 Alt 2 BGB, weil der Zweck mit der Anrechnung eingetreten und zuvor nicht endgültig verfehlt gewesen sei (*Benz* S 111 ff; K. Schmidt/Lutter AktG/*Bayer* Rn 75; *Bayer/J. Schmidt* ZGR 2009, 805, 826 f; ebenso Spindler/Stilz AktG/*Heidinger/Benz* Rn 180, 182 ff).

39 Die **Bedeutung dieser Diskussion ist eher gering**, da sich die unterschiedlichen dogmatischen Konzepte im Hinblick auf die Lösung der sich für die Praxis stellenden Fragen (s Rn 37 und Rn 39 ff) kaum auswirken (so zutr KölnKomm AktG/*Arnold* Rn 108). **Im Kern geht es um den Bereicherungsanspruch des Gründers wegen der ohne Erfüllungswirkung erbrachten Zahlung, den es nach dem Sinn und Zweck der Anrechnungslösung (bloße Differenzhaftung) nicht geben darf** (so zutr KölnKomm AktG/*Arnold* Rn 105; vgl auch *Müller* NZG 2011, 761, 762 f). Diese Wertung wirft **Probleme** auf, **wenn es – etwa mangels Eintragung – nicht zur Anrechnung kommt,** und in diesem Fall wirken sich die unterschiedlichen dogmatischen Konzepte aus. So wird, um zu interessengerechten Ergebnissen zu kommen, der Bereicherungsanspruch des Gründers wegen der ohne Erfüllungswirkung erbrachten Zahlung bejaht (s etwa *Kersting* CBC-RPS 0042, S 9 f; K. Schmidt/Lutter AktG/*Bayer* Rn 75; *Veil/Werner* GmbHR 2009, 729, 731 f; *Pentz* FS Karsten Schmidt, S 1265, 1276 f; Spindler/Stilz AktG/*Heidin-*

ger/Benz Rn 184; vgl auch KölnKomm AktG/*Arnold* Rn 108) oder eine Aufhebung des Verkehrsgeschäfts aufgrund einer Vereinbarung oder gem den Regeln über die Störung der Geschäftsgrundlage (§ 313 BGB) angedacht (*Ulmer* ZIP 2009, 293, 298 f und GroßKomm GmbHG/*Casper* § 19 Rn 131, 135; vgl dazu auch *Andrianesis* WM 2011, 968, 970, 970: Verkehrsgeschäft unwirksam) und angenommen, dass dann Erfüllung (der Bareinlageverpflichtung durch die ursprüngliche Zahlung) eintritt (vgl GroßKomm GmbHG/*Casper* § 19 Rn 131, 164 f).

Die Anwendung des § 27 Abs 3 S 3 wirft vor allem dann **Schwierigkeiten** auf, **wenn die** **40** **Prämisse des Gesetzgebers, dass sich die Bareinlageverpflichtung und die Gegenleistungspflicht der Gesellschaft aus dem Verkehrsgeschäft wertmäßig entsprechen und der Gründer die Zahlung auf die Bareinlageverpflichtung vollständig erbringt** (s dazu KölnKomm AktG/*Arnold* Rn 109), **nicht zutrifft.** Dies betrifft zunächst etwa diejenigen **Fälle der verdeckten Mischeinlage**, in denen der Gründer die Zahlung auf die Bareinlageverpflichtung vollständig erbringt und der Vermögensgegenstand (10 TEUR) die Bareinlageverpflichtung wertmäßig unterschreitet (100 TEUR), aber seine Vergütung rechtfertigt (10 TEUR). Hier stellt sich die Frage, ob die Bareinlageverpflichtung in voller Höhe (100 TEUR) als nicht erfüllt anzusehen ist und der Gründer nach Anrechnung des Wertes des Vermögensgegenstandes (10 TEUR) in Höhe der Differenz (90 TEUR) zu einer Bareinlage verpflichtet ist (so etwa *Sernetz* ZIP 2010, 2173, 2179 f und KölnKomm AktG/*Arnold* Rn 116) oder ob § 27 Abs 3 S 1 so zu verstehen ist, dass eine Zahlung, die nur teilweise als verdeckte Sacheinlage zu bewerten ist, den Aktionär auch nur *insoweit* nicht von seiner Einlageverpflichtung befreit, so dass die Bareinlageverpflichtung zum Teil (90 TEUR) als erfüllt und zum Teil (10 TEUR) als nicht erfüllt anzusehen ist und der Gründer nach Anrechnung des Wertes des Vermögensgegenstandes (10 TEUR) nicht mehr zu einer Bareinlage verpflichtet ist (so etwa K. Schmidt/Lutter AktG/*Bayer* Rn 82 und Spindler/Stilz AktG/ *Heidinger/Benz* Rn 193 sowie GroßKomm GmbHG/*Casper* § 19 Rn 158 ff und Scholz GmbHG/*Veil* § 19 Rn 151 ff sowie *Müller* NZG 2011, 761, 764). Gerade angesichts der Tatsache, dass der Gesetzgeber nicht die Erfüllungs-, sondern die Anrechnungslösung gewählt hat, begegnet die letztere Auffassung, so wünschenswert sie aus Sicht der Praxis auch sein mag, allerdings gravierenden Bedenken (so zutr *Sernetz* ZIP 2010, 2173, 2180).

Problematisch sind weiter etwa diejenigen **Fälle der verdeckten gemischten Sacheinlage**, in denen der Gründer die Zahlung auf die Bareinlageverpflichtung vollständig erbringt und der Vermögensgegenstand (120 TEUR) die Bareinlageverpflichtung (100 TEUR) wertmäßig überschreitet, aber seine Vergütung nicht rechtfertigt (150 TEUR). Der *BGH* geht davon aus, dass die Anrechnung nicht zu Lasten des übrigen Gesellschaftsvermögens gehen darf, und zwar mit der Konsequenz, **dass eine Anrechnung nur stattfindet, wenn und soweit der Vermögensgegenstand einen höheren Wert hat als der die Bareinlageverpflichtung übersteigende Kaufpreisanteil** (*BGH* NZG 2010, 702, 708 f – AdCoCom). Der die Bareinlageverpflichtung übersteigende Teil der Vergütung (50 TEUR) wird vom Wert des Vermögensgegenstandes (120 TEUR) abgezogen, der so ermittelte berücksichtigungsfähige Wert des Vermögensgegenstandes (70 TEUR) wird auf die Bareinlageverpflichtung (100 TEUR) angerechnet, **und der Gründer bleibt in Höhe der Differenz zwischen dem Wert der Bareinlageverpflichtung und dem angerechneten Wert des Vermögensgegenstandes** (30 TEUR) **zu einer Bareinlage verpflichtet** (so auch *Benz* Anmerkung zu *BGH* **41**

Urteil v 22.3.2010 – II ZR 12/08 – AdCoCom, MittBayNot 2011, 65, 71, 72; *Sernetz* ZIP 2010, 2173, 2180 f; *Koch* ZHR 175 (2011), 55, 65 ff; GmbHG/*Veil* § 19 Rn 140, 146 ff; GroßKomm GmbHG/*Casper* § 19 Rn 152 ff; *Kleindiek* ZGR 2011, 334, 344 ff; *Koch* ZHR 175 (2011), 55, 65 ff; 68 f; *Müller* NZG 2011, 761, 763; *Pentz* GmbHR 2010, 673, 678 f). In der Literatur wird dies schlagwortartig mit „Minderwert als Anrechnungssperre" bezeichnet (Spindler/Stilz AktG/*Heidinger/Benz* Rn 195; s auch etwa K. Schmidt/Lutter AktG/*Bayer* Rn 81 und *Sernetz* ZIP 2010, 2173, 2181 sowie KölnKomm AktG/*Arnold* Rn 115). Der *BGH* hat darauf hingewiesen, dass **in dem Fall, in dem der Vermögensgegenstand einen niedrigeren Wert hat als der die Bareinlageverpflichtung übersteigende Kaufpreisanteil**, die Differenz zwischen dem die Bareinlageverpflichtung übersteigenden Kaufpreisanteil und dem tatsächlichen Wert des Vermögensgegenstandes als **schädliche Auszahlung iSd § 57 AktG** anzusehen ist (*BGH* NZG 2010, 702, 708 f – AdCoCom; s zu diesem Ansatz *Koch* ZHR 175 (2011), 55, 71 und *Pentz* GmbHR 2010, 673, 679 f sowie GmbHG/*Veil* § 19 Rn 149). Das ist etwa der Fall, wenn der Gründer die Zahlung auf die Bareinlageverpflichtung vollständig erbringt und der Vermögensgegenstand (120 TEUR) die Bareinlageverpflichtung wertmäßig überschreitet (100 TEUR), aber seine Vergütung nicht rechtfertigt (250 TEUR), weil hier der die Bareinlageverpflichtung übersteigende Kaufpreisanteil (150 TEUR) den Wert des Vermögensgegenstandes (120 TEUR) in einer Höhe von 30 TEUR überschreitet. **In diesem Fall findet keine Anrechnung statt, vielmehr besteht die Bareinlageverpflichtung in voller Höhe fort** (100 TEUR) **und der Gründer bleibt überdies in Höhe der Differenz** (30 TEUR) **zur Zahlung verpflichtet,** allerdings nach überwiegender Ansicht der Literatur nicht nach § 57 AktG, sondern nach den Regeln der **Differenzhaftung** (Spindler/Stilz AktG/*Heidinger/Benz* Rn 196; KölnKomm AktG/*Arnold* Rn 115; GroßKomm GmbHG/*Casper* 19 Rn 155; *Hüffer* AktG Rn. 35a; aA *Altmeppen* Anmerkung zu *BGH* Urteil v 22.3.2010 – II ZR 12/08 – AdCoCom, NJW 2010, 1955 und *Pentz* GmbHR 2010, 673, 679 f sowie GmbHG/*Veil* § 19 Rn 149 und *Ekkenga* ZIP 2013, 541, 549 f). Dafür sprechen in der Tat zwei gute Gründe: Zum einen folgt die Anrechnungssperre aus einer Gesamtschau von Bareinlageverpflichtung und Erwerbsgeschäft und ordnet den gesamten Vorgang dem Kapitalaufbringungsrecht und damit auch der Beweislastregelung des § 27 Abs 3 S 5 zu (*Koch* ZHR 175 (2011), 55, 71 f, 73 f; vgl auch *Benz* Anmerkung zu BGH Urteil v 22.3.2010 – II ZR 12/08 – AdCoCom, MittBayNot 2011, 65, 71, 72 f und Großkomm GmbHG/*Casper* § 19 Rn 155 sowie *Müller* NZG 2011, 761, 764 sowie *Kleindiek* ZGR 2011, 334, 346 f, 347 ff: Noch nicht abgeschlossener Kapitalaufbringungsvorgang; *Bayer/Fiebelkorn* Anmerkung zu BGH Urteil v 22.3.2010 – II ZR 12/08 – AdCoCom, LMK 2010, 304927: „Widersprüchlich"). Zum anderen scheint eine Differenzierung zwischen Aktien- und GmbH-Recht schwerlich begründbar, und im GmbH-Recht können die §§ 30, 31 GmbHG die hier in Rede stehende Kapitalaufbringung nicht gewährleisten, weil sie nur eingreifen, wenn das die Stammkapitalziffer abdeckende Vermögen berührt wird (*Koch* ZHR 175 (2011), 55, 70 ff; Großkomm GmbHG/*Casper* § 19 Rn 155; *Müller* NZG 2011, 761, 763 f; *Bayer/Fiebelkorn* Anmerkung zu *BGH* Urteil v 22.3.2010 – II ZR 12/08 – AdCoCom, LMK 2010, 304927; *Kleindiek* ZGR 2011, 334, 348 f). S dazu auch *Wenzel* Anmerkung zu *BGH* Urteil v 22.3.2010 – II ZR 12/08 – AdCoCom, EWiR § 19 GmbHG 1/10 und *Suppliet* Anmerkung zu BGH Urteil v 22.3.2010 – II ZR 12/08 – AdCoCom, NotBZ 2010, 370, 371, 372 mit dem Hinweis, dass in diesem Fall der Inferent strenger haftet als nach der alten Rechtslage (§§ 812, 818 BGB).

Sacheinlagen. Sachübernahmen § 27

Fragen werfen schließlich **die Fälle** auf, **in denen der Gründer die Zahlung auf die** **42** **Bareinlageverpflichtung nicht vollständig erbringt** (§ 36a Abs 1). Hier scheint es angezeigt, den Wert des Vermögensgegenstandes nur in Höhe der tatsächlich erbrachten Zahlung auf die Bareinlageverpflichtung anzurechnen (Spindler/Stilz AktG/*Heidinger/Benz* Rn 197; KölnKomm AktG/*Arnold* Rn 113; *Sernetz* ZIP 2010, 2173, 2180; Scholz GmbHG/*Veil* § 19 Rn 156 ff), und zwar selbst dann, wenn der Wert des Vermögensgegenstandes den der Vergütung übersteigt (KölnKomm AktG/*Arnold* Rn 114; Scholz GmbHG/*Veil* § 19 Rn 156 ff; GroßKomm GmbHG/*Casper* § 19 Rn 151). Für den Fall, dass der Vermögensgegenstand seine Vergütung nicht rechtfertigt, wird auch hier eine Anrechnungssperre in Höhe des Minderwerts angenommen (KölnKomm AktG/*Arnold* Rn 114; Spindler/Stilz AktG/*Heidinger/Benz* Rn 198; K. Schmidt/Lutter AktG/*Bayer* Rn 80; *Müller* NZG 2011, 761, 764 f; alle auch zu dem Fall, dass diese Differenz die tatsächlich erbrachte Zahlung auf die Bareinlageverpflichtung übersteigt).

Die Anrechnung erfordert, dass das Verkehrsgeschäft wirksam ist. Ist das schuldrecht- **43** liche Austauschgeschäft nichtig oder wird es infolge von Leistungsstörungen rückabgewickelt, kommt es nicht zur Anrechnung (GroßKomm GmbHG/*Casper* § 19 Rn 164; KölnKomm AktG/*Arnold* Rn 117; *Veil/Werner* GmbHR 2009, 729, 733, 734). Hinsichtlich der Bareinlageverpflichtung unterscheiden sich die Lösungsvorschläge nach den zugrundegelegten dogmatischen Konzepten (s bereits Rn 39). **Soweit ein Bereicherungsanspruch des Gründers wegen der ohne Erfüllungswirkung erbrachten Zahlung anerkannt wird**, greift dieser ein, und die Bareinlageverpflichtung muss erneut erfüllt werden (vgl KölnKomm AktG/*Arnold* Rn 108 und K. Schmidt/Lutter AktG/*Bayer* Rn 75). **Soweit ein Bereicherungsanspruch des Gründers wegen der ohne Erfüllungswirkung erbrachten Zahlung nicht anerkannt wird,** wird wie folgt differenziert: Sei die Bareinlage noch nicht geleistet, müsse sie erbracht werden. Sei die Bareinlage schon geleistet und noch nicht an den Gründer zurückgeflossen, sei die Bareinlageverpflichtung erfüllt, da es mangels eines Verkehrsgeschäfts am Tatbestand einer verdeckten Sacheinlage fehle. Sei die Bareinlage schon geleistet und auch bereits an den Gründer zurückgeflossen, sei die Bareinlageverpflichtung nach § 27 Abs 3 S 1 dagegen nicht erfüllt, weil für die Anwendung des § 27 Abs 3 S 1 der Vollzug des unwirksamen Austauschgeschäfts genügen müsse; zahle der Gründer jedoch den Kaufpreis zurück, führe das zur Erfüllung der Bareinlageverpflichtung (GroßKomm GmbHG/*Casper* § 19 Rn 162 ff; *Müller* NZG 2011, 761, 765). **IÜ können die fortbestehende Einlageforderung und die Gewährleistungsansprüche nebeneinander geltend gemacht werden.** Kommt es zur Nacherfüllung, wird die Wertsteigerung angerechnet. Eine Minderung wirkt sich nicht auf die Anrechnung aus, da sie ohnehin nur in der Höhe des objektiven Werts des Vermögensgegenstandes stattfindet (s dazu GroßKomm GmbHG/*Casper* § 19 Rn 165 und KölnKomm AktG/*Arnold* Rn 118 sowie *Veil/Werner* GmbHR 2009, 729, 734 f und *Müller* NZG 2011, 761, 765 sowie – zu den Besonderheiten der Minderung bei der verdeckten Mischeinlage und der verdeckten gemischten Sacheinlage – Scholz GmbHG/*Veil* § 19 Rn 154 f, 150 und GroßKomm GmbHG/*Casper* § 19 Rn 160, 153 f). Das Erfordernis der Wirksamkeit des Verkehrsgeschäfts ist auch insoweit von Relevanz, als die Vorschriften über die Nachgründung (§ 52) neben § 27 Abs 3 treten, so dass das Verkehrsgeschäft, das in den Anwendungsbereich beider Regelungen fällt, schwebend unwirksam ist, solange es an der Zustimmung der HV oder der Eintragung in das HR fehlt, und zwar mit der Konsequenz, dass eine

Anrechnung nicht stattfindet (Spindler/Stilz AktG/*Heidinger/Benz* Rn 114 ff, 178, 185; K. Schmidt/Lutter AktG/*Bayer* § 52 Rn 53; *Lieder* ZIP 2010, 964, 969 f).

44 **4. Heilung.** Für eine Heilung einer verdeckten Sacheinlage gilt zunächst einmal nichts anderes als für eine Heilung von Festsetzungsmängeln isd § 27 Abs 1 (s Rn 19 ff), wobei noch einmal hervorzuheben ist, dass diese Frage angesichts der Anrechnung kraft Gesetzes **kaum noch eine praktische Bedeutung** haben dürfte (KölnKomm AktG/*Arnold* Rn 123; Spindler/Stilz AktG/*Heidinger/Benz* Rn 204; *Hüffer* AktG Rn 38; zum GmbH-Recht: GroßKomm GmbHG/*Casper* § 19 Rn 172; Scholz GmbHG/*Veil* § 19 Rn 162 f; s auch *Kersting* CBC-RPS 0042, S 10 und *Henkel* NZI 2010, 6, 8 sowie *Rezori* RNotZ 2011, 125, 140 f mit dem Hinweis auf die für den Gründer im Verhältnis zu § 27 Abs 3 S 5 günstige Beweislastverteilung und mögliche Konsequenzen für die zivilrechtliche Haftung der Gründer und der neben ihnen haftenden Personen der Gesellschaft nach den §§ 46 ff, insb für die dennoch nach § 37 Abs 1 S 1 und S 2 gemachte Erklärung, die Geldleistung stehe endgültig zur freien Verfügung des VR); str ist in diesem Zusammenhang allerdings, ob für die Werthaltigkeit auf den Zeitpunkt der verdeckten Einlage (so GmbHG/*Veil* § 19 Rn 162 f und zum GmbH-Recht: GroßKomm GmbHG/*Casper* § 19 Rn 174) oder auf den der Anmeldung der Satzungsänderung (so KölnKomm AktG/*Arnold* Rn 125 und *Hüffer* AktG Rn 38 sowie K. Schmidt/Lutter AktG/*Bayer* Rn 86) abzustellen ist. Da die Anrechnung dazu führt, dass der Gründer ganz oder teilweise von seiner Bareinlageverpflichtung entbunden wird, dürfte überdies die vor der Neuregelung diskutierte **Frage, ob eine weiterhin bestehende Bareinlageverpflichtung durch nochmalige Zahlung zur freien Verfügung des VR erfüllt werden kann** (so vom *BGH* in Fortführung seiner Rspr zum „Hin- und Herzahlen" – *BGHZ* 165, 113, 117 f – Darlehen; *BGH* NJW-RR 2006, 1630, 1631 – Darlehen II; *BGHZ* 165, 352, 356 ff – Treuhandabrede; s dazu *Bayer* GmbHR 2004, 445, 452, 453 – auch für den Fall der verdeckten Sacheinlage bejaht, soweit sich eine solche Leistung „zweifelsfrei der noch offenen Einlage zuordnen" lässt, was „das ständige automatische Zero-Balancing iRd Cash-Management-Systems ... nicht einmal ansatzweise erkennen lässt"; *BGH* NJW 2006, 1736, 1738 f – Cash-Pool I; s dazu auch *BGH* NZG 2010, 702, 704 – AdCoCom und *BGH* NZG 2009, 944, 946 – Cash-Pool II), keine Rolle mehr spielen.

VIII. Hin- und Herzahlen

45 **1. Hintergrund.** § 27 enthält nunmehr auch Regelungen zu den Fallkonstellationen der verdeckten Sacheinlage, in der ein sacheinlagefähiger Gegenstand auf eine Weise eingebracht wird, die von § 27 nicht erfasst wird, und des Hin- und Herzahlens, in der eine Forderung gegen den Gründer und damit ein nicht sacheinlagefähiger Gegenstand eingebracht wird. Die Aufnahme der Regelung in § 27 Abs 4 ist vor dem **Hintergrund der zuvor entwickelten Rspr des *BGH* zu den Fällen des Hin- und Herzahlens, in denen die Bareinlage (absprachegemäß) umgehend – etwa als Darlehen – an den Einleger zurückfließt, und zu den Fällen des Her- und Hinzahlens, in denen die Bareinlage (absprachegemäß) unmittelbar zuvor dem Einleger – etwa als Darlehen – zur Verfügung gestellt wird,** zu sehen. Der *BGH* nahm in diesen Fällen keine verdeckten Sacheinlagen an (*BGHZ* 165, 113, 116 f – Darlehen; *BGHZ* 165, 352, 355 f – Treuhandabrede), sondern war der Auffassung, darin sei ein „einheitlicher, sich selbst neutralisierender Vorgang" zu sehen, **bei dem „unter dem Gesichtspunkt der Kapitalaufbringung der Inferent nichts leistet und die Gesellschaft nichts erhält"** (*BGH* NJW-RR

2006, 1630, 1631 – Darlehen II; vgl auch *BGHZ* 165, 113, 117 – Darlehen und *BGHZ* 165, 352, 357 – Treuhandabrede sowie *BGHZ* 174, 370, 373 – Darlehen III). Die Einlage werde „im wirtschaftlichen Endergebnis nicht von dem Inferenten bar geleistet, sondern von der Gesellschaft finanziert", was „mit dem Grundsatz der realen Kapitalaufbringung, der den realen Zufluss von Vermögen an die Gesellschaft sichern soll, unvereinbar" sei, weil es „einer verbotenen Befreiung von der Einlageschuld" (§ 66 Abs 1 S 1) gleichkäme (*BGH* NJW-RR 2006, 1630, 1631 – Darlehen II). Wenn „die prinzipiell unverzichtbare Einlageforderung... durch eine schwächere Darlehensforderung ersetzt werden" könnte, widerspräche dies „auch dem Sinn und Zweck des § 66 Abs 1 S 1 AktG" (*BGHZ* 165, 113, 116 – Darlehen; vgl auch *BGHZ* 174, 370, 373 – Darlehen III und *BGHZ* 165, 352, 356 – Treuhandabrede). In diesen Fällen könne nicht davon ausgegangen werden, dass die „Einlageverbindlichkeit ... durch die ursprüngliche (Vor-)Einzahlung ... getilgt worden" sei (*BGH* NJW-RR 2006, 1630, 1631 – Darlehen II) bzw „**dass die Leistung zur freien Verfügung der Gesellschaft gestanden**" habe (*BGHZ* 165, 113, 116 – Darlehen; vgl auch *BGHZ* 174, 370, 373 – Darlehen III und *BGHZ* 165, 352, 356 – Treuhandabrede). S zu dieser Rspr *Heinze* GmbHR 2008, 1065, 1071; *Bayer* GmbHR 2004, 445, 451, 453; *Bayer/Lieder* GmbHR 2006, 449, 451 ff; *Emde* Anm zu *BGH* GmbHR 2006, 306, GmbHR 2006, 308, 310; GroßKomm GmbHG/*Ulmer* 1. Aufl § 5 Rn 175. Diese Rspr des *BGH* zur Kapitalaufbringung entsprach der zur **Kapitalerhaltung** vor der Aufnahme der Regelung in § 57 Abs 1 S 3: Kreditgewährungen an Gesellschafter (aus dem gebundenen Vermögen der GmbH) seien auch dann grds ein Verstoß gegen die Kapitalerhaltungsregeln, wenn der Rückzahlungsanspruch nach bilanziellen Maßstäben vollwertig sei, und zwar weil „der Austausch liquider Haftungsmasse gegen eine zeitlich hinausgeschobene schuldrechtliche Forderung" die Vermögenslage der Gesellschaft verschlechtere (*BGHZ* 157, 72, 75 f, 77 – **Novemberurteil**; ebenso für den Cash-Pool dann *OLG München* NZG 2006, 195, 196; s zu diesen Entscheidungen *Bayer/Lieder* GmbHR 2006, 449, 452 und *Heintzen* DStR 2006, 948, 952).

Mit Blick auf das Hin- und Herzahlen wurde die Rechtslage für das Aktienrecht **46** durch das **MoMiG** (BGBl I 2008, 2026), das am 1.11.2008 in Kraft trat und das mit § 19 Abs 5 GmbHG eine dem heutigen § 27 Abs 4 entspr Vorschrift in das GmbHG aufnahm, **nicht geändert, und dies, obwohl die Rspr zum Verstoß gegen die Kapitalerhaltungsregeln durch Kreditgewährungen an Gesellschafter/Aktionäre für das GmbH- und das Aktienrecht durch Aufnahme der Regelungen in den §§ 30 Abs 1 S 2 GmbHG, 57 Abs 1 S 3 AktG** korrigiert wurde, und zwar in der Weise, dass nunmehr allein eine bilanzielle Betrachtungsweise ausschlaggebend ist und demgemäß bei Leistungen an Gesellschafter/Aktionäre, „die durch einen vollwertigen Gegenleistungs- oder Rückgewähranspruch" gegen den Gesellschafter/Aktionär „gedeckt sind", kein Verstoß gegen das Verbot der Einlagenrückgewähr (§§ 30 Abs 1 S 1 GmbHG, 57 Abs 1 S 1 AktG) vorliegt (Begr zu § 30 Abs 1 S 2 GmbHG, § 57 Abs 1 S 3 AktG idF des RegE MoMiG; die Begr zu § 57 Abs 1 S 3 AktG idF des RefE MoMiG enthielt noch den Hinweis, dass diese Problematik im Aktienrecht aufgrund der Sonderregelungen der §§ 311 ff und der dort vorgesehenen Nachteilsausgleichspflicht weit weniger praktische Bedeutung habe); s dazu auch die § 64 S 3 GmbHG, §§ 92 Abs 2 S 3, 93 Abs 3 Nr 6 AktG idF des RegE MoMiG. Die sich nunmehr in den §§ 19 Abs 5 GmbHG, 27 Abs 4 AktG befindliche Regelung entspricht nur zum Teil dem § 8 Abs 2 S 2 GmbHG idF des RegE MoMiG. Danach sollte „die vor Einlage getroffene

§ 27 Sacheinlagen. Sachübernahmen

Vereinbarung einer Leistung an einen Gesellschafter, die wirtschaftlich einer Einlagenrückgewähr entspricht und die nicht bereits als verdeckte Sacheinlage nach § 19 Abs 4 zu beurteilen ist, der Erfüllung der Einlagenschuld nicht entgegenstehen, wenn sie durch einen vollwertigen Gegenleistungs- oder Rückgewähranspruch gedeckt ist". Die von der Rspr entwickelte Fallgruppe des „Hin- und Herzahlens" sollte in der Weise geregelt werden, dass „die für den Bereich der Kapitalerhaltung (§ 30) in Bezug auf Rechtsgeschäfte der Gesellschaft mit den Gesellschaftern vorgesehenen Erleichterungen ausdrücklich auf den Bereich der Kapitalaufbringung übertragen werden"; die Regelung sollte zur Folge haben, dass, wenn ihre Voraussetzungen erfüllt sind, „eine ordnungsgemäße Kapitalaufbringung selbstverständlich auch nicht mehr unter Berufung auf § 19 Abs 2 S 1 GmbHG" (§ 66 Abs 1 S 1) „abgelehnt werden kann" (Begr zu § 8 Abs 2 S 2 GmbHG idF des RegE MoMiG). Es wurde ausdrücklich darauf hingewiesen, dass die Deregulierung der Sacheinlage im Aktienrecht erst iRd Umsetzung der Änderungsrichtlinie zur Kapitalrichtlinie (2006/L 2647/32) in Angriff genommen werden solle (Begr zu Art 5 RegE MoMiG). **So wurde der § 27 Abs 4 dann erst durch das ARUG (BGBl I 2009, 2479), das am 1.9.2009 in Kraft trat, geschaffen**, und zwar mit der Begründung, die Regelung führe zu einer weitgehenden Harmonisierung des aktienrechtlichen Kapitalaufbringungs- und Kapitalerhaltungsrechts, erlaube doch auch § 57 Abs 1 S 3 die Rückgewähr von Einlagen, wenn diese durch einen vollwertigen Rückgewähranspruch gedeckt sei, und zu einer Harmonisierung der Kapitalschutzsysteme von Aktiengesellschaft und GmbH, sei nunmehr durchgängig eine bilanzielle Betrachtung vorgesehen; es wird ausdrücklich darauf hingewiesen, dass es bei der bisherigen Rechtslage verbleibe, wenn die Voraussetzungen für eine Erfüllungswirkung gem § 27 Abs 4 AktG-E nicht vorlägen (Begr zu § 27 Abs 4 idF der Beschlussempfehlung des Rechtsausschusses des Deutschen Bundestages zum RegE ARUG). **Der Kern der Reformen ist, dass kein Verstoß gegen die Regeln der Kapitalerhaltung und Kapitalaufbringung vorliegt, wenn „reales Vermögen gegen eine Forderung getauscht" wird** (*Seibert* GmbH-Reform: Der Referentenentwurf eines Gesetzes zur Modernisierung des GmbH-Rechts und zur Bekämpfung von Missbräuchen – MoMiG, ZIP 2006, 1157, 1163). Der Einwand, „auf diese Weise werde der im Rahmen der Kapitalaufbringung vorgesehene tatsächliche Mittelzufluss im Ergebnis infolge der vereinbarten Einlagenrückgewähr durch eine „schwächere, schuldrechtliche Forderung ersetzt," wird ausdrücklich zurück- und auf die Begründung zu § 30 Abs 1 S 2 GmbHG verwiesen (Begr zu § 8 Abs 2 S 2 GmbHG idF des RegE MoMiG), wo es heißt, es handle sich um einen „Aktivtausch" (Begr zu § 30 Abs 1 S 2 GmbHG, § 57 Abs 1 S 3 AktG idF des RegE MoMiG). Der Gesetzgeber hatte insb die bisherige Rspr zum Cash-Pool (s Rn 32, 44) im Blick: Ein Hin- und Herzahlen könne „insbesondere auch bei der Kapitalaufbringung im Cash-Pool auftreten" (Begr zu § 8 Abs 2 S 2 GmbHG idF des RegE MoMiG), und es herrsche „Unsicherheit über die Zulässigkeit von Darlehen... an Gesellschafter im Allgemeinen und der in Konzernen sehr verbreiteten Praxis des sog cash-pooling im Besonderen," und dies, obwohl „die Praxis des cash-pooling... im Grundsatz ökonomisch sinnvoll ist und regelmäßig auch dem Interesse der Konzerntöchter dient" (Begr zu § 30 Abs 1 S 2 GmbHG, § 57 Abs 1 S 3 AktG idF des RegE MoMiG, s dazu insb *Seibert* aaO S 1162 f, 1163). S zur Entstehungsgeschichte: K. Schmidt/Lutter AktG/*Bayer* Rn 1, 5, 51 f, 90 f; KölnKomm AktG/*Arnold* Rn 1 ff, 129 ff; Spindler/Stilz AktG/*Heidinger/Herrler* Rn 213 ff; GroßKomm GmbHG/*Casper* § 19 Rn 176 ff, 179 f; Scholz GmbHG/*Veil* § 19 Rn 171 ff. S zur rechtspolitischen Kritik an diesen Vorschriften etwa *Altmeppen* NZG 2010, 441, 443, 444,

446; *Hentzen/Schwandtner* ZGR 2009, 1007, 1017 ff; *Bayer/Lieder* ZGR 2009, 805, 841 f; *Hüffer* AktG Rn 39, 44; K. Schmidt/Lutter AktG/*Bayer* Rn 1, 92; KölnKomm AktG/*Arnold* Rn 132.

Was die möglichen **Bedenken gegen eine solche Regelung aufgrund der aktienrechtlichen und europarechtlichen Rahmenbedingungen** angeht, so lassen sich vier Problemkreise unterscheiden. Die Neuregelung wird zunächst einmal in einem **Spannungsverhältnis zu § 71a Abs 1 S 1 und dem dahinterstehenden Art 23 Abs 1 Unterabs 1 KapRL idF der Änderungsrichtlinie zur Kapitalrichtlinie (2006/L 2647/32)** gesehen, wonach ein Mitgliedstaat es einer Gesellschaft gestatten kann, „im Hinblick auf den Erwerb eigener Aktien durch einen Dritten, unmittelbar oder mittelbar Vorschüsse zu zahlen, Darlehen zu gewähren oder Sicherheiten zu leisten". Der Gesetzgeber hat von dieser Möglichkeit keinen Gebrauch gemacht, so dass es bei dem in § 71a Abs 1 S 1 verankerten Verbot derartiger Vorgänge bleibt. Da es sich bei den Fällen des Hin- und Herzahlens und den ebenfalls von § 27 Abs 4 erfassten Fällen des Her- und Hinzahlens (*BGH* NZG 2010, 343, 345 – Eurobike) um „Fälle einer verdeckten Finanzierung der Einlagemittel durch die Gesellschaft handelt" (so *BGH* NZG 2009, 463, 465 – Qivive; s auch *BGH* NZG 2010, 343, 345 – Eurobike), stellt sich die Frage, ob in diesen Fällen ein Verstoß gegen das Verbot der finanziellen Unterstützung des Erwerbs eigener Aktien vorliegt, und zwar insb weil Art 23 Abs 1 Unterabs 5 KapRL idF der Änderungsrichtlinie zur Kapitalrichtlinie (2006/L 2647/32) für den derivativen Erwerb im Rahmen eines Erwerbs eigener Aktien durch Dritte und für den originären Erwerb im Rahmen einer Zeichnung von Aktien, die anlässlich einer Kapitalerhöhung emittiert wurden, spezielle Erfordernisse aufstellt. Die entscheidende Frage ist, „ob für den Erwerb im Rahmen der Gründung anderes gelten kann" (so zutr *Habersack* AG 2009, 557, 562). Der Gesetzgeber ging davon aus, „dass ein originärer Aktienerwerb bei Gründung nicht in den Anwendungsbereich des Art 23 der Kapitalrichtlinie fällt" (Begr zu § 27 Abs 4 idF der Beschlussempfehlung des Rechtsausschusses des Deutschen Bundestages zum RegE ARUG). Es erscheint zweifelhaft, ob man einen solchen Umkehrschluss ziehen kann (s dazu *Habersack* AG 2009, 557, 562 f; *Hüffer* AktG Rn 45; Spindler/Stilz AktG/*Cahn/von Spannenberg* § 56 Rn 13; *Bayer/Schmidt* ZGR 2009, 805, 839 f; aber auch Spindler/Stilz AktG/*Heidinger/ Herrler* Rn 268 und KölnKomm AktG/*Arnold* Rn 136 sowie Hölters AktG/*Solveen* Rn 54 und *Herrler/Reymann* DNotZ 2009, 914, 928 f sowie *Ekkenga* ZIP 2010, 2469, 2470). Der Gesetzgeber hat weiter darauf verwiesen, es sei „fraglich, ob überhaupt eine ‚Darlehensgewährung, iSv § 71a AktG, Art 23 der Kapitalrichtlinie erfolgt, wenn der Rückzahlungsanspruch iSv § 27 Abs 4 S 1 AktG-E jederzeit fällig und sofort kündbar ist, dem Inferenten also nicht eigentlich ein ‚Zahlungsziel, eingeräumt wird" (Begr zu § 27 Abs 4 idF der Beschlussempfehlung des Rechtsausschusses des Deutschen Bundestages zum RegE ARUG); das vermag nicht zu überzeugen (so zutr *Habersack* AG 2009, 557, 563 sowie Spindler/Stilz AktG/*Heidinger/Herrler* Rn 264 und KölnKomm AktG/*Arnold* Rn 136 sowie *Herrler/Reymann* DNotZ 2009, 914, 928). Eines ist jedoch gewiss: § 27 Abs 4 „begründet die Wirksamkeit des Rückgewähranspruchs nicht, sondern setzt sie voraus. Für das Verhältnis zu § 71a AktG folgt hieraus, **dass eine Erfüllungswirkung nach § 27 Abs 4 S 1 AktG-E nicht eintritt, wenn das Hin- und Herzahlen zugleich eine nach § 71a AktG verbotene finanzielle Unterstützung darstellt und deshalb kein wirksamer Rückgewähranspruch entsteht**" (Begr zu § 27 Abs 4 idF der Beschlussempfehlung des Rechtsausschusses des Deutschen Bundestages zum

RegE ARUG); § 71a hat aufgrund der europarechtlichen Vorgaben Vorrang (*Habersack* AG 2009, 557, 562, 563; K. Schmidt/Lutter AktG/*Bayer* Rn 94; s auch KölnKomm AktG/*Arnold* Rn 136). **Angesichts der in diesem Punkt bestehenden Rechtsunsicherheit sollte man von einem Hin- und Herzahlen absehen** (so zutr K. Schmidt/Lutter AktG/*Bayer* Rn 94 und *Herrler/Reymann* DNotZ 2009, 914, 930 f).

48 Die aktienrechtlichen und europarechtlichen Rahmenbedingungen werfen noch aus drei weiteren Gründen Zweifel an der Vereinbarkeit des § 27 Abs 4 mit der Kapitalrichtlinie auf. Dabei geht es zum einen um **§ 36a Abs 1 iVm §§ 36 Abs 2, 54 Abs 3 und den dahinterstehenden Art 9 Abs 1 KapRL (Mindesteinzahlungen bei Bareinlagen)**, der „die effektive Leistung von mindestens 25 % des Nennbetrags oder des rechnerischen Werts der Aktien verlangt und sich insoweit nicht mit dem bloßen Zahlungsversprechen des Inferenten begnügt" (so zutr *Habersack* AG 2009, 557, 561; ebenso KölnKomm AktG/*Arnold* Rn 8, 133 und *Ekkenga* ZIP 2010, 2469, 2470 sowie *Hüffer* AktG Rn 39; zweifelnd K. Schmidt/Lutter AktG/*Bayer* Rn 95 und *Herrler/Reymann* DNotZ 2009, 914, 926 f; aA Spindler/Stilz AktG/*Heidinger/Herrler* Rn 261 f). Dieses Problem lässt sich in der Tat nur lösen, wenn man die Wertung des § 36a Abs 1 iVm §§ 36 Abs 2, 54 Abs 3 iRd § 27 Abs 4 in der Weise zum Tragen bringt, dass „mindestens ein Viertel des geringsten Ausgabebetrags nach Maßgabe der §§ 36 Abs 2, 54 Abs 3 zu leisten ist und in der Folge nicht an den Inferenten zurückfließen darf" (so zutr *Habersack* AG 2009, 557, 561; so auch KölnKomm AktG/*Arnold* Rn 133 und *Ekkenga* ZIP 2010, 2469, 2470 sowie *Hüffer* AktG Rn 39; im Ergebnis ebenso K. Schmidt/Lutter AktG/*Bayer* Rn 95 und Hölters AktG/*Solveen* Rn 55; aA Spindler/Stilz AktG/*Heidinger/Herrler* Rn 261 f). S dazu auch die im GmbH-Recht diskutierte Frage eines Verstoßes gegen das Gebot frei verfügbarer Mindesteinlagen (§§ 7 Abs 2, 8 Abs 2 S 1 GmbHG); *Henze* GmbHR 2008, 1065, 1071 f und GroßKomm GmbHG/*Casper* § 19 Rn 180. Des Weiteren wirft § 27 Abs 4 im Lichte des **§ 33 Abs 2 und des dahinterstehenden Art 10 KapRL (externe Gründungsprüfung)** Zweifelsfragen auf. Sollten Forderungen gegen den Gründer im Lichte des Europarechts sacheinlagefähig sein, so könnte § 27 Abs 4 eine Erfüllungswirkung ohne sachverständige Werthaltigkeitskontrolle beinhalten, die sich allenfalls damit rechtfertigen ließe, dass es sich bei § 27 Abs 4 wie bei § 27 Abs 3 (s dazu oben Rn 28) um einen von § 52 AktG und dem dahinterstehenden Art 11 KapRL nicht ausgeschlossenen konkreten Umgehungsschutz handelt (K. Schmidt/Lutter AktG/*Bayer* Rn 96, 95 und *Bayer/Schmidt* ZGR 2009, 805, 840 f). Schließlich könnten auch **§ 52 AktG und der dahinterstehende Art 11 KapRL (Nachgründung)** Probleme aufwerfen: Der Rückgewähranspruch, an den § 27 Abs 4 anknüpft, könnte ein Vermögensgegenstand iSd Vorschriften sein, und zwar mit der Konsequenz, dass ein Darlehen, das in den Anwendungsbereich beider Regelungen fällt, schwebend unwirksam ist, solange es an der Zustimmung der HV oder der Eintragung in das HR fehlt (Spindler/Stilz AktG/*Heidinger/Herrler* Rn 269; s zu dem vergleichbaren Problem bei § 27 Abs 3 oben Rn 43).

49 Eine wiederum andere Frage hat die **Übergangsvorschrift des § 20 Abs 7 EGAktG** aufgeworfen, wonach § 27 Abs 4 auch für Einlageleistungen gilt, die vor dem 1.9.2009 bewirkt worden sind, soweit sie nach der bis dahin geltenden Rechtslage keine Erfüllung der Einlageverpflichtung bewirkt haben, es sei denn, es ist über die daraus folgenden Ansprüche bereits vor dem 1.9.2009 ein rechtskräftiges Urteil ergangen oder eine wirksame Vereinbarung getroffen worden. Der *BGH* hat die geltend gemachten **verfassungsrechtlichen Bedenken** für die entspr Vorschrift für das GmbH-Recht (§ 3

Abs 4 EGGmbHG) mit Blick auf die Regelung der verdeckten Sacheinlage inzwischen zurückgewiesen (*BGH* NZG 2010, 702, 705 ff – AdCoCom; s dazu oben Rn 29). *Illhardt/Fiebelkorn* haben zutr darauf hingewiesen, dass für das Hin- und Herzahlen nichts anderes gelten könne, zumal sich die verfassungsrechtlichen Probleme hier nur in abgemilderter Form stellen würden, weil keine Änderung der dinglichen Zuordnung von Vermögensgegenständen erfolgen würde und auch keine Rechte Dritter betroffen wären (Anmerkung zu *LG Erfurt* Urteil v 15.7.201 – 10 O 994/09, DZWIR 2010, 525, 526, 526 f). Damit dürfte diese Frage zunächst einmal für die Praxis geklärt sein (s zu der Diskussion KölnKomm AktG/*Arnold* Rn 152, 85; Hölters AktG/*Solveen* Rn 52, 39; *Heinze* GmbHR 2008, 1065, 1073). **Die Problematik der Übergangsregelung liegt darin, dass die vom BGH auch für Altfälle als Voraussetzung für die Erfüllungswirkung angesehene Offenlegung gem § 27 Abs 4 S 2** (*BGH* NZG 2009, 944, 946 – Cash-Pool II; so auch *OLG Stuttgart* NZG 2012, 231, 232 f und *OLG Koblenz* GmbHR 2011, 579, 581 sowie *OLG Nürnberg* DZWIR 2011, 167, 171; **aA** *LG Erfurt* DZWIR 2010, 525) **in der Praxis kaum einmal gegeben sein dürfte und die Übergangsregelung daher weitgehend leerläuft** (*OLG Koblenz* GmbHR 2011, 579, 581; *Herrler* DStR 2011, 2255, 2256; *ders* GmbHR 2010, 785, 786; *Illhardt* Anmerkung zu *OLG Stuttgart* Beschl v 6.9.2011 – 8 W 319/11, DZWIR 2011, 523, 524, 526; *ders* Anmerkung zu OLG Koblenz Urteil v 17.3.2011 – 6 U 879/10, DZWIR 2011, 303, 305, 307; *Illhardt/Fiebelkorn* Anmerkung zu LG Erfurt Urteil v 15.7.201 – 10 O 994/09, DZWIR 2010, 525, 526, 527; *Kleindiek* ZGR 2011, 334, 339; *Zabel* DZWIR 2010, 359, 362). **Vor diesem Hintergrund ist vorgeschlagen worden, für Altfälle von diesem Erfordernis abzusehen** (GroßKomm GmbHG/*Casper* § 19 Rn 191 f, 126; *Heckschen* Einlagenrückgewähr ohne Offenlegung? – Plädoyer für einen dritten Lösungsweg, GWR 2011, 314182; im Ergebnis offen K. Schmidt/Lutter AktG/*Bayer* Rn 119, 107), was der BGH in der Entscheidung Cash-Pool II, in der es um einen Altfall ging, jedoch implizit abgelehnt hat (*OLG Stuttgart* NZG 2012, 231, 232 f; *OLG Koblenz* GmbHR 2011, 579, 581; *Goette* Anmerkung zu *BGH* Urteil v 20.7.2009 – II ZR 273/07 – Cash-Pool II, GWR 2009, 290609: „Der Senat hat selbstverständlich nicht verkannt, dass damit die zugehörige Übergangsvorschrift weitgehend leerläuft, weil in der Vergangenheit Inferenten nur ausnahmsweise den formellen Anforderungen gerecht geworden sind."; *Herrler* DStR 2011, 2255, 2257; *ders* GmbHR 2010, 785, 787; *Heckschen* Einlagenrückgewähr ohne Offenlegung? – Plädoyer für einen dritten Lösungsweg, GWR 2011, 314182). Da sich eine solche Ausnahme im Lichte des Grundsatzes der realen Kapitalaufbringung wohl auch nur schwerlich begründen lässt (vgl dazu: *OLG Koblenz* GmbHR 2011, 579, 581; *Herrler* DStR 2011, 2255, 2257; *Illhardt* Anmerkung zu OLG Stuttgart Beschl v 6.9.2011 – 8 W 319/11, DZWIR 2011, 523, 524, 526; *ders* Anmerkung zu OLG Koblenz Urteil v 17.3.2011 – 6 U 879/10, DZWIR 2011, 303, 305, 307; *Illhardt/Fiebelkorn* Anmerkung zu LG Erfurt Urteil v 15.7.201 – 10 O 994/09, DZWIR 2010, 525, 526, 527), ist **die entscheidende Frage, ob die Offenlegung gem § 27 Abs 4 S 2 als Voraussetzung für die Erfüllungswirkung anzusehen ist** (*Herrler* DStR 2011, 2255, 2257; *Illhardt* Anmerkung zu OLG Koblenz Urteil v 17.3.2011 – 6 U 879/10, DZWIR 2011, 303, 305, 307; *Illhardt/Fiebelkorn* Anmerkung zu LG Erfurt Urteil v 15.7.201 – 10 O 994/09, DZWIR 2010, 525, 526, 527); s dazu unten Rn 56.

2. Tatbestand. Der Gesetzgeber hat mit der Formulierung „ist vor der Einlage eine Leistung an den Aktionär vereinbart worden, die wirtschaftlich einer Rückzahlung der Einlage entspricht und die nicht als verdeckte Sacheinlage iSv Abs 3 zu beurteilen

§ 27 Sacheinlagen. Sachübernahmen

ist," die **Voraussetzungen für das Vorliegen eines Hin- und Herzahlens** nicht neu regeln, sondern an „die von der Rspr entwickelte Fallgruppe des sog ‚Hin- und Herzahlens,'" anknüpfen (Begr zu § 8 Abs 2 S 2 GmbHG idF des RegE MoMiG) und nur die Rechtsfolgen neu regeln wollen (so auch *BGH* NZG 2009, 944, 945 – Cash-Pool II). Der *BGH* nimmt ein Hin- und Herzahlen demgemäß auch weiterhin an, **wenn „der Einlagebetrag absprachegemäß umgehend wieder an den Einleger, zB als Darlehen oder aufgrund einer Treuhandabrede, zurückfließen soll"** (*BGH* NZG 2010, 343, 345 – Eurobike; s auch *BGH* NZG 2009, 944, 945 – Cash-Pool II und *BGH* NZG 2009, 463, 465 – Qivive; vgl dazu auch *Rezori* RNotZ 2011, 125, 129 mit dem Hinweis, die Rückgewähr müsse nicht in Form einer Rückzahlung erfolgen, sondern erfasse auch Forderungsabtretungen oder Sachdarlehen), und setzt auch insoweit seine Rspr fort, als er davon ausgeht, dass „dem Hin- und Herzahlen... auch ohne ausdrückliche gesetzliche Regelung (§ 27 Abs 4 idF des ARUG) wegen der wirtschaftlichen Vergleichbarkeit, für die die Reihenfolge der Leistungen ohne Belang ist, **das Her- und Hinzahlen gleichsteht, bei dem die Einlagemittel nicht an den Gesellschafter zurückfließen, sondern die Gesellschaft dem Inferenten die Einlagemittel schon vor Zahlung der Einlage aus ihrem Vermögen zur Verfügung stellt**" (*BGH* NZG 2010, 343, 345 – Eurobike; so auch Spindler/Stilz AktG/*Heidinger/Herrler* Rn 231 und KölnKomm AktG/*Arnold* Rn 139 sowie K. Schmidt/Lutter AktG/*Bayer* Rn 110 und Scholz GmbHG/*Veil* § 19 Rn 177 f sowie GroßKomm GmbHG/*Casper* § 19 Rn 185 und *Rezori* RNotZ 2011, 125, 130 f). Der *BGH* hat zum Tatbestand jüngst ausgeführt dass er „nicht alle Fälle gegenläufiger Zahlungen betrifft, sondern nur solche, bei denen die Gesellschaft mit der Rücküberweisung einen – dazu noch vollwertigen und liquiden – Anspruch gegen den Gesellschafter erwirbt" und in diesen Fällen keine verdeckte Sacheinlage vorliege, weil dabei eine bereits bestehende Altverbindlichkeit getilgt und gerade keine neue Forderung gegen den Gesellschafter erworben werde bzw der Gesellschafter keine neue Verbindlichkeit eingehen, sondern von seiner Einlageverpflichtung frei werden wolle (*BGH* GmbHR 2012, 1066, 1069). **Die Bareinlageleistung muss auch tatsächlich erfolgen** (*OLG Stuttgart* NZG 2012, 231, 232); bloße Buchungs- oder Verrechnungsvorgänge reichen demnach nicht aus (*Illhardt* Anmerkung zu OLG Stuttgart Beschl v 6.9.2011 – 8 W 319/11, DZWIR 2011, 523, 524, 525; *Rezori* RNotZ 2011, 125, 130; aA *Herrler* DStR 2011, 2255, 2258, 2260). Der Gesetzgeber hat das **Erfordernis einer Vorabsprache** festgeschrieben; es muss mithin vor der Bareinlageleistung eine (auch wirksame) Abrede unter den Gründern darüber vorliegen, dass die Einlage von der Gesellschaft zurückgezahlt bzw durch die Gesellschaft vorfinanziert werden soll, die allerdings – wie bei der verdeckten Sacheinlage (s Rn 30, 34) – bei Vorliegen eines sachlichen und zeitlichen Zusammenhangs zwischen der Bareinlageleistung und der Rückzahlungs- bzw Vorfinanzierungsverpflichtung **vermutet werden kann** (*BGH* GmbHR 2008, 818, 818; *OLG Koblenz* GmbHR 2011, 579, 580 f; *Illhardt* Anmerkung zu OLG Koblenz Urteil v 17.3.2011 – 6 U 879/10, DZWIR 2011, 303, 305, 305 f; Spindler/Stilz AktG/*Heidinger/Herrler* Rn 221 ff; K. Schmidt/Lutter AktG/*Bayer* Rn 100; KölnKomm AktG/*Arnold* Rn 137 f; GroßKomm GmbHG/*Casper* § 19 Rn 182 f; *Bayer/Schmidt* ZGR 2009, 805, 834; *Habersack* FS Priester, S 157, 169 mit dem Vorschlag, auch hier (s Rn 35) bei normalen Umsatzgeschäften des täglichen Geschäftsverkehrs von der an den sachlichen und zeitlichen Zusammenhang anknüpfenden Vermutung einer Abrede abzusehen). Das Erfordernis einer Abrede vor der Bareinlageleistung ist wohl in der Tat unverzichtbar, um die Fälle des Hin- und Herzahlens von anderen Fallkonstellationen abzugrenzen, in denen

Sacheinlagen. Sachübernahmen § 27

es ebenfalls an einer Bareinlageleistung zur freien Verfügung des VR (§§ 36 Abs 2, 54 Abs 3) fehlt, aber der Aktionär nach dem Willen des Gesetzgebers nicht unter den besonderen Voraussetzungen des § 27 Abs 4 und damit ausnahmsweise von seiner Einlageverpflichtung frei werden soll (vgl dazu KölnKomm AktG/*Arnold* Rn 137 f mit dem Vorschlag, auf nachträgliche Vereinbarungen § 27 Abs 4 analog anzuwenden, und K. Schmidt/Lutter AktG/*Bayer* Rn 100 sowie GroßKomm GmbHG/*Casper* § 19 Rn 183); es sei hervorgehoben, **dass es hier also nicht – wie bei § 27 Abs 3 – auf den Zeitpunkt der Begründung der Bareinlageverpflichtung, sondern auf den der Bareinlageleistung ankommt** (*OLG Stuttgart* NZG 2012, 231, 232; *Illhardt* Anmerkung zu OLG Stuttgart Beschl v 6.9.2011 – 8 W 319/11, DZWIR 2011, 523, 524, 525 f; Spindler/Stilz AktG/*Heidinger/Herrler* Rn 224; *Bayer/Schmidt* ZGR 2009, 805, 834). **Die Vorabsprache kann zwischen den Gründern oder zwischen der Gesellschaft und dem Inferenten getroffen werden** (*OLG Stuttgart* NZG 2012, 231, 232; zust *Illhardt* Anmerkung zu OLG Stuttgart Beschl v 6.9.2011 – 8 W 319/11, DZWIR 2011, 523, 524, 525). Demnach hat das Hin- und Herzahlen **einen zweigliedrigen Tatbestand,** der im Ausgangspunkt aus (1) der Begründung einer Bareinlageverpflichtung und der Bareinlageleistung im Zuge der Gründung (Kapitalerhöhung) sowie (2) der Vereinbarung einer Rückzahlungs- bzw Vorfinanzierungsverpflichtung zu Lasten der Gesellschaft und der Leistung an den Aktionär besteht (Spindler/Stilz AktG/*Heidinger/Herrler* Rn 219 ff; K. Schmidt/Lutter AktG/*Bayer* Rn 98; KölnKomm AktG/*Arnold* Rn 137). Wie bei der verdeckten Sach- oder Forderungseinbringung (Rn 33) kommt es, **wenn Dritte eingeschaltet werden** (hier als Leistungsempfänger), darauf an, ob das Verhalten des Dritten dem Gründer zugerechnet werden kann und muss (*OLG Schleswig* GmbHR 2012, 908, 910; *OLG Koblenz* GmbHR 2011, 579, 580; *Illhardt* Anmerkung zu OLG Koblenz Urteil v 17.3.2011 – 6 U 879/10, DZWIR 2011, 303, 305, 305; *Illhardt/Fiebelkorn* Anmerkung zu LG Erfurt Urteil v 15.7.201 – 10 O 994/09, DZWIR 2010, 525, 526, 526; Spindler/Stilz AktG/*Heidinger/Herrler* Rn 233; GroßKomm GmbHG/*Casper* § 19 Rn 186).

Die **typischen Fälle** sind die bereits oben (Rn 45) genannten Fälle, in denen die Bareinlage absprachegemäß als Darlehen an den Einleger zurückfließt oder zuvor dem Einleger als Darlehen zur Verfügung gestellt wird. Zwei jüngere Entscheidungen des BGH (*BGH* NZG 2009, 463 – **Qivive**; *BGH* NZG 2010, 343 – **Eurobike**) haben die Fragen aufgeworfen, ob bzw unter welchen Voraussetzungen **eine „spätere Zahlung auf nach der ordnungsgemäß erbrachten Einlageleistung geleistete Dienste des Inferenten"** (*BGH* NZG 2009, 463, 465 – Qivive; s auch *BGH* NZG 2010, 343, 345 – Eurobike) ein Hin- und Herzahlen und **„ein vor Übernahme der Aktien an den Inferenten gezahltes Beratungshonorar"** ein Her- und Hinzahlen (*BGH* NZG 2010, 343, 345 – Eurobike) sein kann (s zu der Frage, ob in diesen Fällen die Regeln über verdeckte Sacheinlagen eingreifen, bereits oben Rn 32). Der *BGH* hat **zur ersten Fallkonstellation** darauf hingewiesen, der Gesetzgeber habe mit § 27 Abs 4 den Gedanken des Forderungstauschs aufgegriffen und es handele sich um Fälle einer verdeckten Finanzierung der Einlagemittel durch die Gesellschaft, und dann ausgeführt: „Im vorliegenden Fall einer späteren Zahlung auf nach der ordnungsgemäß erbrachten Einlagezahlung geleistete Dienste des Inferenten ist ein derartiges Hin- und Herzahlen nicht gegeben. **Hier findet weder eine verdeckte Finanzierung noch ein bloßer Austausch der Einlageforderung gegen eine andere schuldrechtliche Forderung der Gesellschaft statt. Soweit ein Inferent die Einlagemittel nicht für seine Zwecke ‚reserviert', sondern in

51

den Geldkreislauf der Gesellschaft einspeist, ist das ... **Erfordernis einer Einzahlung zu endgültig freier Verfügung ... nicht berührt.** Dieses Erfordernis ist erfüllt, wenn die Leistung aus dem Vermögen des Inferenten ausgeschieden und der GmbH derart zugeflossen ist, dass sie uneingeschränkt für Zwecke der Gesellschaft verwendet werden kann. Zu Zwecken der GmbH werden Einlagemittel auch dann verwendet, wenn sie ihr erbrachte Dienstleistungen eines Gesellschafters bezahlt, die sie ansonsten anderweitig hätte einkaufen müssen" (*BGH* NZG 2009, 463, 465 – Qivive; s auch *BGH* NZG 2010, 343, 345 – Eurobike: „Im vorliegenden Fall scheidet ein Hin- und Herzahlen aus, weil die Einlageforderung nicht gegen eine andere schuldrechtliche Forderung der Gesellschaft ausgetauscht worden ist. Mit der Vergütung von Beratungsleistungen wird keine Forderung der Gesellschaft gegen die Beklagte als Inferentin begründet. Die Einlage wird auch zur freien Verfügung der Gesellschaft geleistet, solange sie nicht für die Bezahlung der Dienstleistung reserviert wird."). Der *BGH* hat **zur zweiten Fallkonstellation** ausgeführt: „Die Schuldnerin hat auch nicht die Einlage im Sinn eines Her- und Hinzahlens finanziert. Dem Hin- und Herzahlen steht zwar auch ohne ausdrückliche gesetzliche Regelung (§ 27 Abs 4 AktG idF des ARUG) wegen der wirtschaftlichen Vergleichbarkeit, für die die Reihenfolge der Leistungen ohne Belang ist, das Her- und Hinzahlen gleich... **Um eine solche verdeckte Finanzierung durch die Gesellschaft handelt es sich aber nicht, wenn eine tatsächlich erbrachte Leistung entgolten wird, die dafür gezahlte Vergütung einem Drittvergleich standhält und die objektiv werthaltige Leistung nicht aus Sicht der Gesellschaft für sie unbrauchbar und damit wertlos ist.** Wirtschaftlich erbringt die Gesellschaft dann die Einlage nicht aus ihrem Vermögen, weil der Zahlung eine vollwertige Gegenleistung gegenübersteht. Eine verdeckte Finanzierung liegt nur vor, wenn der Entgeltcharakter der Zahlung vorgeschoben ist und der Beratungsvertrag nur zum Schein abgeschlossen wurde, um eine finanzielle Leistung der Gesellschaft zu rechtfertigen, oder der Zahlung keine ihrem Wert entsprechende Gegenleistung gegenübersteht, weil das Honorar in einem Missverhältnis zur vereinbarten oder erbrachten Beratungsleistung steht, oder etwa die erbrachte Leistung für die Gesellschaft schlechterdings unbrauchbar und damit aus ihrer Sicht wertlos ist" (*BGH* NZG 2010, 343, 345 f – Eurobike). Diese Entscheidungen haben eine lebhafte Diskussion ausgelöst (s dazu: *Bayer/Lieder* NZG 2010, 86, 86 ff; *Bayer/Fiebelkorn* LMK 2010, 304616; *Drygala* JZ 2011, 50, 53, 54 ff; *Giedinghagen/Lakenberg* NZG 2009, 201, 204 f; GroßKomm GmbHG/*Casper* § 19 Rn 184, 117; *Habersack* GWR 2009, 283395; *ders* GWR 2010, 299601; *Herrler* NZG 2010, 407, 408 f; *Hentzen/Schwandtner* ZGR 2009, 1007, 1010 ff, 1013 ff; *Lieder* EWiR § 27 AktG 1/10, 169, 170; *Pentz* GmbHR 2009, 505, 510 ff; *Priester* DNotZ 2010, 456, 462, 462 ff; Spindler/Stilz AktG/*Heidinger/Herrler* Rn 228 ff; *Wachter* NJW 2010, 1715, 1717; *ders* DStR 2010, 1240, 1244 f).

52 Im Ausgangspunkt wird man sich hier die Frage stellen müssen, ob in diesen Fallkonstellationen die Voraussetzungen des § 27 Abs 4 gegeben sind. **Dies ist nur der Fall, wenn der als zentrales Merkmal anzusehende „Forderungstausch" – das Ersetzen der Einlageforderung durch einen Rückgewähranspruch** (§ 27 Abs 4), **eine schuldrechtliche Forderung** (*BGH* NZG 2009, 463, 465 – Qivive; *BGH* NZG 2010, 343, 345 – Eurobike) bzw eine Rückzahlungsforderung (*BGH* NZG 2009, 944, 945 – Cash-Pool II) – **auch im Falle der Begründung eines Gegenleistungsanspruchs aufgrund eines Austauschgeschäfts gegeben ist**, denn um einen solchen handelt es sich bei einem Anspruch auf Dienstleistungen des Gründers (so auch *Giedinghagen/Lakenberg* NZG

2009, 201, 204; vgl auch *Bayer/Lieder* NZG 2010, 86, 87 und *Wachter* NJW 2010, 1715, 1717). **Die Entstehungsgeschichte spricht klar dagegen**: Die sich nunmehr in den §§ 19 Abs 5 GmbHG, 27 Abs 4 AktG befindliche Regelung entspricht nämlich insoweit nicht dem § 8 Abs 2 S 2 GmbHG idF des RegE MoMiG, wonach „die vor Einlage getroffene Vereinbarung einer Leistung an einen Gesellschafter, die wirtschaftlich einer Einlagenrückgewähr entspricht und die nicht bereits als verdeckte Sacheinlage nach § 19 Abs 4 zu beurteilen ist, der Erfüllung der Einlagenschuld nicht entgegensteht, wenn sie durch einen vollwertigen Gegenleistungs- oder Rückgewähranspruch gedeckt ist." Das damit indizierte Ergebnis dürfte zutreffend sein (so auch Groß-Komm GmbHG/*Casper* § 19 Rn 184 und *Giedinghagen/Lakenberg* NZG 2009, 201, 204 f mit dem ergänzenden Hinweis, der Gesetzgeber habe sehr spezielle Fälle – insb im Hinblick auf den Cash-Pool – lösen wollen und § 27 Abs 4 sei als Ausnahmevorschrift eng auszulegen; im Ergebnis ebenso *Bayer/Lieder* NZG 2010, 86, 90 und *Priester* DNotZ 2010, 456, 462, 465 sowie Scholz GmbHG/*Veil* § 19 Rn 179; **aA** *Heinze* GmbHR 2008, 1065, 1070, 1071: Auch Ansprüche auf andere Leistungen sowie Bereicherungsansprüche aus Scheinzahlungen). **Die Regelung des § 27 Abs 4 passt hier nicht: Ein Anspruch auf Dienstleistungen des Gründers ist nicht auf Zahlung gerichtet und kommt deshalb nicht für einen Ersatz der Einlageforderung in Betracht** (so auch *Bayer/Lieder* NZG 2010, 86, 90 und *Priester* DNotZ 2010, 456, 462, 465; s dazu auch *Bayer/Fiebelkorn* LMK, 304616 und *Wachter* NJW 2010, 1715, 1717 sowie *Drygala* JZ 2011, 50, 53, 54 f). Dafür spricht nicht zuletzt, dass, wenn man im Falle eines Gegenleistungsanspruchs einen „Forderungstausch" annähme, § 27 Abs 4 mit seiner Anordnung der Erfüllungswirkung keinen Ansatzpunkt für die Lösung des Problems bietet, dass ein Austauschvertrag auch zu einer Forderung des Gründers gegen die Gesellschaft (hier die Vergütungsforderung des Gründers) führt: Würde die Einlageforderung als erfüllt gelten und müsste die Gesellschaft obendrein die von ihr geschuldete Gegenleistung erbringen, **würde sie nicht nur „nichts" erhalten, sondern „draufzahlen"**. Vor diesem Hintergrund sprechen die besseren Gründe dafür, dass die Begründung eines Gegenleistungsanspruchs aufgrund eines Austauschgeschäfts nicht in den Anwendungsbereich des § 27 Abs 4 fällt.

Liegt in den Fällen der Vergütung von Dienstleistungen nach bzw vor Einlageleistung kein Hin- und Herzahlen bzw kein Her- und Hinzahlen isd § 27 Abs 4 vor (so auch *Bayer/Lieder* NZG 2010, 86, 90; *Bayer/Fiebelkorn* LMK 2010, 304616; *Drygala* JZ 2011, 50, 53, 55; *Lieder* EWiR § 27 AktG 1/10, 169, 170; *Giedinghagen/Lakenberg* NZG 2009, 201, 204 f; *Herrler* GmbHR 2010, 785, 786; *Priester* DNotZ 2010, 456, 462, 465; Scholz GmbHG/*Veil* § 19 Rn 179; *Wachter* NJW 2010, 1715, 1717; *ders* DStR 2010, 1240, 1244; so wohl auch *Klomfaß* Analyse des „Eurobike"-Urteils des *BGH* vom 1. Februar 2010 – II ZR 173/08, der gemeindehaushalt 2011, 136, 138), **so stellt sich die Frage, wie diese Fallkonstellationen im Lichte der Kapitalaufbringung und Kapitalerhaltung zu werten sind.** Der *BGH* gibt hier wichtige Hinweise in seinen Ausführungen zur Leistung zur freien Verfügung (*BGH* NZG 2009, 463, 465 – Qivive; *BGH* NZG 2010, 343, 345 – Eurobike) und zum Verbot der Einlagenrückgewähr (§ 57) für den Fall einer zwar nicht „im Zusammenhang mit dem originären Erwerb von Aktien erbrachten Dienstleistung und ihrer Honorierung", aber einer „Wertlosigkeit der Leistung für die Gesellschaft" (*BGH* NZG 2010, 343, 344 f – Eurobike). Nimmt man hinzu, dass § 27 Abs 4 eine Einschränkung des § 36 Abs 2 enthält, der die Leistung der Bareinlage zur freien Verfügung des VR verlangt (*Drygala* JZ 2011, 50, 53, 55; Köln-

52a

Komm AktG/*Arnold* Rn 129, 132; *Lieder* EWiR § 27 AktG 1/10, 169, 170; *Mätzig* Anmerkung zu *BGH* Urteil vom 16.2.2009 – II ZR 120/07 – Qivive, JR 2010, 204, 209), so wird deutlich, dass es sich hier um ein **Problem der Leistung zur (endgültig) freien Verfügung des VR nach §§ 36 Abs 2, 54 Abs 3** handelt, soweit die Einlage für die Bezahlung der Dienstleistung „reserviert" wird (*BGH* NZG 2009, 463, 465 – Qivive; *BGH* NZG 2010, 343, 345 – Eurobike; s zu der Diskussion um das „Reservierungskriterium": *Bayer/Lieder* NZG 2010, 86, 88 und *Bayer/Fiebelkorn* LMK 2010, 304616 sowie *Lieder* EWiR § 27 AktG 1/10, 169, 170 und *Herrler* NZG 2010, 407, 408 f. – enger als Leistung zur freien Verfügung; *Priester* DNotZ 2010, 456, 462, 464 und *Benecke* ZIP 2010, 105, 108 - Leistung zur freien Verfügung) bzw die Gesellschaft die Einlage aus ihrem Vermögen erbringt, weil der Zahlung keine vollwertige Gegenleistung gegenübersteht (*BGH* NZG 2010, 343, 346 – Eurobike): Eine Leistung zur (endgültig) freien Verfügung des VR fehlt, wenn aufgrund einer Vorabsprache die Barleistung im Rahmen eines Austauschgeschäfts an den Gründer zurückgeführt wird (Mittelrückfluss im Rahmen von Austauschgeschäften; siehe dazu GroßKomm AktG/ *Röhricht* § 36 Rn 77 ff und MünchKomm AktG/*Pentz* § 36 Rn 62), und sie fehlt auch, wenn die Barleistung nur zum Schein erfolgt oder aus dem Vermögen der Gesellschaft stammt (Fehlen eines effektiven Mittelzuflusses; siehe dazu GroßKomm AktG/*Röhricht* § 36 Rn 58, 59 f und MünchKomm AktG/*Pentz* § 36 Rn 55, 57), und zwar mit der Konsequenz, dass die Einlageforderung nicht erlischt und der Gründer wegen der ohne Erfüllungswirkung erbrachten Zahlung einen Anspruch wegen Zweckverfehlung nach § 812 Abs 1 S 2 Alt 2 BGB hat (*Bayer/Lieder* NZG 2010, 86, 88 ff, 90 f und K. Schmidt/Lutter AktG/*Bayer* Rn 99, 59 mit dem Vorschlag einer Bereichsausnahme für marktübliche Vergütungen und wohl ebenso *Bayer/Fiebelkorn* LMK 2010, 304616 sowie *Habersack* GWR 2010, 299601 und *Lieder* EWiR § 27 AktG 1/10, 169, 170 – der *BGH* ist nicht auf diesen Ansatz eingegangen, s dazu *Goette* Anmerkung zu *BGH* Urteil vom 1.2.2010 – II ZR 173/08 – Eurobike, DStR 2010, 563, 563 f; s. auch bereits *Habersack* FS Priester, S 157, 168, 169 ff, 171 f mit dem Vorschlag, bei zeitlichem Zusammenhang keine Absprache zu vermuten; krit dazu K. Schmidt/Lutter AktG/ *Kleindiek* § 36 Rn 25 f; aA *Drygala* JZ 2011, 50, 53, 55 f für den Fall der überbewerteten oder unbrauchbaren Dienstleistung und *Wachter* NJW 2010, 1715, 1717 sowie möglicherweise *Priester* DNotZ 2010, 456, 462, 465: Anwendung der §§ 57, 62 AktG und damit der Regeln zur Kapitalerhaltung). **Stellt sich die Vergütung von Dienstleistungen nach diesen Kriterien nicht als ein Problem der Kapitalaufbringung dar** (s dazu *Bayer/Lieder* NZG 2010, 86, 88: „Der Aufbringungsvorgang ist nämlich bei wirtschaftlicher Betrachtung dann nicht abgeschlossen, wenn bei Einlageleistung ein späterer Rückfluss an den Inferenten aufgrund eines Dienstleistungs- bzw Beratungsvertrages in Rede steht."), war insbesondere „die nach Zahlung der Einlage erbrachte Dienstleistung zwar nicht reserviert, aber wert- oder nutzlos, so liegt ein Fall der verdeckten Gewinnausschüttung vor" (so zutr GroßKomm GmbHG/*Casper* § 19 Rn 117); der Vorgang ist an den **Regeln zur Kapitalerhaltung (§§ 57, 62)** zu messen.

53 **3. Rechtsfolgen.** Die Rechtsfolgen eines Hin- und Herzahlens, in denen die Bareinlage (absprachegemäß) umgehend – etwa als Darlehen – an den Einleger zurückfließt, und eines Her- und Hinzahlens, in denen die Bareinlage (absprachegemäß) unmittelbar zuvor dem Einleger – etwa als Darlehen – zur Verfügung gestellt wird, sind durch § 27 Abs 4 modifiziert worden. **Dabei ist zunächst festzuhalten, dass die von dem Gründer erbrachte Zahlung grds – wie bisher – nicht als Erfüllung seiner Bareinlage-**

verpflichtung angesehen wird, und zwar mit der Konsequenz, dass der Gründer seine Bareinlageverpflichtung nach wie vor erfüllen muss (*BGH* NZG 2009, 944, 945 – Cash-Pool II; Begr zu § 27 Abs 4 idF der Beschlussempfehlung des Rechtsausschusses des Deutschen Bundestages zum RegE ARUG), dass – haftungs- und strafbewehrt – nicht erklärt werden darf, die Geldleistung stehe endgültig zur freien Verfügung des VR (§ 37 Abs 1 S 1 und S 2 iVm §§ 46 ff, 399 Abs 1 Nr 1), dass bei ordnungsgemäßer Erklärung die Eintragung durch das Registergericht abgelehnt werden muss (§ 38 Abs 1 S 2), dass sich eine Haftung des an dem Vorgang beteiligten Kreditinstituts nach § 37 Abs 1 S 4 und eine Haftung von Rechtsanwälten und Beratern wegen einer Beratungspflichtverletzung ergeben kann (s dazu *Hölters* AktG/*Solveen* Rn 51).

„**Etwas anderes gilt nur, wenn die besonderen Voraussetzungen**" des § 27 Abs 4 „**erfüllt sind,** also eine die Einlagepflicht substituierende Vereinbarung getroffen wird, die auf ihrer Grundlage erbrachte Leistung durch einen vollwertigen, jederzeit fälligen oder durch fristlose Kündigung fällig werdenden Rückzahlungsanspruch gegen den Inferenten gedeckt ist und... diese Umstände bei der Anmeldung" nach § 37 angegeben werden (*BGH* NZG 2009, 944, 945 – Cash-Pool II; s dazu auch *Blasche* GmbHR 2010, 288, 292). **Daher lässt sich § 27 Abs 4 als Privilegierung ansehen:** Trotz des Hin- und Herzahlens wird die von dem Gründer erbrachte Zahlung als Erfüllung seiner Bareinlageverpflichtung angesehen (so zutr *Hüffer* AktG Rn 43 f; s dazu auch Köln-Komm AktG/*Arnold* Rn 129, 132: „Neuregelung enthält in systematischer Hinsicht eine Einschränkung des § 36 Abs 2."). Der Gesetzgeber hat sich mit der Formulierung „wenn" (statt „soweit") für eine „**Alles-oder-Nichts**"**-Lösung** entschieden: Die Einlageverpflichtung kann – insb bei mangelnder Vollwertigkeit des Rückgewähranspruchs – nicht anteilig erfüllt werden (*Blasche* GmbHR 2010, 288, 292, 293; *Henkel* NZI 201, 84, 87; Spindler/Stilz AktG/*Heidinger/Herrler* Rn 251 ff; *Hölters* AktG/*Solveen* Rn 51; K. Schmidt/Lutter AktG/*Bayer* Rn 108; KölnKomm AktG/*Arnold* Rn 150; GroßKomm GmbHG/*Casper* § 19 Rn 195; Scholz GmbHG/*Veil* § 19 Rn 189 f). Wenn die **Erfüllungswirkung** jedoch eintritt, dann allerdings nicht schon zum Zeitpunkt der Zahlung auf die Bareinlageverpflichtung, sondern erst **zum Zeitpunkt der Anmeldung,** wenn man die Offenlegung in der Anmeldung nach § 27 Abs 4 S 2 als Voraussetzung des Eintritts der Erfüllungswirkung (s dazu Rn 56) ansieht (Spindler/Stilz AktG/*Heidinger/Herrler* Rn 247, 251; KölnKomm AktG/*Arnold* Rn 147, 148; Groß-Komm GmbHG/*Casper* § 19 Rn 195, 191 f; Scholz GmbHG/*Veil* § 19 Rn 189; aA K. Schmidt/Lutter AktG/*Bayer* Rn 106 f). Die „Privilegierungsfolge" des § 27 Abs 4 (so zutr *Hüffer* AktG Rn 44) hat nach der Rechtsprechung des *BGH* zwei Voraussetzungen, nämlich (1) einen vollwertigen, fälligen, liquiden und wirksamen Rückgewähranspruch und (2) eine Offenlegung in der Anmeldung (*BGH* NZG 2009, 944, 945 – Cash-Pool II).

Der Rückgewähranspruch muss vollwertig, fällig, liquide und wirksam sein. Das Kriterium der **Vollwertigkeit** spiegelt die bilanzielle Betrachtungsweise, die der Gesetzgeber hier einführen wollte (Begr zu § 8 Abs 2 S 2 GmbHG idF des RegE MoMiG; *Blasche* GmbHR 2010, 288, 293; *Henkel* NZI 201, 84, 85). Der Rückgewähranspruch ist daher nur vollwertig, wenn er in der Bilanz vollständig aktiviert werden darf (Spindler/Stilz AktG/*Heidinger/Herrler* Rn 237; *Herrler* DStR 2011, 2255, 2258; *Henkel* NZI 201, 84, 85), was nur der Fall ist, wenn – im insoweit maßgeblichen Zeitpunkt der Rückgewähr (Spindler/Stilz AktG/*Heidinger/Herrler* Rn 241; *Blasche* GmbHR 2010, 288, 293; *Henkel* NZI 201, 84, 86; *Herrler* DStR 2011, 2255, 2259; *Wirsch* Der Konzern

54

2009, 443, 450; *Rezori* RNotZ 2011, 125, 131; **aA** *Rothley/Weinberger* Die Anforderungen an Vollwertigkeit und Deckung nach § 30 I 2 GmbHG und § 57 I 3 AktG, NZG 2010, 1001, 1003: Eingehung des Verpflichtungsgeschäfts) – das Vermögen des Gründers alle Verbindlichkeiten deckt und keine Umstände für die Annahme vorliegen, dass der Rückgewähranspruch bei seiner Geltendmachung nicht erfüllt werden könnte; im Hinblick auf dieses Risiko kann eine Besicherung des Rückgewähranspruchs bedeutsam sein (Spindler/Stilz AktG/*Heidinger/Herrler* Rn 237 f; *Henkel* NZI 201, 84, 85, 86; *Herrler* DStR 2011, 2255, 2259; Hölters AktG/*Solveen* Rn 48; K. Schmidt/Lutter AktG/*Bayer* Rn 102 ff; KölnKomm AktG/*Arnold* Rn 142 f; Groß-Komm GmbHG/*Casper* § 19 Rn 187; Scholz GmbHG/*Veil* § 19 Rn 182 ff; *Bayer/Schmidt* ZGR 2009, 805, 835; *Rothley/Weinberger* aaO S 1002 f; *Wirsch* Der Konzern 2009, 443, 446 ff; vgl dazu auch *Rezori* RNotZ 2011, 125, 131). Dafür, dass eine **Verzinsung** vereinbart werden muss (Hölters AktG/*Solveen* Rn 48; K. Schmidt/Lutter AktG/*Bayer* Rn 102 sowie *Heinze* GmbHR 2008, 1065, 1071; *Henkel* NZI 201, 84, 85 f; *Herrler* DStR 2011, 2255, 2259; s dazu auch *Rothley/Weinberger* aaO S 1003, 1003 f, 1005 f und *Wirsch* Der Konzern 2009, 443, 448 ff, 450), spricht, dass der Rückgewähranspruch andernfalls auf seinen Barwert abgezinst werden müsste und somit nicht vollwertig wäre (so zutr Spindler/Stilz AktG/*Heidinger/Herrler* Rn 240; *Herrler* DStR 2011, 2255, 2259) und dass die Ges die ihr zugeflossenen Mittel hätte verzinslich anlegen können, wenn sie nicht zurückgewährt worden wären (so zutr KölnKomm AktG/*Arnold* Rn 143; vgl auch *Henkel* NZI 201, 84, 85 f). Das Kriterium der jederzeitigen **Fälligkeit** bzw des durch fristlose Kündigung jederzeitigen Fälligwerdenkönnens soll Liquiditätsverlusten vorbeugen (so zutr. K. Schmidt/Lutter AktG/*Bayer* Rn 243; s dazu auch Spindler/Stilz AktG/*Heidinger/Herrler* Rn 243 und GroßKomm GmbHG/*Casper* § 19 Rn 190). In diesem Zusammenhang ist hervorzuheben, dass der BGH der Ansicht ist, dass „die Möglichkeit, im Rahmen des Cash-Pooling über den abgeflossenen Betrag zu verfügen, ... nicht zur Fälligkeit des Rückgewähranspruchs" führt, und darauf hingewiesen hat, dass „die Gesellschaft einen positiven Saldo unter dem Cash-Pool ohne Kündigung des Cash-Management-Vertrages nicht realisieren" kann, der in dem zu entscheidenden Fall allerdings „nicht jederzeit fristlos gekündigt werden konnte" (*BGH* NZG 2009, 944, 946 – Cash-Pool II; vgl aber auch *OLG Köln* GmbHR 2010, 1213, 1215 zu einer verdeckten Sacheinlage mit dem Hinweis, bei einem Darlehensvertrag könne nach § 311 Abs 1 BGB jederzeit die Aufhebung vereinbart werden). Das Kriterium der **Liquidität** beinhaltet das Erfordernis, dass der Rückgewähranspruch nach Art und Umfang unstreitig sein muss und überdies weder einwendungs- noch einredebehaftet sein darf (Spindler/Stilz AktG/*Heidinger/Herrler* Rn 244; Hölters AktG/*Solveen* Rn 48; K. Schmidt/Lutter AktG/*Bayer* Rn 103; KölnKomm AktG/*Arnold* Rn 145; *Henkel* NZI 201, 84, 86; s auch *Hüffer* AktG Rn 42, der darüberhinaus fordert, dass „sich auch Erfüllungsbereitschaft des Aktionärs prognostizieren lässt"). Schließlich muss der Rückgewähranspruch **wirksam** sein. Der Gesetzgeber hat im Hinblick auf das Verhältnis des § 27 Abs 4 zu § 71a darauf hingewiesen, dass § 27 Abs 4 „die Wirksamkeit des Rückgewähranspruchs voraussetzt" und „dass eine Erfüllungswirkung nach § 27 Abs 4 S 1 AktG nicht eintritt, wenn das Hin- und Herzahlen zugleich eine nach § 71a AktG verbotene finanzielle Unterstützung darstellt und deswegen kein wirksamer Rückgewähranspruch entsteht" (Begr zu § 27 Abs 4 idF der Beschlussempfehlung des Rechtsausschusses des Deutschen Bundestages zum RegE ARUG und dazu bereits oben Rn 47; s zu dem ähnlich gelagerten Problem bei einem Eingreifen des § 52 bereits oben Rn 48). Daraus wird man folgern müssen, dass der

Rückgewähranspruch auf einer wirksamen Vereinbarung beruhen muss, oder anders gewendet, dass ein Bereicherungsanspruch kein Rückgewähranspruch iSv § 27 Abs 4 ist (KölnKomm AktG/*Arnold* Rn 141; aA *Heinze* GmbHR 2008, 1065, 1071). **Die Beweislast für alle diese Voraussetzungen liegt bei dem Gründer** (Spindler/Stilz AktG/*Heidinger/Herrler* Rn 245; Hölters AktG/*Solveen* Rn 50; KölnKomm AktG/*Arnold* Rn 146; GroßKomm GmbHG/*Casper* § 19 Rn 189; Scholz GmbHG/*Veil* § 19 Rn 184). Wenn man die Offenlegung in der Anmeldung nach § 27 Abs 4 S 2 als Voraussetzung des Eintritts der Erfüllungswirkung (s dazu Rn 56) ansieht, muss es für den **Zeitpunkt, an dem diese Voraussetzungen vorliegen müssen,** jedenfalls auch auf den Zeitpunkt der Anmeldung ankommen (s dazu *Herrler* DStR 2011, 2255, 2259 f; Scholz GmbHG/*Veil* § 19 Rn 183; Spindler/Stilz AktG/*Heidinger/Herrler* Rn 241).

Es ist hervorzuheben, dass der *BGH* aus den §§ 93, 116 die **Verpflichtung von VR und** 55 **AR ableitet, „laufend etwaige Veränderungen des Kreditrisikos zu prüfen und auf eine sich nach der Darlehensausreichung andeutende Bonitätsverschlechterung mit einer Kreditkündigung oder der Anforderung von Sicherheiten zu reagieren,** was bei umfangreichen langfristigen Darlehen oder bei einem Cash-Management die Einrichtung eines geeigneten Informations- oder ‚Frühwarnsystems, zwischen Mutter- und Tochtergesellschaft erforderlich machen kann" (*BGH* NZG 2009, 107, 108, 108 ff – **MPS/Dezemberurteil**; s dazu *Habersack* Aufsteigende Kredite im Lichte des MoMiG und des „Dezember"-Urteils des *BGH*, ZGR 2009, 347, 349; *Bayer/Lieder* Upstream-Darlehen und Aufsichtsratshaftung – Eine Nachlese zum MPS-Urteil des *BGH*, AG 2010, 885, 885 ff; K. Schmidt/Lutter AktG/*Bayer* Rn 105; Hölters AktG/*Solveen* Rn 48; GroßKomm GmbHG/*Casper* § 19 Rn 188; Scholz GmbHG/*Veil* § 19 Rn 183; *Blasche* GmbHR 2010, 288, 293; *Bayer/Schmidt* ZGR 2009, 805, 835 f; *Altmeppen* NZG 2010, 441, 444; *Henkel* NZI 201, 84, 87 f).

Der *BGH* sieht die Offenlegung in der Anmeldung nach § 27 Abs 4 S 2 als Vorausset- 56 **zung des Eintritts der Erfüllungswirkung nach § 27 Abs 4 S 1 an** (*BGH* NZG 2009, 944, 945 – Cash-Pool II; *BGH* NZG 2009, 463, 465 – Qivive; *OLG Stuttgart* NZG 2012, 231, 232 f; *OLG Koblenz* GmbHR 2011, 579, 581; *OLG Nürnberg* DZWIR 2011, 167, 171; zust etwa *Blasche* GmbHR 2010, 288, 293 und *Pentz* GmbHR 2009, 505, 511 sowie Scholz GmbHG/*Veil* § 19 Rn 191; *Hüffer* AktG Rn 42: „jedenfalls für Neufälle"; zust, aber für eine Ausnahme bei Altfällen: *LG Erfurt* DZWIR 2010, 525; *Heckschen* Einlagenrückgewähr ohne Offenlegung? – Plädoyer für einen dritten Lösungsweg, GWR 2011, 314182; GroßKomm GmbHG/*Casper* § 19 Rn 191 f, 195, 214; s dazu bereits oben Rn 49). Dies wird in der Literatur auch **kritisch gesehen,** und zwar etwa unter Hinweis darauf, **dass der Gesetzgeber in § 27 Abs 4 S 1 die Erfüllungswirkung und in § 27 Abs 4 S 2 – und damit getrennt von der Erfüllungswirkung – die Offenlegung geregelt habe** (K. Schmidt/Lutter AktG/*Bayer* Rn 107; *Altmeppen* NZG 2010, 441, 445; *Avvento* BB 2010, 202, 203 f; *Herrler* GmbHR 2010, 785, 786; *Illhardt* Anmerkung zu OLG Koblenz Urteil v 17.3.2011 – 6 U 879/10, DZWIR 2011, 303, 305, 306; *Illhardt/Fiebelkorn* Anmerkung zum LG Erfurt Urteil v 15.7.201 – 10 O 994/09, DZWIR 2010, 525, 526, 527; s dazu auch *Zabel* DZWIR 2010, 359, 360 f mit dem Argument, die Annahme einer Erfüllungswirkung stehe im Widerspruch zu den Folgen einer Nichtoffenlegung der verdeckten Sacheinlage und der Gesetzgeber habe „ein in sich widerspruchsfreies System" schaffen wollen, und **aA** Scholz GmbHG/*Veil* § 19 Rn 191), **dass es im Lichte des Grundsatzes der realen Kapitalaufbringung allein oder doch zumindest vorrangig auf die Vollwertigkeit und Liquidität des Rückgewähranspruches**

ankomme (vgl *Herrler* DStR 2011, 2255, 2258, 2257 und *Illhardt* Anmerkung zu *OLG Koblenz* Urteil v 17.3.2011 – 6 U 879/10, DZWIR 2011, 303, 305, 307 sowie *Illhardt/ Fiebelkorn* Anmerkung zu LG Erfurt Urteil v 15.7.201 – 10 O 994/09, DZWIR 2010, 525, 526, 527 und *Ries* Anmerkung zu OLG Koblenz Urteil v 17.3.2011 – 6 U 879/10, GWR 2011, 316045), **dass der Zweck der Offenlegungspflicht nur darin bestehe, die registergerichtliche Kontrolle zu ermöglichen, ob die Voraussetzungen der Erfüllungswirkung nach § 27 Abs 4 S 1 gegeben seien**, und zwar unter Bezug auf die Begr zu § 27 Abs 4 idF der Beschlussempfehlung des Rechtsausschusses des Deutschen Bundestages zum RegE ARUG („Liegen die Voraussetzungen für eine Erfüllungswirkung gemäß § 27 Abs 4 S 1 AktG-E nicht vor, so verbleibt es bei der bisherigen Rechtslage."; s dazu *Altmeppen* NZG 2010, 441, 445; *Henkel* NZI 2010, 84, 86 f; *Herrler* DStR 2011, 2255, 2258; *Heckschen* Einlagenrückgewähr ohne Offenlegung? – Plädoyer für einen dritten Lösungsweg, GWR 2011, 314182; *Illhardt* Anmerkung zu OLG Koblenz Urteil v 17.3.2011 – 6 U 879/10, DZWIR 2011, 303, 305, 306 f; *Illhardt/Fiebelkorn* Anmerkung zu LG Erfurt Urteil v 15.7.201 – 10 O 994/09, DZWIR 2010, 525, 526, 527; *Zabel* DZWIR 2010, 359, 362 f; **aA** wegen der registergerichtlichen Kontrolle *OLG Stuttgart* NZG 2012, 231, 232; *OLG Koblenz* GmbHR 2011, 579, 581; *Blasche* GmbHR 2010, 288, 293; *Pentz* GmbHR 2009, 505, 511), **oder dass die Offenlegungspflicht nur bei den Mindesteinlagen iSd §§ 36 Abs 2, 36a Abs 1, nicht aber bei den – nicht anmeldepflichtigen – Resteinlagen eine Erfüllungsvoraussetzung sein könne** (Spindler/Stilz AktG/*Heidinger/Herrler* Rn 248; K. Schmidt/Lutter AktG/*Bayer* Rn 107; *Herrler* GmbHR 2010, 785, 786). Es wird auch kritisch angemerkt, **dass der BGH diese Frage zwar entschieden, seine Ansicht aber nicht begründet habe** (*Zabel* DZWIR 2010, 359, 364 f), **und dass er Anlass habe, seine Ansicht zu überdenken**, und zwar insb deshalb, weil er seine Entscheidungen vor Inkrafttreten des ARUG getroffen habe (vgl *Zabel* Anmerkung zu *OLG Koblenz* Urteil v 17.3.2011 – 6 U 879/10, GmbHR 2011, 579, 581, 582 und *Wenzel* Anmerkung zu *LG Erfurt* Urteil v 15.7.201 – 10 O 994/09, EWiR § 19 GmbHG 2/10). Im Hinblick auf den **Inhalt der Offenlegung** heißt es in § 27 Abs 4 S 2, „eine solche Leistung oder die Vereinbarung einer solchen Leistung" sei anzugeben. Diese Regelung ist vor dem Hintergrund zu sehen, dass in den Fällen des Hin- und Herzahlens nicht erklärt werden kann und nicht erklärt werden darf, die Geldleistung stehe endgültig zur freien Verfügung des VR (§ 37 Abs 1 S 1 und S 2). An die Stelle dieser Erklärung treten nun die nach § 27 Abs 4 S 2 geforderten Angaben (so zutr *Blasche* GmbHR 2010, 288, 292; s dazu auch K. Schmidt/Lutter AktG/*Bayer* Rn 101). Angesichts des Regelungszwecks, das Registergericht in die Lage zu versetzen, das Vorliegen der Erfüllungsvoraussetzungen nach § 27 Abs 4 S 1 zu prüfen, wird man nicht nur verlangen müssen, dass offengelegt wird, was für eine Leistung in welcher Höhe der Gründer erhalten oder welchen Inhalt eine diesbezügliche Vereinbarung hat. Es dürfte vielmehr geboten sein, auch die Vereinbarung selbst vorzulegen sowie Angaben zur Vollwertigkeit, Fälligkeit, Liquidität und Wirksamkeit zu machen und durch einen **Werthaltigkeits- und Liquiditätsnachweis** (insb Sachverständigengutachten) zu belegen (*OLG Schleswig* GmbHR 2012, 908, 910; *OLG München* ZIP 2011, 567, 567 f mit dem Hinweis, als Bonitätsnachweis komme eine positive Bewertung durch internationale Ratingagenturen in Betracht; Spindler/Stilz AktG/*Heidinger/Herrler* Rn 246; *Herrler* DStR 2011, 2255, 2260 f; KölnKomm AktG/*Arnold* Rn 147; K. Schmidt/Lutter AktG/*Bayer* Rn 101; Hölters AktG/*Solveen* Rn 49; Scholz GmbHG/*Veil* § 19 Rn 188; Großkomm GmbHG/*Casper* § 19 Rn 193, **krit** *Wachter* Anmerkung zu *OLG München* Urteil v 17.2.2011 – 31 Wx 246/10, GmbHR 2011, 422,

423, 424 f mit dem Hinweis, dass „selbst im formstrengen Aktienrecht" für die Vollwertigkeit bzw Fälligkeit keinerlei Nachweis vorgesehen sei, und *Hangebrauck* Anmerkung zu *OLG München* Urteil v 17.2.2011 – 31 Wx 246/10, EWiR § 19 GmbHG 2/11; **aA** *Kilian* Anmerkung zu *OLG München* Urteil v 17.2.2011 – 31 Wx 246/10, notar 2011, 340, 340 f; vgl dazu auch *Rezori* RNotZ 2011, 125, 132: Versicherung der Vollwertigkeit nach § 37 Abs 1 S 1 und S 2). Die **Pflicht zur Offenlegung** bedeutet, dass – haftungs- und strafbewehrt – die Offenlegung nicht unterbleiben darf (§ 37 Abs 1 S 1 und S 2 iVm §§ 46 ff, 399 Abs 1 Nr 2) und nicht erklärt werden darf, die Geldleistung stehe endgültig zur freien Verfügung des VR (§ 37 Abs 1 S 1 und S 2 iVm §§ 46 ff, 399 Abs 1 Nr 1) oder die Voraussetzungen des § 27 Abs 4 S 1 lägen vor und insb der Rückgewähranspruch sei vollwertig, fällig, liquide und wirksam, wenn dies nicht der Fall ist (§ 27 Abs 4 S 2 iVm §§ 46 ff, 399 Abs 1 Nr 1); s dazu *Blasche* GmbHR 2010, 288, 294; Spindler/Stilz AktG/*Heidinger/Herrler* Rn 249 f; GroßKomm GmbHG/*Casper* § 19 Rn 191 f; *Altmeppen* NZG 2010, 441, 445.

4. Heilung. Bei einem Verstoß gegen die Erfüllungsvoraussetzungen des § 27 Abs 4 gilt **57** im Ausgangspunkt nichts anderes als bei Festsetzungsmängeln iSd § 27 Abs 1 (s Rn 18 ff). Dies bedeutet vor allem, **dass vor Eintragung insb eine in der Anmeldung unterbliebene oder unrichtige Offenlegung durch eine zutreffende Offenlegung geheilt werden kann** (*Herrler* GmbHR 2010, 785, 788 f; *ders* DStR 2011, 2300, 2301 f; Spindler/Stilz AktG/*Heidinger/Herrler* Rn 256; s dazu auch *OLG Stuttgart* NZG 2012, 231, 233 und dazu *Illhardt* Anmerkung zu OLG Stuttgart Beschl v 6.9.2011 – 8 W 319/11, DZWIR 2011, 523, 524, 526 sowie *Henkel* Anmerkung zu *OLG Stuttgart* Beschl v 6.9.2011 – 8 W 319/11, EWiR § 27 AktG 1/12). **Eine andere Frage ist, ob eine Heilung auch nach Eintragung möglich ist** (dagegen *Roth* NJW 2009, 3397, 3399 f und Groß-Komm GmbHG/*Casper* § 19 Rn 191, 198), wie es etwa *Herrler* in Anlehnung an die vom *BGH* zum GmbH-Recht entwickelte nachträgliche Umwandlung der Bareinlageverpflichtung in eine Sacheinlageverpflichtung durch satzungsändernden Gesellschafterbeschluss (*BGH* BGHZ 132, 141, 150 ff, ergänzt durch *BGHZ* 155, 329, 337 ff; vgl auch *OLG Schleswig* GmbHR 2005, 357; s dazu Scholz GmbHG/*Veil* § 5 Rn 97, 106 f und GroßKomm GmbHG/*Ulmer* § 19 Rn 137 f) vorgeschlagen hat, und zwar in der Weise, dass mangels Satzungsfestsetzung kein Gesellschafterbeschluss, sondern lediglich eine erneute Handelsregisteranmeldung, die der Offenlegungspflicht genügt, und eine erneute Erklärung nach § 37 Abs 1 S 1 HS 1 erforderlich sind (*Herrler* GmbHR 2010, 785, 789 ff; *ders* DStR 2011, 2300, 2302 ff; Spindler/Stilz AktG/*Heidinger/Herrler* Rn 256a; kritisch dazu *Illhardt* Anmerkung zu OLG Stuttgart Beschl v 6.9.2011 – 8 W 319/11, DZWIR 2011, 523, 524, 526 f und *Ries* Anmerkung zu OLG Koblenz Urteil v 17.3.2011 – 6 U 879/10, GWR 2011, 316045; s dazu auch *OLG Stuttgart* NZG 2012, 231, 233 und *Rezori* RNotZ 2011, 125, 133). **Davon zu unterscheiden ist die Frage, ob dann, wenn die Voraussetzungen des § 27 Abs 4 nicht vorliegen und deshalb die Erfüllungswirkung nicht eintritt, die weiterhin bestehende Bareinlageverpflichtung durch nochmalige Zahlung zur freien Verfügung des VR erfüllt werden kann.** Dies nimmt der *BGH* weiterhin an, allerdings nur unter der Voraussetzung, dass sich die Zahlung „zweifelsfrei der noch offenen Einlage zuordnen lässt", was er nicht annimmt, wenn „in den Cash-Pool... weitere Leistungen an die Schuldnerin geflossen und zur Rechnungsregulierung verwendet worden sind, die es ausschließen, Zahlungen an Gläubiger der Gesellschaft gerade der Einlageforderung bzw der Rückzahlung des der Cash-Pool-Managerin gewährten Darlehens zuzuweisen"; es sei auch nicht ausreichend, „dass auf den Kontoauszügen des Unterkontos der Schuldnerin jeweils zunächst eine Gutschrift vom Zentralkonto auf das Unterkonto in Höhe eines dann an Dritte überwiesenen Betrags ausgewiesen ist und so der Eindruck erweckt wird, es sei zunächst Geld vom Cash-Pool auf das Unterkonto überwiesen worden", denn „dabei handelt es sich nur um eine technische Darstellung des Zero-Balancing, der keine gezielte Überweisung von Geld durch die Cash-Pool-Managerin zu Grunde liegt" (*BGH* NZG 2009, 944, 946 – Cash-Pool II; s dazu auch *BGHZ* 165, 113, 117 f – Darlehen und *BGH* NJW-RR 2006, 1630, 1631 – Darlehen II sowie *BGHZ* 165, 352, 356 ff – Treuhandabrede und aus der Literatur: *Bayer* GmbHR 2004, 445, 452; *Blasche* GmbHR 2010, 288, 294; KölnKomm AktG/*Arnold* Rn 151; K. Schmidt/Lutter AktG/*Bayer* Rn 109; *Herrler* GmbHR 2010, 785, 787 f; *ders* DStR 2011, 2300, 2300 f; Spindler/Stilz AktG/*Heidinger/Herrler* Rn 255; Groß-Komm GmbHG/*Casper* § 19 Rn 197 f; Scholz GmbHG/*Veil* § 19 Rn 192).

§ 28 Gründer

Die Aktionäre, die die Satzung festgestellt haben, sind die Gründer der Gesellschaft.

Übersicht

	Rn
I. Regelungsgehalt	1
II. Gründerbegriff	2

I. Regelungsgehalt

1 Die Vorschrift bestimmt, wer Gründer iSd AktG ist; es handelt sich um eine Legaldefinition, die etwa in den §§ 23 Abs 2, 30 Abs 1, 31 Abs 1, 32 Abs 1, 33 Abs 2 Nr 1, 35 Abs 1 und Abs 2, 36 Abs 1, 46 Abs 1–4, 50, 160 Abs 1 Nr 1, 399 Abs 1 Nr 1, 399 Abs 1 Nr 2 in Bezug genommen wird (siehe aber auch §§ 36 Abs 2 S 2, 245 UmwG).

II. Gründerbegriff

2 **Gründer** ist, wer gründerfähig ist (s oben zu § 2) und im eigenen Namen rechtswirksam an der Feststellung der Satzung mitgewirkt (§ 23 Abs 1 S 1) und dabei mindestens eine Aktie übernommen (s §§ 23 Abs 1 S 1, Abs 2) hat (GroßKomm AktG/*Röhricht* Rn 2; *Hüffer* AktG Rn 2; K. Schmidt/Lutter AktG/*Bayer* Rn 3). Daher sind bei einer Stellvertretung iSd §§ 164 ff BGB nicht die Vertreter, sondern die Vertretenen, bei einer mittelbaren Stellvertretung dagegen die Treuhänder und Strohmänner, nicht aber die Hintermänner Gründer (MünchKomm AktG/*Pentz* Rn 5, 7; *Hüffer* AktG Rn 2; Spindler/Stilz AktG/*Limmer* Rn 2). Gründer ist auch, wer vor Eintragung der Gesellschaft rechtswirksam an der Feststellung einer abgeänderten Satzung (etwa im Falle einer Kapitalerhöhung) mitgewirkt und mindestens eine Aktie übernommen hat (GroßKomm AktG/*Röhricht* Rn 2; KölnKomm AktG/*Arnold* Rn 3).

3 **Geschäftsunfähigkeit bei Satzungsfeststellung** schließt nach überwiegender Ansicht die Gründereigenschaft aus (GroßKomm AktG/*Röhricht* Rn 3; *Hüffer* AktG Rn 3; aA MünchKomm AktG/*Pentz* Rn 12), nachträgliche Geschäftsunfähigkeit dagegen nicht (vgl dazu §§ 130 Abs 2, 153 BGB); str ist allerdings, ob der Gründer in diesem Fall ausscheidet (so GroßKomm AktG/*Röhricht* Rn 3; aA MünchKomm AktG/*Pentz* Rn 13 und K. Schmidt/Lutter AktG/*Bayer* Rn 6 sowie KölnKomm AktG/*Arnold* Rn 5). Im Falle

einer **Anfechtung der bei der Satzungsfeststellung abgegebenen Willenserklärung** nach den §§ 119, 123 BGB ist danach zu unterscheiden, ob die Gesellschaft bereits als Vorgesellschaft, die mit Errichtung (§§ 23, 29) entsteht, in Vollzug gesetzt ist. Ist dies nicht der Fall, gilt § 142 Abs 1 BGB, so dass die Gründereigenschaft ex tunc entfällt und eine Haftung nach Rechtsscheinsgrundsätzen in Betracht kommt; ist dies der Fall, greifen die Regeln über die fehlerhafte Gesellschaft, so dass der Gründer lediglich ex nunc ausscheiden kann. Nach Eintragung der Gesellschaft sind Willensmängel dann grds unbeachtlich (MünchKomm AktG/*Pentz* Rn 14, § 23 Rn 175; *Hüffer* AktG Rn 3, § 23 Rn 41 f, § 41 Rn 3; Spindler/Stilz AktG/*Limmer* Rn 3; K. Schmidt/Lutter AktG/*Bayer* Rn 5; KölnKomm AktG/*Arnold* Rn 6). Bei **Tod eines Gründers** rücken die Erben in seine Rechtsstellung ein (§ 1922 BGB) und kann ein wichtiger Grund zur Kündigung der Gesellschaft (vgl § 723 BGB) gegeben sein; die Erben haften für die Gründungshandlungen des Gründers allein nach (zivilrechtlichen) erbrechtlichen Grundsätzen (§§ 1967 ff BGB, insb mit der Möglichkeit der Haftungsbeschränkung nach §§ 1975 ff BGB) und für eigene Gründungshandlungen nach den §§ 46, 399 Abs 1 Nr 1, 399 Abs 1 Nr 2 (MünchKomm AktG/*Pentz* Rn 15; *Hüffer* AktG Rn 4; Spindler/Stilz AktG/*Limmer* Rn 4). Die Erben trifft die Pflicht, die Gründung mit voranzubringen (Spindler/Stilz AktG/*Limmer* Rn 4; GroßKomm AktG/*Röhricht* Rn 5).

§ 29 Errichtung der Gesellschaft

Mit der Übernahme aller Aktien durch die Gründer ist die Gesellschaft errichtet.

Übersicht

	Rn
I. Regelungsgehalt	1
II. Rechtsfolgen	2

I. Regelungsgehalt

Die Vorschrift hat **lediglich klarstellenden Charakter**: Da Gründer nur ist, wer rechtswirksam an der Feststellung der Satzung mitgewirkt (§ 23 Abs 1 S 1) und dabei mindestens eine Aktie übernommen hat (s §§ 23 Abs 1 S 1, Abs 2) hat (§ 28), ist die Aktienübernahme mit der Feststellung der Satzung und daher mit Abschluss des Vorgangs der Beurkundung der Satzung abgeschlossen. Die Bedeutung des § 29 erschöpft sich mithin in der Aussage, dass die Gesellschaft mit Abschluss des Gesellschaftsvertrages entsteht (MünchKomm AktG/*Pentz* Rn 2 f; GroßKomm AktG/*Röhricht* Rn 1 f; *Hüffer* AktG Rn 1 f; Spindler/Stilz AktG/*Limmer* Rn 1 f; K. Schmidt/Lutter AktG/*Bayer* Rn 2 f; KölnKomm AktG/*Arnold* Rn 3). 1

II. Rechtsfolgen

Die Aktienübernahme begründet die Einlagepflicht (§ 54 Abs 1 und Abs 2; MünchKomm AktG/*Heider* § 2 Rn 49; K. Schmidt/Lutter AktG/*Bayer* Rn 2). Die entstandene Gesellschaft ist noch nicht die AG (§ 41 Abs 1), sondern bei einer Mehrpersonengründung eine Gesamthandsgesellschaft eigener Art (Vor-AG) und bei einer Einmanngründung eine Einpersonenvorgesellschaft oder ein Sondervermögen des Alleingründers (MünchKomm AktG/*Pentz* Rn 4, § 41 Rn 22 ff; *Hüffer* AktG Rn 2, § 41 Rn 3 ff, 17a ff). 2

Zweiter Teil
Gründung der Gesellschaft

§ 30 Bestellung des Aufsichtsrats, des Vorstands und des Abschlussprüfers

(1) ¹Die Gründer haben den ersten Aufsichtsrat der Gesellschaft und den Abschlussprüfer für das erste Voll- oder Rumpfgeschäftsjahr zu bestellen. ²Die Bestellung bedarf notarieller Beurkundung.

(2) Auf die Zusammensetzung und die Bestellung des ersten Aufsichtsrats sind die Vorschriften über die Bestellung von Aufsichtsratsmitgliedern der Arbeitnehmer nicht anzuwenden.

(3) ¹Die Mitglieder des ersten Aufsichtsrats können nicht für längere Zeit als bis zur Beendigung der Hauptversammlung bestellt werden, die über die Entlastung für das erste Voll- oder Rumpfgeschäftsjahr beschließt. ²Der Vorstand hat rechtzeitig vor Ablauf der Amtszeit des ersten Aufsichtsrats bekannt zu machen, nach welchen gesetzlichen Vorschriften der nächste Aufsichtsrat nach seiner Ansicht zusammenzusetzen ist; §§ 96 bis 99 sind anzuwenden.

(4) Der Aufsichtsrat bestellt den ersten Vorstand.

Übersicht

	Rn		Rn
I. Regelungsgehalt	1	III. Erster Vorstand	6
II. Erster Aufsichtsrat	2	1. Bestellung, Zusammensetzung und Amtszeit	6
1. Bestellung und Zusammensetzung	2	2. Aufgaben und Vergütung	7
2. Amtszeit	4	IV. Erster Abschlussprüfer	8
3. Aufgaben und Vergütung	5		

Literatur: *DNotI* Amtszeit des ersten Aufsichtsrats; Wirksamkeit von Aufsichtsratsbeschlüssen bei fehlender Beschlussfähigkeit, DNotI Report 2008, 137; *Fortun/Knies* Rechtsfolgen fehlerhafter Besetzung des Aufsichtsrats einer Aktiengesellschaft, DB 2007, 1451; *Heither* Die Amtszeit des „ersten" Aufsichtsrats nach einer Verschmelzung des Unternehmens mit einem mitbestimmten Unternehmen, DB 2008, 109; *Kowalski/Schmidt* Das aktienrechtliche Statusverfahren nach §§ 96 Abs 2, 97 ff. AktG – (k)ein Fallstrick im Gesellschaftsrecht, DB 2009, 551; *Kuhlmann* Die Mitbestimmungsfreiheit im ersten Aufsichtsrat einer AG gemäß § 30 II AktG, NZG 2010, 46.

I. Regelungsgehalt

1 Die Vorschrift soll mit der Bestellung von VR und AR die **Handlungsfähigkeit der Vorgesellschaft gewährleisten**: Diese Organe müssen beim weiteren Fortgang der Gründung mitwirken (§§ 33, 36), und die Vorgesellschaft braucht einen VR, um die fälligen Einlagen einfordern und entgegennehmen (§§ 36, 36a, 54 Abs 3) sowie im Zuge von Vorbereitungsgeschäften oder einer Unternehmensfortführung im Rechtsverkehr auftreten zu können (GroßKomm AktG/*Röhricht* Rn 2, § 29 Rn 5). § 30 bestimmt dabei in Abs 2 und Abs 3, dass zwar für die Zusammensetzung des ersten AR das Mitbestimmungsrecht nicht gilt (Ausnahme bei Unternehmensfortführung nach § 31; s dort), aber die Amtszeit des ersten AR kurz ist und der VR seine Vorstel-

lungen über die Zusammensetzung des zweiten AR unter Berücksichtigung des Mitbestimmungsrechts frühzeitig bekanntmachen muss. Im Hinblick auf die Bestellung des Abschlussprüfers soll die Einberufung einer HV zu diesem Zweck vermieden werden (*Hüffer* AktG Rn 1; MünchKomm AktG/*Pentz* Rn 2 ff, 7; GroßKomm AktG/*Röhricht* Rn 1 f, 7, 21, 24; Spindler/Stilz AktG/*Gerber* Rn 1 f, 3 f; K. Schmidt/Lutter AktG/*Bayer* Rn 1 f).

II. Erster Aufsichtsrat

1. Bestellung und Zusammensetzung. Den ersten AR haben die Gründer zu bestellen; eine gerichtliche Ersatzbestellung (vgl § 104) ist ausgeschlossen (*Hüffer* AktG Rn 2; MünchKomm AktG/*Pentz* Rn 8). Kommen die Gründer dieser Verpflichtung nicht nach, liegt ein Eintragungshindernis vor (§§ 37 Abs 4 Nr 3, 38 Abs 1; GroßKomm AktG/*Röhricht* Rn 3; *Hüffer* AktG Rn 2; MünchKomm AktG/*Pentz* Rn 9). Bestellt werden kann jeder, der die Voraussetzungen der §§ 100, 105 erfüllt, auch Gründer, die dann bei ihrer Wahl als stimmberechtigt angesehen werden; Entsenderechte (§ 101) können ausgeübt werden (GroßKomm AktG/*Röhricht* Rn 6; *Hüffer* AktG Rn 2; K. Schmidt/Lutter AktG/*Bayer* Rn 5, 7; Hölters AktG/*Solveen* Rn 3 f). Die **Bestellung erfordert einen Beschluss**, an dem nicht alle Gründer mitwirken müssen, wenn die Gründer rechtzeitig geladen worden sind, der vorbehaltlich einer Satzungsregelung mit einfacher Mehrheit gefasst werden kann (vgl § 133), bei dem die Gründer sich vertreten lassen können (dabei gilt § 134 Abs 3 analog) und der nach § 30 Abs 1 S 2 notariell zu beurkunden ist; aufzunehmen sind die Namen der anwesenden Gründer und die ihnen zustehende Stimmzahl, der Inhalt ihrer Erklärungen, die Namen der Gewählten und die auf sie entfallenden Stimmzahlen sowie die Bestellungserklärungen von Entsendeberechtigten (GroßKomm AktG/*Röhricht* Rn 4; MünchKomm AktG/*Pentz* Rn 11 ff; Spindler/Stilz AktG/*Gerber* Rn 6, 7 f; K. Schmidt/Lutter AktG/*Bayer* Rn 4 f; KölnKomm AktG/*Arnold* Rn 6, 8; Hölters AktG/*Solveen* Rn 4 f; *Hüffer* AktG Rn 2 f). **Die Gewählten müssen bei ihrer Bestellung nicht anwesend sein, wohl aber die Wahl ausdrücklich oder konkludent annehmen,** damit die Bestellung wirksam wird; die Annahmeerklärung bedarf nicht der notariellen Beurkundung (MünchKomm AktG/*Pentz* Rn 14; K. Schmidt/Lutter AktG/*Bayer* Rn 6; *Hüffer* AktG Rn 2 f). Für die Zusammensetzung des AR gelten die allgemeinen Regeln, also neben den §§ 100, 105, 101 insb § 95, der die Zahl der AR-Mitglieder regelt (MünchKomm AktG/*Pentz* Rn 15, 20; GroßKomm AktG/*Röhricht* Rn 8; *Hüffer* AktG Rn 5; KölnKomm AktG/*Arnold* Rn 10), wenn auch ohne das Mitbestimmungsrecht (§ 30 Abs 2; s Rn 1). Die **Auffassung, § 30 Abs 2 sei dahin einschränkend auszulegen, dass das Mitbestimmungsrecht bereits von dem Zeitpunkt an gelte, in dem das neu gegründete Unternehmen mit einem Unternehmen verschmolzen werde, das bereits der Mitbestimmung unterliege** (*Heither* DB 2008, 109, 110 ff), bzw in dem die Schwellenwerte für die Mitbestimmung infolge eines Beteiligungserwerbs oder eines Unternehmenserwerbs überschritten würden (s dazu *Kuhlmann* NZG 2010, 46, 46 f), ist abzulehnen (so auch *Hüffer* AktG Rn 5 und Spindler/Stilz AktG/*Gerber* Rn 13 sowie *Kuhlmann* NZG 2010, 46, 47 ff und KölnKomm AktG/*Arnold* Rn 11 f sowie Hölters AktG/*Solveen* Rn 6; offen K. Schmidt/Lutter AktG/*Bayer* Rn 11). Es wird als zulässig angesehen, in der Satzung die Zahl der AR-Mitglieder für den ersten AR mit Rücksicht auf den mitbestimmten zweiten AR so festzusetzen, dass ein Ausscheiden von Anteilseignervertretern vermieden wird (MünchKomm AktG/*Pentz* Rn 20; Groß-

§ 30 Bestellung des Aufsichtsrats, des Vorstands und des Abschlussprüfers

Komm AktG/*Röhricht* Rn 8; *Hüffer* AktG Rn 5; Spindler/Stilz AktG/*Gerber* Rn 15; K. Schmidt/Lutter AktG/*Bayer* Rn 8; KölnKomm AktG/*Arnold* Rn 13).

3 **Im Falle des vorzeitigen Ausscheidens von AR-Mitgliedern** (Abberufung, Amtsniederlegung, Tod) müssen neue AR-Mitglieder bestellt werden. Dies geschieht vor Eintragung der Gesellschaft nach den soeben dargestellten Grundsätzen, danach durch die HV nach den §§ 101, 130 bzw durch das Gericht nach § 104 (GroßKomm AktG/ *Röhricht* Rn 17 f; MünchKomm AktG/*Pentz* Rn 30; Spindler/Stilz AktG/*Gerber* Rn 11 f; K. Schmidt/Lutter AktG/*Bayer* Rn 14; KölnKomm AktG/*Arnold* Rn 20). Vor Eintragung der Ges gilt § 103 entspr, so dass die Gründer den **Abberufungsbeschluss** fassen, und zwar vorbehaltlich einer Satzungsregelung mit einer Dreiviertelmehrheit (§ 103 Abs 1 S 2 und S 3); der Beschluss ist notariell zu beurkunden (§ 30 Abs 1 S 2 analog; MünchKomm AktG/*Pentz* Rn 29; Spindler/Stilz AktG/*Gerber* Rn 10; Köln-Komm AktG/*Arnold* Rn 18; Hölters AktG/*Solveen* Rn 9; **aA** *Hüffer* AktG Rn 4 und K. Schmidt/Lutter AktG/*Bayer* Rn 13: Zulässig auch privatschriftliches Protokoll nach § 130 Abs 1 S 1 und S 3; **aA** KölnKomm AktG/*Kraft* 2. Aufl Rn 26: Abberufung bedarf keiner Form). Eine **Amtsniederlegung** unterliegt den allgemeinen Grundsätzen: Sie kann nach **hM** auch ohne einen wichtigen Grund erfolgen (*Hüffer* AktG § 103 Rn 17; MünchKomm AktG/*Pentz* Rn 28); die Amtsniederlegung ist gegenüber dem VR, oder, sollte er noch nicht bestellt sein, gegenüber den Gründern zu erklären (GroßKomm AktG/*Röhricht* Rn 16; *Hüffer* AktG Rn 4).

4 **2. Amtszeit.** § 30 Abs 3 bestimmt eine **zwingende Höchstfrist**: Spätestens mit dem Ende der HV, die über die Entlastung für das erste Voll- oder Rumpfgeschäftsjahr beschließt, endet die Amtszeit der ersten AR-Mitglieder (s aber § 31 Abs 5). Verstoßen Gründer oder Satzung gegen diese Regelung, wird also eine längere Amtszeit festgelegt, berührt dies die Wirksamkeit der Bestellung nicht; die Amtszeit endet gleichwohl mit Ablauf der gesetzlichen Höchstfrist (*Hüffer* AktG Rn 7; MünchKomm AktG/*Pentz* Rn 23; GroßKomm AktG/*Röhricht* Rn 14; Spindler/Stilz AktG/*Gerber* Rn 14; K. Schmidt/Lutter AktG/*Bayer* Rn 10, 11). Da ein Geschäftsjahr zwölf Monate umfasst (§ 240 Abs 2 S 2 HGB) und die HV binnen einer Frist von acht Monaten über die Entlastung zu entscheiden hat (§ 120 Abs 1), beträgt die Amtszeit der ersten AR-Mitglieder **höchstens zwanzig Monate**; zu einer **Verlängerung** kommt es auch dann nicht, wenn die HV nicht rechtzeitig stattfindet oder keinen Entlastungsbeschluss fasst (so noch GroßKomm AktG/*Röhricht* Rn 10 f); entscheidend ist der Zeitpunkt, in dem die HV über die Entlastung hätte beschließen müssen (MünchKomm AktG/*Pentz* Rn 24 f und Spindler/Stilz AktG/*Gerber* Rn 14 sowie K. Schmidt/Lutter AktG/*Bayer* Rn 10 und KölnKomm AktG/*Arnold* Rn 15 sowie Hölters AktG/*Solveen* Rn 8 unter Hinweis auf *BGH* AG 2002, 676, 677 zu § 102; **aA** *Hüffer* AktG Rn 7). **Kürzere Amtszeiten** können für alle, aber ebenso nur für einige der ersten AR-Mitglieder festgesetzt werden, und zwar auch ohne Grundlage in der Satzung. Da das Gesetz wohl davon ausgeht, dass der erste AR während des gesamten Gründungsvorgangs im Amt ist, und zudem eine Wiederholung von Gründungsprüfung und Anmeldung der Gründung unzweckmäßig wäre, muss die Amtszeit des ersten AR nach **hM** allerdings **über den Zeitpunkt der Eintragung der Gesellschaft hinausgehen** (*Hüffer* AktG Rn 7; MünchKomm AktG/*Pentz* Rn 26; GroßKomm AktG/*Röhricht* Rn 12 f; Spindler/Stilz AktG/*Gerber* Rn 14; K. Schmidt/Lutter AktG/*Bayer* Rn 30; KölnKomm AktG/*Arnold* Rn 17). Ist die Amtszeit nicht oder nicht zweifelsfrei bestimmt, ist eine Bestellung für die gesetzliche Höchstfrist anzunehmen (MünchKomm AktG/*Pentz* Rn 23; Groß-Komm AktG/*Röhricht* Rn 13; K. Schmidt/Lutter AktG/*Bayer* Rn 10).

3. Aufgaben und Vergütung. Der AR muss am weiteren Fortgang der Gründung mitwirken (§§ 30 Abs 4, 33, 36: Bestellung des VR, Gründungsprüfung, Anmeldung) und haftet für Verletzungen der ihm bei der Gründung obliegenden Pflichten nach § 48. Daneben hat er auch im Gründungsstadium die Aufgabe, die Geschäftsführung durch den VR zu überwachen und die Gesellschaft gegenüber den VR-Mitgliedern zu vertreten (§§ 111, 112); er haftet für die Verletzungen dieser Pflichten nach den §§ 93, 116 (*RGZ* 144, 348, 351; GroßKomm AktG/*Röhricht* Rn 19; *Hüffer* AktG Rn 6; K. Schmidt/ Lutter AktG/*Bayer* Rn 15; KölnKomm AktG/*Arnold* Rn 21). **Eine Vergütung kann erst die HV bewilligen, die über die Entlastung der Mitglieder des ersten AR beschließt** (§ 113 Abs 2), und Zusagen der Gründer sind demgemäß nach § 134 BGB nichtig; unberührt bleibt die Möglichkeit, den Mitgliedern des ersten AR als Vergütung Sondervorteile oder Gründerlohn nach Maßgabe des § 26 (s dazu § 26 Rn 2, 4, 8) oder aus dem Privatvermögen der Gründer zu gewähren (§§ 32 Abs 3, 33 Abs 2 Nr 3; *Hüffer* AktG Rn 8; MünchKomm AktG/*Pentz* Rn 32; Spindler/Stilz AktG/*Gerber* Rn 17; K. Schmidt/Lutter AktG/*Bayer* Rn 16; KölnKomm AktG/*Arnold* Rn 22).

III. Erster Vorstand

1. Bestellung, Zusammensetzung und Amtszeit. Den ersten VR hat der AR zu bestellen (§ 30 Abs 4); eine gerichtliche Ersatzbestellung (vgl § 85) ist nach wohl überwiegender Ansicht ausgeschlossen (*Hüffer* AktG Rn 12; GroßKomm AktG/*Röhricht* Rn 32; Spindler/Stilz AktG/*Gerber* Rn 22; K. Schmidt/Lutter AktG/*Bayer* Rn 22; KölnKomm AktG/*Arnold* Rn 32; Hölters AktG/*Solveen* Rn 15; **aA** MünchKomm AktG/*Pentz* Rn 37, § 41 Rn 33). Erfüllt der AR diese Verpflichtung nicht, liegt ein Eintragungshindernis vor (*Hüffer* AktG Rn 12; GroßKomm AktG/*Röhricht* Rn 32; MünchKomm AktG/*Pentz* Rn 37; Spindler/Stilz AktG/*Gerber* Rn 22). Bestellt werden kann jeder, der die Voraussetzungen der §§ 76 Abs 3, 105 erfüllt; die Satzung kann vorsehen, dass die VR-Mitglieder dem Kreis der Gründer entstammen (GroßKomm AktG/*Röhricht* Rn 31). Die **Bestellung erfordert einen Beschluss**, der mit einfacher Mehrheit gefasst wird (§ 108) und der nicht notariell zu beurkunden, aber in die Sitzungsniederschrift (§ 107 Abs 2; s dazu auch §§ 37 Abs 4 Nr 3, 38 Abs 1) aufzunehmen ist (*Hüffer* AktG Rn 12; MünchKomm AktG/*Pentz* Rn 38; K. Schmidt/Lutter AktG/ *Bayer* Rn 23; KölnKomm AktG/*Arnold* Rn 31; Hölters AktG/*Solveen* Rn 15). **Die Gewählten müssen die Wahl ausdrücklich oder konkludent annehmen,** damit die Bestellung wirksam wird (GroßKomm AktG/*Röhricht* Rn 29; MünchKomm AktG/ *Pentz* Rn 38; KölnKomm AktG/*Arnold* Rn 34). Für die Zusammensetzung des VR gilt § 76 Abs 2; allerdings ist kein Arbeitsdirektor zu bestellen (*Hüffer* AktG Rn 12; MünchKomm AktG/*Pentz* Rn 38 f; K. Schmidt/Lutter AktG/*Bayer* Rn 23). Für die **Dauer der Amtszeit**, den Anstellungsvertrag und die Abberufung gelten § 84 Abs 1 und Abs 3, für die **Amtsniederlegung** die allgemeinen Grundsätze (s dazu *Hüffer* AktG § 84 Rn 36, 36a). Nach *BSG* SGb 2007, 442, 442 ff unterliegen die VR-Mitglieder in ihrer Beschäftigung auch nach ihrer Bestellung weiterhin der **Rentenversicherungspflicht,** weil die Ausnahme des § 1 S 4 SGB VI nicht eingreifen (s dazu *Menthe* Rentenversicherungspflicht von Vorstandsmitgliedern von Vor-AGen in daneben ausgeübten Beschäftigungen, RVaktuell 2007, 61 ff und *Plagemann* EWiR § 1 SGB VI 1/ 07, 155).

§ 30 Bestellung des Aufsichtsrats, des Vorstands und des Abschlussprüfers

7 **2. Aufgaben und Vergütung.** Der VR muss am weiteren Fortgang der Gründung mitwirken (§§ 30 Abs 3 S 2, 31 Abs 3 S 1 und S 2, 33, 36: Bekanntmachungen zur Zusammensetzung des zweiten AR, Gründungsprüfung, Anmeldung) und haftet für Verletzungen der ihm bei der Gründung obliegenden Pflichten nach § 48. Die **Bekanntmachung nach § 30 Abs 3 S 2** hat neben den gesetzlichen Vorschriften einen Hinweis auf die Frist nach § 97 Abs 1 S 3 zu enthalten und ist auch dann vorzunehmen, wenn der VR der Ansicht ist, der zweite AR sei nicht anders zusammenzusetzen als der erste AR (MünchKomm AktG/*Pentz* Rn 34; *Hüffer* AktG Rn 9; Spindler/Stilz AktG/*Gerber* Rn 18; K. Schmidt/Lutter AktG/*Bayer* Rn 17 f; KölnKomm AktG/*Arnold* Rn 23 f; Hölters AktG/*Solveen* Rn 11). **Sie muss idR vier bis fünf Monate vor der HV erfolgen, die den zweiten AR bestellt,** um rechtzeitig isv § 30 Abs 3 S 2 zu sein (MünchKomm AktG/*Pentz* Rn 33; *Hüffer* AktG Rn 9; Spindler/Stilz AktG/*Gerber* Rn 18; K. Schmidt/ Lutter AktG/*Bayer* Rn 17; Hölters AktG/*Solveen* Rn 11); erfolgt sie nicht rechtzeitig, sind die AR-Mitglieder dennoch wirksam bestellt (GroßKomm AktG/*Röhricht* Rn 22; *Hüffer* AktG Rn 9; MünchKomm AktG/*Pentz* Rn 36; KölnKomm AktG/*Arnold* Rn 25; *Kowalski/Schmidt* DB 2009, 551, 552), wird dadurch allerdings eine weitere (außerordentliche) HV oder eine gerichtliche Ersatzbestellung (§ 104) erforderlich, kommt im Hinblick auf die Kosten eine **Schadensersatzhaftung des VR** in Betracht (GroßKomm AktG/*Röhricht* Rn 22; *Hüffer* AktG Rn 9; MünchKomm AktG/*Pentz* Rn 36; Spindler/Stilz AktG/*Gerber* Rn 18; K. Schmidt/Lutter AktG/*Bayer* Rn 17; KölnKomm AktG/*Arnold* Rn 25; Hölters AktG/*Solveen* Rn 11; *Kowalski/Schmidt* DB 2009, 551, 552). Die §§ 96–97 sind entspr anwendbar (s zum Statusverfahren die Kommentierung der §§ 96 Abs 2, 97–99). Der VR hat auch im Gründungsstadium die Aufgabe, die Gesellschaft zu leiten, die Geschäfte zu führen und die Gesellschaft zu vertreten (§§ 76 Abs 1, 77, 78); er haftet für die Verletzungen dieser Pflichten nach § 93 (*Hüffer* AktG Rn 12; GroßKomm AktG/*Röhricht* Rn 33; K. Schmidt/Lutter AktG/ *Bayer* Rn 25). Die **Vergütung des ersten VR** ist nach *BGH* ZIP 2004, 1409, 1410 nicht als Gründungsaufwand anzusehen, weil sie den Verbindlichkeiten gleichzustellen sei, die im Zusammenhang mit der Aufnahme des Geschäftsbetriebs eingegangen würden; der *BGH* hat damit diesen Streitstand (s *BGH* aaO mN) für die Praxis entschieden. Der Vergütungsanspruch beruht dann auf dem Anstellungsvertrag (§§ 84 Abs 1 und Abs 3, 87), den der AR in Vertretung der Gesellschaft (§ 112) mit dem VR-Mitglied schließt (*Hüffer* AktG Rn 12; K. Schmidt/Lutter AktG/*Bayer* Rn 24; KölnKomm AktG/*Arnold* Rn 37; Hölters AktG/*Solveen* Rn 16; differenzierend MünchKomm AktG/*Pentz* Rn 40 f; **aA** GroßKomm AktG/*Röhricht* Rn 34).

IV. Erster Abschlussprüfer

8 Die Bestellung des ersten Abschlussprüfers erfolgt **nach denselben Regeln wie die des ersten AR** (s Rn 2). Kommen die Gründer dieser Verpflichtung nicht nach, liegt kein Eintragungshindernis vor; nach Eintragung der Gesellschaft kommt eine gerichtliche Ersatzbestellung (§ 318 Abs 4 HGB) in Betracht (GroßKomm AktG/*Röhricht* Rn 28; *Hüffer* AktG Rn 10; K. Schmidt/Lutter AktG/*Bayer* Rn 26; KölnKomm AktG/*Arnold* Rn 29; Hölters AktG/*Solveen* Rn 13; s zu der Frage, ob die Bestellung eines Abschlussprüfers auch dann erforderlich ist, wenn voraussichtlich nach § 267 Abs 1 iVm § 316 Abs 1 HGB keine Verpflichtung zur Prüfung des Jahresabschlusses durch einen Abschlussprüfer besteht, etwa Spindler/Stilz AktG/*Gerber* Rn 19 und KölnKomm AktG/*Arnold* Rn 27 sowie Hölters AktG/*Solveen* Rn 13). Die **Erteilung des**

Prüfungsauftrages fällt in die Zuständigkeit des AR (§ 111 Abs 2 S 3 AktG, § 318 Abs 1 S 4 und Abs 7 S 1 HGB (MünchKomm AktG/*Pentz* Rn 46; *Hüffer* AktG Rn 10; K. Schmidt/Lutter AktG/*Bayer* Rn 28; KölnKomm AktG/*Arnold* Rn 28; Hölters AktG/*Solveen* Rn 13). Wer als Abschlussprüfer bestellt werden kann, richtet sich nach den §§ 319, 319a HGB. Die Abberufung erfolgt auch vor Eintragung gem § 318 Abs 3 HGB (MünchKomm AktG/*Pentz* Rn 49 f; *Hüffer* AktG Rn 11; GroßKomm AktG/ *Röhricht* Rn 27; K. Schmidt/Lutter AktG/*Bayer* Rn 29; KölnKomm AktG/*Arnold* Rn 30; Hölters AktG/*Solveen* Rn 14; str). Die Aufgaben des Abschlussprüfers ergeben sich aus den §§ 316 f, 321, 322 HGB iVm dem Prüfungsauftrag.

§ 31 Bestellung des Aufsichtsrats bei Sachgründung

(1) ¹Ist in der Satzung als Gegenstand einer Sacheinlage oder Sachübernahme die Einbringung oder Übernahme eines Unternehmens oder eines Teils eines Unternehmens festgesetzt worden, so haben die Gründer nur so viele Aufsichtsratsmitglieder zu bestellen, wie nach den gesetzlichen Vorschriften, die nach ihrer Ansicht nach der Einbringung oder Übernahme für die Zusammensetzung des Aufsichtsrats maßgebend sind, von der Hauptversammlung ohne Bindung an Wahlvorschläge zu wählen sind. ²Sie haben jedoch, wenn dies nur zwei Aufsichtsratsmitglieder sind, drei Aufsichtsratsmitglieder zu bestellen.

(2) Der nach Absatz 1 Satz 1 bestellte Aufsichtsrat ist, soweit die Satzung nichts anderes bestimmt, beschlussfähig, wenn die Hälfte, mindestens jedoch drei seiner Mitglieder an der Beschlussfassung teilnehmen.

(3) ¹Unverzüglich nach der Einbringung oder Übernahme des Unternehmens oder des Unternehmensanteils hat der Vorstand bekannt zu machen, nach welchen gesetzlichen Vorschriften nach seiner Ansicht der Aufsichtsrat zusammengesetzt sein muss. ²§§ 97 bis 99 gelten sinngemäß. ³Das Amt der bisherigen Aufsichtsratsmitglieder erlischt nur, wenn der Aufsichtsrat nach anderen als den von den Gründern für maßgebend gehaltenen Vorschriften zusammenzusetzen ist oder wenn die Gründer drei Aufsichtsratsmitglieder bestellt haben, der Aufsichtsrat aber auch aus Aufsichtsratsmitgliedern der Arbeitnehmer zu bestehen hat.

(4) Absatz 3 gilt nicht, wenn das Unternehmen oder der Unternehmensteil erst nach der Bekanntmachung des Vorstands nach § 30 Abs. 3 Satz 2 eingebracht oder übernommen wird.

(5) § 30 Abs. 3 Satz 1 gilt nicht für die nach Absatz 3 bestellten Aufsichtsratsmitglieder der Arbeitnehmer.

Übersicht

	Rn		Rn
I. Regelungsgehalt	1	1. Anwendungsbereich	5
II. Aufsichtsrat der Gründer	3	2. Bekanntmachung	6
1. Zusammensetzung	3	3. Ergänzung	7
2. Beschlussfähigkeit	4	4. Neuwahl	8
III. Mitbestimmung im Aufsichtsrat	5	IV. Amtszeit	9

Lohse

I. Regelungsgehalt

1 Die Vorschrift beinhaltet eine **Ausnahme zu § 30 Abs 2, der für die Zusammensetzung des ersten AR die Geltung des Mitbestimmungsrechts ausschließt**, und zwar für den Fall, dass in der Satzung als Gegenstand einer Sacheinlage oder Sachübernahme die Einbringung oder Übernahme eines Unternehmens oder eines Teils eines Unternehmens festgesetzt worden ist. § 31 eröffnet die **Möglichkeit eines mitbestimmten ersten AR**: Die Gründer haben zunächst einen zwar im Lichte der Mitbestimmungsgesetze möglicherweise unvollständigen, aber dennoch beschlussfähigen AR zu bestellen (§ 31 Abs 1 und Abs 2), und dieser AR wird nach Einbringung oder Übernahme des Unternehmens oder Unternehmensteils grds dem ggf einschlägigen Mitbestimmungsgesetz angepasst (§ 31 Abs 3 und Abs 4). Auf diese Weise soll dem Mitbestimmungsrecht im Interesse der Arbeitnehmer des eingebrachten oder übernommenen Unternehmens oder Unternehmensteils möglichst schnell Geltung verschafft werden (*Hüffer* AktG Rn 1; GroßKomm AktG/*Röhricht* Rn 2, 12; K. Schmidt/Lutter AktG/*Bayer* Rn 1 f; KölnKomm AktG/*Arnold* Rn 1, 2 f).

2 Schon aus dem Zweck des § 31 lassen sich die Eingriffsvoraussetzungen ableiten: Ein **Unternehmen** ist eine organisatorische Zusammenfassung von sachlichen und personellen Mitteln zu einem wirtschaftlichen Zweck, die ein Auftreten am Markt erlaubt, ein **Unternehmensteil** eine darin abgrenzbare wirtschaftliche Einheit; hinzukommen muss in beiden Fällen, dass eine nicht unerhebliche Zahl von Arbeitnehmern vorhanden und damit eine **Anwendung des Mitbestimmungsrechts nicht von vornherein ausgeschlossen** ist (*Hüffer* AktG Rn 2; MünchKomm AktG/*Pentz* Rn 7 f; GroßKomm AktG/*Röhricht* Rn 3; Spindler/Stilz AktG/*Gerber* Rn 3; K. Schmidt/Lutter AktG/ *Bayer* Rn 4; KölnKomm AktG/*Arnold* Rn 5; Hölters AktG/*Solveen* Rn 3). Demgegenüber ist es insb gleichgültig, zu welchem **Zeitpunkt** die Einbringung oder Übernahme des Unternehmens oder Unternehmensteils erfolgen soll (*Hüffer* AktG Rn 2; MünchKomm AktG/*Pentz* Rn 9 ff; GroßKomm AktG/*Röhricht* Rn 2 f; KölnKomm AktG/*Arnold* Rn 5; Hölters AktG/*Solveen* Rn 3).

II. Aufsichtsrat der Gründer

3 **1. Zusammensetzung.** Die Gründer haben zunächst **einen zwar im Lichte der Mitbestimmungsgesetze möglicherweise unvollständigen, aber dennoch beschlussfähigen AR** zu bestellen (§ 31 Abs 1 und Abs 2). Da § 31 den § 30 nur ergänzt, gelten für die Bestellung, die Aufgaben und die Vergütung der AR-Mitglieder keine von § 30 abweichenden Regeln (s dort Rn 2, 3, 5; *Hüffer* AktG Rn 3; Spindler/Stilz AktG/*Gerber* Rn 7). § 31 regelt jedoch die **Zusammensetzung des ersten AR** abweichend: Die Gründer haben, wenn nach der Einbringung oder Übernahme des Unternehmens oder Unternehmensteils ein mitbestimmter AR zu bilden ist (vgl § 96 Abs 1; Mitbestimmungsgesetze: MitbestG, MontanMitbestG, MontanMitbestErgG, DrittelbG, Gesetz über die Mitbestimmung der Arbeitnehmer bei einer grenzüberschreitenden Verschmelzung; s dazu die Kommentierung des § 96), nur die Anteilseignervertreter, andernfalls alle AR-Mitglieder (vgl § 96 Abs 1 aE iVm § 101 Abs 1 S 1) zu bestellen, was das Gesetz mit der Formulierung „ohne Bindung an Wahlvorschläge" in Anlehnung an die Mitbestimmungsgesetze zum Ausdruck bringt (*Hüffer* AktG Rn 4). Eine **Ausnahme** dazu sieht allein § 31 Abs 1 S 2 vor: Besteht der AR nur aus drei Mitgliedern (§ 95 Abs 1 S 1), haben die Gründer auch dann drei AR-Mitglieder zu bestellen, wenn nach § 31 Abs 1 S 1 iVm § 4 Abs 1 DrittelbG nur zwei AR-Mitglieder zu bestellen wären (MünchKomm AktG/*Pentz* Rn 15; GroßKomm AktG/*Röhricht* Rn 6; s dazu auch § 31 Abs 3 S 3 HS 2). Der Gesetzgeber wollte sicherstellen, dass der AR auch bei Meinungsverschiedenheiten beschließen kann (vgl §§ 31 Abs 2, 108 Abs 2 S 3; *Hüffer* AktG Rn 4; MünchKomm AktG/*Pentz* Rn 15; GroßKomm AktG/*Röhricht* Rn 6; K. Schmidt/Lutter AktG/*Bayer* Rn 9). Die Gründer müssen über die einschlägigen gesetzlichen Vorschriften entscheiden; ist ihre Auffassung unrichtig und damit der AR fehlerhaft zusammengesetzt, ist das kein Eintragungshindernis (s § 31 Abs 3; *Hüffer* AktG Rn 4; MünchKomm AktG/*Pentz* Rn 16; GroßKomm AktG/*Röhricht* Rn 7; Spindler/Stilz AktG/*Gerber* Rn 10; K. Schmidt/Lutter AktG/*Bayer* Rn 10; KölnKomm AktG/*Arnold* Rn 6; Hölters AktG/*Solveen* Rn 5).

2. Beschlussfähigkeit. Die Regelung der Beschlussfähigkeit in § 31 Abs 2 entspricht **4** § 108 Abs 2 S 2 und S 3, obwohl er anders als § 108 Abs 2 S 2 nicht ausdrücklich klarstellt, dass es auf „**die Hälfte der Mitglieder, aus denen er nach Gesetz oder Satzung insgesamt zu bestehen hat,**" ankommt; maßgebender Bezugspunkt ist daher, wieviele AR-Mitglieder nach § 31 Abs 1 zu bestellen sind (*Hüffer* AktG Rn 5; MünchKomm AktG/*Pentz* Rn 21; GroßKomm AktG/*Röhricht* Rn 10; Spindler/Stilz AktG/*Gerber* Rn 11; K. Schmidt/Lutter AktG/*Bayer* Rn 13; Hölters AktG/*Solveen* Rn 7). § 31 Abs 2 verdrängt als besondere Regelung § 28 MitbestG, § 10 MontanMitbestG, § 11 MontanMitbestErgG (*Hüffer* AktG Rn 5; MünchKomm AktG/*Pentz* Rn 21; Groß-Komm AktG/*Röhricht* Rn 9; Spindler/Stilz AktG/*Gerber* Rn 11; K. Schmidt/Lutter AktG/*Bayer* Rn 12). Der **Satzungsvorbehalt** führt insb zu der Frage, ob eine allgemeine Satzungsbestimmung nach § 108 Abs 2 S 1 und S 2 auch bereits für den ersten AR gilt, was regelmäßig zu bejahen sein wird; Satzungsquoren sind ggf im Wege der Auslegung der Unvollständigkeit des AR anzupassen und verhältnismäßig abzusenken (*Hüffer* AktG Rn 6; MünchKomm AktG/*Pentz* Rn 22; GroßKomm AktG/*Röhricht* Rn 11; Spindler/Stilz AktG/*Gerber* Rn 12; K. Schmidt/Lutter AktG/*Bayer* Rn 15 f; Hölters AktG/*Solveen* Rn 8).

III. Mitbestimmung im Aufsichtsrat

1. Anwendungsbereich. § 31 Abs 3 will sicherstellen, dass die Gesellschaft nach Ein- **5** bringung oder Übernahme des Unternehmens oder Unternehmensteils einen ersten AR erhält, der dem ggf einschlägigen Mitbestimmungsgesetz entspricht. Eine **Ausnahme** findet sich in § 31 Abs 4: Erfolgt die Einbringung oder Übernahme nach der Bekanntmachung des VR zur Zusammensetzung des zweiten AR nach § 30 Abs 3 S 2, so bedarf es einer Anpassung des ersten AR an das Mitbestimmungsrecht nicht mehr, weil die Bestellung des zweiten AR bevorsteht und in diesem die Geltung des Mitbestimmungsrechts nach § 30 Abs 3 S 2 iVm den §§ 96–99 gewährleistet ist; das Ende der Amtszeit der nach § 31 Abs 1 bestellten AR-Mitglieder richtet sich dann nach § 30 Abs 3 S 1 (*Hüffer* AktG Rn 7, 13; MünchKomm AktG/*Pentz* Rn 23, 42 ff; GroßKomm AktG/*Röhricht* Rn 24, 13, 15; Spindler/Stilz AktG/*Gerber* Rn 18; K. Schmidt/Lutter AktG/*Bayer* Rn 17, 24; KölnKomm AktG/*Arnold* Rn 12 f, 28; Hölters AktG/*Solveen* Rn 9, 16).

2. Bekanntmachung. Die Bekanntmachung nach § 31 Abs 3 S 1 hat wie die nach § 30 **6** Abs 3 S 2 neben den gesetzlichen Vorschriften einen Hinweis auf die Frist nach § 97 Abs 1 S 3 zu enthalten und ist auch dann vorzunehmen, wenn der VR der Ansicht ist, der zweite AR sei nicht anders zusammenzusetzen als der erste AR (*Hüffer* AktG Rn 8; KölnKomm AktG/*Arnold* Rn 15, 16; Hölters AktG/*Solveen* Rn 10). Sie muss

§ 31   Bestellung des Aufsichtsrats bei Sachgründung

unverzüglich (§ 121 Abs 1 S 1 BGB: ohne schuldhaftes Zögern) nach Einbringung oder Übernahme des Unternehmens oder Unternehmensteils erfolgen; zur Feststellung des Zeitpunkts können die zu § 613a BGB entwickelten Grundsätze angewendet werden, wonach es auf den Übergang der Dispositionsbefugnis ankommt (*Hüffer* AktG Rn 8; MünchKomm AktG/*Pentz* Rn 25; GroßKomm AktG/*Röhricht* Rn 14; K. Schmidt/Lutter AktG/*Bayer* Rn 18; KölnKomm AktG/*Arnold* Rn 14). Die Vorschriften über das Statusverfahren sind entspr anwendbar (s dazu die Kommentierung der §§ 96 Abs 2, 97–99).

7   **3. Ergänzung.** **Wird die Auffassung der Gründer zur Zusammensetzung des AR im Statusverfahren nach den §§ 97 ff bestätigt, so ist der AR nach Maßgabe des ggf einschlägigen Mitbestimmungsgesetzes zu ergänzen** (arg § 31 Abs 3 S 3 HS 1 „erlischt nur, wenn"), und zwar unverzüglich; geschieht das nicht, kommt gerichtliche Ersatzbestellung (§ 104) in Betracht (*Hüffer* AktG Rn 10; MünchKomm AktG/*Pentz* Rn 28, 29 f; GroßKomm AktG/*Röhricht* Rn 18; K. Schmidt/Lutter AktG/*Bayer* Rn 21; KölnKomm AktG/*Arnold* Rn 19). Eine **Ausnahme** enthält § 31 Abs 3 S 3 HS 2: Haben die Gründer nach § 95 Abs 1 S 1 iVm § 31 Abs 1 S 2 drei AR-Mitglieder bestellt, obwohl nach § 31 Abs 1 S 1 iVm § 4 Abs 1 DrittelbG nur zwei AR-Mitglieder zu bestellen gewesen wären (s dazu auch Rn 3), so erlischt das Amt der bisherigen AR-Mitglieder. Der Gesetzgeber wollte mit dieser Regelung etwaigen Unklarheiten darüber begegnen, welches AR-Mitglied sein Amt verliert (*Hüffer* AktG Rn 11; MünchKomm AktG/*Pentz* Rn 36; K. Schmidt/Lutter AktG/*Bayer* Rn 23; KölnKomm AktG/*Arnold* Rn 20). Vor diesem Hintergrund ist der Anwendungsbereich des § 31 Abs 3 S 3 HS 2 teleologisch zu reduzieren: Ist ein AR-Mitglied von den Gründern mit der Maßgabe bestellt worden, dass es dem Arbeitnehmervertreter weichen soll (spätere Bestimmung durch die Gründer genügt ebenso wenig wie eine entspr Einigung im AR), oder ist ein mitbestimmter AR zu bilden, dem mindestens drei Anteilseignervertreter anzugehören haben, ist eine Ergänzung des AR ausreichend (*Hüffer* AktG Rn 11; MünchKomm AktG/*Pentz* Rn 38 ff; GroßKomm AktG/*Röhricht* Rn 19; K. Schmidt/Lutter AktG/*Bayer* Rn 23; Hölters AktG/*Solveen* Rn 15; im Ergebnis ebenso KölnKomm AktG/*Arnold* Rn 21 f).

8   **4. Neuwahl.** **Wird die Auffassung der Gründer zur Zusammensetzung des AR im Statusverfahren nach den §§ 97 ff nicht bestätigt,** so erlischt das Amt der bisherigen AR-Mitglieder (§ 31 Abs 3 S 3 HS 1) und muss eine Neubestellung des gesamten AR erfolgen. Diese Regelung greift bei jeder Fehlbesetzung, insb auch bei einer Unterbesetzung, da nicht auszuschließen ist, dass die Gründer in Kenntnis der Rechtslage anders entschieden hätten (*Hüffer* AktG Rn 10; MünchKomm AktG/*Pentz* Rn 35; GroßKomm AktG/*Röhricht* Rn 20; K. Schmidt/Lutter AktG/*Bayer* Rn 22; Hölters AktG/*Solveen* Rn 14; aA KölnKomm AktG/*Arnold* Rn 24 f). Ist die Gesellschaft zum Zeitpunkt der Neubestellung noch nicht eingetragen, entscheiden die Gründer statt der HV (*Hüffer* AktG Rn 12; MünchKomm AktG/*Pentz* Rn 34; GroßKomm AktG/*Röhricht* Rn 20).

IV. Amtszeit

9   Ist **Neubestellung des gesamten AR** erforderlich, erlischt das Amt der von den Gründern nach § 31 Abs 1 bestellten AR-Mitglieder mit Beendigung der ersten HV, die nach Ablauf der Anrufungsfrist (1 Monat) bzw nach Eintritt der Rechtskraft der gerichtlichen Entscheidung einberufen wird, spätestens aber sechs Monate nach

Ablauf dieser Frist bzw nach Eintritt der Rechtskraft der gerichtlichen Entscheidung (§ 31 Abs 3 S 2 iVm §§ 97 Abs 2 S 3 und S 2, 97 Abs 1 S 3, 98 Abs 4 S 2), und zwar unabhängig davon, ob bereits neue AR-Mitglieder bestellt sind (MünchKomm AktG/*Pentz* Rn 31 ff, 37; s zum ggf erforderlichen Interims-Aufsichsrat GroßKomm AktG/*Röhricht* Rn 23 und MünchKomm AktG/*Pentz* Rn 41 sowie KölnKomm AktG/*Arnold* Rn 18). Die **Amtszeit der nach § 31 Abs 3 im Amt verbliebenen oder neu gewählten AR-Mitglieder** endet im Grundsatz nach § 30 Abs 3 S 1 (s dazu § 30 Rn 4), wobei § 30 Abs 5 für die Arbeitnehmervertreter eine Ausnahme vorsieht, um insb ein zweites aufwendiges Wahlverfahren entbehrlich zu machen; für sie gelten die §§ 102, 104 (*Hüffer* AktG Rn 14; MünchKomm AktG/*Pentz* Rn 47 ff; GroßKomm AktG/*Röhricht* Rn 21; K. Schmidt/Lutter AktG/*Bayer* Rn 25; KölnKomm AktG/*Arnold* Rn 29). § 30 Abs 3 S 1 betrifft mithin nur noch die Anteilseignervertreter und die weiteren Mitglieder iSd § 4 Abs 1 lit c MontanMitbestG, § 5 Abs 1 S 2 lit c MontanMitbestErgG; das Ergebnis sind unterschiedliche Amtszeiten der AR-Mitglieder, die von der HV bei Bestellung des zweiten AR angeglichen werden können (*Hüffer* AktG Rn 14; MünchKomm AktG/*Pentz* Rn 49; GroßKomm AktG/*Röhricht* Rn 21; K. Schmidt/Lutter AktG/*Bayer* Rn 25; KölnKomm AktG/*Arnold* Rn 30 f). Scheiden die Anteilseignervertreter und die weiteren Mitglieder nach § 30 Abs 3 S 1 aus, ist eine Bekanntmachung nach § 30 Abs 3 S 2 nicht erforderlich, weil der AR bereits mit dem Mitbestimmungsrecht übereinstimmt; die §§ 97 ff bleiben unberührt (MünchKomm AktG/*Pentz* Rn 50; GroßKomm AktG/*Röhricht* Rn 22; KölnKomm AktG/*Arnold* Rn 30).

§ 32 Gründungsbericht

(1) Die Gründer haben einen schriftlichen Bericht über den Hergang der Gründung zu erstatten (Gründungsbericht).

(2) ¹**Im Gründungsbericht sind die wesentlichen Umstände darzulegen, von denen die Angemessenheit der Leistungen für Sacheinlagen oder Sachübernahmen abhängt.** ²**Dabei sind anzugeben**
1. **die vorausgegangenen Rechtsgeschäfte, die auf den Erwerb durch die Gesellschaft hingezielt haben;**
2. **die Anschaffungs- und Herstellungskosten aus den letzten beiden Jahren;**
3. **beim Übergang eines Unternehmens auf die Gesellschaft die Betriebserträge aus den letzten beiden Geschäftsjahren.**

(3) Im Gründungsbericht ist ferner anzugeben, ob und in welchem Umfang bei der Gründung für Rechnung eines Mitglieds des Vorstands oder des Aufsichtsrats Aktien übernommen worden sind und ob und in welcher Weise ein Mitglied des Vorstands oder des Aufsichtsrats sich einen besonderen Vorteil oder für die Gründung oder ihre Vorbereitung eine Entschädigung oder Belohnung ausbedungen hat.

Übersicht

	Rn		Rn
I. Regelungsgehalt	1	a) Sachgründung	4
II. Inhalt	3	b) Strohmanngründung	6
1. Allgemeiner Inhalt	3	c) Sondervorteile und Gründungsaufwand	
2. Besonderer Inhalt	4		7

§ 32 Gründungsbericht

I. Regelungsgehalt

1 Die Vorschrift verpflichtet die Gründer dazu, alle für den Hergang der Gründung relevanten Vorgänge offen zu legen, und zwar gerade auch im Hinblick auf Sacheinlagen und Sachübernahmen (§ 32 Abs 2), Strohmanngründungen (§ 32 Abs 3 HS 1) sowie Sondervorteile und Gründungsaufwand (§ 32 Abs 3 HS 2). Auf diese Weise soll der **Schutz des Rechtsverkehrs vor unseriösen Gründungen** verstärkt werden (*Hüffer* AktG Rn 1; MünchKomm AktG/*Pentz* Rn 3; GroßKomm AktG/*Röhricht* Rn 2). § 32 steht in einem systematischem Zusammenhang mit den §§ 26, 27 (s dort Rn 1) und den §§ 33, 34, 35, 37 Abs 4 Nr 2 und Nr 4, 38 Abs 1 und Abs 2, **weil der Gründungsbericht die Grundlage für die Gründungsprüfung und ein wichtiges Hilfsmittel für die registergerichtliche Kontrolle der ordnungsgemäßen Gründung der Gesellschaft darstellt** (MünchKomm AktG/*Pentz* Rn 3, 5; GroßKomm AktG/*Röhricht* Rn 2; Spindler/Stilz AktG/*Gerber* Rn 2; K. Schmidt/Lutter AktG/*Bayer* Rn 1; KölnKomm AktG/*Arnold* Rn 2). Er kann beim HR eingesehen werden und dient damit auch der **Information der Öffentlichkeit** (§ 37 Abs 5 AktG iVm §§ 12 Abs 2, 9 HGB; *Hüffer* AktG Rn 1; MünchKomm AktG/*Pentz* Rn 4). Kommen die Gründer ihrer Verpflichtung nach § 32 nicht nach, liegt Eintragungshindernis vor (§§ 37 Abs 4 Nr 4, 38 Abs 1 und Abs 2 S 1); die Haftung der Gründer für die Richtigkeit und Vollständigkeit des Gründungsberichts richtet sich nach § 46 Abs 1 S 1 und Abs 3, der in strafrechtlicher Hinsicht durch § 399 Abs 1 Nr 2 flankiert wird.

2 Der Gründungsbericht ist nach der Bestellung des VR (§ 30 Abs 4) und vor der Gründungsprüfung (§§ 33, 34, 35) zu erstatten (vgl § 32 Abs 3; *Hüffer* AktG Rn 2; MünchKomm AktG/*Pentz* Rn 3, 4; Spindler/Stilz AktG/*Gerber* Rn 3), und zwar **von den Gründern höchstpersönlich**. Eine rechtsgeschäftliche Vertretung ist damit unzulässig, nicht aber die Inanspruchnahme von Hilfspersonen (*Hüffer* AktG Rn 2; MünchKomm AktG/*Pentz* Rn 6; KölnKomm AktG/*Arnold* Rn 3). Der Bericht ist **schriftlich** zu erstatten (§ 126 BGB). Getrennte Berichte der Gründer sind statthaft (*Hüffer* AktG Rn 2; Spindler/Stilz AktG/*Gerber* Rn 3; s dazu auch MünchKomm AktG/*Pentz* Rn 9 und K. Schmidt/Lutter AktG/*Bayer* Rn 3 sowie Hölters AktG/*Solveen* Rn 4); in diesem Fall hat jeder Gründer seinen Bericht zu unterzeichnen (GroßKomm AktG/*Röhricht* Rn 5; KölnKomm AktG/*Arnold* Rn 4; Hölters AktG/*Solveen* Rn 4). Die **Gründer sind einander zivilrechtlich verpflichtet**, an dem Gründungsbericht mitzuwirken; die Vollstreckung richtet sich nach § 888 Abs 1 ZPO (*Hüffer* AktG Rn 2; MünchKomm AktG/*Pentz* Rn 8; K. Schmidt/Lutter AktG/*Bayer* Rn 2).

II. Inhalt

3 **1. Allgemeiner Inhalt.** Der Gründungsbericht hat **alle wesentlichen Umstände (vgl § 32 Abs 2 S 1) der Gründung** zu enthalten, die für Aktionäre und Gläubiger der Gesellschaft von Interesse sein könnten, und zwar unabhängig davon, ob sie in der Satzung enthalten sind (vgl § 32 Abs 3 HS 1). Dazu gehören neben den in § 32 Abs 2 und Abs 3 genannten Angaben insb Angaben zur Errichtung (Tag der Satzungsfeststellung und die insoweit in § 23 Abs 2 und Abs 3 genannten Angaben), zur Höhe der geleisteten Bareinlagen (§ 36 Abs 2), zum ersten AR und zum ersten VR (§§ 30, 31; Tag der Bestellung, Personen, Personenidentität mit Gründern), zur Gewähr von Sondervorteilen, Gründungsentschädigung und Gründerlohn (*Hüffer* AktG Rn 3; MünchKomm AktG/*Pentz* Rn 12 f, 36; GroßKomm AktG/*Röhricht* Rn 7, 25; Spindler/Stilz AktG/*Gerber* Rn 6; K. Schmidt/Lutter AktG/*Bayer* Rn 4). § 131 Abs 3 Nr 1 kann für

§ 32 Gründungsbericht

den Gründungsbericht nicht herangezogen werden (GroßKomm AktG/*Röhricht* Rn 13; K. Schmidt/Lutter AktG/*Bayer* Rn 10; KölnKomm AktG/*Arnold* Rn 6). Richtigerweise können auch **Angaben über Treuhandverhältnisse** erforderlich sein, die von § 32 Abs 3 HS 1 nicht erfasst werden (MünchKomm AktG/*Pentz* Rn 14, 31; K. Schmidt/Lutter AktG/*Bayer* Rn 4, 15; KölnKomm AktG/*Arnold* Rn 21; aA GroßKomm AktG/*Röhricht* Rn 22 und KölnKomm AktG/*Kraft* 2. Aufl Rn 11). Ändern sich nach Erstattung des Gründungsberichts wesentliche Umstände, so ist ein **Nachtragsbericht** zu erstatten, auch insoweit gilt § 32 (*Hüffer* AktG Rn 7; MünchKomm AktG/ *Pentz* Rn 37; Spindler/Stilz AktG/*Gerber* Rn 7; K. Schmidt/Lutter AktG/*Bayer* Rn 17; KölnKomm AktG/*Arnold* Rn 22).

2. Besonderer Inhalt. – a) Sachgründung. Der Gründungsbericht muss nach § 32 **4** Abs 2 besondere Angaben zunächst im Hinblick auf eine Sachgründung (§ 27) enthalten. § 32 Abs 2 S 1 ist sprachlich nicht auf die §§ 34 Abs 1 Nr 2, 38 Abs 2 S 2 abgestimmt, soweit er davon spricht, die Gründer müssten die Angemessenheit der Leistungen für Sacheinlagen oder Sachübernahmen darlegen. Dabei handelt es sich um ein Redaktionsversehen, hier wie dort ist **Wertgleichheit** gemeint; die Gründer haben kein Bewertungsermessen (*Hüffer* AktG Rn 4; MünchKomm AktG/*Pentz* Rn 15; GroßKomm AktG/*Röhricht* Rn 1, 8; K. Schmidt/Lutter AktG/*Bayer* Rn 5; KölnKomm AktG/*Arnold* Rn 9; s dazu auch § 27 Rn 4 und § 34 Rn 2, § 37a Rn 3, § 38 Rn 6). § 32 Abs 2 S 1 wird durch § 32 Abs 2 S 2 konkretisiert. Diese Angaben müssen stets – und sei es vermittels einer Fehlanzeige – gemacht werden (*Hüffer* AktG Rn 5; Münch-Komm AktG/*Pentz* Rn 18, 23, 30, 34; K. Schmidt/Lutter AktG/*Bayer* Rn 6), sind aber nicht ausreichend; erforderlich sind jedenfalls auch die nach § 27 Abs 1 S 1 in der Satzung festzusetzenden Angaben, soweit sie die Prüfung der Werthaltigkeit ermöglichen sollen (s dort Rn 13 f; KölnKomm AktG/*Arnold* Rn 7, 8; vgl dazu *Hüffer* AktG Rn 4; MünchKomm AktG/*Pentz* Rn 16; Spindler/Stilz AktG/*Gerber* Rn 9 f; K. Schmidt/Lutter AktG/*Bayer* Rn 5, 6; Hölters AktG/*Solveen* Rn 5). Die **Berichtspflicht wird nicht durch die §§ 33a, 34 Abs 2 S 2 eingeschränkt** (Begr zu § 34 Abs 2 idF des RegE ARUG; K. Schmidt/Lutter AktG/*Bayer* § 34 Rn 14; Spindler/Stilz AktG/*Gerber* § 34 Rn 15; aA *Drinhausen/Keinath* Referentenentwurf eines Gesetzes zur Umsetzung der Aktionärsrichtlinie – Weitere Schritte zur Modernisierung des Aktienrechts, BB 2008, 2078, 2080: Gründer dürften sich „auf die im Rahmen des § 33a zugrundegelegten Kriterien" beschränken und müssten keine „eigenen Bewertungen durchführen."; ihm folgend KölnKomm AktG/*Arnold* § 34 Rn 16, § 37a Rn 9 und *Hüffer* AktG § 37a Rn 5 sowie K. Schmidt/Lutter AktG/*Kleindiek* § 37a Rn 8). Die **Gründer sind einander auskunftspflichtig** (MünchKomm AktG/*Pentz* Rn 19, 21; GroßKomm AktG/*Röhricht* Rn 9, 14; K. Schmidt/Lutter AktG/*Bayer* Rn 7, 10; KölnKomm AktG/*Arnold* Rn 10, 14).

Nach § 32 Abs 2 Nr 1 sind **vorausgegangene Rechtsgeschäfte** anzugeben und damit **5** insb Rechtsgeschäfte, aufgrund derer Gegenstände erworben worden sind, um sie bei der Gründung im Rahmen einer Sacheinlage oder Sachübernahme zu verwenden. Der Grund für diese Regelung ist, dass solche Geschäfte die Hintergründe der Sachgründung aufhellen und für die Beurteilung der Wertgleichheit (etwa wegen der Höhe des Gewinns des Einlegers bzw. Einbringers) hilfreich sein können. Rechtsgeschäfte, die dazu nichts beizutragen vermögen, werden daher nicht erfasst, etwa Konsortialverträge mit Kreditinstituten (MünchKomm AktG/*Pentz* Rn 18; GroßKomm AktG/*Röhricht* Rn 9 f; s dazu auch Spindler/Stilz AktG/*Gerber* Rn 11 und K. Schmidt/Lutter

§ 32 Gründungsbericht

AktG/*Bayer* Rn 7). Nach § 32 Abs 2 Nr 2 sind die **Anschaffungs- und Herstellungskosten** aus den letzten beiden Jahren anzugeben. Die Begriffe der Anschaffungs- und Herstellungskosten sind iSv § 255 HGB zu verstehen. Die Angaben können für die beiden Jahre gemeinsam oder gesondert gemacht werden; nach ganz überwiegender Ansicht ist für die Rückrechnung auf den Tag der Satzungsfeststellung abzuheben. Der Grund für diese Regelung ist, dass die Anschaffungs- und Herstellungskosten Aufschluss über die Wertgleichheit (etwa wegen der Höhe des Gewinns des Einlegers bzw Einbringers) geben können. Liegen Anschaffung oder Herstellung weiter zurück, müssen die Kosten daher nicht angegeben werden; die Verpflichtung nach § 32 Abs 2 Nr 1 bleibt auch in diesem Fall unberührt (MünchKomm AktG/*Pentz* Rn 20 ff; GroßKomm AktG/*Röhricht* Rn 11 ff; Spindler/Stilz AktG/*Gerber* Rn 12; K. Schmidt/Lutter AktG/*Bayer* Rn 8 ff; KölnKomm AktG/*Arnold* Rn 11 ff). Nach § 32 Abs 2 Nr 3 sind bei Übergang eines Unternehmens die **Betriebserträge aus den letzten beiden Geschäftsjahren** anzugeben. Erfasst wird auch der Übergang von Unternehmensteilen (vgl § 31; MünchKomm AktG/*Pentz* Rn 24; GroßKomm AktG/*Röhricht* Rn 15; K. Schmidt/Lutter AktG/*Bayer* Rn 12; KölnKomm AktG/*Arnold* Rn 15; aA Spindler/ Stilz AktG/*Gerber* Rn 13 und Hölters AktG/*Solveen* Rn 8). Unklar ist, was mit dem Begriff der Betriebserträge gemeint ist. Da die Regelung darauf abzielt, Aufschluss über die Höhe des Gewinns des Einlegers bzw Einbringers und damit über die Wertgleichheit zu erlangen (MünchKomm AktG/*Pentz* Rn 24), wird von dem Jahresüberschuss/Jahresfehlbetrag iSv §§ 275 Abs 2 Nr 20 und Abs 3 Nr 19 HGB ausgegangen (Spindler/Stilz AktG/*Gerber* Rn 13), zum Teil aber verlangt, dass er um außerordentliche Aufwendungen bzw Erträge bereinigt wird (MünchKomm AktG/*Pentz* Rn 25; K. Schmidt/Lutter AktG/*Bayer* Rn 12) oder dass – was angesichts des Zwecks der Offenlegung im Lichte der Kapitalaufbringung vorzugswürdig scheint - außerordentliche Erträge gesondert angegeben werden (*Hüffer* AktG Rn 5; GroßKomm AktG/ *Röhricht* Rn 16; KölnKomm AktG/*Arnold* Rn 16; Hölters AktG/*Solveen* Rn 8). Die Angaben können für die letzten beiden abgeschlossenen Geschäftsjahre nur gesondert gemacht werden (vgl Wortlaut „die Betriebserträge"; *Hüffer* AktG Rn 5; GroßKomm AktG/*Röhricht* Rn 17 f); daneben kann eine Angabe für das laufende Geschäftsjahr sinnvoll sein (MünchKomm AktG/*Pentz* Rn 26; K. Schmidt/Lutter AktG/*Bayer* Rn 12).

6 **b) Strohmanngründung.** Der Gründungsbericht muss nach § 32 Abs 3 HS 1 besondere Angaben weiter im Hinblick auf Strohmanngründungen enthalten, dies aber nur, wenn Treugeber (s dazu bereits Rn 3) ein VR-Mitglied oder ein AR-Mitglied ist. Es soll aufgehellt werden, ob Interessenkollisionen bestehen, die eine externe Gründungsprüfung erforderlich machen (§ 33 Abs 2 Nr 2), und ob die Gesellschaft unter dem beherrschenden Einfluss von Mitgliedern der Verwaltungsorgane steht. Die **Angaben sind nach überwiegender Ansicht für jedes einzelne VR-Mitglied bzw AR-Mitglied zu machen**; anzugeben sind der Name des VR-Mitglieds bzw AR-Mitglieds, der Name des Strohmanns (Gründer oder anderes VR-Mitglied bzw AR-Mitglied) und der Umfang der Aktienübernahme. Die Angaben müssen stets – und sei es vermittels einer Fehlanzeige – erfolgen. Die Gründer sind einander auskunftspflichtig (MünchKomm AktG/*Pentz* Rn 28 ff; K. Schmidt/Lutter AktG/*Bayer* Rn 13, 14 ff; Hölters AktG/*Solveen* Rn 9, 10; KölnKomm AktG/*Arnold* Rn 17, 18; vgl auch *Hüffer* AktG Rn 6 und GroßKomm AktG/*Röhricht* Rn 19, 20 ff).

c) Sondervorteile und Gründungsaufwand. Der Gründungsbericht muss nach § 32 **7** Abs 3 HS 2 besondere Angaben schließlich über Sondervorteile, Gründungsentschädigung und Gründerlohn iSv § 26 enthalten, dies aber nur, wenn sie einem VR-Mitglied oder einem AR-Mitglied gewährt werden. Es soll aufgehellt werden, ob Interessenkollisionen bestehen, die eine externe Gründungsprüfung erforderlich machen (§ 33 Abs 2 Nr 3). Die Offenlegungspflicht besteht daher auch dann, wenn Schuldner nicht die Gesellschaft (s dazu § 26 Rn 2 und Rn 7), sondern ein Dritter ist; demgemäß kommt es auf die Frage einer wirksamen Satzungsfestsetzung (§ 26 Abs 1, Abs 2) nicht an. Die **Angaben sind nach überwiegender Ansicht für jedes einzelne VR-Mitglied bzw AR-Mitglied zu machen**; anzugeben sind der Name des VR-Mitglieds bzw AR-Mitglieds sowie Art, Umfang und Inhalt der eingeräumten Rechte und etwaiger Gegenleistungen. Die Angaben müssen stets – und sei es vermittels einer Fehlanzeige – erfolgen. Die Gründer sind einander auskunftspflichtig (*Hüffer* AktG Rn 6; MünchKomm AktG/*Pentz* Rn 32 ff; GroßKomm AktG/*Röhricht* Rn 19, 23 ff; K. Schmidt/Lutter AktG/*Bayer* Rn 13, 16; KölnKomm AktG/*Arnold* Rn 17, 20 f; Hölters AktG/*Solveen* Rn 9, 11).

§ 33 Gründungsprüfung. Allgemeines

(1) Die Mitglieder des Vorstands und des Aufsichtsrats haben den Hergang der Gründung zu prüfen.

(2) Außerdem hat eine Prüfung durch einen oder mehrere Prüfer (Gründungsprüfer) stattzufinden, wenn
1. ein Mitglied des Vorstands oder des Aufsichtsrats zu den Gründern gehört oder
2. bei der Gründung für Rechnung eines Mitglieds des Vorstands oder des Aufsichtsrats Aktien übernommen worden sind oder
3. ein Mitglied des Vorstands oder des Aufsichtsrats sich einen besonderen Vorteil oder für die Gründung oder ihre Vorbereitung eine Entschädigung oder Belohnung ausbedungen hat oder
4. eine Gründung mit Sacheinlagen oder Sachübernahmen vorliegt.

(3) [1]In den Fällen des Absatzes 2 Nr. 1 und 2 kann der beurkundende Notar (§ 23 Abs. 1 Satz 1) anstelle eines Gründungsprüfers die Prüfung im Auftrag der Gründer vornehmen; die Bestimmungen über die Gründungsprüfung finden sinngemäße Anwendung. [2]Nimmt nicht der Notar die Prüfung vor, so bestellt das Gericht die Gründungsprüfer. [3]Gegen die Entscheidung ist die Beschwerde zulässig.

(4) Als Gründungsprüfer sollen, wenn die Prüfung keine anderen Kenntnisse fordert, nur bestellt werden
1. Personen, die in der Buchführung ausreichend vorgebildet und erfahren sind;
2. Prüfungsgesellschaften, von deren gesetzlichen Vertretern mindestens einer in der Buchführung ausreichend vorgebildet und erfahren ist.

(5) [1]Als Gründungsprüfer darf nicht bestellt werden, wer nach § 143 Abs. 2 nicht Sonderprüfer sein kann. [2]Gleiches gilt für Personen und Prüfungsgesellschaften, auf deren Geschäftsführung die Gründer oder Personen, für deren Rechnung die Gründer Aktien übernommen haben, maßgebenden Einfluss haben.

§ 33 Gründungsprüfung. Allgemeines

Übersicht

	Rn		Rn
I. Regelungsgehalt	1	2. Notarielle Prüfung	4
II. Interne Gründungsprüfung	2	3. Eigentliche Gründungsprüfung	5
III. Externe Gründungsprüfung	3	4. Rechtsfolgen	7
1. Erforderlichkeit	3		

Literatur: *Dienst* Die aktienrechtliche externe Gründungsprüfung, Diss München 1959; *Ebke/Pahl* Die Unabhängigkeit des gesetzlichen Abschlussprüfers: Absolute Ausschlussgründe und ihre Auswirkungen auf den Prüfungsvertrag, ZGR 2005, 894; *Grage* Notarrelevante Regelungen des Transparenz- und Publizitätsgesetzes im Überblick, RNotZ 2002, 326; *Hermanns* Erleichterungen bei der Gründung von Aktiengesellschaften durch das Transparenz- und Publizitätsgesetz, ZIP 2002, 1785; *Heutz/Parameswaran* Prüfungspflichten eines Sachkapitalerhöhungsprüfers in der AG, ZIP 2011, 1650; *Papmehl* Aktienrechtliche Gründungsprüfung durch Notare, MittBayNot 2003, 187; *K. Schmidt* Zur aktienrechtlichen Haftung des Gründungsprüfers bei der Überbewertung von Sacheinlagen, DB 1975, 1781; *Selchert* Prüfungen anlässlich der Gründung, Umwandlung, Fusion und Beendigung von Unternehmen, 1977.

I. Regelungsgehalt

1 Die Vorschrift knüpft an § 32 an, der die Gründer verpflichtet, in einem Gründungsbericht alle für den Hergang der Gründung relevanten Vorgänge offen zu legen. Auf dieser Grundlage hat nun nach § 33 die **Gründungsprüfung** zu erfolgen, und zwar **jedenfalls durch die Mitglieder des VR und des AR (interne Gründungsprüfung;** § 33 Abs 1). Ist eine Personenidentität zwischen Gründern und Mitgliedern des VR oder des AR iSd § 33 Abs 2 Nr 1 oder eine Strohmanngründung iSd §§ 33 Abs 2 Nr 2, 32 Abs 3 HS 1 gegeben, ist nach § 33 Abs 2 und Abs 3 S 1 **darüber hinaus eine Gründungsprüfung durch Urkundsnotar oder Gründungsprüfer** erforderlich. Liegt eine Gründung mit Sondervorteilen und Gründungsaufwand iSd §§ 33 Abs 2 Nr 3, 32 Abs 3 HS 2 vor, hat nach § 33 Abs 2 daneben eine Gründungsprüfung durch Gründungsprüfer zu erfolgen; dies gilt vorbehaltlich des § 33a auch für den Fall, dass eine Gründung mit Sacheinlagen und Sachübernahmen (vgl §§ 33 Abs 2 Nr 4, 32 Abs 2) gegeben ist **(externe Gründungsprüfung)**. Auf diese Weise soll der **Schutz des Rechtsverkehrs vor unseriösen Gründungen** verstärkt werden (MünchKomm AktG/*Pentz* Rn 4; GroßKomm AktG/*Röhricht* Rn 2; K. Schmidt/Lutter AktG/*Bayer* Rn 1; KölnKomm AktG/*Arnold* Rn 5). § 33 steht in einem systematischen Zusammenhang mit den §§ 26, 27 (s dort Rn 1), den §§ 34, 35 und den §§ 37 Abs 4 Nr 2 und Nr 4, 38 Abs 1 und Abs 2, **weil die aufgrund der Gründungsprüfungen zu erstattenden Gründungsprüfungsberichte ein wichtiges Hilfsmittel für die registergerichtliche Kontrolle der ordnungsgemäßen Gründung der Gesellschaft darstellen** (*Hüffer* AktG Rn 1; GroßKomm AktG/*Röhricht* Rn 2; K. Schmidt/Lutter AktG/*Bayer* Rn 1; KölnKomm AktG/*Arnold* Rn 5). Sie können beim HR eingesehen werden und dienen damit auch der **Information der Öffentlichkeit** (§ 37 Abs 5 AktG iVm §§ 12 Abs 2, 9 HGB, § 34 Abs 3 S 2 AktG; *Hüffer* AktG Rn 1; MünchKomm AktG/*Pentz* Rn 4; GroßKomm AktG/*Röhricht* Rn 2, § 34 Rn 16; K. Schmidt/Lutter AktG/*Bayer* Rn 1; KölnKomm AktG/*Arnold* Rn 5).

Gründungsprüfung. Allgemeines § 33

II. Interne Gründungsprüfung

Die Prüfungspflicht der Mitglieder des VR, ihrer Stellvertreter (§ 94) und der Mitglieder des AR ist höchstpersönlich; eine rechtsgeschäftliche Vertretung ist damit unzulässig, nicht aber die Inanspruchnahme von Hilfspersonen (*Hüffer* AktG Rn 2; MünchKomm AktG/*Pentz* Rn 8; GroßKomm AktG/*Röhricht* Rn 3; K. Schmidt/Lutter AktG/*Bayer* Rn 2; KölnKomm AktG/*Arnold* Rn 7). Die **Prüfungspflicht** folgt aus der Organstellung und aus dem Dienstvertrag, sie ist nach **hM** zwar einklagbar, aber nicht vollstreckbar (§ 888 Abs 2 ZPO; *Hüffer* AktG Rn 2; MünchKomm AktG/*Pentz* Rn 11; GroßKomm AktG/*Röhricht* Rn 6; Spindler/Stilz AktG/*Gerber* Rn 6; K. Schmidt/Lutter AktG/*Bayer* Rn 3; KölnKomm AktG/*Arnold* Rn 7), so dass allein die Möglichkeit der Abberufung bleibt (s § 30 Rn 3, 6); die Umstände einer solchen Abberufung gehören in den Prüfungsbericht (*Hüffer* AktG Rn 2; MünchKomm AktG/*Pentz* Rn 11; GroßKomm AktG/*Röhricht* Rn 6; K. Schmidt/Lutter AktG/*Bayer* Rn 3; KölnKomm AktG/*Arnold* Rn 7). Es kommt auf **die in der Anmeldung zum HR genannten Mitglieder des VR und des AR** an, so dass im Falle eines Ausscheidens zwischen Prüfung und Anmeldung ein etwaiger Nachfolger eine erneute Prüfung vorzunehmen hat (vgl § 36 Abs 1; MünchKomm AktG/*Pentz* Rn 6; GroßKomm AktG/*Röhricht* Rn 5; Spindler/Stilz AktG/*Gerber* Rn 5; K. Schmidt/Lutter AktG/*Bayer* Rn 2). **Prüfungsgegenstand** ist der Hergang der Gründung (§ 33 Abs 1); damit bezieht sich die Prüfung wie der Gründungsbericht (§ 32 Abs 1) auf alle wesentlichen Umstände der Gründung, die für Aktionäre und Gläubiger der Gesellschaft von Interesse sein könnten (s § 32 Rn 3 und § 34 Rn 2; vgl dazu GroßKomm AktG/*Röhricht* Rn 5; K. Schmidt/Lutter AktG/*Bayer* Rn 2; KölnKomm AktG/*Arnold* Rn 8; Hölters AktG/*Solveen* Rn 4). **Die Prüfungspflicht wird nicht durch die §§ 33a, 34 Abs 2 S 2 eingeschränkt** (Begr zu § 34 Abs 2 idF des RegE ARUG; *Seibert/Florstedt* Der Regierungsentwurf des ARUG – Inhalt und wesentliche Änderungen gegenüber dem Referentenentwurf, ZIP 2008, 2145, 2150; K. Schmidt/Lutter AktG/*Bayer* § 33a Rn 17, § 34 Rn 14; *Bayer/J. Schmidt* Die Reform der Kapitalaufbringung bei der Aktiengesellschaft durch das MoMiG, ZGR 2009, 804, 812; *Böttcher* Die kapitalschutzrechtlichen Aspekte der Aktionärsrichtlinie (ARUG), NZG 2008, 481, 483; **aA** *Drinhausen/Keinath* Referentenentwurf eines Gesetzes zur Umsetzung der Aktionärsrichtlinie – Weitere Schritte zur Modernisierung des Aktienrechts, BB 2008, 2078, 2079 f: VR und AR dürften sich „auf die im Rahmen der erleichterten Einbringung des § 33a zugrundegelegte Bewertung verlassen". Es würde „der Sinn der Reform, die Erleichterung von Sacheinbringungen, konterkariert," wenn man VR und AR „die Durchführung einer eigenen Prüfung und Bewertung abverlangen würde."; ihm folgend *Hüffer* AktG § 37a Rn 5 und K. Schmidt/Lutter AktG/*Kleindiek* § 37a Rn 8; s dazu auch KölnKomm AktG/*Arnold* § 34 Rn 3, 15, § 37a Rn 9, der diese Frage als Scheinproblem bezeichnet). Kommen die Mitglieder des VR und des AR ihren Verpflichtungen nach den §§ 33 Abs 1, 34 nicht nach, liegt Eintragungshindernis vor (§§ 37 Abs 4 Nr 4, 38 Abs 1 und Abs 2 S 1); ihre Haftung richtet sich nach § 48, der in strafrechtlicher Hinsicht durch § 399 Abs 1 Nr 2 flankiert wird. Wird die Gesellschaft gleichwohl eingetragen, ist sie wirksam entstanden (keine Nichtigkeitsklage nach § 275, keine Amtslöschung nach § 397 FamFG; *Hüffer* AktG Rn 2; GroßKomm AktG/*Röhricht* Rn 2; Spindler/Stilz AktG/*Gerber* Rn 2; KölnKomm AktG/*Arnold* Rn 10).

§ 33　Gründungsprüfung. Allgemeines

III. Externe Gründungsprüfung

3　1. Erforderlichkeit. Eine externe Gründungsprüfung sieht das Gesetz – vorbehaltlich des § 33a – nur unter den in § 33 Abs 2 genannten Voraussetzungen vor. Im Falle einer **Personenidentität** zwischen Gründern und Mitgliedern des VR oder des AR iSd § 33 Abs 2 Nr 1 ist die Besorgnis begründet, dass das betroffene Mitglied des VR oder des AR die Prüfung nach § 33 Abs 1 nicht „mit der gebotenen sachlichen Distanz und Unparteilichkeit vornimmt" (so GroßKomm AktG/*Röhricht* Rn 10; s auch MünchKomm AktG/*Pentz* Rn 16 und K. Schmidt/Lutter AktG/*Bayer* Rn 5; KölnKomm AktG/*Arnold* Rn 12; Hölters AktG/*Solveen* Rn 7); es kommt auf die Personenidentität im Zeitpunkt der Registereintragung an (*Hüffer* AktG Rn 4; MünchKomm AktG/ *Pentz* Rn 18; Spindler/Stilz AktG/*Gerber* Rn 8; K. Schmidt/Lutter AktG/*Bayer* Rn 4; KölnKomm AktG/*Arnold* Rn 11). Ist Gründer eine Kapitalgesellschaft, kommt es auf deren VR-Mitglieder bzw Geschäftsführer an, ist Gründer eine Gesamthandsgesellschaft, auf deren vertretungsberechtigte Gesellschafter, ist Gründer eine Erben- oder Gütergemeinschaft, auf jeden Miterben und Ehegatten (fraglich ist, ob im ersten Fall auch an einen beherrschenden Gesellschafter und im zweiten Fall auch an nicht vertretungsberechtigte Gesellschafter angeknüpft werden soll; s auch dazu GroßKomm AktG/*Röhricht* Rn 11 f; MünchKomm AktG/*Pentz* Rn 17, 19 f; Spindler/Stilz AktG/ *Gerber* Rn 8; K. Schmidt/Lutter AktG/*Bayer* Rn 5; KölnKomm AktG/*Arnold* Rn 13; Hölters AktG/*Solveen* Rn 11). Erfasst werden darüber hinaus neben gesetzlichen auch rechtsgeschäftliche Vertreter der Gründer, weil die Besorgnis der Befangenheit auch in diesem Fall begründet ist (MünchKomm AktG/*Pentz* Rn 21; Hölters AktG/*Solveen* Rn 7; aA GroßKomm AktG/*Röhricht* Rn 13 und Spindler/Stilz AktG/*Gerber* Rn 8 sowie KölnKomm AktG/*Arnold* Rn 13; offen K. Schmidt/Lutter AktG/*Bayer* Rn 5). Im Falle einer **Strohmanngründung** iSd §§ 33 Abs 2 Nr 2, 32 Abs 3 HS 1 (s § 32 Rn 6) ist dieselbe Besorgnis begründet wie im Falle der Personenidentität; nach hM ist die Übernahme einer einzigen Aktie ausreichend (MünchKomm AktG/*Pentz* Rn 22; GroßKomm AktG/*Röhricht* Rn 15; Spindler/Stilz AktG/*Gerber* Rn 9; K. Schmidt/Lutter AktG/*Bayer* Rn 6; KölnKomm AktG/*Arnold* Rn 14; Hölters AktG/*Solveen* Rn 8). Im Falle einer **Gründung mit Sondervorteilen und Gründungsaufwand** iSd §§ 33 Abs 2 Nr 3, 32 Abs 3 HS 2 (s § 32 Rn 7) kann nicht erwartet werden, dass das begünstigte Mitglied des VR oder des AR die ihn begünstigenden Zusagen objektiv prüft (MünchKomm AktG/*Pentz* Rn 23; GroßKomm AktG/*Röhricht* Rn 16; K. Schmidt/ Lutter AktG/*Bayer* Rn 7; KölnKomm AktG/*Arnold* Rn 15; Hölters AktG/*Solveen* Rn 9). Im Falle einer **Gründung mit Sacheinlagen und Sachübernahmen** (vgl §§ 33 Abs 2 Nr 4, 32 Abs 2; s § 32 Rn 4 f) besteht – vorbehaltlich des § 33a – ein Bedürfnis für eine Prüfung der Werthaltigkeit, dem mit der Anordnung der externen Gründungsprüfung Rechnung getragen wird; auf den Wert kommt es nicht an (*Hüffer* AktG Rn 4a; MünchKomm AktG/*Pentz* Rn 25 f; GroßKomm AktG/*Röhricht* Rn 17; Spindler/Stilz AktG/*Gerber* Rn 11; K. Schmidt/Lutter AktG/*Bayer* Rn 8; KölnKomm AktG/*Arnold* Rn 16; Hölters AktG/*Solveen* Rn 10). **Prüfungsgegenstand** ist wie bei der Gründungsprüfung durch die Mitglieder des VR und des AR der Hergang der Gründung (s Rn 2); die externe Gründungsprüfung hat sich allerdings auch auf den Prüfungsbericht der Mitglieder des VR und des AR zu erstrecken (vgl § 38 Abs 2 S 1).

4　2. Notarielle Prüfung. Ist eine **Personenidentität** zwischen Gründern und Mitgliedern des VR oder des AR iSd § 33 Abs 2 Nr 1 oder eine **Strohmanngründung** iSd §§ 33 Abs 2 Nr 2, 32 Abs 3 HS 1 gegeben, liegt aber keine Gründung mit Sondervorteilen und Gründungsaufwand iSd §§ 33 Abs 2 Nr 3, 32 Abs 3 HS 2 oder mit Sacheinlagen und Sachübernahmen (vgl §§ 33 Abs 2 Nr 4, 32 Abs 2) vor, ist nach § 33 Abs 2 und Abs 3 S 1 eine **externe Gründungsprüfung durch den Urkundsnotar** und damit durch den Notar, der die Satzung durch notarielle Beurkundung festgestellt hat (§ 23 Abs 1 S 1), möglich (s dazu *Hermanns* ZIP 2002, 1785, 1786 f, 1788). Es erscheint angesichts der Bedeutsamkeit der Gründungsprüfung zweifelhaft, dass jedenfalls insoweit ein **ausländischer Notar** tätig werden kann (MünchKomm AktG/*Pentz* Rn 27a; KölnKomm AktG/*Arnold* Rn 18; Hölters AktG/*Solveen* Rn 11). Weitere Voraussetzungen sind ein Auftrag der Gründer und die Annahme dieses Auftrags durch den Notar (§ 33 Abs 3 S 1 HS 1); liegen diese Voraussetzungen nicht vor, kommt es zur eigentlichen Gründungsprüfung (§ 33 Abs 3 S 2; *Hüffer* AktG Rn 5, 5a; MünchKomm AktG/*Pentz* Rn 27b; Spindler/Stilz AktG/*Gerber* Rn 15; KölnKomm AktG/*Arnold* Rn 19; Hölters AktG/*Solveen* Rn 11). Auf die **notarielle Prüfung** finden die Vorschriften über die Gründungsprüfung (§§ 33, 34, 35) sinngemäße Anwendung (§ 33 Abs 3 S 1 HS 2). Soweit die Übergangsvorschrift des § 136 GNotKG (Auftragserteilung vor dem 1.8.2013) eingreift, gilt: Kostenschuldner sind nach den §§ 141, 2 Nr 1 KostO die Gründer, für die Vergütung des Notars gelten die §§ 141, 147 Abs 2 KostO, der Geschäftswert (§§ 141, 18 Abs 1 KostO) ist nach den §§ 141, 30 Abs 1 KostO zu bestimmen, und zwar nach denselben Grundsätzen wie beim Beurkundungsvorgang (§ 23 Abs 1 S 1); iÜ gilt nunmehr, das die Gründer nach den § 1, 29 Nr 1 GNotKG Kostenschuldner sind und sich die Vergütung des Notars nach § 34 GNotKG Nr 25206 des Kostenverzeichnisses richtet, wobei sich der Geschäftswert nach § 3 iVm § 123 GNotKG bestimmt – die **Haftung des Notars** richtet sich nach § 19 BNotO (vgl dazu *Hüffer* AktG Rn 5a, 6; MünchKomm AktG/*Pentz* Rn 27c; KölnKomm AktG/*Arnold* Rn 19, 20; Hölters AktG/*Solveen* Rn 11, 12; s dazu auch *Hermanns* ZIP 2002, 1785, 1788).

3. Eigentliche Gründungsprüfung. Ist eine Personenidentität zwischen Gründern und 5 Mitgliedern des VR oder des AR iSd § 33 Abs 2 Nr 1 oder eine Strohmanngründung iSd §§ 33 Abs 2 Nr 2, 32 Abs 3 HS 1 gegeben und findet keine notarielle Prüfung nach § 33 Abs 2 und Abs 3 S 1 statt oder liegt (auch) eine **Gründung mit Sondervorteilen und Gründungsaufwand** iSd §§ 33 Abs 2 Nr 3, 32 Abs 3 HS 2 **oder** – vorbehaltlich des § 33a – **mit Sacheinlagen und Sachübernahmen** (vgl §§ 33 Abs 2 Nr 4, 32 Abs 2) vor, hat nach § 33 Abs 2 eine externe Gründungsprüfung durch Gründungsprüfer (**eigentliche Gründungsprüfung**) zu erfolgen. Gründungsprüfer werden vom Gericht bestellt (§ 33 Abs 3 S 2), und zwar von dem Amtsgericht (§ 23a Abs 1 Nr 2, Abs 2 Nr 4 GVG iVm §§ 375 Nr 3, 376, 377 Abs 1 FamFG) am Gesellschaftssitz (§ 14); bei Doppelsitz sind beide Amtsgerichte zuständig (*Hüffer* AktG Rn 7), und es kommt zu einer Doppelprüfung, wenn nicht dieselben Gründungsprüfer bestellt werden (MünchKomm AktG/*Pentz* Rn 29, 32; GroßKomm AktG/*Röhricht* Rn 18; K. Schmidt/Lutter AktG/*Bayer* Rn 10; KölnKomm AktG/*Arnold* Rn 22). Antragsberechtigt sind die Gründer als Gruppe (*Hüffer* AktG Rn 7; Spindler/Stilz AktG/*Gerber* Rn 16; K. Schmidt/Lutter AktG/*Bayer* Rn 10; KölnKomm AktG/*Arnold* Rn 22; Hölters AktG/*Solveen* Rn 13; aA GroßKomm AktG/*Röhricht* Rn 18: VR sowie der VR und die Gründer; aA MünchKomm AktG/*Pentz* Rn 30: VR, Gründer gemeinsam sowie jeder einzelne Gründer). Bestellt das Gericht nicht nur einen, sondern mehrere Gründungsprüfer, kann es eine **Aufgabenverteilung** anordnen; andernfalls hat jeder Gründungsprüfer eine vollständige Prüfung vorzunehmen (MünchKomm AktG/*Pentz* Rn 32; GroßKomm AktG/*Röhricht* Rn 19; KölnKomm AktG/*Arnold* Rn 23). § 33

§ 33   Gründungsprüfung. Allgemeines

Abs 3 S 3 stellt klar, dass gegen den Beschluss des Gerichts das **Beschwerdeverfahren nach den §§ 58 ff, 70 ff FamFG** eröffnet ist (*Hüffer* AktG Rn 7a). Für die Gerichtskosten gelten – soweit die Übergangsvorschrift des § 136 GNotKG (Verfahrensbeginn vor dem 1.8.2013) eingreift – die §§ 121, 30 KostO (s dazu *OLG Karlsruhe* AG 2001, 601, 602 f) und iÜ die §§ 1, 34 GNotKG iVm Nr 13500 des Kostenverzeichnisses, wobei sich der Geschäftswert nach § 3 iVm § 36 Abs 1 GNotKG bestimmt; Kostenschuldner ist die Gesellschaft (*Hüffer* AktG Rn 7; MünchKomm AktG/*Pentz* Rn 33; GroßKomm AktG/*Röhricht* Rn 19).

6   Das Gericht hat bei der Bestellung darauf zu achten, dass die Anforderungen des § 33 Abs 4 und Abs 5 an die sachliche und persönliche **Eignung der Gründungsprüfer** erfüllt sind. Nach § 33 Abs 4 müssen natürliche Personen in der Buchführung ausreichend vorgebildet und erfahren sein, im Falle von Prüfungsgesellschaften muss zumindest einer ihrer gesetzlichen Vertreter diese Qualifikation aufweisen. § 319 Abs 1 HGB gilt also nicht; jedoch erfüllen **Wirtschaftsprüfer und Wirtschaftsprüfungsgesellschaften** idR die genannten Anforderungen (*Hüffer* AktG Rn 8; MünchKomm AktG/ *Pentz* Rn 37; K. Schmidt/Lutter AktG/*Bayer* Rn 11; KölnKomm AktG/*Arnold* Rn 24; Hölters AktG/*Solveen* Rn 14). Sollte die Prüfung (auch) andere Kenntnisse erfordern, hat das Gericht (auch) **Prüfer mit den erforderlichen Spezialkenntnissen** zu bestellen (s dazu: MünchKomm AktG/*Pentz* Rn 39; GroßKomm AktG/*Röhricht* Rn 23 f, 26; Spindler/Stilz AktG/*Gerber* Rn 18; K. Schmidt/Lutter AktG/*Bayer* Rn 11; KölnKomm AktG/*Arnold* Rn 25; Hölters AktG/*Solveen* Rn 14). Nach § 33 Abs 5 darf als Gründungsprüfer nicht bestellt werden, wer nach § 143 Abs 2 AktG iVm § 319 Abs 2–4, 319a Abs 1, 319b HGB nicht Sonderprüfer sein kann oder auf wessen Prüfungstätigkeit die Gründer oder Personen, für deren Rechnung die Gründer Aktien übernommen haben, einen maßgebenden Einfluss ausüben können, wobei es unerheblich ist, worauf diese Einflussmöglichkeit beruht (*Hüffer* AktG Rn 9; MünchKomm AktG/ *Pentz* Rn 57 f; Spindler/Stilz AktG/*Gerber* Rn 21 f; K. Schmidt/Lutter AktG/*Bayer* Rn 13; KölnKomm AktG/*Arnold* Rn 31). Da § 33 Abs 5 die **Unabhängigkeit der Gründungsprüfer** sicherstellen soll, hat das Gericht auch andere die Unabhängigkeit gefährdende Umstände zu berücksichtigen (*Hüffer* AktG Rn 9; GroßKomm AktG/ *Röhricht* Rn 48, 50; MünchKomm AktG/*Pentz* Rn 59, 60; K. Schmidt/Lutter AktG/ *Bayer* Rn 13; KölnKomm AktG/*Arnold* Rn 32). Die Gründungsprüfer nehmen nach ganz überwiegender Ansicht ein **Amt wahr, das ihnen im öffentlichen Interesse vom Gericht übertragen wird**; sie sind kein Gesellschaftsorgan und werden nicht aufgrund eines Vertrages mit der Gesellschaft tätig (*Hüffer* AktG Rn 3; MünchKomm AktG/ *Pentz* Rn 61; GroßKomm AktG/*Röhricht* Rn 20 f; K. Schmidt/Lutter AktG/*Bayer* Rn 10; KölnKomm AktG/*Arnold* Rn 33). Demgemäß müssen sie die Annahme bzw Ablehnung des Amtes ebenso wie eine Amtsniederlegung gegenüber dem Gericht erklären; das Gericht kann sie jederzeit abberufen (MünchKomm AktG/*Pentz* Rn 62; GroßKomm AktG/*Röhricht* Rn 21; K. Schmidt/Lutter AktG/*Bayer* Rn 10; KölnKomm AktG/*Arnold* Rn 34). Die Gründungsprüfer haben Anspruch auf Auslagenersatz und Vergütung (§ 35 Abs 3) und haften nach § 49 AktG iVm § 323 HGB, der in strafrechtlicher Hinsicht von den §§ 403, 404 Abs 1 Nr 2 flankiert wird.

7   **4. Rechtsfolgen.**   Unterbleibt eine erforderliche externe Gründungsprüfung, liegt ein Errichtungsmangel vor (§§ 37 Abs 4 Nr 4, 38 Abs 1; GroßKomm AktG/*Röhricht* Rn 8; MünchKomm AktG/*Pentz* Rn 65; K. Schmidt/Lutter AktG/*Bayer* Rn 14; KölnKomm AktG/*Arnold* Rn 36; Hölters AktG/*Solveen* Rn 16). Wird die Gesellschaft gleichwohl eingetragen, ist sie wirksam entstanden (keine Nichtigkeitsklage nach § 275, keine Amtslöschung nach § 397 FamFG; MünchKomm AktG/*Pentz* Rn 73; GroßKomm AktG/*Röhricht* Rn 8 iVm Rn 2; K. Schmidt/Lutter AktG/*Bayer* Rn 14; KölnKomm AktG/*Arnold* Rn 38; Hölters AktG/*Solveen* Rn 16). **Ein Verstoß gegen § 33 Abs 4 macht die Bestellung der Gründungsprüfer nicht unwirksam, wohl aber ein Verstoß gegen § 33 Abs 5** (*Hüffer* AktG Rn 10; MünchKomm AktG/*Pentz* Rn 65 ff; Groß-Komm AktG/*Röhricht* Rn 51 ff; Spindler/Stilz AktG/*Gerber* Rn 24; K. Schmidt/Lutter AktG/*Bayer* Rn 14; KölnKomm AktG/*Arnold* Rn 36, 37; **aA** KölnKomm AktG/*Kraft* 2. Aufl Rn 29 f; Hölters AktG/*Solveen* Rn 17). In jedem Fall ist die Gesellschaft mit Eintragung wirksam entstanden (keine Nichtigkeitsklage nach § 275, keine Amtslöschung nach § 397 FamFG; *Hüffer* AktG Rn 10; MünchKomm AktG/*Pentz* Rn 73; GroßKomm AktG/*Röhricht* Rn 53; Spindler/Stilz AktG/*Gerber* Rn 24; K. Schmidt/Lutter AktG/*Bayer* Rn 14; KölnKomm AktG/*Arnold* Rn 38; Hölters AktG/*Solveen* Rn 17).

§ 33a Sachgründung ohne externe Gründungsprüfung

(1) Von einer Prüfung durch Gründungsprüfer kann bei einer Gründung mit Sacheinlagen oder Sachübernahmen (§ 33 Abs. 2 Nr. 4) abgesehen werden, soweit eingebracht werden sollen:

1. übertragbare Wertpapiere oder Geldmarktinstrumente im Sinne des § 2 Abs. 1 Satz 1 und Abs. 1a des Wertpapierhandelsgesetzes, wenn sie mit dem gewichteten Durchschnittspreis bewertet werden, zu dem sie während der letzten drei Monate vor dem Tag ihrer tatsächlichen Einbringung auf einem oder mehreren organisierten Märkten im Sinne von § 2 Abs. 5 des Wertpapierhandelsgesetzes gehandelt worden sind,

2. andere als die in Nummer 1 genannten Vermögensgegenstände, wenn eine Bewertung zu Grunde gelegt wird, die ein unabhängiger, ausreichend vorgebildeter und erfahrener Sachverständiger nach den allgemein anerkannten Bewertungsgrundsätzen mit dem beizulegenden Zeitwert ermittelt hat und wenn der Bewertungsstichtag nicht mehr als sechs Monate vor dem Tag der tatsächlichen Einbringung liegt.

(2) Absatz 1 ist nicht anzuwenden, wenn der gewichtete Durchschnittspreis der Wertpapiere oder Geldmarktinstrumente (Absatz 1 Nr. 1) durch außergewöhnliche Umstände erheblich beeinflusst worden ist oder wenn anzunehmen ist, dass der beizulegende Zeitwert der anderen Vermögensgegenstände (Absatz 1 Nr. 2) am Tag ihrer tatsächlichen Einbringung auf Grund neuer oder neu bekannt gewordener Umstände erheblich niedriger ist als der von dem Sachverständigen angenommene Wert.

Übersicht

	Rn		Rn
I. Regelungsgehalt	1	III. Wertpapiere oder Geldmarkt-	
II. Hintergrund	3	instrumente	5
		IV. Andere Vermögensgegenstände	8

Literatur: *Bayer/J. Schmidt* Die Reform der Kapitalaufbringung bei der Aktiengesellschaft durch das ARUG, ZGR 2009, 805; *Böttcher* Die kapitalschutzrechtlichen Aspekte der Aktionärsrechterichtlinie (ARUG), NZG 2008, 481; *Handelsrechtsausschuss des Deutschen Anwaltvereins* Stellungnahme zum Referentenentwurf eines Gesetzes zur Umsetzung der

§ 33a Sachgründung ohne externe Gründungsprüfung

Aktionärsrechte-Richtlinie (ARUG), NZG 2008, 534; *ders* Stellungnahme zum Regierungsentwurf eines Gesetzes zur Umsetzung der Aktionärsrechte-Richtlinie (ARUG), NZG 2009, 96; *Drinhausen/Keinath* Referentenentwurf eines Gesetzes zur Umsetzung der Aktionärsrichtlinie – Weitere Schritte zur Modernisierung des Aktienrechts, BB 2008, 2078; *dies* Regierungsentwurf eines Gesetzes zur Umsetzung der Aktionärsrichtlinie – Überblick über die Änderungen gegenüber dem Referentenentwurf, BB 2009, 64; *Herrler/Reimann* Die Neuerungen im Aktienrecht durch das ARUG – Unter besonderer Berücksichtigung der Neuregelungen zur Hauptversammlung und zur Kapitalaufbringung bei der AG (Teil 2), DNotZ 2009, 914; *Klasen* Recht der Sacheinlage: Rechtliche Rahmenbedingungen – Neuerungen durch MoMiG und ARUG, BB 2008, 2694; *Merkner/Decker* Vereinfachte Sachkapitalerhöhung nach dem ARUG – Wertvolle Deregulierung oder Regelung auf dem Papier?, NZG 2009, 887; *Paschos/Goslar* Der Referentenentwurf des Gesetzes zur Umsetzung der Aktionärsrechterichtlinie (ARUG) aus der Sicht der Praxis, AG 2008, 605; *dies* Der Regierungsentwurf des Gesetzes zur Umsetzung der Aktionärsrechterichtlinie (ARUG), AG 2009, 14; *Sauter* Offene Fragen zum Referentenentwurf eines Gesetzes zur Umsetzung der Aktionärsrechterichtlinie (ARUG), ZIP 2008, 1706; *Schäfer* Vereinfachung der Kapitalrichtlinie – Sacheinlage, Der Konzern 2007, 407; *Seibert* Der Referentenentwurf eines Gesetzes zur Umsetzung der Aktionärsrechterichtlinie (ARUG), ZIP 2008, 906; *Seibert/Florstedt* Der Regierungsentwurf des ARUG – Inhalt und wesentliche Änderungen gegenüber dem Referentenentwurf, ZIP 2008, 2145; *Westermann* Kapitalschutz als Gestaltungsmöglichkeit, ZHR 172 (2008), 144; *Zetzsche* Die nächste „kleine" Aktienrechtsreform: Der Referentenentwurf eines Gesetzes zur Umsetzung der Aktionärsrechterichtlinie (ARUG), Der Konzern 2008, 321.

I. Regelungsgehalt

1 Die Vorschrift knüpft an die §§ 32, 33 an, wonach in einem Gründungsbericht alle für den Hergang der Gründung relevanten Vorgänge offen zu legen sind und auf dieser Grundlage die Gründungsprüfung zu erfolgen hat (s dort Rn 1), und zwar durch die Mitglieder des VR und des AR (interne Gründungsprüfung; § 33 Abs 1) und, wenn eine Gründung mit Sacheinlagen und Sachübernahmen (vgl §§ 33 Abs 2 Nr 4, 32 Abs 2) vorliegt, zudem durch Gründungsprüfer (externe Gründungsprüfung; § 33 Abs 2). § 33a betrifft dieses Erfordernis der externen Gründungsprüfung und räumt für bestimmte Fälle einer Gründung mit Sacheinlagen und Sachübernahmen ein **Wahlrecht der Gründer** (*Seibert/Florstedt* ZIP 2008, 2145, 2150; s auch Begr zu § 33a idF des RegE ARUG: „Gründer oder Verwaltung"; *Hüffer* AktG Rn 7: „Gründer und andere Beteiligte"; K. Schmidt/Lutter AktG/*Bayer* Rn 4: „Gesellschaft"; KölnKomm AktG/*Arnold* Rn 2, 4: „Gründer und Verwaltung") **zwischen dem Verfahren der externen Gründungsprüfung und dem Verfahren nach § 33a** ein (Begr zu § 33a idF des RegE ARUG); es soll „die Sachgründung vereinfacht und auf diese Weise der Verwaltungsaufwand bei den Gesellschaften verringert werden" (AT der Begr zum RegE ARUG), wenn Vermögensgegenstände „eingelegt werden sollen, für deren Bewertung eindeutige Anhaltspunkte vorliegen" (Begr zu § 33a idF des RegE ARUG).

2 § 33a steht in einem systematischem Zusammenhang mit den §§ 26, 27 (s dort Rn 1) und den §§ 32, 33 Abs 1, 34, 37a, 38 Abs 1–Abs 3. Die in der Anmeldung nach § 37a aufgrund des Gründungsberichts nach § 32 Abs 2 (s dazu § 32 Rn 4 f) und der Gründungsprüfung nach den §§ 33 Abs 1, 34 Abs 1 (s dazu §§ 33 Rn 2, 34 Rn 1) zu erstattenden Erklärungen und Versicherungen sowie die beizufügenden Unterlagen sind die Grundlage einer in diesen Fällen eingeschränkten registergerichtlichen Kontrolle der ordnungsgemäßen Gründung der Gesellschaft nach § 38 Abs 3 (Begr zu § 34 Abs 2

S 2, 37a, 38 Abs 3 idF des RegE ARUG). § 37a ersetzt insoweit den Gründungsprüfungsbericht von VR und AR nach § 34 Abs 2 (s dazu § 34 Abs 2 S 3; Begr zu § 34 Abs 2 S 2, 37a idF des RegE ARUG; *Hüffer* AktG § 34 Rn 6) und den Gründungsprüfungsbericht der externen Prüfer nach § 34 Abs 2 (Begr zu § 37a idF des RegE ARUG). Dagegen wird durch die §§ 33a, 34 Abs 2 S 3 weder die **Berichtspflicht der Gründer nach § 32** eingeschränkt (Begr zu § 34 Abs 2 idF des RegE ARUG; K. Schmidt/Lutter AktG/*Bayer* § 34 Rn 14; Spindler/Stilz AktG/*Gerber* § 34 Rn 15; **aA** *Drinhausen/Keinath* BB 2008, 2078, 2080: Gründer dürften sich „auf die im Rahmen des § 33a zugrundegelegten Kriterien" beschränken und müssten keine „eigenen Bewertungen durchführen"; ihm folgend KölnKomm AktG/*Arnold* § 34 Rn 16, § 37a Rn 9 und *Hüffer* AktG § 37a Rn 5 sowie K. Schmidt/Lutter AktG/*Kleindiek* § 37a Rn 8) noch die **Prüfungspflicht von VR und AR nach den §§ 33 Abs 1, 34 Abs 1** (Begr zu § 34 Abs 2 idF des RegE ARUG; *Seibert/Florstedt* ZIP 2008, 2145, 2150; K. Schmidt/Lutter AktG/*Bayer* Rn 17, § 34 Rn 14; *Bayer/J. Schmidt* ZGR 2009, 804, 812; *Böttcher* NZG 2008, 481, 483; **aA** *Drinhausen/Keinath* BB 2008, 2078, 2079 f: VR und AR dürften sich „auf die im Rahmen der erleichterten Einbringung des § 33a zugrundegelegte Bewertung verlassen". Es würde „der Sinn der Reform, die Erleichterung von Sacheinbringungen, konterkariert," wenn man VR und AR „die Durchführung einer eigenen Prüfung und Bewertung abverlangen würde."; ihm folgend *Hüffer* AktG § 37a Rn 5 und K. Schmidt/Lutter AktG/*Kleindiek* § 37a Rn 8; s dazu auch KölnKomm AktG/*Arnold* § 34 Rn 3, 15, § 37a Rn 9, der diese Frage als Scheinproblem bezeichnet). Die in der Anmeldung nach § 37a aufgrund der Gründungsprüfung nach den §§ 33 Abs 1, 34 Abs 1 zu erstattenden Erklärungen und Versicherungen sowie die beizufügenden Unterlagen können beim HR eingesehen werden und dienen damit auch der Information der Öffentlichkeit (§§ 37 Abs 5 iVm §§ 12 Abs 2, 9 HGB und § 37a; *Hüffer* AktG § 37a Rn 1).

II. Hintergrund

Das Erfordernis, dass im Falle einer Gründung mit Sacheinlagen (vgl §§ 33 Abs 2 Nr 4, 32 Abs 2) stets eine externe Gründungsprüfung durch vom Gericht bestellte Gründungsprüfer zu erfolgen hat (§ 33 Abs 2 und Abs 3 S 2), geht auf **Art 10 Abs 1 der Kapitalrichtlinie** zurück. Die Änderungsrichtlinie 2006/68/EG vom 6.9.2006 (ABlEU 2006 Nr L 264/32), die bis zum 15.4.2008 umzusetzen war, sieht die Möglichkeit vor, davon Ausnahmen zuzulassen, und zwar für bestimmte Fälle, in denen nach Ansicht der Kommission bereits eindeutige Anhaltspunkte für die Bewertung existieren: (1) Übertragbare Wertpapiere und Geldmarktinstrumente, die zu dem gewichteten Durchschnittspreis bewertet werden, zu dem sie innerhalb einer ausreichenden Zeitspanne vor dem Tag ihrer Einbringung auf einem oder mehreren geregelten Märkten gehandelt worden sind (Art 10a Abs 1 der Änderungsrichtlinie); andere Vermögensgegenstände, (2) die bereits von einem anerkannten unabhängigen Sachverständigen nach allgemein anerkannten Bewertungsnormen und Bewertungsgrundsätzen zum beizulegenden Zeitwert („fair value") zu einem Zeitpunkt bewertet worden sind, der nicht mehr als sechs Monate vor dem Tag der tatsächlichen Einbringung liegt (Art 10a Abs 2 der Änderungsrichtlinie), oder (3) deren beizulegender Zeitwert aus geprüften Abschlüssen hervorgeht, die in Übereinstimmung mit EU-Rechnungslegungs- und Prüfungsvorschriften erstellt worden sind (Art 10a Abs 3 der Änderungsrichtlinie); s dazu die Arbeitsunterlage der Kommission zum Richtlinienvorschlag

3

§ 33a   Sachgründung ohne externe Gründungsprüfung

KOM(2004)730 vom 29.10.2004, http://ec.europa.eu/internal_market/company/docs/capital/2004-proposal/explanation_de.pdf).

4   Der Gesetzgeber kam seiner Umsetzungspflicht mit dem ARUG (BGBl I 2009, 2479) nach, das am 1.9.2009 in Kraft trat. Er hat den Art 10a Abs 1 und Abs 2 der Änderungsrichtlinie mit geringen Modifizierungen umgesetzt: Der Gesetzgeber hat das Mitgliedstaatenwahlrecht durch ein Wahlrecht der Gründer (*Seibert/Florstedt* ZIP 2008, 2145, 2150; s auch Begr zu § 33a idF des RegE ARUG: „Gründer oder Verwaltung"; *Hüffer* AktG Rn 7: „Gründer und andere Beteiligte"; K. Schmidt/Lutter AktG/ *Bayer* Rn 4: „Gesellschaft"; KölnKomm AktG/*Arnold* Rn 2: „Gründer und Verwaltung") ersetzt (s dazu *Bayer/J. Schmidt* ZGR 2009, 805, 808). Er hat im Hinblick auf Art 10a Abs 1 und Abs 2 der Änderungsrichtlinie die **„ausreichende Zeitspanne"** mit den „letzten drei Monaten" konkretisiert (s dazu insb *Böttcher* NZG 2008, 481, 482, der auf „den Vorteil der Rechtssicherheit und Praktikabilität" hinweist, und *Schäfer* Der Konzern 2007, 407, 407 ff) und statt auf einen **„anerkannten unabhängigen Sachverständigen"** auf einen „unabhängigen, ausreichend vorgebildeten und erfahrenen Sachverständigen" abgestellt (s dazu K. Schmidt/Lutter AktG/*Bayer* Rn 12 und Handelsrechtsausschuss des DAV NZG 2008, 534, 534 und NZG 2009, 96, 96). Er hat die Gegenausnahmen für die übertragbaren Wertpapiere und Geldmarktinstrumente („durch außergewöhnliche Umstände beeinflusst, die eine erhebliche Änderung des Wertes des Vermögensgegenstandes zum Zeitpunkt seiner tatsächlichen Einbringung bewirken würden, und zwar auch in den Fällen, in denen der Markt für diese Wertpapiere oder Geldmarktinstrumente illiquide geworden ist") und für die anderen Vermögensgegenstände („neue erhebliche Umstände, die eine wesentliche Änderung des beizulegenden Zeitwerts des Vermögensgegenstands zum Zeitpunkt seiner tatsächlichen Einbringung bewirken würden") sprachlich anders gefasst; inhaltlich dürfte damit indes keine Abweichung verbunden sein. Der **Gesetzgeber hat von der dritten Möglichkeit (Art 10a Abs 3 der Änderungsrichtlinie) keinen Gebrauch gemacht**; dies mag daran liegen, dass hier nicht auf eine zeitnahe Bewertung abgestellt wird und deshalb das Vorliegen einer am Tag der tatsächlichen Einbringung zutreffenden Bewertung nicht sichergestellt ist (*Bayer/J. Schmidt* ZGR 2009, 805, 807; *Böttcher* NZG 2008, 481, 482 mit dem Hinweis, dass eine iRd Jahresabschlusses erfolgte Bewertung grundsätzlich auch unter Art 10a Abs 2 der Änderungsrichtlinie subsumiert werden könne, und dazu KölnKomm AktG/*Arnold* Rn 15 mit der Anmerkung, es fehle an einer Bewertung durch einen Sachverständigen und es würde die Entscheidung des Gesetzgebers umgangen, Art 10a Abs 3 der Änderungsrichtlinie nicht umzusetzen; s zu Art 10a Abs 3 der Änderungsrichtlinie und den Möglichkeiten seiner Umsetzung ins deutsche Recht insb *Schäfer* Der Konzern 2007, 407, 409 f). Der Gesetzgeber hat sich in augenfälligem Kontrast zur externen Gründungsprüfung nach den §§ 33 Abs 2, 34 Abs 1 in § 33a nicht dazu verhalten, ob der Wert der Vermögensgegenstände dem geringsten Ausgabebetrag der dafür zu gewährenden Aktien *und* bei Ausgabe der Aktien für einen höheren Wert als diesen (**Über-Pari-Emission**) auch dem Mehrbetrag entsprechen muss (s dazu § 32 Rn 4, § 38 Rn 6, § 27 Rn 4 und insbesondere § 37a Rn 3); s dazu auch die Diskussion (s dazu § 34 Rn 2) um die Frage ob sich die Gründungsprüfung in diesen Fällen darauf erstreckt, ob der Wert der Sacheinlagen – entspr dem Wortlaut (und dem der §§ 34 Abs 1 Nr 2, 37a Abs 1 S 3, 38 Abs 2 S 2) – den geringsten Ausgabebetrag der dafür zu gewährenden Aktien (so Spindler/Stilz AktG/ *Gerber* § 34 Rn 8 und Hölters AktG/*Solveen* § 34 Rn 5) oder auch – entspr §§ 36

Abs 2, 36a (und entspr der Prüfungspraxis) – den Mehrbetrag erreicht (so K. Schmidt/ Lutter AktG/*Bayer* § 34 Rn 6 und KölnKomm AktG/*Arnold* § 34 Rn 8 sowie jüngst *BGH* NZG 2012, 69, 72 – Babcock unter Hinweis auf Art 10 Abs 2 der Kapitalrichtlinie; s dazu auch *Schäfer* Der Konzern 2007, 407, 410 f). Im Lichte dieser Entscheidung kann im Rahmen des § 33a nicht anderes gelten, und zwar nicht zuletzt, weil § 33a die externe Gründungsprüfung nach den §§ 33 Abs 2, 34 Abs 1 ersetzt (im Ergebnis ebenso *Handelsrechtsausschuss des DAV* NZG 2008, 534, 534 f unter Hinweis auf Art 10 Abs 2 der Kapitalrichtlinie).

III. Wertpapiere oder Geldmarktinstrumente

§ 33a Abs 1 Nr 1 räumt zunächst für den Fall ein Wahlrecht der Gründer (s dazu Rn 1) zwischen dem Verfahren der externen Gründungsprüfung und dem Verfahren nach § 33a ein, dass bei einer Gründung mit Sacheinlagen oder Sachübernahmen übertragbare Wertpapiere iSv § 2 Abs 1 S 1 WpHG oder Geldmarktinstrumente iSv § 2 Abs 1a WpHG eingebracht werden, und zwar unter der Voraussetzung, dass sie mit dem gewichteten Durchschnittspreis bewertet werden, zu dem sie während der letzten drei Monate vor dem Tag ihrer tatsächlichen Einbringung auf einem oder mehreren organisierten Märkten iSv § 2 Abs 5 WpHG gehandelt worden sind. In der Gesetzesbegründung (Begr zu § 33a Abs 1 Nr 1 idF des RegE ARUG) wird darauf hingewiesen, dass der **Bewertungsmaßstab des gewichteten Durchschnittspreises** ein abstrakter Maßstab sei, der als solcher nichts darüber aussage, von wem und in welchem Verfahren er zu ermitteln sei. Er werde zB für die an deutschen organisierten Märkten gehandelten Wertpapiere laufend von den Bundesanstalt für Finanzdienstleistungsaufsicht (BaFin) ermittelt, aber das bedeute nicht, dass die Verwendung von Preisen anderer Anbieter ausgeschlossen sei. Die Festlegung der relevanten Zeitspanne auf drei Monate entspreche **§ 5 der WpÜG-Angebotsverordnung** und der höchstrichterlichen Rechtsprechung (*BGHZ* 147, 108, 118 – DAT/Altana und *BVerfG* ZIP 2007, 175, 177 f – Siemens/Nixdorf). Die Fristenregelung hat zur Folge, dass Sacheinlagen, die nach § 36a Abs 2 S 2 innerhalb von fünf Jahren nach Eintragung der Gesellschaft zu bewirken sind und tatsächlich bis zur Anmeldung nicht eingebracht werden (arg § 37a Abs 1: Wertangabe in der Anmeldung), von § 33a Abs 1 Nr 1 nicht erfasst werden (s dazu: *Drinhausen/Keinath* BB 2008, 2078, 2079; KölnKomm AktG/*Arnold* Rn 11; Hölters AktG/*Solveen* Rn 3). IÜ wird in der Literatur der Bezugnahme auf § 5 der WpÜG-Angebotsverordnung entnommen, dass ein nach Umsätzen gewichteter Durchschnittskurs gemeint ist, und angenommen, dass gerade im Hinblick auf ausländische Aktien, für die die Bundesanstalt für Finanzdienstleistungsaufsicht (Bafin) keinen gewichteten Durchschnittspreis angebe, „äquivalente andere Angaben" erforderlich seien, „wofür auch sachverständige Ermittlung des ausländischen Durchschnittskurses in Betracht kommt" (*Hüffer* AktG Rn 3 f).

§ 33a Abs 2 Alt 1 enthält die dazugehörige Gegenausnahme: Das Verfahren der externen Gründungsprüfung muss stattfinden, wenn der gewichtete Durchschnittspreis der Wertpapiere oder Geldmarktinstrumente durch außergewöhnliche Umstände erheblich beeinflusst worden ist. In der Gesetzesbegründung (Begr zu § 33a Abs 2 idF des RegE ARUG) wird darauf hingewiesen, dass die außergewöhnlichen Umstände eine erhebliche Änderung des Wertes des Vermögensgegenstandes zum Zeitpunkt seiner tatsächlichen Einbringung bewirken müssten und dass auch die Fälle erfasst seien, in denen der Markt für diese Wertpapiere oder Geldinstrumente illiquide geworden sei.

§ 33a Abs 2 Alt 1 trage dem Umstand Rechnung, dass die Preisbildung an organisierten Märkten unter außergewöhnlichen Umständen versagen könne, und zwar etwa, wenn der Handel mit den betreffenden Papieren über einen längeren Zeitraum völlig zum Erliegen gekommen sei (*BGHZ* 147, 108, 116 – DAT/Altana und *BVerfGE* 100, 289, 309 – DAT/Altana) oder wenn der Markt durch Missbrauch oder verbotene Kursmanipulation künstlich beeinflusst worden sei (vgl § 20a Abs 1 WpHG) und dadurch eine erhebliche Änderung des Börsenwerts bewirkt worden sei; keine außergewöhnlichen Umstände seien dagegen anzunehmen bei marktüblichem Verhalten iSv § 20a Abs 2 WpHG iVm §§ 7 ff Marktmanipulations-Konkretisierungsverordnung (MaKonV) sowie bei erlaubten Rückkaufprogrammen eigener Aktien und Maßnahmen zur Kurspflege iSv § 20a Abs 3 WpHG iVm § 5 Marktmanipulations-Konkretisierungsverordnung (MaKonV).

7 Die Gegenausnahme beruht auf der Überlegung, dass der gewichtete Durchschnittspreis eine am Tag der tatsächlichen Einbringung zutreffende Bewertung indiziert und deshalb eine externe Gründungsprüfung entbehrlich ist; daher ist sie vorzunehmen, wenn diese Annahme auf Grund außergewöhnlicher Umstände widerlegt ist (*Hüffer* AktG Rn 8; K. Schmidt/Lutter AktG/*Bayer* Rn 6, 7). Dies ist der Fall, **"wenn die auf Grund der eingeschränkten Informationseffizienz des Kapitalmarktes bestehende Richtigkeitsgewähr durch exogene oder endogene Störungen der Marktpreisbildung nicht nur unerheblich beeinträchtigt ist"** (so *Böttcher* NZG 2008, 481, 483; ebenso *Merkner/Decker* NZG 2009, 887, 890). Im Hinblick auf die erhebliche Beeinflussung des gewichteten Durchschnittspreises dürfte es darauf ankommen, „dass die übliche Bandbreite bei sachverständiger Ermittlung des objektivierten Werts eindeutig verfehlt wird", so dass eine „Quantifizierung bei 5 % zu niedrig liegen dürfte" (so zutr *Hüffer* AktG Rn 8 und Hölters AktG/*Solveen* Rn 8; vgl auch K. Schmidt/Lutter AktG/*Bayer* Rn 9 und *Zetzsche* Der Konzern 2008, 321, 330 – „mindestens 5 %" sowie *Merkner/Decker* NZG 2009, 887, 890 f mit dem Hinweis auf § 5 Abs 4 WpÜG-AngebotsVO). Diese Anknüpfung lässt sich durchaus kritisch sehen: Das vereinfachte Sachgründungsverfahren ist im Fall des § 33a Abs 1 Nr 1 mit erheblichen Unsicherheiten verbunden, und zwar im Hinblick auf die Fragen „wann kursbeeinflussende Umstände als außergewöhnlich zu qualifizieren sind und welches der maßgebliche Erkenntniszeitpunkt oder -zeitraum für diese Qualifikation ist" (*Paschos/Goslar* AG 2008, 605, 612 f; *Handelsrechtsausschuss des DAV* NZG 2008, 534, 535; **aA** *Böttcher* NZG 2008, 481, 482 f; vgl dazu auch *Merkner/Decker* NZG 2009, 887, 890, 891 f).

IV. Andere Vermögensgegenstände

8 Das § 33a Abs 1 Nr 2 räumt weiter für den Fall ein Wahlrecht der Gründer (s dazu Rn 1) zwischen dem Verfahren der externen Gründungsprüfung und dem Verfahren nach § 33a ein, dass bei einer Gründung mit Sacheinlagen oder Sachübernahmen andere als die in § 33a Abs 1 Nr 1 genannten Vermögensgegenstände eingebracht werden, und zwar unter der Voraussetzung, dass eine Bewertung zu Grunde gelegt wird, die ein unabhängiger, ausreichend vorgebildeter und erfahrener Sachverständiger nach den allgemein anerkannten Bewertungsgrundsätzen mit dem beizulegenden Zeitwert ermittelt hat, und dass der Bewertungsstichtag nicht mehr als sechs Monate vor dem Tag der tatsächlichen Einbringung liegt. *Hüffer* weist zutreffend daraufhin, dass **angesichts des Erfordernisses sachverständiger Begutachtung die Bedeutung des § 33a Abs 1 Nr 2 für die Praxis gering** sei; es bleibe „aber immerhin möglich, vorberei-

tende Wertgutachten im Eintragungsverfahren zu verwenden" (*Hüffer* AktG Rn 6; s dazu auch *Handelsrechtsausschuss des DAV* NZG 2008, 534, 534 und NZG 2009, 96, 96: „nicht weniger beschwerlich als die Prüfung durch Gründungsprüfer"). In der Gesetzesbegründung (Begr zu § 33a Abs 1 Nr 2 idF des RegE ARUG) wird darauf hingewiesen, mit § 33a Abs 1 Nr 2 würden alle nicht in Nr 1 genannten Vermögensgegenstände erfasst, soweit sie einer Bewertung zugänglich seien (§ 27 Abs 2) und von einem Sachverständigen unter den näher bestimmten Voraussetzungen mit dem beizulegenden Zeitwert bewertet worden seien. In Anlehnung an die §§ 33 Abs 4 Nr 1, 143 Abs 1 Nr 1 müsse der Sachverständige ausreichend vorgebildet und erfahren sein. Den Tag der tatsächlichen Einbringung der Einlage könne das Registergericht anhand der Antragsunterlagen leicht feststellen. In der Literatur wird dazu angemerkt, dass sich die **Unabhängigkeit des Sachverständigen** in Anlehnung an § 33 Abs 5 bestimmen lässt (so zutr K. Schmidt/Lutter AktG/*Bayer* Rn 12) und die Frist von sechs Monaten einen sachgerechten Kompromiß zwischen dem Erfordernis der realen Kapitalaufbringung (Werthaltigkeit bei Einbringung) und dem Interesse an einem vereinfachten Sachgründungsverfahren darstellt (*Böttcher* NZG 2008, 481, 482; Hölters AktG/*Solveen* Rn 3; K. Schmidt/Lutter AktG/*Bayer* Rn 13).

§ 33a Abs 2 Alt 2 enthält die dazugehörige Gegenausnahme: Das Verfahren der externen Gründungsprüfung muss stattfinden, wenn anzunehmen ist, dass der beizulegende Zeitwert der Vermögensgegenstände am Tag ihrer tatsächlichen Einbringung auf Grund neuer oder neu bekannt gewordener Umstände erheblich niedriger ist als der von dem Sachverständigen angenommene Wert. In der Gesetzesbegründung (Begr zu § 33a Abs 2 idF des RegE ARUG) wird darauf hingewiesen, dass es darauf ankomme, ob sich der Wert des Gegenstandes in der Zeit nach der Begutachtung durch den Sachverständigen geändert habe oder ob nachträglich Umstände bekannt geworden seien, bei deren Kenntnis der Sachverständige zu anderen Ergebnissen gelangt wäre. Im Interesse der realen Kapitalaufbringung komme es nur auf **Umstände** an, **nach denen die sachverständige Bewertung erheblich zu hoch erscheine.** Es genüge, wenn Umstände darauf hindeuten würden, dass die Bewertung durch den Sachverständigen erheblich zu hoch ausgefallen sein könnte. Unerheblich sei, ob infolge der Überbewertung die reale Kapitalaufbringung gefährdet sei. Maßgeblicher Zeitraum, während dem keine außergewöhnlichen Umstände eintreten oder neu bekannt werden dürften, sei die Zeit bis zur tatsächlichen Einbringung; würden allerdings vor der Anmeldung Umstände bekannt, die schon vor der Einbringung eingetreten waren, so komme eine Anmeldung im vereinfachten Eintragungsverfahren wegen der nach § 37a Abs 2 erforderlichen Versicherung nicht mehr in Betracht.

9

Die Gegenausnahme beruht auf der Überlegung, dass der sachverständig ermittelte Zeitwert eine am Tag der tatsächlichen Einbringung zutreffende Bewertung indiziert und deshalb eine externe Gründungsprüfung entbehrlich ist; daher ist sie vorzunehmen, wenn diese Annahme aufgrund neuer oder neu bekannt gewordener tatsächlicher Umstände nicht gerechtfertigt scheint. In der Literatur wird hervorgehoben, dass es auf die **Gebotenheit** und **nicht auf die Vornahme einer Neubewertung** ankommt (*Hüffer* AktG Rn 9; K. Schmidt/Lutter AktG/*Bayer* Rn 15; KölnKomm AktG/*Arnold* Rn 21; Hölters AktG/*Solveen* Rn 9). Im Hinblick auf die erhebliche Abweichung vom sachverständig ermittelten Zeitwert dürfte es entscheidend sein, ob „die bisherige Wertannahme die Bandbreite vertretbarer Wertzuschreibungen eindeutig unterschreitet" (so zutr *Hüffer* AktG Rn 9 und Hölters AktG/*Solveen* Rn 9; ähnlich K. Schmidt/

10

Lutter AktG/*Bayer* Rn 15 und KölnKomm AktG/*Arnold* Rn 22). Das Abstellen auf „Verdachtsmomente" (so KölnKomm AktG/*Arnold* Rn 21) und einen erheblich niedrigeren Zeitwert (§ 33a Abs 2 Alt 2) lässt sich durchaus kritisch sehen: Das vereinfachte Sachgründungsverfahren ist im Fall des § 33a Abs 1 Nr 2 mit erheblichen Unsicherheiten verbunden, die sich allerdings dadurch reduzieren lassen, dass man die Frist von sechs Monaten so weit wie möglich unterschreitet und anerkannte Sachverständige beauftragt (*Böttcher* NZG 2008, 481, 483).

§ 34 Umfang der Gründungsprüfung

(1) **Die Prüfung durch die Mitglieder des Vorstands und des Aufsichtsrats sowie die Prüfung durch die Gründungsprüfer haben sich namentlich darauf zu erstrecken,**
1. **ob die Angaben der Gründer über die Übernahme der Aktien, über die Einlagen auf das Grundkapital und über die Festsetzungen nach §§ 26 und 27 richtig und vollständig sind;**
2. **ob der Wert der Sacheinlagen oder Sachübernahmen den geringsten Ausgabebetrag der dafür zu gewährenden Aktien oder den Wert der dafür zu gewährenden Leistungen erreicht.**

(2) ¹Über jede Prüfung ist unter Darlegung dieser Umstände schriftlich zu berichten. ²In dem Bericht ist der Gegenstand jeder Sacheinlage oder Sachübernahme zu beschreiben sowie anzugeben, welche Bewertungsmethoden bei der Ermittlung des Wertes angewandt worden sind. ³In dem Prüfungsbericht der Mitglieder des Vorstands und des Aufsichtsrats kann davon sowie von Ausführungen zu Absatz 1 Nr. 2 abgesehen werden, soweit nach § 33a von einer externen Gründungsprüfung abgesehen wird.

(3) ¹Je ein Stück des Berichts der Gründungsprüfer ist dem Gericht und dem Vorstand einzureichen. ²Jedermann kann den Bericht bei dem Gericht einsehen.

Übersicht

	Rn		Rn
I. Regelungsgehalt	1	III. Prüfungsbericht	3
II. Prüfungsgegenstand	2		

Literatur: *Angermeyer* Die Bewertungsprüfung von Sacheinlagen – Eine kritische Auseinandersetzung zum Problem des maßgeblichen Istwerts, WPg 1998, 914; *Bayer* Transparenz und Wertprüfung beim Erwerb von Sacheinlagen durch genehmigtes Kapital, FS Ulmer, 2003, S 21; *Heutz/Parameswaran* Prüfungspflichten eines Sachkapitalerhöhungsprüfers in der AG, ZIP 2011, 1650; *Kupsch/Penné* Probleme der aktienrechtlichen Gründungsprüfung bei Einbringung einer Unternehmung, WPg 1985, 125; *Lutz/Maschke* Zur Bewertung von Sacheinlagen bei Gründung und Kapitalerhöhung unter dem Aspekt des Gläubigerschutzes, WPg 1992, 741; *Mohr* Die Bewertung der Beteiligungen als Problem der aktienrechtlichen Gründungsprüfung, WPg 1960, 573; *Saage* Zum Umfang der Gründungsprüfung, ZGR 1977, 683; *Schiller* Die Prüfung von Sacheinlagen im Rahmen der aktienrechtlichen Gründungsprüfungen, AG 1992, 20; *K. Schmidt* Zur aktienrechtlichen Haftung des Gründungsprüfers bei der Überbewertung von Sacheinlagen, DB 1975, 1781; vgl auch Nachweise zu §§ 33, 33a.

I. Regelungsgehalt

1 Die Vorschrift knüpft an die §§ 32, 33 an, wonach in einem Gründungsbericht alle für den Hergang der Gründung relevanten Vorgänge offen zu legen sind und auf dieser

Umfang der Gründungsprüfung § 34

Grundlage die Gründungsprüfung zu erfolgen hat (s dort Rn 1), und zwar durch die Mitglieder des VR und des AR (interne Gründungsprüfung; § 33 Abs 1) und in den Fällen der qualifizierten Gründung (vgl §§ 33 Abs 2, 32 Abs 2 und Abs 3) – vorbehaltlich des § 33a – durch Gründungsprüfer (externe Gründungsprüfung; § 33 Abs 2). § 34 enthält nun einige **Vorgaben für die Gründungsprüfung und zwar insb im Hinblick auf eine Gründung mit Sondervorteilen und Gründungsaufwand** (vgl §§ 33 Abs 2 Nr 3, 32 Abs 3 HS 2) **oder mit Sacheinlagen und Sachübernahmen** (vgl §§ 33 Abs 2 Nr 4, 32 Abs 2). Die Vorschrift steht in einem systematischem Zusammenhang mit den §§ 26, 27 (s dort Rn 1) und – sieht man von den Fällen des § 33a ab – mit den §§ 37 Abs 4 Nr 2 und Nr 4, 38 Abs 1 und Abs 2, weil die aufgrund der Gründungsprüfungen nach den §§ 33, 34 zu erstattenden Gründungsprüfungsberichte ein wichtiges Hilfsmittel für die registergerichtliche Kontrolle der ordnungsgemäßen Gründung der Gesellschaft darstellen (GroßKomm AktG/*Röhricht* § 33 Rn 2; *Hüffer* AktG § 33 Rn 1). Sie steht – in den Fällen des § 33a – in einem systematischen Zusammenhang mit den §§ 37a, 38 Abs 1–Abs 3, weil die in der Anmeldung nach § 37a aufgrund des Gründungsberichts nach § 32 Abs 2 (s dazu § 32 Rn 4f) und der Gründungsprüfung nach den §§ 33 Abs 1, 34 Abs 1 (s dazu §§ 33 Rn 2, 33a Rn 1f) zu erstattenden Erklärungen und Versicherungen sowie die beizufügenden Unterlagen die Grundlage einer in diesen Fällen eingeschränkten registergerichtlichen Kontrolle der ordnungsgemäßen Gründung der Gesellschaft nach § 38 Abs 3 sind (Begr zu § 34 Abs 2 S 2, 37a, 38 Abs 3 idF des RegE ARUG). § 37a ersetzt insoweit den Gründungsprüfungsbericht von VR und AR nach § 34 Abs 2 (s dazu § 34 Abs 2 S 3; Begr zu § 34 Abs 2 S 2, 37a idF des RegE ARUG; *Hüffer* AktG Rn 6) und den Gründungsprüfungsbericht der externen Prüfer nach § 34 Abs 2 (Begr zu § 37a idF des RegE ARUG), während die **Prüfungspflicht von VR und AR nach den §§ 33 Abs 1, 34 Abs 1 durch die §§ 33a, 34 Abs 2 S 3 nicht eingeschränkt** wird (Begr zu § 34 Abs 2 idF des RegE ARUG; *Seibert/Florstedt* Der Regierungsentwurf des ARUG – Inhalt und wesentliche Änderungen gegenüber dem Referentenentwurf, ZIP 2008, 2145, 2150; K. Schmidt/Lutter AktG/*Bayer* Rn 14, § 33a Rn 17; *Bayer/J. Schmidt* Die Reform der Kapitalaufbringung bei der Aktiengesellschaft durch das MoMiG, ZGR 2009, 804, 812; *Böttcher* Die kapitalschutzrechtlichen Aspekte der Aktionärsrichtlinie (ARUG), NZG 2008, 481, 483; **aA** *Drinhausen/Keinath* Referentenentwurf eines Gesetzes zur Umsetzung der Aktionärsrichtlinie – Weitere Schritte zur Modernisierung des Aktienrechts, BB 2008, 2078, 2079f: VR und AR dürften sich „auf die im Rahmen der erleichterten Einbringung des § 33a zugrundegelegte Bewertung verlassen". Es würde „der Sinn der Reform, die Erleichterung von Sacheinbringungen, konterkariert," wenn man VR und AR „die Durchführung einer eigenen Prüfung und Bewertung abverlangen würde."; ihm folgend *Hüffer* AktG § 37a Rn 5 und K. Schmidt/Lutter AktG/*Kleindiek* § 37a Rn 8; s dazu auch KölnKomm AktG/*Arnold* Rn 3, 15, § 37a Rn 9, der diese Frage als Scheinproblem bezeichnet). Die – sieht man von den Fällen des § 33a ab – aufgrund der Gründungsprüfungen zu erstattenden Gründungsprüfungsberichte können ebenso wie die – in den Fällen des § 33a – in der Anmeldung nach § 37a aufgrund der Gründungsprüfung nach den §§ 33 Abs 1, 34 Abs 1 zu erstattenden Erklärungen und Versicherungen sowie die beizufügenden Unterlagen beim HR eingesehen werden; sie dienen damit auch der Information der Öffentlichkeit (§§ 37 Abs 5 iVm §§ 12 Abs 2, 9 HGB und §§ 34 Abs 3, 37a; GroßKomm AktG/*Röhricht* § 34 Rn 16; *Hüffer* AktG Rn 4, § 37a Rn 1).

II. Prüfungsgegenstand

2 Prüfungsgegenstand ist für die Mitglieder des VR und des AR – auch in den Fällen der §§ 33a, 34 Abs 2 S 3 – (interne Gründungsprüfung; § 33 Abs 1) und in den Fällen der qualifizierten Gründung (vgl §§ 33 Abs 2, 32 Abs 2 und Abs 3) – vorbehaltlich des § 33a – für die Gründungsprüfer (externe Gründungsprüfung; § 33 Abs 2) der **Hergang der Gründung** (§§ 33 Abs 1, 32 Abs 1). Damit bezieht sich die interne wie die externe Gründungsprüfung auf alle wesentlichen Umstände der Gründung, die für Aktionäre und Gläubiger der Gesellschaft von Interesse sein könnten; die externe Gründungsprüfung hat sich zudem auf den Prüfungsbericht der Mitglieder des VR und des AR zu erstrecken (s § 32 Rn 3 und § 33 Rn 2, 3; *Hüffer* AktG Rn 2; Spindler/Stilz AktG/*Gerber* Rn 3; K. Schmidt/Lutter AktG/*Bayer* Rn 2, 14; Hölters AktG/*Solveen* Rn 2; s dazu auch MünchKomm AktG/*Pentz* Rn 7 ff, 10 und GroßKomm AktG/*Röhricht* Rn 3). **Fragen der Wirtschaftlichkeit und Zweckmäßigkeit** sind nicht zu prüfen; in Grenzfällen kann jedoch eine Warnpflicht bestehen (*BGHZ* 64, 52, 60; *Saage* ZGR 1977, 683, 686 ff; *Hüffer* AktG Rn 2; MünchKomm AktG/*Pentz* Rn 9; GroßKomm AktG/*Röhricht* Rn 3, 6; K. Schmidt/Lutter AktG/*Bayer* Rn 3). Das Gesetz hebt in § 34 Abs 1 einige Prüfungsgegenstände hervor, die für die Kapitalgrundlagen von besonderer Bedeutung sind (*Hüffer* AktG Rn 3). Zu prüfen ist stets, ob **ordnungsgemäße Aktienübernahmeerklärungen** gegeben und die **Einlagepflichten** entstanden sind (s § 23 Abs 1 und Abs 2 Nr 2) und, falls bereits Einlagen erbracht sind, ob sie ordnungsgemäß erbracht und angegeben sind (*Hüffer* AktG Rn 3; MünchKomm AktG/*Pentz* Rn 11 f; GroßKomm AktG/*Röhricht* Rn 5; Spindler/Stilz AktG/*Gerber* Rn 6; K. Schmidt/Lutter AktG/*Bayer* Rn 4), ob **Sondervorteile und Gründungsaufwand** ordnungsgemäß festgesetzt (§ 26 Abs 1 und Abs 2; s § 26 Rn 6, 9) und zum Zeitpunkt der Prüfung angemessen sind (s § 26 Rn 4 f, 7 f, 12; *Hüffer* AktG Rn 3; MünchKomm AktG/*Pentz* Rn 13 f; GroßKomm AktG/*Röhricht* Rn 7; Spindler/Stilz AktG/*Gerber* Rn 7; K. Schmidt/Lutter AktG/*Bayer* Rn 5) sowie ob **Sacheinlagen und Sachübernahmen** ordnungsgemäß festgesetzt (§ 27 Abs 1; s § 27 Rn 15 ff) und zum Zeitpunkt der Prüfung weder über- noch unterbewertet sind (s § 27 Rn 4, 8, 13 f; *Hüffer* AktG Rn 3; MünchKomm AktG/*Pentz* Rn 15 ff; GroßKomm AktG/*Röhricht* Rn 8; MünchKomm AktG/*Pentz* Rn 15 ff; ausf *Schiller* AG 1992, 20, 21 ff; Spindler/Stilz AktG/*Gerber* Rn 8 ff; K. Schmidt/Lutter AktG/*Bayer* Rn 6 ff; KölnKomm AktG/*Arnold* Rn 8 f; Hölters AktG/*Solveen* Rn 5). Dabei stellt sich allerdings die Frage, ob sich die Prüfung dann, wenn der Ausgabebetrag höher als der geringste Ausgabebetrag ist (**Über-Pari-Emission**), darauf erstreckt, ob der Wert der Sacheinlagen – entspr dem Wortlaut (und dem der §§ 37a Abs 1 S 3, 38 Abs 2 S 2) – den geringsten Ausgabebetrag der dafür zu gewährenden Aktien (so Spindler/Stilz AktG/*Gerber* Rn 8 und Hölters AktG/*Solveen* Rn 5 sowie *Drinhausen/Keinath* Nutzung eines bedingten Kapitals bei Ausgabe von Wandelschuldverschreibungen gegen Sachleistung, BB 2011, 1736, 1737 f) erreicht, so dass zu diesem Zeitpunkt noch keine endgültige Bewertung erforderlich ist, sondern nur die Feststellung, dass dem geringsten Ausgabebetrag entsprochen wird (Spindler/Stilz AktG/*Gerber* Rn 8; Hölters AktG/*Solveen* Rn 5), oder auch – entspr §§ 36 Abs 2, 36a (und entspr der Prüfungspraxis) – den Mehrbetrag (so K. Schmidt/Lutter AktG/*Bayer* Rn 6 und KölnKomm AktG/*Arnold* Rn 8 sowie *Hüffer* AktG Rn 3 unter Hinweis auf Art 10 Abs 2 der Kapitalrichtlinie; s dazu auch *Schäfer* Vereinfachung der Kapitalrichtlinie – Sacheinlage, Der Konzern 2007, 407, 410 f; s zu diesem Problemkreis auch § 32 Rn 4, § 37a Rn 3, § 38 Rn 6, § 27 Rn 4)). **Der BGH hat sich jüngst der zweiten Auffassung angeschlossen** (*BGH* NZG 2012, 69, 72 –

Babcock; s dazu *Verse* ZGR 2012, 875, 880 f) und diese Frage zumindest für die Praxis entschieden.

III. Prüfungsbericht

Nach § 34 Abs 2 S 1 ist – vorbehaltlich der §§ 33a, 34 Abs 2 S 3 (s dazu Rn 1) – der Gründungsprüfungsbericht der Mitglieder des VR und des AR ebenso wie der der Gründungsprüfer schriftlich zu erstatten (§ 126 BGB); iÜ gelten dieselben Regeln wie für die Erstattung des Gründungsberichts (s § 32 Rn 2; *Hüffer* AktG Rn 4, 6; Spindler/ Stilz AktG/*Gerber* Rn 11 ff; K. Schmidt/Lutter AktG/*Bayer* Rn 10 f, 14; Hölters AktG/ *Solveen* Rn 6, 8; KölnKomm AktG/*Arnold* Rn 10 f, 14; s dazu auch MünchKomm AktG/*Pentz* Rn 18 ff und GroßKomm AktG/*Röhricht* Rn 11). Es muss über die **Prüfung in ihrer Gesamtheit** nach Prüfungsgegenständen und Prüfungsergebnissen berichtet werden, und zwar **unter Offenlegung von Meinungsverschiedenheiten** unter den Prüfern (*Hüffer* AktG Rn 5; MünchKomm AktG/*Pentz* Rn 20; K. Schmidt/Lutter AktG/*Bayer* Rn 12); insb sind Gegenstände von Sacheinlagen und Sachübernahmen im Hinblick auf die wertbestimmenden Umstände zu beschreiben und die angewandten Bewertungsmethoden anzugeben (§ 34 Abs 2 S 2; s dazu MünchKomm AktG/ *Pentz* Rn 21 und GroßKomm AktG/*Röhricht* Rn 13 sowie KölnKomm AktG/*Arnold* Rn 13). **Geschäfts- und Betriebsgeheimnisse** dürfen im Hinblick auf die Verschwiegenheitspflicht nach den § 48 S 2 iVm §§ 93 Abs 1 S 3, 116 S 2 bzw § 49 iVm § 323 Abs 1 S 2 HGB und die Offenlegung nach § 37 Abs 5 AktG iVm §§ 12 Abs 2, 9 HGB und § 34 Abs 3 S 2 AktG nicht aufgenommen werden (*Hüffer* AktG Rn 5; MünchKomm AktG/*Pentz* Rn 22; GroßKomm AktG/*Röhricht* Rn 14; K. Schmidt/Lutter AktG/*Bayer* Rn 13; Hölters AktG/*Solveen* Rn 7). Die Gründungsprüfer haben eine Ausfertigung ihres Berichts dem VR und eine dem Gericht (sei es direkt, sei es über den VR; vgl § 37 Abs 4 Nr 4) zuzuleiten (*Hüffer* AktG Rn 7; MünchKomm AktG/ *Pentz* Rn 24; GroßKomm AktG/*Röhricht* Rn 15; Spindler/Stilz AktG/*Gerber* Rn 16; K. Schmidt/Lutter AktG/*Bayer* Rn 15; KölnKomm AktG/*Arnold* Rn 17). Unterbleibt die **Einreichung der Gründungsprüfungsberichte**, liegt ein Errichtungsmangel vor (§§ 37 Abs 4 Nr 4, 38 Abs 1; GroßKomm AktG/*Röhricht* Rn 8; K. Schmidt/Lutter AktG/*Bayer* Rn 17; KölnKomm AktG/*Arnold* Rn 19). Wird die Gesellschaft gleichwohl eingetragen, ist sie wirksam entstanden (keine Nichtigkeitsklage nach § 275, keine Amtslöschung nach § 397 FamFG; das Gericht kann aufgrund der §§ 14 HGB, 388 ff FamFG die nachträgliche Einreichung durchsetzen – § 407 Abs 2 hindert das nicht (*Hüffer* AktG Rn 7; MünchKomm AktG/*Pentz* Rn 28; GroßKomm AktG/*Röhricht* Rn 17; K. Schmidt/Lutter AktG/*Bayer* Rn 17; KölnKomm AktG/*Arnold* Rn 19).

§ 35 Meinungsverschiedenheiten zwischen Gründern und Gründungsprüfern. Vergütung und Auslagen der Gründungsprüfer

(1) Die Gründungsprüfer können von den Gründern alle Aufklärungen und Nachweise verlangen, die für eine sorgfältige Prüfung notwendig sind.

(2) ¹Bei Meinungsverschiedenheiten zwischen den Gründern und den Gründungsprüfern über den Umfang der Aufklärungen und Nachweise, die von den Gründern zu gewähren sind, entscheidet das Gericht. ²Die Entscheidung ist unanfechtbar. ³Solange sich die Gründer weigern, der Entscheidung nachzukommen, wird der Prüfungsbericht nicht erstattet.

§ 35 Meinungsverschiedenheiten zwischen Gründern und Gründungsprüfern

(3) ¹Die Gründungsprüfer haben Anspruch auf Ersatz angemessener barer Auslagen und auf Vergütung für ihre Tätigkeit. ²Die Auslagen und die Vergütung setzt das Gericht fest. ³Gegen die Entscheidung ist die Beschwerde zulässig; die Rechtsbeschwerde ist ausgeschlossen. ⁴Aus der rechtskräftigen Entscheidung findet die Zwangsvollstreckung nach der Zivilprozessordnung statt.

Übersicht

	Rn		Rn
I. Regelungsgehalt	1	III. Auslagenersatz und	
II. Auskunfts- und Ermittlungsrecht	2	Vergütung	4

I. Regelungsgehalt

1   Die Vorschrift knüpft an die §§ 32, 33, 34 an, wonach in einem Gründungsbericht alle für den Hergang der Gründung relevanten Vorgänge offen zu legen sind und auf dieser Grundlage die Gründungsprüfung zu erfolgen hat (s dort Rn 1), und zwar durch die Mitglieder des VR und des AR (interne Gründungsprüfung; § 33 Abs 1) und in den Fällen der qualifizierten Gründung (vgl §§ 33 Abs 2, 32 Abs 2 und Abs 3) – vorbehaltlich des § 33a – durch Gründungsprüfer (externe Gründungsprüfung; § 33 Abs 2). § 35 betrifft nun die **Rechtsstellung der Gründungsprüfer** (MünchKomm AktG/*Pentz* Rn 3; KölnKomm AktG/*Arnold* Rn 2), und zwar das Recht auf Auskunft (Abs 1 und Abs 2) sowie das Recht auf Auslagenersatz und Vergütung (Abs 3).

II. Auskunfts- und Ermittlungsrecht

2   Das Auskunftsrecht des § 35 Abs 2 steht jedem Gründungsprüfer gegen jeden Gründer zu, so dass er es in Absprache mit den anderen Gründungsprüfern gegen alle Gründer geltend machen kann, aber nicht muss. Es erstreckt sich auf alle Aufklärungen und Nachweise, die für eine sorgfältige Prüfung notwendig sind, und ist damit in seiner **Reichweite vom Prüfungsumfang abhängig** (s dazu §§ 32 Rn 3, 33 Rn 2 und Rn 3, 34 Rn 2); es umfasst auch Geschäfts- und Betriebgeheimnisse, da Gründungsprüfer zur Verschwiegenheit verpflichtet sind (s dazu auch § 34 Rn 3), und die Vorlage von Belegen. Es besteht unabhängig davon, ob die Gründungsprüfer sich die Information auch auf andere Weise - indem sie eigene Ermittlungen anstellen und insb die Mitglieder des VR und des AR um Auskunft ersuchen (kein Auskunftsrecht entspr § 145 Abs 2 AktG, § 320 Abs 2 HGB) – verschaffen könnten. Das Auskunftsverlangen ist ebenso wenig wie die Auskunft selbst an eine Form gebunden. **Wird die Auskunft erteilt, muss sie richtig sein** (§ 400 Abs 2); die Gründungsprüfer haben aufgrund ihrer Sorgfaltspflicht die gemachten Angaben zu überprüfen und dazu ggf eigene Ermittlungen anzustellen. S dazu *Hüffer* AktG Rn 2 f; MünchKomm AktG/*Pentz* Rn 5 f, 9 ff, 12; GroßKomm AktG/*Röhricht* Rn 2 ff; K. Schmidt/Lutter AktG/*Bayer* Rn 2 ff; KölnKomm AktG/*Arnold* Rn 4 ff, 8; Hölters AktG/*Solveen* Rn 8 f.

3   Dem Auskunftsrecht korrespondiert (nur) eine **Obliegenheit der Gründer**; es kann daher nicht zwangsweise durchgesetzt werden (*Hüffer* AktG Rn 2, 5; MünchKomm AktG/*Pentz* Rn 7; Spindler/Stilz AktG/*Gerber* Rn 3; K. Schmidt/Lutter AktG/*Bayer* Rn 2; KölnKomm AktG/*Arnold* Rn 3). Das zeigt die Regelung in § 35 Abs 2: Das Gesetz stellt zwar ein **gerichtliches Verfahren zur Klärung von Meinungsverschiedenheiten** über den Umfang der zu gewährenden Aufklärungen und Nachweise zur Verfügung, ordnet aber für den Fall eines Obsiegens der Gründungsprüfer nicht etwa die

Zwangsvollstreckung, sondern die Nichterstattung des Prüfungsberichts (§ 35 Abs 2 S 3) und damit, da darin ein Errichtungsmangel liegt (§§ 37 Abs 4 Nr 4, 38 Abs 1), die **Nichteintragung der Gesellschaft** an. Dem entsprechen die Rechtsfolgen, wenn das gerichtliche Verfahren nicht eingeleitet wird: Die Gründungsprüfer haben im Prüfungsbericht auf die Auskunftsverweigerung hinzuweisen, damit das Gericht diesen Umstand (wie andere Meinungsverschiedenheiten über den Hergang der Gründung) im Eintragungsverfahren berücksichtigen kann (GroßKomm AktG/*Röhricht* Rn 14; MünchKomm AktG/*Pentz* Rn 7, 15; Spindler/Stilz AktG/*Gerber* Rn 7; K. Schmidt/ Lutter AktG/*Bayer* Rn 7; KölnKomm AktG/*Arnold* Rn 7; Hölters AktG/*Solveen* Rn 5); nichts anderes gilt zutreffender Ansicht nach dann, wenn die Gründungsprüfer entgegen § 35 Abs 2 S 3 einen Prüfungsbericht erstatten (KölnKomm AktG/*Arnold* Rn 12; vgl dazu *Hüffer* AktG Rn 5; MünchKomm AktG/*Pentz* Rn 18 f; GroßKomm AktG/*Röhricht* Rn 9 ff; Spindler/Stilz AktG/*Gerber* Rn 8; K. Schmidt/Lutter AktG/ *Bayer* Rn 7; Hölters AktG/*Solveen* Rn 6). Zuständig ist das Amtsgericht (§ 23a Abs 1 Nr 2, Abs 2 Nr 4 GVG iVm §§ 375 Nr 3, 376, 377 Abs 1 FamFG) am Gesellschaftssitz (§ 14), antragsberechtigt jeder Gründungsprüfer, dem ein Gründer eine Auskunft verweigert hat, und jeder Gründer, der dem Auskunftsverlangen nicht folgen will; Entscheidung ergeht nach Anhörung des anderen Teils (vgl § 34 Abs 1 FamFG, Art 103 Abs 1 GG) durch unanfechtbaren (§ 35 Abs 2 S 2) und daher sofort rechtskräftigen Beschluss (*Hüffer* AktG Rn 4; Spindler/Stilz AktG/*Gerber* Rn 7; KölnKomm AktG/ *Arnold* Rn 11; Hölters AktG/*Solveen* Rn 5; s dazu auch MünchKomm AktG/*Pentz* Rn 16 f und GroßKomm AktG/*Röhricht* Rn 8). **Entscheidet das Gericht gegen die Gründungsprüfer** und entscheiden diese sich gegen eine Amtsniederlegung oder ein Ersuchen um Abberufung, haben sie den Prüfungsbericht ohne die von ihnen als notwendig erachtete Information zu erstatten, wollen sie eine Haftung nach § 49 iVm § 323 HGB vermeiden; es bleibt ihnen jedoch unbenommen, darauf hinzuweisen, dass sie den fraglichen Umstand aufgrund unzureichender Information nicht zu beurteilen vermögen (MünchKomm AktG/*Pentz* Rn 20; K. Schmidt/Lutter AktG/*Bayer* Rn 8; s dazu auch Spindler/Stilz AktG/*Gerber* Rn 9; KölnKomm AktG/*Arnold* Rn 13; Hölters AktG/*Solveen* Rn 7).

III. Auslagenersatz und Vergütung

Gründungsprüfer haben nach § 35 Abs 3 Anspruch auf Festsetzung von Auslagenersatz und Vergütung durch das Gericht (s dazu bereits § 33 Rn 6); **Vergütungsvereinbarungen mit den Gründern oder der Gesellschaft** sind unwirksam (*Hüffer* AktG Rn 6; MünchKomm AktG/*Pentz* Rn 26; Spindler/Stilz AktG/*Gerber* Rn 10; K. Schmidt/Lutter AktG/*Bayer* Rn 9; KölnKomm AktG/*Arnold* Rn 19; Hölters AktG/*Solveen* Rn 8). Zuständig ist das Amtsgericht (§ 23a Abs 1 Nr 2, Abs 2 Nr 4 GVG iVm §§ 375 Nr 3, 376, 377 Abs 1 FamFG) am Gesellschaftssitz (§ 14), antragsberechtigt sind die Gründungsprüfer und die Gesellschaft, bezifferter Antrag ist zulässig, aber nicht bindend. Die Entscheidung ergeht nach Anhörung des anderen Teils (§ 34 Abs 1 FamFG, Art 103 Abs 1 GG) durch nach § 35 Abs 3 S 3–4 zunächst anfechtbaren und dann vollstreckbaren Beschluss; § 35 Abs 3 S 3 stellt klar, dass gegen den Beschluss des Gerichts das Beschwerdeverfahren nach den §§ 58 ff, nicht aber das Rechtsbeschwerdeverfahren nach den §§ 70 ff FamFG eröffnet ist (*Hüffer* AktG Rn 6, 8; Spindler/Stilz AktG/*Gerber* Rn 11; K. Schmidt/Lutter AktG/*Bayer* Rn 9; KölnKomm AktG/*Arnold* Rn 20 ff; s dazu auch MünchKomm AktG/*Pentz* Rn 27 f; Hölters AktG/*Solveen* Rn 8).

Schuldner ist nach zutreffender Ansicht grds allein die Gesellschaft (*Hüffer* AktG Rn 7; MünchKomm AktG/*Pentz* Rn 24; GroßKomm AktG/*Röhricht* Rn 19; K.Schmidt/Lutter AktG/*Bayer* Rn 11; KölnKomm AktG/*Arnold* Rn 18). Die Aufwendungen für die Gründungsprüfer sind Gründungsaufwand (s § 26 Rn 8); fehlt eine ordnungsgemäße Festsetzung in der Satzung, hat die Gesellschaft einen Rückgriffsanspruch gegen die Gründer (MünchKomm AktG/*Pentz* Rn 25). Die Höhe der Entschädigung steht im Ermessen des Gerichts; maßgebend sind Umfang und Schwierigkeit der Prüfung, einen Anhaltspunkt liefern **die für Wirtschaftsprüfer geltenden Gebührenordnungen und Grundsätze nach den** §§ 55, 55a WPO (*Hüffer* AktG Rn 6; MünchKomm AktG/*Pentz* Rn 23; Spindler/Stilz AktG/*Gerber* Rn 12; K. Schmidt/Lutter AktG/*Bayer* Rn 9; KölnKomm AktG/*Arnold* Rn 15). Der Anspruch auf Auslagenersatz und Vergütung besteht auch im Falle des § 35 Abs 2 S 3; im Falle einer Amtsniederlegung oder Abberufung (s Rn 3) besteht dagegen nur Anspruch auf Auslagenersatz, und zwar nur insoweit, als die Auslagen für den neuen Gründungsprüfer nicht nutzlos sind (*Hüffer* AktG Rn 6; MünchKomm AktG/*Pentz* Rn 20, 22; K. Schmidt/Lutter AktG/*Bayer* Rn 10; KölnKomm AktG/*Arnold* Rn 16; Hölters AktG/*Solveen* Rn 8).

§ 36 Anmeldung der Gesellschaft

(1) Die Gesellschaft ist bei dem Gericht von allen Gründern und Mitgliedern des Vorstands und des Aufsichtsrats zur Eintragung in das Handelsregister anzumelden.

(2) Die Anmeldung darf erst erfolgen, wenn auf jede Aktie, soweit nicht Sacheinlagen vereinbart sind, der eingeforderte Betrag ordnungsgemäß eingezahlt worden ist (§ 54 Abs. 3) und, soweit er nicht bereits zur Bezahlung der bei der Gründung angefallenen Steuern und Gebühren verwandt wurde, endgültig zur freien Verfügung des Vorstands steht.

Übersicht

	Rn		Rn
I. Regelungsgehalt	1	2. Freie Verfügung	5
II. Anmeldung	2	3. Mischeinlage	8
III. Bareinlage	4	4. Einmanngründung	9
1. Allgemeines	4		

Literatur: *Allerkamp* Verrechnungsbefugnis der Kreditinstitute bei Stammeinlagezahlung auf debitorisches Konto der Gesellschaft, WM 1988, 521; *Blecker* Die Leistung der Mindesteinlage zur „(endgültig) freien Verfügung" der Geschäftsleitung bei Aktiengesellschaft und Gesellschaft mit beschränkter Haftung im Fall der Gründung und Kapitalerhöhung, Diss München, 1995; *Hommelhoff/Kleindiek* Schuldrechtliche Verwendungspflichten und „freie Verfügung" bei der Barkapitalerhöhung, ZIP 1987, 477; *Hüffer* Wertmäßige statt gegenständlicher Unversehrtheit von Bareinlagen im Aktienrecht, ZGR 1993, 474; *Kleindieck* Modalitäten ordnungsgemäßer Bareinlageleistung bei Gründung einer Aktiengesellschaft, FS Westermann, 2008, S 1073; *Lutter* Das überholte Thesaurierungsgebot bei Eintragung einer Kapitalgesellschaft im Handelsregister, NJW 1989, 2649; *Priester* Wertgleiche Deckung statt Bardepot?, ZIP 1994, 599; *Rezori* Die Kapitalaufbringung bei der GmbH-Gründung – Ausgewählte Gesichtspunkte und Neuregelung der §§ 19 Abs 4 und Abs 5 GmbHG, RNotZ 2011, 125; *G.H. Roth* Die wertgleiche Deckung als Eintragungsvoraussetzung, ZHR 167 (2003), 89; *K. Schmidt* Barkapitalaufbringung und „freie Verfügung" bei der

Aktiengesellschaft und der GmbH, AG 1986, 106; *Wilhelm* Kapitalaufbringung und Handlungsfreiheit der Gesellschaft nach Aktien- und GmbH-Recht, ZHR 152 (1988), 333.

I. Regelungsgehalt

Die Vorschrift bestimmt, dass und von wem die Gesellschaft zur Eintragung anzumelden ist und dass die Anmeldung im Falle einer Bargründung erst erfolgen darf, wenn die eingeforderten Bareinlagen ordnungsgemäß eingezahlt worden sind (§§ 36a Abs 1, 54 Abs 3, 63, 53a) und – auch noch zum Zeitpunkt der Anmeldung (§ 37 Abs 1) – zur endgültig freien Verfügung des VR stehen. § 36 steht damit auch in systematischem Zusammenhang mit den an § 37 anknüpfenden haftungs- und strafrechtlichen Vorschriften der §§ 46, 48, 399 Abs 1 Nr 1 (so auch *BGHZ* 117, 323, 328) und dient der Sicherstellung einer effektiven Kapitalaufbringung (MünchKomm AktG/*Pentz* Rn 4 f; KölnKomm AktG/*Arnold* Rn 3; Hölters AktG/*Solveen* Rn 2; vgl auch *Hüffer* AktG Rn 1 und K. Schmidt/Lutter AktG/*Kleindiek* Rn 1, 14).

II. Anmeldung

Anmeldung ist Eintragungsantrag an das Registergericht und damit zutreffender Ansicht nach kein Rechtsgeschäft, sondern Verfahrenshandlung und Organisationsakt (*Hüffer* AktG Rn 2; MünchKomm AktG/*Pentz* Rn 6; K. Schmidt/Lutter AktG/*Kleindiek* Rn 3; KölnKomm AktG/*Arnold* Rn 4). Die Anmeldung geschieht **im Namen der (Vor-)Gesellschaft** (so im Anschluss an *BGHZ* 117, 323, 325 ff: *Hüffer* AktG Rn 3; MünchKomm AktG/*Pentz* Rn 6, 29; GroßKomm AktG/*Röhricht* Rn 18; K. Schmidt/Lutter AktG/*Kleindiek* Rn 7; KölnKomm AktG/*Arnold* Rn 5). Sie ist bei Zurückweisung des Eintragungsantrags beschwerdebefugt, weil ihr die Erlangung der Vollrechtsfähigkeit verweigert wird, und sie wird in dem Beschwerdeverfahren nach den §§ 58 ff, 70 ff FamFG durch ihren VR vertreten; daneben dürfte auch jeder Gründer als beschwerdebefugt anzusehen sein (*Hüffer* AktG Rn 3, § 38 Rn 17; MünchKomm AktG/*Pentz* Rn 29; KölnKomm AktG/*Arnold* Rn 16). Zuständig ist das Amtsgericht (§ 23a Abs 2 Nr 3 GVG iVm §§ 374 Nr 1, 376, 377 Abs 1 FamFG) am Gesellschaftssitz (§ 14), bei Doppelsitz sind beide Amtsgerichte zuständig; es gilt die Formvorschrift des § 12 Abs 1 S 1 HGB iVm § 129 BGB, §§ 39, 39a, 40 BeurkG (*Hüffer* AktG Rn 2; K. Schmidt/Lutter AktG/*Kleindiek* Rn 4 f; Hölters AktG/*Solveen* Rn 5). **Zur Anmeldung berufen** sind neben den Gründern die Mitglieder des VR, ihre Stellvertreter (§ 94) und die Mitglieder des AR (nicht die Ersatzmitglieder; s § 101 Abs 3 S 2), und zwar in ihrer durch Satzung oder Gesetz (§§ 23 Abs 3 Nr 6, 76 Abs 2, 95) bestimmten Zahl; nur im Falle des § 31 ist Anmeldung durch einen möglicherweise unvollständigen AR (s § 31 Rn 3) möglich, aber auch dies nur, solange das Unternehmen bzw der Unternehmensteil nicht eingebracht oder übernommen ist (*Hüffer* AktG Rn 3a; MünchKomm AktG/*Pentz* Rn 7 ff; K. Schmidt/Lutter AktG/*Kleindiek* Rn 6; KölnKomm AktG/*Arnold* Rn 7; Hölters AktG/*Solveen* Rn 8). Die zur Anmeldung Berufenen brauchen die Anmeldung nicht gleichzeitig vorzunehmen (*Hüffer* AktG Rn 2; MünchKomm AktG/*Pentz* Rn 10; K. Schmidt/Lutter AktG/*Kleindiek* Rn 7; Hölters AktG/*Solveen* Rn 5). Bei Tod eines Gründers vor Anmeldung rücken die Erben in seine Rechtsstellung ein (§ 1922 BGB; s auch § 28 Rn 3), bei Geschäftsunfähigkeit eines Gründers ist ein gesetzlicher Vertreter zu bestellen, bei Tod oder Geschäftsunfähigkeit eines Mitglieds des VR oder des AR kann die Anmeldung idR erst nach Neubestellung erfolgen; treten derartige Umstände nach der Anmeldung ein, berühren sie nach § 130 Abs 2 BGB analog die Wirksamkeit der Anmeldung nicht (MünchKomm AktG/*Pentz* Rn 32 ff; GroßKomm AktG/*Röhricht* Rn 26 ff; K. Schmidt/Lutter AktG/ *Kleindiek* Rn 11 f). Das Registergericht hat die Vollständigkeit der Anmelder zu überprüfen (§ 26 FamFG). Wird die Gesellschaft gleichwohl eingetragen, kann jedenfalls dann, wenn dies ohne oder gegen den Willen eines Anmeldepflichtigen geschehen ist, eine Amtslöschung nach § 395 FamFG in Betracht kommen (GroßKomm AktG/*Röhricht* Rn 20 ff; MünchKomm AktG/*Pentz* Rn 11, 35, § 39 Rn 26; K. Schmidt/Lutter AktG/*Kleindiek* Rn 7; KölnKomm AktG/*Arnold* Rn 18; aA *Hüffer* AktG Rn 3a und Hölters AktG/*Solveen* Rn 20: Wirksam entstanden, dh keine Nichtigkeitsklage nach § 275, keine Amtslöschung nach § 397 FamFG).

3   Die Anmeldung ist nach ganz überwiegender Ansicht höchstpersönlicher Natur, so dass eine **rechtsgeschäftliche Vertretung** – anders als eine organschaftliche oder gesetzliche Vertretung bei Gründern (arg §§ 76 Abs 3 S 1, 100 Abs 1 S 1; s zu § 76 Abs 3 auch § 37 Rn 4) – **unzulässig** ist, und zwar entgegen § 12 Abs 1 S 2 HGB wegen der zivil- und strafrechtlichen Verantwortlichkeit der Anmelder nach den §§ 46, 48, 399 Abs 1 Nr 1; davon zu unterscheiden ist die Einreichung der Anmeldung als tatsächlicher Übermittlungsakt, mit der Dritte – etwa Notare (vgl § 53 BeurkG) – beauftragt werden können (*Hüffer* AktG Rn 4; MünchKomm AktG/*Pentz* Rn 6, 25 ff; Spindler/Stilz AktG/*Döbereiner* Rn 13 f; K. Schmidt/Lutter AktG/*Kleindiek* Rn 10; KölnKomm AktG/*Arnold* Rn 11 f; Hölters AktG/*Solveen* Rn 9). § 36 Abs 1 begründet **keine öffentlich-rechtliche Pflicht**; das Registergericht kann die Anmeldung nicht aufgrund der §§ 14 HGB, 388 ff FamFG zwangsweise durchsetzen (§ 407 Abs 2), die Gründer können ihr Vorhaben jederzeit aufgeben (*Hüffer* AktG Rn 5; MünchKomm AktG/*Pentz* Rn 12; K. Schmidt/Lutter AktG/*Kleindiek* Rn 8). Die Gründer sind allerdings aufgrund des Gesellschaftsverhältnisses einander und aufgrund der **gesellschaftsrechtlichen Treupflicht** auch der Gesellschaft grds privatrechtlich verpflichtet, an der Anmeldung mitzuwirken, für die Mitglieder des VR und des AR ergibt sich diese Verpflichtung aus der Organstellung und dem Anstellungsverhältnis; diese Verpflichtungen können zutreffender Ansicht nach auch zwangsweise durchgesetzt werden (*Hüffer* AktG Rn 5; MünchKomm AktG/*Pentz* Rn 13 ff; GroßKomm AktG/*Röhricht* Rn 8 ff; Spindler/Stilz AktG/*Döbereiner* Rn 3; K. Schmidt/Lutter AktG/*Kleindiek* Rn 9; KölnKomm AktG/*Arnold* Rn 9 f; Hölters AktG/*Solveen* Rn 10). Bis zur Eintragung kann die Anmeldung von jedem Anmelder formlos und ohne Angabe von Gründern widerrufen werden; dann fehlt es an einer Eintragungsvoraussetzung, es sei denn, der Betreffende scheidet aus dem Kreis der zur Anmeldung Berufenen aus und dieser ist im Lichte dieses Ausscheidens vollständig; der Betreffende haftet bei unberechtigtem **Widerruf** wegen Pflichtverletzung auf Schadensersatz (*Hüffer* AktG Rn 5; MünchKomm AktG/*Pentz* Rn 21 ff; K. Schmidt/Lutter AktG/*Kleindiek* Rn 13; Hölters AktG/*Solveen* Rn 13).

III. Bareinlage

4   **1. Allgemeines.** § 36 Abs 2 soll sicherstellen, dass die auf Bareinlagen eingezahlten Beträge tatsächlich in der Gesellschaft verbleiben. Deshalb ist die Anmeldung davon abhängig, dass der vom VR ggf nach Maßgabe der Satzung eingeforderte Betrag (§§ 63, 53a), der den Mindestbetrag (§ 36a Abs 1) erreichen muss, in zulässiger Leistungsform zur freien Verfügung des VR und damit ordnungsgemäß (§ 54 Abs 3) eingezahlt worden ist und – auch noch zum Zeitpunkt der Anmeldung (§ 37 Abs 1) – zur

endgültig freien Verfügung des VR steht. Die Vorschrift begründet ein Eintragungshindernis sowohl für den Fall, dass es bereits an einer **Einzahlung in zulässiger Leistungsform zur freien Verfügung des VR** fehlt, als auch für den Fall, dass die ordnungsgemäß eingezahlten Beträge **zum Zeitpunkt der Anmeldung nicht mehr zur freien Verfügung des VR** stehen; im ersten Fall fehlt es darüber hinaus an einer Erfüllung der Bareinlageverpflichtung, so dass der betroffene Gründer seine Bareinlageverpflichtung nach wie vor erfüllen muss. Wird die Gesellschaft gleichwohl eingetragen, ist sie wirksam entstanden (keine Nichtigkeitsklage nach § 275, keine Amtslöschung nach § 397 FamFG). S dazu *G.H. Roth* ZHR 167 (2003), 89, 90 f, 91 f, 92 ff; GroßKomm AktG/*Röhricht* Rn 30 ff, 35 ff, 44 f, 46 ff, 55, 124; GroßKomm GmbHG/*Ulmer* § 7 Rn 54 f; *Hüffer* AktG Rn 1, 6 f, § 54 Rn 18; MünchKomm AktG/*Pentz* Rn 38, 40 f, 45 f, 47, 48 f, 79; K. Schmidt/Lutter AktG/*Kleindiek* Rn 14, 18 f; KölnKomm AktG/*Arnold* Rn 19, 27 ff, 30. S zur Einforderung von Einlagen und zur ordnungsgemäßen Einzahlung des eingeforderten Betrags die Kommentierung der §§ 54 Abs 3, 63, 53a; hervorzuheben ist in diesem Zusammenhang, dass der *BGH* jüngst ausgeführt hat, dass „bei der unmittelbaren Leistung der Einlage an Dritte keine Leistung der Mindesteinlage zur freien Verfügung der Geschäftsführung vorliegt"; es heißt dort weiter: „Die Einlageschuld wird selbst bei Einverständnis des Geschäftsführers mit dem abgekürzten Leistungsweg jedenfalls dann nicht getilgt, wenn die Forderung des Dritten gegen die Gesellschaft, mit der die Zahlung des Inferenten verrechnet wird, nicht vollwertig ist" (*BGH* NZG 2011, 667, 668; *Rezori* RNotZ 2011, 125, 128 weist daraufhin, dass Resteinlagen durch Zahlung an Gläubiger getilgt werden können, wenn die getilgten Forderungen vollwertig, fällig und liquide sind). Eine Ausnahme besteht nur zugunsten der bei der Gründung angefallenen Steuern und Gebühren (§ 36 Abs 2; s § 26 Rn 8) einschließlich der Vergütung der Gründungsprüfer (s § 35 Rn 4), dies allerdings nur unter der Voraussetzung, dass sie ordnungsgemäß als Gründungsaufwand festgesetzt (§ 26 Abs 2; s § 26 Rn 9 f) worden sind (*Hüffer* AktG Rn 10; MünchKomm AktG/ *Pentz* Rn 75 ff; GroßKomm AktG/*Röhricht* Rn 91 f; Spindler/Stilz AktG/*Döbereiner* Rn 24; KölnKomm AktG/*Arnold* Rn 52; Hölters AktG/*Solveen* Rn 17).

2. Freie Verfügung. Das Erfordernis der (endgültig) freien Verfügbarkeit ist erfüllt, 5 wenn die eingeforderten Beträge aus dem Vermögens- und Herrschaftsbereich des Einlegers vollständig und vorbehaltlos ausgesondert und der Gesellschaft so zugeflossen sind, dass der VR tatsächlich und rechtlich in der Lage ist, über sie allein nach pflichtgemäßen Ermessen (§§ 76 Abs 1, 93) und damit ohne Einschränkungen seitens des Einlegers oder Dritter zu verfügen (s dazu *Hüffer* AktG Rn 7; MünchKomm AktG/*Pentz* Rn 48; GroßKomm AktG/*Röhricht* Rn 56; Spindler/Stilz AktG/*Döbereiner* Rn 19; K. Schmidt/Lutter AktG/*Kleindiek* Rn 20; KölnKomm AktG/*Arnold* Rn 30; Hölters AktG/*Solveen* Rn 15). Es reicht aus, wenn an einen **Treuhänder** mit der Maßgabe gezahlt wird, dass die Beträge nach Anmeldung oder Eintragung zur freien Verfügung des VR freizugeben sind, wenn der Treuhänder unabhängig und ein Zugriff des Einlegers oder Dritter ausgeschlossen ist (GroßKomm AktG/*Röhricht* Rn 112; *Hüffer* AktG Rn 7; Spindler/Stilz AktG/*Döbereiner* Rn 21; K. Schmidt/Lutter AktG/*Kleindiek* Rn 22; KölnKomm AktG/*Arnold* Rn 34; Hölters AktG/*Solveen* Rn 16; **aA** MünchKomm AktG/*Pentz* Rn 50, 64). Es bestehen auch keine Bedenken unter dem Gesichtspunkt der freien Verfügbarkeit gegen eine Einlageleistung unter der aufschiebenden oder auflösenden Bedingung der Anmeldung oder Eintragung (GroßKomm AktG/*Röhricht* Rn 113 ff; **aA** MünchKomm AktG/*Pentz* Rn 65 und

KölnKomm AktG/*Arnold* Rn 33). Dagegen fehlt es an der (endgültig) freien Verfügbarkeit im Falle einer **Einzahlung auf ein gesperrtes oder gepfändetes Konto, auf ein debitorisches Konto** (es sei denn, dass der VR im Rahmen eines eingeräumten Kredits über den Betrag frei verfügen kann; s dazu insb *BGHZ* 168, 201 Rn 4, 14 und *OLG Celle* ZIP 2010, 2298, 2299) oder auf ein Konto, über das der VR nur beschränkt verfügen kann, weil etwa die kontoführende Bank nur bestimmte Verwendungen zulässt (s zu diesem Problemkreis GroßKomm AktG/*Röhricht* Rn 98 ff; *Hüffer* AktG Rn 8; Spindler/Stilz AktG/*Döbereiner* Rn 20 f; K. Schmidt/Lutter AktG/*Kleindiek* Rn 22; KölnKomm AktG/*Arnold* Rn 43 ff; Hölters AktG/*Solveen* Rn 16; *Rezori* RNotZ 2011, 125, 127; s zur Einzahlung auf ein debitorisches Konto insb *Allerkamp* WM 1988, 521, 522 ff).

6   Es fehlt bereits an einer **Leistung zur (endgültig) freien Verfügung des VR nach §§ 36 Abs 2 HS 1, 54 Abs 3** und damit an einer Erfüllung der Bareinlageverpflichtung, wenn es an einem effektiven Mittelzufluss fehlt. Dies ist insb der Fall, wenn die Barleistung nur zum Schein erfolgt, weil eine Einzahlung nur vorgetäuscht oder die Übertragungserklärung nur zum Schein (§ 117 Abs 1 BGB) abgegeben wird (GroßKomm AktG/*Röhricht* Rn 57, 58; MünchKomm AktG/*Pentz* Rn 55; *Hüffer* AktG Rn 8; Spindler/Stilz AktG/*Döbereiner* Rn 20; K. Schmidt/Lutter AktG/*Kleindiek* Rn 21; KölnKomm AktG/*Arnold* Rn 31; Hölters AktG/*Solveen* Rn 16), wenn die Mittel aus dem Vermögen der Gesellschaft stammen, weil Darlehen gewährt oder Mithaftung übernommen wird (GroßKomm AktG/*Röhricht* Rn 57, 59, 60; MünchKomm AktG/*Pentz* Rn 57; *Hüffer* AktG Rn 8; K. Schmidt/Lutter AktG/*Kleindiek* Rn 21; s dazu aber die Einschränkung des § 36 Abs 2 durch § 27 Abs 4 und dazu § 27 Rn 53 ff sowie Spindler/Stilz AktG/*Döbereiner* Rn 20; KölnKomm AktG/*Arnold* Rn 32, 37, 39; Hölters AktG/*Solveen* Rn 16) oder weil ein rechtsgrundloser Mittelrückfluss nach ordnungsgemäßer Einzahlung und vor Anmeldung erfolgt (GroßKomm AktG/*Röhricht* Rn 57, 59, 61; MünchKomm AktG/*Pentz* Rn 56; *Hüffer* AktG Rn 8; KölnKomm AktG/*Arnold* Rn 35), wenn schon im Zeitpunkt der Einzahlung eine Rückzahlungsvereinbarung vorliegt, die eine direkte oder indirekte Rückführung der ordnungsgemäß eingezahlten Mittel nicht umgehend, sondern erst zu einem späteren Zeitpunkt vorsieht (GroßKomm AktG/*Röhricht* Rn 65, 66, 67; MünchKomm AktG/*Pentz* Rn 56, 58, 59; KölnKomm AktG/*Arnold* Rn 39; krit dazu K. Schmidt/Lutter AktG/*Kleindiek* Rn 25 f), wenn schon im Zeitpunkt der Begründung der Bareinlageverpflichtung eine Vorabsprache vorliegt, aufgrund derer die Barleistung im Rahmen eines Austauschgeschäfts an den Gründer zurückgeführt werden soll (GroßKomm AktG/*Röhricht* Rn 77 ff; MünchKomm AktG/*Pentz* § 36 Rn 62; krit dazu K. Schmidt/Lutter AktG/*Kleindiek* Rn 25 f; s dazu aber die Einschränkung des § 36 Abs 2 durch § 27 Abs 3 und dazu § 27 Rn 37 ff sowie KölnKomm AktG/*Arnold* Rn 41 f; Hölters AktG/*Solveen* Rn 16), wenn zwischen Begründung der Bareinlageverpflichtung und Einlageleistung eine Vorabsprache getroffen wird, aufgrund derer die Barleistung im Rahmen eines Austauschgeschäfts an den Gründer zurückgeführt werden soll (s dazu Spindler/Stilz AktG/*Heidinger/Benz* § 27 Rn 169 und *Bayer* GmbHR 2004, 445, 448 f, 450 sowie K. Schmidt/Lutter AktG/*Bayer* § 27 Rn 61, 65 und *Heinze* GmbHR 2008, 1065, 1069, die beide bei einer Abrede zwischen Begründung der Bareinlageverpflichtung und Leistung der Einlage eine Leistung an Erfüllungs statt iSd § 364 Abs 1 BGB annehmen und § 27 Abs 3 analog anwenden wollen; s dazu auch GroßKomm AktG/*Röhricht* § 27 Rn 202 und MünchKomm AktG/*Pentz* § 27 Rn 95). Es fehlt dagegen an einer **Leistung zur**

Anmeldung der Gesellschaft § 36

(endgültig) freien Verfügung des VR nach § 36 Abs 2 HS 2, wenn zwischen Einzahlung und Anmeldung eine Rückzahlungsvereinbarung getroffen wird, die eine direkte oder indirekte Rückführung der ordnungsgemäß eingezahlten Mittel nicht umgehend, sondern erst zu einem späteren Zeitpunkt vorsieht (s dazu und auch zu späteren nachträglichen Absprachen GroßKomm AktG/*Röhricht* § 36 Rn 65, 66, 68, 69 ff; MünchKomm AktG/*Pentz* Rn 56, 58, 60 f; KölnKomm AktG/*Arnold* Rn 40), oder wenn nach Einlageleistung eine Absprache getroffen wird, aufgrund derer die Barleistung im Rahmen eines Austauschgeschäfts an den Gründer zurückgeführt werden soll (s dazu und auch zu späteren nachträglichen Absprachen etwa GroßKomm AktG/*Röhricht* Rn 37 und MünchKomm AktG/*Pentz* Rn 56, § 27 Rn 95).

In diesem Zusammenhang ist darauf hinzuweisen, dass die Entscheidungen des *BGH* (*BGH* NZG 2009, 463 – Qivive; *BGH* NZG 2010, 343 – Eurobike), in denen es um eine „spätere Zahlung auf nach der ordnungsgemäß erbrachten Einlageleistung geleistete Dienste des Inferenten" (*BGH* NZG 2009, 463, 465 – **Qivive**; s auch *BGH* NZG 2010, 343, 345 – **Eurobike**) und „ein vor Übernahme der Aktien an den Inferenten gezahltes Beratungshonorar" (*BGH* NZG 2010, 343, 345 – Eurobike) ging, das Erfordernis der Leistung zur (endgültig) freien Verfügung des VR nach §§ 36 Abs 2 HS 1, 54 Abs 3 betreffen, soweit die Einlage für die Bezahlung der Dienstleistung „reserviert" wird (*BGH* NZG 2009, 463, 465 – Qivive; *BGH* NZG 2010, 343, 345 – Eurobike) bzw die Gesellschaft die Einlage aus ihrem Vermögen erbringt, weil der Zahlung keine vollwertige Gegenleistung gegenübersteht (*BGH* NZG 2010, 343, 346 – Eurobike). S dazu ausf § 27 Rn 51 ff; so wie hier auch *Bayer/Lieder* Einbringung von Dienstleistungen in die AG, NZG 2010, 86, 88 ff, 90 f und K. Schmidt/Lutter AktG/ *Bayer* Rn 99, 59 mit dem Vorschlag einer Bereichsausnahme für marktübliche Vergütungen und wohl ebenso *Bayer/Fiebelkorn* Anmerkung zu *BGH* Urteil vom 1.2.2010 – II ZR 173/08 – Eurobike, LMK 2010, 304616 sowie *Habersack* Verdeckte Sacheinlage, nicht ordnungsgemäß offengelegte Sacheinlage und Hin- und Herzahlen – Geklärte und ungeklärte Fragen nach „Eurobike", GWR 2010, 299601 und *Lieder* Anmerkung zu *BGH* Urteil vom 1.2.2010 – II ZR 173/08 – Eurobike, EWiR § 27 AktG 1/10, 169, 170; krit dazu K. Schmidt/Lutter AktG/*Kleindiek* § 36 Rn 25 f; aA *Drygala* Anmerkung zu *BGH* Urteil vom 1.2.2010 – II ZR 173/08 – Eurobike, JZ 2011, 50, 53, 55 f für den Fall der überbewerteten oder unbrauchbaren Dienstleistung und *Wachter* NJW 2010, 1715, 1717 sowie möglicherweise *Priester* Anmerkung zu BGH Urteil vom 1.2.2010 – II ZR 173/08 – Eurobike, DNotZ 2010, 456, 462, 465: Anwendung der §§ 57, 62 AktG und damit der Regeln zur Kapitalerhaltung (*Drygala* aaO S 54 und *Priester* aaO S 462 auch zur vorgeschlagenen Bereichsausnahme, auf die der *BGH* nicht eingegangen ist, s dazu *Goette* Anmerkung zu *BGH* Urteil vom 1.2.2010 – II ZR 173/08 – Eurobike, DStR 2010, 563, 563 f).

6a

Dagegen berühren **Verwendungsabreden** als Abreden über die Mittelverwendung, die keine Rückführung von Bareinlagen darstellen (s dazu § 27 Rn 36), die (endgültig) freie Verfügbarkeit nicht (so (*BGHZ* 171, 113, 117 – Konzernumstrukturierung: „Nach ständiger Rechtsprechung des Senats sind... schuldrechtliche Absprachen zwischen dem Inferenten und der Gesellschaft über die Verwendung der Einlagemittel... unter dem Gesichtspunkt der Kapitalerhöhung unschädlich, wenn sie nur zur Erreichung bestimmter geschäftlicher Zwecke dienen und nicht dazu bestimmt sind, die eingezahlten Mittel wieder an den Inferenten zurückfließen zu lassen."; *BGH* NZG 2011, 667, 668 zur „Befriedigung des Gesellschaftsgläubigers bei der Weiterleitung der

6b

an die Gesellschaft geleisteten Einlagezahlung": „Verwendungsabsprachen sind in diesem Fall unschädlich, soweit die Einlage nicht unmittelbar an den Gesellschafter zurückfließt."; *OLG Köln* GmbHR 2011, 648, 649: „Der Umstand, dass dieses Kapital dann dazu benutzt worden ist, Schulden, der Schuldnerin gegenüber einem Dritten zu tilgen, ändert an der realen Kapitalaufbringung nichts ... Die Ablösung von Fremdkapital durch Eigenkapital ist eine grundsätzlich legitime geschäftspolitische Entscheidung... Dagegen, dass die Einlage mittelbar an CTB zurückgeflossen ist, weil sie durch die Tilgung des Darlehens von ihrer Bürgenverpflichtung freigeworden ist, ist aber auch unter Berücksichtigung des Grundsatzes der realen Kapitalaufbringung nichts einzuwenden, denn damit entfiel auch der grundsätzlich bestehende Freistellungsanspruch der CTB gegenüber der Schuldnerin." - s dazu *Schodder* Anmerkung zu OLG Köln Urteil v 31.3.2011 - 18 U 171/10, EWiR § 16 GmbHG 1/11; *BGH* NZG 2010, 702, 704 - AdCoCom; *BGH* NZG 2009, 463, 465 - Qivive: „... unschädlich, wenn sie allein der Umsetzung von Investitionsentscheidungen der Gesellschafter oder sonstiger ihrer Weisung unterliegender geschäftlicher Zwecke dienen."; *BGH* NJW 1991, 226, 227: „... sind schuldrechtliche Verwendungsabsprachen, durch die die Geschäftsführung der Gesellschaft verpflichtet wird, mit den in Vollzug einer Kapitalerhöhung eingezahlten Mitteln in bestimmter Weise zu verfahren, aus der Sicht der Kapitalaufbringung unschädlich, wenn sie weder mittelbar noch unmittelbar dazu bestimmt sind, die eingezahlten Mittel wieder an den Einleger zurückfließen zu lassen, sondern allein der Umsetzung von Investitionsentscheidungen der Gesellschafter oder sonstiger, der Weisung der Gesellschafter unterliegender geschäftspolitischer Zwecke dienen." – ebenso bereits *BGHZ* 153, 107, 110; *OLG Hamm* ZIP 2005, 1138, 1139 f; vgl auch *BGHZ* 113, 335, 348 f; s dazu *Hüffer* AktG Rn 9; MünchKomm AktG/*Pentz* Rn 53 ff, § 27 Rn 62, 88; GroßKomm AktG/*Röhricht* Rn 81 ff; Spindler/Stilz AktG/*Döbereiner* Rn 21; K. Schmidt/Lutter AktG/*Kleindiek* Rn 23 ff; KölnKomm AktG/*Arnold* Rn 46; Hölters AktG/*Solveen* Rn 16). Die **Abgrenzung** der Vereinbarungen, die die (endgültig) freie Verfügbarkeit nicht berühren, von denen, die es tun (s dazu etwa auch *BGH* NZG 2012, 69, 75 – Babcock) wirft allerdings erhebliche Probleme auf, die noch nicht überzeugend geklärt sind und angesichts derer man im Zweifel davon ausgehen sollte, dass Verwendungsabreden mit Gründern die Annahme einer (endgültig) freie Verfügbarkeit hindern (so zutr *Hüffer* AktG Rn 9; s dazu auch *Bayer/Lieder* NZG 2010, 86, 88 ff, 90 f; K. Schmidt/Lutter AktG/*Bayer* § 27 Rn 99, 59; *Benecke* Die Prinzipien der Kapitalaufbringung und ihre Umgehung, ZIP 2010, 105, 108; *Blasche* Verdeckte Sacheinlage und Hin- und Herzahlen, GmbHR 2010, 288, 290, 291; *Hommelhoff/Kleindiek* ZIP 1987, 477, 485 ff; K. Schmidt/Lutter AktG/*Kleindiek* Rn 26).

7 Das Erfordernis, dass der eingeforderte Betrag zum Zeitpunkt der Anmeldung noch zur freien Verfügung des VR stehen muss, wirft die Frage auf, ob der VR vor Anmeldung über die eingeforderten Beträge verfügen darf, etwa um den Betrieb eines Unternehmens aufzunehmen oder fortzuführen. Obwohl das Gesetz in den §§ 36 Abs 2, 37 Abs 1 erkennbar von einem gegenständlichen Vorhandensein und damit von einer Thesaurierungspflicht bis zur Anmeldung ausgeht (MünchKomm AktG/*Pentz* Rn 79; GroßKomm AktG/*Röhricht* Rn 84; K. Schmidt/Lutter AktG/*Kleindiek* Rn 27), hat sich im Anschluss an *BGHZ* 119, 177, 186 ff die wohl zutreffende Auffassung durchgesetzt, dass die eingeforderten Beträge nur ihrem Wert nach zum Zeitpunkt der Anmeldung noch zur freien Verfügung des VR stehen müssen (*Hüffer* ZGR 1993, 474, 480 ff und AktG Rn 11 f; MünchKomm AktG/*Pentz* Rn 79, 81; GroßKomm

AktG/*Röhricht* Rn 85 ff, 93 ff; Spindler/Stilz AktG/*Döbereiner* Rn 23; KölnKomm AktG/*Arnold* Rn 48 f; Hölters AktG/*Solveen* Rn 18, G. H. *Roth* ZHR 167 (2003), 89, 91 ff, 93 ff; GroßKomm GmbHG/*Ulmer* § 7 Rn 55; **aA** KölnKomm AktG/*Kraft* 2. Aufl Rn 28: Thesaurierungspflicht; **aA** *Lutter* NJW 1989, 2649, 2652 f und *K. Schmidt* AG 1986, 106, 114 f sowie *Priester* ZIP 1994, 599, 601 ff und *Wilhelm* ZHR 152 (1988), 333, 365 f, insb Fn 91, sowie wohl auch K. Schmidt/Lutter AktG/*Kleindiek* Rn 33 f und *Hommelhoff/Kleindiek* ZIP 1987, 477, 485, die von einer uneingeschränkten Verfügungsbefugnis des VR ausgehen; **aA** auch *BGH* AG 2005, 883, 884, der es – allerdings im Rahmen einer Kapitalerhöhung und damit im Hinblick auf § 188 Abs 2 – „sogar" genügen lässt, „dass der Einlagebetrag für die Zwecke der Gesellschaft zur endgültigen freien Verfügung der Geschäftsleitung eingezahlt wird, solange er in der Folge nicht an den Einleger zurückfließt", wofür allerdings die Erwägung ausschlaggebend ist, bei einer Kapitalerhöhung seien keine besonderen Maßnahmen erforderlich, um die Kapitalaufbringung sicherzustellen, womit – so zutr *Hüffer* AktG Rn 11a, § 188 Rn 6 und *G.H. Roth* ZHR 167 (2003), 89, 101 – feststehen dürfte, dass diese Rspr nicht auf die Kapitalaufbringung im Gründungsstadium übertragen werden kann; offen insoweit dagegen K. Schmidt/Lutter AktG/*Kleindiek* Rn 31). Das **Erfordernis wertgleicher Deckung** ist erfüllt, wenn anstelle der eingeforderten Beträge wertgleiche, aktivierungsfähige Vermögensgegenstände (insb Gegenstände des Anlage- und Umlaufvermögens) vorhanden sind (GroßKomm AktG/*Röhricht* Rn 88; KölnKomm AktG/*Arnold* Rn 50; *Hüffer* ZGR 1993, 474, 483). Zweifelhaft ist die Verwendung für nicht aktivierungsfähigen Aufwand (Miet- und Gehaltszahlungen) und zur Tilgung (vollwertiger, fälliger, liquider) einseitiger Forderungen (*Hüffer* ZGR 1993, 474, 484; MünchKomm AktG/*Pentz* Rn 81; GroßKomm AktG/*Röhricht* Rn 89). Da es jedoch auf den Wert des gesamten Vermögens ankommt, ist diese Frage bedeutungslos, wenn diese Verwendungen durch andere Verwendungen mit entspr Gewinnen kompensiert werden (MünchKomm AktG/*Pentz* Rn 81; GroßKomm AktG/*Röhricht* Rn 90; Köln-Komm AktG/*Arnold* Rn 50).

3. Mischeinlage. Bei einer Mischeinlage erbringt ein Gründer eine Einlage, die zT aus einer Bareinlage und zT aus einer Sacheinlage besteht (s § 27 Rn 10). Die beiden Einlageteile werden getrennt behandelt, für den Bareinlageteil gelten die §§ 36 Abs 2, 36a Abs 1, für den Sacheinlageteil gilt § 36a Abs 2. Bei Ausgabe zum geringsten Ausgabebetrag (§§ 9 Abs 1, 36a Abs 1 HS 1) entspricht der Bareinlageteil der Differenz zwischen Ausgabebetrag der Gesamteinlage und dem Wert der Sacheinlage, bei Ausgabe zu einem höheren Betrag (§§ 9 Abs 2, 36a Abs 1 HS 2) der Differenz zwischen Ausgabebetrag der Gesamteinlage abzüglich Mehrbetrag, der nach § 36a Abs 1 HS 2 vollständig einzubringen ist, und dem Wert der Sacheinlage. Dieser Bareinlageteil ist Grundlage des vom VR ggf nach Maßgabe der Satzung einzufordernden Betrages (§§ 36 Abs 2, 63, 53a), der den Mindestbetrag (§ 36a Abs 1) erreichen muss; ein etwaiger Mehrbetrag ist auch im Falle einer Mischeinlage in voller Höhe einzuzahlen. S dazu *Hüffer* AktG Rn 12; MünchKomm AktG/*Pentz* Rn 98 f; GroßKomm AktG/ *Röhricht* Rn 127; K. Schmidt/Lutter AktG/*Kleindiek* Rn 37; KölnKomm AktG/*Arnold* Rn 21 f; Hölters AktG/*Solveen* Rn 19. **8**

4. Einmanngründung. Mit dem 1.11.2008 (MoMiG BGBl I 2008, 2026) ist die Regelung weggefallen, dass es im Fall einer Einmanngründung nicht genügt, dass die eingeforderte Bareinlage ordnungsgemäß eingezahlt worden ist (§§ 36a Abs 1, 54 Abs 3, 63, 53a) und zum Zeitpunkt der Anmeldung zur endgültig freien Verfügung des VR steht **9**

§ 36a Leistung der Einlagen

(§ 37 Abs 1), es musste darüberhinaus für die restliche Bareinlage Sicherheit geleistet sein (§ 36 Abs 2 S 2 aF). Dazu wurde angenommen, dass ein Anspruch auf Freigabe der Sicherung besteht, sobald die restliche Einlageschuld getilgt wird oder durch Kapitalherabsetzung entfällt (GroßKomm AktG/*Röhricht* Rn 125; MünchKomm AktG/*Pentz* Rn 95). Dies sollte auch für den Fall gelten, dass vor Inkrafttreten der Gesetzesänderung Sicherheit geleistet wurde, ohne dass die Voraussetzungen für den eigentlichen Freigabeanspruch erfüllt sind (so zutr Spindler/Stilz AktG/*Döbereiner* Rn 26).

§ 36a Leistung der Einlagen

(1) Bei Bareinlagen muss der eingeforderte Betrag (§ 26 Abs. 2) mindestens ein Viertel des geringsten Ausgabebetrags und bei Ausgabe der Aktien für einen höheren als diesen auch den Mehrbetrag umfassen.

(2) ¹Sacheinlagen sind vollständig zu leisten. ²Besteht die Sacheinlage in der Verpflichtung, einen Vermögensgegenstand auf die Gesellschaft zu übertragen, so muss diese Leistung innerhalb von fünf Jahren nach der Eintragung der Gesellschaft in das Handelsregister zu bewirken sein. ³Der Wert muss dem geringsten Ausgabebetrag und bei Ausgabe der Aktien für einen höheren als diesen auch dem Mehrbetrag entsprechen.

Übersicht

	Rn		Rn
I. Regelungsgehalt	1	III. Sacheinlagen	3
II. Bareinlagen	2		

Literatur: *C. Becker* Aktienrechtliches und handelsrechtliches Agio, NZG 2003, 510; *Hermanns* Gestaltungsmöglichkeiten bei der Kapitalerhöhung mit Agio, ZIP 2003, 788; *Krebs/Wagner* Der Leistungszeitpunkt von Sacheinlagen nach § 36a Abs. 2 AktG, AG 1998, 467; *Mayer* Der Leistungszeitpunkt bei Sacheinlageleistungen im Aktienrecht, ZHR 154 (1990), 535; *Pentz/Priester/Schwanna* Bar- und Sachkapitalaufbringung bei Gründung und Kapitalerhöhung, ZGR-Sonderheft 17, 2006, 42; *Priester* Kapitalaufbringungspflicht und Gestaltungsspielräume beim Agio, FS Lutter, 2000, S 617; *ders* Schuldrechtliche Zusatzleistungen bei Kapitalerhöhung im Aktienrecht, FS Röhricht, 2005, S 467; *Richter* Die Verpflichtung des Inferenten zur Übertragung eines Vermögensgegenstandes als Gegenstand der Sacheinlage, ZGR 2009, 721; *Schorling/Vogel* Schuldrechtliche Finanzierungsvereinbarungen neben Kapitalerhöhungsbeschluss und Zeichnung, AG 2003, 86.

I. Regelungsgehalt

1 Die Vorschrift ergänzt § 36 Abs 2 in zweierlei Hinsicht. Nach § 36 Abs 2 ist die Anmeldung davon abhängig, dass, soweit Bareinlagen vereinbart sind, der vom VR ggf nach Maßgabe der Satzung eingeforderte Betrag (§§ 63, 53a) in zulässiger Leistungsform zur freien Verfügung des VR und damit ordnungsgemäß (§ 54 Abs 3) eingezahlt worden ist und zum Zeitpunkt der Anmeldung noch zur freien Verfügung des VR steht (s auch § 37 Abs 1). **§ 36a legt nun fest, dass der eingeforderte Betrag iSd § 36 Abs 2 einen Mindestbetrag erreichen muss, und verhält sich darüber hinaus zur Leistung von Sacheinlagen** (s auch §§ 37 Abs 1 S 1, 37a). Er steht damit auch in systematischem Zusammenhang mit den an die §§ 37, 37a anknüpfenden haftungs- und strafrechtlichen Vorschriften der §§ 46, 48, 399 Abs 1 Nr 1 und dient wie § 36 der Sicherstellung einer effektiven Kapitalaufbringung (*Hüffer* AktG Rn 1; MünchKomm AktG/*Pentz* Rn 3; KölnKomm AktG/*Arnold* Rn 2). § 36a begründet ein Eintragungshindernis, § 36a Abs 2 S 2 allerdings nur insoweit, als festzustellen ist, dass die Fünfjahresfrist nicht eingehalten werden soll oder kann (MünchKomm AktG/*Pentz* Rn 23 f; K. Schmidt/Lutter AktG/*Kleindiek* Rn 7; KölnKomm AktG/*Arnold* Rn 21); wird die Gesellschaft gleichwohl eingetragen, ist sie aber wirksam entstanden (keine Nichtigkeitsklage nach § 275, keine Amtslöschung nach § 397 FamFG).

II. Bareinlagen

§ 36a Abs 1 legt fest, dass der vom VR ggf nach Maßgabe der Satzung eingeforderte Betrag (§§ 63, 53a) iSd § 36 Abs 2 einen Mindestbetrag erreichen muss, und zwar bei Ausgabe zum geringsten Ausgabebetrag (§§ 9 Abs 1, 36a Abs 1 HS 1) ein Viertel des geringsten Ausgabebetrages und bei Ausgabe zu einem höheren Betrag (§§ 9 Abs 2, 36a Abs 1 HS 2) ein Viertel des geringsten Ausgabebetrages zuzüglich des Mehrbetrages (zur Berechnung bei einer Mischeinlage s § 36 Rn 8; s zur Einforderung von Einlagen und zur ordnungsgemäßen Einzahlung des eingeforderten Betrags die Kommentierung der §§ 54 Abs 3, 63, 53a; s zum sog schuldrechtlichen Agio *Hermanns* ZIP 2003, 788, 791 f; *Schorling/Vogel* AG 2003, 86, 87 ff; *Priester* FS Röhricht, S 467, 468 ff, 474 f; *Hüffer* AktG Rn 2a; Spindler/Stilz AktG/*Döbereiner* Rn 6). 2

III. Sacheinlagen

§ 36a Abs 2 trifft eine Regelung zur Leistung von Sacheinlagen. Was den Leistungszeitpunkt angeht, ist allerdings umstr, wie § 36a Abs 2 S 1 und S 2 auszulegen sind (vgl *Hüffer* AktG Rn 4: „§ 36a Abs 2 ist unverständlich."). Alle Vermögensgegenstände könnten nach § 36a Abs 2 S 1 vor Anmeldung einzubringen sein; dann würde § 36a Abs 2 S 2 nur eine Regelung für den Fall enthalten, dass nach § 36a Abs 2 S 1 ein **schuldrechtlicher Anspruch gegen einen Dritten auf Übertragung eines Vermögensgegenstandes** abgetreten wird, und zwar des Inhalts, dass dieser Anspruch innerhalb der Fünfjahresfrist zu erfüllen ist (Spindler/Stilz AktG/*Döbereiner* Rn 10; *Mayer* ZHR 154 (1990), 535, 537 f, 538 ff; KölnKomm AktG/*Kraft* 2. Aufl Rn 9 ff; krit dazu *Richter* ZGR 2009, 721, 731 ff). Demgegenüber könnten die Vermögensgegenstände, die nicht durch Übertragung (dingliche Vollrechtsübertragung) einzubringen sind (etwa Einräumung obligatorischer Nutzungsrechte durch Gründer), der Leistungspflicht vor Anmeldung nach § 36a Abs 2 S 1 unterliegen, während die **Vermögensgegenstände, die durch Übertragung einzubringen sind** (etwa Übereignung von Sachen und Abtretung von Forderungen oder Rechten), nach § 36a Abs 2 S 2 innerhalb der Fünfjahresfrist zu übertragen wären (*Hüffer* AktG Rn 4; MünchKomm AktG/*Pentz* Rn 9 ff; K. Schmidt/ Lutter AktG/*Kleindiek* Rn 3 ff; KölnKomm AktG/*Arnold* Rn 7 ff; Hölters AktG/*Solveen* Rn 5; *Krebs/Wagner* AG 1998, 467, 472 f, 473; leicht abw GroßKomm AktG/*Röhricht* Rn 3 ff, s insb Rn 5, 13; krit dazu *Richter* ZGR 2009, 721, 726 ff; s dazu auch *Wansleben* Werthaltigkeitsprüfung und Offenlegung beim Debt Equity Swap, WM 2012, 2083, 2084, der für den debt equity swap die Frage aufwirft, ob auf die Übertragung der Forderung – dann § 36a Abs 2 S 2 – oder auf „die Entschuldung als solche" – dann § 36a Abs 2 S 1 – abzustellen ist.). 3

Die zweite Auffassung dürfte im Lichte der Entstehungsgeschichte (Umsetzung von Art 9 Abs 2 Kapitalrichtlinie) **zutreffend sein** (*Hüffer* AktG Rn 4; MünchKomm 4

§ 36a   Leistung der Einlagen

AktG/*Pentz* Rn 13 ff; KölnKomm AktG/*Arnold* Rn 11 ff; Hölters AktG/*Solveen* Rn 5; Krebs/Wagner AG 1998, 467, 468 ff, 471 ff, 472 f), und zwar mit der Konsequenz, dass es bei Vermögensgegenständen, die durch Übertragung einzubringen sind, im Hinblick auf die Anmeldung ausreicht, dass die Sacheinlageverpflichtung besteht (MünchKomm AktG/*Pentz* Rn 12 ; GroßKomm AktG/*Röhricht* Rn 7; K. Schmidt/Lutter AktG/*Kleindiek* Rn 5; KölnKomm AktG/*Arnold* Rn 13; Hölters AktG/*Solveen* Rn 5); dieses Erfordernis ist regelmäßig wegen der Übernahmeerklärung und der in der Satzung offengelegten Sacheinlagevereinbarung gegeben (MünchKomm AktG/ *Pentz* Rn 16; GroßKomm AktG/*Röhricht* Rn 7, 9, § 27 Rn 12, 13 ff; KölnKomm AktG/ *Arnold* Rn 13; dies verkennt *Richter* ZGR 2009, 721, 725 f, 726, 731 ff, 764 ff, der zwischen den Fällen, in denen Sacheinlagegegenstand ein Vermögensgegenstand – dann § 36a Abs 2 S 1 – ist, und den Fällen, in denen Sacheinlagegegenstand eine Verpflichtung zur Übertragung eines Vermögensgegenstandes – dann § 36a Abs 2 S 2 – ist, differenzieren will, was sich am deutlichsten an seinen Beispielen zeigt, die sich auch als Fälle ansehen lassen, in denen Sacheinlagegegenstand ein Vermögensgegenstand ist, der – auf dem Boden der hM – nach § 36a Abs 2 S 2 innerhalb von fünf Jahren nach Eintragung der Gesellschaft auf die Gesellschaft zu übertragen ist). Demnach sind Sacheinlagegegenstände, die erst nach Anmeldung durch Übertragung einzubringen sind (ggf ist Leistungszeitpunkt im Wege der Auslegung zu ermitteln; es gilt § 271 BGB), vorbehaltlich einer abw Regelung innerhalb von fünf Jahren nach Eintragung der Gesellschaft vollständig (§ 266 BGB) zu übertragen (*Hüffer* AktG Rn 5; MünchKomm AktG/*Pentz* Rn 18 ff; GroßKomm AktG/*Röhricht* Rn 14; Hölters AktG/*Solveen* Rn 6, 7 f; KölnKomm AktG/*Arnold* Rn 16 ff, 20; zur Einbringung von Sacheinlagen zur freien Verfügung des VR s § 27 Rn 2, 5, 11 und § 36 Rn 5 ff und MünchKomm AktG/*Pentz* Rn 22). Dazu ist allerdings anzumerken, dass Sacheinlagen, die nach § 36a Abs 2 S 2 innerhalb von fünf Jahren nach Eintragung der Gesellschaft zu bewirken sind und tatsächlich bis zur Anmeldung nicht eingebracht werden (arg § 37a Abs 1: Wertangabe in der Anmeldung), wegen der Fristenregelung in § 33a Abs 1 Nr 1 **von dem vereinfachten Sachgründungsverfahren nicht erfasst** werden (s dazu *Drinhausen/Keinath* Referentenentwurf eines Gesetzes zur Umsetzung der Aktionärsrichtlinie – Weitere Schritte zur Modernisierung des Aktienrechts, BB 2008, 2078, 2079; KölnKomm AktG/*Arnold* § 33a Rn 11; Hölters AktG/*Solveen* § 33a Rn 3).

5   Nach § 36a Abs 2 S 3 muss der Wert der Sacheinlage dem geringsten Ausgabebetrag (§ 9 Abs 1) und bei Ausgabe der Aktien für einen höheren als diesen auch dem Mehrbetrag (§ 9 Abs 2) entsprechen. Darin liegt keine schlichte Wiederholung des in § 9 Abs 1 enthaltenen Verbots der Unterpariemission (so aber GroßKomm AktG/*Röhricht* Rn 17; MünchKomm AktG/*Pentz* Rn 27; *Hüffer* AktG Rn 6; K. Schmidt/Lutter AktG/*Kleindiek* Rn 9; Hölters AktG/*Solveen* Rn 9). Mehrbeträge nehmen am Schutz des Verbots der Unterpariemission nicht teil (GroßKomm AktG/*Röhricht* § 27 Rn 87; KölnKomm AktG/*Arnold* Rn 22; vgl auch Wortlaut der §§ 34 Abs 1 Nr 2, 37 Abs 1 S 3, 38 Abs 2 S 2). Nach den §§ 36a Abs 2 S 3, 37 Abs 1 ist Wertdeckung auch des Mehrbetrages jedoch Anmeldeerfordernis, so dass Registergericht ggf Eintragung ablehnen muss, um Täuschungen über die Kapitalausstattung zu verhindern (GroßKomm AktG/*Röhricht* § 27 Rn 100, § 38 Rn 41; GroßKomm AktG/*Brändel* § 9 Rn 18, 31), und die an § 37 Abs 1 anknüpfenden haftungs- und strafrechtlichen Vorschriften der §§ 46, 48, 399 Abs 1 Nr 1 eingreifen (GroßKomm AktG/*Röhricht* Rn 17; KölnKomm AktG/*Arnold* Rn 22).

§ 37 Inhalt der Anmeldung

(1) ¹In der Anmeldung ist zu erklären, dass die Voraussetzungen des § 36 Abs. 2 und des § 36a erfüllt sind; dabei sind der Betrag, zu dem die Aktien ausgegeben werden, und der darauf eingezahlte Betrag anzugeben. ²Es ist nachzuweisen, dass der eingezahlte Betrag endgültig zur freien Verfügung des Vorstands steht. ³Ist der Betrag gemäß § 54 Abs. 3 durch Gutschrift auf ein Konto eingezahlt worden, so ist der Nachweis durch eine Bestätigung des kontoführenden Instituts zu führen. ⁴Für die Richtigkeit der Bestätigung ist das Institut der Gesellschaft verantwortlich. ⁵Sind von dem eingezahlten Betrag Steuern und Gebühren bezahlt worden, so ist dies nach Art und Höhe der Beträge nachzuweisen.

(2) ¹In der Anmeldung haben die Vorstandsmitglieder zu versichern, dass keine Umstände vorliegen, die ihrer Bestellung nach § 76 Abs. 3 Satz 2 Nr. 2 und 3 sowie Satz 3 entgegenstehen, und dass sie über ihre unbeschränkte Auskunftspflicht gegenüber dem Gericht belehrt worden sind. ²Die Belehrung nach § 53 Abs. 2 des Bundeszentralregistergesetzes kann schriftlich vorgenommen werden; sie kann auch durch einen Notar oder einen im Ausland bestellten Notar, durch einen Vertreter eines vergleichbaren rechtsberatenden Berufs oder einen Konsularbeamten erfolgen.

(3) In der Anmeldung ist ferner anzugeben:
1. eine inländische Geschäftsanschrift,
2. Art und Umfang der Vertretungsbefugnis der Vorstandsmitglieder.

(4) Der Anmeldung sind beizufügen
1. die Satzung und die Urkunden, in denen die Satzung festgestellt worden ist und die Aktien von den Gründern übernommen worden sind;
2. im Fall der §§ 26 und 27 die Verträge, die den Festsetzungen zugrunde liegen oder zu ihrer Ausführung geschlossen worden sind, und eine Berechnung des der Gesellschaft zur Last fallenden Gründungsaufwands; in der Berechnung sind die Vergütungen nach Art und Höhe und die Empfänger einzeln anzuführen;
3. die Urkunden über die Bestellung des Vorstands und des Aufsichtsrats;
3a. eine Liste der Mitglieder des Aufsichtsrats, aus welcher Name, Vorname, ausgeübter Beruf und Wohnort der Mitglieder ersichtlich ist;
4. der Gründungsbericht und die Prüfungsberichte der Mitglieder des Vorstands und des Aufsichtsrats sowie der Gründungsprüfer nebst ihren urkundlichen Unterlagen.
5. *(aufgehoben)*

(5) Für die Einreichung von Unterlagen nach diesem Gesetz gilt § 12 Abs. 2 des Handelsgesetzbuchs entsprechend.

(6) *(aufgehoben)*

Übersicht

	Rn		Rn
I. Regelungsgehalt	1	III. Vorstandsmitglieder; inländische	
II. Einlagen	2	Geschäftsanschrift	4
		IV. Anlagen	6

§ 37 Inhalt der Anmeldung

Literatur: *Appell* Die Haftung der Bank für die Richtigkeit ihrer Bestätigung über die freie Verfügbarkeit eingezahlter Bareinlagen, ZHR 157 (1993), 213; *Bayer* Die Bankbestätigung gem § 37 Abs. 1 S. 3 AktG im Rahmen der präventiven Kapitalaufbringungskontrolle, FS Horn, 2006, S 271; *Blasche* Satzungssitz, tatsächlicher Verwaltungssitz und inländische Geschäftsanschrift: Neue Gestaltungsmöglichkeiten bei innerdeutschen Sachverhalten, GWR 2010, 25; *Butzke* Die Einzahlungsbestätigung nach § 37 Abs. 1 S. 3 AktG als Grundlage der Bankenhaftung, ZGR 1994, 94; *Clausnitzer/Blatt* Das neue elektronische Handels- und Unternehmensregister – Ein Überblick über die wichtigsten Veränderungen aus Sicht der Wirtschaft, GmbHR 2006, 1303; *Kübler* Bankenhaftung als Notbehelf der präventiven Kapitalaufbringungskontrolle?, ZHR 157 (1993), 196; *Leitzen* Öffentlich-rechtliche Genehmigungen in GmbH-Registerverfahren nach dem MoMiG, GmbHR 2009, 480; *Nicolai* Haftung für unrichtige Bankbestätigung gemäß § 37 Abs. 1 S. 4 AktG (analog), WM 1997, 993; *Röhricht* Freie Verfügungsmacht und Bankenhaftung (§ 37 AktG) – eine Nachlese, FS Boujong, 1996, S 457; *F. A. Schäfer* Kapitalerhöhungen von Banken und Bankbestätigung gem § 37 Abs 1 S 3 AktG, FS Hüffer, 2010, S 877; *Sikora/Tiedtke* Die Anmeldung der inländischen Geschäftsanschrift und weitere Kostenfragen des MoMiG, MittBayNot 2009, 209; *Wastl/Pusch* Haftungsrechtliche Verantwortung des kontoführenden Kreditinstituts für die effektive Kapitalaufbringung unter Berücksichtigung strafrechtlicher Aspekte, WM 2007, 1403; *Wicke* Pflicht zur Anmeldung einer inländischen Geschäftsanschrift nach der Übergangsvorschrift des § 3 I EGGmbHG, NZG 2009, 296.

I. Regelungsgehalt

1 Die Vorschrift regelt den Inhalt der Anmeldung und die Haftung des Kreditinstituts. Sie knüpft damit unmittelbar an die §§ 36, 36a, 53 Abs 3 an, die die zur Anmeldung Befugten und die Anmeldevoraussetzungen festlegen (s zur Anmeldung § 36 Rn 2 f). § 37 soll – wie § 37a – das Registergericht in die Lage versetzen, die ordnungsgemäße Gründung der Gesellschaft zu prüfen (§ 38), und wird gerade auch aus diesem Grund durch die haftungs- und strafrechtlichen Vorschriften der §§ 46, 48, 399 Abs 1 Nr 1, 399 Abs 1 Nr 6 flankiert; die Registerkontrolle dient wie Gründungsbericht (§ 32) und Gründungsprüfung (§§ 33, 34, 35) dem Schutz des Rechtsverkehrs vor unseriösen Gründungen (s § 32 Rn 1, § 33 Rn 1; *Hüffer* AktG Rn 1; Hölters AktG/*Solveen* Rn 1). § 37 begründet ein Eintragungshindernis; wird die Gesellschaft aber eingetragen, ist sie gleichwohl wirksam entstanden (keine Nichtigkeitsklage nach § 275, keine Amtslöschung nach § 397 FamFG), das Gericht kann jedoch aufgrund des § 14 HGB, §§ 388 ff FamFG (§ 407 Abs 2 steht nicht entgegen) eine Nachreichung fehlender Erklärungen, Angaben und Unterlagen durchsetzen (*Hüffer* AktG Rn 19; MünchKomm AktG/*Pentz* Rn 85; GroßKomm AktG/*Röhricht* Rn 62; K. Schmidt/Lutter AktG/*Kleindiek* Rn 39; KölnKomm AktG/*Arnold* Rn 46; Hölters AktG/*Solveen* Rn 4).

II. Einlagen

2 Die Anmelder haben nach § 37 Abs 1 S 1 HS 1 in der Anmeldung zu erklären, dass die Voraussetzungen der §§ 36 Abs 2, 36a erfüllt sind. Maßgebender Zeitpunkt für die Richtigkeit dieser Erklärung ist der Eingang der ordnungsgemäßen Anmeldung; bei Zurückweisung ist die Erklärung stets zu wiederholen, bei Vervollständigung aufgrund einer Zwischenverfügung nach § 382 Abs 4 S 1 FamFG jedenfalls dann, wenn sich die Sachlage geändert hat (*Hüffer* AktG Rn 2, 19; MünchKomm AktG/*Pentz* Rn 14; GroßKomm AktG/*Röhricht* Rn 9 f; K. Schmidt/Lutter AktG/*Kleindiek* Rn 39; KölnKomm AktG/*Arnold* Rn 10); es gilt die Formvorschrift des § 12 Abs 1 S 1 HGB iVm § 129 BGB, §§ 39, 39a, 40 BeurkG (vgl GroßKomm AktG/*Röhricht* Rn 11). Im

Fall einer **Bareinlage** ist zu erklären, dass der vom VR eingeforderte Betrag (§§ 63, 53a, 36a Abs 1) ordnungsgemäß (§ 54 Abs 3) eingezahlt worden ist und zum Zeitpunkt der Anmeldung noch zur freien Verfügung des VR (§ 36 Abs 2) steht, wobei nach § 37 Abs 1 S 1 HS 2 der Betrag, zu dem die Aktien ausgegeben werden, und der darauf eingezahlte Betrag für jeden Gründer angegeben werden muss (*Hüffer* AktG Rn 3; MünchKomm AktG/*Pentz* Rn 18; K. Schmidt/Lutter AktG/*Kleindiek* Rn 6; KölnKomm AktG/*Arnold* Rn 11; Hölters AktG/*Solveen* Rn 5). Es ist nachzuweisen, dass der eingezahlte Betrag endgültig zur freien Verfügung des Vorstands steht, und dieser Nachweis muss durch eine Bestätigung des kontoführenden Instituts geführt werden, wenn der Betrag gem § 54 Abs 3 durch Gutschrift auf ein Konto eingezahlt worden ist (§ 37 Abs 1 S 2 und S 3; s zur Bankbestätigung Rn 3). Soweit der eingezahlte Betrag bereits zur Begleichung von Steuern und Gebühren (§ 36 Abs 2; s dort Rn 4) verwandt worden ist, ist dies nach Art und Höhe aufzuschlüsseln und durch Vorlage von Zahlungsbescheiden und Quittungen nachzuweisen (§ 37 Abs 1 S 5; *Hüffer* AktG Rn 3; MünchKomm AktG/*Pentz* Rn 20, 25; Hölters AktG/*Solveen* Rn 9), soweit anderweitig darüber verfügt worden ist, ist darzulegen, dass anstelle der eingeforderten Beträge wertgleiche, aktivierungsfähige Vermögensgegenstände vorhanden sind (s dazu § 36 Rn 6a; *Hüffer* AktG Rn 3; MünchKomm AktG/*Pentz* Rn 20; GroßKomm AktG/*Röhricht* § 36 Rn 93 ff; KölnKomm AktG/*Arnold* Rn 12 f, 22; Spindler/Stilz AktG/*Döbereiner* Rn 3; Hölters AktG/*Solveen* Rn 5; krit dazu K. Schmidt/Lutter AktG/*Kleindiek* Rn 9 ff), und dies durch Vorlage von Verträgen, Rechnungen uÄ nachzuweisen (arg § 37 Abs 1 S 5; MünchKomm AktG/*Pentz* Rn 26; Spindler/Stilz AktG/*Döbereiner* Rn 4; Hölters AktG/*Solveen* Rn 9). Im Falle einer **Sacheinlage** ist – vorbehaltlich des § 33a – zu erklären, dass der Wert der Sacheinlage dem geringsten Ausgabebetrag und bei Ausgabe der Aktien für einen höheren als diesen auch dem Mehrbetrag entspricht (§ 36a Abs 2 S 3; s dort Rn 5) und die Sacheinlage endgültig zur freien Verfügung des VR steht (§ 36a Abs 2 S 1) bzw der Gründer verpflichtet ist, den Sacheinlagegegenstand zu einem bestimmten Zeitpunkt oder innerhalb von fünf Jahren nach Eintragung der Gesellschaft zu übertragen (§ 36a Abs 2 S 2) (MünchKomm AktG/*Pentz* Rn 41; Hölters AktG/*Solveen* Rn 10; Spindler/Stilz AktG/*Döbereiner* Rn 8 f; s auch KölnKomm AktG/*Arnold* Rn 13: Keine Erklärung, dass Sacheinlage zur freien Verfügung des VR steht; s zur Mischeinlage § 36 Rn 8).

Der Nachweis, dass der eingezahlte Betrag endgültig zur freien Verfügung des Vorstands steht, muss durch eine Bestätigung des kontoführenden Instituts geführt werden, wenn der Betrag gem § 54 Abs 3 durch Gutschrift auf ein Konto eingezahlt worden ist (§ 37 Abs 1 S 2 und S 3). **Bankbestätigung** kann in jeder zum Nachweis geeigneten Form erfolgen (schriftlich, elektronisch, telefonisch oder mündlich); soweit keine Bankbestätigung beigebracht werden kann, kommt etwa die Vorlage von Belegen über Scheckeinreichung und -gutschrift in Betracht (*Hüffer* AktG Rn 3; MünchKomm AktG/*Pentz* Rn 27; KölnKomm AktG/*Arnold* Rn 17; Hölters AktG/*Solveen* Rn 7). Was den **Inhalt** der Bankbestätigung angeht, ist noch unklar, ob zu bescheinigen ist, dass der eingezahlte Betrag endgültig zur freien Verfügung des Vorstands steht (in dieser Richtung noch *BGHZ* 113, 335, 350 und *BGHZ* 119, 177, 180 sowie *OLG Hamm* NZG 2005, 438, 439 f; s dazu KölnKomm AktG/*Arnold* Rn 18), dass zum Zeitpunkt der Abgabe der Bestätigung nach Kenntnis der Bank keine der freien Verfügung des VR entgegenstehenden Umstände gegeben sind (so nunmehr *BGHZ* 175, 86, 96; so auch MünchKomm AktG/*Pentz* Rn 30 ff und GroßKomm AktG/*Röh-*

3

§ 37

richt Rn 22 ff, 28 ff, 29 f und *ders* FS Boujong, S 457, 458 ff, 466 ff sowie KölnKomm AktG/*Arnold* Rn 21 f, 23 und Hölters AktG/*Solveen* Rn 7; Spindler/Stilz AktG/*Döbereiner* Rn 5; einschränkend K. Schmidt/Lutter AktG/*Kleindiek* Rn 13 f: Nur Nachweis über Einzahlung zur freien Verfügung) oder dass der eingezahlte Betrag zum Zeitpunkt der Abgabe der Bestätigung keinen bankbezogenen Verfügungsbeschränkungen unterliegt (s dazu § 36 Rn 5 und mit Unterschieden im Einzelnen etwa *Appell* ZHR 157 (1993), 213, 216, 222 f, 225 f; *Butzke* ZGR 1994, 94, 97 ff, 100 ff; *Hüffer* AktG Rn 3a, 5; *Kübler* ZHR 157 (1993), 196, 205 ff, 211 f; *Wastl/Pusch* WM 2007, 1403, 1405); bei Verfügungen des VR nach Einzahlung und vor Anmeldung (s dazu § 36 Rn 7) ist klarzustellen, dass die eingezahlten Beträge lediglich bis zu einem bestimmten Zeitpunkt in voller Höhe auf dem Konto zur freien Verfügung des VR gestanden haben (*Butzke* ZGR 1994, 94, 103; KölnKomm AktG/*Arnold* Rn 22; s auch MünchKomm AktG/*Pentz* Rn 34 und Spindler/Stilz AktG/*Döbereiner* Rn 5 sowie Hölters AktG/*Solveen* Rn 7: Angabe von Empfängern und Beträgen). Der Streit ist deshalb bedeutsam, weil die Bank nach § 37 Abs 1 S 4 eine **verschuldensunabhängige Gewährleistungshaftung** trifft (s dazu insb: *Butzke* ZGR 1994, 94, 104 ff; *Röhricht* FS Boujong, S 457, 466 ff; *Nicolai* WM 1993, 994 ff, 998 ff; *Wastl/Pusch* WM 2007, 1403, 1405 ff; *Hüffer* AktG Rn 5, 5a), auf die § 254 BGB nicht angewendet werden kann (*BGHZ* 113, 335, 355; *BGHZ* 119, 177, 180 f; *Hüffer* AktG Rn 5a; MünchKomm AktG/*Pentz* Rn 37; K. Schmidt/Lutter AktG/*Kleindiek* Rn 15; KölnKomm AktG/*Arnold* Rn 27; Hölters AktG/*Solveen* Rn 8), die einer Aufrechnung nicht zugänglich ist (§ 66 Abs 1 S 2 analog; so *BGHZ* 113, 335, 357 f und *OLG Hamburg* NJOZ 2006, 3513, 3523; MünchKomm AktG/*Pentz* Rn 37), die darauf gerichtet ist, die bestätigte, aber fehlende Einlage in voller Höhe aufzubringen (*BGHZ* 113, 335, 355; *Hüffer* AktG Rn 5a; *Wastl/Pusch* WM 2007, 1403, 1406; MünchKomm AktG/*Pentz* Rn 36; K. Schmidt/Lutter AktG/*Kleindiek* Rn 15; KölnKomm AktG/*Arnold* Rn 26; Hölters AktG/*Solveen* Rn 8), die einer fünfjährigen Verjährungsfrist unterliegt (§ 51 analog; *OLG Hamburg* NJOZ 2006, 3513, 3523 ff; *Hüffer* AktG Rn 5a; MünchKomm AktG/*Pentz* Rn 38; GroßKomm AktG/*Röhricht* Rn 31 f; K. Schmidt/Lutter AktG/*Kleindiek* Rn 15; KölnKomm AktG/*Arnold* Rn 28; Hölters AktG/*Solveen* Rn 8), die aber voraussetzt, dass zum einen der Bank der Zweck der Vorlage zum HR bekannt ist und dass zum anderen „der bestätigte Einlagebetrag nach den der Bank bekannten Umständen nicht oder nicht wirksam zu endgültig freier Verfügung des VR geleistet worden" ist oder „Geldeingänge aus nicht genannten Quellen als zu freier Verfügung des VR stehend in dem Bewusstsein bestätigt" werden, „dass damit dem Registergericht der Nachweis einer ordnungsgemäßen Kapitalaufbringung vorgespiegelt werden soll" (*BGHZ* 175, 86, Leitsätze b und c sowie dazu Rn 24, 26, 32); § 37 Abs 1 S 4 ist kein Schutzgesetz zugunsten von Anlegern iSv § 823 Abs 2 BGB (*OLG München* ZIP 2004, 69, 72 – Trentec AG). S zu der Frage, ob bei einer Kapitalerhöhung zu Lasten von bei der Kapitalerhöhung Bank geführten Konten eine Eigenbestätigung der Bank ausreicht, *F. A. Schäfer* FS Müller, S. 877, 882 f und zu der Frage, ob die Anrechnungslösung nach § 27 Abs 3 Auswirkungen auf die Haftung des Kreditinstituts nach § 37 Abs 1 S 4 hat, *Henkel* Kapitalaufbringung bei der GmbH nach dem MoMiG – Verdeckte Sacheinlage, NZI 2010, 6, 8).

III. Vorstandsmitglieder; inländische Geschäftsanschrift

In der Anmeldung haben die VR-Mitglieder (auch Stellvertreter, § 94) nach § 37 **4** Abs 2 S 1 HS 1 zunächst zu versichern, dass keine Umstände vorliegen, die ihrer Bestellung nach § 76 Abs 3 S 2 Nr 2 und Nr 3 sowie S 3 entgegenstehen (s dazu auch § 30 Rn 6; zu den Bestellungshindernissen s die Kommentierung des § 76 Abs 3). Diese Vorschrift erhielt durch das MoMiG (BGBl I 2008, 2026), das am 1.11.2008 in Kraft trat, ihre jetzige Fassung; der Katalog der **Bestellungshindernisse** wurde dabei um zentrale Bestimmungen des Wirtschaftsstrafrechts erweitert (s dazu die Begr zu den § 6 Abs 2 GmbHG, § 76 Abs 3 AktG idF des RegE MoMiG). Die Erklärung muss jedes einzelne VR-Mitglied abgeben, und zwar höchstpersönlich; eine Vertretung ist unzulässig (MünchKomm AktG/*Pentz* Rn 45, 46; KölnKomm AktG/*Arnold* Rn 30; Hölters AktG/*Solveen* Rn 11). Liegen keine Umstände vor, die einer Bestellung entgegenstehen, ist – auch wenn in der Praxis eine an § 76 Abs 3 S 2 Nr 2 und Nr 3 sowie S 3 angelehnte Formulierung verlangt wird (so etwa zum GmbH-Recht *OLG Karlsruhe* GmbHR, 2010, 643, 643 f mit der Begründung, andernfalls sei nicht gewährleistet, dass der Erklärende die einzelnen Ausschlussgründe gekannt und nach sorgfältiger Prüfung verneint habe; *OLG München* ZIP 2009, 1321, 1322; *BayObLG* BayObLGZ 1981, 396, 398 ff; s dazu auch *Hüffer* AktG Rn 6; *Terbrack* Rpfleger 2005, 237, 239; MünchKomm AktG/*Pentz* Rn 47; Hölters AktG/*Solveen* Rn 11) – eine an § 37 Abs 2 S 1 HS 1 angelehnte Formulierung ausreichend (MünchKomm AktG/*Pentz* Rn 47; **aA** Spindler/Stilz AktG/*Döbereiner* Rn 14; offen K. Schmidt/Lutter AktG/*Kleindiek* Rn 18 und KölnKomm AktG/*Arnold* Rn 31 sowie Hölters AktG/*Solveen* Rn 11). Der *BGH* hat insoweit klargestellt, dass es im Hinblick auf § 76 Abs 3 S 2 Nr 3 und S 3 genügt, wenn versichert wird, dass das VR-Mitglied „noch nie, weder im Inland noch im Ausland, wegen einer Straftat verurteilt worden sei" (*BGH* WM 2010, 1368, 1369 f; s dazu auch die Vorinstanz *OLG Karlsruhe* GmbHR, 2010, 643, 644: „dass eine strafrechtliche Verurteilung weder im Inland noch im Ausland erfolgt sei"); demgegenüber reiche es nicht, wenn versichert wird, „dass während der letzten fünf Jahre... keine Verurteilung wegen einer oder mehrerer vorsätzlich begangener Straftaten erfolgt sei", da das Bestellungshindernis wie die Ausschlussfrist an den Zeitpunkt der rechtskräftigen Verurteilung anknüpfen würden und es nach der abgegebenen Versicherung möglich sei, dass eine länger als fünf Jahre zurückliegende Verurteilung noch keine fünf Jahre rechtskräftig sei (*BGH* WM 2011, 1333, 1334 f). Liegt ein Berufs- oder Gewerbeausübungsverbot vor, ist es konkret anzugeben, damit geprüft werden kann, ob ein Bestellungshindernis iSv § 76 Abs 3 S 2 Nr 2 gegeben ist (MünchKomm AktG/*Pentz* Rn 47; Spindler/Stilz AktG/*Döbereiner* Rn 14; KölnKomm AktG/*Arnold* Rn 31; Hölters AktG/*Solveen* Rn 11). Die VR-Mitglieder (auch Stellvertreter, § 94) haben nach § 37 Abs 2 S 1 HS 1 weiter zu versichern, dass sie gem § 53 Abs 2 BZRG (§ 37 Abs 2 S 2) über ihre unbeschränkte Auskunftspflicht gegenüber dem Gericht belehrt worden sind (s zur ansonsten beschränkten Auskunftspflicht § 53 Abs 1 BZRG). Nach § 37 Abs 2 S 2 kann die **Belehrung** nicht nur mündlich, sondern auch schriftlich vorgenommen werden, und zwar durch das Gericht oder – bei entspr Auftrag – durch einen Notar, einen im Ausland bestellten Notar, einen Vertreter eines vergleichbaren rechtsberatenden Berufs oder einen Konsularbeamten. Es kommt insb der Notar in Betracht, der die Anmeldung (s Rn 2 und § 36 Rn 2) gem § 12 Abs 1 S 1 HGB iVm § 129 BGB, §§ 39, 39a, 40 BeurkG öffentlich beglaubigt hat (MünchKomm AktG/*Pentz* Rn 50; GroßKomm AktG/*Röhricht* Rn 41; Spindler/Stilz AktG/*Döberei-*

ner Rn 15; Hölters AktG/*Solveen* Rn 12; *Terbrack* Rpfleger 2005, 237, 239). § 37 Abs 2 S 2 erhielt durch das MoMiG (BGBl I 2008, 2026), das am 1.11.2008 in Kraft trat, seine jetzige Fassung; es wurde als unverhältnismäßig angesehen, bei VR-Mitgliedern, die sich im Ausland aufhalten, eine schriftliche Belehrung durch einen deutschen Notar zu verlangen, und zwar insb im Hinblick darauf, dass nach der gleichfalls vollzogenen Änderung des § 5 die Geschäftstätigkeit der Gesellschaft nunmehr auch ganz oder überwiegend aus dem Ausland geführt werden könne (Begr zu den § 8 Abs 3 S 2 GmbHG, § 37 Abs 2 S 2 AktG idF des RegE MoMiG).

5 In der Anmeldung ist nach § 37 Abs 3 ferner anzugeben, welche Vertretungsbefugnis die VR-Mitglieder haben. Diese Vorschrift geht auf Art 2 Abs 1 lit d der Publizitätsrichtlinie (s unter Art 8 f) zurück und ist deshalb weit auszulegen, insb ist die Vertretungsbefugnis auch dann anzugeben, wenn sie sich bereits aus dem Gesetz ergibt (§ 78 Abs 1 S 1 sowie Abs 2 S 1). Soweit **Vertretungsbefugnisse** gleich sind, genügt die abstrakte Angabe (Einzelvertretung, Gesamtvertretung, unechte Gesamtvertretung mit anderem VR-Mitglied oder Prokurist), und zwar unter Einschluss der Passivvertretung (§ 78 Abs 2 S 2 ggf iVm § 78 Abs 1 S 2, Abs 3 S 3); soweit Vertretungsbefugnisse unterschiedlich sind, müssen konkrete Angaben gemacht werden (*Hüffer* AktG Rn 8; MünchKomm AktG/*Pentz* Rn 53 f, 55; K. Schmidt/Lutter AktG/*Kleindiek* Rn 25; *Terbrack* Rpfleger 2005, 237, 239 f; KölnKomm AktG/*Arnold* Rn 35 f; Hölters AktG/*Solveen* Rn 17 f). Anzugeben ist auch eine Befreiung vom Verbot des § 181 BGB, eine Ermächtigung des AR gem § 78 Abs 3 S 2 und nach wohl überwiegender Ansicht ein bereits vorhandener, darauf beruhender Beschluss des AR; ob die Angabepflicht auch für eine Ermächtigung einzelner VR-Mitglieder gem § 78 Abs 4 oder zumindest für die Möglichkeit einer solchen Ermächtigung gilt, ist fraglich (*Hüffer* AktG Rn 8; MünchKomm AktG/*Pentz* Rn 55 ff; GroßKomm AktG/*Röhricht* Rn 44 f; Spindler/Stilz AktG/*Döbereiner* Rn 13; K. Schmidt/Lutter AktG/*Kleindiek* Rn 25; KölnKomm AktG/*Arnold* Rn 35, 37; Hölters AktG/*Solveen* Rn 17 f; *Terbrack* Rpfleger 2005, 237, 240).

5a In § 37 Abs 3 erhielt durch das MoMiG **(**BGBl I 2008, 2026), das am 1.11.2008 in Kraft trat, seine jetzige Fassung. Da nach § 78 Abs 2 S 3 nF nunmehr an die Vertreter der Gesellschaft unter der im HR eingetragenen Geschäftsanschrift Willenserklärungen gegenüber der Gesellschaft abgegeben und Schriftstücke zugestellt werden können, ist nach § 37 Abs 3 in der Anmeldung auch eine **inländische Geschäftsanschrift** anzugeben; es sollten auf diese Weise Zustellungsprobleme im Interesse der Gläubiger gelöst werden (Begr zu den § 8 Abs 4 GmbHG, § 37 Abs 3 AktG idF des RegE MoMiG; s dazu auch § 39 Abs 1 S 1 und § 43 Nr 2b HRV sowie § 39 Rn 2a). Es genügt eine beliebige inländische Geschäftsanschrift, es muss sich nicht um eine inländische Geschäftsanschrift am Satzungs- oder Verwaltungssitz handeln (*Blasche* GWR 2010, 297153; Spindler/Stilz AktG/*Döbereiner* Rn 18; K. Schmidt/Lutter AktG/*Kleindiek* Rn 23; KölnKomm AktG/*Arnold* Rn 34; Hölters AktG/*Solveen* Rn 14). Eine „c/o Adresse" genügt aber nur dann, wenn „unter dieser Anschrift sicher zuverlässige Zustellungen und Ersatzzustellungen an die Gesellschaft erfolgen können," was etwa der Fall ist, wenn die Gesellschaft „unter der c/o-Anschrift einen Geschäftsraum unterhält oder es sich um die Wohnanschrift eines gesetzlichen Vertreters oder eines Zustellungsbevollmächtigten handelt" (*OLG Rostock* NZG 2011, 279, 280; s dazu auch *OLG Hamm* NZG 2011, 994, 994 und *OLG Naumburg* GmbHR 2009, 832, 833; krit zu dieser Rspr *Stenzel* Handelsregistereintragung von „c/o"-Adressen, NZG 2011,

851, 852 f und *Wachter* Anmerkung zu OLG Rostock Urteil v 31.5.2010 – 1 W 6/10, EWiR § 8 GmbHG 2/11). Die Übergangsregelung für bereits vor dem 1.11.2008 im HR eingetragene Gesellschaften (§ 18 EGAktG) sieht in ihrem Kern vor, dass nur diejenigen Gesellschaften zur Anmeldung ihrer inländischen Geschäftsanschrift verpflichtet sind, die sie zuvor nicht mitgeteilt hatten oder deren Anschrift sich geändert hat (*OLG München* ZIP 2009, 619, 619 f und dazu *Schaller* EWiR § 18 EGAktG 1/09, 439). In diesem Zusammenhang ist anzumerken, dass darüberhinaus die Möglichkeit besteht, eine Person, die für Willenserklärungen und Zustellungen an die Gesellschaft empfangsberechtigt ist, mit einer inländischen Anschrift zur Eintragung in das HR anzumelden (s dazu § 39 Abs 1 S 1 und § 43 Nr 2b HRV); diese Person ist dann neben den Vertretern der Gesellschaft empfangsberechtigt (s dazu § 39 Rn 2a). Ein solches Vorgehen kann zweckmäßig sein, wäre eine öffentliche Zustellung (§ 185 Nr 2 ZPO) dann nämlich erst möglich, wenn auch an diese empfangsberechtigte Person nicht zugestellt werden kann (so zutr Spindler/Stilz AktG/*Döbereiner* Rn 19).

IV. Anlagen

Der Anmeldung sind nach § 37 Abs 4 bestimmte Unterlagen beizufügen, und zwar zunächst die Satzung und die Urkunden, in denen die **Satzung** festgestellt worden ist und die Aktien von den Gründern übernommen worden sind, womit auch die Fälle erfasst werden, in denen die Satzung zwischenzeitlich ergänzt worden ist oder Satzungsfeststellung und Aktienübernahme in verschiedenen gleich lautenden Urkunden erklärt worden sind (*Hüffer* AktG Rn 9; MünchKomm AktG/*Pentz* Rn 62; KölnKomm AktG/*Arnold* Rn 39; Hölters AktG/*Solveen* Rn 20; *Terbrack* Rpfleger 2005, 237, 240), sowie im Fall der §§ 26 und 27 – vorbehaltlich des § 37a – die Verträge, die den Festsetzungen zugrunde liegen oder zu ihrer Ausführung geschlossen worden sind (s dazu § 26 Rn 2, 6, 7, 9, 12 und § 27 Rn 3, 7, 15, 19 ff), soweit sie denn existieren (andernfalls ist Fehlanzeige erforderlich; *Hüffer* AktG Rn 10; MünchKomm AktG/ *Pentz* Rn 64; K. Schmidt/Lutter AktG/*Kleindiek* Rn 29; KölnKomm AktG/*Arnold* Rn 40; Hölters AktG/*Solveen* Rn 21), und eine Berechnung des der Gesellschaft zur Last fallenden Gründungsaufwands (s dazu § 26 Rn 9), wobei die Positionen nach Art, Höhe und Empfänger aufzuführen sind, vergleichbare Positionen aber als Gesamtposition angegeben werden dürfen, und keine Belege erforderlich sind; noch nicht aufgewendeter **Gründungsaufwand** muss geschätzt werden (*Hüffer* AktG Rn 10; MünchKomm AktG/*Pentz* Rn 63, 65; GroßKomm AktG/*Röhricht* Rn 48; K. Schmidt/Lutter AktG/*Kleindiek* Rn 29; KölnKomm AktG/*Arnold* Rn 41; Hölters AktG/*Solveen* Rn 21; *Terbrack* Rpfleger 2005, 237, 240). Beizufügen sind weiter eine **Liste der Mitglieder des AR**, aus welcher Name, Vorname, ausgeübter Beruf und Wohnort der Mitglieder ersichtlich ist, und die **Urkunden über die Bestellung** der anmeldenden VR-Mitglieder und AR-Mitglieder (auch Stellvertreter, § 94; vgl § 36 Rn 2), während sich die Amtsannahme aus der Vorname der Anmeldung ergibt (s dazu § 30 Rn 2 f, 6 und § 31 Rn 3; *Hüffer* AktG Rn 11; MünchKomm AktG/*Pentz* Rn 66; K. Schmidt/Lutter AktG/*Kleindiek* Rn 30; KölnKomm AktG/*Arnold* Rn 42; Hölters AktG/*Solveen* Rn 22; *Terbrack* Rpfleger 2005, 237, 240). Beizufügen sind schließlich der **Gründungsbericht** (§ 32; s dazu dort) und – vorbehaltlich des § 37a – die **Gründungprüfungsberichte** (§§ 33 Abs 1 und Abs 2, 34; s dazu dort) nebst den ihnen zugrunde liegenden urkundlichen Unterlagen wie Gutachten, Verträge, Berechnungen, Texte uÄ, und zwar einschließlich bereits nach § 37 Abs 4 Nr 2 beizufügender Verträge (so Münch-

6

§ 37a Anmeldung bei Sachgründung ohne externe Gründungsprüfung

Komm AktG/*Pentz* Rn 74 und KölnKomm AktG/*Arnold* Rn 44, im letzten Punkt **aA** *Terbrack* Rpfleger 2005, 237, 240 f); haben die externen Gründungsprüfer ihren Gründungsprüfungsbericht direkt dem Gericht zugeleitet (s dazu § 34 Rn 3), muss er der Anmeldung nicht beigefügt werden (*Hüffer* AktG Rn 13; MünchKomm AktG/*Pentz* Rn 68; Spindler/Stilz AktG/*Döbereiner* Rn 25; K. Schmidt/Lutter AktG/*Kleindiek* Rn 34; KölnKomm AktG/*Arnold* Rn 44; Hölters AktG/*Solveen* Rn 24). Durch das MoMiG (BGBl I 2008, 2026), das am 1.11.2008 in Kraft trat, ist § 37 Abs 4 Nr 5 aufgehoben worden, wonach dann, wenn der Unternehmensgegenstand oder ein Teil des Unternehmensgegenstandes der staatlichen Genehmigung bedarf (s insb § 13 AMG, §§ 29 ff GewO, §§ 2 f GastG, § 3, 8 GüKG, § 32 KWG, § 20 LuftVG, § 2 PBefG, §§ 49 ff StBerG, § 1 f UrhWahrnG, § 5 VAG, §§ 2 Abs 2, 7, 27 WaffG, §§ 27 ff, 130 WPO und nach *BGHZ* 102, 209, 211 ff auch § 1 Abs 1 HwO), die der Gesellschaft erteilte Genehmigung der Anmeldung beizufügen war, und zwar, um die Handelsregistereintragung zu erleichtern und zu beschleunigen (Begr zu den § 8 Abs 1 GmbHG, § 37 Abs 4 AktG idF des RegE MoMiG; s dazu *Hüffer* AktG Rn 14: „Abkoppelung vom Genehmigungsverfahren"; zu im Ausnahmefall dennoch bestehenden Eintragungshindernissen etwa nach den § 43 Abs 1 KWG, 3 Abs 4 InvG s nur *Leitzen* GmbHR 2009, 480, 481 ff und Hölters AktG/*Solveen* Rn 25). Für die Einreichung der Dokumente gilt die Formvorschrift des § 12 Abs 2 HGB iVm § 39a BeurkG (s dazu *OLG München* ZIP 2010, 1494, 1495).

§ 37a Anmeldung bei Sachgründung ohne externe Gründungsprüfung

(1) ¹Wird nach § 33a von einer externen Gründungsprüfung abgesehen, ist dies in der Anmeldung zu erklären. ²Der Gegenstand jeder Sacheinlage oder Sachübernahme ist zu beschreiben. ³Die Anmeldung muss die Erklärung enthalten, dass der Wert der Sacheinlagen oder Sachübernahmen den geringsten Ausgabebetrag der dafür zu gewährenden Aktien oder den Wert der dafür zu gewährenden Leistungen erreicht. ⁴Der Wert, die Quelle der Bewertung sowie die angewandte Bewertungsmethode sind anzugeben.

(2) In der Anmeldung haben die Anmeldenden außerdem zu versichern, dass ihnen außergewöhnliche Umstände, die den gewichteten Durchschnittspreis der einzubringenden Wertpapiere oder Geldmarktinstrumente im Sinne von § 33a Abs. 1 Nr. 1 während der letzten drei Monate vor dem Tag ihrer tatsächlichen Einbringung erheblich beeinflusst haben könnten, oder Umstände, die darauf hindeuten, dass der beizulegende Zeitwert der Vermögensgegenstände im Sinne von § 33a Abs. 1 Nr. 2 am Tag ihrer tatsächlichen Einbringung auf Grund neuer oder neu bekannt gewordener Umstände erheblich niedriger ist als der von dem Sachverständigen angenommene Wert, nicht bekannt geworden sind.

(3) Der Anmeldung sind beizufügen:
1. Unterlagen über die Ermittlung des gewichteten Durchschnittspreises, zu dem die einzubringenden Wertpapiere oder Geldmarktinstrumente während der letzten drei Monate vor dem Tag ihrer tatsächlichen Einbringung auf einem organisierten Markt gehandelt worden sind,
2. jedes Sachverständigengutachten, auf das sich die Bewertung in den Fällen des § 33a Abs. 1 Nr. 2 stützt.

§ 37a Anmeldung bei Sachgründung ohne externe Gründungsprüfung

Übersicht

	Rn		Rn
I. Regelungsgehalt	1	IV. Versicherung	5
II. Hintergrund	2	V. Anlagen	7
III. Erklärung	4		

Literatur: *Bayer/J. Schmidt* Die Reform der Kapitalaufbringung bei der Aktiengesellschaft durch das ARUG, ZGR 2009, 805; *Böttcher* Die kapitalschutzrechtlichen Aspekte der Aktionärsrechterichtlinie (ARUG), NZG 2008, 481; *Drinhausen/Keinath* Referentenentwurf eines Gesetzes zur Umsetzung der Aktionärsrechtrichtlinie – Weitere Schritte zur Modernisierung des Aktienrechts, BB 2008, 2078; *Handelsrechtsausschuss des Deutschen Anwaltvereins* Stellungnahme zum Referentenentwurf eines Gesetzes zur Umsetzung der Aktionärsrechte-Richtlinie (ARUG), NZG 2008, 534; *ders* Stellungnahme zum Regierungsentwurf eines Gesetzes zur Umsetzung der Aktionärsrechte-Richtlinie (ARUG), NZG 2009, 96; *Herrler/Reimann* Die Neuerungen im Aktienrecht durch das ARUG – Unter besonderer Berücksichtigung der Neuregelungen zur Hauptversammlung und zur Kapitalaufbringung bei der AG (Teil 2), DNotZ 2009, 914; *Merkner/Decker* Vereinfachte Sachkapitalerhöhung nach dem ARUG – Wertvolle Deregulierung oder Regelung auf dem Papier?, NZG 2009, 887; *Paschos/Goslar* Der Referentenentwurf des Gesetzes zur Umsetzung der Aktionärsrechterichtlinie (ARUG) aus der Sicht der Praxis, AG 2008, 605; *dies* Der Regierungsentwurf des Gesetzes zur Umsetzung der Aktionärsrechterichtlinie (ARUG), AG 2009, 14; *Sauter* Offene Fragen zum Referentenentwurf eines Gesetzes zur Umsetzung der Aktionärsrechterichtlinie (ARUG), ZIP 2008, 1706; *Schäfer* Vereinfachung der Kapitalrichtlinie – Sacheinlage, Der Konzern 2007, 407; *Seibert* Der Referentenentwurf eines Gesetzes zur Umsetzung der Aktionärsrechterichtlinie (ARUG), ZIP 2008, 906; *Seibert/Florstedt* Der Regierungsentwurf des ARUG – Inhalt und wesentliche Änderungen gegenüber dem Referentenentwurf, ZIP 2008, 2145; *Westermann* Kapitalschutz als Gestaltungsmöglichkeit, ZHR 172 (2008), 144; *Zetzsche* Die nächste „kleine" Aktienrechtsreform: Der Referentenentwurf eines Gesetzes zur Umsetzung der Aktionärsrechterichtlinie (ARUG), Der Konzern 2008, 321.

I. Regelungsgehalt

Die Vorschrift knüpft an § 37 an und regelt ergänzend die Anforderungen an den Inhalt der Anmeldung für den Fall, dass und soweit von dem durch § 33a bei einer Gründung mit Sacheinlagen und Sachübernahmen (vgl §§ 33 Abs 2 Nr 4, 32 Abs 2) eingeräumten Wahlrecht Gebrauch gemacht worden ist, anstelle des Verfahrens der externen Gründungsprüfung nach § 33 Abs 2 das Verfahren nach § 33a durchzuführen. Die Vorschrift steht in einem systematischem Zusammenhang mit § 38 Abs 3, weil die in der Anmeldung nach § 37a aufgrund des Gründungsberichts nach § 32 Abs 2 (s dazu § 32 Rn 4 f) und der Gründungsprüfung nach § 33 Abs 1, 34 Abs 1 (s dazu §§ 33 Rn 2, 33a Rn 1 f, 34 Rn 1) zu erstattenden Erklärungen und Versicherungen sowie die beizufügenden Unterlagen die Grundlage einer in diesen Fällen eingeschränkten registergerichtlichen Kontrolle der ordnungsgemäßen Gründung der Gesellschaft nach § 38 Abs 3 sind (Begr zu § 34 Abs 2 S 2, 37a, 38 Abs 3 idF des RegE ARUG; vgl *Hüffer* AktG Rn 1). **§ 37a ersetzt insoweit den Gründungsprüfungsbericht von VR und AR nach § 34 Abs 2** (s dazu § 34 Abs 2 S 3; Begr zu § 34 Abs 2 S 2, 37a idF des RegE ARUG; *Hüffer* AktG § 34 Rn 6) **und den Gründungsprüfungsbericht der externen Prüfer nach § 34 Abs 2** (Begr zu § 37a idF des RegE ARUG). § 37a wird durch die haftungs- und strafrechtlichen Vorschriften der §§ 46, 48, 399 Abs 1 Nr 1 flankiert; die Registerkontrolle dient wie Gründungsbericht (§ 32) und Gründungsprüfung (§§ 33,

§ 37a Anmeldung bei Sachgründung ohne externe Gründungsprüfung

34, 35) dem Schutz des Rechtsverkehrs vor unseriösen Gründung. § 37a begründet ein Eintragungshindernis; wird die Gesellschaft aber eingetragen, ist sie gleichwohl wirksam entstanden (keine Nichtigkeitsklage nach § 275, keine Amtslöschung nach § 397 FamFG), das Gericht kann jedoch aufgrund des § 14 HGB, §§ 388 ff FamFG (§ 407 Abs 2 steht nicht entgegen) eine Nachreichung fehlender Erklärungen, Angaben und Unterlagen durchsetzen (*Hüffer* AktG Rn 7; K. Schmidt/Lutter AktG/*Kleindiek* Rn 10). Die in der Anmeldung nach § 37a zu erstattenden Erklärungen und Versicherungen sowie die beizufügenden Unterlagen können beim HR eingesehen werden; sie dienen damit auch der Information der Öffentlichkeit (§§ 37 Abs 5 iVm §§ 12 Abs 2, 9 HGB und § 37a AktG; *Hüffer* AktG Rn 1, 6).

II. Hintergrund

2 Das Erfordernis, dass im Falle einer Sachgründung ohne externe Gründungsprüfung (§ 33a) in der Anmeldung zunächst – dem § 34 Abs 1 Nr 2 und Abs 2 S 2 entspr – der Vermögensgegenstand zu beschreiben ist, Angaben zur Bewertung zu machen sind und zu erklären ist, dass der Wert der Sacheinlagen oder Sachübernahmen – insoweit den §§ 34 Abs 1 Nr 2, 38 Abs 2 S 2 entspr, aber entgegen § 37 Abs 1 S 1 iVm §§ 36 Abs 2, 36a (s dazu §§ 32 Rn 4, 34 Rn 2) – den geringsten Ausgabebetrag der dafür zu gewährenden Aktien oder den Wert der dafür zu gewährenden Leistungen erreicht (§ 37a Abs 1), weiter eine auf die Gegenausnahmen in § 33a Abs 2 bezogene Versicherung abzugeben ist (§ 37a Abs 2) und schließlich – dem § 37 Abs 4 Nr 4 entsprechend – der Anmeldung Unterlagen zur Bewertung und insb das nach § 33a Abs 1 Nr 2 erforderliche Bewertungsgutachten beizufügen sind, geht auf **Art 10b Abs 1 der Änderungsrichtlinie 2006/68/EG** vom 6.9.2006 (2006 L 264/32) zur Kapitalrichtlinie zurück. Danach ist in einer Erklärung offenzulegen: a) eine Beschreibung der betreffenden Sacheinlage; b) ihr Wert, die Quelle dieser Bewertung sowie ggf die Bewertungsmethode; c) Angaben darüber, ob der ermittelte Wert wenigstens der Zahl und dem Nennbetrag oder – falls ein Nennbetrag nicht vorhanden ist – dem rechnerischen Wert und gegebenenfalls dem Mehrbetrag der für eine solche Sacheinlage auszugebenden Aktien entspricht; d) eine Erklärung, dass in Bezug auf die ursprüngliche Bewertung keine neuen erheblichen Umstände eingetreten sind.

3 Der Gesetzgeber kam seiner Umsetzungspflicht mit dem ARUG (BGBl I 2009, 2479) nach, das am 1.9.2009 in Kraft trat. Er hat den Art 10b Abs 1 und Abs 2 der Änderungsrichtlinie mit zwei Modifizierungen umgesetzt. Zum einen hat er es nicht zum erforderlichen Inhalt der Erklärung gemacht, dass der Wert der Sacheinlage dem geringsten Ausgabebetrag der dafür zu gewährenden Aktien *und* bei Ausgabe der Aktien für einen höheren Wert als diesen (**Über-Pari-Emission**) auch dem Mehrbetrag entspricht. Er hat sich damit in einen augenfälligen Widerspruch zu der nach § 37 Abs 1 S 1 iVm §§ 36 Abs 2, 36a bei sonstigen Sacheinlagen abzugebenden Erklärung gesetzt und sich stattdessen an den §§ 34 Abs 1 Nr 2, 38 Abs 2 S 2 (s dazu § 32 Rn 4, § 34 Rn 2, § 38 Rn 6, § 27 Rn 4) orientiert; diese Entscheidung entspricht überdies nicht Art 10b Abs 1 lit c der Änderungsrichtlinie 2006/68/EG vom 6.9.2006 (2006 L 264/32) zur Kapitalrichtlinie (darauf weist der *Handelsrechtsausschuss des DAV* NZG 2008, 534, 535 und NZG 2009, 96, 96 zu recht hin). Dies wird in der Literatur auch kritisch gesehen (s zum Diskussionsstand *Schäfer* Der Konzern 2007, 407, 410 f; *Hüffer* AktG Rn 3; K. Schmidt/Lutter AktG/*Kleindiek* Rn 4; *Bayer/J. Schmidt* ZGR 2009, 805, 843 f; s insb auch KölnKomm AktG/*Arnold* Rn 7 mit dem Vorschlag, § 37 Abs 1

S 1 iVm §§ 36 Abs 2, 36a auch bei Sachgründungen ohne externe Gründungsprüfung anzuwenden, so dass § 37a Abs 1 S 3 „praktisch überflüssig ist"; ähnlich Hölters AktG/*Solveen* Rn 3); s dazu auch die Diskussion (s dazu § 34 Rn 2) um die Frage ob sich die Gründungsprüfung in diesen Fällen darauf erstreckt, ob der Wert der Sacheinlagen – entspr dem Wortlaut (und dem der §§ 34 Abs 1 Nr 2, 37a Abs 1 S 3, 38 Abs 2 S 2) – den geringsten Ausgabebetrag der dafür zu gewährenden Aktien (so Spindler/Stilz AktG/*Gerber* § 34 Rn 8 und Hölters AktG/*Solveen* § 34 Rn 5) oder auch – entspr §§ 36 Abs 2, 36a (und entspr der Prüfungspraxis) – den Mehrbetrag erreicht (so K. Schmidt/Lutter AktG/*Bayer* § 34 Rn 6 und KölnKomm AktG/*Arnold* § 34 Rn 8 sowie jüngst *BGH* NZG 2012, 69, 72 – Babcock unter Hinweis auf Art 10 Abs 2 der Kapitalrichtlinie; s dazu auch *Schäfer* Der Konzern 2007, 407, 410 f). Im Lichte dieser Entscheidung kann im Rahmen des § 37 a nicht anderes gelten, und zwar nicht zuletzt, weil § 37a den Gründungsprüfungsbericht von VR und AR nach § 34 Abs 2 (s dazu § 34 Abs 2 S 3; Begr zu § 34 Abs 2 S 2, 37a idF des RegE ARUG; *Hüffer* AktG § 34 Rn 6) und den Gründungsprüfungsbericht der externen Prüfer nach § 34 Abs 2 (Begr zu § 37a idF des RegE ARUG) ersetzt (im Ergebnis ebenso K. Schmidt/Lutter AktG/*Kleindiek* Rn 4: „richtlinienkonforme Auslegung"). Der Gesetzgeber hat zum anderen – dem § 37 Abs 4 Nr 4 entspr – geregelt, dass der Anmeldung **Unterlagen zur Bewertung** und insb das nach § 33a Abs 1 Nr 2 erforderliche Bewertungsgutachten beizufügen sind. Dieses Erfordernis findet keine Entsprechung in der Änderungsrichtlinie. Es wurde aufgenommen, weil „die Pflicht zur Veröffentlichung der Bewertungsgrundlagen ... für erhöhte Transparenz und Nachprüfbarkeit des Vorgangs" sorgt (Begr zu § 37a Abs 3 idF des RegE ARUG).

III. Erklärung

Nach § 37a Abs 1 ist – ergänzend zu § 37 Abs 1 – zu erklären, dass nach § 33a von einer **4** externen Gründungsprüfung abgesehen wurde (§ 37a Abs 1 S 1) und dass der Wert der Sacheinlagen oder Sachübernahmen – entspr den §§ 34 Abs 1 Nr 2, 38 Abs 2 S 2 (s dazu § 32 Rn 4) – den geringsten Ausgabebetrag der dafür zu gewährenden Aktien oder den Wert der dafür zu gewährenden Leistungen erreicht (§ 37a Abs 1 S 3); außerdem ist – in Anlehnung an § 34 Abs 2 S 2 – der Gegenstand jeder Sacheinlage zu beschreiben (§ 37a Abs 1 S 2) und sind der Wert, die Quelle der Bewertung sowie die angewandte Bewertungsmethode anzugeben (§ 37a Abs 1 S 4; s zu diesen Erfordernissen § 34 Rn 2 f). In der Gesetzesbegründung (Begr zu § 37a Abs 1 idF des RegE ARUG) wird darauf hingewiesen, dass nicht dargelegt zu werden brauche, dass die Voraussetzungen des § 33a gegeben seien. Die Beschreibung der Sacheinlage gehe inhaltlich über die notwendigen Festsetzungen in der Satzung (§ 27 Abs 1 S 1) hinaus, weil es nicht nur um die Konkretisierung des Einlagegegenstandes gehe, sondern darum, zusammen mit den ebenfalls offenzulegenden Bewertungsgrundlagen zu gewährleisten, dass Außenstehende die Werthaltigkeit des Einlagegegenstandes selbst einschätzen könnten; sie habe deshalb **nicht nur konkretisierende oder individualisierende, sondern insbesondere auch wertbildende Faktoren** zu berücksichtigen. Der Wert der Sacheinlage sei als Geldbetrag in Euro anzugeben; Stichtag sei der Tag der tatsächlichen Einbringung. In der Literatur wird dazu angemerkt, dass die Voraussetzungen des § 33a nicht dargelegt werden müßten, weil sie sich aus den iÜ nach § 37a zu machenden Angaben ergeben würden (so zutr KölnKomm AktG/*Arnold* Rn 4), und dass sich die Erklärung nach § 37a Abs 1 S 3 wie die Erklärung nach § 37 Abs 1

S 1 iVm §§ 36 Abs 2, 36a auf den Zeitpunkt der Anmeldung beziehen müsse (so zutr KölnKomm AktG/*Arnold* Rn 8).

IV. Versicherung

5 Nach § 37a Abs 2 ist – ergänzend zu § 37 Abs 1 und Abs 2 – von den Anmeldenden zu versichern, dass ihnen außergewöhnliche Umstände, die den gewichteten Durchschnittspreis der einzubringenden Wertpapiere oder Geldmarktinstrumente iSv § 33a Abs 1 Nr 1 während der letzten drei Monate vor dem Tag ihrer tatsächlichen Einbringung erheblich beeinflusst haben könnten, oder Umstände, die darauf hindeuten, dass der beizulegende Zeitwert der Vermögensgegenstände iSv § 33a Abs 1 Nr 2 am Tag ihrer tatsächlichen Einbringung auf Grund neuer oder neu bekannt gewordener Umstände erheblich niedriger ist als der von dem Sachverständigen angenommene Wert nicht bekannt geworden sind. Diese Versicherung nimmt inhaltlich auf die Gegenausnahmen in § 33a Abs 2 Bezug; s dazu § 33a Rn 6 f, 9 f. In der Gesetzesbegründung (Begr zu § 37a Abs 2 idF des RegE ARUG) wird darauf hingewiesen, dem Anmeldenden würden mit der Versicherung, dass ihnen bis zur Anmeldung keine außergewöhnliche Umstände iSv § 33a Abs 2 bekannt geworden seien, die gegen die Richtigkeit der für die Bewertung der Sacheinlage angeführten, beschriebenen und – soweit möglich – auch eingereichten Bewertungsgrundlagen sprächen, die zivilrechtliche (§§ 46, 48) und strafrechtliche Haftung (§ 399 AktG) für die Ordnungsmäßigkeit des Vorgangs sowie für die iRd vereinfachten Eintragungsverfahrens verlangte Absicherung der effektiven, realen Kapitalaufbringung übernehmen. In der Literatur wird dazu angemerkt, dass es zwar nach dem Wortlaut des § 37a Abs 2 auf den Tag der tatsächlichen Einbringung ankommt, die Anmeldenden aber schon nach § 37a Abs 1 S 3 zu versichern hätten, dass ihnen bis zur Anmeldung keine nach § 33a Abs 2 relevanten Umstände bekannt geworden seien (KölnKomm AktG/*Arnold* Rn 13). Dem ist jedenfalls im Ergebnis zuzustimmen, und zwar weil der Gesetzgeber ausdrücklich darauf hingewiesen hat, dass dann, wenn vor der Anmeldung Umstände bekannt würden, die schon vor der Einbringung eingetreten wären, eine Anmeldung im vereinfachten Eintragungsverfahren wegen der nach § 37a Abs 2 erforderlichen Versicherung nicht mehr in Betracht komme (Begr zu § 33a Abs 1 Alt 2 idF des RegE ARUG).

6 Dieses Erfordernis ist vor dem Hintergrund zu sehen, dass durch die §§ 33a, 34 Abs 2 S 3 weder die Berichtspflicht der Gründer nach § 32 eingeschränkt wird (Begr zu § 34 Abs 2 idF des RegE ARUG; K.Schmidt/Lutter AktG/*Bayer* § 34 Rn 14; Spindler/Stilz AktG/*Gerber* § 34 Rn 15; aA *Drinhausen/Keinath* BB 2008, 2078, 2080: Gründer dürften sich „auf die iRd § 33a zugrundegelegten Kriterien" beschränken und müssten keine „**eigenen Bewertungen durchführen**."; ihm folgend KölnKomm AktG/*Arnold* Rn 9, § 34 Rn 16 und *Hüffer* AktG Rn 5 sowie K. Schmidt/Lutter AktG/*Kleindiek* Rn 8) noch die Prüfungspflicht von VR und AR nach den §§ 33 Abs 1, 34 Abs 1 (Begr zu § 34 Abs 2 idF des RegE ARUG; *Seibert/Florstedt* ZIP 2008, 2145, 2150; K. Schmidt/Lutter AktG/*Bayer* § 33a Rn 17, § 34 Rn 14; *Bayer/J. Schmidt* ZGR 2009, 804, 812; *Böttcher* NZG 2008, 481, 483; aA *Drinhausen/Keinath* BB 2008, 2078, 2079 f: VR und AR dürften sich „auf die im Rahmen der erleichterten Einbringung des § 33a zugrundegelegte Bewertung verlassen". Es würde „der Sinn der Reform, die Erleichterung von Sacheinbringungen, konterkariert," wenn man VR und AR „die Durchführung einer eigenen Prüfung und Bewertung abverlangen würde."; ihm folgend *Hüffer* AktG Rn 5 und K. Schmidt/Lutter AktG/*Kleindiek* Rn 8; s dazu auch Köln-

Komm AktG/*Arnold* Rn 9, § 34 Rn 3, 15, der diese Frage als Scheinproblem bezeichnet). Selbst wenn man mit der Gegenauffassung annehmen wollte, dass die Anmeldenden den gewichteten Durchschnittspreis (§ 33a Abs 1 Nr 1) bzw den vom Sachverständigen angenommenen Wert (§ 33a Abs 1 Nr 2) als solchen nicht überprüfen müssen (*Drinhausen/Keinath* BB 2008, 2078, 2079 f; *Hüffer* AktG Rn 5; K. Schmidt/Lutter AktG/*Kleindiek* Rn 8; KölnKomm AktG/*Arnold* Rn 9, § 34 Rn 15, 16), wäre davon die Frage zu trennen, ob die Anmeldenden eine **Prüfungspflicht im Hinblick auf das Vorliegen von nach § 33a Abs 2 relevanten Umständen** haben. Dies ist wegen der nach § 37a Abs 2 auf die Gegenausnahmen des § 33a Abs 2 bezogenen Versicherung, die den Gründungsprüfungsbericht der externen Prüfer nach § 34 Abs 2 ersetzen (Begr zu § 37a idF des RegE ARUG) und die Übernahme der Verantwortung für die Ordnungsmäßigkeit des Vorgangs und für die iRd vereinfachten Eintragungsverfahrens verlangte Absicherung der effektiven, realen Kapitalaufbringung sicherstellen soll (Begr zu § 37a Abs 2 idF des RegE ARUG), zu bejahen (so im Ergebnis auch KölnKomm AktG/*Arnold* Rn 9, § 34 Rn 15). Sie zielt nur vor diesem Hintergrund auf eine der Wahrheit entsprechende Angabe des Kenntnisstandes (vgl *Hüffer* AktG Rn 5: „Überbewertungsrisiko muss sich iRd nach § 33a erleichterten Bewertung ergeben"; aA K. Schmidt/Lutter AktG/*Kleindiek* Rn 8). Es ist allerdings einzuräumen, dass diese Frage letztlich angesichts der in diesen Fällen eingeschränkten registergerichtlichen Kontrolle der ordnungsgemäßen Gründung der Gesellschaft nach § 38 Abs 3 weitgehend konsequenzlos ist (vgl KölnKomm AktG/*Arnold* Rn 13).

V. Anlagen

Nach § 37a Abs 3 sind – ergänzend zu § 37 Abs 4 – der Anmeldung Unterlagen über die Ermittlung des gewichteten Durchschnittspreises, zu dem die einzubringenden Wertpapiere oder Geldmarktinstrumente während der letzten drei Monate vor dem Tag ihrer tatsächlichen Einbringung auf einem organisierten Markt gehandelt worden sind (s dazu *Hüffer* AktG Rn 6: „BaFin-Auskunft; Kurs- und Umsatztabellen von Finazdienstleistern, soweit sie keinem Sperrvermerk unterliegen), und jedes Sachverständigengutachten, auf das sich die Bewertung in den Fällen des § 33a Abs 1 Nr 2 stützt, beizufügen. Die Verpflichtung, die Bewertungsgrundlagen offenzulegen, nimmt inhaltlich auf § 33a Abs 1 Bezug; s dazu § 33a Rn 5, 8.

7

§ 38 Prüfung durch das Gericht

(1) [1]**Das Gericht hat zu prüfen, ob die Gesellschaft ordnungsgemäß errichtet und angemeldet ist.** [2]Ist dies nicht der Fall, so hat es die Eintragung abzulehnen.

(2) [1]Das Gericht kann die Eintragung auch ablehnen, wenn die Gründungsprüfer erklären oder es offensichtlich ist, dass der Gründungsbericht oder der Prüfungsbericht der Mitglieder des Vorstands und des Aufsichtsrats unrichtig oder unvollständig ist oder den gesetzlichen Vorschriften nicht entspricht. [2]Gleiches gilt, wenn die Gründungsprüfer erklären oder das Gericht der Auffassung ist, dass der Wert der Sacheinlagen oder Sachübernahmen nicht unwesentlich hinter dem geringsten Ausgabebetrag der dafür zu gewährenden Aktien oder dem Wert der dafür zu gewährenden Leistungen zurückbleibt.

(3) ¹Enthält die Anmeldung die Erklärung nach § 37a Abs. 1 Satz 1, hat das Gericht hinsichtlich der Werthaltigkeit der Sacheinlagen oder Sachübernahmen ausschließlich zu prüfen, ob die Voraussetzungen des § 37a erfüllt sind. ²Lediglich bei einer offenkundigen und erheblichen Überbewertung kann das Gericht die Eintragung ablehnen.

(4) Wegen einer mangelhaften, fehlenden oder nichtigen Bestimmung der Satzung darf das Gericht die Eintragung nach Absatz 1 nur ablehnen, soweit diese Bestimmung, ihr Fehlen oder ihre Nichtigkeit
1. Tatsachen oder Rechtsverhältnisse betrifft, die nach § 23 Abs. 3 oder auf Grund anderer zwingender gesetzlicher Vorschriften in der Satzung bestimmt sein müssen oder die in das Handelsregister einzutragen oder von dem Gericht bekannt zu machen sind,
2. Vorschriften verletzt, die ausschließlich oder überwiegend zum Schutze der Gläubiger der Gesellschaft oder sonst im öffentlichen Interesse gegeben sind, oder
3. die Nichtigkeit der Satzung zur Folge hat.

Übersicht

	Rn		Rn
I. Regelungsgehalt	1	2. Gründungsbericht und Gründungsprüfungsbericht	5
II. Allgemeines	2		
III. Prüfungsgegenstand	4	3. Sacheinlagen und Sachübernahme	6
1. Anmeldung und Errichtung	4		
		4. Satzungsbestimmungen	7

Literatur: *Bayer/J. Schmidt* Die Reform der Kapitalaufbringung bei der Aktiengesellschaft durch das ARUG, ZGR 2009, 805; *Böttcher* Die kapitalschutzrechtlichen Aspekte der Aktionärsrechtrichtlinie (ARUG), NZG 2008, 481; *Drinhausen/Keinath* Referentenentwurf eines Gesetzes zur Umsetzung der Aktionärsrichtlinie – Weitere Schritte zur Modernisierung des Aktienrechts, BB 2008, 2078; *Handelsrechtsausschuss des Deutschen Anwaltvereins* Stellungnahme zum Referentenentwurf eines Gesetzes zur Umsetzung der Aktionärsrechte-Richtlinie (ARUG), NZG 2008, 534; *Heutz/Parameswaran* Prüfungspflichten eines Sachkapitalerhöhungsprüfers in der AG, ZIP 2011, 1650; *Herrler/Reimann* Die Neuerungen im Aktienrecht durch das ARUG – Unter besonderer Berücksichtigung der Neuregelungen zur Hauptversammlung und zur Kapitalaufbringung bei der AG (Teil 2), DNotZ 2009, 914; *Merkner/Decker* Vereinfachte Sachkapitalerhöhung nach dem ARUG – Wertvolle Deregulierung oder Regelung auf dem Papier?, NZG 2009, 887; *Seibert* Der Referentenentwurf eines Gesetzes zur Umsetzung der Aktionärsrechterichtlinie (ARUG), ZIP 2008, 906; *Seibert/Florstedt* Der Regierungsentwurf des ARUG – Inhalt und wesentliche Änderungen gegenüber dem Referentenentwurf, ZIP 2008, 2145; *Zetzsche* Die nächste „kleine" Aktienrechtsreform: Der Referentenentwurf eines Gesetzes zur Umsetzung der Aktionärsrechterichtlinie (ARUG), Der Konzern 2008, 321.

I. Regelungsgehalt

1 Die Vorschrift regelt die registergerichtliche Kontrolle der ordnungsgemäßen Gründung der Gesellschaft. Sie knüpft unmittelbar an die §§ 36, 36a, 53 Abs 3 und an die §§ 37, 37a an, die die zur Anmeldung Befugten, die Anmeldevoraussetzungen und den Inhalt der Anmeldung festlegen; die Registerkontrolle dient wie Gründungsbericht (§ 32) und Gründungsprüfung (§§ 33, 34, 35) dem Schutz des Rechtsverkehrs vor unseriösen Gründungen (s § 32 Rn 1, § 33 Rn 1, § 37 Rn 1, § 37a Rn 1; *Hüffer* AktG Rn 1; MünchKomm AktG/*Pentz* Rn 6; KölnKomm AktG/*Arnold* Rn 4). Die Vorschrift steht

in einem systemaschem Zusammenhang mit den §§ 26, 27 (s dort Rn 1) und – sieht man von den Fällen des § 33a ab – mit den § 37 Abs 4 Nr 2 und Nr 4, weil die aufgrund der Gründungsprüfungen nach den §§ 33, 34 zu erstattenden Gründungsprüfungsberichte ein wichtiges Hilfsmittel für die registergerichtliche Kontrolle der ordnungsgemäßen Gründung der Gesellschaft darstellen. Sie steht – in den Fällen des § 33a – in einem systemaschem Zusammenhang mit § 37a, weil die in der Anmeldung nach § 37a aufgrund des Gründungsberichts nach § 32 Abs 2 (s dazu § 32 Rn 4 f) und der Gründungsprüfung nach den §§ 33 Abs 1, 34 Abs 1 (s dazu §§ 33 Rn 2, 33a Rn 1 f, 34 Rn 1) zu erstattenden Erklärungen und Versicherungen sowie die beizufügenden Unterlagen die Grundlage einer in diesen Fällen eingeschränkten registergerichtlichen Kontrolle der ordnungsgemäßen Gründung der Gesellschaft nach § 38 Abs 3 sind (Begr zu § 34 Abs 2 S 2, 37a, 38 Abs 3 idF des RegE ARUG). § 37a ersetzt insoweit den Gründungsprüfungsbericht von VR und AR nach § 34 Abs 2 (s dazu § 34 Abs 2 S 3; Begr zu § 34 Abs 2 S 2, 37a idF des RegE ARUG; *Hüffer* AktG § 34 Rn 6) und den Gründungsprüfungsbericht der externen Prüfer nach § 34 Abs 2 (Begr zu § 37a idF des RegE ARUG).

II. Allgemeines

Das Gericht hat – vorbehaltlich des § 38 Abs 3 – alle formellen und materiellen Eintragungsvoraussetzungen (aber keine Fragen von Wirtschaftlichkeit, Zweckmäßigkeit und Interessengerechtigkeit) zu prüfen, und zwar auf der Grundlage der Anmeldung. Die Eintragung muss bereits dann erfolgen, wenn nach der Anmeldung (und einem ggf nach den §§ 23, 25 Abs 1 S 1 und S 3 HS 2 HRV, 380 FamFG eingeholten Gutachten) **kein sachlich berechtigter Anlass zu Zweifeln** an der Gesetzmäßigkeit von Anmeldung und Gesellschaftsgründung besteht; das Gericht muss nur dann weiter aufklären (§ 26 FamFG), wenn etwa aufgrund von Widersprüchen, Plausibilitätsmängeln oder Unschärfen insoweit vernünftige, objektiv nachvollziehbare Zweifel angebracht sind (*Hüffer* AktG Rn 2 f; MünchKomm AktG/*Pentz* Rn 10, 17 ff, 45 ff; GroßKomm AktG/*Röhricht* Rn 2 ff, 7 ff, 26 ff, 33 ff; Spindler/Stilz AktG/*Döbereiner* Rn 6; K. Schmidt/Lutter AktG/*Kleindiek* Rn 4 f; KölnKomm AktG/*Arnold* Rn 6, 14; Hölters AktG/*Solveen* Rn 3). Maßgeblicher **Zeitpunkt** für das Vorliegen der Eintragungsvoraussetzungen kann, da auf Grundlage der Anmeldung geprüft wird, grds nur der Zeitpunkt der Anmeldung sein, weshalb nur bei begründeten Zweifeln am Fortbestand einer Eintragungsvoraussetzung Nachforschungen in dieser Richtung anzustellen sind (§ 26 FamFG); dies gilt insb für die Einlageleistung zur freien Verfügung (§ 37 Abs 1 S 1 iVm §§ 36 Abs 2, 36a; s dazu auch § 37 Rn 2 und § 36 Rn 5 ff), weshalb Verfügungen nach Anmeldung (zu Verfügungen vor Anmeldung s § 36 Rn 7 und § 37 Rn 2) grds kein Eintragungshindernis begründen können (*Hüffer* AktG Rn 4, 10; MünchKomm AktG/*Pentz* Rn 20, 21 f; GroßKomm AktG/*Röhricht* Rn 13, 24; Spindler/Stilz AktG/*Döbereiner* Rn 3, 4; K. Schmidt/Lutter AktG/*Kleindiek* Rn 6, 7; KölnKomm AktG/*Arnold* Rn 7, 8; Hölters AktG/*Solveen* Rn 3). Im Hinblick auf die Prüfung der Werthaltigkeit von Sacheinlagen und Sachübernahmen nach § 38 Abs 2 S 3 ist str, ob für diese Frage auf den Zeitpunkt der Anmeldung nach den soeben dargestellten Grundsätzen (GroßKomm AktG/*Röhricht* Rn 13; K. Schmidt/Lutter AktG/ *Kleindiek* Rn 8), auf den der gerichtlichen Prüfung (*Hüffer* AktG Rn 4, 9; Spindler/ Stilz AktG/*Döbereiner* Rn 5; Hölters AktG/*Solveen* Rn 3) oder auf den der Eintragung (MünchKomm AktG/*Pentz* Rn 23 ff; KölnKomm AktG/*Arnold* Rn 9) abzustellen ist. Eine Pflicht der Anmelder, dem Gericht **nach Anmeldung eingetretene Änderungen** mitzuteilen, besteht nur, soweit sie auch eine eingetragene Gesellschaft (etwa nach §§ 81 Abs 1, 181 Abs 1 S 1) anzumelden hätte (*Hüffer* AktG Rn 5; MünchKomm AktG/*Pentz* Rn 27 f; GroßKomm AktG/*Röhricht* Rn 14; K. Schmidt/Lutter AktG/ *Kleindiek* Rn 6; KölnKomm AktG/*Arnold* Rn 10; Hölters AktG/*Solveen* Rn 3).

3 Zuständig ist das Amtsgericht (§ 23a Abs 2 Nr 3 GVG iVm §§ 374 Nr 1, 376, 377 Abs 1 FamFG) am Gesellschaftssitz (§ 14), bei Doppelsitz sind beide Amtsgerichte zuständig (*OLG Düsseldorf* AG 1988, 50, 51; *Hüffer* AktG Rn 15; MünchKomm AktG/*Pentz* Rn 9; K. Schmidt/Lutter AktG/*Kleindiek* Rn 22; Hölters AktG/*Solveen* Rn 15). Liegen die Eintragungsvoraussetzungen vor, ist ein **Anspruch auf Eintragung** gegeben; sie wird vorgenommen oder verfügt (§§ 27, 25 Abs 1 S 1 und S 2 HRV, 382 Abs 1 FamFG) und ist nach § 383 Abs 3 FamFG (so auch bereits *BGH* BGHZ 104, 61, 63) nicht beschwerdefähig (*Hüffer* AktG Rn 16, 17; MünchKomm AktG/*Pentz* Rn 8, 11, 14; Spindler/Stilz AktG/*Döbereiner* Rn 11; KölnKomm AktG/*Arnold* Rn 4, 31, 35; Hölters AktG/*Solveen* Rn 3, 15). Liegen die Eintragungsvoraussetzungen nicht vor, so muss das Gericht die **Eintragung ablehnen** (Beschluss; § 382 Abs 3 FamFG), und zwar richtigerweise trotz des Wortlauts („kann") auch in den Fällen des § 38 Abs 2 (*Hüffer* AktG Rn 16; GroßKomm AktG/*Röhricht* Rn 34 f, 37, 40; K. Schmidt/Lutter AktG/ *Kleindiek* Rn 12, 14; KölnKomm AktG/*Arnold* Rn 32; Hölters AktG/*Solveen* Rn 7, 9; **aA** MünchKomm AktG/*Pentz* Rn 52, 58, 63, 65 und KölnKomm AktG/*Kraft* 2. Aufl Rn 16). Vor der Entscheidung ist rechtliches Gehör zu gewähren, und die Entscheidung ist zu begründen (§§ 34 Abs 1, 382 Abs 3 iVm § 38 Abs 3 FamFG, Art 103 Abs 1 GG); bei **behebbaren Eintragungshindernissen** ist idR eine Zwischenverfügung zu erlassen (Zwischenverfügung nach § 382 Abs 4 S 1 FamFG; *Hüffer* AktG Rn 16; MünchKomm AktG/*Pentz* Rn 12; Hölters AktG/*Solveen* Rn 15; Spindler/Stilz AktG/ *Döbereiner* Rn 12, 13; K. Schmidt/Lutter AktG/*Kleindiek* Rn 15; KölnKomm AktG/ *Arnold* Rn 32 f) und kann – wenn eine Auseinandersetzung unter den Beteiligten (etwa Anfechtungserklärung eines Gründers) zugrunde liegt – eine Aussetzungsverfügung (§ 381 FamFG; *KG* NJW 1967, 401, 401 f) erlassen werden; im Falle von **unbehebbaren Eintragungshindernissen** kommt eine nicht beschwerdefähige (*OLG Hamm* OLGZ 1973, 265, 267 f) Anregung, die Anmeldung zurückzunehmen, in Betracht (*Hüffer* AktG Rn 16; MünchKomm AktG/*Pentz* Rn 12 f; KölnKomm AktG/*Arnold* Rn 32). Das **Beschwerdeverfahren** richtet sich bei Ablehnung der Eintragung oder Zwischenverfügung nach den §§ 58 ff, 70 ff FamFG (*Hüffer* AktG Rn 17; MünchKomm AktG/*Pentz* Rn 14; Hölters AktG/*Solveen* Rn 16); beschwerdebefugt dürfte neben der Gesellschaft auch jeder Gründer sein (s dazu § 36 Rn 2; MünchKomm AktG/*Pentz* Rn 14, § 36 Rn 29; Spindler/Stilz AktG/*Döbereiner* Rn 15; K. Schmidt/Lutter AktG/ *Kleindiek* Rn 15; KölnKomm AktG/*Arnold* Rn 34; **aA** *Hüffer* AktG Rn 17 und Hölters AktG/*Solveen* Rn 16). Die Eintragung ist gebührenpflichtig; **Gebühren** werden – soweit die Übergangsvorschrift des § 136 GNotKG (Verfahrensbeginn vor dem 1.8.2013) eingreift – nach § 79 Abs 1 KostO und iÜ nach § 58 Abs 1 GNotKG iVm § 1 HRegGebV, Ziff 2102 f Anl zu § 1 HRegGebV (Gebührenverzeichnis) erhoben; bei Rücknahme oder Ablehnung der Eintragung gelten die §§ 3, 4 HRegGebV (120 % bzw 170 % der Eintragungsgebühr). Kostenschuldner sind die Gründer und die Gesellschaft als Gesamtschuldner (§ 2 Nr 1 iVm § 5 Abs 1 KostO bzw § 29 Nr 1 iVm § 32 Abs 1 GNotKG); die Kosten können als Gründungsaufwand nach § 26 Abs 2 (s dort Rn 9) in der Satzung festgesetzt werden und sind dann im Innenverhältnis von

der Gesellschaft allein zu tragen (*Hüffer* AktG Rn 18; MünchKomm AktG/*Pentz* Rn 16; GroßKomm AktG/*Röhricht* Rn 42; Spindler/Stilz AktG/*Döbereiner* Rn 18; KölnKomm AktG/*Arnold* Rn 37; Hölters AktG/*Solveen* Rn 17).

III. Prüfungsgegenstand

1. Anmeldung und Errichtung. Das Gericht hat nach § 38 Abs 1 S 1 zu prüfen, ob die 4 Gesellschaft ordnungsgemäß errichtet und angemeldet ist. Im Hinblick auf die Anmeldung ist insb zu prüfen: Zuständigkeit des Gerichts (s § 36 Rn 2), Form der Anmeldung (s § 36 Rn 2), Anmeldung durch die dazu berufenen Personen (s § 36 Rn 2), Einlageleistung zur freien Verfügung nebst der zugehörigen Erklärungen (§ 37 Abs 1 S 1 iVm §§ 36 Abs 2, 36a; s dazu auch § 37 Rn 2 und § 36 Rn 5ff) und Nachweise (§ 37 Abs 1 S 2, 3, 5; s dort Rn 2f), Versicherung nach § 37 Abs 2, Angaben gem § 37 Abs 3 und Anlagen gem § 37 Abs 4 (s dort Rn 4ff), Erklärungen, Versicherungen und Anlagen gem § 37a (s dort Rn 4, 5f, 7); Bestellung von VR und AR (§§ 30, 31; s dazu § 30 Rn 2f, 6 und § 31 Rn 3). Im Hinblick auf die Errichtung ist insb zu prüfen (s dazu aber auch Rn 6a): Wirksamkeit der Satzungsfeststellung (notarielle Form nach § 23 Abs 1 S 1; Unterzeichnung durch alle Gründer; Freiheit der Erklärungen von Willensmängeln, Bedingungen oder Befristungen; notwendiger Mindestinhalt nach § 23 Abs 2–4; ordnungsgemäße rechtsgeschäftliche oder gesetzliche Vertretung unter Beachtung des § 23 Abs 1 S 2 und der §§ 1365, 1423, 1643 Abs 1, 1822 Nr 3 BGB; Rechtsfähigkeit ausländischer Gesellschaften, die als Gründer auftreten), Zulässigkeit von Gesellschaftszweck und Unternehmensgegenstand sowie Individualisierung des Unternehmensgegenstandes, Zulässigkeit der Firma (§§ 4, 23 Abs 3 Nr 1 iVm §§ 18, 30 Abs 1 HGB), ordnungsgemäßes Grundkapital (§§ 6, 7, 23 Abs 3 Nr 3), Aktienübernahme durch alle Gründer (§§ 29, 23 Abs 2 Nr 2), ordnungsgemäße Festsetzung von Sondervorteilen, Gründungsaufwand, Sacheinlagen und Sachübernahmen (§§ 26 Abs 1 und Abs 2, 27 Abs 1; s dazu § 26 Rn 6, 9f, § 27 Rn 15ff); Ordnungsmäßigkeit eines Hin- und Herzahlens (§ 27 Abs 4; s dazu § 27 Rn 45ff); Hinweise auf eine verdeckte Sachgründung (§ 27 Abs 3; s dazu § 27 Rn 25ff und § 36 Rn 6) oder ein nicht offengelegtes Hin- und Herzahlen (s dazu § 27 Rn 45ff) sind aufzugreifen (s dazu *Hüffer* AktG Rn 6f; MünchKomm AktG/*Pentz* Rn 30ff, 41ff, 70ff; GroßKomm AktG/ *Röhricht* Rn 22ff, 15ff, 48ff; Spindler/Stilz AktG/*Döbereiner* Rn 7f; K. Schmidt/Lutter AktG/*Kleindiek* Rn 9f; KölnKomm AktG/*Arnold* Rn 11 ff; Hölters AktG/*Solveen* Rn 4ff).

2. Gründungsbericht und Gründungsprüfungsbericht. Das Gericht hat nach § 38 5 Abs 2 S 1 die Eintragung insb dann abzulehnen (s dazu Rn 3), wenn der Gründungsbericht oder der Prüfungsbericht der Mitglieder des Vorstands und des AR unrichtig oder unvollständig ist oder aus anderen Gründen den gesetzlichen Vorschriften nicht entspricht. Die Eigenart der Vorschrift besteht darin, dass sich das Gericht insoweit auf eine entsprechende Erklärung der Gründungsprüfer verlassen darf, die allerdings einer Plausibilitätskontrolle standhalten muss, sich aber auch auf eine eigene Prüfung stützen kann (§ 26 FamFG), aufgrund der ein entsprechendes Ergebnis nach Überzeugung des Gerichts zweifelsfrei feststeht und damit „offensichtlich" ist (s dazu *Hüffer* AktG Rn 8, 16; GroßKomm AktG/*Röhricht* Rn 33 ff, 36, 37f; Spindler/Stilz AktG/ *Döbereiner* Rn 8; K. Schmidt/Lutter AktG/*Kleindiek* Rn 11 f; KölnKomm AktG/ *Arnold* Rn 32, 15f; Hölters AktG/*Solveen* Rn 7; für Ermessen dagegen MünchKomm AktG/*Pentz* Rn 52, 53ff, 56ff und KölnKomm AktG/*Kraft* 2. Aufl Rn 9, 10f, 16; zu den gesetzlichen Erfordernissen des Gründungsberichts und des Gründungsprüfungsberichts s § 32 Rn 3 ff, § 33 Rn 2 und § 34 Rn 2).

6 **3. Sacheinlagen und Sachübernahme.** Das Gericht hat nach § 38 Abs 2 S 2 die Eintragung weiter insb dann abzulehnen (s Rn 3), wenn – vorbehaltlich des § 38 Abs 3 – der Wert der Sacheinlagen oder Sachübernahmen nicht unwesentlich hinter dem geringsten Ausgabebetrag der dafür zu gewährenden Aktien oder dem Wert der dafür zu gewährenden Leistungen zurückbleibt (s dazu § 27 Rn 4, 8, 13 und § 36a Rn 5); insoweit ist fraglich, ob sich diese Werthaltigkeitsprüfung dann, wenn der Ausgabebetrag höher als der geringste Ausgabebetrag ist (**Über-Pari-Emission**), darauf erstreckt, ob der Wert der Sacheinlagen – entspr dem Wortlaut (und dem der §§ 34 Abs 1 Nr 2, 37a Abs 1 S 3) – den geringsten Ausgabebetrag der dafür zu gewährenden Aktien (so *Hüffer* AktG Rn 9) oder auch – entspr §§ 36 Abs 2, 36a – den Mehrbetrag erreicht (so GroßKomm AktG/*Röhricht* Rn 41, § 27 Rn 100; im Ergebnis ebenso KölnKomm AktG/*Arnold* Rn 18, § 34 Rn 8 und Spindler/Stilz AktG/*Döbereiner* Rn 9 sowie Hölters AktG/*Solveen* Rn 9; s zu diesem Problemkreis auch § 32 Rn 4, § 34 Rn 2, § 37a Rn 3, § 27 Rn 4). Der *BGH* hat dies jüngst offengelassen: Dass das Registergericht die Eintragung ablehnen könne, wenn der Wert der Sacheinlage hinter dem geringsten Ausgabebetrag zurückbleibe, beschränke *allenfalls* die Anforderungen an die Prüfung durch das Registergericht (*BGH* NZG 2012, 69, 72 – Babcock). Die Frage hängt eng damit zusammen, ob sich die Gründungsprüfung nach § 34 Abs 1 Nr 2 in diesen Fällen auch darauf bezieht, ob der Wert der Sacheinlagen den geringsten Ausgabebetrag der dafür zu gewährenden Aktien und den Mehrbetrag erreicht (dagegen Spindler/Stilz AktG/*Gerber* § 34 Rn 8 und Hölters AktG/*Solveen* § 34 Rn 5; dafür K. Schmidt/Lutter AktG/*Bayer* § 34 Rn 6 und KölnKomm AktG/*Arnold* § 34 Rn 8 sowie jüngst *BGH* NZG 2012, 69, 72 – Babcock unter Hinweis auf Art 10 Abs 2 der Kapitalrichtlinie; s dazu § 34 Rn 2). Wenn man allerdings der Ansicht des *BGH* zur Gründungsprüfung folgt, erscheint es folgerichtig, dass sich auch die Werthaltigkeitsprüfung des Registergerichts auf den Mehrbetrag erstreckt (so auch *Verse* ZGR 2012, 875, 881 mit dem zutreffenden Hinweis auf die Prüfungspflicht des Registergerichts nach § 38 Abs 1 S 1 iVm § 37 Abs 1 S 1 iVm § 36a Abs 2 S 3), und zwar nicht zuletzt, weil die Prüfung nach § 38 Abs 2 S 2 an die nach § 37 Abs 4 Nr 4 einzureichenden Berichte anknüpft (s dazu *Hüffer* AktG § 37 Rn 4; MünchKomm AktG/*Pentz* § 37 Rn 40; KölnKomm AktG/*Arnold* § 37 Rn 13).

6a Die Eigenart der Vorschrift besteht darin, dass sich das Gericht insoweit auf eine entspr Erklärung der Gründungsprüfer (vgl § 34 Abs 1 Nr 2; s dazu § 34 Rn 2) verlassen darf, die allerdings einer Plausibilitätskontrolle standhalten muss, sich aber auch auf eine eigene Prüfung stützen kann, aufgrund der ein entspr Ergebnis nach Überzeugung des Gerichts zweifelsfrei und damit nach seiner „Auffassung" feststeht (s dazu *Hüffer* AktG Rn 9, 16; GroßKomm AktG/*Röhricht* Rn 33 ff, 40 f; Spindler/Stilz AktG/*Döbereiner* Rn 9; K. Schmidt/Lutter AktG/*Kleindiek* Rn 13 f; KölnKomm AktG/*Arnold* Rn 32, 17 f; Hölters AktG/*Solveen* Rn 9; für Ermessen dagegen MünchKomm AktG/*Pentz* Rn 52, 59, 61 ff, 64 f und KölnKomm AktG/*Kraft* 2. Aufl Rn 9, 10, 12, 16; zu dem maßgeblichen Zeitpunkt für die Werthaltigkeit s Rn 2). Mit dem Kriterium **„nicht unwesentlich"** sollen Bewertungsunsicherheiten aufgefangen werden; daraus ist der Schluss zu ziehen, dass bei Sacheinlagen der Grundsatz der Kapitalaufbringung gefährdet sein und bei Sachübernahmen eine zweifelsfreie und offenkundige Überbewertung vorliegen muss (KölnKomm AktG/*Kraft* 2. Aufl Rn 12), wofür es genügt, dass die Bewertung außerhalb der durch Bewertungsunsicherheiten implizierten Bewertungsbandbreite liegt (*Hüffer* AktG Rn 9; MünchKomm AktG/*Pentz* Rn 60; GroßKomm AktG/*Röhricht* Rn 41; K. Schmidt/Lutter AktG/*Kleindiek* Rn 14; KölnKomm AktG/*Arnold* Rn 18; Hölters AktG/*Solveen* Rn 9).

§ 38 Abs 3 enthält eine Sonderregelung zu § 38 Abs 2 S 2: Wenn und soweit eine Sachgründung ohne externe Gründungsprüfung (§§ 33a, 37a) stattgefunden hat, findet nur eine eingeschränkte registergerichtliche Kontrolle statt. Das Gericht hat dann hinsichtlich der Werthaltigkeit der Sacheinlagen und Sachübernahmen grds nur zu prüfen, ob die Voraussetzungen des § 37a erfüllt sind; ausnahmsweise kann es die Eintragung auch dann ablehnen, wenn dies der Fall ist, nämlich im Fall einer offenkundigen und erheblichen Überbewertung. In der Gesetzesbegründung (Begr zu § 38 Abs 3 idF des RegE ARUG) heißt es dazu, es erscheine im vereinfachten Verfahren konsequent, von der registerlichen Prüfung nach § 38 Abs 2 S 2, wonach das RegGericht anhand der vorliegenden Prüfungsberichte und ggfs durch Einholung eines weiteren Sachverständigengutachtens die Werthaltigkeit der Sacheinlage zu prüfen habe, abzusehen, denn diese Prüfung verzögere und verteure das Eintragungsverfahren unnötig. Deshalb habe das Gericht in den Fällen, in denen von § 33a Gebrauch gemacht werde, hinsichtlich der Werthaltigkeit der Sacheinlagen und Sachübernahmen nur zu prüfen, ob die in § 37a Abs 1 vorgeschriebenen Erklärungen vorlägen und die nach § 37a Abs 2 notwendigen Versicherungen abgegeben seien. **§ 38 Abs 3 S 1 reduziere die Zuständigkeit des Gerichts mithin auf eine rein formale Prüfung.** Das Gericht dürfe weder Ermittlungen zur Werthaltigkeit anstellen noch Erklärungen zur Werthaltigkeit auf ihre Richtigkeit überprüfen; insoweit schränke § 38 Abs 3 die Prüfungszuständigkeit des Gerichts nach § 38 Abs 2 S 2 ein. Das Gericht dürfe weiterhin nicht prüfen, ob die Voraussetzunge des § 33a – insb auch die einer Gegenausnahme nach § 33a Abs 2 – vorlägen. § 38 Abs 3 S 2 schaffe hierzu eine eng begrenzte Ausnahme. In Fällen, in denen dem Gericht ohne weitere Ermittlungen oder Tatsachenaufklärung aus eigener Sachkenntnis bekannt sei, dass eine erhebliche Überbewertung des Einlagegegenstandes vorliege, solle es nicht zur Eintragung gezwungen werden. Es könne die Eintragung zurückweisen. Die Gründer könnten dann den normalen Weg der Sacheinlage beschreiten. § 38 Abs 3 S 2 eröffne dem Gericht jedoch keinen Spielraum für eigene Ermittlungen. Der Begriff der Offenkundigkeit umfasse wie der Parallelbegriff in § 291 ZPO zum Beispiel Tatsachen, die der Allgemeinheit und auch dem zuständigen Registerrichter, etwa aus früheren Verfahren, bekannt sei. **6b**

Eine rein formale Prüfung dahin, ob die in § 37a Abs 1 vorgeschriebenen Erklärungen vorliegen und die nach § 37a Abs 2 notwendigen Versicherungen abgegeben sind, und die es ausschließt, Ermittlungen zur Werthaltigkeit anzustellen und/oder die Erklärungen zur Werthaltigkeit auf ihre Richtigkeit bzw auf die Voraussetzungen des § 33a zu überprüfen, erscheint **im Lichte der Sicherstellung einer effektiven Kapitalaufbringung nicht unproblematisch**. Es erscheint fraglich, ob man es – wie der Gesetzgeber – insoweit für ausreichend halten kann, dass die Anmeldenden mit der Versicherung nach § 37a die zivilrechtliche (§§ 46, 48) und strafrechtliche Haftung (§ 399 AktG) für die Ordnungsmäßigkeit des Vorgangs sowie für die iRd vereinfachten Eintragungsverfahrens verlangte Absicherung der effektiven, realen Kapitalaufbringung übernehmen würden (Begr zu § 37a Abs 2 idF des RegE ARUG; so aber auch *Drinhausen/Keinath* BB 2008, 2078, 2080). Jedenfalls sollte das Gericht die Eintragung nach § 38 Abs 3 S 2 auch dann ablehnen können, wenn die Voraussetzungen des § 33a offenkundig **6c** nicht gegeben sind (so zutr KölnKomm AktG/*Arnold* Rn 22 und K. Schmidt/Lutter AktG/*Kleindiek* Rn 17; s dazu auch *Handelsrechtsausschuss des DAV* NZG 2008, 534, 535: „Wenn der Registerrichter die Voraussetzungen des § 37a AktG-E zu prüfen hat, spricht das zumindest auf den ersten Blick dafür, dass er auch die Richtigkeit der Erklärung nach Absatz 1 und der Versicherung nach Absatz 2 zu prüfen hat oder zumindest Zweifeln im Hinblick auf die Richtigkeit dieser Angaben nachgehen muss."). Im Hinblick auf die Tatbestandsmerkmale der erheblichen Überbewertung und des Ablehnenkönnens sollte iRd § 38 Abs 3 S 2 nichts anderes gelten als iRd § 38 Abs 2 S 2 (so im Hinblick auf die Erheblichkeit auch KölnKomm AktG/*Arnold* Rn 24 und K. Schmidt/Lutter AktG/*Kleindiek* Rn 16; so im Hinblick auf das Ablehnenkönnen auch *Hüffer* AktG Rn 10b).

7 **4. Satzungsbestimmungen.** Das Gericht darf nach § 38 Abs 4 wegen einer mangelhaften, fehlenden oder nichtigen Bestimmung der Satzung die Eintragung nur unter bestimmten Voraussetzungen ablehnen, und zwar, wenn sie die Nichtigkeit der gesamten Satzung zur Folge hat (§ 38 Abs 4 Nr 3), womit insb § 23 Abs 2 (s auch Rn 4) in Bezug genommen ist (s dazu GroßKomm AktG/*Röhricht* Rn 50, 55; MünchKomm AktG/*Pentz* Rn 71, 72 f; K. Schmidt/Lutter AktG/*Kleindiek* Rn 21; KölnKomm AktG/ *Arnold* Rn 29), oder wenn sie zwar nicht die Nichtigkeit der gesamten Satzung zur Folge hat, aber entweder eine zwingende oder eine zwingend einzutragende oder bekannt zu machende Satzungsbestimmung ist (§ 38 Abs 4 Nr 1), womit insb die §§ 23 Abs 3 und Abs 4, 26, 27 (s auch Rn 4), § 39 Abs 1 S 3 iVm § 78 (s dazu § 37 Rn 5) sowie § 39 Abs 2 iVm den §§ 262 Abs 1 Nr 1, 202 Abs 1 in Bezug genommen sind (s dazu: GroßKomm AktG/*Röhricht* Rn 51; MünchKomm AktG/*Pentz* Rn 74 ff; K. Schmidt/Lutter AktG/*Kleindiek* Rn 19; KölnKomm AktG/*Arnold* Rn 27), oder eine davon nicht erfasste Satzungsbestimmung ist, die Vorschriften, die ausschließlich oder überwiegend zum Schutze der Gläubiger der Gesellschaft oder sonst im öffentlichen Interesse gegeben sind, und damit Vorschriften iSv § 241 Nr 3 HS 2 (s dazu die Kommentierung des § 241) verletzt (§ 38 Abs 4 Nr 2; s dazu *OLG München* ZIP 2010, 2348, 2349: Keine Vorschriften, „die unentziehbare Individual- oder Minderheitsrechte betreffen"; GroßKomm AktG/*Röhricht* Rn 53 f, 56; MünchKomm AktG/*Pentz* Rn 77 ff; K. Schmidt/Lutter AktG/*Kleindiek* Rn 20; KölnKomm AktG/*Arnold* Rn 28). Eine Einschränkung erfährt die Prüfungskompetenz des Gerichts damit im Kern nur für fakultative Satzungsbestimmungen, die weder zur Gesamtnichtigkeit der Satzung führen noch eine Vorschrift iSv 241 Nr 3 HS 2 verletzen (s dazu GroßKomm AktG/ *Röhricht* Rn 53 ff; MünchKomm AktG/*Pentz* Rn 77, 79; KölnKomm AktG/*Arnold* Rn 26).

§ 39 Inhalt der Eintragung

(1) ¹Bei der Eintragung der Gesellschaft sind die Firma und der Sitz der Gesellschaft, eine inländische Geschäftsanschrift, der Gegenstand des Unternehmens, die Höhe des Grundkapitals, der Tag der Feststellung der Satzung und die Vorstandsmitglieder anzugeben. ²Wenn eine Person, die für Willenserklärungen und Zustellungen an die Gesellschaft empfangsberechtigt ist, mit einer inländischen Anschrift zur Eintragung in das Handelsregister angemeldet wird, sind auch diese Angaben einzutragen; Dritten gegenüber gilt die Empfangsberechtigung als fortbestehend, bis sie im Handelsregister gelöscht und die Löschung bekannt gemacht worden ist, es sei denn,

dass die fehlende Empfangsberechtigung dem Dritten bekannt war. ³Ferner ist einzutragen, welche Vertretungsbefugnis die Vorstandsmitglieder haben.

(2) Enthält die Satzung Bestimmungen über die Dauer der Gesellschaft oder über das genehmigte Kapital, so sind auch diese Bestimmungen einzutragen.

Übersicht

	Rn		Rn
I. Regelungsgehalt	1	III. Fehlerhafte Eintragung	3
II. Inhalt der Eintragung	2		

I. Regelungsgehalt

Die Vorschrift knüpft an die registergerichtliche Kontrolle der ordnungsgemäßen Gründung der Gesellschaft (§ 38) an und bestimmt, was für den Fall, dass die Eintragungsvoraussetzungen vorliegen (s dazu § 38 Rn 3), in das HR einzutragen ist. Zweck des § 39 ist es, die „Publizität der wesentlichen Gesellschaftsverhältnisse" (s § 9 Abs 1 S 1 HGB) sicherzustellen (*Hüffer* AktG Rn 1; MünchKomm AktG/*Pentz* Rn 4; Spindler/Stilz AktG/*Döbereiner* Rn 1; KölnKomm AktG/*Arnold* Rn 3). Die Regelung ist abschließend (MünchKomm AktG/*Pentz* Rn 4); die Eintragung ist den Anmeldern nach § 383 Abs 1 FamFG bekannt zu geben (*Hüffer* AktG Rn 1; s zum Verfahren iÜ § 38 Rn 3).   **1**

II. Inhalt der Eintragung

In das HR sind gem § 39 Abs 1 S 1 und S 3 sowie Abs 2, § 382 Abs 1 und Abs 2 FamFG, §§ 27 Abs 4, 43 HRV zunächst einzutragen: Firma (§§ 4, 23 Abs 3 Nr 1); Sitz (§§ 5, 23 Abs 3 Nr 1), bei Doppelsitz in das HR jedes Sitzes beide Sitze (*Hüffer* AktG Rn 2; MünchKomm AktG/*Pentz* Rn 9; Spindler/Stilz AktG/*Döbereiner* Rn 3; K. Schmidt/Lutter AktG/*Kleindiek* Rn 3; KölnKomm AktG/*Arnold* Rn 7); Unternehmensgegenstand (§§ 3, 23 Abs 3 Nr 2); satzungsgemäßes Grundkapital (§§ 6, 7, 23 Abs 3 Nr 3); Beurkundungstag der Satzungsfeststellung (§ 23 Abs 1 S 1), und zwar alle Beurkundungstage, wenn Satzung zwischenzeitlich ergänzt worden ist oder Satzungsfeststellung und Aktienübernahme in verschiedenen gleich lautenden Urkunden erklärt worden sind (*Hüffer* AktG Rn 2; MünchKomm AktG/*Pentz* Rn 12; Spindler/Stilz AktG/*Döbereiner* Rn 7; Hölters AktG/*Solveen* Rn 9; vgl § 37 Rn 6); Vorstandsmitglieder (§§ 30 Abs 4, 37 Abs 4 Nr 3, 94; s § 37 Rn 6), und zwar mit Vor- und Nachnamen, Geburtsdatum sowie Wohnort (§ 43 Nr 4 HRV); Vorstandsvorsitzender; Vertretungsbefugnis der Vorstandsmitglieder (§ 78; s dazu § 37 Rn 5 und *Hüffer* AktG Rn 2, 3; MünchKomm AktG/*Pentz* Rn 14; K. Schmidt/Lutter AktG/*Kleindiek* Rn 3; Spindler/Stilz AktG/*Döbereiner* Rn 9; KölnKomm AktG/*Arnold* Rn 12, 17; Hölters AktG/*Solveen* Rn 10); ggf Dauer der Gesellschaft (vgl § 262 Abs 1 Nr 1) und genehmigtes Kapital (vgl § 202 Abs 1); Tag der Eintragung (bedeutsam insb für die §§ 36a Abs 2 S 2, 41 Abs 1 S 1 und S 2, 51, 202 Abs 1; s dazu *Hüffer* AktG Rn 4; MünchKomm AktG/*Pentz* Rn 19; Spindler/Stilz AktG/*Döbereiner* Rn 15; Hölters AktG/*Solveen* Rn 2).   **2**

§ 39 Abs 1 erhielt durch das MoMiG (BGBl I 2008, 2026), das am 1.11.2008 in Kraft trat, seine jetzige Fassung. Der Inhalt der Eintragung wurde in zwei Punkten erweitert. Da nach § 78 Abs 2 S 3 nunmehr unter der im HR eingetragenen Geschäftsanschrift an die Vertreter der Gesellschaft Willenserklärungen gegenüber der Gesell-   **2a**

§ 40

schaft abgegeben und Schriftstücke zugestellt werden können, ist nach § 39 Abs 1 S 1 auch eine **inländische Geschäftsanschrift** einzutragen (s dazu auch § 37 Abs 3 sowie § 43 Nr 2b HRV und § 37 Rn 5a). Da überdies nach § 78 Abs 2 S 4 jetzt die Zustellung auch unter der eingetragenen Anschrift einer empfangsberechtigten Person erfolgen kann, ist nach § 39 Abs 1 S 2 weiter eine solche **empfangsberechtigte Person mit einer inländischen Anschrift** einzutragen (s dazu auch § 43 Nr 2b HRV und § 37 Rn 5); es soll den Gesellschaftern gestattet werden, eine Person ins Register eintragen zu lassen, die den Gläubigern als zusätzlicher Zustellungsempfänger neben den Vertretern der Gesellschaft dient (Begr zu den § 10 Abs 2 S 3 GmbHG, § 39 Abs 1 S 2 AktG idF des RegE MoMiG; s dazu auch § 37 Rn 5a).

III. Fehlerhafte Eintragung

3 Wird die Gesellschaft trotz **fehlender Eintragungsvoraussetzungen** eingetragen, ist sie grds wirksam entstanden (s §§ 27 Rn 4, 33 Rn 2 und Rn 7, 34 Rn 3, 36 Rn 2, Rn 4 und Rn 9, 36a Rn 1, 37 Rn 1); anders liegt es nur, wenn Anmeldung gefehlt hat oder ohne den Willen eines zur Anmeldung Berufenen vorgenommen worden ist (dann Amtslöschung gem § 395 FamFG; s dazu § 36 Rn 2; *Hüffer* AktG Rn 5; GroßKomm AktG/*Röhricht* Rn 8, § 36 Rn 22; Spindler/Stilz AktG/*Döbereiner* Rn 17; K. Schmidt/Lutter AktG/*Kleindiek* Rn 8; KölnKomm AktG/*Arnold* Rn 19; Hölters AktG/*Solveen* Rn 15) oder wenn Gründungsmängel ausnahmsweise nicht durch Eintragung geheilt werden (s dazu die Voraussetzungen der Nichtigkeitsklage nach § 275 und der Amtslöschung nach § 397 FamFG sowie GroßKomm AktG/*Röhricht* Rn 8 und K. Schmidt/Lutter AktG/*Kleindiek* Rn 8). Liegen die Eintragungsvoraussetzungen vor, ist aber die **Eintragung unvollständig oder unrichtig,** mangelt es den betroffenen Satzungsbestimmungen grds lediglich an der Registerpublizität (§ 15 HGB); das Registergericht berichtigt von Amts wegen offenbar fehlerhafte Eintragungen (§ 17 HRV; *Hüffer* AktG Rn 6; MünchKomm AktG/*Pentz* Rn 25; Spindler/Stilz AktG/*Döbereiner* Rn 19; KölnKomm AktG/*Arnold* Rn 20; Hölters AktG/*Solveen* Rn 15), die Anmelder können dies durch formlosen Antrag oder Beschwerde (§§ 58 ff FamFG) veranlassen (*Hüffer* AktG Rn 6; GroßKomm AktG/*Röhricht* Rn 9; MünchKomm AktG/*Pentz* Rn 25; Spindler/Stilz AktG/*Döbereiner* Rn19; KölnKomm AktG/*Arnold* Rn 20). Die Voraussetzungen einer Nichtigkeitsklage nach § 275 und einer Amtslöschung nach § 397 FGG sind nicht gegeben; es soll aber eine Amtslöschung gem § 395 FamFG in Betracht kommen, wenn infolge der Fehler die Identität der Gesellschaft nicht zweifelsfrei festgestellt werden kann (*Hüffer* AktG Rn 6; GroßKomm AktG/*Röhricht* Rn 10; MünchKomm AktG/*Pentz* Rn 23 f; KölnKomm AktG/*Arnold* Rn 21; Hölters AktG/*Solveen* Rn 15).

§ 40

(aufgehoben)

1 § 40 betraf den Inhalt der Bekanntmachung der Eintragung und sah im Interesse einer möglichst umfassenden „Publizität der Gesellschaftsverhältnisse" (so *Hüffer* AktG § 39 Rn 1) die Bekanntmachung weiterer (dh über die nach § 39 eintragungspflichtigen Tatsachen hinausgehender) Tatsachen vor. Die Vorschrift wurde durch Art 9 Nr 2 EHUG vom 15.11.2006 (BGBl I S 2553) gestrichen, und zwar mit der Begründung, dass „die Bekanntmachung nur das Spiegelbild des Eintragung ist, nicht aber weiter-

gehende Inhalte aufweisen soll" (BR-Drucks 942/05; krit dazu *Hüffer* AktG Rn 1). Da es bei den ergänzend bekannt zu machenden Tatsachen jedoch im Wesentlichen um Satzungsinhalte nach den §§ 23 Abs 2–Abs 4, 24, 25 S 2, 26, 27, 76 Abs 2, 37 Abs 4 Nr 3 sowie um die nach 37 Abs 4 Nr 3a in die Anmeldung aufzunehmenden Umstände ging, sind sie auch künftig für den Rechtsverkehr zugänglich, und zwar über die §§ 12, 9 HGB (iVm § 37 Abs 5 AktG, s dazu auch § 13 f Abs 2 S 3 HGB); s dazu K. Schmidt/ Lutter AktG/*Kleindiek* § 39 Rn 10 ff.

§ 41 Handeln im Namen der Gesellschaft vor der Eintragung. Verbotene Aktienausgabe

(1) ¹Vor der Eintragung in das Handelsregister besteht die Aktiengesellschaft als solche nicht. ²Wer vor der Eintragung der Gesellschaft in ihrem Namen handelt, haftet persönlich; handeln mehrere, so haften sie als Gesamtschuldner.

(2) Übernimmt die Gesellschaft eine vor ihrer Eintragung in ihrem Namen eingegangene Verpflichtung durch Vertrag mit dem Schuldner in der Weise, dass sie an die Stelle des bisherigen Schuldners tritt, so bedarf es zur Wirksamkeit der Schuldübernahme der Zustimmung des Gläubigers nicht, wenn die Schuldübernahme binnen drei Monaten nach der Eintragung der Gesellschaft vereinbart und dem Gläubiger von der Gesellschaft oder dem Schuldner mitgeteilt wird.

(3) Verpflichtungen aus nicht in der Satzung festgesetzten Verträgen über Sondervorteile, Gründungsaufwand, Sacheinlagen oder Sachübernahmen kann die Gesellschaft nicht übernehmen.

(4) ¹Vor der Eintragung der Gesellschaft können Anteilsrechte nicht übertragen, Aktien oder Zwischenscheine nicht ausgegeben werden. ²Die vorher ausgegebenen Aktien oder Zwischenscheine sind nichtig. ³Für den Schaden aus der Ausgabe sind die Ausgeber den Inhabern als Gesamtschuldner verantwortlich.

Übersicht

	Rn		Rn
I. Regelungsgegenstand und Normzweck	1	6. Handelndenhaftung (§ 41 Abs 1 S 2)	16
II. Vorgründungsgesellschaft	3	a) Grundlagen und Normzweck	16
III. Vor-AG (Vorgesellschaft)	5	b) Voraussetzungen	17
1. Entstehung und Rechtsnatur	5	c) Inhalt und Umfang	21
2. Zweck	6	d) Regress	22
3. Rechtsgrundlagen	7	e) Erlöschen	23
4. Innenverhältnis	8	7. Gründerhaftung	24
a) Gesellschaftsorgane	8	IV. Folgen der Eintragung	25
b) Unübertragbarkeit der Mitgliedschaft (§ 41 Abs 4 S 1)	11	1. Verhältnis zwischen Vor-AG und AG	25
c) Ausgabe von Aktien und Zwischenscheinen (§ 41 Abs 4)	13	2. Übergang von Rechten und Pflichten	26
5. Außenverhältnis	14	a) Rechte und Pflichten der Vor-AG	26
a) Vertretung	14	b) Mit der Eintragung entstehende Rechte und Pflichten	27
b) Haftung der Vor-AG	15		

§ 41 Handeln im Namen der Gesellschaft

	Rn		Rn
c) Schuldübernahme (§ 41 Abs 2)	28	3. Verlustdeckungshaftung	37
d) Übernahmeverbot (§ 41 Abs 3)	29	VI. Einpersonengründung	40
		1. Rechtsnatur	40
3. Haftungsverhältnisse	30	2. Struktur der Einpersonen-Vor-AG	42
V. Gründerhaftung	31		
1. Entwicklung	31	3. Haftung	43
2. Unterbilanzhaftung	33	4. Folgen der Eintragung	44

Literatur: *Altmeppen* Anm zu BGH NJW 1997, 1507; *ders* Das unvermeidliche Scheitern des Innenhaftungskonzepts in der Vor-GmbH, NJW 1997, 3272; *Bayer* Vergütungsansprüche des ersten Vorstands – zur Handelndenhaftung des Aufsichtsrats der Vor-AG und zur Ausweisung als Gründungsaufwand, LMK 2004, 209; *Bergmann* Die neue Handelndenhaftung, GmbHR 2004, 1153; *Beuthien* Die Vorgesellschaft im Privatrechtssystem, ZIP 1996, 305, 360; *Bode* Die gescheiterte Gründung der Einmann-GmbH, 1994; *Dauner-Lieb* Haftung und Risikoverteilung in der Vor-GmbH, GmbHR 1996, 82; *Drygala* Zu Fragen der Handelndenhaftung, EWiR 2004, 783; *Eidenmüller* Geschäftsleiter- und Gesellschafterhaftung bei europäischen Auslandsgesellschaften mit tatsächlichem Inlandssitz, NJW 2005, 1618; *Escher-Weingart* Aktienrecht und Differenzhaftung, AG 1987, 310; *Fabricius* Vorgesellschaften bei der Aktiengesellschaft und der Gesellschaft mit beschränkter Haftung: ein Irrweg?, FS Kastner, 1971, S 85; *Flume* Die Rspr zur Haftung der Gesellschafter der Vor-GmbH und die Problematik der Rechtsfortbildung, DB 1998, 45; *ders* Die werdende juristische Person, FS Geßler, 1971, S 3; *Goette* Die GmbH, 2. Aufl 2002; *Hüffer* Das Gründungsrecht der GmbH – Grundzüge, Fortschritte und Neuerungen, JuS 1983, 161; *John* Die Gründung der Einmann-GmbH, 1986; *Kersting* Die Vorgesellschaft im europäischen Gesellschaftsrecht, 2000; *Kießling* Vorgründungs- und Vorgesellschaften, 1999; *Lutter* Haftungsrisiken bei der Gründung einer GmbH, JuS 1998, 1073; *Pentz* Übersicht zur höchstrichterlichen Rspr zum Aktienrecht 2004, BB 2005, 1397; *Priester* Vorbelastungshaftung und anschließende Gewinne, FS Ulmer, 2003, S 477; *Ressos* Zur Haftung des Geschäftsführers einer private limited company nach § 11 Abs 2 GmbHG analog, DB 2005, 1048; *Schäfer/ Jahntz* Vor-Gesellschaft – Rechtsnatur, Handelnden- und Gründerhaftung, in: Habersack/ Bayer (Hrsg.) Aktienrecht im Wandel, 2007, Bd I, S 286; *K. Schmidt* § 41 Abs 2 AktG: eine gegenstandslose und verfehlte Bestimmung, FS Kraft, 1998, S 573; *ders* Zur Rechtslage der gescheiterten Einmann-GmbH, GmbHR 1988, 89; *Schröder* Die Einmann-Vorgesellschaft: Rechtsträgerschaft und Gläubigerschutz, 1990; *Schwab* Handelndenhaftung und gesetzliche Verbindlichkeiten, NZG 2012, 481; *Stimpel* Unbeschränkte oder beschränkte Außen- oder Innenhaftung der Gesellschafter der Vor-GmbH?, FS Fleck, 1988, S 345; *Weimar* Abschied von der Gesellschafter- und Handelnden-Haftung im GmbH-Recht?, GmbHR 1988, 289; *ders* Die Haftungsverhältnisse bei der Vor-AG in neuerer Sicht, AG 1992, 69; *Wiedenmann* Zur Haftungsverfassung der Vor-AG – Der Gleichlauf von Gründerhaftung und Handelnden-Regreß, ZIP 1997, 2029; *Zöllner* Die sogenannte Gründerhaftung, FS Wiedemann, 2002, S 1383.

I. Regelungsgegenstand und Normzweck

1 § 41 regelt den **Rechtszustand der AG in ihrer Gründungsphase.** Abs 1 stellt klar, dass die AG nach der Errichtung, aber vor der Eintragung noch nicht als jur Person besteht und ordnet dementsprechend die persönliche Haftung der Handelnden an. Abs 2 und 3 regeln den Übergang von Verpflichtungen auf die AG. Abs 4 schließt den Gesellschafterwechsel und die Ausgabe von Aktien und Zwischenscheinen vor Eintragung aus. Die Regelungen setzen voraus, dass die AG mit der Registereintragung zur

jur Person wird, sofern nicht ausnahmsweise gesetzlich ein späterer Zeitpunkt vorgesehen ist (zB bei einer Spaltung zur Neugründung, vgl dazu §§ 123 Abs 1 Nr 2, 130 Abs 1 S 2, 135 Abs 1 UmwG).

Der **Normzweck** der Vorschrift hat sich im Laufe der Zeit gewandelt. Insb sollte die Vorgängernorm des § 41 Abs 1 S 1 (Art 211 Abs 1 ADHGB) ursprünglich das Auftreten einer nicht genehmigten AG im Rechtsverkehr verhindern. Das dahinter stehende Konzessionssystem wurde aber bereits 1870 aufgegeben (zur Entstehungsgeschichte *Fabricius* FS Kastner, S 85, 91 f). Heute stellt Abs 1 S 1 nur noch klar, dass die Entstehung der AG als jur Person der Eintragung in das HR bedarf (MünchKomm AktG/*Pentz* Rn 4). Grds sollte die Regelung der Rechtsverhältnisse der Vorgesellschaft nach dem Willen des Gesetzgebers der Rspr und Wissenschaft überlassen bleiben (vgl Begr RegE, abgedr bei *Kropff* AktG, 60). Bes Bedeutung im Bereich der Vorgesellschaft haben die Rechtsfortbildungen durch *BGHZ* 80, 129 = NJW 1981, 1373 (endgültige Aufgabe des Vorbelastungsverbots und Unterbilanzhaftung der Gründer) erlangt (vgl dazu unten Rn 31 ff).

II. Vorgründungsgesellschaft

Oftmals wird bereits vor der Errichtung einer AG nach § 23 ein **Vor(gründungs)vertrag** zwischen den späteren Gründern geschlossen, mit dem diese sich zur Gründung der AG verpflichten (GroßKomm AktG/*Röhricht* § 23 Rn 278). Aufgrund der Warnfunktion des § 23 Abs 1 S 1 bedarf ein solcher Vertrag nach **hM** der **notariellen Form** des § 128 BGB (*BGH* WM 1988, 163, 164; *KG* AG 2004, 321; **aA** *Flume* FS Geßler, S 3, 18); Gleiches gilt für die Vollmacht zum Abschluss des Vorvertrags (*Hüffer* AktG § 23 Rn 14; anders *BGH* NJW 1969, 1856 zu einem nicht verallgemeinerungsfähigen Sonderfall, in dem der Vorvertrag Bestandteil des Gesellschaftsvertrags einer anderen Gesellschaft war). **Inhaltlich** müssen sich aus dem Vorvertrag zumindest durch Auslegung die wesentlichen Satzungsbestimmungen der AG entnehmen lassen (MünchKomm AktG/*Pentz* Rn 13; GroßKomm AktG/*Röhricht* § 23 Rn 279). Bloße **Nebenabreden**, die nicht Inhalt der Satzung werden sollen, sind formfrei wirksam, da hier die Warnfunktion des § 23 Abs 1 S 1 nicht greift (dazu *BGH* WM 1969, 291, 292). Die Formunwirksamkeit des Vorvertrags hat zwar zur Folge, dass keine wirksame Verpflichtung zur Gründung einer AG besteht; sie schließt aber nicht aus, dass eine (ggf fehlerhafte) Vorgründungsgesellschaft entsteht (MünchKomm AktG/*Pentz* Rn 14). Auch bei Fehlen eines wirksamen Vorvertrags kommen zudem bereits im Vorgründungsstadium erhöhte Pflichten zur Rücksichtnahme auf die Interessen der anderen Mitwirkenden (§§ 241 Abs 2, 311 Abs 2 BGB) und darauf basierend eine Haftung aus culpa in contrahendo in Betracht (GroßKomm AktG/*K. Schmidt* Rn 21).

Mit Abschluss des Vorvertrags kommt eine **Vorgründungsgesellschaft** zustande (zur historischen Entwicklung *Schäfer/Jahntz* Aktienrecht im Wandel, 289 ff), und zwar **regelmäßig als Innen-GbR**, bei Betrieb eines Handelsgewerbes (§ 1 Abs 2 HGB) als OHG (*BGH* NJW 1983, 2822). Der Zweck dieser Gesellschaft ist auf Gründung einer AG gerichtet (*BGHZ* 91, 148, 151). Auf die Vorgründungsgesellschaft sind grds die **§§ 705 ff BGB (ggf iVm §§ 105 ff HGB)**, nicht dagegen die Vorschriften des AktG anzuwenden. Die Gesellschafter haften in dieser Zeit nach § 128 HGB (analog) persönlich für Verbindlichkeiten der Gesellschaft. Die Handelndenhaftung nach § 41 Abs 1 S 2 AktG findet noch keine Anwendung (vgl unten Rn 17). Die Vorgründungsgesellschaft wird **aufgelöst**, wenn ihr Zweck erreicht ist (§ 726 BGB), dh regelmäßig mit der Satzungsfeststellung. Die Vorgründungsgesellschaft ist **nicht mit der (Vor-)AG identisch.** Ein automatischer Übergang der Rechte und Pflichten der Vorgründungsgesellschaft bei Auflösung findet daher nicht statt. Auch etwaiges Gesamthandsvermögen geht nicht automatisch auf die Vor-AG über, vielmehr gelten die bürgerlich-rechtlichen Auseinandersetzungsregeln der §§ 730 ff BGB (*BGHZ* 91, 148, 151; *Hüffer* AktG § 23 Rn 15). Die Vorgründungsgesellschaft kann als Liquidationsgesellschaft neben der (Vor-)AG weiter bestehen. Vor der Auflösung entstandene persönliche Verpflichtungen der Gesellschafter nach § 128 HGB (analog) bleiben bestehen (für weitere Einzelheiten MünchKomm AktG/*Pentz* Rn 10 – 21; ausf zur Haftung GroßKomm AktG/*K. Schmidt* Rn 29 – 35).

III. Vor-AG (Vorgesellschaft)

5 **1. Entstehung und Rechtsnatur.** Mit der Errichtung durch Feststellung der Satzung (§ 23) und der Übernahme sämtlicher Aktien durch die Gründer (§ 29) entsteht bis zur Eintragung der AG in das HR eine Vor-AG (zur historischen Entwicklung *Schäfer/Jahntz* Aktienrecht im Wandel, 289 ff). Dies geschieht unabhängig vom Schicksal der Vorgründungsgesellschaft. Zwischen Vorgründungs- und Vorgesellschaft besteht keine Identität. Die Vor-AG ist keine GbR (so zB noch *RGZ* 144, 348, 356) und auch bei Aufnahme einer handelsgewerblichen Tätigkeit keine OHG (so zu Recht GroßKomm AktG/*Schmidt* Rn 51); sie ist weder eingetragener Verein noch AG, sondern vielmehr eine **Gesellschaft sui generis** (nach **hM** Gesamthand sui generis, zB Münch-Komm AktG/*Pentz* Rn 24; *Hüffer* AktG Rn 4; vgl *BGHZ* 21, 242, 246; 80, 212, 214 zur GmbH; für die Annahme einer Körperschaft sui generis GroßKomm AktG/*K. Schmidt* Rn 42). Als Gesamthand ist die Vor-AG rechts- und parteifähig (aktiv und passiv); sie ist gründerfähig, namens- und firmenfähig, grundbuch-, konto-, komplementär-, insolvenz- sowie HR-fähig (im Einzelnen mwN *Hüffer* AktG Rn 10).

6 **2. Zweck.** Der Zweck der Vor-AG ist umstr. Die wohl **hM** geht davon aus, dass der Zweck in der Herbeiführung der Eintragung als Vollendung des Gründungsvorgangs liege, allerdings durch einstimmigen Beschluss der Gründer nachträglich auf die Vornahme bestimmter Geschäfte erweitert werden könne (zB KölnKomm AktG/*Arnold* Rn 25). Nach der vorzugswürdigen **Identitätstheorie** entspricht der Zweck der Vor-AG bereits demjenigen der mit der Eintragung entstehenden AG (GroßKomm AktG/*K. Schmidt* Rn 51; MünchKomm AktG/*Pentz* Rn 28 f). Die Frage nach dem Zweck der AG hängt mit der Frage zusammen, ob Vor-AG und AG identisch sind, dh ob die Eintragung zur Entstehung einer neuen Gesellschaft oder nur zu einer Änderung der Rechtsform eines fortbestehenden Rechtsträgers führt (dazu ausf unten Rn 25). Nach der zutr Identitätstheorie ist für einen bes, vom Zweck der AG verschiedenen Zweck der Vor-AG kein Raum (MünchKomm AktG/*Pentz* Rn 29). Die Fragen, ob der Vorstand ohne Billigung der Gründer über die Gründungstätigkeit hinausreichende unternehmerische Aktivitäten entfalten darf und wie die Haftung der Gründer für solche Aktivitäten begrenzt werden kann, können und sollten unabhängig von der Frage nach dem Gesellschaftszweck beantwortet werden (vgl GroßKomm AktG/*K. Schmidt* Rn 51).

7 **3. Rechtsgrundlagen.** Die gesetzlichen Regelungen zu den Rechtsverhältnissen der Vor-AG sind bruchstückhaft, da der Gesetzgeber die Thematik bewusst Rspr und Lit überlassen hat (vgl Rn 2). Die insoweit ergangene Rspr bezieht sich zwar überwiegend auf das Gründungsrecht der GmbH, ist aber nach hM auf die (Vor-)AG über-

tragbar (*Hüffer* AktG Rn 2 mwN; Henssler/Strohn GesR/AktG/*Wardenbach* Rn 1). Auf die Vorgesellschaft finden neben den Gründungsvorschriften, die sich aus Gesetz und Gesellschaftsvertrag ergeben, auch die Vorschriften der rechtsfähigen Gesellschaft (bei der Vor-AG also insb die **Normen des AktG**) Anwendung, **sofern sie nicht gerade die Eintragung voraussetzen** (so zur GmbH *BGHZ* 21, 242, 246). Spezialvorschriften zur Gründung finden sich in den §§ 30 ff (vgl dazu Rn 8 ff). Ob andere Normen, die das Recht der entstandenen AG betreffen, die Eintragung voraussetzen (und deshalb ausnahmsweise nicht auf die Vor-AG anwendbar sind), ist nach dem Sinn und Zweck der jeweiligen Vorschrift im Einzelfall zu prüfen. Die festgestellte **Satzung** findet bereits auf die Vor-AG Anwendung; sie ist bereits in diesem Stadium **objektiv auszulegen** (str, **aA die wohl hM**, zB *Hüffer* AktG Rn 5, zu diesem Streit § 23 Rn 23). Die Vor-AG wird mit Eintragung zur AG (dazu ausf unten Rn 25). Scheitert die Eintragung, bspw wegen rechtskräftiger Zurückweisung der Anmeldung, wird die Vor-AG analog § 726 BGB aufgelöst und im allg auch abgewickelt (*Hüffer* AktG Rn 3). Eine Vor-AG kann auch durch Kündigung aus wichtigem Grund entspr § 723 Abs 1 S 2 und 3 Nr 1 BGB **aufgelöst** werden; ein wichtiger Grund kann insb vorliegen, wenn der Fortgang der Gründung daran scheitert, dass ein Mitgesellschafter außer Stande ist, seine Einlage zu erbringen (zu weiteren Beendigungstatbeständen s Spindler/Stilz AktG/*Heidinger* Rn 39 ff). Für die Abwicklung sind dann aber nicht entspr §§ 730 ff BGB die Gesellschafter, sondern entspr § 265 Abs 1 AktG die Vorstandsmitglieder als Liquidatoren zuständig (*BGH* NJW 2007, 589).

4. Innenverhältnis. – a) Gesellschaftsorgane. Organe der Vor-AG sind Vorstand, AR und Gründerversammlung. Der gem § 30 Abs 4 durch den AR zu bestellende **Vorstand** ist das Leitungs- und Vertretungsorgan auch der Vor-AG. Es gilt bereits das Prinzip der **Fremdorganschaft** (GroßKomm AktG/*K. Schmidt* Rn 57). Ist kein Vorstand bestellt, so ist die Gesellschaft handlungsunfähig, weshalb in Einzelfällen die gerichtliche Bestellung eines Notvorstands nach § 85 in Betracht kommt (MünchKomm AktG/*Pentz* Rn 33). Die **Aufgaben** des Vorstands iRd der Gründung ergeben sich insb aus § 33 Abs 1 iVm § 34 (Mitwirkung bei der Gründungsprüfung), § 36 und § 36a (Einforderung von Einlagen) und § 36 Abs 1 (Anmeldung der Gesellschaft). Daneben hat der Vorstand alle sonstigen erforderlichen Maßnahmen zur Herbeiführung der Eintragung und zur Vollendung des Gründungsvorgangs vorzunehmen. Für die **Geschäftsführung** gelten §§ 77, 93 und 121 Abs 1, 2. Alt. Der Vorstand darf grds nur die gründungsnotwendigen Geschäfte vornehmen, eine Erweiterung (insb die Befugnis zur vorzeitigen Geschäftsaufnahme) kann sich aber aus der Satzung oder aus der Zustimmung aller Gründer ergeben (GroßKomm AktG/*K. Schmidt* Rn 51); diese Zustimmung kann formlos erfolgen (*BGHZ* 80, 129, 139 (zur Vor-GmbH); MünchHdb GesR – AG/*Hoffmann-Becking* § 3 Rn 34; zweifelnd und zum Erfordernis der Satzungsform tendierend *Hüffer* AktG Rn 6). Wird ein Unternehmen eingebracht, so ergibt sich regelmäßig schon daraus die Pflicht zur Weiterführung dieses Unternehmens. Das Gleiche gilt, wenn sonstige Sacheinlagen ihrer Art nach die alsbaldige Nutzung oder bestimmte Erhaltungsmaßnahmen erfordern; so bspw die Abwehr von Patent- oder vergleichbaren Rechtsverletzungen (*Hüffer* AktG Rn 10). Der Vorstand ist im Stadium der Vor-AG **noch an die Weisungen der Gründer gebunden**; § 76 Abs 1 gilt mit Blick auf die Gründerhaftung (vgl Rn 31 ff) noch nicht (GroßKomm AktG/*K. Schmidt* Rn 57; vgl MünchKomm AktG/*Pentz* Rn 35). Zur Vertretungsmacht s aber unten Rn 14.

8

9 Der seinerseits nach § 30 Abs 1 von den Gründern bestellte **AR** bestellt gem § 30 Abs 4 den ersten Vorstand; er hat die Pflicht zur Mitwirkung bei der Gründungsprüfung (§§ 33 f) und bei der Anmeldung der Gesellschaft (§ 36); ihm obliegt auch die allg Überwachungspflicht aus § 111, insb hinsichtlich der Beachtung der beschränkten Geschäftsführungsbefugnis durch den Vorstand. Eine Abberufung des Vorstands ist dem AR nur aus wichtigem Grund möglich (§ 84 Abs 3).

10 Für die Einberufung der **Gründerversammlung** (zur Terminologie GroßKomm AktG/ *K. Schmidt* Rn 62) gelten die §§ 121 ff; entspr Beschlüsse bedürfen grds der einfachen Mehrheit iSd § 133 Abs 1. **Satzungsänderungen** sind allerdings **entgegen** § 179 Abs 2 wegen der Verantwortlichkeit der Gründer **nur einstimmig** mit Zustimmung aller Gründer möglich (*Hüffer* AktG Rn 7; vgl *OLG Köln* WM 1996, 207 f zur GmbH). Die Gründerversammlung wird entspr §§ 129 ff abgehalten. Gem § 130 ist eine Niederschrift erforderlich, die gem § 130 Abs 1 S 3 in Form eines privatschriftlichen Protokolls erfolgen kann. Inwieweit von den Anforderungen der §§ 121 ff zugunsten einer entspr Anwendung der §§ 48 ff GmbHG abgewichen werden kann, ist unklar (vgl MünchKomm AktG/*Pentz* Rn 38 mwN); daher empfiehlt es sich, vorsichtshalber die aktienrechtlichen Regelungen zu beachten, sofern nicht bei einer Vollversammlung aller Gründer nach § 121 Abs 6 formelle Mängel unbeachtlich sind (*Hüffer* AktG Rn 7). Die für die Anfechtung von Beschlussmängeln geltenden §§ 241 ff sind nach hM auch auf die Vor-AG anwendbar (Grigoleit AktG/*Vedder* Rn 15).

11 b) Unübertragbarkeit der Mitgliedschaft (§ 41 Abs 4 S 1). Mitglieder der Vor-AG sind die Gründer. Die **Übertragung** ihrer Anteile an der Vor-AG ist durch § 41 Abs 4 S 1 ausgeschlossen; eine Anteilsübertragung nach §§ 398, 413 BGB ist erst nach der Eintragung möglich, ebenso eine **(Ver-)Pfändung** der Anteile an der Vor-AG (MünchKomm AktG/*Pentz* Rn 162). Eine rechtsgeschäftliche Veränderung des Gesellschafterbestands ist dadurch **allerdings** nicht komplett verboten; ein **Eintritt oder Ausscheiden** von Gesellschaftern durch eine einstimmige Satzungsänderung, die der Form des § 23 bedarf, bleibt **möglich**, ebenso der Übergang der Mitgliedschaft durch **Gesamtrechtsnachfolge**. Das Übertragungsverbot beschränkt sich zudem auf das dingliche Übertragungsgeschäft. **Verpflichtungsgeschäfte** werden dagegen nicht erfasst, soweit sie sich auf die Verpflichtung zur Übertragung nach der Eintragung beziehen (vgl Spindler/Stilz AktG/*Heidinger* Rn 66). Auch die **(Ver-)Pfändung des** mit Eintragung entstehenden **Anteils an der künftigen AG** ist schon vor der Eintragung möglich (Stein/Jonas ZPO/*Brehm* § 859 Rn 26). Ist ein Verpflichtungsgeschäft auf die Übertragung vor Eintragung gerichtet, liegt ein Fall der vorübergehenden anfänglichen Unmöglichkeit vor, die der Wirksamkeit des Vertrages seit der Schuldrechtsreform nicht mehr entgegensteht. Vor Eintragung besteht insoweit nach teilw vertretener Auffassung der Schadensersatzanspruch gem § 311a Abs 2 BGB (GroßKomm AktG/ *K. Schmidt* Rn 68), nach der vorzugswürdigen Gegenansicht sind Verzugsregeln anwendbar (*Arnold* JZ 2002, 866; Bamberger/Roth BGB/*Unberath* § 275 Rn 19). Mit der Eintragung entfällt die vorübergehende Unmöglichkeit.

12 Umstr ist die Wirksamkeit einer Übertragung, die durch die Eintragung **aufschiebend bedingt** ist. Nach dem gewandelten Verständnis von der Rechtsnatur der Vorgesellschaft (dazu oben Rn 5) dient Abs 4 zum einen der Rechtssicherheit, indem er sicherstellt, dass die nach § 46 haftungsrechtlich verantwortlichen Gründer jederzeit feststellbar sind, indem ihr Wechsel nur in der Form des § 23 möglich ist (MünchKomm

AktG/*Pentz* Rn 7), zum anderen bezweckt die Norm den Schutz potentieller Erwerber dagegen, dass Aktien oder Zwischenscheine vor Eintragung in den Verkehr gelangen (GroßKomm AktG/*K. Schmidt* Rn 4). Weder dieser Normzweck noch der Wortlaut des § 41 Abs 4 S 1 stehen der Zulässigkeit einer aufschiebend bedingten Übertragung entgegen, da wegen der nur ex nunc wirkenden Bedingung eben noch keine Übertragung von Anteilsrechten vor der Eintragung vorliegt. Sie ist daher als wirksam anzusehen (ebenso MünchKomm AktG/*Pentz* Rn 164; GroßKomm AktG/*K. Schmidt* Rn 67; **aA** *Hüffer* AktG Rn 30 unter Hinweis auf Einstimmigkeitsprinzip und Formzwang). Wegen verbleibender Unsicherheiten ist aber von der Wahrnehmung der Möglichkeit der aufschiebend bedingten Verfügung für die Praxis abzuraten. Der steuerrechtlich maßgebliche Zeitpunkt bestimmt sich nicht nach dem Zeitpunkt der zivilrechtlichen Wirksamkeit, sondern nach einer wirtschaftlichen Betrachtungsweise (*FG Münster* StE 2005, 432).

c) Ausgabe von Aktien und Zwischenscheinen (§ 41 Abs 4). Die Ausgabe von Aktien oder Zwischenscheinen (vgl zum Begriff § 8 Rn 19) ist vor der Eintragung gem § 41 Abs 4 S 1 verboten und stellt eine Ordnungswidrigkeit nach § 405 Abs 1 Nr 2 dar. Die Vorbereitung einer späteren Ausgabe ist dagegen möglich. Es können dementsprechend bereits Aktien und Zwischenscheine zur späteren Ausgabe hergestellt werden (dazu MünchKomm AktG/*Pentz* Rn 166). Die verbotswidrige Ausgabe führt nach § 41 Abs 4 S 2 zur Nichtigkeit der ausgegebenen Aktien und Zwischenscheine; es erfolgt keine gültige wertpapiermäßige Verbriefung, ein gutgläubiger Erwerb ist nicht möglich (*Hüffer* AktG Rn 31). Durch die Eintragung tritt keine automatische Heilung ein, die unwirksame Aktienemission kann aber durch die Gesellschaft genehmigt werden (GroßKomm AktG/*K. Schmidt* Rn 71). § 41 Abs 4 S 3 ordnet eine **gesamtschuldnerische Haftung der Ausgeber** (dh derjenigen, die die Urkunde erstmals in den Verkehr gebracht haben, idR der Vorstand) für den Schaden an, der den Inhabern der Urkunden durch die unzulässige Ausgabe entsteht (zu Ansprüchen Dritter vgl GroßKomm AktG/*K. Schmidt* Rn 72). Der Anspruch ist verschuldensunabhängig (MünchKomm AktG/*Pentz* Rn 169; **aA** GroßKomm AktG/*K. Schmidt* Rn 72), in der Praxis wird aber ohnehin zumindest Fahrlässigkeit gegeben sein. Ein Mitverschulden der Geschädigten kann nach § 254 BGB berücksichtigt werden. Eine Haftung der Gesellschaft über § 31 BGB ist nicht möglich (MünchKomm AktG/*Pentz* Rn 169).

5. Außenverhältnis. – a) Vertretung. Die Vertretung der Vor-AG erfolgt durch den Vorstand als Organ der Vorgesellschaft. Die früher vertretene Auffassung, der Vorstand handle als Bevollmächtigter der Gründer (*BGH* AG 1961, 355) scheitert daran, dass Vor-AG und Gründer unterschiedliche Rechtssubjekte sind; sie wurde daher auch von der Rspr aufgegeben (*BGHZ* 80, 129, 139). Die Vertretungsmacht des Vorstands ist – unbeschadet einer möglichen Erweiterung in der Satzung (für die Satzungsform Spindler/Stilz AktG/*Heidinger* Rn 57) oder durch bes Ermächtigung der Gründer außerhalb der Satzung (*BGHZ* 80, 129, 139 zur GmbH) – nach **hM** auf gründungsnotwendige Geschäfte beschränkt (*Hüffer* AktG Rn 11; *Leßmann* Jura 2004, 367, Hölters AktG/*Solveen* Rn 10, jeweils mwN). Dagegen spricht allerdings, dass die Beschränkung der Vertretungsmacht ursprünglich das Ziel hatte, eine Unterbilanz zu verhindern; seit der **Aufgabe des Vorbelastungsverbots** und der Einführung der Unterbilanzhaftung (vgl *BGHZ* 80, 129 zur GmbH) ist dieses Ziel aber obsolet; dies spricht dafür, mit der **Gegenmeinung** bereits auf die Vor-AG § 82 (unbeschränkte Vertretungsmacht) anzuwenden (MünchKomm AktG/*Pentz* Rn 53; GroßKomm AktG/

K. Schmidt Rn 58; Wachter AktG/*Wachter* Rn 10). Im Innenverhältnis kann der Vorstand aber zur Einholung einer Ermächtigung verpflichtet sein, wenn er mit seinem Handeln im Außenverhältnis über die Geschäftsführungsbefugnis hinausgeht (zum Umfang der Geschäftsführungsbefugnis vgl oben Rn 8). Wurde ein **Handelsgeschäft in die Vor-AG eingebracht** und wird es mit Einverständnis der Gründer durch die Vor-AG fortgeführt, so ist die Vertretungsmacht auch nach hM umfassend (*BGHZ* 80, 129, 139 zur GmbH).

15 **b) Haftung der Vor-AG.** Bereits die Vor-AG ist Schuldnerin der Gesellschaftsverbindlichkeiten. Haftungsmasse ist das gesamte Gesellschaftsvermögen, das insb die Ansprüche auf Einlageleistung umfasst. Für rechtsgeschäftliche Verbindlichkeiten haftet die Vor-AG entspr der Vertretungsmacht des Vorstandes; an gesetzlichen Verbindlichkeiten kommen neben deliktischen und bereicherungsrechtlichen Ansprüchen insb Steuerverbindlichkeiten (zur steuerrechtlichen Behandlung der Vor-AG vgl GroßKomm AktG/*K. Schmidt* Rn 156 ff mwN) und Sozialversicherungsbeiträge in Betracht (GroßKomm AktG/*K. Schmidt* Rn 79). Ein Verschulden der Vorstandsmitglieder im Verhältnis zu Dritten ist der Vor-AG entspr § **31 BGB** zuzurechnen (MünchKomm AktG/*Pentz* Rn 54).

16 **6. Handelndenhaftung (§ 41 Abs 1 S 2). – a) Grundlagen und Normzweck.** Wer nach Errichtung, aber vor der Eintragung der AG in ihrem Namen handelt, haftet gem § 41 Abs 1 S 2 persönlich (*BAG* NJW 2006, 3230), mehrere Handelnde haften gesamtschuldnerisch (zur historischen Entwicklung der Handelndenhaftung *Schäfer/Jahntz* Aktienrecht im Wandel, 316 ff). Die Vorgängernorm des Art 211 Abs 2 ADHGB zielte auf die Verhinderung einer Geschäftstätigkeit vor der Eintragung. Die Haftung verfolgte insoweit eine Straffunktion. Später standen der Schutz der Gläubiger davor, ohne Vertragspartner dazustehen (Sicherungsfunktion), und die Erzwingung einer zügigen Eintragung der Gesellschaft (Druckfunktion) im Vordergrund. Ob die Norm ausgehend von diesem Zweck noch eine **Berechtigung** hat, **wird bezweifelt** (vgl eingehend *Hüffer* AktG Rn 18 f): Die Straffunktion ist schon mit der Abkehr vom Konzessionssystem (dazu oben Rn 2) obsolet geworden. Die Tragfähigkeit der Sicherungsfunktion wird angesichts des heutigen Standes der Dogmatik der Vorgesellschaft, insb hinsichtlich der Vorbelastungs- und Verlustdeckungshaftung, in Zweifel gezogen (*Hüffer* AktG Rn 19; aA *BGH* NJW 2004, 2519; MünchKomm AktG/*Pentz* Rn 126; Grigoleit AktG/*Vedder* Rn 28 ff), ebenso diejenige der Druckfunktion (vgl *Fleck* GmbHR 1983, 5, 13; *Weimar* GmbHR 1988, 289, 298). Der *BGH* (NJW 2004, 2519) sieht neuerdings den verbliebenen Schutzzweck darin, dem Vertragspartner der Vor-AG einen Schuldner zu verschaffen, wenn die Gesellschaft mangels wirksamer Ermächtigung nicht leisten muss (dazu unten Rn 18). Eine Streichung der Norm ist – unbeschadet einer Änderung der betr Richtlinie – mit Blick auf Art 7 der Publizitätsrichtlinie (dazu Einl Rn 74) ausgeschlossen, der eine Handelndenhaftung vorschreibt (für eine völlige Unanwendbarkeit gleichwohl *Weimar* AG 1992, 69, 73). Die zweifelhafte Rechtfertigung der Norm aber spricht jedenfalls dafür, sie **restriktiv auszulegen** (*OLG Köln* NZG 2002, 1066, 1067; *Hüffer* AktG Rn 19). Die analoge Anwendung auf Gesellschaften ausländischen Rechts mit Sitz im Inland hat der *BGH* im Fall einer englischen Limited-Gesellschaft aus Gründen der europäischen Niederlassungsfreiheit abgelehnt (*BGH* NJW 2005, 1648; zustimmend *Ressos* DB 2005, 1048).

b) Voraussetzungen. Die Haftung nach § 41 Abs 1 S 2 trifft diejenigen, die **nach** **17** **Errichtung** (*BGH* NJW 1984, 2164, 2165 zur GmbH unter Aufgabe der früheren Rspr; *OLG Köln* WM 1996, 261), **aber vor Eintragung** der AG im Namen der AG handeln (*BAG* NJW 2006, 3230). In der Phase der Vorgründungsgesellschaft ist § 41 Abs 1 S 2 daher noch nicht anwendbar (MünchKomm AktG/*Pentz* Rn 130). In dieser Phase wird bei Vorliegen einer entspr Vollmacht der wahre Rechtsträger aus dem Vertretergeschäft berechtigt und verpflichtet; fehlt eine Vollmacht, kommt eine Haftung des Handelnden nach § 179 BGB in Betracht (*BAG* NJW 2006, 3230). Eine entspr Anwendung der Vorschrift kommt in Betracht, wenn bei **Verwendung eines GmbH-Mantels** vor Offenlegung der wirtschaftlichen Neugründung die Geschäfte aufgenommen werden, ohne dass dem alle Gesellschafter zugestimmt haben (*BGHZ* 155, 318, 327; *BGH* NZG 2011, 1066; s auch § 179 Rn 25c).

In persönlicher Hinsicht kommen als **Handelnde** in erster Linie **Vorstandsmitglieder**, **18** daneben aber auch sog **faktische Organe**, die ohne wirksame Bestellung Vorstandsaufgaben wahrnehmen (dh wie Vorstandsmitglieder handeln), sowie grds auch Mitglieder des AR in Betracht (*BGH* NJW 2004, 2519). Die Haftung nach § 41 Abs 1 S 2 trifft nur die Handelnden selbst, nicht dagegen Gründer, die lediglich der Aufnahme des Geschäftsbetriebs zustimmen (*BGHZ* 47, 25 zur GmbH) oder nur rechtsgeschäftlich Bevollmächtigte, deren Verantwortlichkeit sich bei fehlender Vertretungsmacht nach § 179 BGB richtet. Der *BGH* hat im Hinblick auf den von ihm angenommenen Schutzzweck, dem Vertragspartner einen Schuldner zu verschaffen, wenn die Gesellschaft mangels wirksamer Ermächtigung nicht verpflichtet wurde, für den AR die Handelndenhaftung auf Fälle fehlender Ermächtigung beschränkt (*BGH* NJW 2004, 2519; vgl *Goette* DStR 2005, 561, 564). Dies wird teilw dahingehend gedeutet, der *BGH* habe ein Handeln ohne Vertretungsmacht als zusätzliches neues Erfordernis der Handelndenhaftung eingeführt (*Bergmann* GmbHR 2004, 1153, 1155; Zweifel sowohl daran, dass der *BGH* ein zusätzliches Erfordernis aufstellen wollte, als auch an dessen sachlicher Rechtfertigung aber bei *Bayer* LMK 2004, 209, 210; krit auch *Drygala* EWiR 2004, 783).

Es muss im Namen der AG gehandelt werden. Dies setzt grds eine **rechtsgeschäftliche** **19** **Handlung** voraus. Die Begründung gesetzlicher Ansprüche gegen die AG führt grds nicht zur persönlichen Haftung des Handelnden (aA *Schwab* NZG 2012, 481, der die Handelndenhaftung in analoger Anwendung des § 41 Abs 1 S 2 aufgrund der besonderen Schutzbedürftigkeit der Gläubiger auch auf gesetzliche Ansprüche erstrecken will). Da sich diese Beschränkung aus dem Erfordernis des Handelns im Namen der Gesellschaft ergibt, welches insb bei deliktischem Handeln normalerweise nicht vorliegen wird, kann aber die Handelndenhaftung eingreifen, soweit gesetzliche Ansprüche auf Rechtsgeschäften mit dem Gläubiger aufbauen, insb für die bereicherungsrechtliche Rückforderung und für eine Haftung aus culpa in contrahendo (ausf zu gesetzlichen und quasivertraglichen Ansprüchen MünchKomm AktG/*Pentz* Rn 137). Das Organ **muss nicht eigenhändig** handeln; beim Handeln von Bevollmächtigten haften Vorstandsmitglieder, wenn sie die Vollmacht erteilt oder im eigenen Zuständigkeitsbereich des Bevollmächtigten das Handeln hingenommen haben (GroßKomm AktG/*K. Schmidt* Rn 91).

Ein Handeln **im Namen der Gesellschaft** nimmt die **Rspr** an, wenn im Namen der künf- **20** tigen AG kontrahiert wurde oder wenn sich zumindest durch Auslegung ergibt, dass im Namen der Vorgesellschaft zugleich auch für die spätere jur Person gehandelt wurde (*BGH* NJW 1974, 1284; *BGHZ* 72, 45, 47). Ein reines Handeln im Namen der Vorgesellschaft würde demnach nicht ausreichen. Dem ist mit der hL entgegenzuhalten, dass diese Ansicht teilw zu zufälligen Ergebnissen führen würde; insb geht die Formulierung der Vorschrift noch auf Art 211 ADHGB zurück, unter dessen Geltung ein Handeln für die Vorgesellschaft als eigenständiges Zuordnungssubjekt nicht in Frage kam (Münch-Komm AktG/*Pentz* Rn 136 mwN; Spindler/Stilz AktG/*Heidinger* Rn 105).

21 **c) Inhalt und Umfang.** Die Handelndenhaftung ist **akzessorisch** und in der Höhe **unbeschränkt.** Inhalt und Umfang richten sich nach der Haftung der Gesellschaft, bei fehlender Vertretungsmacht des Vorstands nach der hypothetischen Verpflichtung der Gesellschaft (*BGHZ* 53, 210, 213). Bei Dauerschuldverhältnissen beschränkt sich die Handelndenhaftung auf die Gegenansprüche für diejenigen Teilleistungen, die der Geschäftspartner vor der Eintragung der AG erbracht hat (*BGH* NJW 1978, 636). Eine Analogie zu § 179 BGB, nach der der Gläubiger zwischen Schadensersatz- und Erfüllungsanspruch wählen könnte, ist nicht möglich (Hachenburg GmbHG/*Ulmer* § 11 Rn 114; *Hüffer* AktG Rn 24). Der Gläubiger ist nicht verpflichtet, sich vorrangig an die Gesellschaft zu halten. Handeln mehrere gemeinsam, so haften sie **gesamtschuldnerisch**; zwischen der Vorgesellschaft und dem Handelnden besteht wg der Akzessorietät der Haftung nur eine unechte Gesamtschuld, die §§ 422 ff BGB sind insoweit nicht anwendbar. Für die **Abbedingung** der Haftung ist eine ausdrückliche Vereinbarung mit dem Gläubiger erforderlich (GroßKomm AktG/*K. Schmidt* Rn 93). Für **Einreden und Einwendungen** gilt § 129 HGB entspr. Die Verjährung tritt in dem Zeitpunkt ein, in dem die hypothetischen Gesellschaftsschulden verjähren (Münch-Komm AktG/*Pentz* Rn 146). Die vertraglichen Ansprüche *gegen* den Dritten stehen ausschließlich der Gesellschaft zu, die Handelndenhaftung macht den Handelnden nicht zum Vertragspartner.

22 **d) Regress. Gegenüber anderen Handelnden,** die ebenfalls nach § 41 Abs 1 S 2 haften, bestimmt sich der Regress nach § 426 BGB. Ein derartiger Ausgleich ist gegenüber der Gesellschaft nicht möglich, da hier keine echte Gesamtschuld besteht (vgl bereits oben Rn 21); **im Verhältnis zur Gesellschaft** findet daher Auftragsrecht Anwendung. Den Handelnden stehen Ausgleichsansprüche nach § 670 BGB zu, wenn und soweit sie pflichtgemäß gehandelt haben. Bei Überschreitung der Geschäftsführungsbefugnis (Rn 8) kommen Ansprüche aus GoA in Betracht (*Hüffer* AktG Rn 26). Umstr ist ein Regress **gegenüber den Gründern**: Nach *BGHZ* 86, 122, 126 können derartige Ansprüche auf den Anstellungsvertrag gestützt werden. Diese Rspr ist wohl durch die neuere Rspr zur Gründerhaftung (*BGHZ* 134, 333 ff) überholt: Hat der *BGH* sich dort für eine nur interne Verlustdeckungspflicht der Gründer entschieden, so ist davon auszugehen, dass er auch die Handelnden auf Ansprüche gegen die Gesellschaft verweist, zu deren Vermögen bei Scheitern der Eintragung auch die Ansprüche aus der Verlustdeckungspflicht gehören (MünchKomm AktG/*Pentz* Rn 149; *Hüffer* AktG Rn 26). Eine Anknüpfung an den Anstellungsvertrag verbietet sich schon deswegen, weil Vertragspartner insoweit allein die Gesellschaft ist, nicht aber die Gründer. Allenfalls ist an die konkludente Zusage einer Haftungsfreistellung zu denken, wenn die Gründer den Handelnden ausdrücklich zu dem Geschäft angewiesen haben (GroßKomm AktG/*K. Schmidt* Rn 96).

23 **e) Erlöschen.** Die Handelndenhaftung erlischt, sobald die AG als jur Person als Schuldnerin zur Verfügung steht, regelmäßig also **mit der Eintragung** der AG in das HR (*BAG* AG 2005, 203; vgl oben Rn 1); mit der Entstehung entfällt der Grund der

Haftung, weil nunmehr die AG als jur Person selbst haftet und der Gläubiger genau den Vertragspartner hat, mit dem er ursprünglich kontrahieren wollte (vgl *BGH* NJW 1982, 932 zur GmbH); dies gilt selbst dann, wenn bereits im Eintragungszeitpunkt die Voraussetzungen einer Insolvenz vorliegen (*BAG* AG 2005, 203). Erforderlich ist nur die Eintragung, nicht dagegen die Eintragung unter der Firma, die beim Vertragsschluss als Name verwendet wurde (*OLG Oldenburg* NZG 2001, 811, 812; *Hüffer* AktG Rn 25).

7. Gründerhaftung. Die Gründer trifft nach **ganz hM grds** nur eine **Innenhaftung** 24 gegenüber der Vorgesellschaft (**aA** Lutter/Hommelhoff GmbHG/*Bayer* § 11 Rn 23, 19, der für eine generelle unbeschränkte Außenhaftung eintritt). Die Gläubiger können sich danach zunächst nur an die Vor-AG halten und ggf deren Ansprüche gegen die Gründer pfänden. Nur **ausnahmsweise**, namentlich bei Aussichtslosigkeit des Vorgehens gegen eine faktisch untergegangene Vorgesellschaft, kommt eine unmittelbare Inanspruchnahme der Gründer im Sinne einer **Außenhaftung** in Betracht (*BGHZ* 134, 333 = NJW 1997, 1507). Für die Einzelheiten s zusammenhängend unten Rn 31 ff.

IV. Folgen der Eintragung

1. Verhältnis zwischen Vor-AG und AG. Nach **hM** bilden Vor-AG und AG zwei ver- 25 schiedene Rechtsträger; die AG entsteht danach mit der Eintragung, gleichzeitig endet die Vor-AG liquidationslos, Rechte und Pflichten der Vor-AG gehen nach **hM** im Wege der **Gesamtrechtsnachfolge** auf die AG über (vgl *BGHZ* 80, 129, 137; *BGH* NJW 1982, 932; *Hüffer* AktG Rn 16 mwN). Nach **der Identitätstheorie** beschränkt sich die Wirkung der Eintragung dagegen auf eine Änderung der Organisationsform des Rechtsträgers, der als solcher bei **Vor-AG und AG identisch** ist; eine Gesamtrechtsnachfolge ist aufgrund dieser Identität nicht erforderlich (vgl GroßKomm AktG/ *K. Schmidt* Rn 42; MünchKomm AktG/*Pentz* Rn 108). Die zweite Auffassung ist vorzugswürdig. Es entspricht regelmäßig nicht dem Willen der Gründer, die Vor-AG, die bereits weitgehend nach dem Recht der AG und nach der Satzung lebt, nur als auf Vollendung des Gründungsvorgangs zielende Innengesellschaft anzusehen (vgl Groß-Komm AktG/*K. Schmidt* Rn 47). Das gegen die Identitätstheorie geltend gemachte Argument, dass der identitätswahrende Formwechsel nach § 202 Abs 1 Nr 1 UmwG ausweislich §§ 190 Abs 2, 191 Abs 1 UmwG nicht Ausdruck eines allg Rechtsgedankens sei (*Hüffer* AktG Rn 16a), ändert an dieser Beurteilung nichts: Das vom Gesetzgeber für die Fälle der §§ 190 ff UmwG angeführte Argument der wirtschaftlichen Kontinuität des Rechtsträgers vor und nach dem Formwechsel, die sich im gleichbleibenden Vermögensbestand zeige (vgl Begr RegE, abgedr bei *Ganske* Umwandlungsrecht (1994) S 185), lässt sich auf den Fall des Übergangs einer Vor-AG in eine AG ohne Weiteres übertragen. Für die Rechtsträgerkontinuität spricht auch, dass der bestellte AR und der von ihm zu bestellende Vorstand der Vor-AG bereits Organe der nur noch einzutragenden AG sein sollen (MünchKomm AktG/*Pentz* Rn 107).

2. Übergang von Rechten und Pflichten. – a) Rechte und Pflichten der Vor-AG. Die 26 Rechte und Pflichten der Vor-AG sind nach der Eintragung Rechte und Pflichten der eingetragenen AG. Diese Kontinuität ergibt sich ohne Weiteres aus der hier vertretenen Identitätstheorie; die hM kommt über die Annahme einer Gesamtrechtsnachfolge zu dem gleichen Ergebnis (vgl *BGH* GmbHR 1982, 183, 184 zur GmbH). **Verfahrensrechtsverhältnisse** werden ohne Weiteres von der AG fortgesetzt, in Prozessen findet nur eine Rubrumsberichtigung statt; **Vollstreckungstitel** können ohne Titelumschreibung nach § 727 ZPO gegen die AG verwendet werden (GroßKomm AktG/*K. Schmidt* Rn 101).

27 **b) Mit der Eintragung entstehende Rechte und Pflichten.** Bestimmte Rechte und Pflichten entstehen erst mit der Eintragung der AG. Hierzu gehören die Rechte der Gesellschaft aus den §§ 46–48 sowie solche Rechte und Pflichten, die von den Gründern in der Satzung zugunsten oder zu Lasten der eingetragenen AG vereinbart werden: Insb kommen hier Sondervorteile nach § 26 und Rechte und Pflichten aus der Vereinbarung von Sacheinlagen oder Sachübernahmen in Betracht (Heidel Anwk-AktG/*Höhfeld* Rn 20).

28 **c) Schuldübernahme (§ 41 Abs 2).** § 41 Abs 2 stellt eine **Ausnahme zu § 415 BGB** dar. Nach § 415 BGB ist für eine zwischen dem Alt- und dem Neuschuldner vereinbarte Schuldübernahme grds die Genehmigung des Gläubigers erforderlich. Nach § 41 Abs 2 AktG ist die Zustimmung des Gläubigers dagegen entbehrlich, wenn die AG die Übernahme einer in ihrem Namen eingegangenen Verpflichtung innerhalb von drei Monaten nach ihrer Eintragung mit dem Schuldner vereinbart und dies dem Gläubiger von der AG oder dem Schuldner mitgeteilt wird. Die Schuldübernahme ist selbst bei Genehmigung des Gläubigers **unzulässig**, wenn es sich um eine Einlagenrückgewähr iSd § 57 handeln würde (Spindler/Stilz AktG/*Heidinger* Rn 132; MünchKomm AktG/*Pentz* Rn 157). Allgemein **nicht** von Abs 2 **erfasst** sind Geschäfte, die noch vor der Errichtung der Gesellschaft eingegangen wurden (*BGH* NJW 1998, 1645; *K. Schmidt* FS Kraft S 573, 583 f), insb auch nicht Geschäfte, die im Stadium der Vorgründungsgesellschaft geschlossen wurden (GroßKomm AktG/*K. Schmidt* Rn 106; Spindler/Stilz AktG/*Heidinger* Rn 130). Die Vorschrift sollte ursprünglich die Haftungsüberleitung auf die AG vereinfachen, sie ist aber durch den mittlerweile allgemein anerkannten automatischen Übergang von Rechten und Pflichten der Vor-AG auf die AG **weitgehend bedeutungslos** geworden. Ein Anwendungsbereich verbleibt allenfalls in Fällen, in denen die Vor-AG mangels Vertretungsmacht wirksam verpflichtet wurde (*Lutter* NJW 1989, 2649, 2654). Dies kann nur ganz ausnahmsweise vorkommen, wenn man von einer weiten Vertretungsmacht des Vorstands der Vor-AG ausgeht (vgl oben Rn 14), insb, wenn der Geschäftspartner von der beschränkten Geschäftsführungsbefugnis weiß und eine Verpflichtung der Gesellschaft aufgrund eines Missbrauchs der Vertretungsmacht zunächst ausscheidet. In diesen Fällen lässt sich der Haftungsübergang allerdings auch über eine Genehmigung nach § 177 BGB bewerkstelligen, so dass § 41 Abs 2 letztlich ebenfalls überflüssig ist (vgl GroßKomm AktG/*K. Schmidt* Rn 107).

29 **d) Übernahmeverbot (§ 41 Abs 3).** Nach § 41 Abs 3 kann die Gesellschaft keine Verpflichtung aus Verträgen über Sondervorteile, Gründungsaufwand, Sacheinlagen oder Sachübernahmen übernehmen, die nicht in der Satzung wirksam festgesetzt sind. Diese Regelung dient letztlich nur der Klarstellung dahingehend, dass verdeckte Sacheinlagen (vgl § 27 Rn 25 ff) nicht durch eine Schuldübernahme geheilt werden können (GroßKomm AktG/*K. Schmidt* Rn 108). Die Regelung steht im Widerspruch zum neuen § 27 Abs 3 S 2, demzufolge Verträge über verdeckte Sacheinlagen und die Rechtshandlungen zu ihrer Ausführung nicht mehr unwirksam sind (Spindler/Stilz AktG/*Heidinger* Rn 133). Schon vorher war sie überflüssig, denn werden entspr Verträge in der Satzung wirksam vereinbart, findet eine originäre Verpflichtung der AG statt, ohne dass dafür eine Übernahme erforderlich wäre. War dies nicht der Fall, sollte § 41 Abs 3

eine Umgehung der §§ 26, 27, 52 verhindern, doch standen in einem solchen Fall bereits die §§ 26, 27, 52 selbst einer wirksamen Schuldübernahme entgegen (KölnKomm AktG/*Arnold* Rn 87). Diese Verpflichtungen konnten mangels Satzungspublizität auch nicht unter Mitwirkung der Gläubiger wirksam übernommen werden (*Hüffer* AktG Rn 29).

3. Haftungsverhältnisse. Aufgrund der Kontinuität des Rechtsträgers haftet die **Gesellschaft** nach der Eintragung ohne Weiteres für die Verbindlichkeiten der Vorgesellschaft. Die **Handelndenhaftung** nach Abs 1 S 2 erlischt mit der Eintragung, da sich der Haftungszweck durch die Eintragung erledigt; der Gläubiger hat nach Entstehung der AG genau den Vertragspartner, mit dem er kontrahieren wollte (dazu schon oben Rn 23). Zur Gründerhaftung sogleich Rn 31 ff. 30

V. Gründerhaftung

1. Entwicklung. Das Verhältnis zwischen Vorgesellschaft und mit der Eintragung entstandener Gesellschaft war lange durch das sog Vorbelastungsverbot gekennzeichnet, das sicherstellte, dass die Gesellschaft im Zeitpunkt ihrer Entstehung nur mit Verbindlichkeiten belastet war, die unmittelbar mit ihrer Gründung zusammenhingen (vgl *BGHZ* 65, 378, 382 f). Mit Anerkennung der Kontinuität zwischen Vorgesellschaft und entstandener Gesellschaft unter **Aufgabe des Vorbelastungsverbots** durch *BGHZ* 80, 129 rückte die **Absicherung des Grundkapitals** in den Vordergrund. Mit Blick auf die Gründerhaftung für Verbindlichkeiten der Vorgesellschaft werden in der Lit zahlreiche Auffassungen vertreten, die die ganze Bandbreite zwischen vollständiger Haftungsfreistellung und unbeschränkter Haftung sowie zwischen Innen- und Außenhaftung abdecken (vgl Überblick über den Meinungsstand bei MünchKomm AktG/*Pentz* Rn 55; GroßKomm AktG/*K. Schmidt* Rn 80; *Zöllner* FS Wiedemann, 1383, 1389 ff). 31

Der *BGH* ging in seiner Rspr zur GmbH zunächst von einer KG-ähnlichen Außenhaftung bis zur Höhe der noch nicht erbrachten Einlagen aus; diese Rspr basierte allerdings noch auf dem Vorbelastungsverbot (vgl etwa *BGHZ* 65, 378, 382). Mit der Aufgabe des Vorbelastungsverbots führte sie zu einem bedenklichen Missverhältnis zwischen der Haftung vor und nach Eintragung der Gesellschaft, weil nach *BGHZ* 80, 129 mit der Eintragung zwar die (beschränkte) Außenhaftung der Gründer erlosch, an ihre Stelle aber eine unbeschränkte (wenn auch grds nur anteilige) Innenhaftung gegenüber der Gesellschaft für die Differenz trat, die sich durch Vorbelastungen zwischen dem Grundkapital und dem Wert des Gesellschaftsvermögens im Zeitpunkt der Eintragung ergab (dazu auch *Meister* FS Werner, 1984, S 521, 548 f; *K. Schmidt* ZHR 156 (1992) 93, 108). In *BGHZ* 134, 333 hat der *BGH* dementsprechend auch für den Fall der Nichteintragung der Gesellschaft eine **unbeschränkte**, grds nur als **Innenhaftung** gegenüber der Gesellschaft bestehende Gründerhaftung angenommen, die von der Rspr seither einheitlich in Form einer bis zur Eintragung der Gesellschaft andauernden (und insb beim Scheitern der Eintragung relevant werdenden) **Verlustdeckungshaftung** und einer an die Eintragung geknüpften **Unterbilanzhaftung** angenommen wird. Diese zur GmbH entwickelten Grundsätze gelten **auch für die AG** (*BAG* AG 2005, 203, 204; *OLG Karlsruhe* AG 1999, 131, 132; *OLG München* ZIP 2008, 1635; *Wiedenmann* ZIP 1997, 2029, 2030 ff; *Pentz* BB 2005, 1397, 1399; Spindler/Stilz AktG/*Heidinger* Rn 72, 77), und zwar unabhängig davon, ob die Vor-AG unternehmenstragend ist oder nicht (GroßKomm AktG/*K. Schmidt* Rn 82). 32

33 **2. Unterbilanzhaftung.** Die **Unterbilanzhaftung** wurde vom BGH erstmals in *BGHZ* 80, 129, 144 in Anlehnung an § 9 GmbHG anerkannt. Diese Auffassung legitimiert sich über den Gedanken einer von den Gründern übernommenen Garantie, dass das Gesellschaftsvermögen am Tage der Eintragung unversehrt zur Verfügung steht (KölnKomm AktG/*Arnold* Rn 48; zw *K. Schmidt* ZHR 156 (1992), 93, 98 ff). Daher ist es nicht etwa der Sinn der Unterbilanzhaftung, die Eintragung der AG trotz unzureichender Kapitalausstattung zu ermöglichen (zur Frage, inwieweit Vorbelastungen ein Eintragungshindernis darstellen können, vgl § 38 Rn 2). Wird die Gesellschaft aber trotz bestehender Unterbilanz eingetragen, so haften die Gesellschafter **ab Eintragung** grds **unbeschränkt** im Sinne einer **Innenhaftung** gegenüber der Gesellschaft. Diese Haftung trifft die Gesellschafter zunächst nur **anteilig** (pro rata) entspr der Höhe der übernommenen Einlagen (*BGHZ* 80, 129, 141). Die nach Eintragung der AG in das HR eingreifende Unterbilanzhaftung ist (anders als die Verlustdeckungshaftung, dazu Rn 37 ff) **auch** dann als reine Innenhaftung ausgestaltet, **wenn die AG vermögenslos ist oder nur einen Gesellschafter hat** (*BGH* NJW-RR 2006, 254; Spindler/Stilz AktG/ *Heidinger* Rn 78). Bei einer **Verschmelzung** von AG im Wege der Aufnahme (§ 2 Nr 1 UmwG) mit Kapitalerhöhung der übernehmenden Gesellschaft (§ 69 UmwG) trifft die Aktionäre der beteiligten Rechtsträger im Fall einer Überbewertung des Vermögens des übertragenden Rechtsträgers nach Auffassung des *BGH* grds keine (verschuldensunabhängige) Differenzhaftung (*BGHZ* 171, 293, 302 f). **Zur Unterbilanzhaftung in Fällen der Mantelverwendung** s ausführlich § 179 Rn 25 ff mwN.

34 Eine **Ausfallhaftung** nach dem Muster des § 24 GmbHG wird für die AG teilw verneint (*OLG Karlsruhe* AG 1999, 131, 132; *Wiedenmann* ZIP 1997, 2029, 2033 f; Grigoleit AktG/*Vedder* Rn 26; **aA** zu Recht unter Hinweis auf die Verantwortung jedes Gründers für die Aufbringung des Gesamtkapitals *Hüffer* AktG Rn 9b; GroßKomm AktG/*K. Schmidt* Rn 85; diff Spindler/Stilz AktG/*Heidinger* Rn 94: Ausfallhaftung nur bei Zustimmung zum Geschäftsbeginn). Umstr ist ferner, ob die Unterbilanzhaftung auf diejenigen Gründer zu beschränken ist, die dem **vorzeitigen Geschäftsbeginn zugestimmt** haben (so die **hM**, *BGH* NZG 2012, 539 Rn 36 mwN; *Hüffer* AktG Rn 8). Dies kann zu Schutzlücken führen, wenn man von einer weiten Vertretungsmacht des Vorstands ausgeht (vgl hierzu Rn 14). Das Ziel, solche Schutzlücken zu vermeiden, spricht ebenso wie die Verantwortung aller Gründer für die Aufbringung und Erhaltung des Grundkapitals bis zur Eintragung dafür, die Haftung aller Gründer unabhängig von ihrer Zustimmung zum Geschäftsbeginn eintreten zu lassen (wie hier MünchKomm AktG/*Pentz* Rn 116; ähnlich Scholz GmbHG/*K. Schmidt* § 11 Rn 63).

35 Der **Umfang** der Haftung bestimmt sich nach der Differenz zwischen dem Reinvermögen der Gesellschaft am **Eintragungsstichtag** und dem Grundkapital; umfasst ist auch eine etwaige Überschuldung, so dass die Haftung den Betrag des Grundkapitals übersteigen kann (MünchKomm AktG/*Pentz* Rn 122); der Haftungsumfang wird durch eine Vermögensbilanz am Eintragungsstichtag ermittelt (**aA** Grigoleit AktG/*Vedder* Rn 23: Anmeldezeitpunkt als Stichtag für die Unterbilanzhaftung), wobei sich der Geschäftswert nach der Ertragswertmethode berechnet, der Wert des in Gang gesetzten Unternehmens also berücksichtigt wird (*BGH* WM 1998, 2530, 2531 f; ausf zur entspr Bilanzierung, insb zu reinen Wertverlusten im Anlagevermögen MünchKomm AktG/*Pentz* Rn 118–121; vgl *BGHZ* 165, 391: Bestimmung nach einer „betriebswirtschaftlich anerkannten, vom Tatrichter auszuwählenden Bewertungsmethode"). Die Haftung besteht ohne Unterschied für **rechtsgeschäftliche wie gesetzliche Verbindlich-**

Handeln im Namen der Gesellschaft § 41

keiten der Vorgesellschaft (vgl *BSGE* 85, 192, 195; GroßKomm AktG/*K. Schmidt* Rn 81). Soweit Verbindlichkeiten aufschiebend bedingt für die eingetragene AG eingegangen wurden, handelt es sich nach der Eintragung zwar um originäre Verbindlichkeiten der entstandenen Gesellschaft, doch sind auch diese Verbindlichkeiten in die Unterbilanzhaftung einzubeziehen (vgl Scholz GmbHG/*K. Schmidt* § 11 Rn 154).

Der Anspruch der Gesellschaft aus der Unterbilanzhaftung wird **mit der Eintragung im HR fällig**. Der Vorstand ist grds zur sofortigen Geltendmachung des Anspruchs verpflichtet, er kann sich aber mit in der Höhe bestimmten Schuldanerkenntnissen der Gesellschafter begnügen, solange die Solvenz der Gesellschaft das zulässt (GroßKomm AktG/*K. Schmidt* Rn 122). Eine Enthaftung der Gesellschafter durch einen Ausgleich der Unterbilanz aufgrund zwischenzeitlicher Gewinne wird durch die neuere *BGH*-Rspr zur GmbH (*BGHZ* 144, 336, 340 f; noch deutlicher *BGHZ* 165, 391 (beide zur GmbH)) unter Aufgabe der früheren Judikatur abgelehnt (krit dazu GroßKomm AktG/ *K. Schmidt* Rn 122). Die **Verjährung** der Ansprüche aus der Vorbelastungshaftung erfolgt analog § 9 Abs 2 GmbHG binnen 10 Jahren ab Eintragung (vgl *BGHZ* 149, 273 zur damals noch fünfjährigen Verjährung nach § 9 Abs 2 GmbHG aF). 36

3. Verlustdeckungshaftung. Bis zur Eintragung trifft die Gründer eine Verlustdeckungshaftung, die nach aktueller Rspr grds in Parallele zur Unterbilanzhaftung als **unbeschränkte**, die Gesellschafter **pro rata** belastende **Innenhaftung** ausgestaltet ist (*BGHZ* 134, 333). Für Inhalt und Umfang der Haftung gilt grds das unter Rn 33 ff zur Unterbilanzhaftung Gesagte. Allerdings wird die Verlustdeckungshaftung regelmäßig erst **bei Scheitern der Eintragung** relevant. Das endgültige Scheitern der Eintragung führt zur Auflösung der Vor-AG, die Liquidation erfolgt nach §§ 264 ff. Die Verlustdeckungshaftung zielt in diesem Fall nicht mehr auf die Wiederherstellung des Grundkapitals, sondern nur noch auf die Befriedigung der Gläubiger (*Hüffer* AktG Rn 9a). Eine Außenhaftung ist grds ausgeschlossen, um einen Wettlauf der Gläubiger um die beschränkte Haftungsmasse zu vermeiden (vgl *BGH* NJW 1996, 1210, 1212). Gläubiger der Vor-AG müssen daher zunächst gegen die Gesellschaft klagen. Sie können dann im Wege der Pfändung den Verlustdeckungsanspruch der Vorgesellschaft gegen die Gründer verwerten. 37

Von der grds Innenhaftung macht die Rspr allerdings **Ausnahmen im Sinne einer Außenhaftung** in Fällen, in denen das Vorgehen gegen die Vorgesellschaft wegen faktischer Auflösung der Gesellschaft aussichtslos oder aus anderen Gründen unzumutbar ist, wenn die Vorgesellschaft also vermögenslos ist, insb keinen Geschäftsführer mehr hat und auch die Stellung eines Insolvenzantrags mangels Masse keine Aussicht auf Erfolg verspricht (*BGHZ* 134, 333, 341; *BAG* NJW 2000, 2915; *Dauner-Lieb* GmbHR 1996, 82, 91), bei der Einpersonengründung (*BGHZ* 134, 333, 341; *Lutter* JuS 1998, 1073, 1077), bei nur einem Gläubiger (*BGHZ* 134, 333, 341; *Lutter* JuS 1998, 1073, 1077) oder bei einer „unechten Vorgesellschaft" (dazu sogleich Rn 39; mit beachtlichen Argumenten für eine generelle Außenhaftung GroßKomm AktG/ *K. Schmidt* Rn 84). 38

Für diese Fälle ausnahmsweiser Außenhaftung ist umstr, ob die Gesellschafter den Gläubigern nur **pro rata** (so *BAG* NJW 1997, 3331, 10. Senat) oder **unbeschränkt** haften (so *BAG* NJW 1998, 628, 9. Senat). Der *BGH* hat sich für den letztgenannten Fall einer sog **„unechten Vorgesellschaft"** für eine unbeschränkte Außenhaftung ausgesprochen: Scheitert die Gründung einer Gesellschaft, die im Einverständnis ihrer 39

Körber

Gesellschafter schon vor der Eintragung in das HR die Geschäfte aufgenommen hat, finden die Grundsätze der Verlustdeckungshaftung danach keine Anwendung, wenn die Geschäftstätigkeit nicht sofort beendet und die Vorgesellschaft abgewickelt wird. In diesem Fall trifft die Gründer für sämtliche Verbindlichkeiten der Vorgesellschaft, auch für die bis zum Scheitern entstandenen, eine **unbeschränkte Außenhaftung entspr § 128 HGB** (*BGHZ* 152, 290 = *BGH* NJW 2003, 429; ausf zu dieser sog „unechten Vorgesellschaft" MünchKomm AktG/*Pentz* Rn 83 ff); für die unechte Vorgesellschaft ebenso, aber für eine pro rata-Haftung iVm einer Ausfallhaftung entspr § 24 GmbHG in den anderen in Rn 38 beschriebenen Fällen *Goette* S 34 Rn 83 (zur GmbH). Wird ein Gründer in Anspruch genommen, kann er bei seinen Mitgründern nach § 426 BGB **Regress** nehmen, allerdings nur pro rata (GroßKomm AktG/ *K. Schmidt* Rn 83).

VI. Einpersonengründung

40 **1. Rechtsnatur.** Eine Einpersonengründung liegt vor, wenn die Satzung durch ein **einseitiges Geschäft des Alleingründers** festgestellt wird. **Alleingründer** kann neben natürlichen und jur Personen **auch jede Personenaußengesellschaft** sein. Bei der Gründung durch eine GbR sind im HR dann zwar alle Gesellschafter „in Gesellschaft bürgerlichen Rechts" einzutragen, dies ist aber eine Folge der fehlenden Registerpflicht, ohne dass dadurch die einzelnen GbR-Gesellschafter als natürliche Personen zu Gründern werden: Alleingesellschafter ist hier die – spätestens seit *BGHZ* 146, 341 als rechtsfähig anerkannte – GbR (so zur GmbH bereits *K. Schmidt* BB 1983, 1697, 1699 ff). Auch eine Spaltung zur Neugründung stellt einen Fall der Einpersonengründung dar (dazu MünchKomm AktG/*Pentz* Rn 74). Die AG entsteht in diesem Fall aber aufgrund von §§ 135 Abs 1, 130 Abs 1 S 2 UmwG erst mit Eintragung der Spaltung des übertragenden Rechtsträgers im HR (*Neye* GmbHR 1995, 565 f; Lutter UmwG/*Priester* § 135 Rn 3; *Bruski* AG 1997, 17, 18 ff).

41 Da die Rechtsverhältnisse der Einpersonengesellschaft im Gesetz nur fragmentarisch geregelt sind (§§ 2, 36 Abs 2 S 2, 42), ist umstr, ob die **Einpersonen-Vor-AG** ein **eigenständiges Zuordnungssubjekt von Rechten und Pflichten** sein kann (so zB GroßKomm AktG/*K. Schmidt* Rn 136; MünchKomm AktG/*Pentz* Rn 78; K. Schmidt/Lutter AktG/*Drygala* Rn 5; *BFH* DB 2002, 357; vgl auch Baumbach/Hueck GmbHG/*Fastrich* § 11 Rn 41 ff) oder ob sie nur als Sondervermögen des Gründers anzusehen ist (so *Hüffer* AktG Rn 17c; *Bruski* AG 1997, 17, 20; vgl Hachenburg GmbHG/*Ulmer* § 11 Rn 17). Dies hat praktische Auswirkungen auf die Rechtsverhältnisse im Gründungsstadium. Die gegen eine eigene Rechtsträgerschaft geltend gemachten Argumente, dass es keine Einmann-Gesamthand geben könne und eine Identität der Rechtsform vor und nach Eintragung nicht vorliege (*Hüffer* AktG Rn 17c), laufen ins Leere, weil ohnehin gute Gründe für die Einordnung der Vor-AG als Körperschaft und für die Identitätstheorie sprechen (vgl Rn 5 f, 25). Die Sondervermögenstheorie führt zu etlichen praktischen Problemen (vgl ausf MünchKomm AktG/*Pentz* Rn 77 f). Die Einordnung der Vor-AG als werdende juristische Person und damit als eigenständiges Zuordnungssubjekt kann die Vorgänge bei der Einpersonengründung trotz verbleibender Probleme überzeugender erklären und erreicht insb auch den vom Gesetzgeber gewollten Gleichlauf der Vorgänge bei der Mehrpersonengründung und bei der Einpersonengründung in höherem Maße als die Sondervermögenstheorie (GroßKomm AktG/*K. Schmidt* Rn 136; Hölters AktG/*Solveen* Rn 18).

2. Struktur der Einpersonen-Vor-AG. Wenn die körperschaftliche Struktur auch der Einpersonen-Vor-AG anerkannt wird, ist es naheliegend, dass auch ihre Organisationsverfassung derjenigen der Mehrpersonen-Vorgesellschaft entspricht. Auf die Vor-AG findet Aktienrecht Anwendung, sofern dieses nicht die Eintragung der Gesellschaft voraussetzt. Der Gründer muss also nach § 30 Abs 1 den ersten AR bestellen, der wiederum den ersten Vorstand nach § 30 Abs 4 bestellt. Die Einlagen sind vom Gründer nach §§ 36 f an die Vorgesellschaft, vertreten durch den Vorstand, zu leisten. 42

3. Haftung. Die Einpersonen-Vor-AG kann als Körperschaft sui generis selbst Schuldnerin sein; sie haftet für gesetzliche und rechtsgeschäftliche Verbindlichkeiten nach allg Regeln. Die Gesellschaftsorgane unterliegen bis zur Eintragung der Handelndenhaftung nach § 41 Abs 1 S 2. Die Verlustdeckungshaftung trifft auch den Gründer der Einpersonen-Vor-AG, allerdings als unmittelbare Außenhaftung (vgl *BGHZ* 134, 333, 341), während die Unterbilanzhaftung auch bei der Einpersonen-AG eine reine Innenhaftung bleibt (vgl *BGH* NJW-RR 2006, 254). 43

4. Folgen der Eintragung. Die Eintragung führt wie bei der Mehrpersonengesellschaft zum Entstehen der mit der Vor-AG identischen AG; die AG ist ohne Weiteres Zuordnungssubjekt aller für die Vor-AG begründeten Rechte und Pflichten. Die persönliche Außenhaftung des Gründers aufgrund der Verlustdeckungshaftung erlischt, an ihre Stelle tritt die Unterbilanzhaftung; die Handelndenhaftung erlischt ebenfalls (vgl Rn 23; MünchKomm AktG/*Pentz* Rn 80). **Scheitert die Eintragung**, so ist grds eine Liquidation entspr §§ 264 ff vorzunehmen; wird ein Liquidationsverfahren nicht zeitnah betrieben oder wird die Eintragung endgültig nicht mehr weiterverfolgt, so ist ein automatisches Erlöschen der Vor-AG anzunehmen, das Gesellschaftsvermögen fällt an den Gründer zurück (ausf GroßKomm AktG/*K. Schmidt* Rn 145; MünchKomm AktG/*Pentz* Rn 81). 44

§ 42 Einpersonen-Gesellschaft

Gehören alle Aktien allein oder neben der Gesellschaft einem Aktionär, ist unverzüglich eine entsprechende Mitteilung unter Angabe von Name, Vorname, Geburtsdatum und Wohnort des alleinigen Aktionärs zum Handelsregister einzureichen.

Übersicht

	Rn		Rn
I. Regelungsgegenstand und Normzweck	1	III. Mitteilungspflicht	6
		1. Voraussetzungen	6
II. Exkurs: Die Einpersonen-AG	3	2. Inhalt	10
		3. Verfahren	12

Literatur: *Ammon/Görlitz* Die kleine Aktiengesellschaft, 1995; *Arends* Die Offenlegung von Aktienbesitz nach deutschem Recht, 2000; *Bachmann* Die Einmann-AG, NZG 2001, 961; *Blanke* Private Aktiengesellschaft und Deregulierung des Aktienrechts, BB 1994, 1505; *Brändel* Auswirkungen der 12. gesellschaftsrechtlichen Richtlinie auf die Einmann-AG, FS Kellermann, 1991, S 15; *Heckschen* Die „kleine AG" und Deregulierung des Aktienrechts – eine kritische Bestandsaufnahme, DNotZ 1995, 275; *Hölters/Deilmann/Buchta* Die kleine Aktiengesellschaft, 2. Aufl 2002; *Hoffmann-Becking* Gesetz zur „kleinen AG" – unwesentliche Randkorrekturen oder grundlegende Reform?, ZIP 1995, 1; *Kindler* Die Aktiengesellschaft für den Mittelstand, NJW 1994, 3041; *Lutter* Das neue „Gesetz für kleine Aktiengesellschaften und zur Deregulierung des Aktienrechts", AG 1994, 429; *Planck* Kleine AG als Rechtsformalternative zur GmbH, GmbHR 1994, 501; *Seibert/Köster/Kiem* Die kleine AG – gesellschaftsrechtliche, umwandlungsrechtliche und steuerrechtliche Aspekte, 3. Aufl 1996.

I. Regelungsgegenstand und Normzweck

1   Die Vorschrift ist 1994 durch das Gesetz für kleine AG und zur Deregulierung des Aktienrechts in das AktG aufgenommen worden. Sie geht indirekt auf die zwölfte gesellschaftsrechtliche Richtlinie (Einpersonen-Richtlinie) zurück; kleinere Änderungen wurden 1998 durch Art 8 Nr 4 des Handelsrechtsreformgesetzes vorgenommen (vgl im Einzelnen Einl Rn 7). Die früher in § 42 aF geregelte Errichtung einer Zweigniederlassung ist seit dem 1. November 1993 durch das Gesetz zur Durchführung der Elften gesellschaftsrechtlichen Richtlinie des Rates der Europäischen Gemeinschaften und über Gebäudeversicherungsverhältnisse (BGBl I 1993 S 1282) in § 13 HGB normiert.

2   Die Norm statuiert eine bes **Mitteilungspflicht** des Alleingesellschafters einer AG. Diese Pflicht wird sowohl durch die Einpersonengründung als auch durch die nachträgliche Entstehung einer Einpersonengesellschaft durch die Vereinigung aller Anteile in einer Hand begründet (*Hoffmann-Becking* ZIP 1995, 1, 3; *Lutter* AG 1994, 429, 434). Die entspr Informationen werden nicht ins HR eingetragen; sie sind aber in den Registerakten für jedermann einsehbar. Die Vorschrift setzt die Zulässigkeit der Einpersonen-AG voraus. § 42 hat den **Zweck**, durch die Publizität einen besseren Schutz der Gesellschaftsgläubiger zu erreichen (*Planck* GmbHR 1994, 501, 502; krit zu diesem Schutzzweck GroßKomm AktG/*Ehricke* Rn 10 – 13, der keine erhöhte Missbrauchsgefahr bei der Einmann-AG sieht; s auch Wachter AktG/*Wachter* Rn 3, die Norm sei überholt und werde in der Praxis kaum beachtet). § 42 bildet zwar ein Schutzgesetz iSd § 823 Abs 2 BGB, auf § 42 gestützte Schadensersatzansprüche sind aber praktisch schwer vorstellbar (MünchKomm AktG/*Pentz* Rn 17; *Hoffmann-Becking* ZIP 1995, 1, 4; vgl unten Rn 12).

II. Exkurs: Die Einpersonen-AG

3   § 42 setzt wie § 2 die Zulässigkeit der Einpersonen-AG voraus (vgl dazu § 2 Rn 3) und regelt mit der Mitteilungspflicht letztlich nur einen Nebenaspekt. Die **Gründung** einer Einpersonen-AG erfolgt durch Feststellung der Satzung durch den Gründer als einseitiges Rechtsgeschäft (vgl § 23 Rn 3); eine Strohmanngründung ist weiterhin möglich (*Hüffer* AktG Rn 2, vgl § 2 Rn 12). Zu Einzelheiten der Gründung vgl § 36 Rn 1 ff, § 41 Rn 40. Die Einpersonen-AG ist eine **jur Person** wie jede andere AG.

4   Die **Organisation** der Einpersonen-AG entspricht derjenigen der mehrgliedrigen AG (MünchKomm AktG/*Pentz* Rn 14; *Bachmann* NZG 2001, 965). Auch die Einpersonen-AG braucht Vorstand, AR und HV mit den jeweils gesetzlich vorgeschriebenen Kompetenzen. Der Alleingesellschafter kann Organmitglied und insb Alleinvorstand sein (vgl § 33 Abs 2 Nr 1: Gründungsprüfung). Die HV ist notwendig eine Vollversammlung, die nach § 121 Abs 6 nicht den Anforderungen der §§ 121–128 genügen muss; insb ist eine Einberufung entbehrlich. Der Alleinaktionär muss allerdings seinen Teilnahmewillen kundtun (GroßKomm AktG/*Ehricke* Rn 31; ausf zur HV *Bachmann* NZG 2001, 966 ff). Bei **Geschäften** zwischen dem Alleingesellschafter und der Gesellschaft gilt § 181 BGB (trotz Zweifeln ebenso *Hüffer* AktG Rn 2); anderslau-

tende ältere Urteile zur GmbH (zuletzt *BGHZ* 75, 358) sind seit der Einführung von § 35 Abs 4 S 1 GmbHG 1980 überholt.

Zwischen dem Vermögen von Alleingesellschafter und Gesellschaft herrscht das **Trennungsprinzip** (dazu § 1 Rn 25 ff). Eine „Durchgriffshaftung" im Sinne einer Durchbrechung des Trennungsprinzips findet nicht statt; bei den unter diesem Stichwort diskutierten Fällen handelt es sich um eine Haftung aus eigenen, den Aktionär betreffenden Haftungsgründen (GroßKomm AktG/*Ehricke* Rn 35). Als derartige Haftungsgründe kommen insb Vermögensvermischung und culpa in contrahendo wegen Enttäuschung des Vertrauens des Gläubigers in Betracht (ausf dazu § 1 Rn 26 ff); **überhöhte Organbezüge** des Alleingesellschafters können gegen § 57 verstoßen. Eine **Zurechnung des Wissens** des Alleingesellschafters gegenüber der Gesellschaft kommt nur nach den allg Grundsätzen der Wissenszurechnung in Betracht (dazu *BGH* ZIP 1997, 1023; vgl § 78 Rn 5).

III. Mitteilungspflicht

1. Voraussetzungen. Voraussetzung der Mitteilungspflicht nach § 42 ist, dass alle Aktien einer AG entweder einem einzigen Aktionär oder der AG selbst und einem einzigen weiteren Aktionär gehören. Dabei ist irrelevant, ob der Erwerb eigener Aktien durch die AG zulässig war und auf welchem Rechtsgrund er beruht (MünchKomm AktG/*Pentz* Rn 18). Erfasst sind Einpersonen-Gründungen (insoweit abweichend von § 40 Abs 1 GmbHG, vgl aber auch § 8 Abs 1 Nr 3 GmbHG) ebenso wie Fälle des nachträglichen Erwerbs aller Anteile durch eine Person; eine Einpersonengesellschaft kann daneben auch durch Ausgliederung oder Formwechsel einer bereits bestehenden Einpersonengesellschaft entstehen (vgl Lutter UmwG/*Teichmann* § 135 Rn 1 f, 6; MünchKomm AktG/*Pentz* Rn 9). Die Einreichungspflicht gilt auch für Alt-Gesellschaften, die bereits vor Inkrafttreten der Regelung als Einpersonengesellschaften existierten (BT-Drucks 12/7848, 9; *Seibert* ZIP 1994, 914, 915 Fn 7). Alleineigentümer kann spätestens seit der Anerkennung der Rechtsfähigkeit der GbR durch *BGHZ* 146, 341 auch eine GbR sein.

Die Frage, wem die Aktienanteile **„gehören"**, ist formal zu betrachten. Voraussetzung ist, dass der Aktionär (ggf zusammen mit der Gesellschaft selbst) Eigentümer aller Aktien bzw Inhaber aller Mitgliedschaftsrechte ist (MünchKomm AktG/*Pentz* Rn 21); Sicherungseigentum oder treuhänderisches Eigentum für Dritte genügt, nicht dagegen bloßes Miteigentum (GroßKomm AktG/*Ehricke* Rn 44) oder beschränkt dingliche Rechte wie der Nießbrauch (*Hüffer* AktG Rn 4). Fraglich ist, ob Aktien, die von einem Treuhänder für den eigentlichen Alleinaktionär gehalten werden, dem Treugeber iSd § 42 gehören (dagegen MünchKomm AktG/*Pentz* Rn 10); in diesen Fällen ist aber der Treugeber zumindest wirtschaftlich Alleinaktionär, so dass § 42 seinem Normzweck nach Anwendung finden muss (*Kindler* NJW 1994, 3041, 3043; so auch schon *Brändel* FS Kellermann, S 15, 23; **aA** *Lutter* AG 1994, 429, 434).

Umstr ist auch, ob § 16 Abs 4 Anwendung findet und damit **mittelbare Beteiligungen** in der Hand von Tochtergesellschaften als Anteile der AG selbst betrachtet werden müssen. Dagegen wird angeführt, dass in §§ 20 Abs 1 S 2, 21 Abs 1 S 2, 328 Abs 1 S 3 die Anwendung von § 16 Abs 4 ausdrücklich angeordnet ist, so dass aus dem Schweigen des Gesetzgebers im Rahmen von § 42 die Unanwendbarkeit gefolgert werden müsse; „gehören" sei wie in § 16 Abs 1 auszulegen (MünchKomm AktG/*Pentz*

Rn 21; *Hüffer* AktG Rn 4; *Blanke* BB 1994, 1505, 1506; vgl § 16 Rn 12, 14). Der Normzweck legt es allerdings auch hier nahe, § 42 anzuwenden; eine unterschiedliche Behandlung gegenüber dem treuhänderischen Aktionär, dessen Aktien dem Treugeber zugerechnet werden (dazu Rn 7), ist bei der abhängigen Gesellschaft als Aktionär nicht zu rechtfertigen (GroßKomm AktG/*Ehricke* Rn 48; aA Spindler/Stilz AktG/*Heidinger* Rn 4).

9   § 42 ist neben der Einpersonen-AG auch auf die „**Keinpersonen-AG**" anzuwenden (GroßKomm AktG/*Ehricke* Rn 49; MünchKomm AktG/*Pentz* Rn 19). Eine solche entsteht, wenn alle Aktien von der AG selbst erworben werden. Ein solcher Erwerb ist unzulässig; ob er zwingend zur sofortigen Auflösung führt, ist aber umstr (dafür MünchKomm AktG/*Pentz* Rn 8; dagegen GroßKomm AktG/*Ehricke* Rn 49: nur Veräußerungspflichten nach § 71c). Unabhängig davon führt das Entstehen einer „Keinpersonengesellschaft" zur Mitteilungspflicht nach § 42, selbst wenn bereits vorher eine Einpersonen-AG vorgelegen hatte.

10 **2. Inhalt.** Eine „entspr Mitteilung" setzt voraus, dass nicht nur angegeben wird, **dass eine Einpersonen-AG vorliegt**, sondern auch, ob sich alle Aktien in der Hand eines Aktionärs befinden, oder ob daneben die AG selbst Aktien hält; auch die Zurechnung von Aktien, die von einem abhängigen Unternehmen gehalten werden, ist ausdrücklich anzugeben (GroßKomm AktG/*Ehricke* Rn 60). Die Mitteilung muss **Name, Vorname, Geburtsdatum und Wohnort** des Alleinaktionärs enthalten. Sofern der Alleinaktionär eine Kapital- oder Personengesellschaft ist, genügt die Angabe von Firma bzw Name und Sitz bzw Hauptniederlassung. Mangels Registerpflicht gilt dies allerdings nicht für Gesellschaften bürgerlichen Rechts, bei diesen sind vielmehr die in § 42 geforderten Angaben von allen Gesellschaftern erforderlich. Ob bei der **Aufnahme zusätzlicher Gesellschafter** ein Ende der Alleinaktionärschaft mitgeteilt werden muss, ist umstr. Der Schutzzweck der Vorschrift spricht dagegen, da ein Schutzbedürfnis der Gläubiger bei Aufnahme zusätzlicher Aktionäre nicht gegeben ist (wie hier MünchKomm AktG/*Pentz* Rn 20; Spindler/Stilz AktG/*Heidinger* Rn 6; Grigoleit AktG/*Vedder* Rn 6; **aA** *Hüffer* AktG Rn 5; *Arends* S 29 f; Wachter AktG/*Wachter* Rn 4). Aus Gründen der Klarstellung sinnvoll ist eine solche Mitteilung aber trotzdem.

11 Die Mitteilung hat grds **durch Vorstandsmitglieder** in vertretungsberechtigter Anzahl zu erfolgen; sie kann aber auch durch Bevollmächtigte vorgenommen werden (MünchKomm AktG/*Pentz* Rn 22). Nach hM trifft den Alleingesellschafter selbst die Mitteilungspflicht gegenüber dem HR nicht, wohl aber eine Pflicht, dem Vorstand der Gesellschaft die entspr Informationen mitzuteilen (MünchKomm AktG/*Pentz* Rn 23). Für eine solche Mitteilungspflicht gegenüber dem Vorstand findet sich jedoch keine Rechtsgrundlage; insb kann sich eine solche Pflicht nicht in jedem Fall als Nebenpflicht aus dem Anstellungsvertrag des Vorstands ergeben (so aber GroßKomm AktG/*Ehricke* Rn 54), da Vertragspartner die Gesellschaft ist, nicht aber der Alleingesellschafter. Bei einem nachträglichen Erwerb aller Aktien durch einen Alleingesellschafter ist es auch faktisch ohne Weiteres denkbar, dass dieser an der Anstellung des Vorstands nicht beteiligt war. Da dem Vorstand ohne eine Mitteilungsverpflichtung des Alleingesellschafters die Mitteilung in Ausnahmefällen unmöglich sein kann, ist als Adressat der Mitteilungspflicht neben dem Vorstand **auch der Alleingesellschafter selbst** anzusehen (wie hier *Lutter* AG 1994, 429, 435; *Heckschen* DNotZ 1995, 275, 279; Henssler/Strohn GesR/AktG/*Wardenbach* Rn 4; *Ammon/Görlitz* S 44 f; für die

Gründung auch *Hölters/Deilmann/Buchta* S 61 f). Die Mitteilung ist unverzüglich (§ 121 Abs 1 S 1 BGB) vorzunehmen; im Fall der Einpersonengründung ist sie mit der Anmeldung nach § 37 einzureichen; ihr Fehlen stellt allerdings kein Eintragungshindernis dar.

3. Verfahren. Die Mitteilung ist bei dem Amtsgericht am Ort des Sitzes der Gesellschaft (§ 14 AktG) als Registergericht elektronisch nach Maßgabe des § 37 Abs 5 iVm § 12 Abs 2 HGB) einzureichen (Schmidt/Lutter AktG/*Kleindiek* Rn 6; Wachter AktG/*Wachter* Rn 7). Sie wird gem § 9 Abs 1 HRV in einen dafür bestimmten Registerordner aufgenommen und ist nach § 9 HGB, § 10 HRV für jedermann einsehbar; eine Eintragung ins HR erfolgt nicht (*Hüffer* AktG Rn 6). Das Gericht kann die Mitteilung nach § 14 HGB erzwingen, allerdings nur, wenn die Gesellschaft bereits eingetragen ist (MünchKomm AktG/*Pentz* Rn 28). Andere Sanktionsmöglichkeiten bestehen grds nicht: § 399 ist nicht einschlägig. Eine Schadensersatzpflicht gegenüber Dritten nach § 823 Abs 2 BGB iVm § 42 ist zwar de iure möglich, de facto aber kaum vorstellbar, da der Dritte beweisen müsste, dass er das Geschäft bei Kenntnis des Vorliegens einer Einpersonengesellschaft nicht vorgenommen hätte. Lediglich im Verhältnis zur Gesellschaft kommt eine Haftung des Vorstands nach § 93 Abs 2 in Betracht (dazu GroßKomm AktG/*Ehricke* Rn 72). 12

§ 43

(aufgehoben)

§ 43 betraf die **registerrechtliche Behandlung bestehender Zweigniederlassungen von Unternehmen mit Sitz im Inland.** Die Norm wurde zum 1.11.1993 durch das Gesetz zur Durchführung der Elften gesellschaftsrechtlichen Richtlinie des Rates der Europäischen Gemeinschaften und über Gebäudeversicherungsverhältnisse (BGBl I 1993 S 1282) aufgehoben. Die zwischenzeitlich geltende Regelung des § 13c HGB wurde durch das Gesetz über elektronische Handelsregister und Genossenschaftsregister sowie Unternehmensregister **(EHUG)** zum 1.1.2007 (BGBl I 2006 S 2553) ebenfalls aufgehoben. Vgl seither § 13 Abs 2 HGB (Eintragung auf dem Registerblatt der Hauptniederlassung). 1

Registerblätter, die auf Grundlage der früheren §§ 13–13c HGB in der bis zum Inkrafttreten des EHUG am 1.1.2007 geltenden Fassung **beim Gericht der Zweigniederlassung** für die Zweigniederlassung eines Unternehmens mit Sitz oder Hauptniederlassung im Inland geführt wurden, **sind nach Art 61 Abs 6 EGHGB zum 1.1.2007 geschlossen worden**; zugleich ist von Amts wegen folgender Vermerk auf dem Registerblatt eingetragen worden: „Die Eintragungen zu dieser Zweigniederlassung werden ab dem 1. Januar 2007 nur noch bei dem Gericht der Hauptniederlassung/des Sitzes geführt." Auf dem Registerblatt beim Gericht der Hauptniederlassung oder des Sitzes wurde zum 1.1.2007 von Amts wegen der Verweis auf die Eintragung beim Gericht am Ort der Zweigniederlassung gelöscht. 2

§ 44
(aufgehoben)

1 § 44 betraf **Zweigniederlassungen von Gesellschaften mit Sitz im Ausland.** Die Norm wurde zum 1.11.1993 durch das Gesetz zur Durchführung der Elften gesellschaftsrechtlichen Richtlinie des Rates der Europäischen Gemeinschaften und über Gebäudeversicherungsverhältnisse (BGBl I 1993 S 1282) aufgehoben. Vgl seither §§ 13d–13f HGB.

§ 45 Sitzverlegung

(1) Wird der Sitz der Gesellschaft im Inland verlegt, so ist die Verlegung beim Gericht des bisherigen Sitzes anzumelden.

(2) ¹Wird der Sitz aus dem Bezirk des Gerichts des bisherigen Sitzes verlegt, so hat dieses unverzüglich von Amts wegen die Verlegung dem Gericht des neuen Sitzes mitzuteilen. ²Der Mitteilung sind die Eintragungen für den bisherigen Sitz sowie die bei dem bisher zuständigen Gericht aufbewahrten Urkunden beizufügen; bei elektronischer Registerführung sind die Eintragungen und die Dokumente elektronisch zu übermitteln. ³Das Gericht des neuen Sitzes hat zu prüfen, ob die Verlegung ordnungsgemäß beschlossen und § 30 des Handelsgesetzbuchs beachtet ist. ⁴Ist dies der Fall, so hat es die Sitzverlegung einzutragen und hierbei die ihm mitgeteilten Eintragungen ohne weitere Nachprüfung in sein Handelsregister zu übernehmen. ⁵Mit der Eintragung wird die Sitzverlegung wirksam. ⁶Die Eintragung ist dem Gericht des bisherigen Sitzes mitzuteilen. ⁷Dieses hat die erforderlichen Löschungen von Amts wegen vorzunehmen.

(3) ¹Wird der Sitz an einen anderen Ort innerhalb des Bezirks des Gerichts des bisherigen Sitzes verlegt, so hat das Gericht zu prüfen, ob die Sitzverlegung ordnungsgemäß beschlossen und § 30 des Handelsgesetzbuchs beachtet ist. ²Ist dies der Fall, so hat es die Sitzverlegung einzutragen. ³Mit der Eintragung wird die Sitzverlegung wirksam.

Übersicht

	Rn		Rn
I. Regelungsgegenstand und Verhältnis zu anderen Normen	1	b) Materielle Prüfung durch das Gericht des neuen Sitzes	6
II. Verfahren	2	3. Verfahren bei Verlegung innerhalb des Gerichtsbezirks (Abs 3)	9
1. Anmeldung der Sitzverlegung (Abs 1)	2	4. Bekanntmachung	10
2. Verfahren bei Sitzverlegung in einen anderen Gerichtsbezirk (Abs 2)	3	III. Grenzüberschreitende Sitzverlegung	11
a) Formelle Prüfung durch das Gericht des alten Sitzes	3	1. Allgemeines	11
		2. Wegzug	12
		3. Zuzug	15

Literatur: *Bayer/Schmidt* BB-Rechtsprechungs- und Gesetzgebungsreport im Europäischen Gesellschaftsrecht 2008/09, BB 2010, 387; *Behrens* Das Internationale Gesellschaftsrecht nach dem Überseering-Urteil des *EuGH* und den Schlußanträgen zu Inspire Art, IPRax 2003, 193; *Beitzke* Anerkennung und Sitzverlegung von Gesellschaften und juristischen Personen im EWG-Bereich, ZHR 127 (1965), 1; *Bokelmann* Keine Möglichkeit für eine im Ausland gegründete Aktiengesellschaft, den Firmensitz nach Deutschland zu verlegen – eine Urteilsanmerkung, EWiR 1990, 947; *Di Marco* Der Vorschlag der Kommission für eine 14. Richtlinie – Stand und Perspektiven, ZGR 1999, 3; *Ebenroth/Auer* Anm zu BayObLG Urt v 7.5.1992, 3 Z BR 14/92, JZ 1993, 374; *Franz* Internationales Gesellschaftsrecht und deutsche Kapitalgesellschaften im In- bzw Ausland, BB 2009, 1252; *Frobenius* „Cartesio": Partielle Wegzugsfreiheit für Gesellschaften in Europa, DStR 2009, 487; *Groschuff* Eintragungsverfahren bei Zweigniederlassung und bei Sitzverlegung nach der zum 1. Oktober 1937 in Kraft tretenden Neuregelung, JW 1937, 2425; *Hennrichs/Pöschke/von der Laage/ Klavina* Die Niederlassungsfreiheit der Gesellschaften in Europa – Eine Analyse der Rechtsprechung des EuGH und ein Plädoyer für eine Neuorientierung, WM 2009, 2009; *Kindler* Der Wegzug von Gesellschaften in Europa, Der Konzern 2006, 811; *ders* Internationales Gesellschaftsrecht 2009: MoMiG, Trabrennbahn, Cartesio und die Folgen, IPrax 2009, 189; *Nußbaum* Deutsches Internationales Privatrecht, 1932; *Preuß* Die Wahl des Satzungssitzes im geltenden Gesellschaftsrecht und nach dem MoMiG-Entwurf, GmbHR 2007, 57; *Priester* EU-Sitzverlegung – Verfahrensablauf, ZGR 1999, 36; *Seibert* GmbH-Reform: Der Referentenentwurf eines Gesetzes zur Modernisierung des GmbH-Rechts und zur Bekämpfung von Missbräuchen – MoMiG, ZIP 2006, 1157; *Stork* Sitzverlegung von Kapitalgesellschaften in der Europäischen Union, 2002; *Süss* Sitzverlegung juristischer Personen vom Inland ins Ausland und umgekehrt, FS Lewald, 1953, S 603; *Ziegler* GmbH-Sitzverlegung mit weiteren Änderungen des Gesellschaftsvertrages, Rpfleger 1991, 485.

I. Regelungsgegenstand und Verhältnis zu anderen Normen

§ 45 regelt das registerrechtliche Verfahren bei einer **Sitzverlegung im Inland** (Abs 2: **1** in einen anderen Gerichtsbezirk, Abs 3: innerhalb desselben Bezirks); die Norm verdrängt für das Aktienrecht die allg Vorschrift des § 13h HGB. Ziel des § 45 ist die Abstimmung des Verfahrens der verschiedenen beteiligten Registergerichte. Dementsprechend wird allein die registerrechtliche Behandlung der Sitzverlegung geregelt. § 45 wird insoweit durch die Vorschriften der HRV ergänzt. Die Satzungsänderung als Voraussetzung der Sitzverlegung ist in §§ 179, 181 normiert. **Nicht** in § 45 geregelt werden das Auseinanderfallen von tatsächlichem Sitz und Satzungssitz (**faktische Sitzverlegung**, vgl dazu KölnKomm AktG/*Dauner-Lieb* Rn 7 ff, 20; s auch § 5 Rn 7 f zum **Doppelsitz**), die **grenzüberschreitende Sitzverlegung** (dazu unten Rn 11 ff sowie Einl Rn 26 ff) sowie die Errichtung und Verlegung einer **Zweigniederlassung**, welche sich nach §§ 13 ff HGB richten (zur grenzüberschreitenden Zweigniederlassung s auch Einl Rn 30). Neben den registerrechtlichen Pflichten kann die Sitzverlegung auch andere Mitteilungspflichten (zB steuerrechtlich nach § 137 Abs 1 AO) nach sich ziehen (vgl Spindler/Stilz AktG/*Gerber* Rn 13).

II. Verfahren

1. Anmeldung der Sitzverlegung (Abs 1). Aus § 45 Abs 1 ergibt sich die Pflicht zur **2** Anmeldung einer Sitzverlegung im Inland, also im Geltungsbereich des Aktiengesetzes, in der **Form** des § 12 HGB („elektronisch in öffentlich beglaubigter Form") beim Gericht des bisherigen Sitzes (§ 14; ausf Spindler/Stilz AktG/*Gerber* Rn 6 f). Die Sitzverlegung bedarf der Satzungsänderung, da der Sitz notwendiger Satzungsinhalt nach §§ 5, 23 Abs 3 Nr 1 ist (vgl näher § 5 Rn 3). **Anmeldepflichtig** ist der Vorstand in vertretungsberechtigter Zahl; unechte Gesamtvertretung ist möglich (vgl § 78 Rn 17), ebenso der Einsatz eines Bevollmächtigten; ein Prokurist darf die Anmeldung aber nicht aufgrund seiner Prokura vornehmen, sondern bedarf einer Spezialvollmacht des

Vorstands (*Hüffer* AktG Rn 2). Die Einzahlung des eingeforderten **Kostenvorschusses** ist nicht Anmeldungsvoraussetzung, die fehlende Einzahlung führt daher nicht zur Zurückweisung der Eintragung, sondern kann allenfalls zum Ruhen des Verfahrens führen (*LG Kleve* NJW-RR 1996, 939; GroßKomm AktG/*Ehricke* Rn 8).

3 2. Verfahren bei Sitzverlegung in einen anderen Gerichtsbezirk (Abs 2). – a) Formelle Prüfung durch das Gericht des alten Sitzes. Beim Wechsel aus dem bisherigen Gerichtsbezirk in einen anderen inländischen Gerichtsbezirk hat das Gericht am alten Sitz die formelle Ordnungsmäßigkeit der Anmeldung zu prüfen (*OLG Frankfurt* FGPrax 2002, 184, 185), nicht dagegen die materielle Ordnungsmäßigkeit, für die das Gericht des neuen Sitzes zuständig ist (*OLG Köln* RPfleger 1975, 251 f; *Hüffer* AktG Rn 3). Die formelle Prüfung umfasst die Einhaltung der Form nach § 12 HGB, die Beifügung der notwendigen Anlagen (§§ 181 Abs 1 S 2, 130 Abs 5) und die ordnungsgemäße Vertretung (vgl bereits *Groschuff* JW 1937, 2425, 2429).

4 Nach Prüfung der formellen Ordnungsmäßigkeit hat das Gericht des alten Sitzes gem § 45 Abs 2 S 1 die Anmeldung der Sitzverlegung von Amts wegen dem Gericht des neuen Sitzes mitzuteilen. Die bei dem dortigen zuständigen Gericht aufbewahrten **Urkunden** sind nach § 45 Abs 2 S 2 1. HS beizufügen; bei elektronischer Registerführung sind die Eintragungen und die Dokumente nach § 45 Abs 2 S 2, 2. HS elektronisch zu übermitteln. Zu den Handelsregisterakten gehören auch die Unterschriftszeichnungen; eine Wiederholung am Gericht des neuen Sitzes erübrigt sich somit (KölnKomm AktG/*Arnold* Rn 8).

5 Es findet abw von § 181 Abs 3 **keine Eintragung der Sitzverlegung am Gericht des alten Sitzes** statt (*Hüffer* AktG Rn 4; MünchKomm AktG/*Pentz* Rn 10; GroßKomm AktG/*Ehricke* Rn 25; K. Schmidt/Lutter AkG/*Zimmer* Rn 7; vgl auch Abs 3 S 2). Die **Löschung der bisherigen Eintragung** nach Abs 2 S 7 iVm § 20 HRV erfolgt von Amts wegen und erst nach der Eintragungsnachricht durch das Gericht des neuen Sitzes gem Abs 2 S 6. Werden mit der Sitzverlegung weitere Satzungsänderungen beschlossen, so kann in der Anmeldung selbst die Reihenfolge der Eintragungen bestimmt werden; erfolgt eine solche Bestimmung nicht, so entscheidet das Gericht des alten Sitzes nach pflichtgemäßem Ermessen darüber, ob es die Anmeldung noch selbst erledigen oder dem Gericht des neuen Sitzes überlassen will (*OLG Hamm* GmbHR 1991, 321; *Ziegler* Rpfleger 1991, 485, 486).

6 b) Materielle Prüfung durch das Gericht des neuen Sitzes. Das Gericht des neuen Sitzes prüft gem Abs 2 S 3, ob die formellen (§ 179) und materiellen (§ 5) Voraussetzungen einer ordnungsgemäßen Sitzverlegung erfüllt sind sowie ob die Firma der Gesellschaft gegenüber den anderen Unternehmen am neuen Sitz iSd § 30 HGB unterscheidbar ist. Nicht zu prüfen ist dagegen die Zulässigkeit der Firma im Übrigen (Wachter AktG/*Wachter* Rn 12) sowie das Vorliegen einer Gewerbeummeldung (*LG Augsburg* NZG 2009, 195). Hinsichtlich der bereits vom Gericht des alten Sitzes vorgenommenen Prüfungen kann sich das Gericht des neuen Sitzes auf die Ergebnisse des anderen Gerichtes ohne erneute Prüfung verlassen, sofern ihm nicht Fehler auffallen (GroßKomm AktG/*Ehricke* Rn 16). Besteht zwischen den Gerichten des bisherigen und des neuen Sitzes nach Durchführung einer diesbezügl Prüfung Streit darüber, welche Anforderungen **in formeller Hinsicht** im Einzelnen an eine Registeranmeldung zu stellen sind, so berechtigt dies das Gericht des neuen Sitzes nicht zur Ablehnung der Übernahme des Verfahrens. Dieses Gericht hat vielmehr über den Antrag auf

Ergeben sich keine Beanstandungen, so hat das Gericht des neuen Sitzes die Verlegung **einzutragen und** gem Abs 2 S 4 ohne weitere Prüfung die bisherigen Eintragungen in sein HR zu übernehmen (vgl dazu *OLG Hamm* NJW-RR 1997, 167, 168). Nach der Eintragung, mit der die Sitzverlegung nach Abs 2 S 5 wirksam wird, hat das Gericht des neuen Sitzes dem Gericht des alten Sitzes die **Eintragung mitzuteilen** (Abs 2 S 6), damit dieses die Löschung nach Abs 2 S 7 vornehmen kann. 7

Bestehen materielle Bedenken gegen die zu übernehmenden Eintragungen, so ist das kein Eintragungshindernis, allerdings kann das Gericht des neuen Sitzes nach der Eintragung ein Verfahren nach §§ 395, 398, 399 FamFG (früher §§ 142, 144, 144a FGG) einleiten (*Ziegler* Rpfleger 1991, 485, 486). Bei **Verstößen gegen § 30 HGB** hat das Gericht der Gesellschaft Gelegenheit zu einer Firmenänderung zu geben. Umstr ist das Vorgehen, wenn sich **sonstige Beanstandungen** ergeben, die zu einer Ablehnung der Sitzverlegung führen müssten: Nach der Konzentrationsmaxime der §§ 13 ff HGB hätte das Gericht, bei dem der Antrag eingereicht wird, über dessen Ablehnung zu entscheiden; demnach müsste das Gericht des neuen Sitzes die Anmeldung und die Unterlagen dem Gericht des alten Sitzes zurückgeben, damit dieses den Antrag auf Anmeldung abweist (so *Hüffer* AktG Rn 5; Heidel AktG/*Höhfeld* Rn 3). Eine solche Aufspaltung der Entscheidungskompetenz zwischen positiver und negativer Entscheidung erscheint aber nicht sachgerecht; aufgrund der größeren Sachnähe gegenüber dem nur formale Prüfungen vornehmenden Gericht des alten Sitzes ist daher **auch die abl Entscheidung vom Gericht des neuen Sitzes zu treffen** und von diesem der Gesellschaft mitzuteilen (wie hier *LG Leipzig* NJW-RR 2004, 1112; MünchKomm AktG/*Pentz* Rn 16; GroßKomm AktG/*Ehricke* Rn 32; Spindler/Stilz AktG/*Gerber* Rn 11; Grigoleit AktG/*Wicke* Rn 8; Hölters AktG/*Solveen* Rn 7; s auch *OLG Frankfurt* FGPrax 2008, 164). Zum Vorgehen bei Anhaltspunkten für eine bloß fiktive Sitzverlegung sowie zur faktischen Sitzverlegung vgl GroßKomm AktG/*Ehricke* Rn 19, 38. 8

3. Verfahren bei Verlegung innerhalb des Gerichtsbezirks (Abs 3). Bei einer Sitzverlegung innerhalb des Bezirks desselben Registergerichts ist die formelle sowie die materielle Prüfung der Sitzverlegung und die Beachtung von § 30 HGB nach Abs 3 S 1 vom Gericht dieses Bezirks vorzunehmen. Wenn sich keine Beanstandungen ergeben, hat das Gericht die Eintragung vorzunehmen (Abs 3 S 2). Die Sitzverlegung wird mit der Eintragung wirksam (Abs 3 S 3). 9

4. Bekanntmachung. Das Gericht des neuen Sitzes macht seine Eintragung **nach § 10 HGB** bekannt. Diese allg Regelung gilt auch für Fälle der Sitzverlegung in einen anderen Gerichtsbezirk, seitdem die frühere Sonderregelung des § 45 Abs 3 AktG zusammen mit § 40 AktG durch das Gesetz über elektronische HR (EHUG) zum 1.1.2007 (BGBl I 2006 S 2553) aufgehoben wurde. 10

III. Grenzüberschreitende Sitzverlegung

1. Allgemeines. § 45 trifft keine Regelung zur grenzüberschreitenden Sitzverlegung. Da der Sitz einer AG durch die Satzung bestimmt wird (§ 5), erfolgt die Sitzverlegung grds durch Satzungsänderung (Rn 1 ff; § 5 Rn 3). Ein auf die Sitzverlegung ins Ausland gerichteter Beschluss reicht allerdings nach der früher in Deutschland herrschenden 11

Sitztheorie nicht aus, um eine rechtsformwahrende grenzüberschreitende Sitzverlegung zu bewirken, denn danach ist Anknüpfungsmerkmal für das anwendbare Gesellschaftsrecht nicht der Satzungssitz, sondern der tatsächliche Sitz der Hauptverwaltung der Gesellschaft (Verwaltungssitz). Der *BGH* hält (leider) überall dort, wo er nicht durch Gesetz oder völkerrechtliche Verträge dazu gezwungen wird, an der Sitztheorie fest (Einl Rn 24 ff; s etwa *BGH* NZG 2010 712, 713; *BGH* AG 2010, 79). Trotzdem befindet sich die Sitztheorie zugunsten der **Gründungstheorie** auf dem Rückzug: Ihrer Anwendung werden durch die Niederlassungsfreiheit (Art 49, 54 AEUV; früher Art 43, 48 EGV) und durch den deutsch-amerikanischen Freundschaftsvertrag vom 29.10.1954 (BGBl II 1956 S 487 f) Grenzen gesetzt (dazu im Einzelnen Einl Rn 23 ff), ebenso nach richtiger, wenn auch bestr Auffassung in Bezug auf Gesellschaften mit deutschem Satzungssitz durch § 5 (Rn 13 aE; § 5 Rn 6; Einl Rn 28 ff). Eine Änderung des deutschen Internationalen Gesellschaftsrechts, die einen Übergang zur Gründungstheorie bewirken würde ist ebenso wie eine EU-Sitzverlegungsrichtlinie, die einen identitätswahrenden Wechsel des Gesellschaftsstatuts ermöglichen soll seit Langem geplant. Doch ist derzeit nicht absehbar, ob bzw wann diese Regelungen realisiert werden (vgl dazu Einl Rn 18 und 29a). Im Einzelnen gilt del lege lata Folgendes:

12 **2. Wegzug.** Die **Verlegung des Satzungssitzes** ins Ausland unter Beibehaltung des deutschen Gesellschaftsstatuts (**rechtsformwahrender Wegzug**) ist nicht möglich, weil eine Gesellschaft deutschen Rechts einen deutschen Satzungssitz haben muss (§ 5: „der Ort im Inland, den die Satzung bestimmt"), um die Einflussmöglichkeiten deutscher Gerichte und Behörden zu wahren (MünchKomm AktG/*Pentz* Rn 24; *Kindler* IPRax 2009, 189, 194 f; s auch Einl Rn 28). Der Beschluss, den Satzungssitz ins Ausland zu verlegen, ist daher nach der **hM** als **Auflösungsbeschluss** iSd § 262 Abs 1 Nr 2 anzusehen (*RGZ* 107, 94, 97; *BayObLG* NJW-RR 1993, 43; *OLG Hamm* ZIP 1997, 1696; *Staudinger/Großfeld* IntGesR Rn 655 f; *Ebenroth/Auer* JZ 1993, 374, 375; KölnKomm AktG/*Arnold* Rn 20). Nach **aA** ist ein solcher Beschluss gerade nicht auf Auflösung, sondern vielmehr auf den Fortbestand mit Sitz im Ausland gerichtet und kann daher nicht in einen Auflösungsbeschluss umgedeutet werden. Es erscheine sachgerechter, einen solchen Beschluss als nichtig iSd § 241 Nr 3 anzusehen und lediglich die Anmeldung einer entspr Sitzverlegung zurückzuweisen (so MünchKomm AktG/*Pentz* Rn 24; MünchKomm AktG/*Heider* § 5 Rn 65; MünchKomm BGB/*Kindler* IntGesR Rn 510; GroßKomm AktG/*Ehricke* Rn 53; *Hüffer* AktG § 5 Rn 12; KölnKomm AktG/ *Dauner-Lieb* § 5 Rn 23; K. Schmidt/Lutter AktG/*Zimmer* Rn 35). Die Verlegung des Satzungssitzes einer nach deutschem Recht gegründeten Gesellschaft in einen anderen Mitgliedstaat der EU kann nach *OLG München* NZG 2007, 915 (zur GmbH) ebenfalls nicht in das deutsche HR eingetragen werden.

12a Ein Zwang zu Auflösung und Liquidation ist allerdings nur insoweit europarechtskonform als der Gründungsstaat einen rechtsformwahrenden Wegzug ausschließt. Demgegenüber steht die Niederlassungsfreiheit gem **Art 49, 54 AEUV** (früher Art 43, 48 EGV) nach Maßgabe der durch die *VALE*-Entscheidung (*EuGH* 12.7.2012, Rs C-378/ 10) bestätigten ***Cartesio*-Rspr** des *EuGH* (*EuGH* 16.12.2008, Rs C-210/06, Slg 2008, I-9641 Tz 111 f) einem Zwang zur Auflösung und Liquidation entgegen, wenn der Wegzug unter Annahme der Rechtsform des aufnehmenden EU-Staates erfolgen soll (**rechtsformwechselnder Wegzug**), sofern der aufnehmende Staat dies zulässt (zu damit verbundenen Unsicherheiten *Hennrichs/Pöschke/von der Laage/Klavina* WM 2009, 2009, 2012 f; *Frobenius* DStR 2009, 487, 490 f) und nicht zwingende Gründe des Allgemeininteresses entgegenstehen (dazu *Bayer/Schmidt* BB 2010, 387, 391; KölnKomm AktG/ *Arnold* § 45 Rn 23; s auch *Franz* BB 2009, 1251). Gleiches dürfte in Bezug auf US- und EWR-Gesellschaften gelten, während in Bezug auf Gesellschaften aus anderen Drittstaaten ein größerer nationaler Spielraum besteht (dazu Einl Rn 27 f). Hinsichtlich der Aufnahmeentscheidung des Zuzugsstaates wurde durch die *VALE*-Entscheidung ferner festgestellt, dass Art 49, 54 AEUV grds nationalen **Regelungen des Aufnahmestaates** entgegenstehen, welche die grenzüberschreitende Umwandlung anders als eine innerstaatliche Umwandlung generell ausschließen. Etwaige Beschränkungen können nur durch zwingende Gründe des Allgemeininteresses gerechtfertigt sein. Der Zuzugsstaat hat demnach zwar in Ermangelung einer Unionsregelung sein nationales Umwandlungsrecht anzuwenden, hierbei jedoch die unionsrechtlichen Grundsätze der Äquivalenz und Effektivität zu beachten (s auch Einl Rn 28c).

Dass **allein der Verwaltungssitz** unter Beibehaltung des deutschen Satzungssitzes **ins Ausland verlegt** werden soll, führte nach der **früher hM** ebenfalls zur **Auflösung** der Gesellschaft (so *Staudinger/Großfeld* IntGesR Rn 634; MünchKomm AktG/*Pentz* Rn 23; *BayObIG* JZ 1993, 72; *OLG Hamm* ZIP 1997, 1696; *Storck* S 282 insb Fn 435; bei Verlegung in einen Sitztheoriestaat auch MünchKomm BGB/*Kindler* IntGesR Rn 505; für die Nichtigkeit des Beschlusses MünchKomm AktG/*Heider* § 5 Rn 65; vgl schon *Nußbaum* Deutsches IPR, 1932, S 204; beschränkt auf die Verlegung in einen Sitztheoriestaat auch GroßKomm AktG/*Ehricke* § 45 Rn 51). Folge war eine Amtslöschung entspr § 399 FamFG (vormals § 144a FGG, vgl zuletzt *BGH* NJW 2008, 2914, 2915). Diese Auffassung ist nach Maßgabe der **Cartesio-Rspr** des *EuGH* (*EuGH* 16.12.2008, Rs C-210/06, Slg 2008, I-9641) zwar europarechtskonform, aber gleichwohl sowohl aus der Binnenmarktperspektive als auch mit Blick auf die dadurch bewirkte Aufspaltung des Internationalen Gesellschaftsrechts unbefriedigend (dazu auch Einl Rn 28; zur Frage der Zulässigkeit isolierter Sitzverlegungen im Lichte der *VALE*-Entscheidung des EuGH s Einl Rn 28d). 13

Deshalb ist es zu begrüßen, dass der deutsche Gesetzgeber mit dem **MoMiG** durch Streichung des § 5 Abs 2 aF deutschen AG die **Möglichkeit eröffnet** hat, **unter Beibehaltung ihres deutschen Satzungssitzes ihren Verwaltungssitz ins Ausland zu verlegen.** Nach § 39 Abs 1 muss die Gesellschaft neben dem Satzungssitz eine inländische Geschäftsanschrift angeben (vgl dazu *Kindler* Der Konzern 2006, 811 ff; *Seibert* ZIP 2006, 1157, 1166; *Preuß* GmbHR 2007, 57 ff; *Frobenius*, DStR 2009, 487, 491). Auf diese Weise werden deutsche Registerzuständigkeit und Zustellungserfordernisse hinreichend gesichert (§ 5 Rn 6) und zugleich der Spielraum deutscher Gesellschaften erhöht, ihre Geschäftstätigkeit ausschließlich im Rahmen einer (Zweig-)Niederlassung, die alle Geschäftsaktivitäten erfasst, außerhalb des deutschen Hoheitsgebiets zu entfalten (vgl RegBegr zum MoMiG, BT-Drucks 16/6140, 29 zu § 4a GmbHG). Nach richtiger, wenn auch bestrittener Auffassung sollte man § 5 nicht nur im Sinne einer Verschaffung materiellrechtlicher Wahlfreiheit, sondern **auch iSe versteckten Kollisionsnorm** deuten, die eine solche AG dem deutschen Sach- und Verfahrensrecht unterwirft (hierzu im Einzelnen § 5 Rn 6 sowie Einl Rn 28a; iE ebenso KölnKomm AktG/ *Arnold* Rn 28; aA *Kindler* IPrax 2009, 189, 199). 13a

Es bleibt den Gesellschaftern einer AG natürlich auch weiterhin unbenommen, diese zwecks Sitzverlegung ins Ausland durch einen ausdrücklich darauf gerichteten Beschluss freiwillig aufzulösen und unter **Verlegung sowohl des Satzungs- als auch des** 14

Verwaltungssitzes ins Ausland nach ausländischem Recht als Gesellschaft ausländischen Rechts neu zu gründen bzw ihr Unternehmen als Sacheinlage in eine solche Gesellschaft einzubringen (vgl dazu GroßKomm AktG/*Ehricke* Rn 54; MünchKomm AktG/*Pentz* Rn 24). Alternativ kommt (abhängig von der Ausgestaltung des Zuzugsstaatsrechts) auch eine Umqualifizierung in eine Personengesellschaft ausländischen Rechts (nach dem Muster der Neuen Sitztheorie des *BGH*, dazu Einl Rn 24a) nebst nachfolgender Umwandlung oder auch eine unmittelbare Umwandlung in eine Kapitalgesellschaft ausländischen Rechts in Betracht.

15 **3. Zuzug.** Verlegt eine Gesellschaft ausländischen Rechts ihren tatsächlichen **Hauptverwaltungssitz** nach Deutschland, so würde die Anwendung der **Sitztheorie** zu einem Statutenwechsel führen. Die Gesellschaft wäre grds aufzulösen und als Gesellschaft deutschen Rechts (zB als AG) neu zu gründen. Nach der „Neuen Sitztheorie" des *BGH* kommt stattdessen auch ein Umqualifizierung in eine Personengesellschaft deutschen Rechts in Betracht (Einl Rn 24a). Beides ist allerdings weder mit Art 49, 54 AEUV (Niederlassungsfreiheit) noch mit Art XXV Abs 5 S 2 des deutsch-amerikanischen Freundschaftsvertrages vereinbar (dazu Einl Rn 25, 27). Jedenfalls **im Verhältnis zu EU-, EWR- und US-Gesellschaften** und zumindest in Bezug auf die Rechts- und Parteifähigkeit ist daher nach Maßgabe der **Gründungstheorie** anzuknüpfen (EU: *BGH* JZ 2003, 525; EWR: *BGH* ZIP 2005, 1869; USA: *BGH* WM 2003, 699; s auch *BGH* NZG 2011, 1114, 1115 f; s auch *Preuß* GmbHR 2007, 57, 61; s auch Einl Rn 27 f). Das bedeutet, dass EU-, EWR- und US-Gesellschaften auch nach Verlegung ihres Verwaltungssitzes nach Deutschland als Gesellschaften ausländischen Rechts als solche anerkannt werden müssen.

16 Dagegen bleibt es im Verhältnis zu **Gesellschaften aus anderen Drittstaaten** einstweilen bei der Anknüpfung nach der **Sitztheorie** (*BGH* NJW 2009, 289 – *Trabrennbahn*-Urteil; *BGH* AG 2010, 79; *BGH* NZG 2010 712, 713; dazu im Einzelnen Einl Rn 24b und 27a). Das bedeutet, dass diese Gesellschaften nach Verlegung ihres Verwaltungssitzes nicht nach ihrem Gründungsrecht fortexistieren können, dh bestenfalls nach der sog Neuen Sitztheorie (Einl Rn 24a) in eine Personengesellschaft deutschen Rechts umqualifiziert (vgl auch K. Schmidt/*Lutter* AktG/Zimmer Rn 31) und schlechtestenfalls aufgelöst werden und sich neu gründen bzw ihr Handelsunternehmen im Wege der Sacheinlage in eine neu zu gründende deutsche AG einbringen müssen (vgl MünchKomm AktG/*Pentz* Rn 26). § 5, der lediglich den Spielraum für Inlandsgesellschaften erweitern sollte (vgl Rn 13a), hilft insoweit nicht weiter (*BGH* NJW 2009, 289, 291). Diese Gemengelage erscheint unbefriedigend. Ein allg Übergang zur Anknüpfung des Gesellschaftsstatuts aller ausländischen Gesellschaften nach der Gründungstheorie erscheint daher wünschenswert (dazu s ausf Einl Rn 23 ff; vgl *Behrens* IPRax 2003, 193, 205 f). In diese Richtung weist auch ein **Referentenentwurf für ein Gesetz zum Internationalen Gesellschaftsrecht,** der derzeit jedoch „auf Eis liegt" (vgl Einl Rn 29a).

17 Verlegt eine Gesellschaft ausländischen Rechts ihren **Satzungssitz** nach Deutschland, so hängt die Beurteilung der rechtlichen Konsequenzen vom Herkunftsstaatrecht ab (MünchKomm AktG/*Pentz* Rn 26; K. Schmidt/Lutter AktG/*Zimmer* Rn 21). Folgt der **Herkunftsstaat der Sitztheorie,** so tritt mit der bloßen Verlegung des Satzungssitzes **kein Statutenwechsel** ein, weil nach diesem Ansatz nicht der Satzungs-, sondern der Verwaltungssitz ausschlaggebend für die rechtliche Zuordnung der Gesellschaft ist.

Die Gesellschaft wird auch in Deutschland als Gesellschaft ausländischen Rechts anerkannt (K. Schmidt/Lutter AktG/*Zimmer* Rn 22). Sie kann allerdings nach ganz hM nicht in das deutsche HR eingetragen werden (MünchKomm AktG/*Pentz* Rn 26; GroßKomm AktG/*Ehricke* Rn 59; K. Schmidt/Lutter AktG/*Zimmer* Rn 23). Ob dies mit dem EU-Recht vereinbar ist, ist bisher nicht eindeutig entschieden. In der Literatur wird diese Praxis im Lichte der *SEVIC*-Entscheidung des EuGH zur grenzüberschreitenden Verschmelzung (*EuGH* 13.12.2005, Rs C-411/03, Slg 2005, I-10805, dazu Einl Rn 31 f) als möglicherweise problematisch angesehen (vgl K. Schmidt/Lutter AktG/*Zimmer* Rn 24).

Folgt der **Herkunftsstaat der Gründungstheorie**, so bewirkt die Verlegung des Satzungssitzes einen **Statutenwechsel** (GroßKomm AktG/*Ehricke* Rn 59; K. Schmidt/Lutter AktG/*Zimmer* Rn 23). Die Frage, ob dies zur Auflösung der Gesellschaft führt, ist dabei nach dem Herkunftsrecht zu beurteilen. Dem Herkunftsstaat sind insoweit allerdings bei Wegzug innerhalb der EU- bzw des EWR möglicherweise Grenzen durch die Entscheidungen *Cartesio* und *VALE* des *EuGH* gesetzt; in diesen hat der *EuGH* festgestellt, dass der Gründungsstaat sich einer rechtsformwandelnden **Umwandlung** grds nicht in den Weg stellen darf (s oben Rn 12a sowie Einl Rn 28b f). Sieht das ausländische Herkunftsrecht keine Auflösung bei Verlegung des Satzungssitzes vor, kommt es gem Art 4 Abs 1 S 1 EGBGB zu einem Renvoi auf das deutsche Recht, den dieses nach Art 4 Abs 1 S 2 auch annimmt (vgl Einl Rn 28a) mit der Folge, dass fortan deutsches Gesellschaftsrecht anzuwenden ist. Das deutsche Recht steht aber nach hM der Eintragung einer Gesellschaft ausländischen Rechts in das deutsche HR entgegen (vgl Nachw und Kritik in Rn 17). Im Ergebnis ist die Gesellschaft in eine Personengesellschaft deutschen Rechts **umzuqualifizieren** (vgl Einl Rn 24a, Neue Sitztheorie des BGH) **und** anschließend in eine deutsche AG **umzuwandeln** (K. Schmidt/Lutter AktG/*Zimmer* Rn 26). Alternativ können die Gesellschafter sie **auflösen** und neu gründen bzw ihr Unternehmen als Sacheinlage in eine deutsche AG einbringen (MünchKomm AktG/*Pentz* Rn 26). Jedenfalls de lege ferenda ist – auch im Lichte der Entscheidungen *Cartesio* und *VALE* des EuGH – die Ermöglichung einer **unmittelbaren grenzüberschreitenden Umwandlung** zu fordern (vgl K. Schmidt/Lutter AktG/*Zimmer* Rn 26). **18**

Verlegt eine Gesellschaft ausländischen Rechts **sowohl den Satzungs- als auch den Verwaltungssitz** nach Deutschland, so kommt es unabhängig davon, ob das Herkunftsrecht der Sitz- oder der Gründungstheorie folgt, zu einem Statutenwechsel (GroßKomm AktG/*Ehricke* Rn 60; K. Schmidt/Lutter AktG/*Zimmer* Rn 26) und damit zu den in Rn 18 aE beschriebenen Rechtsfolgen. **19**

§ 46 Verantwortlichkeit der Gründer

(1) ¹Die Gründer sind der Gesellschaft als Gesamtschuldner verantwortlich für die Richtigkeit und Vollständigkeit der Angaben, die zum Zwecke der Gründung der Gesellschaft über Übernahme der Aktien, Einzahlung auf die Aktien, Verwendung eingezahlter Beträge, Sondervorteile, Gründungsaufwand, Sacheinlagen und Sachübernahmen gemacht worden sind. ²Sie sind ferner dafür verantwortlich, dass eine zur Annahme von Einzahlungen auf das Grundkapital bestimmte Stelle (§ 54 Abs. 3) hierzu geeignet ist und dass die eingezahlten Beträge zur freien Verfügung des Vorstands stehen. ³Sie haben, unbeschadet der Verpflichtung zum Ersatz des sonst entste-

henden Schadens, fehlende Einzahlungen zu leisten und eine Vergütung, die nicht unter den Gründungsaufwand aufgenommen ist, zu ersetzen.

(2) Wird die Gesellschaft von Gründern durch Einlagen, Sachübernahmen oder Gründungsaufwand vorsätzlich oder aus grober Fahrlässigkeit geschädigt, so sind ihr alle Gründer als Gesamtschuldner zum Ersatz verpflichtet.

(3) Von diesen Verpflichtungen ist ein Gründer befreit, wenn er die die Ersatzpflicht begründenden Tatsachen weder kannte noch bei Anwendung der Sorgfalt eines ordentlichen Geschäftsmanns kennen musste.

(4) Entsteht der Gesellschaft ein Ausfall, weil ein Aktionär zahlungsunfähig oder unfähig ist, eine Sacheinlage zu leisten, so sind ihr zum Ersatz als Gesamtschuldner die Gründer verpflichtet, welche die Beteiligung des Aktionärs in Kenntnis seiner Zahlungsunfähigkeit oder Leistungsunfähigkeit angenommen haben.

(5) ¹Neben den Gründern sind in gleicher Weise Personen verantwortlich, für deren Rechnung die Gründer Aktien übernommen haben. ²Sie können sich auf ihre eigene Unkenntnis nicht wegen solcher Umstände berufen, die ein für ihre Rechnung handelnder Gründer kannte oder kennen musste.

Übersicht

	Rn		Rn
I. Allgemeines	1	4. Verschulden und Entlastungsbeweis (Abs 3)	11
1. Regelungsgegenstand und Normzweck	1	5. Haftungsumfang	12
2. Schuldner, Hintermänner (Abs 5)	2	III. Haftung nach § 46 Abs 2	13
3. Gläubiger und Konkurrenzen	4	1. Schädigung der Gesellschaft	13
4. Ansprüche Dritter	5	2. Verschuldenserfordernisse	14
5. Rechtsnatur und Gerichtsstand	6	3. Haftungsumfang	15
II. Haftung nach § 46 Abs 1	7	IV. Haftung nach § 46 Abs 4	16
1. Unrichtige oder unvollständige Angaben	7	1. Leistungsunfähigkeit eines Gründers	16
2. Fehlende Eignung der Zahlstelle	9	2. Ausfall der Gesellschaft	17
		3. Verschulden	18
3. Keine freie Verfügung über die eingezahlten Beträge	10	4. Haftungsumfang	19

Literatur: *Hahn/Mugdan* Die gesammten Materialien zu den Reichs-Justizgesetzen, Bd 6 HGB, 1897; *Lergon* Die persönliche Haftung des Gesellschafters einer GmbH, RNotZ 2003, 213; *Lowin* Die Gründungshaftung bei der GmbH nach § 9a GmbHG, 1987; *Schöne* IBH/Lemmerz – Verdeckte Sacheinlage, EWiR 1992, 1151; *Schoop* Die Haftung für die Überbewertung von Sacheinlagen bei der AG und der GmbH, 1981; *Schürmann* Die Rechtsnatur der Gründerhaftung im Aktienrecht, 1968.

I. Allgemeines

1 1. Regelungsgegenstand und Normzweck. § 46 regelt die aktienrechtliche Haftung der Gründer und ihrer Hintermänner für bestimmte Verhaltensweisen iRd Gründung. Die Norm bezweckt die Sicherung der Aufbringung eines Mindestvermögens, das dem satzungsmäßigen Grundkapital entspricht (**Kapitalaufbringung**). Sie schützt damit in erster Linie die Gesellschaft als solche, kommt aber auch den Interessen der Gläubiger, der Minderheit (arg § 50 S 1) und später hinzutretender Aktionäre zugute. Die

Verantwortlichkeit der Gründer § 46

Gründerhaftung hat insoweit sowohl eine präventive Bedeutung als auch eine Ausgleichsfunktion (vgl MünchKomm AktG/*Pentz* Rn 5). Die gründergleiche Haftung der Hintermänner nach Abs 5 soll eine Umgehung der Vorschrift verhindern.

2. Schuldner, Hintermänner (Abs 5). Schuldner sind die **Gründer**, also diejenigen 2 natürlichen oder jur Personen bzw Personenhandelsgesellschaften, die an der Satzungsfeststellung teilgenommen und zumindest eine Aktie übernommen haben (zum Gründerbegriff auch § 28 Rn 2 f); erfasst werden **auch Strohmänner** (GroßKomm AktG/*Ehricke* Rn 19), nicht dagegen rechtsgeschäftliche oder gesetzliche Vertreter (MünchKomm AktG/*Pentz* Rn 11).

Abs 5 dehnt die Haftung nach Abs 1–4 auf **Hintermänner** aus, für deren Rechnung 3 Gründer bei der Aktienübernahme gehandelt haben. Den Hintermann trifft nach S 1 die gleiche Haftung, die ihn träfe, wenn er selbst als Gründer gehandelt hätte; Kenntnis und fahrlässige Unkenntnis der für ihn handelnden Gründer muss er sich nach S 2 wie eigene zurechnen lassen. Der Hintermann haftet gleichrangig und gesamtschuldnerisch neben den Gründern. Im Fall einer **Kapitalerhöhung** findet § 46 Abs 5 allerdings keine Anwendung, da der Hintermann hier keine den Gründern vergleichbare organähnliche Stellung hat (*OLG Köln* ZIP 1992, 1478, 1479; GroßKomm AktG/*Ehricke* Rn 106; *Schöne* EWiR 1992, 1151, 1152).

3. Gläubiger und Konkurrenzen. Gläubiger der Ansprüche aus § 46 ist allein die **ent-** 4 **standene Gesellschaft**, nicht bereits die Vor-AG, denn die Ansprüche entstehen erst mit der Eintragung der AG ins Handelsregister. Dies folgt aus dem Zweck der Vorschrift, die Aufbringung des Grundkapitals als satzungsgemäße Kapitalgrundlage im Eintragungszeitpunkt zu sichern (KölnKomm AktG/*Arnold* Rn 6; *Pelz* RNotZ 2003, 415, 417; vgl auch die Anknüpfung der Verjährung in § 51 S 2 an die Registereintragung). Daneben können der Gesellschaft Ansprüche aus §§ 826, 823 Abs 2 BGB (in erster Linie iVm § 263 StGB) zustehen. § 46 ist **kein Schutzgesetz** zugunsten der Gesellschaft iSd § 823 Abs 2 BGB, sondern (nur) eigenständige Anspruchsgrundlage (MünchKomm AktG/*Pentz* Rn 14; *Hüffer* AktG Rn 3; aA KölnKomm AktG/*Arnold* Rn 8). Dass die Gesellschaft erst nach der schädigenden Handlung eingetragen wurde, schließt **deliktische Ansprüche** der Gesellschaft nicht aus; es reicht aus, dass die Handlung adäquate Ursache des später bei der Gesellschaft eintretenden Schadens ist (*RGZ* 100, 175, 177 zur GmbH). Auch andere Ansprüche, zB aus ungerechtfertigter **Bereicherung**, werden von § 46 nicht verdrängt (GroßKomm AktG/*Ehricke* Rn 124). Zur Wirkung von Ersatzleistungen an die Gesellschaft oder an Dritte auf die jeweils anderen Ansprüche ausf GroßKomm AktG/*Ehricke* Rn 128 ff.

4. Ansprüche Dritter. Ansprüche außenstehender Dritter und geschädigter Aktio- 5 näre können sich **nicht aus** § 46, wohl aber aus **§ 826 BGB bzw § 823 Abs 2 BGB** iVm einem Schutzgesetz ergeben. Als Schutzgesetze kommen neben § 399 AktG (vgl zuerst *RGZ* 157, 213, 217; *BGHZ* 105, 121, 123 ff) auch §§ 263, 266 StGB in Frage; § 46 selbst ist kein Schutzgesetz zugunsten Dritter (MünchKomm AktG/*Pentz* Rn 79 f).

5. Rechtsnatur und Gerichtsstand. Die **Haftung aus § 46** wird teils trotz einiger garan- 6 tieähnlicher Züge als deliktisch oder deliktsähnlich (so KölnKomm AktG/*Arnold* Rn 15; GroßKomm AktG/*Ehricke* Rn 8 f), nach **aA** dagegen als spezifisch gesellschaftsrechtlich qualifiziert (so *Hüffer* AktG Rn 2; MünchKomm AktG/*Pentz* Rn 13; gegen eine Einordnung der Vorgängernorm des § 39 AktG 1937 als „echter Schadensersatzanspruch" auch *BGHZ* 29, 300, 306). Der **Streit** wirkt sich auf den **Gerichtsstand**

Körber

aus: So können Ansprüche aus § 46 nach § 12 ZPO am allg Gerichtsstand des Beklagten und nach § 22 ZPO am Sitz der Gesellschaft geltend gemacht werden; der Gerichtsstand der unerlaubten Handlung nach § 32 ZPO ist dagegen nach der zweiten Auffassung nicht gegeben (MünchKomm AktG/*Pentz* Rn 77; *Hüffer* AktG Rn 2). Für die zweite Auffassung spricht, dass die Haftung letztlich auf die Beteiligung der Gründer an der Gesellschaft zurückgeht und damit rechtsgeschäftlichen Ursprungs ist. Dessen unbeschadet wäre für die **Praxis** schon mit Blick auf die aus dem Theorienstreit resultierenden Unsicherheiten **von einer Klageerhebung am Gerichtsstand der unerlaubten Handlung abzuraten.**

II. Haftung nach § 46 Abs 1

7   **1. Unrichtige oder unvollständige Angaben.** Nach § 46 Abs 1 S 1 sind die Gründer für die Richtigkeit und Vollständigkeit der aufgezählten Angaben verantwortlich; die Aufzählung in S 1 – Übernahme der Aktien, Einzahlung auf die Aktien, Verwendung eingezahlter Beträge, Sondervorteile, Gründungsaufwand, Sacheinlagen und Sachübernahmen – ist abschließend. Entgegen dem früheren § 202 HGB (Angaben zum Zwecke der Eintragung) müssen die Angaben „**zum Zwecke der Gründung**" der Gesellschaft gemacht werden. Dazu zählen zwar nach wie vor auch Angaben gegenüber dem Registergericht, mit denen die Eintragung erlangt werden soll (*Hüffer* AktG Rn 6). Doch können auch entspr Angaben gegenüber dem beurkundenden Notar, den Gründungsprüfern oder den Gesellschaftsorganen eine Haftung begründen, sofern sie iRd Gründungsverfahrens erfolgen (MünchKomm AktG/*Pentz* Rn 23; KölnKomm AktG/*Arnold* Rn 18). Die Angaben müssen nicht von den Gründern selbst stammen; sie haften – unbeschadet des § 46 Abs 3 (dazu Rn 11) auch für **Äußerungen Dritter** (GroßKomm AktG/*Ehricke* Rn 38 f; *Hüffer* AktG Rn 6; Spindler/Stilz AktG/*Gerber* Rn 4; aA Wachter AktG/*Wachter* Rn 12). **Äußerungen außerhalb des Gründungsverfahrens** (zB im Rahmen einer Kreditaufnahme) begründen grds keine Haftung. Nach Streichung des § 37 Abs 4 Nr 5 durch das MoMiG erstreckt sich die Verantwortung der Gründer auch **nicht mehr** auf **Angaben gegenüber Genehmigungsbehörden** (K. Schmidt//Lutter AktG/*Bayer* Rn 7; so nun auch *Hüffer* AktG Rn 6; aA wohl Henssler/Strohn GesR/AktG/*Wardenbach* Rn 4).

8   Die Angaben müssen **unrichtig oder unvollständig** sein. Eine Angabe ist unrichtig, wenn sie eine objektiv falsche Tatsachenbehauptung enthält; Irrtümern kommt insoweit keine entlastende Wirkung zu. Unvollständigkeit setzt das Fehlen gründungsrelevanter Informationen voraus; praktisch relevant ist insb die fehlende Angabe hinsichtlich der Sicherungsübereignung eines Einlagegegenstands (vgl dazu *BGH* BB 1958, 891). Für die Beurteilung der Unrichtigkeit kommt es grds auf den **Zeitpunkt der Abgabe der Erklärung** an (MünchKomm AktG/*Pentz* Rn 25; *Lergon* RNotZ 2003, 213, 225). Eine **nachträgliche Richtigstellung** vor der Eintragung schließt die Haftung – ebenso wie eine Änderung der tatsächlichen Verhältnisse, die die ursprünglich unrichtige Angabe richtig werden lässt – nur aus, soweit es nicht schon bis zur Eintragung zu Schäden gekommen ist, zB in Form einer erforderlichen erneuten Gründungsprüfung (GroßKomm AktG/*Ehricke* Rn 41).

9   **2. Fehlende Eignung der Zahlstelle.** Die Gründer haften nach § 46 Abs 1 S 2, 1. Alt für die Eignung der Zahlstelle iSd § 54 Abs 3. Als zuständig für die Auswahl der Zahlstelle wird teilw der Vorstand angesehen, wonach die Gründer dann eine Überwachungspflicht hätten (so *Hüffer* AktG Rn 8; Grigoleit AktG/*Vedder* Rn 5); teilw wird

aber auch eine Mitwirkungspflicht der Gründer bei der Auswahl angenommen (so MünchKomm AktG/*Pentz* Rn 34). Ein Kreditinstitut ist ungeeignet, wenn seine Zahlungsfähigkeit konkret nicht gewährleistet ist. Praktisch dürfte eine Haftung aus dieser Regelung aber kaum relevant werden, denn der Entlastungsbeweis (vgl Rn 11) wird idR gelingen (*Hüffer* AktG Rn 8).

3. Keine freie Verfügung über die eingezahlten Beträge. Bei Bareinlagen sind die Gründer nach § 46 Abs 1 S 2, 2. Alt dafür verantwortlich, dass die eingezahlten Beträge iSd § 36 Abs 2 endgültig zur freien Verfügung des Vorstands stehen (vgl dazu § 36 Rn 5 ff). Die Haftung knüpft an die tatsächlich fehlende freie Verfügung an, nicht dagegen an die falschen Angaben im Rahmen von § 36 Abs 2; eine Haftung wegen unrichtiger Angaben nach § 46 Abs 1 S 1 kann aber neben diejenige wegen fehlender freier Verfügbarkeit treten (vgl GroßKomm AktG/*Ehricke* Rn 51). Nicht zur freien Verfügbarkeit des Vorstands müssen die eingezahlten Beträge stehen, soweit sie zur Begleichung von Gründungssteuern und Gründungskosten oder von Verbindlichkeiten verwendet werden sollen, die der Vorstand zulässigerweise vor der Eintragung eingegangen ist (KölnKomm AktG/*Arnold* Rn 34). 10

4. Verschulden und Entlastungsbeweis (Abs 3). Die Haftung nach § 46 Abs 1 setzt Verschulden des Gründers in Form von Vorsatz oder Fahrlässigkeit voraus; die **Beweislast** ist nach Abs 3 allerdings **umgekehrt**, so dass der Gründer den Entlastungsbeweis zu erbringen hat. Es wird auf die Sorgfalt eines ordentlichen Geschäftsmanns abgestellt, der sich an Gründungen zu beteiligen pflegt (*Hüffer* AktG Rn 14). Persönliche Unfähigkeit entlastet nicht; bes Kenntnisse oder Fähigkeiten des Gründers sind nach allg Grundsätzen haftungsverschärfend zu berücksichtigen (MünchKomm AktG/*Pentz* Rn 66). 11

5. Haftungsumfang. Die gesamtschuldnerisch haftenden Gründer sind gem § 46 Abs 1 S 3 zum Schadensersatz nach den §§ 249 ff BGB verpflichtet. Der Schadensersatz umfasst die Nachteile, die die Gesellschaft durch die unrichtigen Angaben, die fehlende freie Verfügung des Vorstands oder die fehlende Eignung der Zahlstelle erlitten hat, einschließlich Rechtsverfolgungskosten und entgangenem Gewinn. Weil § 46 der Kapitalaufbringung dient, sind die Gründer nach **§ 46 Abs 1 S 3** unabhängig vom Eintritt eines Schadens verpflichtet, fehlende Einzahlungen zu leisten und eine Vergütung, die nicht unter den Gründungsaufwand aufgenommen ist, zu ersetzen (*Hüffer* AktG Rn 10). Eine **Kürzung aufgrund des Mitverschuldens von Vorstand oder Aufsichtsrat** nach § 254 Abs 1 BGB vor Eintragung der Gesellschaft kommt aufgrund des Normziels, durch den Schutz der Gesellschaft auch Gläubigerinteressen zu schützen, nicht in Betracht (*RGZ* 154, 276, 286; *BGHZ* 64, 52, 61; *Hüffer* AktG Rn 10). Ob anderes für Verhaltensweisen nach der Eintragung (insb für den Fall der Nichtgeltendmachung von Ansprüchen der Gesellschaft gegen die Gründer durch den Vorstand) gilt, ist umstr. Mit Blick auf den Schutzzweck von § 46 ist die Anwendung von § 254 Abs 1 BGB aber auch nach Eintragung abzulehnen (MünchKomm AktG/ *Pentz* Rn 67 f; **aA** *BGHZ* 64, 52, 62). Für Verzicht und Vergleich gilt § 50, für die Verjährung der Ansprüche § 51, für die Geltendmachung § 147. 12

III. Haftung nach § 46 Abs 2

1. Schädigung der Gesellschaft. Eine Haftung der Gründer nach § 46 Abs 2 setzt voraus, dass der Gesellschaft ein Schaden durch Einlagen, Sachübernahmen und Gründungsaufwand entstanden ist. In Betracht kommen insb Scheinzahlungen, ver- 13 deckte Sacheinlagen, Überbewertung von Sacheinlagen und überhöhte Vergütungen iRd Gründungsaufwands. Für die Haftung ist nach ganz **hM** bedeutungslos, ob zugleich eine Schädigung durch unrichtige oder unvollständige Angaben iSd § 46 Abs 1 vorliegt; Abs 2 ist gegenüber Abs 1 nicht subsidiär (zB MünchKomm AktG/*Pentz* Rn 42; KölnKomm AktG/*Arnold* Rn 41; aA Schmidt/Lutter AktG/*Bayer* Rn 43; GroßKomm AktG/*Ehricke* Rn 58; zur GmbH Hachenburg GmbHG/*Ulmer* § 9a Rn 40). Eine Haftung nach § 46 Abs 2 wird auch durch eine formgültige Feststellung in der Satzung nicht ausgeschlossen (KölnKomm AktG/*Arnold* Rn 40). Soweit Wertungen erforderlich sind – insb bei der Bewertung von Sacheinlagen oder hinsichtlich der Höhe des Gründungsaufwands – setzt eine Haftung nach § 46 Abs 2 eine kaufmännisch unvertretbare Bewertung voraus (GroßKomm AktG/*Ehricke* Rn 65 f).

14 **2. Verschuldenserfordernisse.** Um eine Haftung nach § 46 Abs 2 auszulösen, muss (abw vom Maßstab des Abs 1) *zumindest ein Gründer* vorsätzlich oder grob fahrlässig gehandelt haben. Ist dies allerdings der Fall, haften *alle Gründer* gesamtschuldnerisch aus vermutetem eigenen Verschulden; für sie gilt die Regelung von § 46 Abs 3 einschließlich der Exkulpationsmöglichkeit (vgl Rn 11; MünchKomm AktG/*Pentz* Rn 43 f).

15 **3. Haftungsumfang.** Die Gründer haften gesamtschuldnerisch auf Schadensersatz nach §§ 249 ff BGB. Die Gesellschaft ist so zu stellen, wie sie bei ordnungsgemäßem Verhalten der Gründer stehen würde. Bei **Überbewertung einer Sacheinlage** ist die Differenz zum tatsächlichen Wert zuzüglich eventueller Rechtsverfolgungskosten auszugleichen. Bei einer überbewerteten Sachübernahme kann die Gesellschaft alternativ auch die Sache zurückgeben und vollen Wertausgleich verlangen (MünchKomm AktG/*Pentz* Rn 47). Neben dem Ausgleich von Wertdifferenzen umfasst die Schadensersatzpflicht auch sonstige Schäden, zB Produktschäden oder Produktionsausfall aufgrund der Mängel einer Sacheinlage (GroßKomm AktG/*Ehricke* Rn 73). Bei einem **überhöhten oder nicht festgesetzten Gründungsaufwand** ist die Differenz zwischen den tatsächlichen und angemessenen Kosten zu ersetzen (GroßKomm AktG/*Ehricke* Rn 77). Da die Schadensersatzhaftung aus § 46 Abs 2 neben die verschuldensunabhängige Einlagehaftung tritt, besteht bei der **verdeckten Sacheinlage** neben der Schadensersatzhaftung aller Gründer auch die verschuldensunabhängige Pflicht zur erneuten Erbringung der Bareinlage durch den betr Gründer selbst, wobei aber die verdeckte Sacheinlage anzurechnen ist (KölnKomm AktG/*Arnold* Rn 44; MünchKomm AktG/*Pentz* Rn 46). Für Verzicht und Vergleich gilt § 50, für die Verjährung der Ansprüche § 51, für die Geltendmachung § 147 und für ein Mitverschulden der Gesellschaftsorgane das in Rn 12 Gesagte.

IV. Haftung nach § 46 Abs 4

16 **1. Leistungsunfähigkeit eines Gründers.** Eine Haftung nach § 46 Abs 4 setzt voraus, dass der Gesellschaft ein Ausfall durch Zahlungsunfähigkeit eines Bargründers oder Leistungsunfähigkeit eines Sachgründers entsteht. Die Vorschrift betrifft nur die Haftung der **Gründer.** Dass sie weitergehend von „Aktionären" spricht, ist ein Redaktionsversehen (MünchKomm AktG/*Pentz* Rn 51). Ein Gründer ist **leistungsunfähig**, wenn er **im Zeitpunkt seiner Beteiligung**, also bei Aktienübernahme, nicht in der Lage ist, die versprochene Leistung zu erbringen. Eine voraussichtlich dauernde Zahlungsunfähigkeit iSd § 17 InsO ist nicht erforderlich (MünchKomm AktG/*Pentz* Rn 52 f). Die teilw vertretene analoge Anwendung der Vorschrift auf den Fall, dass ein Grün-

der erst **nach der Annahme seiner Beteiligung** leistungsunfähig wird, wenn die anderen Gründer die Möglichkeit gehabt haben, sich durch die Ausübung von Gestaltungsrechten (Anfechtung oder Rücktritt) von ihm zu trennen (so *von Godin/Wilhelmi* Anm 10), ist abzulehnen: Zu § 200 HGB aF, auf den der Wortlaut der Vorschrift zurückgeht, hatte es der Gesetzgeber ausdrücklich abgelehnt, auf die Zahlungsfähigkeit des Gründers im Zeitpunkt der Eintragung abzustellen, weil ihm eine solche Haftung als zu weitgehend erschienen war (vgl Denkschrift zum Entwurf eines Handelsgesetzbuchs und eines Einführungsgesetzes S 129, abgedr bei *Hahn/Mugdan* Die gesammten Materialien zu den Reichs-Justizgesetzen, Bd 6 HGB, 1897, S 189, 297; MünchKomm AktG/*Pentz* Rn 55; KölnKomm AktG/*Arnold* Rn 49).

2. Ausfall der Gesellschaft. Die Gesellschaft muss durch die Leistungsunfähigkeit des 17 Schuldners einen Ausfall erlitten haben. Ein solcher **Ausfall** ist gegeben, wenn feststeht, dass die geschuldete Einlage vom Gründer endgültig nicht mehr zu erlangen ist (GroßKomm AktG/*Ehricke* Rn 84). Der Nachweis eines Ausfalls der Gesellschaft setzt keine erfolglose Zwangsvollstreckung gegen den Gründer voraus. Allerdings ist umstr, ob in jedem Fall zuvor ein **Kaduzierungsverfahren** durchzuführen ist (dafür noch KölnKomm AktG/*Kraft* 2. Aufl Rn 41). Die **hM lehnt dies zu Recht** auch für den Fall **ab**, dass der Gründer seine Aktien bereits veräußert hat. Ein langwieriges Kaduzierungsverfahren erscheint weder zum Schutz der Gründer erforderlich (vgl Erfordernis der Kenntnis nach Abs 4, dazu Rn 18) noch mit Blick auf den Schutzzweck der Kapitalaufbringung gegenüber der Gesellschaft angemessen (so auch KölnKomm AktG/*Arnold* Rn 50; MünchKomm AktG/*Pentz* Rn 56; GroßKomm AktG/*Ehricke* Rn 87).

3. Verschulden. Erforderlich für eine Haftung aus § 46 Abs 4 ist positive Kenntnis der 18 in Anspruch genommenen Gründer von der Leistungsunfähigkeit. Die Verschuldensvermutung des Abs 3 gilt nicht. Auch grobe Fahrlässigkeit reicht nicht aus (*LG Heidelberg* ZIP 1997, 2045, 2048). Die Kenntnis eines Vertreters ist nach § 166 BGB zuzurechnen, Unkenntnis des Vertreters schützt den Gründer bei eigener Kenntnis nicht (GroßKomm AktG/*Ehricke* Rn 97).

4. Haftungsumfang. Die **gesamtschuldnerisch** haftenden Gründer schulden Ersatz in 19 Höhe des konkreten Ausfalls (hierzu auch ausf Grigoleit AktG/*Vedder* Rn 16 ff). Bei einer Bareinlage ist das der fehlende Betrag, bei einer Sacheinlage ihr Wert (MünchKomm AktG/*Pentz* Rn 58; Spindler/Stilz AktG/*Gerber* Rn 20). Angesichts des Wortlauts des Abs 4 („Ausfall" statt „Schaden") ist umstr, ob es sich auch bei dem Anspruch aus Abs 4 um einen Schadensersatzanspruch (so *Hüffer* AktG Rn 17; MünchKomm AktG/*Pentz* Rn 58) oder um eine garantieähnliche Haftung handelt (so GroßKomm AktG/*Ehricke* Rn 100). Eine Berücksichtigung des Mitverschuldens der Gesellschaftsorgane scheidet unbeschadet dieses Streits aus (vgl Rn 12). Für Verzicht und Vergleich gilt § 50, für die Verjährung der Ansprüche § 51, für die Geltendmachung § 147.

§ 47 Verantwortlichkeit anderer Personen neben den Gründern

Neben den Gründern und den Personen, für deren Rechnung die Gründer Aktien übernommen haben, ist als Gesamtschuldner der Gesellschaft zum Schadenersatz verpflichtet,
1. wer bei Empfang einer Vergütung, die entgegen den Vorschriften nicht in den Gründungsaufwand aufgenommen ist, wusste oder nach den Umständen annehmen musste, dass die Verheimlichung beabsichtigt oder erfolgt war, oder wer zur Verheimlichung wissentlich mitgewirkt hat;
2. wer im Fall einer vorsätzlichen oder grob fahrlässigen Schädigung der Gesellschaft durch Einlagen oder Sachübernahmen an der Schädigung wissentlich mitgewirkt hat;
3. wer vor Eintragung der Gesellschaft in das Handelsregister oder in den ersten zwei Jahren nach der Eintragung die Aktien öffentlich ankündigt, um sie in den Verkehr einzuführen, wenn er die Unrichtigkeit oder Unvollständigkeit der Angaben, die zum Zwecke der Gründung der Gesellschaft gemacht worden sind (§ 46 Abs. 1), oder die Schädigung der Gesellschaft durch Einlagen oder Sachübernahmen kannte oder bei Anwendung der Sorgfalt eines ordentlichen Geschäftsmanns kennen musste.

Übersicht

	Rn		Rn
I. Allgemeines	1	III. Haftung wegen Mitwirkung bei Schädigung der Gesellschaft (§ 47 Nr 2)	8
1. Regelungsgegenstand und Normzweck	1		
2. Schuldner	2	IV. Emittentenhaftung (§ 47 Nr 3)	9
3. Gläubiger und Konkurrenzen	3	1. Objektive Voraussetzungen	9
4. Rechtsnatur und Gerichtsstand	4	2. Subjektive Voraussetzungen	10
II. Haftung wegen Empfangs einer verheimlichten Vergütung (§ 47 Nr 1)	5	3. Anspruchsinhalt	11
		4. Analoge Anwendung	12
1. Haftung des Empfängers	5	V. Ansprüche Dritter	13
a) Voraussetzungen	5	1. Prospekthaftung	13
b) Anspruchsinhalt	6	2. Sonstige Ansprüche	15
2. Haftung des Mitwirkenden	7		

I. Allgemeines

1. Regelungsgegenstand und Normzweck. § 47 Nr 1 und 2 dehnen die Haftung der Gründer nach § 46 auf Personen aus, die an der Gründung ohne äußerlich hervortretende Rolle teilgenommen haben, sog **Gründergenossen**. § 47 Nr 3 regelt die Haftung des **Emittenten** und statuiert so eine Prüfungsobliegenheit. Die Regelung soll durch eine Erweiterung des Kreises der haftenden Personen die **Kapitalaufbringung** begünstigen und bezweckt daneben den Schutz der nach der Gründung hinzukommenden Aktionäre.

2. Schuldner. Schuldner sind diejenigen **Gründergenossen und Emittenten**, die einen der Haftungstatbestände der Nr 1 bis 3 erfüllt haben; sie haften – auch neben Gründern nach § 46 – gesamtschuldnerisch. Nach dem Wortlaut („neben den Gründern") scheiden die Gründer selbst – und die diesen nach § 46 Abs 5 gleichgestellten Hintermänner – eigentlich als Schuldner aus. Hinsichtlich der Emittentenhaftung nach Nr 3 ist dieser Ausschluss der Gründer aber teleologisch zu reduzieren, da es anderenfalls aufgrund des zweijährigen Zeitrahmens von § 47 Nr 3 iVm der fünfjährigen Verjährungsfrist nach § 51 zu Schutzlücken kommen könnte, wenn die Emittenten zugleich Gründer sind; hinsichtlich der Haftung nach § 47 Nr 1 und 2 bleibt es dagegen beim Ausschluss der Gründer (GroßKomm AktG/*Ehricke* Rn 9).

3. Gläubiger und Konkurrenzen. Gläubiger der Ansprüche aus § 47 ist (wie bei § 46, 3 s dort Rn 4) **allein die entstandene Gesellschaft** (zu Ansprüchen Dritter aus anderen Normen s Rn 13 f). Da Zweck der Vorschrift die Sicherung der Kapitalaufbringung bei der Gründung ist, ist die Gesellschaft unabhängig vom Zeitpunkt der Schädigung erst nach der Handelsregistereintragung berechtigt (GroßKomm AktG/*Ehricke* Rn 6). Wie § 46 ist auch **§ 47 kein Schutzgesetz** iSd § 823 Abs 2 BGB, sondern (nur) selbstständige Anspruchsgrundlage (s § 46 Rn 4; *Hüffer* AktG Rn 3; GroßKomm AktG/ *Ehricke* Rn 7). § 47 lässt die Haftung aus anderen Ansprüchen unberührt; insb kommt eine **deliktische Haftung** aus §§ 823 Abs 2 BGB iVm § 263 StGB oder aus § 826 BGB in Betracht. Umstr ist, ob neben die Haftung aus § 47 Nr 1 eine **Bereicherungshaftung** treten kann. Eine Vergütung nach Nr 1 erfolgt wg § 26 Abs 3 S 1 rechtsgrundlos, so dass eigentlich auch die §§ 812 ff BGB einschlägig wären. Nach zutr **hM** trifft § 47 Nr 1 aber eine gegenüber §§ 812 ff BGB abschließende Sonderregelung, weil anderenfalls die Ausgestaltung als Verschuldenshaftung unterlaufen würde (*Hüffer* AktG Rn 6; GroßKomm AktG/*Ehricke* Rn 20; Hölters AktG/*Solveen* Rn 5; **aA** Münch-Komm AktG/*Pentz* Rn 15 mit dem Hinweis, der Gesetzgeber habe mit der Schaffung einer „condictio ex lege" nur zugunsten der Gesellschaft die sich aus §§ 814, 818 Abs 3 BGB ergebenden Unsicherheiten des Bereicherungsrechts vermeiden wollen; auch Grigoleit AktG/*Vedder* Rn 3; Wachter AktG/*Wachter* Rn 8).

4. Rechtsnatur und Gerichtsstand. Ob die Haftung aus § 47 selbst als deliktisch oder 4 deliktsähnlich (GroßKomm AktG/*Ehricke* Rn 4) oder spezifisch gesellschaftsrechtlich (KölnKomm AktG/*Arnold* Rn 4; MünchKomm AktG/*Pentz* Rn 10) einzuordnen ist, ist wie bei derjenigen aus § 46 umstr. Wie bei § 46 (vgl dort Rn 6) ist der Streit praktisch für die Frage des Gerichtsstands relevant. Neben dem allg Gerichtsstand nach § 12 ZPO ist wegen des „untrennbaren Zusammenhangs mit ... der rechtlichen und wirtschaftlichen Errichtung und Erhaltung der Gesellschaft überhaupt" auch § 22 ZPO entspr anwendbar (*BGHZ* 76, 231, 234 f; MünchKomm AktG/*Pentz* Rn 10). Der Gerichtsstand der unerlaubten Handlung nach § 32 ZPO ist daneben nur nach der ersten Auffassung gegeben. Für die Praxis ist schon mit Blick auf die aus dem Theorienstreit resultierenden Unsicherheiten von einer Klageerhebung am Gerichtsstand der unerlaubten Handlung abzuraten.

II. Haftung wegen Empfangs einer verheimlichten Vergütung (§ 47 Nr 1)

1. Haftung des Empfängers. – a) Voraussetzungen. Eine Haftung des Empfängers 5 nach Nr 1 setzt objektiv einen Verstoß gegen § 26 Abs 2 voraus. Ein Gründergenosse, der nicht selbst Gründer oder Hintermann nach § 46 Abs 5 sein darf (vgl oben Rn 2), muss eine Entschädigung oder einen Gründerlohn nach § 26 empfangen haben, der nicht in der Satzung festgesetzt wurde. Der Empfänger muss **vorsätzlich oder fahrlässig** in Bezug auf die beabsichtigte oder erfolgte **Verheimlichung** gehandelt haben. Für eine Verheimlichung genügt die objektiv unterbliebene Aufnahme in die Satzung, eine Verheimlichungsabsicht ist nicht erforderlich; auch muss kein nach § 46 Abs 3 schuldhafter Verstoß eines Gründers gegen § 46 Abs 1 vorliegen (KölnKomm AktG/*Kraft*

2. Aufl Rn 9). Der Fahrlässigkeitsvorwurf setzt grds voraus, dass der Empfänger aufgrund konkreter Anhaltspunkte, zB wegen der atypischen Höhe der Vergütung, Anlass zu Nachforschungen hatte; ein strengerer Maßstab ist in Bezug auf einen Gründungsprüfer anzuwenden, der die ordnungsgemäße Festsetzung seiner Vergütung ohne Weiteres überprüfen kann; Gleiches kann aufgrund eines bes Näheverhältnisses zu den Gründern gelten (vgl KölnKomm AktG/*Arnold* Rn 11; MünchKomm AktG/*Pentz* Rn 16; GroßKomm AktG/*Ehricke* Rn 15).

6 **b) Anspruchsinhalt.** Der Anspruch ist auf **Schadensersatz** gerichtet. Aufgrund des gewährleistungsähnlichen Charakters der Vorschrift ist die Gesellschaft so zu stellen, wie sie ohne die Leistung des Gründungsaufwands stünde (und nicht so, wie sie bei ordnungsgemäßer Aufnahme des Gründungsaufwands in die Satzung stünde, vgl MünchKomm AktG/*Pentz* Rn 17). **Mindestbetrag** des Schadens ist die rechtsgrundlos geleistete Vergütung. § 254 BGB findet aus den bei § 46 Rn 12 genannten Gründen keine Anwendung. Die Haftung tritt neben diejenige der Gründer und Hintermänner nach § 46, bei mehreren Schuldnern haften diese gesamtschuldnerisch.

7 **2. Haftung des Mitwirkenden.** Der bei der Verheimlichung Mitwirkende haftet ebenso wie der Empfänger auf Schadensersatz; das erforderliche **wissentliche Mitwirken** setzt zumindest bedingten Vorsatz hinsichtlich des objektiven Gesetzesverstoßes voraus. Die Mitwirkung kann in irgendeiner Förderung oder Begünstigung der Verheimlichung liegen. Ob die Vergütung vor oder nach der Satzungsfeststellung erfolgt ist, ist irrelevant (MünchKomm AktG/*Pentz* Rn 18).

III. Haftung wegen Mitwirkung bei Schädigung der Gesellschaft (§ 47 Nr 2)

8 Eine Haftung nach § 47 Nr 2 setzt die objektive und subjektive Verwirklichung von § 46 Abs 2 bei einem Gründer (oder einem Hintermann nach § 46 Abs 5) voraus (vgl dazu § 46 Rn 13 f). Während bei den übrigen Gründern nach § 46 Abs 3 bereits Fahrlässigkeit haftungsbegründend wirkt, ist bei Gründergenossen nach § 47 Nr 2 allerdings eine **vorsätzliche Mitwirkung** erforderlich; Mitwirkung ist jede Förderung des gesetzwidrigen Verhaltens (so auch Spindler/Stilz AktG/*Gerber* Rn 6). Die Gründergenossen haften gesamtschuldnerisch neben den nach § 46 Abs 2 haftenden Gründern. Zum Anspruchsinhalt vgl § 46 Rn 15.

IV. Emittentenhaftung (§ 47 Nr 3)

9 **1. Objektive Voraussetzungen.** Die Emittentenhaftung setzt die Verwirklichung des objektiven Tatbestands des **§ 46 Abs 1 S 1 bzw § 46 Abs 2** (vgl § 46 Rn 7 ff bzw 13 f) und eine öffentliche Ankündigung der Aktien der Gesellschaft voraus, die vor der Eintragung der AG oder innerhalb von zwei Jahren nach der Eintragung und zum Zwecke der erstmaligen Markteinführung erfolgen muss. Eine **öffentliche Ankündigung** muss sich an einen unbestimmten Personenkreis richten. Die Form der Ankündigung ist grundsätzlich ebenso irrelevant wie die Person des Ankündigenden. Die Ankündigung kann von Gründern (die, wenn sie Emittenten sind, auch selbst nach § 47 Nr 3 haften, vgl oben Rn 2), aber auch von Kreditinstituten oder sonstigen Vermittlern ausgehen. Sie kann durch Zeitungsanzeigen oder sonstige Werbemittel erfolgen; bei Mitteilungen im redaktionellen Teil einer Zeitung dürfte diese Voraussetzung im Zweifel zu verneinen sein (GroßKomm AktG/*Ehricke* Rn 29; MünchKomm AktG/ *Pentz* Rn 25). Die Berechnung der Zwei-Jahres-Frist erfolgt nach §§ 187 Abs 1, 188

Abs 2 BGB. Die Ankündigung erfolgt **zum Zwecke der Markteinführung**, wenn sie auf den Abschluss von Veräußerungsverträgen mit noch nicht näher bestimmten Dritten gerichtet ist. Die Absicht des Ankündigenden, durch die Veräußerung der Aktien die Gründung „wirtschaftlich verwirklichen" zu wollen (so noch die Begr zum Gesetz betr die KGaA und AG, dazu *Schubert/Hommelhoff* 100 Jahre modernes Aktienrecht, ZGR-Sonderheft Nr 4, S 404, 452) ist nach der Abschaffung der Stufengründung nicht mehr erforderlich. Es reicht aus, dass dem Verkehr zunächst von den Gründern übernommene Aktien erstmalig zum Verkauf angeboten werden, die hinsichtlich der Kapitalaufbringung im Gründungsstadium aufgrund des Verstoßes gegen § 46 Abs 1 S 1 oder Abs 2 Mängel aufweisen (GroßKomm AktG/*Ehricke* Rn 31).

2. Subjektive Voraussetzungen. Der Emittent muss hinsichtlich des Vorliegens des 10 objektiven Tatbestands von § 46 Abs 1 S 1 oder Abs 2 **vorsätzlich oder fahrlässig** handeln; ein Verschulden des Gründers oder der Hintermänner im Rahmen von § 46 ist nach ganz **hM** unerheblich (KölnKomm AktG/Arnold Rn 26). Verschuldensmaßstab ist die Sorgfalt eines ordentlichen, mit Emissionen befassten Geschäftsmanns. Daraus folgt praktisch zumindest eine **Prüfobliegenheit** in Bezug auf Richtigkeit und Vollständigkeit der Angaben iSd § 46 Abs 1 S 1 bzw eine Schädigung iSd § 46 Abs 2 (*RGZ* 80, 196, 199 f spricht sogar von „Pflichten" des Emittenten; ebenso GroßKomm AktG/ *Ehricke* Rn 36; *Hüffer* AktG Rn 10). Ein gegen die Gründer gerichtetes Prüfrecht auf Einsicht in die entspr Unterlagen erwächst dem Emittenten daraus allerdings nicht; wird sie ihm verweigert, muss er ggf von der Emission absehen (MünchKomm AktG/ *Pentz* Rn 29). Die **Beweislast** auch für das Verschulden trägt die Gesellschaft; der Emittent muss aber iRd Prüfobliegenheit darlegen, inwiefern er sich von der Richtigkeit der Angaben überzeugt hat (vgl GroßKomm AktG/*Ehricke* Rn 38).

3. Anspruchsinhalt. Der Ankündigende haftet garantieähnlich im gleichen Umfang 11 wie ein Gründer nach § 46 Abs 1 S 1, Abs 2 (vgl dazu § 46 Rn 12, 15). Die zivilrechtliche Verantwortlichkeit wird ergänzt durch die Strafnorm des § 399 Abs 1 Nr 3, die allerdings abw von § 47 Nr 3 falsche Angaben oder das Verschweigen wesentlicher Umstände in der Ankündigung selbst voraussetzt. **§ 399** ist im Gegensatz zu § 47 ein **Schutzgesetz iSd § 823 Abs 2 BGB** (vgl dazu näher § 399 Rn 1 ff).

4. Analoge Anwendung. Nach **ganz hM** findet § 47 Nr 3 entspr Anwendung auf die 12 Ankündigung junger Aktien bei einer **Kapitalerhöhung**, da auch in diesem Fall ein vergleichbares Schutzbedürfnis der Gesellschaft gegen Fehler bei der Kapitalaufbringung besteht. Für die Zwei-Jahres-Frist ist in diesem Fall auf die Eintragung der Kapitalerhöhung abzustellen (*Hüffer* AktG Rn 12 mwN), bzgl der unrichtigen Angaben kommt es auf die Angaben des Vorstands zum Zwecke der Kapitalerhöhung an (MünchKomm AktG/*Pentz* Rn 34). Eine analoge Anwendung auf die Ankündigung von **Wandelschuldverschreibungen** nach § 221 ist dagegen abzulehnen, da es hier an einer der Gründung vergleichbaren Gefahrenlage fehlt (so auch GroßKomm AktG/ *Ehricke* Rn 41; MünchKomm AktG/*Pentz* Rn 35; *Hüffer* AktG Rn 12).

V. Ansprüche Dritter

1. Prospekthaftung. Eine Haftung gegenüber Dritten, namentlich Aktienerwerbern, bei 13 fehlerhaften oder fehlenden Prospekten und Unternehmensberichten kann insb unter dem Gesichtspunkt der sog Prospekthaftung bestehen. Eine Prospekthaftung kann sich insb aus **kapitalmarktrechtlichen Spezialvorschriften** (§§ 44 ff, 55 BörsG, §§ 13, 13a Verk-

ProspG und § 127 InvG) ergeben. Sie kann ferner nach den richterrechtlich entwickelten Grundsätzen zur sog **allgemeinen Prospekthaftung** bestehen (dazu Palandt BGB/*Grüneberg* § 311 Rn 67 ff; MünchKomm BGB/*Emmerich* § 311 Rn 147 ff; aus der Rspr *BGHZ* 123, 106; *BGH* NJW 2000, 3346; NJW 2004, 2228). Zur Prospekthaftung vgl *Assmann* Entwicklungslinien und Entwicklungsperspektiven der Prospekthaftung, FS Kübler, 1997, S 317; *Ellenberger* Prospekthaftung im Wertpapierhandel, 2001; *Groß* Die börsengesetzliche Prospekthaftung, AG 1999, 199; *Hopt* Die Verantwortlichkeit der Banken bei Emissionen, 1991; *Paschos/Neumann* Die Neuregelungen des UMAG im Bereich der Durchsetzung von Haftungsansprüchen der AG gegen Organmitglieder, DB 2005, 1779; *Paskert* Informations- und Prüfungspflichten bei Wertpapieremissionen, 1991, S 117 ff; *Sittmann* Die Prospekthaftung nach dem Dritten Finanzmarktförderungsgesetz, NZG 1998, 490. Schließlich kann im Einzelfall ein Anspruch aus **§ 311 Abs 2 BGB** für die Inanspruchnahme bes Vertrauens als Vertragspartner, Vertreter, Sachwalter oder Garant in Betracht kommen (vgl GroßKomm AktG/*Ehricke* Rn 75).

14 Die Bedeutung der allg Prospekthaftung ist durch das **Anlegerschutzverbesserungsgesetz** (AnSVG, BGBl I 2004 S 2630) stark zurückgegangen; die meisten früher von ihr erfassten Fälle fallen jetzt unter die spezialgesetzlichen Regelungen des **VerkProspG** (Palandt BGB/*Grüneberg* § 311 Rn 68); zum Anwendungsbereich des VerkProspG vgl § 8 f VerkProspG; zum Anlegerschutzverbesserungsgesetz s *Spindler* Kapitalmarktreform in Permanenz – Das Anlegerschutzverbesserungsgesetz, NJW 2004, 3449, 3454 f; ausf *Holzborn/Israel* Das Anlegerschutzverbesserungsgesetz – Die Veränderungen im WpHG, VerkProspG und BörsG und ihre Auswirkungen in der Praxis, WM 2004, 1948.

15 **2. Sonstige Ansprüche.** Sonstige Ansprüche Dritter (insb aus § 826 BGB sowie § 823 Abs 2 BGB iVm §§ 263, 264a StGB) werden durch § 47 grds nicht berührt und können daneben bestehen; § 47 bildet kein Schutzgesetz iSd § 823 Abs 2 BGB (s oben Rn 3). Ein Schutzgesetz ist aber § 399 Abs 1 Nr 3 (s oben Rn 11).

§ 48 Verantwortlichkeit des Vorstands und des Aufsichtsrats

[1]Mitglieder des Vorstands und des Aufsichtsrats, die bei der Gründung ihre Pflichten verletzen, sind der Gesellschaft zum Ersatz des daraus entstehenden Schadens als Gesamtschuldner verpflichtet; sie sind namentlich dafür verantwortlich, dass eine zur Annahme von Einzahlungen auf die Aktien bestimmte Stelle (§ 54 Abs. 3) hierzu geeignet ist, und dass die eingezahlten Beträge zur freien Verfügung des Vorstands stehen. [2]Für die Sorgfaltspflicht und Verantwortlichkeit der Mitglieder des Vorstands und des Aufsichtsrats bei der Gründung gelten im Übrigen §§ 93 und 116 mit Ausnahme von § 93 Abs. 4 Satz 3 und 4 und Abs. 6.

Übersicht

	Rn		Rn
I. Allgemeines	1	II. Haftungstatbestand	6
1. Entwicklung	1	1. Objektive Voraussetzungen	6
2. Normzweck und systematische Stellung	2	2. Subjektive Voraussetzungen	7
		III. Rechtsfolgen	8
3. Gläubiger und Schuldner	3	1. Haftungsumfang	8
4. Rechtsnatur	4	2. Verzicht, Vergleich, Verjährung	9
5. Anspruchskonkurrenzen und Verjährung	5	IV. Ansprüche Dritter	10

Verantwortlichkeit des Vorstands und des Aufsichtsrats § 48

I. Allgemeines

1. Entwicklung. In den Anfängen des Aktienrechts war die Haftung der Vorstands- und AR-Mitglieder nach Art 204 Abs 4 HGB 1884 auf eine subsidiäre Haftung für Pflichtverletzungen bei der Gründungsprüfung beschränkt. In § 41 AktG 1937 wurde dann die Subsidiarität aufgehoben und die Haftung auf alle Pflichtverletzungen iRd Gründung erweitert. Dies gilt im Wesentlichen bis heute (ausf MünchKomm AktG/*Pentz* Rn 1; GroßKomm AktG/*Ehricke* Rn 1 f).

2. Normzweck und systematische Stellung. § 48 dient der **Sicherung der Kapitalaufbringung**, indem er eine gesamtschuldnerische Haftung der Mitglieder von Vorstand und AR für die Verletzung gründungsspezifischer Pflichten statuiert. Für die Haftung bei der Nachgründung enthält § 53 eine Spezialvorschrift. Die zivilrechtliche Haftung wird durch straf- bzw ordnungsrechtliche Vorschriften in § 399 Abs 1 Nr 1 und 2 sowie § 405 Abs 1 Nr 1 und 2 flankiert. § 48 S 2 klärt die frühere Streitfrage, ob § 48 abschließend ist oder ob daneben die allg Bestimmungen gelten, im Sinne einer grds Anwendbarkeit von §§ 93 und 116 (aA Grigoleit AktG/*Vedder* Rn 2, der ein Ausschließlichkeitsverhältnis zwischen § 48 und §§ 93, 116 vertritt). Aus dieser Verweisung folgt auch, dass ein Verschulden vermutet wird.

3. Gläubiger und Schuldner. Der Ersatzanspruch steht der **Gesellschaft selbst** zu. Der Anspruch entsteht erst, nachdem die Gesellschaft mit ihrer Eintragung als jur Person entstanden ist (ebenso MünchKomm AktG/*Pentz* Rn 2; KölnKomm AktG/*Arnold* Rn 3; *Hüffer* AktG Rn 2). Dies folgt aus dem Normzweck – Sicherung der Aufbringung des Grundkapitals – und aus § 51 S 2, 1. HS (Eintragung als Verjährungsbeginn). Die Verweisung des § 48 S 2 auf § 93 Abs 5 ermöglicht eine **Geltendmachung durch die Gesellschaftsgläubiger,** soweit diese keine Befriedigung von der Gesellschaft erlangen können (zu den einschränkenden Voraussetzungen des § 93 Abs 5 vgl § 93 Rn 43 ff). **Schuldner** der Ansprüche sind die Vorstands- und AR-Mitglieder sowie faktische Organmitglieder (zu letzteren GroßKomm AktG/*Ehricke* Rn 11; KölnKomm AktG/*Arnold* Rn 6; K. Schmidt/Lutter AktG/*Bayer* Rn 2), die den Tatbestand des § 48 verwirklicht haben, nach § 94 auch stellvertretende Vorstandsmitglieder. Die Schuldner haften persönlich, zu einer Haftung des Gesamtorgans kommt es nicht.

4. Rechtsnatur. Nach früher hM normiert § 48 eine vertragliche oder vertragsähnliche Haftung (vgl zB *Baumbach/Hueck* AktG Rn 3). Dem ist entgegenzuhalten, dass die Haftung der Organmitglieder sich nicht aus ihrem Anstellungsverhältnis ergibt, sondern vielmehr aus ihrer Organstellung. Sie entsteht daher, ohne dass es auf ein wirksames Anstellungsverhältnis ankäme, als spezifisch gesellschaftsrechtliche **Organhaftung** (KölnKomm AktG/*Arnold* Rn 7; MünchKomm AktG/*Pentz* Rn 9; *Hüffer* AktG Rn 1; vgl GroßKomm AktG/*Ehricke* Rn 5: als unerlaubte Handlung zu qualifizierende Organhaftung). Daraus folgt, dass sich der Gerichtsstand grds aus § 29 ZPO (ggf auch § 22 ZPO analog) ergibt und nicht etwa aus § 32 ZPO (*Hüffer* AktG Rn 1; Grigoleit AktG/*Vedder* Rn 8.).

5. Anspruchskonkurrenzen und Verjährung. Andere Ansprüche der **Gesellschaft** (zB aus §§ 826 oder 823 Abs 2 BGB iVm § 266 StGB) sind neben § 48 möglich. Die Verjährung dieser Ansprüche richtet sich nach den allg Regeln, während für die Haftung nach § 48 die **Sonderverjährung des § 51** gilt (vgl § 51 Rn 1). § 48 ist **kein Schutzgesetz** iSd § 823 Abs 2 (MünchKomm AktG/*Pentz* Rn 10).

II. Haftungstatbestand

6 1. Objektive Voraussetzungen. Objektive Voraussetzung eines Anspruchs aus § 48 S 1 ist die Pflichtverletzung eines Vorstands- oder AR-Mitglieds während des Gründungsvorgangs. § 48 S 1 2. HS hebt insoweit mit der Verantwortlichkeit dafür, dass eine zur Annahme von Einzahlungen auf die Aktien bestimmte Stelle (§ 54 Abs 3) hierzu geeignet ist, und dass die eingezahlten Beträge zur freien Verfügung des Vorstands stehen, nur zwei Pflichten **exemplarisch** hervor. Daneben kommen **weitere Pflichten**, insb iRd Gründungsprüfung nach §§ 33 f, die Pflicht, den Wert der Einlagen zu erhalten, und die Pflicht, ein eingebrachtes Unternehmen sachgemäß zu führen sowie die Überwachungspflicht des AR gem § 111 in Betracht (vgl die Aufführung weiterer relevanter Pflichten bei MünchKomm AktG/*Pentz* Rn 14–21). Die **Haftung** ist **ausgeschlossen**, wenn das Verwaltungsmitglied durch die pflichtwidrige Handlung nur einen gesetzmäßigen Beschluss der Gründerversammlung durchgeführt hat (§§ 48 S 2, 93 Abs 4 S 1).

7 2. Subjektive Voraussetzungen. Die Haftung ist verschuldensabhängig und setzt gem §§ 48 S 2, 93 Abs 1 (ggf iVm § 116 S 1) die Verletzung der Sorgfalt eines ordentlichen und gewissenhaften Geschäftsleiters bzw AR-Mitglieds voraus. Aus § 93 Abs 2 S 2 ergibt sich eine Beweislastumkehr zulasten der Verwaltungsmitglieder. Daneben trägt das Verwaltungsmitglied aufgrund der größeren Sachnähe auch die Beweislast hinsichtlich der fehlenden Pflichtwidrigkeit einer adäquat kausalen Handlung (MünchKomm AktG/*Pentz* Rn 25; *Goette* Zur Verteilung der Darlegungs- und Beweislast der objektiven Pflichtwidrigkeit bei der Organhaftung, ZGR 1995, 648, 671 ff; zur Beweislast s auch § 93 Rn 26 ff).

III. Rechtsfolgen

8 1. Haftungsumfang. Rechtsfolge ist eine gesamtschuldnerische Schadensersatzhaftung der Verwaltungsmitglieder, die den Tatbestand des § 48 S 1 verletzt haben. Verwaltungsmitglieder, die nicht pflichtwidrig oder nachweislich schuldlos gehandelt haben, haften nicht mit (Spindler/Stilz AktG/*Gerber* Rn 6). Gegenüber Gründern oder Gründergenossen, die nach §§ 46, 47 haften, besteht ebenfalls Gesamtschuldnerschaft (*Hüffer* AktG Rn 5). Der Gesellschaft sind insb nicht geleistete oder verloren gegangene Einlagen zu ersetzen. Im Fall nicht geleisteter Einlagen bleibt im Innenverhältnis allein der Einlageschuldner verpflichtet, so dass ein in Anspruch genommenes Verwaltungsmitglied von diesem Freistellung verlangen kann. Auch wenn die AG ohne die Pflichtwidrigkeit überhaupt nicht eingetragen worden wäre, richtet sich der Schadensersatzanspruch auf die Herstellung des den gesetzlichen Anforderungen entspr Zustands, nicht dagegen auf die Löschung der Gesellschaft (KölnKomm AktG/*Arnold* Rn 15).

9 2. Verzicht, Vergleich, Verjährung. Für Verzicht, Vergleich und Verjährung gelten die §§ 50, 51, da in § 48 auf die diesbezüglichen Regelungen in § 93 Abs 4 S 3 und 4, Abs 6 explizit nicht verwiesen wird. Die Regelungen sind im Wesentlichen identisch, allerdings beginnt der Fristlauf nach §§ 50, 51 abw von § 93 Abs 4 S 3 und 4, Abs 6 nicht mit der Entstehung des Anspruchs, sondern mit der Eintragung der Gesellschaft.

IV. Ansprüche Dritter

Dritte können aus § 48 keine Ansprüche ableiten (*Hüffer* AktG Rn 2), zumal § 48 auch kein Schutzgesetz iSd § 823 Abs 2 ist (MünchKomm AktG/*Pentz* Rn 10). Ansprüche Dritter aus anderen Vorschriften, zB § 823 Abs 2 BGB iVm § 266 StGB oder iVm § 399 Abs 1 Nr 1, bleiben aber unberührt (zur Schutzgesetzeigenschaft des § 399 s § 399 Rn 1). **10**

§ 49 Verantwortlichkeit der Gründungsprüfer

§ 323 Abs. 1 bis 4 des Handelsgesetzbuchs über die Verantwortlichkeit des Abschlussprüfers gilt sinngemäß.

Übersicht

	Rn
I. Allgemeines	1
II. Prüferhaftung nach § 323 HGB	3

Literatur: *Heutz/Parameswaran* Prüfungspflichten eines Sachkapitalerhöhungsprüfers in der AG, ZIP 2011, 1650; *Hopt* Zur Haftung des Wirtschaftsprüfers – Rechtsprobleme zu § 323 HGB (§ 168 AktG aF) und zur Prospekt- und Auskunftshaftung, WPg 1986, 461, 498; *Mock* Die Verschwiegenheitspflicht des Abschlußprüfers und Interessenkonflikte, DB 2003, 1996; *Saage* Zum Umfang der Gründungsprüfung, ZGR 1977, 683; *K. Schmidt* Zur aktienrechtlichen Haftung des Gründungsprüfers bei der Überbewertung von Sacheinlagen, DB 1975, 1781.

I. Allgemeines

Die Vorschrift regelt durch Verweis auf § 323 Abs 1–4 HGB die Haftung des Gründungsprüfers (zum Begriff s § 33 Abs 2–4) und gleichgestellter Personen. Für die Verjährung gilt nicht mehr § 51 GmbHG, seitdem § 49 durch Art 11 des Gesetzes zur Anpassung von Verjährungsvorschriften an das Gesetz zur Modernisierung des Schuldrechts vom 9.12.2004 (BGBl I 2004 S 3214) aus dessen Verweisung herausgenommen wurde. Vielmehr findet seither die **dreijährige Regelverjährung nach §§ 195, 199 BGB** Anwendung (dazu *Hüffer* AktG Rn 4 und § 51 Rn 1). **1**

Sonstige Ansprüche der Gesellschaft bleiben von der Haftung nach § 49, § 323 HGB unberührt (MünchKomm AktG/*Pentz* Rn 18). § 323 Abs 1 HGB ist kein Schutzgesetz iSd § 823 Abs 2 BGB (*LG Hamburg* WM 1999, 139, 143). Die zivilrechtliche Haftung nach § 49 wird ergänzt durch die strafrechtliche Verantwortlichkeit der Gründungsprüfer nach §§ 403, 404 GmbHG. **2**

II. Prüferhaftung nach § 323 HGB

Den Gründungsprüfer, seine Gehilfen und die bei der Prüfung mitwirkenden gesetzlichen Vertreter der Prüfungsgesellschaft trifft nach § 323 Abs 1 S 1 und 2 HGB eine **Pflicht zur gewissenhaften, unparteiischen Prüfung** sowie eine **Verschwiegenheitspflicht**, die nach § 323 Abs 3 HGB für Prüfungsgesellschaften auch gegenüber deren eigenem AR und dessen Mitgliedern besteht (zu diesen Pflichten im Einzelnen *Baumbach/Hopt* HGB § 323 Rn 1–4; zu Grenzen der Verschwiegenheitspflicht *Mock* DB 2003, 1996 ff; zu bes Pflichten, insb hinsichtlich der Bewertung von Sacheinlagen vgl **3**

Körber

§ 34; dazu *K. Schmidt* DB 1975 1781 ff; s auch *Heutz/Parameswaran* ZIP 2011, 1650 ff). Die Richtlinien der Wirtschaftsprüferkammer sind zwar nicht unmittelbar rechtsverbindlich, führen aber praktisch zu bestimmten Mindestanforderungen. Eine eigennützige Verwertung von Geschäfts- und Betriebsgeheimnissen, von denen die Prüfer bei ihrer Tätigkeit erfahren haben, ist grds verboten; insb können nach umstr, aber zutr Auffassung auch die gesetzlichen Vertreter der AG dem Prüfer nicht die eigennützige Verwertung zB von Insiderinformationen an der Börse gestatten (Baumbach/Hopt HGB/*Hopt/Merkt* § 323 Rn 5; Beck BilanzKomm/*Winkeljohann/Feldmüller* § 323 HGB Rn 53 f).

4 Die schuldhafte Pflichtverletzung begründet einen Schadensersatzanspruch der AG bzw verbundener Unternehmen iSd § 15 (§ 323 Abs 1 S 3 HGB; für einen Rückgriff auf § 15 auch GroßKomm AktG/*Ehricke* Rn 27; Spindler/Stilz AktG/*Gerber* Rn. 6; *Hüffer* AktG Rn 4; **aA** KölnKomm AktG/*Arnold* Rn 6; MünchKomm AktG/*Pentz* Rn 10: § 271 Abs 2 HGB). Ansprüche Dritter werden nicht begründet. Die Gesellschaft trägt die Beweislast für das pflichtwidrige Verhalten und für den Schaden (unstr, vgl K. Schmidt/Lutter AktG/*Bayer* Rn 6). Umstr ist, ob Gleiches für das Verschulden gilt (so *Hüffer* AktG Rn 4; GroßKomm AktG/*Ehricke* Rn 36) oder ob jedenfalls in Fällen fahrlässiger Pflichtverletzung § 280 BGB analog anzuwenden ist (so K. Schmidt/Lutter AktG/*Bayer* Rn 6; Spindler/Stilz AktG/*Gerber* Rn 10; MünchKomm AktG/*Pentz* Rn 39; Hölters AktG/*Solveen* Rn 11). Ein Verschulden von Gehilfen kann dem Prüfer bzw der Prüfungsgesellschaft nach § 278 BGB iVm dem Prüfungsvertrag zugerechnet werden; für ein Verschulden der gesetzlichen Vertreter haftet die Prüfungsgesellschaft nach § 31 BGB. Gem § 323 Abs 1 S 4 HGB haften mehrere Personen gesamtschuldnerisch. Die Haftung ist bei fahrlässiger oder grob fahrlässiger Pflichtverletzung nach § 323 Abs 2 S 1 HGB auf eine Mio EUR beschränkt; die darüber hinausgehenden Haftungssummen nach § 323 Abs 2 S 2 HGB sind für die Gründungsprüfung ohne praktische Bedeutung. Eine weitergehende Beschränkung oder ein Ausschluss der Haftung ist gem § 323 Abs 4 HGB nicht möglich. Dem Schadensersatzanspruch kann nicht entgegengehalten werden, dass die Gesellschaft nur durch die Pflichtverletzung des Gründers entstehen konnte (*BGHZ* 64, 52, 57).

§ 50 Verzicht und Vergleich

¹Die Gesellschaft kann auf Ersatzansprüche gegen die Gründer, die neben diesen haftenden Personen und gegen die Mitglieder des Vorstands und des Aufsichtsrats (§§ 46 bis 48) erst drei Jahre nach der Eintragung der Gesellschaft in das Handelsregister und nur dann verzichten oder sich über sie vergleichen, wenn die Hauptversammlung zustimmt und nicht eine Minderheit, deren Anteile zusammen den zehnten Teil des Grundkapitals erreichen, zur Niederschrift Widerspruch erhebt. ²Die zeitliche Beschränkung gilt nicht, wenn der Ersatzpflichtige zahlungsunfähig ist und sich zur Abwendung des Insolvenzverfahrens mit seinen Gläubigern vergleicht oder wenn die Ersatzpflicht in einem Insolvenzplan geregelt wird.

Verzicht und Vergleich § 50

Übersicht

	Rn		Rn
I. Normzweck	1	1. Sperrfrist	5
II. Erfasste Ansprüche	2	2. Hauptversammlungsbeschluss	
III. Erfasste Rechtsgeschäfte	3	und fehlender Widerspruch	7
IV. Wirksamkeitsanforderungen und Rechtsfolgen	5		

Literatur: *Brandner* Minderheitenrechte bei der Geltendmachung von Ersatzansprüchen aus der Geschäftsführung, FS Lutter, 2000, S 317; *Cahn* Vergleichsverbote im Gesellschaftsrecht, 1996; *Noack* Der Widerspruch des Aktionärs in der HV, AG 1989, 78; *Zimmermann* Vereinbarung über die Erledigung von Ersatzansprüchen gegen Vorstandsmitglieder von Aktiengesellschaften, FS Duden, 1977, S 773.

I. Normzweck

§ 50 dient zum einen der **Sicherung der Kapitalaufbringung**, indem die Möglichkeit eines Verzichts oder Vergleichs grds für drei Jahre ausgeschlossen und damit bis zu einem Zeitpunkt hinausgezögert wird, in dem typischerweise einerseits der Schadensumfang absehbar ist und andererseits der Einfluss der Gründer auf die Gesellschaft durch Zeitlauf abgenommen hat (vgl Begr RegE, abgedr bei *Kropff* AktG (1965), S 66 f, 123). Zum anderen dient § 50 dem **Minderheitenschutz**, indem er verhindert, dass durch eine Aufgabe von Ersatzansprüchen Rechte aus § 147 unterlaufen werden (vgl auch § 93 Abs 4 S 3 und 4; anders insoweit § 9b Abs 1 GmbHG). Insb sollen dolose Vorgehensweisen verhindert werden, durch welche die Gründer ihren Einfluss auf die Gesellschaft nutzen, um eigene Verpflichtungen zu beseitigen. Die **Ausnahmen** des S 2 für Fälle der Insolvenz oder drohenden Insolvenz des Ersatzpflichtigen erlauben zeitnahe und flexible Lösungen, die regelmäßig im Interesse der Gesellschaft liegen, insb wenn nach Verzicht auf einen Teil einer Forderung zumindest der andere Teil beglichen wird (GroßKomm AktG/*Ehricke* Rn 9). 1

II. Erfasste Ansprüche

§ 50 bezieht sich allein auf die Ersatzansprüche nach §§ 46–48. Andere Ansprüche bleiben unberührt; bei ihnen sind Verzicht und Vergleich nach allg Regeln also grds möglich. Nach dem eindeutigen Wortlaut ebenfalls nicht betroffen sind Ansprüche gegen die Gründungsprüfer nach § 49 iVm § 323 HGB, weil bei diesen ein Näheverhältnis zur Gesellschaft, wie es bei Gründern, Gründergenossen oder Verwaltungsmitgliedern anzunehmen ist, regelmäßig nicht besteht. Bei Ansprüchen, die sich sowohl auf §§ 46–48 als auch auf allg bürgerlich-rechtliche Vorschriften (insb Deliktsrecht) stützen, gilt § 50 auch hinsichtlich der anderen Anspruchsgrundlagen, soweit die Ansprüche dem Umfang nach identisch sind; ein Verstoß gegen § 50 führt dann wegen § 139 BGB auch hinsichtlich der anderen Anspruchsgrundlagen zur Nichtigkeit des Vergleichs. Geht der Anspruch aus der anderen Anspruchsgrundlage über denjenigen nach §§ 46–48 hinaus, so ist ein Vergleich hinsichtlich des überschießenden Teils möglich (KölnKomm AktG/*Arnold* Rn 4). Zur von BGHZ 191, 364 = NZG 2012, 69 im Ergebnis abgelehnten Frage der analogen Anwendung des Zustimmungserfordernisses der HV nach § 50 auf Vergleiche im Rahmen von § 66 s dort Rn 4 aE. 2

III. Erfasste Rechtsgeschäfte

3 Direkt vom Wortlaut des § 50 erfasst werden Verzicht und Vergleich. Einen **Verzicht** stellen der Erlassvertrag (§ 397 Abs 1 BGB) und das negative Schuldanerkenntnis (§ 397 Abs 2 BGB) dar (MünchKomm AktG/*Pentz* Rn 11; Spindler/Stilz AktG/*Gerber* Rn 5). **Vergleich** ist der Vergleichsvertrag nach § 779 BGB; dazu zählt aufgrund seiner Doppelnatur als Prozesshandlung und Rechtsgeschäft auch der Prozessvergleich (MünchKomm AktG/*Pentz* Rn 11; Spindler/Stilz AktG/*Gerber* Rn 5). Ausnahmsweise kann ein Prozessvergleich aber dann nicht unter § 50 fallen, wenn die Gesellschaft durch ihn kein vermögensrechtliches Opfer bringt, das den Wert der eingeklagten Leistung schmälert (MünchKomm AktG/*Pentz* Rn 11; *Cahn* Vergleichsverbote, S 6 ff, 15).

4 Die Vorschrift ist daneben auf **andere Rechtsgeschäfte** anzuwenden, die faktisch einem Verzicht oder Vergleich gleichkommen; entscheidend ist, ob die Vereinbarung unter Berücksichtigung von Sinn und Zweck der Vorschrift geeignet erscheint, die Gesellschaft an der jederzeitigen Geltendmachung der Ansprüche zu hindern, ohne dass eine gleichwertige Gegenleistung in ihr Vermögen fließt (so GroßKomm AktG/ *Ehricke* Rn 16). Im Einzelnen kommen insb in Betracht: ein **Klageverzicht** nach § 306 ZPO, ein **Anerkenntnis** gegenüber einer negativen Feststellungsklage nach § 307 ZPO oder eine **Novation** (Spindler/Stilz AktG/*Gerber* Rn 6; näher MünchKomm AktG/ *Pentz* Rn 13), die **Leistung an Erfüllungs statt** (nicht dagegen erfüllungshalber, da hier der Anspruch zunächst bestehen bleibt), eine **längerfristige Stundung** oder der **Abschluss eines Abtretungsvertrags**, bei dem der Gesellschaft nicht der volle Gegenwert für die abgetretene Forderung zufließt. Letzteres ist im Einzelnen str, wenn der Gesellschaft durch die Abtretung zwar nicht der volle Wert der Forderung zufließt, das Ergebnis aber gleichwohl wirtschaftlich sinnvoll ist (näher GroßKomm AktG/ *Ehricke* Rn 19; zur Gegenauffassung zur GmbH Hachenburg/*Ulmer* GmbHG § 9b Rn 9). Es erscheint vorzugswürdig, auch für diesen Fall aufgrund der abschließenden Regelung des S 2 von der Unzulässigkeit auszugehen. Teilw wird auch das **Verjährenlassen des Anspruchs** als faktischer Verzicht und damit als von § 50 erfasst angesehen (so GroßKomm AktG/*Ehricke* Rn 22). Näher liegt es aber, § 147 insoweit als abschließendes Instrument gegen eine Untätigkeit des Vorstands anzusehen (KölnKomm AktG/*Kraft* 2. Aufl Rn 25); würde man dem Schuldner die Berufung auf die Verjährungseinrede auch ohne das Erfordernis eines dolosen Zusammenwirkens mit dem Vorstand versagen, würde das dessen Rechte unverhältnismäßig verkürzen und die Rechtssicherheit unerträglich beeinträchtigen.

IV. Wirksamkeitsanforderungen und Rechtsfolgen

5 **1. Sperrfrist.** § 50 normiert eine Sperrfrist von drei Jahren. Diese Frist beginnt mit der Eintragung der Gesellschaft in das HR; sie wird nach §§ 187 Abs 1, 188 Abs 2 BGB berechnet. Die Vorschrift wirkt insoweit als gesetzliches Verbot. Ein Verzicht oder Vergleich vor Fristablauf ist, soweit kein Fall des S 2 vorliegt, nach § 134 BGB **nichtig** (*RGZ* 133, 33, 37 f; *Hüffer* AktG Rn 4); maßgebend ist insoweit der Tag, an dem die Vereinbarung zustande gekommen ist, nicht der Tag, an dem eine eventuelle Zustimmung der HV erfolgt ist. Nichtig ist ein vor Ablauf der Sperrfrist abgeschlossener Verzicht oder Vergleich mit Blick auf die Bindung der Gesellschaft während der Schwebezeit nach § 160 BGB auch dann, wenn er aufschiebend durch die Zustimmung der HV bedingt ist (MünchKomm AktG/*Pentz* Rn 15 f).

Anderes gilt nach S 2, wenn der Verzicht oder Vergleich der Abwendung eines Insolvenzverfahrens gegen einen erwiesenermaßen zahlungsunfähigen Schuldner dient (vgl § 17 InsO) oder in einem Insolvenzplan nach §§ 217 ff InsO geregelt wird. Aufgrund des Schutzzwecks der Sicherung der Kapitalaufbringung ist die Ausnahmevorschrift des S 2 restriktiv auszulegen: Entscheidend für ihre Anwendbarkeit ist, dass der Teilverzicht oder Vergleich dazu dient, der Gesellschaft gegenüber der voraussichtlichen Insolvenzquote einen Mehrerlös zu sichern (vgl zu Einzelheiten ausführlich Groß-Komm AktG/*Ehricke* Rn 30–36). S 2 setzt aber nur die zeitliche Beschränkung außer Kraft; die anderen Voraussetzungen des S 1 (dazu sogleich Rn 7) müssen vorliegen. 6

2. Hauptversammlungsbeschluss und fehlender Widerspruch. Eine nach Ablauf der Sperrfrist ohne wirksame Zustimmung der HV abgegebene Erklärung zum Abschluss eines Verzichts oder Vergleichs ist nach S 1 wirksam, wenn die HV zugestimmt und nicht eine Minderheit, deren Anteile zusammen 10 % des Grundkapitals erreichen, zur Niederschrift Widerspruch erhoben hat. Für die **Zustimmung der HV** gilt § 133 Abs 1; es genügt die einfache Mehrheit. Die Stimmverbote nach § 136 Abs 1 sind zu beachten (MünchKomm AktG/*Pentz* Rn 22). Die Zustimmung der HV ist wirkungslos, wenn eine Minderheit, deren Anteile zusammen mindestens 10 % des gesamten (nicht des in der HV vertretenen) Grundkapitals ausmachen, ihren **Widerspruch** erhebt. Dazu ist eine entspr Erklärung zur Niederschrift erforderlich; die bloße Stimmabgabe gegen den Zustimmungsbeschluss reicht nicht aus (MünchKomm AktG/ *Pentz* Rn 23). Umstritten ist, ob auch Aktionäre Widerspruch erheben können, die zuvor der Vereinbarung zugestimmt haben (dafür zB MünchKomm AktG/*Pentz* Rn 23 unter Hinweis auf die bei § 245 Nr 1 entwickelten Grundsätze; **aA** mit Verweis auf das Verbot widersprüchlichen Verhaltens etwa KölnKomm AktG/*Arnold* Rn 17). Fehlt die Zustimmung der HV oder ist ein solcher Widerspruch erhoben worden, ist ein gleichwohl erfolgter Verzicht oder Vergleich zwar **nicht nichtig**, er wirkt **aber** wegen des Fehlens der Vertretungsmacht des Vorstandes auch **nicht gegen die AG** (*Hüffer* AktG Rn 4). Die an dem Rechtsgeschäft beteiligten Vorstandsmitglieder haften in diesem Fall nach § 179 BGB (GroßKomm AktG/*Ehricke* Rn 44; aA MünchKomm AktG/*Pentz* Rn 24). 7

§ 51 Verjährung der Ersatzansprüche

¹**Ersatzansprüche der Gesellschaft nach den §§ 46 bis 48 verjähren in fünf Jahren.** ²**Die Verjährung beginnt mit der Eintragung der Gesellschaft in das Handelsregister oder, wenn die zum Ersatz verpflichtende Handlung später begangen worden ist, mit der Vornahme der Handlung.**

Übersicht

	Rn
I. Anwendungsbereich	1
II. Fristbeginn und Fristdauer	2

I. Anwendungsbereich

§ 51 regelt Beginn und Dauer der Verjährung aller Ansprüche der Gesellschaft aus §§ 46–48. Nach *OLG Hamburg* (DStR 2006, 1713) ist § 51 entspr auf Ersatzansprüche nach § 37 Abs 1 S 4 anzuwenden. Für **Ansprüche aus § 49 GmbHG** und für **Aus-** 1

gleichsansprüche unter Gesamtschuldnern gilt dagegen die dreijährige Regelverjährung nach §§ 195, 199 BGB (vgl § 49 Rn 1; *Hüffer* AktG Rn 1). Auch wenn Handlungen, die zu einer Haftung aus §§ 46–48 führen, gleichzeitig den Tatbestand einer anderen Schadensersatznorm erfüllen, gilt § 51 nach zutr **hM** für diesen **konkurrierenden Anspruch** nicht, vielmehr bleibt es bei den allg Regeln der §§ 195 ff BGB (*Hüffer* AktG Rn 1; MünchKomm AktG/*Pentz* Rn 6; GroßKomm AktG/*Ehricke* Rn 3 ff; **aA** früher GroßKomm AktG, 3. Aufl/*Barz* Anm 2; *Baumbach/Hueck* AktG Rn 2). Das Urteil *RGZ* 87, 306, auf das für die Gegenauffassung verwiesen wird, gibt für die Frage nichts her (ausf GroßKomm AktG/*Ehricke* Rn 5); es gibt keinen Grund, einen Gründer oder Gründergenossen nur deshalb zu privilegieren, weil er neben den Voraussetzungen der allg deliktsrechtlichen Vorschriften auch diejenigen aktienrechtlicher Regelungen erfüllt.

II. Fristbeginn und Fristdauer

2 Die **Dauer** der Verjährungsfrist beträgt bei den Ansprüchen aus §§ 46–48 fünf Jahre. Die Frist **beginnt** abw von § 200 BGB grds mit der Eintragung der Gesellschaft im Handelsregister (§ 51 S 2, 1. Alt). Wird die zum Ersatz verpflichtende Handlung später vorgenommen, so beginnt die Verjährung mit Vornahme der Handlung (§ 51 S 2, 2. Alt). Für die Berechnung der Frist wird der Tag, an dem die Eintragung bzw Handlung stattfindet, nach § 187 Abs 1 BGB nicht mitgerechnet. Die Verjährung läuft nicht, solange die schädigende Handlung noch andauert (zum maßgeblichen Zeitpunkt im Falle des pflichtwidrigen Unterlassens GroßKomm AktG/*Ehricke* Rn 10). Schadenseintritt bzw Kenntnis der Gesellschaft von der Entstehung des Anspruchs sind für die Verjährung irrelevant (vgl Ausgabeverbot des § 41 Abs 4 S 1; *Hüffer* AktG Rn 2). Die Fristberechnung, eine evtl Hemmung oder einen evtl Neubeginn der Verjährung bestimmen sich nach den allg Vorschriften des BGB (§§ 187 Abs 1, 188 Abs 2, 203 ff). **Abw Vereinbarungen** über die Verjährung sind unzulässig.

§ 52 Nachgründung

(1) ¹Verträge der Gesellschaft mit Gründern oder mit mehr als 10 vom Hundert des Grundkapitals an der Gesellschaft beteiligten Aktionären, nach denen sie vorhandene oder herzustellende Anlagen oder andere Vermögensgegenstände für eine den zehnten Teil des Grundkapitals übersteigende Vergütung erwerben soll, und die in den ersten zwei Jahren seit der Eintragung der Gesellschaft in das Handelsregister geschlossen werden, werden nur mit Zustimmung der Hauptversammlung und durch Eintragung in das Handelsregister wirksam. ²Ohne die Zustimmung der Hauptversammlung oder die Eintragung im Handelsregister sind auch die Rechtshandlungen zu ihrer Ausführung unwirksam.

(2) ¹Ein Vertrag nach Absatz 1 bedarf der schriftlichen Form, soweit nicht eine andere Form vorgeschrieben ist. ²Er ist von der Einberufung der Hauptversammlung an, die über die Zustimmung beschließen soll, in dem Geschäftsraum der Gesellschaft zur Einsicht der Aktionäre auszulegen. ³Auf Verlangen ist jedem Aktionär unverzüglich eine Abschrift zu erteilen. ⁴Die Verpflichtungen nach den Sätzen 2 und 3 entfallen, wenn der Vertrag für denselben Zeitraum über die Internetseite der Gesellschaft zugänglich ist. ⁵In der Hauptversammlung ist der Vertrag zugänglich zu machen. ⁶Der Vorstand hat ihn zu Beginn der Verhandlung zu erläutern. ⁷Der Niederschrift ist er als Anlage beizufügen.

Nachgründung § 52

(3) ¹Vor der Beschlussfassung der Hauptversammlung hat der Aufsichtsrat den Vertrag zu prüfen und einen schriftlichen Bericht zu erstatten (Nachgründungsbericht). ²Für den Nachgründungsbericht gilt sinngemäß § 32 Abs. 2 und 3 über den Gründungsbericht.

(4) ¹Außerdem hat vor der Beschlussfassung eine Prüfung durch einen oder mehrere Gründungsprüfer stattzufinden. ²§ 33 Abs. 3 bis 5, §§ 34, 35 über die Gründungsprüfung gelten sinngemäß. ³Unter den Voraussetzungen des § 33a kann von einer Prüfung durch Gründungsprüfer abgesehen werden.

(5) ¹Der Beschluss der Hauptversammlung bedarf einer Mehrheit, die mindestens drei Viertel des bei der Beschlussfassung vertretenen Grundkapitals umfasst. ²Wird der Vertrag im ersten Jahr nach der Eintragung der Gesellschaft in das Handelsregister geschlossen, so müssen außerdem die Anteile der zustimmenden Mehrheit mindestens ein Viertel des gesamten Grundkapitals erreichen. ³Die Satzung kann an Stelle dieser Mehrheiten größere Kapitalmehrheiten und weitere Erfordernisse bestimmen.

(6) ¹Nach Zustimmung der Hauptversammlung hat der Vorstand den Vertrag zur Eintragung in das Handelsregister anzumelden. ²Der Anmeldung ist der Vertrag mit dem Nachgründungsbericht und dem Bericht der Gründungsprüfer mit den urkundlichen Unterlagen beizufügen. ³Wird nach Absatz 4 Satz 3 von einer externen Gründungsprüfung abgesehen, gilt § 37a entsprechend.

(7) ¹Bestehen gegen die Eintragung Bedenken, weil die Gründungsprüfer erklären oder weil es offensichtlich ist, dass der Nachgründungsbericht unrichtig oder unvollständig ist oder den gesetzlichen Vorschriften nicht entspricht oder dass die für die zu erwerbenden Vermögensgegenstände gewährte Vergütung unangemessen hoch ist, so kann das Gericht die Eintragung ablehnen. ²Enthält die Anmeldung die Erklärung nach § 37a Abs. 1 Satz 1, gilt § 38 Abs. 3 entsprechend.

(8) Einzutragen sind der Tag des Vertragsschlusses und der Zustimmung der Hauptversammlung sowie der oder die Vertragspartner der Gesellschaft.

(9) Vorstehende Vorschriften gelten nicht, wenn der Erwerb der Vermögensgegenstände im Rahmen der laufenden Geschäfte der Gesellschaft, in der Zwangsvollstreckung oder an der Börse erfolgt.

(10) *(aufgehoben)*

Übersicht

	Rn		Rn
I. Regelungsgegenstand und Normzweck	1	III. Erweiterungen des Anwendungsbereichs	9
II. Tatbestand der Nachgründung (§ 52 Abs 1 S 1)	2	1. Umwandlung	9
1. Grundsatz	2	2. Sachkapitalerhöhung	10
2. Vertragsparteien	3	3. Tochtergesellschaften	11
3. Vertragsgegenstände	5	IV. Wirksamkeitserfordernisse (§ 52 Abs 2–8)	12
4. Zweijahresfrist	6	1. Vertragspublizität (§ 52 Abs 2)	12
5. Vergütung	7	2. Prüfung und Berichterstattung (§ 52 Abs 3 und 4)	13

Körber

	Rn		Rn
3. Zustimmung der HV (§ 52 Abs 5)	15	VI. Ausnahmen (§ 52 Abs 9)	23
		1. Laufende Geschäfte	23
4. Eintragung in das HR (§ 52 Abs 6–8)	16	2. Zwangsvollstreckung	24
		3. Erwerb an der Börse	25
V. Rechtsfolgen	19	VII. Nachgründung bei unwirksamer Sachgründung (§ 52 Abs 10 aF) und Verhältnis zu § 27 Abs 3	26
1. Nachgründungsvertrag	19		
2. Ausführungsgeschäfte	22		

Literatur: *Bayer/Lieder* Einbringung von Dienstleistungen in die AG, NZG 2010, 86; *Bayer/Schmidt* Die Reform der Kapitalaufbringung bei der Aktiengesellschaft durch das ARUG, ZGR 2009, 805; *Binz/Freudenberg* Zur Nachgründungsproblematik beim going public, DB 1992, 2281; *Bork/Stangier* Nachgründende Kapitalerhöhung mit Sacheinlagen?, AG 1984, 320; *Bröcker* Die sachgründende Nachgründung – wieviel Kontrolle benötigt die junge Aktiengesellschaft?, ZIP 1999, 1029; *Deilmann/Messerschmidt* Vorlage von Verträgen an die HV, NZG 2004, 977; *Diekmann* Die Nachgründung der Aktiengesellschaft, ZIP 1996, 2149; *Dormann/Fromholzer* Offene Fragen der Nachgründung nach dem NaStraG, AG 2001, 242; *Drygala* Die aktienrechtliche Nachgründung zwischen Kapitalaufbringung und Kapitalerhaltung, FS Huber, 2006, S 691; *Geiler* Über die Nachgründung, JW 1929, 2924; *Grub/Fabian* Die Anwendung der Nachgründungsvorschriften auf Sachkapitalerhöhungen, AG 2002, 614; *Habersack* Verdeckte (gemischte) Sacheinlage, Sachübernahme und Nachgründung im Aktienrecht, ZGR 2008, 48; *Hartmann/Barcaba* Die Anforderungen an den Bericht des Aufsichtsrats im Nachgründungsverfahren, AG 2001, 437; *Jäger* Die Nachgründungsproblematik aus Sicht der Holding-AG, NZG 1998, 370; *Koch* Die Nachgründung, 2002; *Kohl* Die Prüfung des Jahresabschlusses unter Berücksichtigung von aktienrechtlichen Nachgründungstatbeständen, BB 1995, 139; *Laub* Die Nachgründung nach § 52 AktG als kapitalerhaltende Norm, 2004; *Lieder* Rechtsfragen der aktienrechtlichen Nachgründung nach ARUG, ZIP 2010, 964; *Lutter/Ziemons* Die unverhoffte Renaissance der Nachgründung, ZGR 1999, 479; *Martens* Die Nachgründungskontrolle bei Einheit von Aktienerwerb und Verkehrsgeschäft, FS Priester, 2007, S 427; *Merkner/Decker* Vereinfachte Sachkapitalgründung nach dem ARUG – Wertvolle Deregulierung oder Regelung auf dem Papier?, NZG 2009, 887; *Mülbert* Anwendung der Nachgründungsvorschriften auf die Sachkapitalerhöhung?, AG 2003, 136; *Mutter* AG-Report 2009, 100; *Pentz* Die Änderungen des Nachgründungsrechts durch das NaStraG, NZG 2001, 346; *Priester* Neue Regelungen zur Nachgründung – Die Entschärfung des § 52 AktG, DB 2001, 467; *Reichert* Probleme der Nachgründung nach altem und nach neuem Recht, ZGR 2001, 555; *Schmidt/Seip* Berechnung der Vergütung von Miet- und Leasingverträgen im Rahmen der Nachgründung gem § 52 Abs 1 AktG, ZIP 2000, 289; *Schwab* Die Nachgründung im Aktienrecht, 2003; *Walter/Hald* Nachgründungsvorschriften bei der Holding-AG zu beachten?, DB 2001, 1183; *Weisshaupt* Die Heilung vergessener Nachgründungsgeschäfte, ZGR 2005, 726; *Wilhelm* Umgehungsverbote im Recht der Kapitalaufbringung, ZHR 167 (2003), 520; *Witte/Wunderlich* Die Nachgründungsproblematik bei „jungen Aktiengesellschaften", BB 2000, 2213; *Zimmer* Die Nachgründungsvorschriften des § 52 AktG – Tatbestand und Reichweite sowie Möglichkeit der Heilung unwirksamer Rechtsgeschäfte, DB 2000, 1265.

I. Regelungsgegenstand und Normzweck

1 Die Vorschrift regelt bes Anforderungen an die Nachgründung. Der Begriff der **Nachgründung** bezieht sich entgegen seinem Wortlaut **nicht** auf eine **Gründung, sondern auf schuldrechtliche Geschäfte**, die in engem zeitlichen Zusammenhang zur Gründung stehen und eine ähnliche Gefährdungslage aufweisen (sog Nachgründungsverträge, dazu näher Rn 2). Derartige Verträge müssen zu ihrer Wirksamkeit bes Voraussetzun-

Nachgründung § 52

gen erfüllen, insb Prüfung, Zustimmung der HV und Handelsregistereintragung. § 52 sichert die **Kapitalaufbringung** (ganz **hM**, zB GroßKomm AktG/*Priester* Rn 13; *Wilhelm* ZHR 167 (2003), 520 ff; aA *Bröcker* ZIP 1999, 1029, 1035 und *Laub* Nachgründung nach § 52 AktG, S 21 ff: Sicherung der Kapital*erhaltung*), indem er eine Umgehung der §§ 27, 32 ff verhindert (KölnKomm AktG/*Arnold* Rn 2). Geschützt werden dadurch auch die Gläubiger und die übrigen Aktionäre (MünchKomm AktG/*Pentz* Rn 5). Daneben wird **auch der unerfahrene Vorstand vor einer übermäßigen Einflussnahme der Gründer geschützt** (*BGHZ* 110, 47, 55; Spindler/Stilz AktG/*Heidinger* Rn 6). § 52 hat durch Art 1 Nr 5 des ARUG vom 5.7.2009 (BGBl I 2009 S 2479) einige Änderungen erfahren. Neu eingefügt wurden Abs 2 S 4, Abs 4 S 3, Abs 6 S 3 und Abs 7 S 2. Abs 2 S 5 (früher S 4) wurde neu gefasst und Abs 10 ist weggefallen (zu den Änderungen durch das ARUG *Lieder* ZIP 2010, 964). Zum Verhältnis zu § 27 Abs 3 s unten Rn 26a.

II. Tatbestand der Nachgründung (§ 52 Abs 1 S 1)

1. Grundsatz. Eine Nachgründung setzt einen schuldrechtlichen **Nachgründungsvertrag** voraus. Darunter versteht man, wie sich aus Abs 1 S 1 iVm den negativen Tatbestandsmerkmalen aus Abs 9 ergibt, Rechtsgeschäfte der Gesellschaft mit den Gründern oder mit Aktionären, die mit mehr als 10 % des Grundkapitals an der Gesellschaft beteiligt sind. Diese Geschäfte müssen ferner eine Bagatellgrenze von ebenfalls 10 % des Grundkapitals übersteigen, sofern es sich nicht um einen Erwerb an der Börse, in der Zwangsvollstreckung oder im laufenden Geschäftsgang handelt. Die betr Verträge müssen innerhalb von zwei Jahren **nach der Eintragung** der Gesellschaft abgeschlossen werden (näher zur zeitlichen Dimension Rn 6). Im Gründungsstadium vor der Eintragung wirken andere Schutzmechanismen, namentlich die Bardeckungspflicht des Sacheinlegers und die Unterbilanzhaftung (vgl GroßKomm AktG/*Priester* Rn 19). 2

2. Vertragsparteien. Der Anwendungsbereich der Norm setzt ein Rechtsgeschäft der **Gesellschaft mit Aktionären** voraus, die entweder Gründer (§ 28) oder mit mehr als 10 % des Grundkapitals an der Gesellschaft beteiligt sind. Wie Gründer werden Aktionäre behandelt, die vor der Eintragung der Gesellschaft beigetreten sind (GroßKomm AktG/*Priester* Rn 30; K. Schmidt/Lutter AktG/*Bayer* Rn 15). Ob der Gründer bei Vertragsschluss noch an der Gesellschaft beteiligt oder bereits wieder ausgeschieden ist, ist unerheblich (GroßKomm AktG/*Priester* Rn 31; Grigoleit AktG/*Vedder* Rn 8). Inwieweit bei der Berechnung des Aktienanteils eine **Zurechnung** von Anteilen nahestehender Personen erfolgen muss, ist im Einzelnen unklar. Vieles spricht für eine entspr Anwendung der zu § 32a Abs 3 S 2 GmbHG entwickelten Grundsätze, da beide Vorschriften eine Beteiligungshöhe festlegen, ab der die Anforderungen an die Anteilseigner verschärft werden (*Dormann/Fromholzer* AG 2001, 242, 243 ff; GroßKomm AktG/*Priester* Rn 37 gegen *Schwab* Nachgründung S 97); im Grundsatz ist damit eine Zurechnung der Beteiligung von nahestehenden Personen möglich (ebenso *Hüffer* AktG Rn 3; zu Einzelheiten GroßKomm AktG/*Priester* Rn 38 f). Dies dürfte auch nach der Verschiebung des Regelungsinhalts des § 32a GmbHG in die InsO durch das MoMiG weiterhin gelten (K. Schmidt/Lutter AktG/*Bayer* Rn 18; Spindler/Stilz AktG/*Heidinger* Rn 30; KölnKomm AktG/*Arnold* Rn 16). Erwerbsgeschäfte einer **Tochtergesellschaft** fallen zwar nicht unter den Wortlaut des § 52, doch kommt in Umgehungsfällen eine analoge Anwendung in Betracht (*Hüffer* AktG Rn 12). 3

Körber

4 **Geschäfte mit Dritten** werden – entgegen der Rechtslage vor Inkrafttreten des NaStraG (BGBl I 2001 S 123) am 25.1.2001 – von § 52 grds **nicht mehr erfasst**. Die Behandlung von **Umgehungsgeschäften** hat der Gesetzgeber bewusst der Rspr überlassen (Begr RegE ZIP 2000, 938, 939); dabei kann auf die zur verdeckten Sacheinlage und zur verbotenen Einlagenrückgewähr entwickelten Grundsätze zurückgegriffen werden (vgl § 57 Rn 4 ff; *Hüffer* AktG Rn 3a; Spindler/Stilz AktG/*Heindinger* Rn 25; eingehend GroßKomm AktG/*Priester* Rn 40 ff).

5 **3. Vertragsgegenstände.** Die Vorschriften über die Nachgründung sind für den Erwerb von Vermögensgegenständen jeder Art zu beachten. Der Geschäftstyp ist bedeutungslos (*Hüffer* AktG Rn 2). Der Begriff der Vermögensgegenstände ist weit auszulegen: es sollen alle Rechtsgeschäfte erfasst werden, die nach § 27 im Falle ihrer Vornahme bei der Gründung in der Satzung aufzuführen wären (MünchKomm AktG/*Pentz* Rn 16; Spindler/Stilz AktG/*Heindinger* Rn 31). Neben den beispielhaft in Abs 1 S 1 aufgeführten, vorhandenen oder herzustellenden **Anlagen** kommen als **andere Vermögensgegenstände** ua bewegliche und unbewegliche Sachen, dingliche und obligatorische Rechte sowie Immaterialgüterrechte in Betracht. Dass auch **Dienstleistungen** unter den Begriff der Vermögensgegenstände fallen können, wird teilw bestr, da sie nicht einlagefähig seien und eine Umgehung von § 27 insofern nicht in Betracht komme (so noch KölnKomm AktG/*Kraft* 2. Aufl Rn 7). Dieser Auffassung ist entgegenzuhalten, dass gerade bei Gegenständen, die aufgrund ihres Gefahrenpotentials nicht einmal einlagefähig sind, ein Gläubiger- und Aktionärsschutz erforderlich ist (*Zimmer* DB 2000, 1265, 1266; *Witte/Wunderlich* BB 2000, 2213, 2214; GroßKomm AktG/*Priester* Rn 44; MünchKomm AktG/*Pentz* Rn 17; *Hüffer* AktG Rn 4; KölnKomm AktG/*Arnold* Rn 18; K. Schmidt/Lutter AktG/Bayer Rn 21; Spindler/Stilz AktG/*Heindinger* Rn 32; *Bayer/Lieder* NZG 2010, 86, 92). Erfasst wird schließlich auch der Erwerb von **Beteiligungen** an bestehenden Gesellschaften (derivativer Erwerb, MünchKomm AktG/*Pentz* Rn 18), nicht dagegen die Errichtung einer 100 %-igen Tochtergesellschaft durch die AG (originärer Erwerb, s dazu Rn 7).

6 **4. Zweijahresfrist.** Zeitliche Voraussetzung der Anwendbarkeit von § 52 ist, dass der Nachgründungsvertrag innerhalb von zwei Jahren nach der Eintragung abgeschlossen wurde. Entscheidend ist also, dass innerhalb der Frist Angebot und Annahme wirksam geworden sind. Nicht maßgeblich ist dagegen der Zeitpunkt der Zustimmung der HV oder des Eintritts einer aufschiebenden Bedingung oder Befristung (ebenso K. Schmidt/Lutter AktG/*Bayer* Rn 24). Auch der Zeitpunkt der Leistungserbringung ist irrelevant; eine Leistungserbringung nach Fristablauf ist nicht ohne Weiteres als Neuabschluss des Vertrags anzusehen (MünchKomm AktG/*Pentz* Rn 19 f). Die Berechnung der Zweijahresfrist erfolgt nach §§ 187, 188 BGB.

7 **5. Vergütung.** Betroffen sind nach dem Wortlaut der Norm nur Verträge, bei denen die vereinbarte Gegenleistung **10 % des** im Zeitpunkt des Vertragsschlusses **im HR eingetragenen Grundkapitals übersteigt**. Da Art 13 I der Kapitalrichtlinie 2012/30/EU (früher Art 11 I Rl 77/91/EWG) von „mindestens 1/10 des gezeichneten Kapitals" spricht, ist dies richtlinienkonform dahingegend auszulegen, dass auch eine Gegenleistung von genau 10 % ausreicht (dazu schon *Pentz* NZG 2001, 346, 350). Kapitalerhöhungen sind erst mit ihrer Eintragung zu berücksichtigen (§ 189); im Falle des genehmigten Kapitals ist der Nennbetrag der ausgegebenen Aktien hinzuzurechnen (MünchKomm AktG/*Pentz* Rn 21; *Hüffer* AktG Rn 5). Falls die Gegenleistung nicht

in Geld besteht, ist ihr Wert maßgeblich (KölnKomm AktG/*Arnold* Rn 20; Münch-Komm AktG/*Pentz* Rn 22). Bei Dauerschuldverhältnissen ist die Höhe der geschuldeten Vergütung bis zur ersten möglichen ordentlichen Kündigung maßgeblich (Spindler/Stilz AktG/*Heidinger* Rn 40; Wachter AktG/*Wachter* Rn 22; Grigoleit AktG/*Vedder* Rn 14). **Mehrere Verträge** sind getrennt zu betrachten, sofern sie nicht lediglich Teile des Erwerbs eines einheitlichen Vermögensgegenstands bilden (zB Erwerb einer im Miteigentum mehrerer Personen stehenden Sache) oder zB die Zerlegung in mehrere Verträge nur einer Umgehung des § 52 dient. Ein einheitlicher wirtschaftlicher Zweck mehrerer Erwerbsvorgänge (zB Errichtung einer einzigen Produktionsanlage) genügt für sich genommen nicht, um eine Zusammenrechnung der Gegenleistungen zu rechtfertigen (GroßKomm AktG/*Priester* Rn 53).

Umstr ist die **Bezugsgröße der 10 %-Grenze**. Einerseits wird vertreten, dass es sich hierbei – dem Wortlaut entspr – um eine feste, abstrakte Grenze handele, deren Höhe allein vom satzungsgemäßen Grundkapital bestimmt und nicht von der Höhe des gebundenen bzw freien Vermögens beeinflusst werde (K. Schmidt/Lutter AktG/*Bayer* Rn 26; KölnKomm AktG/*Arnold* Rn 20; MünchKomm AktG/*Pentz* Rn 23; Wachter AktG/*Wachter* Rn 23; Hölters AktG/*Solveen* Rn 9; *Schmidt/Seipp* ZIP 2000, 2089, 2091 f jeweils mwN). Nach der Gegenauffassung ist der Betrag maßgeblich, der zur Erhaltung des Grundkapitals erforderlich ist; erst wenn dieser Betrag in einer Höhe von mehr als 10 % angetastet werde, also eine Zahlung aus gebundenem Vermögen erfolge, seien die Nachgründungsvorschriften einschlägig, die insoweit teleologisch zu reduzieren seien (so noch KölnKomm AktG/*Kraft* 2. Aufl Rn 14). Eine vermittelnde Ansicht will die Nachgründungsvorschriften anwenden, wenn die Vergütung aus Vermögen erfolgen soll, welches zur Deckung des Grundkapitals und der nach § 272 Abs 2 Nr 1–3 HGB vorgeschriebenen Kapitalrücklagen benötigt werde; anderes gelte, wenn die Bezahlung eine zulässige Gewinnverwendung darstelle, also bei Vergütung aus dem Jahresüberschuss oder Kapitalrücklagen nach § 272 Abs 2 Nr 4 HGB (*Hüffer* AktG Rn 5a; wohl auch GroßKomm AktG/*Priester* Rn 54 f; *Drygala* FS Huber, 691, 693 mwN). **Für eine am satzungsmäßigen Grundkapital orientierte 10 %-Grenze** iSd ersten Auffassung spricht neben dem Normwortlaut insb auch der Umstand, dass die Vorschrift auch dem Aktionärsschutz dient und dass die Mitaktionäre auch durch eine Auszahlung aus den Gewinnen einen Verlust erleiden können; außerdem setzt die Vorschrift keine konkrete Vermögensgefährdung oder -schädigung voraus, sondern knüpft allein an die abstrakte Gefährdungslage bei Geschäften in engem zeitlichen Zusammenhang mit der Gründung an. Dies spricht gegen eine Beschränkung auf den konkreten Schutz des jeweiligen satzungsgemäßen Grundkapitals (MünchKomm AktG/*Pentz* Rn 23). Diese Auslegung vermeidet auch, dass die Anwendung von einer im Einzelfall schwierigen konkreten Berechnung durch Sachverständige abhängt (*Schmidt/Seip* ZIP 2000, 2089, 2091 f). **8**

III. Erweiterungen des Anwendungsbereichs

1. Umwandlung. Nach § 197 S 1 UmwG sind auf den **Formwechsel** grds die Gründungsvorschriften, die für die neue Rechtsform gelten, anzuwenden; § 52 findet also auch Anwendung, wenn eine Gesellschaft innerhalb von zwei Jahren, nachdem sie durch Umwandlung als AG entstanden ist, einen Vertrag iSd Abs 1 schließt (vgl § 220 Abs 3 S 2 UmwG). Nach § 67 S 1 UmwG finden § 52 Abs 3, 4, 6–9 Anwendung, wenn eine AG als übernehmender Rechtsträger einen **Verschmelzungsvertrag** innerhalb von **9**

zwei Jahren nach ihrer Eintragung abschließt. Entspr ergibt sich für die **Spaltung** aus der Verweisung auf § 67 UmwG in § 125 UmwG. Voraussetzung ist auch hier, dass die zu gewährenden Aktien mehr als 10 % des gegebenenfalls erhöhten Grundkapitals ausmachen. Da § 67 UmwG nicht auf Abs 1 verweist, wird teilw vertreten, dass über die Verweisung auch Fälle erfasst werden, welche die Voraussetzungen von Abs 1 nicht erfüllen (so *Hartmann/Barcaba* AG 2001, 437, 442); das ist aber in teleologischer Reduktion des § 67 UmwG abzulehnen, da § 67 UmwG nur eine Umgehung von § 52 verhindern soll (*Priester* DB 2001, 467, 469; vgl Lutter UmwG/*Grunewald* § 67 Rn 3). Zur Anwendung iRd **Mantelverwertung** vgl § 179 Rn 25.

10 **2. Sachkapitalerhöhung.** Bei einer Kapitalerhöhung gegen Sacheinlagen innerhalb von zwei Jahren nach Eintragung scheidet eine direkte Anwendung aus, da es insoweit an einem schuldrechtlichen Austauschgeschäft fehlt. Die Übernahme der jungen Aktien stellt keinen Kauf dar, die Aktien sind keine Gegenleistung der Gesellschaft (*Koch* Nachgründung S 197 ff); die Vorschrift ist aber nach **hM analog** anzuwenden (MünchKomm AktG/*Pentz* Rn 74; GroßKomm AktG/*Priester* Rn 23; K. Schmidt/Lutter AktG/*Bayer* Rn 10). Dies ist nach *OLG Hamm* AG 2008, 713, 715 anders, wenn bei der Durchführung der Kapitalerhöhung nur ein Alleinaktionär vorhanden ist, da ein Aktionärsschutz über die Gewährleistung der realen Kapitalaufbringung hinaus nicht erforderlich sei (insoweit **aA** aber K. Schmidt/Lutter AktG/*Bayer* Rn 10; Spindler/Stilz AktG/*Heidinger* Rn 48 unter Hinweis auf die im Vergleich zu § 52 geringeren Anforderungen des § 183). Gegen die analoge Anwendung des § 52 wird teilw auch ganz allg geltend gemacht, dass es an einer Regelungslücke fehle, da die Anforderungen, die sich aus § 183 ergeben, weitgehend mit denen aus § 52 übereinstimmen (*Bork/Stangier* AG 1984, 320, 322 f; *Mülbert* AG 2003, 136, 142 f; *Habersack* ZGR 2008, 48, 59 f). Dem ist aber entgegenzuhalten, dass die Anforderungen nach § 52 (Prüfung und Bericht des AR, Mehrheitserfordernisse) über diejenigen des § 183 teilw hinausgehen (GroßKomm AktG/*Priester* Rn 23; *Koch* S 192 f). § 52 findet unter den vorbeschriebenen Voraussetzungen auch Anwendung bei **Ausnutzung eines genehmigten Kapitals** (*Schwab* Nachgründung S 163 f; K. Schmidt/Lutter AktG/*Bayer* Rn 10; KölnKomm AktG/*Arnold* Rn 11; GroßKomm AktG/*Priester* Rn 24) und (mit Einschränkungen) für bedingte Sachkapitalerhöhungen (K. Schmidt/Lutter AktG/*Bayer* Rn 10; im Einzelnen *Schwab* Nachgründung S 162 f).

11 **3. Tochtergesellschaften.** Hinsichtlich der Beteiligung an der **Gründung** einer Tochtergesellschaft oder an einer diese betr **Kapitalerhöhung** kommt eine analoge Anwendung des § 52 in Betracht, da auch hier Gesellschaftsvermögen gegen einen anderen Vermögensgegenstand ausgetauscht wird und es zu einem Vermögensrückfluss an Aktionäre kommen kann (s auch MünchKomm AktG/*Pentz* Rn 18 gegen *Hüffer* AktG Rn 12; ausf zur Konzerndimension auch Spindler/Stilz AktG/*Heidinger* Rn 50 ff). Erfasst wird ferner der Erwerb von **Beteiligungen** an bestehenden Gesellschaften (MünchKomm AktG/*Pentz* Rn 18). Voraussetzung ist aber die Beteiligung eines Aktionärs, der die Anforderungen von Abs 1 S 1 erfüllt (s auch GroßKomm AktG/*Priester* Rn 45). Deshalb – und auch mit Blick auf den in diesem Fall nicht tangierten Schutzzweck – ist **§ 52 auf die Gründung einer 100 %-igen Tochtergesellschaft unanwendbar** (insoweit übereinstimmend K. Schmidt/Lutter AktG/*Bayer* Rn 22 f; MünchKomm AktG/*Pentz* Rn 18; *Hüffer* AktG Rn 12).

Nachgründung § 52

IV. Wirksamkeitserfordernisse (§ 52 Abs 2–8)

1. Vertragspublizität (§ 52 Abs 2). Der Nachgründungsvertrag muss nach Abs 2 S 1 mindestens die Voraussetzung der **Schriftform** (§ 126 BGB) erfüllen, soweit nicht das Gesetz eine andere Form vorschreibt (zB § 311b Abs 1 BGB für Grundstücksgeschäfte). Der Vertrag ist von der Einberufung der HV an, die über die Zustimmung beschließen soll, in den Geschäftsräumen der Gesellschaft zur Einsicht der Aktionäre **auszulegen** (Abs 2 S 2). Nach Abs 2 S 3 ist jedem Aktionär auf Verlangen unverzüglich auf Kosten der Gesellschaft (MünchKomm AktG/*Pentz* Rn 27) eine **Abschrift** zu erteilen. Seit Einfügung des S 4 durch das ARUG können Auslegung und Abschrifterteilung durch Veröffentlichung des Vertrags auf der **Internetseite der Gesellschaft** ersetzt werden. Genaugenommen haben aber nur nicht börsennotierte AG ein Wahlrecht, denn börsennotierte AG müssen nach § 124a S 1 Nr 3 die der Versammlung zugänglich zu machenden Unterlagen stets (auch) über die Internetseite der Gesellschaft zugänglich machen. Unterbrechungen des Internetzugangs, die nicht vorsätzlich oder grob fahrlässig von der Gesellschaft herbeigeführt worden sind, und Unterbrechungen, die zB der Systemwartung dienen, berühren nach der RegBegr (BT-Drucks 16/11642, S 24) „selbstverständlich" nicht die Erfüllung der Offenlegungspflicht. Nach dem neu gefassten S 5 ist der Vertrag in der HV, die über die Zustimmung beschließen soll, **zugänglich zu machen**. Dafür reicht neben dem von S 5 aF geforderten Auslegen in Papierform auch eine elektronische Bereitstellung, zB über Monitore, aus (RegBegr BT-Drucks 16/11642, 25; K. Schmidt/Lutter AktG/*Bayer* Rn 30; *Hüffer* AktG Rn 13; zum Begriff des „Zugänglichmachens" auch: Mutter AG-Report 2009, 100, 101). Schließlich ist der Vertrag vom Vorstand zu Beginn der Verhandlungen zu erläutern (Abs 2 S 6). Die **Erläuterung** setzt keine Verlesung des Vertrags voraus; vielmehr ist der Vertrag in seinen Schwerpunkten zusammenzufassen und in seinen wirtschaftlichen Vor- und Nachteilen zu erklären (MünchKomm AktG/ *Pentz* Rn 32). Der Sitzungsniederschrift muss der Vertrag als Anlage beigefügt werden (Abs 2 S 7).

2. Prüfung und Berichterstattung (§ 52 Abs 3 und 4). Der AR hat den Vertrag vor der Beschlussfassung der HV zu prüfen und einen schriftlichen **Nachgründungsbericht** zu erstatten, für den die Regelungen des § 32 Abs 2 und 3 gelten (vgl dazu § 32 Rn 3 ff). Der Bericht des AR dient in erster Linie der Sachverhaltsklärung. Die Wertbeurteilung obliegt dem Prüferbericht nach Abs 4, wie sich insb aus der gegenüber § 52 Abs 4 fehlenden Verweisung auf § 34 Abs 1 Nr 2 in § 52 Abs 3 ergibt (GroßKomm AktG/*Priester* Rn 59). Im Hinblick auf § 124 Abs 3 S 1 muss die Berichterstattung als Grundlage der Beschlussempfehlung bereits **im Zeitpunkt der Einberufung der HV** abgeschlossen sein (*OLG München* AG 2003, 163; *Hüffer* AktG Rn 14). Ob der Bericht wie der Nachgründungsvertrag selbst in den Geschäftsräumen der Gesellschaft zur Einsicht der Aktionäre und auf der HV **auszulegen** ist (so GroßKomm AktG/*Priester* Rn 60) oder ob eine Bekanntmachung unmittelbar vor der HV ausreicht (so *Hartmann/Barcaba* AG 2001, 437, 444), ist umstr. Trotz fehlender ausdrücklicher Regelung empfiehlt sich eine entspr Anwendung der Vorschriften über die Publizität des Nachgründungsvertrages. **Fehlt der Nachgründungsbericht**, so führt dies zur Ablehnung der Eintragung (dazu noch Rn 17). Erfolgt die Eintragung pflichtwidrig, so führt dies nach **hM** lediglich zur Anfechtbarkeit und nicht zur Nichtigkeit eines gleichwohl gefassten HV-Beschlusses, da ein bloßer Verfahrensmangel vorliegt, der als solcher durch die Nichtigkeitsbestimmungen nicht erfasst wird (MünchKomm AktG/

12

13

Körber 417

Pentz Rn 65 f; GroßKomm AktG/*Priester* Rn 63 ff; *Hüffer* AktG Rn 14; **aA** *Teichmann/Köhler* AktG § 45 Anm 3 a/b).

14 Neben der Prüfung durch den AR hat gem § 52 Abs 4 **grds** eine Prüfung durch **externe Gründungsprüfer** stattzufinden. Die §§ 33 Abs 3–5, 34, 35 über die Gründungsprüfung gelten sinngemäß. Der Prüferbericht muss insb Aussagen zur Richtigkeit und Vollständigkeit der Angaben im Nachgründungsvertrag sowie zum Verhältnis des Werts der erworbenen Vermögensgegenstände zu demjenigen der Gegenleistung enthalten (GroßKomm AktG/*Priester* Rn 61). Hinsichtlich des Zeitpunkts der Prüfung, der Bekanntmachung durch Auslegung und der Rechtsfolgen unterbliebener Prüfung gilt das bei Rn 13 Gesagte entspr. Die Prüfung durch externe Gründungsprüfer kann nach dem neuen § 3 entfallen, wenn die Voraussetzungen des § 33a vorliegen, also von der Option einer **vereinfachten Nachgründung** Gebrauch gemacht wird (dazu *Bayer/Schmidt* ZGR 2009, 805 ff; *Merkner/Decker* NZG 2009, 887). Die RegBegr betont hierzu, mit Hilfe des Nachgründungsrechts solle va eine Umgehung der strengen Vorgaben des Sachgründungsrechts verhindert werden; sei aber bereits im Grundfall eine externe Prüfung entbehrlich, bedürfe es ihrer auch im „Umgehungsfall" nicht (BT-Drucks 16/11642, 25). Der AR kann in vereinfachten Verfahren analog § 34 Abs 2 S 3 davon absehen, den Vertragsgegenstand genauer zu beschreiben und den Wert des Vertragsgegenstandes in den Prüfungsbericht aufzunehmen (*Lieder* ZIP 2010, 964, 966; K. Schmidt/Lutter AktG/*Bayer* Rn 31; vgl RegBegr BT-Drucks 16/11642, 23). Die Angaben müssen dann aber bei der Anmeldung nach §§ 52 Abs 6 S 3, 37a Abs 1 und 2 nachgeholt werden (K. Schmidt/Lutter AktG/*Bayer* Rn 31).

15 **3. Zustimmung der HV (§ 52 Abs 5).** Der Nachgründungsvertrag bedarf der Zustimmung der HV. Ob eine Einwilligung zu einem erst noch abzuschließenden Vertrag ausreicht, ist umstr (dagegen unter Hinweis auf das Fehlen einer § 13 Abs 3 S 2 UmwG entsprechenden Regelung in § 52 KölnKomm AktG/*Arnold* Rn 23; iE auch K. Schmidt/Lutter AktG/*Bayer* Rn 34; **aA** GroßKomm AktG/*Priester* Rn 69; *Hüffer* AktG Rn 13; MünchKomm AktG/*Pentz* Rn 33; Hölters AktG/*Solveen* Rn 12: Einwilligung zu einem Vertragsentwurf entsprechend § 13 Abs 3 S 2 UmwG möglich). Die Zustimmung muss **ausdrücklich** erfolgen, eine stillschweigende Zustimmung zB durch einen Entlastungsbeschluss zugunsten des Vorstands in Kenntnis des Nachgründungsvertrages ist ausgeschlossen. Die Zustimmung muss mit mindestens **drei Vierteln** des bei der Beschlussfassung vertretenen Grundkapitals erfolgen, sofern nicht die Satzung eine höhere Mehrheit oder weitere Erfordernisse vorsieht (§ 52 Abs 5 S 1, 3). Wenn der Vertrag im ersten Jahr nach der Eintragung der Gesellschaft geschlossen wurde, müssen daneben die Anteile der zust Mehrheit mindestens ein Viertel des Grundkapitals ausmachen (§ 52 Abs 5 S 2). Die Satzung kann die Mehrheitserfordernisse verschärfen und weitere Erfordernisse bestimmen (§ 52 Abs 5 S 3). Der **Vertragspartner** ist nicht durch § 136 daran gehindert, an der Abstimmung teilzunehmen. Verfolgt er zum Schaden der Gesellschaft einen Sondervorteil, kommt aber eine Anfechtung nach § 243 Abs 2 S 1 in Betracht (MünchKomm AktG/*Pentz* Rn 35; GroßKomm AktG/*Priester* Rn 71; K. Schmidt/Lutter AktG/*Bayer* Rn 35). Ist über das Vermögen der AG ein **Insolvenzverfahren** eröffnet worden, so entscheidet allein der Insolvenzverwalter, seine Zustimmung tritt an die Stelle der Zustimmung der HV (*Hüffer* AktG Rn 15; K. Schmidt/Lutter AktG/*Bayer* Rn 36; GroßKomm AktG/*Priester* Rn 72).

Nachgründung § 52

4. Eintragung in das HR (§ 52 Abs 6–8). Weitere Wirksamkeitsvoraussetzung des Nachgründungsvertrages ist die Eintragung in das HR (§ 52 Abs 1 S 1). Der Vertrag selbst – und nicht der Zustimmungsbeschluss – ist nach der Zustimmung der HV vom Vorstand, dh den Vorstandsmitgliedern in vertretungsberechtigter Zahl, **zur Eintragung anzumelden** (§ 52 Abs 6 S 1). Es bedarf keiner Mitwirkung des AR (K. Schmidt/Lutter AktG/*Bayer* Rn 37; GroßKomm AktG/*Priester* Rn 73). Für die Form der Anmeldung gilt § 12 HGB (öffentliche Beglaubigung), bei Zweigniederlassungen ist zudem § 13 HGB zu beachten. Gem § 52 Abs 6 S 2 ist der Anmeldung der Vertrag mit dem Nachgründungsbericht und **grds** auch dem Bericht der Gründungsprüfer samt zugehöriger Urkunden beizufügen. Aus § 130 Abs 5 ergibt sich daneben die Pflicht zur Einreichung einer öffentlich beglaubigten Abschrift der den Zustimmungsbeschluss enthaltenden Niederschrift zum HR. Eine Pflicht des Vorstands zur Anmeldung besteht nur gegenüber der Gesellschaft (§ 83 Abs 2); eine öffentlich-rechtliche Pflicht zur Anmeldung, die durch ein Zwangsgeldverfahren durchgesetzt werden könnte, existiert nicht (vgl § 407 Abs 2). Bei **vereinfachter Nachgründung iSd §§ 52 Abs 4 S 3, 33a** gilt nach § 52 Abs 6 S 3 die Sonderregelung des § 37a zur Anmeldung bei Sachgründung ohne externe Gründungsprüfung entspr, wobei an die Stelle der Einbringung der Sachanlagen sinngemäß der Erwerb durch die Gesellschaft tritt (RegBegr BT-Drucks 16/11642, 25). 16

Das **Registergericht** prüft (außer im Falle des § 52 Abs 7 S 2, dazu Rn 17a), ob die formellen und materiellen Voraussetzungen einer Eintragung vorliegen, insb ob die Anforderungen der Abs 2–5 erfüllt sind (zur Prüfkompetenz des Registergerichts s auch § 38 Rn 2 ff). Auch wenn diese Voraussetzungen vorliegen, ist eine Ablehnung der Eintragung möglich, wenn der Nachgründungsbericht „offensichtlich" oder nach der Erklärung der Gründungsprüfer unrichtig oder unvollständig ist oder den gesetzlichen Vorgaben nicht entspricht oder wenn die Vergütung für die zu erwerbenden Vermögensgegenstände unangemessen hoch ist. „**Offensichtlichkeit**" iSd Vorschrift ist wie bei § 38 (vgl § 38 Rn 5) gegeben, wenn sich die fehlerbegründenden Tatsachen für das Gericht im Rahmen seiner normalen Prüfungstätigkeit ergeben (*Hüffer* AktG Rn 17) und wenn sie nach der Überzeugung des Gerichts feststehen (GroßKomm AktG/*Priester* Rn 79; KölnKomm AktG/*Arnold* Rn 35); dass sie offenkundig zutage liegen, ist nicht erforderlich (MünchKomm AktG/*Pentz* § 38 Rn 57). Trotz des Wortlauts „**kann**" steht die Eintragung in diesem Fall nach einhelliger Auffassung nicht im freien Ermessen des Gerichts, vielmehr ist die Eintragung bei offensichtlichen Mängeln des Nachgründungsberichts oder offensichtlich unangemessen hoher Vergütung abzulehnen (*Hüffer* AktG Rn 17). Das „kann" ist nur auf die Erklärung der Gründungsprüfer zu beziehen, dass Mängel bestehen: Durch diese Einschätzung ist das Gericht nicht gebunden (GroßKomm AktG/*Priester* Rn 79; Spindler/Stilz AktG/*Heidinger* Rn 78). Das Gericht kann sich der Einschätzung der Gründungsprüfer ohne weitere Prüfung anschließen. Es ist nicht verpflichtet, eigene Bewertungsexpertisen vorzunehmen. Umgekehrt enthält die Vorschrift aber auch kein Ermittlungsverbot (vgl § 38 Rn 5). Die Sonderregelung des § 37a zur Anmeldung bei Sachgründung ohne externe Gründungsprüfung gilt entspr. 17

Enthält die Anmeldung bei **vereinfachter Nachgründung** ohne externe Gründungsprüfung eine Erklärung nach § 37a, so gilt nach § 52 Abs 7 S 2 die Regelung des § 38 Abs 3 entspr, dh das Gericht hat hinsichtlich der Werthaltigkeit der Sacheinlagen oder Sachübernahmen ausschließlich zu prüfen, ob die Voraussetzungen des § 37a erfüllt 17a

Körber 419

sind (§ 38 Abs 3 S 1); es kann die Eintragung nur bei offenkundiger und erheblicher Überbewertung ablehnen (§ 38 Abs 3 S 2). **„Offenkundigkeit"** liegt dabei vor, wenn die zur erheblichen Überbewertung führenden Tatsachen dem Registergericht bereits bekannt sind (*Hüffer* AktG § 38 Rn 10b).

18 Bestehen keine Eintragungshindernisse, sind nach § 52 Abs 8 S 1 der **Tag des Vertragsschlusses und der Zustimmung** der HV **sowie der oder die Vertragspartner** der Gesellschaft einzutragen, nicht dagegen der Wortlaut des Vertrages. Eine zusätzliche Bekanntmachung erfolgt angesichts der Möglichkeit des Rechtsverkehrs, sich online über das elektronische HR zu informieren, nicht mehr (K. Schmidt/Lutter AktG/ *Bayer* Rn 39).

V. Rechtsfolgen

19 **1. Nachgründungsvertrag.** Genügt der Nachgründungsvertrag nicht der in § 52 Abs 2 S 1 vorgeschriebenen **Form**, so ist er nichtig (§ 125 BGB), ein gleichwohl gefasster Beschluss der HV ist nach § 243 anfechtbar (GroßKomm AktG/*Priester* Rn 99). Verstöße gegen § 52 Abs 3 oder 4 führen nach richtiger Auffassung nicht zur Nichtigkeit, sondern begründen nur die Anfechtbarkeit des Vertrages (vgl oben Rn 13 f). Solange die **Zustimmung der HV** nach § 52 Abs 5 oder die **Eintragung in das HR** nach § 52 Abs 6–8 fehlen, ist der Vertrag **schwebend unwirksam**.

20 Während der Schwebezeit steht dem Vertragspartner **kein Widerrufsrecht nach § 178 BGB** zu (so die heute ganz hL, zB *Hüffer* AktG Rn 8 mwN; *Diekmann* ZIP 1996, 2149, 2153; offen gelassen bei *OLG Celle* AG 1996, 370, 371). **Schadensersatzansprüche** gegen die Gesellschaft wegen Verweigerung der Zustimmung der HV und Ansprüche gegen den Vorstand nach § 179 BGB scheiden ebenfalls aus. Gegenüber den handelnden Vorstandsmitgliedern sind im Einzelfall Ansprüche aus culpa in contrahendo oder § 826 BGB denkbar. Zur im Einzelnen umstr Möglichkeit des Vertragspartners, der Gesellschaft eine Frist zur Einholung der Zustimmung der HV und zur Handelsregistereintragung zu setzen und sich nach Fristablauf durch ein rücktrittsähnliches Gestaltungsrecht zu lösen, vgl ausf GroßKomm AktG/*Priester* Rn 82 ff; MünchKomm AktG/*Pentz* Rn 46 f.

21 **Mit der Registereintragung** wird der Vertrag endgültig wirksam, wenn die sonstigen Wirksamkeitsvoraussetzungen vorliegen. Die Eintragung beendet den Schwebezustand. Sie heilt aber weder Formmängel noch das Fehlen der Zustimmung der HV (MünchKomm AktG/*Pentz* Rn 50; zur „Heilung" bei unwirksamer Sachgründung s Rn 26). Mit Versagung der Zustimmung durch die HV oder rechtskräftiger Zurückweisung der Eintragung wird der Vertrag endgültig unwirksam. Nach Ablauf der Zweijahresfrist des Abs 1 S 1 kommen **Neuvornahme oder Bestätigung** des Vertrages (§ 141 BGB) durch beide Vertragsteile in Betracht. Eine Neuvornahme unterliegt in diesem Fall schon dem Wortlaut nach nicht den Anforderungen des § 52. Auch im Falle einer Bestätigung (mit der Folge der ex-nunc-Wirksamkeit des Vertrages) sind Mitwirkung der HV oder Registereintragung nach **hM** nicht mehr erforderlich (vgl GroßKomm AktG/*Priester* Rn 102 mwN; K. Schmidt/Lutter AktG/*Bayer* Rn 43). Ob nach Ablauf der Frist auch eine **einseitige Genehmigung** eines Nachgründungsvertrages, dem eine Wirksamkeitsvoraussetzung fehlt, durch den Vorstand gem §§ 182 Abs 1, 184 BGB ausreicht, ist umstr (dafür zu Recht GroßKomm AktG/*Priester* Rn 102; *Hüffer* AktG Rn 7; K. Schmidt/Lutter AktG/*Bayer* Rn 43; Henssler/Strohn

§ 52 Nachgründung

GesR/AktR/*Wardenbach* Rn 11; aA MünchKomm AktG/*Pentz* Rn 61; Heidel AktG/*Lohr* Rn 17).

2. Ausführungsgeschäfte. Nach § 52 Abs 1 S 2 sind auch die Rechtshandlungen, die zur Ausführung des Nachgründungsvertrags erfolgt sind, **bis zur Zustimmung der HV und Eintragung des Nachgründungsvertrags im HR schwebend unwirksam**. Das Abstraktionsprinzip wird somit in Bezug auf diese Mängel durchbrochen. Durch Geschäfte zur Übertragung dinglicher Rechte, die nach § 52 Abs 1 S 2 unwirksam sind, gehen diese Rechte nicht über; die Gesellschaft erwirbt auch kein Anwartschaftsrecht. Ausführungsgeschäfte einschließlich Grundstücksübertragungen können jedoch trotz anfänglicher Unwirksamkeit ex nunc wirksam werden, sobald die Voraussetzungen erfüllt sind (ganz **hM**, zB K. Schmidt/Lutter AktG/*Bayer* Rn 42 mwN). Einer erneuten Vornahme bedarf es insofern nicht. § 925 Abs 2 BGB findet keine Anwendung, da die Auflassung nicht bedingt ist (*Hüffer* AktG Rn 9). Wird der Nachgründungsvertrag endgültig unwirksam, so sind die Ausführungsgeschäfte rückabzuwickeln. Für Zahlungen an Aktionäre oder an Dritte, die im maßgeblichen Zeitpunkt noch Aktionäre waren, gilt nach **hL** § 62. § 62 findet auch Anwendung, wenn die Zahlung in einem Umgehungsfall an einen „unechten Dritten" fließt und dem Aktionär zuzurechnen ist (vgl dazu oben Rn 4; GroßKomm AktG/*Priester* Rn 88 und 40 ff; *Hüffer* AktG Rn 9). Der **BGH** lehnt dem gegenüber eine Anwendung des § 62 ab und wendet stattdessen §§ 812 ff BGB an (*BGHZ* 173, 145, 154 – *Lurgi*; so auch Hölters AktG/*Solveen* Rn 16). 22

VI. Ausnahmen (§ 52 Abs 9)

1. Laufende Geschäfte. Die Vorschriften über die Nachgründung gelten nach § 52 Abs 9 – auch wenn der Nachgründungstatbestand eigentlich erfüllt ist – nicht, wenn der Erwerb iRd laufenden Geschäfte der Gesellschaft erfolgt. Die Norm ist insoweit durch das NaStraG 2001 (BGBl I 2001 S 123) neu gefasst worden, um sie Art 11 Abs 2 der Kapitalrichtlinie anzupassen (vorher bezog sich die Vorschrift darauf, dass der Erwerb von Vermögensgegenständen den Gegenstand des Unternehmens bildete). Der Begriff der „laufenden Geschäfte" bezieht sich grds auf das **Tagesgeschäft**, nicht aber zwingend auf alle gewöhnlichen Geschäfte iSd § 116 HGB (GroßKomm AktG/*Priester* Rn 92; Anw-K AktR/*Terbrack/Lohr* Rn 8). Dies beugt einer übertriebenen Einschränkung der Handlungsfähigkeit der Gesellschaft vor. Die frühere Argumentation zum **Unternehmensgegenstand** bleibt gleichwohl als Orientierungsmuster bedeutsam. Im Hinblick auf den Unternehmensgegenstand zulässige Erwerbsvorgänge bleiben grds auch weiterhin nachgründungsfrei, dh von den Nachgründungsvorschriften freigestellt (*Hüffer* AktG Rn 18). Sog **„Hilfsgeschäfte"**, ohne die der Unternehmensgegenstand nicht verfolgt werden kann (zB die Beschaffung von Roh-, Hilfs- und Betriebsstoffen), dürften nunmehr regelmäßig als Bestandteile des Tagesgeschäfts nachgründungsfrei sein (vgl GroßKomm AktG/*Priester* Rn 93; ebenso schon die **hM** zur alten Fassung der Norm, zB MünchKomm AktG/*Pentz* 2. Aufl Rn 56 entgegen KölnKomm AktG/*Kraft* Rn 56). Aus dem Bezug auf das laufende Tagesgeschäft folgt, dass Erwerb und Veräußerung von Umlaufvermögen grds nachgründungsfrei sind, **nicht** dagegen **Investitionen in das Anlagevermögen**, auch wenn es die Grundlage für die Aufnahme des Geschäftsbetriebs darstellt (vgl GroßKomm AktG/*Priester* Rn 92; K. Schmidt/Lutter AktG/*Bayer* Rn 47; zum alten Recht ebenso MünchKomm AktG/ *Pentz* 2. Aufl Rn 54; **abw** *Lutter/Ziemons* ZGR 1999, 479, 492). Bei Gesellschaften, 23 deren Unternehmensgegenstand (und Tagesgeschäft) sich auf Erwerb und Veräußerung von Immobilien richtet, ist demgemäß der Erwerb von Grundstücken zur späteren Veräußerung (ggf nach Bebauung) nachgründungsfrei, während für den Erwerb von Betriebsgrundstücken § 52 Anwendung findet (MünchKomm AktG/*Pentz* Rn 55). Nicht von der Anwendung des § 52 freigestellt ist dementsprechend auch der **Erwerb von Beteiligungen** durch eine Holding-AG (GroßKomm AktG/*Priester* Rn 94; *Hüffer* AktG Rn 18; K. Schmidt/Lutter AktG/*Bayer* Rn 47; **aA** *Walter/Hald* DB 2001, 1183, 1185).

24 2. **Zwangsvollstreckung.** Gem § 52 Abs 9 von den Nachgründungsvorschriften freigestellt ist ferner ein Erwerb von Vermögensgegenständen in der Zwangsvollstreckung (einschließlich des Erwerbs im Rahmen eines Pfandverkaufs nach § 1233 BGB und im Rahmen eines Insolvenzverfahrens nach §§ 165 f, 173 InsO, vgl GroßKomm AktG/*Priester* Rn 96). Nach **früher hM**, die sich auf die Entstehungsgeschichte stützen konnte, musste die Zwangsvollstreckung aufgrund eines Titels der Gesellschaft selbst erfolgen (*Hüffer* AktG Rn 19). Diese einschränkende Auslegung erscheint aber – obgleich iRd NaStraG insoweit keine ausdrückliche Klarstellung erfolgt ist – vor dem Hintergrund von Art 11 Abs 2 KapRL nicht mehr haltbar: Nach dieser Vorschrift ist ein Erwerb, der in der Zwangsvollstreckung erfolgt, freigestellt, ohne dass sich eine Beschränkung auf Gesellschaften, die selbst Gläubiger sind, begründen ließe; vielmehr liegt ihr die Überlegung zugrunde, dass eine Einflussnahme der Gründer fernliegt (KölnKomm AktG/*Arnold* Rn 48; MünchKomm AktG/*Pentz* Rn 58; GroßKomm AktG/*Priester* Rn 96; Spindler/Stilz AktG/*Heidinger* Rn 21; Grigoleit AktG/*Vedder* Rn 11).

25 3. **Erwerb an der Börse.** Gem § 52 Abs 9 freigestellt ist schließlich auch ein Erwerb an der Börse, selbst wenn es sich dabei nicht um einen Erwerb iRd laufenden Geschäfte handelt. „Börse" iSd § 52 Abs 9 ist jede Börse iSd Börsengesetzes, einschließlich der Warenbörsen (zum Begriff vgl etwa Schwark KMRK/*Beck* § 1 BörsG Rn 1 ff). Die Freistellung beruht darauf, dass eine Gefährdung der Kapitalaufbringung nicht zu erwarten ist, wenn das Geschäft Marktbedingungen unterliegt, was bei Börsengeschäften der Fall ist (*Hüffer* AktG Rn 20; *Dormann/Fromholzer* AG 2001, 242, 246). Gleiches gilt mit Blick auf die Bindung des Angebots an den Börsenpreis analog § 52 Abs 9 für Erwerbsvorgänge im Rahmen eines Übernahmeangebots nach § 31 WpÜG (K. Schmidt/Lutter AktG/*Bayer* Rn 51; GroßKomm AktG/*Priester* Rn 97; MünchKomm AktG/*Pentz* Rn 59; **aA** *Schwab* Nachgründung S 134).

VII. Nachgründung bei unwirksamer Sachgründung (§ 52 Abs 10 aF) und Verhältnis zu § 27 Abs 3

26 § 52 Abs. 10 aF enthielt Sonderregelungen für die Nachgründung bei nach § 27 Abs 1, 3 aF wegen fehlender oder fehlerhafter Aufnahme in die Satzung der AG gegenüber unwirksamer Sachgründung. Die Regelung ermöglichte in diesem Fall eine Wiederholung des Geschäfts mit identischem Inhalt (vgl GroßKomm AktG/*Priester* Rn 103; MünchKomm AktG/*Pentz* Rn 69; **abw** *OLG Koblenz* AG 2007, 242, 245: Heilung). Nach Wegfall der Unwirksamkeitsfolge mit Änderung des § 27 Abs 3 durch das ARUG zum 1.9.2009 wurde auch § 52 Abs 10 obsolet und ist daher konsequenterweise weggefallen.

Dies bekräftigt zugleich, dass **Nachgründungsrecht und Recht der verdeckten Sachein-** 26a
lage nebeneinander stehen (vgl schon *BGHZ* 110, 47, 52 ff = NJW 1990, 982, 983 ff
und *BGHZ* 173, 145, 152 – *Lurgi* vor Inkrafttreten des ARUG). Mithin müssen bei
einem Zusammentreffen der beiden Rechtsinstitute deren Voraussetzungen kumulativ
erfüllt sein (*Lieder* ZIP 2010, 964, 971; ausf Spindler/Stilz AktG/*Heidinger* Rn 54 ff
sowie mit Kritik de lege ferenda K. Schmidt/Lutter AktG/*Bayer* Rn 52 ff). Kommt es
dabei zu unterschiedlichen Rechtsfolgen (§ 52 Abs 1: Unwirksamkeit, § 27 Abs 3:
Anrechnung), so **setzt sich die Rechtsfolge des § 52 Abs 1 gegenüber derjenigen des
§ 27 Abs 3 durch**. Dies ist insb deshalb gerechtfertigt, weil § 52 nicht nur wie § 27
Abs 3 der Sicherung der Kapitalaufbringung dient, sondern darüber hinaus auch Vorstand und AG vor übermäßiger Einflussnahme durch die Gründer schützen soll
(s oben Rn 1 sowie *Lieder* ZIP 2010, 964, 969 f; Grigoleit AktG/*Vedder* Rn 2; *Hüffer*
AktG Rn 7).

§ 53 Ersatzansprüche bei der Nachgründung

¹**Für die Nachgründung gelten die §§ 46, 47, 49 bis 51 über die Ersatzansprüche der Gesellschaft sinngemäß.** ²**An die Stelle der Gründer treten die Mitglieder des Vorstands und des Aufsichtsrats.** ³**Sie haben die Sorgfalt eines ordentlichen und gewissenhaften Geschäftsleiters anzuwenden.** ⁴**Soweit Fristen mit der Eintragung der Gesellschaft in das Handelsregister beginnen, tritt an deren Stelle die Eintragung des Vertrags über die Nachgründung.**

Übersicht

	Rn		Rn
I. Regelungsgegenstand und -zweck	1	III. Besonderheiten bei der Nachgründung (S 2 bis 4)	3
II. Grundsatz: sinngemäße Geltung der Gründungshaftung (S 1)	2		

Literatur: Vgl die Nachweise zu § 52.

I. Regelungsgegenstand und -zweck

§ 53 regelt die Ansprüche der Gesellschaft im Fall von Schäden, die ihr im Rahmen 1
einer Nachgründung schuldhaft zugefügt werden. Voraussetzung der Anwendung des
§ 53 ist das Vorliegen eines Nachgründungsvertrages iSd § 52 (vgl dort Rn 2 ff). Die
entspr Anwendung der Vorschriften über die Gründungshaftung trägt der gründungsähnlichen Gefährdungslage Rechnung. Sie soll die **Kapitalaufbringung** sichern und
dient damit dem **Schutz der Gläubiger und später hinzutretender Aktionäre** (vgl § 52
Rn 3 f). Durch die Sonderregelungen in den S 2–4 wird Besonderheiten der Nachgründung Rechnung getragen.

II. Grundsatz: sinngemäße Geltung der Gründungshaftung (S 1)

Die Regelungen der §§ 46, 47, 49 bis 51 sind nach S 1 sinngemäß auf die Nachgründung 2
anzuwenden, dh zunächst die objektiven Haftungstatbestände, die subjektiven
Anforderungen und die Regelungen hinsichtlich der Beweislastverteilung (*Hüffer*
AktG Rn 2). **Objektiv erforderlich** sind entspr § 46 Abs 1 S 1 fehlerhafte oder unvollständige Angaben zum Zweck der Nachgründung sowie entspr § 46 Abs 2 eine Schädigung der Gesellschaft durch den Nachgründungsaufwand oder Vermögensgegen-

stände, die zum Zweck der Nachgründung der Gesellschaft überlassen worden sind oder entspr § 46 Abs 4 ein Schaden der Gesellschaft durch die Unfähigkeit der Leistung eines versprochenen Vermögensgegenstandes (KölnKomm AktG/*Arnold* Rn 3; MünchKomm AktG/Pentz Rn 4). Weiterhin kommt entspr § 49 iVm § 323 HGB eine **Pflichtverletzung des Nachgründungsprüfers** als objektiver Haftungstatbestand in Betracht. Auch bei der Nachgründung ist eine **Verantwortlichkeit von Gründergenossen und Emittenten** entspr § 47 möglich. Verzicht, Vergleich und Verjährung sind grds ebenso zu behandeln wie bei der Gründung (§§ 50, 51). Hinsichtlich der Geltendmachung der Ersatzansprüche gilt § 147.

III. Besonderheiten bei der Nachgründung (S 2 bis 4)

3 Da bei Abschluss des Nachgründungsvertrages die Gründer nicht direkt beteiligt sind, sondern vielmehr die Gesellschaft durch den Vorstand vertreten wird und der Vertrag durch den AR zu prüfen ist (MünchKomm AktG/*Pentz* Rn 11), treten nach § 53 S 2 an die Stelle der Gründer als **haftende Personen** die Mitglieder des Vorstands und des AR.

4 Hinsichtlich der **subjektiven Anforderungen** sind grds die Regelungen in den §§ 46 ff entspr anzuwenden. Eine Modifizierung erfolgt aber in § 53 S 3 dahingehend, dass nicht nach § 46 Abs 3 die Sorgfalt eines ordentlichen Geschäfts*mannes*, sondern vielmehr diejenige **eines ordentlichen und gewissenhaften Geschäfts*führers*** erforderlich ist (vgl zu diesem Sorgfaltsmaßstab § 93 Rn 2 ff). Durch diese Haftungsverschärfung wird insb § 46 Abs 2 modifiziert: Während bei der Gründung iRd § 46 Abs 2 eine grob fahrlässige Begehung erforderlich ist, reicht iRd Nachgründung bereits **einfache Fahrlässigkeit** bei der Schädigung der Gesellschaft durch den übernommenen Vermögensgegenstand oder den Nachgründungsaufwand aus (GroßKomm AktG/*Ehricke* Rn 16). §§ 93, 116 bleiben anwendbar. Allerdings reicht die Haftung nach §§ 53 S 3, 46 Abs 1 mit Blick auf ihren gewährleistungsähnlichen Charakter inhaltlich weiter als diejenige nach §§ 93, 116 (vgl GroßKomm AktG/*Ehricke* Rn 15; MünchKomm AktG/*Pentz* Rn 13).

5 Die **Fristen** der §§ 47 Nr 3, 50 S 1 und 51 S 2 werdn durch § 53 S 4 dahingehend modifiziert, dass an die Stelle der Eintragung der Gesellschaft in das HR die Eintragung des Nachgründungsvertrags tritt.

Dritter Teil
Rechtsverhältnisse der Gesellschaft und der Gesellschafter

Vorbemerkung zu § 53a

Übersicht

	Rn		Rn
I. Regelungsanliegen des Dritten Teils	1	II. Das Mitgliedschaftsrecht in der Aktiengesellschaft	4
1. Der gesetzgeberische Ansatz	1	III. Kapitalaufbringung und Kapitalerhaltung	6
2. Die Systematik des Gesetzesabschnitts	3		

Vor § 53a

Literatur: *Bayer* Unterschiede im Aktienrecht zwischen börsennotierten und nicht börsennotierten Gesellschaften, FS Hopt, 2010, S 373; *T. Bezzenberger* Das Kapital der Aktiengesellschaft: Kapitalerhaltung – Vermögensbindung – Konzernrecht, 2005; *Habersack* Die Mitgliedschaft – subjektives und „sonstiges" Recht, 1996; *Hadding* Die Mitgliedschaft in handelsrechtlichen Personalgesellschaften – ein subjektives Recht?, FS Reinhardt, 1972, S 249; *Kleindiek* Kapitalaufbringung und Kapitalerhaltung nach MoMiG und ARUG, FS Hopt, 2010, S 941; *Lorenz/Pospiech* Ein Jahr Freigabeverfahren nach dem ARUG – Zeit für einen Blick auf Entscheidungen, Entwicklungstrends und ungeklärte Rechtsfragen, BB 2010, 2515; *Lutter* Theorie der Mitgliedschaft, AcP 180 (1980), 84; *K. Schmidt* Das Recht der Mitgliedschaft: Ist „korporatives Denken" passé?, ZGR 2011, 108.

I. Regelungsanliegen des Dritten Teils

1. Der gesetzgeberische Ansatz. Die Überschrift des Dritten Teils des AktG erweckt den Eindruck, als werde hier ein Rechtsverhältnis normiert, das man als „Innenverhältnis" (im Gegensatz zu der Regelung möglicher Ansprüche Dritter gegen die Gesellschaft und/oder die Aktionäre) bezeichnen könnte, und das auch „die Gesellschaft" einbezöge. Dieser Eindruck wäre verfehlt, die Überschrift deckt sich ab, was im folgenden Abschnitt des Gesetzes zur Sprache kommt; sie könnte ebensogut über dem AktG als Ganzem stehen (MünchKomm AktG/*Bungeroth* Rn 1). Zwar waren viele der Vorschriften früher – sie sind mit nur geringen, zT durch Rechtsangleichung innerhalb der EU beeinflussten Änderungen aus dem AktG 1937 übernommen (Nachw GroßKomm AktG/*Henze* Rn 2, 3, 5) – in der Tat auf das Verhältnis zwischen der Gesellschaft einerseits und dem einzelnen Aktionär zugeschnitten, so die Bestimmungen über Kapitalerhaltung. Aber auch diese Regelungsmaterien weisen Überschneidungen mit anderen Teilen des Gesetzes auf, werden anderswo bisweilen auch modifiziert, so im Konzernrecht. Das eigentliche Verhältnis der Aktionäre untereinander, bes die bis zu einem gewissen Grad aus der bestehenden Interessengemeinschaft folgende Treupflicht (§ 53a Rn 12 ff), ist im folgenden Abschnitt nicht geregelt. Das wäre auch angesichts der ständig fortschreitenden Differenzierung zwischen börsennotierten und anderen Gesellschaften (dazu *Bayer* FS Hopt, 2010, S 373 ff) praktisch unmöglich, so dass auch vertragliche Interessengemeinschaften oder Gruppierungen von Aktionären, die auch außerhalb des Konzernrechts Bedeutung gewinnen können, nicht geregelt sind, dazu zul etwa *Krieger* FS Hommelhoff, 2012, S 593 ff. Es bedarf hierzu besonderer (außer-aktienrechtlicher) Geschäfte; für das Aktienrecht stehen die Anteilseigner, wenn ihre Rechte auch als konkreter Faktor bei der Unternehmens- und Konzernleitung, bei der innergesellschaftlichen Publizität und beim Verhältnis der Organe untereinander zu berücksichtigen sind, unverbunden nebeneinander (*RG* LZ 1911, 219), während schon früh die Betrachtung der Mitglieder als einer rechtlich geordneten Gruppe von Personen betont wurde (*Lutter* AcP 180, 84, 88). Dies ist einer der Aspekte des seit langem anerkannten, im Jahre 1978 mit Wirkung vom 1.1.1979 ausdrücklich in § 53a des Gesetzes aufgenommenen Grundsatzes der Gleichbehandlung, der auf der Befürchtung beruht, die Gesellschaft bzw die Verwaltung könnte die in ihrer Vereinzelung machtlosen Aktionäre gegeneinander ausspielen oder – was realitätsnäher ist – den maßgeblich Beteiligten, aber auch nur „einzelnen" Großaktionären qualitativ weitergehende Einflussmöglichkeiten und Vorteilschancen einräumen als anderen. Das ist dann nicht nur eine Frage des Kapitalmarktrechts, sondern auch des Verbandsrechts (zu beiden *Bachmann* FS Schwark, 2009, S 331 ff) und es hat Ausstrahlungen auch für die aktienrechtliche Art des Minderheitenschutzes, die

1

durch die grundsätzliche Möglichkeit mehrheitlicher Entscheidungsfindung bestimmt ist: Auch hier geht das Gesetz von Angriffs- und Verteidigungsmöglichkeiten eines Aktionärs aus, knüpft diese aber häufig an das Vorhandensein einer bestimmten Beteiligung am Grundkapital, die dem einen oder einer Gruppe zusammen handelnder Aktionäre zustehen muss. In diesen Zusammenhang gehören dann auch die inzwischen nicht mehr auf das AktG beschränkten, sondern zT auch bei Verschmelzungen oder Übernahmen ansetzenden vielfältigen Bestimmungen, die einerseits Minderheitenschutz bei strukturändernden HV-Beschlüssen anstreben, andererseits aber die unternehmerische Gestaltungsfreiheit und die hiermit verbundenen Interessen „der Gesellschaft" gegen Angriffe und Erpressungsversuche sogen „räuberischer" Aktionäre zu schützen suchen, was im Rahmen der Reformdiskussion um das aktienrechtliche Beschlussmängelrecht zu erörtern ist (näher *Bayer* FS Hopt, 2010, S 373 ff; zu den neueren Entwicklungen bes in der Anwendung des ARUG *Lorenz/Pospiech* BB 2010, 2515 ff).

2 Unabhängig hiervon können Rechte von Aktionären gegenüber der Gesellschaft (wie auch korrespondierende Pflichten) auf einer besonderen individualrechtlichen Grundlage beruhen, während die im Dritten Teil erfassten Rechte und Pflichten allein körperschaftsrechtlicher, also gesellschaftsrechtlicher Natur sind, was bedeutet, dass das Rechtsverhältnis der Mitglieder untereinander das ebenfalls mitgliedschaftliche Verhältnis jedes Mitglieds zum Verband nicht verdecken kann (*K. Schmidt* ZGR 2011, 108, 114). Demgegenüber muss im Bereich rein schuldrechtlicher Beziehungen zwischen Gesellschaft und Aktionär muss der Aktionär grds genauso behandelt werden wie ein außenstehender Dritter, der Gesellschafter hat Gläubigerrechte und schuldrechtliche Pflichten. Sie können durch die aktienrechtliche Sphäre, insb auch durch HV-Beschluss nicht beeinträchtigt werden, das Rechtsverhältnis wird vom Aktienrecht nicht berührt (MünchKomm AktG/*Bungeroth* Rn 11). Unter bes Umständen kann allerdings die Treubindung des Aktionärs gegenüber der Gesellschaft eine Rücksichtnahme bei der Durchsetzung individueller, auf außer-gesellschaftlicher Grundlage beruhender Ansprüche erzwingen. Loser mit der Gesellschaftssphäre verknüpft sind Rechte und Pflichten der Gesellschaft und der Aktionäre aus gesetzlichen, nicht auf der Mitgliedschaft beruhenden Rechtsverhältnissen (Delikt und ungerechtfertigte Bereicherung). Die Beschränkungen beim Erwerb eigener Aktien durch die Gesellschaft (§§ 71–71e) betreffen als besondere Ausprägung des Grundsatzes der Kapitalerhaltung gerade das im Dritten Teil behandelte Verhältnis zwischen Gesellschaft und Gesellschafter, sind also systematisch kein Fremdkörper. Es kann auch sein, dass auf Seiten der AG bei der Ausgestaltung geschäftlicher Beziehungen zu Vertragspartnern einschließlich der Partnerwahl einem Gesellschafter eine Besserstellung zuteil wird, wie sie ein außenstehender Dritter nicht erhalten hätte; das kann zu Problemen im Bereich des Verbots der Einlagenrückgewähr (§ 57), aber auch zu Verstößen gegen das Gleichbehandlungsgebot (§ 53a Rn 10) führen (s auch MünchKomm AktG/*Bungeroth* Rn 2). Schließlich bleiben Finanzierungsinstrumente wie Gesellschafterdarlehen, die an sich auch ein außenstehender Dritter der Gesellschaft gewähren könnte, von kapitalgesellschaftsrechtlichen Schutzerwägungen nicht unberührt, wenn als Darlehensgeber oder Garant für Drittdarlehen ein Aktionär auftritt.

3 2. Die Systematik des Gesetzesabschnitts. Der Gesetzesabschnitt erfasst und ordnet nicht alle Mitgliedschaftsrechte des Aktionärs, sondern im Wesentlichen nur die vermögensrechtlichen Pflichten (auf Einlage und Nebenleistungen) sowie einzelne dementsprechende Ansprüche des Gesellschafters (auf Gewinn oder auf Vergütung von Nebenleistungen). Schon die Rechte auf den Liquidationserlös (§ 271) und auf Beteiligung an Kapitalerhöhungen (§ 186) sind an anderer Stelle behandelt, desgl die gesellschaftlichen Mitverwaltungsrechte (Teilnahme, Auskunftsbegehren und Abstimmung in der HV, Anfechtungsrechte). Die schon hierdurch geminderte (krit auch MünchKomm AktG/*Bungeroth* Rn 4; GroßKomm AktG/*Henze/Notz* Rn 8–10) systematische Einheit leidet weiter darunter, dass der für das Funktionieren der kapitalgesellschaftsrechtlichen Ordnung zentral wichtige Grundsatz der effektiven Kapitalaufbringung durch Gesellschafter und der Kapitalerhaltung gegenüber dem Zugriff von Gesellschafterseite den gedanklichen Aufbau des Abschnitts nicht maßgebend bestimmt. Ebenso wenig findet sich an dieser Stelle eine Unterscheidung zwischen allgemeinen Mitgliedschaftsrechten und Sonderrechten (s dazu bereits § 11 Rn 4 ff). Dennoch kann man sagen, dass die hier im Vordergrund stehende Sicht des Verhältnisses von Gesellschaft und Aktionär stark von der Begründung derjenigen Pflichten der Gesellschafter bestimmt ist, die zur Finanzierung des Unternehmens der Gesellschaft dienen. Hieraus ergeben sich auch gewisse Überschneidungen zu der Erläuterung der Gründung. Daneben enthält der Abschnitt noch einige für die Funktionsfähigkeit der AG als Kapitalsammelstelle wichtige Bestimmungen über die Veräußerung von Aktien. Auch dabei – wie bei den nicht als Sonderrechte zu qualifizierenden Mitgliedsrechten – besteht ein Einfluss der AG als der letztlich verselbstständigten Gemeinschaftssphäre auf Inhalt und Ausübung der Rechte der Einzelnen, soweit diese nicht – wie zB das Stimmrecht – auf zwingendem Recht beruhen. Gerade diese Einflussmöglichkeit – etwa der HV auf die Schaffung oder Veränderung von Aktiengattungen – steht bes unter der Herrschaft des Gleichbehandlungsgrundsatzes.

II. Das Mitgliedschaftsrecht in der Aktiengesellschaft

Was als „Aktie" bezeichnet und nach den Regeln der §§ 8–13 verbrieft ist, ist nicht mehr nur ein in dem Ausdruck „Mitgliedschaftsrecht" sprachlich zusammengefasstes Bündel von Rechten und Pflichten gegenüber der AG, sondern bereits ein komplexes Rechtsverhältnis, dem wiederum Rechte und Pflichten wie etwa Förderungs- und Treuepflichten entspringen können und das als subjektives Recht Schutz genießt (*Habersack* Die Mitgliedschaft, S 98 ff; grundlegend *Lutter* AcP 180 (1980), 84, 86; *K. Schmidt* ZGR 2011, 108, 114 f; zum Aktienrecht GroßKomm AktG/*Henze/Notz* Rn 11). Dabei ist zwischen Teilhabe- und Vermögensrechten zu unterscheiden, während sich auch Pflichten aus der Mitgliedschaft schwerpunktmäßig auf die Beitragsleistungen zur Finanzierung konzentrieren, ohne freilich Verhaltenspflichten iRd gesellschaftlichen Willensbildung auszuschließen. Allerdings tragen die Organisationsgesetze des Gesellschaftsrechts zur Ausbildung der Mitgliedschaft als subjektives Recht (§ 1 Rn 23) nur wenig bei, da allgemein im Recht der Personenverbände die Begründung von Ansprüchen von Personen gegeneinander nur neben der Organisation der gemeinschaftlichen Zweckverfolgung und Willensbildung steht. Das zeigt sich dann auch an den ganz unterschiedlichen Gegebenheiten und rechtlichen Regelungen zur Fungibilität der Mitgliedschaftsrechte und damit zur marktwirtschaftlichen Flexibilität der Anlageentscheidung des Gesellschafters. Immerhin begründet der Gedanke der gemeinschaftlichen Ausrichtung mehrerer individueller Mitgliedschaften auf das Unternehmensziel Treupflichten nicht nur jedes einzelnen gegenüber der Gesellschaft, sondern in einem gewissen Umfang auch gegenüber den Mitgesellschaftern (im Einzelnen dazu § 53a Rn 12 ff). Die Mitgliedschaft ist somit zugleich Dauerrechtsverhältnis zwischen dem Aktionär und der Gesellschaft bzw den Mitgesellschaftern, was ein wenig verkürzt wird, wenn es heißt, die letzteren Beziehungen beruhten nicht auf Gesellschafts-, sondern auf Schuldrecht (MünchKomm AktG/*Bungeroth* Rn 7). Was den Schutz der Mitgliedschaft anbelangt, so erkennt die **hM** an, dass die Mitgliedschaft zumindest in ihrem Kern ein „sonstiges Recht" isd § 823 Abs 1 BGB darstellt (*BGHZ* 100, 323; *BGH* ZIP 1990, 1552; zu den Konsequenzen näher *Habersack* Die Mitgliedschaft, S 117 ff; Zweifel bei MünchKomm BGB/*Wagner* § 823 Rn 171 ff). Zu Sonderrechten § 11 Rn 5.

5   Die Mitgliedschaftsrechte entstehen mit dem Erwerb der Mitgliedschaft durch Mitwirkung an der Gründung oder späteren Erwerb einer Aktie. Sie enden mit dem Verlust der Mitgliedschaft durch Veräußerung der Aktie oder – in der AG im Gegensatz zur GmbH praktisch unwichtig – wegen eines Ausschlusses des Aktionärs aus der Gesellschaft (§ 64). Es ist jedoch möglich, dass sich einzelne (vermögensrechtliche) Mitgliedschaftsrechte und -pflichten bereits so weit verselbstständigt haben, dass sie das Ende der Mitgliedschaft überdauern, so der Dividendenanspruch nach dem Gewinnverwendungsbeschluss der HV sowie auf der anderen Seite Sacheinlagepflichten oder Ansprüche auf rückständige Nebenleistungen (MünchKomm AktG/*Bungeroth* Rn 10). Hieraus sich ergebende Gläubigerrechte können auch unabhängig vom Bestand der Mitgliedschaft zum Gegenstand des Rechtsverkehrs, etwa durch Abtretung, werden.

III. Kapitalaufbringung und Kapitalerhaltung

6   Die gesetzlichen Regeln zur Kapitalaufbringung und zur Kapitalerhaltung, von denen die meisten im Dritten Teil stehen, hängen unmittelbar zusammen. Es geht darum, einen bestimmten, zahlenmäßig möglichst verlässlich berechenbaren Teil des Sondervermögens der jur Person als allein zu ihrer Verfügung stehende Betriebsmittel ihr und ihren Gläubigern zu erhalten. Das wird rechtspolitisch als Gegengewicht zur beschränkten Haftung der Gesellschafter verstanden und folgt ferner daraus, dass Verluste vorrangig zu Lasten des Eigenkapitals gehen, in welchem Umfang die Aktionäre jedenfalls mittelbar vor den Gläubigern das Verlustrisiko tragen sollen (näher *Bezzenberger* S 13 ff). Dem dienen sowohl die Regeln, die im AktG vorwiegend im Zusammenhang mit Gründung und Kapitalerhöhung niedergelegt sind, über die Aufbringung des Reinvermögens der Gesellschaft, als auch die verschiedenen Ausprägungen des Verbots, Gesellschaftsvermögen an die Aktionäre auszuschütten – gleichgültig in welcher Form. Es verwundert daher nicht, dass hinsichtlich der Neuregelungen sowohl zur Kapitalaufbringung als auch zur Kapitalerhaltung in Bezug auf den jeweiligen Anwendungsbereich eine Abstimmung erforderlich ist (dazu *Kleindiek* FS Hopt, 2010, S 941 ff). Das gilt zwar in erster Linie für die GmbH, durch die Umgestaltung des § 57 im Zuge des MoMiG und weitere Änderungen durch das ARUG aber auch für die AG. Allerdings ging § 57 im Hinblick auf den Umfang der Kapitalbindung schon immer weiter als das GmbH-Recht, indem nicht nur das das Stammkapital wertmäßig übersteigende Gesellschaftsvermögen einem Ausschüttungsverbot unterliegt, sondern das ganze Vermögen der Gesellschaft, so dass an die Aktionäre nur ein materiell entstandener und formell korrekt festgestellter Bilanzgewinn ausgezahlt werden darf (zu den Unterschieden zwischen der Kapitalbindung im Aktien- und GmbH-Recht § 57 Rn 3). Das ist das Prinzip

umfassender **Vermögensbindung** (GroßKomm AktG/*Henze/Notz* Rn 53), das trotz der in § 57 niedergelegten grundlegenden Neubestimmung der Einzelheiten durch das MoMiG die Pflichten der Organe der AG und die Zugriffsmöglichkeiten der Aktionäre auf das Gesellschaftsvermögen weiterhin maßgeblich bestimmt (zu den Verhältnissen im Konzern allerdings § 57 Rn 38 ff).

Der effektiven Kapitalaufbringung dient neben den Vorschriften über die Gründung und die von den Aktionären zu erbringenden Geld- und Sacheinlagen das in § 54 Abs 3 enthaltene Gebot, den Nennbetrag der Aktien in sicheren Zahlungsmitteln zur freien Verfügung des Vorstandes zu leisten, ferner die Haftung von Strohmännern (§ 56 Abs 1), die scharfe, zwingend geregelte Haftung der Aktionäre und ihrer Vormänner (§§ 62–66) für Einlageverbindlichkeiten, das Verbot der Aufrechnung gegen Einlageforderungen (§ 66 Abs 1 S 2). Der Kapitalerhaltung dienen das Verbot der Rückgewähr und der Verzinsung der Einlagen (§ 57), die Beschränkung der Gewinnausschüttung auf den Bilanzgewinn (§ 58 Abs 5), Beschränkung der Vergütungen für Nebenleistungen (§ 61), Beschränkung des Erwerbs eigener Aktien (§§ 71–71e), Beschränkung des Erwerbs von Aktien der herrschenden Gesellschaft durch abhängige oder in Mehrheitsbesitz stehende Unternehmen (§§ 52 Abs 2, 71 Abs 4, 5). Hierzu sind, wenn auch nicht allein dem Gedanken der Kapitalerhaltung verpflichtet, auch die bilanzrechtlichen Bestimmungen zu zählen, die Ausweis und Ausschüttung nicht entstandener Gewinne verhindern (§§ 238, 252 ff, 272 Abs 4 HGB) und Rücklagenbildung vorschreiben (§ 58). 7

Das Prinzip effektiver Kapitalaufbringung und strikter Kapitalerhaltung wird als Grundpfeiler des deutschen, zT kontinentaleuropäischen Kapitalgesellschaftsrechts betrachtet und verteidigt, aber rechtspolitisch auch angegriffen. Man ist sich allerdings auch darüber klar, dass ein umfassender Schutz der Befriedigungsinteressen von Vertrags- und Deliktsgläubigern auf diesem Wege nicht erreicht und nicht erreichbar ist. Überlegungen, das Mindest-Grundkapital anzuheben, was aber im europäischen Kontext diskutiert werden müsste und Bedenken aus der Wettbewerbsfähigkeit der deutschen AG begegnen könnte, werden derzeit nicht verfolgt. Im Unterschied zur GmbH, bei der diese Probleme sehr viel schärfer auftreten, kann auch darauf hingewiesen werden, dass zumindest bei der AG, und zwar bei den Publikumsgesellschaften, das Wachstum im unternehmerischen Bereich meistens durch Zuführung neuen Kapitals durch Kapitalerhöhungen finanziert worden ist, während bei Familiengesellschaften nicht selten in erheblichem Umfang Gewinne thesauriert werden, so dass insgesamt das Stammkapital der Gesellschaften zusammen mit den Rücklagen nicht unerträglich weit vom Geschäftsvolumen abweicht (eingehend dazu *Bezzenberger* S 32 ff). Deshalb sind über den bisherigen, zT bereits durch Rechtsfortbildung geschaffenen Bestand an Kapitalerhaltungsregeln hinaus weitere Maßnahmen nicht dringlich; Missständen etwa in Gestalt verdeckter Sacheinlagen oder verdeckter Einlagenrückgewähr (§ 57 Rn 20) ist schon bisher durchaus effektiv entgegengewirkt worden. 8

§ 53a Gleichbehandlung der Aktionäre

Aktionäre sind unter gleichen Voraussetzungen gleich zu behandeln.

Übersicht

	Rn		Rn
I. Grundsätzliche Bedeutung der Vorschrift	1	2. Formale und materielle Ungleichbehandlung	6
1. Verhältnis zum allgemeinen Gesellschaftsrecht	1	III. Wichtigste Anwendungsfälle – Rechtsfolgen eines Verstoßes	8
2. Normadressaten des Gleichbehandlungsgebots und der Treupflicht	3	1. Hauptversammlungsbeschlüsse	8
		2. Maßnahmen der Verwaltung	10
		3. Besonderheiten im Konzern	11
II. Das Verbot willkürlicher Differenzierung	5	IV. Die Treupflicht des Aktionärs	12
1. Die Bedeutung der Kapitalbeteiligung	5	1. Grundsätzlicher Maßstab	12
		2. Einzelfälle	14

Literatur: *Bayer* Materielle Schranken und Kontrollinstrumente beim Einsatz des genehmigten Kapitals mit Bezugsrechtsausschluss, ZHR 168 (2004), 132; *T. Bezzenberger* Das Bezugsrecht der Aktionäre und sein Ausschluss, ZIP 2002, 1917; *Habersack/Tröger* „Ihr naht Euch wieder, schwankende Gestalten" – Zur Frage eines europarechtlichen Gleichbehandlungsgebots beim Anteilshandel, NZG 2010, 1; *Habersack* Der Finanzplatz Deutschland und die Rechte der Aktionäre, ZIP 2001, 1230; *Henn* Die Gleichbehandlung der Aktionäre in Theorie und Praxis, AG 1985, 240; *Henssler* Verhaltenspflichten bei der Ausübung von Aktienstimmrechten durch Bevollmächtigte, ZHR 157 (1993), 91; *Henze* Die Treuepflicht im Aktienrecht – Gedanken zur Rechtsprechung des Bundesgerichtshofes von „Kali und Salz" über „Linotype" und „Kochs Adler" bis zu „Girmes", BB 1996, 489; *G. Hueck* Der Grundsatz der gleichmäßigen Behandlung im Privatrecht, 1958; *ders* Kapitalerhöhung und Aktienbezugsrecht, FS Nipperdey, Bd 1, 1965, S 427; *Hüffer* Harmonisierung des aktienrechtlichen Kapitalschutzes, NJW 1979, 1065; *ders* Zur Darlegungs- und Beweislast bei der aktienrechtlichen Anfechtungsklage, FS Fleck, 1988, S 151; *ders* Zur gesellschaftsrechtlichen Treupflicht als richterrechtlicher Generalklausel, FS Steindorff, 1990, S 59; *Kiem* Die Stellung der Vorzugsaktionäre bei Umwandlungsmaßnahmen, ZIP 1997, 1627; *Koppensteiner* Treuwidrige Stimmabgaben bei Kapitalgesellschaften, ZIP 1994, 1325; *Lutter* Zur Treupflicht des Großaktionärs, JZ 1976, 225; *ders* Die entgeltliche Ablösung von Anfechtungsrechten – Gedanken zur aktiven Gleichbehandlung im Aktienrecht, ZGR 1978, 347; *ders* Materielle und förmliche Erfordernisse eines Bezugsrechtsausschlusses – Besprechung der Entscheidung BGHZ 71, 40 (Kali und Salz), ZGR 1979, 401; *ders* Zur Europäisierung des deutschen Aktienrechts, FS Ferid, 1978, S 599; *ders* Theorie der Mitgliedschaft, AcP 180 (1980), 84; *ders* Keine Treupflicht zwischen Aktionären?, JZ 1976, 562; *ders* Die Treupflicht des Aktionärs, ZHR 153 (1989), 446; *ders* Zum Bezugsrechtsausschluss bei der Kapitalerhöhung im Rahmen des genehmigten Kapitals, JZ 1998, 50; *ders* Das Girmes-Urteil, JZ 1995, 1053; *Martens* Der Ausschluss des Bezugsrechts: BGHZ 33, 175, FS Fischer, 1979, S 437; *Mennicke* Materielle Beschlusskontrolle bei Kapitalherabsetzung in der AG, NZG 1998, 549; *Rodloff* Zum Kontrollmaßstab des Bezugsrechtsausschlusses, ZIP 2003, 1076; *Timm* Zur Sachkontrolle von Mehrheitsentscheidungen im Kapitalgesellschaftsrecht, ZGR 1987, 403; *ders* Zur Anfechtung des Auflösungsbeschlusses in der Aktiengesellschaft und zur gesellschaftsrechtlichen Treupflicht der Aktionäre, NJW 1988, 1582; *Tröger* Treupflicht im Konzern, 2000; *Vetter* Verpflichtung zur Schaffung von 1 Euro-Aktien?, AG 2000, 193; *Ulmer* Die Anfechtbarkeit von Umwandlungsbeschlüssen wegen Missbrauchs des Mehrheitsgesellschafters, BB 1964, 665; *Verse* Der Gleichbehandlungsgrundsatz im Recht der Kapitalgesellschaften, 2006; *Voges* Zum Grundsatz der Gleichbehandlung im Aktienrecht, AG 1975, 197; *H.P. Westermann* Individualrechte und unternehmerische Handlungsfreiheit im Aktienrecht, ZHR 156 (1992), 203; *ders* Vinkulierung von GmbH-Geschäftsanteilen und Aktien – Ermessensfreiheit der Zustimmungsentscheidung, FS U. Huber, 2006, S 997; *ders* Zum Verhalten des Großaktionärs bei Umtauschangeboten gemäß § 305 AktG, AG 1976, 309; *Wiedemann* Die Bedeutung der ITT-Entscheidung, JZ 1976, 392; *ders* Anfechtbarkeit von Hauptversammlungsbeschlüssen einer Aktiengesellschaft wegen mangelnder Rücksichtnahme des Mehrheitsaktionärs auf die Minderheitsgesellschafter, JZ 1989, 447; *Zöllner* Die Schranken mitgliedschaftlicher Stimmrechtsmacht bei den privatrechtlichen Personenverbänden, 1963; *ders* Zu den Treuepflichten im Gesellschaftsrecht, FS Heinsius, 1991, S 949.

I. Grundsätzliche Bedeutung der Vorschrift

1. Verhältnis zum allgemeinen Gesellschaftsrecht. Die Vorschrift enthält einen Versuch zur Kodifizierung eines im gesamten privaten Verbandsrecht als gültig anerkannten Grundsatzes, der in der Formulierung des § 53a für das Aktienrecht zunächst bedeutet, dass die Organe der Aktiengesellschaft die Aktionäre gleich zu behandeln haben (zur Geltung des Grundsatzes vor Schaffung des § 53a *RGZ* 41, 97, 99; 62, 50, 60; *G. Hueck* Der Grundsatz, S 44 ff; *Voges* AG 1975, 197). Mit der Schaffung der Vorschrift sollte daher keine Änderung des Rechtszustandes bewirkt werden (*Hüffer* NJW 1979, 1065, 1068; *Henn* AG 1985, 240, 243; KölnKomm AktG/*Drygala* Rn 2, MünchKomm AktG/*Bungeroth* Rn 2), der Vorschrift wird klarstellender Charakter beigemessen. Dessen bedurfte es wegen der Notwendigkeit der Umsetzung des Art 42 der Zweiten gesellschaftsrechtlichen Richtlinie der EG vom 13.12.1976 (ABlEG Nr 26/1), so dass die Regelung des § 53a einen Gedanken ausdrückt, der auch in den gesellschaftsrechtlichen Verbandsformen gilt, für die eine entspr Norm nicht existiert. Vor diesem Hintergrund kann bei der Anwendung des § 53a der Gleichbehandlungsgrundsatz in der bisher von Rspr und Schrifttum erarbeiteten Ausgestaltung und Konkretisierung zugrunde gelegt werden (*LG Köln* AG 1981, 81, 82; auch *BGHZ* 116, 359, 373; 120, 141, 150), er beeinflusst aber auch das Kapitalmarktrecht (Wachter AktG/*Servatius* Rn 3; Übersicht bei KölnKomm AktG/*Drygala* Rn 3, 4). Ob die Einführung der Vorschrift überflüssig war oder als präzise Anspruchsgrundlage von Wert ist (*Henn* AG 1985, 240, 243; ähnlich K. Schmidt/Lutter AktG/*Fleischer* Rn 1), ist weniger wichtig; bedauerlich aber, dass offene Fragen der Gleichbehandlung wie insb der Umfang des möglichen Verzichts auf sie nicht gelöst wurden. Wichtig ist auch, dass der Text ausdrücklich die Gleichheit der Behandlung an die Gleichheit der Voraussetzungen bindet und damit nicht als Forderung schematischer Gleichbehandlung verstanden werden kann. Vielmehr ist Ungleichbehandlung von Aktionären aus Sachgründen erlaubt (*BGHZ* 33, 175, 186; *OLG Köln* AG 2002, 2603; *OLG Frankfurt* WM 1986, 1949; *G. Hueck* Der Grundsatz, S 173 ff). Die Vorschrift richtet somit an die Gesellschaft ein Gleichbehandlungsgebot, negativ formuliert: ein **Willkürverbot** (*BGH* 120, 141, 150 mit Anm *Lutter* ZGR 1993, 291, 309; *Wiedemann* GesR § 8 II 2; GroßKomm AktG/*Henze/Notz* Rn 27; *Hüffer* AktG Rn 4), das aber nicht mehr als einen Teil-Aspekt des Problems eines angemessenen und notwendigen verbandsrechtlichen Minderheitenschutzes darstellt. Immerhin wird § 53a auch als „Eckpfeiler" des Minderheitenschutzes im Aktienrecht" bezeichnet (GroßKomm AktG/*Henze/Notz* Rn 26). **1**

Die Grundlage der Vorschrift im Art 3 GG zu suchen (RegBegr BT-Drucks 8/1678 S 13; s auch *Henn* AG 1995, 240), wogegen die Unterschiede in der Verankerung im öffentlichen und im privaten Recht sprechen (GroßKomm AktG/*Henze/Notz* Rn 10), **2** hätte keinen großen Einfluss auf die Auslegung, weil im Kapitalgesellschaftsrecht die Stellung der Gesellschafter bereits einer natürlichen Differenzierung nach der Höhe der Kapitalbeteiligung unterliegt, wozu es im Verfassungsrecht keine Parallele gibt (zurückhaltend auch KölnKomm AktG/*Drygala* Rn 24). Im Gemeinschaftsrecht steht das Gleichbehandlungsgebot in Art 42 der Kapitalrichtlinie sowie in Art 17 der Transparenzrichtlinie, gilt also für die in diesen Richtlinien behandelten Fragen. Einen allg Grundsatz auf der Ebene des Primärrechts, also mit Verfassungsrang, zur Gleichbehandlung der Aktionäre bei allen Vorgängen des Anteilshandels und des Kontrollerwerbs hat der EuGH im „Audiolux-Urteil" (NZG 2009, 1350 ff), obwohl er hier mehrere Vorlagefragen zusammengefasst hatte, geleugnet, wobei auch die gesamten sekundärrechtlichen Ausprägungen gewürdigt wurden, so dass auch in diesem Bereich nur bestimmte Sachlagen und Gesellschaftstypen vom Gleichbehandlungsgebot erfasst werden (zust *Habersack/Tröger* NZG 2010, 1 ff). Auch für eine Herleitung des Gleichbehandlungsgebots aus §§ 157, 242 BGB (*Henn* AG 1995, 240, 246), die auf Schuldverhältnisse individualrechtlichen Ursprungs bezogen sind, besteht kein Bedürfnis. Vielfach wird sogar angenommen, dass die Aktionäre aus § 53a nicht ein neben den sonstigen Mitgliedschaftsrechten stehendes **subjektives Recht** ableiten können (KölnKomm AktG/*Drygala* Rn 10; MünchKomm AktG/*Bungeroth* Rn 3; etwas anders *Henn* S 242, der von einem „Grundrecht der Aktionäre" spricht; von einem subjektiven Recht im Sinne einer Abwehrbefugnis sprechen GroßKomm AktG/*Henze/Notz* Rn 19; ähnlich K. Schmidt/Lutter/*Fleischer* AktG Rn 14), sondern dass aus der Norm lediglich ein Maßstab für das Verhalten der Organe, die die Normadressaten sind, bei der Erfüllung der Rechte der Aktionäre und bei der Durchsetzung ihrer Pflichten folgt. Dem entspricht, dass es **keine einheitlichen Rechtsfolgen** für Verstöße gegen den Grundsatz gibt, näher Rn 8 ff.

3 **2. Normadressaten des Gleichbehandlungsgebots und der Treupflicht.** Die Gesellschaft ist als die Normadressatin (MünchKomm AktG/*Bungeroth* Rn 5; K. Schmidt/Lutter/*Fleischer* AktG Rn 15; Hensler/Strohn/*Lange* Rn 2), dh über ihre Organe, gegenüber ihren Aktionären im Rahmen mitgliedschaftlicher Beziehungen zur Gleichbehandlung verpflichtet. Bei der Ausgestaltung individualrechtlicher Beziehungen zwischen Gesellschaft und Aktionären (vor § 53a Rn 2) besteht grds kein Unterschied zwischen dem Gesellschafter und dritten Personen, und es herrscht Vertragsfreiheit. Andererseits ist die Gesellschaft nicht frei, einem Aktionär durch den Inhalt oder die Art der Ausführung eines Geschäfts Vorteile zuzuwenden, die ein Dritter bei derartigen Geschäften nicht erhalten hätte; das ist eine Folge der Kapitalbindung (näher § 57 Rn 5). Fraglich ist, ob die Gesellschaft bei der Auswahl von Vertragspartnern im außermitgliedschaftsrechtlichen Bereich verpflichtet ist, allen Aktionären gleiche Angebote zu machen (GroßKomm AktG/*Henze* Rn 36), was freilich praktisch nur in Betracht kommt, soweit alle gleiche Voraussetzungen bieten, also etwa beim Angebot zum Erwerb von Schuldverschreibungen der Gesellschaft. Der Vorstand ist verpflichtet, die für die Gesellschaft günstigsten Bedingungen und Modalitäten zu erzielen, daher darf er das günstigere Angebot eines Großaktionärs annehmen. Anders wird es jedoch gesehen, wenn ein Geschäft, das an sich zum Individualbereich gehört, gerade wegen der Aktionärseigenschaft des Vertragspartners oder unter dessen Einfluss geschlossen wird (*BGH* AG 1977, 414; GroßKomm AktG/*Henze/Notz* Rn 41, 46; MünchKomm AktG/ *Bungeroth* Rn 7). IÜ aber beschränkt sich die Gleichbehandlung auf die Beziehungen des Aktionärs zu seiner Gesellschaft, eine Gleichbehandlung der Aktionäre verschiedener Konzerngesellschaften kann kraft des § 53a nicht verlangt werden (*Henn* AG 1985, 240, 243). Keine Geltung beansprucht der Gleichbehandlungsgrundsatz im Verhältnis der Aktionäre zu ihren Mitgesellschaftern (*OLG Celle* DB 1974, 525; GroßKomm AktG/*Henze/Notz* Rn 30; KölnKomm AktG/*Drygala* Rn 6).

Dies ist vielmehr eine Funktion der das Gleichbehandlungsgebot ergänzenden **mit-** **gliedschaftlichen Treupflicht**, die in der Praxis die größere Bedeutung erlangt hat, weil sie auch im Verhältnis von Aktionären und Aktionärsgruppen (Mehrheit und Minderheit) untereinander Geltung beansprucht (K. Schmidt/Lutter AktG/*Fleischer* Rn 12; *Hüffer* AktG Rn 2; Wachter AktG/*Servatius* Rn 13; etwas anders *Verse* Der Gleichbehandlungsgrundsatz im Recht der Kapitalgesellschaften, 2006, S 53 ff). Das betrifft also nicht nur Bindungen der Großaktionäre gegenüber der Gesellschaft zur Beachtung der Belange der Minderheit (s etwa *Lutter* JZ 1976, 225; *Henn* AG 1995, 240, 242), der Anwendungsbereich ist deutlich weiter gezogen. Nicht nur im Verhältnis einzelner Aktionäre zur Gesellschaft (*BGHZ* 14, 25, 38), sondern auch im Verhältnis der Aktionäre untereinander sind Treubindungen anerkannt (*BGHZ* 103, 184, 194; 129, 136, 142 f), die nicht aus dem an einen anderen Adressaten gerichteten Gleichbehandlungsgebot, sondern nur noch aus dem allg gesellschaftsrechtlichen Treupflicht als Grundprinzip der Abwägung zwischen Individualinteressen des Mitglieds und Verpflichtung gegenüber dem gemeinsamen Zweck abgeleitet werden. Über ihre Funktion als Ergänzung des Gleichbehandlungsgrundsatzes hat die Treupflicht in der neueren Entwicklung von Rspr (*OLG Stuttgart* AG 2000, 229 f) und wissenschaftlichem Schrifttum (GroßKomm AktG/*Henze/Notz* Rn 7; *Hüffer* AktG Rn 2; Henssler/Strohn/ *Lange* Rn 8) die Funktion einer übergeordneten Handlungsmaxime angenommen, indem die Gleichbehandlung (obwohl sie nicht formal zu handhaben ist) nur ein Kriterium des treupflichtgemäßen Verhaltens darstellt (s dazu *Verse* aaO S 92 f). Einige Unterschiede in den Fallgruppen sind zwar noch erkennbar, jedenfalls können beide Abwehrreaktionen eines Aktionärs, Beschränkungen der Gültigkeit und Wirksamkeit von Maßnahmen (der Gesellschaft, einzelner Aktionäre oder auch der Aktionärsmehrheit) sowie Teilhabe- und Mitwirkungsansprüche auslösen. Praktisch steht der Gedanke von Bindungen des Groß- oder Mehrheitsaktionärs und das damit verbundene Bestreben nach Minderheitenschutz im Vordergrund, dabei werden inhaltliche Schranken der freien Ausübung der aus der Mitgliedschaft fließenden Rechte errichtet, die über die in § 53a niedergelegte Gleichbehandlung hinausgehen (*Timm* ZGR 1987, 403, 408 ff; *Zöllner* Schranken, S 303 ff). In der Tat hat es im Verhältnis der Gesellschaft zu den Aktionären früher der Figur der Treupflicht wegen der im Allgemeinen verhältnismäßig streng formulierten Entscheidungsvoraussetzungen und wegen der Möglichkeit umfassender Kontrolle der Entscheidungen im Hinblick auf Gesetz- und Satzungsverstöße weniger bedurft, was sich aber inzwischen geändert hat. Ferner wird, soweit Belange der Gesellschaft zurückstehen können, eine Rücksichtnahmepflicht der Gesellschaft auf die Situation der Gesellschafter angenommen (s dazu *Lutter* AcP 180, 122 f – Ausgabe einer Tranche des genehmigten Kapitals zu einem Zeitpunkt, als die Minderheit Liquiditätsschwierigkeiten hat, oder zu einem für den Kleinanleger unrealistisch hohen Nennwert). Nicht hierher gehört die Treubindung der Organmitglieder gegenüber der Gesellschaft, die sich als Pflicht zur Wahrung des Unternehmensinteresses aus den Regeln über die Organstellung, wenngleich (natürlich) auch nach den Maßstäben der §§ 157, 242 BGB, ableiten lässt (s auch K. Schmidt/Lutter AktG/*Fleischer* Rn 44).

II. Das Verbot willkürlicher Differenzierung

5 1. Die Bedeutung der Kapitalbeteiligung. Das Verbot willkürlicher Differenzierung bei der Behandlung der Aktionäre beruht auf der Vorstellung, dass es einen **Maßstab** für die Zuteilung von Rechten und Pflichten geben muss. Angeknüpft wird grds an die **Kapitalbeteiligung**, was voll für die sogenannten Hauptrechte (Stimmrecht, Gewinnbeteiligung, Bezugsrecht, Anteil am Liquidationserlös) gilt, so dass ein Aktionär uU auch ungleich belastende Eingriffe in sein Mitgliedschaftsrecht hinnehmen muss (*BGHZ* 70, 117, 121 für nachträgliche Einführung eines Höchststimmrechts; s auch *G. Hueck* Der Grundsatz, S 198 ff; K. Schmidt/Lutter AktG/*Fleischer* Rn 25; MünchKomm AktG/*Bungeroth* Rn 11). Die Maßgeblichkeit der Kapitalbeteiligung ist keine Durchbrechung des Gleichbehandlungsgrundsatzes, sondern seine Bestätigung für das Recht der Kapitalgesellschaften (*Henn* AG 1995, 240, 243; KölnKomm AktG/*Drygala* Rn 24). Für die diese Rechte flankierenden Hilfsrechte (etwa Teilnahmerechte, Rederecht in der HV) ist hingegen von der Zählung nach Köpfen auszugehen, dabei sind sachlich gebotene Differenzierungen zulässig (*OLG Stuttgart* AG 1994, 411, 415; KölnKomm AktG/*Drygala* Rn 26; K. Schmidt/Lutter AktG/*Fleischer* Rn 26; Wachter AktG/*Servatius* Rn 17). Vielfach knüpft das Gesetz Aktionärsrechte an das Vorhandensein einer bestimmten Beteiligungsquote (zB §§ 50 S 1, 93 Abs 4 S 3, 258 Abs 2 S 3), manchmal auch in der Weise, dass mehrere Aktionäre zusammen für die Geltendmachung eines Rechts eine Quote aufbringen müssen. Zum Grundprinzip passt es auch, wenn Berechtigungen der Aktionäre sich danach unterscheiden, wie viel der Aktionär zum Gesellschaftszweck beigetragen hat, etwa bei der Gewährung von Vorabdividende gem § 60 Abs 2, ähnlich bei Einräumung von Stimmkraft bei teilw Einlageleistung, § 134 Abs 2 S 3. Das Prinzip steht auch der Schaffung unterschiedlich ausgestalteter **Aktiengattungen** durch die Satzung nicht entgegen (näher § 11), wobei unter den Aktionären im Hinblick auf den Erwerb von Rechten verschiedener Gattungen sowie unter den Inhabern ein- und ders Aktiengattung (dazu *OLG Düsseldorf* BB 1973, 910, 912) wiederum das Gleichbehandlungsgebot herrscht. Zur Möglichkeit, gem § 60 Abs 3 durch Satzung die Gewinnverteilung abw vom Verhältnis der Aktiennennbeträge zu bestimmen, s § 60 Rn 5 ff. Zur Einführung von Höchststimmrechten § 134 Rn 4 ff, dort auch zur nachträglichen Stimmrechtsbeschränkung. Zur Modifikation des Gleichbehandlungsgrundsatzes im Konzern s Rn 11.

6 2. Formale und materielle Ungleichbehandlung. Eine Ungleichbehandlung liegt vor, wenn einzelne Aktionäre, Aktien oder Aktiengattungen mit unterschiedlichen Rechten oder Pflichten ausgestattet werden (formale Ungleichbehandlung, etwa Zulassung nur inländischer Aktionäre zum Bezug junger Aktien, K. Schmidt/Lutter AktG/*Fleischer* Rn 28), aber auch dann, wenn sich eine formal für alle Aktien gleiche Regelung (etwa ein Höchststimmrecht) für die Aktionäre nach Maßgabe ihrer persönlichen Beteiligung (nicht ihrer außergesellschaftlichen, etwa steuerrechtlichen Umstände) verschieden auswirkt (materielle Ungleichbehandlung, weil sie nur Aktionäre betrifft, deren Aktienbestand die Höchstgrenze überschreitet, KölnKomm AktG/*Drygala* Rn 56; *Hüffer* AktG Rn 9) oder auch Gründungsaktionäre begünstigt. Ähnliches gilt, wenn ein und dieselbe Gestaltung den Aktionären zu unterschiedlichen Zeitpunkten angeboten bzw auferlegt wird (*Henn* AG 1985, 240, 243; s etwa *RGZ* 132, 392, 396 für Einforderung von Einlagen). Unzulässig ist eine solche Maßnahme aber nur, wenn sie nicht durch unterschiedliche „Voraussetzungen", dh durch **Sachgründe aus dem Interesse des Unternehmens** zu rechtfertigen ist (*BGHZ* 33, 175, 186; 55, 381, 386; *OLG*

Frankfurt WM 1986, 1144, 1145; KG ZIP 2010, 1849; *G. Hueck* Der Grundsatz, S 173 ff; GroßKomm AktG/*Henze/Notz* Rn 28; Wachter AktG/*Servatius* Rn 25; KölnKomm AktG/*Drygala* Rn 17). Es genügt freilich nicht das Vorliegen irgendeines Grundes, sondern es muss eine Abwägung dahin stattfinden, ob die Ungleichbehandlung **geeignet** ist, das betreffende Ziel zu erreichen, und ob die Zurückdrängung des Gleichbehandlungsprinzips zum angestrebten Ziel in einem **angemessenen Verhältnis** steht. Diese aus dem Verfassungsrecht bekannte Ausfüllung der Kriterien der Gleichbehandlung ist im Gesellschaftsrecht auf die Anlegerinteressen zu beziehen, die dem Gedanken des gemeinsamen Nutzens im Unternehmen gegenüberzustellen sind. Dies lässt sich zeigen am Beispiel eines Ausschlusses des Bezugsrechts, wobei freilich nicht unbedingt ein Verstoß gegen die Gleichbehandlung in Rede stehen muss, sondern die Verletzung eines speziellen Mitgliedschaftsrechts, und das andererseits demonstriert, dass die Kriterien für die Beurteilung einer Maßnahme als willkürlich einem zeitbedingten Wandel unterliegen können. So ist der Versuch einer Abwehr eines als existenzbedrohend erkannten Übernahmeangebots, indem die neuen Aktien nur solchen Aktionären angeboten werden sollten, die zu gewährleisten schienen, dass sie ihrerseits nicht an den Bieter veräußern werden, vom *BGH* (*BGHZ* 33, 175) mit der Begründung gebilligt worden, das Bestreben zur Erhaltung des Unternehmens sei ein sachlicher Grund für die Abweichung vom Gleichbehandlungsprinzip (krit *Lutter* ZGR 1978, 347, 358; **aM** *G. Hueck* FS Nipperdey, S 427, 441 ff). Trotz der Weiterentwicklung der Dogmatik (im Urteil *BGHZ* 71, 40; näher zu § 186 Abs 3), wonach generell der Ausschluss des Bezugsrechts an sachliche Voraussetzungen gebunden ist und diesbezüglich einer Inhaltskontrolle unterliegt, ist der Verteilungsmaßstab dem Gleichbehandlungsprinzip zu entnehmen und nach einer sachlichen Rechtfertigung zu suchen, die den Eingriff in das Aktionärsrecht als notwendig und in Anwendung des angestrebten billigenswerten Ziels verhältnismäßig erscheinen lässt (*Martens* FS Fischer, S 437, 442 f; GroßKomm AktG/*Wiedemann* § 186 Rn 137; *Hüffer* AktG § 186 Rn 25; zu Strukturmaßnahmen MünchKomm AktG/*Peifer* § 186 Rn 75). So schließt die Entscheidung, die Pflichten aus einer Kapitalerhöhung durch eine Sacheinlage erfüllen zu lassen, zwangsläufig diejenigen Aktionäre vom Bezugsrecht aus, die die Sacheinlage nicht erbringen können. Durch eine solche „Ausgrenzung" (K. Schmidt/Lutter AktG/*Fleischer* Rn 40) ist zwar der Gleichbehandlungsgrundsatz nicht verletzt (*BGHZ* 71, 40, 46), wohl aber kann das geschützte Interesse der Aktionäre an der Erhaltung ihrer verhältnismäßigen Beteiligung ohne Not beeinträchtigt sein, so dass der Ausschluss als solcher nur aus dringenden Gründen möglich ist. Soweit der Bezugsrechtsausschluss zu beanstanden ist, ist die Gesellschaft uU zur Abhilfe unter Berücksichtigung der Gleichbehandlung der Aktionäre verpflichtet, worunter jedoch die praktische Durchführbarkeit nicht leiden darf (sehr weitgehend bezüglich der Pflicht, Alternativen zu entwickeln, freilich *Lutter* ZGR 1979, 401, 406). Wird bei einer sanierenden Kapitalerhöhung einzelnen Aktionären gestattet, statt einer Bar- eine Sacheinlage (in Gestalt der Einbringung von Forderungen gegen die Gesellschaft) zu erbringen, so ist fraglich, ob der beanstandete Verstoß gegen die Gleichbehandlung (so *KG* ZIP 2010, 1849) nicht durch das Bestreben einer Entschuldung der Gesellschaft gerechtfertigt ist (s Kurzkomm *Burg/Marx* EWiR § 53a AktG 1/10). Bei Beschränkung des Gewinnbezugsrechts durch die früheren Regeln zur steuerlichen Gemeinnützigkeit hielt der *BGH* (*BGHZ* 84, 310) auch eine Berücksichtigung des Aspektes der persönlichen Steuerpflicht im Ausschüttungsbeschluss für zulässig, es konnte dann auch eine Differenzierung zwischen Aktionären, die für die Körperschaftsteuer eine Gutschrift erhalten, und nicht entspr berechtigten

Aktionären stattfinden (zust KölnKomm AktG/*Drygala* Rn 64). Als weiteres Beispiel für sachliche Rechtfertigung einer Ungleichbehandlung wird etwa genannt die Umwandlung von Vorzugs- in Stammaktien gegen Zahlung, die aber nicht der einzige Grund für die Entscheidung sein darf (*OLG Köln* NZG 2002, 966, 968); zur Differenzierung bei der Zustimmung zur Übertragung vinkulierter Namensaktien LG *Aachen* AG 1992, 410, 412; *H.P. Westermann* FS U. Huber, S 997, 1005 ff; GroßKomm AktG/ *Henze/Notz* Rn 37.

7 Abweichungen von der Gleichbehandlung können durch die **Satzung** in begrenztem Umfang zugelassen werden, allerdings immer nur in Bezug auf einzelne Gegenstände (MünchKomm AktG/*Bungeroth* Rn 21). Eine allg Abdingung widerspräche dem verfassungsrechtlichen Rang. Die Gestaltungsfreiheit in Bezug auf die Einführung unterschiedlicher Aktiengattungen ist verhältnismäßig groß (Rn 5). Dasselbe gilt für die Begründung von Nebenleistungspflichten oder die Schaffung von Einziehungsmöglichkeiten (KölnKomm AktG/*Drygala* Rn 28; MünchKomm AktG/*Bungeroth* Rn 19), die allerdings nachträglich nur unter erschwerten Voraussetzungen möglich ist. Nicht unzweifelhaft ist, ob der Aktionär im Einzelfall (nicht generell) auf den Schutz des Prinzips **verzichten** kann. Der Gesetzgeber (Begr RegE S 13) hielt dies für selbstverständlich, so dass eine ausdrückliche Erwähnung in § 53a unterblieb, die Lehre sieht es ebenso (*Lutter* FS Ferid, S 599, 606 f; KölnKomm AktG/*Drygala* Rn 34; MünchKomm AktG/*Bungeroth* Rn 19, 20; K. Schmitt/Lutter AktG/*Fleischer* Rn 37). Dem ist zu folgen, weil der Aktionär gute Gründe haben kann, auf der Durchsetzung seiner Rechte nicht zu bestehen. Zugestimmt hat allerdings nur, wer positiv mitgestimmt hat, nicht, wer nicht erschienen ist. Beschlussmängel können aber nach Ablauf der Anfechtungsfrist nicht mehr geltend gemacht werden. Die Zustimmung in eine ungleiche Behandlung deckt nicht andere Gesetzes- oder Satzungsverstöße. Satzungsregelungen über bevorzugtes Informationsrecht eines Aktionärs, etwa eines Groß-Investors, sind unwirksam (MünchKomm AktG/*Kubis* § 131 Rn 160 ff), während Individualvereinbarungen dieses Inhalts im Einverständnis mit den anderen Aktionären grds möglich sind, zur Schaffung einer besonderen Aktiengattung § 11 Rn 5. Stets muss aber die vertrauliche Behandlung von Informationen durch den Aktionär sicher sein.

III. Wichtigste Anwendungsfälle – Rechtsfolgen eines Verstoßes

8 **1. Hauptversammlungsbeschlüsse.** HV-Beschlüsse verletzen den Gleichbehandlungsgrundsatz vor allem dann, wenn einzelnen Aktionären zusätzliche Leistungen auferlegt (*RGZ* 52, 287, 293) oder Bedrohungen ihrer Mitgliedschaftsrechte vorgesehen werden, die sie nur durch zusätzliche Opfer verhindern können (zB Abhängigkeit des Umfangs der Zusammenlegung von der Ausübung des Bezugsrechts iR eines sanierenden Kapitalschnitts, *RGZ* 52, 287, 293; s auch *RGZ* 80, 81, 85 f; zu Nachschüssen § 54 Rn 4), auch bei bloßer Androhung einer Zusammenlegung (*RGZ* 41, 97, 99). Zur Einordnung eines Wahlrechts zwischen Erbringung von Bar- und Sacheinlagen Rn 6. Verstöße sind auch im Hinblick auf die Zwangseinziehung von Aktien vorstellbar (KölnKomm AktG/*Drygala* Rn 66), aber auch bei einem Ausschluss vom Bezugsrecht, wobei eine solche Maßnahme für rechtmäßig gehalten wurde, die sich gegen einzelne Aktionäre richtete, die die Gesellschaft vernichten wollten (*BGHZ* 33, 175, 186). Wenn bei der Kapitalerhöhung Aktien mit bes Vorrechten ausgegeben werden oder wenn bereits vorhandene Aktien entsprechend ausgestattet werden sollen, müssen allen Aktionären die gleichen Möglichkeiten eingeräumt werden (MünchKomm

AktG/*Bungeroth* Rn 23; s auch *BGHZ* 51, 354; KG, ZIP 2010, 1849). Beschl, die nach Aktiengattungen differenzieren, sind nicht ohne weiteres unzulässig, doch bedarf eine Satzungsänderung, die vorhandene Stammaktien in unterschiedliche Gattungen umwandelt, der Zustimmung hierdurch ungleich betroffener Aktionäre, die dann aber einen finanziellen Ausgleich erhalten werden (s *OLG Köln* ZIP 2001, 2049, 2051 – Metro; Bedenken bei Wachter AktG/*Servatius* Rn 29). Bes sensibel sind Regelungen zur Barabfindung von Aktionären; auch hier ist eine Differenzierung etwa zwischen Stamm- und Vorzugsaktien nicht per se verboten, während eine Abfindung von Minderheits- oder Splitterbeteiligten unter dem errechneten Wert nicht angeht (*OLG Düsseldorf* BB 1973, 910, 911 f). Ein Verstoß liegt auch vor, wenn Kleinaktionäre vom Bezug von Genussrechten ausgeschlossen werden, es sei denn, sie sind als Kapitalanlage uninteressant und ihre Vorenthaltung soll durch entspr ausgestatte Schuldverschreibungen ausgeglichen werden (*BGHZ* 120, 141, 151 f = NJW 1993, 400 mit Anm *Lutter* ZGR 1993, 291, 309). Eine Kapitalherabsetzung zu einem so ungünstigen Verhältnis, dass für Kleinaktionäre nur eine „Spitze" übrig bleibt, verstößt nach *BGHZ* 138, 71 mit Anm *Mennicke* NZG 1998, 549 nicht gegen § 53a, doch ist bei (sanierender) anschließender Kapitalerhöhung darauf zu achten, dass nicht unverhältnismäßig hohe Spitzen entstehen, und die Rspr (*BGHZ* 112, 167; *OLG Dresden* AG 2001, 489; zum Ganzen *Vetter* AG 2000, 193, 201 ff) folgert hieraus, dass der Nennwert der neuen Aktien auf den gesetzlichen Mindestbetrag lauten muss. Nur unter bes Umständen ist die persönliche steuerliche Situation des Gesellschafters tauglicher Grund für Differenzierungen im Gewinnbezugsrecht, s Rn 6. Bei unternehmensstrukturellen Entscheidungen wie Verschmelzung oder Umwandlung sind Ungleichbehandlungen von Aktionärsrechten für die Zeit nach Durchführung der Maßnahme bes bedenklich, wenn nicht etwa im Rahmen gesetzlich eingeräumter Mehrheitsbeschlüsse zur Konzernierung der Minderheit eine qualitative Veränderung ihres Rechts zugemutet werden darf (zu Ausgleichszahlungen und Abfindungen in diesem Zusammenhang aber *Kiem* ZIP 1997, 1627, 1629; GroßKomm AktG/*Henze/Notz* Rn 38). Zumindest bedenklich sind Beschl zur Änderung der Gewinnverteilung entgegen dem gesetzlichen Modell (*BGHZ* 84, 303, 309). Zur umstrittenen nachträglichen Einführung von Höchststimmrechten s zu § 134.

Rechtsfolge eines Verstoßes ist, da § 53a im Katalog des § 243 nicht auftaucht, die **Anfechtbarkeit** des Beschl (*LG Köln* AG 1981, 81 f; *BGHZ* 116, 359; *G. Hueck* Der Grundsatz S 309 ff; *Henn* AG 1985, 240, 248; KölnKomm AktG/*Drygala* Rn 37; Groß-Komm AktG/*Henze/Notz* Rn 110; aM aber GroßKomm AktG/*Wiedemann* § 179 Anm 8, der bei Satzungsänderungen schwebende Unwirksamkeit annimmt). Das Gesetz hat im Einzelfall des § 243 Abs 2 wie die hM entschieden, und da selbst schwere Mängel durch Ablauf (kurzer) Fristen geheilt werden können, wäre ein Schwebezustand wg eines Gleichbehandlungsverstoßes nicht angemessen (*G. Hueck* Der Grundsatz, S 310 ff). Wenn aber der Verstoß das Gewicht einer Verletzung des § 241 Nr 3 erreicht oder zur Sittenwidrigkeit (§ 241 Nr 4) führt, etwa weil er eine generelle Schlechterstellung bestimmter Aktionäre oder Aktionärsgruppen bezweckt, ist die Nichtigkeitsklage möglich (Schmidt/Lutter AktG/*Fleischer* Rn 39; GroßKomm AktG/*Henze/Notz* Rn 113; gegen Nichtigkeit im Normalfall aber Spindler/Stilz AktG/*Cahn/von Spannenberg* Rn 32 f; KölnKomm AktG/*Drygala* Rn 38). 9

2. Maßnahmen der Verwaltung. Bei Gleichbehandlungsverstößen durch die **Verwaltung**, etwa bei der Einforderung von Einlagen oder auch der Auswahl von Vertrags- 10 parteien für Individualgeschäfte (*BGH* AG 1997, 414) können sich Verstöße gegen das Gleichbehandlungsprinzip ergeben, doch ist nicht schon aufgrund der bloßen Tatsache, dass einem Mehrheitsaktionär ein Vertrag „zugeschlagen" worden ist, eine unkorrekte Behandlung der Mitbewerber im Aktionärskreis zu vermuten (MünchKomm AktG/*Bungeroth* Rn 7; GroßKomm AktG/*Henze/Notz* Rn 42). Rechtsfolge eines Verstoßes kann **Unwirksamkeit** der betreffenden Maßnahme sein, also Nichtbestehen einer den Aktionären zu Unrecht auferlegten Forderung oder zumindest ein Leistungsverweigerungsrecht des benachteiligten Aktionärs (KölnKomm AktG/*Drygala* Rn 40), daneben auch voller Bestand eines zu Unrecht beeinträchtigten Mitgliedschaftsrechts, oder schließlich eine Pflicht der Verwaltung zur Rückabwicklung der Maßnahme (zur Rückabwicklung s *BGH* DB 1972, 1575 f zum – an sich zulässigen – Erwerb eigener Aktien von ausgewählten Aktionären; dazu näher *Paefgen* ZIP 2002, 1509); es kann auch einen Beseitigungsanspruch des Aktionärs geben (näher *Verse* Gleichbehandlungsgrundsatz S 379 ff). Der Gleichbehandlungsgrundsatz kann positive **Handlungspflichten** der Verwaltung begründen, so auf Festsetzung eines für alle gleichen Ausgabekurses für junge Aktien im Fall der Festsetzung durch die Verwaltung; ähnlich, wenn ein Ausgleichsanspruch der im Zuge verdeckter Gewinnausschüttung übergangenen Gesellschafter angenommen wird (*Lutter* ZGR 1979, 347 ff), obwohl hier Rückerstattung nach § 62 Abs 1 das eigentliche Mittel zur Beseitigung des Mangels ist (GroßKomm AktG/*Henze/Notz* Rn 117 f), desgl nach § 131 Abs 4 bei Auskunftserteilung an einen Aktionär außerhalb der HV. Zur Frage, ob die Verwaltung zur gleichmäßigen Information außerhalb der HV verpflichtet ist oder nach gleichheitswidriger Erteilung von Auskünften die anderen Gesellschafter auf die nächste HV verweisen darf, s § 131 Rn 28 ff. Als Folge kommt auch **Anfechtbarkeit** eines HV-Beschlusses in Betracht, so, wenn einem Aktionär auf der HV ohne sachlichen Grund ein kürzeres Rederecht zugestanden wurde als anderen. Die Möglichkeit übergangener Aktionäre, **Schadensersatz** zu verlangen, ist umstr, im Einzelnen *Verse* aaO S 399 ff. Ein Deliktsanspruch wg Verletzung eines Schutzgesetzes wird überwiegend verneint (KölnKomm AktG/*Drygala* Rn 46; *G. Hueck* Der Grundsatz, S 295; *Hüffer* AktG Rn 12; K. Schmidt/Lutter AktG/*Fleischer* Rn 41; anders *Henn* AG 1985, 240, 248), weil der Gleichbehandlungsgrundsatz den Aktionären kein subjektives Recht verleihe (Rn 2). Dem ist zu folgen, da einer solchen Regel jedenfalls der Schutzgesetzcharakter fehlt (**aM** MünchKomm AktG/*Bungeroth* Rn 38). Wenn aber einer unzulässigen Ungleichbehandlung eine positive Handlungspflicht der Verwaltung folgt, deren Erfüllung sie verzögert oder unmöglich macht, so besteht ein Ersatzanspruch wegen Verletzung der Pflichten aus einer Sonderverbindung (MünchKomm AktG/*Bungeroth* Rn 38; KölnKomm AktG/*Drygala* Rn 46). Andernfalls besteht die Gefahr, dass die Gleichbehandlungspflicht sanktionslos bleibt. Eine vorbeugende Unterlassungsklage eines Aktionärs würde dagegen in die zwingende gesetzliche Kompetenzverteilung eingreifen (*Lutter* AcP 180, 84, 140 ff).

11 **3. Besonderheiten im Konzern.** Das Gleichbehandlungsgebot gilt auch im Konzern (GroßKomm AktG/*Henze/Notz* Rn 158), es ergeben sich aber Besonderheiten, jedenfalls für den Vertragskonzern daraus, dass bei einer Pflicht zur Gewinnabführung die Interessen der außenstehenden Aktionäre qualitativ bes abgesichert sind. Andere Teilhaberechte müssen aber unangetastet bleiben, mögen sie auch faktische Veränderungen erfahren, die aber aus der Legitimität der Mehrheitsherrschaft folgen. Immerhin ist bei Maßnahmen der Verwaltung die vertragliche Konzerneinbindung zu berücksichtigen, so dass im Konzerninteresse liegende Entscheidungen nicht wegen Verletzung des Gleichbehandlungsgrundsatzes – wohl uU aus anderen Gründen – angegriffen werden können, anders bei HV-Beschlüssen; so wird bei Kapitalerhöhungen ein Bezugsrechtsausschluss zum Nachteil der Minderheit regelmäßig nicht statthaft sein (näher *Martens* FS Fischer, S 437, 448 ff). Im **faktischen Konzern** stellt die Konzerneinbindung eine mögliche (nicht generell greifende, KölnKomm AktG/*Drygala* Rn 54) sachliche Rechtfertigung für Ungleichbehandlung von Aktionären dar (MünchKomm AktG/*Bungeroth* Rn 26), die also zB nicht die Gewinninteressen oder die Stimmrechte der Aktionäre beeinträchtigen darf (*Martens* FS Fischer S 437, 448). Grundsätzlich ist aber im Rahmen der meist eingehenden Regelung der Rechte und Pflichten die vermögensmäßige Selbstverwaltung der abhängigen Gesellschaft zu respektieren, doch ist dabei stets die Gleichbehandlung der Minderheitsaktionäre zu beachten.

IV. Die Treupflicht des Aktionärs

1. Grundsätzlicher Maßstab. Treupflichtbindungen, die ja die Gesellschafter treffen, können in der AG schon wegen des deutlich schwächeren Einflusses der Aktionäre auf die unternehmerische Sphäre nicht durchweg dieselbe Bedeutung haben wie in Personengesellschaften und GmbH. In der **Personengesellschaft** folgt aus der gesetzlich verankerten (§ 705 BGB) Förderungspflicht jedes Gesellschafters die Treupflicht als allgemeine Verhaltenspflicht, die inhaltlich darauf gerichtet ist, den gemeinsamen Zweck und die persönlichen Beweggründe des einzelnen Gesellschafters so gut wie möglich miteinander in Einklang zu bringen; das lässt die Treupflicht als Schranke der Rechtsausübung wie auch als Quelle konkreter Pflichten (sogar auf Mitwirkung an einer Umgestaltung des Vertrages) wirken (*Zöllner* S 330 f; *Erman/H.P. Westermann* § 705 BGB Rn 47). und erlaubt die Vorstellung, dass eine entspr allg Verhaltenspflicht der Gesellschafter gegenüber „der Gesellschaft" und den Mitgesellschaftern besteht (MünchKomm BGB/*Ulmer* § 705 Rn 181 f). Die Entwicklung, die dahin geht, dass „die Treupflicht" praktisch als unbestimmte Rechtsquelle neben Gesetz und Vertrag getreten ist (vulgo „Mit der Treupflicht kann man alles machen."), darf sich – trotz mancher in diese Richtung gehenden Ansätze – im Recht der „großen" Kapitalgesellschaft nicht wiederholen. Auch in der **GmbH** sind mitgliedschaftliche Treubindungen gegenüber der Gesellschaft und den Gesellschaftern umfassend anerkannt (*BGHZ* 65, 19 ff – ITT; *Winter* Mitgliedschaftliche Treubindungen, 1988, S 85 ff; *Scholz/Emmerich* GmbH-Gesetz, 11. Aufl 2012, § 13 Rn 36 ff), und seit der genannten Entscheidung des *BGH* auch nicht vom mehr oder weniger personalistischen Zuschnitt der Gesellschaft abhängig. In ihrer praktischen Bedeutung sind die Treupflichten auch über die Funktion als Verhaltensanforderungen an Mehrheitsgesellschafter gegenüber Gesellschaft und Minderheit hinausgewachsen, wobei allerdings die ursprüngliche Bedeutung bei der rechtsfortbildenden Bewältigung der Konzernverhältnisse (dazu *H.P. Westermann* GmbHR 1976, 77 ff) bestehen geblieben ist. Verletzungen der Treupflicht können zur Anfechtung von Gesellschafterbeschlüssen oder zum Schadensersatzanspruch führen, auch im Zuge einer positiven Beschlussfeststellungsklage.

Bei der AG lässt sich trotz der wesentlich anderen Stellung der Aktionäre wie bei den anderen Gesellschaftsformen ein **Verhaltensmaßstab** für die Rechtsausübung, sei sie auf seine individuelle Zielverfolgung oder auf die Mitwirkung im gesellschaftlichen Bereich bezogen, dahin formulieren, dass der Gesellschafter gehalten ist, bei der

Wahrnehmung seiner Rechte stets auf das wohlverstandene Interesse des gemeinschaftlichen Unternehmens und auf die dringenden gesellschaftsbezogenen Belange der Mitgesellschafter Rücksicht zu nehmen (*RGZ* 132, 149, 163 – Viktoria; *BGHZ* 65, 15 mit Anm *Wiedemann* JZ 1976, 392 und *H. P. Westermann* GmbHR 1976, 77; *BGHZ* 103, 184 – Linotype mit Anm *Wiedemann* JZ 1989, 447; *BGH* NJW 1992, 3167, 3171; *BGHZ* 127, 107 mit KurzKomm *Hirte* EWiR 1995, 13). Es geht also nicht nur um eine funktionsfähige Binnenorganisation, obwohl dieser Gesichtspunkt von Bedeutung ist (Wachter AktG/*Servatius* Rn 38). Eine im wesentlichen ähnliche Pflicht trifft nämlich die AG und ihre Organe gegenüber den Gesellschaftern (dazu *BGHZ* 127, 107), und es ist auch anerkannt, dass die Mehrheits- gegenüber den Minderheitsgesellschaftern und umgekehrt (*BGHZ* 129, 136 – Girmes) die Minderheit gegenüber der Mehrheit einer Treupflicht unterliegt, wobei das letztere auch ein Verbot von Obstruktionspolitik bedeutet (ähnlich GroßKomm AktG/*Henze/Notz* Rn 72; K. Schmidt/Lutter AktG/ *Fleischer* Rn 57). Die Intensität der Treupflichtbindungen richtet sich hauptsächlich danach, ob der Aktionär eigennützige (etwa Gewinn-)Interessen verfolgt, was er grds nach seinem Belieben tun kann, wenn auch nicht ohne Rücksicht auf die genannten Belange anderer, oder ob es sich um die Wahrnehmung von Rechten in der Gemeinschaftssphäre handelt, bei der den Unternehmens- und Allgemeininteressen Vorrang gebührt (GroßKomm AktG/*Henze/Notz* Anh § 53a Rn 53; Spindler/Stilz AktG *Cahn/ von Spannenberg* Rn 52). Die Treupflichtbindung beruht auf wertausfüllungsbedürftigen Generalklauseln (näher *Hüffer* FS Steindorff, S 59 ff), so dass im Einzelfall immer eine Abwägung zwischen den vom Gesellschafter, einer Mehrheit oder Minderheit oder auch der Organe (im Unternehmensinteresse) verfolgten Zwecken und denjenigen Belangen stattfinden muss, auf die Rücksicht zu nehmen ist. Das sind also aus der Sicht der Aktionäre die Förderung des Gesellschaftszwecks und das Verbot willkürlicher oder unverhältnismäßiger Durchsetzung der eigennützigen Mitgliedschaftsrechte, aus der Sicht der Gesellschaft die Gewährleistung einer ihrem Einsatz entspr Ausübung der Rechte der einzelnen Aktionäre (GroßKomm AktG/*Henze/Notz* Rn 55), aus der Sicht von Gesellschaftergruppen das Verbot, die Bündelung von Stimmkraft zur Durchsetzung von gesellschaftsfremden Sonderinteressen einzusetzen. Eine Besonderheit bilden in diesem Zusammenhang diejenigen Aktionärsrechte, die, wie etwa das Anfechtungsrecht, dem Gesellschafter nicht nur in seinem eigenen Interesse, sondern auch im Hinblick auf die Beachtung von Gesetz und Satzung zustehen (s etwa *BGHZ* 107, 296, 311 – Kochs/Adler). Die Bedenken, die gegen eine so umfassende Aufwertung des Treupflichtgedankens früher bestanden haben und auch beim *BGH* im sog VW-Audi-NSU-Urteil noch überwogen (JZ 1976, 561 mit abl Anm *Lutter*; s auch *H.P. Westermann* AG 1976, 311 ff), sind heute überholt. Demnach darf niemals ohne Bewertung der gesamten Individual- und Gemeinschaftsinteressen, die mit einer Einzelfallentscheidung verknüpft sind, die Grenze zwischen zulässiger Verfolgung individueller Belange und Notwendigkeiten der gemeinschaftlichen Zweckverfolgung gezogen werden; der Gedanke an Treupflichtbindungen darf insbes nicht dazu führen, unternehmerische Handlungsbedürfnisse generell an die Vereinbarkeit mit Individual- und Gruppenrechten zu binden (näher hierzu *H.P. Westermann* ZHR 156 – 1992 – S 203 ff); zur Handhabung „mit Augenmaß" (K. Schmidt/Lutter AktG/*Fleischer* Rn 42). In die Treupflichtbindungen sind nicht nur Aktionäre und Aktionärsgruppen, sondern – sogar in bes charakteristischen Fällen (*BGHZ* 129, 136 – Girmes) – **außenstehende Stimmrechtsvertreter** in einer allerdings rechtlich fragwürdigen Weise einbezogen worden, indem sie, wenn sie das Vertretungsverhältnis nicht aufdecken, für Fehlverhalten entspr § 179 BGB haften sollen (*BGHZ* 129, 136, 149; dazu *Henssler* ZHR 157 (1993), 91, 118; *Lutter* JZ 1995, 1053, 1056; KölnKomm AktG/*Drygala* Rn 85, 86). Es ist aber hervorzuheben, dass im Girmes-Fall am Ende die Inanspruchnahme des Vertreters auf Schadensersatz scheiterte. In Konzernsachverhalten kann es aber sein, dass auch ein Nichtgesellschafter, wenn er mit Gesellschaftern durch Herrschaftsmöglichkeiten verbunden ist, Treupflichtbindungen unterliegt, obwohl hier im Einzelnen ganz nach der Lage der die Herrschaftsmacht begründenden Rechtsbeziehungen differenziert werden muss (näher *Stimpel* AG 1986, 117, 120; *Tröger* Treupflicht im Konzernrecht, S 35 ff). Die **Rechtsgrundlage** der Treupflichtbindungen ist umstr, was angesichts ihres bisweilen als überpositiv angesehenen Geltungsanspruchs (*Wiedemann* GesR II § 3 II 3 a) und andererseits der Qualifikation als Ergebnis richterlicher Rechtsfortbildung (*Stimpel* FS 25 Jahre BGH, 1975, S 13, 19; *Hüffer* FS Steindorff, S 59 ff) nicht verwundert, aber an der Anerkennung als Rechtsprinzip nichts ändert. Umstritten ist, ob auch ein **Alleinaktionär** einer Treupflicht gegenüber der Gesellschaft unterliegt. Da hier der gesetzliche Gläubigerschutz uneingeschränkt gilt und in der Praxis gegenüber Maßnahmen eines Alleingesellschafters eher scharf gehandhabt wird, erscheint eine weitere Schranke seiner Entscheidungen nicht notwendig (K. Schmidt/Lutter AktG/*Fleischer* Rn 51; *Lutter* ZHR 162, 164, 168; KölnKomm AktG/*Drygala* Rn 89; GroßKomm AktG/*Henze/Notz* Anh § 53 a Rn 42; **aM** aber *Burgard* ZIP 2002, 827 ff). Das gilt auch bei einstimmigen Entscheidungen aller Aktionäre (*BGHZ* 122, 333, 336; KölnKomm AktG/*Drygala* Rn 90).

2. Einzelfälle. Bes wichtig ist eine **Beschlusskontrolle**, die die Rspr häufig auf die Treupflicht gestützt hat, auch wo ein diesbezügliches Verfahren oder auch nur eine Kontrollkompetenz vom Gesetz nicht vorgesehen waren (*BGHZ* 71, 40 – Kali und Salz; *BGHZ* 80, 69 – Süßen; *BGHZ* 125, 239 – Deutsche Bank; *BGHZ* 136, 133 – Siemens/Nold; zum Ganzen *T. Bezzenberger* ZIP 2002, 1917; *Rodloff* ZIP 2003, 1076; *Bayer* ZHR 168 (2004), 132, 146 ff; GroßKomm AktG/*Wiedemann* § 179 Rn 173); Wahl eines befangenen Abschlussprüfers (*BGHZ* 153, 32, 43 f); Entlastung schwerwiegend belasteter Organmitglieder (*BGHZ* 153, 47, 51); ein Aushungern der Minderheit durch Thesaurierung nur, wenn dies mit weiteren gezielten Maßnahmen zum Hinausdrängen und Vermögensverlagerung zugunsten der Mehrheit verbunden ist, Spindler/Stilz AktG/*Stilz* § 254 Rn 2; KölnKomm AktG/*Drygala* Rn 116. Eine erhebliche praktische Rolle hat das aus der Treupflicht (auch: des Minderheitsaktionärs) herrührende Verbot **missbräuchlicher Anfechtungsklagen** gespielt (*BGHZ* 107, 296, 311; dazu vertiefend *Henze* BB 1996, 489, 494; *Lutter* ZHR 153 (1989), 446, 466), die tiefgreifenden Gesetzesänderungen durch das UMAG und das ARUG könnten hier Abhilfe geschaffen haben, in § 294 der im RegE vorliegenden Aktienrechtsnovelle ist weiter eine zeitliche Begrenzung des „Nachschiebens" einer Nichtigkeitsklage vorgesehen. Es kann vorkommen, dass eine **Stimmabgabe** wegen eines Treupflichtverstoßes **nichtig** ist (*BGHZ* 102, 172, 176; *BGH* AG 1993, 514 f; *OLG Düsseldorf* AG 2000, 369, 371; GroßKomm AktG/*Henze/Notz* Rn 128; **aM** aber *Koppensteiner* ZIP 1994, 1325 f). Dies kann zur Begründung positiver Pflichten zur Zustimmung zu einem bestimmten Beschl, etwa über unternehmerisch unerlässliche Kapitalmaßnahmen oder sonstige Satzungsänderungen, führen, wie sie im Personengesellschafts- und GmbH-Recht anerkannt sind. Bei der treupflichtwidrigen, weil dem Unternehmensinteresse gezielt zuwiderlaufenden **Stimmrechtsbündelung** wie im Girmes-Fall (*BGHZ* 129, 136) war eine **Schadensersatzpflicht** der durch die Abgabe der „gebündelten"

Stimmen geschädigten Gesellschaft oder der übrigen Aktionäre zu erwägen. Das Ganze spielt eine Rolle namentlich bei der Schaffung von **Konzernverhältnissen**, wenn auch, wenn ein Konzern besteht, aus der Treupflicht nicht ohne weiteres die Notwendigkeit und Rechtfertigung einer „konzerndimensionalen" Betrachtung von gesellschaftlichen Pflichten abgeleitet werden kann (GroßKomm AktG/*Henze/Notz* Rn 39). Wenn ein Aktionär versucht, sich durch Einsatz von derivativen Finanzinstrumenten heimlich eine Mehrheit an einer börsennotierten Gesellschaft aufzubauen (Anschleichen), ist umstritten, ob die kapitalmarktrechtliche Regelung ausreicht (MünchKomm AktG/*Bayer* § 20 Rn 6), oder ob zur Lösung noch zusätzlich auf den Gedanken der Treupflicht zurückgegriffen werden muss (KölnKomm AktG/*Drygala* Rn 120 unter Hinweis auf den von *Cascante/Topf* AG 2009, 53 geschilderten Fall).

15 Die Tragweite der gesellschaftlichen Treupflicht, aber auch die Grenzen ihrer praktischen Anwendung lassen sich gut an dem **Linotype-Urteil** *BGHZ* 103, 184 (dazu *Lutter* ZHR 153 (1989), 446 sowie die Anm *Kort* ZIP 1990, 294 sowie *Baums* Anm WuB II A § 262 AktG 2.88) ablesen, das auch wegen seiner Abweichung vom Urteil im Audi-NSU-Fall (*BGH* AG 1976, 218 m Anm *H.P. Westermann* = JZ 1976, 561 m Anm *Lutter*) als für das Aktienrecht richtungweisender Neuansatz empfunden wird (K. Schmidt/Lutter AktG/*Fleischer* Rn 49), weil es um Treupflichten im **Verhältnis der Aktionäre untereinander** ging. Angegriffen war eine Entscheidung über die Auflösung der Gesellschaft, wobei der Großaktionär – im Einvernehmen mit dem Vorstand – plante, die unternehmerisch für ihn verwertbaren Teile des Gesellschaftsvermögens in der Liquidation zu erwerben. Der *BGH* erkannte die Befugnis der HV-Mehrheit zur Desinvestition an und sah auch, dass angesichts des hohen Quorums, das eine derartige Entscheidung erfordert, die mit dem Beschlussverhalten des Großaktionärs verfolgten Zwecke nicht per se als rechtsmissbräuchlich qualifiziert werden können. Andererseits bestand die Befürchtung einer Überbewertung der körperschaftlichen Struktur durch schlichte Anwendung des Mehrheitsprinzips, und schließlich wurde eine mögliche Treupflichtverletzung, die das Verhältnis unter den Aktionären betreffe, aus dem Umstand abgeleitet, dass der Mehrheitsgesellschafter sich durch die Möglichkeit zu direkter Einflussnahme auf die Geschäftsführung – dies war für das Vorfeld des Beschl auch vorgetragen worden – einen Vorsprung bei der Übernahme des Vermögens der Gesellschaft in der Liquidation verschaffen konnte. Hierbei wurde nicht auf eine (durch organisierte Mehrheitsmacht entstandene) Treuhänderstellung des Mehrheitsaktionärs abgestellt, sondern auf die konkreten Möglichkeiten der Einflussnahme; die Treupflichtverletzung liegt dann in der Abstimmung in der HV nach vorheriger Verständigung mit der Verwaltung (s dazu bereits *BGHZ* 76, 352, 355; krit zur *BGH*-Lösung *Wiedemann* FS Heinsius, S 949, 962). Andererseits können die Minderheitsaktionäre regelmäßig die Chance zum Erwerb von Unternehmensteilen in der Liquidation nicht nutzen, so dass es darauf ankommt, ob ihnen durch die Maßnahme eine ausgleichslose Einbuße zugemutet wird (GroßKomm AktG/*Henze/Notz* Rn 100). Gelegentlich übersehen wird auch, dass die Berufungsinstanz, an die das Verfahren zurückverwiesen wurde, die hiermit angezeigte Prüfung des Vorliegens einer Treuwidrigkeit mit negativem Ergebnis abschloss, wobei es dann blieb (*OLG Frankfurt* ZIP 1991, 657 und dazu *H.P. Westermann* ZHR 156 (1992), 203, 208). Das verbreitet als „Unglück" kritisierte „Siemens-Nold"-Urteil *BGHZ* 136, 133, das die Ermächtigung des Vorstandes zu einem **Ausschluss des Bezugsrechts** beim genehmigten Kapital betraf (krit insoweit *Lutter* JZ

1998, 50), beruht auf einer Konzession der Rspr hinsichtlich der Anforderungen an eine sachliche Begründung der Entscheidung, die in der Praxis dazu geführt hatten, dass das Instrument des genehmigten Kapitals nicht mehr eingesetzt wurde, wobei bezüglich des Gewichts der Einschränkungen auch noch zwischen börsennotierten und anderen AG unterschieden werden müsste (*Lutter* JZ 1998, 50). Insgesamt ist mit dem Treupflichtgedanken zwar eine Anfechtung treuwidrig gefasster HV-Beschlüsse und die Begründung von Schadensersatzansprüchen vorstellbar, die aber nicht auf eine allgemeine Kontrolle auf Einhaltung der Interessen der Aktionärsminderheit hinauslaufen darf, insb nicht auf eine am Vorbild des § 315 BGB oder an der AGB-Inhaltskontrolle ausgerichtete Kontrolle einseitig ausgeübter Gestaltungsmacht (Spindler/Stilz AktG *Cahn/von Spannenberg* Rn 53; anders allerdings *Wiedemann* JZ 1989, 448). Ohnehin treten die denkbaren Folgen einer Treupflichtverletzung neben die speziell konzernrechtlichen Pflichten und Sanktionen.

Schwer abzuschätzen ist danach auch, welche **konkreten Anhaltspunkte** für Treupflichtverletzungen erforderlich sind, da diese im bloßen Abstimmungsverhalten von **Mehrheitsgesellschaftern** noch nicht liegen kann. Der Gesichtspunkt des pflichtwidrigen Vorverhaltens im Linotype-Fall ist mehr zufälliger Natur. Erheblich könnten weiter die dauernde Zusammenarbeit des Großaktionärs mit der Verwaltung, das Setzen von Vertrauenstatbeständen im Konzern, die faktische Beherrschung der durch die HV beschlossenen Gestaltung zum Nachteil der Minderheit sein. Schließlich ist denkbar, dass vorvertragsähnliche Kontakte iR eines öffentlichen Übernahmeangebots als hinlänglicher Grund für konkrete Treupflichten unter Aktionären genügen, jetzt im WpÜG geregelt. Gesetzlich bes geregelt ist durch § 327a und die nachfolgenden Reformen auch die Möglichkeit einer HV-Mehrheit, die Minderheit gegen Abfindung auszuschließen; auch dieses **squeeze-out** ist ohne Bindung an bestimmte Sachgründe (*BGH* NJW-RR 2009, 828) nur mit einer (hohen qualifizierten) Mehrheit möglich, doch könnte es sein, dass sich Forderungen nach einer treupflichtbedingten Beschlusskontrolle (*Habersack* ZIP 2001, 1230, 1232; zur Missbrauchskontrolle *BGH* aaO; MünchKomm AktG/*Grunewald* § 327a Rn 18) durchsetzen. Verfassungsrechtliche Bedenken sind nach *BVerfG* ZIP 2007, 1261 erledigt. Zur **Behauptungs- und Beweislast** einer die Anfechtung betreibenden oder Schadensersatz verlangenden Minderheit hat der *BGH* im Linotype-Urteil einen substantiierten Vortrag der der klagenden Seite bekannten Tatsachen genügen lassen und fordert keinen Vortrag zu den einzelnen Vorgesprächen mit der Verwaltung (zust *Timm* NJW 1988, 1592, 1593). Das liegt auf der Linie allg Bestrebungen, die Darlegungslast der außenstehenden Gesellschafter nicht zu überspannen (*Ulmer* BB 1964, 665 f; *Hüffer* FS Fleck, S 151, 167). 16

Das alles gilt nicht nur für den Mehrheitsaktionär. Auch Minderheitsaktionäre haben ihre Mitverwaltungs- und Kontrollrechte unter Wahrung der unternehmensbezogenen Bedürfnisse der Mehrheit auszuüben (Schrankenfunktion der Treupflicht). Bei Vorhandensein **faktischer HV-Mehrheiten** kann eine Treupflicht auch ohne absolute Anteils- oder Stimmrechtsmehrheit anerkannt werden. Die bisher anerkannten Fälle des **missbräuchlichen Aktionärsverhaltens** richteten sich gegen die Belange der Gesellschaft (Übersicht bei *Timm* Missbräuchliches Aktionärsverhalten, 1989), es ist aber auch denkbar, dass mit der Anfechtung von Beschl von unternehmensstruktureller Tragweite Mehrheitsgesellschafter in eine Zwangslage gebracht und zum „Abkaufen" der Klagerechte veranlasst werden sollen, dazu auch § 57 Rn 18. 17

§ 54 Hauptverpflichtung der Aktionäre

(1) Die Verpflichtung der Aktionäre zur Leistung der Einlagen wird durch den Ausgabebetrag der Aktien begrenzt.

(2) Soweit nicht in der Satzung Sacheinlagen festgesetzt sind, haben die Aktionäre den Ausgabebetrag der Aktien einzuzahlen.

(3) [1]Der vor der Anmeldung der Gesellschaft eingeforderte Betrag kann nur in gesetzlichen Zahlungsmitteln oder durch Gutschrift auf ein Konto bei einem Kreditinstitut oder einem nach § 53 Abs. 1 Satz 1 oder § 53b Abs. 1 Satz 1 oder Abs. 7 des Gesetzes über das Kreditwesen tätigen Unternehmen der Gesellschaft oder des Vorstands zu seiner freien Verfügung eingezahlt werden. [2]Forderungen des Vorstands aus diesen Einzahlungen gelten als Forderungen der Gesellschaft.

(4) [1]Der Anspruch der Gesellschaft auf Leistung der Einlagen verjährt in zehn Jahren von seiner Entstehung an. [2]Wird das Insolvenzverfahren über das Vermögen der Gesellschaft eröffnet, so tritt die Verjährung nicht vor Ablauf von sechs Monaten ab dem Zeitpunkt der Eröffnung ein.

Übersicht

	Rn		Rn
I. Allgemeines	1	IV. Art und Weise der Leistung	10
II. Einlagepflicht	3	1. Die Grundregel	10
III. Weitere Pflichten des Aktionärs	6	2. Zahlungsweise	11
1. Mögliche Grundlagen	6	3. Zahlungen über den Mindestbetrag hinaus	15
2. Verhältnis zur Satzung	8	4. Verjährung	16

Literatur: *Benecke/Geldsetzer* Wann verjähren Einlageforderungen von Kapitalgesellschaften? Zur Anwendung der neuen Zehnjahresfrist auf Altfälle, NZG 2007, 7; *Grunewald* Die Auslegung von Gesellschaftsverträgen und Satzungen, ZGR 1995, 68; *Henze/Timm/H.P. Westermann* Gesellschaftsrecht, 1995; *Mansel/Budzikiewicz* Verjährungsanpassungsgesetz: Neue Verjährungsfristen, insbesondere für die Anwaltshaftung und im Gesellschaftsrecht, NJW 2005, 329; *Mülbert* Das „magische Dreieck der Barkapitalaufbringung", ZHR 54, (1990), 145; *Noack* Gesellschaftervereinbarungen bei Kapitalgesellschaften, 1994; *Priester* Nichtkorporative Satzungsbestimmungen bei Kapitalgesellschaften, DB 1979, 681; *ders* Wertgleiche Deckung statt Bardepot?, ZIP 1994, 599; *ders* Schuldrechtliche Zusatzleistungen bei Kapitalerhöhungen im Aktienrecht, FS Röhricht, 2005, S 467; ders *K. Schmidt* Barkapitalaufbringung und „freie Verfügung" bei der Aktiengesellschaft und der GmbH, AG 1986, 106; *Thiessen* Zur Neuregelung der Verjährung im Handels- und Gesellschaftsrecht, ZHR 168 (2004), 503; *Ulmer* Verletzung schuldrechtlicher Nebenabreden als Anfechtungsgrund im GmbH-Recht?, NJW 1987, 1849; *ders* Rechtsfragen der Barkapitalerhöhung bei der GmbH, GmbHR 1993, 189; *Wagner* Neues Verjährungsrecht in der zivilrechtlichen Beratungspraxis, ZIP 2005, 558; *H.P. Westermann* Das Verhältnis von Satzungen und Nebenordnungen in der Kapitalgesellschaft, 1994; *Wolany* Voreinzahlungen auf Aktien, AG 1966, 148.

I. Allgemeines

1 Die Norm regelt die Einlagepflicht des Aktionärs in der Tradition des deutschen Aktienrechts in Anknüpfung an die Grundsätze des ziffernmäßig bestimmten Grundkapitals (§§ 1 Abs 2, 6) und des Verbots der Unterpariemission (§ 9 Abs 1). Sie ist insoweit zwingend (s auch § 66 Abs 1). Abs 1 und Abs 2, sind mehrfach modifiziert worden.

Hauptverpflichtung der Aktionäre § 54

Abs 2 enthält eine Klarstellung der schon aus § 27 S 1 ableitbaren Pflichten (*Hüffer* AktG Rn 1). Dagegen hat Abs 3 in Bezug auf die Zahlung der Mindesteinlage eine Änderung erfahren, indem bestimmte Konten, auf die die Zahlung erfolgen kann, konkret genannt wurden. Abs 1 und Abs 2 sind durch Art 1 Nr 4 des Stückaktiengesetzes vom 25.3.1998 (BGBl I S 590) geändert worden, Abs 3 zusätzlich durch Art 4 Nr 1 des Begleitgesetzes zum Gesetz zur Umsetzung der EG-Richtlinien zur Harmonisierung bank- und wertpapierrechtlicher Vorschriften vom 22.10.1997 (BGBl S 2567). Abs 2 gilt für das Gründungsstadium, aber auch bei Kapitalerhöhung (s auch § 188 Abs 2), Abs 3 bezieht sich seinem Wortlaut nach allein auf die Einlageverpflichtung vor Anmeldung der Gesellschaft, was zur Folge hat, dass nach Eintragung der Gesellschaft die Erfüllung bei Eintragung noch offener Einlageforderungen, auch wenn sie vor Anmeldung schon eingefordert waren, sich nicht nach Abs 3 (wohl aber nach Abs 2) richtet (KölnKomm AktG/*Drygala* Rn 4, 81; GroßKomm AktG/*Henze* Rn 83). Hiervon zu unterscheiden ist das Erfordernis, dass bei Anmeldung der Gesellschaft die Leistung zur freien Verfügung des Vorstandes gestanden haben muss, § 36 (näher *Mülbert* ZHR 154, 145, 149). Ist Abs 3 nicht anwendbar, so heißt das, dass sich die Erfüllung der Einlagepflichten nach den allg Regeln der §§ 362 ff BGB richtet (*BGH* WM 1986, 189; *OLG Koblenz* AG 1990, 497; *K. Schmidt* AG 1986, 106, 109). Was nach § 36 Abs 2 mindestens einzufordern ist, regelt § 36a Abs 1, über Erfüllung der Erfordernisse gem Abs 3 ist bei der Anmeldung eine Erklärung abzugeben (§ 37 Abs 1). Dass der eingezahlte Betrag zur freien Verfügung des Vorstandes steht, ist nach § 37 Abs 1 S 2, 3 nachzuweisen (zur strafrechtlichen Verantwortlichkeit § 399 Abs 1 Nr 1). Abs 4 beruht auf Art 11 Nr 2 des Gesetzes zur Anpassung von Verjährungsvorschriften an das Schuldrechtsmodernisierungsgesetz vom 9.12.2004 (BGBl I S 3214), durch das eine **Sonderverjährung** eingeführt wurde.

Die Bezeichnung der Einlagepflicht als „**Hauptverpflichtung**" in der Überschrift der Norm sagt nicht, dass es regelmäßig Nebenverpflichtungen gäbe; praktisch haben die in § 55 geregelten Nebenpflichten nur geringe Bedeutung. Abs 1 will aber die Hauptpflicht der Aktionäre **inhaltlich begrenzen**, indem die Obergrenze der internen Beitragspflicht festgestellt wird (GroßKomm AktG/*Henze* Rn 4; MünchKomm AktG/ *Bungeroth* Rn 2; Spindler/Stilz AktG/*Cahn* Rn 2; Schmidt/Lutter AktG/*Fleischer* Rn 1). Das bedeutet zugleich, dass weitere Verpflichtungen nur im Zuge schuldrechtlicher Vereinbarungen übernommen werden können, KölnKomm AktG/*Drygala* Rn 31; zur Handhabung bei Kapitalerhöhungen *Priester* FS Röhricht, S 467 ff; Henssler/Strohn/*Lange* Rn 5. Zu den akzessorischen (unselbstständigen) mitgliedschaftlichen Nebenpflichten s Rn 6. Die Einlagepflicht ist mitgliedschaftlicher Natur, sie folgt aus der Übernahme bzw – bei Kapitalerhöhungen – aus der Zeichnung von Aktien, also auch unabhängig vom Zeitpunkt der Entstehung der Gesellschaft (Groß-Komm AktG/*Henze* Rn 9, 10; MünchKomm AktG/*Bungeroth* Rn 5, 4). § 54 befasst sich auch in Abs 2 mit der Leistung der **Sacheinlagen** nur insofern, als diese durch die Satzung oder eine Kapitalerhöhung zugelassen sein müssen, s weiter die Erl zu § 27, dort auch zum Problemkreis der „verschleierten Sacheinlage"; zum Aufleben der Bareinlagepflicht gem § 27 Abs 3 s dort Rn 20, 25, 26. 2

II. Einlagepflicht

Die Pflicht trifft den Aktionär in seiner Eigenschaft als Mitglied der AG, sie **entsteht** schon vor Eintragung der Gesellschaft durch Übernahme von Aktien bei der Grün- 3

Westermann 445

dung (§ 29), durch Erwerb nicht voll eingezahlter Aktien gem § 65 sowie durch Zeichnung bei Kapitalerhöhung (§ 185; K. Schmidt/Lutter AktG/*Fleischer* Rn 4). Einlageleistung und Gewährung von Mitgliedschaftsrechten stehen nicht im **Gegenseitigkeitsverhältnis** gem §§ 320 ff BGB (KölnKomm AktG/*Drygala* Rn 5; MünchKomm AktG/*Bungeroth* Rn 5; GroßKomm AktG/*Henze* Rn 8). Bei Nichterfüllung oder nicht rechtzeitiger Erfüllung der Einlagepflicht richtet sich die Reaktion der Gesellschaft nach §§ 63 ff, Verweigerungsrechte bezüglich der Teilnahme des Leistungspflichtigen oder anderer Gesellschafter an der Gesellschaft entstehen nicht. Zahlungspflichtig ist vor Eintragung der Gesellschaft der Übernehmer, bei Kapitalerhöhung der Zeichner neuer Aktien; zum Verhältnis des zahlungspflichtigen jeweiligen Aktionärs zu seinem Vormann im Falle der Ausschließung §§ 65, 66. Bei Namensaktien ist bzgl der Zahlungspflicht § 67 Abs 2 zu beachten.

4 Die Begrenzung der Einlagepflicht auf den Ausgabebetrag, das ist bei Nennbetragsaktien der **Nennbetrag**, bei Stückaktien der auf die Aktien entfallende anteilige Betrag des Stammkapitals (§ 8 Abs 2), jeweils zuzüglich eines **Agio** (§ 9 Abs 2), bedeutet, dass auch durch Satzung keine **Nachschusspflichten** begründet werden können (*BGHZ* 160, 253, 256; MünchKomm AktG/*Bungeroth* Rn 23; *Hüffer* AktG Rn 5; Wachter AktG/*Servatius* Rn 9). Um eine solche handelt es sich nicht, wenn zunächst nur ein Teil der Bareinlage eingefordert (zu seiner Höhe § 36a Abs 1) und später die volle Erfüllung verlangt wird. Maßgeblich ist auch der geringste Ausgabebetrag iSd § 9 Abs 1; MünchKomm AktG/*Bungeroth* Rn 9. Von der Festlegung der Obergrenze durch Nennbetrag und Agio nicht berührt sind die satzungsmäßig begründbare (§ 63 Abs 3) Zahlung einer Vertragsstrafe sowie die Zinszahlungspflicht bei Säumigkeit (§ 62 Abs 5). Die Regeln über die Kapitalaufbringung gelten voll auch für den über den Nennwert hinausgehenden Teil des Ausgabebetrags. Nach teilw Einforderung einer Bareinlage kann die Zahlung des ausstehenden Teils hinausgeschoben werden (s §§ 36, 36a, 188 Abs 2 S 1, 203 Abs 1 S 1), ohne dass damit von einer Nachschusspflicht gesprochen werden könnte (GroßKomm AktG/*Henze* Rn 45).

5 Bei Ausgabe der Aktien vor voller Erfüllung der Einlagepflicht kann sich ein Problem des **Gutglaubensschutzes** ergeben, wenn entgegen § 10 Abs 2 S 2 die erbrachten **Teilleistungen** nicht oder **unrichtig** angegeben sind. Zwar kann sich der Gründer oder Zeichner auf diese Angaben nicht berufen, der also die ausstehende Rest-Einlage schuldet (*BGHZ* 122, 180, 197), wohl aber ein gutgläubiger, durch Rechtsgeschäft erwerbender Rechtsnachfolger (*RGZ* 144, 138, 145; *OLG Köln* AG 2002, 92; MünchKomm AktG/*Bungeroth* Rn 14; K. Schmidt/Lutter AktG/*Fleischer* Rn 14; s auch bereits § 10 Rn 4). Das betrifft Inhaber-, aber in analoger Anwendung des Art 16 Abs 2 WG auch Namensaktien (MünchKomm AktG/*Bungeroth* Rn 15; ebenso iE aus allg Rechtsschein-Erwägungen GroßKomm AktG/*Henze* Rn 23). Desselben Schutzes bedarf der Erwerber von Inhaberaktien, die entgegen § 10 Abs 2 S 1 vor Volleinzahlung ausgegeben wurden, *OLG Düsseldorf* ZIP 1991, 161, 168. Der Gutglaubenserwerb hat dann zur Folge, dass die Mitgliedschaft von der beim Vormann verbleibenden Einlagepflicht getrennt ist. Str ist dabei aber, ob der Erwerber, dessen Vormann jedenfalls zur Zahlung verpflichtet bleibt, ein vollgültiges Mitgliedschaftsrecht erwirbt, das er dann als Berechtigter auch weiterübertragen kann (dafür MünchKomm AktG/*Bungeroth* Rn 19; GroßKomm AktG/*Henze* Rn 27), oder ob ihm nur die Zahlungspflicht erspart bleibt und ein Einzelrechtsnachfolger in diese Lage wieder nur kommt, wenn er auch gutgläubig ist (dagegen KölnKomm AktG/*Drygala* Rn 20),

Hauptverpflichtung der Aktionäre § 54

wobei Gutgläubigkeit nur bei Verbriefung des Aktienrechts anerkannt werden kann. Mehr spricht dafür, die AG auf den ersten Veräußerer als Einlageschuldner zu verweisen, wobei als Sicherheit für die entfallenden Druckmittel der §§ 63 ff gegen den gutgläubigen Erwerber die Schadensersatzansprüche gegen Organmitglieder (§ 10 Rn 4) ausreichen sollten. Der Gedanke eines gutgläubig lastenfreien, aber jeden Erwerber nur bei eigener Gutgläubigkeit von der Einlagepflicht befreienden Erwerbs passt nicht zum System des Gutglaubensschutzes, schon gar nicht bei verbrieften Rechten, und bringt auch praktische Probleme bei der Gewinnberechtigung (s § 60 Abs 2); auch liegt etwas daran, den bei seinem eigenen Erwerb gutgläubigen Veräußerer nicht dazu zu zwingen, einen bezüglich der Einlagepflicht gutgläubigen Erwerber zu finden, was am Ende den ersten Erwerber von der Einlagepflicht entlasten würde. Eine Lösung scheint auch über eine entspr Anwendung des § 936 BGB (*BGHZ* 122, 180, 196) möglich. Ein gesetzlicher Gesamtrechtsnachfolger genießt den Gutglaubensschutz nicht.

III. Weitere Pflichten des Aktionärs

1. Mögliche Grundlagen. Auch durch **Satzung** oder **HV-Beschluss** können dem Aktionär außerhalb des § 55 **keine weiteren Pflichten** auferlegt werden. Das erfasst nicht etwaige Hilfsverpflichtungen zur Sicherung der Einlagepflicht (Sicherheitsleistung, Pflicht zur Anzeige eines Wohnungswechsels, *RGZ* 92, 315, 317; KölnKomm AktG/*Drygala* Rn 25, 26; GroßKomm AktG/*Henze* Rn 49; *Hüffer* AktG Rn 6), wie auch § 36 Abs 2 S 2 für die Einmann-Gründung zeigt. Jedoch entnimmt das Schrifttum dem § 63 Abs 3, dass eine Vertragsstrafe nur bei Versäumung der eigentlichen Einlagepflicht in Gestalt einer über den Höchstbetrag hinausgehenden Summe ins Vermögen der Gesellschaft eingefordert werden dürfte, nicht auch bei Verletzung der Hilfsverpflichtungen (KölnKomm AktG/*Drygala* Rn 26; MünchKomm AktG/*Bungeroth* Rn 27; GroßKomm AktG/*Henze* Rn 50). Dafür spricht auch, dass § 64 die Ausschlussgründe abschließend regelt, so dass ein Aktionär nicht wegen Verletzung der Hilfsverpflichtungen ausgeschlossen werden kann (*KG* JW 1930, 2712 f). Auch eine Pflicht zur Teilnahme an Kapitalerhöhungen kann also in der Satzung nicht begründet werden, so wenig wie die Pflicht, Ämter in der Gesellschaft zu übernehmen. Unzulässig sind auch statutarische Verfügungsbeschränkungen (mit Ausnahme der Vinkulierung gem § 68 Abs 2) und Vorkaufsrechte, die folglich in schuldrechtlichen Verträgen ihre Grundlage finden müssen. Auch eine über die Regeln des § 64 hinausgehende Bestimmung, die den Entzug von Mitgliedschaftsrechten bei Verstoß gegen nicht auf der Satzung beruhende Pflichten vorsieht, wäre unzulässig (KölnKomm AktG/*Drygala* Rn 24). Hier verläuft auch die Grenze zur Regelung der den Aktionären freistehenden **freiwilligen Leistungen.** Denkbar ist, an die Erbringung solcher Leistungen Vorteile für den Aktionär in Gestalt zusätzlicher Rechte zu knüpfen; hierbei ist allerdings der Gleichbehandlungsgrundsatz (§ 53a) in der Weise zu wahren, dass die entspr Chance allen Gesellschaftern offensteht. Nachteile im gesellschaftsrechtlichen Bereich daran zu knüpfen, dass der Aktionär bestimmte Mehrleistungen, zu denen er nicht durch Satzung verpflichtet werden kann, nicht erbringt, ist unzulässig (*RGZ* 52, 287, 293; 80, 81, 85; 76, 155, 157; KölnKomm AktG/*Drygala* Rn 57; K. Schmidt/Lutter AktG/*Fleischer* Rn 15; Henssler/Strohn/*Lange* Rn 5; etwas großzügiger MünchKomm AktG/*Bungeroth* Rn 29), wie auch sonstige effektive wirtschaftliche Schlechterstellungen (etwa durch die Art der Zusammenlegung von Aktien) den Aktionär nicht mittelbar dazu zwingen dürfen, Zusatzleistungen zu erbringen (näher GroßKomm AktG/*Henze* Rn 77).

6

7 § 54 gilt aber nur für korporationsrechtliche, aus der Mitgliedschaft fließende Pflichten. Der Aktionär kann wie jeder Dritte durch **bes Vertrag** andere Verpflichtungen übernehmen, wobei Grundlage ein Rechtsgeschäft mit der Gesellschaft oder mit anderen Aktionären sein kann. Eine Sanktion erfolgt dann nicht über die gesellschaftsrechtlichen Wege der §§ 63 ff. **Gegenstand** derartiger Pflichten kann etwa sein die Gewährung von Darlehen oder eines Sachnutzungsrechts an die Gesellschaft, die Weitergabe von Aktien nur an einen bestimmten Personenkreis (so bei Zeichnung einer Emission durch ein Bankenkonsortium und Einräumung „mittelbarer" Bezugsrechte an die Aktionäre iSd § 186 Abs 5); zur Zulässigkeit *RGZ* 79, 332, 335; *BayObLG* NZG 2002, 583 f; GroßKomm AktG/*Henze* Rn 75), auch eine bestimmte Beteiligungshöhe nicht zu überschreiten (*Wienecke* NZG 2007, 774). Ähnliches gilt bei Vereinbarung unter Gesellschaftern, bes auch zur Ausübung der Mitgliedschaftsrechte einschließlich der Abstimmung in einem bestimmten Sinne. **Stimmbindungen** gegenüber der Gesellschaft sind dagegen nur iRd § 136 Abs 2 wirksam. Derartige Verpflichtungen gehen nicht ohne besondere Vereinbarungen auf Einzelrechtsnachfolger über, wenn nicht eine Schuldübernahme vorliegt, für die es aber besonderer Anhaltspunkte und einer Genehmigung der AG (*Hüffer* AktG Rn 8) bedarf, wofür die bloße Aufnahme einer derartigen Pflicht in die Satzung Hinweise gibt, aber allein nicht genügen soll (GroßKomm AktG/*Henze* Rn 72; MünchKomm AktG/*Bungeroth* Rn 42).

8 **2. Verhältnis zur Satzung.** Die Satzung, die derartige Pflichten nicht als mitgliedschaftliche begründen kann, darf aber nach allgemeiner Ansicht **auch individualrechtliche** Pflichten enthalten, die dem Aktionär gegenüber Mitgesellschaftern oder der Gesellschaft obliegen (*RGZ* 79, 332, 335; 84, 328, 330; *Priester* DB 1979, 681; KölnKomm AktG/*Drygala* Rn 31; MünchKomm AktG/*Bungeroth* Rn 34; K. Schmidt/Lutter AktG/*Fleischer* Rn 18; zum Umfang solcher Vereinbarungen allg *Hoffman/Becking* ZGR 1994, 442 ff; GroßKomm AktG/*Henze* Rn 55). Ob eine (grds zulässige) schuldrechtliche oder eine (unzulässige) gesellschaftsrechtliche Pflicht gemeint ist, ist Auslegungsfrage (näher *Priester* DB 1979, 681 ff; GroßKomm AktG/*Henze* Rn 62; Spindler/Stilz AktG *Cahn/von Spannenberg* Rn 37), wobei ein Rückgriff auf die subjektiven Vorstellungen der an einer solchen Regelung Beteiligten an der objektiven Auslegung der Satzung scheitern kann, obwohl diese Beschränkung der bei der Auslegung heranzuziehenden Umstände gerade in diesem Zusammenhang nicht einleuchtet. Sicherheit, dass es sich um eine Gesellschaftervereinbarung handelt, besteht danach nur bei einer Niederlegung außerhalb der Satzung. Für einen Individualvertrag spricht die Auferlegung nur an bestimmte Aktionäre, vor allem, wenn nicht alle die Pflicht erfüllen können; für Verbindung mit der Mitgliedschaft spricht die erkennbare Vorstellung, dass auch ein Erwerber der Aktie gebunden sein soll. Inhaltlich ist zu unterscheiden zwischen Absprachen, die – dann wohl durchweg nicht in der Satzung – im Grunde die zentralen Interessenabgrenzungen zwischen Aktionären oder -gruppen enthalten, und solchen, die Sonderbeziehungen innerhalb einer Gruppe herstellen, und die dann in einen gewissen Gegensatz zur Eigensphäre der Gesellschaft treten können (*H.P. Westermann* S 25, 31; grundlegend *Noack* S 12 ff). Möglich sind auch schuldrechtliche Absprachen über **bare Zusatzleistungen** zur Einlage, die sich von dem – durch Satzung festzulegenden, § 9 Abs 2 – Agio unterscheiden; soll die Leistung freiwillig erfolgen, kann von einem Agio auf schuldrechtlicher Grundlage gesprochen werden (*OLG München* DB 2006, 2734; *Priester* FS Röhricht, S 471 ff; *Wachter* AktG/*Servatius* Rn 7), andernfalls ist § 55 zu beachten.

Die **hM** nimmt eine strikte Trennung der Satzung als dem Ursprung und der Grundlage mitgliedschaftsrechtlicher Rechte und Pflichten und den bloßen schuldrechtlichen Nebenordnungen an (zu diesem **Trennungsgrundsatz** *Ulmer* NJW 1987, 1849, 1851; *Zöllner* in Henze/Timm/Westermann, S 87, 95 ff; GroßKomm AktG/*Henze* Rn 64; *Hüffer* AktG Rn 8) und folgert aus der Aufnahme einer Regelung in die Satzung eine Vermutung, dass es sich um eine mitgliedschaftliche Regelung handelt (*Priester* DB 1979, 681, 684; MünchKomm AktG/*Bungeroth* Rn 36), während solche Vereinbarungen, die über den Inhalt des § 55 hinausgehen, eher als schuldrechtlich angesehen werden (Schmidt/Lutter AktG/*Fleischer* Rn 18). Somit kann die Auslegung, soweit es die Satzung betrifft, eben nicht völlig von dem Inhalt etwaiger Nebenordnungen gelöst werden (*H.P. Westermann* S 43 ff; *Grunewald* ZGR 1995, 68; dagegen aber *Goette* in Henze/Timm/H.P. Westermann, S 123 ff), wie sich auch die strenge Trennung bei der Behandlung von Verstößen gegen eine Nebenordnung nicht ganz aufrechterhalten lässt. Das Letzte zeigt sich daran, dass der *BGH* (NJW 1983, 1910; 1987, 1890 – jeweils zur GmbH; abschwächend *Goette* in Henze/Timm/H.P. Westermann, Gesellschaftsrecht 1995, S 116 ff) bei Verstoß gegen eine alle Gesellschafter treffende Stimmbindung eine Anfechtungsklage zugelassen und damit individualrechtliche Vereinbarungen in die Nähe des Satzungsrecht gerückt (krit *Ulmer* NJW 1987, 1849; stark differenzierend *Zöllner* in Henze/Timm/H.P. Westermann, S 89, 98 ff). Um hinsichtlich des Charakters von Nebenabreden Klarheit zu schaffen, sollte ein deutlicher Hinweis darauf gegeben werden, dass die Pflicht nicht mit dem Erwerb der Mitgliedschaft übernommen, ihre Begründung auch ohne die Einhaltung der für die Satzung geltenden Formerfordernisse gewollt und ihre weitere Entwicklung von der Wahrnehmung der gesellschaftsrechtlichen Rechte unabhängig ist, so dass etwa auch ein neu in den Gesellschafterkreis eingetretener Erwerber nicht ohne Schuldübernahme oder –beitritt verpflichtet wird. Was Satzungsinhalt werden sollte, muss sich aus objektiv für jedermann ersichtlichen Umständen, bes den Registerakten ergeben, die Heranziehung anderer Gegebenheiten ist nur bei Individualvereinbarungen möglich, deren Vorliegen daher zu vermuten ist, wenn zur Inhaltsbestimmung auf subjektive Umstände zurückgegriffen werden muss (in diesem Sinne auch *Ulmer* NJW 1987, 1849, 1851). Zu beachten ist auch, dass bei der AG, bes der Publikums-AG, Nebenvereinbarungen unter Aktionären nicht selten Instrumente zur Schaffung und Befestigung von Mehrheitsherrschaft sind, so dass Meldepflichten nach AktG und WpHG in Betracht kommen können.

IV. Art und Weise der Leistung

1. Die Grundregel. Abs 2 enthält die Grundregel für die Geldeinlagepflicht, die, ergänzt durch §§ 63–66, gilt, wenn nicht die Satzung Sacheinlagen festsetzt. Wie und an wen zu zahlen ist, bestimmt Abs 3, wobei hinsichtlich des Zeitpunkts der Zahlung zu bedenken ist, dass nach §§ 36 Abs 2, 36a Abs 1 mindestens das erste Viertel des Nennbetrages und ein etwaiges Aufgeld bereits vor der Anmeldung einzufordern sind. Legt die Satzung (§ 23 Abs 2 Nr 3) höhere Bareinzahlungen fest, so ist auch auf die Einforderung dieses Betrages § 36 Abs 2 anwendbar (Wachter AktG/*Servatius* Rn 12); zur Einforderung ohne Satzungsbestimmung Rn 14. Die Erfüllung von Sacheinlagepflichten richtet sich nach §§ 36a Abs 2, 188 Abs 2 S 1 und hängt damit von der Art der Sacheinlage und den einzelnen diesbezüglich getroffenen Vereinbarungen ab. Hinsichtlich der Bareinzahlungen müssen die Vorschriften in Abs 3 mit §§ 36 Abs 2,

36a Abs 1 sowie 54 Abs 3 abgestimmt werden, da es nicht auf den Zeitpunkt der Einforderung ankommt, sondern die Mindesteinzahlung zur Zeit der Anmeldung erbracht sein muss, so dass eine Eintragung nicht erfolgen darf, wenn eingefordert, aber nicht gezahlt ist. Andererseits gilt die Vorschrift für Zahlungen zwischen Anmeldung und Eintragung, näher dazu Rn 1. Die Einforderung obliegt dem **Vorstand**, der in Ermangelung einer Bestimmung in der Gründungssatzung mindestens den Betrag gem § 36a Abs 2 einzufordern hat. Es kann auch (durch HV-Beschluss) den Aktionären die Wahl zwischen Bar- und Sacheinlage gegeben werden, doch ist dabei der Gleichbehandlungsgrundsatz zu wahren (§ 53a Rn 6). Der Vorstand ist verpflichtet, ein auf seinen Namen lautendes Konto, auf dem Einlagezahlungen verbucht worden sind, auf die Gesellschaft umschreiben zu lassen. Auch wird man annehmen können, dass vor Umbenennung des Kontos eingehende Beträge wie die vor Eintragung gezahlten, die der – inzwischen als kontofähig anerkannten (*BGHZ* 45, 338) – Vorgesellschaft zustanden, durch den automatischen Übergang von der Vorgesellschaft in die endgültige AG zu deren Vermögen gehören (*Hüffer* AktG Rn 19).

11   **2. Zahlungsweise.**   Nach Abs 3 können die **Zahlungen**, wie das Gesetz in ausschließlicher Aufzählung festlegt, in gesetzlichen Zahlungsmitteln oder durch Gutschrift auf bestimmten Konten erfolgen; auch sonstige Scheckzahlung genügt nicht (*Hüffer* AktG Rn 13). **Gesetzliche Zahlungsmittel** sind seit dem 1.1.2002 nur die von der EZB und den nationalen Zentralbanken ausgegebenen Euro-Noten und –Münzen, nicht ausländische Zahlungsmittel (auch nicht solche aus Mitgliedstaaten der EU, MünchKomm AktG/*Bungeroth* Rn 53; anders KölnKomm AktG/*Drygala* Rn 74, wonach auch Wechselkursrisiken hinzunehmen sind). Nicht ausreichend ist danach eine Leistung an Erfüllungs statt (*RGZ* 144, 146; 156, 30), Hingabe von Wechseln, Aufrechnung oder Leistung an einen Dritten (§ 362 Abs 2 BGB) sowie die Verrechnung der Schuld eines Aktionärs mit Leistungen eines Dritten. Die Erfüllung einer Gesellschaftsschuld durch direkte Leistung an den Gläubiger lässt die **hM** nicht genügen, auch nicht bei Zustimmung des Vorstandes, weil die für die Erfüllungswirkung nötige Vollwertigkeit der Forderung vom Registergericht nicht geprüft werden kann (*BGHZ* 119, 177, 188 mit teilw krit Anm *Priester* ZIP 1994, 599; *OLG Naumburg* NZG 2000, 152 f; Groß-Komm AktG/*Henze* Rn 98; Schmidt/Lutter AktG/*Fleischer* Rn 27; *Hüffer* AktG Rn 12; anders mit Blick auf die Liberalisierung der Kapitalaufbringung durch das MoMiG KölnKomm AktG/*Drygala* Rn 65). Übergibt der Aktionär einen Wechsel oder gewöhnlichen Scheck dem Vorstand zur Einreichung bei einem Kreditinstitut, so ist mit vorbehaltloser Gutschrift die Einlagepflicht erfüllt, der Aktionär trägt also bis dahin das Risiko (ebenso KölnKomm AktG/*Drygala* Rn 73; GroßKomm AktG/*Henze* Rn 136). Leistungen eines **Dritten** wirken nach allg Regeln befreiend. Hat eine Leistung die Einlageschuld nicht getilgt, so kann der Aktionär sie als ungerechtfertigt zurückfordern, und es kann nicht mit dieser Forderung gegen eine Einlageschuld aufgerechnet werden (GroßKomm AktG/*Henze* Rn 139; *Hüffer* AktG Rn 20). Nicht ausgeschlossen ist ferner, dass nach einer nicht befreienden Leistung an Erfüllungs statt die Gesellschaft durch Veräußerung des geleisteten Gegenstandes Barmittel einnimmt, die dann dem Aktionär angerechnet werden können (*RGZ* 144, 138, 148 f). Unwirksam ist eine Leistung, für deren Werthaltigkeit (in Geld) letztlich die Gesellschaft das Risiko übernommen hat (*BGHZ* 28, 77 f; *BGHZ* 117, 323, 326). Ist aber die Einlagepflicht einmal erfüllt, so gehen alle weiteren Risiken zu Lasten der Gesellschaft.

Gewöhnlich werden die Zahlungen bargeldlos auf ein **Konto** der Gesellschaft oder 12
der Vorgesellschaft geleistet, zu ausländischen Kreditinstituten s Rn 13. Die ihr zustehende Forderung steht nach der Eintragung ohne weiteres der gegründeten Gesellschaft zu. Das gilt aber nur für die gem § 29 errichtete Gesellschaft, nicht schon für Zahlungen an den nichtrechtsfähigen Verband vor Übernahme aller Aktien durch die Gründer. Das Konto kann bei einem Kreditinstitut iSd KWG, insb auch bei der Postbank (zum Letzteren RegBegr BT-Drucks 13/7142, dazu auch MünchKomm AktG/ *Bungeroth* Rn 59) bestehen. Zulässig sind auch Zahlungen auf ein Konto des **Vorstandes**, der dann – namentlich auch im Hinblick auf einen Vollstreckungszugriff – nur als treuhänderischer Inhaber der materiell bereits der Vorgesellschaft zustehenden Forderung anzusehen ist, so dass rechtlich als Kontoinhaber bereits die Vorgesellschaft zu betrachten ist (MünchKomm AktG/*Bungeroth* Rn 55; *Hüffer* AktG Rn 19). Eine Inhaberschaft der Vorstandsmitglieder persönlich (die als Gesamtgläubiger zuständig sein müssten) würde nicht sofort die vom Gesetz allg erstrebte Einfügung der Leistung ins Gesellschaftsvermögen bewirken und genügt daher nicht (GroßKomm AktG/ *Henze* Rn 104), auch nicht ein Privatkonto eines oder mehrerer Vorstandsmitglieder. Wenn erfüllende Wirkung vor Eintragung eingetreten ist, schadet die Verwendung eingezahlter Beträge durch den Vorstand nicht (*BGHZ* 15, 69).

Die Änderung des Abs 2 hat insb für Gesellschaften mit einem außerhalb der Bundes- 13
republik ansässigen Aktionärskreis praktische Bedeutung. Die Verweisung auf § 53 Abs 1 S 1 oder § 53b Abs 1 S 1 bzw Abs 7 des KWG bedeutet zunächst, dass **kontoführende Stelle** für die Einzahlung alle Kreditinstitute sein können, also auch Sparkassen und Genossenschaftsbanken. Zugelassen sind aber inländische Zweigstellen **ausländischer Unternehmen**, wenn sie die Voraussetzungen des § 53 Abs 1 S 1 KWG erfüllen. Soweit ein ausländisches Unternehmen keine inländische Zweigstelle unterhält, die die Zahlung aufnehmen könnte, ist nach § 53b Abs 1 S 1 bzw Abs 7 KWG dahin zu unterscheiden, ob das Unternehmen Sitz in einem Mitgliedstaat des EWR hat oder in einem Drittstaat; nur im ersteren Fall kann mit schuldbefreiender Wirkung auf ein Auslandskonto geleistet werden (näher GroßKomm AktG/*Henze* Rn 88 – 92; *Hüffer* AktG Rn 15; K. Schmidt/Lutter AktG/*Fleischer* Rn 30). Die Regelung verwirrt insofern, als die genannten KWG-Vorschriften auch ausländische Unternehmen betreffen, die reine Finanzdienstleister sind, ohne Bankgeschäfte iSd KWG zu betreiben; inländische Zweigstellen solcher Unternehmen sind als kontoführende Stelle zugelassen, ausländische Unternehmen, die selber keine Bankgeschäfte betreiben, würden besser gestellt als entspr inländische, so dass eine einschränkende Lesart des Abs 3 vertreten wird (MünchKomm AktG/*Bungeroth* Rn 61).

Eine vor der Eintragung übernommene Verpflichtung der Gesellschaft oder des Vor- 14
standes, über eingezahlte Beträge in einem bestimmten Sinne zu verfügen, kann die auch in Abs 2 geforderte Wirksamkeitsvoraussetzung der **freien Verfügbarkeit** entfallen lassen; zu diesem praktisch hauptsächlich mit der verdeckten Sacheinlage zusammenhängenden Problemkreis näher § 36. Diesen Problemen muss dort entspr Ausgestaltung des Kontos im Sinne eines Ausschlusses der weiteren Verfügung des Einlageschuldners, aber auch des Kreditinstituts (*Hüffer* AktG Rn 18) begegnet werden.

3. Zahlungen über den Mindestbetrag hinaus. Zahlt der Aktionär über den einzufor- 15
dernden Mindestbetrag hinaus vor der Eintragung weitere Beträge, ohne dass es eine Satzungsbestimmung gem § 23 Abs 2 Nr 3 gibt, liegt eine vor der Eintragung der

Gesellschaft maßgebliche Entscheidung der Gründer über die Einforderung nicht vor; der Vorstand ist in diesem Stadium noch nicht gem §§ 63 Abs 1 S 1, 76, 78 zur Einforderung des Rests der Einlage berufen. Der Aktionär, der unaufgefordert oder auf eine unzulässige Einforderung des Vorstandes leistet, erfüllt daher iSd § 362 BGB jetzt nicht (*Wolany* AG 1966, 148; für die GmbH *RGZ* 149, 293, 303 f), wohl aber, wenn die Gründer und die Mitgesellschafter mit der Leistung vor Erfüllung und Eintragung einverstanden sind (GroßKomm AktG/*Henze* Rn 121; KölnKomm AktG/*Drygala* Rn 95; MünchKomm AktG/*Bungeroth* Rn 73). Nimmt der Vorstand die Mehrleistung entgegen, so ließ die früher **hM** eine Heilung zu, wenn die Leistung bei Eintragung noch in bar vorhanden ist (*BGHZ* 37, 75, 81; 51, 157 – jeweils für die GmbH; zur AG s MünchKomm AktG/*Bungeroth* Rn 73; **aM** jedoch KölnKomm AktG/*Drygala* Rn 96, wenn die Einzahlung noch wertmäßig vorhanden ist), weil der Preiskonflikt zwischen dem Einleger und der Gesellschaft bei freiwilliger Entscheidung des Vorstandes auch vor der Eintragung nicht mehr gegeben ist. Dem ist zu folgen, weil sonst die Entscheidung des Vorstandes im Gründungsstadium über eine Umwandlung der Bareinlage in Sachwerte iE wie die Entgegennahme einer Sacheinlage wirken würde, der Aktionär muss allerdings einen Wertverlust ausgleichen (*Priester* ZIP 1994, 599; KölnKomm AktG/*Drygala* Rn 96).

16 **4. Verjährung.** Die Vorschrift des **Abs 4** wurde für notwendig gehalten, weil die (neue) Regelverjährung gem § 199 Abs 4 BGB von der Entstehung der Forderung und Kenntnis oder grob fahrlässiger Unkenntnis hiervon abhängt, was zu dem stark auf Gläubigerschutz ausgerichteten Regelungsstreben des AktG nicht passt, zumal im Gründungsstadium nicht immer schon alle für die Kenntnisnahme erforderlichen personellen und organisatorischen Vorkehrungen voll ausgebaut sein werden. Andererseits war die dreißigjährige Regelverjährung des früheren Rechts zu lang. Die Neuregelung hat durch die in Art 229 § 12 II S 2 EGBGB vorgesehene Rückwirkung zu schwierigen Fragen geführt (dazu *Benecke/Geldsetzer* NZG 2006, 7 ff; *Mansel/Budzikiewicz* NJW 2005, 329). **Beginn** der Verjährung ist die Entstehung des Anspruchs, dadurch sollte die nicht immer praktikable ultimo-Regelung des § 199 Abs 1 BGB ersetzt werden. Danach könnte die Verjährungsfrist möglicherweise schon mit Gründung der Vorgesellschaft anlaufen; die **hM** versteht die Regelung aber so, dass es auf die Fälligkeit durch Aufforderung des Vorstandes zur Zahlung ankommt (*OLG Hamburg* AG 2007, 500; *Thiessen* ZHR 168 (2004), 503, 519 f; K. Schmidt/Lutter AktG/*Fleischer* Rn 36; MünchKomm AktG/*Bungeroth* Rn 86; Wachter AktG/*Servatius* Rn 21; auf die Möglichkeit einer Klage – auch Feststellungsklage – abstellend *Hüffer* AktG Rn 21). Wenn die Inanspruchnahme eines an einer „wirtschaftlichen Neugründung" Beteiligten oder seines Vormanns (§§ 64, 65) in Rede steht, kann die Verjährung der Ansprüche nicht von der ursprünglichen Gründung an gerechnet werden, weil sonst die Anwendung der Gründungsvorschriften auf diesen Vorgang unterlaufen würde; die Verjährung kann also erst mit der Neugründung in Gang kommen (*LG München I* ZIP 2012, 2152). Dies setzt allerdings voraus, dass die Anwendung der Gründungsregeln auf die „wirtschaftliche Neugründung" (*BGHZ* 153, 158 ff; 155, 318) sich auch für die AG durchsetzt (Zweifel bei KölnKomm AktG/*Drygala* Rn 29, 30). Im Übrigen sieht Abs 4 S 2 im Interesse von Insolvenzgläubigern eine **Ablaufhemmung** von sechs Monaten seit Insolvenzeröffnung vor, was dem Verwalter Zeit für eine Prüfung geben soll.

§ 55 Nebenverpflichtungen der Aktionäre

(1) ¹Ist die Übertragung der Aktien an die Zustimmung der Gesellschaft gebunden, so kann die Satzung Aktionären die Verpflichtung auferlegen, neben den Einlagen auf das Grundkapital wiederkehrende, nicht in Geld bestehende Leistungen zu erbringen. ²Dabei hat sie zu bestimmen, ob die Leistungen entgeltlich oder unentgeltlich zu erbringen sind. ³Die Verpflichtung und der Umfang der Leistungen sind in den Aktien und Zwischenscheinen anzugeben.

(2) Die Satzung kann Vertragsstrafen für den Fall festsetzen, dass die Verpflichtung nicht oder nicht gehörig erfüllt wird.

Übersicht

	Rn		Rn
I. Allgemeines	1	III. Die Behandlung der Nebenleistungspflichten im Gesellschaftsverhältnis	9
II. Voraussetzungen und Mängel	3		
1. Begründung der Pflicht	3	1. Einordnung ins Gesellschaftsrecht	9
2. Mängel der Regelung	7		
3. Sicherung durch Vertragsstrafe	8	2. Beendigung von Nebenleistungspflichten	10

I. Allgemeines

Die Vorschrift hat keine große Bedeutung. Sie lässt es zu, durch Satzung neben der in § 54 geregelten Pflicht zur Erbringung einer Geldeinlage den Aktionären auf gesellschaftsrechtlichem Wege nicht in Geld in bestehende Nebenleistungen aufzuerlegen. Diese Regelung ist also zu unterscheiden von der Gestattung, die Einlagepflicht durch Sacheinlage zu erfüllen. Wie aus Abs 1 S 2 folgt, können die Nebenleistungen, müssen aber nicht gegen Entgelt zu erfüllen sein; dennoch ist der Anwendungsbereich der Norm mit Rücksicht auf die Art zulässiger Nebenleistungen (Rn 6) nicht groß. Auch ist die Auferlegung von Nebenleistungspflichten nur möglich, wenn die Gesellschaft vinkulierte Namensaktien ausgegeben hat, also Einfluss auf die Zusammensetzung ihres Aktionärskreises hat. Dann kann bei der Prüfung der Zustimmung zu einer Anteilsübertragung auch untersucht werden, ob der Erwerber die Gewähr bietet, die mit der Mitgliedschaft verbundenen Nebenleistungspflichten zu erfüllen. Hieraus folgt weiter, dass Vorkehrungen zum Schutz eines Rechtsnachfolgers in die Mitgliedschaft beim rechtsgeschäftlichen Erwerb nötig sind.

1

Nebenpflichten, die sich auf wiederkehrende, nicht in Geld bestehende Leistungen beziehen, sind als Finanzierungsinstrument in der Kapitalgesellschaft nur unter Ausnahmebedingungen denkbar, sie sind überhaupt vorwiegend zur Förderung eines Geschäftsbetriebs vorgesehen, der auf wirtschaftlichen Kontakten der Gesellschaft mit den Aktionären beruht, also **genossenschaftsähnlichen** Charakter aufweist. Die Rechtsform der Genossenschaft scheidet hier praktisch aus, da dort nach § 65 GenG ein unabdingbares Austrittsrecht des Genossen besteht. Historischer Ursprung der Regelung ist die Situation des Zuckerrübenanbaus im 19. Jahrhundert, die diesen Typus von Gesellschaften auch als Absatzinstrument der Rübenbauern erscheinen ließ. Denkbar ist eine ähnliche Verwendung der Rechtsform für Molkereien und Brennereien, da § 55 nicht auf die Nebenleistungen beschränkt ist, wie sie Unternehmen der Zuckerindustrie brauchen könnten. Wenn die Entwicklung der AG es auch

2

sonst zugelassen hat, genossenschaftliche Zwecke in der Rechtsform der AG zu verfolgen (näher *Luther* Die genossenschaftliche AG, 1978), so hängt dies nur ganz am Rande mit der möglichen Ausgestaltung als Nebenleistungs-AG zusammen. Immerhin ist deutlich, dass größere landwirtschaftliche Produktionseinheiten, die in der Rechtsform der Kapitalgesellschaft organisiert sind, sich der satzungsmäßigen Möglichkeit des § 55 bedienen können; freilich treten bisweilen kartellrechtliche Fragen auf (*BGH* AG 1997, 414; s auch *K. Schmidt* FS Immenga 2004, S 705 ff). Bei der Entscheidung für eine solche satzungsmäßige Maßnahme ist zu bedenken, dass die Aktien, die ohnehin schon vinkuliert sind, durch die Nebenleistungspflicht des Aktionärs so gut wie unveräußerlich werden (so auch KölnKomm AktG/*Drygala* Rn 4).

II. Voraussetzungen und Mängel

3 **1. Begründung der Pflicht.** Die Nebenleistungspflicht kann nur für die Inhaber **vinkulierter Namensaktien** begründet werden (§ 68 Abs 2). Das bedeutet nicht, dass die Gesellschaft nicht auch andere Aktien ausgeben darf (GroßKomm AktG/*Henze* Rn 4; MünchKomm AktG/*Bungeroth* Rn 13), so dass möglicherweise nur ein Teil der Aktien mit Nebenleistungspflichten belastet ist. Dasselbe gilt, wenn die Nebenleistungspflicht, was möglich ist (MünchKomm AktG/*Bungeroth* Rn 4), an Zwischenscheine geknüpft ist. Ggf sind dann in Gestalt von vinkulierten Namensaktien und anderen Aktien mehrere Gattungen iSd § 11 vorhanden (*RGZ* 80, 95, 97; Wachter AktG/*Servatius* Rn 2). Die Nebenleistungspflicht muss **durch Satzung** festgelegt werden, sie entsteht dann durch Übernahme der Aktien bei Gründung, bei Kapitalerhöhung durch Annahme einer Zeichnungserklärung bzw durch Erwerb einer solchermaßen ausgestatteten Aktie. Für möglich gehalten wird sogar die Festlegung von Nebenleistungspflichten für unverbriefte Mitgliedschaftsrechte (MünchKomm AktG/ *Bungeroth* Rn 4, 9), obwohl dann die in Abs 1 S 3 vorgeschriebenen Angaben nicht gemacht werden können. Die Pflicht kann auch in einer **Satzungsänderung** (etwa verbunden mit einer Kapitalerhöhung) vorgesehen werden (*RGZ* 79, 332, 336; 83, 216, 218), allerdings ist § 180 Abs 1 zu beachten, K. Schmidt/Lutter AktG/*Fleischer* Rn 9. Das gilt auch bei Erhöhung einer nach Abs 2 zulässigerweise begründeten Vertragsstrafenverpflichtung (*RGZ* 121, 242). Aufhebung oder Beschränkung der Nebenpflicht bedürfen zwar auch der Satzungsänderung, nicht aber der Zustimmung aller Aktionäre gem § 180, es sei denn, die Änderung greift möglicherweise in ein als Sonderrecht ausgestaltetes Nebenleistungsrecht ein (unter Hinweis auf Treubindungen KölnKomm AktG/*Drygala* Rn 47; s auch MünchKomm AktG/*Bungeroth* Rn 34).

4 Die Satzung muss den Rahmen für Art und Umfang der Nebenleistung festlegen, so dass die Einzelheiten durch Vorstand, AR oder durch einen Dritten (*RGZ* 136, 313, 318) bestimmbar sind (*RGZ* 87, 265). An Stelle einer Satzungsbestimmung genügt nicht die Festlegung im Individualvertrag; die Ausübung des Bestimmungsermessens fällt unter §§ 315, 317 BGB (MünchKomm AktG/*Bungeroth* Rn 5). Abs 1 S 2 zwingt die Satzung zwar zur Bestimmung, ob überhaupt ein **Entgelt** gezahlt werden soll, fordert aber keine Festlegung von Art und Höhe des Entgelts, die von den Gesellschaftsorganen nach den Maßstäben des § 315 BGB beschlossen werden kann (*RGZ* 136, 313, 318; MünchKomm AktG/*Bungeroth* Rn 7), wobei freilich § 6 und der Gleichbehandlungsgrundsatz (§ 53a) zu beachten sind. Fehlt eine Satzungsbestimmung über das Entgelt, so kann die Regelung über die Nebenleistungspflicht nicht eingetragen werden, zum Fall der Eintragung trotz bestehender Mängel Rn 7.

Die Nebenleistungspflichten und der Umfang der Leistungen sind in den **Aktien** und **Zwischenscheinen** zu **vermerken,** Abs 1 S 3. Jeder Erwerber soll auf das Vorhandensein von Nebenleistungspflichten, die beim Erwerb auf ihn übergehen, aufmerksam gemacht werden. Es genügt freilich, dass aus der Urkunde ein Rahmen für die Pflichten (und ggf das Entgelt) hervorgeht, dessen Ausfüllung nach § 315 BGB möglich ist (MünchKomm AktG/*Bungeroth* Rn 10; GroßKomm AktG/*Henze* Rn 12). 5

Inhalt der Pflicht muss die Erbringung **wiederkehrender**, nicht in Geld bestehender Leistungen sein. Der Leistungsbegriff ist der des § 241 BGB (KölnKomm AktG/*Drygala* Rn 10; Henssler/Strohn/*Lange* Rn 3), so dass auch Unterlassungen sowie solche Leistungen geschuldet sein können, die keinen Vermögenswert haben (Wachter AktG/*Servatius* Rn 3). Ausgeschlossen sind nur einmalige und dauernde Pflichten, was bei Unterlassungen häufiger zutreffen kann (MünchKomm AktG/*Bungeroth* Rn 16; GroßKomm AktG/*Henze* Rn 19). Nicht zulässig ist demnach eine Nebenpflicht betreffend die Einbringung eines Grundstücks, die Sacheinlage wäre (wohl auch nicht die Unterlassung der Veräußerung des Grundstücks). Ungeeignet ist ferner eine Pflicht zur Übernahme von Ämtern, die Eingehung von Zahlungspflichten, die Pflicht zur Übernahme von Garantien oder Bürgschaften, die entgeltliche Nutzung von Gegenständen oder Dienstleistungen aus dem Vermögen der Gesellschaft; Unterlassung von Wettbewerb. Zulässig dagegen: Lieferung von landwirtschaftlichen Produkten an die Gesellschaft, der Qualitätssicherung dieser Lieferung dienende Bezugspflichten (auch von dritter Seite), wiederum nicht: entgeltlicher Bezug von Waren von der Gesellschaft. 6

2. Mängel der Regelung. Entspricht die Satzung nicht den Anforderungen des § 55 oder handelt es sich nicht um vinkulierte Namensaktien, entsteht die Nebenpflicht nicht, ohne dass dies die Wirksamkeit der Gesellschaftsgründung oder die Entstehung der Mitgliedschaftsrechte, die dann die gewöhnlichen Hauptpflichten begründen, antastet. **Mängel** der Angaben auf Aktien und Zwischenscheinen (Abs 1 S 3) werden von der hL nicht als Grund für die Nichtigkeit des Mitgliedschaftsrechts angesehen, allerdings entsteht die Nebenleistungspflicht nur in der Person des ersten Gründers oder Zeichners, während ein etwaiger Erwerber der Aktien gutgläubig lastenfrei, also frei von der Nebenleistungspflicht, erwerben kann (*RGZ* 82, 72; K. Schmidt/Lutter AktG/*Fleischer* Rn 26; KölnKomm AktG/*Drygala* Rn 50; Henssler/Strohn/*Lange* Rn 6; MünchKomm AktG/*Bungeroth* Rn 42; ohne das Erfordernis der Gutgläubigkeit ebenso GroßKomm AktG/*Henze* Rn 25), wobei der Begriff der Gutgläubigkeit wie im sonstigen Privatrecht Nichtkennen der wahren Rechtslage ohne grobe Fahrlässigkeit bedeutet. Der gutgläubige Erwerb führt zum Erlöschen des Nebenleistungscharakters der Aktie. Das entspricht der Behandlung der Aktienurkunde als Rechtsscheinstatbestand. Die AG kann, um lastenfreien Erwerb zu verhindern, die Zustimmung zur Veräußerung der (vinkulierten) Aktie verweigern, bis der Erwerbsinteressent informiert worden ist (GroßKomm AktG/*Henze* Rn 27); auch kann sie bei dieser Gelegenheit die Zustimmung mit einer Übernahme rückständiger Pflichten des Veräußerers durch den Erwerber verbinden (MünchKomm AktG/*Bungeroth* Rn 30). 7

3. Sicherung durch Vertragsstrafe. Nach Abs 2 kann eine Nebenleistungspflicht wie nach § 54 (s dort Rn 6) eine Hauptpflicht durch Vertragsstrafe gesichert werden. Sie kann den Fall der Nichterfüllung (einschließlich Verzögerung) wie den der nicht gehörigen Erfüllung betreffen. Bedenken, dass hierbei entgegen der Regel doch eine Geld- 8 zahlungspflicht des Aktionärs begründet werden könnte, wiegen nicht schwer, weil eine gem § 340 Abs 1 S 2 BGB an die Stelle der Erfüllungsleistung tretende Vertragsstrafe immer nur eine von mehreren wiederkehrenden Einzelleistungen betrifft (MünchKomm AktG/*Bungeroth* Rn 28). Auch iÜ gelten die §§ 339 ff BGB, namentlich die Herabsetzungsmöglichkeit gem § 343 BGB, wenn der Aktionär nicht Kaufmann iSd HGB ist. Andere Sicherungsmittel kommen kaum in Betracht, da für Kaduzierung und Zwangseinziehung allein die Vorschriften der §§ 63, 64 gelten (ebenso K. Schmidt/Lutter AktG/*Fleischer* Rn 22). Zu denken ist aber an eine Androhung der Einziehung nach §§ 237 ff.

III. Die Behandlung der Nebenleistungspflichten im Gesellschaftsverhältnis

9   **1. Einordnung ins Gesellschaftsrecht.** Es handelt sich um **gesellschaftsrechtliche** Pflichten, auf die auch dann, wenn ein Entgelt vorgesehen ist, die Vorschriften über Kauf, Dienst- oder Werkvertrag stets nur entspr anzuwenden sind (KölnKomm AktG/*Drygala* Rn 25; GroßKomm AktG/*Henze* Rn 34), desgl die §§ 320 ff BGB, Henssler/Strohn/*Lange* Rn 3. Bei Leistungsstörungen gelten die §§ 275 ff, 323 ff nur mit der Maßgabe, dass stets nur die Pflicht zur Erbringung einer einzelnen Leistung zu betrachten ist. Die eigentliche Nebenleistungspflicht bleibt hiervon unberührt, sondern kann nur durch Ereignisse entfallen, die das Leistungsvermögen des Aktionärs für die Zukunft oder die objektive Durchführbarkeit endgültig entfallen lassen, wobei auch noch eine Differenzierung danach möglich erscheint, dass Nebenleistungspflichten eines aktuellen Aktionärs wg § 275 BGB nicht entstehen können, das Stammrecht aber, etwa nach einer Veräußerung, wieder aufleben kann; anders, wenn Pflichten dieser Art überhaupt nicht mehr entstehen können (MünchKomm AktG/*Bungeroth* Rn 25; s auch KölnKomm AktG/*Drygala* Rn 35). Hat der Aktionär die Nichterfüllung zu vertreten, was sich nach §§ 276 ff BGB, uU auch § 347 HGB richtet (K. Schmidt/Lutter AktG/*Fleischer* Rn 20), während der Haftungsmaßstab des § 708 BGB hier nach **hM** nicht zum Zuge kommt (KölnKomm AktG/*Drygala* Rn 35; GroßKomm AktG/*Henze* Rn 36), so kommt nach allg bürgerlichen Recht (§ 280 BGB) ein Schadensersatzanspruch in Betracht. Bei mangelhafter Lieferung sind bzgl der Einzelleistungen die Gewährleistungsvorschriften analog anwendbar. Bei Nicht- oder Schlechterfüllung ist **Rücktritt** von der ganzen Nebenleistungsvereinbarung nicht möglich, da dadurch die Grundlagen der Finanzierung der Gesellschaft berührt würden, die Nebenleistungspflicht bleibt also bestehen (K. Schmidt/Lutter AktG/*Fleischer* Rn 31).

10 **2. Beendigung von Nebenleistungspflichten.** Die Beendigung der AG oder des Mitgliedschaftsrechts durch **Anfechtung**, soweit dies überhaupt möglich ist, beseitigt auch die Nebenleistungspflicht (GroßKomm AktG/*Henze* Rn 37, 44; MünchKomm AktG/*Bungeroth* Rn 47; *Hüffer* AktG Rn 9; **aM** *Gansmüller* GmbHR 1955, 172 ff für die GmbH). Im Streit, ob eine selbstständige Anfechtung der Übernahme einer Nebenleistungspflicht möglich ist, obwohl dies nicht mit dem in Vollzug gesetzten Gesellschaftsverhältnis vereinbar wäre, soll entscheidend sein, dass eine Parallele zur Übernahme von Aktien (*RGZ* 88, 187) und zum Bestandsschutz der AG nicht gerechtfertigt ist. Dafür reicht es aus, wenn die Anfechtung auf eine Wirkung ex nunc beschränkt wird und die Gesellschaft sich hinfort nur auf die Hauptpflicht stützen kann. Auch lässt die heute **hM** bei Vorliegen wichtiger Gründe, die freilich nur bestehen, wenn dem Gesellschafter auch eine Veräußerung der Aktien unmöglich oder unzumutbar ist, eine **Kündigung** der Nebenleistungspflicht zu (*RGZ* 128, 1, 17 für die

Keine Zeichnung eigener Aktien. Aktienübernahme §56

GmbH; zur AG GroßKomm AktG/*Henze* Rn 46; MünchKomm AktG/*Bungeroth* Rn 49; KölnKomm AktG/*Drygala* Rn 33). Bei den Rübenzucker-Gesellschaften reicht eine freiwillige Veräußerung des bebauten Grundstücks eines Aktionärs hierfür nicht aus, auch nicht ein Verzicht auf die Aktie (zu den strengen Anforderungen an den wichtigen Grund GroßKomm AktG/*Henze* Rn 46; *Hüffer* AktG Rn 9), zur Aufhebung durch Satzung s Rn 3.

Die AG kann den Anspruch auf die Nebenleistung regelmäßig wg § 399 BGB nicht **abtreten** (*RGZ* 136, 313, 315; *Hüffer* AktG Rn 7). Bei **Auflösung** oder **Insolvenz** der Gesellschaft endet die Nebenleistungspflicht jedenfalls dann, wenn nicht der Betrieb als ganzer veräußert werden kann, in welchem Fall bis zum Übergang auf andere Inhaber die Pflicht bestehen bleiben muss (ähnlich *RGZ* 72, 236, 239; MünchKomm AktG/*Bungeroth* Rn 38; *Hüffer* AktG Rn 8). Auf die Beendigung der Nebenleistungspflicht sind iÜ die insolvenzrechtlichen Regelungen zum gegenseitigen Vertrag (§ 103 InsO) nicht anwendbar. Bei **Verschmelzung** findet vorbehaltlich abw Satzungsbestimmung ein Übergang der Ansprüche auf Nebenleistungen iRd Gesamtrechtsnachfolge statt (*RGZ* 136, 313, 316; *Hüffer* AktG Rn 9); s iÜ §§ 20 Abs Nr 1, 202 Abs 1 Nr 1 UmwG. 11

Die Nebenleistungspflicht endet nicht durch **Veräußerung der Aktien**, sondern trifft den Erwerber, auch ohne dass eine Schuldübernahme vorliegt. Der Veräußerer wird für die Zukunft frei und haftet auch nicht – wie bei der Einlagepflicht gem § 65 – subsidiär (MünchKomm AktG/*Bungeroth* Rn 41; KölnKomm AktG/*Drygala* Rn 53), eine Trennung von Mitgliedschaft und Nebenleistungspflicht scheidet aus. Zum gutgläubig lastenfreien Erwerb Rn 7. Nicht gesellschaftsrechtliche Nebenpflichten gehen auf den Erwerber einer Aktie nur durch Schuldübernahme über. 12

§ 56 Keine Zeichnung eigener Aktien; Aktienübernahme für Rechnung der Gesellschaft oder durch ein abhängiges oder in Mehrheitsbesitz stehendes Unternehmen

(1) Die Gesellschaft darf keine eigenen Aktien zeichnen.

(2) ¹**Ein abhängiges Unternehmen darf keine Aktien der herrschenden Gesellschaft, ein in Mehrheitsbesitz stehendes Unternehmen keine Aktien der an ihm mit Mehrheit beteiligten Gesellschaft als Gründer oder Zeichner oder in Ausübung eines bei einer bedingten Kapitalerhöhung eingeräumten Umtausch- oder Bezugsrechts übernehmen.** ²**Ein Verstoß gegen diese Vorschrift macht die Übernahme nicht unwirksam.**

(3) ¹**Wer als Gründer oder Zeichner oder in Ausübung eines bei einer bedingten Kapitalerhöhung eingeräumten Umtausch- oder Bezugsrechts eine Aktie für Rechnung der Gesellschaft oder eines abhängigen oder in Mehrheitsbesitz stehenden Unternehmens übernommen hat, kann sich nicht darauf berufen, dass er die Aktie nicht für eigene Rechnung übernommen hat.** ²**Er haftet ohne Rücksicht auf Vereinbarungen mit der Gesellschaft oder dem abhängigen oder in Mehrheitsbesitz stehenden Unternehmen auf die volle Einlage.** ³**Bevor er die Aktie für eigene Rechnung übernommen hat, stehen ihm keine Rechte aus der Aktie zu.**

(4) ¹**Werden bei einer Kapitalerhöhung Aktien unter Verletzung der Absätze 1 oder 2 gezeichnet, so haftet auch jedes Vorstandsmitglied der Gesellschaft auf die volle Einlage.** ²**Dies gilt nicht, wenn das Vorstandsmitglied beweist, dass es kein Verschulden trifft.**

Westermann

§ 56 Keine Zeichnung eigener Aktien. Aktienübernahme

Übersicht

	Rn		Rn
I. Zweck der Vorschrift	1	1. Anwendungsfälle, auch bei Einschaltung verbundener Unternehmen	8
II. Übernahme eigener Aktien (Selbstzeichnung)	3	2. Rechtsfolgen von Verstößen	12
III. Übernahme durch verbundene Unternehmen, Abs 2	5	3. Übernahme für eigene Rechnung	14
1. Anwendungsbereich	5	V. Haftung der Vorstandsmitglieder, Abs 4	16
2. Rechtsfolgen eines Verstoßes	7		
IV. Übernahme für Rechnung der Gesellschaft oder eines abhängigen oder im Mehrheitsbesitz stehenden Unternehmens, Abs 3	8		

Literatur: *Büdenbender* Eigene Aktien und Aktien an der Muttergesellschaft – Zeichnung, Erwerb, Kompetenzen, DZWIR 1998, 1; *Ganske* Das Zweite gesellschaftsrechtliche Koordinierungsgesetz vom 13. Dezember 1978, DB 1978, 2461; *Hettlage* Darf sich eine Kapitalgesellschaft durch die Begründung einer wechselseitigen Beteiligung an der Kapitalaufbringung ihrer eigenen Kapitalgeber beteiligen?, AG 1967, 249; *Lutter* Verwertungsaktien, AG 1970, 185; *W. Müller* Zum Entwurf eines Gesetzes zur Durchführung der Zweiten Richtlinie des Rates der Europäischen Gemeinschaften zur Koordinierung des Gesellschaftsrechts (Kapitalschutzrichtlinie), WPg 1978, 565; *Winter* Gesellschaftsrechtliche Schranken für „Wertgarantien" der AG auf eigene Aktien, FS Röhricht, 2005, S 709.

I. Zweck der Vorschrift

1 Die Vorschrift ist aufgrund der 2. EG-Richtlinie vom 13.9.1976 (Kapitalrichtlinie) mit dem DurchfG v 13.12.1978 (BGBl I S 1954, dazu *Ganske* DB 1978, 2461; *W. Müller* WPg 1978, 565) dadurch neu gefasst und erweitert worden, dass zu dem Abs 3, der dem früheren Abs 1 entspricht, und dem stehengebliebenen Abs 2 die Anordnungen in Abs 1 und 4 hinzutreten, wobei jedoch nur Abs 4 etwas bestimmt, was nicht schon früher – etwa in Anwendung des § 93 Abs 3 Nr 3 – so angenommen wurde (zusammenfassend GroßKomm AktG/*Henze* Rn 2). **Grundgedanke** der Vorschrift ist nach wie vor, dass die früher nicht seltene Praxis der **Vorratsaktien**, dh solcher Aktien, die die Gesellschaft selber oder ein Dritter im eigenen Namen, aber für Rechnung der Gesellschaft übernimmt und die er auf Abruf der Gesellschaft oder Dritten überlassen soll, mit den Anforderungen realer Kapitalaufbringung nicht vereinbar ist; den Bedürfnissen der Praxis kann durch das bedingte oder genehmigte Kapital weitgehend Rechnung getragen werden (KölnKomm AktG/*Drygala* Rn 2). Die Regelung in Abs 1 passt zum Verbot des derivativen Erwerbs eigener Aktien in §§ 71 ff, das der Kapitalerhaltung dient. In der neueren Praxis des MuA-Geschäfts kommt es vor, dass der Veräußerer eines Unternehmens sich auf eine Entgeltleistung in Gestalt von Aktien der erwerbenden Gesellschaft einlassen muss, die so Liquidität sparen will (näher *Winter* FS Röhricht, S 709 ff, bes im Hinblick auf hierbei gewährte Kursgarantien). Die im Abs 1 jetzt angesprochene Regelung ist in Abs 2 und 3 gegen verschiedene Umgehungen gesichert worden. Daneben wendet sich § 56 gegen die denkbare Möglichkeit, dass durch die Selbstzeichnung oder die Übernahme von Aktien durch ein abhängiges Unternehmen die Verwaltung Einfluss auf die Willensbildung im Aktionärskreis erhält (GroßKomm AktG/*Henze* Rn 5; K. Schmidt/Lutter AktG/*Fleischer* Rn 20). Eine Sonderregelung, die § 56 vorgeht, ist § 215 Abs 1, wonach die Gesell-

schaft iR einer Kapitalerhöhung aus Gesellschaftsmitteln uU eigene Aktien übernehmen darf (GroßKomm AktG/*Henze* Rn 8; *Hüffer* AktG Rn 7).

Dass durch die Selbstzeichnung von Aktien oder durch die Übernahme seitens eines von der Gesellschaft abhängigen Unternehmens die Grundkapitalziffer zwar formell gedeckt wird, ohne dass damit eine reale Erhöhung des Gesellschaftsvermögens stattgefunden haben muss (KölnKomm AktG/*Drygala* Rn 3), kann im deutschen System der Kapitalaufbringung nicht zugelassen werden. Ein Verstoß gegen diese Regel führt allerdings nicht zur Unwirksamkeit der Übernahme, Abs 2 S 2. Ein für Rechnung der Gesellschaft handelnder Dritter, der nicht abhängiges Unternehmen ist, unterliegt dem Verbot des Erwerbs von Vorratsaktien, soweit es auf den Grundsatz der effektiven Kapitalaufbringung gestützt ist, an sich nicht oder jedenfalls nicht im selbem Maße wie die Selbstzeichnung durch die Gesellschaft, der Dritte wird aber durch Abs 3 innergesellschaftlich so schlecht gestellt, dass die Übernahme für ihn ohne Interesse sein soll (MünchKomm AktG/*Bungeroth* Rn 3; *Hüffer* AktG Rn 1; *Winter* FS Röhricht, S 715). Inwieweit dieser Gedanke selbstständig tragfähig ist, muss im Zusammenhang mit der Regelung in Abs 3 (Rn 8 ff) erörtert werden. Zwar mag gelegentlich die Möglichkeit bestehen, durch Veräußerung seitens des von der AG abhängigen Zwischenmanns echtes Kapital zu schaffen, was aber auch durch ein genehmigtes Kapital oder eine bedingte Kapitalerhöhung erreicht werden kann (MünchKomm AktG/*Bungeroth* Rn 3). Demgegenüber ist die Zuführung echter Mittel auf dem Wege über die Vorratsaktien zu unsicher, um aus der Sicht der Gesellschaft die Nachteile des Vortäuschens eines in Wahrheit nicht vorhandenen Bestandes an Eigenmitteln und aus der Sicht der anderen Aktionäre die Gefahr einer Selbstkontrolle der Verwaltung durch die Stimmrechte aufzuwiegen. Demgegenüber können **Verwertungsaktien**, die nach Durchführung einer Kapitalerhöhung bei einer Bank als sogenannte Spitzen verblieben sind und von ihr für Rechnung der Gesellschaft verwertet werden sollen, wirksam geschaffen und gehandelt werden, solange der Übernehmer das wirtschaftliche Risiko nicht auf die Gesellschaft abwälzen kann (näher dazu Rn 9). Abs 1 und 2 bezwecken den Schutz einer Gesellschaft mit **deutschem Personalstatut**, Abs 2 ist daher auch anwendbar, wenn das erwerbende Tochterunternehmen einem ausländischen Personalstatut unterliegt, solange seine konzernrechtliche Einbindung den Regeln der §§ 16, 17 entspricht (KölnKomm AktG/*Drygala* Rn 94; *Grigoleit/Rachlitz* AktG, Rn 2). § 56 steht nicht entgegen, wenn ein deutsches Tochterunternehmen Aktien seiner ausländischen Mutter zeichnet (MünchKomm AktG/*Bungeroth* Rn 94).

II. Übernahme eigener Aktien (Selbstzeichnung)

Der Grundsatz des Abs 1 folgt aus Art 18 Abs 1 der Richtlinie, jedoch ist die Terminologie nicht genau. Unter „Zeichnung" sind hier alle in den Abs 2 und 3 genannten Vorgänge zu verstehen, also nicht nur die Zeichnung iRd Gründung oder Kapitalerhöhung gegen Einlagen oder beim genehmigten Kapital, sondern auch die Übernahme aufgrund eines bei bedingter Kapitalerhöhung begründeten Umtausch- oder Bezugsrechts (*Ganske* DB 1978, 2463; GroßKomm AktG/*Henze* Rn 7; Henssler/Strohn/*Lange* Rn 5), so dass auch eine Bezugsrechtsausübung hierher gehört (MünchKomm AktG/*Bungeroth* Rn 8). Im Gründungsstadium scheitert die Übernahme eigener Aktien ohnehin daran, dass die Gesellschaft selber noch nicht existiert (*Büdenbender* DZWIR 1998, 1); auch insofern ist also ein weites Verständnis des Begriffs der „Zeichnung" sinnvoll.

§ 56 Keine Zeichnung eigener Aktien. Aktienübernahme

4 Die **Rechtsfolgen von Verstößen** gegen das Verbot in Abs 1 sind differenziert zu sehen. Ein Verstoß macht eine Übernahme im Zuge einer Kapitalerhöhung nach § 134 BGB nichtig (*Ganske* DB 1978, 2461; *Büdenbender* DZWIR 1998, 1, 6; K. Schmidt/Lutter AktG/*Fleischer* Rn 9; GroßKomm AktG/*Henze* Rn 9). Die Kapitalerhöhung darf nicht angemeldet und eingetragen werden, Organmitglieder können auf Schadensersatz haften. Dadurch wird eine Kapitalerhöhung gegen Einlagen auch dann blockiert, wenn nur ein Teil der Übernahmeerklärungen nichtig ist, weil der Vorgang als solcher nicht teilbar ist (KölnKomm AktG/*Drygala* Rn 9). Wird verbotswidrig eingetragen, so kann – wovon die Regelung in Abs 4 durch ausdrückliche Bezugnahme auf Abs 1 ausgeht – die Nichtigkeit der Übernahme der Zeichnung **geheilt** werden, obwohl an sich nach § 189 Mängel der Zeichnung durch eine Registereintragung nur begrenzt geheilt werden (KölnKomm AktG/*Drygala* Rn 11; *Grigoleit/Rachlitz* AktG, Rn 11; MünchKomm AktG/*Bungeroth* Rn 13). Heilung bedeutet, dass die Mitgliedschaftsrechte entstehen, und zwar, da sonst keine Heilungswirkung angenommen werden könnte, wie bei teilw unwirksamen, aber durchgeführten Kapitalerhöhungen als eigene Aktien der Gesellschaft (*Büdenbender* DZWR 1998, 1, 6; GroßKomm AktG/*Henze* Rn 16; MünchKomm AktG/*Bungeroth* Rn 13; zweifelnd aber *Hüffer* AktG Rn 5). Bzgl der Wahrnehmung der Mitgliedschaftsrechte gilt freilich § 71b (KölnKomm AktG/*Drygala* Rn 13; für analoge Anwendung GroßKomm AktG/*Henze* Rn 16; Wachter AktG/*Servatius* Rn 5). Für die Einlage haften die in Abs 4 bezeichneten Personen, mehrere haften als Gesamtschuldner. Daher ist die Kapitalaufbringung außer in dem theoretischen Fall, dass kein Vorstandsmitglied schuldhaft gehandelt hat, iE nicht gefährdet. Für die Aktien ist die Gesellschaft auch dem Veräußerungsgebot gem § 71c unterworfen, wird die Jahresfrist versäumt, sind die Aktien einzuziehen (KölnKomm AktG/*Drygala* Rn 14; GroßKomm AktG/*Henze* Rn 17). Beim **genehmigten Kapital** ist die Zeichnung eigener Aktien durch die Gesellschaft hinsichtlich der Rechtsfolgen ebenso zu beurteilen wie bei Kapitalerhöhung gegen Einlagen, MünchKomm AktG/*Bungeroth* Rn 8; Spindler/Stilz AktG *Cahn/von Spannenberg* Rn 15. Unübersichtlich ist dagegen der Fall der **bedingten Kapitalerhöhung** iSd §§ 192 ff, wenn die Gesellschaft als Inhaberin von Wandelschuldverschreibungen aufgrund des den Rechtsinhabern eingeräumten Umtausch- oder Bezugsrechts (§ 192 Abs 1) eine Bezugserklärung gem § 198 abgibt, was ihr nach § 56 Abs 1 verboten ist. Die Erklärung ist also nichtig, § 134 BGB, doch kann dies nicht zu einem Entfallen der Kapitalerhöhung führen, die durch die Ausgabe der Bezugsaktien geschieht (§ 200). Da verbreitet die Möglichkeit einer Heilung als notwendig angesehen wird (MünchKomm AktG/*Bungeroth* Rn 13), wird erwogen, die tatsächliche Aktienausgabe nach §§ 199, 200 als Heilungstatbestand anzuerkennen (*Grigoleit/Rachlitz* AktG Rn 4), wogegen aber spricht, dass über §§ 200, 198 Abs 3 nicht alle Nichtigkeitsgründe geheilt werden können, denn die auf das Abschneiden bestimmter Einwände beschränkte Heilungswirkung gem § 189 Abs 3 lässt nicht deutlich erkennen, ob diese Folge auch für eine fehlende Bezugsberechtigung gelten und etwa das Fehlen eines gültigen Begebungsvertrages überwinden kann (dazu KölnKomm AktG/*Drygala* Rn 12; mit weiteren Gründen abl auch Spindler/Stilz AktG/*Cahn/von Spannenberg* Rn 16). Hinzu kommt, dass aufgrund eines gültigen Aktienerwerbs durch die Ges (und Entfallen der daraus fließenden Mitgliedschaftsrechte) die handelnden Organpersonen auf die Einlage haften (MünchKomm AktG/*Bungeroth* Rn 14), was unvermeidlich ist, weil die von der AG gehaltenen Wandelobligationen die Einlagepflicht nicht erfüllen können. Gute Gründe sprechen daher für eine entspr Anwendung des § 198 Abs 2 S 2 in dessen (allerdings etwas engeren) Anwendungsbereich (*Cahn/von Spanneberg* ebda).

III. Übernahme durch verbundene Unternehmen, Abs 2

1. Anwendungsbereich. Das in Abs 2 ausgesprochene **Verbot** betrifft die Übernahme 5 von Aktien durch **abhängige** und in **Mehrheitsbesitz** stehende Unternehmen (zu den Begriffen s §§ 16, 17). Wenn solche als Zeichner bei einer Kapitalerhöhung gegen Einlagen (§§ 182 ff) oder beim genehmigten Kapital sowie als Aktienübernehmer in Ausübung von Umtausch- oder Bezugsrechten eine Beteiligung an der herrschenden oder mit Mehrheitsbesitz beteiligten Gesellschaft erwerben, wächst dieser möglicherweise kein zusätzliches Kapital zu, das bei wirtschaftlicher Betrachtung nicht schon zu ihrem Vermögen gehört. Die Vorschrift dient also wie Abs 1 der Sicherung realer Kapitalaufbringung, hat aber daneben offensichtlich auch die Gefahr von Stimmrechtsmanipulationen durch die Verwaltung des herrschenden Unternehmens über das abhängige im Auge (MünchKomm AktG/*Bungeroth* Rn 24; GroßKomm AktG/*Henze* Rn 23). Aber auch die durch Vertrag oder sonstige Umstände herrschenden Unternehmen werden von der Regelung erfasst (KölnKomm AktG/*Drygala* Rn 18; K. Schmidt/Lutter AktG/*Fleischer* Rn 13), obwohl hier die reale Kapitalaufbringung nicht gefährdet erscheint. Fraglich ist, ob auch solche Beteiligungen einer Übernahme von Aktien entgegenstehen, die keine Anteilsmehrheit oder nur zusammen mit anderen Umständen Abhängigkeit begründen. Der Wortlaut ist klar auf Mehrheitsbesitz und Abhängigkeit abgestellt, so dass wechselseitige Beteiligungen bis zu 50 % entstehen können. Die Folgen ergeben sich aus §§ 19–21 und 328, nach **hM** ist damit aber die Grenze der Gleichstellung mit den in Abs 2 ausdrücklich genannten Beteiligungsformen erreicht, so dass de lege lata hingenommen werden muss (darin erschöpfen sich aber nach **hM** die Rechtsfolgen), dass die einer AG zugeführten Einlagen bis zur Hälfte aus ihrem eigenen Vermögen stammen (dazu GroßKomm AktG/*Henze* Rn 27; KölnKomm AktG/*Drygala* Rn 19; trotz Bedenken ebenso MünchKomm AktG/*Bungeroth* Rn 30; aM aber schon de lege lata *Winter* Die wechselseitige Beteiligung von Aktiengesellschaften, 1960, S 51 ff; *Hettlage* AG 1967, 249 ff). Die Annahme, es könne sich um eine planwidrige Gesetzeslücke handeln, ist nicht mehr haltbar, seit § 56 im Zuge der Anpassung an teilw strengeres Europarecht (Rn 1) überarbeitet wurde und im Hinblick auf wechselseitige Beteiligungen, deren Problematik ja bekannt war, die 50 %-Grenze unverändert blieb.

Verboten ist die originäre **Übernahme** von Aktien des herrschenden oder mit Mehr- 6 heit beteiligten Unternehmens. Praktisch sind also betroffen die Beteiligung an einer Kapitalerhöhung durch Einlagen sowie beim genehmigten Kapital, ferner auch die Umtausch- und Bezugserklärungen bei bedingter Kapitalerhöhung. Bezugsrechte, die bei einer Kapitalerhöhung gegen Einlagen geltend gemacht werden könnten, kann ein von der AG abhängiges Unternehmen nach § 71d S 4 iVm § 71b ohnehin nicht ausüben, so dass § 56 Abs 2 S 1 nur in Betracht kommt, wenn ein abhängiges Unternehmen Bezugsrechte derivativ erworben hat (MünchKomm AktG/*Bungeroth* Rn 33). Gewöhnlich scheidet auch ein verbotswidriger Erwerb bei Gründung aus, weil die gründende Gesellschaft nicht schon von der zu gründenden AG abhängig sein kann (über die schwer vorstellbaren Ausnahmefälle MünchKomm AktG/*Bungeroth* Rn 32 zur Einbringung einer Mehrheitsbeteiligung durch die Gründer). Eine Kapitalerhöhung aus Gesellschaftsmitteln ist wiederum nicht erfasst, weil dabei eine Bezugserklärung des Aktionärs nicht abgegeben wird (K. Schmidt/Lutter AktG/*Fleischer* Rn 16; GroßKomm AktG/*Henze* Rn 34; KölnKomm AktG/*Drygala* Rn 26).

§ 56 Keine Zeichnung eigener Aktien. Aktienübernahme

7 **2. Rechtsfolgen eines Verstoßes.** Nach Abs 2 S 2 macht ein Verstoß gegen das Übernahmeverbot die Übernahmegeschäfte **nicht unwirksam**, weil sonst die Mängel der Übernahme die Höhe des rechtlich relevanten Gesellschaftskapitals oder gar die Gründung der AG gefährden würden. Str ist aber, ob der Registerrichter die Eintragung der Kapitalerhöhung ablehnen darf oder sogar muss (für das Letztere die ganz **hM** GroßKomm AktG/*Henze* Rn 37; *Hüffer* AktG Rn 10; MünchKomm AktG/*Bungeroth* Rn 38; K. Schmidt/Lutter AktG/*Fleischer* Rn 17; *Grigoleit/Rachlitz* AktG, Rn 8; Henssler/Strohn/*Lange* Rn 6). Das trifft zu, weil sonst das Verbot zu stark abgeschwächt wird, demgemäß darf auch der Vorstand an einer solchen Eintragung nicht mitwirken. Erfolgt sie trotzdem, so wird das abhängige oder in Mehrheitsbesitz stehende Unternehmen aber Aktionär der Gesellschaft. Bei der bedingten Kapitalerhöhung ist einzutragen, da hier die Eintragung nur deklaratorisch wirkt (Rn 4) und die Veränderung des Kapitals nach § 200 mit der Ausgabe der Bezugsaktien stattgefunden hat (MünchKomm AktG/*Bungeroth* Rn 39; GroßKomm AktG/*Henze* Rn 38). Ein schuldrechtlicher Vertrag über eine Aktienübernahme ist nach § 134 BGB allerdings nichtig, s auch § 71 Abs 4 S 2. Dem abhängigen Unternehmen, das die mitgliedschaftlichen Pflichten (Leistung der Einlage) zu erfüllen hat, stehen dennoch aus den ihm zustehenden Aktien keine **Mitgliedschaftsrechte** (Stimmrechte, Bezugsrechte) zu; das ist zwar nicht ausdrücklich geregelt, doch wendet die allg Meinung auf den hier gegebenen Fall eines originären Erwerbs die Vorschriften der §§ 71d S 3 und S 4 iVm § 71b entspr an, die allg auf den „Besitz" von Aktien abstellen (*Büdenbender* DZWIR 1998, 1, 5; GroßKomm AktG/*Henze* Rn 40; MünchKomm AktG/*Bungeroth* Rn 41). Das lässt sich auch mit dem Hinweis begründen, dass bei Schaffung der §§ 71b, 71d durch das Durchführungsgesetz zur dritten EG-Richtlinie (zur RL v 25.10.1982, BGBl I S 1425) das im früheren § 136 Abs 2 enthaltene, auch auf den originären Erwerb bezogene Stimmverbot beseitigt und dadurch demonstriert wurde, dass die Regeln über derivativ erworbene Aktien für ausreichend gehalten wurden (näher *W. Müller* W 1978, 572; KölnKomm AktG/*Drygala* Rn 31; GroßKomm AktG/*Henze* Rn 40). Das abhängige Unternehmen ist iÜ gehalten, in entspr Anwendung des § 71d S 4 iVm § 71d Abs 2 und 3 die verbotswidrig erworbenen Aktien binnen eines Jahres zu veräußern, widrigenfalls sie gem § 237 einzuziehen sind. Soweit der Gesellschaft ein Schaden entsteht, haften die verantwortlichen Vorstands- und AR-Mitglieder, zu ihrer Haftung auf die Einlage s Rn 16. Unabhängig von der Verbotswidrigkeit des Erwerbs hat das herrschende Unternehmen über Bestand und Zugang durch das abhängige Unternehmen erworbener Aktien im Anhang des Jahresabschlusses zu berichten (§ 160 Abs 1 Nr 1, § 264 HGB).

IV. Übernahme für Rechnung der Gesellschaft oder eines abhängigen oder im Mehrheitsbesitz stehenden Unternehmens, Abs 3

8 **1. Anwendungsfälle, auch bei Einschaltung verbundener Unternehmen.** Es geht um die Verhinderung von Umgehungen der in den Abs 1 und 2 enthaltenen Verbote im Zuge eines Erwerbs von Aktien der Gesellschaft durch einen wirtschaftlich auf ihr Risiko handelnden mittelbaren Vertreter oder Treuhänder. Mit dem Erfordernis des Erwerbs „für Rechnung" der Gesellschaft wird ausgedrückt, dass die wirtschaftlichen Folgen des Handelns des Erwerbenden die Gesellschaft treffen sollen, die danach aus dieser Aktion in Wahrheit keinen den übernommenen Anteilen entspr Gegenwert zur vollen Verfügung erhält. Historisch lag dem ua die Anschauung von Finanzierungsformen zugrunde, bei denen die Gesellschaft der übernehmenden Stelle (einer Bank oder einem Konsortium) den von dieser für die Aktien zu zahlenden Betrag treuhänderisch zur Verfügung stellte, etwa weil ein Übernahmekonsortium die im Zuge eines mittelbaren Bezugsrechts (§ 186 Abs 2) erworbenen Aktien zunächst nicht platzieren konnte, und in der Erwartung, dass der Übernehmer oder die Gesellschaft (auf ihre Weisung hin) die Aktien später verwerten, die aber bis dahin für Rechnung der Gesellschaft gehalten wurden, auch im Hinblick auf die Wahrnehmung der Mitgliedschaftsrechte (**Verwertungsaktien**, MünchKomm AktG/*Bungeroth* Rn 59; KölnKomm AktG/*Drygala* Rn 62). Die hierdurch begründeten Gefahren sind den missbilligten Folgen der Selbstzeichnung (Rn 3) vergleichbar (GroßKomm AktG/*Henze* Rn 47), ohne dass es auf die zivilrechtliche Konstruktion des Handelns „für Rechnung" der Gesellschaft im Einzelnen ankommt, so dass bes mittelbare Stellvertretung und Treuhand gleichstehen, K. Schmidt/Lutter AktG/*Fleischer* Rn 19. Das Gesetz schreibt als Gegenmittel vor, dass die rechtlichen Folgen des Handelns entgegen den mit der Gesellschaft getroffenen Absprachen den „mittelbaren" Vertreter selber treffen sollen (GroßKomm AktG/ *Henze* Rn 47). Die Regelung betrifft alle Formen der Aktienübernahme, sei es bei der Gründung, der Kapitalerhöhung gegen Einlagen oder im Rahmen bedingter Kapitalerhöhung oder eines genehmigten Kapitals, frei ist wiederum die Handhabung bei einer Kapitalerhöhung aus Gesellschaftsmitteln (MünchKomm AktG/*Bungeroth* Rn 55; GroßKomm AktG/*Henze* Rn 50). Hingegen ist Handeln in direkter Stellvertretung nicht betroffen, da hierbei die Folgen allein die vertretene AG treffen, so dass Abs 1 anzuwenden ist (GroßKomm AktG/*Henze* Rn 48; Spindler/Stilz AktG/*Cahn/von Spannenberg* Rn 40). Ein derivativer Erwerb durch einen für Rechnung der Gesellschaft Handelnden fällt dagegen unter § 71d (Spindler/Stilz AktG/*Cahn/von Spannenberg* Rn 41). Das Innenverhältnis zwischen dem für Rechnung der Gesellschaft Handelnden und der Gesellschaft kann durchaus verschieden sein, es genügen alle schuldrechtlichen Geschäfte, die darauf hinauslaufen, dass der Übernehmer der Aktie zwar im eigenen Namen handelt, aber das wirtschaftliche Risiko der Aktion die Gesellschaft treffen soll. In Betracht kommen etwa ein Auftrag, ein Geschäftsbesorgungsvertrag, Kommissionsgeschäfte sowie eine berechtigte Geschäftsführung ohne Auftrag. Nicht nötig ist eine Treuhänderstellung des Übernehmers, weil auch ohne sie wirtschaftlich die Vor- und Nachteile den Geschäftsherrn treffen können, so etwa bei Sacheinlagen, für die Aktien ausgegeben werden, wenn das Umtauschverhältnis später nach Maßgabe der Entwicklung des Werts der Sacheinlagen verändert werden soll. Darum ist auch eine Weisungsbefugnis der Gesellschaft gegenüber dem Übernehmer nicht erforderlich (MünchKomm AktG/*Bungeroth* Rn 58; KölnKomm AktG/*Drygala* Rn 47), umgekehrt handelt der Übernehmer, der allein das wirtschaftliche Risiko der Übernahme trägt, nicht allein deshalb „für Rechnung" der Gesellschaft, weil er bei der Wahrnehmung der Aktionärsrechte oder auch nur bei der Weiterveräußerung vertraglich an Weisungen der Gesellschaft gebunden ist.

Wann das Geschäft wg der Übernahme des vermögensmäßigen Risikos durch die Gesellschaft iSd Abs 3 für ihre Rechnung geht, hängt allein von der Ausgestaltung des Innenverhältnisses zwischen dem Übernehmer und der Gesellschaft im Zusammenhang mit dem Aktienerwerb ab. Bei Übernahme von Aktien durch ein Emissionskonsortium ist im Zweifel nicht von einem Risikoausschluss für die Gesellschaft auszugehen (MünchKomm AktG/*Bungeroth* Rn 61), auch nicht allein durch die Pflicht des Konsortiums, die Aktien zu behalten; anders, wenn nach dem Übernahmevertrag die

9

§ 56 Keine Zeichnung eigener Aktien. Aktienübernahme

Gesellschaft die nicht platzierten Aktien zurückzunehmen oder einen Mindererlös zu erstatten hat, so dass sie iE weniger erhält als den Ausgabebetrag (MünchKomm AktG/*Bungeroth* Rn 60; K. Schmidt/Lutter AktG/*Fleischer* Rn 23; *Hüffer* AktG Rn 13; speziell zur Übernahme des Platzierungsrisikos Spindler/Stilz AktG/*Cahn/von Spannenberg* Rn 47). Eine Pflicht der Gesellschaft zur Zahlung von festen Provisionen steht wirtschaftlich gleich, nicht jedoch die Zahlung von Auslagenersatz und Tätigkeitsvergütung durch die Gesellschaft, solange auf sie dadurch nicht das wirtschaftliche Risiko der Aktion abgewälzt wird (GroßKomm AktG/*Henze* Rn 62, so auch zur Kursgarantie oder zur Übernahme der Zeichnungsrisiken Henssler/Strohn/*Lange* Rn 7). Diese Regelung gilt auch bei Beteiligung einer Aktienbank an einem Emissionskonsortium (MünchKomm AktG/*Bungeroth* Rn 55; GroßKomm AktG/*Henze* Rn 59). Eine Risikoüberwälzung auf die Gesellschaft würde in der Übernahme einer Kursgarantie liegen, die auch gegen § 57 (dort Rn 21) und im Hinblick auf junge Aktien aus einer Kapitalerhöhung auch gegen die Grundsätze der Kapitalaufbringung verstoßen kann (Wachter AktG/*Servatius* Rn 16; näher *Winter* FS Röhricht, S 709, 712 ff). Ein Verstoß kann insb auch darin liegen, dass der Übernehmer aus dem Grundverhältnis Aufwendungsersatzansprüche geltend machen kann, die seine Aufwendungen für die den Erwerb einschließlich eines Mindererlöses bei einer ihm angesonnenen Weiterveräußerung erfassen (GroßKomm AktG/*Henze* Rn 54; MünchKomm AktG/*Bungeroth* Rn 50); anders, wenn der Übernehmer lediglich einen tatsächlich erzielten Gewinn abzuführen hat (GroßKomm AktG/*Henze* Rn 56). Ein Anspruch auf Aufwendungsersatz muss also abbedungen werden. Die Anwendung des § 56 löst es auch aus, wenn bei einer Aktienübernahme gegen Sacheinlage der Inferent das Recht erhält, bei ungünstiger Entwicklung des Aktienkurses das Geschäft rückgängig zu machen, nicht aber, wenn vereinbart wird, dass die Gesellschaft später die Aktien gegen eine dem Wert bei Übernahme entspr Gegenleistung zurückzunehmen hat, soweit hierdurch nicht die Regeln über den Erwerb eigener Aktien berührt werden; zur Rückabwicklung s Rn 12.

10 Eine Übernahme für Rechnung der Gesellschaft kann auch **durch ein abhängiges oder in Mehrheitsbesitz stehendes Unternehmen** erfolgen. Dann finden die Regeln der Abs 2 und 3 nebeneinander Anwendung. Die Aktienübernahme ist also nicht nichtig, das übernehmende Unternehmen schuldet die Einlage, ohne aber Rechte aus der Mitgliedschaft ausüben zu können (MünchKomm AktG/*Bungeroth* Rn 80; GroßKomm AktG/*Henze* Rn 98). Nach wohl hM kann der Übernehmer auch aus seinem Innenverhältnis zur Gesellschaft, für deren Rechnung er Aktien übernommen hat, wegen der Bestimmung in Abs 3 S 2 und 3 keine Entlastung von seinen Pflichten ableiten, während die Gesellschaft alle Rechte aus der Vereinbarung mit ihm soll geltend machen können und ihm auch bindende Weisungen bezüglich seines Verhaltens in der Gesellschaft erteilen darf (*Hüffer* AktG Rn 14; GroßKomm AktG/*Henze* Rn 71, 72; MünchKomm AktG/*Bungeroth* Rn 72). Der Übernehmer kann dann wegen des Verbots in Abs 2 die Aktien auch nicht auf eigene Rechnung übernehmen, sondern bleibt gehalten, sie an Dritte zu veräußern (MünchKomm AktG/*Bungeroth* Rn 84; GroßKomm AktG/*Henze* Rn 100). Gegen diese Sichtweise wird durchaus einleuchtend angeführt, dass eine einseitige Unwirksamkeit des Innenverhältnisses, die dem Übernehmer keine, der Gesellschaft alle Rechte belässt, sich allein mit dem Rechtsgedanken des Kapitalschutzes nicht begründen lässt (Spindler/Stilz AktG/*Cahn/von Spannenberg* Rn 44 ff; Grigoleit AktG/*Rachlitz* Rn 13).

Keine Zeichnung eigener Aktien. Aktienübernahme § 56

Ausdrücklich gleichgestellt ist ein Handeln eines Dritten **für ein abhängiges oder im** 11
Mehrheitsbesitz stehendes Unternehmen, wobei Verbindung zu der Gesellschaft gemeint ist, deren Aktien übernommen werden. Zu den Begriffen s §§ 16, 17. Die Regelung ist konsequenterweise dahin zu verstehen, dass der für Rechnung eines verbundenen Unternehmens handelnde Aktienübernehmer im Verhältnis zu der Gesellschaft ebenso wie das abhängige Unternehmen zwar Inhaber der Aktie wird und die Einlage schuldet, aber die Mitgliedschaftsrechte nicht geltend machen kann (Rn 12). Auch im Verhältnis zum Unternehmen, für dessen Rechnung er gehandelt hat, muss er das wirtschaftliche Risiko tragen, da sonst letztlich die der AG zur Verfügung gestellten Mittel doch von einem abhängigen oder in Mehrheitsbesitz stehenden Unternehmen aufgebracht würden (KölnKomm AktG/*Drygala* Rn 43).

2. Rechtsfolgen von Verstößen. Die Rechtsfolgen eines nach den Regeln des Abs 3 12
zu behandelnden Aktienerwerbs beruhen nicht auf dem Gedanken des Verstoßes gegen ein Verbot, sondern auf der problematischen Vorstellung eines nicht unwirksamen Vertrages mit **Beschränkung** der **Aktionärsrechte** unter **Aufrechterhaltung** der **Pflichten,** also mit einer unattraktiven Mitgliedschaft. Die Eintragung einer Kapitalerhöhung als Folge der als solcher wirksamen Übernahme hat stattzufinden, der Übernehmer haftet für die Einlage und etwaige Nebenleistungen, ohne sich darauf berufen zu können, dass er die Aktien nicht für eigene Rechnung übernommen habe. Die AG darf ihm nicht die Mittel zur Erfüllung der Einlageschuld zur Verfügung stellen. Der Vorstand der Gesellschaft ist zur Einforderung verpflichtet, ohne – von Ausnahmefällen abgesehen – eine Arglisteinrede aus dem Innenverhältnis besorgen zu müssen. Unterlässt er die Anforderung, kann er sich ersatzpflichtig machen. Auch die Leistung der Einlage verschafft dem Übernehmer nicht die Rechte aus der Aktie, er erhält also nicht die auf die übernommenen Aktien entfallende Dividende, muss etwa bezogene herausgeben, weil in ihrer Entgegennahme eine verbotene Einlagenrückgewähr läge (GroßKomm AktG/*Henze* Rn 70), er hat auch keine Mitverwaltungsrechte, solange er die Aktien nicht (nachträglich, dazu Rn 14) „für eigene Rechnung übernommen" hat. Bezugsrechte stehen ihm ebenfalls nicht zu, anders allerdings – obwohl man selbst das bezweifeln könnte – für eine Kapitalerhöhung aus Gesellschaftsmitteln (MünchKomm AktG/*Bungeroth* Rn 62; KölnKomm AktG/*Drygala* Rn 69; GroßKomm AktG/*Henze* Rn 66). Der Grundsatz der Kapitalerhaltung steht auch Ansprüchen des Übernehmers gegen die AG aus dem Innenverhältnis auf Aufwendungsersatz entgegen, weil hierdurch wiederum die Gesellschaft aus ihrem Vermögen den Einlagebetrag aufbrächte. Dennoch erscheint es missverständlich, wenn es heißt, der Übernehmer stehe „völlig rechtlos" da (*Winter* FS Röhricht, S 715), da das der Übernahme zugrunde liegende Rechtsverhältnis immerhin wirksam ist (GroßKomm AktG/*Henze* Rn 64, 78) und folglich zunächst beendet werden müsste (GroßKomm AktG/*Henze* Rn 77, 79 f; *Hüffer* AktG Rn 16; dagegen Spindler/Stilz AktG *Cahn/von Spannenberg* Rn 55). Wenn das Geschäft dagegen nach hM nicht gänzlich unwirksam ist, so müssen Mängel, die sich nicht aus dem Verstoß gegen § 56 ergeben, dem Übernehmer durchaus Rechte gegenüber der Gesellschaft geben. So müsste ein aus anderen als gesellschaftsrechtlichen Gründen mangelhaftes Einlagegeschäft rückabgewickelt werden, was sich etwa ergeben kann, wenn der Inferent bezüglich der Einlage einem Verfügungsverbot unterlag, aber auch dann, wenn der Vertrag an Fehlen oder Wegfall der Geschäftsgrundlage leidet (GroßKomm AktG/*Henze* Rn 81; MünchKomm AktG/*Bungeroth* Rn 77; KölnKomm AktG/*Drygala* Rn 81; anders *Winter* FS Röhricht, S 717 ff). Die

Gesellschaft kann in solchen Fällen nicht davon ausgehen, dass das Einlagegeschäft aufrechterhalten bleibt, der Inferent keine Rechte aus den übernommenen Aktien ausüben kann und auch eine Rückabwicklung unterbleiben muss. Eine solche Besserstellung im außer-gesellschaftsrechtlichen Bereich verlangt § 56 Abs 3 nicht, und es wäre auch nicht einzusehen, weshalb die Mitwirkung des Vorstandes an der Kapitalerhöhung, der Sacheinlage und sonstigen in diesem Zusammenhang geschlossenen Geschäften und Verträgen, obwohl den Organen Verstöße gegen § 56 eher bewusst sein müssen als dem Übernehmer/Inferenten, für die Gesellschaft gänzlich folgenlos bleiben soll (zur Rechtsmissbräuchlichkeit im Einzelfall auch GroßKomm AktG/*Henze* Rn 82). Auch wenn andere die Kapitalaufbringung nicht gefährdende, insb keine Risikotragung der Gesellschaft begründende Teile der Vereinbarung zwischen der Gesellschaft und dem Übernehmer verletzt werden, scheitern die allgemein-privatrechtlichen Sanktionen nicht an § 56 Abs 3.

13   Auf der anderen Seite können **Rechte der AG** oder des von ihr abhängigen Unternehmens aus dem der Übernahme zugrundeliegenden Innenverhältnis folgen, die auf die Verwertung der übernommenen Aktien gerichtet sind, einschließlich der Ansprüche auf Abführung eines Mehrerlöses aus dem Innenverhältnis, das nicht nichtig ist, K. Schmidt/Lutter AktG/*Fleischer* Rn 27; *Hüffer* AktG Rn 14. Dies gilt, solange es sich ausschließlich um Berechtigungen der AG handelt, die nicht im wirtschaftlichen Erg auf einen Zwang zur Finanzierung des Aktienerwerbs für Rechnung der Gesellschaft oder eines von ihr abhängigen Unternehmens hinauslaufen. Ein Recht auf Übertragung der übernommenen Aktien hat die Gesellschaft, für deren Rechnung gehandelt wurde, nur iRd nach §§ 71, 71d Zulässigen, dann aber auch gegen Erstattung der Aufwendungen (MünchKomm AktG/*Bungeroth* Rn 73; GroßKomm AktG/*Henze* Rn 73). Eine Rücküberwälzung des wirtschaftlichen Risikos wird darin nicht gesehen, die Gesellschaft ist hierzu nämlich nicht verpflichtet, wenn nicht außergesellschaftsrechtliche Gesichtspunkte Anderes fordern (Rn 12). Generell darf die Gesellschaft die aus dem Übernahmegeschäft fließenden Rechte nicht treuwidrig ausüben (MünchKomm AktG/*Bungeroth* Rn 65; GroßKomm AktG/*Henze* Rn 64).

14   **3. Übernahme für eigene Rechnung.** Die Regelung in Abs 3 soll den Übernehmer von einem Geschäft für Rechnung der AG oder eines von ihr abhängigen Unternehmens abschrecken; seine Schlechterstellung endet deshalb nach S 3, sobald er die Aktien **für eigene Rechnung übernimmt.** Darunter ist, da er Inhaber der Aktien bereits ist, die Beendigung des Innenverhältnisses und damit der im Zusammenhang mit der Übernahme begründeten Rechte und Pflichten in Bezug auf die Finanzierung des Erwerbs bzw der Einlage, die Wahrnehmung von Mitgliedschaftsrechten, eine Veräußerung der Aktien (auch an die Gesellschaft), die Geltendmachung von Aufwendungsersatz- oder Provisionsansprüchen und dergl zu verstehen (GroßKomm AktG/*Henze* Rn 77; KölnKomm AktG/*Drygala* Rn 79). Ob und wie eine solche Beendigung möglich ist, richtet sich nach den mit der Gesellschaft (oder einer weiteren Mittelsperson) getroffenen Vereinbarungen, die – von außer-gesellschaftsrechtlichen Mängeln abgesehen – wirksam sind und nur zu bestimmten Einwänden nicht berechtigen. Der Übernehmer wird also regelmäßig die Änderung einseitig nur herbeiführen können, wenn er einen Grund zur außerordentlichen Kündigung hat (MünchKomm AktG/*Bungeroth* Rn 78; K. Schmidt/Lutter AktG/*Fleischer* Rn 28), uU kommt aber auch Anfechtung und Wegfall der Geschäftsgrundlage in Betracht (KölnKomm AktG/*Drygala* Rn 81). Die Relevanz eines **wichtigen Grundes** wird durch die **Kündigung** des Innenverhältnisses durch die ganz

einseitig wertende Vorschrift des Abs 3 nicht ausgeschlossen, da es nicht Sinn dieser Regelung sein kann, den Übernehmer für alle Zukunft in der weitgehenden Rechtlosigkeit verharren zu lassen. Kündigungsgrund ist etwa das Ausfallen oder Unmöglichwerden der vereinbarten Übernahme der Aktien für eigene Rechnung der Gesellschaft, soweit dies gesellschaftsrechtlich zulässig ist (*Lutter* AG 1970, 185, 189; GroßKomm AktG/*Henze* Rn 85), ebenso, wenn die Weiterveräußerung an einen nicht nach § 56 Abs 1 oder 2 gehinderten Dritten verhindert wird oder sich auf Dauer als unmöglich erweist. Andererseits dürfen bürgerlich-rechtliche Regelungen, die dies gestatten würden, nicht ohne Berücksichtigung der gesellschaftsrechtlichen Situation ausgelegt werden, die nicht darauf hinauslaufen darf, dass die AG oder ein von ihr abhängiges Unternehmen am Ende doch zur entgeltlichen Übernahme der ausgegebenen Aktien gezwungen werden kann. Die Zahlung der Einlage aus eigenen Mitteln ist nur dann eine Übernahme auf eigene Rechnung, wenn hiermit die schuldrechtlichen Wirkungen, die zu einer Risikoüberwälzung auf die Gesellschaft führen können, beseitigt oder erledigt sind (GroßKomm AktG/*Henze* Rn 77). Auf der anderen Seite führen die Einflüsse der gesellschaftsrechtlichen Umstände der Übernahme dazu, dass der Übernehmer auch entgegen den Vereinbarungen im Innenverhältnis nicht auf Dauer gezwungen werden kann, die Aktien nicht zu veräußern, was durch das Gesellschaftsrecht an sich erreicht werden soll. Da die Aktien dem Übernehmer gesellschaftsrechtlich – abgesehen von den Ausübungsbeschränkungen – zustehen, sollte er schon vor der Übernahme für eigene Rechnung an einem etwaigen **Liquidationserlös** beteiligt werden, da hier die Kapitalaufbringung nicht mehr gefährdet werden kann (aM GroßKomm AktG/*Henze* Rn 67); wird die Gesellschaft vor einer als Übernahme für eigene Rechnung anzusehenden Maßnahme liquidiert, wird dies idR wiederum einen Grund für die Kündigung des Innenverhältnisses darstellen und zur Rückabwicklung des Einlagegeschäfts führen (KölnKomm AktG/*Drygala* Rn 82).

Nach der Übernahme für eigene Rechnung und der Erfüllung der Einlageschuld hat **15** der Übernehmer gegenüber der Gesellschaft alle Mitgliedschaftsrechte einschränkungslos inne (MünchKomm AktG/*Bungeroth* Rn 80; GroßKomm AktG/*Henze* Rn 86). Die Rückabwicklung des Grundverhältnisses wird idR zwischen den Beteiligten vereinbart sein. Fehlt es an einer entspr Vereinbarung, so ist denkbar, dass im Zuge einer Rückabwicklung die übernommenen Aktien an die Gesellschaft herauszugeben sind, wobei dann aber das Risiko einer Wertminderung seit der Übernahme nicht die AG treffen darf. Dem Übernehmer ist dann für die Aktien der Wert im Zeitpunkt der Übernahme zu vergüten, aber dem Gedanken des Kapitalschutzes entspricht es auch, dass der Übernehmer bei einem Wertverlust seit der Übernahme mit dem Zeitwert zufrieden sein muss (ebenso KölnKomm AktG/*Drygala* Rn 83; MünchKomm AktG/*Bungeroth* Rn 80; GroßKomm AktG/*Henze* Rn 89), während er eine Werterhöhung der Gesellschaft zu vergüten hat. Beides gilt auch, wenn der Übernehmer die Aktien inzwischen weiterveräußert hat. Fällt der Gesellschaft durch die Zahlungen des Übernehmers ein Mehrwert zu, so ist dieser nach § 272 Abs 2 Nr 1 HGB der Kapitalrücklage zuzuführen.

V. Haftung der Vorstandsmitglieder, Abs 4

Die Regelung ist lediglich auf die Fälle der Kapitalerhöhung und auf Verstöße gegen **16** die Verbote in den Abs 1 und 2 bezogen. Für die Gründung finden sich die Regelungen für die die Kapitalaufbringung gefährdenden Tatbestände in §§ 27 ff, 32, 48 (Groß-

§ 57 Keine Rückgewähr, keine Verzinsung der Einlagen

Komm AktG/*Henze* Rn 44). Zweck der Bestimmung ist das Streben nach einer perfekten Kapitalsicherung; sie entfällt also, wenn der Übernehmer oder das betroffene Tochterunternehmen aus eigenen Mitteln seine Einlagepflicht erfüllt hat (MünchKomm AktG/*Bungeroth* Rn 39; GroßKomm AktG/*Henze* Rn 43; Spindler/Stilz AktG/ *Cahn/von Spannenberg* Rn 38). Unberührt bleibt aber eine Schadensersatzpflicht gegenüber der Gesellschaft wegen eines Verstoßes gegen die Verbotsvorschriften des § 56, die dann aus § 93 folgen kann (MünchKomm AktG/*Bungeroth* Rn 48), und die den Schaden abdeckt, der der AG durch die Leistung dieser Einlage letztlich aus ihrem eigenen Vermögen entsteht; diese Haftung erlischt auch nicht durch spätere Einzahlung der Einlage. Der dem Vorstand nach S 2 obliegende Entlastungsbeweis ist angesichts der hohen Sorgfaltsanforderungen gem § 93 und der allg bekannten Bedeutung des Prinzips der effektiven Kapitalaufbringung in der Praxis so gut wie ausgeschlossen. Die Vorstandsmitglieder haften auf die Einlage neben dem Tochterunternehmen oder dem für dieses handelnden Einlageschuldner; das wird nicht als Gesamtschuld, sondern als akzessorische Haftung für den Fall der Uneinbringlichkeit gesehen (GroßKomm AktG/*Henze* Rn 43; MünchKomm AktG/*Bungeroth* Rn 45), von einer „Auffüllungspflicht" ist bei KölnKomm AktG/*Drygala* Rn 38 die Rede, nach **aM** (Grigoleit AktG/*Rachlitz* Rn 16) ist die Haftung der Vorstandsmitglieder eine ausschließliche. Richtigerweise sollte soweit eine Selbstzeichnung der Aktien durch die AG in Rede steht, das Wort „auch" im Gesetzestext hinweggedacht werden, weil sich die AG die Einlage nicht selbst schulden kann. Die Vorstandsmitglieder untereinander haften gesamtschuldnerisch, der Leistende kann also von den anderen anteilig Ausgleichung, von dem Unternehmen, das unzulässigerweise Aktien übernommen hat, bei Erfüllung der Einlageschuld durch ihn Herausgabe oder Aufwendungsersatz verlangen (*Büdenbender* DZWIR 1998, 1, 5, 7; *Hüffer* AktG Rn 17). Die Aktien sind dann in seiner Hand mit den vollen Mitgliedschaftsrechten ausgestattet. Will und kann der Aktionär für eigene Rechnung übernehmen (Rn 14, 15), bevor ein Vorstandsmitglied Ersatz geleistet hat, so treten dessen subsidiäre Rechte und Pflichten zurück. Ein Vorstandsmitglied, das auf diesem Wege zur Leistung der Einlage gezwungen war, kann aus Billigkeitsgründen die Überlassung der Aktien durch das betreffende Tochterunternehmen verlangen (MünchKomm AktG/*Bungeroth* Rn 46, *Hüffer* AktG Rn 17).

§ 57 Keine Rückgewähr, keine Verzinsung der Einlagen

(1) ¹Den Aktionären dürfen die Einlagen nicht zurückgewährt werden. ²Als Rückgewähr gilt nicht die Zahlung des Erwerbspreises beim zulässigen Erwerb eigener Aktien. ³Satz 1 gilt nicht bei Leistungen, die bei Bestehen eines Beherrschungs- oder Gewinnabführungsvertrags (§ 291) erfolgen oder durch einen vollwertigen Gegenleistungs- oder Rückgewähranspruch gegen den Aktionär gedeckt sind. ⁴Satz 1 ist zudem nicht anzuwenden auf die Rückgewähr eines Aktionärsdarlehens und Leistungen auf Forderungen aus Rechtshandlungen, die einem Aktionärsdarlehen wirtschaftlich entsprechen.

(2) Den Aktionären dürfen Zinsen weder zugesagt noch ausgezahlt werden.

(3) Vor Auflösung der Gesellschaft darf unter die Aktionäre nur der Bilanzgewinn verteilt werden.

Keine Rückgewähr, keine Verzinsung der Einlagen § 57

Übersicht

	Rn		Rn
I. Grundlagen	1	a) Besicherung von Gesellschafterverbindlichkeiten	22
1. Die Neufassung der Grundsätze der Kapitalerhaltung im Aktienrecht	1	b) Finanzierung von Anteilskäufen	24
2. Vergleich mit dem GmbH-Recht	3	6. Kapitalbindung und Cash-Pooling-Systeme	25
II. Das Verbot der Rückgewähr von Einlagen, Abs 1	4	7. Finanzierung durch Aktionärsdarlehen und entsprechende Rechtshandlungen	27
1. Begriff der Einlage	4	a) Bisheriges und neues Recht	27
2. Rückgewähr von Einlagen	5	c) Die Neukonzeption im Überblick	34
3. Zeitliche Geltung des Verbots	7	8. Kapitalerhaltung im Rahmen von Unternehmensverbindungen	38
4. Einschaltung von Dritten in Vorgänge der Einlagenrückgewähr	8	a) Grundsätze	38
a) Zuwendungen an Strohmann, Treuhänder, sonstige dem Gesellschafter nahestehende Personen	9	b) Lage im Vertragskonzern	39
		c) Lage im faktischen Konzern	40
b) Zuwendungen eines Dritten	11	d) Kapitalersetzende Darlehen im Konzern	41
c) Einschaltung verbundener Unternehmen	12	IV. Ausnahmen vom Rückgewährverbot	43
III. Die Prüfungsmaßstäbe im Einzelnen	14	V. Verzinsungsverbot, Abs 2	44
1. Verbotene Auszahlungen	14	1. Anwendungsbereich	44
2. Berücksichtigung eines Gegenleistungs- oder Rückgewähranspruchs	15	2. Normadressaten	45
		VI. Verbot sonstiger Vermögensverteilung, Abs III	46
3. Grenzfälle der Kapitalbindung im Aktienrecht	18	VII. Rechtsfolgen von Verstößen gegen die Kapitalbindung	47
4. Verdeckte Einlagenrückgewähr	19a – 21	1. Überblick	47
5. Aktuelle Sonderprobleme im Bereich der Finanzierung	22	2. Rechtsfolgen von Verstößen im Verhältnis von Begünstigtem und Gesellschaft	48

Literatur: *Altmeppen* Das neue Recht der Gesellschafterdarlehen in der Praxis, NJW 2008, 3601; *ders* Cash Pooling und Kapitalaufbringung, NZG 2010, 441; *ders* Cash-Pooling und Kapitalerhaltung bei bestehendem Beherrschungs- oder Gewinnabführungsvertrag, NZG 2010, 361; *ders* Cash-Pooling und Kapitalerhaltung im faktischen Konzern, NZG 2010, 401; *ders* „Upstream-loans", Cash-Pooling und Kapitalerhaltung nach neuem Recht, ZIP 2009, 49; *ders* Wie lange noch gilt das alte Kapitalersatzrecht?, ZIP 2011, 641; *Bayer* Zentrale Konzernfinanzierung, Cash-Management und Kapitalerhaltung, FS Lutter, 2000, S 1011; *Bayer/Scholz* Wirksamkeit von Verpflichtungs- und Erfüllungsgeschäft bei verbotener Einlagenrückgewähr, AG 2013, 426; *T. Bezzenberger* Das Kapital der Aktiengesellschaft, 2005; *Bitter* Rechtsperson und Kapitalerhaltung. Gesellschafterschutz vor „verdeckten Gewinnausschüttungen" bei Kapital- und Personengesellschaften, ZHR 2004, 303; *Büscher* Ablösung der Rechtsprechungsregeln zum Eigenkapitalersatz durch die Insolvenzanfechtung, GmbHR 2009, 800; *Bork* Abschaffung des Eigenkapitalersatzrechts zugunsten des Insolvenzrechts?, ZGR 2007, 250; *Brocker/Rockstroh* Upstream-Darlehen und Cash-Pooling in der GmbH nach der Rückkehr zur bilanziellen Betrachtungsweise (zugleich Anm zu BGH Urt v 24.11.2003 – II ZR 171/01 –), BB 2009, 730; *Cahn* Das richterrechtliche Verbot der Kreditvergabe an Gesellschafter und seine Folgen, zugleich Anm zu BGH Urt v 24.11.2003

Westermann

– II ZR 171/01 –, Der Konzern 2004, 235; *Canaris* Die Rückgewähr von Gesellschaftereinlagen durch Zuwendungen an Dritte, FS Fischer, 1979, S 31; *Claussen* Kapitalersatzrecht und Aktiengesellschaft, AG 1985, 173; *Drygala/Kremer* Zur Neuregelung der Kapitalerhaltungsvorschriften im RegE zum MoMiG, ZIP 2007, 1289; *Eidenmüller* Die GmbH im Wettbewerb der Rechtsformen, ZGR 2007, 168; *Fabritius* Vermögensbindung in AG und GmbH – tiefgreifender Unterschied oder grundsätzliche Identität?, ZHR 1980, 628; *Fleischer* Umplatzierung von Aktien durch öffentliches Angebot (Secondary Public Offering) und verdeckte Einlagerückgewähr nach § 57 I AktG, ZIP 2007, 1969; *ders* Zweifelsfragen der verdeckten Gewinnausschüttung im Aktienrecht, WM 2007, 909; *Gehrlein* Die Behandlung von Gesellschafterdarlehen durch das MoMiG, BB 2008, 846; *Gelhausen/Heinz* Vermögensentnahmen aus GmbH und KG, FS Hoffmann-Becking, 2013, S 357; *Goette* Aktuelle Entwicklungen im deutschen Kapitalgesellschaftsrecht im Lichte der höchstrichterlichen Rechtsprechung, DStR 2009, 51; *Goette/Habersack* Das MoMiG in Wissenschaft und Praxis, 2009; *Goette/Kleindiek* Gesellschafterfinanzierung nach MoMiG und das Eigenkapitalersatzrecht in der Praxis, 6. Aufl 2010; *Grunewald* Cash-Pooling und Sacheinlagen: Was bringt das MoMiG, was könnte es bringen?, WM 2006, 1333; *Habersack* Finanzielle Unterstützung des Aktienerwerbs nach MoMiG, FS Hopt, 2010, 725; *ders* Gesellschafterdarlehen nach MoMiG: Anwendungsbereich, Tatbestand und Rechtsfolgen der Neuregelung, ZIP 2007, 2145; *ders* Aufsteigende Kredite im Lichte des MoMiG und des „Dezember"-Urteils des BGH, ZGR 2009, 347; *ders* Neues zur verdeckten Sacheinlage und zum Hin- und Herzahlen – das „Qivive"-Urteil des BGH, GWR 2009, 129; *ders* Eigenkapitalersatz im Gesellschaftsrecht, ZHR 1998, 201; *ders* Die Umplatzierung von Aktien und das Verbot der Einlagenrückgewähr, FS Hommelhoff, 2012, S 303; *Habersack/Schürnbrand* Cash Management und Sicherheitenbestellung bei AG und GmbH im Lichte der richterrechtlichen Verbots der Kreditvergabe an Gesellschafter, NZG 2004, 689; *Henze* Die Haftung der Aktiengesellschaft und ihrer Vorstandsmitglieder im Rahmen des Anlegerschutzes, FS Hopt, 2010, S 1933; *ders* Konzernfinanzierung und Besicherung – Das Upstreamrisiko aus Gesellschafter- und Bankensicht, WM 2005, 717; *ders* Vermögensbindungsprinzip und Anlegerschutz, NZG 2005, 115; *Hirte* Die Neuregelung des Rechts der (früher: kapitalersetzenden) Gesellschafterdarlehen durch das „Gesetz zur Modernisierung des GmbH-Rechts und zur Bekämpfung von Missbräuchen" (MoMiG), WM 2008, 1429; *Hirte/Knof* Das „neue" Sanierungsprivileg nach § 39 Abs 4 S 2 InsO, WM 2009, 1961; *Holzer* Insolvenzrechtliche Überleitungsvorschriften des MoMiG in der Praxis, ZIP 2009, 206; *Hommelhoff* Kapitalersatz im Konzern und in Beteiligungsverhältnissen, WM 1984, 1105; *Hommelhoff/Freytag* Wechselseitige Einflüsse von GmbH– und Aktienrecht – (Teil II), DStR 1996, 1409; *Huber/Habersack* GmbH-Reform: Zwölf Thesen zu einer möglichen Reform des Rechts der kapitalersetzenden Gesellschafterdarlehen, BB 2006, 1; *Joost* Grundlagen und Rechtsfolgen der Kapitalerhaltungsregeln im Aktienrecht, ZHR 149 (1985), 419; *Junker* Das eigenkapitalersetzende Aktionärsdarlehen, ZHR 156 (1992), 394; *Kerber* Die Übernahme von Gesellschaften mit beschränkter Haftung im Buy-Out-Verfahren, WM 1989, 473; *Kiefner/Theusinger* Aufsteigende Darlehen und Sicherheitenbegebung im Aktienrecht nach dem MoMiG, NZG 2008, 801; *Klein/Stephanblome* Der Downstream Merger – aktuelle umwandlungs- und gesellschaftsrechtliche Fragestellungen, ZGR 2007, 351; *Kleindiek* Kapitalaufbringung und Kapitalerhaltung nach MoMiG und ARUG: Zur Abgrenzung des Anwendungsbereichs der neuen Vorschriften, FS Hopt, 2010, S. 941; *Koppensteiner* GmbH-rechtliche Probleme des Management Buy-Out, ZHR 155 (1991), 483; *Kort* Die Haftung der AG nach §§ 826, 31 BGB bei fehlerhaften Ad-hoc-Mitteilungen, NZG 2005, 496; *Krolop* Zur Anwendung der MoMiG-Regelungen zu Gesellschafterdarlehen auf gesellschaftsfremde Dritte. Von der Finanzierungsfolgenverantwortung des Gesellschafters zur Risikoübernahmeverantwortung des Risikokapitalgebers?, GmbHR 2009, 397; *Kropff* Einlagenrückgewähr und Nachteilsausgleich im faktischen Konzern, NJW 2009, 814; *Lutter* Vom formellen Mindestkapital zu materiellen Finanzierungsregeln im Recht der Kapitalgesellschaften, FS Riesenfeld, 1983,

S 165; *ders* Verdeckte Leistungen und Kapitalschutz, FS Stiefel, 1987, S 505; *Lutter/Wahlers* Der Buyout: Amerikanische Fälle und die Regeln des deutschen Rechts; AG 1989, 1; *Mülbert/Leuschner* Aufsteigende Darlehen im Kapitalerhaltungs- und Konzernrecht – Gesetzgeber und BGH haben gesprochen, NZG 2009, 281; *Mülbert/Wilhelm* Haftungsübernahme als Einlagenrückgewähr – Überlegungen zu § 57 AktG im Nachgang zu Telekom III, FS Hommelhoff, 2012, 747; *Nodoushani* Die neue BGH-Rechtsprechung zum Verbot der Einlagenrückgewähr, NZG 2013, 687; *Peltzer* Rechtliche Problematik der Finanzierung des Unternehmenskaufs beim MBO, DB 1987, 973; *Paefgen* Auslandsgesellschaften und Durchsetzung deutscher Schutzinteressen nach „Überseering", (EuGH Urt v 5.11.2002 – Rs C-208/00 –), DB 2003, 487; *Pentz* Zum neuen Recht der Gesellschafterdarlehen, FS Hüffer, 2010, S 747; *ders* Sanierungsprivileg und Zurechnung, ZIP 2006, 1169; *Priester* Kapitalschutz beim Down-stream-merger, FS Spiegelberger, 2009, S 890; *Reiner* Der deliktische Charakter der „Finanzierungsverantwortung" des Gesellschafters: Zu den Ungereimtheiten der Lehre vom Eigenkapitalersatz, FS Boujong, 1996, S 415; *Rellermeyer/Gröblinghoff* Keine Ewigkeitsregelung der Rechtsprechungsregeln zum Eigenkapitalschutz, ZIP 2009, 1933; *Riegger* Kapitalgesellschaftsrechtliche Grenzen der Finanzierung von Unternehmensübernahmen durch Finanzinvestoren, ZGR 2008, 233; *K. Schmidt* Kapitalersetzende Gesellschafterdarlehen – ein Rechtsproblem nur der GmbH und der GmbH & Co KG?, AG 1984, 12; *ders* Aktionärskredite vor und nach MoMiG – Versuch eines kasuistischen Testlaufs im Laboratorium der Rechtspolitik, FS Hüffer, 2009, S 885; *ders* Gesellschafterdarlehen im GmbH- und Insolvenzrecht nach der MoMiG-Reform – eine alternative Sicht, Beilage zu ZIP 39/2010, 15; *ders* Reform der Kapitalsicherung und Haftung in der Krise nach dem Regierungsentwurf des MoMiG. Sechs Leitsätze zu § 30 GmbHG-E, § 63 GmbHG-E und § 15a InsO-E, GmbHR 2007, 1072; *ders* Gesellschafterbesicherte Drittkredite nach neuem Recht. Die Nachfolgeregelungen zu § 32a Abs 2, § 32b GmbHG im MoMiG, BB 2008, 1966; *Schön* Kreditbesicherung durch abhängige Kapitalgesellschaften, ZHR 159 (1995), 361; *Schwark* Prospekthaftung und Kapitalerhaltung in der AG, FS Raisch, 1995, S 269; *Seibert* Gute Aktionäre – schlechte Aktionäre: Private Equity und gesellschaftsrechtliche Maßnahmen gegen befürchtete Missbräuche, FS Schwark, 2009, S 261; *Steinbeck* Zur systematischen Einordnung des Finanzplankredits aus BGH Urt v 28.6.1999 – II ZR 272/98 –, ZGR 2000, 503; *Stimpel* Zum Auszahlungsverbot des § 30 Abs 1 GmbHG. Die Befreiung vom handelsbilanziellen Denken und die Unzulässigkeit von Vermögenszuwendungen an Gesellschafter gegen hinausgeschobene schuldrechtliche Ausgleichsverpflichtungen, FS 100 Jahre GmbH-Gesetz, 1992, S 335; *Thiessen* Eigenkapitalersatz ohne Analogieverbot – eine Alternativlösung zum MoMiG-Entwurf, ZIP 2007, 253; *Thümmel/Burkhardt* Neue Haftungsrisiken für Vorstände und Aufsichtsräte aus § 57 Abs 1 AktG und § 92 Abs 2 Satz 3 AktG in der Neufassung des MoMiG, AG 2009, 885; *Tillmann* Upstream-Sicherheiten der GmbH im Lichte der Kapitalerhaltung – Ausblick auf das MoMiG, NZG 2008, 401; *Veil* Eigenkapitalersetzende Aktionärsdarlehen. Ein Beitrag zum institutionellen Verständnis des Eigenkapitalersatzrechts, ZGR 2000, 223; *Wand/Tillmann/Heckenthaler* Aufsteigende Darlehen und Sicherheiten bei Aktiengesellschaften nach dem MoMiG und der MPS-Entscheidung des BGH, AG 2009, 148; *Weber* GmbH-rechtliche Probleme des Management Buy-Out. Koreferat aus der Sicht der Praxis, ZHR 1991, 120; *Wedemann* Die Übergangsbestimmungen des MoMiG – Was müssen bestehende GmbHs beachten, GmbHR 2008, 1131; *Westermann* Die gesetzlichen Neuregelungen im Kapitalersatzrecht, DZWIR 2000, 1; *Westermann/Paefgen* Kritische Überlegungen zum Telekom III-Urteil des BGH und seinen Folgen, FS Hoffmann-Becking, 2012, S 1363; *Winter* Upstream-Finanzierung nach dem MoMiG-Regierungsentwurf – Rückkehr zum bilanziellen Denken, DStR 2007, 1484; *Wittig* Das Sanierungsprivileg für Gesellschafterdarlehen im neuen § 39 Abs 4 Satz 2 InsO, FS K. Schmidt, 2009, S 1743.

I. Grundlagen

1. Die Neufassung der Grundsätze der Kapitalerhaltung im Aktienrecht. Die Vorschrift, die durch das MoMiG mit Wirkung vom 1.1.2008 durch Einfügung der S 3 und 4 in Abs 1 grundlegend neu gestaltet worden ist, ist in ihren restlichen Teilen weiterhin der Mittelpunkt der Regeln über die **Kapitalerhaltung**. Allerdings ergibt sich aus dem Zusammenhang mit § 58 Abs 4 und 5, dass an den Aktionär **nur ordnungsmäßig festgestellter Bilanzgewinn** ausgeschüttet werden darf (s bereits Vor § 53a Rn 6), woraus folgt, dass über den Wortlaut des § 57 hinaus nicht nur die Einlagen der Aktionäre, sondern das gesamte Vermögen der Gesellschaft einschließlich gebundener Rücklagen von der Bindung umfasst ist. IRd § 59 sind Abschlagszahlungen auf den Bilanzgewinn möglich, eine schon bisher zugelassene Ausnahme ist nach Abs 1 S 2 die Zahlung des Erwerbspreises bei einem nach § 71 erlaubten Erwerb eigener Aktien. Im Sinne der Kapitalerhaltung ist auch das Verzinsungsverbot gem Abs 2 zu verstehen. An diesen Grundsätzen sollte auch bei Einführung des MoMiG festgehalten werden (RegE BT-Drucks 16/61140 vom 25.7.2007, S 41, 52). Doch sollte der Kreis der Ausnahmen nach den Schwierigkeiten, auf die die Praxis (namentlich des GmbH-Rechts) bei der **konzerninternen Fremdfinanzierung**, speziell bei Cash-Pooling und bei der Besicherung von Verbindlichkeiten der Gesellschafter durch das Vermögen der Gesellschaft gestoßen war, um zwei Typen zulässiger Leistungen im Aktionärs- und Konzerninteresse erweitert werden. Das betraf zum einen Leistungen, die durch einen vollwertigen Gegenleistungsanspruch gegen den betreffenden Aktionär gedeckt sind, ferner Leistungen, die bei Bestehen eines Beherrschungs- oder Gewinnabführungsvertrages erfolgen. Diese Problematik war durch die Annahme des BGH (in der sog November-Entscheidung *BGH* 157, 72, 76 = GmbHR 2004, 302 mit Anm *Bähr/Hoos*) verschärft worden, die entschieden hatte, dass Leistungen an Gesellschafter zu Lasten des Stammkapitals auch dann unerlaubt sind, wenn der Auszahlung ein vollwertiger Rückzahlungsanspruch gegenübersteht. Damit bestand faktisch ein Verbot ungesicherter Darlehensvergaben zu Lasten des gebundenen Kapitals, das sich auch auf die AG – trotz der vom GmbH-Recht etwas abw Art der Kapitalbindung, dazu Rn 3 – übertragen ließ, womit vor allem das gebräuchliche physische Cash-Pooling als Verstoß gegen die kapitalgesellschaftsrechtliche Bindung erscheinen musste (krit *Noack* DB 2006, 59; *Grunewald* WM 2006, 2333; *Cahn* Der Konzern 2004, 641, 644; *Kiefner/Theusinger* NZG 2008, 801; *Brocker/Rockstroh* BB 2009, 730 ff). Das MoMiG wollte hier die Möglichkeiten der Finanzierung erweitern und die dafür notwendige Rechtssicherheit schaffen, weil nach bisherigem Recht in der Sichtweise der November-Entscheidung des BGH aufsteigende Darlehen und Sicherheiten nur zulässig waren, wenn es sich um sog neutrale Drittgeschäfte handelte, wie sie die Gesellschaft auch mit einem nicht zum Aktionärskreis gehörenden Dritten gemacht hätte, was aber voraussetzt, dass die für solche Geschäfte nötige Liquidität vorhanden war und die Forderungen der Gesellschaft verzinst und besichert wurden (*OLG Jena* ZIP 2007, 1314; MünchKomm AktG/*Bayer* Rn 100; Schmidt/Lutter AktG/*Fleischer* Rn 22). Die Übertragbarkeit der auf die GmbH gemünzten Reformen des MoMiG auf das Aktienrecht durch das Gesetz zur Umsetzung der Aktionärsrichtlinie (BGBl I 2009, 2479), wird nicht selten kritisiert (*Dauner-Lieb* AG 2009, 217, 221; Schmidt/Lutter AktG/*Bayer* Rn 111; *Hüffer* AktG Rn 19; KölnKomm AktG/*Drygala* Rn 8), was Ursache für restriktive Anwendung werden könnte. Sodann enthält Abs 1 S 4 eine Neuerung insofern, als die Rückgewähr von **Aktionärsdarlehen** und Leistungen auf Forderungen aus

Rechtshandlungen, die einem Darlehen wirtschaftlich entsprechen, nicht als verbotene Einlagenrückgewähr betrachtet wird. Solche Zahlungen können wiederum im Rahmen eines Cash-Pooling erbracht werden, aber auch sonst iRd Finanzierung durch Aktionärsdarlehen, die unter das gesetzlich nicht ausdrücklich formulierte Regelwerk zu den kapitalersetzenden Gesellschafterdarlehen fiel, das ebenfalls im Zuge des MoMiG sowohl für das Aktien- wie für das GmbH-Recht in §§ 39 Abs 1 Nr 5, 135 Abs 1 Nr 2 InsO gänzlich neu gestaltet wurde (im Einzelnen Rn 21).

Der Grundsatz der Kapitalerhaltung steht in engem systematischen Zusammenhang 2 mit dem ebenfalls das Kapitalgesellschaftsrecht bestimmenden Prinzip der **realen Kapitalaufbringung** und den dazugehörigen Offenlegungs- und Kontrolleinrichtungen. Demgemäß haben sich ähnliche Probleme um Transaktionen ergeben, die von der Praxis bei der Suche nach erhöhter Flexibilität der Finanzierung angewendet werden, aus der Sicht der Rspr und einer weithin **hM** aber vielfach als Umgehungen charakterisiert werden. Hier ist zu erwähnen, dass beim Cash-Pooling auch Probleme um die korrekte Erfüllung von Einlagepflichten (Stichwort: Hin- und Herzahlen, verdeckte Sacheinlage, die nunmehr ebenfalls durch das MoMiG neu geordnet werden sollte, auftreten können (näher § 27 Rn 25 ff, 45 ff). Die Grundsätze der Kapitalaufbringung und -erhaltung, sowohl iRd gesetzlichen Regeln als auch bei der hier traditionell sehr aktiven richterlichen Rechtsfortbildung, dienen hauptsächlich dem Gläubigerschutz gegen Zuwendung von gebundenem Gesellschaftsvermögen an Gesellschafter, dem aber in der Neuregelung die Bestrebungen nach einer Absicherung ökonomisch für sinnvoll gehaltener Möglichkeiten der konzerninternen Fremdfinanzierung gegenübertraten, s etwa *Hentzen/Schwandtner* ZGR, 2009, 1007. Ferner ging es um die Ersparnis von Finanzierungskosten einer Unternehmensgruppe, schließlich – mit etwas geringerem Gewicht – um die Fremdfinanzierung von Unternehmenskäufen (*Wand/Tillmann/Heckenthaler* AG 2009, 148, 149). Dennoch bleibt das Auszahlungsverbot des § 57, insb wegen seiner Absicherung durch die Organhaftung, die im Hinblick auf Zahlungen an Aktionäre durch § 57 Abs 2 noch etwas verstärkt wurde, für die Finanzverfassung der AG zentral wichtig, zumal es in dem etwa zeitgleich mit dem MoMiG ergangenen sog Dezember- oder **MPS-Urteil des BGH** (*BGHZ* 179, 71 = NJW 2009, 850 = ZIP 2009, 70 und dazu *Altmeppen* ZIP 2009, 49 ff; *Kropff* NJW 2009, 814 ff; *Habersack* ZGR 2009, 347 ff; *Mülbert/Leuschner* NZG 2009, 281 ff) näher ausgeformt und dabei auch auf die Verhältnisse im Konzern ausgerichtet wurde, dazu auch Rn 39, 40. Auch sind dabei die **Haftungsrisiken** für Vorstände und Aufsichtsräte herrschender und abhängiger Gesellschaften in ein neues Licht gesetzt worden (*Thümmel/Burkhardt* Die AG 2009, 885 ff). Obwohl die Gesetzestexte der §§ 30 GmbHG, 57 AktG durch das MoMiG in gleicher Weise geändert wurden, was sich auch in der nunmehr im Wesentlichen einheitlichen insolvenzrechtlichen Behandlung von Gesellschafter- bzw Aktionärsdarlehen niederschlägt, ist nicht daran vorbeizukommen, dass wegen der unterschiedlichen Art der Kapitalbindung (dazu sogleich Rn 3) auch die Behandlung der genannten Fragen im AG-Recht einige eigenständige Züge aufweist.

2. Vergleich mit dem GmbH-Recht. Das Aktienrecht sichert, was die Kapitalbindung 3 anbelangt, Gläubiger- und Aktionärsinteressen in rechtstechnisch anderer Weise als das GmbH-Recht. Gemeinsam ist der Gedanke, den Ausschluss der Haftung der Anteilseigner für die Unternehmensverbindlichkeiten von der Aufbringung und Erhaltung eines bestimmten Unternehmenskapitals abhängig zu machen; dies durchzieht auch die anderen kontinentaleuropäischen Rechte (näher *Lutter* FS Riesenfeld, S 165, 167 ff; *T. Bezzenberger* Das Kapital, S 166 ff), obwohl allerdings die Vorstellungen zum Gläubigerschutz oder zur Art der Kapitalbindung in Europa kaum harmonisierbar erscheinen (*Servatius* in Wachter Rn 6, 7). Gemeinsam ist Aktien- und GmbH-Recht das Fehlen einer Pflicht zur Ausstattung der Ges mit einem für die wirtschaftlichen Zielsetzungen nötigen oder sonst angemessenen Stammkapital; die Gesetze fordern stattdessen einen förmlichen Mindestbetrag, der verhältnismäßig niedrig angesetzt ist und im Aktienrecht, anders als im GmbH-Recht, auch rechtspolitisch nicht umstritten ist, wohl auch, weil in der Praxis der AG gewöhnlich eine recht namhafte Kapitalausstattung besteht (gegen diesbezügliche „Deregulierungslehren" eingehend *T. Bezzenberger* S 75 ff, 184 ff). Ein wichtiger Unterschied zwischen AG- und GmbH-Recht liegt aber darin, dass § 57 nicht nur das der Ziff des Stammkapitals entspr Vermögen, sondern das gesamte Vermögen gegen die Auskehrung an Aktionäre schützt, so dass auch aus freien Rücklagen keine Ausschüttungen vorgenommen werden können (zu den von der hM anerkannten Unterschieden zwischen Kapitalbindung bei der AG und GmbH näher *Fabritius* ZHR 144 (1980), 628 ff; *Lutter* FS Stiefel, S 505 ff; *Bitter* ZHR 168 (2004), 303 ff; KölnKomm AktG/*Drygala* Rn 18). Wenn vor diesem Hintergrund die Reform der Kapitalerhaltung bei der GmbH (dazu RegBegr RegE BT-Drucks 16/6140 S 41) und namentlich auch das MPS-Urteil des BGH (Rn 2) als Rückkehr zu einer früher herrschenden, dann aber zunehmend in Zweifel gezogenen „bilanziellen Betrachtungsweise" des zur Erhaltung des Stammkapitals nötigen Vermögens der Gesellschaft betrachtet (und überwiegend gutgeheißen) wurde (*K. Schmidt* GmbHR 2007, 1075; *Drygala/Kremer* ZIP 2007, 1289, 1296; *Habersack* ZGR 2007, 347 ff), so ist zum Aktienrecht zutreffend darauf hingewiesen worden (*Thümmel/Burkhardt* Die AG 2009, 868), dass es sich hier nicht um eine Rückkehr zur bilanziellen Betrachtungsweise, sondern um ihre erstmalige Einführung handelt. Das kommt darin zum Ausdruck, dass nach verbreiteter Ansicht etwa die bilanzielle Vollwertigkeit eines einem Aktionär ausgereichten Darlehens einen Verstoß gegen § 57 nicht verhindern konnte, solange nicht eine Sicherheit von Seiten des Aktionärs gestellt wurde (*Habersack/Schürnbrand* NZG 2005, 689, 690; MünchKomm AktG/ *Bayer* Rn 100; *Hüffer* AktG Rn 3a). Die erwähnte MPS-Entscheidung betrifft die Verhältnisse in einer faktisch durch eine GmbH beherrschten AG, die hier entwickelten Sätze strahlen auf das GmbH-Recht aus. Auf der anderen Seite kommt im Aktienrecht die Erstreckung der Kapitalbindung auf die auch einem Beschl über Gewinnverwendung unzugänglichen gesetzlichen Reserven (dazu eingehend *T. Bezzenberger* Das Kapital S 30 ff) hinzu. Die weitere Annahme, dass ein Verstoß gegen § 57 anders als bei der GmbH (§ 30 GmbHG) zur Nichtigkeit sowohl eines Verfügungsgeschäfts als auch eines schuldrechtlichen Geschäfts wegen Verletzung eines Schutzgesetzes (**§ 134 BGB**) führe (*Hüffer* AktG, Rn 23; *Raiser/Veil* Kapitalgesellschaftsrecht, § 19 Rn 11; Henssler/Strohn/*Lange* Rn 11), ist durch ein Urteil des *BGH* vom 12.3.2013 (AG 2013, 431), das sowohl das Verpflichtungs- als auch das Erfüllungsgeschäft für wirksam erklärt (Anschluss an *OLG München* ZIP 2012, 1024 m zust Anm *Just* EWiR 2012, 403) nicht mehr aufrecht zu erhalten. Das hat Einfluss auf die Art, in der nach einer verbotswidrigen Maßnahme vermögensmäßiger Art die AG einen Ausgleich von dem Begünstigten verlangen kann, was nach dem BGH über den gesellschaftsrechtlichen Anspruch aus § 62 zu geschehen hat. Zu den Rechtsfolgen eines Verstoßes vor diesem Hintergrund Rn 47 ff, wobei aber auch zu bedenken ist, dass der Inhalt des „Rückgewähranspruchs" aus § 62 umstritten ist und womöglich bleiben wird, obwohl der BGH jetzt von einer gegenständlichen und nicht wertmäßigen Rückgewährpflicht ausgeht (näher § 62 Rn 7). Das aus § 57 folgende Handlungsverbot für den Vorstand und dessen Haftung nach § 93 Abs 3 Nr 1 (hier Rn 47) stehen außer Frage.

II. Das Verbot der Rückgewähr von Einlagen, Abs 1

1. Begriff der Einlage. Zur Einlage iSd § 57 gehört über den Wortlaut hinaus alles, **4** was der Aktionär als solcher an die Gesellschaft geleistet hat, also Aufgeld bei Überpari-Emission (§ 9 Abs 2), freiwillige Zuzahlungen bei Umwandlung von Stamm- in Vorzugsaktien, Zahlungen zur Erlangung von Vorrechten. Es kommt auch – wiederum entgegen dem Wortlaut – nicht darauf an, ob ein Vermögensgegenstand vom Aktionär in irgendeiner Form ins Gesellschaftsvermögen eingebracht worden ist (*RGZ* 146, 84, 94; *OLG Frankfurt/Main* AG 1996, 324 f; GroßKomm AktG/*Henze* Rn 8 f). An der Vermögensbindung nehmen also nicht nur die im Zusammenhang mit Gründung oder Kapitalerhöhung erbrachten Einlagen der Gesellschafter teil, sondern alles Vermögen, was aus den Mitteln der AG geschaffen worden ist (so das im Urteil *OLG Frankfurt* AG 1996, 324 behandelte Warenzeichen, das wohl im Betrieb der AG begründet worden war), und zwar ohne Rücksicht auf die Höhe des Stammkapitals oder der Reserven. Die Verwendung des Begriffs der „Einlage" in Abs 1 ist danach überhaupt verfehlt, zumal es auch nicht darauf ankommt, dass der eine Leistung der Gesellschaft entgegennehmende Aktionär zu den Gründern gehört hat; das gilt auch bei Sacheinlagen (*RGZ* 146, 84, 87, 94; *Canaris* FS Fischer, S 31, 41; KölnKomm AktG/*Drygala* Rn 6) Verboten sind auch Entnahmen aus Gewinnrücklagen (§ 272 Abs 3 HGB) oder Kapitalrücklagen aus Zuzahlungen (§ 272 Abs 2 Nr 4 HGB), zwar nicht aufgrund der strikten Verwendungsbindung gem § 150 Abs 3, Abs 4, aber deswegen, weil auch an sich frei verfügbare Rücklagen formal aufgelöst und im Rahmen der G+V-Rechnung in den Bilanzgewinn überführt werden müssen, bevor sie Gegenstand eines Gewinnverwendungsbeschlusses werden können (*Gelhausen/Heinz* FS Hoffmann-Becking, 2013, S 357, 366). Entnahmen können auch nur iRd § 59 als Vorabausschüttung gerechtfertigt werden. Diese Regelung steht neben der in § 62 Abs 1 bestimmten Pflicht des Aktionärs, alles das, was er unter Verstoß gegen die Vorschriften des AktG erhalten hat, zurückzugewähren, also unabhängig vom Prinzip der Kapitalerhaltung auch Teile des materiell ausschüttungsfähigen und sogar als solchen ausgewiesenen Gewinns, wenn über seine Ausschüttung kein formaler Verwendungsbeschluss gefasst worden ist (*T. Bezzenberger* Das Kapital, S 207). Eine unzulässige Entnahme ist zusammen mit dem Rückgewähranspruch gem § 62 in der Bilanz der AG zu erfassen (*Gelhausen/Heinz* S 268).

2. Rückgewähr von Einlagen. Da es nicht darauf ankommt, ob die ursprünglichen **5** Einlagen zurückgewährt werden, ist unter Rückgewähr schlechthin jede **Zuwendung an einen Aktionär** außerhalb der ordnungsmäßigen Gewinnausschüttung oder Durchführung einer Kapitalherabsetzung zu verstehen (*RGZ* 77, 11, 13; 161, 168; *OLG Koblenz* AG 1977, 231; *OLG Hamburg* AG 1980, 275, 278; GroßKomm AktG/*Henze* Rn 9); zur Vorauszahlung auf Dividende außerhalb des § 59 *LG Dortmund* AG 2002, 97; Hensssler/Strohn/*Lange* Rn 4. Die Vorteile müssen nicht bilanzierungsfähig sein (*Stimpel* FS 100 Jahre GmbHG, S 335, 339), ihr Verlust muss sich allerdings wertmäßig auswirken. Zur Übernahme des – an sich einen Aktionär beim Verkauf seiner Aktien über die Börse treffenden – Prospekthaftungsrisikos durch die AG Rn 20. Eine Rückgewähr in diesem Sinne kann auch darin bestehen, dass bei einem – an sich nicht verbotenen – Individualgeschäft zwischen Gesellschaft und Aktionär dem letzteren ein überhöhtes Entgelt gezahlt wird; zu den verdeckten Ausschüttungen näher Rn 19 ff. Bei einem **Darlehen** an einen Aktionär, aber auch bei anderen vermögensmäßigen Zuwendungen, die im Hinblick auf die einzelnen Konditionen nicht mit Leistungen an einen außenstehenden Dritten vergleichbar sind, ist aufgrund des Abs 1 S 2 2. Alternative stets zu prüfen, ob der Leistung der Gesellschaft ein vollwertiger Gegenleistungs-, Rückzahlungs- oder Freistellungsanspruch gegenübersteht, eine Frage, die sowohl für Upstream-Darlehen als auch im Bereich der Übertragung liquider Mittel von Tochtergesellschaften auf die Mutter- oder eine Betreibergesellschaft im Rahmen eines Cash-Pool-Systems von Bedeutung ist, näher Rn 15–17. Nach § 57 verboten sind somit auch alle nicht „causa societatis" erfolgenden **Individualgeschäfte** zwischen der Ges und einem Aktionär, die an einem wertmäßigen Missverhältnis zugunsten des Aktionärs leiden (*T. Bezzenberger* Das Kapital, S 209; MünchKomm AktG/*Bayer* Rn 42–68, § 62 Rn 8–28). Erwirbt der Aktionär seine Sacheinlage gegen angemessenes Entgelt von der Gesellschaft zurück, so handelt es sich nicht um Rückgewähr iSd § 57 (*BGH* WM 1955, 1250 f), wohl aber, wenn ihm ein Wiederkaufsrecht bezüglich der Sacheinlage gegen Rückgabe der Aktien eingeräumt wird (*Ballerstedt* S 123; abweichend *RGZ* 81, 404). Auch eine Auszahlung von Dividenden an einen Aktionär, der wegen § 59 WpÜG einen Rechtsverlust erlitten hat, enthält einen Verstoß gegen die Kapitalbindung, löst also einen Rückzahlungsanspruch nach § 62 Abs 1 aus (*LG München* I NZG 2009, 226). Zu der in diesem Zusammenhang im Vordergrund stehenden Voraussetzung der **Vollwertigkeit** des Anspruchs gibt der Gesetzestext keine Auslegungshinweise, die bisherige Diskussion um die Kriterien erlaubt aber einige Feststellungen. Dabei ist nach der Art der mit dem Geschäft eingegangen Verpflichtungen zu differenzieren, was zu einer getrennten Darstellung zwingt, s im Einzelnen zu den „aufsteigenden Darlehen" Rn 27, 41, zu „aufsteigenden Sicherheiten" Rn 21, zum Cash-Pooling Rn 25 f. Wie es der Vorgabe durch die neue Fassung des Abs 1 S 3 entspricht, sind die Verhältnisse im Konzern gesondert zu betrachten, durch die die Beurteilung der zivilrechtlichen Geschäfte mit den Regeln der Kapitalbindung beeinflusst wird, näher Rn 38 ff.

6 Was für die Hingabe von Darlehen an Aktionäre und die Werthaltigkeit des Rückgewähranspruchs gilt, gilt im Wesentlichen auch für Bürgschaftsübernahme (zu den Besonderheiten von Avalen im Rahmen eines Cash- oder Aval-Pools Rn 25), die Gewährung einer Kursgarantie bei Verkauf eigener Aktien und den Erlassvertrag zugunsten eines Aktionärs. Einlagenrückgewähr ist nicht die Rückabwicklung des Zeichnungsgeschäfts wegen eines Willensmangels des Aktionärs, was zwar nach Eintragung trotz Anfechtung nicht statthaft ist, aber uU doch eine Rückabwicklung nach allg bürgerlich-rechtlichen Regeln nach sich zieht (*RGZ* 121, 99, 106; GroßKomm AktG/*Henze* Rn 17). Ein Verstoß gegen § 57 liegt auch nicht vor, wenn eine AG, die für eine Gerichtskostenforderung neben dem Aktionär haftet, diese Forderung begleicht, *OLG München* NZG 2009, 1149, 1151.

7 **3. Zeitliche Geltung des Verbots.** Das Verbot hat umfassende zeitliche Geltung. Bereits im **Gründungsstadium** der Gesellschaft oder während des Verlaufs einer Kapitalerhöhung kann die Zahlung an Aktionäre gegen § 57 verstoßen (KölnKomm AktG/ *Drygala* Rn 22), den Rückgewähranspruch gem § 62 muss schon eine Vorgesellschaft geltend machen (freilich erst nach Entstehung der AG). Allerdings wird Rückzahlung im Gründungsstadium häufig schon die Tilgungswirkung der Einlageleistung entfallen

lassen (s auch § 54 Rn 13). Kommt es nicht zur Eintragung der Gesellschaft, bestimmt sich die Lage nach den Vorschriften über die Kapitalaufbringung (KölnKomm AktG/*Drygala* Rn 23). Das Verbot gilt während der gesamten Dauer der Gesellschaft, auch im Liquidationsstadium (*RGZ* 81, 404, 412). Betroffen sein kann auch die Leistung an einen **ausgeschiedenen Aktionär**, was hauptsächlich in Fällen des **Anteilsverkaufs** praktisch wird. Zu Besonderheiten bei der Rückführung eines Aktionärsdarlehens s Rn 28 ff. Was die Geltung der Ausnahmen von der strikten Kapitalerhaltung betrifft, so ist von Art 25 MoMiG (Inkrafttreten am 1.11.2008) auszugehen. Wenn ein früher abgeschlossenes Geschäft mit einem Aktionär die Voraussetzungen eines nicht causa societatis zustandegekommenen Drittgeschäfts erfüllt, so hat dieses auch jetzt Bestand (*Wand/Tillmann/Heckenthaler* AG 2009, 150; s auch *Winter* DStR 2007, 1484, 1489). Für die Beurteilung der Vollwertigkeit einer Gegenleistung- oder Rückzahlungsforderung kommt es grds auf den Zeitpunkt der Auszahlung oder der sonstigen „Einlagenrückgewähr" an (*Thümmel/Burkhardt* AG 2009, 888). Das neue (insolvenzrechtlich geprägte) Recht der kapitalersetzenden Finanzierungen, das das Erfordernis einer „Krise" als Voraussetzung des kapitalersetzenden Charakters beseitigt hat, knüpft an den Zeitpunkt der Insolvenz an. Ob dies freilich auch für Tilgungsleistungen der Gesellschaft vor dem Stichtag gilt, die dann innerhalb der (langen) Frist gem § 31 Abs 5 GmbHG noch zurückgefordert werden können, ist neuerdings umstritten (näher Rn 29). Für Zahlungen außerhalb des durch die InsO gezogenen zeitlichen Rahmens, die die Gesellschaft vor Inkrafttreten des MoMiG erbracht hat, gelten noch die früheren Regeln (*BGH* NZG 2009, 422, 424; NZG 2009, 463, 466; *Kleindiek* FS Hopt, 2010, S 941, 946; zur Übergangsregelung s § 103d EG InsO).

4. Einschaltung von Dritten in Vorgänge der Einlagenrückgewähr. Der Wortlaut des Abs 1 S 2 verlangt nicht, dass die Rückgewähr an den Aktionär erfolgt; gleichwohl ist, da es um den Schutz des Vermögens der Gesellschaft gegen den Zugriff von Aktionärsseite geht, darauf abzustellen, dass auch bei mittelbarer Beteiligung von Gesellschaftern der in den Vorgang eingeschaltete Dritte, der von der AG eine Leistung erhält oder an den Aktionär leistet, den wirtschaftlichen Effekt einer Vermögensminderung der Gesellschaft zugunsten des Aktionärs begründet. Die Ausdehnung des Verbots auf diese Fälle ist im Kern unbestritten (GroßKomm AktG/*Henze* Rn 73, 75; KölnKomm AktG/*Drygala* Rn 120 ff; *Servatius* in: Wachter Rn 33; *Hüffer* AktG Rn 13, 14), zu differenzieren ist insoweit noch bei den Rechtsfolgen, die in Ansprüchen gegen Aktionäre oder den Dritten bestehen können (näher § 62 Rn 13). Hinsichtlich der Geltung des Verbots sind AG und GmbH vergleichbar, so dass Beispiele wechselseitig herangezogen werden können, so die Tilgung der Verbindlichkeit einer anderen dem Aktionär gehörenden Gesellschaft (*OLG Köln* GmbHR 1996, 367) oder die Finanzierung des Kaufpreises, den ein ausscheidender Aktionär vom Erwerber der Beteiligung zu erwarten hatte, durch die Gesellschaft – Empfänger ist hier der Ausscheidende (*BGHZ* 122, 333, 337; *BGH* NJW 2003, 3629). Schließlich gehört hierher auch die Zahlung der Gesellschaft auf eine Schuld, für die ein Aktionär Sicherheit geleistet hatte (*BGH* NJW 1997, 1131). Durchweg handelt es sich hier um Fälle, in denen die Zahlung im wirtschaftlichen Zusammenhang mit Vorgängen aus der Zeit der Mitgliedschaft steht, was auch gilt, wenn die Leistung mit Rücksicht auf die erst noch zu begründende Aktionärseigenschaft des Empfängers geschehen ist (*BGH* NZG 2008, 106). Außerhalb dieser Fälle, die unbedenklich sein können, wenn der Auskehrung von Vermögenswerten der Gesellschaft ein vollwertiger Gegenanspruch

8

gegenübersteht, die aber auch Umgehungscharakter haben können, sind außenstehende Dritte grds nicht Adressat des Kapitalbindungsgebots (*Canaris* FS Fischer, S 31, 32 f; GroßKomm AktG/*Henze* Rn 74), und zwar weder als Empfänger einer Leistung der Gesellschaft noch als Urheber von Leistungen an einen Aktionär; dabei ist jedoch vorausgesetzt, dass von solchen Transaktionen das Gesellschaftsvermögen nicht berührt wird. Umstritten, aber wegen der zu geringen Nähe zu einer Mitgliedschaft wohl abzulehnen ist die Anwendung auf Leistungen an einen **atypischen Pfandgläubiger** (KölnKomm AktG/*Drygala* Rn 125; für den typischen Pfandrechtsinhaber *Grigoleit/Rachlitz* Rn 32); anders, wenn der Gläubiger Einflussmöglichkeiten hat, die über die seiner Gläubigerposition entsprechenden hinausgehen, *BGHZ* 119, 191, 195; *Servatius* in Wachter Rn 34. Auf einen **Nießbraucher** ist § 57 jedoch anwendbar (Schmidt/Lutter AktG/ *Fleischer* Rn 31; GroßKomm AktG/*Henze* Rn 84).

9 **a) Zuwendungen an Strohmann, Treuhänder, sonstige dem Gesellschafter nahestehende Personen.** Zuwendungen an Strohmann, Treuhänder oder sonstige dem Gesellschafter nahestehende Personen können eine **Umgehung der** Kapitalbindung darstellen, wenn von der Gesellschaft an einen Nichtgesellschafter eine Leistung erbracht wird, die im wirtschaftlichen Ergebnis einem Aktionär zugute kommt und ihren Grund in dessen Gesellschaftereigenschaft hat. Da das Gesetz diese Fälle nicht regelt, bedarf es einer wertenden Zurechnung einer Leistung aus dem Vermögen der Ges zu einem Aktionär (*BGHZ* 31, 258, 266 – für GmbH; *BGHZ* 110, 47, 67 = ZIP 1990, 156; *BGH* ZIP 1990, 1593). Sie ist unproblematisch beim Handeln des Dritten als **Strohmann** oder Mittelsperson des Aktionärs, der die Leistung für Rechnung des Gesellschafters entgegennimmt, unabhängig davon, ob er sie ins Vermögen des Aktionärs weiterzuleiten hat (*OLG Hamburg* AG 1980, 275, 278; *BGH* WM 1957, 61; *BGHZ* 118, 107, 110 = NJW 1992, 2023). Unstr gehört hierher auch die Leistung an einen Dritten zur Tilgung der Schuld eines Aktionärs (*BGH* DB 1968, 847: *LG Düsseldorf* AG 1997, 290, 291; *OLG Hamburg* AG 1980, 275, 278), oder um dem Dritten die Tilgung einer Schuld gegenüber einem Aktionär zu ermöglichen; hier erlangt nämlich der Aktionär aus der Zahlung unmittelbar einen Vermögensvorteil. Das ist auch der Fall, wenn die Gesellschaft sich einem Dritten gegenüber verpflichtet, Vermögen an ihre Aktionäre auszuschütten (*RGZ* 149, 385), oder wenn die AG ihr Vermögen an einen Dritten überträgt, der zur Auskehrung an die Aktionäre der Gesellschaft verpflichtet ist (*RGZ* 107, 151). Wenn gefordert wird, dass die Leistung an den Dritten auf Veranlassung des Aktionärs geschehen ist (*BGH* WM 1957, 61; MünchKomm AktG/*Bayer* Rn 50 ff; Fallgruppenbei *Hüffer* AktG Rn 15), so muss sich dies nicht auf die als Rückgewähr zu qualifizierende Leistung beziehen, sondern es genügt, wenn der Gesellschafter als Hintermann die betreffende Konstellation geschaffen hat (*LG Hamburg* AG 1980, 275, 278). Dafür reicht es nicht schon aus, wenn sich der Zweck einer Zuwendung an einen Nichtaktionär aus einer Beziehung der Gesellschaft zu einem Aktionär ergibt (*LG Düsseldorf* AG 1979, 290 f). Allg kann unter diesen Umständen nicht gesagt werden (so aber *OLG Düsseldorf* AG 1980, 273; dagegen *Michalski* AG 1980, 261, 267 f), dass § 57 das Rechtsverhältnis zwischen der AG und dem Dritten nicht betreffe.

10 Der Einschaltung eines Strohmanns, der die Leistung entgegennimmt, steht es gleich, wenn der Dritte als Treugeber, dh als wirtschaftlicher Inhaber, einem anderen als **Treuhänder** die formale Aktionärsstellung eingeräumt hat. Dann ist er, wenn an den Treuhänder geleistet wird, Schuldner des Anspruchs aus §§ 62 Abs 1 S 1, 57 Abs 1

Keine Rückgewähr, keine Verzinsung der Einlagen § 57

S 1 (*BGHZ* 107, 7, 12; *BGH* NZG 2008, 106), wenn dies aufgrund des Rechtsverhältnisses zwischen dem Aktionär und dem Dritten geschieht, *Servatius* in: Wachter Rn 34. Wenn die Leistung mit Rücksicht auf die erst noch zu erwerbende Aktionärseigenschaft geschehen ist, kann auch der künftige Aktionär in Anspruch genommen werden (*BGH* NZG 2008, 106). Hierher kann auch eine Auszahlung an **Ehegatten**, Kinder und sonstige **nahe Verwandte** eines Aktionärs gehören (*BGHZ* 81, 365, 368; *BGH* ZIP 1986, 456, 458), ohne dass freilich das Verwandtschaftsverhältnis bereits eine Vermutung dafür begründet, dass die Leistung dem Aktionär zugute kommt oder von ihm veranlasst ist (zum insoweit gleich liegenden Fall der Rückzahlung kapitalersetzender Darlehen s GroßKomm AktG/*Henze* Rn 91); es muss also im Einzelfall abgewogen werden (*Grigoleit/Rachlitz* Rn 32); für eine Vermutung immerhin Spindler/Stilz AktG/*Cahn/von Spannenberg* Rn 76). Somit sind insb „günstige" Verträge der Gesellschaft mit Verwandten des Aktionärs kein Verstoß gegen die Kapitalbindung, solange die Vorteile nicht wenigstens mittelbar dem Aktionär zugute kommen; in Betracht kommt dann allenfalls eine Haftung gem § 117 (*Canaris* FS Fischer, S 31, 39). In allen diesen Fällen kommt es nach § 57 Abs 1 S 3 jetzt noch darauf an, ob der Gesellschaft gegen den hinter dem Empfänger stehenden Aktionär ein vollwertiger Anspruch zusteht, was freilich bei Umgehungstatbeständen meist gerade nicht gewollt sein wird.

b) Zuwendungen eines Dritten. Umgehungscharakter kann auch die Zuwendung **eines Dritten** an einen Gesellschafter haben, wenn das vermögensmäßige Opfer letztlich die Gesellschaft bringt (*OLG Hamburg* AG 1980, 275, 280; GroßKomm AktG/*Henze* Rn 75; KölnKomm AktG/*Drygala* Rn 120). Dies ist der Fall, wenn aufgrund des Verhältnisses zum leistenden Dritten die Gesellschaft dessen Aufwendungen erstatten muss oder wenn er die Leistung aus ihm von der Gesellschaft treuhänderisch überlassenem Vermögen an den Aktionär erbringt. Wenn im Zuge einer Verschmelzung einer AG auf eine andere, die noch in ihrer früheren Rechtsform als GmbH eine Anleihe emittiert und den Erlös an ihre Gesellschafter ausgeschüttet hatte, nunmehr nach Formwechsel der GmbH in eine AG im Verschmelzungsvertrag das Umtauschverhältnis unter Berücksichtigung dieser Transaktion festgelegt wurde, sieht *OLG Hamm* (AG 2011, 624, 627) hierin keinen Verstoß gegen § 57 bei der übertragenden AG, da es sich bei der Ausschüttung nicht um Leistungen eines Dritten an die Gesellschafter gehandelt habe, sondern um die Leistung einer die AG beherrschenden Gesellschaft, so dass das für die Muttergesellschaft geltende Kapitalschutzrecht anwendbar sei; der vom OLG verworfene Umgehungsverdacht liegt dennoch nahe.

11

c) Einschaltung verbundener Unternehmen. Dritte, die Leistungen der AG erhalten, welche in Bezug auf die Kapitalerhaltung einem Aktionär zugerechnet werden, können auch **verbundene Unternehmen** sein, wie es auch bei der Kapitalaufbringung gesehen wird (zur Übernahme eigener Aktien durch verbundene Unternehmen s § 56 Rn 5 ff, 8 ff). Das rechtfertigt sich daraus, dass häufig die formale Personenverschiedenheit der Gesellschaften in einer Unternehmensgruppe zumindest bei Abhängigkeit und einheitlicher Leistung zurücktritt (*Michalski* AG 1980, 261, 265; MünchKomm AktG/*Bayer* Rn 44). Nun hat aber die Neuregelung des § 57 Abs 1 S 3 durch das MoMiG eine Ausnahme für Leistungen geschaffen, „die bei Bestehen eines Beherrschungs- oder Gewinnabführungsvertrages (§ 291) erfolgen", ohne, wie es in einer Entwurfsfassung noch hieß, auf Leistungen „zwischen den Vertragsteilen" eines Beherrschungs- oder Gewinnabführungsvertrages beschränkt zu sein. Danach ist die

12

Westermann 479

Ausnahmeregelung auf den Vertragskonzern bezogen, die Fragen der Zurechnung von an verbundene Unternehmen erbrachten Leistungen zu einem Aktionär der leistenden Ges können aber bei allen Unternehmensverbindungen auftreten.

13 Das bloße Bestehen einer Beteiligung von Aktionären der leistenden Gesellschaft an dem Unternehmen, das die Leistung erhalten hat, reicht nicht schon für die Annahme eines Verstoßes gegen § 57 aus, vielmehr muss die Beteiligung entweder eine ausschließliche oder doch jedenfalls so stark sein, dass der zugleich an der auszahlenden Gesellschaft beteiligte Gesellschafter dieses Verhalten der Leistungsempfängerin bestimmen und so Zugriff auf die ausgezahlten Werte nehmen kann (*BGHZ* 81, 311, 315 für GmbH; *BGH* NJW 1992, 1167; NJW 1996, 589; für AG *Michalski* AG 1980, 266; GroßKomm AktG/*Henze* Rn 92, 93; KölnKomm AktG/*Drygala* Rn 124). Davon ist auch auszugehen, wenn der Aktionär auf das die Werte empfangende Unternehmen durch einen Beherrschungs- oder Gewinnabführungsvertrag Einfluss nehmen kann – zu den Verhältnissen im Vertragskonzern iÜ Rn 39. Besteht eine Beteiligung Dritter an der empfangenden Gesellschaft, so ist auf Abhängigkeit abzustellen, wobei bisweilen eine nicht unerhebliche Beteiligung verlangt wird (KölnKomm AktG/*Drygala* Rn 121), während andere auch eine bloß faktische HV-Mehrheit für genügend erachten (MünchKomm AktG/*Bayer* Rn 47), auch wenn die eigene Beteiligung des Aktionärs an der Tochter deutlich unter einer Mehrheit liegt. Die danach maßgebliche Möglichkeit eines Aktionärs, in der begünstigten Gesellschaft seinen Willen durchzusetzen, rechtfertigt es, auf eine **Umgehungsabsicht** oder eine Kenntnis der nur an der begünstigten Gesellschaft beteiligten Aktionäre vom Verstoß gegen die Kapitalbindung zu verzichten (s auch *Michalski* AG 1980, 266; Spindler/Stilz AktG/*Cahn/von Spannenberg* Rn 24; *Servatius* in Wachter Rn 36), wie es auch nicht angezeigt ist, für die Zurechnung an den Aktionär der auszahlenden AG auf die Bösgläubigkeit seiner Mitgesellschafter in der die Leistung empfangenden Gesellschaft abzustellen (*Canaris* FS Fischer, S 31, 43; ohne diese Einschränkung *BGH* WM 1957, 61). Die vorstehenden Überlegungen sind entspr anwendbar, wenn in die Auszahlung **Enkel-** oder **Urenkelgesellschaften** eingeschaltet sind; die Analogie endet jedoch, wenn ein die „auszahlende" AG beherrschendes Unternehmen aus seinem Vermögen an einen Mitaktionär der AG eine Leistung erbringt (MünchKomm AktG/*Bayer* Rn 48). Wenn die Auszahlung an eine **„Schwester-Gesellschaft"** im Konzern erfolgt, die gewöhnlich nicht am Kapital der auszahlenden Gesellschaft beteiligt ist, so reicht die bloße Kapitalbeteiligung der Mutter auch an der die Leistung empfangenden Schwester nicht, da diese selbst nicht von der Kapitalbindung bei der auszahlenden Ges betroffen ist, es bedarf vielmehr wieder eines tatsächlich maßgebenden Einflusses der Mutter- auf die auszahlende Schwestergesellschaft (s dazu GroßKomm AktG/*Henze* Rn 55; KölnKomm AktG/*Drygala* Rn 126).

III. Die Prüfungsmaßstäbe im Einzelnen

14 **1. Verbotene Auszahlungen.** Verstöße gegen die Anordnung des Abs 1 erfolgen selten offen, häufiger sind die Fälle verdeckter Zuwendungen einschließlich solcher, in denen gesellschaftsfremde Dritte eingeschaltet werden. Wenn in einigen Problemfällen der Schutzbereich der Kapitalerhaltung zweifelhaft ist, so auch deshalb, weil nicht klar ist, wie weit jeweils das Verbot nicht gesellschaftsangehörigen Dritten entgegengesetzt werden kann, ferner auch deshalb, weil immer geprüft werden muss, ob es sich nicht um ein Individualgeschäft zwischen Aktionär und Gesellschaft handelt, das auch mit Dritten so abgeschlossen werden könnte. Die jetzt ausdrücklich zum Gegenstand der Ausnahmeregelungen in Abs 1 gemachten Vorgänge wie Darlehensgewährung und Sicherheitenbestellung erfordern Vertragsschlüsse und Vermögensverfügungen, nicht selten auch mit sachenrechtlicher Publizität, so dass den Beteiligten die Gefahr von Verstößen gegen die Kapitalerhaltung bewusst sein muss. Gegen einen solchen Verstoß spricht dann der Charakter als neutrales Drittgeschäft (Rn 5) oder das Vorhandensein eines werthaltigen Ausgleichs- oder Rückgewähranspruchs. Im Wesentlichen anerkannte Verstöße sind die Zahlungen von **Dividende** ohne Vorhandensein von Bilanzgewinn oder auf der Grundlage eines nichtigen (nicht: eines anfechtbaren) Gewinnverwendungsbeschlusses (MünchKomm AktG/*Bayer* Rn 69), Abschlagszahlungen auf Gewinne unter Verletzung von § 59 (*RGZ* 107, 161, 168), unzulässiger Erwerb eigener Aktien, Bezahlung der von einem Dritten für Rechnung der Gesellschaft gezeichneten Aktien (s auch § 56), Kapitalrückzahlungen aufgrund nichtigen Kapitalherabsetzungsbeschlusses, Zahlung eines überhöhten Einziehungsentgelts (*RGZ* 150, 28), Vergütung für die Teilnahme an einer HV, Gratifikationen für langjährige Mitgliedschaft, Erstattung aufgrund von Kursgarantien (Rn 20).

2. Berücksichtigung eines Gegenleistungs- oder Rückgewähranspruchs. Der vollwertige Gegenleistungs- oder Rückgewähranspruch gegen den „Aktionär", also unter den in Rn 8 ff geschilderten Umständen denjenigen, dem die Leistung zugerechnet wird, muss nach der RegBegr (BT-Drucks 16/6140 S 41; dazu *Mülbert/Leuschner* NZG 2009, 281, 282) iSd bilanziellen Betrachtungsweise (die mithin aus dem GmbH-Recht hierher übernommen wird) rechtlich bestehen und praktisch durchsetzbar sein. In der Höhe muss der Anspruch der Auskehrung von Gesellschaftsvermögen entsprechen. Das Gesetz spricht insoweit von einer **Deckung**, was darunter zu verstehen ist, ist nicht ganz klar. Die RegBegr (BT-Drucks 16/6140 S 41, 52) sieht vor, dass eine von der Gesellschaft erbrachte Leistung hier nach Markt- und nicht nach Abschreibungswerten bemessen sein und somit der Anspruch gegen den Aktionär in einem marktüblichen Verhältnis zur Leistung der Gesellschaft stehen muss (Henssler/Strohn/*Lange* Rn 7). Das bedeutet, dass bei Vorhandensein stiller Reserven Gegenstände zu bloßen Buchwerten abgegeben werden und dass nicht bilanzierungsfähige Gegenstände wie zB selbst geschaffene immaterielle Vermögenswerte iSd § 248 II 2 HGB nur gegen ihren wahren wirtschaftlichen Wert veräußert werden dürfen (so *Drygala/Kremer* ZIP 2007, 1283; *Gehrlein* Der Konzern 2007, 771, 786; *Winter* DStR 2007, 1484, 1486; *Thümmel/Burkhardt* AG 2009, 889; *Wand/Tillmann/Heckenthaler* AG 2009, 152; *J. Vetter* in Goette/Habersack, Rn 4.62). Das ist deutlich auf Austauschverträge bezogen, passt also für Darlehen nicht, bei denen aber aus dem Deckungsgebot geschlossen wird, dass etwa die fehlende Abzinsung des Rückzahlungsanspruchs bei einer Laufzeit von unter einem Jahr wegen des bei der Gesellschaft entstehenden Nutzungsausfalls hier nicht berücksichtigt werden darf (*Thümmel/Burkhardt* AG 2009, 889). Ist Deckung gegeben, ist § 57 nicht erfüllt (KölnKomm AktG/*Drygala* Rn 47).

Einzuräumen ist, dass in diesem Zusammenhang die „bilanzielle Betrachtungsweise" in etwa verlassen wird (*Mülbert/Leuschner* NZG 2009, 280, 283; *J. Vetter* in Goette/ Habersack, Rn 4.63; *Winter* S 1487), auch gehen die Kriterien des „Deckungsgebots" und der **Vollwertigkeit** ineinander über, was insofern nicht verwundert, als es sich dabei um ausfüllungsbedürftigen Begriffe handelt (*Wand/Tillmann/Heckenthaler* S 151), in dem eine Prognose steckt. Sie betrifft die Durchsetzbarkeit der Forderung, für die es aber auf die bei Fälligkeit anzunehmende wirtschaftliche Gesamtsituation des Schuldners ankommt (*J. Vetter* in Goette/Habersack, Rn 4.39). Ob das Geschäft wirtschaftlich vorteilhaft ist, und auch mit Dritten geschlossen werden könnte, ist unerheblich (KölnKomm AktG/*Drygala* Rn 48). Hier, insb im Hinblick auf Darlehensforderungen, sind dann aber iÜ die bekannten bilanziellen Grundsätze anzuwenden, also das Niederstwertprinzip (§ 253 HGB) wie das allg Vorsichtsprinzip (*Wand/ Tillmann/Heckenthaler* S 152). Somit kann bei kurzfristigen Darlehen eine Abzinsung unterbleiben, hierbei muss auch keine Verzinsung vorgesehen sein (*Altmeppen* ZIP 2009, 49, 52; *Thümmel/Burkhardt* S 888), wenn man nicht an dieser Stelle einen Drittvergleich einschalten will, was aber dem Gesetzeswillen nicht entspricht (s auch *Drygala/Kremer* S 1293; *Wand/Tillmann/Heckenthaler* S 152; *Kiefner/Theusinger* NZG 2008, 801, 805; *Winter* S 1487; *Eusani* GmbHR 2009, 512, 514). Bei langfristigen oder auch prolongierten Darlehen wäre dagegen eine fehlende Verzinsung in dieser Höhe als Auszahlung iSd § 57 zu werten (*Gehrlein* Der Konzern 2007, 771, 785; *Thümmel/ Burkhardt* S 888), hier kann die Vollwertigkeit fraglich sein (*Grigoleit/Rachlitz* Rn 38). Trotz einer in der Praxis sicher vorkommenden Vereinbarung über die Laufzeit eines Darlehens wird weiter angenommen, dass die Durchsetzbarkeit des Anspruchs der Gesellschaft nur gegeben sei, wenn die Forderung jederzeit fällig gestellt werden kann, indem mindestens ein außerordentliches Kündigungsrecht wegen Vermögensverschlechterung begründet wird (*Henze* WM 2005, 717, 726; *Thümmel/Burkhardt* S 889).

17 Die Bilanzierungsgrundsätze lassen zwar gewisse Spielräume, die Frage nach einem Verstoß gegen die Kapitalerhaltung ist aber nicht der Business-Judgement-Rule zugänglich (*Thümmel/Burkhardt* S 887; aM von *Falkenhausen/Kocher* BB 2009, 122). IÜ kann eine Fehleinschätzung der Vollwertigkeit oder auch eine Vernachlässigung der wirtschaftlichen Interessen der Gesellschaft in diesem Zusammenhang ein Organverschulden sein, wenngleich schon nach der Gesetzesbegründung eine spätere, bei der Auskehrung von Vermögen nicht vorhersehbare negative Entwicklung nicht nachträglich die Annahme einer verbotenen Auszahlung begründen kann. Nach dem MPS-Urteil des BGH (oben Rn 2) ist allerdings von einer laufenden **Überwachungspflicht** in Bezug auf solche Veränderungen, die auch in Cash-Pooling-Systemen und bei der Gewährung von Sicherheiten geschehen können, auszugehen, welche Pflicht Vorstände und Aufsichtsräte trifft und aus §§ 93, 116 abgeleitet ist. Eine Voraussetzung für Vollwertigkeit einer Forderung ist die Existenz eines Kontroll- oder Frühwarnsystems freilich nicht (*Mülbert/Leuschner* NZG, 2009, 280, 283; Schmidt/Lutter/AktG/ *Fleischer* Rn 49). Das MPS-Urteil betraf eine Darlehensgewährung der Tochter- an eine Muttergesellschaft in einem faktischen Konzern, so dass das Verhältnis der mit der Kapitalerhaltung zusammenhängenden Sorgfaltsmaßstäbe und des personelle Ausdehnung der Verantwortlichkeiten jedenfalls mit den Maßstäben des § 311 abgestimmt werden müssen (so auch *Thümmel/Burkhardt* S 888), worauf unten Rn 36 zurückzukommen ist. Im Rahmen von Cash-Pooling-Systemen kann schon aus allgemeinen Gründen dies zur Einrichtung eines umfassenden Informations- und Frühwarnsystems zwingen (Rn 27). Dies und die erwähnte Möglichkeit der Fälligstellung eines Darlehens können die Handhabung eines mehrere Gesellschaften, möglicherweise einen ganzen Konzern umfassenden Cash-Pools erschweren, näher Rn 34 ff.

18 **3. Grenzfälle der Kapitalbindung im Aktienrecht.** Einzelfälle unzulässiger Leistungen können heute nicht mehr unbesehen der früheren, teilw zur GmbH ergangenen Judikatur entnommen werden. Das gilt nicht für die Abgrenzung zwischen Gesell-

schaftergeschäften, die causa societatis gemacht wurden, und neutralen Drittgeschäften. Durch Gewinnausschüttungen an Aktionäre, die auf einer besonderen schuldrechtlichen Vereinbarung beruhen, ist § 57 verletzt, überhöhte Geschäftsführervergütungen darf der Aufsichtsrat weder einem außenstehenden Dritten noch einem Aktionär zubilligen, zur verdeckten Gewinnausschüttung Rn 19. Angesichts der vielfältigen gesetzgeberischen Maßnahmen gegen „**räuberische Aktionäre**" und der durch das Freigabeverfahren gem § 246a immerhin etwas entschärften prozessualen Gefahren von Anfechtungsklagen erscheint es denkbar, dass die Anwendung des § 57 auf den Auskauf opponierender Aktionäre, die theoretisch klar ist (*Ehmann/Walden* NZG 2013, 806 ff), an praktischer Bedeutung verliert. Es handelt sich zB um überhöhte Preise für die Übernahme der Aktien der Kläger, bei der nicht der Wert der Beteiligung, sondern der „Lästigkeitswert" abgegolten wird, obwohl der Erwerb eigener Aktien an sich mit § 71 vereinbar wäre. Ähnlich zu beurteilen sind hohe Abstandssummen für Klagerücknahme oder Vergleich (*LG Köln* WM 1988, 758 f; *OLG Frankfurt* ZIP 1991, 657; *OLG Köln* ZIP 1988, 1391, 1394; *Schlaus* AG 1988, 114;), die Übernahme beträchtlicher Kosten- und Aufwandspauschalen (s den Tatbestand bei *BGH* WM 1989, 1128), schließlich die überhöhte Vergütung bei Beratungsverträgen (*Heuer* WM 1989, 1406), wenn nicht der Kläger in Wahrheit für seine Anwälte arbeitet. Im Rahmen der häufig (aus vertretbaren Gründen) geschlossenen Vergleiche darf die AG angemessene Aufwendungen des Klägers übernehmen (MünchKomm AktG/*Bayer* Rn 88), Anwaltskosten aber nicht aus einem über § 247 hinausgehenden Vergleichswert (näher *Ehmann/Walden* NZG 2013, 806, 808 f). In allen diesen Fällen erfolgt die Leistung auch im Hinblick auf die Aktionärseigenschaft des Empfängers (*OLG Köln* WM 1988, 1021; *Ehmann/Walden* NZG 2013, 806, 808 f; aM *Götz* DB 1989, 263; zweifelnd auch *Schlaus* AG 1988, 114, 116). Dies gilt auch, wenn die Zahlung an mit dem Aktionär verbundene Dritte bzw seinen Anwalt geschieht. Der Vorstand ist zur Rückforderung gem § 62 verpflichtet (*LG Köln* WM 1988, 758, 760 f, allerdings unter Verneinung eines Anspruchs gegen dritte Leistungsempfänger, s auch *Lutter* FS 40 Jahre Der Betrieb, S 200 f); uU kommt sogar ein Anspruch aus § 826 BGB in Betracht (*Ehmann/Walden* NZG 2013, 806, 808).

Wenn bei einer Kapitalerhöhung über die Börse oder auch aufgrund von Werbe-Aktionen der Gesellschaft Anleger als Aktionäre geworben und dabei getäuscht worden sind, was der Gesellschaft zuzurechnen war, so kann es sein, dass die AG aus dem Gesichtspunkt der gesetzlichen **Prospekthaftung**, oder aus cic oder aus Gesichtspunkten des Verbraucherschutzes auf Schadensersatz in Anspruch genommen wird, wobei ihr bisweilen auch die Aktien angeboten werden. Dann würde eine Ersatzleistung aus dem Vermögen der Gesellschaft dem nunmehrigen – oder auch ehemaligen – Aktionär zugute kommen. Dasselbe kann sich aus kapitalmarktrechtlichen Gesichtspunkten (etwa bei verspäteter oder versäumter ad-hoc-Mitteilung) ergeben. Es kommt also zu einer Normenkollision zwischen dem strikten Kapitalschutz gem § 57 und dem Interessenausgleich für den geschädigten Aktionär. Ein Hinweis in der BegrRegE zu § 44 BörsG (BT-Drucks 13/8933 S 78) auf die Spezialität der jüngeren Normen über Prospekthaftung und Anlegerschutz gegenüber dem Kapitalschutz kann als Lösungsansatz nicht befriedigen und eine generelle Entscheidung über den Vorrang dieser Prinzipien oder des im deutschen Kapitalgesellschaftsrecht stark ausgeprägten Kapitalschutzes ist angesichts der Entwicklung der Grundsätze aus dem Gesetz und andererseits hauptsächlich aus richterlicher Rechtsfortbildung nicht möglich. Auch wenn man

19

§ 57 Keine Rückgewähr, keine Verzinsung der Einlagen

einen Vorrang des Anlegerschutzes auf einen derivativen Erwerb von Aktien (also durch eine Emissionsbank) beschränkt, bliebe der nach den bisherigen Erfahrungen nicht seltene originäre Erwerb von der emittierenden Gesellschaft außer Ansatz (*Schwark* FS Raisch, 1995, S 269, 287 ff; MünchKomm AktG/*Bayer* Rn 19; *Hüffer* AktG Rn 3; anders noch *Henze* NZG 2005, 115, 118), und es würde auch zu wenig bedacht, dass einer in Anspruch genommenen Emissionsbank im Rückgriff gegen die Gesellschaft die Kapitalbindung nicht entgegengehalten werden könnte, solange sie nicht selbst Aktionärin ist. Eine Beschränkung des Zugriffs der Anleger auf die gesellschaftsrechtlich „freien" Mittel der AG (*Henze* FS Hopt 2010, S 1933, 1948 f) wird für einen effektiven Anlegerschutz oft nicht ausreichen. In dieser Situation hat der BGH in seinem EM-TV-Urteil (NJW 2005, 2450, 2452) ohne Etablierung eines generellen Vorrangs des Anlegerschutzes entschieden, dass eine Schadensersatzhaftung der Gesellschaft weder durch das Verbot der Einlagenrückgewähr noch durch die Hindernisse eines Erwerbs eigener Aktien ausgeschlossen oder begrenzt werde (bestätigt im Comroad-Urteil NZG 2007, 708; s auch *OLG Stuttgart* NZG 2008, 951). Also hat sich auch die Vorstellung durchgesetzt, dass Leistungen auf die Ansprüche der Aktionäre nicht auf ihrer mitgliedschaftlichen Stellung beruhen. Die Rechtsprechung wird überwiegend gebilligt, ist aber umstritten (zust *Möllers* BB 2005, 1637 ff; *Schmidt/Lutter* AktG/*Fleischer* Rn 39; *Hüffer* AktG Rn 31; *Servatius* in Wachter Rn 27; krit KölnKomm AktG/*Drygala* Rn 33; zögernd Spindler/Stilz AktG/*Cahn/von Spannenberg* Rn 47; gegen jede Abschwächung des Kapitalschutzes in diesem Zusammenhang *Kindler* FS Hüffer, 2010, S 417 ff; für den insolvenzrechtlichen Rangrücktritt der Anlegeransprüche *Langenbucher* ZIP 2005, 239 ff). Das Ergebnis gilt nach einem originären wie nach einem derivativen Erwerb. Abzuwarten bleibt aber, wie der EuGH, dem die Frage vom Handelsgericht Wien vorgelegt wurde, zwischen den Vorgaben der Kapitalrichtlinie und der Prospekt- und Transparenzrichtlinie abwägen wird (dazu eingehend *Fleischer/St. Schneider/Thaten* NZG 2012, 801 ff).

19a **4. Verdeckte Einlagenrückgewähr.** Sehr streitig ist die Annahme des BGH im Urteil Telekom III (NJW 2011, 719 = ZIP 2011, 1306 ff = AG 2011, 548 ff), dass ein Fall von Einlagenrückgewähr auch vorliege, wenn eine AG zur Förderung der öffentlichen Platzierung ihrer Aktien aus dem Besitz einer Großaktionärin in den USA das **Prospekthaftungsrisiko** gegenüber US-amerikanischen Anlegern für den an sich von der Gesellschaft zu verantwortenden Prospektinhalt übernimmt, welches Risiko sich dann in Gestalt einer Verpflichtung in vielfacher Millionenhöhe realisiert hatte. Die Gesellschaft hatte sich von ihrer Großaktionärin, in deren Interesse die Platzierung stattgefunden hatte, und die auch die an der Börse erlösten Kaufpreise für ihr Aktienpaket erhalten hatte, nicht vom Haftungsrisiko freistellen lassen. Sie verlangte unter Berufung auf § 62 Abs 1 S 1 Ersatz des in den USA aufgewendeten Entschädigungsbetrages, nahm aber daneben auch die Bundesrepublik als Muttergesellschaft der beklagten Großaktionärin auf der Grundlage des § 317 Abs 1 in Anspruch. Die wirtschaftlich den Aktionär treffende Bejahung einer Einlagenrückgewähr begründete der BGH zunächst mit einem Vergleich der Übernahme des wirtschaftlich den Aktionär treffenden Prospekthaftungsrisikos mit der Besicherung des gegen den Aktionär gerichteten Forderung eines Dritten durch die Gesellschaft oder die Übernahme der Haftung für eine solche Forderung, dies, obwohl im konkreten Fall die Aktien aus ihrem Besitz abgebende Aktionärin in den USA keinem Prospekthaftungsrisiko unterlag, die aber als die wirtschaftliche Nutznießerin die Risikoübernahme veranlasst habe. Diese

Begründung des BGH, der deshalb das Berufungsurteil *OLG Köln* (ZIP 2009, 931, dem *Wackerbarth* WM 2011, 193 ff zugestimmt hatte) aufhob, wurde mit der zur Feststellung einer Einlagenrückgewähr angewendeten „bilanziellen Betrachtungsweise" unterlegt (zust *Arnold/Aubel* ZGR 2012, 113, 121 ff), die bei der Übernahme des Prospekthaftungsrisikos bei Umplatzierung von Aktien eine Leistung zugunsten des Aktionärs annimmt, wenn er die Gesellschaft nicht freistellt (krit *Nodoushani* ZIP 2012, 97, 103 ff; ähnlich aber *Schäfer* ZIP 2010, 1077 ff; Bedenken auch bei *Habersack* FS Hommelhoff, 2012, S 303, 306 ff). Kritik an dem Urteil, dass insoweit auf § 57 Abs 1 S 3 gestützt ist, ist aber auch deshalb anzubringen, weil es einen Vermögenstranfer von der Gesellschaft auf den Aktionär nicht gegeben hat, auch nicht durch Einschaltung eines Dritten in den Leistungsvorgang (*Westermann/Paefgen* FS Hoffmann-Becking, 2013, S 1363, 1371 ff; aM *Schäfer* FS Hoffmann-Becking, 2013, S 997, 999 f), so dass an die Stelle der tradierten Kriterien für die Einlagenrückgewähr der Gesichtspunkt der Veranlassung durch den wirtschaftlichen Nutznießer tritt (Andeutungen auch bei MünchKomm AktG/*Bayer* Rn 68; *Hüffer* AktG Rn 89; zul *Mülbert/ Wilhem* FS Hommelhoff, S 747, 767 ff), der bisher noch nicht klar konturiert ist. Die zur Kompensation der Risikoübernahme vom BGH geforderte Freistellung ist nach bisheriger Sichtweise nicht der einzige Weg, die Haftung wegen Einlagenrückgewähr zu vermeiden (*Habersack* S 311), wofür auch die Abtretung von Organhaftungsansprüchen gegen Dritte oder eine Drittschadensliquidation in Betracht kommen (*Habersack* S 313 ff), besonders im Hinblick auf eine mögliche Mithaftung des umplatzierenden Aktionärs als Prospektveranlasser. Zu bedenken ist weiter, dass die Gesellschaft, wenn sie die Prospekthaftung übernimmt, ohne vom hierdurch begünstigten Aktionär eine Freistellung zu verlangen, eigene legitime Interessen verfolgen kann, was dem Vorstand eine von § 93 Abs 1 S 2 geforderte, aber auch gedeckte unternehmerische Abwägungsentscheidung aufgibt (dazu *Westermann/Paefgen* S 1380 ff; s auch *Krämer/Gillessen/Kiefner* CFL 2011, 328, 342), deren Ergebnis, wenn die Erfordernisse einer solchen Entscheidung beachtet sind, nicht gut die Begründung für einen Anspruch wegen Einlagenrückgewähr abgeben kann. Das führt zu der Frage, inwieweit wirtschaftliche Vorteile, die die Gesellschaft genossen hat oder nach der Prognose des Vorstands erwarten kann, den in der Risikoübernahme liegenden Nachteil aufwiegen können, mit der weiteren Überlegung, ob diese Vorteile rechnerisch messbar sein müssen (*Arnold/Aubel* S 131 ff; *Fleischer/Thaten* NZG 2011, 1081 ff; *Mülbert/ Wilhem* FS Hommelhoff, S 771; gegen das Erfordernis der bilanziellen Messbarkeit *Schäfer*, S 1001). Was die Verantwortlichkeit der Bundesrepublik als herrschende Gesellschaft anbelangt, so greift der BGH auf seine frühere Rechtsprechung zurück, die den konzernrechtlichen Ansprüchen auf einen Nachteilsausgleich gegenüber §§ 57, 62 den Vorrang gibt (Rn 34; zur Bedeutung für die Übernahme der Prospekthaftung *Arnold/Aubel* S 136 ff). Da der Rechtsstreit in der erneuten Berufungsinstanz verglichen wurde, bleibt eine Auseinandersetzung des BGH mit den Einwänden des Schrifttums abzuwarten, was auch die Einschätzung der bereits jetzt lebhaft erörterten kapitalmarktrechtlichen und sonstigen gesamtwirtschaftlichen Folgen (*Arnold/Aubel* S 139 ff; *Nodoushani* ZIP 2012, 97, 100; namentlich mit Blick auf die Einbeziehung der Emissionsbanken auch *Westermann/Paefgen* S 1380 ff) noch in der Schwebe lässt.

Verstöße gegen die Kapitalbindung durch Vermögenszuwendungen an Aktionäre oder ihnen verbundene Dritte (einschließlich verbundener Unternehmen) finden selten offen statt, sondern werden meist unter Vorspiegelung eines neutralen Drittge- **20** schäfts verdeckt geschehen; sie sind mit offenen Verstößen gleichzubehandeln (Köln-Komm AktG/*Drygala* Rn 37; MünchKomm AktG/*Bayer* Rn 31; *Hüffer* AktG Rn 7 ff). Kennzeichen ist, dass der Vertrag inhaltlich durch die gesellschaftsrechtlichen Beziehungen so beeinflusst ist, dass zu Ungunsten der Gesellschaft ein **Missverhältnis von Leistung und Gegenleistung** eintritt (Grigoleit AktG/*Rachlitz* Rn 11; GroßKomm AktG/*Henze* Rn 35, 48). Relevant ist das Gegenargument, dass unter den bestehenden Umständen das Geschäft auch mit einem Nicht-Aktionär zu denselben Konditionen abgeschlossen worden wäre (*BGH* NJW 1996, 589 f; *OLG Hamburg* ZIP 2005, 1968 zur GmbH; zur AG *OLG Frankfurt* AG 1992, 194, 196; *KG* AG 2000, 183). Ein solches Geschäft kann, ohne dass sich an der Beurteilung etwas ändert, auch mit einem Verlust für die Gesellschaft enden (*Fleischer* WM 2007, 909, 913; MünchKomm AktG/*Bayer* Rn 33). Hingegen ist die Einräumung von Sonderkonditionen für Aktionäre, die dann allerdings untereinander gleich behandelt werden müssen – in Geschäften, die auch mit Außenstehenden gemacht werden könnten – kein Verstoß gegen § 57, wenn die vom Aktionär erbrachte Gegenleistung angemessen ist, da dann kein Vermögensschaden eintritt (MünchKomm AktG/*Bayer* Rn 34), mit der weiteren Maßgabe, dass in Massengeschäften den Aktionären, um sie günstig zu stimmen, auch bes Konditionen angeboten werden dürfen (gegen diese Erweiterung *Fleischer* aaO S 912; GroßKomm AktG/*Henze* Rn 57). Typische Fälle sind ferner der Verkauf von Aktien oder eines Unternehmens unter Wert an einen Aktionär (*OLG Karlsruhe* WM 1994, 656; *BGH* AG 2013, 421), die Übertragung von Warenzeichen an einen ausscheidenden Großaktionär (*OLG Frankfurt* AG 1996, 324, 326), Übernahme von Bauleistungen für Aktionäre zu nicht kostendeckenden Preisen (*BGH* NJW 1987, 1194). Bei dem neuerdings aufkommenden sog Equity-Line-Finanzierung aufgrund eines SEDA-Abkommens (dazu *Schlitt/Becker* FS U. H. Schneider, 2011, S 121 ff; *Rust/Hennig* AG 2012, 485 ff) kann ein Investor, der sich zu regelmäßigen Einlagen im Rahmen von kurzfristen Kapitalerhöhungen verpflichtet hat, dafür gewöhnlich Vergütungen verlangen, die nach Übernahme der jungen Aktien zu zahlen sind; obwohl Leistungen an einen künftigen Aktionär unter § 57 fallen können, ist das Kapitalerhaltungsgebot nicht verletzt, wenn eine sog Commitment-Fee, die schon zur Vermeidung des Verdachts einer verdeckten Sacheinlage marktüblich sein muss, zu dem Vorteil, der in dem Anspruch auf künftige Kapitalzuführung liegt, in einem angemessenen Verhältnis steht (*Rust/Hennig* ebd S 492). Bei der gesellschaftsrechtlichen Prüfung – die mit der steuerrechtlichen nicht unbedingt gleich läuft – werden zusätzlich subjektive Kriterien erwogen, aus denen ein verdeckter Verstoß gegen die Kapitalbindung erst folgen würde, wenn die objektiv vorliegende Begünstigung des Aktionärs causa societatis zustande kam (*Geßler* FS R. Fischer, S 131, 136 f; *T. Bezzenberger* S 233 f). Mindestens wird dabei verlangt, dass der auf Seiten der Gesellschaft handelnden Person die Gesellschaftereigenschaft des Vertragspartners bekannt war (*Geßler* aaO). Dem steht die Befürchtung gegenüber, eine auf den subjektiven Horizont des Handelnden blickende Betrachtungsweise reiche zur Einhaltung der Vermögensbindung nicht aus (*OLG Koblenz* AG 2007, 408 f; s auch schon *Horn* ZIP 1987, 1225, 1227; GroßKomm AktG/*Henze* Rn 47; MünchKomm AktG/*Bayer* Rn 47; *Hüffer* AktG Rn 11).

21 Verdeckte Einlagenrückgewähr ist danach anzunehmen bei Zahlung überhöhter Tätigkeitsvergütungen, Tantiemen oder Provisionen (*RG* HRR 41 Nr 132), Gewährung zinsbegünstigter Darlehen, Stundung oder Erlass einer vom Gesellschafter geschuldeten Leistung (*BGH* WM 1981, 1200, 1202), überhöhter Vergütung für

Nebenleistungen (§§ 55, 61), bei Missverhältnis von Leistung und Gegenleistung bei Umsatzgeschäften zwischen AG und Aktionär. Zur Bestellung von **Sicherheiten** zugunsten eines Aktionärs s Rn 22; hier bleibt zu entscheiden, wer Adressat des dem § 57 zugrundeliegenden Verbots ist, also als Empfänger der nach § 57 verbotenen Leistung nach § 62 haftet, wobei es weiter darauf ankommt, ob die Gesellschaft für die von ihr bestellte Sicherheit eine angemessene Gegenleistung erhalten hat oder einen werthaltigen Rückgriffsanspruch hat. Als Einlagenrückgewähr wird ferner angesehen eine **„Kursgarantie"** der Gesellschaft zugunsten eines Aktionärs (*BFH* WM 1995, 537), die Erwerbsverpflichtung bezüglich eigener Aktien (*RGZ* 72, 32; 121, 99, 106), Optionsrechte für Aktionäre. Auch Zahlungen an Aktionäre, die den Ausgleich für Sondervorteile bezwecken, die durch einen – deshalb anfechtbaren – HV-Beschluss anderen Aktionären zugeflossen sind (§ 243 Abs 2 S 1), dürfen zwar geleistet werden, um eine Beschlussanfechtung zu verhindern, müssen aber gleichwohl am Maßstab des § 57 gemessen werden, was praktisch bedeutet, dass der Ausgleich, wenn er nicht von Seiten der bevorzugten Aktionäre erbracht wird, durch die Gesellschaft nur durch Vorzüge bei der Verteilung des Bilanzgewinns hergestellt werden kann (GroßKomm AktG/*Henze* Rn 199). Nicht als Einlagenrückgewähr wurde es angesehen, als in einem HV-Beschluss über die Ermächtigung zum Erwerb eigener Aktien keine Untergrenze für den Fall einer nachfolgenden Veräußerung unter Ausschluss des Bezugsrechts angegeben wurde (*LG München I* NZG 2009, 388, 390).

5. Aktuelle Sonderprobleme im Bereich der Finanzierung. – a) Besicherung von **22** **Gesellschafterverbindlichkeiten.** Gefahren für die Kapitalerhaltung einer beteiligten AG können bei der Gewährung von Sicherheiten für Gesellschafterverbindlichkeiten durch die Gesellschafter auftreten. Dies war bis zur Reform des § 57 vor dem Verdikt, eine Beeinträchtigung des Vermögens der Gesellschaft darzustellen, kaum zu rechtfertigen, da es sich um einen mit einem Drittgeschäft gleichzubehandelnden „neutralen" Akt kaum jemals handelte, und der mögliche Ausgleichs- oder Rückzahlungsanspruch gegen den begünstigten Gesellschafter nicht in die Wertung einbezogen wurde; dennoch war das Vorliegen eines Verstoßes nicht ganz unstreitig (bejahend *OLG Düsseldorf* AG 1980, 279; *OLG Hamburg* AG 1980, 275, 279, *BGHZ* 157, 72 für GmbH; anders *LG Düsseldorf* AG 1979, 290). Die Einführung der **„bilanziellen Betrachtungsweise"** durch das MoMiG ändert die Rechtslage, zwar nicht insofern, als nach wie vor ein neutrales Drittgeschäft nicht vorliegt (*Henze* WM 2005, 717, 722; Schmidt/Lutter AktG/*Fleischer* Rn 27; MünchKomm AktG/*Bayer* Rn 104), wohl aber durch die Möglichkeit, dass die Sicherheitsgewährung durch einen vollwertigen Gegenleistungs- oder Rückgewähranspruch bilanziell aufgewogen wird; gegen das Verständnis als Ausnahmetatbestand (KölnKomm AktG/*Drygala* Rn 46; krit zur Übernahme der Regelung für die AG *Hüffer* AktG Rn 19). Allerdings spricht die Gesetzesbegründung die „aufsteigenden Sicherheiten" nicht ausdrücklich an. Es ist aber anzunehmen, dass ein werthaltiger Freistellungs- oder Regressanspruch gegen den begünstigten Aktionär, von dem im Zeitpunkt der Einräumung der Sicherheit noch auszugehen war (*Kiefner/Theusinger* NZG 2008, 801, 804; *Gehrlein* Der Konzern 2007, 771, 785; *Drygala/Kremer* ZIP 2007, 1289, 1292; hinsichtlich des Zeitpunkts auf die Inanspruchnahme abstellend *Tillmann* NZG 2008, 402 f; *Hüffer* AktG Rn 20; *Habersack* FS Schaumburg, 2009, S 1291, 1302), einen Verstoß gegen § 57 I ausschließen würde; zweifelnd, weil die Sicherheit den Sicherungsnehmer gegen das Insolvenzrisiko des Aktionärs absichern soll, *Wand/Tillmann/Heckenthaler* AG 2009, 148, 151. Im **Unternehmensver-**

bund kann es sinnvoll sein, dass die Muttergesellschaft ein Darlehen aufnimmt und es an eine Tochter weiterleitet, wobei eine Besicherung aus dem Tochtervermögen geschieht (*Schön* ZHR 159, 361, 368; GroßKomm AktG/*Henze* Rn 52); solange diese – in der Rechtsform einer Kapitalgesellschaft – einen werthaltigen Ausgleichsanspruch gegen die Mutter hat, steht § 57 Abs 1 S 3 nicht entgegen.

23 Demgegenüber ist für die AG, aber auch für die GmbH, die Annahme verbreitet, dass schon die Bestellung und nicht erst die Einlösung einer Sicherheit unter das Verbot des § 57 fällt (*OLG Koblenz* AG 1977, 232 f; *OLG Hamburg* AG 1980, 275, 279; *KG* NZG 2000, 479; für die GmbH noch *RGZ* 146, 84, 92; 168, 292, 297 f; *Stimpel* FS 100 Jahre GmbHG, S 335, 342 ff; *Schön* ZHR 159 (1995), 351, 359 ff; *Kleindiek* NZG 2000, 483 ff). Hierfür spricht, dass jedenfalls der Spielraum der Gesellschaft für Vermögensverfügungen eingeengt wird und der Gesellschafter einen Vermögensvorteil erhält (*OLG Jena* ZIP 2007, 1314 für die fortlaufende Vergabe ungesicherter Darlehen); klar ist aber auch, dass ein in diesem Zeitpunkt bestehender werthaltiger Rückgriffsanspruch gegen den Aktionär den Verstoß gegen die Kapitalbindung beseitigt, auch wenn es (Rn 22) hauptsächlich auf den Zeitpunkt der Ausreichung des Darlehens ankommt.

24 **b) Finanzierung von Anteilskäufen.** Auch im Rahmen einer Finanzierung von Anteilskäufen durch die Gesellschaft, insb eines MBO, müssen Verstöße gegen die Kapitalerhaltung geprüft werden. Es sind mehrere Gestaltungen zu unterscheiden: Wenn im Rahmen einer Verabredung mit einem veräußerungswilligen Aktionär vor der Übertragung der Aktien an einen Dritten eine Leistung aus dem Gesellschaftsvermögen an ihn nach seinem Ausscheiden vereinbart wird, ist § 57 anwendbar, weil die Gegenleistung Sache des Anteilserwerbers wäre und stattdessen für Rechnung des Neuaktionärs an den Verkaufswilligen erfolgt (*BGHZ* 13, 49; *Michalski* AG 1980, 266, 267 f). Dasselbe gilt, wenn die Gesellschaft die Forderung des Alt- gegen den Neuaktionär aus ihrem Vermögen absichert (*OLG Koblenz* AG 1977, 232), allerdings wiederum mit dem Vorbehalt, dass ihr ein werthaltiger Rückgriffsanspruch zusteht. In diesem Zusammenhang besteht auch bisweilen die Vorstellung, dem ausscheidenden Gesellschafter für seine (Entgelt)Forderung gegen den Anteilserwerber eine Sicherheit an dem Gesellschaftsvermögen stellen zu können, um den aus anderen Gründen erwünschten Gesellschafterwechsel zu ermöglichen. Einer Kontrolle unter dem Gesichtspunkt der Kapitalbindung müssen auch Maßnahmen unterworfen werden, bei denen, etwa bei erheblicher Beteiligung eines **Finanzinvestors** oder auch beim **Management-Buy-Out**, die Anteile an der Zielgesellschaft zunächst einem eigens hierfür errichteten „Akquisitionsvehikel", idR einer Kapitalgesellschaft, übertragen werden, das diesen Erwerb finanzieren muss und zur Sicherung der dafür benötigten Kredite das Vermögen der Zielgesellschaft einsetzt, so dass es für die Vereinbarkeit mit § 57 Abs 1 S 1 auf die Freistellungs- oder Rückgewähransprüche der Zielgesellschaft gegen das Akquisitionsvehikel ankommt (zu Unterschieden zwischen den einzelnen Konzepten *Lutter/Wahlers* AG 1989, 1 ff; zum MBO *Weber* ZHR 155 (1991), 120, 124; *Koppensteiner* ZHR 155 (1991), S 97, 114; *Weber-Rey* in Semler/Volhard ArbHdB/I, 2001, § 14 C und D). Wenn die letztere Gesellschaft in ihrem Vermögen nicht wesentlich mehr hat als die Anteile an der Zielgesellschaft, liegt ein Verstoß gegen die Kapitalbindung vor, woran auch die spätere Überleitung der Verbindlichkeiten auf die Zielgesellschaft, etwa durch Umwandlung, nichts ändert (*Klein/Stephanblome* ZGR 2007, 351, 376 ff; *Seibert* FS Schwark, 2009, S 261, 267; *Priester* FS

Spiegelberger 2009, S 890 ff; *Hüffer* AktG Rn 2; *Söhner* ZIP 2011, 2085, 2086 – dort sowie bei *Kiefner/Theusinger* NZG 2008, 801, 806; *Wand/Tillmann/Heckenthaler* AG 2009, 148, 157; auch zur Ersetzung des Drittvergleichs durch die Vollwertigkeitsprüfung; anders im Ergebnis *Riegger* ZGR 2008, 233, 238, 246 f). Einlagenrückgewähr liegt dann sowohl gegenüber dem Anteilserwerber als zukünftigem Aktionär als auch gegenüber einem im Zuge eines MBO seine Anteile veräußernden bisherigen Gesellschafter vor (*Lutter/Wahlers* S 1, 10 f; *Peltzer* DB 1987, 973, 976). Umstr ist eine abw Konstruktion in Gestalt des Verkaufs des Vermögens der Zielgesellschaft an das Akquisitionsvehikel und Ausschüttung des erhaltenen Kaufpreises an diese Gesellschaft oder ihre Eigner, die dann bei den erwähnten Anteilen Abschreibungen vornehmen kann und sodann mit der Zielgesellschaft verschmolzen wird. Die Besicherung eines der neuen Gesellschaft zur Finanzierung des Erwerbs gewährten Kredits aus ihrem Vermögen deckt dann ihre eigenen Verbindlichkeiten ab (*Peltzer* aaO S 973; *Koppensteiner* S 114 f), steht aber in der Gefahr, als Umgehung betrachtet zu werden (*Kerber* WM 1989, 473 ff), weil das gesamte Konzept wirtschaftlich doch dazu dient, das Vermögen der Zielgesellschaft zur Sicherung der Neugesellschaft und des Erwerberkreises zu nutzen, so dass am Ende nur noch eine Rechtfertigung in der Frage liegen kann, ob der Gläubigerschutz bei Verschmelzung nicht praktisch ausreichen sollte (dafür *Lutter/Wahlers* aaO S 12). Eine andere Frage geht dahin, ob auch dann, wenn § 57 Abs 1 S 3 wegen des Bestehens eines vollwertigen Gegenleistungs- oder Rückgewährungsanspruchs der AG die Finanzierung des Erwerbs ihrer Aktien durch einen Dritten gestattet, eine Umgehung des Verbots des § 71a Abs 1 S 3 zu besorgen ist, dazu eingehend *Habersack* FS Hopt, 2010, S 723, 732 ff.

6. Kapitalbindung und Cash-Pooling-Systeme. Im Mittelpunkt der Reformwünsche 25 der Unternehmenspraxis und auch der Rechtspolitik stand die Möglichkeit, in einer mit der Kapitalbindung verträglichen Weise Cash-Pooling-Systeme betreiben zu können. Im Ausgangspunkt handelt es sich um die Einzahlung liquider Mittel, die bei Konzerngesellschaften vorhanden sind, in einen bei der Muttergesellschaft oder einer dafür bestimmten besonderen Tochter gebildeten Pool, was es ermöglicht, durch ein konzernweites Cash-Management Kreditkosten, die sonst bei den einzelnen Konzerngesellschaften anfallen würden, zu senken – jedenfalls wurde dies in der Rechtspolitik als Motiv für Maßnahmen, die mit den Grundsätzen der Kapitalerhaltung in Konflikt geraten könnten – anerkannt (Begr RegE BT-Drucks 16/1640 S 41; s auch *Habersack/ Schürnbrand* NZG 2004, 689 f; *Kindler* NJW 2008, 2249; *Altmeppen* ZIP 2006, 1025). Die Erfordernisse dieser „konzerninternen Fremdfinanzierung", in deren Rahmen die Tochtergesellschaften der Konzernspitze oder der Finanzierungsgesellschaft, wenn sie liquide Mittel in den Pool einzahlen, Darlehen gewähren (*Henze* WM 2005, 717; *Kindler* NJW 2008, 3252; anders – Verwahrung – *Ulmer* ZHR 169 (2002), 1, 4), und dafür eine Gutschrift mit der Zusage erhalten, darauf bei eigenem Bedarf zurückgreifen zu können, überschneiden sich praktisch mit denen einer Kreditaufnahme beim Pool (letzteres etwa bei einem im Baugewerbe vorkommenden Aval-Pool, aus dem auch die Töchter von ihnen dritten Auftraggebern zu stellende Avale sollen finanzieren können). In diesem Zusammenhang kann es auch zu Praktiken wie einem Hin- und Herzahlen oder zu verdeckten Sacheinlagen kommen, wobei also die Kapitalaufbringung betroffen ist (näher dazu *Altmeppen* NZG 2010, 441). Es kann auch sein, dass vom „Pool" insgesamt bei Dritten aufgenommene Kredite abgesichert werden müssen, wofür Sicherheiten an dem Vermögen der Konzerngesellschaften, uU auch deren Bürgschaften, gestellt werden müssen (*Henze* WM 2005, 717; *Wand/Tillmann/ Heckenthaler* AG 2009, 148). Hingegen ist die Absicherung der von den Konzerngesellschaften unter Einsatz ihrer (häufig gesamten) täglichen Liquidität aus dem Vermögen der Konzernspitze oder der Finanzierungsgesellschaft oft tatsächlich nicht möglich.

26 Die rechtlichen Hindernisse ergeben sich daraus, dass vor Erlass des MoMiG diese Praktiken sowohl im Hinblick auf die Kapitalaufbringung als auch bezüglich der Kapitalerhaltung, von den gewöhnlichen Regeln zur Finanzierung nicht ausgenommen werden sollten (*BGHZ* 157, 72 ohne ausdrückliches Eingehen auf den Cash-Pool; dann *BGH* ZIP 2006, 665; *OLG München* ZIP 2006, 25). Im Einklang mit dem Erlass des MoMiG hat dann der BGH im sog **Dezember-Urteil** (oben Rn 2 und dazu *Altmeppen* ZIP 2009, 49; *Habersack* ZGR 2009, 347; krit *Wiesner* Konzern 2009, 443, 449), das sich allerdings in erster Linie mit Ansprüchen aus §§ 311, 317, 328 AktG befasst, in teilw Abkehr von der früheren Rspr angenommen, ein nachteiliges Rechtsgeschäft iSd § 311 liege nicht ohne Weiteres in der Gewährung eines ungesicherten Darlehens durch eine Konzerntochter- an die Muttergesellschaft, da im konkreten Fall die Schuldnerin im Zeitpunkt der Darlehensgewährung solvent gewesen war (das *OLG Jena* ZIP 2007, 1314 als Berufungsgericht hatte trotzdem einen Verstoß gegen §§ 57, 93, 311, 317 bejaht). Das Darlehen war ungesichert, und in der Insolvenz der Mutter erwies es sich als uneinbringlich, aber mit Rücksicht auf die Möglichkeit eines zeitlich gestreckten Nachteilsausgleichs, auch iRd § 311 genügte dies allein noch nicht für einen Verstoß gegen die Kapitalbindung bei Darlehensgewährung. Es kommt also entscheidend auf die Werthaltigkeit des Rückzahlungsanspruchs, uU seine Verzinsung und Besicherung nach den jetzt geltenden Maßstäben (Rn 16) an, während die Art der täglichen Übertragung der Liquidität auf den Pool mit Drittgeschäften sicher nicht gleichgestellt werden kann. IRd Verantwortlichkeit der Organpersonen der mit ihren Darlehen ausgefallenen Tochter nach §§ 93 Abs 2, 116 wurde eine Pflicht zur sorgfältigen Prüfung der Vermögensverhältnisse der Konzernspitze, zu laufenden Prüfungen im Rahmen eines uU einzurichtenden **Frühwarnsystems** zwischen den Konzernunternehmen und zur umgehenden Reaktion auf nachträgliche Veränderungen betont (*Mülbert/Leuschner* NZG 2009, 281, 283; *Thümmel/Burkhardt* AG 2009, 887 f; *Wand/ Tillmann/Heckenthaler* AG 2009, 152 f), wobei Weisungen der Gesellschafter zur Art der Ausübung dieser Kontrolle unzulässig sind (*Altmeppen* ZIP 2009, 49 f). Diesen Anforderungen ist nicht leicht zu genügen, namentlich nicht der Voraussetzung, dass die darlehensgebende Gesellschaft jederzeit im Stande sein muss, ihren Anspruch gegen den Pool fällig zu stellen, was in den Vereinbarungen über das Cash-Management festgelegt sein müsste (*Henze* WM 2005, 717, 726; *Thümmel/Burkhardt* AG 2009, 887, 889; gegen Verschärfung der Voraussetzungen KölnKomm AktG/*Drygala* Rn 87); zu den Voraussetzungen, unter denen auch jetzt noch bei der Bestellung von Sicherheiten eine verbotene Einlagenrückgewähr angenommen werden kann, zu den Informations- und Beobachtungspflichten der Geschäftsleiter und der Aufsichtsräte und zu der Notwendigkeit, uU Sicherungsvereinbarungen zu kündigen, auch nach dem MPS-Urteil *Theusinger/Kaptina* NZG 2011, 881 ff). Offen ist aber noch, ob für die Organhaftung hier die Business-Judgement-Rule iSd § 93 Abs 2 S 1 anwendbar ist oder ob es sich um eine gesetzlich gebundene Entscheidung handelt, für die diese Modifikation des Haftungsmaßstabs nicht gilt (das letztere scheint sich durchzusetzen, *Kiefner/Theusinger* NZG 2008, 801, 805; *Wand/Tillmann/Heckenthaler* aaO S 153;

Thümmel/Burkhardt aaO S 887; aM aber *von Falkenhausen/Kocher* BB 2009, 121 f); überholt dagegen angesichts des jetzt „gelockerten Maßstabs" (*Grigoleit/Rachlitz* Rn 64), das Petitum des BGH im November-Urteil *BGHZ* 157, 72, 77, dass die Kreditwürdigkeit des Aktionärs, im vorliegenden Rahmen also der Konzernspitze, auch bei Anlegung strengster Maßstäbe außerhalb jedes vernünftigen Zweifels sein müsse (*Hüffer* AktG Rn 20). Dies würde in einem nicht auf der Grundlage eines Beherrschungs- oder Gewinnabführungsvertrages geleiteten Konzern die Praktiken des Cash-Pooling nach wie vor als bedenklich qualifizieren; zur Situation im Rahmen von Unternehmensverbindungen s aber Rn 39 ff.

7. Finanzierung durch Aktionärsdarlehen und entsprechende Rechtshandlungen

a) Bisheriges und neues Recht. Diese Finanzierungsmethode ist durch die **Reformen des MoMiG** neu geordnet worden, weil die generelle Zurückstufung von Gesellschafterdarlehen zu Zweifeln im Zusammenhang mit der Feststellung des kapitalersetzenden Charakters eines Darlehens und an der Gerechtigkeit einer weitgehenden Schlechterstellung eines Gesellschafters/Darlehensgebers gegenüber außenstehenden Gesellschaftern geführt hatten und außerdem eine Verbesserung der Rechtssicherheit wünschenswert erschien. Trotz der Anwendung des § 57 Abs 1 S 4, wonach das Verbot der Einlagenrückgewähr nicht die Rückgewähr eines Aktionärsdarlehens sowie Leistungen auf Forderungen aus wirtschaftlich entsprechenden Rechtshandlungen erfassen soll, bleibt das bisherige „Eigenkapitalersatzrecht" angesichts der Übergangsregelung (Rn 30) noch auf Jahre hinaus wichtig, und es ist nicht auszuschließen, dass die hohe Wertschätzung der bisherigen von der Rechtsprechung entwickelten Ordnung (s etwa *K. Schmidt* FS Hüffer 2009, S 885, 886 f; *Pentz* FS Hüffer, 2009, S 747 ff; *Bork* ZGR 2007, 250, 257; für das Aktienrecht bes *Gehrlein* BB 2008, 846, 848 f) sich in einer restriktiven Handhabung mancher Einzelfragen der jetzt geltenden insolvenzrechtlich ansetzenden Lösung (Rn 31) niederschlagen werden. Im Ausgangspunkt ist, da das neue Recht rechtsformübergreifend gilt, davon auszugehen, dass jedes Aktionärsdarlehen, ob in einer Krise gewährt oder nicht, dem Rangrücktritt uU auch der Insolvenzanfechtung unterliegt, sofern der Aktionär, wie aus § 39 Abs 5 InsO folgt, am Grundkapital mit mehr als 10 % beteiligt ist. Umstritten ist auch, ob EU-Auslandsgesellschaften, wenn sie mit Darlehen oder sonstigen Vermögenszuwendungen ihrer Gesellschafter finanziert werden, nach bisherigem wie nach neuem Recht im Fall ihrer Insolvenz in Anwendung der EuInsVO nach dem Insolvenzrecht des Starts der der Verfahrenseröffnung zu behandeln sind, oder ob das Eigenkapitalersatzrecht insgesamt zum Gesellschaftsstatut gehört. Hinsichtlich der Behandlung eigenkapitalersetzender Gesellschafterdarlehen und der dementsprechenden Nutzungsüberlassung s Voraufl Rn 30–33. Das dort in Rn 33 behandelte sog Kleinbeteiligtenprivileg ist unter Herabsetzung der Relevanzgrenze auf 10 % in § 39 Abs 5 InsO beibehalten worden, ebenso das Sanierungsprivileg (§ 39 Abs 4 S 2 InsO, näher Rn 30).

Die **Grundkonzeptionen** des alten und des neuen Rechts sind so verschieden, dass die Bedeutung der Übergangslösung erklärlich ist. Der Kerngedanke des alten Rechts in den richterrechtlichen Regeln besagte, dass die Gesellschafter einer Kapitalgesellschaft frei sind, sowohl in „gesunden" als auch in Krisenzeiten der Gesellschaft die Finanzierung durch Darlehen zu besorgen (Finanzierungsfreiheit), was angesichts der gewöhnlich niedrigen Kapitalausstattung der GmbH dort wichtiger und verbreiteter war als bei der AG, dass sie aber bei Eintreten einer Krise gehindert sind, statt einer Liquidation der Gesellschaft die Finanzierung mit Mitteln außerhalb des Stammkapi-

§ 57 Keine Rückgewähr, keine Verzinsung der Einlagen

tals, die Eigenkapitalersatzcharakter haben oder in der Krise angenommen haben, fortzusetzen, womöglich Darlehen abzuziehen oder sie in der Insolvenz als Fremdmittel anzusetzen (**Finanzierungsfolgenverantwortung**), grundlegend *BGHZ* 127, 17, 29; *Pentz* FS Hüffer S 747, 750). Das MoMiG bestätigt wiederum die Finanzierungsfreiheit der Gesellschafter von Gesellschaften ohne persönlich haftende natürliche Personen, und erlegt ihnen auch keine Finanzierungsverantwortung auf, sondern behandelt alle Finanzhilfen von Gesellschafterseite ohne Rücksicht auf ihren etwaigen Eigenkapitalersatzcharakter, also auch unabhängig vom Bestehen einer Krise bei ihrer Gewährung oder bei einem späteren „Stehenlassen" insoweit gleich, als sie in einer Insolvenz nur nachrangig berücksichtigt werden und ihre Rückzahlung durch die Gesellschaft anfechtbar ist, wenn sie im letzten Jahr vor dem Insolvenzeröffnungsantrag erfolgte. Dies ergibt sich aus §§ 39 Abs 1 sowie 135, 143 InsO und ist durch §§ 6, 6a, 11 AnfG für außerhalb eines Insolvenzverfahrens erfolgte Rechtshandlungen ergänzt. Die Abweichung dieser Konzeption vom bisherigen Recht (vorbereitet hauptsächlich durch *Huber/Habersack* BB 2006, 1 ff; *dies* in Lutter Das Kapital der Aktiengesellschaft in Europa 2006, S 370 ff) ist tiefgreifend, es ist von einer Beseitigung der Finanzierungsfolgenverantwortung (*Gehrlein* BB 2008, 846, 849; *Habersack* ZIP 2008, 2385, 2387; *Goette/Kleindiek* Rn 62) die Rede, aber auch von einer Einschränkung der Finanzierungsfreiheit der Gesellschafter, die ein innerhalb der Jahresfrist ohne Bestehen einer Krise gewährtes Darlehen verlieren, wenn die Ursachen für die Insolvenz erst unmittelbar im Vorfeld des Eröffnungsantrags auftraten. Praktisch wichtig ist, dass es nach neuem Recht nicht mehr den analog §§ 30, 31 GmbHG (bzw §§ 57, 62 AktG) entwickelten Rückforderungsanspruch der Gesellschaft einschließlich der Haftung der Mitgesellschafter gibt (*Scholz/K. Schmidt* aaO Rn 6), der bei Fortgeltung „alten" Richterrechts wegen der langen Verjährung (§ 31 Abs 5 GmbHG besonders schwer wiegen kann, *Altmeppen* ZIP 2011, 641 b), so dass die von der bisher hM als billigenswert empfundene „präventive Komponente" des Eigenkapitalersatzrechts oder die „Vorfeldwirkung" (*Pentz* FS Hüffer, S 751 f; *Noack* DB 2006, 1475, 1481; *Thiessen* ZIP 2007, 253, 254) wegfällt (bedauernd auch *Goette/Kleindiek* Rn 52). Allerdings können die (verschärften) Zahlungsverbote der §§ 64 S 3 GmbHG nF und 92 Abs 2 S 3 AktG nF an die Stelle treten.

29 Da das neue Recht insolvenzrechtlich ansetzt, lag es nahe, die **Übergangsregelung** als Anordnung zum zeitlichen Anwendungsbereich gesetzlicher Normen auszugestalten, was zu **Art 103d EGInsO** führt, der die bei Inkrafttreten des MoMiG am 1.11.2008 geltenden gesetzlichen Vorschriften für die zu diesem Zeitpunkt eröffneten Insolvenzverfahren für anwendbar erklärt. Die hiermit gemeinten gesetzlichen Bestimmungen können aber nicht nur verfahrensrechtlicher Art sein, sondern betreffen auch das am Stichtag geltende materielle Recht (KölnKomm AktG/*Drygala* Rn 142), und zwar die bis dahin sog Novellenregeln der §§ 32a, 32b GmbHG und §§ 129a ff, 172a HGB, wie auch die analoge Anwendung des § 57 (*BGH* DZWiR 2009, 269; *Gutmann/Nawroth* ZInsO 2009, 174, 175. Auch für nach dem Stichtag eröffnete Verfahren können Ansprüche, die auf die Rückgewähr kapitalersetzender Darlehen zurückgehen, weiterhin geltend gemacht werden, wenn ihr Tatbestand am Stichtag verwirklicht war (*OLG Jena* GmbHR 2009, 431, 432; *Goette/Kleindiek* Rn 83; eingehend *Kleindiek* FS Hopt, S 950; s auch *Habersack* in Goette/Habersack, Das MoMiG in Wissenschaft und Praxis, Rn 5.4; *Dahl/Schmitz* NJW 2009, 1279, 1280; KölnKomm AktG/*Drygala* Rn 143; aM *Büscher* GmbHR 2009, 800, 802; *Rellermeyer/Gröblinghoff* ZIP 2009,

1933). Die fraglichen Ansprüche gegen einen Aktionär/Darlehensgeber können aber dann auch nur auf solche Darlehen angewendet werden, die nach dem zur Zeit ihrer Gewährung geltenden Recht eigenkapitalersetzend waren, nicht, wie es das neue Recht will, auf alle Gesellschafterfinanzierungen. Auch kann einem fälligen Rückzahlungsanspruch, der nach dem Stichtag geltend gemacht wird, jetzt nur noch auf der Grundlage der (neuen) Vorschriften über Zahlungen im Zeitpunkt der Insolvenzreife (§ 92 Abs 2 S 3) entgegengetreten werden (*Goette/Kleindiek* Rn 86, 53). Im Übrigen gelten bei Verfahrenseröffnung nach dem Stichtag die insolvenzrechtlichen Regeln, daneben das alte Anfechtungsrecht, sofern dies für den Gesellschafter günstiger ist (Art 103 d S 2 EG-InsO). Bei der sog kapitalersetzenden Nutzungsüberlassung bleibt es auch bein einem nach dem Stichtag eröffneten Verfahren bei der vorherigen Umqualifizierung in Bezug auf die Nutzungsvergütungen, was aber nach dem Stichtag nicht weitergilt (KölnKomm AktG/*Drygala* Rn 145). Neuerdings ist streitig geworden, ob der Darlehensrückzahlungsanspruch eines Gesellschafters, der vor dem Stichtag fällig geworden war, während das Insolvenzverfahren nach dem Stichtag eröffnet wurde, jetzt – und innerhalb der möglicherweise langen Frist des § 31 Abs 5 GmbHG – durch das „alte" Kapitalersatzrecht gesperrt ist (*OLG München* ZIP 2011, 225 – nicht rechtskräftig); zT wird sogar angenommen, aus den Regeln des intertemporalen Privatrechts folge, dass manche Entscheidung im Übergangsrecht ein nach den „alten" Rechtsprechungsregeln vor dem Stichtag entstandener Anspruch gegen einen Gesellschafter/Darlehensgeber auch in einem nach dem Stichtag eröffneten Insolvenzverfahren verfolgt werden könne (*OLG Jena* ZIP 2009, 2098 – rechtskräftig). Das MoMiG hat danach die Rechtslage eines am Stichtag noch kapitalersetzenden Gesellschafterdarlehens nicht geändert (*Scholz/K. Schmidt* §§ 32a/b Rz 14; *Goette/Kleindiek* Rn 84 ff), grundlegend krit aber *Altmeppen* ZIP 2011, 641, 645 ff, der aus der Übergangsregelung folgert, dass in einem nach neuem Recht eröffneten Verfahren für vor dem Stichtag vollzogene Tatbestände zugunsten des Gesellschafter/Darlehensgeber altes Recht insoweit weitergilt, als es dem Gesellschafter (etwa mangels Krise im maßgeblichen Zeitpunkt) von der Haftung verschont bleiben würde.

(zz nicht belegt) 30–33

c) Die Neukonzeption im Überblick. Das durch das MoMiG eingeführte **neue Eigen-** 34
kapitalersatzrecht knüpft nicht an die Eigenkapitalersatzfunktion von Darlehen und auch nicht an das Bestehen einer Krise an. Für die Rückstufung von Darlehensforderungen in der Insolvenz (§ 39 V InsO) und Anfechtung der Rückgewähr von Darlehen (s bereits Rn 27), gilt die Schutzvorschrift des § 57 AktG nicht mehr (*Hüffer* AktG Rn 20b). Auch für das neue Recht wird als Zurechnungsprinzip die Finanzierungsverantwortung der beschränkt haftenden Gesellschafter angesehen, die nun allerdings nicht mehr krisenbezogen, sondern schlechthin gesellschaftsbezogen sei und die Rückstufung der Gesellschafterdarlehen erfordere (*K. Schmidt* Beil zu Heft 39, ZIP 2010, S 15, 19 ff in Auseinandersetzung mit *Huber/Habersack* BB 2006, 1). Das Sanierungsprivileg gem § 39 Abs 4 S 2 InsO stellt statt auf einen Anteilserwerb in der Krise auf drohende oder eingetretene Zahlungsunfähigkeit oder Überschuldung ab, also praktisch auf Insolvenzreife (*Wittig* FS K. Schmidt, 2009, S 1743 ff; s auch Spindler/Stilz AktG *Cahn/von Spannenberg* Rn 126). Voraussetzung ist, dass ein Gläubiger Anteile zum Zweck der Sanierung der Gesellschaft erwirbt, was den Schluss nahelegt, dass auch hier ein Alt-Gesellschafter, der einen Sanierungsbeitrag erbringen will, nicht gemeint ist. Wenn andererseits ausdrücklich klargestellt ist, dass das Privileg nur bis

zur nachhaltigen Sanierung dauert, und daraus gefolgert wird, dass der Gesellschafter in einer nachfolgenden Krise erneut weitere Anteile hinzuerwerben muss, so wird der Anreiz zu weiteren Sanierungsmaßnahmen unnötig erschwert. Es sollte genügen, wenn das frühere Darlehen jetzt nicht mehr an dem Privileg teilnimmt (auch dazu *Wittig* S 1756 ff; *Hirte/Knof* WM 2009, 1961, 1968 ff).

35 Die **Rückstufung** nach § 39 Abs 5 InsO erfasst auch Forderungen aus Rechtshandlungen, die einem Gesellschafterdarlehen wirtschaftlich entsprechen, wobei die Auslegung dieser Klausel dem bisherigen Recht folgt (*Goette/Kleindiek* Rn 184), während **Kreditsicherheiten**, die von der Gesellschaft gefordert werden, ohne Rücksicht auf die Kapitalbindung gewährt und bedient werden können, freilich vorbehaltlich einer Anfechtung nach § 135 Abs 1 InsO, so dass sie im Jahre nach ihrer Bildung unanfechtbar werden. Dieses System ist nicht verständlich ohne die Behandlung der gesellschafterbesicherten Drittdarlehen in § 44a InsO, die nun nicht mehr wie nach früherem Recht, kapitalersetzend zu sein brauchen. Nach § 44a InsO kann der Gläubiger, wenn er bei Inanspruchnahme der von einem Gesellschafter für die Forderung gestellten Sicherheit ausgefallen ist, aus der Insolvenzmasse der Gesellschaft nur anteilige Befriedigung verlangen, was bedeutet, dass zwar nicht die Insolvenzquote, wohl aber der aus ihr abgeleitete Auszahlungsanspruch geschmälert wird. Hierbei bleibt die auch nach früherem Recht umstr Behandlung einer Doppelbesicherung durch einen Aktionär und die Gesellschaft ungelöst (dazu *BGH* NJW 1985, 858; *Bartsch/Weber* DStR 2008, 1884; *K. Schmidt* BB 2008, 1966, 1970). Eine Änderung der Rechtslage ergibt sich auch in Bezug auf die **Gebrauchsüberlassung** seitens eines Gesellschafters. Nach § 135 Abs 3 InsO kann während des Insolvenzverfahrens, mindestens ein Jahr nach Eröffnung, nicht ausgesondert werden, im Gegensatz zu früher erhält der Gesellschafter dafür einen Geldausgleich (näher dazu *Pentz* FS Hüffer, S 753 f).

36 Die **Insolvenzanfechtung** nach § 135 I Nr 2 InsO, vom Gesetzgeber des MoMiG als ausgleichender Gläubigerschutz anstelle der Ausdehnung der strikten Kapitalbindung auf die Rückgewähr von Gesellschafterdarlehen gedacht, ist zunächst gekennzeichnet durch die Befristung des Anfechtungsrechts, das für die Befriedigung eines Gesellschafterdarlehens oder einer gleichgestellten Forderung nur für Leistungen innerhalb des letzten Jahres vor dem Antrag auf Eröffnung des Insolvenzverfahrens besteht. Demgegenüber (§ 135 I Nr 1 InsO) sind Rechtshandlungen, durch die für derartige Darlehensforderungen eine Sicherheit gegeben wurde, anfechtbar, wenn dies in den letzten 10 Jahren vor Antragstellung geschah. Bei masselosen Insolvenzen stehen den Gläubigern Anfechtungsrechte nach §§ 6, 6a, 11 AnfG zur Verfügung, die stärker als bisher an die Regelung der Insolvenzanfechtung angepasst sind. Auch in diesem Zusammenhang ist darauf hinzuweisen, dass Gesellschafterdarlehen, auch solche, die in einer Krise gewährt wurden, zwar nicht von der Kündigung und Rückforderung ausgeschlossen sind, aber auf die Gesellschaftsorganen auferlegten Zahlungsverbote stoßen können.

37 Es ist nicht sehr wahrscheinlich, dass sich der Versuch (*Pentz* FS Hüffer, S 771 ff) durchsetzt, dass auch das neue Recht, dessen Rechtfertigung einzig aus einer Vermutung der Insolvenzreife der Gesellschaft bei Darlehensgewährung und –rückzahlung folge, nicht eingreift (die Vermutung also widerlegt werden kann), wenn die Leistungen des Gesellschafters nichts mit der Insolvenzreife zu tun haben (gegen diese Reduktion auch *Goette/Kleindiek* Rn 62; eingehend *K. Schmidt* Beil zu Heft 39 ZIP 2010, 15, 18).

§ 57

8. Kapitalerhaltung im Rahmen von Unternehmensverbindungen. — a) Grundsätze Soweit Leistungen zu Gunsten eines Aktionärs zu Lasten des Vermögens der Gesellschaft unter Einschaltung verbundener Unternehmen erbracht werden, gelten zunächst die zur Zurechnung von Leistungserbringung und –empfang entwickelten Regeln, die an die tatsächliche Verfassung einer Unternehmensverbindung anknüpften (Rn 12). Durch das MoMiG ist nunmehr in **Abs 1 S 3** eine Ausnahme vom Verbotstatbestand für Leistungen bei Bestehen eines Beherrschungs- oder Gewinnabführungsvertrages geschaffen worden, die mit § 291 Abs 3 übereinstimmt. Somit muss zwischen den Verhältnissen in einem auf den genannten Unternehmensverträgen beruhenden Vertragskonzern und dem auf anderweitigen Abhängigkeits- und Konzernverhältnissen beruhenden sog faktischen Konzern unterschieden werden, obwohl dem Gesetzgeber vorgeschwebt haben mag, die Unterschiede zwischen Vertrags- und faktischem Konzern abzuschwächen (*Söhner* ZIP 2011, 2085, 2090). Das bedeutet allerdings nicht, dass nicht auch im faktischen Konzern gewisse Besonderheiten im Hinblick auf die Verantwortlichkeiten des herrschenden Unternehmens (§§ 311, 317) anerkannt werden könnten. So hat in seinem vor dem MoMiG ergangenen Dezember-Urteil der *BGH* (*BGHZ* 179, 71 = NJW 2009, 850 = ZIP 2009, 70 und dazu *Habersack* ZGR 2009, 347 ff; *Kropff* NJW 2009, 814 ff; *Mülbert/Leuschner* NZG 2009, 281 ff) bei der Gewährung von Darlehen durch eine Tochter- an die Muttergesellschaft die Tatsache, dass diese Forderungen (nachträglich) uneinbringlich geworden waren, nicht per se als Folge einer nachteiligen Weisung iSd § 311 angesehen, wobei aber eine nach § 93 Abs 1 S 1 haftungsbewehrte Prüfungspflicht der Organe betont wurde. Dies betrifft also praktisch Vorgänge wie ein konzernweites Cash-Pooling oder auch die Gewährung von Upstream-Darlehen; auch kann es sein, dass eine auf Veranlassung der Konzernspitze durchgeführte Maßnahme im Vermögen einer Tochtergesellschaft Nachteile iSd § 311 begründet, die nicht gegen das Kapitalerhaltungsgebot verstoßen (*Kropff* NJW 2009, 814, 816). Die Ausführungen des BGH waren auf § 57 aF bezogen, im reformierten Recht besteht aber jetzt ein Gleichlauf zwischen § 57 und § 30 GmbHG, so dass etwa Erkenntnisse zum Verhältnis von Kapitalschutz und Verlustausgleichspflicht nach § 302 allg gelten (s auch schon *BGHZ* 115, 187, 197 zur Lage im qualifizierten faktischen Konzern). Das gilt auch insofern, als in §§ 57 AktG, 30 GmbHG wie auch in § 291 Abs 3 AktG jetzt nicht mehr gefragt wird, ob eine auf ihre Vereinbarkeit mit dem Kapitalschutz untersuchte Leistung „aufgrund eines Beherrschungs- oder Gewinnabführungsvertrages" erfolgt ist, vielmehr genügt das „Bestehen" eines solchen Vertrages (KölnKomm AktG/*Drygala* Rn 98; zu den Unterschieden *Winter* DStR 2007, 1484, 1490; Bedenken gegen die Änderung des § 291 Abs 3 bei *Habersack* FS Schaumburg, 2009, S 1291, 1295). Für die Unternehmensverträge iSd § 292, bei denen §§ 302 ff nicht eingreifen, so etwa für einen Teilgewinnabführungsvertrag, gilt das Privileg nicht (KölnKomm AktG/*Drygala* Rn 99; *Hüffer* AktG Rn 17).

b) Lage im Vertragskonzern. Wenn im **Vertragskonzern** durch Abs 1 S 3 die Geltung des S 1 ausgeschlossen wird, so bedeutet dies, dass es auch bei Bestehen eines Beherrschungsvertrages nicht mehr auf das Vorliegen einer Weisung gem § 308 ankommt, beim Gewinnabführungsvertrag besteht eine Weisungsbefugnis außerhalb der reinen Ergebnisabführung ohnehin nicht. Andererseits genügt es für die „Privilegierung", wenn auf Veranlassung des herrschenden Unternehmens Leistungen an andere Konzernunternehmen erbracht werden, die mit dem herrschenden oder anderen Konzern-

38

39

unternehmen in Geschäftsverbindung stehen. Auch das Bestehen eines isolierten Gewinnabführungsvertrages reicht dafür aus, es muss allerdings Gewinn ausgewiesen werden können (zur Aufhebung der Konzernbindung nur für zusätzlichen Gewinn MünchKomm AktG/*Bayer* Rn 122; abw aber *Hüffer* AktG Rn 17, der meint, die Beschränkung zulässiger Leistungen auf den Betrag der Gewinnabführung sei nicht mehr haltbar). Die Ausnahmeregelung hat ihren Grund in der Verlustübernahmepflicht nach § 302 im Vertragskonzern, so dass gefragt werden könnte, ob ihr Eingreifen nicht voraussetzt, dass diese Ansprüche einbringlich sind, so *Altmeppen* NZG 2010, 361, 364; KölnKomm AktG/*Lutter/Drygala* § 71 a Rn 47; zweifelnd *Söhner* ZIP 2011, 2085, 2090). Dafür spräche, dass der Anspruch erst am Stichtag der Jahresbilanz der abhängigen Gesellschaft entsteht. Im Dezember-Urteil des BGH konnte hiervon bei Ausreichung der Darlehen ausgegangen werden. Ob wirklich ein Beherrschungs- oder Gewinnabführungsvertrag Grundlage für eine Verminderung des Vermögens der abhängigen Gesellschaft zu Gunsten einer nicht (mehr) kreditwürdigen Mutter sein kann, ist überaus fraglich; vielfach wird auf das Element der Rechtmäßigkeit einer zu einer Schädigung führenden Weisung verzichtet (*Habersack* FS Schaumburg, 2009, S 1291, 1297 ff; *Pentz* FS für K. Schmidt, 2009, S 1265; scharf krit *Altmeppen* NZG 2010, 361, 363), und wenn hieraus gefolgert wird, dass eine Weisung nach § 308 zwar unrechtmäßig ist, wenn der Verlustausgleich nicht einbringlich ist (*Habersack/Schürnbrand* NZG 2004, 689 f; *Spindler* ZHR 171 (2007), 245, 249; *Pentz* aaO), was aber wegen der Neutralisierung auch unrechtmäßiger Weisungen im Vertragskonzern der Durchsetzung der Kapitalerhaltungsvorschriften entgegenstehe (s auch *Söhner* ZIP 2011, 2085, 2090), so wären in der Tat Finanzierungsformen wie ein LBO hinzunehmen. Eine danach zulässige Entnahme führt zu einer Vermögensminderung, die **bilanziell** als Aufwand zu erfassen ist, so wie eine eventuelle Verlustübernahmeforderung zu aktivieren ist (näher *Gelhausen/Heinz* FS Hoffmann-Becking, S 372 ff). Angesichts der nicht ganz auszuräumenden Rechtsunsicherheit sollten ide Organe der abhängigen Gesellschaft eine positive Prognose bzgl der Erfüllung eines eventuellen Ausgleichsanspruchs treffen können und dürfen in zweifelhaften Fällen mit bestehenden Rückgriffsansprüchen nur bis zum Stichtag für einen Verlustausgleich warten. Auch beim isolierten Gewinnabführungsvertrag wird die Annahme, dass die Verlustausgleichspflicht des herrschenden Unternehmens die Abschwächung oder Überwindung der Kapitalerhaltungsregeln rechtfertige (etwa *Mülbert/Leuschner* NZG 2009, 281, 287; *Habersack* FS Schaumberg, 2009, S 1291, 1299; *Cahn/Simon* der Konzern 2003, 1, 13), mit der Folge eines strikten Schädigungsverbots und daraus abzuleitender Kartellpflicht der Organe der herrschenden und der abhängigen Gesellschaft bestritten (*Altmeppen* NZG 2010, 361, 365 ff), was allerdings von der Intention des Gesetzgebers abweicht.

40 **c) Lage im faktischen Konzern.** Im **faktischen Konzern** ist zwar die Geltung des § 57 im Verhältnis des abhängigen zum herrschenden Unternehmen nicht ausgeschlossen, aber auch hier besteht die Verpflichtung zum Nachteilsausgleich (§ 311), worin schon nach dem bisherigen Recht eine dem § 57 vorgehende Sonderregelung gesehen wurde (*BGHZ* 141, 79, 87; GroßKomm AktG/*Henze* Rn 194; MünchKomm AktG/*Bayer* Rn 129; aM aber *Bälz* FS L. Raiser, S 287, 314 f; *Geßler* FS Fischer, S 138). Also müssen die Regeln über den Nachteilsausgleich jedenfalls berücksichtigt werden, indem ausgleichspflichtige Nachteile auch solche sind, die dem Vermögen der abhängigen AG unter Verstoß gegen § 57 zugefügt worden sind (*BGHZ* 179, 71 – MPS; *Hüffer*

AktG § 311 Rn 49; krit zur getrennten Auslegung der §§ 57 Abs 1 S 2, 311; KölnKomm AktG/*Drygala* Rn 110). Das wird im Gefolge des dahingehenden Dezember- oder MPS-Urteils (Rn 2) dahin verstanden, dass eine Verantwortlichkeit nach §§ 311 keinen strengen Maßstäben unterliegen dürfe als nach § 57 Abs 1 S 3 (*BGH* 179, 71; *Habersack* ZGR 2004, 347, 357; ähnl *Goette* DStR 2009, 51, 54; für schärfere Maßstäbe auch hier *Altmeppen* NZG 2010, 401 ff), dass aber jedenfalls ein Drittvergleich mit den üblichen Darlehenskonditionen stattfinden muss und § 57 voll eingreift, wenn der Nachteilsausgleich nicht möglich ist (GroßKomm AktG/*Henze* Rn 196; Münch-Komm AktG/*Bayer* Rn 149; *Habersack* in Emmerich/Habersack § 311 Rn 84; *Hüffer* AktG § 311 Rn 49). Das bedeutet ferner, dass nicht an die Stelle eines erzwingbaren Nachteilsausgleichs (§§ 311, 317) eine (sich nachträglich herausstellende) Nichtigkeit des Geschäfts mit Rückabwicklung gem § 62 tritt. Wenn aber unter Verstoß gegen § 311 Abs 2 ein zugefügter Nachteil nicht ausgeglichen wird, stehen die Ansprüche aus § 317 und §§ 57, 62 nebeneinander (so auch schon *Canaris* FS Fischer, S 41 f; *Wiedemann/Strohn* AG 1979, 120), wenn man nicht sogar (mit *Bayer* FS Lutter, 2000, S 1011, 1031) annehmen will, dass die Kapitalerhaltungsregeln ohne Rücksicht auf § 311 eingreifen, wenn durch die Befolgung einer Weisung das Grundkapital und die gesetzliche Rücklage angegriffen werden; in solchen Fällen wird aber häufig schon die Existenzvernichtungshaftung (§ 1 Rn 31) drohen.

d) Kapitalersetzende Darlehen im Konzern. Auch die Gewährung und Rückführung **41** kapitalersetzender Aktionärsdarlehen im Konzern ist nach Einführung des § 57 Abs 1 S 3 durch das MoMiG anders zu behandeln. Bei 100 %iger oder Mehrheitsbeteiligung ist eine mittelbare Beteiligung am kreditnehmenden Unternehmen über die Tochtergesellschaft der Konzernspitze zuzurechnen (*BGHZ* 81, 311, 315; *BGH* ZIP 1986, 456, 458; *BGH* NJW 1988, 3143 mit Anm *K. Schmidt*; *BGH* NJW 1991, 1167 f; NJW 2001, 1490 – alle zur GmbH; zust *Lutter* ZIP 1989, 477, 480; GroßKomm AktG/*Henze* Rn 133 ff), was auch nicht vom Vorliegen einer ganz bestimmten Beteiligungshöhe abhängig gemacht wird, es genügt eine maßgebliche Beteiligung (zust auch Münch-Komm AktG/*Bayer* Rn 195). Danach reicht die bloße Feststellung einheitlicher Leitung für die Zurechnung eines durch Tochtergesellschaften gewährten Darlehens oder einer an eine Tochtergesellschaft erbrachten Tilgungsleistung noch nicht (*Hommelhoff* WM 1984, 1105; weitergehend *OLG Hamm* ZIP 1989, 1389), sondern es kommt darauf an, ob Hingabe oder Rückgewähr von Mitteln, an denen ein verbundenes Unternehmen teilnimmt, im Rahmen einer von der Konzernspitze angeordneten oder gesteuerten Finanzkonzeption lagen. Dann liegt bei der Konzernspitze die „Finanzierungsverantwortung" (Rn 29), und die Regelung über die Haftung im faktischen Konzern (§§ 311, 317) vermag den speziellen Gläubigerschutz bei Umwegfinanzierungen nicht zu verdrängen (*Ketzer* S 107 ff; *Habersack* in Emmerich/Habersack, KonzernR § 311 Rn 82 ff). Die Anwendung des Kapitalsatzrechts auf Darlehen zwischen Schwestergesellschaften (*BGH* NZG 2001, 233; *OLG Stuttgart* ZIP 2007, 275) wird mit Recht kritisiert (Spindler/Stilz AktG *Cahn/von Spannenberg* Rn 113). Bei Bestehen eines Beherrschungsvertrages steht der Möglichkeit des herrschenden Unternehmens, im Konzerninteresse vermögensmäßige Dispositionen zum Nachteil der Konzernunternehmen zu treffen, die Pflicht zur Verlustübernahme gegenüber. Dennoch werden im Schrifttum (*Ketzer* S 98 ff) die Regeln über kapitalersetzende Aktionärsdarlehen mit der Maßgabe für anwendbar gehalten, dass es am Kapitalersatzcharakter eines von der Mutter gewährten Darlehens fehle, wenn und solange diese imstande

Westermann 497

ist, den Pflichten aus § 302 nachzukommen, weil dann die Tochter nicht kreditunwürdig ist, dass aber die aktienrechtliche Kapitalbindung einschließlich der Regeln über Kapitalersatz voll eingreift, wenn die Mutter in eine der Erfüllung der Pflichten aus § 302 entgegenstehende Krise gerät. In dieselbe Richtung weist der Vorschlag (Köln-Komm AktG/*Drygala* Rn 114), die in § 57 enthaltene Ausnahme zugunsten bilanzneutraler Geschäfte auch in § 311 hineinzulesen. Das wirkt sich vor allem beim Stehenlassen von Darlehen aus, die die Mutter dann, wenn sie selber in eine Krise gerät, nicht mehr abziehen darf (so *Ketzer* S 102). Systematisch weitergehender wäre es, die Anwendung der Regeln über Kapitalersatz an der auf den Vertragskonzern zugeschnittenen Aufhebung der Kapitalbindung (§ 291 Abs 3) scheitern zu lassen, was jedoch noch nicht höchstrichterlich entschieden ist.

42 Unter der Geltung der durch das MoMiG eingeführten **insolvenzrechtlichen Konzeption** der Finanzierung mit Gesellschafterdarlehen (Rn 31 ist von der Rückstufung jedes von einem an der Darlehensnehmerin direkt beteiligten Konzernunternehmens gewährten Kredits auszugehen, aber auch von der Zurechnung solcher Darlehen zur Konzernspitze. Dasselbe muss für die Möglichkeiten der Insolvenzanfechtung gelten; manchmal wird zu prüfen sein, ob eine aus Regeln des allgemeinen Rechts folgende Wissenszurechnung nicht auch eine Absichtsanfechtung rechtfertigen kann, wofür aber die bloße Unternehmensverbindung unter einheitlicher Leitung nicht genügt.

IV. Ausnahmen vom Rückgewährverbot

43 Die in § 57 Abs 1 S 2 selber vorgesehene Ausnahme betrifft die Zahlung des Erwerbspreises beim **Erwerb eigener Aktien**. Das ist bloße Klarstellung; in welchem Umfang der Erwerb eigener Aktien, der begrifflich Einlagenrückgewähr ist, erlaubt ist, bestimmen die §§ 71 ff. Soweit dagegen verstoßen wird, richten sich die Rechtsfolgen nach §§ 57, 62. Darüber hinaus ergibt aus dem Nebeneinander von §§ 71 ff und 57, dass die Gesellschaft in der Vereinbarung eines **Erwerbspreises** nicht frei ist: Auch wenn den Voraussetzungen der §§ 71 ff genügt ist, kann in einer unangemessen hohen Gegenleistung für an sich zulässig erworbene eigene Aktien ein Verstoß gegen S 1 liegen, den S 2 nicht privilegiert (*Hüffer* AktG Rn 16; MünchKomm AktG/*Bayer* Rn 117). Das kann beim Erwerb zum „Auskaufen" von Anfechtungs- oder Nichtigkeitsklagen (Rn 18) praktisch werden. Dieselben Überlegungen greifen auch beim Erwerb wechselseitiger Beteiligungen in dem durch § 71d S 2 gesetzten Rahmen (KölnKomm AktG/*Drygala* Rn 99). Nicht vom Kapitalerhaltungsgebot betroffen ist die Zahlung eines Einziehungsentgelts gem § 237 sowie Auszahlungen anlässlich einer ordentlichen Kapitalherabsetzung (§§ 222 Abs 3, 230; Schmidt/Lutter AktG/*Fleischer* Rn 6). Sind hierbei jedoch Fehler unterlaufen, die die Wirksamkeit des Herabsetzungsbeschlusses betreffen, ist auch § 57 verletzt. Zur Behandlung von Sondervergleichen s § 26.

V. Verzinsungsverbot, Abs 2

44 **1. Anwendungsbereich.** Das Verbot ist eine besondere, gesetzestechnisch angesichts der weiten Auslegung des Abs 1 heute entbehrliche Konkretisierung des aktienrechtlichen Kapitalerhaltungsgebots. Was nicht sicher vom Wortlaut des Abs 2 erfasst ist, kann trotzdem nach Abs 1 verboten sein (KölnKomm AktG/*Drygala* Rn 129; für Überflüssigkeit der Norm *Servatius* in Wachter Rn 42)). Das Verzinsungsverbot greift unabhängig davon, ob Bilanzgewinn vorhanden ist und zur Ausschüttung vorgesehen wird. Verhindert werden soll die Verpflichtung der Gesellschaft zur Erbringung von

festen, also gewinnunabhängigen **wiederkehrenden Leistungen** an die Aktionäre als **Vergütung für geleistete Einlagen.** Mit diesem normspezifisch weiten Zinsbegriff können Dividendengarantien außerhalb des wirklich ausschüttungsfähigen Bilanzgewinns erfasst werden, es kommt für die Anwendung des Verbots nicht darauf an, ob eine Leistung als „Zins" bezeichnet wird. Maßgebend ist die Zusage, nicht erst die Zahlung (Schmidt/Lutter AktG/*Fleischer* Rn 42), doch ist auch das Verfügungsgeschäft erfasst. Nicht hierher gehören Vorzugsdividenden für Vorzugsaktien, die aus dem Reingewinn zu zahlen sind, mag die Satzung sie auch als Verzinsung bezeichnen, ebenso das Nachbezugsrecht der Vorzugsaktionäre aus dem Reingewinn späterer Jahre (*RGZ* 68, 238; *BGHZ* 7, 264; GroßKomm AktG/*Henze* Rn 165). Unberührt bleibt auch § 60 Abs 3. Entgegenstehende Satzungsbestimmungen, HV-Beschlüsse oder Vorstandszusagen sind nichtig. Das Verbot erfasst nicht die Zahlung von marktüblichen Zinsen für Aktionärsdarlehen (MünchKomm AktG/*Bayer* Rn 102; *Fleischer* in Fischer/Lutter Rn 43), vorbehaltlich einer Insolvenzanfechtung. Die Anwendung des Verbots darf jedoch die Effektivität der Kapitalaufbringung nicht gefährden, deshalb ist Aktienübernahme trotz eines Zinsversprechens der AG nicht unwirksam, ebensowenig Verkauf eigener Aktien durch die Gesellschaft mit ihrem Zinsversprechen.

2. Normadressaten. Zulässig kann die Zahlung mittels eines Dritten an Aktionäre **45** auch sein, wenn sich die Verpflichtung aus einem Vertrag mit der Gesellschaft ergibt, solange dies nicht bedeutet, dass der Dritte für Rechnung der AG handelt (*Hüffer* AktG Rn 21). Ob aus einem Vertrag zwischen dem Dritten und der Gesellschaft die Aktionäre berechtigt sind, ist Auslegungssache (*RGZ* 147, 42, 47), desgleichen – was jedoch als Regel anzunehmen ist –, ob das Recht den jeweiligen Aktionären oder der Gesellschaft zusteht, was im Zweifel nicht anzunehmen ist (GroßKomm AktG/*Henze* Rn 176). Eine **Rentengarantie** sichert dem Aktionär ein Recht auf bestimmte Erträge aus seinen Aktien zu, die dann entweder direkt der Dritte oder die Gesellschaft aus den Mitteln, die ihr der Dritte zur Verfügung stellen muss, zu zahlen hat. Eine **Rentabilitätsgarantie** liegt vor, wenn der Dritte der Gesellschaft einen verteilungsfähigen jährlichen Bilanzgewinn zusichert, wobei die Gesellschaft in der Verteilung frei ist, der Aktionär hat keinen Anspruch auf eine bestimmte Verteilung. Zur Dividendengarantie gegenüber außenstehenden Aktionären im Vertragskonzern s § 304.

VI. Verbot sonstiger Vermögensverteilung, Abs III

Indem die Vorschrift die Verteilung von Gesellschaftsvermögen unter Aktionäre ver- **46** bietet, soweit es sich dabei nicht um Bilanzgewinn handelt, fasst sie das in Abs 1 niedergelegte Verbot der Einlagenrückgewähr nur sprachlich etwas anders, ist materiell bloße Wiederholung (Schmidt/Lutter AktG/*Fleischer* Rn 44; *Hüffer* AktG Rn 22). Da die Regelung „vor Auflösung der Gesellschaft" gilt, könnte man ihre Nichtanwendung auf das Liquidationsstadium folgern, sie gilt aber jedenfalls auch hier bis zum Ablauf des Sperrjahres (MünchKomm AktG/*Bayer* Rn 115; Schmidt/Lutter AktG/*Fleischer* Rn 44).

VII. Rechtsfolgen von Verstößen gegen die Kapitalbindung

1. Überblick. Zu unterscheiden ist zwischen den Folgen im Verhältnis der Gesell- **47** schaft zu Aktionären und gleichgestellten Empfängern von Vermögenszuwendungen und der Organverantwortlichkeit. Für die Organe der Gesellschaft sind die Verbote und ihre Folgerungen unbedingt zu beachten (§§ 93 Abs 3 Nr 1 und 2, 116), die Haftung geht auf die Beträge, die nicht von Aktionären oder einem hierzu verpflichteten Dritten auf dem Weg über § 62 zurückgezahlt werden (KölnKomm AktG/KölnKomm AktG/*Drygala* Rn 135; GroßKomm AktG/*Henze* Rn 226; aM MünchKomm AktG/*Bayer* Rn 151; Schmidt/Lutter AktG/*Fleischer* Rn 53). Trotz der hohen Anforderungen, die an die Sorgfalt der Organe gerichtet werden, können im Einzelfall Zahlungen an opponierende Aktionäre, die ebenfalls verbotswidrig sind (Rn 18), bei einer besonderen Gefährdung der Gesellschaft ausnahmsweise als nicht schuldhaft anzusehen sein, was allerdings nicht einfach aus § 94 Abs 1 S 2 geschlossen werden kann (KölnKomm AktG/*Drygala* Rn 137; im Übrigen s § 93 Rn 2 ff, 15).

2. Rechtsfolgen von Verstößen im Verhältnis von Begünstigtem und Gesellschaft.

48 Die Rechtsfolgen waren bis zu dem wohl als Grundsatzentscheidung verstandenen Urteil BGH AG 2013 431 umstritten, wobei nur im Ausgangspunkt Einigkeit besteht, dass § 57 ein Verbotsgesetz iSd § 134 BGB ist (*BGH* aaO Tz 15; *Bayer/Scholz* AG 2013, 426). Das bestimmt aber die Verstoßfolgen nur, soweit sich nicht aus gesetzlichen Vorschriften etwas anderes ergibt; dies führt nach Ansicht des BGH zu dem Schluss, dass Verpflichtungs- und Verfügungsgeschäft wirksam sind, weil hinreichender Kapitalschutz durch den gesellschaftsrechtlichen Rückgewähranspruch aus § 62 entsteht, der dann die aus einer Nichtigkeit des Grundgeschäfts folgende Kondiktion und die bei Nichtigkeit des Erfüllungsgeschäfts eingreifende Vindikation verdrängt (zust *Bayer/Scholz* aaO; *Nodoushani* NZG 2013, 687, 689; so schon früher MünchKomm AktG/*Bayer* Rn 162; *Schmidt/Lutter* AktG/*Fleischer* Rn 74; Grigoleit AktG/*Rachlitz* Rn 20; Cahn/von Spannenberg, in *Spindler/Stilz* Rn 87). Damit sind allerdings die praktischen Folgefragen nicht erledigt, die sich auch bei der früher umstrittenen Annahme von Nichtigkeit des Verpflichtungsgeschäfts (so *Flume* ZHR 144 (1980), 18, 23 ff; *Wilhelm* FS Flume II 1978, 337, 383) oder auch des Erfüllungsgeschäfts (dafür OLG München AG 1980, 272; *Canaris* FS Fischer, S 31, 33; GroßKomm AktG/*Henze* Rn 201, 203; *Hüffer* AktG Rn 23) bestellt hatten. Angesichts des klaren Verbots und des Gebots, den Rückgewähranspruch geltend zu machen, sollte die Unwirksamkeit der (sicher seltenen) direkt auf eine Einlagenrückgewähr gerichteten Vereinbarungen zwischen AG und Aktionären unbedenklich sein. In Fällen verdeckter Einlagenrückgewähr namentlich bei Einschaltung dritter Personen oder Gesellschaften, auf die ein Aktionär Einfluss hat (Rn 8), sind demgegenüber die genauen Wege zu dem der AG zustehenden Ausgleich aus dem Wortlaut des § 62 nicht ohne Weiteres zu entnehmen.

49 Vor Erfüllung eines verbotswidrigen Verpflichtungsgeschäfts kann man aus dem Gebot sofortiger Rückgewähr folgern, dass die Gesellschaft nicht erfüllen darf, was als Erlöschen der beiderseitigen Leistungspflichten gedeutet wird (*Bayer/Scholz* AG 2013, 427), sich also von der Annahme der Ungültigkeit des Verpflichtungsgeschäfts noch nicht weit entfernt. Das schließt allerdings nicht aus, dass der Aktionär, etwa aus dem Gesichtspunkt der cic, seinerseits Ansprüche gegen die AG erhebt, mit denen er allerdings nach dem Rechtsgedanken des § 66 nicht gegen die Forderung aus § 62 aufrechnen kann. Wohl aber muss dem Aktionär, der etwa eine Leistung der AG für eine mit einem Drittgeschäft nicht vergleichbare Gegenleistung erhalten hat, auch bezüglich seiner Leistung, im Fall des BGH des Kaufpreises für ein Unternehmen, seinerseits zurückfordern können (*Bayer/Scholz* AG 2013, 428), was sich aus Bereicherungsgrundsätzen nicht erklären lässt, wenn der Vertrag als wirksam angesehen wird. Eine Begründung kann aber dann daraus gewonnen werden, dass § 62 zu einer Zeit entwickelt wurde, als eine Rechtsfolgenanordnung für eine verbotene Einlagenrückgewähr

noch nicht kodifiziert war und der Gesetzgeber sich diesbezüglich an den Rücktrittsvorschriften der §§ 346 ff BGB ausrichten wollte (Nachw bei *Bayer/Scholz* AG 2013, 428). Zu entscheiden bleibt als nächstes, welche Rechtsfolge nach Erfüllung des gültigen Vollzugsgeschäfts eintritt, da es eine Vindikation ja nicht mehr sein kann, so dass das früher angenommene Konkurrenzverhältnis zu §§ 987 ff BGB so wenig mehr aufkommen kann, wie dasjenige zu §§ 812, 818 BGB bei der Rückabwicklung des Verpflichtungsgeschäfts. Das kann bei solchen Vollzugsgeschäften wie etwa Dienstleistungen relevant werden, die keine Verfügung darstellen (dazu *T. Bezzenberger* S 244 ff; KölnKomm AktG/*Drygala* Rn 132 ff). Zu bedenken sind schließlich die Verjährung der Rückgewähransprüche (im Vergleich etwa zur Kondiktion und Vindikation) sowie ihre Durchsetzbarkeit in der Insolvenz des Empfängers der verbotswidrigen Leistung. Das vom BGH für seine Lösung angeführte Argument höherer Rechtssicherheit bei Anwendung allein des gesellschaftsrechtlichen Anspruchs (zurückhaltend dazu *Nodoushani* aaO S 689) ist demnach nicht das letzte Wort. Alles in allem ist angesichts der Vielfalt der hierher gehörenden Fälle eine sehr flexible Gestaltung des Anspruchs aus § 62 nötig, dazu § 62 Rn 7.

Besonderheiten können sich ergeben, wenn verbotswidrige Leistungen an einen außenstehenden Dritten erbracht worden sind. Kann der Empfang nicht einem Aktionär zugerechnet werden, der dann den Rückgewähranspruch zu erfüllen hätte (§ 62 Rn 6), so ist der Dritte nicht Adressat des § 57 (GroßKomm AktG/*Henze* Rn 214, 218), allenfalls mit Ausnahme seiner Bösgläubigkeit (*Michalski* AG, 1980, 261, 269; *Canaris* FS Fischer, S 43), was ausnahmsweise in Betracht kommen kann, wenn bei einer Leistung der Gesellschaft an den Aktionär und von diesem an den Dritten die Gesellschaft gegen den Dritten vorgehen könnte; die Annahme von Nichtigkeit würde hier nicht passen. Wenn der Dritte einem Aktionär so nahe steht, dass rechtlich eine Leistung an diesen anzunehmen ist (Rn 9), so ist der Aktionär zur Erstattung verpflichtet (MünchKomm AktG/*Bayer* Rn 149). Fehlt es an einer Verbindung zwischen dem eine Leistung erbringenden Dritten und der Gesellschaft, was freilich selten sein wird, wenn die Leistung wirtschaftlich auf eine Einlagenrückgewähr hinausläuft, so ist § 57 nur bei Kollusion verletzt, daneben ist auch immer die Schadensersatzhaftung der Organe der AG in Betracht zu ziehen. Ein Handeln des Dritten für Rechnung der Gesellschaft, der derartige Geschäfte verboten wären, oder die Einschaltung des Handelnden als Strohmann der Gesellschaft führt in entspr Anwendung des § 57 zur gesellschaftsrechtlichen Verbotswidrigkeit, was bedeutet, dass die Gesellschaft dem Dritten seine Aufwendungen nicht ersetzen darf (*Canaris* FS Fischer, S 36). **50**

Bei der Bestellung von **Sicherheiten** aus Gesellschaftsvermögen zu Gunsten von Forderungen gegen einen Aktionär oder eines Aktionärs gegen Dritte, bei der schon die Begründung und nicht erst die Verwertung des Rechts als Einlagenrückgewähr anzusehen ist (Rn 23), ist der rechtsgeschäftliche Bestellungsakt zwischen der Gesellschaft und dem Dritten vom Verbot des § 57 nicht betroffen. Jedenfalls ist aufgrund der heute so angenommenen Wirksamkeit von Verpflichtungs- und Verfügungsgeschäft im Regelfall kein dem Sicherungsnehmer entgegenzuhaltender Nichtigkeitsgrund zu sehen. Den Dritten trifft auch keine Erkundigungspflicht hinsichtlich der Frage, ob die Gesellschaft für ihre Leistung im Zuge eines normalen Umsatzgeschäfts ein angemessenes Entgelt erhält und somit verdeckte Einlagenrückgewähr vorliegt. Deshalb ist Rechtsfolge eines Verstoßes zunächst nur eine Freistellungspflicht des Aktionärs, die aus § 62 entwickelt werden kann (*BGH* AG 1981, 227; *BGH* WM 1982, 1402; Münch- **51**

Komm AktG/*Bayer* Rn 156). Dem Dritten gegenüber kann die Gesellschaft gegen die Inanspruchnahme aus der Sicherheit Einwendungen nur dann ableiten, wenn für den Sicherungsnehmer der Verstoß gegen die Einlagenrückgewähr auf der Hand liegt; dann nämlich könnten ihm auch nach einem Durchgangserwerb der Sicherheit aus dem Vermögen des Gesellschafters Einwendungen aus dessen Verhältnis zur sicherungsgebenden Gesellschaft entgegengehalten werden. Allerdings bringt der Freistellungsanspruch gegen den Aktionär, für dessen Verbindlichkeit die Sicherheit gestellt wurde, insofern keinen sehr effektiven Kapitalschutz, als der Sicherungsnehmer gewöhnlich die Sicherheit verwertet haben wird, wenn der Aktionär nicht mehr leisten konnte, so dass der Ausgleichsanspruch gegen ihn nicht mehr werthaltig sein wird (*Nodoushani* NZG 2013, 689).

§ 58 Verwendung des Jahresüberschusses

(1) ¹Die Satzung kann nur für den Fall, dass die Hauptversammlung den Jahresabschluss feststellt, bestimmen, dass Beträge aus dem Jahresüberschuss in andere Gewinnrücklagen einzustellen sind. ²Auf Grund einer solchen Satzungsbestimmung kann höchstens die Hälfte des Jahresüberschusses in andere Gewinnrücklagen eingestellt werden. ³Dabei sind Beträge, die in die gesetzliche Rücklage einzustellen sind, und ein Verlustvortrag vorab vom Jahresüberschuss abzuziehen.

(2) ¹Stellen Vorstand und Aufsichtsrat den Jahresabschluss fest, so können sie einen Teil des Jahresüberschusses, höchstens jedoch die Hälfte, in andere Gewinnrücklagen einstellen. ²Die Satzung kann Vorstand und Aufsichtsrat zur Einstellung eines größeren oder kleineren Teils des Jahresüberschusses ermächtigen. ³Auf Grund einer solchen Satzungsbestimmung dürfen Vorstand und Aufsichtsrat keine Beträge in andere Gewinnrücklagen einstellen, wenn die anderen Gewinnrücklagen die Hälfte des Grundkapitals übersteigen oder soweit sie nach der Einstellung die Hälfte übersteigen würden. ⁴Absatz 1 Satz 3 gilt sinngemäß.

(2a) ¹Unbeschadet der Absätze 1 und 2 können Vorstand und Aufsichtsrat den Eigenkapitalanteil von Wertaufholungen bei Vermögensgegenständen des Anlage- und Umlaufvermögens und von bei der steuerrechtlichen Gewinnermittlung gebildeten Passivposten, die nicht im Sonderposten mit Rücklageanteil ausgewiesen werden dürfen, in andere Gewinnrücklagen einstellen. ²Der Betrag dieser Rücklagen ist entweder in der Bilanz gesondert auszuweisen oder im Anhang anzugeben.

(3) ¹Die Hauptversammlung kann im Beschluss über die Verwendung des Bilanzgewinns weitere Beträge in Gewinnrücklagen einstellen oder als Gewinn vortragen. ²Sie kann ferner, wenn die Satzung sie hierzu ermächtigt, auch eine andere Verwendung als nach Satz 1 oder als die Verteilung unter die Aktionäre beschließen.

(4) Die Aktionäre haben Anspruch auf den Bilanzgewinn, soweit er nicht nach Gesetz oder Satzung, durch Hauptversammlungsbeschluss nach Absatz 3 oder als zusätzlicher Aufwand auf Grund des Gewinnverwendungsbeschlusses von der Verteilung unter die Aktionäre ausgeschlossen ist.

(5) Sofern die Satzung dies vorsieht, kann die Hauptversammlung auch eine Sachausschüttung beschließen.

Verwendung des Jahresüberschusses § 58

Übersicht

	Rn		Rn
I. Die Bedeutung der Vorschrift	1	2. Entscheidung durch die Verwaltung, Abs. 2 (a)	18
1. Gesetzgeberischer Zweck und Entstehung	1	IV. Verwendung des Bilanzgewinns durch die Hauptversammlung Abs 3	21
2. Zur rechtspolitischen Kritik	3	1. Die Entscheidung der Hauptversammlung	21
II. Rücklagenbildung bei Gewinnfeststellung und -verwendung	4	2. Gestaltungsmöglichkeiten der Satzung	22
1. Überblick	4	3. Ausschüttung und Rücklagenbildung	24
2. Bildung stiller Rücklagen	6	4. Auflösung anderer Gewinnrücklagen	26
3. Die in Rücklagen einzustellenden Mittel	7	V. Der Gewinnanspruch der Aktionäre, Abs 4, 5	27
4. Grenzen der Rücklagenbildung	8	1. Entstehung	27
5. Rücklagenbildung in der Unternehmensverbindung	11	2. Erfüllung	30
a) Korrektur des § 58 Abs 2	12	VI. Dividenden- und Erneuerungsscheine	33
b) Rücklagenbildung im Vertragskonzern	16	1. Dividendenschein	33
III. Bildung der Rücklagen im Jahresabschluss, Abs 1, 2	17	2. Erneuerungsschein	36
1. Entscheidung durch die Hauptversammlung	17		

Literatur: *Baums* Rücklagenbildung und Gewinnausschüttung im Aktienrecht, FS K. Schmidt, 2009, S 57; *Beusch* Rücklagenbildung im Konzern, FS Goerdeler, 1987, S 25; *von Burchard* Die Zweckbestimmung freier Rücklagen, BB 1961, 1188; *Claussen* 25 Jahre deutsches Aktiengesetz von 1965 (I), AG 1990, 509; *DAV* Stellungnahme des Deutschen Anwaltsvereins zum Referentenentwurf eines Transparenz- und Publizitätsgesetzes, NZG 2002, 115; *Geßler* Rücklagenbildung bei Gewinnabführungsverträgen, FS Meilicke, 1985, S 18; *ders* Rücklagenbildung im Konzern, AG 1985, 257; *von Gleichenstein* Satzungsmäßige Ermächtigung der Verwaltung einer Aktiengesellschaft zur Bildung freier Rücklagen, BB 1966, 1047; *Goerdeler* Rücklagenbildung nach § 58 Abs 2 AktG 1965 im Konzern, WPg 1986, 229; *Götz* Die Sicherung der Rechte der Aktionäre der Konzernobergesellschaft bei Konzernbildung und Konzernleitung, AG 1984, 85; *Habersack* „Superdividenden", FS K. Schmidt, 2009, S 523; *Henssler* Die phasengleiche Aktivierung von Gewinnansprüchen im GmbH-Konzern, JZ 1998, 701; *Holzborn/Bunnemann* Gestaltung einer Sachausschüttung und Gewährleistung im Rahmen der Sachdividende, AG 2003, 671; *Knigge* Änderungen des Aktienrechts durch das Transparenz- und Publizitätsgesetz, WM 2002, 1729; *Kronstein/Claussen* Publizität und Gewinnverteilung im neuen Aktienrecht, 1960; *Lutter* Zur Europäisierung des deutschen Aktienrechts, FS Ferid, 1978, S 599 *ders* Zur Binnenstruktur des Konzerns, FS H. Westermann, 1974, S 361; *ders* Rücklagenbildung im Konzern, FS Goerdeler 1987, S 327; *Lutter/Leinekugel/Rödder* ECLR – Die Sachdividende, ZGR 2002, 204; *W. Müller* Die Änderungen im HGB und die Neuregelung der Sachdividende durch das Transparenz- und Publizitätsgesetz, NZG 2002, 752; *Mutze* Prüfung und Feststellung des Jahresabschlusses der Akteingesellschaft sowie Beschlussfassung über die Gewinnverwendung, AG 1966, 173; *Nickol* Maßgeblichkeit der Handels- und Steuerbilanzen füreinander nach neuem Bilanzrecht, BB 1987, 1772; *Niehus* Wertaufholung und umgekehrte Maßgeblichkeit, BB 1987, 1353; *Priester* Jahresabschlussfeststellung bei Personengesellschaften – Grundlagenergebnis? – Mehrheitsregeln – Thesaurierung im Konzern, DStR 2007, 28; *U.H. Schneider* Das Recht der Konzernfinanzierung, ZGR 1984, 520; *Schüppen* Dividende ohne Hauptversammlungsbeschluss? – Zur Durchsetzung des mitgliedschaftlichen Gewinnanspruchs in Patt-Situation, FS Röhricht, 2005, S 571; *Theisen* Rücklagenbildung im Konzern, ZHR 156

(1992), 174; *Thomas* Rücklagenbildung im Konzern, ZGR 1985, 365; *Timm* Die Aktiengesellschaft als Konzernspitze, 1980; *Werner* Gewinnverwendung im Konzern, FS Stimpel, 1985, S 935; *H.P. Westermann* Grundfragen der Rechtsfortbildung im Aktienkonzernrecht, FS Pleyer, 1986, S 421; *Zilias/Lanfermann* Die Neuregelung des Erwerbs und Haltens eigener Aktien, WPg 1980, 61 und 89.

I. Die Bedeutung der Vorschrift

1. Gesetzgeberischer Zweck und Entstehung. Die Vorschrift stellt Regelungen von recht unterschiedlichem Gewicht zusammen. Die Kompetenzen der Verwaltung, aber auch der Aktionärsmehrheit in der HV, zur Bildung von offenen Rücklagen, aber auch der in Abs 2 (a) genannten Formen von Rücklagen, stehen in einem tendenziellen Konflikt mit dem in Abs 4 mehr deklaratorisch als konstitutiv hervorgehobenen Gewinnanspruch des Aktionärs. Daher steht im Mittelpunkt der Regelung der Versuch eines **Kompromisses** zwischen Bestrebungen zur Thesaurierung der Gewinne mit dem Ziel der Selbstfinanzierung und andererseits den Renditeerwartungen des Anlegers, der nicht durch Ansprüche und Einwendungen, sondern durch einen Mittelweg bei der **Kompetenzverteilung** zwischen Verwaltung und HV erreicht werden soll (GroßKomm AktG/*Henze* Rn 11; K. Schmidt/Lutter AktG/*Fleischer* Rn 2; *Hüffer* AktG Rn 2). Die Suche nach einer ausgewogenen Lösung ist von hoher gesellschafts- und wirtschaftspolitischer Bedeutung; das gilt bes aus der Sicht des Unternehmens selber, dessen Investitions- und Finanzierungsentscheidungen keineswegs allein gegen die Ausschüttungspräferenzen der Anleger abgewogen werden müssen, sondern auch als Instrument der Management-Kontrolle fungieren können (näher *Baums* FS K. Schmidt, S 57, 61 ff). Das gilt vor allem für die Regelung in Abs 2, die in ihrem S 2 mehrfach geändert worden ist, zunächst durch das Gesetz für kleine Aktiengesellschaften und zur Deregulierung des Aktienrechts vom 2.8.1994 (BGBl I, 1961), sodann durch Art 1 Nr 4 des KonTraG vom 27.4.1998 (BGBl I, 786), schließlich noch einmal durch das TransPuG vom 12.7.2002 (BGBl I, 2681). Dies stand im Zusammenhang mit Überlegungen der Corporate-Governance-Kommission (Regierungskommission Corporate Governance, Rn 198) zur Streichung des § 58 Abs 2 S 2. HS, durch die auch börsennotierten Gesellschaften gestattet werden sollte, nicht nur eine höhere, sondern auch eine niedrigere Rücklagenbildung vorzusehen, so dass die Verwaltung offen für höhere Rücklagenbildung statt Gewinnausschüttung sollte eintreten können und müssen. Die praktisch offenbar weniger wichtige Zulassung einer Sachdividende in Abs 5 geht ebenfalls auf die Corporate-Governance-Kommission zurück, deren diesbezüglicher Vorschlag im TransPuG aufgenommen wurde; zur Entstehungsgeschichte der Norm im Einzelnen Spindler/Stilz AktG/*Cahn/von Spannenberg* Rn 9 ff. Dass den einzelnen Bestimmungen durchweg politische Kompromisse zugrunde lagen und übergreifende Prinzipien wie der Satz, die Gesellschaft solle „gläserne, aber verschlossen Taschen" haben (*Kronstein/Claussen* Publizität und Gewinnverwendung im neuen Aktienrecht, 1960; dazu *Claussen* AG 1990, 509 ff), sich nicht voll durchsetzen konnten, mag man bedauern, ist aber bei der Auslegung zu berücksichtigen.

2 Systematisch ist § 58 am ehesten mit den §§ 152–256 und 279 HGB zusammen zu sehen, im AktG sind von den diesbezüglichen Bestimmungen jetzt nur noch die §§ 258–261 von Bedeutung. Da in der Praxis die Feststellung des Jahresabschlusses meist durch Vorstand und AR geschieht, steht in § 58 die Regelung in Abs 2 deutlich im Vordergrund, die Möglichkeit satzungsmäßiger Steuerung der Rücklagenbildung

Verwendung des Jahresüberschusses § 58

durch die HV (Abs 1) tritt dahinter zurück, da dies nur für die Feststellung des Jahresabschlusses durch die HV gilt. Abs 2a bezieht sich auf das sog Wertaufholungsgebot mit der Maßgabe, dass die Verwaltung bei der Feststellung des Jahresabschlusses eine Möglichkeit zu offener Bildung „anderer Gewinnrücklagen" aus Werten erhält, die früher zur Schaffung „stiller Rücklagen" genutzt werden konnten. Der Gewinnanspruch des Aktionärs (Abs 4) steht unter dem Vorbehalt der Rücklagenbildung iRd der Feststellung des Jahresabschlusses und einer weiteren Schaffung von Gewinnrücklagen oder Gewinnvorträgen durch die HV im Zuge des Beschl über die Gewinnverwendung. Insgesamt hat allenfalls Abs 4, wenn man in ihm eine Beschränkung des Gewinnanspruchs des Aktionärs sieht (*Hüffer* AktG Rn 5), etwas mit der in diesem Gesetzesabschnitt an sich behandelten Kapitalerhaltung zu tun.

2. Zur rechtspolitischen Kritik. § 58 gehört seit dem AktG 1965 zu den am meisten 3 kritisierten Vorschriften des Gesetzes (im Einzelnen KölnKomm AktG/*Drygala* Rn 20; MünchKomm AktG/*Bayer* Rn 9; K. Schmidt/Lutter AktG/*Fleischer* Rn 3; Spindler/Stilz AktG/*Cahn/Senger* Rn 4; GroßKomm AktG *Henze* Rn 20; anders Grigoleit AktG/*Zellner* Rn 2; positiv aber *Moxster* ZfBF 28 (1976), 694, 696; *Werner/Kindermann* ZGR 1981, 17, 25), weil der Konflikt zwischen der oft auf Stärkung der Rücklagen und Selbstfinanzierung bedachten Unternehmensführung, die hierdurch häufig auch zu einer über Jahre hinweg gleich bleibenden Dividendenpolitik zu gelangen hoffen mag (so auch *Baums* FS K. Schmidt S 63), und den nicht nur an Substanzsicherung interessierten Anlegern allgemeingültig nicht lösbar erscheint, jedenfalls dann nicht, wenn man die Gewinnverwendung im Konzern betrachtet. Bemerkenswert ist auf der anderen Seite, dass der Satzung, die ursprünglich der Verwaltung nur eine Erhöhung des zurückzulegenden Teils des Jahresüberschusses gestatten konnte, später auch eine Senkung dieses Betrages unter die 50 %-Grenze ermöglicht wurde, wodurch dem Vorwurf einer nur halbherzigen Durchführung des Kompromisses zwischen Verwaltung und Aktionären (*Gössel/Hehl* ZHR 142 (1978), 19, 21 ff) begegnet werden sollte. Damit ist aber, wie es heißt, das Problem der gesetzmäßigen Rücklagenbildung auf mehreren Stufen eines Konzerns noch immer nicht im Sinne einer von Vielen für notwendig gehaltenen Begrenzung der Rechtsmacht der Verwaltung gelöst. Allerdings darf der Gegensatz zwischen der Verwaltung und der – dem Grundgedanken nach – auf Gewinnausschüttung bedachten HV-Mehrheit nicht überspitzt werden, indem etwa die Thesaurierungsentscheidungen der Verwaltung tendenziell aus der Hand genommen würden; ob unternehmerische Maßnahmen dieser Art und Tragweite den Anteilseignern überlassen werden können, ist wenigstens so lange zu bezweifeln, als es gelingen kann, das Handlungsermessen der Verwaltung effektiv zu kontrollieren.

II. Rücklagenbildung bei Gewinnfeststellung und -verwendung

1. Überblick. Stellen, wie es die Regel ist (§ 172 S 1), Vorstand und AR den Jahresabschluss fest, so können sie bis zur Hälfte des Jahresüberschusses in **„andere Gewinnrücklagen"** einstellen; das ist die rechtspolitisch umstr, aber klar geregelte Kompetenz der Verwaltung zu einer den Aktionären entzogenen Rücklagenbildung. Sie besteht nicht, wenn Vorstand und AR nach §§ 172 S 1, 173 Abs 1 der HV die Feststellung des Jahresabschlusses überlassen oder dies nach § 173 Abs 1 tun müssen, weil der AR dem vom Vorstand aufgestellten Abschluss nicht zustimmt. Dann gilt Abs 3 S 1, die Zuständigkeit zur Bildung anderer als der gesetzlich oder satzungsmäßig vorgeschriebenen Rücklagen liegt bei der HV. Das Recht (nicht: die Pflicht) der Verwaltung zur Rücklagenbildung ist nicht **satzungsfest** (§ 23 Abs 5 S 1), da die Grenze der 50 % des Jahresüberschusses durch die Satzung auch herabgesetzt werden darf; eine Erhöhung der Grenze steht daneben unter dem Vorbehalt (Abs 2 S 3), dass die bereits vorhandenen anderen Gewinnrücklagen die Hälfte des Grundkapitals übersteigen dürfen oder durch eine weitere Einstellung übersteigen würden. Fehlt eine Satzungsregelung zur Dotierung anderer Gewinnrücklagen, so kann die HV einen dahingehenden Beschl nicht fassen (MünchKomm AktG/*Bayer* Rn 25; *Hüffer* AktG Rn 5), wodurch ein Aushungern der Minderheit verhindert werden soll. Wenn dagegen die Satzung für den – ausnahmsweisen – Fall der Feststellung des Jahresabschlusses durch die HV die Einstellung von Teilen des Jahresüberschusses (höchstens: der Hälfte) in „andere Gewinnrücklagen" gestattet, gilt die Beschränkung gem Abs 2 S 3 nicht, auch nicht entspr (KölnKomm AktG/*Drygala* Rn 34; MünchKomm AktG/*Bayer* Rn 28). Anders im **Gewinnverwendungsbeschluss**, der nach § 174 der HV obliegt; hier kann eine Einstellung von weiteren, dh nicht schon iRd der Feststellung des Abschlusses „abgezweigten" Teilen des Überschusses oder ein Gewinnvortrag beschlossen werden, bei Vorliegen einer entspr Ermächtigung durch die Satzung (Abs 3) auch eine andere Verwendung als die Ausschüttung an die Aktionäre. Dennoch ist stets zwischen Thesaurierungsmöglichkeiten bei der Feststellung des Jahresabschlusses (durch Vorstand und AR oder ausnahmsweise durch die HV) und derjenigen durch den der Feststellung folgenden Gewinnverwendungsbeschluss zu unterscheiden, bei dem die HV, die hier mit einfacher Mehrheit entscheiden kann (*Hüffer* AktG Rn 23), Gewinnrücklagen dotieren, Beträge als Gewinn vortragen oder eine noch andere Verwendung beschließen kann.

5   Die Handhabung dieses Systems wird dadurch erschwert, dass § 58 die verschiedenen **Formen** von **Rücklagen** nicht definiert. Maßgeblich ist § 266 Abs 3 HGB, wonach auf der Passivseite der Bilanz nach dem gezeichneten Kapital die **„Kapitalrücklage"** (näher dazu § 272 Abs 2 HGB) und verschiedene **Gewinnrücklagen** stehen, nämlich gesetzliche Rücklagen (§ 150), eine Rücklage für eigene Aktien (§ 272 Abs 4 HGB), satzungsmäßige Rücklagen (§ 58 Abs 1) und „andere Gewinnrücklagen". Alle diese Rücklagen sind also **„offene"**, die, da auf der Passivseite ausgewiesen, zu Lasten des Jahresüberschusses gehen. Sie werden auch als **„freiwillige"** bezeichnet, was aber nicht darüber hinwegtäuschen darf, dass die Rücklage für eigene Aktien gesetzlich vorgeschrieben ist und auch hinsichtlich der Auflösung genauen Regeln unterliegt (§ 272 Abs 4 S 2 HGB). Insoweit ist also auch nicht auf einen Gewinnverwendungsbeschluss der HV zu warten, sondern die Rücklage ist in einem von der Verwaltung festgestellten Jahresabschluss zu bilden und für den Fall der Zuständigkeit der HV in den Entwurf des Abschlusses aufzunehmen. Dasselbe gilt für die Kapitalrücklage und die gesetzliche Rücklage (*Hüffer* AktG Rn 4), die also von der Bemessungsgrundlage, dem Jahresüberschuss, abzuziehen sind, so dass für die Dotierung durch die HV nur der **„bereinigte Jahresüberschuss"** zur Verfügung steht (GroßKomm AktG/*Henze* Rn 29–31) und der HV kein Ermessensspielraum zukommt (Spindler/Stilz AktG/ *Cahn/von Spannenberg* Rn 21), näher Rn 7. Die reguläre Verwaltungskompetenz nach Abs 2 betrifft somit nicht gesetzlich oder satzungsmäßig vorgeschriebene Rücklagen, die im gesetzlichen Rahmen gebildet und dann auch wieder **aufgelöst** werden können, wobei eine Regelung über die Entnahmen aus den „anderen Gewinnrücklagen" fehlt. Allg steht die Kompetenz hierfür dem Organ zu, das sie gebildet hat (MünchKomm

AktG/*Bayer* Rn 5); zur Umwandlung der Kapitalrücklage und der Gewinnrücklagen in Grundkapital im Zuge einer Kapitalerhöhung aus Gesellschaftsmitteln s §§ 207, 208. Wiederum gegen die Möglichkeit der Aktionärsmehrheit, durch Thesaurierungen eine Minderheit „auszuhungern", richtet sich die Bestimmung, dass die Einstellung in „andere Gewinnrücklagen" die Hälfte des Jahresüberschusses nicht erreichen darf (*Hüffer* AktG Rn 7), siehe allerdings auch Abs 3 S 2.

2. Bildung stiller Rücklagen. Die Bildung stiller Rücklagen ist generell nur möglich bei Beachtung der gesetzlichen Bewertungsgrundsätze, also der §§ 253 HGB. Die AG ist also auf die planmäßigen Abschreibungen vom Anschaffungs- oder Herstellungswert von Anlagegegenständen (§ 253 Abs 3) sowie auf die regulären Abschreibungen beim Umlaufvermögen nach § 253 Abs 4 HGB beschränkt. Hierin gehört auch die durch Abs 2 a S 1 begründete Möglichkeit, den Eigenkapitalanteil von Wertaufholungen in andere Gewinnrücklagen einzustellen. Somit hat sich in der Grundtendenz sowohl bei Aktiv- als auch bei Passivposten der Bilanz die krit Einstellung gegenüber der durch stille Reserven und ihre Auflösung ermöglichten Manipulation der Aussagen über Vermögenslage und Ertragskraft des Unternehmens durchgesetzt. Die Möglichkeiten einer Innenfinanzierung und Risikovorsorge sind weitestgehend auf die offene Rücklagenbildung beschränkt, weshalb ihre Problematik insb im Konzern heftig diskutiert wird (Rn 13 ff). Die Gesellschafter einer Kapitalgesellschaft sollen auch nicht durch die Auflösung von Reserven durch Entscheidung der Verwaltung über Krisen hinweggetäuscht werden. Die Möglichkeit, ohne Entscheidung der HV und ohne Offenlegung des Vorgangs die Gesellschafter von überhöhten Ausschüttungen abzuhalten, auf diese Weise das Unternehmen zu stärken und die Anlage in Anteilen des Unternehmens durch die Gleichmäßigkeit der Ausschüttungen attraktiv zu gestalten, werden danach zurückgedrängt. Der Gegensatz kann freilich durch Gestaltungsmöglichkeiten, die das Steuerrecht bietet, teil- oder zeitweise abgeschwächt werden; zum Verhältnis von Transaktionskosten und Steuern *Baums* FS K. Schmidt, S 60. Ohnehin bleibt iRd der Verwaltung eingeräumten Feststellung des Jahresabschlusses trotz der Abschlussprüfung und der Möglichkeiten gesetzlicher Kontrolle durchaus Spielraum für vorsichtige Bewertung, so dass – namentlich unter Berücksichtigung der Bildung „anderer Gewinnrücklagen" – die Gefahr nicht groß ist, der Gesellschaft könnten im Zuge der Gewinnverwendung die Mittel für die langfristige Bewältigung von Ertragsschwankungen oder für die vorausschauende Planung und Finanzierung von Investitionen genommen werden. Für **Kreditinstitute** gelten Sonderregelungen, die dem typischerweise bestehenden Einlegerisiko Rechnung tragen sollen (§§ 10, 26a, 45 KWG); aus ähnlichen Erwägungen erlaubt § 56a VAG den **Versicherungs-AG** die Bildung bes Rückstellungen.

3. Die in Rücklagen einzustellenden Mittel. Rücklagen werden gebildet unter Inanspruchnahme eines **Teils des Jahresüberschusses** (dazu § 275 Abs 2 Nr 20, Abs 3 Nr 19 HGB). Von diesem Betrag ist ein **Verlustvortrag** vorweg abzuziehen, ein **Gewinnvortrag** ist nicht hinzuzurechnen (MünchKomm AktG/*Bayer* Rn 30, 31); abzuziehen ist, was zur Einstellung in Gewinnrücklagen oder für die Zuweisungen zu gesetzlichen Rücklagen gebraucht wird, §§ 150 Abs 2 S 1, 232 (Spindler/Stilz AktG/*Cahn/von Spannenberg* Rn 27). Das ergibt sich aus der Verweisung auf Abs 1 S 3 in Abs 2 S 4. Auch Beträge, die für die Bildung einer Sonderrücklage bei bedingter Kapitalerhöhung nach § 218 S 2 benötigt werden, sind vorab zu bestimmen, da sich die Kompetenz der Verwaltung nach dem tatsächlich verfügbaren Jahresüberschuss bemessen sollte (GroßKomm AktG/*Henze* Rn 31; MünchKomm AktG/*Bayer* Rn 29). Zuweisungen an die Kapitalrücklage (§ 272 Abs 2 HGB) sind bereits auf der Passivseite auszuweisen, können also nicht nochmals den Überschuss mindern, desgl der gem § 237 Abs 5 bei Einziehung von Aktien in die Kapitalrücklage einzustellende Betrag (dazu *Hüffer* AktG § 237 Rn 34). Auch Erträge, die sich aus einer Sonderprüfung wg unzulässiger Unterbewertung (§§ 258 ff) ergeben haben, gehen nach § 261 Abs 3 nicht in den Jahresüberschuss ein (MünchKomm AktG/*Bayer* Rn 33), stehen also zur Disposition der HV. Eine Einstellung in eine Rücklage für eigene Aktien kommt im Gegensatz zu früher nicht in Betracht (*Hüffer* AktG Rn 23), da eigene Aktien gem § 272 Nr 1 a HGB auf der Passivseite auszuweisen und sonst abzusetzen oder zu verrechnen sind (*Hüffer* AktG § 71 a Rn 21 a); nicht abzuziehen sind allerdings nach § 272 Abs 4 HGB Rücklagen für Anteile an einem herrschenden oder mit Mehrheit beteiligten Unternehmen. Insgesamt schränkt dies also etwa die Möglichkeiten der HV ein (GroßKomm AktG/ *Henze* Rn 31; MünchKomm AktG/*Bayer* Rn 33), obwohl ja der Erwerb eigener Aktien durch die Verwaltung geschieht. Das Problem wird entschärft durch die Bestimmung, dass keine anderen Gewinnrücklagen gebildet werden dürfen, wenn der Jahresabschluss für die Dotierung der Rücklage für eigene Aktien nicht ausreicht (KölnKomm AktG/*Lutter* Rn 71; MünchKomm AktG/*Bayer* Rn 88). Wird die Rücklage aufgelöst, was allerdings nach § 272 Abs 4 S 4 HGB nicht beliebig möglich ist, so vergrößert dies den durch die HV zu verteilenden Bilanzgewinn.

8 4. Grenzen der Rücklagenbildung. Die Befugnis von Vorstand und AR, iRd Feststellung des Abschlusses einen höchstens die Hälfte ausmachenden Teil des Jahresüberschusses in andere Gewinnrücklagen einzustellen, modifiziert Abs 2 in mehrfacher Weise. Soweit die **Satzung** der Verwaltung zur Einstellung **„eines größeren oder kleineren Teils** als der Hälfte **des Jahresüberschusses"** in eine Rücklage ermächtigen kann, ist § 254 zu beachten, wonach ein Beschluss anfechtbar ist, wenn ohne zwingende wirtschaftliche Gründe, die für eine Thesaurierung sprechen, nicht eine Dividende von 4 % ausgeschüttet werden soll; zweifelhaft ist allerdings, ob die in § 254 genannte Schranke für die „jährlichen" Gewinnverwendungsbeschlüsse der HV, da auf die von Jahr zu Jahr wechselnden wirtschaftlichen Verhältnisse der Gesellschafter zugeschnitten, durch eine generell geltende Satzungsvorschrift inhaltlich festgelegt werden kann (*BGHZ* 55, 359, 364; *Wiedemann* GesR I, S 499; Spindler/Stilz AktG/ *Cahn/von Spannenberg* Rn 41; MünchKomm AktG/*Bayer* Rn 44). Abs 2 S 3 lässt erkennen, dass außer der immanenten Begrenzung der satzungsmäßigen Ermächtigung nach Maßgabe der Höhe vorhandener anderer Rücklagen (näher Rn 10) iÜ die Satzungsautonomie nicht erkennbar beschränkt werden soll, und die Bezifferung einer Höchstgrenze wäre interpretatorische Willkür. Deshalb ist auch eine bis zu 100 % gehende Ermächtigung nicht unwirksam (GroßKomm AktG/*Henze* Rn 38; für Begrenzung auf 75 % aber *Kuhn* WM 1971, 518; auf 90 % *Eckardt* NJW 1967, 369). Vor diesem Hintergrund ist im Übrigen die Verwaltung immer nur ermächtigt, aber nicht verpflichtet, Beträge in Rücklagen einzustellen (Spindler/Stilz AktG/*Cahn/von Spannenberg* Rn 34). Eine andere Frage ist freilich, ob die Satzung die Höhe der Rücklage und damit den Gewinnanspruch des Aktionärs ganz ins Ermessen der Verwaltung stellen darf, etwa indem sie die Formulierung des Gesetzes wiederholt (GroßKomm AktG/*Henze* Rn 39), oder ob um der Transparenz und der eingeräumten Gestaltungsmöglichkeiten willen eine bestimmte Grenze angegeben sein muss. Dies Letztere wird überwiegend angenommen (*Geßler* DB 1966, 216; *Kropff* Rpfleger 1966, 35; MünchKomm AktG/*Bayer* Rn 46; *Hüffer* AktG Rn 11).

Verwendung des Jahresüberschusses § 58

Im Fall einer satzungsmäßigen Ermächtigung über die in Abs 2 S 1 genannte Grenze hinaus endet die (zusätzliche) Befugnis der Verwaltung gem Abs 2 S 3 dann, wenn die bereits vorhandenen anderen Gewinnrücklagen betragsmäßig die Hälfte des Grundkapitals übersteigen oder aufgrund weiterer Zuweisungen übersteigen würden. Maßgebend ist somit die Gesamtsumme aller nicht gesetzlich vorgeschriebenen Rücklagen, zu berechnen nach dem Zeitpunkt der Feststellung des Jahresabschlusses. Freilich ändert die Begrenzung der statutarischen Ermächtigung nichts an der regelmäßigen Befugnis der Verwaltung, gem Abs 2 S 1 bis zu 50 % zurückzulegen. Die Folgen der Regel des Abs 2 S 3, die aufgrund der bisherigen Rücklagenpolitik mancher Gesellschaften praktisch werden können, lassen sich durch Kapitalerhöhungen, namentlich solche aus Gesellschaftsmitteln, die das Grundkapital und idR die freien Rücklagen verändern, beeinflussen (MünchKomm AktG/*Bayer* Rn 47). Eine weitere Begrenzung des Verwaltungsermessens – auch iRd Befugnis nach Abs 2 S 1 – tritt ein, wenn nach § 59 ein **Abschlag** auf den Bilanzgewinn gezahlt worden ist; mindestens der zur Deckung dieses Abschlags erforderliche Betrag muss dann für den Verwendungsbeschluss der HV verbleiben (GroßKomm AktG/*Henze* Rn 44; MünchKomm AktG/ *Bayer* Rn 50). Bei der danach geforderten **Ermessensentscheidung** der Verwaltung, die auch als eine im Kern der gerichtlichen Kontrolle entzogene (iSd § 93 Abs 1 S 2) gekennzeichnet wird (*Baums* FS K. Schmidt, S 67; K. Schmidt/Lutter AktG/*Fleischer* Rn 20), dürfen va auch steuerliche Gesichtspunkte berücksichtigt werden. Sanktionen übermäßiger Rücklagenbildung sind ausserhalb der Möglichkeiten der HV iR von Neuwahlen schwer vorstellbar; dagegen kann eine Gewinnausschüttung in Krisenzeiten ohne Ausnutzung von Rücklagerechten gegen eine Pflicht zur unternehmerischen Thesaurierung verstoßen (*Baums* ebda S 68), also unter den Voraussetzungen der §§ 93, 116 die Verwaltung zum Schadensersatz verpflichten (die Entscheidung unterliegt aber nach KölnKomm AktG/*Drygala* Rn 59; MünchKomm AktG/*Spindler* § 93 Rn 53) einer bloßen Plausibilitätskontrolle; anders Spindler/Stilz AktG/*Cahn/von Spannenberg* Rn 37; für widerlegbare Vermutung pflichtgemäßen Verhaltens *Hüffer* AktG Rn 10). 9

Gestattet die Satzung der HV eine die Beschränkung gem Abs 1 S 2 überschreitende Dotierung von Rücklagen, so ist diese Regelung nicht nichtig, sondern führt nur dazu, dass die Hälfte des Jahresüberschusses in freie Rücklagen einzustellen ist (Groß-Komm AktG/*Henze* Rn 32; MünchKomm AktG/*Bayer* Rn 34; **aM** *Mutze* AG 1966, 173, 178), weil sonst auch Regelungen, die nicht die Zuweisung eines festen Prozentsatzes vorschreiben, nicht erfüllt werden könnten, wenn der bereinigte Jahresabschluss die Höchstgrenze überschreitet. Zum Fehlen jeglicher Satzungsregelung Rn 4. **Verstöße** gegen die das Handeln der Verwaltung bestimmenden Vorschriften machen den von ihr festgestellten sowie auch einen von der HV übernommenen Jahresabschluss **nichtig**, was aber in der Frist des § 256 Abs 6 geltend gemacht werden muss (GroßKomm AktG/*Henze* Rn 116; MünchKomm AktG/*Bayer* Rn 35; Spindler/Stilz AktG/*Cahn/von Spannenberg* Rn 46). Das gilt auch bei Überschreitung der in Abs 2 gesetzten Schranken, die sich aus Über- oder Unterbewertung von Bilanzpositionen ergibt. Auf Verschulden kommt es nicht an. 10

5. Rücklagenbildung in der Unternehmensverbindung. Die Problematik der Anwendung der Regeln des Abs 2 iRv Unternehmensverbindungen ergibt sich daraus, dass bei einer Ausnutzung der Rücklagemöglichkeiten auf allen Stufen eines mehrstufigen Konzerns, die jeweils auf die Veranlassung der Verwaltung der Konzernspitze zurück- 11

Westermann 509

geht, der in § 58 erstrebte Kompromiss zwischen den Rücklagewünschen der Verwaltung und der HV der Obergesellschaft zu Ungunsten der letzteren verschoben wird (*Götz* AG 1984, 85, 92; *Geßler* FS Meilicke, S 18 ff; *Geßler* AG 1985, 257 ff; *Timm* S 90 ff; *Werner* S 935 ff; *Beusch* FS Goerdeler, S 25, 28; *H.P. Westermann* FS Pleyer, S 421, 437 ff; *Theisen* ZHR 156 (1992), 174; s auch *Lutter* FS Goerdeler, S 327 ff; GroßKomm AktG/*Henze* Rn 46; MünchKomm AktG/*Bayer* Rn 51, 58 ff; K. Schmidt/ Lutter AktG/*Fleischer* Rn 26; Spindler/Stilz AktG/*Cahn/von Spannenberg* Rn 59 ff; *Grigoleit/Zellner* Rn 17). So wird vertreten, die Praxis der Ausnutzung der Verwaltungskompetenz gem Abs 2 auf allen Stufen des Konzerns stelle einen **Missstand** dar, zu dem es durch Ausnutzung einer **Regelungslücke** des allein für die konzernabhängige AG konzipierten § 58 gekommen sei (*Lutter, Geßler* aaO; anders *Beusch* aaO S 31 ff). Dem soll dann durch rechtsfortbildende Anwendung der gesetzlichen Ordnung (bzw Schließung der Regelungslücke) im Sinne einer Verstärkung der Rechte der Aktionäre der Obergesellschaft unter Beachtung der auf die Thesaurierung in den Konzerngesellschaften gerichteten Interessen abgeholfen werden. Man müsste dann den Begriff des „Jahresüberschusses" in Abs 2 S 1 iSv „Konzernjahresüberschuss" interpretieren und folgeweise die Einstellung in „andere Rücklagen" in Höhe eines Prozentsatzes des Jahresüberschusses auf die Summe der im Gesamtkonzern gebildeten Rücklagen beziehen (*Götz* AG 1984, 85, 93 f; gegen diese Auslegung aber *Werner* aaO S 941 f). Das setzt also auf der Ebene der Konzernspitze an, während bei den Tochtergesellschaften im faktischen Konzern § 58 uneingeschränkt anzuwenden ist (MünchKomm AktG/*Bayer* Rn 52; *Hüffer* AktG Rn 14; Spindler/Stilz AktG/*Cahn/ von Spannenberg* Rn 59), vorbehaltlich allenfalls eines Ausgleichsanspruchs aus § 311, wenn die Weisung der Konzernspitze, Beträge auszuschütten, die Existenzfähigkeit der Tochter bedroht (*Grigoleit/Zellner* Fn 55); zur Rücklagenbildung im Vertragskonzern Rn 16.

12 **a) Korrektur des § 58 Abs 2.** Der Annahme, dass § 58 aus der Sicht der Aktionäre der Obergesellschaft eine durch Rechtsfortbildung zu schließende **Regelungslücke** enthalte (*Lutter* aaO; zust im Ausgangspunkt *Adler/Düring/Schmalz* Rechnungslegung § 80 AktG Rn 86; MünchKomm AktG/*Bayer* Rn 67; dagegen GroßKomm AktG/ *Henze* Rn 59; *Hüffer* AktG Rn 17; K. Schmidt/Lutter AktG/*Fleischer* Rn 29; Grigoleit AktG/*Zellner* Rn 17; für eine Einschränkung der Verwaltungskompetenz im Sinne einer notwendigen Zustimmung der HV nach dem Holzmüller – bzw Gelatine-Modell Spindler/Stilz AktG/*Cahn/Senger* Rn 75 ff; KölnKomm AktG/*Drygala* Rn 74), die im Sinne einer „konzerndimensionalen" Anwendung des § 58 Abs 2 zu schließen sei (*Lutter* FS Goerdeler, S 327, 337; *Götz* AG 1984, 85, 93; *Theisen* ZHR 156 (1992), 174 ff; MünchKomm AktG/*Bayer* Rn 68), ist nicht zu folgen. Sie müsste dartun, dass die Verwendung des Gewinns bei einer Konzernobergesellschaft vielleicht in Geiste des § 58 (so *Geßler* FS Meilicke, S 18, 24), aber nicht nach seinen einzelnen Anordnungen, sodann in Tochter- und Enkelgesellschaften nach anderen Regeln zu geschehen hätte. Demgegenüber beruht der Begriff des „Jahresüberschusses" auf einem für jeden Gesellschaftstyp prinzipiell gleichen Gliederungsrahmen, und auch §§ 302 Abs 1, 304 Abs 2 zeigen, dass in nachgeordneten Konzerngesellschaften andere Gewinnrücklagen gebildet werden dürfen, ohne dass hierbei auf die Gesamthöhe der konzernweiten Rücklagen Rücksicht genommen werden müsste (*Werner* S 935 ff). Dies hängt nicht von der Börsennotierung der Gesellschaft ab, so dass die – mit dem Aspekt der „korrigierenden Kräfte des Kapitalmarkts" (KölnKomm AktG/*Drygala* Rn 73) begrün-

Verwendung des Jahresüberschusses § 58

dete Notwendigkeit einer Korrektur des § 58 Abs 2 bei der nicht börsennotierten AG nicht überzeugt. Dass hier keine planwidrige Unvollständigkeit der gesetzlichen Konzeption vorliegt, sondern der Gesetzgeber einer Bildung (und ggf Auflösung) der Rücklagen vorwiegend auf der Ebene der Konzernspitze entgegenwirken wollte (auch dazu *Werner* S 943 f), entspricht der schwerpunktmäßig auf den Schutz der abhängigen Gesellschaft, ihrer Gläubiger und ihrer außenstehenden Gesellschafter blickenden Betrachtung des gesetzlichen Konzernrechts. Demgegenüber lässt sich ein Teil der eine Modifikation des § 58 Abs 2 befürwortenden Autoren von dem Gedanken leiten, die Rechte der Aktionäre der Obergesellschaft gegenüber den Entscheidungsmöglichkeiten „ihrer" Verwaltung aufzuwerten (*Lutter, Schneider, Timm* jeweils aaO); das aber ist rechtspolitische Korrektur des Gesetzes und nicht Lückenfüllung (näher *H. P. Westermann* FS Pleyer, S 421, 426), auch wenn in dieser Sichtweise (so *Lutter* FS Goerdeler, S 336) lediglich die gesetzliche Regelung der §§ 301, 302, 304, die die Rücklagenbildung in der Unternehmensgruppe betrifft, um eine Bestimmung über die Handlungsmöglichkeiten der Verwaltung ergänzt würde. Dies bestätigt trotz aller Vorbehalte gegen die Argumentationen aus Begr von Gesetzgebungsorganen der Umstand, dass auch der Gesetzgeber des BiRiLiG (BT-Drucks 10/468, 124) davon ausging, nach bis dahin geltendem Recht sei Rücklagenbildung bei Tochterunternehmen bei der Anwendung des Abs 2 in der Konzernobergesellschaft nicht zu berücksichtigen (s auch *Adler/Düring/Schmalz* Rechnungslegung Rn 87).

Im Ausgangspunkt besteht also die Möglichkeit der Rücklagenbildung auf mehreren **13** Konzernstufen. Eine Verletzung des § 58 Abs 2 in der Lesart, dass nur von einem Gesamtüberschuss der Unternehmensgruppe die Rücklagen gebildet werden dürfen, würde die Gefahr begründen, dass ein entgegenstehender Jahresabschluss der Obergesellschaft nach § 256 Abs 1 Nr 4 nichtig ist, was jeder Aktionär im Wege der Klage feststellen lassen kann (so *Götz* AG 1984, 85, 93; ebenso *Geßler* AG 1985, 259, 261). Das ist angesichts der Notwendigkeit, Jahresabschlüsse möglichst nicht in der Schwebe zu lassen, nicht hinzunehmen. Wohl aber kommt eine **Pflicht des Vorstandes** der Konzernspitze in Betracht (so auch GroßKomm AktG/*Henze* Rn 62; ähnlich Schmidt/Lutter AktG/*Fleischer* Rn 29), bei der Bildung von Rücklagen im Zusammenhang mit der Aufstellung ihres Jahresabschlusses bei Konzerntöchtern durchgeführte Rücklagendotierungen zu berücksichtigen (auf die ja die Verwaltung der Konzernspitze auch Einfluss hat und über die die Aktionäre sich informieren können). Dies tastet das durch Abs 2 bestimmte rechtliche Können der Konzernverwaltung und die entspr Rechte und Pflichten der Töchter-Verwaltungen nicht an, die ja von jeweils speziellen Umständen wie dem Vorhandensein außenstehender Aktionäre (dazu auch *Götz* AG 1984, 85, 93; *Thomas* ZGR 1985, 365, 382), auch von Pflichten zur Gewinnabführung, vorhandenen Gewinn- oder Verlustvorträgen und dergl beeinflusst sein können und auch „legitime Selbstfinanzierungsinteressen" der Tochter und deren steuerliche Lage in Rechnung stellen dürfen (Spindler/Stilz AktG/*Cahn/Senger* Rn 78; KölnKomm AktG/*Drygala* Rn 76). Sanktion einer Verletzung dieser Rücksichtnahmepflicht ist dann nicht die Ungültigkeit der Jahresabschlüsse, sondern es kann die **Entlastung** verweigert werden (*Lutter* FS Goerdeler, S 338 ff; KölnKomm AktG/*Drygala* Rn 77), die Aktionäre können gem §§ 258 ff eine Sonderprüfung verlangen (dagegen allerdings *Beusch* aaO S 42). Gefordert wird in diesem Zusammenhang auch für jeden Aktionär ein Unterlassungsanspruch gegen den Konzernvorstand oder eine Feststellungsklage, etwa nach dem Muster des „Holzmüller"-Urteils des BGH

(*BGHZ* 83, 122; dazu etwa *Götz* AG 1984, 85 ff; *Geßler* FS Meilicke, 1985, S 18, 25; KölnKomm AktG/*Drygala* Rn 77; auch dagegen aber GroßKomm AktG/*Henze* Rn 61). Hinzu kommt, dass der Konzernvorstand bei Rücklagenbildung (bei der Konzernspitze) und bei Einbeziehung aller Überschüsse bei den Konzerntöchtern Gefahr läuft, seine gegenüber den Konzernunternehmen bestehenden, vielfach als ziemlich weitgehend betrachteten Treupflichten zu verletzen (näher *Werner* aaO S 944 ff), folglich muss jedem Aktionär wenigstens für Fälle krasser Verstöße gegen die hier anzunehmende Treupflicht der Verwaltung ein Anspruch auf Auflösung zu unrecht gebildeter Rücklagen zugebilligt werden (Spindler/Stilz AktG/*Cahn/von Spannenberg* Rn 79); die Berufung auf *BGHZ* 83, 122 (Holzmüller) ist ohnehin etwas gewagt. Ein Anspruch des einzelnen Aktionärs auf Schadensersatz müsste die besondere Situation jedes Aktionärs berücksichtigen und würde die Kompetenzordnung der AG missachten (KölnKomm AktG/*Drygala* Rn 78).

14 Bei einer Abweichung von der wortlautgetreuen Anwendung des Abs 2 stellen sich Folgefragen. Wenn etwa angenommen wird, **Obergrenze der Rücklagenbildung** in der Konzernmutter sei die Hälfte des bei ihr ausgewiesenen Jahresüberschusses, wobei aber eine niedrigere Ziffer, die sich etwa aus der Subtraktion der in den Konzerngesellschaften bereits gebildeten Rücklagen vom Konzernüberschuss ergibt, die Kompetenz zur Rücklagenbildung in der Mutter vermindert, so besteht Rechtsunsicherheit insoweit, als nicht gesichert ist, dass Zuweisungen an die Rücklagen bei Tochtergesellschaften in ders Rechnungsperiode bei der Konzernspitze berücksichtigt werden können (dazu bes *Beusch* FS Goerdeler, S 34 ff; gegen eine „Durchrechnung" aller in Konzernunternehmen gebildeten Rücklagen auch MünchKomm AktG/*Bayer* Rn 68). Zwar besteht die Pflicht, die in Tochtergesellschaften erzielten und für eine Ausschüttung bereiten Gewinne von Tochtergesellschaften tunlichst „phasengleich", also für dasselbe Geschäftsjahr, bei der Muttergesellschaft auszuweisen (*BGHZ* 137, 378; *OLG Köln* NZG 1999, 82, 1112 m Anm *Schüppen* NZG 1999, 352, 1152; *Henssler* JZ 1998, 701), doch ist dies bei unterschiedlichen Bilanzstichtagen nicht durchzuhalten, abgesehen von Verzögerungen durch Abschlussprüfungen oder auch Angriffen gegen den Jahresabschluss einzelner Tochtergesellschaften (GroßKomm AktG/*Henze* Rn 65). Erst recht systemwidrig ist dann Mitwirkungsrechte der Aktionäre der Konzernspitze bei der Rücklagenbildung in Tochtergesellschaften (Grigoleit AktG/*Zellner* Rn 18). Ob **Verluste** von Konzerngesellschaften mit Gewinnen saldiert werden können, ist str (dagegen *Götz* AG 1984, 85, 93 l. Sp; krit *Thomas* ZGR 1985, 365, 381; *Werner* aaO S 940; dafür noch *H.P. Westermann* FS Pleyer, S 442), aber nach dem Rechtsgedanken der Bildung eines Konzern-Jahresüberschusses wohl unabweisbar. Ein „Konzerngewinn" müsste um Zwischengewinne aus gruppeninternen Geschäften bereinigt werden (GroßKomm AktG/*Henze* Rn 60). Folgerichtig wäre es ferner, die statutarische Bildung von Rücklagen oberhalb der 50 %-Grenze in den Untergesellschaften (Rn 9 f) als ggf von der Verwaltung der Konzernspitze gestaltbare Grundlage außer Acht zu lassen. Ebenso könnte die Einbeziehung **ausländischer Konzerngesellschaften**, da deren Statut dem Einfluss der Konzernverwaltung auf die Rücklagenbildung entgegenstehen kann, die vom Gesetz gewollte Ermessensfreiheit der Organe der Obergesellschaft (auch dazu *Beusch* S 37) beschneiden. Aus guten Gründen sieht insgesamt die in § 290 ff HGB geregelte Konzernrechnungslegung ein Verfahren der Feststellung eines Jahresüberschusses des Konzerns nicht vor, das nämlich – wie in manchem die Argumentation zum Vorliegen einer Regelungslücke (Rn 11, 12) – sehr

Verwendung des Jahresüberschusses § 58

auf die betriebswirtschaftliche Einheit des Konzerns und zu wenig auf die Selbstständigkeit der Konzernunternehmen einzugehen hätte (gegen die Aussagekraft des Konzernabschlusses für die Berechnung von Ausschüttungen auch *U.H. Schneider* ZGR 1984, 520; *Beusch* FS Goerdeler, S 25, 34). Da es sich iÜ um Maßnahmen der Konzernleitung handelt (*Thomas* ZGR 1985, 365, 376), ist hierfür auch die HV der Konzernspitze in dem Rahmen zuständig, den ihr bei unternehmensstrukturellen Entscheidungen eine rechtsfortbildende Rspr eingeräumt hat (näher § 119 Rn 12 ff).

Dafür, dass eine Zusammenrechnung der Ergebnisse einer Unternehmensgruppe im Rahmen einer „konzernweiten" Jahresüberschussrechnung mit den Grundsätzen zur Erstellung von Jahresabschlüssen nicht vereinbar ist, lässt sich neuerdings auch das – wenn auch zum Personengesellschafts-Konzern ergangene – **Otto-Urteil** des *BGH* (ZIP 2007, 476, 479 ff; dazu – unter Berücksichtigung auch der Rücklagenbildung – *H.P. Westermann* ZIP 2007, 2289, 2290; zu der Parallele auch Spindler/Stilz AktG/ *Cahn/von Spannenberg* Rn 78 a) heranziehen. Der *BGH* geht davon aus, dass Gewinnausschüttungsansprüche der Mutter- gegen Tochtergesellschaften aktivierbar nur bestehen, wenn ein entspr Beschl bei der Tochter bereits am Bilanzstichtag der Mutter gefasst ist, woran auch die handelsrechtlichen Grundsätze zur phasengleichen Bilanzierung nichts ändern. Somit kann iRd Bilanzfeststellung der Obergesellschaft nicht über die Gewinnverwendung von Tochtergesellschaften entschieden werden, eine Bilanz, die einen bei einer Untergesellschaft thesaurierten Gewinn auswiese, wäre unrichtig. Wohl will der *BGH* eine Feststellungsklage hinsichtlich der richtigen Gewinnverwendung bei den Untergesellschaften zulassen, und nach den Ausführungen des Urteils, das auch ein Vorgehen gegen die Komplementärin der Obergesellschaft wg treupflichtwidrigen Verhaltens bei der Gewinnverwendung für möglich erklärt (ebenso *Priester* DStR 2007, 28, 31 f), ist auch die hier vertretene Lösung über eine Rücksichtnahmepflicht der Verwaltung der Konzernspitze gangbar. **15**

b) Rücklagenbildung im Vertragskonzern. § 58 Abs 2 gilt grds auch im Vertragskonzern, wobei zwischen der Ebene der Mutter- und der Tochtergesellschaften und den verschiedenen Unternehmensverträgen zu unterscheiden ist. Soweit eine Rücklagenbildung in Konzerntochtergesellschaften bei Bestehen eines Gewinnabführungsvertrages in Rede steht, so ist aus § 301 S 1 ersichtlich, dass für den Höchstbetrag der Gewinnabführung der jeweilige Jahresüberschuss vermindert um einen Verlustvortrag und einen etwa noch in gesetzliche Rücklagen einzustellenden Betrag maßgeblich ist, wobei die Rücklagenbildung im Vertrag geregelt sein muss (*Geßler* AG 1985, 257, 260; GroßKomm AktG/*Henze* Rn 47; Grigoleit AktG/*Zellner* Rn 14). Die Verwaltung und die HV der Tochter können danach den abzuführenden Gewinn nicht durch Einstellung in andere Rücklagen beschneiden (MünchKomm AktG/*Bayer* Rn 54). Zwar folgt weiter aus § 301 S 2, dass während der Dauer eines Gewinnabführungsvertrages „andere Gewinnrücklagen" dotiert werden können, sie können aber auch aufgelöst und die Beträge als Gewinn abgeführt werden. Damit ist eine Rücklagenbildung nach dem Gesetz nicht zu beanstanden, § 58 greift hier nicht ein. Das heißt nicht, dass bei Fehlen außenstehender Aktionäre die Verwaltung in den Tochtergesellschaften ohne die Grenzen aus Abs 2 auch den vollen Gewinn in die Rücklagen stellen kann, wenn der Gewinnabführungsvertrag nicht entgegensteht (krit *Geßler* FS Meilicke, S 18, 28 f); hiermit verlören die Aktionäre der Obergesellschaft zu viel von ihren Rechten, da sie auch die Auflösung der Rücklagen nicht erzwingen können, auch insoweit ist die Verwaltung der Konzernspitze zur Rücksichtnahme verpflichtet (Rn 13). Anders **16**

ist dagegen angesichts der Sondersituation außenstehender Aktionäre der Tochter zu entscheiden, deren (variabler) Ausgleichsanspruch nach § 304 Abs 2 S 1 von der Dividende in der Obergesellschaft abhängt. Hier spricht viel für den Vorschlag (näher MünchKomm AktG/*Bayer* Rn 57; GroßKomm AktG/*Henze* Rn 49; K. Schmidt/Lutter AktG/*Fleischer* Rn 26; *Hüffer* AktG Rn 15; krit Spindler/Stilz AktG/*Cahn/von Spannenberg* Rn 67), dem Vorstand der Mutter die Beachtung zumindest des § 58 Abs 2 zur Pflicht zu machen, welche Beschränkung allerdings durch eine Satzungsermächtigung überwunden werden kann. Rücklagenbildung in der Muttergesellschaft unterliegt den in Rn 13 erörterten Grenzen. Beim isolierten Beherrschungsvertrag ist § 58 anwendbar (MünchKomm AktG/*Bayer* Rn 52; *Hüffer* AktG Rn 14).

III. Bildung der Rücklagen im Jahresabschluss, Abs 1, 2

17 **1. Entscheidung durch die Hauptversammlung.** Für die Ausnahmefälle, in denen die HV den Jahresabschluss feststellt (oben Rn 4), kann die Satzung bestimmen, dass Beträge aus dem Jahresüberschuss in andere Gewinnrücklagen einzustellen sind. Der Gegensatz zur Formulierung in Abs 2 S 2, wonach die Satzung die Verwaltung zur Rücklagenbildung „ermächtigen" kann, führt die **hM** dazu, iRd Regelung des Abs 1 nur eine die HV **zwingende Satzungsvorschrift** zu beachten, umgekehrt ist die Satzungsbestimmung unentbehrliche Grundlage einer der HV von Gesetzes wg nicht zustehenden Befugnis (*Werner* AG 1967, 104; KölnKomm AktG/*Drygala* Rn 29 ff; MünchKomm AktG/*Bayer* Rn 25). Einer Bindung an die Vorschläge der Verwaltung unterliegt die HV nicht. Zum Umfang der Satzungsautonomie bzgl der Höhe der in die Rücklagen einzustellenden Beträge s Rn 8. Wenn die Satzung keine abw Bestimmung trifft, können sich die in Rücklagen einzustellenden Beträge höchstens auf **50 % des Jahresüberschusses** belaufen. Wie bei der Feststellung durch die Verwaltung muss der Jahresüberschuss vor Zuweisung an die anderen Rücklagen bereinigt werden (Rn 7). Nicht festgelegt durch die Regelung in Abs 1 ist aber die Entscheidung der HV über die Bildung weiterer Rücklagen iRd Gewinnverwendungsbeschlusses nach Abs 3 (Rn 21).

18 **2. Entscheidung durch die Verwaltung, Abs. 2 (a).** Für die Feststellung des Jahresabschlusses durch die Verwaltung ist auch die Regelung in **Abs 2 (a)** zu beachten. Die Vorschrift ist durch das BiRiLiG neu eingeführt, sollte jedoch materiell insofern keine Neuerung bringen, als die Kompetenzen der Verwaltung aufrechterhalten bleiben; klar ist außerdem, dass die hier gemeinten Rücklagen zu den „anderen Gewinnrücklagen" zählen, folglich **offen** gebildet werden müssen. Der entstandene Rücklagenbetrag ist nämlich in der Bilanz gesondert auszuweisen („Davon-Vermerk", Spindler/Stilz AktG/*Cahn/von Spannenberg* Rn 58), oder im Anhang (§§ 284 ff HGB) zu erwähnen; (zum Ausweis der Sonderrücklage K. Schmidt/Lutter AktG/*Fleischer* Rn 36). Nicht mehr gerechtfertigte Abschreibungen sollen dadurch entfallen (*Hüffer* AktG Rn 18; KölnKomm AktG/*Drygala* Rn 81). Die Verwaltung ist ermächtigt (nicht verpflichtet), den Eigenkapitalanteil von notwendigen **Wertaufholungen** bei Gegenständen des Aktivvermögens (§§ 253 Abs 2 S 3 und Abs 3, 254 S 1), auch solcher Passivposten, die bei der steuerlichen Gewinnermittlung entstanden waren und nicht als Sonderposten mit Rücklagenanteil ausgewiesen werden dürfen, in eine Rücklage einzustellen (Henssler/Strohn/*Lange* Rn 6). Den Sonderposten mit Rücklagenanteil gibt es seit der Streichung des § 247 Abs 3 HGB nicht mehr (*Briese/Suermann* DB 2010, 121). Der hier angesprochene Eigenkapitalanteil ist der Aufholungsbetrag abzüglich der Steuerbelastung (*Hüf-*

Verwendung des Jahresüberschusses § 58

fer AktG Rn 18), er kann durch Passivposten in gleicher Höhe aufgewogen werden, worduch dann eine offene Rücklage entsteht. Hierdurch werden gewissermaßen stille Rücklagen offengelegt. Dies betrifft allerdings nur den **Eigenkapitalanteil** der Wertaufholung, dessen Höhe davon abhängt, ob der Berechnung der **Steuersatz** für einbehaltene oder ausgeschüttete Gewinne zugrunde gelegt wird. Da es um die Ermöglichung einer Rücklagenbildung geht, verdient die erstere Lösung den Vorzug (*Ellrich* BB 1985, 25 f; *Nickol* BB 1987, 1772, 1775). Trotz der Streichung des § 247 Abs 3 HGB scheint durch die (auch) steuerrechtliche Zulässigkeit von Wertaufholungen die Bedeutung der Regelung gewachsen zu sein (MünchKomm AktG/*Bayer* Rn 74; K. Schmidt/Lutter AktG/*Fleischer* Rn 32; Spindler/Stilz AktG/*Cahn/von Spannenberg* Rn 49), zumal sie sich auch auf den Eigenkapitalanteil von Passivposten erstreckt, die bei der steuerrechtlichen Gewinnermittlung entstanden sind. Auch bei unzulässiger Bildung solcher Sonderposten erhöht sich der Jahresüberschuss; auch insoweit hat aber die Verwaltung eine Möglichkeit, vorbehaltlich einer Steuerabgrenzung nach § 274 Abs 1 HGB den Eigenkapitalanteil in eine Rücklage einzustellen, was den Aktionären diesen Betrag abzgl der Steuerbelastung entzieht (*Nickol* aaO S 1774 f; *Niehus* BB 1987, 1353 f; MünchKomm AktG/*Bayer* Rn 74).

Da die Regelung in Abs 2a der Verwaltung eine Kompetenz „unbeschadet der Abs 1 und 2" zugesteht, ist der Fall der Feststellung des Jahresabschlusses durch die HV nicht gemeint (*Hüffer* AktG Rn 21, MünchKomm AktG/*Bayer* Rn 76), das Wahlrecht über die Bildung der Rücklage steht allein der Verwaltung zu. Sie muss davon im Jahr der Wertaufholung Gebrauch machen, da bei Versäumen einer Rücklagenzuweisung der Ertrag aus der Wertaufholung in den Jahresabschluss fällt, über den nach den Regeln in Abs 1–3 zu befinden ist. Zur Übergangsregelung s. Art 24 Abs 3 EGHGB. **19**

Nicht klar geregelt ist die **Einfügung** des neueren Abs 2 (a) in das **System** der **Rücklagenbildung**, da die Zuweisung der Kompetenz „unbeschadet der Abs 1 und 2" nur die Annahme rechtfertigt, die der Verwaltung zur Rücklagenbildung zur Verfügung stehende Masse solle nicht geschmälert werden. Auf der anderen Seite ist zu bedenken, dass ohne spezielle Rücklagenbildung oder Schaffung eines Sonderpostens mit Rücklagenanteil die Beträge aus der Wertaufholung in den Jahresabschluss eingegangen wären, also nur zur Hälfte zur Dotierung anderer Rücklagen hätten verwendet werden können. Daher ist der für eine Rücklage nach Abs 2 (a) vorgesehene Betrag vom Jahresüberschuss vor der Entscheidung über Maßnahmen nach Abs 1 und Abs 2 abzuhalten (zu diesem Ergebnis *Adler/Düring/Schmalz* Rechnungslegung Rn 106; GroßKomm AktG/*Henze* Rn 72; MünchKomm AktG/*Bayer* Rn 78; **aM** aber *Nickol* BB 1987, 1772, 1776; dem folgend Spindler/Stilz AktG/*Cahn/von Spannenberg* Rn 54), die Dotierung der anderen Rücklagen richtet sich dann nach Abs 2. Stünde nach Bildung der Rücklage gem Abs 2 (a) ein Jahresüberschuss nicht mehr zur Verfügung oder ist das Ergebnis ohne die Wertaufholung ausgeglichen oder negativ, so ist eine „Verwendung des Jahresüberschusses", von der § 58 handelt, nicht mehr möglich, KölnKomm AktG/*Drygala* Rn 86; für Nachdotierung der Rücklage in Überschussjahren *Hüffer* AktG Rn 18. **20**

IV. Verwendung des Bilanzgewinns durch die Hauptversammlung Abs 3

1. Die Entscheidung der Hauptversammlung. Die Vorschrift betrifft die Entscheidungen der HV über die **Gewinnverwendung** auf der Grundlage des § 174. Zu diesem Zeitpunkt ist über den Jahresabschluss verbindlich entschieden, aus dem Jahresüber- **21**

schuss ist durch Dotierung der Rücklagen der Bilanzgewinn geworden. **Vorschläge** der Verwaltung bzgl der Gewinnverwendung (§ 124 Abs 3 S 1) binden die HV nicht. Sie kann den Gewinn zur Verteilung unter die Aktionäre nach Maßgabe des § 60 unter Beachtung der hierdurch entstehenden steuerlichen Belastung bestimmen, sie kann weitere Beträge in andere Gewinnrücklagen einstellen, den Gewinn auf neue Rechnung vortragen oder bei entspr statutarischer Ermächtigung (Abs 3 S 2) eine noch andere Verwendung beschließen. Mit dieser Maßgabe hat also der Aktionär den in Abs 4 gen **Anspruch auf den Bilanzgewinn**, ein konkreter Zahlungsanspruch gegen die Gesellschaft entsteht aber erst, wenn die HV bei der Gewinnverwendung (ganz oder teilw) Ausschüttung beschlossen hat (KölnKomm AktG/*Drygala* Rn 113). Die HV ist bei der Wahl zwischen diesen Möglichkeiten, die mit einfacher Stimmenmehrheit zu treffen ist, grds frei, Grenzen ergeben sich aber aus **§ 254**, wonach ein Beschl, der Gewinne in andere Rücklagen einstellt, anfechtbar ist, wenn die Maßnahme (ebenso wie ein Gewinnvortrag) „bei vernünftiger kaufmännischer Beurteilung nicht notwendig ist", ferner dann, wenn der Beschl keinen Gewinn in Höhe von mindestens **4 % des Grundkapitals** abzgl der noch nicht eingeforderten Einlagen zur Verteilung übrig lässt (s den Fall *BGHZ* 84, 303; *Hüffer* AktG Rn 23). Daher ist zu beachten, dass diese 4 % vom Nennwert (nicht vom Kurswert) der Aktien gerechnet werden, der Schutz der Aktionäre also sehr beschränkt ist (für Verfassungswidrigkeit dieser Regelung KölnKomm AktG/*Drygala* Rn 103). Eine anderweitige Verwendungsbindung oder eine Kontrolle nach Verhältnismäßigkeit und Erforderlichkeit sieht das Gesetz nicht vor (*Baums* FS K. Schmidt S 57, 67 f; zu „Superdividenden" vor diesem Hintergrund *Habersack* FS K. Schmidt S 523, 526 ff).

22 **2. Gestaltungsmöglichkeiten der Satzung.** Die Satzung kann die Gewinnverwendung durch Beschl der HV dadurch beeinflussen, dass sie zu **anderen Verwendungen ermächtigt**, Abs 3 S 2. Dadurch können auch Zuwendungen an andere Personen als Gesellschafter, etwa an gemeinnützige oder politische Organisationen, vorgesehen sein (dazu *BGHZ* 84, 303; *Sethe* ZHR 162 – 198 – 474, 478 f). Demgemäß ist der Gewinnanspruch des Aktionärs eingeschränkt. Der Wortlaut ergibt nicht, ob die Auskehrung des Gewinns für solche Zwecke auch **vorgeschrieben**, der Gewinnanspruch also ausgeschlossen werden kann (dafür KölnKomm AktG/*Drygala* Rn 99; *Hüffer* AktG Rn 25; wohl auch MünchKomm AktG/*Bayer* Rn 87, 94; GroßKomm AktG/ *Henze* Rn 84). Zulässig ist eine solche Bestimmung, weil Abs 4 von einer entspr Begrenztheit der Aktionärsrechte ausgeht. Gegen die Einschränkung dahin, dass in Abs 3 S 2 nur eine Verweisung auf anderweitige bereits bestehende satzungsmäßige Ausschlussmöglichkeiten gewollt sei, spricht der Umstand, dass anderweitige Verwendungsmöglichkeiten eines nicht zurückzulegenden und eines nicht an die Gesellschafter auszuschüttenden Gewinns nicht ersichtlich sind (*Luther* Freundesgabe Hengeler, S 167, 184 f). Nicht nötig ist, dass die Satzung hierfür eine positive Verwendungsanordnung trifft (*Luther* aaO), für den Aktionär genügt, dass die Satzung das Gewollte eindeutig festlegt. Ein **Verstoß** gegen solche Bestimmungen verletzt allerdings kein gesetzlich geschütztes Interesse Dritter oder der Allgemeinheit, so nicht Nichtigkeit, wohl aber Anfechtbarkeit nach § 243 Abs 1 die Folge ist.

23 Bestritten ist, ob die Satzung eine Rücklagenbildung im Gewinnverwendungsbeschluss ganz ausschließen, folglich **Ausschüttungszwang** begründen kann. Die **hM** bejaht dies (KölnKomm AktG/*Drygala* Rn 98; MünchKomm AktG/*Bayer* Rn 92; GroßKomm AktG/*Henze* Rn 83; Wachter AktG/*Servatius* Rn 12). Dem ist zu folgen,

da bei einer derartigen Satzungsgestaltung lediglich die Aktionäre die Rechte ihres künftigen Organs beschneiden und die Pflicht zur Dotierung der gesetzlichen Rücklagen sowie die gesetzlichen Möglichkeiten der Verwaltung, Rücklagen zu bilden, davon nicht betroffen sind. Auch § 254 erkennt ein Mindestinteresse des Aktionärs an Gewinnausschüttung schlüssig an. Die Satzung ist frei, ob sie die Anordnung zur Ausschüttung von Bilanzgewinn auf einen Betrag oder einen bestimmten Prozentsatz des Grundkapitals erstreckt. Damit steht namentlich die Bildung eines **Gewinnvortrags** zur Disposition der Satzung. Folge eines Verstoßes wäre Anfechtbarkeit gem § 243 Abs 1. Zum praktisch wichtigen Satzungszwang zur Bildung weiterer Rücklagen s Rn 8, 17.

3. Ausschüttung und Rücklagenbildung. Die Entscheidung über **Ausschüttung des** 24 **Bilanzgewinns** betrifft den Gesamtbetrag des zur Verteilung bereitgestellten Gewinns, die Aufteilung unter die Aktionäre folgt aus § 60 und evtl Satzungsbestimmungen (*BGHZ* 84, 303; MünchKomm AktG/*Bayer* Rn 84; Spindler/Stilz AktG/*Cahn/von Spannenberg* Rn 81), so dass der prozentuale Betrag, der auf eine Aktie entfällt, nicht im Beschl genannt werden muss. Die HV kann den Gewinn auch (in den in Rn 21 genannten Grenzen) **auf neue Rechnung vortragen.** Dies hat zur Folge, dass der Betrag im folgenden Abschluss von Rechts wegen dem Jahresüberschuss zugerechnet wird (§ 158 Abs 1 Nr 1) und folglich zur Dotierung von Rücklagen (ohne die diesbezüglichen Höchstgrenzen zu mindern, Rn 7), zur Ausschüttung oder für statutarisch bestimmte andere Zwecke zur Verfügung steht, ohne dass – wie nach Einstellung in Rücklagen – erst über die Auflösung beschlossen werden muss. Die Thesaurierungswirkung ist also nur begrenzt. Die HV kann aber einen auf neue Rechnung vorgetragenen Betrag im folgenden Jahr erneut vortragen. In der Praxis werden regelmäßig nur Spitzenbeträge, die nur nicht zur Darstellung in einem vollen Prozentsatz ausreichen, vorgetragen, zwingend ist dies aber nicht (MünchKomm AktG/*Bayer* Rn 90; *Hüffer* AktG Rn 24). Auch ist die ausdrücklich auch auf Gewinnvorträge bezogene Grenze aus § 254 zu beachten.

Auch die HV kann nach **Abs 3** aus dem Bilanzgewinn durch Mehrheitsentscheidung 25 weitere Beträge in **Rücklagen** einstellen, ohne dass es einer Satzungsermächtigung bedarf, die nur für eine anderweitige Gewinnverwendung nötig ist. Die Einstellung kann in gesetzliche oder „andere Gewinnrücklagen" geschehen (KölnKomm AktG/ *Drygala* Rn 98; GroßKomm AktG/*Henze* Rn 83), zur früher zugelassenen Rücklage für eigene Aktien aber Rn 7. Die Dotierung anderer Rücklagen kann auch mit einer **Zweckbestimmung** verbunden werden (MünchKomm AktG/*Bayer* Rn 88; K.Schmidt/ Lutter AktG/*Fleischer* Rn 39; Spindler/Stilz AktG/*Cahn/von Spannenberg* Rn 83). Eine **Höchstgrenze** bestimmt das Gesetz ebensowenig wie die Notwendigkeit einer qualifizierten Mehrheit, das Problem des **Minderheitenschutzes** bei weiterer Rücklagenbildung durch eine einfache HV-Mehrheit ist somit gesetzlich ungelöst und sollte auch einer durchgreifenden Lösung nicht zugeführt werden (*Kropff* aaO S 77). § 254, der auch hier gilt, stellt keinen starken Schutz dar, in krassen Fällen systematischen „Aushungerns" kommt aber eine Treupflichtverletzung in Betracht. Im Einzelfall besteht auch kein Hindernis, den gesamten Bilanzgewinn zur Rücklagenbildung zu verwenden. Zur Behandlung eines **Abschlags** auf den Bilanzgewinn s Rn 9, zur satzungsmäßigen Verpflichtung, weitere Beträge in Rücklagen einzustellen, s Rn 22. Die Möglichkeit, auf diesem Wege die Schranken der Thesaurierung in Abs 1 und Abs 2 zu unterlaufen, ist hinzunehmen, wenn die Gesellschafter in der Satzung auf die

Rechte aus der gesetzlichen Kompetenzabgrenzung von vornherein verzichten; ein späterer in diese Richtung gehender HV-Beschluss unterliegt der Treubindung. Bei der Entscheidung über Gewinnausschüttungen ist auch das Verbot der **Einlagenrückgewähr** (§ 57) zu beachten, das verletzt werden kann, wenn zwischen der Feststellung des Jahresabschlusses und dem Gewinnverwendungsbeschluss die Kapitalrücklage, gesetzliche Rücklagen oder das Stammkapital durch Verluste angegriffen werden; die HV hat dann einen Bilanzgewinn in andere Gewinnrücklagen einzustellen (Groß-Komm AktG/*Henze* Rn 102; MünchKomm AktG/*Bayer* Rn 117; Spindler/Stilz AktG/ *Cahn/von Spannenberg* Rn 90); zur Bestandskraft eines Gewinnverwendungsbeschlusses iÜ Rn 32.

26   4. **Auflösung anderer Gewinnrücklagen.** Die **Auflösung** „anderer **Gewinnrücklagen**" **iSv Abs 2a** gehört in den Rahmen der Feststellung des Jahresabschlusses, danach bestimmen sich auch die Organkompetenzen. Die Entnahme aus einer Rücklage erhöht den Bilanzgewinn, zum Ausweis § 275 Abs 4 HGB. Die Neubildung einer aufgelösten Rücklage ist möglich. Zweckbindungen von Rücklagen (Rn 25) und ihre Änderung nimmt dasjenige Organ vor, das sie gebildet hat, eine in der Satzung enthaltene Zweckbestimmung kann daher nur durch satzungsändernden Beschl aufgehoben werden. Die Beseitigung einer Zweckbestimmung kann zur Erhöhung des Bilanzgewinns führen (im Einzelnen s *von Burchard* BB 1961, 1188).

V. Der Gewinnanspruch der Aktionäre, Abs 4, 5

27   1. **Entstehung.** Vor Übergang in einen bestimmten Zahlungsanspruch gegen die Gesellschaft besteht das allg Mitgliedschaftsrecht auf Gewinnbeteiligung, vorbehaltlich der gesetzlichen oder statutarischen Pflichten und Ermächtigungen zur Verwendung von Teilen des Jahresüberschusses und des Bilanzgewinns für Rücklagen, Gewinnvortrag oder andere satzungsmäßig festgelegte Zwecke. Der in Abs 4 geregelte Dividendenanspruch schlägt sich zunächst nur in einem Recht auf Tätigwerden der HV im Rahmen eines Gewinnverwendungsbeschlusses (§ 174) nieder, nicht schon in einem Zahlungsanspruch (*BGHZ* 23, 150, 154; 65, 230, 235; 124, 111, 123; Groß-Komm AktG/*Henze* Rn 87; *Grigoleit/Zellner* Rn 31; von „abstraktem" Anspruch ist bei MünchKomm AktG/*Bayer* Rn 97 die Rede). Der Aktionär hat jedoch eine Klage gegen die Gesellschaft auf Beschlussfassung, die Vollstreckung richtet sich nach § 888 ZPO (KölnKomm AktG/*Drygala* Rn 127 *Hüffer* AktG Rn 26; GroßKomm AktG/ *Henze* Rn 87); zu Verletzungen der Kapitalerhaltung s Rn 25. Der mitgliedschaftliche Gewinnanspruch kann von Gesetzes wg entfallen im Zusammenhang mit Maßnahmen der Kapitalherabsetzung (§§ 225 Abs 2, 230, 233), bei Banken bestehen behördliche Möglichkeiten, Ausschüttungen aus dem Bilanzgewinn zu untersagen (§ 45 KWG), ein Anspruch, der freilich weitgehend theoretisch zu bleiben scheint (*Schüppen* FS Röhricht, 2005, S 571, 574). Den Gewinnanspruch beschränken auch zulässig vereinbarte Gründervorteile gem § 26 und Genussrechte gem § 221 Abs 3. Anders bei gewinnabhängigen Leistungen an Organmitglieder, Arbeitnehmer oder Lizenznehmer der Gesellschaft (§ 292 Abs 2), die als Aufwand der Gesellschaft nur mittelbar den Gewinnanspruch der Aktionäre schmälern. Hat die Gesellschaft einen **Gewinnabführungsvertrag** (§ 291 Abs 1) geschlossen, so besteht kein Gewinnanspruch, § 304; die abzuführenden Beträge sind schon bei der Ermittlung des Jahresüberschusses zu berücksichtigen, so dass ggf kein Bilanzgewinn verbleibt. Da der Gewinnanspruch ein Mitgliedschaftsrecht ist, kann er **ruhen**, etwa bei Verstoß gegen Mitteilungspflichten

Verwendung des Jahresüberschusses § 58

gem § 20 Abs 7, bei Aktienübernahme für Rechnung der Gesellschaft (§ 56 Abs 3 S 3), bei Besitz eigener Aktien (§§ 71b, 71d, S 4) und iRd des § 328 bei wechselseitigen Beteiligungen.

Vor Übergang in einen Zahlungsanspruch gegen die Gesellschaft kommt eine **Übertragung** des Gewinnanspruchs des Gesellschafters wg seiner Bindung an die Mitgliedschaft nicht in Betracht (*BGH* ZIP 1998, 1836 f; MünchKomm AktG/*Bayer* Rn 100; GroßKomm AktG/*Henze* Rn 86; K. Schmidt/Lutter AktG/*Fleischer* Rn 44; aus § 399 BGB abgeleitet durch Henssler/Strohn/*Lange* Rn 8); dies ist schon wg des Interesses an Fungibilität des Mitgliedschaftsrechts als solchem zu billigen. Anderes gilt insoweit für den Zahlungsanspruch des Aktionärs gegen die Gesellschaft nach einem wirksamen Gewinnverwendungsbeschluss; er ist Forderungsrecht und kann folglich auch mit Blick auf spätere Jahre als künftiges Recht abgetreten werden (*RGZ* 98, 318, 328; zur Abtretung als künftiges Recht *RGZ* 55, 334; 58, 72; *BGHZ* 30, 238, 240; MünchKomm AktG/*Bayer* Rn 113), allerdings unter der Voraussetzung, dass die Gesellschaft im betr Jahr einen Gewinn erzielt und die HV seine Verteilung beschließt. Auch Verpfändung und Pfändung sind unter diesen Voraussetzungen möglich. Der mitgliedschaftliche Gewinnanspruch, der in jedem Jahr neu entsteht, unterliegt dann vom Zeitpunkt der Feststellung des Jahresabschlusses an der dreijährigen **Verjährung** gem § 195 BGB. **28**

Der Anspruch des Aktionärs gegen die Gesellschaft auf Herbeiführung eines Gewinnverwendungsbeschlusses (Rn 27) ist nicht auf eine einen bestimmten Ausschüttungsbetrag festlegende Entsch gerichtet, die von der HV vielmehr im Rahmen ihrer Kompetenz und Bindungen zu treffen ist. Das reicht für einen an Gewinnausschüttung interessierten Aktionär nur aus, wenn die Entscheidung über die Gewinnverwendung der HV gar nicht vorgelegt wird oder von ihr abgelehnt wird (*Schüppen* FS Röhricht, S 574; Spindler/Stilz AktG/*Cahn/von Spannenberg* Rn 92). Wenn aber in der HV kein auf Ausschüttung gerichteter Entscheidungsvorschlag eine Mehrheit findet, so kann lediglich an dem gesetzlich geltenden Gebot der Vollausschüttung des Bilanzgewinns angesetzt und dem Aktionär eine hierauf gerichtete und somit hinlänglich bestimmte Klage gegen die Gesellschaft erlaubt werden (*Schüppen* S 575; KölnKomm AktG/*Drygala* Rn 127; *Grigoleit/Zellner* Rn 31)), wobei allerdings materielle Einwendungen gegen den Ausschüttungsanspruch (etwa Satzungsvorgaben oder das Gebot der Kapitalerhaltung) entgegengehalten werden können. Der für das Entstehen eines Ausschüttungsanspruchs an sich unverzichtbare HV-Beschluss kann durch ein Gerichtsurteil gem § 894 ZPO ersetzt werden (so *Schüppen* S 580 ff unter Anlehnung an Stimmen zum GmbH-Recht; zust *Cahn/von Spannenberg* Rn 92; zurückhaltend Schmidt/Lutter AktG/*Fleischer* 44), was trotz der häufig bezweifelten Justiziabilität unternehmerischer Entscheidungen auch auf diesem Gebiet (*Habersack* FS K. Schmidt, S 523, 528) hinnehmbar ist, weil die HV ihr Bewertungsrecht nicht ausüben konnte bzw auszuüben versäumt hat. Vornehmlich rechtspolitischer Natur ist demgegenüber die Diskussion um die Ausschüttung sog „Super-Dividenden", hauptsächlich im Zuge von Übernahmeaktionen, die durch außergewöhnliche Zuführungen von Beträgen, ua Auflösung von Reserven, zum Bilanzgewinn ermöglicht werden, dennoch aber die Bestandsinteressen der Gesellschaft gefährden können (zu den Möglichkeiten und Grenzen *Habersack* aaO S 523 ff; krit *U.H. Schneider* NZG 2007, 888 ff). **29**

30 **2. Erfüllung.** Ist über die Gewinnverwendung beschlossen, so kann der Aktionär **Barauszahlung des Gewinns** verlangen. Dieser Anspruch ist ein von der Mitgliedschaft unabhängiges **Gläubigerrecht** (*BGHZ* 7, 263 f; 23, 150, 154; 65, 230, 235), der Höhe nach durch § 60 bestimmt und in der Insolvenz der AG gewöhnliche Insolvenzforderung. Er ist grds auf **Zahlung in Geld** gerichtet (*RGZ* 11, 162); auch kann die HV bei Ermächtigung durch die Satzung auch die Ersetzung der Bar- durch eine **Sachdividende** beschließen. Eine dies bestimmende Regelung in der Ursprungssatzung genügt, andernfalls bedarf es einer Satzungsänderung, die mit den Mehrheiten gem § 179 Abs 2 beschlossen werden kann (MünchKomm AktG/*Bayer* Rn 108; *Holzborn/Bunnemann* AG 2003, 671 f; K. Schmidt/Lutter AktG/*Fleischer* Rn 58), während die Ersetzung durch eine Sachausschüttung mit einfacher Mehrheit beschlossen werden kann (KölnKomm AktG/*Drygala* Rn 174; zust *DAV-Handelsrechtsausschuss* NZG 2002, 115, 116 f; abl *Lutter/Leinekugel/Rödder* ZGR 2002, 204, 206). Allerdings soll die Satzungsbestimmung einer Inhaltskontrolle unter dem Aspekt des Minderheitenschutzes unterliegen (Begr RegE BT-Drucks 14/8769, 13; krit Spindler/Stilz AktG/*Cahn/von Spannenberg* Rn 104; K. Schmidt/Lutter AktG/*Fleischer* Rn 58). Das dürfte eher bei Treupflichtverletzungen durch den Verwendungsbeschluss der HV praktisch werden, der dann der Anfechtung unterliegt (MünchKomm AktG/*Bayer* Rn 108; Spindler/Stilz AktG/*Cahn/von Spannenberg* Rn 105; *Hüffer* AktG Rn 32). Schon früher durfte die Satzung dem Aktionär die Wahl zwischen Geld und anderen Vermögenswerten lassen, möglich ist auch der Erwerb von Freiaktien anstelle von Bardividende (*RGZ* 107, 168; KölnKomm AktG/*Drygala* Rn 164). Die gesetzliche Neuregelung in Abs 5 ist wohl dahin zu verstehen, dass bei Vorliegen der Voraussetzungen einer Satzungsänderung oder bei entspr Bestimmung der Ursprungssatzung dem Aktionär eine Sach- anstelle einer Bardividende durch die Mehrheit der HV aufgezwungen werden könnte; gegen eine dahingehende Satzungsänderung kann sich ein Aktionär nicht wehren, weil hiermit noch nicht unmittelbar in sein Mitgliedschaftsrecht eingegriffen wird (W. *Müller* NZG 2002, 752, 757; *Hüffer* AktG Rn 31; **aM** *Knigge* WM 2002, 1729, 1736). Die Ausschüttung von Anteilen kann im Rahmen eines Konzerns eine Umstrukturierung bedeuten, eine Begrenzung der diesbezüglichen Entscheidungsbefugnis nach Holzmüller-Gelatine-Maßstäben wird angesichts des Erfordernisses einer satzungsmäßigen Grundlage außer in Extremfällen nicht anzunehmen sein (GroßKomm AktG/*Henze/Notz* Rn 159; KölnKomm AktG/*Drygala* Rn 174). Problematisch ist die **Bewertung**, die sich aus dem HV-Beschluss ergeben muss; eine Übertragung dieser Entscheidung an die Verwaltung geht nicht an, diese hat lediglich, da es sich um die Gewinnverwendung handelt, Vorschläge zu machen (W. *Müller* NZG 2002, 752, 758). Nicht immer wird es möglich sein, eine Übertragung nur von Gegenständen vorzuschreiben, die der Aktionär ohne Weiteres zu Geld machen kann (*Lutter/Leinekugel/Rödder* ZGR 2002, 204, 210), so dass sich anbietet, Gegenstände zu ihrem Buchwert einzusetzen (Handelsrechtsausschuss des DAV, NZG 2002, 115 f; zust *Schüppen* ZIP 2002, 1269, 1277; *Holzborn/Bunnemann* AG 2003, 671, 674 f; *Lutter/Leinekugel/Rödder* ZGR 2002, 204, 210 ff; MünchKomm AktG/*Bayer* Rn 110). Da sich eine hierfür notwendige Feststellung nicht immer als unangreifbar erweisen wird, wird auch eine Anrechnung zum Verkehrswert empfohlen (W. *Müller* NZG 2002, 752, 758; zu steuerrechtlichen Problemen MünchKomm AktG/*Bayer* Rn 110). Werden Gegenstände (wie etwa auch Aktien einer Tochtergesellschaft) deutlich unter dem Verkehrswert übertragen, stellt sich das Problem der Kapitalerhaltung (*Lutter/Leinekugel/Rödder* ZGR 2002, 204, 217; *Hüffer* AktG Rn 33; Spindler/Stilz AktG/*Cahn/von Spannenberg* Rn 110).

Verwendung des Jahresüberschusses §58

Andere **Sachleistungen** können auch ohne dies zulassende Satzungsregelung unter 31
den Voraussetzungen des § 364 BGB vereinbart werden, wobei freilich die Gleichbehandlung der Aktionäre zu beachten ist. Allerdings dürfen **eigene Aktien** nur angeboten werden, wenn die Gesellschaft sie derivativ erworben hat, da anderenfalls die Vorschriften über Kapitalerhöhung aus Gesellschaftsmitteln umgangen würden, wobei eine solche als Methode der Zuteilung ebenfalls in Betracht kommt (MünchKomm AktG/*Bayer* Rn 112; Spindler/Stilz AktG/*Cahn/von Spannenberg* Rn 106; KölnKomm AktG/*Drygala* Rn 164). Dann sind auch Differenzierungen möglich, etwa Übertragung der Mitgliedschaftsrechte an einer Tochtergesellschaft an den Mehrheitsgesellschafter bei Ausgleichszahlung an die Minderheit (s auch KölnKomm AktG/*Drygala* Rn 163). Der sog **Bonus** ist dagegen eine Zusatzdividende aus einmaliger außergewöhnlicher Gewinnzuführung (RGZ 91, 316, 322).

Hiervon abgesehen ist der Ausschüttungsanspruch grds **unveränderlich**, kann also 32
nicht durch späteren HV-Beschluss eingeschränkt oder modifiziert werden (KölnKomm AktG/*Drygala* Rn 135), es sei denn, alle Anspruchsinhaber stimmen zu (*RGZ* 37, 62; *BGHZ* 7, 264; 23, 150, 157; MünchKomm AktG/*Bayer* Rn 115). Ein dennoch gefasster HV-Beschluss braucht nicht angefochten zu werden, sondern ist unbeachtlich und steht einer Leistungsklage gegen die Gesellschaft nicht entgegen (*RGZ* 87, 383, 386 f (für GmbH)). **Verluste** nach der Entstehung des Anspruchs beeinträchtigen ihn nicht, und auch ein Verstoß gegen § 57 ist nicht mehr denkbar (KölnKomm AktG/*Drygala* Rn 140, anders GroßKomm AktG/*Henze* Rn 102; zust unter Treupflichtgesichtspunkten MünchKomm AktG/*Bayer* Rn 116). Wenn im Abschluss noch nicht berücksichtigte Verluste anfallen, die zwar nach dem Stichtag auftraten, aber etwa durch Bildung von Rückstellungen hätten berücksichtigt werden müssen, wird gefolgert, der Abschluss sei nach § 256 Abs 5 S 1 Nr 1 nichtig und müsse berichtigt werden, obwohl nach § 175 Abs 4 die HV an den formal korrekt festgestellten Jahresabschluss gebunden war (GroßKomm AktG/*Henze* Rn 102; folgend MünchKomm AktG/*Bayer* Rn 116). Wenn die Verluste bei Fassung des Gewinnverwendungsbeschlusses bekannt waren, hätte der Abschluss geändert werden müssen und können und war in der dem Gewinnverwendungsbeschluss zugrunde liegenden Fassung nichtig, was sich wg § 253 auch auf den Beschl der HV erstreckt. Der Einwand (KölnKomm AktG/*Drygala* Rn 138), der Abschluss sei zu seinem Stichtag richtig gewesen, ändert nichts daran, dass aufgrund des § 57 der Gewinn nicht ausgeschüttet werden darf. Diese Lösung bleibt jedenfalls für die Fälle übrig, in denen die Verluste am Stichtag noch nicht durch bilanzielle Maßnahmen wie Rückstellungen oder Wertberichtigungen berücksichtigt werden konnten. Wird der Jahresabschluss auf Klage für nichtig erklärt, was auch den Gewinnverwendungsbeschluss erfasst (§ 253), oder ist der **Gewinnverwendungsbeschluss** als solcher gem §§ 173 Abs 3, 217 Abs 2 oder 214 **nichtig** oder wird er vernichtet, so entfällt jedenfalls der Dividendenanspruch (*Hüffer* AktG Rn 37); die Aktionäre müssen ausgezahlte Dividenden zurückzahlen, sind aber entspr § 62 Abs 1 S 2 bei Gutgläubigkeit geschützt. Auch ein Zessionar des Gewinnanspruchs muss sich das Entfallen seiner Grundlage entgegenhalten lassen und kann sich lediglich an den Zedenten halten, da ein Ausnahmetatbestand gutgläubigen Forderungserwerbs nicht vorliegt; auch ihm kommt allerdings § 62 Abs 1 S 2 analog zugute.

Westermann

VI. Dividenden- und Erneuerungsscheine

33 **1. Dividendenschein.** Gewinnanteil- oder Dividendenscheine (auch **Coupon**) verkörpern als **Wertpapiere** das Recht des Aktionärs auf seinen Anteil am ausgeschütteten Gewinn. Durch Vorlage des Scheins erspart sich der Aktionär die sonst jedes Mal notwendige Vorlage der Aktien, und er kann durch Benutzung des Dividendenscheins über das veräußerliche (Rn 28) Recht auf Gewinnbezug auch ohne gleichzeitige Veräußerung der Aktie verfügen. Die Veräußerung des Gewinnscheins vor dem Beschl über die Gewinnverwendung ist dann Veräußerung der künftigen Forderung (*RGZ* 98, 320). Ob die Gesellschaft Dividendenscheine ausgibt, entscheidet ihre Satzung, die den Verbriefungsanspruch ausschließen kann (*OLG Hamburg* LZ 1917, 1103; KölnKomm AktG/*Drygala* Rn 149), sonst hat der Aktionär einen Anspruch auf **Verbriefung** (GroßKomm AktG/*Henze* Rn 105 und Spindler/Stilz AktG/*Cahn/von Spannenberg* Rn 99; *Hüffer* AktG Rn 29). Die Ausgabe bedarf keiner staatlichen Genehmigung und keiner Unterschrift. Gewöhnlich gibt die Gesellschaft Dividendenscheine auf einem Bogen mit bis zu 20 Einzelabschnitten zusammen mit einem Erneuerungsschein (Rn 35) und der Aktie (Mantel) aus. Die Dividendenscheine lauten nicht auf einen bestimmten Geldbetrag, da die Höhe des verbrieften Gewinnspruchs vom ausgeschütteten Bilanzgewinn abhängt; ebensowenig kann es feste Fälligkeitstermine geben. Die Dividendenscheine unterscheiden sich untereinander nach der Nummer. Der Dividendenschein ist regelmäßig als **Inhaberpapier** ausgestaltet, auch wenn die Aktie selbst auf Namen lautet. Damit ist er echtes Wertpapier (aktienrechtliches Nebenpapier), nicht nur Legitimationspapier.

34 Die **rechtliche Behandlung** folgt den §§ 793 ff (nur §§ 799 Abs 1 S 2, 803 gelten nicht, *Hüffer* AktG Rn 29), auch § 935 Abs 2 BGB ist anwendbar (MünchKomm AktG/ *Bayer* Rn 128; GroßKomm AktG/*Henze* Rn 110). Somit ist die AG nur gegen Aushändigung des Scheins zur Zahlung verpflichtet (was in der Praxis meist unter Einschaltung der Depotbanken geschieht) und wird durch die Zahlung an den Inhaber befreit; dem Aktionär können die wertpapierrechtlichen Gültigkeitseinwendungen, aber auch solche Einwendungen entgegengehalten werden, die sich aus der Mitgliedschaft ergeben (KölnKomm AktG/*Drygala* Rn 153 – 155; hinsichtlich der wertpapierrechtlichen Einwendungen anders *Canaris* FS Fischer 1979, S 54). Hinsichtlich der Einwendungen, die sich aus der aktienrechtlichen Regelung ergeben, s Rn 35. Die Voraussetzungen des § 804 BGB werden nicht oft vorliegen, § 803 gilt nicht (MünchKomm AktG/ *Bayer* Rn 127). Kann der wahre Berechtigte den Dividendenschein nicht vorweisen, wird die Gesellschaft durch Leistung an ihn trotzdem frei, läuft aber Gefahr, an einen gutgläubigen Erwerber des Scheins nochmals leisten zu müssen. Bei Verpfändung der Aktie gilt ein Dividendenschein als mitverpfändet nur, wenn er mit übergeben ist (*RGZ* 77, 235), das trifft wg der rechtlichen Selbstständigkeit auch für andere Verfügungsgeschäfte zu (ein Dividendenschein ist auch nicht Zubehör der Aktie). Bei obligatorischen Geschäften kann die Auslegung anderes ergeben. Dem Inhaber des Scheins können spätere Beschl der HV über den Gewinn nicht entgegengesetzt werden, s aber Rn 31.

35 **Einreden, die sich aus dem Aktienrecht ergeben**, können auf der Einziehung der Aktie beruhen oder darauf, dass die Aktienurkunde vor Fälligkeit des Gewinnbezugsrechts für kraftlos erklärt worden sei (s § 72 Abs 2), ferner darauf, dass der Aktionär noch Einlagen schulde oder der Gewinnverteilungsbeschluss nichtig sei (s auch

Rn 31). Gutgläubigkeit des Inhabers des Dividendenscheins ändert daran nichts (KölnKomm AktG/*Drygala* Rn 157). Unzulässig ist demgegenüber eine Aufrechnung mit einer persönlichen Forderung der Gesellschaft gegen den Aktionär, insoweit sind §§ 406, 407 BGB durch § 796 BGB verdrängt. Bei **Verlust** des Dividendenscheins ist ein Aufgebot unmöglich, § 799 BGB, es bleibt nur eine Anzeige gem § 804 BGB (KölnKomm AktG/*Drygala* Rn 157; GroßKomm AktG/*Henze* Rn 112). Für den Zahlungsanspruch des wirklichen Gläubigers, der nicht untergeht, aber nicht durchsetzbar ist (Rn 33), gilt Verjährung vier Jahre nach Ablauf der ebenfalls vierjährigen **Vorlegungsfrist** (§§ 801 Abs 2, 804 Abs 1 S 3 BGB – durch die Schuldrechtsmodernisierung nicht geändert).

2. Erneuerungsschein. Erneuerungsschein oder **Talon** heißt der Teil des Gewinnscheinbogens (Rn 32), dessen Besitzer die Gesellschaft die Dividendenscheine für einen gewissen Zeitraum aushändigen darf (s § 75). Der Talon ist kein Inhaber- und damit nicht echtes Wertpapier iSd § 793 BGB, sondern unvollkommenes **Legitimationspapier**, dessen Besitz die Vermutung der Ermächtigung zum Bezug neuer Dividendenscheine begründet (*RGZ* 74, 339, 341; *Zöllner* Wertpapierrecht, § 27 II für Zinserneuerungsscheine; KölnKomm AktG/*Drygala* Rn 159; MünchKomm AktG/*Bayer* Rn 131). Dies gilt selbst dann, wenn ein Erneuerungsschein auf den Inhaber lautet. Die AG muss nicht an denjenigen leisten, der den Erneuerungsschein vorlegt, sondern nur an den wahren Aktionär. Leistet die Gesellschaft an den Inhaber, so wird sie aufgrund der Vermutung frei, die aber entkräftet ist, wenn der wahre Berechtigte der Aushändigung von Dividendenscheinen an den Besitzer des Erneuerungsscheins widersprochen hat (§ 75). 36

So wenig wie der Dividendenschein ist der Talon Zubehör der Aktie, doch verpflichtet die Veräußerung der letzteren im Zweifel zur Mitübergabe von Erneuerungsscheinen (*RGZ* 77, 335), s dazu auch § 805 BGB. Veräußerung, Verpfändung, Pfändung des Scheins allein sind wirkungslos, weil er kein selbstständiges Recht verbrieft (KölnKomm AktG/*Drygala* Rn 161; MünchKomm AktG/*Bayer* Rn 132). Die Vernichtung der Aktienurkunde durch Einziehung, Ausschließung oder Kraftloserklärung lässt den Erneuerungsschein seine Wirkungen verlieren (*RGZ* 31, 147). Kraftloserklärung des Scheins allein ist unzulässig. 37

§ 59 Abschlagszahlung auf den Bilanzgewinn

(1) Die Satzung kann den Vorstand ermächtigen, nach Ablauf des Geschäftsjahrs auf den voraussichtlichen Bilanzgewinn einen Abschlag an die Aktionäre zu zahlen.

(2) ¹Der Vorstand darf einen Abschlag nur zahlen, wenn ein vorläufiger Abschluss für das vergangene Geschäftsjahr einen Jahresüberschuss ergibt. ²Als Abschlag darf höchstens die Hälfte des Betrags gezahlt werden, der von dem Jahresüberschuss nach Abzug der Beträge verbleibt, die nach Gesetz oder Satzung in Gewinnrücklagen einzustellen sind. ³Außerdem darf der Abschlag nicht die Hälfte des vorjährigen Bilanzgewinns übersteigen.

(3) Die Zahlung eines Abschlags bedarf der Zustimmung des Aufsichtsrats.

§ 59 Abschlagszahlung auf den Bilanzgewinn

Übersicht

	Rn			Rn
I. Zweck der Vorschrift	1	III. Verhältnis zum endgültigen Jahres-		
II. Voraussetzungen und Verfahren	2	abschluss		6
1. Voraussetzungen einer Abschlagszahlung	2			
2. Verfahren	5			

I. Zweck der Vorschrift

1 Die Vorschrift sollte für die Gesellschaft die Möglichkeit schaffen, nach dem Vorbild US-amerikanischer Praktiken dem Aktionär mehr als einmal im Jahr einen Betrag zur Verfügung zu stellen. Hierdurch sollte dem Eindruck einer Besserstellung des Inhabers festverzinslicher Schuldverschreibungen entgegengewirkt werden, bei denen die Zinsen verbreitet halbjährlich ausbezahlt werden. Von § 59 wird in der Praxis der Publikumsgesellschaften aber so gut wie kein Gebrauch gemacht (KölnKomm AktG/ *Lutter* Rn 1; MünchKomm AktG/*Bayer* Rn 3; Spindler/Stilz AktG/*Cahn/von Spannenberg* Rn 4). Im Mittelpunkt der gesetzlichen Regelung steht die Besorgnis, die Zuständigkeitsabgrenzung für Jahresabschluss und Gewinnverwendung zwischen Verwaltung und HV sowie das Verbot der Einlagenrückgewähr tunlichst nicht zu sehr aufzulockern (GroßKomm AktG/*Henze* Rn 3).

II. Voraussetzungen und Verfahren

2 **1. Voraussetzungen einer Abschlagszahlung.** Um zu verhindern, dass Abschlagszahlungen geleistet werden, die durch den später festgestellten Gewinn nicht vollständig gedeckt werden oder die sonst die Gesellschaft schädigen, sieht das Gesetz mehrere Erfordernisse vor, unter denen die **Ermächtigung durch die Satzung** hervorragt, ein bloßer Beschl der HV genügt nicht. Hierdurch wird die Übertragung der Entscheidung zur Gewinnverteilung von der HV auf die Verwaltung gerechtfertigt. Die Satzung kann aber einen **Zwang** zur Abschlagszahlung nicht begründen; Spindler/Stilz AktG/*Cahn/von Spannenberg* Rn 6. Die Ermächtigung kann auch durch Satzungsänderung eingeführt und wieder beseitigt werden. Die Entscheidung, die nicht zuletzt von der Beurteilung der Geschäftslage und der Liquidität abhängt, hat der Vorstand eigenverantwortlich, aber unter Mitwirkung des Aufsichtsrats (Abs 3) zu treffen, die Aktionäre haben keinen Anspruch, auch wenn sich ein Bilanzgewinn klar abzeichnet (MünchKomm AktG/*Bayer* Rn 5; GroßKomm AktG/*Henze* Rn 7; *Hüffer* AktG Rn 2). Auch kann sich die Ermächtigung nur auf das **abgelaufene Geschäftsjahr** beziehen, so dass keine Abschlagszahlungen auf den (stets unsicheren) Gewinn des laufenden Jahres geleistet werden dürfen. Zum Geschäftsjahr s § 39 Abs 2 HGB. Für das vergangene Geschäftsjahr muss ferner ein **vorläufiger** Abschluss aufgestellt worden sein (Abs 2 S 1), der den Erfordernissen des § 242 Abs 3 HGB (Bilanz sowie GuV-Rechnung) entsprechen und die regelmäßigen Bewertungsvorschriften voll beachten muss. Eine Erleichterung besteht lediglich darin, dass Prüfung und Bestätigung des Abschlusses durch den AR noch nicht stattgefunden haben müssen und der Anhang (§§ 264, 284 HGB) sowie der Lagebericht (§§ 264, 289 HGB) noch nicht vorzuliegen brauchen, da der Zeitraum bis zu ihrer Erstellung durch die Abschlagszahlung soll überbrückt werden können; bis zu einem gewissen Grade kann dies durch die erforderliche Zustimmung des AR (Rn 5) ersetzt werden.

§ 59 Abschlagszahlung auf den Bilanzgewinn

Voraussetzung ist schließlich das Vorhandensein eines **Jahresüberschusses** im vorläufigen Abschluss (zum Begriff § 58 Rn 8). Das bedeutet zum einen, dass die in die gesetzliche Rücklage (§§ 150, 300) einzustellenden Beträge abgerechnet worden sein müssen (KölnKomm AktG/*Drygala* Rn 14; MünchKomm AktG/*Bayer* Rn 14), nicht aber die Zuführung zu Kapitalrücklagen iSd §§ 266 Abs 3 A II, 272 Abs 2 HGB, die ergebnisneutral in die Bilanz eingestellt werden (GroßKomm AktG/*Henze* Rn 21; MünchKomm AktG/*Bayer* Rn 14), ebensowenig Gewinnvorträge, über die im endgültigen Abschluss zu befinden ist (K. Schmidt/Lutter AktG/*Fleischer* Rn 7). Zweifelhaft ist, inwieweit die in andere satzungsmäßige Rücklagen eingestellten Beträge abzuziehen sind. Soweit dies durch die HV geschehen soll, wenn sie (ausnahmsweise) den Jahresabschluss feststellen soll (§ 58 Rn 17), sind die hierfür vorgesehenen Beträge abzuziehen (GroßKomm AktG/*Henze* Rn 22; MünchKomm AktG/*Bayer* Rn 15, Spindler/Stilz AktG/*Cahn/von Spannenberg* Rn 12), weil sonst die Satzungsvorschrift über die Rücklagenbildung unterlaufen würde; anders bei Rücklagen, die der Vorstand nach § 58 Abs 3 S 1 bilden darf (§ 58 Rn 4, 5), da er selber dies bei der freien Entscheidung über die Zahlung eines Gewinnabschlags berücksichtigen kann (MünchKomm AktG/*Bayer* Rn 15). Bei Rücklagenbildung auf der Grundlage des § 58 Abs 3 (§ 58 Rn 21) sollte die Verwaltung die anstehende Entscheidung der HV nicht durch Abschlagszahlung im vorhinein beeinflussen, so dass sie für verpflichtet angesehen wird, bei ihrer Entscheidung die voraussichtlich – gerade auch aufgrund ihres Vorschlags – von der HV in die Rücklage einzustellenden Beträge zu berücksichtigen (GroßKomm AktG/*Henze* Rn 22; MünchKomm AktG/*Bayer* Rn 15). Somit kann der Vorstand auch eine statutarische Ermächtigung zu höherer Rücklagendotierung (§ 58 Abs 1, s dazu § 58 Rn 8) nach seinem pflichtgemäßen Ermessen mit einem Vorgehen nach § 59 abstimmen.

3

Von dem nach dem vorigen verbleibenden Teil des Jahresüberschusses darf **höchstens die Hälfte** vorab ausgeschüttet werden, Abs 2 S 2. Zusätzliche Maßzahl zur Bestimmung der Höchstgrenze erlaubter Vorabausschüttung ist die **Hälfte des vorjährigen Bilanzgewinns**, Abs 2 S 3. Dass es hierbei auf den Bilanzgewinn und nicht auf den Jahresüberschuss ankommt, auch nicht auf die Dividende des Vorjahres, zeigt, dass es darum geht, das Recht der HV zur Verteilung des Bilanzgewinns (§ 58 Abs 3) nicht auszuhöhlen.

4

2. Verfahren. Die Entscheidung über eine Abschlagszahlung trifft der (gesamte) **Vorstand** durch Beschl (KölnKomm AktG/*Drygala* Rn 10; GroßKomm AktG/*Henze* Rn 14). Die **Zustimmung** des **AR** ist vorher zu erteilen; hierfür hat der AR die rechtlichen und tatsächlichen Voraussetzungen der Abschlagszahlung zu prüfen, kann seine Zustimmung aber auch aus bloßen Zweckmäßigkeitserwägungen verweigern (K. Schmidt/Lutter AktG/*Fleischer* Rn 9). Bei beiden Entscheidungen ist die Liquiditätssituation der Gesellschaft nach pflichtgemäßem Ermessen zu berücksichtigen. Die Haftung richtet sich nach §§ 93, 116 (GroßKomm AktG/*Henze* Rn 32). Mit dem Beschl des Vorstandes steht den Aktionären ein **Anspruch auf Zahlung** des nach § 60 auf sie entfallenden Betrages gegen Vorlage des Dividendenscheins (§ 58 Rn 32) zu, Henssler/Strohn/*Lange* Rn 4; nach Abtretung des Zahlungsanspruchs (§ 58 Rn 29) gebührt der Abschlag dem Zessionar.

5

III. Verhältnis zum endgültigen Jahresabschluss

6   Da die Abschlagszahlung notwendig erst nach dem Bilanzstichtag geschieht, ist im endgültigen Jahresabschluss der auch bei der Abschlagszahlung zugrunde gelegte Jahresüberschuss maßgeblich, so dass im Abschluss der volle, durch Abschlagszahlungen nicht geminderte Jahresüberschuss auszuweisen ist (KölnKomm AktG/*Drygala* Rn 17; MünchKomm AktG/*Bayer* Rn 18). Hinsichtlich der nach § 58 Abs 2 durch die Verwaltung iRd Feststellung des Abschlusses in andere Rücklagen einzustellenden Beträge tritt durch die Abschlagszahlung die in § 58 Rn 9 erläuterte Bindung ein. Auch die HV muss im Gewinnverwendungsbeschluss (§ 58 Abs 3) bei Entscheidungen über weitere Rücklagenbildung, Gewinnvortrag oder eine andere Gewinnverwendung die zur Deckung der erfolgten Abschlagszahlung erforderlichen Beträge unangetastet lassen, sie kann andererseits über die durch Abschlagszahlung abgeflossenen Mittel oder demnächst abfließenden Mittel nicht noch einmal verfügen (MünchKomm AktG/*Bayer* Rn 19; Spindler/Stilz AktG/*Cahn/von Spannenberg* Rn 13). Diese Grenze kann praktisch werden, wenn der endgültige Jahresabschluss vom vorläufigen wg Unterschieden in der Bewertung abweicht (MünchKomm AktG/*Bayer* Rn 21), s Rn 7. Zu den über § 58 hinausgehenden Satzungsregelungen zur Rücklagenbildung s Rn 3.

7   Wenn der verteilungsfähige **Bilanzgewinn** wider Erwarten so gering ist, dass die Abschlagszahlungen den Jahresgewinn abzgl der zwingend zu beziffernden Rücklagen übersteigt, stellt sich nachträglich das Fehlen der rechtlichen Voraussetzungen des § 59 heraus, die Aktionäre haben den Abschlag unter Verstoß gegen das Verbot der Einlagenrückgewähr erhalten (KölnKomm AktG/*Drygala* Rn 20; MünchKomm AktG/*Bayer* Rn 21). Einer Anfechtung des der Abschlagszahlung zugrunde liegenden Vorstands- oder Aufsichtsratsbeschlusses oder des vorläufigen Jahresabschlusses bedarf es nicht, der Aktionär ist nach § 62 zur Rückzahlung verpflichtet. Dasselbe gilt, wenn bei der Abschlagszahlung die Verfahrensvoraussetzungen (Rn 5) nicht beachtet wurden. Die Rückzahlungspflicht würde aber den Zweck des § 59 verletzen, solange sie auch einen hinsichtlich der Richtigkeit des vorläufigen Abschlusses oder der Korrektheit des Verfahrens gutgläubigen Aktionär träfe; deshalb ist § 62 Abs 1 S 2 entspr anzuwenden (KölnKomm AktG/*Drygala* Rn 20; MünchKomm AktG/*Bayer* Rn 21), bei Ausfall des Rückgewähranspruchs kommt die **Haftung der Verwaltung** (Rn 5) in Betracht (ebenso KölnKomm AktG/*Drygala* Rn 21; Spindler/Stilz AktG/*Cahn/von Spannenberg* Rn 18).

§ 60   Gewinnverteilung

(1) **Die Anteile der Aktionäre am Gewinn bestimmen sich nach ihren Anteilen am Grundkapital.**

(2) [1]**Sind die Einlagen auf das Grundkapital nicht auf alle Aktien in demselben Verhältnis geleistet, so erhalten die Aktionäre aus dem verteilbaren Gewinn vorweg einen Betrag von vier vom Hundert der geleisteten Einlagen.** [2]**Reicht der Gewinn dazu nicht aus, so bestimmt sich der Betrag nach einem entsprechend niedrigeren Satz.** [3]**Einlagen, die im Laufe des Geschäftsjahrs geleistet wurden, werden nach dem Verhältnis der Zeit berücksichtigt, die seit der Leistung verstrichen ist.**

(3) **Die Satzung kann eine andere Art der Gewinnverteilung bestimmen.**

Gewinnverteilung § 60

Übersicht

	Rn		Rn
I. Bedeutung der Vorschrift	1	III. Gewinnverteilung nach der Satzung, Abs 3	5
II. Der gesetzliche Gewinnverteilungsschlüssel	2	1. Umfang der Gestaltungsfreiheit	5
1. Maßgeblichkeit der Beteiligungsverhältnisse	2	2. Gestaltung durch Satzungsänderung, besonders bei Kapitalerhöhung	6
2. Ungleichmäßige Einlagenleistung	3	IV. Sonderfälle und Verstöße	9
3. Anspruch auf Vorabdividende	4		

Literatur: *Groß* Zulässigkeit neuer Aktien mit Gewinnanteilsberechtigung für ein bereits abgelaufenes Geschäftsjahr auch bei Bezugsrechtsausschluss, FS Hoffmann-Becking, 2013, S 395; *Hessler/Glindemann* Die Beteiligung junger Aktien am Gewinn eines abgelaufenen Geschäftsjahrs bei einer Kapitalerhöhung aus genehmigtem Kapital, ZIP 2012, 949; Luther Die genossenschaftliche Aktiengesellschaft, 1978; *Mertens* Zulässigkeit einer Ermächtigung des Vorstands, Aktien mit einem Gewinnbezugsrecht für das abgelaufene Geschäftsjahr auszugeben, FS Wiedemann, 2002, S 1113; *Simon* Rückwirkende Dividendengewährung beim genehmigten Kapital?, AG 1960, 148; *Wündisch* Können junge Aktien mit Dividendenberechtigung für ein bereits abgelaufenes Geschäftsjahr ausgestattet werden?, AG 1960, 320.

I. Bedeutung der Vorschrift

§ 60 betrifft den **Maßstab für die Verteilung des Gewinns** unter die Aktionäre. Da diesbezüglich die Satzung nach Abs 3 Vorrang hat, kommt den Regeln in Abs 1 und 2 nur ergänzende Bedeutung zu. Verteilbar ist der im Verfahren gem § 174 von der HV zur Ausschüttung vorgesehene Bilanzgewinn (§ 58 Abs 5), wobei der Verwendungsbeschluss nur den aufzuteilenden Gesamtbetrag festlegt (§ 58 Rn 27), die Erfüllung der Auszahlungsansprüche der Aktionäre und damit die Verteilung des ausgeschütteten Betrages obliegt dem Vorstand. Hat die Gesellschaft mehrere Aktiengattungen ausgegeben (zum Begriff § 11 Rn 6) und befinden sich unter ihnen Vorzugsaktien (§ 11 Rn 7), so gilt in der betr Aktiengattung die Regel des Abs 1; zur näheren Ausgestaltung des Vorzugs s Rn 5. 1

II. Der gesetzliche Gewinnverteilungsschlüssel

1. Maßgeblichkeit der Beteiligungsverhältnisse. Der subsidiär und damit auch bei Undurchführbarkeit einer Satzungsbestimmung geltende Maßstab für die quotale Beteiligung jedes Aktionärs am Gewinn ist das Verhältnis des **Nennwerts der Aktien** zum Grundkapital; für den Fall, dass die Einlagen nicht auf alle Aktien gleichmäßig eingezahlt sind, gibt Abs 2 eine Sonderregelung, die aber ebenfalls das Prinzip der Gleichbehandlung berücksichtigt (MünchKomm AktG/*Bayer* Rn 2; *Hüffer* AktG Rn 3; Spindler/Stilz AktG/*Cahn/von Spannenberg* Rn 6), mit der Folge, dass der Anteil am Grundkapital als Verteilungsschlüssel nur noch mit der Maßgabe gilt, dass der zur Verteilung vorgesehene Gewinn die Summe überschreitet, die für eine 4 %ige Verzinsung effektiv geleisteter Einlagen ausreicht (KölnKomm AktG/*Drygala* Rn 11). Gleichgültig ist, ob Geld oder Sacheinlagen geleistet sind, sofern die Einlagen der Gesellschafter nur in demselben Verhältnis geleistet sind. Auch ein etwa geleistetes Agio bleibt unberücksichtigt (GroßKomm AktG/*Henze* Rn 9; K. Schmidt/Lutter AktG/*Fleischer* Rn 5; *Hüffer* AktG Rn 3); ist das Aufgeld entgegen den Vorschriften 2 der § 36a Abs 1, 188 Abs 2 noch nicht erbracht, so ändert dies nichts am Verteilungsschlüssel (GroßKomm AktG/*Henze* Rn 14; MünchKomm AktG/*Bayer* Rn 10), gibt der Gesellschaft aber ein Zurückbehaltungsrecht. Anteile am Grundkapital sind auch bei Ausgabe von **Stückaktien** ermittelbar, auf die in einer Änderung des Textes des Abs 1 eingegangen wird (Art 1 Nr 11 StückAG v 25.3.1998, BGBl I, 590). Danach ist bei Stückaktien (s § 8 Abs 3) die Division des Betrages des Grundkapitals durch die Aktienzahl maßgeblich (K. Schmidt/Lutter AktG/*Fleischer* Rn 5). In beiden Fällen sind die Aktionäre nach ihrer quotalen Beteiligung am Grundkapital bzw nach dem Verhältnis der von jedem geleisteten Einlage zum Gesamtbetrag der von den Mitaktionären erbrachten Einlagen am Gewinn beteiligt (näher *Hüffer* AktG Rn 2; GroßKomm AktG/*Henze* Rn 5).

3   **2. Ungleichmäßige Einlagenleistung.** Sind die Einlagen (auch Sacheinlagen) nicht auf alle Aktien gleichmäßig erbracht, wobei es wiederum nicht auf das Agio ankommt (KölnKomm AktG/*Drygala* Rn 14; MünchKomm AktG/*Bayer* Rn 8), das nicht zur Einlage gehört, sondern in die Kapitalrücklage eingestellt wird (GroßKomm AktG/*Henze* Rn 9), gibt **Abs 2** eine Sonderregelung für die Verteilung, die Druck zur Leistung der Einlage ausüben und das gemeinsame Risiko aller Aktionäre bei Störungen in der Kapitalaufbringung betonen soll. Es kommt darauf an, ob die Einlagen geleistet sind, maßgeblich ist dabei die **tatsächliche Erbringung**, nicht die Fälligkeit oder die Einforderung (Spindler/Stilz AktG/*Cahn/von Spannenberg* Rn 16). Vorleistungen auf die Einlage bleiben unberücksichtigt, da sonst ein Aktionär durch Vorleistungen sich gegenüber den anderen Vorteile verschaffen würde, was zum Ausgangsprinzip des Abs 2 nicht passen würde (MünchKomm AktG/*Bayer* Rn 12; KölnKomm AktG/*Drygala* Rn 15). Auf der anderen Seite heißt dies, dass die Bestimmung in Abs 2 S 3, die eine **zeitanteilige Verteilung** vorschreibt, schon dann zur Anwendung kommt, wenn nur ein Aktionär mehr oder weniger oder später geleistet hat als die anderen (GroßKomm AktG/*Henze* Rn 11). Somit nehmen Einlagen, die **im Laufe des Geschäftsjahres** geleistet werden, an der Gewinnverteilung nach Maßgabe des Abs 2 (Rn 4) nicht teil, sondern nur nach dem Verhältnis der Zeit, die zwischen der Leistung und dem Bilanzstichtag vergangen ist (MünchKomm AktG/*Bayer* Rn 12; K. Schmidt/Lutter AktG/*Fleischer* Rn 10; Henssler/Strohn/*Lange* Rn 3). Zur Kapitalerhöhung Rn 4, 6.

4   **3. Anspruch auf Vorabdividende.** Im Fall einer nach Höhe und Zeitpunkt ungleichmäßigen Einlageleistung erhält jeder Aktionär eine Vorabdividende von 4 % seiner Einlage, bei nicht ausreichendem Gewinn entspr weniger. Erreicht werden soll, dass jeder Gesellschafter effektiv die gleiche Verzinsung seiner erbrachten Leistungen unter Berücksichtigung der Leistungszeit erhält. Der übersteigende Gewinn ist im Zweifel nach den Nennwerten zu verteilen. Im Laufe des Geschäftsjahres durch **Kapitalerhöhung** geschaffene junge Aktien nehmen auch nach den gleichen Grundsätzen teil wie die alten. Werden vor dem Bilanzstichtag die neuen Einlageverpflichtungen erfüllt, so ist also insgesamt nach Abs 2 zu verfahren, die neuen Aktionäre werden also bei der Vorabdividende für den Rest des Geschäftsjahres zeitanteilig berücksichtigt (MünchKomm AktG/*Bayer* Rn 13), wenn nicht der Kapitalerhöhungsbeschluss etwas anderes bestimmt, näher Rn 6. Wiederum erhalten die Inhaber der neuen Aktien eine Vorabdividende von 4 % nur für die Zeit seit Leistung ihrer Einlage (ebenso *Hüffer* AktG Rn 5). Zu statutarischen Regelungen s Rn 5.

III. Gewinnverteilung nach der Satzung, Abs 3

1. Umfang der Gestaltungsfreiheit. Dispositiv sind sowohl Abs 1 als auch Abs 2, die Satzung muss aber, was aus dem Ausdruck „bestimmen" gefolgert wird, die Verteilungsmethode zwingend festlegen. Satzungsmäßig kann auch ein bloßer Teilbereich der Gewinnverteilung geregelt werden (KölnKomm AktG/*Drygala* Rn 27; MünchKomm AktG/*Bayer* Rn 14). Die Gestaltungsfreiheit ist groß, sie wird viel genutzt bei **Vorzugsaktien** (näher § 139). Die Frage, ob die Gewinnberechtigung auch ganz **ausgeschlossen** werden kann, ist im Zuge einer Satzungsvorschrift über die vollständige Verwendung des Gewinns für andere Zwecke als Rücklage und Gewinnvortrag grds zu bejahen, § 58 Rn 22, iÜ können einzelne Aktien vom Gewinnbezugsrecht ausgeschlossen werden, wenn die Einlage noch nicht voll geleistet ist (MünchKomm AktG/ *Bayer* Rn 21; *Hüffer* AktG Rn 7). In Ergänzung zur Schaffung von Höchststimmrechten (§ 134 Abs 1 S 2) ist denkbar, solche Aktionäre vom Gewinn auszuschließen, sie mindestens auf eine Gewinnobergrenze zu beschränken, die mehr als einen bestimmten Prozentsatz am Stammkapital halten (für die Zulässigkeit K. Schmidt/Lutter AktG/*Fleischer* Rn 18; MünchKomm AktG/*Bayer* Rn 21). Allerdings steht der Grundsatz der Gleichbehandlung nicht zur Disposition (GroßKomm AktG/*Henze* Rn 17), vielmehr muss eine Ungleichbehandlung bestimmt und geeignet sein, ein rechtlich billigenswertes Ziel zu erreichen und darf die Aktionärsrechte nicht unverhältnismäßig zurückdrängen (im Einzelnen § 53 Rn 6). Eine Ungleichbehandlung durch die Satzung ist dann vom Grundsatz der Privatautonomie gedeckt (*BGH* 84, 303, 310; KölnKomm AktG/*Drygala* § 53a Rn 31). Bei **Nebenleistungsgesellschaften** können die Gewinnansprüche des Aktionärs vom Wert der erbrachten Nebenleistungen (zu ihrem Inhalt § 55 Rn 6) abhängig gemacht werden, bei einer AG mit genossenschaftsähnlichem Charakter ist auch Dividende nach Maßgabe der Höhe der zwischen Gesellschaftern und Aktionär getätigten Umsätze denkbar (*RGZ* 104, 350; *Luther* S 165; *H. Westermann* FS Schnorr von Carolsfeld, S 524; MünchKomm AktG/*Bayer* Rn 21). Im Regelungsbereich des Abs 2 könnte angeordnet werden, dass auch bei unterschiedlicher Einlagenleistung allein die Nennbeträge oder allein die jeweilige Einlagenhöhe maßgeblich sind (MünchKomm AktG/*Bayer* Rn 21). Die verschiedentlich diskutierte statutarische Einführung eines **Präsenzbonus** für die Teilnahme an der HV, die – wie bei einem **Haltebonus** – zu einer disquotalen Gewinnverteilung führt, ist nach Abs 3 möglich, würde aber bei Inhaberaktien auf Schwierigkeiten stoßen, weil Teilnahme- und Divendenrechte hier – anders als bei Namensaktien – nicht auseinanderfallen dürfen (*Klühs* ZIP 2006, 107 ff; K. Schmidt/Lutter AktG/*Fleischer* Rn 18; Grigoleit AktG/ *Rachlitz* Rn 11).

2. Gestaltung durch Satzungsänderung, besonders bei Kapitalerhöhung. Alles das kann auch durch Satzungsänderung angeordnet werden. Jedoch bedarf es der Zustimmung solcher Aktionäre, in deren bestehende Mitgliedschaftsrechte zu ihrem Nachteil eingegriffen werden würde (KölnKomm AktG/*Drygala* Rn 28; GroßKomm AktG/ *Henze* Rn 21; MünchKomm AktG/*Bayer* Rn 19; K. Schmidt/Lutter AktG/*Fleischer* Rn 16; aM *Cahn* ZHR 164 (2000), S 113, 122 ff, jedenfalls für den Fall, dass der Gleichbehandlungsgrundsatz gewahrt bleibt, dann genüge qualifizierte Mehrheit), ein HV-Beschluss mit qualifizierter Mehrheit genügt nicht, Zustimmung aller ist auch bei nachträglicher Einführung eines Präsenzbonus notwendig, Grigoleit AktG/*Rachlitz* Rn 11. Bei Satzungsänderung durch **Kapitalerhöhung** nimmt die **hM** an, dass im Änderungsbeschluss gleichzeitig über die Art der Gewinnberechtigung der neuen

§ 60 Gewinnverteilung

Aktien entschieden werden könne (KölnKomm AktG/*Drygala* Rn 32; MünchKomm AktG/*Bayer* Rn 22); gegen frühere Einwände wird zu Recht darauf hingewiesen, dass die Inhaber der „alten" Aktien durch ihr Bezugsrecht sich an dem Vorzug der „jungen" Aktien beteiligen können (MünchKomm AktG/*Bayer* Rn 23; *Hüffer* AktG Rn 9), was dann aber auch erforderlich ist (K. Schmidt/Lutter AktG/*Fleischer* Rn 17). Dann ist eine Zustimmung jedes betroffenen Alt-Aktionärs entbehrlich. Das führt zu der Frage, ob bei einem **Bezugsrechtsausschluss** eine Besserstellung der neuen Aktionäre im Hinblick auf die Gewinnverteilung ohne die Zustimmung der Alt-Aktionäre möglich ist. Es mag Umstände geben, die eine solche Benachteiligung auch gegen ihren Willen im Interesse der Gesellschaft als geboten erscheinen lassen, dies unterliegt dann aber der Kontrolle iRd Kriterien für den Ausschluss des Bezugsrechts als solchen (*BGHZ* 71, 40, 44; 83, 319, 321; 125, 239, 242), in deren Rahmen insb geprüft wird, ob die Verwässerung der Rechte der Alt-Aktionäre im Interesse des Unternehmenswohls erforderlich ist (GroßKomm AktG/*Henze* Rn 24; MünchKomm AktG/ *Bayer* Rn 24). Die Kriterien sind hier streng anzuwenden (KölnKomm AktG/*Drygala* Rn 35). Sicherheit kann insoweit also nur eine Satzungsregelung schaffen (*Hüffer* AktG Rn 9; MünchKomm AktG/*Bayer* Rn 28).

7 In der Praxis wird den jungen Aktien häufig ein volles Gewinnbezugsrecht für das ganze laufende Geschäftsjahr eingeräumt (KölnKomm AktG/*Drygala* Rn 33, 34; *Hüffer* AktG Rn 10; MünchKomm AktG/*Bayer* Rn 22), weil die Regelung auf der Grundlage eines Anspruchs auf eine Vorabdividende wenig attraktiv erschiene. Die darin liegende Benachteiligung der bisherigen Aktionäre ist wiederum nur unbedenklich, solange nicht das Bezugsrecht ausgeschlossen wird. Von der wohl **hM** wird der HV mit einer Ermächtigung durch die Satzung auch das Recht eingeräumt, bei einer Kapitalerhöhung auch für ein im Zeitpunkt des Beschl bereits abgelaufenes Geschäftsjahr den neuen Aktionären ein Gewinnbezugsrecht einzuräumen (GroßKomm AktG/ *Henze* Rn 38; *Hüffer* AktG Rn 10; schon früher *Simon* AG 1960, 148; *Wündisch* AG 1960, 320 f; MünchKomm AktG/*Bayer* Rn 3; **aM** aber *Mertens* FS Wiedemann, S 1113 ff; dem folgend Spindler/Stilz AktG/*Cahn* Rn 28). Dies kann allerdings nicht gelten, wenn die HV bereits nach § 174 wirksam über die Verwendung des Bilanzgewinns beschlossen hatte (*Hüffer* AktG Rn 10 mit dem zusätzlichen Erfordernis, dass die Kapitalerhöhung noch nicht im HR eingetragen ist). Die **hM** führt also dazu, in das nach Abschluss des Geschäftsjahres bestehende Mitgliedschaftsrecht der Aktionäre auf Beteiligung am Gewinn einzugreifen. Zwar steht vor dem Gewinnverwendungsbeschluss dem Aktionär noch kein Zahlungsanspruch zu (§ 58 Rn 29), aber dies berechtigt nicht dazu, in die Grundlagen des Beteiligungsanspruchs, die ja auch nicht durch beliebige Rücklagenbildung seitens der Verwaltung verkürzt werden dürfen, mit Rückwirkung einzugreifen (*Mertens* FS Wiedemann, S 1117 ff). Das wird durch die mehr begriffliche Argumentation, vor dem Verwendungsbeschluss sei der Ausschüttungsbetrag eine reine Rechengröße, die niemandem ein Recht gebe (KölnKomm AktG/*Drygala* Rn 49; GroßKomm AktG/*Henze* Rn 30), nur verdeckt. Die hM bleibt also bedenklich, wenn man nicht das Teilhaberecht der Aktionäre, das einer rückwirkenden Gewinnanteilsberechtigung neuer Aktien entgegenstehen soll, immer von der Feststellung des Jahresabschlusses abhängig macht, die, wenn sie mit dem Kapitalerhöhungsbeschluss die Gewinnzuteilung verbindet, zugleich die nach § 60 Abs 3 erforderliche Satzungsbestimmung schaffe (*Henssler/Glindemann* ZIP 2012, 949 ff; *Groß* FS Hoffmann-Becking, S 395, 399 ff). Nicht ganz zu leugnen sind freilich die Beden-

Gewinnverteilung § 60

ken für den Fall, dass bei der Kapitalerhöhung das Bezugsrecht ausgeschlossen wird (*Hüffer* AktG Rn 10; ähnlich K. Schmidt/Lutter AktG/*Fleischer* Rn 17). Die Vorstellung, der hierin liegende rückwirkende Eingriff in die Grundlagen des Gewinnanspruchs könne iRd Prüfung der Voraussetzungen des Bezugsrechtsausschlusses gewürdigt werden, reicht für den Fall der Beteiligung der jungen Aktien am Gewinn des laufenden Geschäftsjahres (Rn 6) aus, nicht aber für den weitergehenden rückwirkenden Eingriff, zumal die neueste Entwicklung der Judikatur zu den Wirksamkeitsvoraussetzungen eines Bezugsrechtausschlusses die Handlungsfreiheit der Verwaltung deutlich erweitert hat (*Mertens* FS Wiedemann, S 1124 f; auch insoweit anders *Groß* aaO, S 407 ff; *Henssler/Glindemann* aaO).

Bei **Kapitalerhöhung** aus **Gesellschaftsmitteln** trifft § 217 Abs 1 eine Sonderregelung **8** dahin, dass die neuen Aktien im Zweifel am Gewinn des Geschäftsjahres voll teilnehmen, in dessen Verlauf die Erhöhung beschlossen worden ist. IRd § 217 Abs 2 ist auch ein Beschl möglich, wonach die neuen Aktien am Gewinn eines abgelaufenen Geschäftsjahres teilnehmen. Dies ist allerdings insofern ein Sonderfall, als hierbei nicht ein Teilhaberecht der Alt-Aktionäre gefährdet wird (so auch *Mertens* FS Wiedemann, S 1113, 1114 f, der deshalb auch einen Umkehrschluss für das in Rn 7 erörterte Problem zieht, ebenso GroßKomm AktG/*Hirte* § 217 Rn 14). Beim **genehmigten Kapital** bestimmt nach § 204 Abs 1 die Verwaltung über den Inhalt der Mitgliedschaftsrechte, so dass die Altaktionäre geringeren Schutz genießen. Aus den nur geringfügigen Beschränkungen der Befugnis in § 204 Abs 2 wird wiederum geschlossen, dass über § 60 Abs 2 hinaus Beginn und Umfang der Gewinnbeteiligung der neuen Aktien festgelegt werden können (KölnKomm AktG/*Drygala* Rn 51; Zweifel bei MünchKomm AktG/*Bayer* Rn 30, der hierfür sachliche Rechtfertigung fordert). Aber auch hier bildet die ordnungsmäßig beschlossene Gewinnverteilung für abgelaufene Geschäftsjahre die Grenze der Gestaltungsfreiheit (*Mertens* FS Wiedemann, S 1125 f; gegen die Kompetenz der Verwaltung zur Gewinnzuteilung an die neuen Aktien *Wachter* AktG/*Servatius* Rn 9).

IV. Sonderfälle und Verstöße

§ 60 kommt nicht zum Zuge, wenn im Rahmen eines **Gewinnabführungsvertrages** oder **9** infolge einer **Eingliederung** kein Bilanzgewinn entsteht und Leistungen an die herrschende bzw die Hauptgesellschaft nach §§ 291 Abs 3 bzw 323 Abs 2 von den Schranken gem § 60 wie vom Kapitalerhaltungsgebot freigestellt sind. Dies gilt beim Teil-Gewinnabführungsvertrag aber nicht für den vom Vertrag nicht betroffenen Teil, und generell nur für Leistungen aufgrund der vertraglichen Unternehmensverbindung. Bei Vorliegen eines der gesetzlichen Tatbestände, durch die ein Aktionär vom Gewinnbezugsrecht ausgeschlossen wird (zB §§ 21 Abs 4 S 1, 71b, 71d S 4, 328 sowie Tatbeständen des WpHG), geht man davon aus, dass die an sich auf den ausgeschlossenen Aktionär entfallende Dividende anteilig den Mitaktionären zukommt (GroßKomm AktG/ *Henze* Rn 36; differenzierend für die Fälle des Unterlassens vorgeschriebener Mitteilungen MünchKomm AktG/*Bayer* Rn 37), in welchem Fall Gewinnbezugsrechte nicht geltend gemacht werden können, bevor die Mitteilung nachgeholt ist (Spindler/Stilz AktG/*Cahn* Rn 30). **Gewinnverzicht** eines oder mehrerer Aktionäre ist möglich, der auf sie entfallende Teil kommt dann den anderen zugute (KölnKomm AktG/*Drygala* Rn 66; Grigoleit AktG/*Rachlitz* Rn 14; *Hüffer* AktG Rn 11). Zum **Ruhen** des Gewinnbezugsrechts s § 58 Rn 27.

Westermann

10 Bei **Verstößen des Gewinnverwendungsbeschlusses** gegen die dafür geltenden Bestimmungen ist möglicherweise der Beschl angreifbar, zu den Folgen § 58 Rn 31. Geht der Beschl über die Aufgabe hinaus, nur den zur Verteilung bestimmten Betrag festzulegen (Rn 1), wendet er etwa eine satzungsmäßige Regelung nach Abs 3 falsch an oder beruht er auf einer insoweit unwirksamen Satzungsbestimmung, so vermag er den Zahlungsanspruch des Aktionärs nicht einzuschränken oder zu beseitigen. Der Aktionär braucht daher keine Anfechtungsklage zu erheben, sondern kann seinen Gewinnanspruch einklagen (KölnKomm AktG/*Drygala* Rn 71; GroßKomm AktG/*Henze* Rn 33, 35). Eine dennoch erhobene Anfechtungsklage (für ihre Zulassung *LG Köln* AG 1981, 81 f) kann in eine Leistungsklage umgedeutet werden.

§ 61 Vergütung von Nebenleistungen

Für wiederkehrende Leistungen, zu denen Aktionäre nach der Satzung neben den Einlagen auf das Grundkapital verpflichtet sind, darf eine den Wert der Leistungen nicht übersteigende Vergütung ohne Rücksicht darauf gezahlt werden, ob ein Bilanzgewinn ausgewiesen wird.

Übersicht

	Rn			Rn
I. Zweck und Anwendungsbereich	1		2. Maßstab	3
II. Vergütung für Nebenleistungen	2		3. Charakter des Anspruchs	4
1. Bestimmung durch die Satzung	2	III.	Verstöße	5

I. Zweck und Anwendungsbereich

1 Die Vorschrift betrifft Vergütungen, die an Aktionäre gezahlt werden sollen; sie ist nötig, weil dies an sich nach den Grundsätzen der Kapitalerhaltung unzulässig wäre (§ 57 Rn 5) und verhindert werden soll, dass die Aktionäre für die ihnen obliegenden Nebenleistungen ohne Entgelt bleiben (MünchKomm AktG/*Bayer* Rn 1), für bloß klarstellende Funktion Spindler/Stilz AktG/*Cahn* Rn 2. Gedacht ist an Vergütungen für den Aktionären nach der Satzung obliegende **Nebenleistungen** (§ 55), somit decken sich §§ 55 und 61 im Anwendungsbereich. Die Vorschrift betrifft Nebenleistungen, die, ohne Einlage zu sein, das Vermögen der Gesellschaft über das Grundkapital hinaus erhöhen; auf die Zahlung von Entgelten für nicht-kooperative, individualvertraglich vereinbarte Leistungen der Aktionäre findet § 61 keine Anwendung (MünchKomm AktG/*Bayer* Rn 3; GroßKomm AktG/*Henze* Rn 4; K. Schmidt/Lutter AktG/*Fleischer* Rn 4), ebensowenig auf Schadensersatzansprüche eines Aktionärs im Zusammenhang mit dem Nebenleistungsverhältnis (KölnKomm AktG/*Drygala* Rn 4).

II. Vergütung für Nebenleistungen

2 **1. Bestimmung durch die Satzung.** Die **Satzung** muss bestimmen, ob die Nebenleistung entgeltlich zu erbringen sind, sie braucht aber Art und Höhe des Entgelts nicht im Einzelnen festzulegen, es genügt die Bestimmung eines Rahmens (§ 55 Rn 4). Bestimmt die Satzung nichts, und ist nicht anzunehmen, dass die Nebenleistungen unentgeltlich erbracht werden sollen, ist ein angemessenes Entgelt geschuldet. Bei Satzungen, die aus der Zeit vor der Änderung des jetzigen § 55 stammen und eine Nebenleistung festlegen, ohne sich zur Entgeltfrage zu äußern, darf die Verwaltung eine angemessene Vergütung zahlen, § 10 EGAktG (KölnKomm AktG/*Drygala*

Rn 5). Die Vergütung kann in der Satzung festgelegt werden, zweckmäßiger mit Rücksicht auf Wertschwankungen ist die Zuständigkeit des Vorstandes, die gegeben ist, wenn nicht die Satzung etwas anderes bestimmt, etwa die Mitwirkung des AR oder die Entscheidung durch Dritte gem § 317 BGB (KölnKomm AktG/*Drygala* Rn 7; MünchKomm AktG/*Bayer* Rn 7).

2. Maßstab. In jedem Fall darf die Gesellschaft nicht mehr vergüten als den **Wert der Leistungen.** Darunter ist der objektive Wert zu verstehen, also – wenn vorhanden – der Marktpreis, sonst der günstigste Preis, zu dem die Gesellschaft die Leistung hätte anderweit beschaffen können. Ob die Gesellschaft einen Bilanzgewinn ausweisen kann, ist bedeutungslos. Nach früherer Auffassung können die Verwaltung und auch die Satzung nicht eine **Mindestvergütung** festlegen (*RGZ* 48, 105; für geltungserhaltende Reduktion auf die Maßstäbe des § 61 aber KölnKomm AktG/*Drygala* Rn 8; MünchKomm AktG/*Bayer* Rn 6; Spindler/Stilz AktG/*Cahn* Rn 9). Eine durch die Satzung festgelegte Vergütung kann mit satzungsändernder Mehrheit angehoben, ohne die Zustimmung der betreffenden Aktionäre aber nicht herabgesetzt werden. 3

3. Charakter des Anspruchs. Der Anspruch auf die Vergütung hat, da seine Grundlage in der Satzung liegt, **mitgliedschaftlichen Charakter**, kann also vom Anteilsrecht nicht getrennt werden. Wenn aber die betr Nebenleistung erbracht ist und der Vergütungsanspruch inhaltlich bestimmt ist, ist er wie der Dividendenanspruch (§ 58 Rn 28) als Gläubigerrecht übertragbar und verpfändbar (KölnKomm AktG/*Drygala* Rn 16); zur Abtretung als künftiges Recht s ebda. 4

III. Verstöße

Jede über den Wert hinausgehende oder nicht durch die Satzung begründete Vergütung für eine Nebenleistung ist verbotene Einlagenrückgewähr. Die Folgen verbotswidriger Zahlung ergeben sich aus § 62, wobei sich der Aktionär nicht auf guten Glauben berufen kann, da die Vergütung keine Dividendenzahlung darstellt (MünchKomm AktG/*Bayer* Rn 14; GroßKomm AktG/*Henze* Rn 15; Spindler/Stilz AktG/*Cahn* Rn 12), anders allenfalls dann, wenn die Vergütung direkt aus Bilanzgewinn gezahlt wurde (Schmidt/Lutter AktG/*Fleischer* Rn 10).Verpflichtungen der Gesellschaft zur Leistung einer dem § 61 widersprechenden Vergütung sind **nichtig**; wenn dies nicht auch die Begr der Nebenleistungspflicht als solche erfasst, ist eine Reduzierung des Vergütungsanspruchs auf eine objektiv angemessene Höhe möglich (KölnKomm AktG/*Drygala* Rn 13). 5

§ 62 Haftung der Aktionäre beim Empfang verbotener Leistungen

(1) ¹Die Aktionäre haben der Gesellschaft Leistungen, die sie entgegen den Vorschriften dieses Gesetzes von ihr empfangen haben, zurückzugewähren. ²Haben sie Beträge als Gewinnanteile bezogen, so besteht die Verpflichtung nur, wenn sie wussten oder infolge von Fahrlässigkeit nicht wussten, dass sie zum Bezug nicht berechtigt waren.

(2) ¹Der Anspruch der Gesellschaft kann auch von den Gläubigern der Gesellschaft geltend gemacht werden, soweit sie von dieser keine Befriedigung erlangen können. ²Ist über das Vermögen der Gesellschaft das Insolvenzverfahren eröffnet, so übt während dessen Dauer der Insolvenzverwalter oder der Sachwalter das Recht der Gesellschaftsgläubiger gegen die Aktionäre aus.

Westermann

(3) ¹Die Ansprüche nach diesen Vorschriften verjähren in zehn Jahren seit dem Empfang der Leistung. ²§ 54 Abs. 4 Satz 2 findet entsprechende Anwendung.

Übersicht

	Rn		Rn
I. Allgemeines	1	5. Klagebefugnis des Vorstandes und der Aktionäre	10
1. Normzweck	1		
2. Systematik	2	III. Haftung gegenüber den Gläubigern der AG, Abs 2	11
II. Rückforderungsrecht der AG, Abs 1	3	1. Anspruch der Gesellschaft	11
1. Eigenständiger gesellschaftsrechtlicher Anspruch	3	2. Geltendmachung in der Insolvenz	15
2. Schuldner des Anspruchs	5	IV. Verjährung, Abs 3	16
3. Inhalt des Anspruchs	7	1. Verjährungsfrist	16
4. Schutz gutgläubiger Aktionäre	8	2. Neubeginn der Verjährung	17

Literatur: *Altmeppen* Dritte als Adressaten der Kapitalerhaltungs- und Kapitalersatzregeln in der GmbH, FS Kropff, 1997, S 641; *Bommert* Verdeckte Vermögensverlagerungen im Aktienrecht, 1989; *Cahn* Kapitalerhaltung im Konzern, 1998; *Flume* Der Gesellschafter und das Vermögen der Kapitalgesellschaft und die Problematik der verdeckten Gewinnausschüttung, ZHR 144 (1980), 18; *Ganske* Das Zweite gesellschaftsrechtliche Koordinierungsgesetz vom 13. Dezember 1978, DB 1978, 2463; *Joost* Grundlagen und Rechtsfolgen der Kapitalerhaltungsregeln in der GmbH, ZHR 148 (1984), 27; *H. P. Müller* Bilanzrecht und Organverantwortung, FS Quack, 1991, S 345; *Mylich* Rückgewähranspruch einer AG nach Ausschüttung oder Abführung von Scheingewinnen, AG 2011, 765; *Thiessen* Zur Neuregelung der Verjährung im Handels- und Gesellschaftsrecht, ZHR 168 (2004), 503; *Ulmer* Gesellschafterhaftung gegenüber der GmbH bei Vorteilsgewährung unter Verstoß gegen § 30 Abs 1 GmbHG, FS 100 Jahre GmbHG, 1992, S 363; *Wiesner* Übergang des Rückgewähranspruchs nach § 62 Abs 1 AktG auf den Aktienerwerber, FS Th. Raiser, 2005, S 471 ff; *Wilhelm* Die Vermögensbildung bei der Aktiengesellschaft und der GmbH und das Problem der Unterkapitalisierung, FS Flume II, 1978, S 337.

I. Allgemeines

1. Normzweck. Die Vorschrift regelt die gesellschaftsrechtlich begründete Rückgewährpflicht der Aktionäre gegenüber der Gesellschaft, die als Forderung der Gesellschaft gem Abs 2 auch von den Gläubigern geltend gemacht werden kann (insofern dann auch **Außenhaftung** der Aktionäre). Aufgrund der zweiten EG-RL wurde mit DurchfG vom 13.12.1978 (BGBl I S 1959 ff) der Ausschluss der Rückgewährpflicht bei unmittelbar bezogenen Gewinnanteilen auf jeden Fall eines fahrlässigen Bezuges ausgedehnt. Wichtig ist auch die Änderung des Abs 3 durch die Schuldrechtsmodernisierung (Gesetz vom 9.12.2004, BGBl I S 3214).

2. Systematik. Systematisch besteht eine enge Verbindung zu § 57, da § 62 den Rückgewähranspruch normiert, der aus der Verletzung des § 57 folgt. Die sonst uU einschlägigen §§ 812 ff BGB kommen daher nicht in Betracht, auch nicht §§ 818 ff BGB, so bereits *BGH* AG 2013, 431 und dazu § 57 Rn 48; Henssler/Strohn/*Lange* Rn 4, weil das verbotswidrige Verpflichtungs- wie auch das Verfügungsgeschäft als wirksam angesehen werden. Auch auf Verschulden des Empfängers kommt es außerhalb von Abs 1 S 2 nicht an (*Wiesner* FS Th. Raiser, 2005, S 471 f; Spindler/Stilz AktG/*Cahn* Rn 4). Ein Recht der Gläubiger gem Abs 2 besteht nicht, soweit eine Rückgewährpflicht der Aktionäre gem Abs 1 nicht gegeben ist. § 57 stellt nicht die einzige Verbotsnorm dar; über die Festlegung der Rechtsfolgen eines Verstoßes gegen §§ 57, 58 Abs 5 hinaus ist § 62 generell anwendbar bei Verstößen gegen die **aktienrechtliche Vermögensbindung**, etwa nach §§ 71 ff oder §§ 225 Abs 2, 230, auch bei Fehlen eines Gewinnverwendungsbeschlusses (MünchKomm AktG/*Bayer* Rn 36; *Hüffer* AktG Rn 7). Auf die Art der dem Aktionär erbrachten Leistung kommt es nicht an. Das bedeutet weiter, dass § 62 – ggf mit zu modifizierenden Rechtsfolgen – auch eingreifen kann bei Zuwendung an Dritte, die einem Gesellschafter nahestehen (§ 57 Rn 8 ff, 50), bei Leistungen an einen Aktionär aber auch dann nicht, wenn es sich dabei um Rechtsgeschäfte ohne Grundlage im Gesellschaftsverhältnis handelt, näher dazu § 57 Rn 5.

II. Rückforderungsrecht der AG, Abs 1

1. Eigenständiger gesellschaftsrechtlicher Anspruch. Aus Wortlaut und Systematik 3 wird der Schluss gezogen, dass es sich um einen eigenständigen gesellschaftsrechtlichen Rückgewähranspruch der Gesellschaft, nicht um eine Kondiktion handelt (*Flume* ZHR 144 (1980), 18, 27; GroßKomm AktG/*Henze* Rn 11; MünchKomm AktG/*Bayer* Rn 7; für das frühere Recht anders *RG* HRR 1937 Nr 13), was die Einzelheiten der Rückabwicklung beeinflusst (KölnKomm AktG/*Drygala* Rn 17; **aM** *Bommert* Verdeckte Vermögensverlagerungen im Aktienrecht, S 100 ff). Aufgrund der Art der Vermögensbindung bei der AG ist hier bei allen Leistungen an einen Aktionär, denen kein ordnungsmäßig gefasster und den Voraussetzungen der §§ 57 ff entspr oder nur ein wirksam angefochtener Verwendungsbeschluss zugrunde liegt, stets das Kapitalerhaltungsgebot verletzt, und der gesellschaftsrechtliche Rückgewähranschluss greift ein. Das gilt auch in den Fällen verdeckter Einlagenrückgewähr (§ 57 Rn 20 ff) sowie dann, wenn einem „räuberischen"Aktionär seine Klagerechte „abgekauft" wurden (*BGH* NJW 1992, 2821; *OLG Köln* DStR 1991, 885; auch dazu § 57 Rn 18 f). § 62 greift auch ein, wenn entgegen § 59 Abschlagszahlungen geleistet wurden. Der gesellschaftsrechtliche Anspruch aus § 62 ist auch zu unterscheiden vom Anspruch aus **§ 143 InsO** nach Anfechtung einer als unentgeltlich zu qualifizierenden Ausschüttung von aufgrund der Regeln über Jahresabschluss und Gewinnfeststellung nicht korrekt ausgewiesenen Gewinnen. Die Anwendbarkeit des § 143 InsO neben § 62 (dazu *BGHZ* 165, 343, 349; *Servatius* in Wachter Rn 3) sollte davon abhängen, ob die Privilegierung des gutgläubig auf seinen Gewinnanspruch vertrauenden Aktionärs (§ 62 Abs 1 S 2) in der Insolvenz der Gesellschaft Bestand haben kann angesichts des Umstandes, dass es sich hier auch um den Schutz der Gesellschaftsgläubiger handelt. Diese Frage (mit *Mylich* AG 2011, 765, 768) zu bejahen, bedeutet, dass der Aktionär, der sich nicht auf Gutgläubigkeit hinsichtlich seiner Gewinnbezugsrechte berufen kann, immerhin eine Entreicherung geltend machen kann (§ 143 Abs 2 S 1 InsO), ähnlich, wenn ihm nicht bewusst war, dass die ihm nicht zustehende – also insoweit unentgeltliche – Leistung die Gläubiger benachteiligt (*Mylich* S 769).

Die Eigenständigkeit des Rückgewähranspruchs steht nicht entgegen, dass **gesell-** 4 **schaftsrechtliche**, hauptsächlich formale **Mängel** eines Gewinnverwendungsbeschlusses wie etwa Nichtigkeit oder erfolgreiche Anfechtung iRd § 241 Nr 5 auf dem dafür vorgesehenen Weg **geheilt** werden können, wodurch der auch in diesen Fällen gegebene Verstoß der Auszahlung gegen §§ 57, 62 nunmehr rückwirkend beseitigt ist (MünchKomm AktG/*Bayer* Rn 36; *Hüffer* AktG Rn 7). Aus der gesellschaftsrechtlichen Natur des Anspruchs folgt weiter, dass er auch besteht, wenn die Gesellschaft schon vor dem nichtigen oder später für nichtig erklärten Verteilungsbeschluss gezahlt hat. Der Nichtigkeit oder erfolgreichen Anfechtung eines Gewinnverwendungsbeschlusses steht aber bloße **Anfechtbarkeit** nicht gleich (KölnKomm AktG/*Drygala* Rn 47MünchKomm AktG/*Bayer* Rn 37; **aM** noch *RGZ* 32, 96; Rückgewähr ist dann aufgrund der ex-tunc-Wirkung einer Nichtigerklärung vorbehaltlich des Gutglaubensschutzes geschuldet). Die **Deliktsvorschriften** des BGB finden auf die bloß verbotswidrige Auszahlung keine Anwendung, zumal eine Eigentumsverletzung kaum vorliegen wird; wenn allerdings die Voraussetzungen einer deliktischen Handlungsweise, etwa § 823 Abs 2 oder § 826 BGB, insb **Verschulden**, vorliegen, kommt ein Schadensersatzanspruch in Betracht, was über die bloße Rückgewähr hinaus auch eine Zinsforderung bedeutet (*Flume* ZHR 144 (1980), 27; GroßKomm AktG/*Henze* Rn 63), auch Unterschiede hinsichtlich der Verjährung. Dies kann bei unzulässigen Sonderzahlungen einer durch opponierende Aktionäre in eine Notlage manövrierten Gesellschaft (dazu § 57 Rn 18 f), praktisch werden, ferner bei verdeckten Gewinnausschüttungen (*Flume* ZHR 144 (1980), 27). Auch bei verdeckter Einlagenrückgewähr unter Einschaltung von Dritten haften diese unter den dafür gegebenen Voraussetzungen (§ 57 Rn 50, 51) nach § 62, sie unterliegen also nicht einer Vindikation oder Kondiktion. Hingegen war der Rückgewähranspruch der AG nach einer verdeckten Sacheinlage kein Fall der §§ 62, 66 Abs 2 (*BGHZ* 173, 149), s jetzt aber § 27 Abs 3 S 2 und dazu KölnKomm AktG/*Drygala* Rn 10. Zur Leistung auf Schuldverhältnisse, die ebenso auch zwischen der Gesellschaft und einem Dritten bestehen könnten, s Rn 2; leiden solche Rechtsbeziehungen an allg Gültigkeitsmängeln, so sind sie nach den gewöhnlichen Regeln des bürgerlichen Rechts rückabzuwickeln. Konkurrenz besteht auch zu Ansprüchen gegen den Aktionär aus § 117 wg Ausnutzung seines Einflusses auf Organmitglieder (GroßKomm AktG/*Henze* Rn 63); s auch den in § 57 Rn 19a behandelten Fall. Ein Gesetzesverstoß mit der Folge der Rückgewährpflicht des Aktionärs kann sich auch aus §§ 225 Abs 2, 230, 232 f, 237 Abs 2 ergeben, ferner kommen die verschiedenen Fälle des Ruhens der Rechte aus der Aktie (§§ 20 Abs 7, 56 Abs 3 S 2, 71b, 71d) in Betracht. Schließlich gehören hierher Verstöße gegen gesetzliche Regeln über Gewinnverwendung und Rücklagenbildung, ferner gegen Satzungsbestimmungen über die Verwendung des Jahresüberschusses oder den Gewinnverteilungsschlüssel, wenn aus dem Verstoß Nichtigkeit des Auszahlungsbeschlusses folgt (MünchKomm AktG/*Bayer* Rn 38; Schmidt/Lutter AktG/*Fleischer* Rn 7).

5 **2. Schuldner des Anspruchs.** Schuldner des Anspruchs ist der Aktionär, der die verbotene Leistung erhalten hat, soweit seine Mitgliedschaft in diesem Zeitpunkt bestand. Allerdings genügt Leistung an einen ehemaligen Aktionär, wenn die Gesellschafterstellung für die Leistung an ihn bestimmend war, ebenso bei Zuwendung an eine Person, deren Eintreten in den Aktionärskreis unmittelbar bevorsteht (MünchKomm AktG/*Bayer* Rn 13; Spindler/Stilz AktG/*Cahn* Rn 8); zu den Anwendungsfällen s bereits § 57 Rn 5, 9 f), was allerdings voraussetzt, dass eine solche Zuwendung bereits auf die künftige Aktionärsstellung Bezug hat (*OLG Frankfurt* AG 1996, 324 f mit Kurzkommentar *Fleischer* EWiR 1996, 197; *OLG Hamburg* AG 1980, 275, 278), wie es bei der Finanzierung eines Beteiligungserwerbs vorkommen kann (näher *H.P. Westermann/Wilhelmi* DZWIR 1996, 249). Haben mehrere Aktionäre verbotswidrige Leistungen empfangen, schuldet jeder nur seinen Teil, da er nur insoweit an einem Verstoß mitgewirkt hat (KölnKomm AktG/*Drygala* Rn 42; MünchKomm AktG/*Bayer* Rn 28); anders, wenn ein Aktionär als Treuhänder oder Strohmann eines Dritten

gehandelt hat (KölnKomm AktG/*Drygala* Rn 36). Ein Vormann des Empfängers (§ 65 betrifft rückständige Einlagen und passt hier nicht) und ein Erwerber der Mitgliedschaft haften nicht (KölnKomm AktG/*Drygala* Rn 39; GroßKomm AktG/*Henze* Rn 38; am *Wiesner* FS Th. Raiser, S 471, 475 ff). Im letzteren Fall haftet aber der ehemalige Aktionär weiter (GroßKomm AktG/*Henze* Rn 38; MünchKomm AktG/*Bayer* Rn 27). Es haftet also nicht einfach der jeweilige Aktionär unabhängig davon, ob er an dem Verstoß teilhat.

Wie zu § 57 (dort Rn 9 ff, 38 ff, 49 f) kommt uU auch eine Haftung **Dritter** in Betracht. Allerdings setzt dies voraus, dass die Leistung an einen Dritten wirtschaftlich dem Aktionär zugerechnet werden muss, weil dieser als der eigentliche Empfänger und Adressat des Kapitalerhaltungsgebots zu sehen ist (Schmidt/Lutter AktG/*Fleischer* Rn 10; Spindler/Stilz AktG/*Cahn* Rn 9). Kriterien sind dabei hauptsächlich der wirtschaftliche Vorteil des Aktionärs durch die Vermögensminderung auf Seiten der AG, zum anderen die Veranlassung der Zuwendung an den Dritten durch den Aktionär (*OLG Hamburg* WM 1987, 1163, 1167; *OLG Frankfurt* AG 1996, 324; Schmidt/Lutter AktG/*Fleischer* Rn 10; differenzierend Spindler/Stilz AktG/*Cahn* Rn 9, wobei ein wirtschaftlicher Vorteil des Aktionärs darin gesehen wird, dass er wie ein Rechtsinhaber über die Zuwendung verfügt). Wenn auch Nießbraucher oder der Inhaber eines atypischen Pfandrechts hierher gerechnet werden (GroßKomm AktG/*Henze* Rn 28; MünchKomm AktG/*Bayer* Rn 19; *Hüffer* AktG Rn 5), so ist darauf zu achten, dass eine Gleichstellung mit der Aktionärsrolle nicht ohne schwerwiegende Gründe, die weitgehend auf Umgehungsverdacht hinauslaufen, angenommen werden kann (zurückhaltend auch *BGH* NJW 1992, 2821); dasselbe gilt für die Einschaltung von Ehegatten und Verwandten (weitergehend auch insoweit MünchKomm AktG/*Bayer* Rn 20; *Hüffer* AktG, Rn 5; abl jedoch Schmidt/Lutter AktG/*Fleischer* Rn 15; Spindler/Stilz AktG/*Cahn* Rn 12, so dass auch insoweit auf eine Veranlassung abgestellt wird). Nicht wie ein Aktionär zu behandeln ist der Inhaber eines Dividenden- oder Genussscheins oder ein Tantieme-Berechtigter, da der Grund für die Rückforderung gem § 62 in der Mitgliedschaft liegt (KölnKomm AktG/*Drygala* Rn 20); insoweit kommen bei Mängeln der Leistungsgrundlage aber Bereicherungsansprüche in Betracht. Im Rahmen von **Unternehmensverbindungen** ist das herrschende Unternehmen, dessen Tochter eine aktienrechtswidrige Zuwendung empfangen hat, ebenso die Tochter selber, zur Rückgewähr verpflichtet; hier setzt sich die Vorstellung von einer wirtschaftlichen Einheit des Konzerns durch (*BGH* NJW 1992, 2821; MünchKomm AktG/*Bayer* Rn 22, 23), während es bei Auszahlungen an Schwestergesellschaften einer dahingehenden Einflussnahme des Aktionärs bedarf (Spindler/Stilz AktG/*Cahn* Rn 10; MünchKomm AktG/*Bayer* 22), die idR sehr nahe liegen wird (für Vermutung (Spindler/Stilz AktG/*Cahn* Rn 10).

3. Inhalt des Anspruchs. Inhaltlich geht der Anspruch nach dem Gesetzeswortlaut auf **Rückgewähr** des Empfangenen. Das bedeutet Rückzahlung von Geld und Rückübereignung von Sachwerten, was aber lediglich bei einfachen Vermögensverfügungen praktikabel ist, nicht bei anderen, den Aktionär zu Unrecht vermögensmäßig begünstigenden Geschäften wie den verschiedenen Formen der verdeckten Gewinnausschüttung oder Einlagenrückgewähr. Da Nichtigkeit einer verbotswidrigen Verpflichtung oder Verfügung der Gesellschaft nicht mehr bestehen soll, scheidet eine Vindikation oder Kondiktion der Zuwendungen aus, auch solcher, die nicht zu marktüblichen Konditionen gewährt wurden. Der Schuldner kann sich also insbesondere nicht auf Entreicherung berufen (*Nodoushani* NZG 2013, 687, 689 zum Urteil *BGH*

AG 213, 431), was aber nicht bedeuten kann, dass bei Unmöglichkeit der Erfüllung des gesellschaftsrechtlichen Anspruchs die §§ 275 ff, 280, 285 BGB auszuscheiden hätten (*Hüffer* AktG Rn 8; GroßKomm AktG/*Henze* Rn 40). Daraus folgt dann auch, dass der Aktionär, der die Störung nicht zu vertreten hat, allenfalls noch das Surrogat herauszugeben hat (KölnKomm AktG/*Lutter* Rn 26; GroßKomm AktG/*Henze* Rn 14). Praktische Bedeutung hat diese Einschränkung aber nur, wenn und solange von einem **gegenständlichen Rückgewähranspruch** und nicht einer bloß wertmäßigen Ausgleichspflicht auszugehen ist (obwohl diese natürlich auch durch Verlust des empfangenen Werts bedroht sein kann). Demgegenüber wird im Schrifttum häufig vertreten, dass als durch § 57 geschützt das Vermögen der AG in seinem Wert und nicht in seiner gegenständlichen Zusammensetzung zu betrachten ist, so dass bei verbotener Begünstigung der Aktionär jedenfalls dann, wenn eine Rückabwicklung in Natur nicht möglich ist, **Wertausgleich** schuldet (*Wilhelm* FS Flume II, S 337, 387; *Flume* ZHR 144 (1980), 18, 24; *Joost* ZHR 148 (1984), 27, 54; *K. Schmidt* GesR § 29 II 2; *Schmidt/Lutter* AktG/*Fleischer* Rn 18). Die neue Entscheidung des BGH wird so verstanden, dass von der gegenständlichen Rückabwicklung auszugehen sei (*Bayer/Scholz* AG 2013, 427; anders allerdings *Nodoushani* NZG 2013, 687, 689), wie es auch bei § 31 GmbHG gesehen werde (*BGH* 176, 62). Das erfasst aber nicht alle hier denkbaren Varianten. So ist bei Dienstleistungen und Gebrauchsüberlassungen nicht ohne andere bürgerlich-rechtliche Modalitäten einer Rückabwicklung auszukommen, insoweit bieten sich (s schon § 57 Rn 49) die Rücktrittsvorschriften (§§ 346 ff BGB) an (ähnlich KölnKomm AktG/*Drygala* Rn 68; GroßKomm AktG/*Henze* Rn 41), die es auch ermöglichen, etwaige aus der Wirksamkeit des schuldrechtlichen Grundgeschäfts folgenden Ansprüche des Zuwendungsempfängers zu berücksichtigen. Auch würde bei Untergang oder Verschlechterung des empfangenen Gegenstands analog § 346 Abs 2 S 1 Nr 3 BGB Wertersatz zu leisten sein (allerdings ohne Anwendbarkeit des für den Wertausgleichsanspruch nicht passenden Abs 2 S 2, *Bayer/Scholz* S 428). Es wird daher nichts anderes übrig bleiben, als den Inhalt des Anspruchs aus § 62 je nach den Umständen des Einzelfalls zu bestimmen (*Spindler/Stilz/Cahn/von Spannenberg* Rn 21), was das für die neue Sichtweise der Rechtsfolgen der „Einlagenrückgewähr" angeführte Argument größerer Rechtssicherheit etwas entwertet. Das gilt auch für den **Insolvenzfall**; hier würde die Annahme von Nichtigkeit des verbotswidrigen Erfüllungsgeschäfts die Gesellschaft zu einer Aussonderung in einer geleisteten Sache gem § 47 InsO berechtigen (*Nodoushani* S 689), was aber der BGH nicht als bedenklich empfindet (aaO Tz 18). Hinsichtlich der **Verjährung** will es der BGH bei § 62 Abs 3 belassen, die den Zuwendungsempfänger härter trifft als die Regelverjährung des Bereicherungsanspruchs, die sehr lange Verjährung gem § 197 Abs 1 Nr 1 BGB soll aber so wenig passen wie ein zeitlich unbegrenztes Aussonderungsrecht (zweifelnd *Nodoushani* S 690). Ein gewisser, wenn auch schwacher Schutz des Zuwendungsempfängers folgt aus Abs 1 S 2. Offen ist noch, ob mit der Wirksamkeit des obligatorischen und des dinglichen verbotswidrigen Geschäfts eine Pflicht des Zuwendungsempfängers vereinbar ist, in Fällen einer Zuwendung unter Wert, wie sie im Fall des BGH vorlag, statt der Rückgabe des Erlangten den wertmäßigen Ausgleich durch eine Zuzahlung zu bewirken und damit den Mangel zu heilen. Das ist aus der lex lata nicht zu begründen (*K. Schmidt* GesR 4. Aufl 2002, § 29 Abs 2 S 2; MünchKomm AktG/*Bayer* Rn 165; GroßKomm AktG/*Henze* Rn 208; s jetzt auch *Bayer/Scholz* S 427), zumal der Vertrag gerade wirksam sein soll. Die Parteien können sich aber, wenn dadurch der status quo ante hergestellt werden kann, auf eine Anpassung des

Vertrages an marktübliche Bedingungen verständigen (*Bayer/Scholz* S 429). **Zinsen** schuldet der Aktionär, wenn nicht ein deliktischer Anspruch begründet ist (Rn 4), erst nach Eintritt des Verzuges, soweit sich nicht im Zuge einer Anpassung des Geschäfts an die Konditionen eines Drittgeschäfts anderes ergibt (so auch KölnKomm AktG/ *Drygala* Rn 70; GroßKomm AktG/*Henze* Rn 40; für Zinspflicht ohne Verschulden: Spindler/Stilz AktG/*Cahn* Rn 23).

4. Schutz gutgläubiger Aktionäre. Zum Schutz gutgläubiger Aktionäre bestimmt 8
Abs 1 S 2, dass das, was ein Aktionär als Gewinnanteil bezogen hat, nicht zurückgewährt werden muss, wenn der Empfänger ohne Fahrlässigkeit nicht wusste, dass er zum Empfang nicht berechtigt war. Diese Privilegierung versteht sich daraus, dass der Aktionär von der Gesellschaft wg § 58 Abs 5 nur ordnungsgemäß festgestellten Bilanzgewinn beziehen darf. Die Regelung gilt daher nur für Zahlungen von **Dividenden** nach § 174 (einschl Abschlägen, § 59), nicht für Leistungen auf der Grundlage einer schuldrechtlichen Sonderverbindung (MünchKomm AktG/*Bayer* Rn 60; Schmidt/Lutter AktG/*Fleischer* Rn 23, GroßKomm AktG/*Henze* Rn 68), auch nicht für eine Entgeltzahlung nach Erwerb eigener Aktien durch die Gesellschaft. Auch Tantiemezahlungen an Organmitglieder, die gleichzeitig Aktionäre sind, gehören nicht hierher (KölnKomm AktG/*Drygala* Rn 80). Soweit ein Dritter wg eines Verstoßes gegen § 57 auf Rückgewähr empfangener Leistungen haftet (Rn 5), weil er insoweit wie ein Aktionär behandelt wird, kommt ihm unter den Voraussetzungen des Abs 1 S 2 ebenfalls das Privileg zu, so dass er frei ist, wenn er an die Bezugsberechtigung des Aktionärs glauben konnte (MünchKomm AktG/*Bayer* Rn 75, 76; GroßKomm AktG/*Henze* Rn 91).

Der **gute Glaube** bezieht sich auf das eigene Recht, eine Leistung der Gesellschaft als 9
Gewinnanteil entgegenzunehmen, *Lange* in Henssler/Strohn Rn 5. Dies kann bei verdeckten Gewinnausschüttungen (§ 57 Rn 20) oder Vergütung von Nebenleistungen (§ 55) nicht der Fall sein, so dass hier bei Mängeln stets die Rückgewährpflicht greift (KölnKomm AktG/*Drygala* Rn 81; MünchKomm AktG/*Bayer* Rn 60). Weist die Bilanz einen Gewinn aus, so kann deshalb der Aktionär sich seinen Anteil auszahlen lassen, es sei denn, dass er – auch infolge leichter Fahrlässigkeit – übersehen hat, dass die Bilanz unrichtig ist. Allerdings wird man um der Funktionsfähigkeit des Kapitalmarkts willen keine hohen Sorgfaltsanforderungen oder gar Prüfungspflichten zugrunde legen dürfen, so dass jedenfalls ein Kleinaktionär kaum jemals als bösgläubig gelten kann. Dasselbe gilt bezüglich des Glaubens an die Korrektheit der Gewinnverwendungsbeschlüsse sowie an die Bezugsberechtigung. Fahrlässigkeit liegt auch nicht vor, wenn sich der Aktionär auf die Prüfung des Abschlusses und die Kontrolle des AR verlassen hat. Wissen und beachten muss er lediglich, dass er von der Gesellschaft nur ordnungsmäßig ermittelte Gewinnanteile zu beanspruchen hat, so dass beim Kleinaktionär nur eine Parallelwertung in der Laiensphäre stattzufinden braucht, für die ihm im Schrifttum allerdings zugemutet wird, sich ein Mindestmaß an Rechtskenntnissen anzueignen (MünchKomm AktG/*Bayer* Rn 67; GroßKomm AktG/ *Henze* Rn 78), was beim Stand der Aktienrechtskultur übertrieben erscheint; in diese Richtung auch Spindler/Stilz AktG/*Cahn* Rn 27. Andere Maßstäbe können beim Großaktionär gelten, bes in einem **Konzern**, wenn der Aktionär faktisch Einfluss auf die Aufstellung der Bilanz und Einblick in Bewertungsentscheidungen hat. In Betracht kommen Ansprüche aus §§ 311 Abs 2 S 1 und 317, wobei allerdings zweifelhaft ist, ob § 311 auf Gewinnverwendungsbeschlüsse anwendbar ist. Das ist zu vernei-

nen, wenn sich der Beschluss an die Voraussetzungen gem 58 Abs 2 hält, so dass nur nachteilige Einflussnahmen auf die Rechnungslegung und die Erstellung des Jahresabschlusses im Vorfeld des Gewinnverwendungsbeschlusses in Betracht kommen, näher *Mylich* AG 2011, 765, 770 ff, dort auch zur Anwendbarkeit des § 62 neben den Schutzvorschriften zum Vertragskonzern. Die konzernrechtlichen Vorschriften verdrängen aber die Ansprüche aus § 62 bei der Ausschüttung von Scheingewinnen nicht, *Mylich* S 773 f. Die Frage nach dem **maßgeblichen Zeitpunkt** ist dahin zu entscheiden, dass es auf den Empfang der Leistung ankommt, weil sich nur jetzt der Aktionär Gedanken bezüglich der Empfangsberechtigung machen kann; die Gutgläubigkeit muss also bis zu diesem Zeitpunkt bestehen (KölnKomm AktG/*Drygala* Rn 85; MünchKomm AktG/*Bayer* Rn 70; Schmidt/Lutter AktG/*Fleischer* Rn 24). Danach erlangte Kenntnis schadet nicht. Die **Beweislast** ist nach allg Grundsätzen dahin zu verteilen, dass der Aktionär beweisen muss, dass er die Leistung als seinen Gewinnanteil betrachtet hat, die Gesellschaft dagegen, dass der Gesellschafter nicht ohne Fahrlässigkeit an seine Bezugsberechtigung glauben konnte (so auch KölnKomm AktG/*Drygala* Rn 86; *Hüffer* AktG Rn 12; MünchKomm AktG/*Bayer* Rn 71; Schmidt/Lutter AktG/*Fleischer* Rn 25; *Hüffer* AktG, Rn 12; anders wohl *Ganske* DB 1978, 2463).

10   5. **Klagebefugnis des Vorstandes und der Aktionäre.** Der der AG zustehende Anspruch kann nach der gesetzlichen Zuständigkeitsordnung nur vom Vorstand geltend gemacht werden. Eine Einzelklagebefugnis der Aktionäre ist nicht vorgesehen (GroßKomm AktG/*Henze* Rn 55; MünchKomm AktG/*Bayer* Rn 112; KölnKomm AktG/*Drygala* Rn 96; zu abw Ansichten hier Rn 2). Ein Vorgehen von Aktionären käme als „actio pro societate" in Betracht, wenn die Verwaltung die aus §§ 57, 62 folgenden – und oft durch eigenes Fehlverhalten verursachten – Ansprüche nicht oder nur nachlässig verfolgt, was ein nach § 93 zum Ersatz verpflichtendes Verhalten ist. Dies lässt sich aber aus § 62 gerade nicht ableiten (zu diesbezüglichen Forderungen de lege ferenda *Bayer* NJW 2000, 2609 ff). Etwas anderes wird für das Vorgehen von außenstehenden Aktionären gegen das herrschende Unternehmen gefordert (näher § 309 Rn 22). Ob darüber hinaus geltend gemacht werden kann, dass durch die AG schädigendes Verhalten, das nicht durch die dafür bestimmten Ansprüche gem § 62 rückgängig gemacht wird, auch Mitgliedschaftsrechte der Aktionäre verletzt werden und diese in Verfolgung einer Stärkung der ungeschriebenen HV-Zuständigkeiten („Holzmüller"- und „Gelatine"-Rule) gegen die Gesellschaft vorgehen können (im Einzelnen dazu MünchKomm AktG/*Bayer* Rn 113 ff), bedürfte einer tiefgreifenden Rechtsfortbildung, die eine Art mitgliedschaftlicher Abwehrklage entwickeln müsste, die aber derzeit wahrscheinlich weniger praktikabel erscheint als die Forderung nach einer Sonderprüfung gem §§ 258 ff. Auch hat der Abschlussprüfer, wenn sich aus einer steuerlichen Betriebsprüfung (wg verdeckter Gewinnausschüttungen) oder sonst Anhaltspunkte für Verstöße gegen §§ 57, 62 ergeben, darüber nach §§ 317 Abs 1 S 2, 3, 321 Abs 1 S 3 HGB zu berichten (näher *H.P. Müller* FS Quack, S 345, 353), was wiederum Aktivitäten der Aktionäre auslösen kann, etwa durch Geltendmachung der Nichtigkeit eines Jahresabschlusses (KölnKomm AktG/*Drygala* Rn 97). Auch eine Geltendmachung durch den Insolvenzverwalter ist möglich, s Rn 15.

III. Haftung gegenüber den Gläubigern der AG, Abs 2

11   1. **Anspruch der Gesellschaft.** Gegenüber früheren Unklarheiten, ob ein eigener Anspruch der Gläubiger gegen die Aktionäre und damit eine Durchbrechung der grds

Schuldnerschaft allein der Gesellschaft gewollt ist, stellt Abs 2 klar, dass die Gläubiger unter den gen Voraussetzungen lediglich das Recht haben, einen Anspruch der Gesellschaft geltend zu machen, das ist heute weitgehend unstr (KölnKomm AktG/ *Drygala* Rn 99; GroßKomm AktG/*Henze* Rn 105; MünchKomm AktG/*Bayer* Rn 80, 81; *Hüffer* AktG Rn 13; insoweit wohl auch Spindler/Stilz AktG/*Cahn* Rn 7). Gläubiger in diesem Sinne kann auch ein Aktionär sein. Grund ist, dass § 62 eine Schmälerung des Vermögens der AG als der Schuldnerin und damit mittelbar die Gefährdung der Befriedigungsaussichten der Gläubiger rückgängig machen soll. Die insoweit missverständliche Vorschrift des Abs 2 S 2 bedeutet nur, dass die Befugnis der Gläubiger zur Geltendmachung des der Gesellschaft zustehenden Anspruchs mit Eröffnung des Insolvenzverfahrens auf den Insolvenzverwalter übergeht (MünchKomm AktG/*Bayer* Rn 81). Die Befugnis der Gläubiger ist also **prozessual** zu verstehen (als **Prozessstandschaft**), sie ermächtigt aber auch zu außergerichtlichen Geltendmachung (GroßKomm AktG/*Henze* Rn 105). Nicht unstr ist aber, ob **Leistung an die Gesellschaft** oder auch an den die Forderung geltend machenden Gläubiger selber verlangt werden kann, der dann durch Befriedigung seiner eigenen Forderung auch zur Verbesserung der Vermögenslage der Gesellschaft beitrüge. Dies wurde früher angenommen (*obiter BGHZ* 69, 274, 284 und wird zT auch heute gebilligt, Spindler/Stilz AktG/*Cahn* Rn 7; *BGZ* ZIP 1994, 1934, 1939; *Grigoleit/Rachlitz* Rn 7; *Servatius* in Wachter Rn 11), wofür sprechen könnte, dass Abs 2 dem § 93 Abs 5 S 1 nachgebildet sei und der Gläubiger nicht einen in seiner Person entstandenen Schadensersatzanspruch geltend mache, so dass der Anspruch der Gesellschaft neben dem des oder der unbefriedigten Gläubiger weiter bestehe. Hiernach würde sich der verklagte Aktionär mit einer Zahlung an die Gesellschaft oder an einen Gläubiger gegenüber allen befreien, und der schnell zugreifende Gläubiger könnte seinen Anspruch, den er gegen die Gesellschaft nicht hat durchsetzen können, in einer iE die AG beeinträchtigenden Weise zum Erfolg bringen (MünchKomm AktG/*Bayer* Rn 85), wobei noch zu entscheiden bliebe, was bei mehreren gegen den Aktionär erhobenen Klagen zu tun wäre. Auch widerspräche eine materielle Berechtigung jedes einzelnen Gläubigers an der Forderung der Gesellschaft dem – bes in § 66 Abs 2 zum Ausdruck kommenden – Grundsatz, wonach die Wiedereinlagepflicht nicht durch die Tilgung von Verbindlichkeiten der nicht mehr in dieser Höhe zahlungsfähigen Gesellschaft erfüllt werden kann (KölnKomm AktG/ *Drygala* Rn 100; GroßKomm AktG/*Henze* Rn 108; *Hüffer* AktG Rn 14). Im letzteren Aspekt unterscheidet sich die Normsituation des § 62 von der des § 93 Abs 5.

Weiter folgt aus der Geltendmachung eines Anspruchs der Gesellschaft, dass **mehrere** 12 **Gläubiger** untereinander und im Verhältnis zur Gesellschaft nicht Gesamtgläubiger sind (KölnKomm AktG/*Drygala* Rn 103). Der Anspruch der Gesellschaft wird durch Klageerhebung seitens eines Gläubigers rechtshängig, so dass die Gesellschaft selber nicht mehr prozessieren, wohl aber iRd § 66 über das materielle Recht verfügen kann (MünchKomm AktG/*Henze* Rn 101; Grigoleit AktG/*Rachlitz* Rn 7); eine Nebenintervention der Gesellschaft und anderer Gläubiger ist nach allg Regeln möglich (zur Nebenintervention im Aktienrecht *Bayer* FS Maier-Reimer, 2010, S 1 ff).

Voraussetzung für die Zulässigkeit des Vorgehens des Gläubigers ist, dass er für einen 13 uneingeschränkt bestehenden und theoretisch durchsetzbaren Anspruch durch die Gesellschaft von dieser **keine Befriedigung** erlangen kann. Inhalt, Entstehungsgrund, Entstehungszeitpunkt (vor oder nach verbotswidriger Leistung der Gesellschaft an den Gesellschafter) sowie der Betrag der Forderung sind unerheblich, fehlende Fällig-

§ 62 Haftung der Aktionäre beim Empfang verbotener Leistungen

keit steht freilich der Prozessführungsbefugnis entgegen (GroßKomm AktG/*Henze* Rn 122; MünchKomm AktG/*Bayer* Rn 87). Die fehlende Befriedigung durch die AG muss sich aus deren wirtschaftlicher Lage (Illiquidität) ergeben, eine bloße Zahlungsverweigerung genügt nicht (GroßKomm AktG/*Henze* Rn 125; Schmidt/Lutter AktG/ *Fleischer* Rn 31), der Gläubiger kann die Leistungsunfähigkeit aber auch durch Nachweis von Erklärungen des Vorstands oder durch Hinweis auf einen fruchtlosen Vollstreckungsversuch darlegen (*Fleischer* ebda; Spindler/Stilz AktG/*Cahn* Rn 37), während der Insolvenzverwalter iSd § 17 InsO idR dies schlecht dartun kann (anders MünchKomm AktG/*Bayer* Rn 90). Regelmäßig wird aber bei Beweisbarkeit der Unmöglichkeit der Befriedigung die Gesellschaft insolvenzreif sein, so dass Abs 2 S 2 zum Zuge kommt, das Vorgehen im Insolvenzverfahren (Rn 15) geht vor.

14 Da der Gläubiger einen Anspruch der Gesellschaft geltend macht, kann der Aktionär **Einwendungen, die ihm gegenüber der Gesellschaft zustehen**, auch gegenüber dem klagenden Gläubiger erheben (GroßKomm AktG/*Henze* Rn 129; MünchKomm AktG/*Bayer* Rn 87); im Wesentlichen wird das der Einwand des gutgläubigen Leistungsempfangs (s Rn 8, 9) sein. Allerdings kann Einwänden des beklagten Aktionärs im Einzelfall § 66 Abs 2 iVm Abs 1 entgegenstehen. Der Aktionär kann auch geltend machen, dass dem Gläubiger mangels Fälligkeit seiner Ansprüche gegen die Gesellschaft die Prozessführungsbefugnis nicht zusteht oder die Forderung gegen die Gesellschaft erloschen ist oder ihr eine Einrede entgegensteht. Auch kann der Aktionär die Befriedigung des Gläubigers verweigern, solange die Gesellschaft das ihrer Verbindlichkeit zugrunde liegende Rechtsgeschäft **anfechten** kann (§§ 770 Abs 1 BGB, 129 Abs 2 HGB analog, GroßKomm AktG/*Henze* Rn 131; MünchKomm AktG/*Bayer* Rn 96; K. Schmidt/Lutter AktG/*Fleischer* Rn 32). Könnte sich der Gläubiger durch **Aufrechnung** gegen eine fällige Forderung der AG befriedigen, so wird regelmäßig schon die Voraussetzung seiner Klagebefugnis (Rn 13) fehlen. Daneben kann der Aktionär sich in entspr Anwendung des § 770 Abs 2 BGB und auch des § 129 Abs 3 HGB auf eine Aufrechnungsmöglichkeit der AG gegenüber dem klagenden Gläubiger berufen (MünchKomm AktG/*Bayer* Rn 96; KölnKomm AktG/*Drygala* Rn 117); zum pactum de non petendo mit dem Gläubiger K. Schmidt/Lutter AktG/*Fleischer* Rn 32). Ferner kann der Aktionär die Zahlung an den Gläubiger nach Treu und Glauben so dann verweigern, wenn dieser die verbotene Leistung der Gesellschaft an den Aktionär als deren Organmitglied selbst veranlasst hatte (*RG* Recht 1932, 388). Schließlich kann der Aktionär die gegenüber der Gesellschaft eingetretene **Verjährung** geltend machen, selbst dann, wenn diese während des gegen ihn geführten Prozesses eintritt; die Klage gegen den Aktionär unterbricht die Verjährung gegenüber der Gesellschaft nicht (GroßKomm AktG/*Henze* Rn 132; MünchKomm AktG/*Bayer* Rn 97).

15 **2. Geltendmachung in der Insolvenz.** In der Insolvenz der Gesellschaft kann nach Abs 2 S 2 der Anspruch nur mehr durch den Insolvenzverwalter geltend gemacht werden. Da es sich um ein materielles Recht der Gesellschaft handelt, kann ein Prozess der Gesellschaft vom Verwalter aufgenommen werden, ein Prozess eines Gläubigers wird nach § 240 ZPO unterbrochen und kann vom Verwalter als Rechtsnachfolger iSd § 325 ZPO aufgenommen werden (*RG* JW 1935, 3301; KölnKomm AktG/*Drygala* Rn 119). Die Annahme, der Gläubiger könne das Verfahren nicht fortsetzen, wenn der Insolvenzverwalter den Rechtsstreit nicht aufnimmt (*RGZ* 74, 428, 430; GroßKomm AktG/*Henze* Rn 138; Spindler/Stilz AktG/*Cahn* Rn 42; zweifelnd MünchKomm AktG/*Bayer* Rn 105), leuchtet nicht ein, weil bei Untätigkeit des Verwalters der stets im eigenen Namen handelnde Gläubiger das Prozessrisiko trägt. Jedenfalls nach Beendigung des Insolvenzverfahrens stehen den Gläubigern wg ihrer Ansprüche gegen die Gesellschaft die Klagerechte wieder zu, doch sind sie als Prozessstandschafter an ein rechtskräftiges Urteil im Verhältnis zwischen dem Aktionär und dem Verwalter gebunden. Auch kann der Anspruch durch Erfüllung gegenüber der Insolvenzmasse erloschen sein. Zur Inanspruchnahme der Aktionäre nach Insolvenzanfechtung gem § 143 InsO Rn 3.

IV. Verjährung, Abs 3

1. Verjährungsfrist. Die Ansprüche der Gesellschaft wie auch der Gläubiger aus § 62 verjähren in **zehn Jahren** seit dem Empfang der Leistung, bei verbotswidriger Bestellung einer Sicherheit von diesem Zeitpunkt an; wann die Forderung eines klagewilligen Gläubigers gegen die AG entstanden ist, ist dafür gleichgültig. Diese Verjährung gilt allerdings nicht für Ansprüche der Gesellschaft aus anderen Gründen, was trotz des anders geregelten Beginns der Verjährung bei der Regelverjährung (§ 199 BGB) die praktische Bedeutung des gesellschaftsrechtlichen Anspruchs hebt. Dass hierdurch die Verjährung bei Ansprüchen aus den Regeln über Kapitalaufbringung und Kapitalerhaltung angeglichen wird (*Hüffer* AktG Rn 17; MünchKomm AktG/*Bayer* Rn 107), leuchtet ein, weniger, dass durch die Zehnjahresfrist der Leistungsempfänger ausreichend geschützt sei (RegBegr BT-Drucks 15/3653, 22; *Thiessen* ZHR 168 (2004), 503, 529 ff). Im Gegenteil sollte durch sachgerechte Handhabung der Beweislastregel (Rn 9) Übertreibungen entgegengewirkt werden, damit die Wirksamkeit des Empfangs von Leistungen der Gesellschaft an den Aktionär nicht allzu lange in der Schwebe bleibt. Das Verjährungsproblem begründet gewisse Sorgen der Praxis bzgl der Fortgeltung des früheren Kapitalersatzrechts (§ 57 Rn 29). Liegt in der verbotenen Leistung an den Aktionär gleichzeitig ein Delikt eines Organs oder des Aktionärs (dazu Rn 4), so richtet sich die Verjährung dieses Anspruchs nach BGB-Deliktsrecht. Der Hinweis auf § 54 Abs 4 S 2 bedeutet, dass der Insolvenzverwalter durch eine Ablaufhemmung die Gelegenheit erhält, Rückgewähransprüche aus § 62 zu prüfen; Schmidt/Lutter AktG/*Fleischer* Rn 35.

2. Neubeginn der Verjährung. Wenn die AG klagt, bewirkt dies gleichzeitig gegenüber den Gläubigern einen Neubeginn der Verjährung. Umgekehrt folgt aus der Klageerhebung durch einen als Prozessstandschafter auftretenden Gläubiger Neubeginn der Verjährung gegenüber der Gesellschaft (MünchKomm AktG/*Bayer* Rn 110; *Hüffer* AktG Rn 17). Die nur prozessuale Klagebefugnis des Gläubigers, die auf eine Zahlung lediglich an die Gesellschaft gerichtet ist (Rn 11), wäre nutzlos, wenn es die Gesellschaft durch eigene Untätigkeit zur Verjährung kommen lassen könnte (KölnKomm AktG/*Drygala* Rn 126), während umgekehrt die Belange der Gesellschaft effektiv geschützt sind.

16

17

§ 63 Folgen nicht rechtzeitiger Einzahlung

(1) ¹Die Aktionäre haben die Einlagen nach Aufforderung durch den Vorstand einzuzahlen. ²Die Aufforderung ist, wenn die Satzung nichts anderes bestimmt, in den Gesellschaftsblättern bekannt zu machen.

§ 63 Folgen nicht rechtzeitiger Einzahlung

(2) ¹Aktionäre, die den eingeforderten Betrag nicht rechtzeitig einzahlen, haben ihn vom Eintritt der Fälligkeit an mit fünf vom Hundert für das Jahr zu verzinsen. ²Die Geltendmachung eines weiteren Schadens ist nicht ausgeschlossen.

(3) Für den Fall nicht rechtzeitiger Einzahlung kann die Satzung Vertragsstrafen festsetzen.

Übersicht

	Rn		Rn
I. Allgemeines und Anwendungsbereich	1	2. Adressaten der Zahlungsaufforderung	6
1. Systematische Stellung der Vorschrift	1	3. Vorgehen in Insolvenzfällen	9
2. Anwendungsbereich	2	III. Rechtsfolgen bei nicht rechtzeitiger Einzahlung	10
II. Aktionärspflichten nach der Zahlungsaufforderung	4	1. Pflicht zur Zinszahlung	10
1. Bedeutung der Zahlungsaufforderung	4	2. Vertragsstrafe	11

I. Allgemeines und Anwendungsbereich

1 **1. Systematische Stellung der Vorschrift.** Die Vorschrift gehört zusammen mit §§ 64–66 zum Normenkomplex über die **Kapitalaufbringung**, indem eine im Grundsatz scharfe Haftung der Aktionäre für die Erfüllung ihrer hauptsächlichen – idR ihrer einzigen – Pflicht zur Leistung der Einlage sorgen soll. § 63 regelt die Einforderung der Einlage, ihre Fälligkeit sowie einen Teil der Säumnisfolgen; im Zusammenhang hiermit und unter der Voraussetzung, dass die Einlage nach § 63 fällig ist, ermöglicht § 64 im Zuge der Kaduzierung des Anteilsrechts den Ausschluss eines säumigen Aktionärs und dehnt § 65 die Zahlungspflicht bzgl der Einlage auf die Vormänner eines Aktionärs aus. Diese Regelung kommt auch zum Zuge, wenn die Einlage gem §§ 36 Abs 2, 36a Abs 1, 188 Abs 2 vor der Anmeldung der (zu gründenden) Gesellschaft oder einer Kapitalerhöhung geleistet werden muss (Spindler/Stilz AktG/*Cahn* Rn 3), zu den Folgen eines Verstoßes Rn 2. Auf den Zeitpunkt der Ausgabe der Aktien kommt es nicht an. Die Zinspflicht ist nicht Teil der Einlagepflicht, sondern selbstständige Nebenpflicht; deshalb ist wg eines Verstoßes gegen diese Pflicht keine Kaduzierung gem § 64 möglich, ebenso kein Rückgriff nach § 65 auf etwaige Vormänner. Nach § 66 ist der ganze Normenkomplex zwingendes Recht.

2 **2. Anwendungsbereich.** Die Vorschrift gilt für **alle Bareinlageverpflichtungen**, und zwar jeweils im Zuge der Gründung oder einer Kapitalerhöhung (GroßKomm AktG/*Gehrlein* Rn 3; KölnKomm AktG/*Drygala* Rn 4; MünchKomm AktG/*Bayer* Rn 5), sie betrifft also die Zahlung des Nennbetrages bzw – bei der Stückaktie – des auf sie entfallenden anteiligen Betrags des Grundkapitals, auch die Zahlung eines **Agio** (*BGH* BB 1993, 1231, 1237). An sich müssen mindestens 25 % der Bareinlage und ein etwaiges Aufgeld vor der Anmeldung der Gesellschaft bzw. der Kapitalerhöhung zum Register eingezahlt sein (§§ 36 Abs 2, 188 Abs 2, 203 Abs 1), so dass insoweit eine Anwendung der §§ 63 ff an sich nicht in Betracht kommt. Wenn diese Zahlungen entgegen der gesetzlichen Regelung nicht erfolgt sind, die Gesellschaft trotzdem eingetragen wurde und Aktien ausgegeben wurden, sind §§ 63 ff ebenfalls anwendbar (*BGHZ* 110, 47) mit der Folge, dass eine durch ordnungsmäßige Einforderung begründete Fälligkeit der Zahlungspflicht durch die Eintragung nicht berührt wird

(*RGZ* 94, 61, 65; 144, 138, 147 f; Spindler/Stilz AktG/*Cahn* Rn 5; GroßKomm AktG/ *Gehrlein* Rn 4). Für die Bareinlage haftet im Fall zwischenzeitlicher Übertragung einer verbotswidrig ausgegebenen Inhaberaktie auch der Erwerber (MünchKomm AktG/*Bayer* Rn 11). Dagegen gilt § 63 für Nebenleistungspflichten gem § 55, nicht (KölnKomm AktG/*Drygala* Rn 15; MünchKomm AktG/*Bayer* Rn 4; K. Schmidt/Lutter AktG/*Fleischer* Rn 4). Unstr sind auch Rückgewährpflichten nach § 62 sowie die bei Verletzung der Einlagepflicht eingreifenden Sekundäransprüche auf Zinsen (Abs 2), Schadensersatz und ggf Vertragsstrafe (Abs 3) nicht von § 63 und den Sanktionen gem §§ 64 und 65 erfasst (*RGZ* 68, 271, 273; MünchKomm AktG/*Bayer* Rn 4; GroßKomm AktG/*Gehrlein* Rn 3; Spindler/Stilz AktG/*Cahn* Rn 6), weil die Forderung von Zinseszins und die Kaduzierung wg Versäumung anderer als der Hauptleistungspflichten des Aktionärs unangemessen wären. Bei einer **Verschmelzung** einer (übertragenden) Gesellschaft, bei der Einlagen ausstehen, auf eine übernehmende Gesellschaft kann die Frage auftreten, ob die letzten nunmehr voll eingezahlte Aktien ausgeben kann, und wie die offenen Einlageforderungen jetzt zu behandeln sind. Das ist aber keine Frage des § 63, sondern muss – vorbehaltlich einer ausdrücklichen Fälligkeitsbestimmung im Verschmelzungsvertrag – nach dem UmwG beurteilt werden (näher *Rosner* AG 2011, 5 ff).

Sacheinlagepflichten sind nach dem Wortlaut des Abs 1 nicht erfasst, da von Zahlungen die Rede ist. Eine Verzinsungspflicht gem Abs 2 passt nicht, auch nicht ein verschuldensunabhängiger Schadensersatzanspruch bei Unmöglichkeit der Einlage (KölnKomm AktG/*Drygala* Rn 6, 7). Auch unabhängig hiervon ist § 36a Abs 2 als die speziellere Regelung, die sofortige Fälligkeit vorschreibt, vorrangig. Dagegen gilt § 63 für die bei einer Sacheinlage (bes bei einer verdeckten Sacheinlage) nach §§ 27 Abs 3 S 3, 183 Abs 2 S 2, 194 Abs 3 S 3, 205 Abs 3 S 4 (oder wg der Umgehung des § 27 Abs 1 S 2) in Wahrheit bestehende oder auch eine wiederauflebende Bareinlagepflicht (*BGHZ* 110, 47; GroßKomm AktG/*Gehrlein* Rn 7; K. Schmidt/Lutter AktG/*Fleischer* Rn 6; MünchKomm AktG/*Bayer* Rn 17). Die **Satzung** kann aber eine über § 36a Abs 2 hinausgehende Fälligkeitsregelung einführen oder für die Säumnis mit Sacheinlagen Schadensersatzpflicht oder Vertragsstrafen vorsehen (MünchKomm AktG/ *Bayer* Rn 8; KölnKomm AktG/*Drygala* Rn 33; GroßKomm AktG/*Gehrlein* Rn 6). § 66 gilt auch für Sacheinlagen, weil es sich hier um die Unabdingbarkeit der Pflicht handelt, überhaupt zur Aufbringung des Stammkapitals der Gesellschaft beizutragen. 3

II. Aktionärspflichten nach der Zahlungsaufforderung

1. Bedeutung der Zahlungsaufforderung. Nach Abs 1 S 1 ist eine nicht schon durch Einforderung gem §§ 36 Abs 2, 188 Abs 2 fällige Einlage nach der Zahlungsaufforderung durch den Vorstand **fällig**, also mit Ablauf des letzten Tages der dabei zu setzenden Frist, die damit auch die Erfüllbarkeit bestimmt (MünchKomm AktG/*Bayer* Rn 37), während die Mindesteinlage nach § 36a kraft Gesetzes sofort fällig ist. Auch wenn die Satzung vorsieht, wann eingefordert werden soll, ersetzt dies nicht die Erklärung des Vorstandes, die mithin Fälligstellung, nicht schon Mahnung ist (*OLG Hamburg* AG 2007, 500, 502; KölnKomm AktG/*Drygala* Rn 14; MünchKomm AktG/*Bayer* Rn 38, 42; GroßKomm AktG/*Gehrlein* Rn 30), auch ist der Vorstand an eine diesbezügliche Satzungsbestimmung nicht gebunden, die auch nicht unabhängig von der Aufforderung durch den Vorstand Fälligkeit begründen kann. Die Zahlungsaufforderung muss im **Inhalt** der eingeforderten Leistung sowie hinsichtlich der Personen der 4

Aufgeforderten eindeutig und bestimmt sein und den spätesten Zahlungstermin und damit den Beginn der Verzinsungspflicht gem Abs 2 S 1 erkennen lassen, andernfalls fehlt es an den Verzugsvoraussetzungen, da die Erfordernisse der Fälligkeit nicht vorliegen; wenn die Aufforderung aber einen spätesten Zahlungstermin angibt, ist dieser gem § 286 Abs 1 Nr 1 BGB für den Verzugsbeginn maßgebend (MünchKomm AktG/*Bayer* Rn 42). Anzugeben sind auch die Bankverbindungen der AG und die Adressaten der Erklärung. Die Aufforderung muss nicht jedem Verpflichteten zugehen, nach Abs 1 S 2 ist sie in Ermangelung abw Satzungsbestimmungen in den Gesellschaftsblättern (§ 25, also im Bundesanzeiger) bekanntzumachen. Dies ist jedoch satzungsdispositiv (MünchKomm AktG/*Bayer* Rn 35). Die Satzung kann also neben dem Bundesanzeiger noch andere Blätter vorschreiben, sie kann aber auch statt der öffentlichen Bekanntmachung einen individuellen Zugang der Aufforderung – etwa durch eingeschriebenen Brief – bestimmen (GroßKomm AktG/*Gehrlein* Rn 25; MünchKomm AktG/*Bayer* Rn 35), sie kann aber nicht von einer Form des Zugangs ganz absehen. Bei einer Satzungsbestimmung über die Bekanntmachung der Aufforderung treten die Verzugsfolgen erst ein, wenn die Erklärung im Einklang mit den Bestimmungen der Satzung dem Aktionär zugeht (*BGHZ* 110, 47). **Zuständig** ist allein und unabdingbar der Vorstand in vertretungsberechtigter Besetzung (§ 78), der bei seiner Erklärung Name und Sitz der AG zu nennen hat (GroßKomm AktG/*Gehrlein* Rn 18), die Satzung kann diese Zuständigkeit nicht einem anderen Organ übertragen (GroßKomm AktG/*Gehrlein* Rn 21), sie kann lediglich für das Innenverhältnis die Zustimmung des **AR** verlangen, KölnKomm AktG/*Drygala* Rn 15. Die Aktionäre können also wirksam erfüllen, können sich aber auch auf die fehlende Zustimmung des AR berufen (GroßKomm AktG/*Gehrlein* Rn 22; MünchKomm AktG/*Bayer* Rn 26). Insoweit können auch Beschl der HV durch die Satzung nicht für maßgeblich erklärt werden (K. Schmidt/Lutter AktG/*Fleischer* Rn 11). Zum Vorgehen eines Insolvenzverwalters der AG nach § 63 näher Rn 9.

5 Der Vorstand hat bei der Zahlungsaufforderung **pflichtgemäßes Ermessen** zu beobachten; derselbe Maßstab gilt für eine etwa in der Satzung festgelegte (Rn 4) Mitwirkung des AR (MünchKomm AktG/*Bayer* Rn 28). Wie § 182 Abs 4 S 1 zeigt, ist ein längeres Vorhandensein teileingezahlter Aktien keineswegs unzulässig und in einer Branche wie etwa der Versicherungswirtschaft auch aus bestimmten Gründen der Finanzierung verbreitet (näher *Zöllner* AG 1985, 19 ff). Angesichts der unabdingbaren Kompetenz des Vorstandes für die Einforderung und des unlösbaren Zusammenhangs dieser Entscheidung mit der Beurteilung des Geschäftsverlaufs und den aktuellen unternehmerischen Vorhaben kann die Darlegung eines wirtschaftlichen Bedürfnisses für die Einzahlung nicht gefordert werden (so gegen *K. Müller* AG 1971, 2, GroßKomm AktG/*Gehrlein* Rn 23; MünchKomm AktG/*Bayer* Rn 28; Spindler/Stilz AktG/*Cahn* Rn 12), andererseits ist es wenig wahrscheinlich, dass in einer konkreten Situation dem Vorstand wg fehlenden wirtschaftlichen Bedürfnisses Ermessensfehlgebrauch vorgeworfen werden kann. Die Organe haben aber hinsichtlich des Inhalts und des Zeitpunkts der Aufforderung den **Grundsatz der Gleichbehandlung** (§ 53a) einzuhalten, *Hüffer* AktG Rn 6; KölnKomm AktG/*Drygala* Rn 17. Das schließt eine Berücksichtigung der verschiedenen Höhe bereits geleisteter Einzahlungen und eine Differenzierung nach Aktiengattungen nicht aus, solange hiefür ein sachlicher Grund (auch in den Ausgabebedingungen) besteht (GroßKomm AktG/*Gehrlein* Rn 27). Verstößt eine Aufforderung gegen den Gleichbehandlungsgrundsatz, so ist sie nicht unwirksam, ein zu Unrecht

Folgen nicht rechtzeitiger Einzahlung   § 63

überforderter Aktionär kann aber Anpassung seiner Pflichten an diejenigen der zu Unrecht bevorzugten Aktionäre verlangen und dies der Aufforderung entgegensetzen (so gegen *RGZ* 180, 367 die **hM**, KölnKomm AktG/*Drygala* Rn 18; GroßKomm AktG/ *Gehrlein* Rn 28; MünchKomm AktG/*Bayer* Rn 31; Schmidt/Lutter AktG/*Fleischer* Rn 15). Andernfalls käme die notwendige Kapitalaufbringung zu kurz.

2. Adressaten der Zahlungsaufforderung. **Aktionär** iSd § 63 ist der Inhaber des Mit- 6 gliedschaftsrechts zz der Aufforderung. Da die AG vor Volleinzahlung der Einlage nur Namensaktien oder auf den Namen lautende Zwischenscheine ausgeben darf (§ 10 Abs 2), ist der Aktionär stets aus dem Aktienregister ersichtlich, oder es gilt gem § 67 Abs 2 der Eingetragene gegenüber der Gesellschaft als Aktionär. In die Namensaktie ist der Betrag einer etwa geleisteten Teilzahlung aufzunehmen, MünchKomm AktG/ *Bayer* Rn 13. Dann kann die Gesellschaft den Eingetragenen zur Zahlung auffordern und, wenn inzwischen im Aktienregister keine Änderung erfolgt ist, von ihm die Resteinlage, Zinsen und eine Vertragsstrafe fordern (*RGZ* 86, 154, 159; GroßKomm AktG/*Gehrlein* Rn 9). **Rechtsvorgänger** haften nur nach § 65 (KölnKomm AktG/*Drygala* Rn 9; *Hüffer* AktG Rn 3). Wird nach Fälligkeit durch Aufforderung die Aktie **veräußert**, so ist aber zwischen der Einlagepflicht und den sanktionsweise entstandenen Nebenpflichten zu unterscheiden. § 54 erlegt die Einlagepflicht dem (jeweiligen)- Aktionär auf, so dass der Rechtsnachfolger in die Mitgliedschaft insoweit auch in die Schuldnerstellung einrückt. Anders bzgl der schon entstandenen Nebenpflichten auf Leistung von Zinsen, Schadensersatz oder Vertragsstrafe (KölnKomm AktG/*Drygala* Rn 10; bzgl offenstehender Einlagen GroßKomm AktG/*Gehrlein* Rn 13; München-Komm AktG/*Bayer* Rn 20), die Schuldnerstellung wird also aufgespalten. Ein Schuldnerwechsel ohne Mitwirkung des Gläubigers ist nämlich systematisch eine Ausnahme, auch kann der Erwerber nicht für Säumnisse seines Vorgängers haften, sondern nur auf die Einlage, da er sonst ein Mitgliedschaftsrecht nicht erwerben kann. Dagegen sind die Nebenpflichten auf persönliches Fehlverhalten zurückzuführen, so dass der Erwerber nur haftet, wenn er selber in Verzug gerät.

Hat die Gesellschaft entgegen § 10 Abs 2 Inhaberaktien ausgegeben, so wird der **gut-** 7 **gläubige Erwerber** einer nicht voll eingezahlten Aktie geschützt, desgleichen, wenn die Gesellschaft (bei Namensaktien) den Betrag der schon geleisteten Teilzahlungen zu hoch angegeben hat (*RGZ* 144, 138, 145; KölnKomm AktG/*Drygala* Rn 11; Groß-Komm AktG/*Gehrlein* Rn 17), s auch schon § 10 Rn 4. Die volle (nicht lediglich nach § 65 bestimmte) Verpflichtung bleibt beim Veräußerer, der also auch die Nebenverpflichtungen gem § 63 Abs 2 und 3 zu erfüllen hat (KölnKomm AktG/*Drygala* Rn 11; *Hüffer* AktG Rn 4; GroßKomm AktG/*Gehrlein* Rn 17). Ein bösgläubiger Erwerber schuldet die ausstehende Einlage und ist auch hinsichtlich der Nebenpflichten nach § 63 zu behandeln (KölnKomm AktG/*Drygala* Rn 11; GroßKomm AktG/*Gehrlein* Rn 17).

Durch **Abtretung** oder **Verpfändung** der **Einlageforderung** ändert sich an der alleini- 8 gen Zuständigkeit des Vorstandes zur Zahlungsaufforderung nichts. Durch seine Erklärung wird die Einlageforderung also fällig, auch die Nebenfolgen können eintreten (GroßKomm AktG/*Gehrlein* Rn 34). Die Möglichkeit, die Forderung fällig zu stellen, steht weder dem Zessionar noch dem Pfandgläubiger zu. Das gilt ebenso für eine **gepfändete** Einlageforderung, die dem Gläubiger noch nicht überwiesen wurde.

Westermann

Danach ist der Gläubiger zur Wahrung des Gleichbehandlungsgrundsatzes bei der Einforderung nicht mehr gebunden, da die Forderung nunmehr hauptsächlich seiner Befriedigung dient und kein Zwang dahin ausgeübt werden soll, mehrere oder alle außenstehenden Forderungen zu pfänden (ähnlich für die GmbH *BGH* NJW 1980, 2253; *BGH* WM 1985, 730; für die AG MünchKomm AktG/*Bayer* Rn 45; GroßKomm AktG/*Gehrlein* Rn 35; *Hüffer* AktG Rn 7). Die Zuständigkeit für die Einforderung geht also auf den Gläubiger über.

9 **3. Vorgehen in Insolvenzfällen.** In der **Insolvenz des Aktionärs** ist die Einlageforderung (unter Beachtung des Gleichbehandlungsgrundsatzes) fällig zu stellen, sodann sind die Forderungen der Gesellschaft auf Einlagenrückstände, Schadensersatz, die schon aufgelaufenen Zinsen und eine verwirkte Vertragsstrafe als Insolvenzforderung anzumelden. Die Gesellschaft braucht, wenn sie nur die Quote erhält, eine Inhaberaktie nicht auszuhändigen, da keine Volleinzahlung erfolgt ist. Es steht ihr aber frei, über § 64 vorzugehen und den verbleibenden Ausfall in der Insolvenz anzumelden (*RGZ* 79, 174, 178; KölnKomm AktG/*Drygala* Rn 40, MünchKomm AktG/*Bayer* Rn 61). In der **Insolvenz der AG** muss der Aktionär voll leisten, das Recht zur Zahlungsaufforderung geht auf den Insolvenzverwalter über, der aber, weil jetzt kein werbendes Geschäft mehr gemacht werden wird, nach dem Rechtsgedanken des § 271 Abs 3 Leistungen nur noch insoweit einfordern kann, als sie zur Gläubigerbefriegung nötig sind (MünchKomm AktG/*Bayer* Rn 63; KölnKomm AktG/*Drygala* Rn 45; Spindler/Stilz AktG/*Cahn* Rn 28). Gegen die Leistung des vollen Betrages kann der Aktionär Aushändigung der Aktienurkunde verlangen.

III. Rechtsfolgen bei nicht rechtzeitiger Einzahlung

10 **1. Pflicht zur Zinszahlung.** Nach Abs 2 hat der Aktionär, der trotz Aufforderung den eingeforderten Betrag nicht eingezahlt hat, ohne Rücksicht auf Verschulden oder Verzug ab Fälligkeit **5 % Zinsen** zu zahlen. Das gilt auch für Einlageschulden, die vor Eintragung nach §§ 36 Abs 2, 188 Abs 2 vergeblich eingefordert worden waren (Groß-Komm AktG/*Gehrlein* Rn 37). Die Pflicht zur Zahlung eines darüber hinausgehenden Verzugsschadens nach §§ 280 Abs 2, 286 BGB bleibt unberührt, also etwa bzgl eines Kreditzinses, der bei Fälligkeit geschuldeten Satz von fünf Prozentpunkten über dem Basiszinssatz (§ 247 BGB) übersteigt. Wg der danach erhöhten Bedeutung des Verzugszinses ist es unerheblich, dass die Satzung § 63 Abs 2 S 1 weder durch einen höheren noch durch einen niedrigeren Zinsfuß abdingen kann (GroßKomm AktG/ *Gehrlein* Rn 39; MünchKomm AktG/*Bayer* Rn 49; K. Schmidt/Lutter AktG/*Fleischer* Rn 23). Gezahlte Zinsen kann die AG frei **verwenden**, eine Einstellung in die gesetzliche Rücklage gem § 150 Abs 2 ist nicht vorgesehen, auch nicht die Zuführung zur Kapitalrücklage gem § 272 (KölnKomm AktG/*Drygala* Rn 38). Die Buchung über Gewinn- und Verlustkonten und das Eingehen der Beträge in einen Bilanzgewinn sind möglich. Zur bilanziellen Behandlung der ausstehenden Einlageforderung § 272 Abs 1 S 2, 3 HGB.

11 **2. Vertragsstrafe.** Für den Anspruch auf Zahlung einer Vertragsstrafe bedarf es einer hinlänglich bestimmten Grundlage in der Satzung, die auch die Säumnis bei der Leistung von Sacheinlagen betreffen kann (KölnKomm AktG/*Drygala* Rn 33; GroßKomm AktG/*Gehrlein* Rn 44). Abs 3 nennt als von der Vertragsstrafe bedrohtes Verhalten nur die nicht rechtzeitige Einzahlung, die gänzliche Nichterfüllung kann, da nach § 341 Abs 1 BGB die Vertragsstrafe den Erfüllungsanspruch nicht verdängen kann, nicht

Ausschluss säumiger Aktionäre § 64

mit einer Vertragsstrafe belegt werden (GroßKomm AktG/*Gehrlein* Rn 45; Spindler/ Stilz AktG/*Cahn* Rn 22). Dagegen werden die Vertragsstrafe und ein etwa geschuldeter Schadensersatz nach § 340 Abs 2 BGB verrechnet, K. Schmidt/Lutter AktG/ *Fleischer* Rn 25; MünchKomm AktG/*Bayer* Rn 59. Nach § 339 S 1 BGB ist die Vertragsstrafe nur bei **Verzug** verwirkt; da der Fälligkeitstermin feststeht, bedarf es also nach § 286 Abs 2 BGB idR keiner Mahnung, dies jedenfalls dann nicht, wenn die Aufforderung zur Einlagenzahlung individuell zugegangen ist (*BGHZ* 110, 71, 76; Münch-Komm AktG/*Bayer* Rn 42; weitergehend – Bekanntmachung genügt – *Hüffer* AktG Rn 8). Dagegen ist Verschulden angesichts der Tatsache, dass es sich um Geldschulden handelt, nicht zu prüfen. Vorbehaltlose Annahme einer verspäteten Einzahlung lässt den Strafanspruch entfallen, § 341 Abs 3 BGB, der Aktionär trägt nach § 345 BGB die Beweislast für rechtzeitige Erbringung der Einlage.

Gegenstand der Strafe kann eine Geldzahlung sein (gerade auch oberhalb der in Abs 2 festgelegten Zinshöhe, s Rn 10), aber nach § 342 BGB auch andere Leistungen (MünchKomm AktG/*Bayer* Rn 56; KölnKomm AktG/*Lutter* Rn 28). So kann das nach § 60 ohnehin weitgehend satzungsdispositive (§ 60 Rn 1) Gewinnbezugsrecht des Aktionärs beschränkt werden (K. Schmidt/Lutter AktG/*Fleischer* Rn 25), im Hinblick auf §§ 12 Abs 1, 134 Abs 2 S 6 nicht aber das Stimmrecht (ebenso KölnKomm AktG/ *Drygala* Rn 34; GroßKomm AktG/*Gehrlein* Rn 46). § 64 wird als abschließende Regelung der Möglichkeiten angesehen, den Aktionär wg eines Verstoßes gegen die Einlagepflicht aus der AG auszuschließen (*RGZ* 49, 77; MünchKomm AktG/*Bayer* Rn 56; *Hüffer* AktG Rn 9; *Grigoleit/Rachlitz* Rn 16). Die Vertragsstrafe kann auch neben **Zinszahlung** gem Abs 2 vorgesehen sein, ohne dass die Kumulation beider Folgen ausdrücklich geregelt sein muss (MünchKomm AktG/*Bayer* Rn 58; KölnKomm AktG/ *Drygala* Rn 37; Spindler/Stilz AktG/*Cahn* Rn 26), da sonst der Aktionär die Einlage nach Verwirkung der Vertragsstrafe folgenlos unbezahlt lassen könnte (heute unstr, *BGH* NJW 1963, 1197; GroßKomm AktG/*Gehrlein* Rn 48; MünchKomm AktG/*Bayer* Rn 58). Die Möglichkeit, durch Vertragsstrafe Druck zur rechtzeitigen Erfüllung der Einlagepflicht auszuüben, gilt (anders als die Zinsregelung gem Abs 2) auch für die Sacheinlagepflicht (KölnKomm AktG/*Drygala* Rn 33). Auch Vertragsstrafe und **Schadensersatz** können nebeneinander geschuldet sein, allerdings ist dann § 341 Abs 2 zu beachten, s Rn 11. Das richterliche **Ermäßigungsrecht** hinsichtlich der Strafhöhe nach § 343 BGB besteht, außer wenn ein Kaufmann im Betrieb seines Handelsgewerbes gezeichnet oder Anteile erworben hat, MünchKomm AktG/*Bayer* Rn 57. Hinsichtlich der Verwendung der Vertragsstrafe gilt das für Zinszahlungen Gesagte (Rn 10). 12

§ 64 Ausschluss säumiger Aktionäre

(1) Aktionären, die den eingeforderten Betrag nicht rechtzeitig einzahlen, kann eine Nachfrist mit der Androhung gesetzt werden, dass sie nach Fristablauf ihrer Aktien und der geleisteten Einzahlungen für verlustig erklärt werden.

(2) ¹Die Nachfrist muss dreimal in den Gesellschaftsblättern bekannt gemacht werden. ²Die erste Bekanntmachung muss mindestens drei Monate, die letzte mindestens einen Monat vor Fristablauf ergehen. ³Zwischen den einzelnen Bekanntmachungen muss ein Zeitraum von mindestens drei Wochen liegen. ⁴Ist die Übertragung der Aktien an die Zustimmung der Gesellschaft gebunden, so genügt an Stelle der öffentlichen Bekanntmachungen die einmalige Einzelaufforderung an die säumigen Aktio-

näre; dabei muss eine **Nachfrist** gewährt werden, die mindestens einen Monat seit dem Empfang der Aufforderung beträgt.

(3) ¹**Aktionäre, die den eingeforderten Betrag trotzdem nicht zahlen, werden durch Bekanntmachung in den Gesellschaftsblättern ihrer Aktien und der geleisteten Einzahlungen zugunsten der Gesellschaft für verlustig erklärt.** ²In der Bekanntmachung sind die für verlustig erklärten Aktien mit ihren Unterscheidungsmerkmalen anzugeben.

(4) ¹**An Stelle der alten Urkunden werden neue ausgegeben; diese haben außer den geleisteten Teilzahlungen den rückständigen Betrag anzugeben.** ²Für den Ausfall der Gesellschaft an diesem Betrag oder an den später eingeforderten Beträgen haftet ihr der ausgeschlossene Aktionär.

Übersicht

	Rn		Rn
I. Allgemeines und Anwendungsbereich	1	III. Wirkung der Kaduzierung	11
II. Voraussetzungen und Durchführung der Kaduzierung	5	1. Schicksal des Mitgliedschaftsrechts	11
1. Zuständigkeit	5	2. Schicksal geleisteter Einlagen	14
2. Voraussetzungen	6	3. Schicksal von Aktienurkunden	15
3. Vorgehen nach Fristablauf	8	4. Haftung des Ausgeschlossenen	16
		5. Mängel und ihre Heilung	17

I. Allgemeines und Anwendungsbereich

1 Die Bestimmung regelt **die Kaduzierung von Aktien** infolge Säumigkeit des Namensaktionärs mit der Einzahlung (zum Anwendungsbereich Rn 3). Die Maßnahme unterscheidet sich von der in §§ 237 ff geregelten Einziehung in Voraussetzungen und Folgen; die Kaduzierung nach § 64 führt zur Verwertung der Aktie zu Gunsten der Gesellschaft, während die Einziehung von Aktien gem § 237 im Zusammenhang mit der dort vorgesehenen Kapitalherabsetzung zur Vernichtung des Aktienrechts führt (Spindler/Stilz AktG/*Cahn* Rn 6). Zum Schicksal des Mitgliedschaftsrechts Rn 11, dort auch zur Einwirkung auf das Stammkapital. § 64 gehört wie § 63 in die Gruppe der Vorschriften zur Sicherung der Kapitalaufbringung, betrifft aber direkt nur (und in den Rechtsfolgen nicht genau) den Ausschluss des säumigen Aktionärs und die Auswirkungen dieses Vorgangs auf die Aktien, während die Möglichkeiten, die vom ausgeschlossenen Aktionär nicht gezahlte Einlage auf anderem Wege zu erlangen, in § 65 geregelt sind; beide Bestimmungen bilden daher eine Einheit (KölnKomm AktG/ *Drygala* Rn 3; MünchKomm AktG/*Bayer* Rn 4) und sind auch iVm § 63 zu sehen. § 64 ist in allen Teilen **zwingend** (GroßKomm AktG/*Gehrlein* Rn 5; MünchKomm AktG/ *Bayer* Rn 6); wohl wird vertreten, dass die Satzung für die Durchführung der Kaduzierung einen zust AR-Beschluss vorschreiben darf, der allerdings nicht zur Gültigkeitsvoraussetzung werden darf (KölnKomm AktG/*Drygala* Rn 10).

2 Die Kaduzierung gehört zwar in einem weiteren Sinne zu den Tatbeständen der **Ausschließung** von Gesellschaftern, dient aber nicht der Reaktion auf gesellschaftsschädigendes Verhalten, sondern allein auf Säumnis bei der Einlagenleistung, sie kann auch nicht auf die Sacheinlagepflicht ausgedehnt werden (MünchKomm AktG/*Bayer* Rn 6; GroßKomm AktG/*Gehrlein* Rn 5). Die Gründung einer AG ohne Umwandlung bestehender unternehmerischer Einheiten ist nicht häufig, dabei erwirbt ein Aktionär

das Mitgliedschaftsrecht idR erst nach Leistung seiner Einlage. Daher sind praktische Anwendungsfälle des § 64 bisher kaum bekannt geworden und eigentlich nur bei Kapitalerhöhung vorstellbar (*Reinisch*, Der Ausschluss von Aktionären aus der Aktiengesellschaft, 1992, S 19), bei der aber ebenfalls die Praktiken der Übernahme und Platzierung einer Emission durch Kreditinstitute die Volleinzahlung durch den Aktionär zur Regel haben werden lassen. Vor der Eintragung der Gesellschaft ins HR kommt ein gegen Gründer oder Zeichner gerichtetes Kaduzierungsverfahren nicht in Betracht (MünchKomm AktG/*Bayer* Rn 6; GroßKomm AktG/*Gehrlein* Rn 15). Im Rahmen einer **wirtschaftlichen Neugründung** (§ 179 Rn 24, 25), auf die nach heute gesicherter Praxis die Gründungsvorschriften entsprechend anzuwenden sind (§ 179 Rn 25), muss dann auch, wenn ein an der Neugründung beteiligter Aktionär seine Einlage schuldig bleibt, seine Aktie nach § 64 kaduziert werden, *LG München I* ZIP 2012, 2152. Die hierzu erforderlichen Maßnahmen können auch vom Insolvenzverwalter der Gesellschaft durchgeführt werden (MünchKomm AktG/*Bayer* Rn 93; *LG München I* ebenda; Spindler/Stilz AktG/*Cahn* Rn 58; zum Vorgehen gegen einen Vormann des an der Neugründung beteiligten Aktionärs § 65 Rn 3 ff). Auch bei wirtschaftlicher Neugründung muss ein Aktionär, um der Einlagepflicht zu genügen, die Leistung so erbringen, dass sie zur freien Verfügung des Vorstandes steht (§ 54 Rn 14); da hier möglicherweise der „Neugründer" versucht ist, die Verwendung der von ihm eingelegten Mittel in seinem Sinne zu steuern (s den Fall *LG München I* aaO), können diese Maßnahmen gem §§ 64, 65 auch trotz der früheren Eintragung der Gesellschaft ins Handelsregister durchgeführt werden.

Da von Einzahlung die Rede ist, behandelt § 64 denselben Tatbestand wie § 63, so dass zwar die **Geldeinlage** einschließlich Agio, nicht aber die Sacheinlagepflicht erfasst ist (s dort Rn 3), wohl die an die Stelle unmöglicher Sacheinlagen tretende Geldeinlagepflicht (MünchKomm AktG/*Bayer* Rn 12; *Hüffer* AktG Rn 3), dagegen nicht Ansprüche auf Nebenleistungen (MünchKomm AktG/*Bayer* Rn 14) oder sekundäre Ansprüche auf Verzugszinsen, Schadensersatz, Vertragsstrafe oder Sicherheiten für den eingeforderten Betrag (*KG* JW 1930, 2712; KölnKomm AktG/*Drygala* Rn 14, MünchKomm AktG/*Bayer* Rn 14). Hinsichtlich der Zinsen ist jedoch § 367 BGB zu berücksichtigen, so dass Zahlungen zuerst auf die Zinsforderung zu verrechnen sind und der Schuldner durch bloße Zinszahlung den Folgen versäumter Leistung der Einlage nicht entgeht (MünchKomm AktG/*Bayer* Rn 12); er muss also iE die Einlage nebst Zinsen zahlen, obwohl Säumnis bei der bloßen Zinszahlung die Kaduzierung allein nicht auslöst (GroßKomm AktG/*Gehrlein* Rn 19). Die **Satzung** kann an die Säumnis bei der Erbringung von Sacheinlagen oder Nebenleistungen nicht die Rechtsfolge der Kaduzierung knüpfen, so wenig wie die Ansprüche an die Aktionäre abgeschwächt werden können (GroßKomm AktG/*Gehrlein* Rn 5; MünchKomm AktG/*Bayer* Rn 6). § 64 dient nämlich nicht nur der Kapitalaufbringung, sondern auch dem Schutz der Aktionäre, deren Mitgliedschaft nur bei Verletzung wesentlicher Pflichten bedroht sein soll. Deshalb sind auch Bestimmungen korporationsrechtlicher (nicht individualvertraglicher) Art unwirksam, die der AG das Recht geben, Aktien unter anderen als den in §§ 64, 65 geregelten Voraussetzungen zu verkaufen, K. Schmidt/Lutter AktG/*Fleischer* Rn 2. Nicht ganz klar ist, wie **gemischte Einlagen** zu behandeln sind. Insoweit muss die Lösung nicht unbedingt mit der zu § 63 übereinstimmen. Wg der Sacheinlage darf das Kaduzierungsverfahren nicht betrieben werden, wohl aber – weil sonst wg eines uU nur geringfügigen Sacheinlageteils die Durchsetzung der Einlagepflicht erschwert würde – wg ausstehender Geldeinlage, mit der Folge, dass dann der Verlust gem Abs 3 S 1 auch die erbrachte Sacheinlage erfasst (ebenso MünchKomm AktG/*Bayer* Rn 13; GroßKomm AktG/*Gehrlein* Rn 11).

4 Da vor der vollen Einlageleistung wg § 10 Abs 2 S 1 keine Inhaberaktien ausgegeben werden dürfen, betrifft ein Kaduzierungsverfahren in aller Regel **nur Namensaktien**. Hinsichtlich der Behandlung der Säumnis bei gesetzwidrig ausgegebenen Inhaberaktien wurde früher angenommen, eine Kaduzierung scheide aus, zumal sie auf bösgläubige Erwerber von Inhaberaktien nicht beschränkt werden könne (GroßKomm AktG/*Barz* 3. Aufl Anm 4). Dagegen spricht, dass nur gegenüber dem Erwerber, der gutgläubig auf eine Quittung von Einlageleistungen vertraut und deshalb keine Einlage mehr schuldet, die Gesellschaft das Risiko effektiver Kapitalaufbringung trägt, so dass iÜ die Kaduzierung möglich sein muss (so auch KölnKomm AktG/*Drygala* Rn 17; MünchKomm AktG/*Bayer* Rn 15; GroßKomm AktG/*Gehrlein* Rn 16; Spindler/Stilz AktG/*Cahn* Rn 15; K. Schmidt/Lutter AktG/*Fleischer* Rn 11). Ob die Mitgliedschaft verbrieft ist, ist unerheblich.

II. Voraussetzungen und Durchführung der Kaduzierung

5 **1. Zuständigkeit.** Zuständig ist der Vorstand, was wg der engen Verbindung mit dem Vorgehen nach § 63 (s dort Rn 4) sachgemäß ist (MünchKomm AktG/*Bayer* Rn 27; KölnKomm AktG/*Drygala* Rn 10). Str ist, ob die Satzung andere Kompetenzen festlegen kann. Einerseits darf nach § 111 Abs 4 S 2 die Mitwirkung des AR vorgesehen werden, wie es auch für die Zahlungsaufforderung gem § 63 Abs 1 gilt (s dort Rn 4), eine verbreitete Ansicht lehnt aber eine Übertragung auf die HV wg des Sachzusammenhangs mit der Einforderung ab (KölnKomm AktG/*Drygala* Rn 11; GroßKomm AktG/*Gehrlein* Rn 20; Spindler/Stilz AktG/*Cahn* Rn 18; K. Schmidt/Lutter AktG/*Fleischer* Rn 14), während andere (früher etwa GroßKomm AktG/*Barz* 3. Aufl Anm 5; dem jetzt folgend MünchKomm AktG/*Bayer* Rn 29) einen zwingenden Zusammenhang zwischen der Einforderung der Einlage und dem Betreiben der Kaduzierung nicht sehen; dem ist zuzustimmen, die Abwägung, ob eine HV-Entscheidung oder ein Vorgehen allein des Vorstandes größeren Erfolg verspricht, sollte der Satzung überlassen werden können. Der Vorstand ist auch nicht verpflichtet, säumige Aktionäre auszuschließen (MünchKomm AktG/*Bayer* Rn 29), solange er sich an den Gleichbehandlungsgrundsatz hält, er kann sich aber auch damit begnügen, gegen den Säumigen die Einlagepflicht einzuklagen (*RGZ* 51, 417), er kann, wenn er es für zweckmäßig und mit der Gleichbehandlung für vereinbar hält, ein Verfahren auch einstellen (MünchKomm AktG/*Bayer* Rn 32; Spindler/Stilz AktG/*Cahn* Rn 19). Hinsichtlich des eigentlichen Verfahrens ist § 64 iÜ zwingendes Recht (*RGZ* 49, 77, 80; *KG JW* 1930, 2712; *Hüffer* AktG Rn 1). Zur Gleichbehandlungspflicht bei den Rechtsfolgen s Rn 8.

6 **2. Voraussetzungen.** Unter den materiellen Voraussetzungen steht die Nichtleistung trotz Fälligkeit im Vordergrund, wobei Fälligkeit bereits durch Einforderung gem §§ 36 Abs 2, 188 Abs 2 eingetreten sein kann (§ 63 Rn 4), sonst bedarf es nach § 63 einer Aufforderung. Ein Vorgehen nach § 64 setzt sodann eine fruchtlose **Nachfristsetzung** voraus, eine Verbindung mit einer gem § 63 nötigen Aufforderung geht aber nicht an (MünchKomm AktG/*Bayer* Rn 39; GroßKomm AktG/*Gehrlein* Rn 26; Spindler/Stilz AktG/*Cahn* Rn 22). Die Schwere der Sanktion erfordert, dass der Aktionär bes auf die Folgen der Säumnis hingewiesen wird (iE hM, *KG OLG* Rspr 19, 370 f; KölnKomm AktG/*Drygala* Rn 25; MünchKomm AktG/*Bayer* Rn 25). Deshalb ist die Nachfristsetzung mit der

Androhung zu verbinden, dass die säumigen Aktionäre nach Fristablauf ihrer Aktien und der bereits geleisteten Zahlungen verlustig gehen. Diese Erklärung, die allerdings erst nach Eintragung der Gesellschaft bzw durchgeführter Kapitalerhöhung zulässig ist (*RGZ* 54, 390), muss unmissverständlich sein und erkennen lassen, an welche Aktionäre sie sich richtet (*KG* OLGE 1, 435; KölnKomm AktG/*Drygala* Rn 27); zwar ist kein bestimmter Wortlaut vorgeschrieben, doch genügt andererseits ein allg Hinweis auf „gesetzliche Folgen" oder „Nachteile" nicht (MünchKomm AktG/*Bayer* Rn 41; K. Schmidt/Lutter AktG/*Fleischer* Rn 19), insb auch nicht die Erklärung, dass sich die Aufforderung an alle Aktionäre wendet, „die sich mit den eingeforderten Zahlungen im Rückstand befinden" (*KG* OLGE 1, 435). Der Aktionär braucht nicht mit Namen genannt zu werden, sofern nur gesichert ist, dass die Erklärung den Säumigen erreicht hat und so formuliert ist, dass er ihren Inhalt auf sich beziehen muss. Zweckmäßig ist aber jedenfalls die Nennung von Serie und Nummer der Aktie zusammen mit dem Zahlungsrückstand (Grigoleit AktG/*Rachlitz* Rn 4; strenger wohl GroßKomm AktG/*Gehrlein* Rn 29). Meistens kann der Name des Aktionärs jedenfalls bei Namensaktien aus dem Aktienregister entnommen werden (§ 67 Abs 2). Inhaltliche Angemessenheit der Frist ist nicht gefordert, dennoch heißt es, eine zu kurz bemessene Frist sei unwirksam (MünchKomm AktG/*Bayer* Rn 40; K. Schmidt/Lutter AktG/*Fleischer* Rn 19), was übertrieben erscheint angesichts der Tatsache, dass das Gesetz stattdessen **dreimalige** Bekanntmachung der Nachfristsetzung und ein bestimmtes Verhältnis zur gesetzten Nachfrist vorschreibt, näher Rn 7. Lediglich bei **vinkulierten Namensaktien** (§ 68 Abs 2) genügt Nachfristsetzung und Androhung im Zuge einer einmaligen Bekanntmachung an die Säumigen, die ebenfalls inhaltlich hinlänglich klar sein muss und dann eine Frist von einem Monat in Gang setzt, die vom Zugang beim säumigen Aktionär an läuft, Abs 2 S 4 (GroßKomm AktG/*Gehrlein* Rn 36). Unter Gesichtspunkten der Zweckmäßigkeit ist aber ein Nachweis des Zugangs zu empfehlen.

Die Nachfristsetzung mit Androhung des Ausschlusses muss dreimal in den Gesellschaftsblättern (§ 25) **bekannt gemacht** werden. Zwischen den Bekanntmachungen haben jeweils mindestens drei Wochen zu liegen, für die erste und die letzte Frist legt Abs 2 S 1 den zeitlichen Abstand vom Fristablauf dahin fest, dass von der ersten Bekanntmachung mindestens drei, von der letzten mindestens ein Monat Zeit bleibt. Die Fristen sind nach §§ 187 ff BGB zu berechnen. Maßgebend ist jeweils das Erscheinen des letzten der Gesellschaftsblätter, die sämtlich die betreffende Publikation enthalten müssen. Da die Bekanntmachung die Ausschlussandrohung zu enthalten hat, muss auch hierdurch für den Aktionär deutlich sein, ob er gemeint ist, ohne dass er unbedingt namentlich genannt sein muss. Nicht klar geregelt sind die Folgen von **Mängeln** der Erklärungen oder der Bekanntmachungen. Werden Aktionäre angesprochen, bei denen kein Zahlungsrückstand besteht, ist das Verfahren gegenüber den Übrigen nicht betroffen (MünchKomm AktG/*Bayer* Rn 43); wird der offen stehende Betrag zu hoch angegeben, so kann der Aktionär die Kaduzierung durch Zahlung des richtigen Betrages abwenden, es sei denn, die genannte Summe weicht von der offen stehenden so weit ab, dass der Aktionär nicht annehmen kann, mit dieser Erklärung gemeint zu sein (*BGH* NJW 1991, 1288; *BGH* ZIP 1993, 423; für geringere Abweichungen anders MünchKomm AktG/*Bayer* Rn 44).

3. Vorgehen nach Fristablauf. Mit fruchtlosem Fristablauf, gleich ob der Aktionär die Nichtzahlung zu vertreten hat, kann die AG den Aktionär seines Anteilsrechts und der geleisteten Einzahlungen zugunsten der Gesellschaft für verlustig erklären. Sie hat hierbei allerdings alle säumigen Aktionäre **gleichmäßig zu behandeln** (*RGZ* 85, 366, 368; *G. Hueck* S 56; GroßKomm AktG/*Gehrlein* Rn 23; KölnKomm AktG/*Drygala* Rn 6, 31). Da die Gesellschaft grds die Wahl hat, auf welche Weise sie gegen säumige Aktionäre vorgeht, ist Maßstab für die Gleichbehandlung das Ziel der effektiven Kapitalaufbringung nach Maßgabe der übernommenen Einlagen, so dass die Gesellschaft durchaus gegenüber zahlungsunfähigen Aktionären die Kaduzierung betreiben und lediglich zahlungsunwillige zunächst auf Zahlung verklagen und dann Zwangsvollstreckung betreiben kann (KölnKomm AktG/*Drygala* Rn 6; Spindler/Stilz AktG/ *Cahn* Rn 21; *Hüffer* AktG Rn 2; MünchKomm AktG/*Bayer* Rn 35). Die Kaduzierung kann also nicht auf einzelne Aktionäre beschränkt werden, während andere sowohl hiervon als auch von Zahlungsklagen verschont bleiben. Auch darf, wenn die Nachfrist gesetzt und die Erklärung bekannt gemacht ist, bei der Fortsetzung dieses Verfahrens nach den genannten Gesichtspunkten differenziert werden, was bedeutet, dass bzgl der Erhebung einer Zahlungsklage auch weiterhin die effektiven Befriedigungschancen maßgebend sind. Nach Einleitung des Kaduzierungsverfahrens ist aber die Gleichbehandlung besonders strikt zu handhaben (K. Schmidt/Lutter AktG/*Fleischer* Rn 16). Unterschiedliche Fristen und ungleiches Verhalten gegenüber den Aktionären, die auch die Nachfrist versäumen, sind aber unzulässig. Zu den Folgen eines Verstoßes gegen diese Regeln Rn 17, 18.

9   Von der Gleichbehandlung abgesehen, braucht die Gesellschaft die Verlustigerklärung nicht sofort oder auch nur unverzüglich auszusprechen. Sie kann aber nicht beliebig lange warten, sondern verwirkt ihr Recht, wenn sie nicht binnen angemessener Zeit tätig wird, und muss dann das Verfahren neu anlaufen lassen (KölnKomm AktG/*Drygala* Rn 31; GroßKomm AktG/*Gehrlein* Rn 34). Eine Frist von drei Jahren ist zu lang (*KG* OLGRspr 1, 435 f; Spindler/Stilz AktG/*Cahn* Rn 21), gewöhnlich wird nicht einmal monatelang gewartet werden dürfen, weil dies im Vergleich zu den pünktlich zahlenden Gesellschaftern eine Bevorzugung der Säumigen wäre. Der Ausschluss geschieht durch eine neue einmalige **Bekanntmachung** in den Gesellschaftsblättern wie zu Abs 2, hier gilt auch keine Besonderheit für vinkulierte Namensaktien, da die Wirkungen der Kaduzierung auch gegenüber der Allgemeinheit eintreten und publik gemacht werden müssen. Inhaltlich muss die Erklärung den Verlust des Aktienrechts und der geleisteten Einzahlungen deutlich ausdrücken; zu empfehlen ist die Verwendung des gesetzlichen Wortlauts. Wiederum sind die betroffenen Aktien „mit ihren Unterscheidungsmerkmalen" zu kennzeichnen, durch Serie, Nummer, Stückelung usw (MünchKomm AktG/*Bayer* Rn 52).

10 Hinsichtlich des **Zeitpunkts** des Wirksamwerdens ist auf die Bekanntmachung abzustellen; auch hier kann es nur auf das Erscheinen des letzten der Gesellschaftsblätter ankommen, (KölnKomm AktG/*Drygala* Rn 33). Bis dahin kann der Säumige den Ausschluss durch Zahlung des Rückstandes – nicht nur eine Teilzahlung – **abwenden** (MünchKomm AktG/*Bayer* Rn 54; GroßKomm AktG/*Gehrlein* Rn 37), er schuldet bei Vorliegen der Voraussetzungen Verzugszinsen, außerdem die anfallenden Kosten gem § 63 Abs 2 S 2, doch kann deshalb nicht mehr kaduziert werden. Zu Vertragsstrafen § 63 Rn 12.

III. Wirkung der Kaduzierung

11 **1. Schicksal des Mitgliedschaftsrechts.** Trotz des nicht ganz klaren Gesetzeswortlauts besteht Einigkeit darüber, dass dem Aktionär das **Mitgliedschaftsrecht** entschädigungslos **verloren geht**, ohne dass wie bei einer Einziehung das Recht als solches

beseitigt wird (KölnKomm AktG/*Drygala* Rn 35; MünchKomm AktG/*Bayer* Rn 58; GroßKomm AktG/*Gehrlein* Rn 40). Das im GmbH-Recht aufgekommene Problem der Divergenz zwischen den nach Einziehung noch vorhandenen Geschäftsanteilen und dem Betrag des Stammkapitals stellt sich bei der AG weder beim Ausschluss noch in den Fällen des § 237 Abs 3 Nr 3; bei Stückaktien erhöht sich der mittelbare Nominalbetrag (K. Schmidt/Lutter AktG/*Veil* § 237 Rn 41), und schließlich kommt § 71 Abs 1 Nr 8 S 6 sowohl bei Stück- als auch bei Nennbetragsaktien zum Zuge. Die Wirkung der Kaduzierung, aus dem Gesellschafterkreis auszuscheiden, trifft denjenigen, der bei Wirksamwerden der Kaduzierungserklärung (Rn 10) Aktionär ist, auch wenn er die Aktie erst nach Einforderung der Einlage oder während des Kaduzierungsverfahrens erworben hat (MünchKomm AktG/*Bayer* Rn 55). Str ist, ob es Möglichkeiten eines **gutgläubigen Erwerbs** gibt, an den gedacht werden könnte, wenn die Aktie nach Zahlungsaufforderung und Einleitung des Kaduzierungsverfahrens veräußert wird. Wenn es nicht voll eingezahlten Inhaberaktien ein gutgläubiger Erwerb für möglich gehalten wird (§ 63 Rn 7), folgt daraus, dass der Erwerber die Einlage nicht mehr schuldet, so dass er die Kaduzierung nicht zu befürchten braucht (MünchKomm AktG/*Bayer* Rn 57), während bei einer nicht voll eingezahlten Namensaktie bezüglich des Umstandes, der die Ausgabe unzulässig macht, kein Schutz in Betracht kommt (iE ebenso MünchKomm AktG/*Bayer* Rn 56; gegen jegliche Möglichkeit gutgläubigen Erwerbs GroßKomm AktG/*Gehrlein* Rn 16, 38; K. Schmidt/Lutter AktG/*Fleischer* Rn 35; *Hüffer* AktG Rn 7; Grigoleit AktG/*Rachlitz* Rn 7). Was die weiteren Rechtsfolgen anbelangt, so besteht über das Ausscheiden des Betroffenen heute kein Streit mehr, doch ist nicht leicht zu klären, wie die Mitgliedschaftsrechte nunmehr zuzuordnen sind (s Rn 12). Entstandene Dividendenansprüche entfallen nicht (*OLG Hamm* GmbHR 1989, 126 für GmbH), doch kann die AG aufrechnen, wenn das Verfahren gem § 64 abgeschlossen ist. Die Einlagepflicht und andere mitgliedschaftliche Pflichten erlöschen, der Ausgeschlossene haftet nurmehr iRd nach § 63 bereits entstandenen Pflichten (MünchKomm AktG/*Bayer* Rn 63; GroßKomm AktG/*Gehrlein* Rn 44; zur Ausfallhaftung gem Abs 4 S 2 s Rn 16). Mit dem Mitgliedschaftsrecht des Aktionärs, besonders den Mitverwaltungsrechten (Spindler/Stilz AktG/*Cahn* Rn 37), erlöschen auf der Aktie ruhende Lasten wie Nießbrauch oder Pfandrecht (GroßKomm AktG/*Gehrlein* Rn 44; MünchKomm AktG/*Bayer* Rn 64). Ein Preisgaberecht (Abandon) hat der frühere Aktionär nicht.

Die **Zuordnung** des dem säumigen Aktionär verlorengegangenen Mitgliedschaftsrechts ist str, da die Formulierung, wonach die Aktionäre ihrer Aktien „zu Gunsten der Gesellschaft" für verlustig zu erklären sind, nicht erkennen lässt, ob hiermit mehr gemeint ist als das Verwertungsrecht gem § 65. Bisweilen wird die Mitgliedschaft als **subjektloses Recht** angesehen (*Hohner* Subjektlose Rechte, 1969, S 113 ff; s auch *BGHZ* 42, 89, 92 für die GmbH), heute sehen die meisten die AG selber als (meist nur interimistischen) Rechtsinhaber, was auch mit der Zulassung von Rechten an eigener Sache verglichen wird (*Lutter* Kapital, S 148; zur AG MünchKomm AktG/*Bayer* Rn 70; GroßKomm AktG/*Gehrlein* Rn 40; KölnKomm AktG/*Drygala* Rn 43; K. Schmidt/Lutter AktG/*Fleischer* Rn 36). Um der Gefahr einer Konfusion zu entgehen, was für die Subjektlosigkeit spräche (*Hohner* aaO S 117), ist darauf hinzuweisen, dass alle Rechte und Pflichten aus der Aktie ruhen und die Einlageforderungen sowie die Regressansprüche nach der Regelung in § 65 bestehen bleiben, die bei Inhaberschaft der Gesellschaft durch Konfusion untergehen würden. Die Gläubiger der Gesellschaft können trotz ihrer Inhaber-

12

schaft unstr auf das Mitgliedschaftsrecht nicht zugreifen (GroßKomm AktG/*Gehrlein* Rn 46; MünchKomm AktG/*Bayer* Rn 70). Dass die Gesellschaft die Anteile nicht aktivieren darf (Rn 11), lässt sich auch bei ihrer Inhaberschaft damit erklären, dass schon die offene Einlageforderung aktiviert ist (KölnKomm AktG/*Drygala* Rn 43; Groß-Komm AktG/*Gehrlein* Rn 46; *Hüffer* AktG Rn 8; Spindler/Stilz AktG/*Cahn* Rn 43). Dass auf der anderen Seite die Gesellschaft später auch in einer Versteigerung unverkäufliche Anteile erwirbt (§ 65 Rn 15), muss nicht heißen, dass sie schon vorher Inhaberin war (*Hohner* S 119), spricht aber auch nicht zwingend für vorübergehende Subjektlosigkeit. Die Vorwürfe, gekünstelt zu sein und nicht alle iE umstr Einzelfragen erklären zu können, erheben die Kritiker auch gegen die Lösung über die Subjektlosigkeit. Insgesamt ist die Figur des subjektlosen Rechts mehr ein Erklärungsversuch als die Grundlage konkreter Entscheidungen.

13 **Mitgliedschaftliche Rechte** können nach Kaduzierung und vor erfolgreicher Verwertung aus der Aktie nicht geltend gemacht werden, weder im Hinblick auf Mitverwaltung noch in vermögensrechtlicher Hinsicht (MünchKomm AktG/*Bayer* Rn 61). Eine Verfügung über die Mitgliedschaft oder einzelne aus ihr sonst folgende Rechte ist nicht mehr möglich, auch nicht zu Gunsten eines Gutgläubigen (GroßKomm AktG/ *Gehrlein* Rn 47; *Hüffer* AktG Rn 8). Die auf die Aktie entfallenden Dividendenansprüche kommen mittelbar den übrigen Aktionären zugute (MünchKomm AktG/ *Bayer* Rn 71), die auch das Risiko einer erfolgreichen Verwertung der Aktie tragen. Ebenso werden die **Dividendenscheine** über eine noch nicht festgesetzte Dividende wertlos, auch im Verhältnis zu einem gutgläubigen Besitzer (MünchKomm AktG/ *Bayer* Rn 73). Die Gesellschaft kann die Kaduzierungswirkung **nicht rückgängig machen**, auch der ausgeschlossene Aktionär selber ist darauf verwiesen, die Aktie im Verfahren nach § 65 neu zu erwerben (KölnKomm AktG/*Drygala* Rn 44; GroßKomm AktG/*Gehrlein* Rn 48; Spindler/Stilz AktG/*Cahn* Rn 39).

14 **2. Schicksal geleisteter Einlagen.** Nach Abs 2 S 1 erfasst der Verlust des Aktionärs auch bereits geleistete Teile der **Einlage**. Da auch diese Einbuße entschädigungslos geschieht (KölnKomm AktG/*Drygala* Rn 36), wirkt die Kaduzierung iE als Rechtsgrund für den Verlust der Mitgliedschaft und zugleich für das Behaltendürfen der erhaltenen Leistung. Namentlich kommt also eine Kondiktion nicht in Betracht. Die AG braucht daher auch einen bei der Verwertung erzielten Überschuss (näher § 65 Rn 14) nicht herauszugeben (Spindler/Stilz AktG/*Cahn* § 65 Rn 61).

15 **3. Schicksal von Aktienurkunden.** Die Kaduzierungserklärung bewirkt daher ferner, ohne besondere Äußerung dazu, **Kraftlosigkeit** der bisherigen Aktien oder Zwischenscheine (GroßKomm AktG/*Gehrlein* Rn 49; MünchKomm AktG/*Bayer* Rn 72; Köln-Komm AktG/*Drygala* Rn 45), ohne dass es noch eines weiteren Verfahrens bedarf; soweit vor der Kaduzierung keine Urkunden ausgegeben waren, bedarf es keiner Neuausgabe, Henssler/Strohn/*Lange* Rn 6. Die kraftlos gewordenen Urkunden brauchen nicht aus dem Verkehr gezogen zu werden, zumal gutgläubiger Erwerb ausscheidet; freilich hat der bisherige Aktionär, von dem eine gewisse Missbrauchsgefahr ausgeht, sie an die AG herauszugeben (MünchKomm AktG/*Bayer* Rn 74; K. Schmidt/ Lutter AktG/*Fleischer* Rn 38; Spindler/Stilz AktG/*Cahn* Rn 45; aM aber GroßKomm AktG/*Gehrlein* Rn 50; KölnKomm AktG/*Drygala* Rn 46). Nach Abs 4 S 1 ist die AG verpflichtet, anstelle der kraftlos gewordenen **neue Urkunden** auszugeben, die dazu bestimmt sind, im Verwertungsverfahren einem Vormann des Ausgeschlossenen, der

dies nach § 65 Abs 1 S 4 beanspruchen kann, oder einem neuen Erwerber ausgehändigt zu werden, und die, um baldmöglichst zum Verfahren nach § 65 übergehen zu können, kurzfristig herzustellen sind (GroßKomm AktG/*Gehrlein* Rn 51). Die bisherigen Urkunden, wenn die AG sie wiedererlangt, dürfen nicht verwendet werden (MünchKomm AktG/*Bayer* Rn 76), weil kein Rechtsübergang mehr stattfinden kann, der sich in Indossamenten wiedergeben ließe; wohl kann die neue Urkunde die gleiche Nummer und sonstige Kennzeichnung enthalten wie die alte. Nach Abs 4 S 2 muss die neue Urkunde den geleisteten Teilbetrag (§ 10 Abs 2) und den rückständigen Betrag angeben, nicht dagegen Rückstände an Zinsen, Schadensersatz oder Vertragsstrafe. Die Urkunde muss den rückständigen Teilbetrag als (nunmehr) gezahlt angeben, um mit diesem Inhalt dem Vormann, der sie nur gegen Leistung der offen stehenden Einlage erhält, oder einem neuen Erwerber (§ 65 Abs 3) ausgehändigt werden zu können (s auch § 65 Rn 7). Neben neuen Aktien sind auch neue Dividenden- und Erneuerungsscheine auszugeben (KölnKomm AktG/*Drygala* Rn 47; MünchKomm AktG/*Bayer* Rn 76). Wenn wg der gesamten Resteinlageschuld kaduziert wurde, kann eine neue Aktie auch als Inhaberaktie ausgegeben werden, § 10 Abs 2 S 1 (KölnKomm AktG/*Drygala* Rn 49).

4. Haftung des Ausgeschlossenen. Für den gesamten **Ausfall** an dem rückständigen Einlagebetrag, wg dessen Nichtzahlung die Kaduzierung erfolgte, und für später von der AG eingeforderte Beträge erlegt Abs 4 S 2 dem ausgeschlossenen Aktionär **Haftung** auf. Hiervon ist keine Befreiung möglich, § 66 Abs 2. Die Haftung ist härter als die eines Vormanns, die sich nach § 65 Abs 2 richtet. Es handelt sich freilich nur um eine subsidiäre Haftung, die erst eintritt, wenn nach ordnungsmäßiger Durchführung der Verwertung (§ 65) ein Ausfall feststeht (GroßKomm AktG/*Gehrlein* Rn 56; KölnKomm AktG/*Drygala* Rn 52; Spindler/Stilz AktG/*Cahn* Rn 49; K. Schmidt/Lutter AktG/*Fleischer* Rn 41), so dass wg später fällig gewordener Einlagen der jeweils aktuelle Aktionär ausgeschlossen worden sein und ein Rückgriff auf alle Vormänner stattgefunden haben muss. Soweit die AG nach § 63 Abs 2 noch andere Ansprüche hat, werden sie nicht durch die Ausfallhaftung gesichert (MünchKomm AktG/*Bayer* Rn 83; KölnKomm AktG/*Drygala* Rn 51; Spindler/Stilz AktG/*Cahn* Rn 50), weil der Ausgeschlossene, soweit sie während seiner Mitgliedschaft entstanden sind, ohnehin weiter schuldet. Die Ansprüche der AG aus der Ausfallhaftung sind gem § 66 gegen Erlass oder Vergleich gesichert. Durch die Erfüllung des Ausfallanspruchs erwirbt der ehemalige Aktionär keine Rechte an der (gültig verwerteten) Mitgliedschaft (Spindler/Stilz AktG/*Cahn* Rn 52), auch nicht gegen seine Vormänner, weil diese ihm gegenüber nur subsidiär haften, es sei denn, es bestehen besondere Vereinbarungen (KölnKomm AktG/*Drygala* Rn 55).

5. Mängel und ihre Heilung. Die Kaduzierung kann **fehlerhaft** sein, insb wenn Form und Frist des § 64 verletzt sind oder das Gleichbehandlungsgebot (Rn 8) nicht beachtet ist, zu anderen Verfahrensmängeln Rn 7. Der Eingriff in die Rechtsstellung des Gesellschafters ist so schwer, und die Konsequenzen einer neben der alten stehenden neuen, im Verwertungsverfahren entstandenen Mitgliedschaft wären so untragbar, dass das Fehlen der materiellen Voraussetzungen oder Verfahrensverstöße **Unwirksamkeit** der Kaduzierung zur Folge haben müssen und das nicht wirksam entzogene Mitgliedschaftsrecht dem bisherigen Aktionär weiterhin zustehen muss (GroßKomm AktG/ *Gehrlein* Rn 61; MünchKomm AktG/*Bayer* Rn 90; KölnKomm AktG/*Drygala* Rn 59; K. Schmidt/Lutter AktG/*Fleischer* Rn 42). Ein gutgläubiger Erwerb aufgrund einer

Westermann

§ 65 Zahlungspflicht der Vormänner

neu ausgestellten Aktie, wie ihn *RGZ* 27, 50, 53 für möglich hielt, würde dem Aktionär das Risiko für den im Bereich der Gesellschaft gemachten Fehler aufbürden und kommt daher nicht in Betracht. Aus § 794 BGB ergibt sich nichts Anderes, da danach nicht die durch das Grundkapital umgrenzte Zahl der Mitgliedschaften vergrößert werden kann. Der Erwerber einer neuen Aktienurkunde hat Ansprüche gegen die Gesellschaft aus Rechtsmängelhaftung (§ 311a Abs 2 BGB), ein in Anspruch genommener Vormann kann den im Verfahren nach § 65 gezahlten Betrag kondizieren; beide können uU analog §§ 8 Abs 2 S 2, 10 Abs 4 S 2, 41 Abs 4 S 3, 4 von den Ausgebern der ungültigen Urkunde bei Verschulden Schadensersatz verlangen (MünchKomm AktG/*Bayer* Rn 92; KölnKomm AktG/*Drygala* Rn 61; GroßKomm AktG/*Gehrlein* Rn 65). Die von der AG ausgestellte Urkunde ist wertlos (*KG* OLG Rspr 1, 435 f).

18 Heilung der Nichtigkeit ist wg der Notwendigkeit klarer Verhältnisse unmöglich, Spindler/Stilz AktG/*Cahn* Rn 53. War die Kaduzierung wg Vorliegens ihrer Voraussetzungen an sich möglich und fehlt es nur an einer gültigen Erklärung, so kann diese nachgeholt werden, wenn nicht, was freilich oft der Fall sein wird, inzwischen Verwirkung eingetreten ist (näher Rn 9). Soweit die Fristen zur Aufforderung noch gewahrt werden können, ist auch dieser Verfahrensteil, wenn auch nicht mit Rückwirkung (GroßKomm AktG/*Gehrlein* Rn 61), nachholbar (MünchKomm AktG/*Bayer* Rn 90), sonst muss, wenn ein Aktionär weiter säumig ist, das ganze Verfahren wiederholt werden. Wirkungsloser Ausschluss hat zur Folge, dass zwischenzeitliche Verfügungen des Aktionärs über sein Mitgliedschaftsrecht sich als wirksam herausstellen. Er selbst kann, wenn er noch Aktionär ist, auf Feststellung seines Aktionärsrechts und Beseitigung der Kaduzierungsfolgen klagen (GroßKomm AktG/*Gehrlein* Rn 64; Spindler/Stilz AktG/*Cahn* Rn 56). Auch die Gesellschaft selber kann sich nach *RGZ* 36, 41 auf den Mangel berufen (zust GroßKomm AktG/*Gehrlein* Rn 63), da sie hiermit eine für und gegen alle wirkende Rechtslage geltend macht.

§ 65 Zahlungspflicht der Vormänner

(1) ¹Jeder im Aktienregister verzeichnete Vormann des ausgeschlossenen Aktionärs ist der Gesellschaft zur Zahlung des rückständigen Betrags verpflichtet, soweit dieser von seinen Nachmännern nicht zu erlangen ist. ²Von der Zahlungsaufforderung an einen früheren Aktionär hat die Gesellschaft seinen unmittelbaren Vormann zu benachrichtigen. ³Dass die Zahlung nicht zu erlangen ist, wird vermutet, wenn sie nicht innerhalb eines Monats seit der Zahlungsaufforderung und der Benachrichtigung des Vormanns eingegangen ist. ⁴Gegen Zahlung des rückständigen Betrags wird die neue Urkunde ausgehändigt.

(2) ¹Jeder Vormann ist nur zur Zahlung der Beträge verpflichtet, die binnen zwei Jahren eingefordert werden. ²Die Frist beginnt mit dem Tag, an dem die Übertragung der Aktie zum Aktienregister der Gesellschaft angemeldet wird.

(3) ¹Ist die Zahlung des rückständigen Betrags von Vormännern nicht zu erlangen, so hat die Gesellschaft die Aktie unverzüglich zum Börsenpreis und beim Fehlen eines Börsenpreises durch öffentliche Versteigerung zu verkaufen. ²Ist von der Versteigerung am Sitz der Gesellschaft kein angemessener Erfolg zu erwarten, so ist die Aktie an einem geeigneten Ort zu verkaufen. ³Zeit, Ort und Gegenstand der Versteigerung

sind öffentlich bekannt zu machen. ⁴Der ausgeschlossene Aktionär und seine Vormänner sind besonders zu benachrichtigen; die Benachrichtigung kann unterbleiben, wenn sie untunlich ist. ⁵Bekanntmachung und Benachrichtigung müssen mindestens zwei Wochen vor der Versteigerung ergehen.

Übersicht

	Rn			Rn
I. Der Grundgedanke	1		4. Befristung und Verjährung	8
II. Rückgriff auf die Vormänner,			5. Zahlung eines Rückgriffsschuld-	
Abs 1, und seine Folgen	3		ners	9
1. Erste oder erneute Kaduzie-		III.	Verkauf der Aktie, Abs 3	12
rung	3		1. Die Verfahrensschritte	12
2. Der Rückgriff im Einzelnen	4		2. Folgen von Verfahrens-	
3. Rechte des Rückgriffsschuld-			mängeln	16
ners	7			

I. Der Grundgedanke

Die Vorschrift steht in engem Zusammenhang mit § 64 und bildet einen Teil des Regelungssystems der Kapitalaufbringung, in dem allerdings die Verkaufspflicht der AG stark betont wird. Im Vordergrund geht es um die **Haftung der Vormänner** des seiner Rechte verlustig gegangenen Aktionärs – Zwischenaktionäre – **nach Kaduzierung**, ferner um die **Befriedigung der AG** durch Verkauf der Aktie, wenn Zahlung von dem oder den Vormännern nicht zu erlangen ist. Anwendungsbereich ist die Haftung für die Erbringung von **Bareinlagen**, also nicht der Nebenkosten, insoweit gilt dasselbe wie für § 64 (s dort Rn 3 und KölnKomm AktG/*Drygala* Rn 4, 12; GroßKomm AktG/ *Gehrlein* Rn 11). Wie § 64 ist auch § 65 jetzt **zwingendes** Recht (*BGH* WM 2002, 555; KölnKomm AktG/*Drygala* Rn 64, MünchKomm AktG/*Bayer* Rn 6) und wirken zusammen erschöpfend, auch, wie aus § 66 Abs 1 folgt, gegenüber Regelungen zugunsten der Vormänner. Die Satzung kann somit deren Haftung auch nicht erweitern (GroßKomm AktG/*Gehrlein* Rn 4; MünchKomm AktG/*Bayer* Rn 6). Schuldrechtliche Vereinbarungen zwischen einem Aktionär und der Gesellschaft mit dem Ziel einer über § 65 hinausgehenden Absicherung der Zahlung später einzufordernder Beträge sind aber möglich (GroßKomm AktG/*Gehrlein* Rn 4). 1

Die Gesellschaft, die wg Säumnis nicht zur Kaduzierung greifen muss, sondern sich auch zur Verfolgung des Einlageanspruchs durch Klage entschließen kann (§ 64 Rn 8), muss aber nach erfolgter Kaduzierung das Verfahren gem § 65 betreiben, um das Kapital aufzubringen. Sie hat daher unverzüglich nach Wirksamkeit der Kaduzierung den oder die Vormänner des Ausgeschlossen in Anspruch zu nehmen, was praktisch bedeutet, dass sie nicht einfach nur nach Aufforderung die Frist gem Abs 1 S 3 abwarten und dann an den nächsten herantreten kann, sondern versuchen muss, sich über die Zahlungsfähigkeit des jeweiligen Schuldners klar zu werden und ihn ggf zu verklagen (KölnKomm AktG/*Drygala* Rn 5; MünchKomm AktG/*Bayer* Rn 7; GroßKomm AktG/*Gehrlein* Rn 9). Sie hat sich dabei streng an das in § 65 vorgeschriebene Verfahren zu halten. Der ausgeschlossene frühere Aktionär hat kein Recht, sich gegen Zahlung des Rückstandes die Mitgliedschaft zu verschaffen; ebensowenig hat einer der Vormänner, bevor nicht die Voraussetzungen seiner Inanspruchnahme durch die Gesellschaft (Abs 1 S 1–3) vorliegen, **Anspruch auf Verschaffung der Mitgliedschaft** gegen Leistung des Rückstandes. Wer allerdings entspr der festgelegten Reihenfolge 2

§ 65 Zahlungspflicht der Vormänner

in Regress genommen wird, hat einen solchen Anspruch (GroßKomm AktG/*Gehrlein* Rn 6; KölnKomm AktG/*Drygala* Rn 8; wohl auch Spindler/Stilz AktG/*Cahn* Rn 27).

II. Rückgriff auf die Vormänner, Abs 1, und seine Folgen

3 **1. Erste oder erneute Kaduzierung.** Unabdingbare Voraussetzung des Rückgriffs ist, dass ein Namensaktionär (§ 64 Rn 4) rechtswirksam durch Kaduzierung ausgeschlossen ist und nun die vor ihm im Aktienregister eingetragenen Aktionäre, die Vormänner, anstelle des Ausgeschlossenen auf den „rückständigen Betrag" haften. Die Rückgriffsregelung kommt also nicht zum Zuge, wenn der Ausgeschlossene keine Vormänner hatte; es bleibt dann lediglich die Verwertung nach Abs 3. Abs 1 normiert einen **gesetzlich** angeordneten **Regress**, wobei § 65 und nicht die ursprüngliche Einlagenschuld Anspruchsgrundlage ist. Die Verschiedenheit von Einlage- und Rückgriffsschuld ist auch aus dem Wortlaut des § 66 ersichtlich; das zeigt auch, dass Inhalt und Funktion der Schuld iRd Kapitalaufbringung so ähnlich sind, dass der Regress sich als Nachwirkung der früheren Mitgliedstellung darstellt und von der AG im Gerichtsstand nach § 22 ZPO geltend gemacht werden kann (KölnKomm AktG/*Drygala* Rn 9; GroßKomm AktG/*Gehrlein* Rn 9). Die Vormänner haften **inhaltlich** auf den nach § 63 rückständigen Einlagebetrag, also nicht auf die Nebenforderungen (Rn 2) und auch nicht auf die Kosten des Kaduzierungsverfahrens (Spindler/Stilz AktG/*Cahn* Rn 16), weil der Rückgriff nur die Verpflichtungen abdecken soll, um derentwillen die Kaduzierung betrieben wurde. Die Regressschuldner müssen lediglich damit rechnen, dass sie wg eines eingeforderten Teils der Resteinlage bei Säumigkeit eines späteren Inhabers dieser Mitgliedschaft mit der Einzahlung eines nunmehr eingeforderten Teils der Einlage nach erneuter Kaduzierung nochmals in Regress genommen werden (GroßKomm AktG/*Gehrlein* Rn 12; KölnKomm AktG/*Drygala* Rn 12). Die Gefahr besteht nach heute **hM** für den zuerst Ausgeschlossenen und seine Vormänner nach Abs 2 auch dann, wenn nach einer Veräusserung der neuen Aktie der Erwerber oder dessen Rechtsnachfolger einen nach der Veräusserung eingeforderten Teil der Einlage schuldig bleibt und deshalb eine erneute Kaduzierung erfolgt (GroßKomm AktG/*Gehrlein* Rn 18; KölnKomm AktG/*Drygala* Rn 14; iE auch MünchKomm AktG/*Bayer* Rn 40). Dass dies früher zT anders gesehen wurde (Nachweise bei MünchKomm AktG/*Bayer* Rn 39), hängt mit dem damals nicht so ausgeprägten Bedürfnis nach Perfektion der Kapitalaufbringung zusammen. Im (praktisch unwahrscheinlichen) Fall, dass die AG eine nach § 65 Abs 3 nicht erfolgreich verwertete Aktie selbst erwirbt, sie dann weiterveräussert, der Erwerber dann aber einen jetzt eingeforderten Teil der Einlage schuldig bleibt, würde nach einer neuen Kaduzierung die AG selber als Vormann haften; doch findet die früher (*RGZ* 98, 276, 278; *Werneburg* ZHR 90 (1927), 211) gezogene Folgerung, dass nunmehr Konfusion eintritt, im neueren Schrifttum keine Gefolgschaft, so dass bezüglich des neu eingeforderten Einlagenteils ein Rückgriff auf den Erstkaduzierten und seine Vormänner möglich ist (MünchKomm AktG/*Bayer* Rn 20; Groß-Komm AktG/*Gehrlein* Rn 74; K. Schmidt/Lutter AktG/*Fleischer* Rn 7; Spindler/Stilz AktG/*Cahn* Rn 14; jetzt auch KölnKomm AktG/*Drygala* Rn 17).

4 **2. Der Rückgriff im Einzelnen.** Wer **Vormann** eines ausgeschlossenen Aktionärs war, ergibt das Aktienregister, dem eine elektronisch geführte Datenbank bei der Gesellschaft gleichsteht (*Hüffer* AktG Rn 2), näher zu § 67. Danach ist nicht Regressschuldner, wer zwar Inhaber der Mitgliedschaft gewesen sein mag, aber nicht eingetragen war (MünchKomm AktG/*Bayer* Rn 22; GroßKomm AktG/*Gehrlein* Rn 15). Allerdings können auch frühere Inhaber einer unverkörperten Aktie Vormänner sein, da die Regeln der Kapitalaufbringung unabhängig von der Ausgabe von Aktienurkunden Geltung beanspruchen (*KG* JW 1927, 2434; MünchKomm AktG/*Bayer* Rn 33; Spindler/Stilz AktG/*Cahn* Rn 10; offenlassend *BGH* AG 2002, 618, 619). Zum Kreis der Regressschuldner kann auch gehören, wer aufgrund früherer eigener Säumigkeit schon ausgeschlossen worden war, s auch Rn 3. Hat eine Kaduzierung wegen Nichtleistung der Einlage durch einen an einer wirtschaftlichen Neugründung Beteiligten stattgefunden (§ 64 Rn 2), kann auch ein Vormann des ausgeschlossenen Aktionärs in Anspruch genommen werden, der entsprechend benachrichtigt und zur Zahlung aufgefordert werden sollte, obwohl die Benachrichtigung nach hM (Rn 5) nicht Wirksamkeitsvoraussetzung der Inanspruchnahme ist (*LG München I* ZIP 2012, 2152).

Wenn die Aktie mehrere Inhaber gehabt hat, haften zwar alle, aber nur im **Stufen-** oder **Stachelrückgriff** vom jüngeren zum älteren, ein „Sprungregress" kommt nicht in Betracht (MünchKomm AktG/*Bayer* Rn 25; Spindler/Stilz AktG/*Cahn* Rn 19). Dabei haftet jeder in Anspruch Genommene nur auf den Teil des Eingeforderten, den der ausgeschlossene Aktionär der AG schuldig geblieben ist und den sie auch nicht vom letzten Nachmann erlangen konnte; zum Fall der Zahlungsunfähigkeit der Nachmänner Rn 6. Hieraus erklärt sich auch die Bestimmung des Abs 1 S 2, wonach die AG von Zahlungsaufforderung des jeweils zunächst Haftenden dessen unmittelbaren Vormann **benachrichtigen** muss, damit er sich auf die Pflichterfüllung einrichten kann; die Benachrichtigung ist allerdings nicht Voraussetzung der Haftung, sondern Obliegenheit der Gesellschaft gegenüber dem eventuell in Anspruch zu Nehmenden, deren Verletzung nach heute **hM** (*LG München I* ZIP 2012, 2152; MünchKomm AktG/*Bayer* Rn 33; GroßKomm AktG/*Gehrlein* Rn 30; *Hüffer* AktG Rn 3; KölnKomm AktG/*Drygala* Rn 23; Grigoleit AktG/*Rachlitz* Rn 4; noch zurückhaltender Spindler/Stilz AktG/*Cahn* Rn 24) die Gesellschaft zwingt, dem Regressschuldner eine angemessene Frist einzuräumen, und die ihr überdies den Vorteil aus der Vermutung gem Abs 1 S 3 (Rn 6) nimmt. Anderes gilt für den unmittelbaren Vormann des Ausgeschlossenen, da der erstere unmittelbar auf Grund der Kaduzierung, wenn auch subsidiär, zur Zahlung des rückständigen Betrages verpflichtet ist (*RGZ* 85, 237, 241 für GmbH), während der letztere nunmehr nach § 64 Abs 4 S 2 auf den Ausfall haftet (MünchKomm AktG/*Bayer* Rn 27). Der unmittelbare Vormann braucht davon nicht benachrichtigt zu werden.

Haftungsvoraussetzung ist ferner, dass von keinem Nachmann des jeweils in Anspruch Genommenen Zahlung zu erlangen ist. Abs 1 S 3 erleichtert die Rechtsverfolgung der AG durch eine entspr **Vermutung**, die von drei Voraussetzungen abhängt: Aufforderung des Vormanns durch die Ges, Benachrichtigung des jetzt in Anspruch Genommenen, nach Abs 1 S 2 (Rn 5) Ablauf eines Monats seit dieser Benachrichtigung. Die tatsächlichen Voraussetzungen der Vermutung hat die AG zu beweisen, dem Beklagten bleibt der Gegenbeweis, dass die Zahlung von einem seiner Nachmänner doch zu erlangen sei (*RGZ* 85, 241; GroßKomm AktG/*Gehrlein* Rn 27; MünchKomm AktG/ *Bayer* Rn 31). Die Gesellschaft kann auch auf andere Art nachweisen, dass die Zahlung von keinem der Nachmänner zu erlangen war, und kann dann vor Ablauf der Monatsfrist ihre Ansprüche gegen den ersten zahlungsfähigen Vormann erheben (MünchKomm AktG/*Bayer* Rn 34; GroßKomm AktG/*Gehrlein* Rn 24). Auf die Zahlungsfähigkeit des ausgeschlossenen Aktionärs kommt es dagegen nicht an, sein unmittelbarer Vormann haftet ohne weiteres (s auch Rn 5).

Westermann

§ 65 Zahlungspflicht der Vormänner

7 **3. Rechte des Rückgriffsschuldners.** Der im Regresswege Haftende hat als Erwerber des Mitgliedschaftsrechts Anspruch auf die **neue Urkunde** (Henssler/Strohn/*Lange* Rn 5), die die Gesellschaft im Zuge der Kaduzierung auszustellen hat (§ 64 Rn 15), und die ihm Zug um Zug gegen Zahlung des rückständigen Betrages auszuhändigen ist (Abs 1 S 4), so dass er ein **Zurückbehaltungsrecht** hat (MünchKomm AktG/*Bayer* Rn 61; Schmidt/Lutter AktG/*Fleischer* Rn 20; KölnKomm AktG/*Drygala* Rn 30). Das Gesetz spricht von „der" neuen Urkunde, scheint also den Fall nicht zu erfassen, dass das Mitgliedschaftsrecht bisher nicht verbrieft war und darauf auch kein Anspruch besteht; die Regelung dahin zu verstehen, dass das dann auch kein Recht auf Ausgabe einer neuen Urkunde bestehe (MünchKomm AktG/*Bayer* Rn 60; GroßKomm AktG/ *Gehrlein* Rn 47; Spindler/Stilz AktG/*Cahn* Rn 33), ist indes nur gerechtfertigt, wenn die Gesellschaft insoweit alle Aktionäre gleichbehandelt.

8 **4. Befristung und Verjährung.** Die Haftung der Vormänner besteht nicht unbegrenzt, sondern nur für die innerhalb **zweier Jahre** seit Mitteilung der Übertragung zum Aktienregister vom derzeitigen Aktionär eingeforderten Beträge. Das ändert nichts daran, dass für alle beim Ausscheiden bereits fälligen Einlageforderungen, aber nicht höher, gehaftet werden muss (KölnKomm AktG/*Drygala* Rn 35; MünchKomm AktG/*Bayer* Rn 41). Die Mitteilung der Übertragung zum Register macht Schwierigkeiten, wenn entgegen § 10 Abs 2 Inhaberaktien ausgegeben wurden oder kein Register geführt wird; hier sollte nach früherer Ansicht die Frist, die in erster Linie der Gesellschaft soll entgegengehalten werden können, nicht zu laufen beginnen, solange nicht eine ausdrückliche Mitteilung von der Übertragung an die Gesellschaft ergangen ist (*KG* JW 1927, 2434, 2436); da aber die Unsicherheit in diesem Fall durch die AG selber verursacht ist, stellt die heute **hM** auf den Zeitpunkt der Veräusserung selber ab (MünchKomm AktG/*Bayer* Rn 46; GroßKomm AktG/*Gehrlein* Rn 36; Spindler/Stilz AktG/*Cahn* Rn 36), was auch für den in Anspruch genommenen Vormann beweisbar sein kann. Für Fristablauf gilt § 188 BGB. Von der Frist gem Abs 2 ist die **Verjährung** der gegen die Vormänner gerichteten Ansprüche zu unterscheiden. Da die Regelverjährung nach § 195 BGB nF mit drei Jahren unpassend erschien, wird nunmehr in entspr Anwendung des § 54 Abs 4 für die Regresshaftung die zehnjährige Verjährung ab Fälligkeit der Regressforderung für richtig gehalten (MünchKomm AktG/*Bayer* Rn 49); dagegen spricht aber, dass die Gesellschaft nach § 204 Abs 1 Nr 1 BGB die Hemmung der Frist bewirken kann (*Thiessen* ZHR 168/2004 – S 503, 522 f; folgend KölnKomm AktG/*Drygala* Rn 34), jedenfalls dann, wenn die Gesellschaft gegen einen Vormann eine Leistungsklage erhebt.

9 **5. Zahlung eines Rückgriffsschuldners.** Wenn ein Regressschuldner zahlt, **erfüllt** er nicht nur seine eigene Verbindlichkeit, sondern zugleich die seiner Nachmänner (MünchKomm AktG/*Bayer* Rn 45). Seinerseits fällt ihm dann das uneingeschränkte Mitgliedschaftsrecht mit allen Rechten und Pflichten zu, wie sie bei Zahlung bestehen würden, wenn das Recht zu diesem Zeitpunkt einem Subjekt zugeordnet gewesen wäre (hierzu § 64 Rn 12). Das wird von der **hM** in entspr Anwendung des § 22 Abs 4 GmbHG als Erwerb **kraft Gesetzes** verstanden (MünchKomm AktG/*Bayer* Rn 51; GroßKomm AktG/*Gehrlein* Rn 39; *Hüffer* AktG Rn 6; ebenso K. Schmidt/Lutter AktG/*Fleischer* Rn 18), wodurch also die infolge der Kaduzierung vorübergehend subjektlose oder der Gesellschaft zustehende (§ 64 Rn 12) Mitgliedschaft wieder einem Aktionär zugeordnet wird. Abs 1 S 4 bringt dies dadurch zum Ausdruck, dass nur noch die Urkunde über die Mitgliedschaft „auszuhändigen" ist, offenbar, weil das ver-

Zahlungspflicht der Vormänner § 65

lautbare Recht wieder in der Hand eines Trägers besteht. Die Mitgliedschaft erwirbt der zahlende Vormann, der iRd Stufenregresses (Rn 5) mit Recht in Anspruch genommen worden ist, wobei freilich die Vermutung des Abs 1 S 3, dass der Nachmann zahlungsunfähig war, in diesem Zusammenhang dem Erwerber zugute kommt (KölnKomm AktG/*Drygala* Rn 26; MünchKomm AktG/*Bayer* Rn 55; GroßKomm AktG/*Gehrlein* Rn 42). Dem Erwerber der Mitgliedschaft steht dann auch der Anspruch auf die Urkunde einschließlich der Nebenansprüche gem § 64 Abs 4 zu. Der Regressschuldner hat gegen seinen Vormann, von dem er die Aktie erworben hat, aus dem schuldrechtlichen Grundverhältnis Ausgleichsansprüche, idR auf Schadensersatz (MünchKomm AktG/*Bayer* Rn 64; KölnKomm AktG/*Drygala* Rn 40). Der Erwerber der Mitgliedschaft muss, ohne dass es auf eine Genehmigung der Gesellschaft noch ankommt, da eine Vinkulierung gem § 68 Abs 2 dem Erwerb ex lege nicht entgegensteht (MünchKomm AktG/*Bayer* Rn 52), auch ohne Mitteilung im Aktienregister eingetragen werden (KölnKomm AktG/*Drygala* Rn 29; MünchKomm AktG/*Bayer* Rn 59). Die Mitteilung ans Register kann unterbleiben, wenn die Gesellschaft jetzt zur Ausgabe von Inhaberaktien übergehen kann, was möglich ist, wenn wg der gesamten Resteinlage kaduziert wurde. Mit dem Erwerb der Mitgliedschaft fallen dem Zahlenden auch die **Nebenrechte** zu (KölnKomm AktG/*Drygala* Rn 27).

Soweit die Gesellschaft gegen den Regressschuldner im Wege der **Zwangsvollstreckung** vorgeht, findet bei erfolgreicher Befriedigung der Gesellschaft der Erwerb der Mitgliedschaft durch den Vollstreckungsschuldner statt (MünchKomm AktG/*Bayer* Rn 56; GroßKomm AktG/*Gehrlein* Rn 43). Wenn ein Dritter für den Belangten unter den Voraussetzungen des § 267 BGB zahlt, so erwirbt derjenige die Mitgliedschaft, für den geleistet worden ist (KölnKomm AktG/*Drygala* Rn 32; MünchKomm AktG/*Bayer* Rn 57; K. Schmidt/Lutter AktG/*Fleischer* Rn 19), anders bei Leistungen Dritter im allein eigenen Interesse, die gesellschaftsrechtlich wirkungslos sind. Eine **Teilzahlung** verschafft dem Regressschuldner nicht das Mitgliedschaftsrecht, wohl aber hat jetzt der jeweilige Vormann die Möglichkeit, bei Zahlung des Restbetrages seinerseits die Mitgliedschaft zu erwerben (GroßKomm AktG/*Gehrlein* Rn 45). Der durch Kaduzierung Ausgeschlossene kann die Mitgliedschaft dagegen jetzt auch durch Zahlung nicht mehr erlangen. **10**

Da der zahlende Regressschuldner Mitgliedschaft und Urkunde mit Wirkung ex nunc erwirbt, tritt die Frage auf, wie sich dies iRd Stufenregresses auswirkt. Wenn ein noch nicht belangter früherer Vormann zahlen will, so erwirbt er nicht die Mitgliedschaft, der Zahlende erwirbt auch gegen seinen Willen, weil er sich andernfalls der Haftung für noch nicht fällige Einlageschulden entziehen könnte (GroßKomm AktG/*Gehrlein* Rn 41; MünchKomm AktG/*Bayer* Rn 51). Die Vermutung des Abs 1 S 3 wirkt hier zugunsten der Gesellschaft auch in dem Sinne, dass die Gesellschaft die Zahlung des betreffenden Vormanns annehmen kann. Zahlt ein Zwischenaktionär, so erlischt die Haftung aller Übrigen für den gezahlten Betrag (MünchKomm AktG/*Bayer* Rn 62; GroßKomm AktG/*Gehrlein* Rn 49). Eine neue Haftung der Übrigen (einschließlich des ausgeschlossenen Aktionärs) entsteht, wenn die Gesellschaft später einen neuen Betrag einfordert und den nunmehr säumigen Aktionär ausschließt (s dazu Rn 3). Das Verhältnis der Zwischenaktionäre untereinander bestimmt sich iÜ nach bürgerlichem Recht, wobei Vertragsansprüche oder Kondiktion in Betracht kommen können, die verbreitet bevorzugt wird, weil der Zahlende zugleich mit seiner eigenen Verbindlichkeit seine Nachmänner von ihrer Schuld befreie (GroßKomm AktG/*Gehrlein* **11**

Westermann 563

Rn 51; KölnKomm AktG/*Drygala* Rn 43; Übersicht über die Anspruchsgrundlagen bei Spindler/Stilz AktG/*Cahn* Rn 38). Die Anwendung der Geschäftsführung ohne Auftrag ist nicht unbedenklich, aber es ist zu erwarten, dass die bürgerlich-rechtliche Judikatur mit der – ebenfalls problematischen – Figur des „Auch-Fremden-Geschäfts" (*BGHZ* 16, 12, 16; *BGH* NJW 1990, 2058; *BGH* WM 1999, 2411; WM 2002, 96) helfen wird (auch dazu krit MünchKomm AktG/*Bayer* Rn 69, der eine Analogie zu § 774 Abs 1 BGB vorschlägt). Str ist auch der – idR wenig attraktive – Regress des Zahlenden gegen den ausgeschlossenen Aktionär (dafür MünchKomm AktG/*Bayer* Rn 70; dagegen GroßKomm AktG/*Gehrlein* Rn 52).

III. Verkauf der Aktie, Abs 3

12 **1. Die Verfahrensschritte.** Nicht selten werden Schwierigkeiten bestehen, den rückständigen Betrag von den Vormännern des Ausgeschlossenen oder von ihm selbst zu erhalten. Steht dies fest (unter Anwendung der Vermutung des Abs 1 S 2), so hat die AG das Anteilsrecht zu **verwerten**, und zwar **„unverzüglich"**, was bedeutet, dass nicht jedes Zögern mit der Verwertung dem hierfür allein zuständigen Vorstand vorgeworfen werden kann, sondern nur ein schuldhaftes Verhalten, so dass die Gesellschaft während einer überschaubaren Periode der Kursschwäche eine gewisse Zeit warten kann, um einen besseren Kurs zu erzielen (KölnKomm AktG/*Drygala* Rn 44; Henssler/Strohn/*Lange* Rn 7; enger GroßKomm AktG/*Gehrlein* Rn 56; *Hüffer* AktG Rn 8). Allerdings darf der Vorstand mit dem Anteilsrecht nicht spekulieren. Voraussetzung der Verkaufsberechtigung und der entspr Pflicht der Gesellschaft ist wirksame Kaduzierung nach § 64 und korrekte Durchführung des Regressverfahrens nach § 65 Abs 1 und 2. Die AG, obwohl nur „treuhänderische" Inhaberin des Mitgliedschaftsrechts (§ 64 Rn 12), verkauft im eigenen Namen und für eigene Rechnung (MünchKomm AktG/*Bayer* Rn 83; Spindler/Stilz AktG/*Cahn* Rn 51), weil sie den Gegenwert erhalten soll. Bis zur wirksamen Veräußerung nach Abs 3 kann allerdings noch einer der Rückgriffsschuldner erfüllen und erwirbt dann auch die Mitgliedschaft (KölnKomm AktG/*Drygala* Rn 45; MünchKomm AktG/*Bayer* Rn 75).

13 Hinsichtlich der **Modalitäten** des Verkaufs gibt das Gesetz genaue Anweisungen. Bei börsennotierten Werten ist nur Verkauf zum Börsenkurs zulässig (Spindler/Stilz AktG/*Cahn* Rn 53). Da es eine „amtliche" Preisfeststellung nicht mehr gibt, ist auch eine Notierung im geregelten Markt oder im Freiverkehr ausreichend und maßgeblich (MünchKomm AktG/*Bayer* Rn 83; *Hüffer* AktG Rn 9). Fehlt es an jeglicher Kursnotierung, was auch der Fall sein kann, wenn die Notierung ausgesetzt ist, so ist im Wege öffentlicher Versteigerung (§ 383 Abs 2 S 1 BGB) zu verkaufen, grds am Sitz der Gesellschaft, anderswo, wenn dort kein angemessener Erfolg zu erwarten ist. Wie auch § 383 Abs 3 BGB vorsieht, sind Zeit, Ort und Gegenstand der **Versteigerung** öffentlich bekannt zu machen. Der ausgeschlossene Aktionär und seine Vormänner sind mit der Frist von 2 Wochen vor der Versteigerung zu benachrichtigen, wovon bei den Vormännern, deren Regressschuld bei einem Zuschlag erlöschen würde, unter dem Gesichtspunkt der „Untunlichkeit" eher abgesehen werden kann als bei dem Ausgeschlossenen, der nach § 64 Abs 4 S 2 auf den Ausfall haftet (KölnKomm AktG/ *Drygala* Rn 50; GroßKomm AktG/*Gehrlein* Rn 63). Der Vorstand hat nach Möglichkeit dazu beizutragen, die Verwertung erfolgreich zu gestalten, bei vinkulierten Namensaktien wird er idR seine Zustimmung zu geben haben. Die Gesellschaft selbst darf, soweit nicht § 71 entgegensteht, mitbieten, die Voraussetzungen des § 71 Abs 2

S 3 sowie des § 71 Abs 1 Nr 3 und 6 werden jedoch selten vorliegen. Der Vorstand darf, um die Aktie nicht unter Wert abgeben zu müssen, einen Mindestpreis vorschreiben oder die Versteigerung abbrechen (MünchKomm AktG/*Bayer* Rn 88; KölnKomm AktG/*Drygala* Rn 54; Schmidt/Lutter AktG/*Fleischer* Rn 33).

Der **Verwertungserlös** ist nach älterer Auffassung zum Aktienrecht (GroßKomm AktG/*Barz* 3. Aufl Anm 18)) nicht Einlage, sondern Kaufpreis, so dass Aufrechnung oder Erlass möglich wären und § 66 nicht anwendbar wäre. Für die GmbH wird dies durchweg anders gesehen, so dass § 19 GmbHG als eine auf Einlagen zugeschnittene Norm anzuwenden ist, und bei Säumnis des Erwerbers eine neue Kaduzierung möglich ist (*BGHZ* 42, 89, 93). Für eine entspr Behandlung bei der AG spricht, dass der Erwerber zwar ein Entgelt für die Aktie schuldet, das dann aber im Vermögen der Gesellschaft an die Stelle der Einlage tritt (Doppelnatur der Zahlungspflicht, MünchKomm AktG/*Bayer* Rn 96; dem folgend Spindler/Stilz AktG/*Cahn* Rn 64; GroßKomm AktG/*Gehrlein* Rn 66) und zwar mit der weiteren Folge, dass für die Zahlungspflicht des Erwerbers § 66 gilt und uU auch ein neues Kaduzierungsverfahren durchgeführt werden kann. Ein **Mehrerlös** steht der AG zu, die für eigene Rechnung verkauft, Rn 12 (KölnKomm AktG/*Drygala* Rn 58; GroßKomm AktG/*Gehrlein* Rn 69). Mit dem Zuschlag erlöschen die Regressschulden, auch wenn der Erlös nicht den Rückstand erreicht, die Ausfallhaftung des Ausgeschlossenen (§ 64 Rn 16) ist aber gerade für diesen Fall bestimmt. 14

Der Erwerber wird durch die (rechtsgeschäftliche) Übertragung seitens der Gesellschaft Aktionär mit den Rechten und Pflichten, die der Ausgeschlossene haben würde, wenn er den eingeforderten Betrag rechtzeitig gezahlt haben würde (MünchKomm AktG/*Bayer* Rn 94). Ohne Rücksicht auf die Höhe des gezahlten Kaufpreises haftet der Erwerber nicht für die rückständige Einlage (MünchKomm AktG/*Bayer* Rn 91; *Hüffer* AktG Rn 10). Bei **Unverkäuflichkeit** der Aktie nach Durchlaufen des Verfahrens gem Abs 3 kann der Schwebezustand bzgl des Schicksals des Mitgliedschaftsrechts nicht länger aufrecht erhalten werden, so dass analog § 27 Abs 3 GmbHG ein endgültiger Anfall an die AG anzunehmen ist, ohne dass § 71, der derartige Vorgänge nicht im Auge hat, entgegensteht (ebenso MünchKomm AktG/*Bayer* Rn 97; GroßKomm AktG/*Gehrlein* Rn 73; iE auch KölnKomm AktG/*Drygala* Rn 59; K. Schmidt/Lutter AktG/*Fleischer* Rn 39), die Gesellschaft hat den Anteil gem § 272 Abs 1a HGB zu **bilanzieren**. Die Einlageforderung erlischt durch Konfusion (MünchKomm AktG/*Bayer* Rn 89; GroßKomm AktG/*Gehrlein* Rn 74; **aM** MünchKomm AktG/*Bayer* Rn 98; Spindler/Stilz AktG/*Cahn* Rn 67), aber die Ausfallhaftung des Ausgeschlossenen und die Regresshaftung der Vormänner bleiben bestehen (KölnKomm AktG/*Drygala* Rn 59; *Hüffer* AktG Rn 10). 15

2. Folgen von Verfahrensmängeln. Im Hinblick auf Mängel des Verfahrens ist zu unterscheiden, ob sie die Kaduzierung oder die Verwertung betreffen. War die Kaduzierung unwirksam (§ 64 Rn 17), so konnte ein Käufer kein Mitgliedschaftsrecht erwerben, die neue Aktie ist unwirksam, und ungeachtet eines formal korrekt durchgeführten Verwertungsverfahrens sowie auch bei Gutgläubigkeit des Erwerbers müssen die Ergebnisse rückabgewickelt werden (GroßKomm AktG/*Gehrlein* Rn 75; MünchKomm AktG/*Bayer* Rn 99; Spindler/Stilz AktG/*Cahn* Rn 67). Einem in Anspruch genommenen Vormann steht ein Bereicherungsanspruch, einem dritten Käufer ein Anspruch wg Unmöglichkeit der Pflichterfüllung durch die Gesellschaft 16

§ 66 Keine Befreiung der Aktionäre von ihren Leistungspflichten

zu, was unter den Voraussetzungen des § 311a Abs 2 BGB zu einem Schadensersatzanspruch gegen die AG führen kann (MünchKomm AktG/*Bayer* Rn 100).

17 Nicht ganz klar ist, was gelten soll, wenn die Verwertung durch den **Verkauf der Aktie** wg Verstoßes gegen die Regeln über die Regressvoraussetzungen mangelhaft ist, weil etwa nicht alle Vormänner zur Zahlung aufgefordert wurden oder die Möglichkeiten zur Beitreibung bei zahlungsfähigen Vormännern nicht ausgeschöpft wurden, weshalb die Veräußerung eines Mitgliedschaftsrechts nicht erfolgen durfte. Hinsichtlich der Wirkung ist nach den verschiedenen Fehlern zu differenzieren. Nach einer Ansicht (MünchKomm AktG/*Bayer* Rn 104) führt die Heranziehung eines gar nicht zahlungspflichtigen Vormanns nicht zum Erwerb der Mitgliedschaft, so dass wie bei Mängeln der Kaduzierung das Geschäft rückabgewickelt werden muss; ähnlich für die Inanspruchnahme eines Vormanns unter Verstoß gegen die Regressreihenfolge (Spindler/Stilz AktG/*Cahn* Rn 69); freilich kommt eine Annahme zugunsten eines gutgläubigen Erwerbers in Betracht (GroßKomm AktG/*Gehrlein* Rn 76; Spindler/Stilz AktG/*Cahn* Rn 70; K. Schmidt/Lutter AktG/*Fleischer* Rn 41), was sich durch entspr Anwendung der §§ 1244 BGB, 366 HGB begründen lässt (KölnKomm AktG/*Drygala* Rn 61). Verstöße leichterer Art (etwa gegen die Benachrichtigungspflicht oder gegen die Bestimmung über den Ort der Versteigerung) stehen der Gültigkeit nicht entgegen (GroßKomm AktG/*Gehrlein* Rn 77). Bei fehlerhafter Interessenwahrung des Ausgeschlossenen könnte allerdings seine Ausfallhaftung entfallen. Dagegen spricht das Interesse an der Kapitalaufbringung der Gesellschaft, deren Rechte in diesem Stadium jedenfalls zugunsten bösgläubiger Erwerber nicht beschnitten werden sollten. Bei Verstößen gegen die Vorschriften über Börsenverkauf oder Versteigerung ist zwar der Verkauf fehlerhaft, doch erscheint – wiederum aufgrund der §§ 1244 BGB, 366 HGB – ein Gutglaubenserwerb geboten. Die AG kann dann bei der Geltendmachung des Ausfallanspruchs gegen den ausgeschlossenen Gesellschafter den vom Erwerber gezahlten Kaufpreis nicht unberücksichtigt lassen (für gänzlichen Wegfall der Ausfallhaftung aber MünchKomm AktG/*Bayer* Rn 107).

§ 66 Keine Befreiung der Aktionäre von ihren Leistungspflichten

(1) ¹Die Aktionäre und ihre Vormänner können von ihren Leistungspflichten nach den §§ 54 und 65 nicht befreit werden. ²Gegen eine Forderung der Gesellschaft nach den §§ 54 und 65 ist die Aufrechnung nicht zulässig.

(2) Absatz 1 gilt entsprechend für die Verpflichtung zur Rückgewähr von Leistungen, die entgegen den Vorschriften dieses Gesetzes empfangen sind, für die Ausfallhaftung des ausgeschlossenen Aktionärs sowie für die Schadenersatzpflicht des Aktionärs wegen nicht gehöriger Leistung einer Sacheinlage.

(3) Durch eine ordentliche Kapitalherabsetzung oder durch eine Kapitalherabsetzung durch Einziehung von Aktien können die Aktionäre von der Verpflichtung zur Leistung von Einlagen befreit werden, durch eine ordentliche Kapitalherabsetzung jedoch höchstens in Höhe des Betrags, um den das Grundkapital herabgesetzt worden ist.

Keine Befreiung der Aktionäre von ihren Leistungspflichten § 66

Übersicht

	Rn		Rn
I. Grundsätze und Anwendungsbereich	1	III. Aufrechnungsverbot, Abs 1 S 2	6
1. Systematische Stellung	1	1. Voraussetzungen wirksamer Aufrechung	6
2. Anwendungsbereich	2	2. Umgehungsversuche	9
II. Das Verbot der Befreiung, Abs 1 S 1, Abs 2	3	3. Abtretung und Verpfändung der Einlageforderung	11
1. Verbotene Befreiungsversuche	3	4. Leistungen an einen Dritten	13
2. Stundung, Verwirkung, Hinterlegung	5	5. Besonderheiten bei Insolvenz und Zwangsvollstreckung	14
		IV. Kapitalherabsetzung, Abs 3	15

Literatur: *Frey* Einlagen in Kapitalgesellschaften, 1990; *Müller* Zur Pfändung der Einlageforderung der AG, AG 1971, 1; *ders* Zur Abtretung der Einlageforderung der GmbH, GmbHR 1970, 57; *Priester* Stammeinlagezahlung auf debitorisches Bankkonto der GmbH – Ein Problem des Gesellschafts- und des Bankrechts, DB 1987, 1473; *ders* Vergleich über Einlageforderungen – Zustimmungserfordernis der Hauptversammlung, AG 2012, 525; *Verse* (Gemischte) Sacheinlagen, Differenzhaftung und Vergleich über Einlageforderungen – Bespr von BGHZ 191, 364 – Babcock, ZGR 2012, 162; *Weng* Aktienrechtliche Differenzhaftung bei Sacheinlagen, Anmerkungen zum BGH-Urteil vom 06.02.2011, II ZR 149/10, DStR 2012, 862; *Wieneke* Die Differenzhaftung des Inferenten und die Zulässigkeit eines Vergleichs über die Höhe, NZG, 2012, 136.

I. Grundsätze und Anwendungsbereich

1. Systematische Stellung. Die Vorschrift ist gewissermaßen der Schlussstein im System der **realen Kapitalaufbringung** (KölnKomm AktG/*Drygala* Rn 2); soweit in Abs 2 die Rückgewähr zu Unrecht empfangener Leistungen angesprochen ist, berührt sie auch die **Kapitalherabsetzung**. Im Kern ist § 66 eine Ergänzung des § 57 im Interesse der AG, ihrer Gläubiger und Aktionäre. Dem entspricht ihr zwingender Charakter (*RG* JW 1931, 2097 f; *KG* OLGR 31, 287; MünchKomm AktG/*Bayer* Rn 5), der sich sowohl gegenüber Satzungsvorschriften und HV-Beschlüssen als auch individualvertraglichen Abreden durchsetzt (*RGZ* 124, 380, 383). Absprachen über die Kapitalaufbringung, die dem § 66 widersprechen, gelten daher nicht, der Aktionär muss effektiv leisten. Zur Rückabwicklung der Leistung auf eine unwirksam abgetretene Einlageforderung Rn 11. Die Nichtigkeit betrifft auch Verfügungsgeschäfte. Die Gesellschaft kann nur den Weg der Kapitalherabsetzung gehen, aber auch das nur in den Grenzen gem Abs 3. 1

2. Anwendungsbereich. Das Verbot des § 66 sichert alle Arten von **Einlageforderungen**, Sach- und Geldeinlagen, Nominaleinlage und Agio (zum Letzteren § 9 Rn 6), nicht aber die Aufbringung von **Nebenleistungen** iSd § 55 KölnKomm AktG/*Drygala* Rn 4; GroßKomm AktG/*Gehrlein* Rn 6; K. Schmidt/Lutter AktG/*Fleischer* Rn 3). Das folgt aus der Verweisung auf § 54 und § 65 (s dort Rn 1). In den Geltungsbereich gehören also auch die Pflichten eines Rechtsnachfolgers des ursprünglichen Erwerbers einer Aktie, die Rückgriffshaftung seiner Vormänner nach § 65, nach Abs 2 auch die Pflicht zur Rückgewähr von Leistungen, die unter Verstoß gegen die Kapitalbindungsvorschriften erbracht worden sind, sowie die Ausfallhaftung des ausgeschlossenen Aktionärs gem § 64 Abs 4 S 2. Das erklärt sich daraus, dass diese Pflichten an die Stelle der in diesem Fall uneinbringlichen ursprünglichen Einlageschuld getreten sind. 2

§ 66 Keine Befreiung der Aktionäre von ihren Leistungspflichten

Es kommt nicht darauf an, ob die Einlagepflicht bei der Gründung oder anlässlich einer Kapitalerhöhung entstanden ist (MünchKomm AktG/*Bayer* Rn 7). Nicht ganz klar ist, was Abs 2 unter der „**Schadensersatzpflicht** des Aktionärs wg nicht gehöriger Leistung einer Sacheinlage" versteht. Das Aufleben der Geldeinlagepflicht bei unwirksamer Vereinbarung einer Sacheinlage gem § 27 Abs 3 (s dort Rn 18, 27, 34) ist Ausfluss des zu erfüllenden Einlageversprechens und nicht Schadensersatzpflicht, so dass insoweit § 66 nichts Neues verfügt (Spindler/Stilz AktG/*Cahn* Rn 6).Bei mangelhafter oder verspäteter Erbringung der Sacheinlage oder bei Umwandlung der Sacheinlagepflicht in einen Schadensersatzanspruch gegen einen Vormann ist der Ersatzanspruch von § 66 erfasst (GroßKomm AktG/*Gehrlein* Rn 4). Fraglich ist nur, ob dies auch für eine Ersatzpflicht gilt, die der Höhe nach über den Nennbetrag bzw höheren Ausgabebetrag der Aktie hinausgeht (dagegen KölnKomm AktG/*Drygala* Rn 5). Da der Gesetzeswortlaut eine Einschränkung nicht erkennen lässt und eine geringere Verbindlichkeit eines den Ausgabebetrag der Aktien übersteigenden Sacheinlageversprechens nicht erlaubt ist, werden Schadensersatzansprüche nur in Höhe der Einlageschuld durch § 66 geschützt (GroßKomm AktG/*Gehrlein* Rn 5). Zur Geltung der Regelung bei Insolvenz und Abwicklung s Rn 14.

II. Das Verbot der Befreiung, Abs 1 S 1, Abs 2

3 **1. Verbotene Befreiungsversuche.** Verboten ist jede Befeiung von den Leistungspflichten im Geltungsbereich der Norm, also nicht nur der Erlass, sondern jedes Rechtsgeschäft, also auch jede Erleichterung, die iE dazu führt, dass der Schuldner nicht genau die versprochene Einlageleistung erbringt (GroßKomm AktG/*Gehrlein* Rn 10; MünchKomm AktG/*Bayer* Rn 6; zum Grundsatz auch *OLG Köln* ZIP 1989, 174, 176; *Hüffer* AktG Rn 4). Das sind etwa Annahme an Erfüllungs statt, Umwandlung einer Geld- in eine Sacheinlage, negatives Schuldanerkenntnis oder befreiende Schuldübernahme durch einen Dritten (*RGZ* 144, 138, 148; MünchKomm AktG/ *Bayer* Rn 11), wobei das Letztere nicht einleuchtet, da der mit Zustimmung der AG eintretende Dritte „besser" sein kann als der ursprüngliche Schuldner. Verboten ist aber die Annahme einer mangelhaften Sacheinlage, Ersetzung der Einlageforderung durch eine andere (Novation, KölnKomm AktG/*Drygala* Rn 9; *Hüffer* AktG Rn 4; MünchKomm AktG/*Bayer* Rn 16). Der Wechsel von der Sach- zur Geldeinlage ist nur iRv §§ 27 Abs 5 iVm 26 Abs 4, Abs 5 erlaubt, eine Annahme an Erfüllungs statt scheidet auch hier aus (KölnKomm AktG/*Drygala* Rn 10; Spindler/Stilz AktG/*Cahn* Rn 11). Eine Annahme anderer Gegenstände **erfüllungshalber** lässt zunächst die Einlagepflicht nicht erlöschen, so dass angenommen wird, die AG sei insoweit grds frei (MünchKomm AktG/*Bayer* Rn 20; GroßKomm AktG/*Gehrlein* Rn 19), das ist aber zweifelhaft, weil verhindert werden muss, dass die AG bis zur Realisierung der erfüllungshalber übernommenen Leistungspflicht längere Zeit warten muss, um auf die Einlageforderung zurückzukommen, was sich aus dem Grundgeschäft ergeben könnte (nur im Ergebnis ähnlich KölnKomm AktG/*Drygala* Rn 11). Praktisch kommt jedenfalls eine Ausnahme vom Grundsatz her nur in Betracht, wenn es sich um kurzfristig zur Befriedigung führende Zahlungsmittel handelt, nicht bei länger laufenden Wechseln (ebenso *Hüffer* AktG Rn 4; MünchKomm AktG/*Bayer* Rn 20). Unerlaubt ist auch der Verzicht auf eine Mängelrüge bei Sacheinlagen.

4 Versuche, an die Stelle der geschuldeten Geldeinlage doch einen Sachwert oder die Tilgung einer Forderung zu setzen, begegnen in verschiedener Form. So darf die Ein-

lage nicht aus Mitteln erbracht werden, die die AG durch **Kreditaufnahme** bei einem Dritten oder durch Mithaft für einen vom Einlageschuldner aufgenommenen Kredit oder gar durch direkte Kreditgewährung an den Aktionär selbst finanziert hat, was unter die Regelung des § 27 Abs 4 fallen kann (*RGZ* 47, 180, 185; 98, 276 f; *BGH* 28, 77 f zur GmbH; MünchKomm AktG/*Bayer* Rn 13; K. Schmidt/Lutter AktG/*Fleischer* Rn 5). Hier würde eine ungesicherte Darlehens- oder Rückgriffsforderung an die Stelle der durch § 66 gesicherten Einlageforderung gesetzt. Wenn der Aktionär zwar zunächst die Einlage richtig erbringt, dann aber von der Gesellschaft einen Kredit in Anspruch nimmt und ausbezahlt erhält, hängt es von der Enge des wirtschaftlichen Zusammenhangs ab, ob man einen Verstoß gegen § 66 annimmt (dafür MünchKomm AktG/*Bayer* Rn 66) oder eine gem § 57 unzulässige Einlagenrückgewähr (dagegen GroßKomm AktG/*Gehrlein* Rn 13). Unzulässig ist schließlich die Übernahme der Aktie und damit der Schuldnerposition bezüglich der Einlage durch die Gesellschaft, auch wenn sie unentgeltlich geschieht, ausserhalb der Tatbestände des § 71 (Grigoleit AktG/*Rachlitz* Rn 4). Die auch hierher gehörende Problematik der **verdeckten Sacheinlage** ist zu § 27 Rn 25 ff behandelt. Besteht Streit über den verbleibenden Umfang von Einlagepflichten, praktisch gerade fast nur bei der Sacheinlage, aber auch in Bezug auf eine versprochene Agio-Zahlung (§ 9 Rn 6), kann uU auch an einen **Vergleich** gedacht werden, dessen materielle Wirksamkeit und verfahrensmäßige Behandlung aber fraglich sind. Die Vereinbarkeit mit dem in § 66 niedergelegten Befreiungsverbot ist bei einem Vergleich bedenklich, wenn und solange nicht über das Bestehen und die Durchsetzbarkeit des gegen den Aktionär gerichteten Anspruchs eine so große Unsicherheit besteht, dass die Gesellschaft ein hohes Prozessrisiko eingehen müsste, um ihren Anspruch vollständig zu realisieren. Diese Einstellung des *BGH* im Babcock/Borsig-Urteil (*BGHZ* 191, 264) findet breite Zustimmung (*Wieneke* NZG 2012, 136, 138; *Priester* AG 2012, 525 f; *Weng* DStR 2012, 862, 864; *Verse* ZGR 2012, 875, 866; schon früher so K. Schmidt/Lutter AktG/*Fleischer* Rn 6). Hierfür genügt freilich mangelnde Zahlungsfähigkeit des Aktionärs nicht (MünchKomm AktG/*Bayer* Rn 24), dann ist gem §§ 64, 65 vorzugehen. Zulässig ist auch eine Schiedsvereinbarung, da ein Schiedsgericht § 66 zu beachten hat (MünchKomm AktG/*Bayer* Rn 27); die Bedenken gegen eine die Einlageforderungen erfassende Schiedsgerichtsabrede sind durch § 1030 ZPO erledigt (Spindler/Stilz AktG/*Cahn* Rn 19), wie überhaupt im Kapitalgesellschaftsrecht Schiedsklauseln erstrecht zugelassen werden können (*H.P. Westermann* FS Goette, 2011, S 601). Der Streit, ob die AG sich an einem bestätigten **Insolvenzplan** (§§ 254 ff InsO) beteiligen darf, durch den die Verpflichtungen des Schuldners auf die Vergleichsquote reduziert werden, was dann bedeutet (§§ 227, 254 InsO), dass der ursprüngliche Einlageschuldner nicht mehr haftet, wohl aber seine Vormänner, wenn die AG – woran sie nicht gehindert sein soll – wg des Restbetrages die Kaduzierung betreibt (GroßKomm AktG/*Gehrlein* Rn 23), ist trotz einer dies abl verbreiteten Meinung zum Kapitalgesellschaftsrecht (KölnKomm AktG/*Lutter* Rn 11; K. Schmidt/Lutter AktG/*Fleischer* Rn 6; MünchKomm AktG/*Bayer* Rn 26; *Hüffer* AktG Rn 4; aM Spindler/Stilz AktG/*Cahn* Rn 17; GroßKomm AktG/*Gehrlein* Rn 23) als offen anzusehen. Der Einwand, die Gesellschaft dürfe nicht das Risiko tragen, bei einer späteren Kaduzierung iRd § 65 Abs 3 nicht voll zum Zuge zu kommen, ist theoretisch anzuerkennen, sollte aber den Vorstand nicht hindern können, dieses Risiko gegen die Vorteile einer insolvenzrechtlichen Lösung abzuwägen. Umstritten ist, ob die **HV** eingeschaltet werden muss. Hierzu würde sich eine Analogie zu Bestimmungen wie §§ 93 Abs 4 S 3, 50 S 1 anbieten, wenn man § 66 im Hinblick auf die Notwendigkeit eines Zustimmungserfordernisses für lückenhaft hält (Spindler/Stilz AktG/ *Cahn* Rn 16). *BGHZ* 191, 364 sieht eine solche Lücke nicht, obwohl zuzugeben ist, dass § 66 durch die Nichterwähnung des Vergleichs über die unverzichtbaren Ansprüche das ganze Problem nicht behandelt (*Priester* AG 2012, 525, 527). Der *BGH* weist ferner darauf hin, dass die erwähnten, für eine Lückenfüllung in Betracht gezogenen Vorschriften nur verschuldensabhängige Ersatzansprüche erfassen, was etwa im Hinblick auf § 302 Abs 3 S 1 nicht unwiderlegbar erscheint (*Verse* aaO, S 888). Gegen die Ansicht des BGH sollte aber andererseits nicht eingewandt werden, dass ohne Zustimmung der HV die Gefahr eines kollusiven Zusammenwirkens des für einen Vergleich zuständigen Vorstands mit einem von der Einlagepflicht betroffenen Großaktionär bestehe (*Priester* aaO, S 528), denn angesichts der hohen Anforderungen an die Wirksamkeit eines Vergleichs über die Kapitalaufbringung, der ja unter Legalitätskontrolle des AR geschlossen werden muss und, wenn es sich um die Einflüsse eines Großaktionärs handelt, auch unter §§ 311 ff fallen kann, ist ein Schutz der Gesellschaft durch die verfahrensmäßige Komplikation, die sich bei einer Einschaltung der HV einstellen kann, in der der Großaktionär vom Stimmrecht ausgeschlossen sein kann, so dass sich auch anderen Kräften Störungspotential eröffnet (*Weng* DStR 2012, 862, 864), nicht generell erforderlich (ähnlich *Verse* aaO S 888 f). Somit ist dem *BGH* am Ende zuzustimmen. Allerdings sollte der Vorstand die Gründe, die ihn zum Abschluss eines Vergleichs gebracht haben, dokumentieren (*Weng* aaO, S 864 f).

5 **2. Stundung, Verwirkung, Hinterlegung.** Bzgl der **Stundung** der Einlageforderung ist eine satzungsmäßige Regelung wg des zwingenden Charakters des § 66 nicht möglich, zur Fälligstellung der Einlageforderung § 63 Rn 4, 5. Das pflichtgemäße Ermessen des Vorstandes kann auch nicht durch Individualvereinbarung eingeschränkt werden, so dass eine vertragliche Stundung als „Befreiung auf Zeit" verboten ist, ebenso ein Moratorium (heute unstr, MünchKomm AktG/*Bayer* Rn 21; KölnKomm AktG/*Drygala* Rn 8). Zur satzungsmäßigen Fälligkeitsregelung § 63 Rn 4. Ein bloß zeitweiliges Unterlassen der Einforderung ist noch keine Stundung, es sei denn, es liegt diesbezüglich eine schlüssige Vereinbarung vor. In der Nicht-Geltendmachung liegt nur unter ausnahmsweisen Umständen (jederzeitige Möglichkeit, den Anspruch durchzusetzen) eine **Verwirkung** (ähnlich KölnKomm AktG/*Drygala* Rn 18). **Hinterlegung** nach §§ 372, 378 BGB ist möglich.

III. Aufrechnungsverbot, Abs 1 S 2

6 **1. Voraussetzungen wirksamer Aufrechnung.** Wie auch sonst im Kapitalgesellschaftsrecht ist zwischen einer Aufrechnung durch den Gesellschafter und einer solchen durch die Gesellschaft bzw durch Aufrechnungsvertrag zu unterscheiden. Eine **einseitige Aufrechnung gegen die Einlageforderung**, auch mit Gegenforderungen aus dem Gesellschaftsverhältnis (*RG* JW 1932, 718 f; *RGZ* 93, 326, 330 – für GmbH) ist unzulässig, die verbotswidrig erklärte Aufrechnung wirkungslos. Das gilt unabhängig vom Entstehungszeitpunkt der Forderung und in Bezug auf Ansprüche aus einem Individualvertrag des Aktionärs mit der AG, so für Ansprüche auf Rückzahlung eines der AG gewährten Darlehens (*OLG Celle* DB 2006, 40 – für GmbH), desgl für Ansprüche gegen die Gesellschaft aus Delikt (*RGZ* 93, 326, 330 für GmbH; MünchKomm AktG/ *Bayer* Rn 36; K. Schmidt/Lutter AktG/*Fleischer* Rn 8). Der Ausweg, eine Forderung gegen die AG unter Beachtung der hierfür bestehenden Regeln als Sacheinlage einzubringen, kann im Zuge der Heilung einer verdeckten Sacheinlage in Betracht kom-

men. Die Einbringung selber kann mangels Gleichartigkeit des Anspruchs auf Einbringung und der Verpflichtung der Gesellschaft nur durch vereinbarte Aufrechnung geschehen; diese liegt aber wohl schon in der Vereinbarung einer aufrechnungsweise zu erbringenden Sacheinlage, wenn nicht eine Übertragung der Forderung an die AG mit Folge der Konfusion gewollt ist. Zur verdeckten Sacheinlage ist allerdings § 27 Abs 3 in der Neufassung durch das ARUG zu beachten. Hat der Aktionär eine nicht zweckbestimmte Zahlung an die Gesellschaft geleistet, kann eine nachträgliche einseitige Zweckbestimmung sie zur Einlage machen, wenn der Betrag noch unbeschränkt zur Verfügung der Gesellschaft steht (*BGHZ* 51, 157, 162 – für GmbH; MünchKomm AktG/*Bayer* Rn 37).

Anderes kann für die **Aufrechnung durch die Gesellschaft** gelten, die im Gesetz nicht geregelt, jedenfalls aber nicht verboten ist, wenn durch sie nur ein wirtschaftlich sinnloses Hin- und Herzahlen vermieden wird. Dasselbe gilt für die **zweiseitige Aufrechnung**. Mit Rücksicht auf das Befreiungsverbot kann allerdings die Gesellschaft nur aufrechnen, wenn sie hierdurch einen vollen Wert in Höhe der Einlageforderung erhält. Das entspricht allg kapitalgesellschaftsrechtlichen Grundsätzen (auch zu § 19 GmbHG) und ist unstr (*RGZ* 85, 357, 354; *BGHZ* 15, 52, 5; 90, 370, 372; GroßKomm AktG/*Gehrlein* Rn 35; KölnKomm AktG/*Drygala* Rn 26 ff; Spindler/Stilz AktG/*Cahn* Rn 24; jetzt auch *BGHZ* 191, 364; *Verse* ZGR 2012, 891). Praktisch muss also die Forderung des Aktionärs **wirtschaftlich vollwertig**, dh **fällig** und **liquide** sein, wobei es auf eine wirtschaftliche Betrachtung ankommt (*OLG Hamburg* AG 2007, 500). Ist die Forderung des Aktionärs nicht vollwertig, so darf die AG auch nicht zahlen und anschließend den wieder eingelegten Betrag als Einzahlung akzeptieren (*BGHZ* 125, 141 zur GmbH; zur AG GroßKomm AktG/*Gehrlein* Rn 52; MünchKomm AktG/*Bayer* Rn 40; Henssler/Strohn/*Lange* Rn 3). Die „Liquidität" der Forderung des Aktionärs fehlt bei Streit über ihre Existenz und Höhe (*RGZ* 85, 351, 354), der aber Aufrechnung durch die Gesellschaft ohnehin unwahrscheinlich macht. Vollwertigkeit fehlt, wenn die AG zahlungsunfähig oder überschuldet ist, was sich nach den objektiven Gegebenheiten im Zeitpunkt der Aufrechnung bemisst (*RGZ* 72, 266, 768; 134, 262, 268; GroßKomm AktG/*Gehrlein* Rn 36; MünchKomm AktG/*Bayer* Rn 41). Zweifelhaft, wie sich wirtschaftliche Krisen der Gesellschaft, die nicht zur Insolvenzreife führen, auf die Vollwertigkeit auswirken. Wenn die Liquidität der AG es erlauben würde, den Betrag hin- und herzuzahlen, dürfte auch eine Aufrechnung seitens der Gesellschaft möglich bleiben (KölnKomm AktG/*Drygala* Rn 28; *Hüffer* AktG Rn 7; enger aber MünchKomm AktG/*Bayer* Rn 41: ein kurzfristiger Liquiditätsengpass stehe einer Aufrechnung nicht entgegen; ebenso K. Schmidt/Lutter AktG/*Fleischer* Rn 10). Die bloße Befreiung der AG von einer gegen sie gerichteten Forderung in Höhe des Nominalwerts, die nach Spindler/Stilz AktG/*Cahn* Rn 31 für die Gesellschaft keinen wirtschaftlichen Nachteil bringt, den aufrechnenden Aktionär aber begünstigt, kann allzu leicht zur Insolvenzanfechtung führen. Für Vollwertigkeit kann aber genügen, dass von der AG bestellte wirksame Sicherheiten bestehen (*RGZ* 94, 61, 63; MünchKomm AktG/*Bayer* Rn 41), die dann mit der Aufrechnung frei werden. Auf die **Beweislast** für die fehlende Vollwertigkeit kann es ankommen, wenn der Aktionär auf effektive Zahlung der Einlage in Anspruch genommen wird; da die AG aufgerechnet hat, hat sie den Beweis der schließlich in ihrer Sphäre liegenden Umstände zu erbringen, aus denen sich mangelnde Vollwertigkeit ergibt (*BGHZ* 44, 389, 392; KölnKomm AktG/*Drygala* Rn 36; GroßKomm AktG/*Gehrlein* Rn 42; anders *RG* JW

Westermann

1938, 1400; s auch *OLG Hamburg* ZIP 2006, 1677). Der Einwand (MünchKomm AktG/*Bayer* Rn 47), der AG müsse verwehrt werden, im Interesse des Aktionärs auf die Zuführung einer werthaltigen Einlage zu verzichten und die Aufrechnung einer nicht vollwertigen Gegenleistung hinzunehmen, betrifft eher die Behauptungslast und den materiellen Anspruch als die Beweislast.

8   Ausnahmsweise ist trotz mangelnder Vollwertigkeit eine Aufrechnung durch die AG möglich, wenn – etwa wg Insolvenz des Einlageschuldners – hierdurch iE ein höherer Wert ins Gesellschaftsvermögen gelangt als bei Nichtausnutzung der Aufrechnungslage (*BGHZ* 15, 57; MünchKomm AktG/*Bayer* Rn 41; GroßKomm AktG/*Gehrlein* Rn 41). Bei der Abwägung ist aber die Realisierungsmöglichkeit bei Kaduzierung und bei einem Regress gegen Vormänner neben den Rückgriffsansprüchen nach § 65 zu berücksichtigen (*BGH* NJW 1979, 216 für GmbH). Keine Bedeutung kommt individualrechtlichen **Verpflichtungen** der Gesellschaft zur **Aufrechnung** zu; sie sind nicht in dem Sinne wirksam, dass sie die Entscheidung der AG über die Aufrechnung, die nur von ihr ausgehen kann und von ihren Organen zu verantworten ist, binden könnten (weitergehend – Aufrechnungsvereinbarung immer unzulässig – KölnKomm AktG/ *Drygala* Rn 37). Ähnlich wie die Aufrechnung ist die Einstellung in ein **Kontokorrent** zu beurteilen, also Unwirksamkeit bei Vornahme seitens des Aktionärs und Zulässigkeit bei Einstellung der Gesellschaft nur, wenn der Saldo für den Aktionär positiv bleibt (KölnKomm AktG/*Drygala* Rn 38; GroßKomm AktG/*Gehrlein* Rn 48) oder die ins Kontokorrent eingestellte Forderung des Aktionärs vollwertig und liquide ist (Spindler/Stilz AktG/*Cahn* Rn 35); für weitergehende – gänzliche – Unzulässigkeit MünchKomm AktG/*Bayer* Rn 57.

9   **2. Umgehungsversuche.** Das Verbot des Abs 1 S 2 ist von Umgehungsversuchen bedroht und muss iSd effektiver Kapitalaufbringung in verschiedener Hinsicht ausdehnend ausgelegt werden. Unzulässig ist eine Verwendung des bar eingezahlten Einlagebetrages zur alsbaldigen Tilgung einer dem Aktionär gegen die AG zustehenden Forderung, s näher § 27 Rn 18, 25 ff. Unstr kann sich der Einlageschuldner gegenüber der nach Maßgabe des § 66 gesicherten Forderung nicht auf ein **Zurückbehaltungsrecht** gem § 273 BGB oder ein kaufmännisches Zurückbehaltungsrecht berufen, weil sich insoweit aus dem Schuldverhältnis ein Ausschluss des Zurückbehaltungsrechts ergibt (*RG* 83, 266, 268; *Müller* AG 1971, 8; MünchKomm AktG/*Bayer* Rn 58). Unzulässig ist also namentlich Zurückhaltung wg unaufrechenbarer Gegenansprüche (*RG* JW 1929, 1745). Wenn dagegen nach Vollleistung der Einlage dem Aktionär ein Anspruch auf Aushändigung einer Aktienurkunde zusteht, kann dieser Anspruch auch mit Zurückbehaltung einer anderen Einlageschuld durchgesetzt werden, weil die Wirkung anders ist als bei einer Aufrechnung (*RGZ* 94, 64; zust MünchKomm AktG/ *Bayer* Rn 59; KölnKomm AktG/*Drygala* Rn 39). Der Gegenstand einer **Sacheinlage** kann immerhin wg solcher Forderungen des Aktionärs zurückbehalten werden, die sich aus nachträglichen Verwendungen auf die Sache ergeben und nach dem Einbringungsvertrag der AG zur Last fallen (MünchKomm AktG/*Bayer* Rn 59; KölnKomm AktG/*Drygala* Rn 39).

10   Unzulässig wg Umgehung ist die Aufrechnung der AG mit dem Anspruch auf Valutierung eines zur Erfüllung der Einlageschuld versprochenen **Darlehens** (*RGZ* 98, 277). Dabei geht es nicht nur um die Gewähr, dass nur vollwertige Gesellschafterforderungen eine befreiende Verrechnung seitens der AG ermöglichen, sondern darum, dass

dies im Zuge einer Offenlegung der Vereinbarung und einer registerrechtlichen Überprüfung möglichst sichergestellt werden soll. Ob dies die über den Wortlaut des 66 Abs 1 S 2 AktG hinausgehende Praxis rechtfertigt, ist inzwischen auch unter europarechtlichen und kollisionsrechtlichen Aspekten zweifelhaft (näher § 27 Rn 27).

3. Abtretung und Verpfändung der Einlageforderung. Nicht gesetzlich geregelt ist, 11 ob eine Einlageforderung **abtretbar** und **verpfändbar** ist. Das würde zwar regelmäßig nicht an § 399 BGB scheitern (*RGZ* 76, 434; 133, 81 f; für GmbH *BGHZ* 69, 274, 282) und ändert zunächst auch nichts am Inhalt der Forderung sowie an der Zuständigkeit des Vorstandes zur Fälligstellung (§ 63 Rn 8), auch nicht daran, dass Einwände, die der AG aus dem Gesichtspunkt der Gleichbehandlung (§ 64 Rn 8) entgegengehalten werden könnten, gegenüber dem Zessionar erhalten bleiben (KölnKomm AktG/*Drygala* Rn 46; MünchKomm AktG/*Bayer* Rn 67). Dennoch begründen Abtretung und Verpfändung die Gefahr, dass die AG keinen effektiven Wert anstelle der geschuldeten Einlage erhält; deshalb verlangt die ganz **hM Vollwertigkeit** der für die Einlageforderung gewährten **Gegenleistung**, dementsprechend bei Verpfändung oder Sicherungsabtretung Vollwertigkeit der gegen die AG gerichteten Forderung (so für die GmbH *BGHZ* 53, 71 f; zur AG *BGH* NJW 2011, 2719, 2724; Grigoleit AktG/*Rachlitz* Rn 12; MünchKomm AktG/*Bayer* Rn 68; GroßKomm AktG/*Gehrlein* Rn 63; KölnKomm AktG/*Drygala* Rn 48; K. Schmidt/Lutter AktG/*Fleischer* Rn 11; Wachter AktG/*Servatius* Rn 9; **aM** *Müller* GmbHR 1970, 58 f; differenzierend Spindler/Stilz AktG/*Cahn* Rn 41 – 43, wonach die Abtretung von Rückgewährforderungen aus § 62 zulässig ist, wenn die Leistung des Rückgewährschuldners voll auf die Schuld der AG angerechnet wird, während die Abtretung für ein unter dem Nominalwert der Forderung liegendes Entgelt verboten ist). Dies war auch für die Abtretung von Rückgewähransprüchen aus § 62 an Erfüllungstatt maßgebend (für den Fall des § 31 GmbHG *BGHZ* 69, 274, 282; anders wohl zu Recht *RG* HRR 1930 Nr 1825; MünchKomm AktG/*Bayer* Rn 63; dieser Kritik folgend für die AG MünchKomm AktG/*Bayer* Rn 70; KölnKomm AktG/*Drygala* Rn 54; GroßKomm AktG/*Gehrlein* Rn 64), weil dies der Rspr zur Verrechnung von Einlageforderungen mit Forderungen des Aktionärs widerspricht.

Ausnahmen vom Erfordernis der Vollwertigkeit des Abtretungsentgelts gelten wie 12 beim Aufrechnungsverbot (Rn 8) dann, wenn die Abtretung einer durch Kaduzierung und Verwertung des Mitgliedschaftsrechts nicht einbringlichen Forderung der AG ein besseres Ergebnis verspricht als die Inanspruchnahme des Aktionärs (MünchKomm AktG/*Bayer* Rn 71). *RGZ* 149, 293 ließ (für die GmbH) eine Ausnahme auch zu, wenn die Gesellschaft den Betrieb eingestellt hat, weitere Vermögensgegenstände fehlen und der Pfändende der einzige Gläubiger der Gesellschaft ist (s auch *RGZ* 156, 23, 25; zur AG GroßKomm AktG/*Gehrlein* Rn 75; MünchKomm AktG/*Bayer* Rn 83). Das gilt, weil es sinnlos ist, den durch § 66 bezweckten Schutz der Gesellschaft gegen den Willen des einzigen Gläubigers durchzuhalten – es dürfte sich freilich um einen ausgesprochenen Sonderfall handeln –, ebenso wohl, wenn alle noch vorhandenen Gläubiger zustimmen (MünchKomm AktG/*Bayer* Rn 83). Zur Anwendung des § 66 bei Pfändung der Einlageforderung und in der **Insolvenz** der AG und in der Abwicklung Rn 14. Soweit die Abtretung wirksam ist, ist die Einlageforderung vorbehaltlich des Schuldnerschutzes aus dem gesellschaftsrechtlichen Verbund ausgeschieden, dh der Zessionar ist nicht an die Beschränkungen gem § 66 gebunden. Trotz des grds bestehenden Schuldnerschutzes verbessert sich die Möglichkeit des Schuldners, sich durch Aufrechnung gegen die (ehemalige) Einlageforderung zu befriedigen, nicht, weil sonst die Gesellschaft aus dem Gesichtspunkt der Gewährleistung dem Rückgriff des Zessionars ausgesetzt wäre (MünchKomm AktG/*Bayer* Rn 73).

13 **4. Leistungen an einen Dritten.** Zu Art und Weise der Zahlung der Einlage ist auf § 54 Rn 12 ff zu verweisen, dort auch zu den für eine Tilgung geeigneten Konten. Aufgrund der Regelung in § 54 Abs 3 ist klargestellt, dass nicht etwa die Zahlung an ein Kreditinstitut nur unter den Voraussetzungen des § 362 Abs 2 BGB befreiend wirken kann (*BGH* NJW 1974, 456, 458; KölnKomm AktG/*Drygala* Rn 51). Außerhalb dieser Regelung sind aber gegen **Leistungen** der Einlageforderungen **an einen Dritten**, auch auf Weisung der Gesellschaft, dieselben Vorbehalte wie gegen eine Erfüllung durch Aufrechnung zu erheben, der AG muss also im Ergebnis der volle wirtschaftliche Wert der Einlageforderung zufließen (K. Schmidt/Lutter AktG/*Fleischer* Rn 25), so dass iE lediglich eine Zahlung übers Dreieck vermieden wird (*BGHZ* 119, 177, 184; MünchKomm AktG/*Bayer* Rn 74; GroßKomm AktG/*Gehrlein* Rn 66; näher mit Blick auf das GmbH-Recht *OLG Naumburg* GmbHR 1999, 1037 f; *BGH* NJW 1996, 989 ff; *Priester* DB 1987, 1473; gegen das Vollwertigkeitserfordernis bei Leistungen an einen Dritten aber KölnKomm AktG/*Drygala* Rn 53). Ähnlich sind Zahlungen auf besondere, nicht von § 54 Abs 3 erfasste Konten der AG zu beurteilen, die Zahlung auf ein debitorisches Konto wird nicht für ausreichend gehalten, soweit die AG nicht von einer Kreditlinie Gebrauch machen kann (*BGHZ* 129, 177, 190 f; MünchKomm AktG/*Bayer* Rn 77; etwas großzügiger GroßKomm AktG/*Gehrlein* Rn 67), Zahlungen auf ein Kreditkonto dann, wenn dies wirtschaftlich allein dem Kreditgläubiger zugute kommt.

14 **5. Besonderheiten bei Insolvenz und Zwangsvollstreckung.** In der Insolvenz der AG und in ihrer Liquidation (§ 262) ändert sich zunächst an den aus § 66 folgenden Ansprüchen nichts (*RGZ* 149, 293, 297; GroßKomm AktG/*Gehrlein* Rn 73; KölnKomm AktG/*Drygala* Rn 58; ebenso für die GmbH *BGH* GmbHR 1968, 162 f), s zur Liquidation § 264 Abs 3. Hinsichtlich der Aufrechnung gelten daher §§ 94 ff InsO. Die Abtretung der Einlageforderung an einen Gläubiger verstieße zudem gegen die par conditio creditorum (s aber immerhin *Burchard* GmbHR 1955, 136), auch wenn der Geschäftsbetrieb eingestellt ist (Spindler/Stilz AktG/*Cahn* Rn 49). Die Forderung nach effektiver Kapitalaufbringung kann aber abgeschwächt werden, wenn keine Drittgläubiger mehr vorhanden sind (*RGZ* 149, 293, 296; hierzu und zur Abtretung an den letzten verbliebenen Gläubiger s schon Rn 12). Die **Pfändung** von **Einlageforderungen**, die nach der Überweisung den Pfandgläubiger in die Lage versetzt, die Einlage ohne Zahlungsaufforderung gem § 63 und ungeachtet der Gleichbehandlung beizutreiben (GroßKomm AktG/*Gehrlein* Rn 72; MünchKomm AktG/*Bayer* Rn 81), löst das Bedenken aus, dass der Gesellschaft die Forderung verloren geht und eine gegen sie gerichtete Forderung gesichert oder befriedigt werden kann, die oftmals jetzt nicht mehr vollwertig sein wird. Das wird um der Effektivität des Vollstreckungsverfahrens willen hingenommen, freilich mit der Maßgabe, dass die Kaduzierung auch nach der Überweisung der Forderung betrieben werden kann (MünchKomm AktG/*Bayer* Rn 81; GroßKomm AktG/*Gehrlein* Rn 72). Besser wäre, einen die Pfändung, vor allem aber die Überweisung aussprechenden Beschl nur unter dem Vorbehalt der Vollwertigkeit der Forderung des betreibenden Gläubigers gelten zu lassen. Dafür spricht namentlich die Möglichkeit, auf diesem Wege einer Umgehung des Aufrechnungsverbots durch Pfändung und Verwertung entgegenzuwirken.

IV. Kapitalherabsetzung, Abs 3

Eine **ordentliche** Kapitalherabsetzung darf nur innerhalb der zeitlichen Grenzen des § 225 Abs 2 S 2 zum (vertraglich eigens zu vereinbarenden) Erlass von Einlageverbindlichkeiten führen und wird in der Praxis hierzu auch nicht benutzt. Gewöhnlich bleiben bei der Kapitalherabsetzung offene Einlagepflichten bestehen; von der Befreiung gem Abs 2 wird über den Gesetzestext hinaus auch die Ausfallhaftung eines ausgeschlossenen Aktionärs (§ 64 Abs 4 S 2) und die Zahlungspflicht von Rechtsvorgängern nach § 65 erfasst (Spindler/Stilz AktG/*Cahn* Rn 46; GroßKomm AktG/*Gehrlein* Rn 29; MünchKomm AktG/*Bayer* Rn 29), für die **vereinfachte Kapitalherabsetzung** nach § 237 Abs 3 greift die Regelung des Abs 3 dagegen nicht ein, dies widerspräche dem in § 230 niedergelegten Ziel, Aktionäre nicht auf diesem Weg von der Einlageleistung zu befreien, was zu der praktischen Ablehnung von Kapitalherabsetzungen beigetragen hat (KölnKomm AktG/*Drygala* Rn 64). Auch bei der Kapitalherabsetzung durch **Einziehung von Aktien** (§ 237 Abs 2) ist wg des Untergangs der Mitgliedschaftsrechte von einem Erlöschen der Einlagepflicht auszugehen, so dass wie im Fall der ordentlichen Kapitalherabsetzung eine Ausnahme von den der Kapitalerhaltung dienenden und an sich zwingenden Bestimmungen des § 66 notwendig war, die Abs 3 somit anordnet; zum Charakter als Ausnahmeregelung KölnKomm AktG/*Drygala* Rn 67. Nach Abs 3 dürfen die Aktionäre von der Einlagepflicht höchstens im Umfang des Betrages der Kapitalherabsetzung befreit werden, was folgerichtig ist, weil durch eine hierüber hinausgehende Befreiung der Einlageschuldner die an das publizierte Kapital geknüpften Erwartungen der Gläubiger enttäuscht werden würden. Das steht allerdings nicht entgegen, vorbehaltlich des Gleichbehandlungsgrundsatzes (§ 53a) die Einlagebefreiung auf die Aktionäre unterschiedlich zu verteilen, solange nur insgesamt die Befreiung den Umfang der Kapitalherabsetzung nicht übersteigt (MünchKomm AktG/*Bayer* Rn 31). 15

Bei der Kapitalherabsetzung durch Einziehung lässt der Wortlaut des Abs 3 nicht klar erkennen, ob die durch den Höchstbetrag der Herabsetzung bestimmte Grenze zulässiger Befreiung von Einlagepflichten auch hier gelten soll. Dies ist aber nicht anzunehmen, da nur die Inhaber der eingezogenen Aktien von der Leistungspflicht befreit werden (s den Text des § 23 Abs 2 S 3: „Befreiung **dieser** Aktionäre"); auch kann der rückständige Teil der Einlagen unter Berücksichtigung des § 36 Abs 2 den durch den Nennwert der eingezogenen Aktien bestimmten Betrag der Kapitalherabsetzung (s § 238 S 1) nicht übersteigen (s auch MünchKomm AktG/*Bayer* Rn 32). 16

§ 67 Eintragung im Aktienregister

(1) ¹**Namensaktien sind unter Angabe des Namens, Geburtsdatums und der Adresse des Inhabers sowie der Stückzahl oder der Aktiennummer und bei Nennbetragsaktien des Betrags in das Aktienregister der Gesellschaft einzutragen.** ²**Der Inhaber ist verpflichtet, der Gesellschaft die Angaben nach Satz 1 mitzuteilen.** ³**Die Satzung kann Näheres dazu bestimmen, unter welchen Voraussetzungen Eintragungen im eigenen Namen für Aktien, die einem anderen gehören, zulässig sind.** ⁴**Aktien, die zu einem inländischen, EU- oder ausländischen Investmentvermögen nach dem Kapitalanlagegesetzbuch gehören, dessen Anteile oder Aktien nicht ausschließlich von professionellen und semiprofessionellen Anlegern gehalten werden, gelten als Aktien des inländischen, EU- oder ausländischen Investmentvermögens, auch wenn sie im Mitei-**

gentum der Anleger stehen; verfügt das Investmentvermögen über keine eigene Rechtspersönlichkeit, gelten sie als Aktien der Verwaltungsgesellschaft des Investmentvermögens.

(2) [1]Im Verhältnis zur Gesellschaft gilt als Aktionär nur, wer als solcher im Aktienregister eingetragen ist. [2]Jedoch bestehen Stimmrechte aus Eintragungen nicht, die eine nach Absatz 1 Satz 3 bestimmte satzungsmäßige Höchstgrenze überschreiten oder hinsichtlich derer eine satzungsmäßige Pflicht zur Offenlegung, dass die Aktien einem anderen gehören, nicht erfüllt wird. [3]Ferner bestehen Stimmrechte aus Aktien nicht, solange ein Auskunftsverlangen gemäß Absatz 4 Satz 2 oder Satz 3 nach Fristablauf nicht erfüllt ist.

(3) Geht die Namensaktie auf einen anderen über, so erfolgen Löschung und Neueintragung im Aktienregister auf Mitteilung und Nachweis.

(4) [1]Die bei Übertragung oder Verwahrung von Namensaktien mitwirkenden Kreditinstitute sind verpflichtet, der Gesellschaft die für die Führung des Aktienregisters erforderlichen Angaben gegen Erstattung der notwendigen Kosten zu übermitteln. [2]Der Eingetragene hat der Gesellschaft auf ihr Verlangen innerhalb einer angemessenen Frist mitzuteilen, inwieweit ihm die Aktien, als deren Inhaber er im Aktienregister eingetragen ist, auch gehören; soweit dies nicht der Fall ist, hat er die in Absatz 1 Satz 1 genannten Angaben zu demjenigen zu übermitteln, für den er die Aktien hält. [3]Dies gilt entsprechend für denjenigen, dessen Daten nach Satz 2 oder diesem Satz übermittelt werden. [4]Absatz 1 Satz 4 gilt entsprechend; für die Kostentragung gilt Satz 1. [5]Wird der Inhaber von Namensaktien nicht in das Aktienregister eingetragen, so ist das depotführende Institut auf Verlangen der Gesellschaft verpflichtet, sich gegen Erstattung der notwendigen Kosten durch die Gesellschaft an dessen Stelle gesondert in das Aktienregister eintragen zu lassen. [6]§ 125 Abs. 5 gilt entsprechend. [7]Wird ein Kreditinstitut im Rahmen eines Übertragungsvorgangs von Namensaktien nur vorübergehend gesondert in das Aktienregister eingetragen, so löst diese Eintragung keine Pflichten infolge des Absatzes 2 und nach § 128 aus und führt nicht zur Anwendung von satzungsmäßigen Beschränkungen nach Absatz 1 Satz 3.

(5) [1]Ist jemand nach Ansicht der Gesellschaft zu Unrecht als Aktionär in das Aktienregister eingetragen worden, so kann die Gesellschaft die Eintragung nur löschen, wenn sie vorher die Beteiligten von der beabsichtigten Löschung benachrichtigt und ihnen eine angemessene Frist zur Geltendmachung eines Widerspruchs gesetzt hat. [2]Widerspricht ein Beteiligter innerhalb der Frist, so hat die Löschung zu unterbleiben.

(6) [1]Der Aktionär kann von der Gesellschaft Auskunft über die zu seiner Person in das Aktienregister eingetragenen Daten verlangen. [2]Bei nichtbörsennotierten Gesellschaften kann die Satzung Weiteres bestimmen. [3]Die Gesellschaft darf die Registerdaten sowie die nach Absatz 4 Satz 2 und 3 mitgeteilten Daten für ihre Aufgaben im Verhältnis zu den Aktionären verwenden. [4]Zur Werbung für das Unternehmen darf sie die Daten nur verwenden, soweit der Aktionär nicht widerspricht. [5]Die Aktionäre sind in angemessener Weise über ihr Widerspruchsrecht zu informieren.

(7) Diese Vorschriften gelten sinngemäß für Zwischenscheine.

§ 67 Eintragung im Aktienregister

Übersicht

	Rn		Rn
I. Normzweck und Entstehungsgeschichte	1	1. Mitteilung und Nachweis	23
		2. Löschung und Neueintragung	26
II. Eintragungen im Aktienregister (Abs 1)	3	V. Mitwirkungspflichten der Banken (Abs 4)	28
1. Form des Aktienregisters	3	1. Pflicht zur Datenübermittlung (Abs 4 S 1)	28
2. Pflicht zur Führung des Aktienregisters	4	2. Auskunftsverlangen der AG (Abs 4 S 2-4)	30a – 30c
3. Eintragungspflichtige Angaben	8	3. Eintragungspflicht der Depotbank (Abs 4 S 5)	31
a) „Inhaber" als Bezugspunkt	8	4. Klarstellung zur Interimseintragung (Abs 4 S 7)	32
b) Sondervorschriften für Legitimationsaktionäre	8b	VI. Löschung zu Unrecht erfolgter Eintragungen (Abs 5)	33
c) Angaben zum Inhaber und Mitwirkungspflicht	9	1. Zu Unrecht erfolgte Eintragung	33
d) In- und ausländische Investmentvermögen	9b	2. Löschungsverfahren	34
4. Eintragungsfähige Angaben	10	3. Wirkungen der Löschung	37
III. Wirkungen der Eintragung (Abs 2)	12	VII. Auskunftsrecht und Verwendung der Registerdaten (Abs 6)	39
1. Allgemeines	12	1. Auskunftsrecht des Aktionärs (Abs 6 S 1 und 2)	39
2. Einzelne Ansprüche	16	2. Zweckbindung der Datenverwendung (Abs 6 S 3–5)	41
3. Ruhen des Stimmrechts (S 2 und 3)	22a – 22c	VIII. Zwischenscheine (Abs 7)	45
IV. Umschreibung bei Aktionärswechsel (Abs 3)	23		

Literatur: *Bayer* Gesellschafterliste und Aktienregister, GS M. Winter, 2011, S 9; *ders* Aktienrechtsnovelle 2012 – Kritische Anmerkungen zum Regierungsentwurf, AG 2012, 141; BMJ Bericht über die Entwicklung der Stimmrechtsausübung in börsennotierten Aktiengesellschaften in Deutschland seit Inkrafttreten des Namensaktiengesetzes am 25.1.2001, NZG 2004, 948; *Brandt* Transparenz nach RisikobegrenzungsG – und darüber hinaus?, BKR 2008, 441; *Bungert/Wettich* Aktienrechtsnovelle 2012 – der Regierungsentwurf aus Sicht der Praxis, ZIP 2012, 297; *Butzke* Hinterlegung, Record Date und Einberufungsfrist, WM 2005, 1981; *DAV-Handelsrechtsausschuss* Stellungnahme des Handelsrechtsausschusses des Deutschen Anwaltvereins eV – zum RefE eines Gesetzes zur Namensaktie und zur Erleichterung der Stimmrechtsausübung – Namensaktiengesetz (NaStraG), NZG 2000, 443; *ders* Stellungnahme zum Regierungsentwurf eines Gesetzes zur Begrenzung der mit Finanzinvestitionen verbundenen Risiken (Risikobegrenzungsgesetz), NZG 2008, 60; *ders* Stellungnahme zum Regierungsentwurf der Aktienrechtsnovelle 2012, NZG 2012, 380; *Diekmann* Namensaktien bei Publikumsgesellschaften, BB 1999, 1985; *Dißars* Antragsbefugnis von Namensaktionären im Spruchverfahren über ein Squeeze-out, BB 2004, 1293; *Drinhausen/Keinath* Referentenentwurf einer „kleinen Aktienrechtsnovelle", NZG 2011, 11; *Drygala* Namensaktien in freiem Meldebestand, NZG 2004, 893; *Eidenmüller* Regulierung von Finanzinvestoren, DStR 2007, 2116; *Gätsch* Die Neuregelungen des Rechts der Namensaktie durch des Risikobegrenzungsgesetz, FS Beuthien, 2009, S 133; *Gehra/Niedermaier/Hess* in DIRK (Hrsg), Handbuch Investor Relations, 2004, S 695; *Goedecke/Heuser* NaStraG: Erster Schritt zur Öffnung des Aktienrechts für moderne Kommunikationstechniken, BB 2001, 369; *Götze/Arnold/Carl* Der Regierungsentwurf der Aktienrechtsnovelle 2012 – Anmerkungen aus der Praxis, NZG 2012, 321; *Grigoleit/Rachlitz* Beteiligungstransparenz aufgrund des Aktienregisters, ZHR 174 (2010), 12; *Happ* Vom Aktienbuch zum elektronischen Aktionärsregister, FS Bezzenberger, 2000, S 111; *Huep* Die Renaissance der Namensaktie – Möglichkeiten und Probleme im geänderten aktienrechtlichen Umfeld, WM 2000, 1623; *Ihrig* Zum Auskunftsanspruch bei Namensaktien nach § 67 Abs 4 Sätze 2 und 3 AktG, FS U. H. Schneider, 2011, S 573; *Kindler* Der Aktionär in der Informationsgesellschaft – Das Gesetz zur Namensaktie und zur Erleichterung der Stimmrechtsausübung, NJW 2001, 1678; *Leuering* Das Aktienbuch, ZIP 1999, 1745; *Marsch-Barner* Zur neueren Entwicklung im Recht der Namensaktien, FS Hüffer, 2010, S 627; *Noack* Die Namensaktie – Dornröschen erwacht, DB 1999, 1306; *ders* Namensaktie und Aktienregister: Einsatz für Investor Relations und Produktmarketing, DB 2001, 27; *ders* Neues Recht für die Namensaktie – Zum Referentenentwurf eines NaStraG, ZIP 1999, 1993; *ders* Neues Recht für Namensaktionäre – Zur Änderung des § 67 AktG durch das Risikobegrenzungsgesetz, NZG 2008, 721; *ders* Aktienrechtsnovelle 2011, DB 2010, 2657; *Müller-von-Pilchau* Zur Offenlegungspflicht des Namensaktionärs nach § 67 Abs 4 AktG, AG 2011, 775; *Nartowska* Stimmrechtsmeldepflichten und Rechtsverlust eines Legitimationsaktionärs nach §§ 21 ff AktG, NZG 2013, 124; *Quass* Nichtigkeit von Hauptversammlungsbeschlüssen wegen Umschreibungsstopps im Aktienregister, AG 2009, 432; *Reul* Aktuelle Änderungen des Aktienrechts aus notarieller Sicht – Teil 1, ZNotP 2010, 12; *von Rosen/Seifert (Hrsg)* Die Namensaktie, 2000; *von Rottenburg* Inhaberaktien und Namensaktien im deutschen und amerikanischen Recht, 1967; *Schneider/Müller-von Pilchau* Der nicht registrierte Namensaktionär – zum Problem freier Meldebestände, AG 2007, 181; *dies* Vollrechtstreuhänder als Namensaktionäre – die Pflicht zur Offenlegung und deren Auslandswirkung, WM 2011, 721; *Schüppen/Tretter* Hauptversammlungssaison 2009 – Satzungsgestaltung in Zeiten des Trommelfeuers, ZIP 2009, 493; *Seibert/Böttcher* Der Regierungsentwurf der Aktienrechtsnovelle 2012, ZIP 2012, 12; *Wachter* Weitere Gesetzesänderungen im GmbH-Recht nach MoMiG, GmbHR 2009, 953; *Weber-Rey* Risikobegrenzungsgesetz – Gratwanderung im Dienste der Transparenz, DStR 2008, 1967; *Widder/Kocher* Stimmrechtsmitteilungspflicht des weisungsgebundenen Legitimationsaktionärs, ZIP 2012, 2092; *Wiedemann* Die Übertragung und Vererbung von Mitgliedschaftsrechten bei Handelsgesellschaften, 1965; *Wilsing/Goslar* Regierungsentwurf des Risikobegrenzungsgesetzes – ein Überblick, DB 2007, 2467; *Ziemons* Die aktienbezogenen Regelungen des RegE – „Aktienrechtsnovelle 2012", BB 2012, 523.

I. Normzweck und Entstehungsgeschichte

1 § 67 betrifft Führung und Funktion des Aktienregisters. Es ist bei Ausgabe von Namensaktien zwingend vorgeschrieben. Wesentliche **Funktion** ist die verbindliche Feststellung der Identität des Aktionärs im Verhältnis zur Gesellschaft (Abs 2). Dies hat für die Gesellschaft besondere Bedeutung bei der Inanspruchnahme des Schuldners offener Einlageforderungen bzw des gem § 65 haftenden Vormanns; insofern ergänzt § 67 die Regeln der Kapitalaufbringung. Die Zweckbindungsregelung der Datenverwendung (Abs 6 S 3 und 4) zeigt zugleich die weitere Funktion des Aktienregisters als **Hilfsmittel zur Kommunikation** der AG mit ihren Aktionären auf. Für den Aktionär hat das Aktienregister in erster Linie bei der **Ausübung seiner Verwaltungsrechte** Bedeutung, insb für die Legitimation des Aktionärs bei der Teilnahme an der HV und der Geltendmachung seiner Dividendenansprüche. IÜ legt § 67 Inhalt und Führungsweise des Aktienregisters fest; die Verfahrensregelungen und die Einbeziehung der Betroffenen begründen die Legitimität des Registerinhalts. Da die wertpapierrechtliche Art der Übertragung der Namensaktie und die damit verbundene technische Unterscheidung zur Inhaberaktie in der Praxis immer mehr in den Hintergrund tritt (vgl § 68 Rn 6), besteht ein wesentlicher Grund für die Einführung von Namensaktien für die Gesellschaft darin, ein verbindliches Aktienregister zu führen und damit Kenntnisse über den Aktionärskreis generieren und nutzen zu können. Diese Funktion der **Beteiligungstransparenz** wurde bisher in der Praxis erheb-

lich dadurch eingeschränkt, dass der Aktionär nicht verpflichtet war, sich eintragen zu lassen. Statt seiner ist vielfach (insb bei ausländischen Investoren) lediglich die Depotbank oder ein sog Custodian bzw Nominee-Aktionär eingetragen. So ließ sich etwa bei der Deutschen Bank AG ein Drittel der Aktien nicht zuordnen, bei der Deutschen Börse AG waren es zwischenzeitlich über drei Viertel (*Schneider/Müller-von Pilchau* AG 2007, 181, 182). Insofern stehen die formale Betrachtung des Grundsatzes der Registerklarheit und der auf die materielle Beteiligungstransparenz gerichtete Grundsatz der Registerwahrheit in einem gewissen Spannungsverhältnis (Grigoleit AktG/*Grigoleit/Rachlitz* Rn 1). Mit der Aktienrechtsnovelle 2013 können Inhaberaktien zudem bei nicht börsennotierten Gesellschaften nur noch dann ausgegeben werden, wenn der Anspruch auf Einzelverbriefung ausgeschlossen wird und die Sammelurkunde bei einer Wertpapiersammelbank (§ 1 Abs 3 S 1 DepotG) oder einem ausländischen Verwahrer, der die Voraussetzungen von § 5 Abs 4 S 1 DepotG erfüllt, hinterlegt wird (§ 10 Abs 1 nF). Es steht damit zu erwarten, dass die Namensaktie in nächster Zeit noch weiteren Auftrieb erhalten wird (*Götze/Arnold/Carl* NZG 2012, 321, 322).

Mit der grundlegenden Änderung der §§ 67, 68 durch das Gesetz zur Namensaktie und zur Erleichterung der Stimmrechtsausübung (Namensaktiengesetz – NaStraG) vom 18.1.2001 (BGBl I S 123) hat der Gesetzgeber die Rechtslage den veränderten technischen Gegebenheiten angepasst und der zunehmenden Bedeutung der Namensaktie Rechnung getragen. Gesetzliches Leitbild ist dabei nicht mehr die in effektiven Stücken verbriefte und per Indossament übertragene Namensaktie, sondern die Globalurkunde in Girosammelverwahrung, die durch Umbuchung mit automatischem Abgleich im elektronischen Aktienregister übertragen wird. Der Einsatz von Namensaktien ist für international aufgestellte Emittenten als Akquisitionswährung interessant, da insb der US-amerikanische Kapitalmarkt auf „registered shares" ausgerichtet ist (zur Rechtslage in den USA *Wunderlich/Labermeier* in von Rosen/Seifert, S 143 ff); dasselbe gilt aber auch für andere Börsenplätze wie etwa Hongkong. Die **Vorteile** der Datenverwendung zur gezielten und direkten Ansprache der Aktionäre (Stichwort: Investor Relations) sind seit der elektronischen Führung des Aktienregisters und der zunehmenden Bedeutung des Internets greifbar (vgl *von Rosen/Gebauer* in von Rosen/Seifert, S 127 ff). Insgesamt hat die mit der elektronischen Datenverwaltung verbundene Kosten- und Zeitersparnis (zB bei der Versendung von Einladungen zur HV) und die Einbeziehung der Namensaktie in die Girosammelverwahrung zu einer Erhöhung der Fungibilität der Namensaktie geführt. Die viel gepriesene „Renaissance der Namensaktie" ist trotz dieser Vorteile bislang ausgeblieben (*BMJ* NZG 2004, 948 ff). 2

Weitreichende Neuerungen ergaben sich sodann durch das Gesetz zur Begrenzung der mit Finanzinvestitionen verbundenen Risiken (Risikobegrenzungsgesetz) v 12.8.2008 (BGBl I S 1666). Ziel dieser Novellierung war die Erhöhung der Aussagekraft und Transparenz des Aktienregisters. Dies stand vor allem im Zeichen der sog „Heuschrecken-Debatte" und sollte so dem Schutz vor dem unerkannten Aufbau von wesentlichen Beteiligungen dienen (vgl KölnKomm AktG/*Lutter/Drygala* Rn 2 mwN; zur Zweckmäßigkeit solcher Regelungen ausf *Eidenmüller* DStR 2007, 2116 ff). Gesellschaften mit Namensaktien sollten hiermit in die Lage versetzt werden, die Identität der in der Vergangenheit durch die verschiedensten Methoden verschleierten wahren Inhaber ihrer Aktien zu erfahren (RegBegr BT-Drucks 16/7438, 8 f). Der 2a

Inhaber ist nun verpflichtet, seine Daten an die Gesellschaft zu übermitteln (Abs 1 S 2). Die bisher gängige Eintragung zwischengeschalteter Legitimationsaktionäre kann durch die Satzung beschränkt werden (Abs 1 S 3). Von zentraler Bedeutung für die Aufdeckung verschleierter Beteiligungsverhältnisse ist die Pflicht des Eingetragenen, der Gesellschaft auf Verlangen mitzuteilen, ob ihm die Aktien „gehören" und anderenfalls die Daten desjenigen zu übermitteln, für den er die Aktien hält (Abs 4 S 2). Dieser Hintermann ist dann seinerseits verpflichtet, Angaben über einen etwaigen weiteren Hintermann zu machen usw (Abs 4 S 3), was letztlich zur Aufdeckung der gesamten Verwahrkette bis hin zum eigentlichen Investor führen soll. Ein Verstoß gegen diese Offenlegungspflichten wird mit dem Verlust des Stimmrechts (Abs 2 S 2 und 3) sowie als Ordnungswidrigkeit (§ 405 Abs 2a) sanktioniert. Lediglich bestimmte Investmentgesellschaften wurden von den Offenlegungspflichten ausgenommen und gelten selbst als Inhaber der Aktien (Abs 1 S 4). Für nicht börsennotierte Gesellschaften wird damit erst die Transparenz hergestellt, der die Einführung von Namensaktien dienen soll. Aber auch für börsennotierte Gesellschaften nach § 21 Abs 2 WpHG sind diese Informationen trotz der weitgehenden kapitalmarktrechtlichen Publizitätspflichten wichtig, etwa für den Aufbau von Beteiligungen unterhalb der 3 %-Schwelle oder für Änderungen zwischen den relevanten Schwellenwerten, etwa zwischen 25 und 30 % oder zwischen 30 und 50 %. Ob diese Gesetzesänderung die in sie gesetzten Erwartungen erfüllen kann, ist freilich zweifelhaft.

2b Weitere Änderungen soll die Aktienrechtsnovelle 2013 bringen. Mit ihr verfolgte der Gesetzgeber – in Reaktion auf internationale Forderungen (ausf *Seibert/Böttcher* ZIP 2012, 12, 13) – die Ziele, die Beteiligungsverhältnisse bei deutschen Aktiengesellschaften transparenter zu gestalten, um Geldwäsche und Terrorismusfinanzierung entgegenzuwirken (RegBegr BT-Drucks 17/8989, 10). Anders als noch der ursprüngliche Referentenentwurf 2011 sieht die nunmehr in Kraft tretende Fassung der Reform nicht mehr vor, zur Förderung dieser Ziele die Namensaktie für nicht börsennotierte Gesellschaften zwingend vorzugeben. Die Ausgabe von Inhaberaktien soll aber nur noch möglich sein, sofern die Voraussetzungen des § 10 Abs 1 nF erfüllt werden, also insb eine Girosammelverwahrung erfolgt. Damit sollen Aktien von nicht börsennotierten Gesellschaften stets entweder girosammelverwahrt oder im Aktienregister erfasst werden, sodass nach der Vorstellung des Gesetzgebers immer eine „Ermittlungsspur" zur Identifikation des Aktieninhabers besteht (*Bungert/Wettich* ZIP 2012, 297, 298; *Seibert/Böttcher* aaO). Bei börsennotierten Gesellschaften werden die kapitalmarktrechtlichen Publizitätspflichten nach den §§ 21 ff WpHG dagegen als ausreichend angesehen (krit insoweit *Schneider/Müller-von-Pilchau* WM 2011, 721, 722). Solche Gesellschaften können weiterhin Inhaberaktien ausgeben. Neu vorgesehen ist in Abs 1 S 2, dass die Pflicht zur Führung eines Aktienregisters auch Namensaktien erfasst, die noch nicht verbrieft worden sind. Zu der vom Gesetzgeber mit den Neuregelungen intendierten Bekämpfung von Geldwäsche und Terrorismusfinanzierung ist die Namensaktie freilich ungeeignet (vgl *Noack* DB 2010, 2657; *Drinhausen/Keinath* BB 2011, 11, 13; *Schneider/Müller-von-Pilchau* aaO).

II. Eintragungen im Aktienregister (Abs 1)

3 **1. Form des Aktienregisters.** Das Aktienregister wird üblicherweise als Computerdatei geführt, was aber bei kleineren Gesellschaften die Führung als Buch oder Kartei nicht ausschließt. Die Umbenennung in „Aktienregister" (früher: Aktienbuch) mit dem NaStraG erfolgte in Anlehnung an die „registered shares" im anglo-amerikanischen Rechtsraum und spiegelt die (insb bei börsennotierten Publikumsgesellschaften) übliche Führung als **elektronische Datenbank** wider (RegBegr BT-Drucks 14/4051, 10; s zu den praktischen und technischen Fragen *von Rosen/Seifert* Die Namensaktie, passim). Eine rechtliche Änderung bedeutet dies nicht; die für die Führung von Handelsbüchern zugelassenen Gestaltungsformen nach § 239 Abs 4 HGB (zB als Buch, Kartei oder Kladde) stehen nach wie vor zur Verfügung. Die inhaltliche Führung des Registers als „sonst erforderliche Aufzeichnung" iSd § 239 HGB muss den Grundsätzen ordnungsmäßiger Buchführung entsprechen, also insb vollständig, richtig, zeitgerecht und geordnet vorgenommen werden (Hölters AktG/*Solveenz* Rn 3). Sofern dies beachtet wird, können kleinere Gesellschaften auch weiterhin händisch ein **„Aktienbuch"** führen. Möglich ist der Aufbau nach (Aktien-) Nummern, denen der jeweilige Inhaber durch Streichung bzw Zuschreibung zugeordnet wird, oder – wie in der Praxis üblich – nach Personen als „Aktionärsregister" (vgl *DAV-Handelsrechtsausschuss* NZG 2000, 443, 444; *Happ* FS Bezzenberger, S 111, 118).

2. Pflicht zur Führung des Aktienregisters. Die Pflicht zur Einrichtung und Führung 4 des Aktienregisters besteht bei der Ausgabe von Namensaktien oder Zwischenscheinen (Abs 7) und zwar auch dann, wenn der Anspruch des Aktionärs auf Einzel- oder Anteilsverbriefung gem § 10 Abs 5 ausgeschlossen ist (MünchKomm AktG/*Bayer* Rn 17; *Diekmann* BB 1999, 1985, 1986; *Happ* FS Bezzenberger, S 120). Das Aktienregister ist bereits einzurichten, wenn die Satzung die Ausgabe von Namensaktien gem § 23 Abs 3 Nr 5 vorsieht; die noch **unverkörperten Mitgliedschaftsrechte** nehmen dann vollumfänglich an der Wirkung des Abs 2 teil. Die hier auch bisher vertretene Auffassung soll durch die Aktienrechtsnovelle 2013 („unabhängig von einer Verbriefung" in Abs 1 S 1) gesetzlich geregelt werden (ebenfalls bisher schon *RGZ* 86, 154; *Happ* aaO S 119; *Wieneke* in von Rosen/Seifert, S 229, 252 ff; Spindler/Stilz AktG/*Cahn* Rn 12; aA *RGZ* 34, 110, 117; *OLG Neustadt* MDR 1956, 109, 110; *OLG München* NZG 2005, 756, 757; *Bayer* aaO; KölnKomm AktG/*Lutter/Drygala* Rn 40 mwN; MünchHdb AG/*Wiesner/Kraft* § 14 Rn 34). Eine Beschränkung der Wirkungen des Abs 2 auf ausgegebene Namensaktien konnte nicht überzeugen, da das Interesse der AG an der verbindlichen Feststellung des Aktionärs bereits ab dem Gründungs- bzw Kapitalerhöhungszeitpunkt besteht (insb wenn man das mit der nunmehr Aktienrechtsnovelle 2013 genannten Reform intendierte öffentliche Interesse ernst nehmen will; Rn 2b) und die Vermutungswirkung nicht an die Verkörperung anknüpft. Weder bei der Ersteintragung noch bei späteren Aktionärswechseln ist nämlich die Urkundsvorlage Voraussetzung der Eintragung; Abs 3 sieht hierfür vielmehr andere Mechanismen vor, die von der Verbriefung unabhängig sind.

Auf **Inhaberaktien** nicht börsennotierter Gesellschaften soll § 67 nach der Aktien- 5 rechtsnovelle 2013 nun erstmals entspr Anwendung finden und zwar in dem Zeitraum bis zur Verbriefung der Mitgliedschaftsrechte (§ 10 Abs 1 Nr 2 aE in der Fassung der Aktienrechtsnovelle 2013). Es ist insoweit ein vollumfängliches Aktienregister über Inhaberaktien zu führen. Wird diese Pflicht nicht befolgt, tritt wie bei Namensaktien die Rechtsfolge des Abs 2 ein (*Bayer* AG 2012, 141, 143; *DAV-Handelsrechtsausschuss* NZG 2012, 380, 381). Durch die Neuregelung soll die vom Gesetzgeber angestrebte Steigerung der Transparenz von Beteiligungsverhältnissen auch vor Verbriefung der Mitgliedschaftsrechte gewährleistet werden (*Seibert/Böttcher* ZIP 2012, 12, 13 f) und die Gesellschaft dazu angehalten werden, Verbriefung und Girosammelverwahrung – wie in § 10 Abs 1 Nr 2 in der Fassung der Aktienrechtsnovelle 2013 gefordert – herbeizuführen (*Bayer* aaO; *Götze/Arnold/Carl* NZG 2012, 321, 323). Ob die Praxis mit der Neuregelung zurechtkommt, bleibt abzuwarten (Bedenken insoweit *DAV* aaO). Nach Einreichung zur Girosammelverwahrung und bei börsennotierten Gesellschaften besteht weiterhin keine Pflicht zur Führung eines Registers. In diesen Fällen dennoch bestehende Aufzeichnungen über Inhaberaktien (häufig untechnisch als „Aktienregister" bezeichnet) können die materielle Berechtigung des Eingetragenen allenfalls indizieren. Die Pflicht zur Führung eines Aktienregisters bei Inhaberaktien wird dann wieder aufleben, wenn eine nicht börsennotierte Gesellschaft die Sammelverwahrung von Inhaberaktien nachträglich aufhebt (RegBegr BT-Drucks 17/8989, 13; *Ziemons* BB 2012, 523); ansonsten besteht die Gefahr einer Umgehung von § 10 Abs 1 Nr 2 aE. Eine Pflicht zur Führung des Aktienregisters besteht außerdem, wenn eine Gesellschaft ihre Börsenzulassung verliert („Delisting") und die Satzung keinen Ausschluss des Einzelverbriefungsanspruchs (§ 10 Abs 5) enthält, die Gesellschaft aber Inhaberaktien ausgegeben hat. In diesem Fall fehlt es nachträglich an einer Voraussetzung für die Ausgabe der Inhaberaktien, sodass diese als Namensaktien behandelt werden müssen und sich eine Registerführungspflicht aus § 67 Abs 1 ergibt (*Seibert/Böttcher* aaO).

6 Die Pflicht zur Führung des eingerichteten Aktienregisters trifft die Gesellschaft und damit den **Vorstand**, der nach **allgM** nicht die Aufgabe selbst, jedoch ihre Durchführung an Hilfspersonal oder externe Dritte (zB Banken, Rechenzentrum) delegieren kann (MünchKomm AktG/*Bayer* Rn 14; *Leuering* ZIP 1999, 1745, 1746; *Noack* DB 1999, 1306, 1307). Bei börsennotierten Publikumsgesellschaften ist der Einsatz von externen **Dienstleistungsunternehmen** zur Führung eines elektronischen Aktienregisters nicht nur üblich, sondern für die technische Schnittstelle zu den Abwicklungssystemen von Clearstream unerlässlich. Der jederzeitige Zugriff auf die Daten muss gewährleistet sein, etwa durch die entsprechende Heranziehung der Grundsätze der Fernbuchführung (*Noack* aaO). Der Vorstand ist als Organ verpflichtet (Vorstandsbeschluss); ein Tätigwerden von Vorstandsmitgliedern in vertretungsberechtigter Zahl gem § 78 Abs 3 genügt daher nicht (*OLG München* NZG 2005, 756, 757). Die Pflicht zur Einrichtung und Führung des Aktienregisters kann von jedem Aktionär auf der Grundlage seines Mitgliedschaftsrechts eingeklagt werden; dies gilt unabhängig davon, ob die eigene Mitgliedschaft unverkörpert, in Einzel- oder in (girosammelverwahrten) Globalurkunden oder (fälschlich noch) als Inhaberaktie verbrieft ist (**allgM** *Bayer* aaO Rn 15).

7 Die **Ersteintragung** nimmt der Vorstand ohne Aufforderung und unabhängig vom Willen des Aktionärs vor. Zeitlich hat dies unmittelbar bei Entstehung der Mitgliedschaftsrechte mit Eintragung der Gesellschaft bzw der Kapitalerhöhung zu erfolgen, da nur zu diesem Zeitpunkt die Inhaber der Mitgliedschaftsrechte mit Sicherheit feststehen (vgl §§ 41 Abs 4, 191 S 1). Nach diesem Zeitpunkt muss sich die Gesellschaft, wie im Fall der Erstverbriefung, iRd Zumutbaren um die Feststellung des richtigen Aktionärs bemühen. Dabei muss sie vor Ausstellung der Aktienurkunden einen Erwerber aber nur bei Vorlage einer Übertragungsurkunde anerkennen, §§ 410, 413 BGB (KölnKomm AktG 2.Aufl/*Kraft* § 10 Rn 4). IÜ kommt ein Tätigwerden „von Amts wegen" nur noch bei rechtlichen Änderungen der Mitgliedschaft selbst in Betracht; Beispiele sind die Änderung des Nennwerts oder der Aktiengattung, die Zusammenlegung (§§ 222 Abs 4 S 2, 229 Abs 3), Einziehung (§ 237), Kraftloserklärung

Eintragung im Aktienregister § 67

(§§ 72 f) und Kaduzierung (§ 64); der Aktionär kann auch auf Eintragung ins Aktienregister klagen (*OLG Hamm* AG 2008, 671, 672). Die Umschreibung bei Aktionärswechseln und die Löschung zu Unrecht erfolgter Eintragungen setzen dagegen ein besonderes Verfahren voraus (Abs 3 und 5). IRd Umstellung von girosammelverwahrten Inhaber- auf Namensaktien wird üblicherweise die transaktionsbegleitende Bank, die die Urkunde bei Clearstream einreicht, aus technischen Gründen als erste Inhaberin aller Aktien, allerdings mit dem Zusatz „Fremdbesitz" in das Aktienregister eingetragen und sodann schrittweise, dh je nach Eintreffen der einzelnen Datensätze, der Bestand an die einzelnen Aktionäre umgebucht. Dieses Verfahren ist mit Blick auf die vergleichbare Situation nach § 71 UmwG unbedenklich. In einem solchen Fall bestehen die rechtlichen Wirkungen des Aktienregisters nach Abs 2 zugunsten der ersteingetragenen Bank selbstverständlich nicht.

3. Eintragungspflichtige Angaben. – a) „Inhaber" als Bezugspunkt. Einzutragen ist **8** zunächst der jeweilige **Inhaber** der Namensaktie (oder des Zwischenscheins), welcher gleichzusetzen ist mit dem sachenrechtlichen Eigentümer der Aktie und damit dem Inhaber der Mitgliedschaft (vgl „gehören" in Abs 4 S 2 HS 1; KölnKomm AktG/*Lutter/Drygala* Rn 15; *OLG Stuttgart* AG 2009, 204, 206); folglich sind auch Sicherungseigentümer sowie (Vollrechts-) Treuhänder davon erfasst. Ausnahme hiervon ist der **Legitimationsaktionär** (idR die Depotbank, s Abs 4 S 2), der im eigenen Namen eingetragen wird, obwohl er nicht Inhaber des Mitgliedschaftsrechts ist, sondern lediglich ermächtigt ist, bestimmte Aktionärsrechte auszuüben (MünchKomm AktG/*Bayer* Rn 21; *Happ* FS Bezzenberger, S 120; *Than/Hannöver* in von Rosen/Seifert, S 279, 307). Diese Ausnahme läuft dem Zweck des Aktienregisters zuwider – die verbindliche Feststellung des gegenüber der AG Berechtigten und Verpflichteten – und kann auch nicht mit der Vereinbarung zwischen Legitimationsaktionär und Rechtsinhaber begründet werden, da diese nur das Innenverhältnis betrifft, nicht aber die Beziehung zur Gesellschaft. Die grds Zulässigkeit ist allerdings vom Gesetzgeber ausdrücklich anerkannt und ergibt sich aus zahlreichen Vorschriften des AktG (Abs 1 S 3, Abs 4 S 2 und 5, §§ 128 Abs 1 S 1, 129 Abs 3 S 2, 135 Abs 6 S 1), die die Eintragung des materiell nichtberechtigten Legitimationsaktionärs voraussetzen. Grund ist das gesetzliche Leitbild der Vollständigkeit des Aktienregisters.

Die von den Legitimationsaktionären zu unterscheidenden Vollrechts-**Treuhänder** **8a** können sich ohne Weiteres ins Aktienregister eintragen lassen, ohne dass sie den Treugeber als „wirtschaftlichen Eigentümer" offenlegen müssen. Trotz mehrfacher Anregung (vgl *DAV-Handelsrechtsausschuss* NZG 2008, 60, 62) wurden diese Konstellationen bei der Änderung des § 67 Abs 1 durch das RisikoBG bewusst nicht von der Offenlegungspflicht erfasst (RegBegr BT-Drucks 16/7438, 14; zust *Noack* NZG 2008, 721, 722; krit KölnKomm AktG/*Lutter/Drygala* Rn 16). Als sachenrechtliche Eigentümer (und somit Inhaber der Mitgliedschaft) haben Vollrechtstreuhänder daher weiterhin einen Anspruch auf Eintragung ins Aktienregister; ihre Aktien werden als „Eigenbesitz" geführt. Diese Lücke schränkt die Erreichung des mit dem RisikoBG verfolgten Zieles, nämlich die Erreichung erhöhter Transparenz des (wirtschaftlich berechtigten) Aktionärskreises, erheblich ein, insb im Hinblick auf ausländische Aktionäre (so auch *Lutter/Drygala* aaO mwN; *Gätsch* FS Beuthien, S 138). Hieran ist auch nach der Aktienrechtsnovelle 2013, die wie das RisikoBG gerade auf die Herstellung weitgehender Transparenz bei den Beteiligungsverhältnissen zielte, festzuhalten. Die Aktienrechtsnovelle dient zwar dem Ziel der weiteren Transparenzsteigerung, hat aber an der fehlenden Pflicht zur Offenlegung des Vollrechtstreuhänders nichts geändert (vgl *Ziemons* BB 2012, 523, 525 zur Parallelfrage beim Auskunftsverlangen nach Abs 4 S 2-4; **aA** *Schneider/Müller-von Pilchau* WM 2011, 721, 724; s auch Rn 30a). Das in Bezug auf die Offenlegungspflicht insofern bestehende Transparenzdefizit basiert nämlich in erster Linie auf dem Umstand rechtlich und konzeptionell nicht aufeinander abgestimmter Verwahrketten und kann nicht durch eine nationale Gesetzgebung gelöst werden. Hierin besteht ein wesentliches Minus gegenüber den kapitalmarktrechtlichen Transparenzvorschriften, die in § 22 WpHG auch umfangreiche Zurechnungsregelungen enthalten.

8b **b) Sondervorschriften für Legitimationsaktionäre.** Die **Satzung** kann für die Eintragung von Legitimationsaktionären (und nur bei diesen) bes Anforderungen aufstellen. Hierfür kommen insb die Einführung von Schwellenwerten in Betracht, ab deren Erreichung eine Eintragung des Legitimationsaktionärs nicht mehr möglich sein soll; möglich sind aber auch zusätzliche Offenlegungspflichten bzgl der zugrundeliegenden Vertretungsverhältnisse (vgl Abs 2 S 2; RegBegr BT-Drucks 16/7838, 13 f; ausf *Marsch-Barner* FS Hüffer, 629 ff; KölnKomm AktG/*Lutter/Drygala* Rn 18 ff). Nicht restlos geklärt ist die Frage des zulässigen Spielraumes solcher **Schwellenwerte**. Die Gesetzesbegründung empfiehlt, den Schwellenwert im Bereich zwischen 0,5 % und 2,0 % anzusiedeln (RegBegr aaO). Streitig ist, ob ein statutarisch verankerter, vollständiger **Ausschluss der Eintragbarkeit** von Legitimationsaktionären bei börsennotierten Gesellschaften statthaft ist (abl: *Wilsing/Goslar* DB 2007, 2467, 2471 dort Fn 50; *DAV-Handelsrechtsausschuss* NZG 2008, 60, 63; *Grigoleit/Rachlitz* ZHR 174 (2010), 12, 44; sowie *Lutter/Drygala* aaO Rn 27; krit auch *Gätsch* FS Beuthien, S 150; K. Schmidt/Lutter AktG/*T. Bezzenberger* Rn 46; bejahend: *Schüppen/Tretter* ZIP 2009, 493, 494 f; *Noack* NZG 2008, 721, 722; *Hüffer* AktG Rn 8a). Der Wortlaut des Abs 1 S 3 ist hier offen. Der Gesetzgeber geht jedoch offenbar von dieser Möglichkeit aus, und weist lediglich auf praktische Unwägbarkeiten bei börsennotierten Gesellschaften hin (RegBegr aaO). Nicht zu überzeugen vermag auch, dass eine sehr niedrige Schwelle, welche selbst Klein(st)aktionäre erfasst, kritisch sein soll, da sie aufgrund des hohen Aufwandes die Fungibilität der Aktie beeinträchtigen könne, was zu einer Anfechtbarkeit der entsprechenden Klausel führe (so *Lutter/Drygala* aaO). Einerseits kann nämlich der Kleinaktionär den Aufwand ohne Weiteres vermeiden, indem er sich selbst in das Aktienregister eintragen lässt. Andererseits besteht ein Interesse der Gesellschaft daran, auch ihre Kleinaktionäre zu kennen, zumal die Ausübung von wesentlichen Beteiligungsrechten der Aktionäre die Inhaberschaft nur einer Aktie voraussetzt. Fehlt eine entspr Bestimmung in der Satzung, so ist die Eintragung von Legitimationsaktionären unbeschränkt zulässig (RegBegr aaO; *Gätsch* aaO S 143; *Hüffer* aaO; **aA** wohl *Reul* ZNotP 2010, 12, 13). Zu Sanktionen bei Missachtung der statutarischen Beschränkungen vgl Rn 22a. Die entspr Satzungsregelung der Allianz SE lautet **bspw** wie folgt: „Die Eintragung in das Aktienregister unter eigenen Namen für Aktien, die einem anderen gehören, ist zulässig unter folgenden Voraussetzungen: (a) bei einer Eintragung bis zu 0,2 % des satzungsmäßigen Grundkapitals je Eingetragenem ohne Weiteres; (b) bei einer Eintragung von mehr als 0,2 % des satzungsmäßigen Grundkapitals bis einschließlich 3 % des satzungsmäßigen Grundkapitals je Eingetragenem ist für den 0,2 % des satzungsmäßigen Grundkapitals übersteigenden Teil der Aktien die Eintragung zulässig, soweit der Gesellschaft gegenüber die Daten gem § 67 Abs 1 S 1 für diejenigen Personen offengelegt werden, für die der Eingetragene jeweils mehr als 0,2 % des satzungsmäßigen Grundkapitals hält; (c) die Eintragung ist höchstens bis zu einer Höchstgrenze von 3 % des satzungsmäßigen Grundkapitals je Eingetragenem zulässig." Weitere Regelungsbeispiele finden sich bei *Marsch-Barner* FS Hüffer, S 629 ff. Die Nutzen derartiger Satzungsklauseln sind in der Praxis gering, da der Verlust des Stimmrechts keine wirksame Sanktion darstellt.

c) Angaben zum Inhaber und Mitwirkungspflicht. Eintragungspflichtig sind die in Abs 1 S 1 aufgeführten Angaben zu Person und Besitz des Aktionärs. Die Eintragung **natürlicher Personen** umfasst demnach (Vor- und Nach-) Namen, Geburtsdatum und Adresse. Letztere Formulierung ist bewusst offen gehalten (früher: Wohnort) und meint neben der postalischen Anschrift auch die Büroadresse, den Zustellungsbevollmächtigten (mit Adresse) oder die E-Mail-Adresse, wenn es nicht aus besonderen Gründen (zB bei teileingezahlten Aktien) auf die Zustellungsfähigkeit der Anschrift ankommt (RegBegr BT-Drucks 14/4051, 11). Die E-Mail-Adresse alleine ausreichen zu lassen, erscheint aufgrund von dessen Flüchtigkeit allerdings nicht sachgerecht. Das Geburtsdatum ist zur Identifizierung des Aktionärs besser geeignet als die gem Abs 1 aF anzugebende Berufsbezeichnung. **Juristische Personen**, Personengesellschaften und Einzelkaufleute sind unter ihrer Firma (§ 17 Abs 1 HGB) und ihrem Sitz sowie ihrer Adresse einzutragen. Mangels Registerpublizität des Gesamtnamens einer GbR sind zudem die Gesellschafter namentlich aufzuführen (Spindler/Stilz AktG/*Cahn* Rn 20; KölnKomm AktG/*Lutter/Drygala* Rn 30; MünchKomm AktG/*Bayer* Rn 27; **aA** *Happ* FS Bezzenberger, S 121; Schmidt/Lutter AktG/*T. Bezzenberger* Rn 11); aufgrund der primären Eintragung der GbR selbst gilt diese als Aktionärin mit den daraus resultierenden Pflichten für die Vertretung und Haftung (Grigoleit AktG/*Grigoleit/Rachlitz* Rn 5). Der **Aktienbesitz** wird durch die Angabe der Stückzahl oder der Aktiennummer bzw (bei Nennbetragsaktien) des Nennbetrages bezeichnet; es muss eine eindeutige Zuordnung zwischen Aktionär und Aktienbesitz bestehen. Zusätzlich kann eine Aktionärsnummer als Ordnungsnummer vergeben werden (RegBegr aaO 10).

Seit dem RisikoBG haben Aktionäre gem Abs 1 S 2 nun ausdrücklich die **Pflicht** gegenüber der AG, eine Mitteilung mit den Angaben nach Abs 1 S 1 abzugeben; einer Aufforderung durch die Gesellschaft bedarf es nicht (KölnKomm AktG/*Lutter/Drygala* Rn 14). Verpflichtet ist der Aktionär als Inhaber der Mitgliedschaft. Mit der Aktienrechtsnovelle 2013 soll in S 2 statt des „Inhabers" als Adressaten der Mitteilungspflicht der „Aktionär" genannt werden. Diese Änderung soll nur der Klarstellung dienen, um einer Verwechselung mit der Inhaberaktie entgegenzuwirken (RegBegr BT-Drucks 17/8989, 14). Eine Änderung der Rechtslage ist damit nicht intendiert (Grigoleit AktG/*Grigoleit/Rachlitz* Rn 11). Die Mitteilungspflicht ist im Hinblick auf Abs 3 ergänzend dahingehend auszulegen, dass Aktionäre nach einem Erwerb auch die entspr Mitteilung zu machen und geeignete Nachweise zu erbringen haben (*Noack* NZG 2008, 721; KölnKomm AktG/*Lutter/Drygala* Rn 14; Spindler/Stilz AktG/*Cahn* Rn 26). Da es im Ergebnis um die Vollständigkeit des Aktienregisters geht, wird man daraus auch die Pflicht des Aktionärs entnehmen können, sich ins Aktienregister eintragen zu lassen. Hieraus ergibt sich folgerichtig die Pflicht des Kreditinstituts zur Datenweitergabe nach Abs 4 S 1, der der Aktionär nicht widersprechen kann (Rn 28). Darüber hinaus korrespondiert diese Pflicht mit einem Auskunftsrecht der AG (Abs 4 S 2 und 3), welches im Falle der Nichtbeachtung mit dem temporären Entfall des Stimmrechtes (Abs 2 S 3) sanktioniert wird. Es besteht allerdings eine wesentliche Ausnahme. Vorbehaltlich etwaiger statutarischer Grenzen (vgl Rn 8b) und des Auskunftsrechts der Gesellschaft (vgl Rn 30a) kann sich der Aktionär der Mitteilungspflicht und der Eintragung allerdings dadurch entziehen, dass er sein Kreditinstitut als Legitimationsaktionär ins Aktienregister eintragen lässt.

9b   d) In- und ausländische Investmentvermögen. Eine Ausnahme besteht gem Abs 1 S 4 für solche in- und ausländische Investmentvermögen nach dem InvestmentG, zu deren Investorenkreis wenigstens eine natürliche Person gehört. In diesen Konstellationen sieht der Gesetzgeber nicht die gleiche Gefahrenlage sich „heranschleichender Investoren" (krit KölnKomm AktG/*Lutter/Drygala* Rn 29). Daher gilt diesen gegenüber weder die verliehene Satzungsautonomie (Abs 1 S 3), noch die Offenlegungspflicht der Daten des Hintermannes (Abs 4 S 2). Stattdessen gilt in diesem Fall, auch wenn die Aktien im Miteigentum der Anleger stehen, das Investmentvermögen selbst, oder im Falle fehlender Rechtsfähigkeit dessen Verwaltungsgesellschaft, als Inhaber der Aktien.

10   4. Eintragungsfähige Angaben. Umstr ist die Zulässigkeit über Abs 1 S 1 hinausgehender, sog eintragungsfähiger Angaben (Kürangaben). Anerkannt ist die Eintragungsfähigkeit dinglicher Belastungen des Mitgliedschaftsrechts, insb Nießbrauch und Pfandrecht (MünchKomm AktG/*Bayer* Rn 30; KölnKomm AktG/*Lutter/Drygala* Rn 33 ff mwN; *Hüffer* AktG Rn 9; *Happ* FS Bezzenberger, S 120; *Wiedemann* S 399, 424; Spindler/Stilz AktG/*Cahn* Rn 25; **aA** GroßKomm AktG 3. Aufl/*Barz* Rn 8). Die Angaben nehmen an der Wirkung des Abs 2 teil, so dass die AG nicht mit dem Risiko der Doppelzahlung nach Leistung an einen Nichtberechtigten belastet wird. Aus diesem Grund soll auch die Testamentsvollstreckung eintragungsfähig sein (*Bayer* aaO Rn 34; *Hüffer* aaO). Die Kennzeichnung als „Eigen-" oder „Fremdbesitz" ist schon im Hinblick auf § 129 Abs 3 S 2 (*Diekmann* BB 1999, 1985, 1986; *Happ* aaO S 123) und Abs 4 S 5 („gesondert") zulässig und üblich; zudem muss, angesichts des möglichen Auskunftsverlangens zur Offenlegung des Fremdbesitzes, die gegen den Willen des Aktionärs herbeigeführt werden kann (Abs 4 S 2), auch die freiwillige Offenlegung eintragungsfähig sein (*Lutter/Drygala* aaO Rn 31). Auswirkungen auf die Vermutungswirkung des Abs 2 S 1 hat dies nicht.

11   Vor dem Hintergrund der Nutzung des Aktienregisters für die Investor Relations-Arbeit und Produktwerbung ist die **Aufnahme weiterer Daten** interessant, die zur Identifizierung des Aktionärs nicht erforderlich, aber der gezielten Ansprache der Aktionäre dienlich sind. Nach überwiegender und zutreffender Meinung (statt vieler KölnKomm AktG/*Lutter/Drygala* Rn 31 mwN; **aA** Spindler/Stilz AktG/*Cahn* Rn 25, der allein die Eintragung dinglicher Belastungen anerkennt) entspricht dies der Funktion des Aktienregisters, das nicht nur Vermutungsgrundlage iSd Abs 2 S 1, sondern auch **Hilfsmittel der Kommunikation** zwischen AG und Aktionär ist (s Rn 1). Eintragungsfähig sind daher ua der Beruf (MünchKomm AktG/*Bayer* Rn 29 Fn 84; *Noack* ZIP 1999, 1993, 1995; *DAV-Handelsrechtsausschuss* NZG 2000, 443, 444), die Staatsangehörigkeit, das Geschlecht und die Haltefrist (*Noack* DB 1999, 1306, 1307), aber auch Informationen zu der Frage, ob der Aktionär Angestellter, Geschäftspartner oder Kunde (ggf mit Branche) der Gesellschaft ist und ob er deren Produkte und Dienstleistungen bezieht. Hierher gehören nunmehr auch alle Informationen, die im Rahmen von Auskunftsverlangen iSd Abs 4 erlangt worden sind. Zulässig und für die Investor Relations-Arbeit besonders wichtig sind auch Informationen aus einer Analyse der Aktionärsstruktur, etwa die Index-, Regionen- und Branchenfokussierung sowie die Investitionsstrategie von institutionellen Anlegern und die historische Entwicklung des Aktienbesitzes des jeweiligen Aktionärs in der Vergangenheit; diese zeitliche Komponente ist wichtig, um den Aufbau und das Abschmelzen einer Beteiligung analysieren zu können. Zudem können die Korrespondenz betreffende Merkmale eingetragen werden (*Bredbeck/Schmidt/Sigl* in von Rosen/Seifert, S 315, 319 f: insb Sprache und bevorzugtes Kommunikationsmedium). Kein Bedürfnis besteht regelmäßig für die Aufnahme sonstiger rechtlicher Kriterien, wie die Erben- bzw Vorerbenstellung oder Vollmachtserteilung (*Hüffer* AktG Rn 9; **aA** *Happ* FS Bezzenberger, S 120; *Bayer* aaO Rn 35 und § 69 Rn 18: gemeinschaftlicher Vertreter iSd § 69). Wenngleich das Bedürfnis nach Transparenz nicht in gleichem Maße wie bei öffentlichen Registern besteht (*Bayer* aaO Rn 32; *Noack* DB 1999,1306, 1307), ist aus Gründen der Rechtssicherheit eine **klare Trennung** zwischen Angaben, die an der Wirkung des Abs 2 S 1 teilnehmen, und sonstigen Angaben („Rucksackangaben") sinnvoll.

III. Wirkungen der Eintragung (Abs 2)

1. Allgemeines. Abs 2 bildet den aus rechtlicher Sicht wesentlichen Kern der Regelung und bestimmt in S 1, dass im Verhältnis der Gesellschaft nur derjenige als Aktionär gilt, der als solcher im Aktienregister eingetragen ist. Dies begründet nach heute **ganz hM** eine **unwiderlegliche Vermutung** der Aktionärsstellung im Verhältnis zwischen AG und Eingetragenem (vgl RegBegr BT-Drucks 14/4051, 11; *OLG Jena* AG 2004, 268, 269; *OLG Hamburg* AG 2003, 694; *OLG Zweibrücken* WM 1997, 622, 623; MünchKomm AktG/*Bayer* Rn 39), die auf dem registerähnlichen Rechtsschein des Aktienregisters beruht. In dieser **(relativen) Wirkung** erschöpft sich der Regelungsgehalt der Vorschrift. Das Verhältnis zwischen Veräußerer und Erwerber von Namensaktien wird nicht berührt. Die dingliche und wertpapierrechtliche Wirksamkeit der Übertragung von Namensaktien richtet sich ausschließlich nach den einschlägigen Übertragungstatbeständen (vgl § 68 Rn 2 ff); die Eintragung im Aktienregister ist dafür weder hinreichend noch erforderlich, dh die Eintragung ist weder rechtsbegründend, noch heilt sie Übertragungsmängel oder löst einen Gutglaubensschutz aus (unstr s *Bayer* aaO Rn 36; *OLG Stuttgart* AG 2009, 204, 206; *OLG Hamm* AG 2008, 671, 672). Im Zuge der Neuerungen durch das RisikoBG wurde mit der Anfügung von S 2 und 3 an systematisch etwas unglücklicher Stelle eine weitere Regelung aufgenommen, die der Gesellschaft die Möglichkeit gibt, durch die Sanktion des Stimmverbots den erhöhten Transparenzvorschriften Nachdruck zu verleihen (s Rn 22a f).

Abs 2 S 1 betrifft das Verhältnis zwischen AG und Aktionär und wirkt insofern nicht nur zugunsten des Eingetragenen (vgl RegBegr BT-Drucks 14/4051, 11 „Aktionär mit allen Rechten"), sondern auch zu seinen Lasten (unstr). Das **Auseinanderfallen von formeller und materieller Rechtslage** hat selbst dann keinen Einfluss auf die Wirkung des Abs 2, wenn die AG diesbezüglich im Eintragungszeitpunkt bösgläubig ist (*OLG Jena* AG 2004, 268, 269; *Bayer* GS M. Winter, S 22 ff mwN); die AG ist jedoch zur Einleitung des Löschungsverfahrens gem Abs 5 verpflichtet. Mittelbar berührt Abs 2 S 1 damit auch das Verhältnis zwischen der AG und dem nicht eingetragenen, wahren Berechtigten: Letzterer kann weder als Aktionär in Anspruch genommen werden, noch Mitgliedschaftsrechte ausüben (Ausnahme etwa bei gesondert auf den Inhaber verbrieften Rechten, zB Coupons). Die eigene Eintragung kann er nur durch Geltendmachung seines Anspruchs auf Einleitung des Löschungsverfahrens gem Abs 5 erreichen (s Rn 34).

14 Die Wirkungen des Abs 2 S 1 treten nicht ein, wenn die Eintragung formell fehlerhaft erfolgte. Erforderlich ist demnach eine formell ordnungsgemäße Eintragung, dh (i) durch den Vorstand oder eine von ihm beauftragte Person, (ii) aufgrund zurechenbarer Mitteilung nach Abs 3 und (iii) entsprechend dem Inhalt dieser Mitteilung (Grigoleit AktG/*Grigoleit/Rachlitz* Rn 20). Beispiele für formelle Fehler sind etwa eine Eintragung, die nicht vom Vorstand vorgenommen oder veranlasst wurde sowie das Tätigwerden ohne Mitteilung oder aufgrund einer nicht zurechenbaren Mitteilung (s Rn 23). Ebenfalls folgenlos ist das Fehlen einer Eintragung im Anschluss einer satzungsmäßig schon beschlossenen, aber noch nicht vollzogenen Umstellung von Inhaber- in Namensaktien, wenn das Aktienregister noch nicht existiert (*OLG Frankfurt* v 17.6.2008 – 5 U 27/07, BeckRS 2008, 17165; GroßKomm AktG/*Merkt* Rn 84 mit der Begründung des Rechtsmissbrauchs).

15 Die (relative) Wirkung der Eintragung führt zu Schwierigkeiten bei der Anwendung der **kapitalmarktrechtlichen Meldepflichten** (§§ 21 ff WpHG, 29 WpÜG). Würde man ausschließlich auf die gesellschaftsrechtliche Zuweisung des Stimmrechts an den Eingetragenen abstellen, würde das kapitalmarktrechtlich gewollte Informationsziel verfehlt. Unproblematisch meldepflichtig ist nur der Aktionär, der auch im Aktienregister eingetragen ist. Fallen Eintragung und materielle Berechtigung allerdings auseinander, ist nach einer verbreiteten Auffassung in erster Linie der wahre (nicht im Aktienregister eingetragene) Eigentümer meldepflichtig (*OLG Köln* ZIP 2012, 1458; *Nartowska* NZG 2013, 124, 125 f; *Widder/Kocher* ZIP 2012, 2092, 2093). Das verkennt die Vermutungswirkung von Abs 2, sodass zunächst der im Aktienregister Eingetragene meldepflichtig ist, da er faktisch über das Stimmrecht verfügt (*Diekmann* BB 1999, 1985, 1987; *Noack* DB 1999, 1306, 1308; einschränkend auf Registeraktionäre, die nach außen unbeschränkt zur Stimmrechtsausübung berechtigt sind *OLG Köln* ZIP 2012, 1458, 1460; Assmann/Schneider WpHG/*Schneider* § 21 Rn 51; **aA** *OLG Stuttgart* AG 2005, 125, 127; *Nartowska* NZG 2013, 124, 125 f). Ob zudem der wahre Aktionär meldepflichtig ist, hängt dann davon ab, ob ein Zurechnungstatbestand des § 22 WpHG erfüllt ist (**aA** *OLG Köln* aaO; Assmann/Schneider WpHG/*Schneider* § 21 Rn 51: stets Meldpflicht des wahren Aktionärs), was bei einem gewollten Auseinanderfallen von Eintragung und materieller Berechtigung regelmäßig der Fall ist (vgl § 22 Abs 1 S 1 Nr 2 WpHG). Dies ist zwar grundsätzlich richtig, trifft aber auf den Hauptanwendungsfall, dass nämlich ein Kreditinstitut oder ein gleichgestelltes Institut als Legitimationsaktionär eingetragen ist, im Hinblick auf die gesetzliche Regelung in § 135 Abs 6 nicht zu; in diesem Fall trifft die Meldepflicht ausschließlich den wirklichen Aktionär. Wichtige weitere Ausnahme ist der Fall des depotführenden Instituts, das nach Abs 4 S 5 eingetragen wird. Dieses muss nicht melden (*Rechtsausschuss* BT-Drucks 15/5693, 16; für den Fall der Eintragung nach Abs 4 S 5 *OLG Köln* aaO S 1461); verpflichtet bleibt auch insofern ausschließlich der Aktionär selbst (**aA** MünchKomm AktG/*Bayer* Rn 58).

16 **2. Einzelne Ansprüche.** Die Vermutungswirkung des Abs 2 S 1 gilt für alle mit der Mitgliedschaft verbundenen **Verwaltungsrechte** (bspw Teilnahmerecht auf der HV § 118 Abs 1, Stimmrecht § 12 Abs 1 S 1, Auskunftsrecht § 131, Anfechtungsrecht § 245). Den im Aktienregister eingetragenen Aktionären sind im Vorfeld einer HV die nach § 125 Abs 2 vorgeschriebenen Mitteilungen zu machen. Ist ein Kreditinstitut anstelle des Aktionärs eingetragen (Abs 4 S 5), besteht die Berechtigung zur Ausübung des Stimmrechts nur aufgrund einer entspr Ermächtigung (§ 135 Abs 6).

Setzt die Ausübung von Minderheitsrechten den Nachweis der Aktionärsstellung über 17
einen gewissen Zeitraum voraus (vgl zB Bestellung eines Sonderprüfers §§ 142 Abs 2
S 2, 258 Abs 2 S 4, Bestellung der Abwickler § 265 Abs 3 S 2, Bestellung und Abberufung des Abschlussprüfers § 318 Abs 3 S 4 HGB), ist zu differenzieren: Die Inhaberschaft während der Karenzzeit kann außer durch Eintragung im Aktienregister auch auf andere Weise nachgewiesen werden, die Aktionärseigenschaft zum Zeitpunkt der Antragsstellung dagegen nur durch Eintragung im Aktienregister (MünchKomm AktG/*Bayer* Rn 46; *Leuering* ZIP 1999, 1745, 1749; *OLG Frankfurt* NJW-RR 2009, 1411). Dies ergibt sich aus § 70, der für die Karenzzeit sogar die bloße wirtschaftliche Berechtigung ausreichen lässt.

Die frühere Streitfrage, ob der Namensaktionär die Aktien zur Teilnahme an der HV 18
trotz Abs 2 S 1 hinterlegen muss (vgl *Wieneke* in von Rosen/Seifert, S 229, 241 ff), hat sich mit Änderung des § 123 Abs 2 durch das UMAG erledigt. Die Satzung kann nur noch ein Anmeldeerfordernis vorsehen, das der Vorbereitung der HV dient und daher nicht mit Abs 2 S 1 kollidiert (*Butzke* WM 2005, 1981, 1982 f).

Der Nachweis der Aktionärseigenschaft im **Spruchverfahren** (§ 3 S 3 SpruchG) setzt bei 19
Namensaktien die Eintragung im Aktienregister voraus (hM *OLG Frankfurt* AG 2008, 550, 551; *LG München I* GWR 2010, 61; *Hüffer* AktG Rn 14; KölnKomm AktG/*Lutter/ Drygala* Rn 70; MünchKomm AktG/*Bayer* Rn 37; K. Schmidt/Lutter AktG/*T. Bezzenberger* Rn 14; einschränkend Spindler/Stilz AktG/*Cahn* Rn 36 f). Dies gilt ebenso für die Antragstellung im Anschluss an ein Squeeze Out, obwohl der Hauptaktionär (und nicht die AG) Antragsgegner ist, vgl § 5 Nr 3 SpruchG (*OLG Hamburg* BB 2004, 1295; *Bayer* aaO; differenzierend *Cahn* aaO; **aA** *Dißars* BB 2004, 1293). Dagegen soll Abs 2 im **Freigabeverfahren** für die Feststellung des sog Bagatellquorums (§ 246a Abs 2 Nr 2) nicht anwendbar sein (*OLG München* ZIP 2013, 931, Rn 30).

Die Bedeutung des Abs 2 S 1 für die **Geltendmachung von Vermögensrechten** hängt 20
davon ab, ob diese, etwa der Dividendenanspruch, gesondert verbrieft sind. Ist der Anspruch auf Dividendenzahlung – wie früher üblich – auf den Inhaber verbrieft, kann er nur vom Inhaber des Coupons geltend gemacht werden (KölnKomm AktG/*Lutter/ Drygala* Rn 68; *Diekmann* BB 1999, 1985, 1987). Gleiches gilt für die Ausgabe neuer Dividendenscheine, wenn ein Erneuerungsschein ausgestellt wurde; andernfalls gilt Abs 2 S 1 (str s § 75 Rn 4; so MünchKomm AktG/*Oechsler* § 75 Rn 10; **aA** MünchKomm AktG/*Bayer* Rn 45; *Lutter/Drygala* aaO Rn 68; Spindler/Stilz AktG/*Cahn* Rn 40). Ist dagegen – wie häufig – der Dividendenanspruch nicht gesondert verbrieft, erfolgt die Überweisung an den im Aktienregister ausgewiesenen Berechtigten (*Hüffer* AktG Rn 14). In der Praxis erfolgt im Fall der **Girosammelverwahrung** freilich die Zahlung der Dividenden und die Einbuchung von Bezugsrechten oder von Aktien aus einer Kapitalerhöhung aus Gesellschaftsmitteln über das Clearingsystem; die Eintragung im Aktienregister tritt dann, sofern Differenzen bestehen, in den Hintergrund. Erfolgt etwa eine Übertragung der Aktien außerhalb des Clearingsystems und dann eine Eintragung des Erwerbers auf Nachweis nach Abs 2, kann die Gesellschaft gleichwohl weiter mit befreiender Wirkung die Dividenden über das Clearingsystem zahlen. Insbesondere wenn die Gesellschaft die Einzelverbriefung nach § 10 Abs 5 ausgeschlossen hat, muss zur Realisierung des Effizienzvorteils die Verwahrkette maßgeblich sein.

Abs 2 S 1 gilt nur für Mitgliedschaftsrechte und -pflichten, nicht aber für **schuldrechtli-** 21
che Ansprüche (MünchKomm AktG/*Bayer* Rn 47). Eine Ausnahme hierzu gilt für das

mittelbare Bezugsrecht, obwohl es auf einem (schuld-)rechtlichen Vertrag zugunsten Dritter zwischen der Emissionsbank und der Gesellschaft basiert. Es stellt aber das funktionale Äquivalent zum unmittelbaren Bezugsrecht dar. Daher kann nur der Eingetragene das mittelbare Bezugsrecht gem § 186 Abs 5 ausüben, wenn die neuen Aktien entspr § 186 Abs 1 allen Aktionären angeboten werden (*Bayer* aaO; Spindler/ Stilz AktG/*Cahn* Rn 41; KölnKomm AktG/*Lutter/Drygala* Rn 49).

22 Abs 2 gilt auch für die **mitgliedschaftlichen Pflichten**. Der wichtigste Fall ist die Einlagepflicht nach § 54 sowie die Ausfallhaftung der Vormänner nach § 65. Insofern dient das Aktienregister der Durchsetzung der Kapitalaufbringung. Im Hinblick darauf ist zu beachten, dass die Bestimmung nicht zugunsten des für den falschen Rechtsschein verantwortlichen wahren Aktionär gelten kann, weil dieser sich sonst von seiner mitgliedschaftlichen Pflicht zur Leistung der Einlage befreien könnte (Spindler/Stilz AktG/*Cahn* Rn 33; Grigoleit AktG/*Grigoleit/Rachlitz* Rn 19). Umstr ist die Rechtslage im Fall der Gesamtrechtsnachfolge gem §§ 1922, 1967 BGB. Mit dem Erbfall geht die Mitgliedschaft des Erblassers mit allen Rechten und Pflichten auf den Erben über (abw KölnKomm AktG/*Lutter/Drygala* Rn 71 mwN: die Position des Eingetragenen geht als selbstständiger Vermögenswert auf den Erben über). Vor der Umschreibung des Aktienregisters kann der Erbe aber nur als Rechtsnachfolger des Eingetragenen aus bereits bestehenden Verpflichtungen in Anspruch genommen werden; die Geltendmachung von zeitlich nach dem Erbfall entstandenen mitgliedschaftlichen Rechten und Pflichten setzt dagegen die Eintragung des Erben voraus (ähnlich MünchKomm AktG/*Bayer* Rn 61 ff; **aA** Spindler/Stilz AktG/*Cahn* Rn 45; GroßKomm AktG/ *Merkt* Rn 76; *Lutter/Drygala* aaO mwN: bereits vor Eintragung gegen Nachweis). Für eine Beschränkung der Erbenhaftung (§§ 1975 ff BGB) ist nach der Umschreibung kein Raum mehr, da es sich nunmehr um Eigenverbindlichkeiten des Erben handelt (*Hüffer* AktG Rn 15; *Lutter/Drygala* aaO Rn 55 mwN; **aA** *Bayer* aaO Rn 65 mwN).

22a **3. Ruhen des Stimmrechts (S 2 und 3).** Das dem Eingetragenen zustehende Stimmrecht (vgl Rn 16) besteht seit Geltung des RisikoBG unter bestimmten in S 2 und 3 genannten Voraussetzungen nicht. Hierdurch hat die Gesellschaft die Möglichkeit, durch die Sanktion des Stimmverbots bestimmten Transparenzvorschriften Nachdruck zu verleihen. Insofern besteht eine Ähnlichkeit zu § 20 Abs 7 und zu § 28 WpHG, wobei der Rechtsverlust allerdings auf das Stimmrecht beschränkt ist. Nach S 2 führt ein Verstoß gegen **satzungsmäßige Höchstgrenzen** iSd Abs 1 S 3 oder gegen **satzungsmäßige Offenlegungspflichten** bzgl der Frage, ob die Aktien einem anderen gehören (insb Fall des Legitimationsaktionärs; Rn 8), zum Ruhen des Stimmrechts; nicht sanktioniert wird der Verstoß gegen die allg gesetzliche Mitteilungspflicht des Abs 1 S 2. Darüber hinaus führt gem S 3 auch die Nichterfüllung des **Auskunftsverlangens** der AG (iSd Abs 4 S 2 und 3, zu den Voraussetzungen s Rn 30a–c) zum Ruhen des Stimmrechts. Umstr ist, ob auch Verstöße gegen die Auskunftspflicht in Form von teilweiser Nichterfüllung bzw Schlechterfüllung zum Ruhen des Stimmrechts führen. Dies ist zu bejahen, und zwar unabhängig von der Schwere des Verstoßes oder Vorwerfbarkeit des Verstoßes, da von einem Gleichlauf mit § 405 Abs 2a auszugehen ist, wonach Mitteilungen, die „nicht oder nicht richtig" gemacht werden, als Ordnungswidrigkeit sanktioniert werden (Spindler/Stilz AktG/*Cahn* Rn 54; **aA** KölnKomm AktG/*Lutter/ Drygala* Rn 76; *Marsch-Barner* FS Hüffer, S 644). Die verspätete Auskunftserteilung führt als Fall der Nichterfüllung ebenfalls zum Ruhen des Stimmrechts (*Cahn* aaO Rn 55).

Eintragung im Aktienregister § 67

22b Der Stimmrechtsverlust tritt ipso iure ein. Bei eventuell auftretenden Unsicherheiten bezüglich der Stimmenauszählung in der HV (zB bei Zweifeln an der Richtigkeit der Angaben oder der Angemessenheit der von der Gesellschaft festgesetzten Frist) hat der Versammlungsleiter zu entscheiden (*Noack* NZG 2008, 721, 725; *Reul* ZNotP 2010, 12, 14). Die Nichtberücksichtigung der dadurch ggf eintretenden Veränderungen kann die Anfechtbarkeit von HV-Beschlüssen begründen (KölnKomm AktG/*Lutter/Drygala* Rn 75, 82). Daher sollte der Vorstand bei Ausübung des Auskunftsrechts im Vorfeld zu einer HV bes Sorgfalt walten lassen (ähnlich *Brandt* BKR 2008, 441, 451). Den genannten Verstößen muss kein Verschulden zu Grunde liegen (Spindler/Stilz AktG/*Cahn* Rn 54; **aA** *Lutter/Drygala* aaO Rn 79). Dafür sprechen sowohl die Gesetzesmaterialien, als auch der Wortlaut. Zudem wäre das Verschuldenserfordernis eine schwer kalkulierbare Voraussetzung für die Bestimmung des Stimmrechtsverlustes, was die Fehleranfälligkeit (und mithin Anfechtungen von Beschl der HV) unangemessen erhöhen würde (ähnlich zu § 20 *Hüffer* AktG § 20 Rn 11 aE).

22c In zeitlicher Hinsicht ruht das Stimmrecht, bis der Rechtsverstoß vollständig geheilt wurde. Im Falle von Auskunftsverstößen in Verwahrketten kann die Aufhebung des Stimmrechtsverlusts jedoch erst dann erfolgen, wenn alle Beteiligten ihrer Auskunftspflicht nachgekommen sind (KölnKomm AktG/*Lutter/Drygala* Rn 78, 80). Die Nachholung kann selbst noch in der HV erfolgen und vermag den Stimmrechtsausschluss unmittelbar zu beenden. Für Verstöße gegen satzungsmäßige Beschränkungen iSd Abs 2 S 2 existiert zwar keine Bestimmung zur Dauer. Dennoch muss auch hier gelten, dass die Heilung des Verstoßes unmittelbar zum Wiederaufleben des Stimmrechts führt (*Noack* NZG 2008, 721, 724). Der Verlust des Stimmrechts betrifft auch Übergangsfälle, in denen eine Eintragung bereits vor dem Erlass einer statutarischen Höchstgrenze bestand (*Lutter/Drygala* aaO Rn 25; *Weber-Rey* DStR 2008, 1967, 1969; **aA** *Noack* aaO 724); zur Klarstellung ist eine Übergangsregelung in der Satzung empfehlenswert (RegBegr BT-Drucks 16/7438, 14; *Marsch-Barner* FS Hüffer, S 635). Eine analoge Anwendung der sechsmonatigen Sperrfrist von § 28 S 3 WpHG bei vorsätzlicher oder grob fahrlässiger Verletzung der Mitteilungspflicht ist mangels ausdrücklicher Anordnung nicht angebracht (**aA** Grigoleit AktG/*Grigoleit/Rachlitz* Rn 25).

IV. Umschreibung bei Aktionärswechsel (Abs 3)

23 **1. Mitteilung und Nachweis.** Die Umschreibung kann nur erfolgen, wenn die Berechtigten (dh der alte und der neue Aktionär) dem Vorstand den Rechtsübergang mitteilen und nachweisen. Theoretisch geht es daher seit der Neufassung von Abs 3 um zwei Mitteilungen, die des Veräußerers auf Löschung und die des Erwerbers auf Neueintragung (KölnKomm AktG/*Lutter/Drygala* Rn 90 mwN). Den bisherigen Aktionär trifft dabei keine Verpflichtung zur Mitteilung der Veränderung; für ihn handelt es sich um eine bloße **Obliegenheit**, die er im eigenen Interesse erfüllt. Dagegen trifft den neuen Inhaber der Aktien gem Abs 3 iVm Abs 1 S 2 die **Pflicht** seine Inhaberschaft anzumelden und entspr nachzuweisen (Ausnahme: Benennung eines Legitimationsaktionärs). Auf die Mitteilung finden die allg Regeln über Willenserklärungen entspr Anwendung (**allgM** Spindler/Stilz AktG/*Cahn* Rn 70); sie ist formlos gültig und muss dem zur Erklärung Berechtigten zugerechnet werden können (es gelten die Grundsätze der Rechtsscheinhaftung, vgl MünchKomm AktG/*Bayer* Rn 74; *Cahn* aaO mwN; krit *Hüffer* AktG Rn 15). Der Berechtigte muss die Mitteilung nicht selbst vornehmen, sondern kann auch einen Dritten damit beauftragen. Regelmäßig wird der

Veräußerer den Erwerber (konkludent) ermächtigen, auch die Löschungsmitteilung für ihn abzugeben.

24 Die Anforderungen an Mitteilung und Nachweis hängen in der Praxis von der gewählten Übertragungsform ab. In dem für börsennotierte Publikumsgesellschaften praktisch wichtigsten Fall der Veräußerung girosammelverwahrter Aktien durch **Umbuchung** erfolgt die Mitteilung durch automatische Datenübermittlung zwischen den Kreditinstituten, der Wertpapiersammelbank und dem Aktienregister (RegBegr BT-Drucks 14/4051, 11; MünchKomm AktG/*Bayer* Rn 84; Spindler/Stilz AktG/*Cahn* Rn 66). Zurechnungsgrund ist in diesem Fall eine entspr Anweisung des Verkäufers bzw Käufers an seine Depotbank im Kauf- bzw Verkaufsauftrag (vgl *Diekmann* BB 1999, 1985, 1987; *Noack* ZIP 1999, 1993, 1996; anders *Seibert* in von Rosen/Seifert, S 11, 18 Mitteilung im unterstellten Interesse). Auf die Richtigkeit elektronischer Mitteilungen der Wertpapiersammelbank kann grds vertraut werden; eine (automatisierte) Plausibilitätskontrolle ist nicht erforderlich (*Bayer* aaO Rn 90; *Goedecke/ Heuser* BB 2001, 369, 370). Bei Zweifeln können freilich weitere Nachweise verlangt werden (RegBegr aaO).

25 In allen anderen Fällen, also insb bei der Übertragung nicht verbriefter Mitgliedschaftsrechte (Rn 4) oder effektiver Stücke, ist im Einzelfall zu entscheiden. Der Nachweis des Rechtsübergangs kann bspw durch Vorlage einer schriftlichen **Abtretungserklärung** oder des Erbscheins erfolgen (*BGHZ* 160, 253, 257 = NJW 2004, 3561, 3562; *Hüffer* AktG Rn 18); auch die Vorlage einer Liefer- bzw Umbuchungsbestätigung der Girosammelverwahrungsstelle genügt (MünchKomm AktG/*Bayer* Rn 89; *Noack* ZIP 1999, 1993, 1996). Die vor dem NaStraG bestehende Pflicht zur Vorlage der Aktienurkunde (§ 68 Abs 3 S 2 aF) war in den meisten Fällen tatsächlich unerfüllbar (insb bei girosammelverwahrten Dauer-Globalurkunden; vgl § 10 Abs 5) und wurde in der Praxis daher weitestgehend ignoriert (*Leuering* ZIP 1999, 1745, 1747). Bei der Übertragung effektiver Stücke bietet sich die **Vorlage der Urkunde** selbst aber nach wie vor an; dann beschränkt sich die Prüfung des Vorstands auf die formelle Richtigkeit der Indossamentenreihe (§ 68 Abs 3). Aufgrund der zwingenden Wirkung der Eintragung für die Betroffenen ist die Gesellschaft in Zweifelsfällen zur Überprüfung berechtigt und verpflichtet (*BGH* aaO; KG AG 2009, 118, 119). Die allg Eintragungsvoraussetzungen nach Abs 3 können durch eine Satzungsbestimmung nicht generell verändert oder verschärft werden (*BGH* aaO).

26 **2. Löschung und Neueintragung.** Wurde der Rechtsübergang ordnungsgemäß mitgeteilt und nachgewiesen, ist der Vorstand zur Löschung der Eintragung verpflichtet; die Neueintragung setzt dagegen das Einverständnis des Erwerbers voraus. Ein „Freier Meldebestand" ist daher unstr zulässig (vgl *Rechtsausschuss* BT-Drucks 14/4618, 13; Spindler/Stilz AktG/*Cahn* Rn 63; krit *Müller-von Pilchau* in von Rosen/Seifert, S 97, 125 f; s *Drygala* NZG 2004, 893 ff zu Folgeproblemen). Seit Bestehen der Möglichkeit von sog „Platzhaltereintragungen" gem Abs 4 S 5 nF kommen „weiße Flecken" (*Müller von Pilchau* aaO S 126) im Aktienregister allerdings praktisch nicht mehr vor. Die neue Pflicht des Inhabers zur Mitteilung seiner Daten gem Abs 1 S 2 wirkt dem entgegen. Löschung meint nicht die Datenvernichtung (vgl § 239 Abs 3 HGB), sondern die Kenntlichmachung des Rechtsübergangs, zB durch Streichung oder Rötung (*Hüffer* AktG Rn 19). Häufig ist gerade die Information, welcher Aktionär seine Position abgebaut oder gar vollständig verkauft hat, für die Investor Relations-Arbeit besonders wichtig. Bei Aktien in Girosammelverwahrung erfolgen Löschung und Neueintragung durch elektronischen Datenabgleich (RegBegr BT-Drucks 14/4051, 11).

Die Umschreibung muss unverzüglich erfolgen (RegBegr BT-Drucks 14/4051, 11; *Huep* WM 2000, 1623, 1629: 24 Stunden). Der jeweilige Berechtigte hat einen klagbaren **Anspruch auf Umschreibung** gegen die AG (**allgM** *Hüffer* AktG Rn 20; MünchKomm AktG/*Bayer* Rn 91; zu den Haftungsfolgen bei Verstößen KölnKomm AktG/ *Lutter/Drygala* Rn 105 ff). Davon zu unterscheiden ist die Aussetzung der Umschreibung vor Durchführung einer HV zur Feststellung der Teilnahmeberechtigung (sog Record Date). Ein solcher **Eintragungsstopp** (auch Umschreibungsstopp) ist aufgrund der ausdrücklichen Anerkennung in der RegBegr zum NaStraG (aaO) zulässig (*BGHZ* 182, 272, 276 f – „Umschreibungsstopp"; *Lutter/Drygala* aaO Rn 104 mwN; s auch *Wieneke* in von Rosen/Seifert, S 229, 244 ff; **aA** noch *Diekmann* BB 1999, 1985, 1989; *Noack* DB 1999, 1306, 1309; *Huep* aaO S 1630). Dafür spricht auch, dass § 123 Abs 3 S 3 für börsennotierte Gesellschaften mit Inhaberaktien ausdrücklich ein Record Date vorsieht. Die Länge der Frist bestimmt sich nach den technischen Möglichkeiten, darf aber – nun in Anlehnung an die Frist des § 123 Abs 3 S 3 nF – keinesfalls 6 Tage überschreiten (*Grigoleit/Rachlitz* ZHR 174 (2010), 12, 29; zur Heranziehung von § 123 Abs 3 S 3 auch *BGH* ZIP 2009, 2051, 2052; in der aF waren 7 Tage vorgesehen – mit Hinweis darauf noch RegBegr aaO; ausf *Quass* AG 2009, 432, 434 f). Die Frist ist nach § 121 Abs 3 S 3 Nr 1 bekannt zu geben. 27

V. Mitwirkungspflichten der Banken (Abs 4)

1. Pflicht zur Datenübermittlung (Abs 4 S 1). Abs 4 S 1 enthält eine Mitwirkungspflicht der am Wertpapierhandel beteiligten Kreditinstitute sowie der gem Abs 4 S 6 gleichgestellten Institute (§ 125 Abs 5: Finanzdienstleistungsinstitute und nach §§ 53 Abs 1 S 1, 53b Abs 1 S 1, Abs 7 KWG tätige Unternehmen) gegenüber der AG. Entgegen der früher hM können sich Aktionäre nun nicht mehr der Datenweitergabe durch ihr depotführendes Kreditinstitut entziehen, da dies im Widerspruch zur grundsätzlichen Pflicht des Aktionärs zur Übermittlung seiner Daten (Abs 1 S 2) stünde (*Gätsch* FS Beuthien, S 133, 145 f; *Hüffer* AktG Rn 8; *Noack* NZG 2008, 721; *Reul* ZNotP 2010, 12, 13; **aA** Spindler/Stilz AktG/*Cahn* Rn 81; KölnKomm AktG/*Lutter/ Drygala* Rn 109; K. Schmidt/Lutter AktG/*T. Bezzenberger* Rn 28). Anonymität kann allerdings eine Legitimationsermächtigung der Bank leisten, wenn sich diese vorbehaltlich etwaiger statutarischer Grenzen (vgl Rn 8b) ins Aktienregister eintragen lässt (so *Gätsch* aaO). Abs 4 S 1 ist auf den gesetzlichen Normalfall der Übertragung girosammelverwahrter Aktien zugeschnitten. Auf die Aufbewahrung effektiver Stücke findet die Regelung keine Anwendung. 28

Weiterzuleiten sind die zur Ersteintragung und zur Umschreibung bei Aktionärswechsel erforderlichen Daten (Abs 1 S 1 und 3) sowie sonstige Adress-, Namens- oder Bestandsänderungen während der Inhaberschaft, Änderungen iRd Umstellung von Inhaber- auf Namensaktien und bloße Depotübertragungen (RegBegr BT-Drucks 14/ 4051, 11; *Hüffer* AktG Rn 21). Die Weitergabe von Daten, die über den eintragungspflichtigen Inhalt hinausgehen, kann nicht verlangt werden, zumal das Kreditinstitut über solche Informationen regelmäßig nicht in standardisierter Form verfügt. 29

Die **Erstattungspflicht** tritt nur dann ein, wenn die AG die Datenübermittlung verlangt. Sie bezieht sich keinesfalls auf alle tatsächlich für die Datenerfassung und 30

Depoteinbuchung entstandenen Kosten (*Rechtsausschuss* BT-Drucks 14/4618, 13), sondern nur auf die notwendigen, dh nach dem Stand der Technik unvermeidbaren Kosten der Datenübermittlung (vgl § 3 der Verordnung über den Ersatz von Aufwendungen der Kreditinstitute v 17.6.2003, BGBl I S 885; Ermächtigung in § 128 Abs 3 S 1 Nr 1).

30a **2. Auskunftsverlangen der AG (Abs 4 S 2–4).** Das in Abs 4 S 2–4 geregelte Auskunftsverlangen der AG soll sicherstellen, dass derjenige, dem die Aktien „gehören", offengelegt wird. Wem Aktien „gehören", ist dem Wortlaut nach unklar (krit *Wilsing/ Goslar* DB 2007, 2467, 2471); abzustellen ist dabei wg der damit verbundenen Rechtsklarheit (wie in Abs 1 S 2, s. o. Rn 8) auf die Eigentumslage (ebenso KölnKomm AktG/*Lutter/Drygala* Rn 120), dh darauf, wer Inhaber der Mitgliedschaft ist, und nicht etwa darauf, ob die Aktien für eigene Rechnung gehalten werden; ein Anspruch gegen den Vollrechtstreuhänder auf Mitteilung des Treugebers besteht demnach nicht, da zwischen ihnen nur eine schuldrechtliches Verhältnis besteht (*Marsch-Barner* FS Hüffer, S 642; **aA** Spindler/Stilz AktG/*Cahn* Rn 83). Daran ist – parallel zur Problematik bei der satzungsmäßigen Offenlegungspflicht (s schon Rn 8a) – auch nach der Aktienrechtsnovelle 2013 festzuhalten (*Ziemons* BB 2012, 523, 525; **aA** *Schneider/ Müller-von Pilchau* WM 2011, 721, 724). Zwar verfolgt der Gesetzgeber mit der Reform das Ziel, bei den Beteiligungsverhältnissen von Aktiengesellschaften weitgehende Transparenz herzustellen. Daneben wird der Begriff des „Gehörens" an anderer Stelle, etwa in § 20 Abs 1 und in § 327a durch einen Verweis auf § 16 Abs 2, 4 wirtschaftlich aufgeladen. Die Aktienrechtsnovelle 2013 regelt jedoch das Auskunftsverlangen nicht neu. Es verbleibt daher dabei, dass der Gesetzgeber des RisikoBG den Vollrechtstreuhänder bewusst von den Offenlegungspflichten ausnahm. Damit besteht keine Grundlage für eine Änderung der bisherigen Rechtslage (*Ziemons* aaO). Außerdem verweist § 67 für das „Gehören" gerade nicht auf die Regelungen in § 16, sodass es hier bei der Bewertung nach formalrechtlichen Grundsätzen bleiben muss. **Anspruchsgegner** der AG für das Auskunftsverlangen ist dafür zunächst der Eingetragene. Sofern dieser nicht selbst Eigentümer ist, hat er die Informationen des Abs 1 S 1 über denjenigen abzugeben, für den er die Aktien unmittelbar hält. Diesem gegenüber kann die AG ebenfalls den Auskunftsanspruch geltend machen, usw. Somit werden schrittweise alle Legitimationsaktionäre bis hin zu demjenigen aufgedeckt, dem die Aktien „gehören"; die Aufdeckung endet nicht etwa bereits bei der ersten Person, die keine Bank ist (so aber *Noack* NZG 2008, 721, 723 f). Das Auskunftsverlangen endet jedoch beim Vollrechtstreuhänder, da er selbst Eigentümer ist und lediglich schuldrechtlich gegenüber dem Hintermann gebunden ist. Die Ausnahme für bestimmte Investmentvermögen iSd Abs 1 S 4 findet ebenso Anwendung wie die Kostentragungspflicht bei Auskunftsverlangen gegenüber Kreditinstituten iSd Abs 4 S 1. Bei grenzüberschreitenden Verwahrketten ergeben sich nicht unerhebliche Schwierigkeiten daraus, dass die verschiedenen Verwahrsysteme international nicht aufeinander abgestimmt sind. Einen Durchgriff auf den **ultimate investor** wird die Gesellschaft angesichts der Inkongruenz der Systeme und Rechtsinstitute vielfach nicht erzwingen können, zumal die Kooperationsbereitschaft ausländischer Verwahrer regelmäßig beschränkt ist.

30b Die Geltendmachung erfolgt durch den **Vorstand**, der nach seinem Ermessen entscheidet, ob er von dem Auskunftsverlangen Gebrauch machen will; eine Verpflichtung dazu besteht nicht (RegBegr BT-Drucks 16/7438, 14). Der Vorstand kann den

Auskunftsanspruch selektiv einsetzen; gegen § 53a verstößt er dadurch nicht (Köln Komm AktG/*Lutter/Drygala* Rn 123; differenzierend *Ihrig* FS U. H. Schneider, S 580). Allerdings ist zur Wahrung der **Gleichbehandlung** die Entwicklung einer einheitlichen Praxis durch die Gesellschaft erforderlich (*Wilsing/Goslar* DB 2007, 2467, 2472; *Noack* NZG 2008, 721, 724; zur Grenze des Rechtsmissbrauchs *Lutter/Drygala* aaO Rn 124 mwN). Über die Form des Auskunftsverlangens der AG und der begehrten Auskunft schweigt das Gesetz. Zur besseren Dokumentation bietet sich für beides jedoch zumindest Textform an (*Noack* aaO; *Hüffer* AktG Rn 21b; *Müller-von-Pilchau* AG 2011, 775, 776). Zu beachten ist zudem eine etwaige kapitalmarktrechtliche Ad-hoc-Publizitätspflicht (*Lutter/Drygala* aaO Rn 125), die allerdings in den seltensten Fällen eingreifen dürfte; jedenfalls bei Erfüllung der Meldepflichten nach §§ 21 ff WpHG und der nachlaufenden Veröffentlichung nach § 26 WpHG dürfte es immer an der erforderlichen Kursrelevanz fehlen.

Inhaltlich muss der Anspruchsgegner die Frage beantworten, ob ihm die Aktien „gehören" (Eigentumsstellung, s.o. Rn 30a) und, falls dies nicht der Fall ist, die Angaben des Abs 1 S 1 über den unmittelbaren Hintermann liefern. In zeitlicher Hinsicht muss dem Auskunftsverlangen innerhalb einer **„angemessenen Frist"** nachgekommen werden, wobei von einem Zeitraum von mindestens 14 Tagen auszugehen ist (Reg-Begr BT-Drucks 16/7438, 14). Dabei muss die Gesellschaft keine Frist festsetzen (KölnKomm AktG/*Lutter/Drygala* Rn 121); gleichwohl sollte aus Gründen der Rechtssicherheit immer eine Frist gesetzt werden, die dann allerdings nicht kürzer als 14 Tage sein darf (*Ihrig* FS U. H. Schneider, S 582). Wird das Auskunftsverlangen erfüllt, wird der Benannte nicht in das Aktienregister eingetragen; die entsprechenden Informationen können allerdings als zusätzliche Angaben aufgenommen werden (*Grigoleit/Rachlitz* ZHR 174 (2010), 12, 52). Wird das Auskunftsverlangen nicht umfassend erfüllt, so droht dem Eingetragenen der (temporäre) Verlust des Stimmrechtes (näher, auch zur Heilung s.o. Rn 22a ff). Zugleich stellt jedes Zurückbleiben hinter dem erforderlichen Inhalt eine Ordnungswidrigkeit iSd § 405 Abs 2a dar. **30c**

3. Eintragungspflicht der Depotbank (Abs 4 S 5). Der Aktionär kann der Weitergabe seiner Daten an die Gesellschaft und damit seiner Eintragung im Aktienregister nicht widersprechen (Rn 28). Kommt der Aktionär seiner Mitteilungspflicht nach Abs 1 S 2 nicht nach, ist statt seiner das depotführende Institut auf Verlangen der Gesellschaft verpflichtet, sich gem Abs 4 S 5 „gesondert", dh als **Platzhalter** (*Rechtsausschuss* BT-Drucks 15/5693, 16) unter Kenntlichmachung des Fremdbesitzes, eintragen zu lassen. Er unterscheidet sich von dem Legitimationsaktionär darin, dass er nicht auf Initiative des Aktionärs eingetragen wird. Damit gilt er der Gesellschaft gegenüber gem Abs 2 S 1 als Aktionär (Grigoleit AktG/*Grigoleit/Rachlitz* Rn 43). **Meldepflichten** gem §§ 15 ff WpHG werden für das Kreditinstitut als Platzhalter-Aktionär nicht ausgelöst (*Rechtsausschuss* aaO; *OLG Köln* ZIP 2012, 1458, 1461); verpflichtet bleibt insofern der Aktionär selbst. Aufgrund der systematischen Stellung der Vorschrift gilt die Eintragungspflicht auch für die gem Abs 4 S 6, § 125 Abs 5 gleichgestellten Unternehmen. Ein Widerspruch des Aktionärs gegen die Eintragung der Depotbank ist ohne Bedeutung. **31**

4. Klarstellung zur Interimseintragung (Abs 4 S 7). Die durch das Gesetz über elektronische HR und Genossenschaftsregister sowie das Unternehmensregister (EHUG), BGBl I 2006, 2553 eingeführte Bestimmung enthält eine Klarstellung zugunsten der **32**

an der Umschreibung beteiligten Kreditinstitute. In der Praxis wird nämlich zunächst der Veräußerer ausgetragen, sodann seine Depotbank eingetragen und danach erst der Erwerber. Damit durch die Zwischeneintragung von ca zwei Tagen **keine Pflichten** nach § 128 und dem WpHG (Meldepflichten) zu besorgen sind, wurde eine entsprechende Klarstellung aufgenommen. Etwaige satzungsmäßige Beschränkungen des Abs 1 S 3 bleiben für die Zwischeneintragung ebenfalls unberücksichtigt.

VI. Löschung zu Unrecht erfolgter Eintragungen (Abs 5)

33   1. **Zu Unrecht erfolgte Eintragung.** Abs 5 beinhaltet ein bes Verfahren, das aus Gründen des „Bestandsschutzes" der Vermutungswirkung des Abs 2 S 1 bei der Löschung einer zu Unrecht erfolgten Eintragung einzuhalten ist. Fallgruppen sind das Auseinanderfallen von formeller und materieller Rechtslage (der Eingetragene war im Zeitpunkt der Eintragung nicht Aktionär) und die Eintragung im fehlerhaften Verfahren (s.o. Rn 14). Schreibfehler und offenbare Unrichtigkeiten kann der Vorstand entspr § 319 Abs 1 ZPO ohne weitere Voraussetzungen korrigieren (**allgM** *Hüffer* AktG Rn 23; KölnKomm AktG/*Lutter/Drygala* Rn 131 mwN). Hinsichtlich der Streichung bzw Änderung über Abs 1 S 1 hinausgehender Angaben (s.o. Rn 10f) ist zu differenzieren: Ist die Eintragung dieser Angaben generell unzulässig, ist die Beseitigung jederzeit und ohne Einhaltung des Löschungsverfahrens gem Abs 5 möglich (*Hüffer* aaO; **aA** MünchKomm AktG/*Bayer* Rn 103: Zustimmung des Eingetragenen erforderlich); für generell eintragungsfähige Angaben gilt dies nur, sofern sie an der Wirkung des Abs 2 nicht teilnehmen. – Abs 5 gilt nur für den Fall einer zu Unrecht erfolgten Eintragung. Wird das Aktienregister unrichtig, weil eine Umschreibung nach einer erfolgten Übertragung nicht stattfindet, gilt ausschließlich Abs 3.

34   2. **Löschungsverfahren.** Erfährt der Vorstand, dass eine Eintragung zu Unrecht erfolgt ist, muss er ein Löschungsverfahren einleiten; ein Ermessensspielraum besteht trotz des Wortlauts („nach Ansicht der Gesellschaft") nicht (**hM** *OLG Jena* AG 2004, 268, 270; KölnKomm AktG/*Lutter/Drygala* Rn 145 mwN). Mit dieser **Pflicht** korrespondiert ein **Anspruch** der Betroffenen auf Löschung bzw Eintragung, der mit der allg Leistungsklage durchgesetzt werden kann. Der Klageantrag lautet grds auf Verfahrenseinleitung; stimmen alle Beteiligten der Löschung zu oder ist die Widerspruchsfrist abgelaufen, kann direkt auf Löschung geklagt werden (MünchKomm AktG/*Bayer* Rn 116f).

35   Voraussetzungen der Löschung sind die **Benachrichtigung** der Beteiligten und der erfolglose Ablauf einer Widerspruchsfrist. Beteiligt ist jeder, dessen Rechtsstellung von der Löschung berührt wird; im Einzelnen sind dies der Eingetragene, der unmittelbare Vormann und alle Vormänner gem § 65 Abs 1, wenn ihre Inanspruchnahme noch in Betracht kommt; Berechtigte sind ggf auch der Nießbrauchsberechtigte oder Pfandgläubiger, wenn sie im Aktienregister eingetragen sind. Die Benachrichtigung ist eine empfangsbedürftige Willenserklärung, die unmissverständlich auf die bevorstehende Löschung hinweisen muss. Wenngleich ein Formerfordernis nicht besteht, sollte aus Beweisgründen die Schriftform gewählt werden (MünchKomm AktG/*Bayer* Rn 110; *Hüffer* AktG Rn 24). Die Länge der **Frist** ist angemessen, wenn den Beteiligten ausreichend Zeit zur Entscheidung über den Widerspruch belassen wird (*Hüffer* aaO: idR nicht unter einem Monat, arg § 246 Abs 1; ebenso GroßKomm AktG/*Merkt* Rn 131; K. Schmidt/Lutter AktG/*T. Bezzenberger* Rn 35; anders Spindler/Stilz AktG/*Cahn* Rn 95).

Eintragung im Aktienregister § 67

Widerspricht einer der Beteiligten, muss die Löschung unterbleiben; dies gilt auch **36**
dann, wenn der **Widerspruch** offensichtlich zu Unrecht erfolgt. In diesem Fall kann die
AG und jeder, der ein rechtliches Interesse an der Löschung der Eintragung hat, dh
insb der von der Löschung profitierende Vormann, auf Rücknahme des Widerspruchs
klagen (MünchKomm AktG/*Bayer* Rn 113; *Hüffer* AktG Rn 25; KölnKomm AktG/
Lutter/Drygala Rn 146: auch Antrag auf Zustimmung zur Löschung zulässig). Mit
Rechtskraft des stattgebenden Urteils gilt die Rücknahme des Widerspruchs (bzw
Zustimmung zur Löschung) gem § 894 ZPO als erteilt. Die Gesellschaft ist zur Führung eines Verfahrens gegen den Widersprechenden allerdings nicht verpflichtet,
sofern sie die unrichtige Eintragung nicht zu vertreten hat. Sie kann etwa den von der
Löschung profitierenden Vormann darauf verweisen, selbst sein Klagerecht auszuüben (*Hüffer* aaO Rn 27).

3. Wirkungen der Löschung. Mit der Löschung des Eingetragenen wird die Vermu- **37**
tungswirkung von Abs 2 S 1 beseitigt. Gleichzeitig soll der unmittelbare Vormann wieder in seine Rechtsstellung einrücken (MünchKomm AktG/*Bayer* Rn 118). Das ist bei
effektiven Stücken nachvollziehbar, dürfte aber bei globalverbrieften und girosammelverwahrten Aktien nicht funktionieren, da einzelne Aktien nicht zurückverfolgt
werden können. In diesem Fall entsteht ein freier Meldebestand. Die Löschung wirkt
ex nunc (unstr *Bayer* GS M. Winter, S 39; *Hüffer* AktG Rn 26; Spindler/Stilz AktG/
Cahn Rn 99 mwN); für die Vergangenheit bleibt es bei den Rechtswirkungen des
Abs 2, so dass insb eine Rückabwicklung erbrachter Einlagen zwischen der Gesellschaft und dem bislang Eingetragenen nach Bereicherungsrecht ausscheidet. Im Verhältnis des wahren Berechtigten zum Eingetragenen gelten die allg Vorschriften (insb
§§ 677 ff und §§ 812 ff BGB).

Die Wirkungen der Löschung treten nur bei ordnungsgemäßer Durchführung des **38**
Löschungsverfahrens ein; iÜ entfaltet Abs 2 „Bestandsschutz" (KölnKomm AktG/
Lutter/Drygala Rn 151 ff; ihm folgend MünchKomm AktG/*Bayer* Rn 122 ff; **aA** Geßler/Hefermehl AktG/*Hefermehl/Bungeroth* Rn 93). Die Fehlerhaftigkeit der Löschung
ist nur dann nicht schädlich, wenn sie die Eintragung eines materiell Nichtberechtigten beseitigt, die zudem auf einem fehlerhaften Verfahren beruht (*Bayer* aaO Rn 121;
Lutter/Drygala aaO Rn 150 mwN).

VII. Auskunftsrecht und Verwendung der Registerdaten (Abs 6)

1. Auskunftsrecht des Aktionärs (Abs 6 S 1 und 2). Mit dem NaStraG wurde den **39**
datenschutzrechtlichen Bedenken („gläserner Aktionär") gegen das in Abs 5 aF normierte uneingeschränkte Einsichtsrecht des Aktionärs im Aktienregister Rechnung
getragen (s dazu *Dammann/Kummer* in von Rosen/Seifert, S 45, 57 ff). Die Vorschrift
wurde auf einen Auskunftsanspruch des Aktionärs bezogen auf die Daten zur eigenen
Person reduziert. Ein berechtigtes Interesse an der Information über den Kreis der
Mitaktionäre wird damit grds aberkannt (krit *Huep* WM 2000, 1623, 1626 ff). Bei börsennotierten Gesellschaften gewährleisten die kapitalmarktrechtlichen Meldepflichten
(§§ 21 ff WpHG) eine ausreichende **Transparenz** des Aktionärskreises (RegBegr BT-Drucks 14/4051, 11; *Noack* DB 1999, 1306, 1307 f; GroßKomm AktG/*Merkt* Rn 160 ff;
aA *Bayer* GS M. Winter, S 16; *Huep* aaO S 1628). IÜ bleibt die freiwillige Zugänglichmachung des Datenbestandes durch die Aktionäre (MünchKomm AktG/*Bayer* Rn 33;
Noack DB 2001, 27) und die Kontaktaufnahme im Aktionärsforum (§ 127a, vgl RegBegr BT-Drucks 15/5092, 15) möglich. Die Satzung nicht börsennotierter AGs (vgl § 3

Abs 2) kann eine Erweiterung des Informationsrechts vorsehen (Abs 6 S 2), was insb für kleine (Familien-)Gesellschaften sinnvoll ist (*Bayer* aaO Rn 128; *DAV-Handelsrechtsausschuss* NZG 2000, 443, 445). Dritte (zB Nießbrauchsberechtigte bzw Pfandgläubiger oder Aktionäre bzgl des Bestandes ihrer Mitgesellschafter) können nur unter den Voraussetzungen des § 810 BGB Einsicht nehmen (RegBegr BT-Drucks 14/ 4051, 11).

40 Das Auskunftsrecht bezieht sich auf alle im Aktienregister zur Person des Aktionärs **eingetragenen Daten**. Dies sind nicht nur die Pflichtangaben, sondern auch die weiteren lediglich eintragungsfähigen Angaben. Die Auskunft kann insb Online unter Nutzung der technischen Möglichkeiten des elektronischen Aktienregisters gewährt werden; zulässig ist aber nach wie vor auch die Erteilung der Einsicht vor Ort (RegBegr BT-Drucks 14/4051, 11; **aA** *Kindler* NJW 2001, 1678, 1681). Auskünfte können auch telefonisch erteilt werden, wenn die Identität des Berechtigten sicher festgestellt werden kann (RegBegr aaO: durch Kontroll-, Aktionärsnummern, Codewörter oÄ); ein Anspruch auf schriftliche Auskunftserteilung besteht nicht (**aA** *Rechtsausschuss* BT-Drucks 14/4618, 13; MünchKomm AktG/*Bayer* Rn 131; *Noack* ZIP 1999, 1993, 1999).

41 **2. Zweckbindung der Datenverwendung (Abs 6 S 3–5).** Mit dem NaStraG wurde die Datenverwendung seitens der AG umfassend geregelt; zulässige Einsatzzwecke sind für die Gesellschaft die Erfüllung ihrer Aufgaben und die Werbung (Abs 6 S 3 und 4). Die davon erfassten Registerdaten umfassen neben den Angaben zu den jeweils eingetragenen Aktionären nun auch alle Informationen, die im Rahmen von Auskunftsverlangen iSd Abs 4 erlangt worden sind.

42 Aufgaben der Gesellschaft im Verhältnis zum Aktionär sind alle **aktienrechtlichen Verpflichtungen** (RegBegr BT-Drucks 14/4051, 12), insb die Einberufung der HV, die Bekanntmachung der Tagesordnung und die Mitteilungen über Anträge und Wahlvorschläge von Aktionären (*Noack* DB 2001, 27, 28; *Kindler* NJW 2001, 1678, 1681 f; GroßKomm AktG/*Merkt* Rn 176) sowie die über die gesetzlichen Vorschriften hinausgehende direkte Versendung von Unterlagen (etwa Berichte bei Ausschluss des Bezugsrechts § 186 Abs 4 S 2, bei Abschluss von Unternehmensverträgen § 293f, bei Verschmelzungen § 13 Abs 3 S 3 UmwG etc; vgl *Kindler* aaO; *Noack* aaO). Auch **kapitalmarktrechtlich relevante Informationen** (zB die Übersendung von Geschäfts- und Zwischenberichten) können auf diese Weise übermittelt werden (MünchKomm AktG/ *Bayer* Rn 133; beachte aber § 30b Abs 3 Nr 1 WpHG). Große Bedeutung hat die Datenverwendung für die **Investor Relations-Arbeit** (RegBegr aaO), die trotz des Kapitalmarktbezugs als Gesellschaftsaufgabe iSd Vorschrift anzusehen ist (*Noack* aaO). Das Datenmaterial ist zB zur Erstellung einer detaillierten Aktionärsdemographie (sog Shareholder ID) interessant, die Rückschlüsse auf die Akzeptanz von Unternehmensmaßnahmen oder das Finanzierungsverhalten zulässt (*von Rosen/ Gebauer* in von Rosen/Seifert, S 127, 137; *Merkt* aaO Rn 180). Möglich ist auch die gezielte Ansprache eines bestimmten Aktionärskreises im Vorfeld einer Kapitalmaßnahme oder einer Umwandlung sowie (unter Beachtung des § 33 WpÜG) die Herstellung von Querverbindungen zur Verhinderung einer feindlichen Übernahme (*Kindler* aaO; *Noack* aaO S 28 f; DIRK Handbuch Investor Relations/*Gehra/Niedermaier/Hess* S 695 ff, *Merkt* aaO Rn 182). Die Datenverwendung ist bis zur Löschung der jeweiligen Eintragung zulässig; ein „After-Sales-Service" kann daher nicht auf Abs 6 S 3 oder 4 gestützt werden (*Bayer* aaO Rn 139; **aA** *Noack* aaO S 30 f).

Abs 6 S 4 erlaubt die Datenverwendung zur **Werbung** („Customer Relation", vgl **43** *von Rosen/Gebauer* in von Rosen/Seifert, S 127, 136), soweit der Aktionär nicht widerspricht. Werbung meint auch die Produktwerbung (RegBegr BT-Drucks 14/ 4051, 12) und zwar konzernweit (*Rechtsausschuss* BT-Drucks 14/4618, 13; *Noack* DB 2001, 27, 29; *Kindler* NJW 2001, 1678, 1682; MünchKomm AktG/*Bayer* Rn 135). Unzulässig ist die Weitergabe der Daten an Dritte. Die Grenzziehung zwischen Investor Relations-Maßnahmen und Werbung kann im Einzelfall schwierig sein (*Goedecke/ Heuser* BB 2001, 369, 370; *Noack* aaO S 27 ff: „Marketing für die Aktie" bzw „Produktmarketing").

Die Gesellschaft muss den Aktionär in angemessener Weise über sein **Widerspruchs- 44 recht** informieren. Dazu kann sie die Übersendung des nächsten Geschäfts- oder Zwischenberichts abwarten (RegBegr BT-Drucks 14/4051, 12). Die Einhaltung der Maßstäbe des § 355 Abs 2 S 1 BGB genügt in jedem Fall (so zu § 361a Abs 1 S 3 aF *Noack* DB 2001, 27, 30; MünchKomm AktG/*Bayer* Rn 138; *Kindler* NJW 2001, 1678, 1682), so dass die Übersendung einer E-Mail ausreicht. Insbesondere darf die Belehrung nicht passiv und generell erfolgen, zB auf einer Website (*Noack* aaO; *Bayer* aaO). Der Widerspruch des Aktionärs ist nicht fristgebunden. Nach erfolgtem Widerspruch hat die Versendung von Werbung zu unterbleiben. Der Aktionär kann bei Zuwiderhandlung auf Unterlassung klagen.

VIII. Zwischenscheine (Abs 7)

Die Regelungen des § 67 gelten sinngemäß für Zwischenscheine iSd § 8 Abs 6, die auf **45** den Namen lauten müssen (§ 10 Abs 3). Das NaStraG und das RisikoBG haben die Stellung der Vorschrift am Ende des § 67 beibehalten. Da Inhaberaktien vor Leistung des vollen Ausgabebetrags nicht ausgegeben werden dürfen, ist, wenn die Satzung Inhaberaktien vorsieht, nur eine Verbriefung in Zwischenscheinen möglich. In diesem Stadium dient Abs 2 und 7 der Gesellschaft, wie bei Namensaktien auch, der sicheren Identifizierung des Einlageschuldners.

§ 68 Übertragung von Namensaktien. Vinkulierung

(1) ¹Namensaktien können auch durch Indossament übertragen werden. ²Für die Form des Indossaments, den Rechtsausweis des Inhabers und seine Verpflichtung zur Herausgabe gelten sinngemäß Artikel 12, 13 und 16 des Wechselgesetzes.

(2) ¹**Die Satzung kann die Übertragung an die Zustimmung der Gesellschaft binden.** ²**Die Zustimmung erteilt der Vorstand.** ³**Die Satzung kann jedoch bestimmen, dass der Aufsichtsrat oder die Hauptversammlung über die Erteilung der Zustimmung beschließt.** ⁴**Die Satzung kann die Gründe bestimmen, aus denen die Zustimmung verweigert werden darf.**

(3) Bei Übertragung durch Indossament ist die Gesellschaft verpflichtet, die Ordnungsmäßigkeit der Reihe der Indossamente, nicht aber die Unterschriften zu prüfen.

(4) Diese Vorschriften gelten sinngemäß für Zwischenscheine.

§ 68 Übertragung von Namensaktien. Vinkulierung

Übersicht

	Rn		Rn
I. Übertragung von Namensaktien (§ 68 Abs 1)		3. Einführung und Aufhebung der Vinkulierung	16
1. Übertragung durch Indossament	1	4. Inhalt der Vinkulierungsklausel	17
2. Weitere Übertragungsformen	4	5. Erteilung oder Verweigerung der Zustimmung	20
3. Entsprechende Anwendung des Wechselrechts (§ 68 Abs 1 S 2)	7	a) Zuständigkeit für die Zustimmungsentscheidung	20
a) Allgemeines	7	b) Entscheidung	21
b) Rechtswirkungen des Indossaments	8	c) Zuständigkeit für die Mitteilung	22
II. Vinkulierte Namensaktien (§ 68 Abs 2)	11	6. Wirkungen der Entscheidung	23
1. Allgemeines	11	III. Prüfungspflicht der Aktiengesellschaft (Abs 3)	25
2. Reichweite der Vinkulierung	13	IV. Zwischenscheine (Abs 4)	26

Literatur: *Bayer* Gesetzliche Zuständigkeit der Hauptversammlung für die Zustimmung zur Übertragung vinkulierter Namensaktien auf einen künftigen Mehrheitsaktionär?, FS Hüffer, 2010, S 35; *Baumbach/Hefermehl/Casper* Wechselgesetz, Scheckgesetz, Recht der kartengestützten Zahlungen, 23. Aufl 2008; *Binz/Mayer* Anteilsvinkulierung bei Familienunternehmen, NZG 2012, 201; *Böttcher/Beinert/Hennerkes* Möglichkeiten zur Aufrechterhaltung des Familiencharakters einer Aktiengesellschaft, DB 1971, 1998; *Bork* Vinkulierte Namensaktien in Zwangsvollstreckung und Insolvenz des Aktionärs, FS Henckel, 1995, S 23; *Habersack/Mayer* Globalverbriefte Aktien als Gegenstand sachenrechtlicher Verfügungen?, WM 2000, 1678; *Heller/Timm* Übertragung vinkulierter Namensaktien in der Aktiengesellschaft, NZG 2006, 257; *Huber* Einwendungen des Bezogenen gegen den Wechsel, FS Flume, Bd II, 1978, S 83; *Hüffer* Kompetenzfragen bei der Zustimmung zur Übertragung vinkulierter Namensaktien, GS Martin Winter, 2011, S 279; *Knur* Die Eignung der Kommanditgesellschaft auf Aktien für Familienunternehmen, FS Flume, Bd II, 1978, S 173; *Liebscher* Umgehungsresistenz von Vinkulierungsklauseln, ZIP 2003, 825; *Lutter/Grunewald* Zur Umgehung von Vinkulierungsklauseln in Satzungen von Aktiengesellschaften und Gesellschaften mbH, AG 1989, 109; *von Rosen/Seifert (Hrsg)* Die Namensaktie, 2000; *Schlitt* Die neuen Marktsegmente der Frankfurter Wertpapierbörse, AG 2003, 57; *K. Schmidt* Aktionärs- und Gesellschafterzuständigkeiten bei der Freigabe vinkulierter Aktien und Geschäftsanteile, FS Beusch, 1993, S 759; *ders* Anteilssteuerung durch Vinkulierungsklauseln, GmbHR 2011, 1289; *Serick* Die Anwendung von Regeln zu vinkulierten Geschäftsanteilen (RGZ 159 S 272) auf vinkulierte Namensaktien, FS Hefermehl, 1976, S 427; *Sieveking/Technau* Das Problem sogenannter „disponibler Stimmrechte" zur Umgehung der Vinkulierung von Namensaktien, AG 1989, 17; *Ulmer* Die vinkulierte Namensaktie, FS Schmidt-Rimpler, 1957, S 261; *H. P. Westermann* Vinkulierung von GmbH-Geschäftsanteilen und Aktien – Ermessensfreiheit der Zustimmungsentscheidung, FS Huber, 2006, S 997; *Wirth* Vinkulierte Namensaktien: Ermessen des Vorstandes bei der Zustimmung zur Übertragung, DB 1992, 617.

I. Übertragung von Namensaktien (§ 68 Abs 1)

1. Übertragung durch Indossament. Namensaktien sind **geborene Orderpapiere** (dh Wertpapiere, die eine namentlich bestimmte Person oder deren Order als den Berechtigten ausweisen; *Baumbach/Hefermehl/Casper* WPR Rn 58), keine Rektapapiere (ganz **hM** MünchKomm AktG/*Bayer* Rn 2; *Hüffer* AktG Rn 2). Dies bedeutet, dass sie durch Indossament übertragen werden können, ohne dass es einer gesonderten

Orderklausel bedarf (Art 11 Abs 1 WG). Der Charakter als Orderpapier ist zwingend. Ein Ausschluss dieser Übertragungsform durch negative Orderklausel („nicht an Order") ist mangels Verweises auf Art 11 Abs 2 WG nicht möglich; auch die Rektaklausel eines Indossanten entspr Art 15 Abs 2 WG wäre wirkungslos (Spindler/Stilz AktG/*Cahn* Rn 3).

Die **wertpapierrechtliche Übertragung** des Mitgliedschaftsrechts gem Abs 1 S 1 erfordert neben der Indossierung die sachenrechtliche Übereignung der (Aktien-) Urkunde durch Einigung (Begebungsvertrag) und Übergabe bzw Übergabesurrogat gem §§ 929 ff BGB (*BGH* WM 1975, 947 (Wechsel); MünchKomm AktG/*Bayer* Rn 3; KölnKomm AktG/*Lutter/Drygala* Rn 13; **aA** noch *Huber* FS Flume Bd II, S 83, 89). Dabei tritt der Eigentumsübergang bereits mit Übereignung der Aktienurkunde ein. Die Indossierung iSd Abs 1 S 1 allein ist als bloßer Skripturakt für die Übertragung des Eigentums und damit der Mitgliedschaft weder erforderlich noch ausreichend (*Baumbach/Hefermehl/Casper* Art 11 WG Rn 1; Spindler/Stilz AktG/ *Cahn* Rn 4); sie löst allerdings zusätzliche bes Rechtswirkungen aus. Auch die Eintragung im Aktienregister hat keine Auswirkungen auf die materielle Rechtslage, sondern nur Bedeutung im Verhältnis des Eingetragenen zur Gesellschaft (vgl § 67 Abs 2 S 1). **2**

Das **Indossament** (etwa Eintrag auf der Rückseite mit „übertragen an: [Erwerber]") ist auf die Namensaktie oder ein mit ihr verbundenes Blatt (Anhang) zu setzen und vom Indossanten zu unterschreiben (Art 13 Abs 1 WG). Bei namentlicher Bezeichnung des Erwerbers/Indossatars handelt es sich um ein Vollindossament, andernfalls liegt ein Blankoindossament vor, zu dessen Gültigkeit lediglich die Unterschrift „in dosso" (rückseitig) erforderlich ist (Art 13 Abs 2 WG). Nur blankoindossierte Namensaktien sind wg der Möglichkeit der weiteren Übertragung ohne Indossament (Art 14 Abs 2 Nr 3 WG) bes umlauffähig; sie können an der Börse gehandelt (s § 17 Abs 1 der Bedingungen für Geschäfte an der Frankfurter Wertpapierbörse, Stand 2.7.2012) und als vertretbare Wertpapiere iSd § 5 Abs 1 S 1 DepotG zur Girosammelverwahrung zugelassen werden (s noch Rn 6). **3**

2. Weitere Übertragungsformen. Durch die Einfügung des Wortes „auch" in Abs 1 S 1 durch das NaStraG wird klargestellt, dass Namensaktien nicht nur wertpapierrechtlich durch Indossament übertragen werden können (RegBegr BT-Drucks 14/ 4051, 12). **4**

Weitere Übertragungsmöglichkeit ist die (formlose) **Abtretung des Mitgliedschaftsrechts** gem §§ 398, 413 BGB (unstr *BGHZ* 160, 253, 256 = NJW 2004, 3561, 3562); das Eigentum an der Urkunde geht kraft Gesetzes analog § 952 Abs 2 BGB auf den Zessionar über, ohne dass die Übergabe der Aktienurkunde erforderlich ist (MünchKomm AktG/*Bayer* Rn 30; Spindler/Stilz AktG/*Cahn* Rn 24; MünchHdb AG/*Wiesner/Kraft* § 14 Rn 13; *Habersack/Mayer* WM 2000, 1678, 1682; KölnKomm AktG/*Lutter/Drygala* Rn 35 mwN; **aA** insb die Rspr, für die die Übergabe der Aktienurkunde ein zwingender Teil des Übertragungstatbestandes ist; *BGH* NJW 1958, 302, 303; *KG* AG 2003, 568 f; dies verkennt allerdings den selbstständigen Charakter der Abtretung als Übertragungsform; aus der Lit *Baumbach/Hefermehl/Casper* Art 11 WG Rn 4 f mwN). Die Übertragung des Mitgliedschaftsrechts durch Abtretung ist auch bei girosammelverwahrten Globalurkunden möglich; sie ist (wie bei der Inhaberaktie auch) die einzig mögliche rechtsgeschäftliche Übertragungsform für die noch **nicht verbriefte Mitglied-** **5**

Wieneke

schaft. Ein gutgläubiger Erwerb ist bei der Übertragung durch Abtretung nicht möglich (*Baumbach/Hefermehl/Casper* WPR Rn 56; K. Schmidt/Lutter AktG/*T. Bezzenberger* Rn 9).

6 Bei großen börsennotierten Publikums-Gesellschaften befinden sich die (Namens-) Aktien fast durchweg in **Girosammelverwahrung.** Namensaktien sind aber nur dann „vertretbare Wertpapiere" und als solche gem § 5 Abs 1 S 1 DepotG depotfähig, wenn sie blankoindossiert sind (MünchKomm AktG/*Bayer* Rn 6; *Than/Hannöver* in von Rosen/Seifert, S 279, 286 f). Sie lauten teilw auf den Namen der Clearstream Banking AG (Spindler/Stilz AktG/*Cahn* Rn 6), überwiegend aber auf den Namen der transaktionsbegleitenden Bank, die die Aktienurkunde bei Clearstream einreicht und auf deren Clearstream-Konto sie eingebucht werden. Dies ist auch dann der Fall, wenn, etwa bei einer Kapitalerhöhung, ein anderer mit Eintragung im Handelsregister unmittelbar Aktionär wird. Aus Gründen der Rechtssicherheit ist derjenige als Berechtigter anzusehen, der die Urkunden in den Händen hält und bei Clearstream einliefert, sodass die Urkunde auf ihn lauten und er sie indossieren muss. In diesem Fall bestehen die rechtlichen Wirkungen des Aktienregisters nach Abs 2 zugunsten der einreichenden Bank selbstverständlich nicht (arg ex § 67 Abs 4 S 7). Da die Ein- und Auslieferung von Namensaktien verglichen mit Inhaberaktien komplizierter ist, bieten sich vielfach „bis zu"-Urkunden an mit dem Zusatz „Die Anzahl der in dieser Globalurkunde verbrieften Aktien ergibt sich aus dem jeweils neusten Depotauszug der Clearstream Banking AG als Bestandteil dieser Urkunde." Für die Praxis scheidet im Fall der Girosammelverwahrung eine Übertragung per Indossament (aus technischen) oder durch schlichte Abtretung (aus praktischen Gründen) regelmäßig aus. Da die Namensaktie durch das Blankoindossament eine mit der Inhaberaktie vergleichbare Verkehrsfähigkeit erreicht (*Baumbach/Hefermehl/Casper* Art 14 WG Rn 7), vollzieht sich der Rechtsübergang entspr den für die Inhaberaktie maßgeblichen Übertragungstatbeständen. Für die Übertragung depotmäßig verwahrter Aktien existieren damit zusätzliche Möglichkeiten, die allerdings den Nachteil haben, dass der Schutz des Art 16 WG nicht zur Anwendung gelangt. Dies sind die Übertragung durch Absenden eines Stückeverzeichnisses durch den Kommissionär gem § 18 Abs 3 DepotG im Falle der Sonderverwahrung sowie die Übertragung von Miteigentum am Sammelbestand gem § 24 Abs 2 DepotG durch Eintragung des Übertragungsvermerks im Verwahrbuch des Kommissionärs im Falle der Sammelverwahrung (KölnKomm AktG/*Lutter/Drygala* Anh § 68 Rn 22 ff). Diese depotgesetzlichen Übertragungstatbestände sind in der Praxis jedoch von untergeordneter Bedeutung, da die Übertragung von girosammelverwahrten (Namens-) Aktien regelmäßig nach den allg zivilrechtlichen Bestimmungen durch **Einigung und Übergabeersatz**, dh **Umbuchung**, erfolgt (vgl MünchKomm HGB/*Einsele* Bd 5, Anh 1, Depotgeschäft Rn 95 ff; *Than/Hannöver* aaO S 287).

3. Entsprechende Anwendung des Wechselrechts (§ 68 Abs 1 S 2). – a) Allgemeines

7 Abs 1 S 2 ordnet die entspr Anwendung von Art 12, 13 und 16 WG ausdrücklich an. Ebenfalls sinngemäß anwendbar sind auch ohne ausdrückliche Anordnung Art 14, 18 und 19 WG (**allgM** vgl MünchKomm AktG/*Bayer* Rn 9; KölnKomm AktG/*Lutter/Drygala* Rn 9). Art 12, 13 und 16 WG lauten:

Art. 12 WG

(1) ¹Das Indossament muss unbedingt sein. ²Bedingungen, von denen es abhängig gemacht wird, gelten als nicht geschrieben.

(2) Ein Teilindossament ist nichtig.

(3) Ein Indossament an den Inhaber gilt als Blankoindossament.

Art. 13 WG

(1) ¹Das Indossament muss auf den Wechsel oder auf ein mit dem Wechsel verbundenes Blatt (Anhang) gesetzt werden. ²Es muss von dem Indossanten unterschrieben werden.

(2) ¹Das Indossament braucht den Indossatar nicht zu bezeichnen und kann selbst in der bloßen Unterschrift des Indossanten bestehen (Blankoindossament). ²In diesem letzteren Fall muss das Indossament, um gültig zu sein, auf die Rückseite des Wechsels oder auf den Anhang gesetzt werden.

Art. 16 WG

(1) ¹Wer den Wechsel in den Händen hält, gilt als rechtmäßiger Inhaber, sofern er sein Recht durch eine ununterbrochene Reihe von Indossamenten nachweist, und zwar auch dann, wenn das letzte ein Blankoindossament ist. ²Ausgestrichene Indossamente gelten hierbei als nicht geschrieben. ³Folgt auf das Blankoindossament ein weiteres Indossament, so wird angenommen, dass der Aussteller dieses Indossaments den Wechsel durch das Blankoindossament erworben hat.

(2) Ist der Wechsel einem früheren Inhaber irgendwie abhanden gekommen, so ist der neue Inhaber, der sein Recht nach den Vorschriften des vorstehenden Absatzes nachweist, zur Herausgabe des Wechsels nur verpflichtet, wenn er ihn in bösem Glauben erworben hat oder ihm beim Erwerb eine grobe Fahrlässigkeit zur Last fällt.

b) Rechtswirkungen des Indossaments. Art 16 WG enthält besondere Rechtswirkungen der wertpapierrechtlichen Übertragung, die über den Verweis des Abs 1 S 2 auch für Namensaktien und Zwischenscheine (Abs 4) gelten. Eine Garantiefunktion entspr Art 15 WG besteht nicht. **8**

Art 16 Abs 1 WG begründet eine widerlegbare Vermutung zugunsten des formell Legitimierten als Eigentümer der Urkunde und Aktionär (**Legitimationsfunktion**). Voraussetzung ist der unmittelbare Urkundsbesitz; bei Aktien in Girosammelverwahrung genügt der mittelbare Besitz (MünchKomm AktG/*Bayer* Rn 14; KölnKomm AktG/*Lutter/Drygala* Rn 17 Fn 19; Spindler/Stilz AktG/*Cahn* Rn 12; aA GroßKomm AktG/*Merkt* Rn 73; *Baumbach/Hefermehl/Casper* Art 16 WG Rn 1). Zudem muss eine ununterbrochene Indossamentenkette auf den Rechtserwerb hinweisen, wobei als letztes Indossament ein Blankoindossament genügt. Eine Lücke in der Indossamentenreihe kann nach allgM durch den Nachweis des betr Rechtsübergangs (etwa durch einen Erbschein) geschlossen werden. Im Verhältnis zur Gesellschaft hat die Norm allerdings nur beschränkte Bedeutung, da es hier nach § 67 Abs 2 auf die Eintragung im Aktienregister ankommt (Grigoleit AktG/*Grigoleit/Rachlitz* Rn 7). **9**

Art 16 Abs 2 WG betrifft den Herausgabeanspruch des Berechtigten gegen den formell Legitimierten iSd Art 16 Abs 1 und enthält damit mittelbar die Voraussetzungen eines erweiterten gutgläubigen Erwerbs **(Transportwirkung).** Der Erwerber muss **10** durch eine vollständige Indossamentenreihe ausgewiesen sein (*Hüffer* AktG Rn 9; KölnKomm AktG/*Lutter/Drygala* Rn 21). Der Begriff des Abhandenkommens geht über § 935 BGB hinaus und meint nach **allgM** jeden Mangel des Begebungsvertrags. Ein **gutgläubiger Erwerb** ist daher nicht nur bei materieller Nichtberechtigung, sondern auch bei fehlender Verfügungsbefugnis oder Vertretungsmacht möglich (*BGHZ 26*, 268, 272 = *BGH* WM 1968, 4 (Wechsel); *Hüffer* aaO; *Lutter/Drygala* aaO Rn 22). Entgegen der früher – auch hier bis zur Vorauflage vertretenen – hM ist allerdings nicht mehr daran festzuhalten, dass Art 16 Abs 2 WG in seiner entspr Anwendung auch den gutgläubigen Erwerb vom beschränkt geschäftsfähigen oder geschäftsunfähigen zulässt (*Lutter/Drygala* aaO Rn 23; GroßKomm AktG/*Merkt* Rn 84 ff; MünchKomm AktG/*Bayer* Rn 17 f; **aA** *BGH* NJW 1951, 402; Spindler/Stilz AktG/*Cahn* Rn 15). Zwar besteht an der Umlauffähigkeit des Wertpapiers ein hohes Interesse; es ergibt sich jedoch aus der Indossamentenkette kein Rechtsschein für die Geschäftsfähigkeit und es ist zudem nicht überzeugend, eine andere Wertung als bei Inhaberpapieren vorzunehmen, bei denen die fehlende Geschäftsfähigkeit nicht durch gutgläubigen Erwerb überwunden werden kann (*Lutter/Drygala* aaO Rn 23). Nicht geschützt wird zudem der gute Glaube an das Bestehen der Mitgliedschaft (**allgM**). Auch die Verfügungsbeschränkung gem § 81 InsO bleibt unberührt (*Lutter/Drygala* aaO Rn 24). Der gute Glaube fehlt bei positiver Kenntnis oder grob fahrlässiger Unkenntnis des Mangels der Berechtigung; bei blankoindossierten Namensaktien sind zusätzlich die Anforderungen des § 367 Abs 1 und 2 HGB zu beachten. Bei vinkulierten Namensaktien kann die fehlende Zustimmung des AG zum Erwerb des jetzigen Veräußerers zwar durch Art 16 Abs 2 WG überwunden werden; zum wirksamen Rechtserwerb des Erwerbers ist sie aber erforderlich (*Hüffer* aaO; *Lutter/Drygala* aaO Rn 28 mwN). Auch bei **girosammelverwahrten Namensaktien** (etwa über die Börse) ist trotz des bei Globalurkunden schwach ausgeprägten Traditionselements ein gutgläubiger Erwerb aufgrund des vorrangigen Verkehrsschutzbedürfnisses und des (zwingend vorliegenden) Blankoindossaments möglich (Grigoleit AktG/*Grigoleit/Rachlitz* Rn 13; *Than/Hannöver* in von Rosen/Seifert, S 279, 287 mwN). Grundlage für den gutgläubigen Erwerb ist der mittelbare Mitbesitz, den der Erwerber infolge der Umbuchung auf ein Konto seiner Bank erhält (Spindler/Stilz AktG/*Cahn* Rn 19).

II. Vinkulierte Namensaktien (§ 68 Abs 2)

11 **1. Allgemeines.** Abs 2 S 1 ermöglicht Satzungsregelungen, die die Übertragung der Namensaktien an die Zustimmung der Gesellschaft binden und eröffnet damit die Möglichkeit den Grundsatz der freien Übertragbarkeit der Mitgliedschaft zu durchbrechen (**allgM** *BGH* NJW 2004, 3561, 3562; MünchKomm AktG/*Bayer* Rn 34; KölnKomm AktG/*Lutter/Drygala* Rn 57 jeweils mwN). Vinkulierung bedeutet, dass die Verfügungsbefugnis über das Mitgliedschaftsrecht statuarisch an die Zustimmung der AG gebunden ist. Das kann unterschiedlichen **Zwecken** dienen. Die AG kann unerwünschte Aktionäre aus der Gesellschaft heraushalten und auf diese Weise die Zusammensetzung des Aktionärskreises beeinflussen, zB um eine Familiengesellschaft vor Überfremdung zu schützen (*BGH* NJW 1987, 1019 f; *Binz/Mayer* NZG 2012, 201 ff; *Böttcher/Beinert/Hennerkes* DB 1971, 1998 ff). Die Sicherstellung der Erfüllung offener Einlagepflichten oder Nebenleistungspflichten (§ 55) durch Ausgabe vinkulierter Aktien hat insb in der Versicherungswirtschaft Bedeutung (dazu *Schinzler* Die teileingezahlte Namensaktie als Finanzierungsinstrument der Versicherungswirtschaft, 1999). Weitere Vorteile der Vin-

kulierung sind die Aufrechterhaltung bisheriger Mehrheitsverhältnisse (*Lutter/Grunewald* AG 1989, 109), eine effektive Konzerneingangskontrolle und der Schutz vor feindlichen Übernahmen (*LG Aachen* AG 1992, 410, 412; Geibel/Süßmann WpÜG/*Schwennicke* § 33 Rn 55 mwN). Bei REIT-AGs hat sich eine Vinkulierung nicht durchgesetzt (vgl *Wieneke/Fett* NZG 2007, 774, 776).

Ausschließlich Namensaktien und Zwischenscheine (Abs 4), nicht aber Inhaberaktien können vinkuliert werden. Teilweise ist die Vinkulierung gesetzlich vorgeschrieben, so bei Nebenleistungspflichten (§ 55 Abs 1 S 1), bei der Verbindung mit einem Entsendungsrecht in den AR (§ 101 Abs 2 S 2) oder bei Gesellschaften mit einem bestimmten Unternehmensgegenstand (§§ 28 Abs 5 S 2, 130 Abs 2 WPO: Wirtschaftsprüfungsbzw Buchprüfungsgesellschaft, § 50 Abs 5 S 2 StBerG: Steuerberatungsgesellschaft). Die Rechtsnatur der Namensaktie als geborenes Orderpapier wird von der Vinkulierung nicht berührt; auch eine bes Aktiengattung iSd § 11 S 2 wird nicht geschaffen (ganz **hM** MünchKomm AktG/*Bayer* Rn 43 f; *Hüffer* AktG Rn 10; § 11 Rn 7). Die Vinkulierungsklausel erfasst auch das noch **unverbriefte Mitgliedschaftsrecht**, wenn das Gesetz (§ 10) oder die Satzung (§ 23 Abs 1 Nr 5) die Ausgabe von Namensaktien vorsieht (*Bayer* aaO Rn 34 Fn 62; KölnKomm AktG/*Lutter/Drygala* Anh Rn 6 mwN). § 5 Abs 2 Nr 2 BörsZulV steht einer Zulassung vinkulierter Namensaktien zum **Börsenhandel** idR nicht entgegen (Beispiele: Axel Springer AG, Deutsche Lufthansa AG), da eine Störung bei Einbeziehung der Aktien in die Girosammelverwahrung nicht zu befürchten ist (*Groß* Kapitalmarktrecht, §§ 1–12 BörsZulV Rn 10; *Schlitt* AG 2003, 57, 61); s § 17 Abs 2 und 3 der Bedingungen für Geschäfte an der Frankfurter Wertpapierbörse (Stand 2.7.2012). 12

2. Reichweite der Vinkulierung. Die Vinkulierung betrifft nur das **dingliche Rechtsgeschäft (allgM** RGZ 132, 149, 157; MünchKomm AktG/*Bayer* Rn 38; *Hüffer* AktG Rn 11); eine statuarische Bindung des Verpflichtungsgeschäfts an die Zustimmung der AG ist wg Verstoßes gegen § 23 Abs 5 S 1 unwirksam. Erfolgt der Rechtserwerb kraft Gesetzes, greift die Vinkulierungsklausel nicht (heute unstr); auf den Aktienerwerb im Wege der Gesamtrechtsnachfolge (bspw Erbfall §§ 1922 ff BGB, Begründung einer ehelichen Gütergemeinschaft §§ 1415 ff BGB, Verschmelzung und Spaltung nach dem UmwG) oder nach Zahlung des Vormanns gem § 65 Abs 1 S 4 kann die Gesellschaft daher keinen Einfluss nehmen (*Bayer* aaO Rn 52; ebenso mit weiteren Fällen Spindler/Stilz AktG/*Cahn* Rn 32 f). Die Aktienübertragung in Erfüllung eines Vermächtnisses (§ 2147 BGB) oder iRd Erbauseinandersetzung (§§ 2042 ff BGB) erfolgt wiederum rechtsgeschäftlich und wird daher erfasst (*OLG Düsseldorf* NJW-RR 1987, 732 für die GmbH; *Bayer* aaO Rn 53 mwN; *Hüffer* aaO; differenzierend *K. Schmidt* GmbHR 2011, 1289, 1294 für die GmbH: erfasst sind nur Vermächtnisse an Nichterben). 13

Die Vinkulierungsklausel findet auf die **Legitimationsübertragung** aufgrund der Funktionsäquivalenz Anwendung, wenngleich ein dinglicher Rechtsübergang nicht eintritt. Ein nach den Vorschriften des § 67 ins Aktienregister eingetragener Legitimationsaktionär wird im Verhältnis zur AG als Aktionär behandelt (§ 67 Abs 2 S 1), so dass iRd Abs 2 S 1 nichts anderes gelten kann (MünchKomm AktG/*Bayer* Rn 54; *Hüffer* AktG Rn 11; *Serick* FS Hefermehl, S 427, 433 ff). Zustimmungspflichtig ist auch die **dingliche Belastung** der Mitgliedschaft, so die Verpfändung (*BGHZ* 180, 9, 30) und der Nießbrauch (*Bayer* aaO Rn 56 mwN); dies gilt selbst dann, wenn die Vinkulierungsklausel nur an die „Übertragung" und nicht allg an die „Verfügung" über die Aktien anknüpft 14

§ 68 Übertragung von Namensaktien. Vinkulierung

(*Bayer* aaO). Zustimmungsfrei ist die Pfändung vinkulierter Namensaktien in der Zwangsvollstreckung gem § 808 ZPO (**hM** *Bayer* aaO mwN; *Bork* FS Henckel, S 29 ff mwN). Dagegen ist die Verwertung des Pfändungspfandrechts gem § 821 ZPO (bei Börsennotierung) bzw §§ 814 ff, 825 ZPO nach heute **hM** an die Zustimmung der AG gebunden (vgl Streitstand in GroßKomm AktG/*Merkt* Rn 295 ff), die die Erteilung allerdings nur aus wichtigem Grund verweigern darf (*Bayer* aaO Rn 112 f; *Hüffer* aaO; *Bork* aaO S 28 f, 32 ff mwN; K. Schmidt/Lutter AktG/*T. Bezzenberger* Rn 22; **aA** Spindler/Stilz AktG/*Cahn* Rn 35: Verweigerung unbeschränkt möglich). Die Zustimmung für die Bestellung eines Pfandrechts deckt die anschließende Verwertung mit ab (*BGH* aaO).

15 Umstr sind die Rechtsfolgen schuldrechtlicher Vereinbarungen (Stimmbindungsverträge, Stimmrechtsvollmachten, Treuhandabreden), die objektiv zu einer **Umgehung** des Zustimmungserfordernisses führen. Durch solche Abreden könnten, ohne dass über die Aktie verfügt würde, die wirtschaftliche Berechtigung und die Mitwirkungsrechte auf einen Dritten übertragen werden, was jedenfalls dem Sinn und Zweck der Vinkulierung widerspräche. Während die Rspr die Nichtigkeit dieser Rechtsgeschäfte befürwortet (*RGZ* 69, 134, 137; *LG Berlin* AG 1991, 34; *BGH* NJW 1987, 780; *Sieveking/Technau* AG 1989, 17, 18 f; *OLG Köln* AG 2008, 781 ff: Konflikt führt letztlich zu Stimmrechtsverlust des Treuhänders und -gebers), kann diese Rechtsfolge nach zutr Ansicht nur in besonders gelagerten Einzelfällen eintreten (MünchKomm AktG/*Bayer* Rn 120; Spindler/Stilz AktG/*Cahn* Rn 80). Grds ist das Rechtsgeschäft in den Anwendungsbereich der Klausel einzubeziehen, so dass es analog Abs 2 S 2 genehmigungsfähig ist (*Hüffer* AktG Rn 12; KölnKomm AktG/*Lutter/Drygala* Rn 118; *Liebscher* ZIP 2003, 825, 827 ff; *Lutter/Grunewald* AG 1989, 109, 110 ff). Wird die Zustimmung verweigert, ist der Aktionär an der Stimmrechtsausübung nicht gehindert; die Treuepflicht gebietet aber eine weisungsfreie Abstimmung, deren Verletzung zur Unwirksamkeit der Stimmangabe führt (*Bayer* aaO Rn 121; *Lutter/Grunewald* aaO S 114 f). Zu weit führt die Annahme eines Umgehungsgeschäfts im Falle des Anteilserwerbs an einer Zwischengesellschaft, die ihrerseits an der AG beteiligt ist. Dies kann allenfalls gelten, wenn es sich bei der Zwischengesellschaft um eine reine Einzweckgesellschaft handelt. Alle denkbaren Fallgestaltungen, etwa Kapitalerhöhungen oder Umwandlungsvorgänge bei dieser Zwischengesellschaft, über eine mediatisierte Treuepflicht lösen zu wollen (vgl *Liebscher* aaO S 825 ff), erscheint problematisch. Ein (beschränkter) Schutz der AG lässt sich durch schuldrechtliche Vereinbarungen erreichen (s zur Umgehungsproblematik *Bayer* aaO Rn 123).

16 **3. Einführung und Aufhebung der Vinkulierung.** Die Vinkulierung erfolgt durch Anordnung in der **Satzung**. In der Aktienurkunde muss die Vinkulierung nicht erwähnt werden (*OLG Hamburg* AG 1970, 230; MünchKomm AktG/*Bayer* Rn 45), wenngleich dies außerhalb der Girosammelverwahrung zweckmäßig ist. Die nachträgliche Einführung oder die Verschärfung einer bestehenden Vinkulierungsklausel bedarf gem § 180 Abs 2 der Zustimmung aller betroffenen Aktionäre (KölnKomm AktG/*Lutter/Drygala* Rn 61). Dagegen erfolgt die Aufhebung oder inhaltliche Erleichterung der Vinkulierungsklausel durch einfache Satzungsänderung (**allgM;** *Körber* § 180 Rn 7). Bei einer **Kapitalerhöhung** erstreckt sich eine schon **bestehende** allg Vinkulierungsklausel in der Satzung ohne entgegenstehende Beschlussfassung auch auf alle ausgegebenen neuen Aktien, ohne dass es einer nochmaligen Zustimmung der Aktionäre bedarf (ganz **hM** *LG Bonn* AG 1970, 18, 19; *Körber* aaO Rn 9;

Lutter/Drygala aaO Rn 60 mwN; *Hüffer* AktG Rn 13). Demgegenüber greift das Zustimmungserfordernis des § 180 Abs 2 entgegen der – auch hier bis zur Vorauflage vertretenen – bisher hM nicht ein, wenn junge vinkulierte Aktien an Inhaber nicht vinkulierter Aktien ausgegeben werden sollen (*Lutter/Drygala* aaO Rn 61 f; K. Schmidt/Lutter AktG/*T. Bezzenberger* Rn 18; Spindler/Stilz AktG/*Cahn* Rn 42; **aA** *Bayer* aaO Rn 48 f mwN; GroßKomm AktG/*Merkt* Rn 264). Es kann nicht angenommen werden, dass das Bezugsrecht nach § 186 Abs 1 für einen Aktionär, der bisher nur nicht vinkulierte Aktien besaß, einen Anspruch auf Ausgabe nicht vinkulierter Aktien enthält, der nur durch Zustimmung des Betroffenen entfallen könnte. Es ist anerkannt, dass im Rahmen einer Kapitalerhöhung auch der Aktionär, der bisher nur Inhaberstammaktien innehatte, sich gegen die Ausgabe von Vorzugsaktien nicht wehren kann. Warum dann aber derjenige, der bisher nur nicht vinkulierte Aktien innehatte, einen Anspruch ausschließlich auf weitere nicht vinkulierte Aktien haben soll, ist nicht begründbar (*Lutter/Drygala* aaO). Eine Zustimmung nach § 180 Abs 2 ist auch nicht erforderlich, soweit das Bezugsrecht von Aktionären, die nicht vinkulierte Aktien besitzen, auf die neuen vinkulierten Aktien ausgeschlossen wird (*Cahn* aaO).

4. Inhalt der Vinkulierungsklausel. Die AG ist in der Gestaltung der Vinkulierungsklausel grds frei. So kann die Zustimmungspflichtigkeit auf bestimmte Übertragungen (zB Übertragung an bestimmte Personengruppen; entgeltliche Veräußerungen) beschränkt werden bzw bestimmte Übertragungen (zB Übertragungen innerhalb des Familienstamms; Übertragungen im Wege der Erbauseinandersetzung) können von der Vinkulierung ausgenommen werden (MünchKomm AktG/*Bayer* Rn 57 f; *Hüffer* AktG Rn 14). An die „Übertragung" sollte die Zustimmungspflicht nur dann anknüpfen, wenn dingliche Belastungen von der Zustimmungspflicht ausgenommen werden (vgl zur Reichweite der Vinkulierung Rn 13 f); für den Normalfall bietet sich die Bezugnahme auf „Verfügungen" an. Die Gründe der Zustimmungsverweigerung können in die Satzung aufgenommen werden (Abs 2 S 4); sie können detailliert (bspw mangelnde Solvenz des Erwerbers bei Übertragung teileingezahlter Aktien) oder generalklauselartig (bspw Verweigerung nur aus wichtigem Grund) geregelt werden. Ebenso kann die Satzung positive Zustimmungspflichten vorsehen, etwa für den Fall, dass die Übertragung innerhalb desselben Familienstamms erfolgt **(allgM)**. Für börsennotierte Gesellschaften sind zudem die Möglichkeiten des § 33b Abs 2 Nr 1 WpÜG zu beachten. Danach kann die Satzung vorsehen, dass während der Annahmefrist eines Übernahmeangebotes satzungsmäßige Übertragungsbeschränkungen gegenüber dem Bieter nicht gelten. Gemeint ist damit insb die Vinkulierung von Namensaktien (RegBegr BT-Drucks 16/1003, 20). Die entspr Satzungsregelung der Axel Springer AG lautet **bspw** wie folgt: „Die Aktien sowie Bezugsrechte auf Aktien können nur mit Zustimmung der Gesellschaft übertragen werden. Die Zustimmung erteilt der Vorstand. Über die Erteilung der Zustimmung beschließt der AR. Die Übertragung kann ohne Angabe von Gründen verweigert werden." Die Regelung bei der Deutschen Lufthansa AG lautet: „Die Übertragung der Aktien ist an die Zustimmung der Gesellschaft gebunden (Vinkulierung). Die Gesellschaft darf die Zustimmung zur Übertragung der Aktien nur verweigern, wenn zu besorgen ist, dass durch die Eintragung die Aufrechterhaltung der luftverkehrsrechtlichen Befugnisse gefährdet sein könnte."

Eine Verschärfung der Vinkulierung über den Rahmen des Abs 2 S 1 hinaus ist unzulässig. Insb darf die Satzung nicht vorsehen, dass die Zustimmung in bestimmten Fällen nicht erteilt werden darf (Zustimmungsverbot), da der AG gem Abs 2

17

18

§ 68 Übertragung von Namensaktien. Vinkulierung

S 4 („darf") stets ein Ermessenspielraum verbleiben muss (**hM** MünchKomm AktG/ *Bayer* Rn 62; *Hüffer* AktG Rn 14; GroßKomm AktG/*Merkt* Rn 396; Spindler/Stilz AktG/*Cahn* Rn 53; *Knur* FS Flume Bd II, S 173, 182; **aA** KölnKomm AktG/*Lutter/ Drygala* Rn 70). Unzulässig ist auch der Ausschluss der Übertragbarkeit schlechthin bzw die Begründung einer Übertragungspflicht (*BayObIGZ* 1988, 371, 374 ff Belegschaftsaktien).

19 Außerhalb der §§ 68 Abs 2, 180 Abs 2 ist jede Erschwerung der freien Übertragbarkeit der Aktien mit dinglicher Wirkung unzulässig (*BGHZ* 160, 253, 257: Unterschriftsbeglaubigung). Schuldrechtliche Beschränkungen der Aktienveräußerung (auch als Nebenabrede in der Satzung) sind dagegen möglich. Derartige Vereinbarungen gewähren jedoch einen vergleichsweise geringen Schutz, da ein Verstoß die Wirksamkeit des Rechtsübergangs nicht beeinflusst, sondern lediglich Schadenersatzpflichten auslöst (vgl § 137 S 2 BGB); schuldrechtliche Nebenabreden wirken iÜ nur inter partes und binden einen Erwerber bei Übertragung der Aktien nicht (*Hüffer* § 23 Rn 46).

20 5. Erteilung oder Verweigerung der Zustimmung. – a) Zuständigkeit für die Zustimmungsentscheidung. Gem Abs 2 S 2 und 3 entscheidet grds der Vorstand über die Erteilung oder Versagung der Zustimmung. Die Aufgabe ist satzungsdisponibel und kann statuarisch einem anderen Organ zugewiesen werden, eine kumulative Entscheidungszuständigkeit (zB Zustimmungsvorbehalt des AR gem § 111 Abs 4 S 2) verbietet sich aber (MünchKomm AktG/*Bayer* Rn 65; *Hüffer* AktG Rn 14). Ist die HV zuständig, entscheidet sie – sofern die Satzung nichts anderes regelt – mit der einfachen Stimmenmehrheit (§ 133 Abs 1); der Veräußerer der betroffenen Aktie ist dabei stimmberechtigt (ganz **hM** *Bayer* aaO Rn 68; *Hüffer* aaO). Der Vorstand kann, sofern er selbst zuständig ist, die Entscheidung nicht gem § 119 Abs 2 der HV überlassen (*Bayer* aaO Rn 64; *Hüffer* aaO; GroßKomm AktG/*Merkt* Rn 373; **aA** KölnKomm AktG/*Lutter/Drygala* Rn 67; *H.P. Westermann* FS Huber, S 1005). Die Entscheidungszuständigkeit geht auch dann nicht ohne eine entsprechende statuarische Regelung auf die HV über, wenn durch die in Rede stehende Aktienübertragung eine Abhängigkeit der AG von einem Mehrheitsaktionär begründet würde (*Hüffer* GS M. Winter, S 279; MünchHdb AG/*Wiesner/Kraft* § 14 Rn 24; K. Schmidt/Lutter AktG/*T. Bezzenberger* Rn 28; Spindler/Stilz AktG/*Cahn* Rn 50; **aA** *Bayer* FS Hüffer, S 35 ff; *Lutter/ Drygala* aaO Rn 68; *Merkt* aaO Rn 367 ff). Etwas anderes ergibt sich auch nicht aus der Holzmüller-Rspr des BGH (vgl *BGHZ* 83, 122; 159, 30 – „Gelatine"). Zwar hat die Begründung einer Abhängigkeit für die Gesellschaft eine strukturell weitreichende Bedeutung, was ein besonderes Interesse der Aktionäre an einer Zuständigkeit der HV begründet (*Lutter/Drygala* aaO). Allerdings muss beachtet werden, dass der Gesetzgeber ja gerade der HV selbst die Möglichkeit gegeben hat, durch eine entsprechende Satzungsbestimmung die Entscheidungszuständigkeit – auch nur in bestimmten Fällen – zu übernehmen (*Cahn* aaO). Für die Annahme einer ungeschriebenen gesetzlichen Zuständigkeitsverlagerung bleibt daher kein Raum, zumal das Konzernrecht einen ausreichenden Schutz für die außenstehenden Aktionäre begründet. Vereinigen sich alle Aktien in der Hand eines Aktionärs, entfällt das Zustimmungserfordernis (**hM** *OLG München* NZG 2005, 756, 757 f; *Bayer* aaO Rn 115 mwN; *Lutter/Drygala* aaO Rn 106; **aA** *Heller/Timm* NZG 2006, 257 ff; *Cahn* aaO Rn 69: Entfall nur, wenn Entscheidungszuständigkeit bei HV liegt).

b) Entscheidung. Das zuständige Organ entscheidet, ggf unter Beachtung der in der 21
Satzung vorgegebenen Entscheidungskriterien (vgl Rn 17 f), über die Zustimmung
nach **pflichtgemäßem Ermessen**, das sich am Wohl der Gesellschaft orientieren und
zudem die Interessen des betroffenen Aktionärs, das Gleichbehandlungsgebot gem
§ 53a und das Prinzip, dass niemand auf Dauer in einer AG festgehalten werden darf,
berücksichtigen muss (*BGH* NJW 1987, 1019, 1020; *LG Aachen* AG 1992, 410, 411 ff;
MünchKomm AktG/*Bayer* Rn 72 f; KölnKomm AktG/*Lutter/Drygala* Rn 79; *Bork* FS
Henckel, S 23, 26). Dabei hat die Gesellschaft aufgrund der Treuepflicht auf die Interessen des veräußernden Aktionärs angemessen Rücksicht zu nehmen, während sie
grds die Interessen des Erwerbers vernachlässigen kann (jedenfalls wenn dieser noch
nicht Aktionär ist oder in einer anderen Sonderbeziehung zur Gesellschaft steht).
Eine Ermessensreduktion auf Null kann anzunehmen sein, wenn der Aktionär dringend auf den Verkauf angewiesen ist und die AG den Verkauf nicht zu angemessenen
Bedingungen an einen ihr genehmen Käufer ermöglichen kann (*BGH* NJW 1987,
1019, 1020; *Bayer* aaO Rn 81).

c) Zuständigkeit für die Mitteilung. Von der Entscheidungszuständigkeit ist die Mit- 22
teilungszuständigkeit zu unterscheiden, die den **Vorstand** als Vertretungsorgan trifft
(**allgM**) und keinem anderen Organ übertragen werden kann. Die Vorstandsmitglieder handeln in vertretungsberechtigter Zahl; § 78 Abs 2 und 3 ist anwendbar (MünchKomm AktG/*Bayer* Rn 87; *Hüffer* AktG Rn 15; KölnKomm AktG/*Lutter/Drygala*
Rn 83). Die Zustimmungserteilung oder -versagung kann gem § 182 Abs 1 BGB
sowohl gegenüber dem Verfügenden als auch gegenüber dem Erwerber erklärt werden (unstr *LG Düsseldorf* AG 1989, 332); die Mitteilung ist wirksam, auch wenn sie
im Widerspruch zur internen Entscheidung steht. Die Formfreiheit ermöglicht auch
eine schlüssige Erklärung, zB durch Eintragung im Aktienregister gem § 67 Abs 3
(*Bayer* aaO Rn 90).

6. Wirkungen der Entscheidung. Wird das Verfügungsgeschäft ohne Einwilligung 23
(§ 183 BGB) vorgenommen, ist es schwebend unwirksam (heute unstr; *RGZ* 132, 149,
157; MünchKomm AktG/*Bayer* Rn 96 ff; *Hüffer* AktG Rn 16; KölnKomm AktG/*Lutter/Drygala* Rn 93); die Genehmigung führt ex tunc zur Wirksamkeit (§ 184 Abs 1
BGB). Wird die Zustimmung endgültig versagt, ist die Aktienübertragung absolut, dh
gegenüber jedermann unwirksam (ganz **hM** siehe nur *Lutter/Drygala* aaO Rn 94
mwN; *Wirth* DB 1992, 617; **aA** *Ulmer* FS Schmidt-Ripler, S 332) und zwar auch dann,
wenn die Verweigerung pflichtwidrig erfolgte (**aA** *K. Schmidt* FS Beusch, S 759,
778 ff). Die Versagung der Zustimmung betrifft die Wirksamkeit des Verpflichtungsgeschäfts nicht. Der Rechtsmangel ist nach den allg Grundsätzen des Leistungsstörungsrechts zu beurteilen und kann zu Gewährleistungsansprüchen des Käufers führen
(Schadenersatz gem §§ 280, 283 BGB, Rücktritt gem §§ 323, 326 BGB), es sein denn,
dem Käufer war die Vinkulierung und damit das Risiko der Zustimmungsverweigerung bekannt (§ 442 Abs 1 S 1 BGB). Beim Aktienkauf über die Börse sind Ansprüche auf Kaufpreisrückzahlung oder Schadenersatz wg Zustimmungsverweigerung ausgeschlossen, s etwa § 16 der Bedingungen für Geschäfte an der Frankfurter Wertpapierbörse (Stand 2.7.2012). Der Erwerber ist in diesem Fall zur Übertragung der
Namensaktie an einen Dritten ermächtigt.

Ergeht die Entscheidung pflichtwidrig, kann der veräußernde Aktionär auf der 24
Grundlage seines Mitgliedschaftsrechts gegen die Gesellschaft **auf Zustimmungsertei-**

lung klagen (MünchKomm AktG/*Bayer* Rn 106 f; MünchHdb AG/*Wiesner/Kraft* § 14 Rn 26); mit Rechtskraft des stattgebenden Urteils gilt die Zustimmung gem § 894 ZPO als erteilt. Fraglich ist, ob der Vorstand eine abschlägige Entscheidung begründen muss. Dies soll im Zeitpunkt der Entscheidungsmitteilung nur dann erforderlich sein, wenn die Satzung bestimmte Versagungsgründe normiert (*LG Aachen* DB 1992, 1564, 1565; *Wiesner/Kraft* aaO; GroßKomm AktG/*Merkt* Rn 481; **aA** *Bayer* aaO Rn 92), um dem Aktionär eine Überprüfung zu ermöglichen. Da die Entscheidung stets im pflichtgemäßen Ermessen steht, hat ein Aktionär (nicht aber ein Käufer, der noch nicht Aktionär ist) in jedem Fall ein Recht auf eine **Begründung**, an deren Umfang aber keine zu hohen Anforderungen zu stellen sind (in diese Richtung auch K. Schmidt/Lutter AktG/*T. Bezzenberger* Rn 35, allerdings nur auf Nachfrage des Aktionärs). Im Zeitpunkt der klageweisen Geltendmachung der Zustimmungserteilung besteht nach **allgM** eine Pflicht der AG zur Angabe der Gründe für die Verweigerung.

III. Prüfungspflicht der Aktiengesellschaft (Abs 3)

25 Abs 3 steht im Zusammenhang mit dem Umschreibungsverfahren bei Rechtsübergang gem § 67 Abs 3 und gilt nur für die wertpapierrechtliche Übertragung iSd Abs 1 S 1. In diesem Fall beschränkt sich die Prüfungspflicht des Vorstands auf die Kontrolle der Lückenlosigkeit der Indossamentenreihe. Es handelt sich demnach um eine rein formale Prüfung. Abs 3 schließt nicht aus, dass in Zweifelsfällen (zB bei Fälschungsverdacht) auch die Unterschriftenreihe bzw die materielle Rechtslage geprüft werden kann und muss (*BGHZ* 160, 253, 257; MünchKomm AktG/*Bayer* Rn 28).

IV. Zwischenscheine (Abs 4)

26 Die Regelungen des § 68 gelten sinngemäß für Zwischenscheine iSd § 8 Abs 6, die auf den Namen lauten müssen (§ 10 Abs 3), und wie Namensaktien übertragen und vinkuliert werden können. S die Erläuterungen zu § 67 Abs 7 (dort Rn 45).

§ 69 Rechtsgemeinschaft an einer Aktie

(1) Steht eine Aktie mehreren Berechtigten zu, so können sie die Rechte aus der Aktie nur durch einen gemeinschaftlichen Vertreter ausüben.

(2) Für die Leistungen auf die Aktie haften sie als Gesamtschuldner.

(3) ¹Hat die Gesellschaft eine Willenserklärung dem Aktionär gegenüber abzugeben, so genügt, wenn die Berechtigten der Gesellschaft keinen gemeinschaftlichen Vertreter benannt haben, die Abgabe der Erklärung gegenüber einem Berechtigten. ²Bei mehreren Erben eines Aktionärs gilt dies nur für Willenserklärungen, die nach Ablauf eines Monats seit dem Anfall der Erbschaft abgegeben werden.

Übersicht

	Rn		Rn
1. Allgemeines	1	3. Gesamtschuldnerische Haftung (Abs 2)	8
2. Beteiligung mehrerer an einer Aktie (§ 69 Abs 1)	2	4. Willenserklärung der Aktiengesellschaft (Abs 3)	9
a) Mehrere Berechtigte	2		
b) Gemeinschaftlicher Vertreter	5		

Rechtsgemeinschaft an einer Aktie § 69

Literatur: *Großfeld/Spennemann* Die Teilnahmeberechtigung mehrerer gesetzlicher Vertreter von Gesellschaften in Mitgliederversammlungen von Kapitalgesellschaften und Genossenschaften, AG 1979, 128; *Habersack/Mayer* Globalverbriefte Aktien als Gegenstand sachenrechtlicher Verfügungen?, WM 2000, 1678; *Koch* Die Beteiligung einer Gesellschaft bürgerlichen Rechts an der GmbH-Gründung, ZHR 146 (1982), 118; *Mentz/Fröhling* Die Formen der rechtsgeschäftlichen Übertragung von Aktien, NZG 2002, 201.

1. Allgemeines. § 69 betrifft das Verhältnis zwischen der AG und mehreren Inhabern einer Aktie (die Aktie selbst ist unteilbar, § 8 Abs 5). Die Vorschrift dient dem Schutz der AG vor Unklarheiten, die sich aus der Mitberechtigung mehrerer ergeben können. § 69 ist zwingendes Recht. Erfasst werden Inhaber- und Namensaktien sowie unverkörperte Mitgliedschaften. Praktische Bedeutung hat die Vorschrift im Wesentlichen bei der Rechtsgemeinschaft an Namensaktien (und Zwischenscheinen), da bei Inhaberaktien der Besitz regelmäßig keine Unklarheiten hinsichtlich der Legitimation zur Rechtsausübung entstehen lässt und jedenfalls eine gesamtschuldnerische Haftung für offene Einlagepflichten wg § 10 Abs 2 nicht in Betracht kommt. **1**

2. Beteiligung mehrerer an einer Aktie (§ 69 Abs 1). – a) Mehrere Berechtigte. Die Rechtsgemeinschaft muss sich auf die **dingliche Zuordnung** der Mitgliedschaft beziehen; eine Belastung mit einem beschränkt dinglichen Recht (Pfandrecht, Nießbrauch) oder eine schuldrechtliche Mitberechtigung genügen nicht (**allgM**). Bei Namensaktien ist insoweit allein die Eintragung der Mitberechtigten im Aktienregister gem § 67 Abs 2 maßgeblich (MünchKomm AktG/*Bayer* Rn 14; KölnKomm AktG/*Lutter/Drygala* Rn 7). **2**

Eine Rechtsgemeinschaft besteht bei der Bruchteilsgemeinschaft und der Gesamthandsgemeinschaft. Bei Letzterer sind allerdings die **Personengesellschaften** auszunehmen. Keine Rechtsgemeinschaft besteht nämlich, wenn die Mitgliedschaft einer natürlichen Person oder jur Person oder einer rechtsfähigen Gesellschaft zuzuordnen ist (heute also **hM**). Eindeutig ist dies auch für die Personenhandelsgesellschaften (OHG und KG), die aufgrund ausdrücklicher gesetzlicher Regelung Träger von Rechten und Pflichten sein können (§§ 124 Abs 1, 161 Abs 2 HGB). Daneben ist die **GbR** als rechtliches Zuordnungssubjekt (vgl *BGHZ* 146, 341) ebenfalls vom Anwendungsbereich der Vorschrift auszunehmen (*Hüffer* AktG Rn 3; *Koch* ZHR 146 (1982), 118, 127 ff; K. Schmidt/Lutter AktG/*T. Bezzenberger* Rn 5; GroßKomm AktG/*Merkt* Rn 12; **aA** MünchKomm AktG/*Bayer* Rn 8: mangels Registerpublizität aber Abs 1 und 3 analog; KölnKomm AktG/*Lutter/Drygala* Rn 9; Spindler/Stilz AktG/*Cahn* Rn 8; *Singhof* Die Außenhaftung von Emissionskonsorten, Diss *Mainz* 1998, S 210 ff). Dies gilt ebenso für Vorgesellschaften (*Hüffer* aaO). Für den Fall der mehrfachen Einzelvertretung oder beschränkten Gesamtvertretung wird teilweise eine analoge Anwendung des Abs 1 vertreten (*Großfeld/Spennemann* AG 1979, 128 ff mwN). Seit der Neufassung von § 134 Abs 3 S 2, der die Zulässigkeit der Vertretung durch mehrere Einzelvertreter voraussetzt, überzeugt dies allerdings nicht mehr (Grigoleit AktG/*Grigoleit/Rachlitz* Rn 4). **3**

Die bei der **Girosammelverwahrung** bestehende Rechtsgemeinschaft an dem Sammelbestand (§ 6 Abs 1 S 1 DepotG) wird von § 69 nicht erfasst, da die Zusammenfassung der Mitgliedschaften aus formalen Gründen erfolgt, die Mitgliedschaften bei rechtlicher und wirtschaftlicher Betrachtung aber individuell zugeordnet werden können (MünchKomm AktG/*Bayer* Rn 11; *Heinsius/Horn/Than* Depotgesetz § 6 Rn 53; **4**

Mentz/Fröhling NZG 2002, 201, 204 Fn 40; *Habersack/Mayer* WM 2000, 1678, 1679). Anders ist allerdings zu entscheiden, wenn eine Sammelurkunde mehreren Berechtigten zusteht, ohne dass ein Fall depotmäßiger Sammelverwahrung vorliegt. Dann entfällt die privilegierende Wirkung des DepotG bzw die Möglichkeit der getrennten Ausübung der Aktionärsrechte und § 69 ist anwendbar.

5 **b) Gemeinschaftlicher Vertreter.** Abs 1 enthält keine Verpflichtung der Mitberechtigten zur Bestellung eines gemeinschaftlichen Vertreters, es handelt sich vielmehr um eine **Obliegenheit (allgM)**. Die Bestimmung betrifft auch nicht die Frage, wer oder wie der gemeinsame Vertreter bestimmt wird; dies richtet sich nach dem jeweiligen Innenverhältnis. Wird kein gemeinsamer Vertreter bestellt, können die Rechte aus der Aktie nicht ausgeübt werden. Gemeinschaftlicher Vertreter kann jede natürliche oder jur Person sein, auch Mitglieder des Vorstands oder AR der Gesellschaft (beachte § 136 AktG) sowie einer der Mitberechtigten selbst. Zulässig ist die Bestellung mehrerer gemeinschaftlicher Vertreter, sofern ausschließlich Gesamtvertretungsmacht vereinbart wird (KölnKomm AktG/*Lutter/Drygala* Rn 11). Zu beachten ist jedoch die Möglichkeit der Zurückweisung von mehreren Stimmrechtsvertretern gem § 134 Abs 3 S 2.

6 Die Vollmacht wird nach den allg Regeln (§§ 164 ff BGB) erteilt. Wenngleich ein Formerfordernis grds nicht besteht, sind praktisch stets die Anforderungen des § 134 Abs 3 (nunmehr grds Textform) zu wahren, um dem Vertreter die Stimmrechtsausübung in der HV zu ermöglichen (MünchKomm AktG/*Bayer* Rn 20; *Hüffer* AktG Rn 4; KölnKomm AktG/*Lutter/Drygala* Rn 19). Die Vollmacht kann für einen bestimmten Zeitraum erteilt und an inhaltliche Vorgaben (zB Ausübung der Mitgliedschaftsrechte nur nach Unterrichtung der Inhaber) gebunden werden. Eine **gegenständliche Beschränkung** der Vollmacht auf bestimmte Rechtsgeschäfte soll nach einer verbreiteten Ansicht unzulässig sein, da Abs 1 eine umfassende Vertretungsmacht („Rechte aus der Aktie") voraussetze (*Bayer* aaO Rn 21; *Hüffer* aaO; GroßKomm AktG/*Merkt* Rn 39); das vermag im Hinblick darauf, dass auch eine einfache Stimmrechtsvollmacht beschränkt werden kann, nicht zu überzeugen (*Lutter/Drygala* aaO Rn 22; K. Schmidt/Lutter AktG/*T. Bezzenberger* Rn 8; Spindler/Stilz AktG/*Cahn* Rn 15). Inhaltliche Vorgaben oder gegenständliche Beschränkungen sind der Gesellschaft gegenüber wirksam, wenn sie aus der Urkunde hervorgehen. Sie sind in jedem Fall im Innenverhältnis zu den Berechtigten zu beachten, da § 69 nur das Verhältnis zur Gesellschaft und den gemeinschaftlichen Vertretern betrifft (*Merkt* aaO). Das Erlöschen der Vollmacht richtet sich nach §§ 168 ff BGB.

7 Der gemeinschaftliche Vertreter ist zur **Ausübung sämtlicher Mitgliedschaftsrechte** aus der Aktie berechtigt; die Mitberechtigten können ihre Rechte nach dem Wortlaut („nur") grds nicht mehr ausüben. Ein gleichwohl unter einvernehmlicher Beteiligung aller Mitberechtigten gefasster Hauptversammlungsbeschluss ist allerdings nicht anfechtbar, da Abs 1 nur der technischen Vereinfachung dienen soll (Grigoleit AktG/*Grigoleit/Rachlitz* Rn 7). Verfügungen über die Aktie selbst, dh über die Mitgliedschaft, sind von der Vertretungsmacht nicht gedeckt (MünchKomm AktG/*Bayer* Rn 24). Da Abs 1 dem Schutz der Gesellschaft dient, kann sie auf diesen Schutz auch verzichten und den Mitberechtigten die Ausübung der Mitgliedschaftsrechte gestatten (ganz **hM** KölnKomm AktG/*Lutter/Drygala* Rn 29; GroßKomm AktG/*Merkt* Rn 48; Spindler/Stilz AktG/*Cahn* Rn 18 mwN; **aA** GroßKomm AktG 3.Aufl/*Barz* Anm 6 f).

Die AG kann daher die Dividende an alle Berechtigten gemeinsam oder anteilig an jeden Mitberechtigten einer Bruchteilsgemeinschaft zahlen und die Mitberechtigten bei einheitlicher Stimmabgabe auch zur Abstimmung in der HV zulassen (*Hüffer* AktG Rn 6; *Bayer* aaO Rn 26; *Lutter/Drygala* aaO Rn 29). Bei gesetzlicher Vertretung der Gemeinschaft ist eine Abweichung von Abs 1 dagegen ausgeschlossen (*Bayer* aaO Rn 27; *Lutter/Drygala* aaO Rn 30 mwN).

3. Gesamtschuldnerische Haftung (Abs 2). Nach Abs 2 haften die Mitberechtigten 8 im Verhältnis zur AG für Leistungen „auf die Aktie" zwingend gesamtschuldnerisch (§§ 421 ff BGB). Abs 2 schafft keinen eigenständigen Schuldgrund, sondern setzt eine bestehende Verbindlichkeit gegenüber der AG voraus (insb Ansprüche der AG aus §§ 54, 55, 62, 63, 65). Bei der GbR ordnet die Vorschrift (zu der ohnehin bestehenden Haftung der GbR selbst) entspr § 128 HGB die persönliche gesamtschuldnerische Haftung der Gesellschafter an (MünchKomm AktG/*Bayer* Rn 29; *Hüffer* AktG Rn 7; *BGH* NJW 1981, 682 zu § 18 Abs 2 GmbHG). Nach wohl **hM** ist die Beschränkung der Erbenhaftung (§§ 1975 ff BGB) zumindest bei Inhaberaktien trotz Abs 2 grds zulässig; bei Namensaktien ist sie indes ab der Eintragung des Erben im Aktienregister ausgeschlossen (KölnKomm AktG/*Lutter/Drygala* Rn 37; Spindler/Stilz AktG/ *Cahn* Rn 21; *Hüffer* aaO; **aA** die Beschränkung der Erbenhaftung stets bejahend: GroßKomm AktG/*Merkt* Rn 62; *Bayer* aaO Rn 32).

4. Willenserklärung der Aktiengesellschaft (Abs 3). Wurde ein gemeinsamer Vertre- 9 ter bestellt, ist dieser sowohl zur aktiven als auch zur passiven Vertretung berechtigt; Erklärungen der Gesellschaft sind ihm gegenüber abzugeben. Wurde kein gemeinschaftlicher Vertreter bestellt, ist es ausreichend, wenn die AG Willenserklärungen gegenüber einem der Mitberechtigten abgibt (Abs 3 S 1). Diese Erleichterung gilt nur für Willenserklärungen, die gegenüber einzelnen Aktionären abzugeben sind (bspw Zahlungsaufforderungen und Benachrichtigungen gem §§ 64 Abs 2 S 4, 65, 237 und gem § 63 Abs 1 S 2, wenn Satzung Einzelerklärung verlangt). Die Norm soll dagegen nicht für öffentliche Erklärungen und Bekanntmachungen an die Gesamtheit der Aktionäre anwendbar sein (MünchKomm AktG/*Bayer* Rn 34; KölnKomm AktG/*Lutter/Drygala* Rn 38 mwN). Hiervon wird man allerdings dann ein Ausnahme zulassen müssen, wenn das Gesetz die Ansprache des einzelnen Aktionärs ersatzweise zulässt oder fordert, etwa in den Fällen der §§ 121 Abs 4 S 2, 125 Abs 2; auch in diesen Fällen ist § 69 von seinem Schutzzweck her anwendbar. Wird die Gemeinschaft nicht gesetzlich vertreten, kann die AG auf den Schutz aus Abs 3 S 1 verzichten und die Erklärungen gegenüber allen Mitberechtigten abgeben (*Bayer* aaO Rn 35; *Hüffer* AktG Rn 8; *Lutter/Drygala* aaO Rn 40; **aA** GroßKomm AktG/*Barz* 3. Aufl, Anm 9). Bei der Erbengemeinschaft sind Willenserklärungen im ersten Monat nach dem Anfall der Erbschaft (Erbfall) gegenüber allen Miterben abzugeben (Abs 3 S 2), es sei denn, es wurde ein gemeinschaftlicher Vertreter bestellt.

§ 70 Berechnung der Aktienbesitzzeit

[1]Ist die Ausübung von Rechten aus der Aktie davon abhängig, dass der Aktionär während eines bestimmten Zeitraums Inhaber der Aktie gewesen ist, so steht dem Eigentum ein Anspruch auf Übereignung gegen ein Kreditinstitut, Finanzdienstleistungsinstitut oder ein nach § 53 Abs. 1 Satz 1 oder § 53b Abs. 1 Satz 1 oder Abs. 7 des Gesetzes über das Kreditwesen tätiges Unternehmen gleich. [2]Die Eigentumszeit eines

Rechtsvorgängers wird dem Aktionär zugerechnet, wenn er die Aktie unentgeltlich, von seinem Treuhänder, als Gesamtrechtsnachfolger, bei Auseinandersetzung einer Gemeinschaft oder bei einer Bestandsübertragung nach § 14 des Versicherungsaufsichtsgesetzes oder § 14 des Gesetzes über Bausparkassen erworben hat.

Übersicht

	Rn		Rn
I. Allgemeines	1	III. Anrechnung der Eigentumszeit	
II. Anspruch auf Übereignung (S 1)	2	eines Rechtsvorgängers (S 2)	6

I. Allgemeines

1   § 70 bestimmt die Anrechnung sog Vorbesitzzeiten, wenn die Ausübung eines Mitgliedschaftsrechts an eine Mindestdauer der Aktionärsstellung geknüpft ist (zB §§ 142 Abs 2 S 2, 258 Abs 2 S 4, 265 Abs 3 S 2, 315 S 2 AktG, § 318 Abs 3 S 4 HGB). Diese Vorschriften sollen verhindern, dass ein Aktienerwerb „ad hoc" allein zur Ausübung von Minderheitsrechten stattfindet (KölnKomm AktG/*Lutter/Drygala* Rn 4; MünchKomm AktG/*Bayer* Rn 1). S 1 betrifft Zeiträume, innerhalb derer dem Aktionär die Mitgliedschaft bereits wirtschaftlich zugeordnet war, ohne dass er bereits Aktionär im rechtlichen Sinne war. S 2 zählt weitere Fallgruppen auf, die gleichgestellt sind. Diese Vorbesitzzeiten sind bei der Berechnung des Berechtigungszeitraums mit zu berücksichtigen, da bereits eine wirtschaftliche Berechtigung vorlag und ein **Missbrauch der Minderheitenrechte** in diesen Fällen nicht zu befürchten ist. Die Anrechnung setzt voraus, dass der jetzige Aktionär gegenwärtig materiell berechtigt ist; bei Namensaktien ist die Eintragung im Aktienregister gem § 67 Abs 2 in diesem Zeitpunkt (nicht aber vorher) erforderlich (s § 67 Rn 17; *Lutter/Drygala* aaO Rn 5; *Bayer* aaO Rn 2). § 70 ist zwingendes Recht und gleichermaßen auf Inhaber- und Namensaktien sowie unverkörperte Mitgliedschaftsrechte anwendbar (**allgM**). § 70 ist als Ausnahmevorschrift eng auszulegen; eine analoge Anwendung kommt regelmäßig nicht in Betracht.

II. Anspruch auf Übereignung (S 1)

2   Anzurechnen ist der Zeitraum, in dem bereits ein Anspruch auf Übereignung der (genau oder gattungsmäßig bestimmten) Aktien bestand (S 1). Dazu gehören sämtliche Ansprüche, die auf die Übertragung oder Verschaffung der (regelmäßig, aber nicht notwendig verbrieften) Mitgliedschaft gerichtet sind (MünchKomm AktG/*Bayer* Rn 7; *Hüffer* AktG Rn 2). Dies sind etwa die Ansprüche des Kommittenten bei der **Einkaufskommission** mit Durchgangserwerb gem §§ 383 ff HGB und §§ 18 ff DepotG. Im Regelfall der Einkaufskommission bei Anwendung der üblichen Sonderbedingungen für das Wertpapiergeschäft findet ein solcher Durchgangserwerb in der Praxis freilich nicht statt (**hM** *Will* in Kümpel/Wittig, Bank- und Kapitalmarktrecht, 4. Aufl 2011 Rn 18.205 ff mwN). Dagegen soll S 1 auch den Auslieferungsanspruch bei Sammelverwahrung gem § 5 ff DepotG anwendbar sein (*Hüffer* aaO Rn 3; GroßKomm AktG/*Merkt* Rn 15 f; **aA** *Bayer* aaO Rn 9; KölnKomm AktG/*Lutter/Drygala* Rn 14; Spindler/Stilz AktG/*Cahn* 6). Das kann für die übliche **Girosammelverwahrung** nicht richtig sein, da das Miteigentum an einem Girosammelbestand jedem Aktionär individuell seine Mitgliedschaft vermittelt. Da der Depotkunde in diesem Fall bereits Aktionär ist, ist eine Zurechnung nach S 1 weder erforderlich noch möglich (*Bayer* aaO). Nicht erfasst werden auch Ansprüche bei Sonderverwahrung gem § 2 DepotG, da die Hinterlegung die Eigentumsverhältnisse unberührt lässt (*Hüffer* aaO).

Berechnung der Aktienbesitzzeit § 70

Der Anspruch muss sich gegen ein **Kreditinstitut** (§§ 1 Abs 1, 2 Abs 1 KWG), Finanz- 3
dienstleistungsinstitut (§§ 1 Abs 1a, 2 Abs 6 KWG) oder Unternehmen iSd §§ 53
Abs 1 S 1, 53b Abs 1 S 1, Abs 7 KWG richten.

Die anzurechnende Zeit beginnt mit der Fälligkeit des Anspruchs **(allgM)**; bei der 4
Einkaufskommission ist wg § 384 Abs 2 letzter HS HGB bzw § 18 Abs 1 S 1 DepotG
auf die Ausführung des Auftrags abzustellen (heute ganz **hM** GroßKomm AktG/
Merkt Rn 18 mwN; Spindler/Stilz AktG/*Cahn* Rn 5). Da der Aktionär bei einer **Wertpapierleihe** das Eigentum an seinen Aktien überträgt (rechtlich betrachtet handelt es sich um ein Wertpapier„darlehen"; vgl etwa *Oulds* in Kümpel/Wittig, Bank- und Kapitalmarktrecht, 4. Aufl 2011, Rn 14.104), wird die Besitzzeit während der Dauer der Entleihung unterbrochen; eine Zurechnung findet auch dann nicht statt, wenn der Entleiher ein Kreditinstitut ist, weil nicht nur ein technisches Auseinanderfallen von Eigentum und wirtschaftlicher Berechtigung vorliegt.

Schwierig ist die Zurechnung bei neuen Aktien aus einer **Kapitalerhöhung**. Hat der 5
Aktionär ein mittelbares Bezugsrecht (§ 186 Abs 5) ausgeübt, beginnt die Vorbesitzzeit, wenn die Aktien bereits entstanden sind, mit der Ausübung des Rechts gegenüber der AG bzw der Bezugsstelle (KölnKomm AktG/*Lutter/Drygala* Rn 16; Geßler/Hefermehl AktG/*Hefermehl/Bungeroth* Rn 15; Spindler/Stilz AktG/*Cahn* Rn 8). Bei einem unmittelbaren Bezugsrecht (§ 186 Abs 1) kann nichts anderes gelten; daher kommt § 70 auch in diesem Fall zur Anwendung, unabhängig davon, ob der Aktionär das Recht gegenüber der AG selbst, oder durch ein Kreditinstitut (§ 26 DepotG) ausübt (ebenso *Cahn* aaO; K. Schmidt/Lutter AktG/*T. Bezzenberger* Rn 4; **aA** *Lutter/Drygala* aaO; *Hefermehl/Bungeroth* aaO; GroßKomm AktG/*Merkt* Rn 19, die S 1 nur bei Einschaltung eines Kreditinstituts eingreifen lassen). In jedem Fall beginnt die anrechenbare Zeit frühestens mit der Entstehung des Mitgliedschaftsrechts (idR durch Eintragung der Durchführung der Kapitalerhöhung im HR, § 189). Zudem soll die Zeit der Rechtsinhaberschaft an den alten Aktien, auf die das Bezugsrecht entfiel, angerechnet werden (*Hefermehl/Bungeroth* aaO; MünchKomm AktG/*Bayer* Rn 12; einschränkend *Lutter/Drygala* aaO Rn 17). Das erscheint allerdings nur sachgerecht, sofern das jeweilige Quorum an eine bestimmte quotale Beteiligung anknüpft und nicht an einen absoluten Wert.

III. Anrechnung der Eigentumszeit eines Rechtsvorgängers (S 2)

S 2 sieht die Anrechnung der „Eigentumszeit" des (unmittelbaren) Rechtsvorgängers 6
vor, wenn sich der Erwerb in einer der abschließend genannten Fallgruppen vollzog. Der Grund für die Privilegierung besteht darin, dass bereits vorher eine wirtschaftliche Inhaberschaft bestand bzw ein Fall des strategischen Erwerbs ausscheidet. Treffen mehrere Anrechnungsfälle aufeinander und überlappen diese zeitlich, wird die Anrechnungszeit entspr verlängert.

Zum unentgeltlichen Erwerb zählt die Schenkung (§§ 516ff, 2301 BGB) und die Erfül- 7
lung eines Vermächtnisses (§§ 2147ff BGB). Der Erwerb durch Gesamtrechtsnachfolge stellt sich dabei als eine eigenständige Fallgruppe dar. Der rechtsgrundlose Erwerb wird anders als iRd § 988 BGB, dem unentgeltlichen Erwerb nicht gleichgestellt (*Hüffer* AktG Rn 4). Der Pflichtteilsanspruch (§§ 2303ff BGB) ist auf Ausgleich in Geld gerichtet und fällt daher nicht unter S 2 (*Hüffer* aaO; Geßler/Hefermehl AktG/*Hefermehl/Bungeroth* Rn 22; **aA** GroßKomm AktG/*Merkt* Rn 25; KölnKomm AktG/*Lutter/ Drygala* Rn 19 jeweils mwN).

8 Beim Aktienerwerb vom **Treuhänder** wird die Dauer von dessen Rechtsinhaberschaft angerechnet. Es spielt weder eine Rolle, ob der Treuhänder die Aktie vom Treugeber oder von einem Dritten für Rechnung des Treugebers erhielt (echte bzw unechte Treuhand) noch, ob es sich um eine Verwaltungs- oder Sicherungstreuhand handelt (uneigennützige bzw eigennützige Treuhand). Nicht unter S 2 fällt die **Legitimationsübertragung**, da die Ermächtigung zur Rechtsausübung die materielle Rechtslage nicht verändert; eine Anrechnung der Vorbesitzzeiten ist nicht erforderlich, weil diese Zeiten unmittelbar für den Aktionär mitgerechnet werden.

9 Angerechnet wird der Zeitraum der Rechtsinhaberschaft des Rechtsvorgängers beim Erwerb durch (vollständige oder partielle) Gesamtrechtsnachfolge durch Erbfall (§ 1922 BGB), Verschmelzung (§§ 20 Abs 1 Nr 1, 73 UmwG), Spaltung (§ 131 Abs 1 Nr 1 UmwG), Vermögensübertragung (§§ 174 ff UmwG), Vermögensnachfolge (§ 140 Abs 1 S 2 HGB); nicht aber durch Formwechsel gem § 202 Abs 1 Nr 1 UmwG (MünchKomm AktG/*Bayer* Rn 18; KölnKomm AktG/*Lutter/Drygala* Rn 21 mwN: die Identität des Aktionärs bleibt bei der Änderung des Rechtskleids unverändert, daher ist eine Anrechnung der Vorbesitzzeit nicht erforderlich; aA *Hüffer* AktG Rn 4). Dagegen fällt die Einzelrechtsnachfolge auch dann nicht unter S 1, wenn sich der Erwerb kraft Gesetzes vollzieht.

10 Die **Auseinandersetzung** kann eine Bruchteils- oder Gesamthandsgemeinschaft betreffen (insb Erbengemeinschaft oder Abwicklung von Personengesellschaften). Gemeint ist die Realteilung. Die Dauer der Rechtsgemeinschaft wird angerechnet, da der Aktionär in diesem Zeitraum bei wirtschaftlicher Betrachtung bereits Eigentümer war. Dies ist aber nur für die Dauer und in Höhe seiner Beteiligung („durchgerechnet") sachgerecht. Berücksichtigt wird daher nur der Zeitraum und der Umfang, in dem der Aktionär in einem seinem Aktienbesitz entspr Ausmaß an der Rechtsgemeinschaft beteiligt war (MünchKomm AktG/*Bayer* Rn 20). Da es sich um eine eng auszulegende Ausnahmebestimmung handelt, kommt eine Erweiterung auf die Auseinandersetzung von Kapitalgesellschaften nicht in Betracht. Beim Aktienerwerb durch Bestandsübertragung (§ 14 VAG bzw § 14 BausparkG) handelt es sich um die Übertragung einer wirtschaftlichen Sondermasse.

§ 71 Erwerb eigener Aktien

(1) Die Gesellschaft darf eigene Aktien nur erwerben,
1. **wenn der Erwerb notwendig ist, um einen schweren, unmittelbar bevorstehenden Schaden von der Gesellschaft abzuwenden,**
2. **wenn die Aktien Personen, die im Arbeitsverhältnis zu der Gesellschaft oder einem mit ihr verbundenen Unternehmen stehen oder standen, zum Erwerb angeboten werden sollen,**
3. **wenn der Erwerb geschieht, um Aktionäre nach § 305 Abs. 2, § 320b oder nach § 29 Abs. 1, § 125 Satz 1 in Verbindung mit § 29 Abs. 1, § 207 Abs. 1 Satz 1 des Umwandlungsgesetzes abzufinden,**
4. **wenn der Erwerb unentgeltlich geschieht oder ein Kreditinstitut mit dem Erwerb eine Einkaufskommission ausführt,**
5. **durch Gesamtrechtsnachfolge,**
6. **auf Grund eines Beschlusses der Hauptversammlung zur Einziehung nach den Vorschriften über die Herabsetzung des Grundkapitals,**

Erwerb eigener Aktien § 71

7. wenn sie ein Kreditinstitut, Finanzdienstleistungsinstitut oder Finanzunternehmen ist, aufgrund eines Beschlusses der Hauptversammlung zum Zwecke des Wertpapierhandels. ²Der Beschluss muss bestimmen, dass der Handelsbestand der zu diesem Zweck zu erwerbenden Aktien fünf vom Hundert des Grundkapitals am Ende jeden Tages nicht übersteigen darf; er muss den niedrigsten und höchsten Gegenwert festlegen. ³Die Ermächtigung darf höchstens fünf Jahre gelten; oder

8. aufgrund einer höchstens fünf Jahre geltenden Ermächtigung der Hauptversammlung, die den niedrigsten und höchsten Gegenwert sowie den Anteil am Grundkapital, der zehn vom Hundert nicht übersteigen darf, festlegt. ²Als Zweck ist der Handel in eigenen Aktien ausgeschlossen. ³§ 53a ist auf Erwerb und Veräußerung anzuwenden. ⁴Erwerb und Veräußerung über die Börse genügen dem. ⁵Eine andere Veräußerung kann die Hauptversammlung beschließen; § 186 Abs. 3, 4 und § 193 Abs. 2 Nr. 4 sind in diesem Fall entsprechend anzuwenden. ⁶Die Hauptversammlung kann den Vorstand ermächtigen, die eigenen Aktien ohne weiteren Hauptversammlungsbeschluss einzuziehen.

(2) ¹Auf die zu den Zwecken nach Absatz 1 Nr. 1 bis 3, 7 und 8 erworbenen Aktien dürfen zusammen mit anderen Aktien der Gesellschaft, welche die Gesellschaft bereits erworben hat und noch besitzt, nicht mehr als zehn vom Hundert des Grundkapitals entfallen. ²Dieser Erwerb ist ferner nur zulässig, wenn die Gesellschaft im Zeitpunkt des Erwerbs eine Rücklage in Höhe der Aufwendungen für den Erwerb bilden könnte, ohne das Grundkapital oder eine nach Gesetz oder Satzung zu bildende Rücklage zu mindern, die nicht zur Zahlung an die Aktionäre verwandt werden darf. ³In den Fällen des Absatzes 1 Nr. 1, 2, 4, 7 und 8 ist der Erwerb nur zulässig, wenn auf die Aktien der Ausgabebetrag voll geleistet ist.

(3) ¹In den Fällen des Absatzes 1 Nr. 1 und 8 hat der Vorstand die nächste Hauptversammlung über die Gründe und den Zweck des Erwerbs, über die Zahl der erworbenen Aktien und den auf sie entfallenden Betrag des Grundkapitals, über deren Anteil am Grundkapital sowie über den Gegenwert der Aktien zu unterrichten. ²Im Falle des Absatzes 1 Nr. 2 sind die Aktien innerhalb eines Jahres nach ihrem Erwerb an die Arbeitnehmer auszugeben.

(4) ¹Ein Verstoß gegen die Absätze 1 oder 2 macht den Erwerb eigener Aktien nicht unwirksam. ²Ein schuldrechtliches Geschäft über den Erwerb eigener Aktien ist jedoch nichtig, soweit der Erwerb gegen die Absätze 1 oder 2 verstößt.

Übersicht

	Rn		Rn
I. Normzweck	1	4. Unentgeltlicher Erwerb und Einkaufskommission (Abs 1 Nr 4)	24
II. Verbot des Erwerbs eigener Aktien (Abs 1)	2	5. Gesamtrechtsnachfolge (Abs 1 Nr 5)	26
III. Ausnahmen vom Erwerbsverbot (Abs 1)	8	6. Erwerb zur Einziehung von Aktien (Abs 1 Nr 6)	27
1. Schadensabwehr (Abs 1 Nr 1)	8	7. Erwerb zum Zwecke des Wertpapierhandels (Abs 1 Nr 7)	28
a) Allgemeines	8	8. Ermächtigungsbeschluss ohne gesetzliche Zweckvorgabe (Abs 1 Nr 8)	30
b) Einzelfälle	12		
2. Belegschaftsaktien (Abs 1 Nr 2)	16		
3. Abfindung von Aktionären (Abs 1 Nr 3)	20		

§ 71 Erwerb eigener Aktien

	Rn		Rn
a) Normzweck	30	V. Pflichten nach dem Erwerb eigener Aktien (Abs 3)	48
b) Ermächtigungsbeschluss	31	1. Unterrichtung der Hauptversammlung (Abs 3 S 1)	48
c) Erwerbszwecke	34		
d) Gleichbehandlung beim Erwerb	36	2. Ausgabe von Belegschaftsaktien (Abs 3 S 2)	49
e) Gleichbehandlung bei der Veräußerung und Veräußerungsarten	41	VI. Kapitalmarktrechtliche Rahmenbedingungen	51
f) Einziehungsermächtigung	44	VII. Rechtsfolgen des zulässigen bzw unzulässigen Erwerbs (Abs 4)	54
IV. Schranken des zulässigen Erwerbs (Abs 2)	45	VIII. Bilanz- und steuerrechtliche Behandlung	55
1. Zehnprozentgrenze (Abs 2 S 1)	45	1. Bilanzrecht	55
2. Kapitalgrenze (Abs 2 S 2)	46	2. Steuerrecht	58
3. Einzahlungserfordernis (Abs 2 S 3)	47		

Literatur: *Adolff/Tieves* Über den rechten Umgang mit einem entschlusslosen Gesetzgeber: Die aktienrechtliche Lösung des BGH für den Rückzug von der Börse, BB 2003, 797; *van Aerssen* Erwerb eigener Aktien und Wertpapierhandelsgesetz: Neues von der Schnittstelle Gesellschaftsrecht/Kapitalmarktrecht, WM 2000, 391; *Aha* Verbot des Erwerbs eigener Aktien nach den §§ 71 ff AktG und eigener Genußscheine nach § 10 Abs 5 S 5 KWG, AG 1992, 218; *Benckendorff* Erwerb eigener Aktien im deutschen und US-amerikanischen Recht, Diss Konstanz 1998; *Berrar/Schnorbus* Rückerwerb eigener Aktien und Übernahmerecht, ZGR 2003, 59; *Bosse* Probleme des Rückkaufs eigener Aktien, NZG 2000, 923; *ders* Zulässigkeit des individuell ausgehandelten Rückkaufs eigener Aktien („Negotiated repurchase") in Deutschland, NZG 2000, 16; *Broichhausen* Mitwirkungskompetenz der Hauptversammlung bei der Ausgabe von Wandelschuldverschreibungen auf eigene Aktien, NZG 2012, 86; *Bürgers* Aktienoptionen für Aufsichtsräte – Hindernis für die Professionalisierung des Aufsichtsrats?, NJW 2004, 3022; *Butzke* Gesetzliche Neuregelungen beim Erwerb eigener Aktien, AG 1995, 1389; *Cahn* Aktien der herrschenden AG in Fondsvermögen abhängiger Investmentgesellschaften, WM 2001, 1929; *Cahn/Ostler* Eigene Aktien und Wertpapierleihe, AG 2008, 221; *Claussen* Wie ändert das KonTraG das Aktiengesetz?, DB 1998, 177; *Fischer* Zur Bedienung aktienbasierter Vergütungsmodelle für Aufsichtsräte mit rückerworbenen Aktien, ZIP 2003, 282; *Fuchs* Grenzen für eine aktienkursorientierte Vergütung von Aufsichtsratsmitgliedern, WM 2004, 2233; *Grüger* Kurspflegemaßnahmen durch den Erwerb eigener Aktien – Verstoß gegen das Verbot der Marktmanipulation nach § 20a WpHG?, BKR 2010, 221; *Grunewald* Austrittsrechte als Folge von Mischverschmelzungen und Verfügungsbeschränkungen, FS Boujong, 1996, S 175; *Habersack* Das Andienungs- und Erwerbsrecht bei Erwerb und Veräußerung eigener Anteile, ZIP 2004, 1121; *ders* Die erfolgsabhängige Vergütung des Aufsichtsrats und ihre Grenzen, ZGR 2004, 721; *Henze* Gesichtspunkte des Kapitalerhaltungsgebotes und seiner Ergänzung im Kapitalgesellschaftsrecht in der Rechtsprechung des BGH, NZG 2003, 649; *ders* Optionsvereinbarungen der Aktiengesellschaft über den Erwerb eigener Aktien, FS U. H. Schneider, 2011, S 507; *Herzig* Steuerliche Konsequenzen des Regierungsentwurfs zum BilMoG, DB 2008, 1339; *Hillebrandt/Schremper* Analyse des Gleichbehandlungsgrundsatzes beim Rückkauf von Vorzugsaktien, BB 2001, 533; *Hitzer/Simon/Düchting* Behandlung eigener Aktien der Zielgesellschaft bei öffentlichen Übernahmeangeboten, AG 2012, 237; *Huber* Zum Aktienerwerb durch ausländische Tochtergesellschaften, FS Duden, 1977, S 137; *Hüffer* Harmonisierung des aktienrechtlichen Kapitalschutzes, NJW 1979, 1065; *Johannsen-Roth* Zum Einsatz von Eigenkapitalderivaten beim Erwerb eigener Aktien nach § 71 Abs 1 Nr 8 AktG, ZIP 2011, 407; *Kindl*

Der Erwerb eigener Aktien nach dem KonTraG, DStR 1999, 1276; *Korte* Aktienerwerb und Kapitalschutz bei Umwandlungen, WiB 1997, 953; *Kraft/Altvater* Die zivilrechtliche, bilanzielle und steuerliche Behandlung des Rückkaufs eigener Aktien, NZG 1998, 448; *Küting/Reuter* Abbildung von eigenen Anteilen nach dem Entwurf des BilMoG – Auswirkungen in der Bilanzierungs- und Bilanzanalysepraxis, BB 2008, 658; *Kuhn* Arbitragegeschäfte der Aktienbanken in eigenen Aktien, NJW 1973, 833; *Lutter* Die entgeltliche Ablösung von Anfechtungsrechten – Gedanken zur aktiven Gleichbehandlung im Aktienrecht, ZGR 1978, 347; *ders* Zur Zulässigkeit der Vergütung des Aufsichtsrats in Aktien der Gesellschaft, FS Hadding, 2004, S 561; *Martens* Der Erwerb eigener Aktien zum Umtausch im Verschmelzungsverfahren, FS Boujong, 1996, S 335; *ders* Erwerb und Veräußerung eigener Aktien im Börsenhandel, AG 1996, 337; *ders* Eigene Aktien und Stock-Options in der Reform, AG 1997, Sonderheft S 83; *Mayer* Steuerliche Behandlung eigener Anteile nach dem BilMoG, Ubg 2008, 779; *Michalski* Abwehrmechanismen gegen unfreundliche Übernahmeangebote („unfriendly takeovers") nach deutschem Aktienrecht, AG 1997, 152; *Möller* Rückerwerb eigener Aktien, 2005; *Oechsler* Wertpapierleihe im Anwendungsbereich des § 71 AktG, AG 2010, 526; *Oser/Kropp* Eigene Anteile in Gesellschafts-, Bilanz- und Steuerrecht, Der Konzern 2012, 185; *Paefgen* Eigenkapitalderivate bei Aktienrückkäufen und Managementbeteiligungsmodellen, AG 1999, 67; *ders* Die Gleichbehandlung beim Aktienrückerwerb im Schnittfeld von Gesellschafts- und Übernahmerecht, ZIP 2002, 1509; *Pellens/Hillebrandt* Vorzugsaktien vor dem Hintergrund der Corporate Governance-Diskussion, AG 2001, 57; *Peltzer* Die Neuregelung des Erwerbs eigener Aktien im Lichte der historischen Erfahrungen, WM 1998, 322; *Reichert/Harbarth* Veräußerung und Einziehung eigener Aktien, ZIP 2001, 1441; *Schanz* Feindliche Übernahmen und Strategien der Verteidigung, NZG 2000, 337; *Schlitt* Die gesellschaftsrechtlichen Voraussetzungen des regulären Delisting – Macroton und die Folgen, ZIP 2004, 533; *Schmid/Mühlhäuser* Rechtsfragen des Einsatzes von Aktienderivaten beim Aktienrückkauf, AG 2001, 493; *Singhof/Weber* Neue kapitalmarktrechtliche Rahmenbedingungen für den Erwerb eigener Aktien, AG 2005, 549; *Stallknecht/Schulze-Uebbing* Der Rückerwerb eigener Aktien durch nicht börsennotierte Aktiengesellschaften, AG 2010, 657; *Süßmann* Anwendung des WpÜG auf öffentliche Angebote zum Erwerb eigener Aktien?, AG 2002, 424; *Umnuß/Ehle* Aktienoptionsprogramme für Arbeitnehmer auf der Basis von § 71 Abs 1 Nr 2 AktG, BB 2002, 1042; *Vetter* Die Gegenleistung für den Erwerb einer Aktie bei Ausübung einer Call Option, AG 2003, 478; *Wagner* Zur aktienrechtlichen Zulässigkeit von Share Matching-Plänen, BB 2010, 1739; *Weiß* Aktienoptionsprogramme nach dem KonTraG, WM 1999, 353; *Werner* Ausgewählte Fragen zum Aktienrecht, AG 1990, 1; *Wieneke/Förl* Die Einziehung eigener Aktien nach § 237 Abs 3 Nr 3 AktG – Eine Lockerung des Grundsatzes der Vermögensbindung?, AG 2005, 189; *Wiese* KonTraG: Erwerb eigener Aktien und Handel in eigenen Aktien, DB 1998, 609; *Wilsing/Siebmann* Die Wiederveräußerung eigener Aktien außerhalb der Börse gem § 71 Abs 1 Nr 8 S 5 AktG, DB 2006, 881; *Wirth/Arnold* Umwandlung von Vorzugsaktien in Stammaktien, ZGR 2002, 859; *Ziebe* Die Regelung des Erwerbs eigener Aktien in den Mitgliedstaaten der Europäischen Gemeinschaften, AG 1982, 175; *Zilias/Lanfermann* Die Neuregelung des Erwerbs und Haltens eigener Aktien, WPg 1980, 61 und 89.

I. Normzweck

Das im Prinzip bestehende Verbot des Erwerbs eigener Aktien dient in erster Linie der Kapitalerhaltung und damit dem Gläubigerschutz. Durch die Zahlung des Erwerbspreises fließt bei der Gesellschaft Liquidität ab und die dafür erworbenen eigenen Aktien sind mit dem eigenen Bonitätsrisiko verbunden und im Krisenfall wertlos. Die Zahlung des Erwerbspreises ist anders betrachtet grds eine unzulässige **Einlagenrückgewähr** (*Kropff* S 90) und wird nur dann von der **Vermögensbindung** des § 57 Abs 1 S 1 ausgenommen, wenn der Erwerb eigener Aktien den Anforderungen

1

des § 71 entspricht (§ 57 Abs 1 S 2). Da auch der zulässige Erwerb nicht zulasten des gebundenen Kapitals gehen darf, gewährleistet Abs 2 S 2, dass der Erwerb nur aus ausschüttungsfähigem Gewinn und Gewinnrücklagen erfolgt. Betrachtet man den Erwerb eigener Aktien als Einlagenrückgewähr, wird das Gleichbehandlungsproblem deutlich, wenn nur einzelne Aktien den Erwerbspreis als „Abfindung" erhalten; umgekehrt stellt die Wiederveräußerung der eigenen Aktien ein funktionales Äquivalent zur Kapitalerhöhung dar mit einem vergleichbaren Regelungsbedarf (vgl Grigoleit AktG/*Grigoleit/Rachlitz* Rn 7). Neben der Kapitalerhaltung sichert § 71 die Kapitalaufbringung, soweit Abs 2 S 3 nur den Erwerb voll eingezahlter Aktien zulässt. Schließlich schützen die §§ 71 ff die **Kompetenzverteilung** zwischen HV und Vorstand (KölnKomm AktG/*Lutter/Drygala* Rn 19; *Huber* FS Duden, S 137, 140 ff zur Problematik der „Verwaltungsaktien"). Das Erwerbsverbot in § 71 wird durch die Regelungen in den §§ 71a–71e ergänzt, die einzelne Umgehungsverbote und Rechtsfolgen regeln. Nicht unter § 71 fällt die Zeichnung eigener Aktien, für die § 56 einen eigenständigen (zT weitergehenden) Verbotstatbestand enthält. Für börsennotierte Gesellschaften sind zudem beim Erwerb eigener Aktien die kapitalmarktrechtlichen Sonderbestimmungen zu beachten.

II. Verbot des Erwerbs eigener Aktien (Abs 1)

2   Der Erwerb eigener Aktien ist – auch nach der Einführung des Abs 1 Nr 8 – grds verboten (*van Aerssen* WM 2000, 391, 393; *Hüffer* AktG Rn 3; **aA** *Benckendorff* S 210, 223). Das ergibt sich aus dem Regelungszusammenhang von §§ 57 Abs 1, 71 Abs 1. Das Erwerbsverbot betrifft zunächst das **dingliche Rechtsgeschäft**, das einen – wenn auch nur vorübergehenden – Übergang der Mitgliedschaft auf die AG zum Inhalt hat. Wie sich aus Abs 4 S 2 ergibt, schließt der Erwerbsbegriff (und damit auch der Verbotstatbestand) das schuldrechtliche **Kausalgeschäft**, das Rechte und Pflichten bezüglich eines dinglichen Übergangs begründet, mit ein (**hM** s nur *Hüffer* aaO Rn 4; MünchKomm AktG/*Oechsler* Rn 73; Spindler/Stilz AktG/*Cahn* Rn 35; **aA** GroßKomm AktG/*Merkt* Rn 142 mwN). Der Erwerb eigener Aktien als **Sacheinlage** ist unabhängig von den Regelungen der §§ 71 ff unzulässig, da eigene Aktien kein tauglicher Einlagegegenstand sind; der Gesellschaft wird real kein neues Kapital zugeführt (*BGH* NZG 2011, 1271; Grigoleit AktG/*Grigoleit/Rachlitz* Rn 3).

3   Das Verbot betrifft **alle Arten von Aktien** der Gesellschaft (Stamm- und Vorzugsaktien) unabhängig von der Art der Verbriefung (Inhaber- und Namensaktien, Miteigentum am Girosammelbestand sowie unverbriefte Mitgliedschaften). Nicht unter den Anwendungsbereich fällt der Erwerb von Papieren, die kein Mitgliedschaftsrecht verbriefen, wie Dividendenscheine, Genussscheine, Optionsanleihen und (Wandel-) Schuldverschreibungen (*Hüffer* AktG Rn 5; KölnKomm AktG/*Lutter/Drygala* Rn 25). Im Hinblick auf § 221 Abs 4 spricht allerdings bei Schuldverschreibungen, die Umtausch- oder Bezugsrechte gewähren, sowie bei Genussrechten einiges dafür, auf deren Erwerb und Wiederveräußerung Abs 1 Nr 8 S 3 und 4 entspr anzuwenden. Die AG kann daher grds (mittelbare) Bezugsrechte erwerben; deren Ausübung zum Bezug von neuen Aktien ist allerdings durch § 56 untersagt.

4   Das Erwerbsverbot erfasst auch Vorverträge (sog Lieferansprüche, vgl KölnKomm AktG/*Lutter/Drygala* Rn 35), das Report- und Deportgeschäft (MünchKomm AktG/*Oechsler* Rn 76), die Sicherungsübereignung und den Sicherungsvertrag (hierzu ausf *Oechsler* AG 2010, 526) sowie sonstige mit einem Rechtserwerb verbundene Formen

der Treuhand (zB wenn die Aktien im Namen der AG aber auf Rechnung eines Dritten erworben werden), Kommissionsgeschäfte verbunden mit einem Eigentumserwerb der AG und den Selbsteintritt bei der Verkaufskommission gem § 400 Abs 1 HGB, das echte Wertpapierdarlehen an eigenen Aktien gem § 607 BGB (*Oechsler* aaO), die unregelmäßige Verwahrung gem §§ 700 BGB, 15 DepotG, nicht aber die Tauschverwahrung gem § 10 DepotG, weil sich Erwerb und Verlust die Waage halten (*Hüffer* AktG Rn 6; *Lutter/Drygala* aaO Rn 41; **aA** *Oechsler* aaO Rn 77; Spindler/Stilz AktG/*Cahn* Rn 41). Nicht erfasst werden die bloße Einräumung einer Verfügungsbefugnis über eigene Aktien, die Verwaltungstreuhand und die Legitimationsübertragung (*Hüffer* aaO; *Oechsler* aaO Rn 86 f). Auch die Legitimationseintragung der AG in ihr „eigenes" Aktienregister ist zulässig; dies ist auch im Hinblick auf eine möglicherweise noch bestehende Einlagepflicht unbedenklich, da in jedem Fall auch der wahre Aktionär verpflichtet bleibt (Grigoleit AktG/*Grigoleit/Rachlitz* Rn 35). Der Erwerb eigener Aktien durch Zuschlag in der Zwangsversteigerung fällt unter § 71, und zwar auch dann, wenn die AG selbst ein Pfändungspfandrecht an den Aktien hatte (*Hüffer* aaO Rn 4; *Lutter/Drygala* aaO Rn 35). Im Kaduzierungsverfahren wird § 71 von den Regeln der §§ 64 ff mit Ausnahme des Erwerbs im Wege der Versteigerung nach § 65 Abs 3 verdrängt (unstr).

Zunehmende Bedeutung in der Praxis hat der Einsatz von **Eigenkapitalderivaten** 5 bekommen, insb wenn der mit ihnen verfolgte Zweck wirtschaftlich der tatsächlichen Übertragung der Aktien sehr nahe kommt (Spindler/Stilz AktG/*Cahn* Rn 185). Zu unterscheiden sind hier der Einsatz von Kaufoptionen (Call-Option) und Verkaufsoptionen (Put-Option), bei denen der Optionsinhaber eine Optionsprämie an den Stillhalter zahlt und damit das Recht erwirbt, bei Ausübung der Option Aktien zu kaufen bzw zu verkaufen. Eine weitere Form sind Equity Swaps, bei denen der Berechtigte im Hinblick auf die Kursentwicklung der Aktie so gestellt wird, als wäre er selbst Aktionär. Klärungsbedürftig ist dabei insb der Zeitpunkt, zu dem die Zulässigkeit des Erwerbs eigener Aktien geprüft werden muss, sowie die Bestimmung des relevanten Gegenwertes im Zusammenhang mit Abs 1 S 1 Nr 8. Zudem bedarf der aktienrechtliche Gleichbehandlungsgrundsatz (§ 53a) bes Beachtung (ausf *Cahn* aaO Rn 185 ff passim). Unabhängig von den eher technischen Voraussetzungen des § 71 (etwa Gleichbehandlung der Aktionäre und Umfang der Ermächtigung durch die HV) muss die konkrete Maßnahme stets im Interesse der Gesellschaft sein.

Beim Erwerb einer **Kaufoption** durch die AG ist § 71 nicht schon mit dem Erwerb des 5a Optionsrechtes, sondern erst mit Ausübung der Option durch die AG anzuwenden (KölnKomm AktG/*Lutter/Drygala* Rn 36 mwN). Streitig ist die Berechnung des Gegenwertes iSd Abs 1 Nr 8 S 1. Abgestellt wird teilw auf die Summe aus Basispreis und Wert der Option zum Ausübungszeitpunkt (*Vetter* AG 2003, 478, 480; *Butzke* WM 1995, 1389, 1392; Spindler/Stilz AktG/*Cahn* Rn 191), da allein diese Parameter den Vermögensabfluss zum Ausübungszeitpunkt ausdrücken (*Vetter* AG 2003, 478, 480), und teilweise auf die Summe aus Basispreis und Optionsprämie (*Schmid/Mühlhäuser* AG 2004, 342, 343; GroßKomm AktG/*Merkt* Rn 248; MünchKomm AktG/*Oechsler* Rn 201), da diese die tatsächlichen Aufwendungen der Gesellschaft darstellen. Richtigerweise hat die HV hier ein Ermessen, da beide Kriterien die Transaktionsentscheidung des Vorstands sachdienlich beschränken. Die Gesellschaft muss den Finanzdienstleister bei der Beschaffung der Aktien vertraglich auf die Wahrung des Gleichbehandlungsgrundsatzes (dh insb Erwerb über die Börse) verpflichten (*Cahn* aaO Rn 188; *Henze* FS U. H. Schneider,

S 507, 511). Begibt die AG als Stillhalterin selbst Kaufoptionen über eigene Aktien und ist die Lieferung der Aktien vereinbart, liegt die Entscheidungsgewalt allein beim Optionsinhaber und die Anwendung von § 71 ist bereits im Zeitpunkt der Begebung geboten. Die Vereinbarung eines Barausgleichs schließt die Anwendung des § 71 aus (*Cahn* aaO Rn 208 mwN; **aA** *Paefgen* AG 1999, 67, 71).

5b Erwirbt die AG eine **Verkaufsoption** und entscheidet sich für deren Ausübung, so ist sie ab diesem Zeitpunkt berechtigt, Aktien zu einem festgelegten Preis an den Stillhalter zu veräußern. Die Beschränkung auf einen Barausgleich führt zur Unanwendbarkeit des § 71 (Spindler/Stilz AktG/*Cahn* aaO Rn 211). Ein anderes Bild ergibt sich bei der Veräußerung von Put-Options durch die AG. Hier hat die Gesellschaft als Stillhalterin die Entstehung ihrer Erwerbspflicht nicht mehr in der Hand. Daher unterliegt die AG in diesem Fall den Voraussetzungen des § 71 (ebenso MünchKomm AktG/*Oechsler* Rn 81; *Paefgen* AG 1999, 67, 73 f); relevanter Zeitpunkt hierfür ist die Begebung der Put-Option, da sich die AG bereits hier zum späteren Erwerb verpflichtet (vgl oben Rn 2; *Cahn* aaO Rn 194). Beruht der Erwerb auf Abs 1 Nr 8, so besteht für die Festlegung des Preisrahmens erneut ein Ermessensspielraum der HV, solange die Preisfindung sachdienlich beschränkt wird. Das Gesagte findet ebenso Anwendung bei Bestehen eines Wahlrechts des Optionsinhabers zwischen Barausgleich (cash settlement) und Aktienlieferung (physical settlement), da auch hier die Entscheidung nicht mehr bei der AG liegt. Eine allein auf Barausgleich gerichtete Put-Option führt hingegen nicht zur Anwendung des § 71, da es nicht zum Erwerb von Aktien und den damit verbundenen Risiken kommt (GroßKomm AktG/*Merkt* Rn 379; KölnKomm AktG/*Lutter/Drygala* Rn 43; *Oechsler* aaO Rn 84; *Schmid/Mühlhäuser* AG 2001, 493, 495; **aA** *Cahn* aaO Rn 202; K. Schmidt/Lutter AktG/*T. Bezzenberger* Rn 9). In solchen Fällen ist allerdings sorgfältig zu prüfen, ob nicht wirtschaftlich eine als Kursgarantie verbotene Einlagenrückgewähr vorliegt (vgl MünchKomm AktG/*Bayer* § 57 Rn 86; GroßKomm AktG/*Henze* § 57 Rn 68).

6 § 71 gilt nicht für den **Erwerb einer Unternehmensbeteiligung** an einer Zielgesellschaft, nur weil diese auch Aktien an der AG hält. Das Verbot gilt zur Vermeidung von Umgehungen aber entspr, wenn das Vermögen des anderen Unternehmens fast ausschließlich aus Aktien der AG besteht (KölnKomm AktG/*Lutter/Drygala* Rn 44; MünchKomm AktG/*Oechsler* Rn 95). Für die Anwendung des § 71 auf den Erwerb eigener Aktien der herrschenden AG für das Sondervermögen einer von ihr abhängigen Kapitalanlagegesellschaft besteht weder aus Gründen des Kapitalschutzes noch aus Gründen des Kompetenzschutzes ein Anlass (*Cahn* WM 2001, 1929 ff).

7 Der Erwerb eigener Aktien fällt als Geschäftsführungsmaßnahme in den Zuständigkeitsbereich des Vorstands (§ 76). Für die Ausnahmetatbestände in Abs 1 Nr 7 und 8 ist ein Ermächtigungsbeschluss der HV erforderlich. Eine Bindung an die Zustimmung des AR gem § 111 Abs 4 S 2 ist möglich, hat jedoch nur interne Bindungswirkung (*Rieckers* ZIP 2009, 700; KölnKomm AktG/*Lutter/Drygala* Rn 139 mwN; GroßKomm AktG/*Merkt* Rn 270; **aA** Spindler/Stilz AktG/*Cahn* Rn 98 mwN: Zustimmungsvorbehalt nicht möglich).

III. Ausnahmen vom Erwerbsverbot (Abs 1)

1. Schadensabwehr (Abs 1 Nr 1). – a) Allgemeines. Der Erwerb ist nach Nr 1 zulässig, um einen schweren, unmittelbar bevorstehenden Schaden von der Gesellschaft abzuwenden. Ein **Schaden** der AG liegt bei jeder unmittelbar oder mittelbar eintretenden Vermögens- oder Eigentumseinbuße vor. Auch ein Reputationsschaden kann ausreichen, zumal ein solcher zu einer erheblichen Beeinträchtigung der Geschäftschancen eines Unternehmens führen kann. Der Schaden muss noch nicht eingetreten sein. Der Vorstand hat eine **Prognoseentscheidung** zu treffen. Der entgangene Spekulationsgewinn, der durch die Versagung des Erwerbs und damit der Möglichkeit der späteren Wiederveräußerung entsteht, kann einen Aktienerwerb zur Schadensabwehr nicht begründen (*Benckendorff* S 212; KölnKomm AktG/*Lutter/Drygala* Rn 47; MünchKomm AktG/*Oechsler* Rn 104). Das Erwerbsverbot soll Nachteile, die der Gesellschaft durch den Erwerb der Aktien erwachsen, gerade vermeiden. Der Schaden muss der Gesellschaft drohen; Schäden der Aktionäre (insb ein Kursverlust) werden nicht erfasst. 8

Es muss sich um einen **schweren** Schaden handeln. Ein solcher liegt bereits bei einer erheblich ins Gewicht fallenden Vermögenseinbuße vor; eine Existenzgefährdung der AG ist nicht erforderlich (unstr). Maßgeblich ist das Verhältnis des zu erwartenden Schadens zu Größe und Finanzkraft der Gesellschaft, dh die Fähigkeit, den drohenden Schaden anderweitig zu verkraften (**hM** s nur KölnKomm AktG/*Lutter/Drygala* Rn 61 mwN). Auf das Verhältnis zwischen dem drohenden Schaden und dem mit dem Erwerb der Aktien verbundenen Erwerbsrisiko (sog Relationstheorie, vertreten von *Aha* AG 1992, 218, 222; *Werner* AG 1990, 1, 14) kommt es nicht an. Da das Erwerbsverbot unabhängig von einem bestehenden Risiko gilt, kann sich auch die Schwere des Schadens nicht daraus ergeben, dass das mit dem Erwerb verbundene Risiko gering ist (*Lutter/Drygala* aaO). 9

Zudem muss der Schaden **unmittelbar bevorstehen**. Daran sind keine zu hohen Anforderungen zu stellen. Es reicht aus, wenn der Schaden in überschaubarer Zukunft und wahrscheinlich eintritt (MünchKomm AktG/*Oechsler* Rn 110). Wenn dies der Fall ist, muss der Vorstand nicht noch länger zuwarten, sondern kann unmittelbar die erforderlichen Maßnahmen ergreifen. Abs 1 Nr 1 erfasst auch bereits eingetretene Schäden. 10

Die **Notwendigkeit des Erwerbs** eigener Aktien setzt voraus, dass der Erwerb objektiv notwendig, dh zur Schadensabwehr geeignet und ohne vernünftige Alternative ist (*Hüffer* AktG Rn 8; MünchKomm AktG/*Oechsler* Rn 111 f). Nicht erforderlich ist, dass es sich um das einzig taugliche Mittel zur Schadensabwehr handelt (*Hüffer* aaO; **aA** *Aha* AG 1992, 218, 219). 11

b) Einzelfälle. Der Erwerb eigener Aktien gem Abs 1 Nr 1 ist zum Zwecke der **Forderungssicherung** zulässig, wenn die Gesellschaft ansonsten mit der Forderung ganz ausfallen würde (*Hüffer* AktG Rn 9; *Kuhn* NJW 1973, 833, 834). 12

Fraglich ist, ob die Gesellschaft einem Aktionär, der einen HV-Beschluss anficht, zur Verfahrensbeendigung seine Aktien abkaufen darf. Dies ist grds nicht zulässig. Die Erhebung einer Anfechtungsklage gegen einen Beschl der HV dient der Legitimitätskontrolle und stellt keinen Schaden für die Gesellschaft dar, der durch den Abkauf eigener Aktien nach Abs 1 Nr 1 abgewehrt werden könnte (**hM** *Hüffer* AktG Rn 10 mwN; 13

einschränkend KölnKomm AktG/*Lutter/Drygala* Rn 59; *Lutter* ZGR 1978, 347, 356 ff; **aA** MünchKomm AktG/*Oechsler* Rn 130 ff). Dieser strikte Ansatz kann freilich in Ausnahmefällen zu Ergebnissen führen, die für die Gesellschaft nicht nur wirtschaftlich unvorteilhaft sind, sondern schlicht verheerend (etwa im Falle der Anfechtung einer existenzrettenden Kapitalmaßnahme). Dann müssen die generalpräventiven Erwägungen, die das allg Verbot tragen, hinter dem individuellen Gesellschaftsinteresse zurücktreten und ein **Auskaufen des Anfechtungsklägers** zulässig machen, jedenfalls solange das Gesetz keinen effektiven Schutz gegen räuberische Aktionäre bietet (*Oechsler* aaO Rn 130; *Lutter/Drygala* aaO; Spindler/Stilz AktG/*Cahn* Rn 56). Das bedeutet, dass die Gesellschaft soweit möglich die gesetzlichen Freigabeverfahren (etwa § 246a) ausschöpfen muss. Die Zahlung eines über den Wert der Aktien hinausgehenden Betrages nimmt nicht an der Privilegierung des § 57 Abs 1 S 2 teil. Die praktische Relevanz dieser Ausnahme wird daher sehr begrenzt sein.

14 Das Interesse an normaler **Kurs- oder Marktpflege** ist kein ausreichender Erwerbsgrund (**hM** *Hüffer* AktG Rn 10; MünchKomm AktG/*Oechsler* Rn 126 mwN; *Grüger* BKR 2010, 221, 223 f). Dies gilt auch für kurspflegende Maßnahmen anlässlich der Börseneinführung (**aA** *OLG Frankfurt* AG 1992, 194, 196; *Benckendorff* S 217; *Oechsler* aaO Rn 127; KölnKomm AktG/*Lutter/Drygala* Rn 51), zumal sich in diesem Zusammenhang eine Kursstabilisierung durch Rückkäufe nach einer Mehrzuteilung im Zusammenhang mit einer Greenshoe-Option als geeignetes Mittel etabliert hat. Kommt es infolge eines Baisseangriffs zu erheblichen Kursverlusten und richtet sich der Angriff gezielt auf die Zerstörung der Kreditwürdigkeit der AG bzw auf die Verschlechterung des Umtauschverhältnisses zulasten der aufnehmenden (oder übertragenden) AG während der Verschmelzung, wird der Erwerb eigener Aktien zur Schadensabwehr für zulässig erachtet (*Lutter/Drygala* aaO Rn 50; *Kuhn* NJW 1973, 833, 834). Das ist für den Fall der Verschmelzung zweifelhaft, da der Aktienkurs für die Verschmelzungswertrelation allenfalls eine untergeordnete Rolle spielt. Zweifelhaft ist zudem, ob diese Ansicht nach Einführung des § 20a WpHG noch aufrechterhalten werden kann oder ob Kursmanipulationen durch einen gezielten Baisseangriff allein von der BaFin zu verfolgen sind (so *Singhof/Weber* AG 2005, 549, 565). Richtigerweise kann aber das öffentlich-rechtliche Verbot, gegen das ein Dritter verstößt, nicht die gesellschaftsrechtlichen Befugnisse der AG zur Schadensbegrenzung beschränken.

15 Ob der Erwerb eigener Aktien als Instrument zur Abwehr einer **feindlichen Übernahme** eingesetzt werden kann, ist umstr. Dieses Verteidigungsmittel hat ohnehin den Nachteil, dass sich wg § 71b die faktische Beteiligungsquote des Übernehmers erhöht (*Werner* AG 1990, 1, 14; *Aha* AG 1992, 218, 220), der jedoch durch die anschließende Veräußerung an gesellschaftsnahe Investoren überwunden werden kann (was eine Berechtigung zum Ausschluss des Bezugsrechts voraussetzt). Ein drohender Schaden ist nur anzunehmen, wenn der Bieter die Absicht hat, die AG zu schädigen (*Benckendorff* S 217 ff; *Hüffer* AktG Rn 9; KölnKomm AktG/*Lutter/Drygala* Rn 56; ähnlich *BGH* NJW 1961, 26); hierzu muss der Vorstand Tatsachen nachweisen, die zur Besorgnis einer Schädigungsabsicht Anlass geben (*Hüffer* aaO; krit im Hinblick auf praktische Nachweisbarkeit *Hitzer/Simon/Düchting* AG 2012, 237, 238). Zutr Ansicht nach kann der Aktienerwerb zur Abwehr einer feindlichen Übernahme generell nicht auf Abs 1 Nr 1 gestützt werden (MünchKomm AktG/*Oechsler* Rn 115 ff; *Hitzer/Simon/Düchting* aaO; *Michalski* AG 1997, 152, 155; Geibel/Süßmann WpÜG/*Schwennicke* § 33 Rn 69 mwN). Abgesehen davon, dass die Veränderung des Aktionärskreises der auf einen wechselnden Bestand angelegten AG keinen Schaden begründen kann (*Michalski* aaO; *Lutter/Drygala* aaO; *Schanz* NZG 2000, 337, 345 mwN), ist vor Bekanntmachung der Entscheidung des Bieters jedenfalls die Unmittelbarkeit des drohenden Schadens zu verneinen. In Übernahmesituationen verbietet die gesetzliche Wertung in § 33 WpÜG (Neutralitätspflicht des Vorstands) dem Vorstand, über abwehrende Maßnahmen ohne Beteiligung des AR zu entscheiden. Der Rückkauf eigener Aktien zur Abwehr einer feindlichen Übernahme kann daher regelmäßig nur auf Abs 1 Nr 8 gestützt werden; wg der Erwerbsgrenze des Abs 2 S 1 wird sich die Übernahme aber idR nicht verhindern lassen (MünchKomm WpÜG/*Schlitt* § 33 Rn 267; *Schwennicke* aaO). Zudem sind die kapitalmarktrechtlichen Grenzen dabei zu beachten (vgl Assmann/Pötzsch/Schneider WpÜG/*Krause/Pötzsch* § 33 Rn 94 f).

2. Belegschaftsaktien (Abs 1 Nr 2). Abs 1 Nr 2 erleichtert die Ausgabe von Belegschaftsaktien. Dies verfolgt den sozialpolitischen Zweck, die Beteiligung der AN am Produktionsvermögen zu fördern und die Verbundenheit der AN mit ihrem Unternehmen zu erhöhen (Geßler/Hefermehl AktG/*Hefermehl/Bungeroth* Rn 62). 16

Das Angebot kann sich an alle Personen richten, die in einem **Arbeitsverhältnis zur AG** oder einem mit ihr **verbundenen Unternehmen** (§ 15) stehen oder standen. Davon ausgenommen sind **Organmitglieder** (dh Mitglieder von Vorstand und AR; allgM vgl MünchKomm AktG/*Oechsler* Rn 140 mwN); nicht aber leitende Angestellte. Durch das Zweite Finanzmarktförderungsgesetz vom 26.7.1994 (BGBl I S 1749) wurde die Vorschrift auf beendete Arbeitsverhältnisse erweitert (*Butzke* WM 1995, 1389). Das Angebot kann unter Wahrung des arbeitsrechtlichen Gleichbehandlungsgrundsatzes auf einen bestimmten Personenkreis beschränkt werden (ähnlich *Oechsler* aaO Rn 145). Die geplante Ausgabe kann den Börsenkurs unterschreiten, wenn sich der Aufwand iRd Üblichen und Angemessenen hält (*Oechsler* aaO Rn 146 mwN). Die Ausgabe kann auch ganz ohne **Gegenleistung** erfolgen, da die Kapitalerhaltung durch Abs 2 S 2 gewährleistet wird. Daher sind auch andere Finanzierungshilfen zulässig, wie Darlehen oder Sicherheiten (§ 71a Abs 1 S 2). Die Mitwirkung des Betriebsrates nach § 87 Abs 1 BetrVG ist nicht erforderlich (KölnKomm AktG/*Lutter/Drygala* Rn 70 mwN; *Hüffer* aaO Rn 13; **aA** Spindler/Stilz AktG/*Cahn* Rn 63 mwN). Möglich ist auch die Ausgabe von Aktien an Mitarbeiter verbundener Unternehmen. Maßgeblich ist die Legaldefinition in § 15, die die Tochter- und Obergesellschaften mit umfasst (*Lutter/Drygala* aaO Rn 77; *Oechsler* aaO Rn 141). Dies ist, anders als bei der Gewährung von Bezugsrechten iRv § 192 Abs 2 Nr 3 (*Hüffer* aaO § 192 Rn 20), aufgrund der unterschiedlichen Zielsetzung auch für Mitarbeiter der Obergesellschaft sachgerecht. 17

Der Erwerb ist bereits zulässig, wenn der Vorstand im Erwerbszeitpunkt die ernsthafte Absicht der späteren Aktienausgabe an die AN hat und ein entsprechender Vorstandsbeschluss vorliegt; ein gleichzeitig verlaufendes tatsächliches Angebot wird nicht vorausgesetzt, wäre auch kaum handhabbar. Das beabsichtigte Angebot muss hinreichend konkret sein; es darf nicht von ungewissen Voraussetzungen oder unrealistischen Konditionen abhängen (vgl MünchKomm AktG/*Oechsler* Rn 142; *Hüffer* AktG Rn 13). Unterbleibt die Weitergabe der Aktien aufgrund einer geänderten Beschlusslage im Vorstand, wird der Erwerb nicht nachträglich unzulässig; es kann aber eine Veräußerungspflicht analog § 71c Abs 1 entstehen. Bei der Ausgabe ist die Jahresfrist in Abs 3 S 2 zu beachten. 18

Wieneke

19 Nach zutr Ansicht ermöglicht Abs 1 Nr 2 auch die **Bedienung von Aktionsprogrammen** (MünchKomm AktG/*Oechsler* Rn 138; *Umnuß/Ehle* BB 2002, 1042, 1043; KölnKomm AktG/*Lutter/Drygala* Rn 82; Spindler/Stilz AktG/*Cahn* Rn 64; **aA** *Weiß* Aktienoptionspläne für Führungskräfte, Diss Tübingen 1999, S 242 ff; *Hüffer* AktG Rn 12; K. Schmidt/Lutter AktG/*T. Bezzenberger* Rn 35). Ein Beschl gem § 193 Abs 2 Nr 4 ist nicht erforderlich, da wg der Unanwendbarkeit der Vorschrift auf Organmitglieder keine Missbrauchsgefahr besteht. Mit Einführung des Abs 1 Nr 8 wurde eine weitere Möglichkeit zur Bedienung von Aktienoptionsprogrammen geschaffen, ohne Abs 1 Nr 2 zu verdrängen (**aA** *Claussen* DB 1998, 177, 180). In der Praxis ist aus Gründen der Rechtssicherheit, und um auch die Optionen von Vorstandsmitgliedern mit bedienen zu können, ein (zusätzlicher) Beschl nach Abs 1 Nr 8 zu empfehlen. Weiterhin ist auch der Erwerb zur Bedienung sog Share Matching-Pläne zulässig, bei denen unter der Voraussetzung eines Investments des Arbeitnehmers in Aktien der Gesellschaft und dem Ablauf einer bestimmten Wartezeit zusätzlich unentgeltlich Aktien der Gesellschaft gewährt werden (vgl ausf *Wagner* BB 2010, 1739, 1740 f).

20 **3. Abfindung von Aktionären (Abs 1 Nr 3).** Abs 1 Nr 3 ermöglicht den Erwerb eigener Aktien zum Zwecke der konzernrechtlichen Abfindung von Aktionären. Im **Vertragskonzern** ist der Erwerb eigener Aktien zur Erfüllung der Abfindungsverpflichtungen der herrschenden Gesellschaft aus § 305 Abs 2 erlaubt. In einem Beherrschungs- oder Ergebnisabführungsvertrag muss der andere Vertragsteil (die durch den Unternehmensvertrag „begünstigte Gesellschaft") den außenstehenden Aktionären der verpflichteten Gesellschaft gem § 305 Abs 1 die Übernahme von deren Aktien gegen Abfindung anbieten (Eintrittsrecht). Als Abfindung sieht § 305 Abs 2 Nr 1 eigene Aktien der begünstigten Gesellschaft und § 305 Abs 2 Nr 2 eigene Aktien derjenigen Gesellschaft vor, die über die begünstigte Gesellschaft herrscht oder an ihr mit Mehrheit beteiligt ist (die „herrschende Gesellschaft"). Abs 1 Nr 3 ermöglicht im Fall des § 305 Abs 2 Nr 1 den Erwerb eigener Aktien durch die begünstigte Gesellschaft und im Fall des § 305 Abs 2 Nr 2 den Erwerb eigener Aktien durch die herrschende Gesellschaft. Hierdurch können diese die Verpflichtungen aus dem Unternehmensvertrag erfüllen. Da der Erwerb eigener Aktien der AG durch Tochterunternehmen bereits von § 71d S 2 erfasst wird, erlaubt der Verweis in dies Abs 1 Nr 3 auf § 305 Abs 2 Nr 2 sowohl der herrschenden Gesellschaft eigene Aktien zu kaufen, um sie der begünstigten Gesellschaft zur Verfügung zu stellen, als auch der begünstigten Gesellschaft selbst unmittelbar Aktien der herrschenden Gesellschaft zu erwerben (MünchKomm AktG/*Oechsler* Rn 152). Der Erwerb eigener Aktien ist ferner zur Abfindung ausgeschiedener Aktionäre bei **Eingliederung** (§ 320b) zulässig; die Hauptgesellschaft (§ 319 Abs 1) kann die Aktien erwerben, um ihre Abfindungspflicht gegenüber den ausgeschiedenen Aktionären zu erfüllen.

21 Bei der **Verschmelzung** von Gesellschaften mit unterschiedlichen Rechtsformen (bspw Verschmelzung einer GmbH auf eine AG) begründet § 29 UmwG die Pflicht der übernehmenden Gesellschaft, jedem dem Verschmelzungsbeschluss des übertragenden Rechtsträgers widersprechenden Anteilsinhaber den Erwerb seiner Aktien gegen eine angemessene Barabfindung anzubieten (Austrittsrecht). Dieser Anspruch wird erst mit Eintragung der Verschmelzung wirksam, dh wenn der widersprechende Anteilsinhaber schon Aktionär der Gesellschaft ist. Daher stellt die Erfüllung der Verpflichtung aus § 29 UmwG einen Erwerb eigener Aktien dar. Entspr gilt bei der **Auf- und Abspaltung** (nicht aber bei der Ausgliederung) gem §§ 125 S 1 iVm 29 Abs 1 UmwG und dem Formwechsel gem § 207 Abs 1 S 1 UmwG. Nehmen mehr als 10 % der Aktionäre das Abfindungsangebot an und wird die Grenze des Abs 2 S 1 dadurch überschritten, hat dies keine Auswirkungen auf die Zulässigkeit des Erwerbs (*Hüffer* AktG § 71c Rn 4; *Grunewald* FS Boujong, S 191 f). § 71c Abs 2 ist jedoch anwendbar. S auch die Privilegierung gegenüber Abs 4 S 2 in §§ 29 Abs 1 S 1 HS 2, 125, 207 Abs 1 S 1 HS 2 UmwG.

Die entspr Anwendung der Vorschrift auf die **Konzernverschmelzungen** gem § 62 UmwG ist entgegen der in der Vorauflage vertretenen Auffassung zulässig (*Martens* FS Boujong, S 339 ff; ihm folgend: Spindler/Stilz AktG/*Cahn* Rn 72; KölnKomm AktG/*Lutter/Drygala* Rn 94 mwN; Kallmeyer UmwG/*Marsch-Barner* § 62 Rn 5; **aA** *Hüffer* AktG Rn 15; GroßKomm AktG/*Merkt* Rn 211). Ein zwingendes Bedürfnis für eine entspr Anwendung besteht zwar nicht, da die aufnehmende Gesellschaft auch ein genehmigtes Kapital ausnutzen oder eigene Aktien gem Abs 1 Nr 8 verwenden kann. Der nur zeitlich begrenzte Durchgangserwerb würde dem gesetzlichen Ziel der Ermöglichung von Konzernverschmelzungen ohne HV-Beschluss entsprechen (Grigoleit AktG/*Grigoleit/Rachlitz* Rn 41). Demgegenüber kann die Erwerbsberechtigung der AG zur Erfüllung des obligatorischen Kaufangebots iRd regulären **Delisting** auf Abs 1 Nr 3 analog gestützt werden (*Adolff/Tieves* BB 2003, 797, 803; *Schlitt* ZIP 2004, 533, 537; *Cahn* aaO Rn 156; *Lutter/Drygala* aaO Rn 97 mwN; **aA** *Henze* NZG 2003, 649, 650 f); hier stellt das Erwerbsrecht ein Korrelat zu der nach Ansicht des *BGH* (BGHZ 135, 47, 55) bestehenden Pflicht zur Unterbreitung eines Angebots an die Minderheitsaktionäre dar.

22

Erforderlich und ausreichend ist die ernsthafte Absicht des Vorstands, die eigenen Aktien zur Abfindung von Aktionären einzusetzen. Diese Absicht liegt bereits dann vor, wenn mit dem Zustandekommen des die Abfindungspflicht begründenden Beherrschungsvertrags bzw Zustimmungsbeschlusses ernstlich zu rechnen ist, etwa aufgrund der Mehrheitsverhältnisse, und ein entsprechender Vorstandsbeschluss vorliegt (MünchKomm AktG/*Oechsler* Rn 163; **aA** *Hüffer* AktG Rn 14; KölnKomm AktG/*Lutter/Drygala* Rn 104: Zustimmende Beschlüsse der beteiligten HV müssen bereits gefasst sein). Kommt es nicht zur Abfindungspflicht, entfällt diese nachträglich oder werden die Aktien nicht abgerufen, so gilt das zu Abs 1 Nr 2 Gesagte entspr (s Rn 18).

23

4. Unentgeltlicher Erwerb und Einkaufskommission (Abs 1 Nr 4). Der unentgeltliche Erwerb ist unbedenklich, da mangels Kaufpreiszahlung keine Einlagenrückgewähr erfolgt (KölnKomm AktG/*Lutter/Drygala* Rn 220). Der Begriff der **Unentgeltlichkeit** entspricht dem des § 516 Abs 1 BGB. Wesentliche Fälle sind Schenkung und Vermächtnis. Die Verpflichtung zur Zahlung von Erbschafts- oder Schenkungssteuern schließt die Unentgeltlichkeit des Erwerbs nicht aus (unstr). Die praktische Relevanz des unentgeltlichen Erwerbs gem Abs 1 Nr 4 zu Sanierungszwecken ist gering, da diese meist unter Abs 1 Nr 6 (Kapitalherabsetzung) fallen (MünchKomm AktG/ *Oechsler* Rn 166). Zusätzlicher möglicher Anwendungsfall ist die Umwandlung von Vorzugsaktien in Stammaktien, etwa im Verhältnis 4 zu 3, dh der Aktionär erhält für 4 Vorzugsaktien 3 Stammaktien (durch Änderung der mit der alten Mitgliedschaft verbundenen Rechte im Wege der Satzungsänderung) und die vierte Vorzugsaktie überträgt er im Wege der freiwilligen Mitwirkung unentgeltlich an die Gesellschaft (s weiterführend *Wirth/Arnold* ZGR 2002, 859, 890 ff). Kein Anwendungsfall von

24

Abs 1 Nr 4 liegt vor, wenn der Gesellschaft ein echtes Wertpapierdarlehen an eigenen Aktien gewährt wird. Zwar bleiben die zu zahlenden Darlehenszinsen für eine Aktie in der Regel der Höhe nach weit hinter dem Kaufpreis zurück, sodass das Vermögen der Gesellschaft einem erheblich geringerem Risiko ausgesetzt wird, als beim Kauf eigener Aktien. Dennoch ist die Gesellschaft verpflichtet, für den Erwerb eine Gegenleistung in Form des Darlehenszinses zu erbringen. Eine Unentgeltlichkeit liegt damit gerade nicht vor. Sie kann auch bei geringen Beträgen schon deshalb nicht angenommen werden, da die Folge eine erhebliche Unsicherheit über den maximal zulässigen Zinssatz wäre (*Cahn/Ostler* AG 2008, 221, 231 f). Wertpapierdarlehen an eigenen Aktien können der Gesellschaft deshalb wirksam nur unter den Voraussetzungen eines anderen Tatbestandes des Abs 1 gewährt werden.

25 Abs 1 Nr 4 stellt zudem sicher, dass eine Bank in der Rechtsform einer AG Kaufaufträge ihrer Kunden für eigene Aktien der Bank abwickeln kann. Der Erwerb zur Ausführung einer **Einkaufskommission** bezieht sich auf den gewerbsmäßigen Kauf von Wertpapieren für Rechnung eines anderen durch ein Kreditinstitut iSd §§ 1 Abs 1, 2 Abs 1 KWG. Da der Kommissionär im eigenen Namen handelt (§ 383 Abs 1 HGB), kommt es nach der gesetzlichen Grundkonzeption zu einem Durchgangserwerb der AG. Verweigert der Kommittent die Abnahme, wird der Erwerb nicht nachträglich unzulässig (*Hüffer* AktG Rn 17; MünchKomm AktG/*Oechsler* Rn 169); daher entsteht eine Veräußerungspflicht auch nur gem § 71c Abs 2 (ebenso Spindler/Stilz AktG/*Cahn* Rn 78; KölnKomm AktG/*Lutter/Drygala* Rn 222; aA K. Schmidt/Lutter AktG/*T. Bezzenberger* Rn 45; *Oechsler* aaO). Die Einkaufskommission kann auch im Wege des Selbsteintritts gem § 400 Abs 1 HGB erfüllt werden; die AG kann sich dann durch den Erwerb eigener Aktien in gleicher Höhe wieder eindecken (*Oechsler* aaO). Im Regelfall der Einkaufskommission bei Anwendung der üblichen Sonderbedingungen für das Wertpapiergeschäft findet freilich ein Durchgangserwerb in der Praxis nicht statt, da eine sog „Übereignung für den, den es angeht" und damit direkt an den Kunden als Erwerber vorliegt (**hM** *Will* in Kümpel/Wittig, Bank- und Kapitalmarktrecht, 4. Aufl 2011 Rn 18.205 ff mwN). Die **Verkaufskommission** stellt keinen Erwerbsvorgang iSd Abs 1 Nr 4 dar, da der Kommissionär nur die Verfügungsbefugnis erlangt. Für eine entspr Anwendung des Abs 1 Nr 4 auf den Selbsteintritt iSd § 400 Abs 1 HGB ist kein Raum (*Hüffer* aaO; *Oechsler* aaO Rn 170; ebenso nun auch *Lutter/Drygala* aaO Rn 226).

26 **5. Gesamtrechtsnachfolge (Abs 1 Nr 5).** Abs 1 Nr 5 stellt klar, dass eine Gesamtrechtsnachfolge nicht deswegen unzulässig ist, weil sie zum Erwerb eigener Aktien führt (*Kropff* S 91). Erfasst wird die Gesamtrechtsnachfolge durch **Erbfall** gem § 1922 BGB; ein Rückgriff auf Abs 1 Nr 4 (unentgeltlicher Erwerb) ist nicht erforderlich und beim Erwerb teileingezahlter Aktien auch möglich (str ist die Einordnung von Abs 1 Nr 5 als vorrangiger Sondertatbestand zu Abs 1 Nr 4, vgl KölnKomm AktG/*Lutter/Drygala* Rn 228 mwN). Von Bedeutung ist ferner die **Verschmelzung** gem § 20 Abs 1 Nr 1 UmwG, wenn sich Aktien der übernehmenden AG im Vermögen des übertragenen Rechtsträgers (oder dessen Tochtergesellschaft, § 71d S 2) befinden (dazu *Korte* WiB 1997, 953, 959); beachte allerdings § 68 Abs 1 UmwG. Beteiligt sich die AG an einer Personen(handels)gesellschaft, die Aktien an der AG hält, ist der Vermögensübergang auf sie im Wege der Anwachsung bei Ausscheiden der anderen Gesellschafter (gem oder analog § 140 Abs 1 S 2 HGB) zulässig (*Hüffer* AktG Rn 18; *Lutter/Drygala* aaO Rn 230).

6. Erwerb zur Einziehung von Aktien (Abs 1 Nr 6). Der Erwerb eigener Aktien zur 27
Einziehung stellt eine notwendige Ergänzung der Regeln über die Kapitalherabsetzung dar. Abs 1 Nr 6 bezieht sich nur auf die Kapitalherabsetzung nach einem Aktienerwerb durch die AG (§ 237 Abs 1 S 1 Alt 2), nicht auf den Fall der Zwangseinziehung. Der Erwerb ist unbedenklich, da die Kapitalschutzfunktion von den Einziehungsregeln übernommen wird (MünchKomm AktG/*Oechsler* Rn 177; krit *Wieneke/ Förl* AG 2005, 189 ff für § 237 Abs 3 Nr 3). Der Kapitalherabsetzungsbeschluss der HV (§ 237) muss (als Ermächtigung) dem Aktienerwerb vorausgehen (anders bei einem Erwerb gem Abs 1 Nr 8 S 6, vgl *Oechsler* aaO Rn 178; Spindler/Stilz AktG/ *Cahn* Rn 83). Der Erwerb von Aktien im Hinblick auf einen erst zukünftig zu fassenden Einziehungsbeschluss nach § 237 ist unzulässig.

7. Erwerb zum Zwecke des Wertpapierhandels (Abs 1 Nr 7). Abs 1 Nr 7 knüpft an 28
die Begrifflichkeit des KWG an und richtet sich an **Kreditinstitute** (§§ 1 Abs 1, 2 Abs 1 KWG), Finanzdienstleistungsinstitute (§§ 1 Abs 1a, 2 Abs 6 KWG) und Finanzunternehmen (§ 1 Abs 3 KWG) in der Rechtsform der AG. Der Erwerb eigener Aktien wird zum Zwecke des Wertpapierhandels erlaubt. Voraussetzung ist ein **Beschluss der HV** (einfache Mehrheit ist ausreichend, § 133 Abs 1), der den Erwerbszweck (insb zur Ermöglichung der Abgrenzung zu Abs 1 Nr 8) nennt. Dabei reicht die übliche Formulierung „zum Zwecke des Wertpapierhandels" aus (*Hüffer* AktG Rn 19b). Der Begriff des **Wertpapierhandels** ist weit auszulegen und erfasst jeden An- und Verkauf von Aktien sowie von derivativen Geschäften, der zum typischen Geschäftszuschnitt der AG gehört (Spindler/Stilz AktG/*Cahn* Rn 86; MünchKomm AktG/*Oechsler* Rn 183). Ein Dienstleistungsbezug zu Kunden ist nicht erforderlich; damit ist auch ein Eigenhandel für Rechnung der AG grundsätzlich zulässig (**aA** Grigoleit AktG/*Grigoleit/Rachlitz* Rn 35). Indiz ist, ob derartige Geschäfte in einem vergleichbaren Umfang auch in anderen Papieren getätigt werden; die Norm ist offen für neue Wertpapierprodukte und Geschäftsentwicklungen. Lediglich ein Erwerb zur Kurspflege ist ausgeschlossen.

Der **Beschluss** muss ausdrücklich bestimmen, dass der Handelsbestand am Ende eines 29
Tages (*Butzke* WM 1995, 1389, 1391: 24 Uhr Mitteleuropäischer Zeit) 5 % des Grundkapitals nicht überschreiten darf. Während des Tages darf der Bestand größer sein, sofern die absolute Obergrenze des Abs 2 S 1 nicht überschritten wird; diese zusätzliche Grenze muss nicht in den HV-Beschluss mit aufgenommen werden. Die HV kann eine niedrigere Grenze festlegen (RegBegr BT-Drucks 12/6679, 84). Der niedrigste und höchste Gegenwert ist im Beschl anzugeben. Seit Geltung des ARUG v 20.7.2009 (BGBl I S 2479) darf die Ermächtigung für höchstens **5 Jahre** erteilt werden. Eine Erneuerung während des Fristlaufs ist zulässig (RegBegr aaO); klarstellend sollte in dem neuen Beschl die alte noch laufende Ermächtigung aufgehoben werden.

8. Ermächtigungsbeschluss ohne gesetzliche Zweckvorgabe (Abs 1 Nr 8). – a) Norm- 30
zweck. Abs 1 Nr 8 schafft größere Flexibilität bei der Aufbringung und Reduzierung von Eigenkapital. Der AG ist der Aktienerwerb in einem gewissen Umfang **ohne positive gesetzliche Zweckvorgabe** gestattet, wenn die HV eine entspr Ermächtigung erteilt. Die Regelung ermöglicht insofern die Ausrichtung der Unternehmensführung an der Wertsteigerung der Aktie, was insb vor dem Hintergrund des Shareholder Value-Gedankens interessant ist (vgl *Martens* AG 1996, 337, 338). Der Rückerwerb eigener Aktien stellt bei überkapitalisierten Gesellschaften neben der Dividendener-

höhung eine sinnvolle Alternative zur Ausschüttung überflüssiger Liquidität an die Aktionäre und zur Erhöhung der Eigenkapitalrendite dar. Abs 1 Nr 8 ermöglicht zudem die Bedienung von Aktienoptionsprogrammen und geht insoweit über Abs 1 Nr 2 hinaus, als sich das Angebot der erworbenen Aktien auch an Mitglieder der Geschäftsführung richten kann. Weiterhin erlaubt die Vorschrift den Aktienerwerb zur Vorbereitung einer endgültigen Einziehung, wobei auch die Reduzierung speziell einer Aktiengattung zulässig ist (*Hillebrandt/Schremper* BB 2001, 533 ff). Der Erwerb eigener Aktien zur Erfüllung des iRd regulären Delisting obligatorischen Kaufangebots (*BGHZ* 153, 47 – Macroton) ist ebenfalls unter den Voraussetzungen des Abs 1 Nr 8 zulässig. Ein weiterer zulässiger Zweck ist die Schaffung von Akquisitionswährung für Unternehmenserwerbe mit eigenen Aktien. Siehe für ein Muster eines Ermächtigungsbeschlusses gem Abs 1 Nr 8 aF etwa *Kindl* DStR 1999, 1276, 1281. Durch das ARUG v 30.7.2009 (BGBl I S 2479) wurde die Höchstdauer der Ermächtigung von 18 Monaten auf **5 Jahre** erhöht. Die HV kann den Vorstand nicht zum Erwerb verpflichten. Führt der Vorstand den Rückkauf auf Basis der Ermächtigung der Hauptversammlung durch, hat er im Rahmen seiner Geschäftsführungsverantwortung eigenständig zu prüfen, dass der Rückkauf im **Gesellschaftsinteresse** ist (Grigoleit AktG/*Grigoleit/Rachlitz* Rn 62).

31 **b) Ermächtigungsbeschluss.** Es genügt ein Beschl der HV mit einfacher **Stimmenmehrheit** gem § 133 Abs 1 (*Hüffer* AktG Rn 19d; MünchKomm AktG/*Oechsler* Rn 193). Ist allerdings in demselben Beschl – wie in der Praxis häufig – eine Veräußerung der Aktien unter Ausschluss des Bezugsrechts der Aktionäre vorgesehen, ist das Erfordernis für eine qualifizierte Mehrheit nach Abs 1 S 1 Nr 8 S 5 iVm § 186 Abs 3 S 2 zu beachten. Da der Beschl den **Erwerbszweck** nicht angeben muss, wird er nicht dadurch anfechtbar, dass im Beschlusszeitpunkt (noch) kein zulässiger Zweck ersichtlich ist (*Hüffer* aaO Rn 19f; Spindler/Stilz AktG/*Cahn* Rn 94; **aA** OLG München NZG 2002, 678, 679; *Oechsler* aaO; GroßKomm AktG/*Merkt* Rn 266). Der Beschl muss bereits vor dem Erwerb gefasst worden sein ("aufgrund"). Ein nachträglicher Indemnitätsbeschluss wäre ohne rechtliche Bedeutung. Aus dem Zusammenhang zwischen § 57 und § 71 ergibt sich, dass ein fehlerhafter Beschl gem § 241 Nr 3 nichtig ist (*Hüffer* aaO Rn 19e). Fehlen etwa **Festlegungen** zur Höchstdauer oder zur Höchstmenge, kann nicht im Wege einer geltungserhaltenden Reduktion von der gesetzlichen Höchstdauer bzw Höchstmenge ausgegangen werden. Ein gleichwohl vorgenommener Erwerb wäre rechtswidrig. Die **Geltungsdauer** der Ermächtigung muss im Beschl festgelegt sein. Diese darf seit Geltung des ARUG v 30.7.2009 (BGBl I S 2479) eine Höchstdauer von 5 Jahren nicht überschreiten; es gelten die §§ 187 ff BGB. Sie betrifft nur den Erwerb (schuldrechtlich und dinglich) und nicht das Halten der Aktien (RegBegr BT-Drucks 13/9712, 13; *Cahn* aaO Rn 108). Die Ermächtigung kann entspr der alten Rechtslage während des Fristlaufs erneuert, modifiziert oder aufgehoben werden (*Hüffer* aaO Rn 19b; Schmidt/Lutter AktG/*T. Bezzenberger* Rn 19). Die vormalige Verpflichtung zur Unterrichtung der BaFin gem Abs 3 S 3 aF wurde durch das ARUG v 30.7.2009 (BGBl I S 2479) ersatzlos aufgehoben.

32 Die **Festlegung des** niedrigsten und höchsten **Gegenwertes** im Beschl der HV bedeutet nur, dass der Beschl eine bestimmte Wertangabe enthalten muss. Der genaue Betrag muss nicht festgesetzt werden; eine relative Anbindung an den künftigen Börsenkurs ist zulässig (RegBegr BT-Drucks 13/9712, 13), bei börsennotierten Gesellschaften zweckmäßig und allg üblich. Die Gegenleistung muss marktüblich sein, wobei eine

Abweichung von höchstens 10 % gegenüber dem Börsenkurs zulässig ist (*LG Berlin* NZG 2000, 944; weiter MünchKomm AktG/*Oechsler* Rn 200). Vom Sinn und Zweck her (Kapitalerhaltung) ist in erster Linie eine solche enge Grenze „nach oben" erforderlich. Den Erwerb an eine von der Gesellschaft zu zahlende Mindestgegenleistung anzuknüpfen, ist nicht nachvollziehbar (zumal ein unentgeltlicher Erwerb nach Nr 4 immer zulässig ist), in der Praxis aber üblich; hier ist allerdings deutlich mehr Spielraum möglich. Wenn insofern argumentiert wird, der Vorstand solle davon abgehalten werden, in eigene Aktien zu investieren, wenn der Markt diese angesichts des niedrigen Preises als bes riskant einschätzt (Spindler/Stilz AktG/*Cahn* Rn 109), wird dies durch eine übliche am Aktienkurs orientierte Preisuntergrenze nicht verhindert und sollte eher Gegenstand der vom Vorstand verantworteten Zweckmäßigkeit des Erwerbs sein. Bei Anknüpfung an einen Börsenkurs sind die Art der Bestimmung des Kurses und der Börsenplatz genau zu bezeichnen, um spätere Anwendungsprobleme auszuschließen. Die Formulierung könnte etwa lauten: „Der Kaufpreis je Aktie darf den Durchschnitt der Börsenkurse der Aktie der Gesellschaft an der Frankfurter Wertpapierbörse (Schlussauktion im XETRA-Handelssystem) an den jeweils drei vorangegangenen Börsentagen nicht um mehr als 10 % über- bzw unterschreiten." Möglich ist auch eine Ermächtigung, durch ein Kreditinstitut über einen bestimmten Zeitraum Aktien erwerben zu lassen und dann bei der Abrechnung auf den **volumengewichteten Durchschnittskurs** über eine bestimmte Periode abzustellen. Eine Differenzierung nach verschiedenen Erwerbsarten (etwa über die Börse oder mittels eines Angebots an alle Aktionäre) ist zulässig und sinnvoll. Soll der Erwerb unter Einsatz von **Derivaten** erfolgen, ist bereits im Hinblick auf die erforderliche Festlegung des Gegenwerts eine bes Regelung im Ermächtigungsbeschluss erforderlich (s hierzu ausf *Johannsen-Roth* ZIP 2011, 407). Dann hat die HV bei der Festlegung der Grenzen für den Gegenwert etwa über Call oder Put-Option ein Ermessen und kann sowohl auf die Summe aus Basispreis und Wert der Option zum Ausübungszeitpunkt (so *Vetter* AG 2003, 478, 480; *Butzke* WM 1995, 1389, 1392; Spindler/Stilz AktG/*Cahn* Rn 191) als auch auf die Summe aus Basispreis und Optionsprämie (so *Schmid/Mühlhäuser* AG 2004, 342, 343; GroßKomm AktG/*Merkt* Rn 248; MünchKomm AktG/*Oechsler* Rn 201) abstellen (Rn 5a). Kriterien, die sich nicht eindeutig bestimmen lassen, sollten in der Praxis vermieden werden. Die HV sollte im Ermächtigungsbeschluss die Wahrung des Gleichbehandlungsgrundsatzes durch den von der Gesellschaft zu beauftragenden Finanzdienstleister beim Aufkauf der Aktien ausdrücklich vorschreiben. Bei **nichtbörsennotierten Gesellschaften** kann sich der Preisrahmen entweder an Referenztransaktionen der Vergangenheit oder an einer Unternehmensbewertung orientieren (vgl ausf *Stallknecht/Schulze-Uebbing* AG 2010, 657 ff).

Der Beschl muss den **Anteil** der zu erwerbenden Aktien **am Grundkapital** festlegen. **33** Das Erwerbsvolumen darf 10 % des Grundkapitals im Zeitpunkt der Beschlussfassung nicht übersteigen (Abs 1 Nr 8 S 1). Im Unterschied zu der Obergrenze des Abs 2 S 1 ist nicht auf den jeweiligen Bestand, sondern auf die insgesamt zu erwerbenden Aktien abzustellen (RegBegr BT-Drucks 13/9712, 13). Die Volumenbegrenzung kann also durch zwischenzeitliche Einziehung oder Veräußerung nicht wieder eröffnet werden und erfasst auch mehrere gleichzeitig gefasste Ermächtigungsbeschlüsse (MünchKomm AktG/*Oechsler* Rn 205; *Kindl* DStR 1999, 1276, 1278).

c) Erwerbszwecke. Das Gesetz setzt keinen bestimmten Erwerbszweck voraus; einzig **34** der Handel in eigenen Aktien ist ausgeschlossen (Abs 1 Nr 8 S 2). Die Bestimmung des Erwerbszwecks ist Geschäftsführungsmaßnahme und muss daher nicht Inhalt des HV-Beschlusses sein (RegBegr BT-Drucks 13/9712, 13; *LG Berlin* NZG 2000, 944, 945; **krit** *Bosse* NZG 2000, 923, 924). Die HV kann die Ermächtigung aber durch bestimmte Zweckvorgaben einschränken und weitere Einzelheiten des Erwerbs festlegen. Die Erwerbsermächtigung des Vorstands kann an die Zustimmung des AR gebunden werden (*Hüffer* AktG Rn 19f; MünchKomm AktG/*Oechsler* Rn 207; K. Schmidt/Lutter AktG/*T. Bezzenberger* Rn 23; **aA** Spindler/Stilz AktG/*Cahn* Rn 98).

35 Mit dem **Ausschluss des Handels** in eigenen Aktien wollte der Gesetzgeber den fortlaufenden Kauf und Verkauf eigener Aktien und den Versuch, Trading-Gewinne zu erzielen, ausschließen (RegBegr BT-Drucks 13/9712, 13). Die Unklarheit des Tatbestandsmerkmals und die Begründung werden in der Lit vielfach kritisiert (vgl *Kraft/Altvater* NZG 1998, 448, 450; *Hüffer* AktG Rn 19i mwN). Dass der Ausschluss offenbar die Spekulation in eigenen Aktien unterbinden soll, ist für die Auslegung wenig hilfreich, da jeder Aktienerwerb mit Spekulationserwägungen verbunden ist. Ferner kann aus dem bezweckten Ausschluss einer kontinuierlichen Kurspflege durch die Gesellschaft nicht im Umkehrschluss gefolgert werden, dass der Erwerb zur kurzfristigen Kurspflege generell zulässig ist (ebenso *Grüger* BKR 2010, 221, 224 ff; anders *Claussen* DB 1998, 177, 180; *Kindl* DStR 1999, 1276, 1279; dem folgend KölnKomm AktG/*Lutter/Drygala* Rn 156); gerade in Fällen der massiven Kursstützung kann es nämlich für die Gesellschaft zu einer Verlustspirale kommen. Zudem tritt angesichts der Ausdifferenzierung des Verbots der Kursmanipulation das öffentliche Interesse an der Kapitalmarktintegrität bei der Auslegung der gesellschaftsrechtlichen Regelung in den Hintergrund, zumal neben der gesellschaftsrechtlichen Zulässigkeit immer gesondert die kapitalmarktrechtliche Vereinbarkeit mit § 20a WpHG zu prüfen ist (*Singhof/Weber* AG 2005, 549, 553 f; ebenso Spindler/Stilz AktG/*Cahn* Rn 115). Der Begriff des Handels in eigenen Aktien ist vielmehr in Abgrenzung zu der Erwerbserlaubnis des Abs 1 Nr 7 zu verstehen, die den dort genannten Instituten den Handel in eigenen Aktien und iRd typischen Geschäftszuschnitts der AG vorbehält (*Singhof/Weber* aaO S 554). Daher ist ein Erwerb gem Abs 1 Nr 8 S 2 unzulässig, wenn der An- und Verkauf primär der Gewinnerzielung dient; eine erkennbar planmäßige und fortlaufende Tätigkeit indiziert diese Absicht (*Hüffer* aaO; GroßKomm AktG/*Merkt* Rn 276), insb wenn im zeitlichen Zusammenhang mit dem Erwerb auch Aktien wieder verkauft werden. Für die Praxis empfiehlt es sich, in dem Vorstandsbeschluss den intendierten zulässigen Erwerbszweck ausdrücklich festzuhalten.

36 **d) Gleichbehandlung beim Erwerb.** Nach Abs 1 Nr 8 S 3 ist § 53a (Gleichbehandlung der Aktionäre) auf Erwerb und Veräußerung anzuwenden. Das Angebot der Gesellschaft zum Rückkauf von eigenen Aktien muss sich daher grds an alle Aktionäre richten; die ausdrückliche Erwähnung des § 53a hat klarstellende Funktion. Daraus ergibt sich, dass das Gleichbehandlungsgebot trotz seiner systematischen Stellung in Nr 8 grundsätzlich auch für die anderen Erwerbstatbestände des § 71 Abs 1 gilt (Grigoleit AktG/*Grigoleit/Rachlitz* Rn 18). Bei Überzeichnung des Rückerwerbangebots erfordert die Gleichbehandlung eine Repartierung nach Quoten. Die in der Praxis übliche Ermächtigung zur bevorrechtigten Annahme geringer Stückzahlen zum Erwerb angebotener Aktien (idR Pakete bis 100 Stück) dient der Vermeidung unwirtschaftlicher Transaktionskosten, der Vereinfachung der technischen Abwicklung und ist, ähnlich dem Bezugsrechtsausschluss für Spitzenbeträge bei einer Kapitalerhöhung, nach dem de minimis-Prinzip zulässig. Auch iÜ kann eine **Ungleichbehandlung** aufgrund sachli-

cher Gründe nach den allg Grundsätzen im Gesellschaftsinteresse **gerechtfertigt** sein (*Henze* FS U. H. Schneider, S 507, 512). So können etwa wirtschaftliche Erwägungen für einen nur auf Vorzugsaktien gerichteten Rückkauf sprechen und diesen rechtfertigen (vgl *OLG Köln* NZG 2002, 966; *Pellens/Hillebrandt* AG 2001, 57). Ein Verstoß gegen den Gleichbehandlungsgrundsatz führt zur Anfechtbarkeit des HV-Beschlusses gem § 243 Abs 1. Das einzelne Rechtsgeschäft ist wg Verstoßes gegen § 134 BGB iVm § 53a und gem Abs 4 S 2 nichtig (MünchKomm AktG/*Oechsler* Rn 250) und löst die Veräußerungspflicht des § 71c Abs 1 aus.

Abs 1 Nr 8 S 4 bestimmt, dass Erwerb und Veräußerung **über die Börse** dem Gleichbehandlungserfordernis genügen. Dem liegt der Gedanke zugrunde, dass die Börse aufgrund ihrer Anonymität und Neutralität die Gleichbehandlung der Aktionäre bei Rückerwerb und Wiederveräußerung gewährleistet (*Martens* AG 1996, 337, 339; *Benckendorff* S 243). Ein zwischen der Gesellschaft und dem Veräußerer vereinbarter Paketerwerb wird nicht dadurch privilegiert, dass er (formal) über die Börse abgewickelt wird. Daher mag es zwar zur Vermeidung von Kursirritationen zweckmäßig sein, ist aber zu beanstanden, wenn die Gesellschaft bei Aktienoptionsplänen die während eines Ausübungsfensters von den Planteilnehmern bezogenen und umgehend in den Markt gegebenen Aktien sofort im Wege des Rückkaufs wieder aufnimmt. 37

Neben dem Erwerb über die Börse kann der Erwerb im öffentlichen **Tenderverfahren**, entweder zu einem Festpreis (fixed price tender offer) oder mit einer gewissen Preisspanne (dutch auction tender offer), erfolgen. Die RegBegr sieht den Gleichbehandlungsgrundsatz des § 53a gewahrt, wenn jedem Aktionär eine gleichrangige Beteiligung am Rückerwerb eigener Aktien durch die Gesellschaft ermöglicht wird (RegBegr BT-Drucks 13/9712, 13). Dies greift nach einer verbreiteten Ansicht zu kurz; danach soll das Rückkaufangebot darüber hinaus ein **mitgliedschaftliches Andienungsrecht** der Aktionäre („umgekehrtes Bezugsrecht", vgl *Paefgen* AG 1999, 67, 68) entstehen lassen, das wahlweise ausgeübt oder veräußert werden kann (MünchKomm AktG/*Oechsler* Rn 223; *Habersack* ZIP 2004, 1121, 1125 f; aA Spindler/Stilz AktG/*Cahn* Rn 121: kein Andienungsrecht). Auch die Ausgabe von übertragbaren Verkaufsrechten (transferable put rights) soll § 53a entsprechen, wenn jedem Aktionär Optionsrechte entspr seiner Kapitalbeteiligung eingeräumt werden (KölnKomm AktG/*Lutter/Drygala* Rn 166; K. Schmidt/Lutter AktG/*T. Bezzenberger* Rn 68; *Kindl* DStR 1999, 1276, 1279). Mit solchen „übertragbaren Andienungsrechten" hat etwa das öffentliche Erwerbsangebot der *Beiersdorf AG* in 2003/2004 gearbeitet. Rechtlich geboten ist dies allerdings jedenfalls bei börsennotierten Gesellschaften nicht, da solche Konstruktionen für den Aktionär nicht erforderlich sind, um den Wert seines Andienungsrechts zu realisieren. So kann der Aktionär stattdessen der Gesellschaft die von ihm gehaltenen Aktien (iRd Annahmequote) anbieten und sich mit dem Erlös über die Börse (zu einem geringen Preis) wieder eindecken („umgekehrte opération blanche"). Auch beim Rückerwerb über die Börse sieht das Gesetz keine quotale Andienung vor (*Cahn* aaO Rn 121). 38

Das **WpÜG** ist auf den Aktienerwerb bei öffentlichen Rückkaufangeboten weder direkt noch analog anwendbar. Die Interessenlage bei dem Erwerb eigener und fremder Anteile ist nicht vergleichbar. Angesichts des umfassenden gesellschaftsrechtlichen Schutzes der §§ 71 Abs 1 Nr 8, 53a ist ein zusätzlicher kapitalmarktrechtlicher Regelungsbedarf für den Erwerb eigener Aktien nicht ersichtlich. Die BaFin hat ihre 39 entgegengesetzte Meinung mit Schreiben vom 9.6.2006 ausdrücklich aufgegeben (anders noch *BaFin* NZG 2002, Heft 12, S IX; wie hier *Süßmann* AG 2002, 424 ff; *Berrar/Schnorbus* ZGR 2003, 59, 72 ff; *Hüffer* AktG Rn 19l mwN zum Streitstand). Das entbindet die Gesellschaft allerdings nicht von der Pflicht, das Rückkaufangebot in einem angemessenen und fairen Verfahren abzuwickeln. Hierzu gehört insb eine hinreichende Angebotsfrist (die in Anlehnung an die Bezugsfrist des § 186 Abs 1 S 2 nicht weniger als 2 Wochen betragen sollte; anders die **hL**, die im Hinblick auf § 16 Abs 1 WpÜG mindestens 4 Wochen verlangt; etwa Grigoleit AktG/*Grigoleit/Rachlitz* Rn 21) und eine angemessene Information der Aktionäre durch Veröffentlichung im Bundesanzeiger und über die Wertpapiermitteilungen.

40 Problematisch ist der Erwerb eigener Aktien im **Pakethandel** (negotiated purchase), da mit individuellen Vereinbarungen immer eine formale Ungleichbehandlung der Aktionäre einhergeht. Der Erwerb durch Individualvereinbarung wird teilweise generell ausgeschlossen (*Hüffer* AktG Rn 19k; *Peltzer* WM 1998, 322, 329). Andere Stimmen lassen einen Erwerb im Wege des negotiated repurchase zumindest dann zu, wenn ein sachlicher Grund für die Ungleichbehandlung besteht (MünchKomm AktG/ *Oechsler* Rn 242 ff; *Hitzer/Simon/Düchting* AG 2012, 237, 239; *Bosse* NZG 2000, 16 ff; *Paefgen* ZIP 2002, 1509, 1511 f; Spindler/Stilz AktG/*Cahn* Rn 127), zB zur Auflösung von Pattsituationen oder zur Bewältigung der Generationennachfolge insb bei geschlossenen Gesellschaften (vgl RegBegr BT-Drucks 13/9712, 14). In der Praxis wurden beabsichtigte Paketerwerbe bei börsennotierten Gesellschaften im Rahmen von öffentlichen Erwerbsangeboten abgewickelt (vgl *Axel Springer AG* in 2003 und *Beiersdorf AG* in 2003/2004), um den Minderheitsaktionären einen Mitverkauf unter gleichen Bedingungen zu ermöglichen. Bei personalistisch strukturierten Gesellschaften ist ein Auskaufen einzelner Aktionäre bei Zustimmung aller anderen Aktionäre natürlich zulässig.

41 **e) Gleichbehandlung bei der Veräußerung und Veräußerungsarten.** Nach Abs 1 Nr 8 S 3 ist § 53a (Gleichbehandlung der Aktionäre) auch auf die Veräußerung eigener Aktien durch die Gesellschaft anzuwenden; nach S 4 ist wiederum die Veräußerung **über die Börse** genügend. Auch dieser Teil des Gleichbehandlungsgebots gilt trotz seiner systematischen Stellung in Nr 8 grundsätzlich auch für Aktien, die aufgrund der anderen Erwerbstatbestände des § 71 Abs 1 erworben wurden (Grigoleit AktG/*Grigoleit/Rachlitz* Rn 18). Wie bei der Veräußerung wird ein zwischen der Gesellschaft und dem Veräußerer vereinbarter Paketverkauf nicht dadurch privilegiert, dass er (formal) über die Börse abgewickelt wird. Erfolgt die Veräußerung nicht über die Börse und nicht zur Bedienung von Aktienoptionsprogrammen, sind § 186 Abs 3 und 4 über den Verweis in Abs 1 Nr 8 S 5 HS 2 entspr anwendbar, da die Veräußerung an Dritte oder an einzelne Aktionäre wie ein Bezugsrechtsausschluss wirkt (RegBegr BT-Drucks 13/ 9712, 14; *Hüffer* AktG Rn 19m; *Reichert/Harbarth* ZIP 2001, 1441, 1442 ff). Die Veräußerung eigener Aktien stellt ein funktionales Äquivalent zur Kapitalerhöhung dar, so dass – über den Wortlaut des Abs 1 Nr 8 S 5 HS 2 hinaus – ein **gesetzliches Bezugsrecht** der Aktionäre anzuerkennen ist (MünchKomm AktG/*Oechsler* Rn 247; *Hüffer* aaO; ähnlich K. Schmidt/Lutter AktG/*T. Bezzenberger* Rn 80; *Broichhausen* NZG 2012, 86, 88; **aA** *Benckendorff* S 281). Dies bedeutet zunächst gem § 186 Abs 3 S 1, dass die Erwerbsermächtigung und der Bezugsrechtsausschluss im gleichen Beschl zu erfolgen haben (*Oechsler* aaO Rn 256). Der von der Rspr für den Bezugsrechtsausschluss geforderte sachliche Grund muss auch hier vorliegen (RegBegr aaO; *BGHZ*

71, 40, 43 ff). Dies hat bei einer Veräußerung gegen Barleistung und einer entsprechenden Ermächtigung aber wg § 186 Abs 3 S 4 praktisch nur dann Bedeutung, wenn der Ausgabepreis wesentlich unter dem Börsenpreis liegt; eine Präzisierung der „Wesentlichkeitsschwelle" im HV-Beschluss ist nicht erforderlich (*OLG Hamburg* AG 2005, 355, 359; *LG München I* NZG 2009, 388, 390). Im Hinblick auf die 10 %-Schwelle des § 186 Abs 3 S 4 hat der Ermächtigungsbeschluss die Anrechnung anderer Fälle des Bezugsrechtsausschlusses (etwa im genehmigten Kapital) vorzusehen (*Reichert/Harbarth* aaO S 1443 f). Der Vorstand hat der HV entspr § 186 Abs 4 S 2 einen schriftlichen **Bericht** zu erstatten (RegBegr aaO); die Einhaltung der Schriftform des § 126 BGB ist nicht erforderlich (*OLG Frankfurt* BeckRS 2011, 25412). Bei einer Veräußerung gegen Sachleistung gilt für das Begründungsniveau der Maßstab der Siemens/Nold-Entscheidung des *BGH* (*BGHZ* 136, 133, 140). Bei dem Beschl ist das Mehrheitserfordernis des § 186 Abs 3 S 2 zu beachten. Nicht geklärt ist, ob der Vorstand zusätzlich in entspr Anwendung der für den Bezugsrechtsausschluss bei genehmigtem Kapital entwickelten Grundsätze verpflichtet ist, auf der nächsten ordentlichen HV über die Einzelheiten des Vorgehens zu berichten. Dies ist aufgrund der funktionalen Gleichwertigkeit beider Maßnahmen zu bejahen (so zutr *Wilsing/Siebmann* DB 2006, 881, 884; vgl *BGHZ* 136, 133, 140 – Siemens/Nold; *BGHZ* 164, 241 – Mangusta/Commerzbank). Die nach Abs 1 Nr 8 S 3–5 geltenden Grundsätze gelten sinngemäß für eine Veräußerung eigener Aktien aufgrund der Veräußerungspflichten in § 71c Abs 1 und 2 und für die „freiwillige" Veräußerung rechtmäßig erworbener und gehaltener Aktien (*Oechsler* aaO § 71c Rn 20, 26).

Sieht der HV-Beschluss den Erwerb zur **Bedienung von Aktienoptionsprogrammen** **42** vor, muss er entspr § 193 Abs 2 Nr 4 Angaben über die Aufteilung der Bezugsrechte, die Erwerbs- und Ausübungszeiträume, die Erfolgsziele und die Wartezeit für die erstmalige Ausübung enthalten; zusätzlich ist auch eine Bedingung hinsichtlich des Bestehens des Arbeitsverhältnisses zulässig (*BAG* AG 2008, 632, 635). Bei der Umsetzung ist darauf zu achten, dass die Optionsrechte nicht erst durch den Rückerwerb „ins Geld" gebracht werden, sondern ein deutlicher Abstand zwischen dem Ende des Ermächtigungszeitraums und der erstmaligen Ausübung der Optionsrechte eingehalten wird (RegBegr BT-Drucks 13/9712, 14). Entspr Angaben sind freilich dann nicht erforderlich, wenn es – wie in der Praxis häufig – um die Bedienung von Optionen aus einem bereits bestehenden oder zeitgleich autorisierten Aktienoptionsplan geht, der den Voraussetzungen des § 193 Abs 2 Nr 4 entspricht (*Reichert/Harbarth* ZIP 2001, 1441, 1449); dann reicht ein Verweis auf den damaligen bzw zeitgleich zu fassenden Ermächtigungsbeschluss der HV aus, der die erforderlichen Angaben enthält. § 193 Abs 2 Nr 4 setzt auch nicht voraus, dass die HV mit der Ermächtigung zum Rückkauf zugleich über die Veräußerung beschließt (*LG Berlin* NZG 2000, 944; KölnKomm AktG/*Lutter/Drygala* Rn 190; **aA** *Bosse* NZG 2000, 923, 924; MünchKomm AktG/ *Oechsler* Rn 261). Abs 1 Nr 8 stellt eine sinnvolle Alternative zur Aktienbeschaffung durch bedingtes Kapital dar, weil der mit einer Kapitalerhöhung verbundene Verwässerungseffekt ausbleibt (*Hüffer* AktG Rn 19c); dafür kommt es allerdings beim Rückerwerb zu einem Liquiditätsabfluss. Die Regeln über den Bezugsrechtsausschluss (§ 186 Abs 3 und 4) sind neben § 192 Abs 3 Nr 4 unanwendbar (*Weiß* WM 1999, 353, 362; *Hüffer* aaO Rn 19j; **aA** *Kindl* DStR 1999, 1276, 1280; *OLG Schleswig* AG 2003, 102, 103 f; *Oechsler* aaO Rn 259 f; *Lutter/Drygala* aaO Rn 189).

43 **Begünstigte des Aktienoptionsprogrammes** können Mitglieder der Geschäftsführung und AN sein; nicht aber Mitglieder des AR (*BGHZ* 158, 122 – Mobilcom; KölnKomm AktG/*Lutter/Drygala* Rn 194 mwN; **aA** *OLG Schleswig* AG 2003, 102, 103 f; *Lutter* FS Hadding, S 561, 567 ff; *Fischer* ZIP 2003, 282 f). Dies folgt nicht aus der Verweisung auf § 193 Abs 2 Nr 4, da diese Vorschrift nur den Inhalt des HV-Beschlusses festlegt und nur in der unmittelbaren Anwendung den Personenkreis des § 192 Abs 2 Nr 3 voraussetzt (*Hüffer* AktG Rn 19h; *Fuchs* WM 2004, 2233, 2236; **aA** *BGHZ* aaO; zust *Habersack* ZGR 2004, 721, 724 ff). Die Entscheidung des *BGH* ist vielmehr vor dem Hintergrund der offenbar versäumten gesetzlichen Klarstellung zu sehen, Stock Options für AR-Mitglieder auch bei der Bedienung im Wege des Aktienrückkaufs auszuschließen. Grundgedanke ist die Wahrung der Kontrollfunktion des AR (§ 111 Abs 1), die durch die Angleichung der Vergütungsinteressen von Vorstand und AR mit Ausrichtung auf Aktienoptionen und damit auf den Aktienkurs gefährdet wird (*BGHZ* aaO). Zur Übertragbarkeit dieses Gedankens auf andere variable Vergütungsformen *Bürgers* NJW 2004, 3022, 3024 ff.

44 **f) Einziehungsermächtigung.** Der HV-Beschluss kann neben der Erwerbsermächtigung zugleich die Ermächtigung des Vorstands zur Einziehung der Aktien enthalten (Abs 1 Nr 8 S 6). Anders als in Nr 6 entscheidet die HV hier über die Einziehung nicht selbst, sondern stellt diese in das pflichtgemäße Ermessen des Vorstands. Auch eine nachträgliche Einholung der Einziehungsermächtigung in einem gesonderten HV-Beschluss ist möglich (K. Schmidt/Lutter AktG/*T. Bezzenberger* Rn 27; Spindler/Stilz AktG/*Cahn* Rn 145; **aA** KölnKomm AktG/*Lutter/Drygala* Rn 197; MünchKomm AktG/*Oechsler* Rn 281). Da S 6 keine besondere Beschlussmehrheit vorsieht, gilt das Erfordernis der einfachen Stimmenmehrheit nach § 133 Abs 1 (*Cahn* aaO Rn 146 **aA** in analoger Anwendung von § 222 Abs 1 Grigoleit AktG/*Grigoleit/Rachlitz* Rn 64). Die zulässige Dauer der Einziehungsermächtigung ist im Gesetz nicht geregelt. Die Frist in S 1 ist zwar nur für den Erwerb der Aktien und nicht für die Durchführung der Einziehung maßgeblich, im Hinblick auch auf § 202 erscheint die höchstzulässige Frist von fünf Jahren aber auch insofern als angemessen (vgl Hölters AktG/*Solveenz* Rn 3). Ein Kapitalherabsetzungsbeschluss (§§ 222 iVm 237 Abs 2 S 1 bzw § 237 Abs 4 S 1) ist entbehrlich. Um eine Einziehung zulasten des gebundenen Vermögens auszuschließen, reicht eine Prüfung anhand der Voraussetzungen des § 71 Abs 2 und 3 aus; eine Beachtung von § 237 Abs 3 ist nicht geboten (*OLG München* NZG 2012, 876; *Grigoleit/Rachlitz* aaO). Sofern die Satzung keine allg Ermächtigung zur Fassungsänderung durch den AR nach § 179 Abs 1 S 2 enthält, sollte diese in den Beschl zur Einziehungsermächtigung mit aufgenommen werden.

IV. Schranken des zulässigen Erwerbs (Abs 2)

45 **1. Zehnprozentgrenze (Abs 2 S 1).** In den Fällen des Erwerbs gem Abs 1 Nr 1 – 3, 7 und 8 darf das Rückkaufvolumen 10 % des Grundkapitals nicht überschreiten. Beschränkt wird nicht der wiederholte Erwerb, sondern nur das **Halten von Aktien** (KölnKomm AktG/*Lutter/Drygala* Rn 205). Auch nach Erreichen der Grenze bleibt ein Erwerb nach Nr 4–6 zulässig. Bei der Berechnung dieser Erwerbsgrenze ist das gezeichnete Kapital, wie es in Satzung und HR ausgewiesen ist, ggf unter Berücksichtigung von Aktien, die aus bedingtem Kapital entstanden sind, maßgeblich. Zu berücksichtigen sind alle von der AG erworbenen und gehaltenen Aktien, die nach § 71d S 3 der AG zurechenbaren Aktien sowie die von der AG in Pfand genommenen Aktien.

Erwerb eigener Aktien § 71

2. Kapitalgrenze (Abs 2 S 2). Die AG muss gem Abs 2 S 2 beim Erwerb die sog 46 Kapitalgrenze beachten. Diese steht in engem Zusammenhang mit der bilanziellen Abbildung eigener Aktien (su Rn 55 ff), welche fundamental durch das Gesetz zur Modernisierung des Bilanzrechts (BilMoG v 25.5.2009 BGBl I S 1102) reformiert wurde (s Bilanzierungsbeispiel bei *Küting/Reuter* BB 2008, 658, 661). Eine Aktivierung der eigenen Anteile erfolgt nun nicht mehr. Aus diesem Grund bedarf es auch nicht mehr der Bildung einer Rücklage als Gegenpart zum vormaligen Aktivposten. Um jedoch weiterhin sicherzustellen, dass der Erwerb allein zu Lasten des ausschüttungsfähigen Vermögens der AG erfolgt, muss stattdessen nach Einschätzung des Vorstands eine **hypothetische Rücklage** in Höhe der Aufwendungen zum Zeitpunkt des Erwerbs gebildet werden können, ohne dabei das Grundkapital oder eine gesetzlich oder satzungsmäßig bestimmte Rücklage zu mindern (RegBegr BT-Drucks 16/10067, 101). Der Vorstand entscheidet nach pflichtgemäßem Ermessen, ob die Bildung der Rücklage zum Stichtag möglich wäre; ein Zwischenabschluss ist – wie schon nach alter Rechtslage – nicht erforderlich (KölnKomm AktG/*Lutter/Drygala* Rn 216). Maßgeblich für diese Betrachtung ist der **Zeitpunkt des Erwerbs** der Aktien. Die Rücklagen müssen zu diesem Zeitpunkt nicht gebildet (gebucht) werden, müssten aber, wenn ein Abschluss auf diesen Zeitpunkt erstellt würde, gebildet werden können. Zukünftig zu erwartende positive Entwicklungen des laufenden Geschäftsjahrs können genauso wenig berücksichtigt werden, wie (im Gegensatz zur alten Rechtslage) zu erwartende negative Entwicklungen im laufenden Geschäftsjahr schädlich sind. Wurden bereits freie Rücklagen gebildet, kann der Rückkauf aus diesen finanziert werden. Dabei spielt es keine Rolle, ob es sich um freie Gewinnrücklagen (§ 272 Abs 3 HGB) oder ähnliche frei verfügbare Reserven handelt. Aus § 237 Abs 3 Nr 2 ergibt sich nichts Anderes, da die Vorschrift durch das BilMoG offenbar versehentlich nicht angepasst wurde (*OLG München* NZG 2012, 876, 1199, mit Hinweis auf die RegBegr aaO, S 66). – Die Ermächtigung zum Erwerb eigener Aktien soll **anfechtbar** sein, wenn keinerlei Aussicht darauf besteht, die bei Ausübung der Ermächtigung vorgeschriebene Rücklage zu bilden (*OLG München* NZG 2002, 678). Das überzeugt nicht. Zwar lässt sich über die Sinnhaftigkeit eines solchen Beschlusses streiten. Da die Ermächtigung aber immer nur eine notwendige und keine hinreichende Bedingung darstellt, kann von einer Verletzung von Gesetz oder Satzung (§ 243) freilich nicht ausgegangen werden.

3. Einzahlungserfordernis (Abs 2 S 3). Abs 2 S 3 sichert die Kapitalaufbringung, die 47 ansonsten dadurch gefährdet wäre, dass die Vereinigung von Gläubiger- und Schuldnerstellung in einer Person den Untergang der Einlageschuld durch Konfusion zur Folge hätte (MünchKomm AktG/*Oechsler* Rn 326). Volle Einzahlung meint die volle Leistung der Einlage, dh sowohl des Nennbetrags bzw des geringsten Ausgabebetrags als auch des Agios (nicht aber das sog schuldrechtliche Agio; vgl *Hüffer* AktG § 36a Rn 2a).

V. Pflichten nach dem Erwerb eigener Aktien (Abs 3)

1. Unterrichtung der Hauptversammlung (Abs 3 S 1). Der Vorstand muss die nächste 48 HV von dem Aktienerwerb nach Abs 1 Nr 1 und 8, einschließlich der Inpfandnahme und des zurechenbaren Erwerbs über Dritte nach § 71d S 4, unterrichten. Dabei erscheint eine Beschränkung auf die nächste ordentliche HV zulässig, da außerordentliche HVs typischerweise thematisch beschränkt sind. Die Angaben (Gründe und

Wieneke

Zweck des Erwerbs, Zahl der erworbenen Aktien, auf sie entfallender Betrag des Grundkapitals, Anteil am Grundkapital und Gegenwert der Aktien) sollen den Aktionären eine selbstständige Beurteilung der Zulässigkeit des Erwerbs erlauben können; der alleinige Hinweis auf den Gesetzeswortlaut genügt nach allgM nicht (*BGHZ* 101, 1, 17; *Hüffer* AktG Rn 22; MünchKomm AktG/*Oechsler* Rn 331). Diese Anforderungen sind freilich nur im Hinblick auf einen Erwerb nach Abs 1 Nr 1 („zur Abwendung eines schweren, unmittelbar bevorstehenden Schadens") sachgerecht (hierzu auch nur der *BGH* aaO); im Fall des Abs 1 Nr 8 wäre bei größeren Rückkaufprogrammen hierfür die Darlegung einer ganzen Liste von Erwerbsvorgängen mit den Erwerbszeitpunkten und -preisen erforderlich. Dies würde die HV überfrachten. Es ist daher ausreichend, die Maßnahmen iRd Rückkaufprogramms in groben Zügen darzulegen. Hierbei kann § 160 Abs 1 Nr 2 als Maßstab dienen. Der Bericht sollte auch die Veräußerungsvorgänge bzgl der Aktien erfassen (*Wilsing/Siebmann* DB 2006, 881, 884; entspr den Regelungen bei der Ausnutzung des genehmigten Kapitals jedenfalls dann, wenn das Bezugsrecht ausgeschlossen wurde; *BGHZ* 136, 133, 140 – Siemens/Nold; *BGHZ* 164, 241 – Mangusta/Commerzbank). Die Berichtspflicht gegenüber der nächsten ordentlichen HV wird durch die **Angaben im Geschäftsbericht** (§ 160 Abs 1 Nr 2) mit erfüllt (unstr RegBegr BT-Drucks 8/1678, 15). Die Angaben müssen sich tatsächlich decken; es besteht in der HV ein weitergehendes **Fragerecht** der Aktionäre (*Oechsler* aaO Rn 332; *Hüffer* aaO). Praktische Bedeutung hat die Unterrichtungspflicht während der HV selbst daher nur dann, wenn der Aktienerwerb (oder die Veräußerung) zwischen Bilanzstichtag und der nächsten ordentlichen HV erfolgt (*Zilias/Lanfermann* WPg 1980, 61, 63).

49 **2. Ausgabe von Belegschaftsaktien (Abs 3 S 2).** Im Fall von Belegschaftsaktien hat die Ausgabe der Aktien innerhalb eines Jahres nach ihrem Erwerb zu erfolgen. Die Gesellschaft soll ausreichend Zeit haben, die Aktien marktschonend an der Börse einzukaufen. Erfolgt die Annahme des Angebots durch die Belegschaft nicht oder nicht fristgemäß, wird der Erwerb nicht nachträglich unzulässig (MünchKomm AktG/ *Oechsler* Rn 335; *Hüffer* AktG Rn 23; K. Schmidt/Lutter AktG/*T. Bezzenberger* Rn 34). Da es sich ausschließlich um eine Fristbestimmung handelt, begründet die Norm keine Pflicht, die entspr erworbenen Aktien bei der Belegschaft unterzubringen (so aber scheinbar *Oechsler* aaO Rn 334; *Hüffer* aaO). Die endgültige Aufgabe der Ausgabeabsicht führt vielmehr zu einer Veräußerungspflicht analog § 71c Abs 1.

VI. Kapitalmarktrechtliche Rahmenbedingungen

51 Die tatsächliche Durchführung des Aktienrückkaufs unterliegt bei börsennotierten Gesellschaften neben den vorgenannten gesellschaftsrechtlichen Anforderungen einem komplexen Geflecht kapitalmarktrechtlicher Bestimmungen. Zunächst ist die Pflicht zur **ad-hoc-Publizität** nach § 15 WpHG zu beachten. Eine Veröffentlichungspflicht nach § 15 WpHG besteht, „sofern zu erwarten ist, dass der Erwerb oder die Veräußerung eine wesentliche Kursbeeinflussung gem § 15 WpHG auslösen wird" (RegBegr BT-Drucks 13/9712 S 14). Bekanntmachungspflichtig kann dann insb der Beschl des Vorstands sein, von der Ermächtigung nach Abs 1 Nr 8 Gebrauch zu machen (**hM** *BaFin* Emittentenleitfaden (Stand Mai 2009), S 40 (III.2.2.1.5.2); MünchKomm AktG/*Oechsler* Rn 364; KölnKomm AktG/*Lutter/Drygala* Rn 257; *Singhof/ Weber* AG 2005, 549, 552 jeweils mwN). Die Kursrelevanz eines Beschlussvorschlags an die HV nach § 124 Abs 3 zur Erteilung der Ermächtigung gem Abs 1 Nr 8 oder des

Erwerb eigener Aktien § 71

Ermächtigungsbeschlusses der HV selbst wird aufgrund der Unsicherheit über Zeit und Umfang der späteren Inanspruchnahme idR zu verneinen sein (*Oechsler* aaO Rn 363; ähnlich Spindler/Stilz AktG/*Cahn* Rn 162: Bekanntmachungspflicht über Erteilung des Ermächtigungsbeschlusses in bestimmten Fällen). Dies gilt idR auch dann, wenn die HV die Ermächtigung zum Erwerb eigener Aktien an die Zustimmung des AR gebunden hat, wobei allerdings regelmäßig bis zum Zeitpunkt der Beschlussfassung des AR eine Befreiung nach § 15 Abs 3 S 1 WpHG möglich ist (*BaFin* Emittentenleitfaden, aaO, S 58 (Mai 2009, IV.2.2.7.); *van Aerssen* WM 2000, 391, 401 f; **aA** *Singhof/Weber* aaO; Assmann/Schneider WpHG/*Assmann* § 15 Rn 87). Die Aufhebung der Informationspflicht gegenüber der BaFin gem Abs 3 S 3 aF ändert nichts am aufgeführten Pflichtenprogramm (s RegBegr BT-Drucks 16/11642, 25 f).

Bei Durchführung des Aktienrückkaufprogramms hat der Vorstand einer börsennotierten Gesellschaft darüber hinaus das **Insiderhandelsverbot** nach § 14 Abs 1 Nr 1 WpHG und das **Verbot der Marktmanipulation** nach § 20a WpHG zu beachten. Nach §§ 14 Abs 2, 20a Abs 3 WpHG sind Aktienrückkäufe allerdings vom Verbot des Insiderhandels und der Marktmanipulation ausgenommen, wenn sie im Rahmen von Rückkaufprogrammen und Maßnahmen zur Stabilisierung des Preises von Finanzinstrumenten und nach Maßgabe der Vorschriften der VO (EG) Nr 2273/2003 erfolgen. Für Finanzinstrumente, die in den Freiverkehr oder in den regulierten Markt einbezogen sind, gelten diese Vorschriften entspr. Zu beachten ist allerdings, dass mit dem sog **Safe Harbor** bspw nur Rückkaufprogramme zu bestimmten Zwecken privilegiert werden (dh zum Zwecke der Kapitalherabsetzung, zur Bedienung von Wandelschuldverschreibungen und zur Ausgabe von Belegschaftsaktien) und auch sonstige Verfahrensbedingungen (insb Informationspflichten sowie Volumen- und Preisbeschränkungen) einzuhalten sind. Sofern die Bedingungen der Safe-Harbor-Verordnung nicht eingehalten werden, ist die Zulässigkeit des Rückkaufs im Einzelfall vor dem Hintergrund der Verbotsbestimmungen zu prüfen (s hierzu weiterführend *Geber/zur Megede* BB 2005; *Singhof/Weber* AG 2005, 549, 554 ff; *Grüger* BKR 2010, 221 ff). Dabei kommt der Einhaltung der Volumen- und Preisbeschränkungen bes Bedeutung zu. Erfolgt der Rückerwerb unter Einsatz derivativer Finanzinstrumente, kann bspw auch ein seine Stillhalterposition absichernder Finanzdienstleister in den Generalverdacht der Kursmanipulation geraten; er sollte sich bei seinen Handelsaktivitäten daher insb an den Volumen- und Preisbeschränkungen der VO (EG) Nr 2273/2003 orientieren.

Die **Meldepflichten** nach § 15a WpHG gelten nicht für den Erwerb und die Veräußerung eigener Aktien (*BaFin* Emittentenleitfaden [Stand Mai 2009], S 87 [V.1.2.4.]). Jedoch haben Inlandsemittenten (§ 2 Abs 7 WpHG) die Schwellen von 5 und 10 % Prozent nach § 26 Abs 1 S 2 WpHG zu beachten (Marsch-Barner/Schäfer Hdb AG/*Schäfer* § 17 Rn 71; Assmann/Schneider WpHG/*Schneider* § 26 Rn 18); zudem gilt die 3 %-Schwelle für Emittenten, deren Herkunftsstaat Deutschland ist (§§ 26 Abs 1 S 2 aE iVm 2 Abs 6 Nr 1 WpHG). Zu berücksichtigen sind nach § 26 Abs 1 S 2 WpHG auch Aktien, die durch Dritte in eigenem Namen aber für Rechnung der Gesellschaft erworben wurden.

VII. Rechtsfolgen des zulässigen bzw unzulässigen Erwerbs (Abs 4)

Der **zulässige Erwerb** verstößt aufgrund der privilegierenden Wirkung von § 57 Abs 1 S 2 nicht gegen das Gebot Kapitalerhaltung. Dies soll allerdings nicht gelten, wenn der Erwerbspreis, gemessen am Börsenkurs bzw, sofern ein solcher nicht verfügbar ist,

Wieneke

am inneren Wert, unangemessen hoch ist (Grigoleit AktG/*Grigoleit/Rachlitz* Rn 72 mwN). Bei einem **unzulässigen Erwerb** tritt die privilegierende Wirkung nicht ein. Verstößt der Aktienerwerb gegen Abs 1 oder 2, ist der dingliche Aktienerwerb gleichwohl wirksam (Abs 4 S 1). Allein das schuldrechtliche Kausalgeschäft ist **nichtig** (Abs 4 S 2). Die AG kann die Rückzahlung des Erwerbspreises als unzulässige Einlagenrückgewähr gem §§ 57 Abs 1 S 1, 62 Abs 1 S 1 verlangen (MünchKomm AktG/ *Oechsler* Rn 342). Der Aktionär hat einen Anspruch auf Rückübertragung der Aktien gem §§ 812 ff BGB. Zum Schutz der Kapitalerhaltung kommt weder ein Anspruchsausschluss nach § 814 BGB noch die Geltendmachung eines Zurückbehaltungsrechts in Betracht (*Oechsler* aaO; KölnKomm AktG/*Lutter/Drygala* Rn 250; GroßKomm AktG/*Merkt* Rn 387; aA noch *Hüffer* NJW 1979, 1065, 1069: Kaufpreisrückzahlung Zug um Zug gegen Aktienrückgewähr). Das Handeln des Vorstands wird nach § 405 Abs 1 Nr 4a (Ordnungswidrigkeit) und § 93 Abs 3 Nr 3 (Schadensersatzpflicht, vgl dazu *OLG Stuttgart* ZIP 2009, 2386) sanktioniert. Die Mitglieder des AR haften iRd Rechtmäßigkeitskontrolle nach § 116.

VIII. Bilanz- und steuerrechtliche Behandlung

55 **1. Bilanzrecht.** Einer umfassenden Umgestaltung unterlag die bilanzielle Behandlung eigener Aktien durch das BilMoG v 25.5.2009 (BGBl I S 1102). Die neuen Vorschriften gelten für nach dem 31.12.2009 beginnende Geschäftsjahre (Art 66 Abs 3 und 5 EGHGB). Entgegen der früheren Vorschrift werden eigene Aktien nun in keinem Fall mehr auf der Aktivseite berücksichtigt (RegBegr BT-Drucks 16/10067, 101). Die Abbildung erfolgt allein auf der **Passivseite**, da sie keinen Vermögensgegenstand mehr darstellen (*Mayer* Ubg 2008, 779, 781; anders *Oser/Kropp* Der Konzern 2012, 185, 188 f und 197: Zwar Abbildung auf der Passivseite, im Hinblick auf die Wiederveräußerungsmöglichkeit liegt aber wirtschaftlicher Wert und damit Vermögensgegenstand vor). Die geltenden Bilanzierungsvorschriften geben zudem die komplizierte Differenzierung zwischen unterschiedlichen Erwerbstatbeständen und Verwendungsabsichten auf und vereinfachen damit die Bilanzierung erheblich, sind allerdings auch nicht ohne Kritik geblieben (*Oechsler* AG 2010, 105, 110). Wirtschaftlich betrachtet stellen danach Erwerbsvorgänge stets eine Auskehrung frei verfügbarer Rücklagen und Veräußerungen eine Form der Kapitalerhöhung dar (RegBegr aaO 65), die sich jeweils direkt auf das Eigenkapital auswirken. Im Hinblick auf die Kapitalerhaltung werden die Anschaffungskosten allein mit frei verfügbaren Rücklagen verrechnet. Unberührt bleibt die Erfassung der Anschaffungsnebenkosten im Geschäftsjahresaufwand. Zur abw Bilanzierung in Pfand genommener eigener Anteile vgl § 71e Rn 6.

56 Der **Bestand** eigener Aktien wird gem § 272 Abs 1a HGB bilanziert: Der Nennbetrag (bzw der rechnerische Wert bei nennwertlosen Aktien) ist in einer Vorspalte offen vom gezeichneten Kapital als Kapitalrückzahlung abzusetzen (S 1). Der Differenzbetrag zwischen Nennbetrag und den tatsächlichen Anschaffungskosten ist mit den frei verfügbaren Rücklagen zu verrechnen (S 2). Anschaffungsnebenkosten sind als Aufwand des Geschäftsjahres zu berücksichtigen (S 3). Dadurch, dass der Nennbetrag der eigenen Aktien (bzw deren rechnerischer Wert) vom gezeichneten Kapital abgesetzt und nur der Differenzbetrag zu den Anschaffungskosten mit den frei verfügbaren Rücklagen verrechnet wird, kann die Neuregelung eine Art „Kapitalherabsetzung auf Zeit" bewirken, ohne dass freilich gläubigerschützende Regelungen zu beachten wären (Spindler/Stilz AktG/*Cahn* Rn 225). Diesem systemwidrigen Ergebnis ist durch

Bildung einer eigenen zweckgebundenen Gewinnrücklage zu begegnen (*Oechsler* AG 2010, 105, 110; **aA** *Oser/Kropp* Der Konzern 2012, 185, 186 f).

Nach der **Veräußerung** der Anteile ist § 272 Abs 1b HGB einschlägig: Die Absetzung vom gezeichneten Kapital ist rückgängig zu machen (S 1) und der überschießende Veräußerungserlös bis in Höhe des von den freien Rücklagen zuvor abgesetzten Betrages dort wieder einzustellen (S 2). Ein darüber hinaus bestehender Betrag ist in die Kapitalrücklage einzustellen (S 3). Bei der Veräußerung entstehende Nebenkosten sind als Aufwand des Geschäftsjahres abzubilden (S 4). 57

2. Steuerrecht. Die Änderungen des BilMoG v 25.5.2009 (BGBl I S 1102) wirken sich auch auf die steuerrechtliche Behandlung eigener Aktien aus. Eigene Aktien dürfen in der Steuerbilanz nicht mehr ausgewiesen werden (*Mayer* Ubg 2008, 779, 782: arg e § 5 Abs 1 S 1 EStG). Der Erwerb eigener Aktien ist nun nicht mehr als Anschaffungsgeschäft für die AG zu klassifizieren, da sie kein Wirtschaftsgut darstellen (*Mayer* aaO; *Herzig* DB 2008, 1339, 1342; **aA** *Oser/Kropp* Der Konzern 2012, 185, 197 f, die Wirtschaftsgut und dementsprechend eine Ausweisungspflicht in der Steuerbilanz annehmen), sondern stellt eine ergebnisneutrale Eigenkapitalminderung dar (Spindler/Stilz AktG/*Cahn* Rn 242). Für den Aktionär handelt es sich stets um ein Veräußerungsgeschäft, das nach allg Grundsätzen zu besteuern ist (*Mayer* aaO 779, 782 f); dabei ist seit 2009 die Abgeltungssteuer zu beachten (vgl *Hüffer* AktG Rn 19p). Ein **unangemessen hoher Kaufpreis** stellt beim Aktionär nur in Höhe des angemessenen Teils einen Veräußerungserlös dar; beim überschießenden Teil handelt es sich um eine Einnahme iSd § 20 Abs 1 Nr 1 S 2 EStG. Auf Seiten der Gesellschaft liegt insoweit eine verdeckte Gewinnausschüttung gem § 8 Abs 3 S 2 KStG vor. Dies ist idR nicht der Fall, wenn die Anteile über die Börse oder im öffentlichen Tenderverfahren erworben werden. 58

§ 71a Umgehungsgeschäfte

(1) ¹Ein Rechtsgeschäft, das die Gewährung eines Vorschusses oder eines Darlehens oder die Leistung einer Sicherheit durch die Gesellschaft an einen anderen zum Zweck des Erwerbs von Aktien dieser Gesellschaft zum Gegenstand hat, ist nichtig. ²Dies gilt nicht für Rechtsgeschäfte im Rahmen der laufenden Geschäfte von Kreditinstituten oder Finanzdienstleistungsinstituten sowie für die Gewährung eines Vorschusses oder eines Darlehens oder für die Leistung einer Sicherheit zum Zweck des Erwerbs von Aktien durch Arbeitnehmer der Gesellschaft oder eines mit ihr verbundenen Unternehmens; auch in diesen Fällen ist das Rechtsgeschäft jedoch nichtig, wenn die Gesellschaft im Zeitpunkt des Erwerbs eine Rücklage in Höhe der Aufwendungen für den Erwerb nicht bilden könnte, ohne das Grundkapital oder eine nach Gesetz oder Satzung zu bildende Rücklage zu mindern, die nicht zur Zahlung an die Aktionäre verwandt werden darf. ³Satz 1 gilt zudem nicht für Rechtsgeschäfte bei Bestehen eines Beherrschungs- oder Gewinnabführungsvertrags (§ 291).

(2) Nichtig ist ferner ein Rechtsgeschäft zwischen der Gesellschaft und einem anderen, nach dem dieser berechtigt oder verpflichtet sein soll, Aktien der Gesellschaft für Rechnung der Gesellschaft oder eines abhängigen oder eines in ihrem Mehrheitsbesitz stehenden Unternehmens zu erwerben, soweit der Erwerb durch die Gesellschaft gegen § 71 Abs. 1 oder 2 verstoßen würde.

Übersicht

	Rn		Rn
I. Normzweck	1	c) Beherrschungs- und Gewinn-	
II. Unterstützung Dritter beim Erwerb eigener Aktien der AG (Abs 1)	2	abführungsverträge	10a
		4. Nichtigkeitsfolge	11
		III. Erwerb eigener Aktien im Wege mittelbarer Stellvertretung (Abs 2)	12
1. Verbotene Finanzierungsgeschäfte	2	1. Allgemeines	12
a) Allgemeines	2	2. Verbotene Rechtsgeschäfte	13
b) Vorschuss, Darlehen, Sicherheitsleistung	4	a) Erwerb für Rechnung der Aktiengesellschaft	13
2. Funktionszusammenhang	6	b) Rechtsgeschäft zwischen der Aktiengesellschaft und einem anderen	14
3. Verbotsausnahmen (Abs 1 S 2 und 3)	8		
a) Laufende Geschäfte von Kreditinstituten	8	3. Nichtigkeit des Rechtsgeschäfts	16
b) Belegschaftsaktien	9	a) Außenverhältnis	16
c) Einschränkung	10	b) Innenverhältnis	17

Literatur: *Becker* Gesellschaftsrechtliche Probleme bei der Finanzierung von Leveraged-Buy-Outs, DStR 1998, 1429; *Fleischer* Finanzielle Unterstützung des Aktienerwerbs und Leveraged Buyout, AG 1996, 494; *Kiefner/Theusinger* Aufsteigende Darlehen und Sicherheitenbegebung im Aktienrecht nach dem MoMiG, NZG 2008, 801; *Lutter/Wahlers* Der Buyout: Amerikanische Fälle und die Regeln des deutschen Rechts, AG 1989, 1; *Otto* Fremdfinanzierte Übernahmen – Gesellschafts- und steuerrechtliche Kriterien des Leveraged Buy-Out, DB 1989, 1389; *Schröder* Finanzielle Unterstützung des Aktienerwerbs, Diss Bonn 1995; *Singhof* Zur finanziellen Unterstützung des Erwerbs eigener Aktien durch Kreditinstitute, NZG 2002, 745; *Trapp/Schlitt/Becker* Die CoMEN-Transaktion der Commerzbank und die Möglichkeit ihrer Umsetzung durch andere Emittenten, AG 2012, 57; *Werner* Ausgewählte Fragen zum Aktienrecht, AG 1990, 1.

I. Normzweck

1 § 71a schützt in erster Linie das grundsätzliche Erwerbsverbot eigener Aktien gegen **Umgehungen** (*Hüffer* AktG Rn 1; MünchKomm AktG/*Oechsler* Rn 3 f). Die Vorschrift begrenzt den Ausnahmetatbestand des § 71 und ergänzt bzw konkretisiert damit das **Verbot der Einlagenrückgewähr** nach § 57 Abs 1 S 1. Da Abs 1 unabhängig davon gilt, ob der AG selbst ein Aktienerwerb erlaubt gewesen wäre (RegBegr BT-Drucks 8/1678, 16; K. Schmidt/Lutter AktG/*T. Bezzenberger* Rn 6; einschränkend KölnKomm AktG/*Lutter/Drygala* Rn 42 f; aA *Werner* AG 1990, 1, 14 f; OLG Frankfurt AG 1992, 194, 196), dient die Vorschrift über den Umgehungsschutz hinaus generell der **Vermeidung einer Erwerbsfinanzierung** (financial assistance) durch das Gesellschaftsvermögen außerhalb der Grenzen des § 57 Abs 3 (*Hüffer* aaO Rn 1 und 3; *Schröder* S 107 ff sowie ausf Spindler/Stilz AktG/*Cahn* Rn 5 ff). Während § 71a der Kapitalerhaltung dient, wird die Kapitalaufbringung insb durch § 56 Abs 3 sowie durch andere Regelungen zur Sicherung der Kapitalaufbringung (§ 36a etc) geschützt.

II. Unterstützung Dritter beim Erwerb eigener Aktien der AG (Abs 1)

2 **1. Verbotene Finanzierungsgeschäfte. – a) Allgemeines.** Abs 1 verbietet der AG die Unterstützung eines Dritten beim Erwerb eigener Aktien der AG. Die Gesellschaft wird dadurch zwar nicht selbst Aktionärin, trägt aber das Kredit- und Insolvenzrisiko

Umgehungsgeschäfte § 71a

des Dritten. Fällt die AG mit ihrer Forderung infolge der Insolvenz des Begünstigten aus oder wird sie aufgrund der von ihr gestellten Sicherheiten in Anspruch genommen, droht eine Verlustspirale (Grigoleit AktG/*Grigoleit/Rachlitz* Rn 3). Daher werden Transaktionen, die so ausgestaltet sind, dass der Dritte das mit dem Aktienerwerb verbundene Risiko vollständig selbst trägt, nicht erfasst. Ein Beispiel ist etwa, wenn die Gesellschaft Wandelschuldverschreibungen mit Aktien eines Dritten unterlegen will, auf die sie auf Basis von Call-Optionen zugreifen kann. Tritt sie die Option an einen Dritten ab, der diese als Treuhänder für die Investoren ausübt, wird die Gesellschaft vollständig aus dem wirtschaftlichen Risiko der Abwicklung herausgehalten. Ein Verstoß gegen §§ 71, 71d liegt dann nicht vor (*Trapp/Schlitt/Becker* AG 2012, 57, 65; Spindler/Stilz AktG/*Seiler* § 221 Rn 83). Der Dritte muss für eigene Rechnung handeln; Geschäfte für Rechnung der AG oder eines Tochterunternehmens iSd § 71d S 2 werden über den Verweis in § 71d S 4 erfasst. Zum Erwerbsbegriff vgl § 71 Rn 2. Das Verbot bezieht sich ausschließlich auf die **Finanzierung des derivativen Aktienerwerbs** (ganz **hM** ausf KölnKomm AktG/*Lutter/Drygala* Rn 21 mwN; MünchKomm AktG/*Oechsler* Rn 15; *Schröder* S 153; K. Schmidt/Lutter AktG/*T. Bezzenberger* Rn 20; aA Spindler/Stilz AktG/*Cahn/von Spannenberg* § 56 Rn 12 f).

Der **Anlass der Finanzierung** spielt keine Rolle; auch die Zahlung eines Zuschusses zur Durchführung von **Kurspflegemaßnahmen** (*OLG Frankfurt* AG 1992, 194, 196; MünchKomm AktG/*Oechsler* Rn 17; *Schröder* S 177 ff; einschränkend K. Schmidt/Lutter AktG/*T. Bezzenberger* Rn 13; Grigoleit AktG/*Grigoleit/Rachlitz* Rn 16) und die Finanzierung zur Ausübung eines Optionsrechts (*Oechsler* aaO Rn 17) können erfasst werden. Die Zahlung einer üblichen Vergütung an sog „Designated Sponsors" oder „Market Maker", die durch das Stellen von Kursen eine Zusatzliquidität im Markt garantieren, stellt weder eine unzulässige Kurspflege dar (Assmann/Schneider WpHG/*Vogel* § 20a Rn 232; Spindler/Stilz AktG/*Cahn* Rn 41), noch verstößt sie gegen §§ 71, 71a, weil es sich um allg Notierungskosten handelt und nicht einzelne Erwerbsvorgänge subventioniert werden. Eine Leistung wird auch dann von § 71a erfasst, wenn sie einem anderen als dem Erwerber gewährt wird, sofern der erforderliche Funktionszusammenhang (dazu Rn 6) vorliegt (*Schröder* S 163 ff; *Fleischer* AG 1996, 494, 500). Zudem sind die Tatbestände Vorschuss, Darlehen und Sicherheitsleistung nicht abschließend; erfasst werden iSe Umgehungsschutzes daher auch alle anderen Formen der „finanziellen Unterstützung", die ihrer Wirkung nach der Gewährung eines Darlehens oder der Stellung von Sicherheiten gleichstehen (*Singhof* NZG 2002, 745, 746). Die Zahlung einer **Break Fee**, dh die (pauschalisierte) Erstattung von Kosten an einen Erwerbsinteressenten, für den Fall, dass der Erwerb einer Beteiligung an der Gesellschaft scheitert, fällt schon deswegen nicht unter § 71a (und auch nicht unter § 57), weil die Zahlung gerade nicht für den Erwerb, sondern im Gegenteil für dessen Ausbleiben bedungen wird (*Grigoleit/Rachlitz* aaO Rn 15 mwN).

b) Vorschuss, Darlehen, Sicherheitsleistung. Ein **Vorschuss** ist die Zahlung auf eine erst künftig fällig werdende Verbindlichkeit der Gesellschaft, die ein Dritter im Zusammenhang mit dem Erwerb eigener Aktien der AG eingegangen ist oder eingehen wird. Dieser Fall dürfte in der Praxis selten sein. Unter den **Darlehensbegriff** fällt nicht nur das Darlehen ieS (§§ 488, 607 BGB), sondern entspr dem Normzweck jede Einräumung eines Zahlungsziels (MünchKomm AktG/*Oechsler* Rn 17), zB die Stundung (*Hüffer* AktG Rn 2) und die Einlage der AG als stiller Gesellschafter bei dem Erwerber (*Oechsler* aaO Rn 23; GroßKomm AktG/*Merkt* Rn 35). Der Begriff der

Sicherheitsleistung erfasst alle Real- und Personalsicherheiten sowie jede vergleichbare Unterstützung aus dem Gesellschaftsvermögen außerhalb der Grenzen des § 57 Abs 3 (*Schröder* S 174 ff). Bei der gesicherten Verbindlichkeit muss es sich nicht zwingend um die Kaufpreisschuld handeln, es kann sich auch um andere Forderungen handeln, mit denen der Dritte den Aktienkauf finanziert. Typischer Fall wäre, wenn der Dritte den Aktienerwerb über seine Bank finanziert, für die die Gesellschaft aus ihrem Vermögen Sicherheiten bestellt. Erforderlich ist aber ein Zusammenhang mit dem Erwerb von Aktien an der Gesellschaft; die Stellung von Sicherheiten zugunsten eines Aktionärs zu anderen Zwecken verstößt regelmäßig gegen den Auffangtatbestand des § 57 und ist dann ebenfalls unzulässig (*Hüffer* aaO § 57 Rn 12), wobei freilich die Erleichterungen infolge des MoMiG (insb § 57 Abs 1 S 3) zu beachten sind (vgl Spindler/Stilz AktG/*Cahn/von Spannenberg* § 57 Rn 38 f).

5 Bes Bedeutung hat Abs 1, wenn die AG Ziel eines **fremdfinanzierten Unternehmenskaufs** und ihr Vermögen zur Erwerbsfinanzierung oder -besicherung in Anspruch genommen wird (sog Leveraged Buy-out; vgl *Lutter/Wahlers* AG 1989, 1, 8 ff; *Fleischer* AG 1996, 494 ff; *Becker* DStR 1998, 1429, 1430 f; Spindler/Stilz AktG/*Cahn* Rn 37). Von Abs 1 werden dabei etwa Fallgestaltungen erfasst, in denen die Zielgesellschaft selbst der Akquisitionsgesellschaft die Akquisitionsfinanzierung zur Verfügung stellt (Darlehen) oder in denen die Zielgesellschaft die von der Akquisitionsgesellschaft aufgenommene Akquisitionsfinanzierung besichert (Sicherheitsleistung).

6 **2. Funktionszusammenhang.** Es muss eine tatsächliche Willensübereinstimmung darüber vorliegen, dass die Finanzierung zum Zweck des Erwerbs von Aktien der AG gewährt wird (MünchKomm AktG/*Oechsler* Rn 35; KölnKomm AktG/*Lutter/Drygala* Rn 39). Bei einer engen zeitlichen Nähe zwischen Leistung und Erwerb wird der Funktionszusammenhang vermutet (Grigoleit AktG/*Grigoleit/Rachlitz* Rn 17). Zur Vermeidung von Umgehungen unterliegt auch ein den Aktienerwerb zeitlich nachfolgende Finanzierungsvereinbarung dem Verbot des Abs 1 (*Oechsler* aaO Rn 36; *Fleischer* AG 1996, 494, 500 f; **aA** *Otto* DB 1989, 1389, 1395), zB durch Ablösung einer Zwischenfinanzierung, insb in Übernahmesituationen. Damit erfasst Abs 1 eine typische Fallgestaltung bei einem sog Leveraged Buy-out, bei dem die (teilweise) fremdfinanzierte Akquisitionsgesellschaft nach Vollzug des Erwerbs das Vermögen der Zielgesellschaft zur Besicherung der Akquisitionsfinanzierung einsetzt (*Diem* Akquisitionsfinanzierungen, § 46 Rn 36; Spindler/Stilz AktG/*Cahn* Rn 37).

7 Ein solcher Fall der nachfolgenden Finanzierung könnte auch vorliegen, wenn eine (teilw) **fremdfinanzierte Akquisitionsgesellschaft** nach dem Erwerb der Aktien an der Zielgesellschaft mit dieser verschmolzen wird. Sinn einer solchen **Verschmelzung** ist, die Akquisitionsfinanzierung in die Zielgesellschaft „zu strukturieren", um die dortigen cash-flows und Sicherheiten zu nutzen. Hier wird teilweise das Risiko einer Ausplünderung der Zielgesellschaft zulasten der anderen Aktionäre und der Drittgläubiger gesehen (*Kerber* NZG 2006, 50 ff). Dabei wird die Frage diskutiert, ob der Verschmelzungsbeschluss der Zielgesellschaft aufgrund eines Verstoßes gegen Abs 1 S 1 nichtig ist (MünchKomm AktG/*Oechsler* Rn 26). Dies wird freilich zu Recht mit der Begründung abgelehnt, die umwandlungsrechtlichen Schutzvorschriften, insb die Verschmelzungsprüfung (§ 9 UmwG) und das Gläubigerrecht auf Bestellung von Sicherheiten (§ 22 UmwG), seien ausreichend; ein weitergehender, aktienrechtlicher, durch §§ 57, 71a vermittelter Schutz ist daher nicht erforderlich (*Oechsler* aaO; Grigo-

leit AktG/*Grigoleit/Rachlitz* Rn 13; *Fleischer* AG 1996, 494, 505; *Becker* DStR 1998, 1429, 1433).

3. Verbotsausnahmen (Abs 1 S 2 und 3). – a) Laufende Geschäfte von Kreditinstituten. Das Verbot gilt nicht für Rechtsgeschäfte iRd laufenden Geschäfte von Kreditinstituten oder Finanzdienstleistungsinstituten. Die Ausnahme der im Wertpapierhandel tätigen Aktiengesellschaften soll diese vor Wettbewerbsnachteilen gegenüber Kreditinstituten in anderen Rechtsformen schützen (*Hüffer* AktG Rn 5). Ob ein laufendes Geschäft eines Kredit- oder Finanzierungsinstituts (§§ 1 Abs 1, 2 Abs 1 KWG bzw §§ 1 Abs 1a, 2 Abs 6 KWG) vorliegt, beurteilt sich nach dem Geschäftszuschnitt der konkreten AG (*Singhof* NZG 2002, 745, 747), wobei insb Geschäftsvolumen, Kreditbedingungen und Kreditwürdigkeit maßgeblich sind (*Schröder* S 218; *Singhof* aaO). Indiz ist, ob derartige Geschäfte auch in anderen Werten getätigt werden. Nicht zulässig ist insb die (Teilnahme an der) Finanzierung der eigenen Übernahme oder eines Paketerwerbs (Spindler/Stilz AktG/*Cahn* Rn 56 mwN; aA *Singhof* aaO). 8

b) Belegschaftsaktien. Das Verbot gilt auch nicht für die Gewährung eines Vorschusses oder eines Darlehens oder für die Leistung einer Sicherheit zum Zweck des Erwerbs von Aktien durch AN der Gesellschaft oder eines mit ihr verbundenen Unternehmens. Die einzelnen Tatbestandsmerkmale entsprechen denen von § 71 Abs 1 Nr 2. Die Ausnahmeregelung dient ebenso wie § 71 Abs 1 Nr 2 der Verbreitung von Belegschaftsaktien und damit dem sozialpolitischen Ziel der Beteiligung der AN am Produktivvermögen (KölnKomm AktG/*Lutter/Drygala* Rn 62). Vor diesem Hintergrund sind Management Buy-outs nicht erfasst (Grigoleit AktG/*Grigoleit/Rachlitz* Rn 26). 9

c) Einschränkung. Die AG muss in der Lage sein, eine **hypothetische Rücklage** in Höhe der Aufwendungen für den Erwerb der eigenen Aktien zu bilden. Die sprachliche Neufassung der Vorschrift ist das Spiegelbild zur Kapitalgrenze des § 71 Abs 2 S 2 und wurde ebenso mit dem BilMoG v 25.5.2009 (BGBl I S 1102) eingeführt. Das erweist sich nicht in jedem Fall als sachgerecht, da es nicht auf den Erwerb, sondern vielmehr auf den Finanzierungsbeitrag der Gesellschaft ankommt (Spindler/Stilz AktG/*Cahn* Rn 60; Grigoleit AktG/*Grigoleit/Rachlitz* Rn 27 ff). So ist nicht der Erwerb der relevante Zeitpunkt für die hypothetische Rücklagenbildung; weicht dieser nämlich vom Zeitpunkt des Finanzierungsbeitrags ab, kommt es auf Letzteren an. Auch sind nicht die infolge des Erwerbs entstehenden Aufwendungen für den Rücklagenumfang maßgeblich, sondern der Finanzierungsbeitrag der Gesellschaft, etwa in Form des Darlehens oder des Werts der bestellten Sicherheiten. Entfallen ist der Verweis auf die ehemalige Vorschrift zur tatsächlichen Rücklagenbildung aufgrund der neuen Bilanzierungsvorschriften (vgl § 71 Rn 55 ff). 10

c) Beherrschungs- und Gewinnabführungsverträge. Ein weiterer Ausnahmetatbestand wurde durch das MoMiG v 23.10.2008 (BGBl I S 2026) in Abs 1 S 3 hinzugefügt. Liegt ein Beherrschungs- oder Gewinnabführungsvertrag (§ 291) vor, findet § 71a keine Anwendung (so auch schon die bislang **hM** analog § 291 Abs 3, vgl Spindler/Stilz AktG/*Cahn* Rn 17 mwN). Diese Vorschrift steht im Zusammenhang mit entsprechenden Neuerungen in § 57 und § 30 GmbHG, die konzerninterne Finanzierungsgeschäfte erleichtern sollen (KölnKomm AktG/*Lutter/Drygala* Rn 45). Entscheidend für die Anwendbarkeit ist allein die Existenz eines Beherrschungs- oder Gewinnabführungsvertrages; die finanzielle Unterstützung muss nicht in dem Sinne darauf beruhen, dass 10a die Unterstützungshandlung zugunsten des anderen Vertragsteils erfolgt; ausreichend ist, dass dies mit dessen Einvernehmen geschieht (*Lutter/Drygala* aaO Rn 46; *Cahn* aaO Rn 19; zu § 57 Abs 1 S 3 s *Kiefner/Theusinger* NZG 2008, 801, 803). Da die vertragliche Konzernierung zu einer konsolidierten Risikozuordnung führt, kommt es aus Gründen der Rechtssicherheit nicht auf die Frage der Werthaltigkeit des Anspruchs auf Verlustausgleich an (§ 302); aufgrund des klaren Wortlauts hat dies keinen Einfluss auf seine Legitimierung nach § 71a (*Hüffer* AktG Rn 6a; **aA** Grigoleit AktG/*Grigoleit/Rachlitz* Rn 26; *Lutter/Drygala* aaO Rn 47). Der Abschluss des Unternehmensvertrages dient gerade dem Zweck, den Vorstand von der Pflicht zur Werthaltigkeitsprüfung zu befreien. Eine Grenze bildet die Existenzgefährdung der Gesellschaft. Für den faktischen Konzern gilt S 3 nicht (*Lutter/Drygala* aaO Rn 48, *Hüffer* aaO; *Cahn* aaO Rn 22).

11 **4. Nichtigkeitsfolge.** Ein Rechtsgeschäft, durch das der Vorschuss, das Darlehen oder die Sicherheit gewährt werden, ist, sofern nicht ein Ausnahmetatbestand vorliegt, nichtig. Nichtig ist dabei allein das schuldrechtliche Rechtsgeschäft, das der Sicherheitsleistung oder der Gewährung des Geldbetrages zugrunde liegt, zB der Darlehensvertrag oder die Sicherungsabrede (MünchKomm AktG/*Oechsler* Rn 40; *Hüffer* AktG Rn 4). Das Verfügungsgeschäft kann daneben gem § 57 Abs 1 S 1 nichtig sein. Kommt es gleichwohl zu einer Finanzierungsleistung durch die AG, steht ihr gegen den Aktionär oder eine ihm gleichgestellte Person ein Rückgewähranspruch aus § 62 zu; andere Dritte haften aus §§ 812 ff BGB, ohne sich freilich auf eine Entreicherung berufen zu können (Grigoleit AktG/*Grigoleit/Rachlitz* Rn 23).

III. Erwerb eigener Aktien im Wege mittelbarer Stellvertretung (Abs 2)

12 **1. Allgemeines.** Abs 2 verbietet den Aktienerwerb durch einen mittelbaren Stellvertreter, soweit der Aktienerwerb der AG selbst gegen § 71 Abs 1 und 2 verstoßen würde und enthält damit umgekehrt zugleich Voraussetzungen, unter denen ein solcher Erwerb im Wege der mittelbaren Stellvertretung zulässig ist (*Hüffer* AktG Rn 8). Durch Abs 2 wird verhindert, dass bei Aktienerwerben für Rechnung der AG, etwaige Aufwendungsersatzansprüche des Dritten (etwa aus §§ 670, 675 BGB, § 396 Abs 2 HGB) dem Verbot der Einlagenrückgewähr zuwiderlaufen. Liegen allerdings für den Dritten die Voraussetzungen des § 71 Abs 1 und 2 vor, wird der Erwerb, wie bei einem Erwerb durch die Gesellschaft selbst, gegenüber § 57 privilegiert. Die Voraussetzungen müssen beim Aktienerwerb des Dritten noch vorliegen.

13 **2. Verbotene Rechtsgeschäfte. – a) Erwerb für Rechnung der Aktiengesellschaft.** Der Erwerb muss für Rechnung der Gesellschaft erfolgen, also im Wege der **mittelbaren Stellvertretung**; für die offene Stellvertretung gilt § 71 unmittelbar (*Hüffer* AktG Rn 9; KölnKomm AktG/*Lutter/Drygala* Rn 68). Die Feststellung eines Handelns für fremde Rechnung kann im Einzelfall Schwierigkeiten bereiten. Maßgeblich ist, ob die AG das mit dem Erwerb verbundene **wirtschaftliche Risiko** zumindest teilw trägt. Eine spätere Aktienübertragung auf die AG muss nicht geplant sein (*Lutter/Drygala* aaO Rn 73).

14 **b) Rechtsgeschäft zwischen der Aktiengesellschaft und einem anderen.** Erfasst werden Rechtsgeschäfte zwischen der AG und einem für Rechnung der AG handelnden Dritten. Geschäfte für Rechnung eines abhängigen oder im Mehrheitsbesitz der AG stehenden Unternehmens werden nur dann erfasst, wenn das Tochterunternehmen

Vertragspartner des Dritten ist. Der Wortlaut ist in diesem Sinne berichtigend auszulegen, da Rechtsgeschäfte zwischen der AG und einem Dritten nicht zu einer Verpflichtung des rechtlich selbstständigen Tochterunternehmens führen können (MünchKomm AktG/*Oechsler* Rn 62; GroßKomm AktG/*Merkt* Rn 70; jeweils unter Hinweis auf § 71 Abs 5 aF; nach **aA** wird die Konstellation allein von § 71d erfasst; so KölnKomm AktG/*Lutter/Drygala* Rn 76; Spindler/Stilz AktG/*Cahn* Rn 71; Geßler/Hefermehl AktG/*Hefermehl/Bungeroth* Rn 22, 30).

Wesentlicher Fall in der Praxis, in dem ein Dritter berechtigt oder verpflichtet wird, für Rechnung der Gesellschaft eigene Aktien zu erwerben, ist die **Einkaufskommission** durch ein Kreditinstitut, insb die Durchführung von Aktienrückkaufprogrammen über die Börse (s hierzu auch § 71d Rn 3). Rechtsgeschäfte, die eine Berechtigung oder Verpflichtung zum Aktienerwerb zum Gegenstand haben, sind bspw auch sonstige Kommissionsverträge (§ 383 HGB, insb Einkaufskommission für die AG etwa zur Erfüllung von Verpflichtungen aus Optionsanleihen; MünchKomm AktG/*Oechsler* Rn 58; KölnKomm AktG/*Lutter/Drygala* Rn 74), kommissionsähnliche Geschäfte (§ 406 HGB), der Auftrag (§ 662 BGB), der Geschäftsbesorgungsvertrag (§ 675 BGB) sowie die Beteiligung an einem Konsortium, dessen Mitglieder im eigenen Namen, aber für Rechnung der AG Aktien zur Kursstützung kaufen (sog Stützungskonsortien, vgl *Lutter/Drygala* aaO). Der von § 71a bezweckte **Umgehungsschutz** gebietet die analoge Anwendung auf die Geschäftsführung ohne Auftrag (**hM** s nur *Hüffer* AktG Rn 8; *Lutter/Drygala* aaO Rn 71; **aA** *Oechsler* aaO Rn 59). Die Erscheinungsformen der Abrede im Innenverhältnis können vielfältig sein, wobei es auf die Art der Abrede (auch konkludent) nicht ankommt. Maßgeblich ist, ob die AG das mit dem Erwerb verbundene wirtschaftliche Risiko zumindest teilw übernimmt. Das ist etwa bei einer **Kurs- oder Preisgarantie** der Fall, wenn bspw ein Aktienpaket bei dem Dritten „geparkt" wird und die Gesellschaft verspricht, einen Verlust bei der Weiterplatzierung zu übernehmen. Nach Sinn und Zweck unerheblich ist daher, ob der Gesellschaft auch die Vorteile einer solchen Vereinbarung zustehen oder nicht (**aA** *Oechsler* aaO Rn 58).

3. Nichtigkeit des Rechtsgeschäfts. – a) Außenverhältnis. Das Verhältnis zwischen dem erwerbenden Dritten und dem Veräußerer bleibt von Abs 2 unberührt, dh Kauf- und Übereignungsvertrag sind in diesem Rechtsverhältnis wirksam (KölnKomm AktG/*Lutter/Drygala* Rn 68); der Dritte wird und bleibt auch Aktionär, zumal etwaige Herausgabepflichten gegenüber der AG nicht bestehen. Zur Einschränkung mitgliedschaftlicher Rechte und Pflichten aus den Aktien s § 71d.

b) Innenverhältnis. Das zwischen der AG (bzw dem abhängigen Unternehmen) und dem Stellvertreter im **Innenverhältnis** abgeschlossene Rechtsverhältnis ist **nichtig**. Aufwendungs- und Vergütungsansprüche (etwa aus §§ 670, 675 BGB, § 396 Abs 2 HGB) des Dritten entstehen nicht, aber auch keine Herausgabeansprüche (*Hüffer* AktG Rn 9); die AG hat keinen Anspruch auf Übereignung der Aktien oder Auszahlung des Veräußerungserlöses bei Weiterveräußerung. Gewährte Leistungen können nach Bereicherungsrecht (§§ 812 ff BGB) zurückverlangt werden. Ist der Erwerber im Zeitpunkt der Empfangnahme bereits Aktionär, richten sich die Ansprüche der AG nach § 62 (*Hüffer* aaO Rn 4).

Hat der Dritte die Aktien der Gesellschaft zulässigerweise erworben, weil auch der Erwerb durch die Gesellschaft selbst nicht gegen § 71 Abs 1 und 2 verstoßen hätte, sind die Aufwendungs- und Vergütungsansprüche des Dritten wirksam. Überträgt der

Dritte die Aktien in Erfüllung seiner vertraglichen Verpflichtungen auf die Gesellschaft, liegt ein sog Binnengeschäft vor, das nicht erneut den Anforderungen von § 71 unterliegt (MünchKomm AktG/*Oechsler* Rn 66; Spindler/Stilz AktG/*Cahn* Rn 75).

§ 71b Rechte aus eigenen Aktien
Aus eigenen Aktien stehen der Gesellschaft keine Rechte zu.

Übersicht

	Rn		Rn
I. Normzweck	1	1. Grundsatz	3
II. Eigene Aktien	2	2. Einzelne Mitgliedschaftsrechte	4
III. Keine Ausübung von Mitglied-		3. Mitgliedschaftspflichten	8
schaftsrechten	3	IV. Rechtsfolgen eines Verstoßes	9

Literatur: *Busch* Eigene Aktien in der Kapitalerhöhung, AG 2005, 429; *Werner* Ausgewählte Fragen zum Aktienrecht, AG 1990, 1.

I. Normzweck

1 § 71b betrifft die Rechtsfolge des Haltens eigener Aktien. Die der AG aus eigenen Aktien an sich zustehenden Mitgliedschaftsrechte werden neutralisiert (*Hüffer* AktG Rn 1; Geßler/Hefermehl AktG/*Hefermehl/Bungeroth* Rn 2). Die Vorschrift schützt dadurch auch die Kompetenzverteilung, da sie der AG die Möglichkeit nimmt, in der HV von Stimmrechten aus eigenen Aktien Gebrauch zu machen.

II. Eigene Aktien

2 Erfasst werden alle von der AG gehaltenen Aktien ohne Rücksicht darauf, ob sie unter Beachtung von § 71 Abs 1 und 2 erworben wurden oder der Erwerb gegen die dort genannten Vorschriften verstoßen hat (MünchKomm AktG/*Oechsler* Rn 4; KölnKomm AktG/*Lutter/Drygala* Rn 3; *Hüffer* AktG Rn 2). Die Vorschrift gilt entspr für originär erworbene Aktien, wenn der Erwerb trotz eines Verstoßes gegen § 56 Abs 1 wirksam ist (*Hüffer* aaO). In Pfand genommene eigene Aktien fallen nicht unter § 71b (*Oechsler* aaO Rn 7; K. Schmidt/Lutter AktG/*T. Bezzenberger* Rn 2). § 71d S 4 erweitert den Anwendungsbereich auf Aktien, die von einem mittelbaren Stellvertreter für Rechnung der AG oder von einem von ihr abhängigen Unternehmen bzw von einer Tochtergesellschaft oder deren mittelbarem Stellvertreter gehalten werden, und zwar auch für originär erworbene Aktien, wenn der Erwerb trotz eines Verstoßes gegen § 56 Abs 2 wirksam ist.

III. Keine Ausübung von Mitgliedschaftsrechten

3 **1. Grundsatz.** Während der Inhaberschaft der eigenen Aktien ruhen sämtliche Vermögens- und Verwaltungsrechte. Die Aktien bleiben Bestandteil des Grundkapitals, werden also bei Bestimmungen, die auf einen bestimmten Anteil des Grundkapitals abstellen, mitgezählt (Spindler/Stilz AktG/*Cahn* Rn 6); sie werden aber dann nicht mitgezählt, wenn es auf die Höhe des vertretenen Grundkapitals ankommt (KölnKomm AktG/*Lutter/Drygala* Rn 8). Die AG ist weiterhin verfügungsberechtigt (*Lutter/Drygala* aaO Rn 4); unter den Voraussetzungen des § 71c besteht sogar eine Veräußerungspflicht. Nach Veräußerung der Aktien leben die Mitgliedschaftsrechte in den

Händen des Erwerbers wieder auf (es sei denn, dieser handelt wiederum für Rechnung der Gesellschaft).

2. Einzelne Mitgliedschaftsrechte. Die AG hat keinen **Anspruch auf den Bilanzge-** 4 **winn** (§ 58 Abs 4). Dies ist bei der Formulierung des Gewinnverwendungsvorschlags (§ 124 Abs 3) zu beachten, wenn sich die Anzahl der eigenen Aktien zwischen Veröffentlichung der HV-Einladung und der HV selbst ändern wird. Der veröffentlichte Gewinnverwendungsbeschluss wird dann etwa wie folgt ergänzt: „Soweit am Tag der HV eigene Aktien vorhanden sind, werden Vorstand und Aufsichtsrat den Beschlussvorschlag dahingehend modifizieren, dass der Dividendenbetrag pro Aktie unverändert bleibt und der auf dieser Basis neu errechnete Differenzbetrag auf neue Rechnung vorzutragen wird." Hierdurch wird die Ausschüttung gebrochener Beträge je Aktie verhindert. Zudem kann die Gesellschaft nicht durch die Ausgabe von Dividendenscheinen über den Gewinn verfügen (MünchKomm AktG/*Oechsler* Rn 11; *Hüffer* AktG Rn 5). Der Erwerber des Gewinnanteilsscheins kann den Anspruch auch dann nicht geltend machen, wenn der Schein vor dem Erwerb von der Aktie getrennt wurde (*Oechsler* aaO; *Hüffer* aaO). Der Gewinnanspruch bleibt hingegen von § 71b unberührt, wenn die AG die Aktie nach Trennung ohne Gewinnanteilsschein erworben hat und zu diesem Zeitpunkt bereits ein Gewinnverwendungsbeschluss gefasst worden war (*Oechsler* aaO; *Werner* AG 1990, 1, 15).

Die AG kann (unmittelbare und mittelbare) **Bezugsrechte** aus eigenen Aktien nicht 5 ausüben; die auf diese Aktien entfallenden Bezugsrechte wachsen den Aktionären anteilig an (*Hüffer* AktG § 186 Rn 9; KölnKomm AktG/*Lutter/Drygala* Rn 16; Münch-Komm AktG/*Oechsler* Rn 12; **aA** *Busch* AG 2005, 429 ff). An einer Kapitalerhöhung aus Gesellschaftsmitteln gem § 215 Abs 1 nehmen die Aktien jedoch teil (*Hüffer* aaO Rn 5; *Lutter/Drygala* aaO Rn 15; *Oechsler* aaO).

Der AG steht kein Anteil am **Liquidationserlös** gem § 272 zu (*Hüffer* AktG Rn 4; für 6 die GmbH: *BGH* NJW 1995, 1027, 1028). Der auf die eigenen Aktien entfallende Anteil wächst auch hier den anderen Aktionären zu.

Das **Stimmrecht** aus eigenen Aktien kann die AG weder selbst noch durch Dritte 7 ausüben (KölnKomm AktG/*Lutter/Drygala* Rn 11; *Hüffer* AktG Rn 5; Münch-Komm AktG/*Oechsler* Rn 10). Ermächtigt ein Dritter die AG zur Ausübung des Stimmrechts (Legitimationsübertragung), ist § 71b unanwendbar. Gleichwohl soll sich ein Stimmverbot aus der § 136 Abs 2 zugrunde liegenden Wertung ergeben (*Lutter/Drygala* aaO Rn 12; *Hüffer* aaO; GroßKomm AktG/*Merkt* Rn 12; Spindler/Stilz AktG/*Cahn* Rn 5; **aA** GroßKomm 3. Aufl AktG/*Barz* Anm 42; Geßler/Hefermehl AktG/*Hefermehl/Bungeroth* Rn 8). Das erscheint im Hinblick auf § 134 Abs 1 als fraglich.

3. Mitgliedschaftspflichten. § 71b besagt nichts über das Schicksal von Mitglied- 8 schaftspflichten (zB **Einlagepflicht**). Werden die Pflichten während der Rechtsinhaberschaft der AG fällig, gehen sie entgegen einer verbreiteten Ansicht nicht infolge Konfusion unter (so aber GroßKomm AktG/*Merkt* Rn 23; KölnKomm AktG/*Lutter/ Drygala* Rn 26; MünchKomm AktG/*Oechsler* Rn 15; *Hüffer* AktG Rn 6; wie hier Spindler/Stilz AktG/*Cahn* Rn 11); in diesem Fall und auch iÜ ruhen sie und leben in den Händen des Erwerbers wieder auf (*Cahn* aaO). Durch das Wiederaufleben der Einlagepflicht soll die Haftung der Vormänner nach § 65 nicht neu entstehen (*Oechsler* aaO Rn 17). Werden die Aktien hingegen von einem Dritten iSd § 71d S 1 oder 2

§ 71c Veräußerung und Einziehung eigener Aktien

gehalten, ruhen die Mitgliedschaftspflichten nicht und der Erwerber ist ohne weiteres zur Einlageleistung verpflichtet.

IV. Rechtsfolgen eines Verstoßes

9   Die Ausübung von Stimmrechten entgegen § 71b führt zur Anfechtbarkeit des Beschl gem § 243 Abs 1 (KölnKomm AktG/*Lutter/Drygala* Rn 11). Zudem stellt die Ausübung eine Ordnungswidrigkeit gem § 405 Abs 3 Nr 5 dar.

§ 71c Veräußerung und Einziehung eigener Aktien

(1) Hat die Gesellschaft eigene Aktien unter Verstoß gegen § 71 Abs. 1 oder 2 erworben, so müssen sie innerhalb eines Jahres nach ihrem Erwerb veräußert werden.

(2) Entfallen auf die Aktien, welche die Gesellschaft nach § 71 Abs. 1 in zulässiger Weise erworben hat und noch besitzt, mehr als zehn vom Hundert des Grundkapitals, so muss der Teil der Aktien, der diesen Satz übersteigt, innerhalb von drei Jahren nach dem Erwerb der Aktien veräußert werden.

(3) Sind eigene Aktien innerhalb der in den Absätzen 1 und 2 vorgesehenen Fristen nicht veräußert worden, so sind sie nach § 237 einzuziehen.

Übersicht

	Rn		Rn
I. Normzweck	1	IV. Durchführung der Veräußerung	7
II. Unzulässiger Aktienerwerb (Abs 1)	2	1. Fristbeginn	7
		2. Zu veräußernde Aktien	8
III. Überschreitung der Zehnprozentgrenze (Abs 2)	4	3. Zuständigkeit und Verfahren	9
		V. Einziehungspflicht (Abs 3)	11
		VI. Rechtsfolgen	14

Literatur: *Müller* Zum Entwurf eines Gesetzes zur Durchführung der zweiten Richtlinie des Rates der europäischen Gemeinschaften zur Koordinierung des Gesellschaftsrechts (Kapitalrichtlinie), WPg 1978, 565; *Preusche* „Altbestand" eigener Aktien und Veräußerungspflichten nach §§ 71 ff AktG, BB 1982, 1638; *Zilias/Lanfermann* Die Neuregelung des Erwerbs und Haltens eigener Aktien, WPg 1980, 61, 89.

I. Normzweck

1   Während die Veräußerungspflicht nach Abs 1 den verbotswidrigen Erwerb eigener Aktien sanktioniert und dazu dient, den rechtmäßigen Zustand wieder herzustellen, sichert die Veräußerungspflicht nach Abs 2 die mittelfristige Einhaltung der 10 %-Grenze des § 71 Abs 2 S 1. Die vom Gesetz eingeräumte Frist von ein bzw drei Jahren soll eine angemessene Verwertung unter Berücksichtigung der Vermögensinteressen der Gesellschaft ermöglichen. Als ultima ratio ordnet Abs 3 die Einziehung der Aktien nach Fristablauf an. § 71c gilt unmittelbar nur für eigene Aktien der AG, der Anwendungsbereich wird aber durch § 71d S 4 auf Aktien erweitert, die von einem Dritten für Rechnung der AG (mittelbare Stellvertretung) oder von einem von ihr abhängigen Unternehmen bzw von einer Tochtergesellschaft oder deren mittelbarem Stellvertreter gehalten werden.

§ 71c Veräußerung und Einziehung eigener Aktien

II. Unzulässiger Aktienerwerb (Abs 1)

Die Veräußerungspflicht des Abs 1 besteht für den abgeleiteten Erwerb eigener Aktien unter Verstoß gegen § 71 Abs 1 oder 2. Die Vorschrift ist entspr auf den originären Aktienerwerb anwendbar, sofern er trotz Verstoßes gegen § 56 Abs 1 oder Abs 2 wirksam ist (*Hüffer* AktG Rn 3; KölnKomm AktG/*Lutter/Drygala* Rn 7; MünchKomm AktG/*Oechsler* Rn 6). Auf zulässig erworbene Aktien findet Abs 1 keine Anwendung; hierfür gelten ausschließlich Abs 2 und 3. **2**

Erfolgt die Ausgabe von Belegschaftsaktien nicht in der von § 71 Abs 3 S 2 gesetzten Frist, ist der Erwerb gleichwohl zulässig. Gibt der Vorstand den Willen zur Ausgabe der eigenen Aktien aber endgültig auf, ist er analog Abs 1 zur Veräußerung der Aktien verpflichtet (*Hüffer* AktG Rn 3; Spindler/Stilz AktG/*Cahn* Rn 3; KölnKomm AktG/*Lutter/Drygala* Rn 21; **aA** *Preusche* BB 1982, 1638, 1640; *Zilias/Lanfermann* WPg 1980, 61, 65). **3**

III. Überschreitung der Zehnprozentgrenze (Abs 2)

Die Veräußerungspflicht des Abs 2 setzt einen zulässigen Aktienerwerb gem § 71 Abs 1 voraus. Wenngleich vom Wortlaut nicht gefordert, darf der Erwerb auch nicht gegen § 71 Abs 2 verstoßen, da ansonsten bereits eine Veräußerungspflicht nach Abs 1 bestünde (*Hüffer* AktG Rn 4). Die Veräußerungspflicht kann nur entstehen, wenn der Erwerbstatbestand die Einhaltung der 10 %-Grenze nicht bereits voraussetzt, somit vornehmlich in den Fällen des § 71 Abs 1 Nr 4–6. **4**

Maßgeblich ist der Bestand zulässig erworbener eigener Aktien der AG, wobei der Begriff des Besitzes die rechtliche Inhaberstellung an der Mitgliedschaft meint (MünchKomm AktG/*Oechsler* Rn 10; KölnKomm AktG/*Lutter/Drygala* Rn 17). Rechtswidrig erworbene Aktien sind nicht mitzuzählen; für sie gilt Abs 1 (*Oechsler* aaO). Die Zurechnungsnorm des § 71d S 3 ist zu berücksichtigen (vgl § 71d Rn 10). Die von der AG in Pfand genommenen Aktien sind unabhängig von der Rechtmäßigkeit der Verpfändung mitzuzählen (vgl § 71e Rn 11). **5**

Wird die 10 %-Grenze des § 71 Abs 2 S 1 infolge eines verschmelzungsrechtlichen Pflichtangebots zB gem § 29 Abs 1 S 1 UmwG überschritten, ist der Erwerb nicht rechtswidrig (s § 71 Rn 26). Abs 2 ist jedoch analog anwendbar, so dass der Aktienbestand innerhalb der Dreijahresfrist in der erforderlichen Höhe abzubauen ist (*Hüffer* AktG Rn 4; Kallmeyer UmwG/*Marsch-Barner* § 29 Rn 26). **6**

IV. Durchführung der Veräußerung

1. Fristbeginn. Die Jahresfrist des Abs 1 beginnt im Zeitpunkt des Verbotsverstoßes (schuldrechtlicher Vertragsschluss; MünchKomm AktG/*Oechsler* Rn 11 unter Hinweis auf § 71 Abs 4 S 2 und § 71a Abs 2). Die dreijährige Veräußerungspflicht des Abs 2 beginnt im Zeitpunkt des zum Überschreiten der 10 %-Grenze führenden dinglichen Aktienerwerbs, zB mit Wirksamwerden der Kapitalherabsetzung (*Hüffer* AktG Rn 5; *Oechsler* aaO Rn 12; K. Schmidt/Lutter AktG/*T. Bezzenberger* Rn 8). Bei mehrmaliger Überschreitung ist die Frist für jede Überschreitung gesondert zu berechnen (*Oechsler* aaO). Für die Fristberechnung gelten die §§ 186, 187 Abs 1 und 188 Abs 2 BGB (*Müller* WPg 1978, 565, 572). **7**

8   2. Zu veräußernde Aktien. Die Veräußerungspflicht des Abs 1 bezieht sich auf die in unzulässiger Weise erworbenen Stücke, sofern diese individualisierbar sind, andernfalls auf einen Aktienwert in entspr Höhe (*Hüffer* AktG Rn 6). Die Veräußerungspflicht des Abs 2 betrifft nur den die 10 %-Grenze des Grundkapitals übersteigenden Teil. Ziel der Veräußerung gem Abs 2 ist nämlich allein die Wiederherstellung des rechtmäßigen Zustands. Die Auswahl der Mittel zur Einhaltung der 10 %-Grenze bleibt daher der AG überlassen (zB Kapitalerhöhung, damit die Zahl der eigenen Aktien unterhalb der dann erhöhten 10 %-Grenze liegt, oder freiwillige Veräußerung durch Dritte, denen die Aktien nach § 71d S 3 zuzurechnen sind; vgl MünchKomm AktG/*Oechsler* Rn 14); dies gilt auch für die Auswahl der zu veräußernden Aktien unter Beachtung des Gleichbehandlungsgebots gem § 53a. Siehe für Beispielsberechnungen von teilweise zulässiger- und teilweise unzulässigerweise erworbenen Aktien Grigoleit AktG/*Grigoleit/Rachlitz* Rn 10 ff).

9   3. Zuständigkeit und Verfahren. Das Veräußerungsverfahren fällt in den Zuständigkeitsbereich des Vorstands (MünchKomm AktG/*Oechsler* Rn 15). Die Zustimmung des AR kann gem § 111 Abs 4 S 2 erforderlich sein. Die Berichtspflicht im Anhang zum Jahresabschluss des § 160 Abs 1 Nr 2 gilt auch für die gem § 71c veräußerten eigenen Aktien (*Hüffer* AktG Rn 6; KölnKomm AktG/*Lutter/Drygala* Rn 40).

10   Rechtliche Bindungen sind bei der Veräußerung zu beachten; insb ist der Veräußerer, dem im Falle des unzulässigen Erwerbs eigener Aktien wg § 71 Abs 4 S 2 regelmäßig ein bereicherungsrechtlicher **Rückgewähranspruch** zusteht (§ 812 Abs 1 S 1 – Leistungskondiktion), vorrangig zu bedienen (*Hüffer* AktG Rn 7; KölnKomm AktG/*Lutter/Drygala* Rn 31). Wird dieser Vorrang nicht beachtet, haftet die AG idR gem §§ 819 Abs 1, 818 Abs 4, 989, 990 BGB verschärft (Spindler/Stilz AktG/*Cahn* Rn 8). Bestehen keine vorrangig zu berücksichtigenden Ansprüche Dritter, handelt der Vorstand nach pflichtgemäßem Ermessen unter Wahrung der in § 71 Abs 1 Nr 8 S 3–5 geltenden Regelungen, dh insb des **Gleichbehandlungsgrundsatzes** des § 53a (RegBegr BT-Drucks 8/1678, 16; OLG Oldenburg AG 1994, 417, 418). Im Falle des Abs 2 sind die Erwerbszwecke zu beachten (MünchKomm AktG/*Oechsler* Rn 18; *Hüffer* aaO), zB im Fall von § 71 Abs 1 Nr 4 die Herausgabe der Aktien an den Kommittenten. Zur Erzielung des bestmöglichen Preises und zur Beachtung des Gleichheitsgrundsatzes (s die Wertung in § 71 Abs 1 Nr 8 S 4) kann die Veräußerung über die Börse geboten sein (*Lutter/Drygala* aaO Rn 38; *Hüffer* aaO; OLG Oldenburg aaO).

V. Einziehungspflicht (Abs 3)

11   Erfolgt die Veräußerung gem Abs 1 und 2 nicht innerhalb der dort bestimmten Fristen, sind die Aktien einzuziehen. Die Einziehung erfolgt nach den Regeln der ordentlichen Kapitalherabsetzung durch Einziehung von Aktien (§ 237 Abs 1 S 1 Alt 2) bzw im Wege des vereinfachten Einziehungsverfahrens (§ 237 Abs 3). Die Pflicht des Vorstands aus Abs 3 beschränkt sich, da die Einziehung nicht in seiner alleinigen Kompetenz liegt, auf die Vorbereitung des Einziehungsbeschlusses durch die HV. Eine Frist hierfür bestimmt das Gesetz nicht; nach Sinn und Zweck muss der Vorstand unverzüglich tätig werden (§ 121 Abs 1 S 1 BGB), wobei es freilich ausreicht, der nächsten ordentlichen HV einen entspr Einziehungsbeschluss vorzuschlagen (KölnKomm AktG/*Lutter/Drygala* Rn 45 mwN; MünchKomm AktG/*Oechsler* Rn 22).

Die Einziehung kann bis zur Beschlussfassung durch eine ordnungsgemäße Veräuße- 12
rung gem Abs 1 bzw 2 abgewendet werden, da dies für die AG wg des der Gesellschaft zufließenden Veräußerungserlöses finanziell günstiger ist und der Zweck der Einziehungspflicht durch die Herbeiführung des gesetzlich gewollten Zustandes gerade erreicht wird (*Hüffer* AktG Rn 8; KölnKomm AktG/*Lutter/Drygala* Rn 51 f).

Scheitert die Einziehung zB weil die zur Beschlussfassung erforderliche Mehrheit 13
nicht erreicht wird, entsteht eine unverzügliche Veräußerungspflicht des Vorstands außerhalb der zeitlichen Grenzen des Abs 1 und 2 (MünchKomm AktG/*Oechsler* Rn 24; *Hüffer* AktG Rn 8; K. Schmidt/Lutter AktG/*T. Bezzenberger* Rn 10). Die Veräußerungspflicht besteht auch dann fort, wenn die zur Wahrung des Mindeststammkapitals (§ 7) erforderliche Kapitalerhöhung (§ 228) nicht verwirklicht werden kann (*Oechsler* aaO Rn 22).

VI. Rechtsfolgen

Erfolgt die Veräußerung nicht fristgemäß oder wird die Einziehung nicht rechtzeitig 14
eingeleitet, kann eine Geldbuße festgesetzt werden (§ 405 Abs 1 Nr 4 lit b und c). Die Einhaltung des § 71c kann vom Registergericht nach § 407 Abs 1 mit Zwangsgeldern durchgesetzt werden. Schadenersatzpflichten von Vorstand und AR können gem §§ 93 Abs 2, 116 entstehen.

§ 71d Erwerb eigener Aktien durch Dritte

[1]Ein im eigenen Namen, jedoch für Rechnung der Gesellschaft handelnder Dritter darf Aktien der Gesellschaft nur erwerben oder besitzen, soweit dies der Gesellschaft nach § 71 Abs. 1 Nr. 1 bis 5, 7 und 8 und Abs. 2 gestattet wäre. [2]Gleiches gilt für den Erwerb oder den Besitz von Aktien der Gesellschaft durch ein abhängiges oder ein im Mehrheitsbesitz der Gesellschaft stehendes Unternehmen sowie für den Erwerb oder den Besitz durch einen Dritten, der im eigenen Namen, jedoch für Rechnung eines abhängigen oder eines im Mehrheitsbesitz der Gesellschaft stehenden Unternehmens handelt. [3]Bei der Berechnung des Anteils am Grundkapital nach § 71 Abs. 2 Satz 1 und § 71c Abs. 2 gelten diese Aktien als Aktien der Gesellschaft. [4]Im Übrigen gelten § 71 Abs. 3 und 4, §§ 71a bis 71c sinngemäß. [5]Der Dritte oder das Unternehmen hat der Gesellschaft auf ihr Verlangen das Eigentum an den Aktien zu verschaffen. [6]Die Gesellschaft hat den Gegenwert der Aktien zu erstatten.

Übersicht

	Rn		Rn
I. Normzweck	1	IV. Rechtsfolgen (S 3–6)	9
II. Der Erwerb und der Besitz eigener Aktien der Aktiengesellschaft durch Dritte	3	1. Verhältnis zu § 71a Abs 2	9
		2. Zurechnung des Aktienbestandes (S 3)	10
III. Die Erwerbsvoraussetzungen nach S 1	6	3. Sinngemäße Anwendung der Rechtsfolgen (S 4)	11
1. Anwendung der Erlaubnistatbestände des § 71 Abs 1	6	a) Vorstandspflichten (S 4 iVm § 71 Abs 3)	11
2. Schranken des Erwerbs nach S 2	8	b) Nichtigkeitsfolge (S 4 iVm § 71 Abs 4)	14

§ 71d   Erwerb eigener Aktien durch Dritte

	Rn		Rn
c) Umgehungsgeschäfte (S 4 iVm § 71a)	16	4. Der Verschaffungsanspruch der AG (S 5)	23
d) Mitgliedschaftsrechte (S 4 iVm § 71b)	18	5. Der Erstattungsanspruch des Erwerbers (S 6)	26
e) Veräußerungs- und Einziehungspflichten (S 4 iVm § 71c)	21		

Literatur: *Büdenbender* Eigene Aktien und Aktien an der Muttergesellschaft, DZWIR 1998, 1, 55; *Cahn/Farrenkopf* Abschied von der qualifizierten wechselseitigen Beteiligung?, AG 1984, 178; *Müller* Zum Entwurf eines Gesetzes zur Durchführung der zweiten Richtlinie des Rates der europäischen Gemeinschaften zur Koordinierung des Gesellschaftsrechts (Kapitalrichtlinie), WPg 1978, 565; *Thömmes* Steht dem Tochterunternehmen aus dem Besitz von Aktien der Muttergesellschaft eine Dividende zu?, AG 1987, 34; *Zilias/Lanfermann* Die Neuregelung des Erwerbs und Haltens eigener Aktien, WPg 1980, 61, 89.

I. Normzweck

1   Die Vorschrift will im Interesse des Kapitalschutzes eine **Umgehung** der Beschränkungen **vermeiden**, die für den Erwerb und das Halten eigener Aktien der AG gelten. Dazu werden die für die AG geltenden Regelungen über den Erwerb und Besitz eigener Aktien auf Dritte ausgedehnt, nämlich mittelbare Stellvertreter, abhängige oder im Mehrheitsbesitz stehende Unternehmen oder mittelbare Stellvertreter dieser Unternehmen (S 2 und 3). Liegen allerdings für den mittelbaren Stellvertreter bzw das abhängige oder im Mehrheitsbesitz stehende Unternehmen die Voraussetzungen des § 71 Abs 1 und 2 vor, wird der Erwerb, wie bei einem Erwerb durch die Gesellschaft selbst, gegenüber § 57 privilegiert (*Hüffer* AktG Rn 2). § 71d schützt zudem die Kompetenzverteilung und schließt eine mittelbare Einflussnahme der AG auf die Beschlussfassung der HV aus.

2   Der Erwerb durch einen Dritten im Wege der mittelbaren Stellvertretung hat in der Praxis eine erhebliche Bedeutung. Der wesentliche Fall, in dem ein Dritter berechtigt oder verpflichtet wird, für Rechnung der Gesellschaft eigene Aktien zu erwerben, ist die **Einkaufskommission** durch ein Kreditinstitut, insb zur Durchführung von Aktienrückkaufprogrammen über die Börse. Börsennotierte Gesellschaften, die nicht selbst im Finanzsektor tätig sind und deswegen keine Zulassung zum Börsenhandel haben, müssen zur Durchführung eines Rückkaufprogramms ein Kredit- oder Finanzdienstleistungsinstitut beauftragen. Dieses trägt wg §§ 71a Abs 2, 71d das Rechtmäßigkeitsrisiko für das Programm, weil ein Tätigwerden außerhalb oder aufgrund einer unwirksamen Ermächtigung dazu führt, dass das Innenverhältnis zur Gesellschaft unwirksam ist und die Bank auf eigene Rechnung handelt.

II. Der Erwerb und der Besitz eigener Aktien der Aktiengesellschaft durch Dritte

3   Nach S 1 darf ein im eigenen Namen, aber für Rechnung der Gesellschaft handelnder Dritter Aktien der Gesellschaft nur erwerben oder besitzen, wenn dies der Gesellschaft nach § 71 Abs 1 Nr 1–5, 7 und 8 und Abs 2 gestattet wäre. Damit stellt S 1 den Erwerb eigener Aktien der AG durch einen für ihre Rechnung handelnden Dritten (**mittelbarer Stellvertreter**) dem unmittelbaren Erwerb durch die AG gleich. Allein der Aktienerwerb zum Zwecke der Einziehung bleibt mangels Verweises auf § 71

Abs 1 Nr 6 ausschließlich der AG vorbehalten. Dies gilt allerdings nicht für den Rückkauf der einzuziehenden Aktien über die Börse im Wege des Kommissionsgeschäfts, da das Gesetz diesen Vorgang wie den Erwerb durch die Gesellschaft selbst behandelt. Der Begriff des Besitzes meint die rechtliche Inhaberstellung an der Mitgliedschaft und hat insb iRd § 71 Abs 2 S 1 Bedeutung. S zu den Fällen der mittelbaren Stellvertretung § 71a Rn 17 f.

S 2 setzt diese Gleichstellung für den Unternehmensverbund fort und betont damit die wirtschaftliche Unternehmenseinheit beim Kapitalschutz (KölnKomm AktG/*Lutter/Drygala* Rn 11; *Büdenbender* DZWIR 1998, 1, 3). S 2 Alt 1 bezieht sich auf den Aktienerwerb durch ein von der AG **beherrschtes** oder in ihrem **Mehrheitsbesitz stehendes Unternehmen** (vgl §§ 16, 17). Beide werden im Folgenden auch kurz „Tochterunternehmen" genannt. Dabei kommt es weder auf die Rechtsform des beherrschten Unternehmens, noch darauf an, ob das Tochterunternehmen durch die AG zum Erwerb veranlasst wurde (*Lutter/Drygala* aaO Rn 18). Schließlich können die Erwerbsgrenzen des § 71 auch nicht dadurch umgangen werden, dass das Tochterunternehmen seinerseits einen mittelbaren Stellvertreter zum Zweck des Erwerbs einschaltet (S 2 Alt 2). 4

Nach **hM** ist S 2 auf **wechselseitige Beteiligungen** anwendbar (*Hüffer* AktG Rn 7; MünchKomm AktG/*Oechsler* Rn 31; aA *Cahn/Farrenkopf* AG 1984, 178; Spindler/Stilz AktG/*Cahn* Rn 40). Aufgrund der Zurechnungsnorm des S 3 wird jedoch mit Begründung des Beherrschungsverhältnisses stets die 10 %-Grenze des § 71 Abs 2 S 1 überschritten, da eine wechselseitige Beteiligung nach § 19 Abs 1 einen Aktienbestand an der jeweils anderen Gesellschaft von mindestens 25 % voraussetzt. Wechselseitige Beteiligungen sind daher nur bis zur Erfüllung der Veräußerungs- und Einziehungspflichten aus § 71c Abs 2 und 3 denkbar (*Hüffer* aaO). Begründen zwei Unternehmen gleichzeitig und vor Entstehung eines Abhängigkeitsverhältnisses eine qualifiziert wechselseitige Beteiligung iSd § 19 Abs 3 (Perplexität), ist § 71d unanwendbar, da sich die Begriffe des herrschenden bzw beherrschten Unternehmens nicht zuordnen lassen. Zur Vermeidung einer gegenseitigen Beeinflussung gilt § 71b (*Oechsler* aaO Rn 33; *Hüffer* aaO; KölnKomm AktG/*Lutter/Drygala* Rn 78). 5

III. Die Erwerbsvoraussetzungen nach S 1

1. Anwendung der Erlaubnistatbestände des § 71 Abs 1. Das Vorliegen der Erwerbsvoraussetzungen beurteilt sich grds aus der Sicht der (herrschenden) AG, da es um den Schutz ihres Kapitals geht. Besonderheiten des Rechtsgeschäfts muss dagegen der Dritte erfüllen. Dabei ist auf den Zeitpunkt des Erwerbs durch den Dritten abzustellen (Grigoleit AktG/*Grigoleit/Rachlitz* Rn 6). Im Einzelnen: 6

Der Schaden iSd § 71 Abs 1 **Nr 1** muss der (herrschenden) AG drohen; unter Umständen kann aber ein Schaden bei einer Tochter einen Schaden der herrschenden AG begründen, so bei Bestehen einer Verlustausgleichspflicht (§§ 302, 317; MünchKomm AktG/*Oechsler* Rn 36; KölnKomm AktG/*Lutter/Drygala* Rn 24) oder bei wesentlicher Bedeutung dieser Tochter. Das geplante Erwerbsangebot nach § 71 Abs 1 **Nr 2**, dem die erworbenen Aktien dienen sollen, muss sich an Belegschaftsangehörige der (herrschenden) AG oder eines mit ihr verbundenen Unternehmens richten. § 71 Abs 1 **Nr 3** kommt bei der Erfüllung einer Abfindungsverpflichtung der AG oder eines mit ihr verbundenen Unternehmens in Betracht (vgl etwa § 305 Abs 2 Nr 2). Das Merk- 7 mal der Unentgeltlichkeit in § 71 Abs 1 **Nr 4** bezieht sich auf das zwischen dem Dritten und dem Veräußerer abgeschlossene Rechtsgeschäft, wobei freilich auch eine Erstattungspflicht der Gesellschaft schädlich ist (**aA** Grigoleit AktG/*Grigoleit/Rachlitz* Rn 5, der darauf abstellt, dass die Gesellschaft keine Kosten treffen); im Falle der Ausführung einer Einkaufskommission ist der Erwerb eigener Aktien zulässig, wenn die AG selbst Kreditinstitut ist, aber auch dann, wenn nur der Dritte ein Kreditinstitut ist (*Oechsler* aaO Rn 39; *Hüffer* AktG Rn 3; anders K. Schmidt/Lutter AktG/*T. Bezzenberger* Rn 5). Gesamtrechtsnachfolger iSd § 71 Abs 1 **Nr 5** muss der Dritte sein (*Oechsler* aaO Rn 40; *Hüffer* aaO). § 71 Abs 1 **Nr 6** ist aus der Verweisung in § 71d ausdrücklich ausgenommen und findet daher keine Anwendung. § 71 Abs 1 **Nr 7** setzt stets einen HV-Beschluss der (herrschenden) AG voraus, so dass sich auch der Begriff des Kreditinstituts etc zunächst auf die (herrschende) AG bezieht (*Oechsler* aaO Rn 42); um eine unbeabsichtigte Gesetzeslücke zu schließen, ist eine analoge Anwendung aber auch dahingehend möglich, dass die HV der herrschenden AG (zB die *Allianz AG*, vgl etwa TOP 8 der ordentlichen HV 2007) die Ermächtigung erteilt, dass ein im Mehrheitsbesitz stehendes Kreditinstitut (zB vor deren Verkauf an die *Commerzbank AG*, die *Dresdner Bank AG*) eigene Aktien an der Gesellschaft (dh der *Allianz AG*) zum Zwecke des Wertpapierhandels erwerben und veräußern darf (**aA** *Oechsler* aaO § 71 Rn 305, der § 71 Abs 1 Nr 8 anwenden will). Ebenso setzt die Anwendung von § 71 Abs 1 **Nr 8** einen HV-Beschluss der (herrschenden) AG voraus. Der Ermächtigungsbeschluss kann die Möglichkeit des Erwerbs durch einen mittelbaren Stellvertreter bzw ein Tochterunternehmen ausdrücklich vorsehen; erforderlich ist dies allerdings nicht. Bei Erwerb und Veräußerung hat der Dritte den Gleichheitsgrundsatz zu beachten und die sonstigen Beschränkungen einzuhalten, die auch der Gesellschaft obliegen würden.

8 **2. Schranken des Erwerbs nach S 2.** Sofern der Erwerbstatbestand die Einhaltung der 10 %-Grenze voraussetzt (§ 71 Abs 1 Nr 1–3, 7 und 8), kommt es darauf an, ob die (herrschende) AG diese Grenze einhalten würde, wenn sie die Aktien anstelle des Dritten erwerben würde (MünchKomm AktG/*Oechsler* Rn 6, 47). Dabei sind auch die gem S 3 zurechenbaren Aktien sowie die gem § 71e Abs 1 S 1 in Pfand genommenen Aktien zu berücksichtigen; ebenso der bei dem Tochterunternehmen bereits vor Begründung des Beherrschungsverhältnisses vorhandene Bestand (s Rn 10). Alle Erwerbstatbestände setzen entspr § 71 Abs 2 S 2 voraus, dass der AG im Erwerbszeitpunkt die Rücklagenbildung möglich gewesen wäre (vgl § 71 Rn 46), wenn sie anstelle des Dritten erworben hätte (*Oechsler* aaO; KölnKomm AktG/*Lutter/Drygala* Rn 23). Die Rücklage muss nicht tatsächlich gebildet werden. Davon unabhängig ist die Pflicht eines Tochterunternehmens in der Rechtsform einer Kapitalgesellschaft in ihrem Jahresabschluss die an der Muttergesellschaft gehaltenen Aktien zu aktivieren und korrespondierende Rücklagen zu bilden (Grigoleit AktG/*Grigoleit/Rachlitz* Rn 15 mwN). – Auch der Dritte iSd § 71d darf in den Fällen des § 71 Abs 1 Nr 1, 2, 4, 7 und 8 nur voll eingezahlte Aktien erwerben, § 71 Abs 2 S 3.

IV. Rechtsfolgen (S 3–6)

9 **1. Verhältnis zu § 71a Abs 2.** Unklar ist das Verhältnis des § 71d zur Regelung der mittelbaren Stellvertretung in § 71a Abs 2. Die Rechtsfolgen beider Normen widersprechen sich nämlich. So ordnet § 71a Abs 2 an, dass das Innenverhältnis zwischen der Gesellschaft und dem Dritten nichtig ist, wenn nicht die Voraussetzungen des § 71

Abs 1 und 2 erfüllt sind; Rechtsfolgen, etwa Erstattungs- und Herausgabeansprüche, ergäben sich aus dem Innenverhältnis nicht. Demgegenüber behandelt § 71d S 3–6 das Innenverhältnis offensichtlich als wirksam und begründet sogar (gesetzliche) Verschaffungs- und Erstattungsansprüche. Ausgangspunkt für die Auslegung ist daher die Weichenstellung in § 71a Abs 2, nach der sich bemisst, ob das Innenverhältnis wirksam ist (wenn der Erwerb durch die Gesellschaft selbst nach § 71 Abs 1 und 2 zulässig wäre) oder nicht (wenn der Erwerb durch die Gesellschaft selbst gegen § 71 Abs 1 und 2 verstoßen würde). § 71d S 3–6 gelten dann grds nur für den Fall, dass das **Innverhältnis nach Maßgabe des § 71a Abs 2 wirksam** ist (**hM** MünchKomm AktG/*Oechsler* Rn 4; *Hüffer* AktG Rn 9 und 23; KölnKomm AktG/*Lutter/Drygala* Rn 122; **aA** *Zilias/Lanfermann* WPg 1980, 61, 68; Spindler/Stilz AktG/*Cahn* Rn 25 ff). Ist das Innenverhältnis nach § 71a Abs 2 unwirksam, gelten § 71d S 3-6 grds nicht; Ausnahme ist der Verweis auf § 71b, der neben der Nichtigkeitsfolge des § 71a Abs 2 als zusätzliche Sanktion des rechtswidrigen Erwerbs anwendbar ist (**hM** *Hüffer* aaO Rn 10; *Oechsler* aaO Rn 15; **aA** *Cahn* aaO Rn 30). Diese Grundsätze gelten wg § 71a Abs 2 Alt 2 auch für den Erwerb durch einen mittelbaren Stellvertreter, der gem § 71d S 2 Alt 2 für das Tochterunternehmen handelt.

2. Zurechnung des Aktienbestandes (S 3). Bei der Berechnung des Kapitalanteils 10 nach § 71 Abs 2 S 1 und § 71c Abs 2 werden gem S 1 und 2 die von einem mittelbaren Stellvertreter aufgrund eines wirksamen Innenverhältnisses (vgl Rn 9) für Rechnung der AG sowie von einem Tochterunternehmen erworbenen Aktien der AG dieser als eigene zugerechnet. Dies schließt Aktien ein, die das Tochterunternehmen vor Begründung des Beherrschungsverhältnisses originär erworben hat, da S 2 ausdrücklich den Besitz von Aktien ausreichen lässt (*Hüffer* AktG Rn 13; KölnKomm AktG/*Lutter/Drygala* Rn 69 f; **aA** *Cahn/Farrenkopf* AG 1984, 178; Spindler/Stilz AktG/*Cahn* Rn 40). Die Zurechnung von Aktien des mittelbaren Stellvertreters setzt stets einen Erwerb für Rechnung der AG voraus (*Lutter/Drygala* aaO Rn 114).

3. Sinngemäße Anwendung der Rechtsfolgen (S 4). – a) Vorstandspflichten (S 4 iVm 11 **§ 71 Abs 3).** Aufgrund der sinngemäßen Geltung von § 71 Abs 3 S 1 muss der Vorstand der (herrschenden) AG seiner HV gegenüber auch über solche Aktien berichten, die von einem mittelbaren Stellvertreter aufgrund eines wirksamen Innenverhältnisses (vgl Rn 9) für Rechnung der AG sowie von einem Tochterunternehmen erworben wurden. Die Pflicht zur Berichterstattung aus § 71 Abs 3 S 1 betrifft den Vorstand der (herrschenden) AG gegenüber seiner HV (KölnKomm AktG/*Lutter/Drygala* Rn 25); der mittelbare Stellvertreter ist gegenüber seinem Vertragspartner nur nach Maßgabe des Innenverhältnisses auskunftspflichtig (MünchKomm AktG/*Oechsler* Rn 9).

Die Pflicht zur Beachtung der Frist des § 71 Abs 3 S 2 für die Ausgabe von Beleg- 12 schaftsaktien besteht auch für solche Aktien, die von einem mittelbaren Stellvertreter aufgrund wirksamen Innenverhältnisses (vgl Rn 9) für Rechnung der AG sowie von einem Tochterunternehmen erworben wurden. Sie obliegt dem Vorstand der (herrschenden) AG und zwar ab dem Zeitpunkt des Aktienerwerbs durch den Dritten (*Zilias/Lanfermann* WPg 1980, 61, 66; *Hüffer* AktG Rn 15). Die (herrschende) AG muss sich notfalls die Aktien gem S 5 verschaffen. Unter dem Gesichtspunkt der wirtschaftlichen Unternehmenseinheit beim Kapitalschutz kann es weder darauf ankommen, wann die herrschende AG die Aktien in Erfüllung des S 5 erwirbt (so aber Köln-

Komm AktG/*Lutter/Drygala* Rn 28), noch kann es von Bedeutung sein, ob die AG das Tochterunternehmen zum Aktienerwerb veranlasst hat (so aber *Hüffer* aaO; dem folgend Spindler/Stilz AktG/*Cahn* Rn 50).

14 **b) Nichtigkeitsfolge (S 4 iVm § 71 Abs 4).** Der Verweis auf die Nichtigkeitsfolge ist beim Aktienerwerb durch einen mittelbaren Stellvertreter verfehlt, da sich die Frage der Nichtigkeit des Rechtsverhältnisses zwischen der AG und dem mittelbaren Stellvertreter ausschließlich nach § 71a Abs 2 richtet (Rn 9).

15 Erwirbt ein Tochterunternehmen Aktien der Gesellschaft unter Verstoß gegen S 2 Alt 1, ist das schuldrechtliche Rechtsgeschäft zwischen ihm und dem Verkäufer gem § 71 Abs 4 S 2 unwirksam (*LG Göttingen* WM 1992, 1373, 1374); der dingliche Aktienerwerb durch das Tochterunternehmen bleibt entspr § 71 Abs 4 S 1 unberührt. Die Rückabwicklung zwischen dem Tochterunternehmen und Veräußerer erfolgt nach Bereicherungsrecht, sofern § 62 nicht eingreift (MünchKomm AktG/*Oechsler* Rn 55; *Hüffer* AktG Rn 16; KölnKomm AktG/*Lutter/Drygala* Rn 44). Das Tochterunternehmen kann den Kaufpreis gem § 62 zurückfordern, wenn es selbst als AG bzw KGaA organisiert und der Verkäufer Aktionär ist (*Oechsler* aaO; *Lutter/Drygala* aaO Rn 46; *Hüffer* aaO; **aA** Geßler/Hefermehl AktG/*Hefermehl/Bungeroth* Rn 36). Die herrschende AG kann nur gegen das Tochterunternehmen gem S 5 vorgehen; ein Anspruch gegen den Veräußerer besteht mangels Leistung der AG nicht.

16 **c) Umgehungsgeschäfte (S 4 iVm § 71a).** Dem mittelbaren Vertreter bzw dem Tochterunternehmen ist es verboten, Darlehens- oder Sicherheitenverträge zur Finanzierung des Aktienerwerbs durch einen Dritten zu schließen, es sei denn, der Ausnahmetatbestand des § 71a Abs 1 S 2 liegt vor, dh der mittelbare Vertreter bzw das Tochterunternehmen ist Kreditinstitut oder Finanzdienstleistungsinstitut und handelt iRd laufenden Geschäfte oder es geht um die Subventionierung von Belegschaftsaktien. Bei einem Verstoß ist hinsichtlich der Rechtsfolge danach zu unterscheiden, ob die finanzielle Unterstützung durch einen mittelbaren Stellvertreter oder ein Tochterunternehmen gewährt wurde. Beim mittelbaren Stellvertreter hat ein Verstoß gegen § 71a Abs 1 die Nichtigkeit des Rechtsgeschäfts zwischen der AG und dem mittelbaren Stellvertreter zur Folge; der Kauf- und Übereignungsvertrag mit dem Erwerber bleibt unberührt (KölnKomm AktG/*Lutter/Drygala* Rn 123; *Hüffer* AktG Rn 12). Bei einem Verstoß gegen § 71a Abs 1 durch ein Tochterunternehmen ist dagegen der zugrunde liegende Vertrag zwischen ihm und dem Dritten nichtig (*Hüffer* aaO Rn 17). Schaltet das Tochterunternehmen einen mittelbaren Vertreter ein, der den Aktienerwerber finanziell unterstützt, ist das Rechtsverhältnis zwischen dem Tochterunternehmen und dem für seine Rechnung handelnden Dritten von der Nichtigkeitsfolge betroffen.

17 Ohne Bedeutung ist der Verweis auf § 71a Abs 2. Die Vorschrift gilt nur für den Fall der mittelbaren Stellvertretung und findet dann unmittelbar Anwendung (s Rn 9).

18 **d) Mitgliedschaftsrechte (S 4 iVm § 71b).** Die Mitgliedschaftsrechte des Dritten (mittelbarer Stellvertreter oder Tochterunternehmen) aus den erworbenen Aktien ruhen unabhängig von der rechtlichen Zulässigkeit des Erwerbs. § 71b gilt auch dann, wenn der Anwendungsbereich des S 4 wg Nichtigkeit des der mittelbaren Stellvertretung zugrunde liegenden Rechtsverhältnisses an sich nicht eröffnet ist (s dort Rn 9). Andernfalls bestünde trotz eines nach § 71a Abs 2 unwirksamen Innenverhältnisses die Gefahr der Einflussnahme auf die Stimmrechtsausübung durch die Gesellschaft selbst. Dies gilt erst dann nicht mehr, wenn sich die Parteien von dem Geschäftsbesor-

Erwerb eigener Aktien durch Dritte § 71d

gungsverhältnis erkennbar distanziert haben und es als unwirksam betrachten (Grigoleit AktG/*Grigoleit/Rachlitz* Rn 11).

Auch die Geltendmachung von Mitgliedschaftsrechten aus Aktien, die ein Tochterunternehmen originär unter Verstoß gegen § 56 Abs 2 erworben hat, ist ausgeschlossen (MünchKomm AktG/*Oechsler* Rn 59; KölnKomm AktG/*Lutter/Drygala* Rn 57 ff; **aA** *Cahn/Farrenkopf* AG 1984, 178, 180; Spindler/Stilz AktG/*Cahn* Rn 40). Ob sich das Ruhen der Mitgliedschaftsrechte auch auf die Dividendenansprüche eines beherrschten Unternehmens erstreckt, ist im Hinblick auf den Schutz möglicher außenstehender Gesellschafter str (eine einschränkende Auslegung bejahen *Thömmes* AG 1987, 34, 36 ff; *Oechsler* aaO Rn 58; *Cahn* aaO Rn 54; **aA** *Lutter/Drygala* aaO Rn 55; GroßKomm AktG/*Merkt* Rn 72; *Büdenbender* DZWIR 1998, 1, 55, 59 ff, die den außenstehenden Gesellschaftern im Einzelfall wg Treuepflichtverletzung einen Schadenersatzanspruch zusprechen). 19

Die Mitgliedschaftspflichten des Dritten aus den Aktien der AG (insb die Einlagepflicht) ruhen nicht. Dies gilt auch für den Aktienerwerb durch das rechtlich selbstständige Tochterunternehmen (MünchKomm AktG/*Oechsler* § 71b Rn 15; KölnKomm AktG/*Lutter/Drygala* § 71b Rn 28). 20

e) Veräußerungs- und Einziehungspflichten (S 4 iVm § 71c). Nach hM ist § 71c Abs 1 auf den Fall der mittelbaren Stellvertretung gem § 71d unanwendbar, weil der nach § 71 Abs 1 und 2 unzulässige Erwerb durch einen mittelbaren Stellvertreter ausschließlich der Sanktion des § 71a Abs 2 unterliegt (vgl Rn 9). Dagegen sind die Veräußerungs- und Einziehungspflichten aus § 71c Abs 2 und 3 auch auf Aktien anwendbar, die der mittelbare Stellvertreter unter Beachtung von § 71 Abs 1 und 2 erworben hat (vgl KölnKomm AktG/*Lutter/Drygala* Rn 113). 21

Auf Aktien, die von einem Tochterunternehmen erworben wurden, finden die Veräußerungs- und Einziehungspflichten aus § 71c uneingeschränkt Anwendung. Verstößt der Aktienerwerb des Tochterunternehmens gegen S 2 Alt 1, ist die (herrschende) AG gem § 71c Abs 1 zur Veräußerung verpflichtet (MünchKomm AktG/*Oechsler* Rn 60 mwN). Die Veräußerungs- und Einziehungspflichten aus § 71c Abs 2 und 3 obliegen ebenfalls der (herrschenden) AG (*Oechsler* aaO Rn 61 f; KölnKomm AktG/*Lutter/Drygala* Rn 67 ff). Werden die Aktien noch von dem Dritten (dem mittelbaren Stellvertreter oder Tochterunternehmen) gehalten, ermöglicht S 5 die Pflichterfüllung. Die Veräußerungspflicht bezieht sich auf sämtliche der AG zurechenbare Aktien und damit auch auf den im Zeitpunkt des Erwerbs des Tochterunternehmens bereits vorhandenen Aktienbestand (*Lutter/Drygala* aaO Rn 66 ff; *Oechsler* aaO Rn 60; GroßKomm AktG/*Merkt* Rn 74; **aA** *Cahn/Farrenkopf* AG 1984, 178, 179 f; Spindler/Stilz AktG/*Cahn* Rn 55). 22

4. Der Verschaffungsanspruch der AG (S 5). Die AG hat gem S 5 einen Anspruch auf Übertragung des Eigentums an den ihr zurechenbaren Aktien (dh auf Übertragung der Mitgliedschaft). Der Herausgabeanspruch soll der AG die Erfüllung ihrer Veräußerungs- und Einziehungspflichten aus § 71c ermöglichen (RegBegr BT-Drucks 8/1678, 17); das Bestehen einer solchen Pflicht wird jedoch nicht vorausgesetzt (*Hüffer* AktG Rn 20; MünchKomm AktG/*Oechsler* Rn 65; **aA** *Büdenbender* DZWIR 1998, 1, 8 f). Vielmehr muss der AG allg die Möglichkeit eingeräumt werden, die ihr zurechenbaren Aktien zu veräußern, zB um die Erwerbsgrenze des § 71 Abs 2 S 1 wieder zu eröffnen. Die Übertragungsform wird von S 5 nicht festgelegt (*Hüffer* aaO; *Oechsler* 23 aaO Rn 65). Der Anspruch der AG richtet sich gegen den Aktienerwerber, und zwar auch dann, wenn dieser nur mit dem Tochterunternehmen vertraglich verbunden ist (S 2 Alt 2; vgl *Oechsler* aaO Rn 30). Die Übertragung der Aktien auf die AG stellt als Binnengeschäft keinen erneuten Aktienerwerb iSd § 71 dar (*Oechsler* aaO Rn 68; *Zilias/Lanfermann* WPg 1980, 61, 67).

24 Die Anspruchsentstehung setzt die Geltendmachung durch die AG voraus („auf ihr Verlangen"), so dass eine anderweitige Veräußerung durch den Erwerber vor diesem Zeitpunkt keinen Schadenersatzanspruch der AG auslöst (*Hüffer* AktG Rn 21; KölnKomm AktG/*Lutter/Drygala* Rn 83; MünchKomm AktG/*Oechsler* Rn 64).

25 Erwirbt ein Tochterunternehmen eigene Aktien der AG unter Verstoß gegen S 2 Alt 1, ist das schuldrechtliche Rechtsgeschäft zwischen ihm und dem Veräußerer gem § 71 Abs 4 S 2 unwirksam. Die Konkurrenz zwischen dem Herausgabeanspruch der AG aus S 5 und dem Anspruch des Verkäufers auf Rückübertragung aus Bereicherungsrecht ist zugunsten des Letzteren zu lösen, weil hierdurch die gewollte Rechtslage unmittelbar eintritt (*Hüffer* AktG Rn 21; KölnKomm AktG/*Lutter/Drygala* Rn 84; MünchKomm AktG/*Oechsler* Rn 66). Erwirbt ein Tochterunternehmen Aktien der AG unter Einschaltung eines mittelbaren Stellvertreters und Einhaltung der §§ 71 Abs 1 und 2, gebührt dem Anspruch der AG gegen den mittelbaren Stellvertreter gem S 5 der Vorrang gegenüber dem Herausgabeanspruch des Tochterunternehmens aus dem Innenverhältnis, zumal der Herausgabeanspruch auch gegenüber dem Tochterunternehmen bestehen würde (*Oechsler* aaO Rn 30; *Hüffer* aaO Rn 24; *Lutter/Drygala* aaO Rn 129).

26 **5. Der Erstattungsanspruch des Erwerbers (S 6).** Die **hM** berechnet den zu erstattenden Gegenwert nach dem Verkehrs- oder Kurswert im Zeitpunkt der Übertragung auf die AG (*Hüffer* AktG Rn 22; KölnKomm AktG/*Lutter/Drygala* Rn 86; Spindler/Stilz AktG/*Cahn* Rn 61; GroßKomm AktG/*Merkt* Rn 85; *Müller* WPg 1978, 565, 572; **aA** *Zilias/Lanfermann* WPg 1980, 61, 67; K. Schmidt/Lutter AktG/*T. Bezzenberger* Rn 19: Erwerbspreis im Zeitpunkt des Erwerbs durch den mittelbaren Stellvertreter bzw das Tochterunternehmen). Liegt dagegen ein zulässiger Erwerb im Wege der mittelbaren Stellvertretung vor, richtet sich der Anspruch nach dem wirksamen Innenverhältnis, dh regelmäßig nach den Vereinbarungen des Geschäftsbesorgungsvertrags (Grigoleit AktG/*Grigoleit/Rachlitz* Rn 27).

§ 71e Inpfandnahme eigener Aktien

(1) ¹**Dem Erwerb eigener Aktien nach § 71 Abs. 1 und 2, § 71d steht es gleich, wenn eigene Aktien als Pfand genommen werden.** ²**Jedoch darf ein Kreditinstitut oder Finanzdienstleistungsinstitut im Rahmen der laufenden Geschäfte eigene Aktien bis zu dem in § 71 Abs. 2 Satz 1 bestimmten Anteil am Grundkapital als Pfand nehmen.** ³**§ 71a gilt sinngemäß.**

(2) ¹**Ein Verstoß gegen Absatz 1 macht die Inpfandnahme eigener Aktien unwirksam, wenn auf sie der Ausgabebetrag noch nicht voll geleistet ist.** ²**Ein schuldrechtliches Geschäft über die Inpfandnahme eigener Aktien ist nichtig, soweit der Erwerb gegen Absatz 1 verstößt.**

Inpfandnahme eigener Aktien § 71e

Übersicht

	Rn		Rn
I. Normzweck	1	3. Besondere Ausnahme für Kreditinstitute (Abs 1 S 2)	7
II. Inpfandnahme eigener Aktien durch die AG (Abs 1 S 1)	2	4. Umgehungsgeschäfte (Abs 1 S 3)	8
1. Grundsätzliches Verbot der Inpfandnahme eigener Aktien	2	5. Rechtsfolgen bei unzulässiger Inpfandnahme (Abs 2)	9
2. Allgemeine Ausnahmen gem § 71 Abs 1 und 2	4	6. Rechtsfolgen bei zulässiger Inpfandnahme	11
a) Einzelne Erlaubnistatbestände (§ 71 Abs 1)	4	III. Inpfandnahme eigener Aktien durch Dritte (§ 71d)	13
b) Schranken des § 71 Abs 2	6		

Literatur: *Beeser* Inpfandnahme von Eigenaktien, AcP 159 (1960), 56; *Ziebe* Die Regelung des Erwerbs eigener Aktien in den Mitgliedsstaaten der Europäischen Gemeinschaft, AG 1982, 175.

I. Normzweck

Abs 1 S 1 stellt die Inpfandnahme eigener Aktien dem Erwerb eigener Aktien gleich. **1** Dem Verbotstatbestand liegt die umstr (s *Beeser* AcP Bd 159 (1960) S 56, 63) Überlegung zugrunde, dass bei der Inpfandnahme eigener Aktien ähnliche Gefahren wie beim Erwerb eigener Aktien drohen, namentlich die Gefahr der unzureichenden Befriedigung der AG bei gesunkenen Kurswerten (vgl *Kropff* S 91). Damit geht es reflexhaft auch darum, bereits die Kreditgewährung durch die Gesellschaft auf der Grundlage der Inpfandnahme eigener Aktien zu begrenzen (Grigoleit AktG/*Grigoleit/Rachlitz* Rn 1). Zudem soll einer Umgehung des Erwerbsverbots eigener Aktien vorgebeugt werden (vgl *Kropff* S 92). Würde die AG allerdings wg Abs 1 S 1 ganz auf eine Besicherung verzichten, wäre die Norm im Ergebnis kontraproduktiv. Wirtschaftlich geht es daher darum zu verhindern, dass die Gesellschaft im Vertrauen auf (aus Sicht des Gesetzes) nicht werthaltige Sicherheiten Kredit vergibt (Spindler/Stilz AktG/*Cahn* Rn 2), um mittelbar die Gesellschaft zu zwingen, die Stellung anderer Sicherheiten zu vereinbaren.

II. Inpfandnahme eigener Aktien durch die AG (Abs 1 S 1)

1. Grundsätzliches Verbot der Inpfandnahme eigener Aktien. Aufgrund der Gleich- **2** stellung mit dem Erwerb eigener Aktien in Abs 1 S 1 ist auch die Inpfandnahme eigener Aktien grds verboten. Es gelten aber dieselben Ausnahmetatbestände wie beim Erwerb eigener Aktien. Praktisch relevant sind insofern § 71 Abs 1 Nr 1 und 4 sowie § 71a Abs 1 S 2 (s Rn 4 ff).

Nach ganz **hM** ergibt sich aus dem Wortlaut der Vorschrift („als Pfand genommen"), **3** dass sich das Verbot nur auf die Begründung **rechtsgeschäftlich bestellter Pfandrechte** an eigenen Aktien der AG bezieht (MünchKomm AktG/*Oechsler* Rn 5; *Hüffer* AktG Rn 2). Dies gilt auch dann, wenn die Inpfandnahme der Aktien von Vorstandsmitgliedern oder leitenden Angestellten als Kaution dient (vgl *Oechsler* aaO Rn 11; *Hüffer* aaO). Auf den (gesetzlichen) abgeleiteten Erwerb von Pfandrechten ist § 71e entspr anzuwenden, wenn ihm eine Forderungsabtretung (§§ 398, 401, 1250 BGB) zugrunde liegt (*Oechsler* aaO Rn 5; *Beeser* AcP 159 (1960), 56, 65). § 71e gilt nicht für **gesetzliche Pfandrechte** einschließlich des Pfändungspfandrechts (*Oechsler* aaO Rn 6; *Hüffer* aaO), ebenso nicht für Zurückbehaltungsrechte (mit Ausnahme des Pfandrechts gem § 369 HGB wg des vergleichbaren Befriedigungsrechts *Oechsler* aaO Rn 8; *Beeser* aaO S 70 f; GroßKomm AktG/*Merkt* Rn 8). Die Sicherungsübereignung fällt unmittelbar unter das Verbot des § 71 (*Hüffer* aaO).

4 **2. Allgemeine Ausnahmen gem § 71 Abs 1 und 2. – a) Einzelne Erlaubnistatbestände (§ 71 Abs 1).** Die Inpfandnahme eigener Aktien ist zulässig, wenn einer der Erlaubnistatbestände des § 71 Abs 1 erfüllt ist und die weiteren Voraussetzungen des § 71 Abs 2 gegeben sind. Möglich ist etwa eine Inpfandnahme zur Schadensabwehr gem § 71 Abs 1 Nr 1, wenn sie der Sicherung einer Forderung der Gesellschaft dient, für die vom Schuldner keine andere (sinnvolle) Sicherheit zu erlangen ist (KölnKomm AktG/*Lutter/Drygala* Rn 13; *Ziebe* AG 1982, 175, 180; *Hüffer* AktG Rn 3). Auf die Höhe der Forderung kommt es in diesem Zusammenhang nicht an, da die Gesellschaft auch keine kleinen Summen zu verschenken hat. Der Vorstand der AG ist in diesem Falle analog § 71 Abs 3 S 1 zur Berichterstattung verpflichtet (*Lutter/Drygala* aaO Rn 52; *Ziebe* aaO; **aA** Geßler/Hefermehl AktG/*Hefermehl/Bungeroth* Rn 22).

5 Eine gem § 71 Abs 1 Nr 4 zulässige unentgeltliche Inpfandnahme kommt in Betracht, wenn eine bestehende Forderung ohne jeden im Zeitpunkt der Inpfandnahme gewährten wirtschaftlichen Gegenwert (Stundung, Zinsnachlass, Erweiterung des Kreditrahmens, Teilverzicht, Rückzahlungserleichterung) nachträglich besichert wird (*Hüffer* AktG Rn 3; MünchKomm AktG/*Oechsler* Rn 14; *Beeser* AcP 159 (1960), 56, 67). Verpfändet ein Aktionär eigene Aktien der AG für eine fremde Schuld, geschieht dies nicht unentgeltlich (KölnKomm AktG/*Lutter/Drygala* Rn 15; GroßKomm AktG/*Merkt* Rn 14), es sei denn, die vorgenannten Voraussetzungen einer nachträglichen Besicherung lägen vor. Bei dem von Abs 1 S 1 erfassten abgeleiteten Erwerb (insb §§ 398, 401, 1250 BGB) kommt es auf die Unentgeltlichkeit der Forderungsabtretung an (*Lutter/Drygala* aaO Rn 14). Schließlich ist der Erwerb des Pfandrechts im Wege der Gesamtrechtsnachfolge gem § 71 Abs 1 Nr 5 (*Oechsler* aaO Rn 16) oder aufgrund eines Ermächtigungsbeschlusses nach § 71 Abs 1 Nr 8 denkbar (*Oechsler* aaO Rn 17; *Lutter/Drygala* aaO Rn 16 f; Spindler/Stilz AktG/*Cahn* Rn 10; **aA** *Merkt* aaO Rn 17), wobei letztes aber kaum praktische Relevanz haben dürfte.

6 **b) Schranken des § 71 Abs 2.** Bei der Prüfung der Einhaltung der 10 %-Grenze nach § 71 Abs 2 S 1 werden in Pfand genommene Aktien den durch die Gesellschaft erworbenen eigenen Aktien gleichgestellt. Infolge der Veränderungen der Bilanzierungsvorschriften durch das BilMoG v 25.5.2009 (BGBl I S 1102) ist für die aktienrechtliche Zulässigkeit nunmehr gem § 71 Abs 2 S 2 erforderlich, dass im Zeitpunkt des Erwerbs eine Rücklage in Höhe der entstandenen Aufwendungen gebildet werden könnte, ohne das Grundkapital oder eine gesetzliche bzw satzungsmäßig zu bildende, nicht ausschüttungsfähige Rücklage zu mindern. Die Bildung der Kapitalrücklage (§ 71 Abs 2 S 2) muss lediglich möglich sein; eine tatsächliche Bildung der Rücklage ist wie schon nach alter Rechtslage nicht erforderlich (**hM** *Hüffer* AktG Rn 4; MünchKomm/*Oechsler* Rn 19; **aA** KölnKomm AktG/*Lutter/Drygala* Rn 24). Gleichwohl wird teilweise die Bildung einer Rücklage gefordert, um den sicherheitsgestützten Bilanzansatz der betroffenen Forderung um den Wert der Aktien als Sicherungsmittel zu kompensieren, dh eine Rücklage entsprechend der Differenz zwischen dem Wert der Forderung mit und ohne Besicherung im Wege der Inpfandnahme (Grigoleit AktG/*Grigoleit/Rachlitz* Rn 4). Nach der neuen Rechtslage ist allerdings schon beim Erwerb eigener Aktien selbst die Bildung einer Rücklage nicht mehr vorgesehen, da eine Aktivierung eigener Aktien nicht mehr stattfindet (§ 71 Rn 55 ff). Auszugehen ist daher davon, dass die Inpfandnahme eigener Aktien verhindern soll, dass die Gesellschaft im Vertrauen auf (aus Sicht des Gesetzes) nicht werthaltige Sicherheiten Kredit vergibt (Rn 1). Dementsprechend ist schon bei der zu besichernden Forderung anzusetzen, bei deren Aktivierung der Sicherheitswert der eigenen Aktien unberücksichtigt bleiben muss. Eine durch die Rücklage zu kompensierende Differenz tritt damit erst gar nicht auf. Hierdurch wird der (vom Gesetz gesehenen) Gefahr des vollständigen Wertverfalls der eigenen Aktien Rechnung getragen (vgl Spindler/Stilz AktG/*Cahn* Rn 12). Die zulässige Inpfandnahme setzt entspr § 71 Abs 2 S 3 die Volleinzahlung der Aktie voraus.

3. Besondere Ausnahme für Kreditinstitute (Abs 1 S 2). Die Verbotsausnahme soll 7 Kredit- bzw Finanzdienstleistungsinstitute vor der Zwangslage bewahren, auf eine Kreditsicherung verzichten oder auf den Umtausch der eigenen in fremde Aktien oder die Stellung anderer alternativer Sicherheiten hinwirken zu müssen (*Kropff* S 92). Das AGB-Pfandrecht der Banken erstreckt sich gem Ziff 14 Abs 3 S 2 der AGB der privaten Banken (Stand 1.5.2012) nicht auf eigene Aktien; die Begründung eines Pfandrechts durch Individualvereinbarung bleibt möglich (*Hüffer* AktG Rn 5). Zu den Begriffen des Kredit- bzw Finanzdienstleistungsinstituts und dem des laufenden Geschäftes vgl § 71a Rn 8. Die 10 %-Grenze muss wg der ausdrücklichen Bezugnahme auf § 71 Abs 2 S 1 beachtet werden; die Pfandrechte sind zum Bestand hinzuzuzählen (KölnKomm AktG/*Lutter/Drygala* Rn 29); auf eine hypothetische Rücklagenbildung gem § 71 Abs 2 S 2 kommt es nicht an.

4. Umgehungsgeschäfte (Abs 1 S 3). Der AG ist es aufgrund der Verweisung auf 8 § 71a Abs 1 S 1 grds verboten, einen anderen bei dem Pfandrechtserwerb an eigenen Aktien – bzw bei der Begründung der aufgrund der Akzessorietät notwendigen Forderung – zu unterstützen (*Hüffer* AktG Rn 6; Geßler/Hefermehl AktG/*Hefermehl/ Bungeroth* Rn 45; Spindler/Stilz AktG/*Cahn* Rn 21). Es gilt der Ausnahmetatbestand des § 71a Abs 1 S 2 für Kredit- bzw Finanzdienstleistungsinstitute und die Subvention von Belegschaftsaktien (**allgM** s nur KölnKomm AktG/*Lutter/Drygala* Rn 38). Der praktische Anwendungsbereich für diese Regelung ist fraglich (vgl MünchKomm/ *Oechsler* Rn 27). Der Pfandrechtserwerb eines für Rechnung der AG oder eines Tochterunternehmens handelnden Dritten ist gem § 71a Abs 2 auch nur unter den Voraussetzungen des § 71 Abs 1 und 2 erlaubt. Als weiterer Zulässigkeitsgrund gilt für Kredit- bzw Finanzdienstleistungsinstitute wiederum Abs 1 S 2 (GroßKomm AktG/*Merkt* Rn 38; *Hefermehl/Bungeroth* aaO Rn 47).

5. Rechtsfolgen bei unzulässiger Inpfandnahme (Abs 2). Die unzulässige Inpfand- 9 nahme eigener Aktien hat gem Abs 2 S 2 stets die **Nichtigkeit des** zur Bestellung des Pfandrechts verpflichtenden **schuldrechtlichen Vertrags** (Sicherungsabrede) zur Folge. Wurde das Pfandrecht bereits bestellt, kann der Aktionär die Aufhebung des Pfandrechts und ggf die Herausgabe der Aktienurkunde nach Bereicherungsrecht (§ 812 Abs 1 S 1 BGB – Leistungskondition) verlangen (KölnKomm AktG/*Lutter/Drygala* Rn 35; *Hüffer* AktG Rn 7). Die durch das Pfandrecht gesicherte Forderung bleibt unberührt (Ausnahme: § 139 BGB). Die Gesellschaft kann nach den allg Regeln eine Bestellung alternativer Sicherheiten verlangen oder die zu besichernde Forderung fällig stellen.

10 Wurde der Ausgabebetrag (einschließlich Agio) auf die unzulässig verpfändeten Aktien nicht voll geleistet, ist zudem das **dingliche Rechtsgeschäft** nichtig (Abs 2 S 1); dies ist nicht ganz nachvollziehbar, da auch teileingezahlte Aktien einen (Sicherheits-)Wert haben und die Kapitalaufbringung – anders als beim Erwerb eigener Aktien – nicht beeinträchtigt wird. Im Umkehrschluss ist die unzulässige Inpfandnahme voll eingezahlter Aktien dinglich wirksam (*Hüffer* AktG Rn 7; KölnKomm AktG/*Lutter/Drygala* Rn 32; **aA** *Ziebe* AG 1982, 175, 180). Eine Veräußerungspflicht gem § 71c würde in die Rechte der Eigentümer eingreifen und ist daher nicht vorgesehen (RegBegr BT-Drucks 8/1678, 17).

11 **6. Rechtsfolgen bei zulässiger Inpfandnahme.** Die zulässig verpfändeten Aktien sind bei der Berechnung der 10 %-Grenze nach § 71 Abs 2 S 1 den eigenen Aktien gleichzustellen (*Hüffer* AktG Rn 8; KölnKomm AktG/*Lutter/Drygala* Rn 42; MünchKomm AktG/*Oechsler* Rn 18). § 71c Abs 2 gilt unabhängig von der Rechtmäßigkeit des Pfandrechtserwerbs analog mit der Maßgabe, dass sich die Veräußerungspflicht auf andere als die in Pfand genommenen Aktien bezieht (*Lutter/Drygala* aaO Rn 43; *Hüffer* aaO; Spindler/Stilz AktG/*Cahn* Rn 17; **aA** *Oechsler* aaO Rn 23; *Büdenbender* DZWIR 1998, 1, 2). Ein Unterschreiten der 10 %-Grenze des § 71 Abs 2 S 1 kann freilich auch dadurch erreicht werden, dass als Pfand genommene eigene Aktien in dem entspr Umfang freigegeben werden (ebenso K. Schmidt/Lutter AktG/*T. Bezzenberger* Rn 9), wobei das unternehmerische Ermessen in diesem Fall regelmäßig die Bestellung alternativer Sicherheiten gebietet.

12 § 71e enthält keinen Verweis auf § 71b, da die Mitgliedschaftsrechte ohnehin nicht dem Pfandrechtsgläubiger zustehen (RegBegr BT-Drucks 8/1678, 17). Wird der Anspruch auf den Gewinnanteil von der Verpfändung miterfasst, soll § 71b unmittelbar Anwendung finden (Geßler/Hefermehl AktG/*Hefermehl/Bungeroth* Rn 49; KölnKomm AktG/*Lutter/Drygala* Rn 40; **aA** MünchKomm AktG/*Oechsler* Rn 23). Das ist schon bei einer unzulässigen Inpfandnahme kaum nachvollziehbar, weil diese Sanktion (mittelbar) den Aktionär als Pfandgeber treffen würde. Bei einer zulässigen Inpfandnahme (etwa durch eine Bank) würde diese den Aktionär treffende Sanktion einen Wertungswiderspruch bedeuten, so dass jedenfalls in diesem Fall die Dividendenansprüche im Wege einer teleologischen Reduktion unberührt bleiben.

III. Inpfandnahme eigener Aktien durch Dritte (§ 71d)

13 Hat ein für Rechnung der AG oder eines Tochterunternehmens handelnder Dritter (mittelbarer Stellvertreter) Aktien der AG unzulässig in Pfand genommen, ist wie iRd § 71d der Anwendungsvorrang des § 71a Abs 2 zu beachten (vgl § 71d Rn 9). Ist die Inpfandnahme nicht gem § 71 Abs 1 und 2 bzw Abs 1 S 2 zulässig, so ist allein das schuldrechtliche Rechtsgeschäft zwischen der AG bzw dem Tochterunternehmen und dem mittelbaren Stellvertreter (Innenverhältnis) nichtig; die Rechtsfolgen des Abs 2 gelten nicht (ähnlich KölnKomm AktG/*Lutter/Drygala* Rn 49; *Hüffer* AktG Rn 9; MünchKomm AktG/*Oechsler* Rn 22). Die Inpfandnahme von Aktien der AG durch ein Tochterunternehmen unterliegt den für die AG geltenden Grundsätzen, Abs 1 S 1 iVm § 71d S 2 Alt 1. § 71d S 5 und 6 sind unanwendbar (*Lutter/Drygala* aaO Rn 47; *Hüffer* aaO).

§ 72 Kraftloserklärung von Aktien im Aufgebotsverfahren

(1) ¹Ist eine Aktie oder ein Zwischenschein abhanden gekommen oder vernichtet, so kann die Urkunde im Aufgebotsverfahren nach dem Gesetz über das Verfahren in Familiensachen und in den Angelegenheiten der freiwilligen Gerichtsbarkeit für kraftlos erklärt werden. ²§ 799 Abs. 2 und § 800 des Bürgerlichen Gesetzbuchs gelten sinngemäß.

(2) Sind Gewinnanteilscheine auf den Inhaber ausgegeben, so erlischt mit der Kraftloserklärung der Aktie oder des Zwischenscheins auch der Anspruch aus den noch nicht fälligen Gewinnanteilscheinen.

(3) Die Kraftloserklärung einer Aktie nach §§ 73 oder 226 steht der Kraftloserklärung der Urkunde nach Absatz 1 nicht entgegen.

Übersicht

	Rn		Rn
I. Normzweck	1	3. Wirkungen der Kraftloserklärung	7
II. Gerichtliche Kraftloserklärung (§ 72 Abs 1)	2	III. Gewinnanteilscheine (§ 72 Abs 2)	9
1. Tatbestand	2	IV. Kraftloserklärung durch die Gesellschaft (§ 72 Abs 3)	12
2. Verfahren	5		

Literatur: *Heinemann* Das neue Aufgebotsverfahren nach dem FamFG, NotBZ 2009, 300.

I. Normzweck

§ 72 stellt ein Verfahren zur Verfügung, in dem abhanden gekommene oder vernichtete Aktienurkunden für kraftlos erklärt werden. Dies dient dem Schutz vor Rechtsnachteilen, die sich aus dem Abhandenkommen und der Zerstörung von Aktienurkunden und Zwischenscheinen ergeben. Durch die Kraftloserklärung wird die Möglichkeit eines gutgläubigen Erwerbs durch Dritte verhindert und ein Anspruch auf Ausstellung einer neuen Urkunde eröffnet. Außerdem wird dem Aktionär hierdurch die Ausübung derjenigen Rechte wieder ermöglicht, für die die Vorlage der Aktie erforderlich ist (zB § 123 Abs 3 S 1). § 72 stellt damit die formelle Rechtslage vor Urkundsverlust wieder her; die materielle Rechtslage bleibt hingegen unberührt (dazu Rn 8). § 72 ist zwingendes Recht (vgl § 23 Abs 5 S 1). 1

II. Gerichtliche Kraftloserklärung (§ 72 Abs 1)

1. Tatbestand. Gegenstand der Kraftloserklärung sind wirksam ausgegebene (MünchKomm AktG/*Oechsler* Rn 3; KölnKomm AktG/*Lutter/Drygala* Rn 8; Spindler/Stilz AktG/*Cahn* Rn 3: ausnahmsweise auch ohne wirksame Begebung) Aktien (sowohl Inhaber- als auch Namensaktien) und Zwischenscheine; nicht aber Gewinnanteil- und Erneuerungsscheine (dazu Rn 9, 11). Gemeint ist die Aktienurkunde, da die Norm die Verbriefung betrifft und nicht die Mitgliedschaft selbst. 2

Ein **Abhandenkommen** der Urkunde liegt vor, wenn die Besitzausübung aus tatsächlichen Gründen nicht mehr möglich ist (*OLG München* AG 2012, 376, 377; MünchKomm AktG/*Oechsler* Rn 4; *Hüffer* AktG Rn 3), so bei unklarem Verbleib der Urkunde oder im Falle der Undurchsetzbarkeit des Herausgabeanspruchs gegen den jetzigen Besitzer (*Oechsler* aaO; *OLG Stuttgart* NJW 1955, 1154, 1155 zu Art 90 WG). 3

§ 72 Kraftloserklärung von Aktien im Aufgebotsverfahren

Ob der Besitzverlust dem Willen des Besitzers entspricht, ist anders als iRd § 935 Abs 1 S 1 BGB ohne Bedeutung (unstr).

4 Die **Vernichtung** der Urkunde setzt in Abgrenzung zur bloßen Beschädigung nach § 74 voraus, dass die Substanz des Wertpapiers aufgehoben oder die Beschaffenheit so weitgehend beeinträchtigt ist, dass der wesentliche Inhalt der Urkunde oder die Unterscheidungsmerkmale nicht mehr sicher erkennbar sind (MünchKomm AktG/ *Oechsler* Rn 5; *Hüffer* AktG Rn 3). Das Papier muss jedoch anhand außerhalb der Urkunde liegender Umstände individualisierbar sein (vgl § 468 Nr 1 FamFG); dies setzt idR die Angabe der Aktiennummer voraus (*BGH* AG 1990, 78, 80 zu § 1007 Nr 1 ZPO aF).

5 2. **Verfahren.** Das Verfahren richtet sich nach den Vorschriften für das Aufgebotsverfahren (§§ 433 ff, 466 ff FamFG). Dieses wurde durch das Gesetz zur Reform des Verfahrens in Familiensachen und in den Angelegenheiten der freiwilligen Gerichtsbarkeit (FGG-RG v 17.12.2008 BGBl I S 2586) von der ZPO ins FamFG ohne wesentliche inhaltliche Änderungen verlagert (ausf einschließlich landesgesetzlicher Vorgaben: *Heinemann* NotBZ 2009, 300 ff). Das Aufgebotsverfahren wird eröffnet durch **Antragstellung** beim Amtsgericht am Sitz der Gesellschaft (§ 466 Abs 1 FamFG iVm § 14; § 23a Abs 1 Nr 2, Abs 2 Nr 7 GVG; ausnahmsweise abw bei landesrechtlichen Zuweisungen gem § 491 FamFG oder der Konzentrationsermächtigung des § 23d GVG). Zu Form und Inhalt s §§ 434 Abs 1, 25 Abs 1, 468 FamFG. Die AG ist zur Mitwirkung bei der Beschaffung der erforderlichen Nachweise verpflichtet (Abs 1 S 2 iVm § 799 Abs 2 BGB). Die **Antragsberechtigung** richtet sich gem § 467 FamFG nach der Art des Wertpapiers. Bei Inhaberaktien sowie blanko indossierten Namensaktien und Zwischenscheinen (§ 467 Abs 1 FamFG) ist der letzte unmittelbare Urkundenbesitzer berechtigt (dh nicht notwendig der Inhaber des Rechts); bei anderen Urkunden (§ 467 Abs 2 FamFG) der zuletzt aus dem Urkundentext (bzw aus Indossament oder Abtretungserklärung) Legitimierte (*Hüffer* AktG Rn 4; zu Inhaberaktien *OLG München* AG 2012, 376; zu § 1004 ZPO aF vgl MünchKomm AktG/*Oechsler* Rn 8; KölnKomm AktG/*Lutter/Drygala* Rn 9). Auf die materielle Rechtslage kommt es nicht an; die Eintragung im Aktienregister nach § 67 Abs 2 ist ebenfalls ohne Bedeutung, da es nicht um das „Verhältnis zur Gesellschaft" geht (**hM** GroßKomm AktG/*Merkt* Rn 19; *Lutter/Drygala* aaO Rn 10; *Oechsler* aaO; *K. Schmidt/Lutter* AktG/*T. Bezzenberger* §§ 72-75 Rn 4; **aA** Spindler/Stilz AktG/*Cahn* Rn 9). Ein Initiativrecht der Gesellschaft besteht nicht. Im Aufgebotsverfahren gilt der **Amtsermittlungsgrundsatz**, § 26 FamFG; uU kann eine förmliche Beweiserhebung entspr der ZPO geboten sein (*OLG München* AG 2012, 376 f), über deren Durchführung das Gericht nach pflichtgemäßem Ermessen zu entscheiden hat, § 30 Abs 1 FamFG.

6 Das Gericht erlässt in der Folge ein **Aufgebot** (§§ 434 Abs 2, 469 FamFG), durch das der Inhaber der – genau zu bezeichnenden (OLG *München* AG 2012, 376 f) – Aktienurkunde aufgefordert wird, sein Recht bei Gericht anzumelden und die Urkunde vorzulegen; dabei ist die Kraftloserklärung der Urkunde als Rechtsnachteil anzudrohen. Legt der Dritte die (abhanden gekommene) Urkunde vor, ist die Entscheidung auszusetzen oder dessen Recht vorzubehalten (§ 440 FamFG). Da der Verbleib der Urkunde dann geklärt ist, kann und muss der Antragsteller gegen den Inhaber der Urkunde selbst vorgehen (etwa aus §§ 812 ff, 985 ff BGB). Ansonsten wird mit Ablauf der mindestens 6 Wochen (§ 437 FamFG) und höchstens ein Jahr (§ 476 FamFG) lau-

fenden Aufgebotsfrist die Urkunde durch gerichtlichen Ausschließungsbeschluss für kraftlos erklärt (§ 478 FamFG). Als wesentliche Änderung des Aufgebotsverfahrens durch das FGG-RG kann nun als **Rechtsbehelf** generell Beschwerde nach den allg Bestimmungen eingelegt werden (§§ 58 ff FamFG; *OLG München* aaO). Auch die Wiederaufnahme des Verfahrens ist nun möglich (§ 48 Abs 2 FamFG iVm §§ 578 ZPO, dazu *Heinemann* NotBZ 2009, 300, 304).

3. Wirkungen der Kraftloserklärung. Durch die Kraftloserklärung wird die Wertpapiereigenschaft aufgehoben, so dass die Mitgliedschaft nicht mehr in dem betroffenen Wertpapier verkörpert ist. Dies hat zur Folge, dass der Urkundsbesitz als Grundlage des gutgläubigen Erwerbs des Mitgliedschaftsrechts ausscheidet. Der Ausschließungsbeschluss berechtigt den Antragsteller zur Geltendmachung der Mitgliedschaftsrechte gegenüber der AG (§ 479 Abs 1 FamFG; *BGH* WM 1989, 1682, 1685 zu § 1018 Abs 1 ZPO aF); die Vorlage der Urkunde wird durch die Vorlage des Beschl ersetzt. Die Eintragung im Aktienregister ist bei Namensaktien aber weiterhin erforderlich (KölnKomm AktG/*Lutter/Drygala* Rn 15; GroßKomm AktG/*Merkt* Rn 25; Spindler/Stilz AktG/*Cahn* Rn 12). Gem Abs 1 S 2 iVm § 800 BGB steht dem Antragsteller ein Anspruch auf Ausstellung einer neuen Urkunde zu. 7

Die Kraftloserklärung hat keinen Einfluss auf die **materielle Rechtslage** (hM MünchKomm AktG/*Oechsler* Rn 14; MünchKomm BGB/*Habersack* § 799 Rn 8 f mwN). Auch wenn der Ausschließungsbeschluss durch einen Nichtberechtigten erwirkt wird, wird er hierdurch nicht Inhaber der Mitgliedschaft, hat allerdings einen Anspruch auf Ausstellung einer neuen Urkunde (s Rn 7). Der wahre Rechtsinhaber kann weiterhin über das Mitgliedschaftsrecht verfügen; nach Kraftloserklärung allerdings nur durch Abtretung des unverkörperten Rechts gem §§ 398, 413 BGB (*Oechsler* aaO Rn 15 mwN). Nach Ausstellung einer neuen Aktienurkunde für den Nichtberechtigten besteht allerdings für den wahren Inhaber die Gefahr des gutgläubigen Erwerbs eines Dritten (*Oechsler* aaO). 8

III. Gewinnanteilscheine (§ 72 Abs 2)

Auf den Inhaber ausgestellte und noch nicht fällige Coupons teilen nach Abs 2 die Wirkung der Kraftloserklärung der Haupturkunde, so dass die Verbriefung des Dividendenanspruchs ebenfalls ab diesem Zeitpunkt „erlischt" (hM MünchKomm AktG/*Oechsler* Rn 17; GroßKomm AktG/*Merkt* Rn 32; K. Schmidt/Lutter AktG/*T. Bezzenberger* §§ 72–75 Rn 10; anders KölnKomm AktG/*Lutter/Drygala* Rn 22: auch der mitgliedschaftliche Zahlungsanspruch entfällt). Im Zeitpunkt der Kraftloserklärung fällige auf den Inhaber lautende Gewinnanteilscheine werden von der Kraftloserklärung nicht berührt. Der frühere Inhaber eines (fälligen) Coupons kann daher nur gem § 804 BGB die Wahrung seines Dividendenanspruchs erreichen, nicht aber den gutgläubigen Erwerb eines Dritten verhindern (s *Oechsler* aaO Rn 16). Nur dann, wenn der Coupon ausnahmsweise auf den Namen lautet, steht das Aufgebotsverfahren gem § 808 Abs 2 S 2 BGB offen (*Oechsler* aaO Rn 18 f). 9

Der durch den Ausschließungsbeschluss nach § 479 Abs 1 FamFG Legitimierte hat entspr Abs 1 S 2 iVm § 800 BGB einen Anspruch auf Ausgabe neuer Gewinnanteilscheine (unstr). Zudem kann er allein auf der Grundlage des Beschl die Zahlung der Dividende verlangen (*Hüffer* AktG Rn 6; **aA** KölnKomm AktG/*Lutter/Drygala* Rn 22: nur nach Verbriefung). Der materiell Berechtigte kann von seinem (nun unverkörperten) Recht weiterhin Gebrauch machen (*Hüffer* aaO; **aA** *Lutter/Drygala* aaO). 10

§ 73 Kraftloserklärung von Aktien durch die Gesellschaft

11 Abs 2 gilt entspr für **Erneuerungsscheine** (MünchKomm AktG/*Oechsler* Rn 20; KölnKomm AktG/*Lutter/Drygala* Rn 22). Eine selbstständige Durchführung des Aufgebotsverfahrens gem § 72 ist dem früheren Inhaber des Erneuerungsscheins verwehrt, da es sich nicht um ein Wertpapier handelt.

IV. Kraftloserklärung durch die Gesellschaft (§ 72 Abs 3)

12 Die Verfahren der gerichtlichen Kraftloserklärung und der Kraftloserklärung durch die AG (§§ 73, 226) bestehen gem Abs 3 nebeneinander. Der Aktionär soll keine Nachteile dadurch erleiden, dass ihm die abhanden gekommene oder vernichtete Aktienurkunde nicht als Legitimationsmittel zur Geltendmachung der Ansprüche aus § 73 Abs 3 S 1 (Aushändigung der neuen Urkunde) und § 226 Abs 3 S 6 (Auszahlung des Versteigerungserlöses) zur Verfügung steht (KölnKomm AktG/*Lutter/Drygala* Rn 3).

§ 73 Kraftloserklärung von Aktien durch die Gesellschaft

(1) ¹Ist der Inhalt von Aktienurkunden durch eine Veränderung der rechtlichen Verhältnisse unrichtig geworden, so kann die Gesellschaft die Aktien, die trotz Aufforderung nicht zur Berichtigung oder zum Umtausch bei ihr eingereicht sind, mit Genehmigung des Gerichts für kraftlos erklären. ²Beruht die Unrichtigkeit auf einer Änderung des Nennbetrags der Aktien, so können sie nur dann für kraftlos erklärt werden, wenn der Nennbetrag zur Herabsetzung des Grundkapitals herabgesetzt ist. ³Namensaktien können nicht deshalb für kraftlos erklärt werden, weil die Bezeichnung des Aktionärs unrichtig geworden ist. ⁴Gegen die Entscheidung des Gerichts ist die Beschwerde zulässig; eine Anfechtung der Entscheidung, durch die die Genehmigung erteilt wird, ist ausgeschlossen.

(2) ¹Die Aufforderung, die Aktien einzureichen, hat die Kraftloserklärung anzudrohen und auf die Genehmigung des Gerichts hinzuweisen. ²Die Kraftloserklärung kann nur erfolgen, wenn die Aufforderung in der in § 64 Abs. 2 für die Nachfrist vorgeschriebenen Weise bekannt gemacht worden ist. ³Die Kraftloserklärung geschieht durch Bekanntmachung in den Gesellschaftsblättern. ⁴In der Bekanntmachung sind die für kraftlos erklärten Aktien so zu bezeichnen, dass sich aus der Bekanntmachung ohne weiteres ergibt, ob eine Aktie für kraftlos erklärt ist.

(3) ¹An Stelle der für kraftlos erklärten Aktien sind, vorbehaltlich einer Satzungsregelung nach § 10 Abs. 5, neue Aktien auszugeben und dem Berechtigten auszuhändigen oder, wenn ein Recht zur Hinterlegung besteht, zu hinterlegen. ²Die Aushändigung oder Hinterlegung ist dem Gericht anzuzeigen.

(4) Soweit zur Herabsetzung des Grundkapitals Aktien zusammengelegt werden, gilt § 226.

Übersicht

	Rn		Rn
I. Allgemeines	1	3. Aufforderung an die Aktionäre	7
II. Tatbestand (Abs 1 S 1)	2	4. Kraftloserklärung	8
III. Ausnahmen (Abs 1 S 2 und 3, Abs 4)	4	V. Wirkungen der Kraftloserklärung	11
IV. Verfahren (Abs 2)	5	VI. Anspruch auf Ausgabe neuer Urkunden (Abs 3)	12
1. Einleitung durch den Vorstand	5		
2. Genehmigung des Gerichts	6		

Kraftloserklärung von Aktien durch die Gesellschaft § 73

Literatur: *Ganzer/Borsch* Zur Hinterlegungsfähigkeit girosammelverwahrter AG-Anteil, AG 2003, 269; *Heider* Einführung der nennwertlosen Aktie in Deutschland anläßlich der Umstellung des Gesellschaftsrecht auf den Euro, AG 1998, 1; *Herbig* Die Kraftloserklärung von Aktien, DJ 1935, 112; *Ihrig/Streit* Aktiengesellschaft und Euro – Handlungsbedarf und Möglichkeiten der Aktiengesellschaften anläßlich der Euro-Einführung zum 1.1.1999, NZG 1998, 201; *König* Kraftloserklärung nicht eingereichter Aktien von Minderheitsaktionären nach einem Squeeze-out, NZG 2006, 606.

I. Allgemeines

Das Verfahren der Kraftloserklärung nach § 73 ermöglicht es der Gesellschaft, den Inhalt der Aktienurkunde an veränderte rechtliche Verhältnisse anzupassen, und ist als Ergänzung dieser Änderungstatbestände (Folgenorm) zu sehen (KölnKomm AktG/*Lutter/Drygala* Rn 2). Eigentliches Ziel des Verfahrens ist die Veranlassung der Aktionäre zur freiwilligen Einreichung der Aktienurkunden durch Androhung der Kraftloserklärung (MünchKomm AktG/*Oechsler* Rn 20) und deren Umtausch in inhaltlich richtige Aktienurkunden. Das Verfahren dient letztlich dem **Verkehrsschutz**, da verhindert wird, dass dauerhaft Aktienurkunden im Umlauf sind, die eine unrichtige Rechtslage ausweisen. Durch Abs 3 kann die Anteilsverbriefung in neue effektiven Stücken satzungsmäßig ausgeschlossen werden. Damit erhält die Gesellschaft die Möglichkeit, bei einer entspr Satzungsregelung im Zuge des Verfahrens nach § 73 vollständig für die unrichtigen verbrieften Stücke auf girosammelverwahrte Globalurkunden umzustellen. Von dieser Möglichkeit wird von Gesellschaften mit beträchtlichem Streubesitz regelmäßig Gebrauch gemacht. § 73 ist zwingendes Recht (vgl § 23 Abs 5 S 1). Die Verfahrenseinleitung sowie die Kraftloserklärung stehen im Ermessen der AG. Soweit die Aktien der Gesellschaft girosammelverwahrt sind, ist von den Aktionären nichts zu veranlassen, da die Gesellschaft die unrichtigen Aktienurkunden von sich aus bei **Clearstream** austauschen kann. 1

II. Tatbestand (Abs 1 S 1)

Abs 1 S 1 bezieht sich unmittelbar nur auf die Aktienurkunden (Inhaber- und Namensaktien); auch ohne ausdrückliche Erwähnung werden **Zwischenscheine** unstreitig erfasst, nicht aber Gewinnanteils- und Erneuerungsscheine. Das Verfahren des § 73 bezieht sich wie bei § 72 nur auf die Verbriefung, nicht auf die Mitgliedschaft selbst (ebenfalls unstr); zudem muss das betreffende Papier dem Wortlaut der Norm nach bei unmittelbarer Anwendung wie bei § 72 (vgl dort Rn 2) wirksam ausgegeben sein (ganz **hM** GroßKomm AktG/*Merkt* Rn 15 mwN; MünchKomm AktG/*Oechsler* Rn 4; *Hüffer* AktG Rn 2; **aA** Spindler/Stilz AktG/*Cahn* Rn 5). 2

Die **rechtlichen Verhältnisse** müssen sich nach Ausgabe der Aktien geändert haben (**hM** MünchKomm AktG/*Oechsler* Rn 5; GroßKomm AktG/*Merkt* Rn 16; *Hüffer* AktG Rn 2; K. Schmidt/Lutter AktG/*T. Bezzenberger* §§ 72–75 Rn 6) und zur Unrichtigkeit der Aktienurkunde führen. Aufgrund der Ähnlichkeit der Gefährdung für die Rechtssicherheit kommt allerdings eine entsprechende Anwendung auch bei anfänglich unrichtigen Angaben in Betracht (Spindler/Stilz AktG/*Cahn* Rn 7; **aA** *Oechsler* aaO Rn 5 f; *Merkt* aaO Rn 16). Selbst wenn ein Rechtsverlust des Berechtigten infolge des gutgläubigen Erwerbs eines Dritten nicht zu befürchten ist, ist ein Verkehrsschutzinteresse auch des Dritten anzuerkennen. Die rechtliche Änderung kann die Mitgliedschaft betreffen (zB Umwandlung von Stamm- in Vorzugsaktien oder von Inhaber- in 3

Namensaktien; Übergang von Nennbetrags- zu Stückaktien) oder die AG selbst betreffen (zB Änderung von Firma, Unternehmensgegenstand, Sitz). Rein faktische Änderungen werden nicht erfasst (zB bloße Anschriftsänderung der AG ohne Sitzverlegung; *Oechsler* aaO Rn 7). Verbrieft die Aktienurkunde nach einem Squeeze Out anstelle des Mitgliedschaftsrechts nur noch den Abfindungsanspruch (§ 327e Abs 3 S 2), ist die Aktienurkunde unrichtig iSd § 73 (str so *König* NZG 2006, 606, 608; anders die **hM** *Hüffer* aaO § 327e Rn 4, § 320a Rn 3; Spindler/Stilz AktG/*Singhof* § 327e Rn 12, § 320a Rn 5). Die Vorstandsentscheidung zur Einleitung des Verfahrens wird aber idR pflichtwidrig sein, da die Unrichtigkeit der Urkunde bei Aushändigung endet (*König* aaO: anders bei dauerhafter Vorenthaltung). Das Verfahren des Abs 1 und 2 gilt entspr bei der Verschmelzung einer übertragenden AG bzw KGaA oder deren Formwechsel (§§ 72, 73, 78, 248 Abs 2 UmwG).

III. Ausnahmen (Abs 1 S 2 und 3, Abs 4)

4 Wird der Urkundeninhalt infolge einer Änderung des Nennbetrages unrichtig, ist eine Kraftloserklärung nach Abs 1 S 2 nur zulässig, wenn die Änderung zum Zwecke einer Kapitalherabsetzung erfolgt (vgl §§ 222 Abs 4 S 1, 229 Abs 3). Werden Aktien im Zuge der Währungsumstellung auf den Euro durch Nennbetragsglättung unrichtig, ist Abs 1 S 2 wg § 4 Abs 6 S 1 EGAktG unanwendbar, so dass eine Kraftloserklärung ausnahmsweise doch möglich ist (*Ihrig/Streit* NZG 1998, 201, 204). Unzulässig ist eine Kraftloserklärung zur Berichtigung der Aktionärsbezeichnung in Namensaktien (Abs 1 S 3). Der Aktionär ist hinreichend durch § 67 Abs 2 geschützt (MünchKomm AktG/*Oechsler* Rn 9); zudem würde das Ziel der Kraftloserklärung aufgrund der Vielzahl möglicher Übertragungsformen nicht erreicht (KölnKomm AktG/*Lutter/Drygala* Rn 9). Abs 1 S 3 gilt entspr für Zwischenscheine (*Oechsler* aaO). Bei einer Kapitalherabsetzung durch Zusammenlegung von Aktien nach § 222 Abs 4 S 1 geht § 226 dem Verfahren der Kraftloserklärung nach § 73 vor (Abs 4).

IV. Verfahren (Abs 2)

5 **1. Einleitung durch den Vorstand.** Die Verfahrenseinleitung gehört als Maßnahme der Geschäftsführung zur Zuständigkeit des Vorstands. Die Verfahrenseinleitung steht im **pflichtgemäßen Ermessen** unter Berücksichtigung des § 53a (MünchKomm AktG/*Oechsler* Rn 12; *Hüffer* AktG Rn 4); und zwar auch dann, wenn die AG die Unrichtigkeit zB durch Nennbetragsglättung selbst herbeigeführt hat (*Heider* AG 1998, 1, 6; *Ihrig/Streit* NZG 1998, 201, 204). Eine Ermessensreduktion ist anzunehmen, wenn die Gefahr der Irreführung der Anleger besteht (*Oechsler* aaO Rn 14; *Hüffer* aaO; GroßKomm AktG/*Merkt* Rn 8). Die Mitglieder des Vorstands handeln in zur Vertretung berechtigter Zahl.

6 **2. Genehmigung des Gerichts.** Die gerichtliche Genehmigung muss vor Bekanntmachung der Aufforderung eingeholt werden, Abs 2 S 1, dh zu Beginn des Verfahrens. Erforderlich ist ein Antrag beim Amtsgericht (Registergericht) am Sitz der AG (§§ 375 Nr 3, 376 Abs 1 FamFG; § 14). Der Vorstand handelt in zur Vertretung berechtigter Zahl. Die Prüfung des Gerichts beschränkt sich auf die Rechtmäßigkeit des Vorgehens nach § 73; insb trifft das Gericht keine eigene Ermessensentscheidung (MünchKomm AktG/*Oechsler* Rn 17). Wird die Genehmigung erteilt, ist sie unanfechtbar; wird sie versagt, besteht die Möglichkeit der Beschwerde (Abs 1 S 4 iVm § 58 FamFG).

3. Aufforderung an die Aktionäre. Die Aktionäre sind unter Androhung der Kraftloserklärung zur freiwilligen Einreichung der unrichtigen Aktien aufzufordern, Abs 2 S 1. Ein Zwang zur Einreichung der unrichtigen Urkunde besteht für die Aktionäre nicht. Auf die Genehmigung des Gerichts ist hinzuweisen. Die Aufforderung ist unter Beachtung der Fristen des § 64 Abs 2 S 2 und 3 dreimal in den Gesellschaftsblättern (§ 25) bekannt zu machen, Abs 2 S 2 iVm § 64 Abs 2 S 1. Bei vinkulierten Namensaktien reicht eine einmalige Einzelerklärung gegenüber dem Aktionär gem § 64 Abs 2 S 4 aus. Die Aufforderung muss die betroffenen Aktien bestimmt bezeichnen; dies gilt auch für die Nebenpapiere, die in die Kraftloserklärung einbezogen werden sollen (str s Rn 11). Ziel des Verfahrens ist, dass der Aktionär die unrichtigen Papiere einreicht und im Gegenzug eine inhaltlich richtige Aktienurkunde erhält; ist das Recht auf Verbriefung des Anteils satzungsgemäß ausgeschlossen (§ 10 Abs 5 AktG), erhält er stattdessen eine Gutschrift auf ein von ihm zu benennendes Depotkonto bei einem Kreditinstitut. Werden alle Aktien eingereicht, findet eine Kraftloserklärung nicht mehr statt.

4. Kraftloserklärung. Auch nach erfolglosem Fristablauf steht die Kraftloserklärung im Ermessen des Vorstands (KölnKomm AktG/*Lutter/Drygala* Rn 22; MünchKomm AktG/*Oechsler* Rn 23; *Hüffer* AktG Rn 5). Ein angemessener Zeitraum nach Fristablauf (6 bis 12 Monate) ist einzuhalten (*Oechsler* aaO Rn 24; *Lutter/Drygala* aaO; enger Spindler/Stilz AktG/*Cahn* Rn 19: maximal 6 Monate). Reichen die Aktionäre die Aktien nach Fristablauf freiwillig ein, sind sie ebenfalls in inhaltlich richtige Aktienurkunden umzutauschen (**hM** *Lutter/Drygala* aaO Rn 19; *Cahn* aaO Rn 20; **aA** wohl *Hüffer* aaO); eine Kraftloserklärung wäre ermessensfehlerhaft, da das Ziel des Verfahrens mit der freiwilligen Aushändigung erreicht wurde.

Die von der Kraftloserklärung betroffenen Aktien sind gem Abs 2 S 4 bestimmt zu bezeichnen; hierzu ist idR die Angabe der Stückenummer erforderlich (*Kropff* S 94). Ausreichend ist aber auch eine negative Umschreibung unter eindeutiger Darstellung der Merkmale („Alle noch nicht zum Umtausch eingereichten Aktien, die ..."). Dies gilt auch für die von der Kraftloserklärung erfassten Nebenurkunden (str s Rn 11).

Die Kraftloserklärung wird mit der Bekanntmachung in den Gesellschaftsblättern wirksam. Seit der Aktienrechtsnovelle 2012 ist der Bundesanzeiger das einzige maßgebliche Publikationsorgan, wenn eine Veröffentlichung in den Gesellschaftsblättern zu erfolgen hat, § 25. Die Möglichkeit, satzungsmäßig weitere Blätter oder elektronische Informationsmedien als Gesellschaftsblätter festzulegen (§ 25 S 2 aF), ist entfallen. Es kann daher auch keinen Zweifel über den maßgeblichen Veröffentlichungszeitpunkt mehr geben (zur alten Rechtslage KölnKomm AktG/*Lutter/Drygala* Rn 24; *Hüffer* AktG Rn 5). Eine Ersetzung der Bekanntmachung durch Einzelmitteilung an die betroffenen Aktionäre ist auch bei vinkulierten Namensaktien und Zwischenscheinen nicht möglich (*Lutter/Drygala* aaO).

V. Wirkungen der Kraftloserklärung

Die Kraftloserklärung beseitigt die Wertpapiereigenschaft der betr Urkunde. Das Mitgliedschaftsrecht bleibt unberührt (unstr *BGH* AG 1990, 78, 80), so dass es weiterhin in unverkörperter Form durch Abtretung (§§ 398, 413 BGB) übertragen werden kann (MünchKomm AktG/*Oechsler* Rn 31; *Hüffer* AktG Rn 6). Die Übereignung des (dann inhaltslosen) Papiers kann regelmäßig in eine solche Abtretung umgedeutet werden. Die Urkunde verliert ihre Wirkung als Rechtsscheinträger des gutgläubigen Erwerbs (K. Schmidt/Lutter AktG/*T. Bezzenberger* §§ 72-75 Rn 7); ihr Besitz legitimiert nur noch zur Geltendmachung des Anspruchs auf Neuverbriefung gem Abs 3 S 1 (KölnKomm AktG/*Lutter/Drygala* Rn 26; *Oechsler* aaO). **Gewinnanteils- und Erneuerungsscheine** werden von der Unwirksamkeit der Aktienurkunde erfasst, wenn sie ebenfalls unrichtig und sowohl in die Aufforderung als auch in die Kraftloserklärung einbezogen worden sind (*Oechsler* aaO Rn 32; Spindler/Stilz AktG/*Cahn* Rn 23; **aA** *Lutter/Drygala* aaO Rn 27; GroßKomm AktG/*Merkt* Rn 45; *Hüffer* aaO; *Herbig* DJ 1935, 112, 115). Die Kraftloserklärung der Haupturkunde muss sich nicht zwingend auf die Nebenurkunden auswirken, da eigentliches Ziel des Verfahrens nicht die Verhinderung eines gutgläubigen Erwerbs, sondern die freiwillige Einreichung der unrichtigen Urkunden ist. Die Einbeziehung der Nebenurkunden muss folglich im Ermessen der AG stehen; ein solches Ermessen setzt aber voraus, dass die Urkunden nicht ohne weiteres erfasst werden.

VI. Anspruch auf Ausgabe neuer Urkunden (Abs 3)

12 Die betroffenen Aktionäre haben gem Abs 3 S 1 einen Anspruch auf Ausgabe und Aushändigung neuer Urkunden, sofern der Anspruch auf Verbriefung des Anteils nicht durch Satzung gem § 10 Abs 5 ausgeschlossen ist. In diesem Fall besteht allerdings ein Anspruch auf Einbuchung der Aktien auf ein vom Aktionär zu benennendes Depotkonto bei einem Kreditinstitut.

13 Die AG muss ohne Aufforderung tätig werden (KölnKomm AktG/*Lutter/Drygala* Rn 28; MünchKomm AktG/*Oechsler* Rn 33). Sie hat ihrerseits nach Kraftloserklärung (vorher schon!) keinen Anspruch auf Aushändigung der für kraftlos erklärten Urkunden und kann insb die Ausgabe der neuen Urkunde nicht von ihrem Empfang abhängig machen (*Oechsler* aaO Rn 37; *Lutter/Drygala* aaO). Empfangsberechtigt ist, wer sich gegenüber der AG als Aktionär legitimieren kann, sei es durch den Besitz der kraftlosen Aktie, sei es durch Ausschließungsbeschluss (§ 479 Abs 1 FamFG); bei Namensaktien jedoch nur durch Eintragung im Aktienregister nach § 67 Abs 2 (**allgM** *Lutter/Drygala* aaO; *Oechsler* aaO Rn 35; GroßKomm AktG/*Merkt* Rn 49).

14 Anstelle der Ausgabe und Aushändigung kann die AG die Aktienurkunden nach Abs 3 **hinterlegen**, wenn die Voraussetzungen des § 372 BGB vorliegen (insb bei Unkenntnis der Person des Selbstverwahrers, KölnKomm AktG/*Lutter/Drygala* Rn 30). Dies gilt nicht, wenn der Anspruch auf Verbriefung des Anteils durch Satzung nach § 10 Abs 5 ausgeschlossen ist (*Hüffer* AktG Rn 8; GroßKomm AktG/*Merkt* Rn 54; **aA** *Ganzer/Borsch* AG 2003, 269, 271). Verzichtet die AG auf die Rücknahme, hat die Hinterlegung gem § 378 BGB befreiende Wirkung; eine Pflicht zur Erklärung des Verzichts besteht nicht (**hM** MünchKomm AktG/*Oechsler* Rn 39; *Hüffer* aaO; Spindler/Stilz AktG/*Cahn* Rn 27; **aA** *Lutter/Drygala* aaO).

15 Die Aushändigung oder Hinterlegung ist gem Abs 3 S 2 dem (für die Genehmigung zuständigen) Gericht anzuzeigen. Die AG kann zur Einhaltung der Anzeigepflicht mit Zwangsgeld angehalten werden (§ 407 Abs 1, § 14 HGB); der Zwang richtet sich dabei zugleich auf die Urkundsausgabe (*Hüffer* AktG Rn 8).

16 Die Kosten des Verfahrens hat die AG zu tragen (MünchKomm AktG/*Oechsler* Rn 42; *Hüffer* AktG Rn 8); aufgrund des Verweises auf § 10 Abs 5 kann die AG die Art der Verbriefung von der Kostenübernahme durch den Aktionär abhängig machen.

§ 74 Neue Urkunden an Stelle beschädigter oder verunstalteter Aktien oder Zwischenscheine

¹Ist eine Aktie oder ein Zwischenschein so beschädigt oder verunstaltet, dass die Urkunde zum Umlauf nicht mehr geeignet ist, so kann der Berechtigte, wenn der wesentliche Inhalt und die Unterscheidungsmerkmale der Urkunde noch sicher zu erkennen sind, von der Gesellschaft die Erteilung einer neuen Urkunde gegen Aushändigung der alten verlangen. ²Die Kosten hat er zu tragen und vorzuschießen.

Übersicht

	Rn		Rn
I. Allgemeines	1	III. Geltendmachung des Umtauschrechts	4
II. Voraussetzungen des Umtauschs	2	IV. Rechtsfolgen	6

I. Allgemeines

§ 74 dient der Wiederherstellung der Verkehrsfähigkeit von beschädigten und verunstalteten Aktienurkunden oder Zwischenscheinen. Die Vorschrift gilt nicht für Gewinnanteil- und Erneuerungsscheine; soweit diese auf den Inhaber lauten, kann sich ein Anspruch aus § 798 BGB ergeben. § 74 ist zwingendes Recht (vgl § 23 Abs 5 S 1). 1

II. Voraussetzungen des Umtauschs

Der Begriff der Beschädigung der Urkunde setzt eine Substanzbeeinträchtigung voraus (zB Löcher, Brandstellen, Risse, Radierungen), während die Verunstaltung sonstige Beeinträchtigungen des äußeren Erscheinungsbildes betrifft (zB Verschmutzung, Verfärbung, Knicke, Überdrucke, Überschreibung). Bei Vernichtung der Urkunde (zum Begriff § 72 Rn 4) kommt allein die Einleitung eines Aufgebotsverfahrens gem § 72 in Betracht. 2

Eine Urkunde ist nicht mehr zum Umlauf geeignet, wenn ihre Identifizierung erschwert aber gleichwohl sicher möglich ist (ansonsten liegt eine Vernichtung iSd § 72 vor). Bei börsennotierten Aktien sehen die weitgehend vereinheitlichten RL der Wertpapierbörsen einen Urkundsersatz bei fehlender „Lieferbarkeit" vor (zB § 14 Abs 2 der Bedingungen für die Geschäfte an der Frankfurter Wertpapierbörse, Stand: 2.7.2012); werden die Urkunden aufgrund dieser Vorgaben ersetzt, erfüllt die AG zugleich ihre Pflicht aus § 74. Ist das äußere Erscheinungsbild nur geringfügig beeinträchtigt (zB reine Schönheitsfehler) und der Anwendungsbereich von § 74 daher nicht eröffnet, steht der Umtausch unter Wahrung des Gleichbehandlungsgebots (§ 53a) im Ermessen der AG (MünchKomm AktG/*Oechsler* Rn 6; Spindler/Stilz AktG/*Cahn* Rn 6). 3

III. Geltendmachung des Umtauschrechts

Die Erteilung einer neuen Urkunde kann nur Zug um Zug gegen Aushändigung der alten verlangt werden (S 1). Auf die Geltendmachung des Zurückbehaltungsrechts kann die AG zur Vermeidung einer Irreführung nicht verzichten (MünchKomm AktG/*Oechsler* Rn 8). Zum Austausch berechtigt ist derjenige, der sich gegenüber der AG als Aktionär legitimiert, idR durch Vorlage der alten Urkunde (*Oechsler* aaO Rn 10). Bei Namensaktien und Zwischenscheinen ist der im Aktienregister gem § 67 Abs 2 Eingetragene legitimiert (**allgM** KölnKomm AktG/*Lutter/Drygala* Rn 6; *Oechsler* aaO); wg der Leistungspflicht Zug um Zug ist der Urkundsbesitz aber ebenfalls 4 erforderlich. Ist das Recht auf Verbriefung des Anteils satzungsgemäß ausgeschlossen (§ 10 Abs 5), kann die Gesellschaft ihm statt einer Ersatzurkunde eine Gutschrift auf ein von ihm zu benennendes Depotkonto bei einem Kreditinstitut anbieten.

5 Der Aktionär hat die Kosten des Umtauschs zu tragen und vorzuschießen (S 2). Verzichtet die AG auf den Kostenanspruch, soll eine unzulässige Einlagenrückgewähr iSd § 57 Abs 1 S 1 vorliegen (MünchKomm AktG/*Oechsler* Rn 9; KölnKomm AktG/*Lutter/Drygala* Rn 4; *Hüffer* AktG Rn 2), was freilich allzu engstirnig ist.

IV. Rechtsfolgen

6 Mit Ausgabe der neuen Urkunde verkörpert ausschließlich diese das Mitgliedschaftsrecht (MünchKomm AktG/*Oechsler* Rn 11). Die alte Urkunde ist durch die AG zu vernichten (KölnKomm AktG/*Lutter/Drygala* Rn 5; *Oechsler* aaO Rn 8). Gelangt sie versehentlich in den Verkehr, soll sie mangels Kraftloserklärung Grundlage eines gutgläubigen Erwerbs sein können (MünchKomm BGB/*Habersack* § 798 Rn 2; Staudinger BGB/*Marburger* § 798 Rn 4) was angesichts des Umstands, dass es hierdurch zu einer Vermehrung der Mitgleidschaftsrechte kommen würde, nicht unzweifelhaft ist (gegen Möglichkeit des gutgläubigen Erwerbs daher *Oechsler* aaO Rn 11; Spindler/Stilz AktG/*Cahn* Rn 11).

§ 75 Neue Gewinnanteilscheine

Neue Gewinnanteilscheine dürfen an den Inhaber des Erneuerungsscheins nicht ausgegeben werden, wenn der Besitzer der Aktie oder des Zwischenscheins der Ausgabe widerspricht; sie sind dem Besitzer der Aktie oder des Zwischenscheins auszuhändigen, wenn er die Haupturkunde vorlegt.

Übersicht

	Rn		Rn
I. Allgemeines	1	III. Rechtsfolgen	3
II. Widerspruch des Besitzers der Haupturkunde	2		

I. Allgemeines

1 § 75 enthält zwingendes Recht (vgl § 23 Abs 5 S 1) für die Ausgabe neuer Gewinnanteilscheine (Coupons) und entspricht der Regelung für Zins- und Rentenscheine im Zusammenhang mit Schuldverschreibungen in § 805 BGB. Bei der Ausgabe von Coupons kann die Legitimationswirkung des Erneuerungsscheins (Talon) mit dem in der Haupturkunde verkörperten Anspruch des Besitzers auf Aushändigung konkurrieren. § 75 löst diese Konfliktlage zugunsten des Besitzers der Haupturkunde (Aktienurkunde oder Zwischenschein). Dieses Ergebnis entspricht der bloßen Hilfsfunktion des Erneuerungsscheins, der einfaches Legitimationspapier und kein Wertpapier ist (unstr *RGZ* 74, 339, 341; *Hüffer* AktG § 58 Rn 30; KölnKomm AktG/*Lutter/Drygala* Rn 3 mwN; GroßKomm AktG/*Merkt* Rn 4) und lediglich die Geltendmachung des Anspruchs auf Ausgabe der Coupons erleichtert. So ist die AG berechtigt, auf Vorlage des Erneuerungsscheins an den Inhaber zu leisten; ein Anspruch und eine Pflicht zur Leistung bestehen aber allein auf der Grundlage des in der Haupturkunde verkörperten Mitgliedschaftsrechts. Die Regelung des § 75 ist zum Schutz des Besitzers der

Haupturkunde notwendig, da der frühere Inhaber abhanden gekommener Talons diese nicht selbstständig aufbieten und den gutgläubigen Erwerb eines Dritten daher nicht verhindern kann (s § 72 Rn 11).

II. Widerspruch des Besitzers der Haupturkunde

Der Besitzer der Haupturkunde kann der Ausgabe widersprechen. Wer Besitzer ist, richtet sich nach §§ 854 ff BGB; der Nachweis des mittelbaren Besitzes (zB Bankverwahrung) reicht aus (**allgM** *Hüffer* AktG Rn 2). Das Widerspruchsrecht besteht unabhängig von der materiellen Verfügungsbefugnis und der Eintragung im Aktienregister nach § 67 Abs 2 (MünchKomm AktG/*Oechsler* Rn 5; *Hüffer* aaO Rn 3; KölnKomm AktG/*Lutter/Drygala* Rn 5 mwN; **aA** Spindler/Stilz AktG/*Cahn* Rn 4). Der Widerspruch ist eine einseitige empfangsbedürftige Willenserklärung (§ 130 BGB), die form- und fristlos an die AG zu richten ist und mit ihrem Zugang wirksam wird. 2

III. Rechtsfolgen

Der Widerspruch beseitigt die Liberationswirkung des Erneuerungsscheins; die AG kann daher nicht mehr mit befreiender Wirkung an den Inhaber leisten. Gibt die AG die Gewinnanteilscheine gleichwohl an den Inhaber aus, hat der Besitzer der Haupturkunde einen Anspruch auf Schadenersatz (*Hüffer* AktG Rn 3). 3

Die AG darf die neuen Coupons nach erfolgtem Widerspruch nur noch an den Besitzer der Haupturkunde und auch nur dann ausgeben, wenn dieser die Aktienurkunde oder den Zwischenschein vorlegt (HS 2). Erforderlich ist daher unmittelbarer Urkundsbesitz (KölnKomm AktG/*Lutter/Drygala* Rn 9, 11 mwN); mittelbarer Besitz genügt – anders als bei der Ausübung des Widerspruchsrechts – nicht. Der Anspruch auf Aushändigung der Coupons besteht unabhängig von der materiellen Berechtigung des Besitzers, da der Wortlaut des HS 2 eindeutig die formelle Legitimation durch den Besitz ausreichen lässt. Auch die Eintragung im Aktienregister bei Namensaktien (§ 67 Abs 2) ist folglich ohne Bedeutung (ebenso MünchKomm AktG/*Oechsler* Rn 10 mwN; **aA**: allein Eintragung im Aktienregister erforderlich Spindler/Stilz AktG/*Cahn* Rn 8; wieder **aA**: Eintragung im Aktienregister und Vorlage der Urkunde *Lutter/Drygala* aaO Rn 12; *Hüffer* AktG Rn 4; GroßKomm AktG/*Merkt* Rn 13). § 75 lässt sich nicht entnehmen, dass der Besitzer der Haupturkunde die Ausgabe neuer Coupons nur unter der Voraussetzung eines vorherigen Widerspruchs verlangen kann (*Oechsler* aaO Rn 9; *Cahn* aaO Rn 8; *Merkt* aaO Rn 14; **aA** *Lutter/Drygala* aaO Rn 10, 13); das Widerspruchsrecht dient allein dem Schutz des Besitzers der Haupturkunde und hindert ihn nicht daran, sein in der Haupturkunde verkörpertes Recht auf Aushändigung der Coupons auch ohne diesen Schutz geltend zu machen. 4

§ 75 regelt nicht das Rechtsverhältnis zwischen dem Inhaber des Erneuerungsscheins und dem Besitzer der Haupturkunde; die Prüfung der materiellen Rechtslage ist der AG sogar verwehrt (MünchKomm AktG/*Oechsler* Rn 11; *von Godin/Wilhelmi* AktG Anm 1). Der im (Innen-)Verhältnis zum Besitzer der Haupturkunde bezugsberechtigte Inhaber des Erneuerungsscheins kann den Widerspruch bzw die Ausgabe an den Besitzer der Haupturkunde daher nicht verhindern; er kann seine Ansprüche (auf Rücknahme des Widerspruchs bzw Herausgabe der Coupons) nur gegenüber dem Besitzer der Haupturkunde geltend machen (*Oechsler* aaO; Spindler/Stilz AktG/*Cahn* Rn 9). 5

Wieneke

Vierter Teil
Verfassung der Aktiengesellschaft

Erster Abschnitt
Vorstand

§ 76 Leitung der Aktiengesellschaft

(1) Der Vorstand hat unter eigener Verantwortung die Gesellschaft zu leiten.

(2) ¹Der Vorstand kann aus einer oder mehreren Personen bestehen. ²Bei Gesellschaften mit einem Grundkapital von mehr als drei Millionen Euro hat er aus mindestens zwei Personen zu bestehen, es sei denn, die Satzung bestimmt, dass er aus einer Person besteht. ³Die Vorschriften über die Bestellung eines Arbeitsdirektors bleiben unberührt.

(3) ¹Mitglied des Vorstands kann nur eine natürliche, unbeschränkt geschäftsfähige Person sein. ²Mitglied des Vorstands kann nicht sein, wer
1. als Betreuter bei der Besorgung seiner Vermögensangelegenheiten ganz oder teilweise einem Einwilligungsvorbehalt (§ 1903 des Bürgerlichen Gesetzbuchs) unterliegt,
2. aufgrund eines gerichtlichen Urteils oder einer vollziehbaren Entscheidung einer Verwaltungsbehörde einen Beruf, einen Berufszweig, ein Gewerbe oder einen Gewerbezweig nicht ausüben darf, sofern der Unternehmensgegenstand ganz oder teilweise mit dem Gegenstand des Verbots übereinstimmt,
3. wegen einer oder mehrerer vorsätzlich begangener Straftaten
   a) das Unterlassens der Stellung des Antrags auf Eröffnung des Insolvenzverfahrens (Insolvenzverschleppung),
   b) nach den §§ 283 bis 283d des Strafgesetzbuchs (Insolvenzstraftaten),
   c) der falschen Angaben nach § 399 dieses Gesetzes oder § 82 des Gesetzes betreffend die Gesellschaft mit beschränkter Haftung,
   d) der unrichtigen Darstellung nach § 400 dieses Gesetzes, § 331 des Handelsgesetzbuchs, § 313 des Umwandlungsgesetzes oder § 17 des Publizitätsgesetzes,
   e) nach den §§ 263 bis 264a oder den §§ 265b bis 266a des Strafgesetzbuchs zu einer Freiheitsstrafe von mindestens einem Jahr
   verurteilt worden ist; dieser Ausschluss gilt für die Dauer von fünf Jahren seit der Rechtskraft des Urteils, wobei die Zeit nicht eingerechnet wird, in welcher der Täter auf behördliche Anordnung in einer Anstalt verwahrt worden ist.

³Satz 2 Nr. 3 gilt entsprechend bei einer Verurteilung im Ausland wegen einer Tat, die mit den in Satz 2 Nr. 3 genannten Taten vergleichbar ist.

Übersicht

	Rn		Rn
I. Regelungsinhalt	1	3. Einzelne Vorstandsmitglieder	4
II. Leitungsorgan	2	4. Andere Leitungsgremien	5
1. Vorstand in der Gesellschaftsverfassung	2	III. Leitung der Gesellschaft	6
		1. Gesamtverantwortung	7
2. Bezeichnung	3	2. Umfang der Leitungsaufgaben	8

Leitung der Aktiengesellschaft § 76

	Rn		Rn
3. Ausübung der Leitungsverantwortung	11	1. Konzernleitung des Konzernvorstands	24
a) Leitungsmaßstab	11	2. Vorstand der Tochtergesellschaft	27
aa) Interessenpluralismus	12		
bb) Shareholder Value als Zielsetzung	14	3. Vorstandsdoppelmandat	28
		V. Mitgliederzahl des Vorstands	30
b) Unternehmensspenden	16	1. Anzahl der Vorstandsmitglieder	30
4. In eigener Verantwortung	18	2. Verstöße gegen Bestellungsvorgaben	32
a) Leitungsorganisation (Aufgabenverteilung, Ausschüsse)	19	VI. Persönliche Eignung als Vorstandsmitglied	33
b) Externe Wahrnehmung (Outsourcing)	21	1. Persönliche Anforderungen	33
c) Organschaftliche Grenzen der Eigenverantwortung	22	2. Individuelle Bestellungsverbote	34
IV. Der Vorstand im Konzern	24	3. Satzungsmäßige Auswahlrichtlinien	37

Literatur: *Bauer/Arnold* AGG und Organmitglieder – Klares und Unklares vom BGH, NZG 2012, 921; *dies* Altersdiskriminierung von Organmitgliedern, ZIP 2012, 597; *Böttcher/Blasche* Die Grenzen der Leitungsmacht des Vorstands, NZG 2006, 569; *Bräutigam* IT-Outsourcing; *Bürgers* Aktienrechtlicher Schutz beim Delisting?, NJW 2003, 1642; *Fleischer* Unternehmensspenden und Leitungsermessen des Vorstands im Aktienrecht, AG 2001, 171; *ders* Grundfragen der ökonomischen Theorie im Gesellschafts- und Kapitalmarktrecht, ZGR 2001, 1; *ders* Zur Leitungsaufgabe des Vorstands im Aktienrecht, ZIP 2003, 1; *ders* Zum Grundsatz der Gesamtverantwortung im Aktienrecht, NZG 2003, 449; *ders* Konzernleitung und Leitungssorgfalt der Vorstandsmitglieder im Unternehmensverbund, DB 2005, 759; *Gehrlein* Strafbarkeit von Vorständen wg leichtfertiger Vergabe von Unternehmensspenden, NZG 2002, 463; *Goette* Leitung, Aufsicht, Haftung – zur Rolle der Rspr bei der Sicherung einer modernen Unternehmensführung, FS 50 Jahre BGH, 2000, S 123; *Götz* Gesamtverantwortung des Vorstands bei vorschriftswidriger Unterbesetzung, ZIP 2002, 1745; *ders* Leitungssorgfalt und Leitungskontrolle der Aktiengesellschaft hinsichtlich abhängiger Unternehmen, ZGR 1998, 524; *Hegnon* Aufsicht als Leitungspflicht, CCZ 2009, 57; *Henze* Leitungsverantwortung des Vorstands – Überwachungspflicht des Aufsichtsrats, BB 2000, 209; *Hoffmann-Becking* Vorstands-Doppelmandate im Konzern, ZHR 150 (1986), 570; *ders* Zur rechtlichen Organisation der Zusammenarbeit im Vorstand der AG, ZGR 1998, 497; *Hommelhoff* Die Konzernleitungspflicht, 1982; *Kort* Die Errichtung eines Aktienregisters nach § 67 AktG – Leitungsaufgabe, einfache Geschäftsführungsaufgabe oder Vertretungsmaßnahme, NZG 2005, 963; *ders* Vorstandshandeln im Spannungsverhältnis zwischen Unternehmensinteresse und Aktionärsinteressen, AG 2012, 605; *Laub* Grenzen der Spendenkompetenz des Vorstands, AG 2002, 308; *Löw* Anwendung des AGG auf GmbH-Geschäftsführer, BB 2012, 2078; *Martens* Der Grundsatz gemeinsamer Vorstandsverantwortung, FS Fleck, 1988, S 191; *ders* Erwerb und Veräußerung eigener Aktien im Börsenhandel, AG 1996, 337; *Mülbert* Shareholder Value aus rechtlicher Sicht, ZGR 1997, 129; *Rohde/Geschwandtner* Zur Beschränkbarkeit der Geschäftsführungsbefugnis des Vorstands einer Aktiengesellschaft – Beschluss der HV nach § 119 Abs 2 AktG und die Pflicht zur Ausführung durch den Vorstand, NZG 2005, 996; *Säcker* Gesetzliche und satzungsmäßige Grenzen für Spenden und Sponsoringmaßnahmen in der Kapitalgesellschaft, BB 2009, 282; *Schäfer* Beschlußanfechtbarkeit bei Beschlußvorschlägen durch einen unterbesetzten Vorstand, ZGR 2003, 147; *Schiessl* Gesellschafts- und mitbestimmungsrechtliche Probleme der Spartenorganisation (Divisionalisierung), ZGR 1992, 64; *S. H. Scheider/U. H. Schneider* Vorstandshaftung im Konzern, AG 2005, 57; *Semler* Die Rechte und Pflichten des Vorstands einer Holdinggesellschaft im Lichte der Corporate Governance Diskussion, ZGR 2004, 632;

Wilsing/Meyer Diskriminierungsschutz für Geschäftsführer, NJW 2012, 3211; *Ziemons* Der Vorstand als Arbeitnehmer, KSzW 2013, 19; *Zöllner* Unternehmensinnenrecht – Gibt es das?, AG 2003, 2.

I. Regelungsinhalt

1 Mit Abs 1 wird dem Vorstand als Organ die Leitungskompetenz innerhalb der Gesellschaft zugewiesen. Der Vorstand ist innerorganschaftlich als Kollegialorgan organisiert. In Abs 2 ist die gesetzmäßige Mitgliederzahl des Vorstands geregelt. Die persönlichen Eignungsvoraussetzungen eines Vorstandsmitglieds finden sich in Abs 3. Letztere wurden im Zuge des MoMiG vom 23.10.2008 überarbeitet und der Katalog der individuellen Bestellungsverbote mit Wirkung zum 1.11.2008 erweitert.

II. Leitungsorgan

2 **1. Vorstand in der Gesellschaftsverfassung.** Der Vorstand ist Organ der Gesellschaft, für die er gegenüber den Aktionären handelt. Er vertritt die Gesellschaft im Außenverhältnis (§ 78 Abs 1). Als jur Person wird die AG durch ihre Organe handlungsfähig; der Vorstand ist insoweit **notwendiges Leitungsorgan** (GroßKomm AktG/*Kort* Rn 2). Die Existenz des Vorstands ist Entstehungsvoraussetzung; schon bei der Eintragung ist dieses zu überprüfen (§ 38). Fehlt der Vorstand später, hat dieses keinen Einfluss auf den Bestand der Gesellschaft; seine Kompetenzen fallen nicht an andere Organe (KölnKomm AktG/*Mertens/Cahn* Rn 79). Das deutsche Aktienrecht hat sich anders als das angloamerikanische Modell für eine dualistische Spitzenverfassung entschieden, dh eine Zweiteilung in ein Leitungs- und ein Überwachungsorgan (Spindler/Stilz AktG/*Fleischer* Rn 3). Die Vertretung der Gesellschaft gegenüber dem Vorstand erfolgt dabei durch den AR (§ 112), der insoweit auch Personalkompetenz hat. Die Satzungsstrenge der AG lässt **keine abw Kompetenzregelungen** zu (§ 23 Abs 5). Zwischen den Organen besteht kein hierarchisches Verhältnis. Einschränkungen der Leitungskompetenz des Vorstands durch einen satzungsmäßig eng gefassten Unternehmensgegenstand sind nur insoweit zulässig, wie sie dem Vorstand noch eigenen Entscheidungsfreiraum lassen (*Fleischer* ZIP 2003, 1, 2; in gleicher Richtung GroßKomm AktG/*Röhricht* § 23 Rn 85; vgl § 23 Rn 43).

3 **2. Bezeichnung.** Eine **abw Bezeichnung** (Direktorium, Verwaltungsrat, Board of Directors) in der Satzung ist **unzulässig** und zieht die Ablehnung der Eintragung nach sich (MünchKomm AktG/*Spindler* Rn 9; K. Schmidt/Lutter AktG/*Seibt* Rn 4; aA MünchHdb AG/*Wiesner* § 19 Rn 33). Die einheitliche Bezeichnung ist schon aus Verkehrsschutzgesichtspunkten geboten. Vorstandsmitglieder können im allg Geschäftsverkehr international anerkannte Bezeichnungen benutzen (**CEO, CFO** vgl § 77 Rn 20). Sog **Ehrenmitgliedschaften** sind zulässig, sind aber nicht mit einer echten Mitgliedschaft im Vorstand verbunden.

4 **3. Einzelne Vorstandsmitglieder.** Jedes Mitglied des Vorstands ist Träger der Organeigenschaft, sog **Organperson** (hM K. Schmidt/Lutter AktG/*Seibt* Rn 6; *Hüffer* AktG Rn 6; MünchKomm AktG/*Spindler* Rn 11; **aA** GroßKomm AktG/*Kort* Rn 19). Alle Mitglieder treffen entsprechende Treuepflichten gegenüber der Gesellschaft und den Aktionären. Ihr Handeln, Wissen oder Wissenmüssen sowie tatsächliche Beziehungen (zB Besitz) werden der Gesellschaft unmittelbar zugerechnet (**aA** *Kort* aaO Rn 20). Ebenso wie der Vorstand sind auch seine Mitglieder **keine Kaufleute** iSd HGB (vgl

BGH NJW 2006, 431, 432). Vorstandsmitglieder sind aufgrund der bestehenden Rechenschaftspflicht (§ 90) ggü dem AR und, weil sie ua mit diesem iR von zustimmungspflichtigen Geschäften zusammenarbeiten (§ 111 Abs 4) nach dem weiten unionsrechtlichen AN-Begriff wohl als **Arbeitnehmer** einzustufen und unterfallen somit insb dem arbeitnehmerrechtlichen Diskriminierungsschutz des AGG (vgl *EuGH* „Danosa", AG 2011, 165, 166 f für die Anwendbarkeit der MutterschutzRL 92/85/EWG; *Ziemons* KSzW 2013, 19, 20, 28; ähnlich für den GmbH-Fremdgeschäftsführer: *BGH* NJW 2012, 2346, 2348 f iE jedoch offen lassend, ob die AN-Eigenschaft vorliegt; MünchKomm BGB/*Thüsing* § 6 AGG Rn 11; **aA** noch die Voraufl; *Bauer/Arnold* ZIP 2012, 597, 599; *Löw* BB 2012, 2078, 2079; *Wilsing/Meyer* NJW 2012, 3211, 3212; *Fleischer* ZIP 2003, 1, 3).

4. Andere Leitungsgremien. Beiräte, Direktorien, Steering oder Executive Commitees dürfen die Leitungsfunktion des Vorstands nicht beschränken. Geschäftsführungsrechte für solche Leitungsgremien neben dem Vorstand oder Vetorechte gegenüber der Geschäftsleitung sind unzulässig (GroßKomm AktG/*Kort* Rn 14 f; MünchKomm AktG/*Spindler* Rn 10). Innerhalb dieser Grenzen kann jedoch durchaus ein Executive Committee bspw zur Koordination eingerichtet werden (MünchKomm AktG/*Spindler* Rn 54). 5

III. Leitung der Gesellschaft

Der Vorstand hat die Gesellschaft **eigenverantwortlich** und in **eigenem Ermessen** zu leiten (*BGHZ* 125, 239, 246). § 93 verpflichtet seine Mitglieder mit der Sorgfalt eines ordentlichen und gewissenhaften Geschäftsleiters zu handeln. Der Vorstand hat nicht nur das Recht zur Leitung, sondern er ist vielmehr hierzu verpflichtet (rechtsdogmatisch Pflichtrecht vgl *Fleischer* ZIP 2003, 1, 2). 6

1. Gesamtverantwortung. Die Leitung der Gesellschaft ist ebenso wie die Geschäftsführung auf das Innenverhältnis der Gesellschaft bezogen und unterscheidet sich so von der auf das Außenverhältnis gerichteten Vertretungsberechtigung nach § 78. Die Abgrenzung der Leitung von der Geschäftsführung ist im Einzelfall schwierig, denn es bestehen **keine trennscharfen Kriterien**. Sie ist aber von praktischer Relevanz, denn anders als die Geschäftsführung, die durch § 77 Abs 1 an einzelne oder mehrere Mitglieder des Vorstands übertragen werden kann, ist die Leitungskompetenz dem Vorstand als **Kollegialorgan** und somit in **Gesamtverantwortung** zugewiesen und demnach nicht auf einzelne Mitglieder delegierbar (KölnKomm AktG/*Mertens/Cahn* Rn 45; ausf *Fleischer* ZGR 2001, 1, 25 f). Die Geschäftsleitung ist integraler Bestandteil der weitergehenden Geschäftsführung (**hM** *Hüffer* AktG Rn 7; Spindler/Stilz AktG/*Fleischer* Rn 14; GroßKomm AktG/*Kort* Rn 29; **aA** *Henze* BB 2000, 209, Schnittmenge zur Geschäftsführung). 7

2. Umfang der Leitungsaufgaben. Die Leitungsverantwortung beinhaltet insb die **Entscheidungsverantwortung** des Vorstands, er kann sich aber einzelner Mitglieder oder Dritter bedienen, bspw bei Vorbereitung und Ausführung (*Hoffmann-Becking* ZGR 1998, 497, 508; MünchHdb AG/*Wiesner* § 19 Rn 17). Diesem Prinzip folgend ist der tatsächliche Umfang der Leitungspflichten auf die reine Entscheidungsebene zu beschränken und kann nicht umfassend verstanden werden (*Fleischer* ZIP 2003, 1, 6 „immanente Pflichtenreduzierung"). Eine **Delegation** kann teilw sogar geboten sein, muss die Grenze aber in der Leitungsverantwortung des Kollegialorgans selbst finden (vgl Rn 19f). 8

§ 76   Leitung der Aktiengesellschaft

9   Der Vorstand hat **gesetzlich zugewiesene Leitungsaufgaben**: Vorbereitung und Ausführung von HV-Beschlüssen (§ 83), Berichtspflichten (§ 90), Buchführung und Früherkennung von bestandsgefährdenden Risiken (§ 91), Verlustanzeige und Insolvenzantragspflicht (§ 92), Bekanntmachungspflicht zur AR-Zusammensetzung (§ 97 Abs 1), gerichtliche Entscheidung über Zusammensetzung des AR (§ 98 Abs 1), Antrag auf gerichtliche Ergänzung des AR (§ 104 Abs 1), Einberufung AR (§ 110 Abs 1), HV-Einberufung (§ 121), Anwesenheit bei HV (§ 118 Abs 2), Vorlagerecht an HV (§ 119 Abs 2), Aufstellung Jahresabschluss und Lagebericht mit Vorlage an AR (§ 170), Feststellung des Jahresabschlusses (§§ 172 f), Ermächtigung der HV zum Bezugsrechtsausschluss (§ 203 Abs 2), Anfechtungsbefugnis (§ 245 Nr 4), Berichtspflicht zu verbundenen Unternehmen (§ 314 Abs 1). Gleiches gilt für die Vorschlagspflicht zur Beschlussvorlage in der Tagesordnung der HV (§ 124 Abs 3 S 1); Aktionäre haben ein besonderes Informationsinteresse, das auch die Einschätzung des Vorstands umfasst (*BGH* ZIP 2002, 172). Die Entscheidung über die **Errichtung eines Aktienregisters** (§ 67) ist als gesellschaftsinterne Aufgabe aufgrund ihrer herausgehobenen Bedeutung für die Gesellschaft Leitungsaufgabe (*OLG München* NZG 2005, 756; zust *Kort* NZG 2005, 963).

10   Die Vielfalt möglicher Leitungsaufgaben neben den gesetzlichen Leitungsverantwortungen macht eine **typologische Beschreibung** sinnvoll (vgl *Henze* BB 2000, 209, 210). Die betriebswirtschaftlich tradierten Typologien sind allerdings im Einzelfall anhand der Maßstäbe der schon bezeichneten Entscheidungsverantwortung zu überprüfen (überzeugend GroßKomm AktG/*Kort* Rn 38; iE ebenso *Fleischer* ZIP 2003, 1, 5). Zur Berücksichtigung moderner Unternehmensführung wird überzeugend auf die **Planungs- und Steuerungs-, Organisations-, Finanz- sowie Informationsverantwortung** abgestellt (*Fleischer* aaO). **Langfristige Unternehmensziele, wichtige Investitionen, wesentliche Geschäftsfelder** (*Schiessl* ZGR 1992, 64, 68) und die **Überwachung der Planeinhaltung (Controlling)** sind wesentliche Elemente. Die **Schaffung funktionaler Unternehmensstrukturen** und deren Weiterentwicklung, eine **vorausschauende Finanzplanung und deren Kontrolle** sowie ein internes wie externes **Informationsmanagement** und schließlich die **Personalverantwortung** gehören damit ebenfalls zu der Leitungsverantwortung. Maßgebend ist die individuelle Situation und Eigenart des Unternehmens.

11   **3. Ausübung der Leitungsverantwortung. – a) Leitungsmaßstab.** Der Vorstand hat zunächst das erwerbswirtschaftliche Interesse der Aktionäre und der Gesellschaft bei der Leitung des Unternehmens zu beachten. Sein Leitungsermessen muss folglich darauf gerichtet sein, dass der **Bestand des Unternehmens** und die **dauerhafte Rentabilität** gesichert sind (KölnKomm AktG/*Mertens/Cahn* Rn 21; *Hüffer* AktG Rn 13). Beides ist **ermessensleitend**, schließt aber die Einbeziehung anderer Interessen grds nicht aus (vgl MünchKomm AktG/*Spindler* Rn 74).

12   **aa) Interessenpluralismus.** Zunächst ist zu berücksichtigen, dass die **Interessen der Aktionäre** als Interessenbündel zu verstehen sind, die nicht notwendigerweise gleichgerichtet sind. Unterschiedliche Interessenlagen können bspw zwischen Mehrheits- und Minderheitsaktionären sowie zwischen reinen Finanzinvestoren und strategischen Investoren bestehen. Grds ist aber das Gesellschaftsinteresse mit den gebündelten Aktionärsinteressen identisch (ausf zu Konflikten zwischen Aktionärsinteressen GroßKomm AktG/*Kort* Rn 53). In der AG treffen neben den Aktionärsinteressen aber auch andere Interessen zusammen, insb die der AN und der Allgemeinheit.

Leitung der Aktiengesellschaft § 76

Arbeitnehmerinteressen sind ohnehin durch arbeitsrechtliche und mitbestimmungsrechtliche Regelungen zu berücksichtigen. Bspw können in der mitbestimmten AG Arbeitnehmerinteressen schon bei der Auswahl der Vorstandsmitglieder und der Überwachung des Vorstands durch den AR einfließen (plastisch *Kort* aaO Rn 56). Auf eine ausdrückliche Gemeinwohlklausel, die die Interessenwahrung der Allgemeinheit sicherstellt, wurde in Abs 1 verzichtet, ohne aber auf eine entspr Bedeutung des Gemeinwohls für das Leitungsermessen gänzlich verzichten zu wollen (ausf KölnKomm AktG/*Mertens/Cahn* Rn 33 ff). Ein **Gemeinwohlbezug** wird teilw als Einfluss der im Grundgesetz zum Ausdruck kommenden Werteordnung interpretiert (*Henze* BB 2000, 209, 212). Auch die Sozialbindung des durch die Aktie manifestierten gesellschaftsrechtlichen Eigentums (Art 14 Abs 2 GG) soll neben den Arbeitnehmerinteressen zur Berücksichtigung der Interessen der Allgemeinheit führen (*Mertens/Cahn* aaO Rn 33).

Das **Unternehmensinteresse** als Zielmotiv der Leitung bezieht sich auf das bezeichnete Interessengefüge der Aktionäre, der AN, der Gläubiger, anderer am Unternehmen interessierter Gruppen sowie den Interessen der Allgemeinheit. Auch in Ziff 4.1.1 DCGK wird das Unternehmensinteresse als Interessenbündel zum Leitungsziel erklärt. Der Vorstand soll die Vielfalt der Interessen iSd **praktischen Konkordanz** (*Hüffer* AktG Rn 12b; KölnKomm AktG/*Mertens/Cahn* Rn 19) und mit einem **weiten Ermessen** in einen angemessenen Ausgleich bringen. Eine bes Rangordnung zwischen den Interessen wird vielfach abgelehnt (*Hüffer* aaO; *Raiser/Veil* KapGesR § 14 Rn 14). In der praktischen Anwendung wird allerdings die besondere Verpflichtung des Vorstands zur Sicherung des Bestands und der dauerhaften Rentabilität regelmäßig ermessenslenkend zugunsten der Interessen der Aktionäre wirken (iE so auch K. Schmidt/Lutter AktG/*Seibt* Rn 12, „Gewichtungsvorsprung der Aktionärsinteressen"). Gleiches gilt für Arbeitnehmerinteressen, die durch Mitbestimmung und Arbeitsrecht typischerweise noch vor die Interessen der Allgemeinheit treten (GroßKomm AktG/*Kort* Rn 64). In seinen konkreten Konturen wird das interessenpluralistische Unternehmensinteresse vom Schrifttum kontrovers diskutiert (beispielhaft *Fleischer* AG 2001, 171, 177). Die **Rspr** (bspw *BGHZ* 64, 325, 331; 136, 133, 139) zieht den Begriff, teilw synonym mit dem Gesellschaftsinteresse, ebenfalls heran, definiert diesen aber nicht. Der Begriff des Unternehmensinteresses wird als Instrument zur Konkretisierung der Leitungskompetenz als wenig zielführend kritisiert (*Zöllner* AG 2003, 2, 7 f; *Goette* FS 50 Jahre BGH, S 123, 127). 13

bb) Shareholder Value als Zielsetzung. Insb für Publikumsgesellschaften und börsennotierte AG wird unter dem Begriff Shareholder Value diskutiert, inwieweit die Wertentwicklung der Investition, dh der Aktie für das Leitungsermessen des Vorstands, als Leitmotiv herangezogen werden kann. Das Shareholder Value-Konzept unterscheidet sich von den Rentabilitätsinteressen des Unternehmens, da es allein den Wert der Gesellschaftsanteile heranzieht. Diese Orientierung hat den Vorteil, dass exakte Rechenmethoden aus der Investitionstheorie herangezogen werden können und eine Ausrichtung an den Aktionärsinteressen sichergestellt wird (MünchKomm AktG/*Spindler* Rn 76). Zudem sprechen rechtsökonomische Gesichtspunkte für eine entsprechende Zielsetzung (ausf Fleischer Hdb VorstR/*Fleischer* § 1 Rn 27 f). Der Shareholder Value als Leitmotiv wurde zudem durch den Gesetzgeber mit § 192 Abs 2 Nr 3 (GroßKomm AktG/*Frey* Rn 93) für Aktienoptionsprogramme und mit § 71 Abs 1 Nr 8 für den Rückerwerb eigener Aktien ausdrücklich aufgegriffen (MünchKomm 14

AktG/*Spindler* Rn 77; Spindler/Stilz AktG/*Cahn* Rn 29 ff). Vgl auch: *Martens* AG 1996, 337; *Mülbert* ZGR 1997, 129.

15 Eine Orientierung am Shareholder Value führt jedoch zur Frage nach dem maßgeblichen **Bezugszeitraum**, der kurz, mittel- oder langfristig angelegt sein kann. Wenn nicht ausschließlich eine Orientierung an kurzfristigen Aktienkurssteigerungen erfolgt, können auch „**weiche Faktoren**" der Unternehmensleitung, wie Stabilität der Vertragsbeziehungen oder Mitarbeitermotivation berücksichtigt werden. Eine ausschließliche Orientierung am Shareholder Value könnte dazu führen, dass die Interessen der Aktionäre die anderen Interessen (AN, Kunden, Gläubiger, Allgemeinheit etc) verdrängen. Dementsprechend soll eine entsprechende Orientierung am Shareholder Value erlaubt sein, wenn andere Interessen nicht gänzlich in den Hintergrund treten (*Hüffer* AktG Rn 12b; MünchKomm AktG/*Spindler* Rn 81). Der unternehmerische Handlungsspielraum kann aber auch ein Handeln gegen die Interessen eines Hauptaktionärs der AG erlauben (*OLG Frankfurt* AG 2011, 918, 920). Im Schrifttum werden insoweit **verschiedene Modifikationen** befürwortet (Übersicht Fleischer Hdb VorstR/ *Fleischer* § 1 Rn 25 f). Viel spricht für eine begrenzte **Einbeziehungspflicht** in das Leitungsermessen, da bspw der Shareholder Value für die Kapitalkosten von bes Bedeutung ist (GroßKomm AktG/*Kort* Rn 54). **Weniger zielführend** ist dagegen eine ausschließliche Orientierung an einer **Gewinnmaximierung**, die schon von der unklaren Definition des „Gewinns" und seiner nur periodischen Feststellung keine greifbaren Ergebnisse liefert (*Spindler* aaO Rn 75; iE *Raiser/Veil* KapGesR § 14 Rn 14). Letztlich sind die Umstände des Einzelfalls maßgeblich, inwieweit eine Orientierung am Shareholder Value sachgerecht ist (*Kort* AG 2012, 605, 608).

16 **b) Unternehmensspenden.** Grundsätzlich sind auch soziale oder gesellschaftliche Zuwendungen von der Leitungsverantwortung des Vorstands erfasst (*BGH* NJW 2002, 1585, 1586; *Säcker* BB 2009, 282, 283). Hierunter fallen Parteispenden, kulturelle sowie sportliche Förderungen (**Sponsoring**), ebenso wie umwelt- und gesellschaftspolitische sowie karitative Aktivitäten. Die dogmatischen Herleitungsansätze reichen von der Sozialbindung des Aktieneigentums über einen Gemeinwohlbezug hin zum „good corporate citizen"-Leitbild (ausf *Fleischer* AG 2001, 171, 174). Unternehmensspenden sind auch mit Blick auf den Shareholder Value-Gedanken (Gewinnstreben und Freigiebigkeit als komplementäre Ziele) und fiduziarische Pflichten zulässig. Nicht zuletzt verfestigen sie auch den Goodwill und die soziale Akzeptanz der AG, was für erfolgreiches langfristiges Wirtschaften unerlässlich ist (Spindler/Stilz AktG/*Fleischer* Rn 45 f). Als **Maßstab** für den Umfang sind feste Grenzen (Anteile vom Umsatz/ Ertrag; *Säcker* aaO, 282, 284, 286, 5 % des ausgeschütteten Jahresgewinns) abzulehnen; die **Unternehmensgröße** und **Ertragslage** sowie seine **soziale und gesamtwirtschaftliche Rolle** (*BGH* NJW 2002, 1585, 1587), die **Verkehrsüblichkeit** und der **Bezug zur Tätigkeit** des Unternehmens sind ermessenslenkend (ausf *Fleischer* AG 2001 171, 177 f). Eigeninteressen einzelner Vorstandsmitglieder stehen dem nicht grds entgegen, erfordern aber eine Kollegialentscheidung (*BGH* NJW 2002, 1585, 1587; *Gehrlein* NZG 2002, 463, 464). Hiermit korrespondiert eine Transparenzpflicht innerhalb des Vorstands und gegenüber anderen Gesellschaftsorganen.

17 Jedenfalls nicht **mehr erfasst** sind **soziale Aufwendungen**, die schlechterdings nicht mit dem Unternehmenswohl (bspw Finanzlage) zu vereinbaren sind (*BGH* NJW 2002, 1585, 1587). Barspenden sollten vermieden werden und eine ordnungsgemäße Verbu-

chung ist sicherzustellen (*Hüffer* AktG Rn 14 aE). Eine gesonderte bilanzielle Ausweisung ist nicht erforderlich (*Fleischer* AG 2001, 171, 174 f). Trotz Ortsüblichkeit in manchen Ländern sind **Schmiergeldzahlungen**, unabhängig von ihrer strafrechtlichen Relevanz, vor dem Hintergrund internationaler Verhaltensrichtlinien (OECD) in der Regel nicht mit dem Unternehmensinteresse vereinbar (Spindler/Stilz AktG/*Fleischer* Rn 52 f). Gleiches gilt wg §§ 57, 58 auch für Vergleichszahlungen an räuberische Aktionäre (GroßKomm AktG/*Kort* Rn 78).

4. In eigener Verantwortung. Eigenverantwortlichkeit setzt **unabhängige**, von Fremdbestimmung freie Leitungskompetenz und damit **Weisungsfreiheit** voraus. Die Weisungsfreiheit besteht gegenüber dem AR und seiner Kontrolltätigkeit, ebenso wie gegenüber der HV und den einzelnen (Groß-)Aktionären. Insb besteht kein auftragsähnliches Verhältnis (*BGH* NJW 1967, 1462; Spindler/Stilz AktG/*Fleischer* Rn 57). Recht und Gesetz, der Unternehmensgegenstand sowie das vorstandsunabhängige Unternehmensinteresse sind die leitungsbegrenzenden Kriterien (GroßKomm AktG/ *Kort* Rn 45 ff). **18**

a) Leitungsorganisation (Aufgabenverteilung, Ausschüsse). § 76 schreibt dem Vorstand kein Modell für die organinterne Geschäftsverteilung vor. Daher sind sowohl **divisionale Organisation** (Sparten, Produkt-/Dienstleitungsgruppen, regional) als auch **funktionale Organisation** (aufgabenbezogene Verteilung) im Grundsatz zulässig (GroßKomm AktG/*Kort* Rn 153 ff; Spindler/Stilz AktG/*Fleischer* Rn 64). Grenze der Organisationsfreiheit ist die Gesamtverantwortung des Vorstands als Kollegialorgan. Ausdrücklich vorgeschrieben ist nur die gesetzliche Mitgliederzahl (Abs 2, vgl Rn 30 f) und die mitbestimmungsrechtlichen Vorgaben zum Arbeitsdirektor (vgl Rn 31). **19**

Mit Abs 1 wird dem Vorstand als Organ die **Gesamtleitung** der AG übertragen, die jedem Mitglied in gleichem Maße obliegt bzw zusteht (*Fleischer* NZG 2003, 449, 450). Der Grundsatz der Gesamtleitung setzt der **Geschäftsverteilung** Grenzen. Die Leitungskompetenz kann auch innerhalb des Vorstands nicht auf einzelne Mitglieder delegiert werden. Zulässig ist zwar eine **Vorbereitung durch Ausschüsse**, eine Delegation der Leitungskompetenz scheidet dagegen aus (zur zulässigen Binnenorganisation vgl § 77 Rn 14 ff). Die divisionale Geschäftsverteilung muss berücksichtigen, dass Leitungsaufgaben beim Kollegialorgan verbleiben (MünchKomm AktG/*Spindler* § 77 Rn 67). Die Organstellung eines jeden Vorstandsmitglieds begründet die Verpflichtung zur **gegenseitigen Kontrolle** (*Hüffer* AktG § 77 Rn 15). Die Kontrollpflicht der einzelnen Mitglieder ist nicht delegierbar (*BGHSt* 47, 187, 196 f = NJW 2002, 1585). **20**

b) Externe Wahrnehmung (Outsourcing). Leitungsaufgaben können nicht außerhalb des Vorstands wahrgenommen werden. Dieses schließt die Delegation sowohl an nachgeordnete als auch an externe Personen aus (GroßKomm AktG/*Kort* Rn 34, 49 f). **Hilfsaufgaben** können übertragen werden, bspw Outsourcing von Datenverarbeitung (Spindler/Stilz AktG/*Fleischer* Rn 66; ausf *Bräutigam* IT-Outsourcing/*Grabbe* S 461 f), was jedoch zu Einweisungs- und **Überwachungspflichten** (*Hegnon* CCZ 2009, 57, 60 ff) führt. **Betriebsführungsverträge** sind zulässig, wenn sichergestellt wird, dass die Auftraggeberinteressen berücksichtigt bleiben und umfassende Informations- Kontroll- und Weisungsrechte der Auftraggeber bestehen (*BGH* NJW 1982, 1817, 1818; ausf KölnKomm AktG/*Mertens/Cahn* Rn 57; zu den konzernrechtlichen Folgen s § 292 Rn 21). **21**

§ 76 Leitung der Aktiengesellschaft

22 **c) Organschaftliche Grenzen der Eigenverantwortung.** Nur in **gesetzlichen Ausnahmefällen** ist der Vorstand an Entscheidungen anderer Organe gebunden. Hierzu gehören Zustimmungsvorbehalte gegenüber dem **AR** (§ 111 Abs 4), Entscheidungen der HV auf Verlangen des Vorstandes (§ 119 Abs 2) und konzernrechtliche Sachverhalte (§§ 308 Abs 1, 2; 323 Abs 1). Die **HV** ist damit von der Geschäftsführung ausgeschlossen. Überwachungspflichten des AR (präventive Kontrolle) dürfen die strikte Trennung in der Kompetenzzuweisung nicht in Frage stellen (ausf GroßKomm AktG/*Kort* Rn 21 ff). Legt ein Vorstand der HV eine Frage zur Entscheidung nach § 119 Abs 2 vor, ist er an die Entscheidung nach § 82 Abs 2 gebunden und zur Umsetzung nach § 83 Abs 2 verpflichtet (MünchKomm AktG/*Spindler* Rn 22; K. Schmidt/Lutter AktG/ *Seibt* Rn 11; *Hüffer* AktG Rn 11, § 119 Rn 15; offen *BGH* WM 1960 803, 805; aA *Rohde/Geschwandtner* NZG 2005, 996, 999).

23 Für „**Grundlagengeschäfte**" wird vielfach eine Begrenzung der Leitungskompetenz des Vorstands diskutiert, da bei Änderungen der Grundlagen der Gesellschaft keine Leitung mehr vorliegt (GroßKomm AktG/*Kort* Rn 79 ff; MünchKomm AktG/*Spindler* Rn 37; aA *Hüffer* AktG § 77 Rn 4; KölnKomm AktG/*Mertens/Cahn* § 77 Rn 5) und insoweit ein Zustimmungserfordernis der HV bestehen soll. Die **Holzmüller-Entscheidung** des *BGH* (*BGHZ* 83, 123) legt im Falle der Ausgliederung wesentlicher Geschäftsteile in eine Tochtergesellschaft eine solche ungeschriebene Zustimmungspflicht fest. In der **Gelatine-Entscheidung** (*BGHZ* 159, 30) hat der *BGH* aber betont, dass die dogmatische Herleitung des Zustimmungserfordernisses einer „offenen Rechtsfortbildung" zu überlassen sei (ausf § 119 Rn 12 ff; zust *OLG Stuttgart* ZIP 2005, 1415, 1417 f). Andere ungeschriebene Zustimmungserfordernisse sollen beim **Listing** (*Spindler* aaO Rn 40) und wg Art 14 GG beim **Delisting** bestehen (*BGH* NJW 2003, 1032; krit *Bürgers* NJW 2003, 1642; vgl § 119 Rn 27 ff).

IV. Der Vorstand im Konzern

24 **1. Konzernleitung des Konzernvorstands.** Der Vorstand hat alle Konzernunternehmen in übergeordneter Verantwortung zu leiten, denn auch die Konzernunternehmen sind Bestandteil des Gesellschaftsvermögens (**hM** KölnKomm AktG/*Mertens/Cahn* Rn 65). Umstr ist aber der konkrete Umfang der Konzernleitungsmacht. Jedenfalls ist eine umfassende **Konzernleitungspflicht**, die zu einer zentralen Leitung und fortzuführenden Konzernierung verpflichtet, wenn keine Entkonzernierungserklärung erfolgt (*Hommelhoff* S 406 ff; *K. Schmidt* GesR S 947), **abzulehnen**. Auch ein Einheitsunternehmen steht einer dezentralen Leitung offen (bspw Spartenorganisation, vgl Rn 19), so dass eine intensive Leitungspflicht aller Einzelunternehmen nicht besteht (Fleischer Hdb VorstR/*Fleischer* § 18 Rn 11). Auch für Eingliederungs- und Vertragskonzerne (insoweit MünchKomm AktG/*Bayer* § 18 Rn 18 ff; MünchHdb AG/*Krieger* § 70 Rn 155) ist einer entsprechenden Leitungspflicht nicht zuzustimmen, denn auch dort besteht ausschließlich ein Weisungsrecht.

25 Der Vorstand entscheidet vielmehr über die Leitungsorganisation mit **weitem Ermessen**, was eine einzelfallbezogene Weisungspflicht nicht ausschließt (K. Schmidt/Lutter AktG/*Seibt* Rn 16; MünchKomm AktG/*Spindler* Rn 49, 51; *Fleischer* DB 2005, 759, 761, der dies treffend als „konzernorganisationsrechtliche Business Judgement Rule" bezeichnet). Den Konzernvorstand trifft damit zumindest eine **Konzernkoordinierungspflicht.** Die Satzung kann aber eine Konzernleitungspflicht vorsehen (Spindler/ Stilz AktG/*Fleischer* Rn 89; *Götz* ZGR 1998 524, 526; aA *Hüffer* AktG Rn 17a, unter

§ 76
Leitung der Aktiengesellschaft

Hinweis auf die Satzungsfestigkeit der Leitungskompetenz). Die Leitungsverantwortung entspricht dabei im Wesentlichen der der unverbundenen Gesellschaft (ausf *Fleischer* DB 2005, 759, 762 ff.). Im Vertragskonzern ist für den Vorstand bei Ausübung der **Konzernleitungskompetenz** der herrschenden AG das Konzerninteresse maßgebend (GroßKomm AktG/*Kort* Rn 142).

Gegenüber der Tochtergesellschaft trifft den Vorstand **keine** zentrale **Konzernleitungspflicht** (Spindler/Stilz AktG/*Fleischer* Rn 90; MünchKomm AktG/*Altmeppen* § 309 Rn 51 ff; *Emmerich/Habersack* Aktien- und GmbH-KonzernR § 311 Rn 10; **aA** *Schneider/Schneider* AG 2005, 57, 58). Es fehlt insoweit an einer hinreichenden Rechtsgrundlage, zudem kann der Konzernvorstand nur eingeschränkt auf die Tochtergesellschaft Einfluss nehmen. Im Vertrags- und Eingliederungskonzern werden die Weisungsrechte und das Haftungsregime ausdrücklich durch §§ 309–310, 323 bestimmt. Auch im faktischen Konzern kann eine Weisung erfolgen, die bei Nachteilen für die Tochtergesellschaft zur Ausgleichspflicht führt. Vor Ausführung der Weisung hat deshalb der Vorstand der Tochtergesellschaft die Erfüllung der Ausgleichspflicht zu überprüfen, da er sonst bei unterlassenem Ausgleich durch das Mutterunternehmen selbst schadensersatzpflichtig werden kann (vgl ausf § 311 Rn 60). 26

2. Vorstand der Tochtergesellschaft. Bei der **Eingliederung** und in einem **Vertragskonzern** kann der Vorstand die Gesellschaft **nicht mehr eigenverantwortlich** leiten. Es bestehen Weisungsrechte aus §§ 308 Abs 1, 323 Abs 1 gegenüber der Tochtergesellschaft, die den Vorstand der abhängigen Gesellschaft nach Überprüfung der erforderlichen Voraussetzungen binden. Abs 1 wird daher entsprechend überlagert (**hM** MünchKomm AktG/*Altmeppen* § 308 Rn 2; vgl auch § 308 Rn 8). Der Vorstand der beherrschten AG kann auch seine untergeordneten Mitarbeiter zur Befolgung von Weisungen der Obergesellschaft anhalten, wenn ihm selbst dabei die Prüfungsmöglichkeit erhalten bleibt (MünchKomm AktG/*Spindler* Rn 45). Im **faktischen Konzern** bleibt die **eigenverantwortliche Leitungskompetenz** des Vorstands dagegen bestehen (K. Schmidt/Lutter AktG/*Seibt* Rn 17 aE; GroßKomm AktG/*Kort* Rn 150). Die **Haftung** der Vorstandsmitglieder im **Vertragskonzern** und bei **eingegliederten Gesellschaften** wird durch §§ **309–310** geregelt und verdrängt insoweit § 93 (KölnKomm AktG/*Koppensteiner* § 310 Rn 11; ausf ferner *Hüffer* AktG § 310 Rn 1, 3). Im **faktischen Konzern** bleibt es dagegen bei der grds Anwendbarkeit von § **93**, denn hier besteht die eigenverantwortliche Leitung fort (ausf Fleischer Hdb VorstR/*Fleischer* § 18 Rn 117 f). 27

3. Vorstandsdoppelmandat. Die Wahrnehmung eines Vorstandsmandats sowohl bei der Muttergesellschaft als auch bei der Tochtergesellschaft (Vorstandsdoppelmandat) ist **zulässig**, erfordert aber die **Zustimmung beider AR** nach § 88 Abs 1 S 2 (*BGH* AG 2009, 500, 2. LS *Hüffer* AktG Rn 21, § 88 Rn 4). Das Zustimmungserfordernis als Wettbewerbsverbot **disponibel** (vgl § 88 Rn 3). Grds darf aber die Pflichterfüllung zugunsten der einen Gesellschaft nicht zur Pflichtverletzung bei der anderen führen (*BGH* NJW 1980, 1629). Unterschiedliche Interessenlagen der einzelnen Mandate sind evident. Im Weisungs- und Ausgleichssystem des **Vertragskonzerns** und bei **Eingliederungen** finden Interessenkonflikte Berücksichtigung, können aber in Einzelfragen Probleme aufwerfen (ausf Fleischer Hdb VorstR/*Fleischer* § 18 Rn 132 f). Im **faktischen Konzern** soll zur Auflösung des Interessenkonflikts auf die Grundsätze zum Ausgleich des Interessenkonflikts bei Mehrfachmandaten im AR zurückgegriffen wer- 28 den können (*BGH* NJW 1980, 1629, 1630; *Hoffmann-Becking* ZHR 150 (1986), 570, 576; MünchKomm AktG/*Spindler* Rn 57).

29 Umstr ist die Existenz von **Stimmverboten** bei Interessenkollisionen infolge von Vorstandsdoppelmandaten. Ein grds Stimmverbot analog § 34 BGB (vgl *Hoffmann-Becking* ZHR 150 (1986), 570, 576) begegnet Bedenken, da es sich auf keinen allg Rechtsgrundsatz stützen kann (KölnKomm AktG/*Mertens/Cahn* § 77 Rn 39) und durch eine bloß faktische Einflussnahme im Kollegialorgan umgangen werden könnte (MünchKomm AktG/*Spindler* Rn 58; Spindler/Stilz AktG/*Fleischer* Rn 108). Daneben wird ein enger gefasstes Stimmverbot entspr § 136 befürwortet (ausf GroßKomm AktG/*Kort* Rn 187), das insb für den Vorstand der Muttergesellschaft in der HV zur Entlastung in der Tochtergesellschaft gelten soll, wenn es nicht zur Handlungsunfähigkeit führt (MünchHdb AG/*Wiesner* § 20 Rn 11; iE *Mertens/Cahn* aaO Rn 41, 43; *Fleischer* aaO Rn 109). Bei unlösbaren und dauerhaften Konflikten kann auch eine Mandatsniederlegung oder Abberufung geboten sein (*Spindler* aaO). Jedenfalls ist dem betroffenen Vorstand die **Stimmenthaltung** unbenommen, wenn sie nicht zur Handlungsunfähigkeit führt (*Mertens/Cahn* aaO Rn 43; *Fleischer* aaO Rn 110).

V. Mitgliederzahl des Vorstands

30 **1. Anzahl der Vorstandsmitglieder.** Der Vorstand einer AG kann nach Abs 2 S 1 aus **einer oder mehreren Personen** bestehen. Etwas Näheres muss nach § 23 Abs 3 Nr 6 die Satzung bestimmen. Für eine AG mit einem Grundkapital von mehr als 3 Mio EUR ist eine Mindestzahl von zwei Mitgliedern vorgesehen (Abs 2 S 2). Durch Satzungsregelung kann hiervon abgewichen werden, indem die Anzahl auf einen Einzelvorstand reduziert wird oder beide Optionen alternativ eingeräumt werden (K. Schmidt/Lutter AktG/*Seibt* Rn 20). Letzteres hat den Vorteil, dass bei Wegfall des zweiten Vorstandsmitglieds die AG handlungsfähig bleibt (Rn 20; MünchKomm AktG/*Spindler* Rn 96). Die Satzung kann auch Mindest- und Höchstgrenzen sowie eine gänzliche Delegation der Bestimmung der Anzahl der Mitglieder auf den AR vorsehen (*BGH* ZIP 2002, 216).

31 Abs 2 S 3 regelt eine Ausnahme bei Bestellungspflicht eines **Arbeitsdirektors** nach den Vorschriften der Mitbestimmung (§ 33 Abs 1 S 1 MitbG, § 13 MontanMitbestG, § 13 MontanMitbestErgG). Hier ist ein zumindest zweiköpfiger Vorstand zwingend erforderlich.

32 **2. Verstöße gegen Bestellungsvorgaben.** Sind aufgrund einer unwirksamen Abberufung oder Niederlegung mehr Mitglieder für den Vorstand bestellt als vorgesehen (Satzung, AR), beeinflusst dies weder die Leitungsverantwortung noch die Vertretungsmacht (zum Korrekturbedarf durch AR GroßKomm AktG/*Kort* Rn 198). Ist der Vorstand **unterbesetzt**, bleibt die Gesellschaft nur handlungsfähig, wenn trotz Unterbesetzung nach den Regelungen der Satzung die Vertretungsberechtigung besteht, also bei zB einem verbleibenden Vorstand Einzelvertretungs- und Einzelgeschäftsführungsbefugnis gewährt wurde. Aufgaben, die nur durch das Kollegialorgan erfüllt werden können (bedeutende Personalmaßnahmen, Unternehmensplanung, Feststellung des Jahresabschlusses § 172), können durch den unterbesetzten Vorstand nicht wirksam wahrgenommen werden. Wenn die Satzung keine Einzelleitung als Ausnahme gem Abs 2 vorsieht, verliert die AG insoweit ihre Handlungsfähigkeit (**hM** *BGHZ* 149, 158, 160 ff; MünchKomm AktG/*Spindler* Rn 98; **aA** wg Rechtssicherheitsgründen

Leitung der Aktiengesellschaft § 76

Kort aaO Rn 199; KölnKomm AktG/*Mertens/Cahn* Rn 110 f; K. Schmidt/Lutter AktG/*Seibt* Rn 21; differenzierend *Hüffer* AktG Rn 23; wg der Entscheidung zum Mehrpersonenorgan und Gestaltungsfreiheit in Abs 2 jedoch nicht überzeugend). Der **AR** kann und muss den Vorstand **unverzüglich vervollständigen**; unbenommen bleibt auf Antrag die fehlenden Mitglieder vom **Amtsgericht** nach § 85 ergänzen zu lassen.

VI. Persönliche Eignung als Vorstandsmitglied

1. Persönliche Anforderungen. Gesetzliche Voraussetzung für eine Bestellung als Mitglied des Vorstands ist nach Abs 3 S 1, dass die betr **natürliche Person unbeschränkt geschäftsfähig** iSd §§ 104 ff BGB ist. Demnach ist es jur Personen und anderen Gesellschaftsformen nicht möglich, Vorstandsmitglied zu werden. Ferner darf die Person gem Abs 3 S 2 Nr 1 nicht einem Einwilligungsvorbehalt nach §§ 1896 ff, 1903 BGB unterliegen. Zudem ist es erforderlich, dass ein Vorstandsmitglied jederzeit in die Bundesrepublik Deutschland einreisen darf (*Hüffer* AktG Rn 25). Beschränkungen hinsichtlich der Nationalität oder des Wohnsitzes bestehen nicht. 33

2. Individuelle Bestellungsverbote. Mit der Reform durch das **MoMiG** wurde der **Katalog** der individuellen Bestellungsverbote erheblich erweitert. Nunmehr sind eine Vielzahl von Straftaten einbezogen, die aber aus verfassungsrechtlichen Gründen auf die vorsätzliche Begehung beschränkt sind (RegBegr, S 76 f; 125 f). Sie wirken **ab rechtskräftiger Verurteilung** als negative Bestellungsvoraussetzung; eine gleichwohl erfolgte Bestellung ist nach § 134 BGB **nichtig** (Spindler/Stilz AktG/*Fleischer* Rn 140). Die Verbote beziehen sich allerdings nur auf Verurteilungen, deren **Rechtskraft** weniger als **fünf Jahre** (§§ 186 ff BGB) **zurück** liegt (Abs 3 S 2 HS 2). Die Aufzählung in Abs 3 ist **abschließend**. Problematisch ist diese Vorschrift aus verfassungsrechtlicher Sicht (so auch *Hüffer* AktG Rn 28), da sie ein Berufsverbot von fünf Jahren ohne graduelle Abstufung, wie sie § 70 StGB kennt, bedeuten kann. 34

Im Einzelnen wurden in Abs 3 S 2 Nr 3 neben den Insolvenzstraftaten §§ 283–283d StGB auch Straftaten aufgrund unterlassener Stellung des Antrags auf Eröffnung des Insolvenzverfahrens (Insolvenzverschleppung) und somit der nunmehr neu gefasste § 15a Abs 4 InsO einbezogen. Wg des häufigen Zusammenhangs mit Bankrottstraftaten wurden auch Verurteilungen von mehr als einem Jahr wg Verstößen gegen §§ 263–264a und §§ 265b–266a StGB aufgenommen (RegBegr, S 77 f). Daneben wurde eine Inhabilität für Verurteilungen wg falscher Angaben nach § 399 und § 82 GmbHG und für unrichtige Darstellungen nach § 400 AktG, § 331 HGB, § 313 UmwG und § 17 PublG eingeführt. Abschließend wurde auch eine Verurteilung zu mehr als einem Jahr wg Untreue (§ 266 StGB) ein Ausschlussgrund (Ungeeignetheit für das Vorstandsamt RegBegr, S 77 f). Verurteilungen im **Ausland**, die mit den bezeichneten Straftaten vergleichbar sind, werden solchen Verurteilungen gleichgestellt (Abs 3 S 3). § 57 StBerG schließt die Mitgliedschaft im Vorstand für Steuerberater aus. 35

Eine im Widerspruch zu den Inhabilitätsgründen betriebene Bestellung ist **unwirksam**; eine Abberufung ist nicht erforderlich. Rechtskräftige oder vollziehbare **Berufs- oder Gewerbeverbote** sind ebenso Bestellungshindernisse (Abs 3 S 2 Nr 2), wenn sie zumindest teilweise, auch bei nur untergeordneter Natur, mit dem Unternehmensgegenstand übereinstimmen (GroßKomm AktG/*Kort* Rn 217). Die Wirkung eines Bestellungshindernisses beschränkt sich auf die Dauer des Verbots (Fleischer Hdb VorstR/*Thüsing* § 4 Rn 10). 36

37 **3. Satzungsmäßige Auswahlrichtlinien.** Die Satzung kann weitere persönliche Anforderungen festlegen. Es kann bspw eine bestimmte **Qualifikation** festgelegt werden. Auswahlrichtlinien müssen mit der Satzungsstrenge des § 23 Abs 5 und dem Auswahlermessen des AR vereinbar sein (GroßKomm Akt/*Kort* Rn 222). Sie dürfen **keine diskriminierenden Vorgaben** enthalten. Die Regelung darf nicht dazu führen, dass das Auswahlermessen des AR entfällt (MünchHdb AG/*Wiesner* § 20 Rn 5). Der AR darf sich nicht über satzungsmäßige Voraussetzungen hinwegsetzen (*Hüffer* AktG Rn 26; *Kort* aaO Rn 225; K Schmidt/Lutter AktG/*Seibt* Rn 25 **aA** *Lutter/Krieger* AR Rn 340; KölnKomm AktG/*Mertens/Cahn* Rn 116, Richtlinien allenfalls als Sollvorschriften). Persönliche Eignungsvoraussetzungen für den **Arbeitsdirektor** sind ebenso zulässig, wenn sie einen sachgerechten Ermessensspielraum für den AR beibehalten (*Seibt* aaO Rn 26; *Hüffer* aaO; **aA** *Mertens/Cahn* aaO; *Kort* aaO Rn 224). **Altersgrenzen** sind insb bei Schwellenwerten unter dem gesetzlichen Renteneintrittsalter problematisch (ausf *Ziemons* KSzW 2013, 19, 26 f; **aA** *Bauer/Arnold* NZG 2012, 921, 925 jedoch unter Hinweis auf die Diskriminierungsrisiken; ausf *Bauer/Arnold* ZIP 2012, 597, 599 ff diff zwischen Nichtverlängerung des Vertrages und erstmaliger Bestellung). Ziff 5.1.2 Abs 2 S 3 DCGK empfiehlt zwar eine Altersgrenze für Vorstandsmitglieder festzulegen. Da Vorstandsmitglieder jedoch als AN einzustufen sind (vgl Rn 4), sollte die Ges vorsichtshalber eine Abweichung vom Kodex erklären und keine Altersgrenze festlegen, damit sie nicht gegen das im AGG enthaltene Verbot der Altersdiskriminierung verstößt.

Anhang zu § 76
§§ 27, 33–33c WpÜG

§ 27 Stellungnahme des Vorstands und Aufsichtsrats der Zielgesellschaft

(1) ¹**Der Vorstand und der Aufsichtsrat der Zielgesellschaft haben eine begründete Stellungnahme zu dem Angebot sowie zu jeder seiner Änderungen abzugeben.** ²**Die Stellungnahme muss insbesondere eingehen auf**

1. **die Art und Höhe der angebotenen Gegenleistung,**
2. **die voraussichtlichen Folgen eines erfolgreichen Angebots für die Zielgesellschaft, die Arbeitnehmer und ihre Vertretungen, die Beschäftigungsbedingungen und die Standorte der Zielgesellschaft,**
3. **die vom Bieter mit dem Angebot verfolgten Ziele,**
4. **die Absicht der Mitglieder des Vorstands und des Aufsichtsrats, soweit sie Inhaber von Wertpapieren der Zielgesellschaft sind, das Angebot anzunehmen.**

(2) **Übermitteln der zuständige Betriebsrat oder, sofern ein solcher nicht besteht, unmittelbar die Arbeitnehmer der Zielgesellschaft dem Vorstand eine Stellungnahme zu dem Angebot, hat der Vorstand unbeschadet seiner Verpflichtung nach Absatz 3 Satz 1 diese seiner Stellungnahme beizufügen.**

(3) ¹Der Vorstand und der Aufsichtsrat der Zielgesellschaft haben die Stellungnahme unverzüglich nach Übermittlung der Angebotsunterlage und deren Änderungen durch den Bieter gemäß § 14 Abs. 3 Satz 1 zu veröffentlichen. ²Sie haben die Stellungnahme gleichzeitig dem zuständigen Betriebsrat oder, sofern ein solcher nicht besteht, unmittelbar den Arbeitnehmern zu übermitteln. ³Der Vorstand und der Aufsichtsrat der Zielgesellschaft haben der Bundesanstalt unverzüglich die Veröffentlichung gemäß § 14 Abs. 3 Satz 1 Nr. 2 mitzuteilen.

Übersicht

	Rn		Rn
I. Anwendungsbereich	1	2. Mindestangaben (S 2)	3
II. Stellungnahme der Verwaltung		III. Stellungnahme des Betriebsrats/der	
(Abs 1)	2	Arbeitnehmer (Abs 3)	5
1. Allgemeines (S 1)	2	IV. Verfahren (Abs 3)	6

Literatur: *Beckmann/Kersting/Mielke* Das neue Übernahmerecht, 2002; *Bröcker/Weisner* Übernahmeangebote, 2003; *Friedl* Die Haftung des Vorstands und Aufsichtsrats für eine fehlerhafte Stellungnahme gem § 27 I WpÜG, NZG 2004, 448; *Fleischer* Organpublizität im Aktien-, Bilanz- und Kapitalmarktrecht, NZG 2006, 561; *Fleischer/Schmolke* Zum Sondervotum einzelner Vorstands- oder Aufsichtsratsmitglieder bei Stellungnahmen nach § 27 WpÜG, DB 2007, 95; *Fleischer* Zur rechtlichen Bedeutung der Fairness Opinion im deutschen Aktien- und Übernahmerecht, ZIP 2011, 201; *Harbarth* Die Stellungnahme des Vorstands und Aufsichtsrats zur Gegenleistung bei Übernahmeangeboten, ZIP 2004, 3; *Holzborn/Peschke* Europäische Neutralitätspflicht und Übernahme Squeeze-Out – Die Implementierung der Übernahmerichtlinie im WpÜG, BKR 2007, 101; *Hopt* Grundsatz- und Praxisprobleme nach dem Wertpapiererwerbs- und Übernahmegesetz, ZHR 166 (2002), 383; *Kossmann* Bewertungspflichten von Vorstand und Aufsichtsrat und § 27 WpÜG unter Berücksichtigung von IDW ES 8, NZG 2011, 46; *Leyendecker/Kleinhenz* Keine Wertindikation im Rahmen der Stellungnahme nach § 27 WpÜG, BB 2011, 2952; *Seibt* Arbeitsrechtliche Aspekte des Wertpapiererwerbs- und Übernahmegesetzes, DB 2002, 529; *Thaeter/Brandi* Öffentliche Übernahmen, 2003; *Zschocke/Schuster* Bad Homburger Handbuch zum Übernahmerecht, 2002.

I. Anwendungsbereich

§ 27 WpÜG regelt die Stellungnahme der Verwaltung der Zielgesellschaft. Die Stellungnahme von Arbeitnehmerseite wird nur insoweit mitgeregelt, als sie der Stellungnahme der Verwaltung beizufügen und zu veröffentlichen ist (Abs 2). Abs 1 gibt den Mindestinhalt der Stellungnahme der Verwaltung vor, Abs 3 bestimmt die Veröffentlichung und Übermittlung an die Arbeitnehmerseite und die BaFin. Die Pflicht gilt für alle Erwerbsangebote iSd §§ 1, 2 Abs 1 WpÜG inklusive freiwillige. Problematisch ist die Einordnung des § 27 WpÜG im Hinblick auf die neue Zuständigkeitsregelung der §§ 1 f WpÜG bei Auslandsberührung (dazu eingehend *Holzborn/Peschke* BKR 2007, 101, 102). § 1 Abs 2 WpÜG erweitert den Kreis der Zielgesellschaften (§ 2 Abs 3 Nr 1 WpÜG) auf Gesellschaften, deren stimmberechtigte Aktien nicht im Inland, jedoch in einem anderen Staat des EWR zum Handel an einem organisierten Markt (§ 2 Abs 7 WpÜG) zugelassen sind, für gesellschaftsrechtliche, nicht aber für kapitalmarktrechtliche Fragen. § 1 Abs 3 WpÜG ordnet die Anwendung des WpÜG für Gesellschaften mit Sitz in einem anderen Staat des EWR (§ 2 Abs 3 Nr 2 WpÜG) und Zulassung der Wertpapiere im Inland an, soweit es Fragen der Gegenleistung, des

1

Inhalts der Angebotsunterlage und des Angebotsverfahrens regelt (§ 1 Abs 3 S 1 WpÜG). Aufgrund der kapitalmarktrechtlichen Einordnung des § 27 WpÜG (*Hopt* ZHR 166 (2002), 383, 421; anders Haarmann/Schüppen WpÜG/*Röh* Rn 16: auch verbandsrechtliche Natur) müsste die Erweiterung gem § 1 Abs 3 WpÜG gelten. Diese Einordnung hat zur Folge, dass die Erweiterung des § 1 Abs 2 WpÜG nicht gilt, da § 1 Abs 2 und 3 WpÜG in einem sich gegenseitig ausschließenden Alternativverhältnis stehen. Das ist insoweit problematisch, als dass § 27 WpÜG ua die Unterrichtung der AN und damit ausdrücklich einen Fall des § 1 Abs 2 WpÜG regelt (vgl RegBegr BT-Drucks 16/1003, 16). Eine Stellungnahme nach § 27 WpÜG kann zwar einen aktienrechtlich gebotenen Bericht nicht ersetzen (*LG München* ZIP 2005, 352, 354), jedoch ergänzen (*Drinkuth* AG 2005, 597, 605).

II. Stellungnahme der Verwaltung (Abs 1)

2 **1. Allgemeines (S 1).** Vorstand und AR der Zielgesellschaft (dazu Rn 1) haben eine begründete Stellungnahme zu dem Angebot sowie zu jeder seiner Änderungen abzugeben. Die Pflicht trifft nicht die Organmitglieder, sondern die Organe, die durch Beschluss ihren Willen bilden müssen (KölnKomm WpÜG/*Hirte* Rn 20). Vorstand und AR können **getrennte, voneinander abweichende Stellungnahmen** abgeben, sie können aber auch eine **gemeinsame Stellungnahme** verfassen (Assmann/Pötzsch/Schneider WpÜG/*Krause/Pötzsch* Rn 42; *Hopt* ZHR 166 (2002), 383, 419; Finanzausschuss BT-Drucks 14/7477, 53; Muster bei *Bröcker/Weisner* S 131). Mitzuteilen sind alle für den Wertpapierinhaber relevanten Umstände (MünchKomm AktG/*Wackerbarth* § 27 WpÜG Rn 11). Die Stellungnahme muss **klar** und **eindeutig** sein; ob Ablehnung (feindliches Angebot) oder Annahme (freundliches Angebot) angeraten oder ganz von einer Handlungsempfehlung abgesehen wird, muss unmissverständlich zum Ausdruck kommen und **begründet** werden (*Krause/Pötzsch* aaO Rn 32 und 44). Zuvor hat die Verwaltung das Angebot inklusive seiner Konditionen und möglichen Folgen für das Unternehmen eingehend zu prüfen (Semler/Volhard ArbHdb Übernahme/*Thiel* § 54 Rn 20; Thaeter/Brandi/*Brandi* Teil 3 Rn 108, abschwächend für den AR Rn 120; **aA** insoweit Haarmann/Schüppen WpÜG/*Röh* Rn 28; nach Geibel/Süßmann WpÜG/*Schwennicke* Rn 11 besteht auch für den Vorstand lediglich eine „Obliegenheit zur Selbstinformation" im Sinne einer Reduzierung auf ihm ohne weiteres zugängliche Quellen nebst Plausibilitätsprüfung). Die Entscheidung für oder gegen das Angebot darf sich nur am **Unternehmensinteresse** orientieren, persönliche Vorteile der Verwaltung müssen ausgeblendet bleiben (*Brandi* aaO Rn 113; vgl auch *Harbarth* ZIP 2004, 3, 10 f). Das einzelne Verwaltungsmitglied kann (muss nicht, aber aus Haftungsgründen ggf ratsam) seine Auffassung als Sondervotum zu dem Angebot öffentlich verlautbaren, wenn allg gesellschaftsrechtliche Grundsätze (insb Verschwiegenheitspflicht) nicht entgegenstehen (RegBegr 14/7034 S 52; *Röh* aaO Rn 26; ähnlich auch *Fleischer/Schmolke* DB 2007, 95 ff, wonach das Organ das Stimmenverhältnis, die Streitpunkte und die dissentierenden Organmitglieder benennen muss). **Interessenkonflikte** (zB bei empfangenen Geldleistungen und Geldversprechen, Entsendung durch Bieter, nicht aber Dienstverträge, die noch länger als ein Jahr laufen) sind in der Stellungnahme zu erläutern (*Fleischer* NZG 2006, 561, 565).

3 **2. Mindestangaben (S 2).** Abs 1 Nr 2 WpÜG nennt einen Katalog von Themen, auf welche die Stellungnahme insb eingehen muss. Zur **Art der Gegenleistung (Nr 1 Alt 1)** muss nur Stellung genommen werden, wenn die Gegenleistung nicht in Geld

besteht. Bei Aktien ist anzugeben, ob die in § 31 Abs 2 S 1 WpÜG genannten Voraussetzungen erfüllt sind (KölnKomm WpÜG/*Hirte* Rn 38). Bei der **Höhe der Gegenleistung** (**Nr 1 Alt 2**) muss auf die Angemessenheit zwischen Wert der Wertpapiere und Gegenleistung eingegangen werden (*Harbarth* ZIP 2004, 3). Angemessen ist die Gegenleistung, wenn sie dem wirklichen (inneren) Wert der Wertpapiere entspricht oder ihn übersteigt (Assmann/Pötzsch/Schneider WpÜG/*Krause/Pötzsch* Rn 70 und 65; eingehend *Harbarth* ZIP 2004, 4 ff). Der aus Sicht der Verwaltung angemessene Preis kann mitgeteilt werden (*Müller* in Zschocke/Schuster D 20; **aA** Steinmeyer/Häger WpÜG/*Steinmeyer* Rn 40, wenn Preis höher muss er mitgeteilt werden). Die dabei angewandten Grundsätze der Bewertung müssen nicht offen gelegt werden (zutr Beckmann/Kersting/Mielke/*Beckmann* C 6: dies ergebe sich aus der Verschwiegenheitspflicht). Die Angabe, ob die Gegenleistung angemessen ist, dürfte idR genügen (Geibel/Süßmann WpÜG/*Schwennicke* Rn 14; **aA** *Müller* in Zschocke/Schuster D 20; *Harbarth* ZIP 2004, 3, 7 f). Bei abl Stellungnahmen sollte die Unangemessenheit der angebotenen Leistung besonders sorgfältig begründet werden (*Leyendecker/Kleinhenz* BB 2011, 2952, 2956).

Nr 2 verlangt die Stellungnahme zu den **voraussichtlichen Folgen** eines erfolgreichen 4 Angebots für die Zielgesellschaft, die AN und ihre Vertretungen, die Beschäftigungsbedingungen und die Standorte der Zielgesellschaft (Prognoseerklärungen anhand der bekannten Absichten des Bieters, *Seibt* DB 2002, 529, 534). Erfolgreich heißt in diesem Zusammenhang das Überschreiten von gesellschaftsrechtlich relevanten Schwellenwerten durch Annahme des Angebots, so dass der Bieter unternehmerischen Einfluss auf die Gesellschaft ausüben kann bzw diesen verstärkt (MünchKomm AktG/*Wackerbarth* § 27 WpÜG Rn 22 f). Es wird auch auf einen etwaigen Wegfall von arbeitsrechtlichen Mitbestimmungsrechten einzugehen sein (Haarmann/Schüppen WpÜG/*Röh* Rn 39). Folgen für verbundene Unternehmen sind nur insoweit von Interesse, als sie sich auf den Emittenten auswirken (anders Assmann/Pötzsch/Schneider WpÜG/*Krause/Pötzsch* Rn 77). Mit Nr 2 eng zusammenhängend sind gem **Nr 3** auf die **vom Bieter mit dem Angebot verfolgten Ziele** einzugehen. Das umfasst auch die Realisierbarkeit dieser Ziele (*Röh* aaO Rn 41). **Nr 4** betrifft die Absicht der Mitglieder des Vorstands und des AR (zeitlich: bei Stellungnahme), soweit sie Inhaber von Wertpapieren der Zielgesellschaft sind, das Angebot anzunehmen. Zu nennen sind der Name des Inhabers (wirtschaftlicher Besitz genügt, eine Namensnennung ist nicht erforderlich, wenn ein Organ einheitlich handelt) und mit welchem (prozentualen) Teil der Anteile das Angebot angenommen oder abgelehnt wird, entsprechendes bei Unentschlossenheit, ferner auch der Fall, dass ein Verwaltungsmitglied keine Anteile besitzt (*Krause/Pötzsch* aaO Rn 85; *Fleischer* NZG 2006, 561, 565). Eine Pflicht zur Annahme oder Ablehnung resultiert aus der Stellungnahme nicht (unstr Semler/Volhard ArbHdb Übernahme/*Thiel* § 54 Rn 26). Bei **Änderung** der bereits veröffentlichten Absicht eines Verwaltungsmitglieds besteht **keine Veröffentlichungspflicht** der Änderung, sofern sie nicht auf einer Angebotsänderung beruht (Thaeter/Brandi/*Brandi* Teil 3 Rn 143; Geibel/Süßmann WpÜG/*Schwennicke* Rn 20; **aA** *Krause/Pötzsch* aaO Rn 87).

III. Stellungnahme des Betriebsrats/der Arbeitnehmer (Abs 3)

Übermitteln der zuständige Betriebsrat oder, sofern ein solcher nicht besteht, unmit- 5 telbar die AN der Zielgesellschaft dem Vorstand eine **schriftliche** oder elektronische (eine nur mündlich abgegebene Stellungnahme begründet keine Beifügungspflicht, unstr MünchKomm AktG/*Wackerbarth* § 27 WpÜG Rn 30; Thaeter/Brandi/*Lingemann* Teil 3 Rn 152) Stellungnahme zu dem Angebot, hat der Vorstand (nicht: AR) diese seiner Stellungnahme beizufügen. Die Arbeitnehmerseite kann, muss aber nicht, Stellung nehmen (*Seibt* DB 2002, 529, 534). Die Stellungnahme der AN ist nur dann beizufügen, wenn kein Betriebsrat existiert, nicht aber, wenn er nur keine Stellungnahme abgibt (Assmann/Pötzsch/Schneider WpÜG/*Krause/Pötzsch* Rn 113). Eine Beifügungspflicht besteht nicht, wenn mehrere Arbeitnehmer oder -gruppen verschiedene Stellungnahmen abgeben, sie müssen vielmehr eine einheitliche abgeben (str *Wackerbarth* aaO Rn 35; *Krause/Pötzsch* aaO Rn 114; *Seibt* aaO 535; **aA** Geibel/Süßmann WpÜG/*Grobys* Rn 29: alle Stellungnahmen beizufügen sei empfehlenswert; ganz anders, aber nur schwerlich begründbar Beckmann/Kersting/Mielke/*Beckmann* C 14: Vorstand hat Stellungnahmen zu vereinheitlichen). Gesetzliche Vorgaben zum Inhalt bestehen nicht (Semler/Volhard ArbHdb Übernahme/*Thiel* § 54 Rn 33). Nur wenn der Bezug zum Angebot fehlt oder der Inhalt strafbar ist, entfällt die Beifügungspflicht (*Krause/Pötzsch* aaO Rn 118). Dasselbe gilt auch bei offensichtlich falschen Angaben (*Seibt* aaO 534; **aA** *Krause/Pötzsch* aaO: nur Möglichkeit der Korrektur). Die Verpflichtung des Vorstands nach Abs 3 S 1 bleibt unberührt, der Vorstand darf daher mit der Veröffentlichung seiner Stellungnahme nicht warten. Eine nachträgliche Veröffentlichungspflicht besteht nicht (str *Seibt* aaO 535; **aA** *Grobys* aaO Rn 38 ff; Steinmeyer/Häger WpÜG/*Steinmeyer* Rn 61, Veröffentlichungspflicht besteht bis Ablauf der Annahmefrist; Haarmann/Schüppen WpÜG/*Röh* Rn 74 mwN, nachträglich auf der Internetseite).

IV. Verfahren (Abs 3)

6 Vorstand und AR haben die Stellungnahme unverzüglich nach Übermittlung der Angebotsunterlagen (§ 14 Abs 4 WpÜG) gem § 14 Abs 3 S 1 WpÜG zu veröffentlichen. Unverzüglich bedeutet ohne schuldhaftes Zögern (§ 121 BGB), was nach den Umständen des Einzelfalls zu konkretisieren ist, **idR max zwei Wochen** (*OLG Frankfurt* ZIP 2006, 428, 429; Harbarth ZIP 2004, 3, 5 f). In einfachen oder besonders eilbedürftigen Konstellationen ist die Frist kürzer; eine über zwei Wochen hinausgehende Verzögerung ist nur in seltenen Ausnahmefällen bei besonderen Erschwernissen gerechtfertigt (*OLG Frankfurt* aaO, 428, 429 f mit Hinweis auf daraus resultierende Organisationspflichten). Die Heranziehung von sachverständigen Beratern ist kein schuldhaftes Zögern, ebenso nicht die Einholung notwendiger Informationen (*Hopt* ZHR 166 (2002), 383, 421). Nach **Änderung des Angebots** besteht wieder die Pflicht zur Stellungnahme und Veröffentlichung (eine weitergehende Änderungspflicht bejaht Assmann/Pötzsch/Schneider WpÜG/*Krause/Pötzsch* Rn 93; enger und zutr Geibel/Süßmann WpÜG/*Schwennicke* Rn 23 und 20). Bei einer Angebotsänderung besteht keine Beifügungspflicht nach Abs 2 (MünchKomm AktG/*Wackerbarth* § 27 WpÜG Rn 31; **aA** *Krause/Pötzsch* aaO Rn 110). Ferner ist die Stellungnahme gleichzeitig dem zuständigen Betriebsrat oder, sofern ein solcher nicht besteht, unmittelbar den Arbeitnehmern zu übermitteln und der BaFin unverzüglich die Veröffentlichung gem § 14 Abs 3 S 1 Nr 2 WpÜG mitzuteilen. Ein Verstoß gegen die Pflichten aus Abs 3 ist eine Ordnungswidrigkeit nach § 60 Abs 1 Nr 1 a), 2 c) oder Nr 5 WpÜG. § 27 WpÜG ist **kein Schutzgesetz iSd § 823** Abs 2 BGB (**hM** Thaeter/Brandi/*Brandi* Teil 3 Rn 173 mwN; *Schwennicke* aaO Rn 51; **aA** Haarmann/Schüppen WpÜG/*Röh* Rn 92, allerdings nur bei grober Fahrlässigkeit). Eine **Haftung** gegenüber den Wertpapierin-

habern der Zielgesellschaft kommt grds nur aufgrund § 117 AktG, gegenüber der Zielgesellschaft nur aufgrund §§ 93 Abs 2, 116 AktG in Betracht. Allerdings sind § 826 BGB, § 823 BGB iVm einer Strafrechtsnorm (nicht iVm § 27 WpÜG) uneingeschränkt anwendbar, auch zB zugunsten des Bieters (eingehend zur Haftung *Friedl* NZG 2004, 448 ff). Zu beachten ist dabei, dass Adressat der Stellungnahme nur der Kapitalmarkt ist, nicht aber Gläubiger und AN der Zielgesellschaft (*Hopt* ZHR 166 (2002), 383, 421).

§ 33 Handlungen des Vorstands der Zielgesellschaft

(1) ¹Nach Veröffentlichung der Entscheidung zur Abgabe eines Angebots bis zur Veröffentlichung des Ergebnisses nach § 23 Abs. 1 Satz 1 Nr. 2 darf der Vorstand der Zielgesellschaft keine Handlungen vornehmen, durch die der Erfolg des Angebots verhindert werden könnte. ²Dies gilt nicht für Handlungen, die auch ein ordentlicher und gewissenhafter Geschäftsleiter einer Gesellschaft, die nicht von einem Übernahmeangebot betroffen ist, vorgenommen hätte, für die Suche nach einem konkurrierenden Angebot sowie für Handlungen, denen der Aufsichtsrat der Zielgesellschaft zugestimmt hat.

(2) ¹Ermächtigt die Hauptversammlung den Vorstand vor dem in Absatz 1 Satz 1 genannten Zeitraum zur Vornahme von Handlungen, die in die Zuständigkeit der Hauptversammlung fallen, um den Erfolg von Übernahmeangeboten zu verhindern, sind diese Handlungen in der Ermächtigung der Art nach zu bestimmen. ²Die Ermächtigung kann für höchstens 18 Monate erteilt werden. ³Der Beschluss der Hauptversammlung bedarf einer Mehrheit, die mindestens drei Viertel des bei der Beschlussfassung vertretenen Grundkapitals umfasst; die Satzung kann eine größere Kapitalmehrheit und weitere Erfordernisse bestimmen. ⁴Handlungen des Vorstands auf Grund einer Ermächtigung nach Satz 1 bedürfen der Zustimmung des Aufsichtsrats.

(3) *(weggefallen)*

Übersicht

	Rn		Rn
I. Allgemeines	1	b) Suche nach einem konkurrierenden Angebot (Var 2)	6
II. Handlungsverbot (Abs 1)	3	c) Zustimmung des AR (Var 3)	7
1. Erfasste Handlungen (S 1)	3	d) Zustimmung der HV	8
a) Grundsatz	3	III. Vorratsbeschluss (Abs 2)	9
b) Einzelne Maßnahmen	4	1. Voraussetzungen	9
2. Ausnahmen (S 2)	5	2. Wirkung	10
a) Ordentlicher und gewissenhafter Geschäftsmann (Var 1)	5	IV. Rechtsfolgen von Verstößen	11

Literatur: *Bayer* Vorsorge- und präventive Abwehrmaßnahmen gegen feindliche Übernahmen, ZGR 2002, 588; *Bürgers/Holzborn* Haftungsrisiken der Organe einer Zielgesellschaft im Übernahmefall, insbesondere am Beispiel einer Abwehrkapitalerhöhung, ZIP 2003, 2273; *Decher* Das Business Combination Agreement – ein verdeckter Beherrschungsvertrag oder sonstiger strukturändernder Vertrag, FS Hüffer 2010, S 145; *Drinkuth* Informationspflichten bei Ermächtigungsbeschlüssen nach § 33 WpÜG, AG 2005, 597; *Drygala* Die neue deutsche Übernahmeskepsis und ihre Auswirkungen auf die Vorstandspflichten nach § 33 WpÜG, ZIP 2001, 1861; *Ekkenga* § 33 WpÜG: Neutralitätsgebot oder Grundsatz der

Abwehrbereitschaft, FS Kümpel, 2003, S 95; *Fleischer* Konkurrenzangebote und Due Diligence, ZIP 2002, 651; *Friedl* Die Stellung des Aufsichtsrats der Zielgesellschaft bei Abgabe eines Übernahmeangebots nach neuem Übernahmerecht unter Berücksichtigung des Regierungsentwurfs zum Übernahmerichtlinie-Umsetzungsgesetz, NZG 2006, 422; *Grunewald* Europäisierung des Übernahmerechts, AG 2001, 288; *Hirte* Verteidigung gegen Übernahmeangebote und Rechtsschutz des Aktionärs gegen die Verteidigung, ZGR 2002, 623; *Hitzer/Simon/Düchting* Behandlung eigener Aktien der Zielgesellschaft bei öffentlichen Übernahmeangeboten, AG 2012, 237; *Holzborn/Peschke* Europäische Neutralitätspflicht und Übernahme Squeeze-Out, BKR 2007, 101; *Hopt* Grundsatz- und Praxisprobleme nach dem Wertpapiererwerbs- und Übernahmegesetz, ZHR 166 (2002), 383; *Immenga/Israel* Ausnahmen des übernahmerechtlichen Verhinderungsverbots nach deutschem Recht, FS Nobel, 2005, S 175; *Kiem* Der Hauptversammlungsentscheid zur Legitimation von Abwehrmaßnahmen nach dem neuen Übernahmegesetz, ZIP 2000, 1509; *ders* Investorenvereinbarungen im Lichte des Aktien- und Übernahmerechts, AG 2009, 301; *Klemm/Reinhardt* Vorbereitungshandlungen für eine erfolgreiche Übernahmeverteidigung, NZG 2010, 1006; *Krause* Das neue Übernahmerecht, NJW 2002, 705; *Liekefett* Bietergleichbehandlung bei öffentlichen Übernahmeangeboten, AG 2005, 802; *Peitsmeyer/Theusinger* Kurzkommentar zu OLG München – 7 AktG 3/11, EWiR 2012, 333; *Schanz* Verteidigungsmechanismen gegen feindliche Übernahmen nach Umsetzung der Übernahmerichtlinie im deutschen Recht, NZG 2007, 927; *Schiessl* Konkurrierende Angebote im Übernahmerecht, Liber amicorum f Winter 2011, S 569; *Seibt/Wunsch* Investorenvereinbarungen bei öffentlichen Übernahmen, Der Konzern 2009, 195; *Winter/Harbarth* Verhaltenspflichten von Vorstand und Aufsichtsrat der Zielgesellschaft bei feindlichen Übernahmeangeboten nach dem WpÜG, ZIP 2002, 1; vgl auch die Nachweise bei § 27 WpÜG; *Wolf* Der Mythos „Neutralitätspflicht" nach dem Übernahmerichtlinie-Umsetzungsgesetz, ZIP 2008, 300.

I. Allgemeines

1 § 33 WpÜG regelt die Neutralitätspflichten des Vorstands ab Veröffentlichung der Entscheidung zur Abgabe eines Angebots (§ 10 WpÜG) bis zur Veröffentlichung des Ergebnisses nach § 23 Abs 1 S 1 Nr 2. Der Vorstand darf zwar das Übernahmeangebot ablehnen, jedoch sind ihm wg des möglichen Konflikts zwischen seinen Interessen und denen der Aktionäre (der Zielgesellschaft) bestimmte Handlungen untersagt. Aus diesem Grund wird vereinzelt der Begriff der Neutralitätspflicht abgelehnt und statt diesem die Bezeichnung (eingeschränktes) Verhinderungsverbot vorgeschlagen (so *Wolf* ZIP 2008, 300, 301, 304). Regelungszweck ist die **Wahrung der Entscheidungsfreiheit** der Aktionäre im Hinblick auf die eingeräumte Veräußerungsmöglichkeit (*Grunewald* AG 2001, 288, 289). §§ 33 ff WpÜG gelten nur für Übernahme- und Pflichtangebote (§ 39 WpÜG), nicht aber für einfache Erwerbsangebote (Letzteres ist str Haarmann/Schüppen WpÜG/*Röh* Rn 33; Assmann/Pötzsch/Schneider WpÜG/*Krause/Pötzsch* Rn 60; Steinmeyer/Häger WpÜG/*Steinmeyer* Rn 11; **aA** *Hirte* ZGR 2002, 623, 626; MünchKomm AktG/*Schlitt* § 33 WpÜG Rn 11). §§ 33 ff WpÜG regeln **gesellschaftsrechtliche** Fragen (Regelungen bzgl Handlungen des Vorstands der Zielgesellschaft, durch die der Erfolg eines Angebots verhindert werden könnte), somit sind sie auch auf Zielgesellschaften iSd § 2 Abs 3 Nr 1 WpÜG anzuwenden, deren stimmberechtigte Aktien nicht im Inland, jedoch in einem anderen Staat des EWR zum Handel an einem organisierten Markt (§ 2 Abs 7 WpÜG) zugelassen sind (§ 1 Abs 2 WpÜG; RegBegr BT-Drucks 16/1003, 16). Hingegen sind sie nicht auf sonstige Gesellschaften, auch nicht auf Gesellschaften mit Sitz in einem anderen Staat des EWR (vgl § 2 Abs 3 Nr 2 WpÜG, insoweit nur kapitalmarktrechtliche Vorschriften, § 1

Handlungen des Vorstands **Anh § 76/§ 33 WpÜG**

Abs 3 S 2 WpÜG), anzuwenden (dazu eingehend *Holzborn/Peschke* BKR 2007, 101, 102). Der ehemalige Abs 3 WpÜG ist nun § 33d WpÜG.

Die Regelungen über die Neutralitätspflichten wurde durch das **Übernahmerichtlinie-** 2 **Umsetzungsgesetz** vom 8.7.2006 (BGBl I 2006 S 1426) wesentlich neu gestaltet. Da Deutschland sich für das **Opt-Out** entschieden hat, haben die in Deutschland ansässigen Gesellschaften jeweils die Wahl, sich den Vorgaben der Richtlinie bzgl des europäischen Verhinderungsverbots (§ 33a WpÜG, vgl dort) und der europäischen Durchbrechungsregel (§ 33b WpÜG, vgl dort) freiwillig zu unterwerfen (Opt-In-Beschluss). Für Gesellschaften, die keinen solchen Opt-In-Beschluss gefasst haben, bleibt es bei den Neutralitätspflichten des § 33 WpÜG. Ebenfalls durch das Übernahmerichtlinie-Umsetzungsgesetz hinzugekommen sind die §§ 289 Abs 4, 315 Abs 4 HGB, nach denen zusätzliche **Angaben im Lagebericht** zu machen sind, damit potentielle Bieter ein Bild von der Gesellschaft und den Übernahmehindernissen erhalten können (Reg-Begr BT-Drucks 16/1003, 24).

II. Handlungsverbot (Abs 1)

1. Erfasste Handlungen (S 1). – a) Grundsatz. Erfasst sind Handlungen des Vor- 3 stands, die **objektiv** geeignet sind, den Erfolg des Übernahmeangebots zu verhindern, auf einen Verhinderungswillen kommt es hingegen nicht an (*Winter/Harbarth* ZIP 2002, 1, 3 f; RegBegr BT-Drucks 14/7034, 57). Der Erfolg eines Übernahmeangebots geht über die bloße Erschwerung hinaus (str *Müller* in Zschocke/Schuster D 40; **aA** *Mielke* in Beckmann/Kersting/Mielke, Das neue Übernahmerecht, 2002, C 26; Münch-Komm AktG/*Schlitt* § 33 WpÜG Rn 60 mwN) und meint dabei die Verhinderung der Erlangung der angestrebten Aktienmehrheit und des beherrschenden Einflusses wie auch der Realisierung des wirtschaftlichen Interesses des Bieters an der Erlangung unternehmerischer Kontrolle (Haarmann/Schüppen WpÜG/*Röh* Rn 44; vgl auch Assmann/Pötzsch/Schneider WpÜG/*Krause/Pötzsch* Rn 84).

b) Einzelne Maßnahmen. Maßnahmen mit grds Erfolgsverhinderungspotential, weil 4 eine Beherrschung der Gesellschaft verhindert wird, sind (eingehend Thaeter/Brandi/ Brandi Teil 3 Rn 416 ff; vgl auch Semler/Volhard ArbHdb Übernahme/*Richter* § 52 Rn 54 ff und Semler/Volhard ArbHdb Übernahme/*Thiel* § 54 Rn 57 ff): **Ausgabe** neuer Aktien, wenn das Volumen der Kapitalerhöhung nicht ganz unwesentlich ist, dasselbe gilt bei Ausgabe von Wandel- und Optionsschuldverschreibungen (allerdings nicht bei Ausgabe an AN und Organmitglieder) und naked warrents (Assmann/Pötzsch/Schneider WpÜG/*Krause/Pötzsch* Rn 88 ff und 99 ff); Erwerb (nicht aber Einziehung) und die Veräußerung **eigener Aktien** (Haarmann/Schüppen WpÜG/*Röh* Rn 52 f; ausf *Hitzer/ Simon/Düchting* AG 2012, 237); Verweigerung der Zustimmung zur Übertragung vinkulierter Aktien und schuldrechtliche Veräußerungsbeschränkungen („lock-ups", vgl MünchKomm AktG/*Schlitt* § 33 WpÜG Rn 111 und 113), wechselseite Beteiligung, Herbeiführen kartellrechtlicher Probleme („antitrust defense", insb durch Erwerb von Unternehmungen und Beteiligungen, sog „defensive acquisitions"). Die Pflicht zur Stellungnahme nach § 27 WpÜG bleibt allerdings von § 33 WpÜG unberührt (*Mielke* in Beckmann/Kersting/Mielke, Das neue Übernahmerecht, 2002, C 27). Maßnahmen mit grds Erfolgsverhinderungspotential aufgrund Wegfalls des wirtschaftlichen Interesses des Bieters an der Übernahme sind der Verkauf von bedeutsamen Bestandteilen des Vermögens, idR des Anlagevermögens iSd § 266 Abs 2 A. HGB („crown jewels"), Abfindungsversprechen für ausscheidende Organmitglieder („golden parachutes")

Bürgers/Israel

(*Röh* aaO Rn 60 ff) sowie Beendigung eines Beherrschungsvertrags mit der Tochter (*Hirte* ZGR 2002, 623, 631). Dazu gehören auch Vereinbarungen, dass bei einem Kontrollwechsel gekündigt werden kann („change of control-Klausel") (*Schlitt* aaO Rn 115). Eine wesentliche Änderung der Finanzstruktur ist insb dann erfasst, wenn sich die Veränderung nachteilig auf das Rating auswirkt oder wenn dadurch die Fälligkeit einer Verbindlichkeit an ein Angebot oder einen Kontrollwechsel geknüpft wird („poison debt", *Krause/Pötzsch* aaO Rn 108). Ein argumentatives Zurwehrsetzen (vgl *Drygala* ZIP 2001, 1861, 1863) oder eine Veränderung der Unternehmenspolitik, Behörden informieren über zB kartellrechtliche Probleme, Einberufen einer HV, Ankündigung oder Zahlung einer Sonderdividende an die Aktionäre werden von § 33 WpÜG **nicht** verboten (*Krause/Pötzsch* aaO Rn 121 und 123 f; *Schlitt* aaO Rn 123 ff). Auch ein Gegenangebot auf Aktien des Bieters soll kein Fall des § 33 WpÜG sein („„pac man" Thaeter/Brandi/ *Brandi* Teil 3 Rn 566 ff; *Krause/Pötzsch* aaO Rn 110 mwN; **aA** *Schlitt* aaO Rn 107 mwN), was jedoch allenfalls bei reinen Barangeboten gelten kann. Ferner kann die Verwaltung, etwa durch Auflösung von Rücklagen, zu einer hohen Ausschüttung beitragen (*Hirte* ZGR 2002, 623, 633). Investorenvereinbarungen sind grds als zulässig zu erachten, insb wenn der Bieter selber in die Vereinbarung einbezogen ist (*Kiem* AG 2009, 301, 311. ausf zu Investorenvereinbarungen *Seibt/Wunsch* Der Konzern 2009, 195 ff). Der Abschluss eines **Business Combination Agreements (BCA)** oder einer Investorenvereinbarung gibt dem Vorstand die Möglichkeit einerseits seinen Neutralitätspflichten und andererseits seinen aktienrechtlichen Pflichten nachzukommen, indem insb der Ablauf des Angebots und die wechselseitigen Rechte und Pflichten geregelt werden (detailliert *Schiessl* S 571 ff). Zu Letzteren gehört beispielsweise die Pflicht ein besseres Angebot im Falle einer Übernahme anzunehmen (Schwark/Zimmer KMRK/*Noack/ Zetsche* Rn 10). § 33 Abs 1 S 1 regelt nicht, wie sich die Zielges bei zwei konkurrierenden Bietern zu verhalten hat (*Fleischer* ZIP 2002, 651, 654). Die Verpflichtung ein Angebot zu empfehlen, setzt eine sorgfältige Abwägung der mit den Angeboten verbundenen Vor- und Nachteile voraus, ist jedoch „vorbehaltlich" der Vorstandspflichten zulässig (*Seibt/Wunsch* Der Konzern 2009, 195, 202). Das BCA darf nicht gegen die aktienrechtliche Kompetenzordnung, die kapitalmarktrechtlichen Inhaltsgrenzen und den Grundsatz der eigenverantwortlichen Leitung der AG durch den Vorstand verstoßen (*Seibt/Wunsch* aaO 199; *Fleischer* aaO 656; *OLG München* AG 2012, 260, 262 – krit hierzu zur Annahme einer rechtlichen Einheit von BCA und Beherrschungs- und Gewinnabführungsvertrag *Peitsmeyer/Theusinger* EWiR 2012, 333 –; *LG München I* NZG 2012, 1152). Zu der Frage, ob ein BCA als verdeckter Beherrschungsvertrag zu qualifizieren ist, ausf *Decher* FS Hüffer S 145 ff.

5 2. Ausnahmen (S 2). – a) Ordentlicher und gewissenhafter Geschäftsmann (Var 1). S 2 Var 1 ermöglicht dem Vorstand, das Tagesgeschäft weiterzuführen und bereits **eingeschlagene Unternehmensstrategien weiterzuverfolgen** (RegBegr BT-Drucks 14/7034, 58; *Krause* NJW 2002, 705, 712). Der Maßstab des ordentlichen und gewissenhaften Geschäftsmanns stellt weniger auf den hypothetischen Verlauf ohne Übernahmegebot ab als vielmehr darauf, ob die Maßnahme unter Ausblendung des Angebots ermessensfehlerfrei und sachlich nicht zu beanstanden ist, also auf das **Dürfen** (Haarmann/Schüppen WpÜG/*Röh* Rn 69). Als relevanter Vergleichsmaßstab ist der Kompetenzrahmen eines Vorstands ohne Übernahmesituation heranzuziehen (*Bürgers/Holzborn* ZIP 2003, 2273, 2275). Rechtlich gebotene Handlungen bleiben auf jeden Fall zulässig (Geibel/ Süßmann WpÜG/*Schwennicke* Rn 46). Die Weiterverfolgung eingeschlagener Unternehmensstrategien beinhaltet unter Wahrung der Prämisse des ordentlichen und gewissenhaften Geschäftsmanns auch außergewöhnliche Geschäfte (*Mielke* in Beckmann/Kersting/Mielke, Das neue Übernahmerecht, 2002, C 38), zB Holzmüller-Fälle (vgl dazu § 119 Rn 12 ff), denen sogar ein abwehrgeeigneter Charakter zukommen kann (*Schanz* NZG 2007, 927, 928). Die Unternehmensstrategie muss allerdings bereits teilw, wenn auch nur vorbereitend, realisiert (und nicht abgebrochen) worden sein, zB durch Dokumentierung der Planung, öffentliche Erklärungen, Verhandlungen etc (vgl Assmann/Pötzsch/Schneider WpÜG/*Krause/Pötzsch* Rn 149; *Bürgers/Holzborn* aaO; einschränkend hingegen *Winter/Harbarth* ZIP 2002, 1, 7). Empfehlenswert ist auf jeden Fall eine aussagekräftige Dokumentation bereits im Vorfeld der Übernahme (*Hopt* ZHR 166 (2002), 383, 426). Eine Realisierung liegt aber erst dann vor, wenn durch sie die Strategie dahingehend thematisch eingrenzt wird, dass weiteres Handeln dieser Unternehmensstrategie klar zugeordnet werden kann.

b) Suche nach einem konkurrierenden Angebot (Var 2). Die Suche nach einem 6
Angebot eines weiteren Erwerbswilligen („white knight") und damit Chance auf einen höheren Verkaufserlös erlaubt jede Handlung, damit ein weiterer ein Angebot abgibt (*Schanz* NZG 2007, 927, 928). Dazu zählen das Kontaktieren von potentiellen Investoren, die Informationsweitergabe an diese inklusive die Durchführung oder das Durchführenlassen einer **Due Diligence**, nicht aber Maßnahmen, um das Konkurrenzangebot zu begünstigen, auch keine finanzielle Unterstützung des white knight durch die Gesellschaft (*Winter/Harbarth* ZIP 2002, 1, 5; *Hirte* ZGR 2002, 623, 640; ein Bietergleichbehandlungsgebot folgt aus § 33 WpÜG aber nicht, *Liekefett* AG 2005, 802, 803 ff; vgl auch *Hemeling* ZHR 169 (2005), 274, 292 f: grds keine Pflicht zum aktiven Handeln aus § 33 WpÜG).

c) Zustimmung des AR (Var 3). Der Vorstand kann sich zu einer **Geschäftsführungs-** 7
maßnahme die Zustimmung des AR einholen mit der Folge, dass das Verbot des Abs 1 S 1 nicht gilt. Erfasst werden auch Maßnahmen, welche durch das Übernahmeangebot veranlasst sind und/oder sich gezielt gegen dieses Angebot richten (*Brandi* in Thaeter/Brandi, Teil 3 Rn 375). Zustimmung meint nur die **Einwilligung** (§ 183 BGB), **nicht** die **Genehmigung** (§ 184 BGB) (Assmann/Pötzsch/Schneider WpÜG/*Krause/Pötzsch* Rn 179 f); sie darf ferner nur zu einer **konkreten** Handlung erfolgen (*Winter/Harbarth* ZIP 2002, 1, 8; *Immenga/Israel* FS Nobel, S 183). Der AR trifft seine Entscheidung nach pflichtgemäßem Ermessen orientiert am Unternehmensinteresse und unterliegt nicht selbst dem Verhinderungsverbot (*Brandi* aaO Rn 381 f; *Schanz* NZG 2007, 927, 928).

d) Zustimmung der HV. Zwar nicht im Gesetz genannt, aber dennoch vom Verhinde- 8
rungsverbot befreiend wirkt die während der Laufzeit des Angebots abgegebene Ermächtigung durch die HV (vgl § 16 Abs 4 WpHG, worin Erleichterung einer Adhoc-HV bestimmt sind) (unstr *Krause* NJW 2002, 705, 713; RegBegr BT-Drucks 14/7034, 58). Abs 2 gilt für diese ad-hoc-Beschlussfassung nicht (*Ekkenga* FS Kümpel, S 106). Eine solche Legitimation kommt immer dann in Betracht, wenn die HV für die Maßnahme zuständig oder zustimmungsberechtigt ist. Ebenso wie bei einer Ermächtigung durch den AR muss die Maßnahme bereits bei Ermächtigung konkret bestimmt sein (Geibel/Süßmann WpÜG/*Schwennicke* Rn 58; aA Thaeter/Brandi/*Brandi* Teil 3 Rn 414: „der Art nach", Abs 2 S 1 analog). Das Ermessen der HV ist allein durch die Treuepflicht begrenzt. Ein überwiegendes Unternehmensinteresse ist nicht erforderlich (*Kiem* ZIP 2000, 1509, 1515 f).

III. Vorratsbeschluss (Abs 2)

9 **1. Voraussetzungen.** Ermächtigt die HV den Vorstand vor Veröffentlichung der Entscheidung zur Abgabe eines Angebots (§ 10 WpÜG) zur Vornahme von Handlungen, die in die Zuständigkeit der HV fallen, um den Erfolg von Übernahmeangeboten zu verhindern, sind diese Handlungen in der Ermächtigung der Art nach zu bestimmen (S 1). Anders als das Verbot in Abs 1 wird nicht auf eine Erfolgsverhinderungseignung, sondern auf den Erfolgsverhinderungs**zweck** abgestellt (Assmann/Pötzsch/Schneider WpÜG/*Krause/Pötzsch* Rn 205; *Bayer* ZGR 2002, 588, 602; aA KölnKomm WpÜG/*Hirte* Rn 108: „Möglichkeit einer Erfolgsverhinderung" reiche aus). Als **Zweck** der Maßnahme, zu der ermächtigt wird, muss **im Beschl** der HV **ausdrücklich** die Abwehr von Übernahmen bestimmt sein (Geibel/Süßmann WpÜG/*Schwennicke* Rn 77). Str ist, ob nur Maßnahmen, welche die HV auf die Verwaltung delegieren kann, erfasst sind (*Drinkuth* AG 2005, 597, 603) oder ob allein die Zuständigkeit der HV maßgebend ist (so *Mielke* in Beckmann/Kersting/Mielke, Das neue Übernahmerecht, 2002, C 33; vgl auch Finanzausschuss BT-Drucks 14/7477, 53). Nicht möglich ist ein Beschl, dass der Vorstand keine Abwehrmaßnahmen durchführen darf (MünchKomm AktG/*Schlitt* § 33 WpÜG Rn 216). **Der Art nach** bezieht sich auf das Maß der Konkretisierung der Maßnahme (Finanzausschuss BT-Drucks 14/7477, 53, genannte Bsp: „Durchführung einer Kapitalerhöhung, Veräußerung von Beteiligungen"). Möglich sind auch Maßnahmenkataloge, nicht aber reine „Blankettermächtigungen" (RegBegr BT-Drucks 14/7477, 58). Die einzelne Maßnahme kann abstrakt genannt werden, wie zB Erhöhung des Grundkapitals, Ausgabe von Options- und/oder Wandelschuldverschreibungen, Veräußerung wesentlicher Vermögensgegenstände der Gesellschaft, Zukauf von Beteiligungen oder Vermögensgegenständen, die dem Unternehmenszweck dienen (*LG München I* ZIP 2005, 352, 353; *Grunewald* EWiR 2005, 139). Ein Verstoß hiergegen führt zur Anfechtbarkeit, nicht zur Nichtigkeit (*Hirte* aaO Rn 118; *Schlitt* aaO Rn 213; *Haarmann/Schüppen* WpÜG/*Röh* Rn 112). Der Beschl der HV bedarf neben der einfachen Stimmenmehrheit einer Mehrheit, die mindestens drei Viertel des bei der Beschlussfassung vertretenen Grundkapitals umfasst; die Satzung kann eine größere Kapitalmehrheit und weitere Erfordernisse bestimmen (S 3, zu den weiteren Erfordernissen vgl § 202 Rn 6 ff). Eine **Berichtspflicht** ergibt sich **nicht** aus Abs 2, jedoch ggf aus anderen Normen (zB § 186 Abs 4 S 2 AktG, *LG München I* aaO; *Grunewald* aaO). Eine etwaige Berichtspflicht wird durch Abs 2 auch nicht verschärft (*Drinkuth* aaO 601, der sogar eine Reduzierung der Berichtspflicht aufgrund von Abs 2 für möglich hält; **aA** *LG München I* aaO 352, 353 f). Keine Voraussetzung ist aber, dass eine feindliche Übernahme droht, folglich muss auch nicht dargelegt werden, dass und warum eine feindliche Übernahme drohe (zutr *Grunewald* EWiR 2005, 139, 140; *Drinkuth* aaO 602; unrichtig daher *LG München I* aaO). Ein **Stimmverbot für den Bieter** als Aktionär oder dessen Stellvertreter **besteht nicht** (*Winter/Harbarth* ZIP 2002, 1, 14). Die sich aus dem AktG oder ungeschriebenem Recht ergebenden Erfordernisse bezüglich der Einzelmaßnahmen werden von Abs 2 nicht gemindert (*LG München I* aaO).

10 **2. Wirkung.** Die Ermächtigung kann für höchstens 18 Monate erteilt werden (S 2). Die **Frist beginnt** am Tag der HV, bei Eintragung mit dieser (KölnKomm WpÜG/*Hirte* Rn 121; **aA** Assmann/Pötzsch/Schneider WpÜG/*Krause/Pötzsch* Rn 225: immer ab Tag der HV). Bis zum **Fristende** muss die Ausübung der Ermächtigung vom Vorstand beschlossen, nicht aber durchgeführt sein (Steinmeyer/Häger WpÜG/*Steinmeyer*

Rn 45). Handlungen des Vorstands auf Grund einer Ermächtigung nach S 1 bedürfen der Zustimmung des AR (S 4). Die Zustimmung muss in aller Regel als Einwilligung vor Durchführung der Maßnahme erteilt werden; es gelten dieselben Grundsätze wie bei § 111 Abs 4 S 2 AktG (RegBegr BT-Drucks 14/7034, 58). Eine Ausnahme gilt zB bei Eilbedürftigkeit, dann kommt auch eine Genehmigung in Betracht (vgl § 111 Rn 25; *Krause/Pötzsch* aaO Rn 239). Der Ermächtigungsbeschluss dispensiert nicht von notwendigen aktienrechtlichen Erfordernissen (*Bayer* ZGR 2002, 588, 611 f). Für Aufhebung und Änderung gelten dieselben Grundsätze wie bei § 202 AktG (vgl dort Rn 9). Abs 2 sperrt **keine allgemeinen Ermächtigungen**, die also den Anforderungen des Abs 2 nicht genügen, aber im Rahmen von Abs 1 S 2 ausgeübt werden (*Bürgers/ Holzborn* ZIP 2003, 2273, 2276; *Marsch-Barner* in Zschocke/Schuster E 44 f; *Immenga/Israel* FS Nobel, S 184; **aA** *Steinmeyer* aaO Rn 52: zumindest abstrakt müsse die Ausübung für die Übernahmeabwehr vorgesehen sein).

IV. Rechtsfolgen von Verstößen

Ein Verstoß gegen die Verbotsnorm des Abs 1 S 1 WpÜG durch den Vorstand (der AR ist kein Adressat des § 33 WpÜG, *Friedl* NZG 2006, 422, 423) ist eine Ordnungswidrigkeit gem § 60 Abs 1 Nr 8, Abs 3 WpÜG. Ein Verstoß schadet allerdings nicht der Wirksamkeit der Maßnahme im Außenverhältnis (*Marsch-Barner* in Zschocke/ Schuster E 40). Die Aktionäre der Zielgesellschaft haben **keinen Unterlassungsanspruch** aus § 33 WpÜG (*Bürgers/Holzborn* ZIP 2003, 2273, 2279). **Schadensersatzansprüche** der Aktionäre ergeben sich aus §§ 93, 116 AktG, § 826 BGB, nicht aber aus § 823 Abs 2 BGB iVm § 33 WpÜG, weil § 33 WpÜG kein Schutzgesetz ist (*Bürgers/ Holzborn* aaO, 2273 ff, zu § 823 Abs 2 BGB: S 2279; *Winter/Harbarth* ZIP 2002, 1, 16; **aA** KölnKomm WpÜG/*Hirte* Rn 159).

11

§ 33a Europäisches Verhinderungsverbot

(1) ¹Die Satzung einer Zielgesellschaft kann vorsehen, dass § 33 keine Anwendung findet. ²In diesem Fall gelten die Bestimmungen des Absatzes 2.

(2) ¹Nach Veröffentlichung der Entscheidung zur Abgabe eines Angebots bis zur Veröffentlichung des Ergebnisses nach § 23 Abs. 1 Satz 1 Nr. 2 dürfen Vorstand und Aufsichtsrat der Zielgesellschaft keine Handlungen vornehmen, durch die der Erfolg des Angebots verhindert werden könnte. ²Dies gilt nicht für
1. Handlungen, zu denen die Hauptversammlung den Vorstand oder Aufsichtsrat nach Veröffentlichung der Entscheidung zur Abgabe eines Angebots ermächtigt hat,
2. Handlungen innerhalb des normalen Geschäftsbetriebs,
3. Handlungen außerhalb des normalen Geschäftsbetriebs, sofern sie der Umsetzung von Entscheidungen dienen, die vor der Veröffentlichung der Entscheidung zur Abgabe eines Angebots gefasst und teilweise umgesetzt wurden, und
4. die Suche nach einem konkurrierenden Angebot.

(3) Der Vorstand der Zielgesellschaft hat die Bundesanstalt sowie die Aufsichtsstellen der Staaten des Europäischen Wirtschaftsraums, in denen Wertpapiere der Gesellschaft zum Handel an einem organisierten Markt zugelassen sind, unverzüglich davon zu unterrichten, dass die Zielgesellschaft eine Satzungsbestimmung nach Absatz 1 Satz 1 beschlossen hat.

Übersicht

	Rn		Rn
I. Allgemeines	1	3. Handlungen außerhalb des normalen Geschäftsbetriebs (Nr 3)	5
II. Satzungsbestimmung	2		
III. Ausnahmetatbestände (Abs 2 S 2)	3	4. Suche nach einem konkurrierenden Angebot (Nr 4)	6
1. Ermächtigung durch HV (Nr 1)	3		
2. Handlungen innerhalb des normalen Geschäftsbetriebs (Nr 2)	4		

Literatur: *Friedl* Die Stellung des Aufsichtsrats der Zielgesellschaft bei Abgabe eines Übernahmeangebots nach neuem Übernahmerecht unter Berücksichtigung des Regierungsentwurfs zum Übernahmerichtlinie-Umsetzungsgesetz, NZG 2006, 422; *Holzborn/Peschke* Europäische Neutralitätspflicht und Übernahme Squeeze-Out, BKR 2007, 101; *van Kann/Just* Der Regierungsentwurf zur Umsetzung der europäischen Übernahmerichtlinie, DStR 2006, 330; *Meyer* Änderungen im WpÜG durch die Umsetzung der EU-Übernahmerichtlinie, WM 2006, 1135; *Schüppen* WpÜG-Reform: Alles Europa, oder was?, BB 2006, 165; *Seibt/Heiser* Analyse des Übernahmerichtlinie-Umsetzungsgesetzes (Regierungsentwurf), AG 2006, 301; *Simon* Entwicklungen im WpÜG, Der Konzern 2006, 12.

I. Allgemeines

1 §§ 33a ff WpÜG wurden durch das Übernahmerichtlinie-Umsetzungsgesetz v 8.7.2006 (BGBl I S 1426) eingefügt. Da sich Deutschland gegen die Umsetzung der Übernahmerichtlinie (2004/25/EG) entschieden hat (Opt-Out), muss für deutsche Gesellschaften die Wahlmöglichkeit bestehen, sich den Vorgaben der Übernahmerichtlinie bzgl des Verhinderungsgebots freiwillig zu unterwerfen (Opt-In, Art 12 RL 2004/25/EG). Diese **Wahlmöglichkeit** wird durch § 33a WpÜG geregelt; hiernach kann die Satzung der Zielgesellschaft die Anwendung des § 33 WpÜG ausschließen und für das **europäische Verhinderungsverbot optieren** (*Holzborn/Peschke* BKR 2007, 101, 103). Der zeitliche Rahmen und das Grundmuster der Norm (Verhinderungsverbot als Grundsatz nebst normierten Ausnahmen) unterscheiden sich allerdings nicht von § 33 WpÜG, Unterschiede liegen in der **engeren Ausnahmeregelung**. Insb die **Zustimmung des AR** iSd § 33 Abs 1 S 2 Var 2 WpÜG und **Vorratsbeschlüsse** iSd § 33 Abs 2 WpÜG bilden **keine zulässigen Ausnahmen** vom Verhinderungsverbot des § 33a WpÜG (*Simon* Der Konzern 2006, 12, 13). Ferner richtet sich § 33a WpÜG an **Vorstand und AR** (*van Kann/Just* DStR 2006, 328, 330), während § 33 WpÜG nur den Vorstand verpflichtet (*Friedl* NZG 2006, 422, 423). Zum Anwendungsbereich iSd §§ 1, 2 WpÜG vgl § 33 WpÜG Rn 1. Bzgl der Maßnahmen mit grds Erfolgsverhinderungspotential vgl § 33 WpÜG Rn 4.

II. Satzungsbestimmung

2 Für die Aufnahme einer Satzungsregelung iSd Abs 1 gelten die allg Vorschriften des Aktienrechts (*Holzborn/Peschke* BKR 2007, 101, 103). Es bedarf **weder** des **Sonderbeschlusses** bei verschiedenen Aktien **noch** der **Zustimmung Betroffener** (*Schüppen* BB 2006, 165, 166). Da § 33a WpÜG nur bei börsennotierte Gesellschaften Anwendung finden kann, darf die Satzung nicht zur Vorbereitung eines anstehenden Börsengangs das Opt-In wählen (§ 23 Abs 5 AktG), allerdings kann die HV den Vorstand anweisen, die Satzungsänderung erst bei Notierung zur Einreichung beim HR anzumelden (*Seibt/Heiser* AG 2006, 301, 311). Weiterhin ordnet Abs 3 an, dass der Vorstand der Zielgesellschaft die BaFin sowie die Aufsichtsstellen der Staaten des EWR, in denen

Wertpapiere der Gesellschaft zum Handel an einem organisierten Markt (§ 2 Abs 7 WpÜG) zugelassen sind, unverzüglich davon zu unterrichten, dass die Zielgesellschaft eine solche Satzungsbestimmung beschlossen hat. Ein Verstoß gegen die Unterrichtungspflicht ist eine Ordnungswidrigkeit nach § 60 Abs 1 Nr 9 WpÜG.

III. Ausnahmetatbestände (Abs 2 S 2)

1. Ermächtigung durch HV (Nr 1). Handlungen, zu denen die HV den Vorstand oder AR nach Veröffentlichung der Entscheidung zur Abgabe eines Angebots (§ 10 WpÜG) ermächtigt hat, werden vom Verhinderungsverbot nicht erfasst. Dieselbe Regelung gilt auch im Fall des § 33 WpÜG als ungeschriebener Ausnahmetatbestand (dazu § 33 WpÜG Rn 8), allerdings mit dem Unterschied, dass sich die Ermächtigung bei § 33a WpÜG auch auf den AR beziehen kann, weil dieser iRd europäischen Verhinderungsverbots ebenfalls Normadressat ist. 3

2. Handlungen innerhalb des normalen Geschäftsbetriebs (Nr 2). Ebenfalls ausgenommen sind Handlungen innerhalb des normalen Geschäftsbetriebs. Dieser Ausnahmetatbestand ähnelt dem § 33 Abs 1 S 2 Var 1 WpÜG, ist jedoch insoweit **enger** als dieser, als nur die Weiterführung des Tagesgeschäfts, nicht aber die Weiterverfolgung einer bereits eingeschlagenen Unternehmensstrategie und auch nicht die Vornahme außergewöhnlicher Geschäfte erlaubt (*Holzborn/Peschke* BKR 2007, 101, 104). Eine Beschränkung, dass nur Handlungen, die entweder nicht geeignet sind, das Übernahmeangebot zu verhindern oder nur der Umsetzung bereits getroffener Entscheidungen dienen, erfasst sind (so *Seibt/Heiser* AG 2006, 301, 311; *Simon* Der Konzern 2006, 12, 13), wird weder vom Erwägungsgrund 16 noch vom Wortlaut des Art 9 Abs 3 der Übernahme-RL (2004/25/EG) gefordert und ist daher abzulehnen (*Holzborn/Peschke* aaO; *Meyer* NZG 2006, 1135, 1139 mwN). 4

3. Handlungen außerhalb des normalen Geschäftsbetriebs (Nr 3). Handlungen, die außerhalb des normalen Geschäftsbetriebs erfolgen, also obigen Anforderungen (Rn 4) nicht entsprechen, sind nur zulässig, wenn sie der Umsetzung von Entscheidungen dienen, die vor der Veröffentlichung der Entscheidung zur Abgabe eines Angebots gefasst (§ 10 WpÜG) und teilw umgesetzt wurden. Die nicht von Nr 2 erfassten Maßnahmen, Fortführung der Unternehmensstrategie und außergewöhnliche Geschäfte, müssen sich an Nr 3 messen lassen (*Meyer* NZG 2006, 1135, 1139). Relevant sind die **Beschlussfassung** durch die Verwaltung **vor der Veröffentlichung** der Entscheidung zur Abgabe eines Angebots (§ 10 WpÜG) **und** die **teilweise Umsetzung**. Für die teilw Umsetzung genügen jedoch nicht Erklärungen und bloße Dokumentation. Mit der Maßnahme muss **bereits begonnen** worden sein (*Schüppen* BB 2006, 165, 166). Erfasst ist bspw der Fall der Ausnutzung eines Ermächtigungsbeschlusses zur Veräußerung eigener Aktien oder wesentlicher Vermögensgegenstände oder zur Ausnutzung eines genehmigten Kapitals unter Ausschluss des Bezugsrechts (*Holzborn/ Peschke* BKR 2007, 101, 104 Fn 35). 5

4. Suche nach einem konkurrierenden Angebot (Nr 4). Wie § 33 Abs 1 S 2 Var 3 WpÜG erlaubt Nr 4 die Suche nach einem Angebot eines konkurrierenden Bieters (white knight). Vgl dazu § 33 Rn 6. 6

§ 33b Europäische Durchbrechungsregel

(1) Die Satzung einer Zielgesellschaft kann vorsehen, dass Absatz 2 Anwendung findet.

(2) ¹Nach Veröffentlichung der Angebotsunterlage nach § 14 Abs. 3 Satz 1 gelten die folgenden Bestimmungen:
1. während der Annahmefrist eines Übernahmeangebots gelten satzungsmäßige, zwischen der Zielgesellschaft und Aktionären oder zwischen Aktionären vereinbarte Übertragungsbeschränkungen von Aktien nicht gegenüber dem Bieter,
2. während der Annahmefrist eines Übernahmeangebots entfalten in einer Hauptversammlung, die über Abwehrmaßnahmen beschließt, Stimmbindungsverträge keine Wirkung und Mehrstimmrechtsaktien berechtigen zu nur einer Stimme und
3. in der ersten Hauptversammlung, die auf Verlangen des Bieters einberufen wird, um die Satzung zu ändern oder über die Besetzung der Leitungsorgane der Gesellschaft zu entscheiden, entfalten, sofern der Bieter nach dem Angebot über mindestens 75 Prozent der Stimmrechte der Zielgesellschaft verfügt, Stimmbindungsverträge sowie Entsendungsrechte keine Wirkung und Mehrstimmrechtsaktien berechtigen zu nur einer Stimme.

²Satz 1 gilt nicht für Vorzugsaktien ohne Stimmrecht sowie für vor dem 22. April 2004 zwischen der Zielgesellschaft und Aktionären oder zwischen Aktionären vereinbarten Übertragungsbeschränkungen und Stimmbindungen.

(3) Der Vorstand der Zielgesellschaft hat die Bundesanstalt sowie die Aufsichtsstellen der Staaten des Europäischen Wirtschaftsraums, in denen Wertpapiere der Gesellschaft zum Handel an einem organisierten Markt zugelassen sind, unverzüglich davon zu unterrichten, dass die Zielgesellschaft eine Satzungsbestimmung nach Absatz 1 beschlossen hat.

(4) Für die Einberufung und Durchführung der Hauptversammlung im Sinne des Absatzes 2 Satz 1 Nr. 3 gilt § 16 Abs. 4 entsprechend.

(5) ¹Werden Rechte auf der Grundlage des Absatzes 1 entzogen, ist der Bieter zu einer angemessenen Entschädigung in Geld verpflichtet, soweit diese Rechte vor der Veröffentlichung der Entscheidung zur Abgabe des Angebots nach § 10 Abs. 1 Satz 1 begründet wurden und der Zielgesellschaft bekannt sind. ²Der Anspruch auf Entschädigung nach Satz 1 kann nur bis zum Ablauf von zwei Monaten seit dem Entzug der Rechte gerichtlich geltend gemacht werden.

Übersicht

	Rn		Rn
I. Allgemeines	1	b) Stimmbindungsverträge (Nr 2)	4
II. Satzungsbestimmung	2	2. Erste HV auf Verlangen des Bieters (Nr 3, Abs 4)	5
III. Durchbrechungen von Übernahmehindernissen (Abs 2)	3	IV. Entschädigung (Abs 5)	6
1. Während der Annahmefrist	3		
a) Übertragungsbeschränkungen (S 1 Nr 1)	3		

Literatur: *DAV* Zum Diskussionsentwurf eines Gesetzes zur Umsetzung der Übernahmerichtlinie, NZG 2006, 177; *Diekmann* Änderungen im Wertpapiererwerbs- und Übernahmegesetz anlässlich der Umsetzung der EU-Übernahmerichtlinie in das deutsche Recht, NJW 2007, 17; *Harbarth* Europäische Durchbrechungsregel im deutschen Übernahmerecht, ZGR 2007, 37; *Knott* Freiheit, die ich meine: Abwehr von Übernahmeangeboten nach Umsetzung der EU-Richtlinie, NZG 2006, 849; *Merkt/Binder* Änderungen im Übernahmerecht nach Umsetzung der EG-Übernahmerichtlinie: Das deutsche Umsetzungsgesetz und verbleibende Problemfelder, BB 2006, 1285; *Mülbert* Umsetzungsfragen der Übernahmerichtlinie – erheblicher Änderungsbedarf bei den heutigen Vorschriften des WpÜG, NZG 2004, 633; *Seibt/Heiser* Analyse der EU-Übernahmerichtlinie und Hinweise für eine Reform des deutschen Übernahmerechts, ZGR 2005, 200; vgl auch die Nachweise bei § 33a WpÜG.

I. Allgemeines

Ebenso wie bei § 33a WpÜG hat sich Deutschland für das Opt-Out, also gegen die Übernahme der Vorgaben der Übernahme-RL (2004/25/EG) zur Durchbrechungsregel entschieden. Auch hier muss dafür eine Regelung geschaffen werden, welche der Gesellschaft ermöglicht, sich qua Satzungsregelung für die europäische Durchbrechungsregelung zu entscheiden (Opt-In). Hat sich die Gesellschaft hierfür entschieden, gelten insb die Durchbrechungsvorschriften in Abs 2. Durchbrochen werden dann zugunsten des Bieters Übertragungsbeschränkungen, Stimmbindungen, Mehrstimmrechte aus Mehrstimmrechtsaktien und Entsendungsrechte. Durchbrechung bedeutet **Unwirksamkeit** der jeweiligen Ansprüche und Rechte gegenüber jedermann und ipso iure (*Harbarth* ZGR 2007, 37, 47 f). Abs 2 behandelt zwei Phasen, diejenige während der Annahmefrist eines Übernahmeangebots (S 1 Nr 1 und 2) und diejenige der ersten HV, die auf Verlangen des Bieters einberufen wird (S 1 Nr 3). Zum Anwendungsbereich vgl § 33 Rn 1. 1

II. Satzungsbestimmung

Auf den satzungsändernden Beschluss der HV und dessen Aufhebung finden die allg Vorschriften des AktG Anwendung (RegBegr BT-Drucks 16/1003, 20). Der Zustimmung betroffener Aktionäre bedarf es nicht (*Harbarth* ZGR 2007, 37, 41; aA *Schüppen* BB 2006, 165, 167). Möglich ist nur der vollständige Opt-In, nicht aber nur das teilw Geltenlassen der europäischen Durchbrechungsregel (*Harbarth* aaO; *Meyer* WM 2006, 1135, 1140). Der Vorstand der Zielgesellschaft hat die BaFin sowie die Aufsichtsstellen der Staaten des EWR, in denen Wertpapiere der Gesellschaft zum Handel an einem organisierten Markt (§ 2 Abs 7 WpÜG) zugelassen sind, unverzüglich (ohne schuldhaftes Zögern, § 121 BGB) davon zu unterrichten, dass die Zielgesellschaft eine Satzungsbestimmung nach Abs 1 beschlossen hat (Abs 3). Ein Verstoß gegen die Unterrichtungspflicht ist eine Ordnungswidrigkeit nach § 60 Abs 1 Nr 9 WpÜG. 2

III. Durchbrechungen von Übernahmehindernissen (Abs 2)

1. Während der Annahmefrist. – a) Übertragungsbeschränkungen (S 1 Nr 1). Satzungsmäßige und zwischen der Zielgesellschaft und Aktionären oder zwischen Aktionären vereinbarte Übertragungsbeschränkungen von Aktien gelten während der Annahmefrist (§§ 16, 14 Abs 3 WpÜG) nicht gegenüber dem Bieter. Satzungsmäßige Übertragungsbeschränkungen sind insb die **Vinkulierung** von Namensaktien gem § 68 Abs 2 AktG (*Holzborn/Peschke* BKR 2007, 101, 104), ferner auch Andienungs- und 3

Vorkaufsrechte (*Dieckmann* NJW 2007, 17, 18; eingehend *Harbarth* ZGR 2007, 37, 44 f). Aktien können dann ohne Zustimmung des Vorstands der Zielgesellschaft übertragen werden (RegBegr BT-Drucks 16/1003, 20). Neben satzungsmäßigen Übertragungsbeschränkungen werden auch Gesellschaftervereinbarungen und Vereinbarungen zwischen Gesellschafter und Zielgesellschaft erfasst. Gesetzliche Übertragungsbeschränkungen (zB § 2 Abs 1 LuftNaSiG) bleiben von der Durchbrechungsregel unberührt, ebenso Vereinbarungen mit Dritten, wenn das Verhalten nicht einem Aktionär zuzurechnen ist (*Seibt/Heiser* ZGR 2005, 200, 227; *Harbarth* aaO 43, 46 f und 52 f). Schuldrechtliche Veräußerungsvorgänge (Optionsvereinbarungen, insb Call-Optionen, aufschiebend bedingte Verkaufsvereinbarungen, *Meyer* WM 2006, 1135, 1140) sollen nach der Gesetzesbegründung (RegBegr BT-Drucks 16/1003, 20) keine Übertragungsbeschränkungen darstellen und daher von der Durchbrechungsregel nicht erfasst sein (dazu mit Recht krit *Holzborn/Peschke* aaO 104 f; nach *Seibt/Heiser* AG 2006, 301, 313 Fn 94 sind Vertragsstrafen nicht durchsetzbar). Verträge **mit Dritten** werden **nicht** erfasst (*Simon* Der Konzern 2006, 12, 14, zur Zurechnung vgl *Harbarth* aaO). Die Durchbrechung gilt nicht für vor dem 22.4.2004 zwischen der Zielgesellschaft und Aktionären oder zwischen Aktionären vereinbarten Übertragungsbeschränkungen (Abs 2 S 2). Unerheblich ist der Beginn der Vertragslaufzeit (*Harbarth* ZGR 2007, 37, 51). Maßgeblich ist, ob die Übertragungsbeschränkung an oder nach diesem Datum begründet oder (nicht erleichternd) wesentlich modifiziert worden ist (eingehend *Harbarth* aaO). Bei der Vinkulierung ist nicht die Ausgabe der Aktien, sondern die Eintragung der vinkulierenden Satzungsbestimmung in das HR entscheidend (*Dieckmann* NJW 2007, 17, 18).

4 **b) Stimmbindungsverträge (Nr 2).** Ferner entfalten während der Annahmefrist in einer HV, die über Abwehrmaßnahmen beschließt, Stimmbindungsverträge (s dazu § 136 AktG Rn 22 ff) keine Wirkung und Mehrstimmrechtsaktien (§ 12 Abs 2 AktG, § 5 EGAktG) berechtigen nur zu einer Stimme. Etwaige Sekundäransprüche wg Verstoßes gegen eine Stimmbindung sind durchbrochen, dh sie bestehen nicht (*Simon* Der Konzern 2006, 12, 14). Die Durchbrechung der Stimmbindungsverträge gilt nicht für Vorzugsaktien ohne Stimmrecht und vor dem 22.4.2004 zwischen der Zielgesellschaft und Aktionären oder zwischen Aktionären vereinbarten Stimmbindungen, die Ausnahmeregelung findet auf Mehrstimmrechtsaktien keine Anwendung (Abs 2 S 2, vgl auch Rn 3).

5 **2. Erste HV auf Verlangen des Bieters (Nr 3, Abs 4).** In der ersten HV, die auf Verlangen des Bieters einberufen wird, um die Satzung zu ändern oder über die Besetzung der Leitungsorgane (AR, nicht Vorstand) der Gesellschaft zu entscheiden, entfalten, sofern der Bieter nach dem Angebot über mindestens 75 % der Stimmrechte der Zielgesellschaft verfügt, Stimmbindungsverträge (s dazu § 136 AktG Rn 22 ff) sowie Entsendungsrechte (§§ 101, 103 AktG) keine Wirkung und Mehrstimmrechtsaktien (§ 12 Abs 2 AktG, § 5 EGAktG) berechtigen zu nur einer Stimme. Der Anteilsbesitz muss bei HV vorliegen (*Harbarth* ZGR 2007, 37, 57). Nicht erforderlich ist, dass die HV ausschließlich zum Zweck der Satzungsänderung bzw der Neubesetzung der Leitungsorgane einberufen wird (RegBegr BT-Drucks 16/1003, 20; *van Kann/Just* DStR 2006, 328, 330). Für gesetzliche Entsendungsrechte (zB § 4 Abs 1 VW-Gesetz) gilt Nr 3 nicht (*Meyer* WM 2006, 1135, 1141). Für die Einberufung und Durchführung dieser HV gilt § 16 Abs 4 WpÜG (Erleichterungen) entspr (Abs 4). Eine dauerhafte Kontrolle über die Zielgesellschaft erreicht der Bieter nur dann, wenn er auf dieser

HV die bestehenden Entsendungsrechte ohne die Zustimmung der betroffenen Aktionäre über diese erste HV hinaus endgültig entziehen kann, weil Entsendungsrechte als Sonderrechte nach § 35 BGB ohne Zustimmung der betroffenen Aktionäre weder beeinträchtigt noch entzogen werden können (*Holzborn/Peschke* BKR 2007, 101, 105 Fn 44; **aA** *Harbarth* aaO 58). Die Durchbrechung gilt nicht für Vorzugsaktien ohne Stimmrecht und vor dem 22.4.2004 zwischen der Zielgesellschaft und Aktionären oder zwischen Aktionären vereinbarten Stimmbindungen, Entsendungsrechte werden hingegen von der Ausnahmeregelung nicht erfasst (Abs 2 S 2, vgl auch Rn 3).

IV. Entschädigung (Abs 5)

Werden Rechte auf der Grundlage des Abs 1 entzogen, ist der Bieter zu einer angemessenen Entschädigung **in Geld** verpflichtet. Die gerichtliche Zuständigkeit bestimmt sich nach § 66 WpÜG (*Meyer* WM 2006, 1135, 1141). Diese Pflicht besteht jedoch nur, soweit diese Rechte vor der Veröffentlichung der Entscheidung zur Abgabe des Angebots nach § 10 Abs 1 S 1 WpÜG begründet wurden und der Zielgesellschaft bekannt sind. Dadurch soll verhindert werden, dass Vereinbarungen nur zwecks Erlangung von Entschädigungszahlungen geschlossen werden (*Holzborn/Peschke* BKR 2007, 101, 105; *DAV* NZG 2006, 177, 178). Entschädigungspflichtig ist erst die tatsächliche Rechtsbeeinträchtigung, nicht bereits die Satzungsänderung, die das Opt-In der Durchbrechungsregel enthält (*Harbarth* ZGR 2007, 37, 60; **aA** *Schüppen* BB 2006, 165, 167). Die Kenntnis der Zielgesellschaft muss bei Veröffentlichung iSd § 10 Abs 1 S 1 WpÜG und bei Geltendmachung der Entschädigung vorliegen (*Harbarth* aaO). Der Bieter kann die Betroffenen faktisch so stellen, als wäre das Recht nicht durchbrochen; in diesem Fall verstößt ein Entschädigungsanspruch gegen Treu und Glaube (*Harbarth* aaO). § 2 Nr 3a WpÜGAngebV verlangt, dass in den Angebotsunterlagen die zur Berechnung der Entschädigung angewandten Berechnungsmethoden, sowie die Gründe, warum die Anwendung dieser Methoden angemessen ist, angegeben werden. § 33c Abs 5 WpÜG bietet insoweit keine Hilfestellung, weil er entgegen Art 5 Übernahme-RL (2004/25/EG) keine Kriterien zur Bestimmung der Entschädigung enthält. Entschädigung ist nicht dasselbe wie Schadensersatz (*Harbarth* aaO). Während erstere nur den Wert des entzogenen Rechts kompensiert, meint Schadensersatz Restitution iSd Differenzhypothese. Entscheidend ist nicht der **Wert** der Beteiligung, sondern **des Sonderrechts bzw der Kontrollwahrung** (*Meyer* WM 2006, 1135, 1141). Sinnvoll wäre es gewesen, für Bewertungsfragen das Spruchverfahren für anwendbar zu bestimmen (vgl *Simon* Der Konzern 2007, 12, 14; **aA** *DAV* aaO). Unklar ist auch, welche Durchbrechungen bzw welche betroffenen Rechte zur Entschädigungspflicht führen. Eine **Durchbrechung der Vinkulierung** kann nicht zur Entschädigung des betroffenen Aktionärs führen (*Holzborn/Peschke* aaO), weil er keine ausgleichsfähige Rechtseinbuße erleidet. Eine Entschädigungspflicht besteht auf jeden Fall für **Mehrstimmrechte und Entsendungsrechte** (darauf die Entschädigungspflicht beschränkend *Seibt/Heiser* AG 2006, 301, 314, das ist jedoch zu eng, dagegen auch *Harbarth* aaO 61; **aA** *Mülbert* NZG 2004, 633, 640, nach dem die Durchbrechung eines Entsendungsrechts keine Entschädigungspflicht auslöst und demnach nur der Hinweis, dass keine Entschädigungspflicht bestünde, notwendig sei; gegen eine Entschädigung bzgl Entsendungsrecht auch *Merkt/Binder* BB 2006, 1285, 1289). Dem Grunde nach besteht eine Entschädigungspflicht auch bei Übertragungsbeschränkungen und Stimmrechtsvereinbarungen (*Knott* NZG 2006, 849, 852). Der Anspruch auf

Anh § 76/§ 33c WpÜG   Vorbehalt

Entschädigung nach S 1 kann nur bis zum Ablauf von **zwei Monaten** seit dem Entzug der Rechte gerichtlich geltend gemacht werden. Die Frist beginnt wie der Anspruch mit Durchbrechung, also mit der betreffenden HV oder bei Übertragungsbeschränkungen mit Ende der Angebotsfrist (*Harbarth* aaO 62). Nichtzahlung der Entschädigung führt **nicht** zum Wiederaufleben des durchbrochenen Rechts (*Meyer* aaO).

§ 33c Vorbehalt der Gegenseitigkeit

(1) Die Hauptversammlung einer Zielgesellschaft, deren Satzung die Anwendbarkeit des § 33 ausschließt, kann beschließen, dass § 33 gilt, wenn der Bieter oder ein ihn beherrschendes Unternehmen einer dem § 33a Abs. 2 entsprechenden Regelung nicht unterliegt.

(2) Die Hauptversammlung einer Zielgesellschaft, deren Satzung eine Bestimmung nach § 33b Abs. 1 enthält, kann beschließen, dass diese Bestimmung keine Anwendung findet, wenn der Bieter oder ein ihn beherrschendes Unternehmen einer dieser Bestimmung entsprechenden Regelung nicht unterliegt.

(3) ¹**Der Vorbehalt der Gegenseitigkeit gemäß den Absätzen 1 und 2 kann in einem Beschluss gefasst werden.** ²**Der Beschluss der Hauptversammlung gilt für höchstens 18 Monate.** ³**Der Vorstand der Zielgesellschaft hat die Bundesanstalt und die Aufsichtsstellen der Staaten des Europäischen Wirtschaftsraums, in denen stimmberechtigte Aktien der Gesellschaft zum Handel an einem organisierten Markt zugelassen sind, unverzüglich von der Ermächtigung zu unterrichten.** ⁴**Die Ermächtigung ist unverzüglich auf der Internetseite der Zielgesellschaft zu veröffentlichen.**

Übersicht

	Rn		Rn
I. Allgemeines	1	III. HV-Beschluss (Abs 3)	3
II. Angebot durch Tochterunternehmen	2		

Literatur: Vgl die Nachweise bei § 33a und § 33b WpÜG.

I. Allgemeines

1 § 33c WpÜG soll eine **Benachteiligung** der Gesellschaften **verhindern**, die sich den strengen europäischen Regeln des § 33a oder § 33b WpÜG unterwerfen (*Holzborn/Peschke* BKR 2007, 101, 105). Deswegen ermöglicht § 33c WpÜG der HV, zu ihrem Beschl nach § 33a oder § 33b WpÜG einen **Vorbehalt der Gegenseitigkeit** zu fassen. Die Reziprozitätsregel gilt unabhängig davon, ob der Bieter aus einem Staat des EWR oder aus einem Drittstaat kommt (RegBegr BT-Drucks 16/1003, 21). Wenn sowohl die Zielgesellschaft als auch der Bieter von der Reziprozitätsregelung des § 33c WpÜG bzw der entspr ausländischen, auf Art 12 Abs 3 Übernahme-RL (2004/25/EG) gestützten Regelung, Gebrauch gemacht haben, dann gilt § 33a bzw § 33b WpÜG, weil § 33c WpÜG nur eine Schlechterstellung mangels gleicher Rechtslage vermeiden will (*Harbarth* ZGR 2007, 37, 66). Bieter aus Drittländern haben idR kein Wahlrecht iSd §§ 33a, 33b WpÜG. In diesen Fällen ist entscheidend, ob die Regelung, welche für die Handlungen der Organe der Bieter gelten, inhaltlich **gleichwertig** mit § 33a Abs 2 bzw § 33b Abs 2 WpÜG ist (RegBegr BT-Drucks 16/1003, 21). Ist die Regelung gleichwertig oder strenger, gilt § 33c WpÜG nicht (*Harbarth* aaO 64). Entscheidend ist die tat-

sächliche Anwendung des ausländischen Rechts (*Harbarth* aaO). Da der Fall der Gleichwertigkeit aber allg nur unsicher zu bestimmen ist, empfiehlt es sich, neben einem Beschl iSd § 33c WpÜG auch gleichzeitig einen Vorratsbeschluss nach § 33 Abs 2 WpÜG zu fassen (*Seibt/Heiser* AG 2006, 301, 313).

II. Angebot durch Tochterunternehmen

Unterbreitet ein Tochterunternehmen das Angebot, so gilt die Reziprozitätsregel sowohl in dem Fall, in dem das beherrschende Unternehmen nicht einer dem § 33a Abs 2 bzw § 33b Abs 2 WpÜG entspr Regelung unterliegt, als auch in dem Fall, in welchem für das Tochterunternehmen keine entspr Regelung gilt. Dadurch sollen Umgehungen verhindert werden (RegBegr BT-Drucks 16/1003, 21). § 33c gilt jedoch dann **nicht**, wenn nur das Tochterunternehmen keiner gleichwertigen Regelung unterliegt und es nur als „special purpose vehicle" fungiert, es also nur zum Zweck der Unterbreitung des Übernahmeangebots integriert wurde (*Harbarth* ZGR 2007, 37, 66: teleologische Reduktion; vgl auch *Seibt/Heiser* ZGR 2005, 200, 234). Nicht eindeutig ist allerdings der Begriff des **„herrschenden Unternehmens"**. Es wird dabei wohl auf den Begriff „Mutterunternehmen" iSd § 290 Abs 1 und 2 HGB und nicht auf § 17 AktG oder § 2 Abs 6 WpÜG abzustellen sein (*Harbarth* aaO 65; *Seibt/Heiser* AG 2006, 301, 312). 2

III. HV-Beschluss (Abs 3)

Für den Beschl reicht die **einfache Mehrheit** (*Holzborn/Peschke* BKR 2007, 101, 105), eine Satzungsänderung ist nicht erforderlich. Der Beschl muss nicht vor einem Beschl nach §§ 33a, 33b WpÜG, er kann zB auch zeitgleich mit diesem gefasst werden (*Harbarth* ZGR 2007, 37, 66). Der Vorbehalt gem Abs 1 und 2 kann in einem gemeinsamen Beschl gefasst werden (RegBegr BT-Drucks 16/1003, 20). Selbstverständlich ist aber auch möglich, dass die HV sich nur für den Gegenseitigkeitsvorbehalt bzgl Neutralitätspflicht oder nur für den Gegenseitigkeitsvorbehalt bzgl der Durchbrechung entscheidet (*Knott* NZG 2006, 849, 853). Der Beschl der HV gilt für höchstens **18 Monate** (S 2). Die Frist ist vom Zeitpunkt der Veröffentlichung der Entscheidung zur Angebotsabgabe (§ 10 WpÜG) zurückzurechnen (*Harbarth* aaO 67). Der Vorstand der Zielgesellschaft hat die BaFin und die Aufsichtsstellen der Staaten des EWR, in denen stimmberechtigte Aktien der Gesellschaft zum Handel an einem organisierten Markt (§ 2 Abs 7 WpÜG) zugelassen sind, unverzüglich (ohne schuldhaftes Zögern, § 121 BGB) von der Ermächtigung zu unterrichten (S 3). Ein Verstoß gegen diese Unterrichtungspflicht berührt **nicht** die Wirksamkeit des Beschl (*Harbarth* aaO). Die Ermächtigung ist unverzüglich (§ 121 BGB) auf der Internetseite der Zielgesellschaft zu veröffentlichen (S 4). Ein Verstoß gegen die Unterrichtungspflicht nach S 3 oder gegen die Veröffentlichungspflicht ist eine Ordnungswidrigkeit nach § 60 Abs 1 Nr 9 und 10 WpÜG. 3

§ 77 Geschäftsführung

(1) ¹Besteht der Vorstand aus mehreren Personen, so sind sämtliche Vorstandsmitglieder nur gemeinschaftlich zur Geschäftsführung befugt. ²Die Satzung oder die Geschäftsordnung des Vorstands kann Abweichendes bestimmen; es kann jedoch nicht bestimmt werden, dass ein oder mehrere Vorstandsmitglieder Meinungsverschiedenheiten im Vorstand gegen die Mehrheit seiner Mitglieder entscheiden.

(2) ¹Der Vorstand kann sich eine Geschäftsordnung geben, wenn nicht die Satzung den Erlass der Geschäftsordnung dem Aufsichtsrat übertragen hat oder der Aufsichtsrat eine Geschäftsordnung für den Vorstand erlässt. ²Die Satzung kann Einzelfragen der Geschäftsordnung bindend regeln. ³Beschlüsse des Vorstands über die Geschäftsordnung müssen einstimmig gefasst werden.

Übersicht

	Rn		Rn
I. Regelungsinhalt	1	c) Ausschüsse innerhalb des Vorstands	17
II. Geschäftsführung	2	aa) Überwachungsausschüsse	18
III. Gesamtgeschäftsführung als gesetzlicher Grundfall	5	bb) Leitungsausschüsse (insb faktische Holding)	19
IV. Abweichende Gestaltungsmöglichkeiten	7	d) Vorstandsmitglieder mit besonderer Stellung	20
1. Allgemeines	7	V. Entscheidungsfindung im Vorstand	21
2. Grenzen der Gestaltungsfreiheit	9	VI. Geschäftsordnung des Vorstands	24
3. Gesamtverantwortung und gegenseitige Kontrolle	12	1. Erlasskompetenz	25
4. Binnenorganisation des Vorstands (Geschäftsverteilung)	14	2. Formerfordernisse	27
a) Funktionale Aufgabenverteilung	15	3. Bindungswirkung	28
b) Spartenorganisation	16	4. Mitbestimmung	29

Literatur: *Bezzenberger* Der Vorstandsvorsitzende der Aktiengesellschaft, ZGR 1996, 661; *Fleischer* Zum Grundsatz der Gesamtverantwortung im Aktienrecht, NZG 2003, 449; *Götz* Leitungssorgfalt und Leitungskontrolle der Aktiengesellschaft hinsichtlich abhängiger Unternehmen, ZGR 1998, 524; *von Hein* Vom Vorstandsvorsitzenden zum CEO?, ZHR 166 (2002), 464; *ders* Die Rolle des US-amerikanischen CEO gegenüber dem Board of Directors im Lichte neuerer Entwicklungen, RIW 2002, 501; *Hoffmann-Becking* Vorstands-Doppelmandate im Konzern, ZHR 150 (1986), 570; *ders* Zur rechtlichen Organisation der Zusammenarbeit im Vorstand der AG, ZGR 1998, 497; *ders* Vorstandsvorsitzender oder CEO?, NZG 2003, 745; *Priester* Stichentscheid beim zweiköpfigen Vorstand, AG 1984, 253; *Rohde/Geschwandtner* Zur Beschränkbarkeit der Geschäftsführungsbefugnis des Vorstands einer Aktiengesellschaft – Beschluss der HV nach § 119 Abs 2 AktG und die Pflicht zur Ausführung durch den Vorstand, NZG 2005, 996; *Schlitt* Der aktive Aufsichtsratsvorsitzende, DB 2005, 2007; *Schwark* Virtuelle Holding und Bereichsvorstände – eine aktien- und konzernrechtliche Betrachtung, FS Ulmer, 2003, S 605; *Semler* Rechtsvorgabe und Realität der Organzusammenarbeit in der Aktiengesellschaft, FS Lutter, 2000, S 721; *Simons/Hanloser* Vorstandsvorsitzender und Vorstandssprecher, AG 2010, 641.

I. Regelungsinhalt

1 Wie in § 76 Abs 1 erfolgt durch Abs 1 S 1 eine Kompetenzzuweisung an den Vorstand. Ihm wird als organschaftliche Befugnis die Geschäftsführung der Gesellschaft übertragen (K. Schmidt/Lutter AktG/*Seibt* Rn 1). Für einen mehrköpfigen Vorstand ist als gesetzlicher Normalfall eine gemeinschaftliche Geschäftsführungsbefugnis (**Gesamtgeschäftsführung**) festgelegt. Die Satzung oder die Geschäftsordnung des Vorstands können abw Regelungen treffen (Abs 1 S 2). Eingeschränkt wird die Gestaltungsfreiheit durch den Grundsatz, dass ein oder mehrere Mitglieder keine Entscheidungen gegen die Mehrheit durchsetzen dürfen. Ein **Alleinentscheidungsrecht** des **Vorstandsvorsitzenden** ist danach **nicht möglich**. In Abs 2 S 1 findet sich die ausdrückliche

Geschäftsführung §77

Rechtsgrundlage für den Erlass einer Geschäftsordnung des Vorstands sowie die Verteilung der Erlasskompetenzen, wobei gem S 2 die Satzung bindende Regelungen für die Geschäftsordnung vorsehen kann. Über die Geschäftsordnung kann im Vorstand nur einstimmig entschieden werden (Abs 2 S 3).

II. Geschäftsführung

Die Geschäftsführung umfasst neben **rechtsgeschäftlichen Handlungen** auch alle **tatsächlichen Handlungen** für die Gesellschaft. Sie enthält das nach außen gerichtete Tätigwerden als **Vertretung** (§ 78 Abs 1) der Gesellschaft und das **binnengesellschaftliche** Handeln als **Geschäftsführung**. Damit ist zwischen internem Dürfen (Geschäftsführungsbefugnis) und externem Können (Vertretungsbefugnis) zu unterscheiden (MünchKomm AktG/*Spindler* Rn 6). Der Vorstand wird durch **Willensbildung** (Beschlussfassung) und **Ausführung** von Entscheidungen tätig. Die Geschäftsführungsbefugnis kann durch Satzung oder Geschäftsordnung für beide Elemente abw geregelt werden (GroßKomm AktG/*Kort* Rn 5). Die Geschäftsführungskompetenz ist **umfassend**; weitere gesetzliche Regelungen ergänzen diese Kompetenzzuweisung um einzelne Aufgaben und Vorstandspflichten (bspw §§ 83, 90, 91, 92, 110 Abs 1, 118 Abs 2, 119 Abs 2, 170). 2

Ausdrücklich wird die Geschäftsführungskompetenz des Vorstands **durch § 82 Abs 2 beschränkt**. Damit können Vorgaben der Satzung, der Geschäftsordnungen des Vorstands und des AR, durch den AR (§ 111 Abs 4) sowie Entscheidungen der HV insoweit einschränken (vgl § 82 Rn 10). Ferner bildet der satzungsmäßig manifestierte **Unternehmensgegenstand** (§ 23 Abs 3 Nr 2) eine immanente Grenze der Geschäftsführungsbefugnis (Spindler/Stilz AktG/*Limmer* § 23 Rn 16; *OLG Stuttgart* NZG 2006, 790 f; dazu § 23 Rn 28). 3

Subsidiär sind die **vereinsrechtlichen Vorschriften** für den Vorstand anwendbar. Durch die Verweisung des § 27 Abs 3 BGB ist für den Vorstand insb die subsidiäre Anwendung der **auftragsrechtlichen Normen** (§§ 664 ff BGB) gegeben, wodurch eine Vorschusspflicht bei Fehlen anstellungsvertraglicher Regelungen sowie Aufwendungsersatz gewährt werden. Zugleich besteht eine Rechenschafts- und Auskunftspflicht. 4

III. Gesamtgeschäftsführung als gesetzlicher Grundfall

Mit Abs 1 S 1 wird im **Mehrpersonenvorstand** die Gesamtgeschäftsführung als gesetzlicher Regelfall vorgesehen. Abw Regelungen sind explizit der Satzung oder einer Geschäftsordnung überlassen. Damit hat der Gesetzgeber den praktischen Ausnahmefall zur Regel erhoben (Spindler/Stilz AktG/*Fleischer* Rn 10). Ohne Sonderregelungen in Satzung oder Geschäftsordnung ist nur eine einstimmige Beschlussfassung über Geschäftsführungsmaßnahmen und die gemeinsame Ausführung der Entscheidungen möglich. Jedoch ist ein aktives Zusammenwirken nicht zwingend; ausdrückliche oder konkludente **Zustimmung** ist ausreichend (GroßKomm AktG/*Kort* Rn 7). Zustimmung wird bei dringenden, eilbedürftigen Maßnahmen (**Notgeschäftsführung**) entbehrlich und durch unverzügliche nachträgliche Information ersetzt (*Fleischer* aaO Rn 9). **Zustimmung** kann in weitem Rahmen erteilt werden (bspw für gleichartige Geschäfte), darf aber **nicht genereller Natur** sein. Zudem ist die Zustimmung als Willenserklärung bis zum Zugang frei widerruflich bzw nach dem Zugang, bspw bei maßgeblicher Änderung der Umstände, aus wichtigem Grund zu widerrufen (MünchHdb 5

§ 77 Geschäftsführung

AG/*Wiesner* § 22 Rn 2). Nach § 121 Abs 2 S 1 kann der Vorstand zudem hinsichtlich der Einberufung der HV durch einfache Mehrheit entscheiden.

6 Auch in der **mitbestimmten Gesellschaft** gilt grds die Gesamtgeschäftsführungsbefugnis. Ausgenommen sind nach § 32 MitbestG herrschende Gesellschaften. Der Vorstand der Muttergesellschaft kann dort bei der Ausübung von Stimmrechten in Tochtergesellschaften nur auf Grund von Beschl des AR tätig werden, an die der Vorstand auch gebunden ist. Dies gilt insb bei der Bestellung, dem Widerruf der Bestellung oder der Entlastung von Verwaltungsträgern, bei der Beschlussfassung über die Auflösung oder Umwandlung der Tochtergesellschaft, dem Abschluss von Unternehmensverträgen gem §§ 291, 292 und der Fortsetzung nach der Auflösung oder der Übertragung des Vermögens der Tochtergesellschaft. Die Mehrheit der Stimmen der AR-Mitglieder der Anteilseigner ist hier maßgeblich (ausf MünchKomm AktG/*Gach* § 32 MitbestG Rn 24 ff).

IV. Abweichende Gestaltungsmöglichkeiten

7 **1. Allgemeines.** Abs 1 S 2 HS 1 räumt Satzung und Geschäftsordnung für den Vorstand ein, Abweichungen von der Gesamtgeschäftsführung festzulegen. Die Abweichungen müssen **schriftlich** erfolgen und die hierfür geltenden **Grenzen** aus Abs 1 S 2 HS 2 und den gesetzlichen Kompetenzzuweisungen beachten (vgl Rn 2). Ausdrückliche gesetzliche Zuweisung von Geschäftsführungsaufgaben an den Gesamtvorstand als **Kollegialorgan** (vgl § 76 Rn 7 ff) und ausdrückliche Regelungen zu Mehrheitserfordernissen (bspw § 121 Abs 2 S 1, Einberufung der HV) sind weitere Grenzen der Gestaltungsfreiheit. Eine von der Gesamtgeschäftsführung rein faktisch abw Praxis stellt keine wirksame Geschäftsordnung dar (*Hüffer* AktG Rn 9). Ferner lassen Regelungen für die Vertretungsbefugnis keine Rückschlüsse auf die Geschäftsführungsbefugnis zu (K. Schmidt/Lutter AktG/*Seibt* Rn 7); auch beinhaltet ein Auftrag zum Führen von Verhandlungen noch keine Abschlusskompetenz (*OLG München* Urt v 10.12.2007 - 21 U 3761/07).

8 IRd Gesamtgeschäftsführungsbefugnis kann die Willensbildung auch dem **Mehrheitsprinzip** unterworfen werden. Es können unterschiedliche Mehrheitsverhältnisse ebenso vorgesehen werden, wie eine Einbeziehung des Mehrheitsprinzips für unterschiedliche Bereiche (ausf GroßKomm AktG/*Kort* Rn 21). Darüber hinaus kann abw vom Prinzip der Gesamtgeschäftsführung eine **Einzelgeschäftsführungsbefugnis** festgelegt werden, die ihrerseits auf verschiedenste Weise begrenzt sein kann (vgl Rn 9 ff).

9 **2. Grenzen der Gestaltungsfreiheit.** Aus Abs 1 S 2 HS 2 ergibt sich, dass keinem Vorstandsmitglied oder einer Gruppe von Vorständen ein **Alleinentscheidungsrecht** gegen die Mehrheit der Mitglieder eingeräumt werden kann. Hiervon ist ein Recht des Vorsitzenden (§ 84) oder eines anderen Mitglieds zum Stichentscheid bei Stimmengleichheit zu unterscheiden. Dieser **Stichentscheid** kann bei mehr als zwei Mitgliedern durch die Satzung oder eine Geschäftsordnung zulässig dem Vorsitzenden zugesprochen werden (*BGHZ* 89, 48, 59; MünchKomm AktG/*Spindler* Rn 14). Sind nur zwei Vorstandsmitglieder bestellt, ist die Kompetenz zum Stichentscheid nicht mit Abs 1 S 2 HS 2 vereinbar (*OLG Karlsruhe* AG 2001, 93, 94; *Hüffer* AktG Rn 11; **aA** *Priester* AG 1984, 253).

10 Daneben ist bei der mitbestimmten AG für alle Gestaltungsalternativen die bes Stellung des **Arbeitsdirektors** zu berücksichtigen. Keine der Organisationsregelungen darf hierbei seine gleichberechtigte Stellung in Frage stellen oder in den ihm zugewiesenen

Kernbereich „Arbeits- und Sozialfragen" eingreifen (ausf GroßKomm AktG/*Kort* Rn 59 ff).

Ein **Vetorecht** eines Mitglieds des Vorstands kann festgelegt werden; positive Ent- 11
scheidungen können durch einzelne Mitglieder nicht erwirkt werden (*OLG Karlsruhe* AG 2001, 93, 94; GroßKomm AktG/*Kort* Rn 27; **aA** *Bezzenberger* ZGR 1996, 661, 667; offen *BGHZ* 89, 48, 58). In der mitbestimmten AG ist ein endgültiges Vetorecht wg der Gleichberechtigung des Arbeitsdirektors ausgeschlossen, auch wenn jedem Vorstand für seinen Bereich ein solches zuerkannt wird (*BGH* aaO 60). Suspensive, dh bis zu einer zweiten Abstimmung vertagende, Vetorechte sind dagegen zulässig (KölnKomm AktG/*Mertens/Cahn* Rn 14; K. Schmidt/Lutter AktG/*Seibt* Rn 15; skeptisch *Hüffer* AktG Rn 13).

3. Gesamtverantwortung und gegenseitige Kontrolle. Die Geschäftsführung erfolgt in 12
Gesamtverantwortung, die sich insb auch auf der Haftungsseite niederschlägt (vgl § 93 Rn 19 f, 30 f). Jedes Vorstandsmitglied hat demnach für die recht- und ordnungsmäßige Funktion des Gesamtvorstands zu sorgen (KölnKomm AktG/*Mertens* Rn 26; GroßKomm AktG/*Kort* Rn 35). Die Gesamtverantwortung ist notwendige Folge der Ausgestaltung als Kollegialorgan und der damit verbundenen Pflicht zur Selbstkontrolle (*Hüffer* AktG Rn 15; vgl zur Leitung § 76 Rn 6 f). Damit bestehen nicht nur gegenseitige **Informations- und Auskunftsansprüche**, sondern auch Kontrollpflichten insb iRd Vorstandssitzungen, die durch keine Organisationsstruktur delegiert oder ausgeschlossen werden können.

Aus der gegenseitigen Kontrolle der Vorstandsmitglieder kann bei bes Umständen 13
zudem ein **Interventionsrecht** bzgl der Tätigkeit eines anderen Mitglieds erwachsen, das bei drohenden Nachteilen für die Gesellschaft sogar zu einer Pflicht werden kann. Die fragliche Angelegenheit wird mit der Intervention dem Gesamtvorstand zur Entscheidung vorgelegt (GroßKomm AktG/*Kort* Rn 38). Die Satzung oder Geschäftsordnung kann ferner ein **Widerspruchsrecht** vorsehen, das dem Interventionsrecht ähnelt und einzelne Geschäftsführungsmaßnahmen verhindert (KölnKomm AktG/*Mertens/Cahn* Rn 29). Die Ausübung des Widerspruchsrechts ist Bestandteil der Geschäftsführung und unterliegt damit dem entspr Sorgfaltsmaßstab (*Baumbach/Hueck* AktG Rn 9). Einzelne Vorstandsmitglieder trifft eine **Vorlagepflicht**, wenn sie bei ihrer Geschäftsführung auf Aufgaben treffen, die ressortübergreifend sind oder sonst dem Vorstand als Kollegialorgan zugewiesen sind.

4. Binnenorganisation des Vorstands (Geschäftsverteilung). Die Größe der Unter- 14
nehmen und die Vielfältigkeit der Aufgaben erfordern regelmäßig eine interne Aufgabenverteilung. Abs 1 S 2 gibt insoweit Regelungsermächtigungen an die Satzung und die Geschäftsordnungen des Vorstands (zur Zuständigkeit vgl Rn 24 f). Die Grundsätze der Kollegialzuständigkeit und der Mehrheitsentscheidung (Abs 1 S 2 HS 2) bilden hierfür Regelungsgrenzen. Dabei kann jedoch zwischen der **Entscheidung**, die beim Kollegialorgan verbleiben muss, und der reinen **Ausführung** differenziert werden (MünchKomm AktG/*Spindler* Rn 63 f).

a) Funktionale Aufgabenverteilung. Ohne Beeinträchtigung des Kollegialprinzips ist 15
ein Organisationsmodell der funktionalen Aufgabenverteilung zulässig. Dh Ressorts können eingerichtet werden und einzelnen Vorstandsmitgliedern kann für bestimmte Aufgaben im Unternehmen die Zuständigkeit zugewiesen werden. Diese Gestaltung war **Leitbild für** § 77 und die Regelungen zum **Arbeitsdirektor** in der mitbestimmten

Bürgers/Israel

§ 77 Geschäftsführung

AG; es wird aber durch §§ 76, 77 nicht zwingend vorausgesetzt. Typische **Ressortzuständigkeiten** sind bspw Finanzen, Forschung und Entwicklung, Produktion, Technik, Vertrieb oder Personal (Arbeitsdirektor). Daneben haben sich zusätzliche regionale Zuständigkeiten (bspw Europa, Nordamerika, Asien) etabliert.

16 **b) Spartenorganisation.** Rechtstatsächlich hat sich mit der Spartenorganisation daneben vielfach eine weitere Aufgabenteilung durchgesetzt. Hierbei werden einzelne **Geschäftsbereiche** bspw zu Produkten oder Produktgruppen gebildet und einem Vorstandsmitglied zugewiesen. Im Grundsatz ist auch diese Organisation mit der Gesamtverantwortung eines Kollegialorgans vereinbar (*Fleischer* NZG 2003, 449, 453). Eine **herausgehobene Stellung eines Bereichs** für das gesamte Unternehmen kann jedoch eine einzelverantwortliche Leitung durch ein Vorstandsmitglied ausschließen (MünchKomm AktG/*Spindler* Rn 67). Die Spartenorganisation kann die wechselseitigen Kontrollpflichten der Vorstandsmitglieder verstärken (wohl auch *Fleischer* aaO; differenzierend *Spindler* aaO). Die spartenbezogene Konzernleitung kann unter Berücksichtigung des Kollegialprinzips einem Vorstandsmitglied übertragen werden (*Götz* ZGR 1998, 524, 535). Kombinationen aus Sparten- und Funktionenorganisation sind möglich, wenn die Gleichberechtigung aller Mitglieder erhalten bleibt. Allen Mitgliedern muss eine Kontrolle anderer Bereiche möglich bleiben und sie müssen in Leitungsaufgaben einbezogen bleiben. Der Begriff des **Bereichsvorstandes** umschreibt nicht immer ein für eine Sparte verantwortliches Mitglied des Vorstandes, sondern dient oftmals zur Bezeichnung eines leitenden Angestellten unterhalb der Ebene des Vorstandes.

17 **c) Ausschüsse innerhalb des Vorstands.** Entsprechend der Aufgabenzuweisung an einzelne Vorstandsmitglieder können Kompetenzen auch an Ausschüsse übertragen werden, wofür entspr Gestaltungsgrenzen (vgl Rn 2) gelten. Aufgaben können somit nicht immer vollständig an Ausschüsse übertragen werden. Typischerweise werden **Geschäftsbereichs-, Koordinations-, Funktions-, Lenkungs-, sowie Synergieausschüsse** gebildet (*Hoffmann-Becking* ZGR 1998, 497, 516). Die Besetzung und Organisation ist an den Grundsätzen zu AR-Ausschüssen zu orientieren, so dass insb nur sachliche Gesichtspunkte für die Auswahl der Ausschussmitglieder herangezogen werden dürfen (vgl § 107 Rn 23; MünchKomm AktG/*Spindler* Rn 71). Innerhalb des Ausschusses kann sowohl das Mehrheits- als auch das Einstimmigkeitsprinzip vorgesehen werden (Fleischer Hdb VorstR/*Kort* § 3 Rn 26). Unabhängig von Leitungsaufgaben darf **kein Mitglied** von wesentlichen Entscheidungen **ausgeschlossen** werden oder eine Majorisierung des Vorstands erfolgen (Spindler/Stilz AktG/*Fleischer* Rn 36, 41; GroßKomm AktG/*Kort* Rn 43). Jedem Mitglied muss es möglich bleiben, Entscheidungen des Ausschusses dem Gesamtvorstand vorzulegen, um damit seiner Überwachungspflicht nachzukommen. Entspr **Informations- und Berichtspflichten** sind einzurichten (*Spindler* aaO) Gesamtgeschäftsführung einzelner Mitglieder für bestimmte Aufgabenbereiche kann eine zulässige Ausschussbildung sein (KölnKomm AktG/*Mertens/Cahn* Rn 19). Unvereinbar mit Abs 1 sind dagegen Vetorechte für die Ausschussmitglieder gegenüber den Ausschuss betreffende Überwachungsentscheidungen des Gesamtvorstands (GroßKomm AktG/*Kort* Rn 44).

18 **aa) Überwachungsausschüsse.** Überwachungs- und Koordinierungsausschüssen kann die gegenseitige Kontrolle der Vorstandsmitglieder nicht gänzlich übertragen werden; diese Kontrolle ist nicht delegierbare Vorstandspflicht, die aus der **Gesamt-**

verantwortung resultiert. Die Überwachung oder Koordinierung unterschiedlicher Ressorts durch einen Ausschuss darf nicht zu Weisungen des Ausschusses oder Informationspflichten nur diesen Ausschüssen gegenüber führen (KölnKomm AktG/*Mertens/Cahn* Rn 17). Aufgaben des Vorstandsvorsitzenden dürfen nicht übernommen werden; Streitentscheidungskompetenz zwischen Mitgliedern ist nur unter dem Vorbehalt der Letztentscheidung des Gesamtvorstands möglich (GroßKomm AktG/*Kort* Rn 45).

bb) Leitungsausschüsse (insb faktische Holding). Leitungsentscheidungen und Geschäftsführungsentscheidungen, die dem Kollegialorgan obliegen, sind nicht delegierbar. Leitungsausschüsse sind daher nur insoweit zulässig, wie sie Entscheidungen lediglich vorbereiten oder diese umsetzen. Entscheidungen des Gesamtvorstands dürfen durch Leitungsausschüsse nicht majorisiert werden. Mitgliedern solcher Ausschüsse darf kein Informationsvorsprung zukommen. „**Vorstände zweiter Klasse**" dürfen aufgrund der Gleichberechtigung der Vorstandsmitglieder durch die Einsetzung von Ausschüssen nicht entstehen (MünchKomm AktG/*Spindler* Rn 71). Eine Organisation, in der die Gesamtleitung und das operative Geschäft bspw der Unternehmenssparten gänzlich getrennt werden **(faktische Holding)**, ist **nur** dann **zulässig**, wenn **gegenseitige Kontrolle** und **Information** sowie Leitungsentscheidungen des Gesamtvorstands sichergestellt sind (*Spindler* aaO Rn 68). So kann etwa neben dem Vorstand noch ein weiteres Gremium geschaffen werden, welchem ebenfalls der Vorstandsvorsitzende vorsitzt und welchem neben den Vorstandsmitgliedern auch Bereichsleiter angehören. Da ein solches Gremium jedoch primär der Koordination und Beratung dient und dem Gesamtvorstand damit eine weitere Informations- und Leitungsmöglichkeit zur verfügung steht, ist eine solche Struktur mit den aktienrechtlichen Grundsätzen vereinbar (so auch *Hoffmann-Becking* NZG 2003, 745, 749). 19

d) Vorstandsmitglieder mit besonderer Stellung. Der AR kann gem § 84 Abs 2 einen **Vorstandsvorsitzenden** ernennen; Ernennung ist organschaftlicher Bestellungsakt (*Simons/Hanloser* AG 2010, 641); eine Ernennungskompetenz des Vorstands selbst existiert nicht (MünchHdb AG/*Wiesner* § 24 Rn 1; ausf auch zu Rechten und Pflichten vgl § 84 Rn 22 ff). Der Vorstand kann einen **Vorstandssprecher** ernennen, falls keine diesbezüglichen Regelungen in der Satzung oder der Geschäftsordnung bestehen und kein Vorstandsvorsitzender ernannt wurde (vgl § 84 Rn 23). Der Vorstandssprecher kann repräsentative und sitzungsleitende Funktionen haben, ist jedoch kein Vorstandsvorsitzender und darf seine Position auch nicht wie ein solcher ausüben. Die Einräumung einer dem angloamerikanischen Modell des **Chief Excecutive Officers (CEO)** angenäherten Stellung eines Vorstandsmitglieds ist mit dem Prinzip der Gesamtverantwortung und dem dualistischen System schwer vereinbar (*Hoffmann-Becking* NZG 2003, 745, 746 f mwN). Vorstandsvorsitzende können zwar weitreichende Kompetenzen wahrnehmen, die Grenze muss jedoch stets die Gleichberechtigung aller Vorstandsmitglieder sein; ein Hineinregieren in andere Bereiche ist zu verhindern (*von Hein* ZHR 166 (2002), 464, 482 f). Insb kommt dem Vorstandsvorsitzenden keine Richtlinien- oder Weisungskompetenz gegenüber anderen Ressorts zu (vgl Spindler/Stilz AktG/*Fleischer* Rn 42). Vorstandsvorsitzende oder Vorstandssprecher dürfen sich aber als CEO bezeichnen, da diese Bezeichnung sich international durchgesetzt hat (GroßKomm AktG/*Kort* Rn 52). 20

V. Entscheidungsfindung im Vorstand

21 Grundsätzlich erfolgt die Entscheidungsfindung im Vorstand innerhalb von Vorstandssitzungen durch **Vorstandsbeschlüsse.** Die Mitglieder sind zu laden und über die Tagesordnung sowie die Inhalte der zu fassenden Beschl zu informieren, wobei dieses keine Wirksamkeitsvoraussetzung ist (KölnKomm AktG/*Mertens/Cahn* Rn 34). Die Beschlussfassung kann in jeder Form erfolgen, insb muss diese weder schriftlich vorgenommen noch protokolliert werden (GroßKomm AktG/*Kort* Rn 9). Solange Satzung oder Geschäftsordnung keine abw Regelung vorsehen, sind bei der gesetzlich vorgesehenen Gesamtgeschäftsführung nur einstimmige Beschl und gemeinschaftliches Handeln (Ausführung der Beschlüsse) möglich. Durch abw Regelungen insb in **Geschäftsordnungen** kann die erforderliche Mehrheit für die Beschlussfassung festgelegt werden (vgl Rn 8).

22 Fehlerhafte Beschl können sich aus einer **fehlerhaften Stimmabgabe** (bspw entgegen § 34 BGB analog) ergeben, wenn die fehlende Wirksamkeit der einzelnen Stimme das Gesamtergebnis verändern würde (GroßKomm AktG/*Kort* Rn 17). Die Stimmabgabe unterliegt den allg Regelungen über Willenserklärungen. Ferner kann Stimmabgabe bis zum Zugang frei und danach aufgrund eines wichtigen Grunds, der auch in grdl veränderten Umständen liegen kann, widerrufen werden. Betreffen Fehler bei der Stimmabgabe den korporationsrechtlichen Akt des Beschl können diese Mängel nur von einem betroffenen Mitglied unverzüglich geltend gemacht werden (ausf KölnKomm AktG/*Mertens/Cahn* Rn 47). Sind Beschl aufgrund von **Beschlussmängeln** nichtig, fehlt den Mitgliedern des Vorstands die Geschäftsführungsbefugnis zu deren Umsetzung, wobei eine konkludente Berichtigung im Einzelfall angenommen werden kann (*Kort* aaO Rn 19).

23 Bei **Interessenkollisionen**, die das Rechtsverhältnis des Vorstandsmitglieds zur AG betreffen, darf dieses Mitglied nicht mitstimmen, §§ 28, 34 BGB analog (Spindler/Stilz AktG/*Fleischer* Rn 25). Die praktische Relevanz ist allerdings gering, da hier meist nach § 112 eine Vertretung durch den AR erfolgt (GroßKomm AktG*Kort* Rn 14). Ein grds Stimmverbot aus § 34 BGB analog für anderweitige Interessen- und Pflichtenkollisionen ist nach überwiegender Meinung nicht gegeben (*Hüffer* AktG Rn 8; *Kort* aaO; **aA** *Hoffmann-Becking* ZHR 150 (1986), 570, 579 ff, bspw für Vorstandsdoppelmandate).

VI. Geschäftsordnung des Vorstands

24 In Abs 2 wird die Zuständigkeit für den Erlass einer Geschäftsordnung für den Vorstand und deren inhaltliche Grenzen geregelt. Erlass und Inhalt einer Geschäftsordnung ist **nicht obligatorisch**; der Corporate Governance Kodex sieht allerdings den Erlass vor, Ziff 4.2.1 DCGK. Neben der Abweichung von der Gesamtgeschäftsführungsbefugnis nach Abs 1 S 2 kann mit der Geschäftsordnung die organinterne Arbeit organisiert werden. Sie kann Regelungen zur Koordination der Vorstandsarbeit (zB Ausschüsse und Zustimmungserfordernisse durch den Gesamtvorstand), zu Turnus, Einberufung, Ablauf (Abstimmungsmodus), Teilnahme Externer und der Protokollierung von Vorstandssitzungen sowie Mindestvorgaben zu Berichts- und Informationspflichten enthalten (vgl MünchKomm AktG/*Spindler* Rn 38). Auch die Zusammenarbeit mit dem AR ist regelmäßig Gegenstand einer Geschäftsordnung.

25 **1. Erlasskompetenz.** Der Vorstand als Kollegialorgan kann sich gem Abs 2 selbst eine Geschäftsordnung geben, wenn die Satzung diese Kompetenz nicht dem AR zugesprochen hat oder solange der AR nicht eine Geschäftsordnung erlassen hat. Die

Erlasskompetenz steht somit **primär** dem **AR** und **subsidiär** dem **Vorstand**, jeweils als Gesamtorgan zu. Eine neue durch den AR erlassene Geschäftsordnung ersetzt eine etwa vom Vorstand zuvor aufgestellte Geschäftsordnung (Spindler/Stilz AktG/*Fleischer* Rn 64; KölnKomm AktG/*Mertens/Cahn* Rn 60, 63). Der AR kann auch eine Rahmen-Geschäftsordnung erlassen, die durch den Vorstand zu konkretisieren ist (MünchKomm AktG/*Spindler* Rn 49). Die Satzung kann die Erlasskompetenz des AR regeln, darf ihm diese aber nicht zugunsten des Vorstands nehmen, da die Bestellungskompetenz für Vorstandsmitglieder zwingend beim AR liegt (*Spindler* aaO Rn 53). Ein Zustimmungsvorbehalt des AR für den Erlass der Geschäftsordnung durch den Vorstand ist aber möglich (*Hüffer* AktG Rn 19). Wird eine Geschäftsordnung vom Vorstand erlassen, hat sie auch für spätere Vorstandsmitglieder Gültigkeit. Eine Zustimmung des neuen Vorstandsmitglieds ist entbehrlich, da nur für den Erlass Einstimmigkeit erforderlich ist (*Spindler* aaO Rn 46).

Die **Satzung** kann einzelne Regelungen für die zu erlassende Geschäftsordnung bindend vorsehen, von denen beide Organe nicht abweichen können. Grenze der Vorgaben ist die organschaftliche Kompetenzverteilung, die es Vorstand und AR erlauben muss, ihre Arbeit eigenverantwortlich zu gestalten (KölnKomm AktG/*Mertens/Cahn* Rn 61). Grundsätzlich kann der **AR** auch mittels Geschäftsordnung die Aufgabenbereiche der Vorstandsmitglieder verändern. Eine Zustimmung des Vorstands ist nicht erforderlich, kann aber bei Festlegung der konkreten Aufgabe im Anstellungsvertrag eines Vorstandsmitglieds ein Kündigungsrecht aus wichtigem Grund begründen und zur Amtsniederlegung führen (MünchKomm AktG/*Spindler* Rn 41, 51). 26

2. Formerfordernisse. Eine Geschäftsordnung ist schriftlich zu erlassen. Das **Schrift-** 27
formerfordernis muss schon aufgrund der Bedeutung für die Vorstandsorganisation aus Rechtssicherheitsgründen gelten (Spindler/Stilz AktG/*Fleischer* Rn 68). Für den Erlass durch den AR gilt ohnehin § 107 Abs 2 S 1. Eine eigenhändige Unterschrift beim Erlass durch den Vorstand ist nicht erforderlich (MünchHdb AG/*Wiesner* § 22 Rn 20). Der Geschäftsordnungserlass durch den Vorstand kann im Gegensatz zum AR, der diesen einheitlich beschließen muss, durch mehrere Beschl erfolgen (KölnKomm AktG/*Mertens/Cahn* Rn 62).

3. Bindungswirkung. Der Vorstand ist an Vorgaben der Geschäftsordnung gebunden, 28
wenn diese durch die Satzung erlassen wurde. Von einer Regelung in einer Geschäftsordnung des AR kann abgewichen werden, wenn der AR insoweit sein Einverständnis erklärt. Abw Verhalten ohne Einverständnis des AR kann einen wichtigen Grund zur Abberufung des Vorstands bilden und Ersatzpflichten begründen. Wurde eine Geschäftsordnung vom Vorstand erlassen, kann von ihr durch einstimmige Entscheidung im Einzelfall abgewichen werden. Ein generelles Abweichen ohne förmliche Änderung würde dem Schriftformerfordernis widersprechen.

4. Mitbestimmung. Auch in einer mitbestimmten AG können Geschäftsordnungen 29
erlassen werden. Eine Erlasspflicht des Vorstands gibt es nicht (KölnKomm AktG/*Mertens/Cahn* Rn 68; K. Schmidt/Lutter AktG/*Seibt* Rn 30; Spindler/Stilz AktG/*Fleischer* Rn 71; **aA** *Hanau/Ulmer* MitbestG § 33 Rn 38). Die Geschäftsordnung hat die bes Stellung, Kompetenz und Gleichberechtigung des Arbeitsdirektors (§ 33 Abs 2 MitbestG) zu beachten.

§ 78 Vertretung

(1) ¹Der Vorstand vertritt die Gesellschaft gerichtlich und außergerichtlich. ²Hat eine Gesellschaft keinen Vorstand (Führungslosigkeit), wird die Gesellschaft für den Fall, dass ihr gegenüber Willenserklärungen abgegeben oder Schriftstücke zugestellt werden, durch den Aufsichtsrat vertreten.

(2) ¹Besteht der Vorstand aus mehreren Personen, so sind, wenn die Satzung nichts anderes bestimmt, sämtliche Vorstandsmitglieder nur gemeinschaftlich zur Vertretung der Gesellschaft befugt. ²Ist eine Willenserklärung gegenüber der Gesellschaft abzugeben, so genügt die Abgabe gegenüber einem Vorstandsmitglied oder im Fall des Absatzes 1 Satz 2 gegenüber einen Aufsichtsratsmitglied. ³An die Vertreter der Gesellschaft nach Absatz 1 können unter der im Handelsregister eingetragenen Geschäftsanschrift Willenserklärungen gegenüber der Gesellschaft abgegeben und Schriftstücke für die Gesellschaft zugestellt werden. ⁴Unabhängig hiervon können die Abgabe und die Zustellung auch unter der eingetragenen Anschrift der empfangsberechtigten Person nach § 39 Abs. 1 Satz 2 erfolgen.

(3) ¹Die Satzung kann auch bestimmen, dass einzelne Vorstandsmitglieder allein oder in Gemeinschaft mit einem Prokuristen zur Vertretung der Gesellschaft befugt sind. ²Dasselbe kann der Aufsichtsrat bestimmen, wenn die Satzung ihn hierzu ermächtigt hat. ³Absatz 2 Satz 2 gilt in diesen Fällen sinngemäß.

(4) ¹Zur Gesamtvertretung befugte Vorstandsmitglieder können einzelne von ihnen zur Vornahme bestimmter Geschäfte oder bestimmter Arten von Geschäften ermächtigen. ²Dies gilt sinngemäß, wenn ein einzelnes Vorstandsmitglied in Gemeinschaft mit einem Prokuristen zur Vertretung der Gesellschaft befugt ist.

Übersicht

	Rn		Rn
I. Regelungsinhalt	1	3. Führungslosigkeit und Zustellung an Vertreter und empfangsberechtigte Personen	14
II. Vertreter der Gesellschaft, Abs 1	2		
1. Umfang der Vertretungsbefugnis	3	4. Konsequenzen für den Aufsichtsrat	14c
2. Zurechnung	5	IV. Zulässige Gestaltungsmöglichkeiten, Abs 3	15
a) Wissenszurechnung	5		
b) Verschuldenszurechnung	6	1. Einzelvertretung und gemeinschaftliche Vertretung	16
3. Mehrvertretung	7		
4. Bevollmächtigung Dritter	8	2. Unechte Gesamtvertretung	17
5. Mitbestimmte Gesellschaft	9	V. Einzelermächtigungen, Abs 4	18
III. Gesetzliche Vertretungsmacht, Abs 2	10	1. Erteilung	19
1. Aktive Gesamtvertretung	10	2. Reichweite	20
2. Passive Einzelvertretungsmacht	13	3. Widerruf	21

Literatur: *Beuthien* Zur Theorie der Stellvertretung im Gesellschaftsrecht, FS Zöllner, 1998, S 87; *ders* Gibt es eine organschaftliche Stellvertretung?, NJW 1999, 1142; *Fassbender/Neuhaus* Zum aktuellen Stand der Diskussion in der Frage der Wissenszurechnung, WM 2002, 1253; *Fest* Gesetzliche Vertretung und Prozessfähigkeit einer führungslosen Gesellschaft nach dem MoMiG, NZG 2011, 130; *Götz* Gesamtverantwortung des Vorstands bei vorschriftswidriger Unterbesetzung, ZIP 2002, 1745; *Knapp* Auswirkungen des MoMiG auf Aktiengesellschaften und ihre Organmitglieder, DStR 2008, 2371; *Leuering* Die Vertretung der Aktiengesellschaft durch Aufsichtsrat und Hauptversammlung, FS Kollhosser Bd II, 2004, S 361; *Möller* Änderungen des Aktienrechts durch das MoMiG, Der Konzern 2008, 1; *Priester* Geschäfte mit Dritten vor Eintragung der AG, ZHR 165 (2001), 383; *Raiser* Kenntnis und Kennenmüssen von Unternehmen, FS Bezzenberger, 2000, S 561; *Schwarz* Die Gesamtvertretungsermächtigung – Ein zivil- und gesellschaftsrechtliches Rechtsinstitut, NZG 2001; *ders* Rechtsfragen zur Vorstandsermächtigung nach § 78 Abs 4 AktG, ZGR 2001, 744; *ders* Vertretungsregelungen durch den Aufsichtsrat (§ 78 Abs 3 S 2 AktG) und durch Vorstandsmitglieder (§ 78 Abs 4 S 1 AktG), ZHR 166 (2002), 625; *Seibert* GmbH-Reform – Der Referentenentwurf eines Gesetzes zur Modernisierung des GmbH-Rechts und zur Bekämpfung von Missbräuchen – MoMiG, ZIP 2006, 1157; *Spindler* Unternehmensorganisationspflichten, 2001; *Steffek* Zustellungen und Zugang von Willenserklärungen nach dem Regierungsentwurf zum MoMiG, BB 2007, 2077.

I. Regelungsinhalt

Mit Abs 1 S 1 wird dem Vorstand als Organ die aktive und passive Vertretungsbefugnis der Gesellschaft in gerichtlichen und außergerichtlichen Angelegenheiten zugewiesen. Bei Führungslosigkeit der AG spricht der durch das **MoMiG** vom 23.10.2008 mit Wirkung zum 1.11.2008 eingeführte S 2 dem AR als Organ die passive Vertretungsbefugnis zu. Als gesetzlichen **Regelfall** der aktiven Vertretung sieht Abs 2, entspr § 77 Abs 1 zur Gesamtgeschäftsführung, die **Gesamtvertretung** vor, die unbeschränkt ist; dies ergibt sich indirekt aus § 82. Daneben ist die passive Vertretungsbefugnis jedes Vorstandsmitglieds, bzw jedes AR-Mitglieds im Falle von Abs 1 S 2, geregelt (Abs 2 S 2). Die neu eingefügten Zustellungsregelungen in Abs 2 S 3, 4 sollen der Zugangsvereitelung entgegenwirken indem sie die Möglichkeit eines jederzeitigen Zugangs sicherstellen (RegBegr BT-Drucks 16/6140, 126 iVm 101). Abs 3 ermöglicht die Vertretung durch ein Vorstandsmitglied allein oder gemeinsam mit einem Prokuristen, wenn dieses die Satzung vorsieht oder die Satzung den AR zu einer solchen Regelung ermächtigt. Abs 4 erlaubt die Erteilung von Einzelermächtigungen für bestimmte Geschäfte oder Arten von Geschäften an Vorstandsmitglieder oder Prokuristen. Die Vorschriften sind als zwingendes Recht nicht abdingbar und auch auf die **Vor-AG anwendbar** (Spindler/Stilz AktG/*Fleischer* Rn 19; *Priester* ZHR 165 (2001), 383, 388; wohl auch *BGHZ* 80, 129, 139 „Organvertretungsmacht", zur Beschränkbarkeit vgl § 82 Rn 10 ff).

1

II. Vertreter der Gesellschaft, Abs 1

Die AG handelt durch ihren Vorstand. Das Handeln des Vorstands wird der AG als eigenes Handeln zugerechnet. Die Vertretungsmacht des Vorstands geht auf seine Organstellung zurück und ist damit **organschaftliche Vertretung** (*Hüffer* AktG Rn 3; GroßKomm AktG/*Habersack* Rn 13). Sie ist **Fremdorganschaft**, setzt also keine Gesellschaftereigenschaft der Organmitglieder voraus. Die Vorstandsmitglieder üben die Vertretungsmacht aus, wobei auch eine fehlerhafte aber vollzogene Bestellung gem § 84 ausreichend ist (K. Schmidt/Lutter AktG/*Seibt* Rn 2). Der Vorstand ist als Organ nicht gesetzlicher Vertreter, sondern hat eine gleichwertige Stellung, § 26 Abs 2 S 1 BGB (**hM** MünchKomm AktG/*Spindler* Rn 5; *Habersack* aaO; *Seibt* aaO; **aA** KölnKomm AktG/*Mertens/Cahn* Rn 7). Die Vertretungsregeln der §§ 164 ff BGB sind entspr anzuwenden, wobei §§ 165, 166, 167 ff BGB durch §§ 76 Abs 3, 84 Abs 3 AktG und § 31 BGB verdrängt werden. Anwendung finden dagegen die Vorschriften zum vollmachtlosen Vertreter, §§ 177 ff BGB, so dass im Falle einer Kompetenzüber-

2

schreitung das tatsächlich zuständige oder mitwirkungsberechtigte Organ eine Genehmigungsmöglichkeit hat (*Habersack* aaO Rn 12; *Hüffer* aaO Rn 9).

3 1. Umfang der Vertretungsbefugnis. **Rechtsgeschäftliche Handlungen**, also Abgabe und Entgegennahme von Willenserklärungen, und **rechtsgeschäftsähnliche Handlungen** sind Elemente der Vertretung nach § 78. Rechtsgeschäfte mit Aktionären und anderen Organwaltern sind ebenso Gegenstand der Vertretungsbefugnis (KölnKomm AktG/*Mertens/Cahn* Rn 6; GroßKomm AktG/*Habersack* Rn 18). Auch die **gerichtliche Vertretung der AG** ist von der Vertretungsbefugnis erfasst. Möglichen Interessenkonflikten wird durch gesonderte Zuweisungen der Vertretungsbefugnisse an andere Organe entgegen gewirkt. Für Rechtsgeschäfte zwischen der Gesellschaft und Vorstandsmitgliedern vertritt der AR die AG nach § 112 (ausf § 112 Rn 4; zur Bestellung eines **besonderen Vertreters** ausf § 147 Rn 10 f sowie zum **Klagezulassungsverfahren** vgl § 148). Grenzen der Vertretungsmacht bilden auch die sog **Doppelvertretungen** durch AR und Vorstand gemeinsam, insb nach § 246 Abs 2 S 2. Sind Zustimmungsvorbehalte des AR angeordnet (§ 111 Abs 4 S 2) oder bestehen gesetzliche Zustimmungspflichten der HV (bspw §§ 52 Abs 1, 93 Abs 4, 179a Abs 1, 318 Abs 4), hat der Vorstand allein keine Vertretungsmacht (Spindler/Stilz AktG/*Fleischer* Rn 17).

4 Die AG ist als jur Person **parteifähig** (§ 50 Abs 1 ZPO) und aufgrund organschaftlicher Vertretung auch **prozessfähig** (*BGH* NJW 1984, 668; *Hüffer* AktG Rn 4; **aA** *BGH* NJW 1993, 1654; iE ohne praktische Bedeutung). **Zustellung** einer Klage hat gem § 170 Abs 1 ZPO grds an den Vorstand als gesetzlichen Vertreter zu erfolgen, wobei Zustellung an ein Vorstandsmitglied gem § 170 Abs 3 ZPO ausreicht. Im Falle des Abs 1 S 2 kann die Zustellung auch an den AR erfolgen (hierzu s Rn 14 ff).Die **Parteibezeichnung** muss gem §§ 130 Nr 1, 253 Abs 4, 313 Abs 1 Nr 1 ZPO alle Vorstandsmitglieder namentlich enthalten (zu Fällen der Doppelvertretung vgl Rn 3 und § 246 Rn 18 ff). IRd **Zwangsvollstreckung** haben alle zum Zeitpunkt des Offenbarungstermins amtierenden Vorstandsmitglieder die eidesstattliche Versicherung abzugeben, wovon die Amtsniederlegung nicht befreien kann (*OLG Hamm* ZIP 1984, 1482, 1483; *Hüffer* aaO; KölnKomm AktG/*Mertens/Cahn* Rn 22). Als Vertretungsorgan der AG werden Vorstandsmitglieder **als Partei vernommen** (§ 455 Abs 1 S 1 ZPO). Das Gericht entscheidet nach §§ 449, 455 Abs 1 S 2 ZPO, welche Mitglieder vernommen werden. Mitglieder anderer Organe, die nicht als Vertretungsorgan tätig werden, können dagegen als Zeuge vernommen werden (GroßKomm AktG/*Habersack* Rn 21).

5 2. Zurechnung. – a) Wissenszurechnung. Die Kenntnis oder die fahrlässige Unkenntnis eines Vorstandsmitglieds als Organwalter wird der AG als eigene Kenntnis oder fahrlässige Unkenntnis **entsprechend § 31 BGB** zugerechnet (ausf GroßKomm AktG/*Habersack* Rn 24; Spindler/Stilz AktG/*Fleischer* Rn 53; **aA** Lutter/Hommelhoff GmbHG/*Kleindieck* § 35 Rn 62, Zurechnung über § 166 BGB), wobei begrenzend eine wertende Betrachtung vorzunehmen ist (*BGH* NJW 2001, 2535, 2436). Hierbei ist im Einzelfall zu berücksichtigen, ob die Gesellschaft die ihr obliegende Pflicht zur ordnungsgemäßen Organisation der gesellschaftsinternen Kommunikation so erfüllt hat, dass eine dem Verkehrsschutz dienende interne Informationsweitergabe an die Entscheidungsträger sichergestellt ist (ausf *Spindler* S 610 ff). Maßstab dieser Pflicht soll nach der **Rspr** die **Äquivalenz zum Handeln einer natürlichen Person** sein (*BGH* NJW 1996, 1339). Eine Zurechnung der Kenntnis kann in diesen Fällen auch ohne Beteiligung des Vorstandsmitglieds oder ohne dessen Kenntnis erfolgen, wenn eine Organisationspflicht verletzt wurde (*BGHZ* 109, 327, 331). Eine **private Kenntnis** eines nicht beteiligten Vorstandsmitglieds ist nicht zuzurechnen, da es hier regelmäßig an der Pflichtverletzung fehlt (*BGHZ* 132, 30, 35). Eine Zurechnung ist auch bei ausgeschiedenen Organmitgliedern möglich, wenn die fehlende Kenntnis der Organmitglieder auf einer Verletzung der Organisationspflichten, bspw unterlassene Dokumentation, zurückzuführen ist (*BGHZ* 109, 327, 331).

b) Verschuldenszurechnung. Der AG wird auch das Handeln des Vorstands zugerechnet, das über die Vertretungsbefugnis hinausgeht. Da § 78 keine Sonderregelung vorsieht, ist **§ 31 BGB** heranzuziehen, so dass die AG schadensersatzpflichtig wird, wenn der Vorstand oder nur ein Mitglied des Vorstands in Ausführung der ihm zustehenden Verrichtung eine schadensersatzpflichtige Handlung begeht. Es erfolgt eine Zurechnung als eigenes Verhalten, so dass eine Exkulpation ausgeschlossen ist. Die Pflicht erstreckt sich auf alle schadensersatzpflichtigen Handlungen und erfasst **auch** schon die **Vor-AG** (statt vieler *Hüffer* AktG Rn 23). 6

3. Mehrvertretung. § 181 BGB ist anwendbar, wenngleich wg § 112 nur das Verbot der Mehrvertretung relevant ist. Verstößt ein Rechtsgeschäft gegen § 181 BGB, ist es nach §§ 177 ff BGB **schwebend unwirksam** (*BGH* ZIP 1994, 129, 131). Ermächtigt ein gesamtvertretungsberechtigtes Vorstandsmitglied ein anderes Mitglied nach Abs 4 zur Einzelvertretung, ist § 181 BGB dagegen nicht anwendbar (*BGHZ* 64, 72, 74; aA KölnKomm AktG/*Mertens/Cahn* Rn 72). Eine Mehrvertretung kann bereits durch die **Satzung** nach Abs 3 S 1 analog **gestattet** sein oder durch den AR ebenfalls auf Grundlage einer Satzungsermächtigung entspr Abs 3 S 2 gestattet werden (für Letzteres MünchKomm AktG/*Spindler* Rn 118; Spindler/Stilz AktG/*Fleischer* Rn 12; aA MünchHdb AG/*Wiesner* § 23 Rn 22; GroßKomm AktG/*Habersack* Rn 17, die wg § 112 keine gesonderte Satzungsermächtigung für erforderlich halten). Eine **Gestattung durch die HV** nach § 119 Abs 2 oder durch einen Mehrheits- oder Alleinaktionär ist **nicht möglich** (*Habersack* aaO; *Hüffer* AktG Rn 7). Das schwebend unwirksame Geschäft kann durch die übrigen Vorstandsmitglieder, soweit sie nicht selber gem § 181 BGB verhindert sind, oder gem § 112 durch den AR genehmigt werden (*Habersack* aaO; *Mertens/Cahn* aaO Rn 76); Letzteres erscheint ohne Satzungsregelung entspr Abs 3 S 2 jedoch bedenklich. 7

4. Bevollmächtigung Dritter. Eine Bevollmächtigung Dritter ist nach den allg Regelungen (insb §§ 48 ff, 54 ff HGB) durch vertretungsberechtigte Vorstandsmitglieder möglich, ferner gelten die Grundsätze zur **Duldungs- und Anscheinsvollmacht** (GroßKomm AktG/*Habersack* Rn 58). Die Satzung kann insoweit nur Zustimmungsvorbehalte vorsehen, eine Bevollmächtigung aber nicht ausschließen (K. Schmidt/Lutter AktG/*Seibt* Rn 14; KölnKomm AktG/*Mertens/Cahn* Rn 78). Eine **Generalvollmacht** kann widerruflich erteilt werden, auch wenn sie über § 54 HGB hinausgeht (MünchKomm AktG/*Spindler* Rn 108 f). Unzulässig sind dagegen Vollmachten ohne Widerrufsmöglichkeit aus wichtigem Grund (*Habersack* aaO Rn 59). Eine Bevollmächtigung eines Vorstandsmitglieds durch ein anderes, außerhalb von Abs 4, ist wg § 112 ausgeschlossen. Der AR kann den Vorstand nur bevollmächtigen, soweit er dadurch nicht das in § 111 Abs 4 S 1 geregelte Verbot der Geschäftsführung durch den AR verletzt (*Habersack* aaO Rn 60; *Mertens/Cahn* aaO Rn 77). Eine Bevollmächtigung ist demnach nur denkbar, wenn die Bevollmächtigung im Zusammenhang mit der Kon- 8 troll- und Überwachungsfunktion des AR steht oder sie die Erklärung von AR-Beschlüssen betrifft.

9 5. Mitbestimmte Gesellschaft. Aus §§ 32 **MitbestG**, 15 MontanMitbestErgG ergibt sich, dass bestimmte Rechte aus einer mindestens 25%igen Beteiligung an einer mitbestimmten Gesellschaft nur nach Maßgabe eines Beschlusses des AR ausgeübt werden können. Eine Verletzung macht die Stimmabgabe unwirksam und den Beschl anfechtbar (*Ulmer/Hanau* MitbestG § 32 Rn 16; *Hüffer* AktG Rn 8b; vgl § 77 Rn 6).

III. Gesetzliche Vertretungsmacht, Abs 2

10 1. Aktive Gesamtvertretung. Mit Abs 2 S 1 wird für einen Vorstand als **gesetzlicher Regelfall** die aktive Gesamtvertretungsmacht angeordnet, dh gemeinschaftlich durch alle Vorstandsmitglieder. Hierdurch entsteht ein Kontrolleffekt, der die AG vor überstürztem oder unangemessenem Handeln schützen soll (MünchKomm AktG/*Spindler* Rn 27). Der gesetzliche Regelfall der Gesamtvertretung setzt einen **mehrköpfigen Vorstand** voraus. Bei einem Einzelvorstand ist dieser einzelvertretungsberechtigt (Fleischer Hdb VorstR/*Kort* § 2 Rn 49). Aktive Einzelvertretungsmacht ist wg § 92 Abs 2 (dazu ausf § 92 Rn 26 f) zum Insolvenzantrag wg Überschuldung oder Zahlungsunfähigkeit gegeben, der allerdings nach § 15 Abs 2 S 1 InsO glaubhaft zu machen ist (GroßKomm AktG/*Habersack* Rn 28).

11 Der Vorstand kann seine Vertretungsbefugnis durch **gemeinsame Erklärungen**, **übereinstimmende Einzelerklärungen** mit ex nunc Wirkung bei Erteilung der letzten Erklärung oder **Einzelerklärung mit späterer Genehmigung** durch übrige Vertretungsberechtigte ausüben (ausf MünchKomm AktG/*Spindler* Rn 58 ff). Die Formbedürftigkeit einer Erklärung greift nicht auf die Zustimmung durch, so dass auch bei formbedürftigen Rechtsgeschäften eine **formlose Zustimmung** ausreicht, vgl § 182 Abs 2 (*BGH* WM 1976 1053, 1054; *Spindler* aaO Rn 59; wohl ebenso GroßKomm AktG/*Habersack* Rn 33, 35; aA Ebenroth/Boujong/Joost HGB/*Hillmann* § 25 Rn 23). **Willensmängel** der AG liegen somit vor, wenn der Mangel (bspw Irrtum) auch bei nur einem Vorstandsmitglied gegeben ist (*Hüffer* AktG Rn 12; K. Schmidt/ Lutter AktG/*Seibt* Rn 11). Die **Wissenszurechnung** führt ferner dazu, dass das Wissen eines Vorstands der AG zugerechnet wird und ein gutgläubiger Erwerb auch bei Abschluss durch andere Vorstandsmitglieder nicht mehr möglich ist (*BGH* NJW 2001, 359, 360).

12 Folge der Gesamtvertretung ist, dass bei **Verhinderung** eines Vorstandsmitglieds, die übrigen Vorstandsmitglieder nur durch eine **Ermächtigung** nach Abs 4 handeln können oder eine **Genehmigung** nach § 177 BGB erfolgen muss (*BGHZ* 34, 27, 29). Eine Genehmigung durch den AR ist nicht möglich. Bei durch ein gesamtvertretungsberechtigtes Vorstandsmitglied vorgetäuschter Verbindlichkeit seiner Erklärung soll die Gesellschaft nach § 31 BGB haften (für die GmbH *BGH* NJW 1986, 2941); der Schutzzweck spricht in diesen Fällen jedoch für eine Haftung des Handelnden gem § 179 BGB (GroßKomm AktG/*Habersack* Rn 36). Entfällt ein Vorstandsmitglied durch Widerruf der Bestellung oder durch Tod, bleiben die übrigen Vorstandsmitglieder gemeinsam vertretungsberechtigt. Wird mit dem Wegfall die satzungsmäßige Mindestzahl der Vorstandsmitglieder unterschritten und fehlt es an einer Regelung zur Einzelvertretung bei einem Einzelvorstand **(Unterbesetzung)**, können die verbliebenen Mitglieder die AG nicht mehr wirksam vertreten (*BGHZ* 149, 158, 161; s § 76

Rn 32). Aus Rechtssicherheitsgründen wird insoweit eine partielle Vertretungsbefugnis trotz Unterbesetzung befürwortet (Fleischer Hdb VorstR/*Kort* § 2 Rn 47; *Götz* ZIP 2002, 1745). Als Abhilfe ist die Satzung zu ändern oder ein neues Vorstandsmitglied zu berufen, ggf ist über § 85 ein Ersatzmitglied gerichtlich zu bestellen.

2. Passive Einzelvertretungsmacht. Durch Abs 2 S 2 wird für die passive Vertretungsmacht eine **Einzelvertretungsmacht** jedes Vorstandsmitglieds bzw jedes AR-Mitglieds im Fall der Führungslosigkeit (Abs 1 S 2) **angeordnet**, unabhängig von einer gemeinschaftlichen, aktiven Vertretungsmacht. Die passive Vertretung beschränkt sich auf die **Entgegennahme** von **Willenserklärungen** und **rechtsgeschäftsähnliche Handlungen**, die gegenüber der Gesellschaft abgegeben werden. Von diesem Grundsatz kann nur durch eine gesonderte Vereinbarung mit einem Dritten im Einzelfall abgewichen werden (GroßKomm AktG/*Habersack* Rn 37). Eine allg Abweichung darf nicht im HR eingetragen werden. 13

3. Führungslosigkeit und Zustellung an Vertreter und empfangsberechtigte Personen. Durch das **MoMiG** neu eingeführt wurde der Tatbestand der **Führungslosigkeit** (Abs 1 S 2); die AG gilt demnach als führungslos, wenn sie keinen Vorstand mehr hat. Als Rechtsfolge wird der AR als Organ unmittelbar mit Entstehung des Zustands **passiv vertretungsbefugt**; ihm gegenüber können daher Willenserklärungen abgegeben und Schriftstücke zugestellt werden. Ob die AG führungslos ist, bemisst sich ausschließlich nach der objektiven Sachlage; Kenntnis der AR-Mitglieder von der Führungslosigkeit ist nicht erforderlich (RegBegr BT-Drucks 16/6140, 126 iVm 102). Neben den Fällen der Abberufung des gesamten Vorstands durch den AR ist auch eine (unbeabsichtigte) Führungslosigkeit durch Tod oder gleichzeitige Niederlegung erfasst. Kann die Gesellschaft **nicht** durch ihre Vorstände **aktiv vertreten** werden, bspw weil die gesetzliche Anzahl nicht gegeben ist (vgl Rn 10 ff), ist hingegen **keine Führungslosigkeit** gegeben, weil passiv Vertretungsberechtigte vorhanden sind. Die Regelung dient der Missbrauchsbekämpfung; insb soll verhindert werden, dass eine missbräuchliche Abberufung des Vorstands zu Zustellungen und den Zugang von Erklärungen an die AG vereitelt (RegBegr BT-Drucks 16/6140, 126 iVm 101), was bei den „Unternehmensbestattungen" die Regel darstellte (vgl *Seibert* ZIP 2006, 1157, 1164). Zu beachten ist auch der neu gefasste § 15a Abs 3 InsO, der dem AR einer führungslosen AG die **Insolvenzantragspflicht** auferlegt. Durch die Gefahr der persönlichen Haftung hat der AR einen noch größeren Anreiz dafür zu sorgen, dass ein Vorstand tatsächlich vorhanden ist (*Knapp* DStR 2008, 2371, 2373). 14

Mit dem **MoMiG** wurde neben den gesetzlichen Vertretungsregeln auch eine **Zustellungsregelung** in Abs 2 S 3, 4 aufgenommen. Diese soll sicherstellen, dass die AG nicht nur ständig empfangsberechtigte Vertreter hat (hierzu Abs 1 S 2), sondern diese Vertreter auch erreichbar sind (vgl *Hüffer* AktG Rn 13a). Abs 2 S 3 fingiert, dass alle Vertreter unter der im HR gem §§ 37 Abs 3 Nr 1, 39 Abs 1 **eingetragenen Geschäftsadresse** erreicht werden können. Dies begründet die **unwiderlegbare Vermutung**, dass eine abgegebene Willenserklärung oder ein Schriftstück unabhängig von realer Kenntnisnahme mit Eintritt in den Machtbereich der AG zugeht (RegBegr BT-Drucks 16/6140, 126 iVm 102). Es liegt somit auch dann eine wirksam abgegebene Willenserklärung vor, wenn der Erklärende davon ausgehen muss, dass unter der real existierenden Geschäftsadresse faktisch niemand zu erreichen ist (vgl *Steffek* BB 2007, 2077, 2079). Die Vermutung greift jedoch nicht ein, wenn mangels Geschäftslokal oder 14a entspr Rechtsschein die Erklärung erst gar nicht in den Machtbereich der AG gelangen kann (*Möller* Der Konzern 2008, 1, 7).

14b Alternativ besteht die Möglichkeit, die Willenserklärung gem Abs 2 S 4 gegenüber der als **empfangsberechtigt im HR eingetragenen Person** iSd § 39 Abs 1 S 2 HS 1 abzugeben. Die Eintragung einer solchen Person ist fakultativ (vgl § 39 Rn 2). Sofern auch auf diesem Weg ein Zugang der Willenserklärung nicht zu erreichen ist, ist der Zugang unmöglich iSd § 15a S 1 HGB und die Zustellung kann nach den für die **öffentliche Zustellung** geltenden Vorschriften (§§ 185 Nr 2, 186 ff ZPO) erzwungen werden. Die Zustellung erfolgt dann gem § 186 Abs 2 S 1 ZPO entweder durch Aushang der Benachrichtigung an der Gerichtstafel oder durch Einstellung in ein elektronisches Informationssystem.

14c 4. Konsequenzen für den Aufsichtsrat. Wird der AR entspr Abs 1 S 2 passiv vertretungsberechtigt und kann an die Geschäftsadresse zugestellt werden, bzw können dort Willenserklärungen abgegeben werden (Abs 2 S 3), wird sich daraus für den AR die **Pflicht ergeben**, jedenfalls zur Vermeidung einer etwaigen Haftung, in **angemessenen Abständen zur Kenntnisnahme bereit zu sein**. Aus der ausdrücklich passiv ausgestalteten Vertretungsmacht wird aber dann eine weitere **aktive Handlungspflicht entstehen**, wenn sich dieses aus der Zustellung oder Abgabe einer Willenserklärung ergibt. Wird bspw eine Klageschrift entspr zugestellt, dürfte der AR verpflichtet sein, unverzüglich einen Vorstand zu bestellen, der die erforderlichen Vertretungsmaßnahmen ergreift. Dieses entspricht der Verpflichtung zur Vervollständigung des Vorstands bei Unterbesetzung (vgl *BGHZ* 149, 158, 161 f; MünchHdb AG/*Wiesner* § 19 Rn 32). In jedem Fall ist der AR wg § 111 Abs 4 S 1, vorbehaltlich der Möglichkeit einer interimistischen Übernahme einer Vorstandsposition gem § 105 Abs 2, aber **nicht verpflichtet oder berechtigt**, die Aufgaben des Vorstands, dh **Leitung, Geschäftsführung und aktive Vertretung wahrzunehmen**.

14d Inwieweit eine Haftung der AR-Mitglieder **entstehen** kann, richtet sich nach §§ 116, 93. **Verhindert der AR**, dass **Willenserklärungen zugehen** oder dass **Zustellungen** erfolgen können, wird eine Pflichtverletzung anzunehmen sein. Bestellt der AR entgegen dem dringenden Erfordernis, also bei positivem Wissen durch die Zustellung an ihn, keinen Vorstand, kann dies eine Pflichtverletzung darstellen, wenn geeignete Personen zur Verfügung stehen. Hat der AR alle angemessenen Mittel ergriffen, um einen neuen Vorstand zu bestellen, wird hingegen keine Pflichtverletzung anzunehmen sein. Dem AR soll nicht das Risiko auferlegt werden, tatsächlich einen Vorstand zu finden und zu bestellen. Dieses wird durch die Möglichkeit einer gerichtlichen Bestellung nach § 85 bestätigt.

IV. Zulässige Gestaltungsmöglichkeiten, Abs 3

15 Entgegen dem gesetzlichen Regelfall der Gesamtvertretung ermöglicht Abs 3 abw Vertretungsregelungen aufzustellen. Der Verkehrsschutz setzt voraus, dass eine solche Regelung **hinreichend bestimmt** ist. Daher ist eine Regelung unzulässig, nach der bei Verhinderung eines Vorstandsmitglieds die übrigen Mitglieder ohne dieses vertretungsberechtigt werden (vgl KölnKomm AktG/*Mertens/Cahn* Rn 37). Unzulässig ist auch ein völliger Ausschluss eines Vorstandsmitglieds (*Hüffer* AktG Rn 14). Eine Einzelvertretung oder eine Vertretung gemeinsam mit einem Prokuristen kann durch die Satzung vorgesehen sein (S 1) oder auf Grundlage einer Satzungsermächtigung durch den

Vertretung § 78

AR bestimmt werden (S 2). Der AR (nicht die Satzung selbst) kann die Entscheidung über eine Ausübung der Ermächtigung entspr § 107 Abs 3 einem Ausschuss überlassen. Durch einen einfachen **HV-Beschluss** kann eine entspr Regelung dagegen **nicht getroffen** werden (Spindler/Stilz AktG/*Fleischer* Rn 27). Regelungen in der **Satzung** müssen **abstrakt gefasst** werden und dürfen sich nicht nur auf bestimmte Personen beziehen (GroßKomm AktG/*Habersack* Rn 43). Dagegen kann der AR entsprechend der Satzungsermächtigung auch für bestimmte Vorstände Regelungen erlassen, diese dürfen aber nur allg Natur sein und sich nicht auf bestimmte Geschäfte beziehen (*Mertens/Cahn* aaO Rn 44, 46).

1. Einzelvertretung und gemeinschaftliche Vertretung. Die **Einzelvertretung** ist die 16 Vertretung der Gesellschaft durch einzelne Vorstandsmitglieder ohne Mitwirkung anderer Vorstandsmitglieder oder eines Prokuristen. Sie kann auch nur einem einzelnen Vorstandsmitglied eingeräumt werden, für die Übrigen bleibt es dann bei der Gesamtvertretung (Fleischer Hdb VorstR/*Kort* § 2 Rn 54). Die Einzelvertretungsmacht kann inhaltlich nicht eingeschränkt werden (*Hüffer* AktG Rn 15). Nicht in Abs 3 ausdrücklich vorgesehen aber zulässig ist auch die **gemeinschaftliche Vertretung** durch zwei oder mehrere Vorstandsmitglieder (K. Schmidt/Lutter AktG/*Seibt* Rn 27). Ferner ist eine sog **halbseitige Gesamtvertretung** möglich, bei der ein Vorstandsmitglied alleinvertretungsberechtigt ist, ein anderes Vorstandsmitglied aber nur mit diesem gemeinsam vertreten kann (KölnKomm AktG/*Mertens/Cahn* Rn 33; *Hüffer* aaO Rn 18).

2. Unechte Gesamtvertretung. Zulässig ist auch die **unechte Gesamtvertretung. Vor-** 17 **standsmitglieder** können **mit einem Prokuristen gemeinsam** vertreten, wenn Gesamtvertretungsmacht oder gemeinschaftliche Vertretungsmacht besteht (*BGHZ* 26, 330, 333). Der Umfang der Vertretungsmacht richtet sich in dem Fall nicht nach der Rechtsstellung des Prokuristen, sondern nach der Vertretungsmacht des Vorstandsmitglieds (*Hüffer* AktG Rn 17; K. Schmidt/Lutter AktG/*Seibt* Rn 26 aE). Der Gesamtvorstand kann nicht auf die Mitwirkung eines Prokuristen verwiesen werden (Fleischer Hdb VorstR/*Kort* § 2 Rn 54), dh die organschaftliche Vertretung ausschließlich durch Vorstandsmitglieder muss stets möglich sein. Verbleibt nach Wegfall anderer Vorstandsmitglieder nur ein Vorstandsmitglied in unechter Gesamtvertretung mit einem Prokuristen, so ist keine gesetzliche Vertretung mehr gegeben (MünchKomm AktG/*Spindler* Rn 45 f); erforderlich sind dann Satzungsänderung oder Neubestellung (GroßKomm AktG/*Habersack* Rn 45). Teilw wird auch bei Alleinvertretungsmacht eine unechte Gesamtvertretung als zulässig angesehen (*Habersack* aaO; KölnKomm AktG/*Mertens/Cahn* Rn 38, 41), wg der Notwendigkeit der organschaftlichen Vertretung allerdings nur bei Alleinvertretungsmacht im mehrköpfigen Vorstand. Der **Prokurist** hat im Falle unechter Gesamtvertretung auch **passive Alleinvertretungsmacht** und kann **Anmeldungen** zum **HR** vornehmen, Abs 3 S 3. Die eigene Prokura kann er dagegen nicht anmelden (*BayObLGZ* 1973, 158, 159).

V. Einzelermächtigungen, Abs 4

Sind die Vorstandsmitglieder zur Gesamtvertretung berechtigt, können sie durch 18 Ermächtigung einzelne Vorstandsmitglieder für **bestimmte Geschäfte** bzw **bestimmte Arten von Geschäften** ermächtigen. Nach Abs 4 S 2 bezieht sich dieses auch auf die unechte Gesamtvertretung mit einem Prokuristen. Die **Rechtsnatur** ist **umstritten**; jedenfalls kann keine Bevollmächtigung iSd § 54 HGB vorliegen, da das Vorstandsmit-

Bürgers/Israel

glied Organvertreter ist (vgl *BGHZ* 91, 334, 336; *Hüffer* AktG Rn 20). Vielmehr handelt es sich um eine beschränkte Ausweitung der organschaftlichen Vertretungsbefugnis hin zu einer Alleinvertretung (KölnKomm AktG/*Mertens/Cahn* Rn 58; MünchKomm AktG/*Spindler* Rn 64; Spindler/Stilz AktG/*Fleischer* Rn 42; **aA** *Schwarz* NZG 2001, 529, 534 ff; GroßKomm AktG/*Habersack* Rn 50 is einer Ausübungsermächtigung). Die entspr Ermächtigung ist nicht offen zu legen, vielmehr genügt die Anzeige des Handelns in fremdem Namen (vgl § 79 Rn 2).

19 **1. Erteilung.** Die Ermächtigung wird von den **vertretungsberechtigten Vorstandsmitgliedern bzw Prokuristen** ausgesprochen. Es kann aufgrund der erforderlichen Vertretungsbefugnis auch erforderlich sein, dass das zu ermächtigende Vorstandsmitglied bzw der Prokurist an der Ermächtigung mitwirkt; § 181 BGB findet keine Anwendung (MünchKomm AktG/*Spindler* Rn 65; KölnKomm AktG/*Mertens/Cahn* Rn 55; iE K. Schmidt/Lutter AktG/*Seibt* Rn 29; **aA** wohl GroßKomm AktG/*Habersack* Rn 52), so dass der Ermächtigende nicht daran gehindert ist, selbst oder als Vertreter eines Dritten mit dem Ermächtigten der Gesellschaft Verträge abzuschließen. Für die Erteilung ist **keine Form** vorgeschrieben; auch nicht die Form des jeweiligen Rechtsgeschäftes, zu dem ermächtigt werden soll (*Spindler* aaO Rn 66; *Habersack* aaO Rn 51). Insb kann die Ermächtigung **auch konkludent** erteilt werden, bspw durch die **Duldung** eines entspr Handelns (ausf *Schwarz* ZGR 2001, 744, 755 f). Die allg Grundsätze zur Anscheins- und Duldungsvollmacht gelten entspr (Spindler/Stilz AktG/*Fleischer* Rn 44). Entsprechend kann die Ermächtigung auch gegenüber dem Ermächtigten, einem Dritten oder öffentlich erklärt werden, wobei eine Eintragung in das HR mit Verweis auf die Publizitätsrichtlinie möglich erscheint (Fleischer Hdb VorstR/*Kort* § 2 Rn 61; *Schwarz* ZHR 166 (2002), 625, 645 f; zust *Spindler* aaO Rn 59; **aA** *Habersack* aaO Rn 52).

20 **2. Reichweite.** Die Ermächtigung muss sich auf sachlich bestimmte Geschäfte oder sachlich bestimmte Arten von Geschäften beziehen (**Bestimmtheitsgrundsatz**), so dass die Bestimmung von **Wertgrenzen allein unzureichend** ist (*Hüffer* AktG Rn 21 mwN). Eine umfassende Ermächtigung scheidet mit Blick auf die Gesamtvertretung aus. Es sind somit möglichst klar bezeichnete, abgrenzbare Schranken zu ziehen, die eine Generalvollmacht ausschließen (MünchKomm AktG/*Spindler* Rn 68). Ebenfalls unvereinbar ist die gegenseitige Ermächtigung für das jeweilige Ressort (*BGH* NJW 1988, 1199, 1200). In Frage kommen bspw Führung eines Kontos, der gewöhnliche Geschäftsverkehr einer Zweigniederlassung oder die Vornahme bestimmter Rechtsgeschäfte bis zu einem festgesetzten Höchstvolumen. Eine Übertragung der Grundsätze des § 54 HGB zum Schutze des Rechtsverkehrs ist nicht geboten, da hier eine organschaftliche Vertretung gegeben ist und eine Eintragung ins HR möglich ist (K. Schmidt/Lutter AktG/*Seibt* Rn 30; GroßKomm AktG/*Habersack* Rn 53; Schlegelberger HGB/*K. Schmidt* § 125 Rn 43; **aA** KölnKomm AktG/*Mertens/Cahn* Rn 58).

21 **3. Widerruf.** Eine erteilte Ermächtigung kann bis zu ihrer Ausübung **jederzeit, formlos** und **ohne Begründung** widerrufen werden (*Hüffer* AktG Rn 22). Zum Widerruf ist jeder berechtigt, der an der Erteilung der Ermächtigung mitgewirkt hat, dh diese ausgesprochen hat; im Falle einer unechten Gesamtvertretung also auch ein Prokurist (**hM** KölnKomm AktG/*Mertens/Cahn* Rn 62; GroßKomm AktG/*Habersack* Rn 56; Spindler/Stilz AktG/*Fleischer* Rn 47; **aA** MünchKomm AktG/*Spindler* Rn 72 f, nur vertretungsberechtigte Anzahl). Auf ein Widerrufsrecht kann nicht verzichtet werden.

Es sind insoweit §§ 170, 171 BGB entspr anwendbar. An der Ermächtigung nicht beteiligte Vorstandsmitglieder können diese nur dann widerrufen, wenn sie in vertretungsberechtigter Anzahl handeln (*Hüffer* aaO; *Spindler* aaO Rn 73; **aA** *Habersack* aaO; *Fleischer* aaO, kein Widerruf möglich).

§ 79
(aufgehoben)

§ 79 regelte die Zeichnung durch Vorstandsmitglieder. Die Vorschrift wurde zum 1.11.2008 durch das MoMiG vom 23.10.2008 zum Zwecke der Deregulierung aufgehoben (RegBegr BT-Drucks 16/6140, 119 iVm 98), da die allg Vertretungsregeln der §§ 164 ff BGB eine ausreichende Grundlage für die Klarheit und Sicherheit im Rechtsverkehr bilden.   1

§ 80 Angaben auf Geschäftsbriefen

(1) ¹**Auf allen Geschäftsbriefen gleichviel welcher Form, die an einen bestimmten Empfänger gerichtet werden, müssen die Rechtsform und der Sitz der Gesellschaft, das Registergericht des Sitzes der Gesellschaft und die Nummer, unter der die Gesellschaft in das Handelsregister eingetragen ist, sowie alle Vorstandsmitglieder und der Vorsitzende des Aufsichtsrats mit dem Familiennamen und mindestens einem ausgeschriebenen Vornamen angegeben werden.** ²**Der Vorsitzende des Vorstands ist als solcher zu bezeichnen.** ³**Werden Angaben über das Kapital der Gesellschaft gemacht, so müssen in jedem Falle das Grundkapital sowie, wenn auf die Aktien der Ausgabebetrag nicht vollständig eingezahlt ist, der Gesamtbetrag der ausstehenden Einlagen angegeben werden.**

(2) Der Angaben nach Absatz 1 Satz 1 und 2 bedarf es nicht bei Mitteilungen oder Berichten, die im Rahmen einer bestehenden Geschäftsverbindung ergehen und für die üblicherweise Vordrucke verwendet werden, in denen lediglich die im Einzelfall erforderlichen besonderen Angaben eingefügt zu werden brauchen.

(3) ¹**Bestellscheine gelten als Geschäftsbriefe im Sinne des Absatzes 1.** ²**Absatz 2 ist auf sie nicht anzuwenden.**

(4) ¹**Auf allen Geschäftsbriefen und Bestellscheinen, die von einer Zweigniederlassung einer Aktiengesellschaft mit Sitz im Ausland verwendet werden, müssen das Register, bei dem die Zweigniederlassung geführt wird, und die Nummer des Registereintrags angegeben werden; im Übrigen gelten die Vorschriften der Absätze 1 bis 3 für die Angaben bezüglich der Haupt- und der Zweigniederlassung, soweit nicht das ausländische Recht Abweichungen nötig macht.** ²**Befindet sich die ausländische Gesellschaft in Abwicklung, so sind auch diese Tatsache sowie alle Abwickler anzugeben.**

Übersicht

	Rn		Rn
I. Regelungsinhalt und gemeinschaftsrechtlicher Einfluss	1	IV. Notwendige Angaben	7
II. Geschäftsbriefe	2	V. Geschäftsbriefe mit Auslandsbezug	10
III. Ausnahmetatbestände, Abs 2	6	VI. Rechtsfolgen bei Verstößen	11

§ 80 Angaben auf Geschäftsbriefen

Literatur: *Bärwaldt/Schabacker* Angaben auf Geschäftspapieren inländischer Zweigniederlassungen ausländischer Kapitalgesellschaften, AG 1996, 461; *Holzborn/Israel* Internationale Handelsregisterpraxis, NJW 2003, 3014; *Mutter* Pflichtangaben auf Geschäftsbriefen auch im E-Mail-Verkehr?, GmbHR 2001, 336; *Otte* Folgen der Trennung von Verwaltungs- und Satzungssitz für die gesellschaftsrechtliche Praxis, BB 2009, 344; *Roth/Groß* Pflichtangaben auf Geschäftsbrief und Bestellschein im Internet, K&R 2002, 127; *Schmittmann/Ahrens* Pflichtangaben in E-Mails – Ist die elektronische Post ein Geschäftsbrief?, DB 2002, 1038; *Seibert* Die Umsetzung der Zweigniederlassungs-Richtlinie der EG in deutsches Recht, GmbHR 1992, 738.

I. Regelungsinhalt und gemeinschaftsrechtlicher Einfluss

1 Die Vorschrift geht auf Vorgaben der sog **Publizitätsrichtlinie** (RL 68/151/EWG) zurück und wurde aufgrund der **Zweigniederlassungsrichtlinie** (RL 89/666/EWG) um Abs 4 ergänzt, welcher durch das MoMiG vom 23.10.2008 mit Wirkung zum 1.11.2008 geringfügig geändert wurde. Ziel der Regelung ist eine allg **Information des Rechtsverkehrs** mit grundlegenden Daten der Gesellschaft. Geschäftspartner sollen damit Kenntnis der wesentlichen Charakteristika der Gesellschaft erhalten, ohne diese selbstständig ermitteln zu müssen (*Hüffer* AktG Rn 1). Zudem **erleichtert § 80** die **registerliche Informationseinholung**. Inländische Zweigniederlassungen, auch von aufgelösten, ausländischen Gesellschaften werden gem Abs 4 ebenfalls erfasst. Aufgrund der Organisationsverfassung der **Vor-AG** ist § 80 auf sie entspr anzuwenden (GroßKomm AktG/*Habersack* Rn 1).

II. Geschäftsbriefe

2 Ausgehend vom Informationszweck und den ausdrücklichen Einschränkungen des Abs 2 ist eine **weite Auslegung des Begriffs** Geschäftsbrief geboten, so dass seit 1.1.2007 Geschäftsbriefe gleich welcher Art erfasst sind (Änderung durch **EHUG**, BGBl I 2006 S 2553 v 15.11.2006). Erfasst ist damit jede schriftliche und nach außen gerichtete Mitteilung im Namen der Gesellschaft (*Hüffer* AktG Rn 2). Auf die äußere Form der Mitteilung kommt es nicht an (EHUG RegBegr BT-Drucks 16/960, 66, 47 f). Daher können auch **Vordrucke, individualisierte Preislisten** (vgl auch Rn 4), **Bestätigungen, Rechnungen** oder **Quittungen** Geschäftsbriefe sein. Für formularmäßige Mitteilungen und Berichte gelten durch Abs 2 besondere Regeln (Rn 6). Bei elektronischem Wege, wie durch **Telefax** oder **E-Mail**, versandte Mitteilungen sind Geschäftsbriefe (EHUG RegBegr BT-Drucks 16/960, 66, 48; schon MünchKomm AktG/*Spindler* Rn 18; Spindler/Stilz AktG/*Fleischer* Rn 5; *Schmittmann/Ahrens* DB 2002, 1038, 1040; **aA** noch *Mutter* GmbHR 2001, 336, 337). Hat die Gesellschaft auf die Gestaltung einer Mitteilung keinen Einfluss (Fernschreiben, Telegramm), liegt darin kein Geschäftsbrief (K.Schmidt/Lutter AktG/*Seibt* Rn 8; **aA** *Fleischer* aaO).

3 Aufgrund fehlenden geschäftlichen Bezugs sind rein **private Mitteilungen** wie Glückwunsch- oder Kondolenzschreiben **keine Geschäftsbriefe** (GroßKomm AktG/*Habersack* Rn 5). Interner Schriftverkehr der Gesellschaft zwischen Organen ist ebenso wie zwischen Zweigniederlassungen und zwischen Abteilungen nicht erfasst (K. Schmidt/Lutter AktG/*Seibt* Rn 10). Dagegen können Mitteilungen an verbundene Unternehmen und an AN außerhalb des Weisungsrechts Geschäftsbriefe sein. Richtet die Gesellschaft Schreiben an Aktionäre, sollen diese von § 80 nicht erfasst sein, wenn sie allein ihre mitgliedschaftliche Stellung betreffen (str vgl MünchKomm AktG/*Spindler*

Rn 16; Spindler/Stilz AktG/*Fleischer* Rn 6; **aa** KölnKomm AktG/*Mertens/Cahn* Rn 13).

Ferner sieht Abs 1 S 1 vor, dass ein Geschäftsbrief an einen **bestimmten Empfänger** 4
gerichtet ist, der nicht nur über Gruppenmerkmale zu individualisieren ist. Der Empfänger muss sich dabei aus der Adressierung und nicht aus dem Inhalt ergeben (GroßKomm AktG/*Habersack* Rn 7; KölnKomm AktG/*Mertens/Cahn* Rn 16). Öffentliche Bekanntmachungen, Werbeschriften und allg Preislisten fallen somit nicht in den Anwendungsbereich.

In Abs 3 wird mit Blick auf gemeinschaftsrechtliche Vorgaben klargestellt, dass 5
Bestellscheine auch in Form von Vordrucken nicht unter den Ausnahmetatbestand des Abs 2 fallen. Bestellscheine sind daher in jedem Fall als Geschäftsbriefe den Anforderungen des Abs 1 unterworfen. Bestellscheine sind Vordrucke, mit denen Geschäftspartner der Gesellschaft einen Vertrag auf Leistung der Gesellschaft anbieten oder annehmen (vgl GroßKomm AktG/*Habersack* Rn 12).

III. Ausnahmetatbestände, Abs 2

Durch Abs 2 wird für Mitteilungen und Berichte auf Vordrucken im Rahmen einer 6
bestehenden Geschäftsbeziehung eine Ausnahme von den Anforderungen des Abs 1 gemacht. Dabei muss der **Vordruck** dem Üblichen entsprechen und lediglich die Einfügung im Einzelfall erforderlicher, bes Angaben vorsehen. Die **Üblichkeit** der Verwendung richtet sich nach der jeweiligen Branche, wobei hierbei nicht nur die allg Nutzung, sondern auch die konkrete Gestaltung üblich sein muss (Spindler/Stilz AktG/*Fleischer* Rn 9). Eine **bestehende Geschäftsverbindung** liegt vor, wenn es bereits zu einer Information entspr Abs 1 gekommen ist (*Hüffer* AktG Rn 5; KölnKomm AktG/*Mertens/Cahn* Rn 17). Haben sich die Angaben des Abs 1 geändert oder liegt die Information länger zurück, bspw weil keine kontinuierliche Geschäftsbeziehung besteht, ist unter Beachtung der gemeinschaftsrechtlichen Vorgaben eine enge Auslegung geboten und damit eine erneute Information entspr Abs 1 erforderlich (vgl GroßKomm AktG/*Habersack* Rn 11). Erfasst werden können hiervon bspw Rechnungen, Lieferscheine und Auftragsbestätigungen ebenso wie Kontoauszüge und andere Vordrucke im Bankenverkehr.

IV. Notwendige Angaben

Zunächst sieht Abs 1 S 1 die Angabe von allg Informationen zur Gesellschaft vor. 7
Ausdrücklich erforderlich sind die **Rechtsform** der Gesellschaft, wobei die Abkürzung „AG" ausreicht, und der Sitz der Gesellschaft, wobei der **Satzungssitz** iSd § 5 und nicht ein ggf abw Verwaltungssitz anzugeben ist (vgl *Otte* BB 2009, 344, 345). Der Sitz der Gesellschaft ist unabhängig vom Absendeort des Geschäftsbriefs zu nennen (KölnKomm AktG/*Mertens/Cahn* Rn 4; MünchKomm AktG/*Spindler* Rn 8). Notwendige Angaben sind ferner, auch in abgekürzter Fassung, das für den Sitz der Gesellschaft zuständige **Registergericht** und die **Handelsregisternummer**. Daneben sind die vollständigen Familiennamen und mindestens ein ausgeschriebener Vorname aller **Vorstandsmitglieder** und des **Vorsitzenden des AR** zu nennen. Stellvertretende Vorstandsmitglieder sind ebenfalls in der entspr Form zu nennen. In Übereinstimmung mit der nunmehr geltenden Registerpraxis (vgl § 94 Rn 2) ist allerdings vom Stellvertretungszusatz abzusehen (*Hüffer* AktG Rn 3; **aA** *Spindler* aaO Rn 10 ratsam zur

Klarstellung). Gibt es einen **Vorsitzenden des Vorstands** ist dieser nach Abs 1 S 2 ebenfalls mit dieser Bezeichnung zu nennen.

8 Dagegen sind **Angaben zum Kapital** der Gesellschaft **nicht vorgeschrieben**. Abs 1 S 3 schreibt aber für den Fall der Nennung vor, dass das Grundkapital und ggf der Gesamtbetrag der ausstehenden Einlage, gemessen am Ausgabebetrag, zu nennen ist. Eine gesellschaftsrechtliche Verpflichtung zur Nennung einer ausstehenden **Sacheinlage** besteht nicht (Spindler/Stilz AktG/*Fleischer* Rn 15). Unter dem Gesichtspunkt der Irreführung kann aber eine Klarstellung erforderlich sein, wenn nur Angaben über eine geringe, ausstehende Geldeinlage gemacht werden, aber hohe Sacheinlagen ebenfalls ausstehen (MünchKomm AktG/*Spindler* Rn 12).

9 Aus dem Rechtsgedanken des Abs 1 ist zudem zu schließen, dass im Falle eines **Notvorstands** dieser auch entspr zu benennen ist (KölnKomm AktG/*Mertens/Cahn* Rn 6). Str ist, ob ein Hyperlink, unter dem die Pflichtangaben abrufbar sind, den gesetzlichen Anforderungen genügt (Hölters/*Weber* Rn 4 mwN). Neben den bezeichneten notwendigen Angaben sind auch weitere freiwillige Angaben möglich (**hM** MünchKomm AktG/*Spindler* Rn 13; MünchHdb AG/*Wiesner* § 19 Rn 33; K. Schmidt/Lutter AktG/*Seibt* Rn 5, soweit sie den Rechtsverkehr nicht irreführen; krit *Hüffer* AktG Rn 3; GroßKomm AktG/*Habersack* Rn 14).

V. Geschäftsbriefe mit Auslandsbezug

10 Abs 1 findet auch Anwendung für Geschäftsbriefe mit einem **ausländischen Adressaten** (unstr GroßKomm AktG/*Habersack* Rn 8). Bei einer **inländischen Zweigniederlassung** einer AG mit Sitz im Ausland ist gem Abs 4 das Register, bei dem die Zweigniederlassung geführt wird, und die dortige Registernummer anzugeben (zur Registerpraxis im Ausland ausf *Holzborn/Israel* NJW 2003, 3014). Die Regelungen des Abs 1–3 sind daneben anwendbar, soweit ausländisches Recht keine abw Angaben erforderlich macht. **Geschäftsbriefe** müssen daher nach Abs 1 **entsprechende Angaben** zur ausländischen Gesellschaft machen, wobei ggf **erläuternde Rechtsformhinweise** erforderlich sein können (ausf *Bärwaldt/Schabacker* AG 1996, 461, 462 ff). Abs 4 wurde durch das MoMiG dahin gehend ergänzt, dass inländische Zweigniederlassungen ausländischer Gesellschaften sowohl die ausländische Haupt- wie auch die inländische Zweigniederlassung angeben müssen (sog „doppelte Angabeverpflichtung", vgl RegBegr BT-Drucks 16/6140, 126 iVm 104). Bei einer inländischen Zweigniederlassung einer ausländischen Gesellschaft in Abwicklung ist zudem nach Abs 4 S 2 ein Hinweis, entspr dem für inländische Gesellschaften geltenden § 268 Abs 4, in Geschäftsbriefen erforderlich (ausf GroßKomm AktG/*Habersack* Rn 9).

VI. Rechtsfolgen bei Verstößen

11 Werden entgegen § 80 die erforderlichen Angaben nicht, unrichtig oder unvollständig aufgenommen, kann das Registergericht gem § 407 dieses durch **Zwangsgeld** durchsetzen. Da § 80 keine Form- sondern eine reine **Ordnungsvorschrift** ist (*OLG Stuttgart* Beschl v 3.12.2008 – Az 20 W 12/08), führen Verstöße gegen sie nicht zur Unwirksamkeit der betr Erklärungen. Verstöße können aber zu **Schadensersatzansprüchen** wg Verletzung vorvertraglicher Nebenpflichten (§§ 280 Abs 1 iVm 311 Abs 2 BGB), zur Irrtumsanfechtung oder Rechtsscheinshaftung führen (*Hüffer* AktG Rn 8). § 80 ist auch **Schutzgesetz** iSd § 823 Abs 2 BGB.

§ 81 Änderung des Vorstands und der Vertretungsbefugnis seiner Mitglieder

(1) Jede Änderung des Vorstands oder der Vertretungsbefugnis eines Vorstandsmitglieds hat der Vorstand zur Eintragung in das Handelsregister anzumelden.

(2) Der Anmeldung sind die Urkunden über die Änderung in Urschrift oder öffentlich beglaubigter Abschrift beizufügen.

(3) ¹Die neuen Vorstandsmitglieder haben in der Anmeldung zu versichern, dass keine Umstände vorliegen, die ihrer Bestellung nach § 76 Abs. 3 Satz 2 Nr. 2 und 3 sowie Satz 3 entgegenstehen und dass sie über ihre unbeschränkte Auskunftspflicht gegenüber dem Gericht belehrt worden sind. ²§ 37 Abs. 2 Satz 2 ist anzuwenden.

(4) Die neuen Vorstandsmitglieder haben ihre Namensunterschrift zur Aufbewahrung beim Gericht zu zeichnen.

Übersicht

	Rn		Rn
I. Regelungsinhalt	1	V. Versicherung	5
II. Anmeldepflichtige Tatbestände	2	VI. Rechtswirkung	6
III. Anmeldeverfahren	3	VII. Zeichnung der Unterschrift	7
IV. Verpflichtete	4		

Literatur: *Fleischer* Organpublizität im Aktien-, Bilanz, und Kapitalmarktrecht, NZG 2006, 561; *Kießling/Eichele* Amtsniederlegung des GmbH-Geschäftsführers und Registerlösung, GmbHR 1999, 1165; *Servatius* Zur Eintragung organschaftlicher Vertretungsmacht ins Handelsregister, NZG 2002, 456.

I. Regelungsinhalt

§ 81 stellt sicher, dass im HR **Veränderungen** der Zusammensetzung des Vorstands **1** und die entspr Vertretungsbefugnis **eingetragen** werden und dient damit deren **Publizität**. Inhaltlich werden damit die Informationen zum Gründungsvorstand nach § 39 Abs 1 fortgeführt. Die Anmeldepflicht besteht daher nur solange eine Veränderung fortbesteht (vgl GroßKomm AktG/*Habersack* Rn 5). Die Publizitätsrichtlinie (RL 68/151/EWG) hat eine gesellschaftsrechtliche Verpflichtung in dieser Form nicht gefordert (MünchKomm AktG/*Spindler* Rn 3). Im Zuge des MoMiG vom 23.10.2008 wurde Abs 3 mit Wirkung zum 1.11.2008 redaktionell an den neu gefassten § 76 Abs 3 angepasst.

II. Anmeldepflichtige Tatbestände

Anmeldepflichtig ist die Änderung des Vorstands, also dessen **personelle Zusammen- 2 setzung**. Erfasst sind der Eintritt eines neuen und das Ausscheiden eines bisherigen Vorstandsmitglieds sowie stellvertretender Vorstandsmitglieder. Die Ernennung eines stellvertretenden Vorstandsmitglieds zu einem ordentlichen Vorstandsmitglied ist nicht eintragungsfähig, da ein Stellvertretervermerk nicht ins HR eingetragen werden kann (vgl § 94 Rn 2). Da § 81 die Publizität der Vertretungsverhältnisse sicherstellt, sind Veränderungen, die darauf keinen Einfluss haben, wie die Ernennung zum Vorsitzenden des Vorstands, nicht anmeldepflichtig (KölnKomm AktG/*Mertens/Cahn* Rn 4; *Hüffer* AktG Rn 2). Die **Namensänderung** eines Vorstandsmitglieds ist anmeldepflichtig (MünchKomm AktG/*Spindler* Rn 5; *Fleischer* NZG 2006, 562). Nicht eintragungspflichtig ist die Verlängerung einer Amtszeit (Spindler/Stilz AktG/*Fleischer*

§ 81 Änderung des Vorstands und der Vertretungsbefugnis

Rn 4). Anmeldepflichtig sind zudem **Änderungen der Vertretungsbefugnis**, was auch eine Befreiung nach § 181 BGB betrifft (vgl *BGHZ* 87, 59, 61 f). Erfolgt die Veränderung durch Satzungsänderung, ist nur im Falle einer ersatzlosen Aufhebung der bisherigen Vertretungsregelungen, mit der Folge, dass die gesetzlichen Vertretungsregeln gelten, neben der Anmeldung nach § 181 auch eine gesonderte Anmeldung nach § 81 erforderlich (GroßKomm AktG/*Habersack* Rn 7).

III. Anmeldeverfahren

3 Vorstandsmitglieder haben die Anmeldung elektronisch in **öffentlich beglaubigter Form** beim Registergericht vorzunehmen (§ 12 Abs 1 S 1 HGB); der Anmeldung sind die in Abs 2 genannten Urkunden beizufügen (vgl KölnKomm AktG/*Mertens/Cahn* Rn 12). Das Registergericht prüft, ob die vorgelegte Urkunde eine entspr Eintragung rechtfertigt und fordert ggf weitere Unterlagen an (vgl *OLG Düsseldorf* NJW-RR 2001, 902, zur GmbH). Der Prüfungsumfang des Registergerichts erfasst bei einer Abberufung eines Vorstandsmitglieds nur die Ordnungsmäßigkeit der Beschlussfassung des AR, nicht dagegen, ob konkret ein wichtiger Grund gegeben war.

IV. Verpflichtete

4 Zuständig für die Anmeldung nach Abs 1 ist der **Vorstand** iRd Vertretungsbefugnis, wobei er sich nach § 12 Abs 2 S 1 HGB mit öffentlich beglaubigter Vollmacht vertreten lassen kann (GroßKomm AktG/*Habersack* Rn 8). Neubestellte Vorstandsmitglieder können selbst die Anmeldung vornehmen, wenn sie ihre Anmeldebefugnis nachweisen. Anmeldepflichten durch Satzungsänderungen, die erst durch Eintragung nach § 181 Abs 3 wirksam werden, sind entspr der bisherigen Vertretungsberechtigung anzumelden. Die Kosten der Anmeldung trägt die Gesellschaft (*Hüffer* AktG Rn 6). Die Anmeldepflicht ist durch Satzung nicht abdingbar, da es sich um eine öffentlich-rechtliche Verpflichtung handelt (MünchKomm AktG/*Spindler* Rn 21). Nach § 14 HGB kann das Registergericht bei fehlender Anmeldung einschreiten. Der AR kann in diesen Fällen nach § 14 HGB vorgehen oder den Vorstand in Vertretung der Gesellschaft durch Klage hierzu verpflichten. **Ausgeschiedene Vorstandsmitglieder** können in einem begrenzten Zeitraum nach dem Ausscheiden die Anmeldung selbst vornehmen (überzeugend *Habersack* aaO Rn 9, wg berechtigten Interesses; aA *Hüffer* aaO Rn 5; KölnKomm AktG/*Mertens/Cahn* Rn 10; K. Schmidt/Lutter AktG/*Seibt* Rn 9); jedenfalls haben sie einen klagbaren Anspruch gegen die Gesellschaft auf Anmeldung ihres Ausscheidens (Spindler/Stilz AktG/*Fleischer* Rn 9).

V. Versicherung

5 Neue Vorstandsmitglieder müssen in der Anmeldung versichern, dass keine **Bestellungshindernisse** aus dem durch das MoMiG erweiterten Katalog der § 76 Abs 3 S 2 Nr 2, 3 sowie S 3 (s § 76 Rn 34 f) bestehen und eine **Belehrung** über die unbeschränkte Auskunftspflicht erfolgt ist. Mit Abs 3 werden die Verpflichtungen aus § 37 Abs 2 auch auf eintretende Vorstandsmitglieder erstreckt und § 76 Abs 3 S 2 Nr 2, 3 und S 3 durchgesetzt (vgl § 37 Rn 4 f). Die entspr Versicherungen sind höchstpersönlich abzugeben, da falsche Versicherungen nach § 399 Abs 1 Nr 6 strafbar sind (Spindler/Stilz AktG/*Fleischer* Rn 19).

VI. Rechtswirkung

Anmeldungen haben, mit Ausnahme von § 181 Abs 3, **deklaratorischen Charakter** und führen nicht zur Heilung fehlerhafter Änderungen (Spindler/Stilz AktG/*Fleischer* Rn 20 f). Dritte können sich nach § 15 Abs 3 HGB auf die Bekanntmachung berufen, wenn sie die Unwirksamkeit nicht kannten. Fehlt die Eintragung findet § 15 Abs 1 HGB zum Schutz eines gutgläubigen Dritten Anwendung, auch wenn eine Voreintragung fehlt (vgl *BGHZ* 87, 59, 61 f).   6

VII. Zeichnung der Unterschrift

Mit der Schaffung des elektronischen Handels- und Unternehmensregisters durch das EHUG (BGBl I 2006, 2553 v 15.11.2006) ist Abs 4 zum 1.1.2007 entfallen und damit auch die Einreichungspflicht einer Unterschriftsprobe.   7

§ 82 Beschränkungen der Vertretungs- und Geschäftsführungsbefugnis

(1) Die Vertretungsbefugnis des Vorstands kann nicht beschränkt werden.

(2) Im Verhältnis der Vorstandsmitglieder zur Gesellschaft sind diese verpflichtet, die Beschränkungen einzuhalten, die im Rahmen der Vorschriften über die Aktiengesellschaft die Satzung, der Aufsichtsrat, die Hauptversammlung und die Geschäftsordnungen des Vorstands und des Aufsichtsrats für die Geschäftsführungsbefugnis getroffen haben.

Übersicht

	Rn		Rn
I. Regelungsinhalt	1	3. Nahestehende Personen-	
II. Unbeschränkbarkeit der Vertre-		kreise	8
tungsmacht	2	III. Beschränkung der Geschäftsfüh-	
1. Immanente Grenzen	3	rungsbefugnis	10
2. Missbrauch der Vertretungs-			
macht	4		

Literatur: *Fleischer* Reichweite und Grenze der unbeschränkten Organvertretungsmacht im Kapitalgesellschaftsrecht, NZG 2005, 529; *John* Zum Mißbrauch der Vertretungsmacht durch die Gesellschaftsorgane, GmbHR 1983, 90; *Rohde/Geschwandtner* Zur Beschränkung der Geschäftsführungsbefugnis des Vorstands einer Aktiengesellschaft – Beschluss der HV nach § 119 II AktG und die Pflicht zur Ausführung durch den Vorstand, NZG 2005, 996; *K. Schmidt* § 41 Abs 2 AktG – eine gegenstandslose und verfehlte Bestimmung, FS Kraft, 1998, S 573.

I. Regelungsinhalt

Mit § 82 werden die Vorschriften zur Vertretungsmacht (§ 78) und Geschäftsführungsbefugnis (§ 77) ergänzt. Abs 1 schließt eine Beschränkung der Vertretungsmacht, auf die sich die Gesellschaft auch gegenüber Dritten berufen kann, aus, wohingegen Beschränkungen im Innenverhältnis (Geschäftsführungsbefugnis) nach Abs 2 zulässig sind. Rechtliches Können und Dürfen sind somit nicht kongruent. Der **Schutz des Rechtsverkehrs** erhält damit Vorrang vor den Interessen des Vertretenen. Die im angloamerikanischen Rechtsraum vorherrschende *ultra vires doctrin*, nach der die rechtliche Handlungsfähigkeit auf den satzungsmäßigen Geschäftszweck beschränkt   1

§ 82 Beschränkungen der Vertretungs- und Geschäftsführungsbefugnis

ist, hat keinen Einzug gefunden (ausf *Fleischer* NZG 2005, 529 ff). Die Publizitätsrichtlinie (RL 68/151/EWG) sieht in Art 9 die Unbeschränkbarkeit vor, lässt aber Ausnahmen iSd ultra vires-Lehre und bei Evidenz für den Dritten zu (GroßKomm AktG/ *Habersack* Rn 2). § 82 findet auch auf **Vorgesellschaften** Anwendung, denn es besteht schon ein entspr Verkehrsschutzbedürfnis, das dem Interesse der Gründer vorgeht (Spindler/Stilz AktG/*Fleischer* Rn 6; K. Schmidt/Lutter AktG/*Seibt* Rn 2; Münch-Komm AktG/*Spindler* Rn 3; *K.* Schmidt FS Kraft, S 583 f; **aA** *Habersack* aaO Rn 3; *Hüffer* AktG § 41 Rn 11; ausf § 41 Rn 8 f).

II. Unbeschränkbarkeit der Vertretungsmacht

2   Die grds unbeschränkte Vertretungsmacht aus § 77 wird durch das Verbot der Beschränkung in Abs 1 flankiert. Eine Beschränkung im Innenverhältnis ist gegenüber Dritten grds unwirksam. Im HR eingetragene Beschränkungen sind unwirksam und registerrechtlich unzulässig (KölnKomm AktG/*Mertens/Cahn* Rn 6). Abzugrenzen von einer echten Beschränkung der Vertretungsmacht sind Geschäfte, die dem Vorstand ohnehin, auch bei unbegrenzter Vertretungsmacht, nicht gestattet sind (bspw §§ 134, 138 BGB, §§ 57, 71 AktG), die der Zustimmung durch die HV (zB §§ 50, 52 Abs 1, 93 Abs 4, 179a Abs 1) oder durch den AR (zB §§ 89, 114 Abs 1, 32 MitbestG) oder 246 Abs 2, 249 Abs 1) bedürfen.

3   **1. Immanente Grenzen.** Die **Kompetenzverteilung** der AG setzt der Vertretungsbefugnis Grenzen. Wird der **HV die Zuständigkeit** für bestimmte sog sozialrechtliche Akte zugewiesen, hat der Vorstand insoweit keine Vertretungsbefugnis (bspw Satzungsänderung, Bestellung und Abberufung von AR-Mitgliedern, vgl § 76 Rn 2). Ebenso kann die **AR-Zuständigkeit** nach § 112 und die Aufgabenzuweisung für bes Vertreter (§ 147 Abs 2) die Vertretungsbefugnis begrenzen. Auch gesetzliche Zustimmungsvorbehalte zugunsten der HV (bspw §§ 93 Abs 4, 116, 179a, 293, 295) oder des AR (bspw §§ 112, 114, 115) können die Vertretungsbefugnis einschränken und führen zu deren Unwirksamkeit (MünchKomm AktG/*Spindler* Rn 20). Gesellschaften aus dem Nicht-EU-Ausland mit inländischem Sitz können sich auf Beschränkungen der Vertretungsmacht nur berufen, wenn diese beim HR eingetragen sind (es gilt die sog Sitztheorie); innerhalb der EU gilt die Gründungstheorie, so dass nach ausländischem Gründungsrecht bestehende Beschränkungen auch ohne Eintragung wirksam sind (ausf *Spindler* aaO Rn 23 f). Missachtet der Vorstand die immanenten Grenzen, treten die **Rechtsfolgen des §§ 177 ff BGB** ein (*Hüffer* AktG Rn 5). Rechtsgeschäfte sind nach § 134 BGB nichtig, wenn der Vorstand gänzlich von einer Vertretung nach § 112 ausgeschlossen ist (KölnKomm AktG/*Mertens/Cahn* Rn 8; *Spindler* aaO Rn 26; MünchHdb AG/*Wiesner* § 23 Rn 18).

4   **2. Missbrauch der Vertretungsmacht.** Dritte sind bei einem Missbrauch der Vertretungsmacht nicht schutzwürdig. Entfällt die Schutzwürdigkeit des Rechtsverkehrs, kann die unbeschränkbare Vertretungsmacht der Gesellschaft nicht mehr entgegengehalten werden (Fleischer Hdb VorstR/*Kort* § 2 Rn 43 f). Wirkt ein Dritter mit dem Vorstand zum Nachteil der Gesellschaft zusammen (**Kollusion**), ist ein Missbrauch der Vertretungsmacht gegeben. Allerdings dürfte zumeist schon sittenwidriges Verhalten gegeben sein (§ 138 BGB), so dass sich die Nichtigkeit schon daraus ergibt (Groß-Komm AktG/*Habersack* Rn 11). Wird dagegen bei Kollusion auf den Missbrauch der Vertretungsmacht abgestellt, ist umstr welche Rechtsfolge heranzuziehen ist. Die **hM** wendet § 138 BGB entspr an (*BGHZ* 50, 112, 114; *BGH* NJW 1989, 26, 27; Köln-

Komm AktG/*Mertens/Cahn* Rn 45, *Hüffer* AktG Rn 6; MünchKomm AktG/*Spindler* Rn 59), eine **aA** zieht dagegen § 177 BGB heran und ermöglicht der Gesellschaft eine Genehmigung des Geschäfts (Lutter/Hommelhoff GmbHG/*Kleindiek* § 35 Rn 22, 24). Gegenüber der Gesellschaft können die Beteiligten nach §§ 826, 840 BGB haften (*Fleischer* NZG 2005, 529).

Auch bei **Evidenz des Missbrauchs** der Vertretungsmacht kann der Dritte der Gesellschaft die Unbeschränkbarkeit nicht entgegenhalten. Evidenter Missbrauch liegt vor, wenn der Dritte diesen kannte oder aufgrund massiver Verdachtsmomente, die ohne Nachforschungen erkennbar waren, hätte erkennen müssen; der **Missbrauch** hätte sich ihm also **aufdrängen müssen** (stRspr *BGHZ* 127, 239, 241; *BGH* ZIP 1999, 1303, 1304). Aber auch die leichte und grob fahrlässige Nichtkenntnis bzw die objektive Evidenz für den Geschäftsgegner werden als Maßstab herangezogen (Übersicht bei *Fleischer* NZG 2005, 529 mwN). Eine aktive Nachforschungspflicht besteht für den Dritten nicht (*John* GmbHR 1983, 90, 91); ebenso wenig genügt die Bekanntmachung der Satzung, aus der sich etwaige Beschränkungen ergeben (vgl GroßKomm AktG/*Habersack* Rn 10). Eine tatsächliche Benachteiligung der AG ist nicht erforderlich (*BGH* NJW 1988, 2241, 2242; *Habersack* aaO Rn 12). Die AG kann sich in Evidenzfällen dem **Dritten gegenüber** auf den exceptio doli Einwand des § 242 BGB berufen (**hM** *Hüffer* AktG Rn 7; MünchKomm AktG/*Spindler* Rn 64; KölnKomm AktG/*Mertens/Cahn* Rn 49; Spindler/Stilz AktG/*Fleischer* Rn 16). Eine **aA** zieht dagegen **§§ 177 ff BGB** mit einer Genehmigungsmöglichkeit heran (*Habersack* aaO Rn 14; K. Schmidt/Lutter AktG/*Seibt* Rn 7). 5

Überzeugend setzen **Rspr** und **hM** für den Missbrauch **keine bewusste Benachteiligung** der Gesellschaft durch den Vorstand voraus (*BGH* NJW 2006, 2776; NJW 1999, 1303, 1304; *OLG Zweibrücken* NZG 2001, 763; mit Verweis auf Gemeinschaftsrecht GroßKomm AktG/*Habersack* Rn 12, schon objektive Pflichtwidrigkeit, zust *Fleischer* NZG 2005, 529, 535; K. Schmidt/Lutter AktG/*Seibt* Rn 6; Lutter/Hommelhoff GmbHG/*Kleindiek* § 35 Rn 22). **Dagegen** wird teilw eine bewusste Schädigung der Gesellschaftsinteressen gefordert (MünchKomm AktG/*Spindler* Rn 64, fehlende Schutzwürdigkeit; *Hüffer* AktG Rn 7, wg organschaftlicher Vertretungsmacht; Fleischer Hdb VorstR/*Kort* § 2 Rn 44). 6

Im **Verwaltungs- und Gerichtsverfahren** besteht dagegen die unbeschränkte Vertretungsbefugnis fort (GroßKomm AktG/*Habersack* Rn 9). Anerkannt, aber bislang durch Rspr ungeklärt, ist die Vereinbarkeit dieses Grundsatzes mit Art 9 der Publizitätsrichtlinie, für die anzunehmen ist, dass auch dort kein Schutz eines bösgläubigen Dritten gewollt ist (*Habersack* aaO Rn 10; Spindler/Stilz AktG/*Fleischer* Rn 17). 7

3. Nahestehende Personenkreise. Aus dem Normzweck, den Rechtsverkehr zu schützen, ist auch zu schließen, dass die unbeschränkte Vertretungsmacht aus Abs 1 teleologisch einzuschränken ist, wenn Geschäfte mit der Gesellschaft nahestehenden Personengruppen erfolgen. **Mitgliedern des Vorstands und des AR** kann die Gesellschaft interne Beschränkungen entgegenhalten (MünchKomm AktG/*Spindler* Rn 50 f; KölnKomm AktG/*Mertens/Cahn* Rn 14). Für **Rechtsgeschäfte zwischen Mutter- und Tochtergesellschaften** sind interne Beschränkungen auf Seiten der Tochtergesellschaft beachtlich, wenn eine (nahezu) 100 %-Beteiligung, ein Vertragskonzern oder ein Vorstandsdoppelmandat besteht (GroßKomm AktG/*Habersack* Rn 18; Spindler/Stilz AktG/*Fleischer* Rn 23; *OLG Celle* ZIP 2001, 613, 615 f; offen *BGHZ* 122, 132). **Ver-** 8 tretungsbeschränkungen der **Muttergesellschaft** können einer Tochtergesellschaft nicht entgegengehalten werden, hier fehlt es an einem eingeschränkten Schutzbedürfnis (*Fleischer* NZG 2005, 529, 535; *Spindler* aaO Rn 55, keine konzernweite Wissenszurechnung). Beschränkungen gegenüber anderen als oben genannten Konzerngesellschaften sind unwirksam (*Spindler* aaO Rn 48; iE Spindler/Stilz AktG/*Fleischer* Rn 21 ff; **aA** *Habersack* aaO).

9 **Aktionäre** können sich dagegen auf Abs 1 berufen (GroßKomm AktG/*Habersack* Rn 18). Dieses gilt auch für rein innergesellschaftliche Rechtsgeschäfte, denn ihre korporative Stellung kann nicht den Verkehrsschutzzweck der Vorschrift ausschließen (*Fleischer* NZG 2005, 529, 535; MünchHdb AG/*Wiesner* § 23 Rn 3; MünchKomm AktG/*Spindler* Rn 52, Ausnahme allenfalls für Großaktionär; ebenso Spindler/Stilz AktG/*Fleischer* Rn 20). Ebenso können sich **Arbeitnehmer** und Angestellte auf Abs 1 berufen (*Habersack* aaO; differenzierend KölnKomm Akt/*Mertens/Cahn* Rn 15, ggf nach Dienstvertrag Verpflichtung zur Kenntnis).

III. Beschränkung der Geschäftsführungsbefugnis

10 Anders als bei der Vertretungsbefugnis kann die Geschäftsführungsbefugnis im Innenverhältnis iRd Vorschriften des AktG eingeschränkt sein bzw werden. Die Organisationsverfassung der AG, insb die Eigenverantwortlichkeit der Leitung durch den Vorstand muss aber auch bei Einschränkungen gewahrt bleiben. Beschränkungen können durch Gesetz, Satzung, AR, HV und die Geschäftsordnungen des AR und des Vorstands erfolgen. **Gesetzliche Beschränkungen** sind zunächst solche, die sich auch für die Vertretungsbefugnis ergeben. Darüber hinaus sind Kompetenzzuweisungen und Zustimmungsvorbehalte anderer Organe erfasst (vgl Rn 2). Die **Satzung** kann durch die Bestimmung des Unternehmensgegenstands die Geschäftsführungskompetenz des Vorstands beschränken (MünchKomm AktG/*Spindler* Rn 34 ff; eine weite Auslegung befürwortet *OLG Stuttgart* NZG 2006, 790; **aA** *Hüffer* AktG Rn 10; ausf hierzu § 23 Rn 28 ff, insb auch zu Konzern- und Holdingklauseln). Die Satzung kann ferner die Mitwirkung von anderen Organen vorschreiben, bspw § 111 Abs 4 S 2.

11 Auch **Geschäftsordnungen** des Vorstands und des AR können die Geschäftsführungsbefugnis begrenzen bzw diese im Rahmen von §§ 76, 77 bspw durch Ressortverteilung aufteilen. Für bestimmte Arten von Geschäften kann der **AR** seine Zustimmung voraussetzen, aber keine Weisungen erteilen, § 111 Abs 4. Ausnahmen ergeben sich aber nach § 32 MitbestG, § 15 MitbestErgG bei Holdinggesellschaften für Beschl des AR in Bezug auf Tochtergesellschaften (MünchKomm AktG/*Spindler* Rn 40). Die **HV** kann nur in den Fällen des § 119 Abs 2 auf Verlangen des Vorstands über Maßnahmen der Geschäftsführung beschließen, woraufhin der Vorstand aber nach § 83 Abs 2 zur Durchführung verpflichtet ist. Grenze der Beschränkungen muss aber immer die grds Kompetenzverteilung in der AG sein. Nur deklaratorische Bedeutung haben dagegen Beschränkungen der Geschäftsführungskompetenz im Anstellungsvertrag des Vorstands (*Hüffer* AktG Rn 13).

12 **Verstöße gegen Beschränkungen in der Geschäftsordnung** haben im **Außenverhältnis grundsätzlich keine Auswirkung** (Ausnahmen vgl Rn 4 ff). Im Innenverhältnis können sie aber zur **Schadensersatzpflicht** gem § 93 Abs 2 führen (*Hüffer* AktG Rn 14). Zudem kann ein Verstoß zur **Kündigung** und zum **Widerruf der Bestellung** zum Vorstand führen (GroßKomm AktG/*Habersack* Rn 30).

§ 83 Vorbereitung und Ausführung von Hauptversammlungsbeschlüssen

(1) ¹Der Vorstand ist auf Verlangen der Hauptversammlung verpflichtet, Maßnahmen, die in die Zuständigkeit der Hauptversammlung fallen, vorzubereiten. ²Das Gleiche gilt für die Vorbereitung und den Abschluss von Verträgen, die nur mit Zustimmung der Hauptversammlung wirksam werden. ³Der Beschluss der Hauptversammlung bedarf der Mehrheiten, die für die Maßnahmen oder für die Zustimmung zu dem Vertrag erforderlich sind.

(2) Der Vorstand ist verpflichtet, die von der Hauptversammlung im Rahmen ihrer Zuständigkeit beschlossenen Maßnahmen auszuführen.

Übersicht

	Rn		Rn
I. Regelungsinhalt	1	III. Ausführungspflicht	5
II. Vorbereitungspflicht	2	IV. Rechtsfolgen	6
1. HV-Zuständigkeit	2		
2. Verträge mit Zustimmungserfordernis	3		
3. Beschluss	4		

Literatur: *Bürgers* Aktienrechtlicher Schutz beim Delisting?, NJW 2003, 1642; *Fleischer* Vorstandspflichten bei rechtswidrigen Hauptversammlungsbeschlüssen, BB 2005, 2025.

I. Regelungsinhalt

Mit § 83 wird das Zusammenwirken des Vorstands mit der HV bei der Vorbereitung 1 und der Ausführung von HV-Beschlüssen geregelt. Damit wird der HV die ausdrückliche Kompetenz eingeräumt, den Vorstand anzuweisen, Beschl vorzubereiten bzw diese durchzuführen. Die **Vorbereitungspflicht** aus Abs 1 umfasst neben Maßnahmen in der Entscheidungszuständigkeit der HV (S 1) auch den Abschluss von Verträgen, deren Wirksamkeit von der Zustimmung der HV abhängen (S 2). Die Vorschrift ist anders als § 119 **keine Kompetenznorm** zugunsten der HV (*Hüffer* AktG Rn 1) und begründet auch **keine generelle Vorbereitungspflicht** des Vorstands für HV-Beschlüsse (MünchKomm AktG/*Spindler* Rn 2). Die Vorbereitungspflicht gilt jedoch auch im Konzern, so dass die HV weiterhin Maßnahmen vom Vorstand verlangen kann, wenngleich entspr Weisungen nach §§ 308, 323 durch das herrschende Unternehmen erteilt werden können (GroßKomm AktG/*Habersack* Rn 4). Die HV muss nach S 3 entspr Weisungsbeschlüsse fassen. Mit Abs 2 wird die **Ausführungspflicht** des Vorstands für HV-Beschlüsse geregelt, die in die Zuständigkeit der HV fallen.

II. Vorbereitungspflicht

1. HV-Zuständigkeit. Die Vorbereitungspflicht erstreckt sich zunächst nach S 1 nur 2 auf Maßnahmen in der Zuständigkeit der HV. Die Zuständigkeit ergibt sich im Wesentlichen aus der Kompetenzzuweisung in **§ 119 Abs 1** und aus **Satzungsbestimmungen**. Gleiches gilt für **ungeschriebene HV-Kompetenzen** bei strukturändernden Maßnahmen iSd **Holzmüller-** (*BGHZ* 83, 123) bzw **Gelatine-Entscheidung** (*BGHZ* 159, 30) oder bei der **Börsennotierung** bzw beim **Delisting** (*BGH* NJW 2003, 1032; krit *Bürgers* NJW 2003, 1642). Ebenso ist Abs 1 anwendbar, wenn der Vorstand nach § 119 **Abs 2** eine Entscheidung der HV über eine Geschäftsführungsmaßnahme einholt

(*Hüffer* AktG Rn 2; GroßKomm AktG/*Habersack* Rn 6). Keine Vorbereitungspflicht besteht, wenn die Entscheidung der HV nur interne Bedeutung hat (insb §§ 111 Abs 4 S 3, 221 Abs 1–3), also keine Ausführungspflicht des Vorstands besteht und die Entscheidung der HV zur Wirksamkeit im Außenverhältnis nicht erforderlich ist (**hM** *Hüffer* aaO; MünchKomm AktG/*Spindler* Rn 8; *Habersack* aaO; Spindler/Stilz AktG/ *Fleischer* Rn 4; **aA** KölnKomm AktG/*Mertens/Cahn* Rn 4). Die Vorbereitungspflicht erfasst alle Maßnahmen, die erforderlich sind, damit die HV in ihrem Kompetenzbereich eine Abstimmung durchführen kann.

3   **2. Verträge mit Zustimmungserfordernis.** Verträge der Gesellschaft, die nur mit Zustimmung der HV wirksam werden, sind nicht nur vom Vorstand vorzubereiten, sondern nach S 2 **auch abzuschließen.** Erfasst sind **Unternehmens- und Verschmelzungsverträge** (§ 293 Abs 1, 2 AktG; §§ 13, 65, 73 UmwG) ebenso wie ein **Vergleich** oder **Verzicht** auf Ersatzansprüche der Gesellschaft (§§ 50, 53 Abs 1, 93 Abs 4 S 3, 116, 117 Abs 4, 309 Abs 4, 310 Abs 4, 317 Abs 4, 318 Abs 4, 323 Abs 1 S 2) und **Gesamtvermögensgeschäfte** nach § 179a. Die Erstreckung der Kompetenz aus S 1 begründet ein Recht der HV, sich auch eigenständig für entspr Verträge zu entscheiden. Sie kann den Vorstand somit auch gegen seine Überzeugung zur Vorbereitung und zum Abschluss anweisen (Spindler/Stilz AktG/*Fleischer* Rn 5; MünchKomm AktG/*Spindler* Rn 9; KölnKomm AktG/*Mertens/Cahn* Rn 5).

4   **3. Beschluss.** Damit die HV die Vorbereitung und Durchführung vom Vorstand verlangen kann, muss sie nach S 3 einen Beschl fassen. Der Beschl ist mit der Mehrheit zu fassen, die auch für den jeweiligen Beschl über die Maßnahme oder den zustimmungspflichtigen Vertrag erforderlich ist. Ist die **Zustimmung besonderer Aktionäre** oder **Aktionärgruppen** erforderlich (§§ 179 Abs 3, 182 Abs 2, 222 Abs 2, 295 Abs 2), müssen diese auch dem Vorbereitungsverlangen zustimmen (GroßKomm AktG/ *Habersack* Rn 9; Spindler/Stilz AktG/*Fleischer* Rn 6). Hiermit soll verhindert werden, dass der Vorstand zur Vorbereitung bzw zum Abschluss angewiesen wird, obwohl für den Beschl oder Vertrag selbst möglicherweise keine entspr Mehrheit besteht. Eine direkte oder analoge Anwendung für Initiativrechte von Minderheiten (§§ 142, 147) ist nicht möglich, da dieses dem Wortlaut widerspricht und nicht dem Kompetenzschutzzweck entspricht (K. Schmidt/Lutter AktG/*Seibt* Rn 9; KölnKomm AktG/*Mertens/Cahn* Rn 7; *Habersack* aaO Rn 10; **aA** MünchKomm AktG/*Spindler* Rn 12). Gleiches gilt auch für das Widerspruchsrecht von Minderheiten (bspw § 93 Abs 4 S 3) und die Geltendmachung von Ersatzansprüchen der Gesellschaft durch Einzelaktionäre im Konzern, bspw nach § 309 Abs 4 (*Habersack* aaO).

III. Ausführungspflicht

5   Der Vorstand hat Beschl der HV in ihrem Kompetenzbereich **umzusetzen**. Klargestellt wird für Entscheidungskompetenzen der HV, dass Vorstand auch insoweit **Exekutivorgan** der AG ist. Typischerweise ist dieses bei Anmeldungen zum HR erforderlich. Erfasst sind hiervon neben Beschl nach § 119 Abs 1 auch solche, die nach § 119 Abs 2 vom Vorstand vorgelegt wurden (*BGHZ* 146, 288, 293), so dass nach § 93 Abs 4 S 1 eine Haftung des Vorstands auszuschließen ist (*Hüffer* AktG Rn 5; Groß-Komm AktG/*Habersack* Rn 11). Beschl müssen ferner **gesetzmäßig** sein, damit eine entspr Pflicht eintritt; nur dann kann auch eine Haftungsprivilegierung gerechtfertigt sein (Spindler/Stilz AktG/*Fleischer* Rn 9 f; KölnKomm AktG/*Mertens/Cahn* Rn 9). Endet die Anfechtungsfrist nach § 246 Abs 1 und können keine Nichtigkeitsgründe

mehr geltend gemacht werden, beginnt die Umsetzungspflicht (Spindler/Stilz AktG/ *Fleischer* aaO Rn 15 f). Zieht die Umsetzung eines Beschl eine Haftung des Vorstands nach § 93 nach sich, kann er die Ausführung verweigern (vgl *Mertens/Cahn* aaO Rn 10; *Habersack* aaO Rn 13). Ändern sich tatsächliche Umstände nachdem ein rechtmäßiger Beschl gefasst wurde und würde die Umsetzung der AG schaden, kann der Vorstand davon absehen, muss dann aber eine neue Entscheidung der HV herbeiführen (MünchKomm AktG/*Spindler* Rn 18; *Habersack* aaO Rn 13; K. Schmidt/Lutter AktG/ *Seibt* Rn 12; *Fleischer* BB 2005, 2025, 2027). Ausführungspflicht **entfällt** auch bei **entgegenstehenden Gerichtsentscheidungen** (*OLG Frankfurt* NZG 2004, 526 f).

IV. Rechtsfolgen

Verstöße gegen Verpflichtungen aus § 83 können als Pflichtverletzung eine Haftung gem § 93 gegenüber der Gesellschaft nach sich ziehen und eine Abberufung des Vorstands nach § 84 Abs 3 rechtfertigen. Gleichzeitig kann die AG, gem § 112 vertreten durch ihren AR, nach **hM** auch ein Erfüllungsanspruch gegen den Vorstand zustehen (MünchKomm AktG/*Spindler* Rn 25 mwN, Vollstreckung nach § 887 ZPO; K. Schmidt/Lutter AktG/*Seibt* Rn 13) Dies wird aber überzeugend von **aA** abgelehnt, da dieses letztlich Organstreitqualität hat (KölnKomm AktG/*Mertens/Cahn* Rn 12; GroßKomm AktG/*Habersack* Rn 15; *Hüffer* AktG Rn 6). Von letzterer Ansicht wird dagegen ein Individualanspruch der Aktionäre gegen die Gesellschaft auf Erfüllung befürwortet, der sich aus der Verletzung der Mitgliedschaftsrechte ergäbe.

6

§ 84 Bestellung und Abberufung des Vorstands

(1) ¹Vorstandsmitglieder bestellt der Aufsichtsrat auf höchstens fünf Jahre. ²Eine wiederholte Bestellung oder Verlängerung der Amtszeit, jeweils für höchstens fünf Jahre, ist zulässig. ³Sie bedarf eines erneuten Aufsichtsratsbeschlusses, der frühestens ein Jahr vor Ablauf der bisherigen Amtszeit gefasst werden kann. ⁴Nur bei einer Bestellung auf weniger als fünf Jahre kann eine Verlängerung der Amtszeit ohne neuen Aufsichtsratsbeschluss vorgesehen werden, sofern dadurch die gesamte Amtszeit nicht mehr als fünf Jahre beträgt. ⁵Dies gilt sinngemäß für den Anstellungsvertrag; er kann jedoch vorsehen, dass er für den Fall einer Verlängerung der Amtszeit bis zu deren Ablauf weitergilt.

(2) Werden mehrere Personen zu Vorstandsmitgliedern bestellt, so kann der Aufsichtsrat ein Mitglied zum Vorsitzenden des Vorstandes ernennen.

(3) ¹Der Aufsichtsrat kann die Bestellung zum Vorstandsmitglied und die Ernennung zum Vorsitzenden des Vorstands widerrufen, wenn ein wichtiger Grund vorliegt. ²Ein solcher Grund ist namentlich grobe Pflichtverletzung, Unfähigkeit zur ordnungsmäßigen Geschäftsführung oder Vertrauensentzug durch die Hauptversammlung, es sei denn, dass das Vertrauen aus offenbar unsachlichen Gründen entzogen worden ist. ³Dies gilt auch für den vom ersten Aufsichtsrat bestellten Vorstand. ⁴Der Widerruf ist wirksam, bis seine Unwirksamkeit rechtskräftig festgestellt ist. ⁵Für die Ansprüche aus dem Anstellungsvertrag gelten die allgemeinen Vorschriften.

(4) Die Vorschriften des Gesetzes über die Mitbestimmung der Arbeitnehmer in den Aufsichtsräten und Vorständen der Unternehmen des Bergbaus und der Eisen und Stahl erzeugenden Industrie vom 21. Mai 1951 (Bundesgesetzbl. I S. 347) – Montan-Mitbestimmungsgesetz – über die besonderen Mehrheitserfordernisse für einen Aufsichtsratsbeschluss über die Bestellung eines Arbeitsdirektors oder den Widerruf seiner Bestellung bleiben unberührt.

Übersicht

	Rn		Rn
I. Regelungsinhalt	1	V. Widerruf der Bestellung, Abs 3	24
II. Bestellung der Vorstandsmitglieder (Abs 1)	2	1. Zuständigkeit	25
		2. Verfahren	26
1. Zuständigkeit des Aufsichtsrats	3	3. Wichtiger Grund	27
		a) Grobe Pflichtverletzung	29
2. Beschlussfassung	4	b) Unfähigkeit	30
3. Vorstandsfähigkeit	6	c) Vertrauensentzug durch Hauptversammlung	32
4. Bestellungsdauer	7		
5. Wiederbestellung	9	4. Wirksamkeit des Widerrufs	33
6. Bestellungsfehler	12	5. Rechtsmittel	34
III. Anstellungsvertrag (Abs 1 S 5)	13	6. Anderweitige Beendigung	35
1. Arbeitnehmereigenschaft	14	7. Suspendierung	36
2. Zuständigkeit	15	VI. Kündigung des Anstellungsvertrags	37
3. Vertragsdauer	16		
4. Inhaltliche Gestaltungsmöglichkeiten	17	1. Wichtiger Grund	38
		2. Kündigungsfrist	39
5. Konzernanstellungsvertrag	20	VII. Beendigung durch Vorstandsmitglied	40
IV. Ernennung eines Vorstandsvorsitzenden (Abs 2)	21		
		1. Kündigung	40
1. Aufgaben	22	2. Amtsniederlegung	41
2. Vorstandssprecher und CEO	23	VIII. Montanmitbestimmung, Abs 4	42

Literatur: *Bauer/Krets* Gesellschaftsrechtliche Sonderregeln bei der Beendigung von Vorstands- und Geschäftsführerverträgen, DB 2003, 811; *Baums* Der Geschäftsleitervertrag, 1987; *T. Bezzenberger* Der Vorstandsvorsitzende der Aktiengesellschaft, ZGR 1996, 661; *Bürgers/Theusinger* Die Zulässigkeit einvernehmlicher Aufhebung der Bestellung eines Vorstandsmitglieds bei gleichzeitiger Neubestellung, NZG 2012, 1218; *Deilmann* Fehlen einer Directors & Officers (D&O)-Versicherung als Rücktrittgrund für die Organmitglieder einer Aktiengesellschaft, NZG 2005, 54; *Dreher/Görner* Der angemessene Selbstbehalt in der D&O-Versicherung, ZIP 2003, 2321; *Fleischer* Organschaftliche Treuepflicht der Geschäftsleiter im Aktien- und GmbH-Recht, WM 2003, 1045; *ders* Zur Abberufung von Vorstandsmitgliedern auf Druck Dritter, DStR 2006, 1507; *ders* Bestellungsdauer und Widerruf der Bestellung von Vorstandsmitgliedern im in- und ausländischen Aktienrecht, AG 2006, 429; *ders* Gesundheitsprobleme eines Vorstandsmitglieds im Lichte des Aktien- und Kapitalmarktrechts, NZG 2010, 561; *Götz* Die vorzeitige Wiederwahl von Vorständen, AG 2002, 305; *Goette* Der Geschäftsführerdienstvertrag zwischen Gesellschafts- und Arbeitsrecht in der Rspr des Bundesgerichtshofs, FS Wiedemann, 2002, S 873; *Grobys/Littger* Amtsniederlegung durch das Vorstandsmitglied einer AG, BB 2002, 2292; *Grumann/Gillmann* Abberufung und Kündigung von Vorstandsmitgliedern einer Aktiengesellschaft, DB 2003, 770; *Hölters/Weber* Vorzeitige Wiederbestellungen von Vorstandsmitgliedern, AG 2005, 629; *Hoffmann-Becking* Zur rechtlichen Organisation der Zusammenarbeit im Vorstand der AG, ZGR 1998, 497; *ders* Vorstandsvorsitzender oder CEO, NZG 2003, 745; *Janzen* Vorzeitige Beendigung von Vorstandsamt und -vertrag, NZG 2003, 468; *Jooß* Die Drittanstellung des Vorstandsmitglieds einer AG, NZG 2011, 1130; *Koch* Das Abmahnungserfordernis bei der außerordentlichen Kündigung von Organmitgliedern einer Kapitalgesellschaft, ZIP 2005, 1621; *Köhler* Fehlerhafte Vorstandsverträge, NZG 2008, 161; *Krieger*

Bestellung und Abberufung des Vorstands § 84

Personalentscheidungen des Aufsichtsrats, 1981; *Leuchten* Zur vorzeitigen Wiederbestellung von Vorständen, NZG 2005, 909; *Link* Die Amtsniederlegung durch Gesellschaftsorgane, 2003; *Martens* Die außerordentliche Beendigung von Organ- und Anstellungsverhältnis, FS Werner, 1984, S 495; *Paschos/von der Linden* Vorzeitige Wiederbestellung von Vorstandsmitgliedern, AG 2012, 736; *Priester* Neufestsetzung der Amtszeit von Vorstandsmitgliedern, ZIP 2012, 1781; *Reuter* Die aktienrechtliche Zulässigkeit von Konzernanstellungsverträgen, AG 2011, 274; *K. Schmidt* Bestellung und Abberufung des Vorstands in der Insolvenz einer Aktiengesellschaft, AG 2011, 1; *Simons* Vorstandsvorsitzender und Vorstandssprecher, AG 2010, 641; *Steinbeck/Menke* Kündigungsklauseln in Vorstandsanstellungsverträgen, DStR 2003, 940; *Theobald* Drittanstellung von Vorstandsmitgliedern in der Aktiengesellschaft, FS Raiser, 2005, S 421; *Uhlenbruck* Die Kündigung und Vergütung von Beratern, Vorständen und Geschäftsführern in der Unternehmensinsolvenz, BB 2003, 1185; *Wank* Der Fremdgeschäftsführer der GmbH als Arbeitnehmer, FS Wiedemann, 2002, S 587; *Wedemann* Vorzeitige Wiederbestellung von Organmitgliedern: Gesetzesumgehung, Rechtsmissbrauch und intertemporale Organtreue auf dem Prüfstand, ZGR 2013, 316; *Wicke* Der CEO im Spannungsverhältnis zum Kollegialprinzip – Gestaltungsüberlegungen zur Leitungsstruktur der AG, NJW 2007, 3755; *Zimmermann* Vertrauensentzug durch die Hauptversammlung und Stimmrechtsausübung, FS Rowedder, 1994, S 593.

I. Regelungsinhalt

Durch Abs 1 werden die **Bestellung** der Vorstandsmitglieder durch den AR und deren **Anstellungsverträge** mit der AG geregelt (S 5). Damit wird zum Ausdruck gebracht, dass hier zwei verschiedene Rechtsverhältnisse gegeben sind, **organschaftliche Bestellung** und **rechtsgeschäftliche Anstellung** (**hM** *BGH* NJW 2003, 351; MünchKomm AktG/*Spindler* Rn 10 mwN; **aA** *Baums* S 3 ff). Sie sind unabhängig voneinander zu beurteilen (**Trennungsprinzip**), was auch in Abs 3 S 5 zum Ausdruck kommt. 1

II. Bestellung der Vorstandsmitglieder (Abs 1)

Neben einer gerichtlichen Bestellung gem § 85 kann ein Vorstandsmitglied nur durch Beschl des AR nach § 108 bestellt werden. Die Bestellung ist korporativer Akt, der Organstellung begründet, aber der Zustimmung des Bestellten bedarf. Wird die Zustimmung erteilt, erwachsen die Vorstandsrechte und -pflichten mit Zugang der Bestellung (KölnKomm AktG/*Mertens/Cahn* Rn 2). Aufnahme der Tätigkeit oder vorheriger bedingter Anstellungsvertrag können **konkludente Zustimmung** sein (zur Rechtsnatur der Zustimmung und Willensmängeln MünchKomm AktG/*Spindler* Rn 22). Mit der Bestellung kann keine Zuweisung eines Aufgabenbereichs (einzige **Ausnahme: Arbeitsdirektor** nach MitbestG) erfolgen, dies widerspräche dem Konzept der gesamtverantwortlichen Leitung und der diesbezüglichen Satzungs- und Geschäftsordnungskompetenz (**hM** *Hüffer* AktG Rn 3 mwN; **aA** nur *Krieger* S 192 ff; vgl ferner Rn 17 sowie § 77 Rn 7 ff). Neben die gesetzlichen Pflichten als Vorstandsmitglied tritt mit der wirksamen Bestellung eine organschaftliche Treuepflicht gegenüber der AG. 2

1. Zuständigkeit des Aufsichtsrats. Der AR hat die **gesetzliche Pflicht** die Vorstandsmitglieder zu bestellen; diese Pflicht besteht auch in der Insolvenz fort (*OLG Nürnberg* AG 1991, 446, 447; *Hüffer* AktG Rn 5). Die Bestellung hat durch Beschl des **Gesamt-AR** zu erfolgen und kann aufgrund von § 107 Abs 3 S 2 nicht auf einen Ausschuss übertragen werden (statt vieler Fleischer Hdb VorstR/*Thüsing* § 4 Rn 20). Hiervon darf weder vertraglich noch durch korporative Regelungen, bspw durch Satzung 3 oder HV-Beschluss, abgewichen werden (*Hüffer* aaO; GroßKomm AktG/*Kort* Rn 27). Ein **unverbindliches Vorschlagsrecht**, bspw des Vorstands oder eines Aktionärs, kann möglich sein, wenn dieses den AR nicht in seiner freien Entscheidung beeinträchtigt (überzeugend MünchKomm AktG/*Spindler* Rn 14; *Hüffer* aaO; *OLG Stuttgart* AG 2007, 873, 876; **aA** KölnKomm AktG/*Mertens/Cahn* Rn 9). AR-Mitglieder dürfen sich nicht verpflichten, weder gegenüber der AG noch gegenüber Dritten, eine bestimmte Person zum Vorstandsmitglied zu bestellen; solche Vereinbarungen sind nach § 134 BGB nichtig (Nirk/Ziemons/Binnewies Hdb AG/*Ziemons* Bd I Rn 8.119; einschränkend *OLG München* AG 2012, 260, 262). Eine **Verpflichtung** der AG **im Anstellungsvertrag** zur künftigen Bestellung widerspricht diesen Grundsätzen und ist auch nicht durch den Gesamt-AR möglich, da damit eine unzulässige Bindung eines zukünftigen AR vorläge (*Mertens/Cahn* aaO Rn 19; iE Semler/von Schenk Hdb AR/*Fonk* § 9 Rn 215; Spindler/Stilz AktG/*Fleischer* Rn 16). Dieses Verbot hat aber keinen Einfluss auf die Pflicht des AR zur langfristigen Personalplanung bzgl des Vorstands, denn deren mögliche Umsetzung obliegt weiter dem jeweiligen AR (vgl auch DCGK Ziff 5.1.2).

4 **2. Beschlussfassung.** Die Bestellung erfolgt durch einen Beschl des Gesamt-AR gem § 108. Die **Bekanntgabe** des Beschl und der Empfang der **Einverständniserklärung** des Vorstandsmitglieds können durch einen Bevollmächtigten erfolgen, da dies von der Bestellung zu trennen ist (MünchKomm AktG/*Spindler* Rn 17). Vorbereitungsmaßnahmen können einem Ausschuss übertragen werden (sog **finding comittee**), wenn eine hinreichende und kontinuierliche Information des Gesamt-AR sichergestellt ist (*Lutter/Krieger* AR Rn 337). Eine Duldung durch den AR kann den Beschluss nicht ersetzen (*OLG Dresden* AG 2000, 43, 44). Dem Rechtsgedanken des Abs 1 S 3 ist zu entnehmen, dass eine auf die Zukunft gerichtete Bestellung und Eintragung ins HR möglich ist, wenn die Bestellung innerhalb eines Jahres eintritt (ausf *Spindler* aaO Rn 34).

5 Die **Satzung** kann **Formvorschriften** aufstellen (bspw notarielle Beurkundung), aber wg der zwingenden Kompetenz des AR keine abw Mehrheitserfordernisse vorschreiben (KölnKomm AktG/*Mertens/Cahn* Rn 12, 29). Für jedes Vorstandsmitglied ist **gesondert abzustimmen** (MünchKomm AktG/*Spindler* Rn 18; MünchHdb AG/*Wiesner* § 20 Rn 19). Soll ein **AR-Mitglied** zum Vorstand bestellt werden, trifft dieses ein **Stimmverbot**, was zwar im Gesetz nicht ausdrücklich geregelt ist, wg des offensichtlichen Interessenkonflikts und der Unabhängigkeit der AR-Entscheidung jedoch nahe liegt (**hM** *Spindler* aaO; *Hüffer* AktG § 108 Rn 9; GroßKomm AktG/*Kort* Rn 35; Fleischer Hdb VorstR/*Thüsing* § 4 Rn 23; Nirk/Ziemons/Binnewies Hdb AG/*Ziemons* Bd I Rn 8.145; K. Schmidt/Lutter AktG/*Seibt* Rn 10; **aA** KölnKomm AktG/*Mertens* § 108 Rn 50; *Lutter/Krieger* AR Rn 343).

6 **3. Vorstandsfähigkeit.** Die Bestellung setzt voraus, dass eine vorstandsfähige Person bestellt wird. Es muss sich um eine **natürliche Person** handeln, die die **Anforderungen des** durch das MoMiG neu gefassten **§ 76 Abs 3** erfüllt (ausf § 76 Rn 33 ff). Sie muss unbeschränkt geschäftsfähig sein und kann nicht gleichzeitig Mitglied des AR sein, § 105 Abs 1. Ein ständiger Wohnsitz im Inland ist nicht erforderlich ebenso wenig eine bestimmte **Staatsangehörigkeit**. Jedenfalls ist erforderlich, dass ein ausländischer Vorstand jederzeit einreisen kann, wobei die jeweilige Visumspraxis zu berücksichtigen ist (zur GmbH *OLG Köln* GmbHR 1999, 182, 183; *OLG Frankfurt* FGPrax 2001, 124).

Bestellung und Abberufung des Vorstands § 84

Verstößt eine Bestellung gegen diese Voraussetzungen, ist sie nichtig oder wird unwirksam mit dem späteren Wegfall der Voraussetzungen (MünchHdb AG/*Wiesner* § 20 Rn 8). Zutreffend wird nähere Konkretisierung (bspw Aktienbesitz oder bestimmte Qualifizierung) durch **Satzungsvorgaben als zulässig** angesehen, wenn die Entscheidungsfreiheit des AR dadurch nicht unangemessen eingeschränkt wird (MünchKomm AktG/*Spindler* Rn 27; Fleischer Hdb VorstR/*Thüsing* § 4 Rn 15; *Hüffer* AktG § 76 Rn 26). Mit Blick auf das Allgemeine Gleichbehandlungsgesetz (BGBl I S 1897, 1910) und die zugrunde liegenden RL 2000/43/EG und 2000/78/EG sind diskriminierende Voraussetzungen, bspw Religion, Alter, ethnische Zugehörigkeit, unzulässig bzw können eine Schadensersatzpflicht auslösen (ausf *Thüsing* aaO).

4. Bestellungsdauer. Die Bestellung zum Vorstand ist zu **befristen**, wobei **fünf Amtsjahre** die Obergrenze bilden. Der AR soll nach diesem Zeitraum erneut entscheiden, ob der Vorstand seine Arbeit fortsetzen soll. Wie die Amtszeit im Einzelfall befristet wird, liegt allein im Ermessen des AR und kann **nicht** durch **Satzung** oder **HV** beeinflusst werden (MünchKomm AktG/*Spindler* Rn 38). Die Frist beginnt mit dem Zugang der Einverständniserklärung. **Fehlt** eine explizite **Befristung** ist entspr § 157 BGB von einer Amtszeit von fünf Jahren auszugehen (*Hüffer* AktG Rn 7). Eine **automatische Verlängerung** der Bestellung ist **nicht möglich**, es ist ein erneuter Beschluss erforderlich (ausf Rn 9 f). Erfolgt die **Wiedereinsetzung** eines abberufenen Vorstandsmitglieds durch ein Gericht, wird die Zeitspanne des unrechtmäßigen Widerrufs nicht der Gesamtfrist von fünf Jahren hinzugerechnet. Seine Amtszeit endet entspr der ursprünglich beschlossenen Frist und wird nicht etwa durch das Rechtsmittel gehemmt (überzeugend KölnKomm AktG/*Mertens/Cahn* Rn 28). 7

Ein **Mindestzeitraum** der Befristung ist nicht ausdrücklich vorgesehen. Eine unangemessen kurze Amtszeit kann aber pflichtwidrig sein, wenn die Bestellung nicht nur der Überbrückung dient; als Richtwert wird **ein Jahr** befürwortet (KölnKomm AktG/ Mertens/Cahn Rn 24; *Hüffer* AktG Rn 7). Unangemessen kurze Bestellungsdauer führt nicht zur Unwirksamkeit oder Bestellung für angemessene oder gar fünfjährige Amtsdauer, sondern stellt eine **Sorgfaltspflichtverletzung** des AR dar (MünchKomm AktG/*Spindler* Rn 37; Spindler/Stilz AktG/*Fleischer* Rn 12). Grds kann mit dem Vorstand vereinbart werden, dass ihm für den Fall, dass er nicht wiederbestellt wird, ein **Ruhegehalt** oder Ähnliches gezahlt wird. Insoweit ist zunächst die Grenze des § 87 Abs 1, der ein angemessenes Verhältnis zu den Aufgaben des Vorstands und der Lage der Gesellschaft vorsieht, zu berücksichtigen. Die Höhe der vereinbarten Gesamtsumme darf nicht zur faktischen Begrenzung der Entschließungsfreiheit des AR führen (ausf *Spindler* aaO Rn 49). 8

5. Wiederbestellung. Eine wiederholte Bestellung nach Abs 1 S 2 ist nur für jeweils eine weitere Amtszeit von maximal fünf Jahren möglich, die wiederum einen **Beschluss des Gesamt-AR** erfordert, § 107 Abs 3 S 2. Damit wird die Entscheidungsfreiheit des AR in seiner jeweiligen Amtszeit sichergestellt (Fleischer Hdb VorstR/ *Thüsing* § 4 Rn 41). Gleichzeitig wird gewährleistet, dass in angemessenen Abständen eine erneute Entscheidung über die Qualität und Eignung eines Vorstandsmitglieds erfolgt, die auch als **Kontrollmechanismus** wirkt. Frist beginnt mit Beginn der Amtszeit und nicht etwa mit dem Zeitpunkt der Bestellung (K. Schmidt/Lutter AktG/*Seibt* Rn 13). Die Amtzeit verlängert sich nicht dadurch, dass die weitere Tätigkeit des Vorstandsmitglieds geduldet wird; es ist eine **positive Entscheidung** des AR **erforderlich** 9

(MünchKomm AktG/*Spindler* Rn 41). Die Entscheidung über eine Wiederbestellung kann **frühestens** ein Jahr vor Ablauf der vorhergehenden Amtszeit von fünf Jahren erfolgen, Abs 1 S 3. Die **Satzung** kann eine Wiederbestellung ausschließen, denn die Entscheidungsfreiheit des AR wird dadurch nicht unangemessen eingeschränkt (*Thüsing* aaO Rn 42; **aA** *Spindler* aaO Rn 40; KölnKomm AktG/*Mertens/Cahn* Rn 17).

10 Eine **automatische Verlängerung** über fünf Jahre hinaus, etwa unter der Bedingung, dass kein Widerruf erfolgt, kann weder durch die Satzung noch durch eine vertragliche Vereinbarung festgelegt werden; entspr Vereinbarungen sind nach § 134 BGB nichtig (*BGHZ* 10, 187, 194 f; Spindler/Stilz AktG/*Fleischer* Rn 16). Die Bestellung mit einer automatischen Verlängerung auf insgesamt bis zu fünf Jahre ist dagegen zulässig (Fleischer Hdb VorstR/*Thüsing* § 4 Rn 41; MünchKomm AktG/*Spindler* Rn 39). Innerhalb der Frist von fünf Jahren kann der AR auch eine Verlängerung der Amtszeit auf insgesamt fünf Jahre wirksam zusagen (KölnKomm AktG/*Mertens/Cahn* Rn 19; MünchHdb AG/*Wiesner* § 20 Rn 33).

11 Keine Wiederbestellung ist die **vorzeitige Veränderung der Amtszeit**, dh in der laufenden Amtszeit wird eine neue Amtszeit festgesetzt. Es handelt sich um einen Widerruf der bestehenden Bestellung verbunden mit einer erneuten Bestellung. Die Wiederbestellung eines Vorstandsmitglieds für (höchstens) fünf Jahre nach einverständlicher Amtsniederlegung früher als ein Jahr vor Ablauf der ursprünglichen Bestelldauer ist grds zulässig und stellt auch ohne Vorliegen bes Gründe keine unzulässige Umgehung der Regelungen des Abs 1 S 2, 3 dar (*BGH* AG 2012, 677, 678 f; Grigoleit AktG/*Vedder* Rn 11; *Lutter/Krieger* AR Rn 358; MünchHdb AG/*Wiesner* § 20 Rn 32; *Hölters/Weber* AG 2005, 629, 631 f; Spindler/Stilz AktG/*Fleischer* Rn 19, unzulässig bei Gesetzesumgehung oder Rechtsmissbrauch; **aA** *OLG Zweibrücken* v 3.2.2011 Az 4476/10; KölnKomm AktG/*Mertens/Cahn* Rn 23; wohl auch *Hüffer* AktG Rn 7, nur bei Vorliegen bes Gründe zulässig; *Priester* ZIP 2012, 1781). Das Vorgehen kann im Einzelfall rechtsmissbräuchlich sein, wenn der AR – im Einvernehmen mit dem Vorstandsmitglied – Motive verfolgt, die sich vor dem Hintergrund seiner Treuepflicht der Ges gegenüber als rechtsmissbräuchlich erweisen; die Absicht, vollendete Tatsachen zu schaffen, reicht für die Annahme eines Rechtsmissbrauchs nicht aus (*BGH* AG 2012, 677, 679 f; strenger *Wedemann* ZGR 2013, 316, 326 ff: aufgrund des „Grundsatzes der intertemporalen Organtreue" besteht die grds Pflicht, die Wiederbestellung von Vorstandsmitgliedern dem neuen AR zu überlassen). Der DCGK empfiehlt in Ziff 5.1.2 Abs 2 eine vorzeitige Neufestsetzung hingegen nur aus wichtigem Grund, wie eine veränderte Ressortverteilung oder die Bestellung zum Vorsitzenden (MünchKomm AktG/*Spindler* Rn 44; ausf Semler/von Schenk Hdb AR/*Fonk* § 9 Rn 50; weitergehend *Paschos/von der Linden* AG 2012, 736, 740: jeder Umstand, der von einem regelmäßigen Verlauf der Amtszeit abweicht, genügt). Insofern sollte die Entsprechenserklärung vor dem entspr AR-Beschl aktualisiert und eine Abweichung erklärt werden (*Bürgers/Theusinger* NZG 2012, 1218, 1221).

12 **6. Bestellungsfehler.** Aktienrechtliche Bestellungsmängel wie das Fehlen eines AR-Beschlusses oder eine fortgesetzte Tätigkeit nach Ablauf der Höchstfrist, führen dazu, dass bei **tatsächlicher Aufnahme** und Ausübung der Tätigkeit eine vorläufige aber **wirksame Organstellung** erlangt wird (Spindler/Stilz AktG/*Fleischer* Rn 20). Die fehlerhaft begründete Organstellung kann nur durch Widerruf der Bestellung, Abs 3, oder Amtsniederlegung beendet werden (KölnKomm AktG/*Mertens/Cahn* Rn 30;

Bestellung und Abberufung des Vorstands § 84

MünchKomm AktG/*Spindler* Rn 233). Das **faktische Organ** hat die gleichen Rechte und Pflichten wie ein ordentliches Vorstandsmitglied, kann also auch die AG **wirksam vertreten** und hat Anspruch auf **angemessene Vergütung** (vgl unten Rn 13; ausf *Baums* S 168 ff). Die fehlerhafte Bestellung kann nur durch Beschl des Gesamt-AR, entspr § 107 Abs 3 S 2, beendet werden (K. Schmidt/Lutter AktG/*Seibt* Rn 22). Die Regelungen zum Widerruf in der mitbestimmten Gesellschaft, die ein bes Verfahren entspr § 31 Abs 2–4 MitbestG vorsehen, sind hier nicht anwendbar (überzeugend *Mertens/Cahn* aaO Rn 32).

III. Anstellungsvertrag (Abs 1 S 5)

Neben die organschaftliche Bestellung tritt die schuldrechtliche Vereinbarung zwischen der AG und dem Vorstandsmitglied. Es handelt sich grds um einen **Dienstvertrag mit Geschäftsbesorgungscharakter** nach §§ 611 ff, 675 BGB, der durch **aktienrechtliche Sonderregelungen** präzisiert wird (**hM** *BGHZ* 36, 142; K. Schmidt/Lutter AktG/*Seibt* Rn 23). Hauptleistungspflichten sind die Erbringung von Diensten und der Vergütungsanspruch des Vorstandsmitglieds. Der Anstellungsvertrag kommt nach den allg Regeln zustande und wird daher erst mit Zugang der zustimmenden Willenserklärung des Vorstandsmitglieds beim AR wirksam (MünchKomm AktG/*Spindler* Rn 50). Der Anstellungsvertrag erfordert **keine Schriftform** (Semler/von Schenk Hdb AR/*Fonk* § 9 Rn 81). Daher kann er auch mündlich oder sogar konkludent geschlossen werden (*OLG Stuttgart* AG 2003, 211, 213). Nimmt das Vorstandsmitglied die Tätigkeit nach der Bestellung auf, kann darin somit, bei ausbleibendem Widerspruch des AR, ein Vertragsschluss liegen (*Spindler* aaO Rn 64; *OLG Stuttgart* aaO). Bei **fehlerhaftem Anstellungsverhältnis**, bspw einer Anstellung durch den AR-Vorsitzenden ohne Beschl des AR, und Vollzug durch ausgeübte Tätigkeit gelten die Grundsätze eines fehlerhaften Arbeitsverhältnisses entspr (*BGHZ* 65, 190, 194; *BGH* NJW 2000, 2983 f; *Hüffer* AktG Rn 19; GroßKomm AktG/*Kort* Rn 79 ff; Spindler/Stilz AktG/*Fleischer* Rn 84; **aA** *Spindler* aaO Rn 234, Entwicklung ähnlicher Grundsätze aus der Interessenlage). AG schuldet danach verdiente Bezüge einschließlich verdienter Versorgung bis zur **Beendigung**, die nach überwiegender Auffassung durch Kündigung und Beschl des AR erfolgt (*BGH* NJW 2000, 2983 f; KölnKomm AktG/*Mertens/Cahn* Rn 57; ausf *Köhler* NZG 2008, 161, 164). 13

1. Arbeitnehmereigenschaft. Das Vorstandsmitglied bringt typischerweise seine **gesamte Arbeitskraft** in die Tätigkeit ein und wird daher regelmäßig **wirtschaftlich** von der AG **abhängig** sein. Daneben ist der Vorstand als Leitungsorgan **unabhängig** von AR und HV (vgl § 76 Rn 18 ff). Ist ein Vorstandsmitglied gleichzeitig mit mehr als 50 % am Grundkapital beteiligt, schließt dieses eine Arbeitnehmerstellung gänzlich aus, denn dann fehlt es jedenfalls an einer Abhängigkeit. Die Anwendung von **arbeitnehmerbezogenen Normen** ist teilw ausdrücklich ausgeschlossen, bspw § 3 Abs 1 S 2 MitbestG, § 18 Abs 1 Nr 1 ArbZG, § 14 Abs 1 Nr 1 KSchG (ausf MünchKomm AktG/*Spindler* Rn 53). Für Vorstände findet ferner das BetrVG und ArbGG keine Anwendung und sie sind als Träger der Arbeitgeberfunktion für die Arbeitgeberseite als Handels-, Arbeits- und Sozialrichter berufbar (*Spindler* aaO Rn 55). Die Übertragung anderer arbeitsrechtlicher Schutzvorschriften ist abzulehnen, wenn ihr Schutzcharakter gerade auf die persönliche und wirtschaftliche Abhängigkeit abstellt (*Hüffer* AktG Rn 11, 16 ff; *Spindler* aaO Rn 56; KölnKomm AktG/*Mertens/Cahn* Rn 37). 14

15 2. Zuständigkeit. Aufgrund der Verweisung in Abs 1 S 5 sind die Vorschriften zur Bestellung sinngemäß anzuwenden. Die **Abschlusszuständigkeit** liegt ebenfalls beim **AR**, der die AG nach § 112 vertritt. Sie betrifft auch die Änderung von Anstellungsverträgen und darin enthaltene Vergütungsvereinbarungen. Somit sind auch **Stock Option-Programme** miterfasst (hierzu Nirk/Ziemons/Binnewies Hdb AG/*Ziemons* Bd I Rn 8, 332 f). Die Zuständigkeit greift ebenso bei einem „Personalleasing" ein (*KG Berlin* AG 2011, 758). Anders als bei der Bestellung, bei der die Übertragung an einen Ausschuss nach § 107 Abs 3 S 2 ausgeschlossen ist, kann für den Abschluss des Anstellungsvertrags **ein Ausschuss** eingesetzt werden (unstr *BGHZ* 65, 190, 191; *Hüffer* AktG Rn 12 f). Hierfür muss der Beschl zur Überantwortung an den Ausschuss auch eine Abschlussbefugnis enthalten. Der Ausschuss muss **mindesten drei Mitglieder** haben, damit keine Umgehung des allg Beschlussfassungsquorums gem § 108 Abs 2 S 3 erfolgt. Durch den Anstellungsvertrag darf aber der AR **nicht** bzgl einer Bestellung **präjudiziert** werden (MünchKomm AktG/*Spindler* Rn 60). Der Ausschuss darf ferner **keine** Regelungen zur **Ressortverteilung** treffen, da insoweit die Geschäftsordnungskompetenz des Gesamt-AR berührt würde (KölnKomm AktG/*Mertens/ Cahn* Rn 49). Der vorherige Vertragsschluss ist dadurch nicht ausgeschlossen, solange einer Präjudizierung durch eine aufschiebende Bedingung Rechnung getragen wird (Fleischer Hdb VorstR/*Thüsing* § 4 Rn 41; MünchHdb AG/*Wiesner* § 21 Rn 17).

16 3. Vertragsdauer. Auch der Anstellungsvertrag ist auf **fünf Jahre** zu befristen. Grundsätzlich ist zwar der Anstellungsvertrag rechtlich von der Bestellung und ihrer Dauer unabhängig, jedoch stellt ein auf eine längere Dauer oder unbefristet abgeschlossener Anstellungsvertrag eine objektive Gesetzesumgehung des Abs 1 dar. Der Anstellungsvertrag ist folglich, soweit er über fünf Jahre hinaus geht, gem § 134 BGB nichtig (*BAG* AG 2009, 827, 828; iE Spindler/Stilz AktG/*Fleischer* Rn 40). Im Gegensatz zur Bestellung kann aber der Anstellungsvertrag eine **Verlängerungsklausel** für den Fall der Wiederbestellung enthalten (*BGHZ* 10, 187, 194; *Baums* S 439; *Hüffer* AktG Rn 15). Ohne eine Verlängerungsklausel kann frühestens ein Jahr vor Ablauf des Vertragsverhältnisses ein erneuter Beschl des AR erfolgen (ebenso MünchKomm AktG/*Spindler* Rn 68; K. Schmidt/Lutter AktG/*Seibt* Rn 28; *BGH* NJW 1980 1139, 1140; für konkludente Verlängerung *Lutter/Krieger* AR Rn 392). Ohne eine Befristung ist die Vertragsdauer durch Auslegung zu ermitteln und wird daher regelmäßig bis zum Ende der Bestellung als Vorstandsmitglied auszulegen sein (GroßKomm AktG/*Kort* Rn 332 f). Ein Indiz dafür kann auch eine Ruhegehaltsvereinbarung sein (*BGH* WM 1968, 612).

17 4. Inhaltliche Gestaltungsmöglichkeiten. Die Rechte und Pflichten aus dem Anstellungsvertrag sind nicht ausdrücklich geregelt, sondern ergeben sich aus den **Vereinbarungen** und den **aktienrechtlichen Vorschriften**. Die Auslegung des Anstellungsvertrags richtet sich auch nach betrieblicher Übung (*BGH* AG 1995, 188, 189). Neben dem Anspruch auf **Vergütung** und **Gewinnbeteiligung** können **Aufwandsentschädigungen, Versicherungsentgelte, Provisionen, Übergangsgelder** und ähnliche **Nebenleistungen** sowie **Stock Option-Programme** aber auch **nachvertragliche Wettbewerbsverbote** vereinbart werden (ausf § 87 Rn 3). Daneben treten typischerweise **Versorgungsregelungen** für die Zeit nach dem Vertragsende, wie Ruhegehälter und Hinterbliebenenbezüge. Sind keine Regelungen zur **Entgeltfortzahlung** im Krankheitsfall getroffen worden, ist mangels Anwendbarkeit des EFZG, § 616 BGB heranzuziehen, so dass sich eine Fortzahlung auf maximal zwei Wochen erstreckt (*BGH* NJW 1995, 2629; MünchKomm AktG/*Spindler* Rn 81). Findet sich darüber hinaus keine Urlaubs-

Bestellung und Abberufung des Vorstands § 84

regelung im Anstellungsvertrag lässt sich ein **Urlaubsanspruch** nur aus der dienstvertraglichen Fürsorgepflicht der AG als Dienstherrin ableiten (zu den Einzelfragen *Spindler* aaO Rn 85; Spindler/Stilz AktG/*Fleischer* Rn 62 f). Das Vorstandsmitglied hat zudem einen Anspruch auf **Zeugniserteilung** nach § 630 BGB (GroßKomm AktG/ *Kort* Rn 425; *Hüffer* AktG Rn 17). Wg § 623 BGB empfiehlt sich die Klarstellung, dass ein **bisher bestehendes Anstellungsverhältnis** mit der Bestellung aufgehoben wird (*BAG* NJW 2000, 3732, 3733 sowie enger *BAGE* 49, 81, 93; ausf Nirk/Ziemons/Binnewies Hdb AG/*Ziemons* Bd 1 Rn 8.241 ff). Die vorherige Zusage der **Übernahme von Geldstrafen oder -bußen** ist im Hinblick auf § 93 Abs 2 und 4 bedenklich (ausf zur Übernahme von Strafzahlungen und Gerichtskosten durch die AG *Spindler* aaO Rn 86 ff).

Der Anstellungsvertrag wird regelmäßig eine Verpflichtung zum Abschluss einer **18** **D&O-Versicherungspolice** der AG zugunsten des Vorstandsmitglieds enthalten (ausf Fleischer Hdb VorstR/*Thüsing* § 4 Rn 34 f). Seit **VorstAG** ist gem § 93 Abs 2 S 3 ein **Selbstbehalt** des Vorstandsmitglieds von mindestens 10 % des Schadens bis mindestens zur Höhe des Eineinhalbfachen der festen jährlichen Vergütung des Vorstandsmitglieds vorzusehen (s § 93 Rn 40a). Gleichlautendes empfiehlt auch der DCGK in Ziff 3.8.

Vergütungsansprüche des Vorstands unterliegen dem **Lohnpfändungsschutz** nach **19** §§ 850 ff ZPO, da hier der Schutz einer Dienstleistungserbringung zum Lebensunterhalt im Vordergrund steht (*BGH* NJW 1981, 2465, 2466; *Hüffer* AktG Rn 18; MünchHdb AG/*Wiesner* § 21 Rn 7). Solange Vorstandsmitglieder nicht gleichzeitig, auch gemeinsam, Mehrheitsaktionäre sind, unterliegen ihre Versorgungsansprüche aus dem Anstellungsvertrag der **Insolvenzsicherung** gem § 17 Abs 1 S 2 BetrAVG (*BGH* NZG 2003, 327, 328; K. Schmidt/Lutter AktG/*Seibt* Rn 31 f; ausf KölnKomm AktG/*Mertens/Cahn* Rn 68 ff). Der **Zuständigkeitsstreitwert** bei Klagen auf Gehalts- oder Pensionszahlung bestimmt sich nach § 9 ZPO, der **Kostenstreitwert** nach § 42 Abs 3 GKG (*Hüffer* aaO). Ansprüche aus Anstellungsverträgen **verjähren** entspr §§ 195, 199 BGB innerhalb von drei Jahren nach Kenntnis oder Kennenmüssen (MünchKomm AktG/*Spindler* Rn 83).

5. Konzernanstellungsvertrag. Bei Konzernsachverhalten kann erwogen werden, den **20** Anstellungsvertrag, der unabhängig von der organisationsrechtlichen Ebene der Bestellung ist, mit einem Dritten, idR mit der Konzernobergesellschaft, zu schließen. Zwar begegnen solche Verträge für Vorstände im Konzern **Bedenken**, weil sie zu **Konflikten** mit der **eigenverantwortlichen Leitung** der AG nach § 76 und den Vertragspflichten gegenüber dem Dritten führen können (so noch die 2. Aufl; KölnKomm AktG/*Mertens/Cahn* Rn 56; MünchKomm AktG/*Spindler* Rn 66; Fleischer Hdb VorstR/*Thüsing* § 4 Rn 68 f; *Theobald* FS Raiser, S 436 ff; *Lutter/Krieger* AR Rn 405, der eine Zustimmung des AR verlangt; aA *Jooß* NZG 2011, 1130; MünchHdb AG/ *Wiesner* § 21 Rn 2 f; krit *Hüffer* AktG Rn 14). Da jedoch auch **Vorstandsdoppelmandate** zulässig sind (vgl § 76 Rn 28), und der daraus möglicherweise resultierende Interessenkonflikt nicht weniger schwer wiegt als der eines drittangestellten Vorstandsmitglieds, sind Drittanstellungsverträge iE anzuerkennen (*KG* NZG 2011, 865, 866 f; Marsch-Barner/Schäfer Hdb AG/*Mutter* § 19 Rn 79; K. Schmidt/Lutter/*Seibt* Rn 26; MünchHdb AG/*Wiesner* § 21 Rn 2 f; *Joost* NZG 2011, 1130, 1131; *Reuter* AG 2011, 274 ff; krit *Hüffer* AktG Rn 14; vgl auch *Habersack* FS Raiser S 111, 125 zur Erheblichkeit

Bürgers/Israel

des einem Vorstandsdoppelmandat immanenten Interessenkonflikts). Es besteht auch kein Bedürfnis für ein Verbot der Drittanstellung; die **organschaftlichen Befugnisse und Pflichten** bleiben vom Drittanstellungsvertrag **unberührt** (K. Schmidt/Lutter/*Seibt* Rn 26; *Jooß* NZG 2011, 1130, 1132; *Reuter* AG 2011, 274, 277). Zur Klarstellung ist zu empfehlen, das Rechtsverhältnis zwischen Bestellungskörperschaft und Dritten dahingehend zu regeln, dass der Dritte dem Vorstandsmitglied keine Weisungen erteilen und keinen Einfluss auf seine Tätigkeit als Vorstand der Ges nehmen darf. Der Drittanstellungsvertrag bedarf nicht der Zustimmung des AR der Bestellungskörperschaft (*Joost* NZG 2011, 1130; *Reuter* AG 2011, 274, 280); erforderlich ist, dass sich der AR bei der Bestellung mit dem Gefahrenpotential, das in der Drittanstellung im konkreten Fall liegt, auseinandersetzt (vgl *Reuter* AG 2011, 274, 280). Dieses gilt auch für Verträge mit der Muttergesellschaft bei einer **eingegliederten Gesellschaft** und bei **Beherrschungsverträgen**. Auch hier sind dem **Weisungsrecht** jedoch **Grenzen** gesetzt (bspw § 308 Abs 2), die mit Vertragspflichten kollidieren können (so auch K. Schmidt/Lutter/*Seibt* Rn 26).

IV. Ernennung eines Vorstandsvorsitzenden (Abs 2)

21 Bei einem mehrköpfigen Vorstand **kann** der **AR** nach Abs 2 einen **Vorsitzenden** des Vorstands sowie einen **stellvertretenden Vorstandsvorsitzenden** ernennen. Da auch Ziff 4.2.1 DCGK die Bestellung eines Vorsitzenden vorsieht, ist bei Anwendbarkeit von § 161 aufgrund einer Börsennotierung eine Abweichung begründungspflichtig (vgl § 161 Rn 10 f). Auch ein Stellvertreter kann entsprechend bestimmt werden. Die Bestellungskompetenz steht dem Gesamt-AR zu und kann wg § 107 Abs 3 S 2 nicht auf einen Ausschuss delegiert werden. Auch durch eine **Satzungsbestimmung** darf in das Ermessen nicht eingegriffen werden (**hM** MünchKomm AktG/*Spindler* Rn 100; GroßKomm AktG/*Kort* Rn 120). Die Ernennung des jeweiligen Vorsitzenden kann auch in einer gem § 77 Abs 2 vom AR erlassenen **Geschäftsordnung** erfolgen (*Spindler* aaO Rn 101; *Kort* aaO Rn 119). Die Bestellung richtet sich im Wesentlichen nach den Bestimmungen zur Bestellung eines Vorstandsmitglieds (*Hüffer* AktG Rn 20). Dieses umfasst neben dem erforderlichen **Einverständnis** des Vorstandsmitglieds auch eine zeitliche **Befristung** auf fünf Jahre (*Spindler* aaO). Aus § 29 **MitbestG** ist zu schließen, dass für die Bestellung nicht das Verfahren nach § 31 MitbestG heranzuziehen ist, so dass der AR durch einfache Mehrheit beschließen kann (KölnKomm AktG/*Mertens/Cahn* Rn 100; *Hüffer* aaO; Spindler/Stilz AktG/*Fleischer* Rn 88; **aA** *Krieger* S 254).

22 **1. Aufgaben.** Die Aufgabenzuweisung an den Vorstandsvorsitzenden ist gesetzlich nicht abschließend geregelt. Vielmehr ergibt sich eine ausdrückliche Erwähnung nur hinsichtlich seiner Bezeichnung für die **Geschäftsbriefe** nach § 80 Abs 1 S 2 und **bilanzrechtlich** für den **Anhang** nach § 285 Nr 10 S 2 HGB. Durch **Satzung** und **Geschäftsordnung** können ihm spezifische Aufgaben und Rechte zugewiesen werden. Dies können **leitende** oder **koordinierende Aufgaben** für den Vorstand sein sowie üblicherweise auch eine **repräsentative Funktion** (K. Schmidt/Lutter AktG/*Seibt* Rn 41). Insb kann dem Vorstandsvorsitzenden in Pattsituationen das Recht zum Stichentscheid eingeräumt werden (Spindler/Stilz AktG/*Fleischer* Rn 89 aE; *Seibt* aaO § 77 Rn 12; *Wicke* NJW 2007, 3755, 3756). Außerhalb der mitbestimmten AG ist auch die Einräumung eines Vetorechts zulässig (*BGHZ* 89, 48, 59; KölnKomm AktG/*Mertens/Cahn* Rn 84; *Seibt* aaO § 77 Rn 14 f; **aA** *T. Bezzenberger* ZGR 1996, 661, 662; Hoff-

mann-Becking ZGR 1998, 497, 519). Der Vorstandsvorsitzende ist regelmäßig Ansprechpartner des AR und übernimmt durch die **Sitzungsleitung** eine gewisse Sachleitung (MünchKomm AktG/*Spindler* Rn 102). Ansonsten ist er als *primus inter pares* ein gleichberechtigtes Mitglied des Vorstands (*Wicke* aaO 3755).

2. Vorstandssprecher und CEO. Zu unterscheiden ist der Vorstandsvorsitzende von dem sog **Vorstandssprecher**, der durch den Vorstand selbst bestimmt werden kann, aber nicht die Rechtsstellung nach Abs 2 erlangt (KölnKomm AktG/*Mertens/Cahn* Rn 103). Der Vorstandssprecher hat eine repräsentative Funktion, die aber nicht die herausgehobene Stellung eines Vorstandsvorsitzenden erreichen kann (MünchKomm AktG/*Spindler* Rn 103). Seine Bestimmung ist nur dann möglich, wenn kein Vorstandsvorsitzender bestellt wurde. Eine dem US-amerikanischen Recht vergleichbare Stellung eines **CEO** ist mit der Organisationsverfassung der AG, insb dem Vorstand als Kollegialorgan, nicht vereinbar (*Hoffmann-Becking* NZG 2003, 745; vgl § 77 Rn 20). Ein entspr Weisungsrecht des Vorstandsvorsitzenden im Vorstand, wie es dem CEO zusteht, ist unzulässig. Eine Bezeichnung des Vorstandsvorsitzenden als CEO ist dagegen zulässig (vgl § 76 Rn 3). 23

V. Widerruf der Bestellung, Abs 3

Die durch den AR vorgenommene Berufung zum Vorstandsmitglied und zum Vorstandsvorsitzenden sowie der entsprechend durch ihn abzuschließende Anstellungsvertrag kann ausschließlich durch den **AR** selbst widerrufen bzw gekündigt werden. Auch der Widerruf der Bestellung ist als **korporativer Akt** von der Kündigung des Anstellungsvertrags zu trennen. Daher führt der Widerruf der Bestellung nicht notwendig zur **Kündigung** des Anstellungsvertrags, kann durch den Widerruf aber **schlüssig erklärt** sein (vgl *BGHZ* 18, 334; KölnKomm AktG/*Mertens/Cahn* Rn 106). Eine solche Auslegung liegt nahe, wenn sich AR bei Widerruf der Bestellung nicht zum Anstellungsvertrag äußert (*Hüffer* AktG Rn 24). Eine Regelung im Anstellungsvertrag, die bei Widerruf der Bestellung eine automatische Kündigung des Anstellungsvertrages vorsieht (**auflösende Bedingung**), ist zulässig (vgl Rn 38). 24

1. Zuständigkeit. Die Kompetenz zum Widerruf steht dem **Gesamt-AR** zu und kann nicht übertragen werden oder einem Ausschuss zugewiesen werden, § 107 Abs 3 S 2 (*OLG Stuttgart* AG 2003, 211, 212; Spindler/Stilz AktG/*Fleischer* Rn 95). Der Widerruf wird mit **Zugang** der Widerrufserklärung **wirksam**, die auch durch ein bevollmächtigtes AR-Mitglied übermittelt werden kann (MünchKomm AktG/*Spindler* Rn 111). Andere Vorstandsmitglieder können als Erklärungsboten eingesetzt werden, womit die Wirksamkeit des Widerrufs aber vom Erklärungsverhalten des Vorstandsmitglieds abhängt und deshalb vermieden werden sollte (*Hüffer* AktG Rn 25; *BGHZ* 12, 327, 334). 25

2. Verfahren. Der AR hat durch Beschl nach § 108 zu entscheiden. Ein fehlerhafter oder fehlender Beschl des AR führt zu einem unwirksamen Widerruf, der durch einen bestätigenden oder nachgeholten Beschl entspr § 244 geheilt werden kann (MünchKomm AktG/*Spindler* Rn 108). In der mitbestimmten AG ist für den Beschluss über den Widerruf das Verfahren nach § 31 MitbestG einzuhalten (Spindler/Stilz AktG/*Fleischer* Rn 96). Die **Frist** aus § 626 Abs 2 BGB zur Kündigung des Anstellungsvertrags innerhalb von **zwei Wochen** kann mit der **Monatsfrist** für das Verfahren nach § 31 Abs 3 S 1 MitbestG **kollidieren**. Daher beginnt die Frist des § 626 Abs 2 BGB erst 26 mit Abschluss des mitbestimmungsrechtlichen Widerrufverfahrens (*Hüffer* AktG Rn 25; *Martens* FS Werner, S 509; Hemmung: Fleischer Hdb VorstR/*Thüsing* § 4 Rn 68 f; Unterbrechung: *Lutter/Krieger* AR Rn 418; **aA** *LG Ravensburg* EWiR 1985, 415, 416; KölnKomm AktG/*Mertens/Cahn* Rn 174; *Ulmer/Hanau* MitbestG § 31 Rn 43).

27 **3. Wichtiger Grund.** Der Widerruf der Bestellung zum Vorstand oder Vorstandsvorsitzenden setzt immer einen wichtigen Grund voraus. Die eigenverantwortliche Leitung durch den Vorstand wird insoweit gestärkt, als für die Abberufung hohe Anforderungen gestellt werden (*Hüffer* AktG Rn 26). **Abweichungen** durch die Satzung sind ebenso **unzulässig** wie der vertragliche Verzicht durch den Vorstand selbst (KölnKomm AktG/*Mertens/Cahn* Rn 120). Ferner kann das Ermessen des AR weder auf best Gründe begrenzt werden noch können best Gründe ausgeschlossen werden (MünchKomm AktG/*Spindler* Rn 114). Dagegen hat der AR **keinen Beurteilungsspielraum**, ob ein wichtiger Grund vorliegt, so dass eine vollumfängliche gerichtliche Überprüfung erfolgt (MünchHdb AG/*Wiesner* § 20 Rn 51; Spindler/Stilz AktG/*Fleischer* Rn 133; *Mertens/Cahn* aaO Rn 122 **aA** *Krieger* S 138 ff). Die konkrete Entscheidung, ob ein wichtiger Grund vorliegt, kann nur im Einzelfall erfolgen und setzt voraus, dass die Fortsetzung der Tätigkeit für die AG unzumutbar ist (*BGH* DB 2007, 158; *OLG Stuttgart* AG 2003, 211, 212; *Spindler* aaO Rn 116; *Fleischer* DStR 2006, 1507, 1506 ff).

28 Die **Unzumutbarkeit** ist durch eine **Interessenabwägung** zwischen den zu berücksichtigenden Interessen der AG an einem Widerruf und den Interessen des Vorstandsmitglieds an einer Fortsetzung der Bestellung zu ermitteln (**hM** *OLG Hamburg* ZIP 1991, 1430, 1435 f; KölnKomm AktG/*Mertens/Cahn* Rn 121; *Hüffer* AktG Rn 26; GroßKomm AktG/*Kort* Rn 140; *Lutter/Krieger* AR Rn 415; K. Schmidt/Lutter AktG/*Seibt* Rn 66; **aA** nur Interessen der AG MünchKomm AktG/*Spindler* Rn 117; Fleischer Hdb VorstR/*Thüsing* § 5 Rn 9; Spindler/Stilz AktG/*Fleischer* Rn 102). Gerade der wichtige Grund als Voraussetzung dient der Absicherung der eigenverantwortlichen Leitung nach § 76, so dass insoweit auch die Interessen des dadurch geschützten Vorstands einzubeziehen sind. Auch das Verhalten außerhalb der Amtstätigkeit und vergangene Umstände sind ausreichend, wenn diese zu einer negativen Prognose für die zukünftige Kooperation führen (*Spindler* aaO Rn 118). Ein Verschulden des Vorstandmitglieds ist nicht erforderlich (*Mertens/Cahn* aaO; *Hüffer* aaO Rn 27). Selbst die Forderung Dritter ein bestimmtes Vorstandsmitglied abzuberufen kann einen wichtigen Grund darstellen (*BGH* AG 2007, 125, am Beispiel einer Hausbank, die damit drohte sonst eine lebenswichtige Kreditlinie nicht zu verlängern; ausf *Fleischer* aaO Rn 114 ff).

In Abs 3 S 2 werden beispielhaft und nicht abschließend genannt:

29 **a) Grobe Pflichtverletzung.** Jede Pflichtverletzung setzt eine konkrete **Einzelfallprüfung** voraus, die eine generalisierende Betrachtung verbietet. Die Vornahme von unehrenhaften oder unangemessen riskanten Geschäften, die geeignet sind den Ruf der Gesellschaft zu beeinträchtigen, kann eine grobe Pflichtverletzung sein (*BGH* WM 1956, 865). Ebenso wg der negativen Auswirkung auf die AG der **starke Verdacht einer Straftat** auch im privaten Umfeld (*BGH* WM 1967, 251) oder die Fälschung von Belegen (*OLG Hamm* GmbHR 1985, 119) sowie die Aneignung von Gesellschaftsvermögen (*OLG Stuttgart* AG 2003, 211, 213). Ferner aus den privaten Umständen her-

rührende Gründe wie **übermäßige Verschuldung** (*OLG Hamburg* BB 1954, 978) oder **Privatinsolvenz** (*Hüffer* AktG Rn 28). Aber auch die Verletzung von wichtigen Vorstandspflichten, wie eine fehlende Einrichtung eines **Risikofrüherkennungssystems** gem § 91 Abs 2 (*LG Berlin* AG 2002, 682, 683 f), Manipulationen der Bilanzen (*OLG Düsseldorf* WM 1992 14, 19) oder die Missachtung von Zustimmungsvorbehalten nach § 111 Abs 4 (*BGH* AG 1998, 519). Aber auch fehlende gewerberechtliche Zuverlässigkeit und der fehlende Nachweis können ausreichen (*OLG Stuttgart* AG 2003, 211, 212). Ferner sind das Verhalten gegenüber anderen Organen, wie die mangelnde Offenheit gegenüber AR (*BGHZ* 20, 239, 246; *OLG München* AG 2012, 753) oder Täuschung von Vorstandsmitgliedern sowie regelmäßige Eingriffe in andere Vorstandsressorts erfasst (*BGH* AG 1998, 519; MünchKomm AktG/*Spindler* Rn 120; MünchHdb AG/*Wiesner* § 20 Rn 46).

b) Unfähigkeit. Eine trennscharfe Abgrenzung zur groben Pflichtverletzung ist nicht immer möglich. Auch bei der Beurteilung der Unfähigkeit ist eine Einzelfallbeurteilung erforderlich. Die Unfähigkeit kann im **Fehlen fachlicher Kenntnisse** liegen (*OLG Naumburg* NZG 2001, 901, 903) insb bei Vorliegen besonderer Situationen wie der Sanierung (MünchHdb AG/*Wiesner* § 20 Rn 46) oder **geänderter Anforderungen** nach einer Betriebsumstellung oder Fusion. Ob der Versuch, eine **feindliche Übernahme** abzuwehren, nach dennoch erfolgter Übernahme einen wichtigen Grund darstellt (so MünchKomm AktG/*Spindler* Rn 102, bei Zweifeln an Loyalität), erscheint zweifelhaft, wenn für die Abwehr im Interesse des Unternehmens liegende Gründe sprachen (anders bei Vertrauensentzug durch die HV unten Rn 32). Aus **tatsächlichen Umständen**, wie einer langen Krankheit (ausf *Fleischer* NZG 2010, 561, 565 f) oder Wegfall der satzungsmäßig vorgesehenen Eigenschaften, kann Unfähigkeit ebenfalls resultieren (*Spindler* aaO Rn 121). Ebenso die Verweigerung einer Kooperation innerhalb des Vorstands, wobei der AR sich für die Abberufung des weniger Befähigten entscheiden kann (*BGH* AG 1998, 519, 520; *BGH* ZIP 1992, 760, 761). Bei Kredit-, Finanzdienstleistungs- und Versicherungsunternehmen ist ein Verlangen nach § 36 KWG bzw § 87 Abs 6 VAG durch die Aufsichtsbehörden ausreichend (*Spindler* aaO Rn 125; *Wiesner* aaO Rn 45). Für Sparkassen gilt entspr aufgrund der landesrechtlichen SparkassenG (für Sachsen-Anhalt *OLG Naumburg* aaO). 30

Keinen wichtigen Grund stellt die nicht ganz unberechtigte Kritik eines Vorstandsmitglieds (*LG Stuttgart* AG 2003, 53, 54) sowie eine Klageandrohung in vertretbaren Situationen dar (MünchKomm AktG/*Spindler* Rn 121; KölnKomm AktG/*Mertens/Cahn* Rn 125). **Unterschiedliche Auffassungen über die Strategie** des Unternehmens reichen idR nicht zur Rechtfertigung einer Abberufung (*Hüffer* AktG Rn 28; vgl aber unten Rn 32). Die politische Betätigung kann nur dann einen wichtigen Grund darstellen, wenn sie die Tätigkeit für die AG erheblich einschränkt; ein **Bundestagsmandat** allein kann schon mit Blick auf Art 48 Abs 2 GG nicht ausreichen (*Spindler* aaO Rn 122). Problematisch ist das sog **whistle blowing**, bspw in Form einer Strafanzeige gegen AR oder Mehrheitsaktionär, die nur im Falle eines schwerwiegenden Verstoßes und bei drohendem Schaden für die AG gerechtfertigt sein dürfte (*Spindler* aaO Rn 121; krit Fleischer Hdb VorstR/*Thüsing* § 5 Rn 20). 31

c) Vertrauensentzug durch Hauptversammlung. Als ausdrücklicher wichtiger Grund für einen Widerruf der Bestellung wird in Abs 3 S 2 auch der Vertrauensentzug durch die HV genannt, wenn der Entzug **nicht** auf **offensichtlich unsachlichen Gründen** 32 basiert. Findet ein Vorstandsmitglied nicht mehr das Vertrauen der Aktionäre, fehlt idR die Grundlage für eine Fortsetzung der Tätigkeit (*Hüffer* AktG Rn 29; Münch-Komm AktG/*Spindler* Rn 126). Weder eine weitere Begründung noch ein objektiver Pflichtenverstoß ist insoweit erforderlich, dh für einen Vertrauensentzug durch die HV genügt die **Uneinigkeit über die zukünftige Unternehmenspolitik** (*BGH* NJW 1975, 1657; *Hüffer* aaO), die sich bspw auch nach einer Übernahme durch den neuen Großaktionär ändern kann. Offensichtlich unsachlich dagegen sind Gründe, wenn sie nur vorgeschoben sind, sich als Willkür darstellen oder als treuwidrig einzustufen sind (*KG* ZIP 2003, 1042, 1046). Zeitlich muss der Vertrauensentzug dem Widerruf vorausgehen; eine Genehmigung durch die HV ist damit unzulässig (Spindler/Stilz AktG/ *Fleischer* Rn 111). Aus § 118 ergibt sich zudem, dass der Vertrauensentzug durch die HV im Wege des Beschl zu erfolgen hat (*BGH* WM 1962, 811; *Spindler* aaO Rn 127). Eine **Entlastungsverweigerung** ist nicht mit dem Vertrauensentzug gleichzustellen, denn die Entlastung ist typischerweise vergangenheitsbezogen und der Vertrauensentzug ist auf die zukünftige Tätigkeit gerichtet (*KG* AG 2007, 745, 746; *LG München* NZG 2005, 818; *Fleischer* aaO; K. Schmidt/Lutter AktG/*Seibt* Rn 51; *Hüffer* aaO Rn 30; *Spindler* aaO; **aA** KölnKomm AktG/*Mertens/Cahn* Rn 127; GroßKomm AktG/ *Kort* Rn 165; MünchHdb AG/*Wiesner* § 20 Rn 49). § 136 Abs 1 greift wg fehlender Vergleichbarkeit mit der Entlastung nicht, so dass Vorstandsmitglieder, die auch Aktionäre sind, mitstimmen können (*Hüffer* aaO; *Zimmermann* FS Rowedder, S 594 f).

33 **4. Wirksamkeit des Widerrufs.** Zur Verhinderung von Rechtsunsicherheiten bestimmt Abs 3 S 4, dass ein Widerruf der Bestellung solange wirksam ist, bis seine Unwirksamkeit rechtskräftig festgestellt wurde. Problematisch ist diese Einschränkung für **rechtsmissbräuchliche Widerrufe**, da die erstrebte Rechtssicherheit damit nicht erreicht werden würde (MünchKomm AktG/*Spindler* Rn 129; für Einschränkung Fleischer Hdb VorstR/*Thüsing* § 5 Rn 31). Der Fortbestand bis zur rechtskräftigen Entscheidung gilt jedoch nach einhelliger Auffassung nur für etwa fehlenden wichtigen Grund und lässt Unwirksamkeit bei fehlendem AR-Beschluss oder fehlendem Zugang unberührt (*OLG Köln* AG 2008, 458; *OLG Stuttgart* AG 1985, 193; Spindler/Stilz AktG/*Fleischer* Rn 128). Liegen solche Fälle nicht vor, verliert das Vorstandsmitglied mit dem Zugang der Erklärung über den Widerruf die Organstellung, ohne dass es auf das tatsächliche Vorliegen eines wichtigen Grundes ankommt (*Hüffer* AktG Rn 31). Durch die **verbleibenden Vorstandsmitglieder** wird der Widerruf gem § 81 Abs 1 zum **HR** angemeldet, dem keine Überprüfung der Rechtmäßigkeit des Widerrufs möglich ist. Als rechtskräftige Entscheidungen, die eine Unwirksamkeit begründen können, gelten nur Endurteile im Hauptsacheverfahren (*OLG Stuttgart* aaO; *Spindler* aaO Rn 130). Eine Erstreckung auf den **einstweiligen Rechtsschutz** entspricht nicht der mit Abs 3 S 4 beabsichtigten Rechtssicherheit bis zu einer abschließenden Entscheidung über die Wirksamkeit, die jedenfalls in einem summarischen Verfahren nicht zu erlangen ist. Entspr ist ein Verfügungsantrag unzulässig, wenn dieser das Fehlen eines wichtigen Grundes zum Gegenstand hat (*OLG Stuttgart* aaO; *Hüffer* aaO Rn 32).

34 **5. Rechtsmittel.** Das betroffene Vorstandsmitglied kann gegen den Widerruf der Bestellung gegen die AG, vertreten durch den AR nach § 112, **Gestaltungsklage** auf Unwirksamerklärung und damit Wiederherstellung der Bestellung erheben (*BGH* NJW 1981, 748, 2749; *BGH* WM 1984, 532; *OLG Stuttgart* AG 2003, 211, 212; *Hüffer* AktG Rn 34; KölnKomm AktG/*Mertens/Cahn* Rn 135). Eine Klage gegen die AG ver-

treten durch den Vorstand ist unzulässig (*BGH* WM 1990, 630, 631). Wird der AR-Beschluss oder sein Fehlen angegriffen, ist **Feststellungsantrag** geboten, da ein wirksamer Widerruf nicht erfolgt ist (MünchKomm AktG/*Spindler* Rn 132; *Hüffer* aaO). Wird ein wirksamer AR-Beschluss nachgeholt, kann dieses analog § 244 das Feststellungsinteresse aufheben (*OLG Stuttgart* AG 2003, 211, 212; K. Schmidt/Lutter AktG/ *Seibt* Rn 53; *Hüffer* aaO empfiehlt daher gestaltenden Hilfsantrag auf Unwirksamerklärung). Entstehen Widerrufsgründe erst nach der Widerrufserklärung, muss ein **erneuter Widerruf** erfolgen. Bestand ohne Kenntnis des AR ein wichtiger Grund schon bei Widerrufserklärung, kann dieser durch AR-Beschluss nachgeschoben werden (*BGHZ* 13, 188, 194 f; *Mertens/Cahn* aaO Rn 140; *Spindler* aaO Rn 134). Ein **Nachschieben** erst **nach** dem **Widerruf** entstandener Gründe ist **nicht zulässig**; hier hilft nur neue Abberufung. Die Beschwer und der Streitwert ergeben sich aus dem Interesse, die Gesellschaft zu leiten bzw nicht weiter leiten zu können und nicht aus dem Vergütungsanspruch oder Ähnliches (*BGH* WM 1995, 1316; *Hüffer* aaO). Wird ein abberufenes Vorstandsmitglied wieder Organ, hat dieses grds keine Auswirkung auf zwischenzeitlich bestellte Vorstandsmitglieder (ausf *Spindler* aaO Rn 140; Spindler/Stilz AktG/*Fleischer* Rn 135).

6. Anderweitige Beendigung. Die Organtätigkeit kann auch durch eine **einverständliche Vereinbarung** zwischen AR und Vorstandsmitglied beendet werden (*OLG Karlsruhe* AG 1996; 224, 227; *Hüffer* AktG Rn 37). Ein wichtiger Grund ist insoweit entbehrlich. Aufgrund von §§ 108, 107 Abs 3 S 2 ist der Gesamt-AR zuständig, der durch Beschluss zu entscheiden hat (*BGHZ* 79, 38, 43 f; MünchKomm AktG/*Spindler* Rn 147). 35

7. Suspendierung. Von einer Beendigung der Organstellung ist die einseitige Suspendierung eines Vorstandsmitglieds zu unterscheiden. Teilw wird darin eine **kurzzeitige und vorläufige Amtsenthebung** gesehen, die die Voraussetzungen für eine Abberufung erfordert (*KG* AG 1984, 24, 25; *OLG München* AG 1986, 234, 235; K. Schmidt/ Lutter AktG/*Seibt* Rn 59, mit geringeren Anforderungen an den „wichtigen Grund") oder bereits bei einem diesbezüglichen, begründeten Verdacht erfolgen kann (MünchHdb AG/*Wiesner* § 20 Rn 61; KölnKomm AktG/*Mertens/Cahn* Rn 189). Andere sehen darin einen **echten Widerruf**, da ansonsten die Regelungen des Abs 3 umgangen werden könnten (MünchKomm AktG/*Spindler* Rn 143). Das breite Meinungsspektrum hat bislang noch **keine überzeugende Lösung** gefunden, so dass in der Praxis auf Suspendierungen verzichtet werden sollte (ebenso *Hüffer* AktG Rn 35). 36

VI. Kündigung des Anstellungsvertrags

Für die Beendigung des Anstellungsvertrags durch die AG verweist § 83 Abs 3 S 5 auf die allg Regelungen. Damit ist der Vertrag durch die AG zu kündigen und zwar nach § 626 BGB aus **wichtigem Grund** innerhalb von **zwei Wochen** (allgM *Hüffer* AktG Rn 38). Zuständig ist hierzu wg § 112 der AR, der nach § 108 durch Beschl zu entscheiden hat. Entspr dem Vertragsschluss kann auch hier ein Ausschuss tätig werden, der wiederum die durch den Gesamt-AR zu treffende Entscheidung über Widerruf der Bestellung nicht durch vorherige Kündigung präjudizieren darf (**allgM** *BGHZ* 65, 190, 193). Fehlt es an einem Beschluss des AR, ist die Kündigung nach § 134 BGB unwirksam (*OLG Karlsruhe* ZIP 2004, 2377, 2378). Auch für die Vertretung der AG gegenüber ausgeschiedenen Vorstandsmitgliedern bleibt der AR in Bezug auf das Anstellungsverhältnis zuständig (im Einzelnen MünchKomm AktG/*Spindler* Rn 153). Die 37

Bürgers/Israel

Vereinbarung einer **Abfindung** für den Fall der Kündigung aus wichtigem Grund verstößt gegen § 134 BGB und ist damit nichtig (*BGH* NJW 2000; 2983, 2984). Nach § 628 Abs 1 BGB kann dem Vorstand jedoch bei einer berechtigten fristlosen Kündigung ein den bisherigen Leistungen angepasster Anspruch zustehen (*Spindler* aaO Rn 154). Eine vorherige **Abmahnung** ist **entbehrlich**, da § 626 BGB den § 314 Abs 2 BGB als Spezialregelung verdrängt (*BGH* NZG 2007, 674; *Spindler* aaO Rn 164, *Goette* FS Wiedemann, S 880 f, **iE** *Hüffer* aaO Rn 39, *Koch* ZIP 2005, 1621, 1625 f wg Besonderheiten des Vorstandsamtes aber ggf Einzelfallabwägung).

38 **1. Wichtiger Grund.** Nach § 626 Abs 1 BGB ist ein wichtiger Grund für die fristlose Kündigung erforderlich. Dieser bestimmt sich danach, ob die vertragsgemäße Fortsetzung der Anstellung bei **Abwägung** der **beiderseitigen Interessen unzumutbar** ist (*Hüffer* AktG Rn 39). Dabei ist die Entscheidung unabhängig von der Abwägung zum Widerruf der Bestellung, wird aber oftmals gleichartig zu entscheiden sein (*BGH* WM 1995, 2064, 2065; *OLG Karlsruhe* ZIP 2004, 2377, 2379; Spindler/Stilz AktG/*Fleischer* Rn 152). Eine grobe Verletzung der dienstvertraglichen Regelungen dürfte dabei, anders als bei einer reinen Unfähigkeit, regelmäßig die sozialen Folgen für den Vorstand überwiegen (MünchKomm AktG/*Spindler* Rn 167). Eine unberechtigte Amtsniederlegung stellt regelmäßig einen wichtigen Grund dar (*BGH* NJW 1978, 1435, 1437). Der Vertrauensentzug durch die HV ist als solcher noch kein wichtiger Grund, da das Anstellungsverhältnis unabhängig von der Organtätigkeit ist (K. Schmidt/Lutter AktG/*Seibt* Rn 67); maßgeblich sind deshalb die Gründe für den Vertrauensentzug. Allein eine erhebliche Verschuldung stellt, im Gegensatz zum wichtigen Grund beim Widerruf der Bestellung (s Rn 29), keinen wichtigen Grund für eine Kündigung dar; anders eine Vermögensoffenbarung, die das Ansehen und die Akzeptanz des Vorstandsmitglieds erheblich beschädigt hat (*OLG Köln* Urt v 20.9.2007 – Az 18 U 248/05). Durch eine **auflösende Bedingung** kann jedoch vertraglich vereinbart werden, dass eine Abberufung immer zur Beendigung des Anstellungsvertrages führt (*BGH* NJW 1981, 2748; *BGH* 1989, 2683; *Hüffer* aaO Rn 40; *Spindler* aaO Rn 182); im Rahmen einer solchen Klausel ist die Frist des § 622 Abs 1 BGB zu beachten (*BGH* NJW 1981, 2748; *BGH* 1989, 2683). Zu berücksichtigen ist in der Abwägung auch die Länge der bisherigen Zugehörigkeit zum Vorstand; auch ob eine zumutbare andere Tätigkeit seitens der AG angeboten wurde, kann für die Zumutbarkeit von Bedeutung sein (ausf Fleischer Hdb VorstR/*Thüsing* § 4 Rn 5 ff). Konzernumstrukturierung oder Verschmelzung ohne bes Notlage genügen idR nicht, schuldhafte Zerstörung des Vertrauens hingegen stellt wichtigen Grund dar (*Spindler* aaO Rn 172, 174).

39 **2. Kündigungsfrist.** Grds bestimmt § 626 Abs 2 BGB eine Ausschlussfrist von **zwei Wochen** beginnend mit Kenntnis oder Kennenmüssen des wichtigen Grundes (krit *Hüffer* AktG Rn 41, Reduktion wegen geringer Schutzbedürftigkeit). Maßgeblich sind dabei alle Umstände und nicht nur ein Teilaspekt (*BGH* ZIP 1996, 636). **Umstritten** ist, ob die **Kenntnis** dem AR als Kollegialorgan vorliegen muss oder ob Kenntnis eines einzelnen Mitglieds ausreicht. Richtigerweise wird eine unverzügliche Einberufung einer AR-Sitzung erforderlich sein und die Kündigungsfrist dann mit der AR-Sitzung beginnen (überzeugend *Hüffer* aaO Rn 42 mit Verweis auf *BGH* NZG 2002, 46, 47 zur GmbH mit AR; *OLG München* WM 2006, 526, 529; *OLG Karlsruhe* ZIP 2004, 2377, 2379; Spindler/Stilz AktG/*Fleischer* Rn 159; alle Mitglieder: MünchKomm AktG/*Spindler* Rn 160; KölnKomm AktG/*Mertens/Cahn* Rn 176 **aA noch** *BGHZ* 41, 282, 287).

§ 84 Bestellung und Abberufung des Vorstands

VII. Beendigung durch Vorstandsmitglied

1. Kündigung. Auch das Vorstandsmitglied kann den Anstellungsvertrag nach § 626 BGB aufgrund eines **wichtigen Grundes** kündigen. Dem Vorstandsmitglied muss die Fortsetzung des Anstellungsvertrags unzumutbar sein, bspw bei grundlosem Widerruf der Bestellung, ausbleibenden Vergütungszahlungen, nachträglicher Eingliederung oder Abschluss eines Beherrschungsvertrags, Vertrauensentzug durch HV oder auch eine nachträgliche Begrenzung der Vertretungsbefugnis (ausf KölnKomm AktG/*Mertens/Cahn* Rn 198). Kein wichtiger Grund ist dagegen eine versagte Zustimmung nach § 111 Abs 4 S 1 (MünchKomm AktG/*Spindler* Rn 187). Die Kündigung ist **gegenüber** dem **AR** zu erklären, § 112, und muss innerhalb der zweiwöchigen Ausschlussfrist des § 626 Abs 2 BGB erfolgen. **40**

2. Amtsniederlegung. Durch eine **einseitige Erklärung** an die AG, die durch den AR vertreten wird, kann ein Vorstandsmitglied aus wichtigem Grund sein Amt niederlegen (*BGH* NZG 2002, 43, 44; KölnKomm AktG/*Mertens/Cahn* Rn 199). Die Niederlegung hat **keine Auswirkungen** auf das **Anstellungsverhältnis** (*Hüffer* AktG Rn 36). Dabei können Vertragsverstöße der AG aus dem Anstellungsvertrag einen wichtigen Grund bilden, bspw fehlender Abschluss einer vereinbarten D&O-Versicherung (vgl *Deilmann* NZG 2005, 54, 55). Aus Gründen der Rechtssicherheit kommt es in entspr Anwendung von Abs 3 S 4 für die Wirksamkeit der Niederlegung nicht darauf an, ob tatsächlich ein wichtiger Grund vorliegt; auch muss sich ein Vorstandsmitglied nicht auf einen wichtigen Grund berufen (Spindler/Stilz AktG/*Fleischer* Rn 142; MünchKomm AktG/*Spindler* Rn 193; MünchHdb AG/*Wiesner* § 20 Rn 56; *Hüffer* aaO; ausdrücklich für GmbH: *BGHZ* 121, 257, 260); eine Niederlegung ohne wichtigen Grund kann jedoch möglicherweise anstellungsvertragliche Pflichten verletzen (*Spindler* aaO). Wenn die Amtsniederlegung zur Unzeit erfolgt, kann sie jedoch unter Gesichtspunkten des Rechtsmissbrauchs unwirksam sein. Daran ist zB zu denken, wenn die Amtsniederlegung in insolvenznahen Krisenzeiten zur Handlungsunfähigkeit der AG führt (K. Schmidt/Lutter AktG/*Seibt* Rn 56; *Fleischer* aaO Rn 143). **41**

VIII. Montanmitbestimmung, Abs 4

Für den Anwendungsbereich des MontanMitbestG wird durch Abs 4 klargestellt, dass die in § 13 MontanMitbestG festgeschriebene Bestellung und Abberufung eines **Arbeitsdirektors** durch Abs 1–3 unberührt bleibt. Hier gelten **besondere Regelungen** zur Beschlussfähigkeit (§ 10 MontanMitbestG) und Mehrheitserfordernisse, die eine Bestellung oder Abberufung gegen den Willen der Mitglieder der Arbeitnehmerseite verhindern (MünchKomm AktG/*Spindler* Rn 197). Dagegen gilt auch für diese Arbeitsdirektoren die Bestellungsfrist von fünf Jahren aus Abs 1 und sie können nicht wiederbestellt werden. Eine abw Abberufung ist unwirksam; Abs 3 S 4 ist insoweit nicht anwendbar (*Spindler* aaO; K. Schmidt/Lutter AktG/*Seibt* Rn 76). **42**

§ 85 Bestellung durch das Gericht

(1) ¹Fehlt ein erforderliches Vorstandsmitglied, so hat in dringenden Fällen das Gericht auf Antrag eines Beteiligten das Mitglied zu bestellen. ²Gegen die Entscheidung ist die Beschwerde zulässig.

(2) Das Amt des gerichtlich bestellten Vorstandsmitglieds erlischt in jedem Fall, sobald der Mangel behoben ist.

(3) ¹Das gerichtlich bestellte Vorstandsmitglied hat Anspruch auf Ersatz angemessener barer Auslagen und auf Vergütung für seine Tätigkeit. ²Einigen sich das gerichtlich bestellte Vorstandsmitglied und die Gesellschaft nicht, so setzt das Gericht die Auslagen und die Vergütung fest. ³Gegen die Entscheidung ist die Beschwerde zulässig; die Rechtsbeschwerde ist ausgeschlossen. ⁴Aus der rechtskräftigen Entscheidung findet die Zwangsvollstreckung nach der Zivilprozessordnung statt.

Übersicht

	Rn		Rn
I. Regelungsinhalt	1	IV. Persönliche Voraussetzungen	5
II. Bestellungsvoraussetzungen	2	V. Stellung des Notvorstands	6
III. Verfahren der Bestellung	4	VI. Beendigung der Bestellung	7

I. Regelungsinhalt

1 Die AG ist als jur Person nur durch Organe handlungsfähig. § 85 stellt sicher, dass die Handlungs- und Prozessfähigkeit erforderlichenfalls durch ein gerichtliches Verfahren zur Bestellung von Vorstandsmitgliedern hergestellt werden kann. § 85 wurde durch das FGG-RG vom 17.12.2008 mit Wirkung zum 1.9.2009 an die Neuregelung des Beschwerderechts im FamFG angepasst.

II. Bestellungsvoraussetzungen

2 Grundvoraussetzung ist das **Fehlen** eines **erforderlichen Vorstandsmitglieds**. Anders als in § 105 Abs 2, wo auch die Behinderung eines Vorstandsmitglieds ausreicht, kann eine nur vorübergehende **Verhinderung** für eine gerichtliche Ersatzbestellung nicht genügen. Fehlen liegt dann vor, wenn ein Vorstandsmitglied stirbt, die Bestellung widerrufen wird, das Amt niedergelegt wird oder ein erforderlicher Arbeitsdirektor nicht bestellt wurde (Spindler/Stilz AktG/*Fleischer* Rn 5). Nicht ausreichend sind Zweifel an der wirksamen Bestellung eines Vorstandsmitglieds, zB durch Mitwirkung von AR-Mitgliedern, deren Wahl durch Anfechtungs- oder Nichtigkeitsklage angegriffen wird (vgl *OLG Frankfurt* AG 2008, 419, 421). Eine gerichtliche Übertragung der Aufgabe des Arbeitsdirektors auf ein anderes Vorstandsmitglied ist nicht möglich (KölnKomm AktG/*Mertens/Cahn* Rn 2). **Erforderlich** ist ein Vorstandsmitglied immer dann, wenn die Gesellschaft ohne das Vorstandsmitglied nicht vertreten werden kann oder die satzungsgemäße Anzahl unterschritten ist und eine dringende Geschäftsführungsmaßnahme in Rede steht (*Hüffer* AktG Rn 2; GroßKomm AktG/*Kort* Rn 15 ff).

3 Daneben muss ein **dringender Fall** vorliegen, der nicht vorliegt, wenn der AR in der Lage ist, kurzfristig ein Vorstandsmitglied zu bestellen. Die erforderliche Dringlichkeit ist anzunehmen, wenn ohne die Ersatzbestellung ein **erheblicher Nachteil** für **Aktionäre**, die **Gesellschaft**, die **Arbeitnehmer** oder die **Allgemeinheit** droht (MünchKomm AktG/*Spindler* Rn 7). Besteht **Prozesspflegschaft** nach § 57 ZPO hängt die

Bestellung durch das Gericht § 85

Anwendung von § 85 davon ab, ob durch die Pflegschaft die möglichen Nachteile aus der fehlenden Vertretung beseitigt sind (*OLG Celle* NJW 1965, 504, 505; KölnKomm AktG/*Mertens/Cahn* Rn 6). Nur die Möglichkeit der Pflegschaft schließt die gerichtliche Ersatzbestellung noch nicht aus (K. Schmidt/Lutter AktG/*Seibt* Rn 3 aE; *Spindler* aaO Rn 8). Bei der sog **Spaltgesellschaft** fehlt es an einem Vorstand und AR, so dass ein Ersatzvorstand gerichtlich zu bestellen ist, der eine HV einberufen kann, welche dann einen AR wählt (vgl *BGH* AG 1990, 78; *BayObLG* AG 1987, 210; GroßKomm AktG/*Kort* Rn 31 ff).

III. Verfahren der Bestellung

Die gerichtliche Bestellung erfolgt nach §§ 1 – 85, 375 Nr 3, 377 FamFG. Zuständig für 4 die Entscheidung ist das **Amtsgericht am Gesellschaftssitz**, § 14 (KölnKomm AktG/ *Mertens/Cahn* Rn 11). Besteht noch kein Sitz der Gesellschaft, so ist nach § 15 ZustErgG der geplante oder tatsächliche Verwaltungssitz maßgeblich und im Zweifel nach § 5 FamFG ein Gericht zu bestimmen (*Hüffer* AktG Rn 4). **Antragsberechtigt** ist jeder Beteiligte, dh neben der Gesellschaft und ihren Organen auch jedermann mit einem dringlichen Interesse (*Mertens/Cahn* aaO Rn 7). Fehlt ein **Arbeitsdirektor**, ist auch der Betriebsrat antragsberechtigt (MünchHdb AG/*Wiesner* § 20 Rn 27). Der Richter (§ 17 Nr 2a RPflG) entscheidet durch begründeten Beschl, wobei der AR und vorhandene Vorstandsmitglieder angehört werden sollen. Die Ersatzbestellung wird mit **Bekanntgabe** an den Bestellten und dessen **Zustimmung** wirksam, § 40 Abs 1 FamFG (so schon *BGHZ* 6, 232, 235; *Mertens/Cahn* aaO Rn 10). Gegen den Beschl ist die **sofortige Beschwerde** zulässig (§§ 58, 59 FamFG). Rechtsmittelbefugnis hat bei Zurückweisung des Antrags der Antragsteller, bei einem stattgebenden Beschl die AG, die übrigen Vorstandsmitglieder und der AR (*Hüffer* aaO). Dagegen steht dem Aktionär, der keinen eigenen Antrag gestellt hat, kein Rechtsmittel zur Verfügung (*OLG Frankfurt* NJW 1955, 1929). Die Ersatzbestellung ist nach § 81 Abs 1 im HR **einzutragen**, es sei denn das Vorstandsmitglied wird nur für eine bestimmte Handlung bestellt (bspw HV-Einberufung, vgl *Mertens/Cahn* aaO Rn 12).

IV. Persönliche Voraussetzungen

Auch bei einer Ersatzbestellung muss der zu Bestellende die in § 76 Abs 3 vorge- 5 schriebenen Voraussetzungen erfüllen, also **vorstandsfähig** sein (hierzu § 76 Rn 33 ff). Stellt die Satzung daneben weitere Voraussetzungen auf, sind diese nach Möglichkeit zu berücksichtigen (MünchKomm AktG/*Spindler* Rn 14; KölnKomm AktG/*Mertens/ Cahn* Rn 14; Spindler/Stilz AktG/*Fleischer* Rn 10).

V. Stellung des Notvorstands

Dem Ersatzvorstandsmitglied steht die umfassende Vertretungsmacht zu, die auch 6 dem Vorstandsmitglied zustand, das ersetzt wird. Das **Gericht** kann bei der Bestellung allerdings die **Geschäftsführungsbefugnis beschränken**, bspw auf ein bestimmtes Geschäft, ansonsten gilt auch insoweit die Satzungsregelung für den gerichtlich bestellten Vorstand fort (Spindler/Stilz AktG/*Fleischer* Rn 14). Bestellt das Gericht nur ein Ersatzmitglied, obwohl die Satzung einen mehrgliedrigen Vorstand mit Gesamtvertretungsberechtigung vorsieht, hat dieses Mitglied Alleinvertretungsberechtigung (*KG* OLGZ 1965, 332, 334). Gleiches muss auch für die gesetzliche Mehrgliedrigkeit nach § 76 Abs 2 S 2 gelten, ansonsten würde der Regelungszweck von § 85

§ 87 Grundsätze für die Bezüge der Vorstandsmitglieder

nicht erreicht, da die AG nicht handlungsfähig wäre. Mit der Bestellung kommt ein **Geschäftsbesorgungsvertrag** zwischen dem Ersatzmitglied und der AG zustande. Dem Notvorstand steht ein Anspruch auf Vergütung zu und Erstattung seiner angemessenen Barauslagen (Abs 3 S 1). Kommt es zu keiner Einigung setzt das Gericht in beiden Fällen einen Betrag fest (Abs 3 S 2). Gegen diese Festsetzung ist die Beschwerde zulässig, allerdings keine Rechtsbeschwerde (Abs 3 S 3).

VI. Beendigung der Bestellung

7   Die Bestellung des Ersatzmitglieds endet mit der Bestellung des fehlenden Vorstandsmitglieds durch den AR und der Annahme durch dieses (Abs 2), jedoch nicht schon bei Wegfall der Dringlichkeit. Eine **Abberufung** aus wichtigem Grund ist durch das **Gericht** möglich; der AR ist insoweit nicht nach § 84 befugt (*Hüffer* AktG Rn 5; GroßKomm AktG/*Kort* Rn 76). Der AR kann aber einen Antrag auf Abberufung durch das Gericht stellen (KölnKomm AktG/*Mertens/Cahn* Rn 18). Gegen die Abberufung durch das Gericht kann das Ersatzmitglied Beschwerde einlegen.

§ 86

(aufgehoben)

1   Die Vorschrift regelte die Gewinnbeteiligung der Vorstandsmitglieder. Sie wurde durch das Transparenz- und Publizitätsgesetzes (TransPuG) v 19.7.2002 (BGBl 2002 I S 2681) aufgehoben. Die Zulässigkeit einer Gewinnbeteiligung folgt bereits aus dem Wortlaut des § 87 Abs 1.

§ 87   Grundsätze für die Bezüge der Vorstandsmitglieder

(1) ¹Der Aufsichtsrat hat bei der Festsetzung der Gesamtbezüge des einzelnen Vorstandsmitglieds (Gehalt, Gewinnbeteiligungen, Aufwandsentschädigungen, Versicherungsentgelte, Provisionen, anreizorientierte Vergütungszusagen wie zum Beispiel Aktienbezugsrechte und Nebenleistungen jeder Art) dafür zu sorgen, dass diese in einem angemessenen Verhältnis zu den Aufgaben und Leistungen des Vorstandsmitglieds sowie zur Lage der Gesellschaft stehen und die übliche Vergütung nicht ohne besondere Gründe übersteigen. ²Die Vergütungsstruktur ist bei börsennotierten Gesellschaften auf eine nachhaltige Unternehmensentwicklung auszurichten. ³Variable Vergütungsbestandteile sollen daher eine mehrjährige Bemessungsgrundlage haben; für außerordentliche Entwicklungen soll der Aufsichtsrat eine Begrenzungsmöglichkeit vereinbaren. ⁴Satz 1 gilt sinngemäß für Ruhegehalt, Hinterbliebenenbezüge und Leistungen verwandter Art.

(2) ¹Verschlechtert sich die Lage der Gesellschaft nach der Festsetzung so, dass die Weitergewährung der Bezüge nach Absatz 1 unbillig für die Gesellschaft wäre, so soll der Aufsichtsrat oder im Falle des § 85 Absatz 3 das Gericht auf Antrag des Aufsichtsrats die Bezüge auf die angemessene Höhe herabsetzen. ²Ruhegehalt, Hinterbliebenenbezüge und Leistungen verwandter Art können nur in den ersten drei Jahren nach Ausscheiden aus der Gesellschaft nach Satz 1 herabgesetzt werden. ³Durch eine Herabsetzung wird der Anstellungsvertrag im Übrigen nicht berührt. ⁴Das Vorstandsmitglied kann jedoch seinen Anstellungsvertrag für den Schluss des nächsten Kalendervierteljahrs mit einer Kündigungsfrist von sechs Wochen kündigen.

(3) Wird über das Vermögen der Gesellschaft das Insolvenzverfahren eröffnet und kündigt der Insolvenzverwalter den Anstellungsvertrag eines Vorstandsmitglieds, so kann es Ersatz für den Schaden, der ihm durch die Aufhebung des Dienstverhältnisses entsteht, nur für zwei Jahre seit dem Ablauf des Dienstverhältnisses verlangen.

Übersicht

	Rn		Rn
I. Regelungsinhalt	1	2. Stock Option-Programme	10
II. Angemessene Gesamtbezüge der Vorstandsmitglieder	2	a) Zuständigkeit	11
		b) Gestaltung	12
1. Gesamtbezüge	3	IV. Herabsetzung der Gesamtbezüge, Abs 2	13
2. Beurteilungszeitpunkt	4		
3. Leitlinien der Angemessenheit	5	1. Voraussetzungen und Rechtsfolge	14
4. Üblichkeit	6a		
5. Rechtsfolgen	7	2. Zuständigkeit und Verfahren	15
6. Anerkennungsprämien	8	3. Auswirkung auf Anstellungsverhältnis	16
7. Versorgungsbezüge	9		
III. Ausrichtung auf nachhaltige Unternehmensentwicklung	9a – 12	V. Kündigung in der Insolvenz, Abs 3	17
1. Nachhaltigkeit	9b	VI. Offenlegungspflicht	18

Literatur: *Annuß/Theusinger* Das VorstAG – Praktische Hinweise zum Umgang mit dem neuen Recht, BB 2009, 2434; *Brauer* Die aktienrechtliche Beurteilung von „appreciation awards" zu Gunsten des Vorstands, NZG 2004, 502; *Dauner-Lieb/Friedrich* Zur Reichweite des § 87 II AktG, NZG 2010, 688; *Dreher* Change of Control-Klauseln bei Aktiengesellschaften, AG 2002, 214; *Fleischer* Zur Angemessenheit der Vorstandsvergütung im Aktienrecht (Teil I), DStR 2005, 1279; *ders* Das Vorstandsvergütungs-Offenlegungsgesetz, DB 2005, 1611; *ders* Das Gesetz zur Angemessenheit der Vorstandsvergütung, NZG 2009, 801; *Fonk* Vergütungsrelevante Zielvereinbarungen und -vorgaben versus Leitungsbefugnis des Vorstands, NZG 2011, 321; *Hoffmann-Becking* Gestaltungsmöglichkeiten bei Anreizsystemen, NZG 1999, 797; *ders* Vorstandsvergütung nach Mannesmann, NZG 2006, 127; *Hoffmann/Becking/Krieger* Leitfaden zur Anwendung des VorstAG, Beilage zu NZG 26/2009, 1; *Hohenstatt/Naber* Die D&O-Versicherung im Vorstandsvertrag, DB 2010, 2321; *Holzborn/Peschke* Europäische Neutralitätspflicht und Übernahme Squeeze-Out, BKR 2007, 101; *Hüffer* Aktienbezugsrechte als Bestandteil der Vergütung von Vorstandsmitgliedern und Mitarbeitern – gesellschaftsrechtliche Analyse, ZHR 161 (1997), 214; *Kallmeyer* Vorstandsbezüge – viel Lärm um nichts?, ZIP 2002, 1663; *van Kann* Das neue Gesetz über die Offenlegung von Vorstandsvergütungen, DStR 2005, 1496; *Käpplinger* Zur aktienrechtlichen Zulässigkeit von Abfindungszahlungen, NZG 2003, 573; *Keiser* Die Herabsetzung von Managergehältern in der Krise als Organpflicht des Aufsichtsrats, RdA 2010, 280; *Klöhn* Die Herabsetzung der Vorstandsvergütung gem § 87 Abs 2 AktG, ZGR 2012, 1; *Körner* Die Angemessenheit von Vorstandsbezügen in § 87 AktG, NJW 2004, 2697; *Kort* Das „Mannesmann-Urteil" im Lichte von § 87 AktG, NJW 2005, 333; *ders* Mannesmann: Das „Aus" für nachträglich vorgesehene Vorstandsvergütungen ohne Anreizwirkung?, NZG 2006, 131; *ders* „Change of Control"-Klauseln nach dem „Mannesmann"-Urteil des BGH-zulässig oder unzulässig?, AG 2006, 106; *Krienke/Schnell* VorstAG und weitere Neuregelungen als Reaktion auf die Finanzkrise Auswirkungen auf die Vergütung der Führungskräfte unterhalb des Vorstands?, NZA 2010, 136; *Liebers/Hoefs* Anerkennungs- und Abfindungszahlungen an ausscheidende Vorstandsmitglieder, ZIP 2004, 97; *Lutter* Aktienrechtliche Aspekte der angemessenen Vorstandsvergütung, ZIP 2006, 733; *Marsch-Barner* Aktuelle Rechtsfragen zur Vergütung von Vorstands- und Aufsichtsratsmitgliedern einer AG, FS Röhricht, 2005, S 401; *Mutter* Aktienrechtliche Sorgfaltspflichten vs Vorstandsvergütungs-Offenlegungsgesetz-VorstOG?, AG 2005, R 333; *Rieckhoff* Vergütung des Vorstands mit langfristiger Anreizwirkung, AG 2010, 617; *Spindler* Das Gesetz über die Offenlegung von Vorstandsvergütungen, NZG 2005, 689; *ders* Vorstandsgehälter auf dem Prüfstand – das Gesetz zur Angemessenheit der Vorstandsvergütungen (VorstAG), NJOZ 2009, 3282; *Thüsing* Auf der Suche nach dem iustum pretium der Vorstandtätigkeit, ZGR 2003, 457; *ders* Das Gesetz über die Offenlegung von Vorstandsvergütungen, ZIP 2005, 1389; *Tröger* Anreizorientierte Vorstandvergütung im faktischen Konzern, ZGR 2009, 447; *Weppner* Vergütungsherabsetzung gem § 87 II AktG – Leitlinien für die Praxis, NZG 2010, 1056; *Wittuhn* Herabsetzung von Vorstandsvergütung in der Krise, ZGR 2009, 847; *Wollburg* Unternehmensinteresse bei Vergütungsentscheidungen, ZIP 2004, 646.

I. Regelungsinhalt

1 § 87 stellt Regeln für die Bezüge der Vorstandsmitglieder auf. Abs 1, 2 wurden durch das VorstAG vom 31.7.2009 mit Wirkung zum 5.8.2009 neu gefasst. Abs 1 legt die Gestaltungsmöglichkeiten für die Bemessung der Gesamtbezüge der Vorstandsmitglieder fest. Die Dispositionsfreiheit des AR wird zum Schutz vor unangemessen hohen Gehältern durch die Orientierung an Aufgaben und Leistungen des Vorstands und der wirtschaftlichen Lage der AG eingeschränkt. Im Zuge des 2013 vom BTag verabschiedeten VorstKoG sollte § 120 Abs 4 ein Entscheidungsrecht der HV über das vom AR entwickelte Vergütungssystem und die Pflicht des AR zur Angabe konkret bezifferter Höchstbeträge hinzukommen; der Gesetzentwurf unterfällt jedoch der Diskontinuität, da der BRat im September 2013 den Vermittlungsausschuss angerufen hat. Seit VorstAG ist die Vergütungsstruktur zudem bei börsennotierten Gesellschaften auf eine nachhaltige Unternehmensentwicklung auszurichten. Dieser Ratio folgend wird in Abs 2 die Möglichkeit zur nachträglichen Herabsetzung der Gesamtbezüge bei Verschlechterung der wirtschaftlichen Lage der AG und Unbilligkeit der Weitergewährung der Bezüge geschaffen. Die Regelung enthält ein korrespondierendes Kündigungsrecht des Vorstandsmitglieds für diesen Fall. Abs 3 sieht eine Begrenzung der Schadensersatzpflicht der AG gegenüber einem Vorstandsmitglied im Falle einer insolvenzbedingten Kündigung vor.

II. Angemessene Gesamtbezüge der Vorstandsmitglieder

2 Die Gesamtbezüge der Vorstandsmitglieder müssen nach Abs 1 S 1 in einem angemessenen Verhältnis zu der Lage der AG und der individuellen Aufgabe und Leistung stehen. Daneben sollen die Bezüge nach dem neu eingeführten Abs 1 S 2 die übliche Vergütung nicht ohne bes Gründe übersteigen. Die Angemessenheit begrenzt die Gesamtbezüge ohne positiv eine greifbare Obergrenze vorzugeben (*Hüffer* AktG Rn 3; *Krienke/Schnell* NZA 2010, 135; Fleischer Hdb VorstR/*Thüsing* § 6 Rn 3 mit rechtsvergleichenden Hinweisen; Spindler/Stilz AktG/*Fleischer* Rn 22). Anders verhält es sich nur für Unternehmen, die sich um eine Förderung durch den Finanzmarktstabilisierungsfonds (SoFFin) bewerben; nach § 5 Abs 2 Nr 4 lit a gilt hier eine Vergütung von mehr als 500 000 EUR als unangemessen. Anwendung findet § 87 nur für Vorstandsmitglieder, so dass die Vergütungsstruktur der **leitenden Angestellten nicht erfasst** wird (MünchKomm AktG/*Spindler* Rn 7 f; *Krienke/Schnell* aaO 136 ff). Die **Satzung** kann abwägungslenkende **Kriterien** zur Festlegung von Vorstandsbezügen vorsehen. Solange solche Satzungsregelungen die Ermessensausübung des AR bei der Festsetzung nicht etwa durch feststehende Höchst- oder Mindestgrenzen in unzulässigem Umfang reduzieren, wird damit auch nicht in die Personalkompetenz des AR

nach § 84 eingegriffen (*Hüffer* aaO Rn 2; *Hanau/Ulmer* MitbestG § 31 Rn 40; offen wohl *Thüsing* aaO Rn 24 f; **aA** KölnKomm AktG/*Mertens/Cahn* Rn 4; GroßKomm AktG/*Kort* Rn 19; *Spindler* aaO Rn 26, der aber de lege ferenda für eine Öffnung plädiert; ebenso K. Schmidt/Lutter AktG/*Seibt* Rn 3).

1. Gesamtbezüge. Die Bestandteile der Gesamtbezüge werden in Abs 1 S 1 nur **3** umrissen und enthalten sowohl **fixe** als auch **variable Vergütungsbestandteile** wie Gehalt, Gewinnbeteiligungen, Aufwandsentschädigungen, Versicherungsentgelte, Provisionen, Übergangsgelder und Nebenleistungen jeglicher Art. Mit dem VorstAG wurden jetzt auch anreizorientierte Vergütungszusagen wie zum Beispiel Aktienbezugsrechte explizit den Erfordernissen des Abs 1 S 1 unterworfen. Eine materielle Änderung ist mit dieser Einfügung jedoch nicht verbunden, da die hM schon bisher davon ausging, dass die gesamte Vergütung inklusive aller Nebenleistungen und Sondervergütungen erfasst ist (*Annuß/Theusinger* BB 2009, 2434). Enthalten sind auch Sachleistungen in Form von privat genutzten Dienstwagen und ggf Fahrer (*LG Essen* NZG 2006, 356), Flugzeugen, Dienstwohnungen und zinsgünstigen Darlehen (Fleischer Hdb VorstR/*Thüsing* § 6 Rn 2). Die beispielhafte Aufzählung spricht für eine **weite Auslegung**, so dass auch Abfindungen und Anerkennungsprämien erfasst sind (MünchKomm AktG/*Spindler* Rn 9). Enthalten sind ebenso alle Bezüge, die sich aus Mandaten im Konzern ergeben; 4.2.2 DCGK greift dies ausdrücklich auf (*Spindler* aaO Rn 32). Ebenso sind bedingte Zahlungen bspw aus **change of control-Klauseln** einzubeziehen (*Hüffer* AktG Rn 4b; Spindler/Stilz AktG/*Fleischer* Rn 53; *Dreher* AG 2002, 214, 217). Die Vereinbarung solcher change of control-Klauseln in angemessener Höhe ist insb bei Abschluss oder Verlängerung von Vorstandsdienstverträgen zulässig. Während eines laufenden Vertragsverhältnisses bedarf es demgegenüber bes Umstände, um eine zusätzliche Gewährung von Abfindungen im Falle des change of control zu rechtfertigen. Als mögliches Übernahmehindernis sind diese bei der börsennotierten AG gem §§ 289 Abs 4 Nr 9, 315 Abs 4 Nr 9 HGB im Lagebericht zu veröffentlichen (ausf *Holzborn/Peschke* BKR 2007, 101, 106). Abzugrenzen von den Gesamtbezügen sind Fürsorgeaufwendungen der AG, bei denen das Interesse der AG im Mittelpunkt steht (**aA** *Spindler* aaO Rn 13). Aufwendungen für **D&O-Versicherungsprämien** zählen deshalb nicht zu den Bezügen, denn sie dienen nicht nur dem Schutz des Vorstandsmitglieds vor persönlicher Inanspruchnahme, sondern überwiegend dem Eigeninteresse der AG an werthaltigem Regress (GroßKomm AktG/*Kort* Rn 232; *Hohenstatt/Naber* DB 2010, 2321 f; **aA** wohl *Spindler* aaO Rn 13, 15, differenzierend für Gruppenversicherung; zur D&O-Versicherung vgl § 93 Rn 40a).

2. Beurteilungszeitpunkt. Maßgeblich für die Beurteilung der Angemessenheit ist **4** allein der Zeitpunkt der **Vereinbarung** (*Hüffer* AktG Rn 5). Werden bestimmte Leistungen erst später fällig oder hängen von einem Ereignis ab, ist auch insoweit der Zeitpunkt der Vereinbarung entscheidend (MünchKomm AktG/*Spindler* Rn 73). Möglich ist jedoch die nachträgliche Abänderung der Festsetzung einer dienstvertraglich vereinbarten, ergebnisabhängigen Tantieme, wenn der Jahresabschluss der Ges, der der ursprünglichen Festsetzung der Tantieme zugrunde gelegen hat, seinerseits im Zusammenhang mit den Folgen der Finanzkrise abgeändert und neu festgestellt worden ist (*OLG Düsseldorf* AG 2012, 179). Für spätere Veränderungen in der Lage der Gesellschaft eröffnet Abs 2 eine Anpassung der Vergütung (ausf Rn 13).

§ 87 Grundsätze für die Bezüge der Vorstandsmitglieder

5 **3. Leitlinien der Angemessenheit.** Aus dem allg Maßstab der Angemessenheit lassen sich keine konkreten Grenzen oder Richtwerte ablesen. Maßgeblich sind gem Abs 1 S 1 die **Lage der Gesellschaft** und die **Aufgabe und Leistungen** des betr Vorstandsmitglieds, die kumulativ in die Abwägung einzustellen sind (MünchKomm AktG/*Spindler* Rn 22; GroßKomm AktG/*Kort* Rn 27; *Lutter* ZIP 2006, 733 ff). Der Begriff der **Leistung** wurde mit dem VorstAG in Abs 1 S 1 eingefügt. Er bringt jedoch keine materiellrechtliche Änderung, da schon nach der bisherigen hM die individuelle Leistung relevant war (*Annuß/Theusinger* BB 2009, 2434 mwN). Ebenso empfiehlt auch Ziff 4.2.2 Abs 2 S 1 und 2 DCGK die Berücksichtigung der Leistung bei der Vergütungsfestsetzung. Das Gesetz beantwortet jedoch nicht, was unter „Leistung" zu verstehen ist. Jedenfalls bezieht sich der Leistungsbegriff auf eine ganze Reihe von Faktoren, dh neben wirtschaftlichen Kennzahlen auch soziale Kompetenz („Soft Skills", vgl *Annuß/ Theusinger* aaO). Leistung meint immer die Leistung des einzelnen Vorstandsmitglieds und nicht die Performance des Vorstandskollegiums (vgl *Fleischer* NZG 2009, 801, 802).

6 Die **Aufgaben der einzelnen Vorstandsmitglieder** können sehr unterschiedlich sein und damit auch eine unterschiedliche Höhe der Gesamtbezüge rechtfertigen. Auch die konkrete **Qualifikation** und **Erfahrung** sowie die Dauer der Zugehörigkeit zur AG können einbezogen werden (KölnKomm AktG/*Mertens/Cahn* Rn 14; MünchKomm AktG/ *Spindler* Rn 28). Daneben können **persönliche Umstände**, bspw Alter oder Familienverhältnisse, des Vorstandsmitglieds Berücksichtigung finden (AnwK-AktR/*Oltmanns* Rn 1).Die konkrete **wirtschaftliche Lage der Gesellschaft** ist zwar angemessen zu berücksichtigen, eine bes Aufgabe, wie bspw die Sanierung des Unternehmens, kann aber hohe Gesamtbezüge trotz schwieriger wirtschaftlicher Lage der Gesellschaft rechtfertigen (allgM OLG Karlsruhe AG 2012, 464, 465; *Hüffer* AktG Rn 2). Vorschläge, die für unterschiedliche Unternehmensgrößen und Situationen (zB Börsennotierung und Internationalität) Richtwerte für eine widerlegliche Angemessenheitsvermutung enthalten (zB *Lücke* in Lücke, Vorstand der AG § 2 Rn 130 f), oder Studien von Personalberatungen sind als Vergleichsmaßstab grds zu begrüßen, können aber die Einzelüberprüfung durch den AR nicht ersetzen (ausf *Fleischer* DStR 2005, 1279).

6a **4. Üblichkeit.** Mit der Üblichkeit wurde durch das VorstAG ein weiterer Grundsatz für die Festsetzung der Gesamtbezüge kodifiziert, der schon zuvor von der hM für die Beurteilung herangezogen wurde (vgl *Spindler* NJOZ 2009, 3282, 3283). Nach der Ausschussbegründung ersetzt die Üblichkeit dabei nicht die Prüfung der Angemessenheit, sondern dient lediglich als **Obergrenze für eine angemessene Vergütung**. Es solle nicht der Eindruck entstehen, dass „stets angemessen sei, was üblich ist"; damit soll einem Aufschaukelungseffekt entgegen gewirkt werden (Rechtsausschuss BT-Drucks 16/13433, 10). Die Üblichkeit misst sich an zwei Faktoren: **horizontaler und vertikaler Vergleichbarkeit.** Die horizontale Ebene soll sich aus der Üblichkeit der Vergütung in derselben Branche und derselben Unternehmensgröße innerhalb des Geltungsbereichs des AktG ergeben (Rechtsausschuss aaO). Dabei können auch ausländische Unternehmen, die zT deutlich höhere Vergütungen gewähren, als Vergleichsmaßstab herangezogen werden, wenn die Gesellschaft nach Größe oder Tätigkeitsfeld im internationalen Wettbewerb um Führungskräfte steht (*Annuß/Theusinger* BB 2009, 2434, 2435; enger *Spindler* aaO, der hierin einen bes Grund iSd Abs 1 S 1 sieht). Vertikale Vergleichbarkeit bedeutet eine Ausrichtung an dem unternehmensinternen Lohn- und Gehaltsgefüge (Rechtsausschuss aaO). Im Konfliktfall ist der horizontalen Vergleichbarkeit der Vorrang vor der vertikalen zu geben (*Fleischer* NZG 2009, 801, 802). Eine **unüblich hohe Vergütung** ist nicht schlechthin unzulässig; vielmehr kann sie im Einzelfall gerechtfertigt sein, ist dann aber sorgfältig zu begründen (*Annuß/Theusinger* aaO; *Fleischer* aaO). So kann zB eine überragende Leistung eines Vorstandsmitglieds auch eine überdurchschnittlich hohe Vergütung rechtfertigen (so zur Rechtslage vor dem VorstAG: *LG München* NZG 2007, 477). Soweit die Begründung jedoch ermessensfehlerhaft ist oder gar keine Begründung gegeben wird, haftet der AR für die zu hohe Vergütung nach § 116 S 1 iVm § 93 Abs 2 S 1 (dazu Rn 7).

5. Rechtsfolgen. Für den AR bildet Abs 1 eine Rechtspflicht, die zu einer **Haftung** 7 nach §§ **116 S 1**, **93 Abs 2 S 1** führen kann. Mit dem VorstAG wurde rein deklaratorisch § 116 S 3 eingefügt (*Spindler* NJOZ 2009, 3282, 3289), der explizit eine Haftung des AR für eine unangemessen hohe Vergütung vorsieht. Erfolgt die unangemessene Vergütungsvereinbarung vorsätzlich, kann dieses den **Straftatbestand** der Untreue verwirklichen. Für eine strafrechtliche Folge ist aber eine gravierende Pflichtverletzung erforderlich (*BGH* NZG 2002, 471, 473). Ob eine Pflichtverletzung gravierend war, ist ua daran zu messen, ob dadurch persönliche Interessen verfolgt wurden (*BGH* aaO). Verstöße gegen § 87 haben keine Auswirkung auf den Bestand der Vergütungsvereinbarung (KölnKomm AktG/*Mertens/Cahn* Rn 5). In Ausnahmefällen kann eine entspr Vereinbarung sittenwidrig gem § 138 BGB und damit nichtig sein (Spindler/Stilz AktG/*Fleischer* Rn 57; *Hoffmann-Becking* NZG 1999, 797, 798).

6. Anerkennungsprämien. Wenn durch nicht vertraglich vereinbarte Zahlungen an 8 Vorstandsmitglieder für schon erbrachte Leistungen auch eine auf die Zukunft gerichtete Anreizwirkung ausgeht, sind diese zulässig (MünchKomm AktG/*Spindler* Rn 67 ff). Durch die **Rspr** bislang wohl als unzulässig erachtet werden allerdings solche Anerkennungsprämien (appreciation awards), die am Ende der Tätigkeit eines Vorstandsmitglieds durch den AR beschlossen werden (*BGH* AG 2006, 110, 112; *LG Düsseldorf* NJW 2004, 3275, 3277; ebenso *Brauer* NZG 2004, 502, 507; *Martens* ZHR (169) 2005, 124, 131 f). Abgestellt wird darauf, dass diese nicht mehr im Unternehmensinteresse lägen. Dieser Ansicht wird mit dem Argument entgegengetreten, dass insoweit eine **nachträgliche Anpassung** der Vergütung vorliegt, da die ursprüngliche Vergütung nicht mehr den Aufgaben gerecht werden konnte (nachdrücklich *Hüffer* AktG Rn 4; Spindler/Stilz AktG/*Fleischer* Rn 50). Jedenfalls müssen auch im Falle der Zulässigkeit die Anerkennungsprämien der Höhe nach dem Angemessenheitsmaßstab des Abs 1 genügen (so wohl auch *Hüffer* aaO; *Spindler* Rn 67; *Fleischer* aaO Rn 51).

7. Versorgungsbezüge. Nach Abs 1 S 4 unterliegen Versorgungsbezüge ebenfalls dem 9 Angemessenheitserfordernis des Abs 1 S 1. Hierunter sind alle Bezüge eines Vorstandsmitglieds zu fassen, die nach seiner Anstellung als Vorstand oder nach seinem Tod an seine Angehörigen gezahlt werden, unabhängig davon, ob sie durch Einmalzahlung oder regelmäßige Zahlungen erbracht werden (MünchKomm AktG/*Spindler* Rn 19). Auf sie findet Abs 2 S 1 mit der Maßgabe Anwendung, dass sie nur in den ersten drei Jahren nach Ausscheiden aus der Gesellschaft herabgesetzt werden können (Abs 2 S 2).

III. Ausrichtung auf nachhaltige Unternehmensentwicklung

Gem Abs 1 S 2 ist bei **börsennotierten Gesellschaften** die Vergütungsstruktur auf eine 9a nachhaltige Unternehmensentwicklung auszurichten. Diesem Gedanken folgend, ordnet S 3 an, dass variable Vergütungsbestandteile, wie etwa Stock Option-Programme, eine mehrjährige Bemessungsgrundlage haben sollen und eine Begrenzungsmöglichkeit für außerordentliche Entwicklungen zu vereinbaren ist.

9b 1. Nachhaltigkeit. Nachhaltigkeit bedeutet die langfristige Bestands- und Ertragssicherung des Unternehmens (*Annuß/Theusinger* BB 2009, 2434, 2435). Auf die Vergütungsstruktur des einzelnen Vorstandsmitglieds bezogen, bedeutet Nachhaltigkeit primär die Schaffung von **Verhaltensanreizen mit langfristig ertragssteigernder Wirkung**. Vorstandsmitglieder sollen dazu angehalten werden, eine Politik zu verfolgen, die nicht bloß kurzfristig zu hohen Überschüssen führt, sondern zur dauerhaften Rentabilität des Unternehmens beiträgt (*Fleischer* NZG 2009, 801, 802, der von einem Zeitpräferenzkonflikt spricht). Auch eine Mischung aus kurzfristigen und langfristigen Anreizen ist möglich, soweit insgesamt ein längerfristiger Anreiz erzeugt wird (Rechtsausschuss BT-Drucks 16/13433, 10). Zudem sollten die Vergütungsparameter Anreize zur Vermeidung unverantwortlicher Risiken und einer damit einhergehenden Bestandsgefährdung setzen (*Fleischer* aaO 803). Anreize können insb über **variable Vergütungsbestandteile** verwirklicht werden, unbenommen der Möglichkeit eine ausschließliche Festvergütung zu vereinbaren (Begr Gesetzentwurf BT-Drucks 16/12278, 6). Die variable Vergütung, wie etwa Gratifikationen und Boni, sollen eine **mehrjährige Bemessungsgrundlage** haben und gerade nicht auf einen einzigen Stichtag angelegt sein (vgl Begr Gesetzentwurf aaO), um damit das Vorstandsmitglied an der langfristigen Entwicklung des Unternehmens partizipieren zu lassen. Einen Anhaltspunkt wie Mehrjährigkeit zu konkretisieren ist, bietet der neu gefasste § 193 Abs 2 Nr 4. Dieser sieht für Aktienoptionsprogramme nunmehr eine Haltefrist von vier Jahren (vormals zwei Jahre) vor, um einen stärkeren Anreiz für langfristiges Handeln zu bieten (Begr Gesetzentwurf aaO). Eine geringere Dauer der Bemessungsgrundlage ist danach begründungsbedürftig (*Spindler* NJOZ 2009, 3282, 3285). Das bloße Hinausschieben der Fälligkeit reicht nicht; vielmehr muss sich der Anspruchsgrund selbst über mehrere Jahre erstrecken (*Annuß/Theusinger* aaO 2436). Für außerordentliche Entwicklungen hat der AR gem Abs 1 S 3 HS 2 eine **Begrenzungsmöglichkeit** (sog „Cap") zu vereinbaren. Der Rechtsausschuss sieht Unternehmensübernahmen, Veräußerung von Unternehmensteilen und die Hebung stiller Reserven als solche Entwicklungen an (Rechtsausschuss aaO). Als Begrenzungsmöglichkeit kommt ein allg gehaltener Vorbehalt des AR oder ein fester Höchstbetrag in Betracht, wobei letzterer für mehr Rechtssicherheit sorgt (*Hoffmann-Becking/Krieger* Beil NZG 26/2009, 4).

10 2. Stock Option-Programme. Grds können dem Vorstandsmitglied als Vergütungsbestandteil Aktienoptionen gewährt werden (vgl § 192), was durch die Neufassung des Abs 1 S 1 bestätigt wird. Sie sind bei börsennotierten Gesellschaften heute ein anerkanntes Element der Anreizvergütung zugunsten des Shareholder Value (MünchKomm AktG/*Spindler* Rn 44). Stock Options sind wie alle anderen Vergütungsbestandteile in den Gesamtbezügen nach Abs 1 zu berücksichtigen.

11 a) Zuständigkeit. Grds wird durch § 193 Abs 2 Nr 4 die Entscheidung über die Einrichtung, Ausgestaltung und konkrete Zuteilung an Vorstandsmitglieder, sonstige Führungskräfte und AN der **HV** zugewiesen. Allerdings ist für die **konkrete Einbeziehung** von Vorstandmitgliedern der **AR** im Rahmen seiner Vergütungs- und Personalkompetenz zuständig (*OLG München* AG 2003, 164, 165; *Hüffer* AktG Rn 8). Werden Stock Options iRd genehmigten Kapitals geschaffen, ist ein Zustimmungsvorbehalt des AR erforderlich, da andernfalls der Vorstand die alleinige Kompetenz zur Ausübung des genehmigten Kapitals hätte (*OLG Braunschweig* AG 1999, 84; *OLG Stuttgart* AG 1998, 529, 530). Um Interessenkonflikte zu vermeiden, sollte die Ausgestaltung von Stock Option-Plänen, auch bei Einbeziehung von Begünstigten unterhalb der Vorstandsebene maßgeblich durch den AR erfolgen (MünchKomm AktG/*Spindler* Rn 45).

b) Gestaltung. Für die Ausgestaltung der Stock Options sind gem Abs 1 **Höchstgrenzen** (*Hüffer* ZHR 161 (1997), 214, 235) und auf die Gesellschaft individualisierte **Leistungsparameter** festzusetzen. Diese haben sich am Wohl der Gesellschaft zu orientieren; unzulässig soll zB eine Vergütungsstruktur sein, die sich am Wohl einer anderen Gesellschaft (Mutter, Schwester) ausrichtet (*OLG München* AG 2008, 593, 594; ausf für faktischen Konzern: *Tröger* ZGR 2009, 452 ff). Die Entwicklung des Börsenkurses allein ist als Marktbewertung, die auch von außerhalb des Unternehmens liegenden Entwicklungen beeinflusst wird, ungeeignet (*Hüffer* AktG Rn 6; MünchKomm AktG/*Spindler* Rn 47; vgl auch Ziff 4.2.3 DCGK). Die Börsenkursentwicklung sollte deshalb im Verhältnis zu einem Branchenindex und kombiniert mit der Performance von unternehmensinternen Ergebnisgrößen (EBITDA etc), deren Entwicklung im Vergleich zur Branche bewertet werden muss, herangezogen werden. Gleichzeitig ist die Nachhaltigkeit gem Abs 1 S 2 durch langfristige Verhaltensanreize und eine mehrjährige Bemessungsgrundlage zu gewährleisten. Nach § 193 Abs 2 Nr 4 beträgt die **Haltefrist** mindestens vier Jahre. Der **Ausübungszeitraum** sollte sich an der Bestellungsfrist orientieren und eine mittel- bis langfristige und nicht nur kurzfristige Anreizwirkung bieten. Anreizwirkung kann auch durch schuldrechtlich vereinbarte **Phantom Stocks** oder **virtuelle Optionen** erzielt werden (zur Differenzierung und näheren Ausgestaltung Marsch-Barner/Schäfer Hdb AG/*Holzborn* § 53 Rn 36 ff). Da keine neuen Aktien geschaffen werden und damit auch kein Verwässerungseffekt der Beteiligungsverhältnisse erfolgt, sind HV-Beschlüsse für die Vereinbarung von Phantom Stocks oder virtuellen Optionen nicht erforderlich (*Spindler* aaO Rn 59). 12

IV. Herabsetzung der Gesamtbezüge, Abs 2

Abs 2 wurde durch das VorstAG neu gefasst. Nur wenn kumulativ eine nachträgliche **Verschlechterung der wirtschaftlichen Lage** der AG vorliegt und die Weitergewährung eine **Unbilligkeit für die AG** zur Folge hätte, ist die AG berechtigt, die Bezüge der Vorstandsmitglieder **auf die angemessene Höhe herabzusetzen**. Damit wurden dem Wortlaut nach die Voraussetzungen zur Herabsetzung der Bezüge erleichtert. Eine Anwendung von Abs 2 auf Ruhegehälter und ähnliche Leistungen war bis zum VorstAG nicht möglich, (MünchKomm AktG/*Spindler* Rn 44, 47; *LG Essen* NZG 2006, 356), ist nun jedoch gem des S 2 innerhalb der ersten drei Jahre nach Ausscheiden aus der Gesellschaft zulässig. Gem S 4 hat das betroffene Vorstandsmitglied nach Herabsetzung seiner Bezüge das Recht seinen Anstellungsvertrag zu kündigen. 13

1. Voraussetzungen und Rechtsfolge. Eine Herabsetzung der Bezüge ist möglich, wenn eine Verschlechterung der wirtschaftlichen Lage der AG und eine Unbilligkeit der Weitergewährung der Bezüge vorliegt. Eine Verschlechterung kann nur eine **nachträgliche negative Entwicklung der wirtschaftlichen Lage** sein (*Hüffer* AktG Rn 9), wobei aber nicht jede Verschlechterung ausreicht. Ob eine wesentliche Verschlechterung der Lage und Unbilligkeit für die Gesellschaft vorliegt, ist durch eine **Gesamtbetrachtung**, in die Interessen der AG und diejenigen des Vorstandsmitglieds einzustellen sind, festzustellen (*Annuß/Theusinger* BB 2009, 2434, 2438). Laut Begründung des Gesetzentwurfs soll eine die Herabsetzung rechtfertigende Lage bspw vorliegen, 14 wenn die Gesellschaft Entlassungen oder Lohnkürzungen vornehmen muss und keine Gewinne mehr ausschütten kann (Begr Gesetzentwurf BT-Drucks 16/12278, 7). Eine Insolvenz oder unmittelbare Krise ist nicht notwendig, selbstverständlich aber ausreichend. Auf Seiten des Vorstandsmitglieds in die Abwägung einzubeziehen ist neben seiner finanziellen und familiären Situation insb, wie hoch der persönliche Anteil an der Verschlechterung der Lage der AG ist (*Annuß/Theusinger* aaO); zumindest sollte dem Vorstandsmitglied die Verschlechterung zurechenbar sein (Rechtsausschuss BT-Drucks 16/13433, 10 f; **aA** *Withuhn* ZGR 2009, 847, 862 f). Voraussetzung für die Unbilligkeit ist, dass die bestehende Vergütungsregelung im Widerspruch zu Abs 1 S 2 steht, weil sie nicht auf eine nachhaltige Unternehmensentwicklung gerichtet ist (*Klöhn* ZGR 2012, 1, 34). Im **mehrköpfigen Vorstand** ist jedes Mitglied **gleichmäßig** zu **belasten** (*Hüffer* aaO). Die **Herabsetzung** erfolgt auf das Niveau, welches nach Abs 1 S 1 in dieser Situation angemessen wäre (Begr Gesetzentwurf aaO), was eine deutliche Verschärfung gegenüber der früheren Rechtslage darstellt. Allerdings wird hierbei auch zu berücksichtigen sein, inwieweit durch die wirtschaftliche Verschlechterung die Gesamtvergütung des Vorstandes durch eine Reduktion der variablen Gehaltsbestandteile bereits vermindert wird (vgl *Dauner-Lieb/Friedrich* NZG 2010, 688, 689). Bei Vorliegen der Voraussetzungen ist der AR **verpflichtet**, eine Herabsetzung zu prüfen. Da Abs 2 S 1 seit dem VorstAG eine „Soll-Vorschrift" ist, kann der AR nur bei Vorliegen besonderer Umstände von einer Herabsetzung absehen. Dabei hat er insb die Konsequenzen der Ausübung des Kündigungsrechtes aus Abs 2 S 4 für die Fortsetzung der Vorstandstätigkeit mit einzubeziehen. Die Herabsetzung ist nur solange gerechtfertigt, wie die schlechte Lage der Gesellschaft andauert (*OLG Frankfurt* AG 2011, 790, 792). Die Vergütung ist daher auf das ursprüngliche Niveau anzuheben, wenn die Verhältnisse der Gesellschaft sich wieder verbessert haben. (*Annuß/Theusinger* aaO; *Dauner-Lieb/Friedrich* 689 ff).

15 **2. Zuständigkeit und Verfahren.** Die Kompetenz zur Herabsetzung steht dem **AR** bzw dem Gericht bei Bestellung nach § 85 Abs 1 zu. AR kann die Entscheidung durch Beschluss nicht auf einen Ausschuss delegieren, § 107 Abs 3 S 3. Es handelt sich um ein einseitiges Gestaltungsrecht, das mit Zugang beim Vorstandsmitglied wirksam wird. Das Gericht kann Herabsetzung durch Beschl erwirken, gegen den die sofortige Beschwerde zulässig ist. Gegen den Herabsetzungsbeschluss kann das Vorstandsmitglied **Leistungsklage** auf die bisherigen Bezüge oder **Gestaltungsklage** entspr § 315 Abs 3 S 2 BGB erheben (MünchKomm AktG/*Spindler* Rn 100; *Hüffer* AktG Rn 10; Spindler/Stilz AktG/*Fleischer* Rn 75; K Schmidt/Lutter AktG/*Seibt* Rn 20; **aA** KölnKomm AktG/*Mertens/Cahn* Rn 12, auch Feststellungsklage, jedoch wird regelmäßig das Festestellungsinteresse fehlen).

16 **3. Auswirkung auf Anstellungsverhältnis.** Durch die Herabsetzung wird zwar das Anstellungsverhältnis zunächst nicht berührt (Abs 2 S 3), das **Vorstandsmitglied** kann aber nach Abs 2 S 4 **außerordentlich kündigen**. Hierzu ist eine **Frist** von sechs Wochen zum Quartalsende einzuhalten. Wurde gegen die Entscheidung des AR innerhalb der Frist gerichtlich vorgegangen, beginnt sie erneut mit rechtskräftiger Entscheidung über die Herabsetzung (KölnKomm AktG/*Mertens/Cahn* Rn 108; MünchKomm AktG/*Spindler* Rn 102). Eine unberechtigte Herabsetzung kann auch eine **fristlose Kündigung** gem § 626 BGB rechtfertigen, da diese nicht von Abs 2 S 4 verdrängt wird (*Mertens/Cahn* aaO Rn 109; *Hüffer* AktG 12; GroßKomm AktG/*Kort* Rn 322; **aA** *Spindler* aaO Rn 103 mit Hinweis auf Schutzweck zugunsten der AG).

V. Kündigung in der Insolvenz, Abs 3

Das Anstellungsverhältnis der Vorstandsmitglieder endet nicht mit der Eröffnung des Insolvenzverfahrens. Der Insolvenzverwalter kann den Anstellungsvertrag entspr § 621 Nr 4 BGB zum Ende des Kalendervierteljahres unter Einhaltung einer Frist von sechs Wochen oder gem § 113 InsO kündigen (MünchKomm AktG/*Spindler* Rn 116; K. Schmidt/Lutter AktG/*Seibt* Rn 23). Neben Vergütungsansprüchen kann dem Vorstandsmitglied nach § 113 Abs 2 InsO auch ein weiterer Schadensersatzanspruch aus der Kündigung des Anstellungsverhältnisses zustehen, der durch Abs 3 auf zwei Jahre seit dem Ende des Dienstverhältnisses beschränkt wird. 17

VI. Offenlegungspflicht

Durch das **Vorstandsvergütungsoffenlegungsgesetz** (BGBl I 2005, S 2267) wird die **börsennotierte AG** zur **individualisierten Offenlegung** der **Gesamtbezüge** der Vorstandsmitglieder verpflichtet (rechtspolitischer Meinungsstand bei *Hüffer* AktG Rn 14; zur Einordnung *Fleischer* DB 2005, 1611, 1613). Die Vergütungen sind individualisiert unter Namensnennung des Vorstandsmitglieds und Aufteilung nach festen sowie erfolgsabhängigen Bestandteilen im Anhang zum Jahresabschluss bzw im Konzernanhang anzugeben (§§ 285 S 1 Nr 9a; 314 Abs 1 Nr 6a HGB). Daneben sind Leistungen Dritter und solche Leistungen, die für Beendigung der Tätigkeit gezahlt werden, individualisiert aufzunehmen. Nunmehr sind zudem im Lagebericht bzw Konzernlagebericht auch die **Grundzüge des Vergütungssystems** zu erläutern (ausf *Spindler* NZG 2005, 689). Durch einen HV-Beschluss kann eine börsennotierte AG festlegen, dass eine individualisierte Angabe der Gesamtbezüge unterbleibt (**opt out**). Dieser Beschl erfordert eine Mehrheit von drei Vierteln des vertretenen Grundkapitals und kann höchstens für fünf Jahre erfolgen. Erfolgen die bezeichneten Pflichtangaben, besteht ein Auskunftsrecht nach § 131 nicht (*Hüffer* aaO Rn 17; GroßKomm AktG/*Kort* Rn 243; *Martens* ZHR 169 (2005) 124, 150; K. Schmidt/Lutter AktG/*Spindler* § 131 Rn 48). Die Veröffentlichungspflicht gilt unabhängig von der Empfehlung 4.2.4 DCGK, was bei einem opt out in der Erklärung nach § 161 zu berücksichtigen ist (vgl § 161 Rn 12 f). Daneben besteht gem § 285 S 1 Nr 9a S 4 HGB bzw § 314 Abs 1 Nr 6 S 4 HGB, eine **Angabepflicht** für Aktien-Optionsgewährung an Organe (Vorstand, AR) aufgeschlüsselt nach Zahl und aktuellem Wert. 18

§ 88 Wettbewerbsverbot

(1) ¹Die Vorstandsmitglieder dürfen ohne Einwilligung des Aufsichtsrats weder ein Handelsgewerbe betreiben noch im Geschäftszweig der Gesellschaft für eigene oder fremde Rechnung Geschäfte machen. ²Sie dürfen ohne Einwilligung auch nicht Mitglied des Vorstands oder Geschäftsführer oder persönlich haftender Gesellschafter einer anderen Handelsgesellschaft sein. ³Die Einwilligung des Aufsichtsrats kann nur für bestimmte Handelsgewerbe oder Handelsgesellschaften oder für bestimmte Arten von Geschäften erteilt werden.

(2) ¹Verstößt ein Vorstandsmitglied gegen dieses Verbot, so kann die Gesellschaft Schadensersatz fordern. ²Sie kann stattdessen von dem Mitglied verlangen, dass es die für eigene Rechnung gemachten Geschäfte als für Rechnung der Gesellschaft eingegangen gelten lässt und die aus Geschäften für fremde Rechnung bezogene Vergütung herausgibt oder seinen Anspruch auf die Vergütung abtritt.

(3) ¹Die Ansprüche der Gesellschaft verjähren in drei Monaten seit dem Zeitpunkt, in dem die übrigen Vorstandsmitglieder und die Aufsichtsratsmitglieder von der zum Schadensersatz verpflichtenden Handlung Kenntnis erlangen oder ohne grobe Fahrlässigkeit erlangen müssten. ²Sie verjähren ohne Rücksicht auf diese Kenntnis oder grob fahrlässige Unkenntnis in fünf Jahren von ihrer Entstehung an.

Übersicht

	Rn		Rn
I. Regelungsinhalt	1	IV. Einwilligung	9
II. Persönlicher Anwendungsbereich	3	V. Rechtsfolgen bei Verstoß	10
III. Erfasste Tätigkeiten	4	1. Unterlassung und Schadensersatz	10
1. Betrieb eines Handelsgewerbes	5	2. Eintrittsrecht	11
2. Geschäftemachen im Geschäftszweig der Gesellschaft	6	3. Verjährung	13
3. Vorstandsmitglied, Geschäftsführer oder persönlich haftender Gesellschafter einer anderen Handelsgesellschaft	7	VI. Modifikationen durch Vertrag und Satzung	14
		VII. Nachvertragliche Wettbewerbsverbote	15
4. Geschäftschancen	8		

Literatur: *Armbrüster* Wettbewerbsverbote im Kapitalgesellschaftsrecht, ZIP 1997, 1269; *Fleischer* Gelöste und ungelöste Probleme der gesellschaftsrechtlichen Geschäftschancenlehre, NZG 2003, 985; *ders* Wettbewerbs- und Betätigungsverbote für Vorstandsmitglieder im Aktienrecht, AG 2005, 336; *ders* Konzernleitung und Leitungssorgfalt der Vorstandsmitglieder im Unternehmensverbund, DB 2005, 759; *Grigoleit* Wettbewerbsverbot und Vorstandsdoppelmandat in der AG & Co KG, ZGR 2010, 662; *Jäger* Das nachvertragliche Wettbewerbsverbot und die Karenzentschädigung für Organmitglieder jur Personen, DStR 1995, 724; *Kort* Interessenkonflikte bei Organmitgliedern der AG, ZIP 2008, 717; *Menke* Gestaltung nachvertraglicher Wettbewerbsverbote mit GmbH- Geschäftsführern, NJW 2009, 636; *Thüsing* Nachorganschaftliche Wettbewerbsverbote bei Vorständen und Geschäftsführern – Ein Rundgang durch die neuere Rspr und Literatur, NZG 2004, 9.

I. Regelungsinhalt

1 Während der Amtszeit unterliegt ein Vorstandsmitglied einem Wettbewerbsverbot. Es soll sicherstellen, dass zum einen die gesamte **Arbeitskraft** der Gesellschaft gewidmet wird (*OLG Brandenburg* AG 2009, 513, 515), zum anderen soll eine **Konkurrenz** durch das Vorstandsmitglied verhindert werden (*Hüffer* AktG Rn 1). Die Regelung beinhaltet damit einen **Aspekt der Treuepflichten** gegenüber der Gesellschaft (*OLG Frankfurt* AG 2000, 518, 519; *OLG Hamburg* NZG 2008, 224, Wurzel liegt in der organschaftlichen Treuepflicht), ist aber nicht abschließend und damit analogiefähig (MünchKomm AktG/*Spindler* Rn 1; einschränkend *Hüffer* aaO Rn 3). Der Regelung entspricht Ziff 4.3.1. DCGK.

2 Nur mit Einwilligung des AR ist es dem Vorstandsmitglied gestattet, ein Handelsgewerbe zu betreiben, im Geschäftsbereich der Gesellschaft Geschäfte zu machen oder persönlich haftender Gesellschafter bzw Vorstand oder Geschäftsführer einer anderen Handelsgesellschaft zu sein. Trotz der **Einschränkung der Wettbewerbsfreiheit** des Vorstands ist diese gesetzliche Regelung als funktionsimmanente Wettbewerbsbeschränkung vom Kartellverbot des § 1 GWB und Art 101 AEUV (ex Art 81 EG) ausgenommen (MünchKomm AktG/*Spindler* Rn 4; anders beim nachvertraglichen Wett-

Wettbewerbsverbot § 88

bewerbsverbot, s Rn 16). Der Anstellungsvertrag des Vorstandsmitglieds kann das Verbot modifizieren (ausf Rn 14 f). In Abs 2, 3 werden eine **Schadensersatzpflicht** und ein **Eintrittsrecht** der Gesellschaft sowie diesbezügliche **Verjährungsfristen** geregelt.

II. Persönlicher Anwendungsbereich

Erfasst sind nur **Vorstandsmitglieder** und **stellvertretende Vorstandsmitglieder** (§ 94). 3
Auf AR-Mitglieder erstreckt sich die Vorschrift nicht (vgl aber Ziff 4.3.5 DCGK, der die Übernahme von konzernfremden AR-Mandaten der AR-Zustimmung unterwirft). Grds sind Abwickler trotz einer möglichen Eigenschaft als Vorstandsmitglied nach § 268 Abs 3 ausgenommen, was aber eine entspr Regelung in Satzung oder Anstellungsvertrag nicht ausschließt (MünchKomm AktG/*Spindler* Rn 7; differenzierend KölnKomm AktG/*Kraft* § 268 Rn 25). Mit der Bestellung zum Vorstandsmitglied beginnt das Wettbewerbsverbot, das mit dem Widerruf der Bestellung oder Niederlegung endet, so dass die **gesamte Amtszeit** erfasst ist. Bestehen Zweifel an der Rechtmäßigkeit des Widerrufs und geht das Vorstandsmitglied gegen diesen gerichtlich vor, ist es nicht mehr an § 88 gebunden (*OLG Frankfurt* AG 2000, 518, 519; Spindler/Stilz AktG/*Fleischer* Rn 11). Wird der Anstellungsvertrag nicht durch die AG gekündigt und die Vergütung weiterhin gezahlt, soll das Vorstandsmitglied weiterhin an § 88 gebunden sein (*OLG Frankfurt* aaO; *Spindler* aaO Rn 9; **aA** *Hüffer* AktG Rn 2; Fleischer Hdb VorstR/*Thüsing* § 4 Rn 85; GroßKomm AktG/*Kort* Rn 111; *Fleischer* aaO Rn 10; K. Schmidt/Lutter AktG/*Seibt* Rn 5, jedoch folgt aus dem Anstellungsvertrag ein inhaltsgleiches Tätigkeitsverbot). Im Falle der Niederlegung wird das Vorstandsmitglied vom Verbot des § 88 befreit, wenn die Niederlegung rechtmäßig war (*Baumbach/Hueck* AktG Rn 2; *Spindler* aaO; GroßKomm AktG/*Kort* Rn 112; *Fleischer* aaO Rn 12; **aA** KölnKomm AktG/*Mertens/Cahn* Rn 7, immer Befreiung, solange kein Rechtsmissbrauch; ebenso *Thüsing* aaO). Widerspricht die AG einer unrechtmäßigen Niederlegung, bleibt § 88 jedoch weiterhin anwendbar.

III. Erfasste Tätigkeiten

Grds sind **vorbereitende Maßnahmen** für eine nach Abs 1 unzulässige Tätigkeit tatbe- 4
standlich **nicht erfasst** (MünchKomm AktG/*Spindler* Rn 20). Allerdings kann im Einzelfall darin bereits ein Geschäftemachen im Geschäftszweig der AG (vgl *OLG Frankfurt* AG 2000, 518, 519) oder ein Verstoß gegen die Treuepflichten gegenüber der AG liegen (KölnKomm AktG/*Mertens/Cahn* Rn 14). Werden von Abs 1 erfasste Tätigkeiten von einer **juristischen Person** ausgeübt, die vom Vorstandsmitglied kontrolliert wird und nutzt er deren Rechtspersönlichkeit zur Umgehung, wird ihm das Handeln der jur Person zugerechnet (*Spindler* aaO Rn 19).

1. Betrieb eines Handelsgewerbes. Unabhängig von einem möglichen Wettbewerbs- 5
verhältnis ist dem Vorstand durch Abs 1 S 1 Alt 1 der **Betrieb jeglichen Handelsgewerbes** (§§ 1 ff HGB) verboten. Hierdurch soll die Arbeitskraft des Vorstandsmitglieds auf die AG konzentriert werden, so dass jegliche gewerbliche Betätigungen erfasst sind (KölnKomm AktG/*Mertens/Cahn* Rn 10; K. Schmidt/Lutter AktG/*Seibt* Rn 6; **aA** *Hüffer* AktG Rn 3, da ansonsten Verbotsumfang unbestimmbar). Welche Stellung das Vorstandsmitglied dort einnimmt oder ob ein **Strohmann** eingeschaltet wird, ist unerheblich (MünchKomm AktG/*Spindler* Rn 11; *Armbrüster* ZIP 1997, 1269, 1270).

Bürgers/Israel

6 **2. Geschäftemachen im Geschäftszweig der Gesellschaft.** Der Begriff des Geschäftemachens erfasst jede auf Gewinnerzielung gerichtete Teilnahme am geschäftlichen Verkehr (*BGH* WM 1997, 1015, 1016). Beschränkt wird dies allerdings auf den Geschäftszweig der AG, da der **Wettbewerb verhindert** werden soll (*BGH* NJW 2001, 2476 f). Folglich sind solche Geschäfte des Vorstands nicht erfasst, die letztlich auch der AG zugutekommen; dieses gilt auch wenn entspr Provisionszahlungen erfolgen (*BGH* NJW 2001, 2476 f). Die reine Vermögensanlage in Geschäftsbereichen der AG stellt grds noch kein Geschäftemachen dar (*BGH* WM 1997, 1015, 1016), so dass auch der Handel mit Aktien der AG, das sog **Directors' Dealing**, nicht einbezogen ist (MünchKomm AktG/*Spindler* Rn 12). Daher kann das Vorstandsmitglied ein Handelsgewerbe zwar erwerben, aber wg Abs 1 S 1 Alt 1 nicht dessen Geschäfte führen (*Spindler* aaO Rn 17; GroßKomm AktG/*Kort* Rn 36). Das Verbot erfasst auch **Geschäfte für fremde Rechnung**, so dass ein Vorstand im Geschäftszweig der Gesellschaft auch nicht Handelsmakler oder Kommissionär sein darf (*Spindler* aaO Rn 13; KölnKomm AktG/*Mertens/Cahn* Rn 12) oder dort Geschäfte vermitteln kann (*OLG Köln* AG 1999, 573, 574). Entscheidend für die Bestimmung des **Geschäftszweigs** der AG ist nicht nur der satzungsmäßige Unternehmensgegenstand, sondern vielmehr die tatsächliche Geschäftstätigkeit, auch wenn diese enger oder weiter ist (*OLG Dresden* Beschl v 19.11.2007 – Az 2 U 1420/07; *OLG Frankfurt* AG 2000, 518, 519; *Fleischer* AG 2005, 336; *Hüffer* AktG Rn 3; Nirk/Ziemons/Binnewies Hdb AG/*Ziemons* Bd I Rn 8.820).

7 **3. Vorstandsmitglied, Geschäftsführer oder persönlich haftender Gesellschafter einer anderen Handelsgesellschaft.** Unabhängig von einem tatsächlichen Wettbewerbsverhältnis ist es den Vorstandsmitgliedern nach Abs 1 S 2 untersagt, persönlich haftender Gesellschafter, Vorstandsmitglied oder Geschäftsführer in einer anderen Handelsgesellschaft zu sein. **Vorstandsdoppelmandate** werden tatbestandlich erfasst, sind aber mit Zustimmung beider AR zulässig (*BGH* AG 2009, 500, 2. LS; vgl § 76 Rn 28). Eine Tätigkeit als **AR** ist dagegen ebenso wenig erfasst, wie die Gesellschafterstellung in der AG, KGaA, GmbH und als Kommanditist oder stiller Gesellschafter (*Hüffer* AktG Rn 4). Eine Übertragung auf geschäftsführende Kommanditisten hängt von der Vergleichbarkeit einer solchen Position mit den gesetzlich genannten Positionen ab (Fleischer Hdb VorstR/*Thüsing* § 4 Rn 91; **aA** *Hüffer* aaO und Spindler/Stilz AktG/*Fleischer* Rn 25, die entspr Anwendung stets befürworten; sowie MünchKomm AktG/*Spindler* Rn 19 und K. Schmidt/Lutter AktG/*Seibt* Rn 8, die Anwendung stets ablehnen).

8 **4. Geschäftschancen.** Nicht von § 88 erfasst sind sog corporate opportunities, also Geschäftsmöglichkeiten der AG selbst (MünchKomm AktG/*Spindler* Rn 56; wohl **aA** *Hüffer* AktG Rn 3). Allerdings verpflichtet den Vorstand seine **Treuepflicht** gegenüber der AG, Geschäftschancen, von denen er in seiner Tätigkeit als Vorstandsmitglied erfährt und die ihm nicht als Privatperson angetragen werden, der AG anzubieten (K. Schmidt/Lutter AktG/*Seibt* Rn 7; *Spindler* aaO; *Fleischer* NZG 2003, 985 986; iE *Hüffer* aaO; *BGH* NJW 1986, 585, 586, zur GmbH). Dieses betrifft auch solche Geschäfte, die mit Mitteln der Gesellschaft ermöglicht werden oder die sich aus Geschäften der AG ergeben, wie bei begonnenen Vertragsverhandlungen und an sie gerichtete Angebote (*BGH* WM 1977, 361, 362). Kann oder will die AG, vertreten durch den AR; die ihr zunächst angebotene Geschäftschance nicht nutzen, kann das Vorstandsmitglied diese ergreifen (*OLG Celle* NZG 2002, 469, 470; *Spindler* aaO Rn 61).

Wettbewerbsverbot § 88

IV. Einwilligung

Grds kann der AR durch **Beschluss** (§ 108 Abs 1) in verbotene Tätigkeiten einwilligen 9
und sie damit erlauben. Der Beschl muss die Einwilligung nicht ausdrücklich enthalten, zB wenn das Handelsgewerbe bei Bestellung des Vorstands jedem AR bekannt war (MünchKomm AktG/*Spindler* Rn 23). Der AR kann die Einwilligung einem Ausschuss übertragen (§ 107 Abs 3). Es ist eine Einwilligung entspr § 183 BGB erforderlich, eine Genehmigung ist nicht ausreichend (K. Schmidt/Lutter AktG/*Seibt* Rn 9). Eine **konkludente Erteilung** bspw durch Duldung einer Tätigkeit ohne Beschluss ist nur in Ausnahmefällen möglich (*Hüffer* AktG Rn 5; **aA** KölnKomm AktG/*Mertens/Cahn* Rn 11, nur durch Beschl; ebenso *Seibt* aaO). Eine Genehmigung kann sich entspr § 93 Abs 4 S 2 nicht auf Schadensersatzansprüche auswirken, sondern nur zukünftige Wirkung entfalten (*Spindler* aaO Rn 25; MünchHdb AG/*Wiesner* § 21 Rn 67). Der AR kann nur für bestimmte Tätigkeiten eine Einwilligung erteilen (Abs 1 S 3), so dass **Blankoeinwilligungen unzulässig** sind (GroßKomm AktG/*Kort* Rn 58; Spindler/Stilz AktG/*Fleischer* Rn 26); zu satzungsmäßigen Einschränkungen vgl Rn 14 f).

V. Rechtsfolgen bei Verstoß

1. Unterlassung und Schadensersatz. Zunächst steht der AG ein selbstständiger, **ver-** 10
schuldensunabhängiger Unterlassungsanspruch gegen das Vorstandsmitglied zu, der zukunftsgerichtet ist und bereits bei einem drohenden Verstoß besteht (ausf MünchKomm AktG/*Spindler* Rn 27). Ein **Schadensersatzanspruch** der AG gem Abs 2 S 1 erfordert einen **schuldhaften Verstoß** durch das Vorstandsmitglied, für den bei Streit die **Beweislastregel** des § 93 Abs 2 S 2 zu Lasten des Vorstandsmitglieds gilt (Spindler/Stilz AktG/*Fleischer* Rn 34). Der Schadensumfang ergibt sich aus §§ 249 ff BGB und erfasst auch entgangenen Gewinn nach § 252 BGB (K. Schmidt/Lutter AktG/*Seibt* Rn 12). Die Beweislast für das Vorliegen eines Schadens trägt die AG (KölnKomm AktG/*Mertens/Cahn* Rn 21). Die AG kann gegen einen Vergütungsanspruch des Vorstandsmitglieds aufrechnen (*BGH* WM 1988, 165; *Spindler* aaO Rn 28).

2. Eintrittsrecht. Hat ein Vorstandsmitglied verbotswidrig für eigene Rechnung 11
Geschäfte gemacht, kann die Gesellschaft anstatt Schadensersatz auch von ihrem Eintrittsrecht Gebrauch machen und damit das **Geschäft** des Vorstandsmitglieds **an sich ziehen**, wenn die AG ein entspr Geschäft auch selbst hätte vornehmen können. Es besteht ein **Wahlrecht**, das auch durch eine vorherige Schadensersatzforderung nicht ausgeschlossen wird, da es sich nicht um eine Wahlschuld iSv § 263 Abs 2 BGB, sondern um einen Fall der elektiven Konkurrenz handelt (MünchKomm AktG/*Spindler* Rn 29; Spindler/Stilz AktG/*Fleischer* Rn 39; *Hüffer* AktG Rn 6; KölnKomm AktG/*Mertens/Cahn* Rn 20). Einem umgekehrten Wechsel von einem Eintrittsrecht zu einem Schadensersatzanspruch kann der Vertrauensschutz entgegenstehen (*Spindler* aaO). Zwar setzt auch das Eintrittsrecht einen **schuldhaften Verstoß** voraus (*Spindler* aaO Rn 31; zurückhaltend *Hüffer* aaO Rn 7), der praktisch schwierigere Nachweis des Schadens erübrigt sich aber. Der Eintritt der Gesellschaft wirkt sich nicht auf das Vertragsverhältnis des Vorstandsmitglieds mit dem Dritten aus (K. Schmidt/Lutter AktG/*Seibt* Rn 13), die Gesellschaft kann sich aber die Ansprüche abtreten lassen. Vorstand ist bei Eintritt verpflichtet, das Erlangte an die Gesellschaft herauszugeben, hat gleichzeitig aber Anspruch auf Aufwendungsersatz.

Bürgers/Israel

12 Für Geschäfte auf **eigene Rechnung** bedeutet das Eintrittsrecht eine Herausgabe der **Vergütung.** Umstr ist, ob sich die pauschale Gewinnabschöpfung des Eintrittsrechts auch auf **Verstöße nach Abs 1 S 2** erstreckt, die im Wortlaut des Abs 2 S 2 nicht genannt sind. Da ein tatsächlicher „Eintritt" schon an der fehlenden Außenwirkung scheitert, soll entspr § 113 HGB das Vorstandsmitglied den **Gewinn herausgeben,** der aus dem verbotenen Wettbewerb, insb einer Stellung als persönlich haftender Gesellschafter resultiert (KölnKomm AktG/*Mertens/Cahn* Rn 25; *Hüffer* AktG Rn 8; aA MünchKomm AktG/*Spindler* Rn 35; Spindler/Stilz AktG/*Fleischer* Rn 36). Der Gewinnanteil, der sich nur auf die Arbeitskraft bezieht, wie eine reine Vergütung, soll demnach nicht Gegenstand des Eintrittrechts sein (*Hüffer* aaO).

13 **3. Verjährung.** Abs 3 sieht zum einen eine **kurze Verjährungsfrist** von **drei Monaten** seit Kenntnis oder grob fahrlässiger Unkenntnis aller Vorstands- und AR-Mitglieder vor. Zum anderen beginnt eine **lange, fünfjährige Verjährungsfrist** mit der Entstehung der Ansprüche. Maßgeblich ist dabei nicht der Schadenseintritt, sondern die Beendigung des verbotswidrigen Verhaltens (KölnKomm AktG/*Mertens/Cahn* Rn 31). Für den Betrieb eines Handelsgewerbes und die Beteiligung an einer Handelsgesellschaft als Vorstand, Geschäftsführer oder persönlich haftender Gesellschafter tritt die Verjährung erst mit dem letzten abgeschlossenen Geschäft ein (MünchKomm AktG/ *Spindler* Rn 40).

VI. Modifikationen durch Vertrag und Satzung

14 § 88 schließt nicht aus, dass durch den **Anstellungsvertrag** mit dem jeweiligen Vorstandsmitglied entspr Wettbewerbsverbote **erweitert** oder **konkretisiert** werden. Ein Verbot kann auf die AR-Tätigkeit in anderen Gesellschaften und auf Geschäftsfelder von Tochtergesellschaften erweitert werden (MünchKomm AktG/*Spindler* Rn 5; Fleischer Hdb VorstR/*Thüsing* § 4 Rn 105 f). Dieses darf aber nicht zu einer unverhältnismäßigen Beschränkung der beruflichen und unternehmerischen Freiheit des Vorstandsmitglieds führen (KölnKomm AktG/*Mertens/Cahn* Rn 9; *OLG Frankfurt* AG 2000, 518, 519 f). Entspr Regelungen können auch schon in der **Satzung** getroffen werden (*Spindler* aaO Rn 26; Spindler/Stilz AktG/*Fleischer* Rn 30; wohl auch *Armbrüster* ZIP 1997, 1269, 1270; GroßKomm AktG/*Kort* Rn 117; **aA** *Mertens/Cahn* aaO Rn 13).

VII. Nachvertragliche Wettbewerbsverbote

15 Mit § 88 werden ausdrücklich keine nachvertraglichen Pflichten geregelt. Gesonderte vertragliche und satzungsmäßige Regelungen sehen regelmäßig solche nachvertraglichen Wettbewerbsverbote vor. Vorstandsmitglieder sind nicht entspr §§ 74 ff HGB schutzwürdig, so dass eine entspr Anwendung entfällt (*BGHZ* 91, 1, 3 f; MünchHdb AG/*Wiesner* § 21 Rn 70; *Thüsing* NZG 2004, 9; *Kort* ZIP 2008, 717, 718). Nachvertraglichen Wettbewerbsverboten sind zunächst durch **§ 138 BGB** Grenzen gesetzt (*BGHZ* 91, 1, 3 f; *OLG Düsseldorf* ZIP 1999, 311, 312). Entsprechende Vereinbarungen sind danach nur zulässig, wenn das Wettbewerbsverbot berechtigte Interessen der AG schützt und nach Ort, Zeit und Gegenstand die wirtschaftliche Betätigung bzw die Berufsausübung nicht unangemessen behindert (*BGHZ* 91, 1, 5; *BGH* WM 1990, 13, 16; Spindler/Stilz AktG/*Fleischer* Rn 43). Als **zeitliche Begrenzung** wurde eine Dauer von **zwei Jahren**, wie in § 74a Abs 1 HGB für AN, nicht als unangemessen angesehen (*BGH* NJW 1994, 384, 385; *OLG Düsseldorf* aaO; GroßKomm AktG/*Kort* Rn 145). Die Beschränkung ist **sachlich** und **räumlich** zu **begrenzen**, wobei Aufgabe und regionale Ausrichtung der AG maßgeblich sind (*Hüffer* AktG Rn 10). Die finanzielle Kompensation kann ebenso ein wichtiges Element der Zulässigkeit sein; deren Fehlen führt aber nicht per se zur Unzulässigkeit (*Menke* NJW 2009, 636, 637).

Daneben bilden die Kartellverbote aus **§ 1 GWB** und **Art 101 AEUV** (ex Art 81 EG) mit den jeweiligen Gruppenfreistellungsverordnungen gleichfalls Grenzen. Sie setzen aber voraus, dass das Vorstandsmitglied in der Vereinbarung entspr dem funktionalen Unternehmensbegriff zumindest als potentielles Unternehmen anzusehen ist (Schröter/Jakob/Mederer EurWettR/*Schröter* Vorb Art 81-Art 85 Rn 22; MünchKomm AktG/*Spindler* Rn 50). Daher gelten diese Grenzen grds nur für Verbote, die ein selbstständiges unternehmerisches Tätigwerden betreffen (*Bechthold* GWB § 1 Rn 12). Entspr den gesetzlichen Wettbewerbsverboten sind auch insoweit **funktionsnotwendige Wettbewerbsbeschränkungen** zulässig, wenn sie nicht über das hinausgehen, was zur Sicherstellung der wettbewerblichen Interessen erforderlich ist, wobei eine Orientierung an den Grundsätzen zu Wettbewerbsverboten bei Unternehmensveräußerungen erfolgt (*BGHZ* 91, 1, 5; *OLG Celle* NZG 2001, 131, 132). Auf europäischer Ebene gelten ähnliche Grundsätze (ausf Immenga/Mestmäcker EurKartR/*Emmerich* Art 81 Rn 20, 156 ff). Eine geltungserhaltende Reduktion ist ausnahmsweise für die zeitliche Geltung des Verbots möglich, scheidet ansonsten aber regelmäßig aus (*BGH* NJW 1997, 3089, 3090; *Hüffer* AktG Rn 10; zu salvatorischen Klauseln und Teilnichtigkeit bei kartellrechtswidrigen Vereinbarungen: *BGH* NJW 2003, 347).

16

§ 89 Kreditgewährung an Vorstandsmitglieder

(1) ¹**Die Gesellschaft darf ihren Vorstandsmitgliedern Kredit nur auf Grund eines Beschlusses des Aufsichtsrats gewähren.** ²**Der Beschluss kann nur für bestimmte Kreditgeschäfte oder Arten von Kreditgeschäften und nicht für länger als drei Monate im Voraus gefasst werden.** ³**Er hat die Verzinsung und Rückzahlung des Kredits zu regeln.** ⁴**Der Gewährung eines Kredits steht die Gestattung einer Entnahme gleich, die über die dem Vorstandsmitglied zustehenden Bezüge hinausgeht, namentlich auch die Gestattung der Entnahme von Vorschüssen auf Bezüge.** ⁵**Dies gilt nicht für Kredite, die ein Monatsgehalt nicht übersteigen.**

(2) ¹**Die Gesellschaft darf ihren Prokuristen und zum gesamten Geschäftsbetrieb ermächtigten Handlungsbevollmächtigten Kredit nur mit Einwilligung des Aufsichtsrats gewähren.** ²**Eine herrschende Gesellschaft darf Kredite an gesetzliche Vertreter, Prokuristen oder zum gesamten Geschäftsbetrieb ermächtigte Handlungsbevollmächtigte eines abhängigen Unternehmens nur mit Einwilligung ihres Aufsichtsrats, eine abhängige Gesellschaft darf Kredite an gesetzliche Vertreter, Prokuristen oder zum gesamten Geschäftsbetrieb ermächtigte Handlungsbevollmächtigte des herrschenden Unternehmens nur mit Einwilligung des Aufsichtsrats des herrschenden Unternehmens gewähren.** ³**Absatz 1 Satz 2 bis 5 gilt sinngemäß.**

(3) ¹**Absatz 2 gilt auch für Kredite an den Ehegatten, Lebenspartner oder an ein minderjähriges Kind eines Vorstandsmitglieds, eines anderen gesetzlichen Vertreters, eines Prokuristen oder eines zum gesamten Geschäftsbetrieb ermächtigten Handlungsbevollmächtigten.** ²**Er gilt ferner für Kredite an einen Dritten, der für Rechnung dieser Personen oder für Rechnung eines Vorstandsmitglieds, eines anderen gesetzli-**

chen Vertreters, eines Prokuristen oder eines zum gesamten Geschäftsbetrieb ermächtigten Handlungsbevollmächtigten handelt.

(4) ¹Ist ein Vorstandsmitglied, ein Prokurist oder ein zum gesamten Geschäftsbetrieb ermächtigter Handlungsbevollmächtigter zugleich gesetzlicher Vertreter oder Mitglied des Aufsichtsrats einer anderen juristischen Person oder Gesellschafter einer Personenhandelsgesellschaft, so darf die Gesellschaft der juristischen Person oder der Personenhandelsgesellschaft Kredit nur mit Einwilligung des Aufsichtsrats gewähren; Absatz 1 Satz 2 und 3 gilt sinngemäß. ²Dies gilt nicht, wenn die juristische Person oder die Personenhandelsgesellschaft mit der Gesellschaft verbunden ist oder wenn der Kredit für die Bezahlung von Waren gewährt wird, welche die Gesellschaft der juristischen Person oder der Personenhandelsgesellschaft liefert.

(5) Wird entgegen den Absätzen 1 bis 4 Kredit gewährt, so ist der Kredit ohne Rücksicht auf entgegenstehende Vereinbarungen sofort zurückzugewähren, wenn nicht der Aufsichtsrat nachträglich zustimmt.

(6) Ist die Gesellschaft ein Kreditinstitut oder Finanzdienstleistungsinstitut, auf das § 15 des Gesetzes über das Kreditwesen anzuwenden ist, gelten anstelle der Absätze 1 bis 5 die Vorschriften des Gesetzes über das Kreditwesen.

Übersicht

	Rn
I. Regelungsinhalt	1
II. Kredite	2
III. Adressaten	4
IV. Einwilligungsvorbehalt	7
V. Rechtsfolgen	8

Literatur: *Deilmann* Kreditgewährung an Vorstands-Aktionäre, AG 2006, 62; *Fleischer* Aktienrechtliche Zweifelsfrage der Kreditgewährung an Vorstandsmitglieder, WM 2004, 1057; *Kuhlmann* Die Einwilligung des Aufsichtsrats bei Darlehen und Vorschüssen an Prokuristen einer Aktiengesellschaft, AG 2009, 109; *Mutter* Delegationsfähigkeit von Organkrediten? AG-Report 2013 R44; *Pelzer* Probleme bei der Kreditgewährung der Kapitalgesellschaft an ihre Leitungspersonen, FS Rowedder, 1994, S 325.

I. Regelungsinhalt

1 Mit § 89 wird die Kreditgewährung der AG an bestimmte Leitungspersonen geregelt, wobei **Transparenz** und **Vermeidung von Interessenkonflikten** leitende Motive sind (*Hüffer* AktG Rn 1). Für solche Geschäfte wird ein vorheriger Beschl des AR vorgeschrieben, der auch die wesentlichen Konditionen erfassen muss. Zudem enthält Abs 3, 4 Zurechnungsregelungen für nahe stehende Personengruppen, Personenhandelsgesellschaften und jur Personen, die für anderweitige Geschäfte mit Leitungspersonen und Umgehungstatbeständen herangezogen werden sollen und **Umgehungen** verhindern sollen (vgl MünchKomm AktG/*Spindler* Rn 3). Eine entspr Regelung für den AR findet sich in § 115. Die Regelungen des § 89 sind nicht disponibel, entspr Regelungsversuche sind nichtig (KölnKomm AktG/*Mertens/Cahn* Rn 3). Regelungsumfang kann durch Satzung oder HV-Beschlüsse erweitert und verschärft werden. Im DCGK werden die Motive als Ziff 3.9 aufgegriffen, allerdings beschränkt auf Vorstandsmitglieder und ohne Ausnahmetatbestand für Kleinkredite (ausf § 161 Rn 29 ff). Vorstandskredite sind gem **§ 285 Nr 9c HGB** in den **Anhang** aufzunehmen.

II. Kredite

Eine Legaldefinition des Kreditbegriffs findet sich in § 89 nicht. Allg ist in einem Kredit die Überlassung von Kaufkraft auf Zeit zu sehen, so dass mit Blick auf die Regelungsmotive eine **weite Auslegung** des Kreditbegriffs geboten ist (unstr *Hüffer* AktG Rn 2; MünchHdb AG/*Wiesner* § 21 Rn 93; Spindler/Stilz AktG/*Fleischer* Rn 6). Bereits die Zusage eines Kredits ist zustimmungspflichtig (MünchKomm AktG/*Spindler* Rn 11). Erfasst sind nicht nur **Darlehen** (§ 488 BGB), Wechsel- und Kontokurrentkredite, Waren- und Effektenkredite, die Erhöhung bereits gewährter Kredite und der zeitweise Verzicht auf die Geltendmachung von Ersatzansprüchen, sondern auch **Stundungen** und **Anzahlungen**, wenn sie nicht der Verkehrsübung entsprechen (unstr *Hüffer* aaO). Gewährt die AG **Sicherheiten, Bürgschaften, Garantien** oder **Schuldübernahmen** für Kredite mit Dritten, sind diese ebenso von § 89 erfasst (KölnKomm AktG/*Mertens/Cahn* Rn 13; *Baumbach/Hueck* AktG Rn 4). Begrenzt auf Vorstandsmitglieder wird durch Abs 1 S 4 eine **Entnahme**, dh die Inanspruchnahme von geschuldeten Leistungen vor Fälligkeit (bspw Vorschuss auf Vergütung), der Kreditgewährung gleichgestellt (*BGH* AG 1991, 398, 399). Hiervon abzugrenzen sind notwendige Entnahmen für zukünftige Auslagen der Vorstandsmitglieder, die keinem Zustimmungsvorbehalt unterliegen (*Spindler* aaO Rn 16). 2

Von dem Zustimmungserfordernis sind sog **Kleinkredite** nach Abs 1 S 5 ausgenommen. Erfasst sind insoweit alle Adressaten, mit Ausnahme der in Abs 4 beschrieben jur Personen und Personenhandelsgesellschaften. Als **Monatsgehalt** ist die **Bruttovergütung** mit anteiliger, garantierter Gewinnbeteiligung und anteiligen Zusatzleistungen zu verstehen (KölnKomm AktG/*Mertens/Cahn* Rn 15; K. Schmidt/Lutter AktG/*Seibt* Rn 5). Zuzurechnende Kreditgewährungen werden in diese Berechnung eingestellt (MünchKomm AktG/*Spindler* Rn 23). Innerhalb eines Konzerns erfolgt dagegen keine Zusammenfassung, so dass sich die Ausnahme nach der jeweiligen Kredithöhe und dem Monatsgehalt richtet (*Mertens/Cahn* aaO Rn 14; *Spindler* aaO). 3

III. Adressaten

Zunächst sind nach Abs 1 alle gegenwärtigen **Vorstandsmitglieder** (auch Arbeitsdirektor), **stellvertretende Mitglieder** (§ 94), gerichtlich bestellte Vorstandsmitglieder (§ 95) und nach § 105 Abs 2 zeitweise als Stellvertreter bestellte AR sowie **Abwickler** während der Abwicklung (unstr Spindler/Stilz AktG/*Fleischer* Rn 16) erfasst. Ebenso sind durch Abs 2 S 1 **Prokuristen** und **Handlungsbevollmächtigte**, die zum Gesamtbetrieb ermächtigt sind, in den Anwendungsbereich einbezogen. Der konkrete Umfang der erforderlichen Befugnisse eines solchen Handlungsbevollmächtigten ist nicht legal definiert, sollte jedenfalls aber den Umfang von § 54 HGB haben (MünchKomm AktG/*Spindler* Rn 25). Entspr sind auch **Generalbevollmächtigte** von Abs 2 erfasst (*BGHZ* 36, 292, 295). Eine entspr Anwendung auf weitere leitende Angestellte ist ausgeschlossen, da in Abs 2 bewusst darauf verzichtet wurde (*Hüffer* AktG Rn 5). 4

Abs 2 S 2 sieht für Kreditgewährungen einer **herrschenden AG oder KGaA** (vgl § 17) an gesetzliche Vertreter, Prokuristen und Handlungsbevollmächtigte für den Gesamtbetrieb eines abhängigen Unternehmen gleich welcher Rechtsform die Einwilligungspflicht des AR der herrschenden Gesellschaft vor (so iE KölnKomm AktG/*Mertens/Cahn* Rn 6). Gleiches gilt für die entspr Personengruppe eines herrschenden Unter- 5

§ 89 Kreditgewährung an Vorstandsmitglieder

nehmens gleich welcher Rechtsform, wenn eine **beherrschte AG oder KGaA** diesen einen Kredit gewähren will.

6 Daneben finden sich in Abs 3, 4 **Zurechnungstatbestände** für Personengruppen, für die eine besondere Nähe zu den in Abs 1, 2 S 1 genannten Personen vermutet wird. Dieses umfasst zunächst **Ehegatten, Lebenspartner** (§ 1 LPartG) und **minderjährige Kinder**. Auch Adoptivkinder und uneheliche Kinder sind insoweit einbezogen (MünchKomm AktG/*Spindler* Rn 27), nach teilw vertretener Ansicht nicht jedoch Pflege- oder Stiefkinder (Spindler/Stilz AktG/*Fleischer* Rn 19). Dagegen sind Kredite an Geschwister, Eltern und frühere Ehegatten oder Lebenspartner nicht erfasst. Zugerechnet werden zudem sog **Strohmänner**, die nicht auf eigene Rechnung, sondern auf Rechnung eines Einwilligungsverpflichteten handeln (Abs 3 S 2). Daneben besteht ein Einwilligungsvorbehalt für Kredite an **juristische Personen** bei denen Vorstandsmitglieder, Prokuristen oder Handlungsbevollmächtigte für den Gesamtbetrieb, gesetzliche Vertreter, AR-Mitglied oder beherrschende Alleingesellschafter sind (zu letzterem *BGH* ZIP 2006, 1529, 1531). Ferner gilt dies für diesen Personenkreis, wenn sie Gesellschafter einer Personenhandelsgesellschaft oder einer unternehmerisch tätigen GbR sind (KölnKomm AktG/*Mertens/Cahn* Rn 10). Ausgenommen sind nach Abs 4 S 2 Kreditgewährungen zwischen verbundenen Unternehmen und Warenkredite der AG an solche jur Personen und Personenhandelsgesellschaften (ausf *Spindler* aaO Rn 32 f). Faktische Unter- oder Gleichordnungskonzerne unter der Herrschaft eines Vorstandsmitglieds sind dagegen nicht Gegenstand der Ausnahme (*BGH* aaO).

IV. Einwilligungsvorbehalt

7 Die Einwilligung muss durch einen gem § 108 gefassten **Beschluss** des **AR** der kreditgebenden Gesellschaft erfolgen, der nach § 107 Abs 3 grds auch einem **Ausschuss** übertragen werden kann. Die Grenze der Delegationsfähigkeit ist jedoch bei einem Kredit mit Vergütungscharakter anzunehmen, weil Entsch nach § 87 Abs 1 und 2 S 1 und 2 gem § 107 Abs 3 S 3 nicht auf einen Ausschuss übertragen werden können (*Mutter* AG-Report 2013, R44). Ein Indiz für das Vorliegen eines vergütungsähnlichen Organkredits ist die Besteuerung eines Zinsvorteils als Vergütung durch die Finanzverwaltung (vgl BMF-Schreiben v 13.6.2007 – IV C 5 – S 2334/07009). Die Übertragung der Entscheidung auf lediglich ein einzelnes AR-Mitglied ist unzulässig (so aber *Kuhlmann* AG 2009, 109, 112, für Vergabe kleinerer Darlehen an Prokuristen). In den Fällen des Abs 2 S 2 ist der AR des herrschenden Unternehmens zuständig, wobei allerdings auch andere Aufsichtsorgane (Gesellschafterversammlung) an seine Stelle treten können, wenn kein AR gebildet wurde oder werden kann (KölnKomm AktG/ *Mertens/Cahn* Rn 7; *Hüffer* aaO). Grds ist **vorherige Zustimmung** erforderlich, die aber nicht mehr als drei Monate vor der Kreditgewährung liegen darf (MünchKomm AktG/*Spindler* Rn 43; *Fleischer* WM 2004, 1066; K. Schmidt/Lutter AktG/*Seibt* Rn 7; **aA** *Mertens/Cahn* aaO Rn 18, drei Monate vor Vertragsabschluss; ebenso GroßKomm AktG/*Kort* Rn 42; *Kuhlmann* aaO 110). Eine **nachträgliche Zustimmung** lässt zwar die Rechtsfolge der sofortigen Rückgewährpflicht entfallen, nicht jedoch etwaige Regressansprüche (Abs 5). AR-Beschluss muss die **wesentlichen Vertragsmodalitäten** (Kredit, Rückzahlung und ggf Verzinsung) und ein **Kündigungsrecht** der AG enthalten. Der konkrete Beschl sollte zur Beweisbarkeit schriftlich abgefasst werden und kann hinsichtlich der Modalitäten auf einen vorbereiteten Vertragsentwurf verweisen

(*Mertens/Cahn* aaO Rn 20). Erfordert der Kredit eine Kündigung durch die Gesellschaft, wird sie hierbei vom AR vertreten (§ 112).

V. Rechtsfolgen

Gegenüber anderen Vorstandsmitgliedern kann der Vorstand die AG gem § 112 nicht vertreten, so dass Kreditgewährungen nach § 134 BGB nichtig sind (K. Schmidt/Lutter AktG/*Seibt* Rn 15). Dass für die Rückabwicklung auch in diesem Fall parallel zu § 114 die bereicherungsrechtlichen Vorschriften unberücksichtigt bleiben (so zu § 114 *BGH* ZIP 2006 1529, 1531; Spindler/Stilz AktG/*Fleischer* Rn 24; **aA** MünchKomm AktG/*Spindler* Rn 50; MünchHdb AG/*Wiesner* § 21 Rn 96), erscheint zur Vermeidung einer Privilegierung gegenüber einer Kreditgewährung unter Verstoß gegen § 89 sinnvoll. **8**

Wird ein Kredit unter Verstoß gegen § 89 gewährt, hat dieses **keine Auswirkungen** auf die **Wirksamkeit** des entspr Vertrags, sondern führt zu den Rechtsfolgen des Abs 5, der **sofortigen Rückgewährpflicht** (*Hüffer* AktG Rn 8; MünchKomm AktG/*Spindler* Rn 51; K. Schmidt/Lutter AktG/*Seibt* Rn 15; **aA** *von Godin/Wilhelmi* AktG Rn 9 eingeschränkte Vertretungsmacht), wobei Sicherheiten auch den Rückgewähranspruch absichern. Die Rückgewährpflicht hat jedoch keine Auswirkung auf Vereinbarungen mit Dritten. Sie erfasst nicht nur Rückzahlungspflichten, sondern auch die Rückgewähr von bspw Bürgschaften der AG. Erfolgt eine **nachträgliche Zustimmung** des AR, entfällt der Anspruch auf Rückgewährung, allerdings ohne Einfluss auf mögliche Schadensersatzansprüche der AG gegen die beteiligten Vorstände und AR (§ 93 Abs 4). **9**

§ 90 Berichte an den Aufsichtsrat

(1) ¹Der Vorstand hat dem Aufsichtsrat zu berichten über
1. **die beabsichtigte Geschäftspolitik und andere grundsätzliche Fragen der Unternehmensplanung (insbesondere die Finanz-, Investitions- und Personalplanung), wobei auf Abweichungen der tatsächlichen Entwicklung von früher berichteten Zielen unter Angabe von Gründen einzugehen ist;**
2. **die Rentabilität der Gesellschaft, insbesondere die Rentabilität des Eigenkapitals;**
3. **den Gang der Geschäfte, insbesondere den Umsatz, und die Lage der Gesellschaft;**
4. **Geschäfte, die für die Rentabilität oder Liquidität der Gesellschaft von erheblicher Bedeutung sein können.**

²Ist die Gesellschaft Mutterunternehmen (§ 290 Abs. 1, 2 des Handelsgesetzbuchs), so hat der Bericht auch auf Tochterunternehmen und auf Gemeinschaftsunternehmen (§ 310 Abs. 1 des Handelsgesetzbuchs) einzugehen. ³Außerdem ist dem Vorsitzenden des Aufsichtsrats aus sonstigen wichtigen Anlässen zu berichten; als wichtiger Anlass ist auch ein dem Vorstand bekannt gewordener geschäftlicher Vorgang bei einem verbundenen Unternehmen anzusehen, der auf die Lage der Gesellschaft von erheblichem Einfluss sein kann.

(2) Die Berichte nach Absatz 1 Satz 1 Nr. 1 bis 4 sind wie folgt zu erstatten:
1. die Berichte nach Nummer 1 mindestens einmal jährlich, wenn nicht Änderungen der Lage oder neue Fragen eine unverzügliche Berichterstattung gebieten;
2. die Berichte nach Nummer 2 in der Sitzung des Aufsichtsrats, in der über den Jahresabschluss verhandelt wird;

§ 90   Berichte an den Aufsichtsrat

3. die Berichte nach Nummer 3 regelmäßig, mindestens vierteljährlich;
4. die Berichte nach Nummer 4 möglichst so rechtzeitig, dass der Aufsichtsrat vor Vornahme der Geschäfte Gelegenheit hat, zu ihnen Stellung zu nehmen.

(3) ¹Der Aufsichtsrat kann vom Vorstand jederzeit einen Bericht verlangen über Angelegenheiten der Gesellschaft, über ihre rechtlichen und geschäftlichen Beziehungen zu verbundenen Unternehmen sowie über geschäftliche Vorgänge bei diesen Unternehmen, die auf die Lage der Gesellschaft von erheblichem Einfluss sein können. ²Auch ein einzelnes Mitglied kann einen Bericht, jedoch nur an den Aufsichtsrat, verlangen.

(4) ¹Die Berichte haben den Grundsätzen einer gewissenhaften und getreuen Rechenschaft zu entsprechen. ²Sie sind möglichst rechtzeitig und, mit Ausnahme des Berichts nach Absatz 1 Satz 3, in der Regel in Textform zu erstatten.

(5) ¹Jedes Aufsichtsratsmitglied hat das Recht, von den Berichten Kenntnis zu nehmen. ²Soweit die Berichte in Textform erstattet worden sind, sind sie auch jedem Aufsichtsratsmitglied auf Verlangen zu übermitteln, soweit der Aufsichtsrat nichts anderes beschlossen hat. ³Der Vorsitzende des Aufsichtsrats hat die Aufsichtsratsmitglieder über die Berichte nach Absatz 1 Satz 2 spätestens in der nächsten Aufsichtsratssitzung zu unterrichten.

Übersicht

	Rn		Rn
I. Regelungsinhalt	1	5. Verbundene Unternehmen	13
II. Grundsätze der Berichterstattung	2	6. Sonderberichte	14
1. Rechtsnatur	3	IV. Anforderungsberichte	15
2. Gewissenhafte und getreue Berichterstattung	4	1. Verlangen des Aufsichtsrats	16
3. Textform und Einreichungsfrist	5	2. Verlangen eines Aufsichtsratsmitglieds	17
III. Regelberichterstattung	7	V. Umgang mit Berichten innerhalb des Aufsichtsrats	18
1. Geschäftspolitik und Unternehmensplanung	8	VI. Durchsetzung der Berichtspflicht	19
2. Rentabilität	10	1. Rechte der Gesellschaft	19
3. Geschäftsgang und Lage der Gesellschaft	11	2. Durchsetzung von Individualrechten	20
4. Bedeutende Geschäfte	12	3. Andere Verfahren und Rechtsfolgen	22

Literatur: *Altmeppen* Die Auswirkungen des KonTraG auf die GmbH, ZGR 1999, 291; *Bosse* TransPuG: Änderungen zu den Berichtspflichten des Vorstands und zur Aufsichtsratstätigkeit, DB 2002, 1592; *Elsing/Schmidt* Individuelle Informationsrechte von Aufsichtsratsmitgliedern einer Aktiengesellschaft, BB 2002, 1705; *Götz* Die Überwachung der Aktiengesellschaft im Lichte jüngerer Unternehmenskrisen, AG 1995, 337; *ders* Rechte und Pflichten des Aufsichtsrats nach dem Transparenz- und Publizitätsgesetz, NZG 2002, 599; *Hommelhoff* Der aktienrechtliche Organstreit, ZHR 143 (1979), 288; *Hüffer* Die leitungsbezogene Verantwortung des Aufsichtsrats, NZG 2007, 47; *Kropff* Die Unternehmensplanung im Aufsichtsrat, NZG 1998, 613; *ders* Zur Information des Aufsichtsrats über das interne Überwachungssystem, NZG 2003, 346; *ders* Der Aufsichtsrat im Konzern, AG 2006, 517; *Lutter* Information und Vertraulichkeit im Aufsichtsrat, 2. Aufl 1984; *Manger* Das Informationsrecht des Aufsichtsrats gegenüber dem Vorstand – Umfang und Grenzen, NZG 2010, 1255; *Stodolkowitz* Gerichtliche Durchsetzung von Organpflichten in der Aktiengesellschaft, ZHR 154 (1990), 1; *Theisen* Grundsätze einer ordnungsmäßigen Informationsversorgung des Aufsichtsrates, 2. Aufl 1996; *H. Westermann* Rechtsstreitigkeiten um die Rechte aus § 90 AktG, FS Bötticher, 1969, S 369.

I. Regelungsinhalt

Der AR benötigt für eine **effiziente präventive und retrospektive Überwachung** der Vorstandstätigkeit nach § 111 eine **angemessene Informationsgrundlage**, die durch die in § 90 geregelten Berichtspflichten sichergestellt wird. Der geregelte Informationsfluss zwischen Vorstand und AR macht zudem eine stärkere Einbindung des AR in seiner Beratungsfunktion möglich, nimmt diesen aber auch in die Pflicht, seine Überwachungsfunktion effektiv wahrzunehmen. Durch die regelmäßigen Berichtspflichten wird der Vorstand gleichzeitig gezwungen, sich selbst fortlaufend über die Berichtsgegenstände zu informieren und Klarheit zu verschaffen (ausdrücklich MünchKomm AktG/*Spindler* Rn 1). Wesentliche Änderungen sind durch das TransPuG (19.7.2002, BGBl I 2002 S 786) erfolgt (ausf *Götz* NZG 2002, 599 ff). 1

II. Grundsätze der Berichterstattung

Die Grundsätze zur Berichterstattung sind in Abs 4 niedergelegt. Diese erfassen neben der Textform und der Frist auch die **gewissenhafte** und **getreue Rechenschaft**. Im Einzelfall hat sich die Auslegung an der Zielsetzung einer effektiven Überwachung durch den AR zu orientieren. 2

1. Rechtsnatur. Die Berichtspflicht ist eine eigene **Organpflicht** des Vorstands, die seine Mitglieder als Gegenstand der Geschäftsführung wahrnehmen (MünchKomm AktG/*Spindler* Rn 6). An dem Bericht müssen die jeweiligen Mitglieder unabhängig von der Geschäftsverteilung mitwirken. Unterschiedliche Auffassungen im Vorstand sind darzulegen (MünchHdb AG/*Wiesner* § 25 Rn 32; *Lutter* S 64 f). Für Art und Umfang der Regelberichte sowie Entscheidung über die Erstellung von **Sonderberichten** (vgl Rn 14) ist grds Einstimmigkeit oder das jeweilige Mehrheitserfordernis maßgeblich, wobei aber eine gesonderte Information des AR durch einzelne Vorstände nicht ausgeschlossen ist; das einzelne Vorstandsmitglied kann damit vielmehr unter Umständen eine Schadensersatzpflicht vermeiden (vgl *BGHZ* 47, 341, 352). Die Anforderungen des § 90 bilden nur Mindestregelungen, die zwar **unabdingbar**, aber **nicht abschließend** sind; **Satzung und Geschäftsordnungen** des Vorstands können die Informationspolitik umfassender und detaillierter regeln, insb konkrete Vorgaben zu Verfahren und Fristen machen (*Hüffer* AktG Rn 2; Spindler/Stilz AktG/*Fleischer* Rn 12; enger KölnKomm AktG/*Mertens/Cahn* Rn 54 f). Neben § 90 treten weitere gesetzliche Informationspflichten, wenn ein Beschl des AR erforderlich ist, bspw bei §§ 88, 89, 111 Abs 4 S 2, 170, 312, 314, 337. Die Vorlage des Geschäftsberichts erfordert ebenso die Information zu Geschäftsverlauf und Lage der Gesellschaft, entbindet aber nicht von der Berichtspflicht. 3

2. Gewissenhafte und getreue Berichterstattung. Jedes Vorstandsmitglied ist zu einer **uneingeschränkten Offenheit** gegenüber dem AR verpflichtet (*BGHZ* 47, 341, 352; MünchKomm AktG/*Spindler* Rn 48). Dieses betrifft den gesamten AR, auch wenn der AR Vertreter von Wettbewerbern enthält (vgl insb zur Verschwiegenheit § 116 Rn 20 ff). Die vorgelegten Berichte müssen **vollständig** und sachlich zutreffend sein. Zudem ist der Vorstand gehalten, sie **übersichtlich** und **verständlich** zu halten, so dass 4

Bürgers/Israel

§ 90 Berichte an den Aufsichtsrat

Tatsachen von Wertungen klar zu trennen sind, Chancen und Risiken erkennbar werden und der Meinungsstand im Gesamtvorstand ersichtlich wird (Spindler/Stilz AktG/ *Fleischer* Rn 48; *Hüffer* AktG Rn 13; KölnKomm AktG/*Mertens/Cahn* Rn 28). Verstöße stellen bei vorheriger Abmahnung einen wichtigen Grund iSv § 84 Abs 3 dar und rechtfertigen damit einen Widerruf der Bestellung und idR die Kündigung des Anstellungsvertrags (*OLG Stuttgart* AG 1979, 200, 201; *Lutter* S 68). Eine Schadensersatzpflicht nach § 93 Abs 2 kann daneben treten, ebenso eine solche des AR bei ungenügender Kontrolle (*Spindler* aaO).

5 **3. Textform und Einreichungsfrist.** In Abs 4 S 2 wird klargestellt, dass Regel- und Anforderungsberichte **in der Regel** in **Textform** und **möglichst rechtzeitig** zu erstatten sind. Damit bleibt eine **Flexibilität** zur mündlichen Berichterstattung bspw bei besonderer Vertraulichkeit des Inhalts oder Dringlichkeit erhalten (MünchKomm AktG/ *Spindler* Rn 11; *Lutter* S 78 f). Die unverzügliche Berichterstattung (Abs 1 S 3) ist zwar von der Schriftlichkeit ausdrücklich ausgenommen, kann aber trotzdem schriftlich erfolgen (K. Schmidt/Lutter AktG/*Krieger/Sailer-Coceani* Rn 57). Die Textform ermöglicht nach § 126b BGB auch eine Versendung per **E-Mail**. Eine Verschlüsselung ist aufgrund der Verschwiegenheitsverpflichtung geboten, unternehmensinterne Standards bzw Reglungen in Satzung oder Geschäftsordnung sind hierfür Maßstab (weiter *Spindler* aaO, alle Möglichkeiten der Verschlüsselung).

6 **Rechtzeitig** ist eine Berichterstattung, wenn sie dem AR einen angemessenen Zeitraum einräumt, sich damit vor der AR-Sitzung zu befassen (*Hüffer* AktG Rn 13a; Spindler/Stilz AktG/*Fleischer* Rn 50; ähnlich schon MünchHdb AG/*Wiesner* § 25 Rn 36). Anderes als Abs 2, betrifft diese Regelung nicht den Turnus, sondern den Zeitraum bis zur AR-Sitzung. **Konkrete Regelungen** wie Fristen kann die **Satzung** oder **Geschäftsordnung** vorsehen. Auch bleibt Flexibilität für Leitungsermessen erhalten (bspw Geheimhaltung), so dass Berichte zunächst nur teilw oder ohne Anlagen vorgelegt werden können (K. Schmidt/Lutter AktG/*Krieger/Sailer-Coceani* Rn 58; *Hüffer* aaO). Eine reine **Tischvorlage** ist dagegen wie ein mündlicher Bericht zu behandeln (MünchKomm AktG/*Spindler* Rn 12). Sonderberichte sind so rechtzeitig vorzulegen, dass der AR idR vor einer Reaktion des Vorstands zu dem wichtigen Anlass Stellung nehmen kann und damit seiner Beratungsfunktion gerecht werden kann (vgl GroßKomm AktG/*Kort* Rn 83).

III. Regelberichterstattung

7 Für bestimmte Berichte ist in Abs 1 S 1, Abs 2 eine periodische Berichterstattung an den AR vorgesehen. Hiervon zu trennen sind Sonder- und Anforderungsberichte. Grds umfassen auch die periodischen Berichte nach dem jetzigen Gesetzeswortlaut nur grds Fragen der Unternehmensplanung, so dass sich aus Abs 1, 2 **keine Verpflichtung** zur Einrichtung eines **Management-Informationssystems** für AR ergibt (KölnKomm AktG/*Mertens/Cahn* Rn 6; MünchKomm AktG/*Spindler* Rn 19; Spindler/Stilz AktG/*Fleischer* Rn 22). Dieses widerspräche der Kompetenzzuweisung zwischen Vorstand und AR und dem Regelungszweck, der lediglich Überwachung und Kontrolle ermöglichen und sicherstellen will.

8 **1. Geschäftspolitik und Unternehmensplanung.** Um dem AR eine effiziente Überwachung zu ermöglichen, sieht Abs 1 S 1 Nr 1 einen regelmäßigen Bericht über die Geschäftspolitik und die Unternehmensplanung vor. Damit wird der AR in die Lage

versetzt, schon zu einem frühen Zeitpunkt zu beraten und zukunftsgerichtet zu überwachen. **Geschäftspolitik** ist die Entwicklung und Festlegung allg Zielsetzungen (im Gegensatz zu einzelnen Geschäftsführungsmaßnahmen), die auch eine Zukunftsorientierung enthält und nach § 76 unbestritten Gegenstand der Leitung ist. Die **Unternehmensplanung** ist eine Definition von Zielgrößen basierend auf einer Bewertung des bestehenden Zustands (MünchKomm AktG/*Spindler* Rn 18; ausf Fleischer Hdb VorstR/*Fleischer* § 7 Rn 38 ff). Der **Umfang** der Unternehmensplanung erfasst die ausdrücklich genannte **Finanz-, Investitions- und Personalplanung**, wobei die **individuelle Situation** der AG weitere Elemente (Spindler/Stilz AktG/*Fleischer* Rn 19 nennt ua Absatz-, Kosten- und Ergebnisplanung), insb zu Sparten und Regionen erfordern kann. In zeitlicher Hinsicht ist zumindest eine Planungspflicht in Form einer Budgeterstellung für das laufende und darauf folgende Geschäftsjahr sowie eine Mehrjahresplanung anzunehmen (Fleischer Hdb VorstR/*Fleischer* § 7 Rn 38; enger *Hüffer* AktG Rn 4a, ob es einer Mehrjahresplanung bedarf liegt im Ermessen des Vorstands). Die **konkrete Umsetzung** liegt im **Leitungsermessen** des Vorstands und wird sich an Größe und Marktsituation der AG orientieren (*Altmeppen* ZGR 1999, 291, 305). Betriebswirtschaftliche Grundsätze können zur Orientierung herangezogen werden, es besteht aber keine Rechtspflicht (*Spindler* aaO; Fleischer Hdb VorstR/*Fleischer* Rn 38; **aA** AnwK-AktR/*Landwehrmann* Rn 93 Rn 6). Aus dem Wortlaut ist erkennbar, dass der Gesetzgeber die beabsichtigte Geschäftspolitik als ein Element der Unternehmensplanung sieht. Gegenstand der Berichtspflicht sind ausdrücklich **nur** die **Grundsätze der Planung**, so dass nur die Ergebnisse von Planrechnungen zu berichten sind (*Spindler* aaO Rn 19).

Die entspr Berichterstattung hat zudem die **früheren Zielsetzungen** an den **tatsächlichen Entwicklungen** zu messen, wobei zu Abweichungen begründet Stellung zu beziehen ist. Diese Weiterverfolgung früherer Planungen bezieht sich nur auf solche, die zuvor Gegenstand eines Berichts waren (Spindler/Stilz AktG/*Fleischer* Rn 23); allerdings ist bei erheblichen Abweichungen auch über den Umfang der Vergangenheit hinaus zu berichten. Durch Abs 2 Nr 1 ist ein entspr Bericht **jährlich** vorgesehen, wobei Plan/Ist-Abweichungen regelmäßig auch Bestandteil der Quartalsberichte gem Abs 1 S 1 Nr 3 sein werden (vgl Rn 11). Die ebenfalls in Abs 2 Nr 1 vorgesehene unverzügliche Berichterstattung im Falle einer Änderung der Lage oder bei neuen Fragen ist sachlich ein Sonderbericht (MünchKomm AktG/*Spindler* Rn 23). 9

2. Rentabilität. Der Vorstand hat nach Abs 1 S 1 Nr 2 ebenso über die **Rentabilität der AG** zu berichten. Der Wortlaut hebt die **Verzinsung des Eigenkapitals** hervor, ist aber insoweit nicht abschließend. Daher sind der **Cash-flow, Umsatz-** und Rentabilität **wesentlicher Investitionen** sowie die **Rentabilität des Gesamtkapitals** ebenso zu nennen (*Hüffer* AktG Rn 5; KölnKomm AktG/*Mertens/Cahn* Rn 36; GroßKomm AktG/ *Kort* Rn 48 ff). Der Bericht muss zu der jährlichen AR-Sitzung vorliegen, in der über den Jahresabschluss nach § 172 beraten und abgestimmt wird (Abs 2 Nr 2). Der Vorstand kann sich den Prüfbericht des Abschlussprüfers zu eigen machen, wenn dieser die geforderten Elemente der Rentabilität der AG umfasst; ein umfassender Geschäftsbericht gem § 160 ist hierzu nicht erforderlich (MünchKomm AktG/*Spindler* Rn 27; **aA** *Lutter* S 14). 10

3. Geschäftsgang und Lage der Gesellschaft. Mit Abs 1 S 1 Nr 3, 2 Nr 3 wird ein mindestens vierteljährlicher Bericht des Vorstands zum Gang der Geschäfte und zur Lage der Gesellschaft vorgeschrieben. Ausdrücklich wird dabei der **Umsatz** der AG als Ele- 11 ment des Geschäftsgangs genannt. Den Anforderungen eines Geschäftsberichts nach § 160 muss er allerdings nicht genügen (MünchKomm AktG/*Spindler* Rn 27). Die **finanzielle Situation**, die **Liquidität**, die **Ertragslage** und **besondere Entwicklungen** im Berichtszeitraum sowie wesentliche aktuelle und **zukünftige Risiken** sind daneben als Berichtsinhalt zu fordern (*Lutter* S 9 f). Es sind dabei die **Veränderungen** seit dem letzten Bericht darzulegen und zu begründen (K. Schmidt/Lutter AktG/*Krieger/Sailer-Coceani* Rn 21). Eine klare, nachvollziehbare Struktur nach Sparten und Regionen sowie ausreichendes **Zahlenmaterial** und Soll/Ist Vergleiche zu den **Planrechnungen** und ggf zu den Vorjahresergebnissen sind erforderlich (vgl *Spindler* aaO); soweit neben dem Plan im Laufe des Jahres auch eine Hochrechnung auf das voraussichtliche Jahresergebnis erfolgt, ist dieser **Forecast** in den Bericht aufzunehmen.

12   4. **Bedeutende Geschäfte.** Können Geschäfte eine **erhebliche Bedeutung** für die **Rentabilität oder Liquidität** der AG haben, ist der Vorstand verpflichtet, **möglichst vor dem Geschäftsabschluss** dem AR hierüber zu berichten (Abs 1 S 1 Nr 4, 2 Nr 4). Welche Geschäfte diesen erheblichen Einfluss im Einzelfall haben können, hat der Vorstand im Rahmen seines Leitungsermessens und anhand der Lage der Gesellschaft zu beurteilen. Insb für den Erwerb bzw die Veräußerung von Betrieben oder Beteiligungen sowie für die Übernahme von großen Aufträgen kann dies relevant sein (*Hüffer* AktG Rn 7, Verweis auf RegBegr; GroßKomm AktG/*Kort* Rn 60). Der Vorstand kann auf einen Prüfungsbericht des Abschlussprüfers gem § 170 Abs 1 verweisen, wenn dieser Fragen der Rentabilität abdeckt (KölnKomm AktG/*Mertens/Cahn* Rn 36; MünchKomm AktG/*Spindler* Rn 28). Soweit nicht bereits ein Zustimmungserfordernis nach § 111 Abs 4 besteht, soll der Vorstand grds vor dem Abschluss des Geschäfts berichten, um dem AR eine Stellungnahme zu ermöglichen (K. Schmidt/Lutter AktG/ *Krieger/Sailer-Coceani* Rn 28). Schon der Wortlaut schränkt dies für **unaufschiebbare Geschäfte** ein, über die erst im Anschluss berichtet werden kann. Ob eine entspr Situation gegeben ist, muss der Vorstand im Rahmen seines Leitungsermessens entscheiden.

13   5. **Verbundene Unternehmen.** Die Berichtpflicht erstreckt sich nach Abs 1 S 2 auch auf verbundene Unternehmen, dh wenn die AG Mutterunternehmen ist. Die periodische Berichtspflicht betrifft somit **Tochterunternehmen** (§ 290 Abs 1, 2 HGB) und **Gemeinschaftsunternehmen** (§ 310 Abs 1 HGB); unbeachtlich ist insoweit, ob ein Konzernabschluss aufzustellen ist (MünchKomm AktG/*Spindler* Rn 22). Die Berichterstattung über verbundene Unternehmen ist allerdings auf solche Informationen beschränkt, die für die Berichtsgegenstände im Mutterunternehmen von erheblichem Einfluss sind, vgl Abs 1 S 4 aE (*Hüffer* AktG Rn 7a). Die danach zu erfassenden Informationen muss der Vorstand in zumutbarem Rahmen bei dem verbundenen Unternehmen ermitteln und kann sich nicht auf vorliegende Informationen beschränken (*Spindler* aaO).

14   6. **Sonderberichte.** Unabhängig von einem Turnus ist dem Vorsitzenden des AR **aus wichtigem Anlass** zu berichten (Abs 1 S 3). Ein Bericht hat **unverzüglich**, dh ohne schuldhaftes Zögern iSd § 121 BGB, zu erfolgen (*Hüffer* AktG Rn 8). Anders als bei Abs 1 S 1 Nr 4 gilt diese Berichtspflicht für Umstände, die typischerweise von außen auf die AG einwirken und damit nicht von einem bestimmten Geschäft abhängen (MünchHdb AG/*Wiesner* § 25 Rn 22; K. Schmidt/Lutter AktG/*Krieger/Sailer-Coceani* Rn 33). Hierunter können bspw Betriebsstörungen, Liquiditätsengpässe aufgrund von

Berichte an den Aufsichtsrat § 90

Kreditkündigungen oder Insolvenz von Großkunden gehören (*Hüffer* NZG 2007, 49; ausf *Lutter* S 17). Soweit durch vergleichbare Ereignisse auf verbundene Unternehmen erheblicher Einfluss auf die AG zu erwarten ist, besteht ebenfalls Berichtspflicht. Sonderberichte sind an den **Vorsitzenden des AR** oder ggf an seinen Stellvertreter zu richten, der in pflichtgemäßem Ermessen über das weitere Vorgehen im AR entscheidet (vgl Abs 5, Rn 18).

IV. Anforderungsberichte

Neben die periodische Berichterstattung durch den Vorstand tritt ein Anforderungsrecht des AR (Abs 3 S 1) bzw des einzelnen Mitglieds (Abs 3 S 2). Hierdurch wird eine wirksame Überwachung ermöglicht, denn der AR ist nicht auf die Informationspolitik des Vorstands angewiesen. Dem Anforderungsrecht steht eine Anforderungspflicht gegenüber, soweit seine Überwachungspflicht verlangt, sich ein genaues Bild der Lage der AG, etwa in Zeiten wirtschaftlicher Krise, zu verschaffen (*BGH* NJW 2009, 2454, 2455). **Von Angestellten** kann grds keine Information verlangt werden (**hM** K. Schmidt/Lutter AktG/*Krieger/Sailer-Coceani* Rn 39; Spindler/Stilz AktG/*Fleischer* Rn 43; *Hüffer* AktG Rn 11; **aA** *Kropff* NZG 2003, 346, 348 ff). Kommt es zu gröblichen Pflichtverletzungen durch den Vorstand und sind keine anderen Informationswege (andere Vorstandsmitglieder) Erfolg versprechend, können zB bei Verdacht von Pflichtverletzungen des Vorstands ausnahmsweise auch von Angestellten Berichte verlangt werden (MünchKomm AktG/*Spindler* Rn 38; *Hüffer* aaO; GroßKomm AktG/*Kort* Rn 98; **aA** *Lutter* S 100, § 111 Abs 2 ausreichend). Verweigert werden kann eine Anforderung, wenn sie rechtsmissbräuchlich ist, bspw wiederholte Anforderung oder Unzeit (*Spindler* aaO Rn 35). 15

1. Verlangen des Aufsichtsrats. Der AR kann nach Abs 3 S 1 als Organ einen Bericht des Vorstands über Angelegenheiten der AG, ihre rechtliche und geschäftliche Beziehung zu verbundenen Unternehmen und über deren geschäftliche Vorgänge verlangen, wenn sie die Lage der AG erheblich beeinflussen können. Im Interesse einer wirksamen Überwachung ist eine **weite Auslegung** geboten, damit sind auch organisatorische Vorgänge innerhalb der Gesellschaft erfasst (MünchKomm AktG/*Spindler* Rn 33). Ein Verlangen des AR setzt einen Beschl nach § 108 voraus und geht dem Vorstand durch Zugang bei jedem Vorstandsmitglied zu, § 78 Abs 2 S 2 analog (KölnKomm AktG/*Mertens/Cahn* Rn 48; *Hüffer* AktG Rn 11). Voraussetzung ist aber, dass der **Berichtsgegenstand hinreichend präzise** gefasst wird (*OLG Köln* AG 1987, 25; *Elsing/Schmidt* BB 2002, 1705, 1706 mwN). Grds kann der AR jederzeit einen entspr Bericht verlangen, den der Vorstand unverzüglich zu erstatten hat (*Spindler* aaO Rn 35). 16

2. Verlangen eines Aufsichtsratsmitglieds. Neben das organschaftliche Anforderungsrecht des AR tritt das Individualrecht jedes Mitglieds des AR, das die einzelne Pflichterfüllung als AR-Mitglied sicherstellt (vgl *BGH* WM 1989, 98, 100). IRd Anforderungsrechts des AR und unter dem Erfordernis eines präzisierten Berichtsgegenstands kann jedes AR-Mitglied einen Bericht des Vorstands an den AR als Organ verlangen, der durch seinen Vorsitzenden vertreten wird (*Hüffer* AktG Rn 12). Verbunden hiermit ist das individuelle Recht, eine diesen Bericht betreffende **AR-Sitzung einzuberufen** (MünchKomm AktG/*Spindler* Rn 40; **aA** KölnKomm AktG/*Mertens/ Cahn* Rn 49). Das entstehende Missbrauchspotential wird dadurch eingegrenzt, dass der Vorstand den Bericht verweigern kann, woraufhin ggf gerichtliche Überprüfung 17

Bürgers/Israel 781

erfolgt (K. Schmidt/Lutter AktG/*Krieger/Sailer-Coceani* Rn 45; MünchHdb AG/*Wiesner* § 25 Rn 37; *Spindler* aaO; **aA** *Mertens/Cahn* aaO Rn14, grds kein Verweigerungsrecht; abw *Lutter* S 35 f, AR-Vorsitzende entscheidet; ausf Rn 19). **Verweigert** werden kann ein Bericht, wenn bereits dem Gesamt-AR berichtet wurde, bei erkennbar persönlichen Zielen und bei konkreter Befürchtung einer Weitergabe vertraulicher Informationen (vgl *Mertens/Cahn* aaO Rn 16; *Götz* NZG 2002, 599, 601).

V. Umgang mit Berichten innerhalb des Aufsichtsrats

18   Adressat der Berichte ist der AR, der durch seinen Vorsitzenden vertreten wird. Sind mündliche Berichte möglich, haben diese in einer formellen AR-Sitzung zu erfolgen (MünchHdb AG/*Wiesner* § 25 Rn 28). Dem AR-Mitglied steht aus Abs 5 S 1 das **Individualrecht auf Kenntnisnahme** zu, so dass alle textförmigen Berichte gelesen und alle mündlichen Berichte angehört werden dürfen (*Hüffer* AktG Rn 14). Grds kann nach § 107 Abs 3 zwar auch ein Ausschuss mit der Entgegennahme von Vorstandsberichten betraut werden, AR-Mitglieder dürfen aber nach § 109 **nicht gänzlich** von der Kenntnisnahme nach Abs 5 **ausgeschlossen** werden (MünchKomm AktG/*Spindler* Rn 10; GroßKomm AktG/*Kort* Rn 180; *Hüffer* aaO; *Wiesner* aaO Rn 30, § 109 modifiziert Abs 5). Jedes AR-Mitglied kann ferner nach Abs 3 S 2 verlangen, dass textförmige Berichte an den AR ihm **individuell übermittelt** werden. Der AR kann durch Beschluss nach § 108 dieses verweigern, der Bericht ist dann höchstpersönlich (Bevollmächtigung ist nicht zulässig) in den Geschäftsräumen der AG einzusehen (*Spindler* aaO Rn 45). Verweigerungsgründe sind insb die unzureichende Sicherheit der gewählten Übertragungswege, bspw per E-Mail bei unzureichender Verschlüsselung oder begründete Zweifel an der Wahrung der Vertraulichkeit. Werden Berichte nach Abs 1 S 3 (Hinweis auf Abs 1 S 2 ist Redaktionsfehler) an den AR-Vorsitzenden erstattet, hat dieser darüber spätestens in der nächsten AR-Sitzung zu unterrichten (Abs 5 S 3).

VI. Durchsetzung der Berichtspflicht

19   **1. Rechte der Gesellschaft.** Die AG kann die Berichtspflicht des Vorstands auch direkt **im gerichtlichen Verfahren** gegen die Vorstandsmitglieder als notwendige Streitgenossen **erzwingen** (**hM** *Hüffer* AktG Rn 15; MünchKomm AktG/*Spindler* Rn 59; K. Schmidt/Lutter AktG/*Krieger/Sailer-Coceani* Rn 70; **aA** KölnKomm AktG/*Mertens/Cahn* Rn 66, kein Bedürfnis). Die AG wird insoweit durch den AR nach § 112 vertreten. Ein **eigenes Klagerecht des AR** als Organ oder einzelner AR-Mitglieder gegen die Vorstandsmitglieder ist demnach **nicht erforderlich**, denn es geht um ein Recht der Gesellschaft (**aA** GroßKomm AktG/*Kort* Rn 183: eigenes originäres Recht des AR).

20   **2. Durchsetzung von Individualrechten.** Anderes muss für die **Verweigerung** des Vorstands bei Anforderungen einzelner AR-Mitglieder auf Berichterstattung gelten, denn hier wird ein **Individualrecht** des AR-Mitglieds verletzt (*BGHZ* 106, 54, 62; *Hüffer* AktG Rn 21; MünchKomm AktG/*Spindler* Rn 61). Die Klage ist **gegen die AG** zu richten, die vom Vorstand vertreten wird (**hM** KölnKomm AktG/*Mertens/Cahn* Rn 66; *Spindler* aaO; *Hüffer* aaO; GroßKomm AktG/*Kort* Rn 200, verallgemeinert von *BGHZ* 85, 293, 295; **aA** *Stodolkowitz* ZHR 154 (1990), 1, 15; für Vorstandsmitglieder als notwendige Streitgenossen *LG Bonn* 1987, 24).

Die **individuellen Rechte** der AR-Mitglieder auf **Kenntnisnahme** und **Übermittlung** 21
(Abs 5) können ebenfalls im gerichtlichen Verfahren durchgesetzt werden (*BHGZ*
106, 54, 62). **Passivlegitimiert** ist in diesem Fall die **AG** selbst (**hM** *BGH* aaO; *Hüffer*
AktG Rn 22; K. Schmidt/Lutter AktG/*Krieger/Sailer-Coceani* Rn 71: **aA** noch *Lutter*
S 72; *H Westermann* FS Bötticher, S 380 f). Die AG wird nach § 78 vom **Vorstand vertreten**, denn es handelt sich nicht um einen Organstreit (*BGH* aaO; *Hüffer* aaO; **aA**
Hommelhoff ZHR 143 (1979), 288, 314 f, AR gem § 112).

3. Andere Verfahren und Rechtsfolgen. Vorstandsmitglieder, die ihre Berichtspflicht 22
verletzen, können durch das Registergericht im **Zwangsgeldverfahren** nach § 407
Abs 1, §§ 388 ff FamFG dazu angehalten werden. Daneben kann ein **Schadensersatzanspruch** der AG nach § 93 Abs 2 bestehen. Zudem kann darin ein wichtiger Grund
zum **Widerruf der Bestellung** nach § 84 Abs 3 liegen (Spindler/Stilz AktG/*Fleischer*
Rn 66).

§ 91 Organisation; Buchführung

(1) Der Vorstand hat dafür zu sorgen, dass die erforderlichen Handelsbücher geführt werden.

(2) Der Vorstand hat geeignete Maßnahmen zu treffen, insbesondere ein Überwachungssystem einzurichten, damit den Fortbestand der Gesellschaft gefährdende Entwicklungen früh erkannt werden.

Übersicht

	Rn		Rn
I. Regelungsinhalt	1	1. Regelungsziel	9
II. Buchführung	2	2. Geeignete Maßnahmen	10
1. Kompetenz	3	a) Überwachungssystem	11
2. Umfang	4	b) Allgemeines Risikomanagement	12
3. Rechtsfolgen	5		
4. Bilanzeid	6	3. Börsennotierte Gesellschaften und aufsichtsrechtliche Pflichten	13
III. Früherkennung bestandsgefährdender Entwicklungen	8		

Literatur: *Blasche* Mindestanforderungen an ein Risikofrüherkennungs- und Überwachungssystem nach § 91 Abs 2 AktG, CCZ 2009, 62; *Bürkle* Auswirkungen der Unternehmensaufsicht nach dem KWG auf organisatorische Pflichten vom Versicherungsunternehmen – Zur Reichweite der unternehmensorganisatorischen Vorgaben in § 25a Abs 1 KWG, WM 2005, 1496; *Fleischer* Buchführungsverantwortung des Vorstands und Haftung der Vorstandsmitglieder für fehlerhafte Buchführung, WM 2006, 2021; *ders* Der deutsche „Bilanzeid" nach § 264 Abs 2 S 3 HGB, ZIP 2007, 97; *Götz* Das Risikofrüherkennungssystem des § 91 II AktG in rechtlicher Sicht, NJW-Sonderheft H. Weber (Beilage zur NVwZ), 2001, S 21; *Heldt/Ziemann* Sorbanes-Oxley in Deutschland? – Zur geplanten Einführung eines strafbewehrten Bilanzeides nach dem Regierungsentwurf eines Transparenzrichtlinie-Umsetzungsgesetzes, NZG 2006, 652; *Hoffmann-Becking* Zur rechtlichen Organisation der Zusammenarbeit im Vorstand der AG, ZGR 1998, 497; *Hommelhoff/Matheus* Corporate Governance nach dem KonTraG, AG 1998, 249; *dies* Risikomanagement im Konzern – ein Problemaufriß, BFuP 2000, 217; *Lück* Der Umgang mit unternehmerischen Risiken durch ein Risikomanagementsystem und durch ein Überwachungssystem, DB 1998, 1925; *Pahlke* Risikomanagement nach KonTraG – Überwachungspflichten und Haftungsrisiken für den

§ 91 Organisation; Buchführung

Aufsichtsrat, NJW 2002, 1680; *Preußner* Risikomanagement im Schnittpunkt von Bankaufsichtsrecht und Gesellschaft, NZG 2004, 57; *ders* Deutscher Corporate Governance Kodex und Risikomanagement, NZG 2004, 303; *ders* Risikomanagement und Compliance in der aktienrechtlichen Verantwortung des Aufsichtsrats unter Berücksichtigung des BilMoG, NZG 2008, 574; *Preußner/Becker* Ausgestaltung von Risikomanagementsystemen durch die Geschäftsleitung – Zur Konkretisierung einer haftungsrelevanten Organisationspflicht, NZG 2002, 846; *K. Schmidt* Zur Durchgriffsfestigkeit der GmbH, ZIP 1994, 837; *Seibert* Die Entstehung des § 91 Abs. 2 AktG im KonTraG – „Risikomanagement" oder „Frühwarnsystem"?, FS Bezzenberger, 2000, S 427; *Schnorr* Geschäftsleiterhaftung für fehlerhafte Buchführung, ZHR 170 (2006), 9; *Spindler* Unternehmensorganisationspflichten, 2001; *Theisen* Risikomanagement als Herausforderung für die Corporate Governance, BB 2003, 1426; *Zimmermann* Die MaRisk als „regulatorischer Imperativ", BKR 2005, 208.

I. Regelungsinhalt

1 Mit § 91 werden die **Buchführungspflicht** und die **Früherkennung bestandsgefährdender Risiken** für die AG aus dem Kanon der übrigen Leitungspflichten des § 76 herausgestellt und konkretisiert. Die Sicherstellung einer Früherkennung solcher Risiken wurde erst mit dem KonTraG eingeführt. Für die börsennotierte AG wurde zudem mit § 317 Abs 4 HGB eine Prüfung der entspr Maßnahmen zur Sicherstellung der Früherkennung durch den Abschlussprüfer eingeführt. Laut Ziff 4.1.4 DCGK soll daneben ein Risikocontrolling durchgeführt werden. § 91 findet nach § 34 VAG auch für Versicherungsunternehmen Anwendung (*VG Frankfurt/Main* WM 2004, 2157, 2160 f).

II. Buchführung

2 Für die AG besteht unabhängig von Abs 1 als Handelsgesellschaft eine Buchführungspflicht gem § 238 HGB. Die ausdrückliche Pflichtenzuweisung, die sich ohnehin aus § 76 ergibt, macht die bes Bedeutung der Buchführungspflicht deutlich, die über eine rein interne Verpflichtung hinausgeht und auch bes Relevanz für Gläubiger, den Kapitalmarkt und die Allgemeinheit, insb iRd Besteuerung hat (MünchKomm AktG/*Spindler* Rn 4 mwN).

3 1. Kompetenz. Die Buchführungsverantwortung wird dem Vorstand als **Kollegialorgan** zugewiesen, so dass alle Vorstandsmitglieder verpflichtet sind. Eine Delegation der Ausführung der Buchführungspflicht innerhalb des Vorstands ist möglich, entbindet alle anderen Vorstandsmitglieder aber nicht von einer **Überwachungspflicht** (Spindler/Stilz AktG/*Fleischer* Rn 12 f; K. Schmidt/Lutter AktG/*Krieger/Sailer-Coceani* Rn 3). Eine weitere **Delegation** der technischen Führung der Bücher auf geeignete Angestellte oder Dritte ist ebenfalls möglich und üblich, verpflichtet aber zur sorgfältigen Auswahl und Überwachung (MünchKomm AktG/*Spindler* Rn 7; zu Anforderungen für **Ausgliederung**, ferner § 76 Rn 2). Die Buchführungspflicht beginnt mit der Errichtung der AG und endet mit ihrer Löschung (MünchHdb AG/*Wiesner* § 25 Rn 72).

4 2. Umfang. Der Umfang der Buchführungspflicht ergibt sich nicht aus Abs 1, sondern aus den allg Regelungen für die AG. Zunächst begründen **§§ 150 ff** aktienrechtliche Pflichten, wie **Rechnungslegung, Jahresbilanz, Gewinn- und Verlustrechnung** und **ordnungsgemäße Buchführung** (ausf § 150 Rn 2 ff). Daneben tritt die handelsrechtliche Verpflichtung zur ordnungsgemäßen Bilanzierung und Buchführung nach **§§ 238 ff**

HGB, die auch die **Unterzeichnung des Jahresabschlusses** nach § 245 HGB umfasst. Zudem ist seit 20.1.2007 in Umsetzung der Transparenzrichtlinie (RL 2004/109/EG) eine Verpflichtung zum sog **Bilanzeid** gegeben, die in der AG dem Vorstand als gesetzlichen Vertreter zugewiesen ist (vgl ausf Rn 6). Steuerrechtlich ergeben sich aus §§ 145 ff AO weitere Buchführungspflichten. Neben die eigentliche Buchführung treten mit § 257 HGB auch **Aufbewahrungspflichten** für Handelsbücher, Inventare, Bilanzen (10 Jahre) sowie für Kopien von Handelsbriefen und Buchungsbelegen (6 Jahre), die aber auch eine elektronische Dokumentation erlauben (ausf Groß-Komm HGB/*Hüffer* § 257 Rn 33 ff).

3. Rechtsfolgen. Im Falle der **Pflichtverletzung** kann sich eine gesamtschuldnerische 5 Schadensersatzpflicht des Vorstands gegenüber der AG aus § 93 Abs 2 ergeben. Eine **Außenhaftung** des Vorstands gegenüber Dritten nach § 823 Abs 2 BGB iVm § 91 Abs 1 als Verstoß gegen ein Schutzgesetz ist **nicht gegeben** (MünchKomm AktG/*Spindler* Rn 12 f; *Hüffer* AktG Rn 3; KölnKomm AktG/*Mertens/Cahn* Rn 10; Spindler/Stilz AktG/*Fleischer* Rn 26; K. Schmidt/Lutter AktG/*Krieger/Sailer-Coceani* Rn 20; *BGHZ* 125, 366, 378 f, zur GmbH; **aA** *K. Schmidt* ZIP 1994, 837, 842). Die Buchführungspflicht dient nicht vorrangig der Kapitalerhaltung, sondern primär der unternehmensinternen Steuerung und erfasst damit in ihrem Schutzzweck nur die AG. Eine Analogie mit Blick auf § 93 Abs 5 ist nicht angezeigt, vielmehr muss es für eine Außenhaftung auf die dortigen Voraussetzungen ankommen (überzeugend *Spindler* aaO Rn 12). Strafrechtliche Folgen aus § 283b StGB sind im Kontext des Insolvenzverfahrens ebenfalls möglich.

4. Bilanzeid. Die gesetzlichen Vertreter der AG haben ab dem 20.1.2007 einen sog 6 Bilanzeid abzugeben. Der Bilanzeid erfasst den **Jahresabschluss** (§ 264 Abs 2 S 3 HGB), den **Lagebericht** (§ 289 Abs 1 S 5 HGB), den **Konzernabschluss** (§ 297 Abs 2 S 4 HGB) und den **Konzernlagebericht** (§ 315 Abs 1 S 6 HGB). Mit §§ 37v Abs 2 Nr 3, 37w Abs 2 WpHG werden diese Vorgaben auch auf den Jahresfinanzbericht und den Halbjahresfinanzbericht erstreckt. Entsprechend sind Erklärungen abzugeben, in denen die gesetzlichen Vertreter versichern, dass der im Einklang mit den maßgebenden Rechnungslegungsstandards aufgestellte Abschluss ein den tatsächlichen Verhältnissen entspr Bild der Vermögenswerte und Verbindlichkeiten sowie der Finanz- und der Ertragslage des Emittenten und der Gesamtheit der in die Konsolidierung einbezogenen Unternehmen vermittelt (vgl Spindler/Stilz AktG/*Fleischer* Rn 6). Ferner wird gefordert, dass der Lagebericht den Geschäftsverlauf, das Geschäftsergebnis und die Lage der Gesamtheit der in die Konsolidierung einbezogenen Unternehmen so darstellt, dass ein den tatsächlichen Verhältnissen entspr Bild entsteht. Die wesentlichen Risiken und Ungewissheiten, denen die genannten Faktoren ausgesetzt sind, sind zu beschreiben.

Durch § 331 HGB werden unrichtige Versicherungen der gesetzlichen Vertreter **wider** 7 **besseres Wissen** zum Jahresabschluss, Lagebericht sowie eines Mutterunternehmens zum Konzernabschluss bzw zum Konzernlagebericht als **Straftatbestand** eingestuft. Die entspr Versicherung stellt aber keine eidesstattliche Versicherung iSd 807 ZPO dar und ist somit nicht von §§ 156, 163 StGB erfasst. Die **Nichtabgabe** einer entspr Versicherung ist dem **gleichgestellt**, wobei sich die Vollendung dieses Unterlassungstatbestands nur an der handelsrechtlichen Veröffentlichung orientieren kann (überzeugend *Heldt/Ziemann* NZG 2006, 652, 653). In § 331 HGB ist eine Freiheitsstrafe von bis zu drei Jahren oder Geldstrafe vorgesehen.

Bürgers/Israel

III. Früherkennung bestandsgefährdender Entwicklungen

8 Mit dem KonTraG wurde in Abs 2 in Reaktion auf vielfältige Unternehmenskrisen eine Verpflichtung des Vorstands eingefügt, durch geeignete Maßnahmen eine frühzeitige Erkennung bestandsgefährdender Entwicklungen für die AG sicherzustellen. Zudem ist ein Überwachungssystem für diese Maßnahme einzurichten, obwohl der Wortlaut insoweit missverständlich ist (*Hüffer* AktG Rn 5, wenig gelungen). Für den **Konzern** bestehen keine gesonderten Regelungen; jedenfalls ist eine umfassende und konzernweite Verpflichtung abzulehnen, da schon keine Konzernleitungspflicht besteht (MünchKomm AktG/*Spindler* Rn 40 f; offen: *Hüffer* aaO Rn 6 aE; Groß-Komm AktG/*Kort* Rn 41; K. Schmidt/Lutter AktG/*Krieger/Sailer-Coceani* Rn 10; **aA** *Hommelhoff/Matheus* BFuP 2000, 217, 222 f; *Preußner/Becker* NZG 2002, 846; *Theisen* BB 2003, 1426, 1429). Können aber Entwicklungen auf der Ebene der Tochtergesellschaft zu entspr Entwicklungen bei der Muttergesellschaft führen, sind diese im Einzelfall einzubeziehen.

9 **1. Regelungsziel.** Die **Organisationsstruktur** der AG soll den Vorstand in die Lage versetzen, Entwicklungen zu erkennen, die für die AG eine Bestandsgefährdung darstellen können. Der Vorstand soll somit **über Veränderungen und Prozesse Kenntnis erlangen**, die für die AG von erheblicher Bedeutung sein können (zum Begriff Entwicklungen *Seibert* FS Bezzenberger, S 437). Das Erkennen von Entwicklungen setzt begriffsnotwendig auch eine Bewertung der bestehenden Situation voraus (MünchKomm AktG/*Spindler* Rn 20). Relevante Konstellationen müssen in ihren möglichen Auswirkungen auf die Vermögens-, Finanz- und Ertragslage zu einer **Bestandsgefährdung führen können**, so dass nicht jegliche Risiken für den Geschäftsbetrieb erfasst sind (Spindler/Stilz AktG/*Fleischer* Rn 32). Ihre Erfassung nach § 264 Abs 2 HGB ist notwendige, aber nicht hinreichende Voraussetzung. Vielmehr ist erforderlich, dass sich das Insolvenzrisiko der AG durch sie erheblich erhöht (*Götz* NJW-Sonderheft Weber, S 21, 22). Es sind nicht nur Risikogeschäfte erfasst, sondern auch mögliche Gesetzesverstöße und unrichtige Rechnungslegung (RegBegr BT-Drucks 13/9712, 15). Eine **frühzeitige Erkennung** durch den Vorstand ist nur dann gewährleistet, wenn ihm Gegenmaßnahmen zu diesem Zeitpunkt noch möglich sind (K. Schmidt/Lutter AktG/*Krieger/Sailer-Coceani* Rn 11; *Blasche* CCZ 2009, 62, 63). Welche Handlungspflicht sich aus der Früherkennung ergibt, unterliegt dem Leitungsermessen des Vorstands (*Spindler* aaO Rn 24). Für einen Bankvorstand wird regelmäßig – neben der Verpflichtung aus § 25a KWG – eine Früherkennung negativer Entwicklungen bei erheblichen Kreditrisiken umfasst sein (*LG Berlin* AG 2002, 682, 683 f).

10 **2. Geeignete Maßnahmen.** Der Vorstand muss geeignete Maßnahmen ergreifen, um entspr Entwicklungen für die AG für ihn frühzeitig erkennbar zu machen. Die konkrete Auswahl der jeweiligen Maßnahmen obliegt dem Vorstand, ihm steht insoweit ein unternehmerischer Ermessensspielraum zu (Spindler/Stilz AktG/*Fleischer* Rn 33; *Hüffer* AktG Rn 7). Im Einzelfall haben sich die Maßnahmen an der Risikolage der Gesellschaft und dem Marktumfeld zu orientieren, so dass sehr unterschiedliche Maßnahmen geeignet sein können.

11 **a) Überwachungssystem.** Obwohl Wortlaut und Gesetzesentstehung unterschiedliche Auslegungen zulassen (vgl MünchKomm AktG/*Spindler* Rn 25, Gesetzesgenese), bezieht sich das erwähnte Überwachungssystem auf die **Implementierung der geeigneten Maßnahmen** zur Früherkennung im Sinne einer unternehmensinternen Kontrolle.

Es soll sicherstellen, dass die ergriffenen Maßnahmen dem Vorstand das Erkennen der Risiken und deren Entwicklung sicher ermöglichen (*Hüffer* AktG Rn 8 mwN). Die wesentlichen Elemente dürften sich damit auf eine klare **Aufgabenzuweisung**, ausreichende **Dokumentation** und ein funktionierendes **Berichtssystem** konzentrieren (K. Schmidt/Lutter AktG/*Krieger/Sailer-Coceani* Rn 13; *Spindler* aaO). Typischerweise wird ein entspr Überwachungssystem die Abteilungen Innenrevision, Controlling und Compliance umfassen.

b) Allgemeines Risikomanagement. Aus Abs 2 ist **nicht** die grds **Verpflichtung** abzuleiten, dass der Vorstand ein in der Betriebswirtschaftslehre erörtertes allg Risikomanagement einzuführen hätte (*Hüffer* AktG Rn 8; K. Schmidt/Lutter AktG/*Krieger/Sailer-Coceani* Rn 14; MünchKomm AktG/*Spindler* Rn 16, war Leitgedanke *Hommelhoff/Matheus* AG 1998, 249, 251; *Hoffmann-Becking* ZGR 1998, 497, 513; *OLG Celle* AG 2008, 711, 712; **aA** *VG Frankfurt/Main* WM 2004, 2157, 2160 f, schon nach §76; *Lück* DB 1998, 1925; *Preußner/Becker* NZG 2002, 846, 848; ferner PS 340 des IDW). Es steht im **Leitungsermessen des Vorstands**, ob die Struktur der konkreten AG und ihre Ausrichtung ein zentrales Risikomanagement erfordert und wie dieses konkret auszugestalten ist (*Preußner* NZG 2008, 574, 575). Betriebswirtschaftliche Modelle für ein Risikomanagement können nicht pauschal übertragen werden, sondern sind individuell anzupassen. Eine konkrete Verpflichtung des Vorstands zur Umsetzung bestimmter Modelle wäre mit dem Leitungsermessen nicht zu vereinbaren und widerspräche der verfassungsrechtlich verbürgten Organisationsfreiheit der AG (ausf *Spindler* S 462 ff). Die Orientierung an einem bestimmten Modell führt insb nicht grds zur Erfüllung der notwendigen Sorgfalt iSd §93 Abs 1 S 1 (MünchKomm AktG/*Spindler* Rn 27). 12

3. Börsennotierte Gesellschaften und aufsichtsrechtliche Pflichten. Mit §317 Abs 4 HGB erfasst der **Prüfungsgegenstand** der **Prüfung des Jahresabschlusses** die in Abs 2 geregelten Pflichten. Die Abschlussprüfung muss demgemäß auch beinhalten, ob geeignete Maßnahmen getroffen wurden und das danach einzurichtende Überwachungssystem seine Aufgaben erfüllen kann. Der **DCGK** sieht entspr in Ziff 4.1.4 vor, dass der Vorstand für ein angemessenes Risikomanagement und Risikocontrolling im Unternehmen sorgen soll, mit dem die Informationsvorgaben zwischen Vorstand und AR aus Ziff 3.4 korrespondieren. Zudem wird in Ziff 5.2 empfohlen, dass der AR-Vorsitzende den Vorstand regelmäßig beim Risikomanagement berät. Schließlich wird empfohlen, dass der AR ein Audit Committee bildet, das insb auch das Risikomanagement überwacht. 13

Aufsichtsrechtlich ergibt sich für Kreditinstitute aus §**25a Abs 1 KWG** eine über §91 Abs 2 hinausgehende Pflicht zur Schaffung eines allg Risikomanagements (*LG Berlin* AG 2002, 682, 683 f, Konkretisierung; ebenso *Hüffer* AktG Rn 8), welches insb dazu fähig sein muss die finanzielle Lage des Kreditinstituts jederzeit mit hinreichender Genauigkeit zu bestimmen (*OLG Düsseldorf* AG 2010, 126, 129). Die BaFin hat als Aufsichtsbehörde insoweit durch die MaRisk die Anforderungen konkretisiert (ausf *Zimmermann* BKR 2005, 208 ff). Die Anforderungen des §25a KWG sind allerdings nicht allg auf Abs 2 übertragbar (K. Schmidt/Lutter AktG/*Krieger/Sailer-Coceani* Rn 15; GroßKomm AktG/*Kort* Rn 61; *Bürkle* WM 2005, 1496, 1497; **aA** tendenziell *VG Frankfurt/Main* WM 2004, 2157, 2160 f, Auslegungsmaßstab; *Preußner* NZG 2004, 303, 305). Eine Pflicht zur Schaffung eines Risikomanagementverfahrens ergibt sich zudem aus §**64a Abs 1 VAG** für Versicherungsunternehmen. 14

§ 92 Vorstandspflichten bei Verlust, Überschuldung oder Zahlungsunfähigkeit

(1) Ergibt sich bei Aufstellung der Jahresbilanz oder einer Zwischenbilanz oder ist bei pflichtmäßigem Ermessen anzunehmen, dass ein Verlust in Höhe der Hälfte des Grundkapitals besteht, so hat der Vorstand unverzüglich die Hauptversammlung einzuberufen und ihr dies anzuzeigen.

(2) [1]Nachdem die Zahlungsunfähigkeit der Gesellschaft eingetreten ist oder sich ihre Überschuldung ergeben hat, darf der Vorstand keine Zahlungen leisten. [2]Dies gilt nicht von Zahlungen, die auch nach diesem Zeitpunkt mit der Sorgfalt eines ordentlichen und gewissenhaften Geschäftsleiters vereinbar sind. [3]Die gleiche Verpflichtung trifft den Vorstand für Zahlungen an Aktionäre, soweit diese zur Zahlungsunfähigkeit der Gesellschaft führen mussten, es sei denn, dies war auch bei Beachtung der in § 93 Abs. 1 Satz 1 bezeichneten Sorgfalt nicht erkennbar.

Übersicht

	Rn		Rn
I. Allgemeines	1	b) Feststellung der Überschuldung	18
II. Verlustanzeige	5	aa) Fortführungsprognose	20
1. Voraussetzungen	5	bb) Ausweisfragen	21
2. Feststellung des Verlustes	6	cc) Bewertung	23
3. Einberufung der Hauptversammlung	7	3. Eröffnungsantrag	24
		a) Frist	24
4. Rechtsfolgen der unterlassenen Anzeige	8	b) Form	27
III. Eröffnungsantragspflicht	9	4. Rechtsfolgen bei Verletzung der Eröffnungsantragspflicht	28
1. Zahlungsunfähigkeit	10	a) Schutzgesetz	29
a) Begriff	10	b) Altgläubiger	30
b) Feststellung der Zahlungsunfähigkeit	11	c) Neugläubiger	31
c) Beseitigung von Zahlungsunfähigkeit	16	5. Zahlungsverbot, § 92 Abs 2	33
		a) Grundsatz	33
2. Überschuldung	17	b) Ausnahmen	34
a) Begriff	17	c) Rechtsfolgen bei Verstoß	35

Literatur: *Altmeppen* Insolvenzverschleppungshaftung Stand 2001, ZIP 2001, 2201; *Bayer/Lieder* Ersatz des Vertrauensschadens wegen Insolvenzverschleppung und Haftung des Teilnehmers, WM 2006, 1; *Bayer/Schmidt* Die Insolvenzantragspflicht nach § 92 Abs 2 AktG, § 64 Abs 1 GmbHG, AG 2005, 644; *Bork* Zum Beginn des Zahlungsverbots gem § 92 II 1 AktG, NZG 2009, 775; *Cahn* Das Zahlungsverbot nach § 92 Abs 2 Satz 3 AktG – aktien- und konzernrechtliche Aspekte des neuen Liquiditätsschutzes, Der Konzern 2009, 7; *Frenzel/Gundlach/Strandmann* Die Zahlungen eines ordentlichen und gewissenhaften Geschäftsleiters nach Insolvenzreife, DZWIR 2009, 450; *Fritsche/Lieder* Persönliche Haftung und Haftungsabwicklung bei Verstoß gegen die Insolvenzantragspflicht nach § 64 Abs 1 GmbHG und § 92 Abs 2 AktG, DZWIR 2004, 93; *Fröhner* Deliktische Haftung für die Beihilfe zur Insolvenzverschleppung gegenüber dem Neugläubiger, ZInsO 2011, 1617; *Fromm* Der Überschuldungsstatus im Insolvenzrecht, ZInsO 2004, 943; *Geißler* Grenzlinien der Ersatzpflicht des Vorstands wegen verbotener Zahlungen in der Krise der AG, NZG 2007, 645; *Gischer/Hommel* Unternehmen in Krisensituationen und die Rolle des Staates als Risikomanager – Weniger ist mehr, BB 2003, 945; *Harz* Kriterien der Zahlungsunfähigkeit und Überschuldung unter Berücksichtigung der Änderungen nach dem neuen Insolvenzrecht, ZInsO 2001, 193; *Kau/Kukat* Haftung von Vorstands- und Aufsichtsratsmitgliedern nach dem Aktiengesetz, BB 2000, 1045; *Krumm* Insolvenzrechtliches Zahlungsverbot und rechtmäßiges Alternativverhalten – Zur Massesicherungs- und -erhaltungspflicht bei debitorischen Bankkonten, WM 2010, 296; *Paul/Amen* Going-Concern-Prognosen im Insolvenz- und im Bilanzrecht, DB 2005, 1861; *Priester* Verlustanzeige und Eigenkapitalersatz, ZGR 1999, 533; *Primozic/Feckl* Die Behandlung streitiger Rechtsverhältnisse bei der Insolvenzantragsreife einer GmbH, GmbHR 2005, 160; *Reuter* „Krisenrecht" im Vorfeld der Insolvenz – das Beispiel der börsennotierten AG, BB 2003, 35; *K. Schmidt* Verbotene Zahlungen in der Krise von Handelsgesellschaften und die daraus resultierenden Ersatzpflichten, ZHR 2004, 637; *Strohn* Organhaftung im Vorfeld der Insolvenz, NZG 2011, 1161; *Thiessen* Haftung des Aufsichtsrats für Zahlungen nach Insolvenzreife, ZGR 2011, 275; *Thümmel* Aufgaben und Haftungsrisiken des Managements in der Krise des Unternehmens, BB 2002, 1105.

I. Allgemeines

§ 92 hat durch das MoMiG eine wesentliche Änderung erfahren. Die Insolvenzantragspflicht des § 92 Abs 2 aF ist nunmehr für alle Kapitalgesellschaften in § 15a InsO überführt worden. § 92 regelt nur noch die Anzeigepflicht bei Verlust der Hälfte des Grundkapitals sowie das Verbot von Zahlungen, wenn dadurch die Zahlungsunfähigkeit herbeigeführt wird bzw bei bereits eingetretener Überschuldung oder Zahlungsunfähigkeit. 1

Befindet sich die AG in einer wirtschaftlichen Krise, treffen den Vorstand nach § 92 bes zusätzliche Pflichten. Bei einem Verlust in Höhe der Hälfte des Grundkapitals hat er die HV einzuberufen und Verlustanzeige zu erstatten. Dadurch sollen die Aktionäre die erforderlichen Maßnahmen zur Beseitigung der Notlage, etwa durch Kapitalerhöhung, Kapitalherabsetzung oder Auflösung der AG, beschließen können. Die damit verbundene Publizität ist nicht Zweck, sondern lediglich Reflex der Vorschrift (*BGH* NJW 1979, 1829, 1831). 2

Die den Vorstand nach § 92 treffenden Pflichten sind zwingend und können weder durch Satzung noch Weisung des AR oder Beschl der HV abbedungen werden. Nach § 268 Abs 2 S 1 finden die Pflichten des § 92 zwar auch auf den Abwickler Anwendung. Dies gilt jedoch nicht für die Pflicht zur Verlustanzeige nach Abs 1, da die Entscheidung zur Abwicklung der AG bereits getroffen und eine Unterrichtung der Aktionäre nicht mehr notwendig ist (MünchKomm AktG/*Hefermehl/Spindler* Rn 6; **aA** *Hüffer* AktG Rn 5). Zudem ergibt sich auch aus § 401 Abs 1 Nr 1, dass die Pflicht zur Verlustanzeige nicht den Abwickler trifft. 3

(zz nicht belegt) 4

II. Verlustanzeige

1. Voraussetzungen. Die Anzeigepflicht besteht, wenn ein Verlust in Höhe der Hälfte des Grundkapitals eingetreten ist, dh der Vermögensstand rechnerisch unter die Hälfte des Grundkapitals gesunken ist. Der eingetretene Verlust und der Verlustvortrag ist dem Eigenkapital gegenüberzustellen. Zum Eigenkapital gehören das Grundkapital, offene Rücklagen, Bilanzgewinn, der Eigenkapitalanteil in den Sonderposten mit Rücklagenanteil, nicht jedoch die Rücklage für eigene Anteile (Beck'sches AG Handbuch/*Schmidt-Hern* § 16 Rn 11). Die Anzeigepflicht besteht nicht nur dann, wenn sich iRd Aufstellung einer Jahres- oder Zwischenbilanz ein Verlust ergibt, sondern auch, wenn nach pflichtgemäßer Prüfung die Entstehung eines Verlustes anzunehmen ist. Zwar braucht der Vorstand nicht ständig Zwischenbilanzen aufzustellen 5

§ 92 Vorstandspflichten bei Verlust, Überschuldung, Zahlungsunfähigkeit

(MünchKomm AktG/*Hefermehl/Spindler* Rn 8), jedoch ist er verpflichtet, die wirtschaftliche Entwicklung des Unternehmens fortlaufend zu prüfen und bei Vorliegen von Anzeichen, die auf eine wirtschaftliche Notlage hindeuten, einen Zwischenabschluss aufzustellen (*Reuter* BB 2003, 1797, 1801).

6 **2. Feststellung des Verlustes.** Durch die Bezugnahme auf die Jahresbilanz in Abs 1 ergibt sich, dass die Feststellung des Verlustes entspr den handelsrechtlichen Ansatz- und Bewertungsvorschriften der §§ 252 ff HGB erfolgen muss (*Hüffer* Rn 3; **aA** *BGH* WM 1958, 1416, 1417). Darlehen sind stets als Passivposten auszuweisen, auch wenn sie eigenkapitalersetzend sind und ein Rangrücktritt vereinbart ist (Beck'sches AG Handbuch/*Schmidt-Hern* § 16 Rn 11). Stille Reserven dürfen nur dann aufgelöst werden, wenn dies auch im Jahresabschluss zulässig ist (*Hüffer* Rn 4; **aA** MünchKomm AktG/*Hefermehl/Spindler* Rn 9; *Reuter* BB 2003, 1797, 1802). Zuschreibungen nach § 280 HGB sind zulässig. Buchwerte dürfen bei positiver Fortbestehensprognose fortgeführt werden, andernfalls müssen Liquidationswerte angesetzt werden. Im Konzernabschluss können stille Reserven durch Vermögensverschiebungen zwischen verbundenen Unternehmen realisiert werden.

7 **3. Einberufung der Hauptversammlung.** Ist ein Verlust mindestens in Höhe der Hälfte des Grundkapitals eingetreten, hat der Vorstand unverzüglich, dh ohne schuldhaftes Zögern, die HV einzuberufen und ihr dies anzuzeigen. Die Ad-hoc-Publizitätspflicht des § 15 WpHG besteht daneben fort, dh es ist ggf sowohl eine Ad-hoc-Meldung als auch eine Verlustanzeige abzugeben. Für die Einberufung steht dem Vorstand eine angemessene Überlegungsfrist zu. Die Verlustanzeige muss auf der Tagesordnung angekündigt werden. Der Vorstand ist zwar nicht verpflichtet, bereits mit der Verlustanzeige Vorschläge zur Behebung der Krise zu unterbreiten, er muss jedoch entspr Sanierungsüberlegungen anstellen (*Priester* ZGR 1999, 533, 537). Schlägt er Gegenmaßnahmen zur Beseitigung des Bilanzverlusts vor, sind diese auf die Tagesordnung zu setzen, da anderenfalls die HV gem § 124 Abs 1 hierüber keine Beschl fassen kann (*OLG Oldenburg* AG 1994, 417). An die Vorschläge des Vorstands ist die HV allerdings nicht gebunden. Der Termin für die HV ist ohne unnötige Verzögerung zu bestimmen. Von der Verlustanzeige kann abgesehen werden, wenn der Vorstand durch hinreichend konkrete und aussichtsreiche Sanierungsverhandlungen den Bilanzverlust kurzfristig (in Anlehnung an die Insolvenzantragsfrist maximal innerhalb von drei Wochen) selbst beseitigen kann. Die mit einer Publizität verbundenen negativen Auswirkungen begründen ein Hinausschieben der Anzeigepflicht nicht. Von einer Anzeige kann aber dann abgesehen werden, wenn bereits Insolvenzantrag gestellt ist. Der AR ist gem § 111 Abs 1 verpflichtet, darauf einzuwirken, dass der Vorstand seiner Verlustanzeigepflicht nachkommt. Ferner kann der AR nach § 111 Abs 3 selbst die HV einberufen.

8 **4. Rechtsfolgen der unterlassenen Anzeige.** Verstößt der Vorstand schuldhaft gegen seine Anzeigepflicht, macht er sich der AG gegenüber nach § 93 Abs 2 schadensersatzpflichtig. Hingegen stellt § 92 Abs 1 kein Schutzgesetz zu Gunsten der Gläubiger der AG dar (hM *BGH* NJW 1979, 1829, 1831). Umstritten ist, ob einzelne Aktionäre Schadensersatzansprüche nach § 823 Abs 2 BGB geltend machen können (zust MünchKomm AktG/*Hefermehl/Spindler* Rn 17; abl *Hüffer* AktG Rn 15). Dies ist zu bejahen, da die Verlustanzeigepflicht gerade der Durchsetzung der Mitwirkungsrechte der Aktionäre dient. Jedoch wird sich der Schaden der Aktionäre mit demjenigen der

AG decken (MünchKomm AktG/*Hefermehl/Spindler* Rn 17), so dass diese nur Leistung an die AG fordern können (*Kau/Kukat* BB 2000, 1045, 1047). Die unterlassene Verlustanzeige ist zudem nach § 401 Abs 1 Nr 1 strafbar.

III. Eröffnungsantragspflicht

Nach § 15a Abs 1 InsO hat der Vorstand bei Zahlungsunfähigkeit und Überschuldung der AG ohne schuldhaftes Zögern, spätestens innerhalb von drei Wochen die Eröffnung des Insolvenzverfahrens zu beantragen. Bei drohender Zahlungsunfähigkeit besteht keine Verpflichtung, wohl aber die Möglichkeit zur Insolvenzantragstellung (§ 18 Abs 1 InsO). Das ESUG hat durch die Möglichkeit des Schutzschirmverfahrens und der Eigenverwaltung zusätzliche Anreize zu einer möglichst frühzeitigen Restrukturierung im Rahmen eines Insolvenzverfahrens geschaffen. Bei Verdachtsmomenten, wie einer anhaltend schlechten Liquiditätslage oder bei Entstehen eines nicht durch Eigenkapital gedeckten Fehlbetrags, hat der Vorstand das Vorliegen von Zahlungsunfähigkeit und Überschuldung zu überprüfen und diese Prüfung fortzuschreiben. Ist die AG führungslos, dh hat sie keine Vorstandsmitglieder mehr, trifft die Insolvenzantragspflicht nach § 15a Abs 3 InsO jedes Mitglied des AR.

1. Zahlungsunfähigkeit. – a) Begriff. Die AG ist zahlungsunfähig, wenn sie ihre fälligen Geldverbindlichkeiten mit den vorhandenen Zahlungsmitteln, nicht ausgeschöpften Kreditlinien oder anderen kurzfristig beschaffbaren Geldmittel nicht decken kann oder wenn sie ihre Zahlungen eingestellt hat (§ 17 Abs 2 InsO). Zahlungseinstellung liegt vor, wenn die AG wg eines voraussichtlich dauernden Mangels an Zahlungsmittel nach außen erkennbar aufgehört hat, ihre fälligen Verbindlichkeiten zu bezahlen (*BGH* ZIP 2003, 410, 411), sie nahezu keinerlei Geschäftsfähigkeit mehr entfaltet oder über einen Zeitraum von einem Monat mehr als 50 % der Verbindlichkeiten nicht begleicht (*BGH* WM 2001, 1215, 1226). Die Leistung einzelner Zahlungen steht der Annahme einer Zahlungseinstellung nicht entgegen (*BGH* NJW 2002, 515, 517).

b) Feststellung der Zahlungsunfähigkeit. Die Zahlungsunfähigkeit ist zeitraumbezogen durch Gegenüberstellung der vorhandenen Zahlungsmittel, bestehenden Kreditlinien oder anderer kurzfristig beschaffbarer Geldmittel mit den fälligen Verbindlichkeiten zu ermitteln (vgl Prüfungsstandard IDW PS 800). Gegenstände des Betriebsvermögens können dann berücksichtigt werden, wenn sie kurzfristig veräußerbar sind und dadurch der Weiterbetrieb des Unternehmens nicht gefährdet wird. Erforderlich ist aber stets, dass die Inanspruchnahme von Krediten bzw die Veräußerung von Betriebsmitteln tatsächlich beabsichtigt ist (*BGH* NJW 1998, 607, 608 f).

Zu erfassen sind alle fälligen und ernsthaft eingeforderten Verbindlichkeiten. Ausdrücklich oder stillschweigend gestundete Verbindlichkeiten bleiben unberücksichtigt. An das Einfordern einer Verbindlichkeit sind keine strengen Anforderungen zu stellen (*BGH* WM 2003, 524, 525). Forderungen, bei denen der Gläubiger zu erkennen gibt, dass er mit einer späteren oder nachrangigen Befriedigung einverstanden ist, sind selbst dann nicht fällig, wenn eine förmliche Stundung nicht erklärt ist (*BGH* NZI 2007, 579, 580; 2008, 231, 232). Zu berücksichtigen sind alle bestehenden und fälligen Forderungen, auch solche von Aktionären (*BGH* NZG 2012, 1379, 1380). Bestrittene Verbindlichkeiten sind nicht erst dann anzusetzen, wenn diese rechtskräftig festgestellt wurden (so *KG* wistra 2002, 313, 316), sondern spätestens sobald ein vollstreckungsfähiges Urteil vorliegt; nach aA sind entspr der bilanziellen Betrachtung mit dem Grad der Wahrscheinlichkeit ihres Bestehens anzusetzen (*Staufenbiel/Hoffmann* ZInsO 2008, 891, 893). Eigenkapitalersetzende Verbindlichkeiten sind bei der Prüfung der Zahlungsunfähigkeit nicht zu berücksichtigen (*Pape* in Kübler/Prütting, InsO § 17 Rn 6; *Hess* in Hess/Weis/Wienberg, InsO § 17 Rn 9, str). Die Fälligkeit einer Forderung richtet sich nach den zivilrechtlichen Vereinbarungen. Branchenübliche Zahlungsziele dürfen eingehalten werden (*Kirchhof* in Kreft, HK-InsO § 17 Rn 9). Gestundete oder mit einem Rangrücktritt versehene Forderungen bleiben außer Ansatz.

13   Die Zahlungsunfähigkeit ist von der vorübergehenden Zahlungsstockung abzugrenzen. Eine vorübergehende Liquiditätslücke liegt nur dann vor, wenn die fälligen Verbindlichkeiten innerhalb von drei Wochen ausgeglichen werden können (*BGHZ* 163, 134, 139). Um eine praktikable Abgrenzung zu ermöglichen, geht der *BGH* davon aus, dass bei einer Unterdeckung von weniger als 10 % noch keine Zahlungsunfähigkeit vorliegt, außer die Überschreitung der 10 %-Schwelle ist zu erwarten. Hingegen wird bei einer Unterdeckung von mehr als 10 % widerleglich vermutet, dass die AG zahlungsunfähig ist, außer es wird nachgewiesen, dass die Liquiditätslücke innerhalb überschaubarer Zeit beseitigt werden kann und den Gläubigern ein Zuwarten nach den besonderen Umständen des Einzelfalls zumutbar ist (*BGHZ* 163, 134, 145).

14   Zu den Pflichten eines Vorstands in einer Unternehmenskrise gehört es, Liquiditätspläne aufzustellen, aus denen sich für den Zeitraum von mindestens einem Jahr die vorhandenen und erwarteten Geldmittel sowie die bestehenden und erwarteten Verbindlichkeiten entnehmen lassen.

15   Die unterbliebene Zahlung von Löhnen, Sozialversicherungsbeiträgen, Steuern oder Energiekosten für längere Zeit oder die Zahlung lediglich von Neuschulden stellt ein gewichtiges Indiz für die Annahme von Zahlungsunfähigkeit dar (*OLG Hamburg* GmbHR 2004, 797, 798).

16   **c) Beseitigung von Zahlungsunfähigkeit.** Zahlungsunfähigkeit kann durch Veräußerung von Betriebsvermögen, Aufnahme von Eigen- oder Fremdkapital (dann aber Gefahr der Überschuldung) sowie durch Vereinbarung von Forderungsverzichten, ggf gegen Besserungsschein, oder von Forderungsstundung erreicht werden.

17   **2. Überschuldung. – a) Begriff.** Der Überschuldungsbegriff des § 19 Abs 2 InsO wurde durch das FMStG und das MoMiG mehrfach zeitlich befristet geändert. Überschuldung liegt vor, wenn das Vermögen des Schuldners die bestehenden Verbindlichkeiten nicht mehr deckt, es sei denn, die Fortführung des Unternehmens ist nach den Umständen überwiegend wahrscheinlich. Dies bedeutet, dass eine positive Fortführungsprognose allein die Überschuldung zu beseitigen vermag. Die ursprünglich vorgesehene Befristung dieses Überschuldungsbegriffs bis zum 31.12.2013 ist durch das 3. Finanzmarktstabilisierungsgesetz aufgehoben worden (BGBl I 2012, 2777).

18   **b) Feststellung der Überschuldung.** Ob eine AG überschuldet ist, lässt sich regelmäßig nicht aus der Handelsbilanz entnehmen. Ein nicht durch Eigenkapital gedeckter Fehlbetrag stellt allenfalls ein Beweisanzeichen für das Vorliegen einer Überschuldung dar (*BGH* NJW 2001, 1136). Zur Feststellung der Überschuldung ist ein Überschuldungsstatus (*Fromm* ZInsO 2004, 943) aufzustellen, welcher alle vermögenswerten Gegenstände sowie alle Verbindlichkeiten der AG erfasst. Eine Überschuldung kann sich aus der Handelsbilanz allerdings dann ergeben, wenn weder stille Reserven

Vorstandspflichten bei Verlust, Überschuldung, Zahlungsunfähigkeit § 92

noch sonst in der Bilanz nicht aufgeführte Vermögenswerte vorhanden sind (*BGH* NJW 2009, 2454, 2455). Zur Aufstellung eines Überschuldungsstatus ist der Vorstand spätestens dann verpflichtet, wenn der Jahresabschluss einen nicht durch Eigenkapital gedeckten Fehlbetrag ausweist (*OLG Celle* GmbHR 2004, 568, 569).

Gem § 19 Abs 2 InsO erfolgt die Überschuldungsprüfung in zwei Schritten. Zunächst ist eine Prognose darüber zu erstellen, ob die Fortführung der AG überwiegend wahrscheinlich ist (Fortführungsprognose). Ist dies der Fall, ist nach derzeitiger Rechtslage keine Überschuldung gegeben, selbst dann nicht, wenn das Vermögen kleiner als die Verbindlichkeiten ist. Bei einer negativen Fortführungsprognose liegt Überschuldung dann vor, wenn, bewertet jeweils zu Liquidationswerten, die Passiva größer sind als die Aktiva. **19**

aa) Fortführungsprognose. Von einer positiven Fortführungsprognose ist auszugehen, wenn nach realistischer Unternehmensplanung eine überwiegende Wahrscheinlichkeit dafür besteht, dass die AG in der Lage sein wird, ausreichend Liquidität zur Erfüllung der Zahlungsverpflichtungen zu erwirtschaften (vgl Prüfungsstandard IDW PS 270; *Paul/Amen* DB 2005, 1861). Der Prognosezeitraum erstreckt sich mindestens auf 12 Monate (*Förschle/Hoffmann* in Budde/Förschle, Sonderbilanzen Rn N 73), nach anderer Meinung auf das laufende und nächste Geschäftsjahr (*Gischer/Hommel* BB 2003, 945, 947). Eine positive Fortführungsprognose ist anzunehmen, wenn die Wahrscheinlichkeit ausreichender Liquiditätsausstattung bei über 50 % liegt (MünchKomm InsO/*Drukarczyk/Schüler* § 19 Rn 66). Hierbei steht dem Vorstand ein Beurteilungsspielraum zu. Allerdings kann eine positive Fortführungsprognose dann nicht auf ein Sanierungskonzept gestützt werden, wenn hierfür die Zustimmung eines Dritten erforderlich ist und diese verweigert wurde (*BGH* WM 2004, 1075, 1076). Umstritten ist, ob eine positive Fortführungsprognose schon dann angenommen werden kann, wenn die Finanzierung des Unternehmens innerhalb des Prognosezeitraums gesichert ist oder ob eine positive Ertragsprognose hinzukommen, dh die AG im Prognosezeitraum auch Überschüsse erwirtschaften muss (zum Streitstand *Bitter/Kresser* ZIP 2012, 1733; *Frystazki* NZG 2011, 173). Ausreichend ist es, wenn die AG im Prognosezeitraum in der Lage ist, ihren Zahlungsverpflichtungen nachzukommen, unabhängig davon, ob dies aus laufenden Gewinnen, durch Gesellschafter- oder durch Fremdfinanzierung erfolgt. Die Interessen des Rechtsverkehrs und der Gläubiger auf Schutz vor insolventen Gesellschaften sind hinreichend gewahrt, wenn Zahlungsfähigkeit vorliegt und Gläubiger mit der Erfüllung ihrer Verbindlichkeiten rechnen können. **20**

bb) Ausweisfragen. In den Überschuldungsstatus sind alle Vermögensgegenstände aufzunehmen, denen im Wirtschaftsverkehr ein Wert zukommt. Ob Vermögensgegenstände auch in der Handelsbilanz angesetzt werden dürfen, spielt keine Rolle. So sind auch selbst erstellte immaterielle Vermögensgegenstände zu aktivieren. Auch ein Firmenwert kann angesetzt werden, sofern er selbstständig veräußerbar ist. Anzusetzen sind auch eigene Aktien, Ansprüche aus bereits beschlossenen Kapitalerhöhungen und Nachzahlungen, aus Verlustübernahmen, Liquiditätsausstattungsgarantien oder Patronatserklärungen, ferner Schadensersatzansprüche wg verbotener Einlagenrückgewähr, Verletzung von Vorstandspflichten und solche wg Insolvenzverschleppung. **21**

Auf der Passivseite sind alle diejenigen Verbindlichkeiten zu erfassen, die im Insolvenzfall aus der Masse bedient werden müssen. Die Bilanzpositionen Kapital, Rücklagen, steuerliche Sonderabschreibungen oder Sonderposten mit Rücklagenanteil blei- **22** ben außer Betracht. Aufzunehmen sind hingegen sämtliche bestehenden Verbindlichkeiten, unabhängig von deren Fälligkeit, sowie Rückstellungen, Kosten für Sanierungsmaßnahmen und Sozialpläne, sofern die Ansprüche bereits konkretisiert sind. Gewährte Sicherheiten und Bürgschaften sind nicht zu passivieren. Aktive und passive Rechnungsabgrenzungsposten sind zu berücksichtigen, nicht hingegen Kosten für die Eröffnung des Insolvenzverfahrens. Nach § 19 Abs 2 S 2 sind Forderungen auf Rückgewähr von Gesellschafterdarlehen oder dem entspr Leistungen dann nicht bei den Verbindlichkeiten zu passivieren, wenn ein qualifizierter Rangrücktritt vereinbart worden ist. Pensionsverpflichtungen sind nach §§ 249 Abs 2, 266 Abs 3 HGB, § 87 AktG stets zu passivieren.

23 **cc) Bewertung.** Passivposten sind stets mit ihrem Nennwert zu bewerten. Bei bestrittenen Forderungen hängt die Bewertung von der Realisierungswahrscheinlichkeit ab; hierbei steht dem Vorstand ein Beurteilungsspielraum zu (*Primozic/Feckl* GmbHR 2005, 160). IÜ hängt die Bewertung vom Ergebnis der Fortführungsprognose ab. Bei positiver Fortführungsprognose erfolgt die Bewertung nach Going-Concern-Werten, andernfalls nach Liquidationswerten. In den Vermögensgegenständen liegende stille Reserven sind stets aufzulösen. Vermögensgegenstände sind iRd Überschuldungsstatus nicht mit den handelsbilanziellen, sondern mit ihren wirklichen wirtschaftlichen Werten anzusetzen; je nach wahrscheinlichem Verwertungsszenario können sich unterschiedlich hohe Werte ergeben.

24 **3. Eröffnungsantrag. – a) Frist.** Ergibt sich eine Überschuldung oder Zahlungsunfähigkeit, hat der Vorstand nach § 15a Abs 1 InsO unverzüglich, spätestens aber innerhalb von drei Wochen Eröffnungsantrag (Insolvenzantrag) zu stellen. Bei drohender Zahlungsunfähigkeit besteht lediglich ein Insolvenzantragsrecht, nicht jedoch eine Verpflichtung. Innerhalb der Insolvenzantragsfrist muss der Vorstand die Erfolgsaussichten einer Sanierung prüfen und ggf einleiten (*Reuter* BB 2003, 1797, 1798). Die Antragsfrist ist eine Maximalfrist, sie darf auch dann nicht überschritten werden, wenn eine Sanierung unmittelbar bevorsteht. Stellt sich vor Ablauf der Frist heraus, dass der Insolvenzgrund nicht beseitigt werden kann, ist schon vorher Insolvenzantrag zu stellen.

25 Umstritten ist, wann die Eröffnungsantragsfrist zu laufen beginnt. Nach einer Auffassung ist stets der objektive Eintritt des Insolvenzgrundes maßgebend (Großkomm AktG/*Otto* § 401 Rn 49). Eine andere Ansicht stellt auf die Erkennbarkeit des Insolvenzgrundes ab (MünchKomm AktG/*Hefermehl/Spindler* Rn 29; *Bayer/Schmidt* AG 2005, 644, 652). Nach überwiegender Meinung kommt es auf die positive Kenntnis des Vorstands vom Insolvenzgrund an (*OLG Koblenz* AG 2005, 446, 448; *OLG Frankfurt* AG 2005, 91, 93; *Michalski/Dannecker* § 84 Rn 84), da nur so dem Vorstand die Möglich bleibt, eine Sanierung der AG zu versuchen. Dem Fall der positiven Kenntnis ist die „böswillige Unkenntnis", dh des bewussten Sichverschließens gleichzusetzen (*OLG Frankfurt* AG 2005, 91, 93).

26 Zur Stellung eines Eröffnungsantrags ist unabhängig von Regelungen über die Gesamtvertretung jedes Vorstandsmitglied berechtigt (§ 15a Abs 1 InsO) und verpflichtet. Die Insolvenzantragspflicht endet mit Niederlegung oder Abberufung vom Vorstandsamt (*OLG Frankfurt* AG 2005, 91, 93) und auch, wenn auf einen Fremdantrag hin innerhalb der 3-Wochen-Frist das Insolvenzverfahren eröffnet wurde. Im Fall der Führungslosigkeit ist jedes AR-Mitglied zur Eröffnungsantragstellung verpflichtet (§ 15a Abs 3 InsO).

Vorstandspflichten bei Verlust, Überschuldung, Zahlungsunfähigkeit § 92

b) Form. Der Eröffnungsantrag ist nach § 13 Abs 1 S 1 InsO schriftlich zu stellen; ein 27
Verzeichnis über die Gläubiger und deren Forderungen ist beizufügen. Welche Angaben darüber hinaus nach § 13 Abs 1 S 4–7 InsO bei einem Eröffnungsantrag zu machen sind, hängt von der Größenklasse der AG ab sowie davon, ob der Geschäftsbetrieb noch fortgeführt wird oder nicht sowie ob Eigenverwaltung oder die Einsetzung eines vorläufigen Gläubigerausschusses beantragt wurde. Bei nicht eingestelltem Geschäftsbetrieb sind Angaben über Bilanzsumme, Umsatzerlöse und durchschnittliche Zahl der Arbeitnehmer des vorangegangenen Geschäftsjahres verpflichtend. Bei Überschreiten der Größengrenzen in § 22a Abs 1 InsO sowie bei Beantragung von Eigenverwaltung oder Einsetzung eines vorläufigen Gläubigerausschusses sind zudem die höchsten Forderungen, die höchsten gesicherten Forderungen und solche von Finanzverwaltung, Sozialversicherungsträger oder aus betrieblicher Altersversorgung besonders kenntlich zu machen. In jedem Fall haben die Antragsteller die Richtigkeit und Vollständigkeit der im Eröffnungsantrag gemachten Angaben nach § 13 Abs 1 S 7 InsO zu versichern.

4. Rechtsfolgen bei Verletzung der Eröffnungsantragspflicht. Die unterbliebene, 28
nicht rechtzeitige oder nicht richtige Eröffnungsantragstellung (Insolvenzantragstellung) ist nach § 15a Abs 4, 5 InsO strafbar. Daneben besteht eine Schadensersatzpflicht des Vorstands gegenüber der AG und ihren Gläubigern. Ebenso besteht eine Haftung des AR, wenn er den Vorstand nicht rechtzeitig zur Insolvenzantragstellung auffordert (*BGH* NJW 2009, 2454, 2455).

a) Schutzgesetz. § 15a InsO ist ein Schutzgesetz iSd § 823 Abs 2 BGB zu Gunsten der 29
Gläubiger der AG. Aktionäre der AG werden jedoch nicht von Schutzzweck umfasst (*BGHZ* 96, 231, 236 f), selbst dann nicht, wenn sie erst während des Laufes der Insolvenzantragsfrist Aktien erworben haben oder eine stille Beteiligung eingegangen sind (*BGH* NJW 1986, 837, 839; *KG* AG 2003, 324, 325). Unter den Voraussetzungen des § 93 Abs 5 können Gläubiger Schadensersatzansprüche im eigenen Namen und auf eigene Rechnung geltend machen, sofern nicht die Insolvenz eröffnet wurde.

b) Altgläubiger. Wer bereits zum Zeitpunkt des Entstehens der Insolvenzantrags- 30
pflicht Gläubiger der AG war, hat lediglich Anspruch auf Ersatz des Quotenschadens. Dies ist die Differenz zwischen der Insolvenzquote, die sich ergeben hätte, wenn der Vorstand rechtzeitig Eröffnungsantrag gestellt hätte und der tatsächlichen Insolvenzquote (*BGHZ* 126, 181, 190). Der Schadensersatzanspruch ist im Insolvenzverfahren nach § 92 InsO vom Insolvenzverwalter geltend zu machen.

c) Neugläubiger. Neugläubiger sind solche, deren Anspruch erst zu einem Zeitpunkt 31
entstanden ist, nachdem Eröffnungsantrag hätte gestellt werden müssen. Als Neugläubiger gelten auch solche Gläubiger, deren Vertrag zwar schon vor dem Zeitpunkt der Eröffnungsantragspflicht geschlossen wurde, die ihre Leistungen aber erst nach diesem Zeitpunkt erbracht haben (*OLG Celle* NZG 2002, 730, 732). Gleiches gilt für Dauerschuldverhältnisse, bei denen es auf den Zeitpunkt der jeweiligen Kündigungsmöglichkeit ankommt. Neugläubiger haben Anspruch auf Ersatz des Schadens, den sie dadurch erlitten haben, dass sie in Rechtsbeziehung mit einer insolventen AG getreten sind, ihr also Waren- oder Geldkredit geleistet haben (*BGHZ* 126, 181, 197 ff). Der Schadensersatzanspruch richtet sich nur auf das negative Interesse, nicht das Erfüllungsinteresse (*BGH* NJW 2012, 3510, 3511). Der Neugläubiger ist also so zu stellen, als hätte er keinen Vertrag mit dem insolventen Unternehmen geschlossen. Vom Schutzzweck der

§ 92 Vorstandspflichten bei Verlust, Überschuldung, Zahlungsunfähigkeit

Norm erfasst sind daher zB die Zahlung von Werklohn, wenn der Schuldner nur ein mangelbehaftetes Werk liefert und Nacherfüllung nicht vornimmt, Waren- und Lohnkosten des Neugläubigers bei fehlender Zahlung durch den Schuldner, Schäden, die der Schuldner an Gegenständen des Neugläubigers hervorruft aber auch Kosten, die dem Neugläubiger zur Verfolgung seiner Rechte entstehen (*BGH* NJW 2012, 3510, 3512). Neugläubiger können ihren Schadensersatzanspruch auch im Insolvenzverfahren selbst geltend machen. Für andere als vertragliche Ansprüche (insb deliktische oder bereicherungsrechtliche) findet § 15a InsO keine Anwendung. Der Schutzzweck besteht lediglich darin, zu verhindern, dass an eine insolvente AG Leistungen erbracht werden, denen kein werthaltiger Gegenanspruch gegenüber steht, nicht aber darin, potentielle Deliktsgläubiger vor einer unerlaubten Handlung zu bewahren, denn niemand hat Anspruch darauf, von einem solventen Schuldner geschädigt zu werden (*BGH* GmbHR 2005, 1425, 1428; *OLG Jena* ZIP 2002, 631, 632). In diesen Fällen können Neugläubiger aber den Ersatz des Quotenschadens verlangen (*Fritsche/Lieder* DZWIR 2004, 93, 101; *Beyer/Lieder* WM 2006, 1, 8).

32 Daneben kann sich eine Schadensersatzpflicht des Vorstands auch aus § 826 BGB (*OLG Koblenz* AG 2005, 446, 447f) oder § 823 Abs 2 BGB iVm § 263 StGB ergeben (*Froehner* ZInsO 2011, 1617). Jedoch besteht beim Eingehen neuer Verbindlichkeiten eine Hinweispflicht auf die Krise der AG dann nicht, wenn der Vorstand realistischerweise darauf vertrauen durfte, die Krise durch Sanierungsmaßnahmen zu überwinden (*KG* AG 2003, 324, 326; *OLG Koblenz* AG 2005, 446, 447 f). Auf ein unplausibles Sanierungskonzept darf ein Vorstand nicht vertrauen (*OLG Dresden* GmbHR 2005, 173, 174).

33 **5. Zahlungsverbot, § 92 Abs 2. – a) Grundsatz.** Bereits mit Eintritt der Zahlungsunfähigkeit oder Überschuldung, nicht erst nach Ablauf der Eröffnungsantragsfrist, darf der Vorstand gem § 92 Abs 2 S 1 keine Zahlungen mehr leisten (*BGH* NJW 2009, 2454, 2455). Durch das MoMiG wurde § 92 Abs 2 durch einen S 3 ergänzt, der auch Zahlungen an Aktionäre verbietet, wenn zwar keine Zahlungsunfähigkeit besteht, eine solche aber durch die Zahlung herbeigeführt wird und dies bei Beachtung der nach § 93 Abs 1 S 1 bezeichneten Sorgfalt vorhersehbar war. Dadurch soll eine Schmälerung der Insolvenzmasse durch Zahlung an einzelne Gläubiger verhindert werden, die auch dann eintritt, wenn eine Verbindlichkeit erfüllt wird. S 3 hat nur einen geringen Anwendungsbereich, denn er erfasst nur Fälle, in denen die Zahlungsunfähigkeit hervorgerufen wird, nicht aber solche, in denen sie bereits eingetreten war und durch die Zahlung nur noch vertieft wird (*BGH* NZG 2012, 1379, 1380). Unter den Begriff der Zahlung sind alle Leistungen an einzelne Gläubiger zu verstehen, unabhängig davon, ob die Leistungen aus Mitteln der AG erfolgt sind oder aus solchen, die dem Vorstand von dritter Seite zur Verfügung gestellt wurden. Hierunter fallen nicht nur Geldleistungen, sondern auch die Lieferung von Waren, die Erbringung von Dienstleistungen oder die Stellung von Sicherheiten. Bei An- und Verkauf von Waren stellt nicht die Zahlung des Kaufpreises und die Veräußerung der Ware jeweils eine eigene Zahlung iSd § 92 Abs 2 dar, sondern lediglich der aus dem Geschäft entstehende Verlust, sonst müsste der Vorstand für ein wirtschaftlich einheitliches Geschäft mehrmals Ersatz leisten (*Altmeppen* ZIP 2001, 2201, 2206 f). Eine Zahlung liegt auch in der Einreichung eines Kundenschecks auf ein debitorisch geführtes Konto der AG (*BGHZ* 143, 184, 186). Das Eingehen von Verbindlichkeiten ist noch keine Zahlung, da hiermit eine unmittelbare Schmälerung der Insolvenzmasse noch nicht verbunden ist.

Zahlungen von einem debitorisch geführten Bankkonto an einzelne Gläubiger stellen idR keinen Verstoß gegen das Zahlungsverbot dar, da es lediglich zu einem Gläubigertausch kommt und damit ein Nachteil für die Gesamtheit der Insolvenzgläubiger nicht vorliegt (*BGH* NZG 2013, 303, 305). Dies gilt jedoch nur dann, wenn die Bank nicht über freie Sicherheiten verfügt, die sie zu einer abgesonderten Befriedigung berechtigen. Das Zahlungsverbot greift bereits ab dem objektiven Eintritt von Überschuldung oder Zahlungsunfähigkeit (*OLG Hamburg* GmbHR 2005, 797, 799; *Hüffer* Rn 14a; *Reuter* BB 2003, 1797, 1803), nicht erst ab Eintritt der Insolvenzantragspflicht ein (so aber MünchKomm AktG/*Hefermehl/Spindler* Rn 44). In subjektiver Hinsicht kommt es auf die positive Kenntnis bzw böswillige Unkenntnis von Zahlungsunfähigkeit und Überschuldung an, denn die subjektiven Anforderungen müssen hier dieselben sein wie bei der Insolvenzantragspflicht nach Abs 2 aF (jetzt § 15a InsO) (*OLG Frankfurt* AG 2005, 91, 94; KölnKomm AktG/*Mertens* Rn 62). Nach aA soll dagegen schon die Erkennbarkeit ausreichen (*BGH* NJW 2001, 304, 305; *OLG Oldenburg* GmbHR 2004, 1014; *OLG Celle* GmbHR 2004, 568, 569; *Hüffer* Rn 14a).

b) Ausnahmen. Dem Zahlungsverbot unterliegen nach S 2 nicht solche Zahlungen, 34
die mit der Sorgfalt eines ordentlichen und gewissenhaften Geschäftsleiters vereinbar sind. Erlaubt sind danach nur Zahlungen, die masseneutral sind, dh bei denen die AG einen gleichwertigen Gegenstand erwirbt oder die erforderlich sind, um Sanierungsbemühungen nicht von vorneherein scheitern zu lassen, zB Löhne und Mieten, Strom, Wasser und andere Betriebsmittel, Leasingraten oder Tankrechnungen (*OLG Düsseldorf* ZIP 2012, 2299; *OLG Dresden* GmbHR 2005, 173, 174). Dies setzt aber stets voraus, dass die Sanierung nicht aussichtslos ist, wofür der Vorstand die Beweislast trägt (*OLG Hamburg* GmbHR 2005, 797, 798 f). Verbindlichkeiten, die im Insolvenzverfahren zu den gewöhnlichen Insolvenzforderungen gehören, dürfen regelmäßig nicht befriedigt werden. Im Hinblick auf die Rechtsprechung der Strafsenate des BGH, wonach die Nichtabführung von Arbeitnehmerbeiträgen zur Sozialversicherung nach § 266a StGB auch während des Laufes der Insolvenzantragsfrist strafbar sei, haben die Zivilsenate des BGH eine Ausnahme vom Zahlungsverbot für solche Forderungen anerkannt, die zur Vermeidung sonst drohender strafrechtlicher Verfolgung geleistet werden (*BGH* NJW 2007, 1174). Zwischenzeitlich haben die Strafsenate aber eine Suspendierung der Zahlungspflicht während des Laufes der Eröffnungsantragsfrist anerkannt (*BGH* NJW 2009, 295). Gleichwohl billigt der BGH die Zahlung von Arbeitnehmeranteilen zur Sozialversicherung (nicht aber von Arbeitgeberanteilen) aber auch von Steuern und sieht hierin keinen Verstoß gegen § 92 Abs 2. Dies gilt nicht nur für die laufenden Zahlungen, sondern auch für Beitragsrückstände (*BGH* NZG 2011, 303, 304). Dem Vorstand soll so die Möglichkeit gegeben werden, Straf- oder Bußgeldfreiheit zu erlangen bzw die Voraussetzungen für eine Verfahrenseinstellung nach § 153a StPO zu schaffen bzw sich von einer Steuerhaftung nach § 69 AO zu befreien. Wesentlicher Grund hierfür ist, dass die Nichterfüllung von mit Strafe oder Bußgeld geahndeter Zahlungsverpflichtungen Dauerdelikte darstellen, die erst mit Zahlung beendet sind. Das Zahlungsverbot greift auch dann ein, wenn ein Dritter zur Tilgung von bestimmten Forderungen Leistungen zur Verfügung stellt (*BGH* ZIP 2003, 1005, 1006). Nach Ablauf der Eröffnungsantragsfrist dürfen keinerlei Zahlungen mehr erbracht werden (*OLG Celle* GmbHR 2004, 568, 570).

c) Rechtsfolgen bei Verstoß. § 92 Abs 2 begründet im Kern keinen Schadensersatzan- 35
spruch, da bei Bezahlung einer Verbindlichkeit nur eine Bilanzverkürzung eintritt und

die AG wg des Wegfalls einer Verbindlichkeit keinen Schaden erleidet. Es wird lediglich in die Verteilung der Insolvenzmasse an die Insolvenzgläubiger eingegriffen. Der Rückzahlungsanspruch knüpft daher richtigerweise an den Verstoß gegen gesellschaftsrechtliche Auszahlungsverbote an. Der Vorstand ist nach § 93 Abs 3 Nr 6 zum Ersatz der verbotswidrig geleisteten Zahlung verpflichtet. Das gleiche gilt für den Aufsichtsrat, wenn er den Vorstand nicht zur Eröffnungsantragstellung drängt und dahingehend überwacht, keine verbotswidrigen Zahlungen zu leisten (*OLG Düsseldorf* ZIP 2012, 2299). Der zu erstattende Betrag berechnet sich aus dem verbotswidrig geleisteten Zahlungen abzgl derjenigen Quote, die diese Gläubiger ohne die Zahlungen erhalten hätten (*BGH* NJW 1974, 1088 f). Ist der Vorstand gleichzeitig auch Vorstand oder Geschäftsführer bei anderen Gesellschaften, haftet er für verbotene Zahlungen bei jeder Gesellschaft gesondert (*OLG München* ZIP 2008, 2169). Dem Ersatzanspruch steht auch nicht entgegen, dass eine Insolvenzanfechtung nach §§ 146 ff InsO möglich ist (*OLG Oldenburg* GmbHR 2004, 1014). Im Falle einer Verurteilung ist dem Vorstand im Urteil vorzubehalten, an ihn zum Zwecke des Schadensausgleichs abzutretende Rechte gegen den Insolvenzverwalter verfolgen zu können (*BGHZ* 146, 264, 278).

36 Im Streitfall hat die AG bzw nach Insolvenzeröffnung der Insolvenzverwalter Überschuldung und Zahlungsunfähigkeit zu beweisen. Im Hinblick auf die Überschuldung genügt er seiner Darlegungslast, wenn er einen nicht durch Eigenkapital gedeckten Fehlbetrag nachweist und darlegt, dass weder stille Reserven noch andere, nicht in der Bilanz aufgeführte Vermögenswerte, vorhanden sind (*BGH* BB 2004, 1181). Es ist dann am Vorstand, solche Vermögenswerte oder stille Reserven darzulegen (*BGH* NJW 2009, 2454, 2455). Bei der Geltendmachung verbotswidriger Zahlungen trifft die Gesellschaft bzw den Insolvenzverwalter die volle Darlegungs- und Beweislast hinsichtlich der vorgenommenen Zahlungen (*OLG Koblenz* AG 2009, 336). Substantiierte Einwände des Vorstands muss der Anspruchsteller widerlegen. Etwas anderes gilt nur dann, wenn der Vorstand seine Pflicht zur Führung und Aufbewahrung von Büchern und Belegen verletzt hat (*BGH* BB 2005, 1181, 1182). Das Verschulden des Vorstands wird vermutet, er hat die Einhaltung der gebotenen Sorgfalt zu beweisen. Daneben kann auch der AR haften, wenn er Vorstandsmitglieder in einer Krisensituation nicht überwacht und von Verstößen gegen das Zahlungsverbot abhält (*BGH* NJW 2009, 2454, 2455).

§ 93 Sorgfaltspflicht und Verantwortlichkeit der Vorstandsmitglieder

(1) ¹**Die Vorstandsmitglieder haben bei ihrer Geschäftsführung die Sorgfalt eines ordentlichen und gewissenhaften Geschäftsleiters anzuwenden.** ²**Eine Pflichtverletzung liegt nicht vor, wenn das Vorstandsmitglied bei einer unternehmerischen Entscheidung vernünftigerweise annehmen durfte, auf der Grundlage angemessener Information zum Wohle der Gesellschaft zu handeln.** ³**Über vertrauliche Angaben und Geheimnisse der Gesellschaft, namentlich Betriebs- oder Geschäftsgeheimnisse, die den Vorstandsmitgliedern durch ihre Tätigkeit im Vorstand bekannt geworden sind, haben sie Stillschweigen zu bewahren.** ⁴**Die Pflicht des Satzes 3 gilt nicht gegenüber einer nach § 342b des Handelsgesetzbuchs anerkannten Prüfstelle im Rahmen einer von dieser durchgeführten Prüfung.**

(2) ¹Vorstandsmitglieder, die ihre Pflichten verletzen, sind der Gesellschaft zum Ersatz des daraus entstehenden Schadens als Gesamtschuldner verpflichtet. ²Ist streitig, ob sie die Sorgfalt eines ordentlichen und gewissenhaften Geschäftsleiters angewandt haben, so trifft sie die Beweislast. ³Schließt die Gesellschaft eine Versicherung zur Absicherung eines Vorstandsmitglieds gegen Risiken aus dessen beruflicher Tätigkeit für die Gesellschaft ab, ist ein Selbstbehalt von mindestens 10 Prozent des Schadens bis mindestens zur Höhe des Eineinhalbfachen der festen jährlichen Vergütung des Vorstandsmitglieds vorzusehen.

(3) Die Vorstandsmitglieder sind namentlich zum Ersatz verpflichtet, wenn entgegen diesem Gesetz
1. Einlagen an die Aktionäre zurückgewährt werden,
2. den Aktionären Zinsen oder Gewinnanteile gezahlt werden,
3. eigene Aktien der Gesellschaft oder einer anderen Gesellschaft gezeichnet, erworben, als Pfand genommen oder eingezogen werden,
4. Aktien vor der vollen Leistung des Ausgabebetrags ausgegeben werden,
5. Gesellschaftsvermögen verteilt wird,
6. Zahlungen entgegen § 92 Abs. 2 geleistet werden,
7. Vergütungen an Aufsichtsratsmitglieder gewährt werden,
8. Kredit gewährt wird,
9. bei der bedingten Kapitalerhöhung außerhalb des festgesetzten Zwecks oder vor der vollen Leistung des Gegenwerts Bezugsaktien ausgegeben werden.

(4) ¹Der Gesellschaft gegenüber tritt die Ersatzpflicht nicht ein, wenn die Handlung auf einem gesetzmäßigen Beschluss der Hauptversammlung beruht. ²Dadurch, dass der Aufsichtsrat die Handlung gebilligt hat, wird die Ersatzpflicht nicht ausgeschlossen. ³Die Gesellschaft kann erst drei Jahre nach der Entstehung des Anspruchs und nur dann auf Ersatzansprüche verzichten oder sich über sie vergleichen, wenn die Hauptversammlung zustimmt und nicht eine Minderheit, deren Anteile zusammen den zehnten Teil des Grundkapitals erreichen, zur Niederschrift Widerspruch erhebt. ⁴Die zeitliche Beschränkung gilt nicht, wenn der Ersatzpflichtige zahlungsunfähig ist und sich zur Abwendung oder Beseitigung des Insolvenzverfahrens mit seinen Gläubigern vergleicht oder wenn die Ersatzpflicht in einem Insolvenzplan geregelt wird.

(5) ¹Der Ersatzanspruch der Gesellschaft kann auch von den Gläubigern der Gesellschaft geltend gemacht werden, soweit sie von dieser keine Befriedigung erlangen können. ²Dies gilt jedoch in anderen Fällen als denen des Absatzes 3 nur dann, wenn die Vorstandsmitglieder die Sorgfalt eines ordentlichen und gewissenhaften Geschäftsleiters gröblich verletzt haben; Absatz 2 Satz 2 gilt sinngemäß. ³Den Gläubigern gegenüber wird die Ersatzpflicht weder durch einen Verzicht oder Vergleich der Gesellschaft noch dadurch aufgehoben, dass die Handlung auf einem Beschluss der Hauptversammlung beruht. ⁴Ist über das Vermögen der Gesellschaft das Insolvenzverfahren eröffnet, so übt während dessen Dauer der Insolvenzverwalter oder der Sachwalter das Recht der Gläubiger gegen die Vorstandsmitglieder aus.

(6) Die Ansprüche aus diesen Vorschriften verjähren bei Gesellschaften, die zum Zeitpunkt der Pflichtverletzung börsennotiert sind, in zehn Jahren, bei anderen Gesellschaften in fünf Jahren.

Bürgers/Israel

§ 93 Sorgfaltspflicht und Verantwortlichkeit der Vorstandsmitglieder

Übersicht

	Rn			Rn
I. Regelungsinhalt	1	7.	Gesamtschuldnerische Haftung	30
II. Sorgfaltspflichten	2	8.	Haftungsausschluss	32
1. Grundsatz	2	9.	Geltendmachung	35a
2. Sorgfaltspflicht	3	10.	Verzicht und Vergleich	36
3. Überwachungspflicht	5		a) HV-Beschluss ohne Widerspruch	38
4. Treuepflicht	6			
5. Legalitätspflicht	7		b) Sperrfrist	39
III. Vermutung pflichtgemäßen Handelns	9		c) Rechtsfolgen	40
		11.	Selbstbehalt für D&O-Versicherungen	40a
1. Unternehmerische Entscheidung	11	V.	Sondertatbestände, Abs 3	41
2. Angemessene Informationsgrundlage	13	VI.	Haftung gegenüber Gläubigern, Abs 5	43
			1. Voraussetzungen	44
3. Keine sachfremden Erwägungen	14		2. Verfahren	45
4. Zum Wohle der Gesellschaft	15	VII.	Verschwiegenheitspflicht	47
5. Gutgläubigkeit	16		1. Vertrauliche Angaben und Geheimnisse der AG	48
IV. Binnenhaftung	17			
1. Anspruchsadressat	18		2. Grenzen	51
2. Pflichtverletzung	19		3. Rechtsfolgen	53
3. Verschulden	21b	VIII.	Verjährung, Abs 6	54
4. Schaden	22	IX.	Ansprüche Dritter	55
5. Kausalität	23		1. Aktionäre	55
6. Beweislastverteilung	26		2. Sonstige Dritte	56

Literatur: *Annuß/Theusinger* Das VorstAG – Praktische Hinweise zum Umgang mit dem neuen Recht, BB 2009, 2434; *Balthasar/Hamelmann* Finanzkrise und Vorstandshaftung nach § 93 Abs 2 AktG: Grenzen der Justiziabilität unternehmerischer Entscheidungen, WM 2010, 589; *Banerjea* Due Diligence beim Erwerb von Aktien über die Börse, ZIP 2003, 1730; *Baums* Managerhaftung und Verjährung, ZHR 174 (2010), 593; *Binder* Geschäftsleiterhaftung und fachkundiger Rat, AG 2008, 274; *Blaschke* Die Anwendung der Business Judgement Rule bei Kollegialentscheidungen und Vorliegen eines Interessenkonflikts bei einem der Vorstandsmitglieder, AG 2010, 692; *Brömmelmeyer* Neue Regeln für die Binnenhaftung des Vorstands – Ein Beitrag zur Konkretisierung der Business Judgement Rule, WM 2005, 2065; *Bürgers/Holzborn* Haftungsrisiken der Organe einer Zielgesellschaft im Übernahmefall, insb am Beispiel einer Abwehrkapitalerhöhung, ZIP 2003, 2273; *Canaris* Hauptversammlungsbeschlüsse und Haftung der Verwaltungsmitglieder im Vertragskonzern, ZGR 1978, 207; *Cunio* § 84 Aktiengesetz, Ersatz oder Schadenersatz?, AG 1958, 63: *Fleck* Zur Beweislast für pflichtwidriges Organhandeln, GmbHR 1997, 237; *Fleischer* Die „Business Judgment Rule" im Spiegel von Rechtsvergleich und Rechtsökonomie, FS Wiedemann, 2002, S 827; *ders* Vorstandsverantwortlichkeit und Fehlverhalten von Unternehmensangehörigen - Von der Einzelüberwachung zur Errichtung einer Compliance-Organisation, AG 2003, 291; *ders* Zum Grundsatz der Gesamtverantwortung im Aktienrecht, NZG 2003, 449; *ders* Zur aktienrechtlichen Verantwortlichkeit faktischer Organe, AG 2004, 517; *ders* Zur Verantwortlichkeit einzelner Vorstandsmitglieder bei Kollegialentscheidungen im Aktienrecht, BB 2004, 2645; *ders* Die „Business Judgement Rule" – Vom Richterrecht zur Kodifizierung, ZIP 2004, 685; *ders* Vorstandspflichten bei rechtswidrigen Hauptversammlungsbeschlüssen, BB 2005, 2025; *ders* Das Gesetz zur Unternehmensintegrität und Modernisierung des Anfechtungsrechts, NJW 2005, 3525; *ders* Haftungsfreistellung, Prozesskostenersatz und Versicherung für Vorstandsmitglieder, WM 2005, 909; *ders* Aktienrechtliche Loyalitätspflicht und „nützliche" Pflichtverletzungen von Vorstandsmitgliedern, ZIP 2005, 141; *ders* Kompetenzüberschreitung von Geschäftsleitern im Personen- und Kapitalgesellschaftsrecht, DStR 2009, 1204; *ders* Verantwortlichkeit von Bankgeschäftsleitern und Finanzmarktkrise, NJW 2010, 1504; *Freitag/Korch* Die Angemessenheit der Information im Rahmen der Business Judgment Rule, ZIP 2012, 2281; *Gädtke/Wax* Konzepte zur Versicherung des D&O-Selbstbehalts, AG 2010, 851; *Goette* Zur Verteilung der Darlegungs- und Beweislast der objektiven Pflichtwidrigkeit bei der Organhaftung, ZGR 1995, 648; *Göz/Holzborn* Die Aktienrechtsreform durch das Gesetz für Unternehmensintegrität und Modernisierung des Anfechtungsrechts – UMAG, WM 2006, 157; *Grundei/von Werder* Die Angemessenheit der Informationsgrundlage als Anwendungsvoraussetzung der Business Judgement Rule, AG 2005, 825; *Habersack* Gesteigerte Überwachungspflichten des Leiters eines „sachnahen" Vorstandsressorts?, WM 2005, 2360; *Habersack/Schürnbrand* Die Rechtsnatur der Haftung aus §§ 93 Abs 3 AktG, 43 Abs 3 GmbHG, WM 2005, 957; *Hauschka* Ermessensentscheidungen bei der Unternehmensführung, GmbHR 2007, 11; *Ihrig* Reformbedarf beim Haftungstatbestand des § 93 AktG, WM 2004, 2098; *Junker/Biederbick* Die Unabhängigkeit des Unternehmensjuristen – Dürfen Organmitglieder auf den Rat der Rechtsabteilung hören?, AG 2012, 898; *van Kann* Zwingender Selbstbehalt bei der D&O-Versicherung – Gut gemeint, aber auch gut gemacht?, NZG 2009, 1010; *Kerst* Haftungsmanagement durch die D&O-Versicherung nach Einführung des aktienrechtlichen Selbstbehaltes in § 93 Abs 2 S 3 AktG, WM 2010, 594; *Koch* Das Gesetz zur Unternehmensintegrität und Modernisierung des Anfechtungsrechts (UMAG), ZGR 2006, 769; *Körber* Geschäftsleitung der Zielgesellschaft und due diligence bei Paketerwerb und Unternehmenskauf, NZG 2002, 263; *Krieger* Wie viele Rechtsberater braucht ein Geschäftsleiter? Ein kritischer Zwischenruf zu Strohn, ZHR 176 (2012), 137, ZGR 2012, 496; *Langenbucher* Vorstandshandeln und Kontrolle: Zu einigen Neuerungen durch das UMAG, DStR 2005, 2083; *Lutter* Die Erklärung zum Corporate Governance Kodex gem § 161 AktG, ZHR 166 (2002), 523; *ders* Die Business Judgment Rule und ihre praktische Bedeutung, ZIP 2007, 841; *Oetker* Verschwiegenheitspflichten des Unternehmens als Schranke für die Unterrichtungspflichten gegenüber Wirtschaftsausschuss und Betriebsrat in wirtschaftlichen Angelegenheiten, FS Wissmann, 2005, S 396; *Paefgen* Dogmatische Grundlagen, Anwendungsbereich und Formulierung einer Business Judgement Rule im künftigen UMAG, AG 2004, 245; *Peters* Angemessene Informationsbasis als Voraussetzung pflichtgemäßen Vorstandshandelns, AG 2010, 811; *Randel/Segger* Auswirkungen des Restrukturierungsgesetzes auf die D&O-Versicherung, BB 2011, 387; *Redeke* Zur Angemessenheit der Informationsgrundlage im Rahmen der Business Business Judgement Rule nach § 93 Abs 1 Satz 2 AktG, ZIP 2011, 59; *M. Roth* Das unternehmerische Ermessen des Vorstands, BB 2004, 1066; *Schäfer* Die Binnenhaftung von Vorstand und Aufsichtsrat nach der Renovierung durch das UMAG, ZIP 2005, 1253; *Schiffer/Bruß* Due Diligence beim Unternehmenskauf und vertragliche Vertraulichkeitsvereinbarungen, BB 2012, 847; *S. H. Schneider* Unternehmerische Entscheidungen als Anwendungsvoraussetzung für die Business Judgement Rule, DB 2005, 707; *U.H. Schneider* Anwaltlicher Rat zu unternehmerischen Entscheidungen bei Rechtsunsicherheit, DB 2011, 99; *Seibt* Deutscher Corporate Governance Kodex und Entsprechungs-Erklärung (§ 161 AktG-E), AG 2002, 249; *Seibt/Saame* Geschäftsleiterpflichten bei der Entscheidung über D&O – Versicherungsschutz, AG 2006, 901; *Semler* Entscheidungen und Ermessen im Aktienrecht, FS Ulmer, 2003, S 627; *Spindler* Haftung und Aktionärsklage nach dem neuen UMAG, NZG 2005, 865; *ders* Vorstandsgehälter auf dem Prüfstand – das Gesetz zur Angemessenheit der Vorstandsvergütungen (VorstAG), NJOZ 2009, 3282; *ders* Sonderprüfung und Pflichten eines Bankvorstands in der Finanzmarktkrise, NZG 2010, 281; *Strohn* Beratung der Geschäftsleitung durch Spezialisten als Ausweg aus der Haftung?, ZHR 176 (2012), 137; *Thüsing/Traut* Angemessener Selbstbehalt bei D&O-Versicherungen - Ein Blick auf die Neuerungen durch dem VorstAG, NZA 2010, 140; *Ulmer* Haftungsfreistellung bis zur Grenze grober Fahrlässigkeit bei unternehmerischen Fehlentscheidungen von Vorstand und Aufsichtsrat?, DB 2004, 859; *ders* Die

§ 93 Sorgfaltspflicht und Verantwortlichkeit der Vorstandsmitglieder

Aktionärsklage als Instrument zur Kontrolle des Vorstands- und Aufsichtsratshandeln, ZHR 163 (1999), 290; *ders* Der deutsche Corporate Governance Kodex – ein neues Regulierungsinstrument für börsennotierte Aktiengesellschaften, ZHR 166 (2002), 150; *Vetter* Die Verantwortung und die Haftung des überstimmten Aufsichtsratsmitglieds, DB 2004, 2623; *Weber-Rey/Buckel* Best Practice Empfehlungen des Deutschen Corporate Governance Kodex und die Business Judgement Rule, AG 2011, 845; *Weiss/Buchner* Wird das UMAG die Haftung und Inanspruchnahme der Unternehmensleiter verändern?, WM 2005, 162; *Wieneke/Fett* Das neue Finanzmarktstabilisierungsgesetz unter bes Berücksichtigung der aktienrechtlichen Sonderregelungen, NZG 2009, 8; *Zimmermann* Vereinbarungen über die Erledigung von Ersatzansprüchen gegen Vorstandsmitglieder von Aktiengesellschaften, FS Duden, 1977, S 773.

I. Regelungsinhalt

1 § 93 ist die zentrale Norm für die Regelung der **Sorgfaltspflichten** und der **Verantwortlichkeit** der Vorstandsmitglieder. Die Haftung der Organmitglieder geht vom Verschuldensgrundsatz aus und enthält seit 1.10.2005 durch das UMAG (BGBl I S 2802 v 22.9.2005) eine kodifizierte **Business Judgement Rule**, die unternehmerische Entscheidungen unter bes Umständen von einer Überprüfung ausschließt. Regelungsziel ist die **Schadensprävention und -kompensation** und damit auch der **Schutz des Gesellschaftsvermögens** als Haftungsmasse (ausf GroßKomm AktG/*Hopt* Rn 12). Die verschuldensabhängige Haftung wg Sorgfaltspflichtverletzungen wird in Ziff 3.8 DCGK klarstellend aufgegriffen. Ferner enthält Ziff 4.1.3 DCGK die Bindung an das Legalitätsprinzip und die Verpflichtung deren Einhaltung konzernweit zu überwachen. Unter bes Voraussetzungen sind auch Gläubiger berechtigt, einen Anspruch der AG gegen die Vorstandsmitglieder durchzusetzen, darüber hinaus können sie sich jedoch nicht auf § 93 berufen. Aktionäre können nur als Minderheit mit mindestens 10 % des Grundkapitals nach § 147 verlangen, dass ein Anspruch der AG durchgesetzt wird bzw nach § 148 mit einem Quorum von 1 % oder 100 000 EUR des Grundkapitals ein eigenes Klagezulassungsverfahren zur Geltendmachung von Ersatzansprüchen der Gesellschaft anstrengen oder nach § 117 vorgehen und das Organmitglied neben einem Dritten in Anspruch nehmen (ausf *Koch* ZGR 2006, 769, 771 f). Ausdrückliche Vertraulichkeits- und Geheimhaltungspflichten sind als wesentliches Element der Treupflicht vorgesehen. Für **AR-Mitglieder** ist die Vorschrift gem § 116 entspr anzuwenden. Zwar gilt sie auch im **Konzern**, wird dort aber regelmäßig durch speziellere Regelungen verdrängt, vgl §§ 309, 310 (Vertragskonzern), § 323 Abs 1 (Eingliederung), §§ 317 Abs 3, 318 (faktischer Konzern). Zuletzt wurde der Sonderhaftungstatbestand Abs 3 Nr 6 durch das MoMiG vom 23.10.2008 mit Wirkung zum 1.11.2008 an den neu gefassten § 92 Abs 2 angepasst. Im Übrigen wurde durch das VorstAG vom 31.7.2009 mit Wirkung zum 5.8.2009 durch die Einfügung von Abs 2 S 3 bei D&O-Versicherungen ein Selbstbehalt iHv 10 % vorgeschrieben sowie durch das Restrukturierungsgesetz vom 9.12.2010 eine gestaffelte Verjährungsfrist für die Geltendmachung von Ansprüchen in Abs 6 eingefügt.

II. Sorgfaltspflichten

2 **1. Grundsatz.** Ein Vorstandsmitglied hat bei seiner Tätigkeit die Sorgfalt eines ordentlichen und gewissenhaften Geschäftsleiters anzuwenden. Mit Abs 1 wird kein eigener Haftungstatbestand geschaffen (**hM** *Hüffer* AktG Rn 3a; MünchKomm AktG/ *Spindler* Rn 1, 67; Spindler/Stilz AktG/*Fleischer* Rn 10; **aA** *Schäfer* ZIP 2005, 1253,

1255). Die Norm erschöpft sich nicht in einem **objektiven Verschuldensmaßstab**, sondern gibt auch eine **objektive Verhaltenspflicht** vor (**Doppelfunktion**), aus der neben den ausdrücklich gesetzlich vorgesehenen Pflichten weitere Handlungspflichten des sorgfältigen Geschäftsleiters abzuleiten sind (hM *Fleischer* aaO; KölnKomm AktG/*Mertens/Cahn* Rn 10 f; *Spindler* aaO Rn 20; **aA** *Hüffer* aaO, objektive Pflicht aus § 76 Abs 1). Diese Verhaltenspflichten werden von der in Abs 1 S 2 niedergelegten Vermutung pflichtgemäßen Verhaltens bei Einhaltung der sog **Business Judgement Rule** umfasst. Die Business Judgement Rule sichert dem Vorstand einen weiten **unternehmerischen Ermessensspielraum**, ohne den eine unternehmerische Tätigkeit schlechterdings nicht denkbar ist (vgl *BGHZ* 135, 244, 253; vgl UMAG, RegBegr BT-Drucks 15/5092, 11 f), setzt jedoch gleichzeitig die Einhaltung der erforderlichen Sorgfalt voraus. Dem Vorstand obliegt es allg, **Schäden von der AG abzuwenden** und den **Vorteil der AG zu wahren** (schon *BGHZ* 21, 354, 357; GroßKomm AktG/*Hopt* Rn 80). Einzelne Pflichten ergeben sich darüber hinaus aus der Leitungs- und Geschäftsführungspflicht der §§ 76 Abs 1, 77 Abs 1, den Treuepflichten gegenüber der AG und aus dem Legalitätsprinzip, das die Bindung an aktienrechtliche bzw allg Gesetze sowie die Satzung bzw Geschäftsordnung vorschreibt.

2. Sorgfaltspflicht. Das Vorstandsmitglied hat bei seiner Geschäftsführung die Sorgfalt eines **ordentlichen und gewissenhaften Geschäftsleiters** anzuwenden, wobei ihm ein weiter Handlungsspielraum zuzubilligen ist (*BGH* AG 2008, 375, 376). Dieser objektive Verhaltensstandard stellt auf einen Geschäftsleiter ab, der in einem Unternehmen gleicher Größe und Geschäftsumfeld tätig ist (*OLG Jena* NZG 2001, 86, 87; *Raiser/Veil* KapGesR § 14 Rn 87; K. Schmidt/Lutter AktG/*Krieger/Sailer* Rn 5). Ein solcher Standard entspricht zwar funktional § 276 BGB und § 347 HGB, sieht aber einen erhöhten Sorgfaltsmaßstab vor, da der Vorstand als Treuhänder fremden Vermögens tätig wird (*BGHZ* 129, 30, 34; KölnKomm AktG/*Mertens/Cahn* Rn 10 f, 95; *Henze* KonzernR Rn 479; treuhandähnlich: MünchKomm AktG/*Spindler* Rn 24). Der Maßstab ist normativ und kann durch abw tatsächliches Handeln in vergleichbaren Unternehmen nicht verändert werden (unstr *Spindler* aaO). Das Vorstandsmitglied muss folglich auch dafür einstehen, dass es alle erforderlichen Fähigkeiten mitbringt (*Henze* aaO Rn 544; vgl ferner Rn 13). 3

Einzelne Pflichten ergeben sich aus dem Gesetz, der Satzung oder Geschäftsordnung und können durch den **Anstellungsvertrag** präzisiert werden (GroßKomm AktG/*Hopt* Rn 227; Spindler/Stilz AktG/*Fleischer* Rn 43, 47). **Betriebswirtschaftliche Grundsätze** der ordnungsgemäßen Unternehmensleitung und –planung können nur mittelbar einfließen (*Fleischer* aaO Rn 50) und begegnen dem Vorbehalt der Uneinheitlichkeit. Umstr ist, ob der **DCGK** eine bindende Konkretisierung des Verhaltensmaßstabs bilden kann (so *Ulmer* ZHR 166 (2002), 150, 166 f; *Lutter* ZHR 166 (2002), 523, 542; *Seibt* AG 2002, 249, 250; **aA** MünchKomm AktG/*Spindler* Rn 31; *Hüffer* AktG § 161 Rn 27; *Fleischer* aaO Rn 46; *Weber-Rey/Buckel* AG 2011, 845: mittelbare Haftungsrelevanz). 4

3. Überwachungspflicht. Neben der eigenen Sorgfalt bei Entscheidungen hat das Vorstandsmitglied auch eine organinterne (horizontale) Überwachungspflicht und eine (vertikale) Überwachungspflicht für Mitarbeiter, die delegierte Aufgaben wahrnehmen (unstr Spindler/Stilz AktG/*Fleischer* Rn 94 ff; *Hüffer* AktG Rn 13a f). Sie geht auf die Sorgfaltspflicht zurück, wird aber zusehends durch gesetzliche Anforderungen 5 konkretisiert. Die sog **horizontale Überwachungspflicht** geht auf die organschaftliche Gesamtverantwortung für Kollegialentscheidungen zurück und ist in der Binnenorganisation des Vorstands angemessen zu berücksichtigen (ausf Fleischer Hdb VorstR/*Fleischer* § 8 Rn 5 f). Eine sog **vertikale Überwachungspflicht** leitet sich immer aus dem eigenen Pflichtenkreis ab, der die Entscheidung zur Delegation von Aufgaben beinhaltet (**hM** *Hüffer* aaO Rn 14; Spindler/Stilz AktG/*Fleischer* Rn 96; **aA** noch *BGHZ* 13, 61, 66, § 278 BGB). Die insoweit maßgeblichen Sorgfaltspflichten umfassen die Auswahl, Einweisung und Überwachung des Delegierten (*BGHZ* 127, 336, 347 f).

6 **4. Treuepflicht.** Mit der Bestellung zum Vorstandsmitglied erwachsen zwischen Vorstand und AG Treuepflichten. Sie werden zwar in § 93 nur in Form der **Verschwiegenheitspflicht** ausdrücklich genannt, finden sich aber auch im Wettbewerbsverbot nach § 88. Ferner sind **Interessenkonflikte** ausdrücklich durch Ziff 4.3. DCGK aufgegriffen worden. Die **Loyalitätspflicht** geht auf die **organschaftliche Stellung** des Vorstands zurück, die von Vertrauen bei umfangreichen Kompetenzen geprägt ist, und verpflichtet den Vorstand bei Geschäften der AG ausschließlich im Interesse der AG zu handeln und **keine abweichenden Eigeninteressen** zu berücksichtigen (unstr *BGH* WM 1989, 1335, 1339; ausf Fleischer Hdb VorstR/*Fleischer* § 9 Rn 2 f). Soweit es sich jedoch um eigene Geschäfte mit der AG handelt, dürfen Eigeninteressen Berücksichtigung finden (zB bei der Aushandlung der Anstellungsbedingungen, K. Schmidt/Lutter AktG/*Krieger/Sailer* Rn 16). Grundgedanken sind daher die Vermeidung bzw Offenlegung von Interessenkonflikten, die regelmäßig zugunsten der AG aufzulösen sind, und die Verhinderung von Vorteilen, die aus seiner Amtstellung erwachsen können, aber nicht ausdrücklich gewährt wurden (insb Geschäftschancen der AG, Schmiergelder und Ausnutzung von Insiderinformation, ausf *Raiser/Veil* KapGesR § 14 Rn 92 f). Gegenüber den Aktionären selbst besteht keine Treupflicht, sie sind auf die Vermögensmasse der AG zu verweisen (unstr *BGHZ* 110, 323, 334; Spindler/Stilz AktG/*Fleischer* Rn 118). Abzugrenzen ist die organschaftliche Treuepflicht der Vorstandsmitglieder von der mitgliedschaftlichen Treuepflicht der Aktionäre untereinander (dazu vor § 53a Rn 4, § 53a Rn 4).

7 **5. Legalitätspflicht.** Zu den wesentlichen Pflichten eines Vorstandsmitglieds gehört die Pflicht sich gesetzestreu zu verhalten (unstr Spindler/Stilz AktG/*Fleischer* Rn 14 ff). Schon aus dem **AktG** ergeben sich ausdrückliche Pflichtenkreise (bspw §§ 80, 81, 83, 91, 92), die durch Informationspflichten nach §§ 90, 131 ergänzt werden. Berichtspflichten bestehen auch gegenüber der HV in §§ 179a, 186 Abs 4, 203 Abs 2, 293a, 319 Abs 3. Darüber hinaus ist der Vorstand an die körperschaftliche Kompetenzverteilung in der AG gebunden, § 82 (umfassend Fleischer Hdb VorstR/*Fleischer* § 7 Rn 10). Auch **andere Gesetze** legen der AG besondere Pflichten auf, die der Vorstand zu beachten hat. Von bes praktischer Relevanz sind hier **kapitalmarktrechtliche Vorschriften** wie Insidergeschäfte, § 14 WpHG, Ad-hoc-Publizitätspflicht, § 15 WpHG, Directors' Dealing, § 15a WpHG sowie die bes Verhaltenspflichten bei öffentlichen Angeboten nach §§ 33 f WpÜG (Besonderheiten der Haftung: *Bürgers/Holzborn* ZIP 2003, 2273 f) oder gesetzliche Regelungen **regulierter Geschäftsbereiche** (zB VAG, KWG). Von bes Bedeutung ist auch die Unterbindung früher zulässiger und nunmehr verbotener Bestechung im Ausland, §§ 299 Abs 3, 334 StGB. Insb stellt die Tatsache, dass Auftragsbeschaffungen in Teilen des Auslands nur mit Hilfe von Schmiergeldzahlungen möglich sind, keinen Rechtfertigungsgrund dar (*Fischer* StGB § 299 Rn 23a mwN). Die Legalitätspflicht bindet den Vorstand aber auch an **Satzung** und

Geschäftsordnung, so dass Geschäfte außerhalb des **Unternehmensgegenstandes** eine Pflichtverletzung darstellen können (*BGH* NZG 2013, 293, 295; *BGHZ* 119, 305, 332: Spekulationsgeschäfte). Gesetzliche Verpflichtungen sind ohne Ermessensspielraum einzuhalten (*Göz/Holzborn* WM 2006, 157).

Anerkannte Grundsätze der **Geschäftsmoral** stellen keinen ausdrücklichen Pflichtenkreis dar, können aber mittelbar zu berücksichtigen sein (GroßKomm AktG/*Hopt* Rn 101; *Fleischer* ZIP 2005, 141, 144 f; **aA** wohl KölnKomm AktG/*Mertens/Cahn* Rn 71; AnwK-AktR/*Landwehrmann* Rn 12). **Vertragliche Pflichten** sind kein Element der Legalitätspflicht, der Vorstand hat hier ein unternehmerisches Ermessen (Spindler/Stilz AktG/*Fleischer* Rn 33; *Hopt* aaO Rn 100; **aA** wohl *S. H. Schneider* DB 2005, 707, 711). **Ausnahmen** sind bei einer umstr Rechtslage und bes Rechtfertigungstatbeständen anzunehmen (eingehend Fleischer Hdb VorstR/*Fleischer* § 11 Rn 18 f, auch zu nützlichen Pflichtverletzungen). 8

III. Vermutung pflichtgemäßen Handelns

Es besteht nach Abs 1 S 2 die Vermutung für ein pflichtgemäßes Handeln des Vorstandsmitglieds, wenn bei einer unternehmerischen Entscheidung vernünftigerweise angenommen werden durfte, auf Grundlage angemessener Informationen und zum Wohle der Gesellschaft zu handeln. Damit wurde die **bisherige Rspr** zum **nicht nachprüfbaren, unternehmerischen Ermessenspielraum** (insb *BGHZ* 135, 244, 253; 152, 280, 286) aufgegriffen und mit Blick auf das US-amerikanische Rechtsinstitut der sog **Business Judgement Rule** kodifiziert (UMAG, RegBegr BT-Drucks 15/5092, 11 f; grundlegend *Ulmer* ZHR 163 (1999), 290, 299). Hierdurch wird dem bes Charakter der unternehmerischen Entscheidung Rechnung getragen, denn unternehmerisches Handeln erfolgt oftmals nicht nur unter Zeitdruck, sondern ist naturgemäß immer mit einem gewissen **Risiko** verbunden. Damit wird nicht nur einem risikoaversen Verhalten der Unternehmensleitung, sondern auch einem unangemessenen Maßstab bei der ex post Beurteilung (sog hindsight bias) entgegengewirkt (rechtspolitisch bzw rechtsökonomisch *Fleischer* FS Wiedemann, S 830 f). 9

Soweit der Tatbestand des Abs 1 S 2 erfüllt ist, ist eine **Pflichtverletzung ausgeschlossen**, sog „safe harbor" (Fleischer Hdb VorstR/*Fleischer* § 7 Rn 51; *Hüffer* AktG Rn 4d, unwiderlegbare Rechtsvermutung). Damit ist nicht nur eine Haftungsfolge nach Abs 2, sondern auch ein Widerruf der Bestellung aus wichtigem Grund nach § 84 Abs 3 S 2 tatbestandlich ausgeschlossen (*Fleischer* ZIP 2004, 685, 688; *Ihrig* WM 2004, 2098, 2102). Da insoweit eine Kodifikation der vorherigen Rspr (*BGHZ* 135, 244) erfolgt, kann diese als ein Element der Auslegung herangezogen werden (K. Schmidt/Lutter AktG/*Krieger/Sailer* Rn 10; *Hüffer* aaO Rn 4b aE; *M. Roth* BB 2004, 1066, 1068). Liegen die eine Pflichtverletzung ausschließenden Voraussetzungen nicht vor, kann aber nicht umgekehrt automatisch auf einen Pflichtverstoß geschlossen werden, sondern die konkrete Entscheidung ist immer an dem Pflichtenkreis gem S 1 zu messen (*Hüffer* aaO Rn 4c; *Ihrig* aaO 2106; aA *Schäfer* ZIP 2005, 1253, 1257, wenn gleichzeitig unternehmerische Entscheidung mit Schaden und Verschulden vorliegt). 10

1. Unternehmerische Entscheidung. Grds soll eine Pflichtverletzung nur für solche Handlungen oder Unterlassungen des Organmitglieds ausgeschlossen werden, die als unternehmerische Entscheidung einen zu schützenden **Prognose- und Risikocharakter** aufweisen (**hM** *Fleischer* NJW 2005, 3525, 3528; *Schäfer* ZIP 2005, 1253, 1256; *Bröm-* 11 *melmeyer* WM 2005, 2065, 2066; *S.H. Schneider* DB 2005, 707, 709; *Semler* FS Ulmer, S 627 f; **aA** keine Prognose erforderlich: *Langenbucher* DStR 2005, 2083, 2085; *Spindler* NZG 2005, 865, 871; offen *Koch* ZGR 2006, 769, 785 f). Erforderlich ist somit eine satzungs- und gesetzmäßige Entscheidung, die in Ungewissheit der Entscheidungsfolgen getroffen wird und für die Verhaltensalternativen bestehen (*Schäfer* aaO; *Koch* aaO 784). Durch gesetzliche Pflichten geprägte Entscheidungen sind somit nicht erfasst (vgl *Langenbucher* aaO). **Gesetzes- oder Satzungsverstöße** sind unabhängig vom Betrachtungszeitpunkt zu beurteilen und bedürfen daher auch nicht des Schutzes (*Ihrig* WM 2004, 2098, 2104 f; *Paefgen* AG 2004, 245, 251; *S.H. Schneider* aaO 709 f). Damit sind Entscheidungen **außerhalb des Unternehmensgegenstands** nicht von der Privilegierung erfasst (K. Schmidt/Lutter AktG/*Krieger/Sailer* Rn 12; *Hüffer* AktG Rn 4f; *Ihrig* aaO 2103). Dem folgend wird vertreten, dass **Vertragsverstöße** ebenfalls keine unternehmerischen Entscheidungen sein können (*Schäfer* aaO; *S.H. Schneider* aaO 711), für sie sei eine Pflichtverletzung nach S 1 gesondert festzustellen. Eine Nichtbeachtung vertraglicher Pflichten kann jedoch grds auch eine unternehmerische Entscheidung darstellen, bedarf aber sicherlich einer besonderen Risikoabwägung (vgl hierzu auch Rn 8).

12 Die Entscheidung über die **Durchsetzung eines Anspruchs** betrifft zwar auch eine Risikoabwägung, ist aber idR keine unternehmerische Entscheidung (überzeugend *Koch* ZGR 2006, 769, 786; *Schäfer* ZIP 2005, 1253, 1256 f; *S.H. Schneider* DB 2005, 707, 711, auf *BGHZ* 135, 244 verweisend, Durchsetzung gegenüber dem Vorstand; ausf Spindler/Stilz AktG/*Fleischer* Rn 88 f; einschränkend iE *LG Essen* „Arcandor" NZG 2012, 1307, 1309: Entsch nur eingeschränkt gerichtlich überprüfbar). Ferner soll ein Treupflichtverstoß eine unternehmerische Entscheidung ebenfalls ausschließen (**hM** *Hüffer* AktG Rn 4 f; *Spindler* NZG 2005, 865, 871; *S.H. Schneider* aaO 708; **aA** *Schäfer* aaO 1255 f, nicht zum Wohle der Gesellschaft). Die Wahrnehmung aktienrechtlicher Pflichtaufgaben (bspw §§ 83, 90, 91, 92, 110) stellt aufgrund fehlenden Ermessensspielraums ebenfalls keine unternehmerische Entscheidung dar (*Hüffer* aaO; *Langenbucher* DStR 2005, 2083, 2085). Nützliche Pflichtverstöße, also solche im Gesellschaftsinteresse, sind somit ebenfalls nicht als unternehmerische Entscheidung privilegiert (*Koch* aaO; ausf *Fleischer* ZIP 2005, 141 f). Richtigerweise stellt aber die konkrete Vorgehensweise bei der Umsetzung der Organisations-, Planungs-, und Überwachungspflicht, anders als das ob einer solchen Pflichterfüllung, eine unternehmerische Entscheidung dar (Fleischer Hdb VorstR/*Fleischer* § 7 Rn 54 f, Hinweis auf weitere Ermessensspielräume).

13 **2. Angemessene Informationsgrundlage.** Im Zeitpunkt der Entscheidungsfindung müssen die der Entscheidung zugrunde liegenden verfügbaren Informationen über Chancen und Risiken nach Umfang und Qualität angemessen sein. Die Angemessenheit beurteilt sich dabei ex ante aus Sicht des Vorstandsmitglieds. Damit ist abhängig von der Art der Entscheidung, der konkreten Situation, der Dringlichkeit und den Folgen für die AG zu entscheiden, welche Informationen notwendig sind (*Koch* ZGR 2006, 769, 788 f; *Ulmer* DB 2004, 859, 860; ähnlich *Hüffer* AktG Rn 4g). Dem Vorstand steht bei Auswahl und Gewichtung der einzelnen Informationen ein weiter Spielraum zu (K. Schmidt/Lutter AktG/*Krieger/Sailer* Rn 14). Eine vollständige Subjektivierung erfolgt damit aber nicht, denn Maßstab ist, was zu diesem Zeitpunkt vernünftigerweise erwartet werden konnte, also vielmehr ein **objektiver Standard zum ex ante Zeitpunkt** (ebenso *Hüffer* aaO; *Schäfer* ZIP 2005, 1253, 1258; nach *Freitag/Korch*

ZIP 2012, 2281, 2283, 2286 sollen einfach fahrlässige Verstöße gegen die Pflicht zur angemessenen Informationsbeschaffung die Anwendbarkeit von Abs 1 S 2 nicht ausschließen). Unvernünftig soll somit sein, was anhand von betriebswirtschaftlichen Verhaltensmaßstäben nicht mehr vertretbar ist (*Koch* aaO S 789, aber kaum konkretisierend). Fehlt für eine Entscheidung im Vorstand die notwendige Sachkunde, muss dies vom Vorstand erkannt und **externer Rat** eingeholt werden (*OLG Stuttgart* AG 2010, 133, 135; *Binder* AG 2008, 274, 283 f). Dies bedeutet jedoch nicht, dass für die Beschaffung einer angemessenen Informationsgrundlage stets eine Einholung von Gutachten und externer Beratung notwendig wäre (UMAG, RegBegr BT-Drucks 15/5092, 11 f); vielmehr ist eine „formale Absicherungsstrategie" im Einzelfall weder erforderlich noch ausreichend (Spindler/Stilz AktG/*Fleischer* Rn 73). Wenn jedoch externer Rat eingeholt wird, ist darauf zu achten, dass (1.) die Auskunftsperson unabhängig und fachlich qualifiziert ist, (2.) alle für die Erteilung der Auskunft wesentlichen Informationen mitgeteilt werden und (3.) die Auskunft einer sorgfältigen Plausibilitätskontrolle unterzogen wird (vgl *BGH* AG 2011, 876, 877; NJW 2007, 2118, 2. LS). Eine schlichte Anfrage bei einer von dem organschaftlichen Vertreter für fachkundig gehaltenen Person genügt nicht (*BGH* AG 2011, 876, 877; abl *Krieger* ZGR 2012, 496, 498 ff: abhängig vom Einzelfall). Das Vertrauen in die Fachkompetenz der Kanzlei kann die Plausibilitätskontrolle nicht ersetzen (*BGH* AG 2011, 876, 878). Bei eilbedürftigen Entsch kommt eine Ausnahme von den genannten Anforderungen in Betracht (*BGH* AG 2011, 876, 877). Die unternehmenseigene Rechtsabteilung kommt grds für die Erteilung unabhängigen Rechtsrats infrage (Grigoleit AktG/*Grigoleit/Tomasic* Rn 40; *Junker/Biederbick* AG 2012, 898, 901 ff; *Strohn* ZHR 176 (2012), 137, 140). Die Überprüfung kann grds auch durch bei der Erstellung der Vertragsstruktur beteiligte Sachkundige erfolgen (*Krieger* aaO 500 f; **aA** *Strohn* aaO). IRd der Aufarbeitung der Finanzmarktkrise (dazu Rn 21a) wird diskutiert, ob Ratings externer Ratingagenturen als einzige Entscheidungsgrundlage für Investitionsentscheidungen eine angemessen Informationsgrundlage darstellen (abl *OLG Düsseldorf* AG 2010, 128, Interessenkonflikte und fehlende langfristige Erfahrung der Ratingagenturen; iE ebenso: *Spindler* NZG 2010, 281, 284; *Fleischer* NJW 2010, 1504, 1505; differenzierend *Balthasar/Hamelmann* WM 2010, 589, 592). Jedenfalls wird sich bei komplexen und für die AG wesentlichen Entscheidungen die Einholung von **second opinions** zur Verbreiterung der Entscheidungsgrundlage empfehlen. Gleichzeitig ist eine umfassende **Dokumentation der Entscheidungsfindung** stets anzuraten (*Göz/Holzborn* WM 2006, 157, 158). Wenn der Vorstand im Namen der Ges Dritte einschaltet, scheidet eine Verschuldenszurechnung nach § 278 BGB aus, weil er sich dieser nicht zur Erfüllung eigener Verbindlichkeiten bedient, sondern diese vielmehr im Pflichtenkreis der Gesellschaft tätig werden (*BGH* AG 2011, 876, 877). Die Anforderungen an das Vorliegen eines **unverschuldeten Rechtsirrtums** sind streng. Der Vorstand muss die Rechtslage sorgfältig prüfen, soweit erforderlich Rechtsrat einholen und die höchstrichterliche Rspr sorgfältig beachten (*BGH* AG 2011, 876, 877).

3. Keine sachfremden Erwägungen. Daneben ist für ein pflichtgemäßes Handeln **14** erforderlich, dass die Entscheidung **ohne unmittelbares Eigeninteresse**, Interessenkonflikte und Fremdeinflüsse getroffen wurde (Fleischer Hdb VorstR/*Fleischer* § 7 Rn 57). Dieses Erfordernis ist zwar nicht ausdrücklich genannt, soll aber integraler Bestandteil des Handelns zum Wohle der Gesellschaft sein, denn nur dann kann eine entspr Annahme auch ex ante gegeben sein (UMAG, RegBegr BT-Drucks 15/5092, 11 f). Ausnahmen sollen dort gelten, wo Gesellschaftsinteressen und Eigeninteressen gleich laufen (UMAG, RegBegr BT-Drucks 15/5092, 11f; wohl auch *Koch* ZGR 2006, 769, 791). Im Falle eines Interessenkonflikts ist dieser vom betr Vorstandsmitglied offenzulegen, mit der Folge, dass der Gesamtvorstand die Möglichkeit hat, die Entscheidung vernünftigerweise zum Wohle der Gesellschaft zu treffen (UMAG, RegBegr BT-Drucks 15/5092, 11 f). Um eine unbeeinflusste Entscheidungsfindung zu gewährleisten, ist es in diesem Fall angezeigt, eine Entscheidung des Organs ohne Beteiligung des betreffenden Vorstandsmitglieds zu treffen oder eine AR-Billigung einzuholen (*Schäfer* ZIP 2005, 1253, 1257; Spindler/Stilz AktG/*Fleischer* Rn 72; ausf *Blasche* AG 2010, 692, 693 ff).

15 **4. Zum Wohle der Gesellschaft.** Weitere Voraussetzung ist, dass das Vorstandsmitglied vernünftigerweise annehmen durfte, zum Wohl der Gesellschaft zu handeln. Dabei ist von einem weiten Handlungsbegriff auszugehen, der bei tatsächlichen Verhaltensalternativen auch ein Unterlassen umfasst (Fleischer Hdb VorstR/*Fleischer* § 7 Rn 56; *Ihrig* WM 2004, 2098, 2105; *S.H. Schneider* DB 2005, 707, 709; *Ulmer* DB 2004, 859, 860). Auch insoweit ist die ex ante Sichtweise maßgeblich. Das Wohl der Gesellschaft wird als **langfristige Rentabilität und Wettbewerbsfähigkeit** umschrieben und dürfte damit synonym zum **Unternehmensinteresse** sein (*Hüffer* AktG Rn 4g; iE *Schäfer* ZIP 2005, 1253, 1257; *Koch* ZGR 2006, 769, 790; vgl § 76 Rn 13). Richtigerweise ist das Gesellschaftswohl hier weit auszulegen, sodass nur unverhältnismäßige Risikoentscheidungen auszunehmen sind; dies korreliert mit dem Zweck der Vorschrift und weitet sie somit nicht unangemessen aus (*Koch* aaO; *Schäfer* aaO; K. Schmidt/Lutter AktG/*Krieger/Sailer* Rn 13).

16 **5. Gutgläubigkeit.** Das Vorstandsmitglied muss zum Zeitpunkt der Entscheidung davon überzeugt sein, keine Pflichtverletzung zu begehen und damit richtig zu handeln, andernfalls ist er nicht schutzwürdig (*Hüffer* AktG Rn 4g; Fleischer Hdb VorstR/*Fleischer* § 7 Rn 60; *Ihrig* WM 2004, 2098, 2105; *Koch* ZGR 2006, 769, 790; krit *Weiss/Buchner* WM 2005, 162, 165; abl *Paefgen* AG 2004, 245, 256). Bewusste Pflichtverstöße sind somit nicht privilegiert (Spindler/Stilz AktG/*Fleischer* Rn 76).

IV. Binnenhaftung

17 Abs 2 S 1 regelt die Haftung von Vorstandsmitgliedern gegenüber der AG. Eine **Außenhaftung** statuiert § 93 grds nicht, diese kann nur aus anderen Vorschriften hergeleitet werden (ausf Rn 55 f). Die Haftung nach Abs 2 S 1 ist organschaftlicher Natur und folgt damit dem Trennungsprinzip zwischen organisationsrechtlicher Bestellung und schuldrechtlichem Anstellungsverhältnis. Schuldrechtliche Ansprüche, etwa aus § 280 BGB sind damit nicht ausgeschlossen, werden aber regelmäßig hinter § 93 zurücktreten (*Hüffer* AktG Rn 11; AnwK-AktR/*Landwehrmann* Rn 4). Die Regelung ist **nicht disponibel** und kann durch Satzung auch nicht modifiziert werden (MünchKomm AktG/*Spindler* Rn 26; KölnKomm AktG/*Mertens/Cahn* Rn 8; *Hüffer* aaO Rn 1).

18 **1. Anspruchsadressat.** Grds sind alle Vorstandsmitglieder erfasst, auch **gerichtlich bestellte** (§ 85) und **stellvertretende Mitglieder** (§ 94) sowie **Arbeitsdirektoren**. Die organschaftliche Haftung erfordert dabei **keinen Anstellungsvertrag**. Ist ein Vorstandsmitglied fehlerhaft bestellt worden und nimmt die Tätigkeit auf, unterliegt er der vollen Haftung (unstr *BGHZ* 41, 282, 287; *Hüffer* AktG Rn 12). Umstr aber im

Grundsatz zu bejahen ist, ob auch eine **faktische Tätigkeit als Vorstand** ohne Bestellung eine Haftung auslösen kann (ausf Spindler/Stilz AktG/*Fleischer* Rn 187 f; ebenso GroßKomm AktG/*Hopt* Rn 49 f; MünchKomm AktG/*Spindler* Rn 17; MünchHdb/ *Wiesner* § 26 Rn 3; **aA** KölnKomm AktG/*Mertens/Cahn* Rn 43; *Hüffer* aaO, fehlende Sonderverbindung). Die Wertungen der Rspr zur Insolvenzverschleppung, wonach in der faktischen Tätigkeit ein **Übernahmeverschulden** zu sehen ist (*BGHZ* 104, 44, 47 f; *OLG Düsseldorf* NZG 2000, 312, 313), lassen sich modifiziert auch auf die Organhaftung für faktische Tätigkeiten übertragen, wenn organspezifische Pflichten wie durch ein Organ ausgeführt werden (überzeugend Fleischer Hdb VorstR/*Fleischer* § 11 Rn 22 f). Dabei soll für eine faktische Organstellung bereits die Wahrnehmung wesentlicher Funktionen ausreichen (vgl *BGH* ZIP 2005, 1414, 1415; zust *Fleischer* AG 2004, 517, 525; **aA** *Mertens/Cahn* aaO, Organverdrängung), soweit darüber hinaus eine auch nach außen gerichtete Tätigkeit gegeben ist (vgl *BGHZ* 150, 61, 70; *BGH* ZIP 2005, 1414, 1415, wg Gesamtschau; **aA** *Fleischer* AG 2004, 517, 525, zu eng), die von hinreichender Dauer ist (Fleischer Hdb VorstR/*Fleischer* § 11 Rn 27; *Hopt* aaO Rn 51; offen lassend *BGHZ* 75, 96, 107).

2. Pflichtverletzung. Sie bildet den ersten Anknüpfungspunkt für eine Haftung nach Abs 2, erfasst aber nicht nur die in Abs 1 S 1, 2 dargelegten Sorgfaltspflichten, sondern auch die in § 93 nur als Verschwiegenheitspflicht zum Ausdruck kommende Treuepflicht, vgl Rn 47 f (MünchKomm AktG/*Spindler* Rn 129, 96; Spindler/Stilz AktG/*Fleischer* Rn 200). Daneben können weitergehende Pflichten des Anstellungsvertrags (vgl § 84 Rn 13 f) zu einer aktienrechtlichen Pflichtverletzung führen (unstr *Hüffer* AktG Rn 13; KölnKomm AktG/*Mertens/Cahn* Rn 124). Eine **faktische Erfolgshaftung** darf für Vorstandsmitglieder allerdings auch vertraglich nicht begründet werden; dieses widerspräche ihrer Leitungsfunktion (*Spindler* aaO Rn 27; Fleischer Hdb VorstR/*Fleischer* § 11 Rn 7). Nicht nur aktives Tun, sondern auch ein Unterlassen bei einer Handlungspflicht kann eine Pflichtverletzung darstellen (*Spindler* aaO Rn 130). Die unterlassene Durchführung eines Risikomanagementverfahrens stellt hingegen mangels Rechtspflicht (s § 91 Rn 12; anders für Kreditinstitute, § 25a Abs 1 KWG, und Versicherungsunternehmen, § 64a Abs 1 VAG) idR keine Pflichtverletzung dar; dies kann aber anders zu beurteilen sein, wenn Größe und Struktur des Unternehmens ein Risikomanagementsystem erfordern (s § 91 Rn 12; *OLG Celle* AG 2008, 711, 712). Eine Pflichtverletzung ist ausgeschlossen, soweit der „safe harbor" des Abs 1 S 2 eingreift (s Rn 9 ff). **19**

Erfolgt eine Pflichtverletzung durch eine **Kollegialentscheidung**, kommt es für die Zurechnung maßgeblich auf das individuelle Verhalten des einzelnen Mitglieds an. Das Vorstandsmitglied ist kraft seiner Amtspflicht zunächst gehalten, vor der Abstimmung seine Bedenken gegen einen pflichtwidrigen Beschl vorzutragen; bleibt dies erfolglos hat er gegen den Beschl zu stimmen (Spindler/Stilz AktG/*Fleischer* § 77 Rn 32) und jedenfalls **Widerspruch zu Protokoll** einzulegen (vgl *OLG Düsseldorf* BB 1996, 230, 231). Die Frage der Pflichtverletzung hängt dann davon ab, ob eine über den Widerspruch hinausgehende Pflicht zur Verhinderung des Beschl besteht (MünchKomm AktG/*Spindler* Rn 149 f, Handlungspflicht zur Verhinderung; wohl auch GroßKomm AktG/*Hopt* Rn 52, Verschuldensfrage). IdR ist das Vorstandsmitglied unabgängig von dem Abstimmungsergebnis verpflichtet, die Ausführung pflichtwidriger Beschl durch geeignete und zumutbare Maßnahmen, zB Anrufen des AR, zu verhindern (ausf zu den Maßnahmen Fleischer Hdb VorstR/*Fleischer* § 11 Rn 43 f; *Spindler* **20** aaO; zumindest berechtigt *BGHZ* 135, 244, 248). Die Abstimmung muss das Vorstandsmitglied, (bspw durch Verlassen der Sitzung zwecks Herbeiführung der Beschlussunfähigkeit) nicht verhindern (Spindler/Stilz AktG/*Fleischer* § 77 Rn 30; zum AR *Vetter* DB 2004, 2623, 2625; **aA** wohl *LG Düsseldorf* ZIP 2004, 2044, 2045). In der Zustimmung zu einem pflichtwidrigen Beschl liegt, unabhängig von deren tatsächlicher Kausalität, stets eine individuelle Pflichtverletzung des Vorstandsmitglieds (*Fleischer* NZG 2003, 449, 457, mwN; dazu Rn 23).

21 Im mehrköpfigen Vorstand werden typischerweise einzelne Aufgaben, die nicht in die Organkompetenz fallen, durch eine **Geschäftsverteilung** einzelnen Mitgliedern zugewiesen (vgl § 76 Rn 18 f, § 77 Rn 14 f). Hierdurch wird der Pflichtenkreis des nicht aktiv tätigen Vorstandsmitglieds dahingehend modifiziert, dass dieses insoweit eine **Überwachungspflicht** hat (unstr *BGH* NJW 1995, 2850, 2851; *BGHZ* 133, 370, 377 f). Da sich die arbeitsteilige Zusammenarbeit im Vorstand auf gegenseitiges Vertrauen aufbauen muss, genügt das überwachende Vorstandsmitglied seinen diesbezüglichen Pflichten, wenn es sich regelmäßig in Vorstandssitzungen informiert und die übermittelten Informationen auswertet (*Hüffer* AktG Rn 13a; iE KölnKomm AktG/*Mertens*/*Cahn* § 77 Rn 26; K. Schmidt/Lutter AktG/*Krieger*/*Sailer* Rn 27). Eine verstärkte Überwachungspflicht besteht nur dann, wenn ein ordentlicher und gewissenhafter Geschäftsleiter Zweifel an der ordnungsgemäßen Tätigkeit haben muss (MünchKomm AktG/*Spindler* Rn 137). Hieraus entsteht bei hinreichendem Verdacht bzw greifbaren Anhaltspunkten für eine Pflichtverletzung eine Handlungspflicht (*OLG Köln* NZG 2001, 135, 136; vgl *BGHZ* 133, 370, 378 f; ebenso *Hüffer* aaO). Diese Überwachungspflicht gilt unabhängig von der individuellen Sachnähe zum betr Ressort (*Hüffer* aaO; *Habersack* WM 2005, 2360, 2363; **aA** *VG Frankfurt/Main* WM 2004, 2157, 2161).

21a Aktuell beschäftigen sich die ersten Fachgerichte mit der Frage, ob Vorständen im Vorfeld und während der **Finanzmarktkrise** bei der Eingehung von Finanzgeschäften Pflichtverletzungen vorzuwerfen sind (vgl „IKB": *OLG Düsseldorf* AG 2010, 126 ff). Dabei geht es insb um die Fragen, (1.) ob im Einzelfall der Unternehmensgegenstand durch eine Vielzahl von Finanzmarkt- und insb Verbriefungsgeschäften überschritten wurde, (2.) ob die Übernahme von Klumpenrisiken, dh Risiken aufgrund unzureichender Diversifikation des Portfolios, mit der Sorgfalt eines ordentlichen und gewissenhaften Geschäftsleiters vereinbar war oder (3.) ob die zum Teil hochkomplexen Finanzgeschäfte auf Grundlage angemessener Informationen getätigt wurden (vgl *OLG Düsseldorf* aaO, *Fleischer* NJW 2010, 1504 ff). Bei der retrospektiven Beurteilung des Vorstandshandelns wird die Herausforderung insb darin liegen, in Kenntnis der später eingetretenen Vermögensschäden und öffentlichen Debatte keine überzogenen Anforderungen an die organschaftliche Sorgfaltspflicht und Vorhersehbarkeit der Finanzmarktkrise zu stellen (sog hindsight bias; näher *Brömmelmeyer* WM 2005, 2065, 2068 f). Ebenfalls im Zuge der Krise wurde durch das FMStFG der **Finanzmarktstabilisierungsfonds** aufgelegt. Um Mittel aus dem Fonds zu erhalten, muss der Vorstand ua eine Verpflichtungserklärung nach § 5 Abs 7 FMStFV iVm § 10 Abs 2 S 1 Nr 9 FMStFG abgeben, die ihn einerseits an Vorgaben des Fonds bindet und andererseits teilw von der Pflicht zur eigenverantwortlichen Leitung und der innergesellschaftlichen Zuständigkeitsordnung entbindet (vgl *Wieneke/Fett* NZG 2009, 8, 9). Verstößt der Vorstand bei der Umsetzung der Fondsbedingungen insoweit gegen aktienrechtliche oder binnengesellschaftliche Normen, ist keine Pflichtverletzung gegeben und eine Haftung kann nicht begründet werden.

3. Verschulden. Das Organmitglied muss die Pflichtverletzung auch schuldhaft **21b** begangen haben (unstr Spindler/Stilz AktG/*Fleischer* Rn 205). Dabei ist zu berücksichtigen, dass Abs 1 S 1 einen **typisierten Verschuldensmaßstab** vorsieht, so dass persönliche Unzulänglichkeiten oder Fähigkeiten ohne Belang sind (schon *RGZ* 163, 200, 208; *Hüffer* AktG Rn 14). Das Vorstandsmitglied muss sicherstellen, dass es den Anforderungen gerecht wird und die Sorgfalt eines ordentlichen und gewissenhaften Geschäftsleiters ausüben kann. Regelmäßig wird anderenfalls schon ein **Übernahmeverschulden** vorliegen (AnwK-AktR/*Landwehrmann* Rn 106; *Mertens/Cahn* aaO Rn 137; MünchKomm AktG/*Spindler* Rn 159). Die Grundsätze zur betrieblich veranlassten schadensgeneigten Tätigkeit sind aufgrund der Organstellung nicht anwendbar (K. Schmidt/Lutter AktG/*Krieger/Sailer* Rn 29). Mit Ausnahme bes Dringlichkeit, dh in Ausnahmesituationen, muss das Organmitglied bei fehlenden Kenntnissen immer externen Rat einholen (*OLG Stuttgart* NZG 1998, 232, 233, Organ darf darauf vertrauen; *Spindler* aaO; *Mertens/Cahn* aaO).

Grds ist schon **leichte Fahrlässigkeit** ausreichend (Spindler/Stilz AktG/*Fleischer* **21c** Rn 206). Ein Verschulden von Mitarbeitern oder anderer Organträger ist dem Vorstand über § 278 BGB nicht zuzurechnen, aber ein **Auswahl- und Überwachungsverschulden** kann bei Mitarbeitern relevant werden (GroßKomm AktG/*Hopt* Rn 59; *Fleischer* AG 2003, 291, 292). Auf ein **Mitverschulden** gem § 254 BGB anderer Organmitglieder, Vorstände oder AR-Mitglieder, kann sich ein Vorstandsmitglied nicht berufen, dieses widerspräche der gesamtschuldnerischen Haftungsanordnung und den jeweils bestehenden Organpflichten (*BGH* WM 1986, 789; Fleischer Hdb VorstR/*Fleischer* § 11 Rn 59).

4. Schaden. Ein Schaden der AG ist Voraussetzung für einen Anspruch (unstr *Hüffer* **22** AktG Rn 15). Dieser ist nach §§ 249 ff BGB im Wege der sog **Differenzhypothese** zu ermitteln (*OLG Düsseldorf* AG 1997, 231, 237; GroßKomm AktG/*Hopt* Rn 261; MünchKomm AktG/*Spindler* Rn 154; Spindler/Stilz AktG/*Fleischer* Rn 211). Ein Schaden durch Eingehung neuer Verbindlichkeiten nach pflichtwidriger Hinauszögerung des Insolvenzantrags ist kein Schaden der AG, sondern der Neugläubiger, und kann nicht von dieser geltend gemacht werden (*BGH* AG 2009, 336, 337). Die Schadensermittlung ist unabhängig davon, ob die Vermögensbeeinträchtigung dem Unternehmenszweck widerspricht, etwa weil sog **Sozialleistungen** (Spenden, Übergangsgelder, Beihilfen zu Versicherungen, etc) gewährt werden, da dies zu Abgrenzungsschwierigkeiten führen und das Organ privilegieren würde. Vielmehr sind Sozialleistungen auf der Ebene der Pflichtwidrigkeit zu beurteilen (*Spindler* aaO Rn 155; Spindler/Stilz AktG/*Fleischer* Rn 212; *Hüffer* aaO). Es ist durch Geldersatz (§ 251 BGB) der Zustand herzustellen, der ohne die Pflichtverletzung bestünde, ergänzt um den **entgangenen Gewinn iSv § 252 BGB** (*OLG Düsseldorf* aaO; zust AnwK-AktR/ *Landwehrmann* Rn 103; Fleischer Hdb VorstR/*Fleischer* § 11 Rn 62). Bei dem Vergleich des Vermögens der AG mit und ohne die Pflichtverletzung ist eine mögliche **Überschuldung** ebenso unerheblich wie eine mögliche **Werterhöhung der Aktien** (*BGHZ* 100, 190, 198 [GmbH]; zust *Hopt* aaO Rn 264). Anzurechnen sind jedoch Vorteile, die der AG kausal durch die schädigende Handlung zugeflossen sind, § 249 Abs 1 BGB (sog Vorteilsausgleich, vgl *Staudinger/Schiemann* § 249 Rn 132 ff; konkret zu § 93: *BGH* NZG 2013, 293, 296; *OLG Hamburg* NZG 2010, 309; ausf *Fleischer* DStR 2009, 1204, 1207, 1210).

§ 93 Sorgfaltspflicht und Verantwortlichkeit der Vorstandsmitglieder

23 **5. Kausalität.** Erforderlich ist zudem, dass die Pflichtverletzung für den eingetretenen Schaden kausal ist (unstr *Hüffer* AktG Rn 15). Insoweit ist zu ermitteln, ob der Schaden nicht außerhalb der allg Wahrscheinlichkeit liegt und damit entspr der sog **Adäquanztheorie** kausal ist (KölnKomm AktG/*Mertens/Cahn* Rn 55; GroßKomm AktG/ *Hopt* Rn 266; MünchHdb AG/*Wiesner* § 26 Rn 8). Außerhalb von Verstößen gegen Kompetenz-, Organisations- und Verfahrensregeln kann sich das Organmitglied auf ein **rechtmäßiges Alternativverhalten** berufen, hierfür sind aber erhöhte Beweisanforderungen geboten (*Mertens/Cahn* aaO; *Hopt* aaO Rn 267 f; MünchKomm AktG/ *Spindler* Rn 156), nämlich der Nachweis, dass der Schaden auf jeden Fall eingetreten wäre; lediglich die Möglichkeit des Schadenseintritts nachzuweisen, ist nicht ausreichend (Spindler/Stilz AktG/*Fleischer* Rn 216). Fraglich kann allerdings eine Kausalität nach diesen Grundsätzen bei **Kollegialentscheidungen** ohne weitere Pflichtverstöße sein, denn hier ist die einzelne Stimmabgabe oder Enthaltung nicht allein Ursache für den Pflichtverstoß. Ausgehend von einer Gesamtverantwortung, die auch § 254 BGB entgegensteht, kann sich ein Organmitglied nicht auf die Unerheblichkeit seiner eigenen Stimmabgabe oder Enthaltung berufen (überzeugend Fleischer Hdb VorstR/*Fleischer* § 11 Rn 67 f, mit Bezug zum Strafrecht; *ders* BB 2004, 2645, 2647 f; **aA** für Enthaltung *LG Berlin* ZIP 2004, 73, 76; offen lassend *LG Düsseldorf* ZIP 2004, 2044, 2045).

24–25 *(zz nicht belegt)*

26 **6. Beweislastverteilung.** Bestreitet das in Anspruch genommene Organmitglied eine Pflichtverletzung, trägt es nach Abs 2 S 2 die Beweislast für ein pflichtgemäßes Verhalten **(Beweislastumkehr).** Regelmäßig besteht bei dem Organmitglied eine größere Sachnähe (*BGHZ* 152, 280, 283; MünchKomm AktG/*Spindler* Rn 162; *Goette* ZGR 1995, 648, 649 f, zur historischen Entwicklung). Das Vorstandsmitglied kann bspw Beweggründe und Zielsetzungen bei einer bestimmten Entscheidung darlegen und ggf beweisen, wohingegen die anspruchstellende AG Beweisschwierigkeiten haben kann (AnwK-AktR/*Landwehrmann* Rn 112; Spindler/Stilz AktG/*Fleischer* Rn 220). Die AG hat damit neben einer möglicherweise pflichtwidrigen Handlung oder Unterlassung des Organmitglieds (*Hüffer* AktG Rn 16 mwN) und einem hierzu kausalen Schaden auch dessen Höhe nachzuweisen (*BGH* aaO 284 f; K. Schmidt/Lutter AktG/*Krieger/Sailer* Rn 31; *Henze* KonzernR AktR Rn 547 f, teilw strenger).

27 Die Rspr **erleichtert** die diesbezügliche **Darlegungslast** für die AG weiter, indem hinreichende Anhaltspunkte für eine Schadensschätzung gem § 287 ZPO und die Kausalität ausreichen (*BGHZ* 152, 280, 287; dem folgend Fleischer Hdb VorstR/*Fleischer* § 11 Rn 70). Das Organmitglied trägt sodann die Darlegungs- und ggf Beweislast für die Einhaltung der Sorgfaltspflichten und damit für eine fehlende Pflichtwidrigkeit seiner Handlung oder Unterlassung sowie für fehlendes Verschulden (**hM** *BGHZ* 152, 280, 284 f; *Hüffer* AktG Rn 16; MünchKomm AktG/*Spindler* Rn 163; KölnKomm AktG/ *Mertens/Cahn* Rn 140; **aA** *Fleck* GmbHR 1997, 237, 239). Daneben hat das Organmitglied die Voraussetzungen für die Vermutung des pflichtgemäßen Handelns **(Business Judgement Rule)** darzulegen und zu beweisen, wenn es sich auf diese berufen will (*Hüffer* aaO Rn 16a; *Fleischer* ZIP 2004, 685, 688; zu den Voraussetzungen Rn 9 f). Es ist daher ratsam jede Entscheidung sorgfältig zu dokumentieren (vgl Rn 13; K. Schmidt/Lutter AktG/*Krieger/Sailer* Rn 31 aE).

Modifikationen werden für Fälle des typischerweise eintretenden Schadens im Pflich- 28
tenbereich des Vorstands befürwortet; hier soll ein Anscheinsbeweis gelten, bspw Kassenfehlbetrag (*BGH* WM 1980, 1190 [GmbH], zust KölnKomm AktG/*Mertens/Cahn* Rn 143; MünchKomm AktG/*Spindler* Rn 168; Spindler/Stilz AktG/*Fleischer* Rn 223). Ferner wird für sog **Sozialleistungen** wie Unternehmensspenden eine Einschränkung der Beweislastumkehr gefordert, da dieses nicht sachgerecht sei (*Hüffer* AktG Rn 17; *Spindler* aaO, weiter Ermessensspielraum und schwierige Bezifferung des Nutzens; **aA** GroßKomm AktG/*Hopt* Rn 263; *Fleischer* aaO; K. Schmidt/Lutter AktG/*Krieger/Sailer* Rn 33). Gerade die allg Anerkennung von Unternehmensspenden und der weite Ermessensspielraum bei Auswahl und Vergabe (s §76 Rn 16) lassen eine Beweislastumkehr nur erforderlich erscheinen, wenn Anhaltspunkte für eine nicht im Interesse der Gesellschaft liegende Verwendung vorliegen, da die relevanten Informationen dann typischerweise dem Organmitglied leichter zugänglich sind.

Für **ausgeschiedene Vorstandsmitglieder** hat die Rspr keine Ausnahme von der 29
Beweislastumkehr angenommen (*BGHZ* 152, 280, 285). Es besteht zwar ein Anspruch gegenüber der AG auf Zugang zu den notwendigen Informationen, denn insoweit kann auf den Rechtsgedanken des §810 BGB oder die Treupflicht der AG abgestellt werden (KölnKomm AktG/*Mertens/Cahn* Rn 147; MünchKomm AktG/*Spindler* Rn 170). Richtigerweise wird jedoch eine Modifikation gefordert, bspw durch teleologische Reduktion zugunsten der ehemaligen Vorstände (*Hüffer* AktG Rn 7a; einschränkend Grigoleit AktG/*Grigoleit/Tomasic* Rn 70: Beweiserleichterung bei fehlendem Zugriff auf die nötigen Informationen; aA Spindler/Stilz AktG/*Fleischer* Rn 224). Der Hinweis auf eigene Ansprüche auf Informationsherausgabe zeigt deutlich, dass der die Beweislastumkehr rechtfertigende Wissensvorsprung gegenüber der AG hier idR nicht besteht.

7. Gesamtschuldnerische Haftung. Werden mehrere Vorstandsmitglieder gleichzeitig 30
für eine Pflichtverletzung in Anspruch genommen, sind sie unabhängig vom jeweiligen Verschuldensgrad gem §§ 421 ff BGB gesamtschuldnerisch verpflichtet (Fleischer Hdb VorstR/*Fleischer* § 11 Rn 81). Dh es ist nicht zwischen Überwachungspflichtverletzung und originären Pflichtverletzungen zu unterscheiden, vielmehr reicht es aus, dass jeweils eine Pflichtverletzung gegeben ist (Spindler/Stilz AktG/*Fleischer* Rn 262; KölnKomm AktG/*Mertens/Cahn* Rn 50; AnwK-AktR/*Landwehrmann* Rn 120). § 254 BGB findet allenfalls im Rahmen eines anschließenden Innenausgleichs Anwendung (*Hüffer* AktG Rn 18). Eine Gesamtschuldnerschaft kann auch zwischen Vorstands- und AR-Mitgliedern bestehen (Spindler/Stilz AktG/*Fleischer* aaO). Eine gemeinsame Haftung ist auch anzunehmen, wenn ein Fehlverhalten innerhalb des Organs nicht einem bestimmten Mitglied zugeordnet werden kann (Fleischer Hdb VorstR/*Fleischer* aaO).

Grds wird auch im **Innenregress** gem § 426 BGB die Haftung gleichmäßig aufgeteilt, 31
wenn nicht durch § 254 BGB eine abw Aufteilung nach Verschuldensanteilen oder Art der Pflichtverstöße geboten ist (K. Schmidt/Lutter AktG/*Krieger/Sailer* Rn 25; *Hüffer* AktG 18; MünchHdb AG/*Wiesner* § 26 Rn 13). Ein unmittelbar Verantwortlicher hat im Innenverhältnis den gesamten Schaden zu tragen, wenn die übrigen Organmitglieder nur ihre Überwachungspflicht verletzt haben (Spindler/Stilz AktG/*Fleischer* Rn 263, Wertung des §840 Abs 2 BGB; **aA** präventiver Charakter: GroßKomm AktG/ *Hopt* Rn 301). Für die Anwendung der Beweislastumkehr des Abs 2 S 2 ist im

§ 93 Sorgfaltspflicht und Verantwortlichkeit der Vorstandsmitglieder

Regressprozess kein Raum, denn eine überwiegende Sachnähe ist gegenüber anderen Organmitgliedern nicht gegeben (iE *Hopt* aaO Rn 303 f; **aA** KölnKomm AktG/*Mertens/Cahn* Rn 50).

32 **8. Haftungsausschluss.** Die Haftung ist nach Abs 4 S 1 ausgeschlossen, wenn das Handeln des Vorstandsmitglieds auf einem **gesetzmäßigen HV-Beschluss beruht**. Dogmatisch ist dieser Ausschluss auf den Grundsatz von **Treu und Glauben** zurückzuführen (ausf Fleischer Hdb VorstR/*Fleischer* § 11 Rn 83 f). Die Vorschrift ist im Zusammenhang mit § 83 Abs 2 zu sehen, der den Vorstand zur Umsetzung von HV-Beschlüssen verpflichtet. Nach § 119 Abs 2 kann Vorstand Geschäftsführungsfragen der HV vorlegen, zu deren Umsetzung er dann verpflichtet ist und damit sein Haftungsrisiko beschränken (dazu *Fleischer* BB 2005, 2025, 2027). Grds kann aber nur ein **formeller HV-Beschluss** eine Enthaftung bewirken, reine Meinungsäußerungen oder Empfehlungen sind nicht ausreichend, denn sie binden nicht gem § 83 Abs 2 (*OLG Köln* AG 2013, 396: auch keine Einwand rechtsmissbräuchlichen Vorgehens bei formlos erteilter Zustimmung; MünchHdb AG/*Wiesner* § 26 Rn 17; K. Schmidt/Lutter AktG/*Krieger/Sailer* Rn 49). Der HV-Beschluss muss iRd HV übertragenen Kompetenzen erfolgen, sodass ein Beschluss über die Geschäftsführungsmaßnahme, der nicht auf Verlangen des Vorstands beruht, bei Pflichtwidrigkeit der beschlossenen Maßnahme keinen Haftungsausschluss herbeiführt (MünchKomm AktG/*Spindler* Rn 211). Der HV-Beschluss muss vor der Maßnahme und hinreichend konkret erfolgen, dies erfordert schon der Wortlaut „beruht" (unstr KölnKomm AktG/*Mertens/Cahn* Rn 153).

33 Der Vorstand darf aber nur auf **gesetzmäßige HV-Beschlüsse** vertrauen, die weder nichtig noch anfechtbar sind. Wird ein Beschl gem § 242 geheilt, ist von seiner Gesetzmäßigkeit auszugehen, denn die Heilungsvorschriften zielen gerade auf Rechtssicherheit ab (GroßKomm AktG/*Hopt* Rn 318 ff; Fleischer Hdb VorstR/*Fleischer* § 11 Rn 89; MünchKomm AktG/*Spindler* Rn 209; *Hüffer* AktG Rn 25; **aA** nur Geltendmachung einschränken: KölnKomm AktG/*Mertens/Cahn* Rn 155). Mit Ablauf der Anfechtungsfrist gem § 246 Abs 1 wird ein Beschl bestandskräftig und damit auch gesetzmäßig (*Hüffer* aaO; K. Schmidt/Lutter AktG/*Krieger/Sailer* Rn 50; **aA** keine Entlastung AnwK-AktR/*Heidel* § 243 Rn 40). Eine Haftung kommt dann nur in Betracht, wenn eine Anfechtung des Beschl pflichtwidrig unterlassen wurde (*Mertens/Cahn* aaO Rn 156; Spindler/Stilz AktG/*Fleischer* Rn 271; *Spindler* aaO).

34 Eine generelle **Anfechtungspflicht** besteht bei anfechtbaren Beschl nicht (MünchKomm AktG/*Spindler* Rn 208; Spindler/Stilz AktG/*Fleischer* Rn 273 f). Eine solche Pflicht zur Anfechtung wird aber für die Unvereinbarkeit des HV-Beschlusses mit dem Gesellschaftsinteresse, einem drohenden Schaden oder einer rechtswidrigen Ausführung angenommen (dazu Fleischer HdbVorstR/*Fleischer* § 11 Rn 93 mwN). Wird der enthaftende HV-Beschluss durch unzureichende oder falsche Information der HV herbeigeführt, entfällt die Wirkung dieses Beschl, denn auch insoweit steht Treu und Glauben entgegen (*Hüffer* AktG Rn 26; K. Schmidt/Lutter AktG/*Krieger/Sailer* Rn 51; KölnKomm AktG/*Mertens/Cahn* Rn 154). Eine entspr Anwendung von § 254 BGB bei möglicher Kenntnis der HV vom Informationsdefizit ist abzulehnen (GroßKomm AktG/*Hopt* Rn 325; wohl auch Spindler/Stilz AktG/*Fleischer* Rn 272; **aA** *Canaris* ZGR 1978, 207, 213).

Dagegen kann eine **Zustimmung** zu einer Handlung **durch** den **AR**, § 111 Abs 4 (vgl 35 § 111 Rn 21 ff), oder eine anderweitige Billigung nicht zu einer Enthaftung führen (Abs 4 S 2). Anders als bei einer Entscheidung der HV nach § 119 Abs 2 kann der AR kein bestimmtes positives Tun verlangen, sondern nur eine Zustimmung zu zuvor beschriebenen Geschäften erteilen (*Hüffer* AktG Rn 27).

9. Geltendmachung. Schadensersatzansprüche der AG gegenüber ihren Vorstandsmit- 35a gliedern sind grds **gem § 112 vom AR geltend zu machen**. Die Geltendmachung gehört zu den vergangenheitsbezogenen Überwachungsaufgaben des AR (*Hüffer* AktG § 111 Rn 4a; vgl § 111 Rn 5), im Rahmen derer er Schadensersatzansprüche gegen Vorstandsmitglieder zu prüfen und über ihre Durchsetzung zu entscheiden hat (grundlegend „ARAG/Garmenbeck": *BGHZ* 135, 244 ff = NJW 1997, 1926 ff). Auf einer ersten Stufe muss der AR beurteilen, ob Schadensersatzansprüche bestehen und durchsetzbar sind. Ihm kommt dabei kein eigenes Ermessen zu, dh seine Entscheidung ist gerichtlich vollumfänglich nachprüfbar (*BGH* aaO 245). Bestehen Ansprüche, hat der AR auf einer zweiten Stufe eine Prozessrisikoanalyse vorzunehmen um die Erfolgsaussichten einer klageweisen Durchsetzung zu analysieren. Erscheint die Durchsetzung hiernach erfolgversprechend, **muss der AR die Ansprüche grds verfolgen**, dies folgt aus der Bindung an das Unternehmensinteresse (*BGH* aaO 254). Auf einer dritten Stufe hat der AR zuletzt zu prüfen, ob zumindest gleichwertige Belange der AG der Geltendmachung entgegenstehen (*BGH* aaO 255 f). In Betracht kommt hierbei bspw ein Geheimhaltungsinteresse der AG, das durch Offenbarungen im Haftungsprozess verletzt würde, (K. Schmidt/Lutter AktG/*Krieger/Sailer* Rn 12), negative Auswirkungen auf die Geschäftstätigkeit oder das Ansehen der AG (*LG Essen* „Arcandor", NZG 2012, 1307, 1309; MünchKomm AktG/*Habersack* § 111 Rn 37) oder in Ausnahmefällen die Unverhältnismäßigkeit der Anspruchsverfolgung (*Hüffer* aaO). Den Organmitgliedern ist keine schuldhafte Verletzung ihrer Pflichten wg unterlasser Geltendmachung von Regressansprüchen vorzuwerfen, wenn sie sich iR ihrer Entsch auf der dritten Stufe auf ein eingeholtes Sachverständigengutachten verlassen durften, nachdem sie sich kritisch mit den ihnen zur Verfügung gestellten Informationen auseinandergesetzt haben (*LG Essen* aaO). Versäumt der AR die Geltendmachung eines Schadensersatzanspruches pflichtwidrig, so macht er sich gem §§ 116 S 1, 93 Abs 2 S 1 selbst schadenersatzpflichtig (*Krieger/Sailer* aaO, dazu § 116 Rn 16). Zur Geltendmachung durch Gläubiger (Abs 5) und Aktionäre (§§ 147 f) vgl Rn 43 ff, 55.

10. Verzicht und Vergleich. Ein Vergleich oder ein Verzicht der AG auf Ersatzan- 36 sprüche von Vorstandsmitgliedern kann durch den AR, § 112, erfolgen, ist aber an die Regelungen des Abs 4 S 3 gebunden. Erst **drei Jahre** nach Entstehung des Ersatzanspruchs kann mit Zustimmung der HV und ohne Widerspruch der Minderheit ein Vergleich abgeschlossen oder auf Ansprüche verzichtet werden. Neben dem Gläubiger- und Minderheitenschutz wird mit dieser Regelung auch ein kollusives Zusammenwirken von AR und Vorstand unterbunden (vgl GroßKomm AktG/*Hopt* Rn 362). **Scheiden Vorstandsmitglieder aus**, kann die Regelung einem abschließenden und umfassenden Ausgleich entgegenstehen (*Raiser/Veil* KapGesR § 14 Rn 100, zur rechtspolitischen Diskussion). Die Praxis umgeht die Problematik durch eine Abtretung der Innenhaftungsansprüche an eine nicht beschränkte Person (*Fleischer* WM 2005, 909, 919); dies stellt keine unzulässige Umgehung des Abs 4 S 3 dar, solange der Abtretung schuldrechtlich eine vollwertige Gegenleistung zufließt (K. Schmidt/Lutter AktG/*Krieger/Sailer* Rn 53; *Hopt* aaO Rn 377).

§ 93 Sorgfaltspflicht und Verantwortlichkeit der Vorstandsmitglieder

37 Die Regelung bezieht sich auf **alle Schadensersatzansprüche der AG** gegen Vorstandsmitglieder, soweit diese sich auf die Organstellung beziehen (KölnKomm AktG/*Mertens/Cahn* Rn 167). Erfasst sind aber nicht nur der Verzicht gem § 397 Abs 1 und 2 BGB und Vergleiche (§ 779 BGB) bzw Prozessvergleiche, sondern auch jede Gestaltung, die tatsächlich die gleiche Wirkung der Enthaftung hat (MünchKomm AktG/ *Spindler* Rn 230 f; *Mertens/Cahn* aaO Rn 170 ff; GroßKomm AktG/*Hopt* Rn 375 f).

38 **a) HV-Beschluss ohne Widerspruch.** Es ist ein formeller HV-Beschluss erforderlich, der, soweit keine erschwerende Satzungsregelung existiert, eine einfache Mehrheit erfordert (MünchKomm AktG/*Spindler* Rn 222). Eine Entlastungsentscheidung iSd § 120 ist nicht ausreichend (*OLG Düsseldorf* ZIP 1996, 503, 504; Spindler/Stilz AktG/ *Fleischer* Rn 278; **aA** noch *BGHZ* 29, 385, 391, alte Rechtslage). Die betroffenen Vorstandsmitglieder unterliegen als Aktionäre einem Stimmverbot nach § 136 Abs 1, das sich auch auf Gesamtschuldner erstreckt (Fleischer Hdb VorstR/*Fleischer* § 11 Rn 98). Ihnen ist es aber unbenommen, an der Beschlussvorlage durch den Gesamtvorstand mitzuwirken (GroßKomm AktG/*Hopt* Rn 358; KölnKomm AktG/*Mertens/Cahn* Rn 163). Darüber hinaus darf sich keine **Minderheit von Aktionären** (10 % des Grundkapitals) finden, die Widerspruch zur Niederschrift beim amtierenden Notar erhebt (*Hüffer* AktG Rn 29). Haben Aktionäre dem Beschlussvorschlag vorbehaltlos zugestimmt, haben sie kein Widerspruchsrecht mehr (*Hopt* aaO Rn 363; Spindler/Stilz AktG/*Fleischer* Rn 281).

39 **b) Sperrfrist.** Die unveränderliche Sperrfrist von **drei Jahren** beginnt mit **Entstehung** des Anspruchs, dh Bestehen eines klagbaren Anspruchs, und berechnet sich gem §§ 187 f BGB (MünchKomm AktG/*Spindler* Rn 221; K. Schmidt/Lutter AktG/*Krieger/ Sailer* Rn 54). Gem Abs 4 S 4 gilt die Sperrfrist **nicht**, wenn das **Vorstandsmitglied zahlungsunfähig** ist und sich mit Gläubigern vergleicht, um ein Insolvenzverfahren abzuwenden. Wird die Ersatzpflicht in einen Insolvenzplan eingestellt, findet die Sperrfrist ebenfalls keine Anwendung. Ausreichend ist jeder Vergleich mit auch nur einem Gläubiger, solange dieser ein Insolvenzverfahren abwendet oder beendet (GroßKomm AktG/*Hopt* Rn 386 f; *Spindler* aaO Rn 226; *Hüffer* AktG Rn 30; **aA** *Zimmermann* FS Duden, S 787). Daneben greift die Sperrfrist auch nicht in der **Insolvenz der AG**, hier kann der Insolvenzverwalter unmittelbar Vergleiche schließen (Fleischer Hdb VorstR/*Fleischer* § 11 Rn 101).

40 **c) Rechtsfolgen.** Fehlt einem entspr Rechtsgeschäft die ordnungsgemäße HV-Zustimmung ist es **nichtig** (MünchKomm AktG/*Spindler* Rn 224). Rechtshandlungen **vor Ablauf der Sperrfrist** sind ebenfalls nichtig (KölnKomm AktG/*Mertens/Cahn* Rn 174). Ein Aufhebungsvertrag mit Abfindungsklausel kann hiervon gem § 139 BGB betroffen sein, wenn er keine salvatorische Klausel enthält (*Hüffer* AktG Rn 28). Auch wenn die HV ordnungsgemäß zugestimmt hat, wird das Rechtsgeschäft nicht nach Ablauf der Sperrfrist geheilt, sondern ist erneut, auch durch Bestätigung, vorzunehmen (Spindler/Stilz AktG/*Fleischer* Rn 288; *Mertens/Cahn* aaO). Ein wirksamer Verzicht oder Vergleich hat gem Abs 5 S 3 keine Wirkung zulasten der Gläubiger. Es ist diesen jedoch unbenommen selbst einen Vergleich mit dem Vorstandsmitglied abzuschließen (*Fleischer* aaO Rn 289).

40a **11. Selbstbehalt für D&O-Versicherungen.** Durch das VorstAG wurde mit Einfügung des Abs 2 S 3 Einfluss auf den Inhalt der **Directors, & Officers, Liability (D&O)-Versicherungen** genommen. D&O-Versicherungen sind gesellschaftsfinanzierte Haftpflichtversicherungen (vgl Spindler/Stilz AktG/*Fleischer* Rn 225 mit Verweis auf *OLG München* DB 2005, 1675), die idR von der AG für Vorstandsmitglieder abgeschlossen werden, um deren Haftungsrisiko abzudecken und das Vermögen der AG zu schützen (vgl Rechtsausschuss BT-Drucks 16/13433, 11). Sie wurden schon vor Einfügung des Abs 2 S 3 von der **hM** als zulässig erachtet (ausf *Fleischer* aaO Rn 226 ff; K. Schmidt/ Lutter AktG/*Krieger/Sailer* Rn 70; in der Ausgestaltung einschränkend: MünchKomm AktG/*Spindler* Rn 175 f), was nunmehr klargestellt wurde. Als Versicherung für fremde Rechnung folgt sie § 43 Abs 1 VVG (*Kerst* WM 2010, 594, 596). Es besteht gleichwohl **keine Pflicht zum Abschluss** einer D&O-Versicherung (vgl zum AR: *BGH* WM 2009, 851, 853).

Die Neuregelung sieht die Einführung eines **verpflichtenden Selbstbehalts** jedes Vorstandsmitglieds innerhalb der D&O-Versicherung vor. Dies soll verhaltenssteuernd wirken und durch die Haftung mit dem Privatvermögen präventiv gegen Pflichtverletzungen vorbeugen (Rechtsausschuss aaO). Konkret soll jedes Vorstandsmitglied im Haftungsfall **mindestens 10 % der Schadenssumme** selbst tragen müssen. Rechtsverteidigungskosten sind nicht erfasst (*Spindler* NJOZ 2009, 3282, 3287). Die maximale Haftung jedes Vorstandsmitglieds kann für Schadensfälle, die innerhalb eines Jahres auftreten, auf eine feste Summe begrenzt werden; sie muss jedoch mindestens das Eineinhalbfache der festen jährlichen Vergütung betragen. Bezugszeitraum ist das Kalenderjahr, nicht ein ggf abw Geschäftsjahr (*Annuß/Theusinger* BB 2009, 2434, 2441). Abs 2 S 3 ist kein Verbotsgesetz iSd § 134 BGB, so dass ein **Verstoß gegen die Vorgaben** die Wirksamkeit des Versicherungsvertrags unberührt lässt; vielmehr normiert Abs 2 S 3 eine rein innergesellschaftliche Pflicht, deren Verletzung zur Haftung des AR führen kann (*Spindler* aaO; *Kerst* WM 2010, 594, 600). Nach **hM** ist der Abschluss einer **Zusatzversicherung**, die im Haftungsfall den Selbstbehalt abdeckt, durch das Vorstandsmitglied mit Abs 2 S 3 vereinbar (*Kerst* WM 2010, 594, 601 f; *Spindler* aaO; *van Kann* NZG 2009, 1010, 1012; *Thüsing/Traut* NZA 2010, 140, 142 f), was in der Versicherungspraxis regelmäßig angeboten wird (*Annuß/Theusinger* aaO; ausf zu den Konzepten dieser Versicherungen *Gädtke/Wox* AG 2010, 851 ff).

40b

V. Sondertatbestände, Abs 3

In Abs 3 werden **neun Pflichtverstöße hervorgehoben** und für sie eine **besondere Schadensvermutung** geregelt (Fleischer Hdb VorstR/*Fleischer* § 11 Rn 74 f, 78, „neun Todsünden"). Dieser Anspruch gegen Vorstandsmitglieder steht als eigener Schadensersatzanspruch neben Abs 2 (*RGZ* 159, 211, 228 f; *Hüffer* AktG Rn 22; Spindler/Stilz AktG/*Fleischer* Rn 256; aA *Cunio* AG 1958, 63, 64; ähnlich *Habersack/Schürnbrandt* WM 2005, 957, 960 f). Jeder Verstoß gegen Abs 3 stellt auch einen Verstoß gegen Abs 1 dar (AnwK-AktR/*Landwehrmann* Rn 127). Abw von §§ 249 ff BGB wird ein Schaden der AG in der Höhe vermutet, in der Mittel abgeflossen oder vorenthalten wurden (MünchKomm AktG/*Spindler* Rn 193; Fleischer Hdb VorstR/*Fleischer* aaO Rn 76; *OLG Stuttgart* AG 2010, 133, 2. LS), was konkret bewiesen werden muss (*OLG Koblenz* AG 2009, 336, 3. LS). Für einen über den vermuteten Schaden hinausgehenden Anspruch trägt die AG die Darlegungs- und Beweispflicht (KölnKomm AktG/ *Mertens/Cahn* Rn 134; *Spindler* aaO Rn 204; Spindler/Stilz AktG/*Fleischer* Rn 259).

41

Die **Vermutung** kann vom Vorstandsmitglied **widerlegt** werden, wenn dargelegt wird, dass ein Schaden aus der Pflichtverletzung ausgeschlossen ist, weil der abgeflossene Betrag dem Gesellschaftsvermögen endgültig wieder zugeführt wurde (*OLG Stuttgart*

42

AG 2010, 133, 2. LS; GroßKomm AktG/*Hopt* Rn 235; MünchHdb AG/*Wiesner* § 26 Rn 19). Nicht ausreichend ist, dass das Vorstandsmitglied darlegt, die AG habe einen schuldrechtlichen Ausgleichsanspruch (K. Schmidt/Lutter AktG/*Krieger/Sailer* Rn 37). Zugunsten des Vorstandsmitglieds kann ein Vorteilsausgleich mit gleichzeitigen Vermögensvorteilen für die AG vorgenommen werden und eine Abtretungsverpflichtung Zug um Zug gem § 255 BGB bestehen (Fleischer Hdb VorstR/*Fleischer* § 11 Rn 77). Ferner ist auch bei einer Haftung nach Abs 3 ein **Verschulden** des Vorstandsmitglieds erforderlich.

VI. Haftung gegenüber Gläubigern, Abs 5

43 Grds können Gläubiger der AG, wie andere Dritte auch (dazu Rn 56), aus § 93 keine Ansprüche herleiten (K. Schmidt/Lutter AktG/*Krieger/Sailer* Rn 68; zur fehlenden Garantenpflicht: *BGH* MDR 2012, 1029). Unbenommen bleibt die Möglichkeit dem Gläubiger einen Anspruch der AG gegen ein Vorstandsmitglied pfänden und sich überweisen zu lassen (§§ 829, 835 ZPO), wobei allerdings die Einwendungen des Vorstands gegenüber der AG, insb Abs 4 S 1, 3, erhalten bleiben. Einzig Abs 5 gibt den Gesellschaftsgläubigern einen eigenen Anspruch (Verfolgungsrecht), der eine Anspruchsvervielfältigung bedeutet (MünchKomm AktG/*Spindler* Rn 234; *Hüffer* AktG Rn 32; GroßKomm AktG/*Hopt* Rn 398; Spindler/Stilz AktG/*Fleischer* Rn 294; **aA** für Prozessstandschaft: *OLG Frankfurt* WM 1977, 59, 62; *Baumbach/Hueck* AktG Rn 15 f). Der Gläubiger kann bis zur Höhe seiner Forderung direkt gegen das Vorstandsmitglied vorgehen und Leistung an sich selbst verlangen. Hiermit wird eine vereinfachte Gläubigerbefriedigung sichergestellt und der Gläubiger vor Verfolgungsschwächen der AG geschützt (*Hüffer* aaO Rn 31).

44 **1. Voraussetzungen.** Erforderlich ist zunächst, dass dem Gläubiger ein **fälliger Anspruch** gegen die AG auf Geld oder ein Anspruch, der in eine **Geldforderung** übergehen kann, zusteht (KölnKomm AktG/*Mertens/Cahn* Rn 182). Eine Kenntnis des Ersatzanspruchs vor der eigenen Anspruchsentstehung beeinträchtigt den Anspruch nicht (GroßKomm AktG/*Hopt* Rn 406). Zusätzlich darf der Gläubiger von der AG keine Befriedigung erlangen können, wobei eine Ablehnung der Zahlung noch nicht ausreicht. Ein vorheriger Vollstreckungsversuch oder eine Klageerhebung ist nicht erforderlich (AnwK-AktR/*Landwehrmann* Rn 153; K. Schmidt/Lutter AktG/*Krieger/Sailer* Rn 58), die Zahlungsunfähigkeit kann auf jede Art und Weise nachgewiesen werden. Der Gläubiger kann aber nur aufgrund eines Schadensersatzanspruchs nach § 93 gegen ein Vorstandsmitglied vorgehen (MünchKomm AktG/*Spindler* Rn 237; *Hopt* aaO Rn 401), andere, bspw vertragliche Ansprüche der Gesellschaft gegen das Vorstandsmitglied scheiden aus. Abs 5 S 3 sieht zugunsten der Gläubiger vor, dass ein Anspruchsausschluss wg einer Handlung auf Grundlage eines HV-Beschlusses oder eines Verzichts oder Vergleichs nicht beachtlich ist. Schließlich muss das Vorstandsmitglied „**gröblich**" gegen seine Pflichten verstoßen haben, so dass grob fahrlässiges Verhalten im Hinblick auf die Vorstandspflichten gegeben sein muss (*Spindler* aaO Rn 236; MünchHdb AG/*Wiesner* § 26 Rn 25). Ein Verstoß gegen die Sondertatbestände des Abs 3 ist davon stets erfasst (Spindler/Stilz AktG/*Fleischer* Rn 298).

45 **2. Verfahren.** Der Gläubiger muss **Leistung an sich selbst** fordern und das Vorstandsmitglied kann befreiend an den Gläubiger oder die AG selbst leisten (Spindler/Stilz AktG/*Fleischer* Rn 299; *Hüffer* AktG Rn 34, Akzessorietät). Da Abs 2 S 2 sinngemäß gilt (Abs 5 S 2 HS 2), trägt das Vorstandsmitglied auch insoweit die Beweislast für ein

pflichtgemäßes Handeln. Dem Gläubiger kann im Falle eines anhängigen Prozesses der AG nicht diese Rechtshängigkeit entgegengehalten werden, ebenso entfaltet ein diesbezügliches Urteil keine Rechtskraft für und gegen den Gläubiger (KölnKomm AktG/*Mertens/Cahn* Rn 184; MünchHdb AG/*Wiesner* § 26 Rn 27). Leistet das Vorstandsmitglied an den Gläubiger, erlischt damit insoweit auch der Anspruch der AG (*Hüffer* aaO).

Mit Eröffnung des **Insolvenzverfahrens** über das Vermögen der AG wird der Insolvenzverwalter oder der Sachwalter gem Abs 5 S 4 für die Ansprüche der Gläubiger auch gegen die Vorstandsmitglieder zuständig. Dem Gläubiger fehlt es nun an der Aktivlegitimation (GroßKomm AktG/*Hopt* Rn 422). Der Insolvenzverwalter ist aber nicht an die in Abs 4 S 3 geregelten Verzichts- oder Vergleichsvoraussetzungen gebunden (AnwK-AktR/*Landwehrmann* Rn 131) und kann, auch soweit HV-Beschluss vorliegt oder Gesellschaft sich verglichen oder Verzicht erklärt hat, den Anspruch des Gläubigers geltend machen. Erfolgt die Insolvenzeröffnung nach Rechtshängigkeit, ist gem § 240 ZPO zu unterbrechen, der Insolvenzverwalter hat ein Eintrittsrecht (*Hüffer* AktG Rn 35). 46

VII. Verschwiegenheitspflicht

Zurückgehend auf die **aktienrechtliche Sorgfalts-** und **Treuepflicht** wird in Abs 1 S 3, 4 die Verschwiegenheit der Vorstandsmitglieder geregelt. Verstöße gegen sie können zur Binnenhaftung führen. **Strafrechtliche Folgen** gem § 404 sind ferner für die Offenbarung von Geheimnissen möglich (vgl ausf § 404 Rn 1 f). Daneben treten weitere Vorschriften, wie bspw § 14 Abs 1 Nr 2 WpHG und § 17 UWG, die ebenfalls entspr Pflichten regeln (ausf Fleischer Hdb VorstR/*Körber* § 10 Rn 2). Im Grundsatz kann die Norm weder durch Satzung oder Geschäftsordnung noch durch Anstellungsvertrag modifiziert werden; eine Konkretisierung der erfassten Informationen ist dagegen möglich, wenn dadurch der Regelungscharakter nicht verändert wird (iE MünchKomm AktG/*Spindler* Rn 97; GroßKomm AktG/*Hopt* Rn 199; Spindler/Stilz AktG/ *Fleischer* Rn 162). Die Verpflichtung gilt für **alle Vorstandsmitglieder**. Hiervon erfasst sind ebenfalls stellvertretende Mitglieder (§ 94) und gem § 104 gerichtlich bestellte Vorstandsmitglieder (*Hüffer* AktG Rn 8). Ferner sind faktische Organmitglieder, gem § 105 Abs 2 vom AR entsandte Mitglieder und Arbeitsdirektoren einbezogen (*Körber* aaO Rn 27). Die Verpflichtung wirkt auch für **ausgeschiedene Vorstände** fort (KölnKomm AktG/*Mertens/Cahn* Rn 122). 47

1. Vertrauliche Angaben und Geheimnisse der AG. Geheimnisse der Gesellschaft sind nicht bereits offenkundige Tatsachen, für die ein ausdrücklicher oder mutmaßlicher Geheimhaltungswille der AG und ein objektives Geheimhaltungsinteresse gegeben ist (**hM** *BGHZ* 64, 325, 329; *Hüffer* AktG Rn 7; MünchKomm AktG/*Spindler* Rn 100; K. Schmidt/Lutter AktG/*Krieger/Sailer* Rn 18; **aA** GroßKomm AktG/*Hopt* Rn 191, kein Interesse erforderlich). Sie müssen nicht als Geheimnisse bezeichnet werden, dieses kann aber Indiz sein (*Baumbach/Hueck* AktG Rn 7; *Oetker* FS Wissmann, S 398). Betriebs- und Geschäftsgeheimnisse werden hierfür als Beispiele genannt, wobei damit typischerweise technische bzw kaufmännische Informationen wie Herstellungsverfahren, Konstruktionen, Kalkulationen, Kundenbeziehungen und laufende Verhandlungen oder Planungen erfasst sind (im Einzelnen Fleischer Hdb VorstR/*Körber* § 10 Rn 5). Letztlich kann der Vorstand darüber entscheiden, ob eine Tatsache im Unternehmensinteresse als Geheimnis einzustufen ist (*Spindler* aaO Rn 102). 48

§ 93 Sorgfaltspflicht und Verantwortlichkeit der Vorstandsmitglieder

49 Vertrauliche Angaben sind Informationen, deren Bekanntwerden der AG einen materiellen oder immateriellen Schaden (zB Ansehensverlust) zufügen könnte; es muss sich nicht (mehr) um ein Geheimnis handeln (**hM** MünchKomm AktG/*Spindler* Rn 103; Spindler/Stilz AktG/*Fleischer* Rn 166; K. Schmidt/Lutter AktG/*Krieger/Sailer* Rn 19; *Hüffer* AktG Rn 7). Hierunter fallen insb auch Organberatungen, da die Vertraulichkeit der Beratung Grundvoraussetzung für die Funktionsfähigkeit des Organs ist (*BGHZ* 64, 325, 329). Bestehen Zweifel über die Vertraulichkeit, ist ein Organbeschluss anzuraten (KölnKomm AktG/*Mertens/Cahn* Rn 115). Die jeweiligen Definitionen können sich teilw überschneiden, was aber nur für die strafrechtliche Einordnung iRd § 404 relevant wird (ausf § 404 Rn 2).

50 Geheimnisse Dritter sind nur dann erfasst, wenn für deren Geheimhaltung auch ein Gesellschaftsinteresse besteht (GroßKomm AktG/*Hopt* Rn 197; MünchKomm AktG/*Spindler* Rn 103). Grds können aber nur solche Informationen erfasst sein, die dem Vorstandsmitglied durch seine **Organzugehörigkeit** bekannt werden (K. Schmidt/Lutter AktG/*Krieger/Sailer* Rn 20). Außerhalb dieser Geheimhaltungspflicht kann eine Offenbarung aber einen Treuepflichtverstoß darstellen (eingehend Fleischer Hdb VorstR/*Fleischer* § 9 Rn 35 f).

51 2. Grenzen. Grds ist Verschwiegenheit gegenüber jedermann zu wahren, Ausnahmen gelten innerhalb des Vorstands und gegenüber AR-Mitgliedern (*BGHZ* 135, 48, 56; KölnKomm AktG/*Mertens/Cahn* Rn 16). In Abs 1 S 4 findet sich daneben eine Ausnahme von der Verschwiegenheitspflicht gegenüber der **Prüfstelle für Rechnungslegung** iSd § 342b HGB, die aber nur klarstellenden Charakter hat (*Hüffer* AktG Rn 8a). Durch § 342c HGB wird in diesem Falle die Geheimhaltung durch die Verschwiegenheitsverpflichtung der Mitarbeiter der Prüfstelle sichergestellt. Weitere Auskunftspflichten gegenüber Aktionären ergeben sich aus §§ 131, 176 Abs 1, 337 Abs 4, gegenüber dem Abschlussprüfer nach § 320 Abs 2 HGB. Daneben treten mitbestimmungsrechtliche (§§ 90, 92, 99, 111 BetrVG), kapitalmarktrechtliche (§ 15 WpHG) und behördliche Auskunfts- und Veröffentlichungspflichten. Die Verschwiegenheitspflicht kann für das Vorstandsmitglied aber auch unzumutbar sein, wenn dadurch seine Verteidigungsmittel gegen Haftungsansprüche der AG oder die eigene Abberufung eingeschränkt werden (*Mertens/Cahn* aaO Rn 121; K. Schmidt/Lutter AktG/*Krieger/Sailer* Rn 22). Eine einzelfallbezogene Abwägung kann ferner dazu führen, dass die Durchsetzung eigener Ansprüche gegenüber der AG zur Unzumutbarkeit führt (MünchKomm AktG/*Spindler* Rn 116; Spindler/Stilz AktG/*Fleischer* Rn 168; **aA** GroßKomm AktG/*Hopt* Rn 215).

52 Das Vorstandsmitglied hat grds darüber zu entscheiden, ob eine Geheimhaltung oder Vertraulichkeit im Gesellschaftsinteresse liegt. Ob die Weitergabe oder Offenbarung von vertraulichen Informationen im **Unternehmensinteresse** liegt, kann der Vorstand nach **pflichtgemäßem Ermessen entscheiden** (*Hüffer* AktG Rn 8; Fleischer Hdb VorstR/*Körber* § 10 Rn 18). Eine Weitergabe an externe, insb zur Berufsverschwiegenheit verpflichtete Berater oder Banken wird typischerweise möglich sein, an einzelne Aktionäre oder Finanzanalysten nur in Ausnahmefällen (MünchKomm AktG/*Spindler* Rn 108 ff). Der Gesamtvorstand entscheidet anhand des Unternehmensinteresses über die Offenbarung und Preisgabe (KölnKomm AktG/*Mertens/Cahn* Rn 120; *Körber* NZG 2002, 263, 268; *Hüffer* aaO, nur Empfehlung). Praktisch wichtigster Fall ist die Entscheidung über eine grds zulässige **Due Diligence-Prüfung** im Rahmen von

Unternehmenskäufen und Paketerwerben (ausf Spindler/Stilz AktG/*Fleischer* Rn 170f). Der Vorstand muss hierbei entscheiden, zu welchem Zeitpunkt, in welchem Umfang und gegenüber welchen Personen schützenswerte Informationen im Gesellschaftsinteresse weitergegeben werden sollen (ausf Berens/Brauner/Strauch Due Diligence bei Unternehmensakquisitionen/*Fleischer/Körber* S 281 ff; *Schiffer/Bruß* BB 2012, 847). Regelmäßig sind Vertraulichkeitsvereinbarungen und eine umfassende Dokumentation unverzichtbar (*Spindler* aaO Rn 120 ff, zutreffend zum Interesse der AG an angemessener Bewertung der Aktie und zulässiger Weitergabe auch nach **§ 14 Abs 1 WpHG**; GroßKomm AktG/*Hopt* Rn 213; *Hüffer* aaO). Nicht zweifelsfrei und jedenfalls durch § 14 Abs 1 Nr 2 WpHG eingeschränkt ist eine Due Diligence-Prüfung bei Paketerwerben über die Börse (*Banerjea* ZIP 2003, 1730 f, grds möglich; **aA** *Hüffer* aaO, ausgeschlossen).

3. Rechtsfolgen. Neben den in Abs 2 S 1 möglichen zivilrechtlichen Haftungsfolgen **53** und der Möglichkeit einer außerordentlichen Abberufung, kann eine Offenbarung eines Gesellschaftsgeheimnisses auch strafrechtliche Folgen gem § 404 haben. Wird ein Gerücht bestätigt oder die Bekanntheit nur verstärkt, kann auch darin schon ein Verstoß liegen (Fleischer Hdb VorstR/*Körber* § 10 Rn 13). Vorstände können im **Zivilprozess** nur als Partei vernommen werden, wobei sie dieses aber nach § 446 ZPO verweigern können (GroßKomm AktG/*Hopt* Rn 218; Spindler/Stilz AktG/*Fleischer* Rn 174). Ausgeschiedene Vorstandsmitglieder können dagegen als Zeuge vernommen werden, ihnen kann aber ein Zeugnisverweigerungsrecht nach §§ 383 Abs 1 Nr 6, 384 Abs 1 Nr 6 ZPO zustehen (**hM** *OLG Koblenz* NJW-RR 1987, 809; MünchKomm AktG/*Spindler* Rn 114; *Hopt* aaO Rn 220 f ; MünchHdb AG/*Wiesner* § 25 Rn 47; *Fleischer* aaO; K. Schmidt/Lutter AktG/*Krieger/Sailer* Rn 23; **aA** KölnKomm AktG/*Mertens/Cahn* Rn 123, AG als Partei besser gestellt). Im **Strafprozess** steht Vorstandsmitgliedern kein Zeugnisverweigerungsrecht nach §§ 52 ff StPO zu (**allgM** *Hüffer* AktG Rn 9).

VIII. Verjährung, Abs 6

Ansprüche aus Abs 1–5 unterliegen gem Abs 6 einer Verjährungsfrist, unabhängig **54** von Anspruchsinhaber und Art der Pflichtverletzung (GroßKomm AktG/*Hopt* Rn 426). Die **Verjährungsfrist** beträgt seit Geltung des Restrukturierungsgesetzes vom 9.12.2010 (BGBl I S 1900) für Gesellschaften, die zum Zeitpunkt der Pflichtverletzung **börsennotiert** iSd § 3 Abs 2 sind, **10 Jahre**, für alle **anderen Gesellschaften 5 Jahre** (krit zu dieser Differenzierung *Baums* ZHR 174 (2010), 593; zum sich ergebenden Handlungsbedarf im Rahmen von D&O-Versicherungen *Randel/Segger* BB 2011, 387 ff). Die Verjährungsfrist ist weder durch Satzung oder Geschäftsordnung noch durch Anstellungsvertrag zu verlängern oder zu verkürzen (KölnKomm AktG/*Mertens/Cahn* Rn 199; MünchKomm AktG/*Spindler* Rn 254). Da hier von der regelmäßigen Verjährung abgewichen wird, ist für den **Fristbeginn § 200 BGB** maßgeblich (RegBegr, Gesetz zur Anpassung von Verjährungsvorschriften an SMG, BT-Drucks 15/3653, 12, 21). Entspr dem Regelungszweck wird Rechtssicherheit der Organe ermöglicht und so der Abschluss von **D&O-Versicherungen** (zu D&O-Versicherungen für den Vorstand MünchKomm AktG/*Spindler* Rn 173 ff; ferner *Seibt/Saame* AG 2006, 901, 902 f) erleichtert, die Gesellschaftsgläubigern wiederum einen solventen Anspruchsgegner bieten. Folglich ist auf die **objektive Entstehung** des Anspruchs abzustellen, die mit der Einklagbarkeit des Anspruchs gegeben ist (*Hüffer* AktG Rn 37; *Spindler* aaO Rn 255; K. Schmidt/Lutter AktG/*Krieger/Sailer* Rn 63; Spindler/Stilz AktG/*Fleischer*

Rn 302; *OLG Stuttgart* AG 2010, 133, 136; **aA** noch Fleischer Hdb VorstR/*Fleischer* § 11 Rn 121: § 199 BGB). Der Schaden muss im Grundsatz entstanden sein, erfasst aber auch spätere Schadensfolgen, wenn mit diesen zu rechnen ist; andernfalls beginnt Frist erneut (*BGHZ* 124, 27, 29 f; 100, 228, 232; *Spindler* aaO Rn 256). Die Hemmung und der Neubeginn richtet sich nach §§ 203 ff BGB, wobei § 210 BGB nicht anwendbar ist. **Hemmung** oder **Neubeginn** durch die Gesellschaft hat Wirkung für und gegen alle Beteiligte, eine Hemmung durch einen Gläubiger dagegen nur für ihn selbst oder den Insolvenzverwalter (*Mertens/Cahn* aaO Rn 205 f; *Krieger/Sailer* aaO; *Hüffer* aaO). Andere Schadenersatzansprüche gegen Vorstandsmitglieder unterliegen den soweit maßgeblichen Verjährungsvorschriften und werden durch Abs 6 nicht erfasst (*BGHZ* 100, 190, 201 f; *Hüffer* aaO Rn 36).

IX. Ansprüche Dritter

55 **1. Aktionäre.** Bis zur Einführung des § 148 durch das UMAG im Jahre 2005 konnten Aktionäre weder eigene noch Ansprüche der AG gegen Organmitglieder auf § 93 stützen (**hM** MünchKomm AktG/*Spindler* Rn 266; KölnKomm AktG/*Mertens/Cahn* Rn 207 f). Nunmehr können Aktionäre wie bisher unter den Voraussetzungen des § 147 die Geltendmachung durch die AG erzwingen (MünchKomm AktG/*Spindler* Rn 266) oder neu das **Klagezulassungsverfahren** nach § 148 anstrengen und erstmals selbst, aber zur Zahlung an die Gesellschaft, Ansprüche ua aus § 93 geltend machen (ausf *Koch* ZGR 2006, 769, 772; *Spindler* NZG 2005, 865, 866 f). Aktionäre können darüber hinaus Ansprüche aus § 823 Abs 2 BGB haben, wenn Organmitglieder Schutzgesetze wie § 266 StGB, § 399 AktG (*BGHZ* 105, 121, 124 f; *OLG München* ZIP 2004, 462 f) oder § 400 AktG (*BGH* ZIP 2005, 78; verfassungsmäßig *BVerfG* ZIP 2006, 1096) verletzt haben. Kein Schutzgesetz ist dagegen Abs 2 selbst (MünchKomm AktG/*Spindler* Rn 273). Ferner können Aktionäre einen Anspruch aus § 826 BGB erlangen, wenn sie durch falsche Ad-hoc-Mitteilungen zum Erwerb der Aktien veranlasst wurden (*BGHZ* 160, 149, 151 f). Der Schaden ist insoweit durch Zug um Zug Erstattung des Kaufpreises gegen Übereignung der Aktien an Vorstandsmitglieder auszugleichen (*BGHZ* 160, 149, 159).

56 **2. Sonstige Dritte.** Andere Dritte (zu Gläubigern vgl Rn 43) können aus § 93 keine direkten Ansprüche ableiten, für sie ist Abs 2 ebenfalls kein Schutzgesetz iSv § 823 Abs 2 BGB (unstr *Hüffer* AktG Rn 20). Schutzgesetz ist für Gläubiger aber § 400 (MünchKomm AktG/*Spindler* Rn 288). Daneben kann eine deliktische Haftung (insb § 823 Abs 1) bestehen, die nicht aufgrund von § 31 BGB entfällt (ausf *Hüffer* aaO Rn 20a). Eine Haftung wg Inanspruchnahme bes persönlichen Vertrauens (§ 280 Abs 2 iVm § 311 Abs 3 BGB) kann zwar im Einzelfall möglich sein (bspw *BGH* NZG 2008, 661, Prospekthaftung), wird aber praktisch die Ausnahme bleiben (KölnKomm AktG/*Mertens/Cahn* Rn 221).

Anhang zu § 93

§§ 12–15b, 37b, 37c WpHG

§ 12 Insiderpapiere

¹**Insiderpapiere sind Finanzinstrumente,**
1. die an einer inländischen Börse zum Handel zugelassen oder in den regulierten Markt oder in den Freiverkehr einbezogen sind,
2. die in einem anderen Mitgliedstaat der Europäischen Union oder einem anderen Vertragsstaat des Abkommens über den Europäischen Wirtschaftsraum zum Handel an einem organisierten Markt zugelassen sind oder
3. deren Preis unmittelbar oder mittelbar von Finanzinstrumenten nach Nummer 1 oder Nummer 2 abhängt.

²Der Zulassung zum Handel an einem organisierten Markt oder der Einbeziehung in den regulierten Markt oder in den Freiverkehr steht gleich, wenn der Antrag auf Zulassung oder Einbeziehung gestellt oder öffentlich angekündigt ist.

Übersicht

	Rn		Rn
I. Allgemeines	1	3. Derivate (Nr 3)	4
II. Insiderpapiere	2	4. Zeitpunkt der Erlangung der Eigenschaft als Insiderpapier (S 2)	5
1. Finanzinstrumente	2		
2. Spezifische Zulassung/Einbeziehung (Nr 1 und 2)	3		

Literatur: *BaFin* Emittentenleitfaden (Stand 28.4.2009); *Brandi/Süßmann* Neue Insiderregeln und Ad-hoc-Publizität – Folgen für Ablauf und Gestaltung von M&A-Transaktionen, AG 2004, 642; *Bürgers* Das Anlegerschutzverbesserungsgesetz, BKR 2004, 424; *Cahn* Das neue Insiderrecht, Der Konzern 2005, 5; *Claussen* Insiderhandelsverbot und Ad hoc-Publizität, 1996; *ders* Neues zur kommenden Insidergesetzgebung (II), ZBB 1992, 267; *Caspari* Die geplante Insiderregelung in der Praxis, ZGR 1994, 530; *Dreyling/Schäfer* Insiderrecht und Ad-hoc-Publizität, 2001; *Fleischer* Scalping zwischen Insiderdelikt und Kursmanipulation, DB 2004, 51; *Fürhoff/Wölk* Aktuelle Fragen zur Ad hoc-Publizität, WM 1997, 449; *Gaede/Mühlbauer* Wirtschaftsstrafrecht zwischen europäischem Primärrecht, Verfassungsrecht und der richtlinienkonformen Auslegung am Beispiel des Scalping, wistra 2005, 9; *Habersack/Mülbert/Schlitt* Unternehmensfinanzierung am Kapitalmarkt, 2. Aufl 2008; *Harbarth* Ad-hoc-Publizität beim Unternehmenskauf, ZIP 2005, 1898, 1900; *Holzborn/Israel* Das Anlegerschutzverbesserungsgesetz, WM 2004, 1948; *Hopt* Europäisches und deutsches Insiderrecht, ZG 1991, 17; *Immenga* Das neue Insiderrecht im Wertpapierhandelsgesetz, ZBB 1995, 197; *Klasen* Insiderrechtliche Fragen zu aktienorientierten Vergütungsmodellen, AG 2006, 24; *Koch* Neuerungen im Insiderrecht und der Ad-hoc-Publizität, DB 2005, 267; *Kümpel/Wittig* Bank- und Kapitalmarktrecht, 4. Aufl 2011; *ders* Insiderrecht und Ad hoc-Publizität aus Bankensicht, WM 1996, 653; *Lenenbach* Kapitalmarktrecht und kapitalmarktrelevantes Gesellschaftsrecht, 2. Aufl 2010; *Merkner/Sustmann* Insiderrecht und Ad-Hoc-Publizität – Das Anlegerschutzverbesserungsgesetz „in der Fassung durch den Emittentenleitfaden der BaFin", NZG 2005, 729; *Möllers* Insiderinformation und Befreiung von der Ad-hoc-Publizität nach § 15 Abs 3 WpHG,

WM 2005, 1393; *ders* Wechsel von Organmitgliedern und „key playern": Kursbeeinflussungspotential und Pflicht zur Ad-hoc-Publizität, NZG 2005, 459; *Schäfer/Hamann* Kapitalmarktgesetze (KMG), Loseblatt; *S.H. Schneider* Die Weitergabe von Insiderinformationen – Zum normativen Verhältnis der verschiedenen Formen der Informationsweitergabe, NZG 2005, 702; *Sethe* Die Verschärfung des insiderrechtlichen Weitergabeverbots, ZBB 2006, 243; *Siebold* Das neue Insiderrecht, 1994, vgl auch Angaben bei § 15 WpHG; *Versteegen/Schulz* Auslegungsfragen des Insiderhandelsverbots gem § 14 Abs 1 Nr 1 WpHG bei der Teilnahme an Aktienoptionsprogrammen, ZIP 2009, 110; *Widder* Insiderrisiken und Insider-Compliance bei Aktienoptionsprogrammen für Führungskräfte, WM 2010, 1882; *Widder/Kocher* Die Zeichnung junger Aktien und das Insiderhandelsverbot, AG 2009, 654.

I. Allgemeines

1 Ein zentraler Abschnitt des Wertpapierhandelsgesetzes (WpHG) ist die Insiderüberwachung gem §§ 12 ff WpHG. Wesentliche Regelung dabei ist das Insiderhandels- bzw Insidergeschäftsverbot und dessen Sanktionierung. Dabei ist der Sinn der Vorschriften der **Schutz der Funktionsfähigkeit des Kapitalmarktes** vor Geschäften in Finanzierungsinstrumenten, ua Wertpapieren, die aufgrund von Informationsvorsprüngen missbräuchlich getätigt werden (*Kümpel/Wittig* Bank- und Kapitalmarktrecht/Rothenhöfer Rn 3.451 und 3.458). § 12 WpHG definiert im Anschluss an Art 1 Nr 3 der Marktmissbrauchsrichtlinie (2003/6/EG) Insiderpapiere und damit die Finanzinstrumente, für welche §§ 13 ff WpHG Anwendung finden können. § 12 WpHG ist wie § 13 WpHG nur Definitionsnorm. Insidervorschriften werden in Zukunft durch eine EU Marktmissbrauch VO mit erweiterter Definition und erhöhtem Strafrahmen ersetzt (Vorschlag der Kommission v. 20.10.2011 KOM (2011) 651 endg; dazu *Walla* BB 2012, 1358.

II. Insiderpapiere

2 **1. Finanzinstrumente.** Finanzinstrumente werden in § 2 Abs 2b WpHG definiert (vgl auch Anhang I Abschnitt C der Finanzmarktrichtlinie 2004/39/EG, *Bürgers* BKR 2004, 424). Unter Finanzinstrumente fallen neben Wertpapieren, wie Aktienschuldverschreibungen und Anteilen an Investmentvermögen, auch Geldmarktinstrumente, Devisentermingeschäfte, Rechte auf Zeichnung von Wertpapieren (zB Bezugsrechte) und sonstige zugelassene Werte und Derivate, dh von Finanzinstrumenten abgeleitete Rechte (zB Call- und Put-Optionen, Finanzterminkontrakte). Hintergrund der Erweiterung auf Finanzinstrumente – insbesondere auf Derivate – ist die Verhinderung einer Umgehung des Insidergeschäftsverbotes durch ein Ausweichen auf die Derivate-Märkte. Dies betrifft auch zugelassene oder im Freiverkehr gelistete Aktien ausländischer Emittenten. Letzteren ist die Notiz wegen der mangelnden Widerspruchsmöglichkeit bei der Einbeziehung in den Freiverkehr oftmals nicht bekannt. Erfasst werden auch auf solche bezogene, selbst aber nicht zugelassene oder einbezogene Finanzinstrumente, also selbst nicht gelistete Derivate. Damit sind auch alle Aktienoptionen spätestens bei Ausübung vom Insidergeschäftsverbot ebenfalls einbezogen (zur insiderrechtlichen Relevanz von Aktienoptionsprogrammen für Führungskräfte s *Widder* WM 2010, 1882).

3 **2. Spezifische Zulassung/Einbeziehung (Nr 1 und 2).** Insiderpapiere sind Finanzinstrumente (s Rn 2), die an einer inländischen Börse **zugelassen oder** in den **regulierten Markt oder** (zT ohne Zustimmung/Kenntnis des Emittenten, Assmann/Schneider

WpHG/*Assmann* Rn 7) in den **Freiverkehr einbezogen** sind. Freiverkehr meint nur den börslichen (von der Börse zugelassenen) Freiverkehr iSd § 48 BörsG (*OLG Karlsruhe* NJW-RR 2004, 984 f zu §§ 57, 78 BörsG aF). Insiderpapiere können somit nicht Anlagen sein, welche ausschließlich am Telefon, im privaten Verkauf oder im sog grauen Markt gehandelt werden (unstr, Assmann/Schneider WpHG/*Assmann* Rn 6; Schwark KMRK/*Zimmer/Kruse* Rn 3; Schäfer/Hamann/*Schäfer* Rn 10; *Claussen* Rn 28); ferner stellen auch junge Aktien bis zur Zulassung bzw Antrag oder öffentlicher Ankündigung desselben – jedenfalls beim OTC-Erwerb und Kenntnis des Erwerbers (s § 14 WpHG Rn 2) – keine Insiderpapiere dar, selbst wenn die „alten" Aktien diese Eigenschaft besitzen (*Widder/Kocher* AG 2009, 654, 656 f); nach dem genannten Zeitpunkt wird man die jungen Aktien wohl als Inhaberpapiere einstufen müssen. Insiderpapiere sind auch Finanzinstrumente, welche in einem anderen Mitgliedstaat der EU oder anderen Vertragsstaat des EWR an einem organisierten Markt (§ 2 Abs 5 WpHG) zugelassen sind. Ist ein Finanzinstrument wegen der Zulassung bzw Einbeziehung als Insiderpapier einzustufen, bleibt es auch dann Insiderpapier, wenn das konkrete Geschäft außerhalb der Börse stattfindet (*Hopt* ZGR 1991, 17, 41; *Assmann* aaO; *Dreyling/Schäfer* Rn 102; krit *Clausen* ZBB 1992, 267, 280).

3. Derivate (Nr 3). Weiterhin sind Inhaberpapiere auch Finanzinstrumente, deren 4 Preis unmittelbar oder mittelbar von Finanzinstrumenten nach Nr 1 oder 2 abhängt. Hierzu gehören Derivate auf Waren und Edelmetalle inkl Strom, insb die an der Warenterminbörse (WTB) gehandelten Warenterminkontrakte, Optionsverträge und über das Internet angebotene Clickoptions, sofern sie sich auf ein Finanzinstrument iSd Nr 1 oder 2 beziehen, Optionen, die das Recht auf ein Insiderpapier iSd Nr 1 oder 2 beinhalten inklusive **Stock Options** bedient durch eigene Aktien (*BaFin* S 28; eingehend Marsch-Barner/Schäfer Hdb AG/*Holzborn* § 53 Rn 135 ff; *Klasen* AG 2006, 24, 25 ff; **aA** *Versteegen/Schulz* ZIP 2009, 110, 112). **Nicht dazu** gehören **Stock Appreciation Rights, Wertsteigerungsrechte** und **Phantom Stocks** (Teilhabe an virtuellen Aktien), ihnen fehlt bereits die Qualifikation als Finanzinstrument (*BaFin* S 29; eingehend *Merkner/Sustmann* NZG 2005, 729, 730; vgl auch *Klasen* aaO 27 f; Heidel AnwK-AktR/*Fischer zu Cramburg/Royé* Rn 4; Fuchs WpHG/*Mennicke* Rn 39; **aA** Assmann/Schneider WpHG/*Assmann* Rn 16); ferner uU nicht junge Aktien (*Widder/Kocher* AG 2009, 654, 656 f).

4. Zeitpunkt der Erlangung der Eigenschaft als Insiderpapier (S 2). Der Zeitpunkt, 5 mit dem die Qualität eines Insiderpapiers erlangt wird, wird auf die Stellung des betreffenden Zulassungsantrages bzw schon davor auf die öffentliche Ankündigung der Stellung des Zulassungsantrages vorverlagert. Organisierter Markt erfasst auch die inländische Börse (Assmann/Schneider WpHG/*Assmann* Rn 6). Der **Antrag auf Zulassung** gilt als **gestellt**, wenn er der zuständigen Börse zugegangen ist (*BaFin* S 17). Der Zulassungsantrag ist **öffentlich angekündigt**, wenn der Emittent oder der Anbieter des betreffenden Finanzinstruments in einer an einem unbestimmten Personenkreis gerichteten und entsprechend veröffentlichten Erklärung mitteilt, dass die Notierung der Papiere im Marktsegment beabsichtigt ist (*BaFin* S 29). In der Praxis wird durch diese zeitliche Vorverlagerung bereits der sog **Handel per Erscheinen** von rechtlich noch nicht existenten Wertpapieren in die Insiderüberwachung einbezogen. Dabei ist das 2010 eingeführte Verbot ungedeckter Leerkäufe gem § 30h WpHG zu beachten (s insb § 30h Abs 1 S 4 WpHG zur Legaldefinition „ungedeckter Leerverkauf"). Damit kann bereits die **Ankündigung eines Börsengangs**, sofern sie **hinreichend auf**

den Zulassungsantrag konkretisiert ist, den Status eines Insiderpapiers begründen. So ist eine Aktie zB bei Vorbehalt eines Dual Tracks (Zweitverkaufs außerhalb der Börse) vor einem Börsengang (IPO) bereits in der Ankündigungsphase erfasst.

§ 13 Insiderinformation

(1) [1]Eine Insiderinformation ist eine konkrete Information über nicht öffentlich bekannte Umstände, die sich auf einen oder mehrere Emittenten von Insiderpapieren oder auf die Insiderpapiere selbst beziehen und die geeignet sind, im Falle ihres öffentlichen Bekanntwerdens den Börsen- oder Marktpreis der Insiderpapiere erheblich zu beeinflussen. [2]Eine solche Eignung ist gegeben, wenn ein verständiger Anleger die Information bei seiner Anlageentscheidung berücksichtigen würde. [3]Als Umstände im Sinne des Satzes 1 gelten auch solche, bei denen mit hinreichender Wahrscheinlichkeit davon ausgegangen werden kann, dass sie in Zukunft eintreten werden. [4]Eine Insiderinformation ist insbesondere auch eine Information über nicht öffentlich bekannte Umstände im Sinne des Satzes 1, die sich

1. auf Aufträge von anderen Personen über den Kauf oder Verkauf von Finanzinstrumenten bezieht oder
2. auf Derivate nach § 2 Abs. 2 Nr. 2 mit Bezug auf Waren bezieht und bei der Marktteilnehmer erwarten würden, dass sie diese Information in Übereinstimmung mit der zulässigen Praxis an den betreffenden Märkten erhalten würden.

(2) Eine Bewertung, die ausschließlich aufgrund öffentlich bekannter Umstände erstellt wird, ist keine Insiderinformation, selbst wenn sie den Kurs von Insiderpapieren erheblich beeinflussen kann.

Übersicht

	Rn		Rn
I. Allgemeines	1	VI. Kursbeeinflussungspotential	6
II. Konkrete Information	2	1. Allgemeines	6
III. Nicht öffentlich bekannt	3	2. Prognose	7
IV. Bezug auf Emittent oder Insiderpapier	4	3. Kurserheblichkeit	8
		VII. Regelbeispiele	9
V. Drittbezug (Scalping)	5	VIII. Auswertung öffentlich bekannter Informationen (Abs 2)	10

Literatur: *Bachmann* Ad-hoc-Publizität nach „Geltl", DB 2012, 2206; *Fleischer/Schmolke* Gerüchte im Kapitalmarkt, AG 2007, 841; *Gunßer* Ad-hoc-Veröffentlichungspflicht bei zukunftsbezogenen Sachverhalten, NZG 2008, 855; *ders* Der Vorlagebeschluss des BGH zum Vorliegen einer „Insiderinformation" in gestreckten Sachverhalten (Fall Schremp), ZBB 2011, 76; *Habersack/Mülbert/Schlitt* Unternehmensfinanzierung am Kapitalmarkt, 2. Aufl 2008; *Hagen-Eck/Wirsch* Gestaltung von Directors, Dealings und die Pflichten nach § 15a WpHG, DB 2007, 504; *Hitzer* Zum Begriff der Insiderinformation, NZG 2012, 860; *Klöhn* Insiderhandel vor deutschen Strafgerichten – Implikationen des freenet-Beschlusses des BGH, DB 2010, 769; *ders* Der „gestreckte Geschehensablauf" vor dem EuGH – Zum DaimlerChrysler-Vorlagebeschluss des BGH, NZG 2011, 166; *Leuering* Behandlung zukünftiger Umstände im Recht der Ad-hoc-Publizität – Zum DaimlerChrysler-Musterentscheid des BGH, DStR 2008, 1287; *Pananis* Kurs- und Marktpreismanipulation durch Scalping, NStZ 2004, 287; *St. Schulz* Unwirksame Sacheinlagevereinbarungen bei börsennotierten Aktiengesellschaften, NZG 2010, 41; *Tippach* Marktdaten im künftigen Insiderrecht?, WM

1993, 1269; *Veil* Der Schutz des verständigen Anlegers durch die Publizität und Haftung im europäischen und nationalen Kapitalmarkt, ZBB 2006, 162; *Widder* Zum Kapitalanleger – Musterverfahrensgesetz sowie zur Frage, wann aus einem ungewissen Sachverhalt eine ad hoc zu veröffentlichende Information wird, BB 2007, 572; *ders* Ad-hoc-Publizität bei gestreckten Sachverhalten – BGH legt Auslegungsfragen dem EuGH vor, GWR 2011, 1; vgl auch Angaben bei § 12 WpHG.

I. Allgemeines

§ 13 WpHG definiert mit der **Insiderinformation** den zentralen Begriff der Insider- 1 überwachung. Die Insiderinformation ist seit Inkrafttreten des AnSVG auch Grundlage der Ad-hoc-Veröffentlichungspflicht gem § 15 WpHG. Eine solche Information liegt vor, wenn sie konkret, nicht öffentlich bekannt ist, sich auf einen oder mehrere Emittenten von Insiderpapieren oder auf das Insiderpapier selbst bezieht und den Kurs erheblich zu beeinflussen geeignet ist. Ferner darf es sich nicht um eine selbstgeschaffene Information handeln (Drittbezug).

II. Konkrete Information

Abweichend von der früheren Rechtslage sind **nicht nur Tatsachen**, dh gegenwärtige 2 oder vergangene Verhältnisse, Zustände (auch innere, wie Absichten, *LG Stuttgart* BKR 2003, 167, 170) oder Geschehnisse, die beweisbar sind, Gegenstand der Insiderinformation, sondern **jede konkrete Information**. Neben diesen Tatsachen, die vom Begriff Umstand weiterhin erfasst werden, fallen darunter auch **überprüfbare Werturteile**, Meinungsäußerungen, Einschätzungen und **Prognosen** (RegBegr BT-Drucks 15/ 3174, 34; Habersack/Mülbert/Schlitt/*Klawitter* § 32 Rn 9), **nicht** aber **Gerüchte** (str, Assmann/Schneider WpHG/*Assmann* Rn 17 mwN und Verweis auf ein diesbzgl Votum des Committee of European Securities Regulators [CESR]; *Bürgers* BKR 2004, 424, 425 Fn 11; RegBegr BT-Drucks 15/3174, 34; *Holzborn/Israel* WM 2004, 1948, 1951; *Cahn* Der Konzern 2005, 5, 7; *Möllers* WM 2005, 1393, 1394; *Koch* DB 2005, 267, 268; *Hopt* ZGR 1991, 17, 30; **aA** *BaFin* S 31 f; *VGH Kassel* NJW-RR 1999, 120, 121; ausf *Fleischer/Schmolke* AG 2007, 841, 846); ferner uU auch Rechtsauffassungen (*Assmann* aaO Rn 13; *St. Schulz* NZG 2010, 41, 45; Fuchs WpHG/*Mennicke/ Jakovou* Rn 44). Konkret meint „präzise" iSd RL 2003/124/EG (Begriffsbestimmungen) (auch wieder Vorschlag der Kommision v 20.10.2011 KOM (2011) 651 endg einer Marktmissbrauchs VO), verlangt damit, dass der Umstand oder das Ereignis bereits existent oder doch hinreichend wahrscheinlich ist und dass die Information derart spezifisch ist, dass sie Schlussfolgerungen hinsichtlich dieses Umstands bzw Ereignisses auf den Kurs zulässt (*BGH* WM 2008, 641, 643 f; *OLG Stuttgart* BB 2007, 565, 567; *Assmann* aaO Rn 6; zumindest unklar deswegen *VGH Kassel* aaO und *VG Frankfurt* NJW-RR 1998, 625). An das Erfordernis „konkret" sind zwar hohe Anforderungen zu stellen (*Widder* BB 2007, 572, 573). Dennoch können bei einem zeitlich gestreckten Vorgang bereits Zwischenschritte die bereits existieren bzw eingetreten sind bereits für sich genommen (auch bei hinreichend wahrscheinlichem Eintritt, so *EuGH* NZG 2012, 784, Rn 38 über die *BGH* Vorlagefrage hinausgehend) die Insiderinformation begründen. In einem **mehrstufigen Entscheidungsprozess** kann daher jede Stufe eine Insiderinformation beinhalten, wenn der Eintritt bereits hinreichend wahrscheinlich ist (*Möllers* aaO; *Harbarth* ZIP 2003, 1898, 1900 f; *BaFin* S 19). Problematisch kann dies zB bei M&A Due Diligence Sachverhalten sein. Als Umstand iSd S 1 gelten somit auch solche, bei denen **mit hinreichender Wahrscheinlichkeit** davon ausgegangen werden kann, dass sie in Zukunft eintreten werden (S 3, bei Abberufung des Vorstandsvorsitzenden bedarf es des Beschlusses des AR, *BGH* aaO, bei einvernehmlicher Aufhebung der Bestellung als Vorstand ebenfalls, *OLG Stuttgart* aaO 569); erforderlich ist dafür eine Eintrittswahrscheinlichkeit von jedenfalls mehr als 50 % (*BGH* aaO 641 *Schall* ZIP 2012, 1288, *Hitzer* NZG 2012, 862; krit aufgrund des Widerspruchs zwischen den Urteilsgründen und dem Leitsatz des BGH *Leuering* DStR 2008, 1287, 1289 f; ebenso *OLG Düsseldorf* WM 2009, 1655, 1659; enger, eine hohe Wahrscheinlichkeit fordernd *Assmann* aaO Rn 25; *Gunßer* NZG 2008, 855, 858; wenn bei Würdigung aller verfügbaren Anhaltspunkte der Eintritt tatsächlich erwartet werden kann, *EuGH* NZG 2012, 784, Rn. 49). Die hinreichende Wahrscheinlichkeit lässt sich nur **anhand konkreter Anhaltspunkte** prüfen (zB externe Statements, Mitarbeiterbriefe, Presseerklärungen), eine mit an Sicherheit grenzende Wahrscheinlichkeit ist allerdings nicht erforderlich (ex-ante Prognose, *Lenenbach* Rn 13.104). Dennoch sind an das Erfordernis „konkret" hohe Anforderungen zu stellen (*Widder* aaO). Die Anforderung an die Wahrscheinlichkeit hängt auch nicht von der Höhe des Kursbeeinflussungspotentials iS eines *propabilty/magnitude* Tests ab (*EuGH* NZG 2012, 784, Rn 50-55). Die auf Umständen beruhenden – noch nicht eingetretenen – **Zukunftserwartungen** sind hingegen **keine** Insiderinformationen (zB das tatsächliche Stattfinden von Übernahmegesprächen ist eine Insiderinformation, die darauf beruhende noch unsichere Erwartung einer Übernahme dagegen noch nicht); vgl aber auch die Möglichkeit der Verzögerung nach § 15 Abs 3 WpHG, vgl dort Rn 9; zu zeitlich gestreckten Sachverhalten s BGH NJW 2011, 309; *Gußner* ZBB 2011, 76 ff; *Klöhn* NZG 2011, 166; *Widder* GWR 2011, 1). Bei Bestellung und Abberufung des Vorstands liegt kein mehrstufiger Entscheidungsprozess vor, vielmehr ist nur die Entscheidung des AR von Bedeutung (*OLG Stuttgart* aaO 570), jedoch kann bereits die Entscheidung zur Niederlegung Zwischenschritt sein. Mit „spezifisch" ist nicht die inhaltliche Eignung zur Kursbeeinflussung (dazu Rn 6) gemeint, sondern der Emittenten- oder Inhaberpapierbezug (Rn 4) (*Assmann* aaO Rn 8).

III. Nicht öffentlich bekannt

3 Die Insiderinformation darf nicht öffentlich bekannt sein. Dieses Merkmal lässt sich nur **negativ abgrenzen** (*BaFin* S 32), dh es lässt sich nur bestimmen, ob die Insiderinformation öffentlich bekannt ist. Auch eine Veröffentlichung unter Verstoß gegen § 15 WpHG iVm WpAIV lässt die Eigenschaft als Insiderinformation entfallen (Assmann/Schneider WpHG/*Assmann* Rn 31; näher *S.H. Schneider* NZG 2005, 702 ff). Eine öffentlich bekannte Information kann mangels Qualität als Insiderinformation nie Grundlage eines Insidergeschäfts sein. Überwiegend wird auf die sog **Bereichsöffentlichkeit** abgestellt (RegBegr BT-Drucks 12/6679, 46). Demnach genügt die **Möglichkeit der Kenntnisnahme** durch die wesentlichen Marktteilnehmer (*Claussen* ZBB 1992, 267, 275). Eine **unbestimmte Zahl von Personen** muss von der Insiderinformation Kenntnis nehmen können (Schwark KMRK/*Schwark/Kruse* Rn 30; Kümpel/Wittig Bank- und Kapitalmarktrecht/*Rothenhöfer* Rn 3.489; RegBegr BT-Drucks 12/6679, 46), wobei es unerheblich ist, wer die Insiderinformation publik gemacht hat (*BaFin* aaO). Eine breite Öffentlichkeit ist dagegen nicht erforderlich (*Assmann* aaO Rn 34). Die Bekanntgabe durch ein allgemein zugängliches, elektronisches Informationsverbreitungssystem ist ausreichend (*BaFin* aaO; Schäfer/Hamann KMG/*Schäfer* Rn 34 ff). Eine Informationsweitergabe an einen **beschränkten Personenkreis** stellt

grds **keine Bereichsöffentlichkeit** her, selbst wenn Pressevertreter beteiligt sind oder jedermann eingeladen war (zB Bilanzpressekonferenz, Analystenveranstaltung, Information des Vorstandsvorsitzenden während der HV; *Schäfer* aaO Rn 36; Kümpel/Wittig Bank- und Kapitalmarktrecht/*Rothenhöfer* Rn 3.489; genügend auch nicht Werkzeitschrift uÄ, *Hopt* ZGR 1991, 17, 29 f, *Claussen* aaO, ebenso nicht nur in bestimmten Kreisen einschlägiger Börseninformationsdienst, Newsboard, Aktionärsbrief *BaFin* aaO; **aA** *Hagen-Eck/Wirsch* DB 2007, 504, 506). In der Praxis wird die Bereichsöffentlichkeit idR dadurch hergestellt, dass die betreffende Insiderinformation entweder als Ad-hoc Mitteilung veröffentlicht (DGAP, Euro Ad-hoc ua) oder in sonstiger Weise in Nachrichtenverbreitungssysteme (zB Reuters, Bloomberg, vwd, Nachrichtenagenturen) eingegeben wird und dort auch tatsächlich zugänglich gemacht wird (Fuchs WpHG/*Mennicke/Jakovou* Rn 94 mwN). Wegen der Pflicht zur **europaweiten Veröffentlichung** (vgl § 3a Abs 1, Abs 2 S 1 Nr 1 WpAIV) ist insoweit auch die Möglichkeit der Kenntnisnahme durch die wesentlichen Marktteilnehmer dahingehend zu verstehen, dass eine Insiderinformation nur dann als öffentlich bekannt gelten kann, wenn die Möglichkeit der Kenntnisnahme durch die wesentlichen Marktteilnehmer europaweit (EU und EWR) gewährleistest ist.

IV. Bezug auf Emittent oder Insiderpapier

Die Insiderinformation muss sich auf einen oder mehrere Emittenten von Insiderpapieren oder auf das Insiderpapier selbst beziehen. Die den Preis beeinflussenden Umstände müssen nicht ausschließlich im Tätigkeitsbereich des Emittenten eingetreten sein oder sich unmittelbar auf diesen beziehen. **Emittentenbezogene Informationen** betreffen interne Vorgänge des Emittenten oder spezifische Beziehungen des Emittenten zu seiner Umwelt (Assmann/Schneider WpHG/*Assmann* Rn 48; *Claussen* Rn 21; Schäfer/Hamann KMG/*Schäfer* Rn 43; **aA** *Tippach* WM 1993, 1269, 1271: nur betriebsinterne Daten, zB Absatzerfolg, Dividendenzahlungen). Zu den emittentenbezogenen Informationen zählen insbesondere Informationen, welche die Vermögens- und Finanzlage, Ertragslage, oder den allgemeinen Geschäftsverlauf des Emittenten betreffen, personelle und organisatorische Veränderungen und Veränderungen der Aktionärsstruktur (*Caspari* ZGR 1994, 530, 539), zB Dividendenbeschlüsse, Kapitalbeschlüsse, Unternehmensverträge (*Claussen* aaO), Wechsel im Vorstand (Schwark KMRK/*Schwark/Kruse* Rn 38; näher *Möllers* NZG 2005, 459, 461), Patentanmeldungen (*Siebold* S 109). **Insiderpapierbezogene Informationen** sind **marktbezogene** Informationen, zB Wertpapierempfehlungen einer Bank zum Kauf oder Verkauf, Orderlage in der Börse, Änderung des Dividendensatzes (*Claussen* Rn 22; *Schwark/Kruse* aaO; *Schäfer* aaO Rn 45; *Caspari* aaO 540; *Tippach* aaO; **aA** *Assmann* aaO Rn 49: **wertpapierspezifische** Informationen, die Umstände oder rechtliche Verhältnisse einer Klasse oder mehrerer bestimmter Klassen von Wertpapieren eines Emittenten oder bestimmte Wertpapierformen mehrerer Emittenten betreffen, zB höchstrichterliche Urteile bzgl Genussrechten). **Auch mittelbare Umstände** können Insiderinformationen sein. Hierunter können zB Marktdaten oder Marktinformationen fallen, dh Informationen über Rahmenbedingungen von Märkten oder die Märkte selbst, die im Einzelfall auch die Verhältnisse von Emittenten und Insiderpapieren berühren können (*Assmann* aaO Rn 45 mwN; *Schwark/Kruse* aaO Rn 40). Dies könnte etwa bei Zinsbeschlüssen der Notenbank, Devisenkursen, Rohstoffpreisen, branchenspezifischen statistischen Daten sowie Daten und Informationen betreffend den Wertpapierhandel

Holzborn

im jeweiligen Insiderpapier (Ordervolumen, Art der Order, Identität des Auftragsgebers usw, aber auch Aufnahme oder Ausscheiden aus dem Index) der Fall sein (*BaFin* S 32 f). Diese Qualifizierung gilt selbstverständlich nur, solange diese Daten nicht öffentlich sind.

V. Drittbezug (Scalping)

5 Selbstgeschaffene Tatsachen (zB eigene Pläne und Entschlüsse, Kauf und anschließende Empfehlung von Aktien zwecks Kursmanipulation) können mangels Drittbezugs idR keine Insiderinformationen sein (str, *BGH* NJW 2004, 302, 303; *LG Berlin* wistra 2005, 277, 279 f; *Sethe* ZBB 2006, 243, 247 f mwN; *Lenenbach* EWiR 2004, 307, 308; **aA** eingehend *Gaede/Mühlbauer* wistra 2005, 9 ff; *Pananis* NStZ 2004, 287, 288). Weitere Fälle eines fehlenden Drittbezugs sind Management-Buy-out, Kurspflegemaßnahmen und Änderung der Kurspflegepolitik (*Fleischer* DB 2004, 51, 53). Jedoch kann dies ggf eine Marktmanipulation gem § 20a WpHG beinhalten (*BGH* aaO; einschränkend *Pananis* aaO). Nur die Kenntnis von **fremden** Beschlüssen bzw Vorhaben können Insiderinformationen sein (*Sethe* aaO). Hingegen liegt beim Frontrunning (vgl Rn 9) Drittbezug vor, weil eine von außen herantretende Information benutzt wird (unstr, *BGH* aaO; *Schäfer* BKR 2004, 78, 79). Dasselbe gilt bei Warehousing-Strategien (dem Bieter wohlgesonnene Unternehmen erwerben Wertpapiere der Zielgesellschaft zwar auf dessen Veranlassung, aber auf eigene Rechnung) (*Fleischer* aaO).

VI. Kursbeeinflussungspotential

6 **1. Allgemeines.** Daneben ist die Eignung zur erheblichen Kursbeeinflussung erforderlich. Dieses Merkmal ist durch das AnSVG erheblich ausgeweitet worden. Es genügt für die Eignung zur erheblichen Kursbeeinflussung ein Kursbeeinflussungs**potential**, eine tatsächliche Kursbeeinflussung muss nicht stattgefunden haben (unstr, so schon *LG Stuttgart* BKR 2003, 167, 170; *Schäfer/Hamann* KMG/*Schäfer* Rn 48; *Kümpel* WM 1996, 653, 654). Bei Zwischenschritten ist auf das Kursbeeinflussungspotential bei Eintritt bzw hinreichender Wahrscheinlichkeit des Zwischenschritts abzustellen (*EuGH* NZG 2012, 784 Rn 33 ff).

7 **2. Prognose.** Hierfür ist auf eine Vorabbeurteilung abzustellen (sog **ex-ante-Betrachtung**), ohne dass es auf den späteren Eintritt ankommt (*BaFin* S 33; Schwark KMRK/ *Schwark/Kruse* Rn 44; vgl *OLG Düsseldorf* GWR 2010, 353 – IKB). Es ist auf die Sichtweise eines verständigen (börsenkundigen, dh mit den Marktgegebenheiten vertrauten) Investors abzustellen (*Schwark/Kruse* aaO Rn 46; *OLG Stuttgart* BB 2007, 565, 571; *LG Stuttgart* BKR 2003, 167, 170 f; Habersack/Mülbert/Schlitt/*Klawitter* § 25 Rn 18; *Kümpel* WM 1996, 653, 655; näher *Veil* ZBB 2006, 162, 164 f), der den Umstand in seiner Anlagestrategie mit einbezogen hätte (*BaFin* aaO). Der Maßstab ist objektiv; subjektive Besonderheiten des konkret Handelnden sind außer Acht zu lassen (Assmann/Schneider WpHG/*Assmann* Rn 56; *Holzborn/Israel* WM 2004, 1948, 1951; Heidel AnwK-AktR/*Fischer zu Cramburg/Royé* Rn 4; *LG Stuttgart* aaO 170). Die iRd Prognose bestehende **Wahrscheinlichkeit** muss dahingehend verdichtet sein, dass die Kursbeeinflussung bei öffentlichem Bekanntwerden der Information wahrscheinlicher ist als das Ausbleiben der Kursbeeinflussung (*Schwark/Kruse* aaO Rn 60 mwN; *Lenenbach* Rn 10.37). Bei zukunftsbezogenen Informationen muss neben der Kursbeeinflussung auch der Eintritt des Umstands wahrscheinlich sein (*Assmann* aaO Rn 61; Fuchs WpHG/*Mennicke/Jakovou* Rn 138; **aA** *Dreyling/Schäfer* Rn 61). In die Progno-

seentscheidung fließen alle zum Prognosezeitpunkt ex ante erkennbaren Marktverhältnisse ein (Zustand und Entwicklung der relevanten Märkte), ua Liquidität und Volatilität des konkreten Insiderpapiers, Zeitraum zwischen Eintritt des Umstands und voraussichtlicher Veröffentlichung und bereits vorhandener Kenntnisstand (bzw Erwartungshorizont) des Marktes hinsichtlich eines Umstands (*Assmann* aaO Rn 59; *Fürhoff/Wölk* WM 1997, 449, 455; *LG Stuttgart* aaO; *Lenenbach* Kapitalmarktrecht Rn 13.125). Der tatsächliche Kursverlauf ist wichtiges Beweisanzeichen für die spätere Überprüfung, wobei angesichts der Vielzahl von Einflussfaktoren keine überspannten Anforderungen gestellt werden (*BGH* 27.12010 ZIP 2010, 426).

3. Kurserheblichkeit. Ein verständiger Investor würde den Umstand in seine Anlagestrategie nur dann einbeziehen, wenn die Information einen **nennenswerten wirtschaftlichen Vorteil** verspricht (*BaFin* S 33; Assmann/Schneider WpHG/*Assmann* Rn 51). Da der Preis eines Finanzinstruments nicht nur von den Informationen über das betreffende Unternehmen selbst, sondern wesentlich auch von der Verfassung des Gesamtmarktes oder der Branche sowie von weiteren Faktoren abhängig ist, kann man nicht generell sagen, welchen Umständen eine Preisrelevanz zukommt (*BaFin* S 34). Es ist daher zunächst gesondert zu prüfen, ob der Umstand für sich alleine betrachtet nach allgemeiner Erfahrung ein entsprechendes **Preisbeeinflussungspotential** bietet. Im zweiten Schritt sind zum Zeitpunkt des Eintretens der Information die **vorliegenden** oder **absehbaren konkreten Umstände** zu berücksichtigen (*BaFin* S aaO). Dies betrifft zB auch die Vorwegnahme von Informationen in der Preisentwicklung. So kann eine Erhöhung des Umsatzes um 50 % zwar eine den Preis beeinflussende Information darstellen, die **Eignung zur erheblichen Preisbeeinflussung** hängt jedoch davon ab, inwieweit der Markt diese Entwicklung bereits anhand von Unternehmensberichterstattung oder weiterer Information aufgenommen hat (*BaFin* aaO). Dennoch bergen erheblich von der Prognose abweichende Geschäftszahlen idR ein Beeinflussungspotential und sind auch Ad-hoc publizitätspflichtig, während Geschäftszahlen, die im Bereich der Markterwartungen liegen, meist nicht als preisbeeinflussend einzustufen sind. Eine **genaue Schwelle** der Erheblichkeit für das Kursbeeinflussungspotential lässt sich **nicht** anführen, relevant bleibt immer der **Einzelfall** (*BGH* NJW 2010, 882; *LG Stuttgart* BKR 2003, 167, 170; *Brandi/Süßmann* AG 2004, 642; *Harbarth* ZIP 2003, 1898, 1901; *Koch* DB 2005, 267; zu früher angenommenen Werten 5 % Assmann/Schneider WpHG/*Assmann* Rn 63); die später tatsächlich eintretende Reaktion des Marktes stellt ein gewichtiges Beweisanzeichen dar (*BGH* aaO 883, 884; *Klöhn* DB 2010, 769, 770). Planungen und vorbereitende Maßnahmen werden idR erst mit Nähe zur Realisierung kurserheblich (*Brandi/Süßmann* aaO 643; vgl auch *Harbarth* aaO). Beispiel su § 15 Rn 3 f.

VII. Regelbeispiele

§ 13 Abs 1 S 4 WpHG führt zwei Regelbeispiele (RegBegr BT-Drucks 15/3174, 34) an. Nach **Nr 1** sind Insiderinformationen Informationen bezüglich Aufträge von anderen Personen über den Kauf oder Verkauf von Finanzinstrumenten. Vorausgesetzt ist, dass die Information nicht öffentlich ist (Rn 3). Obwohl der Gesetzeswortlaut insoweit schweigt, ist auch Kursbeeinflussungspotential (Rn 6 ff) erforderlich (Assmann/Schneider WpHG/*Assmann* Rn 71; *BaFin* S 34). Erfasst wird dadurch insbesondere das **Frontrunning** (Eigengeschäft in Kenntnis von Kundenaufträgen, zB Kauf von Aktien für sich selbst vor Ausführung eines kurserheblichen Kaufoders eines Kunden, *BaFin* S 35 mit weiteren Beispielen; auf Wertpapierdienstleistungsunternehmen beschränkend *Koch* DB 2005, 267, 268, str; Voraussetzung ist aber auf jeden Fall **Drittbezug**, Rn 5). Nach **Nr 2** sind Insiderinformationen auch nicht öffentlich bekannte Informationen bezüglich Derivate nach § 2 Abs 2 Nr 2 WpHG mit Bezug auf Waren, wenn der Marktteilnehmer erwarten bei der Information würde, dass sie diese Information in Übereinstimmung mit der zulässigen Praxis an den betreffenden Märkten erhalten würden. Auch hier ist wie bei Nr 1 Kursbeeinflussungspotential notwendige Voraussetzung (*Assmann* aaO Rn 73). Erfasst sind insbesondere Informationen, welche gemäß den auf der jeweiligen Warenbörse üblichen Vorschriften, Regeln und Verträgen bekannt zu geben sind (*BaFin* S 35).

VIII. Auswertung öffentlich bekannter Informationen (Abs 2)

10 Die Auswertung öffentlich bekannter Informationen stellt für sich genommen **keine Insiderinformation** dar. Wer also aus öffentlich zugänglichen Erkenntnisquellen einen Emittenten oder ein Wertpapier bewertet, begründet damit keine neue Insiderinformation. Dies gilt selbst dann, wenn die Bewertung zu einem erheblichen Kursausschlag führt (zB Kauf- oder Verkaufsempfehlung einer Bank aufgrund einer Wertpapieranalyse). Die Ausnahmeregel des Abs 2 findet jedoch dann keine Anwendung, wenn in die Auswertung nicht öffentlich bekannte Informationen einfließen, und zwar selbst dann, wenn die nicht öffentlich bekannte Information für sich betrachtet kein Kursbeeinflussungspotential aufweist (**hM**, Assmann/Schneider WpHG/*Assmann* Rn 75 mwN; Fuchs WpHG/*Mennicke/Jakovou* Rn 176). Streitig ist, ob auch das Wissen über die geplante Verwendung der Auswertung durch Dritte nicht mehr von Abs 2 erfasst wird mit der Folge, dass es Insiderinformation sein kann (so die **hM**, *Assmann* aaO Rn 76 f; Fuchs WpHG/*Mennicke/Jakovou* Rn 178 ff; KölnKomm WpHG/*Pawlik* Rn 112; *Hopt* ZGR 1991, 17, 34; *Immenga* ZBB 1995, 187, 203; Heidel AnwK-AktR/*Fischer zu Cramburg/Royé* Rn 5; nach Routineveröffentlichung und „spektakuläre" Aussage unterscheidend *Claussen* Rn 83). Zutreffend ist die **aA** (Schäfer/Hamann KMG/*Schäfer* Rn 61; offen lassend Schwark KMRK/*Schwark/Kruse* Rn 59), da diese Sinn und Zweck des § 13 Abs 2 WpHG eher gerecht wird als die hM. Zudem wird es in der Praxis schwierig sein, abzugrenzen und nachzuweisen, ob die Motivation in der Kenntnis der geplanten Verwendung der Auswertung war oder in der Information selbst lag (*Schwark/Kruse* aaO; Assmann/Schütze Handbuch des Kapitalanlagerechts/*Sethe* § 12 Rn 36).

§ 14 Verbot von Insidergeschäften

(1) Es ist verboten,
1. unter Verwendung einer Insiderinformation Insiderpapiere für eigene oder fremde Rechnung oder für einen anderen zu erwerben oder zu veräußern,
2. einem anderen eine Insiderinformation unbefugt mitzuteilen oder zugänglich zu machen,
3. einem anderen auf der Grundlage einer Insiderinformation den Erwerb oder die Veräußerung von Insiderpapieren zu empfehlen oder einen anderen auf sonstige Weise dazu zu verleiten.

(2) [1]Der Handel mit eigenen Aktien im Rahmen von Rückkaufprogrammen und Maßnahmen zur Stabilisierung des Preises von Finanzinstrumenten stellen in keinem

Fall einen Verstoß gegen das Verbot des Absatzes 1 dar, soweit diese nach Maßgabe der Vorschriften der Verordnung (EG) Nr. 2273/2003 der Kommission vom 22. Dezember 2003 zur Durchführung der Richtlinie 2003/6/EG des Europäischen Parlaments und des Rates – Ausnahmeregelungen für Rückkaufprogramme und Kursstabilisierungsmaßnahmen (ABl. EU Nr. L 336 S. 33) erfolgen. ²Für Finanzinstrumente, die in den Freiverkehr oder in den regulierten Markt einbezogen sind, gelten die Vorschriften der Verordnung (EG) Nr. 2273/2003 entsprechend.

Übersicht

	Rn		Rn
I. Allgemeines	1	IV. Empfehlungsverbot	
II. Nutzungsverbot (Abs 1 Nr 1)	2	(Abs 1 Nr 3)	6
1. Erwerb/Veräußerung	2	V. Subjektiver Tatbestand, Strafbarkeit	7
2. Verwendung	3		
III. Weitergabeverbot (Abs 1 Nr 2)	4	VI. Sonderfälle (Abs 2)	8
1. Weitergabe	4	VII. Nichtigkeit, Schadensersatz	9
2. Befugnis zur Weitergabe	5		

Literatur: *Bussian* Die Verwendung von Insiderinformationen, WM 2011, 8; *Cahn/Götz* Ad-hoc-Publizität und Regelberichterstattung, AG 2007, 221; *Cascante/Bingel* Insiderhandel:- in Zukunft leichter nachweisbar? – Die Auslegung des Insiderrechts durch den EuGH und die Folgen in der M&A-Praxis, NZG 2010, 161; *Fromm-Russenschuck/Nirmal* Die Zulässigkeit des Handels mit Insiderpapieren nach Durchführung einer Due Diligence-Prüfung, BB 2004, 2425; *Grunewald* Neue Regeln zum Insiderhandel, ZBB 1990, 129; *Hagen-Eck/Wirsch* Gestaltung von Directors' Dealings und die Pflichten nach § 15a WpHG, DB 2007, 504; *Hemeling* Gesellschaftsrechtliche Fragen der Due Diligence beim Unternehmenskauf, ZHR 169 (2005), 274; *Kaiser* Die Sanktionierung von Insiderverstößen und das Problem der Kursmanipulation, WM 1997, 1557; *Nietsch* Die Verwendung der Insiderinformation, ZHR 2010, 556; *Schlitt* Strafrechtliche Risiken bei Squeeze-out und Delisting, NZG 2006, 925; *Schneider* Unternehmenserwerb mit Informationen aus einer Due Diligence kein strafbarer Insiderhandel, DB 2005, 2678; vgl auch Angaben bei § 12 WpHG; *St. Schulz* Das Insiderhandelsverbot nach § 14 Abs 1 Nr 1 WpHG im Lichte der Spector-Rechtsprechung des EuGH, ZIP 2010, 609; *Villeida*, Prävention und Repression von Insiderhandel, 2010.

I. Allgemeines

§ 14 WpHG enthält ein Verbot hinsichtlich der Nutzung und Weitergabe von Insiderinformationen und auf solche Informationen gestützte Empfehlungen. § 14 WpHG schützt nur das **überindividuelle** Rechtsgut der Funktionsfähigkeit des organisierten Kapitalmarkts, der Schutz des einzelnen Anlegers ergibt sich daraus nur als Reflex (Assmann/Schneider WpHG/*Assmann* Rn 7 und 10; Schwark KMRK/*Schwark/Kruse* Rn 5; Kümpel/Wittig Bank- und Kapitalmarktrecht/*Rothenhöfer* Rn 3.459; vgl auch *Grunewald* ZBB 1990, 128 ff). Die Verbotsnorm des § 14 WpHG ist im Zusammenhang mit den Sanktionsnormen §§ 38, 39 WpHG zu lesen. 1

II. Nutzungsverbot (Abs 1 Nr 1)

1. Erwerb/Veräußerung. Nr 1 regelt das Verbot des Erwerbs und der Veräußerung 2 von Insiderpapieren. Erfasst wird auch das Handeln als Vertreter, mittelbarer Vertreter („Strohmann") oder Kommissionär (*BaFin* S 35 f). Erwerb und Veräußerung liegen bereits dann vor, wenn die Vertragsgestaltung sicherstellt, dass der Insider den aus

Anh § 93/§ 14 WpHG Verbot

dem Geschäft erwarteten Gewinn realisieren kann (Assmann/Schneider WpHG/*Assmann* Rn 12; *OLG Karlsruhe* NJW-RR 2004, 984, 985 f; Schäfer/Hamann KMG/*Schäfer* Rn 12, nicht notwendig ist aber ein eingetretener Gewinn). Einer Verfügung oder der Erlangung von Verfügungsmacht im sachenrechtlichen Sinne bedarf es nicht (*OLG Karlsruhe* aaO; *Lenenbach* Kapitalmarktrecht Rn 13.137). Damit kann ein Erwerb bzw eine Veräußerung bereits bei Ausführung einer Order vorliegen (*BaFin* S 36). **Erfasst sind** Pensionsgeschäfte (Verkauf eines Wertpapiers bei gleichzeitiger Vereinbarung des Rückkauftermins) und Wertpapierleihen, **nicht** aber Vererbung, Schenkung oder Geschäfte mit Bedingungen, deren Eintritt vom Willen der anderen Vertragspartei abhängt (*BaFin* aaO), ferner auch nicht Verpfändungen (*Claussen* Rn 38). Unerheblich ist, auf welche Art und Weise das Insidergeschäft ausgeführt worden ist. Erfasst werden daher sowohl börsliche als auch außerbörsliche Geschäfte (Over-the-Counter [OTC]-Geschäft, Telefonhandel, „Face-to-Face"-Geschäft; *Cahn* Der Konzern 2005, 5, 7 f; Schwark KMRK/*Schwark/Kruse* Rn 9). **In keinem Fall** erfasst sind **Unterlassen** und **vergleichbare Handlungen** wie Storno, Rücktritt, Rücknahme, Nichtausübung einer Option (*Assmann* aaO Rn 16 f; *Lenenbach* aaO Rn 13.139; Fuchs WpHG/*Mennicke* Rn 34; *Schäfer* aaO Rn 14: Grund ist das Analogieverbot; **aA** *Claussen* Rn 61).

3 **2. Verwendung.** Anders als vor 2004 spielt das Merkmal „Ausnutzen" beim Insidergeschäftsverbot keine Rolle mehr, **es reicht** vielmehr die **Verwendung**. Verwendung setzt voraus, dass die Kenntnis der Insiderinformation ursächlich iSd der conditio sine qua non für den Erwerb bzw die Veräußerung des Insiders ist (Assmann/Schneider WpHG/*Assmann* Rn 25; *Bürgers* BKR 2004, 424, 425; *Schlitt* NZG 2006, 925, 930; *Schneider* DB 2005, 2678, 2679). Ursächlichkeit setzt voraus, dass die Insiderinformation in das Handeln des Täters (mit) einfließt (*Assmann* aaO Rn 25; Fuchs WpHG/*Mennicke* Rn 52; *BaFin* S 36); Passives Geschehenlassen genügt auf keinen Fall (*Hagen-Eck/Wirsch* DB 2007, 504, 506). Die Ursächlichkeit fehlt bei Erfüllungsgeschäften (Habersack/Mülbert/Schlitt/*Klawitter* § 32 Rn 25; RegBegr BT-Drucks 15/3174 S 34 f; Art 2 III RL 2003/6/EG) wie auch bei Verwertung einer Sicherheit (*BaFin* S 37). Kausalität liegt auch immer dann nicht vor, wenn der Entschluss vor Kenntniserlangung gefasst worden ist (*Hagen-Eck/Wirsch* aaO 505). Ferner liegt eine Verwendung der Insiderinformation auch dann nicht vor, wenn der Insider über keinen relevanten Wissensvorsprung gegenüber dem Vertragspartner des potentiellen Insichgeschäfts verfügt (*Assmann* aaO Rn 28; *Cahn* Der Konzern 2005, 5, 11). Ein Erwerb nach einer Due-Diligence-Prüfung fällt, sofern nicht vom ursprünglichen Masterplan abweichende Informationen verwendet werden, somit idR nicht unter § 14 Abs 1 Nr 1 WpHG. (*BaFin* S 37 f, *Schneider* aaO 2678 ff; anderes gilt für alongside purchases – zusätzlicher Erwerb, *Hemeling* ZHR 169 (2005), 274, 284 f). Ursächlichkeit setzt weiterhin voraus, dass der Insider **im Zeitpunkt der Ordererteilung** (bzw der **maßgeblichen Beschlussfassung**) **Kenntnis** von der Insiderinformation haben muss (*BaFin* S 36 f; *Klawitter* aaO Rn 27); auch das Urteil des *EuGH* (*EuGH* WM 2010, 65, 68 f – „Spector Photo Group" zu einer Regelung Belgiens) ändert an der Notwendigkeit eines subjektiven Tatbestandsmerkmals nichts, der *EuGH* entnimmt aus dem Vorliegen des objektiven Tatbestandes, (Geschäft und Kenntnis) eine widerlegliche Vermutung (*EuGH* aaO, krit Anm bei *Hammen* WuB I G 7. – 1.10; *Cascante/Bingel* NZG 2010, 162 f; *Bussian* WM 2011, 8 ff; krit *Nietsch* ZHR 2010, 556 ff), die im deutschen Strafrecht nur als Regelvermutung gelten kann (zu OWiG Norm *BVerfGE* 9, 167), welche im Einzelfall etwa durch geplante Transaktionsdokumentation zu entkräften ist (*Cascante/Bingel* NZG 2010, 163 f. Die Qualifikation der Verwendung als Insidergeschäft muss bei Vornahme des Insidergeschäfts gegeben sein (*Hagen-Eck/Wirsch* aaO). Beim „Scalping" und bei sonstigen Maßnahmen ohne Drittbezug liegt bereits keine Insiderinformation vor (§ 13 WpHG Rn 5), so dass § 14 WpHG erst gar nicht in Betracht kommt.

III. Weitergabeverbot (Abs 1 Nr 2)

1. Weitergabe. Nr 2 regelt das Verbot der unbefugten Weitergabe von Insiderinformationen. **Mitteilen** bedeutet unmittelbare Übermittlung, **Zugänglichmachen** das Herbeiführen von Umständen, durch welche ein Dritter Kenntnis von der Insiderinformation erlangen kann (*BaFin* S 41; weitergehend *Sethe* ZBB 2006, 243, 246 f). Ein Zugänglichmachen kann bereits im sorglosen Umgang mit der Insiderinformation vorliegen (zB offenes Liegenlassen vertraulicher Unterlagen auf dem Schreibtisch, Mithörenlassen von Telefonaten, offene Gespräche im Taxi oder Restaurant, Mitteilung eines Passworts für den Computer; Schäfer/Hamann KMG/*Schäfer* Rn 20). Voraussetzung ist aber in allen Fällen die **tatsächliche Kenntniserlangung** durch den Dritten, wobei die Kenntniserlangung **kausal** auf der Mitteilung bzw dem Zugänglichmachen beruhen muss, also nicht schon bekannt sein darf (Assmann/Schneider WpHG/*Assmann* Rn 69; Schwark KMRK/*Schwark/Kruse* Rn 44; aA *Sethe* aaO 248 f; Lenenbach Kapitalmarktrecht Rn 13.154; Fuchs WpHG/*Mennicke* Rn 189). Nicht erfasst ist der bloße Rat, ein bestimmtes Geschäft zu **unterlassen** (*Lenenbach* aaO Rn 13.153; *Schäfer* aaO Rn 14). 4

2. Befugnis zur Weitergabe. Eine Befugnis zur Weitergabe besteht bei Weitergabe im **normalen** Rahmen bei Ausübung der Arbeit oder des Berufs oder in Erfüllung von Aufgaben des Insiders (zB Rechtsanwälte, Steuerberater, Wirtschaftsprüfer, Kredit- und Finanzinstitute, Ratingagenturen) für den Emittenten (*BaFin* S 41). Die Weitergabe der Information muss aufgrund betrieblicher Gründe **sachgerecht** sein (enger Zusammenhang; *Sethe* ZBB 2006, 243, 250, *EuGH* NJW 2006, 133, 135). Dieses Kriterium gilt sowohl bei innerbetrieblichem Informationsfluss als auch bei Informationsfluss nach außen. Weitergabebefugnis liegt zumindest immer dann vor, wenn der Informationsempfänger für einen Tätigkeitsbereich verantwortlich ist und die Information dem Tätigkeitsbereich dient (Marsch-Barner Hdb AG/*Schäfer* § 13 Rn 55, zB Weitergabe an AR oder Betriebsrat; weiter Heidel AnwK-AktR/*Fischer zu Cramburg/Royé* Rn 6: an alle Vorstandsmitglieder, Geschäftsführer und persönlich haftende Gesellschafter, ungeachtet der Ressortverteilung). Dies ist unabhängig davon, ob die Tätigkeit ohne die Information verrichtet werden könnte (*Cahn/Götz* AG 2007, 221, 226). Eine Verschwiegenheitspflicht ist nicht Voraussetzung (*BaFin* aaO, *Sethe* aaO). Eine gesetzlich zwingende Weitergabe der Information ist immer eine befugte Weitergabe. Bei **§ 131 AktG** (Auskunftsrecht der Aktionäre) besteht wegen des Verweigerungsgrundes nach § 131 Abs 3 Nr 5 AktG keine solche Pflicht (Assmann/Schneider WpHG/*Assmann* Rn 87). Entsprechendes gilt beim Zeugnisverweigerungsrecht in einem Rechtsstreit, zB aufgrund der Eigenschaft als Rechtsanwalt (Schwark KMRK/*Schwark/Kruse* Rn 64). Im Rahmen einer **Due Dilligence** darf der Emittent in gewissem Umfang Insiderinformationen weitergeben (*BaFin* aaO, eingehend *Hemeling* ZHR 169 (2005), 274, 283 f; *Fromm-Russenschuck/Nirmal* BB 2004, 2425 ff; vgl jedoch § 15 Abs 1 S 3 WpHG – Pflicht zur Vertraulichkeit). Eine Weitergabe **zwecks Veröf-** 5 fentlichung der Insiderinformation, zB durch einen Dienstleister, ist selbstverständlich zulässig.

IV. Empfehlungsverbot (Abs 1 Nr 3)

6 Nr 3 regelt das Verbot der Empfehlung und des Verleitens zum Erwerb und zur Veräußerung von Insiderpapieren. Die Empfehlung bzw das Verleiten muss kausal durch die Insiderinformation bedingt sein (Assmann/Schneider WpHG/*Assmann* Rn 120 und 127). Verleiten heißt den Willen eines anderen durch beliebige Mittel beeinflussen (*BaFin* S 41). Die Insiderinformation muss dabei nicht offengelegt werden (*BaFin* aaO). Es gelten dieselben Maßstäbe wie bei der Theorie des geistigen Kontakts iRd Anstiftung (§ 26 StGB, vgl dazu Leipziger Kommentar/*Schünemann* § 26 StGB Rn 3 ff und Schönke/Schröder StGB/*Heine* § 26 Rn 4 ff). Der **Rat** eines Insiders, **von einem** bereits **beabsichtigten Wertpapiergeschäft abzusehen**, bleibt **zulässig** (Schäfer/Hamann KMG/*Schäfer* Rn 36). Das Abraten darf insoweit auch nicht als Empfehlung zur jeweils entgegengesetzten Handlung umgedeutet werden. Ein Anderer iSd Nr 3 ist auch ein Konzernunternehmen (*Assmann* aaO Rn 121).

V. Subjektiver Tatbestand, Strafbarkeit

7 Der subjektive Tatbestand wird iRd Verbotsnormen §§ 38 (Strafbarkeit), 39 (Ordnungswidrigkeit) WpHG relevant. Nach §§ 38 Abs 1 Nr 1 iVm Abs 4 iVm 14 Abs 1 Nr 1 WpHG genügt bereits leichtfertiges Verhalten. §§ 38 Abs 1 Nr 2 iVm 39 Abs 2 Nr 3 und 4, 14 Abs 1 Nr 2 und 3 WpHG verlangen hingegen Vorsatz und gelten nur für diejenigen, die bestimmungsgemäß mit der Information in Berührung kommen (Primärinsider). Für sonstige Personen und bei nur leichtfertigen Verstößen gegen § 14 Abs 1 Nr 2 und 3 WpHG gelten § 39 Abs 2 Nr 3 und 4 WpHG mit der Folge der Ordnungswidrigkeit. Das Insiderwissen muss bei der Tathandlung vorliegen (s auch Rn 3). Der Vorsatz muss die maßgebenden Umstände (auch hinsichtlich der Qualifikationen als Insiderpapier und als Insiderinformation inklusive Kursbeeinflussungspotential) erfassen. Bedingter Vorsatz genügt (*LG Augsburg* NStZ 2005, 109, 110). Leichtfertigkeit ist eine Verletzung der gebotenen Sorgfalt in ungewöhnlich hohem Maß (*BaFin* S 44).

VI. Sonderfälle (Abs 2)

8 Nicht vom Insiderhandelsverbot erfasst ist der **Handel mit eigenen Aktien** im Rahmen von **Rückkaufprogrammen** und **Kursstabilisierungsmaßnahmen, wenn sie in Übereinstimmung mit EU-Bestimmungen** durchgeführt werden. Diese sind in der VO EG-Nr 2273/2003 niedergelegt und bestimmen ua, dass ein **Aktienrückkauf** nur dann vom Insiderhandelsverbot ausgenommen ist, wenn er ausschließlich dem Zweck dient, das Kapital eines Emittenten herabzusetzen, die Verpflichtung aus einem Schuldtitel, der in Beteiligungskapital umgewandelt werden kann (Wandel- oder Optionsschuldverschreibungen sowie Genussrechte) zu erfüllen oder die Verpflichtung aus einem Mitarbeiterbeteiligungsprogramm zu erfüllen. Dieses gilt auch für Tochtergesellschaften. Daneben sind diverse weitere Informationspflichten gem Art 4 und 5 der EU-Durchführungsverordnung zu beachten. Auch **Kursstabilisierungsmaßnahmen** sind nur dann vom Insiderhandelsverbot freigestellt, wenn sie gem Art 8 bis 10 der EU-Durchführungsverordnung durchgeführt werden. Hier sind eine zeitliche Befristung, die Nähe zur Erstplatzierung und umfangreiche Informationspflichten die Voraussetzung.

VII. Nichtigkeit, Schadensersatz

Ein Verstoß gegen § 14 WpHG führt **nicht zur Nichtigkeit** nach § 134 BGB (Assmann/ Schneider WpHG/*Assmann* Rn 206; Schäfer/Hamann KMG/*Schäfer* Rn 96). Ein Schadensersatzanspruch müsste an der nach § 14 Abs 1 WpHG verbotenen Handlung als schädigendes Ereignis anknüpfen und aus dieser verbotenen Handlung müsste ein Schaden resultieren. Eine solche Konstellation ist kaum vorstellbar (vgl *Grunewald* ZBB 1990, 128, 129; *Siebold* S 191 f). § 14 WpHG ist kein Schutzgesetz iSd § 823 Abs 2 BGB (**hM**, *Kaiser* WM 1997, 1557, 1559 f; *Claussen* Rn 52; vgl auch Rn 1: kein Individualschutz). Denkbar ist jedoch ein Schadensersatz aus § 826 BGB (*Kaiser* aaO 1560; vgl auch *Grunewald* aaO 130; ebenso Marsch-Barner/Schäfer Hdb AG/*Schäfer* § 13 Rn 101, der jedoch nur einen kleinen Anwendungsbereich sieht – namentlich bei face-to-face-Geschäften).

§ 15 Mitteilung, Veröffentlichung und Übermittlung von Insiderinformationen an das Unternehmensregister

(1) ¹**Ein Inlandsemittent von Finanzinstrumenten muss Insiderinformationen, die ihn unmittelbar betreffen, unverzüglich veröffentlichen; er hat sie außerdem unverzüglich, jedoch nicht vor ihrer Veröffentlichung dem Unternehmensregister im Sinne des § 8b des Handelsgesetzbuchs zur Speicherung zu übermitteln.** ²**Als Inlandsemittent gilt im Sinne dieser Vorschrift auch ein solcher, für dessen Finanzinstrumente erst ein Antrag auf Zulassung gestellt ist.** ³**Eine Insiderinformation betrifft den Emittenten insbesondere dann unmittelbar, wenn sie sich auf Umstände bezieht, die in seinem Tätigkeitsbereich eingetreten sind.** ⁴**Wer als Emittent oder als eine Person, die in dessen Auftrag oder auf dessen Rechnung handelt, im Rahmen seiner Befugnis einem anderen Insiderinformationen mitteilt oder zugänglich macht, hat diese gleichzeitig nach Satz 1 zu veröffentlichen und dem Unternehmensregister im Sinne des § 8b des Handelsgesetzbuchs zur Speicherung zu übermitteln, es sei denn, der andere ist rechtlich zur Vertraulichkeit verpflichtet.** ⁵**Erfolgt die Mitteilung oder Zugänglichmachung der Insiderinformation nach Satz 4 unwissentlich, so ist die Veröffentlichung und die Übermittlung unverzüglich nachzuholen.** ⁶**In einer Veröffentlichung genutzte Kennzahlen müssen im Geschäftsverkehr üblich sein und einen Vergleich mit den zuletzt genutzten Kennzahlen ermöglichen.**

(2) ¹**Sonstige Angaben, die die Voraussetzungen des Absatzes 1 offensichtlich nicht erfüllen, dürfen, auch in Verbindung mit veröffentlichungspflichtigen Informationen im Sinne des Absatzes 1, nicht veröffentlicht werden.** ²**Unwahre Informationen, die nach Absatz 1 veröffentlicht wurden, sind unverzüglich in einer Veröffentlichung nach Absatz 1 zu berichtigen, auch wenn die Voraussetzungen des Absatzes 1 nicht vorliegen.**

(3) ¹**Der Emittent ist von der Pflicht zur Veröffentlichung nach Absatz 1 Satz 1 solange befreit, wie es der Schutz seiner berechtigten Interessen erfordert, keine Irreführung der Öffentlichkeit zu befürchten ist und der Emittent die Vertraulichkeit der Insiderinformation gewährleisten kann.** ²**Die Veröffentlichung ist unverzüglich nachzuholen.** ³**Absatz 4 gilt entsprechend.** ⁴**Der Emittent hat die Gründe für die Befreiung zusammen mit der Mitteilung nach Absatz 4 Satz 1 der Bundesanstalt unter Angabe des Zeitpunktes der Entscheidung über den Aufschub der Veröffentlichung mitzuteilen.**

(4) [1]Der Emittent hat die nach Absatz 1 oder Absatz 2 Satz 2 zu veröffentlichende Information vor der Veröffentlichung
1. der Geschäftsführung der inländischen organisierten Märkte, an denen die Finanzinstrumente zum Handel zugelassen sind,
2. der Geschäftsführung der inländischen organisierten Märkte, an denen Derivate gehandelt werden, die sich auf die Finanzinstrumente beziehen, und
3. der Bundesanstalt

mitzuteilen. [2]Absatz 1 Satz 6 sowie die Absätze 2 und 3 gelten entsprechend. [3]Die Geschäftsführung darf die ihr nach Satz 1 mitgeteilte Information vor der Veröffentlichung nur zum Zweck der Entscheidung verwenden, ob die Ermittlung des Börsenpreises auszusetzen oder einzustellen ist. [4]Die Bundesanstalt kann gestatten, dass Emittenten mit Sitz im Ausland die Mitteilung nach Satz 1 gleichzeitig mit der Veröffentlichung vornehmen, wenn dadurch die Entscheidung der Geschäftsführung über die Aussetzung oder Einstellung der Ermittlung des Börsenpreises nicht beeinträchtigt wird.

(5) [1]Eine Veröffentlichung von Insiderinformationen in anderer Weise als nach Absatz 1 in Verbindung mit einer Rechtsverordnung nach Absatz 7 Satz 1 Nr. 1 darf nicht vor der Veröffentlichung nach Absatz 1 Satz 1, 4 oder 5 oder Absatz 2 Satz 2 vorgenommen werden. [2]Der Inlandsemittent hat gleichzeitig mit den Veröffentlichungen nach Absatz 1 Satz 1, Satz 4 oder Satz 5 oder Absatz 2 Satz 2 diese der Geschäftsführung der in Absatz 4 Satz 1 Nr. 1 und 2 erfassten organisierten Märkte und der Bundesanstalt mitzuteilen; diese Verpflichtung entfällt, soweit die Bundesanstalt nach Absatz 4 Satz 4 gestattet hat, bereits die Mitteilung nach Absatz 4 Satz 1 gleichzeitig mit der Veröffentlichung vorzunehmen.

(6) [1]Verstößt der Emittent gegen die Verpflichtungen nach den Absätzen 1 bis 4, so ist er einem anderen nur unter den Voraussetzungen der §§ 37b und 37c zum Ersatz des daraus entstehenden Schadens verpflichtet. [2]Schadenersatzansprüche, die auf anderen Rechtsgrundlagen beruhen, bleiben unberührt.

(7) [1]Das Bundesministerium der Finanzen kann durch Rechtsverordnung, die nicht der Zustimmung des Bundesrates bedarf, nähere Bestimmungen erlassen über
1. den Mindestinhalt, die Art, die Sprache, den Umfang und die Form der Veröffentlichung nach Absatz 1 Satz 1, 4 und 5 sowie Absatz 2 Satz 2,
2. den Mindestinhalt, die Art, die Sprache, den Umfang und die Form einer Mitteilung nach Absatz 3 Satz 4, Absatz 4 und Absatz 5 Satz 2 und
3. berechtigte Interessen des Emittenten und die Gewährleistung der Vertraulichkeit nach Absatz 3.

[2]Das Bundesministerium der Finanzen kann die Ermächtigung durch Rechtsverordnung auf die Bundesanstalt für Finanzdienstleistungsaufsicht übertragen.

Übersicht

	Rn		Rn
I. Allgemeines	1	IV. Berichtigung (Abs 2 S 2)	6
II. Voraussetzungen	2	V. Sonstige Angaben	7
1. Inlandsemittent	2	VI. Veröffentlichung und Übermitt-	
2. Betroffene Informationen	3	lung	8
III. Publizitäts- und Übermittlungs-		VII. Befreiungsregelung (Abs 3)	9
pflicht aufgrund Weitergabe der		VIII. Vorabmitteilung	11
Information (Abs 1 S 4 und 5)	5	IX. Folgen von Pflichtverletzungen	12

Literatur: *Assmann* Ad hoc-Publizitätspflichten im Zuge von Enforcementverfahren zur Überprüfung der Rechnungslegung nach §§ 342b ff. HGB und §§ 37n ff. WpHG, AG 2006, 261; *Bachmann* Die Ad-hoc-Publizität nach „Geltl", DB 2012, 2206; *Bosse* Wesentliche Neuregelungen ab 2007 aufgrund des Transparenzrichtlinie-Umsetzungsgesetzes für börsennotierte Unternehmen, DB 2007, 39; *Cahn/Götz* Ad-hoc-Publizität und Regelberichterstattung, AG 2007, 221; *Forst* Die ad-hoc-pflichtige Massenentlassung, DB 2009, 607; *Gahlen/A. Schäfer* Bekanntmachung von fehlerhaften Rechnungslegungen im Rahmen des Enforcementverfahrens: Ritterschlag oder Pranger?, BB 2006, 1619; *Gottschalk* Die deliktische Haftung für fehlerhafte Ad-hoc-Mitteilungen, DStR 2005, 1648; *Hirte* Ad-hoc-Publizität und Krise der Gesellschaft, ZInsO 2006, 1289; *Holzborn/Foelsch* Schadensersatzpflichten von Aktiengesellschaften und deren Management bei Anlegerverlusten – Ein Überblick, NJW 2003, 932; *Klöhn* Die Regelung selektiver Informationsweitergabe gem § 15 I 4 und 5 WpHG – eine Belastungsprobe, WM 2010, 1869; *Kocher* Ad-hoc-Publizität in Unternehmenskrise und Insolvenz, NZI 2010, 925; *Leuering* Die Ad-hoc-Pflicht auf Grund der Weitergabe von Insiderinformationen (§ 15 I 3 WpHG), NZG 2005, 13; *Mennicke* Ad-hoc-Publizität bei gestreckten Entscheidungsprozessen und die Notwendigkeit einer Befreiungsentscheidung des Emittenten, NZG 2009, 1059; *Messerschmidt* Die neue Ad-hoc-Publizitätspflicht bei mehrstufigen Entscheidungsprozessen – Ist der Aufsichtsrat damit überflüssig?, BB 2004, 2538; *Pattberg/Bredol* Der Vorgang der Selbstbefreiung von der Ad-hoc-Publizitätspflicht, NZG 2013, 87; *Pirner/Lebherz* Wie nach dem Transparenzrichtlinie-Umsetzungsgesetz publiziert werden muss, AG 2007, 1; *Röder/Merten* Ad-hoc-Publizitätspflicht bei arbeitsrechtlich relevanten Maßnahmen, NZA 2005, 268; *S.H. Schneider* Selbstbefreiung von der Pflicht zur Ad-hoc-Publizität, BB 2005, 897; *U.H. Schneider/Gilfrich* Die Entscheidung des Emittenten über die Befreiung von der Ad-hoc-Publizitätspflicht, BB 2007, 53; *Simon* Die neue Ad-hoc-Publizität, Der Konzern 2005, 13; *Spindler/Speier* Die neue Ad-hoc-Publizität im Konzern, BB 2005, 2031; *Tollkühn* Die Ad-hoc-Publizität nach dem Anlegerschutzverbesserungsgesetz, ZIP 2004, 2215; *Veith* Die Befreiung von der Ad-hoc-Publizitätspflicht nach § 15 III WpHG, NZG 2005, 254; *Widder* Befreiung von der Ad-hoc-Publizität ohne Selbstbefreiungsbeschluss?, BB 2009, 967; *ders* Vorsorgliche Ad-hoc-Meldungen und vorsorgliche Selbstbefreiungen nach § 15 Abs 3 WpHG, DB 2008, 1480; *Widder/Gallert* Ad-hoc-Publizität infolge der Weitergabe von Insiderinformationen – Sinn und Unsinn von § 15 I 3 WpHG, NZG 2006, 451; vgl auch Angaben bei § 12 WpHG.

I. Allgemeines

Wichtiger Bestandteil des WpHG ist die Pflicht zur sog **Ad-hoc Publizität** gem § 15 WpHG. Die Ad-hoc Publizität bzw Mitteilungs- und Übermittlungspflicht ist die Pflicht des Inlandsemittenten von Finanzinstrumenten, Insiderinformationen mit Kursbeeinflussungspotential, die ihn unmittelbar betreffen, unverzüglich zu veröffentlichen. Sinn dieser Pflicht ist die Steigerung der Transparenz des Kapitalmarkts (*OLG Stuttgart* BB 2007, 565, 566 f). Eine Veröffentlichung als Insiderinformation führt zum Verlust der Qualifikation des Umstands als solche. § 15 WpHG wird durch die WpAIV (Wertpa- 1

Anh § 93/§ 15 WpHG Mitteilung

pierhandelsanzeige- und Insiderverzeichnisverordnung, Ermächtigung: Abs 7 WpHG) ergänzt. § 15 WpHG und die WpAIV haben durch das TUG vom 5.1.2007 (BGBl I S 10) wesentliche Änderungen erfahren (dazu *Bosse* DB 2007, 39 f).

II. Voraussetzungen

2 **1. Inlandsemittent.** Gemäß des Herkunftsprinzips der Transparenzrichtlinie sind Adressaten der Veröffentlichungspflicht Inlandsemittenten iSd § 2 Abs 7 WpHG (RegBegr BT-Drucks 16/2498, 32), d.h. mit Herkunftstaat Bundesrepublik Deutschland von Finanzinstrumenten (§ 12 WpHG Rn 2). Ergänzt wird § 2 Abs 7 WpHG durch Abs 1 S 2 WpHG, wonach als Inlandsemittent iRd § 15 WpHG auch derjenige gilt, dessen Finanzinstrumente noch nicht zugelassen sind, wenn ein Antrag auf Zulassung gestellt ist (vgl Art 9 RL 2003/6/EG). Öffentliche Ankündigung iSd § 12 S 2 WpHG genügt nicht (Assmann/Schneider WpHG/*Assmann* Rn 44; Fuchs WpHG/ *Pfüller* Rn 71). § 2 Abs 7 iVm Abs 6 WpHG nimmt Bezug nur auf den organisierten Markt, somit scheiden Emittenten mit Finanzinstrumenten nur im Freiverkehr und außerbörslichen Handel aus.

3 **2. Betroffene Informationen.** Die Veröffentlichungs- und Übermittlungspflicht greift nur bei Insiderinformationen (§ 13 WpHG, s dort), die den Inlandsemittenten unmittelbar betreffen. S 3 übernimmt die engere Formulierung vor dem AnSVG vom 29.10.2004 (BGBl I S 2630) als Regelbeispiel (*Brandi/Süßmann* AG 2004, 642, 649), so dass dies insbesondere bei Eintreten im Tätigkeitsbereich gilt. Zum Tätigkeitsbereich des Emittenten sind ua das Handeln seiner Organe zu zählen (Assmann/Schneider WpHG/*Assmann* Rn 59), Kapital- und Strukturmaßnahmen (Habersack/Mülbert/ Schlitt/*Klawitter* § 25 Rn 84), ferner Transaktionen, bei denen der Emittent als Erwerber oder Veräußerer auftritt (*Harbarth* ZIP 2005, 1898, 1903; bezüglich Zielgesellschaft vgl *Brandi/Süßmann* aaO 654 ff). In **mehrstufigen Entscheidungsprozessen** bzw bei Zwischenschritten kann auf jeder Stufe bzw bei jedem Schritt eine Pflicht zur Ad-hoc-Publizität gegeben sein, vorausgesetzt eine Insiderinformation liegt vor (s § 13 WpHG Rn 2 und Rn 10 aE, *OLG Frankfurt* NJW 2009, 1520 f; *Mennicke* NZG 2009, 1059, 1060; *Simon* Der Konzern 2005, 13, 16; *Veith* NZG 2005, 254, 256; **aA** *OLG Stuttgart* WM 2009, 1233, 1237) möglich ist aber die Verzögerung nach § 15 Abs 3 WpHG, s Rn 9. Wesentlich ist das Kriterium der **Unmittelbarkeit zum Emittenten** (und nicht bloß zu den von ihm emittierten Finanzinstrumenten, BaFin S 55 und S 42 Punkt 3). Bei Derivaten ist nur der Emittenten des Derivats und nicht des Basiswerts relevant (*BaFin* aaO). Bei **verbundenen Unternehmen** können Vorgänge im Konzern veröffentlichungs- und übermittlungspflichtige Umstände sein, wenn diese Vorgänge auch für den Emittenten kurserheblich sein (*Assmann* aaO Rn 72; Heidel AnwK-AktR/*Fischer zu Cramburg/Royé* Rn 12). Es können somit wegen eines Vorgangs zwei Emittenten desselben Konzerns zur Ad-hoc-Publizität verpflichtet sein, allerdings führt die Pflichterfüllung des einen wegen der dann eintretenden Öffentlichkeit dazu, dass der Vorgang keine Insiderinformation mehr ist (*Assmann* aaO; *Tollkühn* ZIP 2004, 2215, 2217; einschränkend *Spindler/Speier* BB 2005, 2031, 2034). Eine Auswirkung auf die Vermögens- und Ertragslage ist nicht erforderlich, unmittelbares Betreffen kann daher zB auch bei einem Wechsel der Börsennotierung (*Tollkühn* aaO) und bei Planungen und Konzepten vorliegen (*Koch* DB 2005, 267, 271). Ein **von außen kommendes** und dennoch für den Emittenten unmittelbares Ereignis können die Übermittlung eines Übernahmeangebots iSd § 29 WpÜG durch eine andere Gesell-

schaft, die Herabstufung durch eine externe Ratingagentur (es gilt jedoch § 13 Abs 2 WpHG, *Koch* aaO 272), die Insolvenz eines Hauptschuldners (*Bürgers* BKR 2004, 424, 427), Veräußerung größerer Aktienpakete durch Aktionäre und entsprechend beabsichtigte Kauforder (*Klawitter* aaO) und bestimmte Vorgänge iRd Enforcementverfahrens (*Assmann* AG 2006, 261 ff; vgl auch *Gahlen/A. Schäfer* BB 2006, 1619 ff) sein.

Weitere Beispiele für **unmittelbare Umstände:** Bildung von Rückstellungen, preiserhebliche Prognosekorrektur aufgrund einer Entscheidung der Finanz- oder Verwaltungsbehörde, Veränderung der Kerngeschäftsfelder, Umwandlungen und andere wesentliche Strukturmaßnahmen, wesentliche Änderung der bilanziellen Ergebnisse gegenüber früheren Ergebnissen und Marktprognosen, Änderung des Dividendensatzes, Verdacht auf Bilanzmanipulation, Ankündigung der Testatsverweigerung durch den WP, bedeutende Erfindungen/Patente/Lizenzen, besondere Rechtsstreitigkeiten und maßgebliche Vorkommnisse diesbezüglich, maßgebliche Produkt- und Umweltschadensfälle (*BaFin* S 56 ff mit weiteren Beispielen), Entscheidungen der Kartellbehörde (*Simon* Der Konzern 2005, 13, 16), größere Verluste (insb im Fall des § 92 Abs 1 AktG), außerordentliche Aufwendungen, Kündigung von wesentlichen Kreditlinien, Zahlungsunfähigkeit (§ 17 InsO), Überschuldung (§ 19 InsO), nicht aber die nur drohenden Zahlungsunfähigkeit iSd § 18 InsO, Massenunzulänglichkeit (§ 208 InsO), Vorlage eines Insolvenzplans (§ 218 InsO) (*Hirte* ZInsO 2006, 1289, 1292; zur Ad-hoc-Publizität in der Unternehmenskrise und Insolvenz sauch *Kocher* NZI 2010, 925), geplante Betriebsänderungen iSd § 111 S 3 Nr 1 BetrVG (zB Verlagerung ins Ausland und umfangreicher Personalabbau, Zusammenlegung, nicht aber Organisationsänderungen und neue Fertigungsverfahren iSd § 111 S 3 Nr 4 und 5 BetrVG), wesentliche Veränderung der Personalkosten, (*Röder/Merten* NZA 2005, 268, 269 f); Massenentlassungen (*BaFin* S 63; *Forst* DB 2009, 607, 609). **Mittelbare Umstände** sind ua allgemeine volkswirtschaftliche Informationen wie zB Wirtschaftsdaten, allgemeine Marktentwicklungen, Arbeitslosenzahlen, Ölpreisentwicklungen, Änderungen der Gesetzeslage, Indexzusammensetzung und -berechnung, Zinsentscheidungen der Zentralbank, Zinsentwicklungen; politische Ereignisse, Informationen bezüglich des Konkurrenten, zukünftig zu veröffentlichende Ratingergebnisse, Entscheidungen der Regierungsbehörden bezüglich Besteuerung, Aktiensplits (*BaFin* S 54; *Tollkühn* ZIP 2004, 2215, 2216 mwN; *Spindler/Speier* BB 2005, 2031, 2032). 4

III. Publizitäts- und Übermittlungspflicht aufgrund Weitergabe der Information (Abs 1 S 4 und 5)

Wenn der Inlandsemittent oder eine in seinem Auftrag oder für seine Rechnung handelnde Person im Rahmen seiner Befugnis einem anderen Insiderinformationen mitteilt oder zugänglich macht, hat der Weitergebende gem Abs 1 S 4 und 5 die Information gleichzeitig bzw bei unwissentlicher Weitergabe unverzüglich (§ 121 BGB) zu veröffentlichen und dem Unternehmensregister zu übermitteln (krit zum Erfordernis und Inhalt der Regelung *Klöhn* WM 2010, 1869). Ein Auftrag liegt bei jeder Veranlassung vor, ein Handeln für dessen Rechnung, wenn die wirtschaftlichen Folgen den Inlandsemittenten treffen (*Assmann/Schneider* WpHG/*Assmann* Rn 112; enger *Leuering* NZG 2005, 12, 13), bezüglich „mitteilen" und „zugänglich machen" vgl § 14 WpHG Rn 4. Erfasst werden nur unmittelbare, ad-hoc-pflichtige Insiderinformationen (str, *Assmann* aaO Rn 114; **aA** *Leuering* aaO 14). Die Pflicht entfällt, wenn der 5

Informationsempfänger gesetzlich oder vertraglich zur Vertraulichkeit verpflichtet ist (*Holzborn/Israel* WM 2004, 1948, 1952). Die Vertraulichkeitsverpflichtung muss verbindlich sein, die Rechtsgrundlage ist unerheblich (*Widder/Gallert* NZG 2006, 451, 453, auch zu dem Problem, dass sich die Vertraulichkeitsverpflichtung bereits aus § 14 Abs 1 Nr 2 WpHG ergibt). Ferner entfällt die Pflicht, wenn die Information zwischenzeitlich den Charakter als Insiderinformation verloren hat.

IV. Berichtigung (Abs 2 S 2)

6 **Unwahre** Informationen (also unwahre **Umstände**), die nach Abs 1 veröffentlicht wurden, sind unverzüglich (§ 121 BGB) in einer Veröffentlichung nach Abs 1 zu berichtigen, auch wenn die Voraussetzungen des Abs 1 nicht vorliegen. Unerheblich ist, ob die unwahre Information oder die Berichtigungsinformation Insiderinformationen sind (*Assmann*/Schneider WpHG Rn 187; *Habersack/Mülbert/Schlitt/Klawitter* § 32 Rn 105). Nicht in § 15 WpHG, sondern in § 4 Abs 2 WpAIV geregelt ist der Fall der erheblichen **Veränderung der Verhältnisse**. Eine Mitteilungspflicht besteht allerdings nur, wenn die Veränderung selbst eine Insiderinformation ist. Es genügt daher die normale Veröffentlichung nach § 4 Abs 1 WpAIV (Inhalt der Veröffentlichung im Normalfall), wenn aus ihr auch die besonderen Angaben nach § 4 Abs 2 WpAIV verständlich werden (*Assmann* aaO Rn 183 f).

V. Sonstige Angaben

7 Sonstige Angaben, die die Voraussetzungen des Abs 1 offensichtlich nicht erfüllen, dürfen **nicht veröffentlicht** werden, auch nicht in Verbindung mit veröffentlichungspflichtigen Informationen iSd Abs 1. **Beispiel**: Wiederholung mit wörtlichen Zitaten und sonstige überflüssige Wiederholungen, Reaktionen auf Angriffe durch Mitbewerber, die eigene Bewertung von Bewerbern, Kommentierung allgemeiner wirtschaftlicher Entwicklungen, vollständige Veröffentlichung von Berichten und Abschlüssen statt nur der relevanten Teile (*BaFin* S 70 f). **Erklärende** Zusätze bleiben aber zulässig (Assmann/Schneider WpHG/*Assmann* Rn 200).

VI. Veröffentlichung und Übermittlung

8 **Art und Form** der **Veröffentlichung** sind in §§ 4 ff WpAIV geregelt. Es bleibt jedoch trotz § 3a WpAIV weiterhin nicht ausreichend, den Medien die Informationen nur zuzusenden, die tatsächliche Veröffentlichung muss gewährleistet sein (§ 5 WpAIV; RegBegr BT-Drucks 16/2498, 50). Die **Übermittlungspflicht** an das Unternehmensregister ergibt sich bereits aus § 8b Abs 2 Nr 9, Abs 3 S 1 Nr 2 HGB, der Verweis in § 15 Abs 1 S 1 WpHG ist daher klarstellend (RegBegr BT-Drucks 16/2498, 32). Unverzüglich heißt ohne schuldhaftes Zögern (§ 121 Abs 1 BGB). Die Übermittlung **darf nicht** vor Veröffentlichung erfolgen (deutlicher insoweit RegBegr aaO S 32).

VII. Befreiungsregelung (Abs 3)

9 Der Emittent ist von der Pflicht zur Veröffentlichung nach Abs 1 S 1 solange befreit, wie es der Schutz seiner berechtigten Interessen erfordert, keine Irreführung der Öffentlichkeit zu befürchten ist und der Emittent die Vertraulichkeit der Insiderinformation gewährleisten kann (S 1). Die Befreiung setzt keinen Antrag oder ähnliches voraus, sondern es liegt allein in den Händen des Emittenten, von der Befreiungsregelung des Abs 3 Gebrauch zu machen. Dennoch setzt die Befreiung eine **konkrete, zeit-**

nahe Entscheidung des Emittenten is einer bewussten Inanspruchnahme des Abs 3 voraus, sie tritt **nicht von selbst** ein (*OLG Frankfurt* NJW 2009, 1520 f, zust Anm *Widder* EWiR 2009, 287 f; Fuchs WpHG/*Pfüller* Rn 345; *Pattberg/Bredol* NZG 2013, 87 f mit Verweis auf EU-Recht konforme Auslegung; ausf Assmann/Schneider WpHG/ *Assmann* Rn 165a ff mwN; *Widder* BB 2009, 967, 971; **aA** *OLG Stuttgart* WM 2009, 1233, 1247, abl Anm *S.H. Schneider* WuB I G 6 Nr 1.09; Schwark/Zimmer/*Kruse* 4. Aufl 2010, Rn 54). Ist unklar, ob sämtliche Voraussetzungen einer Veröffentlichungspflicht bestehen, kann der Emittent auch eine vorsorgliche Entscheidung zur Selbstbefreiung nach Abs 3 treffen (dazu *Widder* DB 2008, 1480, 1483). Die Prüfung der Befreiungsvoraussetzungen inklusive Heranziehung externen Sachverstands stellt noch keine relevante Verzögerung dar, anderes gilt jedoch, wenn offensichtlich ein Befreiungsfall nicht vorliegt (vgl *BaFin* S 66). Der Emittent hat die Gründe für die Befreiung zusammen mit der Mitteilung nach Abs 4 S 1 der BaFin (ua, weitere Adressaten in Abs 4 S 1 Nr 1 und 2) unter Angabe des Zeitpunktes der Entscheidung über den Aufschub der Veröffentlichung mitzuteilen (s § 8 Abs 1 und 5 WpAIV), so dass Dokumentations- und Beweislast zu Lasten des Emittenten geht. Der Umfang der Begründung hängt vom Einzelfall ab, pauschale Begründungen (zB Zustimmungsvorbehalt durch AR) sind unzulässig (*BaFin* S 65). Diese Befreiungsmöglichkeit gilt **nicht** für die Veröffentlichungspflicht nach Abs 1 S 4 und 5. Die Inanspruchnahme dieser Befreiungsmöglichkeit liegt im Ermessen des Vorstands. Es handelt sich im Ergebnis um ein Recht, die Veröffentlichung zu **verzögern**. Berechtigte Interessen liegen nach § 6 S 1 WpAIV dann vor, wenn die **Interessen des Emittenten** an der Geheimhaltung der Information die **Interessen des Kapitalmarkts** an einer vollständigen und zeitnahen Veröffentlichung **überwiegen**. Die Begründung enthält daher regelmäßig eine Abwägung. Konzerninteressen und Interessen Dritter sind nur insoweit von Bedeutung, als sie sich mit den Interessen des Emittenten decken. Bei der Abwägung ist namentlich die zu erwartende Verzögerung zu berücksichtigen. Abs 3 WpHG darf **nicht restriktiv** ausgelegt werden (vgl *BaFin* S 66 f). Ein berechtigtes Interesse kann daher bei jeder Gefährdung von unternehmerischen Zielen und Entwicklungen vorliegen, namentlich bei laufenden Vertragsverhandlungen, Entwicklung von Produkten, Vorbereitung von Strukturmaßnahmen, Sanierungsmaßnahmen (*Simon* Der Konzern 2005, 13, 19 f). Bei der Verwendung von **Finanzkalendern/Unternehmenskalendern** kann idR bis zur Regelberichterstattung verzögert werden (*Cahn/Götz* AG 2007, 221 ff). Allgemein kann eine Veröffentlichung verzögert werden, wenn Publikationen verzögert werden, wenn eine sofortige Publikation die veröffentlichte Information nicht sachgerecht (etwa wegen noch ausstehender Veröffentlichung zugehöriger Berichte) bewerten ließe (*Cahn/Götz* aaO 225). Eine **zeitliche Schranke besteht nicht**, die Befreiung kann daher auch monatelang dauern (*Harbarth* ZIP 2005, 1898, 1904). Eine **Irreführung der Öffentlichkeit** (Bereichsöffentlichkeit, *S.H. Schneider* BB 2005, 897, 899) geht über die wegen der Verzögerung hinzunehmende Fehlinformation und der damit verbundenen Folgen (ua „Informationsungleichgewicht") hinaus. Verlangt ist vielmehr eine vorangegangene Information durch den Emittenten, welche eine Korrektur notwendig macht (*Simon* aaO 20). Nicht erlaubt ist auch aktives Verhalten, das zu der noch nicht veröffentlichten Insiderinformation in Widerspruch steht (*BaFin* S 67). Der Vorstand hat durch organisatorische Maßnahmen die **Vertraulichkeit der Insiderinformation** zu gewährleisten (näher § 7 WpAIV), also dass die Informationen nur an Personen gelangen, welche diese für ihre Tätigkeit benötigen (s § 14 WpHG Rn 5, *Cahn/Götz* aaO). Das Bekanntwerden der Information schadet der Vertraulich-

Holzborn

keit nur, wenn der Emittent nicht ausschließen kann, dass dies auf eine Vertraulichkeitslücke in seinem Herrschaftsbereich beruht (*BaFin* S 67; Heidel AnwK-AktR/ *Fischer zu Cramburg/Royé* Rn 16 aE).

10 § 6 S 2 WpAIV nennt als **Regelbeispiele** die Fälle, dass das Ergebnis oder den Gang laufender Verhandlungen über Geschäftsinhalte, die geeignet wären, im Fall ihres öffentlichen Bekanntwerdens den Börsen- oder Marktpreis erheblich zu beeinflussen, von der Veröffentlichung wahrscheinlich erheblich beeinträchtigt würden und eine Veröffentlichung die Interessen der Anleger ernsthaft gefährden würde (Nr 1), oder durch das Geschäftsführungsorgan des Emittenten abgeschlossene Verträge oder andere getroffene Entscheidungen zusammen mit der Ankündigung bekannt gegeben werden müssten, dass die für die Wirksamkeit der Maßnahme erforderliche Zustimmung eines anderen Organs des Emittenten noch aussteht, und dies die sachgerechte Bewertung der Information durch das Publikum gefährden würde (Nr 2). In Nr 1 ist der letzte Teilsatz („ernsthaft gefährden") europarechtswidrig und daher nicht anzuwenden (*Möllers* WM 2005, 1393, 1369). Nr 2 gilt insbesondere bei **mehrstufigen Entscheidungsprozessen**. Würde die Veröffentlichung einer bereits vom Geschäftsführungsorgan getroffenen Maßnahme die ausstehende Zustimmung durch den AR oder die Durchführbarkeit der Maßnahme gefährden, liegt ein zur Verzögerung berechtigendes Interesse vor. Die ausstehende Zustimmung berechtigt die Verzögerung jedoch dann nicht, wenn die Zustimmung mit an Sicherheit grenzender Wahrscheinlichkeit erfolgt. Ferner berechtigt das Interesse, ein Recht abzusichern (zB Patentanmeldung), eine Verzögerung (Beispiel bei *BaFin* S 66). Liegen die **Voraussetzungen** des Abs 3 WpHG **nicht mehr** vor, ist unverzüglich zu veröffentlichen, außer es liegt auch keine Insiderinformation mehr vor (*Harbarth* ZIP 2005, 1898, 1907; iE auch *Tollkühn* ZIP 2004, 2215, 2220). Für den Veröffentlichungsinhalt ist der Zeitpunkt der Veröffentlichung maßgebend (*BaFin* S 65; *S.H. Schneider* BB 2005, 897, 901). Wenn sich die verzögerte Information **ändert** oder erledigt, besteht keine diesbezügliche Mitteilungspflicht, da sich der Transparenzzweck erledigt hat.

VIII. Vorabmitteilung

11 Der Emittent hat gem Abs 4 die nach Abs 1, Abs 2 S 2 oder Abs 3 **zu veröffentlichende Information** vor der Veröffentlichung der inländischen Geschäftsführung der organisierten Märkte, an denen die Finanzinstrumente zum Handel zugelassen sind, der inländischen Geschäftsführung der organisierten Märkte, an denen Derivate gehandelt werden, die sich auf die Finanzinstrumente beziehen, und der BaFin mitzuteilen. Dieselbe Pflicht trifft im Fall des Abs 1 S 3 die Person, die im Auftrag des Emittenten oder auf dessen Rechnung handelt (Assmann/Schneider WpHG/*Assmann* Rn 255). Dies erfolgt idR durch einen Dienstleister. Eine Vorabpflicht ist nur dann notwendig, sofern eine Pflicht zur Ad-hoc-Publizität besteht, also nicht im Fall des Abs 3 (*Assmann* aaO Rn 256). Die Geschäftsführung darf die ihr mitgeteilte Information vor der Veröffentlichung nur zum Zweck der Entscheidung verwenden, ob die Ermittlung des Börsenpreises auszusetzen oder einzustellen ist (S 3). Die BaFin kann gestatten, dass Emittenten mit Sitz im Ausland die Mitteilung nach S 1 gleichzeitig mit der Veröffentlichung vornehmen, wenn dadurch die Entscheidung der Geschäftsführung über die Aussetzung oder Einstellung der Ermittlung des Börsenpreises nicht beeinträchtigt wird (S 4). Die Gestattung kann generell (zB im Rahmen einer Verlautbarung) oder für den Einzelfall erfolgen (RegBegr BT-Drucks 13/8933, 93).

IX. Folgen von Pflichtverletzungen

§ 39 Abs 2 Nr 2 c), d), Nr 5 a), b) WpHG nennt Ordnungswidrigkeitstatbestände bei Verstößen gegen § 15 WpHG. Zu § 20a WpHG (Marktmanipulation) vgl dort. Verstößt der Emittent (im Fall des Abs 1 S 4 Personen, die in dessen Auftrag oder auf dessen Rechnung handeln) gegen die Verpflichtungen nach den Abs 1 bis 4, so ist der Emittent (nicht aber Personen iSd Abs 1 S 4) gem Abs 6 S 1 WpHG einem anderen **nur unter** den Voraussetzungen der **§§ 37b und 37c WpHG** zum Ersatz des daraus entstehenden Schadens verpflichtet. Daraus folgt, dass § 15 WpHG kein Schutzgesetz iSd § 823 Abs 2 BGB ist (*BGH* NJW 2005, 2450, 2451; *Gottschalk* DStR 2005, 1648; *Holzborn/Foelsch* NJW 2003, 932, 937). Schadensersatzansprüche, die auf anderen Rechtsgrundlagen beruhen, bleiben unberührt (Abs 6 S 2 WpHG). Das gilt insbesondere bei betrügerischer und vorsätzlicher sittenwidriger Schädigung (*BGH* aaO 2452; *Holzborn/Foelsch* aaO). Ferner kann in einer fehlerhaften und irreführenden Ad-hoc-Mitteilung eine unlautere geschäftliche Handlung iSd § 3 UWG und eine irreführende geschäftliche Handlung iSd § 5 UWG liegen (*OLG Hamburg* GRUR-RR 2006, 377 f). Zu § 400 AktG vgl *OLG München* ZIP 2006, 1246 und *Sethe* EWiR 2006, 739.

12

§ 15a Mitteilung von Geschäften, Veröffentlichung und Übermittlung an das Unternehmensregister

(1) ¹Personen, die bei einem Emittenten von Aktien Führungsaufgaben wahrnehmen, haben eigene Geschäfte mit Aktien des Emittenten oder sich darauf beziehenden Finanzinstrumenten, insbesondere Derivaten, dem Emittenten und der Bundesanstalt innerhalb von fünf Werktagen mitzuteilen. ²Die Verpflichtung nach Satz 1 obliegt auch Personen, die mit einer solchen Person in einer engen Beziehung stehen. ³Die Verpflichtung nach Satz 1 gilt nur bei Emittenten solcher Aktien, die

1. an einer inländischen Börse zum Handel zugelassen sind oder
2. zum Handel an einem ausländischen organisierten Markt zugelassen sind, sofern der Emittent seinen Sitz im Inland hat oder es sich um Aktien eines Emittenten mit Sitz außerhalb der Europäischen Union und des Europäischen Wirtschaftsraums handelt, für welche die Bundesrepublik Deutschland Herkunftsstaat im Sinne des Wertpapierprospektgesetzes ist.

⁴Der Zulassung zum Handel an einem organisierten Markt steht es gleich, wenn der Antrag auf Zulassung gestellt oder öffentlich angekündigt ist. ⁵Die Pflicht nach Satz 1 besteht nicht, solange die Gesamtsumme der Geschäfte einer Person mit Führungsaufgaben und der mit dieser Person in einer engen Beziehung stehenden Personen insgesamt einen Betrag von 5 000 Euro bis zum Ende des Kalenderjahres nicht erreicht.

(2) Personen mit Führungsaufgaben im Sinne des Absatzes 1 Satz 1 sind persönlich haftende Gesellschafter oder Mitglieder eines Leitungs-, Verwaltungs- oder Aufsichtsorgans des Emittenten sowie sonstige Personen, die regelmäßig Zugang zu Insiderinformationen haben und zu wesentlichen unternehmerischen Entscheidungen ermächtigt sind.

(3) ¹Personen im Sinne des Absatzes 1 Satz 2, die mit den in Absatz 2 genannten Personen in einer engen Beziehung stehen, sind deren Ehepartner, eingetragene Lebenspartner, unterhaltsberechtigte Kinder und andere Verwandte, die mit den in

Absatz 2 genannten Personen zum Zeitpunkt des Abschlusses des meldepflichtigen Geschäfts seit mindestens einem Jahr im selben Haushalt leben. ²Juristische Personen, bei denen Personen im Sinne des Absatzes 2 oder des Satzes 1 Führungsaufgaben wahrnehmen, gelten ebenfalls als Personen im Sinne des Absatzes 1 Satz 2. ³Unter Satz 2 fallen auch juristische Personen, Gesellschaften und Einrichtungen, die direkt oder indirekt von einer Person im Sinne des Absatzes 2 oder des Satzes 1 kontrolliert werden, die zugunsten einer solchen Person gegründet wurden oder deren wirtschaftliche Interessen weitgehend denen einer solchen Person entsprechen.

(4) ¹Ein Inlandsemittent hat Informationen nach Absatz 1 unverzüglich zu veröffentlichen und gleichzeitig der Bundesanstalt die Veröffentlichung mitzuteilen; er übermittelt sie außerdem unverzüglich, jedoch nicht vor ihrer Veröffentlichung dem Unternehmensregister im Sinne des § 8b des Handelsgesetzbuchs zur Speicherung. ²§ 15 Abs. 1 Satz 2 gilt entsprechend mit der Maßgabe, dass die öffentliche Ankündigung eines Antrags auf Zulassung einem gestellten Antrag auf Zulassung gleichsteht.

(5) ¹Das Bundesministerium der Finanzen kann durch Rechtsverordnung, die nicht der Zustimmung des Bundesrates bedarf, nähere Bestimmungen erlassen über den Mindestinhalt, die Art, die Sprache, den Umfang und die Form der Mitteilung nach Absatz 1 und Absatz 4 Satz 1 sowie der Veröffentlichung nach Absatz 4. ²Das Bundesministerium der Finanzen kann die Ermächtigung durch Rechtsverordnung auf die Bundesanstalt für Finanzdienstleistungsaufsicht übertragen.

Übersicht

	Rn		Rn
I. Allgemeines	1	2. Persönlicher Anwendungsbereich	5
II. Anwendungsbereich	2	a) Führungsaufgaben (Abs 2)	5
1. Sachlicher Anwendungsbereich (Abs 1)	2	b) Enge Beziehung (Abs 3)	6
a) Finanzinstrumente	2	III. Mitteilung und Veröffentlichung	7
b) Die Mitteilungspflicht auslösende Geschäfte	3		
c) Bagatellgrenze	4		

Literatur: *Bednarz* Pflichten des Emittenten bei einer unterlassenen Mitteilung von Directors' Dealings, AG 2005, 835; *Bode* Die Anwendung von § 15a WpHG bei Geschäften innerhalb des Konzerns, AG 2008, 648; *Engelhart* Meldepflichtige und meldefreie Geschäftsarten bei Directors' Dealings (§ 15a WpHG), AG 2009, 856; *Erkens* Directors Dealings nach neuem WpHG, Der Konzern 2005, 29; *Hagen-Eck/Wirsch* Gestaltung von Directors' Dealings und die Pflichten nach § 15a WpHG, DB 2007, 504; *Pluskat* Die Neuregelung der Directors' Dealings in der Fassung des Anlegerschutzverbesserungsgesetzes; vgl auch Angaben bei § 12 WpHG.

I. Allgemeines

1 Im Zuge des 4. Finanzmarktförderungsgesetzes müssen seit dem 1.7.2002 Geschäfte von Vorstands- und AR-Mitgliedern börsennotierter Gesellschaften und ihrer Angehörigen in Aktien in der eigenen Gesellschaft nach § 15a WpHG unverzüglich mitgeteilt und veröffentlicht werden (sog **Directors' Dealings**). IRd AnSVG wurde seit 2004 der Anwendungsbereich erheblich erweitert, was insbesondere den Kreis der mitteilungspflichtigen Personen betrifft (*BaFin* S 84 ff). Abs 1 Nr 2 wurde durch das FRUG

vom 16.7.2007 (BGBl I 2007, 1330) an die bisherige Verwaltungspraxis der BaFin angepasst (RegBegr BT-Drucks 16/4028, 159). Abs 2 und 3 definieren abschließend (Assmann/Schneider WpHG/*Sethe* Rn 62) die meldepflichtigen Personen.

II. Anwendungsbereich

1. Sachlicher Anwendungsbereich (Abs 1). – a) Finanzinstrumente. Emittenten von **Aktien** (also AG, KGaA und SE) und in enger Beziehung stehende Personen haben eigene Geschäfte mit Aktien des Emittenten oder sich darauf beziehenden Finanzinstrumenten, insbesondere **Derivaten**, dem Emittenten und der BaFin innerhalb von fünf Werktagen mitzuteilen. Die Aktien müssen zum Handel an einer inländischen Börse oder in bestimmten Fällen an einem ausländischen organisierten Markt zugelassen sein. Freiverkehr genügt nicht (*Erkens* Der Konzern 2005, 29, 31). Der **Inlandsbezug** muss daher durch den inländischen Sitz des Emittenten oder durch die Tatsache hergestellt sein, dass im EU- und EWR-Raum kein Sitz besteht, Deutschland aber Herkunftsstaat iSd WpPG für die Aktien ist (RegBegr BT-Drucks 16/4028, 159; dazu *Bosse* DB 2007, 39 f). Statt der Zulassung genügt, dass der Antrag auf Zulassung gestellt oder öffentlich angekündigt ist (Abs 1 S 4, vgl dazu § 12 Rn 5). Nur Finanzinstrumente des Emittenten sind betroffen, nicht aber Finanzinstrumente von verbundenen Unternehmen (Assmann/Schneider WpHG/*Sethe* Rn 64). Sich auf Aktien beziehende Finanzinstrumente liegen dann vor, wenn deren Preis (auch mittelbar) von dem der Aktien abhängt (*Sethe* aaO Rn 66). Voraussetzung ist jedoch, dass das Finanzinstrument sich zum Zeitpunkt der Transaktion **zu mehr als 50 %** auf die Aktie des Emittenten bezieht (*BaFin* S 89). 2

b) Die Mitteilungspflicht auslösende Geschäfte. Geschäft meint nur Rechtsgeschäft, nicht Erwerb kraft Gesetzes oder kraft Hoheitsakt. Bereits das **schuldrechtliche** Geschäft kann die Mitteilungspflicht auslösen, eine Doppelmitteilung für das dingliche Geschäft ist dann nicht notwendig (Assmann/Schneider WpHG/*Sethe* Rn 72; *Erkens* Der Konzern 2005, 29, 35). Der schuldrechtliche Vertrag darf **nicht auf einen nur vorübergehenden** Erwerb (zB Sicherungsübereignung) abzielen (*Sethe* aaO Rn 77). **Kein Geschäft** ist der Erwerb auf **arbeitsvertraglicher Grundlage** oder als Vergütungsbestandteil, ebenso nicht Schenkungen (**aA** *Sethe* aaO Rn 78; *Engelhart* AG 2009, 856, 865 f), Leihe und Erbschaften, anderes gilt für die Veräußerung von auf dieser Weise erworbenen Finanzinstrumenten, zB Aktienoptionen (*BaFin* S 89; *Pluskat* DB 2005, 1097, 1100; *Erkens* aaO). Die Wertpapierleihe (Sachdarlehen) ist mitteilungspflichtig, nicht aber die Verpfändung (*BaFin* S 103). Während eine auflösende **Bedingung** und eine aufschiebende Bedingung, bei der der Bedingungseintritt vom Mitteilungspflichtigen herbeigeführt werden kann, unbeachtlich sind und die sofortige Mitteilungspflicht auslösen, entsteht die Mitteilungspflicht bei einer aufschiebenden Bedingung, deren Eintritt nicht oder nicht ausschließlich von der mitteilungspflichtigen Person ausgelöst werden kann, erst bei Eintritt der Bedingung. Als Datum des Geschäfts ist dann der Zeitpunkt des Bedingungseintritts anzugeben (näher *Engelhart* AG 2009, 856, 858 f). Konzerninterne Übertragungen von Aktien lösen die Mitteilungspflicht aus, wenn Aktien erstmalig in den Kontroll- und Konsolidierungskreis der Führungsperson kommen oder ihn wieder verlassen (*Bode* AG 2008, 648, 653). 3

c) Bagatellgrenze. Die Pflicht nach S 1 besteht nicht, solange die Gesamtsumme der Geschäfte einer Person mit Führungsaufgaben und der mit dieser Person in einer engen Beziehung stehenden Personen insgesamt einen Betrag von **5 000 EUR** bis zum 4

Holzborn

Ende des Kalenderjahres nicht erreicht. Die Summe setzt sich aus den erzielten bzw bezahlten Kursen ohne Gebühren, Steuern, Courtagen zusammen (Assmann/Schneider WpHG/*Sethe* Rn 93). Entscheidend ist nicht das eingesetzte Kapital, sondern das wirtschaftliche Interesse des Wertpapiers; bei Optionen ist daher der Optionsausübungspreis und nicht der Optionspreis maßgebend (Marsch-Barner/Schäfer Hdb AG/*Schäfer* § 15 Rn 17). Nicht bezifferbare Geschäfte werden mit 0 EUR angesetzt (*BaFin* S 89). Bei Überschreiten dieses Werts müssen alle Geschäfte dieses Personenkreises nachträglich mitgeteilt werden (*BaFin* aaO; abl *Engelhart* AG 2009, 856, 859).

5 **2. Persönlicher Anwendungsbereich. – a) Führungsaufgaben (Abs 2).** Unter Personen, die beim Emittenten von Aktien **Führungsaufgaben wahrnehmen**, sind Mitglieder des Leitungs-, Verwaltungs- und Aufsichtsorgans sowie persönlich haftende Gesellschafter zu fassen; letztere selbst dann, wenn sie von der Geschäftsführung ausgeschlossen sind (Fuchs WpHG/*Pfüller* Rn 58; aA Assmann/Schneider WpHG/*Sethe* Rn 38). Ebenfalls mitteilungspflichtig sind sonstige Führungspersonen, die befugt sind, **wesentliche unternehmerische Entscheidungen** des Emittenten zu treffen **und regelmäßig Zugang zu Insiderinformationen** haben. Eine unternehmerische Entscheidungsbefugnis liegt nicht schon dann vor, wenn Führungsaufgaben wahrgenommen werden, sondern erst wenn die Führungsperson im Innenverhältnis unternehmerische Entscheidungen über zukünftige Entwicklungen und damit über Geschäftsperspektiven des Emittenten treffen kann (*BaFin* S 85). Diese muss **strategische Entscheidungen** für das Gesamtunternehmen betreffen (*Pluskat* DB 2005, 1097, 1098). Leitende Angestellte iSd § 5 Abs 3 BetrVG und Prokuristen fallen idR nicht darunter (*Holzborn/Israel* WM 2004, 1948, 1953; Heidel AnwK-AktR/*Fischer zu Cramburg/Royé* Rn 2), auch nicht Vermögensverwalter (*Hagen-Eck/Wirsch* DB 2007, 504, 508). Nicht erfasst werden ferner externe Personen sowie einzelne Aktionäre. Sobald ein Zustimmungsvorbehalt beim Vorstand liegt, ist die Person nicht mehr mitteilungspflichtig (*Sethe* aaO Rn 35; *BaFin* S 85). In Tochter- oder Muttergesellschaften tätige Personen zählen definitionsgemäß nicht zu den sonstigen Führungspersonen (*BaFin* S 85). Der Vertretene ist mitteilungspflichtig, nicht der Stellvertreter (*Sethe* aaO Rn 86).

6 **b) Enge Beziehung (Abs 3).** Mitteilungspflichtig sind **Ehegatten** oder eingetragene Lebenspartner, **unterhaltsberechtigte Kinder** und andere **Verwandte**, die zum Zeitpunkt des Abschlusses des Geschäfts seit mindestens einem Jahr mit der Führungsperson im selben Haushalt leben, wobei derselbe Haushalt eine Wohn- und Wirtschaftsgemeinschaft bezeichnet. Nicht unterhaltsberechtigte Kinder sind vom Begriff des anderen Verwandten nicht erfasst (*BaFin* S 86). **Mitteilungspflichtig** sind die **Angehörigen selbst**, nicht die Führungspersonen (*Pluskat* DB 2005, 1097, 1099; *BaFin* S 84). Darüber hinaus sind auch **juristische Personen**, treuhändisch tätige Einrichtungen (zB Stiftungen) und Personengesellschaften (auch GbR) mitteilungspflichtig, wenn die Führungsperson oder eine natürliche Person in enger Beziehung zur Führungsperson in dieser juristischen Person **Führungsaufgaben** (Leitungs-, Verwaltungs- oder Aufsichtsorgan oder persönlich haftender Gesellschafter) wahrnimmt oder die Führungsperson **oder** eine natürliche Person in enger Beziehung zur Führungsperson die Gesellschaft **direkt oder indirekt kontrolliert.** Eine solche Meldepflicht besteht auch dann, wenn die Gesellschaft zugunsten einer solchen Person gegründet wurde oder die wirtschaftlichen Interessen der Gesellschaft weitgehend denen einer solchen Person entsprechen. Trotz des insoweit engeren Wortlauts des S 2 gilt in richtlinienkonformer Auslegung (RL 2004/72/EG Art 1 Nr 2 d) derselbe Kreis von Meldepflichtigen (Assmann/Schneider WpHG/*Sethe*

Rn 58 f; *BaFin* S 86 f). Auf der anderen Seite muss Abs 3 teleologisch eingeschränkt dahingehend verstanden werden, dass juristische und andere Personen (s.o.) **nur dann meldepflichtig** sind, wenn für die Führungsperson oder die natürliche Person, die zur Führungsperson in enger Beziehung steht, die Möglichkeit besteht, sich einen nennenswerten wirtschaftlichen Vorteil zu sichern (Umgehungsgedanke, *BaFin* S 87 f). Letzteres ist bei gemeinnützigen Gesellschaften und Einrichtung nicht möglich (*BaFin* S 87). Diese weitere Voraussetzung gilt sowohl für S 2 als auch für S 3. Der Emittent selbst ist in keinem Fall erfasst (*Sethe* aaO Rn 62).

III. Mitteilung und Veröffentlichung

Liegen oben genannte Voraussetzungen vor, muss dem Emittenten und der BaFin innerhalb **von fünf Werktagen** (§ 31 VwVfG, §§ 187–193 BGB) **Mitteilung** (notwendiger Inhalt: § 10 WpAIV, Art und Form: § 11 WpAIV) gemacht werden. Der Emittent hat diese Mitteilung unverzüglich (ohne schuldhaftes Zögern, § 121 Abs 1 BGB) zu **veröffentlichen** (Art § 13 WpAIV) und die Veröffentlichung der BaFin unverzüglich zu **übersenden** (Abs 4 HS 1). Weiterhin muss der Emittent die Information nach Abs 1 unverzüglich, jedoch nicht vor ihrer Veröffentlichung dem Unternehmensregister iSd § 8b HGB zur Speicherung übermitteln. Die Pflicht, die Information an das Unternehmensregister zu senden, ergibt sich bereits aus § 8b Abs 2 Nr 9, Abs 3 S 1 Nr 2 HGB, § 15a Abs 4 WpHG ist insoweit klarstellend (RegBegr BT-Drucks 16/2498, 33). Wegen des Herkunftsstaatsprinzips sind die Emittenten, an die gem Abs 1 gemeldet werden muss, nicht identisch mit den veröffentlichungs- und mitteilungspflichtigen Inlandsemittenten gem Abs 4 (RegBegr BT-Drucks 16/2498, 33, vgl auch Klarstellung durch FRUG RegBegr aaO S 143). Deswegen findet § 15 Abs 1 S 2 WpHG, wonach als Inlandsemittent auch ein solcher gilt, für dessen Finanzinstrumente erst ein Antrag auf Zulassung gestellt ist, entsprechend Anwendung mit der Besonderheit, dass die öffentliche Ankündigung eines Antrags auf Zulassung einem gestellten Antrag auf Zulassung gleichsteht. Eine Veröffentlichungspflicht besteht nur bei einer tatsächlichen Mitteilung und nicht schon dann, wenn der Emittent auf andere Weise davon erfährt (*Bednarz* AG 2005, 835 ff). Ein Verstoß gegen diese Pflichten ist eine Ordnungswidrigkeit (§ 39 Abs 2 Nr 2d, Nr 5b, Nr 6 WpHG). Zu § 20a WpHG s dort. Ein Verstoß gegen § 15a WpHG bedingt keine Nichtigkeit gem § 134 BGB, ferner mangels Schutzgesetzqualität auch keinen Schadensersatzanspruch nach § 823 Abs 2 BGB (Assmann/Schneider WpHG/*Sethe* Rn 140: jedoch § 826 BGB).

§ 15b Führung von Insiderverzeichnissen

(1) ¹**Emittenten nach § 15 Abs. 1 Satz 1 oder Satz 2 und in ihrem Auftrag oder für ihre Rechnung handelnde Personen haben Verzeichnisse über solche Personen zu führen, die für sie tätig sind und bestimmungsgemäß Zugang zu Insiderinformationen haben.** ²**Die nach Satz 1 Verpflichteten müssen diese Verzeichnisse unverzüglich aktualisieren und der Bundesanstalt auf Verlangen übermitteln.** ³**Die in den Verzeichnissen geführten Personen sind durch die Emittenten über die rechtlichen Pflichten, die sich aus dem Zugang zu Insiderinformationen ergeben, sowie über die Rechtsfolgen von Verstößen aufzuklären.** ⁴**Als im Auftrag oder für Rechnung des Emittenten handelnde Personen gelten nicht die in § 323 Abs. 1 Satz 1 des Handelsgesetzbuchs genannten Personen.**

Holzborn

(2) ¹Das Bundesministerium der Finanzen kann durch Rechtsverordnung, die nicht der Zustimmung des Bundesrates bedarf, nähere Bestimmungen erlassen über
1. Umfang und Form der Verzeichnisse,
2. die in den Verzeichnissen enthaltenen Daten,
3. die Aktualisierung und die Datenpflege bezüglich der Verzeichnisse,
4. den Zeitraum, über den die Verzeichnisse aufbewahrt werden müssen und
5. Fristen für die Vernichtung der Verzeichnisse.

²Das Bundesministerium der Finanzen kann die Ermächtigung durch Rechtsverordnung auf die Bundesanstalt für Finanzdienstleistungsaufsicht übertragen.

Übersicht

	Rn		Rn
I. Verzeichnisführungspflichtige, Beginn der Pflicht	1	III. Aufklärungspflicht des Emittenten (Abs 1 S 3)	3
II. Verzeichnis	2		

Literatur: *Kirschhöfer* Führung von Insiderverzeichnissen bei Emittenten und externen Dienstleistern, Der Konzern 2005, 22; *Lührs/Korff* Der Zeitpunkt für das Führen von Insiderverzeichnissen, ZIP 2008, 2159; *Steidle/Waldeck* Die Pflicht zur Führung von Insiderverzeichnissen unter dem Blickwinkel der informationellen Selbstbestimmung, WM 2005, 868; vgl auch Angaben bei § 12 WpHG.

I. Verzeichnisführungspflichtige, Beginn der Pflicht

1 **Emittenten** nach § 15 Abs 1 S 1 oder 2 WpHG (Inlandsemittent und Zulassung beantragt) und **in ihrem Auftrag oder für ihre Rechnung handelnde Personen** haben Verzeichnisse über solche Personen zu führen, die für sie tätig sind und bestimmungsgemäß Zugang zu Insiderinformationen haben. Eine Person handelt im Auftrag des Emittenten bzw für seine Rechnung iSd § 15b WpHG, wenn er im Interesse des Emittenten handelt und aufgrund seiner Tätigkeit typischerweise Kenntnis von der Insiderinformation erlangt (*BaFin* S 116, „**Dienstleister**"). Neben dem Emittenten kommen daher Primärinsider iSv § 38 Abs 1 WpHG, Rechtsanwälte, Steuerberater, Investor-Relations-Agenturen, externe Buchhalter, Übersetzungsbüros, Ratingagenturen, Kreditinstitute, wenn sie über die allgemeinen Bankdienstleistungen (zB Kontobeziehung, Kreditvergabe) hinausgehende Dienstleistungen erbringen (zB Beratung bei einer Kapitalmaßnahme), als verzeichnisführungspflichtig in Betracht, **nicht** aber Behörden, Gerichte, Lieferanten, Tochter- und Muttergesellschaften des Emittenten, Groß- und Mehrheitsaktionäre des Emittenten, ferner auch nicht Personen, die nicht für den Emittenten, sondern für den Dienstleister tätig werden (*BaFin* S 117 ff; *Brandi/Süßmann* AG 2004, 642, 644; *Holzborn/Israel* WM 2004, 1948, 1952 f). Als im Auftrag oder für Rechnung des Emittenten handelnde Personen gelten nicht die in § 323 Abs 1 S 1 HGB genannten Personen, also Abschlussprüfer, seine Gehilfen und die bei der Prüfung mitwirkenden gesetzlichen Vertreter einer Prüfungsgesellschaft. Die Befreiung gilt allerdings nur dann, wenn eine Beauftragung für eine gesetzlich vorgesehene Prüfung erfolgt, nicht aber bei beratender Tätigkeit des Prüfers (*BaFin* S 118; *Kirschhöfer* Der Konzern 2005, 22, 26). Die Befreiung muss auch bei satzungsmäßig vorgesehenen Prüfungen gelten. Die **Pflicht** zur Führung des Verzeichnisses **entsteht**, sobald im Unternehmen Insiderinformationen vorhanden sind oder mit hinreichender Wahrscheinlichkeit sicher ist, dass solche Informationen auftreten werden (Assmann/Schneider WpHG/*Sethe* Rn 28; ausf *Lührs/Korff* ZIP 2008, 2159, 2163).

II. Verzeichnis

Zum Aufbau des Verzeichnisses vgl *BaFin* S 120 ff, zum Inhalt § 14 WpAIV. § 15 WpAIV regelt die Berichtigung, § 16 WpAIV die Aufbewahrung. Im Verzeichnis sind **solche Personen zu führen**, die für den Emittenten oder für den Dienstleister tätig sind und bestimmungsgemäß Zugang zu Insiderinformationen (§ 13 WpHG) haben. **Zugang** meint **Möglichkeit**; tatsächliches Erlangen der Insiderinformation ist nicht Voraussetzung (*BaFin* S 119). „**Tätig sein**" liegt vor bei **Weisungsabhängigkeit** und **direkter Einbindung** in Betriebsabläufe, kann also neben einer Anstellung auch freie Mitarbeit, faktische Arbeitsverhältnisse, in bestimmten Fällen Gefälligkeitsverhältnisse beinhalten (Assmann/Schneider WpHG/*Sethe* Rn 38, nicht aber den Selbstständigen, wie zB externe Prüfer). **Bestimmungsgemäßer Zugang** ist mehr als nur (die Möglichkeit zur) Erlangung durch Zufall oder bei Gelegenheit (zB IT-Administratoren) oder durch eine widerrechtliche Maßnahme (*BaFin* aaO). Notwendig ist vielmehr ein Zusammenhang zwischen dem Tätigsein (iRd Befugnisse) und dem Zugang; der Verzeichnisführungspflichtige muss die Person dergestalt beschäftigt haben, dass sie aufgrund der Tätigkeit Zugang zu Insiderinformationen hat (*Sethe* aaO Rn 39). **Beispiel:** Personen iSd § 15a Abs 2 WpHG (vgl dort), insoweit allerdings unabhängig davon, ob Aktien oder sonstige Finanzinstrumente emittiert werden, Mitarbeiter in den Bereichen Rechnungswesen, Vorstandsassistenten, ggf Sekretariate (*Sethe* aaO Rn 42 ff; vgl auch *Steidle/Waldeck* WM 2005, 868, 869 f), Rechtsanwälte, Steuerberater, nicht aber Lieferanten (*Kirschhöfer* Der Konzern 2005, 22, 26). Ein Verstoß gegen die Pflicht, ein Verzeichnis ordnungsgemäß zu führen und das Verzeichnis der BaFin rechtzeitig zu übermitteln, ist eine Ordnungswidrigkeit (§ 39 Abs 2 Nr 8 und 9 WpHG). § 15b WpHG ist kein Schutzgesetz iSd § 823 Abs 2 BGB (auch nicht die Aufklärungspflicht nach Abs 1 S 3) (*Sethe* aaO Rn 84 und 86).

III. Aufklärungspflicht des Emittenten (Abs 1 S 3)

Die in den Verzeichnissen geführten Personen sind durch die Emittenten über die rechtlichen Pflichten, die sich aus dem Zugang zu Insiderinformationen ergeben, sowie über die Rechtsfolgen von Verstößen aufzuklären. Nicht genannt als aufklärungspflichtig sind die sog Dienstleister, jedoch sind sie richtlinienkonform einzubeziehen (Assmann/Schneider WpHG/*Sethe* Rn 69; Fuchs WpHG/*Pfüller* Rn 86; unzutr daher *BaFin* S 123). Eine weitergehende Aufklärungspflicht besteht nicht (vgl *Sethe* aaO Rn 12 und 85). Die Form der Aufklärung ist frei (*Sethe* aaO Rn 72). Die BaFin stellt hierfür ein Muster auf ihrer Internetseite bereit. Sowohl bei statischen als auch bei anlass-/projektbezogenen Insiderverzeichnissen genügt die **einmalige** Aufklärung (*Kirschhöfer* Der Konzern 2005, 22, 27). Eine schriftliche Bestätigung der Kenntnisnahme der Aufklärung ist nicht erforderlich (*BaFin* S 123).

§ 37b Schadenersatz wegen unterlassener unverzüglicher Veröffentlichung von Insiderinformationen

(1) Unterlässt es der Emittent von Finanzinstrumenten, die zum Handel an einer inländischen Börse zugelassen sind, unverzüglich eine Insiderinformation zu veröffentlichen, die ihn unmittelbar betrifft, ist er einem Dritten zum Ersatz des durch die Unterlassung entstandenen Schadens verpflichtet, wenn der Dritte

1. die Finanzinstrumente nach der Unterlassung erwirbt und er bei Bekanntwerden der Insiderinformation noch Inhaber der Finanzinstrumente ist oder
2. die Finanzinstrumente vor dem Entstehen der Insiderinformation erwirbt und nach der Unterlassung veräußert.

(2) Nach Absatz 1 kann nicht in Anspruch genommen werden, wer nachweist, dass die Unterlassung nicht auf Vorsatz oder grober Fahrlässigkeit beruht.

(3) Der Anspruch nach Absatz 1 besteht nicht, wenn der Dritte die Insiderinformation im Falle des Absatzes 1 Nr. 1 bei dem Erwerb oder im Falle des Absatzes 1 Nr. 2 bei der Veräußerung kannte.

(4) Der Anspruch nach Absatz 1 verjährt in einem Jahr von dem Zeitpunkt an, zu dem der Dritte von der Unterlassung Kenntnis erlangt, spätestens jedoch in drei Jahren seit der Unterlassung.

(5) Weitergehende Ansprüche, die nach Vorschriften des bürgerlichen Rechts aufgrund von Verträgen oder vorsätzlichen unerlaubten Handlungen erhoben werden können, bleiben unberührt.

(6) Eine Vereinbarung, durch die Ansprüche des Emittenten gegen Vorstandsmitglieder wegen der Inanspruchnahme des Emittenten nach Absatz 1 im Voraus ermäßigt oder erlassen werden, ist unwirksam.

§ 37c Schadenersatz wegen Veröffentlichung unwahrer Insiderinformationen

(1) Veröffentlicht der Emittent von Finanzinstrumenten, die zum Handel an einer inländischen Börse zugelassen sind, in einer Mitteilung nach § 15 eine unwahre Insiderinformation, die ihn unmittelbar betrifft, ist er einem Dritten zum Ersatz des Schadens verpflichtet, der dadurch entsteht, dass der Dritte auf die Richtigkeit der Insiderinformation vertraut, wenn der Dritte
1. die Finanzinstrumente nach der Veröffentlichung erwirbt und er bei dem Bekanntwerden der Unrichtigkeit der Insiderinformation noch Inhaber der Finanzinstrumente ist oder
2. die Finanzinstrumente vor der Veröffentlichung erwirbt und vor dem Bekanntwerden der Unrichtigkeit der Insiderinformation veräußert.

(2) Nach Absatz 1 kann nicht in Anspruch genommen werden, wer nachweist, dass er die Unrichtigkeit der Insiderinformation nicht gekannt hat und die Unkenntnis nicht auf grober Fahrlässigkeit beruht.

(3) Der Anspruch nach Absatz 1 besteht nicht, wenn der Dritte die Unrichtigkeit der Insiderinformation im Falle des Absatzes 1 Nr. 1 bei dem Erwerb oder im Falle des Absatzes 1 Nr. 2 bei der Veräußerung kannte.

(4) Der Anspruch nach Absatz 1 verjährt in einem Jahr von dem Zeitpunkt an, zu dem der Dritte von der Unrichtigkeit der Insiderinformation Kenntnis erlangt, spätestens jedoch in drei Jahren seit der Veröffentlichung.

(5) Weitergehende Ansprüche, die nach Vorschriften des bürgerlichen Rechts aufgrund von Verträgen oder vorsätzlichen unerlaubten Handlungen erhoben werden können, bleiben unberührt.

(6) Eine Vereinbarung, durch die Ansprüche des Emittenten gegen Vorstandsmitglieder wegen der Inanspruchnahme des Emittenten nach Absatz 1 im Voraus ermäßigt oder erlassen werden, ist unwirksam.

Übersicht

	Rn		Rn
I. Allgemeines	1	IV. Verjährung	4
II. Informationspflichtverletzung und Verschulden	2	V. Konkurrenzen	5
		VI. Haftung der Verwaltungs-	
III. Schaden und Kausalität	3	mitglieder	6

Literatur: *Casper* Haftung für fehlerhafte Information des Kapitalmarkts, Der Konzern 2006, 32; *Holzborn/Foelsch* Schadensersatzpflichten von Aktiengesellschaften und deren Management bei Anlegerverlusten – Ein Überblick, NJW 2003, 932; *Hutter/Stürwald* EM.TV und die Haftung für fehlerhafte ad-hoc-Mitteilungen, NJW 2005, 2428; *Keller/Kolling* Das Gesetz zur Einführung von Kapitalanleger-Musterverfahren, BKR 2005, 399; *Kowalewski/Hellgart* Der Stand der Rechtsprechung zur deliktsrechtlichen Haftung für vorsätzlich falsche Ad-hoc-Mitteilungen, DB 2005, 1839; *Langenbucher* Kapitalerhaltung und Kapitalmarkthaftung, ZIP 2005, 239; *Longino* Haftung des Emittenten für fehlerhafte Informationen, DStR 2008, 2068; *Maier-Reimer/Webering* Ad hoc-Publizität und Schadensersatzhaftung, WM 2002, 1857; *Möllers* Das Verhältnis der Haftung wegen sittenwidriger Schädigung zum gesellschaftsrechtlichen Kapitalerhaltungsgrundsatz – EM.TV und Comroad, BB 2005, 1637; *Möllers/Leisch* Schaden und Kausalität im Rahmen der neu geschaffenen §§ 37b und 37c WpHG, BKR 2002, 1071; *Mülbert/Steup* Emittentenhaftung für fehlerhafte Kapitalmarktinformation am Beispiel der fehlerhaften Regelpublizität, WM 2005, 1633; *Nietsch* Schadensersatzhaftung wegen Verstoßes gegen Ad-hoc-Publizitätspflichten nach dem Anlegerschutzverbesserungsgesetz, BB 2005, 785; *Rieckers* Haftung des Vorstands für fehlerhafte Ad-hoc-Meldungen de lege lata und de lege ferenda, BB 2002, 1213; *Schäfer/Weber/Wolf* Berechnung und Pauschalierung des Kursdifferenzschadens bei fehlerhafter Kapitalmarktinformation, ZIP 2008, 197.

I. Allgemeines

§§ 37b, 37c WpHG regeln die Schadensersatzpflicht des Emittenten (nicht aber der für die fehlerhafte Mitteilung verantwortlichen Organmitglieder, *Hutter/Stürwald* NJW 2005, 2428) von Finanzinstrumenten (§ 2 Abs 2b WpHG, vgl auch Anh I Abschnitt C der Finanzmarktrichtlinie 2004/39/EG), die zum Handel an einer **inländischen Börse** zugelassen sind. Der Antrag auf Zulassung genügt nicht, der Wortlaut ist insoweit eindeutig (**aA** Assmann/Schneider WpHG/*Sethe* Rn 40: Redaktionsversehen) wegen Verletzungen der Informationspflicht aus § 15 WpHG. Dafür spricht auch, dass der Gesetzgeber trotz mehrfacher Änderungen keine solche Erweiterung vorgenommen hat. Ferner besteht vor Zulassung auch kein relevanter Erwerb bzw kein zu schützender Markt. Während § 37b WpHG die unterlassene (rechtzeitige) Veröffentlichung von Insiderinformationen regelt, behandelt § 37c WpHG die unwahre Insiderinformation. Bezüglich Insiderinformation vgl § 13 WpHG (*OLG Stuttgart* BB 2007, 565, 566). Bzgl des „unmittelbar betreffen" vgl § 15 WpHG Rn 3 f. Auf §§ 37b, c WpHG ist das Kapitalanleger-Musterverfahrensgesetz anwendbar (näher *Keller/Kolling* BKR 2005, 399 ff; vgl auch *OLG Stuttgart* BB 2007, 565 ff und *LG Stuttgart* ZIP 2006, 1731 ff). Bzgl des Verhältnisses zum Kapitalerhaltungsgrundsatz vgl *Möllers* BB 2005, 1637 ff mwN. 1

II. Informationspflichtverletzung und Verschulden

2 Für § 37b ist eine **Veröffentlichungspflicht** aus **§ 15 WpHG** (nicht im Fall des § 15 Abs 3 WpHG, Marsch-Barner/Schäfer Hdb AG/*Schäfer* § 16 Rn 9) vorausgesetzt (*OLG Stuttgart* BB 2007, 565, 566). Nicht genannt ist die neu eingefügte Übermittlungspflicht, insoweit verbleibt es auch diesbezüglich beim Wortlaut. Eine Pflichtverletzung liegt bereits bei einer nicht rechtzeitigen Veröffentlichung vor. § 37c WpHG setzt eine objektiv unrichtige (hierfür relevanter Zeitpunkt: Veröffentlichung) oder unvollständige Mitteilung nach § 15 WpHG voraus. „Erwerb" ist der schuldrechtliche, **entgeltliche** Vertrag, ebenso ist bei dem Innehaben auf die schuldrechtliche Veräußerung abzustellen (Assmann/Schneider WpHG/*Sethe* Rn 57 f, 62 und 74). Unrichtig ist eine Prognose, wenn ihr Tatsachenkern unzutreffend ist (*Nietsch* BB 2005, 785, 788). §§ 37b, c WpHG sind **abschließend**, eine Haftung für sonstige Fälle unrichtiger oder verspäteter Ad-hoc-Publizität kommt damit nicht nach § 823 Abs 2 BGB iVm § 15 WpHG in Betracht (*Sethe* aaO Rn 63 und 77). Voraussetzung ist (Zurechnung via §§ 31, 278 BGB) **Vorsatz** oder **grobe Fahrlässigkeit** (dazu näher *Nietsch* aaO 787 f und 789), die Darlegungs- und Beweislast für das Nichtvorliegen des Vorsatzes bzw der groben Fahrlässigkeit liegt beim Emittenten. IÜ liegt sie bei demjenigen, der den Schadenersatz geltend macht. Zwar ist auch eine zu lange Verzögerung iSd § 15 Abs 3 WpHG ein Pflichtverstoß, jedoch liegt idR weder Vorsatz noch grobe Fahrlässigkeit vor.

III. Schaden und Kausalität

3 Zu ersetzen ist das **negative Interesse** (Vertrauensschaden: der Schaden, der sich daraus ergibt, dass der Geschädigte der fehlerhaften Information geglaubt hat), nicht das positive Interesse (Erfüllungsschaden: Der Geschädigte ist so zu stellen, als wäre die Information wahr). Das ergibt sich daraus, dass der Geschädigte vom Emittent keine Erfüllung verlangen kann (*Möllers/Leisch* BKR 2002, 1071, 1073). Ersatzfähig ist auf jeden Fall der **Kursdifferenzschaden** (unstr). Das ist die Differenz zwischen dem Preis, zu dem die Investition oder Desinvestition des Geschädigten erfolgt ist und dem hypothetischen Preis, zu dem die Investition oder Desinvestition bei ordnungsgemäßer Ad-hoc-Mitteilung erfolgt wäre (Schwark KMRK/*Zimmer/Grotheer* Rn 86; Heidel AnwK-AktR/*Fischer zu Cramburg/Royé* Rn 7). Wer aufgrund einer fehlerhaften Ad-hoc-Mitteilung Wertpapiere erwirbt, erhält in Form dieser zum Börsenkurs erworbenen Papiere ein vermögensmäßiges Äquivalent. Eine Vermögensminderung tritt daher erst durch einen späteren Kursverfall ein, der jedoch nicht mehr unmittelbar mit dem Erwerb verknüpft ist (*Rieckers* BB 2002, 1213, 1216). Als äußerst problematisch erweist sich die Ermittlung des hypothetischen Preises (vgl Ansätze bei *Schäfer/Weber/Wolf* ZIP 2008, 197 ff). Kriterien zur Bemessung dieses hypothetischen Preises bestehen kaum. Man wird sich ggf an der Preisentwicklung branchengleicher Unternehmen (derselben Notierung) oder am Gesamtmarkt orientieren müssen. Weiterhin müssen die Beträge prozentual und nicht absolut angesetzt werden, man muss die Unterschiede folglich auf den Zeitpunkt der Veröffentlichungspflicht relativieren. **Möglich** ist entgegen früher hM, statt dessen die **Rückgängigmachung** des Geschäfts (Kaufpreis des Wertpapiers gegen Übertragung der Wertpapiere bei irrtumsbedingter Kaufentscheidung des Geschädigten) bzw Verschaffung von Wertpapieren gegen Bezahlung (bei irrtumsbedingter Verkaufsentscheidung des Geschädigten) zu verlangen (sog **Erwerbsschaden** *BGH* mit Anm. Conen GMR 2012, 132; *Holzborn/Foelsch*

NJW 2003, 932, 939 f; *Möllers/Leisch* aaO 1076 f; vgl auch *BGH* DStR 2007, 1684, 1685 – „Comroad IV", dazu *Longino* DStR 2008, 2068, 2071; aA *Zimmer/Grotheer* aaO Rn 87; *Kowalewski/Hellgart* DB 2005, 1839, 1840; *Langenbucher* ZIP 2005, 239; 240 f; Assmann/Schneider WpHG/*Sethe* Rn 83 ff). Die **Kausalität** muss **zwischen Pflichtverstoß und Preisbildung** bestehen, nicht aber zwischen Pflichtverstoß und Vornahme/Unterlassen des Rechtsgeschäfts durch den Geschädigten (*Zimmer/Grotheer* aaO Rn 90; *Sethe* EWiR 2006, 739, 740; *Kowalewski/Hellgart* aaO; *Casper* Der Konzern 2006, 32, 34; aA *Mülbert/Steup* WM 2005, 1633, 1636 f). Ob der Geschädigte Kenntnis von der fehlerhaften Ad-hoc-Mitteilung hat, ist somit unerheblich (Assmann/Schneider WpHG/*Sethe* Rn 97 f; aA *Mülbert/Steup* aaO). Dafür spricht auch, dass nur die Bereichsöffentlichkeit gefordert wird. Der Anspruch besteht gem §§ 37b Abs 3, 37c Abs 3 WpHG jedoch nicht, wenn der Geschädigte die Unrichtigkeit der Insiderinformation im Fall des § 37b Abs 1 Nr 1 bzw § 37c Abs 1 Nr 1 WpHG bei dem Erwerb oder im Falle des § 37b Abs 1 Nr 2 bzw § 37c Abs 1 Nr 2 WpHG bei der Veräußerung kannte. Die Darlegungs- und Beweislast für Abs 3 liegt beim Emittenten (*Zimmer/Grotheer* aaO Rn 82), iÜ bei demjenigen, der Schadensersatz geltend macht.

IV. Verjährung

Abs 4 regelt jeweils die Verjährung. Zu unterscheiden ist kenntnisabhängige (kein § 199 BGB) und kenntnisunabhängige Verjährung. Kenntnis meint nicht das bloße Kennenmüssen. Die Kenntnis bezieht sich auf das Unterlassen (§ 37b WpHG) bzw auf die unrichtige Mitteilung (§ 37c WpHG). Eine Nachholung der Mitteilung führt zur Kenntnis bezüglich des Unterlassens nur dann, wenn sich aus der Mitteilung das vorherige Versäumnis ergibt (Schwark KMRK/*Zimmer/Grotheer* Rn 82). „Seit Unterlassung" meint seit Beginn der Unterlassung (*Maier-Reimer/Webering* WM 2002, 1857, 1863; Marsch-Barner/Schäfer Hdb AG/*Schäfer* § 16 Rn 32). 4

V. Konkurrenzen

Zu § 823 Abs 2 BGB iVm § 15 WpHG siehe dort Rn 12 bzw § 20a WpHG siehe dort Rn 1. Möglich ist aber § 823 Abs 2 BGB iVm strafrechtlichen Normen. Eine Prospekthaftung für unwahre Ad-hoc-Mitteilungen scheidet wg der insoweit geltenden Sperrwirkung des § 37c WpHG aus (Assmann/Schneider WpHG/*Sethe* Rn 125). Unproblematisch ist die Anwendbarkeit des § 826 BGB, insoweit kann auch die Erstattung des Kaufpreises gegen Übertragung der Wertpapiere oder – sofern nicht mehr vorhanden – gegen Anrechnung des an ihre Stelle getretenen Veräußerungspreises verlangt werden (*BGH* NJW 2005, 2450 ff; aA *Casper* Der Konzern 2006, 32, 35: nur Kursdifferenzschaden). 5

VI. Haftung der Verwaltungsmitglieder

Eine Vereinbarung, durch die Ansprüche des **Emittenten gegen Vorstandsmitglieder** wg der Inanspruchnahme des Emittenten nach Abs 1 **im Voraus** ermäßigt oder erlassen werden, ist gem Abs 6 unwirksam. Nach Assmann/Schneider WpHG/*Sethe* Rn 163 soll die Vorschrift auch gegen Mitglieder des AR gelten. Das ist zweifelhaft, weil das WpHG jüngst mehrfach geändert wurde, ohne dass eine dahingehende Anpassung erfolgt ist. Auch eine Analogie für sonstige Rechtsbeziehungen scheidet aus. **D&O-Versicherungen** bleiben jedoch zulässig, zumindest bei Selbstbeteiligung (vgl § 93 Abs 2 S 3). 6

Holzborn

§ 94 Stellvertreter von Vorstandsmitgliedern

Die Vorschriften für die Vorstandsmitglieder gelten auch für ihre Stellvertreter.

Übersicht

	Rn		Rn
I. Regelungsinhalt	1	III. Mitbestimmte Gesellschaft	3
II. Besonderheiten	2		

Literatur: *Schlaus* Das stellvertretende Vorstandsmitglied, DB 1971, 1653.

I. Regelungsinhalt

1 Stellvertretende Vorstandsmitglieder sind **vollwertige Vorstandsmitglieder**, so dass § 94 nur klarstellenden Charakter hat. Trotz einer anderweitigen Bezeichnung haben stellvertretende Vorstandsmitglieder dieselben Rechte und Pflichten, die nicht abdingbar sind (*BayObLGZ* 1997, 107, 111 f, für GmbH; K. Schmidt/Lutter AktG/*Krieger/Sailer-Coceani* Rn 1), und werden ebenfalls vom Gesamtaufsichtsrat bestellt (KölnKomm AktG/*Mertens/Cahn* Rn 6). Mit der Bezeichnung „Stellvertretendes Vorstandsmitglied" wird ausschließlich eine nach außen gerichtete Hierarchie hergestellt, die rechtlich ohne Belang ist (MünchHdb AG/*Wiesner* § 23 Rn 23). Sie wird in der Praxis vielfach eingesetzt, um bspw eine Abstufung aufgrund geringerer Amtszeit oder Erfahrung zu schaffen. Stellvertreter haben wie echte Vorstandsmitglieder organschaftliche Vertretungsmacht, die grds unabhängig von einer Vertretung eines echten Vorstandsmitglieds besteht. Nur durch eine Beschränkung der Geschäftsführungsbefugnis im Innenverhältnis kann eine vertretende Wirkung konstruiert werden, nach außen hin hat diese aber wg § 82 keine Bedeutung (vgl MünchKomm AktG/*Spindler* Rn 1).

II. Besonderheiten

2 Als Vorstandsmitglieder sind stellvertretende Vorstände **Teil des Vorstands** und damit auch Adressat der Leitungskompetenz und grds auch der Gesamtgeschäftsführung. Die Geschäftsführungskompetenz eines stellvertretenden Vorstandsmitglieds kann zwar eingeschränkt werden; eine solche Einschränkung darf aber die Geschäftsführungsbefugnis nicht insgesamt entziehen (KölnKomm AktG/*Mertens/Cahn* Rn 4). Ebenso darf die **Vertretungsbefugnis für Stellvertreter** nicht beschränkt werden (GroßKomm AktG/*Habersack* Rn 9). Ferner sind Stellvertreter in die Berechnung von Mindest- oder Höchstzahlen für Vorstandsmitglieder einzubeziehen (*Mertens/Cahn* aaO Rn 2; *Schlaus* DB 1971, 1653). Wird ein stellvertretendes Vorstandsmitglied vom AR bestellt, ist dieses ohne einen Hinweis auf den Zusatz beim HR anzumelden. Ein entspr Zusatz ist **nicht eintragungsfähig** (*BGH* NJW 1998, 1071, 1072 Spindler/Stilz AktG/*Fleischer* Rn 8). Auf **Geschäftsbriefen** der Gesellschaft sind sie wie ordentliche Verstandsmitglieder zu nennen, allerdings ohne den Hinweis auf die Stellvertretereigenschaft (mit Hinweis auf Art 4 Publizitätsrichtlinie: MünchKomm AktG/*Hefermehl/Spindler* Rn 9; *Habersack* aaO Rn 3, 16; *Fleischer* aaO Rn 9; **aA** K. Schmidt/Lutter AktG/*Krieger/Sailer-Coceani* Rn 2 aE).

III. Mitbestimmte Gesellschaft

Ein stellvertretendes Vorstandsmitglied kann in der mitbestimmten AG **ohne** Einhaltung des **Verfahrens nach § 31 Abs 2–4 MitbestG** zu einem ordentlichen Vorstandmitglied ernannt werden (*Hüffer* AktG Rn 4; Spindler/Stilz AktG/*Fleischer* Rn 5; nunmehr auch KölnKomm AktG/*Mertens/Cahn* Rn 7). Diese Ernennung ist keine Bestellung iSv § 84, sondern ausschließlich eine Veränderung der internen Hierarchie (MünchHdb AG/ *Wiesner* § 24 Rn 26). Auch ein **Arbeitsdirektor** kann als stellvertretendes Vorstandsmitglied bestellt werden, wenn hierfür sachliche Gründe, wie geringes Dienstalter oder fehlende Erfahrung sprechen (*Mertens/Cahn* aaO Rn 9; K. Schmidt/Lutter AktG/*Krieger/ Sailer-Coceani* Rn 4; **aA** *Hanau/Ulmer* MitbestG § 31 Rn 23).

3

Zweiter Abschnitt
Aufsichtsrat

§ 95 Zahl der Aufsichtsratsmitglieder

¹Der Aufsichtsrat besteht aus drei Mitgliedern. ²Die Satzung kann eine bestimmte höhere Zahl festsetzen. ³Die Zahl muss durch drei teilbar sein. ⁴Die Höchstzahl der Aufsichtsratsmitglieder beträgt bei Gesellschaften mit einem Grundkapital

bis zu	1 500 000 Euro neun,
von mehr als	1 500 000 Euro fünfzehn,
von mehr als	10 000 000 Euro einundzwanzig.

⁵Durch die vorstehenden Vorschriften werden hiervon abweichende Vorschriften des Gesetzes über die Mitbestimmung der Arbeitnehmer vom 4. Mai 1976 (Bundesgesetzbl. I S. 1153), des Montan-Mitbestimmungsgesetzes und des Gesetzes zur Ergänzung des Gesetzes über die Mitbestimmung der Arbeitnehmer in den Aufsichtsräten und Vorständen der Unternehmen des Bergbaus und der Eisen und Stahl erzeugenden Industrie vom 7. August 1956 (Bundesgesetzbl. I S. 707) – Mitbestimmungsergänzungsgesetz – nicht berührt.

Übersicht

	Rn		Rn
I. Regelungsinhalt	1	IV. Änderungen der Mitglieder-	
II. Organstellung des Aufsichtsrats	2	zahl	7
III. Anzahl der Aufsichtsratsmitglieder	3	1. Satzungsänderung	8
1. Mindestzahl	4	2. Unterschreitung der Kapital-	
2. Abweichende Anzahl	5	schwellen	9
3. Höchstanzahl von Aufsichtsrats-		V. Mitbestimmung	10
mitgliedern	6	VI. Rechtsfolgen	11

Literatur: *Göz* Statusverfahren bei Änderungen in der Zusammensetzung des Aufsichtsrats, ZIP 1998, 1523; *Köstler* Die Beteiligung der Arbeitnehmer in der Europäischen Aktiengesellschaft nach den deutschen Umsetzungsgesetzen, DStR 2005, 745; *Lutter* Auswahlpflichten und Auswahlverschulden bei der Wahl von Aufsichtsratsmitgliedern, ZIP 2003, 417; *Oetker* Der Anwendungsbereich des Statusverfahrens nach den §§ 97 ff AktG, ZHR 149 (1985), 575; *Stein* Rechtsschutz gegen gesetzeswidrige Satzungsnormen bei Kapitalgesellschaften, ZGR 1994, 472.

§ 95

I. Regelungsinhalt

1 § 95 regelt die personelle Zusammensetzung des AR. Dies umfasst die gesetzliche Mindest- und Höchstzahl der Mitglieder, die vom Grundkapital der Gesellschaft abhängig ist (S 4). Zudem wird in S 5 klargestellt, dass mitbestimmungsrechtliche Regelungen hiervon nicht berührt werden und sie § 95 vorgehen. Ist für eine Gesellschaft das MitbestG 1976, MontanMitbestG oder MitbestErgG anwendbar, sind diese Regelungen vom Anwendungsbereich von § 95 ausgenommen.

II. Organstellung des Aufsichtsrats

2 Die Bildung eines AR ist mit Ausnahme der Bildung des ersten AR (vgl § 30 Rn 2 ff) im AktG nicht ausdrücklich vorgeschrieben, wird jedoch vorausgesetzt. Der AR ist damit **notwendiges Organ** der AG, wobei der Bestand der Gesellschaft nicht vom Fortbestand des AR abhängt. Die Satzung kann keinen weiteren AR einrichten, den AR nicht als Organ auflösen und ihn nicht anders bezeichnen (KölnKomm AktG/*Mertens* Rn 7). Neben dem AR kann ein sog **Beirat** (Verwaltungsrat) eingerichtet werden, der jedoch keine Rechte oder Pflichten des AR übernehmen darf (Spindler/Stilz AktG/*Spindler* Rn 4; MünchKomm AktG/*Habersack* Rn 6). Besteht auch nur teilw Personenidentität mit dem AR und sollen im Beirat dauerhaft Tätigkeiten des AR übernommen werden, sind die Bestellung des Beirates und seine im Namen der Gesellschaft erlassenen Rechtsakte nichtig (*Habersack* aaO) und die betr AR-Mitglieder verletzen ihre Amtspflicht.

III. Anzahl der Aufsichtsratsmitglieder

3 In die Berechnung der Mitgliederzahl werden grds nur AR-Mitglieder einbezogen, die ihre Tätigkeit aufgenommen haben. Sind **Ehrenmitglieder** oder Ehrenvorsitzende ernannt worden, hat dieses auf die Mitgliederzahl keinen Einfluss, denn sie sind rechtlich keine AR-Mitglieder (Spindler/Stilz AktG/*Spindler* Rn 6). **Ersatzmitglieder** werden erst in die Kalkulation einbezogen, wenn sie tatsächlich ihr Amt antreten, wobei sich insoweit die Gesamtanzahl nicht verändert (MünchKomm AktG/*Habersack* Rn 14). Aufschiebend bedingt bestellte AR-Mitglieder sind einzubeziehen, wenn die Bedingung eintritt, also regelmäßig mit Wegfall eines anderen AR-Mitglieds (KölnKomm AktG/*Mertens* Rn 20).

4 **1. Mindestzahl.** Die Mindestzahl der AR-Mitglieder, ohne Ersatzmitglieder, beträgt nach S 1 **drei Mitglieder.** Hiervon kann auch die Satzung keine abw Regelungen treffen. An der Beschlussfassung müssen drei Mitglieder teilnehmen, wobei Stimmenthaltung ausreichend ist (*BGH* 2.4.2007, Az II ZR 325/05 **aA** *BayObLG* DB 2003, 1265; ausf § 108 Rn 5 f). Auf Antrag des Vorstands, der verbleibenden AR-Mitglieder oder eines Aktionärs kann das Gericht nach § 104 Abs 1 fehlende Mitglieder bestellen (ausf § 104 Rn 4).

5 **2. Abweichende Anzahl.** Die **Satzung** kann eine über die Mindestzahl des S 1 hinausgehende Anzahl von AR-Mitgliedern festlegen. Diese Anzahl muss allerdings **bestimmt** sein, so dass Regelungen zu variablen Mitgliederzahlen, wie eine bestimmte Bandbreite an möglichen Mitgliederzahlen, unzulässig sind (*Hüffer* AktG Rn 3; weiter K. Schmidt/Lutter AktG/*Drygala* Rn 4: Bestimmbarkeit bei Anknüpfung an Grundkapital ausreichend). Ausreichend bestimmt ist dagegen die Festlegung, dass die jeweils gesetzlich zulässige **Höchstzahl** erforderlich ist (KölnKomm AktG/*Mertens* Rn 14).

Durch S 3 wird zudem vorgeschrieben, dass eine zulässige Regelung der Mitgliederzahl **durch drei teilbar** sein muss. Dieses ist durch die Vorgabe des DrittelbG (BGBl I, 974, 979) begründet, das für AG mit mehr als 500 Mitarbeitern bestimmt, dass ein Drittel der AR-Mitglieder von der Arbeitnehmerseite bestimmt werden. Die Regelung des S 3 ist für alle AGen anwendbar.

3. Höchstanzahl von Aufsichtsratsmitgliedern. Mit S 4 werden für verschiedene **Gruppen** von Gesellschaften unterschiedliche Höchstzahlen festgelegt, die sich nach dem jeweils tatsächlich ausgegebenen **Grundkapital** bestimmen. Werden höhere Zahlen bestimmt, sind diese Regelungen nichtig (MünchKomm AktG/*Habersack* Rn 22). Liegt das Grundkapital unter 1,5 Mio Euro sind höchstens neun AR-Mitglieder vorzusehen, liegt es dagegen zwischen 1,5 Mio und 10 Mio Euro, sind fünfzehn AR-Mitglieder nicht zu überschreiten. Schließlich darf die Mitgliederzahl bei einem Grundkapital von mehr als 10 Mio Euro einundzwanzig nicht überschreiten. **Kapitalerhöhungen** wirken sich erst dann aus, wenn die Aktien ausgegeben wurden (Bedingte Kapitalerhöhung) oder die Erhöhung eingetragen wurde (Genehmigtes Kapital). 6

IV. Änderungen der Mitgliederzahl

Erhöht sich die satzungsmäßige Anzahl der AR-Mitglieder, finden Ergänzungswahlen statt (MünchKomm AktG/*Habersack* Rn 17; Spindler/Stilz AktG/*Spindler* Rn 15; ausf mitbestimmte AG *Raiser* MitbestG § 7 Rn 5). 7

1. Satzungsänderung. Durch HV-Beschluss kann die AR-Mitgliederzahl geändert werden. Zulässig ist es, in der gleichen HV die Mitgliederzahl zu ändern und neue Mitglieder zu wählen (KölnKomm AktG/*Mertens* Rn 24). Die Satzungsänderung zur **Herabsetzung** der Mitgliederzahl einer nicht mitbestimmten AG wird durch die Eintragung wirksam, § 181 Abs 3, **beeinflusst** aber **nicht die Amtszeit** der AR-Mitglieder (*OLG Hamburg* AG 1989, 64; GroßKomm AktG/*Hopt/Roth* Rn 96). Gleiches gilt bei einer mitbestimmten AG (*OLG Dresden* ZIP 1997, 589, 591 f; *Hopt/Roth* aaO). Anteilseignervertreter könnten zwar nach Satzungsänderung wg fehlenden Schutzes nach § 103 Abs 4 AktG, § 12 DrittelbG jederzeit abberufen werden, würden dann aber gegenüber Arbeitnehmervertretern benachteiligt werden. Für Durchführung eines **Statusverfahrens** nach §§ 97 ff fehlt Voraussetzung einer Änderung der angewandten gesetzlichen Vorschriften (MünchKomm AktG/*Habersack* Rn 18; Spindler/Stilz AktG/*Spindler* Rn 19 f; K. Schmidt/Lutter AktG/*Drygala* Rn 12 f; **aA** *BAG* DB 1990, 1142). **Scheiden AR-Mitglieder** in dieser Situation während ihrer regulären Amtszeit **vorzeitig aus**, sind diese zu **ersetzen**, um eine Teilbarkeit durch drei gem S 3 wiederherzustellen (*Habersack* aaO Rn 20; **aA** *Spindler* aaO Rn 19, bei nicht-mitbestimmten AGen ist S 3 nur für die Satzungsregelung maßgeblich, nicht für die tatsächlich vorhandene Anzahl). Für die **mitbestimmte AG** ist ebenfalls eine Nachwahl des ausgefallenen AR-Mitglieds angezeigt (*Spindler* aaO Rn 20). Eine Differenzierung nach Anteilseigner- und Arbeitnehmerbank ist nicht gerechtfertigt und würde den Zweck der Mitbestimmung verkehren. 8

2. Unterschreitung der Kapitalschwellen. Die jeweilige gesetzliche Höchstgrenze für die Mitgliederzahl (S 4) kann durch eine **Kapitalherabsetzung** verringert werden. Dies hat keinen Einfluss auf bestehende AR-Mandate (MünchKomm AktG/*Habersack* Rn 18 f). Teilw wird ein Statusverfahren bei einer mitbestimmten AG erwogen (vgl *BAG* DB 1990, 1142), obwohl auch hier der Anwendungsbereich der §§ 97 ff fraglich 9 ist (so *Habersack* aaO Rn 19), denn das Verhältnis zwischen Anteilseigner- und Arbeitnehmervertretern ändert sich jedenfalls beim DrittelbG nicht (*Hüffer* AktG Rn 5).

V. Mitbestimmung

10 Mit S 5 wird klargestellt, dass die mitbestimmungsrechtlichen Vorschriften den Regelungen in S 1–4 **vorgehen**. Abw Regelungen ergeben sich aus § 4 MontanmitbestG, § 5 MontanMitbestErgG, § 7 MitbestG, die Mindest- und Höchstzahl der AR-Mitglieder nicht am Grundkapital ausrichten, sondern an der jeweiligen Arbeitnehmerzahl. Die Höchstzahl liegt aber ebenfalls bei einundzwanzig AR-Mitgliedern.

VI. Rechtsfolgen

11 Verstoßen **Satzungsbestimmungen** gegen die gesetzlichen Vorgaben, sind sie **nichtig** (KölnKomm AktG/*Mertens* Rn 16; differenzierend *Stein* ZGR 1994, 472, 488, Anfechtbarkeit). Es ist dann auf die gesetzlichen Vorgaben des S 1 zurückzugreifen, so dass drei Mitglieder maßgeblich sind (MünchKomm AktG/*Habersack* Rn 22). Liegen der **Wahl** von AR-Mitgliedern **nichtige Satzungsbestimmungen** zugrunde, liegt darin ein Gesetzesverstoß, die Wahlbeschlüsse können dann gem § 251 **anfechtbar** sein (ausf § 251 Rn 2). Wohl sind bei Einzelwahlen die ersten drei Kandidaten wirksam gewählt worden (*Habersack* aaO Rn 24; Spindler/Stilz AktG/*Spindler* Rn 24). Bei Blockwahlen ist es davon abhängig, ob eine Reihenfolge bestimmt werden kann und sich somit drei AR-Mitglieder bestimmen lassen (ähnlich *Hüffer* AktG Rn 7). Sieht der Wahlmodus eine Gesamtwahl vor, ist die Wahl insgesamt nichtig, wenn damit die gesetzliche Anzahl überschritten wird (*Spindler* aaO; GroßKomm AktG/*Hopt/Roth* Rn 74, 78). Werden bei einer **AR-Wahl** ohne abw Satzungsbestimmungen zur AR-Mitgliederzahl mehr als drei AR-Mitglieder gewählt, aber **nicht** die gesetzliche Höchstzahl (S 4) **überschritten**, ist die Wahl nach §§ 243, 251 **anfechtbar**, da die Mindestzahl nur die Beschlussfähigkeit sicherstellen will (*Habersack* aaO Rn 25). Führt eine AR-Wahl zur **Überschreitung** der gesetzlichen Höchstgrenzen (S 4) ist wiederum eine mögliche Reihenfolge maßgeblich, so dass eine **Gesamtnichtigkeit** eintritt, wenn eine solche Reihenfolge nicht festzustellen ist (ähnlich *Hüffer* aaO). Werden unter **Verstoß** gegen die **Satzung** mehr AR-Mitglieder gewählt als vorgesehen, die Grenze des S 4 aber nicht überschritten, ist die Wahl aus diesem Grund **anfechtbar** aber nicht nichtig, vgl § 243 Abs 1 (*Mertens* aaO Rn 21).

§ 96 Zusammensetzung des Aufsichtsrats

(1) Der Aufsichtsrat setzt sich zusammen

bei Gesellschaften, für die das Mitbestimmungsgesetz gilt, aus Aufsichtsratsmitgliedern der Aktionäre und der Arbeitnehmer,

bei Gesellschaften, für die das Montan-Mitbestimmungsgesetz gilt, aus Aufsichtsratsmitgliedern der Aktionäre und der Arbeitnehmer und aus weiteren Mitgliedern,

bei Gesellschaften, für die die §§ 5 bis 13 des Mitbestimmungsergänzungsgesetzes gelten, aus Aufsichtsratsmitgliedern der Aktionäre und der Arbeitnehmer und aus einem weiteren Mitglied,

§ 96 Zusammensetzung des Aufsichtsrats

bei Gesellschaften, für die das Drittbeteiligungsgesetz gilt, aus Aufsichtsratsmitgliedern der Aktionäre und der Arbeitnehmer,

bei Gesellschaften, für die das Gesetz über die Mitbestimmung der Arbeitnehmer bei einer grenzüberschreitenden Verschmelzung gilt, aus Aufsichtsratsmitgliedern der Aktionäre und der Arbeitnehmer,

bei den übrigen Gesellschaften nur aus Aufsichtsratsmitgliedern der Aktionäre.

(2) Nach anderen als den zuletzt angewandten gesetzlichen Vorschriften kann der Aufsichtsrat nur zusammengesetzt werden, wenn nach § 97 oder nach § 98 die in der Bekanntmachung des Vorstands oder in der gerichtlichen Entscheidung angegebenen gesetzlichen Vorschriften anzuwenden sind.

Übersicht

	Rn		Rn
I. Regelungsinhalt	1	III. Vertragliche Modifikationen	8
II. Modelle der Zusammensetzung	2	1. Satzung	8
1. MontanMitbestG	3	2. Mitbestimmungsvereinbarungen	9
2. MitbestG	5	3. Stimmbindungsverträge	10
3. DrittelbG	6	IV. Fortbestand des Aufsichtsrats	11
4. MgVG	7		
5. Diskussion über eine gesetzliche Frauenquote	7a		

Literatur: *Habersack* Staatliche und halbstaatliche Eingriffe in die Unternehmensführung, 69. DJT 2012 Band I Gutachten E; *Hanau* Sicherung unternehmerischer Mitbestimmung, insb durch Vereinbarung, ZGR 2001, 75; *Herfs-Röttgen* Probleme der Arbeitnehmerbeteiligung in der Europäischen Aktiengesellschaft, NZG 2002, 358; *Holst/Schimeta* DIW Wochenbericht Nr. 3.2013: Frauenanteil in Topgremien großer Unternehmen in Deutschland nimmt geringfügig zu – DAX-30-Unternehmen mit größerer Dynamik; *Ihrig/Schlitt* Vereinbarungen über eine freiwillige Einführung oder Erweiterung der Mitbestimmung, NZG 1999, 333; *Kiem/Uhrig* Der umwandlungsbedingte Wechsel des Mitbestimmungsstatuts – am Beispiel der Verschmelzung durch Aufnahme zwischen AGs, NZG 2001, 680; *Kort* Der Konzernbegriff iSv § 5 MitbestG, NZG 2009, 81; *Kowalski/Schmidt* Das aktienrechtliche Statusverfahren nach §§ 96 Abs 2, 97 ff AktG, DB 2009, 551; *Meier* Probleme bei der freiwilligen zahlenmäßigen Erweiterung eines mitbestimmten Aufsichtsrats nach dem MitbestG 1976, NZG 2000, 190; *Nagel* Das Gesetz über die Mitbestimmung der Arbeitnehmer bei grenzüberschreitenden Verschmelzungen (MgVG), NZG 2007, 57; *ders* Die Richtlinie zur grenzüberschreitenden Verschmelzung, NZG 2006, 97; *Oetker* Das Recht der Unternehmensmitbestimmung im Spiegel der neueren Rspr, ZGR 2000, 19; *Papier/Heidebach* Die Einführung einer gesetzlichen Frauenquote für die Aufsichtsräte deutscher Unternehmen unter verfassungsrechtlichen Aspekten, ZGR 2011, 305; *Raiser* Privatautonome Mitbestimmungsregelungen, BB 1977, 1461; *Reding* Gesetzliche Frauenquote?, ZRP 2011, 127.

I. Regelungsinhalt

In Abs 1 wird die Zusammensetzung des AR geregelt. Durch eine Verweisung auf die Regelungen der entspr Gesetze (MitbestG, MontanMitbestG, MitbestErgG, DrittelbG) werden die dort jeweils gültigen Vorschriften in das AktG inkorporiert, ohne ihren Wortlaut zu wiederholen. Durch Abs 2 wird ferner Bestandssicherheit für einen gewählten AR geschaffen, da Veränderungen im AR die vorherige Durchführung eines Statusverfahrens nach §§ 97 ff voraussetzen. §§ 96 ff sind grds nicht auf den ersten 1

AR nach Gründung anzuwenden (vgl *Kowalski/Schmidt* DB 2009, 551); in diesem Fall sind vielmehr die §§ 30 f heranzuziehen (s § 30 Rn 2; § 31 Rn 5 ff).

II. Modelle der Zusammensetzung

2   Die konkrete Zusammensetzung des AR ergibt sich aus dem Anwendungsbereich der ausdrücklich genannten mitbestimmungsrechtlichen Normen. Nur wenn deren Anwendung nicht gegeben ist, sieht Abs 1 vor, dass allein die Aktionäre die AR-Mitglieder bestimmen (zur Wahl vgl § 101 Rn 5 f). **Mitbestimmungsfrei** sind danach am oder nach dem 10.8.1994 gegründete kleine AG mit weniger als 501 Arbeitnehmern als auch vor dem 10.8.1994 gegründete Familienunternehmen gem § 1 Abs 1 S 2, 3 DrittelbG oder AG mit weniger als 5 Arbeitnehmern sowie Tendenzunternehmen (einschließlich Presse- und Verlagsunternehmen; MünchKomm AktG/*Habersack* Rn 25) und Unternehmen der Religionsgemeinschaften (§ 1 Abs 4 MitbestG, § 1 Abs 2 S 2 Nr 2 und S 2 DrittelbG).

3   **1. MontanMitbestG.** Für eine AG mit **in der Regel mehr als 1 000 Arbeitnehmern**, die insb der **Eisen** oder **Stahl** erzeugenden Industrie angehört oder deren überwiegender Betriebszweck in der **Förderung oder Verarbeitung von Stein- oder Braunkohle bzw Eisenerz** liegt, ist das MontanMitbestG anwendbar (weitere Industriebereiche vgl § 1 MontanMitbestG; vgl GroßKomm AktG/*Hopt/Roth* Rn 13 f). Der AR besteht aus elf Mitgliedern, wobei zehn paritätisch besetzt und um ein weiteres Mitglied ergänzt wird. Die Satzung kann höhere Mitgliederzahlen festlegen (über 10 Mio Nennkapital: 15; über 25 Mio Nennkapital: 21). Sämtliche Mitglieder werden von der HV gewählt; die Anteilseignervertreter dürfen keiner Gewerkschaft und keinem Arbeitgeberverband angehören. Die HV ist bei der Wahl der Arbeitnehmervertreter an die Vorschläge des Betriebsrats gebunden. Das neutrale Mitglied wird auf Vorschlag der übrigen AR-Mitglieder ebenfalls von der HV gewählt.

4   Mit dem **MitbestErgG** werden die Regelungen des MontanMitbestG weitgehend auf **herrschende Unternehmen** übertragen, für die selbst der Anwendungsbereich nicht eröffnet ist. Voraussetzung ist aber, dass der Unternehmenszweck des Gesamtkonzerns durch die Geschäftstätigkeit der beherrschten Unternehmen bestimmt wird, die selbst vom MontanMitbestG erfasst sind. Bestimmt wird der Unternehmenszweck des Konzerns gem § 3 Abs 2 MitbestErgG, wenn mindestens 20 % der Gesamtumsätze hierunter fallen (*BVerfGE* 99, 367, 387 ff: Nr 2, mehr als 2 000 AN, verfassungswidrig). Die Arbeitnehmervertreter werden anders als beim MontanMitbestG durch Delegierte oder unmittelbar gewählt.

5   **2. MitbestG.** Außerhalb der Anwendung des MontanMitbestG und des MitbestErgG findet das MitbestG Anwendung (§ 1 Abs 2 MitbestG), soweit das durch die AG getragene Unternehmen in der Regel **mehr als 2 000 Arbeitnehmer** hat (§ 1 Abs 1 MitbestG). Der relevante Zeitraum zur Berechnung der regelmäßigen Arbeitnehmerzahl ergibt sich aus der Dauer des Statusverfahrens, §§ 97 ff, und des Wahlverfahrens, § 10 ff MitbestG (*OLG Düsseldorf* AG 1995, 328 f, 17–20 Monate; zust Spindler/Stilz AktG/*Spindler* Rn 5). Nach § 5 MitbestG erfolgt eine Zurechnung im Konzern (ausf zu Gemeinschaftsunternehmen: *Hüffer* AktG Rn 4; zum mitbestimmungsrechtlichen Konzernbegriff s *Kort* NZG 2009, 81). Hat das Unternehmen weniger als 10 000 AN, ist ein paritätisch besetzter AR mit 12 Mitgliedern vorgeschrieben. Die Satzung kann nach § 7 MitbestG eine abw Anzahl von 16 bzw 20 festlegen. Für nicht mehr als

20 000 AN ist ein AR von 16 Mitgliedern vorgesehen, der durch die Satzung auf 20 erweitert werden kann. Hat das Unternehmen mehr als 20 000 AN muss der AR 20 Mitglieder haben. Die hälftige Anzahl der Arbeitnehmervertreter setzt sich jeweils aus zwei bzw drei Gewerkschaftsvertretern und Arbeitnehmern des Unternehmens zusammen (vgl § 7 Abs 2 MitbestG).

3. DrittelbG. Das BetrVG 1952 wurde 2004 durch das DrittelbG (BGBl I S 974) ersetzt. Dieses sieht nunmehr die drittelparitätische Mitbestimmung für AGen vor, die idR mehr als 500 AN beschäftigen und bei denen das MitbestG oder das MontanMitbestG nicht anwendbar ist (§ 1 Abs 2 S 1 Nr 1 DrittelbG). Die AN von eingegliederten Unternehmen und im Vertragskonzern werden zur Bestimmung der Arbeitnehmerschwellen einbezogen (§ 2 Abs 2 DrittelbG; *OLG Zweibrücken* NZG 2006, 31, 32). Faktische Konzerne und reine Gewinnabführungsverträge sind für eine Einbeziehung nicht ausreichend (*OLG Düsseldorf* WM 1997, 668 zu § 77a BetrVG 1952). Erfasst sind dagegen AG, die vor dem 10.8.1994 als AG eingetragen wurden, idR mehr als 5 (*BGH* AG 2012, 288, 289) und weniger als 500 AN haben und keine Familiengesellschaft sind (K. Schmidt/Lutter AktG/*Drygala* Rn 15). Besteht ein Konzern nach § 18, sind die AN an den Wahlen des AR des beherrschenden Unternehmens zu beteiligen (§ 2 Abs 1 DrittelbG). Der AR muss aus einem Drittel Arbeitnehmervertretern bestehen (§ 4 Abs 1 DrittelbG), die von den Arbeitnehmern direkt gewählt werden. 6

4. MgVG. Seit Dezember 2006 bestehen durch das MgVG (BGBl I 2006, 3332) für **Gesellschaften**, die **aus** einer **grenzüberschreitenden Verschmelzung** hervorgegangen sind, in Umsetzung des Art 16 der RL 2005/56/EG (AblEU Nr L 310/1, 25.11.2005; dazu *Nagel* NZG 2006, 97 f) bes Regelungen für die Zusammensetzung des AR. Kommt es zu keiner **Vereinbarung** über die Mitbestimmung zwischen dem besonderen Verhandlungsgremium und der Leitung der AG, gelten §§ 23 ff MgVG für die Besetzung des AR. Die Anzahl der Arbeitnehmervertreter bestimmt sich dann gem § 24 Abs 1 MgVG nach der höchsten Arbeitnehmerbeteiligung an den zu verschmelzenden Gesellschaften. Die Verteilung der AR-Sitze obliegt gem § 25 MgVG dem besonderen Verhandlungsgremium, das die Verteilung der AN auf die Mitgliedstaaten berücksichtigen muss. 7

5. Diskussion über eine gesetzliche Frauenquote. Im Jahr 2012 betrug der Frauenanteil in den AR der TOP-200-Unternehmen 12,9 %, das ist im Vergleich zum Vorjahr ein Zuwachs von einem Prozent (*Holst/Schimeta* DIW Wochenbericht Nr 3.2013, S 4 f). Lediglich 10 % der Vorstände und AR der größten börsennotierten Unternehmen in der EU sind Frauen, davon 3 % als Vorstands- oder AR-Vorsitzende (*Reding* ZRP 2011, 127). Eine gesetzliche Quote im AR ist europarechtlich problematisch (*EuGH* BeckEuRS 2000, 242307; *Papier/Heidebach* ZGR 2011, 305, 334). Eine Abkehr von der Selbstregulierung bereitet überdies vielen Unternehmen Sorgen, die nicht auf einen entspr Kandidatenpool zugreifen können. Eine **freiwillige Selbstverpflichtung** ist der bessere Weg um einerseits die angestrebte Vielfalt iSd 5.4.1 DCGK zu verwirklichen und andererseits der Rechtswirklichkeit der verschiedenen Industriezweige ausreichend Rechnung zu tragen (krit zur Quote als ein berechtigtes aber rein gesellschaftspolitisches Anliegen: *Habersack* Verhandlungen des 69. DJT Band I E S 34 ff, 100). Die EU-Kommission hat jüngst den Entwurf einer Richtlinie beschlossen, nach dem bis zum Jahr 2020 eine 40 %-ige Frauenquote in den AR börsennotierter Ges erreicht werden soll, KOM (2012) 614. 7a

III. Vertragliche Modifikationen

8 **1. Satzung.** Die mitbestimmungsrechtlichen Vorschriften gem Abs 1 können durch die **Satzung weder erweitert noch modifiziert** werden (**hM** *BGH* AG 2012, 248, 249; Spindler/Stilz AktG/*Spindler* Rn 22). Dieses widerspräche der Satzungsstrenge des § 23 Abs 5 und der Wahlfreiheit der HV bzw der vorgeschriebenen Beteiligung der AN. Hiervon zu unterscheiden ist die Wahl oder Entsendung eines Arbeitnehmers der AG als Vertreter der Anteilseigner in den AR, die zulässig ist (*BGH* AG 1975, 242). In § 24 Abs 3 MgVG ist für entgegenstehende Satzungsbestimmungen ausdrücklich ein Anpassungsgebot enthalten.

9 **2. Mitbestimmungsvereinbarungen.** Weichen **privatautonome Vereinbarungen** zur AR-Besetzung vom gesetzlich vorgeschriebenen Mitbestimmungsumfang ab, sind sie wg des zwingenden Charakters des § 96 Abs 1 nichtig (*Hüffer* AktG Rn 3). Dieses betrifft auch **Rationalisierungsvereinbarungen**, die abw von zwingenden gesetzlichen Vorgaben Vereinfachungen beabsichtigen (MünchKomm AktG/*Habersack* Rn 28; Spindler/Stilz AktG/*Spindler* Rn 27). Außerhalb des gesetzlichen Regelungsumfangs können Vereinbarungen allerdings möglich sein, bspw zur einvernehmlichen Streitbeilegung (*Habersack* aaO; *Spindler* aaO Rn 28; krit KölnKomm AktG/*Mertens* Rn 20). Solche Vereinbarungen haben jedoch keinen Einfluss auf die Rechte aus § 98, um die Zusammensetzung im gerichtlichen Verfahren zu klären (*Mertens* aaO Rn 17). Besonderheiten gelten insoweit für Gesellschaften, die aus einer grenzüberschreitenden Verschmelzung entstanden sind, denn nach § 22 MgVG kann dort eine Vereinbarung über die Mitbestimmung mit einem bes Verhandlungsgremium gem §§ 6 f MgVG erfolgen (ausf *Nagel* NZG 2007, 57, 59 f). Unklar ist darüber hinaus, ob es zum Abschluss von weitergehenden Mitbestimmungsvereinbarungen überhaupt ein berufenes **Organ der Gesellschaft** gibt (*Habersack* aaO Rn 30, in erster Linie Vorstand; *Spindler* aaO Rn 24, Vorstand nicht möglich, nur HV; *Ulmer/Hanau* MitbestG Einl Rn 43, HV und Arbeitnehmerschaft; *Raiser* BB 1977, 1461, 1464, Vereinbarungen im AR möglich mit Bestätigung durch HV und Belegschaft). Auf Seiten der **Arbeitnehmer** kann der Betriebsrat Vereinbarungen nur im Rahmen seiner Kompetenzen treffen.

10 **3. Stimmbindungsverträge.** Auch Stimmbindungsverträge zwischen Aktionären und bspw Gewerkschaften können nicht dazu genutzt werden, eine von den gesetzlichen Vorgaben abw AR-Besetzung herbeizuführen (zB höhere Anzahl von Arbeitnehmervertretern). Solche Vereinbarungen stünden im Widerspruch zum gesetzlich zwingenden Mitbestimmungsmodell. Rechtsfolge wäre die Nichtigkeit der Verträge (KölnKomm AktG/*Mertens* Rn 16; Spindler/Stilz AktG/*Spindler* Rn 26; **aA** GroßKomm AktG/*Hopt/Roth* Rn 31 ff, generelle Zulässigkeit; MünchKomm AktG/*Habersack* Rn 31; *Ihrig/Schlitt* NZG 1999, 333, 335). Betrifft die Vereinbarung hingegen die Erhöhung der satzungsgemäßen Mitgliederzahl des AR und bewegt sich diese innerhalb des Mitbestimmungsmodells, sollen solche Verträge zulässig sein (Münch HdB AG/*Hoffmann-Becking* § 28 Rn 42, 49). Problematisch können unbefristete Stimmbindungsverträge sein, da sie zu einer dauerhaften Veränderung des körperschaftlichen Rahmens führen können. Vertragsdauer sollte deshalb bspw bis zur nächsten AR-Wahl begrenzt sein.

IV. Fortbestand des Aufsichtsrats

Die Zusammensetzung des AR einer AG wird durch sich ändernde gesetzliche Vorgaben nicht berührt. Ursprüngliche gesetzliche Vorgaben bleiben für einen bestehenden AR maßgeblich, die Zusammensetzung gilt als richtig und kann nur in einem formalen Verfahren verändert werden (**Status-quo-Prinzip**: KölnKomm AktG/*Mertens* Rn 22; GroßKomm AktG/*Hopt/Roth* Rn 54; *Oetker* ZGR 2000, 19, 20); das gilt auch für AR, die schon anfänglich entgegen den gesetzlichen Vorschriften zusammengesetzt wurden (zur GmbH: *OLG Frankfurt* ZIP 2011, 21, 23). Abs 2 stellt so sicher, dass der bestehende AR rechtmäßig handeln kann und gewährleistet **Rechtssicherheit** (MünchKomm AktG/*Habersack* Rn 32). Der AR bleibt auch bei fehlerhafter Zusammensetzung handlungsfähig und kann wirksame Beschlüsse fassen. Nur im Wege des **Statusverfahrens**, §§ 97–99, kann ein neuer, veränderter AR entstehen. Es wird regelmäßig durchzuführen sein, wenn die tatsächlichen Veränderungen im Umfeld der AG (zB Arbeitnehmerzahl) zu einer gesetzlich abw zahlenmäßigen oder personellen Zusammensetzung des AR führen (*Hüffer* AktG Rn 13). Damit kommt das Statusverfahren sowohl bei Wechsel des Mitbestimmungsmodells als auch bei Veränderung der Zahl oder Zusammensetzung der AR-Mitglieder innerhalb eines Mitbestimmungsmodells zur Anwendung. Der bisherige AR bleibt bis zum Abschluss dieses Verfahrens bestehen (*OLG Düsseldorf* AG 1996, 87; K. Schmidt/Lutter AktG/*Drygala* Rn 28, Kontinuitätsgrundsatz; zur GmbH *OLG Frankfurt* ZIP 2011, 21, 22 – „Asklepios"), selbst wenn alle Beteiligten sich über die neue Zusammensetzung einig sind. Eine trotzdem durchgeführte Wahl von AR-Mitgliedern ist ohne vorheriges Statusverfahren auch bei materiell richtiger Rechtslage wg Verstoßes gegen § 68 Abs 2 nach § 251 Abs 1 Nr 1 nichtig (*Habersack* aaO Rn 33; iE *BAG* AG 2008, 708, 710 f).

11

§ 97 Bekanntmachung über die Zusammensetzung des Aufsichtsrats

(1) ¹Ist der Vorstand der Ansicht, dass der Aufsichtsrat nicht nach den für ihn maßgebenden gesetzlichen Vorschriften zusammengesetzt ist, so hat er dies unverzüglich in den Gesellschaftsblättern und gleichzeitig durch Aushang in sämtlichen Betrieben der Gesellschaft und ihrer Konzernunternehmen bekannt zu machen. ²In der Bekanntmachung sind die nach Ansicht des Vorstands maßgebenden gesetzlichen Vorschriften anzugeben. ³Es ist darauf hinzuweisen, dass der Aufsichtsrat nach diesen Vorschriften zusammengesetzt wird, wenn nicht Antragsberechtigte nach § 98 Abs. 2 innerhalb eines Monats nach der Bekanntmachung im Bundesanzeiger das nach § 98 Abs. 1 zuständige Gericht anrufen.

(2) ¹Wird das nach § 98 Abs. 1 zuständige Gericht nicht innerhalb eines Monats nach der Bekanntmachung im Bundesanzeiger angerufen, so ist der neue Aufsichtsrat nach den in der Bekanntmachung des Vorstands angegebenen gesetzlichen Vorschriften zusammenzusetzen. ²Die Bestimmungen der Satzung über die Zusammensetzung des Aufsichtsrats, über die Zahl der Aufsichtsratsmitglieder sowie über die Wahl, Abberufung und Entsendung von Aufsichtsratsmitgliedern treten mit der Beendigung der ersten Hauptversammlung, die nach Ablauf der Anrufungsfrist einberufen wird, spätestens sechs Monate nach Ablauf dieser Frist insoweit außer Kraft, als sie den nunmehr anzuwendenden gesetzlichen Vorschriften widersprechen. ³Mit demselben Zeitpunkt erlischt das Amt der bisherigen Aufsichtsratsmitglieder. ⁴Eine Hauptversammlung, die innerhalb der Frist von sechs Monaten stattfindet, kann an Stelle der außer Kraft tre-

tenden Satzungsbestimmungen mit einfacher Stimmenmehrheit neue Satzungsbestimmungen beschließen.

(3) Solange ein gerichtliches Verfahren nach §§ 98, 99 anhängig ist, kann eine Bekanntmachung über die Zusammensetzung des Aufsichtsrats nicht erfolgen.

Übersicht

	Rn		Rn
I. Regelungsübersicht	1	1. Aufsichtsratszusammensetzung	8
II. Bekanntmachungspflicht	2	2. Satzung	9
1. Vorstandskompetenz	3	3. Amtszeit der bisherigen Aufsichtsratsmitglieder	10
2. Typische Fälle	4		
3. Bekanntmachungsverfahren	5	IV. Fristgerechte Anrufung	11
III. Rechtsfolgen der Bekanntmachung	7	V. Ausschlusstatbestand, Abs 3	12

Literatur: *Göz* Statusverfahren bei Änderungen in der Zusammensetzung des Aufsichtsrats, ZIP 1998, 1523; *Kiem/Uhrig* Der umwandlungsbedingte Wechsel des Mitbestimmungsstatuts – am Beispiel der Verschmelzung durch Aufnahme zwischen AGs, NZG 2001, 680; *Martens* Das aktienrechtliche Statusverfahren und der Grundsatz der Amtskontinuität, DB 1978, 1065; *Parmentier* Das Statusverfahren beim Formwechsel in eine Aktiengesellschaft, AG 2006, 476; *Rosendahl* Unternehmensumgliederungen und ihre Auswirkungen auf die Arbeitnehmervertreter im Aufsichtsrat, AG 1985, 325; *Schnitker/Grau* Aufsichtsratsneuwahlen und Ersatzbestellung von Aufsichtsratsmitgliedern im Wechsel des Mitbestimmungsmodells, NZG 2007, 486.

I. Regelungsübersicht

1 Die Vorschrift regelt mit §§ 98, 99 das sog **Status- oder Überleitungsverfahren**. Hierdurch wird das Verfahren für die Klärung und Anpassung der maßgeblichen AR-Besetzung festgelegt. Das Statusverfahren dient der Rechtssicherheit und ermöglicht mit § 96 Abs 2, der die kontinuierliche Arbeit des bestehenden AR sicherstellt, die konstruktive Veränderung der Zusammensetzung. Ausschließlich über das Statusverfahren kann ein AR-Modell verändert werden. Dabei beschränkt sich der Anwendungsbereich auf die Verteilung der AR-Mandate zwischen Anteilseignern und Arbeitnehmern; die arbeitnehmerinterne Aufteilungen ist hiervon nicht erfasst (Spindler/Stilz AktG/*Spindler* Rn 16 f; MünchKomm AktG/*Habersack* Rn 14; *Hüffer* AktG Rn 3; aA *Hanau/Ulmer* MitbestG § 6 Rn 15). Das Verfahren erfolgt über **zwei Stufen**, erstens die Festlegung des neuen AR-Modells und zweitens die veränderte Neubesetzung. § 97 regelt damit die außergerichtliche Bekanntgabe eines AR-Modells durch den Vorstand und die darauf folgende Fiktion der gesetzlichen Zusammensetzung entspr des bekanntgemachten Modells (*Parmentier* AG 2006, 476, 478). Abs 1 beschreibt das Verfahren der Bekanntmachung, Abs 2 die Rechtsfolgen, insb hinsichtlich der Satzung und der Amtszeit der bisherigen AR-Mitglieder. Abs 3 beinhaltet einen Ausschlusstatbestand für anhängige gerichtliche Verfahren nach §§ 98, 99.

II. Bekanntmachungspflicht

2 Ist der Vorstand der Ansicht, dass der AR nicht in der gesetzlich vorgeschriebenen Form zusammengesetzt ist, hat er im Wege einer Bekanntmachung (§ 97) oder durch ein gerichtliches Verfahren nach §§ 98, 99 für die Klärung der gesetzlichen Zusammensetzung zu sorgen. Er entscheidet nach pflichtgemäßem Ermessen, ob die Zusam-

mensetzung mit anderen Antragsberechtigten streitig ist (ausf MünchKomm AktG/*Habersack* Rn 15 f) und deshalb statt der Bekanntmachung ein gerichtliches Verfahren einzuleiten ist (vgl § 98 Rn 3).

1. Vorstandskompetenz. Die Beurteilung der Zusammensetzung des AR ist Leitungsaufgabe und damit dem Vorstand als Organ zugewiesen (*BGHZ* 149, 158). Entscheidung ist durch **Vorstandsbeschluss** zu treffen, der bei fehlender abw Regelung in Satzung oder Geschäftsordnung Einstimmigkeit erfordert (vgl § 77 Rn 8). Ein Zustimmungserfordernis des AR oder eine HV-Vorlage ist daher ausgeschlossen. Es ist ausreichend, dass der Gesamtvorstand zu dem Ergebnis kommt, dass nach seiner Auffassung die bestehende AR-Zusammensetzung nicht mit den gesetzlichen Vorgaben vereinbar ist. 3

2. Typische Fälle. Die Ansicht des Vorstands über eine abw Zusammensetzung des AR kann durch eine **vorherige fehlerhafte Bewertung** oder, was der praktisch häufigste Fall ist, eine Veränderung in den **Verhältnissen** der AG begründet sein (Spindler/Stilz AktG/*Spindler* Rn 5). Nachträgliche Änderungen der maßgeblichen gesetzlichen Vorgaben können insb durch eine **veränderte Arbeitnehmeranzahl** begründet sein. Ein Statusverfahren kann bei einer gesetzlich veranlassten **Änderung der Mitbestimmungsform** angezeigt sein ebenso wie bei Ausnahmetatbeständen nach § 1 Abs 2 DrittelbG oder § 1 Abs 4 MitbestG (Tendenzbetriebe). Gleiches gilt für die **Über- und Unterschreitung der Grundkapitalschwellen** innerhalb eines Mitbestimmungssystems (**hM** *OLG Düsseldorf* DB 1978, 1358; K. Schmidt/Lutter AktG/*Drygala* Rn 5; **aA** *Göz* ZIP 1998, 1523, 1524, Kontinuitätsgrundsatz). Für mitbestimmungsfreie AGen ist das Statusverfahren außerhalb der Hineinwachsung in den Anwendungsbereich eines der Mitbestimmungsgesetze ebenso wenig durchzuführen wie bei Änderung des Gruppenproporzes der Arbeitnehmervertreter gem MitbestG oder bei gewillkürten Satzungsänderungen (*OLG Hamburg* ZIP 1988, 1191, 1192; MünchKomm AktG/*Habersack* Rn 11, 14; **aA** *BAG* DB 1990, 1142 für mitbestimmte AG). 4

3. Bekanntmachungsverfahren. Die Bekanntmachung hat einerseits in den **Gesellschaftsblättern** zu erfolgen, um Aktionäre und Gewerkschaften zu informieren. Daneben ist ein gleichzeitiger **Aushang** in allen **inländischen Betrieben** der AG und ihrer Konzernunternehmen erforderlich. Hierdurch wird die Information der Betriebsräte und AN sichergestellt (K. Schmidt/Lutter AktG/*Drygala* Rn 11). Die Bekanntgabe hat **unverzüglich**, also ohne schuldhaftes Zögern (§ 121 Abs 1 BGB), zu erfolgen (MünchHdb AG/*Hoffmann-Becking* § 28 Rn 59). Eine vorherige Abstimmung mit dem AR oder anderen Antragsberechtigten nach § 98 Abs 2 zur Klärung der Erforderlichkeit eines gerichtlichen Verfahrens ist kein schuldhaftes Zögern (Spindler/Stilz AktG/*Spindler* Rn 18; *Kiem/Uhrig* NZG 2001, 680, 681). 5

Inhaltlich muss die Bekanntmachung die **Ansicht des Vorstands** wiedergeben, dass der AR sich nicht gesetzmäßig zusammensetzt und nach welcher Vorschrift sich der AR zusammensetzen muss. Da die Bezeichnung der künftig anzuwendenden Vorschriften die Grundlage für die spätere Bestellung ist, ist eine hinreichend genaue Bezugnahme auf die gesetzlichen und ggf satzungsgemäßen (wenn die Satzung bspw eine höhere als die gesetzliche Mindestanzahl vorsieht) Regelungen geboten (MünchKomm AktG/*Habersack* Rn 23). Ferner schreibt Abs 1 S 3 vor, dass darauf hinzuweisen ist, dass der AR künftig entspr der dargelegten Form zusammengesetzt wird, wenn nicht ein nach § 98 Abs 2 **Antragsberechtigter** innerhalb **eines Monats** nach Bekanntgabe im BAnz 6 das nach § 98 Abs 1 **zuständige Gericht anruft**. Die Hinweisverpflichtung umfasst weder die Bezeichnung des jeweils zuständigen Gerichts noch die Nennung des Fristendes, denn dies ergibt sich aus § 98 Abs 1 (Spindler/Stilz AktG/*Spindler* Rn 21; *Habersack* aaO Rn 24, da zweckmäßig aber zu empfehlen). Der Vorstand kann die Bekanntmachung bis zum Ablauf der Anrufungsfrist frei widerrufen, wenn er der Auffassung ist, dass sie nicht der gesetzlichen Zusammensetzung entspricht (*Spindler* aaO Rn 22; *Habersack* aaO Rn 27).

III. Rechtsfolgen der Bekanntmachung

7 Die Rechtsfolgen des Abs 2 treten ein, wenn das zuständige Gericht nach § 98 Abs 1 nicht innerhalb des einen Monats angerufen wird, ohne dass eine bestimmte Form einzuhalten ist (KölnKomm AktG/*Mertens* §§ 97–99 Rn 21). Auch die Anrufung eines örtlich unzuständigen Gerichts wahrt die Frist (MünchKomm AktG/*Habersack* Rn 27, *Hüffer* AktG Rn 6, Rechtsgedanke des § 2 III FamFG iVm § 99 Abs 1 AktG). Mit Fristablauf tritt die Rechtswirkung der Bekanntmachung zunächst ein, soll aber nach **hM** die nach § 98 Abs 2 Antragsberechtigten nicht daran hindern, weiterhin einen Antrag nach § 98 Abs 1 zu stellen (GroßKomm AktG/*Hopt/Roth* Rn 67 ff; *Mertens* aaO § 97 Rn 27, Antrag nicht unzulässig; *Habersack* aaO Rn 30; **aA** noch Münch-Komm AktG 2. Aufl/*Semler* Rn 62, nach Fristablauf eintretende Fiktion ist keine Streitigkeit oder Ungewissheit iSd § 98).

8 **1. Aufsichtsratszusammensetzung.** Aus S 1 ergibt sich, dass mit dem Fristablauf für ein gerichtliches Verfahren ohne Anrufung des Gerichts das in der Vorstandsbekanntmachung enthaltene AR-System nun für die AG **bindend** ist. Der AR ist entspr der bekanntgemachten Vorschriften zu besetzen, der Vorstand hat die entspr Maßnahmen zu ergreifen. Zu dieser Verpflichtung gehört auch, dass ggf eine Arbeitnehmervertreterwahl initiiert wird (**hM** KölnKomm AktG/*Mertens* §§ 97–99 Rn 25).

9 **2. Satzung.** Die Rechtswirkung der Bekanntmachung wirkt sich auch auf die Satzung aus, soweit dort Regelungen zur AR-Zusammensetzung und Mitgliederzahl sowie zur Wahl, Abberufung und Entsendung von AR-Mitgliedern enthalten sind. Widersprechen diese den nunmehr festgelegten Vorschriften, verlieren sie ihre Gültigkeit nach Beendigung einer HV, die innerhalb von sechs Monaten nach dem Ablauf der Anrufungsfrist einberufen wird. Gleiches gilt, wenn innerhalb von sechs Monaten keine HV stattfindet. Für Satzungsänderungen in einer HV innerhalb der Sechsmonatsfrist (nicht notwendigerweise der ersten HV innerhalb der Sechsmonatsfrist) sieht Abs 2 S 4 eine von § 179 Abs 2 abw, **einfache Stimmenmehrheit** vor, die solche Änderungen erleichtern soll (*Hüffer* AktG Rn 5). Diese Vereinfachung gilt nur für die Anpassung der Satzung an die nunmehr feststehenden gesetzlichen Vorgaben; weitere Änderungen erfordern die jeweiligen Mehrheitserfordernisse (MünchKomm AktG/*Habersack* Rn 35).

10 **3. Amtszeit der bisherigen Aufsichtsratsmitglieder.** Die Amtszeit der bisherigen AR-Mitglieder endet erst mit der Beendigung der ersten HV, die nach dem Ablauf der Anrufungsfrist einberufen wird (*OLG Frankfurt* WM 1985, 1494, 1495; KölnKomm AktG/*Mertens* §§ 97–99 Rn 22). Wird innerhalb von sechs Monaten nach Ablauf der Anrufungsfrist keine HV einberufen, endet ihre Amtszeit ebenfalls, die AG hat keinen AR mehr; gerichtliche Bestellung nach § 104 wird erforderlich (MünchKomm AktG/*Habersack* Rn 32; Spindler/Stilz AktG/*Spindler* Rn 30). Für AR-Mitglieder, die

in der Anrufungsfrist bestellt werden, sind die bisherigen Regelungen maßgeblich, die Regelungen verlieren erst ihre Gültigkeit mit Eintritt der Fiktion oder einer Entscheidung im gerichtlichen oder außergerichtlichen Verfahren (*Habersack* aaO; *Spindler* aaO Rn 31; K. Schmidt/Lutter AktG/*Drygala* Rn 16; **aA** *Mertens* aaO Rn 23; *Schnitker/Grau* NZG 2007, 486, 487); die Amtzeit der bestellten AR-Mitglieder endet aber entspr. Dies muss auch für die Bestellung aller Mitglieder des AR innerhalb der Anrufungsfrist gelten, denn es besteht erst nach dem Verfahrensabschluss Rechtssicherheit hinsichtlich der maßgebenden Vorschriften; anderes Vorgehen widerspräche dem Regelungsziel der §§ 97 ff (*Spindler* aaO; *Habersack* aaO; **aA** noch MünchKomm AktG 2. Aufl/*Semler* Rn 69, bei Wahl aller Mitglieder während Anrufungsfrist erfolgt Wahl nach neuen Vorschriften; die Wahl soll jedoch erst wirksam werden, wenn Fiktion oder gerichtliche Entscheidung eingreifen; iE ebenso *Drygala* aaO).

IV. Fristgerechte Anrufung

Wird fristgerecht ein gerichtliches Verfahren eingeleitet (§ 98), ist dieses maßgeblich, die Bekanntmachung entfaltet keine Rechtswirkungen (MünchKomm AktG/*Habersack* Rn 36; Spindler/Stilz AktG/*Spindler* Rn 33). Bis zur rechtskräftigen Entscheidung **gelten die bisherigen Regelungen fort** (KölnKomm AktG/*Mertens* §§ 97–99 Rn 19). Endet das gerichtliche Verfahren ohne eine abschließende Entscheidung des Gerichts, bspw bei Antragsrücknahme (bei der es keiner Zustimmung des Antragsgegners bedarf, *OLG Frankfurt* NZG 2009, 1185, 1186) , kann der Vorstand erneut seine Ansicht bekannt geben; anderenfalls besteht bisherige Zusammensetzung fort (*Hüffer* AktG Rn 6, Rechtssicherheit; K. Schmidt/Lutter AktG/*Drygala* Rn 17; GroßKomm AktG/*Hopt*/*Roth* Rn 72; *Habersack* aaO Rn 37; **aA** noch MünchKomm AktG 2. Aufl/*Semler* Rn 80, Bek). 11

V. Ausschlusstatbestand, Abs 3

Im Falle eines gerichtlichen Verfahrens nach § 98 ist eine **Bekanntmachung** des Vorstands **ausgeschlossen**. Der Vorstand kann aber nach einer Zusammensetzung des AR entspr der gerichtlichen Entscheidung wieder nach § 97 vorgehen. Ein Zuwarten auf „neue Umstände" ist nicht erforderlich, denn dieses widerspräche dem Regelungszweck des § 97, Rechtssicherheit zu schaffen; eine neue, der gerichtlichen Entscheidung widersprechende Bekanntmachung ist sachlich zu begründen (KölnKomm AktG/*Mertens* §§ 97–99 Rn 18, aber Präklusion; ebenso MünchKomm AktG/*Habersack* Rn 39; **aA** noch MünchKomm AktG 2. Aufl/*Semler* Rn 84, Bindung des Vorstands). 12

§ 98 Gerichtliche Entscheidung über die Zusammensetzung des Aufsichtsrats

(1) Ist streitig oder ungewiss, nach welchen gesetzlichen Vorschriften der Aufsichtsrat zusammenzusetzen ist, so entscheidet darüber auf Antrag ausschließlich das Landgericht, in dessen Bezirk die Gesellschaft ihren Sitz hat.

(2) ¹Antragsberechtigt sind
1. der Vorstand,
2. jedes Aufsichtsratsmitglied,
3. jeder Aktionär,

4. der Gesamtbetriebsrat der Gesellschaft oder, wenn in der Gesellschaft nur ein Betriebsrat besteht, der Betriebsrat,
5. der Gesamt- oder Unternehmenssprecherausschuss der Gesellschaft oder, wenn in der Gesellschaft nur ein Sprecherausschuss besteht, der Sprecherausschuss,
6. der Gesamtbetriebsrat eines anderen Unternehmens, dessen Arbeitnehmer nach den gesetzlichen Vorschriften, deren Anwendung streitig oder ungewiss ist, selbst oder durch Delegierte an der Wahl von Aufsichtsratsmitgliedern der Gesellschaft teilnehmen, oder, wenn in dem anderen Unternehmen nur ein Betriebsrat besteht, der Betriebsrat,
7. der Gesamt- oder Unternehmenssprecherausschuss eines anderen Unternehmens, dessen Arbeitnehmer nach den gesetzlichen Vorschriften, deren Anwendung streitig oder ungewiss ist, selbst oder durch Delegierte an der Wahl von Aufsichtsratsmitgliedern der Gesellschaft teilnehmen, oder, wenn in dem anderen Unternehmen nur ein Sprecherausschuss besteht, der Sprecherausschuss,
8. mindestens ein Zehntel oder einhundert der Arbeitnehmer, die nach den gesetzlichen Vorschriften, deren Anwendung streitig oder ungewiss ist, selbst oder durch Delegierte an der Wahl von Aufsichtsratsmitgliedern der Gesellschaft teilnehmen,
9. Spitzenorganisationen der Gewerkschaften, die nach den gesetzlichen Vorschriften, deren Anwendung streitig oder ungewiss ist, ein Vorschlagsrecht hätten,
10. Gewerkschaften, die nach den gesetzlichen Vorschriften, deren Anwendung streitig oder ungewiss ist, ein Vorschlagsrecht hätten.

[2]Ist die Anwendung des Mitbestimmungsgesetzes oder die Anwendung von Vorschriften des Mitbestimmungsgesetzes streitig oder ungewiss, so sind außer den nach Satz 1 Antragsberechtigten auch je ein Zehntel der wahlberechtigten in § 3 Abs. 1 Nr. 1 des Mitbestimmungsgesetzes bezeichneten Arbeitnehmer oder der wahlberechtigten leitenden Angestellten im Sinne des Mitbestimmungsgesetzes antragsberechtigt.

(3) Die Absätze 1 und 2 gelten sinngemäß, wenn streitig ist, ob der Abschlussprüfer das nach § 3 oder § 16 des Mitbestimmungsergänzungsgesetzes maßgebliche Umsatzverhältnis richtig ermittelt hat.

(4) [1]Entspricht die Zusammensetzung des Aufsichtsrats nicht der gerichtlichen Entscheidung, so ist der neue Aufsichtsrat nach den in der Entscheidung angegebenen gesetzlichen Vorschriften zusammenzusetzen. [2]§ 97 Abs. 2 gilt sinngemäß mit der Maßgabe, dass die Frist von sechs Monaten mit dem Eintritt der Rechtskraft beginnt.

Übersicht

	Rn		Rn
I. Regelungsinhalt	1	V. Streitigkeit über Umsatzverhältnis,	
II. Zuständiges Gericht	2	Abs 3	5
III. Antragsvoraussetzungen	3	VI. Rechtsfolgen	6
IV Antragsberechtigte	4		

I. Regelungsinhalt

1 Die Vorschrift bildet mit den Verfahrensvorschriften des § 99 eine Einheit und regelt die **Antragsberechtigten** und das **zuständige Gericht** für das gerichtliche Statusverfahren. Neben der Zusammensetzung des AR erfasst § 99 auch Streitigkeiten über die Richtigkeit der vom Abschlussprüfer ermittelten Umsatzanteile iRd MitbestErgG. Abs 1 wurde durch das FGG-RG vom 17.12.2008 mit Wirkung zum 1.9.2009 neu gefasst.

Gerichtliche Entscheidung über die Zusammensetzung des Aufsichtsrats § 98

II. Zuständiges Gericht

Ausschließlich zuständig ist das LG, in dem die AG ihren Sitz hat. Besteht ein doppelter Sitz der AG, sind beide Gerichte zuständig (MünchKomm AktG/*Habersack* Rn 7). Wurden beim zuständigen LG **Kammern für Handelssachen** gebildet, sind seit der entspr Änderung durch das UMAG und FGG-RG diese funktional zuständig, § 94 GVG iVm §§ 95 Abs 2 Nr 2, 71 Abs 2 Nr 4 lit b GVG. Zur Sicherstellung einer einheitlichen Rechtsprechung und Bündelung der besonderen Kompetenzen kann für mehrere Gerichtsbezirke eine Verfahrenskonzentration bei einem LG vorgesehen werden, § 71 Abs 4 S 1 GVG. Danach gibt es folgende **Sonderzuständigkeiten**: In Bayern sind das LG München I bzw Nürnberg-Fürth zuständig (VO v 1.10.2009, GVBl S 523), in Niedersachsen das LG Hannover (VO vom 18.12.2009, GVBl S 506), in Nordrhein-Westfalen das LG Dortmund, Düsseldorf bzw Köln (VO vom 8.6.2010, GV NRW S 350). Die LG entscheiden über die Anwendbarkeit des jeweiligen AR-Modells und die Zahl seiner Mitglieder. Daneben entscheiden die Arbeitsgerichte nach den jeweils anwendbaren Vorschriften über das Wahlrecht der AN betr Fragen, § 2a Abs 1 Nr 3 ArbGG (ausf *Habersack* aaO Rn 11; **aA** *OLG Düsseldorf* DB 1978, 1358, 1359). 2

III. Antragsvoraussetzungen

Voraussetzung für einen Antrag ist stets das Vorliegen von **Streit** oder **Ungewissheit** über die **Zusammensetzung** des AR. Ungewissheit besteht bereits bei konkreter Möglichkeit eines künftigen Streits (Spindler/Stilz AktG/*Spindler* Rn 7). Vorstand kann dann gerichtliches Statusverfahren beantragen, ohne vorherige Bekanntmachung gem § 97. Der Antrag ist mit Ausnahme der Monatsfrist bei Bekanntmachung gem § 97 nicht an eine Frist gebunden und bedarf keiner besonderen Form. 3

IV Antragsberechtigte

Die Antragsberechtigten werden im **Katalog** von Abs 2 **abschließend** genannt. Der Vorstand als Organ, jedes einzelne AR-Mitglied, jeder Aktionär und der Betriebsrat bzw Gesamtbetriebsrat sind hiervon zunächst erfasst. Der Antrag setzt als Leitungsentscheidung einen **Beschluss** des Vorstands voraus. Dem AR als Organ kommt kein Antragsrecht zu, sondern nur den einzelnen AR-Mitgliedern. Sprecherausschüsse, Betriebsräte anderer Unternehmen, Sprecherausschüsse anderer Unternehmen, Quoren von Arbeitnehmern, Spitzenorganisationen von Gewerkschaften und Gewerkschaften sind dann antragsbefugt, wenn sie selbst vorschlagsberechtigt sind oder Vorschlags- oder Wahlberechtigte vertreten und das Statusverfahren gerade diesbzgl Vorschriften betrifft (Spindler/Stilz AktG/*Spindler* Rn 12). Ist die Anwendung des MitbestG streitig oder ungewiss, ist nach Abs 2 S 2 auch ein Zehntel der als wahlberechtigt eingestuften AN berechtigt, einen Antrag nach §§ 98, 99 zu stellen. Das Erfüllen der Antragsberechtigung ist erforderlichenfalls durch geeignete Nachweise zu belegen. Dies können Vorstands- oder Betriebsratsbeschlüsse, Wahlprotokolle sowie Hinterlegungs- oder Depotbescheinigungen sein (GroßKomm AktG/*Hopt/Roth* § 99 Rn 9). 4

V. Streitigkeit über Umsatzverhältnis, Abs 3

Daneben sind die Abs 1, 2 **sinngemäß** anzuwenden, wenn über das vom Abschlussprüfer ermittelte Umsatzverhältnis zur Frage der Anwendung des MitbestErgG gestritten wird. Das vom Abschlussprüfer festgestellte Umsatzverhältnis der Konzernunterneh- 5

Bürgers/Israel 871

men ist Grundlage für die Ermittlung des relevanten Unternehmenszwecks und damit der Anwendung des MitbestErgG. Antrag setzt jedoch voraus, dass streitiges Umsatzverhältnis Einfluss auf die Zusammensetzung des AR hat. Gericht überprüft den Bericht des Abschlussprüfers zwar umfassend, aber nur dahingehend, ob das Umsatzverhältnis zutreffend festgestellt wurde (MünchKomm AktG/*Habersack* Rn 25).

VI. Rechtsfolgen

6   Hat das Gericht über die Zusammensetzung des AR entschieden, ist der **AR** gem Abs 4 in seiner Besetzung an diese Entscheidung **anzupassen**. Mit der Beendigung einer nach der Rechtskraft der Entscheidung einberufenen HV, spätestens jedoch nach Ablauf von sechs Monaten endet die Amtszeit der bisherigen AR-Mitglieder und der Entscheidung entgegenstehende Satzungsbestimmungen werden unwirksam (§ 97 Rn 10). Der **Vorstand** hat die Entscheidung gem § 99 Abs 5 zum **HR** einzureichen.

§ 99 Verfahren

(1) Auf das Verfahren ist das Gesetz über das Verfahren in Familiensachen und in den Angelegenheiten der freiwilligen Gerichtsbarkeit anzuwenden, soweit in den Absätzen 2 bis 5 nichts anderes bestimmt ist.

(2) ¹Das Landgericht hat den Antrag in den Gesellschaftsblättern bekannt zu machen. ²Der Vorstand und jedes Aufsichtsratsmitglied sowie die nach § 98 Abs. 2 antragsberechtigten Betriebsräte, Sprecherausschüsse, Spitzenorganisationen und Gewerkschaften, sind zu hören.

(3) ¹Das Landgericht entscheidet durch einen mit Gründen versehenen Beschluss. ²Gegen die Entscheidung des Landgerichts findet die Beschwerde statt. ³Sie kann nur auf eine Verletzung des Rechts gestützt werden; § 72 Abs. 1 Satz 2 und § 74 Abs. 2 und 3 des Gesetzes über das Verfahren in Familiensachen und in den Angelegenheiten der freiwilligen Gerichtsbarkeit sowie § 547 der Zivilprozessordnung gelten sinngemäß. ⁴Die Beschwerde kann nur durch die Einreichung einer von einem Rechtsanwalt unterzeichneten Beschwerdeschrift eingelegt werden. ⁵Die Landesregierung kann durch Rechtsverordnung die Entscheidung über die Beschwerde für die Bezirke mehrerer Oberlandesgerichte einem der Oberlandesgerichte oder dem obersten Landesgericht übertragen, wenn dies der Sicherung einer einheitlichen Rechtsprechung dient. ⁶Die Landesregierung kann die Ermächtigung auf die Landesjustizverwaltung übertragen.

(4) ¹Das Gericht hat seine Entscheidung dem Antragsteller und der Gesellschaft zuzustellen. ²Es hat sie ferner ohne Gründe in den Gesellschaftsblättern bekannt zu machen. ³Die Beschwerde steht jedem nach § 98 Abs. 2 Antragsberechtigten zu. ⁴Die Beschwerdefrist beginnt mit der Bekanntmachung der Entscheidung im Bundesanzeiger, für den Antragsteller und die Gesellschaft jedoch nicht vor der Zustellung der Entscheidung.

(5) ¹Die Entscheidung wird erst mit der Rechtskraft wirksam. ²Sie wirkt für und gegen alle. ³Der Vorstand hat die rechtskräftige Entscheidung unverzüglich zum Handelsregister einzureichen.

(6) ¹Die Kosten können ganz oder zum Teil dem Antragsteller auferlegt werden, wenn dies der Billigkeit entspricht. ²Kosten der Beteiligten werden nicht erstattet.

Übersicht

	Rn		Rn
I. Regelungsinhalt	1	2. Zustellung und Bekanntmachung	4
II. Gerichtliches Verfahren	2	3. Rechtsmittel	5
1. Anhörung und Entscheidung	3	III. Rechtsfolgen	6
		IV. Kostentragung	7

I. Regelungsinhalt

§ 99 wurde durch das FGG-RG v 17.12.2008 mit Wirkung zum 1.9.2009 in weiten Teilen neu gefasst. Für das gerichtliche Verfahren zur Zusammensetzung des AR wird nun neben den bes Regelungen des § 99 das Verfahren des neu geschaffenen **FamFG** für anwendbar erklärt. Abs 3–6 regeln das Rechtsmittel und weitere Rechtsfolgen wie die **Kostenfolge** und **Handelsregisterpflichten**. Die Vorschrift ist eng verzahnt mit § 98, der die Antragsberechtigung für dieses gerichtliche Verfahren regelt. Die mit § 99 getroffenen Regelungen bilden ein aktienrechtliches Streitverfahren der freiwilligen Gerichtsbarkeit, welches, teilw modifiziert, auch für andere aktienrechtliche Streitverfahren entspr herangezogen wird (*Hüffer* AktG Rn 2). Bezug nehmen insb §§ 30 Abs 3 S 2, 31 Abs 3 S 2, 132 Abs 3 S 1, 260 Abs 3 S 1.

II. Gerichtliches Verfahren

Der Verweis auf das FamFG hat zur Folge, dass der **Amtsermittlungsgrundsatz** gilt (§ 26 FamFG); das Gericht hat danach den Sachverhalt zu ermitteln Es handelt sich aber beim Statusverfahren um ein echtes Streitverfahren der freiwilligen Gerichtsbarkeit, so dass davon auszugehen ist, dass die Beteiligten die für sie vorteilhaften Umstände nicht unvollständig oder unrichtig vortragen. Das Gericht muss also insoweit nicht ermitteln (*OLG Zweibrücken* NZG 2006, 31; *OLG Düsseldorf* ZIP 1997, 546, 547). Für die Einleitung des Verfahrens gilt aber der **Dispositionsgrundsatz** (Spindler/Stilz AktG/*Spindler* Rn 6). Es ist somit ein Antrag erforderlich, der aber bis zur Rechtskraft **zurückgenommen** werden kann (*OLG Düsseldorf* NJW 1980, 349). Im Fall der Rücknahme des Antrags ist keine Zustimmung des Antragsgegners notwendig; die bisherige Kontroverse ist nun durch Geltung des § 22 Abs 1 S 1 FamFG gelöst (vgl K. Schmidt/Lutter AktG/*Drygala* Rn 3). Lediglich die Rücknahme nach Rechtskraft der Endentscheidung löst die Zustimmungspflicht aus (§ 22 Abs 1 S 2 FamFG). Übereinstimmende Erledigungserklärungen können die Rechtshängigkeit beenden (*BayObLG* NZG 2001, 608, 609). Ein Anwaltszwang besteht nicht (*OLG Düsseldorf* AG 1995, 85, 86). Das Gericht hat den **Antrag** in den Gesellschaftsblättern **bekannt zu machen**, Abs 2 S 1. Zulässigkeitsmängel, wie fehlende Antragsberechtigung (vgl § 98 Rn 4), lassen die Bekanntmachungspflicht nicht entfallen (**aA** *Spindler* aaO Rn 9, bei Evidenz).

1. Anhörung und Entscheidung. Verfahrensrechtlich sieht Abs 2 S 2 ein bes Anhörungsrecht vor der Entscheidung zugunsten des Vorstands als Organ und jedem einzelnen AR-Mitglied vor. Gleiches gilt für die Betriebsräte, Sprecherausschüsse, Spitzenorganisationen und Gewerkschaften, die nach § 98 Abs 2 antragsbefugt sind. Daneben ist möglicherweise unmittelbar Betroffenen die Stellungnahme zu ermöglichen, denn die Aufzählung ist nicht abschließend (K. Schmidt/Lutter AktG/*Drygala* Rn 5; Spindler/Stilz AktG/*Spindler* Rn 10). Diesen Anforderungen soll jedenfalls eine

§ 99 Verfahren

Bekanntmachung nach Abs 2 S 1 dann genügen, wenn sie zur Äußerung über die Angelegenheit auffordert und eine angemessene Frist setzt (*LG Mannheim* AG 2003, 51, 52; zust *Hüffer* AktG Rn 6). Das Gericht entscheidet **durch Beschluss**, der aufgrund seiner Rechtsmittelfähigkeit mit Gründen zu versehen ist, Abs 3 S 1.

4 **2. Zustellung und Bekanntmachung.** Das Gericht hat die Entscheidung der AG und dem Antragsteller gem Abs 4 S 1 zuzustellen. Ferner veranlasst das Gericht nach Abs 4 S 2 die Veröffentlichung der Entscheidung ohne Gründe in den Gesellschaftsblättern, also zumindest gem § 25 S 1 im BAnz.

5 **3. Rechtsmittel.** Die **Rechtsbeschwerde** ist zulässiges Rechtsmittel gegen die Entscheidung des Gerichts, das Beschwerdegericht ist somit an die **Tatsachenfeststellung** des Tatrichters **gebunden**, Abs 3 S 3 HS 1. Ausnahmen hiervon können sich nur für neue, vom LG noch nicht festgestellte Tatsachen ergeben, die sich eindeutig aus den Akten ergeben und nicht streitig sind (*BayObLG* NJW-RR 2002, 974, 976). Rechtsmittelfrist ist gem § 63 Abs 1 FamFG **ein Monat**, die mit Zustellung an die Antragsteller und mit Zustellung an die AG für den Vorstand beginnt (*Hüffer* AktG Rn 8). Die **Beschwerdebefugnis** richtet sich nach der Antragsbefugnis, setzt aber keine vorherige Antragstellung voraus (MünchKomm AktG/*Habersack* Rn 19). Die AG ist nicht beschwerdebefugt, so dass auch Beschwerde des Vorstands als Organ und nicht im Namen der AG erfolgen muss (Spindler/Stilz AktG/*Spindler* Rn 11). Abs 3 S 4 sieht für Unterzeichnung der Beschwerdeschrift einen **Anwaltszwang** vor, der wegen des Charakters als Rechtsbeschwerde für das gesamte Beschwerdeverfahren gelten sollte (*Hüffer* aaO Rn 7; **aA** *Habersack* aaO Rn 19, nur Beschwerdeschrift). Zuständiges Beschwerdegericht ist gem § 119 Abs 1 Nr 2 das **OLG**. Um eine einheitliche Rechtsprechung gewährleisten zu können, sieht Abs 3 S 5, 6 für die Bestimmung des zuständigen Beschwerdegerichts die Möglichkeit einer Verfahrenskonzentration vor. Eine Vorlage an den *BGH* ist bei zugelassener Rechtsbeschwerde nach § 70 Abs 2 S 1 möglich. Gegen die Entscheidung im Beschwerdeverfahren besteht **kein weiteres Rechtsmittel**; die früher bestehende „weitere Beschwerde" wurde nicht ins FamFG übernommen (*Habersack* aaO Rn 23). Eine unselbstständige Anschlussbeschwerde wird für zulässig gehalten (*Hüffer* aaO Rn 8 aE mit Verweis auf *OLG Hamburg* AG 2002, 406).

III. Rechtsfolgen

6 Mit der **Rechtskraft der Entscheidung** wird die Feststellung des Gerichts wirksam, die bei LG-Beschlüssen gem § 63 Abs 1 FamFG nach einem Monat eintritt und bei Beschwerdeentscheidungen des OLG bzw BGH mit der Entscheidung. Die materielle Rechtskraft erstreckt sich nur auf die Feststellung der anwendbaren gesetzlichen Vorschriften. Die Entscheidung bindet nicht nur die AG oder die Antragsteller, sondern wirkt für und gegen jeden (**inter omnes-Wirkung**, Abs 5 S 2). Diesem Grundsatz folgend ist die Entscheidung mit Gründen beim **HR** einzureichen, um gem § 9 HGB **Publizität** zu gewährleisten, die so die anderen Bekanntmachungspflichten fortsetzt. Der Vorstand ist verpflichtet, die Entscheidung unverzüglich, ohne schuldhaftes Zögern, einzureichen und die Umsetzung sicherzustellen (vgl Sechsmonatsfrist in § 98 Abs 4 S 2).

IV. Kostentragung

7 Abs 6 wurde 2013 durch das 2. KostRMoG neu gefasst; die KostO wurde durch das GNotKG ersetzt. Die Gebühren für das gerichtliche Verfahren über die Zusammen-

setzung des AR werden in Zukunft unmittelbar nach dem GNotKG erhoben (vgl § 1 Abs 2 Nr 1 GNotKG). Daher konnten der Verweis auf die KostO sowie die Gebühren- und Wertvorschriften des Abs 6 aufgehoben werden. Die Kosten können gem S 1 ganz oder zum Teil dem Antragsteller auferlegt werden, wenn dies der Billigkeit entspricht; bspw wenn Anträge offensichtlich unzulässig oder unbegründet sind (noch zur KostO: Spindler/Stilz AktG/*Spindler* Rn 22; KölnKomm AktG/*Mertens* §§ 97–99 Rn 51, einschränkend für Vorstände). Eine Kostenerstattung der Antragssteller ist durch Abs 6 S 2 ausdrücklich ausgeschlossen.

§ 100 Persönliche Voraussetzungen für Aufsichtsratsmitglieder

(1) [1]Mitglied des Aufsichtsrats kann nur eine natürliche, unbeschränkt geschäftsfähige Person sein. [2]Ein Betreuter, der bei der Besorgung seiner Vermögensangelegenheiten ganz oder teilweise einem Einwilligungsvorbehalt (§ 1903 des Bürgerlichen Gesetzbuchs) unterliegt, kann nicht Mitglied des Aufsichtsrats sein.

(2) [1]Mitglied des Aufsichtsrats kann nicht sein, wer
1. bereits in zehn Handelsgesellschaften, die gesetzlich einen Aufsichtsrat zu bilden haben, Aufsichtsratsmitglied ist,
2. gesetzlicher Vertreter eines von der Gesellschaft abhängigen Unternehmens ist,
3. gesetzlicher Vertreter einer anderen Kapitalgesellschaft ist, deren Aufsichtsrat ein Vorstandsmitglied der Gesellschaft angehört, oder
4. in den letzten zwei Jahren Vorstandsmitglied derselben börsennotierten Gesellschaft war, es sei denn, seine Wahl erfolgt auf Vorschlag von Aktionären, die mehr als 25 Prozent der Stimmrechte an der Gesellschaft halten.

[2]Auf die Höchstzahl nach Satz 1 Nr. 1 sind bis zu fünf Aufsichtsratssitze nicht anzurechnen, die ein gesetzlicher Vertreter (beim Einzelkaufmann der Inhaber) des herrschenden Unternehmens eines Konzerns in zum Konzern gehörenden Handelsgesellschaften, die gesetzlich einen Aufsichtsrat zu bilden haben, innehat. [3]Auf die Höchstzahl nach Satz 1 Nr. 1 sind Aufsichtsratsämter im Sinne der Nummer 1 doppelt anzurechnen, für die das Mitglied zum Vorsitzenden gewählt worden ist.

(3) Die anderen persönlichen Voraussetzungen der Aufsichtsratsmitglieder der Arbeitnehmer sowie der weiteren Mitglieder bestimmen sich nach dem Mitbestimmungsgesetz, dem Montan-Mitbestimmungsgesetz, dem Mitbestimmungsergänzungsgesetz, dem Drittelbeteiligungsgesetz und dem Gesetz über die Mitbestimmung der Arbeitnehmer bei einer grenzüberschreitenden Verschmelzung.

(4) Die Satzung kann persönliche Voraussetzungen nur für Aufsichtsratsmitglieder fordern, die von der Hauptversammlung ohne Bindung an Wahlvorschläge gewählt oder auf Grund der Satzung in den Aufsichtsrat entsandt werden.

(5) Bei Gesellschaften im Sinn des § 264d des Handelsgesetzbuchs muss mindestens ein unabhängiges Mitglied des Aufsichtsrats über Sachverstand auf den Gebieten Rechnungslegung oder Abschlussprüfung verfügen.

§ 100 Persönliche Voraussetzungen für Aufsichtsratsmitglieder

Übersicht

	Rn		Rn
I. Regelungsinhalt	1	4. Interessenkonflikte	7
II. Persönliche Eigenschaften der Aufsichtsratsmitglieder, Abs 1	2	5. DCGK-Empfehlungen für die börsennotierte Aktiengesellschaft	8
III. Ausschlussgründe, Abs 2	3	IV. Mitbestimmungsrechtliche Anforderungen	9
1. Höchstzahl der Mandate (Nr 1)	3	V. Satzungsmäßige Anforderungen an Aufsichtsratsmitglieder	10
a) Konzernprivileg	4		
b) Aufsichtsratsvorsitzender	5		
2. Konfliktgeneigte Konstellationen (Nr 2, 3)	6	VI. Unabhängiges Aufsichtsratsmitglied, Abs 5	11a
3. Karenzzeit für Vorstandsmitglieder (Nr 4)	6a	VII. Rechtsfolgen	12

Literatur: *Annuß/Theusinger* Das VorstAG – Praktische Hinweise zum Umgang mit dem neuen Recht, BB 2009, 2434; *Bosse* Das Gesetz zur Angemessenheit der Vorstandsvergütung (VorstAG) – Überblick und Handlungsbedarf, BB 2009, 1650; *Bürgers/Schilha* Die Unabhängigkeit des Vertreters des Mutterunternehmens im Aufsichtsrat der Tochtergesellschaft, AG 2010, 221; *Diekmann/Bidmon* Das „unabhängige" Aufsichtsratsmitglied nach dem BilMoG – insb als Vertreter des Hauptaktionärs, NZG 2009, 1087; *Engert/Herschlein* Der non-executive director einer ausländischen Tochtergesellschaft als Aufsichtsratsmitglied, NZG 2004, 459; *Fleischer* Das Gesetz zur Angemessenheit der Vorstandsvergütung, NZG 2009, 801; *Gruber* Der unabhängige Finanzexperte im Aufsichtsrat nach dem Referentenentwurf des BilMoG, NZG 2008, 12; *Habersack* Aufsichtsrat und Prüfungsausschuss nach dem BilMoG, AG 2008, 98; *Lanfermann/Röhricht* Pflichten des Prüfungsausschusses nach dem BilMoG, BB 2009, 887; *Lieder* Das unabhängige Aufsichtsratsmitglied, NZG 2005, 569; *Meier* Inkompatibilität und Interessenwiderstreit von Verwaltungsangehörigen in Aufsichtsräten, NZG 2003, 54; *Nagel* Das Gesetz über die Mitbestimmung der Arbeitnehmer bei grenzüberschreitenden Verschmelzungen (MgVG), NZG 2007, 57; *Nowak* Wahl des unabhängigen Finanzexperten nach BilMoG: Praxistipps für den Umgang mit dem neuen § 100 Abs 5 AktG, BB 2010, 2423; *Paschos/Goslar* Unabhängigkeit von Aufsichtsratsmitgliedern nach den neuesten Änderungen des Deutschen Corporate Governance Kodex, NZG 2012, 1361; *Reichert/Schlitt* Konkurrenzverbot für Aufsichtsratsmitglieder, AG 1995, 241; *von Schenck* Der Aufsichtsrat und sein Vorsitzender – Eine Regelungslücke, AG 2010, 649; *U.H. Schneider* Wettbewerbsverbote für Aufsichtsratsmitglieder einer Aktiengesellschaft, BB 1995, 365; *Scholderer* Unabhängigkeit und Interessenkonflikte der Aufsichtsratsmitglieder, NZG 2012, 168; *Schulenburg/Brosius* Die cooling-off Periode bei der Wahl von Aufsichtsratsmitgliedern börsennotierter Gesellschaften in der Umwandlung, BB 2010, 3039; *dies* Ausgewählte aktien- und wertpapierrechtliche Fragen zu § 100 Abs 2 Satz 1 Nr 4 AktG, WM 2011, 58; *Semler/Stengel* Interessenkonflikte bei Aufsichtsratsmitgliedern von Aktiengesellschaften am Beispiel von Konflikten bei Übernahme, NZG 2003, 1; *Spindler* Die Empfehlungen der EU für den Aufsichtsrat und ihre deutsche Umsetzung im Corporate Governance Kodex, ZIP 2005, 2033; *ders* Vorstandsgehälter auf dem Prüfstand – das Gesetz zur Angemessenheit der Vorstandsvergütungen (VorstAG), NJOZ 2009, 3282; *Staake* Der unabhängige Finanzexperte im Aufsichtsrat, ZIP 2010, 1013; *Sünner* Die Bestellung des Finanzexperten im Aufsichtsrat, FS Schneider, S 1301; *Wettich* Aktuelle Entwicklungen und Trends in der Hauptversammlungssaison 2012 und Ausblick auf 2013, AG 2012, 725; *Widmann* Das Fehlen des Finanzexperten nach dem BilMoG, BB 2009, 2602; *Wind/Klie* Der unabhängige Finanzexperte nach dem BilMoG, DStR 2010, 1339; *Wirth* Anforderungsprofil und Inkompatibilitäten für Aufsichtsratsmitglieder, ZGR 2005, 327.

Persönliche Voraussetzungen für Aufsichtsratsmitglieder § **100**

I. Regelungsinhalt

Die Norm beschreibt die für die Übernahme eines AR-Mandats gesetzlich erforderlichen persönlichen Eigenschaften. Abs 1 sieht vor, dass das Mitglied eine unbeschränkt geschäftsfähige, natürliche Person sein muss, die nicht einem Einwilligungsvorbehalt untersteht. Für Anteilseignervertreter und entsandte AR-Mitglieder kann die Satzung diese Voraussetzungen noch erweitern. Mitbestimmungsrechtliche Vorschriften können für Arbeitnehmervertreter neben den Anforderungen des § 100 weitere Eigenschaften fordern (Abs 3). Spezialgesetzliche Regelungen können ferner darüber hinausgehende persönliche Eigenschaften voraussetzen (§ 4 KAGG: nötige Sachkunde). Die gesetzlichen **Regelungen** sind somit **weder abschließend noch disponibel** (*Hüffer* AktG Rn 1). Daneben werden in Abs 2 eine Höchstzahl anderer AR-Mitgliedschaften und weiterer Tätigkeiten, die dem Überwachungsauftrag entgegenstehen können, als Ausschlussgründe genannt. Mit dem VorstAG vom 31.7.2009 wurde mit Wirkung zum 5.8.2009 zudem Abs 2 S 1 Nr 4 angefügt, der den Wechsel eines Vorstandsmitglieds in den AR für eine Karenzzeit von zwei Jahren nach seiner Organtätigkeit grds untersagt. Anders als für den Vorstand (dazu § 76 Rn 34 f) gib es keinen umfassenden Ausschlusskatalog, der sich auf Strafvorschriften und Berufsverbote bezieht. Ergänzt wird der Regelungsbereich durch das Inkompatibilitätsgebot von AR und Vorstand sowie von AR und Prokurist bzw Generalhandlungsbevollmächtigten in § 105 (vgl § 105 Rn 2 ff). Abs 5, der mit dem BilMoG vom 25.5.2009 mit Wirkung zum 29.5.2009 angefügt wurde, stellt Sonderregeln für kapitalmarktorientierte AGen auf. Hiernach muss zumindest ein unabhängiges Mitglied im AR sitzen, dass über Sachverstand auf den Gebieten Rechnungslegung oder Abschlussprüfung verfügt.

II. Persönliche Eigenschaften der Aufsichtsratsmitglieder, Abs 1

Ein AR-Mitglied muss eine **natürliche Person** sein, die nicht in ihrer Geschäftsfähigkeit beschränkt – also **volljährig** – ist. Ein auch nur teilw **Einwilligungsvorbehalt iSv § 1903 BGB** steht der Mitgliedschaft entgegen. Die persönliche Wahrnehmung und Verantwortung der AR-Tätigkeit kann bei jur Personen oder sonstigen Gesellschaftsformen nicht gewährleistet werden, so dass sie nicht AR-Mitglieder sein können. **Besondere Fähigkeiten** sind für AR-Mitglieder **nicht vorgesehen** (MünchKomm AktG/*Habersack* Rn 10). Anerkannt ist aber, dass eine **Mindestqualifikation** gegeben sein muss. Sie ergibt sich nicht positiv aus dem Gesetz, sondern wird von diesem vorausgesetzt, indem die persönliche Amtsausübung mit der gesetzlichen Aufgabenzuweisung und dem Haftungsregime verbunden wird (vgl *BGHZ* 85, 293, 295 ff; MünchKomm AktG 2. Aufl/*Semler* Rn 67 f). Das AR-Mitglied muss in der Lage sein, die in der Geschäftstätigkeit der AG anfallenden Vorgänge zu verstehen und beurteilen zu können. Nur dann kann das AR-Mitglied die ihm zugewiesenen Funktionen wahrnehmen und insb den Überwachungsauftrag gegenüber dem Vorstand erfüllen (ausf *Semler* aaO Rn 75 f). Diese mittelbaren Anforderungen verpflichten nicht nur das fragliche AR-Mitglied selbst, sondern auch an der Bestellung beteiligten Personengruppen sowie das zur Ersatzbestellung berufene Gericht zur bestmöglichen Beachtung dieser Voraussetzungen. Zu den Empfehlungen des **DCGK** vgl unten Rn 8, ferner Anh § 161 Rn 43.

III. Ausschlussgründe, Abs 2

3 **1. Höchstzahl der Mandate (Nr 1).** Als Ausschlussgrund wird die Mitgliedschaft in höchstens zehn nach dem Gesetz zu bildenden AR festgelegt. Diese Begrenzung stellt nicht nur eine angemessene zeitliche Verfügbarkeit sicher, sondern schränkt auch die Konzentration wirtschaftlicher Macht auf einen kleinen Personenkreis ein (Köln-Komm AktG/*Mertens* Rn 13). In die Berechnung werden allerdings nur Mandate einbezogen, die in einem **gesetzlich verpflichtenden AR in Handelsgesellschaften** ausgeübt werden. Mandate in ausländischen Gesellschaften (**hM** MünchHdb AG/ *Hoffmann-Becking* § 30 Rn 7a; *Hüffer* AktG Rn 3; **aA** K. Schmidt/Lutter AktG/*Drygala* Rn 6; MünchKomm AktG/*Habersack* Rn 16, Effektivität der Überwachungstätigkeit als Normzweck) oder in Nichthandelsgesellschaften (zB Genossenschaften und Stiftungen) sind somit ebenso wenig erfasst, wie anderweitige Aufsichtsgremien (Beirat, Verwaltungsrat, **hM** Spindler/Stilz AktG/*Spindler* Rn 12 f) und fakultative AR oder Beiräte.

4 **a) Konzernprivileg.** Bei der Berechnung bleiben bis zu fünf AR-Mandate als gesetzlicher Vertreter in herrschenden Konzernunternehmen unberücksichtigt **(Konzernprivileg)**, denn deren Wahrnehmung ist regelmäßig Gegenstand seiner Aufgabe als **gesetzlicher Vertreter** (KölnKomm AktG/*Mertens* Rn 18). Dieses Privileg gilt nur, wenn Überwachung der abhängigen Gesellschaft Bestandteil der korporativen Aufgabenzuweisung ist und daher nicht für Prokuristen, Generalbevollmächtigte oder leitende Angestellte (MünchKomm AktG/*Habersack* Rn 19). Ausgenommen sind daher nur gesetzlich zur Vertretung der Konzernobergesellschaft berufene Personen (Vorstände, Geschäftsführer, persönlich haftende Gesellschafter) sowie Inhaber bei Einzelkaufleuten. Voraussetzung ist ferner, dass eine Eingliederung, ein Vertragskonzern oder ein faktisches Konzernverhältnis besteht. Besteht für eine Obergesellschaft ihrerseits ein übergeordnetes Konzernverhältnis zur Muttergesellschaft **(mehrstufige Konzernverhältnisse)** gilt der Ausnahmetatbestand analog auch für gesetzliche Vertreter von abhängigen (Tochter-)Gesellschaften, welche ihrerseits aber gegenüber weiteren (Enkel-)Gesellschaften herrschend sind (*Mertens* aaO; Spindler/Stilz AktG/*Spindler* Rn 20; **aA** GroßKomm AktG/*Hopt/Roth* Rn 44; K. Schmidt/Lutter AktG/*Drygala* Rn 7). Gesetzliche Vertreter solcher Zwischengesellschaften können ebenfalls im Rahmen ihrer gesetzlichen Aufgabenzuweisung – zwar eingeschränkt – verpflichtet sein, solche AR-Mandate wahrzunehmen.

5 **b) Aufsichtsratsvorsitzender.** Mandate als **AR-Vorsitzender** werden **doppelt gezählt** (Abs 2 S 3). Damit wird dem gesteigerten Aufgabenbereich des Vorsitzenden Rechnung getragen (*Hüffer* AktG Rn 4a). Die doppelte Berechnung wird erst mit der Annahme der Wahl zum AR-Vorsitzenden wirksam (MünchKomm AktG/*Habersack* Rn 23). Erfasst sind Mandate, die in die Berechnung der Mandatsanzahl gesetzlich einbezogen sind. Der **Stellvertreter** des AR-Vorsitzenden ist von der Doppelzählung nicht erfasst, selbst wenn er tatsächlich die Vertretung übernimmt (K. Schmidt/Lutter AktG/*Drygala* Rn 8). Vorsitze innerhalb des Konzerns bleiben bis zur Höchstzahl von fünf gem Abs 2 S 2 unberücksichtigt (Spindler/Stilz AktG/*Spindler* Rn 22).

6 **2. Konfliktgeneigte Konstellationen (Nr 2, 3).** Von der AR-Mitgliedschaft ausgeschlossen sind nach Abs 2 S 1 Nr 2, 3 auch diejenigen Personen, bei denen durch eine Mitgliedschaft eine wechselseitige Kontrollkonstellation oder eingeschränkte Kontrolle entstehen kann. Der **gesetzliche Vertreter (Vorstand bzw Geschäftsführer)** einer

abhängigen Gesellschaft der AG kann daher nicht AR-Mitglied werden (Nr 2). Er würde anderenfalls den Vorstand kontrollieren, der ihm gegenüber weisungsbefugt ist; dieses ist mit dem Organisationsgefälle der AG nicht vereinbar (Spindler/Stilz AktG/ *Spindler* Rn 23). Erfasst sind auch gesetzliche Vertreter von ausländischen abhängigen Gesellschaften, wenn diese vorstandsähnliche Aufgaben (executive directors) wahrnehmen, denn auch dort kann die Konfliktsituation bestehen (GroßKomm AktG/ *Hopt/Roth* Rn 54; differenzierend *Hüffer* AktG Rn 5). In **monistischen Verwaltungsräten** sind also nicht-exekutive Mitglieder nicht erfasst. Prokuristen, Generalbevollmächtigte und leitende Angestellte einer abhängigen Gesellschaft können anders als bei der AG selbst (vgl § 105 Abs 1) AR-Mitglieder der Obergesellschaft sein (K. Schmidt/Lutter AktG/*Drygala* Rn 9). Nach Nr 3 ausgeschlossen sind schließlich **Überkreuzverflechtungen**. Eine Überwachung durch Personen, die ihrerseits vom Überwachten kontrolliert werden, soll verhindert werden. Mitgliedschaften in **fakultativen Aufsichtsräten**, also insb bei GmbHs mit weniger als 500 Arbeitnehmern sind wie auch solche in **Beiräten** oder **Verwaltungsräten** unbeachtlich, da § 52 Abs 1 GmbHG eine Anwendung gerade nicht vorsieht und die Aufgabenstellung in fakultativen Gremien nicht derjenigen im obligatorischen AR entsprechen muss. Eine Abgrenzung nach den jeweiligen Aufgabenbereichen würde zu erheblicher Rechtsunsicherheit führen (iE auch *Hüffer* aaO Rn 7 **aA** MünchKomm AktG/*Habersack* Rn 31, für fakultativen AR, unterschiedlicher Wortlaut von Abs 2 Nr 1 und Nr 3).

3. Karenzzeit für Vorstandsmitglieder (Nr 4). Einen weiteren Ausschlussgrund normiert der neu angefügte Abs 2 S 1 Nr 4 für ehemalige **Vorstandsmitglieder börsennotierter AG**. Hiernach kann nicht zum AR-Mitglied der AG bestellt werden, wer innerhalb der letzten zwei Jahre Vorstandsmitglied der AG war. Der Karenzzeit (auch „Cooling off"-Periode, vgl *Fleischer* NZG 2009, 801, 806) liegt die Vorstellung des Gesetzgebers zugrunde, dass bei einem direkten Wechsel die Gefahr eines sachwidrigen Einflusses und die eines Kontrolldefizits bestehe (Rechtsausschuss BT-Drucks 16/ 13433, 11). Konzernkonstellationen werden nicht erfasst, so dass Vorstände von abhängigen Unternehmen direkt in den AR des herrschenden Unternehmens wechseln können (*Spindler* NJOZ 2009, 3282, 3288). Ebenso nicht betroffen sind nach alter Rechtslage bestellte AR-Mitglieder; dies gilt auch bei Wiederwahl (*Bosse* BB 2009, 1650, 1653). Die Karenzzeit ist nicht zu beachten, wenn **Aktionäre mit einem Anteil von mehr als 25 %** den Wahlvorschlag unterbreiten. Dies können Sie entweder selber im Wege der §§ 127 S 1, 126 besorgen oder den Vorschlag vorab an den AR richten, der ihn nach § 124 Abs 3 S 1 einbringt (*Hüffer* AktG Rn 7b). Zwar handelt es sich in letzterem Fall rechtstechnisch um einen Vorschlag des AR und nicht der Aktionäre, dies ist jedoch zulässig, um den AR frühzeitig einzubeziehen und den Vorschlag eines Gegenkandidaten zu vermeiden, was zu empfehlen ist (so Rechtsausschuss aaO; zust *Annuß/Theusinger* BB 2009, 2434, 2442). Die Wahl des AR-Mitglieds erfolgt durch **HV-Beschluss mit einfacher Mehrheit**, § 133 Abs 1. Ein Zusammenwirken zur Besetzung des AR stellt dabei für sich genommen kein „acting in concert" iSd § 30 Abs 2 WpÜG dar (*BGH* NZG 2006, 945, 946 f). Empfehlenswert ist ein zweistufiges Abstimmungsverfahren: Zunächst wird vom Versammlungsleiter das erforderliche Aktionärsquorum von mehr als 25 % festgestellt; im Anschluss erfolgt dann die Wahl des vorgeschlagenen ehemaligen Vorstandsmitglieds in den AR (*Wettich* AG 2012, 725, 729). Ein einstufiges Vorgehen, wonach allein über den Wahlvorschlag abgestimmt wird, und bei dessen Annahme das Erreichen des erforderlichen Quorums festgestellt wird,

6a

§ 100 Persönliche Voraussetzungen für Aufsichtsratsmitglieder

ist nicht zu empfehlen, da dem Gesetzeswortlaut nach das Aktionärsverlangen zum Zeitpunkt der Wahl bereits vorliegen muss (*Wettich* aaO; idS auch Hölters/*Simon* AktG § 100 Rn 31).

7 **4. Interessenkonflikte.** Interessenkonflikte können durch ein außerhalb der AR-Tätigkeit liegendes **besonderes persönliches Interesse** eines AR-Mitglieds entstehen. Hierzu gehören insb Tätigkeiten oder Organpositionen bei anderen Unternehmen wie Lieferanten einschließlich Dienstleistern, Kunden oder Wettbewerbern (ausf Münch-Komm AktG/*Habersack* Rn 64 ff). Das AR-Mitglied ist jedoch nur an das Unternehmensinteresse der AG selbst gebunden (ausf zum Unternehmensinteresse § 76 Rn 13). **Temporären Konflikten** ist mit Offenlegung der widerstreitenden Interessen (vgl § 93 Rn 14), Stimmverbot (§ 34 BGB analog), Ausschluss von Sitzungen oder Verweisung an einen Ausschuss zu begegnen. Besteht dagegen schon beim Wahlbeschluss ein **ständiger Interessenkonflikt**, der eine pflichtgemäße Ausübung des Amtes unmöglich macht, ist der Beschl wirksam und nicht anfechtbar; er ist iSd Sorgfaltspflicht vom AR-Mitglied durch Nichtannahme oder von den übrigen AR-Mitgliedern über Abberufung nach § 103 zu lösen (*Habersack* aaO Rn 58 f; Spindler/Stilz AktG/*Spindler* Rn 34 f; **aA** *Reichert/Schlitt* AG 1995, 241, 247, anfechtbar wg Analogie zur Inkompatibilität); eine Tätigkeit für den Mehrheitsaktionär in Konzernsituationen allein begründet noch keinen Pflichtenkonflikt dieses Ausmaßes oder gar einen persönlichen Ausschlussgrund (ausf *Bürgers/Schilha* AG 2010, 221, 224 ff; *Diekmann/Bidmon* NZG 2009, 1087, 1090; **aA** LG Hannover AG 2009, 341, 342 f). Später eintretende Interessenskonflikte dieses Umfangs verpflichten das AR-Mitglied zur Niederlegung aus wichtigem Grund oder ebenfalls zur Einleitung des gerichtlichen Abberufungsverfahrens (ausf *Semler/Stengel* NZG 2003, 1).

8 **5. DCGK-Empfehlungen für die börsennotierte Aktiengesellschaft.** In Ziff 5.4.1 wird empfohlen, dass dem AR jederzeit Mitglieder angehören, die die zur ordnungsgemäßen Wahrnehmung der Aufgaben erforderlichen Kenntnisse, Fähigkeiten und Erfahrungen besitzen, wobei die bes Situation der betr Gesellschaft zu berücksichtigen ist. Auch im DCGK wurde jedoch auf eine weitere Konkretisierung der erforderlichen Fähigkeiten verzichtet. Für Vorstände wird ferner empfohlen, dass diese nicht mehr als drei AR-Mandate außerhalb des Konzerns wahrnehmen sollen (Ziff 5.4.5 S 2). Zudem soll der AR keine Mitglieder haben, die Organfunktionen oder Beratungsleistungen bei wesentlichen Wettbewerbern wahrnehmen (Ziff 5.4.2). Der DCGK empfiehlt in Ziff 5.4.2 eine ausreichende Anzahl unabhängiger Mitglieder, die im Ermessen des Organs steht. Können sich aus bestehenden Beziehungen zur Gesellschaft, deren Organen, einem kontrollierenden Aktionär oder einem mit diesem verbundenen Unternehmen wesentliche und nicht nur vorübergehende Interessenskonflikte ergeben, ist das Mitglied als nicht unabhängig anzusehen (ausf zur Kodexänderung: *Scholderer* NZG 2012, 168). Die neue Regelung ist als zu weitgehend zu kritisieren, da bei einem tatsächlichen Konflikt mit den Ziff 5.5.2 und 5.5.3 reagiert werden könnte (krit auch *Wettich* AG 2012, 725, 726). Nach Ziff 5.4.1 Abs 2 soll eine Aussage zur Anzahl der unabhängigen AR-Mitglieder getroffen werden. Ziff 5.4.2 empfiehlt die Berufung von höchstens zwei ehemaligen Vorständen gleichzeitig als AR-Mitglieder. Ziff 5.4.1 Abs 2 empfiehlt **Altersgrenzen** festzulegen. Problematisch ist jedoch, ob diese bei der Bestellung von AR-Mitgliedern überhaupt zulässig sind, da die Tendenz Vorstandsmitglieder nach dem unionsrechtlichen AN-Begriff als AN einzustufen, zeigt, dass Organmitgliedern nicht grds der vollumfängliche arbeitnehmerrechtliche

Diskriminierungsschutz des AGG zu versagen ist, vgl § 76 Rn 37. Einer derart weiten Ausdehnung des AN-Begriffs kann jedoch nicht zugestimmt werden, da der AR nicht der für die Annahme einer AN-Eigenschaft erforderlichen Aufsicht eines anderen Organs iS eines Unterordnungsverhältnisses unterliegt (vgl zu den Anforderungen an ein Unterordnungsverhältnis *EuGH* Urt v 11.11. 2010 – Danosa – AG 2011, 165, 166). Nach Ziff 5.4.5 Abs 2 DCGK nehmen die Mitglieder des AR die für ihre Aufgaben erforderlichen Aus- und Fortbildungsmaßnahmen eigenverantwortlich wahr; sie sollen hierbei von der Ges angemessen unterstützt werden, vgl § 113 Rn 14.

IV. Mitbestimmungsrechtliche Anforderungen

Für Arbeitnehmervertreter und weitere Mitglieder, die nach § 7 Abs 2–4 MitbestG, §§ 4 Abs 2, 6 Abs 1 MontanMitbestG, §§ 5, 6 MitbestErgG und § 4 Abs 2–4 DrittelbG zu bestellen sind, können sich weitere Anforderungen ergeben (MünchKomm AktG/*Habersack* Rn 36 f). Ferner können seit Ende 2006 durch das MgVG (BGBl I 2006, 3332 v 28.12.2006) für Gesellschaften, die aus einer grenzüberschreitenden Verschmelzung hervorgegangen sind, weitere persönliche Voraussetzungen gefordert bzw vereinbart sein (ausf *Nagel* NZG 2007, 57). Hierfür stellt Abs 3 klar, dass diese neben den aktienrechtlichen persönlichen Anforderungen (Abs 1 und 2) gelten und damit auch die Ausschlussgründe Berücksichtigung finden müssen. **9**

V. Satzungsmäßige Anforderungen an Aufsichtsratsmitglieder

Weitere persönliche Anforderungen kann die Satzung für AR-Mitglieder vorsehen, wenn die betr Mitglieder ohne bindende Wahlvorschläge durch die HV gewählt werden oder entsandt werden, dh für Anteilseignervertreter und bestimmte „weitere Mitglieder" (vgl MünchKomm AktG/*Habersack* Rn 38). Die Satzung kann **nicht** auf die gesetzlichen Mindestanforderungen **verzichten** oder diese **modifizieren**. Zulässige Anforderungsprofile der Satzung müssen die **Wahlfreiheit** der **HV erhalten**, also nicht wie ein faktisches Entsendungsrecht wirken (unstr Spindler/Stilz AktG/*Spindler* Rn 41). Ob die Zugehörigkeit zu einer bestimmten Familie zulässigerweise als Voraussetzung vorgesehen werden kann, hängt davon ab, ob dadurch die Auswahl durch die HV unangemessen beeinträchtigt wird, so dass Größe der Familie und Geeignetheit der Familienmitglieder von maßgeblicher Bedeutung sind (iE KölnKomm AktG/*Zöllner* § 179 Rn 71; *Lutter/Krieger* AR Rn 23 **aA** KölnKomm AktG/*Mertens* Rn 28; *Habersack* aaO Rn 41; *Spindler* aaO; K. Schmidt/Lutter AktG/*Drygala* Rn 36; wohl auch *Hüffer* AktG Rn 9, jedoch zust bei § 23 Rn 43). Zu **Altersgrenzen** vgl Rn 8. **10**

Dagegen sind die **deutsche Staatsangehörigkeit**, ein **inländischer Wohnsitz** oder bes Erfahrungen als Voraussetzungen zulässig (MünchKomm AktG/*Habersack* Rn 41). Dieses gilt auch für die Aktionärseigenschaft (Ausnahmen können bei bestimmten Aktiengattungen gelten) und eine Höchstzahl von Amtsperioden. Konfliktsituationen kann durch eine Inkompatibilität mit einer Tätigkeit beim Wettbewerber begegnet werden (*Reichert/Schlitt* AG 1995, 241, 248 f). Dagegen kann die Satzung Anforderungen iRv Entsendungsrechten frei bestimmen, solange sie mit der Unternehmenstätigkeit zusammenhängen (KölnKomm AktG/*Mertens* Rn 28). **11**

VI. Unabhängiges Aufsichtsratsmitglied, Abs 5

11a Der durch das BilMoG neu angefügte Abs 5 wirkt auf die **Zusammensetzung des AR bei kapitalmarktorientierten AG** iSd § 264d HGB ein. Der AR hat nun über mindestens ein unabhängiges Mitglied mit Sachverstand auf den Gebieten Rechnungslegung oder Abschlussprüfung zu verfügen. Die Anfügung wurde notwendig durch die Wahl des deutschen Gesetzgebers bei der Umsetzung der Abschlussprüferrichtlinie (2006/43/EG v 17.5.2006, AblEU Nr L 157/87) die Aufgaben des Prüfungsausschuss dem AR zu überantworten (RegBegr BT-Drucks 16/10067, 225).

11b **Unabhängigkeit** von AR-Mitgliedern war bisher – mit Ausnahme des § 6 Abs 2a InvG – nicht gesetzlich vorgeschrieben (vgl MünchKomm AktG/*Habersack* Rn 12). Das Merkmal wird weder im BilMoG noch in der Abschlussprüferrichtlinie definiert und ist somit als unbestimmter Rechtsbegriff ausfüllungsbedürftig. Unter Unabhängigkeit ist mehr zu verstehen, als die bloße mitgliedschaftliche Trennung von AR und Vorstand, die schon § 105 Abs 1 vorsieht. Die Gesetzesbegründung geht von Unabhängigkeit dann aus, wenn keine unmittelbare oder mittelbare geschäftliche, finanzielle oder persönliche Beziehung zum Vorstand besteht und lehnt sich somit an die bisherige Fassung in Ziff 5.4.2 DCGK idF vom 26.5.2010 an (vgl RegBegr BT-Drucks 16/10067, 226). Die genaue Definition überlässt das Gesetz dem AR selber (so die Empfehlung der Kommission v 15.2.2005, ABlEU Nr L 52/51, auf die die RegBegr Bezug nimmt), dem hierbei ein weiter Beurteilungsspielraum zukommt (so auch *Gruber* NZG 2008, 12, 13). Es ist zu empfehlen, den Begriff aus Gründen der Rechtssicherheit in der Geschäftsordnung näher zu konturieren (vgl *Lanfermann/Röhricht* BB 2009, 887, 888). Die aktuelle Empfehlung in Ziff 5.4.2 DCGK verschärft die Anforderungen an die Unabhängigkeit nunmehr (Rn 8). Der Mehrheitsaktionär oder sein Repräsentant kommen nach der Änderung der Ziff 5.4.2 DCGK nicht mehr als unabhängige AR-Mitglieder in Betracht (krit hierzu bereits vor der Änderung: *Bürgers/Schilha* AG 2010, 221, 227 ff; *Diekmann/Bidmon* NZG 2009, 1087, 1090; krit zur aktuellen Rechtslage: *Grigoleit* AktG/*Grigoleit/Tomasic* Rn 13, 18; *Paschos/Goslar* NZG 2012, 1361, 1362; **aA** *Habersack* AG 2008, 98, 105). Zusätzlich muss das AR-Mitglied über **Sachverstand in Rechnungslegung oder Abschlussprüfung** verfügen. Wie dieser erworben wurde, hat keine Relevanz (*Hüffer* AktG Rn 12), so dass neben den einschlägigen Berufen auch fachkundige Angestellte oder weitergebildete Betriebsräte in Betracht kommen (so RegBegr aaO). Es muss sich nicht um eine schwerpunktmäßige Tätigkeit in der Rechnungslegung oder Abschlussprüfung gehandelt haben; ausreichend ist, dass Kenntnisse durch eine verantwortliche Tätigkeit erlangt wurden (vgl *OLG München* NZG 2010, 784, 785) (ausf zur Bestellung: *Sünner* FS Schneider S 1301 ff).

VII. Rechtsfolgen

12 Die **gesetzlichen Voraussetzungen** müssen zum Amtsbeginn vorliegen, anderenfalls ist der Wahlbeschluss nichtig (§ 250 Abs 1 Nr 4). Auch nach dem Wahlbeschluss kann ein Hinderungsgrund zur Nichtigkeit führen. Kann ein Hinderungsgrund beseitigt werden, ist der Wahlbeschluss bis zum Amtsbeginn schwebend unwirksam (MünchKomm AktG/*Habersack* Rn 42). **Fehlen satzungsmäßige Anforderungen** an AR-Mitglieder bei der Amtsübernahme, ist der Wahlbeschluss anfechtbar (vgl § 251 Rn 2), wobei die Anfechtungsfrist von einem Monat zu berücksichtigen ist, § 246 Abs 1. Der **nachträgliche Wegfall** der gesetzlichen Anforderungen an AR-Mitglieder führt zum **sofortigen Ausscheiden** des betr Mitglieds, ohne dass gesonderte Schritte notwendig sind. Allerdings wirkt sich für Abs 2 Nr 1 (Höchstzahl) die Nichtigkeit nur auf den zuletzt getätigten Wahlbeschluss aus, so dass bestehende Mitgliedschaften auch nicht durch spätere Wahl zum AR-Vorsitzenden berührt werden (*Hüffer* AktG Rn 14). Satzungsmäßige Hindernisse, die während der Amtzeit eintreten, wirken sich nicht auf die Mitgliedschaft aus, können aber wichtiger Grund zur Abberufung nach § 103 sein (Spindler/Stilz AktG/*Spindler* Rn 56; KölnKomm AktG/*Mertens* Rn 34, Auslegung erforderlich).

Verstößt das Ergebnis einer Aufsichtsratswahl gegen Abs 5, so ist der Wahlbeschluss nicht nichtig (*LG München I* NZG 2010, 621, 3. Leitsatz), sondern allenfalls anfechtbar (*Wind/Klie* DStR 2010, 1339, 1340; *Staake* ZIP 2010, 1013, 1020; aA *Gruber* NZG 2008, 12, 14, gegen Anfechtbarkeit; ebenso *Hüffer* AktG Rn 15). Ob Anfechtbarkeit gegeben ist, hängt davon ab, ob der Gesetzesverstoß einem konkreten Wahlbeschluss zugeordnet werden kann (vgl *Wind/Klie* aaO, je nach Wahlverfahren). Eine gesetzeswidrige Besetzung hat jedoch keine Auswirkungen auf die Beschlussfähigkeit des AR und die Wirksamkeit der von ihm gefassten Beschlüsse (*Widmann* BB 2009, 2602, 2603; *Hüffer* aaO).

12a

§ 101 Bestellung der Aufsichtsratsmitglieder

(1) ¹Die Mitglieder des Aufsichtsrats werden von der Hauptversammlung gewählt, soweit sie nicht in den Aufsichtsrat zu entsenden oder als Aufsichtsratsmitglieder der Arbeitnehmer nach dem Mitbestimmungsgesetz, dem Mitbestimmungsergänzungsgesetz, dem Drittelbeteiligungsgesetz oder dem Gesetz über die Mitbestimmung der Arbeitnehmer bei einer grenzüberschreitenden Verschmelzung zu wählen sind. ²An Wahlvorschläge ist die Hauptversammlung nur gemäß §§ 6 und 8 des Montan-Mitbestimmungsgesetzes gebunden.

(2) ¹Ein Recht, Mitglieder in den Aufsichtsrat zu entsenden, kann nur durch die Satzung und nur für bestimmte Aktionäre oder für die jeweiligen Inhaber bestimmter Aktien begründet werden. ²Inhabern bestimmter Aktien kann das Entsendungsrecht nur eingeräumt werden, wenn die Aktien auf Namen lauten und ihre Übertragung an die Zustimmung der Gesellschaft gebunden ist. ³Die Aktien der Entsendungsberechtigten gelten nicht als eine besondere Gattung. ⁴Die Entsendungsrechte können insgesamt höchstens für ein Drittel der sich aus dem Gesetz oder der Satzung ergebenden Zahl der Aufsichtsratsmitglieder der Aktionäre eingeräumt werden.

(3) ¹Stellvertreter von Aufsichtsratsmitgliedern können nicht bestellt werden. ²Jedoch kann für jedes Aufsichtsratsmitglied mit Ausnahme des weiteren Mitglieds, das nach dem Montan-Mitbestimmungsgesetz oder dem Mitbestimmungsergänzungsgesetz auf Vorschlag der übrigen Aufsichtsratsmitglieder gewählt wird, ein Ersatzmitglied bestellt werden, das Mitglied des Aufsichtsrats wird, wenn das Aufsichtsratsmitglied vor Ablauf seiner Amtszeit wegfällt. ³Das Ersatzmitglied kann nur gleichzeitig mit dem Aufsichtsratsmitglied bestellt werden. ⁴Auf seine Bestellung sowie die Nichtigkeit und Anfechtung seiner Bestellung sind die für das Aufsichtsratsmitglied geltenden Vorschriften anzuwenden.

§ 101 Bestellung der Aufsichtsratsmitglieder

Übersicht

	Rn		Rn
I. Regelungsinhalt	1	IV. Entsendungsrechte	10
II. Rechtsstellung	2	1. Entsendungsberechtigte	11
III. Bestellung durch Hauptversammlung	4	2. Rechtsstellung	13
1. Wahlverfahren	5	3. Grenzen des Entsendungsrechts	14
2. Mitbestimmungsrechtliche Besonderheiten	8	V. Ersatzmitglieder	16
		1. Bestellung	16
3. Stimmvereinbarungen	9	2. Amtszeit	18

Literatur: *Austmann* Globalwahl zum Aufsichtsrat, FS Sandrock, 1995, S 277; *Austmann/Rühle* Wahlverfahren bei mehreren für einen Aufsichtsratssitz vorgeschlagenen Kandidaten, AG 2011, 805; *Bollweg* Die Wahl des Aufsichtsrats in der HV der Aktiengesellschaft, 1997; *Dietz* Zulässigkeit einer Blockabstimmung der HV der AG, BB 2004, 452; *Fuhrmann* Die Blockabstimmung in der Hauptversammlung, ZIP 2004, 2081; *Gerber/Wernicke* Zulässigkeit der Blockabstimmung bei Wahlen zum Aufsichtsrat einer Aktiengesellschaft, DStR 2004, 1138; *Goette* Aktuelle Rspr des II. Zivilsenats zum Aktienrecht, DStR 2006, 2132; *Henze* Neue Rspr zu Rechtsstellung und Aufgaben des Aufsichtsrats, BB 2005, 165; *Krause* Von „goldenen Aktien", dem VW-Gesetz und der Übernahmerichtlinie, NJW 2002, 2747; *Linnerz* Unzulässige Blockwahl des Aufsichtsrats bei Antrag auf Einzelwahl eines in der HV anwesenden Aktionärs, BB 2004, 963; *Meder* Die Mitwirkung des Vorstands am Kandidatenauswahlverfahren für Aufsichtsratswahlen, DStR 2008, 1242; *Mutter* Plädoyer für die Listenwahl von Aufsichtsräten, AG 2004, 305; *Segna* Blockabstimmung und Bestellungshindernisse bei der Aufsichtsratswahl, DB 2004, 1135; *Seibt* Unzulässigkeit der Blockwahl des Aufsichtsrats bei Antrag eines Aktionärs auf Einzelwahl, NJW-Spezial 2004, 78.

I. Regelungsinhalt

1 Die Bestellung der Anteilseignervertreter erfolgt durch **HV-Beschluss** (Abs 1) oder **Entsendung** (Abs 2). Dabei sind mitbestimmungsrechtliche Besonderheiten über die Bestellung der Arbeitnehmervertreter zu berücksichtigen. Besonderheiten galten aufgrund des sog VW-Gesetzes (ausf dazu *Krause* NJW 2002, 2747) nach Abs 2 S 5, welcher durch Art 2 des Gesetzes zur Änderung des VW-Gesetzes v 8.12.2008 mit Wirkung zum 10.12.2008 aufgehoben wurde. Daneben wird durch Abs 3 S 1 ausdrücklich die Bestellung von **Stellvertretern ausgeschlossen**, die anders als **Ersatzmitglieder** nur bei einer zeitweisen Verhinderung eines AR-Mitglieds vertreten. Im Falle der Verhinderung besteht deshalb nur die Möglichkeit einer **schriftlichen Stimmabgabe** (§ 108 Abs 3), soweit die Satzung nicht die Teilnahme schriftlich ermächtigter Personen zulässt (§ 109 Abs 3).

II. Rechtsstellung

2 Gesetzlich nicht geregelt ist, wie das Rechtsverhältnis zwischen AR-Mitglied und AG ausgestaltet ist. Durch die Bestellung entsteht jedenfalls ein **korporationsrechtliches Verhältnis** zur AG (K.Schmidt/Lutter AktG/*Drygala* Rn 2). Neben diesem Rechtsverhältnis wird ferner ein Anstellungsverhältnis des AR-Mitglieds zur AG befürwortet, für das teilw eine vertragliche Grundlage angenommen wird (Baumbach/*Hueck* AktG Rn 7; iE *Hüffer* AktG Rn 2, Doppelnatur; aA KölnKomm AktG/*Mertens* Rn 7; Spindler/Stilz AktG/*Spindler* Rn 9; MünchKomm AktG/*Habersack* Rn 67). Teilw wird ein alleiniges **gesetzliches Schuldverhältnis** angenommen (MünchKomm AktG 2. Aufl/

Bestellung der Aufsichtsratsmitglieder § 101

Semler Rn 156 f; GroßKomm AktG/*Hopt/Roth* Rn 92). Dem Gesetz ist jedoch nicht zu entnehmen ist, dass neben der korporationsrechtlichen Bestellung die Begründung eines schuldrechtlichen Verhältnisses vorgesehen sein soll.

Die Bestellung eines AR-Mitglieds kann nichtig oder nach §§ 250, 251 anfechtbar sein **(fehlerhafte Bestellung)**. Dies entbindet das fehlerhaft bestellte AR-Mitglied aber nicht von seinen Pflichten, wenn es das Amt dennoch ausübt. Wirkt das unwirksam bestellte AR-Mitglied an einem AR-Beschluss mit, ist dieser nur nichtig, wenn die Stimme dieses AR-Mitglieds ausschlaggebend war (*BGHZ* 47, 341, 346; Spindler/Stilz AktG/*Spindler* Rn 112; **aA** MünchKomm AktG/*Habersack* Rn 70, Beschl ist stets wirksam; ebenso *Hüffer* AktG Rn 18). Unerheblich ist insoweit, ob dieses Mitglied andere AR-Mitglieder in ihrem Abstimmverhalten beeinflussen konnte (GroßKomm AktG/*Hopt/Roth* Rn 222; *Spindler* aaO). Die Anfechtbarkeit einer Bestellung wirkt sich bis zu deren wirksamer Anfechtung nicht auf die Rechtsstellung des AR-Mitglieds aus (KölnKomm AktG/*Mertens* Rn 93); sie ist nach einem Bestätigungsbeschluss der HV ausgeschlossen. Eine Anfechtung macht unter Mitwirkung gefasste Beschlüsse ex tunc unwirksam, wenn die Stimme dieses AR-Mitglieds ausschlaggebend war. 3

III. Bestellung durch Hauptversammlung

Die HV wählt die Anteilseignervertreter durch Wahlbeschluss nach den allg Vorschriften über HV-Beschlüsse. Die HV ist bei der Wahl der Anteilseignervertreter nicht an Wahlvorschläge gebunden, auch nicht an die des AR nach § 124 oder Vorschläge von Aktionären bzw Dritten (K. Schmidt/Lutter AktG/*Drygala* Rn 4). Ihre **Wahlfreiheit** gründet sich auf dem Mehrheitsprinzip (MünchKomm AktG/*Habersack* Rn 7). Mit Ausnahme der Montanmitbestimmung (§§ 6, 8 MontanMitbestG) wird die Wahlfreiheit nicht durch eine bestimmte Besetzung bspw durch Minderheitsvertreter begrenzt (KölnKomm AktG/*Mertens* Rn 17; Spindler/Stilz AktG/*Spindler* Rn 16; vgl *BGH* WM 1962, 811; **aA** wohl *OLG Hamm* NJW 1987, 1030, 1031, für qualifizierten faktischen Konzern). Die Satzung kann zwar Bestellungsvoraussetzungen für ein AR-Mitglied bestimmen, diese dürfen aber nicht die Wahlfreiheit der HV einschränken (*Drygala* aaO; vgl § 100 Rn 10). Die Satzung kann ferner **kein Vorschlagsrecht Dritter** einräumen; eine Wahl auf Vorschlag eines Dritten ist damit immer unwirksam (*Mertens* aaO Rn 17). Der Aktionär kann nach eigenem Interesse wählen und verletzt die Treupflichten erst, wenn gesellschaftsfremde Sondervorteile erzielt werden sollen (*Spindler* aaO Rn 17). 4

1. Wahlverfahren. Die **Tagesordnung** muss die Wahl von AR-Mitgliedern vorsehen, § 124 Abs 2. Der **AR** muss einen eigenen **Wahlvorschlag** in der Einladungsbekanntmachung unterbreiten (§ 124 Abs 3 S 1, 3) und begründet ihn, wenn die Satzung dies erfordert (MünchHdb AG/*Hoffmann-Becking* § 30 Rn 15). Solche Wahlvorschläge werden auch in der mitbestimmten AG allein von den Anteilseignervertretern mit einfacher Mehrheit beschlossen (MünchKomm AktG/*Habersack* Rn 16). Der **Vorstand** hat **kein** eigenes **Vorschlagsrecht** (*Meder* DStR 2008, 1242, gleichwohl es die Praxis so handhabt). Ein Vorschlag des Vorstands oder seine Mitwirkung hierbei kann die Wahl anfechtbar machen (GroßKomm AktG/*Hopt/Roth* Rn 71; *BGH* WM 2003, 437, 438, für gemeinsamen Vorschlag von Vorstand und AR; *OLG München* AG 2001, 193, 196). **Aktionäre** haben ein eigenes Vorschlagsrecht, das nicht an eine vorherige Bekanntmachungs- oder Begründungspflicht gebunden ist (KölnKomm AktG/*Mertens* 5

Rn 12). Der Versammlungsleiter kann grds die **Reihenfolge** der Abstimmungen festlegen (Spindler/Stilz AktG/*Spindler* Rn 45; krit *Austmann/Rühle* AG 2011, 805, 806), solange ein HV-Beschluss keine abw Reihenfolge bestimmt (*Habersack* aaO Rn 25). Über Wahlvorschläge eines Minderheitenquorums gem § 137 ist vor den Vorschlägen des AR abzustimmen.

6 Für den Wahlbeschluss gilt das **Mehrheitsprinzip**, hiervon kann jedoch die Satzung bspw durch das Verhältniswahlrecht abweichen, wodurch die Pluralität der Aktionärsgruppen besser berücksichtigt werden kann (**hM** *Hüffer* AktG Rn 4; Spindler/Stilz AktG/*Spindler* Rn 34; MünchKomm AktG/*Habersack* Rn 25; **aA** KölnKomm AktG/Mertens Rn 14). Grds ist demnach eine einfache Mehrheit ausreichend. Die Satzung kann aber auch relative Mehrheit oder eine höhere Mehrheit vorsehen (unstr *BGHZ* 76, 191, 193). Für den Bestellungsbeschluss der HV ist gesetzlich **kein bestimmtes Wahlverfahren** vorgeschrieben. Finden sich in der Satzung keine Regelungen, entscheidet grds der Versammlungsleiter, nach welchem Wahlverfahren und auf welche Art (Handzeichen, Stimmzettel) abgestimmt werden soll (*Spindler* aaO Rn 43). Die Wahl kann durch Einzelwahl oder zusammengefasst im Wege der Simultanwahl erfolgen.

7 Da dies sehr zeitintensiv sein kann, ist auch eine **Listenwahl** möglich (**hM** MünchKomm AktG/*Habersack* Rn 21; *BGH* DStR 2009, 537, 542). Die Aktionäre stimmen dabei einheitlich über alle AR-Mitglieder ab, wobei nur der gesamten Liste zugestimmt oder diese abgelehnt werden kann. Einer Ablehnung der Liste folgt die Einzelwahl. Der **Versammlungsleiter** hat dabei **darauf hinzuweisen**, dass bei Ablehnung auch nur eines einzelnen Listenmitglieds die gesamte Liste abgelehnt werden muss und dass bei Ablehnung der Liste durch die HV die Einzelwahl die Folge ist (K. Schmidt/Lutter AktG/*Drygala* Rn 10; **aA** *BGH* aaO, wenn Satzung zu einer Listenwahl ermächtigt). Bedenken bestehen gegen eine Listenabstimmung (Blockwahl) dann, wenn ein **Aktionär Widerspruch erhebt** (*LG München* BB 2004, 958, verweisend auf *BGH* BB 2003, 2031, zusammenhängende Beschlussgegenstände; *Seibt* NJW Spezial 2004, 78; **aA** *Bollweg* S 186). Bei Widerspruch kann Einzelwahl erfolgen, eine Verpflichtung zur Einzelwahl soll aber nicht bestehen (*Drygala* aaO Rn 11). Vielmehr ist dann eine gesonderte Abstimmung über den Verfahrensantrag auf Durchführung der Einzelwahl vorzunehmen (*LG München I* BB 2004, 958; *Fuhrmann* ZIP 2004, 2081, 2084; Spindler/Stilz AktG/*Spindler* Rn 36; **aA** *Habersack* aaO Rn 23). Eine Verbindung des Verfahrensantrags auf Einzelwahl mit einer Listenwahl dahingehend, dass bei Annahme der Liste gleichzeitig der Verfahrensantrag auf Einzelwahl abgelehnt wird, ist bei entspr Hinweis des HV-Leiters zulässig, da damit unnötigen Verfahrensabstimmungen entgegengewirkt werden kann (KölnKomm AktG/*Mertens* Rn 16; *Hüffer* AktG Rn 6; *Dietz* BB 2004, 452, 455; **aA** *Henze* BB 2005, 165, 171 f). Die Bestellung wird **mit Annahme wirksam**, die regelmäßig als **Einverständnis** vor der Wahl erklärt wird (GroßKomm AktG/*Hopt/Roth* Rn 83; *Hüffer* aaO Rn 7). Die Annahme kann auch direkt gegenüber der HV erfolgen, sich konkludent ergeben oder später gegenüber dem Vorstand erklärt werden (**hM** *Mertens* aaO Rn 52; **aA** AR-Vorsitzender: *Baumbach/Hueck* AktG Rn 57).

8 **2. Mitbestimmungsrechtliche Besonderheiten.** AR-Mitglieder der AN sind durch bindende Wahlvorschläge an die HV (§ 6 MontanMitbestG) oder durch unmittelbare Wahl der AN (§ 5 Abs 1 DrittelbG) zu bestellen. Auch eine Delegiertenwahl kann erforderlich sein, wenn die AN nicht eine direkte Wahl beschließen (§§ 7f Mitbes-

tErgG, §§ 9f MitbestG). Ein Entsendungsrecht der Spitzenorganisationen der Gewerkschaften nach § 7 MitbestErgG aF ist seit 1981 entfallen (*Hüffer* AktG Rn 3). Ferner kann bei einer AG, die durch grenzüberschreitende Verschmelzung entstanden ist, die Bestimmung der Arbeitnehmervertreter in einer Vereinbarung nach § 22 Abs 1 Nr 4 MgVG geregelt werden oder kraft Gesetz durch ein Wahlgremium nach § 22 Abs 3 MgVG bzw bei fehlenden Regelungen in einem Mitgliedstaat durch das bes Verhandlungsgremium gem § 25 Abs 2 MgVG erfolgen.

3. Stimmvereinbarungen. Wahlabreden sind zwischen Aktionären grds zulässig, sog **Pool- oder Konsortialverträge** (KölnKomm AktG/*Mertens* Rn 19; Spindler/Stilz AktG/*Spindler* Rn 23). Die Satzung kann Stimmvereinbarungen nicht untersagen (MünchKomm AktG/*Habersack* Rn 13). Eine solche Vereinbarung darf allerdings **nicht** mit der **AG selbst** geschlossen werden oder ein **Weisungsrecht** des Vorstands oder einer abhängigen Gesellschaft enthalten (§ 136 Abs 2 S 1; GroßKomm AktG/ *Hopt/Roth* Rn 28; K. Schmidt/Lutter AktG/*Drygala* Rn 6). IE darf es auch **nicht** zu einer **Gegenleistung** für ein bestimmtes Stimmverhalten kommen (bspw Stimmenkauf), dieses wäre ordnungswidrig, § 405. Zudem wird teilw die Unzulässigkeit von **Stimmbindungsverträgen mit Nichtaktionären** vertreten (*Hüffer* AktG § 133 Rn 27; **aA** vgl § 136 Rn 23; *BGH* ZIP 1983, 432, 433). Mit der Wahlabrede entsteht gem §§ 705 ff BGB eine **BGB-Gesellschaft**, deren gemeinsamer Zweck die einheitliche Abstimmung ist (*Spindler* aaO Rn 28). Der Inhalt der Wahlabrede darf dem Gesellschaftsinteresse oder aktienrechtlichen Vorgaben nicht widersprechen bzw auch nicht mitbestimmungsrechtliche Regelungen umgehen (*Mertens* aaO Rn 21). Eine solche Abrede kann in einer börsennotierten AG eine Zurechnung nach § 30 Abs 2 S 1 WpÜG – sog **acting in concert** – begründen und damit ein Pflichtangebot (§§ 35 f WpÜG) bei Erreichung der Kontrollschwelle auslösen (*BGH* NZG 2006, 945; ferner *Goette* DStR 2006, 2132, 2137).

9

IV. Entsendungsrechte

Das Recht, eine Person in den AR zu entsenden ist ein Sonderrecht, das an eine Aktie oder an eine bzw mehrere Personen gebunden ist und **nur Aktionären zustehen** kann. Es kann nur **durch Satzung**, insb schon in der ersten Satzung, gewährt werden (Groß-Komm AktG/*Hopt/Roth* Rn 108); bei einem die Satzung ändernden HV-Beschluss unterliegt der Begünstigte keinem Stimmverbot (*BGH* DStR 2009, 2547). Es ist geprägt durch die **Wahlfreiheit** des Entsenders, der in seinem Wahlrecht nicht begrenzt wird und sich auch nicht durch eine Vereinbarung selbst binden kann (KölnKomm AktG/*Mertens* Rn 68). Stimmbindungsverträge bleiben ihm aber in den genannten Grenzen (vgl Rn 9) möglich (MünchKomm AktG/*Habersack* Rn 45). Es besteht grds keine Verpflichtung zur Entsendung, dieses kann aber durch die Satzung vorgegeben werden (K. Schmidt/ Lutter AktG/*Drygala* Rn 27). Da es Sonderrecht iSd § 35 BGB ist, kann das Entsendungsrecht nur mit **Einverständnis** des Berechtigten **entzogen** werden; bei einseitigem Verzicht erlischt es erst mit der Satzungsänderung (*Hüffer* AktG Rn 8; Spindler/Stilz AktG/*Spindler* Rn 50). Die Entsendung erfolgt **durch Erklärung gegenüber** dem **Vorstand** als Vertretungsorgan der AG (**hM** *Spindler* aaO Rn 69; GroßKomm AktG/*Hopt/ Roth* Rn 136 **aA** an AR: *Henn* Aktienrecht § 19 Rn 631).

10

1. Entsendungsberechtigte. Das Gesetz sieht in Abs 2 S 1 ein persönliches Entsendungsrecht und ein aktiengebundenes Entsendungsrecht vor. Das **persönliche Entsendungsrecht** kann einer oder mehreren natürlichen oder jur Personen zustehen, die in

11

der Satzung ausdrücklich zu bezeichnen sind (Spindler/Stilz AktG/*Spindler* Rn 55 f, 59). Die Höchstpersönlichkeit schließt eine Übertragung aus (*Hüffer* AktG Rn 8). Endet die Aktionärsstellung durch die Veräußerung der Aktien, Tod des Aktionärs oder eine Verschmelzung, so erlischt damit auch das Entsendungsrecht (MünchKomm AktG/*Habersack* Rn 36 ff; GroßKomm AktG/*Hopt/Roth* Rn 111). Die Satzung kann jedoch eine Vererblichkeit regeln (KölnKomm AktG/*Mertens* Rn 42) oder das Wiederaufleben des Entsendungsrechts bei späterem Erwerb von Anteilen vorsehen (K. Schmidt/Lutter AktG/*Drygala* Rn 15). Ruht das Entsendungsrecht, kann es von der HV ohne Zustimmung des vormals Berechtigten aufgehoben werden und die entsandten Mitglieder können abberufen werden (**hM** *Habersack* aaO Rn 36).

12 Für vinkulierte Namensaktien iSv § 68 Abs 2 kann die Satzung ein **inhabergebundenes Entsendungsrecht** mit der Aktie verbinden, so dass das Entsendungsrecht mit der Inhaberschaft übergeht (*Hüffer* AktG Rn 8). Bei Verbindung des Entsenderechts mit vinkulierten Namensaktien sollte die Satzung die für die Übertragung der vinkulierten Namensaktie gem § 68 Abs 2 erforderliche Zustimmung der Gesellschaft nicht gem § 68 Abs 2 S 2 dem Vorstand, sondern gem § 68 Abs 2 S 3 dem AR zuweisen, um einen Einfluss des Vorstands auf die AR-Besetzung, die bspw auch durch § 124 Abs 3 S 1 ausgeschlossen werden soll, zu vermeiden (vgl MünchKomm AktG/*Habersack* Rn 39). **Mehrere Berechtigte** an einer entsendeberechtigten Aktie müssen das Entsendungsrecht durch einen gemeinschaftlichen Vertreter gem § 69 Abs 1 ausüben. Die Satzung kann die erforderliche Mehrheit für die interne Abstimmung regeln, ansonsten gilt die einfache Stimmenmehrheit der Bruchteilsgemeinschaft (Spindler/Stilz AktG/*Spindler* Rn 56). Das inhabergebundene Entsendungsrecht erlischt mit Entfallen der Voraussetzungen, bspw durch Einzug der Namensaktien oder Umwandlung in Inhaberaktien; entspr Beschlüsse kann die HV nur mit Zustimmung des Berechtigten fassen (*Habersack* aaO Rn 41).

13 **2. Rechtsstellung.** Das entsandte AR-Mitglied ist aufgrund des **Gleichbehandlungsgebots** allen anderen Mitgliedern gleichgestellt (unstr *BGHZ* 36, 296, 306). Damit hat dieses Mitglied das **Unternehmensinteresse** zu wahren und bei Konflikten mit Interessen des Entsenders dem Unternehmensinteresse den Vorrang einzuräumen (**allgM** *BGH* aaO 307; Spindler/Stilz AktG/*Spindler* Rn 77). Zwischen der AG und dem Entsendungsberechtigten soll eine vertragsähnliche Rechtsbeziehung, die eine bes Treuepflicht begründet, bestehen (KölnKomm AktG/*Mertens* Rn 63); diese Treuepflicht entspringt aber richtigerweise bereits der Aktionärsstellung (GroßKomm AktG/*Hopt/Roth* Rn 162; ebenso MünchKomm AktG/*Habersack* Rn 48; K.Schmidt/Lutter AktG/*Drygala* Rn 26). Hieraus kann eine Haftung resultieren, wenn Satzungsvoraussetzungen nicht eingehalten werden oder offensichtlich ungeeignete Personen entsandt werden (*Hopt/Roth* aaO, Auswahlverschulden; **aA** *Spindler* aaO Rn 73, Haftung nur nach § 117 AktG oder § 826 BGB). Eine Haftung des Entsenders für das Verhalten des Entsandten ist schon aufgrund der unabhängigen Stellung des Entsandten ausgeschlossen (*BGH* aaO 309), die Satzung kann insoweit keine eigene Haftungstatbestände schaffen (*Mertens* aaO Rn 65). Das **Innenverhältnis** zwischen Entsender und Entsandten ist Auftrags- oder Geschäftsbesorgungsvertrag, der durch die Satzung ausgestaltet werden darf; insb kann sie eine Vergütung oder Weisungsrechte ausschließen bzw einschränken (*Habersack* aaO Rn 46). Die Verschwiegenheitspflicht gilt auch gegenüber dem Entsender (*Drygala* aaO Rn 25).

14 **3. Grenzen des Entsendungsrechts.** Eine ausdrückliche Grenze findet das Entsendungsrecht in Abs 2 S 4, der die **Höchstzahl** der entsandten AR-Mitglieder auf **ein**

Drittel der Anteilseignervertreter begrenzt. Räumt die Satzung eine höhere Anzahl ein, ist die Satzungsbestimmung insgesamt nichtig (*Hüffer* AktG Rn 9). Sind die Entsendungsrechte nur einem Entsender eingeräumt, ist ihre Anzahl auf das zulässige Maß zurückzuführen (KölnKomm AktG/*Mertens* Rn 48). Maßstab für **Berechnung** ist die gesetzlich oder satzungsmäßig **vorgesehene Anzahl** der AR-Mitglieder bei Einräumung, nicht die tatsächlich bestellte Anzahl (MünchKomm AktG/*Habersack* Rn 54). Die **Verringerung** der AR-Mitgliederzahl durch zwingende **gesetzliche Vorschriften** lässt alle Entsendungsrechte erlöschen, ohne dass hierfür eine Zustimmung des Berechtigten bei einer Kapitalherabsetzung erforderlich wäre (*Mertens* aaO Rn 49; *Habersack* aaO Rn 53; **aA** MünchKomm AktG 2. Aufl/*Semler* Rn 118; Spindler/Stilz AktG/*Spindler* Rn 68, Zustimmung nur entbehrlich wenn treuwidrig). Auch hier kann für Entsendungsrechte in einer Hand ein anteiliges Erlöschen angenommen werden. Satzungsbestimmungen über das Entsendungsrecht werden nichtig, wenn nicht ihre Verringerung geregelt ist oder die Rechte in einer Hand liegen (*Mertens* aaO Rn 49). Die **satzungsmäßige Verringerung** der AR-Mitgliederzahl, die Einfluss auf die Anzahl zulässiger Entsenderechte hat, erfordert immer die Zustimmung des Berechtigten (GroßKomm AktG/*Hopt/Roth* Rn 134).

Da die **Satzung** das Entsendungsrecht einräumen kann, ist auch dessen **Ausgestaltung** in der Satzung möglich (KölnKomm AktG/*Mertens* Rn 46). Die Satzung kann vorsehen, dass der Entsandte oder der Entsender **besondere persönliche Eigenschaften** aufweisen, wie einen bestimmten Anteilsbesitz, Familienzugehörigkeit oder Beruf (GroßKomm AktG/*Hopt/Roth* Rn 123). Ferner kann eine **Zustimmungspflicht** des **AR** oder der **HV** statuiert werden, jedoch keine des Vorstands (MünchKomm AktG/*Habersack* Rn 60). Allerdings kann auch ein Entsendungsberechtigter, der in Vorstand oder AR einrückt, sein Entsendungsrecht weiter ausüben (*Habersack* aaO Rn 59). Es kann aber auch ein Ruhen des Entsendungsrechts vorgesehen werden, wenn der Entsendungsberechtigte AR-Mitglied oder Vorstandsmitglied wird. 15

V. Ersatzmitglieder

1. Bestellung. Für den Fall einer dauerhaften Verhinderung oder eines anderweitigen Wegfalls eines AR-Mitglieds kann ein Ersatzmitglied gewählt werden, das in diesem Fall **ohne erneute Wahl** AR-Mitglied wird. Ein Nachrücken scheidet aber aus, wenn eine Nachwahl schon vor dem vorzeitigen Ausscheiden erfolgt ist (*BGH* AG 1987, 348, 349; GroßKomm AktG/*Hopt/Roth* Rn 192). Für alle AR-Mitglieder können Ersatzmitglieder bestimmt werden; jedes Wahlorgan (HV, AN, Entsendungsberechtigter etc) entscheidet insoweit nach freiem Ermessen (unstr *BayObLG* AG 2001, 50, 51; K. Schmidt/Lutter AktG/*Drygala* Rn 29). Die Satzung kann hierzu keine abw Regelungen treffen (MünchHdb AG/*Hoffmann-Becking* § 30 Rn 27). Es gelten **dieselben Wahlvoraussetzungen** wie für die Wahl eines ordentlichen AR-Mitglieds, denn in der Wahl der Ersatzmitglieder liegt eine aufschiebend bedingte Bestellung zum AR-Mitglied. Allerdings müssen die gesetzlichen Voraussetzungen für die Annahme des Mandats erst im Zeitpunkt des Nachrückens vorliegen (MünchKomm AktG/*Habersack* Rn 80; Spindler/Stilz AktG/*Spindler* Rn 87; ausf *Hopt/Roth* aaO Rn 193; differenzierend *Hüffer* AktG Rn 13). 16

Das Ersatzmitglied muss gem Abs 3 S 3 **gleichzeitig** mit dem AR-Mitglied, das es ggf ersetzen soll, von dem zuständigen Wahlorgan gewählt werden. Eine spätere Bestellung ist auch dann unzulässig, wenn das Ersatzmitglied selbst ein Ersatzmitglied 17 ersetzt, da dies nicht zur vom Gesetzgeber intendierten Zeit- und Kostenersparnis führt (vgl Spindler/Stilz AktG/*Spindler* Rn 86; GroßKomm AktG/*Hopt/Roth* Rn 187; K. Schmidt/Lutter AktG/*Drygala* Rn 30; MünchKomm AktG/*Habersack* Rn 78). Das Ersatzmitglied des Vorgängers kann bei der Nachwahl nicht fortbestehen, es ist erneut gleichzeitig zu bestellen (*Habersack* aaO Rn 79). Hat das Ersatzmitglied die Bestellung angenommen, ist eine erneute **Annahme** für das Nachrücken nicht erforderlich (**hM** KölnKomm AktG/*Mertens* Rn 85; *Hopt/Roth* aaO Rn 195 *Spindler* aaO Rn 92; **aA** MünchKomm AktG 2. Aufl/*Semler* Rn 178, konkludent durch AR-Tätigkeit). Es dürfen so viele Ersatzmitglieder bestellt werden wie AR-Mitglieder vorhanden sind. Auch können **mehrere Ersatzmitglieder** für ein AR-Mitglied oder **ein Ersatzmitglied für mehrere AR-Mitglieder** bestellt werden, wenn die Nachrückreihenfolge im Wahlbeschluss genau festgelegt wurde (*BGHZ* 99, 211, 214; *Henze* HRR Rn 527).

18 **2. Amtszeit.** Die Amtszeit als Ersatzmitglied **beginnt** mit der Annahme der **gleichzeitigen Bestellung** und **endet** durch **Nachrücken** oder mit dem **Ende der Amtszeit** der ordentlichen AR-Mitglieds (**hM** *BGHZ* 99, 211, 214; *Hüffer* AktG Rn 13a). Die Amtszeit des Ersatzmitglieds als AR-Mitglied beginnt erst mit dem Nachrücken in den AR durch Wegfall eines AR-Mitglieds (**hM** KölnKomm AktG/*Mertens* Rn 85; MünchKomm AktG/*Habersack* Rn 85, 88; **aA** K. Schmidt/Lutter AktG/*Drygala* Rn 31, mit Annahme; ebenso Spindler/Stilz AktG/*Spindler* Rn 89). Grds **endet** sie gem § 102 Abs 2 mit dem Ablauf der **verbleibenden Amtszeit** des zu ersetzenden AR-Mitglieds. Die Satzung und auch der Bestellungsbeschluss können aber einen früheren Zeitpunkt vorsehen, bspw die Wahl eines neuen AR-Mitglieds durch das Wahlorgan (*BGH* AG 1989, 87, 88).

19 Das Ersatzmitglied kann aber auch nach dem Nachrücken **abberufen** werden, was regelmäßig mit der Wahl des Nachfolgers des weggefallenen AR-Mitglieds erfolgen wird. Dabei ist zu berücksichtigen, dass die **Nachwahl** und die **Abberufung** aufgrund des Gleichbehandlungsgebots mit **gleichem Mehrheitserfordernis** wie die Wahl der anderen AR-Mitglieder erfolgen müssen (*BGH* AG 1989, 87, 88; *Hüffer* AktG Rn 13a). Somit ist gem § 103 Abs 1 S 2 für beide Beschlüsse eine Dreiviertelmehrheit erforderlich, wenn nicht die Amtszeit des Ersatzmitgliedes bereits deswegen beendet ist, weil auch die Amtszeit des weggefallenen AR-Mitglieds beendet wäre oder die Satzung nicht eine abw Mehrheit vorsieht (*BGHZ* 99, 211, 216). Endet die Amtszeit eines nachgerückten Ersatzmitglieds durch Nachbestellung, lebt die ursprüngliche Ersatzmitgliedschaft nicht wieder auf (KölnKomm AktG/*Mertens* Rn 80). Ferner enden mehrere Ersatzmitgliedschaften nicht mit dem Nachrücken in ein freigewordenes Mandat, es endet lediglich die Ersatzmitgliedschaft für das betr AR-Mitglied, die anderen können später wieder aufleben (MünchKomm AktG/*Habersack* Rn 92).

§ 102 Amtszeit der Aufsichtsratsmitglieder

(1) ¹Aufsichtsratsmitglieder können nicht für längere Zeit als bis zur Beendigung der Hauptversammlung bestellt werden, die über die Entlastung für das vierte Geschäftsjahr nach dem Beginn der Amtszeit beschließt. ²Das Geschäftsjahr, in dem die Amtszeit beginnt, wird nicht mitgerechnet.

(2) Das Amt des Ersatzmitglieds erlischt spätestens mit Ablauf der Amtszeit des weggefallenen Aufsichtsratsmitglieds.

Amtszeit der Aufsichtsratsmitglieder § 102

Übersicht

	Rn		Rn
I. Regelungsinhalt	1	3. Gestaltungsmöglichkeiten	4
II. Amtsperiode	2	III. Wiederbestellung	5
1. Höchstdauer	2	IV. Ersatzmitglieder	6
2. Fehlende Entlastung	3		

I. Regelungsinhalt

Die Amtszeit der AR-Mitglieder ist nicht fest bestimmt. Vielmehr ergibt sich **aus** **1** **Bestellungszeitpunkt und Geschäftsjahr** eine Höchstgrenze. Sie umfasst damit ungefähr fünf Jahre und ist nicht disponibel (KölnKomm AktG/*Mertens* Rn 4; K Schmidt/ Lutter AktG/*Drygala* Rn 3). So soll unabhängig von der Möglichkeit des Widerrufs der Bestellung eine zu lange Bindung der AG an ein AR-Mitglied verhindert werden (GroßKomm AktG/*Hopt/Roth* Rn 3). Die Amtsperioden der einzelnen Mitglieder werden unabhängig voneinander bestimmt und haben keinen Einfluss auf die Kontinuität des Organs (**hM** MünchKomm AktG/*Habersack* Rn 2; **aA** nur *Säcker* Aufsichtsratsausschüsse, 1979, S 39). Für den **ersten AR** gilt § 30 Abs 3 S 1 (Entlastungsbeschluss für das erste Voll- oder Rumpfgeschäftsjahr; vgl § 30 Rn 4, für Sachgründung mit Einbringung eines Unternehmens oder Teilen davon gilt § 31 Abs 3, § 31 Rn 3 f). Ausnahmen gelten nach Abs 2 für Ersatzmitglieder, deren Amtzeit sich nach dem weggefallenen Mitglied bestimmt.

II. Amtsperiode

1. Höchstdauer. Die Höchstgrenze ist nach dem **Bestellungszeitpunkt** zu bestimmen. **2** Sie umfasst zunächst die Zeitspanne bis zum Beginn des nächsten Geschäftsjahres nach dem Amtsbeginn, nicht der Bestellung (GroßKomm AktG/*Hopt/Roth* Rn 9). Bestellung kann durch klar definierte aufschiebende Bedingung den Amtsbeginn hinausschieben (MünchKomm AktG/*Habersack* Rn 16). Zum Jahr des Amtsbeginns können **vier vollständige Geschäftsjahre** hinzukommen. Die Amtszeit endet mit der Beendigung der HV, in der über die Entlastung für das vierte Geschäftsjahr entschieden wird; also idR innerhalb von acht Monaten nach dem Ende des Geschäftsjahrs (vgl § 120 Abs 1). Der Gesetzgeber wollte somit die Amtszeit für vier vollständige Geschäftsjahre der Gesellschaft vorsehen, dabei aber eine Regelung unabhängig von der Gestaltung der Geschäftsjahre und der Entlastung vornehmen. Die Amtszeiten der einzelnen Mitglieder sind voneinander unabhängig und können somit unterschiedliche Längen und einen inkongruenten Beginn haben (KölnKomm AktG/*Mertens* Rn 6; *Hüffer* AktG Rn 4).

2. Fehlende Entlastung. Erfolgt auf ordentlicher HV für das vierte Geschäftsjahr **3** kein Beschl zur Entlastung oder wird sie nicht ordnungsgemäß erteilt bzw später angefochten, ist maßgeblicher Zeitpunkt die **Beendigung** der **HV**, auf der über die **Entlastung hätte abgestimmt werden müssen** (*BGH* NZG 2002, 916 f; MünchKomm AktG/*Habersack* Rn 18; Spindler/Stilz AktG/*Spindler* Rn 8; **aA** *Henn* Aktienrecht Rn 643; *Hüffer* AktG Rn 3, nach dreimonatiger Verfehlungsfrist gem Rechtsgedanke des § 104 Abs 2). Bleibt die HV gänzlich aus, endet die Amtszeit mit dem Ablauf der achtmonatigen Entlastungsfrist des § 120 Abs 1, da ein Entlastungsbeschluss nicht erforderlich ist, sondern der Gesetzeszweck nur eine Entlastung während der Amtszeit ermöglichen will (*BGH* aaO). Eine Ergänzung des AR durch gerichtliche Ersatzbestellung (§ 104 Abs 1) gewährleistet die Funktionsfähigkeit (GroßKomm AktG/ *Hopt/Roth* Rn 12; ausf § 104 Rn 1 f).

4 3. Gestaltungsmöglichkeiten. Im Rahmen der Höchstfrist kann durch die **Satzung** oder durch **Beschluss der HV** eine **kürzere Frist** festgelegt werden, ansonsten gelten die gesetzlichen Höchstfristen (**hM** *BGHZ* 99, 211, 215). Auch für **Arbeitnehmervertreter** darf die Satzung kürzere Amtszeiten bestimmen, solange sie nicht einseitig gegenüber Anteilseignervertretern diskriminiert werden (**hM** *BGH* aaO; MünchKomm AktG/*Habersack* Rn 8; *Hüffer* AktG Rn 4; Spindler/Stilz AktG/*Spindler* Rn 10; K. Schmidt/Lutter AktG/*Drygala* Rn 7; **aA** KölnKomm AktG/*Mertens* Rn 8). Eine **satzungsmäßige Verkürzung** während der Amtszeit ist für Anteilseignervertreter zulässig (*Spindler* aaO Rn 13; *Drygala* aaO Rn 7 ff; **aA** *Habersack* aaO Rn 11, generell nicht während der laufenden Amtsperiode). Für **entsandte AR-Mitglieder** können abw Amtsperioden festgelegt werden (**hM** *BGH* aaO) oder der Entsendende regelt die Amtszeit entspr (MünchHdb AG/*Hoffmann-Becking* § 30 Rn 47). Erfolgt eine Bestellung über die gesetzliche Höchstdauer hinaus, ist die Bestellung grds wirksam, endet aber mit der Höchstfrist (*Spindler* aaO Rn 9). Außerhalb der Montanmitbestimmung und ohne Satzungsregelungen kann der Wahlbeschluss diese iRd gesetzlichen Höchstfristen festlegen (*Hopt/Roth* aaO Rn 18).

III. Wiederbestellung

5 Grds können AR-Mitglieder wiederbestellt werden. Erfolgt die Wiederbestellung vor Ablauf der Amtszeit ist der Zeitraum der verbleibenden Amtszeit bei der folgenden Amtszeit zu berücksichtigen, dh die gesetzliche Höchstfrist darf insgesamt nicht überschritten werden (*Hüffer* AktG Rn 6; MünchHdb AG/*Hoffmann-Becking* § 30 Rn 43; MünchKomm AktG/*Habersack* Rn 20). Maßgeblich ist bei dieser Berechnung der Tag der letzten Entlastung, so dass vor einer Entlastung keine Wiederbestellung erfolgen kann (GroßKomm AktG/*Hopt/Roth* Rn 44).

IV. Ersatzmitglieder

6 Als Höchstgrenze der Amtszeit des Ersatzmitglieds wird der **Ablauf** der **Amtszeit** bestimmt, der für das **ersetzte AR-Mitglied** galt. Hiervon kann auch die Satzung keine abw Regelungen treffen (unstr GroßKomm AktG/*Hopt/Roth* Rn 51). Die Amtszeit beginnt erst mit dem Nachrücken für ein ordentliches Mitglied gem § 101 Abs 3 S 2 (vgl § 101 Rn 18). Vorherige Amtszeiten als Ersatzmitglied haben keinen Einfluss auf eine spätere Amtszeit durch Nachwahl, die zu einer ordentlichen AR-Mitgliedschaft führt.

§ 103 Abberufung der Aufsichtsratsmitglieder

(1) [1]**Aufsichtsratsmitglieder, die von der Hauptversammlung ohne Bindung an einen Wahlvorschlag gewählt worden sind, können von ihr vor Ablauf der Amtszeit abberufen werden.** [2]**Der Beschluss bedarf einer Mehrheit, die mindestens drei Viertel der abgegebenen Stimmen umfasst.** [3]**Die Satzung kann eine andere Mehrheit und weitere Erfordernisse bestimmen.**

(2) [1]**Ein Aufsichtsratsmitglied, das auf Grund der Satzung in den Aufsichtsrat entsandt ist, kann von dem Entsendungsberechtigten jederzeit abberufen und durch ein anderes ersetzt werden.** [2]**Sind die in der Satzung bestimmten Voraussetzungen des**

Entsendungsrechts weggefallen, so kann die Hauptversammlung das entsandte Mitglied mit einfacher Stimmenmehrheit abberufen.

(3) ¹Das Gericht hat auf Antrag des Aufsichtsrats ein Aufsichtsratsmitglied abzuberufen, wenn in dessen Person ein wichtiger Grund vorliegt. ²Der Aufsichtsrat beschließt über die Antragstellung mit einfacher Mehrheit. ³Ist das Aufsichtsratsmitglied auf Grund der Satzung in den Aufsichtsrat entsandt worden, so können auch Aktionäre, deren Anteile zusammen den zehnten Teil des Grundkapitals oder den anteiligen Betrag von einer Million Euro erreichen, den Antrag stellen. ⁴Gegen die Entscheidung ist die Beschwerde zulässig.

(4) Für die Abberufung der Aufsichtsratsmitglieder, die weder von der Hauptversammlung ohne Bindung an einen Wahlvorschlag gewählt worden sind noch auf Grund der Satzung in den Aufsichtsrat entsandt sind, gelten außer Absatz 3 das Mitbestimmungsgesetz, das Montan-Mitbestimmungsgesetz, das Mitbestimmungsergänzungsgesetz, das Drittelbeteiligungsgesetz, das SE-Beteiligungsgesetz und das Gesetz über die Mitbestimmung der Arbeitnehmer bei einer grenzüberschreitenden Verschmelzung.

(5) Für die Abberufung eines Ersatzmitglieds gelten die Vorschriften über die Abberufung des Aufsichtsratsmitglieds, für das es bestellt ist.

Übersicht

	Rn		Rn
I. Regelungsinhalt	1	1. Antrag	9
II. Abberufung durch Wahlorgan	2	2. Wichtiger Grund	11
1. Hauptversammlung	4	3. Verfahren	13
2. Entsandte Mitglieder	6	4. Mitbestimmte Aktengesellschaft	15
3. Ersatzmitglieder	8	5. Entsandte Mitglieder	16
III. Gerichtliche Abberufung	9	IV. Amtsniederlegung	17

Literatur: *Bürgers* Der dreiköpfige Aufsichtsrat: Ein Problemüberblick, Der Aufsichtsrat 6/2004, 5; *Döring/Grau* Verfahren und Mehrheitserfordernisse für die Bestellung und Abwahl des Aufsichtsratsvorsitzenden in mitbestimmten Unternehmen, NZG 2010, 1328; *Henze* Neuere Rspr zu Rechtsstellung und Aufgaben des Aufsichtsrats, BB 2005, 165; *Hoffmann/Kirchhoff* Zur Abberufung von Aufsichtsratsmitgliedern durch das Gericht nach § 103 Abs 3 S 1 AktG, FS Beusch, 1993, S 377; *Keusch/Rotter* Wirksamer Beschluss über einen Abberufungsantrag gem §§ 103 III, 108 AktG durch dreiköpfigen Aufsichtsrat? NZG 2003, 671; *Kübler* Aufsichtsratsmandate in konkurrierenden Unternehmen, FS Claussen, 1997, S 239; *Priester* Stimmverbot beim dreiköpfigen Aufsichtsrat, AG 2007, 190; *Semler/Stengel* Interessenkonflikte bei Aufsichtsratsmitgliedern von Aktiengesellschaften am Beispiel von Konflikten bei Übernahmen, NZG 2003, 1; *Simon/Leuering* Verletzung der Verschwiegenheitspflicht durch Aufsichtsratsmitglied, NJW Spezial 2007, 79; *Singhof* Die Amtsniederlegung durch das Aufsichtsratsmitglied einer Aktiengesellschaft, AG 1998, 318; *Stadler/Berner* Das Ende des dreiköpfigen Aufsichtsrats?, AG 2004, 27; *dies* Die gerichtliche Abberufung von Aufsichtsratsmitgliedern im dreiköpfigen Aufsichtsrat – ein bisher ungelöstes Problem; NZG 2003, 49; *Thum/Klefat* Der ungetreue Aufsichtsrat – Handlungsmöglichkeiten des Vorstands bei Pflichtverletzungen des Aufsichtsrats, NZG 2010, 1087; *Vetter* Abberufung eines gerichtlich bestellten Aufsichtsratsmitglieds ohne wichtigen Grund?, DB 2005, 875.

§ 103 Abberufung der Aufsichtsratsmitglieder

I. Regelungsinhalt

1 Die Vorschrift regelt die Abberufung von AR-Mitgliedern und ihren Ersatzmitgliedern (Abs 5) durch ihre Bestellungsorgane sowie die gerichtliche Abberufung aus wichtigem Grund, also die Beendigungen des AR-Mandats gegen den Willen des Mitglieds. Grds kann jedes Wahlorgan (HV, AN, Entsendungsberechtigter) das von ihm bestellte AR-Mitglied auch wieder abberufen. Für die Abberufung von **gerichtlich bestellten AR-Mitgliedern** ist dagegen kein wichtiger Grund erforderlich (*AG Berlin-Charlottenburg* AG 2005, 133; **aA** *Vetter* DB 2005, 875, 877). Etwaige mitbestimmungsrechtliche Regelungen (bspw § 23 MitbestG) zur Abberufung bestehen für Arbeitnehmervertreter neben den aktienrechtlichen Möglichkeiten. Die Vorschrift ist für die Abberufung abschließend, erfasst aber nicht die vorzeitige Beendigung eines Mandats durch **Amtsniederlegung** (vgl Rn 17 f). Abs 3 S 4 wurde durch das FGG-RG v 17.12.2008 mit Wirkung zum 1.9.2009 an das neu gestaltete Verfahren des FamFG angepasst.

II. Abberufung durch Wahlorgan

2 Mit der wirksamen Abberufung endet die AR-Mitgliedschaft, einschließlich der **Vergütungsansprüche** (K. Schmidt/Lutter AktG/*Drygala* Rn 7). Abw Vereinbarungen oder Satzungsbestimmungen sind unwirksam (Spindler/Stilz AktG/*Spindler* Rn 16). Die **Verschwiegenheitsverpflichtung** aus §§ 116, 93 gilt fort, gleiches gilt für Beraterverträge mit der AG, die aber bei Verknüpfung mit dem AR-Mandat aus wichtigem Grund gekündigt werden können (MünchKomm AktG/*Habersack* Rn 20 f; *Hüffer* AktG Rn 6). Eine rechtswidrige oder anfechtbare Abberufung beendet die AR-Mitgliedschaft nicht, § 84 Abs 3 S 4 ist nicht entspr anwendbar (KölnKomm AktG/*Mertens* Rn 6 **aA** *Habersack* aaO Rn 22, auf Beendigung ist Lehre vom fehlerhaften Organ anzuwenden).

3 Die Abberufung muss **eindeutig** erfolgen, erfordert aber nicht die ausdrückliche Bezeichnung. Sie ist eine **empfangsbedürftige Willenserklärung** und wird somit mit Zugang wirksam; bei Anwesenheit des AR-Mitglieds in der HV also mit Feststellung des Ergebnisses (K. Schmidt/Lutter AktG/*Drygala* Rn 6). Dem abwesenden Mitglied ist der Beschl bekannt zu machen, wobei die reine Bekanntmachung des körperschaftlichen Organisationsaktes sowohl durch den Vorstand (§ 78) als auch durch den AR-Vorsitzenden erfolgen kann (KölnKomm AktG/*Mertens* Rn 10; GroßKomm AktG/ *Hopt/Roth* Rn 17; *Drygala* aaO; **aA** *Hüffer* AktG Rn 5, nur Vorstand, rechtsgeschäftlicher Charakter; iE ebenso Spindler/Stilz AktG/*Spindler* Rn 15; MünchKomm AktG/ *Habersack* Rn 19). Soll bei Abwesenheit des Abzuberufenden in der HV gleichzeitig ein neues Mitglied gewählt werden, kann dieses aufschiebend bedingt auf den Zugang der Abberufung erfolgen.

4 **1. Hauptversammlung.** AR-Mitglieder, die von der HV **ohne Bindung an einen Wahlvorschlag** bestellt wurden, können durch sie jederzeit wieder abberufen werden. Ohne bindenden Wahlvorschlag gewählt werden die Vertreter der **Anteilseigner** sowie das **neutrale Mitglied**, wenn es ausnahmsweise ohne Wahlvorschlag gewählt wird (§§ 8 Abs 3 S 7 MontanMitbestG, 5 Abs 3 MitbestErgG). **Grundlage** des AR-Mandats ist das **Vertrauen** der Mehrheit der Anteilseigner. Ist dieses nicht mehr gegeben, muss die HV ein AR-Mitglied **jederzeit** abberufen können, **ohne** dass **besondere Gründe** erforderlich sind (KölnKomm AktG/*Mertens* Rn 7). Die HV entscheidet nach freiem

Ermessen und kann diese Entscheidung weder durch die Satzung noch schuldrechtlich übertragen (Spindler/Stilz AktG/*Spindler* Rn 7). Abberufungskompetenz der HV bleibt auch in der **Insolvenz** bestehen (*RGZ* 81, 332, 337). Der Beschluss erfordert nach Abs 1 S 2 grds eine **Dreiviertelmehrheit** der abgegebenen Stimmen, wobei ein betroffenes AR-Mitglied als Aktionär stimmberechtigt ist (MünchKomm AktG/*Habersack* Rn 13; GroßKomm AktG/*Hopt/Roth* Rn 14).

Die **Satzung** kann **einheitlich** für alle AR-Mitglieder ein **abweichendes Mehrheitserfordernis** regeln (*BGHZ* 99, 211, 215), also auch einfache Mehrheit oder aber bestimmte Kapital- und Stimmenmehrheit festsetzen. Abberufung durch eine Minderheit ist jedoch nicht möglich (*Hüffer* AktG Rn 4; KölnKomm AktG/*Mertens* Rn 14; GroßKomm AktG/*Hopt/Roth* Rn 23). Satzungsregelungen dürfen für unterschiedliche Abberufungsgründe **keine Differenzierungen** bei den Mehrheitsanforderungen machen, da sonst Rechtsunsicherheit über das Vorliegen der jeweiligen Voraussetzungen eintreten kann (**hM** K. Schmidt/Lutter AktG/*Drygala* Rn 5; MünchKomm AktG/*Habersack* Rn 18; **aA** Spindler/Stilz AktG/*Spindler* Rn 13, Unterscheidung für wichtigen Grund zulässig). Eine abw Mehrheit kann auch nicht für den Fall des Verlusts der Wählbarkeitsvoraussetzungen geregelt werden (*Mertens* aaO Rn 18). Daneben können nach Abs 1 S 3 **weitere Verfahrenserfordernisse** vorgesehen werden (Beschlussfähigkeitsanforderungen, Anhörung oä). **Bestimmte Gründe**, wie bspw ein wichtiger Grund, sind aber als materielle Abberufungsvoraussetzung **unzulässig** (*Drygala* aaO). 5

2. Entsandte Mitglieder. Der **Entsender** kann ein entsandtes Mitglied **jederzeit abberufen**, hiervon kann weder die Satzung noch eine schuldrechtliche Vereinbarung abweichen (MünchKomm AktG/*Habersack* Rn 24). Sein bes Vertrauensverhältnis zur AG kann ihn **zur Abberufung verpflichten**, wenn AR-Mitglied untragbar wird (Spindler/Stilz AktG/*Spindler* Rn 20). Erfolgt demnach keine Abberufung, kann eine **Schadensersatzpflicht** bestehen, ebenso wie bei einer **missbräuchlichen Ausübung** des Entsendungs- und Abberufungsrechts (K. Schmidt/Lutter AktG/*Drygala* Rn 10). Die AG kann nicht gegen den Entsendungsberechtigten auf Abberufung klagen (KölnKomm AktG/*Mertens* Rn 23). Abberufung gegen den Willen des Entsenders ist deshalb nur nach Abs 3 durch das Gericht möglich (vgl Rn 16). Mit der Abberufung durch den Entsender ist keine sofortige Neuentsendung eines anderen Mitglieds erforderlich und damit auch nicht Wirksamkeitsvoraussetzung (MünchHdb AG/*Hoffmann-Becking* § 30 Rn 56). Eine Abrede zwischen dem Entsender und dem Entsandten hat für die AG keine Bedeutung und beeinflusst damit auch nicht die Abberufung (**hM** *Hüffer* AktG Rn 7; *Henn* Aktienrecht Rn 648). Der Entsandte kann bei Abberufung entgegen einer diesbzgl **vertraglichen Vereinbarung** nur Schadensersatzansprüche geltend machen (*Habersack* aaO Rn 27). 6

Der **Wegfall** der **satzungsmäßigen Anforderungen** für die Entsendung hat keine Auswirkung auf die AR-Mitgliedschaft des Entsandten (*Hüffer* AktG Rn 8). Die **HV** kann in diesem Fall aber gem Abs 2 S 2 das entsandte Mitglied mit **einfacher Mehrheit** abberufen. Dieses Abberufungsrecht und die Mehrheitsanforderungen können durch die Satzung nicht ausgeschlossen bzw verändert werden (Spindler/Stilz AktG/*Spindler* Rn 25). Ferner kann die Satzung auch **weitergehende Abberufungsrechte der HV** für entsandte AR-Mitglieder einräumen, denn das Entsendungsrecht ist durch die Satzung zu regeln (KölnKomm AktG/*Mertens* Rn 25). Eine erneute Entsendung ist nur 7 mit Zustimmung der HV zulässig, ein Verstoß kann schadensersatzpflichtig machen (MünchKomm AktG/*Habersack* Rn 32).

8 **3. Ersatzmitglieder.** Rücken Ersatzmitglieder iSv § 101 Abs 3 in den AR nach, gilt für sie § 103 direkt, denn sie werden damit AR-Mitglieder (*Hüffer* AktG Rn 15). In Abs 5 wird für Ersatzmitglieder, die noch nicht nachgerückt sind, **Abs 1–3** für **anwendbar** erklärt. Für ihre Abberufung ist das jeweilige Wahlorgan bzw das Gericht zuständig. Das AR-Amt eines nachgerückten Ersatzmitglieds endet unmittelbar mit der Wahl eines neuen AR-Mitglieds (Spindler/Stilz AktG/*Spindler* Rn 60). Die Wahl des neuen ordentlichen AR-Mitglied bedarf der gleichen Mehrheit wie die Abberufung des Ersatzmitglieds (*BGHZ* 99, 211).

III. Gerichtliche Abberufung

9 **1. Antrag.** Das Gericht wird nur auf Antrag tätig, der vom **AR** oder bei entsandten Mitgliedern von einem **Quorum von Anteilseignern** gestellt werden kann. Der Vorstand kann keinen Antrag stellen, auch nicht als Vertreter (*Hüffer* AktG Rn 12). Das Antragsrecht des AR bezieht sich auf alle Formen der Bestellung und wird durch das jeweilige Bestellungsorgan nicht beeinflusst (Spindler/Stilz AktG/*Spindler* Rn 28; § 104 Rn 11). Antragsrecht ist unberührt von Widerspruch des Bestellenden oder der anderen Antragsberechtigten gegen den Antrag. Durch Abs 3 S 2 wird ein **AR-Beschluss** mit **einfacher Mehrheit** der abgegebenen Stimmen vorausgesetzt, wovon die Satzung nicht abweichen kann (MünchHdb AG/*Hoffmann-Becking* § 30 Rn 58). Das Antragsrecht ist **Organkompetenz**, die nicht an einen Ausschuss delegiert werden kann (KölnKomm AktG/*Mertens* Rn 28, Zugehörigkeitsfrage; MüchKomm AktG/*Habersack* Rn 34; Lutter/Krieger AR Rn 801, Selbstorganisation; GroßKomm AktG/*Hopt/Roth* Rn 47).

10 Das **betroffene AR-Mitglied** darf wg des Rechtsgedankens des § 34 BGB **nicht mitstimmen**, muss sich also ggf enthalten (*BGH* 2.4.2007, Az II ZR 325/05; GroßKomm AktG/*Hopt/Roth* Rn 49; Spindler/Stilz AktG/*Spindler* Rn 30; aA *Henn* Aktienrecht Rn 649). Ein **Stimmverbot** besteht schon, wenn die gerichtliche Abberufung Gegenstand der Abstimmung ist (*BGHZ* 86, 177, 178). Sollen mehrere AR-Mitglieder abberufen werden, bezieht sich das Stimmrecht auf die jeweilige Abstimmung, wenn getrennt abgestimmt wird (*BGHZ* 97, 28, 34). Auch im **dreiköpfigen AR** führt ein Stimmverbot nicht zur Beschlussunfähigkeit und erfordert somit auch keine gerichtliche Ersatzbestellung nach § 104, Stimmenthaltung genügt (*BGH* 2.4.2007, Az II ZR 325/05; aA noch *BayObLG* NZG 2003, 691, 692; *OLG Frankfurt/Main* NZG 2006, 29; MünchKomm AktG/*Habersack* Rn 35). Eine Beschlussfassung setzt nur die Teilnahme von mindestens drei AR-Mitgliedern voraus und nicht deren Abstimmung (schon *Bürgers* Der Aufsichtsrat, 6/2004, 5; *Priester* AG 2007 190, 193).

11 **2. Wichtiger Grund.** Die gerichtliche Abberufung setzt immer einen wichtigen Grund **in der Person des betreffenden AR-Mitglieds** voraus. Hierbei besteht ein Beurteilungsspielraum, der im Einzelfall anhand einer Interessenabwägung auszufüllen ist, in die die Interessen der AR-Gruppen ebenso wie das Interesse an der Funktionsfähigkeit des AR einzustellen sind (Spindler/Stilz AktG/*Spindler* Rn 33; GroßKomm AktG/*Hopt/Roth* Rn 54). Allg wird dann ein wichtiger Grund angenommen, wenn die **Fortsetzung** des Mandats **für die AG unzumutbar** ist (hM *OLG Hamburg*, WM 1990, 311, 314; MüchHdB AG/*Hoffmann-Becking* § 30 Rn 59). Die Unzumutbarkeit bezieht sich nur auf die AG und ist an hohe Anforderungen zu knüpfen, die bei einer **groben**

Pflichtverletzung jedenfalls erfüllt sind (KölnKomm AktG/*Mertens* Rn 32). Ein **Verschulden** ist **nicht erforderlich**, kann aber bei der Abwägung berücksichtigt werden, so dass regelmäßig erst die wiederholte, fahrlässige Pflichtverletzung einen wichtigen Grund darstellt (*AG München* ZIP 1986, 1139; MünchKomm AktG/*Habersack* Rn 40; *Lutter/Krieger* AR Rn 803).

Ein **wichtiger Grund** kann in dem **wiederholten Eingreifen in die Geschäftsführung** 12 des Vorstands (*OLG Zweibrücken* DB 1990, 1401), in der wiederholten Anmaßung von Kontrollbefugnissen des Gesamtorgans (*OLG Frankfurt* NZG 2008, 272, 273), in der **vorsätzlichen Behinderung** der **Zusammenarbeit** im AR oder mit dem Vorstand durch falsche und ehrrührige Behauptungen (K. Schmidt/Lutter AktG/*Drygala* Rn 16), in der **Verletzung der Vertraulichkeit** auch bei Einbindung in den Betriebsrat liegen (*OLG Stuttgart* NZG 2007, 72, 73; *Hüffer* AktG Rn 11; **aA** noch *AG München* WM 1986, 974) Ferner kann in der **Verletzung der Vertrauensverhältnisses** durch eine heimliche Stellungnahme zum BKartA (*LG Frankfurt/Main* NJW 1987, 505, 506) und in dem **Verschweigen von** möglichen **Interessenkonflikten** bei der Bestellung ein wichtiger Grund gesehen werden (*Kübler* FS Claussen, S 239, 248). Ebenso kann die Beteiligung an einem rechtswidrigen Streik (*Lutter/Krieger* AR Rn 803) und schwerwiegende und dauerhafte Interessenkonflikte (*Semler/Stengel* NZG 2003, 1, 6) zu einem wichtigen Grund führen. Allerdings kann **nicht jeder** mögliche **Interessenkonflikt** zu einem Abberufungsgrund führen, so dass nur konkurrierende wirtschaftliche Interessen durch freundschaftliche oder verwandtschaftliche Beziehungen nicht ausreichen (*BGHZ* 39, 116; ausf zu Interessenkonflikten MünchKomm AktG/*Habersack* Rn 35). Bei Inkompatibilitäten im Einzelfall sollte betroffenes Mitglied sich enthalten oder der Sitzung fernbleiben. Tätigkeit für **Wettbewerber** schafft keine generelle Mandatsunfähigkeit; AR-Mitglied ist zur strikten Trennung der Mandate verpflichtet. Anderes kann gelten, wenn konkrete Zweifel an der Umsetzung der Verschwiegenheitspflicht aufgrund der Tätigkeit für ein konkurrierendes Unternehmen bestehen oder das Mitglied aufgrund der **Wettbewerbssituation** nicht nur vorübergehend den AR-Sitzungen fernbleiben muss (vgl auch Ziff 5.5.3 DCGK).

3. Verfahren. Das gerichtliche Verfahren unterliegt dem neu geschaffenen **FamFG** 13 vor dem Registergericht, das durch den Richter im Wege des Beschlusses entscheidet. **Verfahrensbeteiligter** ist neben dem betr AR-Mitglied der AR als Organ, er ist insoweit prozessfähig; der Vorstand selbst kann nicht beteiligt sein (MünchKomm AktG/ *Habersack* Rn 44; Spindler/Stilz AktG/*Spindler* Rn 40; K. Schmidt/Lutter AktG/*Drygala* Rn 20; **aA** Großkomm AktG/*Hopt/Roth* Rn 73, AR auch vertretungsbefugt). **Kostenschuldner** des Verfahrens sind die Verfahrensbeteiligten selbst, es sei denn, der AR vertritt die AG, dann kann auch sie Kostenschuldnerin sein (*Semler* aaO Rn 80 f, keine Analogie zu § 99; iE *Spindler* aaO; **aA** KölnKomm AktG/*Mertens* Rn 39, Interessen der AG). Im Innenverhältnis können AR-Mitglieder aber einen Erstattungsanspruch haben (*Habersack* aaO Rn 45). **Rechtsmittel** gegen die Entscheidung ist gem Abs 3 S 4 die Beschwerde, die wiederum mit zulassungsabhängiger Rechtsbeschwerde zum Oberlandesgericht angefochten werden kann; die früher bestehende „weitere Beschwerde" wurde nicht ins FamFG übernommen. Das Rechtsmittel hat **keinen Suspensiveffekt**, so dass eine Abberufungsentscheidung zunächst wirksam wird und erst später wieder aufgehoben werden kann (*Hüffer* AktG Rn 13). Eine abweisende Entscheidung des Gerichts hat materielle Rechtskraft und präkludiert die vorgebrachten Tatsachen für zukünftige Verfahren (*Spindler* aaO Rn 41).

14 Die **zurückweisende Entscheidung** des Rechtsmittelgerichts entfaltet Gestaltungswirkung nur ex nunc (MünchKomm AktG/*Habersack* Rn 48; Spindler/Stilz AktG/*Spindler* Rn 41; **aA** KölnKomm AktG/*Mertens* Rn 42, Rückwirkung abhängig von Neubestellung und Ersatzmitgliedschaft). Die **Rückkehr** eines zu Unrecht abberufenen AR-Mitglieds ist nur möglich, wenn keine Nachwahl erfolgt ist oder nur ein Ersatzmitglied nachgerückt ist (*OLG Köln* DB 1988, 2628; *Habersack* aaO; **aA** *Mertens* aaO, keine Rückkehr bei Ersatzmitgliedern). Die Neuwahl nach einer erstinstanzlichen Abberufungsentscheidung führt zur **Erledigung** des Rechtsmittels (*OLG Köln* aaO). Eine einstweilige Anordnung auf Antrag des AR-Mitglieds kann eine Neuwahl verhindern (*OLG Köln* aaO; *Spindler* aaO Rn 42; **aA** *Hoffmann/Kirchhoff* FS Beusch, S 377, 389, Verbot der Stimmrechtsausübung unzulässig). Nachrücken von Ersatzmitgliedern kann durch einstweilige Anordnung nicht verhindert werden (*Mertens* aaO; *Habersack* aaO Rn 47).

15 **4. Mitbestimmte Aktengesellschaft.** Für AG, die der Mitbestimmung unterliegen, stellt Abs 4 klar, dass **neben** der **gerichtlichen Abberufung** von Arbeitnehmervertretern aus wichtigem Grund eine Abberufung nach **mitbestimmungsrechtlichen Vorschriften** möglich ist (§§ 11 MontanMitbestG, 23 MitbestG, 10 MitbestErgG, 12 DrittelbG). Die verschiedenen Wege haben keine wechselseitige Präklusionswirkung (MünchKomm AktG/*Habersack* Rn 53).

16 **5. Entsandte Mitglieder.** Neben das Antragsrecht des AR tritt gem Abs 3 S 3 bei entsandten AR-Mitgliedern ein **Antragsrecht der Anteilseigner**, wenn diese ein **Minderheitenquorum** von **10 % des Grundkapitals** oder einen **anteiligen Betrag von einer Million Euro** erreichen. Der anteilige Betrag kann sich aus dem Nennbetrag (§ 8 Abs 1–2) oder aus dem Grundkapital pro Anteil bei Stückaktien ergeben (*Hüffer* AktG Rn 12). Diese Voraussetzung ist bis zum Ende des Verfahrens erforderlich und muss **auch bei Rechtsmitteln vorliegen** (MünchKomm AktG/*Habersack* Rn 37). Eine Beauftragung des Vorstands gem § 10 FamFG ist auch bei Anteilsmehrheit nicht möglich, denn dieses widerspräche dem Organisationsgefälle der AG (GroßKomm AktG/*Hopt/Roth* Rn 70). **Beteiligter** in diesem Verfahren ist der **AR** als Organ (KölnKomm AktG/*Mertens* Rn 48). Durch Antrag kann sich auch das Minderheitenquorum an einem Verfahren nach S 1, 2 beteiligen. Beiden steht in diesem Fall auch das Rechtsmittel der sofortigen Beschwerde nach S 4 zu. Eine rechtskräftige Entscheidung hat somit für beide Parteien **präkludierende Wirkung** (*Mertens* aaO).

IV. Amtsniederlegung

17 Das Amt des AR-Mitglieds ist automatisch beendet, wenn die persönlichen Voraussetzungen des § 100 Abs 1, 2 bzw für Arbeitnehmervertreter die diesbezüglichen Wählbarkeitsvoraussetzungen wegfallen (unstr MünchKomm AktG/*Habersack* § 100 Rn 47). Gleiches gilt für den Tod des AR-Mitglieds oder die erfolgreiche Anfechtung des Wahlbeschlusses (Spindler/Stilz AktG/*Spindler* Rn 61). Praktisch wichtigster Fall ist aber die vorzeitige Beendigung der AR-Mitgliedschaft durch Amtsniederlegung. Die Amtsniederlegung ist gesetzlich **nicht ausdrücklich geregelt** aber allg anerkannt (unstr *Hüffer* AktG Rn 17). Grds kann ein AR-Mitglied **ohne Angabe von Gründen** niederlegen, wobei dieses **nicht zu Unzeiten** erfolgen darf (hM KölnKomm AktG/ *Mertens* Rn 56; K. Schmidt/Lutter AktG/*Drygala* Rn 25). Eine Niederlegung zur Unzeit ist wirksam, kann das AR-Mitglied aber ersatzpflichtig machen (ausf *Singhof* AG 1998, 318, 327 f). Eine **Verpflichtung** zur Niederlegung kann sich dann ergeben,

wenn ein AR-Mitglied seinen Amtspflichten dauerhaft nicht mehr nachkommen kann (*Habersack* aaO § 100 Rn 72). Wichtigster Fall soll der **dauerhafte Interessenkonflikt** sein, der **nicht anders auflösbar** ist (*Spindler* aaO Rn 62; Semler/von Schenck ArbHdb AR/*Marsch-Barner* § 12 Rn 102).

Die **Satzung** kann für eine Niederlegung ohne wichtigen Grund eine **Frist** bestimmen (MünchHdb AG/*Hoffmann-Becking* § 30 Rn 51; Spindler/Stilz AktG/*Spindler* Rn 63). Niederlegung ist aber auch dann wirksam, wenn Frist nicht eingehalten wird; AR-Mitglied kann dann aber schadensersatzpflichtig werden (*Lutter/Krieger* AR § 1 Rn 31, Verletzung der Treuepflicht). Liegt ein **wichtiger Grund** vor, kann das AR-Mitglied sein Amt **ohne** Bindung an eine **Frist** niederlegen, die Satzung kann hier keine Vorgaben machen (unstr *Spindler* aaO) Kann ein AR-Mitglied eine Entscheidung des AR nicht mittragen, muss ihm der Weg über eine sofortige Niederlegung offen stehen (ähnlich MünchKomm AktG/*Habersack* Rn 62). Als **empfangsbedürftige Willenserklärung** ist sie vorbehaltlich einer abw Satzungsregelung mit Zugang beim **Vorstand** oder dem **AR-Vorsitzenden**, der die Erklärung an den Vorstand weiterzuleiten hat, wirksam (**hM** KölnKomm AktG/*Mertens* Rn 58; *Lutter/Krieger* aaO Rn 33; *Spindler* aaO Rn 64; **aA** GroßKomm AktG/*Hopt/Roth* Rn 89, gegenüber dem AR-Vorsitzenden, Weiterleitung an Vorstand entscheidend; ebenso *Habersack* aaO Rn 61; *Hüffer* AktG Rn 17; K. Schmidt/Lutter AktG/*Drygala* Rn 25). Daneben wird teilw eine Empfangszuständigkeit der **HV** angenommen (MünchKomm AktG 2.Aufl/*Semler* Rn 114).

18

§ 104 Bestellung durch das Gericht

(1) ¹Gehört dem Aufsichtsrat die zur Beschlussfähigkeit nötige Zahl von Mitgliedern nicht an, so hat ihn das Gericht auf Antrag des Vorstands, eines Aufsichtsratsmitglieds oder eines Aktionärs auf diese Zahl zu ergänzen. ²Der Vorstand ist verpflichtet, den Antrag unverzüglich zu stellen, es sei denn, dass die rechtzeitige Ergänzung vor der nächsten Aufsichtsratssitzung zu erwarten ist. ³Hat der Aufsichtsrat auch aus Aufsichtsratsmitgliedern der Arbeitnehmer zu bestehen, so können auch den Antrag stellen

1. der Gesamtbetriebsrat der Gesellschaft oder, wenn in der Gesellschaft nur ein Betriebsrat besteht, der Betriebsrat, sowie, wenn die Gesellschaft herrschendes Unternehmen eines Konzerns ist, der Konzernbetriebsrat,
2. der Gesamt- oder Unternehmenssprecherausschuss der Gesellschaft oder, wenn in der Gesellschaft nur ein Sprecherausschuss besteht, der Sprecherausschuss sowie, wenn die Gesellschaft herrschendes Unternehmen eines Konzerns ist, der Konzernsprecherausschuss,
3. der Gesamtbetriebsrat eines anderen Unternehmens, dessen Arbeitnehmer selbst oder durch Delegierte an der Wahl teilnehmen, oder, wenn in dem anderen Unternehmen nur ein Betriebsrat besteht, der Betriebsrat,
4. der Gesamt- oder Unternehmenssprecherausschuss eines anderen Unternehmens, dessen Arbeitnehmer selbst oder durch Delegierte an der Wahl teilnehmen, oder, wenn in dem anderen Unternehmen nur ein Sprecherausschuss besteht, der Sprecherausschuss,
5. mindestens ein Zehntel oder einhundert der Arbeitnehmer, die selbst oder durch Delegierte an der Wahl teilnehmen,

6. Spitzenorganisationen der Gewerkschaften, die das Recht haben, Aufsichtsratsmitglieder der Arbeitnehmer vorzuschlagen,
7. Gewerkschaften, die das Recht haben, Aufsichtsratsmitglieder der Arbeitnehmer vorzuschlagen.

⁴Hat der Aufsichtsrat nach dem Mitbestimmungsgesetz auch aus Aufsichtsratsmitgliedern der Arbeitnehmer zu bestehen, so sind außer den nach Satz 3 Antragsberechtigten auch je ein Zehntel der wahlberechtigten in § 3 Abs. 1 Nr. 1 des Mitbestimmungsgesetzes bezeichneten Arbeitnehmer oder der wahlberechtigten leitenden Angestellten im Sinne des Mitbestimmungsgesetzes antragsberechtigt. ⁵Gegen die Entscheidung ist die Beschwerde zulässig.

(2) ¹Gehören dem Aufsichtsrat länger als drei Monate weniger Mitglieder als die durch Gesetz oder Satzung festgesetzte Zahl an, so hat ihn das Gericht auf Antrag auf diese Zahl zu ergänzen. ²In dringenden Fällen hat das Gericht auf Antrag den Aufsichtsrat auch vor Ablauf der Frist zu ergänzen. ³Das Antragsrecht bestimmt sich nach Absatz 1. ⁴Gegen die Entscheidung ist die Beschwerde zulässig.

(3) Absatz 2 ist auf einen Aufsichtsrat, in dem die Arbeitnehmer ein Mitbestimmungsrecht nach dem Mitbestimmungsgesetz, dem Montan-Mitbestimmungsgesetz oder dem Mitbestimmungsergänzungsgesetz haben, mit der Maßgabe anzuwenden,
1. dass das Gericht den Aufsichtsrat hinsichtlich des weiteren Mitglieds, das nach dem Montan-Mitbestimmungsgesetz oder dem Mitbestimmungsergänzungsgesetz auf Vorschlag der übrigen Aufsichtsratsmitglieder gewählt wird, nicht ergänzen kann,
2. dass es stets ein dringender Fall ist, wenn dem Aufsichtsrat, abgesehen von dem in Nummer 1 genannten weiteren Mitglied, nicht alle Mitglieder angehören, aus denen er nach Gesetz oder Satzung zu bestehen hat.

(4) ¹Hat der Aufsichtsrat auch aus Aufsichtsratsmitgliedern der Arbeitnehmer zu bestehen, so hat das Gericht ihn so zu ergänzen, dass das für seine Zusammensetzung maßgebende zahlenmäßige Verhältnis hergestellt wird. ²Wenn der Aufsichtsrat zur Herstellung seiner Beschlussfähigkeit ergänzt wird, gilt dies nur, soweit die zur Beschlussfähigkeit nötige Zahl der Aufsichtsratsmitglieder die Wahrung dieses Verhältnisses möglich macht. ³Ist ein Aufsichtsratsmitglied zu ersetzen, das nach Gesetz oder Satzung in persönlicher Hinsicht besonderen Voraussetzungen entsprechen muss, so muss auch das vom Gericht bestellte Aufsichtsratsmitglied diesen Voraussetzungen entsprechen. ⁴Ist ein Aufsichtsratsmitglied zu ersetzen, bei dessen Wahl eine Spitzenorganisation der Gewerkschaften, eine Gewerkschaft oder die Betriebsräte ein Vorschlagsrecht hätten, so soll das Gericht Vorschläge dieser Stellen berücksichtigen, soweit nicht überwiegende Belange der Gesellschaft oder der Allgemeinheit der Bestellung des Vorgeschlagenen entgegenstehen; das Gleiche gilt, wenn das Aufsichtsratsmitglied durch Delegierte zu wählen wäre, für gemeinsame Vorschläge der Betriebsräte der Unternehmen, in denen Delegierte zu wählen sind.

(5) Das Amt des gerichtlich bestellten Aufsichtsratsmitglieds erlischt in jedem Fall, sobald der Mangel behoben ist.

(6) ¹Das gerichtlich bestellte Aufsichtsratsmitglied hat Anspruch auf Ersatz angemessener barer Auslagen und, wenn den Aufsichtsratsmitgliedern der Gesellschaft eine Vergütung gewährt wird, auf Vergütung für seine Tätigkeit. ²Auf Antrag des Aufsichtsratsmitglieds setzt das Gericht die Auslagen und die Vergütung fest. ³Gegen die

Bestellung durch das Gericht § 104

Entscheidung ist die Beschwerde zulässig; die Rechtsbeschwerde ist ausgeschlossen. [4]Aus der rechtskräftigen Entscheidung findet die Zwangsvollstreckung nach der Zivilprozessordnung statt.

Übersicht

	Rn		Rn
I. Regelungsinhalt	1	3. Auswahl des Gerichts	7
II. Ergänzungsvoraussetzungen	2	4. Rechtsmittel	9
1. Beschlussunfähigkeit	2	5. Neutrales Mitglied	10
2. Unterbesetzung	3	IV. Rechtsstellung	11
III. Gerichtliche Ersatzbestellung	4	1. Amtszeit	12
1. Antragserfordernis	4	2. Vergütung und Auslagen-	
2. Gerichtliches Verfahren	6	ersatz	14

Literatur: *Fett/Theusinger* Die gerichtliche Bestellung von Aufsichtsratsmitgliedern – Einsatzmöglichkeiten und Fallstricke, AG 2010, 425; *Henze* Neuere Rspr zu Rechtsstellung und Aufgaben des Aufsichtsrats, BB 2005, 165; *Lutter/Kirschbaum* Zum Wettbewerber im Aufsichtsrat, ZIP 2005, 103; *Niewiarra/Servatius* Die gerichtliche Ersatzbestellung im Aufsichtsrat, FS Semler, 1993, S 217; *Oetker* Das Recht der Unternehmensmitbestimmung im Spiegel der neueren Rspr, NZG 2000, 41; *Stadler/Berner* Das Ende des dreiköpfigen Aufsichtsrats?, AG 2004, 27; *dies* Die gerichtliche Abberufung von Aufsichtsratsmitgliedern im dreiköpfigen Aufsichtsrat – ein bisher ungelöstes Problem, NZG 2003, 49.

I. Regelungsinhalt

Der nicht beschlussfähig oder nicht gesetz- oder satzungsmäßig besetzte AR kann 1 durch gerichtliche Entscheidung ergänzt werden. Vorschrift regelt die Voraussetzungen, das Verfahren sowie die Rechtsstellung von gerichtlich bestellten Ersatzmitgliedern. Für mitbestimmungsrechtlich zu besetzenden AR werden bes Regelungen getroffen. Die Ersatzbestellung stellt die Funktionsfähigkeit des AR sicher (**allgM** *BGH* AG 2002, 676). Sie ist nicht entspr auf fakultative Aufsichtsorgane übertragbar, da dort die Funktionsfähigkeit keinen bes Schutz erfordert (*OLG Hamm* AG 2001, 145, 146). Die Funktionsfähigkeit des AR hängt ebenso von dem Amt des **AR-Vorsitzenden** ab, so dass die Grundsätze der gerichtlichen Ersatzbestellung zu übertragen sind (vgl Rn 11). Abs 1 S 5, Abs 2 S 4 sowie Abs 6 S 3 und 4 wurden durch das FGG-RG vom 17.12.2008 mit Wirkung zum 1.9.2009 an das neu gestaltete Verfahren des FamFG angepasst.

II. Ergänzungsvoraussetzungen

1. Beschlussunfähigkeit. Nach Abs 1 kann bei Beschlussunfähigkeit des AR eine 2 Ersatzbestellung erfolgen. Die Frage der Beschlussfähigkeit bestimmt sich mitbestimmungsfreien Gesellschaften und bei Anwendung des DrittelbG nach § 108 Abs 2, so dass **mindestens die Hälfte** der satzungs- oder gesetzmäßig erforderlichen Mitgliederzahl, in jedem Fall aber **mindestens drei Mitglieder** vorhanden sein müssen. Unterliegt die AG der paritätischen Mitbestimmung, ist die Hälfte der Mitglieder erforderlich, um beschlussfähig zu sein (§§ 28 MitbestG, 10 MontanMitbestG, 11 MitbestErgG). Auch die **dauernde Verhinderung** eines AR-Mitglieds das Amt und seine Aufgaben wahrzunehmen führt zur Beschlussunfähigkeit, wenn längerfristig keine Änderung erwartet werden kann und auch eine schriftliche Stimmabgabe gem § 108 Abs 3 unmöglich ist (Spindler/Stilz AktG/*Spindler* Rn 11; K. Schmidt/Lutter AktG/*Drygala* Rn 3). Wird ein

§ 104 Bestellung durch das Gericht

AR-Mitglied nach § 105 Abs 2 zum Vertreter eines Vorstandsmitglieds bestellt, ist es dauerhaft gehindert, so dass eine gerichtliche Ersatzbestellung möglich ist, bis das Vorstandsamt wieder niedergelegt wird (**hM** KölnKomm AktG/*Mertens* Rn 4; MünchKomm AktG/*Habersack* Rn 13; **aA** MünchHdb AG/*Hoffmann-Becking* § 29 Rn 13, keine Vakanz).

3 **2. Unterbesetzung.** Besteht der AR mehr als **drei Monate nicht** aus der **satzungs- oder gesetzmäßig** vorgesehenen **Anzahl von Mitgliedern**, kann das Gericht gem Abs 2 S 1 unabhängig von der Beschlussfähigkeit Ersatzmitglieder bestellen. Eine Unterbesetzung liegt nicht schon bei Anfechtung des Wahlbeschlusses eines AR-Mitglieds vor; auch kann Abs 2 S 1 nicht analog angewandt werden (*OLG Köln* GWR 2011, 112; *OLG Köln* WM 2007, 837, 838). Die Frist beginnt mit dem Wegfall des ersten AR-Mitglieds und soll den zuständigen Bestellungsgremien Gelegenheit zum eigenen Tätigwerden geben (MünchKomm AktG/*Habersack* Rn 25). Hiervon kann abgewichen werden, wenn ein **dringender Fall** gegeben ist, Abs 2 S 2. Bei **mitbestimmten AGen** nach MitbestG, MontanMitbestG und MitbestErgG ist jede Unterbesetzung, mit Ausnahme des neutralen Mitglieds, ausdrücklich als dringender Fall eingestuft (Abs 3 Nr 2). Daneben kann ein dringender Fall vorliegen, wenn Personalentscheidungen oder Entscheidungen von wesentlicher Bedeutung für die Gesellschaft getroffen werden müssen (KölnKomm AktG/*Mertens* Rn 13). Dieses wird für Vorstandsbestellung und Abberufung, Übernahmeangebote, Unternehmenskrisen und bei ungleichmäßiger Mandatsverteilung im AR angenommen (*Hüffer* AktG Rn 7). Kann der AR-Vorsitzende nicht aus der Mitte der AR-Mitglieder gewählt werden, kann dieses ebenfalls einen dringenden Grund darstellen (*Habersack* aaO Rn 27; **aA** *Lutter/Krieger* AR Rn 535). Ist der AR sowohl unterbesetzt als auch beschlussunfähig, geht Abs 1 S 1 mit seinen geringeren Voraussetzungen als lex specialis vor (*OLG Düsseldorf* AG 2010, 750).

III. Gerichtliche Ersatzbestellung

4 **1. Antragserfordernis.** Jede Ersatzbestellung durch das Gericht setzt einen Antrag voraus. Antragsberechtigt sind grds neben dem **Vorstand** als Organ, **jedes AR-Mitglied** und die **Anteilseigner**. Besteht der AR auch aus Arbeitnehmervertretern ist daneben der **Betriebsrat** bzw der **Gesamt- oder Konzernbetriebsrat**, die **Sprecherausschüsse** und **Arbeitnehmervertreter** bei einem Quorum von 100 Arbeitnehmern bzw 10 % der Stimmberechtigten befugt. Ferner sind **Gewerkschaften** und ihre **Spitzenorganisationen** antragsberechtigt, wenn sie eigenes Vorschlagsrecht haben (MünchKomm AktG/*Habersack* Rn 20 iVm § 98 Rn 21; Spindler/Stilz AktG/*Spindler* Rn 19; enger für Spitzenorganisationen MünchHdb AG/*Hoffmann-Becking* § 30 Rn 36, Vorschlagsrecht noch für Betriebsrat).

5 Im Falle der **Beschlussunfähigkeit** ist der **Vorstand nach Abs 1 S 2 verpflichtet**, **unverzüglich** iSv § 121 BGB einen Antrag zu stellen; die Sicherstellung der Handlungsfähigkeit des AR gebietet die Sorgfaltspflicht. Versäumt er dieses schuldhaft, kann er sich schadensersatzpflichtig machen bzw es kann eine Abberufung folgen (Spindler/Stilz AktG/*Spindler* Rn 15). Die Überwachungspflicht dürfte iE dazu führen, dass auch die **AR-Mitglieder** bei Kenntnis der Beschlussunfähigkeit eine Antragspflicht haben (KölnKomm AktG/*Mertens* Rn 9; iE K. Schmidt/Lutter AktG/*Drygala* Rn 6, aus allg Sorgfaltspflicht). Die Antragsstellung setzt einen **Vorstandsbeschluss** voraus und ist durch eine **vertretungsberechtigter Anzahl** von Vorstandsmitgliedern zu stellen (unechte Gesamtvertretung möglich; *Hüffer* AktG Rn 3). Der Antrag ist im Namen des Vorstands zu stellen, eine Antragsstellung im Namen der AG ist umzudeuten (*Drygala* aaO Rn 4). Die **Antragspflicht besteht nicht**, wenn mit Sicherheit erwartet werden kann, dass die Beschlussfähigkeit vor der AR-Sitzung wieder hergestellt ist. Eine vorherige HV oder eine Nachwahl durch die Wahlorgane der Arbeitnehmervertreter ist ebenso möglich wie eine vorherige Entsendung, der Vorstand muss sich insoweit informieren und abstimmen (MünchHdb AG/*Hoffmann-Becking* § 30 Rn 36).

2. Gerichtliches Verfahren. Für das Bestellungsverfahren ist das **FamFG** anwendbar. Das Registergericht am Sitz der AG entscheidet **durch begründeten Beschluss** (*Hüffer* AktG Rn 5). Zwar ist ein Anhörungsrecht aktienrechtlich nicht ausdrücklich vorgesehen, jedoch sollen Antragsgegner gem § 34 FamFG vor der Entscheidung angehört werden, so dass auch im Eilverfahren eine **Anhörung** des **Vorstands** und der **verbleibenden AR-Mitglieder** geboten ist (*OLG Dresden* AG 1998, 427). Ebenso ist die **Anhörung** des zu Bestellenden erforderlich, um seine Eignung und seine Bereitschaft zu überprüfen (MünchKomm AktG/*Habersack* Rn 38). Um das Verfahren zu beschleunigen, kann der Antrag deshalb mit einer Stellungnahme von Vorstand und AR über die Eignung des Vorgeschlagenen und deren Zustimmung zu seiner Bestellung versehen werden. Auch ist es zweckmäßig, dem Antrag eine **Erklärung des Vorgeschlagenen** beizufügen, dass er die Voraussetzungen des § 100 erfüllt und bereit ist, das Amt anzunehmen. Der Beschl wird grds mit **schriftlicher Bekanntgabe** (§ 63 Abs 3 S 1 FamFG) **wirksam**; alternativ kann das Gericht nach pflichtgemäßem Ermessen auch durch einfache Aufgabe zur Post (§ 15 Abs 2 FamFG) übermitteln (vgl Spindler/Stilz AktG/*Spindler* Rn 23). Somit ist bei Ablehnung des Antrags per schriftlicher Bekanntgabe iSd § 63 Abs 3 S 1 FamFG an den Antragsteller zu übermitteln, ein stattgebender Antrag mittels schriftlicher Bekanntgabe an den Bestellten. Bei Abweichen des Beschl vom entäußerten Willen ist eine förmliche Zustellung erforderlich (§ 41 Abs 1 S 2 FamFG); daher ist der Gesellschaft und dem Antragsberechtigten förmlich zuzustellen, wenn diese beschwerdeberechtigt sind (*Spindler* aaO). Die **Höhe der Verfahrenskosten** bestimmen sich nach der KostO und liegen im **Ermessen des Gerichts**, das sich für Regelgeschäftswert an Kostengrundsätzen des § 99 Abs 6 S 6 zu orientieren hat (*BayObLG* NZG 2000, 647, 648). **Kostenschuldner** der Verfahrenskosten ist der Antragsteller als Veranlasser (*OLG Düsseldorf* WM 1994, 498, Gewerkschaft; *Habersack* aaO Rn 44, keine Analogie zu § 99 Abs 6 S 7 **aA** *Mertens* aaO Rn 23, in ihrem Interesse, daher AG).

3. Auswahl des Gerichts. Die Entscheidung des Gerichts erfolgt nach **pflichtgemäßem Ermessen**, das durch Abs 4 beschränkt wird (*BayObLG* ZIP 1997, 1883, 1884; *OLG München* AG 2009, 745, 747; K. Schmidt/Lutter AktG/*Drygala* Rn 20 ff). Typischerweise wird der Antrag eine bestimmte Person als Ersatzmitglied vorschlagen, dem das Gericht regelmäßig folgt, ohne an den Antragsvorschlag gebunden zu sein (vgl MünchKomm AktG/*Habersack* Rn 31). Besteht ein tiefgreifendes Zerwürfnis zwischen zwei oder mehr bedeutenden Anteilseignern, kann die Bestellung eines „neutralen" AR-Mitglieds angezeigt sein (*OLG München* aaO). Das Gericht muss bei einer Arbeitnehmerbeteiligung das gesetzlich vorgeschriebene **Verhältnis aus Anteils- und Arbeitnehmervertretern** bei der Ersatzbestellung **einhalten** (*BayObLG* aaO). Ist der AR beschlussunfähig, sieht Abs 4 S 2 vor, dass dieser Proporz nur einzuhalten ist, wenn die Anzahl der zur Beschlussfähigkeit nötigen Mitglieder dieses erlaubt. Muss danach nur ein Ersatzmitglied bestellt werden, sollte dieses der benachteiligten

Gruppe angehören oder ggf neutral sein (*Drygala* aaO Rn 21). Daher sollte gleichzeitig eine Ersatzbestellung wg Unterbesetzung beantragt werden. Das Gericht ist auch an **gesetzliche und satzungsmäßige Voraussetzungen** eines AR-Mitglieds gebunden, Abs 4 S 3, wie die Hinderungsgründe des § 100, aber auch die für das Amt des AR-Mitglieds erforderliche fachliche Qualifikation (*BayObLG* aaO; vgl § 100 Rn 2 f). Daneben kann für Arbeitnehmervertreter bspw ein Arbeitsverhältnis mit der AG erforderlich sein (zB § 7 Abs 2 MitbestG). Durch die Satzung können nur Anforderungen an Anteilseignervertreter gestellt werden.

8 Das Gericht soll darüber hinaus **Vorschläge berücksichtigen**, wenn Gewerkschaften (zB § 16 Abs 2 MitbestG), ihre Spitzenorganisationen (Wahlvorschlag an den Betriebsrat, § 6 Abs 5 MontanMitbestG) oder Betriebsräte grds für ein entspr AR-Mitglied ein Wahlvorschlagsrecht bzw Betriebräte von Unternehmen ein Vorschlagsrecht haben oder wenn der AR durch Delegierte gewählt wird (zB § 9 MitbestG). § 6 DrittelbG gewährt Betriebsrat und Mitarbeiterquorum ein nicht bindendes Vorschlagsrecht, was ebenso vom Gericht zu berücksichtigen ist (GroßKomm AktG/ *Hopt/Roth* Rn 76). Gibt es **konkurrierende Vorschläge** von Gewerkschaft und Betriebsrat, sollte der dem Vorschlag der Gewerkschaft gefolgt werden, wenn diese für einen entspr Wahlvorschlag zuständig gewesen wäre (*BayObLG* ZIP 1997, 1883, 1884). Bei Vorschlägen konkurrierender Gewerkschaften können auch geschlechtsspezifische Kriterien zur Wahrung der Gleichberechtigung herangezogen werden (*BayObLG* AG 2005, 350, 351). Der Vorschlag ist allerdings dann **nicht zu berücksichtigen**, wenn **Belange der AG** oder der **Allgemeinheit** einer Bestellung **entgegenstehen**, etwa bei mangelnder fachlicher Kompetenz (Spindler/Stilz AktG/*Spindler* Rn 39) oder wenn absehbar ist, dass die vorgeschlagene Person ihr Aufsichtsratsamt alsbald niederlegen müsste (*LG Hannover* NZG 2009, 869, für den konkreten Fall der Pflichtenkollision).

9 **4. Rechtsmittel.** Gegen die Entscheidung des Registergerichts ist seit Änderung durch das FGG-RG gem Abs 1 S 5 und Abs 2 S 4 die **Beschwerde** beim Oberlandesgericht zulässig, die gem § 63 FamFG innerhalb eines Monats zu erheben ist. Die Frist beginnt mit Zustellung oder dem Veröffentlichungshinweis auf die veränderte Liste der AR-Mitglieder gem § 106. Das Landgericht ist Tatsacheninstanz und unterliegt dem Amtsermittlungsgrundsatz des § 26 FamFG (*OLG Dresden* AG 1998, 427). Die Beschwerdebefugnis ergibt sich aus § 59 Abs 1 FamFG und setzt eine Rechtsbeeinträchtigung voraus, die bei **vom Vorschlag abweichender Ersatzbestellung** für die Antragsberechtigten gegeben ist (*OLG Schleswig* AG 2004, 453, 454; Spindler/Stilz AktG/*Spindler* Rn 26; **aA** nur Antragsteller: KölnKomm AktG/*Mertens* Rn 21; MünchKomm AktG/*Habersack* Rn 41). In dringenden Fällen oder wenn die Dreimonatsfrist nicht eingehalten wurde, können Anteilseigner bei der Ergänzungsbestellung beeinträchtigt sein (*Hüffer* AktG Rn 6; **aA** *OLG Hamm* ZIP 2011, 372, 373 f). Die **Frist** für die Beschwerde der nicht antragstellenden Anteilseigner beginnt mit der Bekanntgabe nach § 106 durch den Vorstand (*BayObLG* AG 2006, 590, 591 f). Die Beschwerde **erledigt** sich mit einer Behebung des Mangels bspw durch Bestellung eines Mitglieds durch die HV (*BayObLG* NZG 2005, 405 f).

10 **5. Neutrales Mitglied.** Für AR-Mitglieder, die auf Vorschlag der übrigen AR-Mitglieder gem §§ 8 MontanMitbestG, 5 Abs 3 MitbestErgG von der HV gewählt werden, gelten eigene Ersatzbestellungsregelungen, so dass ihre gerichtliche Bestellung durch

Abs 3 Nr 1 für die Unterbesetzung ausgeschlossen ist. Dieses gilt auch für dringende Fälle (*Hüffer* AktG Rn 8). Im Rahmen der Beschlussunfähigkeit findet es keine Anwendung, weil das sog neutrale Mitglied nicht die Beschlussfähigkeit beeinflusst (MünchKomm AktG/*Habersack* Rn 28).

IV. Rechtsstellung

Grds ist das gerichtlich bestellte Mitglied in seinen Rechten und Pflichten **allen anderen AR-Mitgliedern gleichgestellt**, so dass auch derselbe Sorgfaltsmaßstab anzuwenden ist (unstr *Henn* Aktienrecht Rn 658). Die Satzung kann keine Einschränkungen für gerichtlich bestellte Mitglieder vorsehen, dieses würde ihrer gesetzlichen Funktion widersprechen (K. Schmidt/Lutter AktG/*Drygala* Rn 24). In die Funktionen des zu ersetzenden AR-Mitglieds tritt das Ersatzmitglied nicht ein, dieses würde in das Selbstorganisationsrecht des AR eingreifen (iE MünchKomm AktG/*Habersack* Rn 53). Eine **analoge Anwendung** auf die Bestellung eines **AR-Vorsitzenden** wird befürwortet, wofür die fehlende Funktionsfähigkeit des AR ohne Vorsitzenden spricht (KölnKomm AktG/*Mertens* Rn 3; Spindler/Stilz AktG/*Spindler* Rn 36; *Fett/Theusinger* AG 2010, 425, 427; **aA** *Niewiarra/Servatius* FS Semler 1993, S 217, 225 f). 11

1. Amtszeit. Das gerichtlich bestellte Ersatzmitglied wird mit Zustellung des Bestellungsbeschlusses durch das Registergericht AR-Mitglied. Die Ersatzbestellung **endet** ohne Tätigwerden des Gerichts mit der **Behebung des Mangels**, wenn nicht die Bestellung ausdrücklich befristet wurde, eine Abberufung bzw Niederlegung erfolgte oder die Höchstdauer für AR-Amtszeiten erreicht wurde (vgl MünchHdb AG/*Hoffmann-Becking* § 30 Rn 38). Es bedarf keines Abberufungsaktes (*BayObLG* ZIP 2004, 2190, 2191). Der Mangel ist behoben, wenn das neue AR-Mitglied rechtmäßig bestellt wurde und es die Bestellung angenommen hat (*OLG München* ZIP 2006, 1770, 1771; *Hüffer* AktG Rn 13). Ein wirksamer aber anfechtbarer Wahlbeschluss behebt den Mangel und beendet die Ersatzmitgliedschaft, selbst wenn schon Anfechtungsklage erhoben wurde (*BayObLG* NZG 2005, 405 f; K. Schmidt/Lutter AktG/*Drygala* Rn 26). Kann aus den mitbestimmungsrechtlichen Vorgaben nicht auf das zu entfallende Mitglied geschlossen werden, hat das Gericht eine Entscheidung zu treffen und entspr abzuberufen (KölnKomm AktG/*Mertens* Rn 28; **aA** Spindler/Stilz AktG/*Spindler* Rn 45, Entscheidung ist vom Wahlorgan zu treffen). Eine **gerichtliche Abberufung** entspr § 103 Abs 3 kann die Amtszeit beenden, wenn ein wichtiger Grund vorliegt (*Hüffer* AktG Rn 12; *Spindler* aaO Rn 47; **aA** *Mertens* aaO Rn 29, kein wichtiger Grund; ebenso MünchKomm AktG/*Habersack* Rn 46, 52). Rechtsmittel ist in diesem Fall die Beschwerde. 12

Eine anderweitige Abberufung, bspw durch andere Bestellungsorgane, ist unzulässig, sie kann nur durch das Gericht erfolgen (KölnKomm AktG/*Mertens* Rn 31). Der Mangel kann aber nicht nur durch **Nachwahl** beseitigt werden, sondern auch durch **Herabsetzung** des **Beschlussfähigkeitsquorums** oder der **AR-Mitgliederzahl** (MünchKomm AktG/*Habersack* Rn 48). Die Amtszeit endet auch mit der **Amtsniederlegung**, die nicht zu Unzeiten erfolgen darf und sich nach den satzungsmäßigen Vorgaben, wie Fristen richten muss (Spindler/Stilz AktG/*Spindler* Rn 50; vgl § 103 Rn 17 f). Der praktisch seltene Fall der Überschreitung der gesetzlichen Höchstdauer der Mitgliedschaft nach § 102 Abs 1 beendet ebenfalls die Amtszeit (K. Schmidt/Lutter AktG/*Drygala* Rn 27; vgl § 102 Rn 2). 13

§ 105 Unvereinbarkeit der Zugehörigkeit zum Vorstand und Aufsichtsrat

14 **2. Vergütung und Auslagenersatz.** Dem gerichtlich bestellten Mitglied steht gem Abs 6 S 1 ein Anspruch auf **Ersatz angemessener, barer Auslagen** gegen die AG zu, der durch den Vorstand iRd Geschäftsführung gewährt wird (*Hüffer* AktG Rn 14; vgl § 113 Rn 14). Bare Auslagen sind sämtliche entgeltliche Leistungen des Mitglieds mit Ausnahme der Leistungen, die durch die eigene Arbeitskraft entstehen (MünchKomm AktG/*Habersack* Rn 54; Spindler/Stilz AktG/*Spindler* Rn 51). Anderweitige Ansprüche sind insoweit nicht ausgeschlossen, müssen aber bspw § 114 beachten. Wird den anderen AR-Mitgliedern eine **Vergütung** gewährt, hat auch das gerichtlich bestellte Mitglied einen Anspruch darauf, Abs 6 S 1. Die Vergütungshöhe muss der der anderen Mitglieder entsprechen, dies erfordert das **Gleichbehandlungsgebot**, unabhängig davon, ob sie durch Satzung oder HV-Beschluss festgelegt wurde (KölnKomm AktG/*Mertens* Rn 34). Bes Vergütungselemente für bestimmte Funktionen (AR-Vorsitz, Ausschüsse, etc) sind insoweit ebenfalls zu gewähren, wenn die Funktion wahrgenommen wird (*Habersack* aaO Rn 55).

15 Verweigert die AG den Auslagenersatz oder die Vergütung, kann das **Gericht** am Sitz der AG diese auf Antrag des AR-Mitglieds durch Beschluss **festsetzen**, Abs 6 S 2. Der Beschluss muss als Vollstreckungstitel (nach Rechtskraft Abs 6 S 4) einen **vollstreckungsfähigen Inhalt** haben. Gegen die Entscheidung des Gerichts hat nur der Antragssteller die Möglichkeit der **Beschwerde**, eine Rechtsbeschwerde ist ausgeschlossen, Abs 6 S 3.

§ 105 Unvereinbarkeit der Zugehörigkeit zum Vorstand und zum Aufsichtsrat

(1) Ein Aufsichtsratsmitglied kann nicht zugleich Vorstandsmitglied, dauernd Stellvertreter von Vorstandsmitgliedern, Prokurist oder zum gesamten Geschäftsbetrieb ermächtigter Handlungsbevollmächtigter der Gesellschaft sein.

(2) ¹Nur für einen im Voraus begrenzten Zeitraum, höchstens für ein Jahr, kann der Aufsichtsrat einzelne seiner Mitglieder zu Stellvertretern von fehlenden oder verhinderten Vorstandsmitgliedern bestellen. ²Eine wiederholte Bestellung oder Verlängerung der Amtszeit ist zulässig, wenn dadurch die Amtszeit insgesamt ein Jahr nicht übersteigt. ³Während ihrer Amtszeit als Stellvertreter von Vorstandsmitgliedern können die Aufsichtsratsmitglieder keine Tätigkeit als Aufsichtsratsmitglied ausüben. ⁴Das Wettbewerbsverbot des § 88 gilt für sie nicht.

Übersicht

	Rn			Rn
I. Regelungsinhalt	1	III.	Vertretung durch Aufsichtsrats-	
II. Inkompatibilität	2		Mitglieder	6
1. Erfasste Personenkreise	3		1. Fehlen oder Verhinderung	7
2. Rechtsverstöße	4		2. Zeitliche Begrenzung	8
3. Mitbestimmte Gesellschaften			3. Verfahren	9
nach MitbestG	5		4. Rechtsfolgen	11

Literatur: *Heidbüchel* Das Aufsichtsratsmitglied als Vorstandsvertreter, WM 2004, 1317; *Hopt* Interessenwahrung und Interessenkonflikte im Aktien-, Bank- und Berufsrecht, ZGR 2004, 1; *Hüffer* Die Unabhängigkeit von Aufsichtsratsmitgliedern nach Ziffer 5.4.2. DCGK, ZIP 2006, 637; *Lenz* Zur Doppelmitgliedschaft in Verwaltungsorganen konkurrierender Aktiengesellschaften, EWiR 2004, 949; *Wirth* Anforderungsprofil und Inkompatibilitäten für Aufsichtsratsmitglieder, ZGR 2005, 327.

§ 105 Unvereinbarkeit der Zugehörigkeit zum Vorstand und Aufsichtsrat

I. Regelungsinhalt

Die Vorschrift regelt ein zentrales Element der Organisationsstruktur der AG, indem 1
eine personelle **Trennung zwischen Geschäftsleitung und Kontrolle** festgelegt wird.
AR-Mitglieder können nicht gleichzeitig Vorstandsmitglieder, Prokuristen oder Generalhandlungsbevollmächtigte derselben AG sein. Die Vorschrift ergänzt § 100 Abs 1, 2, die eine unbeschränkt geschäftsfähige natürliche Person, Mandatshöchstzahlen, die Wahrung des Organisationsgefälles und keine Überkreuzverflechtung vorsehen. Damit unterscheidet sich die Organisationsstruktur von dem einstufigen anglo-amerikanischen Board-Modell, das keine Trennung von Leitung/Geschäftsführung und Kontrolle vorsieht (ausf *Merkt/Göthel* US-amerikanisches Gesellschaftsrecht, 2006, Rn 482 f). Eine Ausnahme wird in Abs 2 für AR-Mitglieder gemacht, die nur zeitweise und als Stellvertreter ein Vorstandsmitglied ersetzen und gleichzeitig von ihren Aufgaben als AR entbunden sind. Zuletzt wurde der Wortlaut des Abs 2 S 1 durch das MoMiG vom 23.10.2008 mit Wirkung zum 1.11.2008 redaktionell verändert.

II. Inkompatibilität

Grds können AR-Mitglieder nicht gleichzeitig Vorstandsmitglieder, Prokuristen sowie 2
Generalhandlungsbevollmächtigte sein, unabhängig davon, welche der Organstellungen später eintritt (MünchKomm AktG/*Habersack* Rn 9 ff). Die Vorschrift ist als zwingendes Recht nicht disponibel und erstreckt sich **nicht** auf **andere Personengruppen** wie bspw **leitende Angestellte** (*Hüffer* AktG Rn 1, 5). Ebenso wie bei § 100 Abs 1, 2 müssen Inkompatibilitäten spätestens mit der Amtsübernahme beseitigt sein (GroßKomm AktG/*Hopt/Roth* Rn 21). Regelmäßig wird die Wahl in den AR für ein Vorstandsmitglied ebenso einen wichtigen Grund zur Niederlegung darstellen, wie die Übernahme eines Vorstandsamts durch ein AR-Mitglied (*Habersack* aaO Rn 19 f; KölnKomm AktG/*Mertens* Rn 8).

1. Erfasste Personenkreise. Erfasst sind zunächst neben den **Vorstandsmitgliedern** 3
und stellvertretenden Vorstandsmitgliedern (§ 94) auch gem § 268 f die Abwickler der AG (K. Schmidt/Lutter AktG/*Drygala* Rn 4). Daneben sind **Prokuristen** (vgl Ausnahme nach § 6 Abs 2 S 2 MitbestG unten Rn 5) in die Inkompatibilität einbezogen, unabhängig vom konkreten Grund und Umfang der Prokura; also bspw Einzel- und Gesamtprokura, Filialprokura oder auch Titularprokura (ausf KölnKomm AktG/*Mertens* Rn 10). Ferner sind auch zum gesamten Geschäftsbetrieb ermächtigte **Handlungsbevollmächtigte** iSv § 54 Abs 1 Alt 1 HGB von der Inkompatibilität erfasst. Dies betrifft somit Generalhandlungsbevollmächtigte unabhängig davon, ob ihnen weitere Befugnisse zustehen oder ob ihre Vollmacht im Innenverhältnis beschränkt ist (Spindler/Stilz AktG/*Spindler* Rn 12). Die Erteilung von Generalvollmachten umfasst regelmäßig auch eine Generalhandlungsvollmacht, so dass **Generalvollmachten** ebenso erfasst sind (*Hüffer* AktG Rn 5).

2. Rechtsverstöße. Grds bezieht sich die Rechtsfolge nur auf die Funktion, die hinzu- 4
treten soll (**Prioritätsgrundsatz**). Ausdrücklich ist nur die Unvereinbarkeit der bezeichneten Tätigkeiten für AR-Mitglieder geregelt. Wird das AR-Mandat nicht niedergelegt, ist die Ernennung bei beabsichtigter Kumulation der Mandate nichtig (§ 134 BGB), andernfalls bis zur Niederlegung **schwebend unwirksam** (Spindler/Stilz AktG/ *Spindler* Rn 17). Der umgekehrte Fall einer Wahl zum AR muss entspr § 250 Abs 1 Nr 4 zur Unwirksamkeit des Wahlbeschlusses führen. Die Anfechtbarkeit des

Bürgers/Israel

§ 105   Unvereinbarkeit der Zugehörigkeit zum Vorstand und Aufsichtsrat

Beschlusses würde dem gesetzlichen Zweck der Funktionstrennung nicht hinreichend genügen (*Spindler* aaO Rn 18). Bei beabsichtigter Kumulation ist die Bestellung unwirksam, andernfalls schwebend unwirksam bis zum Beginn des Mandats und wird bei fortgesetzter Inkompatibilität unwirksam (*Hüffer* AktG Rn 6).

5   **3. Mitbestimmte Gesellschaften nach MitbestG.** Als Arbeitnehmervertreter im AR (leitende Angestellte) sind **Prokuristen** nur dann nach § 6 Abs 2 S 1 MitbestG nicht wählbar, wenn sie **unmittelbar** einem **Vorstand** unterstellt sind und ihre **Ermächtigung** sich auf das **gesamte Unternehmen erstreckt**. Wählbar sind somit Prokuristen, die nur einen begrenzten Aufgabenbereich haben, eine nur im Innenverhältnis eingeschränkte Prokura besitzen, oder nicht einem Vorstand unterstellt sind (Spindler/Stilz AktG/ *Spindler* Rn 9). Die Einstufung erfolgt nach den tatsächlich eingeräumten Rechten und nicht nach der konkreten Dienstbezeichnung. Teilw wird eine Übertragung dieser Ausnahme auf Generalhandlungsbevollmächtigte befürwortet, die jedoch regelmäßig an den Tatbestandsvoraussetzungen scheitern dürfte (*Raiser* MitbestG § 6 Rn 54).

III. Vertretung durch Aufsichtsrats-Mitglieder

6   Als ausdrückliche Ausnahme zur in Abs 1 festgeschriebenen Funktionstrennung ist eine zeitlich begrenzte Vertretung von verhinderten Vorstandsmitgliedern durch ein Mitglied des AR zulässig, Abs 2. Dieses ist auch dann möglich, wenn ein sog stellvertretendes Vorstandsmitglied, § 94, gewählt wurde, denn dieses ist nicht Stellvertreter, sondern ebenfalls Organmitglied (vgl § 94 Rn 2). Der Anwendungsbereich ist auch auf eine Bestellung als Vorstandsmitglied einer Tochtergesellschaft zu erstrecken, obwohl dies durch § 100 Abs 2 S 1 Nr 2 grds ausgeschlossen ist (ausf *Hüffer* AktG Rn 8). Auch eine wiederholte Ersatzbestellung durch dasselbe AR-Mitglied ist nach Abs 2 S 2 genauso möglich wie eine Verlängerung der Bestellung bis zur Jahresfrist durch AR-Beschluss.

7   **1. Fehlen oder Verhinderung.** Ein Stellvertreter kann nur dann bestellt werden, wenn Vorstandsmitglieder **fehlen oder verhindert** (vor MoMiG: „behindert") sind. Sieht die Satzung oder Geschäftsordnung eine Mindestanzahl oder eine bestimmte Zahl für Vorstandsmitglieder vor, fehlen Vorstandsmitglieder offensichtlich, wenn diese Zahl nicht erreicht wird. Gleiches muss gelten, wenn eine Höchstzahl unterschritten wird (MünchKomm AktG/*Habersack* Rn 24; Spindler/Stilz AktG/*Spindler* Rn 23; **aA** *Heidbüchel* WM 2004, 1317, 1318, restriktiver). Eine Verhinderung ist anzunehmen, wenn ein Vorstandsmitglied dauerhaft, also nicht nur vorübergehend, sein Amt nicht ausüben kann (ausf GroßKomm AktG/*Hopt/Roth* Rn 51 f).

8   **2. Zeitliche Begrenzung.** Eine Bestellung kann nur zeitlich auf **ein Jahr begrenzt** erfolgen und darf auch bei wiederholter Bestellung nicht überschritten werden. Die zeitliche Begrenzung muss schon zum Zeitpunkt der Ersatzbestellung eindeutig festgelegt werden. Wird eine längere Frist bestimmt, endet sie nach einem Jahr, § 139 BGB (iE Spindler/Stilz AktG/*Spindler* Rn 28). Die Frist beginnt erneut, wenn eine Bestellung für einen anderen Verhinderungsgrund erfolgt, dieses gilt auch für dasselbe AR-Mitglied (MünchKomm AktG/*Habersack* Rn 31; GroßKomm AktG/*Hopt/Roth* Rn 58 **aA** KölnKomm AktG/*Mertens* Rn 23, für ein AR-Mitglied). Da sich die Begrenzung auf eine Ersatzbestellung für einen Verhinderungsfall bezieht, kann eine **Bestellung eines anderen AR-Mitglieds** nach der Frist nicht erfolgen; der Ausnahmecharakter der Vorschrift erfordert restriktive Auslegung und soll nur die rasche Wie-

§ 105 Unvereinbarkeit der Zugehörigkeit zum Vorstand und Aufsichtsrat

derherstellung der Funktionsfähigkeit des Vorstands sichern (iE *Hüffer* AktG Rn 7; *Habersack* aaO). Die teilw Funktionsdurchbrechung muss auf ein Jahr begrenzt sein und kann nicht ein ordentliches Mitglied ersetzen. Neben der zeitlichen Begrenzung kann Beendigung des Amtes als Vorstand nach allg Grundsätzen, also auch durch **Abberufung** (§ 84 Abs 3), für die wg der eigenverantwortlichen Leitung, § 76, ein wichtiger Grund erforderlich ist, erfolgen (*Spindler* aaO Rn 36).

3. Verfahren. Das zu vertretende Vorstandsmitglied muss zum Zeitpunkt der Bestellung bereits verhindert sein oder dieses muss unmittelbar bevorstehen (*Baumbach/ Hueck* AktG Rn 4). Die Ersatzbestellung erfolgt gem § 108 Abs 1 als **AR-Beschluss** unter Mitwirkung des zu entsendenden AR-Mitglieds (Spindler/Stilz AktG/*Spindler* Rn 30; K. Schmidt/Lutter AktG/*Drygala* Rn 16; **aA** GroßKomm AktG/*Hopt/Roth* Rn 56; MünchKomm AktG/*Habersack* Rn 28); der Beschl kann anders als die Bestellung von ordentlichen Vorstandsmitgliedern wg der nur vorübergehenden Wirkung und der fehlenden Erwähnung von § 105 in § 107 Abs 3 einem Ausschuss übertragen werden (*Hüffer* AktG Rn 9; **aA** *Spindler* aaO Rn 31). In mitbestimmten Gesellschaften richtet sich das Verfahren nach § 29 MitbestG, nicht nach § 31 MitbestG (*Hüffer* aaO; *Spindler* aaO Rn 32). Der Beschl bedarf für seine Wirksamkeit der Bekanntgabe und der Annahme durch das AR-Mitglied. Die Bestellung, Verlängerung oder Wiederbestellung ist entspr § 81 beim HR anzumelden (*Habersack* aaO Rn 32). 9

Eine **Eintragung der Befristung** ist nicht erforderlich, da sich diese aus dem Gesetz ergibt und auch Voraussetzung für die Eintragung ist (KölnKomm AktG/*Mertens* Rn 26; MünchKomm AktG/*Habersack* Rn 33, Rechtsverkehrsschutz; **aA** *Hüffer* AktG Rn 10). Der Schutz des Rechtsverkehrs ist durch § 15 HGB ausreichend gewährleistet und der Vorstand kann die Löschung jederzeit beantragen. **Entfällt der Vertretungsgrund** der Verhinderung, fehlt der Ersatzbestellung der Rechtsgrund, so dass ein **Abberufungsbeschluss** des AR herbeizuführen ist. Der Wegfall der Bestellungsvoraussetzung ist der wichtige Grund zur Abberufung (MünchKomm AktG 2. Aufl/*Semler* Rn 75; **aA** GroßKomm AktG/*Hopt/Roth* Rn 72, automatische Beendigung; ebenso *Habersack* aaO Rn 36). 10

4. Rechtsfolgen. Das AR-Mitglied verliert nicht seine Stellung als AR-Mitglied, darf aber nach Abs 2 S 3 nur die **Rechte und Pflichten** als **Vorstandsmitglieds** wahrnehmen, selbst wenn dies zur Beschlussunfähigkeit des AR führt (ggf Ersatzbestellung nach § 104, vgl GroßKomm AktG/*Hopt/Roth* Rn 55). Die Vertretungsmacht, Geschäftsführungsbefugnis und ggf bes Aufgabenanweisung (Ressort) als Vorstandsmitglied richten sich nach dem Vertretenen (Spindler/Stilz AktG/*Spindler* Rn 35). Grds wird das Ersatzmitglied durch S 4 **vom Wettbewerbsverbot des § 88 befreit**, das für alle Vorstandsmitglieder gilt. Allerdings sollte diese Ausnahme nur auf zum Zeitpunkt der Bestellung bestehenden Wettbewerb erstreckt werden, so dass nach der Ersatzbestellung nicht mehr in neue Wettbewerbsstellungen eingetreten werden darf; dieses widerspräche Treu und Glauben (MünchKomm AktG/*Habersack* Rn 34). Das Ersatzmitglied hat Anspruch auf eine vom AR festzusetzende, **angemessene Vergütung** nach den Grundsätzen für Vorstände, § 87. Eine Vergütung als AR-Mitglied ist wg fehlender Tätigkeit als AR dagegen nicht mehr zu gewähren (*Habersack* aaO Rn 35; *Spindler* aaO). War das bestellte AR-Mitglied zuvor AR-Vorsitzender muss eine erneute Wahl erfolgen, denn die Stellvertreterregelung des § 107 Abs 1 S 3 (Verhinderung) greift für diesen Fall nicht (*Habersack* aaO Rn 35; § 107 Rn 23). 11

Bürgers/Israel

§ 106 Bekanntmachung der Änderungen im Aufsichtsrat

Der Vorstand hat bei jeder Änderung in den Personen der Aufsichtsratsmitglieder unverzüglich eine Liste der Mitglieder des Aufsichtsrats, aus welcher Name, Vorname, ausgeübter Beruf und Wohnort der Mitglieder ersichtlich ist, zum Handelsregister einzureichen; das Gericht hat nach § 10 des Handelsgesetzbuchs einen Hinweis darauf bekannt zu machen, dass die Liste zum Handelsregister eingereicht worden ist.

Übersicht

	Rn			Rn
I. Regelungsinhalt	1	III.	Hinweisbekanntmachung durch	
II. Einreichungspflicht	2		das Registergericht	3

Literatur: *Liebscher/Scharff* Das Gesetz über elektronische Handelsregister und Genossenschaftsregister sowie das Unternehmensregister, NJW 2006, 3745; *Meyding/Bödeker* Gesetzentwurf über elektronische Handelsregister und Genossenschaftsregister sowie das Unternehmensregister (EHUG-E) – Willkommen im Online-Zeitalter!, BB 2006, 1009; *Noack* Änderungen der Unternehmenspublizität des Handelsregisters durch das EHUG 2007, NZG 2006, 801; *Schlotter* Das EHUG ist in Kraft getreten: Das Recht der Unternehmenspublizität hat eine neue Grundlage, BB 2007, 1.

I. Regelungsinhalt

1 Abw von der bisherigen Rechtslage, die eine einzelne Bekanntmachung für Wechsel der AR-Mitglieder erforderte, ist seit dem 1.1.2007 bei Veränderungen unverzüglich eine vollständige Liste der AR-Mitglieder einzureichen. Das Registergericht veröffentlicht hierzu eine Hinweisbekanntmachung. Die Mitgliederliste ist durch das elektronische Unternehmensregister jederzeit einsehbar. Diese Veränderung aufgrund von Art 9 Nr 8 **EHUG** (BGBl I 2006, 2553 v 15.11.2006) stellt sicher, dass jederzeit eine aktuelle Übersicht über die personelle Zusammensetzung des AR ermöglicht wird und geht auf Art 2 und 3 der RL 2003/58/EG (AblEU 2003 Nr L 221, 13 f) zurück (vgl *Noack* NZG 2006, 801). § 52 Abs 2 S 2 GmbHG enthält für den AR der GmbH eine entspr Regelung. Bis 1.1.2007 musste die Änderung in der Zusammensetzung des AR im elektronischen Bundesanzeiger bekannt gemacht werden und die Bekanntmachung zum HR eingereicht werden, so dass die Gesellschaft mit der Neuregelung entlastet wird.

II. Einreichungspflicht

2 Die Einreichungspflicht trifft den Vorstand bei jeder **Änderung in den Personen der AR-Mitglieder.** Sie entsteht, wenn sich seine Zusammensetzung ändert, also wenn Mitglieder ausscheiden oder eintreten. Für Veränderungen in der Person des Vorsitzenden des AR oder seiner Stellvertreter besteht keine Einreichungspflicht, denn hierdurch tritt keine Änderung in der Person der AR-Mitglieder ein. Veränderungen in den Daten der Mitgliederliste stellen keine Änderungen in der Person da, so dass bspw der Wohnortwechsel eines AR-Mitglieds nicht erfasst ist (MünchKomm AktG/ *Habersack* Rn 6). Der **Vorstand** hat im Falle einer Änderung **unverzüglich**, dh ohne schuldhaftes Zögern (§ 121 BGB), eine Liste der AR-Mitglieder beim HR einzureichen. Ein Zuwarten auf eine Neubestellung bei einem ausgeschiedenen AR-Mitglied darf nicht erfolgen (aA *Habersack* aaO Rn 10, bei unmittelbarem zeitlichen Zusammenhang). Dieses belastet die Gesellschaft nicht über Gebühr, denn sie kann die Mitgliederliste in elektronischer Form einreichen und die Hinweisbekanntmachung übernimmt das Registergericht. Die Einreichungspflicht ist Vorstandspflicht und erfordert eine vertretungsberechtigte Anzahl von Vorstandsmitgliedern. Die Mitgliederliste muss die **Namen, Vornamen, ausgeübten Berufe** und den **Wohnort** der AR-Mitglieder umfassen, damit wird der **Umfang** nun klar geregelt (zuvor § 40 Abs 1 Nr 4 analog; vgl Spindler/Stilz AktG/*Spindler* Rn 7). Informationen zu den konkreten Veränderungen, die zuvor ausschließlich angegeben wurden, sind nicht erforderlich. Die Liste enthält somit eine Darstellung des Status quo. Die **Einreichung** hat in **elektronischer Form** zu erfolgen (§ 12 HGB), wobei durch Rechtsverordnung gestattet werden kann, dass diese bis 31.12.2009 auch in Papierform eingereicht werden kann (Art 61 Abs 1, 2 EGHGB). Erfolgt die Einreichung der Liste nicht ordnungsgemäß, kann dieses gem § 14 HGB im Zwangsgeldverfahren durchgesetzt werden.

III. Hinweisbekanntmachung durch das Registergericht

Das Registergericht ist verpflichtet, eine Hinweisbekanntmachung in der Form des § 10 HGB zu tätigen. Dies bedeutet, dass die Einreichung in dem von der Landesjustizverwaltung bestimmten Informations- und Kommunikationssystem bekannt gemacht wird (MünchKomm AktG/*Habersack* Rn 12). Sie zeigt der interessierten Öffentlichkeit die Einreichung einer neuen Liste der AR-Mitglieder an. Informationen zum Umfang oder Gegenstand der Änderung enthält sie nicht. Die **Hinweisbekanntmachung** des Registergerichts nach **§ 10 HGB** stellt die Unternehmenspublizität hinreichend sicher, denn das elektronische Unternehmensregister (vgl *Meyding/Bödeker* BB 2006, 1009 f) ermöglicht die **jederzeitige Einsicht** (ausdrücklich BR-Drucks 942/05, 27 f, 53 f und BT-Drucks 16/2781, 172). Die Liste der AR-Mitglieder ist als eingereichtes Dokument nach § 8b Abs 2 Nr 1 HGB auch auf der Internetseite des elektronischen Unternehmensregisters (www.unternehmensregister.de) direkt einzusehen. 3

§ 107 Innere Ordnung des Aufsichtsrats

(1) ¹Der Aufsichtsrat hat nach näherer Bestimmung der Satzung aus seiner Mitte einen Vorsitzenden und mindestens einen Stellvertreter zu wählen. ²Der Vorstand hat zum Handelsregister anzumelden, wer gewählt ist. ³Der Stellvertreter hat nur dann die Rechte und Pflichten des Vorsitzenden, wenn dieser verhindert ist.

(2) ¹Über die Sitzungen des Aufsichtsrats ist eine Niederschrift anzufertigen, die der Vorsitzende zu unterzeichnen hat. ²In der Niederschrift sind der Ort und der Tag der Sitzung, die Teilnehmer, die Gegenstände der Tagesordnung, der wesentliche Inhalt der Verhandlungen und die Beschlüsse des Aufsichtsrats anzugeben. ³Ein Verstoß gegen Satz 1 oder Satz 2 macht einen Beschluss nicht unwirksam. ⁴Jedem Mitglied des Aufsichtsrats ist auf Verlangen eine Abschrift der Sitzungsniederschrift auszuhändigen.

(3) ¹Der Aufsichtsrat kann aus seiner Mitte einen oder mehrere Ausschüsse bestellen, namentlich, um seine Verhandlungen und Beschlüsse vorzubereiten oder die Ausführung seiner Beschlüsse zu überwachen. ²Er kann insbesondere einen Prüfungsausschuss bestellen, der sich mit der Überwachung des Rechnungslegungsprozesses, der Wirksamkeit des internen Kontrollsystems, des Risikomanagementsystems und des internen Revisionssystems sowie der Abschlussprüfung, hier insbesondere der Unab-

hängigkeit des Abschlussprüfers und der vom Abschlussprüfer zusätzlich erbrachten Leistungen, befasst. ³Die Aufgaben nach Absatz 1 Satz 1, § 59 Abs. 3, § 77 Abs. 2 Satz 1, § 84 Abs. 1 Satz 1 und 3, Abs. 2 und Abs. 3 Satz 1, § 87 Abs. 1 und Abs. 2 Satz 1 und 2, § 111 Abs. 3, §§ 171, 314 Abs. 2 und 3 sowie Beschlüsse, dass bestimmte Arten von Geschäften nur mit Zustimmung des Aufsichtsrats vorgenommen werden dürfen, können einem Ausschuss nicht an Stelle des Aufsichtsrats zur Beschlussfassung überwiesen werden. ⁴Dem Aufsichtsrat ist regelmäßig über die Arbeit der Ausschüsse zu berichten.

(4) Richtet der Aufsichtsrat einer Gesellschaft im Sinn des § 264d des Handelsgesetzbuchs einen Prüfungsausschuss im Sinn des Absatzes 3 Satz 2 ein, so muss mindestens ein Mitglied die Voraussetzungen des § 100 Abs. 5 erfüllen.

Übersicht

	Rn		Rn
I. Regelungsinhalt	1	3. Abschriften	16
II. Aufsichtsrats-Vorsitzender	2	4. Vorlage und Beschlagnahme	17
1. Bestellung	3	IV. Aufsichtsrats-Ausschüsse	18
2. Amtszeit	6	1. Ausschussarten	19
3. Kompetenzen	8	2. Einsetzung	21
4. Stellvertreter	10	3. Grenzen der Delegation	22
5. Ehrenvorsitzende	11	4. Besetzung des Ausschusses	23
6. Mitbestimmung	12	5. Informationsgefüge	25
III. Sitzungsprotokoll	14	6. Arbeitsablauf	26
1. Verantwortung und Form	14	7. Prüfungsausschuss	26a
2. Inhalt	15	V. Geschäftsordnungen	27

Literatur: *Bednarz* Die Kundgabe von Beschlüssen des Aufsichtsrats durch den Aufsichtsratsvorsitzenden – ein Fall des § 174 S 1 BGB?, NZG 2005, 418; *Hennerkes/Schiffer* Ehrenvorsitzender oder Ehrenmitglied eines Aufsichtsrats – Ernennung und Kompetenzen, DB 1992, 875; *Lutter* Ehrenämter im Aktien- und GmbH-Recht, ZIP 1984, 645; *Schlitt* Der aktive Aufsichtsratsvorsitzende, DB 2005, 2007; *Semler* Ausschüsse des Aufsichtsrats, AG 1988, 60; *Servatius* Ordnungsgemäße Vorstandskontrolle und vorbereitende Personalauswahl durch den Aufsichtsratsvorsitzenden, AG 1995, 223.

I. Regelungsinhalt

1 Die Vorschrift regelt lediglich kursorisch die Grundsätze der **Selbstorganisation des AR**. Diese umfassen neben der Wahl eines AR-Vorsitzenden und seines Stellvertreters (Abs 1) sowie der Protokollpflicht der AR-Sitzungen (Abs 2) auch die Grundsätze der Bildung von AR-Ausschüssen (Abs 3) und die Zusammensetzung des Prüfungsausschusses (Abs 4). Sie stehen nicht zur Disposition der Satzung (*Hüffer* AktG Rn 1). Ergänzt wird die Selbstorganisation durch §§ 108 ff zur Beschlussfassung, Teilnahme an Sitzungen und Einberufung von AR-Sitzungen. Für mitbestimmte AG sehen §§ 27–29, 31, 32 MitbestG ebenfalls Modifikationen vor. Weitere Einzelheiten sollten durch die Satzung geregelt werden. Der AR kann sich zudem ohne ausdrückliche Satzungsermächtigung eine Geschäftsordnung geben und dort weitere Verfahrensregeln festlegen, was bei größeren AR unerlässlich sein dürfte (MünchKomm AktG/*Habersack* Rn 3). Der DCGK enthält in den Ziff 5.2 – 5.6 Empfehlungen für die Arbeitsweise des AR einschließlich einer eigenen, jährlichen **Effizienzprüfung**, die die Arbeitsweise des Gesamtorgans in dokumentierter Form reflektieren soll (vgl dazu Anh § 161 Rn 36 ff).

§ 107

II. Aufsichtsrats-Vorsitzender

Der AR-Vorsitzende ist AR-Mitglied und hat trotz seiner bes Aufgaben selbst **keine** 2 **Organstellung** (**hM** KölnKomm AktG/*Mertens* Rn 33; **aA** *Peus* ZGR 1987, 545, 552). Er führt die Beschle des AR herbei und führt sie später aus; ein eigenständiges, von Beschl des AR unabhängiges Handeln nach außen ist ihm nicht möglich (Münch-Komm AktG/*Habersack* Rn 59). Im Innenverhältnis zum AR und seinen Mitgliedern hat er dagegen Entscheidungsbefugnis, bspw bzgl Stimmverboten oder Teilnahmerechten in Ausschüssen.

1. Bestellung. Der AR ist verpflichtet, einen AR-Vorsitzenden und mindestens einen 3 Stellvertreter **aus seinen Mitgliedern** zu wählen, entgegenstehende Satzungsbestimmungen sind nichtig (GroßKomm AktG/*Hopt/Roth* Rn 17). Ziff 5.4.3 DCGK empfiehlt, die Wahlvorschläge den Aktionären mitzuteilen. Jedes AR-Mitglied hat zwingend das **gleiche Stimmrecht**. Die **Wählbarkeit** kann ebenfalls **nicht durch die Satzung eingeschränkt** werden, so dass bestimmte Kenntnisse oder Eigenschaften, wie Länge der AR-Zugehörigkeit oder Erfahrung als AR-Vorsitzender nicht gefordert werden können (Grigoleit AktG/*Tomasic* Rn 5; MünchKomm AktG/*Habersack* Rn 19). Auch die Zugehörigkeit zu den Anteilseignervertretern oder zu einer bestimmten Familie darf nicht Voraussetzung sein (*Hüffer* AktG Rn 3). Das zu wählende AR-Mitglied darf bei der Wahl mitstimmen (*Hopt/Roth* aaO Rn 31). Die Wahl bedarf für ihre Wirksamkeit der **Annahme** durch das AR-Mitglied (K. Schmidt/Lutter AktG/*Drygala* Rn 10).

Der **Wahlbeschluss** wird mit **einfacher Mehrheit** der abgegebenen Stimmen gem § 108 4 Abs 1 gefasst (*Lutter/Krieger* AR Rn 238). Die Satzung kann eine abw Mehrheit regeln, wobei sowohl eine relative Mehrheit als auch eine qualifizierte Mehrheit zulässig ist (GroßKomm AktG/*Hopt/Roth* Rn 32; **aA** KölnKomm AktG/*Mertens* Rn 9, Behinderung der Beschlussfassung). Die Geschäftsordnung des AR kann entsprechende Regelungen zur Mehrheit bei der Wahl des AR-Vorsitzenden dagegen nicht vorsehen (MünchKomm AktG/*Habersack* Rn 22; **aA** Spindler/Stilz AktG/*Spindler* Rn 21). Wird ein AR-Vorsitzender pflichtwidrig nicht bestellt, hat das Kollegialorgan seine Aufgaben wahrzunehmen. Es kommt ferner eine gerichtliche Ersatzbestellung entspr der Vorschriften über die Ersatzbestellung eines AR-Mitglieds in Betracht, da diese ebenfalls die Funktionsfähigkeit des AR sicherstellen (*Hüffer* AktG Rn 3b; *Hopt/Roth* aaO Rn 21; MünchHdb AG/*Hoffmann-Becking* § 31 Rn 7; **aA** *Lutter/Krieger* aaO Rn 535). In mitbestimmten Gesellschaften sieht § 27 MitBestG eine Wahl von Vorsitzendem und Stellvertretern erforderlichenfalls in zwei Wahlgängen vor.

Der **Vorstand** hat durch vertretungsberechtigte Mitglieder die Gewählten zum **HR** 5 **anzumelden** (Abs 1 S 2) selbst wenn der Beschluss als mangelhaft gerügt wurde (MünchKomm AktG/*Habersack* Rn 37). Die Namen und die Anschrift sind schriftlich mitzuteilen, eine **Beglaubigung** ist **nicht erforderlich** (*Lutter/Krieger* AR Rn 539). Sie dienen ausschließlich der internen Prüfung des Registergerichts und sind daher nicht bekannt zu machen (KölnKomm AktG/*Mertens* Rn 21). Gem § 80 ist der Familienname und mindestens ein ausgeschriebener Vorname des AR-Vorsitzenden auf den **Geschäftsbriefen** zu nennen.

2. Amtszeit. Grds kann schon der **Bestellungsbeschluss** eine **ausdrückliche Amtsperi-** 6 **ode** vorsehen, wobei zwischen AR-Vorsitzendem und Stellvertreter **differenziert** werden kann (MünchKomm AktG/*Habersack* Rn 29). Fehlt eine solche Regelung, ist anzunehmen, dass **für die gesamte Amtszeit** als AR-Mitglied bestellt wurde (Groß-

§ 107 Innere Ordnung des Aufsichtsrats

Komm AktG/*Hopt/Roth* Rn 47). Die **Satzung** und **Geschäftsordnung** kann kürzere Fristen vorsehen, aber die Stellung auch an eine unveränderte Besetzung des AR knüpfen (K. Schmidt/Lutter AktG/*Drygala* Rn 16). Eine Ausdehnung über die Amtszeit als AR-Mitglied ist unzulässig (MünchHdb AG/*Hoffmann-Becking* § 31 Rn 15). Allerdings kann eine **Fortdauer** der Amtszeit geregelt werden, wenn es zur **Wiederwahl** kommt. Ohne gesonderte Regelung bewirkt alleine die Wiederwahl als AR-Mitglied durch die HV keine Fortdauer des AR-Vorsitzes für die neue Amtsperiode (*Lutter/Krieger* AR Rn 540).

7 Der AR kann die Amtszeit des Vorsitzenden jederzeit **vorzeitig beenden**, indem er die Bestellung des AR-Vorsitzenden widerruft. Dieses muss mit **gleicher Mehrheit** erfolgen **wie** die **Bestellung**, wobei der Betroffene abstimmen darf (MünchKomm AktG/*Habersack* Rn 30). Die Satzung kann dies ausschließen oder bes Anforderungen daran knüpfen (MünchHdb AG/*Hoffmann-Becking* § 31 Rn 9). Daneben ist auch die **Abberufung aus wichtigem Grund** möglich, die durch die Satzung nicht ausgeschlossen werden kann. Auch bei abw Satzungsvorgaben kann eine Abberufung aus wichtigem Grund **mit einfacher Mehrheit** erfolgen, wobei hierbei das Stimmrecht des AR-Vorsitzenden ausgeschlossen ist (*BGHZ* 102, 172, 179; GroßKomm AktG/*Hopt/Roth* Rn 54). Auch der AR-Vorsitzende kann sein **Amt niederlegen**. Die Grundsätze der Niederlegung des AR-Amts sind hier entspr anzuwenden (K. Schmidt/Lutter AktG/ *Drygala* Rn 18). Die Niederlegung ist **auch zu Unzeiten wirksam**, macht den AR-Vorsitzenden aber uU schadensersatzpflichtig (KölnKomm AktG/*Mertens* Rn 32). Sieht die Satzung keine Niederlegungsfrist oder die Fortsetzung bis zur Neubestellung vor, kann die Niederlegung **jederzeit** durch Erklärung gegenüber dem AR erfolgen, also gegenüber dem Stellvertreter, erfasst aber nicht gleichzeitig auch die AR-Mitgliedschaft (*Hüffer* AktG Rn 4).

8 **3. Kompetenzen.** Der Vorsitzende **repräsentiert den AR** gegenüber anderen Organen und nach außen, er ist primärer Ansprechpartner des Vorstands (unstr *Hüffer* AktG Rn 5). Ihm obliegt ferner die **Leitung des AR**, die durch die Aufgaben der Einberufung der Sitzung (§ 110 Abs 1), der Sitzungsvorbereitung und Sitzungsleitung (zB §§ 108 Abs 4, 109 Abs 2) und der Niederschrift (Abs 2) allg umschrieben ist. Er führt Beschl des AR als Erklärungsvertreter bzw als Abschlussvertreter mit begrenztem Ermessensspielraum aus. Ihm kann hierfür erforderliche Vertretungsmacht übertragen werden, die aber keine organschaftliche Natur hat (*Bednarz* NZG 2005, 418, 422, zu § 174 S 1 BGB). Für **Hilfsgeschäfte** bei der Amtsführung, wie die Beauftragung von Beratern oder Sachverständigen auf Kosten der Gesellschaft steht ihm ebenfalls Vertretungsmacht zu (nur unter Vorbehalt, dass AR keinen Widerspruch erhebt, KölnKomm AktG/*Mertens* Rn 48). Eine weitergehende Übertragung der generellen Vertretungsmacht des AR, die diesem für bestimmte Situationen durch das Gesetz zugewiesen wird, auf den Vorsitzenden ist nicht möglich (*BGHZ* 41, 282, 285). Im Rahmen seiner aktiven Vertretung ist der Vorsitzende auch Erklärungsempfänger, so dass diesbezgl Erklärungen dem AR zuzurechnen sind (MünchKomm AktG/*Habersack* Rn 59). Daneben nimmt er die Aufgaben wahr, die einem Vorsitzenden eines Gremiums typischerweise zufallen, so dass er die grds **Organisation und Koordination des AR** übernimmt und sicherstellt, dass ein **ordnungs- und rechtmäßiges Verfahren** eingehalten wird (GroßKomm AktG/*Hopt/Roth* Rn 98). Grds sind Berichte des Vorstands nach § 90 an den AR zu richten. Nur **Berichte aus wichtigem Grund** gem § 90 Abs 1 S 3 sind ausschließlich an den AR-Vorsitzenden zu richten, der gem § 90 Abs 5

Innere Ordnung des Aufsichtsrats **§ 107**

S 3 die übrigen Mitglieder in der nächsten Sitzung informiert. Durch **Ziff 5.2 DCGK** wird ferner empfohlen, dass der Vorsitzende auch Ausschussvorsitzender des vorbereitenden Ausschusses für AR-Sitzungen und des Ausschusses sein soll, der Vorstandsverträge behandelt.

Der AR-Vorsitzende hat **kein Weisungs-, Kontroll- oder Disziplinarrecht** gegenüber den anderen AR-Mitgliedern (KölnKomm AktG/*Mertens* Rn 35). Seine grds Befugnis für **Ermessensentscheidungen über Verfahrensfragen** ist durch das Selbstorganisationsrecht des Organs beschränkt, so dass hierüber **abweichende und bindende Beschlüsse des Gremiums** getroffen werden können (K. Schmidt/Lutter AktG/*Drygala* Rn 19) Das Plenum kann allerdings auf Entscheidungsbefugnisse keinen Einfluss nehmen, die ausdrücklich allein dem Vorsitzenden zugewiesen wurden, bspw § 109 Abs 2 (MünchKomm AktG/*Habersack* Rn 147). Auch über **reine Rechtsfragen entscheidet der Vorsitzende** ohne Kontrolle durch das Plenum (bspw bei Stimmverboten), hier kann allein ein Gericht die Entscheidung aufheben (*Mertens* aaO Rn 77). Sowohl **Satzung** als auch **Geschäftsordnung** können weitere Aufgaben des AR-Vorsitzenden regeln. Dabei ist aber zu berücksichtigen, dass **ausdrückliche gesetzliche Kompetenzzuweisungen** an den Gesamt-AR oder an den AR-Vorsitzenden **nicht modifiziert** werden können. Typische Satzungsregelungen sehen die Leitung der HV, ein Stichentscheidungsrecht bei Stimmengleichheit und ein einmaliges Vertagungsrecht vor (GroßKomm AktG/*Hopt/Roth* Rn 135ff). Teilw wird auch angenommen, dass eine Zweitstimme durch die Geschäftsordnung geschaffen werden kann (*Lutter/Krieger* AR Rn 249). Die Leitung der HV kann zur Vermeidung des Anscheins eines Interessenkonflikts für einzelne Punkte auf ein anderes Mitglied übertragen werden (*LG Frankfurt/Main* NZG 2009, 149, 152). 9

4. Stellvertreter. Neben dem AR-Vorsitzenden ist mindestens ein Stellvertreter zu wählen, der die Aufgaben des Vorsitzenden übernimmt, wenn dieser verhindert ist. Es sind dieselben Regelungen wie für die Wahl des Vorsitzenden anzuwenden (MünchKomm AktG/*Habersack* Rn 27). Die **Zahl** der **Stellvertreter** ist gesetzlich nicht festgelegt, kann aber durch die **Satzung** bestimmt werden (*Hüffer* AktG Rn 7). Auch hier darf die Satzung keine Einschränkungen zur Wählbarkeit machen (**hM** *BGHZ* 83, 106, 112 f). Werden mehrere Stellvertreter gewählt, sollte der Wahlbeschluss ihre **Rangreihenfolge** festlegen, wenn die Satzung oder Geschäftsordnung keine Regelungen enthält. Abseits einer ausdrücklichen Regelung können Kriterien wie Lebensalter, AR-Zugehörigkeit, oder Erfahrung als Vorsitzender oder Stellvertreter zur Bestimmung herangezogen werden (ausf MünchHdb AG/*Hoffmann-Becking* § 31 Rn 17). Im Verhinderungsfall hat der Stellvertreter gem Abs 1 S 3 die Rechte und Pflichten des Vorsitzenden. Der Verhinderungsfall bestimmt sich grds objektiv und kann durch die Satzung oder Geschäftsordnung nicht abschließend geregelt werden (GroßKomm AktG/*Hopt/Roth* Rn 154 ff). Jedenfalls muss zur Funktionsfähigkeit des AR auch die Erklärung des AR-Vorsitzenden genügen, er sei verhindert (KölnKomm AktG/*Mertens* Rn 66). Jede auch nur vorübergehende Verhinderung kann ausreichend sein, wenn nicht aufschiebbare Pflichten wahrgenommen werden müssen (*Habersack* aaO Rn 70). 10

5. Ehrenvorsitzende. Bes verdienten AR-Mitgliedern oder ehemaligen AR-Mitgliedern kann der **Ehrentitel** Ehrenvorsitzender oder Ehrenmitglied verliehen werden. Dies kann durch die **HV** oder durch den **AR** selbst erfolgen (**hM** KölnKomm AktG/ 11

Mertens Rn 70; *Hüffer* AktG Rn 9; **aA** Satzungsermächtigung: *Lutter* ZIP 1984, 645, 649; HV: *Hennerkes/Schiffer* DB 1992, 875). Die Ernennung kann jederzeit durch das Ernennungsorgan widerrufen werden; ebenso kann der Ehrenträger jederzeit durch Erklärung gegenüber der AG niederlegen (MünchKomm AktG/*Habersack* Rn 73). Mit der Ernennung entstehen **keine Rechte oder Pflichten**, es handelt sich allein um einen Ehrentitel, der insb **kein korporationsrechtliches Rechtsverhältnis** zur AG begründet (unstr *Hüffer* aaO). Die Ernennung kann einen Ehrensold umfassen und begründet einen Anspruch auf Ersatz angemessener Auslagen (*Habersack* aaO Rn 72). Eine Teilnahme an AR-Sitzungen ist nur nach § 109 Abs 1 als Dritter möglich (**hM** *Hüffer* aaO). AR-Mitglieder und Vorstand sind dem Ehrenträger zur Verschwiegenheit verpflichtet (MünchHdb AG/*Hoffmann-Becking* § 31 Rn 25). Da er nicht der Verschwiegenheitspflicht unterliegt, sollte diese vor einer Teilnahme an einer AR-Sitzung gesondert vereinbart werden (**aA** GroßKomm AktG/*Hopt/Roth* Rn 168, allg Verschwiegenheitspflicht).

12 **6. Mitbestimmung.** Unterliegt eine AG der Mitbestimmung, ist die **aktive und passive Wahlfreiheit** der AR-Mitglieder durch §§ 27, 29 Abs 2 MitbestG **eingeschränkt**. Zum einen ist vorgesehen, dass die Anteilseignervertreter den AR-Vorsitzenden und die Arbeitnehmervertreter den Stellvertreter stellen (MünchKomm AktG/*Habersack* Rn 39). Zum anderen gilt ein bes Wahlverfahren, das für den **ersten Wahlgang** eine **Zweidrittelmehrheit der AR-Mitglieder** für beide Ämter vorsieht, wobei diese auch einheitlich erfolgen kann. Mit Zustimmung aller Teilnehmer des ersten Wahlgangs kann dieser beliebig oft wiederholt werden, hierzu kann auch die Sitzung unterbrochen oder vertagt werden (*Hüffer* AktG Rn 3a). Erreichen die Kandidaten im ersten Wahlgang nicht die erforderliche Mehrheit, wird in einem **zweiten Wahlgang nach Blöcken** gewählt, dh die Anteilseigner wählen den Vorsitzenden und die Arbeitnehmervertreter den Stellvertreter durch **einfache Mehrheit der abgegebenen Stimmen**. In der zweiten Abstimmung hat der AR-Vorsitzende gem § 29 Abs 2 eine Zweitstimme.

13 Die **Amtszeiten** von Vorsitzendem und Stellvertreter unterliegen keinen bes Regeln, sind aber durch das Wahlverfahren einheitlich (MünchHdb AG/*Hoffmann-Becking* § 31 Rn 26). Diese Bindung geht aber nicht so weit, dass bei Wegfall des einen der andere ebenfalls neu zu wählen wäre (**hM** MünchKomm AktG/*Habersack* Rn 40). Neben dem mitbestimmungsrechtlich zu wählenden Stellvertreter können **weitere nachrangige Stellvertreter** bestellt werden (**hM**, *BGHZ* 83, 106, 111 f). Ebenso wie der erste Stellvertreter haben auch weitere **Stellvertreter kein Zweitstimmenrecht** (**hM** *Hüffer* AktG Rn 11). Auch in der mitbestimmten AG ist eine gerichtliche Bestellung des Vorsitzenden und seines Stellvertreters entspr § 104 möglich (**hM** KölnKomm AktG/*Mertens* Rn 18). Ein wichtiger Grund ist hier anzunehmen, wenn der Vermittlungsausschuss tagen muss. Ein **Abberufungsbeschluss** ist mit gleicher Mehrheit wie der tatsächliche Wahlbeschluss zu fassen (**hM** *Hüffer* aaO Rn 10). Der Vorsitzende und der Stellvertreter sind Mitglieder des Vermittlungsausschusses gem § 27 Abs 3.

III. Sitzungsprotokoll

14 **1. Verantwortung und Form.** Von **jeder Sitzung des AR** ist eine Niederschrift zu fertigen, die der **AR-Vorsitzende** zu **unterzeichnen** hat, Abs 2. Diese Verpflichtung erfasst auch den **ersten AR** und **AR-Ausschüsse**. Der Vorsitzende ist für die Erstellung eines Protokolls verantwortlich, kann sich aber dazu eines **Protokollführers** bedienen, der zur Vertraulichkeit zu verpflichten ist. Soll die Protokollführung durch Dritte, die nicht Vorstand oder AR angehören, übernommen werden, setzt die Teilnahme nach § 109 Abs 1 den fehlenden Widerspruch der AR-Mitglieder voraus (iE *Hüffer* AktG Rn 12). Der Vorsitzende entscheidet über den Inhalt des Protokolls, denn er trägt insoweit die Verantwortung (K. Schmidt/Lutter AktG/*Drygala* Rn 29). Der Protokollführer muss die Niederschrift nicht unterzeichnen (*Hüffer* aaO). Wird die Sitzung nicht durch den Vorsitzenden oder seinen Stellvertreter geleitet, muss der betr Sitzungsleiter das Protokoll unterzeichnen (KölnKomm AktG/*Mertens* Rn 76). Es gibt außerhalb der **einfachen Schriftform** keine weiteren Formerfordernisse, auch eine Abfassung in einer anderen Sprache ist ohne Widerspruch möglich (*Mertens* aaO Rn 78). Durch Abs 2 S 3 wird klargestellt, dass die Unrichtigkeit bzw Unvollständigkeit der Niederschrift **keine Auswirkung** auf die Wirksamkeit der **protokollierten Beschlüsse** des AR hat. Auch die fehlende Unterschrift macht das Protokoll nicht unwirksam (MünchKomm AktG/*Habersack* Rn 84). Eine fehlende Niederschrift betrifft die Wirksamkeit der getroffenen Beschlüsse nicht (GroßKomm AktG/*Hopt/ Roth* Rn 190).

2. Inhalt. Eine Niederschrift muss gem Abs 2 S 2 zumindest das **Datum** und den **Ort** der Sitzung, die **Teilnehmer**, die **Tagesordnungsgegenstände**, die **wesentlichen Verhandlungsgegenstände** ebenso wie die gefassten **AR-Beschlüsse** umfassen. Auf die Wiedergabe der wesentlichen Verhandlungsgegenstände können die AR-Mitglieder nicht verzichten, dieses widerspräche der Beweisfunktion (MünchKomm AktG/ *Habersack* Rn 79). Darüber hinausgehenden Inhalt kann der AR-Vorsitzende bestimmen (*Hüffer* AktG Rn 12). Damit kann auch ein reines **Ergebnisprotokoll** diesen Voraussetzungen Rechnung tragen, das lediglich die Beratungen zusammenfassend darstellt (KölnKomm AktG/*Mertens* Rn 72). Ein Protokoll, das nur die gefassten Beschlüsse enthält, ist hingegen nicht ausreichend. Jedes AR-Mitglied hat zudem ein Recht darauf, dass **Widersprüche** sowie ihr Abstimmungsverhalten in das Protokoll aufgenommen werden (unstr MünchHdb AG/*Hoffmann-Becking* § 31 Rn 100). Auch **Erklärungen** von AR-Mitgliedern zu bestimmten Tagesordnungspunkten sind auf Antrag aufzunehmen (*OLG München* ZIP 1981, 293, 295 **aA** *Lutter/Krieger* AR Rn 586). Einbezogene Unterlagen, wie bspw **Sitzungsvorlagen**, sollten dem Protokoll beigefügt werden, sind aber jedenfalls ausdrücklich zu nennen (**aA** *Lutter/Krieger* aaO Rn 585, Beifügungspflicht). Das Protokoll muss nicht genehmigt werden (*Hüffer* aaO). **Berichtigungen** können **auf Widerspruch** erfolgen, über den der Vorsitzende entscheidet (*OLG München* ZIP 1981, 293, 294). Die Satzung oder Geschäftsordnung kann eine bestimmte Widerspruchsfrist vorsehen, ansonsten ist der Widerspruch bis zum Ende der darauf folgenden Sitzung zu erheben (*Mertens* aaO Rn 77).

3. Abschriften. Jedes AR-Mitglied hat gem Abs 2 S 4 **auf Verlangen** einen Anspruch auf eine Abschrift der Niederschrift. Die Ermöglichung der Einsichtnahme ist nicht ausreichend (*Hüffer* AktG Rn 14). **Gerichtlich** ist dieser Anspruch im Wege des **Organstreits durchzusetzen**, wobei dieser gegen die AG vertreten durch den Vorstand zu richten ist (**hM** K. Schmidt/Lutter AktG/*Drygala* Rn 32). Abschriften können nur einmalig und nur für Sitzungen während der Amtszeit gefordert werden (KölnKomm AktG/*Mertens* Rn 81). Zur Einarbeitung kann auch die Einsichtnahme in Protokolle vor Beginn des Mandats zulässig sein. Die Satzung kann eine regelmäßige Abschriftenerteilung regeln. Dem **Vorstand** kann ebenfalls eine Abschrift erteilt werden, wenn nicht bes Interessen des AR dem entgegenstehen. Der Vorstand kann auch zur **Verwahrung** der Niederschrift beauftragt werden, ansonsten verantwortet der Vorsitzende die Verwahrung. Jedoch berechtigt dieses nicht dazu, eine Herausgabe nach dem Ausscheiden zu verweigern (*BGH* NZG 2008, 834)

17 **4. Vorlage und Beschlagnahme.** Gegenüber dem **Abschlussprüfer** und den **Finanzbehörden** besteht eine Vorlagepflicht für Niederschriften, die vom Prüfungsumfang erfasst sind bzw für die ein begründetes Interesse besteht. Eine Vorlagepflicht für **alle Niederschriften** besteht **nur in Ausnahmefällen**, bspw wenn nur dies die erforderliche Aufklärung ermöglicht (*BFHE* 92, 354, 359; ausf MünchKomm AktG/*Habersack* Rn 90). Grds können AR-Protokolle auch Gegenstand der **strafrechtlichen Beschlagnahme** nach §§ 94 ff StPO sein. Gleiches gilt für die Beschlagnahme durch einen **parlamentarischen Untersuchungsausschuss** (*BVerfGE* 77, 1, 55; jetzt in § 29 Abs 3 PUAG). Im Rahmen eines **Zivilprozesses** kann ein Aktionär nach § 422 ZPO keine Herausgabe einer Abschrift verlangen, dieses würde die gesetzlich vorgesehene Vertraulichkeit in Frage stellen (vgl *BVerfG* NZG 2000, 192, 193).

IV. Aufsichtsrats-Ausschüsse

18 Der AR wird durch Abs 3 ermächtigt, Ausschüsse zu bilden, die lediglich **vorbereitende Aufgaben** oder aber **Beschlusskompetenzen** haben können. Diese Ermächtigung kann weder begrenzt bzw aufgehoben werden, noch kann ein anderes Organ Ausschüsse bilden (**hM** *BGHZ* 122, 342, 355). Es besteht mit Ausnahme des Vermittlungsausschusses bei der mitbestimmten AG aber keine Pflicht zur Bildung von Ausschüssen (MünchKomm AktG/*Habersack* Rn 230). Die Delegationsverbote des S 2 dürfen nicht als allg Rechtsgrundsatz für alle wesentlichen Entscheidungen verstanden werden (KölnKomm AktG/*Mertens* Rn 152). Ausfluss der **Organisationsautonomie** ist das Eingriffsrecht des AR, womit er durch Beschl jederzeit delegierte Aufgaben verändern oder wieder selbst entscheiden kann (**hM** *BGHZ* 89, 48, 55 f; *OLG Hamburg* AG 1996, 84, 85). Durch **Satzung** können **Verfahrensregeln** für die Ausschussarbeit getroffen werden (*BGHZ* 83, 106, 112; *Mertens* aaO Rn 90). Die **Geschäftsordnung** kann weitergehende Regelungen treffen, aber nicht die personelle Besetzung festlegen (*OLG Hamburg* WM 1982, 1090, 1092; **aA** MünchHdb AG/*Hoffmann-Becking* § 32 Rn 19; GroßKomm AktG/*Hopt/Roth* Rn 258). Im **Verhältnis zum Gesamt-AR** besteht keine ausdrückliche Bindung an die Auffassung des Plenums, allerdings besteht ein **Rücksichtnahmegebot**, das praktisch durch das Eingriffsrecht des AR durchgesetzt werden kann (*Mertens* aaO Rn 127).

19 **1. Ausschussarten.** Grds kann zunächst zwischen den Aufgaben der Ausschüsse unterschieden werden. Sie können **beraten, vorbereiten, erledigen** und **überwachen** (enger MünchKomm AktG/*Habersack* Rn 248). Der AR überträgt an erledigende AR-Ausschüsse die **Beschlusskompetenz** und bindet sich damit an deren Entscheidung. Hierbei ist zu berücksichtigen, dass die Aufgaben des Abs 3 S 3 ebenso wenig übertragen werden können, wie die Wahl des AR-Vorsitzenden und die Einsetzung von Ausschüssen (KölnKomm AktG/*Mertens* Rn 151). Entspr Ausschüsse erfordern Beschlussfähigkeit durch mindestens drei Mitglieder (vgl § 108 Rn 3 ff). Praktisch wichtigste Ausschüsse sind der Prüfungsausschuss (Abs 3 S 2, s Rn 26a), **Präsidialausschuss, Personalausschuss, Investitionsausschuss, Finanzausschuss, Bilanzausschuss** und das **Audit Committee** (ausf *Habersack* aaO Rn 104 ff).

20 Unterliegt die AG der Mitbestimmung bzw der Montanmitbestimmung ist ein **Vermittlungsausschuss** als Dauerausschuss einzurichten (§§ 27 Abs 3 MitbestG, 8 Abs 2

MontanMitbestG). Er ist mit dem AR-Vorsitzenden, dem Stellvertreter der Arbeitnehmervertreter und jeweils mit einem Anteilseignervertreter und einem Arbeitnehmervertreter zu besetzen. Seine Aufgabe ist die **Unterbreitung von Personalvorschlägen** im zweiten Wahlgang. Er ist **beschlussfähig**, wenn alle Mitglieder teilnehmen (Spindler/Stilz AktG/*Spindler* Rn 126; MünchHdb AG/*Hoffmann-Becking* § 32 Rn 13; **aA** drei Mitglieder: MünchKomm AktG/*Habersack* Rn 113; *Hüffer* AktG Rn 20). Im Vermittlungsausschuss steht dem AR-Vorsitzenden kein Zweitstimmrecht zu (unstr *BGHZ* 83, 144, 147).

2. Einsetzung. Ausschließlich der AR selbst kann einen Ausschuss einsetzen und 21 seine Mitglieder bestellen. Die Einsetzung erfolgt durch AR-Beschluss mit einfacher Mehrheit (KölnKomm AktG/*Mertens* Rn 100). Die AR-Mitglieder werden Mitglieder des Ausschusses durch Annahme der Bestellung (MünchKomm AktG/*Habersack* Rn 119). **Ausschussvorsitzende und ihre Stellvertreter** werden durch den AR bestellt (**aA** *Hüffer* AktG Rn 19, aus seiner Mitte), oder die Kompetenz dem Ausschuss selbst übertragen. Dem Ausschussvorsitzenden kann für Ausschussbeschlüsse durch AR-Beschluss, Satzung oder Geschäftsordnung eine **Zweitstimme** eingeräumt werden, auch wenn er nicht gleichzeitig AR-Vorsitzender ist (**hM** *BGHZ* 83, 144, 147; K. Schmidt/Lutter AktG/*Drygala* Rn 50; *Henze* HRR Rn 706).

3. Grenzen der Delegation. Die Übertragung von Aufgaben an einen Ausschuss ist 22 durch zwingende gesetzliche Vorgaben begrenzt. Dieses betrifft zunächst die ausdrücklich in **Abs 3 S 3** genannten Aufgaben, für die ein sog **Plenarvorbehalt** besteht. Der Vorbehalt wirkt sich aber nur auf die Übertragung von Beschlusskompetenzen aus, vorbereitende und ausführende Aufgaben können delegiert werden (KölnKomm AktG/*Mertens* Rn 158 f). Die **Wahl des AR-Vorsitzenden** ist nicht übertragbar. Gegenüber dem **Vorstand** ist ferner der **Bestellungs- und Widerrufsbeschluss** nach § 84, die **Geschäftsordnung des Vorstands** nach § 77 Abs 2 S 1 und nach § 87 Abs 1 und Abs 2 S 1 und 2 die Beschlussfassung über die Gesamtbezüge, ihrer Struktur und ggf deren Herabsetzung erfasst. Ebenso sind **Zustimmungsvorbehalte** nach § 111 Abs 4 S 2 nur durch das AR-Plenum festzulegen; über die Erteilung der Zustimmung kann ein Ausschuss, bspw der Finanzausschuss entscheiden. Die **Einberufungskompetenz** für eine **HV zum Gesellschaftswohl** nach § 111 Abs 3 ist gleichfalls wie die Entscheidung über **Abschlagszahlungen auf den Bilanzgewinn** nach § 59 Abs 3 nicht übertragbar. Schließlich ist die **Prüfung des Jahresabschlusses** nach § 171 sowie die **Prüfung des Prüfberichts des Abschlussprüfers** nach § 314 Abs 2, 3 nicht delegierbar. Auch die **abstrakte und generelle Übertragung** der **Überwachung des Vorstands** auf einen Ausschuss ist nicht möglich (**hM** *OLG Hamburg* AG 1996, 84, 85 f). Hierzu gehören bspw auch die Vorstandsberichte gem § 90 und die Einsichts- und Prüfungsrechte, die nur für konkrete Situationen übertragen werden können (MünchKomm AktG/*Habersack* Rn 133). Aufgrund der Selbstorganisationsfreiheit ebenso wenig delegierbar ist die Abberufung des AR-Vorsitzenden und seines Stellvertreters, die Antragsstellung für eine gerichtliche Abberufung eines AR-Mitglieds sowie der Erlass einer Geschäftsordnung für den AR (*Lutter/Krieger* AR Rn 623 f; GroßKomm AktG/*Hopt/Roth* Rn 397).

4. Besetzung des Ausschusses. Gesetzlich besteht **keine Regelung**, wie Ausschüsse zu 23 besetzen sind; diese Entscheidung obliegt dem **Selbstorganisationsrecht des AR** (*BGHZ* 122, 342, 355). Eine Ausnahme bildet insoweit der Prüfungsausschuss bei kapitalmarktorientierten Gesellschaften gem § 264d HGB, für den Abs 4 vorsieht, dass mindestens ein unabhängiges Mitglied über Sachverstand auf dem Gebieten Rechnungslegung und Abschlussprüfung verfügen muss (vgl § 100 Rn 11a f). Jede Ausschussmitgliedschaft ist an die Mitgliedschaft im AR untrennbar gebunden, so dass sie mit dem Ausscheiden aus dem AR entfällt (MünchKomm AktG/*Habersack* Rn 120). Ein Ersatzmitglied wird nicht automatisch auch Ausschussmitglied, hierfür ist Neubestellung erforderlich (KölnKomm AktG/*Mertens* Rn 104). **Erledigende Ausschüsse** müssen die **Beschlussfähigkeitsvoraussetzungen des AR** berücksichtigen, so dass sie mit mindestens drei Mitgliedern zu besetzen sind (**hM** *BGH* AG 1991, 398, 399). **Vorbereitende Ausschüsse** erfordern dagegen mindestens **zwei Mitglieder**; **einen Einmannausschuss** gibt es nicht (**hM** *Mertens* aaO Rn 102; *Hüffer* AktG Rn 17). Sind in den AR keine Arbeitnehmervertreter zu wählen, kann der AR nach **Eignung** und **Organisationskriterien** über die Ausschussmitglieder entscheiden (*OLG München* WM 1995, 978, 979). **Stellvertreter für Ausschussmitglieder** können durch AR-Beschluss aus den Reihen der AR-Mitglieder bestellt werden.

24 Für die **mitbestimmte AG** finden sich auch in den Mitbestimmungsvorschriften keine Regelungen zur Berücksichtigung von Arbeitnehmervertretern in Ausschüssen. Die **Rspr** hat für erledigende Ausschüsse entschieden, dass Arbeitnehmervertreter **nicht diskriminiert** werden dürfen, also nicht ohne sachlichen Grund nicht berücksichtigt werden dürfen (*BGHZ* 122, 342, 358). Allerdings besteht **kein Anspruch** auf eine verhältnismäßige Berücksichtigung entspr der Besetzung des AR (**hM** *Hüffer* AktG Rn 21). Jedoch darf die Auswahl nicht auf sachfremden Erwägungen beruhen; dem stehen die Grundsätze der Mitbestimmung entgegen. Daher sollte eine **angemessene Beteiligung** der Arbeitnehmervertreter sichergestellt sein, ohne dass hierfür konkrete Vorgaben zu machen sind (MünchKomm AktG/*Habersack* Rn 127). Eine Diskriminierung wird widerlegbar vermutet, wenn Arbeitnehmervertreter in mehreren wichtigen Ausschüssen nicht repräsentiert sind (**hM** *OLG München* WM 1995, 978, 979).

25 5. **Informationsgefüge.** Durch Abs 3 S 4 ist eine **gesetzliche Berichtspflicht** des Ausschusses gegenüber dem AR festgelegt, die durch den **Ausschussvorsitzenden** gegenüber dem AR-Plenum erfüllt wird (*Hüffer* AktG Rn 22a). Informationsdefizite des Plenums gegenüber dem Ausschuss sollen so vermieden werden (*Hüffer* aaO). **Erledigende Ausschüsse** werden anstelle des AR tätig. Im Rahmen der Delegation berichtet dann der Vorstand seinerseits an den Ausschuss, seine Berichte werden vom AR-Vorsitzenden an den Ausschuss weitergeleitet (KölnKomm AktG/*Mertens* Rn 123; **aA** an Ausschuss und Weiterleitung an AR-Vorsitzenden: MünchKomm AktG/*Habersack* Rn 157). Der Ausschuss unterrichtet den AR regelmäßig über seine Tätigkeit, den übrigen AR-Mitgliedern steht nur noch ein beschränktes Informationsrecht zu. Dagegen sind die Berichtspflichten des **vorbereitenden Ausschusses ausführlicher**, denn er wird nur für den AR tätig. Nur auf einer ausführlichen und umfassenden Informationsgrundlage können die Ergebnisse des Ausschusses geprüft und eine Willensbildung im AR vorbereitet werden (*Habersack* aaO Rn 156). Es bestehen **keine formalen Anforderungen** an die Berichtspflicht, sie ist an der konkreten Situation auszurichten (*Mertens* aaO Rn 128). Es empfiehlt sich, einen entspr Tagesordnungspunkt für alle AR-Sitzungen aufzunehmen.

6. Arbeitsablauf. Die Tätigkeit eines AR-Ausschusses wird durch den Einsetzungsbeschluss des AR, die Satzung und Geschäftsordnung geregelt. Für Ausschusssitzungen hat der Ausschussvorsitzende bzw sein Stellvertreter ein Einberufungsrecht, wobei entsprechend § 110 auch ein Ausschussmitglied die **Einberufung** verlangen kann (**hM** K. Schmidt/Lutter AktG/*Drygala* Rn 48). Daneben kann auch der AR-Vorsitzende eine Ausschusssitzung einberufen (KölnKomm AktG/*Mertens* Rn 115; GroßKomm AktG/*Hopt/Roth* Rn 420; **aA** MünchHdb AG/*Hoffmann-Becking* § 32 Rn 25; *Lutter/Krieger* AR Rn 642). Der Ausschussvorsitzende leitet die Ausschusssitzung. Neben den Ausschussmitgliedern kann auch der AR-Vorsitzende teilnehmen. Grds steht dieses auch anderen AR-Mitgliedern zu, wobei nur der **AR-Vorsitzende** sie von der **Teilnahme ausschließen** kann (*BGHZ* 122, 342, 361), bspw im Falle vertraulichen Inhalts die Teilnahme am Personalausschuss (*LG München* NZG 2008, 348, 350). Der Vorstand hat auf Einladung des Ausschussvorsitzenden an der Sitzung teilzunehmen. In entspr Anwendung der Vorschriften zum AR beschließt der Ausschuss mit **einfacher Mehrheit** der abgegebenen Stimmen, wenn keine abw Satzungs- oder Geschäftsordnung-Regelung gegeben ist (*Mertens* aaO Rn 120; *Hoffmann-Becking* aaO Rn 31). Die **Beschlussfähigkeit** entspricht den Regelungen zum AR, setzt somit auch die Teilnahme von mindestens drei Mitgliedern voraus (vgl § 108 Rn 3 ff). Gleichfalls ist **Beschlussfassung ohne Sitzung** sowie schriftliche Stimmabgabe möglich. Die **Niederschrift** über die Sitzung ist vom Ausschussvorsitzenden zu unterzeichnen (*Hüffer* AktG Rn 19).

26

7. Prüfungsausschuss. In Abs 3 S 2 findet sich die **Klarstellung**, dass ein Prüfungsausschuss (oder audit committee) errichtet werden kann, der durch Ziff 5.3.2 DCCK auch empfohlen wird. Wird er nicht oder nur mit begrenzter Zuständigkeit errichtet, bleibt es bei der Gesamtverantwortung des AR. Entspr dem Normcharakter sind mögliche Aufgabenbereiche nur generell umrissen und können die **Rechungslegung**, **Risikokontrolle** und **Abschlussprüfung** umfassen. Aus der Nennung der Risikokontrolle ist nicht abzuleiten, dass eine AG ein Risikomanagementsystem zu etablieren hat (*Hüffer* AktG Rn 17c). Die Überwachung eines solchen Systems bzw die Entscheidung auf ein solches System zu verzichten obliegt dem AR oder dem Prüfungsausschuss.

26a

Wird bei einer **kapitalmarktorientierten Gesellschaft** nach § 264d HGB ein Prüfungsausschuss errichtet, besteht auch hier keine Verpflichtung; Abs 4 erfordert das mindestens ein Mitglied des Ausschusses die Voraussetzungen des § 100 Abs 5 erfüllt. Das nach § 100 Abs 5 erforderliche **unabhängige AR-Mitglied mit Sachverstand im Bereich der Rechungslegung und Abschlussprüfung** kann dieses Erfordernis für den Prüfungsausschuss erfüllen.

26b

V. Geschäftsordnungen

Der AR ist nicht verpflichtet, sich eine Geschäftsordnung zu geben, kann dieses aber auch **ohne** ausdrückliche **Satzungsermächtigung**. Eine Geschäftsordnung ist gerade bei hohen Mitgliederzahlen ein wichtiges **Mittel der Organisation des AR**; so auch die Empfehlung in Ziff 5.1.3 DCGK. Grds kann schon die Satzung Grundsätze der Geschäftsordnung regeln, die durch AR-Beschluss ergänzt werden kann. Satzungsregelungen müssen jedoch die Organisationsautonomie des AR wahren, so dass die Besetzung von Ausschüssen und die Wahl des Vorsitzenden nicht geregelt werden können (*Hüffer* AktG Rn 23). Die Geschäftsordnung kann im AR mit **einfacher Mehrheit** beschlossen und geändert werden (GroßKomm AktG/*Hopt/Roth* Rn 214).

27

Eine Geschäftsordnung ist bis zu ihrer Aufhebung gültig, auch der Wechsel von AR-Mitgliedern hat keinen Einfluss auf den Fortbestand (hM KölnKomm AktG/*Mertens* Rn 165).

28 Die Geschäftsordnung kann nur ergänzend zu gesetzlichen und satzungsmäßigen Vorgaben eigene Regelungen schaffen. Sie regelt damit typischerweise die **konkrete Zusammenarbeit** im AR und mit Ausschüssen durch Modalitäten der Sitzungseinberufung und -durchführung, Vertagung, Bildung von Ausschüssen, Abstimmungsverfahren oder auch Kommunikation mit dem Vorstand und dessen Teilnahme an AR-Sitzungen. Auch die Teilnahme von Vorstandsmitgliedern an AR-Sitzungen kann durch die Geschäftsordnung ebenso wie das Verfahren der Auslagenerstattung geregelt werden (MünchKomm AktG/*Habersack* Rn 165). Durch die Verabschiedung einer Geschäftsordnung bindet sich der AR nicht, er kann durch Mehrheitsbeschluss jederzeit von der Geschäftsordnung abweichen (sog **Durchbrechung**, *Hüffer* AktG Rn 24). Nichtig sind dagegen Beschl entgegen Regelungen der Geschäftsordnung, die sich bereits aus der Satzung ergeben und nicht reine Ordnungsverstöße sind (**hM** KölnKomm AktG/*Mertens* Rn 170).

§ 108 Beschlussfassung des Aufsichtsrats

(1) Der Aufsichtsrat entscheidet durch Beschluss.

(2) [1]**Die Beschlussfähigkeit des Aufsichtsrats kann, soweit sie nicht gesetzlich geregelt ist, durch die Satzung bestimmt werden.** [2]**Ist sie weder gesetzlich noch durch die Satzung geregelt, so ist der Aufsichtsrat nur beschlussfähig, wenn mindestens die Hälfte der Mitglieder, aus denen er nach Gesetz oder Satzung insgesamt zu bestehen hat, an der Beschlussfassung teilnimmt.** [3]**In jedem Fall müssen mindestens drei Mitglieder an der Beschlussfassung teilnehmen.** [4]**Der Beschlussfähigkeit steht nicht entgegen, dass dem Aufsichtsrat weniger Mitglieder als die durch Gesetz oder Satzung festgesetzte Zahl angehören, auch wenn das für seine Zusammensetzung maßgebende zahlenmäßige Verhältnis nicht gewahrt ist.**

(3) [1]**Abwesende Aufsichtsratsmitglieder können dadurch an der Beschlussfassung des Aufsichtsrats und seiner Ausschüsse teilnehmen, dass sie schriftliche Stimmabgaben überreichen lassen.** [2]**Die schriftlichen Stimmabgaben können durch andere Aufsichtsratsmitglieder überreicht werden.** [3]**Sie können auch durch Personen, die nicht dem Aufsichtsrat angehören, übergeben werden, wenn diese nach § 109 Abs. 3 zur Teilnahme an der Sitzung berechtigt sind.**

(4) Schriftliche, fernmündliche oder andere vergleichbare Formen der Beschlussfassung des Aufsichtsrats und seiner Ausschüsse sind vorbehaltlich einer näheren Regelung durch die Satzung oder eine Geschäftsordnung des Aufsichtsrats nur zulässig, wenn kein Mitglied diesem Verfahren widerspricht.

Beschlussfassung des Aufsichtsrats § 108

Übersicht

	Rn		Rn
I. Regelungsinhalt	1	3. Stimmverbote	11
II. Grundsatz der Entscheidung durch Aufsichtsrats-Beschluss	2	4. Schriftliche Stimmabgabe	13
III. Beschlussfähigkeit	3	5. Beschlussfassung ohne Sitzung	15
1. Teilnahme	4	V. Fehlerhafte Aufsichtsrats-Beschlüsse	17
2. Aktienrechtliche Vorgaben und Mitbestimmung	5	1. Fehlerhaftigkeit	17
3. Modifikation durch Satzung	6	2. Rechtsfolgen	20
IV. Beschlussfassung	8	3. Geltendmachung	21
1. Abstimmung	9		
2. Mehrheitsentscheidung	10		

Literatur: *Bürgers/Theusinger* Die Zulässigkeit einvernehmlicher Aufhebung der Bestellung eines Vorstandsmitglieds bei gleichzeitiger Neubestellung, NZG 2012, 1218; *Henze* Aspekte und Entwicklungstendenzen der aktienrechtlichen Anfechtungsklage in der Rspr des BHG, ZIP 2002, 97; *ders* Neuere Rspr zu Rechtstellung und Aufgaben des Aufsichtsrats, BB 2005, 165; *Kindl* Die Teilnahme an der Aufsichtsratssitzung, 1993; *ders* Analoge Anwendung der §§ 241 AktG auf aktienrechtliche Beschlüsse?, AG 1993, 153; *Stadler/Berner* Das Ende des dreiköpfigen Aufsichtsrats?, AG 2004, 27; *Wagner* Aufsichtsratsitzung in Form der Videokonferenz – Gegenwärtiger Stand und mögliche Änderungen durch das Transparenz- und Publizitätsgesetz, NZG 2002, 57; *Wilsing/Paul* BGH: Generelle Zulässigkeit der vorzeitigen Wiederbestellung von Vorstandsmitgliedern, BB 2012, 2458.

I. Regelungsinhalt

Die Vorschrift regelt die Beschlussfassung des AR als Kollegialorgan, wobei Satzung oder Geschäftsordnung weitere Einzelheiten regeln können. Es wird eine **ausdrückliche Beschlussfassung** gefordert (*OLG München* ZIP 2013, 210, 211). Die Beschlussfähigkeit setzt mindestens die Hälfte der gesetz- oder satzungsmäßigen Mitgliederzahl voraus, **mindestens** aber **drei AR-Mitglieder**. Zudem sind bes Regelungen für die Stimmgabe von verhinderten AR-Mitgliedern vorgesehen und eine Satzungs- bzw Geschäftsordnungsermächtigung für die Zulassung von Abstimmungen ohne Sitzungen. Die Grundsätze sind auch **auf erledigende AR-Ausschüsse anzuwenden**, so dass diese aus mindestens drei AR-Mitgliedern bestehen müssen. 1

II. Grundsatz der Entscheidung durch Aufsichtsrats-Beschluss

Der AR trifft seine Entscheidungen durch Beschluss, also erfolgt die **Willensbildung des Gremiums** aufgrund eines Antrags eines AR-Mitglieds durch Abstimmung der Gremienmitglieder (KölnKomm AktG/*Mertens* Rn 6). Es handelt sich um ein **mehrseitiges, nicht vertragliches Rechtsgeschäft** eigener Art, dem auch kein Vertrag zugrunde liegt (*Hüffer* AktG Rn 3). Daneben können Entscheidungen des Organs auch in Willenserklärungen oder Erklärungen mit Außenwirkung zum Ausdruck kommen, die ebenfalls einen Beschl erfordern (*Mertens* aaO Rn 8). Dies ist jedenfalls dann anzunehmen, wenn Gesetz oder Satzung eine Rechtswirkung an sie knüpft oder sie ausdrücklich fordert. Mitteilungen und Äußerungen gegenüber dem Vorstand bedürfen keiner Beschlussfassung (K. Schmidt/Lutter AktG/*Drygala* Rn 2). Beschl sind **ausdrücklich** zu fassen, so dass **kein konkludenter Beschl** erfolgen kann, denn Abstimmungsverfahren und Beschlussfähigkeit sind bei konkludenten Handlungen 2 nicht ermittelbar. Dies bedeutet aber nicht, dass einem Beschl kein konkludenter Erklärungsgehalt zukommen kann (unstr *BGH* NJW 1989, 1928, 1929; *Hüffer* aaO Rn 4).

III. Beschlussfähigkeit

3 Die Beschlussfassung setzt einen beschlussfähigen AR voraus. Für eine Leitungsentscheidung des AR ist die Besetzung mit der gesetzlichen Mindestzahl erforderlich (vgl *BGH* NZG 2002, 817, 818; MünchKomm AktG/*Habersack* Rn 43). Grds steht die **Unterbesetzung** der **Beschlussfähigkeit nicht entgegen**, wenn jedenfalls drei AR-Mitglieder teilnehmen (Abs 2 S 3, 4). Unerheblich ist, ob Arbeitnehmervertreter ausreichend repräsentiert sind; anderweitige Satzungsregelungen sind unzulässig (KölnKomm AktG/*Mertens* Rn 58 ff).

4 **1. Teilnahme.** Gesetzlich vorgesehen ist, dass zur Beschlussfähigkeit die gesetzmäßige bzw satzungsmäßige Anzahl von AR-Mitgliedern an der Beschlussfassung teilnimmt. Als Teilnahme ist jede Art der Stellungnahme zum Beschlussgegenstand und eine Beteiligung an der Beschlussfassung, auch durch Stimmenthaltung zu werten (**hM** K. Schmidt/Lutter AktG/*Drygala* Rn 11). Auch wenn bei einem **Stimmverbot mit Stimmenthaltung** abgestimmt wird, ist die Stimme für die Ermittlung der Beschlussfähigkeit des AR mitzuzählen (*BGH* 2.4.2007, Az II ZR 325/05; *Drygala* aaO **aA** Bay-ObLG NZG 2003, 691, 692; *OLG Frankfurt* NZG 2006, 29). Das Schweigen oder die Nichtteilnahme eines AR-Mitglieds darf nicht als Stimmenthaltung gewertet werden (*Mertens* aaO Rn 57).

5 **2. Aktienrechtliche Vorgaben und Mitbestimmung.** Finden sich weder gesetzliche noch satzungsmäßige Vorgaben zur Beschlussfähigkeit, ist der AR gem Abs 2 S 2 beschlussfähig, wenn **mindestens die Hälfte** seiner **gesetz- oder satzungsmäßigen Mitgliederzahl** teilnimmt. Die Satzung kann von diesem Grundsatz nicht abweichen (*BGHZ* 4, 224, 229). Zudem müssen gem Abs 2 S 3 **mindestens drei AR-Mitglieder** teilnehmen, auch wenn die Hälfte oder mehr der Sollstärke teilnimmt (*LG Düsseldorf* AG 1999, 134, 135; *Hüffer* AktG Rn 11). IRd **Montanmitbestimmung** ist die Hälfte der Sollstärke erforderlich (§§ 10 MontanMitbestG, 11 MitbestErgG), unabhängig von der Gruppenparität und weiteren Satzungsbestimmungen (*Hüffer* aaO Rn 12). Nach § 28 **MitbestG** ist ebenfalls mindestens die Hälfte der Sollstärke erforderlich, die Satzung kann nach unten keine abw Regelungen treffen (KölnKomm AktG/*Mertens* Rn 57; MünchHbB AG/*Hoffmann-Becking* § 31 Rn 59). Da § 32 MitbestG allein auf die Anteilseigner abstellt, ist Beschlussfähigkeit insoweit gegeben, wenn mindestens die Hälfte der Anteilseignervertreter teilnimmt (MünchKomm AktG/*Habersack* Rn 45).

6 **3. Modifikation durch Satzung.** Nicht zulässig ist es, die Beschlussfähigkeit von einem **bestimmten AR-Mitglied** abhängig zu machen, dies gilt auch für den AR-Vorsitzenden (**hM** *BGHZ* 83, 151, 155; GroßKomm AktG/*Hopt/Roth* Rn 75). Satzungsmodifikationen dürfen zudem nicht den Grundsatz der **Gleichbehandlung** aller AR-Mitglieder verletzen; Verstöße führen zur Nichtigkeit (MünchKomm AktG/*Habersack* Rn 38). Zulässig ist aber eine **Mindestanzahl** aus den **jeweiligen Gruppen** für die Beschlussfähigkeit vorauszusetzen (KölnKomm AktG/*Mertens* Rn 65). Für einen AR außerhalb der Mitbestimmung besteht eine weite Satzungsautonomie, die ihre Grenzen nur in den zwingenden Vorschriften des Abs 2 S 3 und 4 und der **Sicherstellung**

der **Funktionsfähigkeit** des AR findet. Daher können weder weniger als drei AR-Mitglieder noch die Sollstärke für eine Beschlussfähigkeit vorgesehen werden (**hM** *Lutter/ Krieger* AR Rn 595; **aA** *Hüffer* AktG Rn 10).

Eine Veränderung der Beschlussfähigkeit in Abhängigkeit von der **Teilnahme des AR-Vorsitzenden** ist teilw anerkannt (*OLG Hamburg* AG 1984, 246, 248), wird aber wg der Sonderrolle des AR-Vorsitzenden, die die Funktionsfähigkeit des AR beeinträchtigten kann, zu Recht kritisiert (so KölnKomm AktG/*Mertens* Rn 63). Eine Unterschreitung des Hälfteerfordernisses ist bei der **Mitbestimmung** ausgeschlossen, die Verschärfung der Beschlussfähigkeit aber nur soweit zulässig, wie es die Funktionsfähigkeit des AR und die Gleichbehandlung erlauben (*OLG Hamburg* aaO; **aA** *OLG Karlsruhe* NJW 1980, 2137, 2139; GroßKomm AktG/*Hopt/Roth* Rn 72). In der **Montanmitbestimmung** sind Regelungen der Satzung generell ausgeschlossen. Die **Vertagung** bei Beschlussunfähigkeit kann aufgrund eines Beschl des AR oder bei besonderer Regelung in der Satzung durch den AR-Vorsitzenden erfolgen (**hM** *Henn* Aktienrecht Rn 666). 7

IV. Beschlussfassung

Als Kollegialorgan bildet der AR seinen Willen durch gemeinsame Diskussion und Abstimmung. In der Regel kommt der AR in AR-Sitzungen zusammen. Auch eine **Videokonferenz** (auch durch Zuschaltung einzelner Mitglieder) kann bei uneingeschränkter audio-visueller Wahrnehmung aller AR-Mitglieder als Sitzung qualifiziert werden (MünchKomm AktG/*Habersack* Rn 16). Ein **Widerspruchsrecht** der AR-Mitglieder besteht nicht, dieses ist nur bei Beschlussfassung ohne Sitzung relevant (GroßKomm AktG/*Hopt/Roth* Rn 117; **aA** *Wagner* NZG 2002, 57, 60 f). 8

1. Abstimmung. Der AR-Vorsitzende kann iRd Sitzungsleitung die Abstimmungsverfahren bestimmen, wenn kein Mehrheitsbeschluss eine bestimmte Abstimmungsform festlegt (*Hüffer* AktG Rn 5a). Grds erfolgt die Abstimmung im AR offen und kann in angezeigten Fällen, bspw bei möglicher Beeinflussung des Stimmverhaltens durch Solidarität oder Konflikte, **geheim** vorgenommen werden (**hM** *Henn* Aktienrecht Rn 663; **aA** KölnKomm AktG/*Mertens* Rn 38, Verantwortung und Haftung). **Jedes AR-Mitglied** kann einen **Antrag** auf **geheime Abstimmung** stellen, ein **Durchsetzungsrecht** einer Minderheit **besteht** dagegen **nicht**, denn es geht nicht um Minderheitenschutz, sondern um eine Verfahrensfrage (**aA** *Hüffer* aaO, Wertung der §§ 90 Abs 3 S 2, 110 Abs 2). Es wird nur das Abstimmungsergebnis festgestellt und dokumentiert. Allerdings darf jedes AR-Mitglied sein **Stimmverhalten offen legen** und dieses vermerken lassen, um Schadensersatzansprüchen entgegen zu treten, ohne dass damit die Möglichkeit bestünde, solche Ansprüche auszuschließen (vgl § 116 Rn 10). 9

2. Mehrheitsentscheidung. Für Abstimmungen ist grds die **einfache Mehrheit** ausschlaggebend, so dass Stimmengleichheit die Ablehnung bedeutet (unstr KölnKomm AktG/*Mertens* Rn 41). **Mitbestimmungsrechtliche Vorschriften** können **abweichende Mehrheiten** vorsehen (ausf MünchKomm AktG/*Habersack* Rn 21 f). Die **Satzung** kann nur dann von der einfachen Mehrheit (bspw qualifizierte Mehrheit) abweichen, wenn es sich nicht um durch Gesetz dem AR zugewiesene Beschlussgegenstände handelt, sondern diese dem AR nur durch die Satzung delegiert sind und mitbestimmungsrechtliche Vorschriften nicht entgegenstehen (**allgM** *Hüffer* AktG Rn 8). **Vetorechte** für einzelne AR-Mitglieder sind unzulässig, denn sie widersprechen dem 10

Charakter der Kollegialentscheidung. Eine **Stimmenthaltung** wird grds nicht mitgezählt und stellt deshalb auch keine Ablehnung dar (**hM** *BGHZ* 83, 35, 36, zu § 32 BGB; *Mertens* aaO Rn 43). Die Satzung kann eine abw Zählweise der Enthaltung als Ja- oder Nein-Stimme vorsehen (*Habersack* aaO Rn 25; *Lutter/Krieger* AR Rn 607). Jedes AR-Mitglied hat das gleiche Stimmrecht, die Satzung kann nichts Abw regeln (*Hüffer* aaO Rn 9). Nur für den **AR-Vorsitzenden** kann in der Satzung vorgesehen werden, dass seine Stimme bei **Stimmengleichheit** entscheidet (**Stichentscheidung**). Da der Stichentscheid über eine reine Verfahrensregel hinausgeht kann er nicht in der Geschäftsordnung des AR geregelt werden. Gleiches sehen §§ 29 Abs 2, 31 Abs 4 MitbestG vor.

11   **3. Stimmverbote.** Ein ausdrückliches aktienrechtliches Stimmverbot besteht auch bei Interessenkollisionen nicht (**hM** KölnKomm AktG/*Mertens* Rn 49; MünchHbB AG/ *Hoffmann-Becking* § 31 Rn 66). Ein Stimmverbot kann aber aus dem Grundsatz resultieren, dass **nicht in eigenen Angelegenheiten** zu richten ist (K. Schmidt/Lutter AktG/ *Drygala* Rn 15). Bei **innerorganschaftlichen Abstimmungen** kann kein entspr Interessenkonflikt entstehen, daher kann bspw jedes AR-Mitglied bei der Wahl zum AR-Vorsitzenden, beim Widerruf der Bestellung, bei Ausschusswahlen und bei der eigenen Wahl zum Vorstand (*Mertens* aaO Rn 50; **aA** Spindler/Stilz AktG/*Spindler* Rn 30) mitstimmen. Aus der entspr Anwendung von § **34 BGB** kann sich ferner für **echte Interessenkonflikte**, bspw bei Rechtsgeschäften oder Rechtsstreiten mit dem AR-Mitglied, ein Stimmrechtsverbot ergeben (*BGH* v 2.4.2007, Az II ZR 325/05; *Hüffer* AktG Rn 9). Ferner kann dieses bei **Interessenidentität** mit dritten Gesellschaften der Fall sein (*Mertens* aaO Rn 49). Für **Arbeitnehmervertreter** werden typische Arbeitnehmerinteressen regelmäßig keinen Stimmrechtsausschluss begründen, ein neutrales Verhalten sollte aber bei schwerwiegenden Interessenkonflikten geboten sein (MünchKomm AktG/*Habersack* Rn 31).

12   Innerhalb der **Sitzungsleitung** entscheidet der **AR-Vorsitzende** über die Stimmrechtseinschränkung ohne Bindung an einen eventuellen Beschl hierzu (MünchKomm AktG/*Habersack* Rn 33). Die Stimmabgabe entgegen einem Stimmverbot ist nichtig und macht den dadurch Zustande kommenden **Beschluss fehlerhaft** (Rechtsfolgen vgl Rn 17). Das Stimmverbot schließt aber das betroffene AR-Mitglied nicht von der Teilnahme oder Beratung aus, erfordert aber eine Stimmenthaltung (*BGH* v 2.4.2007 AZ II ZR 325/05). Dieses trägt dem Interessenkonflikt ausreichend Rechnung, denn es gewährleistet ein neutrales Verhalten (KölnKomm AktG/*Mertens* Rn 57). Ein **dreiköpfiger AR** wird demnach auch nicht beschlussunfähig (*BGH* 2.4.2007 AZ II ZR 325/05; **aA** *BayObLG* NZG 2003, 691, 692; *OLG Frankfurt* NZG 2006, 29, 30, Ersatzbestellung gem § 104 notwendig).

13   **4. Schriftliche Stimmabgabe.** Das Gesetz ermöglicht jedem AR-Mitglied gem Abs 3 eine schriftliche Stimmabgabe als **Notbehelf**, wenn die Satzung dieses nicht ausschließt (*Hüffer* AktG Rn 15). Sie setzt eine Abstimmung in einer Sitzung voraus und ist insoweit von der **schriftlichen Abstimmung im Umlaufverfahren** ohne AR-Sitzung zu unterscheiden. Schriftlich können Anträge, Erklärungen und die eigentliche Stimmabgabe durch einen Stimmboten überreicht werden. Sie müssen hinreichend genau bezeichnen, in welche Richtung abgestimmt werden soll und auf welche Frage sich die Erklärung bezieht (MünchHdb AG/*Hoffmann-Becking* § 31 Rn 84 f). Die Stimmabgabe muss schriftlich erfolgen und erfordert eine eigene Namensunterschrift

oder ein entspr Sicherungsinstrument, um die Authentizität sicher zu stellen. Daher sind **unterschriebene Briefe** und **Telefaxe** sowie **E-Mails mit elektronischer Signatur** ausreichend (iE Spindler/Stilz AktG/*Spindler* Rn 56; *Hüffer* aaO, Abs 4 analog). Die umstrittene Frage der Zulässigkeit von Telegramm und Telex dürfte sich durch die technische Entwicklung praktisch erübrigt haben.

Andere AR-Mitglieder und **Nichtmitglieder**, denen die **Satzung** ein **Teilnahmerecht** 14 eingeräumt hat, können die schriftliche Abstimmung als **Stimmbote** überreichen. Der Stimmbote ist verpflichtet, die schriftliche Stimmabgabe in der AR-Sitzung zu überreichen oder bei eigener Verhinderung an den AR-Vorsitzenden (MünchKomm AktG/*Habersack* Rn 58). Der Stimmbote wird nicht Vertreter des AR-Mitglieds, er gibt keine eigene Willenserklärung ab (unstr GroßKomm AktG/*Hopt/Roth* Rn 105). Dem Stimmboten ist **jeglicher eigener Ermessensspielraum versagt**, so dass ihm auch kein Wahlrecht zwischen mehreren Abstimmungsalternativen oder eine Abstimmung mit der Mehrheit erlaubt werden kann (unstr KölnKomm AktG/*Mertens* Rn 26). Eine **bedingte Abstimmung**, bspw nur bei gleichzeitiger Zustimmung auch des AR-Vorsitzenden, ist ebenso zulässig wie eine Entscheidung des AR-Mitglieds nach telefonischer Rücksprache, welche von mehreren vorbereiteten, schriftlichen Abstimmungen der Bote überreichen soll. Ein **Ausfüllen einer Blanketterklärung** durch den Stimmboten auf eindeutige Anweisung des AR-Mitglieds ist zulässig, wenn der Bote kein eigenes Ermessen hat (*Mertens* aaO Rn 27 **aA** *Hüffer* AktG Rn 14).

5. Beschlussfassung ohne Sitzung. Der AR-Vorsitzende kann entscheiden, dass nach 15 Abs 4 die Beschlussfassung ohne AR-Sitzung also bspw **schriftlich oder telefonisch** erfolgt, wenn **kein AR-Mitglied** diesem **widerspricht**. Dieses setzt voraus, dass jedes AR-Mitglied tatsächlich widersprechen kann, also tatsächlich hierüber informiert wurde (MünchKomm AktG/*Habersack* Rn 61). Eine Teilnahme an der Abstimmung ist dagegen nicht erforderlich, ihr Fehlen wird weder als Widerspruch noch als Enthaltung gewertet (KölnKomm AktG/*Mertens* Rn 32; *Lutter/Krieger* AR Rn 604). Die AR-Mitglieder sind über den Beschlussantrag zu informieren und zur Stimmabgabe aufzufordern (K. Schmidt/Lutter AktG/*Drygala* Rn 25). Ohne **Fristsetzung** können sie innerhalb einer angemessenen Frist widersprechen. Eine **verspätete** Stimmabgabe ist noch bis zur Beschlussfeststellung zu berücksichtigen (GroßKomm AktG/*Hopt/Roth* Rn 122). Auch insoweit hat eine Beschlussfeststellung zu erfolgen, über die eine **Niederschrift** zu fertigen ist.

Die **Satzung** oder **Geschäftsordnung** können die **Form** der Abstimmung **regeln**, aber 16 auch andere Formen der Beschlussfassung erschweren bzw ausschließen oder modifizieren, bspw durch Widerspruchsquorum (MünchHdb AG/*Hoffmann-Becking* § 31 Rn 92). Hierfür ist ein ausdrücklicher **Ausschluss des Widerspruchsrechts** in der Satzung oder Geschäftsordnung erforderlich, allein die fernmündliche oder videobasierte Abstimmung zuzulassen, kann dieses nicht ersetzen (**aA** *Wagner* NZG 2002, 58, 59). Ratsam ist eine Widerspruchsfrist, die gesetzlich nicht geregelt ist (KölnKomm AktG/ *Mertens* Rn 37). Auf Ausschüsse ist diese Regelung nicht automatisch übertragbar, hierzu ist eine gesonderte Regelung erforderlich (*Hüffer* AktG Rn 16). Ist der AR beschlussunfähig, kann durch Beschl der anwesenden AR-Mitglieder den abwesenden AR-Mitgliedern eine **nachträgliche Stimmabgabe** ermöglicht werden (GroßKomm AktG/*Hopt/Roth* Rn 129). Dieses setzt aber voraus, dass kein AR-Mitglied diesem Vorgehen widerspricht (**hM** *Lutter/Krieger* Hdb AR Rn 605). Empfehlenswert ist hier

Bürgers/Israel

§ 108 Beschlussfassung des Aufsichtsrats

eine ausdrückliche Regelung in der Satzung oder Geschäftsordnung (*Hüffer* aaO). Die nachträgliche Stimmabgabe führt ggf zur ex nunc Wirksamkeit des schwebend unwirksamen Beschl.

V. Fehlerhafte Aufsichtsrats-Beschlüsse

17 **1. Fehlerhaftigkeit.** Gesetzliche Vorschriften über die Fehlerhaftigkeit von AR-Beschlüssen und ihre Rechtsfolgen bestehen nicht. Zunächst kann ein **nicht beschlussfähig** besetzter AR keine fehlerfreien Beschl treffen (*BGH* NJW 1989, 1928, 1929 f). Gleiches gilt für einen **nicht ordnungsgemäß besetzten AR** (KölnKomm AktG/*Mertens* Rn 72). Überschreitet der AR durch einen Beschl seine **Kompetenzen**, ist der Beschluss ebenfalls fehlerhaft (*Kindl* AG 1993, 153, 159). Ein Beschluss ist ferner fehlerhaft, wenn nicht die erforderliche Anzahl von AR-Mitgliedern zugestimmt hat, so etwa bei nichtiger Stimmabgabe oder bei ihrer späteren Anfechtung (*Mertens* aaO Rn 73). Dabei muss sich allerdings der einzelne Mangel direkt **auf das Abstimmungsergebnis ausgewirkt** haben (*Hüffer* AktG Rn 17). Dagegen bewirkt allein die Anwesenheit eines Unbefugten bei der Abstimmung keinen fehlerhaften Beschluss (*BGHZ* 47, 341, 346).

18 **Verfahrensfehler** können einen Beschl ebenfalls fehlerhaft machen, wenn dadurch ein AR-Mitglied in seinen **Teilhabe- oder Mitwirkungsrechten beeinträchtigt** wurde, unabhängig davon, ob dieses Einfluss auf das Beschlussergebnis hatte (KölnKomm AktG/*Mertens* Rn 77). Allerdings ist auch allein die Beeinflussung des Beschlussergebnisses für die Fehlerhaftigkeit ausreichend (*OLG Stuttgart* AG 1985, 193, 194; *Kindl* AG 1993, 153, 159). Kommt es trotz eines relevanten Verfahrensfehlers nicht zu einer tatsächlichen Beeinträchtigung der Teilnahme- oder Mitwirkungsrechte, ist der Beschl nicht fehlerhaft, auch wenn ein ausdrückliches Einverständnis fehlt (*BGHZ* 122, 342, 351 f). Können AR-Mitglieder auf Verfahrensvorschriften verzichten, kann der Verzicht eine Fehlerhaftigkeit ausschließen. Allerdings ist insoweit ein Verzicht aller AR-Mitglieder erforderlich, der Verzicht des betroffenen AR-Mitglieds allein reicht nicht aus (**aA** *Kindl* S 180 f, individueller Verzicht). Dagegen führen Verstöße gegen **reine Ordnungsvorschriften** grds nicht zur Fehlerhaftigkeit des Beschl (unstr MünchKomm AktG/*Habersack* Rn 79).

19 Ein fehlerhafter Beschl liegt bei einem **gesetz- oder satzungswidrigen Beschlussinhalt** vor (*Hüffer* AktG Rn 17). Erfasst sind hiervon auch Ermessensüberschreitungen bei unternehmerischen Entscheidungen des AR (*BGHZ* 135, 244, 252 f). Die eingeschränkte Überprüfbarkeit dieser Entscheidungen durch das Gericht verengt den tatsächlichen Anwendungsbereich erheblich (*OLG Düsseldorf* AG 1995, 416, 418 f; iE wohl auch *BGHZ* 124, 111, 127). Dagegen sind Beschlüsse nicht deshalb fehlerhaft, weil sie auf eine rechtswidrige Willenserklärung oder Zustimmung gerichtet sind, aber keine unmittelbaren institutionellen Veränderungen bewirken (KölnKomm AktG/*Mertens* Rn 81).

20 **2. Rechtsfolgen.** Beschl aufgrund fehlender Kompetenz sind nicht existent. Sorgfaltswidrige Beschl können zur Nichtigkeit führen (*BGHZ* 135, 244, 251 f). **Fehlerhafte Beschlüsse** führen zur **Nichtigkeit** der Beschl (*BGH* NZG 2000, 945, 946; *BGHZ* 135, 244, 247; *OLG Frankfurt* NZG 2006, 29, 31 f). **Rechtssicherheit** wird hier durch eine **Verwirkung** der Nichtigerklärung für solche Verstöße gegen Verfahrensrecht herbeigeführt, die allein Teilhaberechte sicherstellen sollen (*BGHZ* 122, 342, 351). Führen

Verfahrensfehler nicht zu einem fehlerhaften Beschluss, sind die Beschl weder nichtig noch entspr §§ 243 f anfechtbar (*BGHZ* 124, 111, 115; *BayObLG* NZG 2003, 691, 692 f; **aA** *OLG Hamburg* AG 1984, 248, 249; KölnKomm AktG/*Mertens* Rn 83). **Inhaltlich fehlerhafte Beschlüsse** sind nichtig; die Nichtigkeitsfolge **unterliegt keiner Verwirkung** (MünchKomm AktG/*Habersack* Rn 80; *Lutter/Krieger* AR Rn 612). Grds sind entspr Beschlüsse **ex tunc nichtig** (K. Schmidt/Lutter AktG/*Drygala* Rn 36). Ausnahmsweise kann aber bei Bestellung von Vorstandsmitgliedern und dem AR-Vorsitzenden ex nunc Wirkung gegeben sein (*Mertens* aaO Rn 86).

3. Geltendmachung. AR-Mitglieder und Vorstandsmitglieder können die Nichtigkeit 21 durch eine Feststellungsklage geltend machen (*BGHZ* 135, 244, 247 f). Neu gewählte AR-Mitglieder haben ein Feststellungsinteresse, wenn der vor Beginn der Amtszeit des neuen AR-Mitglieds gefasste Beschl noch während dessen Amtszeit Wirkungen entfaltet (*BGH* AG 2012, 677, 678). **Aktionäre** sind allg nicht klagebefugt (*OLG Frankfurt* ZIP 2007, 72, 74), nur eine Beeinträchtigung ihrer Mitgliedschaftsrechte kann eine Klagebefugnis ausnahmsweise begründen (*BGHZ* 164, 249, 253 ff; MünchKomm AktG/*Habersack* Rn 85). Die Klage ist gegen die AG, vertreten durch den Vorstand zu richten (**hM** *BGHZ* 122, 342, 344 f). Ein stattgebendes Urteil wirkt entspr § 248 Abs 1 inter omnes, also auch für Aktionäre und nichtbeteiligte AR-Mitglieder und Vorstandsmitglieder (KölnKomm AktG/*Mertens* Rn 91). Die Rechtskraft eines versagenden Urteils wirkt dagegen nur für und gegen die Parteien. Bei der Geltendmachung schwerwiegender Mängel soll eine Feststellungsklage keinen Fristen unterliegen (*Wilsing/Paul* BB 2012, 2458, 2459; *Bürgers/Theusinger* NZG 2012, 1218, 1219)

§ 109 Teilnahme an Sitzungen des Aufsichtsrats und seiner Ausschüsse

(1) ¹An den Sitzungen des Aufsichtsrats und seiner Ausschüsse sollen Personen, die weder dem Aufsichtsrat noch dem Vorstand angehören, nicht teilnehmen. ²Sachverständige und Auskunftspersonen können zur Beratung über einzelne Gegenstände zugezogen werden.

(2) Aufsichtsratsmitglieder, die dem Ausschuss nicht angehören, können an den Ausschusssitzungen teilnehmen, wenn der Vorsitzende des Aufsichtsrats nichts anderes bestimmt.

(3) Die Satzung kann zulassen, dass an den Sitzungen des Aufsichtsrats und seiner Ausschüsse Personen, die dem Aufsichtsrat nicht angehören, an Stelle von verhinderten Aufsichtsratsmitgliedern teilnehmen können, wenn diese sie hierzu in Textform ermächtigt haben.

(4) Abweichende gesetzliche Vorschriften bleiben unberührt.

Übersicht

	Rn		Rn
I. Regelungsinhalt	1	III. Teilnahme an Ausschusssitzungen	5
II. Sitzungsteilnahme	2	1. Teilnahmerechte	5
1. Aufsichtsrats-Mitglieder	2	2. Ausschlussrecht des Aufsichtsrats-Vorsitzenden	6
2. Vorstandsmitglieder	3		
3. Sachverständige und Dritte	4	IV. Verhinderte Aufsichtsrats-Mitglieder	7

§ 109 Teilnahme an Sitzungen des Aufsichtsrats und seiner Ausschüsse

Literatur: *Kindl* Die Teilnahme an der Aufsichtsratssitzung, 1993; *Schneider* Die Teilnahme von Vorstandsmitgliedern an Aufsichtsratssitzungen, ZIP 2002, 872.

I. Regelungsinhalt

1 Sitzungen des AR und seiner Ausschüsse sind Mittelpunkt der Überwachungstätigkeit und Meinungsbildung seiner Mitglieder, so dass die Vorschrift grds andere Personen als Vorstands- und AR-Mitglieder von ihrer Teilnahme ausschließt (Abs 1). Insb Sachverständige und Auskunftspersonen sollen nur zu bestimmten Beschluss- oder Beratungsgegenständen teilnehmen, um eine Geheimhaltung zu gewährleisten und übermäßige Beeinflussung von Dritten zu verhindern, die ohne tatsächliche Verantwortung eine vergleichbare Stellung erlangen könnten (MünchKomm AktG/*Habersack* Rn 2). Eine **Teilnahmepflicht** der AR-Mitglieder lässt sich aus der Norm nicht ableiten (KölnKomm AktG/*Mertens* Rn 7, allg Organpflicht). Es handelt sich um eine Ordnungsvorschrift, so dass Verstöße keinen Einfluss auf Beschl haben (unstr *BGHZ* 47, 341, 349 f; GroßKomm AktG/*Hopt/Roth* Rn 8). Daneben ist jedes AR-Mitglied berechtigt, an allen **Ausschussberatungen** teilzunehmen und die Protokolle einzusehen, wodurch die sich aus der Aufgabendelegation ergebende Überwachungsmöglichkeit sichergestellt ist (Abs 2). Der AR-Vorsitzende kann allerdings dieses Recht beschränken, wenn die Ausschussarbeit dies erfordert. Im Falle einer Verhinderung können für AR-Mitglieder andere Personen zur Teilnahme ermächtigt werden, wenn die Satzung dieses vorsieht (Abs 3). Gesetzliche Teilnahmeregelungen, wie für behördliche Vertreter nach § 44 Abs 1 Nr 2 KWG, bleiben unberührt (Abs 4). Weitergehende Modifikationen sind durch die Satzung nicht möglich (*Hüffer* AktG Rn 1).

II. Sitzungsteilnahme

2 **1. Aufsichtsrats-Mitglieder.** Grds ist jedes AR-Mitglied zur Teilnahme an Sitzungen des AR berechtigt und verpflichtet, gleiches gilt für die Teilnahme an Ausschusssitzungen für Ausschussmitglieder (KölnKomm AktG/*Mertens* Rn 7 f). Von der Teilnahme können AR-Mitglieder durch den **AR-Vorsitzenden ausgeschlossen** werden, wenn dies zur Herstellung der Ordnung erforderlich ist (GroßKomm AktG/*Hopt/Roth* Rn 25 f). Auf Antrag des betroffenen Mitglieds hat der Gesamt-AR zu entscheiden. Ebenso hat das Plenum über einen Ausschluss zu entscheiden, wenn es außerhalb reiner Ordnungsmaßnahmen um eine Ermessensentscheidung bzw einen grds Eingriff in das Teilnahmerecht zur **Wahrung der Vertraulichkeit** oder dem **Vorbeugen von Interessenkonflikten** geht (hM K. Schmidt/Lutter AktG/*Drygala* Rn 4). Ein Ausschluss ist nur in engen Grenzen sachlich zu rechtfertigen, wenn mildere Mittel, die weiterhin eine Teilnahme ermöglichen, wie Stimmverbote, nicht ausreichend sind (*Hüffer* AktG Rn 2, nur im Einzelfall).

3 **2. Vorstandsmitglieder.** Zwar dürfen Vorstandsmitglieder grds an AR-Sitzungen teilnehmen, ein generelles Recht hierzu würde aber der Überwachungsaufgabe des AR widersprechen (KölnKomm AktG/*Mertens* Rn 10). Der AR bzw sein AR-Vorsitzender kann Vorstandsmitglieder im Rahmen ihrer **Informationspflicht** gegenüber dem AR zur Teilnahme verpflichten (*Hüffer* AktG Rn 3). Nehmen Vorstandsmitglieder teil, haben sie nur das Recht zu Wortbeiträgen und deren Protokollierung (unstr *Mertens* aaO Rn 13). Der AR kann auch **einzelne Vorstandsmitglieder** gesondert berichten lassen, wenn er die individuelle Meinung eines Vorstandsmitglieds für relevant hält. Grds entscheidet der AR-Vorsitzende als Sitzungsleiter über Berichtsanforde-

rungen, wenn nicht das Plenum auf Antrag gesondert entscheidet (*Lutter/Krieger* AG Rn 580). Einzelne Regelungen hierzu kann die Satzung oder die Geschäftsordnung treffen, was auch die regelmäßige Teilnahme des Vorstands mit Ausschlussvorbehalt des AR-Vorsitzenden umfassen kann (**hM** GroßKomm AktG/*Hopt/Roth* Rn 30; *Schneider* ZIP 2002, 872, 875).

3. Sachverständige und Dritte. Für Sachverständige und Auskunftspersonen ist in Abs 1 S 2 ausdrücklich vorgesehen, dass sie **zu einzelnen Fragen** punktuell hinzugezogen werden können. Der Begriff des Sachverständigen ist weit zu verstehen und erfasst alle zu einer bestimmten Frage bes Sachkundigen (*Hüffer* AktG Rn 5). Auskunftspersonen sind Personen, die allg Informationen dem AR zur Verfügung stellen können, was interne Mitarbeiter, **Großaktionäre** (wg Unabhängigkeit des AR keine regelmäßige Anwesenheit), Organmitglieder von herrschenden Unternehmen oder Berater sein können (MünchKomm AktG/*Habersack* Rn 17 f). Berät der AR den Jahres- oder Konzernabschluss, hat er oder der zuständige Ausschuss gem § 171 Abs 1 S 2 immer den **Abschlussprüfer hinzuziehen** (s § 171 Rn 6a). Eine Entscheidung über die Teilnahme kann der AR-Vorsitzende oder auf Antrag das Plenum treffen. **Angestellte der AG** sind grds über den Vorstand zu laden, wenn dieses dem Auskunftsgrund nicht entgegensteht (KölnKomm AktG/*Mertens* Rn 14). Ein **Protokollführer** und **zukünftige AR-Mitglieder** können teilnehmen, wenn kein AR-Mitglied widerspricht (*Habersack* aaO Rn 21).   4

III. Teilnahme an Ausschusssitzungen

1. Teilnahmerechte. Das grds Teilnahmerecht von ausschussfremden AR-Mitgliedern für Ausschusssitzungen ist durch das **Ausschlussrecht** des **AR-Vorsitzenden** begrenzt. Eine entspr Untersagung begrenzt auch das Informationsrecht des AR-Mitglieds, indem keine Sitzungsunterlagen, sondern nur die Ausschussberichte an den Gesamt-AR eingesehen werden können (KölnKomm AktG/*Mertens* Rn 24). Gegenüber ausschussfremden AR-Mitgliedern besteht grds keine **Verschwiegenheitspflicht** (*OLG Hamburg* AG 1984, 248, 251), der Gesamtverantwortung entspr sollte die Informationsweitergabe an alle Mitglieder erfolgen (Zustimmung des Vorsitzenden, MünchKomm AktG/*Habersack* Rn 24). Besteht eine Teilnahmebefugnis des ausschussfremden AR-Mitglieds, umfasst es nur ein **Rede- und Informationsrecht**, eigene Anträge oder Auskunftsverlagen kann das ausschussfremde AR-Mitglied nicht stellen (K. Schmidt/Lutter/*Drygala* AktG Rn 16). Das Rederecht umfasst die Kundgabe der eigenen Meinung und die Aufnahme der Erklärung in das Sitzungsprotokoll (*Mertens* aaO Rn 19). Das Informationsrecht umfasst eine Einsicht in sitzungsvorbereitende Unterlagen vor der Ausschusssitzung und eine Einsicht in die betreffenden Sitzungsprotokolle (*OLG Hamburg* aaO).   5

2. Ausschlussrecht des Aufsichtsrats-Vorsitzenden. Abs 2 weist dem AR-Vorsitzenden ausdrücklich das Recht zu, ausschussfremden AR-Mitgliedern die Teilnahme an Ausschusssitzungen zu versagen. Weder HV oder Satzung noch AR-Plenum können eine entspr Entscheidung aufheben oder den AR-Vorsitzenden durch Beschluss binden (GroßKomm AktG/*Hopt/Roth* Rn 75; **aA** *Lutter/Krieger* AG Rn 269). Bei Verhinderung ist die Entscheidung durch den Stellvertreter zu treffen; eine **Delegation** bspw an den Ausschussvorsitzenden ist **nicht möglich** (MünchKomm AktG/*Habersack* Rn 25). Voraussetzung für einen Ausschluss ist das Vorliegen eines sachlichen Grundes, bspw bei vertraulichem Inhalt die Teilnahme am Personalausschuss (*LG Mün-*   6 *chen* NZG 2008, 348, 350). Der AR-Vorsitzende ist ferner an das Gleichbehandlungsgebot gebunden, darf also nicht bestimmte Mitglieder oder Mitgliedsgruppen (bspw AN) ohne ausreichenden sachlichen Grund ungleich behandeln (*OLG Hamburg* AG 1984, 248, 251, für Vorstandsausschuss; *Hüffer* AktG Rn 6). Ein Ausschluss kann auch allg **für alle ausschussfremden AR-Mitglieder** für einen bestimmten Ausschuss erfolgen (KölnKomm AktG/*Mertens* Rn 21 f). Ein genereller Ausschluss aller ausschussfremden AR-Mitglieder von der Teilnahme an sämtlichen Ausschüssen ist nicht zulässig (*Mertens* aaO Rn 22; **aA** *Lutter/Krieger* AR Rn 643). Gegen ein Teilnahmeverbot kann ein betroffenes AR-Mitglied im Wege der **Feststellungsklage** vorgehen, wenn ein entspr Rechtsschutzbedürfnis besteht (*BGHZ* 49, 396).

IV. Verhinderte Aufsichtsrats-Mitglieder

7   Nur die Satzung kann für den Fall einer tatsächlichen Verhinderung eines AR-Mitglieds vorsehen, dass dieser eine **andere Person** in Textform iSv § 126b BGB zur Teilnahme **ermächtigen** kann. Die Ermächtigung kann schriftlich, durch Fax oder E-Mail für eine bestimmte Sitzung erfolgen und muss den Ermächtigten und das AR-Mitglied namentlich bezeichnen (*Lutter/Krieger* AR Rn 579). Der Ermächtigte ist nicht Vertreter des AR-Mitglieds, sondern seine Rechtsstellung ist ähnlich einem **Boten** (hM KölnKomm AktG/*Mertens* Rn 29). Soll der Ermächtigte Anträge stellen, sind diese vom AR-Mitglied vorzuformulieren (MünchHdb AG/*Hoffmann-Becking* § 31 Rn 48). Eine Stimmabgabe durch ein anderes AR-Mitglied bedarf dagegen keiner Ermächtigung in Textform (**aA** MünchKomm AktG/*Habersack* Rn 35). Der Ermächtigte ist **nicht** automatisch an die **organschaftlichen Verschwiegenheitspflichten** gebunden, entspr muss das verhinderte AR-Mitglied sicherstellen (*Mertens* aaO). Die notwendige Satzungsbestimmung kann die gesetzlichen Mindesterfordernisse nicht herabsetzen, sondern nur weitergehende Erfordernisse vorsehen (GroßKomm AktG/*Hopt/Roth* Rn 81). Die **Haftung des Ermächtigten** richtet sich nicht nach §§ 116, 93, sondern nach §§ 823, 826 BGB; eine Haftung aufgrund einer schädigenden Einflussnahme nach § 117 ist ebenfalls möglich (*Mertens* aaO Rn 31). Das verhinderte AR-Mitglied muss sich das Handeln des Ermächtigten **zurechnen lassen** und haftet für eine sorgfältige Auswahl und Überwachung (*Habersack* aaO Rn 39).

§ 110 Einberufung des Aufsichtsrats

(1) ¹Jedes Aufsichtsratsmitglied oder der Vorstand kann unter Angabe des Zwecks und der Gründe verlangen, dass der Vorsitzende des Aufsichtsrats unverzüglich den Aufsichtsrat einberuft. ²Die Sitzung muss binnen zwei Wochen nach der Einberufung stattfinden.

(2) Wird dem Verlangen nicht entsprochen, so kann das Aufsichtsratsmitglied oder der Vorstand unter Mitteilung des Sachverhalts und der Angabe einer Tagesordnung selbst den Aufsichtsrat einberufen.

(3) ¹Der Aufsichtsrat muss zwei Sitzungen im Kalenderhalbjahr abhalten. ²In nichtbörsennotierten Gesellschaften kann der Aufsichtsrat beschließen, dass eine Sitzung im Kalenderhalbjahr abzuhalten ist.

Einberufung des Aufsichtsrats § 110

Übersicht

	Rn		Rn
I. Regelungsinhalt	1	V. Eigenes Einberufungsrecht	8
II. Einberufung	3	VI. Gesetzlicher Mindestturnus für	
III. Einberufungsvoraussetzungen	4	Sitzungen	10
IV. Initiativrecht	5	VII. Satzungsmodifikationen	11

Literatur: *Götz* Rechte und Pflichten des Aufsichtsrats nach dem Transparenz- und Publizitätsgesetz, NZG 2002, 599; *Wagner* Aufsichtsratssitzung in Form der Videokonferenz – Gegenwärtiger Stand und mögliche Änderungen durch das Transparenz- und Publizitätsgesetz, NZG 2002, 57.

I. Regelungsinhalt

Die Vorschrift setzt voraus, dass der **AR-Vorsitzende** grds für die Einberufung der AR-Sitzungen zuständig ist. Vorstand und einzelne AR-Mitglieder haben ein Initiativrecht für die Einberufung von AR-Sitzungen, das gem Abs 1 gegenüber dem AR-Vorsitzenden geltend zu machen ist. Vorgaben für das Verfahren der Einberufung gibt es nicht. Kommt der AR-Vorsitzende dem Initiativverlangen nicht nach, besteht ein **eigenes Einberufungsrecht**, Abs 2. Hierdurch wird sichergestellt, dass unabhängig von der Einschätzung durch den AR-Vorsitzenden eine Befassung durch das Organ erfolgt, wenn AR-Mitglieder oder Vorstand dieses für erforderlich halten. Daneben regelt die Vorschrift in Abs 3 den gesetzlichen Mindestturnus für AR-Sitzungen. 1

Die entspr **Einberufungsregeln** sind analog auf **Ausschusssitzungen** des AR anzuwenden (**hM** GroßKomm AktG/*Hopt/Roth* Rn 10, 74 ff). Damit obliegt die Einberufung dem **Ausschussvorsitzenden**, so dass die Selbstverwaltung des Ausschusses sogar bei seiner Verhinderung einer Einberufung durch den AR-Vorsitzenden entgegen steht (MünchKomm AktG/*Habersack* Rn 14; **aA** KölnKomm AktG/*Mertens* Rn 3). Vorstand und Ausschussmitglieder können entspr die Einberufung verlangen und ggf vom Selbsthilferecht Gebrauch machen (vgl *Lutter/Krieger* AR Rn 641). Auch kann eine Sitzung des Plenums einberufen werden, auf der die Kompetenzen des Ausschusses wieder dem Plenum zugeordnet werden. 2

II. Einberufung

Grds werden AR-Sitzungen durch den AR-Vorsitzenden einberufen; dies entspricht seiner Koordinations- und Organisationsaufgabe (*Hüffer* AktG Rn 2). Die Einberufung ist ein **innerorganschaftlicher Akt**, den der Vorsitzende nach freiem Ermessen vornimmt; eine Vertretung des AR liegt insoweit nicht vor (*BGHZ* 100, 264, 267). Es ist nicht erforderlich, dass alle AR-Mitglieder tatsächlich im Rahmen einer **Präsenzsitzung** anwesend sind, **Video- und Telefonkonferenzen** sind ebenfalls möglich (ausf *Wagner* NZG 2002, 57, 58 f). Ist der AR-Vorsitzende verhindert, hat sein Stellvertreter das Einberufungsrecht, sind beide verhindert, können einzelne AR-Mitglieder oder der Vorstand eine AR-Sitzung einberufen (Spindler/Stilz AktG/*Spindler* Rn 7). IRd Selbsthilferechts können AR-Mitglieder und der Vorstand eine AR-Sitzung einberufen (vgl Rn 8). Der erste AR wird von den Gründern einberufen (MünchKomm AktG/*Habersack* Rn 11). Für die Einberufung der **konstituierenden Sitzung** des AR besteht keine ausdrückliche Kompetenzzuweisung, daher wird typischerweise in der Satzung von Einberufungsformalia abgesehen und die konstituierende Sitzung für den Anschluss an die HV terminiert, auf der die AR-Mitglieder gewählt werden (Köln- 3

Komm AktG/*Mertens* Rn 2). Fehlt es an einer Satzungsregelung kann schon vor der Wahl der bisherige AR-Vorsitzende die Einberufung übernehmen oder der Vorstand muss die Sitzung einberufen (*Habersack* aaO).

III. Einberufungsvoraussetzungen

4 Gesetzlich gibt es keine Regeln zu Form und Frist der Einberufung, die aber durch Satzung oder Geschäftsordnung geregelt werden können. Ohne entspr Bestimmungen ist nur eine **angemessene Frist** erforderlich (*Hüffer* AktG Rn 3 **aA** *Lutter/Krieger* AR Rn 569, max zwei Wochen). Der AR-Vorsitzende teilt **Ort** und **Zeit** der Sitzung mit und kann **in eigenem Ermessen** entscheiden, ob dieses in **Textform** (Brief, Fax, E-Mail) oder **mündlich** erfolgt (K. Schmidt/Lutter AktG Rn 8). Die darüber hinaus mitzuteilende Tagesordnung muss entspr einer bestehenden Einberufungsfrist versandt werden, aber nicht notwendigerweise gemeinsam mit der Einladung (*BGHZ* 99, 119, 122 f). Die **Tagesordnung** soll den Mitgliedern eine hinreichende Vorbereitung ermöglichen und deshalb die einzelnen Fragen ausreichend bezeichnen (KölnKomm AktG/ *Mertens* Rn 4). Die Geheimhaltung kann es aber bspw bei Unternehmenserwerben erfordern, dass einzelne Tagesordnungspunkte zunächst nur abstrakt beschrieben werden (**aA** wohl MünchKomm AktG 2.Aufl/*Semler* Rn 19 da Vertraulichkeit gesichert sein soll). Werden Tagesordnungspunkte nicht rechtzeitig bekannt gegeben, kann eine Verfahrensrüge eines Mitglieds dennoch gefasste Beschl infizieren, sie sind dann nichtig (vgl § 108 Rn 18). Beschlussanträge sind ebenfalls rechtzeitig an die Mitglieder bekannt zu geben, nicht aber Voraussetzung für eine ordnungsgemäße Einberufung (MünchHdb AG/*Hoffmann-Becking* § 31 Rn 41). Durch Antrag kann die Tagesordnung sogar noch in der Sitzung ergänzt werden, worüber der AR-Vorsitzende nach pflichtgemäßem Ermessen entscheidet. Auch für Anträge zur Ergänzung der Tagesordnung wird ein Selbsthilferecht der einzelnen AR-Mitglieder angenommen (vgl *Mertens* aaO).

IV. Initiativrecht

5 **Jedes AR-Mitglied** und der **Vorstand** können vom AR-Vorsitzenden die unverzügliche **Einberufung** unter Mitteilung des Zwecks und der Gründe **verlangen**. Hierbei muss der Vorstand als Organ tätig werden, vertretungsberechtigte Vorstandsmitglieder sind nicht ausreichend (*Hüffer* AktG Rn 6). Der Antrag muss an den AR-Vorsitzenden gerichtet sein und die Einberufung einer Sitzung fordern. Ferner ist der **Grund** und **Zweck** für den Antrag zu **nennen**, dh warum der AR gerade in dieser Situation zusammentreten und über einen zu nennenden Punkt beraten und beschließen soll (MünchKomm AktG/*Habersack* Rn 35 f). Bei **Versicherungsunternehmen** kann die BaFin gem § 83 Abs 1 Nr 6 VAG die Einberufung einer außerordentlichen AR-Sitzung verlangen und im Falle der Weigerung selbst umsetzen (GroßKomm AktG/*Hopt/ Roth* Rn 57). Für **Kreditinstitute** und Kapitalanlagegesellschaften (§ 44 Abs 5 KWG, § 2 Abs 1 KAAG) kann dieses ebenfalls verlangt werden, wobei jedoch hier kein Selbsthilferecht besteht (vgl KölnKomm AktG/*Mertens* Rn 28).

6 Widerspricht ein AR-Mitglied dem Verlangen, entspricht der Antrag nicht den gesetzlichen Erfordernissen oder hält es der AR-Vorsitzende für nicht geboten, kann er das Verlangen ablehnen. Auch wenn für den angestrebten Beschl aus Sicht des Vorsitzenden **keine Mehrheit wahrscheinlich** ist, kann er die Einberufung **nicht verweigern**, da er damit der Beschlussfassung unzulässigerweise vorgreifen würde (*Hüffer* AktG

Einberufung des Aufsichtsrats § 110

Rn 7). Wurde dagegen über den beantragten Gegenstand bereits abgestimmt und sind keine neuen Gesichtspunkte hinzugetreten, kann das Verlangen **rechtsmissbräuchlich** sein und ist vom AR-Vorsitzenden abzulehnen (GroßKomm AktG/*Hopt/Roth* Rn 35). Dieses gilt grds bei anderen Fällen zweckwidrigen Vorgehens oder bei gesetz- oder sittenwidrigen Zielsetzungen des Einberufungsverlangens (iE unstr KölnKomm AktG/*Mertens* Rn 11). Gleichfalls können Befassungsgegenstände außerhalb der AR-Zuständigkeit oder der Gesellschaftsinteressen eine Ablehnung rechtfertigen. Soll durch das Einberufungsverlangen die Verhinderung einzelner AR-Mitglieder und die sich daraus resultierenden Mehrheitsverhältnisse ausgenutzt werden, kann darin ebenfalls ein rechtsmissbräuchliches Vorgehen gesehen werden.

Die Einberufung einer AR-Sitzung muss durch den AR-Vorsitzenden **unverzüglich** 7 erfolgen, dh ohne schuldhaftes Zögern iSv § 121 BGB. Erfolgt eine Beschlussfassung außerhalb einer Sitzung, durch fernmündliche oder schriftliche Abstimmung, stellt dieses keine AR-Sitzung iSd Verlangens dar. Um Verzögerungen zu verhindern ist ferner vorgesehen, dass die Sitzung **innerhalb von zwei Wochen** nach Eingang des Antrags stattfinden soll. Der AR-Vorsitzende ist innerhalb der Zweiwochenfrist nicht an die Terminierung des Verlangens gebunden, er kann nach pflichtgemäßem Ermessen eine Sitzung noch verlegen (*Lutter/Krieger* AR Rn 576).

V. Eigenes Einberufungsrecht

Wird einem Einberufungsverlangen durch **AR-Mitglieder** oder **Vorstand** nicht ent- 8 sprochen, können diese selbst eine Sitzung des AR einberufen. Die AR-Mitglieder und der Vorstand entscheiden über die eigene Einberufung nach **pflichtgemäßem Ermessen** und können sich ggf schadensersatzpflichtig machen, §§ 93, 116. Entspr gilt für **Sitzungen eines AR-Ausschusses**, der AR-Vorsitzende kann wg der Selbstorganisation des Ausschusses grds keinen Einfluss nehmen. Das eigene Einberufungsrecht steht jedem AR-Mitglied und dem Vorstand als Organ zu, wenn jeweils zuvor erfolglos eine Einberufung verlangt wurde (*Hüffer* AktG Rn 8). Auch insoweit muss **rechtsmissbräuchlichen Einberufungen** nicht gefolgt werden (AnwK-AktR/*Breuer/Fraune* Rn 7). Die Einberufung durch den Vorstand erfordert einen Vorstandsbeschluss.

Die Selbsteinberufung kann sich nur auf den schon im Verlangen bezeichneten Bera- 9 tungs- bzw Beschlussgegenstand beziehen (*Hüffer* AktG Rn 9; vgl zur GmbH BGH WM 1985 567, 568). Wird ein Verlangen mehrerer AR-Mitglieder zurückgewiesen, ist die Einberufung **durch ein Mitglied ausreichend** (MünchKomm AktG/*Habersack* Rn 35). Die Einberufung muss **unverzüglich** nach der Ablehnung des Verlangens und kann erst nach Ablauf einer in dem Verlangen gesetzten Frist erfolgen (**allgM** Groß-Komm AktG/*Hopt/Roth* Rn 45 ff). Die Einberufungsfrist von zwei Wochen ist insoweit aber nicht heranzuziehen (**hM** KölnKomm AktG/*Mertens* Rn 19). In der eigenen Einberufung muss der **Sachverhalt mitgeteilt werden**, dh es muss den AR-Mitgliedern dargelegt werden, dass einem konkreten Verlangen mit einer zu bezeichnenden Tagesordnung nicht entsprochen wurde (K. Schmidt/Lutter AktG/*Drygala* Rn 15). Fehlt es an einer Sachverhaltsmitteilung, können die AR-Mitglieder nicht darüber entscheiden, ob eine wirksame Selbsteinberufung vorliegt; trotzdem gefasste Beschl sind unwirksam. Vollversammlungen mit Form- und Fristverzicht bleiben selbstverständlich möglich (*Mertens* aaO). Die Einberufung selbst muss alle **gesetzlichen** und **satzungsmäßigen Anforderungen** erfüllen. Dem AR-Vorsitzenden ist bei der Selbsteinberufung insoweit jeglicher Einfluss entzogen (*Habersack* aaO Rn 38).

Bürgers/Israel 935

VI. Gesetzlicher Mindestturnus für Sitzungen

10 Für alle AG wird in Abs 3 ein Mindestturnus für AR-Sitzungen von **zwei Sitzungen im Kalenderhalbjahr** vorgeschrieben. Ausdrücklich enthält aber Abs 3 S 2 einen Vorbehalt für **nicht börsennotierte AG**, die den Mindestturnus durch AR-Beschluss auf **eine Sitzung im Kalenderhalbjahr** absenken können. Ziel dieser Regelung sind regelmäßige Sitzungen und eine kontinuierliche Befassung durch den AR. Beschlussfassungen im Umlaufverfahren ersetzen keine AR-Sitzung (*Götz* NZG 2002, 599, 601 f). Nicht erforderlich ist, dass der AR tatsächlich zusammenkommt, **Telefon- oder Videokonferenzen** können ausreichend sein (*Wagner* NZG 2002, 57, 61; **aA** GroßKomm AktG/ *Hopt/Roth* Rn 70, nur Videokonferenz). Regelmäßig wird aber die Überwachungsaufgabe eine Präsenzsitzung im Halbjahr erforderlich machen (iE *Hüffer* AktG Rn 11). Eine regelmäßige Sitzung durch Telefon- oder Videokonferenz ist problematisch, denn die Beschlussfassung kann nur erfolgen, wenn kein AR-Mitglied widerspricht (*Lutter/Krieger* AR Rn 568).

VII. Satzungsmodifikationen

11 Initiativrecht und Selbstvornahmerecht sind durch Satzung oder Geschäftsordnung **nicht zu beschränken** (KölnKomm AktG/*Mertens* Rn 26). Gleiches gilt für den gesetzlichen Mindestturnus, über den aber hinausgegangen werden kann (*Hüffer* AktG Rn 1). Die gesetzlichen Mindestanforderungen an ein Initiativverlangen können durch die Satzung oder Geschäftsordnung nicht herabgesetzt werden, ferner kann bestimmten Personen im Vorstand kein eigenes Initiativrecht zugebilligt werden (GroßKomm AktG/*Hopt/Roth* Rn 53 ff). Von der vorherigen Befassung des AR-Vorsitzenden mit einer Einberufungsinitiative kann nicht abgewichen werden, denn dieses ist gerade Gegenstand seiner Koordinations- und Organisationskompetenz (*Mertens* aaO Rn 27; **aA** *Lutter/Krieger* AR Rn 232).

§ 111 Aufgaben und Rechte des Aufsichtsrats

(1) Der Aufsichtsrat hat die Geschäftsführung zu überwachen.

(2) ¹Der Aufsichtsrat kann die Bücher und Schriften der Gesellschaft sowie die Vermögensgegenstände, namentlich die Gesellschaftskasse und die Bestände an Wertpapieren und Waren, einsehen und prüfen. ²Er kann damit auch einzelne Mitglieder oder für bestimmte Aufgaben besondere Sachverständige beauftragen. ³Er erteilt dem Abschlussprüfer den Prüfungsauftrag für den Jahres- und den Konzernabschluss gemäß § 290 des Handelsgesetzbuchs.

(3) ¹Der Aufsichtsrat hat eine Hauptversammlung einzuberufen, wenn das Wohl der Gesellschaft es fordert. ²Für den Beschluss genügt die einfache Mehrheit.

(4) ¹Maßnahmen der Geschäftsführung können dem Aufsichtsrat nicht übertragen werden. ²Die Satzung oder der Aufsichtsrat hat jedoch zu bestimmen, dass bestimmte Arten von Geschäften nur mit seiner Zustimmung vorgenommen werden dürfen. ³Verweigert der Aufsichtsrat seine Zustimmung, so kann der Vorstand verlangen, dass die Hauptversammlung über die Zustimmung beschließt. ⁴Der Beschluss, durch den die Hauptversammlung zustimmt, bedarf einer Mehrheit, die mindestens drei Viertel der abgegebenen Stimmen umfasst. ⁵Die Satzung kann weder eine andere Mehrheit noch weitere Erfordernisse bestimmen.

(5) Die Aufsichtsratsmitglieder können ihre Aufgaben nicht durch andere wahrnehmen lassen.

Übersicht

	Rn		Rn
I. Regelungsinhalt	1	IV. Prüfungsauftrag des Abschluss-	
II. Überwachungspflicht	2	prüfers	15
1. Organzuständigkeit	2	1. Vorbereitung	15
2. Gegenstand der Überwachung	3	2. Beauftragung	16
3. Überwachungsrichtung	4	3. Durchführung	17
4. Intensität	6	V. Einberufung der Hauptversamm-	
5. Überwachungsmittel	7	lung	18
6. Unternehmensverbund	9	VI. Geschäftsführungsverbot	20
III. Einsichts- und Prüfungs-		VII. Zustimmungsvorbehalte	21
rechte	11	1. Zuständigkeit	22
1. Umfang	12	2. Erfasste Geschäfte	23
2. Beauftragung eines Aufsichts-		3. Zustimmung	25
rats-Mitglieds	13	4. Versagung der Zustimmung	27
3. Sachverständiger	14	5. Anwendung im Konzern	28
		VIII. Eigenständige Wahrnehmung	29

Literatur: *Bonjong* Rechtliche Mindestanforderungen an eine ordnungsgemäße Vorstandskontrolle und -beratung, AG 1995, 203; *Claussen* Abgestufte Überwachungspflicht des Aufsichtsrats?, AG 1984, 20; *Fonk* Zustimmungsvorbehalte des AG-Aufsichtsrats, ZGR 2006, 841; *Henze* Prüfungs- und Kontrollaufgaben des Aufsichtsrates in der Aktiengesellschaft, NJW 1998, 3309; *Hommelhoff* Die neue Position des Abschlußprüfers im Kraftfeld der aktienrechtlichen Organisationsverfassung, BB 1998, 2567; *Hopt/Roth* Der Prüfungsausschuss deutscher börsennotierter Aktiengesellschaften, FS Nobel, 2005, S 147; *Hüffer* Die leitungsbezogene Verantwortung des Aufsichtsrats, NZG 2007, 47; *Kropff* Die Unternehmensplanung im Aufsichtsrat, NZG 1998, 613; *Lange* Zustimmungspflicht und Kataloghaftung des Aufsichtsrats nach neuem Recht, DStR 2003, 376; *Leyendecker-Langner* Rechte und Pflichten des Vorstands bei Kompetenzüberschreitungen des Aufsichtsratsvorsitzenden, NZG 2012, 721; *Lutter* Information und Vertraulichkeit, 2. Aufl 1984; *Lutter/Krieger* Hilfspersonen von Aufsichtsratsmitgliedern, DB 1995, 257; *Semler* Grundsätze ordnungsgemäßer Überwachung, FS Peltzer, 2001, S 489.

I. Regelungsinhalt

Dem AR obliegt die Überwachung des Vorstands. Er soll die Geschäftsführung des Vorstands **vergangenheitsbezogen** und **präventiv beratend** auf die Zukunft gerichtet kontrollieren. Diese Pflicht muss jedes AR-Mitglied **höchstpersönlich** ausüben und kann sie nicht delegieren, Abs 5. Damit dient die Norm als **Abgrenzung** der AR-Tätigkeit zum Aufgabenbereich des Vorstands (*Hüffer* AktG Rn 1). Sie gibt **Mindestanforderungen** und **Grenzen** vor, in denen sich die Überwachungstätigkeit bewegen muss und von denen auch durch Satzungsregelungen nicht abgewichen werden darf. Die Aufgaben des AR werden aber nicht abschließend beschrieben, vielmehr enthalten eine Vielzahl weiterer Normen Aufgaben und Mitwirkungsrechte des AR (zB §§ 77 Abs 2, 84, 90, 112, 171, 172, 204, 314, § 32 MitBestG), von denen insb die in § 84 geregelte Bestellungs- und Abberufungskompetenz gegenüber dem Vorstand sowie das Vertretungsrecht gegenüber dem Vorstand gem § 112 von wesentlicher Bedeutung sind. In Abs 2 sind zur Erfüllung der Überwachungspflicht **Einsichts- und Prüfungs-**

rechte vorgesehen. Der AR hat erforderlichenfalls auch eine **HV einzuberufen**, wenn das **Wohl der AG** dieses erfordert, Abs 3. Ergänzend wird dem AR die Vorgabe von **Prüfungsschwerpunkten für den Abschlussprüfer** übertragen. Ferner hat der AR, neben möglichen Regelungen in der Satzung, **Zustimmungsvorbehalte** für Geschäftsführungsmaßnahmen des Vorstands festzulegen, die sich auf konkrete Maßnahmen beziehen, aber auch bestimmte Arten von Geschäften betreffen können (eingeführt durch TransPuG (BGBl I 2004, 2681); vgl *Fonk* ZGR 2006, 841, 842 f).

II. Überwachungspflicht

2   **1. Organzuständigkeit.** Die Überwachung des Vorstands wird dem AR als Organ zugewiesen (KölnKomm AktG/*Mertens* Rn 10). Zwar ist eine **Delegation** durch § 107 Abs 3 nicht ausdrücklich **ausgeschlossen**, jedoch schließt der zentrale Charakter der Aufgabe und die Natur der Tätigkeit eine vollständige Übertragung aus (*Hüffer* AktG Rn 9). Der AR kann aber für **einzelne Aufgaben** und **Vorbereitungstätigkeiten** einzelne **Mitglieder** und **Ausschüsse** einsetzen (MünchKomm AktG/*Habersack* Rn 17). Dieses entbindet den AR aber nicht von seiner Gesamtverantwortung für die Überwachung (*Hüffer* aaO). Der Beauftragte erlangt keine originären Kompetenzen, sondern leitet diese vom AR als Organ ab (*Mertens* aaO). Insoweit sind solche Ausschüsse **nicht** mit dem im angloamerikanischen Rechtsraum üblichen **Audit Committee vergleichbar**, das im einstufigen Board die Überwachung übernimmt (dazu *Hopt/Roth* FS Nobel, S 147 f).

3   **2. Gegenstand der Überwachung.** In Abs 1 wird als Gegenstand der Überwachung allg die **Geschäftsführung** genannt, die dem Vorstand obliegt. Gemeint sind aber nicht alle Einzelmaßnahmen der Geschäftsführung iSv § 77, sondern die **Leitung** der AG insgesamt (MünchKomm AktG/*Habersack* Rn 12). Der AR entscheidet nach pflichtgemäßem Ermessen, welche Elemente der Tätigkeit des Vorstands er prüft. Dabei ist zu berücksichtigen, dass die Gesetzesgenese gerade die Überwachungstiefe zurückgenommen hat, indem auf die Überwachung „in allen Zweigen der Verwaltung" verzichtet wurde (*Hüffer* AktG Rn 3). Die Überwachung soll sich nicht auf alle Details der Geschäftsführung beziehen, sondern regelmäßig in den wesentlichen Bereichen erfolgen (KölnKomm AktG/*Mertens* Rn 12). Die unklare Trennlinie zwischen Leitungsmaßnahmen und allg Geschäftsführung gibt insoweit nur begrenzt Hilfestellung (*Hüffer* aaO). Jedenfalls erfasst sind die **Grundsätze der Unternehmensführung und -organisation**, die **Erfüllung der Führungsfunktionen** sowie **wichtige Einzelentscheidungen des Vorstands aber auch nachgeordneter Ebenen**, soweit dort wesentliche Entscheidungen getroffen werden (*BGHZ* 75, 120, 133; aA *Lutter/Krieger* AR Rn 60).

4   **3. Überwachungsrichtung.** Obwohl vielfach die vergangenheitsbezogene Kontrolle in den Vordergrund gestellt wird (*Hüffer* AktG Rn 4), erfordert die effiziente und zukunftsgerichtete Überwachungsfunktion des AR insb einen **präventiven Charakter** (**allgM** *BGHZ* 135, 244, 255; GroßKomm AktG/*Hopt/Roth* Rn 58; MünchHdb AG/ *Hoffmann-Becking* § 29 Rn 32). Durch die Kontrolle soll verhindert werden, dass es überhaupt zu einem Verhalten des Vorstands kommt, das der AR beanstanden muss. Zu beachten ist aber, dass der AR hierbei das **unternehmerische Ermessen** des Vorstands respektieren muss und deshalb auch nicht in Form von weisungsähnlichen Maßnahmen tätig werden kann (KölnKomm AktG/*Mertens* Rn 11). Die zukunftsgerichtete Kontrolle kann durch **Zustimmungsvorbehalte** und **Meinungsäußerungen** iRd Berichterstattung nach § 90 erfolgen. Daneben hat eine fortlaufende

Beratung des Vorstands zu erfolgen, die in Ziff 5.1.1 DCGK hervorgehoben und vielfach als kontinuierliche Diskussionspartnerschaft verstanden wird (*BGHZ* 114, 127, 130). Sie ist Teil der präventiven Überwachung und wird teilw als eigenständige AR-Kompetenz eingestuft, worauf aufgrund der geringen Trennschärfe verzichtet werden sollte (*Hüffer* aaO Rn 5; *Hoffmann-Becking* aaO). Dabei muss sich die Beratung aber auch am Überwachungsgegenstand orientieren und ist somit grds nicht auf Einzelheiten des operativen Geschäfts zu beziehen (*BGHZ* 114, 127, 130; *Boujong* AG 1995, 203, 205).

Daneben ist der AR verpflichtet, in der **Vergangenheit liegendes Verhalten** des Vorstands zu kontrollieren und ggf zu beanstanden. Diese Aufgabe hat er zunächst durch Informationsgewinnung aus der laufenden Berichterstattung und ggf durch Anforderungsberichte zu erfüllen. Darüber hinaus steht dem AR mit dem Bucheinsichtsrecht nach Abs 2 ein weiteres Instrument zur Verfügung, vergangene Maßnahmen und Entwicklungen zu untersuchen (*Hüffer* AktG Rn 4). Eine Differenzierung der AR-Tätigkeit zwischen vergangenheitsbezogener Kontrolle und zukunftsgerichteten Überwachung kann relevant werden, wenn es darum geht, ob für den AR eine Haftungsprivilegierung nach der sog **Business Judgement Rule** des § 116 S 1, 93 Abs 1 S 2 gegeben ist. Vergangenheitsbezogene Kontrolle wird regelmäßig der dazu erforderliche **Charakter** einer **unternehmerischen Entscheidung fehlen** (ausf § 116 Rn 13 ff). Gerade eine solche unternehmerische Komponente wird aber regelmäßig Bestandteil der präventiven Kontrolle sein, bspw bei der Ausübung der Personalkompetenz und der Festlegung und Ausübung von Zustimmungsvorbehalten (ausf § 116 Rn 14 f). Eine der praktisch wichtigsten Fragen der vergangenheitsbezogenen Überwachung durch den AR ist die Entscheidung über die **Durchsetzung von Schadensersatzansprüchen gegen Vorstandsmitglieder** (grundlegend *BGHZ* 135, 244 f), bei dem AR nur ausnahmsweise unternehmerisches Ermessen insoweit zusteht, als er bei besonderen Umständen die Verhältnismäßigkeit der Anspruchsverfolgung und deren Auswirkungen auf das Unternehmen berücksichtigen kann. 5

4. Intensität. Die Überwachung des Vorstands orientiert sich an der Lage der AG, sie muss demnach **nicht** immer **von gleichbleibender Intensität** sein (iE *Hüffer* AktG Rn 7; *Henze* BB 2000, 203, 205 **aA** *Claussen* AG 1984, 20). Hierbei lassen sich keine einheitlichen Stufen für eine Überwachung bei einer bestimmten Situation festlegen, sondern der AR muss **situationsbedingt** entscheiden, wie er seine Prüfung ausgestaltet (**aA** wohl MünchKomm AktG/*Habersack* Rn 44 f, abgestufte Pflichten). Anerkannt ist, dass eine **Krise** der AG die **wesentliche Verschlechterung** der Lage eine erhöhte Kontrolle erfordert, die den AR **auch zu konkreten Maßnahmen zwingen** kann (*OLG Stuttgart* BB 2006, 1019, 1021 f; KölnKomm AktG/*Mertens* Rn 20). Auch bei Hinweisen auf existenzgefährdende Geschäftsführungsmaßnahmen oder bei einer neu gegründeten Ges kann eine intensivere Überwachung erforderlich sein (*OLG Stuttgart* AG 2012, 762, 763). Bei für die Gesellschaft besonders bedeutsamen Geschäften trifft das einzelne AR-Mitglied eine Pflicht zur selbständigen Risikoabschätzung (*OLG Stuttgart* AG 2012, 298, 301). Die Tätigkeit des AR hat in kritischen Situationen in eine **unterstützende oder gestaltende Überwachung** (bspw durch Vorstandswechsel) zu münden, wobei nicht die Schwelle der eigenen Geschäftsführung überschritten werden darf (Unterstützung: *OLG Hamburg* DB 2001, 583, 548; Gestaltung: *Hüffer* aaO). 6

§ 111 Aufgaben und Rechte des Aufsichtsrats

7 **5. Überwachungsmittel.** Grundlage jeder Überwachung ist die **angemessene Information** des AR über Maßnahmen des Vorstands und Entwicklungen der Gesellschaft. Dieses ist **gemeinsame Aufgabe** von Vorstand und AR (vgl auch Ziff 3.4 DCGK). Der AR kann sich nicht nur auf die Informationsversorgung durch den Vorstand verlassen, vielmehr ist er verpflichtet, auf diese aktiv hinzuwirken (statt vieler *Hüffer* NZG 2007, 47, 49, Holschuld). Basis dieses Informationsflusses sind die **periodischen Berichte** des Vorstands und die Berichte aufgrund eines konkreten, wichtigen Anlasses gem § 90 Abs 1 (vgl § 90 Rn 7 ff). Ergänzt wird dieses durch die **Anforderungsberichte** gem § 90 Abs 3, die auch durch ein einzelnes AR-Mitglied zur Erstattung an den AR verlangt werden können. Der **Informationsweitergabe** kann nicht die **Verschwiegenheitspflicht des Vorstands** entgegen stehen, der Vorstand ist gegenüber dem AR zur Offenheit verpflichtet (hM *BGHZ* 135 48, 56). Auch **innerhalb des AR** sind die AR-Mitglieder zur Offenheit gehalten, wenn dieses für die Überwachung erforderlich ist und keine entgegenstehenden Pflichten bestehen (aA GroßKomm AktG/*Hopt/Roth* § 116 Rn 258, durch Beschl). Hiervon kann bei einem Gegenstand der Tagesordnung ausgegangen werden (*Hüffer* NZG 2007 47, 51).

8 Daneben kann der AR durch **organisatorische Vorgaben** tätig werden. Dieses kann in Form einer **Geschäftsordnung des Vorstands** nach § 77 Abs 2 erfolgen (Informationsordnung) oder durch ausdrückliche **Zustimmungsvorbehalte**, die eine weitreichende Kontrolle gewährleisten (vgl Rn 21 ff). **Konkretere Überwachungsmittel** sind das Bucheinsichtsrecht oder bes Prüfungsaufträge nach Abs 2 und die Bestimmung von Prüfungsschwerpunkten bei der Abschlussprüfung (vgl Rn 16). Wichtiges Element der Überwachung ist auch das durch den Vorstand gem § 91 Abs 2 einzurichtende **Früherkennungssystem für bestandsgefährdende Entwicklungen**. Seine Einrichtung und Funktionsfähigkeit untersteht ebenfalls der Überwachung durch den AR (*Lutter/Krieger* AR Rn 82). Diese Aufgabe wird regelmäßig einem Prüfungsausschuss überantwortet werden (s § 103 Abs 3 S 2), der fortlaufend das **Risikomanagement** der AG überwacht und der nunmehr in § 103 Abs 3 und 4 genannt und unter Ziff 5.3.2 DCGK zur Einrichtung empfohlen wird (*Hüffer* NZG 2007, 47, 49). Daneben können **konkrete Eingriffsrechte** treten, die von einem Empfehlungsbeschluss des AR über **ad hoc** gefasste **Zustimmungsvorbehalte** und die Einberufung einer HV bis hin zum Widerruf der Bestellung des Vorstands reichen können.

9 **6. Unternehmensverbund.** Das Gesetz sieht **keine besonderen Regelungen** für die Überwachungsaufgabe des AR im Unternehmensverbund vor (*Hüffer* AktG Rn 10, keine konzernverfassungsrechtliche Perspektive). Für den AR einer AG als Obergesellschaft entsteht **keine Funktion als Konzern-AR**, seine Aufgaben beziehen sich weiterhin nur auf die AG selbst (KölnKomm AktG/*Mertens* Rn 23; MünchKomm AktG/ *Habersack* Rn 52). Die Überwachungsaufgabe des AR einer Konzernobergesellschaft erstreckt sich jedoch auch auf die Geschäftsführungsmaßnahmen im Verhältnis zu den Untergesellschaften und zur **Konzernleitung** als Element der **Geschäftsführung der Obergesellschaft** (hM *Mertens* aaO; *K. Schmidt/Lutter* AktG/*Drygala* Rn 28). Da eine generelle Konzernleitungspflicht abzulehnen ist (vgl § 76 Rn 24 f) muss sich die Überwachung am **Unternehmensinteresse der AG** und nicht an einem Konzerninteresse ausrichten (*Mertens* aaO; *Habersack* aaO Rn 54 **aA**; *Lutter/Krieger* AR Rn 136 f). Bestandteile der Überwachung sind demnach die **Prüfung der Konzernbindung** und die **Geschäftsführungsmaßnahmen gegenüber der Untergesellschaft** ebenso wie die Prüfung des **Konzernabschlusses** und **Konzernlagebericht** nach § 337 Abs 1. **Zustim-**

mungsvorbehalte bei der Obergesellschaft können sich auch auf Konzerngesellschaften erstrecken, sind ohne ausdrückliche Regelung aber nicht notwendigerweise so auszulegen (vgl Rn 28).

Die **Überwachungsaufgabe** des AR einer **abhängigen AG** wird durch die Konzernverbindung **nicht ausgeschlossen**; sie wird aber durch den eingeschränkten Umfang der Geschäftsführung des Vorstands der abhängigen AG beschränkt sein. Der AR ist wie in der unabhängigen Gesellschaft an die **Interessen der AG** als Leitlinie der Überwachung gebunden, ein Konzerninteresse ist auch für ihn nicht maßgeblich (KölnKomm AktG/*Mertens* Rn 24). Im **Vertragskonzern** ist insb zu überwachen, dass der Vorstand der abhängigen AG trotz des Weisungsrechts eine eigenständige Unternehmenspolitik verfolgt (K. Schmidt/Lutter AktG/*Drygala* Rn 31). Bestehen eigene Zustimmungsvorbehalte, ist der AR in seiner Entscheidung nicht an Weisungen gebunden; das Verfahren nach § 308 Abs 3 ist aber zu beachten (*Mertens* aaO). Im **faktischen Konzern** muss der AR dagegen neben der ansonsten üblichen Kontrolle auch den Umgang des Vorstands mit Einflussnahme und Nachteilsausgleichung überwachen. Die Prüfung des **Abhängigkeitsberichtes** gem § 314 ist ebenfalls Gegenstand der Überwachungsaufgabe. 10

III. Einsichts- und Prüfungsrechte

Grundvoraussetzung einer Prüfung der Geschäftsführung durch den Vorstand ist eine **angemessene Informationsgrundlage** des AR. Dem AR werden durch Abs 2 S 1 und 2 bes Aufklärungsmittel zur Verfügung gestellt, die ihm eine eigenständige Beschaffung von Informationen und Aufklärung des zu prüfenden Sachverhalts ermöglichen. Diese treten **neben** die **Informationspflichten des Vorstands** aus § 90 Abs 1 und 2 bzw die Anforderungsberichte nach § 90 Abs 3. Hiervon ist auch ein allg Fragerecht des AR gegenüber dem Vorstand erfasst, das der Berichtspflicht vorausgeht (MünchKomm AktG/*Habersack* Rn 50). Ziff 3.4 DCGK empfiehlt insoweit eine **Informationsordnung** festzulegen, die den Informationsfluss zwischen Vorstand und AR konkret regelt. Der AR kann diese in die Geschäftsordnung des Vorstands integrieren. 11

1. Umfang. Grds kann der AR nicht nur die beispielhaft aufgezählten Bücher und Schriften der Gesellschaft insb die Gesellschaftskasse und Wertpapiere einsehen, sondern sein Einsichtsrecht erstreckt sich auf **alle Unterlagen und Vermögenswerte der AG** (*Hüffer* AktG Rn 11). Damit verbunden ist ein **unbeschränktes Betretungsrecht**, das auch Geheimhaltungsanlagen, Geschäftsräume im Ausland sowie erforderlichenfalls Tochtergesellschaften betrifft (*OLG Düsseldorf* WM 1984, 1080; **aA** *Hüffer* aaO). In **Ausnahmefällen** kann die Befürchtung eines Missbrauchs durch ein AR-Mitglied oder strafrechtliche Vorschriften einer Einsicht entgegenstehen, hier kann aber ein berufsrechtlich zur Verschwiegenheit verpflichteter Sachverständiger die Einsicht vornehmen (*Lutter/Krieger* AR Rn 241). Von dem Einsichtsrecht sollte der AR zurückhaltend Gebrauch machen, da die Vertrauensbeziehung zwischen Vorstand und AR darunter leiden kann (KölnKomm AktG/*Mertens* Rn 42). Mögliche negative Auswirkungen der Einsicht müssen von seinem Informationsbedürfnis überwogen werden (*Hüffer* aaO). Das Prüfungsrecht erstreckt sich auf alle Gegenstände und Unterlagen, die auch vom Einsichtsrecht erfasst sind (MünchKomm AktG/*Habersack* Rn 63). 12

2. Beauftragung eines Aufsichtsrats-Mitglieds. Abs 2 S 2 ermöglicht dem AR zudem, das dem Organ zustehende Recht auf ein AR-Mitglied bzw einen Sachverständigen zu **übertragen**. Überträgt der AR oder ein Ausschuss ein Einsichts- oder Prüfungsrecht 13

Bürgers/Israel

durch Beschl auf ein Mitglied, schließt er damit alle anderen Mitglieder von diesem Recht aus (KölnKomm AktG/*Mertens* Rn 48). Der Beschl muss den **Untersuchungsgegenstand** genau **beschreiben**, wobei ein allg Auftrag nicht ausreichend ist (*Mertens* aaO Rn 47; **aA** wohl MünchKomm AktG/*Habersack* Rn 72). Der AR-Vorsitzende informiert den Vorstand über die Beauftragung. Das beauftragte Mitglied übt nunmehr iRd Beauftragung die Rechte des AR aus, ihm stehen somit uneingeschränkte Einsichts- und Prüfungsrechte zu (*Mertens* aaO Rn 49). Eine gesonderte Vergütung durch AG oder den AR kann hierfür nicht gewährt werden (*Hüffer* AktG Rn 12).

14 **3. Sachverständiger.** Der AR kann sich aber auch eines Sachverständigen bedienen, der nur als Beauftragter des AR tätig wird und somit **keine eigenen Rechte** hat (MünchKomm AktG/*Habersack* Rn 77). Die Beauftragung muss durch AR-Beschluss erfolgen. Die Auswahl des Sachverständigen obliegt grds dem AR, der diese Kompetenz allerdings einem Ausschuss oder dem AR-Vorsitzenden übertragen kann (KölnKomm AktG/*Mertens* Rn 50). Der **Vorstand** hat **kein Mitspracherecht** und ist auch nicht zu hören (*Habersack* aaO Rn 74). Auch die Bestellung eines Sachverständigen beeinträchtigt die vertrauensvolle Zusammenarbeit und sollte daher **nur** in **Ausnahmefällen** erfolgen, so dass der AR zuvor beim Vorstand die Beauftragung eines Gutachtens anregen sollte (*Hüffer* AktG Rn 12). Nicht erforderlich ist, dass es dem AR selbst nicht möglich ist, eine entspr Prüfung vorzunehmen, dieses würde das Prüfungsrecht unzulässig einengen (**aA** *Lutter* S 95). Auch ein Sachverständiger kann nur für den Einzelfall und mit einem klar definierten Prüfungsumfang beauftragt werden, also **zeitlich und gegenständlich begrenzt** (MünchHdb AG/*Hoffmann-Becking* § 29 Rn 32). Der AR schließt hier einen Geschäftsbesorgungsvertrag in Geschäftsführung für die AG ab, die auch Vergütungsschuldnerin wird (**hM** *Hüffer* aaO; *Habersack* aaO Rn 74). Der AR muss nicht nur bei der Auswahl des Sachverständigen die gebotene Sorgfalt walten lassen, sondern muss ihn auch bei der Ausführung angemessen überwachen (*Mertens* aaO Rn 56).

IV. Prüfungsauftrag des Abschlussprüfers

15 **1. Vorbereitung.** Aus § 316 Abs 1 und 2 HGB ergibt sich für den **Jahresabschluss** und den **Lagebericht** bzw für den Konzernabschluss und Konzernlagebericht, solange die AG nicht kleine Gesellschaft iSv § 267 Abs 1 HGB ist, eine **Prüfungspflicht** des Abschlussprüfers. Erst nach erfolgter Prüfung kann der Jahresabschluss durch den AR festgestellt werden. Hierdurch soll die Unabhängigkeit des Abschlussprüfers vom Vorstand deutlich werden und seine Kontrolltätigkeit der Prüfung des AR zugeordnet werden (*Hüffer* AktG Rn 12a mwN). Die Unabhängigkeit kann weiter durch einen Zustimmungsvorbehalt des AR iSv Abs 4 S 2 für anderweitige Vertragsabschlüsse des Vorstands mit dem Abschlussprüfer verbessert werden. Der **Abschlussprüfer** ist von der **HV** gem § 119 Abs 1 Nr 4 zu **bestellen**, wobei es dem **AR** obliegt, einen entspr **Wahlvorschlag** zu unterbreiten. Es ist dabei sicherzustellen, dass der Abschlussprüfer geeignet ist und keine Interessenkonflikte der Aufgabenerfüllung im Wege stehen. Ziff 7.2.1 DCGK empfiehlt dem AR, vom Abschlussprüfer eine umfassende Erklärung zur vorherigen Befassung mit der AG zu verlangen (vgl § 161 Rn 44).

16 **2. Beauftragung.** Nach der Wahl durch die HV beauftragt der AR den Abschlussprüfer und schließt mit ihm den Prüfungsvertrag (vgl § 119 Rn 4). Der **Prüfungsgegenstand** ist grds in § 317 HGB **legaldefiniert**, sodass der **AR** nicht davon abweichen kann, wohl kann der AR aber **Schwerpunkte** für die Prüfung festlegen (MünchKomm

Aufgaben und Rechte des Aufsichtsrats § 111

AktG/*Habersack* Rn 84). Weitere Prüfungsgegenstände können als Kontrollmaßnahmen des AR gleichzeitig beauftragt werden. Dem AR obliegt auch die **Honorarvereinbarung** (*Hüffer* aaO Rn 12d). Der AR-Vorsitzende unterzeichnet zwar den Prüfungsvertrag, dieses erfordert aber einen **AR-Beschluss** (K. Schmidt/Lutter AktG/ *Drygala* Rn 38). Die Entscheidungsbefugnis hierüber kann auf einen Ausschuss übertragen werden, da kein ausdrückliches oder immanentes Übertragungsverbot besteht (*Hüffer* AktG Rn 12c; **aA** *Hommelhoff* BB 1998, 2567). Der Beschl kann schon vor der Entscheidung der HV vorgenommen werden, zweckmäßig werden vor dem Wahlvorschlag entspr Angebote eingeholt, um eine Verzögerung bei der Beauftragung nach der Wahl zu vermeiden. Bei **Kreditinstituten** und **Versicherungsgesellschaften** ist die Beauftragung zuvor der BaFin anzuzeigen (§ 28 KWG, § 58 VAG).

3. Durchführung. Der AR sollte während der Prüfung **engen Kontakt** mit dem 17 Abschlussprüfer pflegen und ggf eine **angemessene Mitwirkung des Vorstands herbeiführen** (MünchKomm AktG/*Habersack* Rn 87; *Hüffer* AktG Rn 12d). Der Vorstand ist für Auskünfte und Erläuterungen gegenüber dem Abschlussprüfer zuständig und vertritt die AG auch mit Blick auf die Erörterung von Fachfragen. Dem Vorstand und AR-Vorsitzenden ist ferner eine Einsicht in den vorläufigen Bericht zu gewähren, bevor der Vorstand die Vollständigkeitserklärung nach § 320 HGB abgibt. Jedes AR-Mitglied erhält den Prüfbericht, wenn nicht ein Ausschuss gem § 170 Abs 1 S 2 mit der Befassung beauftragt wurde, insoweit besteht dann nur noch ein Einsichtsrecht (*Habersack* aaO). Wichtige Erkenntnisse, die den Prüfungsgegenstand nicht betreffen, sind vom Abschlussprüfer dem AR oder parallel auch dem Vorstand durch sog **Managementletter** mitzuteilen.

V. Einberufung der Hauptversammlung

Neben dem grds HV-Einberufungsrecht des Vorstands ist der AR verpflichtet, die 18 HV einzuberufen, wenn das **Wohl der AG** dieses **erfordert**. Da den Vorstand aus § 121 Abs 1 die gleiche Pflicht trifft, wird der AR nur tätig werden müssen, wenn der Vorstand die Einberufung pflichtwidrig unterlässt oder keinen Bedarf sieht (MünchKomm AktG/*Habersack* Rn 89). **Voraussetzung** für eine Einberufungspflicht muss eine **notwendige Entscheidung der HV** sein, es muss folglich um eine HV-Kompetenz gehen; bspw wenn ein Vertrauensentzug nach § 84 Abs 3 erfolgen soll (MünchHbB AG/*Hoffmann-Becking* § 35 Rn 4; *Hüffer* AktG Rn 14). Teilw wird ein Einberufungsrecht auch angenommen, wenn nur die Erörterung von wichtigen Fragen ohne Beschlussfassung beabsichtigt ist (K. Schmidt/Lutter AktG/*Drygala* Rn 44; **aA** KölnKomm AktG/*Zöllner* § 119 Rn 33). Unbestritten ist daher eine HV einzuberufen, wenn bspw eine Zustimmung der HV zu einer Geschäftsführungsmaßnahme des Vorstands nach den Holzmüller/Gelatine-Grundsätzen erforderlich ist (iE *Hüffer* aaO).

Der AR hat über die Einberufung einen **AR-Beschluss** mit **einfacher Mehrheit** her- 19 beizuführen, diese Kompetenz kann gem § 107 Abs 3 S 2 nicht einem Ausschuss übertragen werden. Beschl einer HV, die von einem AR einberufen wurde, der nicht wirksam bestellt wurde, sind gem § 241 Nr 1 nichtig (MünchKomm AktG/*Habersack* Rn 94). Zwar ist grds die AG zur **Kostentragung** für die HV verpflichtet, §§ 116, 93 kann aber eine Schadensersatzpflicht des AR für unzulässig einberufene HV begründen.

Bürgers/Israel

VI. Geschäftsführungsverbot

20 Die Geschäftsführung ist neben der Leitung und Vertretung der AG originäre Aufgabe des Vorstands. Dem AR können Geschäftsführungsmaßnahmen auch nicht durch Satzung oder Geschäftsordnung des Vorstands übertragen werden, Abs 4 S 1. Dadurch wird nicht nur die **unbeeinflusste Tätigkeit des Vorstands sichergestellt**, sondern auch seine **Eigenverantwortung** klargestellt. Daher darf der AR auch nicht faktisch die Geschäfte der AG führen. AR-Mitglieder können aber im Einzelfall vom Vorstand mit der Ausführung von bestimmten Geschäften betraut werden und bleiben insoweit weisungsgebunden, hiervon wird die Funktionstrennung nicht betroffen. **Ausnahmen** bilden ausdrückliche **gesetzliche Kompetenzzuweisungen** zur Geschäftsführung beim Abschluss der Anstellungsverträge der Vorstandsmitglieder (§ 84 Abs 1 S 5), bei der Festlegung von Zustimmungsvorbehalten (Abs 4 S 2), Änderung der Satzungsfassung (§ 179 Abs 1 S 2), der Entsprechungserklärung (§ 161) sowie nach § 32 MitbestG bei mitbestimmten Tochtergesellschaften. Anerkannt sind weiter solche Maßnahmen, die zur Durchführung der eigenen Aufgaben (bspw Beauftragung von Sachverständigen, Sitzungsorganisation) erforderlich sind (dazu MünchKomm AktG/*Habersack* Rn 99). Daneben besteht die **Mitwirkung** des AR **an Geschäftsführungsmaßnahmen** des Vorstands, wie bei der Prüfung des vom Vorstand aufgestellten Jahresabschlusses nach § 171. Der Vorstand hat im Fall einer **Kompetenzüberschreitung** durch den AR-Vorsitzenden das Recht eine gerichtliche Abgrenzung der Verantwortungsbereiche herbeizuführen (*Leyendecker-Langner* NZG 2012, 721, 725; MünchKomm/*Habersack* Rn 59).

VII. Zustimmungsvorbehalte

21 Der AR oder die Satzung müssen Zustimmungsvorbehalte für bestimmte Arten von Geschäften des Vorstands vorsehen. Damit wird zwar tatsächlicher Einfluss auf die Geschäftsführung des Vorstands geschaffen, ein eigenes **Initiativrecht entsteht** aber **nicht**, der AR kann somit nur darüber entscheiden, was ihm der Vorstand vorlegt. Durch die Zustimmungsvorbehalte soll nicht die eigenverantwortliche Leitung des Vorstands in Frage gestellt werden, sodass generelle Zustimmungsvorbehalte ebenso unzulässig sind wie eine einengende Vielzahl (KölnKomm AktG/*Mertens* Rn 66). Ist eine Zustimmung erfolgt, ist der **Vorstand** dadurch aber **nicht verpflichtet**, das Geschäft auch tatsächlich durchzuführen (MünchKomm AktG/*Habersack* Rn 128). Er hat weiterhin nach pflichtgemäßem Ermessen über die Durchführung zu entscheiden und wird daher auch nicht von einer Verantwortlichkeit entbunden oder diesbezüglich eingeschränkt (*Mertens* aaO Rn 87).

22 1. Zuständigkeit. Grds kann schon die **Satzung** Zustimmungsvorbehalte vorsehen. Satzungsregelungen schließen die Festlegung weiterer Zustimmungsvorbehalte durch den AR nicht aus (hM *Lutter/Krieger* AR Rn 105). Dieses Recht kann die Satzung **weder ausschließen** noch **einschränken** (KölnKomm AktG/*Mertens* Rn 63). Der AR kann die Vorgaben der Satzung weder aufheben noch modifizieren (K. Schmidt/Lutter AktG/*Drygala* Rn 51). Sind durch die Satzung keine Zustimmungsvorbehalte angeordnet, muss der AR solche beschließen (unstr *Hüffer* AktG Rn 17a). Der AR kann nur durch **Beschluss** des Organs tätig werden, eine Übertragung auf einen Ausschuss ist wg § 107 Abs 3 S 2 nicht möglich, betrifft aber nur die Festlegung nicht die Entscheidung über die Zustimmung. Empfehlenswert ist die Einbindung der Vorbehalte in die **Geschäftsordnung des Vorstands** durch AR-Beschluss, so dass Transparenz und

Klarheit gegeben ist und gleichzeitig Verfahrensreglungen festgelegt werden können (Semler/von Schenck Hdb AR/*Kropff* § 8 Rn 21). Daneben kann der AR unter bes Umständen verpflichtet sein, rechtswidrige oder auch pflichtwidrige Geschäfte des Vorstands zu verhindern (**hM** *BGHZ* 124, 111, 127). Hierzu ist **ad hoc ein Zustimmungsvorbehalt** für dieses Geschäft zu beschließen und die Zustimmung gleichzeitig zu verweigern (*BGH* aaO; *Mertens* aaO Rn 79).

2. Erfasste Geschäfte. Grds dürfen sich Zustimmungsvorbehalte **nur** auf **bestimmte Arten von Geschäften** beziehen. Sie müssen klar beschrieben sein und ihren Anwendungsbereich **eindeutig abgrenzen** (unstr *Hüffer* AktG Rn 18). Unklare Formulierungen und zweifelhafte Beschreibungen führen zur Unwirksamkeit des Vorbehalts und können den Vorstand nicht binden. Daher sind **allgemeine Beschreibungen** wie „wichtige Geschäfte" oder „bedeutende Geschäfte" **unzulässig** (KölnKomm AktG/*Mertens* Rn 67; *Lange* DStR 2003, 376, 379). Zustimmungsvorbehalte dürfen sich ferner **nur auf wesentliche Geschäfte beziehen**, die ihrer Art und ihrem Umfang nach für die AG von Bedeutung sind (K. Schmidt/Lutter AktG/*Drygala* Rn 56). Zustimmungsvorbehalte nur für Geschäfte mit existenzbedrohendem Risiko würden dem Sinn und Zweck widersprechen und die Kontrollfunktion übermäßig einschränken (*Fonk* ZGR 2006, 841, 846). In Ziff 3.3 DCGK wird ein Zustimmungsvorbehalt empfohlen, wenn Geschäfte die Vermögens-, Finanz-, oder Ertragslage grundlegend verändern können. Auch nicht wesentlich klarer soll darauf abgestellt werden, dass die betr Geschäfte **nach Art, Umfang oder Risiko** für die betr AG **außerhalb** des **üblichen Geschäftsbetriebs** liegen oder von **unternehmensstrategischer Bedeutung** sind (*Mertens* aaO Rn 66). Der Zustimmungskatalog muss daher auf den individuellen Unternehmensgegenstand und **Geschäftsbetrieb zugeschnitten** sein und soll laufend auf erforderlich werdende Anpassungen überprüft werden. 23

Auch **interne Entscheidungen** können an die Zustimmungen gebunden werden (MünchKomm AktG/*Habersack* Rn 111). Daher kann die **kurzfristige Planung** (Einjahresplanung) an eine Zustimmung gebunden werden (*Hüffer* AktG Rn 18). Eine solche Zustimmung des AR ist zu empfehlen, denn damit wird eine notwendige Abstimmung sichergestellt und spätere Auseinandersetzungen in Einzelfragen erleichtert (*Fonk* ZGR 2006, 841, 849). Die **langfristige Planung** hat ebenfalls wesentliche Bedeutung insb für die strategische Ausrichtung der Gesellschaft. Auch wenn sie oftmals nur eine geringe Konkretisierung beinhaltet, ist ein Einvernehmen zwischen AR und Vorstand hierüber von wesentlicher Bedeutung. Ein entspr Zustimmungsvorbehalt ist deshalb zweckmäßig und zulässig (MünchKomm AktG/*Habersack* Rn 112; *Kropff* NZG 1998, 613, 618 f; aA *Hüffer* aaO; KölnKomm AktG/*Mertens* Rn 68). 24

3. Zustimmung. Der Vorstand hat die Zustimmung zu einem bestimmten Geschäft beim AR zu **beantragen** und zu **begründen**. Der **AR entscheidet** dann grds **vor Abschluss des Geschäfts**, es sei denn eine nachträgliche Zustimmung ist ausdrücklich vorgesehen (**hM** KölnKomm AktG/*Mertens* Rn 80; differenzierend Spindler/Stilz AktG/*Spindler* Rn 75). Kann in solchen Fällen eine vorherige Zustimmung nicht eingeholt werden, sollte zumindest der AR-Vorsitzende vor Abschluss des Geschäftes informiert werden bzw das Geschäft selbst unter den Zustimmungsvorbehalt gestellt werden (MünchKomm AktG/*Habersack* Rn 124). In jedem Fall ist dann aber eine nachträgliche Zustimmung (**Genehmigung**) einzuholen. Der AR entscheidet durch Beschl mit einfacher Mehrheit, der auch einem **Ausschuss** übertragen werden kann. 25

26 Die Erteilung von **pauschalen Ausnahmen** von bestehenden, nicht durch die Satzung festgelegten Zustimmungsvorbehalten bspw für Geschäfte von geringem Umfang kann nur durch den Gesamt-AR erfolgen, da es um die Festlegung des Zustimmungserfordernisses geht. Eine generelle Zustimmung für Geschäfte bis zu einer bestimmten Größe kann nach pflichtgemäßem Ermessen aber durch einen Ausschuss erteilt werden. Dem AR steht bei der **Entscheidung** über eine Zustimmung immer **eigenes unternehmerisches Ermessen** zu, so dass hier die Business Judgement Rule zur Anwendung kommt (im Grundsatz hM MünchKomm AktG/*Habersack* Rn 127). Es besteht **keine Zustimmungspflicht**, auch wenn das erwogene Geschäft recht- und ordnungsmäßig ist und der Vorstand pflichtgemäß handelt (KölnKomm AktG/*Mertens* Rn 85). Die Zustimmungserteilung hat **keine Außenwirkung**, beeinflusst also nicht die Wirksamkeit des abgeschlossenen Geschäfts (unstr *Hüffer* AktG Rn 19). Ein Verstoß des Vorstands gegen bestehende Zustimmungsvorbehalte ist pflichtwidrig und kann zur Schadensersatzpflicht gem § 93 führen.

27 **4. Versagung der Zustimmung.** Der Vorstand kann bei Ablehnung der Zustimmung gem Abs 3 S 3–5 eine Zustimmung der HV einholen. Es gelten hierzu die allg Einberufungsregeln. Die Beschlussfassung muss durch Dreiviertelmehrheit der abgegebenen Stimmen erfolgen, eine qualifizierte Kapitalmehrheit ist nicht erforderlich (*Hüffer* AktG Rn 20). Hiervon kann durch die Satzung nicht abgewichen werden. Praktische Bedeutung hat diese Möglichkeit kaum erlangt, eine HV-Zustimmung würde einem Vertrauensentzug gegenüber dem AR gleichkommen und eine weitere Zusammenarbeit zwischen AR und Vorstand erheblich erschweren.

28 **5. Anwendung im Konzern.** Die Anwendung der Zustimmungsvorbehalte im Unternehmensverbund ist **nicht ausdrücklich geregelt**. Wird die Anwendung der Zustimmungsvorbehalte nicht ausdrücklich für den gesamten Konzern vorgesehen, kann für Zustimmungsvorbehalte der **Satzung** eine **entsprechende Anwendung** auf Sachverhalte in Tochtergesellschaften angenommen werden, die in ihrer **Bedeutung** Maßnahmen der AG entsprechen (**hM** KölnKomm AktG/*Mertens* Rn 77; *Hüffer* AktG Rn 21). Allerdings wird eine entspr **Auslegung** für Zustimmungsvorbehalte der **Geschäftsordnung nicht möglich** sein, denn hier liegt die Regelung selbst im Ermessen des AR, der die erforderliche Klarstellung unschwer vornehmen kann (*Hüffer* aaO). Der Vorstand der Obergesellschaft hat bei erfassten Geschäften in verbundenen Unternehmen die Zustimmung seines AR einzuholen und die Geschäftsführung der Tochtergesellschaft anzuweisen, das Geschäft bis zur Zustimmung zu unterlassen bzw entsprechende Vorbehalte ebenfalls in der jeweiligen Satzung zu verankern. Hierbei sind jeweils die im konkreten Unternehmensverbund zulässigen Einflussmöglichkeiten zu beachten (ausf MünchKomm AktG/*Habersack* Rn 116 f).

VIII. Eigenständige Wahrnehmung

29 Das AR-Mitglied muss sein Amt als AR eigenständig wahrnehmen und kann die **Rechte und Pflichten nicht** auf einen Dritten **übertragen**, es ist **höchstpersönlich** (unstr *Hüffer* AktG Rn 23). Lediglich der Einsatz von **Stimmboten** gem § 108 Abs 3 oder bei entspr Satzungsregelung von **Sitzungsvertretern** gem § 109 Abs 3 ist zulässig. Ein AR-Mitglied darf nicht auf eine ständige fachliche Beratung zurückgreifen müssen (KölnKomm AktG/*Mertens* Rn 94; **aA** *Lutter/Krieger* DB 1995, 257, 259). Es ist dem AR-Mitglied aber unbenommen, **auf eigene Rechnung Berater und Gehilfen hinzuzuziehen** (MünchKomm AktG/*Habersack* Rn 135). Die Beratung eines einzelnen

AR-Mitglieds muss sich aber auf konkrete Fragen beschränken und nicht durch gesellschaftsinterne Aufklärung erreichbar sein (*BGHZ* 85, 293, 300). Es ist nicht erforderlich, dass diese Beratung dem AR angezeigt wird (*Mertens* aaO Rn 95; **aA** noch *OLG Frankfurt* AG 1982, 194, 195). Ausgeschlossen ist nicht die Hinzuziehung von Mitarbeitern für unterstützende Tätigkeiten, so dass **Schreib- und Bürokräfte** organisatorische Elemente des Mandats übernehmen dürfen (*Habersack* aaO Rn 134). Ebenso darf sich das AR-Mitglied eines **unterstützenden Mitarbeiters** bei der eigenen Sitzungsvorbereitung für Hintergrundrecherche etc bedienen (*Mertens* aaO Rn 93). Die **Verschwiegenheit** der eingeschalteten Hilfspersonen und Berater ist zu sichern. Gegenüber der AG haftet das AR-Mitglied nach § 278 BGB (*Lutter/Krieger* aaO 260).

§ 112 Vertretung der Gesellschaft gegenüber Vorstandsmitgliedern

¹**Vorstandsmitgliedern gegenüber vertritt der Aufsichtsrat die Gesellschaft gerichtlich und außergerichtlich.** ²**§ 78 Abs. 2 Satz 2 gilt entsprechend.**

Übersicht

	Rn		Rn
I. Regelungsinhalt	1	3. Passive Vertretung und Zurechnung	7
II. Erfasste Rechtsgeschäfte	2	4. Nachweis	8
III. Ausübung der Vertretung	4	IV. Vertretungsmängel	9
1. Organzuständigkeit	4	1. Prozessvertretung	9
2. Erklärungsvertreter des Aufsichtsrats	5	2. Vorstand	10
		3. Aufsichtsrats-Mitglieder	11

Literatur: *Bauer/Krieger* Formale Fehler bei Abberufung und Kündigung vertretungsberechtigter Organmitglieder, ZIP 2004, 1247; *Lenering* Die Vertretung der Aktiengesellschaft durch Aufsichtsrat und Hauptversammlung, FS Kollhosser, 2004, Bd II, S 361; *Mutter* Wie der DCGK Vorstände und Aufsichtsräte ins aktienrechtliche Abseits führt, AG-Report 2012, R308; *Nägele/Böhm* Praxisrelevante Probleme der Vertretung nach § 112 AktG, BB 2005, 2197; *Seibt/Saame* Geschäftsleiterpflichten bei der Entscheidung über D&O-Versicherungsschutz, AG 2006, 901; *Simon/Leuering* Vertretung der AG durch den Aufsichtsrat, NJW-Spezial 2007, 28; *Theusinger/Wolf* Mittelbare Geschäfte zwischen Vorstandsmitglied und Aktiengesellschaft, NZG 2012, 901.

I. Regelungsinhalt

Gegenüber Vorstandsmitgliedern vertritt der AR die AG gerichtlich und außergerichtlich. Die **abstrakte Gefahr von Interessenkonflikten** der übrigen Vorstandsmitglieder in dieser Situation soll hierdurch vermieden werden, so dass die Gesellschaftsinteressen unbeeinflusst wahrgenommen werden können (*BGH* ZIP 2006, 2213, 2214; KölnKomm AktG/*Mertens* Rn 2). Der Regelungsgehalt steht nicht zur Disposition der Satzung oder Geschäftsordnung, § 23 Abs 5 (*Hüffer* AktG Rn 1). Die Vertretung der AG durch den AR wird nur gegenüber den Vorstandmitgliedern abschließend geregelt, gegenüber Dritten finden sich daneben ausdrückliche Kompetenzzuweisungen bspw in §§ 103 Abs 3, 111 Abs 2 sowie Annexkompetenzen wie die Beauftragung von Sachverständigen oder Personalberatern zur Vorstandssuche. Mit Bestellung eines bes Vertreters gem § 147 Abs 2 ist dieser an Stelle des AR zuständig (MünchKomm AktG/

1

§ 112 Vertretung der Gesellschaft gegenüber Vorstandsmitgliedern

Habersack Rn 5). S 2 verweist auf die Passivvertretung gem § 78 Abs 2 und hat insoweit nur klarstellenden Charakter (*Hüffer* aaO Rn 4a). Ziff 4.3.4 S 3 DCGK, wonach für wesentliche Geschäfte die Zustimmung des AR erforderlich ist, schränkt den Anwendungsbereich nicht ein; denn nach § 112 obliegt die Vertretung der Ges ggü Vorstandsmitgliedern allein dem AR; eine Bagatellgrenze existiert iRd § 112 nicht (*Mutter* AG-Report 2012, R308).

II. Erfasste Rechtsgeschäfte

2 Der AR vertritt die AG gegenüber allen Vorstandsmitgliedern, wobei die Rechtssicherheit eine typisierende Betrachtung erfordert (vgl *BGH* NZG 2005, 276). Somit hat die Wirksamkeit der Bestellung des Vorstandsmitglieds keinen Einfluss auf die Zuweisung der Vertretung, auch insoweit besteht die abstrakte Gefahr eines Interessenkonflikts (K. Schmidt/Lutter AktG/*Drygala* Rn 5). Der AR soll über alle Ansprüche entscheiden, die aus dem Anstellungsverhältnis des Vorstandsmitglieds erwachsen können (*Hüffer* AktG Rn 2). Die Kompetenz erstreckt sich somit auch auf die die Bestellung und Anstellung vorbereitenden Rechtsgeschäfte oder den Abschluss eines Anstellungsvertrags (*BGHZ* 26, 236, 238; tatsächliche Bestellung unerheblich). Erfasst sind auch alle sonstigen Rechtsbeziehungen inklusive **Geschäfte des täglichen Lebens**, nicht jedoch der Abschluss von **D&O-Versicherungen**, der Geschäftsführungsmaßnahme ist (zur Interessenabwägung *Seibt/Saame* AG 2006, 901, 902 ff). Gegenüber **ausgeschiedenen Vorstandsmitgliedern** und Vorstandmitgliedern einer Rechtsvorgängerin der AG vertritt ebenfalls der AR (*BGHZ* 157, 151, 153 f). Außergewöhnliche Geschäfte und Geschäfte des täglichen Lebens mit ehemaligen Vorstandsmitgliedern, die nicht durch die vormalige Organmitgliedschaft beeinflusst sind, fallen jedoch in die Kompetenz des Vorstands (GroßKomm AktG/*Hopt/Roth* Rn 28 f). Für **Ansprüche von Angehörigen**, die sich auf das Rechtsverhältnis eines Vorstandsmitglieds zur AG beziehen, ist der AR zuständig (*BGH* ZIP 2006, 2213, 2214, für Rentenansprüche der Witwe; *Simon/Leuering* NJW-Spezial 2007, 28).

3 Eine vergleichbare abstrakte Gefahrenlage ist gegeben, wenn zwischen einer **juristischen Person** und einem Vorstandmitglied eine **wirtschaftliche Identität** besteht (bspw Einpersonengesellschaft), so dass auch insoweit der AR zur Vertretung der AG zuständig ist (KölnKomm AktG/*Mertens* Rn 14; aA GroßKomm AktG/*Hopt/Roth* Rn 43). Als analoge Anwendung besitzt die schutzzweckorientierte Zuständigkeit Ausnahmecharakter und kommt nur in ganz engen Grenzen bei echter wirtschaftliche Identität in Betracht (*OLG München* AG 2012, 518, 519; *OLG Saarbrücken* NZG 2001, 414 f; *Hüffer* AktG Rn 2a; zust *Theusinger/Wolf* NZG 2012, 901; Grigoleit AktG/*Grigoleit/Tomasic* Rn 6). Kein Verstoß gegen § 112 liegt vor, wenn sich der Vorstand einer AG zum GF einer GmbH bestellt, deren alleinige Gesellschafterin die AG ist (*OLG München* AG 2012, 467). In einem Rechtsstreit zwischen einer AG und einer GmbH, deren alleiniger Gesellschafter und Geschäftsführer ein früheres Vorstandsmitglied der AG ist, muss hingegen die AG durch den AR vertreten werden (*OLG Saarbrücken* ZIP 2012, 2205, 2206). Ausgehend vom Regelungszweck und der sich daraus ergebenden typisierten Betrachtung sind alle Rechtsgeschäfte, auch die **Prozessvertretung**, erfasst (unstr *BGH* ZIP 2006, 2213, 2214). Neutrale Geschäfte sollten **ausgenommen** werden (*Hüffer* aaO Rn 3).

III. Ausübung der Vertretung

1. Organzuständigkeit. Die Vertretung der AG wird dem AR als Organ zugewiesen, der grds durch formellen Beschl tätig wird (KölnKomm AktG/*Mertens* Rn 29; MünchHdb AG/*Hoffmann-Becking* § 31 Rn 95a). Entspr ist für die **Aktivvertretung** ein Beschluss des Gesamt-AR erforderlich, der im Rahmen von § 107 Abs 3 an einen **Ausschuss** delegiert werden kann (ausdrücklich *BGH* ZIP 2006, 2213, 2214; *BGHZ* 65, 190, 191; *Hüffer* AktG Rn 5). Die Willensbildung und Entscheidung über ein Rechtsgeschäft ist anders als die Willenserklärung nicht weiter delegierbar (**allgM** *BGH* WM 1993, 1630, 1632; *Mertens* aaO Rn 26). Bei Mehrheitsbeschlüssen kann die Willenserklärung grds durch diese Mehrheit der AR-Mitglieder erfolgen, ansonsten wäre in einem zweiten Schritt die Minderheit zur Mitwirkung zu verpflichten (*Mertens* aaO Rn 22).

4

2. Erklärungsvertreter des Aufsichtsrats. Die Willenserklärung in Form der tatsächlichen, nach außen gerichteten Vertretungshandlung muss der AR nicht als Organ vornehmen, insoweit ist eine Delegation zulässig (*Hüffer* AktG Rn 4). Insb **AR-Vorsitzende** oder **einzelne AR-Mitglieder** können zur Erklärungsvertretung ermächtigt werden (**hM** *BGHZ* 12, 327, 334 f; *OLG Düsseldorf* AG 2004, 321; **aA** *Nägele/Böhm* BB 2005, 2197, 2199). Hierbei sind sie keine Vertreter der AG, sondern vertreten den AR. Die **ausschließliche Erklärungsvertretung**, die kein eigenes Ermessen enthält und bei der alle Einzelheiten der Erklärung zuvor festgelegt sind, wird regelmäßig für AR-Beschlüsse zugunsten des AR-Vorsitzenden vermutet (MünchKomm AktG/*Habersack* Rn 26). Für bestimmte Geschäfte ist eine vorherige Regelung aller Einzelheiten durch das Organ nicht praktikabel (bspw bei erforderlichen Verhandlungen), so dass auch in engen Grenzen eine **Abschlussvertretung** mit begrenztem Ermessen anerkannt ist (*Habersack* aaO Rn 19). Die **Geschäftsordnung** des AR kann entspr Regelungen zur Willenserklärung bspw durch den AR-Vorsitzenden enthalten. Eine generelle Regelung in der **Satzung** kann wirksam erfolgen, würde den AR aber nicht an einem abw Beschl hindern (iE KölnKomm AktG/*Mertens* Rn 31; *Lutter/Krieger* AR Rn 224; **aA** wohl *OLG Frankfurt* AG 1975, 18).

5

Dritte kann der AR durch Beschl ebenso als Erklärungsvertreter einsetzen (*Nägele/Böhm* BB 2005, 2197, 2199). Auch insoweit ist sicherzustellen, dass eigenes Ermessen nicht besteht (KölnKomm AktG/*Mertens* Rn 30). **Vorstandmitglieder** dürfen allerdings nicht für Aufgaben gegenüber dem Vorstand eingesetzt werden, sie können aber Erklärungsboten sein (*BGHZ* 12, 327; *OLG Hamburg* 1986, 972, 974). Ausnahmen werden aber für **„Geschäfte des täglichen Lebens"** und bei Nebenaspekten der Bestellung wie bspw Reisekostenabrechnungen befürwortet (MünchKomm AktG/*Habersack* Rn 19).

6

3. Passive Vertretung und Zurechnung. Eine **passive Vertretungsmacht** steht dem AR als Organ zu. Der AR-Vorsitzende ist allerdings zur alleinigen Entgegennahme von Willenserklärungen befugt (unstr KölnKomm AktG/*Mertens* Rn 23). Ferner sind auch sein **Wissen bzw Wissensmängel** dem AR als Kollegialorgan zuzurechnen, denn er repräsentiert durch seine herausgehobene Stellung den AR nach außen (**allgM** MünchKomm AktG/*Habersack* Rn 63). Durch den Verweis in S 2 auf § 78 Abs 2 S 2 sind **alle AR-Mitglieder passiv vertretungsbefugt** Auch Wissen bzw Wissensmängel einzelner AR-Mitglieder sind nunmehr dem Organ zuzurechnen.

7

Bürgers/Israel

8 **4. Nachweis.** Als **Nachweis der Vertretungsmacht** können schriftliche Ermächtigungen, AR-Sitzungsprotokolle oder die Geschäftsordnung vorgelegt werden, obwohl dieses regelmäßig bei Organtätigkeit nicht erforderlich sein wird (*OLG Düsseldorf* AG 2004, 321, 323 f). Für einseitige Rechtsgeschäfte wie der fristlosen Kündigung eines Vorstandsmitglieds ist § 174 BGB analog anwendbar (*OLG Düsseldorf* AG 2004, 321, 323 f; **aA** *Bauer/Krieger* ZIP 2004, 1247, 1248 f).

IV. Vertretungsmängel

9 **1. Prozessvertretung.** Die **prozessuale Vertretung** der AG durch den Vorstand entgegen § 112 führt zur **Unzulässigkeit** der Klage (*BGH* NJW 1999, 3263 f). Dieses betrifft aber keine nachträglichen Vertretungsmängel bspw durch Verschmelzung (*BGHZ* 157, 151, 154 f). Sie sind auch noch von Amts wegen in der Revisionsinstanz zu beachten (*BGH* ZIP 2006, 2213, 2214). Das Nachschieben von Gründen erfordert grds keinen neuen AR-Beschl (*OLG Düsseldorf* AG 2012, 511, 513). Der **AR** kann die Prozessführung auch **konkludent genehmigen** und in den Prozess eintreten, wofür aber ein Beschl des Gesamt-AR nach § 108 Abs 1 erforderlich ist (*BGH* ZIP 2006, 2213, 2214; *BGH* NZG 2009, 466, 467; *OLG Frankfurt* AG 2011, 918, 919).

10 **2. Vorstand.** Werden Rechtsgeschäfte mit Vorstandsmitgliedern entgegen § 112 durch den **Vorstand selbst** vorgenommen, sind diese grds entspr §§ 177 f BGB **schwebend unwirksam** (*OLG Celle* AG 2003, 433; *Hüffer* AktG Rn 7, Handeln ohne Vertretungsmacht; **aA** nach § 134 BGB nichtig: *OLG Stuttgart* AG 1993; 85, 86; GroßKomm AktG/*Hopt/Roth* Rn 109). Verstöße gegen die Zuständigkeitszuweisung sind nicht von § 134 BGB erfasst, der abstrakten Gefahr von Interessenkollisionen wird die Genehmigungsmöglichkeit durch den AR hinreichend gerecht, dieses bestätigt auch die Rspr zu prozessualen Vertretungsmängeln. Der organschaftliche Charakter der Vertretung steht der Genehmigung nicht entgegen, in die korporative Struktur der AG wird nicht eingegriffen (iE *Lutter/Krieger* AR Rn 413).

11 **3. Aufsichtsrats-Mitglieder.** Schließen ein **einzelnes AR-Mitglied** oder **mehrere AR-Mitglieder** Rechtsgeschäfte mit dem Vorstand ab, kann der **Gesamt-AR** diese ebenfalls nach §§ 177 f BGB **genehmigen** (*OLG Karlsruhe* WM 1996, 161; MünchHbB AG/*Wiesner* § 23 Rn 8; GroßKomm AktG/*Hopt/Roth* Rn 108; **aA** *OLG Stuttgart* AG 1993, 85, 86, nicht reiner Erklärungsberechtigter). Die Genehmigung kann wg der erforderlichen Rechtssicherheit nur durch förmlichen Beschl erfolgen (iE *Nägele/Böhm* BB 2005, 2197, 2199; vgl *BGH* NJW 1989, 1928, 1929 aus prozessualer Sicht). Gleiches muss auch für die Vertretung der AG gegenüber Vorstandsmitgliedern durch Dritte gelten.

§ 113 Vergütung der Aufsichtsratsmitglieder

(1) ¹**Den Aufsichtsratsmitgliedern kann für ihre Tätigkeit eine Vergütung gewährt werden.** ²**Sie kann in der Satzung festgesetzt oder von der Hauptversammlung bewilligt werden.** ³**Sie soll in einem angemessenen Verhältnis zu den Aufgaben der Aufsichtsratsmitglieder und zur Lage der Gesellschaft stehen.** ⁴**Ist die Vergütung in der Satzung festgesetzt, so kann die Hauptversammlung eine Satzungsänderung, durch welche die Vergütung herabgesetzt wird, mit einfacher Stimmenmehrheit beschließen.**

(2) ¹Den Mitgliedern des ersten Aufsichtsrats kann nur die Hauptversammlung eine Vergütung für ihre Tätigkeit bewilligen. ²Der Beschluss kann erst in der Hauptversammlung gefasst werden, die über die Entlastung der Mitglieder des ersten Aufsichtsrats beschließt.

(3) ¹Wird den Aufsichtsratsmitgliedern ein Anteil am Jahresgewinn der Gesellschaft gewährt, so berechnet sich der Anteil nach dem Bilanzgewinn, vermindert um einen Betrag von mindestens vier vom Hundert der auf den Nennbetrag der Aktien geleisteten Einlagen. ²Entgegenstehende Festsetzungen sind nichtig.

Übersicht

	Rn		Rn
I. Regelungsinhalt	1	3. Andere aktienkursabhängige	
II. Grundsätze der Vergütung	2	Vergütungsformen	12
1. Angemessenheit	3	4. Sonstige Vergütungsarten	13
2. Hinreichende Konkretisierung	4	IV. Auslagenersatz	14
3. Beratungsverträge	5	V. Festlegung der Vergütung	15
4. Anteil am Jahresgewinn	7	1. Satzung	16
5. Aktienoptionen	8	2. Hauptversammlungsbeschluss	17
III. Vergütungsformen	9	3. Erster Aufsichtsrat	18
1. Variable Vergütung	10	4. Herabsetzung der Vergütung	19
2. Wandelschuldverschreibungen und Optionsanleihen	11		

Literatur: *Bürgers* Keine Aktienoptionen für Aufsichtsräte – Hindernis für die Professionalisierung des Aufsichtsrats?, NJW 2004, 3022; *Dreher* Der Abschluss von D&O Versicherungen und die aktienrechtliche Zuständigkeitsordnung, ZHR 165 (2001), 293; *Gehling* Erfolgsorientierte Vergütung des Aufsichtsrats, ZIP 2005, 549; *Goette* Anm: BGH-Entscheidung II ZR 197/93, Beratungsvertrag mit Aufsichtsratsmitglied, DStR 1994, 1390; *ders* Anm: BGH-Entscheidung II ZR 279/05, Beratungsvertrag, DStR 2007, 124; *Habersack* Die erfolgsabhängige Vergütung des Aufsichtsrats und ihre Grenzen, ZGR 2004, 721; *Henze* Neuere Rspr zu Rechtsstellung und Aufgaben des Aufsichtsrats, BB 2005, 165; *Hoffmann-Becking* Gestaltungsmöglichkeiten bei Anreizsystemen, NZG 1999, 797; *ders* Rechtliche Anmerkungen zur Vorstands- und Aufsichtsratsvergütung, ZHR 169 (2005), 155; *Leyendecker-Langner/Huthmacher* Kostentragung für Aus-und Fortbildungsmaßnahmen von AR-Mitgliedern, NZG 2012, 1415; *Marsch-Barner* Aktuelle Rechtsfragen zur Vergütung von Vorstands- und Aufsichtsratsmitgliedern einer AG, FS Röhricht, 2005, S 401; *Uhlendorf* „Die Entscheidung führt zu einer erheblichen zeitlichen Vorverlagerung möglicher anfechtungsrelevanter Verhaltensweisen der Verwaltung", BB-Kommentar 2013, 595; *Vetter* Beratungsverträge mit Aufsichtsratsmitgliedern, AG 2006, 173; *Wettich* Aktuelle Entwicklungen und Trends in der HV-Saison 2012 und Ausblick auf 2013, AG 2012, 725.

I. Regelungsinhalt

Die Vorschrift weist die **Kompetenz** für die Festlegung einer Vergütung der AR-Mitglieder dem **Satzungsgeber bzw der HV** zu. Daneben wird der Grundsatz der **angemessenen Vergütung** geregelt, der Interessenkonflikte zwischen AR und Vorstand vermeiden und **Aktionäre sowie Gläubiger** vor überhöhten Vergütungen schützen soll. Gleichzeitig kann eine materielle Beschlusskontrolle erfolgen, bspw im Rahmen von § 243 (KölnKomm AktG/*Mertens* Rn 3). Die Vorschrift wird durch § 114 ergänzt, der Verträge der AG mit AR-Mitgliedern unter den Zustimmungsvorbehalt des Gesamt-AR stellt (*BGH* ZIP 2007, 22 f). Das Zusammenwirken beider Vorschriften schützt 1 die AG vor der Gefahr einer unsachlichen Beeinflussung der Überwachungsaufgaben des AR (**allgM** *BGH* ZIP 2006, 1529, 1531).

II. Grundsätze der Vergütung

2 AR-Mitgliedern **kann** eine **Vergütung gewährt werden**, einen Anspruch haben sie hierauf nicht (MünchHdb/*Hoffmann-Becking* § 33 Rn 10, § 612 Abs 1 BGB greift nicht). Rechtsgrund der Vergütung ist daher der **korporative Akt** des Beschl bzw der Satzungsregelung selbst (MünchKomm AktG/*Habersack* Rn 27). Grds sind hier alle AR-Mitglieder gleich zu behandeln. **Ehrenvorsitzende** sind keine AR-Mitglieder, so dass keine HV-Kompetenz besteht und die Vergütung durch das bestellende Organ geregelt wird (s § 107 Rn 11). Hinsichtlich der Höhe der Vergütung ist mit Blick auf Aufgabe und Funktion zu differenzieren, Ziff 5.4.6 DCGK empfiehlt eine Differenzierung ausdrücklich. Typischerweise werden für AR-Vorsitzende und ihre Stellvertreter, aber auch für die Ausschusszugehörigkeit höhere Vergütungen festgelegt (Groß-Komm AktG/*Hopt/Roth* Rn 68). Bestimmte Fähigkeiten, Kompetenzen sind dagegen kein Kriterium, ebenso wenig die Bestellungsform, bspw für Arbeitnehmervertreter, Entsandte oder gerichtliche Bestellte (KölnKomm AktG/*Mertens* Rn 9).

3 **1. Angemessenheit.** Die Vergütung soll im angemessenen Verhältnis zu den **Aufgaben des AR-Mitglieds** und der **Lage der AG** stehen. Die Vorschrift stellt allein eine Höchstgrenze dar und schließt einen unentgeltlichen AR nicht aus (**hM** MünchKomm AktG/*Habersack* Rn 41; Hüffer AktG Rn 4). Der Wortlaut bezieht sich ausdrücklich auf das individuelle AR-Mitglied und rechtfertigt damit für **AR-Vorsitzende und ihre Stellvertreter** eine höhere Vergütung, so dass regelmäßig eine bis zu vierfache bzw doppelte Vergütung angemessen sein kann (KölnKomm AktG/*Mertens* Rn 12). Bei leichten Verstößen gegen die Angemessenheit kann der Beschl anfechtbar sein, ein erheblicher Verstoß kann sogar zur Nichtigkeit führen, § 138 BGB (*Habersack* aaO Rn 42). Das AR-Mitglied ist verpflichtet, unangemessen hohe Vergütungen zurückzuzahlen bzw abzulehnen.

4 **2. Hinreichende Konkretisierung.** Die Vergütung der AR-Mitglieder ist ausdrücklich festzulegen, wobei auch ein **Gesamtbetrag** durch den AR selbst aufgeteilt werden kann, wenn die Satzung dieses vorsieht (*Hüffer* AktG Rn 3).

5 **3. Beratungsverträge. Entsprechende Verträge** müssen in ihrem Inhalt nach von den AR-Aufgaben abgrenzbar sein, anderenfalls sind solche Verträge als Umgehungstatbestand nichtig (*BGH* ZIP 2006, 1529, 1532 f; ausf § 114 Rn 2 ff). Verträge mit von der AR-Tätigkeit umfasstem Beratungsgegenstand sind daher nicht nach § 114 genehmigungsfähig (*BGH* ZIP 2007, 22, 23). Beratungsverträge mit Gesellschaften, an denen ein AR-Mitglied beteiligt ist, können ebenfalls in den Anwendungsbereich fallen und sind ggf entspr zu beurteilen (ausf § 114 Rn 5 f). Auch insoweit soll abstrakte Gefahr für Unabhängigkeit gegeben sein, wenn die daraus zufließende Vergütung nicht schlechthin vernachlässigenswert ist (*BGH* ZIP 2007, 22, 23). Maßgeblich ist hierfür die Gesamthöhe der Vergütungen und nicht der Umfang des einzelnen Beratungsauftrags (*BGH* AG 2012, 712, 713; *OLG Köln* BB 2013, 592, 594). Dass die Beteiligungshöhe hierbei keine Rolle spielen soll (*Goette* DStR 2007, 124), widerspricht jedoch den auch bei anderen Konstellationen zur Vermeidung potentieller Interessenskonflikte vorgenommenen Wertungen (vgl §§ 136, 112). Der **Vertragsinhalt** muss den AR als Entscheidungsorgan in die Lage versetzen, die vertraglich vereinbarte Tätigkeit

von den **AR-Aufgaben abzugrenzen** (Art und Umfang der Leistung) und die für die vereinbarte Leistung vorgesehene Vergütung (Höhe und Angemessenheit) zu beurteilen (*BGH* ZIP 2006, 1529, 1532 f; *OLG Köln* aaO; *Goette* aaO, Angabe wechselseitiger Leistungen). Nach überwiegender Meinung kommt es hierbei nicht auf den Umfang der Tätigkeit, sondern vornehmlich auf deren Gegenstand an (*BGH* NJW 1991, 1830, 1831 f; differenzierend *Goette* DStR 1994, 1390, **Beratungstiefe**). Bisher ist noch ungeklärt, ob eine nachträgliche Konkretisierung ursprünglich zu unbestimmt formulierter Beratungsverträge möglich ist (vgl *OLG Köln* aaO; hierzu auch *Uhlendorf* BB 2013, 592, 595).

Eine allg „**betriebswirtschaftliche Beratung**" wurde als eine **nicht abgrenzbare Beratung** in einem besonderen Fachgebiet beurteilt (*BGH* ZIP 2006, 1529, 1532 f). **Rahmenverträge** mit einer nur beispielhaften Aufgabenbeschreibung genügen diesen Anforderungen ebenso wenig wie die **allgemeine rechtliche Beratung** (*OLG Köln* BB 2013, 592, 594; *OLG Hamburg* 17.1.2007, Az 11 U 48/06). Konkrete rechtliche Beratung bspw bei Unternehmens- und Beteiligungsverträgen bzw Joint Ventures oder Finanzierungsmodellen ist wg Vergleichbarkeit mit steuerlicher Beratung abgrenzbar (*BGHZ* 114, 127, 132; *Vetter* AG 2006, 173, 178). Keinen Einfluss hat die **Verkehrsüblichkeit** des Vertragsinhalts, denn die bes Rolle des AR-Mitglieds erfordert eine Vereinbarung, die §§ 113, 114 gerecht wird (*BGH* ZIP 2006, 1529, 1532 f). Eine **Teilnichtigkeit** bei verschiedenen Beratungsgegenständen soll nach der Rspr ausscheiden (*BGH* ZIP 2006, 1529, 1532 f; *OLG Hamburg* 17.1.2007, Az 11 U 48/06, Beratung und gerichtliche Vertretung). Der Beratervertrag vor einer AR-Mitgliedschaft bleibt unberührt (*OLG Hamburg* 17.1.2007, Az 11 U 48/06). Der Rückgewähranspruch richtet sich nach § 114 Abs 2 (ausf § 114 Rn 9 f). 6

4. Anteil am Jahresgewinn. Bei Beteiligung am Jahresgewinn werden 4 % der tatsächlich geleisteten Einlage durch Abs 3 ausgenommen. Berechnungsgrundlage für den Abzug dieser 4 %-Verzinsung ist der Anteil am Grundkapital oder Nennwert gem § 9 Abs 1. Die Vorschrift schützt damit eine Mindestverzinsung von 4 % vor einer Verwendung zur Vergütung. Praktisch sind solche Vereinbarungen kaum existent, denn der Bilanzgewinn ist für eine Erfolgsbeteiligung ungeeignet (KölnKomm AktG/*Mertens* Rn 38). Andere variable Vergütungsmodelle wie die Dividendenorientierung werden von Abs 3 nicht erfasst (**hM** *Hüffer* AktG Rn 9; **aA** GroßKomm AktG/*Hopt/Roth* Rn 119; ausf Rn 10). 7

5. Aktienoptionen. AR-Mitgliedern können **keine Stock Options** gewährt werden (*BGHZ* 158, 122, 125 f). Das Verbot leitet sich aus § 192 Abs 2 Nr 3 ab, der AR-Mitglieder nicht als mögliche Bezugsrechtsempfänger von bedingtem Kapital iRd Vergütung nennt. Die Bedienung der Optionen mit eigenen Aktien muss daher auch ausscheiden (*Gehling* ZIP 2005, 549, 557). Die Rspr begründet dieses ua damit, dass durch die **Kontrollaufgabe des AR** nicht die Steigerung des Unternehmenswerts beabsichtigt wird und **Interessenkonflikte** aus gleichgerichteten Vergütungsinteressen von Vorstand und AR entstehen könnten (*BGHZ* 158, 122, 126). Allerdings bestehen Interessenkonflikte nicht nur bei Aktienoptionen und könnten auch durch die HV gesteuert werden, wenn diese bspw die Ausübungsbedingung im Beschl abschließend festlegt (*Bürgers* NJW 2004, 3022, 3025 f mwN). Ein allg Verbot aktienkursorientierter Vergütung für AR-Mitglieder ist aus dieser Rspr nicht abzuleiten (ausf Rn 10). Werden vormalige Vorstandsmitglieder in den AR bestellt, verlieren diese aber ihre schon 8 gewährten Aktienoptionen nicht, denn § 192 erfasst nur die Ausgabe an AR-Mitglieder (iE *Gehling* aaO 556 **aA** *Habersack* ZGR 2004, 721, 726 f).

III. Vergütungsformen

9 Die Vergütung kann feste und variable Bestandteile haben. Der Auslagenersatz stellt dagegen keine Vergütung dar. Die Vergütungsarten können dabei frei kombiniert werden. Das Gebot der Angemessenheit bezieht sich auf den Gesamtbetrag aus allen Vergütungsarten. Unabhängig von einem variablen Anteil kann eine feste Vergütung in Form einer festgeschriebenen Summe oder als festgelegter Anteil geregelt werden.

10 **1. Variable Vergütung.** Neben der festen Vergütung kann ein variabler Anteil gewährt werden, der soweit er sich nicht ausdrücklich auf den Bilanzgewinn bezieht, nicht den Beschränkungen des Abs 3 unterliegt (vgl Rn 7). **Dividendenorientierte** variable Vergütungen sind in der Praxis die häufigsten Bestandteile, die sich entweder an der Dividendenentwicklung oder der absoluten Höhe orientieren und teilw um einen Sockelbetrag gekürzt werden. Verbreitet ist aber auch ein Vergleich mit anderen Unternehmen der gleichen Branche. Daneben werden andere Unternehmenskennzahlen wie Cash Flow, Gewinn pro Aktie, EBIT oder Konzernergebnis als Bezugsgröße herangezogen (empirisch *Gehling* ZIP 2005, 549, 549 f). Ihre Zulässigkeit ist umstritten und hängt idR von der konkreten Ausgestaltung ab (ausf *Hoffmann-Becking* ZHR 2005, 155, 176 f). Zu beachten ist allerdings, dass **Sondereffekte** nicht zu sog Windfall Profits führen dürfen (*Hoffmann-Becking* NZG 1999, 797, 800). AR-Mitglieder verletzten ihre Sorgfaltspflicht, wenn sie diese annehmen (MünchKomm AktG/*Habersack* Rn 50). Nach Ziff 5.4.6 DCGK soll eine erfolgsorientierte Vergütung auf eine nachhaltige Unternehmensentwicklung ausgerichtet sein. Soweit dadurch suggeriert wird, dass eine dividendenabhängige Vergütung nicht dem Standard guter Governance entspricht, ist die Regelung nicht unproblematisch. In Ziff 5.4.6 DCGK ist in der seit Mai 2012 geltenden Fassung keine Empfehlung mehr enthalten, dass AR-Mitglieder neben einer festen auch eine erfolgsorientierte Vergütung erhalten sollen. Aufgrund dieser Änderung und angesichts der problematischen praktischen Handhabung ist eine Tendenz zu einer fixen Vergütung zu erwarten (vgl hierzu *Wettich* AG 2012, 725, 730).

11 **2. Wandelschuldverschreibungen und Optionsanleihen.** Sie können gem §§ 221, 193 Abs 2 Nr 4 nicht als Vergütung gewährt werden (*Bürgers* NJW 2004, 3022, 3025 f; iE *Habersack* ZGR 2004, 721, 726 f; tendenziell *BGHZ* 158, 122, 124 f; **aA** noch *Hüffer* AktG Rn 3, wobei § 221 Rn 45 entgegenstehenden Willen des Gesetzgebers annimmt). Das UMAG (BGBl I 2005, 2802) hat in § 221 eine Verweisung auf § 193 Abs 2 Nr 4 aufgenommen, der nur Mitglieder der Geschäftsführung und Mitarbeiter als mögliche Bezieher nennt. Damit soll klargestellt werden, dass auch Wandelschuldverschreibungen und Optionsanleihen nicht zur Vergütung von AR-Mitgliedern geschaffen werden können (BT-Drucks 15/5092, 25).

12 **3. Andere aktienkursabhängige Vergütungsformen.** Mit Blick auf die Unzulässigkeit von Wandelschuldverschreibungen durch das UMAG begegnen **aktienkursorientierte Vergütungsformen** zwar Bedenken, sollten aber zumindest zulässig sein, wenn der Vorstand keinen direkten Einfluss auf die Vergütungshöhe hat. **Phantom Stocks** (schuldrechtliche Nachbildung von Aktien) und **Stock Appreciation Rights** (Zahlungspflicht abhängig von Kursentwicklung) orientieren sich zwar auch am langfristi-

gen Unternehmenserfolg, sind aber nicht von den Beschränkungen der §§ 71, 192 f erfasst. Es ist kein Wille des Gesetzgebers erkennbar, auch nicht im Zuge des UMAG, die Vergütung des AR nicht auch am Börsenkurs auszurichten (GroßKomm AktG/ *Hopt/Roth* Rn 47; *Marsch-Barner* FS Röhricht, S 349, 417, wohl einschränkend auf Bestandteil; aA *Habersack* ZGR 2004, 721, 726 f).

4. Sonstige Vergütungsarten. Daneben kann AR-Mitgliedern auch ein **Sitzungsgeld** 13 als Bestandteil der festen Vergütung gewährt werden (Abgrenzung zum Auslagenersatz Rn 14). **Sachleistungen** wie Dienstwagen oder -wohnung fallen unter die Vergütungsregeln, wenn diese auch privat genutzt werden können (MünchKomm AktG/ *Habersack* Rn 12). **D&O-Versicherungsprämien** sind kein Vergütungsbestandteil, auch nicht wenn ein signifikanter Selbstbehalt vereinbart wurde (GroßKomm AktG/ *Hopt/Roth* Rn 50 ff; *Dreher* ZHR 2001, 293, 322; aA *Hüffer* AktG Rn 2a; *Lutter/Krieger* AR § 11 Rn 870, differenzierend nach Selbstbehalt). Sie stellen keine Vergütung zur freien Verfügung für die Amtsübernahme dar, sondern werden vornehmlich im Unternehmensinteresse zur Wertunterlegung potentieller Regressansprüche abgeschlossen. Abschluss ist deshalb Geschäftsführungsmaßnahme und bedarf keiner Satzungsregelung oder eines HV-Beschlusses.

IV. Auslagenersatz

Kein Vergütungsbestandteil ist der **angemessene Aufwendungsersatz**, den die AG 14 einem AR-Mitglied zahlt; Rechtsgrund hierfür ist vielmehr der Aufwendungsersatz iRd Auftragsverhältnisses, § 670 BGB analog (*Hüffer* AktG Rn 2b). Danach können Reise- und Kommunikationskosten oder auch konkrete Schreibauslagen, nicht jedoch anteilige Sekretariatskosten erstattet werden (im Einzelnen MünchKomm AktG/*Habersack* Rn 22 f). Die Kosten für Fortbildungsmaßnahmen sind nur erstattungsfähig, wenn sie der Erlangung von Spezialwissen dienen, das AR-Mitglied die Maßnahmen für erforderlich halten durfte und die Kosten den Umständen nach angemessen sind (*Leyendecker-Langner/Huthmacher* NZG 2012, 1415, 1420; iE auch MünchKomm AktG/*Habersack* Rn 24; die Erstattungsfähigkeit hierfür gänzlich abl *Hölters/Hambloch-Gesinn/ Gesinn* Rn 25). Ausbildungskosten, die die für die Amtsausübung erforderlichen Mindestkenntnisse vermitteln, sind nicht erstattungsfähig (so auch *Leyendecker-Langner/ Huthmacher* aaO), vgl § 100 Rn 2 und Ziff 5.4.5 Abs 2 DCGK. Ein Beschl der HV oder eine Satzungsbestimmung ist nicht erforderlich. Auslagen können auch in **pauschalierter Form** bezahlt werden, müssen dann aber gesondert von der Vergütung ausgewiesen werden. Teilw wird Auslagenpauschalierung in Form eines Sitzungsgeldes vorgenommen; dies ist nur soweit Auslagenersatz als die Höhe nicht die tatsächlichen Auslagen erheblich überschreitet. Ergibt sich aus der Höhe des Auslagenersatzes, dass dieser auch Vergütungsteile beinhaltet, unterfällt dies den Regelungen von § 113 (*BGH* WM 1988, 531, 533 f). Zahlung von Auslagen ist als Geschäftsführungsmaßnahme vom Vorstand vorzunehmen und mit dem AR-Mitglied abzurechnen. Auch ohne gesonderte Regelung ist die auf die Vergütung vom AR zu entrichtende **Umsatzsteuer** von der Gesellschaft auszubezahlen (heute ganz **hM** *Habersack* aaO Rn 52; *Hüffer* aaO Rn 7).

V. Festlegung der Vergütung

Das Gesetz ermöglicht sowohl eine Regelung in der Satzung als auch eine Feststellung 15 durch HV-Beschluss, jedenfalls steht diese Kompetenz immer den Aktionären zu. Eine Delegation an andere Organe ist nicht möglich. Diesem Grundsatz folgend, kann über **Dienstleistungen höherer Art** (vgl § 114 Abs 1), die vom **Aufgabenbereich des AR** abgedeckt sind, nicht durch den Gesamt-AR entschieden werden, vielmehr sind solche Verträge nichtig. Hiervon sind auch solche Verträge mit Gesellschaften erfasst, an denen ein AR-Mitglied beteiligt ist (*BGH* ZIP 2007, 22, 23 f; vgl Rn 5). Vergütungsanspruch **entsteht** mit Beginn des Geschäftsjahres und wird mit dessen Ende, bei variablen Bestandteilen, die sich aus dem Jahresabschluss ergeben, mit dessen Feststellung fällig.

16 **1. Satzung.** Durch die Satzung kann die Vergütung als Gesamtbetrag festgelegt werden, wobei nur eine ausdrückliche Aufteilungskompetenz nach billigem Ermessen eine differenzierende Verteilung ermöglicht (vgl Rn 4). Die Regelung der Satzung muss **hinreichend bestimmt** sein, ansonsten bestünde die Gefahr der Umgehung und der Intransparenz (MünchKomm AktG/*Habersack* Rn 29). Der organschaftliche Regelungscharakter macht die Festlegung zur materiellen Satzungsbestimmung, für die § 179 Abs 2 eine **Dreiviertelmehrheit zur Satzungsänderung** fordert (Spindler/Stilz AktG/*Holzborn* § 179 Rn 43; aA *Hüffer* AktG Rn 3 formelle; GroßKomm/*Röhricht* § 23 Rn 25, indifferente Bestimmung). Eine Veränderung der Vergütung kann somit nur durch Satzungsänderung oder zulässige Satzungsdurchbrechung erfolgen (vgl § 179 Rn 11 f). Die Satzungsänderung wird nach § 181 Abs 3 mit der Eintragung beim Registergericht wirksam.

17 **2. Hauptversammlungsbeschluss.** Die HV kann eine Vergütung der AR-Mitglieder nur bestimmen, wenn die Bekanntmachungsregeln des § 124 eingehalten wurden, die eine Darlegung der Vergütungsregelungen zumindest im Beschlussvorschlag erfordern (§ 124 Abs 3). Sieht die Satzung keine Vergütungsregel vor oder wird diese Kompetenz ausdrücklich der HV zugewiesen, kann sie hierüber mit **einfacher Mehrheit** beschließen (MünchKomm AktG/*Habersack* Rn 35). Wird die Vergütung für einen unbestimmten Zeitraum bewilligt oder enthält der Beschl keine Befristung ist darin ein **Grundsatzbeschluss** zu sehen, der bis zu seinem Widerruf (einfache Mehrheit) gültig ist (KölnKomm AktG/*Mertens* Rn 26).

18 **3. Erster Aufsichtsrat.** Abw von Abs 1 wird in Abs 2 für den ersten AR, § 30, eine **ausschließliche Festsetzungskompetenz** derjenigen **HV** geregelt, die **über die Entlastung** des ersten AR **entscheidet**. Damit trifft diese HV auch die Entscheidung darüber, ob die Tätigkeit überhaupt vergütet werden soll; Beschl früherer HV sind nichtig und begründen einen bereicherungsrechtlichen Anspruch der AG gegen das AR-Mitglied (MünchKomm AktG/*Habersack* Rn 54). Grds soll der Vergütungsbeschluss zeitlich nach der Entlastungsentscheidung, unabhängig von deren Votum, erfolgen; er muss aber nicht in derselben HV vorgenommen werden.

19 **4. Herabsetzung der Vergütung.** Obwohl in der Satzung eine bestimmte Vergütung festgelegt ist, kann durch einen **HV-Beschluss** mit **einfacher Mehrheit** nach Abs 1 S 4 ein niedriger Betrag bestimmt werden. Hierdurch wird abw von § 179 Abs 2 eine Satzungsänderung mit einfacher Stimmenmehrheit ermöglicht, die mit Eintragung beim Registergericht wirksam wird, § 181 Abs 3 (*Hüffer* AktG Rn 6). Die Vorschrift ist **nicht disponibel** (MünchKomm AktG/*Habersack* Rn 148). Der Beschl kann nur für die **Zukunft** nach Eintragung **wirken** und hat somit zumindest keinen Einfluss auf die mit Beginn des Jahres feststehende Fixvergütung im laufenden Geschäftsjahr (*LG München I* ZIP 2012, 2209, 2212; *Wolf* EWiR 2013, 33, 34 befürwortet sogar ex nunc Wirkung), wohingegen eine noch nicht feststehende variable Vergütung auch unterjährig herabgesetzt werden kann (*LG München I* ZIP 2013, 217, 218; *Hüffer* AktG Rn 6; KölnKomm AktG/*Mertens* Rn 34; GroßKomm AktG/*Hopt/Roth* Rn 96; aA MünchKomm AktG/*Habersack* Rn 32, 34). Grds kann die Herabsetzung der Vergütung einen wichtigen Grund darstellen, der zur **Amtsniederlegung** berechtigt (*Habersack* aaO Rn 33; dazu § 103 Rn 17).

§ 114 Verträge mit Aufsichtsratsmitgliedern

(1) Verpflichtet sich ein Aufsichtsratsmitglied außerhalb seiner Tätigkeit im Aufsichtsrat durch einen Dienstvertrag, durch den ein Arbeitsverhältnis nicht begründet wird, oder durch einen Werkvertrag gegenüber der Gesellschaft zu einer Tätigkeit höherer Art, so hängt die Wirksamkeit des Vertrags von der Zustimmung des Aufsichtsrats ab.

(2) ¹**Gewährt die Gesellschaft auf Grund eines solchen Vertrags dem Aufsichtsratsmitglied eine Vergütung, ohne dass der Aufsichtsrat dem Vertrag zugestimmt hat, so hat das Aufsichtsratsmitglied die Vergütung zurückzugewähren, es sei denn, dass der Aufsichtsrat den Vertrag genehmigt.** ²**Ein Anspruch des Aufsichtsratsmitglieds gegen die Gesellschaft auf Herausgabe der durch die geleistete Tätigkeit erlangten Bereicherung bleibt unberührt; der Anspruch kann jedoch nicht gegen den Rückgewähranspruch aufgerechnet werden.**

Übersicht

	Rn		Rn
I. Regelungsinhalt	1	1. Anspruch der Aktiengesellschaft	9
II. Beratungsverträge mit Aufsichtsrats-Mitgliedern	2	2. Wertersatz und Aufrechnungsverbot	10
III. Zuzurechnende Gesellschaften	5	3. Zuzurechnende Gesellschaft	11
IV. Zustimmung des Aufsichtsrats	7	VI. Beraterverträge im Konzern	12
V. Rückgewähranspruch	9	VII. DCGK	13

Literatur: *Goette* Anmerkung: BGH-Entscheidung II ZR 279/05, Beratungsvertrag mit einer Gesellschaft, der das Aufsichtsratsmitglied angehört, DStR 2007, 124; *Hellwig* Beratungsverträge des Abschlussprüfers – Genehmigungspflicht analog § 114 AktG und Publizitätspflicht analog § 125 Abs 1 S 3 AktG, ZIP 1999, 2117; *Leuering/Simon* Beraterverträge mit Aufsichtsratsmitgliedern, NJW-Spezial 2006, 171; *Neuhaus/Gellißen* Drittvergütungen für Aufsichtsratsmitglieder, NZG 2011, 1361; *Pietzke* Beratungsverträge mit Aufsichtsratsmitgliedern – der BGH hat jetzt das letzte Wort, BB 2012, 658; *Priester* Stimmverbot beim dreiköpfigen Aufsichtsrat, AG 2007, 190; *Quinke* Verträge mit Aufsichtsratsmitgliedern – zum Fresenius-Urteil des BGH, DStR 2012, 2020; *Stadler/Berner* Die gerichtliche Abberufung von Aufsichtsratsmitgliedern im dreiköpfigen Aufsichtsrat – ein bisher ungelöstes Problem, NZG 2003, 49; *Vetter* Beratungsverträge mit Aufsichtsratsmitgliedern, AG 2006, 173.

I. Regelungsinhalt

Außerhalb seiner Aufgaben als AR-Mitglied kann ein AR-Mitglied mit der AG einen Werk- oder Dienstvertrag abschließen, regelmäßig einen **Beratungsvertrag**, dessen Wirksamkeit von der **Zustimmung** des AR abhängt. Die Vergütungsregelungen des § 113 werden durch § 114 geschützt, der durch die Offenlegung und Zustim- 1 mung zu solchen Verträgen eine Einflussnahme auf die AR-Tätigkeit und Interessenkonflikte bei der Überwachung des beauftragenden Vorstandes verhindern soll. Wobei hier entsprechend dem Wortlaut nur die Vergütung relevant ist (*Spindler* NZG 2011, 334, 336; **aA** *OLG Frankfurt* ZIP 2011, 425, 427; Stellung und Ansehen). Eine Umgehung der § 113 wird somit ausgeschlossen (*BGH* ZIP 2006, 1529, 1531). Der Anwendungsbereich von § 114 ist nicht analog auf Beraterverträge mit Abschlussprüfern übertragbar (ausf GroßKomm AktG/*Hopt/Roth* Rn 46; **aA** *Hellwig* ZIP 1999, 2117, 2125 f).

II. Beratungsverträge mit Aufsichtsrats-Mitgliedern

2 Die geschuldete Leistung des AR-Mitglieds darf sich nicht mit seinen Aufgaben als AR-Mitglied überschneiden. Damit der AR einem Beratungsvertrag seine Zustimmung erteilen kann, muss dieser ihm ein genaues Bild der zu erbringenden Aufgaben und die konkrete Vergütung vermitteln (*BGH* ZIP 2006, 1529, 1532 f; ausf § 113 Rn 4 ff). Sind auch organschaftliche Aufgaben des AR-Mitglieds erfasst, ist der Vertrag nicht nach § 114 zu billigen, sondern als Verstoß gegen § 113 gem § 134 BGB nichtig (**stRspr** *BGH* ZIP 2007, 22, 23). Es besteht die abstrakte Gefahr einer verdeckten Sondervergütung und damit einer unzulässigen Einflussnahme (*Goette* DStR 2007, 124). Mündliche Verträge genügen den Anforderungen von § 114 nur, wenn eine hinreichende Dokumentation die Kontrollmöglichkeiten des AR ermöglicht (zurückhaltend *BGH* ZIP 2007, 22, 24).

3 Die **Abgrenzung** zwischen AR-Aufgabe und darüber hinausgehender vertraglicher Pflicht kann im Einzelfall schwierig sein, denn der AR hat in der AG durch die vorausschauende Überwachung auch eine beratende Funktion (vgl § 111 Rn 1 ff). Orientierungspunkt ist dabei eine **besondere fachliche Qualifikation** eines AR-Mitglieds, die über die typischerweise geforderten AR-Fähigkeiten hinausgehen kann (*BGHZ* 126, 340, 344). Problematisch ist, dass bes Fähigkeiten oder Erfahrungen gerade Grund für die Berufung sein können (*Leuering/Simon* NJW-Spezial 2006, 171) und das AR-Mitglied auch verpflichtet ist, seine gesamten Fähigkeiten und Erfahrungen der AG zukommen zu lassen (vgl § 113 Rn 5). Nicht genehmigungsfähig soll insb die Erstellung eines Leitfadens für die HV durch die Kanzlei des AR-Vorsitzenden sein, der zugleich HV-Leiter ist, weil die Durchführung der HV zu dem Pflichtenkreis des Versammlungsleiters gehört (*OLG Köln* BB 2013, 592, 595).

4 Schon **vor der Bestellung** zum AR-Mitglied abgeschlossene Verträge, die den Anforderungen von Abs 1 entsprechen, ruhen während der Amtszeit, wenn der AR diesen nicht zugestimmt hat und treten mit dem Ende der Amtszeit wieder in Kraft (*BGHZ* 126, 340, 346 f; *Hüffer* AktG Rn 2). Gleiches gilt für Verträge, die mit § 113 nicht vereinbar sind. Verträge mit Ersatzmitgliedern unterliegen dagegen nicht § 113, 114, da diese noch keine AR-Mitglieder sind (ausdrücklich *OLG Hamburg* 17.1.2007, Az 11 U 48/06). Relevant sind **nur Dienst- oder Werkverträge**, die eine **Tätigkeit höherer Art** regeln, was bei Verträgen mit AR-Mitgliedern regelmäßig der Fall sein dürfte (GroßKomm AktG/*Hopt/Roth* Rn 10). Ausgenommen sind damit abhängige Beschäftigungsverhältnisse (Arbeitsverträge), so dass für Arbeitnehmervertreter nur eine Genehmigungspflicht besteht, wenn zusätzlich zu ihrem Arbeitsverhältnis entspr Verträge abgeschlossen werden.

Verträge mit Aufsichtsratsmitgliedern § 114

III. Zuzurechnende Gesellschaften

Erfasst sind nach jüngster **Rspr** auch entspr Verträge der AG mit Gesellschaften, an 5
denen ein **AR-Mitglied beteiligt** ist; darin soll eine mittelbare Vergütung liegen (*BGH*
ZIP 2007, 22 f, dort 50 % an GmbH; *ders* ZIP 2006, 1529, 1531, Alleingesellschafter;
ders 2.4.2007, Az II ZR 325/05 für Anwalts-GbR; **aA** Beherrschung erforderlich:
GroßKomm AktG/*Hopt/Roth* Rn 42). § 114 ist direkt auf solche Konstellationen
anwendbar, eine Analogie ist nicht erforderlich (**aA** noch *OLG Hamburg* 17.1.2007,
Az 11 U 48/06). Beteiligungshöhe und tatsächliche Leistungserbringung sollen unerheblich sein (*BGH* ZIP 2007, 22, 23; **aA** KölnKomm AktG/*Mertens* Rn 7).

Mittelbare Zahlungen an das AR-Mitglied in **geringfügiger Höhe** oder in im Vergleich 6
zur AR-Vergütung **vernachlässigenswertem Umfang** sind ausgenommen, denn die
abstrakte Gefahr der Beeinflussung besteht hier nicht (*BGH* ZIP 2007, 22 f). Maßstab
ist der tatsächliche Zufluss an das AR-Mitglied, also dessen konkreter Vermögensvorteil (*BGH* ZIP 2007, 22, 23), so dass vertragliche Vergütung sowie Beteiligungsquote
einzubeziehen sind. Dies entspricht auch der Wertung anderer gesetzlicher Regelungen zur Vermeidung von Interessenskonflikten (zB §§ 136, 112). Für Beteiligungen an
Personengesellschaften wie GbR oder PartG (bspw **Sozietäten**, zur GbR: *BGH*
2.4.2007, Az II ZR 325/05) ist somit der Umfang der tatsächlichen Vermögensvorteile
des AR-Mitglieds entscheidend. Noch vor der jüngsten *BGH*-Entscheidungen (*BGH*
ZIP 2007, 22) wurde teilw auf eine allg Beeinflussungsgefahr oder darauf abgestellt,
dass jeder Partner einer GbR durch den Beratungsvertrag verpflichtet werde (*Vetter*
AG 2006, 173, 176).

IV. Zustimmung des Aufsichtsrats

Der AR hat durch **Beschl** nach § 108 Abs 1, der nach § 107 Abs 3 auch einem **Aus-** 7
schuss überantwortet werden kann, über den Vertrag durch Einwilligung oder Genehmigung zu entscheiden (MünchKomm AktG/*Habersack* Rn 30; **aA** *Spindler* NZG
2011, 334, 337). Der Wortlaut schränkt grundsätzlich die Genehmigungsmöglichkeit
nicht ein; ebensowenig die Unabhängigkeit des AR-Mitglieds. Eine Zahlung vor
Genehmigung soll im Regelfall pflichtwidrig sein (*BGH* AG 2012, 712; **aA** *Pietzke* BB
2012, 658, 661; *Quinke* DStR 2012, 2020, 2022 f, *Drygala* ZIP 2011, 427, 429; *Habersack* NJW 2011, 1234; *Henze* AR 2011, 59). Das kontrahierende AR-Mitglied ist
entspr § 34 BGB **nicht stimmberechtigt** (*BGH* 2.4.2007, Az II ZR 325/05). Ein dreiköpfiger AR bleibt beschlussfähig, wenn das betreffende AR-Mitglied teilnimmt, sich
aber der Stimme enthält (*BGH* 2.4.2007, Az II ZR 325/05; schon *Stadler/Berner* NZG
2003, 49, 51; **aA** *BayObLG* NZG 2003, 691, 692 f; *OLG Frankfurt* AG 2005, 925, 927).
Eine Ersatzbestellung für diesen Einzelfall ist somit nicht erforderlich. Mit einer Enthaltung ist Schutzzweck und Gefahr der Beeinflussung des Abstimmungsergebnisses
hinreichend Genüge getan, ohne dass gesetzliches Votum für die Zulässigkeit des
Drei-Personen-AR aufgehoben werden müsste (*Priester* AG 2007, 190, 193 f).

Der zur Abstimmung vorgelegte **Vertragsinhalt** muss es dem AR ermöglichen, die ver- 8
traglich vereinbarte Tätigkeit nach Art und Umfang der Leistung von den AR-Aufgaben abzugrenzen. Ferner muss die für die vereinbarte Leistung vorgesehene **Vergütung der Höhe** nach bestimmt sein (*Hüffer* AktG Rn 6, Gebührenordnung genügt),
um die Angemessenheit zu beurteilen (*BGH* ZIP 2006, 1529, 1532 f). Ein unzureichend konkretisierter Vertrag, der gegen §§ 113 f verstößt, kann nach einer Nachbesse-

rung **genehmigt werden**. Überwiegend wird angenommen, dies sei nur möglich, wenn der Vertrag noch nicht vollzogen ist; nach Vollzug hingegen bestünde ein faktischer Druck für die anderen AR-Mitglieder, die Genehmigung zu erteilen (*OLG Frankfurt* AG 2005, 925, 927; ZIP 2011, 425, 427; offen *BGH* ZIP 2007, 22, 24). Im Falle der Versagung der Zustimmung entsteht kein Anspruch nach § 280 Abs 1 iVm § 311 Abs 2 BGB, denn das AR-Mitglied hat kein schützenswertes Interesse (MünchKomm AktG/ *Habersack* Rn 36; *Hüffer* aaO).

V. Rückgewähranspruch

9 **1. Anspruch der Aktiengesellschaft.** Mit Abs 2 wird ein aktienrechtlicher Rückzahlungsanspruch der AG gegen das AR-Mitglied statuiert. Das AR-Mitglied hat Leistungen aufgrund eines Vertrags nach Abs 1, die ohne wirksame Zustimmung gewährt wurden, zurückzugewähren. Gleiches gilt für Zahlung aufgrund eines nicht genehmigungsfähigen Vertrags, obwohl diese vom Wortlaut nicht ausdrücklich erfasst sind (*BGH* ZIP 2006, 1529, 1533). Eine andere Rechtsfolge (§§ 812 ff BGB) würde sinn- und zweckwidrig differenzieren und schon nicht genehmigungsfähige Verträge privilegieren. Der Anspruch unterliegt der regelmäßigen Verjährung; §§ 116, 93 Abs 6 iVm Abs 3 Nr 7 ist nicht heranzuziehen (*Drygala* ZIP 2011, 427, 428; **aA** *OLG Frankfurt* RIP 2011, 425, 426). Eine nachträgliche Genehmigung verhindert einen Rückgewähranspruch (**aA** *OLG Frankfurt* ZIP 2011, 425). Der Vorstand hat den Anspruch der AG als Organ gegen das AR-Mitglied geltend zu machen.

10 **2. Wertersatz und Aufrechnungsverbot.** Das AR-Mitglied hat einen Wertersatzanspruch für die erbrachte Leistung nach § 818 Abs 2 BGB. Wg der Rechtsgrundverweisung ist auch § 814 BGB anzuwenden (*Hüffer* AktG Rn 7). Allerdings kann dieses nur solche Leistungen umfassen, die sich nicht schon aus der Organstellung eines AR-Mitglieds ergeben, auch wenn diese aufwändig ist und spezielle Kenntnisse voraussetzt (*BGH* NZG 2009, 1027, 1027 f). Allerdings besteht gleichzeitig ein Aufrechungsverbot für Rückzahlungsansprüche der AG.

11 **3. Zuzurechnende Gesellschaft.** Der Rückgewähranspruch der AG besteht auch gegenüber dem AR-Mitglied, wenn eine Vergütung ihm nur **mittelbar** durch eine Gesellschaft **zugeflossen** ist, an der er beteiligt ist (vgl Rn 5). Auch bei einer faktischen Beherrschung durch das AR-Mitglied ist § 115 Abs 3 S 2 nicht entspr anwendbar, da faktische Konzernierung durch AR-Mitglieder nicht erfasst ist und Umgehungssachverhalte nicht privilegiert werden sollen (*BGH* ZIP 2006, 1529, 1532 f). Es besteht ein aktienrechtlicher Rückgewähranspruch, der sich anders als ein bereicherungsrechtlicher Anspruch auch gegen den mittelbar Bereicherten richtet (*BGH* ZIP 2006, 1529, 1532 f). Die zuzurechnende Gesellschaft kann als Gesamtschuldner ebenso rückzahlungspflichtig sein, wenn diese durch das AR-Mitglied beherrscht wird (offen *BGH* ZIP 2006, 1529, 1532 f).

VI. Beraterverträge im Konzern

12 Beratungsverträge des AR-Mitglieds einer Konzernobergesellschaft **mit Tochtergesellschaften** sind hiervon **ebenfalls erfasst** (*KG Berlin* AG 1997, 42, 44; GroßKomm AktG/*Hopt/Roth* Rn 41; **aA** KölnKomm AktG/*Mertens* Rn 8). Es besteht dort eine vergleichbare Konstellation, die eine Offenlegung beim AR der Obergesellschaft rechtfertigt. Allein der Verweis auf eine fehlende Konzernklausel, wie sie bei § 115

besteht, kann insoweit nicht für eine entspr Intention des Gesetzgebers sprechen. Die weite Auslegung der Tatbestände der §§ 113, 114 durch die Rspr, die ausdrücklich einer Analogie zu § 115 entgegentritt, weist in dieselbe Richtung. Aus ähnlichen Erwägungen soll auch die Übernahme von **AR-Mandaten in abhängigen Gesellschaften** der Zustimmung des AR der Obergesellschaft bedürfen (MünchKomm AktG/*Habersack* Rn 9). Dagegen unterfällt ein Beratervertrag mit der Obergesellschaft bei gleichzeitigem AR-Mandat in der Tochtergesellschaft nicht §§ 113, 114 (*OLG Hamburg* 17.1.2007, Az 11 U 48/06; *Neuhaus/Gellißen* NZG 2011, 1361).

VII. DCGK

Leistungen aus Beratungsverträgen sind nicht im Jahresabschluss offen zu legen. Für börsennotierte AG empfiehlt Ziff 5.4.6 DCGK, nicht nur die gezahlten Vergütungen im Konzernlagebericht auszuweisen, sondern auch solche Zahlungen individualisiert aufzunehmen, die an AR-Mitglieder für Beratung und Vermittlung gewährt wurden. **13**

§ 115 Kreditgewährung an Aufsichtsratsmitglieder

(1) ¹Die Gesellschaft darf ihren Aufsichtsratsmitgliedern Kredit nur mit Einwilligung des Aufsichtsrats gewähren. ²Eine herrschende Gesellschaft darf Kredite an Aufsichtsratsmitglieder eines abhängigen Unternehmens nur mit Einwilligung ihres Aufsichtsrats, eine abhängige Gesellschaft darf Kredite an Aufsichtsratsmitglieder des herrschenden Unternehmens nur mit Einwilligung des Aufsichtsrats des herrschenden Unternehmens gewähren. ³Die Einwilligung kann nur für bestimmte Kreditgeschäfte oder Arten von Kreditgeschäften und nicht für länger als drei Monate im Voraus erteilt werden. ⁴Der Beschluss über die Einwilligung hat die Verzinsung und Rückzahlung des Kredits zu regeln. ⁵Betreibt das Aufsichtsratsmitglied ein Handelsgewerbe als Einzelkaufmann, so die Einwilligung nicht erforderlich, wenn der Kredit für die Bezahlung von Waren gewährt wird, welche die Gesellschaft seinem Handelsgeschäft liefert.

(2) Absatz 1 gilt auch für Kredite an den Ehegatten oder an ein minderjähriges Kind eines Aufsichtsratsmitglieds und für Kredite an einen Dritten, der für Rechnung dieser Personen oder für Rechnung eines Aufsichtsratsmitglieds handelt.

(3) ¹Ist ein Aufsichtsratsmitglied zugleich gesetzlicher Vertreter einer anderen juristischen Person oder Gesellschafter einer Personenhandelsgesellschaft, so darf die Gesellschaft der juristischen Person oder der Personenhandelsgesellschaft Kredit nur mit Einwilligung des Aufsichtsrats gewähren; Absatz 1 Satz 3 und 4 gilt sinngemäß. ²Dies gilt nicht, wenn die juristische Person oder die Personenhandelsgesellschaft mit der Gesellschaft verbunden ist oder wenn der Kredit für die Bezahlung von Waren gewährt wird, welche die Gesellschaft der juristischen Person oder der Personenhandelsgesellschaft liefert.

(4) Wird entgegen den Absätzen 1 bis 3 Kredit gewährt, so ist der Kredit ohne Rücksicht auf entgegenstehende Vereinbarungen sofort zurückzugewähren, wenn nicht der Aufsichtsrat nachträglich zustimmt.

(5) Ist die Gesellschaft ein Kreditinstitut oder Finanzdienstleistungsinstitut, auf das § 15 des Gesetzes über das Kreditwesen anzuwenden ist, gelten anstelle der Absätze 1 bis 4 die Vorschriften des Gesetzes über das Kreditwesen.

§ 115 Kreditgewährung an Aufsichtsratsmitglieder

Übersicht

	Rn		Rn
I. Regelungsinhalt	1	IV. Einwilligung	4
II. Kreditverträge	2	V. Rechtsfolgen	5
III. Kreditnehmer	3		

Literatur: Vgl die Nachweise zu § 89.

I. Regelungsinhalt

1 Die Vorschrift wirkt der **Gefahr von Interessenkonflikten** und **Abhängigkeiten** entgegen, die durch eine Kreditgewährung der AG, vertreten durch den Vorstand, an ein AR-Mitglied entstehen können. Sie sieht wie die weitgehend inhaltsgleichen Regelungen für den Vorstand in § 89 einen Einwilligungsvorbehalt des AR vor (vgl § 89 Rn 2 ff). Gleichzeitig werden Kreditverträge mit nahestehenden Personen und Gesellschaften in den Regelungsbereich einbezogen. Ferner finden sich Sonderregelungen für die Kreditgewährung im Konzern. Für **Kreditinstitute** und **Wertpapierdienstleistungsunternehmen** sieht Abs 5 die Anwendung von § 15 KWG vor, der einen einstimmigen Beschl der Geschäftsleiter und die Zustimmung des AR fordert. Die Kreditgewährung nach § 115 ist gem § 285 Nr 9 lit c HGB in den Anhang zum Jahresabschluss aufzunehmen, eine Aufschlüsselung kann aber unterbleiben. Die Vorschrift ist nicht disponibel (MünchKomm AktG/*Habersack* Rn 4).

II. Kreditverträge

2 Ebenso wie bei § 89 Abs 1 S 1 ist eine **wirtschaftliche Betrachtungsweise** für die Kreditdefinition heranzuziehen (vgl § 89 Rn 2). Keine Ausnahmen gelten für **Kleinkredite**, die nach § 89 Abs 1 S 5 für Vorstandsmitglieder ausgenommen sind. **Warenkredite** an AR-Mitglieder, die Einzelkaufleute, Gesellschafter einer Handelsgesellschaft oder gesetzliche Vertreter einer jur Person sind, unterliegen keinem Einwilligungsvorbehalt. Dieses umfasst aber nur Kredite zum Erwerb von Wirtschaftsgütern, die der Erwerber weiterveräußert, also nicht für Investitionen oder Dienstleistungen (**hM** Spindler/Stilz AktG/*Spindler* Rn 8; **aA** K. Schmidt/Lutter AktG/*Drygala* Rn 4: analoge Anwendung des Abs 1 S 5 auf Dienstleistungen). Durch den Vorbehalt soll eine Behinderung der Geschäftsbeziehungen verhindert werden (GroßKomm AktG/*Hopt/Roth* Rn 20). Zudem wird gefordert, dass das kreditgewährende Unternehmen ein **deutsches Unternehmen** sein müsse, unabhängig davon, ob es beherrscht oder beherrschend sei (**hM** KölnKomm AktG/*Mertens* Rn 4; *Hopt/Roth* aaO Rn 14; **aA** MünchKomm AktG/*Habersack* Rn 24, wer tatsächlich leistet faktisch nicht relevant).

III. Kreditnehmer

3 Erfasst sind AR-Mitglieder und ihr **nahestehende Personen**, wobei der Zeitpunkt der Kreditzusage maßgeblich ist, unabhängig davon, ob der Kredit tatsächlich ausgezahlt wurde. Auch **faktische AR-Mitglieder** sind einbezogen (MünchKomm AktG/*Habersack* Rn 9). Keine Ausnahmen gelten für **Arbeitnehmervertreter**, auch wenn die Kreditgewährung an Mitarbeiter üblich ist (KölnKomm AktG/*Mertens* Rn 3).

IV. Einwilligung

Der AR oder ein Ausschuss gem § 107 Abs 3 hat durch **Beschluss** vor der Kreditgewährung zu entscheiden, wobei sich das kontrahierende AR-Mitglied enthalten muss (KölnKomm AktG/*Mertens* Rn 5). Die Einwilligung kann nur für drei Monate im Voraus erteilt werden und muss Kreditsumme, Verzinsung und Rückzahlungsmodus bestimmen. Für die Einwilligung ist im **Konzern** der AR der Konzernobergesellschaft zuständig, wenn die herrschende Gesellschaft Kredite an AR-Mitglieder der Tochtergesellschaft gewähren will oder die beherrschte Gesellschaft einen Kredit an AR-Mitglieder der Muttergesellschaft gewähren will (K. Schmidt/Lutter AktG/*Drygala* Rn 9). 4

V. Rechtsfolgen

Ein Verstoß gegen § 115 hat keinen Einfluss auf den Bestand des Kreditvertrags, sondern löst eine sofortige **Rückzahlungspflicht** aus, wenn keine nachträgliche Zustimmung durch Beschl (§ 108 Abs 1) vorgenommen wird. Sowohl AR als auch Vorstand können sich durch Verstöße gegen § 115 schadensersatzpflichtig machen, §§ 93, 116. 5

§ 116 Sorgfaltspflicht und Verantwortlichkeit der Aufsichtsratsmitglieder

¹**Für die Sorgfaltspflicht und Verantwortlichkeit der Aufsichtsratsmitglieder gilt § 93 mit Ausnahme des Absatzes 2 Satz 3 über die Sorgfaltspflicht und Verantwortlichkeit der Vorstandsmitglieder sinngemäß.** ²**Die Aufsichtsratsmitglieder sind insbesondere zur Verschwiegenheit über erhaltene vertrauliche Berichte und vertrauliche Beratungen verpflichtet.** ³**Sie sind namentlich zum Ersatz verpflichtet, wenn sie eine unangemessene Vergütung festsetzen (§ 87 Absatz 1).**

Übersicht

	Rn		Rn
I. Regelungsinhalt	1	a) Unternehmerische Entscheidung	13
II. Sorgfaltspflichten	3	b) Angemessene Informationsgrundlage	17
1. Auswahl und Überwachung des Vorstands	4		
2. Mitwirkung	5	c) Zum Wohle der Gesellschaft und Gutgläubigkeit	18
3. Horizontale Kontrolle	6	3. Sonstige Haftungsfragen	19
4. Ausschüsse	7	V. Verschwiegenheitspflicht	20
III. Treuepflicht	8	1. Allgemeine Verschwiegenheitspflicht	22
IV. Schadensersatzanspruch	9		
1. Pflichtverletzung	11	2. Besondere Verschwiegenheitspflicht	23
2. Ausschluss der Pflichtverletzung	12		

Literatur: *Clemm/Dürrschmidt* Gedanken zur Schadensersatzpflicht von Vorstands- und Aufsichtsratsmitgliedern der Aktiengesellschaft für verlustverursachende Fehlentscheidungen, FS Müller, 2001, S 67; *Gaul/Otto* Haftung von Aufsichtsratsmitgliedern, AuA 2000, 313; *Henze* Prüfungs- und Kontrollaufgaben des Aufsichtsrates in der Aktiengesellschaft, NJW 1998, 3309; *Hoffmann-Becking* Rechtliche Anmerkungen zur Vorstands- und Aufsichtsratsvergütung, ZHR 2005, 155; *Hoffmann/Preu* Der Aufsichtsrat, 5. Aufl 2002; *Ihrig* Reformbedarf beim Haftungstatbestand des § 93 AktG, WM 2004, 2098; *Koch* Das Gesetz zur Unternehmensintegrität und Modernisierung des Anfechtungsrechts (UMAG), ZGR 2006, 769; *Krause* Strafrechtliche Haftung des Aufsichtsrats, NStZ 2011, 57; *Kropff* Informationsbeschaffungspflichten des Aufsichtsrats, FS Raiser, 2005, S 225; *Paefgen* Dogmatische Grundlagen, Anwendungsbereich und Formulierung einer Business Judgment Rule im künftigen UMAG, AG 2004, 245; *Säcker* Aktuelle Probleme der Verschwiegenheitspflicht der Aufsichtsratsmitglieder, NJW 1986, 803; *Schäfer* Die Binnenhaftung von Vorstand und Aufsichtsrat nach der Renovierung durch das UMAG, ZIP 2005, 1253; *S. H. Schneider* Unternehmerische Entscheidungen als Anwendungsvoraussetzung für die Business Judgment Rule, DB 2005, 707; *Schwark* Zur Angemessenheit der Vorstandsvergütung, FS Raiser, 2005, S 377; *Spindler* Haftung und Aktionärsklagen nach dem neuen UMAG, NZG 2005, 865; *ders* Vorstandsgehälter auf dem Prüfstand – das Gesetz zur Angemessenheit der Vorstandsvergütungen (VorstAG), NJOZ 2009, 3282; *Ulmer* Haftungsfreistellung bis zur Grenze grober Fahrlässigkeit bei unternehmerischen Fehlentscheidungen von Vorstand und Aufsichtsrat?, DB 2004, 859; *Waldenberger/Kaufmann* Nachträgliche Herabsetzung der Vorstandsvergütung: Vermeidung von Haftungsrisiken für den Aufsichtsrat, BB 2010, 2257; *Wettich* Aktuelle Entwicklungen und Trends in der HV-Saison 2012 und Ausblick auf 2013, AG 2012, 725; *Zieglmeier* Die Systematik der Haftung von Aufsichtsratsmitgliedern gegenüber der Gesellschaft, ZGR 2007, 145; vgl auch die Nachweise zu § 93.

I. Regelungsinhalt

1   Ebenso wie für den Vorstand wird für AR-Mitglieder mit S 1 durch einen Verweis auf § 93 eine **einheitliche Sorgfalts- und Haftungsvorschrift** geschaffen. Obwohl in weiten Bereichen die Grundsätze des § 93 angewandt werden können, verbietet sich eine schematische Übertragung. S 1 wurde durch das VorstAG vom 31.7.2009 mit Wirkung zum 5.8.2009 geändert und verweist explizit nicht auf den nun in § 93 Abs 2 S 3 eingefügten Selbstbehalt für D&O-Versicherungen (dazu § 93 Rn 40a f). Die Regelungen des § 93 sollen sinngemäß Anwendung finden, also auf die AR-spezifischen Pflichtenkreise übertragen werden (KölnKomm AktG/*Mertens* Rn 2). Folglich ist der Sorgfaltsmaßstab auf die Überwachung und Beratung des Vorstands sowie dessen Bestellung zu beziehen. Ferner ist zu berücksichtigen, dass AR-Mitglieder idR dieses Amt, anders als Vorstandsmitglieder, als Nebentätigkeit ausüben (*Hüffer* AktG Rn 4). Ebenso wie die Haftung des Vorstands soll die der AR-Mitglieder der Verhaltenssteuerung und dem Schadensausgleich dienen (MünchKomm AktG/*Habersack* Rn 2). Ebenfalls durch das VorstAG wurde S 3 angefügt, der deklaratorisch auf eine Haftung wg Festsetzung einer unangemessen hohen Vergütung der Vorstandsmitglieder iSd § 87 Abs 1 hinweist.

2   Die Sorgfaltspflichten und Haftungsregeln gehen auf die **organschaftliche Stellung** zurück und gelten daher grds **gegenüber jedem AR-Mitglied**, also auch für entsandte, gerichtlich bestellte und Ersatzmitglieder, die AR-Mitglied geworden sind (Spindler/Stilz AktG/*Spindler* Rn 8). Nichts anderes gilt für **Arbeitnehmervertreter** im AR, denn auch sie sind dem Unternehmensinteresse verpflichtet (*BVerfGE* 50, 290) und gleich zu behandeln (**hM** *BGHZ* 85, 293, 295 f; MünchKomm AktG/*Habersack* Rn 10). Jedes AR-Mitglied hat dafür einzustehen, dass es die erforderlichen Fähigkeiten und Kenntnisse hat (*BGHZ* 85, 293, 295 f). Auch Arbeitnehmervertreter können sich daher nicht bei der Kontrolle des Abschlussprüfers auf Kosten der Gesellschaft beraten lassen (*Hüffer* AktG Rn 2). Dem organschaftlichen Charakter folgend ist für die Frage der Haftung die tatsächliche **Amtszeit maßgeblich**, die von der Bestellung und Annahme bis zum Ablauf, Widerruf oder der wirksamen Niederlegung reicht (*Habersack* aaO Rn 14). Diese Grundsätze bestehen unabhängig vom Dienstvertrag und können nicht durch Satzung oder Geschäftsordnung modifiziert werden.

II. Sorgfaltspflichten

§ 93 ist mit seinem Sorgfaltsmaßstab sinngemäß auf AR-Mitglieder anzuwenden, somit haben AR-Mitglieder die Sorgfalt eines **ordentlichen und gewissenhaften AR-Mitglieds** zu wahren. Dieser Sorgfaltsmaßstab ist objektive Bezugsgröße für alle Pflichtenkreise und richtet sich nach dem, was für die übernommene Tätigkeit erforderlich ist (Spindler/Stilz AktG/*Spindler* Rn 17). Aufgrund der herausgehobenen Stellung des **Vorsitzenden des AR** und seinen weitergehenden Kompetenzen ist ihm eine erhöhte Sorgfaltspflicht auferlegt, die bei tatsächlicher Vertretung auch den stellvertretenden Vorsitzenden erfasst (MünchKomm AktG/*Habersack* Rn 27). 3

1. Auswahl und Überwachung des Vorstands. Die Tätigkeit des AR ist durch die Personalkompetenz hinsichtlich des Vorstands, seiner kontinuierlichen Überwachung und der vorausschauenden Überwachung durch Beratung geprägt. Der AR hat seine Personalkompetenz in Form der **Suche und Bestellung** sowie der **langfristigen Nachfolgeplanung** auszuüben. Dazu gehört neben dem Anstellungsvertrag auch die Festsetzung der Vergütung und die Abberufung, so dass ein zu langes Zuwarten bei Missmanagement oder Unfähigkeit einen Pflichtverstoß darstellen kann. Zur Überwachung hat der AR seine Informations-, Einsichts- und Prüfungsrechte auszuüben, wozu auch der Katalog der Zustimmungsvorbehalte nach § 111 Abs 4 und ihre Einhaltung gehört. Überwachung bedeutet aber nicht nur vergangenheitsbezogene Überprüfung, sondern auch zukunftsgerichtete Prüfung der Planung und Beratung (vgl dazu § 111 Rn 4 f). Die Überwachung erstreckt sich nur auf den Vorstand selbst (*Lutter/Krieger* AR Rn 68 f). Werden Tätigkeiten vom Vorstand delegiert, erstreckt sich die Kontrolle auf die Zweckmäßigkeit der Delegation sowie auf die Sorgfalt in Auswahl und Überwachung der Delegierten durch das Vorstandsmitglied (*BGHZ* 75, 120, 133; *Henze* NJW 1998, 3309). 4

2. Mitwirkung. Innerhalb des Organs ist jedes Mitglied zur Mitwirkung verpflichtet. Es besteht somit neben den allg Pflichten des Organs auch die Individualpflicht, fördernd an der Wahrnehmung dieser Pflichten mitzuwirken. Dieses umfasst auch die in Ziff 5.4.5 DCGK aufgenommene Pflicht, ein Amt nur zu übernehmen, wenn die erforderliche Zeit hierfür zur Verfügung steht. Dieses bedeutet aber nicht, dass die gesamte Arbeitskraft geschuldet wird, regelmäßig genügt es, vorbereitet an AR-Sitzungen teilzunehmen und die eigene Auffassung darzulegen (KölnKomm AktG/*Mertens* Rn 18). Die individuelle Mitwirkung ist ebenso wie die allg Überwachung und Beratung der Situation der AG anzupassen, so ist sie in der Krise zu intensivieren (*OLG Hamburg* DB 2001, 583, 584; MünchKomm AktG/*Habersack* Rn 37). So muss der AR zB, wenn er feststellt, dass die Ges insolvenzreif ist, darauf hinwirken, dass der Vorstand einen Insolvenzantrag stellt und keine Zahlungen leistet, die mit der Sorgfalt eines ordentlichen und gewissenhaften Geschäftsleiters nicht vereinbar sind (*OLG Düsseldorf* AG 2013, 171, 172). Über die Mindestqualifikation hinaus kann ein AR-Mitglied **besondere Fähigkeiten oder Kenntnisse** haben, die ihn zu einer erhöhten individuellen Sorgfalt in diesen Bereichen verpflichtet (*BGH* AG 2011, 876, 878; Spindler/Stilz AktG/*Spindler* Rn 17; *Lutter/Krieger* AR Rn 849; **aA** *K. Schmidt* Gesellschaftsrecht § 28 III; *Hüffer* AktG Rn 3). Allerdings kann dieses nicht so weit gehen, dass bspw ein Rechtsanwalt ein Gutachten erstatten muss (K. Schmidt/Lutter AktG/*Drygala* Rn 17). 5

§ 116 Sorgfaltspflicht und Verantwortlichkeit der Aufsichtsratsmitglieder

6 **3. Horizontale Kontrolle.** AR-Mitglieder kontrollieren den Vorstand, was eine weitgehend unabhängige Stellung zur Folge hat. Daher besteht **innerhalb des AR** die Verpflichtung, andere AR-Mitglieder zu **überwachen** und ggf eine pflichtgemäße Tätigkeit zu erwirken (Spindler/Stilz AktG/*Spindler* Rn 43). Liegt ein wichtiger Grund vor, kann sogar ein Antrag auf Abberufung bei Gericht gestellt werden, § 103 Abs 3 S 1 (MünchKomm AktG/*Habersack* Rn 35). Bleibt ein AR-Mitglied regelmäßig Sitzungen fern, besteht die Pflicht, seine Vergütung, die für die Tätigkeit und nicht die Mitgliedschaft gewährt wird, durch Beschluss zu reduzieren oder auszuschließen (*Lutter/Krieger* AR Rn 713). Darüber hinaus hat der AR regelmäßig die **Effizienz** seiner Tätigkeit zu **überwachen**, dies empfiehlt Ziff 5.6 DCGK ausdrücklich (ausf § 161 Rn 42). Der AR ist ferner dafür verantwortlich, dass eine angemessene **Selbstorganisation** erfolgt, dh ein Vorsitzender gewählt wird, Ausschüsse gebildet und eine **Geschäftsordnung** bzw Sitzungsordnung erlassen wird. Hierfür sind die Mitglieder verantwortlich, diese Pflicht kann auch nicht delegiert werden (KölnKomm AktG/ *Mertens* Rn 21).

7 **4. Ausschüsse.** Wird eine **Vorbereitung** oder **Erledigung** an einen Ausschuss delegiert, kann dieses die Sorgfaltspflichten beeinflussen. Entscheidet der Ausschuss direkt, haften zunächst die Ausschussmitglieder für diese Entscheidung (MünchKomm AktG/*Habersack* Rn 26). Die übrigen AR-Mitglieder trifft jedoch eine Pflicht zur sorgfältigen Auswahl und Überwachung der pflichtgemäßen Ausschusstätigkeit (Spindler/Stilz AktG/*Spindler* Rn 45). Berichte des Ausschusses müssen auf Plausibilität, Beschl auf ordnungsgemäßes Zustandekommen geprüft werden. Soll ein Ausschuss nur vorbereiten, gilt eine einheitliche Sorgfaltspflicht für alle AR-Mitglieder, wobei grds auf die Vorarbeit vertraut werden darf (K. Schmidt/Lutter AktG/*Drygala* Rn 6).

III. Treuepflicht

8 Mit seiner Bestellung und Annahme entsteht zwischen der AG und dem AR-Mitglied ein organschaftlich geprägtes Rechtsverhältnis, das ein AR-Mitglied zur Treue gegenüber der Gesellschaft verpflichtet (GroßKomm AktG/*Hopt/Roth* Rn 173 ff). Die gesteigerte Treuepflicht eines Aktionärs, der gleichzeitig AR-Mitglied ist, kann es gebieten bei Kritik am Vorstand die Kreditwürdigkeit der Ges nicht zu gefährden (*BGH* ZIP 2012, 2438, 2439). Das AR-Mitglied kann gleichzeitig Mitglied eines Organs einer anderen Gesellschaft oder als Arbeitnehmer- oder Gewerkschaftsvertreter anderweitigen Interessen verpflichtet sein, denn es ist nur **nebenberuflich** tätig. Daher weicht die Treuepflicht auch insoweit von der des Vorstandsmitglieds ab (Spindler/Stilz AktG/*Spindler* Rn 57). Hieraus können nicht nur **Interessenkonflikte**, sondern auch **Pflichtenkollisionen** entstehen. In der Funktion als AR-Mitglied ist die jeweilige Person ausschließlich an die Unternehmensinteressen der AG gebunden, Interessenkonflikte sind entspr zu lösen (MünchHdb AG/*Hoffmann-Becking* § 33 Rn 48). Außerhalb der AR-Tätigkeit ist das Mitglied aber nicht mehr ausschließlich an das Unternehmensinteresse gebunden, sondern hat insoweit eine Abwägung vorzunehmen. Problematisch ist daher bspw der Streikaufruf eines Gewerkschaftsvertreters im AR gegenüber der eigenen AG (vgl *Spindler* aaO Rn 74f). Zur Verfolgung eigener **Geschäftschancen** oder zum Nachteil der AG dürfen Kenntnisse aus der Mandatstätigkeit nicht genutzt werden (*Hüffer* AktG Rn 4). Jedenfalls ist das AR-Mitglied gehalten, Interessenkonflikte offen zu legen und ggf auf eine Abstimmung zu verzich-

ten oder sogar einer Sitzung fern zu bleiben (*Spindler* aaO Rn 67). **Dauerhafte Interessenskonflikte** können ein AR-Mitglied zur Aufgabe des Mandats verpflichten (MünchKomm AktG/*Habersack* Rn 46). Diese Grundsätze werden für börsennotierte AG in Ziff 5.5 DCGK aufgegriffen.

IV. Schadensersatzanspruch

Grundlage jeder Haftung ist ein Pflichtverstoß, der bei Missachtung der Sorgfalt eines ordentlichen und gewissenhaften AR-Mitglieds eintritt. Eine Pflichtverletzung kann aber schon tatbestandlich ausgeschlossen sein, wenn die Voraussetzungen des § 93 Abs 1 S 2 **(Business Judgement Rule)** sinngemäß erfüllt sind. AR-Mitglieder haften aktienrechtlich nur gegenüber der AG, eine Außenhaftung gegenüber Aktionären und Gläubigern ist mit Ausnahme der Überleitung auf Gläubiger entspr § 93 Abs 5 nicht gegeben, kann sich aber aus anderen Vorschriften ergeben (bspw §§ 823, 826 BGB). Grds obliegt es dem Vorstand iRd Geschäftsleitung nach § 78 Abs 1, solche Ansprüche der AG geltend zu machen (ausf *Zieglmeier* ZGR 2007, 145, 147). In der HV können Aktionäre als Minderheit mit mindestens 10 % des Grundkapitals gem § 147 beschließen, dass ein Anspruch der AG durchgesetzt wird. Aktionäre können auch im Klagezulassungsverfahren nach § 148 mit einem Quorum von 1 % oder 100 000 Euro des Grundkapitals selbst Ersatzansprüchen der Gesellschaft geltend machen (ausf *Spindler* NZG 2005, 865, 866 f). Daneben kann ein Anspruch von Aktionären aus § 117 gegen AR-Mitglieder bestehen, wenn auf sie ein schädigender Einfluss genommen wurde (ausf § 117 Rn 2 f). 9

Typischerweise fallen Entscheidungen im AR durch **Mehrheitsbeschluss.** Ein überstimmtes AR-Mitglied kann sich aber noch nicht allein durch die Gegenstimme einer Haftung entziehen, vielmehr ist seine Ablehnung durch **Widerspruch zu Protokoll** und ggf durch einen Gegenvorschlag kenntlich zu machen (*OLG Düsseldorf* BB 1996, 230; *Lutter/Krieger* AR Rn 836). Eine **Verpflichtung zum Rücktritt** besteht allerdings nicht (KölnKomm AktG/*Mertens* Rn 12). 10

1. Pflichtverletzung. Grundvoraussetzung eines Haftungsanspruchs ist zunächst die Verletzung der Sorgfalt eines ordentlichen und gewissenhaften AR-Mitglieds. Die Business Judgement Rule kann eine Pflichtverletzung ausschließen. Liegen die Tatbestandsvoraussetzung für einen Ausschluss nicht vor, kann daraus noch nicht auf einen Pflichtverstoß geschlossen werden (vgl § 93 Rn 9 f). Für die in § 93 Abs 3 geregelten Sondertatbestände, die ein Vorstand verwirklichen kann, besteht für den AR eine Pflicht die Mitwirkung zu verweigern und ggf die Verwirklichung zu verhindern (*Hoffmann/Preu* AR Rn 512). Jedes AR-Mitglied muss die zur Ausübung seiner Tätigkeit erforderliche Mindesteignung haben (*BGHZ* 85, 293, 296). Führt eine mangelnde Qualifikation zu einer Pflichtverletzung, liegt darin ein **Übernahmeverschulden** des AR-Mitglieds (**hM** MünchKomm AktG/*Habersack* Rn 70). Der neu angefügte **S 3** hebt die Festsetzung einer **unangemessen hohen Vergütung** iSd § 87 Abs 1 (dazu § 87 Rn 2 ff) als eine zur Haftung führende Pflichtverletzung hervor. Dabei handelt es sich um eine deklaratorische Norm, da auch nach vorheriger Gesetzeslage die Sicherstellung einer angemessenen Vergütung zu den Organpflichten des AR gehörte (*Spindler* NJOZ 2009, 3282, 3289). Ist eine Schadenersatzpflicht dem Grunde nach gegeben, so wird der Schaden in der Differenz zwischen angemessener und tatsächlich festgesetzter Vergütung liegen (Begr Gesetzentwurf BT-Drucks 16/12278, 8). 11

§ 116 Sorgfaltspflicht und Verantwortlichkeit der Aufsichtsratsmitglieder

12 **2. Ausschluss der Pflichtverletzung.** Eine Sorgfaltspflichtverletzung ist iSv § 93 Abs 1 S 2 tatbestandlich ausgeschlossen, wenn das AR-Mitglied eine unternehmerische Entscheidung trifft, für die er vernünftigerweise annehmen durfte, auf Grundlage angemessener Information zum Wohle der Gesellschaft zu handeln. Die mit dem UMAG (BGBl I S 2802 v 22.9.2005) eingeführte Privilegierung solcher unternehmerischer Entscheidungen kodifiziert den schon in der **Rspr** anerkannten Grundsatz, dass es einen **nicht nachprüfbaren Ermessensspielraum** geben muss, ohne den ein unternehmerisches Handeln nicht denkbar ist (*BGHZ* 135, 244, 256; ausf § 93 Rn 9 ff). Sind die bezeichneten Tatbestandsvoraussetzungen erfüllt, ist keine Pflichtverletzung gegeben und damit auch keine Haftung möglich. Für die Tätigkeit des AR sind dabei insb die Frage nach einer unternehmerischen Entscheidung, die angemessene Informationsgrundlage und das Handeln zum Wohl der Gesellschaft von Interesse (vgl ferner § 93 Rn 13 ff).

13 **a) Unternehmerische Entscheidung.** Grundvoraussetzung für einen Ausschluss der Pflichtwidrigkeit ist eine unternehmerische Entscheidung, diese setzte die Rspr zuvor für einen überprüfungsfreien Ermessensspielraum ebenso voraus (vgl *BGHZ* 135, 244, 256 f). Die andersartigen AR-Aufgaben, die grds bei einer sinngemäßen Anwendung von § 93 zu berücksichtigen sind, modifizieren die Anforderungen an eine unternehmerische Entscheidung nicht (iE *Schäfer* ZIP 2005, 1253, 1258). Auch die unternehmerische Entscheidung des AR erfordert einen zukunftsgerichteten und risikobehafteten Charakter mit Entscheidungsalternativen (vgl UMAG, RegBegr BT-Drucks 15/5092, 11 f).

14 Die **Personalkompetenz**, § 84, ist dem AR als Leitungsfunktion ausdrücklich zugewiesen, bietet prognostische Entscheidungsalternativen und ist mit einem unternehmerischen Risiko verbunden, denn die Auswahl kann erhebliche Auswirkung auf die Geschäftsentwicklung haben (*Schäfer* ZIP 2005, 1253, 1258). Gleiches gilt für die Beteiligung an der **Feststellung des Jahresabschlusses** nach § 172, denn auch insoweit kann der AR eine eigene, zukunftsgerichtete Entscheidung treffen (MünchKomm AktG/*Habersack* Rn 41). Ferner wird die Erteilung des **Prüfungsauftrag an den Abschlussprüfer**, § 111 Abs 2 S 3, ebenso als unternehmerische Entscheidung erfasst (*Ihrig* WM 2004, 2098, 2106). Die Vertretung der AG gegenüber dem Abschlussprüfer und die Möglichkeit, Schwerpunktthemen der Prüfung zu definieren, deuten zwar in diese Richtung, die Bestellungs- und damit Auswahlkompetenz liegt aber bei der HV, § 119 Abs 1 Nr 4, die der Auftragserteilung vorgelagert ist. Die Entscheidung über Vergütung und Schwerpunkt der Prüfung allein macht aber aus ihr noch keine privilegierte unternehmerische Entscheidung.

15 Im Aufgabenbereich der **Überwachung und Kontrolle des Vorstands** wird eine unternehmerische Entscheidung dagegen regelmäßig nicht vorliegen. Hier trifft der AR gerade keine zukunftsgerichtete Entscheidung, sondern überprüft die Tätigkeit des Vorstands (iE *Schäfer* ZIP 2005, 1253, 1258). Daneben ist der AR aber auch verpflichtet, den Vorstand durch vorausschauende Kontrolle zu beraten. Insoweit ist zu differenzieren, ob eine **eigene Entscheidung** getroffen wird oder ob gerade nur eine **Entscheidungsvorbereitung eines anderen** erfasst ist (vgl *Kropff* FS Raiser, 2005, S 225, 227 f). Eine Beschlussfassung über eine ausdrückliche **Zustimmung, § 111 Abs 4 S 2**, wird regelmäßig als unternehmerisch anzusehen sein, denn hier liegt eine eigene Risikoabwägung des AR vor (*Schäfer* aaO). Für sonstige Beratung ist auf den tatsächlichen Einfluss und die Qualität der konkreten Entscheidung abzustellen (differenzierend *Schäfer* aaO).

Keine von der bisherigen Rspr abw Beurteilung kann für die Entscheidung des AR gelten, ob er einen **Schadensersatzanspruch gegen den Vorstand** durchsetzt. Auch der Vorstand trifft insoweit nur in bes gelagerten Fällen eine unternehmerische Entscheidung (vgl § 93 Rn 12). Die Abwägung des Prozessrisikos hat zwar prognostische Züge und ist mit Risiken behaftet, begründet sich aber auf einer Bewertung der Rechtslage, die im Wesentlichen durch die Informationslage geprägt ist (so schon *BGHZ* 135, 244, 256 f; iE *Schäfer* ZIP 2005, 1253, 1256 f); lediglich die Berücksichtigung der möglichen Schäden für die Unternehmensreputation können hier eine abw Wertung begründen (ähnlich *LG Essen* „Arcandor" NZG 2012, 1307, 1309 f: eingeschränkte gerichtliche Überprüfbarkeit). Gleichfalls soll die Festlegung der **Vergütung des Vorstands** keine unternehmerische Entscheidung darstellen, denn der AR ist durch § 87 Abs 1 an das Angemessenheitserfordernis gebunden (*Schwark* FS Raiser, S 377, 387 f; **aA** *Hoffmann-Becking* ZHR 2005, 155, 157). Der AR muss hier mit seinem Beurteilungsspielraum zwar nur einen unbestimmten Rechtsbegriff auslegen, hat aber bspw bei der Wahl zwischen variablen und festen Vergütungsbestandteilen doch auch eine risikobehaftete Prognoseentscheidung zu treffen. 16

b) Angemessene Informationsgrundlage. Die angemessene Informationsgrundlage ist ebenfalls der AR-Tätigkeit anzupassen (vgl *Hüffer* AktG Rn 8). Im Zeitpunkt der Entscheidung muss das AR-Mitglied vernünftigerweise annehmen dürfen, eine angemessene Informationsgrundlage zu haben. Auch hier ist eine **objektivierte ex ante Sicht** geboten (vgl § 93 Rn 13), somit was von einem ordentlichen und gewissenhaften AR zu diesem Zeitpunkt erwartet werden konnte. Die typische Informationslage eines AR-Mitglieds wird zwar durch umfassende Informations-, Einsichts-, und Prüfungsrechte sichergestellt, bleibt aber regelmäßig hinter der des Vorstands zurück. Dies ergibt sich schon aus dem Charakter der AR-Mitgliedschaft als Nebentätigkeit (vgl *Hüffer* AktG Rn 4). Erforderlich ist, dass alle **erstatteten Berichte einbezogen** wurden bzw bei bes wichtigen oder weit reichenden Entscheidungen sowie bei offensichtlichen Unzulänglichkeiten **weitere Information angefordert** (*BGH* BB 2007, 283, 284) oder **externe Beratung** eingeholt wurde. 17

c) Zum Wohle der Gesellschaft und Gutgläubigkeit. Unternehmerische Entscheidungen sind nur privilegiert, wenn aus ex ante Sicht die Entscheidung zum Wohl der AG getroffen wurde und das AR-Mitglied gutgläubig war. AR-Mitglieder unterliegen anders als Vorstände **keinem Wettbewerbsverbot** und haben regelmäßig andere Aufgaben oder sind **Organmitglieder anderer Gesellschaften**. Daher sind auch hier keine hohen Anforderungen zu stellen und das Handeln zum Wohl der AG ebenso wie beim Vorstand weit auszulegen und nur unverhältnismäßige Risiken außerhalb des Unternehmensinteresses bspw im Eigeninteresse zu erfassen (vgl § 93 Rn 15). Die Gutgläubigkeit ist ungeschriebene Tatbestandsvoraussetzung, denn andernfalls ist die Entscheidungsfindung und damit das Organmitglied nicht **schutzwürdig** (vgl Fleischer Hdb VorstR/*Fleischer* § 7 Rn 60; abl aber *Paefgen* AG 2004, 245, 256). 18

3. Sonstige Haftungsfragen. Darüber hinaus ist ein **kausaler Schaden** sowie ein **individuelles Verschulden** erforderlich; für die Verjährung gelten keine Besonderheiten (vgl § 93 Rn 54). Auch für AR-Mitglieder besteht eine **Beweislastumkehr**, sie haben also ihre Pflichterfüllung nachzuweisen (vgl § 93 Rn 26). Haftungsausschlüsse des § 93 19

§ 116 Sorgfaltspflicht und Verantwortlichkeit der Aufsichtsratsmitglieder

Abs 4 S 1, 2 gelten sinngemäß, dürften aber idR nicht eingreifen (*Hüffer* AktG Rn 8). Verzichts- und Vergleichsregeln, § 93 Abs 4 S 3 und 4, sowie das Verfolgungsrecht der Gläubiger nach § 93 Abs 5 gelten sinngemäß. Eine **D&O-Versicherung** können AR-Mitglieder – im Gegensatz zu Vorstandsmitgliedern (vgl § 93 Rn 40a f) – ohne Selbstbehalt abschließen, dies stellt die Ausnahmeregel in S 1 klar.

V. Verschwiegenheitspflicht

20 Die Verschwiegenheit der AR-Mitglieder leitet sich aus ihrer **Treuepflicht** gegenüber der AG ab und ist gesetzlich zum einen durch den Verweis auf § 93 Abs 1 S 2 geregelt, zum anderen wird sie ausdrücklich für vertrauliche Berichte und Beratungen in § 116 S 2 normiert. Sie ist notwendiger Gegenpol zur Verpflichtung des Vorstands zur Offenheit gegenüber AR-Mitgliedern und **Grundlage der Zusammenarbeit** (*Hüffer* AktG Rn 6). Als bes Sorgfaltspflicht führt ein Verstoß zu Schadensersatzansprüchen der AG, ferner sind Verstöße gem § 404 auch **strafbewährt**. Die Verschwiegenheitspflicht steht in einem Spannungsverhältnis mit der Empfehlung gem Ziff 5.5.2, 5.5.3 DCGK Interessenkonflikte von AR offenzulegen (vgl *OLG Frankfurt/Main* NZG 2011, 1029, 1031); die Anforderungen an die Offenlegung sollten angesichts eines drohenden Verstoßes gegen die Verschwiegenheitspflicht nicht zu hoch angesetzt werden (*Wettich* AG 2012, 725, 730). Durch Satzung oder Geschäftsordnung können diese Pflichten nicht modifiziert werden, lediglich **Präzisierungen** sind **gestattet** (*BGHZ* 64, 325; GroßKomm AktG/*Hopt/Roth* Rn 244). Gestattet sind damit aber Verhaltensregeln für den Umgang mit vertraulichen Informationen, die auch eine Konsultation des AR-Vorsitzenden bei Zweifelsfragen empfehlen können (MünchHdb AG/*Hoffmann-Becking* § 33 Rn 41; Spindler/Stilz AktG/*Spindler* Rn 97).

21 Die Vertraulichkeit ist durch **alle AR-Mitglieder** gleichermaßen zu beachten, diese gilt insb auch für Arbeitnehmervertreter (**hM** *BGHZ* 64, 325, 330; K. Schmidt/Lutter AktG/*Drygala* Rn 23). Eine **Weitergabe** von vertraulichen Informationen durch einen Arbeitnehmervertreter, der zugleich Betriebsrat ist, **an den Betriebsrat** kann zur Abberufung durch das zuständige AG nach § 103 Abs 3 berechtigen (*OLG Stuttgart* NZG 2007, 72). Für die Vertraulichkeit besteht kein Beurteilungsspielraum, insb stellt ihre Einhaltung keine unternehmerische Entscheidung dar (**hM** *Hüffer* AktG Rn 7; Spindler/Stilz AktG/*Spindler* Rn 87; **aA** KölnKomm AktG/*Mertens* Rn 46). Werden durch ein AR-Mitglied **externe Berater** oder **Mitarbeiter** eingebunden, sind diese vertraglich zu verpflichten, falls sie insoweit nicht berufsrechtlich ohnehin zur Verschwiegenheit verpflichtet sind (*Drygala* aaO Rn 34). Die Schweigepflicht dauert grds über die Amtszeit hinaus fort, endet aber mit Bekanntmachung durch den Vorstand (GroßKomm AktG/*Hopt/Roth* Rn 225).

22 **1. Allgemeine Verschwiegenheitspflicht.** Die sinngemäße Anwendung von § 93 Abs 1 S 2 erfasst Geheimnisse der AG ebenso wie vertrauliche Angaben, von denen AR-Mitglieder in ihrer Funktion als AR erfahren (vgl § 93 Rn 47 ff). Dies umfasst zunächst den Inhalt sämtlicher **AR-Sitzungen** sowie alle als AR **erhaltenen Unterlagen** wie Berichte oder Tischvorlagen (*BGHZ* 64, 325, 330 f). Einbezogen sind hierin Meinungsäußerungen und Informationen von AR-Mitgliedern und anderen Sitzungsteilnehmern, Abstimmungsergebnisse und Abstimmungsverhalten (Spindler/Stilz AktG/*Spindler* Rn 92). Die Rspr bezieht Vertraulichkeit aber ausdrücklich nur auf Stimmverhalten der anderen Mitglieder (*BGHZ* 64, 325, 332). Solange aus der **Kundgabe des eigenen Abstimmungsverhaltens** nicht auf das Stimmverhalten anderer Mitglieder

geschlossen werden kann und andere Mitglieder nicht ebenfalls dazu veranlasst werden, soll dieses zulässig sein (*Spindler* aaO; **aA** *Säcker* NJW 1986, 803, 806 f). Im Hinblick auf die Bedeutung der Vertraulichkeit für eine vertrauensvolle Zusammenarbeit und Meinungsäußerung sowie –bildung im AR kann aber das Bewusstsein, dass Einzelne ihr Stimmverhalten offen legen, regelmäßig geeignet sein, andere AR-Mitglieder bereits bei der Stimmabgabe zu beeinflussen. Eine Offenlegung des eigenen Stimmverhaltens ohne Vorliegen bes Gründe ist deshalb abzulehnen.

2. Besondere Verschwiegenheitspflicht. Neben dem allg Verweis auf das Vorstandsrecht ist AR-Mitglied insb hinsichtlich erhaltener vertraulicher Berichte und Beratungen zur Vertraulichkeit verpflichtet, S 2. Die ergänzende Verpflichtung macht die bes Bedeutung der Verschwiegenheit für die AG deutlich. Gleichzeitig werden die **zentralen Aspekte** der an AR-Mitglieder erstatteten Berichte, insb § 90, und die AR-Sitzungen **hervorgehoben** (*Hüffer* AktG Rn 6a, Appellfunktion). Diese Aufzählung ist nicht abschließend und hebt somit nur einen Teilaspekt hervor. 23

Dritter Abschnitt
Benutzung des Einflusses auf die Gesellschaft

§ 117 Schadenersatzpflicht

(1) [1]**Wer vorsätzlich unter Benutzung seines Einflusses auf die Gesellschaft ein Mitglied des Vorstands oder des Aufsichtsrats, einen Prokuristen oder einen Handlungsbevollmächtigten dazu bestimmt, zum Schaden der Gesellschaft oder ihrer Aktionäre zu handeln, ist der Gesellschaft zum Ersatz des ihr daraus entstehenden Schadens verpflichtet.** [2]**Er ist auch den Aktionären zum Ersatz des ihnen daraus entstehenden Schadens verpflichtet, soweit sie, abgesehen von einem Schaden, der ihnen durch Schädigung der Gesellschaft zugefügt worden ist, geschädigt worden sind.**

(2) [1]**Neben ihm haften als Gesamtschuldner die Mitglieder des Vorstands und des Aufsichtsrats, wenn sie unter Verletzung ihrer Pflichten gehandelt haben.** [2]**Ist streitig, ob sie die Sorgfalt eines ordentlichen und gewissenhaften Geschäftsleiters angewandt haben, so trifft sie die Beweislast.** [3]**Der Gesellschaft und auch den Aktionären gegenüber tritt die Ersatzpflicht der Mitglieder des Vorstands und des Aufsichtsrats nicht ein, wenn die Handlung auf einem gesetzmäßigen Beschluss der Hauptversammlung beruht.** [4]**Dadurch, dass der Aufsichtsrat die Handlung gebilligt hat, wird die Ersatzpflicht nicht ausgeschlossen.**

(3) Neben ihm haftet ferner als Gesamtschuldner, wer durch die schädigende Handlung einen Vorteil erlangt hat, sofern er die Beeinflussung vorsätzlich veranlasst hat.

(4) Für die Aufhebung der Ersatzpflicht gegenüber der Gesellschaft gilt sinngemäß § 93 Abs. 4 Satz 3 und 4.

(5) [1]**Der Ersatzanspruch der Gesellschaft kann auch von den Gläubigern der Gesellschaft geltend gemacht werden, soweit sie von dieser keine Befriedigung erlangen können.** [2]**Den Gläubigern gegenüber wird die Ersatzpflicht weder durch einen Verzicht oder Vergleich der Gesellschaft noch dadurch aufgehoben, dass die Handlung auf einem Beschluss der Hauptversammlung beruht.** [3]**Ist über das Vermögen der**

Gesellschaft das Insolvenzverfahren eröffnet, so übt während dessen Dauer der Insolvenzverwalter oder der Sachwalter das Recht der Gläubiger aus.

(6) Die Ansprüche aus diesen Vorschriften verjähren in fünf Jahren.

(7) Diese Vorschriften gelten nicht, wenn das Mitglied des Vorstands oder des Aufsichtsrats, der Prokurist oder der Handlungsbevollmächtigte durch Ausübung
1. der Leitungsmacht auf Grund eines Beherrschungsvertrags oder
2. der Leitungsmacht einer Hauptgesellschaft (§ 319), in die die Gesellschaft eingegliedert ist,

zu der schädigenden Handlung bestimmt worden ist.

Übersicht

	Rn		Rn
I. Regelungsinhalt	1	III. Mithaftung	6
II. Haftungsvoraussetzungen	2	1. Vorstand und Aufsichtsrat	6
1. Ausübung von Einfluss	2	2. Vorteilsempfänger	7
2. Schaden	3	IV. Haftung im Konzern	8
3. Rechtswidrigkeit und Vorsatz	4		
4. Rechtsfolge	5		

Literatur: *Brüggemeier* Die Einflussnahme auf die Verwaltung einer Aktiengesellschaft, AG 1988, 93; *Grunewald* Rechtswidrigkeit und Verschulden bei der Haftung von Aktionären und Personengesellschaftern, FS Kropff, 1997, S 89; *Kort* Die Haftung des Einflussnehmers auf Kapitalgesellschaften in ausländischen Rechtsordnungen – Vorbild für ein neues Verständnis von § 117 AktG?, AG 2005, 453; *Voigt* Haftung aus Einfluß auf die Aktiengesellschaft (§§ 117, 309, 317 AktG), 2004.

I. Regelungsinhalt

1 Die vorsätzliche Einflussnahme auf Verwaltungsmitglieder und leitende Angestellte, die diese zu schädigenden Handlungen gegenüber der AG oder Aktionären bestimmt, begründet eine Schadensersatzpflicht. Aktionären steht ein Anspruch nur zu, soweit ihr Schaden über die Schädigung der AG hinausgeht. Ferner kann eine Mithaftung der Verwaltungsmitglieder und des unmittelbaren Nutznießers bestehen. Bezweckt ist der **Schutz des Gesellschaftsvermögens** und der **Autonomie und Vertrauensstellung der Verwaltung** (Spindler/Stilz AktG/*Schall* Rn 5; aA *Voigt* S 46). Konzeptionell hat die Haftung deliktischen Charakter, so dass auch §§ 393, 830, 840 BGB herangezogen werden können. Die Einflussnahme durch Aktionäre ist daneben durch die Treuepflichten begrenzt (**hM** BGHZ 129, 136, 160, – Girmes –; GroßKomm AktG/*Kort* Rn 90 ff; aA *Voigt* S 80 f); deren Verletzung kann ebenfalls einen Anspruch begründen (ausf MünchKomm AktG/*Spindler* Rn 71 ff). Die Vorschrift stellt **kein Schutzgesetz iSd § 823 Abs 2 BGB** dar (unstr K. Schmidt/Lutter AktG/*Hommelhoff/Witt* Rn 32; *Spindler* aaO Rn 87 mwN). § 826 BGB ist grds gleichzeitig anwendbar (*Hüffer* AktG Rn 14). Haftungsprivilegierungen der Stimmrechtsausübung durch Verwaltungsmitglieder wurden mit dem UMAG (BGBl I 2005, 2802) aufgegeben.

II. Haftungsvoraussetzungen

2 **1. Ausübung von Einfluss.** Täter kann jede natürliche oder jur Person sein, die tatsächlich Einfluss auf die AG ausüben kann. Der Einfluss muss weder gesellschaftsrechtlich vermittelt sein, noch muss er objektiv geeignet sein, eine bestimmte Handlung durch den Personenkreis zu erwirken (*Hüffer* AktG Rn 3). **Geschäftsbeziehungen** von Lieferanten bzw Abnehmern oder Kreditinstituten können ebenso ausreichen wie **verwandtschaftliche** oder **persönliche Beziehungen** zu den Personenkreisen (K. Schmidt/Lutter AktG/*Hommelhoff/Witt* Rn 6). Auch eine **nicht unerhebliche Kapitalbeteiligung**, die jedenfalls ab der kapitalmarktrechtlichen Meldeschwelle von 3% vorliegt, kann dieses begründen. Schon eine hinreichend konkrete Absicht, Aktionär der AG zu werden, kann genügen, wenn sie einen entspr Einfluss schafft (MünchKomm AktG/*Spindler* Rn 17). **Vorstands- und AR-Mitglieder** können ebenfalls Einfluss ausüben und nach § 117 haften. Der Einflussnehmende muss diesen ferner bewusst eingesetzt haben (Spindler/Stilz AktG/*Schall* Rn 16). Die Beeinflussung des Organs ist ausreichend (*Brüggemeier* AG 1988, 93, 96). Erfolg der Einflussnahme muss die zumindest mitursächliche Bestimmung von Vorstand, AR, Prokurist oder Handlungsbevollmächtigten sein. Eine bereits entschlossene Person kann somit nicht mehr bestimmt werden.

2. Schaden. Der Bestimmungserfolg muss weiterhin zu einem **kausalen Schaden** der 3 AG oder der Aktionäre geführt haben (GroßKomm AktG/*Kort* Rn 134 ff). Jede Vermögensminderung und entgangener Gewinn ist Schaden (unstr MünchKomm AktG/ *Spindler* Rn 27). Ein ersatzfähiger Schaden des Aktionärs muss **über** den **reinen Reflexschaden** (bspw Kursverlust) aus der Wertminderung seiner Beteiligung an der AG **hinausgehen** (*BGHZ* 94, 55, 58 f; 105, 121, 130 f). Nicht erfasst sind reine Vermögensinteressen der Aktionäre, die durch die Bestimmung beeinträchtigt werden (*BGH* NJW 1992, 3167, 3172). Ein erfasster Schaden kann bspw in dem Ausfall eines Gesellschafterdarlehens an die AG liegen, wenn der Ausfall auf eine Bestimmung durch den Dritten zurückgeht (*Hüffer* AktG Rn 9).

3. Rechtswidrigkeit und Vorsatz. Als deliktisch geprägter Haftungstatbestand ist die 4 Rechtswidrigkeit der Einflussnahme erforderlich (K. Schmidt/Lutter AktG/*Hommelhoff/Witt* Rn 9). Sie wird weder durch die Schädigung noch durch die objektive Pflichtwidrigkeit indiziert, sondern ist in einer Interessenabwägung festzustellen (KölnKomm AktG/*Mertens* Rn 22; Spindler/Stilz AktG/*Schall* Rn 23). Der Vorsatz des Einflussnehmenden muss ferner alle Tatbestandmerkmale umfassen, Fahrlässigkeit ist nicht ausreichend. Für das Wissen und Wollen der Verwirklichung des Schadens ist das allg Bewusstsein des Beeinflussenden (nicht notwendigerweise des Beeinflussten) ausreichend, dass das Verwaltungshandeln pflichtwidrig ist und bei der AG ein Schaden eintreten kann (*OLG Düsseldorf* AG 1997, 469, 470). Eine Beweislastumkehr entspr Abs 2 S 2 ist nicht vorgesehen und kann auch allg Grundsätzen nicht entnommen werden (MünchKomm AktG/*Spindler* Rn 43).

4. Rechtsfolge. Der AG steht ein Schadensersatzanspruch zu, der durch den Vor- 5 stand als **Geschäftsführungsmaßnahme** geltend zu machen ist. Die Aktionäre selbst können den Anspruch nicht für die Gesellschaft geltend machen, sie haben die Durchsetzung nach § 147 zu erwirken (*OLG Bremen* AG 2002, 620; *Hüffer* AktG Rn 8; aA MünchKomm AktG/*Spindler* Rn 48, für Anspruch gegen herrschendes Unternehmen). Nach Abs 5 haben die Gläubiger, die von der AG keine Befriedigung erlangt haben, das Recht, den Anspruch der AG für diese durchzusetzen. Dieses umfasst anders als § 93 Abs 5 auch Ansprüche gegen Organmitglieder, die nicht ihre Pflichten gröblich oder nach § 93 Abs 3 verletzt haben. Eine Zustimmung der HV wirkt sich für sie ebenso wenig auf die Haftung aus wie ein Verzicht oder Vergleich der AG. Die Verjährungsfrist beträgt fünf Jahre und beginnt mit Entstehung des Anspruchs (vgl § 93 Rn 54).

III. Mithaftung

6 **1. Vorstand und Aufsichtsrat.** Als Gesamtschuldner können auch die Mitglieder von AR und Vorstand haften, wenn sie bei der schadensstiftenden Handlung **pflichtwidrig gehandelt** haben. Dieses ist dann ausgeschlossen, wenn sie aufgrund eines gesetzmäßigen HV-Beschlusses tätig geworden sind (§ 117 Abs 4 iVm § 93 Abs 4 S 1). Eine Billigung durch den AR kann sie allerdings nicht befreien (vgl § 93 Abs 4 S 2). Wird der Vorstand nach Abs 2 selbst in Anspruch genommen, ist dieser Anspruch vom AR geltend zu machen, § 112. Ansprüche nach § 117 werden nicht durch §§ 93, 116 verdrängt, sie stehen neben diesen (K. Schmidt/Lutter AktG/*Hommelhoff/Witt* Rn 33).

7 **2. Vorteilsempfänger.** Ferner haftet daneben der Empfänger unmittelbarer Vorteile als Gesamtschuldner, wenn die Beeinflussung durch ihn vorsätzlich veranlasst wurde. Die Voraussetzungen einer Anstiftung iSd § 830 Abs 2 BGB sind dabei nicht erforderlich (*Hüffer* AktG Rn 11). Daher genügt insoweit, wenn der Bestimmende zwar Vorsatz hinsichtlich der Einflussnahme hatte, für die Schädigung der AG bzw der Aktionäre aber Fahrlässigkeit vorliegt (K. Schmidt/Lutter AktG/*Hommelhoff/Witt* Rn 17; KölnKomm AktG/*Mertens* Rn 28).

IV. Haftung im Konzern

8 Ursprünglich diente die Bestimmung insb dem Schadenausgleich mit herrschenden Aktionären, der nunmehr ausdrücklich im Konzernrecht geregelt ist. Soweit ein **Vertrags- oder Eingliederungskonzern** besteht, ist nach Abs 7 eine Anwendung **ausgeschlossen**. §§ 309, 310 können aber dann eingreifen, wenn die Leitungsmacht unzulässig ausgeübt wird. Als **lex specialis** verdrängt die Ausgleichspflicht nach § 311 eine Haftung im faktischen Konzern (unstr KölnKomm AktG/*Mertens* Rn 46). Fehlt ein tatsächlicher Ausgleich, kommt für herrschende Unternehmern und deren gesetzliche Vertreter § 117 neben § 317 zur Anwendung (MünchKomm AktG/*Spindler* Rn 91 f; aA *Brüggemeier* AG 1988, 93, 101 f). Nutznießer iSv Abs 3, Prokuristen und Handlungsbevollmächtigte haften dagegen nur nach § 117.

Vierter Abschnitt

Hauptversammlung

Erster Unterabschnitt

Rechte der Hauptversammlung

§ 118 Allgemeines

(1) ¹**Die Aktionäre üben ihre Rechte in den Angelegenheiten der Gesellschaft in der Hauptversammlung aus, soweit das Gesetz nichts anderes bestimmt.** ²**Die Satzung kann vorsehen oder den Vorstand dazu ermächtigen vorzusehen, dass die Aktionäre an der Hauptversammlung auch ohne Anwesenheit an deren Ort und ohne einen**

Allgemeines § 118

Bevollmächtigten teilnehmen und sämtliche oder einzelne ihrer Rechte ganz oder teilweise im Wege elektronischer Kommunikation ausüben können.

(2) Die Satzung kann vorsehen oder den Vorstand dazu ermächtigen vorzusehen, dass Aktionäre ihre Stimmen, auch ohne an der Versammlung teilzunehmen, schriftlich oder im Wege elektronischer Kommunikation abgeben dürfen (Briefwahl).

(3) ¹Die Mitglieder des Vorstands und des Aufsichtsrats sollen an der Hauptversammlung teilnehmen. ²Die Satzung kann jedoch bestimmte Fälle vorsehen, in denen die Teilnahme von Mitgliedern des Aufsichtsrats im Wege der Bild- und Tonübertragung erfolgen darf.

(4) Die Satzung oder die Geschäftsordnung gemäß § 129 Abs. 1 kann vorsehen oder den Vorstand oder den Versammlungsleiter dazu ermächtigen vorzusehen, die Bild- und Tonübertragung der Versammlung zuzulassen.

Übersicht

	Rn		Rn
A. Allgemeines	1	2. Ausgestaltung der Briefwahl	5f
I. Hauptversammlung	1	3. Anfechtung von Beschlüssen, Widerruf und Anfechtung der Stimmabgabe	5g – 5i
II. Regelungsgegenstände	2		
B. Erläuterungen	3		
I. Ausübung der Aktionärsrechte (Abs 1)	3	III. Teilnahmerecht und Teilnahmepflicht an der Hauptversammlung (Abs 3)	6
1. Gesellschaftsangelegenheiten	3	1. Inhalt des Teilnahmerechts	6
2. Versammlungsgebundenheit	4	2. Aktionäre	7
a) Versammlungsgebundene Rechte	4	3. Vorstand und Aufsichtsrat	8
b) Nicht versammlungsgebundene Rechte	5	a) Allgemeines (Abs 3 S 1)	8
c) Online-Teilnahme	5a – 5d	b) Bild- und Tonübertragung (Abs 3 S 2)	9
II. „Briefwahl" (Abs 2)	5e – 5i	4. Andere Personen	10
1. Anwendungsbereich und Einführung	5e	IV. Übertragung der Hauptversammlung in Bild und Ton (Abs 4)	11

Literatur: *Arnold* Aktionärsrechte und Hauptversammlung nach dem ARUG, Der Konzern 2009, 88; *Besse* Online-Hauptversammlung und Versammlungsleitung – welche rechtlichen Fragen gilt es zu klären?, AG-Report 2012, R358; *Bosse* Grünes Licht für das ARUG: das Aktienrecht geht online, NZG 2009, 807; *Drinhausen/Keinath* Auswirkungen des ARUG auf die künftige Hauptversammlungs-Praxis, BB 2009, 2322; *Grobecker* Beachtenswertes zur Hauptversammlungssaison, NZG 2010, 165; *Herrler/Reymann* Die Neuerungen im Aktienrecht durch das ARUG – Unter besonderer Berücksichtigung der Neuregelungen zur Hauptversammlung und zur Kapitalaufbringung bei der AG –, DNotZ 2009, 815; *Horn* Änderungen bei der Vorbereitung und Durchführung der Hauptversammlung nach dem Referentenentwurf zum ARUG, ZIP 2008, 1558; *Ihrig/Wagner* Die Reform geht weiter: Das Transparenz- und Publizitätsgesetz kommt, BB 2002, 789; *Kersting* Das Auskunftsrecht des Aktionärs bei elektronischer Teilnahme an der Hauptversammlung (§§ 118, 131 AktG), NZG 2010, 130; *Klühs* Präsenzbonus für die Teilnahme an der Hauptversammlung, ZIP 2006, 107; *Lenz* Zur öffentlichen Übertragung der Hauptversammlung einer AG, EWiR 2005, 797; *Meixner* Das Gesetz zur Aktionärsrichtlinie (ARUG), ZAP Fach 15, 597; *Muthers/ Ulbrich* Internet und Aktiengesellschaft, WM 2005, 215; *Noack* Hauptversammlung der Aktiengesellschaft und moderne Kommunikationstechnik – aktuelle Bestandsaufnahme und Ausblick, NZG 2003, 241; *ders* Neuerungen im Recht der Hauptversammlung durch das

Reger 975

Transparenz- und Publizitätsgesetz und den Deutschen Corporate Governance Kodex, DB 2002, 620; *ders* Vorwort, BB 2005, Heft 42; *ders* Briefwahl und Online-Teilnahme an der Hauptversammlung: der neue § 118 AktG, WM 2009, 2289; *ders/Zetsche* Festgelegte Stimmen vor und in der Hauptversammlung, FS Schneider 2011, S 895; *von Nussbaum* Neue Wege zur Online-Hauptversammlung durch das ARUG, GWR 2009, 215; *Quack* Das Rederecht des Aktionärs in der Hauptversammlung, FS Brandner, 1996, S 113; *Reul* Aktuelle Änderungen des Aktienrechts aus notarieller Sicht – Teil I bzw II, ZNotP 2010, 12 und 44; *Roth* Die (Ohn-)Macht der Hauptversammlung, ZIP 2003, 369; *Schneider/Burgard* Maßnahmen zur Verbesserung der Präsenz auf der Hauptversammlung einer Aktiengesellschaft, FS Beusch, 1993, S 783; *Schüppen/Tretter* Hauptversammlungssaison 2009 – Satzungsgestaltung in Zeiten des Trommelfeuers, ZIP 2009, 493; *Seibert/Florstedt* Der Regierungsentwurf des ARUG – Inhalt und wesentliche Änderungen gegenüber dem Referentenentwurf, ZIP 2008, 2145; *Than* Auf dem Weg zur virtuellen Hauptversammlung – Eine Bestandsaufnahme, FS Peltzer, 2001, S 577; *Vetter* Die Teilnahme ehemaliger Vorstandsmitglieder an der Hauptversammlung, AG 1991, 171; *ders* Handgeld für in der Hauptversammlung präsente Aktionäre, AG 2006, 32; *Wicke* Einführung in das Recht der Hauptversammlung, das Recht der Sacheinlagen und das Freigabeverfahren nach dem ARUG, 2009; *Wieneke* Beschlussfassung der Hauptversammlung in Abweichung von den Vorschlägen der Verwaltung, FS Schwark, 2009, S 305.

A. Allgemeines

I. Hauptversammlung

1 Die Regelungen des § 118 leiten systematisch wenig geglückt den Abschnitt über die HV ein. Der Begriff HV wird im AktG in doppelter Bedeutung verwendet, namentlich in §§ 118–147 als eine bestimmte gesetzlich geregelte Zusammenkunft der Aktionäre nebst Verwaltungsorganen; jedoch bezeichnet HV auch das Organ der AG, durch das die Aktionäre im Wege der Beschlussfassung die **Willensbildung** der AG vornehmen und sie ausnahmsweise vertreten. Der durch Beschl der HV gebildete Wille wird organschaftlich der Gesellschaft zugerechnet (GroßKomm AktG/*Mülbert* Rn 19). Während der HV als Organ (und nicht der Gesamtheit der Mitglieder der AG) funktional die Willensbildung der Gesellschaft zukommt, sind Vorstand und AR Handlungsorgane. Die HV ist, wenn auch ein immer wieder zusammentretendes, so doch ständiges (str MünchKomm AktG/*Kubis* Rn 11 mwN; **aA** *Hüffer* AktG Rn 5) und notwendiges Organ. Es kann nicht, auch nicht teilweise, durch eine Vertreterversammlung oder ein anderes Gremium mit organschaftlichen Entscheidungsbefugnissen ersetzt werden; zusätzliche Gremien können nur beratend wirken (*Mülbert* aaO vor §§ 118–147 Rn 26). Eine hierarchische Abstufung zwischen HV, Vorstand und AR besteht nicht, vielmehr ist die Kompetenzstruktur von der Machtbalance zwischen diesen drei Organen geprägt. Insoweit bestehen bei einer **Einmann-AG** keinerlei Ausnahmen; auch diese muss ihren Gesellschaftswillen durch eine und in der HV bilden (*Kubis* aaO Rn 4). Die HV als Versammlung ist **grds nicht öffentlich**, jedoch eröffnet der durch das TransPuG v 19.7.2002 (BGBl I S 2681) eingeführte Abs 3 aF (s hierzu Rn 2 und 11) die Möglichkeit einer öffentlichen Verbreitung der Versammlung.

1a Umfassende Neuerungen sind in Umsetzung der sog Aktionärsrechterichtlinie (RL 2007/36/EG des Europäischen Parlaments und des Rates v 11.7.2007 über die Ausübung bestimmter Rechte von Aktionären in börsennotierten Gesellschaften, ABlEU Nr L 184/17) durch das ARUG v 30.7.2009 (BGBl I S 2479) eingeflossen. Im Regelungsbereich der HV soll den Aktionären ua durch den Einsatz moderner Kommuni-

Allgemeines § 118

kationsmittel die Ausübung ihrer Mitgliedschaftsrechte erleichtert sowie ein besserer Informationsfluss ermöglicht werden. Dabei wurde der Anwendungsbereich einiger Neuregelungen gezielt von der Kapitalmarktorientierung abhängig gemacht, um den unterschiedlich starken Schutzinteressen einerseits und einer ungerechtfertigten Überregulierung andererseits Rechnung zu tragen.

II. Regelungsgegenstände

§ 118 beinhaltet drei Regelungsgegenstände. In Abs 1 wird die Ausübung der Rechte 2 der Aktionäre bzgl Angelegenheiten der Gesellschaft prinzipiell auf die HV begrenzt, eine Regelung wird hierdurch insb für das Stimmrecht getroffen. Inhalt und Umfang der Mitgliedschaftsrechte werden hingegen nicht in § 118 bestimmt. Neuregelungen im Zuge des ARUG v 30.7.2009 (BGBl I S 2479) in Abs 1 S 2 sowie der neu eingefügte Abs 2 ermöglichen nun die Ausübung bestimmter Mitgliedschaftsrechte ohne Präsenz des Aktionärs oder eines Vertreters bei der HV. Abs 3 regelt die Teilnahmepflicht der Mitglieder des Vorstands und des AR an der HV, wobei Abs 3 S 2 erlaubt, durch entsprechende Satzungsregelung für Mitglieder des AR die Teilnahme durch Bild- und Tonübertragung zu ermöglichen. Letzteres geht auf das TransPuG v 19.7.2002 (BGBl I S 2681) zurück. Abs 4 nF regelt die Übertragung der HV in Ton und Bild, die durch das TransPuG eingeführt und durch das ARUG beim Initiativrecht erweitert wurde.

B. Erläuterungen

I. Ausübung der Aktionärsrechte (Abs 1)

1. Gesellschaftsangelegenheiten. Die Begrenzung, dass die Rechte der Aktionäre nur 3 in der HV ausgeübt werden können, gilt nur, wenn Rechte in Angelegenheiten der Gesellschaft betroffen sind. Rechte in Angelegenheiten der Gesellschaft meint aus der Mitgliedschaft folgende Rechte in Abgrenzung zu bloßen Dritt-, insb Gläubigerrechten der Aktionäre (MünchKomm AktG/*Kubis* Rn 34; K. Schmidt/Lutter AktG/*Spindler* Rn 14; enger GroßKomm AktG/*Mülbert* Rn 11). Zu Letzteren, nicht unter Rechte in Angelegenheiten der Gesellschaft fallend gehören zB Rechte aus Schuldverschreibungen einschließlich der Options- und Wandelanleihen (§ 221 Abs 1) und Genussscheinen (§ 221 Abs 3). Abweichendes gilt im Anwendungsbereich des SchVG idF v 31.7.2009. Für Fälle des § 1 Abs 1 SchVG kann gem § 7 Abs 2 SchVG der Gläubigervertreter (§§ 7 ff SchVG) zur Wahrnehmung der Gläubigerrechte ermächtigt werden; er handelt damit in Gesellschaftsangelegenheiten. Ferner fallen Liefer- und Leistungsbeziehungen der Aktionäre mit der AG nicht unter die Gesellschaftsangelegenheiten wie auch sonstige Rechte, die einem Aktionär wie einem Dritten gegenüber der AG zustehen.

2. Versammlungsgebundenheit. – a) Versammlungsgebundene Rechte. Abs 1 führt 4 grds zu einer Versammlungsbindung der Rechte der Aktionäre in Angelegenheiten der Gesellschaft. Nach dem traditionellen Bild kann man diese Rechte allein (zeitlich und örtlich) während der HV ausüben. Durchbrochen wird dieser Grundsatz von den Änderungen des ARUG in Abs 1 S 2 und Abs 2, die die Versammlungsbindung bzgl bestimmter Rechte einer Lockerung zugänglich machen (näher Rn 5a ff). Erfolgt die Rechtsausübung außerhalb dieses Regimes, ist sie mangels Tatbestandserfüllung unwirksam. Die Versammlungsbindung kann sich bereits aus Gesetz (zB §§ 131 Abs 1, 137, 147 Abs 1 S 1 Alt 1) oder aus der Natur der Sache (zB Teilnahmerecht) ergeben.

Reger 977

§ 118

Das Gesetz (§ 118 Abs 1 HS 2) und die Natur des Rechts können andererseits dazu führen, dass ein Aktionärsrecht nicht versammlungsgebunden ist. Immer gilt: Versammlungsgebundene Aktionärsrechte sind stets Mitverwaltungsrechte, Vermögensrechte sind hingegen nie versammlungsgebunden. Darüber hinaus bestehen noch Mitverwaltungsrechte, die wie Vermögensrechte nicht versammlungsgebunden sind. Jedoch bedeutet Versammlungsbindung nicht, dass **Stellvertretung** oder **Legitimationszession** unzulässig wären. Zu den versammlungsgebundenen Aktionärsrechten gehören: Das Teilnahmerecht (hierzu Rn 6 ff), welches das Recht auf körperliche Präsenz in der HV, das Rederecht, das Recht zur Stellung von Beschlussanträgen und zur Einsicht in das Teilnehmerverzeichnis (§ 129 Abs 4 S 1) umfasst (Spindler/Stilz AktG/ *Hoffmann* Rn 12; *LG Köln* DB 2005, 2067, 2068), das Auskunftsrecht (§ 131), das Stimmrecht nach §§ 12, 133 ff (*Than* FS Peltzer, S 584 f), das Widerspruchsrecht gegen Beschl der HV (§ 245 Nr 1), ferner bestimmte Minderheitsrechte (§§ 120 Abs 1 S 2 Alt 2, 137, Widerspruchsrechte gegen Verzicht auf Ersatzansprüche: §§ 93 Abs 4 S 3, 116, 302 Abs 3 S 3, 309 Abs 3 S 1 ggf iVm 310 Abs 4, 317 Abs 4, 318 Abs 4, 319, 323; vgl *Hoffmann* aaO Rn 8; MünchKomm AktG/*Kubis* Rn 38 ff, speziell zu den Minderheitsrechten Rn 45). Möglich ist zudem die Schaffung neuer nicht versammlungsgebundener Rechte (K. Schmidt/Lutter AktG/*Spindler* Rn 21; GroßKomm AktG/*Mülbert* Rn 23).

5 **b) Nicht versammlungsgebundene Rechte.** Zu den nicht versammlungsgebundenen Rechten gehören die **Vermögensrechte** der Aktionäre, insb das Dividendenzahlungsrecht aufgrund beschlossener Gewinnausschüttung (§§ 58 Abs 4, 174), Bezugsrechte auf neue Aktien nach einer Kapitalerhöhung (§ 186) und das Recht auf Zahlung des anteiligen Abwicklungsüberschusses (§ 271). Weiterhin ist zu den nicht versammlungsgebundenen Rechten noch ein **bedeutender Teil an Mitverwaltungs- und Hilfsrechten** zu zählen, worunter hauptsächlich **Informations- und Kontrollrechte** fallen (GroßKomm AktG/*Mülbert* Rn 20), etwa das Recht zur Anfechtung (§ 245), zur Erhebung der Nichtigkeitsklage (§ 249 Abs 1), ferner §§ 63 Abs 1 und 3, 230 Abs 2 UmwG ggf iVm 238 S 1, 251 Abs 1 S 1 UmwG, § 12 Abs 1 und 2 GBO, §§ 125 Abs 2 S 1 und Abs 4, 175 Abs 2 S 2 und 3, 293 f ggf iVm 295 Abs 1 S 2 (*Hüffer* AktG Rn 8). Zu den nicht versammlungsgebundenen Rechten gehören weiterhin satzungsmäßige Sonderrechte (zB § 233 Abs 1 aE UmwG; § 101 Abs 2 S 1, MünchKomm AktG/*Kubis* Rn 51) wie auch die meisten **Minderheitsrechte** (ua Sonderprüfung: § 318 Abs 1 S 2 HGB, §§ 122 Abs 1 und 2, 138 S 3, 142 Abs 2 und 4, 147 Abs 2 S 2 Alt 2 und Abs 3, 148 Abs 1, 254 Abs 2 S 3, 258 Abs 2, 260 Abs 1, 265 Abs 3, 315 S 2. Darüber hinaus sind noch zu nennen §§ 98 Abs 2 Nr 3, 126 Abs 1, 127 S 1, 275 Abs 1.

5a **c) Online-Teilnahme.** Abs 1 S 2 ermöglicht die Online-Teilnahme an der HV. Hierdurch wird allen AGs die Möglichkeit eingeräumt, die Wahrnehmung von Mitgliedschaftsrechten auf elektronischem Wege **während der HV** zuzulassen; eine Pflicht hierzu besteht nicht. Der Anwendungsbereich von Abs 1 S 2 umfasst allein die versammlungsgebundenen Rechte, also Stimm-, Frage-, Rede-, Antrags-, Widerspruchs- und Teilnahmerecht (*Noack* WM 2009, 2289, 2293; *Hüffer* AktG Rn 8c: zweifelnd bzgl Rede- und Fragerecht). Am **Grundsatz der Präsenzhauptversammlung** wird festgehalten, eine Online-HV im Sinne einer HV ohne physischen Raum bleibt unzulässig (RegBegr BT-Drucks 16/11642, 26; *Arnold* Der Konzern 2009, 88, 92); selbst wenn alle Aktionäre online teilnehmen, müssen die obligatorisch Anwesenheitspflichtigen (zB der Vorstand und der Versammlungsleiter) physisch präsent sein (*Horn* ZIP 2008, 1558, 1564).

Allgemeines § 118

Ausgangspunkt für die Ermöglichung der Online-Teilnahme ist die **Satzung**, die ent- **5b**
weder unmittelbar eine entsprechende Klausel vorsehen oder den Vorstand dazu
ermächtigen kann, selbst eine Regelung zu treffen. Hierbei sind Abstufungen auf
allen Ebenen möglich. Die Ermächtigung kann dem Vorstand sowohl Entschließungs-
ermessen als auch Ermessen im Hinblick auf den Umfang und die Ausgestaltung der
Online-Teilnahme zubilligen (*Arnold* Der Konzern 2009, 88, 92; *Drinhausen/Keinath*
BB 2009, 64, 67). Ebenso ist es denkbar, dass die Satzung grundlegende Vorgaben
macht und dem Vorstand die weitere Ausgestaltung überträgt (s RegBegr BT-Drucks
16/11642, 26). Zu empfehlen ist die Ermächtigung des Vorstands wg der damit einhergehenden Flexibilität (ebenso *Wicke* S 23; *von Nussbaum* GWR 2009, 215; *Herrler/
Reymann* DNotZ 2009, 815, 820; *Schüppen/Tretter* ZIP 2009, 493, 495), da somit zB
technische Weiterentwicklungen schneller berücksichtigt werden können (*Hüffer*
AktG Rn 8b). Es besteht umfassende **Gestaltungsfreiheit** im Hinblick auf die Auswahl
der online ausübbaren Rechte sowie den Umfang und den Modus der Rechtsausübung (zB Fragerecht ohne ein Recht auf Antwort oder Online-Stimmrecht ohne
Möglichkeit der Onlineabgabe eines Widerspruchs zur Niederschrift, vgl RegBegr
aaO). Insb ist die Verlagerung von Frage und Antwort in ein Internetforum möglich,
wenn das Forum allen HV-Teilnehmern zugänglich ist und vor der Abstimmung ausreichend Zeit zur Kenntnisnahme des Inhalts besteht (*Kersting* NZG 2010, 130, 132).
Auch die Differenzierung nach bestimmten Tagesordnungspunkten dürfte möglich
sein (*Wicke* S 24; **aA** *Noack* WM 2009, 2289, 2293). Die beschriebenen Differenzie-
rungsmöglichkeiten stellen keine Ungleichbehandlung zwischen körperlich anwesenden und online teilnehmenden Aktionären iSd § 53a dar (RegBegr aaO; *Noack* aaO;
Herrler/Reymann aaO; Grigoleit AktG/*Herrler* Rn 9; **aA** wohl *Grobecker* NZG 2010,
165, 168). Wird den online teilnehmenden Aktionären das Stimmrecht zugestanden,
ist das Verfahren der Stimmabgabe gem § 121 Abs 3 Nr 2 lit b in der Einberufung der
HV zu beschreiben, vgl § 121 Rn 13c. Die konkretisierenden Entsch des Vorstands
hinsichtlich einzelner Aspekte des Online-Teilnahmerechts (insb Frage-, Rede- und
Widerspruchsrecht) sind mit der HV-Einladung bekanntzumachen, um eine ggf
anfechtungsbegründende „faktische Beeinträchtigung" des Teilnahmerechts zu vermeiden (*Besse* AG-Report R358, 359; *Herrler* aaO Rn 7; Semler/Volhard/Reichert
ArbHdb HV/*Höreth/Pickert* § 7 Rn 82).

Online teilnehmende Aktionäre sind im Grundsatz wie physisch an der HV teilneh- **5c**
mende Aktionäre zu behandeln; denn sie gelten trotz ihrer physischen Abwesenheit
als **erschienen** (RegBegr BT-Drucks 16/11642, 26; *Noack* WM 2009, 2289, 2292), und
zwar, solange sie der HV online zugeschaltet sind. Wird die Online-Verbindung zur
HV getrennt, sind sie entsprechend physisch anwesenden Aktionären zu behandeln,
die den Präsenzbereich der HV verlassen; für diesen Zeitraum gelten sie als nicht
erschienen. Online teilnehmende Aktionäre sind in das Teilnehmerverzeichnis als
erschienene Aktionäre aufzunehmen (§ 129 Abs 1 S 2). Zu den Einzelheiten der Einbeziehung online teilnehmender Aktionäre in das Teilnehmerverzeichnis, bei den
„präsenten" Aktionären, beim „vertretenen Grundkapital" und zu den Auswirkungen
auf das Abstimmungsergebnis und dessen Feststellung insb unter Berücksichtigung
eines ggf nicht online ausübbaren Stimmrechts vgl ausf § 129 Rn 20, 22, 26a; § 130
[Abs 2] Rn 17a, und § 133 Rn 12. Steht den Online-Teilnehmern ein Stimmrecht zu,
muss eine zeitlich synchrone Online-Abstimmung mit den Präsenzteilnehmern
gewährleistet sein (*Besse* AG-Report 2012, R358, 359). Soll eine HV gem § 121 Abs 6

Reger 979

§ 118

ohne Einhaltung der für die Einberufung der HV geltenden Vorschriften abgehalten werden, so ist nach dem Sinn und Zweck des dort geregelten Widerspruchsrechts den online teilnehmenden Aktionären zwingend ein solches zuzugestehen (*Wicke* S 25; *Herrler/Reymann* DNotZ 2009, 815, 821). Da online teilnehmende Aktionäre als erschienen gelten, können sie grds gem § 245 Nr 1 anfechtungsbefugt sein; anderes gilt nur, wenn die Online-Einlegung des Widerspruchs zur Niederschrift ausgeschlossen wurde (RegBegr aaO 27; *Besse* aaO R358; *Wicke* S 26; Spindler/Stilz AktG/*Hoffmann* Rn 36; **aA** K. Schmidt/Lutter AktG/*Spindler* Rn 58; *Kersting* NZG 2010, 130, 134; wohl *Hüffer* aaO Rn 8d). In der Konsequenz kann die Anfechtungsbefugnis dann nur noch in den seltenen Fällen der § 245 Nr 2 und 3 gegeben sein. Daneben ist der Anfechtungsausschluss des § 243 Abs 3 Nr 1 zu beachten, wenn die Anfechtung auf einer technischen Störung beruht und die Gesellschaft nicht grob fahrlässig oder vorsätzlich gehandelt hat; die Satzung kann einen strengeren Verschuldensmaßstab bestimmen, § 243 Abs 3 Nr 1 aE. Besteht der gerügte Gesetzesverstoß darin, dass die Rechte der online teilnehmenden Aktionäre unzulässig beschränkt worden sind, wird es regelmäßig an der Beschlussrelevanz fehlen, weil die Aktionäre die Möglichkeit hatten, durch Präsenzteilnahme ihre Rechte zu wahren (*Kersting* aaO 135). Die Aktionäre haben aufgrund der Bekanntmachung der Online-Teilnahme-Bedingungen die Möglichkeit, eine Entsch zwischen Präsenz- und Online-Teilnahme zu treffen (*Besse* aaO R359).

5d Die der Online-Teilnahme zu Grunde liegende **elektronische Kommunikation** setzt eine Zwei-Wege-Direktverbindung voraus (RegBegr BT-Drucks 16/11642, 26), die Aktionären die aktive Ausübung ihrer Rechte ermöglichen soll. Empfehlenswert ist ein Informationsblatt mit technischen Hinweisen, das mit der Einladung den Aktionären zugesandt wird (*Besse* AG-Report 2012, R358, 359). Die technische Realisation des Fragerechts kann bspw durch die Einrichtung eines für die Aktionäre zugänglichen elektronischen Forums erreicht werden (*Kersting* NZG 2010, 130, 132; *Noack* WM 2009, 2289, 2293). Sorgfältig durchdacht sein muss auch die Online-Einlegung des Widerspruchs zur Niederschrift, damit die rechtzeitige Kenntnisnahme durch den Notar sichergestellt ist (näher *Wicke* S 26). Empfehlenswert ist, ein **Authentifizierungsverfahren** zu verwenden, das die Möglichkeit eines Missbrauchs ausschließt (*Wicke* S 23; *Herrler/Reymann* DNotZ 2009, 815, 821). Zum Informationsvorteil der Verwaltung durch die Kenntnis festgelegter Stimmen: *Noack/Zetsche* FS Schneider S 895.

II. „Briefwahl" (Abs 2)

5e **1. Anwendungsbereich und Einführung.** Eine weitere Neuregelung, die durch das ARUG v 30.7.2009 (BGBl I S 2479) eingeführt wurde, ist die sog „Briefwahl". Entgegen dem missverständlichen Begriff ist der Anwendungsbereich weder gegenständlich auf Wahlen noch hinsichtlich des Kommunikationsweges auf Briefe beschränkt. Regelungsgegenstand ist allein das **Stimmrecht**, dessen Ausübung alle AGs schon im Vorfeld der HV zulassen können. Ausgangspunkt dafür ist die **Satzung**, die entweder selbst Regelungen enthalten kann oder aber den Vorstand ermächtigen kann, über die Zulassung und/oder die Ausgestaltung der Briefwahl selbst zu entscheiden. Auch Mischformen etwa im Sinne einer Basisregelung in der Satzung und einer Ermächtigung des Vorstands zur näheren Ausgestaltung sind denkbar. Wurde der Vorstand zur Entscheidung ermächtigt, ob per Briefwahl gewählt werden kann, unterliegt er selbst

Allgemeines **§ 118**

bei kontinuierlicher Einräumung der Briefwahl über mehrere HVs hinweg keinesfalls einer Selbstbindung (*Noack* WM 2009, 2289, 2290; K. Schmidt/Lutter AktG/*Spindler* Rn 57). Besteht das Briefwahlrecht für eine konkrete HV, ist das Verfahren der Stimmabgabe gem § 121 Abs 3 S 3 Nr 2 lit b bei der Einberufung anzugeben. Eine Pflicht zur Einführung der Briefwahl besteht nicht; ohne entsprechende Satzungsregelung kann das Stimmrecht nicht iSd Abs 2 ausgeübt werden.

2. Ausgestaltung der Briefwahl. Bezüglich der Ausgestaltung der Briefwahl herrscht **5f** grds **Gestaltungsfreiheit.** Allerdings ist der Gleichbehandlungsgrundsatz zu beachten (*Noack* WM 2009, 2289, 2290); ein Verstoß hiergegen liegt indessen nicht schon in der unterschiedlichen Behandlung von Briefwählern gegenüber Präsenz-Aktionären (*Seibert/Florstedt* ZIP 2008, 2145, 2146). Als **Kommunikationsweg** kann die Satzung oder der Vorstand (bei Satzungsermächtigung) nicht nur entweder die elektronische oder die schriftliche Form vorsehen; es kann vielmehr in richtlinienkonformer Auslegung (RL 2007/36/EG, AB1EU Nr L 184 S 17, „Aktionärsrechterichtlinie") von Abs 2 auch beides zugelassen und so die Wahl dem Aktionär überlassen werden (iE ebenso *Noack* aaO; vgl auch Musterbeispiel bei *Reul* ZNotP 2010, 44, 47). Es kommen bspw Schriftform (§ 126 BGB), Textform (§ 126b BGB), die elektronische Form (§ 126a BGB), aber auch jede andere Form der elektronischen Kommunikation in Betracht (*Hüffer* AktG Rn 8g). Zur Minimierung des Verwaltungsaufwands ist es ratsam, physische oder elektronische Formulare vorzuschreiben, die dann postalisch oder per E-Mail an die AG übermittelt und dort schnell (ggf automatisiert) ausgelesen werden können (*Reul* aaO 46; *von Nussbaum* GWR 2009, 215, 216); börsennotierte AGs müssen diese Formulare auch auf ihrer Internetseite bereitstellen, wenn sie nicht direkt an die Aktionäre übermittelt wurden (§ 124a S 1 Nr 5). Noch effektiver wird die Einrichtung eines Internetdialogs sein, der die Abstimmung ermöglicht (*Noack* aaO). Auch für die **Identifikation** der Briefwähler trifft Abs 2 keine Vorgaben; eine Regelung in der Satzung oder durch den Vorstand ist dringend anzuraten (*Arnold* Der Konzern 2009, 88, 93; *Reul* aaO; *Wicke* S 29), da eine Verfälschung des Abstimmungsergebnisses die Anfechtbarkeit von Beschl begründen kann; denkbar ist bspw die Zusendung einer eindeutigen Aktionärskennung an elektronisch abstimmende Namensaktionäre durch die AG bzw bei Inhaberaktien durch die Depotbank (*Noack* aaO). Entsprechendes gilt für den Nachweis des Aktienbesitzes. Die Satzung kann Briefwählern nach dem Wortlaut des § 123 Abs 2 S 1 auch eine **Anmeldung** auferlegen (*Noack* aaO 2291; *v Nussbaum* aaO; *Wicke* aaO). Bestehende Satzungsklauseln sollten überprüft und ggf angepasst werden, falls diese pauschal eine Anmeldung für die Ausübung des Stimmrechts vorsehen (so der Wortlaut des § 123 Abs 2 S 1); denn hierunter fallen auch Briefwähler (*Noack* aaO). Offen sind mangels gesetzgeberischer Hinweise die **zeitlichen Grenzen** der Briefwahl. Die Abstimmung per Briefwahl ist grds bereits ab der Einberufung zur HV möglich (*Horn* ZIP 2008, 1558, 1565); freilich sind diese Stimmen bei anschließenden Veräußerungen, die vor einem ggf bestehenden Umschreibestopp bzw Record Date erfolgten, durch die AG wieder zu annullieren (*Noack* aaO). Das äußerst mögliche Ende der Briefwahlperiode ist unstreitig der Tag der HV (statt aller *Noack* aaO). Streitig ist, ob es der Beginn der HV (so *Wicke* S 27; *Herrler/Reymann* DNotZ 2009, 815, 821) oder der Beginn des Abstimmungsvorgangs ist (*von Nussbaum* aaO; K. Schmidt/Lutter AktG/*Spindler* Rn 56). Letzteres dürfte richtig sein, so dass bei Blockabstimmung der Beginn der Blockabstimmung, bei Einzelabstimmung der Beginn der jeweiligen Abstimmung zum betreffenden Tagesordnungspunkt als letzter Zeitpunkt in Betracht kommt. Innerhalb dieses Zeitrahmens kann die Satzung bzw bei Satzungsermächtigung der Vorstand aufgrund der bestehenden Gestaltungsfreiheit frei Beginn und Ende der Briefwahlperiode festlegen. Eine genaue Festlegung ist dringend zu empfehlen. Ungeklärt ist, wann die Briefwahlstimmen gegenüber der HV aufgedeckt werden müssen; schließlich haben Vorstand bzw Versammlungsleiter hier einen Wissensvorsprung, der den Verlauf der HV beeinflussen kann (*Noack* aaO; ausf *ders/Zetsche* FS Schneider, S 899 f) oder durch den bspw mittels gezielter Änderungen des ursprünglichen Antrages alle darauf per Briefwahl abgegebenen Stimmen wegfallen könnten (*Wieneke* FS Schwark, S 327). Bei der Abstimmung selbst lässt sich auch weiterhin das **Subtraktionsverfahren** anwenden (*Noack* aaO; *Wicke* aaO). Zu den Besonderheiten, insb bei der Berechnung der „präsenten" Aktionäre, der „abgegebenen Stimmen", des „vertretenen Grundkapitals" und bei der Berücksichtigung im Teilnehmerverzeichnis sowie der Feststellung des Abstimmungsergebnisses, vgl § 129 Rn 20, 22, 26a; § 130 [Abs 2] Rn 17a, und § 133 Rn 12.

5g 3. **Anfechtung von Beschlüssen, Widerruf und Anfechtung der Stimmabgabe.** Briefwahlvoten gelten zwar als abgegebene Stimmen iSd § 133. Im Gegensatz zu Aktionären, die online teilnehmen (s. o. Rn 5c), sind Briefwähler **nicht erschienen**; hierin liegt der zentrale Unterschied dieser beiden Institute. Zu den Besonderheiten bei der Berechnung der „präsenten" Aktionäre, des „vertretenen Grundkapitals" und der Berücksichtigung im Teilnehmerverzeichnis sowie bei der Feststellung des Abstimmungsergebnisses vgl § 129 Rn 20, 22, 26a; § 130 [Abs 2] Rn 17a, und § 133 Rn 12. Briefwähler sind somit nicht als erschienene Aktionäre ins Teilnehmerverzeichnis iSd § 129 Abs 1 S 2 aufzunehmen (*Noack* WM 2009, 2289, 2291), nicht iRd § 121 Abs 6 für die Vollzähligkeit der HV zu berücksichtigen, nicht antragsberechtigt für das Auskunftsverlangen iSd § 132 Abs 2 und **nicht anfechtungsbefugt** iSd § 245 Nr 1. Die Anfechtungsbefugnis kann allerdings gem § 245 Nr 2 oder 3 gegeben sein (ebenso *Horn* ZIP 2008, 1558, 1565; *Hüffer* AktG Rn 8g). Bei elektronisch durchgeführter Briefwahl gilt der Anfechtungsausschluss des § 243 Abs 3 Nr 1, wenn der Gesellschaft bei einer Verletzung der Rechte nach Abs 2 aufgrund einer technischen Störung nicht mindestens grobe Fahrlässigkeit oder ein ggf in der Satzung festgelegter, strengerer Verschuldensmaßstab vorgeworfen werden kann. Als Verletzung wird dabei nicht schon das erstmalige Scheitern des Abstimmens in Betracht kommen; idR werden dem Aktionär mehrere Versuche zumutbar sein (*Noack* aaO 2292).

5h Eine einmal per Briefwahl abgegebene Stimme bleibt grds bis zur Abstimmung der HV bestehen. Daran ändert auch eine evtl eintretende **Änderung des Sachverhalts** nichts; denn es war die autonome Entscheidung des Aktionärs, nicht an der HV teilzunehmen und damit auf ggf aufhellende Informationen zu verzichten (*Noack* WM 2009, 2289, 2292). Ändert sich hingegen der Beschlussinhalt, ist zu differenzieren: Hält die Verwaltung ihren eigenen Beschlussvorschlag aufrecht und tritt lediglich ein weiterer Beschlussvorschlag (nicht der Verwaltung) hinzu (zB bei der Wahl des AR wird durch einen Gegenantrag von Aktionären während der HV ein anderes AR-Mitglied zur Wahl vorgeschlagen, die Verwaltung belässt es bei ihrem ursprünglichen Vorschlag), zählt die per Briefwahl abgegebene Stimme in Bezug auf den ursprünglichen Beschlussvorschlag, dh den Beschlussvorschlag der Verwaltung. Die Möglichkeit einer Neuausübung der Stimme des Briefwählers vor der Abstimmung der HV ist hier davon abhängig, ob ein Widerruf und die erneute Stimmabgabe zulässig sind (s hierzu

Allgemeines § 118

Rn 5i). Anders verhält es sich, wenn die Verwaltung ihren ursprünglichen Beschlussvorschlag ändert (zB wenn anstatt des ursprünglich vorgeschlagenen Abschlussprüfers von der Verwaltung ein anderer zur Wahl gestellt wird); hier läuft die auf den ersten Beschlussvorschlag abgegebene Stimme des Briefwählers ins Leere (*Wieneke* FS Schwark, S 326). Daher lebt hier das Stimmrecht des Briefwählers wieder auf. Die Zulässigkeit der erneuten Stimmabgabe richtet sich nach den jeweiligen Voraussetzungen der Stimmrechtsausübung, also bei der Briefwahl zB danach, bis zu welchem Zeitpunkt der Briefwähler seine Stimme abgeben kann.

Von der Briefwahl unberührt bleiben **alle anderen versammlungsgebundenen Rechte bestehen**, anderslautende Satzungsbestimmungen sind gem § 23 Abs 5 unwirksam (*Noack* WM 2009, 2289, 2291 f; **aA** hinsichtlich des Teilnahmerechts *von Nussbaum* GWR 2009, 215, 216). Somit kann der Briefwähler an der HV teilnehmen und dort bspw sein Rede- und Fragerecht ausüben. Die Zulässigkeit einer erneuten Stimmabgabe richtet sich danach, ob er die zuvor per Briefwahl abgegebene Stimme wirksam widerrufen kann. Für die Aufhebung der per Briefwahl abgegebenen Stimme gilt vorrangig ein ggf in der Satzung geregeltes oder durch den hierzu ermächtigten Vorstand festgesetztes spezielles **Widerrufsrecht** (*Noack* aaO 2291; *Meixner* ZAP Fach 15, 597, 599). Andernfalls kommen die allg zivilrechtlichen Regeln über Willenserklärungen zur Anwendung. Der Widerruf iSd § 130 Abs 1 S 2 BGB kann bis zum Zugang des Votums erfolgen (*Herrler/Reymann* DNotZ 2009, 815, 821; *Wicke* S 28); hier ist auf den Zugang beim Vorstand als Vertretungsorgan der AG und nicht beim Versammlungsleiter abzustellen, da der Versammlungsleiter kein ständiges Organ ist, sondern allein für die Dauer der HV existiert. Nach dem Zugang ist nur noch die Anfechtung gem §§ 119 ff BGB denkbar (*Reul* ZNotP 2010, 44, 46); ausnahmsweise ist auch ein Widerruf aus wichtigem Grund statthaft, insb wenn die Stimmabgabe treuwidrig ist (*Wicke* aaO). Diskutiert wird, ob das bloße Erscheinen des Briefwählers auf der HV als Widerruf der zuvor per Briefwahl abgegebenen Stimmen gilt (so *Noack* aaO; ähnlich K. Schmidt/Lutter AktG/*Spindler* Rn 56: Stimmabgabe als physisch Anwesender bewirkt Widerruf; **aA** *Horn* ZIP 2008, 1558, 1565). Dies kann nur für die Fälle bejaht werden, in denen die Satzung oder die Einberufung dem Erscheinen explizit eine solche Wirkung beimisst; ansonsten sind die vorgenannten Voraussetzungen für den Widerruf zu erfüllen. In zeitlicher Hinsicht spricht nichts dagegen, den Widerruf bis zum Beginn der Abstimmung der HV über den betreffenden Tagesordnungspunkt zuzulassen (*Horn* aaO). 5i

III. Teilnahmerecht und Teilnahmepflicht an der Hauptversammlung (Abs 3)

1. Inhalt des Teilnahmerechts. Das Teilnahmerecht umfasst das Recht auf körperliche Präsenz in der HV (Zugangs- und Anwesenheitsrecht bis Versammlungsende) und zur Einsicht in das Teilnehmerverzeichnis (§ 129 Abs 4 S 1). Dabei ist zu beachten, dass der Aktionär als Ausfluss seines Teilnahmerechts die HV im gesamten Präsenzbereich mitverfolgen können muss (*LG München I* BB 2010, 970). Nicht umfasst ist der Zugang zum sog „back-office" (*OLG Frankfurt* BB 2012, 2327, 2327). Ist im Cateringbereich, welcher auch zum Präsenzbereich erklärt wurde, die Lautsprecherleistung zu leise eingestellt, so dass man nur in unmittelbarer Nähe der Lautsprecher die Rede- und Fragebeiträge verstehen kann, führt dies nicht zur Anfechtung der HV-Beschlüsse, wenn nach Rüge dieses Umstandes die Lautsprecherleistung bald darauf erhöht wird (*LG Frankfurt/Main* BB 2012, 736). Einer Wiederholung der HV bis zum 6

§ 118
Allgemeines

Zeitpunkt der Erhöhung der Lautsprecherleistung bedarf es in diesem Fall nicht (*LG Frankfurt/Main* aaO). Einlasskontrollen sind zulässig (*AG München* AG 1995, 335): Wegen des Persönlichkeitsrechts ist grds statt einer Taschenkontrolle eine Kontrolle mit einem Durchleuchtungsgerät vorzunehmen; erst bei konkretem Verdacht (auch aufgrund der Durchleuchtung) kommt eine Einsichtnahme in die Tasche in Betracht (*OLG Frankfurt* NZG 2007, 310, 311). Eine allg Taschenkontrolle ist nur möglich, wenn ihr dadurch aus dem Weg gegangen werden kann, dass man sein Gepäck außerhalb der HV, aber in angemessenem Abstand zum Zugang der HV aufbewahren (lassen) kann (*OLG Frankfurt* aaO). Teilnahme meint auch aktive Teilnahme (*BGH* NJW 1971, 2225 für § 48 GmbHG); somit beinhaltet das Teilnahmerecht auch das Rederecht (zu anstehenden Tagesordnungspunkten), das Recht zur Stellung von Beschlussanträgen (*LG Köln* DB 2005, 2067, 2068), nicht jedoch das Stimmrecht oder das Auskunftsrecht (GroßKomm AktG/*Mülbert* Rn 26). Diese sind eigenständige Aktionärsrechte und in §§ 133 ff und § 131 geregelt. Das Teilnahmerecht umfasst ferner nicht das Recht auf Begleitung; anderes gilt für kranke und behinderte Personen (MünchKomm AktG/*Kubis* Rn 69). Das Teilnahmerecht mit seinen Komponenten ist **nicht entziehbar**, nicht durch die Satzung und insb auch nicht aufgrund § 118 Abs 1 S 2, da auch dieser keine reine Online-HV zulässt (vgl Rn 5a). Das Teilnahmerecht, namentlich das Rederecht, steht jedoch unter dem Vorbehalt ordnungsgemäßer Ausübung. Es kann v Versammlungsleiter beschränkt werden, wenn der betreffende Aktionär durch missbräuchliche Ausübung den reibungslosen Ablauf der HV stört und die Störung nicht auf andere Weise behoben werden kann (*BVerfG* NJW 2000, 349, 351; *BGHZ* 44, 245, 248 ff; *OLG Bremen* NZG 2007, 468 zum Saalverweis wg formalbeleidigender Äußerungen). Die Redezeit kann zB beschränkt werden, wenn der Aktionär sich mehrfach wiederholt und auf bereits vorgetragene Vorwürfe mehrfach zurückkommt (*BGHZ* aaO 252; *Quack* FS Brandner, S 115). Das Rederecht (wie das aktive Teilnahmerecht insgesamt) gestattet nicht Beiträge, die nicht auf Erkenntnisgewinn in Bezug auf anstehende Tagesordnungspunkte gerichtet sind, was auch bei übermäßiger Länge der Fall sein kann (*LG Köln* aaO, ähnlich wie beim Auskunftsrecht, vgl *Quack* aaO S 114 ff und § 131 Rn 11). Gemäß **§ 131 Abs 2 S 2** kann der Versammlungsleiter durch Satzung oder Geschäftsordnung (§ 129) ermächtigt werden, das Frage- und Rederecht des Aktionärs zeitlich angemessen zu beschränken, und Näheres dazu zu bestimmen (s hierzu § 131 Rn 18). Damit dürften die strengen Maßstäbe, die an eine generelle Redezeitbeschränkung gesetzt werden, im Falle der Ermächtigung nach § 131 Abs 2 S 2 nicht gelten (Gefährdung zwingender zeitlicher Grenzen, namentlich wenn zu Beginn der Aussprache sehr viele Wortmeldungen vorliegen, vgl *LG Köln* aaO und *OLG Stuttgart* WM 1995, 617, 618). Soweit jedoch keine solche Ermächtigung besteht, bleibt es bei den geltenden Grundsätzen (dazu *LG Köln* aaO mwN, *OLG Stuttgart* aaO). Nimmt ein Aktionär an der HV teil, kann er sein Rederecht nicht formlos auf einen anderen Aktionär übertragen (*OLG München* AG 2011, 840, 843). Eingehend zur Beschränkung des Teilnahmerechts, insb des Frage- und Rederechts, vgl § 131 Rn 18 ff.

7 **2. Aktionäre.** Bereits eine Aktie begründet das Teilnahmerecht. Zu dem Teilnahmerecht des Aktionärs, der nach dem „Record Date" (§ 123 Abs 3 S 3–6) seine Anteile übertragen hat, wie auch zum Teilnahmerecht des Erwerbers in diesem Fall vgl § 123 Rn 9. Das Teilnahmerecht besteht unabhängig vom Stimmrecht, somit auch in den Fällen der §§ 134 Abs 2, 136 Abs 1, 139, 140 Abs 1; gewährt eine Aktie keine Rechte,

Allgemeines
§ 118

wie in §§ 35, 59 WpÜG, §§ 21, 28, 41 Abs 4, 4a WpHG, §§ 20 Abs 7, 56 Abs 3 S 3, 71b, 71d, 71e, 328 Abs 1 und 3 bestimmt, folgt aus ihr auch kein Teilnahmerecht (*Hüffer* AktG Rn 12). Das Mitgliedschaftsrecht einschließlich des Teilnahmerechts bleibt auch nach Wirksamwerden des Beschlusses über eine Herabsetzung des Grundkapitals durch Zusammenlegung von Aktien bis zum Abschluss des Zusammenlegungsverfahrens bestehen, auch wenn die Beteiligung des betreffenden Aktionärs für den Erwerb einer neuen Aktie nicht ausreicht (*OLG Hamburg* NJW-RR 1991, 618, 619 f). Das Teilnahmerecht ist **unentziehbar**; allerdings ist es beschränkbar, entweder teilweise (zB durch Wortentzug) oder gänzlich (zB durch Verweis aus der HV; die übrigen versammlungsgebundenen Rechte, namentlich das Stimmrecht, entfallen in diesem Fall jedoch nicht, es besteht nur ein Ausübungshindernis für den Verwiesenen selbst, vgl GroßKomm AktG/*Mülbert* Vor §§ 118–147 Rn 165; der Versammlungsleiter muss dem Verwiesenen die Möglichkeit einer Vollmachtserteilung geben (Spindler/Stilz AktG/ *Wicke* Anh § 119 Rn 15); lässt sich der Verwiesene nicht vertreten, muss eine Absetzung von der Präsenz erfolgen, vgl Semler/Volhard/Reichert ArbHdb HV/*Fischer/ Pickert* § 9 Rn 345); vor einem Verweis aus der HV ist jedoch ein Verweis in den umliegenden Präsenzbereich mit Stimmrechtsmöglichkeit zu erwägen (*LG Köln* DB 2005, 2067, 2068, s auch Rn 6). Unberechtigte Zugangsverweigerung oder Versammlungsausschluss erzeugen eine für die Beschlussfassung relevante Beeinträchtigung iSd § 245 Nr 1 (Spindler/Stilz AktG/*Hoffmann* Rn 16; *OLG Düsseldorf* NJW-RR 1992, 100). Die Teilnahme kann auch durch Legitimationsaktionäre oder Vertreter erfolgen. Für die **Form der Vollmacht** gilt § 134 Abs 3 analog (K. Schmidt/Lutter AktG/*Spindler* Rn 28; MünchKomm AktG/*Kubis* Rn 60; **aA** *Hoffmann* aaO Rn 13). Einschränkend wirkt hier der durch das ARUG v 30.7.2009 (BGBl I S 2479) eingeführte § 134 Abs 3 S 2, der bei Mehrfachbevollmächtigungen dazu berechtigt, einen oder mehrere Bevollmächtigte zurückzuweisen. Daneben kann auch die Satzung die Anzahl der Vertreter pro Aktionär auf einen beschränken (*BGH* NJW-RR 1989, 347 ff). Darüber hinaus kann die Satzung die Vollmacht für die Teilnahme weder ausschließen noch erschweren. Zur Teilnahme ist der Aktionär nicht verpflichtet, auch die Satzung vermag eine solche Pflicht nicht zu begründen (*Kubis* aaO Rn 98; abw wohl *Schneider/Burgard* FS Beusch, S 797). Diskutiert wird die Möglichkeit, den zu einer HV erschienenen Aktionären einen **Präsenzbonus** in Geld zu gewähren. Ein solcher Präsenzbonus führt idR zu einer disquotalen Verteilung der Dividende (§ 174 Abs 2 Nr 2) und würde abgesehen von einer Nachzahlungsregelung (vgl *Klühs* ZIP 2006, 107, 113) einen (in der HV) verwendbaren Bilanzgewinn voraussetzen (MünchKomm AktG/*Bayer* § 57 Rn 34; *Vetter* AG 2006, 32, 34). Nicht möglich ist es, den Präsenzbonus als Gesellschaftsaufwand dividendenunabhängig auszugestalten. Ein Präsenzbonus setzt weiterhin einen einstimmigen Beschl nach § 60 Abs 3 voraus (**hM** *Klühs* aaO 111 f; offen lassend *Noack* BB 2005, Heft 42, Vorwort). Pfändung und Verpfändung belassen das Teilnahmerecht beim Inhaber (unstr), beim Nießbrauch folgt das Teilnahmerecht dem Stimmrecht (KölnKomm AktG/*Zöllner* Rn 20; hierzu s § 134 Rn 26). Prozessual erfolgt die Durchsetzung durch die Leistungsklage, bei einstweiligem Rechtsschutz (§§ 935, 940 ZPO: Leistungsverfügung) führt bereits die unberechtigte Zutrittsverweigerung zum Vorliegen eines Verfügungsgrundes (*Kubis* aaO Rn 72). Für die Feststellungsklage wg zukünftiger Verletzung des Teilnahmerechts gelten die allg Regeln (diesbzgl vgl etwa *BGH* NJW 1986, 2507; Stein/Jonas ZPO/*Schumann* § 256 Rn 87 ff; unzutr *Kubis* aaO; wie hier GroßKomm AktG/*Mülbert* Rn 62; *Hoffmann* aaO Rn 19).

§ 118 Allgemeines

8 **3. Vorstand und Aufsichtsrat. – a) Allgemeines (Abs 3 S 1).** Mitglieder des Vorstands (inklusive deren Stellvertreter, § 94) und des AR sind teilnahmepflichtig, jedoch kommt ihnen auch ein eigenständiges Teilnahmerecht, unabhängig von einer etwaigen Aktionärsstellung, zu. Dass in Abs 3 S 1 „sollen" steht, bedeutet nicht, dass keine Teilnahmepflicht besteht, sondern dass diese Pflicht nicht erzwungen werden kann (vgl KölnKomm AktG/*Zöllner* Rn 23). Die Teilnahmepflicht schließt eine Vertretung aus (RegBegr BT-Drucks 14/8769, 19). Die **Nichterfüllung der Teilnahmepflicht** berührt die Wirksamkeit von Beschl nicht (*LG Krefeld* AG 2008, 754, 756), möglich bleiben aber mittelbare Folgen wie Abberufung aus wichtigem Grund oder die Beschlussanfechtung wg unterbliebener Auskunftserteilung. **Ehemalige Vorstandsmitglieder** haben eine Teilnahmepflicht aufgrund fortwirkender Nebenpflichten des beendeten Anstellungsverhältnisses nur dann, wenn ihre Anwesenheit, zB für Rückfragen bei einem Auskunftsbegehren, für die HV unausweichlich notwendig ist (vgl *Vetter* AG 1991, 171, 172; K. Schmidt/Lutter AktG/*Spindler* Rn 37 mwN; aA Spindler/Stilz AktG/*Hoffmann* Rn 26). Von diesen Fällen abgesehen, steht ihnen kein Teilnahmerecht (außer sie sind Aktionäre) zu, selbst bei drohender Verweigerung der Entlastung (*Vetter* aaO 174). Ehemalige AR-Mitglieder haben weder Teilnahmerecht noch -pflicht; gleiches gilt für Ersatzmitglieder, solange der Vertretungsfall nicht eingetreten ist (MünchKomm AktG/*Kubis* Rn 99; **aA** *Spindler* aaO).

9 **b) Bild- und Tonübertragung (Abs 3 S 2).** Das TransPuG v 19.7.2002 (BGBl I S 2681) hat die Möglichkeit geschaffen, durch Satzung (nicht ausreichend: durch GO der HV) bestimmte Fälle zu statuieren, in denen **AR-Mitglieder** nicht persönlich erscheinen müssen, sondern durch Bild- und Tonübertragung an der HV teilnehmen können (vgl Rn 2). Nicht erlaubt wird eine generelle Befreiung oder eine Entscheidung durch Vorstand oder AR. Vielmehr muss die Satzung die einzelnen Dispensfälle hinreichend genau in generalisierender Form oder mittels Fallgruppen bestimmen (zB zu große Entfernung zum Wohnort des AR-Mitglieds zum Versammlungsort, vgl MünchKomm AktG/*Kubis* Rn 104). Die Übertragung muss kumulativ durch Bild **und** Ton erfolgen, ein Medium allein genügt nicht, ferner muss die Übertragung in **beide Richtungen** erfolgen (*Ihrig/Wagner* BB 2002, 789, 795). Wegen der weitgehend nur passiven Präsenz der AR-Mitglieder (vgl *Kubis* aaO; *Noack* DB 2002, 620, 624) sollte Abs 3 S 2 großzügig gehandhabt werden. Eine Analogie zugunsten von Vorstandsmitgliedern ist nicht möglich (unstr).

10 **4. Andere Personen.** Andere Personen haben grds weder ein Recht noch eine Pflicht zur Teilnahme; die HV ist **weder öffentlich noch presseöffentlich** (zutr *Hüffer* AktG Rn 16 mwN; *Than* FS Peltzer, S 588 mwN; abw *LG Frankfurt/Main* NJW-RR 2005, 837, 838). Zweifel hinsichtlich des Teilnahmerechts muss der Versammlungsleiter ausräumen, der HV kann hah die Klärung nicht übertragen werden (MünchKomm AktG/*Kubis* Rn 114). Stellt die HV den Jahresabschluss einer prüfungspflichtigen Gesellschaft fest, so muss der **Abschlussprüfer** bzgl bestimmter Verhandlungen teilnehmen (§ 176 Abs 2). Dennoch hat er kein von dieser Pflicht losgelöstes (durchsetzbares) Teilnahmerecht; entsprechendes gilt wg der Notwendigkeit notarieller Beurkundung von Beschl (§ 130) für die Teilnahme des **Notars** (GroßKomm AktG/*Mülbert* Rn 44 und Rn 73 mwN. Anders liegt es beim **Versammlungsleiter**, der neben seiner Teilnahmepflicht ein **eigenständiges** Teilnahmerecht innehat (Obermüller/Werner/Winden HV/*Butzke* C Rn 31); daneben haben auch Erfüllungsgehilfen des Versammlungsleiters ein von diesem abgeleitetes Teilnahmerecht, wenn sie für dessen Aufgabenerfüllung unerlässlich sind (zB Personal für die Zutrittskontrolle, die Stimmensammlung und Stimmenauszählung oder für die Saalordnung, vgl *Kubis* aaO Rn 108; **aA** Spindler/Stilz AktG/*Hoffmann* Rn 28). Besondere Teilnahmerechte (Anwesenheits- und Rederecht) gewähren § 44 Abs 4 KWG, § 3 Abs 1 BausparkG, § 83 Abs 1 S 1 Nr 5 VAG, ferner § 19 Abs 4 WahrnG (nur Anwesenheitsrecht). Liegt kein Teilnahmerecht vor, kommt eine **Zulassung** durch Satzung oder Geschäftsordnung (§ 129) in Betracht. Fehlt für den konkreten Fall eine Regelung, erfolgt die Zulassung durch den Versammlungsleiter, der freies Ermessen hat (bei Begleitung eines Aktionärs greift aber § 53a). Die HV gewährt die Zulassung, wenn ein Aktionär dies beantragt oder wenn der Versammlungsleiter die Entscheidung auf die HV delegiert. Eine Zulassung verleiht bloßes Anwesenheitsrecht, jedoch kein Teilnahmerecht (unstr). Sie kann von demjenigen widerrufen werden, der sie erteilt hat. Die HV kann die Entscheidung des Versammlungsleiters – zulassend und nicht zulassend – revidieren (**hM** *Kubis* aaO Rn 114 ff; K. Schmidt/Lutter AktG/*Spindler* Rn 46; **aA** *Mülbert* aaO Rn 75 mwN). Für das Tätigwerden der HV bedarf es keines Quorums, es genügt bereits der Antrag eines einzelnen Aktionärs.

IV. Übertragung der Hauptversammlung in Bild und Ton (Abs 4)

Die Übertragung der HV in Bild und Ton kann sich entweder unmittelbar aus der Satzung oder Geschäftsordnung ergeben oder seit der Ergänzung durch das ARUG aufgrund einer Anordnung des hierfür in der Satzung ermächtigten Vorstandes oder Versammlungsleiters erfolgen. Auch wenn die Regelung nicht verfassungswidrig ist, ziehen das Mitgliedschaftsrecht, geschützt durch Art 14 GG, das allgemeine Persönlichkeitsrecht, das Recht auf informationelle Selbstbestimmung, verankert in Art 1 und 2 GG, wie auch § 53a der Gestaltung der Satzungsklausel wie auch der konkreten Anwendung Grenzen (vgl *LG Frankfurt/Main* NJW-RR 2005, 837 ff mit Beispiel rechtlich zulässiger Satzungsregelung). Der Teilnahmeberechtigte hat **kein Widerspruchsrecht** dahingehend, dass die Übertragung während seines Redebeitrags unterbrochen wird (*LG Frankfurt/Main* aaO 838; RegBegr BT-Drucks 14/8769, 19 f; **aA** aus verfassungsrechtlichen Gründen *Lenz* EWiR 2005, 97, 98 mwN). Das Medium ist frei wählbar (zB Spartensender oder Internet). Ton und Bild müssen nicht kumulativ übertragen werden. Möglich sind sowohl eine allg zugängliche Übertragung als auch eine geschlossene, etwa eine Internetübertragung mit Passwortschutz. Denkbar ist auch, diese Fragen im Einzelfall durch den Vorstand entscheiden zu lassen (*Hüffer* AktG Rn 17). Aktionären und Dritten steht kein Anspruch auf eine (bestimmte) Übertragung zu, auch nicht aufgrund etwaiger Bestimmungen in der Satzung oder der Geschäftsordnung (str MünchKomm AktG/*Kubis* Rn 95 Vorauflage; **aA** MünchKomm AktG/*Kubis* Rn 118). Die Erlaubnis zur Übertragung enthält zugleich die Befugnis zur **Aufzeichnung und Konservierung** durch die Gesellschaft (MünchKomm AktG/*Kubis* Rn 119).

§ 119 Rechte der Hauptversammlung

(1) Die Hauptversammlung beschließt in den im Gesetz und in der Satzung ausdrücklich bestimmten Fällen, namentlich über

1. die Bestellung der Mitglieder des Aufsichtsrats, soweit sie nicht in den Aufsichtsrat zu entsenden oder als Aufsichtsratsmitglieder der Arbeitnehmer nach dem Mitbestimmungsgesetz, dem Mitbestimmungsergänzungsgesetz, dem Drittelbeteiligungs-

gesetz oder dem Gesetz über die Mitbestimmung der Arbeitnehmer bei einer grenzüberschreitenden Verschmelzung zu wählen sind;
2. die Verwendung des Bilanzgewinns;
3. die Entlastung der Mitglieder des Vorstands und des Aufsichtsrats;
4. die Bestellung des Abschlussprüfers;
5. Satzungsänderungen;
6. Maßnahmen der Kapitalbeschaffung und der Kapitalherabsetzung;
7. die Bestellung von Prüfern zur Prüfung von Vorgängen bei der Gründung oder der Geschäftsführung;
8. die Auflösung der Gesellschaft.

(2) Über Fragen der Geschäftsführung kann die Hauptversammlung nur entscheiden, wenn der Vorstand es verlangt.

Übersicht

	Rn		Rn
A. Allgemeines	1	2. Erfasste Maßnahmen	15
B. Erläuterungen	3	a) Allgemeines	15
I. Ausdrückliche Zuständigkeit (Abs 1)	3	b) Veräußerung	16
		c) Beteiligungserwerb	17
1. Gesetzlich geregelte Zuständigkeit (1. Alt)	3	d) Umhängung einer Beteiligung	18
a) Regelmäßig wiederkehrende Maßnahmen	4	e) Temporäre schuldrechtliche Maßnahmen	19
b) Strukturmaßnahmen	5	f) Sonstige Maßnahmen	20
c) Sonderfälle	6	3. Quantitative Mindestgrenze	21
2. Satzungsmäßig geregelte Zuständigkeit (2. Alt)	7	a) Prozentsatz	21
		b) Parameter	22
II. Zuständigkeit zur Geschäftsführung (Abs 2)	8	4. Qualitative Kriterien	23
1. Voraussetzungen	8	a) Kernbereich	24
2. Verfahren und Entscheidung der Hauptversammlung	9	b) Mitgliedschaftsrecht	25
		5. Erforderliche Mehrheit und Zustimmungsverfahren	26
3. Wirkungen	10	6. Sonderfall reguläres Delisting	27
III. Vertretungskompetenz	11	a) Grundsätzliches	27
IV. Ungeschriebene Zuständigkeit	12	b) Zuständigkeit der Hauptversammlung und Zustimmungsverfahren	29
1. Grundsatz	12		
a) Holzmüller-Rechtsprechung	12	c) Pflichtangebot	30
b) Versuch der Konkretisierung in Rechtsprechung und Literatur	13	d) Segmentwechsel/spätere Wiederzulassung	33
c) Gelatine-Urteile des BGH	14		

Literatur: *Dürr* KG Berlin: „Downgrading" erfordert kein Abfindungsangebot, BB 2009, 1496; *Feldhaus* Zur Frage der Verkehrsfähigkeit der Aktien beim Wechsel vom amtlichen Markt in das Segment M:access der Börse München, BB 2008, 1307; *Gessler* Einberufung und ungeschriebene Hauptversammlungszuständigkeiten, FS Stimpel, 1985, S 771; *Goslar* Zur Gewährleistung der Verkehrsfähigkeit beim Wechsel einer Aktie in das Segment M-access, EWiR 2008, 461; *Holzborn/Hilpert* Wechsel aus dem Freiverkehr als Rückzug aus dem regulierten Markt ohne Delisting, WM 2010, 1347; *Huber* Die „geplante beschlußlose" Hauptversammlung, ZIP 1995, 1740; *Joost* „Holzmüller 2000" vor dem Hintergrund des Umwandlungsgesetzes, ZHR 163 (1999), 164; *Kort* Neues zu „Holzmüller": Bekanntmachungspflichten bei wichtigen Verträgen, AG 2006, 272; *Kreymborg/Land/Urdritz* Delisting von Aktien in der Insolvenz, ZInsO 2011, 71; *Leuering/Rubner* Kein Abfindungsangebot beim Wechsel in den Entry Standard, NJW-Spezial 2009, 411; *dies* Spruchverfahren nach dem Wechsel in das Freiverkehrsegment M:access, NJW-Spezial 2008, 433; *Linnerz* Zur Abfindungspflicht beim Downgrading vom amtlichen Markt in den Entry Standard der Frankfurter Börse, EWiR 2009, 603; *Lorenz/Pospiech* Holzmüller Reloaded – Hauptversammlungskompetenz beim Beteiligungserwerb, DB 2010, 1925; *Lutter* Ehrenämter im Aktien- und GmbH-Recht, ZIP 1984, 645; *Martens* Die Entscheidungsautonomie des Vorstandes und die „Basisdemokratie" in der Aktiengesellschaft, ZHR 147 (1983), 377; *Rohde/ Geschwandtner* Zur Beschränkbarkeit der Geschäftsführungsbefugnis des Vorstands einer Aktiengesellschaft, NZG 2005, 996; *Schwichtenberg* Downgrading oder Delisting? Der Wechsel vom regulierten Markt in das Segment M:access der Börse München, AG 2005, 911; *Seibt/Wollenschläger* Downlisting einer börsennotierten Gesellschaft ohne Abfindungsangebot und Hauptversammlungsbeschluss, AG 2009, 807; *Tröger* Informationsrechte der Aktionäre bei Beteiligungsveräußerungen, ZHR 165 (2001), 593.

Literatur zu Holzmüller/Macrotron/Gelatine: *Adolff* Zur Reichweite des verbandsrechtlichen Abwehranspruchs des Aktionärs gegen rechtswidriges Verwaltungshandeln, ZHR 169 (2005), 310; *Adolff/Tieves* Über den rechten Umgang mit einem entschlusslosen Gesetzgeber: Die aktienrechtliche Lösung des BGH für den Rückzug von der Börse, BB 2003, 797; *Altmeppen* Zum Anwendungsbereich der Holzmüller-Doktrin, ZIP 2004, 999; *Arnold* Mitwirkungsbefugnisse der Aktionäre nach Gelatine und Macrotron, ZIP 2005, 1573; *Bungert* Festschreibung der ungeschriebenen „Holzmüller"-Hauptversammlungszuständigkeiten bei der Aktiengesellschaft, BB 2004, 1345; *Bürgers* Aktienrechtlicher Schutz beim Delisting, NJW 2003, 1642; *Decher* Mitwirkungsrechte der Aktionäre beim Kauf von Unternehmen?, FS Schneider, S 261; *Drygala/Staake* Delisting als Strukturmaßnahme, ZIP 2013, 905; *Ekkenga* „Macrotron" und das Grundrecht auf Aktieneigentum – der BGH als der bessere Gesetzgeber?, ZGR 2003, 878; *Eßers/Weisner/Schlienkamp* Anforderungen des BGH an den Rückzug von der Börse – die Macrotron-Entscheidung des BGH, DStR 2003, 985; *Falkenhausen* Veräußerung von Beteiligungen und Geschäftszweigen durch AG – Zustimmung der Hauptversammlung nach „Holzmüller-Grundsätzen" nicht erforderlich, ZIP 2007, 24; *Feldhaus* Der Verkauf von Unternehmensteilen einer Aktiengesellschaft und die Notwendigkeit einer außerordentlichen Hauptversammlung, BB 2009, 562; *Fuhrmann* „Gelatine" und die Holzmüller-Doktrin: Ende einer juristischen Irrfahrt?, AG 2004, 339; *Geyrhalter/ Zirngibl* Alles unklar im formalen Delisting – eine Zwischenbilanz 18 Monate nach „Macrotron", DStR 2004, 1048; *Goetz* Das Delisting-Urteil des BVerfG – freie Bahn für Erleichterungen des Börsenrückzugs?, BB 2012, 2767; *Goette* Organisation und Zuständigkeit im Konzern, AG 2006, 522; *Götze* „Gelatine" statt „Holzmüller" – Zur Reichweite ungeschriebener Mitwirkungsbefugnisse der Hauptversammlung, NZG 2004, 585; *Grunewald* Die Auswirkungen der Macrotron-Entscheidung auf das kalte Delisting, ZIP 2004, 542; *Habersack* Mitwirkungsrechte der Aktionäre nach Macrotron und Gelatine, AG 2005, 137; *Heidel* Anmerkung zu BGH-Urteil v 25.11.2003 – II ZR 133/01, DB 2003, 548; *Henze* Holzmüller vollendet das 21. Lebensjahr, FS Ulmer, 2003, S 211; *ders* Voraussetzungen und Folgen des Delisting, FS Raiser, 2005, S 145; *Holzborn* BGH verschärft Delisting-Voraussetzungen, WM 2003, 1105; *Horbach* Verfahrensfragen bei Holzmüller-Beschlüssen der Hauptversammlung, BB 2001, 893; *Kiefner/Gillessen* Die Zukunft von „Macrotron" im Lichte der jüngsten Rechtsprechung des BVerfG, Zur Neuvermessung des gesellschaftsrechtlichen Aktionärsschutzes nach dem Delisting-Urteil, AG 2012, 645; *Kiesewetter/Spengler* Hauptversammlungszuständigkeit bei Veräußerung und Erwerb von Gesellschaftsvermögen im Rahmen von M&A-Transaktionen, Der Konzern 2009, 451; *Klöhn* Zum Pflichtangebot und Spruchverfahren beim regulären Delisting, ZBB 2003, 208; *ders* Delisting - Zehn Jahre später, Die Auswirkungen von BVerfG, NZG 2012, 826, auf den Rückzug vom Kapitalmarkt und den Segmentwechsel, NZG 2012, 1041; *Koppensteiner* „Holzmüller auf dem Prüfstand des BGH", Der Konzern 2004, 381; *Kort* Neues zu „Holzmüller": Bekanntmachungspflichten bei wichtigen Verträgen, AG 2006, 272; *Krämer/Theiß* Delisting nach der Macrotron-Entscheidung des BGH, AG 2003, 225; *Krolop* Die Umsetzung von „Macrotron" im Spruchverfahren durch das BayObLG, NZG 2005, 546; *Land/Behnke* Die praktische Durchführung eines Delisting nach der Macrotron-Entscheidung des BGH, DB 2003, 2351; *Liebscher* Ungeschriebene Hauptversammlungszuständigkeiten im Lichte von Holzmüller, Macrotron und Gelatine, ZGR 2005, 1; *Lutter/Leinekugel* Kompetenzen von Hauptversammlung und Gesellschafterversammlung beim Verkauf von Unternehmensteilen, ZIP 1998, 225; *Paschos/Klaaßen* Offene Fragen nach der Entscheidung des BVerfG zum Delisting und Folgen für die Beratungspraxis, ZIP 2013, 154; *Martens* Die Entscheidungsautonomie des Vorstandes und die „Basisdemokratie" in der Aktiengesellschaft, ZHR 147 (1983), 377; *Pluskat* Going Private durch reguläres Delisting, WM 2002, 833; *Reger/Schilha* Aktienrechtlicher Aktionärsschutz bei Delisting und Downgrading, Trotz fehlender Beeinträchtigung des Aktieneigentums?, NJW 2012, 3066; *Reichert* Mitwirkungsrechte und Rechtsschutz der Aktionäre nach Macrotron und Gelatine, AG 2005, 150; *Röhricht* Die aktuelle höchstrichterliche Rspr zum Gesellschaftsrecht, in Gesellschaftsrecht in der Diskussion 2004 (VGR), 2005; *Schiffer/Goetz* Umsetzung des Macrotron-Urteils: Spruchverfahren nach regulärem Delisting, BB 2005, 453; *Schlitt* Die gesellschaftsrechtlichen Voraussetzungen des regulären Delisting – Macrotron und die Folgen, ZIP 2004, 533; *K. Schmidt* Macrotron oder: weitere Ausdifferenzierung des Aktionärsschutzes durch den BGH, NZG 2003, 601; *Simon* Von „Holzmüller" zu „Gelatine" – Ungeschriebene Hauptversammlungszuständigkeiten im Lichte der BGH-Rechtsprechung, DStR 2004, 1482, 1528; *Tröger* Vorbereitung von Zustimmungsbeschlüssen bei Strukturmaßnahmen, ZIP 2001, 2029; *Weidlich/Dietz/Cammerer* Nach der Neuregulierung des Open Market der Deutschen Börse: Notierungsmöglichkeiten für Unternnehmen, GWR 2013, 39; *Weißhaupt* Holzmüller-Informationspflichten nach den Erläuterungen des BGH in Sachen „Gelatine", AG 2004, 585.

A. Allgemeines

1 § 119 regelt formal die Zuständigkeit der HV in zweifacher Weise: Durch Abs 1 wird ihre Zuständigkeit auf die im Gesetz und in der Satzung ausdrücklich bestimmten Fälle **eingegrenzt**, Abs 2 grenzt darüber hinaus im Grundsatz **Geschäftsführungsmaßnahmen** aus; eine diesbezügliche Zuständigkeit ergibt sich subsidiär erst aufgrund Verlangens des Vorstands (vgl *Gessler* FS Stimpel, S 774). Eine Kompetenz, sich selbst Kompetenzen zu schaffen **(Kompetenz-Kompetenz)**, besteht nicht, auch nicht, wenn Zweifel über die Zuständigkeit in einzelnen Fragen bestehen (unstr). Abs 1 stellt über die Zuständigkeitsbestimmung hinaus klar, dass die HV als **innergesellschaftliches Willensbildungsorgan** den der AG organschaftlich zugerechneten Willen **durch Beschluss** bildet (GroßKomm AktG/*Mülbert* Rn 9). Die Beschlussausführung liegt mit Ausnahme der Vertretung nicht bei der HV, sondern bei der Verwaltung (vgl § 83 Abs 2, MünchKomm AktG/*Kubis* Rn 8). Abs 2 führt wg § 93 Abs 4 S 1 zur Enthaftung des Vorstands gegenüber der AG (nicht jedoch gegenüber deren Gläubigern, § 93 Abs 5 S 3). Streitig ist, ob diese weitere Funktion lediglich einen Nebeneffekt bildet (zB *Gessler* aaO S 773 ff mwN) oder auch einen Normzweck des Abs 2 darstellt (*Joost* ZHR 163 (1999), 164, 169). In der Holzmüller-Entscheidung (*BGHZ* 83, 122) diente Abs 2 noch als Rechtsgrundlage für die dort bejahte ungeschriebene Zuständigkeit der HV; diesen dogmatischen Ansatz gab der *BGH* in den Gelatine-Urteilen (*BGHZ* 159, 30, 42 f; *BGH* NZG 2004, 575) auf. Die **Holzmüller/Gelatine-Rspr** wird dennoch iRd § 119 unter Rn 12 ff ausführlich besprochen.

Eine Einberufung **ausschließlich zu Informationszwecken** wird nur in Ausnahmefällen 2
notwendig sein (vgl § 121 Rn 3), zu nennen ist insb der Fall des § 92 Abs 1.
Eine HV nur zu Informationszwecken ist im Allgemeinen immer dann zulässig, wenn die Bedeutung der Informationen für die Aktionäre und der Dialog zwischen Anteilsinhabern und Verwaltung eine solche HV als sinnvoll erscheinen lassen; dem Vorstand ist hierbei Ermessen einzuräumen (str *Huber* ZIP 1995, 1740, 1743 ff mwN; K. Schmidt/Lutter AktG/*Spindler* Rn 5 mwN; enger *Hüffer* AktG Rn 4; **aA** – Unzulässigkeit annehmend – KölnKomm AktG/*Zöllner* Rn 8).

B. Erläuterungen

I. Ausdrückliche Zuständigkeit (Abs 1)

1. Gesetzlich geregelte Zuständigkeit (1. Alt). Die Bedeutung des Abs 1 liegt in der 3
negativen Abgrenzung. Neben den in Gesetz und Satzung ausdrücklich bestimmten Fällen existiert keine Zuständigkeit. Die in Abs 1 genannten Fallgruppen – Abs 1 Nr 1–8 – sind lediglich beispielhaft, ferner begründet dieser (unvollständige) Katalog keine Zuständigkeit, sondern nimmt nur Bezug auf manche im Gesetz geregelte Zuständigkeiten (unstr GroßKomm AktG/*Mülbert* Rn 5 und 10). Rein der Übersicht halber und ohne dass sich daran besondere Rechtsfolgen anknüpfen, werden die gesetzlich bestimmten Fälle in **drei Kategorien** aufgeteilt:

a) Regelmäßig wiederkehrende Maßnahmen. Diese Kategorie besteht aus den Fällen 4
der Abs 1 Nr 1–4, daneben gehört bei der KGaA noch § 286 Abs 1 hierzu. Zu **Nr 1**: Wahl der AR-Mitglieder (§ 101 Abs 1 Var 1), soweit keine Entsendung nach § 101 Abs 2 oder Bestellung nach dem MitbestG (§ 9), MontanMitbestErgG (§ 7) oder dem DrittelbG (§ 5) erfolgt. Zu **Nr 2** vgl § 174 Abs 1. Zu **Nr 3** vgl § 120 Abs 1. Zu **Nr 4**: Bestellung des Abschlussprüfers, § 318 Abs 1 HGB, (anders jedoch für Versicherungsunternehmen und Pensionsfonds § 341k Abs 2 S 1 ggf iVm § 341 Abs 4 HGB: Bestellung durch den AR; eine weitere Ausnahme ist § 30 Abs 1 S 1, für das erste Voll- oder Rumpfgeschäftsjahr liegt die Zuständigkeit bei den Gründern); für den Wahlvorschlag ist der AR, nicht auch der Vorstand zuständig (§ 124 Abs 3 S 1; *BGHZ* 153, 32, 35 ff: Ein solcher Mangel führt zu § 124 Abs 4 S 1 bzw zur Anfechtbarkeit des trotzdem gefassten Beschl, näher § 124 Rn 28). Den Prüfungsauftrag erteilt der AR (§ 111 Abs 2 S 3); im Gegensatz zur Bestellung nach § 119 Abs 1 Nr 4 bezieht sich § 256 Abs 1 Nr 3 hierauf nicht (s § 256 Rn 8). Die Bestellungskompetenz erstreckt sich gem § 37w Abs 5 WpHG auch auf die Bestellung des Abschlussprüfers für die prüferische Durchsicht des verkürzten Abschlusses und des Zwischenlageberichts des Halbjahresfinanzberichts.

b) Strukturmaßnahmen. Diese Kategorie besteht ua aus den Fällen der Abs 1 Nr 5, 5
6 und 8, daneben gehören zu dieser Kategorie noch eine Reihe bedeutender weiterer Zuständigkeiten. Zu **Nr 5**: vgl § 179. HV ist unstreitig zuständig für die Änderung materieller Satzungsteile, bzgl formeller Satzungsteile vgl § 179 Rn 6. Die HV kann sich nicht über § 111 Abs 4 S 2 einen generellen Zustimmungsvorbehalt über Geschäftsführungsmaßnahmen einräumen (MünchHdb AG/*F.-J. Semler* § 34 Rn 5). Zu **Nr 6**: Kapitalerhöhungsmaßnahmen (§§ 182 Abs 1 S 1, 192 Abs 1, 202 Abs 2 S 2, 207 Abs 1 wie auch die Ausgabe von Wandel- und Gewinnschuldverschreibungen nach § 221 Abs 1 S 1) und Kapitalherabsetzung (§§ 222 Abs 1 S 1, 229 Abs 1, 237 Abs 2 S 1). Die Fälle der Nr 6 sind bereits von Nr 5 abgedeckt (MünchKomm AktG/*Kubis*

Rn 13). Zu **Nr 8**: vgl § 262 Abs 1 Nr 2. Weitere Strukturmaßnahmen, für die die HV zuständig ist und die nicht im Katalog des § 119 Abs 1 aufgelistet sind, sind folgende (nicht abschließend): Verpflichtung zur Vermögensübertragung (§ 179a), Fortsetzungsbeschlüsse (§ 274 Abs 1 und 2), Zustimmung zum Abschluss/zur Änderung von Unternehmensverträgen (§§ 293 Abs 1 und 2, 295), Eingliederungsbeschlüsse (§ 319 Abs 1: einzugliedernde Gesellschaft; Abs 2: Hauptgesellschaft, § 320 Abs 1), Squeeze-out (§ 327a), Verschmelzung (§§ 65 Abs 1, 73 UmwG), Spaltung (§§ 125, 73, 65 UmwG), Vermögensübertragung (§§ 174 ff, 65 UmwG), Formwechsel (§§ 193, 226 ff UmwG).

6 **c) Sonderfälle.** Diese Kategorie umfasst alle Zuständigkeiten, die weder regelmäßig wiederkehrende Maßnahmen noch Strukturmaßnahmen betreffen. Dazu gehören: Sonderprüfung (§ 142 Abs 1, einziger in § 119 Abs 1 genannter „Sonderfall" – Nr 7), Verzicht/Vergleich über Ersatzansprüche gegen Gründer/Organmitglieder (§§ 50 S 1, 93 Abs 4 S 3, ggf iVm § 116), Zustimmung zu Nachgründungsverträgen (§ 52 Abs 1), Zustimmung zu Erwerb und Veräußerung eigener Aktien (§ 71 Abs 1 Nr 8), Verlangen gegenüber dem Vorstand, Maßnahmen, die in die Zuständigkeit der HV fallen, vorzubereiten (§ 83 Abs 1), Vertrauensentzug gegenüber Vorstand (§ 84 Abs 3 S 2), Abberufung eines AR-Mitglieds (§ 103 Abs 1), Zustimmung zu Geschäftsführungsmaßnahmen nach verweigerter Zustimmung des AR auf Verlangen des Vorstandes (§ 111 Abs 4 S 3), Festsetzung der AR-Vergütung (§ 113 Abs 1 S 2 und 4), Geschäftsordnung (§ 129 Abs 1 S 1), Entscheidung über Geltendmachung von Ersatzansprüchen nebst Bestellung besonderer Vertreter diesbezüglich (§ 147 Abs 1 S 1, Abs 2 S 1), ausnahmsweise Feststellung des Jahresabschlusses/Billigung des Konzernabschlusses (§§ 173 Abs 1, 234 Abs 2), Verwendung des Ertrages aufgrund höherer Bewertung nach Sonderprüfung (§ 261 Abs 3 S 2), Bestellung von anderen Abwicklern als der Vorstandsmitglieder, deren Abberufung und Vollmachtsregelung als „sonst zuständige Stelle" (§§ 265 Abs 2 S 1, Abs 5 S 1, 269 Abs 2 und 3), Feststellung der Liquidationseröffnungsbilanz und -jahresabschlüsse, Entlastung der Abwickler und AR-Mitglieder (§ 270 Abs 2), für KGaA noch § 164 HGB iVm § 278 Abs 2 bei außergewöhnlichen Geschäften und Feststellung des Jahresabschlusses (§ 286 Abs 1).

7 **2. Satzungsmäßig geregelte Zuständigkeit (2. Alt).** Zwar spricht Abs 1 Alt 2 von durch die Satzung der HV eingeräumten Zuständigkeiten; jedoch findet die Zuordnung von Zuständigkeiten in § 23 Abs 5 S 1 eine Schranke (MünchHdb AG/*F.-J. Semler* § 34 Rn 1 und 33). Daher können dort durch Satzung nur dort zusätzliche Kompetenzen der HV begründet werden, wo es ausdrücklich iSd § 23 Abs 5 S 1 zugelassen ist, ansonsten nicht. In Frage kommt daher zB die Zustimmung zur Übertragung von vinkulierten Namensaktien nach § 68 Abs 2 S 3 (MünchKomm AktG/*Kubis* Rn 17). Unproblematisch sind Fälle, in denen die Zuständigkeit eines Organs nicht berührt wird, was namentlich bei Einsetzung von Ausschüssen, Beiräten ohne Organfunktion etc nebst namentlicher Auswahl der Gremienmitglieder der Fall sein kann (Groß-Komm AktG/*Mülbert* Rn 36) oder bei der Regelung bzgl Ehrenämtern (*Lutter* ZIP 1984, 645, 648). Unzulässig hingegen wäre es, gesetzliche Kompetenzen des Vorstands oder des AR durch Satzung auf die HV zu übertragen oder diese Kompetenzen durch HV-Befugnisse einzuschränken, zB durch einen Zustimmungsvorbehalt der HV (*Kubis* aaO), ebenso, wenn der HV generell die Feststellung des Jahresabschlusses überlassen sein würde (s § 172 Rn 5) oder wenn sie zum Schiedsrichter für Streitigkeiten, an denen die AG beteiligt ist, eingesetzt würde (KölnKomm AktG/*Zöllner* Rn 43 und 45 mwN).

II. Zuständigkeit zur Geschäftsführung (Abs 2)

1. Voraussetzungen. Die Geschäftsführung (zum Begriff § 77 Rn 2) obliegt dem Vorstand, nicht der HV (§§ 76 f, 111 Abs 4 S 1; *BGHZ* 159, 30, 43 – Gelatine). Dennoch kann nach Abs 2 die HV über Fragen der Geschäftsführung entscheiden, wenn der Vorstand es verlangt. Dies kann zeitlich vor, aber auch nach Durchführung der Maßnahme stattfinden (*BGHZ* 146, 288, 292; K. Schmidt/Lutter AktG/*Spindler* Rn 20; **aA** Spindler/Stilz AktG/*Hoffmann* Rn 15). Die Regelung räumt der HV eine Zuständigkeit zur Geschäftsführung ein, allerdings nur eine **subsidiäre** (GroßKomm AktG/*Mülbert* Rn 6 und 38). Das Verlangen des Vorstands ist daher notwendige Voraussetzung für eine Zuständigkeit nach Abs 2 (*Martens* ZHR 147 (1983), 377, 385), für eine Einmann-AG gilt nichts Abweichendes. Der Vorstand entscheidet über das Verlangen durch einstimmigen Beschl, wenn nichts anderes geregelt ist (§ 77); hierbei besteht freies Ermessen (*Rohde/Geschwandtner* NZG 2005, 996, 997). Unzureichend ist das Verlangen eines (wenn auch ressortzuständigen) Vorstandsmitglieds (MünchKomm AktG/*Kubis* Rn 21). Notwendig ist ferner, dass die vorgelegte Maßnahme dem Zuständigkeitsbereich des Vorstands entstammt; im Bereich des § 112 kommt die Einschaltung der HV von vornherein nicht in Betracht, da hier der AR originär zuständig ist (ebenso *Hoffmann* aaO Rn 14; *Spindler* aaO Rn 21; KölnKomm AktG/*Zöllner* Rn 35; **aA** *Mülbert* aaO Rn 41; *Kubis* aaO Rn 24). Ein Verlangen des AR genügt nicht (unstr). Abs 2 bezieht sich nur auf die **Entscheidung** hinsichtlich Geschäftsführungsmaßnahmen, die Voraussetzungen des Abs 2 sind hingegen nicht notwendig für bloße Erörterungen von Geschäftsführungsfragen durch die HV oder Stellungnahmen durch Beschl hierzu (*Mülbert* aaO Rn 39).

2. Verfahren und Entscheidung der Hauptversammlung. Aufgrund § 124 Abs 3 S 1 ist ein Beschlussvorschlag erforderlich (ferner gilt § 124 Abs 2 S 2 analog bei Verträgen, näher *LG Frankfurt/Main* ZIP 2005, 579 ff). Wenn der Vorstand in einer Geschäftsführungsangelegenheit die Entscheidung der HV gem Abs 2 verlangt, dann muss er ihr auch die für eine sachgerechte Willensbildung notwendigen Informationen mitteilen (*BGHZ* 146, 288, 294). Eine Analogie zu § 124 Abs 2 S 2 (außerhalb von Verträgen) mit der Folge der Vorab-Information oder irgendwelche Berichtspflichten kommen iRd (für den Vorstand fakultativen) § 119 Abs 2 nicht in Betracht. Dennoch ist im Interesse der Bestandskraft der HV-Beschlüsse zu empfehlen, wg weiterhin bestehender Rechtsunsicherheiten bei Übertragungen von Tochtergesellschaften und sonstigen HV-Beschlüssen im Umfeld der Holzmüller/Gelatine-Rspr den wesentlichen Inhalt des Vertrages analog § 124 Abs 2 S 2 vorab bekannt zu machen (dazu *OLG Schleswig* AG 2006, 120, 123) und einen Bericht zu der Strukturmaßnahme zu erstatten (vgl *Tröger* ZHR 165 (2001), 593, 604 f; differenzierend K. Schmidt/Lutter AktG/*Spindler* Rn 41 ff mwN). **Einfache Mehrheit genügt**; soll jedoch die Zustimmung des AR ersetzt (§ 111 Abs 4 S 3) oder einer solchen Zustimmung zuvorgekommen werden, bedarf es der Mehrheit nach § 111 Abs 4 S 4.

3. Wirkungen. Wenn die HV nicht nur eine bloße Empfehlung oder Stellungnahme beschließt (nicht im Fall des § 111 Abs 4 S 3, dort ist ein bindender Beschl erforderlich), bindet der (rechtmäßige) Beschl den Vorstand (§ 83 Abs 2, bei § 112 den AR, s Rn 8) je nach Beschl zur Ausführung oder zur Unterlassung (**hM** MünchKomm AktG/*Kubis* Rn 27 f mwN; K. Schmidt/Lutter AktG/*Spindler* Rn 24 jeweils mwN; **aA** *Rohde/Geschwandtner* NZG 2005, 996 ff). Anderes gilt im Falle des § 111 Abs 4 S 3 und bei wesentlicher Änderung der Umstände (näher *Kubis* aaO). Zu einer solchen Bindung kommt es aber nur bei lückenlosem Vorliegen der Voraussetzungen, insbesondere muss ein Verlangen des Vorstands nach § 119 Abs 2 gegeben sein; vom Vorstand nicht verlangte Beschl haben daher keine Bindungswirkung (*Spindler* aaO Rn 25). Eine weitere bedeutende Folge liegt in § 93 Abs 4 S 1, wonach nach bindendem HV-Beschluss die Haftung der Vorstandsmitglieder gegenüber der AG (nicht aber gegenüber sonstigen) ausgeschlossen wird (vgl *BGH* BB 1960, 754). Dem Beschl kommt **keine Außenwirkung** zu; möglich sind aber Gestaltungen, in denen mittelbar eine solche Wirkung erzeugt wird, etwa ein HV-Beschl als Vertragsbedingung (vgl *BGHZ* 146, 288, 295; nicht aber als Genehmigung im Sinne einer Willenserklärung, zutr GroßKomm AktG/*Mülbert* Rn 59, s auch unten Rn 11 aE). Ergeht keine Entscheidung durch die HV, so bleibt der Vorstand zur alleinigen Entscheidung befugt (*Kubis* aaO mwN); die Wirksamkeit des Vertrages bleibt erhalten.

III. Vertretungskompetenz

11 Eine Befugnis zur Vertretung kommt der HV nur ausnahmsweise zu, nämlich eine organschaftliche Vertretungsmacht bei rein verbandsinternen Maßnahmen (zB Bestellung und Abberufung von Mitgliedern des AR, Entlastung nach § 120), ferner eine rechtsgeschäftliche bei der Bestellung von Sonderprüfern gem § 142 Abs 1 (K. Schmidt/Lutter AktG/*Spindler* § 118 Rn 13; MünchKomm AktG/*Kubis* Rn 19). IÜ besteht keine Vertretungsmacht, selbst wenn die Wirksamkeit einer Maßnahme von der Zustimmung der HV abhängt oder wenn die Maßnahme nach Abs 2 vorgelegt wird (GroßKomm AktG/*Mülbert* §§ 118–147 Rn 21; *Kubis* aaO mwN; **aA** *Hüffer* AktG Rn 12). Hat die HV Vertretungskompetenz, kommen die Vorschriften über die Willenserklärung §§ 116 ff BGB zur Anwendung.

IV. Ungeschriebene Zuständigkeit

12 **1. Grundsatz. – a) Holzmüller-Rechtsprechung.** Die Kompetenz der Geschäftsführung liegt beim Vorstand, nicht bei der HV (s Rn 8). Zuständig wird die HV nur, wenn Gesetz oder Satzung dies vorsehen, zB in § 293 AktG oder § 13 UmwG. Die **Holzmüller**-Entscheidung (*BGHZ* 83, 122) erweiterte die Zuständigkeit der HV über die in Gesetz und Satzung genannten Fälle auf Konstellationen, in denen „die Voraussetzungen dieser Vorschriften nicht voll erfüllt sind, aber ein ihnen nahe kommender oder durch die Satzung nicht gedeckter Sachverhalt gegeben ist"; in diesen Konstellationen wird die Vorlage an die HV nach **Abs 2** für den Vorstand zur Pflicht, da eine Ermessensreduzierung auf Null eintritt (*BGH* aaO 131). Dies ist der Fall bei „grundlegende(n) Entscheidungen" (sog Strukturmaßnahmen), die „so tief in die Mitgliedsrechte der Aktionäre und deren im Anteilseigentum verkörpertes Vermögensinteresse eingreifen", dass der Vorstand vernünftigerweise nicht annehmen kann, er könne sie ohne Einbeziehung der HV in eigener Verantwortung treffen, dh wenn durch die Strukturmaßnahme sowohl das Unternehmen als auch die Rechtsstellung der Aktionäre (seine Mitgliedschaft **und** seine Vermögensinteressen) **nachhaltig und wesentlich** betroffen werden. In dem der Holzmüller-Entscheidung zugrunde liegenden Sachverhalt machte der auf eine 100 %ige Tochtergesellschaft ausgegliederte Betrieb 80,84 % des Substanzwerts des gesamten Aktivvermögens der (beklagten) Gesellschaft aus. Gegeben ist dann ein **Zustimmungserfordernis der HV**, die HV kann **nicht von sich aus** eine Maßnahme einleiten (su Rn 26). Eine Maßnahme, die ohne die nach der

Holzmüller-Entscheidung erforderliche Zustimmung der HV ergeht, ist im Außenverhältnis **wirksam**, die Zustimmung betrifft ausschließlich das Innenverhältnis (*BGH* aaO 132).

b) Versuch der Konkretisierung in Rechtsprechung und Literatur. Im Anschluss an 13 die Holzmüller-Entscheidung versuchten Rspr und Literatur, den auf einen Einzelfall bezogenen und iÜ eher ausfüllungsbedürftigen Äußerungen des BGH in der Holzmüller-Entscheidung deutlichere Konturen zu verleihen. Eine einheitliche Linie wurde allerdings nicht gefunden (*Hüffer* AktG Rn 17). Ungeklärt waren insb dogmatische Herleitung und Schutzzweck des Zustimmungserfordernisses, welche Maßnahmen erfasst sind, wann ein „tiefer Eingriff" in die Rechte des Aktionärs vorliegt und an welchen Schwellenwerten und Parametern (Bezugsgröße) man sich hierfür orientieren kann. Erst mit den beiden Gelatine-Urteilen des BGH (su Rn 14) wurde die ausufernde unterinstanzliche Rspr (vgl zB *LG Frankfurt/Main* ZIP 1993, 830, 832 und ZIP 1997, 1698, 1701) eingedämmt (vgl aber *OLG Schleswig* ZIP 2006, 421, 424 f; dagegen mit Recht *Kort* AG 2006, 272 ff). Man wird davon ausgehen müssen, dass die Rspr aufgrund der Gelatine-Urteile in weitaus geringerem Umfang als bisher eine ungeschriebene Zuständigkeit der HV bejahen wird.

c) Gelatine-Urteile des BGH. Nach der Holzmüller-Entscheidung hatte der BGH in 14 zwei inhaltlich größtenteils identischen Urteilen (*BGHZ* 159, 30 und *BGH* NZG 2004, 575; zur prozessualen Seite vgl *Adolff* ZHR 169 (2005), 310 ff) Gelegenheit, sein Verständnis von der ungeschriebenen Zuständigkeit der HV zu präzisieren. Er stellt fest, dass „angesichts der wohlaustarierten Kompetenzverteilung" zwischen den Organen der Einschaltung der HV in Geschäftsführungsmaßnahmen **nur ausnahmsweise** in Betracht kommen kann (*BGHZ* 159, 30, 39 und 43 ff). Nur dann, wenn die Geschäftsführungsmaßnahme die Kernkompetenz der HV, nämlich die Satzung aufzustellen und abzuändern, berührt und die Auswirkungen dieser Geschäftsführungsmaßnahme nahezu einem Zustand entsprechen, der allein durch eine Satzungsänderung herbeigeführt werden kann, ist eine Mitwirkung der HV erforderlich (*BGHZ* 159, 30, 44 f). Diese geforderte Satzungsnähe ist dann gegeben, wenn die Geschäftsführungsmaßnahme „angesichts der tief in die mitgliedschaftliche Stellung der Aktionäre eingreifenden Wirkung [einer Satzungsänderung] so nahe kommt, dass die an sich gegebene Gestaltungsmacht des Vorstands hinter der gebotenen Mitwirkung der HV zurücktreten muss" (*BGHZ* 159, 30, 45). Ferner soll das Zustimmungsrecht der HV den Aktionär vor einer durch grundlegende Entscheidungen des Vorstands eintretenden nachhaltigen Schwächung des Wertes seiner Beteiligung schützen (*BGHZ* 159, 30, 40). Der BGH lässt offen, bei welchen Maßnahmen die Zustimmung der HV erforderlich sein kann. **Bezüglich der quantitativen Grenzen** hält der BGH explizit die Schwellenwerte von 10 %–50 % für unzulänglich, vielmehr müsse idR das Ausmaß der Holzmüller-Entscheidung (*BGHZ* 83, 122; ca 80 % des Substanzwerts des Aktivvermögens, s Rn 12) erreicht sein (*BGHZ* 159, 30, 45 und 48). Hinsichtlich der für die quantitativen Grenzen maßgeblichen **Parameter** äußert sich der *BGH* nicht, da bei allen erwogenen Kennzahlen (Bilanzsumme, Eigenkapital, Umsatz, Ergebnis vor Steuern) schon die quantitative Grenze nicht ansatzweise erreicht wurde (*BGHZ* 159, 30, 48). Im Parallelurteil stellte der *BGH* dagegen explizit auf den Anteil am Konzernergebnis vor Steuern ab (*BGH* NZG 2004, 575, 580), vgl ausf Rn 22. Rechtsdogmatisch scheint es dem *BGH* „vorzugswürdig", die erweiterte Zuständigkeit der HV nicht mehr auf § 119 Abs 2 zu stützen, sondern sie als „Ergebnis einer offenen Rechtsfortbildung anzusehen" (*BGHZ* 159, 30, 43).

15 **2. Erfasste Maßnahmen. – a) Allgemeines.** Nicht geklärt ist, welche Geschäftsführungsmaßnahmen prinzipiell für eine Holzmüller-Zuständigkeit in Betracht kommen. Im Holzmüller-Fall (*BGHZ* 83, 122) wurde das Zustimmungserfordernis der HV sowohl bei der **Ausgliederung** und Verlagerung eines Betriebs auf eine neu gegründete Tochtergesellschaft (*BGHZ* 83, 122, 131) als auch potentiell bei Kapitalerhöhungen in dieser Tochtergesellschaft bejaht (*BGHZ* 83, 122, 143). In den Gelatine-Entscheidungen (*BGHZ* 159, 30 und *BGH* NZG 2004, 575) ging es um die **Umhängung einer Tochtergesellschaft** unter eine andere Tochtergesellschaft mit der Folge, dass die Tochtergesellschaft **zur Enkelgesellschaft** wurde. Die HV-Zuständigkeit hierfür wurde allerdings verneint, weil die Maßnahmen in den konkreten Situationen nicht die Wesentlichkeitsschwelle überschritten haben (*BGHZ* 159, 30, 46 ff und *BGH* NZG 2004, 575, 579 f; nach *Arnold* ZIP 2005, 1573, 1576 kann eine „Verenkelung" nur bei einem entscheidenden Kontrollschwund zu einem Zustimmungsbedürfnis durch die HV führen). Alle BGH-Entscheidungen betrafen Umstrukturierungen innerhalb eines Konzerns. Eine weitere Klärung bzgl der in Betracht kommenden Maßnahmen, insb auch solcher, die nicht konzernintern stattfinden, lässt sich nur mittelbar über die vom *BGH* aufgezeigten Kriterien gewinnen. Man wird daher im Ergebnis mit Ausnahme der Veräußerung von Beteiligungen (s Rn 16) prinzipiell keine Umstrukturierungsmaßnahme a priori als von dem Zustimmungserfordernis durch die HV ausgenommen betrachten dürfen, vielmehr bedarf jede Umstrukturierung bei Überschreiten der eng zu handhabenden qualitativen und quantitativen Grenzen der Zustimmung durch die HV (vgl *Martens* ZHR 147 (1983), 377, 381 ff). Da ein tiefer Eingriff in die Mitgliedschaftsrechte der Aktionäre gefordert wird, wird jedoch idR nur eine konzernbezogene Maßnahme in Frage kommen (*Kort* AG 2006, 272, 273). Ferner können Maßnahmen dann bereits aufgrund ihres Typus als nicht „Holzmüller"-pflichtig angesehen werden, wenn der Maßnahmentypus nicht geeignet ist, einen tiefen Eingriff in die Mitgliedschaftsrechte zu verursachen, wenn er also per se die qualitative Grenze nicht erreichen kann. Das **Delisting** hat eine Sonderrechtsprechung erfahren und richtet sich nach eigenständigen Maßstäben (dazu unten Rn 27 ff).

16 **b) Veräußerung.** Sehr streitig ist, ob die Veräußerung einer Beteiligung, die nicht lediglich innerhalb eines Konzerns stattfindet (dazu Rn 18), zum Kreis zustimmungspflichtiger Maßnahmen gehört; zT wird bei der Beantwortung dieser Frage nach dem durchgeführten Veräußerungsmodus (asset deal oder share deal) bzw dem Umfang der Veräußerung (teilw oder vollständig) differenziert. Die das Zustimmungserfordernis grds **bejahende Ansicht** (*Hüffer* AktG Rn 18a; MünchKomm AktG/*Kubis* Rn 66 mwN; Spindler/Stilz AktG/*Hoffmann* Rn 30 f; tendenziell auch *OLG Hamm* AG 2008, 421, 422; *LG Duisburg* AG 2003, 390 f; zur Veräußerung unselbständiger Unternehmensteile: *OLG Stuttgart* AG 2003, 527, 532) zieht einen Erst-Recht-Schluss aus der Argumentation des *BGH* in der „Holzmüller"-Entscheidung, da dieser sich allg auf einen Eingriff in das Mitgliedschaftsrecht und gerade nicht auf einen spezifizierten Mediatisierungseffekt beruft (*Kubis* aaO; *Hoffmann* aaO Rn 29, die Flexibilität des Anwendungsbereichs betonend auch *BGH* NJW 2004, 1860, 1863). Zudem greife die vollständige Veräußerung – im Gegensatz zur bloßen „Umhängung im Konzern" – wesentlich schwerer in das Mitgliedschaftsrecht ein und sei somit erst recht zustimmungspflichtig. Richtiger Ansicht nach lösen Veräußerungsvorgänge **nie** die **Zustimmungsbedürftigkeit** aus. Hierfür wird angeführt, dass bei einer Veräußerung gerade keine Mediatisierung eintrete, sondern im Gegenteil den Aktionären sogar ein Mehr

an Kontrolle (nämlich an der der Gesellschaft zustehenden Gegenleistung) zusteht (vgl ausdrücklich für asset und share deals: *OLG Köln* ZIP 2009, 1469, 1471; *K Schmidt/Lutter* AktG/*Spindler* Rn 34; *Kiesewetter/Spengler* Der Konzern 2009, 451, 453 f; KölnKomm AktG/*Mertens/Cahn* § 76 Rn 63 mwN zur älteren Lit auch der bejahenden Ansicht). Abzulehnen ist die Begründung, die Veräußerung stelle keine Konzernbildung dar (so *Habersack* AG 2005, 137, 145 mwN); denn **nicht die Konzernbildungs- bzw Konzernleitungskontrolle** ist Grund für die Notwendigkeit der Zustimmung durch die HV (ausdrücklich *BGHZ* 159, 30, 39 und 47), sondern der Eingriff in das Mitgliedschaftsrecht, der grds auch bei einer Veräußerung vorliegen kann. Ausschlaggebend ist jedoch, dass ein Zustimmungserfordernis nicht mit der **Sperrwirkung** der gesetzlichen Wertung **in § 179a** in Einklang gebracht werden kann (nunmehr klargestellt in *BGH* ZIP 2007, 24 [Nichtzulassungsbeschluss], so schon Vorinstanz *OLG Stuttgart* ZIP 2005, 1415, 1418; dem BGH zust *Falkenhausen* ZIP 2007, 24, 25; Grigoleit AktG/*Herrler* Rn 22; *Mertens/Cahn* aaO mwN). Gleichwohl ist aufgrund der kontroversen Formulierung des *BGH* (ZIP 2007, 24) Vorsicht geboten; es sollte daher stets eine Überprüfung anhand der weiteren Kriterien erfolgen (*Feldhaus* BB 2009, 562, 567).

c) Beteiligungserwerb. Das Mitgliedschaftsrecht (insb das darin verkörperte Vermögensrecht) wird bei einem Beteiligungserwerb nur hinsichtlich der Gegenleistung, also des Kaufpreises, beeinträchtigt. Der HV kommt jedoch **keine allgemeine Mittelverwendungskontrolle** zu (*Bungert* BB 2004, 1345, 1350 mwN; ausf *Decher* FS Schneider, S 261); auch war es nicht Sinn der Holzmüller/Gelatine-Rspr, eine solche Mittelverwendungskontrolle zu begründen oder zu erweitern. Ferner ergeben manche vom BGH genannten qualitativen Kriterien bei einem Beteiligungserwerb keinen Sinn, zB wird der Kernbereich des bisherigen Betriebs nicht geschmälert, der wertvollste Betriebszweig, Patente, wichtige Maschinen etc werden nicht entzogen. Auch kann die Mittelverwendung für den Beteiligungserwerb nicht die vom BGH geforderte Nähe zur Satzungsänderung aufweisen. Anderes gilt nur, wenn der Beteiligungserwerb den Unternehmensgegenstand überschreitet, jedoch ist dann eine Satzungsanpassung notwendig. Auch die sonstigen Erwägungen des *BGH* in den Holzmüller/Gelatine-Entscheidungen passen nicht auf den Beteiligungserwerb. Es spricht daher vieles dafür, dass der Beteiligungserwerb unabhängig von quantitativen Kriterien nicht der Zustimmung der HV bedarf (*Bungert* aaO; *Götze* NZG 2004, 585, 588), jedenfalls wenn eine sog. Konzernöffnungsklausel in der Satzung der Erwerbergesellschaft enthalten ist (*OLG Frankfurt* WM 2011, 116, 118 ff, zust Anm *Nikoleyczik/Wahl* EWiR 2011, 33 f). Nach der aA können grds auch Beteiligungserwerbe das Zustimmungsbedürfnis auslösen (Überblick zum Meinungsstand bei *Lorenz/Pospiech* DB 2010, 1925 ff); dies beruht indessen nicht auf dem Mediatisierungseffekt (so aber K. Schmidt/Lutter AktG/*Spindler* Rn 33; *Kiesewetter/Spengler* Der Konzern 2009, 451, 455; *Habersack* AG 2005, 137, 144; *Liebscher* ZGR 2005, 1, 24; *Goette* AG 2006, 522, 527; hiergegen dezidiert: *Reichert* AG 2005, 150, 156; *Röhricht* Gesellschaftsrecht in der Diskussion 2004, S 11; *LG Frankfurt/Main* WM 2010, 618, 621), sondern auf einer sonstigen grundlegenden Veränderung der Unternehmensstruktur (Spindler/Stilz AktG/*Hoffmann* Rn 30; ebenso *LG Frankfurt/Main* aaO 621 f). Der BGH hat die Frage bisher offengelassen. Nach Ansicht des BGH liegt jedenfalls ein die Entlastung gem § 120 hindernder eindeutiger und schwerwiegender Gesetzesverstoß bei einer unterlassenen Beteiligung der HV iR eines Beteiligungserwerbs nicht vor; denn es sei umstritten und noch ungeklärt, ob in diesem Fall eine ungeschriebene HV-Zuständigkeit anzunehmen sei (*BGH* AG 2012, 248).

18 **d) Umhängung einer Beteiligung.** Führt die Umhängung einer Beteiligung zur Verschiebung auf gleicher Ebene und bleiben die Einflussmöglichkeiten erhalten, wird zB eine Beteiligung von einer 100 %igen Tochter auf eine andere 100 %ige Tochter oder eine Gesellschaft, die mit der Muttergesellschaft durch einen Beherrschungsvertrag verbunden ist, übertragen, so muss die HV unabhängig von quantitativen Kriterien nicht zustimmen (*Goette* AG 2006, 522, 527; *Bungert* BB 2004, 1345, 1348; *Arnold* ZIP 2005, 1573, 1576). Ein tiefer Eingriff in Mitgliedschaftsrechte ist in diesem Fall nicht möglich. Dasselbe gilt für sonstige Maßnahmen zwischen Konzernschwestern, zB für Verschmelzung oder Spaltung, ohne dass die Ebene verlassen wird. Auch die HV der Muttergesellschaft eines Teilkonzerns, die an eine Schwestergesellschaft gleicher Ebene innerhalb des Gesamtkonzerns veräußert, muss nicht zustimmen, da wie bei einer sonstigen Veräußerung (vgl Rn 16) die Gegenleistung an Stelle der Beteiligung tritt (*OLG Köln* ZIP 2009, 1469, 1471 – „Strabag"). Anderes gilt, wenn eine Tochtergesellschaft zur Enkelgesellschaft **herabgestuft** wird oder ähnliche Maßnahmen getroffen werden (so die Gelatine-Fälle in *BGHZ* 159, 30 und *BGH* NZG 2004, 575, s dazu oben Rn 14, allerdings wurden in diesen Fällen die quantitativen Grenzen nicht erreicht). Wieder anders ist der umgekehrte Weg zu beurteilen, wenn eine Enkelgesellschaft zur Tochtergesellschaft **heraufgestuft** wird oder entsprechende Maßnahmen getroffen werden, weil in diesem Fall kein Eingriff in das Mitverwaltungs- oder Vermögensrecht der Aktionäre erkennbar ist.

19 **e) Temporäre schuldrechtliche Maßnahmen.** Wenn die operative Verantwortung für bedeutende Geschäftsbereiche für eine bestimmte Zeit auf eine Tochtergesellschaft delegiert wird (zB durch Betriebsverpachtung oder Betriebsführungsvertrag), bedarf die Delegation nicht der Zustimmung der HV. Denn es fehlt zum einen an der dauerhaften Beeinträchtigung der Mitgliedschaftsrechte der Anteilsinhaber, zum anderen wird idR der der Delegation zugrunde liegende Vertrag der Muttergesellschaft ausreichende Einflussmöglichkeiten verschaffen (*Bungert* BB 2004, 1345, 1350 mwN).

20 **f) Sonstige Maßnahmen.** Kapitalstrukturänderung und Übertragung vinkulierter Anteile sind keine zustimmungspflichtigen Vorgänge (*Liebscher* ZGR 2005, 1, 24), ebenso nicht Going Public, Finanzierungsentscheidungen, Ausschüttungsbeschlüsse, Aktienoptionspläne und Abwehrmaßnahmen gegen ein Übernahmeangebot (*Reichert* AG 2005, 150, 157; *Hüffer* AktG Rn 18c; zur Initiierung eines Übernahmeangebots vgl Rn 17). Eine Bargründung einer Tochtergesellschaft ist einer Ausgliederung (dazu Rn 15) gleichzustellen (*Habersack* AG 2005, 137, 143). Schwierig zu beurteilen sind Maßnahmen innerhalb einer bereits ausgegliederten Gesellschaft **(Maßnahmen der Konzernleitung)**. Im Holzmüllerfall (*BGHZ* 83, 122) wurde eine Kapitalmaßnahme in der ausgegliederten Gesellschaft dem Zustimmungserfordernis durch die HV unterstellt. Man wird in diesen Fällen namentlich die qualitativen Kriterien (wertvollster Betriebszweig, Änderung der Unternehmensstruktur durch die Maßnahme von Grund auf etc) heranzuziehen haben und fragen müssen, ob die Maßnahme tief in die Mitgliedschaftsrechte der Aktionäre der Muttergesellschaft eingreift (*K. Schmidt/Lutter* AktG/*Spindler* Rn 36; *Habersack* aaO 149). Ob die Maßnahme auf Ebene der Tochtergesellschaft der qualifizierten Mehrheit bedarf, ist kein taugliches Kriterium (*BGHZ* 83, 122, 140). Wäre die betreffende Maßnahme nicht einmal zustimmungsbe-

dürftig, wenn sie auf Ebene der Muttergesellschaft stattfände, so ist sie es erst Recht nicht bei Durchführung in der Tochtergesellschaft (Emmerich/*Habersack* Aktien- und GmbH-KonzernR Vor § 311 Rn 49 mwN; *Arnold* ZIP 2005, 1573, 1577). Der BGH hat offen gelassen, ob eine Folgemaßnahme wie zB die Kapitalerhöhung auch dann der Zustimmung der HV bedarf, wenn bereits der gruppenbildenden bzw -umbildenden Maßnahme die Zustimmung durch die HV erteilt worden ist (*BGH* aaO 140; das Zustimmungserfordernis in diesem Fall verneinend *Arnold* aaO; **aA** *Habersack* aaO 148; *Reichert* aaO 158). OLG Schleswig bejahte einen Holzmüllerfall bei einer **Vergleichsvereinbarung** mit dem finanzierenden Kooperationspartner wg möglicher **Neustrukturierung der Geschäftsausrichtung** und der **drohenden Gefahr** für die finanzielle und wirtschaftliche **Existenz der Gesellschaft** (*OLG Schleswig* ZIP 2006, 421, 425 f). Die vom OLG herangezogenen Kriterien können das Erfordernis der Zustimmung der HV jedoch nicht begründen, weil sie nur quantitative, nicht aber auch qualitative Merkmale erfassen (eingehend *Kort* AG 2006, 272 ff); ferner genügt die Schwächung nur des Beteiligungswerts nicht für eine Holzmüller-Zuständigkeit (*OLG Stuttgart* ZIP 2005, 1415, 1418).

3. Quantitative Mindestgrenze. – a) Prozentsatz. Die quantitative Mindestgrenze dient der Bestimmung, ob eine Geschäftsführungsmaßnahme an die Kernkompetenz der HV, die Satzung aufzustellen und zu ändern, heranreicht und somit die Zustimmung der HV notwendig macht (*BGHZ* 159, 30, 44 f). Die quantitative Mindestgrenze ist Hilfsparameter für die qualitativen Kriterien, mithin der erste Schritt für eine sämtliche Kriterien einbeziehende **Gesamtschau**, welche im Ergebnis eine Aussage über die Maßnahme nicht in nur quantitativer, sondern vor allem in qualitativer Hinsicht ermöglicht. Das bedeutet aber nicht, dass das quantitative Kriterium überwunden werden kann, es muss „regelmäßig" erreicht sein (*BGHZ* 159, 30, 45). Wird die quantitative Grenze nicht erreicht, muss auf die qualitativen nicht mehr eingegangen werden. Auf der anderen Seite können die quantitativen Kriterien die qualitativen in keiner Weise ersetzen (*Kort* AG 2006, 272, 274; unrichtig daher *OLG Schleswig* ZIP 2006, 421, 424). Weil die Holzmüller-Kompetenz eine Durchbrechung des vom Gesetz vorgesehenen Kompetenzgefüges ist, kommt sie nur in **engen Grenzen** in Betracht (*BGHZ* 159, 30, 43 ff; *Röhricht* Gesellschaftsrecht in der Diskussion 2004, S 7). Es muss der Wert im Holzmüller-Fall (*BGHZ* 83, 122; **ca 80 %** des Substanzwerts des Aktivvermögens) erreicht werden (*BGHZ* 159, 30, 45; *OLG Frankfurt* WM 2011, 116, 119; *OLG Hamm* AG 2008, 421, 422). Teilweise wird der kritische Rahmen bis 70 % gezogen (*OLG Köln* ZIP 2009, 1469, 1471); abzulehnen ist jedenfalls ein Absenkung auf 50 %, selbst wenn es die Stilllegung des Betriebs betrifft (so aber Spindler/Stilz AktG/*Hoffmann* Rn 32). In der Praxis sollte man sich an einem Schwellenwert von 75 % orientieren (*Hüffer* AktG Rn 18b; K. Schmidt/Lutter AktG/*Spindler* Rn 31; *Arnold* ZIP 2005, 1573, 1575; *Liebscher* ZGR 2005, 1, 15; *Röhricht* aaO S 9; an 70 % orientierend: *Kiesewetter/Spengler* Der Konzern 2009, 451, 453 f; *Feldhaus* BB 2009, 562, 568).

b) Parameter. Ungeklärt ist, worauf die Prozentzahl zu beziehen ist. Der *BGH* betont, dass die Ausmaße des Holzmüller-Falls (s Rn 12) erreicht sein müssen. Zwar hat sich die Vorinstanz am Substanzwert des Aktivvermögens orientiert (*OLG Hamburg* ZIP 1980, 1000, 1005), das heißt jedoch nicht, dass dieser Parameter der einzig mögliche ist. Der BGH nennt keinen verbindlichen Parameter. Er nennt in einer Gelatine-Entscheidung Bilanzsumme, Eigenkapital, Umsatz und Ergebnis vor Steuern; ob er diese Kriterien für tauglich hält, erhellen die Ausführungen dieser Entscheidung nicht, weil im zugrunde liegenden Sachverhalt bereits der Prozentsatz weit unter dem geforderten Wert lag (*BGHZ* 159, 30, 43). Deutlicher ist die andere Gelatine-Entscheidung, die sich auf das Konzernergebnis vor Steuern stützt (*BGH* NZG 2004, 575, 580); allerdings ist der Entscheidung nicht zu entnehmen, dass (nur) auf dieses abgestellt werden muss. Davon unabhängig spricht nichts gegen sonstige Parameter, wenn sie Aufschluss über die Bedeutung der Geschäftsführungsmaßnahme für das Mitgliedschaftsrecht der Anteilsinhaber geben können. **Bezugspunkt** ist der **Gesamtkonzern** (MünchHdb AG/*Krieger* § 69 Rn 11; *Kiesewetter/Spengler* Der Konzern 2009, 451, 455; *Liebscher* ZGR 2005, 1, 16; **aA** K. Schmidt/Lutter AktG/*Spindler* Rn 31; *Emmerich/Habersack* Aktien- und GmbH-KonzernR Vor § 311 Rn 46 mwN, die auf das der HV zugehörige Einzelunternehmen abstellen). Auf **keinen Fall** genügt das Verhältnis zu **einzelnen Bilanzposten**, notwendig ist der Bezug zu einem „**Gesamtwert**" (vgl *OLG Stuttgart* ZIP 2005, 1415, 1418). Aussagekräftig sind vor allem das Ergebnis im Vergleich zum Konzernergebnis und der Umsatzvergleich; sie sind am besten geeignet, die Bedeutung des betroffenen Betriebsteils bzw der Beteiligung aufzuzeigen (*Reichert* AG 2005, 150, 154; *Simon* DStR 2004, 1482, 1485). Ferner können Beteiligungswert in Relation zur Bilanzsumme (darauf stellt *OLG Schleswig* ZIP 2006, 421, 424 ab; dagegen *Simon* aaO), Verhältnis der Mitarbeiterzahlen, Verhältnis zum Eigenkapital, Anteil am Gesamtumsatz wie auch weitere Kriterien dazu beitragen, dass man innerhalb der anzustellenden Gesamtschau die Bedeutung der Geschäftsführungsmaßnahme für das Mitgliedschaftsrecht der Anteilsinhaber einschätzen kann (vgl *OLG Stuttgart* aaO: keine schematische Anwendung von Kennziffern). Es wird nicht genügen, sich nur auf einen Parameter zu stützen, vielmehr sind sämtliche (auch qualitative) Kriterien, die Aussagekraft besitzen, im konkreten Fall zu gewichten und in der wertenden Gesamtschau in Bezug zu setzen (zutr *Bungert* BB 2004, 1345, 1347; Spindler/Stilz AktG/*Hoffmann* Rn 34; vgl auch *BGH* NZG 2004, 575, 580, wo qualitative Kriterien zur Ergänzung von quantitativen herangezogen werden). Ungeklärt ist, ob und inwieweit gleichzeitige oder zeitlich nahe beieinander liegende Transaktionen in quantitativer Hinsicht **zusammengefasst** werden müssen (*Koppensteiner* Der Konzern 2004, 381, 385). Eine solche Zusammenfassung kommt nur dann in Betracht, wenn die Einzelmaßnahmen aufgrund zeitlichen und wirtschaftlichen Zusammenhangs als Einheit betrachtet werden müssen (*Habersack* aaO Rn 47 mwN; *Goette* AG 2006, 522, 526 mwN; tendenziell auch *OLG Hamm* AG 2008, 421, 423; anders *Simon* aaO 1486: „Gesamtplan", der „aus objektiven Merkmalen dokumentierbar" sein muss).

23 **4. Qualitative Kriterien.** Das Erreichen der quantitativen Mindestgrenze ist zwar erforderlich, nicht aber genügend, qualitative Kriterien müssen zusätzlich erfüllt sein (unstr *OLG Stuttgart* ZIP 2005, 1415, 1418; *Fuhrmann* AG 2004, 339, 341). Diese lassen sich einordnen in zwei Hauptgesichtspunkte, die beide gegeben sein müssen („doppelte Wesentlichkeit"): Die Geschäftsführungsmaßnahme muss a) den Kernbereich des Unternehmens betreffen und b) einen tiefen Eingriff in das Mitgliedschaftsrecht und dessen im Anteilseigentum verkörpertes Vermögensinteresse darstellen (*Bungert* BB 2004, 1345, 1347).

24 **a) Kernbereich.** Was der Begriff „Kernbereich" exakt bedeutet, wird aus den Holzmüller/Gelatine-Urteilen nicht klar. Die beabsichtigte Maßnahme muss **Satzungsnähe** aufweisen und die „**Richtlinien der Politik**" und **nicht nur deren Umsetzung** betreffen

(*Goette* AG 2006, 522, 525; *LG Frankfurt/Main* WM 2010, 618, 621). Die Maßnahme muss außerdem **weit über den gewöhnlichen Rahmen** der Geschäftsführung hinausgehen (vgl auch *Altmeppen* ZIP 2004, 999: „krasse Ausnahmefälle"; zum **Ausnahmecharakter** s auch *Goette* aaO 524; *LG Frankfurt/Main* aaO), wobei der Rahmen nicht zu eng gezogen werden darf: In diesen Rahmen gehören auch Gründung und Erwerb von Tochtergesellschaften wie auch deren Ausstattung mit dem notwendigen Kapital (*BGHZ* 83, 122, 132). Weiterhin ist von Bedeutung, ob die Tochtergesellschaft eine **Schlüsselstellung** für das herrschende Unternehmen innehat. Das kann der Fall sein, wenn sie Gegenstände besitzt, auf die das herrschende Unternehmen für die Verfolgung ihres Unternehmensgegenstandes angewiesen ist, etwa Schutzrechte (*BGH* NZG 2004, 575, 580). Dass eine Tochtergesellschaft zentral für einen Konzern Patente und Grundstücke verwaltet, gibt ihr jedoch noch keine Schlüsselstellung (*Götze* NZG 2004, 585, 588). Der *BGH* nennt außerdem Grundstücke und Maschinen; diesen kann aber nur ein geringeres Gewicht zukommen, weil diese erwerbbar sind bzw gemietet werden können. Der Kernbereich des Unternehmens ist (zumindest dann) berührt, wenn die Maßnahme sich auf den **wertvollsten Betriebszweig bezieht und die Unternehmensstruktur von Grund auf ändert** (*BGHZ* 83, 122, 131 f). **Nicht** einzubeziehen sind **miet- und kaufrechtliche Beziehungen** zwischen dem herrschenden Unternehmen und Beteiligungsunternehmen (vgl *BGH* NZG 2004, 575, 580: zumindest dann nicht, wenn die Beziehungen nicht durch die Geschäftsführungsmaßnahme betroffen sind, iÜ offen lassend).

b) Mitgliedschaftsrecht. Ein tiefer Eingriff in das Mitgliedschaftsrecht liegt vor, wenn die Maßnahme Auswirkungen hervorruft, die sonst nur durch eine **Satzungsänderung** herbeigeführt werden können (*BGHZ* 159, 30, 44). Die Maßnahme muss den Wert der Beteiligung **nachhaltig** schwächen (*BGHZ* 159, 30, 40; **aA** *Habersack* AG 2005, 137, 139, der den Vermögensaspekt vollständig ausblenden will). Eine Gefährdung/Schädigung der Vermögensinteressen allein genügt allerdings nicht (*OLG Stuttgart* ZIP 2005, 1415, 1418; *Kort* AG 2006, 272, 274 zu *OLG Schleswig* ZIP 2006, 421, 424 f). Abzustellen ist vielmehr auf die Mitwirkungsrechte; bedarf es bei einer Maßnahme nicht der Sicherung der Mitwirkungsrechte der Aktionäre, besteht kein Bedürfnis, die Zustimmung der HV iSd Holzmüller-Rspr einzuholen (*LG Frankfurt/Main* WM 2010, 618, 621; *OLG Stuttgart* aaO). Die Möglichkeit der herrschenden Gesellschaft, aufgrund gesellschaftsrechtlicher, schuldrechtlicher oder dinglicher Beziehungen auf die Tochter Einfluss zu nehmen, kann den Eingriff auf die Mitgliedschaftsrechte kompensieren, bei einer Herabstufung von Tochter auf Enkel kann ein Beherrschungs- und Gewinnabführungsvertrag zwischen Mutter und Enkel kompensierend wirken (vgl *Bungert* BB 2004, 1345, 1348; **aA** *Habersack* aaO 143). Dem Vorliegen eines **Mediatisierungseffekts** kann für die Bewertung, ob eine zustimmungsbedürftige Maßnahme gegeben ist, keine eigenständige und entscheidende Rolle zukommen (so aber teilw die Lit, vgl dazu K. Schmidt/Lutter AktG/*Spindler* Rn 34; *Goette* AG 2006, 522, 525 f; *Reichert* AG 2005, 150, 154 f; *Weißhaupt* AG 2004, 585, 587; und Rspr *OLG Köln* ZIP 2009, 1469, 1471; *OLG Hamm* AG 2008, 421, 422; gegen die Mediatisierung als eigenständig relevantes Kriterium: *LG Frankfurt/Main* aaO; Spindler/Stilz AktG/*Hoffmann* Rn 29; *Altmeppen* ZIP 2004, 999, 1001). Dies würde zu schematischen Lösungen zwingen, die sachlich nicht gerechtfertigt sind (etwa bei Beteiligungserwerb, vgl oben Rn 17). Stattdessen sollte allgemeiner in einer Gesamtschau ermittelt werden, ob ein tiefer Eingriff in das Mitgliedschaftsrecht des Aktionärs vorliegt.

26 5. Erforderliche Mehrheit und Zustimmungsverfahren. Der zustimmende Beschl bedarf neben der einfachen Stimmenmehrheit (§ 133 Abs 1) der **Dreiviertel**-Mehrheit des vertretenen Grundkapitals, die Satzung kann das Quorum **nicht** absenken (*BGHZ* 159, 30, 45 f). Nichts daran ändert eine sog **Konzernklausel**; sie erlaubt die Verwirklichung des Unternehmensgegenstandes durch Beteiligungen, dispensiert aber nicht von der Zustimmung der HV (*BGHZ* 159, 30, 46; **aA** *Simon* DStR 2004, 1528, 1529 f). Anderes mag nur gelten, wenn die Satzungsklausel zum Unternehmensgegenstand zu einer hinreichend konkret bezeichneten Maßnahme ermächtigt und diese Satzungsklausel insoweit entsprechend mit einer Dreiviertel-Mehrheit des vertretenen Grundkapitals gefasst worden ist (so *Bungert* BB 2004, 1345, 1351). Nicht notwendig ist, dass zu einem konkreten Vertragswerk zugestimmt wird, es genügt die ermächtigende Zustimmung im Vorfeld zur Maßnahme **(Konzeptbeschluss)** (*Emmerich/Habersack* Aktien- und GmbH-KonzernR Vor § 311 Rn 51 mwN; *Reichert* AG 2005, 150, 159 mwN; *Bungert* aaO; *Simon* aaO 1528). Das in der HV dargestellte Konzept muss alle wesentlichen Maßnahmen der Tranksaktion enthalten. **§ 124 Abs 2 S 2 Alt 2** gilt analog, der wesentliche Inhalt eines abgeschlossenen oder entworfenen Vertrages bzw das Umstrukturierungskonzept muss bekannt gemacht werden (**hM** K. Schmidt/Lutter AktG/*Spindler* Rn 42 mwN; *Weißhaupt* AG 2004, 585, 588 mwN; zweifelnd *Kort* AG 2006, 272, 275). Abgesehen von dem Fall des Konzeptbeschlusses stellt sich die Frage nach einer Pflicht zur **Auslegung der Verträge bzw Vertragsentwürfe** bzw nach einem Einsichtsrecht der Aktionäre. Generell wird man eine solches Einsichtsrecht nicht bejahen können; derartige gesteigerte Informationspflichten können nur in Ausnahmefällen gerechtfertigt sein (*BGHZ* 146, 288, 295 f; *Hüffer* AktG Rn 19; *Weißhaupt* aaO 591, der bei Auslegung auf § 131 Abs 3 Nr 1 analog verweist; *Emmerich/Habersack* Aktien- und GmbH-KonzernR Vor § 311 Rn 52; **aA** grds eine Auslegung fordernd *Spindler* aaO Rn 44 mwN). Streitig ist, ob der Vorstand einen ausführlichen schriftlichen Bericht („**Holzmüller-Bericht**") über den Beschlussgegenstand erstellen und diesen von der Einberufung der HV an in den Geschäftsräumen der Gesellschaft auslegen muss (bejahend *Tröger* ZIP 2001, 2029, 2035 ff; *Horbach* BB 2001, 893, 897; *Bungert* aaO; **aA** *Hüffer* aaO; *Götze* NZG 2004, 585, 589). Richtigerweise ist zu differenzieren, ob bereits ein Vertrag bzw Vertragsentwurf besteht, dessen wesentlicher Inhalt nach § 124 Abs 2 S 2 Alt 2 bekannt gemacht wird. Ist dies nicht der Fall (insb bei Konzeptbeschlüssen), besteht eine Berichtspflicht, ansonsten nicht (zutr *Spindler* aaO Rn 43 mwN; *Weißhaupt* aaO 588 ff). Jedoch sollte, um Anfechtungsklagen wg fehlender Information zu vermeiden, stets ein solcher Bericht erstellt werden. Davon unabhängig gilt als **Grundregel**: Soweit der Vorstand – die Muttergesellschaft vertretend – in einer Tochtergesellschaft Informationsrechte geltend machen kann, muss er auch den Aktionären der Muttergesellschaft die Informationen in gleicher Weise weiterleiten (*BGHZ* 146, 288, 296). Hat der Vorstand in der HV der Tochtergesellschaft oder zwecks Vorbereitung derselben zB ein Einsichtsrecht oder das Recht auf Kenntnisnahme des wesentlichen Inhalts des Vertrags, dann kommt den Aktionären der Muttergesellschaft ein entsprechendes Recht (gegen die Muttergesellschaft) zu (*BGHZ* 146, 288, 295 ff). Die Informationspflichten können durch die Satzung **nicht** gemindert werden (*Tröger* aaO 2038; **aA** *Martens* ZHR 147 (1983), 377, 393). Ein **Initiativrecht** der HV besteht nicht (KölnKomm AktG/*Mertens/Cahn* § 83 Rn 4; *Martens* aaO 386 ff; **aA** K. Schmidt/Lutter AktG/*Seibt* § 83 Rn 4; GroßKomm AktG/*Habersack* § 83 Rn 6; *Arnold* ZIP 2005, 1573, 1578). Das ergab sich nach früherer Rspr aus der dort gewählten Rechtsgrundlage des § 119 Abs 2 (*BGHZ* 83, 122, 131). Der vom BGH vorgenommene Wechsel der Rechtsgrundlage (nunmehr Ergebnis einer offenen Rechtsfortbildung, *BGHZ* 159, 30, 43) gibt keinerlei Anzeichen dafür, dass der HV nun ein Initiativrecht zukommen solle. Zudem soll die Holzmüller-Zuständigkeit keine Kompetenzverschiebung hin zur HV bewirken, sondern einen Schutz gegen tief in das Mitgliedschaftsrecht der Aktionäre eingreifende Maßnahmen.

6. Sonderfall reguläres Delisting. – a) Grundsätzliches. Von den Holzmüller/Gelatine-Fällen zu unterscheiden ist das **reguläre (auch „echte") Delisting** (Widerruf der Zulassung gem § 39 Abs 2 BörsG bzw gemäß den Vorschriften der Börsenordnung der betr Börse durch die Zulassungsstelle der Börse auf Antrag des Emittenten), für das der BGH eigene, von den oben dargestellten Erfordernissen abw Regeln festgesetzt hat (*BGHZ* 153, 47 **„Macrotron"**); s Rn 29 ff. Nach der Rspr des *BVerfG* (Urteil vom 11.7.2012, NZG 2012, 826) halten sich die Delisting-Regeln des BGH in den Grenzen zulässiger richterlicher Rechtsfortbildung (Art 2 Abs 1 iVm Art 20 Abs 3 GG), können sich jedoch nicht auf Art 14 Abs 1 GG stützen (zum Urteil *Reger/Schilha* NJW 2012, 3066, 3066; krit zur verfassungsrechtlichen Zulässigkeit der Macrotron-Grds: *Goetz* BB 2012, 2767 ff). Denn die gesteigerte Verkehrsfähigkeit der Aktie aufgrund ihrer Börsennotierung genieße keinen Grundrechtsschutz gem Art 14 Abs 1 GG. Die rechtliche Verkehrsfähigkeit der Aktie werde nach dem Urteil des BVerfG durch ein Delisting nicht beeinträchtigt, die tatsächliche Verkehrsfähigkeit hingegen sei für den Bestand des grundrechtlich geschützten Aktieneigentums ohne Bedeutung. Eine etwaige gesteigerte Verkehrsfähigkeit von börsennotierten Aktien stelle lediglich eine verfassungsrechtlich nicht geschützte (Markt-)Chance für die Aktionäre dar. Auch führe die Geltung der zahlreichen Sondervorschriften für börsennotierte Aktiengesellschaften oder die Anwendung der im regulierten Markt bestehenden Sondervorschriften nicht dazu, dass die Börsenzulassung zum regulierten Markt als Eigentumsbestandteil zu qualifizieren wäre. Vgl auch Rn 30. Dem ist zuzustimmen. Durch das Urteil des BVerfG ist den Delisting-Regeln des BGH die rechtliche Grundlage entzogen worden; der BGH gründete seine Macrotron-Rspr nämlich darauf, dass Art 14 Abs 1 GG die bes Verkehrsfähigkeit der Aktie aufgrund der Börsennotierung schütze. Es ist daher eine Abkehr der Spruchpraxis für die Fälle des regulären Delisting zu erwarten (vgl *Goetz* aaO 2773; *Klöhn* NZG 2012, 1041, 1045). In der Praxis sind – jedenfalls bis zu einer Reaktion der Gerichte – die Macrotron-Grundsätze des BGH für die Fälle des regulären Delisting weiter anzuwenden. Für die Fälle des Downgrading vom regulierten Markt in einen qualifizierten regulierten Teilbereich des Freiverkehrs (s Rn 33) kann es nach der Entsch des BVerfG bei der aktuellen Praxis bleiben (*OLG Bremen* ZIP 2013, 821, 822; vgl Rn 33). Für ein Teildelisting (Rückzug von nur einem Teil der Börsenplätze) können nur dann die unten gemachten Ausführungen gelten, wenn das Teildelisting in seinen Wirkungen einem vollständigen nahe kommt. Ein Rückzug von allen deutschen Börsen bei Bestehenbleiben einer Notierung an einer ausländischen Börse bedarf dann keiner weiteren Erfordernisse, wenn der ausländische Markt einem organisierten Markt iSd § 2 Abs 5 WpHG entspricht (*Eßers/ Weisner/Schlienkamp* DStR 2003, 985, 986). Bei einem regulären Delisting liegt **kein Holzmüller/Gelatine-Fall** vor, da die Struktur der Gesellschaft, das Mitgliedschaftsrecht hinsichtlich seines Bestandes und seines Charakters als relatives Beteiligungsrecht wie auch die Mitwirkungsrechte der Aktionäre durch das Delisting nicht berührt werden (*BGH* aaO 54; **aA** K. Schmidt/Lutter AktG/*Spindler* Rn 50 mwN). Vielmehr ist nur ein Aspekt des Vermögensinteresses der Anteilsinhaber, nämlich die börsen-

27

mäßige Handelbarkeit der Anteile bzw die jederzeitige Realisierbarkeit des Aktienwerts, betroffen (*BGH* aaO 54).

28 Beim **unechten Delisting** (Widerruf der Zulassung durch die Zulassungsstelle der Börse von Amts wegen gem § 39 Abs 1 BörsG bzw §§ 48 Abs 3 iVm 39 Abs 1 BörsG oder nach den Vorschriften des anwendbaren Verwaltungsverfahrensgesetzes, insb bei Vereinigung aller Anteile in einer Hand, etwa durch Squeeze-out, oder Wechsel in eine börsenferne Gesellschaftsform, vgl *Henze* FS Raiser, S 146) ergeben sich bzgl der Herbeiführung der Widerrufssituation etwa durch Squeeze-out oder Formwechsel die Zuständigkeit der HV, die Mehrheitserfordernisse wie auch die Informationspflichten und Abfindungsregeln bereits aus den einschlägigen gesetzlichen Regelungen, ggf sind diese analog heranzuziehen (**hM** *K. Schmidt/Lutter AktG/Spindler* Rn 55 mwN; *Spindler/Stilz AktG/Hoffmann* Rn 45; *Hüffer* AktG Rn 26; *OLG Düsseldorf* AG 2005, 480; abw *Grunewald* ZIP 2004, 542 ff). Ein Anspruch auf bare Zuzahlung zum Ausgleich der Wertdifferenz zwischen alter und neuer Beteiligung in Folge einer Verschmelzung besteht nicht (*OLG Stuttgart* AG 2010, 42, 46).

29 **b) Zuständigkeit der Hauptversammlung und Zustimmungsverfahren.** Das **reguläre Delisting** bedarf nach der Macrotron-Rspr eines HV-Beschlusses. Ob die Notwendigkeit einer HV-Befassung von der Rspr nach dem Urteil des BVerfG aufrechterhalten wird, ist fraglich (s Rn 27) (vgl *Kiefner/Gillessen* AG 2012, 645, 649 ff; *Drygala/Staake* ZIP 2013, 905, 912: dies bejahend mit der Begründung, börsennotierte und nicht börsennotierte Ges seien unterschiedliche Rechtsformen und § 193 UmwG daher analog anzuwenden). Der Beschl der HV ist nach der Macrotron-Rspr mit **einfacher Mehrheit** zu fassen (*BGHZ* 153, 47, 53; **aA** *K. Schmidt/Lutter AktG/Spindler* Rn 52 mwN; *Bürgers* NJW 2003, 1642, 1643; *Krämer/Theiß* AG 2003, 225, 236 ff mit eingehender Begr zur Gegenansicht; krit zum Mehrheitsbeschluss: *K. Schmidt* NZG 2003, 601, 603). An dem Erfordernis der einfachen Mehrheit haben die Gelatine-Entscheidungen (*BGHZ* 159, 30 und *BGH* NZG 2004, 575) nichts geändert, weil ein reguläres Delisting kein Holzmüller/Gelatine-Fall ist (s Rn 27). Das Initiativrecht verbleibt beim Vorstand als Geschäftsführungsmaßnahme (*Henze* FS Raiser, S 151). Für das **Außenverhältnis** gilt dasselbe wie bei einer Holzmüllerzuständigkeit: die Vertretungsmacht des Vorstands setzt den HV-Beschluss **nicht** voraus (statt vieler *Geyrhalter/Zirngibl* DStR 2004, 1048, 1049 mwN; **aA** *Heidel* DB 2003, 548, 549). Der Ermächtigungsbeschluss muss **zeitlich nicht fixiert** sein. Die HV kann eine Frist bestimmen; bestimmt sie eine solche nicht, entscheidet der Vorstand, ob und wann er das Delisting durchführt. Über den Stand der Angelegenheit hat der Vorstand auf der nächsten ordentlichen HV zu berichten. Hat er bis dahin das Delisting noch nicht durchgeführt, kann die HV die Ermächtigung durch Beschl aufheben (*BGHZ* 153, 47, 59 f). Aufgrund des unternehmerischen Charakters muss der Beschl **nicht sachlich gerechtfertigt** sein (*BGHZ* 153, 47, 58 f). § 124 Abs 2 S 2 gilt analog dahingehend, dass die **Einzelheiten des Widerrufsantrags** und das **Abfindungsangebot** bekannt gegeben werden müssen, es bedarf jedoch **keines Vorstandsberichts** (*BGHZ* 153, 47, 59; bestätigt in *BGH* DStR 2010, 609, 610; *OLG Stuttgart* AG 2009, 124, 129 f; *Holzborn* WM 2003, 1105, 1106). Sind (auch) Vorzugsaktien betroffen, ist mangels Aufhebung des Vorzugs kein Sonderbeschluss iSd § 141 Abs 3 erforderlich (*OLG Celle* ZIP 2008, 1874, 1876).

30 **c) Pflichtangebot.** Der Schutz der Anteilsinhaber bei einem **regulären Delisting** wird nach der Macrotron-Rspr hinsichtlich des Vermögens durch ein **Pflichtangebot der**

Gesellschaft oder des „Großaktionärs" gewährleistet (*BGHZ* 153, 47, 57; gegen ein Pflichtangebot *Krämer/Theiß* AG 2003, 225, 240 f mwN). Nach dem Urteil des BVerfG (s Rn 27; *BVerfG* NZG 2012, 826 ff) hindert die fehlende Beeinträchtigung des Eigentumsgrundrechts der Aktionäre aufgrund eines regulären Delisting die Gerichte nicht, die Abgabe eines Pflichtangebots zu verlangen. Die Abfindungspflicht könne auf eine Gesamtanalogie zu §§ 305, 320b, 327b AktG, 29, 207 UmwG gestützt werden und halte sich in den verfassungsrechtlichen Grenzen richterlicher Rechtsfortbildung (*BVerfG* aaO 831; abl *Goetz* BB 2012, 2767, 2772; für eine analoge Anwendung der §§ 29 f UmwG: *Drygala/Staake* ZIP 2013, 905, 912). Die Statuierung eines ungeschriebenen Pflichtangebots sei jedoch weder verfassungsrechtlich geboten noch in jeder Hinsicht dogmatisch überzeugend (*BVerfG* aaO; *Kiefner/Gillessen* AG 2012, 645, 654 ff; für eine Analogie zu § 29 Abs 1 S 1 HS 1 Var 2 UmwG: *Klöhn* NZG 2012, 1041; abl hierzu: *Kiefner/Gillessen* AG 2012, 645, 652). In der Praxis ist zu empfehlen, die Macrotron-Grundsätze des BGH iRd regulären Delisting bis zu einer eindeutigen Neubeurteilung durch die Gerichte anzuwenden und ein Pflichtangebot zu unterbreiten. Der Begriff „Pflichtangebot" ist vom *BGH* unglücklich gewählt; die Vorschriften über Pflichtangebote iSd Kapitalmarktrechts (§§ 35 ff WpÜG) finden im Falle des regulären Delisting **keine Anwendung**. Streitig ist, ob das Pflichtangebot Voraussetzung für das ordnungsgemäße Zustandekommen des HV-Beschl (Bedingungslösung) oder Folge eines Delistingbeschlusses der HV ist (Anspruchslösung). Fehlt das Pflichtangebot, so ist der Beschl nach der Bedingungslösung anfechtbar (K. Schmidt/Lutter AktG/*Spindler* Rn 53 mwN; dagegen von der Nichtigkeit ausgehend: ausf Spindler/ Stilz AktG/*Hoffmann* Rn 43). Die Anspruchslösung behauptet dagegen einen Anspruch der Minderheitsaktionäre gegen die Gesellschaft oder alternativ gegen den „Großaktionär" (§ 207 UmwG, § 305 analog) auch ohne Nennung eines Pflichtangebots im Beschl; wg des Fehlens des Pflichtangebots im Beschl ist der Beschl dann weder unwirksam noch anfechtbar, Rechtsschutz ist allein im Spruchverfahren zu suchen (offen lassend *BayObLGZ* 2004, 200, 203). Zutreffend ist die Anspruchslösung (eingehend hierzu *Adolff/Tieves* BB 2003, 797, 802 f; *LG München* DB 2004, 242, 243; *Hüffer* AktG Rn 25; **aA** *Krolop* NZG 2005, 546 f); das Spruchverfahren ist für den Fall des fehlenden Pflichtangebots sachgerecht – der Aktionär wird hierdurch effizient geschützt (*LG München* aaO). Das Pflichtangebot ist somit zwar nicht Bestandteil des Beschl, muss jedoch nach § 124 Abs 2 S 2 analog bekannt gemacht werden (s.o. Rn 29). Von diesem Meinungsstreit unabhängig besteht die Pflicht zur Abgabe eines Angebots nur bei Wirksamwerden des Delisting (zutr *Heidel* DB 2003, 548, 550; Marsch-Barner/Schäfer Hdb AG/*Eckold* § 62 Rn 60).

Problematisch ist, **wer das Pflichtangebot abgeben muss**. Der BGH (*BGHZ* 153, 47; so auch *OLG Frankfurt* AG 2012, 330, 331; **aA** *Ekkenga* ZGR 2003, 878, 902 ff und *Hüffer* AktG Rn 25: keine Verpflichtung der AG) geht davon aus, dass das Pflichtangebot durch die Ges oder einen „Großaktionär" vorgelegt werden muss. Richtiger Ansicht nach ist die AG primär angebotsverpflichtet; der Großaktionär hat das Recht, die Angebotspflicht für die Gesellschaft befreiend zu übernehmen. Eine Pflicht hierzu besteht für den Großaktionär nur dann, wenn die Gesellschaft aufgrund der Kapitalerhaltungsregeln oder der §§ 71 ff zu leisten nicht imstande wäre (vgl *Klöhn* ZBB 2003, 208, 211 f; **aA** *Fritzsche/Dreier/Verfürth* SpruchG § 5 Rn 9: Gesamtschuld). Was der *BGH* mit „Großaktionär" meint, bleibt unklar. Wenn man eine Pflicht zur Abgabe eines Angebots bejaht (Anspruchslösung), kommt entsprechend dem

31

Beschlusserfordernis (Beschl mit einfacher Mehrheit, Rn 29) nur ein dem Delisting zustimmender Mehrheitsaktionär als verpflichtet in Betracht (*Adolff/Tieves* BB 2003, 797, 803). Gibt es keinen Mehrheitsaktionär, so ist allein die Gesellschaft verpflichtet (*Schlitt* ZIP 2004, 533, 537; *Adolff/Tieves* aaO). Beim Erwerb durch die Gesellschaft handelt es sich um einen Erwerb eigener Aktien; dieser ist nur iRd §§ 71 ff möglich (dazu eingehend *Henze* FS Raiser, S 155 ff). Möglich ist ein Erwerb nach § 71 Abs 1 Nr 8. Ferner ist auch ein Erwerb analog § 207 Abs 1 S 1 UmwG, § 71 Abs 1 Nr 3 zulässig (str *Adolff/Tieves* aaO 803 f; wohl auch *Pluskat* WM 2002, 833, 835; **aA** *Henze* aaO S 156). Dies ergibt sich aus der oben befürworteten Anspruchslösung. Die 10 %-Grenze gem § 71 Abs 2 ist sowohl bei § 71 Abs 1 Nr 8 als auch bei § 207 Abs 1 S 1 UmwG, § 71 Abs 1 Nr 3 analog zu beachten. Ferner müssen bilanziell ausreichende Mittel zur Verfügung stehen, um im Erwerbszeitpunkt die hypothetische Rücklage für eigene Anteile nach § 71 Abs 2 zu bilden. Statt durch die Gesellschaft kann das Pflichtangebot auch durch einen oder mehrere (Groß-)Aktionäre erfolgen (K. Schmidt/Lutter AktG/*Spindler* Rn 53; *Bürgers* NJW 2003, 1642, 1644). Ist die Gesellschaft im Fall des § 71 Abs 1 Nr 8 nicht imstande, eigene Anteile zu erwerben, etwa weil die hypothetische Rücklage des § 71 Abs 2 S 2 nicht gebildet werden kann, ist der Delistingbeschluss nicht umsetzbar, wenn kein Mehrheitsaktionär existiert oder kein Aktionär (oder mehrere Aktionäre) sich findet, der freiwillig ein Angebot macht (vgl *Henze* aaO S 159). Anderes gilt bei einem Erwerb eigener Aktien nach § 207 Abs 1 S 1 UmwG, § 71 Abs 1 Nr 3 analog. Die Erwerbspflicht der Gesellschaft besteht hier auch dann, wenn durch ihre Erfüllung § 71 Abs 2 AktG oder § 57 AktG verletzt wird (*Adolff/Tieves* aaO 803). Beim **unechten Delisting** (s Rn 28) ist gleichfalls ein Pflichtangebot entsprechend diesen Regeln abzugeben (Spindler/Stilz AktG/*Hoffmann* Rn 45 mwN).

32 Das Pflichtangebot muss einen **feststehenden Barbetrag** ausweisen (*Adolff/Tieves* BB 2003, 797, 804 und *Schlitt* ZIP 2004, 533, 537). Da durch das Delisting dem Aktionär die Realisierbarkeit des Aktienwerts an der Börse genommen wird, ist die Wertbemessung am Börsenkurs und nicht am Verkehrswert zu orientieren (K. Schmidt/Lutter AktG/*Spindler* Rn 53 mwN; *Bürgers* NJW 2003, 1642, 1644; **aA** *BGHZ* 153, 47, 57; gegen die Ansicht des BGH zutr *Krämer/Theiß* AG 2003, 225, 239 und *Schlitt* aaO 536). Nach Ansicht des *OLG Stuttgart* (AG 2012, 330, 334) sind, sofern zum Bewertungsstichtag eine Veräußerungsabsicht der Unternehmensleitung mit Blick auf einzelne Gesellschaftsbeteiligungen des zu bewertenden Unternehmens festgestellt werden kann, diese Beteiligungen regelmäßig als nicht betriebsnotwendiges Vermögen mit ihrem jeweiligen geschätzten Verkehrswert zu bewerten und zu dem Ertragswert gesondert hinzuzurechnen. Ob die **Befristung** des Pflichtangebots beim Delisting zulässig ist, ist gesetzlich nicht ausdrücklich geregelt. Unzulässig ist jedenfalls eine Befristung des Angebots auf zwei Monate nach Veröffentlichung des Angebots im Bundesanzeiger (*OLG Frankfurt* aaO 332). Die Vorschriften für vergleichbare Fälle gehen davon aus, dass ein Angebot auch noch nach der Durchführung eines Spruchverfahrens (vgl Rn 32a) angenommen werden kann (*OLG Frankfurt* aaO 332 mit Verweis auf §§ 31, 209 UmwG, § 305 AktG). Ein befristetes Pflichtangebot kann demnach auch beim Delisting nach Ablauf der Annahmefrist Antragsgegenstand eines Spruchverfahrens sein; das Pflichtangebot kann analog § 209 S 2 UmwG noch binnen zwei Monaten nach dem Tag angenommen werden, an dem die gerichtliche Entsch im Spruchverfahren im BAnz bekannt gemacht worden ist; denn der Aktionär soll hin-

sichtlich seiner Entsch das Angebot anzunehmen, die Möglichkeit haben, das Ergebnis des Spruchverfahrens abzuwarten (*OLG Frankfurt* aaO 332; ähnlich für § 305 AktG: MünchHdb AG/*Krieger* § 70 Rn 112; Spindler/Stilz AktG/*Veil* § 305 Rn 112, wonach bei einer zu kurzen Annahmefrist die Zweimonatsfrist des § 305 Abs 4 S 3 AktG Anwendung finden soll).

Ist iR eines **regulären Delisting** das Pflichtangebot zu niedrig bemessen, fehlt ganz oder werden Informationsrechte der betroffenen Aktionäre verletzt (unrichtige, unvollständige und unzureichende Information, vgl näher § 1 SpruchG Rn 4 Anh § 306), kann der Beschl der HV (s Rn 29) **nicht angefochten** werden; die angemessene Höhe muss im **Spruchverfahren** ermittelt werden (*BGHZ* 153, 47, 58 f, 60 f; zust *K. Schmidt* NZG 2003, 601, 603; *Klöhn* ZBB 2003, 208, 217; so auch zum neuen SpruchG: *BGHZ* 177, 131, 134; *OLG Frankfurt* AG 2012, 330, 331). Antragsberechtigt ist im Spruchverfahren jeder Aktionär; maßgeblich für die Aktionärseigenschaft ist entspr § 3 S 2 SpruchG der Zeitpunkt der Einleitung des Spruchverfahrens (*OLG Frankfurt* aaO 332). Hat die Gesellschaft oder statt ihrer ein Aktionär ein Angebot abgegeben, so ist das Spruchverfahren nur gegen die Gesellschaft bzw nur gegen den das Angebot abgebenden Aktionär zu richten; richtiger Antragsgegner ist, wer das Angebot abgegeben hat (*OLG Frankfurt* AG 2012, 330, 332; MünchKomm AktG/ *Kubis* § 5 SpruchG Rn 6; *Klöcker/Frowein* SpruchG § 5 Rn 8; Spindler/Stilz AktG/ *Drescher* § 5 SpruchG Rn 8). Fehlt ein Angebot, so sind sowohl die Ges als auch der Mehrheitsaktionär (falls vorhanden) mögliche Antragsgegner des Spruchverfahrens (*OLG Frankfurt* aaO; **aA** *Drescher* aaO und *Kubis* aaO: AG; beide als Gesamtschuldner: *Emmerich/Habersack* Aktien- und GmbH-KonzernR § 5 SpruchG Rn 4). Ein anhängiges Spruchverfahren beeinträchtigt den Vollzug des Delisting nicht (*Land/ Behnke* DB 2003, 2531, 2534), es erledigt sich durch Wiederzulassung zum regulierten Markt (*OLG Zweibrücken* NZG 2007, 908, 909 zur Wiederzulassung im damaligen geregelten Markt).

d) Segmentwechsel/spätere Wiederzulassung. Vom regulären und vom unechten Delisting grds zu unterscheiden ist das sog **Downgrading**. Hierunter werden verschiedene Fälle der Herabstufung von höheren Börsensegmenten bzw Teilbereichen zusammengefasst, wie zB der Wechsel vom regulierten Markt in den Freiverkehr oder einen speziellen Teilbereich des Freiverkehrs, wie den „M:access" der Bayerischen Börse oder den „Entry Standard" der Frankfurter Wertpapierbörse (hierzu auch: *Klöhn* NZG 2012, 1041, 1042). Auch hier stellt sich die Frage, ob für die Durchführung des Downgrading eine Zustimmung der HV (hierzu Rn 29) und ein Pflichtangebot (hierzu Rn 30 ff) an die Aktionäre erforderlich sind. In Anlehnung an die Kriterien der Macrotron-Rspr (s zur weiteren Anwendbarkeit Rn 27) ist insoweit maßgeblich, ob der Wechsel eine wesentliche Beeinträchtigung der **Verkehrsfähigkeit der Aktien** aufgrund der unterschiedlichen Anforderungen an Publizität, Transparenz, Preisbildung und kapitalmarktrechtliche Verhaltenspflichten bewirkt. Somit ist in jedem Einzelfall das Regelungswerk des Zielbörsensegmentes (ggf des besonderen Teilbereichs) mit dem des Ausgangsbörsensegmentes auf wesentliche Unterschiede zu untersuchen. Erfolgt ein Downgrading aus dem ursprünglichen Börsensegment und die Aufnahme in einem Börsensegment mit wesentlich geringeren Anforderungen – auch sog „**Downlisting**" – (zB vom regulierten Markt in den Freiverkehr), sind grds die Zustimmung der HV sowie ein Barabfindungsangebot erforderlich (*OLG Frankfurt* AG 2012, 330, 331 für den Wechsel vom regulierten Markt in den nicht qualifiziert regulierten Teilbereich des „Open Market" (= Börsensegment Freiverkehr) der Frankfurter Wertpapierbörse; vgl *Weidlich/Dietz/Cammerer* GWR 2013, 39; *LG Köln* AG 2009, 835, 836 obiter dictum, allerdings allein zum Barabfindungsangebot, da die HV im konkreten Fall bereits dem tieferen Eingriff eines Delisting zugestimmt hatte; ebenso obiter dictum in *BGHZ* 153, 47, 54 – „Macrotron", dazu *Feldhaus* BB 2008, 1307; gegen die Erforderlichkeit einer Zustimmung der HV und eines Pflichtangebots, sofern die Aktien wenigstens noch im Freiverkehr gehandelt werden, *Leuering/Rubner* NJW-Spezial 2009, 411; *Dürr* BB 2009, 1496, 1498). Ist ein Pflichtangebot erforderlich, ist wie beim regulären Delisting das Spruchverfahren statthafter Rechtsbehelf (s Rn 32a). Wechselt die AG jedoch vom regulierten Markt in einen **qualifiziert regulierten Teilbereich** des Freiverkehrs, das dem regulierten Markt angenäherte Anforderungen stellt, liegt keine wesentliche Beeinträchtigung der Verkehrsfähigkeit vor mit der Folge, dass weder die Erforderlichkeit einer Zustimmung der HV noch eine Barabfindungspflicht besteht. Dies gilt bspw für den Wechsel vom regulierten Markt in den Teilbereich des Freiverkehrs „M:access" der Bayerischen Börse (vgl *OLG München* AG 2008, 674, 675 f, zust *Holzborn/Hilpert* aaO 1350; *Feldhaus* aaO und *Goslar* EWiR 2008, 461, 462; ebenso schon Vorinstanz *LG München I* WuB I G. 7.–1.08 mit abl Anm *Paefgen/Hörtig*; vgl auch schon *Schwichtenberg* AG 2005, 911, 915; **aA** *Drygala/Staake* ZIP 2013, 905, 912) sowie für den Wechsel vom regulierten Markt in den Teilbereich „Entry Standard" des „Open Market" (= Börsensegment Freiverkehr) der Frankfurter Wertpapierbörse (*OLG Bremen* ZIP 2013, 821, 822 f; *LG Berlin* ZIP 2013, 1531, 1532 f; *KG* AG 2009, 697, 698 f, zust *Holzborn* WuB I G. 7.–2.09 sowie *Dürr* aaO und *Linnerz* EWiR 2009, 603; so auch schon *Sudmeyer* jurisPR-HaGesR 2/2008 Anm 1; *Leuering/Rubner* NJW-Spezial 2008, 433; offen lassend *OLG Frankfurt* NZG 2010, 307, 308 und *Emmerich/Habersack* Aktien- und GmbH-KonzernR § 305 Rn 10; **aA** *Drygala/Staake* aaO). Den Aktionären verbleibt ein Markt, der dem nach § 38 Abs 1 Nr 1 WpHG strafbewehrten Verbot von Insidergeschäften (§ 14 WpHG) und dem nach § 39 Abs 1 WpHG bußgeldbewehrten Verbot der Marktmanipulation (§ 20a WpHG) unterliegt; auch müssen die Preise weiterhin den börsenrechtlichen Anforderungen nach § 24 Abs 1 S 2, Abs 2 BörsG genügen (*OLG Bremen* aaO, *LG Berlin* aaO). Nach der Entsch des *OLG Bremen* sind darüber hinaus die Publizitäts- und Transparenzpflichten vergleichbar, ein Kursverfall nicht regelhaft feststellbar; außerdem verbiete sich mangels planwidriger Regelungslücke eine analoge Anwendung von § 29 Abs 1 S 1 UmwG (so iE auch *LG Berlin* aaO 1533). Dem ist zuzustimmen. Auch nach der Entsch des BVerfG (s Rn 27, *BVerfG* NZG 2012, 826) wird man sich weiterhin an den erwähnten Entsch des *OLG München* und des *KG* sowie an den unter Berücksichtigung der verfassungsrechtlichen Neubewertung durch das BVerfG ergangenen Entsch des *OLG Bremen* und des *LG Berlin* orientieren können. Es bleiben zwar Vorbehalte, da die höchstrichterliche Bestätigung durch den BGH noch fehlt (*Reger/Schilha* NJW 2012, 3066, 3069). Der für das Gesellschaftsrecht zuständige II. Zivilsenat des BGH hat jedoch zu erkennen gegeben, dass er ein Downgrading nicht pauschal den Macrotron-Regeln (HV-Beschluss und Pflichtangebot) unterwerfen würde, wenn die Kleinaktionäre nach dem Wechsel in einen privatrechtlich organisierten Markt ihre Aktie in ähnlicher Weise wie im staatlich regulierten Markt handeln können (*BVerfG* NZG 2012, 826 (A IV 1)). Da ein Pflichtangebot nicht erforderlich ist, ist bei fehlendem Pflichtangebot ein Spruchverfahren (vgl Rn 32a) nicht statthaft (*OLG Bremen* aaO).

Eine andere Konstellation des Downgrading betrifft den Wechsel des Teilbereichs **34** **innerhalb eines Börsensegments** (zB vom Prime Standard in den General Standard des regulierten Marktes). Auch hier ist in Anlehnung an die Kriterien der Macrotron-Rspr (s zur weiteren Anwendbarkeit Rn 27) Maßstab für die Frage, ob ein HV-Beschluss und ein Pflichtangebot erforderlich sind, der Grad der Beeinträchtigung der Verkehrsfähigkeit der Aktien. Beim Wechsel vom Prime Standard in den General Standard des regulierten Marktes wird die Verkehrsfähigkeit nicht wesentlich beeinträchtigt, da nur geringfügige Änderungen des die Verkehrsfähigkeit betreffenden Regelungswerks eintreten (*Seibt/Wollenschläger* AG 2009, 807, 813; *Schlitt* ZIP 2004, 533, 541 mwN; *Eßers/Weisner/Schlienkamp* DStR 2003, 985, 986). Damit sind HV-Beschluss und Pflichtangebot nicht erforderlich; ein Spruchverfahren (vgl Rn 32a) ist nicht statthaft. Anders ist dies beim Wechsel von einem qualifiziert regulierten Teilbereich des Freiverkehrs in den Basisteilbereich des Freiverkehrs, zB vom „M:access" in den Basisteilbereich des Freiverkehrs der Börse München oder vom regulierten Freiverkehr der Börse Hamburg in den „High Risk Market" – den dortigen Basisteilbereich des Freiverkehrs, soweit dies börsenrechtlich möglich bleibt (hierzu: *Weidlich/ Dietz/Cammerer* GWR 2013, 39). Aus der Vergleichbarkeit der Folgepflichten zwischen reguliertem Markt und qualifiziert reglementierten Teilbereichen des Freiverkehrs einerseits (s *OLG Bremen* ZIP 2013, 821, 822 f; *LG Berlin* ZIP 2013, 1531, 1532 f; *OLG München* AG 2008, 674, 675 f) sowie aus der Verneinung der Vergleichbarkeit zwischen reguliertem Markt und dem Basisteilbereich des Freiverkehrs andererseits (vgl *BGHZ* 153, 47, 54; *LG Köln* AG 2009, 835, 836; krit *Weidlich/Dietz/Cammerer* aaO: Folgepflichten des Emittenten im Freiverkehr an den Regionalbörsen mit den Anforderungen im „Entry Standard" vergleichbar) ergibt sich ein für die Verkehrsfähigkeit der Aktie erheblicher und entscheidender Unterschied zwischen den qualifiziert reglementierten Teilbereichen und dem Basisteilbereich des Freiverkehrs; folglich sind sowohl die Zustimmung der HV (hierzu Rn 29) als auch ein Pflichtangebot (hierzu Rn 30 ff) an die Aktionäre erforderlich, sobald von einem qualifiziert regulierten Teilbereich des Freiverkehrs in den Basisteilbereich gewechselt wird (*Dürr* BB 2009, 1496, 1498). Ein weiteres wichtiges Argument ist der Umgehungsschutz: Denn erfolgt der Wechsel vom regulierten Markt als Zwischenschritt zunächst in einen qualifiziert regulierten Teilbereich des Freiverkehrs und von dort letztlich in den Basisteilbereich des Freiverkehrs, muss bereits der zweite Schritt das Erfordernis der Zustimmung der HV sowie die Barabfindungspflicht auslösen (*Holzborn/Hilpert* WM 2010, 1347, 1352; *Dürr* aaO; *Schwichtenberg* AG 2005, 911, 917; *Seibt/Wollenschläger* AG 2009, 807, 816 f; ähnlich *Paschos/Klaaßen* ZIP 2013, 154, 159: insb bei einem zugrunde liegenden „Masterplan"). Ist ein Pflichtangebot erforderlich, ist wie beim regulären Delisting das Spruchverfahren statthafter Rechtsbehelf (s Rn 32a).

Der nach einem Downgrading stattfindende Wechsel in einen höheren Teilbereich **35** innerhalb desselben Börsensegmentes oder gar der Wechsel in ein höheres Börsensegment bestimmt sich nach den allg Regeln für die Aufnahme an diesen Handelsplätzen, ohne dass Besonderheiten aufgrund des vorherigen Downgrading zu beachten wären (*Seibt/Wollenschläger* AG 2009, 807, 816). Eines HV-Beschlusses oder Pflichtangebots nach den geschilderten Regeln (s Rn 29 ff) bedarf es nicht.

§ 120 Entlastung; Votum zum Vergütungssystem

(1) ¹Die Hauptversammlung beschließt alljährlich in den ersten acht Monaten des Geschäftsjahrs über die Entlastung der Mitglieder des Vorstands und über die Entlastung der Mitglieder des Aufsichtsrats. ²Über die Entlastung eines einzelnen Mitglieds ist gesondert abzustimmen, wenn die Hauptversammlung es beschließt oder eine Minderheit es verlangt, deren Anteile zusammen den zehnten Teil des Grundkapitals oder den anteiligen Betrag von einer Million Euro erreichen.

(2) ¹Durch die Entlastung billigt die Hauptversammlung die Verwaltung der Gesellschaft durch die Mitglieder des Vorstands und des Aufsichtsrats. ²Die Entlastung enthält keinen Verzicht auf Ersatzansprüche.

(3) Die Verhandlung über die Entlastung soll mit der Verhandlung über die Verwendung des Bilanzgewinns verbunden werden.

(4) ¹Die Hauptversammlung der börsennotierten Gesellschaft kann über die Billigung des Systems zur Vergütung der Vorstandsmitglieder beschließen. ²Der Beschluss begründet weder Rechte noch Pflichten; insbesondere lässt er die Verpflichtungen des Aufsichtsrats nach § 87 unberührt. ³Der Beschluss ist nicht nach § 243 anfechtbar.

Übersicht

	Rn		Rn
A. Allgemeines	1	1. Zeitliche und persönliche Reichweite	10
B. Erläuterungen	2	2. Erfasste Vorgänge und Bestandskraft	11
I. Beschluss (Abs 1)	2	3. Ersatzansprüche	12
1. Zuständigkeit	2	4. Folgen der Entlastung	13
2. Frist	3	5. Folgen der Entlastungsverweigerung	14
3. Beschlussfassung	4	III. Verbindungsgebot (Abs 3)	16
4. Ermessen der Hauptversammlung	5	IV. Anfechtbarkeit und Nichtigkeit	18
5. Gesamt-/Einzelentlastung	6	1. Nichtigkeit	18
a) Gesamtentlastung	6	2. Anfechtbarkeit	19
b) Einzelentlastung	7	V. Billigung des Vorstands-Vergütungssystems (Abs 4)	20
6. Teilentlastung, Bedingung, Vorbehalt	9		
II. Wirkung (Abs 2)	10		

Literatur: *Annuß/Theusinger* Das VorstAG – Praktische Hinweise zum Umgang mit dem neuen Recht, BB 2009, 2434; *Begemann/Laue* Der neue § 120 Abs. 4 AktG – ein zahnloser Tiger?, BB 2009, 2442; *Bosse* Das Gesetz zur Angemessenheit der Vorstandsvergütung (VorstAG) – Überblick und Handlungsbedarf, BB 2009, 1650; *Deilmann/Otte* „Say on Pay" – erste Erfahrungen der Hauptversammlungspraxis, DB 2010, 545; *Dietz* Zulässigkeit einer Blockabstimmung der Hauptversammlung der AG, BB 2004, 452; *Döll* Das Votum zum Vergütungssystem nach § 120 Abs. 4 AktG, WM 2010, 103; *Drinhausen/Keinath* BB-Rechtsprechungs- und Gesetzgebungsreport zum Hauptversammlungsrecht 2009, BB 2010, 3; *Fleischer/Bedowski* „Say on Pay" im deutschen Aktienrecht: Das neue Vergütungsvotum der Hauptversammlung nach § 120 IV AktG, AG 2009, 677; *Goette* Umschreibungsstopp – Einzelentlastung – Entsprechungserklärung: Neue Aussage des II. Zivilsenats, GWR 2009, 459; *Grunewald* Rückverlagerung von Entscheidungskompetenzen der Hauptversammlung auf den Vorstand, AG 1990, 133; *Haar* Satzungsauslegung in der Vorratsgesellschaft und Informationsrelevanz des fakultativen Lageberichts, NZG 2008, 494; *Habersack/Schürnbrand* Die Bestätigung fehlerhafter Beschlüsse, FS Hadding, 2004, S 391; *Henze*

Entlastung § 120

Neuere Rechtsprechung zu Rechtsstellung und Aufgaben des Aufsichtsrats, BB 2005, 165; *Hoffmann-Becking/Krieger* Leitfaden zur Anwendung des Gesetzes zur Angemessenheit der Vorstandsvergütung (VorstAG), NZG-Beil 2009, 1; *Hügel/Klepsch* Entlastung und Stimmverbot bei Personenidentität im Konzern, NZG 2005, 905; *Kubis* Die Entlastung nach rechtswidrigem Organhandeln in der Aktiengesellschaft, NZG 2005, 791; *Kuhnt* Geschäftsordnungsanträge und Geschäftsordnungsmaßnahmen bei der Hauptversammlung, FS Lieberknecht, 1997, S 45; *Lutter* Blockabstimmung im Aktien- und GmbH-Recht, FS Odersky, 1996, S 847; *ders* Zur Anfechtung eines Entlastungsbeschlusses, JZ 2003, 684; *Maser/Bäumker* Steigende Anforderungen an die Berichtspflicht des Aufsichtsrats?, AG 2005, 906; *Mutter/Kruchen* Stimmverbote bei Beschlüssen nach § 120 Abs. 4 AktG?, AG-Report 2010, 78; *Nägele* Entlastung des GmbH-Geschäftsführers und des AG-Vorstands – Chancen und Risiken in der Praxis, BB 2000, 1253; *Quinke* Verträge mit Aufsichtsratsmitgliedern – zum Fresenius-Urteil des BGH, DStR 2012, 2020; *Rieder* Anfechtbarkeit von Aufsichtsratswahlen bei unrichtiger Entsprechenserklärung?, NZG 2010, 737; *Rollin* Einzelentlastungsbeschlüsse auf Grund Anordnung des Versammlungsleiters in der AG, NZG 2004, 804; *K. Schmidt* Entlastung, Entlastungsrecht und Entlastungsklage des Geschäftsführers einer GmbH, ZGR 1978, 425; *ders* Macrotron oder: weitere Ausdifferenzierung des Aktionärsschutzes durch den BGH, NZG 2003, 601; *J. Semler* Einzelentlastung und Stimmverbot, FS Zöllner, Bd I, 1998, S 553; *Sethe* Die aktienrechtliche Zulässigkeit der sogenannten „Teilentlastung", ZIP 1996, 1321; *Stützle/Walgenbach* Leitung der Hauptversammlung und Mitspracherecht der Aktionäre in Fragen der Versammlungsleitung, ZHR 155 (1991), 516; *Thüsing* Das Gesetz zur Angemessenheit der Vorstandsvergütung, AG 2009, 517; *Vetter* Der kraftlose Hauptversammlungsbeschluss über das Vorstandsvergütungssystem nach § 120 IV AktG, ZIP 2009, 2136; *Volhard/Weber* Entlastung, wie oft?, NZG 2003, 351; *Weitemeyer* Der BGH stärkt das Auskunftsrecht der Aktionäre nach einer Fusion, NZG 2005, 341; *ders* Die Entlastung im Aktienrecht – neueste Entwicklungen in Gesetzgebung und Rechtsprechung, ZGR 2005, 280; *Wilm* Beobachtungen der Hauptversammlungssaison 2010, DB 2010, 1686.

A. Allgemeines

§ 120 regelt das Verfahren (Abs 1 und 3) und die Folgen (Abs 2) der Entlastung von Vorstands- und AR-Mitgliedern. Abs 1 enthält Bestimmungen zu den Fragen, wer über die Entlastung entscheidet und in welchem Zeitrahmen diese Entscheidung zu treffen ist (S 1), ferner werden noch Abstimmungsmodalitäten festgelegt (S 2). Besonderes Gewicht kommt Abs 2 S 2 zu, wonach eine Entlastung anders als bei der GmbH keinen Verzicht auf Ersatzansprüche enthält. Weder die Entlastung noch deren Verweigerung begründen irgendwelche unmittelbaren vermögensrechtlichen Auswirkungen (*BGH* WM 1967, 503, 508; *OLG Stuttgart* AG 1995, 233, 234). Trotz dieser rechtlichen Beschränkung begründen insbesondere der drohende Ansehensverlust der betroffenen Verwaltungsmitglieder und die sich daraus ergebenden negativen Nachwirkungen in der Praxis ein gesteigertes Interesse an der Entlastung (vgl GroßKomm AktG/*Mülbert* Rn 11; *OLG Düsseldorf* WM 1996, 777, 781). Abs 3 führt zur Verbindung der Verhandlung über die Entlastungsentscheidung mit der Verhandlung über die Entscheidung über die Verwendung des Bilanzgewinns in der ordentlichen HV, was zwar nicht notwendig zwingend, jedoch praktikabel ist (vgl Rn 16; MünchKomm AktG/*Kubis* Rn 4). Im Zusammenhang mit der Zuständigkeitszuweisung an die HV muss ihr ein weit reichendes, die Zuständigkeit flankierendes Informationsrecht bezüglich der Verwendung und der Entwicklung des Gesellschaftsvermögens zugestanden werden; die korrespondierenden Informationspflichten sind seit Geltung des ARUG v 30.7.2009 (BGBl I S 2479) nicht mehr in Abs 3 geregelt, sondern exklusiv in

§ 120 Entlastung

§§ 175 f. Die Regelung ist insofern, also bezüglich Abs 1–3, **zwingend** (§ 23 Abs 5). Möglich ist aber die Verschärfung der Anforderung an Beschlussmehrheit nach Abs 1 S 2 (*Kubis* aaO Rn 59). Neu hinzugekommen durch das VorstAG v 31.7.2009 (BGBl I S 2509) ist Abs 4, der der HV von börsennotierten AGs die Möglichkeit eines Votums über die Billigung des Vergütungssystems der Vorstandsmitglieder eröffnet.

B. Erläuterungen

I. Beschluss (Abs 1)

2 1. Zuständigkeit. **Ausschließlich** die HV ist für die Entlastung zuständig, auch für die Entlastung von entsandten, gerichtlich bestellten und von den Arbeitnehmern gewählten AR-Mitgliedern (MünchKomm AktG/*Kubis* Rn 3). Die Verwaltungsorgane können sich nicht gegenseitig entlasten (MünchHdb AG/*F.-J. Semler* § 34 Rn 21, zu der Auslegung als Antragspflicht der Entlastung vgl *Kubis* aaO). Bei einer Einmann-AG ist § 136 Abs 1 S 1 zu beachten: Ist der Alleinaktionär auch Verwaltungsmitglied, so kommt für ihn keine Beschlussfassung über die Entlastung in Betracht; bezüglich der übrigen Verwaltungsmitglieder muss gesondert (Abs 1 S 2) abgestimmt werden (GroßKomm AktG/*Mülbert* Rn 114).

3 2. Frist. Als **Höchstfrist** für den Beschl über die Entlastung sieht Abs 1 S 1 die ersten acht Monate des Geschäftsjahres vor. §§ 187 ff BGB sind einschließlich § 193 BGB anwendbar. Diese Frist kann nicht qua Satzung verkürzt werden (str, K. Schmidt/Lutter AktG/*Spindler* Rn 16 mwN; MünchKomm AktG/*Kubis* Rn 59; **aA** MünchHdb AG/*Semler* § 34 Rn 51; KölnKomm AktG/*Zöllner* Rn 6 mwN), da hierdurch die ordnungsgemäße Arbeit des Abschlussprüfers nicht mehr in jedem Fall gewährleistet wäre (*Spindler* aaO). Die Regelung von Abs 1 S 1 ist im Zusammenhang mit Abs 3 zu lesen, wonach die Verhandlung über die Entlastung mit der über die Verwendung des Bilanzgewinns verbunden werden soll. Die HV muss ua zur Verhandlung über die Verwendung des Bilanzgewinns nach § 175 Abs 1 S 1 unverzüglich nach Eingang des Berichts des AR einberufen werden. Im Ergebnis soll somit wegen Abs 3 die Entlastung auch auf die Tagesordnung der ordentlichen HV, deren Einberufungszeitpunkt sich aus § 175 Abs 1 S 1 (unverzüglich nach Eingang des AR-Berichts) ergibt, gesetzt werden. Dadurch bleibt die Verbindung von Entlastung und Rechenschaftslegung über das Vermögen der AG gewahrt. Jedoch bleibt es dem Vorstand unbenommen, entgegen Abs 3 („soll") über die Entlastung nach der ordentlichen HV entscheiden zu lassen **Folgen einer Fristüberschreitung**: Zwangsgelder nach § 407 kommen mangels Verweises auf § 120 nicht in Betracht, auch nicht eine Leistungsklage einzelner Aktionäre auf Einberufung der HV zwecks Beschlussfassung über die Entlastung; weiterhin macht eine Überschreitung der Frist die Entlastung nicht unwirksam (*Kubis* aaO Rn 4 f; *Nägele* BB 2000, 1253, 1256). Möglich sind bei Überschreitung der Frist ein Verfahren nach § 122 und die Verweigerung der Entlastung des Vorstands; die Abberufung nach § 84 Abs 3 S 1 bleibt nur besonderen Ausnahmefällen vorbehalten (**hM** *Kubis* aaO Rn 5; *Zöllner* aaO Rn 5 f; *Spindler* aaO Rn 17; **aA** Spindler/Stilz AktG/ *Hoffmann* Rn 5).

4 3. **Beschlussfassung.** Für die Stimmenmehrheit gilt § 133 Abs 1. Der Beschlussantrag lautet – zumindest sinngemäß – entweder auf Entlastung, Verweigerung der Entlastung oder Vertagung der Entlastungsentscheidung (MünchKomm AktG/*Kubis* Rn 6; K. Schmidt/Lutter AktG/*Spindler* Rn 20; **aA** Spindler/Stilz AktG/*Hoffmann* Rn 6;

Entlastung § 120

GroßKomm AktG/*Mülbert* Rn 82: nicht auf Verweigerung der Entlastung). Im Wortlaut muss sich nicht notwendig „Entlastung" wieder finden (*Mülbert* aaO Rn 80). Die Entlastung wird auch dann verweigert, wenn die für eine Entlastung erforderliche Mehrheit nicht erreicht wird oder ein Entlastungsbeschluss nichtig oder erfolgreich angefochten ist. Konkludent kann der Entlastungsbeschluss nicht gefasst werden (*RGZ* 112, 19, 26), ein solcher liegt auch nicht in der Feststellung des Jahresabschlusses durch die HV (§ 173) oder in der Zustimmung nach § 119 Abs 2 (*Kubis* aaO mwN). Das Registergericht kann den Vorstand nicht gem § 407 zur Herbeiführung des Entlastungsbeschlusses anhalten (*Volhard/Weber* NZG 2003, 351, 352). Bezüglich des Stimmverbotes vgl § 136 Rn 1 und *Hügel/Klepsch* NZG 2005, 905 ff. Zur Frage der Möglichkeit eines nachträglichen entgegengesetzten Beschl s Rn 11.

4. Ermessen der Hauptversammlung. Str ist, ob das Ermessen der HV hinsichtlich 5 der Erteilung der Entlastung begrenzt ist: Nach einer Ansicht kann auch einer „pflichtvergessenen" Verwaltung, der erhebliche Gesetzes- oder Satzungsverstöße zur Last fielen, Entlastung erteilt werden, was ua mit den Regelungen in Abs 2 S 2 bzw § 93 Abs 4 begründet wird (GroßKomm AktG/*Mülbert* Rn 76). Die Entlastung beinhalte nach dieser Ansicht lediglich die Erklärung, die Verwaltung habe unternehmerisch zweckmäßig gehandelt und genieße weiterhin das Vertrauen der HV. Eine Anfechtung des Entlastungsbeschlusses wegen Inhaltsmängeln scheidet daher grds aus; möglich bleibt jedoch eine Anfechtung aufgrund von Verfahrensfehlern (*OLG München* ZIP 1992, 327, 335 f; *OLG Düsseldorf* WM 1996, 777, 781; *Kubis* NZG 2005, 791, 796). Eine andere Ansicht hingegen sieht in der Entlastung vornehmlich die Erklärung der HV, die Verwaltung als – im Großen und Ganzen – gesetz- und satzungsmäßig zu billigen (*KG* AG 2001, 355, 256; *OLG Hamm* ZIP 1993, 119, 121; *Sethe* ZIP 1996, 1321; *Lutter* JZ 2003, 684, 685). Daneben bestehen auch vermittelnde Ansätze (*OLG Hamburg* AG 2002, 460, 462: keine Entlastung bei „unentschuldbaren" Verstößen). Nach richtiger Auffassung ist ein Entlastungsbeschluss inhaltlich gesetzeswidrig und daher auch anfechtbar, wenn Gegenstand der Entlastung ein Verhalten ist, das **eindeutig** einen **schwerwiegenden** Gesetzes- oder Satzungsverstoß darstellt (Spindler/Stilz AktG/*Hoffmann* Rn 27; *Hüffer* AktG Rn 12; *BGH* AG 2012, 248; AG 2009, 824, 826; *BGHZ* 160, 385, 388; 153, 47, 51 f; *OLG Stuttgart* AG 2011, 93 – „Porsche/VW"; *BGH* AG 2012, 712 – „Fresenius", dazu auch § 114 Rn 7; *OLG Köln* BB 2013, 592, 593; *OLG München* WM 2009, 265, 269; zur Kritik an der BGH-Rspr: *Kubis* NZG 2005, 791 und *K. Schmidt* NZG 2003, 601, 604 ff). Die Pflichtverletzung muss für die HV außerdem **erkennbar** gewesen sein (*OLG Stuttgart* AG 2012, 298, 303; AG 2011, 93, 94; *OLG Köln* NZG 2009, 1110, 1111). Liegt ein eindeutiger und schwerwiegender Gesetzesverstoß vor und ist dies für die HV erkennbar, dann stellt eine dennoch erfolgte Entlastungserteilung eine Treuepflichtverletzung der den Entlastungsbeschluss tragenden Mehrheit der HV dar (*OLG Stuttgart* AG 2012, 298, 303). Denn nur in diesem Fall ist der HV-Mehrheit eine treuwidrige Überschreitung des ihr bei der Entlastungsentscheidung zukommenden Ermessens vorzuwerfen (*OLG Stuttgart* AG 2012, 298, 303; AG 2011, 93, 94). Das Erfordernis eines **schwerwiegenden** Verstoßes liegt zB vor bei Verstößen gegen gesetzliche Kardinalpflichten oder bei kriminellen Handlungen, nicht schon bei falschen unternehmerischen Entscheidungen oder bei jeder Sorgfaltspflichtverletzung (*OLG Hamburg* AG 2002, 460, 462). Anerkannt ist zB, dass ein AR-Mitglied einen eindeutigen und schwerwiegenden Gesetzesverstoß verwirklicht, wenn es bei besonders bedeutsamen Geschäften eine persönliche

Risikoanalyse unterlässt (*OLG Stuttgart* AG 2012, 298, 300 ff – bestätigt durch *BGH* ZIP 2012, 2438, 2439). Die Unrichtigkeit der Entsprechenserklärung (§ 161) stellt einen schwerwiegenden Gesetzesverstoß dar, wenn die Unrichtigkeit über einen Formalverstoß hinausgeht und auch im konkreten Einzelfall Gewicht hat (*BGH* NZG 2013, 783, 784 für den Fall einer unzureichenden Mitteilung von Interessenkonflikten im AR-Bericht gem Ziff 5.5.3 DCGK). Das Vorliegen eines schwerwiegenden und eindeutigen Gesetzesverstoßes ist auch zu bejahen, wenn die Konzernkapitalflussrechnung Lücken bei der Information der Aktionäre aufweist, weil in diesem Fall die Interpretation der Finanzlage der Ges seitens der Aktionäre nicht sachgerecht erfolgen kann (*LG München* AG 2012, 386, 388). Die **Eindeutigkeit** der Pflichtverletzung ist zu bejahen, wenn sich ein Sachverhalt zwar unterschiedlich interpretieren lässt, sich aber in jedem Fall eine schwerwiegende Pflichtverletzung des Entlasteten ergibt (*OLG Stuttgart* AG 2012, 298, 301). Es fehlt an der Eindeutigkeit, wenn die Rechtsfrage, von der die Rechtmäßigkeit des der Entlastung zugrundeliegenden Verhaltens abhing, nicht eindeutig zu beantworten war (*BGH* AG 2012, 712, 714 „Fresenius"; zust *Quinke* DStR 2012, 2020). Ein eindeutiger Verstoß liegt auch nicht vor, wenn Vorstand und AR iR eines Beteiligungserwerbs keine Zustimmung der HV einholen, da umstritten und nicht geklärt ist, ob und unter welchen Voraussetzungen die Beteiligungserwerb nach den Grundsätzen der Holzmüller/Gelatine-Rspr (s § 119 Rn 17) zu einer HV-Zuständigkeit führt (*BGH* AG 2012, 248). Das Erfordernis der Eindeutigkeit setzt prozessual in Darstellung und Beweisführung eine Hürde: Das Fehlverhalten muss substantiiert dargelegt und bei Bestreiten vom Anfechtungskläger umfänglich bewiesen worden sein (s Rn 19). Dem Erfordernis der **Erkennbarkeit** der Pflichtverletzung für die HV ist Genüge getan, wenn die tatsächlichen Umstände, aus denen die Pflichtverletzung abzuleiten ist, unstreitig sind und die Pflichtverletzung durch den Redebeitrag eines Aktionärs der HV vor Augen geführt worden ist (*OLG Stuttgart* AG 2012, 298, 304). Ausreichend ist, dass sich der die Anfechtung begründende Sachverhalt aus den der HV bekannten Umständen ergibt (*OLG Köln* BB 2013, 592, 595). Kannte die HV die Verstöße bei Beschlussfassung nicht und konnte sie diese auch nicht erkennen, ist die Entlastung trotzdem rechtmäßig und bleibt es auch bei späterer Entdeckung (zutr *Volhard/Weber* NZG 2003, 351, 352).

6 **5. Gesamt-/Einzelentlastung. – a) Gesamtentlastung.** Wie sich insbesondere aus Abs 1 S 2 ergibt, geht § 120 von der Gesamtentlastung als Regelfall aus. Gesamtentlastung bedeutet, dass über die Entlastung sämtlicher Mitglieder des Vorstandes **oder** des AR in einem Abstimmungsgang entschieden wird; nicht zulässig ist es hingegen, über die Entlastung sämtlicher Mitglieder des Vorstandes **und** des AR – einheitlich – in einer Globalabstimmung zu entscheiden (ganz hM, *Hüffer* AktG Rn 8 mwN; *OLG München* WM 2006, 1486; **aA** Spindler/Stilz AktG/*Hoffmann* Rn 14: grds zulässiges Beschlussbündel). Notwendig sind daher immer zumindest zwei Abstimmungsgänge (MünchHdb AG/*F.-J. Semler* § 34 Rn 23).

7 **b) Einzelentlastung.** Die Einzelentlastung (Abs 1 S 2) setzt grds (s aber Rn 8) einen Beschl der HV oder ein Verlangen einer qualifizierten Minderheit voraus. Einzelentlastung kann Einzelentlastung sämtlicher Mitglieder eines oder beider Organe bedeuten oder gesonderte Einzelentlastung nur eines oder einzelner Mitglieder bei Gesamtentlastung der übrigen Mitglieder (MünchKomm AktG/*Kubis* Rn 8). Der Antrag darf auch mehrere Mitglieder des Organs aufführen, deren Einzelentlastung begehrt wird (Obermüller/Werner/Winden HV/*Butzke* I Rn 27; Spindler/Stilz AktG/*Hoffmann*

Entlastung § 120

Rn 17 mwN), was jedoch nicht bedeutet, dass über diese getrennt **nach Gruppen** abgestimmt werden dürfte (*Hoffmann* aaO; K. Schmidt/Lutter AktG/*Spindler* Rn 22; *BGHZ* 36, 296, 312 f). Das Verlangen der Minderheit ist grds beurkundungspflichtig (§ 130 Abs 1 S 2). Das in der 2. Alt erforderliche Quorum von einer Mio EUR errechnet sich bei Stückaktien nach § 8 Abs 3 S 3, bei Nennbetragsaktien ist auf den Nennbetrag abzustellen (*Hüffer* AktG Rn 9). Eigene Aktien, stimmrechtslose Aktien und Aktien, die nicht voll eingezahlt sind, sind bei der Berechnung mit zu berücksichtigen (vgl § 122 Rn 3, GroßKomm AktG/*Mülbert* Rn 103). Es obliegt dem die Einzelentlastung verlangenden Aktionär, das erforderliche Quorum nachzuweisen (str, *Butzke* aaO I Rn 23; **aA** *J. Semler* FS Zöllner, S 555; *Spindler* aaO Rn 27 mwN; *Hoffmann* aaO Rn 18 f mwN; *Kubis* aaO Rn 11); der Versammlungsleiter sollte hierbei Unterstützung leisten, muss es jedoch nicht (zu weit daher *Hoffmann* aaO Rn 19: Unterstützungspflicht) Der Nachweis kann zB durch Vorlage des Stimmabschnittbogens geführt werden. Das Verlangen muss ausdrücklich erfolgen und liegt nicht bereits in einem erfolglosen Beschl der HV nach Abs 1 S 2 Alt 1 zur Frage, ob eine Einzelentlastung erfolgen soll, der vom Abstimmungsergebnis her ein Minderheitenquorum nach Abs 1 S 2 Alt 2 erreicht (**hM**, *Butzke* aaO I Rn 25 mwN; *Hüffer* aaO; *Spindler* aaO Rn 26; **aA** *Rollin* NZG 2004, 804, 805 f; *Hoffmann* aaO). Wenn der die Einzelentlastung verlangende Aktionär das Minderheitenquorum nicht erreicht, sollte der Versammlungsleiter nachfragen, ob der Aktionär einen Antrag auf Abstimmung durch die HV über die Frage der Einzelentlastung stellen will.

Der **Versammlungsleiter** darf ohne die Voraussetzungen des Abs 1 S 2 Einzelentlastung anordnen (**hM**, *BGHZ* 182, 272 278 – „Umschreibungsstopp"; *BGH* ZIP 2010, 879, 880; *Rollin* NZG 2004, 804 ff mwN; *J. Semler* FS Zöllner, S 555 f; *Kuhnt* FS Lieberknecht, S 63 f; MünchHdb AG/*F.-J. Semler* § 34 Rn 24; **aA** *Stützle/Walgenbach* ZHR 155 (1991), 516, 534; Geßler/Hefermehl/Eckardt/Kropff AktG/*Eckardt* Rn 19 mwN). Die Reihenfolge der Abstimmungen über die Einzelentlastungen kann grds vom Versammlungsleiter bestimmt werden, eine unzweckmäßige Reihenfolge kann für sich allein noch keine Anfechtbarkeit begründen (*OLG München* NJW-RR 1996, 159, 160); nicht jeder geringfügige Formalverstoß kann die Anfechtbarkeit begründen. Streitig ist, ob die Wahl der Einzelentlastung statt Gesamtentlastung **rechtsmissbräuchlich** sein kann (so *OLG München* NJW-RR 1996, 159, 160: Rechtsformmissbrauch bei mangelnden sachlichen Gründen für eine Einzelentlastung und bei Unterlaufen der §§ 136 Abs 1 S 1, 142 Abs 1). Richtiger Ansicht nach wird man eine solche Schranke der Rechtsmissbräuchlichkeit nicht anerkennen können, insbesondere bedarf die Wahl der Einzelentlastung keiner **sachlichen Rechtfertigung** (*BGHZ* 182, 272, 279; *Lutter* FS Odersky, S 854 f; *J. Semler* aaO S 556 f; *Dietz* BB 2004, 452, 453; Spindler/ Stilz AktG/*Hoffmann* Rn 20; ebenso, aber für besondere Ausnahmefälle die Rechtsmissbräuchlichkeit bejahend K. Schmidt/Lutter AktG/*Spindler* Rn 30 mwN; MünchKomm AktG/*Kubis* Rn 13; GroßKomm AktG/*Mülbert* Rn 104), bei § 136 kann dem Vorwurf eines Rechtsmissbrauchs durch richtige Handhabung des Stimmverbots begegnet werden (*J. Semler* aaO S 557; *Lutter* aaO; *Dietz* aaO). § 136 Abs 1 bedeutet bezogen auf die Einzelentlastung folgendes: Die Mitglieder eines Verwaltungsorgans sind nicht gehindert, bezüglich der Entlastung von Mitgliedern eines anderen Verwaltungsorgans abzustimmen (*J. Semler* aaO S 561). Anderes kann nur gelten, wenn beide Verwaltungsorgane derselbe bzw ein sehr ähnlicher Vorwurf wegen einer gemeinsamen Handlung trifft. **Im Prinzip** erlaubt die Technik der Einzelentlastung, bezüglich

8

der Entlastung eines anderen Mitglieds **auch desselben** Organs abzustimmen. Anderes gilt nur, wenn sich der Vorwurf gegen ein Mitglied eines Verwaltungsorgans auch gegen das abstimmende Mitglied desselben Verwaltungsorgans richtet, wenn es sich also um eine (behauptete) **gemeinsame Verfehlung** handelt (*BGHZ* 97, 28, 34 zu §§ 46 Nr 8, 47 Abs 4 GmbHG; MünchKomm AktG/*Schröer* § 136 Rn 8; *Spindler* aaO § 136 Rn 24 jeweils mwN **aA** *Hoffmann* aaO). Gemeinsam meint **vorwerfbare Mitwirkung** (*J. Semler* aaO S 562). Die gemeinsame Verfehlung muss zwar nicht durch Grundurteil festgestellt werden (*BGHZ* 97, 28, 36). Jedoch muss sie **schlüssig, substantiiert und als konkreter Vorgang dargestellt** werden; mangelnder geschäftlicher Erfolg und reine Missbilligung der Geschäftsführung genügen auf keinen Fall (*J. Semler* aaO). Ein Stimmverbot besteht **nicht** schon dann, wenn die Möglichkeit eines irgendwie gearteten Konflikts besteht, weil der Abstimmende auch außergesellschaftliche Interessen oder die Interessen Nahestehender zu verfolgen geneigt ist (*BGHZ* 97, 28, 33; *Lutter* aaO S 848). Zur Nichtigkeit Rn 18.

9   **6. Teilentlastung, Bedingung, Vorbehalt.** Anfechtbar ist ein Entlastungsbeschluss, wenn dieser nur einen **Teilbereich**, namentlich nur einzelne Geschäftsführungsmaßnahmen, erfasst und die Gesamtbeurteilung vertagt wird (ganz **hM**, MünchKomm AktG/*Kubis* Rn 23 mwN; K. Schmidt/Lutter AktG/*Spindler* Rn 41 mwN; **aA** wohl *OLG Stuttgart* AG 1995, 233, 234). Zulässig ist hingegen der entgegengesetzte Fall der sachlich umfassenden Entlastung, von der lediglich ein klar abgegrenzter Komplex ausgenommen wird, der isoliert betrachtet werden kann (hM *Spindler* aaO; *Kubis* aaO Rn 24; **aA** Spindler/Stilz AktG/*Hoffmann* Rn 7). Letzteres ist nicht gegeben, wenn der ausgeklammerte Bereich auf übrige Teile der Geschäftsführung auswirken kann oder wenn der ausgeblendete Pflichtverstoß wesentlich und umfassend ist (*OLG Düsseldorf* WM 1996, 777, 780 ff; *Sethe* ZIP 1996, 1321, 1324; ähnlich *Spindler* aaO mwN). Unproblematisch ist es, trotz einer generellen Entlastung Kritik zu bestimmten Vorgängen in Beschlussform zu äußern, wenn dadurch die Entlastung als Gesamturteil nicht geschmälert wird. Möglich ist auch, sich einen Widerruf der Entlastung im Hinblick auf bestimmte Sachverhalte vorzubehalten (*OLG Düsseldorf* aaO 782). Eine Entlastung unter **Bedingung** oder **Vorbehalt**, etwa in Zusammenhang mit einer ausstehenden Sonderprüfung, ist unzulässig (**hM**, *OLG Düsseldorf* aaO 781; KölnKomm AktG/*Zöllner* Rn 20; *Spindler* aaO Rn 42 mwN; **aA** *Grunewald* AG 1990, 133, 137; zur möglichen Umdeutung *Sethe* aaO 1325 f).

II. Wirkung (Abs 2)

10 **1. Zeitliche und persönliche Reichweite.** Die Entlastung bezieht sich auf die **Vergangenheit** (*BGHZ* 94, 324, 326), in keinem Fall auf das noch laufende Geschäftsjahr (GroßKomm AktG/*Mülbert* Rn 96). Der exakte von der Entlastung umfasste Zeitraum ergibt sich aus dem bekannt gemachten Tagesordnungspunkt, idR das zurückliegende Geschäftsjahr (MünchKomm AktG/*Kubis* Rn 20). Möglich sind aber Erweiterung auf frühere Zeiträume, zB wegen eines angefochtenen früheren Entlastungsbeschlusses oder Vertagung (MünchHdb AG/*F.-J. Semler* § 34 Rn 27 mwN), und die zeitliche Verkürzung (das gilt automatisch ohne Notwendigkeit eines Hinweises für während des betr Geschäftsjahres ausgeschiedene Mitglieder; iÜ ist die Verkürzung – namentlich wegen der erforderlichen Rechenschaftslegung, Zwischenbilanz [vgl § 63 Abs 1 Nr 3] genügt nicht – praktisch irrelevant, *Kubis* aaO). Eine Entlastungslücke ergibt sich bei einer Verschmelzung auf einen anderen Rechtsträger vor Ablauf des Geschäftsjahres (str): Eine

Entlastung für Organe der aufgenommenen Gesellschaft kann dann nicht mehr erfolgen (*OLG München* AG 2001, 197, 198; Lutter UmwG/*Grunewald* § 20 Rn 29 mwN; **aA** *OLG Hamburg* AG 2005, 355, 356 f; offen gelassen in *BGHZ* 160, 385, 390 f). Entlastet werden nicht die Organe, sondern die Organmitglieder (*BGHZ* 160, 385, 390 f). Bei der **persönlichen Reichweite** ist zu unterscheiden zwischen Gesamt- und Einzelentlastung. Bei der Gesamtentlastung werden alle Mitglieder erfasst, die im Entlastungszeitraum – wenn auch nur teilweise – tätig waren, bei der Einzelentlastung jeweils nur die namentlich genannten (Rn 6 ff).

2. Erfasste Vorgänge und Bestandskraft. Von der Entlastung werden diejenigen Vorgänge erfasst, die sich auf den betreffenden Entlastungszeitraum ausgewirkt haben und die von den von der Entlastung betroffenen Verwaltungsmitgliedern zu verantworten sind (*Volhard/Weber* NZG 2003, 351, 352 f; *OLG Hamburg* AG 2005, 355, 356); nur hierzu können Fragen nach § 131 gestellt werden (s § 131 Rn 7 ff; *LG Frankfurt/Main* WM 2005, 2235, 2237 f). Von der Entlastung werden nicht Vorgänge erfasst, über die bereits Entlastung erteilt worden ist (*OLG Stuttgart* AG 2011, 93 f – „Porsche/VW"; *LG Frankfurt/Main* AG 2005, 51, 52). Werden nach Fassung des Entlastungsbeschlusses bedeutsame Umstände bekannt, sind diese nicht von der Entlastung umfasst (str, *OLG Frankfurt* AG 2007, 329 f; *OLG Frankfurt* AG 2007, 401 f; MünchHdb AG/*Semler* § 34 Rn 28; *Henze* BB 2005, 165, 169; KölnKomm AktG/*Zöllner* Rn 38; **aA** MünchKomm AktG/*Kubis* Rn 22 mwN; GroßKomm AktG/*Mülbert* Rn 83 f; Spindler/Stilz AktG/*Hoffmann* Rn 7; K. Schmidt/Lutter AktG/*Spindler* Rn 40). Die Kontroverse darf allerdings nicht überbewertet werden, da der HV die Möglichkeit des **Widerrufs** durch Fassung eines entsprechenden Beschl verbleibt (hierzu s *Zöllner* aaO Rn 39, *Semler* aaO). Hinsichtlich aller Vorgänge, die aus ex-post Sicht von der Entlastung nicht erfasst werden, seien es willentlich ausgeklammerte Bereiche (vgl Rn 9), Vorgänge, die erst nach Fassung des Entlastungsbeschlusses bekannt werden, oder gar infolge der Gesamtheit aller Vorgänge wegen erfolgreicher Anfechtung des Entlastungsbeschlusses kann auch im Nachhinein Entlastung erteilt werden; dies gilt auch bei vorheriger Verweigerung der Entlastung; eine Verpflichtung hierzu besteht nicht. Dabei müssen jedoch erneut alle formellen Voraussetzungen (zB die Berichterstattung gem § 175) erfüllt werden. Die Entlastung ist **spezifisches gesellschaftsrechtliches Institut**, es enthält weder Erlassvertrag noch negatives Schuldanerkenntnis und bedarf daher weder des **Zugangs** noch eines Ausführungsaktes (*Hüffer* AktG Rn 3 f). Die Entlastung wird mit Feststellung des Beschlussergebnisses **wirksam** (*Kubis* aaO Rn 29).

3. Ersatzansprüche. Ausgangspunkt ist die Bestimmung in Abs 2 S 2, wonach die Entlastung nicht zum Verzicht auf Ersatzansprüche führt. Diese Regelung erfährt keine Reduktion, auch nicht im Falle einstimmig beschlossener Entlastung, selbst nicht nach Ablauf der Frist nach § 93 Abs 4 S 3 (inzwischen unstr, KölnKomm AktG/*Zöllner* Rn 31). Eine Auslegung der Entlastung als Verzicht nach § 93 Abs 4 S 3 scheitert bereits an § 124 (MünchKomm AktG/*Kubis* Rn 30).

4. Folgen der Entlastung. Vorstand: Eine Entlastung schließt die Abberufung durch den AR nach § 84 Abs 3 S 1 nicht aus; anderes gilt, wenn der AR der HV die Entlastung nach § 124 Abs 3 S 1 empfohlen hat. Ein Vertrauensentzug nach § 84 Abs 3 S 2 scheidet nach Entlastung aus, außer der Entzug wird auf einen von der Entlastung ausgenommenen (vgl Rn 9) oder von ihr nicht erfassten Komplex (vgl Rn 11) gestützt.

AR: Abberufung (inklusive § 103 Abs 3) bleibt möglich (MünchKomm AktG/*Kubis* Rn 31 ff; GroßKomm AktG/*Mülbert* Rn 40 ff mwN). Zu § 102 s dort.

14 **5. Folgen der Entlastungsverweigerung.** Die Entlastungsverweigerung beinhaltet weder einen Grund iSd §§ 84, 103 noch eine Beweislastumkehr noch ein Indiz hierfür, ebenso keinen Vertrauensentzug oder Widerruf der Bestellung (vgl *BGHZ* 153, 47, 52; *Volhard/Weber* NZG 2003, 351, 352 mwN); dasselbe gilt im Hinblick auf Ersatzansprüche gegen Organmitglieder (vgl *Lutter* JZ 2003, 684). Auf der anderen Seite hat das Verwaltungsmitglied bei willkürlicher Verweigerung der Entlastung einen **Schadensersatzanspruch** (MünchHdb GesR/*F.-J. Semler* § 34 Rn 29; zur GmbH: *BGHZ* 94, 324, 327). Die Verwaltungsmitglieder, denen die Entlastung verweigert worden ist, können unabhängig vom Verweigerungshintergrund das Amt niederlegen und das Dienstverhältnis sofort kündigen (*F.-J. Semler* aaO; K. Schmidt/Lutter AktG/*Spindler* Rn 48 mwN; *BGHZ* 94, 324, 327; einschränkend Spindler/Stilz AktG/*Hoffmann* Rn 38 f mwN; *Hüffer* AktG Rn 16). Bei willkürlicher Verweigerung der Entlastung kann das Amt niedergelegt und die Fortzahlung der Bezüge verlangt werden (Münch-Komm AktG/*Kubis* Rn 36 f; anders *Hoffmann* aaO Rn 40: Amtsniederlegung, Kündigung und Schadensersatz).

15 Die Verwaltungsmitglieder können jedoch auch bei Willkür der HV die Entlastung nicht via **Leistungsklage** durchsetzen, da sie keinen Anspruch auf Entlastung haben (K. Schmidt/Lutter AktG/*Spindler* Rn 51 mwN; *Kubis* NZG 2005, 791, 793; *Volhard/ Weber* NZG 2003, 351, 352 mwN; *BGHZ* 94, 324, 326; krit *Hüffer* AktG Rn 19). Der Vorstand kann allerdings die Entlastung wie auch deren Verweigerung anfechten (§ 245 Nr 4, *Weitemeyer* ZGR 2005, 280, 306). Möglich ist eine **negative Feststellungsklage** eines Verwaltungsmitglieds gegen die Gesellschaft. Die negative Feststellungsklage kann auf das Nichtbestehen einzeln zu benennender (Ersatz-)Ansprüche (unstr, Sperrfrist des § 93 Abs 4 gilt nicht), aber auch auf sämtliche (Ersatz-)Ansprüche einer Entlastungsperiode gerichtet werden (str, *Weitemeyer* aaO 304 f; *K. Schmidt* ZGR 1978, 425, 439 ff; **aA** Spindler/Stilz AktG/*Hoffmann* Rn 37; GroßKomm AktG/*Mülbert* Rn 51 f; offen lassend *BGHZ* 94, 324, 327, 329 f). Für das Feststellungsinteresse genügt es bereits, dass die Geltendmachung von Ersatzansprüchen nicht auszuschließen ist; der potentielle Anspruchsberechtigte muss sich derer auch nicht „berühmen" (str, *OLG Köln* NJW-RR 1997, 483 f; anders *Mülbert* aaO Rn 52). Auch die mit der Entlastungsverweigerung einhergehende Diskriminierung des betroffenen Verwaltungsmitglieds begründet nach allgemeinen Grundsätzen ein Feststellungsinteresse (zutr *Weitemeyer* aaO; *OLG Celle* NJW-RR 1994, 1545; vgl auch Stein/Jonas ZPO/*Schumann* § 256 Rn 71 aE mwN). Gegen die Behauptung, es läge ein schwerwiegender Gesetzes- oder Satzungsverstoß vor, kann ebenfalls negative Feststellungsklage erhoben werden.

III. Verbindungsgebot (Abs 3)

16 Abs 3 enthält eine bloße Soll-Vorschrift, ein Verstoß hiergegen führt weder zur Anfechtbarkeit des Entlastungsbeschlusses noch zu sonstigen Rechtsfolgen (unstr). Zur (rein) faktischen Bindung s bereits Rn 1 und 3. Nicht die Beschl, sondern nur die Verhandlungen unterliegen dem Verbindungsgebot (vorausgesetzt, es liegt überhaupt ein Bilanzgewinn vor); Gewinnverwendung und Entlastung (und ggf Feststellung des Jahresabschlusses im Falle des § 173, vgl § 175 Abs 3 S 2) müssen sich auf derselben Tagesordnung aufeinander folgend wieder finden. Auch dürfen die Beschl zu diesen

zwei (bzw drei) Gegenständen erst dann erfolgen, wenn die Verhandlungen zu allen diesen Gegenständen abgeschlossen sind (GroßKomm AktG/*Mülbert* Rn 52; enger MünchKomm AktG/*Kubis* Rn 43: gemeinsame Debatte).
(zz nicht belegt) 17

IV. Anfechtbarkeit und Nichtigkeit

1. Nichtigkeit. Nichtigkeit des Entlastungsbeschlusses kann grds nur bei formellen Fehlern in Frage kommen (§ 241 Nr 1 und 2), nicht aber wegen inhaltlichen. Selbst bei vorsätzlicher Täuschung der HV durch Organmitglieder kommt es nicht zur Nichtigkeit des Entlastungsbeschlusses, ebenso nicht bei nichtigem Jahresabschluss oder nichtigem Gewinnverwendungsbeschluss (*OLG München* AG 2001, 197, 199; Münch-Komm AktG/*Kubis* Rn 52). Wurde ein Entlastungsbeschluss aufgrund einer Anfechtungs- oder Nichtigkeitsklage für nichtig erklärt, ist nicht erforderlich, dass über den betreffenden Entlastungszeitraum nochmals abgestimmt wird (vgl *Volhard/Weber* NZG 2003, 351 ff; **aA** *LG Frankfurt/Main* DB 2003, 987, 988 f, allerdings dort iE wegen Verfristung bzw Rechtsmissbräuchlichkeit verneint); gleichwohl besteht die Möglichkeit dazu (vgl Rn 11). Der Pflicht aus Abs 1 S 1, alljährlich über die Entlastung der Verwaltungsorgane zu beschließen, ist auch durch fehlerhafte Beschlussfassungen Genüge getan. Wenn die Nichtigerklärung auf einem Informationsmangel, zB einem unzureichenden AR-Bericht, beruht (vgl Rn 19), kann allerdings nach entsprechender Ergänzung des AR-Berichts über die Entlastung bezüglich des betroffenen Entlastungszeitraums nochmals abgestimmt werden. Werden alle Mitglieder des AR durch einen Beschluss entlastet (Gesamtentlastung), ist der angefochtene Entlastungsbeschluss regelmäßig insgesamt für nichtig zu erklären, wenn in der Person eines AR-Mitglieds eine die Entlastung hindernde eindeutige und schwerwiegende Pflichtverletzung festzustellen ist (*OLG Stuttgart* AG 2012, 298, 304). 18

2. Anfechtbarkeit. Die Anfechtung des Entlastungsbeschlusses kommt bei **Verfahrensmängeln** in Betracht. Zur Anfechtbarkeit der Entlastungsbeschlüsse von Vorstand und AR können **unrichtige** (vgl *BGHZ* 180, 9, 23 – „Kirch/Deutsche Bank"), unterjährig **unrichtig werdende** (*BGHZ* 182, 272, 280 f – „Umschreibungsstopp") oder **nicht abgegebene Entsprechenserklärungen** iSd § 161 (*BGH* ZIP 2010, 879) führen (vgl ausf § 161 Rn 47 ff); allerdings hat nicht jeder geringfügige Verstoß gegen § 161 zwangsläufig die Anfechtbarkeit zur Folge (*Goette* GWR 2009, 459, 461; *Rieder* NZG 2010, 737, 738). Ferner stellt eine **unvollständige Berichterstattung** im Bericht des AR an die HV einen grds zur Anfechtung der Entlastungsbeschlusses des AR berechtigenden Gesetzesverstoß gegen § 171 Abs 2 dar (zum erforderlichen Umfang des AR-Berichtes vgl § 171 Rn 8 ff), bspw durch mangelhafte Angaben zur Überwachungstätigkeit nach § 171 Abs 2 (Spindler/Stilz AktG/*Hoffmann* Rn 47 mwN; *OLG Stuttgart* NZG 2006, 272; kein Verstoß gegen § 171 Abs 1 und 2 dagegen bei mangelnder Bekanntgabe darüber hinausgehender Umstände, die ausschließlich zur Beurteilung der Rechtmäßigkeit der AR-Tätigkeit erheblich sind, *OLG München* WM 2009, 265, 268) oder iRd § 314 (s *LG Berlin* DB 2005, 1320 f; dazu krit *Maser/Bäumker* AG 2005, 906, 910). Die Unvollständigkeit der Berichterstattung darf nicht nur unerheblich sein, um einen Verstoß gegen die Berichtspflicht darzustellen. Ein Verstoß gegen die Berichtspflicht des AR kann grds nur die Anfechtbarkeit des Beschl über die Entlastung des AR begründen, nicht aber die des Beschl über die Entlastung des Vorstands; das Fehlverhalten eines Organs kann nicht dem anderen Organ zugerechnet werden (*OLG Mün-* 19 *chen* AG 2006, 592 f). Anderes gilt jedoch dann, wenn der Fehler in der Berichterstattung des AR die Wahrnehmung der Überwachungsfunktion des AR gegenüber dem Vorstand betrifft (§ 171 Abs 2 S 2). In diesem Fall ist neben dem Entlastungsbeschluss des AR auch der Beschl über die Entlastung des Vorstands anfechtbar, denn der AR-Bericht ist insoweit von Bedeutung für die Entscheidung der Aktionäre über die Entlastung des Vorstands (vgl *BGH* WM 2010, 1502, 1505). Die Wahrnehmung der Überwachungsfunktion des AR gegenüber dem Vorstand ist ua betroffen, wenn der AR-Bericht verfahrensfehlerhaft (zB wenn dem AR-Bericht kein feststellender Beschl des AR zugrunde liegt oder der AR-Bericht nicht vom AR-Vorsitzenden unterzeichnet wurde, vgl *BGH* aaO) zustandegekommen ist. Außerdem können nicht unerhebliche **Verstöße** gegen **gesetzliche Informationsrechte** (zu § 131: vgl *BGHZ* 160, 385, 389 f: wenn sich das Auskunftsbegehren „auf Vorgänge von einigem Gewicht" bezogen hat; *OLG Stuttgart* AG 2005, 94, 95 f; *OLG München* WM 2009, 265, 269: „nur bei einer gravierenden Verletzung des Gesetzes oder der Satzung"; eingehend *Weitemeyer* NZG 2005, 341 ff und *Kubis* NZG 2005, 791, 794), ferner auch das **Fehlen** des satzungsmäßig erforderlichen, angekündigten **Lageberichts** (zu Abs 3 S 2 und 3 aF: vgl *BGH* NZG 2008, 309, 310, dazu *Haar* NZG 2008, 494, 495) zur Anfechtbarkeit der Entlastungsbeschlüsse führen. Zur erforderlichen Relevanz eines Verfahrensstoßes vgl § 243 Rn 2. Die Anfechtung kommt ferner auch in begrenztem Umfang bei **inhaltlichen Fehlern** des Entlastungsbeschlusses in Betracht. Ausgangspunkt für die Anfechtbarkeit bei inhaltlichen Fehlern ist das dahingehend begrenzte Ermessen der HV bei der Entlastung, dass bei eindeutigem Vorliegen eines schwerwiegenden Gesetzes- oder Satzungsverstoßes durch Verwaltungsmitglieder die Entlastung nicht erteilt werden darf (s Rn 5). Damit kann die Entlastung wegen eines inhaltlichen Mangels nur dann erfolgreich angefochten werden, wenn der Anfechtungskläger ein solches **schwerwiegendes** Verhalten im Entlastungszeitraum **eindeutig** darlegt und ggf beweist (*BGHZ* 153, 47, 51; *BGH* NJW 2005, 828). Der zur Anfechtung führende Sachverhalt muss der HV (und nicht nur einzelnen Aktionären) bei Beschlussfassung über die Entlastung bekannt und der Rechtsverstoß zumindest **erkennbar** gewesen sein (*OLG Stuttgart* AG 2012, 298, 303; AG 2011, 93, 94; *OLG Köln* NZG 2009, 1110, 1111), vgl Rn 5, 11. Will ein Aktionär geltend machen, der Vorstand habe zu einer Maßnahme die notwendige Zustimmung der HV nicht eingeholt, ist er nicht auf eine mittelbare Prüfung durch eine Anfechtungsklage angewiesen, sondern kann ggf eine auf eine entspr Feststellung gerichtete Klage (§ 256 ZPO) erheben (*BGH* AG 2012, 248).

V. Billigung des Vorstands-Vergütungssystems (Abs 4)

20 Neu eingeführt mit dem VorstAG v 31.7.2009 wurde die Möglichkeit, dass die HV einer **börsennotierten AG** über die Billigung des Vergütungssystems des Vorstands Beschl fasst. Auf der Rechtsfolgenseite zeitigt das Votum keinerlei Bindungs- oder Rechtswirkung (Abs 4 S 2). Insbesondere hat das Votum keinen Einfluss auf das Ermessen des AR bei der Festlegung der Vorstandsvergütung iRd § 87 Abs 1 (*Annuß/ Theusinger* BB 2009, 2434, 2439) und auch keine Indizwirkung hinsichtlich der Beurteilung der Angemessenheit des Vergütungssystems iRd Haftung aus § 116 S 3, 1 iVm § 93 Abs 2 S 1 (s § 116 Rn 11). Seine Wirkung beschränkt sich allein auf die faktische Beeinflussung des AR bei der Festlegung der Vergütung des Vorstands, indem die drohende oder tatsächliche Missbilligung einen möglichen Anreiz für die Schaffung eines angemessenen Vergütungssystems bietet (AusschussBegr BT-Drucks 16/13433,

Entlastung **§ 120**

12; anschaulich *Thüsing* AG 2009, 517, 524). Das Initiativrecht haben sowohl die Aktionäre kraft Minderheitsverlangens (§ 122 Abs 2) als auch die Verwaltung (Ausschuss-Begr aaO). Verwaltung meint dabei Vorstand und AR, die getrennt über den Beschlussvorschlag isd § 124 Abs 3 S 1 beschließen (**hM** *Drinhausen/Keinath* BB 2010, 3, 8; **aA** *Bosse* BB 2009, 1650, 1653: AR allein). Die Verwaltung ist nicht verpflichtet, einen solchen Beschl herbeizuführen (Abs 4 S 1); gleichwohl kann eine Pflicht durch die Satzung begründet werden (*Döll* WM 2010, 103, 107; *K. Schmidt/Lutter* AktG/*Spindler* Rn 59); es handelt sich nicht um eine abschließende Regelung isd § 23 Abs 5 S 2. Wurde kein entsprechender Tagesordnungspunkt aufgestellt, kann ein Beschl nicht, auch nicht mittels bekanntmachungsfreien Antrags zum Tagesordnungspunkt der Entlastung gem § 124 Abs 4 S 2 Alt 2, gefasst werden, da § 120 Abs 4 diesem gegenüber ein aliud darstellt (*Fleischer/Bedkowski* AG 2009, 677, 681; *Hoffmann-Becking/Krieger* NZG-Beil 2009, 1, 10 f; in diese Richtung auch *Wilm* DB 2010, 1686). Der Beschl erfordert die einfache Mehrheit der abgegebenen Stimmen, § 133 Abs 1; Stimmverbote gem § 136 (analog) greifen nicht, da dieser abschließend ist und mangels Rechtswirkungen des Beschl auch keine für die Analogie notwendige vergleichbare Interessenlage besteht (*Mutter/Kruchen* AG-Report 2010, R78). Die Anfechtungsklage gem § 243 ist ausdrücklich ausgeschlossen (Abs 4 S 3). Auch die Nichtigkeitsklage gem § 241 ist nicht möglich, da kein Rechtsschutzinteresse zur Kassierung eines Beschl ohne Rechtswirkung besteht (*Annuß/Theusinger* aaO; *Hüffer* AktG Rn 22; *Begemann/Laue* BB 2009, 2442, 2445; **aA** *Fleischer/Bedkowski* aaO 685; *Döll* aaO 110; *Spindler* aaO Rn 65).

Der **Beschlussgegenstand** des Vergütungssystems des Vorstands ist auf das **Gesamt-** **21** **konzept der Vergütungselemente** bezogen (*Fleischer/Bedkowski* AG 2009, 677, 682; *Deilmann/Otte* DB 2010, 545, 546); die konkrete Vergütung einzelner Vorstandsmitglieder ist unerheblich. Als **Informationsgrundlage** für den Beschl kann der „Vergütungsbericht" iSd Nr 4.2.5 iVm Nr 4.2.3 DCGK dienen, der wiederum inhaltlich weitestgehend übereinstimmt mit dem im (Konzern-)Lagebericht gem §§ 289 Abs 2 Nr 5, 315 Abs 2 Nr 4 HGB darzulegenden sog „Vergütungsbericht" (BeckBilKomm/*Ellrott* § 289 Rn 93). Dennoch stellen diese Quellen keine verlässliche Informationsbasis für das Vergütungsvotum dar; denn die Erstellung und Offenlegung eines Vergütungsberichts gem Nr 4.2.5 iVm Nr 4.2.3 DCGK besteht nur als sog Empfehlung iSd DCGK und hat daher keinen verpflichtenden Charakter. Auch die Angabe des Vergütungsberichts im (Konzern-)Lagebericht ist nicht verpflichtend, denn §§ 289 Abs 2 Nr 5, 315 Abs 2 Nr 4 HGB statuieren lediglich Soll-Bestimmungen, die der Verwaltung Ermessen einräumen, im Einzelfall keinen Vergütungsbericht zu erstellen (*Ellrott* aaO Rn 60). Die HV hat damit keinen Anspruch auf Offenlegung des Vergütungssystems als Grundlage für ihr Votum; der deutsche Gesetzgeber setzt in diesem Punkt allein auf Selbstregulierung durch das dann drohende Negativ-Votum (RegBegr BT-Drucks 16/13433, 12; *Fleischer/Bedkowski* aaO; *Döll* WM 2010, 103, 109). Doch ist zu empfehlen, den Aktionären diese Informationen zur Verfügung zu stellen, wenn das Vergütungssystem gem Abs 4 zur Abstimmung gestellt werden soll. Das **Fragerecht** des § 131 besteht, ist dem Normzweck und Beschlussinhalt entsprechend aber auf Fragen zum Vergütungssystem zu beschränken, was Fragen zur individuellen Vergütung ausschließt (ebenso *Drinhausen/Keinath* aaO; *K. Schmidt/Lutter* AktG/*Spindler* Rn 64; **aA** *Döll* aaO: kein Fragerecht). **Inhaltlich** ist der Beschl allein auf die Billigung bzw Missbilligung des Vergütungssystems als solchem gerichtet (*Drinhausen/Keinath* aaO).

Reger

Bezugspunkt ist allein das gegenwärtige Vergütungssystem (*Fleischer/Bedkowski* aaO; *Deilmann/Otte* aaO). Darüber hinausgehende Inhalte, insbesondere Änderungsvorschläge zum Vergütungssystem, sind unzulässig (*Annuß/Theusinger* BB 2009, 2434, 2439). Es bietet sich an, das Vergütungssystem wie es im Vergütungsbericht (nach DCGK oder im (Konzern-) Lagebericht) beschrieben ist, zur Abstimmung zu stellen. Eine **Teilbilligung** in der Weise, dass wie bei der Teilentlastung das Gesamtsystem bis auf bestimmte Komponenten des Vergütungssystems gebilligt wird, ist nicht möglich (*Fleischer/Bedkowski* aaO 683; **aA** *Döll* aaO 109; *Vetter* ZIP 2009, 2136, 2139); nach dem Sinn und Zweck kommen zudem weder eine personale Aufspaltung (*Drinhausen/Keinath* aaO) noch die Billigung einzelner Komponenten durch isolierte Beschl in Betracht (*Vetter* aaO; *Spindler* aaO Rn 62; **aA** *Thüsing* AG 2009, 517, 525).

Zweiter Unterabschnitt
Einberufung der Hauptversammlung

§ 121 Allgemeines

(1) Die Hauptversammlung ist in den durch Gesetz oder Satzung bestimmten Fällen sowie dann einzuberufen, wenn das Wohl der Gesellschaft es fordert.

(2) [1]**Die Hauptversammlung wird durch den Vorstand einberufen, der darüber mit einfacher Mehrheit beschließt.** [2]**Personen, die in das Handelsregister als Vorstand eingetragen sind, gelten als befugt.** [3]**Das auf Gesetz oder Satzung beruhende Recht anderer Personen, die Hauptversammlung einzuberufen, bleibt unberührt.**

(3) [1]**Die Einberufung muss die Firma, den Sitz der Gesellschaft sowie Zeit und Ort der Hauptversammlung enthalten.** [2]**Zudem ist die Tagesordnung anzugeben.** [3]**Bei börsennotierten Gesellschaften hat der Vorstand oder, wenn der Aufsichtsrat die Versammlung einberuft, der Aufsichtsrat in der Einberufung ferner anzugeben:**
1. **die Voraussetzungen für die Teilnahme an der Versammlung und die Ausübung des Stimmrechts sowie gegebenenfalls den Nachweisstichtag nach § 123 Abs. 3 Satz 3 und dessen Bedeutung;**
2. **das Verfahren für die Stimmabgabe**
   a) durch einen Bevollmächtigten unter Hinweis auf die Formulare, die für die Erteilung einer Stimmrechtsvollmacht zu verwenden sind, und auf die Art und Weise, wie der Gesellschaft ein Nachweis über die Bestellung eines Bevollmächtigten elektronisch übermittelt werden kann sowie
   b) durch Briefwahl oder im Wege der elektronischen Kommunikation gemäß § 118 Abs. 1 Satz 2, soweit die Satzung eine entsprechende Form der Stimmrechtsausübung vorsieht;
3. **die Rechte der Aktionäre nach § 122 Abs. 2, § 126 Abs. 1, den §§ 127, 131 Abs. 1; die Angaben können sich auf die Fristen für die Ausübung der Rechte beschränken, wenn in der Einberufung im Übrigen auf weitergehende Erläuterungen auf der Internetseite der Gesellschaft hingewiesen wird;**
4. **die Internetseite der Gesellschaft, über die die Informationen nach § 124a zugänglich sind.**

Allgemeines § 121

(4) ¹Die Einberufung ist in den Gesellschaftsblättern bekannt zu machen. ²Sind die Aktionäre der Gesellschaft namentlich bekannt, so kann die Hauptversammlung mit eingeschriebenem Brief einberufen werden, wenn die Satzung nichts anderes bestimmt; der Tag der Absendung gilt als Tag der Bekanntmachung. ³Die §§ 125 bis 127 gelten sinngemäß.

(4a) Bei börsennotierten Gesellschaften, die nicht ausschließlich Namensaktien ausgegeben haben und die Einberufung den Aktionären nicht unmittelbar nach Absatz 4 Satz 2 und 3 übersenden, ist die Einberufung spätestens zum Zeitpunkt der Bekanntmachung solchen Medien zur Veröffentlichung zuzuleiten, bei denen davon ausgegangen werden kann, dass sie die Information in der gesamten Europäischen Union verbreiten.

(5) ¹Wenn die Satzung nichts anderes bestimmt, soll die Hauptversammlung am Sitz der Gesellschaft stattfinden. ²Sind die Aktien der Gesellschaft an einer deutschen Börse zum Handel im regulierten Markt zugelassen, so kann, wenn die Satzung nichts anderes bestimmt, die Hauptversammlung auch am Sitz der Börse stattfinden.

(6) Sind alle Aktionäre erschienen oder vertreten, kann die Hauptversammlung Beschlüsse ohne Einhaltung der Bestimmungen dieses Unterabschnitts fassen, soweit kein Aktionär der Beschlussfassung widerspricht.

(7) ¹Bei Fristen und Terminen, die von der Versammlung zurückberechnet werden, ist der Tag der Versammlung nicht mitzurechnen. ²Eine Verlegung von einem Sonntag, einem Sonnabend oder einem Feiertag auf einen zeitlich vorausgehenden oder nachfolgenden Werktag kommt nicht in Betracht. ³Die §§ 187 bis 193 des Bürgerlichen Gesetzbuchs sind nicht entsprechend anzuwenden. ⁴Bei nichtbörsennotierten Gesellschaften kann die Satzung eine andere Berechnung der Frist bestimmen.

Übersicht

	Rn		Rn
A. Allgemeines, Regelungszweck	1	3. Zusätzlicher Mindestinhalt für börsennotierte AGs,	
B. Erläuterungen	3	Abs 3 S 3	13a – 13f
I. Einberufungsgründe (Abs 1)	3	IV. Bekanntmachung (Abs 4, 4a)	14
1. Gesetz	3	1. Bekanntmachung in Gesellschaftsblättern	14a
2. Satzung	4	2. Bekanntmachung durch eingeschriebenen Brief	15
3. Wohl der Gesellschaft	5	a) Namentlich bekannte Aktionäre	15
II. Einberufungsberechtigte (Abs 2)	6	b) Eingeschriebener Brief	16
1. Vorstand	6	3. Tag der Bekanntmachung	18
2. Andere Personen	8	4. Sinngemäße Geltung der §§ 125–127	19
III. Inhalt der Einberufung (Abs 3)	11	5. Gemeinschaftsweite Bekanntmachung (Abs 4a)	19a
1. Überblick	11	V. Ort der Hauptversammlung (Abs 5)	20
2. Mindest-Inhalt für alle AGs	11a	1. Sitz der Gesellschaft	20
a) Tagesordnung	11a	2. Börsenplatz	21
aa) Allgemeines	11a		
bb) Typische Gegenstände der Tagesordnung	11b		
cc) Bindungswirkung	11c		
b) sonstige geschriebene Angaben	12		
c) einberufendes Organ	13		

§ 121 Allgemeines

	Rn		Rn
3. Abweichung ohne Regelung in der Satzung	22	2. Voraussetzungen	31
		a) Vollständige Präsenz	31
4. Bestimmung durch die Satzung	23	b) Kein Widerspruch	34
5. Sonderregelung (§ 16 Abs 4 WpÜG)	26	3. Befreiung von Einberufungsförmlichkeiten	35
VI. Zeit der Hauptversammlung	27	IX. Rechtsfolgen bei Verstößen	36
VII. Rücknahme, Verlegung oder Änderung der Einberufung	29	X. Berechnung von Fristen und Terminen (Abs 7)	37
VIII. Vollversammlung (Abs 6)	30	1. Berechnungsmethode	37
1. Allgemeines	30	2. Berechnungsbeispiel	38

Literatur: *Bayer/Lieder* Umschreibungsstopp bei Namensaktien vor Durchführung der Hauptversammlung, NZG 2009, 1361; *Bosse* Grünes Licht für das ARUG: das Aktienrecht geht online, NZG 2009, 807; *Drinhausen/Keinath* Regierungsentwurf eines Gesetzes zur Umsetzung der Aktionärsrechterichtlinie (ARUG) – Überblick über die Änderungen gegenüber dem Referentenentwurf, BB 2009, 64; *dies* Auswirkungen des ARUG auf die künftige Hauptversammlungs-Praxis, BB 2009, 2322; *Florstedt* Hinweispflichten bei Einberufung zur Hauptversammlung, NZG 2009, 1068; *Götz* Gesamtverantwortung des Vorstands bei vorschriftswidriger Unterbesetzung, ZIP 2002, 1745; *Grobecker* Beachtenswertes zur Hauptversammlungssaison, NZG 2010, 165; *Herrler/Reymann* Die Neuerungen im Aktienrecht durch das ARUG – Unter besonderer Berücksichtigung der Neuregelungen zur Hauptversammlung und zur Kapitalaufbringung bei der AG –, DNotZ 2009, 815; *Hölters/Deilmann/Buchta* Die kleine Aktiengesellschaft, 2002; *Hoffmann-Becking* Gesetz zur „kleinen AG" – unwesentliche Randkorrekturen oder grundlegende Reform?, ZIP 1995, 1; *Horn* Änderungen bei der Vorbereitung und Durchführung der Hauptversammlung nach dem Referentenentwurf zum ARUG, ZIP 2008, 1558; *Kocher/Lönner* Anfechtungsrisiken wegen unklarer Vorbesitzzeit beim Ergänzungsverlangen?, BB 2010, 1675; *Linnerz* Ort, Terminierung und Dauer einer Hauptversammlung, NZG 2006, 208; *Lutter* Das neue „Gesetz für kleine Aktiengesellschaften und zur Deregulierung des Aktienrechts", AG 1994, 429; *Max* Die Leitung der Hauptversammlung, AG 1991, 77; *Nagel/Ziegenhahn* Die Dauer von Hauptversammlungen als Rechtsproblem, WM 2010, 1005; *von Nussbaum* Zu Nachweisstichtag (record date) und Eintragungssperre bei Namensaktien, NZG 2009, 456; *ders* Neue Wege zur Online-Hauptversammlung durch das ARUG, GWR 2009, 215; *Paschos/Goslar* Regierungsentwurf des Gesetzes zur Umsetzung der Aktionärsrechterichtlinie (ARUG), AG 2009, 14; *Quass* Nichtigkeit von Hauptversammlungsbeschlüssen wegen eines Umschreibestopps im Aktienregister; AG 2009, 432; *Reul* Aktuelle Änderungen des Aktienrechts aus notarieller Sicht – Teil II, ZNotP 2010, 44; *Rubner/Leuering* Einladung zur Hauptversammlung und Stimmrechtsvollmacht, NJW-Spezial 2010, 15; *Seibert/Florstedt* Der Referentenentwurf des ARUG – Inhalt und wesentliche Änderungen gegenüber dem Referentenentwurf, ZIP 2008, 2145; *Seibert/Köster* Die kleine AG, 2. Aufl 1995; *Seibert/Köster/Kiem* Die kleine AG, 3. Aufl 1996; *Tielmann/Schulenburg* Aktuelle Gestaltungsempfehlungen zur Vorbereitung der Hauptversammlung nach EHUG und TUG, BB 2007, 840; *Wicke* Einführung in das Recht der Hauptversammlung ..., 2009; *Zetzsche* Die nächste kleine Aktienrechtsreform: Der Referentenentwurf eines Gesetzes zur Umsetzung der Aktionärsrechterichtlinie (ARUG), Der Konzern 2008, 321.

A. Allgemeines, Regelungszweck

1 § 121 leitet den durch das ARUG v 30.7.2009 (BGBl I S 2479) völlig neu strukturierten und inhaltlich veränderten Unterabschnitt über die Einberufung der HV ein. Die Vorschrift regelt die Grundvoraussetzungen einer ordnungsgemäßen Einberufung der

Allgemeines § 121

HV, namentlich Einberufungsgrund (Abs 1) und -berechtigte (Abs 2), Inhalt (Abs 3) sowie Art und Weise der Einberufung (Abs 4 und 4a), den Ort der HV (Abs 5) und Berechnungsregeln für Fristen und Termine (Abs 7). § 121 ist auch auf die AG in Gründung anwendbar (*AG Karlsruhe* NZG 2001, 619 zu § 121 aF).

Die Einberufung ist innergesellschaftliche Verfahrenshandlung ohne rechtsgeschäftlichen Charakter (*BGHZ* 100, 264, 267 zur GmbH; *Hüffer* AktG Rn 1). Begrifflich ist sie Leitungsaufgabe iSv § 76 Abs 1 (*BGHZ* 149, 158, 160). Soweit es sich nicht um eine Vollversammlung handelt, für die Abs 6 vollständig auf die Einhaltung der Versammlungsförmlichkeiten des zweiten Unterabschnitts verzichtet, sind die Regelungen von § 121 zwingend (§ 23 Abs 5). Hinsichtlich weiterer Einberufungsberechtigter (Abs 2 S 3), des Ortes der HV (Abs 5 S 1), des Mittels der Einberufung (Abs 4 S 2 HS 1), wenn die Aktionäre der Gesellschaft namentlich bekannt sind, und bezüglich des Berechnungsmodus von Fristen und Terminen für nichtbörsennotierte AGs (Abs 7 S 4) wird der Satzung jedoch ein Spielraum einräumt. 2

B. Erläuterungen

I. Einberufungsgründe (Abs 1)

1. Gesetz. Die HV ist in den gesetzlich bestimmten Fällen einzuberufen (Abs 1 Alt 1). Insoweit ist der Vorstand (Abs 2) zur Einberufung nicht nur berechtigt, sondern auch verpflichtet. Zu unterscheiden sind die Fälle, in denen die Einberufung vom Gesetz ausdrücklich gefordert wird (Einberufungspflicht), und die, in denen Maßnahmen anstehen, für die die HV zuständig ist (RegBegr *Kropff* S 168). Zur ersten Gruppe gehören der Verlust des hälftigen Grundkapitals (§ 92 Abs 1), das Minderheitsverlangen (§ 122 Abs 1) sowie aufsichtsrechtliche Maßnahmen (§ 44 Abs 5 KWG, § 3 Abs 1 BausparkG, § 83 Abs 1 S 1 Nr 6 VAG, § 3 PfandBG). Zur letzteren Gruppe gehören etwa die Bestellung von AR-Mitgliedern (§ 101 Abs 1), der Gewinnverwendungsbeschluss (§ 174) und die Wahl des Abschlussprüfers (§ 318 Abs 1 HGB), aber auch die in § 119 Rn 3 ff aufgeführten HV-Zuständigkeiten. Regelmäßig, aber nicht immer, wird die HV zur Beschlussfassung einberufen. Die Einberufung zu bloßen Informationszwecken wird nur in Ausnahmefällen in Betracht kommen (§ 119 Rn 2); § 124a S 1 Nr 2 ist hierbei zu beachten. 3

2. Satzung. Die HV ist in den von der Satzung bestimmten Fällen einzuberufen (Abs 1 Alt 2). Voraussetzung für die Zulässigkeit einer entsprechenden Satzungsbestimmung ist, dass der Einberufungsgrund grds in den Kompetenzbereich der HV fällt (§ 23 Abs 5). Da die gesetzliche Kompetenzordnung nicht zu Gunsten der HV verschoben werden kann, sind die Möglichkeiten der Satzung begrenzt (MünchKomm AktG/*Kubis* Rn 8). Vom Gesetz zugelassen ist etwa, dass die Satzung die HV an Stelle des Vorstands für zuständig erklärt, die Zustimmung zur Übertragung von vinkulierten Namensaktien zu erteilen (§ 68 Abs 2 S 3 Alt 2). 4

3. Wohl der Gesellschaft. Dieser Einberufungsgrund (Abs 1 Alt 3) darf nicht als generalklauselartige Erweiterung der Einberufungsgründe verstanden werden, sondern setzt wie bei Abs 1 Alt 2 (s Rn 4) idR eine anderweitig begründete Beschlusskompetenz der HV voraus. Der Gesetzgeber hat sich von dem Ziel der Parität zwischen AR und Vorstand in der Einberufungszuständigkeit leiten lassen (RegBegr *Kropff* S 168 f), so dass insoweit die gleiche Auslegung geboten ist wie für § 111 Abs 3 (*Hüffer* AktG Rn 5). 5

Reger 1025

II. Einberufungsberechtigte (Abs 2)

6 1. Vorstand. Nach Abs 2 S 1 wird die HV regelmäßig durch den Vorstand einberufen. Der AR ist nur ausnahmsweise zur Einberufung berechtigt, nämlich dann, wenn das Gesellschaftswohl es verlangt (§ 111 Abs 3; s auch Rn 5). Der Vorstand als Organ entscheidet über die Einberufung durch Beschl. Abweichend vom Prinzip der Gesamtgeschäftsführung (§ 77 Abs 1 S 1) beschließt der Vorstand mit einfacher Stimmenmehrheit (Abs 2 S 1 HS 2), wobei die abgegebenen Stimmen maßgeblich sind (MünchKomm AktG/*Kubis* Rn 18). Ein Beschl ist unverzichtbar (*Hüffer* AktG Rn 6). Allerdings wird man bei Fehlen eines ausdrücklichen Beschl idR von einem konkludenten Beschl ausgehen können (KölnKomm AktG/*Noack/Zetsche* Rn 35). Die Durchführung der Einberufung ist dagegen auf einzelne Mitglieder des Vorstands übertragbar (*Zöllner* aaO; *Hüffer* aaO; Spindler/Stilz AktG/*Rieckers* Rn 12; **aA** *BGHZ* 149, 158, 161, obiter dictum). Der Vorstand muss zum Zeitpunkt der Beschlussfassung ordnungsgemäß besetzt sein, bei Unterbesetzung ist grds zuvor ein neues Vorstandsmitglied durch den AR (§ 84 Abs 1) oder das Registergericht (§ 85 Abs 1) zu bestellen (str, *BGH* aaO 161 f; K. Schmidt/Lutter AktG/*Ziemons* Rn 19 mwN; *Hüffer* aaO § 76 Rn 23 **aA** KölnKomm AktG/*Mertens/Cahn* § 76 Rn 111 mwN; GroßKomm AktG/*Kort* § 76 Rn 199). Allerdings darf die Einberufung als reine innergesellschaftliche Verfahrenshandlung vom verbleibenden Vorstand vorgenommen werden (*Hüffer* aaO; K. Schmidt/Lutter AktG/*Seibt* § 76 Rn 21; **aA** *Ziemons* aaO; *BGH* aaO: Verstoß gegen Gesamtzuständigkeit bei Leitungsaufgaben).

7 Wer als Vorstandsmitglied in das HR eingetragen ist (§§ 39 Abs 1, 81 Abs 1), gilt gem Abs 2 S 2 als einberufungsbefugt (unwiderlegbare Vermutung, *Hüffer* AktG Rn 7; MünchKomm AktG/*Kubis* Rn 20). Die Eintragung muss hierfür im Zeitpunkt der Einberufung nach Abs 4 vorliegen. Die Regelung des Abs 2 S 2 ist eine hinreichende, nicht aber auch eine notwendige Bedingung für die Einberufungsbefugnis, dh auch der Vorstand, der wirksam bestellt, aber noch nicht eingetragen ist, kann eine fehlerfreie Einberufung aussprechen (*OLG Frankfurt* AG 2009, 124, 125 f; Spindler/Stilz AktG/*Rieckers* Rn 14; MünchHdb AG/*F.-J. Semler* § 35 Rn 8; *Kubis* aaO).

8 2. Andere Personen. Abs 2 S 3 setzt die anderweitig (auf Grund Gesetzes oder Satzung) begründete Einberufungsbefugnis anderer Personen voraus und lässt sie unberührt. Einberufungszuständigkeit kraft Gesetzes haben der AR, wenn das Wohl der Gesellschaft es verlangt (§ 111 Abs 3), die gerichtlich ermächtigten Aktionäre (§ 122 Abs 3) und die Abwickler der AG (§ 268 Abs 2 S 1). Der AR ist zwar als Organ zuständig, entscheidet aber durch Mehrheitsbeschluss (§ 111 Abs 3 S 2).

9 Die gesetzlichen Einberufungsbefugnisse können durch die Satzung nicht eingeschränkt, wohl aber erweitert werden. Die Einberufungszuständigkeit kraft Satzung kann zugunsten nahezu jeder Person oder Personengruppe begründet werden: zugunsten einzelner Vorstands- oder AR-Mitglieder, einzelner näher bezeichneter Aktionäre bzw Aktionärsgruppen, Behörden oder sonst gesellschaftsfremder Dritter (ganz **hM**, s zB GroßKomm AktG/*Werner* Rn 38). Insbesondere in letzteren Fällen sollte die Satzung auch eine Bestimmung enthalten, die den Nachweis der Einberufungsbefugnis regelt (Semler/Volhard/Reichert ArbHdb HV/*Reichert/Balke* § 4 Rn 62).

10 Sowohl für die im Gesetz wie für die in der Satzung genannten Einberufungsadressaten gilt, dass eine Delegierung ihrer Befugnis nicht gestattet ist (KölnKomm AktG/

Allgemeines § **121**

Noack/Zetsche Rn 54) und Einberufungen durch Unbefugte nicht genehmigt werden können (*Zöllner* aaO; arg ex § 242).

III. Inhalt der Einberufung (Abs 3)

1. Überblick. Im Zuge der Neustrukturierung durch das ARUG v 30.7.2009 (BGBl I **11** S 2479) wird in Abs 3 nunmehr allein der Inhalt der Einberufung geregelt. Hierbei wird zwischen dem für alle AGs anwendbaren Einberufungsinhalt (Abs 3 S 1 und 2) und den nur für börsennotierte Gesellschaften iSd § 3 Abs 2 erforderlichen zusätzlichen Inhalten (Abs 3 S 3) differenziert. Kapitalmarktferne AGs werden dadurch erheblich entlastet (RegBegr BT-Drucks 16/11642, 28).

2. Mindest-Inhalt für alle AGs. – a) Tagesordnung. – aa) Allgemeines. Durch die Mit- **11a** teilung der Tagesordnung sollen den Aktionären Informationen zukommen, die es ihnen ermöglichen, eine fundierte Entscheidung zu treffen, ob sie an der HV (persönlich) teilnehmen und ob sie sich in Hinblick auf einzelne Tagesordnungspunkte weitere Informationen beschaffen müssen, um ihr Rede-, Frage- und Stimmrecht sinnvoll auszuüben (unstr, *BGHZ* 153, 32, 36 zu § 124 aF). Der **Begriff** der Tagesordnung ist weiter gefasst als die Gegenstände zur Beschlussfassung. Sie ist die stichwortartige Bezeichnung der einzelnen Angelegenheiten, die in der HV Gegenstand von Verhandlungen und idR auch Beschlussfassungen sein können, und zwar in der Reihenfolge, wie sie behandelt werden sollen (zu § 124 aF: *OLG Stuttgart* AG 1995, 283, 284). Aus dem Zweck der Norm (Rn 1) folgt, dass die Angelegenheiten so **konkret gefasst** sein müssen, dass der Aktionär die Bedeutung dessen, worüber verhandelt und ggf beschlossen werden soll, erkennen kann. Die Beschlussvorschläge der Verwaltung (§ 124 Abs 3) können dabei als Auslegungshilfe herangezogen werden (MünchKomm AktG/*Kubis* Rn 46). Die Konkretisierung ist inhaltliche Fixierung und geht damit über eine nur formale Fixierung hinaus (*OLG Stuttgart* aaO).

bb) Typische Gegenstände der Tagesordnung. Bei einer **Kapitalerhöhung** etwa ist **11b** anzugeben, ob sie durch Bar- oder Sacheinlagen oder aus Gesellschaftsmitteln erfolgen soll (*RGZ* 87, 155, 156). Ein Bezugsrechtsausschluss muss ausdrücklich zur Tagesordnung angekündigt werden (§ 186 Abs 4, s auch dort Rn 23). Bei der Umwandlung in eine KG (§§ 190 ff UmwG) muss die Komplementär-GmbH in der Bekanntmachung genau bezeichnet sein (*LG Wiesbaden* AG 1999, 47 f). Entschließt sich der Vorstand, bei der HV die Zustimmung zu einem Vertragsschluss einzuholen (§ 119 Abs 2), dann muss er den Aktionären die notwendigen Informationen für ihre Entscheidung auch dann geben, wenn er nicht verpflichtet war, die Zustimmung der HV einzuholen (*OLG Frankfurt* WM 1999, 1881). Soll etwa die HV der Einbringung des gesamten Grundvermögens der Gesellschaft in eine andere Gesellschaft zustimmen, genügt die bloße Bezeichnung als „Grundstücksüberlassungsvertrag" in der Tagesordnung nicht (*OLG München* AG 1995, 232). Das Bedürfnis nach Konkretisierung ist geringer, wenn es sich um **typische wiederkehrende Tagesordnungspunkte** handelt, die keine Besonderheiten aufweisen und deren Bedeutung sich aus dem Gesetz ergibt, wie etwa bei den Punkten „Wahl des Abschlussprüfers", „Entlastung des Vorstands" und „Entlastung des Aufsichtsrats" (K. Schmidt/Lutter AktG/*Ziemons* Rn 40; Spindler/Stilz AktG/*Rieckers* Rn 28). Eine Beschlussfassung der HV, dem Vorstand das Vertrauen zu entziehen, wird durch den Tagesordnungspunkt „Entlastung des Vorstands" nicht abgedeckt (zu § 124 aF: *LG München* NZG 2005, 818; **aA** KölnKomm AktG/*Noack/ Zetsche* § 124 Rn 105).

11c	**cc) Bindungswirkung.** Sobald die Tagesordnung mit der Einberufung zur HV bekanntgemacht worden ist (Abs 4), erzeugt sie zweierlei Bindungswirkung: Zum einen müssen alle aufgeführten Tagesordnungspunkte auch in der HV behandelt werden (**positive Bindungswirkung**, MünchHdb AG/*Semler* § 36 Rn 43). Möglich bleiben Vertagung und bei verwaltungsseitigen Beschlussvorschlägen Rücknahme nach Aufruf, unzulässig ist jedoch die schlichte Entfernung eines Tagesordnungspunktes (MünchKomm AktG/*Kubis* Rn 45). Für die Absetzung von Tagesordnungspunkten ist die HV zuständig (Semler/Volhard/Reichert ArbHdb HV/*Semler* § 1 Rn 210). Zum anderen dürfen über Gegenstände, die nicht ordnungsgemäß bekanntgemacht wurden, keine Beschl gefasst werden, es sei denn, es handelt sich um den in der HV gestellten Antrag auf erneute Einberufung (**negative Bindungswirkung**, § 124 Abs 4 S 1, arg ex § 124 Abs 4 S 2, su § 124 Rn 28 ff). Eine Bindungswirkung hinsichtlich der zeitlichen Reihenfolge der Behandlung der Tagesordnungspunkte in der HV ist nicht gegeben, ein Abweichen von der bekanntgemachten Reihenfolge der Tagesordnung durch den Versammlungsleiter daher möglich (unstr, GroßKomm AktG/*Mülbert* Vor §§ 118–147 Rn 108 mwN; *Kubis* aaO). Streitig ist lediglich, ob der Versammlungsleiter hinsichtlich der zeitlichen Reihenfolge der Behandlung der Tagesordnungspunkte durch eine Mehrheitsentscheidung der HV gebunden ist (so zutr die **hM**, MünchHdb AG/*Semler* § 36 Rn 43). Eine Bindung liegt nicht vor, wenn die Satzung die Zuständigkeit insofern eindeutig dem Versammlungsleiter zuweist (Obermüller/Werner/Winden HV/*Butzke* D Rn 29). Diese Zuständigkeitsfestlegung hat Vorrang vor einem etwaigen Beschl der HV zur Reihenfolge.
12	**b) sonstige geschriebene Angaben.** Die Einberufung muss mindestens die Firma und den Sitz der Gesellschaft sowie Zeit und Ort der HV angeben. Seit Geltung des ARUG gehört die Tagesordnung zwingend mit zum Einberufungsinhalt (Abs 3 S 2), dazu sogleich Rn 13a. Zeit (vgl auch Rn 27 f) meint Tag und Stunde des Beginns (*OLG Koblenz* ZIP 2001, 1093). Die Angabe des Ortes umfasst die genaue Anschrift des Versammlungsraums (*Hüffer* AktG Rn 9).
13	**c) einberufendes Organ.** Die Angabe des einberufenden Organs ist ebenfalls erforderlich (MünchKomm AktG/*Kubis* Rn 70; KölnKomm AktG/*Noack/Zetsche* Rn 84).
13a	**3. Zusätzlicher Mindestinhalt für börsennotierte AGs, Abs 3 S 3.** Für börsennotierte AGs enthält Abs 3 S 3 einen Katalog weiterer zwingender Inhalte der Einberufung. Zuständig für diese Angaben ist grds der **Vorstand**; der AR ist zuständig, falls dieser die HV einberuft. Die Einberufung der HV durch gerichtlich hierzu ermächtigte Aktionäre löst die weiteren Informationspflichten gem Abs 3 S 3 nicht aus (*Drinhausen/Keinath* BB 2009, 2322, 2323). Die zusätzlichen Informationen sind „**anzugeben**". Der danach erforderliche Detaillierungsgrad der jeweiligen Information kann allein vom Wortlaut nicht abgeleitet werden. Zieht man zur Auslegung die Abs 3 S 3 zugrunde liegende Aktionärsrechterichtlinie (RL 2007/36/EG des Europäischen Parlaments und des Rates v 11.7.2007 über die Ausübung bestimmter Rechte von Aktionären in börsennotierten Gesellschaften, ABlEU Nr L 184/17) heran, wird als Hintergrund des Regelungsauftrags deutlich, dass die Informationen der tatsächlichen Aufklärung der Aktionäre dienen sollen, insbesondere auch solcher Aktionäre, die in anderen Jurisdiktionen ansässig sind und denen so die Wahrnehmung ihrer Rechte in der HV vereinfacht werden soll (vgl Art 5 Abs 3 Aktionärsrechterichtlinie). Ein weiterer Hinweis hinsichtlich des Umfangs der Informationspflicht lässt sich aus Abs 3 S 3 Nr 3 gewin-

Allgemeines　　　　　　　　　　　　　　　　　　　　　　　　　　　　§ 121

nen: Wenn im Grundfall die dort genannten Rechte „anzugeben" sind und ausnahmsweise auch die Angabe der Fristen genügt, sofern in der Einberufung auf weiterführende Erläuterungen auf der Internetseite der Gesellschaft verwiesen wird, bedeutet dies, dass unter „Angeben" die jeweilige Erläuterung zu verstehen ist, die im Fall des Abs 3 S 3 Nr 3 unter den dort angegebenen Bedingungen auf die Internetseite ausgelagert werden kann. Danach ist es ungenügend, wenn sich das „Angeben" auf die bloße Wiedergabe oder gar nur den Verweis auf die betreffenden Rechtsvorschriften oder die Satzung beschränkt. Als übergreifende Regel muss gelten, dass die Angaben von Nr 1–4 eine für den Aktionär (auch den in anderen Jurisdiktionen) verständliche und aufschlussreiche Erläuterung und Beschreibung beinhalten, um den Inhalt der Informationsgegenstände korrekt erfassen zu können, ohne dass damit die Ebene der Rechtsberatung erreicht werden müsste. Zu den jeweiligen Anforderungen vgl sogleich Rn 13b ff.

Zu den Voraussetzungen für die Teilnahme und die Ausübung des Stimmrechts (**Nr 1 Alt 1 und 2**) gehören die Bestimmungen der Satzung über die Anmeldung und sonstige Legitimationserfordernisse (zB § 123 Abs 2 S 1 und Abs 3 S 1, zu § 121 Abs 3 S 2 aF *OLG Düsseldorf* AG 2009, 535, 536 f; *Hüffer* AktG Rn 10), nicht jedoch die bloße Wiedergabe des § 123 Abs 3 S 4 in der Einberufung (zu § 121 Abs 3 S 2 aF *OLG Frankfurt* NZG 2009, 1068, 1069). Streitig ist, ob ein sog **Umschreibestopp** (auch Eintragungsstopp), welcher für Namensaktionäre die Wirkung eines Nachweisstichtages hat, indem nachfolgende Veräußerungen bis zur HV nicht eingetragen werden und damit das Teilnahme- und Stimmrecht faktisch von der Eintragung des Namensaktionärs im Aktienregister vor Eintritt des Umschreibestopps abhängt, eine solche Voraussetzung darstellt. Nach nahezu unstreitiger Anerkennung der Zulässigkeit eines Umschreibestopps (*BGHZ* 182, 272, 276; vgl § 67 Rn 27) wird dies teilweise undifferenziert bejaht (*Bayer/Lieder* NZG 2009, 1361, 1363; K. Schmidt/Lutter AktG/*Ziemons* Rn 47; jeweils zu § 121 Abs 3 aF vgl: *OLG Köln* AG 2009, 448, 449 sowie Vorinstanz *LG Köln* AG 2009, 449, 450) bzw verneint (*Hüffer* aaO; Spindler/Stilz AktG/*Rieckers* Rn 36; *Quass* AG 2009, 432, 437 f; *von Nussbaum* NZG 2009, 456, 458; *Wicke* S 11 f). Zuzustimmen ist der vermittelnden Lösung, die eine Mitteilungspflicht allein dann auferlegt, wenn entweder keine Anmeldung zur HV iSd § 123 Abs 3 erfolgen muss oder der Umschreibestopp vor Ablauf der Anmeldefrist liegt (*Zetzsche* Der Konzern 2008, 321, 322). In der Praxis sollte zur Vermeidung eines Anfechtungsrisikos in jedem Fall ein Hinweis in der Einladung erfolgen (ebenso *Grobecker* NZG 2010, 165, 166). Bei Inhaberaktien ist gem **Nr 1 Alt 3** zusätzlich der **Nachweisstichtag** („record date") iSd § 123 Abs 3 S 3 als konkretes Datum anzugeben; entgegen der bisherigen Praxis reicht die Angabe der Berechnungsformel nicht aus (RegBegr BT-Drucks 16/11642, 28). Für die Angabe der Bedeutung desselben genügt der Hinweis, dass Aktionäre nur dann an der HV teilnehmen und ihr Rede-, Antrags- und Stimmrecht ausüben können, wenn sie am Nachweisstichtag Aktionär der AG waren (vgl dagegen RegBegr aaO: kein Hinweis erforderlich, da bereits in „Voraussetzungen für die Teilnahme" enthalten). Nicht erforderlich ist ein Hinweis darauf, dass Veräußerungen zwischen Nachweisstichtag und HV keinen Einfluss auf das Teilnahme- und Stimmrecht haben (so zu § 121 aF *OLG Frankfurt* aaO; *Reul* ZNotP 2010, 44, 48).

13b

Zu dem gem **Nr 2 lit a)** anzugebenden Verfahren der Stimmrechtsausübung durch einen Bevollmächtigten gehört auch der Hinweis auf ggf zu verwendende Formulare zur Stimmrechtsbevollmächtigung sowie auf die Möglichkeiten zur elektronischen

13c

§ 121

Übermittlung des Nachweises der Bevollmächtigung; gem § 134 Abs 3 S 4 ist zumindest ein Weg der elektronischen Kommunikation zur Verfügung zu stellen. Hiermit sind allein computergestützte Kommunikationsmittel (zB E-Mail) gemeint (RegBegr BT-Drucks 16/11642, 32). Thematisch gehören auch Informationen über sonstige **Formerfordernisse** der **Vollmachtserteilung** zu diesem Tatbestand. Grds gelten dafür die §§ 134 Abs 3, 135 Abs 1. Eine Wiedergabe der gesetzlichen Voraussetzungen für die Vollmachtserteilung ist nicht erforderlich. Stellt die Einladung die gesetzlichen Erfordernisse aber dar, muss zwischen den unterschiedlichen gesetzlichen Anforderungen des § 134 Abs 3 und § 135 Abs 1 differenziert werden (*Grobecker* NZG 2010, 165, 167). Stellt die Satzung zulässige (§ 134 Abs 3 S 3), davon abweichende Anforderungen, müssen diese in der Einladung angegeben werden; entscheidend sind zum Zeitpunkt der Einberufung bestehende Satzungsbestimmungen. Auch für Altfälle vor Geltung des ARUG gilt, dass die Modalitäten der Bevollmächtigung eines Stimmrechtsvertreters nicht unter den Nichtigkeitsgrund des § 241 Nr 1 aF fallen (*BGH* AG 2011, 750; NZG 2012, 1222; anders noch: zu § 121 aF *OLG Frankfurt* aaO 167, 171) Seit der Neufassung von § 241 Nr 1 durch das ARUG ist dies dadurch klargestellt, dass § 241 Nr 1 nicht mehr auf Abs 3 S 3 verweist. Geben die Informationen unzutreffend ein strengeres Formerfordernis wieder, bleibt allerdings grds die Anfechtbarkeit der gefassten Beschlüsse denkbar. Dennoch ist ein HV-Beschluss im Ergebnis nicht anfechtbar, da der Verfahrensverstoß nicht von wesentlicher Bedeutung für einen objektiv urteilenden Aktionär iSd Relevanztheorie (§ 243 Rn 8) ist (*Rubner/Leuering* NJW-Spezial 2010, 15 f; *Florstedt* NZG 2009, 1068; ebenso zu § 121 aF: *KG* AG 2010, 163, 166; *OLG Düsseldorf* BB 2009, 1890; auch die Anfechtung verneinend, jedoch basierend auf der Einstufung des § 135 Abs 2 S 3 und 4 aF als bloße Ordnungsvorschrift *OLG München* ZIP 2008, 2117, 2120 f; *LG München* AG 2010, 173, 174 f; **aA** *OLG Frankfurt* AG 2008, 745 f – „Leica"; *LG Frankfurt/Main* BB 2009, 406, 407 – „Triplan": Bejahung der Relevanz). Gestattet die Satzung die Stimmrechtsausübung mittels Briefwahl (§ 118 Abs 2) oder elektronischer Kommunikation (§ 118 Abs 1 S 2), muss das Verfahren hierfür angegeben werden **(Nr 2 lit b)**. Die inhaltlichen Anforderungen an diese Angabe sind davon abhängig, wie im Einzelfall die Briefwahl bzw die Online-Teilnahme ausgestaltet sind (*von Nussbaum* GWR 2009, 215, 271). Der erforderliche Detaillierungsgrad der Angabe erschließt sich durch die Auslegung des Wortlauts nicht. Allerdings beinhaltet Art 5 Abs 3 lit b) sub iii) der Aktionärsrechterichtlinie die Vorgabe, dass eine „klare und genaue Beschreibung der Verfahren" erfolgen muss. Somit muss auch hier bei der Angabe der Verfahren für die Stimmrechtsausübung im Wege der Briefwahl und der Online-Teilnahme eine für den Aktionär (auch den in anderen Jurisdiktionen) verständliche Beschreibung erfolgen, ohne dass damit die Ebene rechtsberatender Informationen erreicht werden muss; ein bloßer Verweis auf die entsprechenden Satzungsklauseln ist nicht ausreichend (s ausf Rn 13a).

13d Hinsichtlich der anzugebenden Aktionärsrechte **(Nr 3)** ist der Regelungsgehalt der einschlägigen Rechtsvorschriften zu nennen, die konkret berechneten Fristen für die Ausübung dieser Aktionärsrechte sind als Datumsangaben aufzuführen (RegBegr BT-Drucks 16/11642, 28). In der Praxis uneinheitlich wird die Frage behandelt, ob iRd Erläuterung der Rechte aus § 122 Abs 2 ein Hinweis auf die Aktienhaltefrist überhaupt erforderlich oder darüber hinausgehend gar die konkret berechnete Haltefrist (als Datumsangabe) (s ausf § 122 Rn 15) anzugeben ist. Ausreichend ist der Hinweis iRd Erläuterung, dass die Haltefrist als Voraussetzung für die Ausübung des Rechts

Allgemeines § 121

aus § 122 Abs 2 zu beachten ist. Nicht anzugeben – weder in der Einberufung noch in der ggf separaten Erläuterung – ist dagegen die konkret berechnete Haltefrist (als Datumsangabe) oder, wie diese zu berechnen ist (ebenso *Kocher/Lönner* BB 2010, 1675, 1677). Denn bei der Haltefrist handelt es sich um eine Voraussetzung für die Ausübung des Rechts aus § 122 Abs 2, nicht aber um eine Frist „für die Ausübung der Rechte" iSv Nr 3; hierunter ist lediglich die Frist für die Geltendmachung des Verlangens gem § 122 Abs 2 S 3 zu verstehen (so auch *Kocher/Lönner* aaO). Die weitergehende Erläuterung soll eine allgemeinverständliche Darstellung der Rechte enthalten, die um gesellschaftsspezifische Angaben ergänzt wird (zB Adressangaben); rechtsberatenden Charakter muss sie nicht haben. Die alleinige Wiedergabe des jeweiligen Normtextes ist nicht ausreichend (*Drinhausen/Keinath* BB 2009, 2322, 2323). Die Erläuterungen können entweder in der Einladung zur HV erfolgen oder auf der Internetseite der AG, auf die dann in der Einladung hinzuweisen ist (s sogleich zum Begriff der Internetseite Rn 13e). Bei letzterem ist zu beachten, dass auftretende technische Störungen (etwa Unterbrechungen des Internets) nicht vom Anfechtungsausschluss des § 243 Abs 3 Nr 1 gedeckt sind (*Grobecker* NZG 2010, 165, 167).

Schließlich ist nach **Nr 4** auch die Internetseite der Gesellschaft in der Einberufung anzugeben. Was genau die Angabe der **Internetseite** beinhaltet, lassen der Wortlaut und die Gesetzesmaterialien offen; auch die dem ARUG zugrunde liegende „Aktionärsrechterichtlinie" (RL 2007/36/EG des Europäischen Parlaments und des Rates v 11.7.2007 über die Ausübung bestimmter Rechte von Aktionären in börsennotierten Gesellschaften, ABlEU Nr L 184/17) spricht allein von der Internetseite der Gesellschaft, ohne die Anforderungen daran zu erläutern. Legt man den Wortlaut eng aus, müsste die vollständige Internetadresse (URL) angegeben werden, die im Fall des Abs 3 S 3 Nr 4 unmittelbar die Informationen des § 124a enthält. Hiergegen spricht jedoch der Blick auf die Transparenzvorschriften in §§ 37v Abs 1 S 2, 37w Abs 1 S 2, 37x Abs 1 S 2 WpHG, in denen anders als in den aktienrechtlichen Vorschriften statt auf die „Internetseite der Gesellschaft" auf die „Internetadresse" mit den entsprechenden Informationen rekurriert wird; dem Wortlaut entsprechend müssen die Informationen unmittelbar ohne weiteres Suchen des Aktionärs auffindbar sein (so ausdrücklich RegBegr zum TUG BT-Drucks 16/2498, 43; ebenso *Horn* ZIP 2008, 1558, 1560, dort Fn 25). Vorzugswürdig ist daher eine weite Auslegung, nach der es für die Angabe der Internetseite der Gesellschaft genügt, wenn die Startseite der Internetpräsenz der Gesellschaft offengelegt wird, von wo sich der Aktionär dann über allgemeinverständliche Links zur Seite mit den gewünschten Informationen (hier zu § 124a) navigieren kann (ähnlich *von Nussbaum* GWR 2009, 215, 217; *Horn* aaO); die Angabe eines „Klick-Pfades", also einer chronologischen Auflistung der Verweise ausgehend von der Startseite, über deren Aufruf man letztlich zu einer bestimmten Information gelangt, ist nicht erforderlich. (Beispiel: www.xyz-ag.de – Publikationen – Hauptversammlung 2011 – Informationsblatt § 124a AktG). Für diese Auslegung spricht auch die Tatsache, dass der Gesetzgeber bei allen durch das ARUG eingeführten Verweisen auf die Internetseite immer allgemein von „der Internetseite der Gesellschaft" spricht, anstatt jeweils auf konkrete Seiten innerhalb der Internetpräsenz abzustellen (vgl §§ 52 Abs 2 S 4, 124a S 1, 126 Abs 1 S 3, 130 Abs 6, 131 Abs 3 S 1 Nr 7).

13e

Bei der Einberufung zur HV sind neben den dargestellten aktienrechtlichen Anforderungen auch die **wertpapierrechtlichen Zulassungsfolgepflichten** für Emittenten iSd

13f

Reger 1031

§ 2 Abs 6 WpHG zu beachten. § 30b Abs 1 S 1 Nr 1 WpHG schreibt vor, dass die AG neben der Einberufung der HV (einschließlich Tagesordnung, § 121 Abs 3 S 2 nF) weitere Angaben (insb Gesamtzahl der Aktien und Stimmrechte im Zeitpunkt der Einberufung der HV) unverzüglich (§ 121 BGB) im eBanz veröffentlichen muss. Um nicht neben einer Veröffentlichung nach § 121 AktG eine separate Veröffentlichung nach § 30b Abs 1 S 1 Nr 1 WpHG zu benötigen, sollte die Veröffentlichung der Einberufung gem § 121 AktG um diese Angaben ergänzt werden; eine einmalige Veröffentlichung ist gem § 30b Abs 1 S 2 WpHG ausreichend. Die Angabe der Voraussetzungen, von denen die Teilnahme an der HV und die Ausübung des Stimmrechts abhängen (§ 120 Abs 3 S 3 Nr 1 Alt 1 und 2), entspricht inhaltlich der Angabepflicht nach § 30b Abs 1 S 1 Nr 1 WpHG und muss daher nicht nochmals erfolgen. Gem der Übergangsvorschrift des § 46 Abs 4 WpHG sind bis zum 31.12.2010 die Angaben nach § 30b Abs 1 S 1 Nr 1 WpHG zusätzlich in einem Börsenpflichtblatt zu veröffentlichen. Trotz der Streichung des § 70 BörsZulVO und des scheinbar entgegenstehenden Wortlauts v § 46 Abs 4 WpHG erachtet die BaFin die Veröffentlichung einer Kurzfassung der Einberufung der HV in einem Börsenpflichtblatt (wie unter Geltung des § 70 BörsZulVO praktiziert) als hierfür ausreichend (*Tielmann/Schulenburg* BB 2007, 840, 843). Im Zusammenhang mit der Einberufung der HV ist weiterhin zu beachten, dass Emittenten iSd § 2 Abs 6 WpHG gegenüber der BaFin gem § 30c WpHG mitteilungspflichtig sind, falls die Satzung der AG durch die HV geändert werden soll. Der späteste Zeitpunkt der Mitteilung ist der Zeitpunkt der Einberufung der HV (§ 30c WpHG aE); frühester Zeitpunkt ist die Entscheidung der Verwaltung, die Satzungsänderung auf die Tagesordnung zu setzen (Assmann/Schneider WpHG/*Mülbert* § 30c Rn 11 f). Gem § 30g WpHG kann die Anfechtung eines HV-Beschlusses nicht auf eine Verletzung der §§ 30a–30f WpHG gestützt werden.

IV. Bekanntmachung (Abs 4, 4a)

14 Die Bekanntmachung der Einberufung erfolgt entweder in den Gesellschaftsblättern (Abs 4 S 1) oder im Falle namentlich bekannter Aktionäre mittels eingeschriebenen Briefs (Abs 4 S 2). Zusätzlich haben börsennotierte Gesellschaften, deren Aktionäre nicht alle namentlich bekannt sind, die Bekanntmachung Medien zuzuleiten, bei denen von einer Verbreitung in der gesamten Europäischen Union auszugehen ist (Abs 4a).

14a **1. Bekanntmachung in Gesellschaftsblättern.** Die Bekanntmachung erfolgt grds in den Gesellschaftsblättern (Abs 4 S 1). Sie muss daher wenigstens in den BAnz eingerückt werden (§ 25). Sind weitere Gesellschaftsblätter in der Satzung bestimmt (§ 25 S 2), ist die Bekanntmachung erst mit Erscheinen des letzten Blattes gegeben; anders ist dies, wenn die Satzung hinreichend deutlich bestimmt, dass die Veröffentlichung im BAnz maßgeblich ist oder dass die Veröffentlichung in den anderen Gesellschaftsblättern nicht maßgeblich ist (str, wie hier Grigoleit AktG/*Herrler* Rn 19; ohne diese Einschränkung: Hölters/*Drinhausen* Rn 31; *Hüffer* AktG Rn 11a; MünchKomm AktG/*Kubis* Rn 73; **aA** KölnKomm AktG/*Noack/Zetsche* Rn 113, 129; Schmidt/Lutter AktG/*Ziemons* Rn 70); die Bekanntmachung muss in der gleichen Weise und im gleichen Umfang erfolgen wie im BAnz (GroßKomm AktG/*Werner* Rn 63; Semler/Volhard/Reichert ArbHdb HV/*Reichert/Balke* § 4 Rn 127).

Allgemeines **§ 121**

2. Bekanntmachung durch eingeschriebenen Brief. – a) Namentlich bekannte Aktionäre. Sind der Gesellschaft alle Aktionäre namentlich bekannt, kann die Bekanntgabe mittels eingeschriebenen Briefes erfolgen (Abs 4 S 2). Insoweit kommen in erster Linie Aktionäre von Namensaktien in Betracht. Vorausgesetzt ist, dass neben dem Namen auch die Anschrift des Aktionärs bekannt ist. Bei kleinen Gesellschaften wird das auch bei Inhaberaktien der Fall sein. Problematisch ist allerdings, wenn es insoweit zu Irrtümern der Gesellschaft kommt, etwa in Folge der Übertragung von Aktien. Um der Nichtigkeitsfolge (§ 241 Nr 1, s Rn 36) zu entgehen, bleibt daher nur die Aufnahme von Meldeobliegenheiten für Veräußerungsfälle in der Satzung (MünchKomm AktG/*Kubis* Rn 79; aA K. Schmidt/Lutter AktG/*Ziemons* Rn 75). Für die Ansicht, nach der es unabhängig von einer so statuierten Obliegenheit auf die Kenntnis der Gesellschaft ankommen soll (*Lutter* AG 1994, 429, 438), liefert der Wortlaut des Abs 4 keinen Anhaltspunkt (*Hoffmann-Becking* ZIP 1995, 1, 6). **15**

b) Eingeschriebener Brief. Die Einberufung nach Abs 4 S 2 muss mit eingeschriebenem Brief erfolgen, wenn sie nicht in den Gesellschaftsblättern bekanntgemacht wird (Abs 4 S 1) und die Satzung nichts anderes bestimmt. Auf einen Rückschein kann verzichtet werden (Spindler/Stilz AktG/*Rieckers* Rn 60). Da die Einberufung durch eingeschriebenen Brief zeitlich vor der Einführung des sog Einwurfeinschreibens durch die Deutsche Post AG zugelassen wurde, ist die Norm weiterhin auf das sog Übergabeeinschreiben zu beziehen (*Hölters/Deilmann/Buchta* S 100). Die Satzung kann erleichternd die Einberufung durch Einwurfeinschreiben ebenso vorsehen wie die mittels Telefax oder E-Mail (*Hüffer* AktG Rn 11f); auch ein erschwerendes Formerfordernis kann bestimmt werden (MünchKomm AktG/*Kubis* Rn 82), zB das Erfordernis eines Rückscheins oder die Festlegung auf bestimmte Versender (*Kubis* aaO Rn 81). Nicht zulässig wäre aber eine Satzungsgestaltung, wonach die Einberufung nur nach Abs 4 S 1 oder nur nach Abs 4 S 2 erfolgen könnte (*Hüffer* aaO). Die Briefform verlangt zwangsläufig die schriftliche Form, eine Unterschrift ist jedoch entbehrlich. **16**

Streitig ist, ob Satzungsbestimmungen, die älter als der 1994 eingefügte Abs 4 sind und lediglich eine Einberufung durch Bekanntgabe in den Gesellschaftsblättern vorsehen, als Ausschluss der Einberufung mit eingeschriebenem Brief anzusehen sind (*Hölters/Deilmann/Buchta* S 95). Einer Satzungsbestimmung, die den bis dahin geltenden Gesetzeszustand festgeschrieben hat und festschreiben durfte (§ 23 Abs 5) und nicht ausdrücklich andere Formen der Einberufung ausschließt, kann allerdings nachträglich kein ausschließender Regelungsgehalt beigemessen werden (*Seibert/Köster/Kiem* Rn 121). Der bei Satzungen gebotenen objektiven Auslegung (*BGHZ* 96, 245, 250) widerspricht dies nicht, da nicht auf die subjektiven Vorstellungen des Satzungsgebers bei der Normsetzung, sondern auf das objektive Moment des zeitlichen Faktors abzuheben ist. **17**

3. Tag der Bekanntmachung. Als Tag der Bekanntmachung, an den die Fristen der § 123 Abs 1 sowie des Abs 4a anknüpfen, ist zwischen der Bekanntmachung in den Gesellschaftsblättern (Abs 4 S 1) und der durch eingeschriebenen Brief (Abs 4 S 2 HS 1) zu differenzieren. Bei der Bekanntmachung in den Gesellschaftsblättern ist der Tag der Bekanntmachung derjenige Tag, an dem das (letzte) Gesellschaftsblatt erscheint (s.o. Rn 14a). Wird die HV durch eingeschriebenen Brief einberufen, gilt der Tag der Absendung des Briefes gem Abs 4 S 2 HS 2 als der Tag der Bekanntmachung. **18**

Reger

§ 121 — Allgemeines

Bei mehreren Briefen ist der zuletzt abgesandte maßgeblich (*LG München I* AG 2009, 296, 297; *Hüffer* AktG Rn 11g).

19 4. Sinngemäße Geltung der §§ 125–127. Mit der Anordnung der sinngemäßen Anwendung der §§ 125–127 durch Abs 4 S 3 ist gemeint, dass iRd (unmittelbaren) Anwendungsbereichs dieser Vorschriften (vor allem der Berechnung der Fristen) statt auf die dort genannte Bekanntmachung im Bundesanzeiger auf den Einschreibebrief oder den sonst in der Satzung zugelassenen Weg abzustellen ist (RegBegr BT-Drucks 12/6721, 8).

19a 5. Gemeinschaftsweite Bekanntmachung (Abs 4a). Die in Abs 4a geregelte **zusätzliche Verpflichtung** zur Bekanntmachung der Einberufung gilt nur für börsennotierte AGs, die nicht ausschließlich Namensaktien ausgegeben haben und die nicht unmittelbar nach Abs 4 S 2 und 3 bekanntmachen. Bei dem Medium, das für die Bekanntmachung herangezogen wird, muss davon ausgegangen werden können, dass es die Einberufung im gesamten Raum der Europäischen Union verbreitet (ähnlich Art 5 Abs 2 der Aktionärsrechterichtlinie: Medien, „bei denen vernünftigerweise davon ausgegangen werden kann"). Taugliche „Medien" sind auch die in Abs 4 S 1 genannten Gesellschaftsblätter, soweit sie einen entsprechenden EU-weiten Verbreitungsgrad aufweisen (RegBegr BT-Drucks 16/11642, 28). Der EBanz genügt diesen Anforderungen durch den angebotenen Verbreitungsdienst (ebenso: *Hüffer* AktG Rn 11j; *Grobecker* NZG 2010, 165, 168; *Paschos/Goslar* AG 2009, 14, 16 mwN; abl: *Drinhausen/Keinath* BB 2009, 64, 66; *Bosse* NZG 2009, 807, 810; *Seibert/Florstedt* ZIP 2008, 2145, 2147 mwN). Die Zuleitung hat spätestens zum Zeitpunkt der Bekanntmachung (Rn 18) zu erfolgen. Ob und wann dann die tatsächliche Verbreitung durch diese Medien erfolgen muss, ist durch das Gesetz nicht geregelt. Daher ist ausreichend, dass die AG ein Medium auswählt, bei dem von einem entsprechenden Verbreitungsgrad ausgegangen werden kann, und dann diesem Medium rechtzeitig zuleitet. Eine Kontrollpflicht dergestalt, dass die Verbreitung tatsächlich erfolgt, besteht nicht; auch Art 5 Abs 2 der Aktionärsrechterichtlinie statuiert allein die Pflicht zur Zuleitung. Als frühester Zeitpunkt der Verbreitung nach Abs 4a muss der Zeitpunkt der Bekanntmachung gem Abs 4 angenommen werden.

V. Ort der Hauptversammlung (Abs 5)

20 1. Sitz der Gesellschaft. Die HV soll am Sitz der Gesellschaft stattfinden, sofern die Satzung nichts anderes bestimmt (Abs 5 S 1). Für den Sitz der Gesellschaft (§ 5) sind die Grenzen der politischen Gemeinde maßgeblich (§ 5 Rn 4). Ein Ausweichen auf einen sitznah gelegenen Ort ist nur dann zulässig, aber auch geboten, wenn es an einem geeigneten Versammlungsraum fehlt (*BGH* AG 1985, 188, 189 für die GmbH; *OLG Dresden* AG 2001, 489) oder die Verkehrsanbindungen zum Sitz der Gesellschaft nachhaltig gestört sind.

21 2. Börsenplatz. Eine Abhaltung der HV am Börsenplatz, soweit dies nicht durch die Satzung ausgeschlossen ist, setzt die Zulassung der Aktien zum regulierten Markt an einer deutschen Börse am Tag der Einberufung voraus (MünchKomm AktG/*Kubis* Rn 90). Börsenplatz und Sitz der Gesellschaft sind in der gesetzlichen Wertung gleichrangig (*Kubis* aaO). Die Ausnahmen, die für eine Abweichung vom Sitz der Gesellschaft Anwendung finden (Rn 20), gelten für den Börsenplatz jedoch nicht; ist am Sitz der Börse eine HV nicht durchführbar, so ist zunächst zwingend der Sitz der Gesellschaft Versammlungsort (*Kubis* aaO; Obermüller/Werner/Winden HV/*Butzke* B Rn 12).

3. Abweichung ohne Regelung in der Satzung. Mangels anderweitiger Satzungsregelung darf die HV nur ausnahmsweise für einen anderen Ort als den Gesellschafts- oder Börsensitz einberufen werden. Die Soll-Vorschrift des Abs 5 S 1 ist nicht als Ermessensvorschrift zu lesen (*Linnerz* NZG 2006, 208, 209); vielmehr ist die Wahl eines anderen Ortes nur zulässig, wenn dafür Sachgründe bestehen, wie etwa ein fehlender Versammlungssaal. Im Hinblick auf den Zweck von Abs 5, die Aktionäre vor der willkürlichen Wahl des Versammlungsortes zu schützen, muss eindeutig feststehen, dass der abweichende Tagungsort für sämtliche Gesellschafter günstiger ist als der Gesellschafts- oder Börsensitz (für die GmbH: *BGH* WM 1985, 567, 568; verallgemeinernd *Hüffer* AktG Rn 12). 22

4. Bestimmung durch die Satzung. Die Satzung kann für die Abhaltung der HV einen oder mehrere andere Orte als den Sitz der Gesellschaft oder den Börsenplatz vorsehen, ohne dass dort eine Zweigniederlassung erforderlich ist. Eine Bestimmung ist auch dann zulässig, wenn sie nur regionale Vorgaben oder Vorgaben für die Mindestgröße des Ortes (Mindesteinwohnerzahl) enthält (vgl Bsp bei Happ AktienR/ *Pühler* 1.01 Rn 71 Fn 425). 23

Eine HV im Ausland ist zulässig (MünchHdb AG/*Semler* § 35 Rn 32; Spindler/Stilz AktG/*Rieckers* Rn 74; K. Schmidt/Lutter AktG/*Ziemons* Rn 87 ff mwN; *Linnerz* NZG 2006, 208, 209 mwN; Semler/Volhard/Reichert ArbHdb HV/*Reichert/Balke* § 4 Rn 114; aA *OLG Hamburg* ZIP 1993, 921 ff: zumindest nicht in den Ländern außerhalb der Europäischen Gemeinschaft, also auch nicht am Finanzplatz Zürich; Happ AktienR/ *Pühler* 1.01 Rn 71). Auch bei einer Auslands-HV muss den Erfordernissen des § 130 genüge getan werden (vgl *OLG Hamburg* aaO zu § 130 aF). Die Anerkennung der Form unter dem Gesichtspunkt des Wirkungsstatuts setzt voraus, dass die durch einen ausländischen Notar durchgeführte Auslandsbeurkundung, sofern gem § 130 eine Beurkundung durch notarielle Niederschrift erforderlich ist, hinsichtlich Urkundsperson und Beurkundungsvorgang der deutschen Form gleichwertig ist (*Hüffer* AktG § 130 Rn 8; *Ziemons* aaO § 130 Rn 44; gegen die Anerkennung: Spindler/Stilz AktG/ *Wicke* § 130 Rn 18; Semler/Volhard/Reichert ArbHdb HV/*Volhard* § 13 Rn 20). 24

Mit dem Abs 5 zugrunde liegenden Zweck, grds den Sitz der Gesellschaft zum HV-Ort zu machen und eine abweichende Regelung nur unter den dargelegten erschwerten Voraussetzungen in der Satzung zuzulassen, unvereinbar ist eine Satzungsbestimmung, die Vorstand oder AR das Recht einräumt, den Versammlungsort nach eigenem Ermessen zu bestimmen (*BGH* ZIP 1993, 1867; *Hüffer* AktG Rn 13). 25

5. Sonderregelung (§ 16 Abs 4 WpÜG). Bei der Einberufung der HV der Zielgesellschaft im Zusammenhang mit einem öffentlichen Angebot zum Erwerb von Aktien nach Veröffentlichung der Angebotsunterlage (§ 10 WpÜG) ist die Zielgesellschaft abweichend von Abs 5 und etwaigen Regelungen in der Satzung bezüglich der Wahl ihres Versammlungsortes frei (§ 16 Abs 4 S 4 WpÜG), um mit einer möglichst kurzen Vorlaufzeit auszukommen (RegBegr BT-Drucks 14/7034, 47). Die Freiheit bezieht sich auf den Versammlungsort und das Versammlungslokal (*Hüffer* AktG Rn 16a). 26

VI. Zeit der Hauptversammlung

Gesetzliche Vorgaben zu Tag und Uhrzeit fehlen. Entsprechend der Wertung des Abs 7 S 2 (s Rn 38) kann nun die HV auch bei Publikumsgesellschaften an Wochenenden oder Feiertagen stattfinden; allerdings müssen hierfür wichtige Gründe angeführt 27 werden, da sonst das Teilnahmerecht der Aktionäre unzumutbar beeinträchtigt würde (vgl *Hüffer* AktG Rn 17). Die Zumutbarkeit ist auch hinsichtlich der Tageszeit ausschlaggebend (MünchHdb AG/*F.-J. Semler* § 35 Rn 30). Ein Beginn der HV vor 8.00 Uhr ist jedenfalls nicht zumutbar (KölnKomm AktG/*Noack/Zetsche* Rn 70; Obermüller/Werner/Winden HV/*Butzke* B Rn 9; nicht vor 8.00 Uhr als Richtschnur: *Hüffer* aaO). Umstände wie die längere Anreise mancher Aktionäre, insbesondere bei unüberschaubarem Aktionärskreis, können im Einzelfall einen späteren Beginn notwendig machen (*LG Stuttgart* ZIP 1994, 850, 852; fehlerhaft wäre es, aus diesem Urteil eine generelle 10.00 Uhr-Grenze abzuleiten); eine Terminierung auf 9.00 Uhr ist in diesen Fällen noch zumutbar. Grds sind auch die bisherigen Gepflogenheiten der AG bei der Terminierung hinsichtlich der Tageszeit zu beachten. Auch ist zu berücksichtigen, dass eine ordnungsgemäße Abwicklung der Tagesordnung am Tage der HV möglich sein sollte (GroßKomm AktG/*Werner* Rn 55; zur Einberufung für zwei Tage wegen absehbarer Überlänge su Rn 28).

28 Auch wenn die Versammlung für **einen** Tag einberufen wird, müssen die Abstimmungen **nicht** bis 24.00 Uhr desselben Tages abgeschlossen sein; sie sind nicht deswegen fehlerhaft (*OLG Koblenz* ZIP 2001, 1093; Obermüller/Werner/Winden HV/*Butzke* D Rn 57; *Hüffer* AktG Rn 17; Spindler/Stilz AktG/*Würthwein* § 241 Rn 147; **aA** Nichtigkeit: *LG Düsseldorf* ZIP 2007, 1859, 1860; *LG Mainz* NZG 2005, 819 f; MünchKomm AktG/*Kubis* Rn 35; Anfechtbarkeit: K. Schmidt/Lutter AktG/*Ziemons* Rn 35 mwN). Ist die Überlänge, der auch nicht durch Beschränkung von Rede- und Fragezeit entgegengewirkt werden kann, zum Zeitpunkt der Einberufung absehbar, sollte das einberufende Organ vorsorglich für zwei Tage einberufen (*LG Düsseldorf* aaO; einschränkend *Nagel/Ziegenhahn* WM 2010, 1005, 1008; Fristberechnungen basieren auf dem ersten Tag der HV, vgl § 123 Rn 8); eine rechtliche Verpflichtung hierzu besteht allerdings nicht (vgl Obermüller/Werner/Winden HV/*Butzke* B Rn 17; diese Frage offen lassend: *OLG München* AG 2011, 840, 841 f). Zudem ist zu beachten, dass die **Versammlungsdauer** 14 Stunden pro Tag nicht überschreiten soll (*Kubis* aaO Rn 38 mN zum Meinungsstand; gegen schematische Lösungen: *Linnerz* NZG 2006, 208, 209; Unzumutbarkeit jedenfalls bei 18 Stunden: *LG München* WM 2008, 77, 80), allerdings macht eine Überschreitung die Beschl **nicht** fehlerhaft (*Max* AG 1991, 77, 90; **aA** *Kubis* aaO: anfechtbar).

VII. Rücknahme, Verlegung oder Änderung der Einberufung

29 Bis zur förmlichen Eröffnung der HV kann deren Einberufung jederzeit zurückgenommen werden. Entscheidungsbefugt ist das Organ, das die HV einberufen hat (MünchKomm AktG/*Kubis* Rn 102). Um die Aktionäre von der Rücknahme zu informieren, ist die effektivste Form zu wählen (K. Schmidt/Lutter AktG/*Ziemons* Rn 96 mwN). Dies sind in erster Linie Pressemitteilungen und Mitteilungen nach § 125. Gründe müssen nicht genannt werden (*Kubis* aaO Rn 103). Soll die HV entweder zeitlich auf einen anderen Termin oder örtlich an einen anderen Versammlungsort verlegt werden, müssen hierfür die Voraussetzungen der Einberufung, namentlich die Form der Bekanntmachung und die Einberufungsfrist, eingehalten werden; als Verlegung gelten aber weder die Änderung des Versammlungslokals innerhalb desselben Ortes (*Ziemons* aaO Rn 96) noch zeitliche Änderungen von bis zu einer halben Stunde (*Hüffer* AktG Rn 18; BGHZ 100, 264, 266). Auch Korrekturen einer Einberufung sind möglich, sofern auch für die Korrektur die Voraussetzungen der Einberufung eingehalten werden (*Kubis* aaO Rn 104; zB Korrektur des ursprünglich falsch bestimmten „record date", *LG München* AG 2009, 296, 297; Heilung unvollständiger Einberufung, *OLG Düsseldorf* 18.12.2008 – I-6 U 139/07). Zur Änderung von Tagesordnungspunkten der HV s Rn 11c.

VIII. Vollversammlung (Abs 6)

1. Allgemeines. Die Vollversammlung schließt alle Verstöße gegen die §§ 121–128 aus und beseitigt eine entsprechende Anfechtbarkeit (unstr, *Hoffmann-Becking* ZIP 1995, 1, 6 f). 30

2. Voraussetzungen. – a) Vollständige Präsenz. Es müssen alle Aktionäre an einem Ort (Grundsatz der Präsenz-HV, s § 118 Rn 6) erschienen oder vertreten sein (Abs 6). Die persönliche Anwesenheit ist nicht erforderlich, offene oder verdeckte Stellvertretung ist ausreichend (*Hüffer* AktG Rn 20). Erschienen sind auch Aktionäre, die online gem § 118 Abs 1 S 2 teilnehmen (s. o. § 118 Rn 5a; *Hüffer* AktG § 118 Rn 8d). 31

Weitere Voraussetzung ist die Einstufung der Aktionärszusammenkunft als HV. Da gerade die Förmlichkeiten, um deren Dispensierung es geht, eine Aktionärszusammenkunft zu einer HV qualifizieren, ist deren Bezeichnung als solche ausreichend (zur Abgrenzung zur sog Scheinversammlung s MünchKomm AktG/*Kubis* § 118 Rn 1). 32

Die Formulierung („soweit kein Aktionär der Beschlussfassung widerspricht") macht deutlich, dass eine vollständige Präsenz nicht während der gesamten Dauer der HV gegeben sein muss, um wenigstens dem Teil der Beschl zur Wirksamkeit zu verhelfen, bei denen die Voraussetzungen vorliegen (*Seibert/Köster* Rn 151; MünchKomm AktG/ *Kubis* Rn 97). Online teilnehmende Aktionäre werden im Grundsatz wie physisch anwesende Aktionäre behandelt (vgl § 118 Rn 5c); daher gelten erstere nur solange als erschienen, wie sie der HV online zugeschaltet sind. Wird die Zuschaltung zur HV unterbrochen, sind sie wie ein physisch teilnehmender Aktionär zu behandeln, der den Präsenzbereich der HV verlässt, gelten also von diesem Zeitpunkt an nicht mehr als erschienen, solange sie sich nicht wieder online zuschalten. 33

b) Kein Widerspruch. Es darf keinen Widerspruch gegen die Beschlussfassung durch einen Aktionär geben. Dem Schweigen kommt hier kein Erklärungswert in Form eines konkludenten Verzichts zu, sondern normative Bedeutung (MünchKomm AktG/*Kubis* Rn 98). Der Widerspruch ist vor Verkündung des Abstimmungsergebnisses gegenüber dem Versammlungsleiter zu erklären. Zur besseren Nachvollziehbarkeit ist es ratsam, die vollständige Präsenz und das Ausbleiben von Widersprüchen in die Niederschrift (§ 130) aufzunehmen. 34

3. Befreiung von Einberufungsförmlichkeiten. Abs 6 befreit umfassend von der Beachtung der §§ 121–128 (s.o. Rn 30). So schaden daher weder eine Einberufung durch Unbefugte, noch Einberufungsmängel (Abs 3 und 4), wie zB die briefliche Einladung des Alt-Aktionärs, wenn der neue erscheint, noch die fehlende Angabe der Einberufungsfrist oder deren Nichteinhaltung (§ 123), noch die fehlende Bekanntmachung einer Tagesordnung und zwar auch dann nicht, wenn besondere Vorschriften zur Bekanntgabe bestehen (zB §§ 183 Abs 1 S 2, 186 Abs 4 S 1, 203 Abs 2 S 2). Zeit und Ort sind unter den Voraussetzungen des Abs 6 ebenfalls frei wählbar. Abs 6 gilt nicht, wenn die Vollzähligkeit treuwidrig herbeigeführt wurde (*BGH* NJW 2009, 2458; 35

Berufen auf § 20 Abs 7 entgegen gesellschaftsinterner Übung). Verabreden sich Aktionäre untereinander zu einer Vollversammlung ohne Einhaltung der §§ 121–128, haben diese Verabredungen nur schuldrechtliche Wirkung (*Hüffer* AktG Rn 23).

IX. Rechtsfolgen bei Verstößen

36 Das pflichtwidrige Unterlassen der Einberufung der HV durch den Vorstand oder den AR hat dessen Ersatzpflicht nach § 93 bzw § 116 gegenüber der Gesellschaft zur Folge. Das Fehlen eines Einberufungsgrundes (§ 121 Abs 1) macht die Beschl der HV weder nichtig, noch anfechtbar (*Hüffer* AktG Rn 1; KölnKomm AktG/*Noack/Zetsche* Rn 17). Die Einberufung durch Unbefugte (Abs 2) oder die Missachtung der gesetzlichen oder satzungsmäßigen Vorschriften über Inhalt (Abs 3 S 1) und Bekanntmachung (Abs 4) sind dagegen absolute Nichtigkeitsgründe (§ 241 Nr 1, BGHZ 11, 231, 236; 87, 1, 2 f; beide zur GmbH [fehlende Einberufungsbefugnis]; vgl aber *OLG Frankfurt* AG 1991, 208, 209; *LG Essen* AG 1995, 191), wenn nicht die Voraussetzungen einer Vollversammlung nach Abs 6 vorliegen (s Rn 30 ff, s dazu BGHZ 49, 183, 189). Aus einem Umkehrschluss zu § 241 Nr 1 folgt, dass Verstöße gegen die Pflicht zur Veröffentlichung der Tagesordnung (Abs 3 S 2) sowie die zusätzlichen Veröffentlichungspflichten für börsennotierte Gesellschaften gem Abs 3 S 3 und Abs 4a von der Nichtigkeitsfolge ausgeschlossen sind. Für Verstöße gegen Abs 4a greift der Ordnungswidrigkeitentatbestand des § 405 Abs 3a Nr 1 ein. Wird die HV aufgrund eines nichtigen Beschl des AR einberufen, sind die HV-Beschlüsse lediglich anfechtbar (KölnKomm AktG/*Mertens* § 108 Rn 76; MünchKomm AktG/*Semler* § 108 Rn 264 ff). Die Einberufung an einen unzulässigen Ort (Abs 5) begründet die Anfechtbarkeit (MünchHdb AG/*F.-J. Semler* § 35 Rn 35). Die Fassung von Abs 5 als Soll-Vorschrift bringt nicht die Sanktionslosigkeit zum Ausdruck, sondern die Möglichkeit, in begründeten Fällen Ausnahmen zuzulassen (*Noack/Zetsche* aaO Rn 186).

X. Berechnung von Fristen und Terminen (Abs 7)

37 **1. Berechnungsmethode.** Mit der Einführung des ARUG v 30.7.2009 (BGBl I, 2479) wurde Abs 7 als zentrale Norm für die Berechnung der Fristen der §§ 121-128 anstelle des § 123 Abs 4 aF eingeführt (s RegBegr BT-Drucks 16/11642, 28 bzgl der Beschränkung auf den Unterabschnitt der §§ 121-128); teilw wird der Anwendungsbereich, da der Wortlaut von Abs 7 keine Einschränkung vorsieht, auch über den Unterabschnitt der §§ 121-128 hinaus erstreckt (vgl Spindler/Stilz AktG/*Rieckers* Rn 92: Anwendung auf § 258 Abs 2 S 4). Nicht anwendbar ist Abs 7 jedenfalls auf die Frist des § 130 Abs 6 (vgl dort Rn 54a). Diese Fristberechnung erfolgt allein nach aktienrechtlichen Regeln; sie löst sich einerseits vollständig vom Regime der §§ 187-193 BGB (S 3) – diese Vorschriften sind nicht, auch nicht entspr anwendbar – und andererseits auch vom bisherigen Feiertags- und Freizeitschutz, indem Samstage, Sonn- und Feiertage ausdrücklich keinen Einfluss mehr auf die Berechnung der Termine und Fristen haben (S 2). Einheitlich werden Fristen und Termine **vom Tag der HV zurückgerechnet.** Hierbei zählt der Tag der HV nicht mit (S 1 aE). Aus den auf Abs 7 verweisenden Vorschriften (zB §§ 122 Abs 2 oder 123 Abs 1 und 2) ergibt sich zudem, dass auch der Tag, an dem eine Handlung oder ein Erfolg (zB die Einberufung) stattfinden muss, nicht mitgerechnet wird. Im Ergebnis führt dies dazu, dass zwischen letzterem und dem Tag der HV die in der Norm angegebene Zahl voller Kalendertage liegen muss. Weiterhin wird der Begriff des

Termins im aktienrechtlichen Sinne eingeführt (zB relevant für §§ 123 Abs 3 S 3, 125 Abs 2 und 128 Abs 1), wonach ein Termin die auf den Beginn, dh auf 0.00 Uhr des berechneten Tages fallende jur Sekunde ist (so die RegBegr aaO). Die Öffnungsklausel in S 4 erlaubt es nichtbörsennotierten AGs (§ 3 Abs 2), von S 1–3 durch die Satzung abzuweichen; für börsennotierte AGs ist Abs 7 jedoch zwingend. Weichen bestehende Satzungsbestimmungen zB durch das Abstellen auf Werktage oder die Wiedergabe des § 123 Abs 4 aF (weiter *Herrler/Reymann* DNotZ 2009, 815, 819: Nichtabstellen auf Kalendertage ausreichend) von § 123 Abs 3 S 3 nF (Zugang des Legitimationsnachweises) oder § 123 Abs 2 S 3 nF (Anmeldefrist zur HV) ab, bleiben diese und § 123 Abs 4 aF gem § 20 Abs 3 EGAktG bis zum Ablauf der ersten HV nach Inkrafttreten des ARUG anwendbar.

2. Berechnungsbeispiel. Die HV einer AG mit Sitz in München soll am Samstag, den 11.6. stattfinden. In der Satzung der AG ist ein Anmeldeerfordernis gem § 123 Abs 2 S 1 enthalten, das nicht von der gesetzlichen Anmeldefrist von sechs Tagen (§ 123 Abs 2 S 2) abweicht. Somit beträgt die Frist für die Einberufung der HV insgesamt 36 Tage, nämlich 30 Tage Einberufungsfrist plus 6 Tage Anmeldefrist. Die Einberufung muss somit spätestens bis 5.5., 24.00 Uhr, erfolgen. Aktionäre, die an der HV teilnehmen wollen, müssen den Zugang der Anmeldung bis zum 4.6., 24.00 Uhr, sicherstellen. Dass der 4.6. ein Sonnabend ist, spielt für die Fristberechnung keine Rolle (Abs 7 S 2). 38

§ 122 Einberufung auf Verlangen einer Minderheit

(1) ¹Die Hauptversammlung ist einzuberufen, wenn Aktionäre, deren Anteile zusammen den zwanzigsten Teil des Grundkapitals erreichen, die Einberufung schriftlich unter Angabe des Zwecks und der Gründe verlangen; das Verlangen ist an den Vorstand zu richten. ²Die Satzung kann das Recht, die Einberufung der Hauptversammlung zu verlangen, an eine andere Form und an den Besitz eines geringeren Anteils am Grundkapital knüpfen. ³§ 142 Abs. 2 Satz 2 gilt entsprechend.

(2) ¹In gleicher Weise können Aktionäre, deren Anteile zusammen den zwanzigsten Teil des Grundkapitals oder den anteiligen Betrag von 500 000 Euro erreichen, verlangen, dass Gegenstände auf die Tagesordnung gesetzt und bekannt gemacht werden. ²Jedem neuen Gegenstand muss eine Begründung oder eine Beschlussvorlage beiliegen. ³Das Verlangen im Sinne des Satzes 1 muss der Gesellschaft mindestens 24 Tage, bei börsennotierten Gesellschaften mindestens 30 Tage vor der Versammlung zugehen; der Tag des Zugangs ist nicht mitzurechnen.

(3) ¹Wird dem Verlangen nicht entsprochen, so kann das Gericht die Aktionäre, die das Verlangen gestellt haben, ermächtigen, die Hauptversammlung einzuberufen oder den Gegenstand bekannt zu machen. ²Zugleich kann das Gericht den Vorsitzenden der Versammlung bestimmen. ³Auf die Ermächtigung muss bei der Einberufung oder Bekanntmachung hingewiesen werden. ⁴Gegen die Entscheidung ist die Beschwerde zulässig.

(4) Die Gesellschaft trägt die Kosten der Hauptversammlung und im Fall des Absatzes 3 auch die Gerichtskosten, wenn das Gericht dem Antrag stattgegeben hat.

§ 122 Einberufung auf Verlangen einer Minderheit

Übersicht

	Rn		Rn
A. Allgemeines, Regelungszweck	1	II. Verlangen der Bekanntmachung	15
B. Erläuterungen	3	III. Rechtsdurchsetzung	17
I. Verlangen der Einberufung	3	1. Ermächtigung durch das Gericht	17
1. Einberufungsberechtigte	3	2. Bestimmung des Versammlungsleiters	20
2. Form und Inhalt	6	3. Rechtsbehelf	21
3. Rücknahme	9	4. Erledigung	22
4. Schranken des Rechts auf Einberufung	10	IV. Kosten	23
5. Vorstandspflichten	12	1. Kosten der Hauptversammlung	23
6. Anderweitige Satzungsbestimmung	14	2. Verfahrenskosten	24

Literatur: *Halberkamp/Gierke* Das Recht der Aktionäre auf Einberufung einer Hauptversammlung, NZG 2004, 494; *Kocher/Lönner* Anfechtungsrisiken wegen unklarer Vorbesitzzeit beim Ergänzungsverlangen?, BB 2010, 1675; *Mertens* Das Minderheitsrecht nach § 122 Abs 2 AktG und seine Grenzen, AG 1997, 481; *Schroeder/Pussar* Neues Anfechtungsrisiko bei der HV-Einberufung: Fristen für Ergänzungsverlangen, BB 2010, 717; *Seibert/Florstedt* Der Referentenentwurf des ARUG – Inhalt und wesentliche Änderungen gegenüber dem Referentenentwurf, ZIP 2008, 2145; *Weisner/Heins* Das Schriftformerfordernis in § 122 AktG, AG 2012, 706.

A. Allgemeines, Regelungszweck

1 Die Vorschrift bezweckt den Schutz der versammlungsgebundenen Rechte der Aktionäre (Teilnahmerechte § 118 Rn 4 und 6 f). Auch wenn Vorstand oder AR sich weigern, eine außerordentliche HV einzuberufen oder – als Minus – die Tagesordnung zu ergänzen, soll es einer qualifizierten Minderheit möglich sein, ihr Anliegen vor die HV zu bringen (GroßKomm AktG/*Werner* Rn 2). Das Recht, die Einberufung zu verlangen, steht nicht ausschließlich der **Minderheit** zu, wie es die amtl Überschrift nahelegt, sondern **auch dem Mehrheitsaktionär** (*KG NZG* 2003, 441, 442; *OLG Hamm* DStR 2003, 219).

2 Die Regelung des § 122 ist zwingend; entspr dem Schutzzweck können die Rechtsfolgen aber an geringere Voraussetzungen gebunden werden (Abs 1 S 2).

B. Erläuterungen

I. Verlangen der Einberufung

3 **1. Einberufungsberechtigte.** Berechtigt die Einberufung zu verlangen, sind die **Aktionäre**, deren Anteile zusammen das **Quorum von 5 %** des Grundkapitals der Gesellschaft erreichen. Bei der Berechnung des Quorums sind eigene Aktien der Gesellschaft nicht vom Grundkapital abzusetzen, da die Vorschrift entgegen vergleichbaren gesetzlichen Festsetzungen (§ 320 Abs 1 S 2; § 327a Abs 2 iVm § 16 Abs 2 S 2) keinen ausdrücklichen Abzug von eigenen Aktien vorsieht (GroßKomm AktG/*Werner* Rn 5). Auch stimmrechtslose Aktien sind nicht herauszurechnen (MünchKomm AktG/*Kubis* Rn 6 mwN). Da Regelungszweck der Vorschrift der Schutz des Teilnahmerechts ist (Rn 1), sind nicht nur Stamm- sondern auch Vorzugsaktionäre von ihr umfasst. Auch letztere können das Quorum begründen bzw dazu beitragen. Stellvertretung ist zulässig, wobei sich die Vollmacht nicht nur auf das Stimmrecht beziehen darf, sondern das

Einberufungsverlangen umfassen muss. § 174 BGB findet Anwendung (*OLG Düsseldorf* AG 2013, 264, 265).

Die Aktionäre müssen ihre Beteiligung nachweisen. Der Verweis in Abs 1 S 3 auf **4** § 142 Abs 2 S 2 setzt eine mindestens 3-monatige Haltefrist voraus, die glaubhaft zu machen ist. Anknüpfungspunkt für die **Fristberechnung** ist nicht der Tag der fraglichen HV (so aber *LG Detmold* v 18.6.2002 – 8 T 3/02 zu § 122 Abs 1), sondern entgegen dem Wortlaut des § 142 Abs 2 S 2, der allerdings nur entsprechende Anwendung findet, der Tag des Zugangs des **Einberufungsverlangens** nach § 122 Abs 1 (so nun auch *Hüffer* AktG Rn 3a; K. Schmidt/Lutter AktG/*Ziemons* Rn 9 mwN; Obermüller/Werner/Winden HV/*Butzke* B Rn 103 mwN). Diese Anknüpfung ist gerechtfertigt, da im Unterschied zum Fall des § 142 Abs 2 S 2, bei dem die HV bereits stattgefunden hat, die HV noch bevorsteht. Eine Anknüpfung an die HV würde zu einer gegenüber der Situation bei einem Antrag auf gerichtliche Bestellung von Sonderprüfern deutlich kürzeren Haltefrist führen. Dies erscheint im Hinblick auf den Zweck der Regelung, einem Missbrauch entgegenzuwirken, bedenklich.

Das Quorum muss bis zur Einberufung durch den Vorstand (str, K. Schmidt/Lutter **5** AktG/*Ziemons* Rn 12 mwN; **aA** nun *Hüffer* AktG Rn 3a, anders noch *ders* 7. Aufl Rn 3a) oder die gerichtliche Entscheidung nach Abs 3 erfüllt sein (*Ziemons* aaO; *OLG Düsseldorf* AG 2004, 211 f); entscheidend ist dabei, dass die 5 %-Schwelle während der gesamten erforderlichen Haltezeit von denselben Aktionären bzw ihren Gesamtrechtsnachfolgern erfüllt wird (*OLG Düsseldorf* aaO 212; *Hüffer* aaO Rn 3a). Der zu erbringende Nachweis (§ 142 Abs 2 S 2) bezieht sich auf die Zukunft, die Anforderungen an den Nachweis richten sich nach dem Einzelfall (vgl *Ziemons* aaO Rn 22 f).

2. Form und Inhalt. Für das Verlangen gegenüber dem Vorstand gilt die **Schriftform 6** des § 126 BGB. Da sich aus dem Gesetz nichts anderes ergibt (§ 126 Abs 3 BGB), kann die elektronische Signatur (§ 126a Abs 1 BGB) die eigenhändige Unterschrift ersetzen. Die formgerecht errichtete Erklärung muss dem Vorstand zugehen (Obermüller/Werner/Winden HV/*Butzke* B Rn 106). Eine Übermittlung per Telefax genügt trotz Dringlichkeit nicht (*BGHZ* 121, 224), auch nicht zur Wahrung der Frist des § 124 Abs 1 S 2 (Palandt/*Ellenberger* § 126 Rn 12; **aA** MünchKomm AktG/*Kubis* Rn 12). Das Schriftformerfordernis ist europarechtskonform (*Weisner/Heins* AG 2012, 706 ff; **aA** K. Schmidt/Lutter AktG/*Ziemons* Rn 30). Wird das Quorum nicht durch einen Aktionär allein erfüllt, ist str ob mehrere Minderheitsaktionäre zusammen einen Antrag unterschreiben müssen (**hL**, vgl Spindler/Stilz AktG/*Rieckers* Rn 18; *Hüffer* AktG Rn 4; AnwK-AktR/*Pluta* Rn 14; *Butzke* aaO) oder ob mehrere einzelne Anträge genügen, solange sie nur aufeinander Bezug nehmen (*Kubis* aaO; *Ziemons* aaO). Die einfachere Überprüfbarkeit eines einzigen Antrags gegenüber einer Vielzahl von Anträgen und der damit verbundenen geringeren Rechtssicherheit sprechen gegen eine erweiternde Auslegung.

Die Angabe des **Zwecks** erfolgt durch Mitteilung der Beschlussgegenstände (*OLG* **7** *Köln* WM 1959, 1402, 1403). Für Satzungsänderungen und Unternehmensverträge sind die Erfordernisse des § 124 Abs 2 S 2 zu beachten (*Hüffer* AktG Rn 4). Die Mitteilung einer förmlichen Tagesordnung genügt jedenfalls, ist aber nicht erforderlich (**aA** K. Schmidt/Lutter AktG/*Ziemons* Rn 18: zusätzlich Beschlussvorschlag erforderlich). Mit der Angabe von **Gründen** ist nicht eine Erläuterung der Beschlussgegenstände gefordert, sondern eine kurze Darlegung, warum die HV hiermit befasst werden soll und weshalb sie gerade jetzt stattfinden soll (*OLG Köln* aaO), also nicht bis zur nächsten ordentlichen HV gewartet werden kann (Obermüller/Werner/Winden HV/*Butzke* B Rn 106). Die Begründungslast ist dabei umso höher, je kürzer die Zeit bis zur nächsten ordentlichen HV ist (MünchKomm AktG/*Kubis* Rn 13).

8 Das Verlangen ist **an den Vorstand zu richten** (Abs 1 S 1 HS 2). Gemeint ist die durch den Vorstand vertretene AG (*Hüffer* AktG Rn 5). Daher gilt auch § 78 Abs 2 S 2 (zumindest analog), wonach es genügt, wenn eine gegenüber der Gesellschaft abzugebende Erklärung nur einem Vorstandsmitglied zugeht. Unerheblich ist aus denselben Gründen, ob die Erklärung an den Vorstand oder an die Gesellschaft adressiert ist. Hat die Gesellschaft keinen Vorstand oder ist sie handlungsunfähig, ist das Begehren an den nach § 85 zu bestellenden Notvorstand zu richten (*OLG Celle* NJW 1964, 112). Der AR kann nicht Adressat sein (str, s MünchKomm AktG/*Kubis* Rn 11; KölnKomm AktG/*Noack/Zetsche* 40; **aA** *Baumbach/Hueck* AktG Rn 5).

9 **3. Rücknahme.** Die Rücknahme des Einberufungsverlangens ist bis zur Einberufung möglich und macht das Einberufungsverlangen gegenstandslos. Die Rücknahme muss den gleichen Formanforderungen genügen wie das Einberufungsverlangen selbst. Eine Rücknahme nur durch einen Teil der Aktionäre, die das Einberufungsverlangen gestellt haben (es ist im Gegensatz zur Stellung des Verlangens – Rn 6 – keine gemeinsame Rücknahmeerklärung erforderlich), hat die gleiche Wirkung, sofern infolge dessen das Quorum nicht mehr gegeben ist (s.o. Rn 5). Nach erfolgter Einberufung hat die Rücknahme nur die Wirkung, dass sie dem Vorstand die Möglichkeit eröffnet, die erfolgte Einberufung zurückzunehmen (MünchKomm AktG/*Kubis* Rn 14).

10 **4. Schranken des Rechts auf Einberufung.** Das Einberufungsverlangen ist nur insoweit zulässig, als die begehrten Tagesordnungspunkte in den Kompetenzbereich der HV fallen. Betrifft das Einberufungsverlangen eine Geschäftsführungsmaßnahme, liegt die Kompetenz der HV vor, wenn die engen Voraussetzungen gegeben sind, die der *BGH* in den **"Holzmüller/Gelatine"**-Entscheidungen (*BGHZ* 83, 122; 159, 30; *BGH* NZG 2004, 575) aufgestellt hat, und der Vorstand die Durchführung der Geschäftsführungsmaßnahme auch tatsächlich beabsichtigt (*LG Duisburg* ZIP 2004, 76, 77 – **"Babcock-Borsig AG"**; *OLG Düsseldorf* NZG 2004, 239). Solange der Vorstand sich noch nicht für die Geschäftsführungsmaßnahme entschieden hat, ist eine Befassung der HV mit einer Geschäftsführungsmaßnahme unzulässig (GroßKomm AktG/*Werner* Rn 28; *Halberkamp/Gierke* NZG 2004, 494, 497).

11 IÜ können für die Bestimmung der Schranken des § 122 die Wertungen des § 126 Abs 2 herangezogen werden (*Halberkamp/Gierke* NZG 2004, 494, 497; *Mertens* AG 1997, 489; **aA** MünchKomm AktG/*Kubis* Rn 25). Begehren, die auf einen gesetzes- oder satzungswidrigen Beschl zielen, sind daher unzulässig. Unzulässig sind Einberufungsverlangen auch dann, wenn sie rechtsmissbräuchlich sind (**allgM**, s *OLG München* AG 2010, 84, 85; *OLG Stuttgart* AG 2009, 169, 170; *OLG Hamburg* AG 2003, 643; *KG* ZIP 2003, 1024), namentlich dann, wenn das angestrebte Ziel nicht erreicht werden kann (*OLG Stuttgart* aaO; *OLG Hamburg* aaO), und auch dann, wenn bereits feststeht, dass das angestrebte Beschlussergebnis nicht mehrheitsfähig ist, weil ein entsprechender Beschl bei wesentlich gleicher Aktienverteilung unlängst abgelehnt wurde (*KG* DNotZ 1935, 592, 593). Ebenso unzulässig ist das Begehren dann, wenn

keine Dringlichkeit besteht, also ohne Weiteres bis zur nächsten HV gewartet werden kann (*OLG München* aaO; *Hüffer* AktG Rn 6; MünchKomm AktG/*Kubis* Rn 19; **aA** *OLG Düsseldorf* NZG 2013, 546, 548: freies unternehmerisches Ermessen der Mehrheitsaktionärin), oder wenn bereits ein Beschluss vorliegt und eine erneute Beschlussfassung der HV nicht durch geänderte Umstände veranlasst ist. In Anbetracht des hohen Kostenaufwands, den die Einberufung einer HV mit sich bringt, muss auf Grund der gesellschaftsrechtlichen Treuebindung der Maßstab für die Ausübung des Einberufungsverlangens und insb für die Bejahung der Dringlichkeit das pflichtgemäße und überprüfbare Ermessen des Aktionärs sein (*Reger* NZG 2013, 536, 538 f; aA OLG Düsseldorf NZG 2013, 546, 548). Grds sind an die Annahme eines Rechtsmissbrauchs strenge Anforderungen zu stellen, um das Recht der Minderheitsaktionäre aus § 122 nicht auszuhöhlen (*KG* AG 2012, 256, 259; NZG 2003, 441, 443). Hat der Beschlussgegenstand seinerseits ein Minderheitsrecht wie §§ 142, 147 zum Gegenstand, kann das Einberufungsverlangen nicht allein deshalb als missbräuchlich abgelehnt werden, weil eine entsprechende Beschlussfassung selbst missbräuchlich wäre (*LG Frankfurt/Main* AG 2004, 218). Das dort geregelte Minderheitsrecht würde ausgehöhlt, wenn bereits im Vorfeld die Minderheit daran gehindert würde, die HV mit der Frage zu befassen (*LG Frankfurt/Main* aaO).

5. Vorstandspflichten. Der Vorstand hat die Pflicht, das Einberufungsverlangen auf Zulässigkeit und Ordnungsmäßigkeit hin zu überprüfen (GroßKomm AktG/*Werner* Rn 23). Über sie entscheidet der Vorstand nach Abschluss der Prüfung, die idR nicht länger als 1–2 Werktage dauern sollte (*Mertens* AG 1997, 481, 486; großzügiger K. Schmidt/Lutter AktG/*Ziemons* Rn 24 mwN: 1–2 Wochen und Marsch-Barner/Schäfer Hdb AG/*Marsch-Barner* § 32 Rn 23: 1–4 Wochen), durch Mehrheitsbeschluss (MünchKomm AktG/*Kubis* Rn 36). Kommt er zu einem positiven Ergebnis, hat er dem Einberufungsverlangen vollumfänglich (*OLG Frankfurt* WM 1986, 642, 643) und unverzüglich (§ 121 Abs 1 S 1 BGB) stattzugeben, ohne dass ihm ein Ermessensspielraum eingeräumt ist (*Halberkamp/Gierke* NZG 2004, 494, 499). Der Vorstand ist berechtigt, die Einberufung zu verweigern, wenn das Einberufungsverlangen unzulässig ist (s Rn 11) (Hölters AktG/*Drinhausen* Rn 16; *Hüffer* AktG Rn 7; abl MünchKomm AktG/*Kubis* 18 ff, 37). Er ist allerdings nicht verpflichtet, die Einberufung im Falle eines unzulässigen Verlangens zu verweigern, und handelt nicht pflichtwidrig, wenn er einem solchen Verlangen stattgibt (*OLG Düsseldorf* NZG 2013, 546, 548; iE zust Reger NZG 2013, 536, 538). Zu hinterfragen ist jedoch, ob es richtig ist, eine über die formellen Anforderungen des Wortlauts des § 122 Abs 1 hinausgehende Prüfungskompetenz des Vorstands anzunehmen; denn der mit § 122 AktG intendierte Minderheitenschutz spricht dafür, das Einberufungsrecht nur in seltenen Ausnahmefällen einzuschränken (detail hierzu Reger NZG 2013, 536, 538). Die im Verlangen genannten Beschlussgegenstände sind Mindestinhalt der Tagesordnung (*OLG Frankfurt* aaO). Der Vorstand kann die Tagesordnung der einzuberufenden HV um eigene Tagesordnungspunkte ergänzen (*Kubis* aaO Rn 40 mwN). Hat der Vorstand gem § 122 Abs 1 eine HV einberufen, kann er diese nur noch absagen, wenn die Versammlung aufgrund äußerer Einflüsse – zB Unmöglichkeit der Nutzung des vorgesehenen Versammlungslokals – nicht mehr oder nicht sachgerecht durchgeführt werden kann (*LG Frankfurt/Main* BeckRS 2013, 06301). Die unberechtigte Verweigerung einer Einberufung durch den Vorstand eröffnet den Weg der Ermächtigung durch das Gericht (su Rn 17 ff); sie führt indes nicht zu Sanktionen gegenüber der Gesellschaft (*Mertens* aaO 491).

13 Den Vorstand trifft nicht die Pflicht, seine Entscheidung bekanntzugeben (Münch-Komm AktG/*Kubis* Rn 39). Entspricht der Vorstand dem Begehren nicht, empfiehlt sich aber eine Bekanntgabe gegenüber der Minderheit (GroßKomm AktG/*Werner* Rn 40).

14 **6. Anderweitige Satzungsbestimmung.** Die Satzung kann das Recht, die Einberufung der HV zu verlangen, an eine andere Form und an ein anderes Quorum knüpfen (Abs 1 S 2). Sowohl hinsichtlich der Form wie des Quorums dürfen wegen des Gesetzeszwecks aber nur **Erleichterungen** aufgenommen werden (RegBegr BT-Drucks 14/4987, 30).

II. Verlangen der Bekanntmachung

15 Eine Aktionärsminderheit kann nicht nur die Einberufung einer HV verlangen, sondern auch, dass die Tagesordnung für eine unabhängig vom Aktionärsbegehren einzuberufende bzw einberufene HV um weitere Gegenstände ergänzt und dies entspr bekanntgemacht wird (Abs 2). Durch den Verzicht der Anknüpfung an eine Beschlussfassung (vgl Abs 2 S 1 aF) kann nun auch die Ergänzung um beschlusslose Gegenstände verlangt werden (*Seibert/Florstedt* ZIP 2008, 2145, 2149). Klarstellend fordert Abs 2 S 2 nF, dass jedem neuen Gegenstand eine Begründung oder eine Beschlussvorlage beizulegen ist. Die Voraussetzungen sind zunächst die gleichen wie die für das Einberufungsverlangen (s. o. Rn 3 ff), mit folgenden Ausnahmen: Nach richtiger Auffassung knüpft die Berechnung der Haltefrist wie im Rahmen von Abs 1 (s.o. Rn 4) und entgegen dem Wortlaut von § 142 Abs 2 S 2 an den Zeitpunkt des Zugangs des Verlangens an (K. Schmidt/Lutter AktG/*Ziemons* Rn 29; Obermüller/Werner/Winden HV/*Butzke* B Rn 113; *Schroeder/Pussar* BB 2010, 717, 721); hierfür sprechen dieselben Argumente wie bei Abs 1 (s hierzu Rn 4). In der Praxis wird jedoch iRd Erläuterung der Aktionärsrechte gem § 121 Abs 3 S 2 Nr 3 vielfach der Tag der HV herangezogen, da die Aktionäre hierdurch im Zweifel nicht benachteiligt werden und damit etwaige (iE aber wohl erfolglose) Anfechtungen verhindert werden können (*Kocher/Lönner* BB 2010, 1675, 1679). Das geforderte Quorum ist auf den nominalen Anteil von 500 000 EUR am Grundkapital begrenzt (Abs 2). Der nominale Wert der Beteiligung errechnet sich bei Stückaktien durch die Division von Grundkapital durch Aktienzahl (vgl § 8 Abs 4). Wird einem Ergänzungsverlangen zu Unrecht nicht vom Vorstand nachgekommen, resultiert daraus nicht die Anfechtbarkeit der übrigen – ordnungsgemäß bekanntgemachten – HV-Beschlüsse (*OLG München* v 22.12.2010 – 7 U 1584/10).

16 Seit Einführung des ARUG v 30.7.2009 (BGBl I S 2479) ist das Ergänzungsverlangen **fristgebunden** und muss bei börsennotierten AGs 30 Tage, bei allen anderen Gesellschaften 24 Tage vor dem Tag der HV spätestens zugehen (Abs 2 S 3). Hierbei sind weder der Tag des Zugangs des Verlangens (Abs 2 S 3 HS 2) noch der Tag der HV (§ 121 Abs 7) mitzurechnen. Zur Bekanntmachungspflicht des Ergänzungsverlangens durch den Vorstand und zur Art und Weise der Bekanntmachung vgl § 124 Rn 2 ff und § 124a Rn 7.

III. Rechtsdurchsetzung

17 **1. Ermächtigung durch das Gericht.** In einem Verfahren der freiwilligen Gerichtsbarkeit kann das Gericht Aktionäre auf Antrag ermächtigen, die HV selbst einzuberufen oder Beschlussgegenstände bekanntzumachen, wenn das an den Vorstand gerichtete Verlangen erfolglos geblieben ist (Abs 3 S 1). Eine Durchsetzung im streitigen Verfahren oder durch einstweilige Verfügung ist dagegen nicht möglich (MünchKomm AktG/*Kubis* Rn 43). Zuständig ist das AG (§ 23a Abs 1 Nr 2, Abs 2 Nr 4 GVG) des Gesellschaftssitzes (§ 14).

Der Antrag muss von den Aktionären gestellt werden, deren Verlangen nicht entsprochen wurde; ausreichend ist auch das Hinauszögern der Entscheidung des Vorstands ohne ausdrückliche Ablehnung (*OLG München* AG 2010, 84, 86). Ihnen stehen Gesamtrechtsnachfolger (*Hüffer* AktG Rn 10) und rechtsgeschäftliche Erwerber gleich (Spindler/Stilz AktG/*Rieckers* Rn 50 mwN; **aA** *Hüffer* aaO; K. Schmidt/Lutter AktG/ *Ziemons* Rn 46; KölnKomm AktG/*Noack*/*Zetsche* Rn 88). Solange das Quorum erhalten bleibt, ist es unschädlich, wenn ein Teil der Aktionäre das Verlangen zurücknimmt (*LG Duisburg* ZIP 2004, 76, 77). Ein Wechsel der unterstützenden Aktionäre ist erst dann schädlich, wenn das Erreichen des Quorums von dem Eintritt neuer Aktionäre abhängt; in diesem Fall muss wegen des eindeutigen Wortlauts des Abs 3 S 1 das Verlangen neu an den Vorstand gerichtet werden (**hM**, *OLG Düsseldorf* NZG 2004, 239; *Ziemons* aaO; **aA** MünchKomm AktG/*Kubis* Rn 45; zur Dauer der Erfüllung des Quorums s auch oben Rn 5). Der Antrag an das Gericht kann formfrei, also auch per Telefax gestellt werden (GroßKomm AktG/*Werner* Rn 58; *Kubis* aaO Rn 48). Eine **Antragsfrist** ist zwar nicht vorgesehen, der Antrag kann jedoch durch Zeitablauf unzulässig werden, wenn nicht mehr gewährleistet ist, dass die ablehnende Vorstandsentscheidung weiterhin gelten soll (MünchHdb AG/*Semler* § 35 Rn 19). Der Antrag muss daher ohne übermäßiges Zögern gestellt werden (*Kubis* aaO Rn 49). Die Eröffnung des Insolvenzverfahrens gem § 27 InsO über das Vermögen der Ges beseitigt das Rechtsschutzinteresse für den Ermächtigungsantrag nicht, wenn der Verfahrensgegenstand des Ermächtigungsbegehrens lediglich die Regelung einer inneren Angelegenheit der Ges betrifft und deshalb masseneutral ist; eine Unterbrechung eines anhängigen Verfahrens tritt gem § 240 ZPO nur ein, wenn der Verfahrensgegenstand ein Vermögenswert ist, der zur Insolvenzmasse gehört (*OLG Düsseldorf* AG 2013, 468, 468 f).

Das Gericht entscheidet durch einen mit Gründen versehenen **Beschluss**. Trotz des Wortlauts („kann") muss es dem Antrag der Minderheit stattgeben, wenn dieser zulässig und begründet ist (*OLG München* AG 2010, 84, 85; *OLG Stuttgart* AG 2009, 169, 170). Die Prüfungsbefugnis des Gerichts deckt sich mit der des Vorstands (MünchKomm AktG/*Kubis* Rn 57; *OLG München* aaO; *OLG Stuttgart* aaO). Ob das Verlangen sinnvoll oder zweckmäßig ist, hat es nicht zu prüfen (*OLG Frankfurt* AG 1987, 48).

2. Bestimmung des Versammlungsleiters. Das Gericht kann auch den Vorsitzenden der HV bestimmen (Abs 3 S 2). Es entscheidet dabei von Amts wegen, so dass ein Antrag nur als Anregung zu verstehen ist (**allgM**, *Hüffer* AktG Rn 11; *OLG München* AG 2010, 84, 87). Grds steht die Bestimmung eines Versammlungsleiters und die Auswahl der Person im Ermessen des Gerichts. Ist das Gericht der Überzeugung, dass der nach Satzung zuständige Versammlungsleiter dem Anliegen der Minderheit nicht in gebührender Weise gerecht werden wird, hat es die Pflicht, selbst den Vorsitzenden zu bestimmen (*OLG Düsseldorf* AG 2013, 468, 469; MünchKomm AktG/*Kubis* Rn 60). In Ausnahmefällen ist eine isolierte gerichtliche Bestellung allein des Versammlungsleiters möglich, wenn die Ges unter dem Druck des gerichtlichen Verfahrens bereits die verlangte HV einberufen hat (*OLG Hamburg* AG 2012, 294, 295).

21 **3. Rechtsbehelf.** Statthafter Rechtsbehelf gegen den Beschl des Gerichts ist seit Geltung des FGG-RG v 17.12.2008 (BGBl I S 2586) die binnen Monatsfrist einzulegende Beschwerde (§ 122 Abs 3 S 4, 63 FamFG). Diese hat keine aufschiebende Wirkung, (Keidel FamFG/*Sternal* § 64 Rn 57). Die Vollziehung der angefochtenen Entscheidung kann aber nach § 64 Abs 3 FamFG ausgesetzt werden.

22 **4. Erledigung.** Insbesondere bei dem Verlangen auf Ergänzung der Tagesordnung kommt dem Faktor Zeit entscheidende Bedeutung zu. Allein aufgrund des Umstands, dass die gerichtliche Entscheidung zu einem Zeitpunkt ergeht, zu dem die HV bereits stattgefunden hat, liegt noch keine Erledigung vor (*KG* NZG 2003, 441, 442). Eine Erledigung tritt nur ein, soweit die HV entsprechend dem Verlangen gesetzes- und satzungsmäßig einberufen und durchgeführt worden ist (*BGH* AG 2012, 592, 593; *OLG Düsseldorf* AG 2013, 468, 468; *KG* aaO). Kommt ein Verlangen auf Ergänzung der Tagesordnung zu spät, ist dieses mit der hM (*KG* aaO; **aA** *Mertens* AG 1997, 481, 487) als auch für die nächste HV gestellt anzusehen. Eine andernfalls erzwungene erneute Antragsstellung wäre nicht verfahrensökonomisch (*KG* aaO).

IV. Kosten

23 **1. Kosten der Hauptversammlung.** Die Kosten der Einberufung sind Teil der Kosten der HV (RegBegr *Kropff* S 171) und damit gem Abs 4 von der Gesellschaft zu tragen. Die Aktionäre selbst werden durch Abs 4 nicht ermächtigt, die Gesellschaft zu verpflichten. Sie können also weder im Namen der Gesellschaft noch mit Wirkung zu Lasten der Gesellschaft tätig werden, sondern müssen im eigenen Namen und ohne unmittelbar belastende Wirkung für die Gesellschaft zB einen Versammlungssaal anmieten mit der Folge, dass allein die Aktionäre Schuldner der entstehenden Verbindlichkeiten gegenüber Dritten werden. Sie haben gegenüber der Gesellschaft lediglich einen Erstattungs- bzw Freistellungsanspruch (MünchHdb AG/*Semler* § 35 Rn 24). Umgekehrt besteht für den Fall eines unbegründeten Begehrens, dem der Vorstand aber entsprochen hat, kein Anspruch der Gesellschaft auf Erstattung der durch die Einberufung angefallenen Kosten gegen die Minderheitsaktionäre (MünchKomm AktG/*Kubis* Rn 74), mit Ausnahme des vorsätzlich unrichtigen Tatsachenvortrags (GroßKomm AktG/*Werner* Rn 80).

24 **2. Verfahrenskosten.** Die Gerichtskosten sind von der Gesellschaft zu tragen, wenn das Gericht dem Antrag der Aktionärsminderheit stattgegeben hat (Abs 4). Die außergerichtlichen Kosten der Beteiligten, insbesondere die der anwaltlichen Beratung und Vertretung, sind von diesen selbst zu tragen, wenn das Gericht nicht gem § 81 FamFG etwas anderes bestimmt. Die freiwillige Erstattung ist der Gesellschaft jedoch unbenommen. Sie stellt keinen Verstoß gegen § 57 Abs 1 S 1 dar (MünchKomm AktG/*Kubis* Rn 76).

§ 123 Frist, Anmeldung zur Hauptversammlung, Nachweis

(1) ¹Die Hauptversammlung ist mindestens dreißig Tage vor dem Tage der Versammlung einzuberufen. ²Der Tag der Einberufung ist nicht mitzurechnen.

(2) ¹Die Satzung kann die Teilnahme an der Hauptversammlung oder die Ausübung des Stimmrechts davon abhängig machen, dass die Aktionäre sich vor der Versammlung anmelden. ²Die Anmeldung muss der Gesellschaft unter der in der Einberufung

hierfür mitgeteilten Adresse mindestens sechs Tage vor der Versammlung zugehen. ³In der Satzung oder in der Einberufung auf Grund einer Ermächtigung durch die Satzung kann eine kürzere, in Tagen zu bemessende Frist vorgesehen werden. ⁴Der Tag des Zugangs ist nicht mitzurechnen. ⁵Die Mindestfrist des Absatzes 1 verlängert sich um die Tage der Anmeldefrist des Satzes 2.

(3) ¹Bei Inhaberaktien kann die Satzung bestimmen, wie die Berechtigung zur Teilnahme an der Versammlung oder zur Ausübung des Stimmrechts nachzuweisen ist; Absatz 2 Satz 5 gilt in diesem Fall entsprechend. ²Bei börsennotierten Gesellschaften reicht ein in Textform erstellter besonderer Nachweis des Anteilsbesitzes durch das depotführende Institut aus. ³Der Nachweis hat sich bei börsennotierten Gesellschaften auf den Beginn des 21. Tages vor der Versammlung zu beziehen und muss der Gesellschaft unter der in der Einberufung hierfür mitgeteilten Adresse mindestens sechs Tage vor der Versammlung zugehen. ⁴In der Satzung oder in der Einberufung auf Grund einer Ermächtigung durch die Satzung kann eine kürzere, in Tagen zu bemessende Frist vorgesehen werden. ⁵Der Tag des Zugangs ist nicht mitzurechnen. ⁷Im Verhältnis zur Gesellschaft gilt für die Teilnahme an der Versammlung oder die Ausübung des Stimmrechts als Aktionär nur, wer den Nachweis erbracht hat.

Übersicht

	Rn		Rn
A. Allgemeines	1	c) Börsennotierte Gesellschaften (S 2 bis 5)	8
I. Regelungszweck	1	d) Legitimierungswirkung (S 6)	9
II. Neuerungen	2	3. Einberufung nach § 16 Abs 3 WpÜG	10
B. Erläuterungen	3	III. Schweigen der Satzung	16
I. Einberufungsfrist (Abs 1)	3	IV. Rechtsfolge bei Verstößen	19
II. Satzungsmäßige Teilnahmevoraussetzungen (Abs 2 und 3)	4	1. Verstöße gegen Fristen	19
1. Anmeldung (Abs 2)	5	2. Verstöße gegen das Teilnahmerecht	20
2. Berechtigungsnachweis (Abs 3)	6		
a) Allgemeines	6		
b) Regelungsmöglichkeiten	7		

Literatur: *Bayer/J. Schmidt* Zur Vorwirkung von Art 5 Abs 1 EGRL 36/2007, EWiR 2010, 289; *Brück/Schalast/Schanz* Das 1. Finanzmarktstabilisierungsergänzungsgesetz: Lex Hypo Real Estate oder doch mehr?, BB 2009, 1306; *Butzke* Hinterlegung, Record Date und Einberufungsfrist, WM 2005, 1981; *Claussen* Hauptversammlung und Internet, AG 2001, 161; *DAV (Handelsrechtsausschuss)* Die Stellungnahme zu dem Regierungsentwurf eines Gesetzes zur Unternehmensintegrität und Modernisierung des Anfechtungsrechts (UMAG), NZG 2005, 388; *Florstedt* Fristen und Termine im Recht der Hauptversammlung, ZIP 2010, 761; *Gantenberg* Die Reform der Hauptversammlung durch den Regierungsentwurf eines Gesetzes zur Unternehmensintegrität und Modernisierung des Anfechtungsrechts – UMAG, DB 2005, 207; *Göz/Holzborn* Die Aktienrechtsreform durch das Gesetz für Unternehmensintegrität und Modernisierung des Anfechtungsrechts – UMAG, WM 2006, 157; *Grobecker* Beachtenswertes zur Hauptversammlungssaison, NZG 2010, 165; *Kiefner/Zetzsche* Die Aktionärslegitimation durch Record Date Nachweis und die Übergangsvorschrift des § 16 EGAktG, ZIP 2009, 551; *Mimberg* Die Frist zur Einberufung der Hauptversammlung nach dem UMAG, AG 2005, 716; *Noack* Online-Hauptversammlung – Stand der Dinge und wichtige Reformvorschläge, NZG 2001, 1057; *Noack/Zetzsche* Die Legitimation der Aktionäre bei Globalaktien und Depotverbuchung, AG 2002, 651; *Repgen* Der Sonntag und die Berechnung rückwärtslaufender Fristen im Aktienrecht, ZGR 2006, 121; *Reul* Aktuelle Änderungen des Aktienrechts aus notarieller Sicht – Teil II, ZNotP 2010, 44; *J. Schmidt* § 123 Abs 1 AktG idF des UMAG und §§ 61 Satz 1, 63 Abs. 1 UmwG – ein unbeabsichtigter Richtlinienverstoß, DB 2006, 375; *Schütz* UMAG Reloaded – Der Regierungsentwurf eines Gesetzes zur Unternehmensintegrität und Modernisierung des Anfechtungsrechts (UMAG) vom 17.11.2004, NZG 2005, 5; *Simon/Zetzsche* Aktionärslegitimation und Satzungsgestaltung – Überlegungen zu § 123 AktG idF des UMAG, NZG 2005, 369; *Spindler* Die Reform der Hauptversammlung und der Anfechtungsklage durch das UMAG, NZG 2005, 825; *ders* Finanzkrise und Gesetzgeber – Das Finanzmarktstabilisierungsgesetz, DStR 2008, 2268; *Wieneke/Fett* Das neue Finanzmarktstabilisierungsgesetz unter besonderer Berücksichtigung der aktienrechtlichen Sonderregelungen, NZG 2009, 8; *Wilm* Beobachtungen der Hauptversammlungssaison 2010, DB 2010, 1686; *Ziemons* Kritische Anmerkungen zu den aktien- und kapitalmarktrechtlichen Regelungen des Regierungsentwurfs eines FMStErgG, NZG 2009, 369.

A. Allgemeines

I. Regelungszweck

1 Der Normzweck besteht zum einen darin, den Aktionären die Teilnahme an der HV zu erleichtern, indem sie sich auf den HV-Termin einrichten und sachlich darauf vorbereiten können (RegBegr *Kropff* S 172), zum anderen auch darin, der Gesellschaft die Möglichkeit einer ordnungsgemäßen Vorbereitung der HV, insbesondere im Hinblick auf die Erstellung des Teilnehmerverzeichnisses (§ 129 Abs 1 S 2) zu geben (GroßKomm AktG/*Werner* Rn 12). Für im AktG oder in der Satzung vorgeschriebene Sonderversammlungen und -beschlüsse findet § 123 sinngemäß Anwendung (§ 138 S 2).

II. Neuerungen

2 § 123 wurde wesentlich durch das UMAG v 22.9.2005 (BGBl I S 2802) neu gestaltet und an die bisherige Praxis angepasst. Änderungen ergaben sich zudem durch das ARUG v 30.7.2009 (BGBl I S 2479): die Fristberechnung für die Einberufung (Rn 3), für die Anmeldung (Rn 5) sowie für den zu erbringenden Nachweis bei Inhaberaktien (Rn 6 ff) wurde modifiziert, die Grundnorm für die Fristberechnung reformiert und von Abs 4 in § 121 Abs 7 (vgl dort Rn 37) verschoben.

B. Erläuterungen

I. Einberufungsfrist (Abs 1)

3 Die HV ist mindestens **30 Tage** vor dem Tag der Versammlung einzuberufen (S 1), wobei der Tag der Einberufung nicht mitzurechnen ist (S 2); ausführlich zur Berechnung vgl § 121 Rn 37. Somit kann grds bis zum Ablauf des 31. Tages vor der HV einberufen werden. Einberufung meint die Bekanntgabe in den Gesellschaftsblättern (§ 121 Abs 4 S 1, vgl dort Rn 14a) bzw die Absendung des eingeschriebenen Briefs (§ 121 Abs 4 S 2 HS 2, vgl dort Rn 18). Erfolgt die tatsächliche Ausgabe vor dem Datum des Impressums, gilt das letztere als Erscheinungsdatum (*Hüffer* AktG Rn 2). Bei einer mehrtägigen HV ist für den Fristbeginn nur auf den ersten Versammlungstag abzustellen (MünchKomm AktG/*Kubis* Rn 3). Da Abs 1 nur eine **Mindestvoraussetzung** normiert, ist eine längere Frist unschädlich, es sei denn, die Frist wäre so lang bemessen (länger als drei Monate), dass die HV bei den Aktionären inzwischen wieder in Vergessenheit geraten könnte (vgl Obermüller/Werner/Winden HV/*Butzke* B Rn 55 mwN: maximal 10–12 Wochen, ebenso *Kubis* aaO Rn 6) Sieht die Satzung eine Anmeldung zur HV vor, ist die Anmeldefrist gem Abs 2 S 5 zu den 30 Tagen hinzuzu-

rechnen (vgl Rn 5); das Gleiche gilt gem Abs 3 S 1 HS 2 für Nachweisfristen für Inhaberaktionäre (vgl Rn 6). Die Umstellung von der Monatsfrist auf eine nach Tagen bemessene Frist durch das UMAG führt im Hinblick auf §§ 61 S 1, 63 Abs 1 UmwG zu einer problematischen Divergenz mit der Fusionsrichtlinie (Dritte RL des Rats 78/855/EWG v 9.10.1978, ABlEG Nr L 295 S 36) und der Spaltungsrichtlinie (Sechste RL des Rats 82/891/EWG v 17.12.1982, ABlEG Nr L 378 S 47). Während Art 6, Art 11 Abs 1 Fusionsrichtlinie und Art 4, Art 9 Abs 1 Spaltungsrichtlinie für die Auslage der dort bezeichneten Unterlagen den Zeitraum von einem Monat vor der HV verlangen, führen § 63 Abs 1 UmwG und § 61 S 1 UmwG iVm § 123 AktG zu einer 30-tägigen Auslegungsfrist. Den europarechtlichen Vorgaben kommt der Vorrang zu, so dass die Auslegungsfrist nach §§ 61 S 1, 63 Abs 1 UmwG trotz des Verweises auf § 123 mindestens einen Monat beträgt (*J. Schmidt* DB 2006, 375 f). Sieht die **Satzung** eine **Monatsfrist** vor, gilt sie aufgrund des zwingenden Charakters von Abs 1 nur dann nicht, wenn sie im konkreten Fall kürzer als 30 Tage ist.

Die Einberufungsfrist kann sich im Ausnahmefall gem § 7 Abs 1 S 3 FMStBG v 17.10.2008 (BGBl I S 1982) idF des FMStErgG vom 7.4.2009 (BGBl I S 725) so verkürzen, dass spätestens am 21. Tag vor dem Tag der HV einberufen werden muss; die vormalige Verkürzung auf mindestens einen Tag vor der HV gem § 7 Abs 1 S 2 FMStBG ist seit dem 2.8.2009 nicht mehr anwendbar (§ 7 Abs 1 S 3 FMStBG). Vom Anwendungsbereich dieser Ausnahmevorschrift sind nur solche Fälle betroffen, in denen der **Finanzmarktstabilisierungsfonds** in wirtschaftlicher Notlage der AG im Zusammenhang mit einer Rekapitalisierung iSd § 7 FMStFG eine **Kapitalerhöhung gegen Einlagen** (§ 7 Abs 1 S 1 FMStBG) oder eine **Herabsetzung des Grundkapitals** (§ 7 Abs 6 FMStBG) vornimmt. Die Vorschrift gilt entsprechend, wenn die Tagesordnung noch weitere Gegenstände enthält oder auch Dritte neben dem Finanzmarktstabilisierungsfonds die jungen Aktien zeichnen können (§ 7 Abs 1 S 5 FMStBG). Die vor dem 2.8.2009 geltende Einberufungsfrist des § 7 Abs 1 S 2 FMStBG, nach der die Einberufungsfrist mindestens einen Tag betrug (§ 7 Abs 1 S 2 FMStBG), steht möglicherweise im Widerspruch zu Art 5 Abs 1 der Aktionärsrechterichtlinie (RL 2007/36/EG des Europäischen Parlaments und des Rates v 11.7.2007 über die Ausübung bestimmter Rechte von Aktionären in börsennotierten Gesellschaften, ABlEU Nr L 184/17), der grds eine Frist von mindestens 21 Tagen vor der HV als Einberufungsfrist für die HV festlegt (*Wieneke/Fett* NZG 2009, 8, 11 ff; *Spindler* DStR 2008, 2268, 2274; **aA** *Bayer/J. Schmidt* EWiR 2010, 289 f). Vor diesem Hintergrund ist derzeit ein Vorabentscheidungsverfahren iSd Art 267 Abs 2 AEUV des LG München I zum EuGH anhängig (*LG München I* NZG 2010, 749 f). Neben der Verkürzung der Einberufungsfrist finden gem § 7 Abs 1 S 1 FMStBG die Erleichterungen des **§ 16 Abs 4 WpÜG** Anwendung (s hierzu ausf Rn 10): Bspw kann die Gesellschaft ungeachtet § 121 Abs 5 oder etwaiger satzungsmäßiger Bestimmungen den Versammlungsort frei bestimmen (§ 16 Abs 4 S 4 WpÜG); ist eine Anmeldung zur HV vorgesehen, müssen gem § 16 Abs 4 S 5 WpÜG zwischen Anmeldung und HV mindestens vier Tage liegen (*Brück/Schalast/Schanz* BB 2009, 1306, 1311; *Ziemons* NZG 2009, 369 f) – im Ergebnis muss die Einberufung dann spätestens am 25. Tag vor der HV erfolgen. Der **Berechtigungsnachweis** iSd Abs 3 muss sich bei börsennotierten Gesellschaften abweichend von Abs 3 S 3 auf den 18. Tag vor der HV beziehen (§ 7 Abs 1 S 4 FMStBG). Der Zugang des Nachweises bei der Gesellschaft hat spätestens am vierten Tag vor der HV zu erfolgen (§ 7 Abs 1 S 4 FMStBG), es sei denn der Vorstand hat in der Einberu-

3a

fung zur HV eine kürzere Frist festgelegt; entgegenstehende Satzungsbestimmungen sind unbeachtlich (§ 7 Abs 1 S 4 FMStBG). Auf die Berechnung der Fristen und Termine findet § 121 Abs 7 Anwendung.

II. Satzungsmäßige Teilnahmevoraussetzungen (Abs 2 und 3)

4 Die Satzung kann sowohl die Teilnahme an der HV als auch die Stimmrechtsausübung davon abhängig machen, dass der Aktionär seine Teilnahme bei der Gesellschaft anmeldet (Abs 2). Bei Inhaberaktien kann die Satzung die Art und Weise des Berechtigungsnachweises für die Prüfung der Legitimität des Aktionärs bestimmen (Abs 3 S 1). Bei börsennotierten Gesellschaften mit Inhaberaktien genügt ein vom depotführenden Institut ausgestellter Nachweis über den Anteilsbesitz in Textform (Abs 3 S 2); ferner wird der „**Record Date**", dh der Zeitpunkt, auf den sich dieser Nachweis des Anteilsbesitzes bei börsennotierten Gesellschaften beziehen muss, gesetzlich auf den Beginn des 21. Tages vor der HV festgelegt (Abs 3 S 2 und 3). Da bei Namensaktien der Gesellschaft gegenüber das Aktienbuch verbindlich Auskunft über die Legitimität der HV-Teilnehmer gibt (§ 67 Abs 2), genügt hier die Anmeldepflicht. Eine Adresse für den Zugang der Anmeldung bzw den Nachweis kann angegeben werden, erforderlich ist dies jedoch nicht, da es sich lediglich um eine Obliegenheit der AG handelt (K. Schmidt/Lutter AktG/*Ziemons* Rn 18; *Hüffer* AktG Rn 7); erst Recht gilt das für die Angabe des intern zuständigen Empfängers (*OLG Frankfurt* AG 2010, 39, 41; *OLG Frankfurt* v 20.10.2009 – 5 U 22/09). Die Zuständigkeit für die Überprüfung des ordnungsgemäßen Legitimationsnachweises liegt beim Versammlungsleiter (**hL**, Semler/Volhard/Reichert ArbHdb HV/*Bärwaldt* § 10 Rn 43 mwN; offen gelassen in *BGH* NJW-RR 1990, 166, 170). Zur Rechtslage ohne Satzungsregelungen, vgl Rn 16.

5 **1. Anmeldung (Abs 2).** Abs 2 gilt für Namens- und Inhaberaktien (*Hüffer* AktG Rn 6). Die Anmeldung dient der Vorbereitung des Teilnehmerverzeichnisses, ferner auch der Vorbereitung der HV. Da die Prüfung der Legitimation erst bei Zutritt zur Versammlung erfolgt, setzt die Anmeldung selbst keinen Legitimationsnachweis voraus. Die Anmeldung ist daher grds **formfrei**, ist also auch per E-Mail/Fax oder gar mündlich, zB per Telefon, möglich (*OLG Stuttgart* AG 2009, 204, 211; Semler/Volhard/Reichert ArbHdb HV/*Bärwaldt* § 8 Rn 62; *Claussen* AG 2001, 161). In der Satzung sollte aber Schriftform vorgeschrieben werden, um späteren Unklarheiten vorzubeugen. Die Satzung darf vorschreiben, dass bei der Anmeldung Gattung und Stückzahl der Aktien anzugeben sind (MünchKomm AktG/*Kubis* Rn 11). Mit der Anmeldung ist keine Verfügungssperre verbunden. Weiterhin kann die Satzung eine Frist für die letztmögliche Anmeldung setzen. Sieht die Satzung keine Frist vor, gilt die in S 2 genannte sechstägige Frist; der (erste, su Rn 8) Tag der HV (gem § 121 Abs 7 S 1) und der Tag des Zugangs (gem S 4) sind jeweils nicht mitzurechnen, sodass sechs volle Tage zwischen dem Tag des Zugangs der Anmeldung und dem (ersten) Tag der HV liegen müssen. Die Satzung darf diese gesetzliche Frist verkürzen, muss diese dabei jedoch zwingend in Tagen angeben (S 3). Alternativ kann die Satzung auch dazu ermächtigen, eine kürzere Anmeldefrist zu bestimmen. Aktionäre erfahren hiervon dann erst durch die Einladung zur HV. Ist eine Anmeldung der Aktionäre erforderlich, verlängert sich die Einberufungsfrist des Abs 1 S 1 um die Tage der Anmeldefrist (S 5). Der Verweis von S 5 allein auf S 2 ist offenbar ein Redaktionsversehen, da dies zu einer obligatorischen Hinzurechnung von sechs Tagen unabhängig von etwaigen satzungsmäßigen Verkürzungen nach S 3 führte. Ist eine kürzere Anmeldefrist vorgesehen, sollten zur Vermeidung von Anfechtungsklagen gleichwohl in der Praxis stets sechs Tage zur Einberufungsfrist addiert werden (ebenso *Grobecker* NZG 2010, 165, 166; *Wilm* DB 2010, 1686, 1688; aA *Florstedt* ZIP 2010, 761, 766). Ein Aktionär, der sich nicht ordnungsgemäß, insbesondere nicht fristgerecht angemeldet hat, hat je nach Satzungsgestaltung kein Teilnahme- und/oder Stimmrecht mehr (vgl *Bärwaldt* aaO Rn 60). Es obliegt dem Aktionär, den Zugang seiner Anmeldung nachzuweisen (*Kubis* aaO Rn 14). Einer gesonderten zusätzlichen Anmeldung des Bevollmächtigten gem § 134 Abs 3 S 1 bedarf es nicht; ein zweifaches Anmeldeerfordernis von Aktionär und Bevollmächtigtem in einer HV-Einladung oder in der Satzung der Ges erschwert die Teilnahme des Aktionärs an der HV und ist vom Gesetz nicht vorgesehen (*OLG Koblenz* BeckRS 2013, 08497).

2. Berechtigungsnachweis (Abs 3). – a) Allgemeines. Für Inhaberaktien kann die Satzung gem Abs 3 bestimmen, wie der Nachweis über die Teilnahmeberechtigung zu führen ist. Bei Namensaktien können neben der Anmeldung keine weiteren Erfordernisse für den Nachweis der Teilnahmeberechtigung begründet werden (*Butzke* WM 2005, 1981, 1982). Die Berechtigung ergibt sich dort ausschließlich aus dem Aktienbuch (§ 67 Abs 2). Für Inhaberaktien kann die Satzung die Art und Weise der Berechtigung bestimmen (RegBegr BT-Drucks 15/5092, 13). Grds herrscht dabei weitgehend Gestaltungsfreiheit (*OLG Stuttgart* AG 2008, 299). Einschränkungen ergeben sich lediglich für börsennotierte AGs (su Rn 8) sowie hinsichtlich der Zumutbarkeit der Anforderungen. Von Abs 2 und Abs 3 kann kombiniert Gebrauch gemacht werden (*Simon/Zetzsche* NZG 2005, 369, 373). Abs 2 S 5 gilt entsprechend (Abs 3 S 1 letzter HS). Somit ist zur Einberufungsfrist des Abs 1 S 1 die Frist zur Erbringung des Nachweises hinzuzurechnen (*Reul* ZNotP 2010, 44, 50). Wann der Nachweis als erbracht gilt, regelt die Satzung; im Zweifel ist der Zugang bei der AG maßgebend. Die Darlegungs- und Beweislast für das Teilnahmerecht liegt beim Aktionär (*Simon/Zetzsche* aaO 370). 6

b) Regelungsmöglichkeiten. Geregelt werden können die Sprache des Nachweises, die Form, ferner der Zeitpunkt, auf den sich der Nachweis beziehen muss, die zu stellenden Anforderungen, wenn der Nachweis vom depotführenden Institut über die Verwahrkette erbracht wird oder wenn der Aktionär sich direkt mit einem Nachweis seines Instituts anmeldet. Der Satzungsgeber kann jeden geeigneten und zumutbaren Nachweis verlangen. Unzumutbar sind Fristen, die zu Lasten der Aktionäre zu sehr vom gesetzlichen Leitbild abweichen, oder wenn die Bankbescheinigung notariell beglaubigt sein muss (*Butzke* WM 2005, 1981, 1983; vgl auch MünchKomm AktG/*Kubis* Rn 47); ferner müssen etwaige Nachweisstellen für die Aktionäre zumutbar erreichbar sein (*Simon/Zetzsche* NZG 2005, 369, 374). Möglich ist zB die in der Praxis bisher üblichen Bankbescheinigungen, die Vorlage der Originalaktien und Ähnliches (*Butzke* aaO). Auch eine Hinterlegung der Aktien zur HV-Legitimation gehört zu den gangbaren Möglichkeiten, zB die notarielle oder die Hinterlegung bei der AG. Die Hinterlegung dürfte sich jedoch nur noch in Ausnahmefällen empfehlen, namentlich bei nichtbörsennotierten Inhaberaktiengesellschaften (RegBegr BT-Drucks 15/5092, 41 f; vgl auch *Göz/Holzborn* WM 2006, 157, 163); bestehende Satzungsregelungen, die noch entsprechend der Gesetzeslage vor Inkrafttreten des UMAG allein die Hinterlegung der Aktien zur Legitimation festlegen, sind wirksam und treten bei börsennotierten AGs neben die geltende gesetzlich vorgegebene Nachweismöglichkeit des in Textform ausgestellten Depotauszugs (*OLG München* v 22.12.2010 – 7 U 2251/10; *OLG München* AG 2008, 508; *OLG Stuttgart* AG 2008, 299 f; *OLG Celle* AG 2008, 7

858; *OLG Frankfurt* AG 2008, 896, 897; *OLG Frankfurt* BB 2010, 449; *OLG Stuttgart* AG 2009, 124, 126, vgl Beschl zur anschließenden Nichtzulassungsbeschwerde *BGH* DStR 2010, 609 f). Abs 2 S 5 iVm Abs 3 S 1 letzter HS bezieht sich im Fall der Hinterlegungsfrist nicht auf die Hinterlegungsfrist, sondern auf den Nachweis über die erfolgte Hinterlegung (*Mimberg* AG 2005, 716, 723 zu § 123 aF). Bei börsennotierten Gesellschaften sieht Abs 3 S 3 ein „Record Date" vor, ein Datum, auf welches sich die Bankbescheinigung zwingend beziehen muss (dazu sogleich unten Rn 8). Auch bei **nichtbörsennotierten Gesellschaften** kann ein solcher Tag festgelegt werden, auf den sich der Bestandsnachweis beziehen muss und der dergestalt das Teilnahme- und Stimmrecht festschreibt, dass die Veräußerung von Aktien nach diesem Stichtag diese Rechte des Veräußerers im Verhältnis zur AG zu Lasten des Erwerbers unberührt lässt. Geregelt werden kann nur der Nachweis; unzulässig wären daher materiellrechtliche Grenzen wie ein Mindestanteil oder eine Mindestbesitzzeit (*Kubis* aaO).

8 **c) Börsennotierte Gesellschaften (S 2 bis 5).** Für börsennotierte Gesellschaften (§ 3 Abs 2) genügt bei Inhaberpapieren für den Nachweis der Legitimation ein in Textform erstellter Nachweis des Anteilsbesitzes durch ein depotführendes Institut (Bankbescheinigung, Abs 2 S 2). Diese Nachweismöglichkeit kann durch die Satzung nicht eingeschränkt, namentlich kann eine strengere Form als die Textform nicht verbindlich vorgegeben werden. „Depotführendes Institut" meint Kreditinstitute oder Finanzdienstleistungsinstitute (§ 1 Abs 1 und Abs 1a KWG); umfasst sind auch ausländische Finanzinstitute (RegBegr BT-Drucks 15/5092, 13). Dieser gesetzliche Nachweis muss sich auf den Beginn (0.00 Uhr) des 21. Tages vor dem (ersten, dazu sogleich) Tag der HV beziehen (**„Record Date"**). Dabei handelt es sich um einen Termin iSd § 121 Abs 7 S 1; der Tag der HV wird gem § 121 Abs 7 S 1 nicht mitgerechnet. Bei einer voraussichtlich länger als einen Tag dauernden oder auf mehrere Tage einberufenen HV bleibt der erste Tag Berechnungsgrundlage (*OLG Frankfurt* MittBayNot 2009, 388, 389; *OLG Frankfurt* AG 2008, 167, 169; *OLG Stuttgart* AG 2009, 124, 126 f; *LG Frankfurt/Main* WM 2010, 618, 620). Die Satzung kann keinen abweichenden Zeitpunkt bestimmen (*Simon/Zetzsche* NZG 2005, 369, 373). Der Nachweis des Anteilsbesitzes kann erst nach Verstreichen des „Record Date" ausgestellt werden. Wer Aktien erst nach dem „Record Date" erwirbt, hat kein Recht auf Teilnahme und Stimmrechtsausübung in der HV (RegBegr aaO S 14). Der „Record Date" bezieht sich nur auf den Nachweis gem Abs 3 S 2 (*DAV* NZG 2005, 388, 389). Von dem „Record Date" ist der Termin zu trennen, bis zu dem der Nachweis der Gesellschaft spätestens zugegangen sein muss. Der Nachweis muss der Gesellschaft mindestens sechs Tage vor der HV (Abs 3 S 3) zugehen, wobei der (erste) Tag der HV (gem § 121 Abs 7 S 1) und der Tag des Zugangs des Nachweises (gem Abs 3 S 5) nicht mitgerechnet werden, sodass sechs volle Tage zwischen dem Tag des Zugangs des Nachweises und dem (ersten) Tag der HV liegen müssen. Bei dieser Frist (nicht aber beim „Record Date") besteht die Möglichkeit, sie unmittelbar durch die Satzung oder aufgrund einer in der Satzung eingeräumten Ermächtigung zu verkürzen (Abs 3 S 4), eine Verlängerung ist nicht zulässig; die Alternativfrist ist zwingend in Tagen zu bemessen. Nach Ablauf des Termins kann die AG den Bestandsnachweis annehmen, muss es aber nicht (*Simon/Zetzsche* aaO 371). Die maßgebliche Adresse für den Zugang ist die in der Einberufung mitgeteilte (Abs 3 S 3). Ein Zugang bei anderer Adresse legitimiert nicht (*Simon/Zetzsche* aaO). Die Regelung gilt ausschließlich für Inhaber-, nicht für Namensaktien.

d) Legitimierungswirkung (S 6). Abs 3 S 6 begründet eine unwiderlegliche Vermutung der Mitgliedschaft im Verhältnis zur Gesellschaft (relative Berechtigung), die der Eintragung des Namensaktionärs im Aktienregister nach § 67 Abs 2 entspricht (Reg-Begr BT-Drucks 15/5092, 14; *Spindler* NZG 2005, 825, 827 zu § 123 aF). Diese Legitimationswirkung gilt nur für Berechtigungsnachweise nach Abs 3, die die gesetzlichen Mindestanforderungen iSd Abs 3 S 2–5 beachten. Abs 3 S 6 gilt nicht für den Nachweis bei nichtbörsennotierten Gesellschaften (vgl zu § 123 aF *Butzke* WM 2005, 1981, 1983: zweifelhaft), jedoch kann die Satzung in diesen Fällen eine vergleichbare Regelung vorsehen. Nur ein inhaltlich richtiger und ordnungsgemäß erbrachter Nachweis legitimiert. Die Gesellschaft, dh der Versammlungsleiter, kann bei Verdacht eines gefälschten oder unrichtig ausgestellten Nachweises vom betroffenen Aktionär einen gültigen Nachweis verlangen und, falls dieser dazu nicht in der Lage ist, den Aktionär zurückweisen (vgl RegBegr aaO S 13, anders noch der RefE, der von „schwerwiegendem Verdacht" sprach). Das unrichtige Ausstellen oder das Verfälschen eines Nachweises wie auch das Gebrauchmachen derselben zur Ausübung des Stimmrechts steht unter Strafe (§ 402). Hat der Aktionär, der den Nachweis erbracht hat, seine Anteile veräußert, bleibt er dennoch zur Teilnahme und zur Ausübung des Stimmrechts berechtigt, unabhängig davon, ob er dem Erwerber gegenüber dazu berechtigt ist oder ob er das Stimmrecht in dessen Sinn ausübt. Der nicht teilnahme- und stimmberechtigte Erwerber kann sich, um seine Rechte zu wahren, vom Veräußerer bevollmächtigen lassen (vgl § 134 Rn 16) oder sich mit ihm über die Ausübung des Stimmrechts, etwa im Vertrag über die Veräußerung der Aktien, verständigen (*Göz/Holzborn* WM 2006, 157, 163). § 405 Abs 3 Nr 1 würde in diesem Fall nicht eingreifen, weil das Recht aus (zur AG relativ) eigenen Aktien ausgeübt wird (RegBegr aaO S 14; **aA** K. Schmidt/Lutter AktG/*Ziemons* Rn 37 mwN). Die Legitimationswirkung lässt den Dividendenanspruch des materiell berechtigten Erwerbers unberührt (*Schütz* NZG 2005, 5, 8 zu § 123 aF). S 6 gilt ausschließlich für Inhaber-, nicht für Namensaktien.

3. Einberufung nach § 16 Abs 3 WpÜG. Wird im Zusammenhang mit dem Angebot nach der Veröffentlichung der Angebotsunterlage eine HV der Zielgesellschaft einberufen, so verkürzt sich die Mindesteinberufungsfrist auf mindestens vierzehn Tage (§ 16 Abs 4 S 1 WpÜG), wobei der Tag der Einberufung nicht mitzählt (§ 16 Abs 4 S 2 WpÜG). Kommt die Fristverkürzung zur Anwendung, verschiebt sich die Einberufungsfrist nicht um die Anmeldefrist nach § 123 Abs 2 S 5. Das Recht auf Fristverkürzung besteht auch dann, wenn die Satzung eine Verlängerung der Einberufungsfrist enthält, außer die Verlängerung bezieht sich ausdrücklich auch auf eine HV nach § 16 Abs 3 WpÜG (str, jeweils zu § 16 Abs 4 WpÜG aF vgl Assmann/Pötzsch/Schneider WpÜG/*Schneider* § 16 Rn 64 mwN; MünchKomm AktG/*Wackerbarth* § 16 WpÜG Rn 47; **aA** Geibel/Süßmann WpÜG/*Geibel* § 16 Rn 78 mwN). Wird die Mindestfrist des Abs 1 unterschritten, so müssen zwischen Anmeldung und HV mindestens vier Tage liegen und Mitteilungen nach § 125 Abs 1 S 1 unverzüglich erfolgen (§ 16 Abs 4 S 5 WpÜG); aufgrund der entsprechenden Anwendung des Abs 2 S 4 bzw § 125 Abs 1 S 2 wird der Tag des Zugangs bzw der Mitteilung nicht mitgerechnet wird. Satzungsmäßige Bestimmungen der Anmeldefrist oder einer Nachweisfrist iSd § 123 Abs 3 schränken § 16 Abs 4 S 5 WpÜG nicht ein (*Geibel* aaO Rn 88; *Steinmeyer/Häger* WpÜG § 16 Fn 39 zu Rn 25; MünchKomm AktG/*Kubis* Rn 55). In § 16 Abs 4 S 5 WpÜG ist die Zugangsfrist für den Nachweis nach § 123 Abs 3 nicht aufgeführt. Sowohl für die Berechnung der Einberufungsfrist als auch für die Anmelde- und

Nachweisfrist gilt die zentrale aktienrechtliche Fristenberechnungsnorm des § 121 Abs 7 entsprechend (§ 16 Abs 4 S 3 und 5 WpÜG).

11–15 *(zz nicht belegt)*

III. Schweigen der Satzung

16 Enthält die Satzung keine Regelung, muss sich derjenige, der sich auf seine Rechte beruft, legitimieren, soweit nicht die Gesellschaft über den Legitimationsnachweis verfügt oder verfügen müsste (*Hüffer* AktG Rn 3; *Simon/Zetzsche* NZG 2005, 369, 374). Im Falle der unverkörperten Mitgliedschaft muss der Rechtsübergang (nicht die Zeichnung und Leistung der Einlage) nachgewiesen werden, bei Einzelrechtsnachfolge gem §§ 410, 413 BGB analog, bei Gesamtrechtsnachfolge durch ein entsprechendes Dokument, zB Erbschein (MünchKomm AktG/*Kubis* Rn 20). Inhaber von Namensaktien können sich auf das Aktienbuch (§ 67 Abs 2, unwiderlegliche Vermutung, vgl dort) stützen. Bei Inhaberaktien ist zu unterscheiden: Bei börsennotierten Gesellschaften genügt immer der Nachweis gem Abs 3 S 2 (s Rn 8), in übrigen Fällen kann auf die Vorlage der Aktienurkunden zurückgegriffen werden. Es genügt aber auch eine Hinterlegungsbescheinigung einer Wertpapiersammelbank, eines Notars oder der Gesellschaft; nicht notwendig hierfür ist, dass die Satzung eine Regelung über die Hinterlegung enthält (*Hüffer* aaO Rn 5; KölnKomm AktG/*Zöllner* Rn 10 f). Schließt eine Gesellschaft den Anspruch des Aktionärs auf Verbriefung aus (§ 10 Abs 5), gibt es nichts, was hinterlegt werden könnte. In dieser Konstellation muss der Aktionär sich durch eine der Verkehrssitte entsprechende Bescheinigung oder durch sonstigen urkundlichen Nachweis des depotführenden Instituts legitimieren (*Hüffer* aaO; zur Notwendigkeit formaler Abgrenzung *Noack/Zetzsche* AG 2002, 651, 655).

16–18 *(zz nicht belegt)*

IV. Rechtsfolge bei Verstößen

19 **1. Verstöße gegen Fristen.** Ist die gesetzliche oder satzungsmäßige Einberufungsfrist nicht eingehalten und erfolgte die Einberufung in zu geringem zeitlichen Abstand zur HV, können sämtliche Beschl dieser HV angefochten werden (*BGHZ* 100, 264, 265 mwN zur GmbH). Die Anfechtungsklage kann jedoch dann keinen Erfolg haben, wenn die Verkürzung der Einberufungsfrist durch eine Verkürzung der Anmeldefrist oder der Frist für den Nachweis nach Abs 3 kompensiert wird (GroßKomm AktG/*Werner* Rn 70 auch zur Anfechtung bei nur geringfügigem Berechnungsfehler mwN). Ein Verstoß gegen die Anmeldefrist oder die Frist für den Nachweis nach Abs 3, zB indem sie zu lang bemessen wurde oder indem zu früh die Anmeldung oder der Nachweis als verspätet zurückgewiesen wurde, kann für sich genommen eine Anfechtung nicht begründen (MünchKomm AktG/*Kubis* Rn 50). Nur dann, wenn deswegen einem Aktionär unzulässig sein Teilnahmerecht verkürzt wurde, kann eine Anfechtung wegen Verstoßes gegen das Teilnahmerecht in Betracht kommen (s dazu Rn 20). Wird die Anmeldefrist oder die Frist für den Nachweis nach Abs 3 zu kurz bemessen, ist der Aktionär bereits nicht benachteiligt (zu letzterem *OLG Düsseldorf* v 18.12.2008 – I-6 U 139/07). Liegt eine Vollversammlung vor (§ 121 Abs 6) und widerspricht kein Aktionär der Beschlussfassung, kann ein Verstoß gegen eine Frist iSd § 123 nicht zur Anfechtung führen.

2. Verstöße gegen das Teilnahmerecht. Wird ein Aktionär, der seine Legitimation 20
ordnungsgemäß nachgewiesen hat, nicht zur HV zugelassen, kann er ohne Widerspruchserfordernis die Beschl, an deren Zustandekommen er nicht teilnehmen konnte, anfechten (s § 245 Nr 2, vgl dort). Da sein Teilnahmerecht verletzt wurde, liegt die für die Anfechtung erforderliche Relevanz vor (vgl § 243 Rn 8; *OLG Düsseldorf* NZG 2003, 975, 976; *BGHZ* 160, 385, 392; *BGH* AG 2004, 670, 673). Kein Anfechtungsgrund liegt hingegen vor, wenn der Aktionär auf sein Teilnahmerecht verzichtet, etwa weil er bei zweifelhafter Legitimation sich damit einverstanden erklärt, bloß als Gast an der HV „teilzunehmen" (MünchKomm AktG/*Kubis* Rn 51). Im umgekehrten Fall, wenn ein nicht zur Teilnahme Berechtigter an der HV teilnehmen konnte, kommt eine Anfechtung nur insoweit in Betracht, als dessen Stimmabgabe für das Beschlussergebnis (rechnerisch) kausal geworden ist, es also ohne dessen Stimmabgabe anders ausgefallen wäre (vgl § 243 Rn 8). Den Nachweis hierfür hat der Anfechtungskläger zu führen (*Kubis* aaO Rn 52). Ebenfalls auf die Kausalität abzustellen ist in dem Fall, in dem der Aktionär nur mit einem Teil seiner Aktien zugelassen wird, weil dann nicht das Teilnahme- und Mitwirkungsrecht gemindert wurde, sondern nur das Beschlussergebnis verfälscht sein kann. Sieht der Versammlungsleiter ein Quorum (§§ 120, 137) nicht für gegeben an, weil ein Aktionär fälschlich nur mit einem Teil seiner Aktien zugelassen worden ist, sind die für die unzulässige Ablehnung eines Minderheitenverlangens geltenden Maßstäbe heranzuziehen (vgl *Kubis* aaO § 120 Rn 56; MünchKomm AktG/*Schröer* § 137 Rn 16).

§ 124 Bekanntmachung von Ergänzungsverlangen; Vorschläge zur Beschlussfassung

(1) ¹Hat die Minderheit nach § 122 Abs. 2 verlangt, dass Gegenstände auf die Tagesordnung gesetzt werden, so sind diese entweder bereits mit der Einberufung oder andernfalls unverzüglich nach Zugang des Verlangens bekannt zu machen. ² § 121 Abs. 4 gilt sinngemäß; zudem gilt bei börsennotierten Gesellschaften § 121 Abs. 4a entsprechend. ³Bekanntmachung und Zuleitung haben dabei in gleicher Weise wie bei der Einberufung zu erfolgen.

(2) ¹Steht die Wahl von Aufsichtsratsmitgliedern auf der Tagesordnung, so ist in der Bekanntmachung anzugeben, nach welchen gesetzlichen Vorschriften sich der Aufsichtsrat zusammensetzt, und ob die Hauptversammlung an Wahlvorschläge gebunden ist. ²Soll die Hauptversammlung über eine Satzungsänderung oder über einen Vertrag beschließen, der nur mit Zustimmung der Hauptversammlung wirksam wird, so ist auch der Wortlaut der vorgeschlagenen Satzungsänderung oder der wesentliche Inhalt des Vertrags bekannt zu machen.

(3) ¹Zu jedem Gegenstand der Tagesordnung, über den die Hauptversammlung beschließen soll, haben der Vorstand und der Aufsichtsrat, zur Wahl von Aufsichtsratsmitgliedern und Prüfern nur der Aufsichtsrat, in der Bekanntmachung Vorschläge zur Beschlussfassung zu machen. ²Bei Gesellschaften im Sinn des § 264d des Handelsgesetzbuchs ist der Vorschlag des Aufsichtsrats zur Wahl des Abschlussprüfers auf die Empfehlung des Prüfungsausschusses zu stützen. ³Satz 1 findet keine Anwendung, wenn die Hauptversammlung bei der Wahl von Aufsichtsratsmitgliedern nach § 6 des Montan-Mitbestimmungsgesetzes an Wahlvorschläge gebunden ist, oder wenn der Gegenstand der Beschlussfassung auf Verlangen einer Minderheit auf die Tagesordnung gesetzt worden ist. ⁴Der Vorschlag zur Wahl von Aufsichtsratsmitgliedern oder

Prüfern hat deren Namen, ausgeübten Beruf und Wohnort anzugeben. [5]Hat der Aufsichtsrat auch aus Aufsichtsratsmitgliedern der Arbeitnehmer zu bestehen, so bedürfen Beschlüsse des Aufsichtsrats über Vorschläge zur Wahl von Aufsichtsratsmitgliedern nur der Mehrheit der Stimmen der Aufsichtsratsmitglieder der Aktionäre; § 8 des Montan-Mitbestimmungsgesetzes bleibt unberührt.

(4) [1]Über Gegenstände der Tagesordnung, die nicht ordnungsgemäß bekannt gemacht sind, dürfen keine Beschlüsse gefasst werden. [2]Zur Beschlussfassung über den in der Versammlung gestellten Antrag auf Einberufung einer Hauptversammlung, zu Anträgen, die zu Gegenständen der Tagesordnung gestellt werden, und zu Verhandlungen ohne Beschlussfassung bedarf es keiner Bekanntmachung.

Übersicht

	Rn		Rn
A. Regelungsgegenstand und -zweck	1	4. Ausschluss der Vorschlagspflicht bei Bindung an Wahlvorschläge oder bei Minderheitsverlangen	19
B. Erläuterungen	2		
I. Bekanntmachung bei Ergänzungsverlangen (Abs 1)	2		
1. Allgemeine Anforderungen	2	5. Vorschlagsinhalt bei Wahl von Aufsichtsratsmitgliedern und Prüfern (Abs 3 S 4)	21
2. Besonderheiten gem § 16 Abs 4 WpÜG	3		
3. Modus der Bekanntmachung	4	6. Bindung an Beschlussvorschläge	23
II. Ergänzende Bekanntmachungspflichten bei besonderen Beschlussgegenständen (Abs 2)	9	IV. Bekanntmachungsfreie Gegenstände (Abs 4 S 2)	24
1. Aufsichtsratswahlen	9	1. Antrag auf Einberufung einer neuen HV (Abs 4 S 2 Alt 1)	24
2. Satzungsänderungen	11		
3. Zustimmungsbedürftige Verträge	13	2. Anträge zu Gegenständen der Tagesordnung (Abs 4 S 2 Alt 2)	25
III. Gegenstände zur Beschlussfassung (Abs 3)	16	3. Anträge zur Verhandlung ohne Beschlussfassung (Abs 4 S 2 Alt 3)	27
1. Vorschlagspflicht der Verwaltung	16		
2. Vorstand	17	V. Verstoß gegen die Bekanntmachungspflichten	28
3. Aufsichtsrat	18		

Literatur: *Florstedt* Fristen und Termine im Recht der Hauptversammlung, ZIP 2010, 761; *Götz* Gesamtverantwortung des Vorstands bei vorschriftswidriger Unterbesetzung, ZIP 2002, 1745; *Habersack* Aufsichtsrat und Prüfungsausschuss nach dem BilMoG, AG 2008, 88; *Hommelhoff* Die neue Position des Abschlußprüfers im Kraftfeld der aktienrechtlichen Organisationsfassung (Teil 1), BB 1998, 2567; *von Nussbaum* Neue Wege zur Online-Hauptversammlung durch das ARUG, GWR 2009, 215; *Paschos/Goslar* Regierungsentwurf des Gesetzes zur Umsetzung der Aktionärsrechterichtlinie (ARUG), AG 2009, 14; *Reger/Theusinger* Zur Aktualisierung der Entsprechenserklärung, EWiR 2010, 345; *Scholz* Unzulässigkeit der Hauptversammlung gem. § 124 IV AktG, AG 2008, 11; *Thum/Klafat* Der ungetreue Aufsichtsrat – Handlungsmöglichkeiten des Vorstands bei Pflichtverletzungen des Aufsichtsrats, NZG 2010, 1087; *Vetter* Der Prüfungsausschuss in der AG nach dem BilMoG, ZGR 2010, 751; *Werner* Bekanntmachung der Tagesordnung und bekanntmachungsfreie Anträge – Ein Beitrag zur Auslegung des § 124 AktG , FS Fleck, 1988, S 401; *Wieneke* Beschlussfassung der Hauptversammlung in Abweichung von den Vorschlägen der Verwaltung , FS Schwark, 2009, S 305.

Bekanntmachung von Ergänzungsverlangen § 124

A. Regelungsgegenstand und -zweck

Ziel des § 124 ist es zusammen mit der Veröffentlichung der Tagesordnung gem § 121 Abs 3 S 2, den Aktionären Informationen zukommen zu lassen, die es ihnen ermöglichen, eine fundierte Entscheidung zu treffen, ob sie an der HV (persönlich) teilnehmen und ob sie sich in Hinblick auf einzelne Tagesordnungspunkte weitere Informationen beschaffen müssen, um ihr Rede-, Frage- und Stimmrecht sinnvoll auszuüben. Das bisherige Kernelement des § 124, namentlich die Bekanntmachungspflicht der Tagesordnung gem Abs 1 aF, wurde durch das ARUG v 30.7.2009 (BGBl I S 2479) in § 121 Abs 3 S 2 verlagert und ist jetzt integraler Bestandteil der Einberufung (s § 121 Rn 11a ff). Als Regelungsgegenstand verbleiben in § 124 nunmehr Vorschriften, die Bekanntmachungspflichten in Bezug auf besondere Inhalte der Tagesordnung auslösen. Dies sind zum einen Ergänzungsverlangen nach § 122 Abs 2 gem Abs 1, aber auch besondere Gegenstände der Tagesordnung wie die Wahl von AR-Mitgliedern (Abs 2 S 1), Satzungsänderungen (Abs 2 S 2 Alt 1) und durch die HV zustimmungsbedürftige Verträge (Abs 2 S 2 Alt 2). Weiterhin enthält Abs 3 eine Bekanntmachungspflicht von Beschlussvorschlägen der Verwaltung zu allen Tagesordnungspunkten, über die die HV Beschl fassen soll. Schließlich etabliert Abs 4 zum Schutz der nichterschienenen Aktionäre (*OLG Rostock* BeckRS 2013, 13886) den Grundsatz, dass nur über zuvor bekanntgemachte Tagesordnungspunkte Beschl gefasst werden kann (Abs 4 S 1), es sei denn ein Ausnahmetatbestand des Abs 4 S 2 greift ein. **1**

B. Erläuterungen

I. Bekanntmachung bei Ergänzungsverlangen (Abs 1)

1. Allgemeine Anforderungen. Haben Aktionäre gem § 122 Abs 2 verlangt, dass Gegenstände auf die Tagesordnung gesetzt werden, müssen diese Gegenstände grds mit der Einberufung (s § 121) oder anderenfalls, wenn die Einberufung bereits erfolgte, unverzüglich nach Eingang des Verlangens bekanntgemacht werden. Dem Vorstand muss dabei eine angemessene Frist zur rechtlichen Überprüfung des Ergänzungsverlangens zugestanden werden (RegBegr BT-Drucks 16/11642, 30). Hierfür kann keine strenge zeitliche Grenze gezogen werden; sinnvoll ist die Orientierung an § 121 Abs 1 S 1 BGB („unverzüglich"). Als Richtschnur wird in der Lit ein Zeitraum von ca 3 Tagen vorgeschlagen (*Florstedt* ZIP 2010, 761, 765; *Paschos/Goslar* AG 2009, 14, 18; *von Nussbaum* GWR 2009, 215, 217). **2**

2. Besonderheiten gem § 16 Abs 4 WpÜG. Findet eine HV bei der Zielgesellschaft einer Übernahme gem § 16 Abs 3 WpÜG statt, ist es ausreichend, eine Kurzfassung des Einberufungsverlangens als Mitteilung an Aktionäre iSd § 16 Abs 4 S 7 WpÜG bekanntzumachen und die ungekürzte Fassung anderweitig zugänglich zu machen (zB auf der Homepage oder durch Auslegung in den Geschäftsräumen, vgl *Hüffer* AktG Rn 5). **3**

3. Modus der Bekanntmachung. Gem Abs 1 gilt für die Art und Weise der Bekanntmachung des Ergänzungsverlangens § 121 Abs 4 sinngemäß (Abs 1 S 2). Damit ist grds in den Gesellschaftsblättern bekanntzumachen. Sind alle Aktionäre namentlich bekannt und bestimmt die Satzung nichts anderes (vgl § 121 Rn 15), kann die Bekanntmachung stattdessen gem § 121 Abs 4 S 2 durch eingeschriebenen Brief erfolgen. Aufgrund der entsprechenden Anwendung von § 121 Abs 4a müssen börsennotierte AGs, die nicht allein Namensaktien ausgegeben haben und die Einberufung ihren Aktionären nicht unmittelbar nach § 121 Abs 4 S 2 und 3 übersenden, das **4**

§ 124 Bekanntmachung von Ergänzungsverlangen

Ergänzungsverlangen darüber hinaus spätestens zum Zeitpunkt der Bekanntmachung solchen Medien zur Veröffentlichung zuleiten, bei denen davon ausgegangen werden kann, dass deren Verbreitungsgrad die gesamte Europäische Union umfasst (s.o. ausf § 121 Rn 19a).

5   Der Vorstand muss für die Bekanntmachung die gleichen Mittel bzw für die Zuleitung die gleichen Medien mit EU-Verbreitung wie bei der Einberufung auswählen und die Bekanntmachung bzw Zuleitung in gleicher Weise wie die Einberufung durchzuführen (Abs 1 S 3).

6   Zusätzlich ist das Ergänzungsverlangen, sofern es sämtliche Voraussetzungen des § 122 Abs 2 erfüllt (s § 122 Rn 15 f), unverzüglich nach dem Eingang bei der Gesellschaft gem § 124a S 2 auf der Internetseite der Gesellschaft zugänglich zu machen (s hierzu § 124a Rn 7).

7–8   *(zz nicht belegt)*

II. Ergänzende Bekanntmachungspflichten bei besonderen Beschlussgegenständen (Abs 2)

9   **1. Aufsichtsratswahlen.** Bei AR-Wahlen sind die gesetzlichen Vorschriften anzugeben, aufgrund derer sich die Zusammensetzung des AR bestimmt (Abs 2), womit einmal die in § 96 Abs 1 aufgezählten gesetzlichen Grundlagen gemeint sind. Abhängig vom Grad der unternehmerischen Mitbestimmung ist der jeweilige Fall nach Satz und Variante anzugeben. Zum anderen sind die anwendbaren mitbestimmungsrechtlichen Vorschriften selbst angesprochen: §§ 6, 7 MitbestG 1976, §§ 3 ff MontanMitbestG, §§ 5 ff MontanMitbestErgG bzw §§ 4 ff DrittelbG. Der Norminhalt braucht nicht wiedergegeben zu werden (GroßKomm AktG/*Werner* Rn 28).

10   Weiter ist anzugeben, ob die HV an **Wahlvorschläge** gebunden ist (Abs 2). Eine Bindung kann sich nur aus §§ 6 und 8 des MontanMitbestG ergeben (§ 101 Abs 1 S 2). Nach § 6 MontanMitbestG ist die HV hinsichtlich der Wahl der Arbeitnehmervertreter an die Vorschläge der Betriebsräte gebunden, nach § 8 MontanMitbestG darüber hinaus (mit Einschränkungen) hinsichtlich der Wahl des in § 4 Abs 1 lit c MontanMitbestG bezeichneten weiteren neutralen Mitglieds. Bei einem **Entsenderecht** (§ 101 Abs 2) handelt es sich um keinen Wahlvorschlag, da insoweit keine Wahl stattfindet (MünchHdb AG/*Semler* § 35 Rn 48); eine Bekanntmachung ist daher entbehrlich (*Hüffer* AktG Rn 8).

11   **2. Satzungsänderungen.** Bei Satzungsänderung ist nicht nur der wesentliche Inhalt, sondern auch der Wortlaut der vorgeschlagenen Satzungsänderung bekanntzumachen (RegBegr *Kropff* S 174); empfehlenswert ist zudem, den Wortlaut der bestehenden Fassung anzugeben. Ist der Gegenstand einer vorgeschlagenen Satzungsänderung nicht aus sich heraus verständlich, muss zusätzlich noch der wesentliche Inhalt der Satzungsänderung bekannt gemacht werden (*OLG Celle* WM 1992, 1703). Nach § 30c WpHG hat die AG beabsichtigte Änderungen der Satzung oder sonstiger Rechtsgrundlagen, welche die Rechte der Wertpapierinhaber berühren, der BaFin und den Zulassungsstellen der inländischen oder ausländischen organisierten Märkte, an denen ihre Wertpapiere zum Handel zugelassen sind, unverzüglich (§ 121 BGB) nach der Entscheidung, den Änderungsentwurf der HV vorzulegen, spätestens aber zum Zeitpunkt der Einberufung der HV mitzuteilen.

Bekanntmachung von Ergänzungsverlangen **§ 124**

12 Die Wiedergabe des Satzungsinhalts ist keine Konkretisierung des Tagesordnungspunktes, sondern eine inhaltliche Ausformung des Beschlussvorschlags (MünchKomm AktG/*Kubis* Rn 13). Deshalb ist auch eine vom bekanntgemachten Wortlaut abweichende Beschlussfassung zulässig, wenn sie sich noch innerhalb des Beschlussgegenstandes (vgl dazu § 121 Rn 11c) der Tagesordnung hält (**hM** *OLG Celle* WM 1992, 1703, 1705; *Kubis* aaO; einschränkend *Hüffer* AktG Rn 9; **aA** GroßKomm AktG/*Werner* Rn 34).

13 **3. Zustimmungsbedürftige Verträge.** Soll die HV über einen Vertrag beschließen, der nur mit ihrer Zustimmung wirksam wird, so ist auch der wesentliche Inhalt des Vertrages bekanntzumachen (Abs 2 S 2). Zustimmungsbedürftige Verträge sind in erster Linie solche, bei denen die Zustimmung der HV gesetzliche Wirksamkeitsvoraussetzung ist, wie etwa Nachgründungsverträge (§ 52 Abs 1 S 1), Unternehmensverträge (§ 293 Abs 1 S 1), Verträge über die Übertragung des ganzen Gesellschaftsvermögens (§ 179a Abs 1 S 1) sowie Verträge nach dem UmwG; auch Verträge mit vertraglichem Zustimmungsvorbehalt (*LG München I* ZIP 2008, 555, 556; K. Schmidt/Lutter AktG/ *Ziemons* Rn 41) werden erfasst. In den Anwendungsbereich fallen daneben Verträge, bei denen der Vorstand die Zustimmung der HV aufgrund § 119 Abs 2 sucht, sowie Verträge, die nach den Grundsätzen der **Holzmüller/Gelatine**-Rspr zustimmungspflichtig sind; zwar ist bei letzteren ein HV-Beschluss nicht Wirksamkeitsvoraussetzung (*BGHZ* 159, 30), doch besteht ein mit einem zustimmungspflichtigen Vertrag vergleichbares Interesse an einer vorherigen Bekanntmachung (*OLG München* AG 1995, 232, 233, vgl auch § 119 Rn 12 ff).

14 Abs 2 S 2 erfasst nicht nur abgeschlossene Verträge, sondern auch Vertragsentwürfe. Auch die Beendigung bekanntmachungspflichtiger Verträge bedarf als actus contrarius der Bekanntmachung nach Abs 2 S 2 Alt 2 (MünchKomm AktG/*Kubis* Rn 19).

15 Es ist der **wesentliche Inhalt** des Vertrages bekannt zu machen (nach Abs 2 S 2 Alt 2). Dieser umfasst zumindest die Namen der beteiligten Vertragsparteien und deren Hauptleistungspflichten (MünchKomm AktG/*Kubis* Rn 20); bei Kaufverträgen ist der Kaufpreis anzugeben (*LG München I* NZG 2002, 678; *LG Frankfurt/Main* ZIP 2005, 579, 580). Zudem sind Gewährleistungs-, Rücktritts- und Kündigungsrechte sowie für die AG nachteilige Klauseln zu nennen (K. Schmidt/Lutter AktG/*Ziemons* Rn 44 mwN). Erforderlich sind die Fakten, die ein verständiger Aktionär benötigt, um eine sachgemäße Entscheidung zu treffen (MünchHdb AG/*Semler* § 35 Rn 50; *LG Frankfurt/Main* aaO). Die Bekanntgabe des vollen Wortlauts der Verträge ist nicht verlangt, wird aber in der Praxis, um etwaige Unklarheiten bezüglich der Frage der Wesentlichkeit des Inhalts zu vermeiden, zumeist gemacht (*Scholz* AG 2008, 11, 12). Der volle Wortlaut der Verträge ist in jedem Fall gem den Regelungen bei den einzelnen Strukturmaßnahmen von der Einberufung an in den Geschäftsräumen der Gesellschaft auszulegen (so etwa §§ 52 Abs 2 S 2, 293f Abs 1 Nr 1, 179a Abs 2 S 1). Bei Verträgen, für die eine ungeschriebene HV-Kompetenz besteht („Holzmüller/ Gelatine"), ist der wesentliche Inhalt gem Abs 2 S 2 Alt 2 analog bekanntzumachen (**hM**, § 119 Rn 26 mwN); trotz der Nähe zur Satzungsänderung (*BGHZ* 159, 30) erfolgt keine Analogie zu Abs 2 S 2 Alt 1 mit der Folge, dass Wortlaut der Verträge bekanntgemacht werden müsste, sondern eine Analogie zu der Alternative der zustimmungsbedürftigen Verträge, so dass nur der wesentliche Inhalt bekanntzugeben ist. Die Darstellung des wesentlichen Inhalts ist auch hier (wie bei Satzungsän-

Reger

derungen, Rn 12) keine Konkretisierung des Tagesordnungspunktes, sondern eine inhaltliche Ausformung des Beschlussvorschlags.

III. Gegenstände zur Beschlussfassung (Abs 3)

16 **1. Vorschlagspflicht der Verwaltung.** Nach Abs 3 muss die Verwaltung, also **Vorstand und AR**, grds zu jedem Gegenstand der Tagesordnung, über den die HV Beschluss fassen soll, einen Beschlussvorschlag machen (Ausnahmen s Rn 19 f); das betrifft trotz dadurch eintretender Schwierigkeiten auch den Beschl zur Abberufung von AR-Mitgliedern gem § 103 Abs 1 (krit *Thum/Klafat* NZG 2010, 1087, 1089 f). Vorstand und AR sind hierzu unabhängig voneinander verpflichtet, wenn es nicht um die Wahl von AR-Mitgliedern oder Prüfern geht (dazu Rn 18). Auch bei wörtlich übereinstimmenden Vorschlägen (wie dies in praxi zumeist der Fall ist), handelt es sich daher nicht um einen gemeinsamen Vorschlag beider Organe (MünchKomm AktG/*Kubis* Rn 29). Bei unterschiedlicher Ansicht ist jedes Organ verpflichtet, einen eigenen Vorschlag zu unterbreiten (*Hüffer* AktG Rn 12). Die Vorschläge sind durch gesonderten Beschluss des jeweiligen Organs zu verabschieden (s auch Rn 30 aE).

17 **2. Vorstand.** Da der Beschlussvorschlagspflicht wegen ihres Informationscharakters für die Aktionäre eine besondere Bedeutung zukommt, trifft die Verpflichtung den Gesamtvorstand (*BGH* NZG 2002, 817, 818; *KG* NZG 2011, 146, 148) als Leitungsaufgabe; bei der Beschlussfassung über den Vorschlag muss beachtet werden, dass der Vorstand beschlussfähig ist (*BGHZ* 149, 158, 161; *LG München I* AG 2008, 904, 905; *Hüffer* AktG Rn 12 mwN; **aA** *Götz* ZIP 2002, 1745, 1748 ff). Die Verwaltung muss ihre Vorstellungen antragsförmig ausformulieren und in die Tagesordnung aufnehmen (*Hüffer* aaO), Alternativvorschläge und Eventualvorschläge sind zulässig (**allgM**, MünchKomm AktG/*Kubis* Rn 36; MünchHdb AG/*Semler* § 35 Rn 48; krit zur Zulässigkeit von Alternativvorschlägen K.Schmidt/Lutter AktG/*Ziemons* Rn 17). Der Beschlussvorschlag ist auslegungsfähig (*LG München I* AG 2012, 423, 426). Der Beschlussvorschlag selbst ist noch kein Antrag; er wird aber idR durch mündliche und ausdrückliche Stellung in der HV zum Antrag gemacht (*Hüffer* aaO; *Kubis* aaO Rn 44). Zur Bindung an die Vorschläge su Rn 23.

18 **3. Aufsichtsrat.** Zur Wahl von AR-Mitgliedern und Prüfern hat nur der AR Vorschläge zur Beschlussfassung zu machen (Abs 3 S 1). Der Vorstand ist nicht berechtigt, diesbezüglich einen Vorschlag zu machen. Mit Prüfern sind Abschlussprüfer (§ 318 Abs 1 HGB) und Sonderprüfer (§ 142 Abs 1) gemeint. Der AR entscheidet als Organ über seinen Vorschlag durch Beschl (§ 108). Der Beschlussvorschlag nach Abs 3 S 1 kann auch einem Ausschuss als Aufgabe übertragen werden, da Abs 3 S 1 in § 107 Abs 3 S 2 nicht genannt ist und auch der Informationszweck (Rn 1) keine andere Beurteilung erfordert (ganz **hM**, *Hüffer* AktG Rn 13 mwN; GroßKomm AktG/*Werner* Rn 71, 73; **aA** *Hommelhoff* BB 1998, 2567, 2570). Die besondere Regelung für die Wahl von AR-Mitgliedern und Prüfern hat ihren Grund darin, dass diese (Organ-)Personen in erster Linie die Tätigkeit des Vorstands zu überwachen und zu prüfen haben, ihre Wahl daher nicht durch den Vorstand beeinflusst werden soll (RegBegr *Kropff* S 174). Eine solche Beeinflussung ist selbst dann gegeben, wenn ein vom Vorstand gleichwohl gemachter Vorschlag als solcher ausdrücklich nicht zur Abstimmung gestellt wird (*BGHZ* 153, 32, 35 f; anders noch *OLG München* AG 2001, 193, 196).

Nach Maßgabe des durch das BilMoG v 25.5.2009 (BGBl I S 1102) eingeführten **18a**
Abs 3 S 2 nF hat der AR seinen Beschlussvorschlag hinsichtlich der Wahl des
Abschlussprüfers auf die Empfehlung des Prüfungsausschusses zu stützen, wenn die
AG kapitalmarktorientiert iSd § 264d HGB ist. Dabei wird allein auf die Fälle abgestellt, in denen ein Prüfungsausschuss bestellt und dieser auch nicht anstelle des AR-Plenums iSd § 107 Abs 3 S 3 tätig ist (*Habersack* AG 2008, 98, 99; *Hüffer* AktG
Rn 13b); keinesfalls bewirkt Abs 3 S 2 eine Pflicht zur Einrichtung eines Prüfungsausschusses (RegBegr BT-Drucks 16/10067, 103).

4. Ausschluss der Vorschlagspflicht bei Bindung an Wahlvorschläge oder bei Minder- **19**
heitsverlangen. Keine Vorschlagspflicht besteht, soweit die HV bei der Wahl von
AR-Mitgliedern nach § 6 des MontanMitbestG an Wahlvorschläge gebunden ist
(Abs 3 S 3 Alt 1). Für die Wahl des sog neutralen AR-Mitglieds gem § 8 MontanMitbestG ist keine Befreiung vorgesehen, so dass insoweit ein Vorschlag von allen übrigen AR-Mitgliedern gemacht werden muss (MünchKomm AktG/*Kubis* Rn 27
MünchHdb AG/*Semler* § 35 Rn 56). § 8 MontanMitbestG regelt nur das Verfahren der
Willensbildung innerhalb des Organs AR abschließend; anders als nach § 108 genügt
hier nicht die einfache Stimmenmehrheit (*Hüffer* AktG Rn 14).

Eine Vorschlagspflicht der Verwaltung besteht auch dann nicht, wenn der Gegenstand **20**
der Beschlussfassung auf Verlangen einer Minderheit auf die Tagesordnung gesetzt
worden ist (Abs 3 S 3 Alt 2). Das gilt unabhängig davon, ob die HV aufgrund gerichtlicher Ermächtigung nach § 122 Abs 3 einberufen wurde oder die Minderheit nach
§ 122 Abs 3 eine Ergänzung der Tagesordnung bewirkt hat (unstr, GroßKomm AktG/
Werner Rn 70). Die Verwaltung ist jedoch nicht gehindert, der HV einen eigenen Vorschlag zu unterbreiten oder Beschlussvorschläge der Minderheit zu kommentieren
(*Hüffer* AktG Rn 15; MünchKomm AktG/*Kubis* 28).

5. Vorschlagsinhalt bei Wahl von Aufsichtsratsmitgliedern und Prüfern (Abs 3 S 4)
Bei der Wahl von AR-Mitgliedern und Prüfern sind gem Abs 3 S 4 deren Namen, **21**
ausgeübter Beruf und Wohnort anzugeben. Zum Namen gehören der Nachname
und zumindest ein Vorname bzw (nur bei Prüfern) die volle Firma. Als Beruf ist der
tatsächlich ausgeübte Beruf anzugeben und nicht lediglich der erlernte. Zweck der
Vorschrift und der verlangten Angaben ist, dass sich Aktionäre ein Urteil darüber
bilden können, ob sich die für das jeweilige Amt vorgeschlagene Person angesichts
ihrer derzeit ausgeübten Tätigkeit hierfür auch eignet. Die Verwendung einer englischsprachigen Berufsbezeichnung ist möglich (*OLG Frankfurt/Main* BB 2012, 2327,
2332). Überwiegend wird die Pflicht zur Angabe des Berufs weit ausgelegt, so dass
auch das konkrete Unternehmen zu nennen ist, in dem die berufliche Tätigkeit ausgeübt wird, zB Angabe der Kanzlei, für die ein AR-Kandidat tätig ist (*LG Hannover* ZIP 2010, 833, 838 f; *LG München I* Der Konzern 2007, 448, 452 f; *Hüffer* AktG
Rn 16; MünchKomm AktG/*Kubis* Rn 43; ebenso bereits die RegBegr zum KonTraG
BT-Drucks 13/9712, 17; **aA** K. Schmidt/Lutter AktG/*Ziemons* Rn 33). Die Nichtangabe des konkreten Unternehmens der Berufstätigkeit darf allerdings nicht ohne
weiteres zur Anfechtbarkeit bzw Nichtigkeit der AR-Wahl führen. Vielmehr muss
die erforderliche Relevanz der Angabe für eine sachgerechte Meinungsbildung der
Aktionäre über die Eignung des AR-Kandidaten gegeben sein (su ausf Rn 30;
Reger/Theusinger EWiR 2010, 345 f). Die erforderliche Relevanz fehlt etwa bei marginalen Bekanntmachungsfehlern (bspw Angabe als „Kaufmann" anstatt „kaufmän-

nische Tätigkeit für verschiedene Gesellschaften, ua als Aufsichtsrat der Beklagten" *OLG Frankfurt* ZIP 2007, 232 und anschließend *BGH* DStR 2007, 1493 – Nichtzulassungsbeschwerde). Starre zusätzliche Informationspflichten, die über den Gesetzeswortlaut hinausgehen, sind abzulehnen. Informationen über die berufliche Qualifikation, die über die Angabe des ausgeübten Berufs hinausgehen, sind aufgrund der Wertung des Abs 3 S 4 grds nicht vom Auskunftsanspruch des § 131 erfasst (*OLG Düsseldorf* NZG 2013, 178, 180; vgl § 131 Rn 13). Weiter ist der Wohnort anzugeben, womit lediglich die politische Gemeinde gemeint ist, nicht die genaue Anschrift (MünchKomm AktG/*Kubis* Rn 43). Ein schutzwürdiges Geheimhaltungsinteresse dürfte daher selbst bei Personen des öffentlichen Lebens kaum vorliegen (großzügiger *Kubis* aaO; zurückhaltender Obermüller/Werner/Winden HV/*Butzke* J Rn 30).

22 Bei börsennotierten Gesellschaften sind dem Vorschlag zur Wahl von AR-Mitgliedern auch Angaben zu deren Mitgliedschaft in anderen gesetzlich zu bildenden AR oder vergleichbaren Kontrollgremien beizufügen (§ 125 Abs 1 S 5; ausf § 125 Rn 10).

Der **DCGK** empfiehlt in Ziff 5.4.1 überdies, dass der AR bei seinen Wahlvorschlägen an die HV die persönlichen und geschäftlichen Beziehungen eines jeden Kandidaten zum Unternehmen, den Organen der Ges und einem wesentlich an der Ges beteiligten Aktionär offen legen soll (s Anh § 161 Rn 45). Die Empfehlung beschränkt sich auf solche Umstände, die nach der Einschätzung des AR ein objektiv urteilender Aktionär für seine Wahlentsch als maßgebend ansehen würde. Wesentlich beteiligt iSd Empfehlung sind Aktionäre, die direkt oder indirekt mehr als 10 % der stimmberechtigten Aktien der Ges halten. Insb um den Text der HV-Einladung nicht noch weiter auszudehnen, ist es ausreichend und zulässig, die Angaben nach Ziff 5.4.1 DCGK auf der Internetseite der Ges einzustellen und hierauf in der HV-Einladung hinzuweisen.

23 **6. Bindung an Beschlussvorschläge.** Eine Bindung an Beschlussvorschläge besteht nicht. Sie können in der HV geändert werden, solange ihr Inhalt vom Beschlussgegenstand der Tagesordnung gedeckt ist, s § 121 Rn 11c (**hM**, *Wieneke* FS Schwark, S 312 f, ausf auch zu anderen Ansichten; ebenso Marsch-Barner/Schäfer Hdb AG/*Marsch-Barner* § 32 Rn 57; MünchHdb AG/*Semler* § 35 Rn 53; *Scholz* AG 2008, 11, 16); abzulehnen sind die einschränkenden Auffassungen (allgemein für Einschränkungen Spindler/Stilz AktG/*Rieckers* Rn 26), wonach Änderungen grds ausgeschlossen sind (so *OLG Frankfurt/Main* BB 2012, 2327, 2332: Eine Änderung ist nur möglich, wenn nach der Bekanntmachung neue Tatsachen entstanden oder bekannt geworden sind, die eine Änderung des Beschlussvorschlags gebieten; *Hüffer* AktG Rn 12; K.Schmidt/ Lutter AktG/*Ziemons* Rn 63 mwN) bzw ein sachlicher Grund erforderlich ist (Fleischer Hdb VorstR/*Pentz* § 17 Rn 36).

IV. Bekanntmachungsfreie Gegenstände (Abs 4 S 2)

24 **1. Antrag auf Einberufung einer neuen HV (Abs 4 S 2 Alt 1).** Bekanntmachungsfrei ist der erst in der HV gestellte Antrag auf Einberufung einer neuen HV (Abs 4 S 2 Alt 1). In erster Linie wird ein solcher Antrag zugleich auch auf Vertagung gerichtet sein; denkbar sind aber auch Verhandlung und Beschl einer neuen Tagesordnung, die dann aber wiederum bekanntgegeben werden muss (*Hüffer* AktG Rn 19).

25 **2. Anträge zu Gegenständen der Tagesordnung (Abs 4 S 2 Alt 2).** Anträge, die zu Gegenständen der Tagesordnung gestellt werden, sind ebenfalls bekanntmachungsfrei (Abs 4 S 2 Alt 2). Maßgebliche Abrenzungskriterien dafür, ob ein Antrag zu einem

Gegenstand der Tagesordnung gestellt und damit bekanntmachungsfrei ist, sind einerseits dessen Inhalt und die konkrete Formulierung des Tagesordnungspunktes und andererseits die unterschiedlichen wirtschaftlichen Auswirkungen für die Aktionäre (*OLG Rostock* BeckRS 2013, 13886). Die Formulierung steckt den äußersten Rahmen des Beschlussinhalts ab; je konkreter der Tagesordnungspunkt formuliert ist, desto enger ist der Rahmen der Anträge, die zu ihm gestellt werden können (*OLG Rostock* aaO). Die Abweichungen in den wirtschaftlichen Folgen für die Aktionäre zwischen dem bekanntgemachten Antrag und dem neuen Antrag dürfen nicht so gravierend sein, dass weder die erschienenen noch die nichterschienenen Aktionäre damit rechnen mussten; i.ü. lassen sich die Grenzen des insoweit Zulässigen nicht allgemeingültig festlegen, sondern sind vom Einzelfall abhängig (*OLG Rostock* aaO). Zu einem Gegenstand der Tagesordnung gestellt sind zum einen Beschlussanträge, die sich inhaltlich innerhalb des betreffenden Gegenstandes der Tagesordnung halten, wie dies bei Anträgen der Fall ist, die auf Ablehnung oder Änderung des Verwaltungsvorschlags zielen (sog **Gegenanträge**, s § 126 Rn 5 ff, MünchHdb AG/*Semler* § 39 Rn 7), die also etwa unter dem Tagesordnungspunkt „Beschlussfassung über die Verwendung des Bilanzgewinns" einen Antrag auf Ausschüttung einer höheren Dividende einbringen. Die HV ist insoweit nur an die Höhe des ausgewiesenen Bilanzgewinns gebunden, über dessen Verwendung kann sie frei beschließen (*Werner* FS Fleck, S 414). Ist ein Antrag als Gegenantrag zu qualifizieren, ändert sich an dieser Qualifikation nichts, wenn die Verwaltung diesen Antrag sich zu eigen macht und ihn statt des ursprünglichen Verwaltungsvorschlags zur Abstimmung stellt; er bleibt bekanntmachungsfrei (*OLG Hamm* DB 2005, 2236). Der Beschl über die Annahme der Mandatsniederlegung eines AR-Mitglieds liegt innerhalb des angekündigten Tagesordnungspunktes „Abberufung des Aufsichtsratsmitglieds" (*LG Mannheim* WM 1990, 760). Überschritten ist der Rahmen allerdings, wenn eine Sonderprüfung nebst Stellungnahme des Vorstands angekündigt wurde und stattdessen ein Beschl zur Absetzung des Sonderprüfers gefasst werden soll (*LG Potsdam* v 30.9.2009 – 52 O 67/08). Bei der Umwandlung in eine KG (§§ 190 ff UmwG) liegt der Antrag auf Ersetzung der angekündigten Komplementärin durch eine andere nicht mehr innerhalb des ursprünglich bekanntgemachten Tagesordnungspunktes (*LG Wiesbaden* AG 1999, 189 f). Anträge zu Gegenständen der Tagesordnung und damit ebenfalls bekanntmachungsfrei sind auch **Geschäftsordnungsanträge** (ausf K. Schmidt/Lutter AktG/*Ziemons* Rn 65 ff).

Zum anderen bedürfen Beschlussanträge keiner Bekanntmachung, wenn sie auf eine **inhaltliche Ergänzung** von bekanntgemachten Gegenständen der Tagesordnung abzielen (*Werner* FS Fleck, S 414 f). So kann etwa iRd Tagesordnungspunkte „Vorlage des festgestellten Jahresabschlusses" oder „Entlastung des Vorstands" bzw „Entlastung des Aufsichtsrats" die Bestellung eines Sonderprüfers beantragt werden (*OLG Brandenburg* AG 2003, 328, 329; Semler/Volhard/Reichert ArbHdb HV/*Schlitt/Becker* § 4 Rn 165; KölnKomm AktG/*Noack/Zetsche* Rn 104). Um eine zulässige Ergänzung handelt es sich auch, wenn zu dem Punkt „Entlastung des Vorstands" die Entziehung des Vertrauens beantragt wird (K. Schmidt/Lutter AktG/*Ziemons* Rn 60; Hüffer AktG Rn 19; **aA** *LG München I* AG 2005, 701 f; *Werner* aaO S 415), nicht jedoch, wenn die Geltendmachung von Schadensersatzansprüchen gefordert wird (*Schlitt/Becker* aaO). Gleichfalls zulässig ist ein iRd Beschlussfassung über die Gewinnverwendung gefasster Bestätigungsbeschluss (§ 244) über die Gewinnverwendung eines Geschäftsjahres, 26 das dem aktuell zu beurteilenden Geschäftsjahr zeitlich vorausgeht (*Ziemons* aaO Rn 61). Bei angekündigten Kapitalmaßnahmen, die zugleich Satzungsänderungen beinhalten, sind abweichende Beschlussvorschläge in der HV nur dann bekanntmachungsfrei nach Abs 4 S 1 und 2, wenn sie die Essentialia des angekündigten Tagesordnungspunkts wiedergeben und ihre wirtschaftlichen Auswirkungen nicht wesentlich von den angekündigten Maßnahmen abweichen (*OLG Rostock* BeckRS 2013, 13886).

Nicht bekanntmachungsfrei ist eine Beschlussfassung über einen Kapitalschnitt durch Zusammenlegung von Aktien im Verhältnis 100:1, wenn ein Kapitalschnitt im Verhältnis 4:3 angekündigt worden ist (*OLG Rostock* BeckRS 2013, 13886).

27 **3. Anträge zur Verhandlung ohne Beschlussfassung (Abs 4 S 2 Alt 3).** Anträge zur Verhandlung ohne Beschlussfassung sind bekanntmachungsfrei (Abs 4 S 2 Alt 3).

V. Verstoß gegen die Bekanntmachungspflichten

28 Nach Abs 4 S 1 dürfen über Gegenstände der Tagesordnung, die nicht ordnungsgemäß bekanntgemacht sind, keine Beschl gefasst werden. Beschlüsse, die auf einem Verstoß gegen die Bekanntmachungspflichten beruhen, sind nicht nichtig, sondern lediglich **anfechtbar** (MünchKomm AktG/*Kubis* Rn 48; GroßKomm AktG/*Werner* Rn 97; *OLG Rostock* BeckRS 2013, 13886; *OLG Schleswig* ZIP 2006, 421, 426 mwN; vgl auch *BGH* NJW-RR 2006, 472, 474). Dies folgt daraus, dass nach § 245 Nr 2 der nicht anwesende Aktionär bei Bekanntmachungsmängeln anfechtungsbefugt ist und eine unterschiedliche Behandlung desselben Mangels für anwesende und nicht anwesende Aktionäre nicht in Betracht kommt (*BGHZ* 153, 32; *Werner* aaO).

29 Der Versammlungsleiter darf trotz der Anfechtbarkeit eines Beschl über einen Tagesordnungspunkt, der nicht ordnungsgemäß bekanntgemacht ist, dennoch nicht einfach von der Beschlussfassung Abstand nehmen. Ihn trifft vielmehr die Pflicht, das Anfechtungsrisiko einerseits gegen den Schaden für die Gesellschaft bei einer zunächst unterbleibenden Beschlussfassung andererseits abzuwägen (*Hüffer* AktG Rn 18). Kriterien sind ua das Ausmaß des Schadens, die Relevanz des Bekanntmachungsmangels für die Beschlussfassung (s hierzu Rn 30) sowie der Grad der Zustimmung der anwesenden Aktionäre (*Werner* FS Fleck, S 421). Die Zulassung der Beschlussfassung durch den Versammlungsleiter bei nicht ordnungsgemäßer Bekanntmachung ist selbst kein zur Anfechtung berechtigender Verfahrensfehler (MünchKomm AktG/*Kubis* Rn 47).

30 Die **Anfechtbarkeit ist ausgeschlossen**, wenn der Verstoß gegen die Bekanntmachungspflicht so marginal ist, dass ihm die erforderliche **Relevanz** für eine sachgerechte Meinungsbildung der Aktionäre abzusprechen ist (*BGHZ* 149, 158; 153, 32). Dies ist etwa der Fall, wenn im Wahlvorschlag (Abs 3 S 3) Wohnort und Dienstsitz verwechselt werden oder irrtümlich ein früherer Beruf angegeben wird (*Hüffer* AktG Rn 18). Die erforderliche Relevanz fehlt auch bei marginalen Bekanntmachungsfehlern bei der Angabe des Berufs (*OLG Frankfurt* ZIP 2007, 232 und anschließend *BGH* DStR 2007, 1493 – Nichtzulassungsbeschwerde; s auch Rn 21); hierzu gehört auch der Fall, dass allein der ausgeübte Beruf und nicht das Unternehmen, in dem der AR-Kandidat arbeitet, offengelegt wird, wenn die Tätigkeitsschwerpunkte des AR-Kandidaten aufgrund der medialen Berichterstattung allgemein bekannt sind – die Angabe des konkreten Unternehmens ist insoweit für eine sachgerechte Meinungsbil-

dung der Aktionäre über die Eignung des AR-Kandidaten marginal und damit irrelevant (*Reger/Theusinger* EWiR 2010, 345 f; **aA** *LG Hannover* ZIP 2010, 833, 838 f). Die Relevanz fehlt auch dann, wenn der von der HV gefasste Beschl über die Abfindung der ausgeschlossenen Minderheitsaktionäre die Barabfindung nicht mehr wie in der Einladung zur HV mit „mindestens" 88 EUR beschreibt, sondern nur noch 88 EUR angibt (*LG Berlin* ZIP 2003, 1352). Die Relevanz ist ebenfalls zu verneinen, wenn der mit dem Vorschlag des Vorstands rechtzeitig bekannt gemachte Vorschlag des AR zwar erst nach der Bekanntmachung, aber noch vor der HV vom AR beschlossen wird und der AR-Beschluss mit der Bekanntmachung übereinstimmt (*OLG Stuttgart* BB 2013, 129).

§ 124a Veröffentlichungen auf der Internetseite der Gesellschaft

¹Bei börsennotierten Gesellschaften müssen alsbald nach der Einberufung der Hauptversammlung über die Internetseite der Gesellschaft zugänglich sein:
1. der Inhalt der Einberufung;
2. eine Erläuterung, wenn zu einem Gegenstand der Tagesordnung kein Beschluss gefasst werden soll;
3. die der Versammlung zugänglich zu machenden Unterlagen;
4. die Gesamtzahl der Aktien und der Stimmrechte im Zeitpunkt der Einberufung, einschließlich getrennter Angaben zur Gesamtzahl für jede Aktiengattung;
5. gegebenenfalls die Formulare, die bei Stimmabgabe durch Vertretung oder bei Stimmabgabe mittels Briefwahl zu verwenden sind, sofern diese Formulare den Aktionären nicht direkt übermittelt werden.

²Ein nach Einberufung der Versammlung bei der Gesellschaft eingegangenes Verlangen von Aktionären im Sinne von § 122 Abs. 2 ist unverzüglich nach seinem Eingang bei der Gesellschaft in gleicher Weise zugänglich zu machen.

Übersicht

	Rn		Rn
A. Allgemeines	1	I. Bereitstellung auf der Internetseite	8
B. Publizitätspflichtige Informationen	2	II. Zeitpunkt	9
C. Zeitpunkt und Modus der Veröffentlichung	8	**D.** Rechtsfolgen, Sanktionen	11

Literatur: *Drinhausen/Keinath* Auswirkungen des ARUG auf die künftige Hauptversammlungs-Praxis, BB 2009, 2322; *Herrler/Reymann* Die Neuerungen im Aktienrecht durch das ARUG – Unter besonderer Berücksichtigung der Neuregelungen zur Hauptversammlung und zur Kapitalaufbringung bei der AG –, DNotZ 2009, 815; *Horn* Änderungen bei der Vorbereitung und Durchführung der Hauptversammlung nach dem Referentenentwurf zum ARUG, ZIP 2008, 1558; *Neye/Jäckel* Umwandlungsrecht zwischen Brüssel und Berlin, AG 2010, 237; *von Nussbaum* Neue Wege zur Online-Hauptversammlung durch das ARUG, GWR 2009, 215; *Paschos/Goslar* Regierungsentwurf des Gesetzes zur Umsetzung der Aktionärsrechterichtlinie (ARUG), AG 2009, 14; *Seibert/Florstedt* Der Referentenentwurf des ARUG – Inhalt und wesentliche Änderungen gegenüber dem Referentenentwurf, ZIP 2008, 2145; *Wicke* Einführung in das Recht der Hauptversammlung, das Recht der Sacheinlagen und das Freigabeverfahren nach dem ARUG, 2009; *Zetzsche* Die nächste kleine Aktienrechtsreform: Der Referentenentwurf eines Gesetzes zur Umsetzung der Aktionärsrechterichtlinie (ARUG), Der Konzern 2008, 321.

§ 124a Veröffentlichungen auf der Internetseite der Gesellschaft

A. Allgemeines

1 Der durch das ARUG v 30.7.2009 (BGBl I S 2479) eingeführte § 124a regelt zusätzliche Publizitätspflichten für **börsennotierte AGs** iSd § 3 Abs 2. Inhaltlich entsprechen diese den schon vorher teilweise bestehenden Bekanntmachungspflichten des § 30b Abs 1 Nr 1 WpHG und der Empfehlung von Ziff 2.3.1 S 3 DCGK. Hintergrund ist die gesetzgeberische Intention, das Internet als zentrales Medium für den Informationsaustausch zwischen AG und Aktionären auszubauen (RegBegr BT-Drucks 16/11642, 30).

B. Publizitätspflichtige Informationen

2 Gem S 1 **Nr 1** ist die Einberufung der HV zugänglich zu machen; ihr Inhalt bestimmt sich nach § 121 Abs 3. Dazu gehören auch die nur durch börsennotierte AGs anzugebenden Informationen des § 121 Abs 3 S 3; zu den Anforderungen des § 121 Abs 3 vgl dort Rn 11 ff. Ausweislich der RegBegr (BT-Drucks 16/11642, 30) sind zudem die Beschlussvorschläge der Verwaltung iSd § 124 Abs 3 (*Drinhausen/Keinath* BB 2009, 2322, 2324) zugänglich zu machen; das ist folgerichtig, da die Beschlussvorschläge Bestandteil der Tagesordnung sind (s. o. § 124 Rn 17) und diese ihrerseits einen Teil der Einberufung darstellt (§ 121 Abs 3 S 2).

3 Ferner sind gem S 1 **Nr 2** diejenigen Gegenstände der Tagesordnung zu erläutern, zu denen kein Beschl gefasst werden soll; dies betrifft zB den Tagesordnungspunkt für die Vorlage des Jahres- und Konzernabschlusses. Hierfür ist es nicht ausreichend anzugeben, dass der Tagesordnungspunkt ohne Beschlussfassung behandelt wird (so aber *von Nussbaum* GWR 2009, 215, 218; *Wicke*, S 14). Vielmehr ist unter „Erläuterung" eine (wenn auch kurze) Beschreibung des Verhandlungsgegenstands zu verstehen, die dem Aktionär Aufschluss über den Inhalt und Gegenstand des Tagesordnungspunktes gibt (*Drinhausen/Keinath* BB 2009, 2322, 2324; *Horn* ZIP 2008, 1558, 1561). Zuständig ist der Vorstand, da er als das für die Einberufung zuständige Organ (§ 121 Abs 2 S 1) auch die Aufstellung der Tagesordnung verantwortet (*Horn* aaO).

4 Gem S 1 **Nr 3** sind alle Unterlagen zugänglich zu machen, die der HV zugänglich zu machen sind. Im Einzelnen betrifft das Dokumente nach §§ 52 Abs 2 S 2, 175 Abs 2 S 1, 176 Abs 1 S 1, 179a Abs 2 S 1, 293f Abs 1, 293g Abs 1, 319 Abs 3 S 1, 327c Abs 3 sowie §§ 62 Abs 3 S 1; 63 Abs 1, 230 Abs 2 S 2 UmwG. Im Gegenzug werden Gesellschaften, die diesen Punkt erfüllen, entlastet, indem die Veröffentlichung im Internet, wenn sie für den gleichen Zeitraum erfolgt, die Auslegung der entsprechenden Unterlagen in den Geschäftsräumen und die Pflicht zur Erteilung einer Abschrift entbehrlich machen, vgl zB § 175 Abs 2 S 4. Kontrovers wurde die Einführung dieses Befreiungstatbestandes in alle umwandlungsrechtlichen Normen beurteilt, da die diesen Normen zugrunde liegenden europäischen Richtlinien ursprünglich noch die Einsichtnahme „am Sitz der Gesellschaft" voraussetzten (näher *Zetzsche* Der Konzern 2008, 321, 322 f; *Wicke* S 15 f mwN). Diese Bedenken sollten sich zerstreut haben, seitdem die Änderungsrichtlinie 2009/109/EG v 16.9.2009 ebendiese Anforderungen zu Gunsten der Veröffentlichung im Internet geöffnet hat (vgl Erwägungsgrund 4 der Änderungsrichtlinie sowie *Neye/Jäckel* AG 2010, 237, 238 f).

5 Weiterhin ist gem S 1 **Nr 4** die Gesamtzahl der Aktien und der Stimmrechte anzugeben. Hierbei sind eigene Aktien, die die AG hält, nicht mitzuzählen (RegBegr BT-Drucks 16/11642, 30). Für den Fall, dass mehrere Aktiengattungen bestehen, sind

diese Angaben nach den einzelnen Aktiengattungen zu untergliedern. Es empfiehlt sich, die Gesamtzahl der Stimmrechte sowohl mit (und damit die ausgegebenen Aktien repräsentierend) als auch ohne eigene Aktien (und damit die tatsächliche maximale Stimmenzahl repräsentierend) anzugeben (*Drinhausen/Keinath* BB 2009, 2322, 2325).

Hat die AG zur Stimmabgabe durch den Stimmrechtsvertreter (§ 121 Abs 3 Nr 2) oder per Briefwahl (§ 118 Abs 2) Formulare vorgeschrieben, so sind auch diese gem S 1 **Nr 5** von der Publizitätspflicht erfasst. Die Publizitätspflicht besteht nicht, sofern die Formulare den Aktionären schon direkt übermittelt wurden, wobei diese Übermittlung (zeitgleich) mit der Einberufung geschehen sein muss (RegBegr BT-Drucks 16/11642, 30). In den Anwendungsbereich fallen allein von der AG verbindlich vorgeschriebene Formulare, also nur solche, die alternativlos von den Aktionären für die Stimmabgabe durch den Stimmrechtsvertreter oder die Briefwahl zu verwenden sind (RegBegr aaO; *Seibert/Florstedt* ZIP 2008, 2145, 2147; *Paschos/Goslar* AG 2009, 14, 17). Der anfängliche Zusatz „gegebenenfalls" ist im Sinne einer Flexibilisierung zu verstehen, die eine Erfüllung des Erfordernisses durch die Bereitstellung eines Online-Dialogs ermöglicht; denn hier wäre es sinnwidrig, zusätzlich eine Möglichkeit zum Download von Formularen anbieten zu müssen (*Wicke* 14; *Paschos/Goslar* aaO; *von Nussbaum* GWR 2009, 215, 218). 6

Schließlich ist **S 2** zu beachten, wonach auch Ergänzungsverlangen iSd § 122 Abs 2 unverzüglich nach dem Eingang bei der Gesellschaft „in gleicher Weise", dh auf der Internetseite zugänglich zu machen sind. Es sind allerdings lediglich solche Verlangen zugänglich zu machen, die alle Voraussetzungen erfüllen (s § 122 Rn 15 f). 7

C. Zeitpunkt und Modus der Veröffentlichung

I. Bereitstellung auf der Internetseite

Als Veröffentlichungsmedium dient die Internetseite der Gesellschaft (zur Definition s § 121 Rn 13e). Diese muss öffentlich zugänglich sein und darf daher keinerlei Zugangsbeschränkungen aufweisen (*Horn* ZIP 2008, 1558, 1561 in Anlehnung an die RegBegr zum UMAG BT-Drucks 15/5092, 17 f). Die Informationen müssen entweder unmittelbar oder mittels eindeutiger und verständlicher Verknüpfungen auf Folgeseiten erreichbar sein (*Horn* aaO). 8

II. Zeitpunkt

Ergänzungsverlangen nach § 122 Abs 2 sind gem **S 2 unverzüglich** nach dem Eingang bei der AG zugänglich zu machen. Dieser Terminus ist aus Abs 1 S 1 bekannt und auch wie dort auszulegen: Es gilt der Maßstab des § 121 Abs 1 S 1 BGB, der Handeln ohne schuldhaftes Zögern verlangt. Dem Vorstand muss eine angemessene Gelegenheit zur rechtlichen Prüfung gegeben werden, um die Veröffentlichung unzulässiger Ergänzungsverlangen zu vermeiden (*Herrler/Reymann* DNotZ 2009, 815, 817; *Drinhausen/Keinath* BB 2009, 2322, 2325); für den Regelfall werden dafür 3 Tage nach dem Zugang des Verlangens ausreichend sein. 9

Anders als S 2 schreibt **S 1** vor, dass die Angaben **alsbald**, nachdem die Einberufung der HV bekanntgemacht wurde, auf der Internetseite einzustellen sind. Ob dadurch ein anderer Maßstab als bei den „unverzüglich" bekanntzumachenden Ergänzungs- 10 verlangen gemeint ist, ist unklar (krit *Paschos/Goslar* AG 2009, 14, 17). Der Gesetzgeber wollte damit jedenfalls einen Zeitpuffer einräumen, um die Realisierung der notwendigen betriebsinternen und technischen Abläufe zu ermöglichen (RegBegr BT-Drucks 16/11642, 30). Da sämtliche Angaben im Voraus vorbereitet und mit dem Einberufungszeitpunkt abgestimmt werden können, wird die Abrufbarkeit spätestens am Tag nach der Veröffentlichung der Einberufung ausreichend, aber auch erforderlich sein (*Drinhausen/Keinath* BB 2009, 2322, 2325). Bei darüber hinausgehenden Verzögerungen dürfte eine Verletzung der rechtzeitigen Veröffentlichung vorliegen.

D. Rechtsfolgen, Sanktionen

11 Verstöße gegen die Publizitätspflichten führen wg der Erwähnung des § 124a in § 243 Abs 3 Nr 2 nicht zur Anfechtbarkeit von HV-Beschlüssen, können aber eine Ordnungswidrigkeit gem § 405 Abs 3a Nr 2 darstellen.

§ 125 Mitteilungen für die Aktionäre und an Aufsichtsratsmitglieder

(1) ¹Der Vorstand hat mindestens 21 Tage vor der Versammlung den Kreditinstituten und den Vereinigungen von Aktionären, die in der letzten Hauptversammlung Stimmrechte für Aktionäre ausgeübt oder die die Mitteilung verlangt haben, die Einberufung der Hauptversammlung mitzuteilen. ²Der Tag der Mitteilung ist nicht mitzurechnen. ³Ist die Tagesordnung nach § 122 Abs. 2 zu ändern, so ist bei börsennotierten Gesellschaften die geänderte Tagesordnung mitzuteilen. ⁴In der Mitteilung ist auf die Möglichkeiten der Ausübung des Stimmrechts durch einen Bevollmächtigten, auch durch eine Vereinigung von Aktionären, hinzuweisen. ⁵Bei börsennotierten Gesellschaften sind einem Vorschlag zur Wahl von Aufsichtsratsmitgliedern Angaben zu deren Mitgliedschaft in anderen gesetzlich zu bildenden Aufsichtsräten beizufügen; Angaben zu ihrer Mitgliedschaft in vergleichbaren in- und ausländischen Kontrollgremien von Wirtschaftsunternehmen sollen beigefügt werden.

(2) ¹Die gleiche Mitteilung hat der Vorstand den Aktionären zu machen, die es verlangen oder zu Beginn des 14. Tages vor der Versammlung als Aktionär im Aktienregister der Gesellschaft eingetragen sind. ²Die Satzung kann die Übermittlung auf den Weg elektronischer Kommunikation beschränken.

(3) Jedes Aufsichtsratsmitglied kann verlangen, dass ihm der Vorstand die gleichen Mitteilungen übersendet.

(4) Jedem Aufsichtsratsmitglied und jedem Aktionär sind auf Verlangen die in der Hauptversammlung gefassten Beschlüsse mitzuteilen.

(5) Finanzdienstleistungsinstitute und die nach § 53 Abs. 1 Satz 1 oder § 53b Abs. 1 Satz 1 oder Abs. 7 des Gesetzes über das Kreditwesen tätigen Unternehmen sind den Kreditinstituten gleichgestellt.

Übersicht

	Rn		Rn
A. Allgemeines	1	1. Mitteilungsempfänger	3
B. Erläuterungen	2	a) Kreditinstitute und Aktionärsvereinigungen (Abs 1)	3
I. Mitteilungspflichten im Vorfeld der Hauptversammlung (Abs 1 bis 3)	2	b) Aktionäre (Abs 2)	5

	Rn		Rn
c) Aufsichtsratsmitglieder (Abs 3)	7	IV. Rechtsfolgen bei Verstößen	16
		1. Beschlussanfechtung	16
2. Mitteilungsschuldner	8	a) Unterbliebene Mitteilung	16
3. Inhalt	9	b) Verspätete Mitteilung	17
4. Form und Frist der Mitteilung	12	2. Schadensersatz	18
II. Mitteilungspflichten nach der Hauptversammlung (Abs 4)	14	3. Leistungs-/Feststellungsklage	19
III. Kreditinstituten gleichgestellte Institute und Unternehmen (Abs 5)	15	V. Deutscher Corporate Governance Kodex	20

Literatur: *Drinhausen/Keinath* Auswirkungen des ARUG auf die künftige Hauptversammlungs-Praxis, BB 2009, 2322; *Evers/Fett* Der Versand der Mitteilung nach § 125 AktG, NZG 2012, 530; *Fleischhauer* Hauptversammlung und neue Medien, ZIP 2001, 1133; *Gantenberg* Die Reform der Hauptversammlung durch den Regierungsentwurf eines Gesetzes zur Unternehmensintegrität und Modernisierung des Anfechtungsrechts – UMAG, DB 2005, 207; *Hölters/Deilmann/Buchta* Die „kleine" Aktiengesellschaft, 2002; *Huep* Die Renaissance der Namensaktie, WM 2000, 1623; *Lingemann/Wasmann* Mehr Kontrolle und Transparenz im Aktienrecht „Das KontraG tritt in Kraft", BB 1998, 853, 857; *Lutter* Das neue „Gesetz für kleine Aktiengesellschaften und zur Deregulierung des Aktienrechts", AG 1994, 429; *Mülbert/Bux* Dem Aufsichtsrat vergleichbare in- und ausländische Kontrollgremien von Wirtschaftsunternehmen (§ 125 Abs.1 Satz 3 2. Halbs AktG nF), WM 2000, 1665; *Noack* Hauptversammlung der Aktiengesellschaft und moderne Kommunikationstechnik – aktuelle Bestandsaufnahme und Ausblick, NZG 2003, 241; *von Nussbaum* Neue Wege zur Online-Hauptversammlung durch das ARUG, GWR 2009, 215; *Paschos/Goslar* Regierungsentwurf des Gesetzes zur Umsetzung der Aktionärsrechterichtlinie (ARUG), AG 2009, 14; *Schüppen/Tretter* Hauptversammlungssaison 2009 – Satzungsgestaltung in Zeiten des Trommelfeuers, ZIP 2009, 493; *Schütz* UMAG Reloaded, NZG 2005, 5; *Vetter* Update des Deutschen Corporate Governance Kodex, BB 2005, 1689.

A. Allgemeines

Die Vorschrift beinhaltet vom Vorstand zu erfüllende Mitteilungspflichten der Gesellschaft, im Wesentlichen gegenüber Kreditinstituten und Aktionärsvereinigungen (Abs 1). In Bezug auf erstere ist sie notwendiges **Bindeglied zu § 128**, der seinerseits die Weitergabepflicht der Kreditinstitute an deren Depotkunden (§ 128 Abs 1) statuiert. Den Aktionären soll mittelbar die Wahrnehmung ihrer Mitgliedschaftsrechte ermöglicht werden, indem sie Kenntnis von der Einberufung bekommen und über eine etwaige Opposition frühzeitig informiert werden (Semler/Volhard/Reichert ArbHdb HV/*Schlitt/Becker* § 4 Rn 247). Durch das UMAG v 22.9.2005 (BGBl I S 2802) ist Abs 2 neu gefasst worden. Dem folgten kleinere Änderungen von Abs 1, 2 und 5 durch das **ARUG** v 30.7.2009 (BGBl I S 2479). Im Regelfall erhalten die Aktionäre börsennotierter Gesellschaften ihre Mitteilungen gem Abs 1 iVm § 128 oder gem Abs 2 Alt 2. Ohne inneren Zusammenhang zu den Einberufungsvorschriften statuiert Abs 4 für Aktionäre und AR-Mitglieder einen Anspruch auf schriftliche Mitteilung der in der HV gefassten Beschl (KölnKomm AktG/*Noack/Zetsche* Rn 3). Aus dem Zweck, die Information der Aktionäre zu fördern, folgt, dass die Regelung **nicht abschließend** ist und die Satzung demnach weitergehende Informationspflichten gem § 25 Abs 5 S 2 festsetzen kann (GroßKomm AktG/*Werner* Rn 5; MünchKomm AktG/*Kubis* Rn 50; **aA** Spindler/Stilz AktG/*Rieckers* Rn 3; *Hüffer* AktG Rn 1). Bei Übernahmesachverhalten ist § 16 Abs 4 WpÜG zu beachten. 1

B. Erläuterungen

I. Mitteilungspflichten im Vorfeld der Hauptversammlung (Abs 1 bis 3)

2 Im Vorfeld der HV hat die Gesellschaft bestimmten Kreditinstituten, Aktionärsvereinigungen, Aktionären und AR-Mitgliedern unter den in Abs 1–3 genannten Voraussetzungen die Einberufung der HV mitzuteilen.

1. Mitteilungsempfänger. – a) Kreditinstitute und Aktionärsvereinigungen (Abs 1)
3 Mitteilungsempfänger sind Kreditinstitute (§§ 1 Abs 1, 2 Abs 1 KWG) und Aktionärsvereinigungen. Unter den in Abs 1 S 1 angesprochenen Aktionärsvereinigungen sind auf Dauer angelegte Personenzusammenschlüsse mit dem Hauptzweck, Aktionärsrechte in organisierter Form auszuüben, zu verstehen, die typischer-, aber nicht notwendigerweise in der Rechtsform des Vereins organisiert sind (Semler/Volhard/Reichert ArbHdb HV/*Schlitt/Becker* § 4 Rn 250; MünchKomm AktG/*Kubis* Rn 7). Nicht genügend sind bloße Poolverträge (unstr *Schlitt/Becker* aaO). Die Mitteilungspflicht setzt voraus, dass die Aktionärsvereinigung in der letzten HV Stimmrechte für Aktionäre ausgeübt oder die Mitteilung verlangt hat. Die Stimmrechtsausübung muss die Gesellschaft von sich aus prüfen. Das Verlangen, das hinreichend bestimmt sein muss, kann formlos (auch telefonisch) und grds fristlos gestellt werden. Das Verlangen muss vor jeder HV erneut vorgebracht werden, wenn in der vorangegangenen HV Stimmrechte nicht ausgeübt wurden; unwirksam sind „Daueraufträge" zur Übersendung der HV-Unterlagen (*Kubis* aaO Rn 5; GroßKomm AktG/*Werner* Rn 42).

4 Die Mitteilungspflicht an Kreditinstitute und Aktionärsvereinigungen besteht auch, soweit die Gesellschaft nach Abs 2 S 1 Alt 2 dem eingetragenen Namensaktionär unmittelbar mitteilungspflichtig ist. Das folgt aus einem Umkehrschluss zu § 128 Abs 1 (*Hüffer* AktG Rn 6b). Die hM sieht ein Kreditinstitut als verpflichtet an, die Mitteilungen zu verlangen, wenn es zwar Anteilseigner als Depotkunden hat, es in der letzten HV aber keine Stimmrechte ausgeübt hat und deshalb nicht automatisch berücksichtigt wird (vgl § 128 Rn 9). Ein pflichtwidriges Unterlassen der Kreditinstitute vermag eine Mitteilungspflicht der Gesellschaft jedoch nicht zu begründen.

5 **b) Aktionäre (Abs 2).** Die gleiche, also die mit Abs 1 inhaltlich übereinstimmende Mitteilung hat der Vorstand den Aktionären zu machen, die es verlangen (Abs 2 S 1 Alt 1) oder die spätestens vierzehn Tage vor dem Tage der HV als Aktionär im Aktienregister der Gesellschaft eingetragen sind (Abs 2 S 1 Alt 2; s Rn 6). Wie in Abs 1 ist mit dem Vorstand hier lediglich das handelnde Organ angesprochen, mitteilungspflichtig ist die Gesellschaft. Der Aktionär kann das Verlangen jederzeit an die Gesellschaft richten (Abs 2 S 1 Alt 1). Die Gesellschaft ist zur Mitteilung in Bezug auf die HV auch dann verpflichtet, wenn ihr eine Übermittlung vor Beginn der HV nicht mehr möglich sein sollte. Nur so ist dem Aktionär eine einfache Überprüfung der HV-Beschlüsse dahingehend möglich, ob sie etwa auf Bekanntmachungsfehlern oder nicht hinreichend konkret gefassten Beschlussgegenständen beruhen. Um die Mitteilung zu erhalten, braucht der Aktionär sein Verlangen nur einmal zu stellen. Nach dem Willen des Gesetzgebers (RegBegr BT-Drucks 15/5092, 15) soll ein einmal gestelltes Verlangen für alle Zukunft, „**pro futuro**", gelten (K. Schmidt/Lutter AktG/*Ziemons* Rn 23 mwN; Spindler/Stilz AktG/*Rieckers* Rn 13; *Schütz* NZG 2005, 5, 8). Für den Nachweis des Anteilsbesitzes kann die Gesellschaft dieselben Anforderungen stellen wie in § 123 (*Schütz* NZG 2005, 5, 8; RegBegr aaO). Eine Bestätigung des depotführenden Instituts nach § 123 Abs 3 S 2 reicht auch hier aus (*Ganterberg* DB 2005, 207, 209).

Papierform ist vom Gesetz weder für das Verlangen, noch für den Nachweis gefordert. Das Verlangen kann in elektronischer Form erfolgen (*Schütz* aaO; *Huep* WM 2000, 1623); möglich sind aber auch sonstige Formen, theoretisch auch die telefonische Übermittlung (*Fleischhauer* ZIP 2001, 1133, 1134). Angesichts der geringen Kosten für eine elektronische Versendung durch Einrichtung von Mailing-Listen, soll die Gesellschaft insoweit allerdings auf einen besonderen Nachweis des Anteilsbesitzes ganz verzichten können (RegBegr aaO).

Dem **Namensaktionär**, der zu Beginn (0.00 Uhr) des vierzehnten Tages vor dem (ersten, vgl § 123 Rn 8) Tag der HV im Aktienregister (§ 67) eingetragen ist, ist die Mitteilung **unaufgefordert** zu machen (Abs 2 S 1 Alt 2). Dabei handelt es sich um einen Termin iSd § 121 Abs 7 S 1; der Tag der HV wird gem § 121 Abs 7 S 1 nicht mitgerechnet. Die Frist ist keine Präklusionsfrist für die Teilnahme an der HV; später eingetragene Aktionäre können an der HV teilnehmen und die ihnen zustehenden Rechte ausüben (RegBegr BT-Drucks 12/4051, 12 f). Unklar ist, ob den Kreditinstituten und Aktionärsvereinigungen auch bei Einberufung der HV durch **eingeschriebenen Brief** Mitteilungen nach Abs 1 zu machen sind, da § 125 aufgrund der Anordnung in § 121 Abs 4 S 2 nur sinngemäß gilt (§ 121 Rn 19). Teilweise wird angenommen, dass auch die Mitteilungen nach § 125 zusammen mit der Einberufung durch eingeschriebenen Brief erfolgen können (*Lutter* AG 1994, 429, 437). Nach hM (*Hüffer* AktG § 121 Rn 11i; K. Schmidt/Lutter AktG/*Ziemons* § 121 Rn 79; Semler/Volhard/Reichert ArbHdb HV/ *Schlitt/Becker* § 4 Rn 266) soll dies die Gesellschaft bei Einberufung von ihren Mitteilungspflichten gegenüber den Kreditinstituten und Aktionärsvereinigungen entbinden. Da Gegenanträge nicht mehr nach Abs 1 mitgeteilt, sondern nur noch zugänglich gemacht werden müssen (§ 126 Abs 1), gibt es jedoch keine Informationspflicht der Gesellschaft mehr, für die Kreditinstitute und Aktionärsvereinigungen als Informationsmittler benötigt würden; eine Mitteilungspflicht bei Einberufung durch eingeschriebenen Brief ist daher abzulehnen. Unabhängig davon trifft die Kreditinstitute und Aktionärsvereinigungen aber unter Umständen eine Anforderungspflicht (vgl § 128 Rn 9). **Doppelmitteilungen** brauchen die Kreditinstitute und Aktionärsvereinigungen in keinem Fall zu machen (**hM** *Hölters/Deilmann/Buchta* Die „kleine" Aktiengesellschaft, S 103; § 128 Rn 9 mwN).

c) Aufsichtsratsmitglieder (Abs 3). Im Vorfeld sind auch AR-Mitgliedern Mitteilungen nach Abs 1 zu machen, jedoch nur, wenn sie es verlangen (Abs 3). Das Verlangen kann auch hier formfrei, jederzeit und pro futuro, dh für die ganze Amtszeit, gestellt werden (KölnKomm AktG/*Zöllner* §§ 125–127 Rn 43; K. Schmidt/Lutter AktG/*Ziemons* Rn 24). Das Mitteilungsrecht ist Individualrecht jedes AR-Mitglieds; es kann weder durch einen Beschl des AR entzogen, noch inhaltlich beschränkt werden (MünchKomm AktG/*Kubis* Rn 30).

2. Mitteilungsschuldner. Dogmatisch sind die in § 125 geforderten Mitteilungen Geschäftsführungsmaßnahmen und als solche trotz des missverständlichen Wortlauts Pflichten der Gesellschaft und nicht des Vorstands (*OLG Frankfurt* WM 1975, 336, 338 f; MünchKomm AktG/*Kubis* Rn 3). **Mitteilungsschuldner** ist daher die **Gesellschaft**. Diese handelt dabei durch ihren Vorstand, der auch dann verpflichtet ist, wenn er wg Fehlens einzelner Mitglieder nicht handlungsfähig ist (GroßKomm AktG/*Werner* Rn 27).

§ 125 Mitteilungen für die Aktionäre und an Aufsichtsratsmitglieder

9 **3. Inhalt.** Mitzuteilen ist die Einberufung der HV, und zwar mit deren Inhalten gem § 121 Abs 3 (s dort Rn 11 ff). Die Mitteilung der Tagesordnung (§ 121 Abs 3 S 2) umfasst nicht nur die Tagesordnungspunkte, sondern auch die Vorschläge zur Beschlussfassung zu den Tagesordnungspunkten, über die die HV beschließen soll, wo dies § 124 Abs 3 verlangt. § 125 scheidet wegen des Kompetenzgefüges als Übermittlungsnorm für die Bekanntgabe nach Ziff 5.4.3 S 3 DCGK (Kandidatenvorschläge für den AR-Vorsitz) aus (*Vetter* BB 2005, 1689, 1692).

10 Den **Vorschlägen für die Wahl von AR-Mitgliedern** (§ 124 Abs 2) sind gem Abs 1 S 5 bei börsennotierten Gesellschaften Angaben zu deren **Mitgliedschaften in anderen gesetzlich zu bildenden Aufsichtsräten** beizufügen; Angaben über Mitgliedschaften in vergleichbaren in- und ausländischen Kontrollgremien von Wirtschaftsunternehmen „sollen" beigefügt werden (Abs 1 S 5 HS 2). Die Regelung soll – wenn auch beschränkt auf börsennotierte Gesellschaften – personelle Verflechtungen transparent machen (*Hüffer* AktG Rn 4; ebenso, wenn auch krit K. Schmidt/Lutter AktG/*Ziemons* Rn 16). Andere gesetzlich zu bildende AR (Abs 1 S 5 HS 1) sind neben denen anderer AGs die AR von mitbestimmten GmbHs. Wahlvorschläge, die nicht von der AG stammen, unterliegen analog § 124 Abs 3 S 2 nicht der erweiterten Mitteilungspflicht, da die AG nicht verpflichtet sein kann, anderweitige Mandate derjenigen Personen zu erforschen oder zu überprüfen, die von Aktionären zur Wahl gestellt werden (*Hüffer* aaO). Für vergleichbare Mandate in anderen in- und ausländischen Kontrollgremien (Abs 1 S 5 HS 2) kommen Verwaltungs- und Beiräte von in- und ausländischen Wirtschaftsunternehmen in Frage (RegBegr BT-Drucks 13/9712, 17; zahlreiche Beispiele bei *Mülbert/Bux* WM 2000, 1665, 1670 ff). Bedeutung gewinnt die Vorschrift durch die Empfehlung in Ziff 5.5.3 **DCGK**, wonach Personen, die wesentlichen und nicht nur vorübergehenden Interessenkonflikten unterliegen, nicht Mitglied des AR sein sollen (Semler/Volhard/Reichert ArbHdb HV/*Schlitt/Becker* § 4 Rn 259). Anzugeben sind zum Zeitpunkt des Wahlvorschlags bestehende Mandate; nachträgliche Veränderungen vor der HV sind, wenn möglich, zu berücksichtigen, soweit der Vorstand von ihnen Kenntnis erhält. Zur Vermeidung von Missverständnissen sollte die Mitteilung die Höchstgrenzen des § 100 Abs 2 berücksichtigen, Konzernmandate gesondert ausweisen und Vorsitzmandate angeben (*Hüffer* aaO). Sämtliche Mandate iSd Abs 1 S 5 sind zudem Pflichtangaben des Anhangs (§ 285 Nr 10 S 1 HGB).

11 Die Mitteilung muss darauf hinweisen, dass die Aktionäre ihr **Stimmrecht** durch einen Bevollmächtigten (§ 134 Abs 3) oder durch Aktionärsvereinigungen **ausüben** lassen können (Abs 1 S 2). Hintergrund ist, die Aktionäre darüber aufzuklären, dass kein „Vertretungsmonopol" der Kreditinstitute besteht (RegBegr BT-Drucks 13/9712, 17 f). Um Aktionärsvereinigungen nicht als präferierte „Stimmrechtsausübungsdienstleister" (MünchKomm AktG/*Kubis* Rn 12) erscheinen zu lassen, sollte in enger Anlehnung an den Wortlaut von Abs 1 S 4 formuliert werden. Etwaige Beschränkungen der Vertretungsmöglichkeiten aufgrund von Satzungsbestimmungen sind ebenfalls aufzunehmen (Obermüller/Werner/Winden HV/*Butzke* B 148).

12 **4. Form und Frist der Mitteilung.** § 125 sieht in Abs 1 und 2 **keine besondere Form** vor; auch elektronische Übertragungsformen sind möglich (s ergänzend Rn 12a). Es ist aktiv zu übermitteln („Mitteilung... machen"), das bloße Zur-Verfügung-Stellen auf der Internetseite genügt daher nicht (*Noack* NZG 2003, 241, 243). Gegenüber Kreditinstituten muss die gewählte Form sicherstellen, dass diese die Informationen rasch an die Aktionäre weiterleiten können (*Hüffer* AktG Rn 5). Den Aktionären können die Mitteilungen im Wege der Datenfernübertragung übermittelt werden, sofern die Voraussetzungen des § 30b Abs 3 Nr 1 WpHG erfüllt werden, dh insb der jeweilige Aktionär ausdrücklich eingewilligt hat oder seine Zustimmung als erteilt gilt und die HV generell dieser Form der Mitteilung durch Beschl zugestimmt hat; diese Ausnahme gilt jedoch nur für Gesellschaften, die Emittenten sind und deren Herkunftsstaat Deutschland ist (§ 30b Abs 3 WpHG). Die ggf erforderliche Herstellung einer Papierfassung ist Sache der Kreditinstitute bzw Aktionärsvereinigungen, die auch sonst für Vervielfältigungen zuständig sind (*Hüffer* aaO). Mitteilungen an AR-Mitglieder sind dagegen nach wie vor in schriftlich verkörperter Form zu machen, wie sich aus dem vom NaStraG unverändert gelassenen Wortlaut des Abs 3 („übersenden") ergibt (MünchKomm AktG/*Kubis* Rn 30).

Die Übermittlung der Mitteilungen iSd Abs 2 S 1 kann durch die Satzung auf den elektronischen Weg beschränkt werden; möglich ist dies seit Einführung des Abs 2 S 2 durch das ARUG v 30.7.2009 (BGBl I S 2479). Die Satzungsfreiheit bezieht sich allein auf Mitteilungen an Aktionäre (*von Nussbaum* GWR 2009, 215, 218; *Schüppen/Tretter* ZIP 2009, 493, 496; **aA** *Drinhausen/Keinath* BB 2009, 2322, 2326), was sich schon aus der systematischen Stellung in Abs 2 ergibt. Zweck der Regelung ist, den Gesellschaften durch die Möglichkeit der Beschränkung der Mitteilung auf den elektronischen Übertragungsweg Kosteneinsparungspotential zu eröffnen. Inhaltlich kann die Satzung sowohl einen generellen Verzicht auf die Papierform als auch einen auf bestimmte Mitteilungen, etwa nur den Nachversand, bezogenen Ausschluss (RegBegr BT-Drucks 16/11642, 31) oder ein Wahlrecht der Gesellschaft statuieren, die Mitteilungen zusätzlich zur oder anstelle der elektronischen Übermittlung in Papierform zu versenden. Auch in personeller Hinsicht ist eine Differenzierung denkbar, etwa in Bezug auf Aktionäre, deren E-Mail-Adresse bekannt ist. Zudem kann die elektronische Übermittlung abstrakt oder auch in einer speziellen Ausprägung, bspw mittels eines elektronischen Postfachs, festgelegt werden (RegBegr aaO). Bei der Gestaltung der Klausel muss berücksichtigt werden, dass den Aktionären die Möglichkeit eröffnet wird, der elektronischen Übermittlung zu widersprechen. Denn es darf ihnen wg der Wertung des § 30b Abs 3 Nr 1 lit d WpHG durch die Satzungsbestimmung nicht die Entscheidungshoheit über die Übermittlung per Datenfernübertragung eingeschränkt werden (RegBegr aaO; zust *Drinhausen/Keinath* aaO 2326 f; *Evers/Fett* NZG 2012, 530, 534: Es ist zulässig, dass der Aktionär bei Widerspruch unter Hinweis auf die Satzungsbestimmung gar keine Mitteilung erhält; vgl auch Beispiel einer entspr Satzungsklausel bei *Schüppen/Tretter* aaO). Diese Einschränkung gilt allerdings nur für Emittenten, deren Herkunftsstaat Deutschland ist (§ 30b Abs 3 WpHG). Die Stellung eines Verlangens unter Angabe der E-Mail-Adresse ist als Einwilligung iSv § 30b Abs 3 Nr 1 lit d Alt 1 WpHG anzusehen, die Stellung des Verlangens ohne Angabe der E-Mail-Adresse dagegen als Widerspruch bzw Nicht-Einwilligung (*Paschos/Goslar* AG 2009, 14, 17). Gem § 30g WpHG kann allerdings die Anfechtung eines HV-Beschlusses nicht auf einen Verstoß gegen § 30b Abs 3 WpHG gestützt werden (*Paschos/Goslar* aaO; *Wicke* S 17).

12a

Die Mitteilung muss gem Abs 1 innerhalb einer **Frist von einundzwanzig Tagen** vor der HV erfolgen. Für die Fristberechnung ist die Fristenberechnungsnorm des § 121 Abs 7 anzuwenden. Dabei zählen weder der Tag der HV (gem § 121 Abs 7 S 1) noch der Tag der Mitteilung (gem Abs 1 S 2) mit. Der Zugang braucht nicht innerhalb der

13

§ 125 Mitteilungen für die Aktionäre und an Aufsichtsratsmitglieder

Frist gewährleistet zu sein, da die bloße Mitteilung weder Willenserklärung noch geschäftsähnliche Handlung ist. Die rechtzeitige Absendung genügt. Die Mitteilungspflicht besteht nicht, wenn das Mitteilungsverlangen so spät gestellt wird, dass die Frist von der Gesellschaft nicht mehr eingehalten werden kann (*Hüffer* AktG Rn 5a; **aA** K. Schmidt/Lutter AktG/*Ziemons* Rn 31; Spindler/Stilz AktG/*Rieckers* Rn 30; MünchKomm AktG/*Kubis* Rn 18). Wird bei **Übernahmesachverhalten** die Frist von § 123 Abs 1 unterschritten, sind Mitteilungen nach § 125 Abs 1 S 1 gem § 16 Abs 4 S 5 WpÜG unverzüglich (ohne schuldhaftes Zögern, § 121 Abs 1 S 1 BGB) zu machen.

II. Mitteilungspflichten nach der Hauptversammlung (Abs 4)

14 Unter den in Abs 4 genannten Voraussetzungen hat die Gesellschaft auch nach der HV Mitteilungen zu machen. **Mitteilungsempfänger** sind AR-Mitglieder und Aktionäre. Dass der Aktionär an der HV teilgenommen hat, ist nicht erforderlich; umgekehrt schließt die Teilnahme aber die Anspruchsberechtigung auch nicht aus (Großkomm AktG/*Werner* Rn 85). Voraussetzung ist ein **Verlangen** des Aktionärs bzw des AR-Mitglieds; zu den Voraussetzung s.o. Rn 5. **Mitteilungspflichtig** sind die positiven und negativen Beschl zu Sachanträgen (RegBegr BT-Drucks 14/4015, 13 NaStraG; **aA** K. Schmidt/Lutter AktG/*Ziemons* Rn 37 mwN: nur positive Beschl), sonstige Unterlagen dagegen nur, soweit sie zum Beschlussinhalt gemacht wurden. Mitzuteilen ist dabei der Beschlusstext und das Beschlussergebnis, nicht jedoch das exakte Abstimmungsergebnis (**hM**, *Ziemons* aaO mwN; MünchKomm AktG/*Kubis* Rn 35; Spindler/Stilz AktG/*Rieckers* Rn 36). Nicht der Mitteilungspflicht unterliegen damit Beschl, die nur das Verfahren der HV betreffen, wie die Wahl des Versammlungsleiters und die Zulassung von Aktionären (**hM**, *Werner* aaO Rn 81; KölnKomm AktG/*Noack/Zetsche* Rn 181; **aA** *Kubis* aaO; *Ziemons* aaO). Ob ein Aktionär gegen die Beschlussfassung Widerspruch zur Niederschrift erklärt hat, bedarf ebenfalls keiner Mitteilung. Hinsichtlich der **Form** s Rn 12. Auch wenn Abs 4 keine Frist enthält, ist die Mitteilung **unverzüglich** (ohne schuldhaftes Zögern, § 121 Abs 1 S 1 BGB) nach Eingang des Verlangens zu machen (*Zöllner* aaO Rn 57). Darauf, dass der Mitteilungsinhalt ggf Hilfsmittel für die Vorbereitung einer Anfechtungs- oder Nichtigkeitsklage ist, kommt es nicht an (*Werner* aaO Rn 86). Die durch die Mitteilungen verursachten **Kosten** (idR Druck- und Versandkosten) sind von der Gesellschaft zu tragen; die Mehrkosten für eine vom Aktionär gewünschte Sonderübermittlung (etwa Eilzustellung) gehen zu seinen Lasten (*Werner* aaO Rn 88).

III. Kreditinstituten gleichgestellte Institute und Unternehmen (Abs 5)

15 Abs 5 stellt alle Finanzdienstleistungsinstitute (§§ 1 Abs 1a, 2 Abs 6 KWG) sowie Unternehmen, die nach § 53 Abs 1 S 1 KWG oder nach § 53b Abs 1 S 1 oder Abs 7 KWG tätig sind, den Kreditinstituten gleich. § 1 Abs 1a KWG enthält die Legaldefinition, § 2 Abs 6 KWG einen Negativkatalog der Finanzdienstleistungsinstitute (s § 70 Rn 3). Ausländische Unternehmen, die Bankgeschäfte betreiben oder Finanzdienstleistungen erbringen und mindestens eine Zweigstelle im Inland unterhalten, werden diesen gleichgestellt (§ 53 Abs 1 S 1 KWG). Dasselbe gilt für Einlagenkreditinstitute und Wertpapierhandelsunternehmen (§ 53b Abs 1 S 1 KWG) und Unternehmen, die Bankgeschäfte betreiben oder Finanzdienstleistungen erbringen oder sich als Finanzunternehmen iSd KWG betätigen (§ 53b Abs 7 KWG). Die Gleichstellung führt nur zur Mitteilungspflicht der Gesellschaft nach Abs 1; die vormalige überschießende Formulierung („vorstehende Absätze") wurde durch das ARUG v 30.7.2009 (BGBl I S 2479) gestrichen.

IV. Rechtsfolgen bei Verstößen

1. Beschlussanfechtung. – a) Unterbliebene Mitteilung. Ein Verstoß gegen Mitteilungspflichten nach Abs 1–3 hat grds die Anfechtbarkeit der betroffenen HV-Beschlüsse zur Folge (MünchKomm AktG/*Kubis* Rn 39; Spindler/Stilz AktG/*Rieckers* Rn 40). Ausgenommen ist eine Anfechtung wegen unterbliebener Beifügung der Angaben zur Mitgliedschaft von AR-Mitgliedern in mit AR vergleichbaren in- und ausländischen Kontrollgremien von Wirtschaftsunternehmen (Abs 1 S 5 HS 2), da es sich hierbei lediglich um eine Soll-Vorschrift handelt (RegBegr BT-Drucks 13/9712, 17 „sanktionslos"; *Lingemann/Wasmann* BB 1998, 853, 857). Für die Beschlussmitteilungspflicht nach Abs 4 ist eine Anfechtung ausgeschlossen, da hier eine Ursächlichkeit zur Beschlussfassung wie auch eine beschlussbezogene Verletzung des Teilnahmerechts denknotwendig ausgeschlossen ist (*Rieckers* aaO). Ebenso scheidet jedwede Anfechtbarkeit aus, wenn kein Beschl zu dem mitteilungsbedürftigen Tagesordnungspunkt gefasst wurde (*Kubis* aaO). Bagatellverstöße sind nicht imstande, die Bestandskraft eines Beschl zu beeinträchtigen (GroßKomm AktG/*Werner* Rn 90 iVm dort § 123 Rn 68 ff). Um einen solchen handelt es sich, wenn die Mitteilung an einzelne Empfänger versehentlich unterbleibt, nicht dagegen, wenn auch nur einem Minderheitsaktionär die Übermittlung trotz Mahnung verweigert wird (*Kubis* aaO Rn 40).

b) Verspätete Mitteilung. Erfolgt die Mitteilung der Gesellschaft an den Aktionär nicht innerhalb der vorgeschriebenen Frist, ist dieser Verstoß für das Beschlussergebnis in der HV relevant, wenn für den Aktionär die verbleibende Zeit zur Vorbereitung auf die HV nicht mehr ausreicht (MünchKomm AktG/*Kubis* Rn 42; Semler/Volhard/Reichert ArbHdb HV/*Schlitt/Becker* § 4 Rn 263). Dabei gilt: Je umfangreicher und komplexer die zu treffenden Beschl sind, desto kürzer ist die Zeitspanne einer Unterschreitung der Mitteilungsfrist, die als für das Beschlussergebnis nicht relevant anzusehen ist. Erfolgt die Mitteilung der Gesellschaft an die Kreditinstitute oder Aktionärsvereinigungen zwar fristgemäß, verletzten diese jedoch ihre Pflicht zur Weitergabe, bleibt dies für die Beschlussfassung in der HV ohne Auswirkung (*Schlitt/Becker* aaO Rn 295).

2. Schadensersatz. Ein Verstoß gegen die Mitteilungspflichten aus Abs 1–3 ist im Grunde geeignet, Schadensersatzansprüche **der Gesellschaft gegen den Vorstand** (§ 93) zu begründen (MünchKomm AktG/*Kubis* Rn 47). Ein Schaden entsteht der Gesellschaft vor allem durch die Kosten eines erfolgreichen Anfechtungsprozesses (GroßKomm AktG/*Werner* Rn 101). Ansprüche **der Aktionäre gegen den Vorstand** bestehen dagegen nicht, da dieser nicht unmittelbar persönlich, sondern nur als Organ verpflichtet wird (*OLG Frankfurt* WM 1975, 336, 339) und § 125 kein Schutzgesetz iSd § 823 Abs 2 BGB ist (*Werner* aaO Rn 97). Ein Schadensersatzanspruch **der Aktionäre gegen die Gesellschaft** kommt nur für die Fälle des Abs 2 und 4 in Betracht, da sie aus Abs 1 nur reflexiv (über § 128) begünstigt werden (*Kubis* aaO Rn 46; *Werner* aaO Rn 99).

3. Leistungs-/Feststellungsklage. Neben der Beschlussanfechtung haben die Mitteilungsempfänger die Möglichkeit, die Ansprüche auf Mitteilung im Wege der Leistungsklage durchzusetzen; die Leistungsklage ist gegenüber der Anfechtungsklage nicht subsidiär und kann unabhängig von der Erhebung einer Anfechtungsklage erhoben werden (**allgM**, *OLG Frankfurt* WM 1975, 336, 337 f; MünchKomm AktG/*Kubis* Rn 48). Das gilt selbst dann, wenn im Falle einer Verurteilung der Gesellschaft zur Leistung die relevanten Mitteilungsfristen nach § 125 abgelaufen sind, so dass wegen der Verletzung der gesetzlichen Einundzwanzigtagesfrist bei urteilsgemäßer Erfüllung durch die Gesellschaft ein zusätzlicher Anfechtungsgrund für zu fassende Beschl geschaffen wird (*OLG Frankfurt* aaO 338; *Kubis* aaO). Da die Durchführung der HV zur Erledigung in der Hauptsache führt (*Hüffer* AktG Rn 10) und eine Entscheidung in der Hauptsache idR erst nach Abschluss der HV zu erwarten ist, kann der Mitteilungsanspruch im Wege der **einstweiligen Verfügung** (§§ 935, 940 ZPO) verfolgt werden (*OLG Frankfurt* aaO 337; GroßKomm AktG/*Werner* Rn 102). Verfügungsgrund ist die drohende Vereitelung des Mitteilungsanspruchs infolge des bis zur HV drohenden Zeitablaufs (*OLG Frankfurt* aaO 337 f; *Kubis* aaO). Eine **Klage auf Feststellung** der Mitteilungspflicht ist im Vorfeld der HV mangels Feststellungsinteresses (§ 256 Abs 1 ZPO) unzulässig, da die weitergehende Verfolgung im Wege der Leistungsklage und der einstweiligen Verfügung gegeben ist (*Werner* aaO).

V. Deutscher Corporate Governance Kodex

20 Der Deutsche Corporate Governance Kodex sieht über das Gesetz hinausgehende Mitteilungspflichten vor. Nach Ziff 2.3.2 DCGK soll die Gesellschaft nicht nur allen Aktionären und Aktionärsvereinigungen, sondern auch in- und ausländischen Finanzdienstleistern, die dies vor nicht länger als einem Jahr verlangt haben, die Einberufung der HV mitsamt den Einberufungsunterlagen, auf Verlangen auch auf elektronischem Wege, mitteilen.

§ 126 Anträge von Aktionären

(1) [1]Anträge von Aktionären einschließlich des Namens des Aktionärs, der Begründung und einer etwaigen Stellungnahme der Verwaltung sind den in § 125 Abs. 1 bis 3 genannten Berechtigten unter den dortigen Voraussetzungen zugänglich zu machen, wenn der Aktionär mindestens 14 Tage vor der Versammlung der Gesellschaft einen Gegenantrag gegen einen Vorschlag von Vorstand und Aufsichtsrat zu einem bestimmten Punkt der Tagesordnung mit Begründung an die in der Einberufung hierfür mitgeteilte Adresse übersandt hat. [2]Der Tag des Zugangs ist nicht mitzurechnen. [3]Bei börsennotierten Gesellschaften hat das Zugänglichmachen über die Internetseite der Gesellschaft zu erfolgen. [4]§ 125 Abs. 3 gilt entsprechend.

(2) [1]Ein Gegenantrag und dessen Begründung brauchen nicht zugänglich gemacht zu werden,
1. soweit sich der Vorstand durch das Zugänglichmachen strafbar machen würde,
2. wenn der Gegenantrag zu einem gesetz- oder satzungswidrigen Beschluss der Hauptversammlung führen würde,
3. wenn die Begründung in wesentlichen Punkten offensichtlich falsche oder irreführende Angaben oder wenn sie Beleidigungen enthält,
4. wenn ein auf denselben Sachverhalt gestützter Gegenantrag des Aktionärs bereits zu einer Hauptversammlung der Gesellschaft nach § 125 zugänglich gemacht worden ist,

Anträge von Aktionären § 126

5. wenn derselbe Gegenantrag des Aktionärs mit wesentlich gleicher Begründung in den letzten fünf Jahren bereits zu mindestens zwei Hauptversammlungen der Gesellschaft nach § 125 zugänglich gemacht worden ist und in der Hauptversammlung weniger als der zwanzigste Teil des vertretenen Grundkapitals für ihn gestimmt hat,
6. wenn der Aktionär zu erkennen gibt, dass er an der Hauptversammlung nicht teilnehmen und sich nicht vertreten lassen wird, oder
7. wenn der Aktionär in den letzten zwei Jahren in zwei Hauptversammlungen einen von ihm mitgeteilten Gegenantrag nicht gestellt hat oder nicht hat stellen lassen.

²Die Begründung braucht nicht zugänglich gemacht zu werden, wenn sie insgesamt mehr als 5000 Zeichen beträgt.

(3) Stellen mehrere Aktionäre zu demselben Gegenstand der Beschlussfassung Gegenanträge, so kann der Vorstand die Gegenanträge und ihre Begründungen zusammenfassen.

Übersicht

	Rn		Rn
A. Allgemeines	1	b) Gesetz- oder satzungswidriger	
B. Erläuterungen	2	Beschluss (Abs 2 S 1 Nr 2)	16
I. Pflicht zur Zugänglichmachung	2	c) Falsche oder irreführende	
1. Positive Voraussetzungen	3	Angaben, Beleidigungen	
a) Aktionärseigenschaft	3	(Abs 2 S 1 Nr 3)	17
b) Gegenantrag	5	d) Sachverhaltsgleicher Gegen-	
c) Form	8	antrag (Abs 2 S 1 Nr 4)	20
d) Vierzehntagesfrist	10	e) Wiederholtes Vorbringen	
e) Begründung	11	(Abs 2 S 1 Nr 5)	22
f) Versendung des Gegenan-		f) Rechtsmissbrauch (Abs 2	
trags an die mitgeteilte		S 1 Nr 6 und 7)	23
Adresse	12	g) Umfangsüberschreitung	
2. Negative Voraussetzungen	14	(Abs 2 S 2)	24
a) Strafbarer Inhalt		II. Rechtsfolge	25
(Abs 2 S 1 Nr 1)	15	III. Zusammenfassung mehrerer	
		Gegenanträge (Abs 3)	28

Literatur: *Ek* Einreichung von Gegenanträgen für die Hauptversammlung bei Außenstellen von Aktiengesellschaften, NZG 2002, 664; *Grage* Notarrelevante Regelungen des Transparenz- und Publizitätsgesetzes im Überblick, RNotZ 2002, 326; *Horn* Änderungen bei der Vorbereitung und Durchführung der Hauptversammlung nach dem Referentenentwurf zum ARUG, ZIP 2008, 1558; *Lehmann* Die groben und die feinen Maschen des § 126 AktG, FS Quack, 1991, S 287; *Mimberg* Schranken der Vorbereitung und Durchführung der Hauptversammlung im Internet – die Rechtslage nach dem Inkrafttreten von NaStraG, Formvorschriften-AnpassungsG und TransPuG, ZGR 2003, 21; *Mutter* Gegenanträge – was sind 5000 Zeichen?, ZIP 2002, 1759; *ders* Änderungen bei der Durchführung von Hauptversammlungen durch das TransPuG, AG 2003, R 34; *Noack* Neuerungen im Recht der Hauptversammlung durch das Transparenz- und Publizitätsgesetz und den Deutschen Corporate Governance Kodex, DB 2002, 620; *Pentz* Nochmals: Gegenanträge – was sind 5000 Zeichen?, ZIP 2003, 1925; *Sasse* § 126 AktG – Rechtsunsicherheit bei der Behandlung von Gegenanträgen, NZG 2004, 153; *Stehle* Zur Behandlung von Gegenanträgen, die einen Verweis auf die Homepage des opponierenden Aktionärs enthalten, ZIP 2003, 980.

A. Allgemeines

1 Regelungsgegenstand ist die Pflichtpublizität von Anträgen opponierender Aktionäre gegen die nach § 124 bekannt gemachten Beschlussvorschläge der Verwaltung; Normzweck ist die frühzeitige Unterrichtung der Aktionäre über die beabsichtigte Opposition. Gegenanträge müssen daher zugänglich gemacht werden, und zwar Kreditinstituten und den Aktionärsvereinigungen (§ 125 Abs 1 S 1), wobei erstere die erhaltenen Informationen gem § 128 Abs 1 an die Aktionäre weiterzugeben haben (RegBegr *Kropff* S 178), sowie den in § 125 Abs 2 genannten Aktionären. Abs 2 begrenzt die Weitergabepflicht durch die Enumerierung von negativen Voraussetzungen. § 126 lässt die Möglichkeit der Aktionäre, Gegenanträge in der HV zu stellen, unberührt und regelt allein eine Publizitätspflicht, die entsteht, wenn ein Gegenantrag zusätzlich bestimmte Voraussetzungen erfüllt (*OLG Frankfurt* AG 2008, 667, 671; MünchKomm AktG/*Kubis* Rn 1); eine Zugänglichmachung nach § 126 lässt auch die Notwendigkeit der Stellung des Gegenantrags in der HV, um eine Abstimmung darüber zu erreichen, unberührt (näher Rn 7). Die zwingende und abschließende Regelung (§ 23 Abs 5) wird wie auch § 125 bei Übernahmesachverhalten durch § 16 Abs 4 S 8 WpÜG modifiziert; danach darf die Zusendung bei mangelnder Wahrscheinlichkeit rechtzeitigen Eingangs unterbleiben (näher § 16 WpÜG). Die letzte Gesetzesänderung erfolgte in Abs 1 durch das ARUG v 30.7.2009 (BGBl I S 2479).

B. Erläuterungen

I. Pflicht zur Zugänglichmachung

2 Die Gesellschaft ist nach Abs 1 verpflichtet, Aktionärsanträge den in § 125 Abs 1–3 genannten Berechtigten zugänglich zu machen, wenn die im Folgenden aufgeführten Voraussetzungen (s Rn 3 ff) erfüllt sind, insbesondere die Anträge sich gegen einen Vorschlag der Verwaltung zu einem bestimmten Punkt der Tagesordnung der HV richten und spätestens vierzehn Tage vor dem Tag der HV mit Begründung an die in der Einberufung mitgeteilte Adresse übersandt worden sind.

3 **1. Positive Voraussetzungen. – a) Aktionärseigenschaft.** Der Antragsteller muss im Zeitpunkt der Antragstellung Aktionär bzw im Aktienregister (§ 67 Abs 2) als Aktionär eingetragen sein. Ein Stimmrechtsausschluss ist unschädlich, da durch den Gegenantrag die Anschließung anderer Aktionäre erreicht werden soll und ein gegenantragskonformes Verhalten des Antragstellers nicht gefordert wird (MünchKomm AktG/*Kubis* Rn 3). Voraussetzung für eine Antragstellung ist dagegen das **Recht zur Teilnahme** an der HV (**aA** insoweit K. Schmidt/Lutter AktG/*Ziemons* Rn 10); das Teilnahmerecht darf nicht ruhen (zB aufgrund § 71b AktG). Dies ergibt sich aus einer Analogie zu Abs 2 Nr 6 (*Kubis* aaO Rn 5) und dem Sinn der Vorschriften, die das Ruhen der Rechte anordnen, nämlich keinerlei Einfluss auf das Geschehen in der HV zu nehmen (GroßKomm AktG/*Werner* Rn 4).

4 Der Aktionär muss sich als solcher gegenüber der Gesellschaft legitimieren (*Lehmann* FS Quack, S 288; Marsch-Barner/Schäfer Hdb AG/*Marsch-Barner* § 32 Rn 72). Für die Legitimation genügt die Vorlage einer Photokopie der Aktienurkunde oder einer zeitnah ausgestellten Bescheinigung eines Kreditinstituts (*Lehmann* aaO); der Nachweis muss innerhalb der Frist des Abs 1 S 1 erbracht werden (*OLG Schleswig* v 30.4.2009 – 5 U 100/08).

b) Gegenantrag. Ein Gegenantrag ist ein Antrag zur Beschlussfassung, der von den 5
Vorschlägen der Verwaltung inhaltlich abweicht (s ausf Rn 7; GroßKomm AktG/*Werner* Rn 12; LG München I AG 2010, 378, 382) oder der Beschlussfassung als solcher
entgegentreten will, etwa durch Absetzen von der Tagesordnung oder durch Vertagung (vgl KölnKomm AktG/*Noack/Zetsche* Rn 25; Obermüller/Werner/Winden HV/
Butzke B 152). Ein inhaltliches Abweichen von dem Vorschlag der Verwaltung ist
auch dann gegeben, wenn der Opponent erklärt, einer bestimmten Satzungsänderung
nur dann zustimmen zu wollen, wenn auch andere Bestimmungen geändert würden
(*Lehmann* FS Quack, S 295; s aber unten Rn 16).

Bereits an der Antragsqualität fehlt es bei mangelnder inhaltlicher Bestimmtheit 6
(*Hüffer* AktG Rn 7) oder bei bloßen Unmutsäußerungen (MünchKomm AktG/*Kubis*
Rn 7). Es muss ein Vorschlag der Verwaltung vorliegen, dem widersprochen werden
kann. Dies kann grds erst mit Bekanntmachung des Beschlussvorschlags der Fall sein.
Damit sind vor Einberufung und Bekanntmachung der Tagesordnung der HV
gestellte „Gegenanträge" nicht publizitätspflichtig (*OLG Frankfurt* WM 1975, 336,
337; Obermüller/Werner/Winden HV/*Butzke* B 151). Fehlt es trotz Vorschlagspflicht
an einem Vorschlag der Verwaltung, ist jeder Beschlussantrag als Gegenantrag zu werten (*Kubis* aaO Rn 9; *Butzke*; **aA** K. Schmidt/Lutter AktG/*Ziemons* Rn 7).

Der Antrag des Aktionärs muss von dem Beschlussvorschlag der Verwaltung inhalt- 7
lich abweichen. Er darf sich daher in Fällen, in denen eine **Sachentscheidung** rechtlich
erforderlich ist (zB bei Entlastung oder Gewinnverwendung), nicht darin erschöpfen,
den Verwaltungsvorschlag abzulehnen, wenn damit bezweckt wird, eine Beschlussfassung über den Tagesordnungspunkt zu unterbinden (GroßKomm AktG/*Werner*
Rn 16). Ein reiner Ablehnungsantrag ist jedoch dann als Gegenantrag zu beurteilen,
wenn der Aktionär es dem Verlauf der HV überlassen will, welcher Antrag an die
Stelle des abgelehnten Verwaltungsvorschlags treten soll (*Werner* aaO; MünchHdb
AG/*Semler* § 35 Rn 56; **aA** K. Schmidt/Lutter AktG/*Ziemons* Rn 5; *Hüffer* AktG Rn 2:
reine Ablehnung nie ausreichend). Es ist zu unterstellen, dass ein reiner Ablehnungsantrag auch das Ziel verfolgt, eine (irgendwie) andersartige Sachentscheidung zu
ermöglichen (MünchKomm AktG/*Kubis* Rn 12). In denjenigen Fällen, in denen rechtlich **keine Sachentscheidung** erforderlich ist, stellt ein reiner Ablehnungsantrag unproblematisch einen Gegenantrag dar. Ein Gegenantrag liegt auch dann vor, wenn Vorstand und AR unterschiedliche Vorschläge machen und der Aktionär erklärt, er
werde für bzw gegen den einen oder den anderen Vorschlag stimmen (*Kubis* aaO
Rn 10; *Werner* aaO Rn 18; **aA** *Hüffer* aaO; *Ziemons* aaO), da gerade hier das Bedürfnis besteht, die Mitaktionäre über weitere Argumente zu informieren. Ein inhaltliches
Abweichen ist auch dann gegeben, wenn der Aktionär anstelle eines Sachbeschlusses
Vertagung beantragt (Spindler/Stilz AktG/*Rieckers* Rn 10; Obermüller/Werner/Winden HV/*Butzke* B 152; KölnKomm AktG/*Noack/Zetsche* Rn 25). Der Gegenantrag
kann in Form von Haupt- und Hilfsantrag gekleidet werden (*Werner* aaO Rn 15;
Kubis aaO Rn 11). Alternative oder bedingte Gegenanträge sind dagegen nicht statthaft (Kubis aaO Rn 11). Einer ausformulierten Vorlage, die zur Abstimmung gestellt
werden könnte, bedarf es nicht (*Hüffer* aaO; ähnlich *Rieckers* aaO Rn 8; **aA** *Ziemons*
aaO: Abstimmungsfähigkeit muss durch allenfalls kleine sprachliche Veränderungen
erreichbar sein). Gegenanträge – auch solche, die die Voraussetzungen des § 126 erfüllen und entsprechend zugänglich gemacht wurden – müssen von den Aktionären in
der HV als Anträge gestellt werden, um eine Beschlussfassung darüber zu erreichen.

§ 126 Anträge von Aktionären

§ 126 ermöglicht lediglich eine vorgelagerte Ankündigung gegenüber den anderen Aktionären, dass ein Gegenantrag gestellt werden soll; rein „formal" werden Gegenanträge erst auf der HV gestellt (*Henn* Handbuch des Aktienrechts, 7. Aufl 2001, § 24 Rn 843; *Ek* Praxisleitfaden für die Hauptversammlung, § 8 Rn 180). Dies ergibt sich aus dem Wortlaut des Abs 2 Nr 7, der ein Auseinanderfallen zwischen nach § 126 mitgeteilten und tatsächlich gestellten Gegenanträgen voraussetzt (*Henn* aaO Rn 839). Zur Rolle des Versammlungsleiters bei Gegenanträgen vgl § 129 Rn 45c.

8 **c) Form.** Die Form, in der die Gegenanträge der Gesellschaft zu übermitteln sind, ergibt sich aus dem Übersendungserfordernis des Abs 1 S 1 (*Hüffer* AktG Rn 4). Eine Übermittlung des Gegenantrags per Telefax oder E-Mail ist nur dann zulässig, wenn die Gesellschaft für die Gegenanträge eine entsprechende Telefax-Nummer oder E-Mail-Adresse in der Einberufung der HV angegeben hat (MünchKomm AktG/*Kubis* Rn 17; *Sasse* NZG 2004, 153, 155). Nach aA (*Hüffer* aaO Rn 5) kann durch die Angabe nur der Post-Anschrift eine Übersendung per E-Mail nicht ausgeschlossen werden; dem widerspricht jedoch das im Gesetzeswortlaut zum Ausdruck kommende Interesse der Gesellschaft an einer Konzentration der Gegenanträge.

9 Zulässig bleibt auch die eigenhändige oder durch einen Boten bewirkte Überreichung an die empfangsberechtigte Person (MünchKomm AktG/*Kubis* Rn 17; GroßKomm AktG/*Werner* Rn 27).

10 **d) Vierzehntagesfrist.** Die Übersendung des Gegenantrags muss innerhalb einer Frist von vierzehn Tagen vor dem Tag der HV erfolgen. Die Veränderungen des Abs 1 bezüglich der Frist und deren Berechnung sind im Zuge der Novellierung des Fristberechnungssystems der HV durch das ARUG v 30.7.2009 (BGBl I S 2479) eingeführt worden. Dementsprechend ist für die Fristberechnung die zentrale Fristenberechnungsnorm des § 121 Abs 7 heranzuziehen. Bei der Berechnung sind weder der Tag des Zugangs der Mitteilung mitzurechnen (Abs 1 S 2) noch der Tag der HV (§ 121 Abs 7 S 1) mitzurechnen; es wird vom Tag der HV rückwärts gerechnet. Für den fristgerechten Zugang genügt der Eingang bis 24.00 Uhr (*Hüffer* AktG Rn 5; so auch die **hM** zu § 126 aF *BGHZ* 143, 339, 341 ff; *OLG Frankfurt* AG 1999, 233 f; GroßKomm AktG/*Werner* Rn 32; **aA** *LG Frankfurt/Main* EWiR 1997, 385).

11 **e) Begründung.** Der Gegenantrag muss mit einer Begründung versehen werden. Der Wortlaut des § 126 verlangt dies zwar nicht ausdrücklich, wie es noch bei Abs 1 S 1 aF (vor Änderung durch das TransPuG) der Fall war. Die Gesellschaft wird danach lediglich dazu verpflichtet, die Begründung zugänglich zu machen, wenn dem Gegenantrag auch eine solche beigefügt war. Der Gesetzgeber des TransPuG (RegBegr NZG 2002, 213, 224) ging jedoch offenbar von einer fortwirkenden Begründungspflicht aus („Ferner ist dieser [scil Gegenantrag] ... zu begründen"). Diese ergibt sich auch aus einem Umkehrschluss zu § 127 S 2 (MünchKomm AktG/*Kubis* Rn 14). Ob die Begründung inhaltlich schlüssig ist, ist ohne Bedeutung. Inhaltslose Pauschalbehauptungen oder Allgemeinplätze genügen aber ebenso wenig wie lediglich wiederholende Umschreibungen des Gegenantrags (*Hüffer* AktG Rn 3; *Kubis* aaO Rn 15). Der Hinweis des Opponenten auf seine Webseite wegen weiterer Argumente ist schon begrifflich nicht selbst Begründung und deshalb auch nicht mitteilungspflichtig (*Hüffer* aaO; *Stehle* ZIP 2003, 980 ff; s auch unten Rn 25).

12 **f) Versendung des Gegenantrags an die mitgeteilte Adresse.** Voraussetzung der Publizitätspflicht ist, dass der Gegenantrag der Gesellschaft an die in der Einberufung hierfür mitgeteilte Adresse übersendet wird. Dies dient der Rechtssicherheit, da durch die örtliche Bündelung das Risiko, verfahrensfehlerfrei zu handeln, reduziert wird (RegBegr NZG 2002, 213, 224). Allerdings handelt es sich bei der Angabe der Adresse lediglich um eine **Obliegenheit** der AG; gibt sie die Adresse nicht an, muss sie die damit einhergehenden Nachteile tragen. Adresse iSd Vorschrift ist nicht notwendigerweise eine postalische Hausanschrift, Postfach oder dergleichen; Adresse sind auch die Telefax-Nummer und die E-Mail-Adresse (RegBegr aaO). Mit dem Zusatz „hierfür" wird zum Ausdruck gebracht, dass die Adresse konkret als solche zum Einreichen von Gegenanträgen zu bezeichnen ist (*Mutter* AG 2003, R34). Ist eine Telefax-Nummer oder E-Mail-Adresse nicht angegeben, können die Aktionäre die Gegenanträge nicht als Telefax oder E-Mail übersenden (s.o. Rn 8). Die Beweislast für den Zugang liegt im Falle der Anfechtung bei dem Anfechtungskläger (*LG München* AG 2005, 623, 624 mwN).

Teilt die Gesellschaft keine besondere Adresse mit, so gilt das allgemeine Vertretungsrecht (MünchKomm AktG/*Kubis* Rn 18). Auch wenn der Gegenantrag keine Willenserklärung ist, sind doch die den Regeln für den Zugang von Willenserklärungen zugrunde liegenden Wertungen übertragbar. In diesem Fall ausreichend ist eine Übersendung an die Sitzanschrift. Der Eingang bei einer Zweigniederlassung genügt nicht, da diese nicht „Empfangsvorkehrung" (vgl *BGH* NJW 1977, 194, 195) der Gesellschaft ist (*Hüffer* AktG Rn 5; *Ek* NZG 2002, 664, 666; **aA** K. Schmidt/Lutter AktG/*Ziemons* Rn 16: Zugang auch bei [Zweig]Niederlassungen). Nur in dem Fall, dass die Zweigniederlassung den Gegenantrag weiterleitet und der Gegenantrag deswegen innerhalb der Vierzehntagesfrist bei der Gesellschaft eingeht, liegt fristgerechter Eingang vor (*Hüffer* aaO). Eine gesetzliche Weiterleitungspflicht besteht nicht (GroßKomm AktG/*Werner* Rn 15). Die teilweise in der Literatur (etwa *Kubis* aaO) angenommene Zugangsfiktion bei Zugang in einer Zweigniederlassung wegen Organisationspflicht der AG zur internen Weiterleitung überzeugt nicht, weil diese Pflicht – so sie denn besteht – nur intern besteht und nicht drittschützend wirkt. **13**

2. Negative Voraussetzungen. Eine Pflicht zur Zugänglichmachung des Gegenantrags nebst Begründung besteht nicht, wenn einer der in Abs 2 S 1 aufgeführten Fälle vorliegt. **14**

a) Strafbarer Inhalt (Abs 2 S 1 Nr 1). Der Vorstand braucht den Gegenantrag und dessen Begründung nicht zugänglich zu machen, soweit er sich durch das Zugänglichmachen strafbar machen würde. Die Strafbarkeit muss sich gerade aus der Publizierung des Gegenantrags oder seiner Begründung ergeben. Durch das Wort „soweit" wird die Befugnis des Vorstands zum Ausdruck gebracht, die Veröffentlichung um strafbare Passagen zu kürzen (K. Schmidt/Lutter AktG/*Ziemons* Rn 29; MünchKomm AktG/*Kubis* Rn 26; **aA** GroßKomm AktG/*Werner* Rn 43). **15**

b) Gesetz- oder satzungswidriger Beschluss (Abs 2 S 1 Nr 2). Den Vorstand trifft keine Pflicht zur Zugänglichmachung, wenn der Gegenantrag zu einem gesetz- oder satzungswidrigen Beschl der HV führen würde, dieser also anfechtbar oder nichtig wäre, und zwar unabhängig davon, ob es sich bei den Beschlussmängeln um solche formaler oder inhaltlicher Art handelt (MünchKomm AktG/*Kubis* Rn 27). Ein Beschlussmangel läge etwa vor, wenn über einen Gegenantrag beschlossen würde, der nicht mehr von dem Gegenstand der Tagesordnung umfasst wird; zB wenn auf den Vorschlag der Verwaltung, § x der Satzung zu ändern, der Gegenantrag gestellt wird, **16**

statt dessen § y zu ändern, der bekanntgemachte Tagesordnungspunkt aber nicht allgemein „Satzungsänderung", sondern „Änderung von § x der Satzung" lautet (vgl *Lehmann* FS Quack, S 294). Steht nicht eindeutig fest, dass der Gegenantrag zu einem gesetz- oder satzungswidrigen Beschl der HV führt, muss eine Veröffentlichung des Gegenantrags erfolgen (KölnKomm AktG/*Noack/Zetsche* Rn 81; iE auch *Kubis* aaO).

17 **c) Falsche oder irreführende Angaben, Beleidigungen (Abs 2 S 1 Nr 3).** Der Vorstand braucht den Gegenantrag und dessen Begründung nicht zugänglich zu machen, wenn die Begründung in wesentlichen Punkten offensichtlich falsch oder irreführende Angaben (Abs 2 S 1 Nr 3 Alt 1) oder wenn sie Beleidigungen enthält (Abs 2 S 1 Nr 3 Alt 2). Nicht jede unzutreffende Sachdarstellung befreit von der Pflicht zur Zugänglichmachung, sondern nur wenn sie offensichtlich und in wesentlichen Punkten falsch oder irreführend ist. Für die Beurteilung der Offensichtlichkeit kommt es auf die Sicht des unbefangenen, mit den Verhältnissen nicht vertrauten Lesers an (*OLG Stuttgart* AG 1995, 236; GroßKomm AktG/*Werner* Rn 55).

18 In wesentlichen Punkten ist die Begründung unrichtig, wenn der Kern der Begründung und nicht nur eine Nebensächlichkeit, die für die Entscheidung der Aktionäre nicht von Belang ist, betroffen ist (GroßKomm AktG/*Werner* Rn 57; KölnKomm AktG/*Noack/Zetsche* Rn 89). Weder falsch noch irreführend ist die Behauptung eines Bewertungsfehlers, wenn Verkaufspreis eines Betriebsgrundstücks einem zur Vermögensfeststellung erstatteten Wertgutachten entnommen ist (*OLG Stuttgart* AG 1995, 233, 234; *LG Stuttgart* AG 1994, 427 – Vorinstanz; s auch *Hüffer* AktG Rn 8).

19 Abs 2 S 1 Nr 3 ist über den Wortlaut hinaus auch dann anzuwenden, wenn sich die falschen oder irreführenden Angaben oder Beleidigungen nicht aus der Begründung, sondern aus dem Gegenantrag selbst ergeben (MünchKomm AktG/*Kubis* Rn 30), und über Beleidigungen hinaus auch auf Fälle der üblen Nachrede (§ 186 StGB) oder Verleumdung (§ 187 StGB) (*Hüffer* AktG Rn aaO; GroßKomm AktG/*Werner* Rn 60). In den letztgenannten Fällen jedoch nur, wenn der Opponent innerhalb der Gegenantragsfrist weder den Wahrheitsbeweis erbringt, noch berechtigte Interessen iSd § 193 StGB darlegt (*Kubis* aaO Rn 32).

20 **d) Sachverhaltsgleicher Gegenantrag (Abs 2 S 1 Nr 4).** Der Vorstand braucht den Gegenantrag und dessen Begründung nicht zugänglich zu machen, wenn ein auf **denselben Sachverhalt** gestützter Gegenantrag des Aktionärs bereits zu einer HV der Gesellschaft nach § 125 zugänglich gemacht worden ist (Abs 2 Nr 4). Die Gesellschaft soll so vor der Kostenlast durch die wiederholte Veröffentlichung querulatorischer Gegenanträge zu bekannten Sachverhalten geschützt werden (MünchKomm AktG/ *Kubis* Rn 33). Sachverhaltsidentität liegt vor, wenn es sich im Kern um denselben Vorgang handelt (*LG Frankfurt/Main* AG 1992, 235 f; GroßKomm AktG/*Werner* Rn 65). Nach *Lehmann* (FS Quack, S 297; gleiches Beispiel bei *Werner* aaO Rn 66) ist dies etwa der Fall, wenn der Aktionär in einem Jahr den Antrag auf Verweigerung der Entlastung des Vorstands damit begründet, dass die Gesellschaft bestimmte Waffen herstelle, und im folgenden Jahr erneut Entlastungsverweigerung beantragt, ebenfalls mit dem Vorwurf, es würden Waffen hergestellt, dann jedoch wegen anderer als der im Vorjahr genannten. Eine Antragsidentität ist nicht gefordert (MünchHdb AG/*Semler* § 35 Rn 66; *Lehmann* aaO), so dass mit *Werner* (aaO Rn 66) das Beispiel auch dahingehend abgewandelt werden kann, dass der Opponent im Folgejahr statt der Entlastung des Vorstands die Wiederwahl des AR angreift.

Der frühere Sachverhalt muss weiter einen Gegenantrag desselben Aktionärs bzw 21
dessen Gesamtrechtsnachfolgers stützen (MünchKomm AktG/*Kubis* Rn 33). Schließlich muss der vormalige Gegenantrag nicht nur entgegengenommen, sondern auch nach § 125 mitgeteilt worden sein (*Kubis* aaO). Auch wenn das Gesetz eine zeitliche Grenze nicht nennt, kann wohl spätestens nach Ablauf von zehn Jahren nicht mehr von einem Ausschluss ausgegangen werden (Obermüller/Werner/Winden HV/*Butzke* B 161).

e) Wiederholtes Vorbringen (Abs 2 S 1 Nr 5). Keine Pflicht zur Zugänglichmachung 22
besteht, wenn derselbe Gegenantrag des Aktionärs (zB Verweigerung der Entlastung desselben Organs, identische Gewinnverwendung) mit wesentlich **gleicher Begründung** in den letzten fünf Jahren bereits zu mindestens zwei HV der Gesellschaft nach § 125 zugänglich gemacht worden ist und in der HV weniger als 5 % des anwesenden Kapitals für ihn gestimmt hat (Abs 2 S 1 Nr 5). Der Antrag muss danach denselben Vorschlag enthalten. Die durch zeitliche Verschiebungen bedingten Unterschiede (zB anderes Geschäftsjahr, anderer Entlastungszeitraum, bei Antrag bzgl Gewinnverwendung unterschiedlich hoher Gewinn) bleiben dabei außer Betracht (MünchKomm AktG/*Kubis* Rn 34). Begründungsidentität besteht, wenn die tragenden Gesichtspunkte dieselben sind (*Kubis* aaO). Letztlich werden auch hier Mitteilung nach § 125 und die Identität des Antragstellers verlangt (hierzu s.o. Rn 20).

f) Rechtsmissbrauch (Abs 2 S 1 Nr 6 und 7). Die Pflicht zur Zugänglichmachung ent- 23
fällt zum einen, wenn der Aktionär zu erkennen gibt, dass er an der HV nicht teilnehmen und sich nicht vertreten lassen wird (**Nr 6**). Verlangt wird insoweit die von ihm eindeutig geäußerte Absicht; eine bloße Vermutung (des Vorstands) reicht nicht aus (MünchKomm AktG/*Kubis* Rn 35; GroßKomm AktG/*Werner* Rn 83). Sie entfällt zum anderen, wenn der Aktionär in den letzten zwei Jahren in zwei HV einen von ihm mitgeteilten Gegenantrag nicht gestellt hat oder nicht hat stellen lassen (**Nr 7**). Bei den HV der letzten zwei Jahre muss es sich nicht gerade um solche der Gesellschaft handeln; HV anderer deutscher AGs genügen ebenfalls (Obermüller/Werner/Winden HV/*Butzke* B 161).

g) Umfangsüberschreitung (Abs 2 S 2). Die Begründung braucht nicht zugänglich 24
gemacht zu werden, wenn sie insgesamt mehr als **5 000 Zeichen** beträgt (Abs 2 S 2). Der Dispens bezieht sich nur auf die Zugänglichmachung der Begründung, nicht auch auf den Antrag des Aktionärs einschließlich seines Namens. Der Vorstand ist unter Beachtung des Gleichbehandlungsgrundsatzes zur sinnwahrenden Kürzung oder Zusammenfassung berechtigt, nicht aber verpflichtet (GroßKomm AktG/*Werner* Rn 92; MünchHdb AG/*Semler* § 35 Rn 64; Spindler/Stilz AktG/*Rieckers* Rn 42; **aA** MünchKomm AktG/*Kubis* Rn 37: kein Kürzungsrecht des Vorstands). Eine Kürzung der Begründung durch Abbruch nach den ersten 5 000 Zeichen ist idR nicht sinnwahrend möglich und daher abzulehnen (wohl einhellig *Kubis* aaO; *Hüffer* AktG Rn 9). Mit **Zeichen** sind Buchstaben, Symbole, Satzzeichen, Zahlen und **auch Leerzeichen** gemeint (K. Schmidt/Lutter AktG/*Ziemons* Rn 12; **aA** *Hüffer* aaO Rn 9; *Rieckers* aaO Rn 41). Im Vordergrund steht weniger, dass Letztere auch bei elektronischer Bearbeitung Speicherkapazität beanspruchen (so *Mutter* ZIP 2002, 1759). Entscheidend ist vielmehr die maximale Fläche, die die Gesellschaft auf ihrer Webseite für die Gegenanträge reservieren muss. Insoweit zählt auch der visuelle Eindruck beim Aktionär. Unzutreffend ist, dass wegen der Möglichkeit der handschriftlichen Begründung eines

Gegenantrags eine Mitberücksichtigung von Leerzeichen nicht in Betracht kommt (so aber *Hüffer* aaO; *Pentz* ZIP 2003, 1925, 1927 f), da beim Abfassen des Gegenantrags auf die Empfängerperspektive, also die Sicht der Gesellschaft abzustellen ist.

II. Rechtsfolge

25 Nach Abs 1 S 1 muss die Gesellschaft die Gegenanträge **„zugänglich machen"**; sie braucht sie nicht gemäß den Formerfordernissen des § 125 Abs 1–3 mitzuteilen; die Gegenanträge können also insbesondere (ausschließlich) auf der Internetseite der Gesellschaft veröffentlicht werden (RegBegr NZG 2002, 213, 224; *OLG München* v 3.9.2008 – 7 W 1432/08; *Hüffer* AktG Rn 6). Die AG kann die Gegenanträge auch über die Gesellschaftsblätter zugänglich machen (*Mimberg* ZGR 2003, 21, 25 f) oder die Internetseite mit einem Zugangscode versehen (*Noack* DB 2002, 620, 623). Börsennotierte Gesellschaften (§ 3 Abs 2) sind aufgrund des durch das ARUG v 30.7.2009 (BGBl I S 2479) neu eingefügten Abs 1 S 3 verpflichtet, die Gegenanträge auf der Internetseite der Gesellschaft zugänglich machen. Die Informationen müssen entweder unmittelbar oder mittels eindeutiger Verknüpfung auf Folgeseiten erreichbar sein (*Horn* ZIP 2008, 1558, 1561 zu § 124a). Dabei dürfen keinerlei Zugriffsbeschränkungen bestehen, da die Informationen einem unbestimmten Personenkreis zur Verfügung stehen sollen (*Hüffer* aaO). Obwohl nicht unmittelbar aus dem Gesetzeswortlaut folgend, sind etwaige Gegenanträge **unverzüglich** (§ 121 Abs 1 S 1 BGB) zugänglich zu machen, dh die Gesellschaft darf die Gegenanträge nicht erst „sammeln" (RegBegr aaO 225; *Grage* RNotZ 2002, 326, 328; K. Schmidt/Lutter AktG/*Ziemons* Rn 24); dabei ist der Verwaltung jedoch eine kurze Zeit zur Prüfung der Ordnungsmäßigkeit der Gegenanträge einzuräumen (*Ziemons* aaO Rn 23).

26 Adressaten sind die in § 125 Abs 1–3 genanten Mitteilungsberechtigten, namentlich die Kreditinstitute und Aktionärsvereinigungen (§ 125 Rn 3), berechtigte Aktionäre (§ 125 Rn 5) und AR-Mitglieder (§ 125 Rn 7). Veröffentlichungspflichtig sind Gegenantrag und Begründung; eine Stellungnahme der Verwaltung erfolgt auf freiwilliger Basis (MünchKomm AktG/*Kubis* Rn 23).

27 Entscheidet sich der Vorstand – unter Beachtung des Gleichbehandlungsgrundsatzes – dafür, den Hinweis auf die Internetseite eines Opponenten in der Begründung zu belassen, schließen sich Fragen nach der Haftung für den Inhalt der Internetseite des Opponenten an (s näher *Stehle* ZIP 2003, 980 ff).

III. Zusammenfassung mehrerer Gegenanträge (Abs 3)

28 Abs 3 gestattet der Gesellschaft, mehrere Gegenanträge und deren Begründungen zusammenzufassen, wenn sie zu demselben Beschlussgegenstand gestellt werden. Die Beschlussgegenstände, nicht die Gegenanträge müssen demnach identisch sein. Der Beschlussgegenstand ist dabei nicht deckungsgleich mit einem einheitlichen Tagesordnungspunkt (s hierzu § 124 Rn 2). Der Vorstand darf die Gegenanträge nicht nur räumlich, sondern auch inhaltlich zusammenfassen (MünchKomm AktG/*Kubis* Rn 40). Er darf Wiederholungen weglassen und Überflüssiges streichen (RegBegr *Kropff* S 179; *Hüffer* AktG Rn 10) sowie verbale Schärfen glätten (*Kubis* aaO). Auch ist er nicht an die gesetzliche Umfangsbegrenzung gebunden (*Hüffer* aaO). Anträge und tragende Begründungselemente müssen aber in jedem Fall erhalten bleiben (*Kubis* aaO; K. Schmidt/Lutter AktG/*Ziemons* Rn 36; GroßKomm AktG/*Werner* Rn 94).

§ 127 Wahlvorschläge von Aktionären

¹Für den Vorschlag eines Aktionärs zur Wahl von Aufsichtsratsmitgliedern oder von Abschlussprüfern gilt § 126 sinngemäß. ²Der Wahlvorschlag braucht nicht begründet zu werden. ³Der Vorstand braucht den Wahlvorschlag auch dann nicht zugänglich zu machen, wenn der Vorschlag nicht die Angaben nach § 124 Abs. 3 Satz 3 und § 125 Abs. 1 Satz 5 enthält.

Die Norm statuiert für die Gesellschaft die Publizitätspflicht für opponierende Vorschläge zur Wahl von AR-Mitgliedern und von Abschlussprüfern. Ohne dass sich dies dogmatisch begründen ließe, werden die opponierenden Vorschläge vom Gesetzgeber nicht als Gegenanträge unter § 126 subsumiert. Die sinngemäße Geltung beinhaltet zwei Abweichungen; einmal ist die **Begr fakultativ** (S 2) und zum anderen besteht keine Pflicht des Vorstands, Wahlvorschläge zugänglich zu machen, wenn Angaben nach § 124 Abs 3 S 3 (Redaktionsversehen des Gesetzgebers; gemeint ist § 124 Abs 3 S 4; s auch Rn 2, s § 124 Rn 21) oder nach § 125 Abs 1 S 5 (s dort Rn 10) fehlen (S 3). 1

Bei dem Verweis auf § 125 Abs 1 S 5 handelt es sich um eine Rechtsgrundverweisung, so dass der Vorstand nur dann von der Publizitätspflicht des Wahlvorschlags entbunden ist, wenn hinsichtlich der vorgeschlagenen Personen die Angaben zu deren Mitgliedschaften in anderen Kontrollgremien **unvollständig** sind **und** die Gesellschaft **börsennotiert** ist. Begründet der Aktionär gem S 2 seinen Vorschlag freiwillig, so ist der Vorstand auch zur Veröffentlichung der Begründung verpflichtet (Obermüller/Werner/Winden HV/*Butzke* B 165). Das Recht des Aktionärs, alternative Wahlvorschläge erst in der HV anzubringen wird durch § 127 nicht berührt (MünchKomm AktG/*Kubis* Rn 1). § 127 ist **analog** anzuwenden auf die Wahl von **Sonderprüfern** (§ 142), Abwicklern (§ 265 Abs 2) sowie von Mitgliedern anderer von der HV zu wählender Gremien wie insb von Beiräten (MünchKomm AktG/*Kubis* Rn 3; ebenso für Sonderprüfer, aber zweifelnd hinsichtlich aller anderen Wahlen: K. Schmidt/Lutter AktG/*Ziemons* Rn 3). Wahlvorschläge iSd § 127 sind unter den Voraussetzungen des § 137 (vgl dort) vor dem Vorschlag des AR zur Abstimmung zu stellen.

§ 127a Aktionärsforum

(1) Aktionäre oder Aktionärsvereinigungen können im Aktionärsforum des Bundesanzeigers andere Aktionäre auffordern, gemeinsam oder in Vertretung einen Antrag oder ein Verlangen nach diesem Gesetz zu stellen oder in einer Hauptversammlung das Stimmrecht auszuüben.

(2) Die Aufforderung hat folgende Angaben zu enthalten:
1. den Namen und eine Anschrift des Aktionärs oder der Aktionärsvereinigung,
2. die Firma der Gesellschaft,
3. den Antrag, das Verlangen oder einen Vorschlag für die Ausübung des Stimmrechts zu einem Tagesordnungspunkt,
4. den Tag der betroffenen Hauptversammlung.

(3) Die Aufforderung kann auf eine Begründung auf der Internetseite des Auffordernden und dessen elektronische Adresse hinweisen.

(4) Die Gesellschaft kann im Bundesanzeiger auf eine Stellungnahme zu der Aufforderung auf ihrer Internetseite hinweisen.

(5) Das Bundesministerium der Justiz wird ermächtigt, durch Rechtsverordnung die äußere Gestaltung des Aktionärsforums und weitere Einzelheiten insbesondere zu der Aufforderung, dem Hinweis, den Entgelten, zu Löschungsfristen, Löschungsanspruch, zu Missbrauchsfällen und zur Einsichtnahme zu regeln.

Übersicht

	Rn		Rn
A. Allgemeines	1	3. Kosten	4
B. Erläuterungen	2	4. Acting in concert	5
I. Aufforderung im Aktionärsforum		II. Notwendiger Inhalt (Abs 2)	6
(Abs 1)	2	III. Begründung (Abs 3)	7
1. Aktionärsforum	2	IV. Stellungnahme der Gesellschaft	
2. Aufforderung	3	(Abs 4)	8
		V. Rechtsverordnung (Abs 5)	9

Literatur: *Deutsches Aktieninstitut* Stellungnahme zum Entwurf einer Verordnung über das Aktionärsforum nach § 127a AktG (Aktionärsforumsverordnung – AktFoV) v 4.11.2005, NZG 2005, 1001; *Pluskat* Acting in Concert in der Fassung des Risikobegrenzungsgesetzes – jetzt alles anders?, DB 2009, 383; *Rotter* Neuer Anlegerschutz – Leitfaden Aktionärsforum nach dem UMAG, 2006; *Schneider* Acting in Concert – ein kapitalmarktrechtlicher Zurechnungstatbestand, WM 2006, 1321; *Seibert* Aktionärsforum und Aktionärsforumsverordnung nach § 127a AktG, AG 2006, 16; *Spindler* Die Reform der Hauptversammlung und der Anfechtungsklage durch das UMAG, NZG 2005, 825.

A. Allgemeines

1 Ziel des § 127a ist es, die Kommunikation unter den Aktionären und die Wahrnehmung der Aktionärsrechte, namentlich die Stimmrechtsausübung, zu erleichtern (Reg-Begr BT-Drucks 15/5092, 15). Das Aktionärsforum bietet nur die Möglichkeit einer privaten Kommunikation, eine offizielle Bekanntmachung kann durch sie nicht geschehen. Das Aktionärsforum wird namentlich benutzt zur Einwerbung von Stimmrechten (Proxy Solicitation), etwa von Anlegerschutzvereinigungen. Nähere Bestimmungen zum Aktionärsforum enthält die auf Grundlage von Abs 5 erlassene **Aktionärsforumsverordnung** v 22.11.2005 (BGBl I S 3193, AktFoV); s Rn 9.

B. Erläuterungen

I. Aufforderung im Aktionärsforum (Abs 1)

2 **1. Aktionärsforum.** Das Aktionärsforum ist in den BAnz (www.bundesanzeiger.de) integriert und über diesen zu erreichen (Button Aktionärsforum). Das Forum besteht ausschließlich im Internet. Für die Errichtung des Aktionärsforums verpflichtet § 1 Abs 1 AktFoV ausschließlich den Betreiber des BAnz. Portale **privater Betreiber** oder eines Bundeslandes kommen hingegen für dieses Forum nicht in Frage, da die Monopolisierung ein wichtiges Kernstück der Effizienz des Aktionärsforums darstellt (Reg-Begr BT-Drucks 15/5092, 42). Im Aktionärsforum dürfen nur Aufforderungen veröffentlicht werden, nicht Begründungen oder sonstige Meinungsmitteilungen. Das Forum ist kein Diskussionsforum oder chatroom, sondern gleicht eher einer Pinnwand mit Kontaktadressen (*Seibert* AG 2006, 16, 18). Für die Inhalte sind nach der Intention des Gesetzgebers weder das BMJ noch der Betreiber verantwortlich, sondern ausschließlich der Auffordernde, auch in datenschutzrechtlicher Hinsicht (zweifelnd *Spindler* NZG 2005, 825, 828). Ein **Veröffentlichungsanspruch** gegenüber dem Betreiber besteht nicht, vielmehr muss der Aktionär oder die Aktionärsvereinigung einen **Vertrag mit dem Betreiber** zu dessen Konditionen abschließen, wofür Letzterer allgemeine Vertragsbedingungen aufstellen darf (RegBegr aaO S 16 und 42; *Spindler* aaO). Es besteht auch kein Veröffentlichungsanspruch gegen die Gesellschaft, auch nicht auf Veröffentlichung im Bundesanzeiger. Die Gesellschaft ist hinsichtlich des Forums in keinem Fall mit Rechtspflichten belastet, sie ist lediglich, wenn sie auf eine Stellungnahme hinweist (Abs 4), selbst Forumsteilnehmerin (vgl § 4 Abs 2 AktFoV). Da dem Aktionär ein Tätigwerden freisteht, erübrigen sich Vorschriften zum Schutz seiner Daten. Für die Benutzung des Forums als Auffordernder oder für eine Stellungnahme bedarf es der Registrierung (§ 3 AktFoV). Die Einsichtnahme in das Forum ist jedermann ohne die Notwendigkeit einer Registrierung kostenfrei gestattet (§ 7 AktFoV), ein weitergehendes Auskunftsrecht besteht nicht.

2. Aufforderung. Zur Aufforderung berechtigt sind nur Aktionäre und Aktionärsvereinigungen. Verliert der Auffordernde seine Eigenschaft als Aktionär oder Aktionärsvereinigung, muss er unverzüglich die Löschung seiner Aufforderung bewirken (§ 3 Abs 4 S 2 AktFoV). Die Gesellschaft kann den Betreiber informieren, wenn ein Auffordernder diese Eigenschaft nicht mehr aufweist oder gar nie aufgewiesen hat, damit dessen Aufforderung aus dem Forum gelöscht wird. Aktionäre und Aktionärsvereinigungen können zur unspezifizierten Vollmachtserteilung anregen, jedoch nur bezüglich einer bestimmten HV (RegBegr BT-Drucks 15/5092, 16; *Seibert* AG 2006, 16, 17). Dass sich die Anregung nur auf eine bestimmte HV beziehen darf, ergibt sich aus § 127a Abs 2 Nr 4. Möglich ist nur eine punktuelle Koordination für eine konkrete HV, das Forum ermöglicht nur ein Zusammenwirken für Einzelfälle (s auch Rn 5; RegBegr aaO: „Freilich stellt die Bestimmung [§ 127a] eindeutig und ausdrücklich auf punktuelles Zusammenwirken in Einzelfällen ab, das nicht zu einer gezielten Zurechnung führt."). Es kann zu sämtlichen aktienrechtlichen Aktionen aufgefordert werden, nicht nur zu solchen mit Mindestquoren (eine Übersicht findet sich bei *Rotter* Anlegerschutz S 26 ff). Aufforderungen können nur über eine im Aktionärsforum gestellte Formularmaske eingetragen werden, entweder in Deutsch oder in Englisch, eine Mitteilung via Fax, Telefon oder Brief scheidet aus (§ 1 Abs 2 AktFoV). Die Aufforderung muss „neutral" erfolgen; eine Begründung darf sie nicht enthalten; zulässig ist nur die Aufnahme eines Hinweises nach Abs 3 (s Rn 7). Grds zulässig soll die bloße Aufforderung zur Ausübung eines Aktionärsrechts, etwa zu einem gewissen Stimmverhalten, sein (RegBegr aaO S 15). Eine redaktionelle Bearbeitung der Aufforderung durch den Betreiber erfolgt nicht. Die Aufforderung muss der Gesellschaft weder zugeleitet werden, noch muss die Gesellschaft auf den Eingang einer Aufforderung beim Betreiber hingewiesen werden.

3. Kosten. Die Kosten (s dazu § 9 AktFoV) der Aufforderung fallen dem Aktionär zur Last, ein Rückerstattungsanspruch gegen die Gesellschaft besteht nicht (RegBegr BT-Drucks 15/5092, 16 f; zustimmend *Spindler* NZG 2005, 825, 828). Dies leitet sich daraus ab, dass das Forum den Aktionären, ihrem Interesse, miteinander kommunizieren zu können, bzw ihren Vermögens- und Mitverwaltungsinteressen dient, nicht aber der Gesellschaft. Eine Erstattungspflicht der Gesellschaft scheidet daher als nicht begründbar aus. Wenn das Entgelt nicht entrichtet wird, löscht der Betreiber die entsprechende Eintragung (§ 6 Abs 4 AktFoV). Kosten für die Eintragung des Hinweises auf eine Stellungnahme der Gesellschaft fallen der Gesellschaft zur Last.

5 **4. Acting in concert.** Als nicht gänzlich unproblematisch stellt sich das Aktionärsforum in Bezug auf die Zurechnungsvorschriften des § 30 Abs 2 WpÜG und des § 22 Abs 2 WpHG dar („acting in concert"). Für die Annahme eines „acting in concert" bedarf es gem § 30 Abs 2 S 2 WpÜG bzw § 22 Abs 2 S 2 WpHG entweder einer Verständigung über die Ausübung von Stimmrechten oder eines sonstigen Zusammenwirkens, das mit dem Ziel der dauerhaften und erheblichen Änderung der unternehmerischen Ausrichtung der AG erfolgt. Unerheblich ist, ob dies auf Grundlage einer Vereinbarung oder in sonstiger Weise erfolgt, wobei Vereinbarungen in Einzelfällen ausgenommen sind (näher Haarmann/Schüppen WpÜG/*Schüppen/Walz* § 30 Rn 65 ff; *Pluskat* DB 2009, 383). Da § 127a nur eine punktuelle Koordination für Einzelfälle zulässt (s Rn 3), scheidet das Aktionärsforum als Zurechnungsgrund aus (*Schüppen/Walz* aaO Rn 82; *Seibert* AG 2006, 16, 17 f; krit K. Schmidt/Lutter AktG/ *Ziemons* Rn 3). Zurechnungsgrund im Sinne eines „acting in concert" kann außerdem nur das tatsächlich erfolgende Verhalten der Aktionäre sein, nicht bereits der über das Akionärsforum erfolgende Aufruf zu einem bestimmten Verhalten; auf dieser Grundlage vertritt eine Auffassung, dass das tatsächliche Verhalten, also zB die gemeinsame Antragstellung oder Stimmabgabe (sofern diese mehrere Beschl betrifft), das auf einer Koordinierung innerhalb des Aktionärsforums beruht, ein acting in concert darstellt (*Ziemons* aaO). Das Aktionärsforum selbst kann jedoch nur ein Mittel zum Aufruf zu einem bestimmten Verhalten sein.

II. Notwendiger Inhalt (Abs 2)

6 Das Aktionärsforum steht nur in den Grenzen seiner Zwecksetzung zur Verfügung. Damit korrespondiert die Pflicht des Betreibers, die Veröffentlichung bestimmter Äußerungen eines Aktionärs zu unterbinden: Liegt bereits keine Aufforderung vor oder fehlt die postalische Anschrift, darf eine Veröffentlichung nicht erfolgen (RegBegr BT-Drucks 15/5092, 16). Name und Anschrift sind Bestandteil der Aufforderung und werden mitveröffentlicht (Begr zur AktFoV im BAnz Nr 241 S 16869 v 21.12.2005). Postalische Anschrift meint zum Schutze der Gesellschaft eine zustellungsfähige Anschrift; somit genügt nicht die E-Mail-Adresse. Ein Abstimmungsvorschlag hat den Erfordernissen des § 128 Abs 2 S 1 zu genügen, ein Bezug zu einer konkreten HV muss gegeben sein (RegBegr aaO). Das Datum der HV, auf die sich die Aufforderung bezieht, muss angegeben werden (§ 3 Abs 3 S 2 AktFoV). Ferner muss neben der Postanschrift die E-Mail-Adresse (elektronische Postadresse) als Bestandteil der Aufforderung mitgeteilt werden. Dies folgt zwar nicht unmittelbar aus § 127a, jedoch ergibt sich die Notwendigkeit aus § 3 AktFoV; die Mitteilung der E-Mail-Adresse wird in § 3 Abs 3 S 1 AktFoV ausdrücklich verlangt. Hingegen muss der Betreiber Normen des WpHG und des WpÜG nicht prüfen (RegBegr aaO). Problematisch ist, inwieweit der Betreiber zu einer weiteren Prüfung verpflichtet ist. Eine offensichtlich rechts- oder sittenwidrige Aufforderung oder eine Aufforderung, die offensichtlich den Anforderungen des § 127a oder der AktFoV nicht genügt, darf nicht veröffentlicht werden bzw muss unverzüglich durch den Betreiber gelöscht werden (§ 3 Abs 5 S 1 AktFoV mit Beispielsfällen). Die postalische Anschrift wird anders als die E-Mail-Adresse jedoch nur in Zweifelsfällen auf Richtigkeit überprüft (weitergehend die Stellungnahme BR BT-Drucks 15/5092, 36). In Zweifelsfällen über das Vor-

liegen einer Voraussetzung oder eines Hinderungsgrundes hat der Betreiber den Auffordernden zu befragen (§ 3 Abs 5 S 2 AktFoV). Der **Missbrauchsgefahr** wird durch § 3 AktFoV, insbesondere durch die darin verankerten Registrierungs-, Nachweis- und Bestätigungserfordernisse, ausreichend begegnet. Ein absolutes Maß an Sicherheit vor Missbrauch würde mit der Handhabbarkeit des Forums kollidieren, so dass eine gewisse Quote an Missbrauchsfällen und unsinnigen Aufforderungen hingenommen werden muss (*Seibert* AG 2006, 16, 18).

III. Begründung (Abs 3)

Die Aufforderung darf keine Begründung enthalten (RegBegr BT-Drucks 15/ 5092, 15); sie darf lediglich auf eine Begründung auf der Internetseite des Auffordernden verweisen (Abs 3). Der Verweis auf die Internetseite muss **direkt und unmittelbar** zur Begründung führen (§ 5 AktFoV). Mehr als ein Mausklick darf nicht erforderlich sein, um zur Begründung zu gelangen. Die Begründung muss nicht in Deutsch oder Englisch sein, sie kann auch in jeder anderen Sprache verfasst sein. Die Begründung ist rechtlich so zu handhaben wie sonstige (gesellschaftskritische) Äußerungen eines Aktionärs. Der Gesellschaft stehen die üblichen Abwehransprüche, auch im Wege des einstweiligen Rechtsschutzes, zur Verfügung (RegBegr aaO S 16). 7

IV. Stellungnahme der Gesellschaft (Abs 4)

Für die Stellungnahme durch die Gesellschaft gilt das zur Begründung (Abs 3, s Rn 7) Gesagte entsprechende Hinweise zu Stellungnahmen können nur über eine im Aktionärsforum gestellte Formularmaske eingetragen werden, entweder in Deutsch oder in Englisch (§ 1 Abs 2 AktFoV). Die Gesellschaft kann aber die Sprache der Stellungnahme anders als die des Hinweises frei wählen. Der Hinweis soll im Anschluss und im räumlichen Zusammenhang zur entsprechenden Aufforderung stehen (RegBegr BT-Drucks 15/5092, 16; § 4 Abs 1 AktFoV). Die Löschung der Aufforderung darf nicht automatisch die Löschung des Hinweises auf die Stellungnahme bedeuten, weil die Gesellschaft ein berechtigtes Interesse am Fortbestehen dieses Hinweises haben kann (vgl *DAI* NZG 2005, 1001, 1003). 8

V. Rechtsverordnung (Abs 5)

Von der Ermächtigung gem Abs 5 hat das BMJ durch die Aktionärsforumsverordnung v 22.11.2005 (AktFoV, BGBl I S 3193) Gebrauch gemacht. Die Verordnung trat am 1.12.2005 in Kraft (§ 10 AktFoV). Kernstück der Verordnung ist § 3 AktFoV, der die Gefahr einer missbräuchlichen Nutzung des Aktionärsforums durch Registrierungs-, Nachweis- und Bestätigungserfordernisse mindert (vgl auch §§ 4 Abs 2 und 5 Abs 1 AktFoV). Eingehend zur Verordnung mit Darstellung der Verordnungsbegründung *Seibert* AG 2006, 16, 18 ff. 9

§ 128   Übermittlung der Mitteilungen

(1) ¹Hat ein Kreditinstitut zu Beginn des 21. Tages vor der Versammlung für Aktionäre Inhaberaktien der Gesellschaft in Verwahrung oder wird es für Namensaktien, die ihm nicht gehören, im Aktienregister eingetragen, so hat es die Mitteilungen nach § 125 Abs. 1 unverzüglich an die Aktionäre zu übermitteln. ²Die Satzung der Gesellschaft kann die Übermittlung auf den Weg elektronischer

Kommunikation beschränken; in diesem Fall ist das Kreditinstitut auch aus anderen Gründen nicht zu mehr verpflichtet.

(2) Die Verpflichtung des Kreditinstituts zum Ersatz eines aus der Verletzung des Absatzes 1 entstehenden Schadens kann im Voraus weder ausgeschlossen noch beschränkt werden.

(3) ¹Das Bundesministerium der Justiz wird ermächtigt, im Einvernehmen mit dem Bundesministerium für Wirtschaft und Technologie und dem Bundesministerium der Finanzen durch Rechtsverordnung vorzuschreiben, dass die Gesellschaft den Kreditinstituten die Aufwendungen für
1. die Übermittlung der Angaben gemäß § 67 Abs. 4 und
2. die Vervielfältigung der Mitteilungen und für ihre Übersendung an die Aktionäre

zu ersetzen hat. ²Es können Pauschbeträge festgesetzt werden. ³Die Rechtsverordnung bedarf nicht der Zustimmung des Bundesrates.

(4) § 125 Abs. 5 gilt entsprechend.

Übersicht

	Rn		Rn
A. Allgemeines	1	4. Inhalt und Gegenstand der Übermittlungspflicht	8
B. Erläuterungen	3	5. Verzicht	10
I. Übermittlungspflichten	3	6. Form und Frist der Übermittlung	11
1. Übermittlungsschuldner	3		
2. Übermittlungsgläubiger	4	II. Rechtsfolgen bei Pflichtverletzung	41
3. Voraussetzungen der Übermittlungspflicht	5	III. Kosten (Abs 3)	43

Literatur: *Bachmann* Namensaktie und Stimmrechtsvertretung, WM 1999, 2100; *Consbruch* Das neue Aktiengesetz und die Kreditinstitute, ZfK 1965, 1155; *Drinhausen/Keinath* Auswirkungen des ARUG auf die künftige Hauptversammlungs-Praxis, BB 2009, 2322; *Horn* Änderungen bei der Vorbereitung und Durchführung der Hauptversammlung nach dem Referentenentwurf zum ARUG, ZIP 2008, 1558; *Lommatzsch* Vorbereitung der HV durch Mitteilungen und Weisungen nach §§ 125, 128 AktG nF, NZG 2001, 1017; *Marsch-Barner* Neuere Entwicklungen im Vollmachtsstimmrecht der Banken, FS Peltzer, 2001, S 261; *Noack* ARUG: das nächste Stück der Aktienrechtsreform in Permanenz, NZG 2008, 1558; *Seibert* Die neue „Verordnung über den Ersatz von Aufwendungen der Kreditinstitute", ZIP 2003, 1270; *Than* Verhaltenspflichten bei der Ausübung von Aktienstimmrechten durch Bevollmächtigte, ZHR 157 (1993), 125, 139; *Wicke* Einführung in das Recht der Hauptversammlung, das Recht der Sacheinlagen und das Freigabeverfahren nach dem ARUG, 2009.

A. Allgemeines

1 § 128 statuiert für Kreditinstitute die Pflicht, Mitteilungen der Gesellschaft an die Aktionäre weiterzuleiten (Abs 1) und enthält daneben daran anknüpfende Regelungen in Bezug auf Schadensersatzansprüche (Abs 2), die Kostentragung für die Weiterleitung (Abs 3) und die Gleichstellung der Finanzdienstleistungsinstitute mit Kreditinstituten (Abs 4). Die Fokussierung und Beschränkung des Regelungsinhalts auf die Weiterleitung von Mitteilungen der Gesellschaft durch Kreditinstitute wurde durch das ARUG v 30.7.2009 (BGBl I S 2479) vorgenommen. Die vormaligen Regelungen zur beabsichtigten Stimmrechtsausübung der Kreditinstitute (Abs 2–4 aF) finden sich

§ 128 Übermittlung der Mitteilungen

nun in § 135, die Weiterleitungspflicht für Aktionärsvereinigungen (Abs 5 aF) wurde ersatzlos aufgehoben.

Die Übermittlungspflicht bezweckt wie die §§ 121 Abs 3 und 124–127 die frühzeitige Unterrichtung der Aktionäre (MünchKomm AktG/*Kubis* Rn 1; *Hüffer* AktG Rn 1) über Informationsmittler und vervollständigt die Mitteilungspflichten aus § 125. **2**

B. Erläuterungen

I. Übermittlungspflichten

1. Übermittlungsschuldner. Weiterleitungspflichtig sind die **institutionellen Stimmrechtsvertreter**: Kreditinstitute (Abs 1) und ihnen gleichgestellte Finanzdienstleistungsunternehmen (Abs 4 iVm § 125 Abs 5); zu den Begriffen s § 125 Rn 3 und 15. Kreditinstitute sind dabei auch dann übermittlungspflichtig, wenn sie lediglich Zwischenverwahrer (§ 3 Abs 2 DepotG) sind (MünchKomm AktG/*Kubis* Rn 4), wie es zB bei Globalurkunden der Fall ist, die von der Clearstream Banking AG girosammelverwahrt werden. Es werden nur inländische Kreditinstitute einschließlich inländischer Zweigstellen ausländischer Institute erfasst, da die Kundenbeziehungen dem Schuldstatut des Depotvertrages unterliegen (*BGHZ* 9, 34, 41 zu Ansprüchen aus einer Lebensversicherung). **3**

2. Übermittlungsgläubiger. Anspruch auf Übermittlung von Mitteilungen iSd § 125 Abs 1 haben zum einen die Aktionäre, die dem Übermittlungsschuldner **Inhaberaktien** in Verwahrung gegeben haben, zum anderen **Namensaktionäre**, an deren Stelle Kreditinstitute oder diesen gem Abs 4 gleichgestellte Finanzdienstleistungsunternehmen in das Aktienregister eingetragen sind. Da die Kreditinstitute durch die Eintragung gegenüber der Gesellschaft als Aktionär gelten (§ 67 Abs 2), erreichen die Mitteilungen der Gesellschaft die Depotkunden nach § 125 Abs 2 Alt 2 nicht unmittelbar; daher sind sie auch in diesem Fall mitteilungspflichtig (RegBegr BT-Drucks 14/4051, 13). Ob die Eintragung als Legitimationsaktionär (§ 129 Abs 3) oder als Treuhänder erfolgt ist, ist wegen § 67 Abs 2 nicht entscheidend (RegBegr aaO; MünchKomm AktG/*Kubis* Rn 5). **4**

3. Voraussetzungen der Übermittlungspflicht. Bei Inhaberaktien muss der Verwahrungsbeginn spätestens am Beginn (0.00 Uhr) des **einundzwanzigsten Tages** vor dem (ersten, vgl § 123 Rn 8) Tag der HV liegen (Abs 1). Dabei handelt es sich um einen Termin iSd § 121 Abs 7 S 1; der Tag der HV wird gem § 121 Abs 7 S 1 nicht mitgerechnet. Erreicht wird ein Versendungsstopp, der für Inhaberaktionäre einundzwanzig Tage (Abs 1 S 1), für Namensaktionäre vierzehn Tage beträgt (§ 125 Abs 2). **5**

Weitere Voraussetzung ist, dass die Kreditinstitute bzw ihnen nach Abs 4 gleichgestellte Finanzdienstleistungsinstitute ihrerseits Mitteilungen iSd § 125 Abs 1 erhalten haben (*Hüffer* AktG Rn 4). Darauf, dass die Gesellschaft nach § 125 Abs 1 S 1 auch verpflichtet war, die Mitteilungen an die Kreditinstitute bzw Finanzdienstleistungsinstitute zu senden (Ausübung von Stimmrechten in der letzten HV oder Verlangen der Zusendung), kommt es dagegen nicht an (*Consbruch* ZfK 1966, 1155). **6**

Negative Voraussetzung der Weiterleitungspflicht ist, dass die Kunden nicht bereits Mitteilungen der Gesellschaft erhalten haben, da der Zweck des § 128 Abs 1 dann bereits erfüllt ist (**keine Doppelmitteilungen**, RegBegr BR-Drucks 3/05, 28; *Bachmann* WM 1999, 2100, 2102). Praktisch ist dies nur bei Aktien der Fall, die auf den **7**

Namen des Aktionärs lauten (§ 125 Abs 2 Alt 2), da die nach Abs 1 und Abs 4 zur Mitteilung Verpflichteten nur dann von einer Mitteilung durch die Gesellschaft ausgehen können.

8 4. Inhalt und Gegenstand der Übermittlungspflicht. Gegenstand der Übermittlungspflicht aus Abs 1 sind die Mitteilungen nach § 125 Abs 1 und zwar mit dem Inhalt, mit dem die Intermediäre diese erhalten haben. Sie brauchen die Mitteilungen nicht auf Vollständigkeit oder inhaltliche Korrektheit hin zu überprüfen (MünchKomm AktG/ *Kubis* Rn 9; einschränkend GroßKomm AktG/*Werner* Rn 12: Prüfung, ob die Unterlagen zumindest die Einberufung und die Tagesordnung enthalten), da weder der Wortlaut des Abs 1 noch der der Kostenübernahmeregelung (Abs 3) einen Anhaltspunkt für eine solche zusätzliche aktienrechtliche Pflicht bieten. Die Mitteilungen sind auch nicht daraufhin zu überprüfen, ob sie Informationen enthalten, die von § 125 Abs 1 nicht gefordert werden; sie sind ungeschmälert und unverändert weiterzuleiten (GroßKomm AktG/*Werner* Rn 10, 12 f). Quartalsberichte, Aktionärsbriefe und Berichte über die letzte HV sind allerdings, da sie von vornherein keine Mitteilungen iSd § 125 Abs 1 sein können, nicht weiterzuleiten (Hellner/Steuer Bankrecht und Bankpraxis/ *Decker* Rn 8/285b).

9 Streitig ist, ob die Pflicht zur Übermittlung unter Umständen auch die Pflicht zur Anforderung von Mitteilungen beinhaltet. Virulent wird der Streit, wenn ein Kreditinstitut in der letzten HV keine Stimmrechte für seine Aktionäre ausgeübt hat und deshalb die Mitteilungspflicht der Gesellschaft gem § 125 Abs 1 allein von einem entsprechenden Verlangen abhängig ist (*Hüffer* AktG Rn 6). Eine Anforderungspflicht wird von der heute ganz hM bejaht (K. Schmidt/Lutter AktG/*Ziemons* Rn 3 mwN; GroßKomm AktG/*Werner* Rn 15; MünchKomm AktG/*Kubis* Rn 9; **aA** die ältere Lit, vgl Nachweise bei *Hüffer* AktG Rn 6).

10 5. Verzicht. Nach wohl hM kann die Übermittlungspflicht von Kreditinstituten (und gleichgestellten Finanzdienstleistern) weder durch Depotvertrag noch durch andere Abreden ausgeschlossen werden, da auch die Gesellschaft an der vorgeschriebenen Übermittlung ein Interesse haben kann (MünchKomm AktG/*Kubis* Rn 13; K. Schmidt/Lutter AktG/*Ziemons* Rn 5; **aA** Spindler/Stilz AktG/*Rieckers* Rn 19).

11 6. Form und Frist der Übermittlung. Kreditinstitute und die ihnen gem Abs 4 gleichgestellten Finanzdienstleistungsinstitute werden zur „Übermittlung" verpflichtet. Die Änderung des Wortlautes hin zur „Übermittlung" erfolgte durch das ARUG; hierdurch soll die Möglichkeit einer elektronischen Übertragung (zB E-Mail oder mittels des elektronischen Postfachs des Depotkunden beim Onlinebanking) verdeutlicht werden, die in der Praxis zu einer Zeit- und Kostenersparnis führt (RegBegr BT-Drucks 16/11642, 31). Die Wahl des Übertragungswegs trifft grds (vorbehaltlich einer Satzungsbestimmung iSd Abs 1 S 2 HS 1) das mitteilungspflichtige Kreditinstitut bzw das diesem gem Abs 4 gleichgestellte Finanzdienstleistungsunternehmen. S aber Rn 11a.

11a In Fortführung des Gedankens eines möglichst kosten- und zeitsparenden Informationsflusses bietet Abs 1 S 2 HS 1 seit Geltung des ARUG die Möglichkeit, dass die Satzung die Weiterleitung der Mitteilung durch die Mitteilungsschuldner allein auf den elektronischen Weg beschränkt; sogar das konkrete Kommunikationsmedium (zB E-Mail) kann festgelegt werden. Dieser Freiraum des Abs 1 S 2 HS 1 für Regelungen in der Satzung verläuft parallel zur Regelung des § 125 Abs 2 S 2, zB durch Nichtmitteilung seiner

E-Mail-Adresse und Nichteinrichtung des Online-Banking nicht einwilligt, mit dem Unterschied, dass dort die Kommunikation zwischen der Gesellschaft und dem Aktionär geregelt wird, während hier die Kommunikation zwischen dem Kreditinstitut und dem Aktionär betroffen ist (vgl zu den Grunderwägungen, die ebenfalls für Abs 1 S 2 HS 1 zutreffen § 125 Rn 12a). So gilt für Emittenten, deren Herkunftsstaat Deutschland ist, auch die bei § 125 einschlägige Einschränkung durch § 30b Abs 3 Nr 1 lit d WpHG, wonach dem Aktionär Informationen, und damit auch die Mitteilungen des § 128, dann nicht elektronisch zugesendet werden dürfen, wenn er zB durch Nichtmitteilung seiner E-Mail-Adresse und Nichteinrichtung des Online-Banking nicht einwilligt oder widerspricht. Eine entsprechende Möglichkeit des Aktionärs, der elektronischen Übermittlung zu widersprechen, ist daher in die Satzungsbestimmung aufzunehmen (vgl *Wicke* S 17; *Drinhausen/Keinath* BB 2009, 2322, 2326 f). Ein Verstoß gegen § 30b WpHG stellt allerdings keinen Anfechtungsgrund dar (§ 30g WpHG).

Entscheidend für die Effektivität der Beschränkung auf den elektronischen Übertragungsweg ist der Zusatz in Abs 1 S 2 HS 2, der die Wirksamkeit entgegenstehender Verpflichtungen der Mitteilungsschuldner unter den Vorbehalt der Vereinbarkeit mit der Satzung stellt. Das ist zwar wirtschaftlich nachvollziehbar (*Noack* NZG 2008, 441 f), jedoch entfaltet die Satzungsbestimmung damit Drittwirkung, indem sie in die Rechtsbeziehung zwischen der Bank und dem Aktionär eingreift (krit *Hüffer* AktG Rn 5; *Horn* ZIP 2008, 1558, 1563). **11b**

Die Übermittlung muss nach Abs 1 „unverzüglich", dh ohne schuldhaftes Zögern (§ 121 Abs 1 S 1 BGB), erfolgen. **12**

(zz nicht belegt) **13–41**

II. Rechtsfolgen bei Pflichtverletzung

Kommen die Kreditinstitute und die diesen gleichgestellten Finanzdienstleistungsinstitute ihren Pflichten aus § 128 nicht nach, machen sie sich gegenüber den Aktionären **schadensersatzpflichtig** (MünchHdb AG/*Semler* § 35 Rn 76; *Hüffer* AktG Rn 8). Entsprechende Ansprüche können sich aus der Verletzung des Depotvertrages (§ 280 Abs 1 BGB) und aus Delikt ergeben, wobei § 128 Schutzgesetz iSv § 823 Abs 2 BGB ist (MünchKomm AktG/*Kubis* Rn 18; KölnKomm AktG/*Noack/Zetsche* Rn 100). Die Schadensersatzpflicht kann nach Abs 2 im Voraus, dh vor Anspruchsentstehung, weder ausgeschlossen noch beschränkt werden. Hierdurch soll ein formularmäßiger Haftungsausschluss verhindert werden (Ausschussbericht *Kropff* S 181). Nach Anspruchsentstehung sind Erlassvertrag (§ 397 BGB) oder Vergleich zulässig (*Hüffer* aaO). **41**

Weitergehende Sanktionen sind **ausgeschlossen**. Insbesondere ist die Verletzung einer Pflicht aus § 128 kein Anfechtungsgrund (§ 243 Abs 3 Nr 2). **42**

III. Kosten (Abs 3)

Abs 3 enthält eine Verordnungsermächtigung zur Kostentragungspflicht der Gesellschaft gegenüber den Kreditinstituten, und zwar einmal im Hinblick auf die Übermittlung der für die Führung des Aktienregisters erforderlichen Angaben (Abs 3 Nr 1 iVm § 67 Abs 4) und zum anderen im Hinblick auf die Kosten für die Übermittlung der Mitteilungen an die Depotkunden bzw Mitglieder nach Abs 1, namentlich für die Vervielfältigung und die Übersendung (Abs 3 Nr 2). **43**

44 Der Verordnungsgeber hat bislang nur hinsichtlich der zweiten Fallgruppe (Abs 3 Nr 2) und auch nur zugunsten der Kreditinstitute von der VO-Ermächtigung Gebrauch gemacht, zuletzt durch die VO über den Ersatz von Aufwendungen der Kreditinstitute v 17.6.2003, BGBl I 2003, 885 (dazu *Seibert* ZIP 2003, 1270). Die Kreditinstitute können von der Gesellschaft Postgebühren und – nach Anzahl der Versendung gestaffelt – bestimmte Pauschbeträge verlangen sowie für Vervielfältigungen die übliche Vergütung beanspruchen. Zugunsten der den Kreditinstituten gleichgestellten Finanzdienstleistungsinstitute (§ 125 Abs 5) wird die VO wegen Abs 4 entsprechend angewendet.

Dritter Unterabschnitt
Verhandlungsniederschrift. Auskunftsrecht

§ 129 Geschäftsordnung; Verzeichnis der Teilnehmer

(1) ¹Die Hauptversammlung kann sich mit einer Mehrheit, die mindestens drei Viertel des bei der Beschlussfassung vertretenen Grundkapitals umfasst, eine Geschäftsordnung mit Regeln für die Vorbereitung und Durchführung der Hauptversammlung geben. ²In der Hauptversammlung ist ein Verzeichnis der erschienenen oder vertretenen Aktionäre und der Vertreter von Aktionären mit Angabe ihres Namens und Wohnorts sowie bei Nennbetragsaktien des Betrags, bei Stückaktien der Zahl der von jedem vertretenen Aktien unter Angabe ihrer Gattung aufzustellen.

(2) ¹Sind einem Kreditinstitut oder einer in § 135 Abs. 8 bezeichneten Person Vollmachten zur Ausübung des Stimmrechts erteilt worden und übt der Bevollmächtigte das Stimmrecht im Namen dessen, den es angeht, aus, so sind bei Nennbetragsaktien der Betrag, bei Stückaktien die Zahl und die Gattung der Aktien, für die ihm Vollmachten erteilt worden sind, zur Aufnahme in das Verzeichnis gesondert anzugeben. ²Die Namen der Aktionäre, welche Vollmachten erteilt haben, brauchen nicht angegeben zu werden.

(3) ¹Wer von einem Aktionär ermächtigt ist, im eigenen Namen das Stimmrecht für Aktien auszuüben, die ihm nicht gehören, hat bei Nennbetragsaktien den Betrag, bei Stückaktien die Zahl und die Gattung dieser Aktien zur Aufnahme in das Verzeichnis gesondert anzugeben. ²Dies gilt auch für Namensaktien, als deren Aktionär der Ermächtigte im Aktienregister eingetragen ist.

(4) ¹Das Verzeichnis ist vor der ersten Abstimmung allen Teilnehmern zugänglich zu machen. ²Jedem Aktionär ist auf Verlangen bis zu zwei Jahren nach der Hauptversammlung Einsicht in das Teilnehmerverzeichnis zu gewähren.

(5) § 125 Abs. 5 gilt entsprechend.

Übersicht

	Rn			Rn
A. Allgemeines	1		III. Grenzen der Geschäftsordnung	4
B. Geschäftsordnung der Hauptversammlung (Abs 1 S 1)	2		1. Stellung in der Normenhierarchie	5
I. Begriff und Rechtsnatur	2		2. Kompetenzen anderer Organe	6
II. Inhalt	3		IV. Möglicher Inhalt	7

	Rn		Rn
V. Zustandekommen der Geschäftsordnung	8	1. Zugänglichmachung vor der ersten Abstimmung (Abs 4 S 1)	27
VI. Aufhebung und Änderung der Geschäftsordnung	10	2. Nachträgliche Gewährung der Einsichtnahme (Abs 4 S 2)	30
VII. Durchbrechende HV-Beschlüsse	11	VI. Kosten	32
VIII. Rechtsfolgen fehlerhaft erlassener Geschäftsordnung	13	VII. Kreditinstituten gleichgestellte Finanzdienstleistungsinstitute (Abs 5)	33
IX. Rechtsfolgen von Verstößen gegen die Geschäftsordnung	15	VIII. Rechtsfolgen von Verstößen gegen die Aufstellungs- und Führungspflicht	34
C. **Aufstellung des Teilnehmerverzeichnisses (Abs 1 S 2)**	16	D. **Anhang: Leitfaden für die Hauptversammlung**	37
I. Aufstellungspflichtiger	17	I. Allgemeines	37
II. Zeitlicher Rahmen	19	II. Person des Versammlungsleiters	38
III. Form und Aufbau	21	III. Versammlungsleitung	39
IV. Inhalt	23	1. Allgemeines	39
1. Angaben bei „Eigenbesitz"	23	2. Aufgaben im Rahmen des Zutritts zur HV	42
2. Angaben bei Ausübung von Stimmvollmacht (Abs 2) – „Vollmachtsbesitz"	24	3. Erledigung der Tagesordnung	45
3. Angaben bei Legitimationszession – „Fremdbesitz" – (Abs 3)	26	4. Ordnungsmaßnahmen	45d
		5. Abstimmungen	47
4. Online-Teilnahme	26a	6. Beendigung der HV	48
V. Publizität des Teilnehmerverzeichnisses (Abs 4)	27	IV. Aufzeichnung und Übertragung der HV	49

Literatur: *Bachmann* Die Geschäftsordnung der Hauptversammlung, AG 1999, 210; *Barz* Die große Hauptversammlung, AG 1962 Sonderbeilage I; *Bezzenberger* Die Geschäftsordnung der Hauptversammlung, ZGR 1998, 352; *Bosse* Grünes Licht für das ARUG: das Aktienrecht geht online, NZG 2009, 807; *Büllesbach/Klawitter/Miedbrodt* Das Namensaktiengesetz – Neuerungen und praktische Umsetzungsmöglichkeiten, CR 2000, 565; *DAV (Handelsrechtsausschuss)* Zum RefE eines Gesetzes zur Namensaktie und zur Erleichterung der Stimmrechtsausübung – Namensaktiengesetz (NaStraG), NZG 2000, 433; *Dietrich* Voraussetzungen und Inhalte einer Geschäftsordnung der Hauptversammlung, NZG 1998, 921; *Goedecke/Heuser* NaStraG: Erster Schritt zur Öffnung des Aktienrechts für moderne Kommunikationstechniken, BB 2001, 369; *Hennerkes/Kögel* Eine Geschäftsordnung für die Hauptversammlung, DB 1999, 81; *von der Linden* Haftung für Fehler bei der Leitung der Hauptversammlung, NZG 2013, 208; *Noack* Briefwahl und Online-Teilnahme an der Hauptversammlung: der neue § 118 AktG, WM 2009, 2289; *Schaaf* Die Geschäftsordnung der Hauptversammlung, ZIP 1999, 1339; *Tröder* Erste Erfahrungen mit den Auswirkungen des NaStraG auf die Praxis der Hauptversammlung, RNotZ 2001, 439; *Wicke* Die Leitung der Hauptverhandlung einer Aktiengesellschaft – Praxisrelevante Fragen und neuere Entwicklungen, NZG 2009, 771; *Wieneke/Wolf* Die Organisationspflichten der Versammlungsleitung und ihre Grenzen – Überprüfung von Stimmrechten: Stimmverbote, Stimmrechtsverluste; *Wilsing/von der Linden* Debatte und Abstimmung über Geschäftsordnungsanträge in der Hauptversammlung der Aktiengesellschaft, ZIP 2010, 2321.

A. Allgemeines

§ 129 regelt wie auch die anderen Vorschriften im dritten und vierten Unterabschnitt (§§ 130–137) die Durchführung der HV. Die Norm enthält in Abs 1 eine Ermächtigung zum Erlass einer Geschäftsordnung für die HV. IÜ befasst sie sich mit der 1

Erstellung des Teilnehmerverzeichnisses. Die Einführung der Online-Teilnahme und der Briefwahl (§ 118 Abs 1 S 2 und § 118 Abs 2) durch das ARUG v 30.7.2009 (BGBl I S 2479) hat einen nicht unerheblichen Einfluss auf das Teilnehmerverzeichnis (vgl näher Rn 22, 26a).

1a Die ausdrückliche Ermächtigung zum Erlass einer Geschäftsordnung (Abs 1 S 1) wurde durch das KonTraG v 27.4.1998 (BGBl I S 786) eingeführt und soll die Konzentration auf eine inhaltliche Sachdebatte in der HV fördern (RegBegr BR-Drucks 872/97, 49). Die Geschäftsordnungsautonomie der HV war allerdings schon vorher anerkannt. Jedes Organ hat die Befugnis zu zweckentsprechender Selbstorganisation (*Hüffer* AktG Rn 1b). Die Anknüpfung an eine Kapitalmehrheit von drei Vierteln des vertretenen Grundkapitals hat jedoch im Ergebnis zu einer Einschränkung der Regelungskompetenz geführt.

1b Als Zweck der Aufstellung des Teilnehmerverzeichnisses nennt die Gesetzesbegründung die erleichterte Feststellung der Personen, die an der HV teilgenommen haben (RegBegr *Kropff* S 182). Das Teilnehmerverzeichnis dient damit auch der Ermittlung der für die folgende HV nach § 125 Abs 1 zum Empfang der Mitteilungen berechtigten Kreditinstitute und diesen gem § 125 Abs 5 gleichgestellten Finanzdienstleistungsinstituten, der Feststellung der Beschlussfähigkeit, der Ermittlung und Überprüfung des Abstimmungsergebnisses sowie der Feststellung von Stimmrechtsausschlüssen und von Beteiligungsverhältnissen (Obermüller/Werner/Winden HV/*Butzke* C 53; MünchKomm AktG/*Kubis* Rn 1).

B. Geschäftsordnung der Hauptversammlung (Abs 1 S 1)

I. Begriff und Rechtsnatur

2 Unter Geschäftsordnung ist die Gesamtheit der allein das **Innenverhältnis** der Gesellschaft betr, autonom gesetzten **Verfahrensregelungen** zu verstehen, die **nicht Satzungsqualität** haben und daher in der Normenhierarchie noch **unterhalb dieser angesiedelt** sind (*Hüffer* AktG Rn 1b). Nicht mit der Geschäftsordnung selbst verwechselt werden dürfen einzelne Verfahrensregelungen außerhalb der Geschäftsordnung, auch wenn diese als Geschäftsordnungsregelnde Bestimmungen bezeichnet werden. Die Geschäftsordnung ist nicht zum HR einzureichen und genießt deshalb nicht die Publizität der Satzung.

II. Inhalt

3 Die Geschäftsordnung kann Regeln zur Vorbereitung und Durchführung der HV enthalten (Abs 1 S 1 HS 2, für einen Mustertext vgl Happ AktienR/*Ludwig* Kap 10.16).

III. Grenzen der Geschäftsordnung

4 Der HV sind beim Erlass einer Geschäftsordnung in zweierlei Hinsicht Grenzen gezogen, einmal „vertikal" durch die Stellung in der Normenhierarchie und zum anderen „horizontal" durch die Kompetenzen anderer Organe, insbesondere des Versammlungsleiters (su Rn 6). Dessen Rechte und Pflichten leiten sich nicht von der HV ab, sondern sind dem nach § 130 Abs 2 gesetzlich vorausgesetzten Amt immanent (*Bezzenberger* ZGR 1998, 352, 358 f; *Dietrich* NZG 1998, 921, 923). Der Versammlungsleiter hat alle Rechte, die eine sachgemäße Abwicklung der Tagesordnung in organisatorischer Hinsicht erfordert (*BGHZ* 44, 245, 252).

§ 129 Geschäftsordnung; Verzeichnis der Teilnehmer

1. Stellung in der Normenhierarchie. Die Geschäftsordnung ist nicht nur Gesetz und 5
Satzung nachgelagert, sie kann auch dort keine Regelungen treffen, wo das Gesetz
dem Satzungsgeber Regelungsmöglichkeiten eröffnet (etwa in den §§ 121 Abs 5 S 1
und 2, 122 Abs 1 S 2) oder wo ergänzende Satzungsbestimmungen zulässig sind (§ 23
Abs 5 S 2) und der Satzungsgeber von der Regelungsbefugnis keinen Gebrauch
gemacht hat. Die normenschwächere Geschäftsordnung kann nur dort an Stelle der Satzung eine Regelung treffen, wo dies wie in § 118 Abs 3 ausdrücklich gestattet ist (**hM**, *Hüffer* AktG Rn 1c; K. Schmidt/Lutter AktG/*Ziemons* Rn 4 f; **aA** RegBegr BT-Drucks 13/9712, 19). Ein vergleichbares Ergebnis kann auch nicht durch eine Satzungsbestimmung erreicht werden, die zum Erlass bestimmter Geschäftsordnungsbestimmungen ermächtigt. Die Kompetenz zur unmittelbaren Regelung in der Satzung beinhaltet nicht auch die Kompetenz zur mittelbaren Ermächtigung durch die Satzung (Spindler/Stilz AktG/*Wicke* Rn 4; Obermüller/Werner/Winden HV/*Butzke* D 94; **aA** *Hennerkes/Kögel* DB 1999, 81, 82).

2. Kompetenzen anderer Organe. Nicht an die Geschäftsordnung delegierbar – 6
obwohl in der Gesetzesbegründung explizit genannt (RegBegr BR-Drucks 872/
97, 49) – sind die allein dem Versammlungsleiter zustehenden Aufgaben und Befugnisse, namentlich die der Entscheidung über die Reihenfolge der Wortbeiträge und
die Voraussetzungen der Schließung der Aussprache sowie die der Ausübung des
Hausrechts während der HV einschließlich der Sicherheitskontrolle (MünchKomm
AktG/*Kubis* Rn 12; *Wilsing/von der Linden* ZIP 2010, 2321 f; *Dietrich* NZG 1998, 921,
925). Eine Geschäftsordnung kann auch weder in Rechte der Verwaltung, noch in
Individualrechte der Aktionäre, soweit nicht durch das Gesetz wie in § 113 Abs 3 eingeschränkt, eingreifen (*Bachmann* AG 1999, 210, 212; *Hennerkes/Kögel* DB 1999, 81,
84). Demgegenüber sind Eingriffe in originäre Rechte des Organs HV durch Erlass
einer Geschäftsordnung denkbar, können aber unzweckmäßig sein, wenn sie situationsabhängige Maßnahmen betreffen; für letztere ist eine einzelfallabhängige Reaktion des Versammlungsleiters das geeignete Mittel (ebenso Spindler/Stilz AktG/*Wicke*
Rn 8).

IV. Möglicher Inhalt

Die inhaltlichen Grenzen der Geschäftsordnung sind aufgrund der eben (Rn 4 ff) 7
beschriebenen Stellung in der Normenhierarchie eng gesteckt. Durch eine Geschäftsordnung regelbar sind namentlich
- die Bestimmung des Versammlungsleiters, falls diesbezüglich keine Satzungsregelung getroffen wurde (RegBegr BR-Drucks 872/97, 49),
- die Übertragung der HV in Bild und Ton (§ 118 Abs 3),
- die Zulassung Dritter zur HV, wie Abschlussprüfer, Medienvertreter, Aktionärsbegleiter, Gäste oder sonst nicht originär Teilnahmeberechtigte (**hM** MünchKomm AktG/*Kubis* Rn 12; **aA** *Schaaf* ZIP 1999, 1339, 1340),
- die Absetzung von Tagesordnungspunkten (Obermüller/Werner/Winden HV/*Butzke* D 96; Spindler/Stilz AktG/*Wicke* Rn 10; ausf *Wilsing/von der Linden* ZIP 2010, 2321, 2322 ff),
- die Form und Art des Abstimmungsverfahrens (Handaufheben, elektronische oder schriftliche Stimmabgabe, s § 134 Rn 28) (*Kubis* aaO; *Wicke* aaO; **aA** K. Schmidt/Lutter AktG/*Ziemons* Rn 5),
- die Publikation der Beschlussanträge (*Schaaf* aaO),

Reger

– die Vertagung der HV (*Wilsing/von der Linden* ZIP 2010, 2321, 2325 f; *Bezzenberger* ZGR 1998, 352, 361).

V. Zustandekommen der Geschäftsordnung

8 Die Geschäftsordnung wird durch die HV beschlossen. An die Beschlussvorbereitung sind dabei die gleichen Anforderungen zu stellen wie an andere HV-Beschlüsse, insbesondere ist der geplante Beschl als eigenständiger Tagesordnungspunkt in die Tagesordnung aufzunehmen und somit nach § 121 bekanntzumachen. Der Ausnahmetatbestand des § 124 Abs 4 S 2, der die Stellung des Beschlussantrages ohne vorherige Bekanntmachung in der Tagesordnung ausnahmsweise zulässt, greift nicht ein (Spindler/Stilz AktG/*Wicke* Rn 11; *Hüffer* AktG Rn 1d). Wegen der Nähe zur Satzungsänderung ist die Geschäftsordnung analog § 124 Abs 2 S 2 Alt 1 **im Wortlaut wiederzugeben** (K. Schmidt/Lutter AktG/*Ziemons* Rn 10; **aA** *Wicke* aaO; MünchKomm AktG/ *Kubis* Rn 9). Zwar hat die Geschäftsordnung gegenüber der Satzung „geringeren Geltungsrang" (*Kubis* aaO), doch hat sie wegen der **Organkontinuität** (*Bachmann* AG 1999, 210, 212) auch Geltung für zukünftige HV. Aufgrund des überschaubaren Umfangs ist eine inhaltliche Beschränkung auf den wesentlichen Inhalt (§ 124 Abs 2 S 2) nicht geboten.

9 Der Beschl muss die einfache Mehrheit der abgegebenen Stimmen (§ 133 Abs 1) und zusätzlich die Dreiviertelmehrheit des vertretenen Kapitals erreichen (Abs 1 S 1). Da eine § 179 Abs 2 S 2 entsprechende Regelung fehlt (K. Schmidt/Lutter AktG/*Ziemons* Rn 10; Spindler/Stilz AktG/*Wicke* Rn 11; *Hüffer* AktG Rn 1d), kann das Quorum nicht durch die Satzung abgesenkt werden.

VI. Aufhebung und Änderung der Geschäftsordnung

10 Aufhebung und Änderung der Geschäftsordnung erfolgen ebenfalls durch HV-Beschl, wobei die Anforderungen an die Qualität des Beschl unterschiedlich sind. Für die schlichte **Aufhebung** der Geschäftsordnung oder von Teilen davon genügt mangels spezieller gesetzlicher Regelung die einfache Stimmenmehrheit (§ 133 Abs 1) (Obermüller/Werner/Winden HV/*Butzke* D 98; MünchKomm AktG/*Kubis* Rn 10; **aA** K. Schmidt/Lutter AktG/*Ziemons* Rn 12; differenzierend Spindler/Stilz AktG/*Wicke* Rn 12). Die **Änderung** der Geschäftsordnung stellt sich dagegen als (Teil-)Aufhebung der alten und Beschl einer neuen Geschäftsordnung dar (MünchKomm AktG/*Kubis* Rn 10), so dass die gleichen Formalia zu erfüllen sind wie beim erstmaligen Beschl einer Geschäftsordnung.

VII. Durchbrechende HV-Beschlüsse

11 Beschl, die ein einmaliges Abweichen von der Geschäftsordnung zum Gegenstand haben (GO-durchbrechende Beschl) sind mit einfacher Mehrheit wirksam (iE ebenso, jedoch mit jeweils unterschiedlicher Begründung MünchKomm AktG/*Kubis* Rn 11; *Hüffer* AktG Rn 1 f; ausf Spindler/Stilz AktG/*Wicke* Rn 13; **aA** K. Schmidt/Lutter AktG/*Ziemons* Rn 11). Sie entsprechen einer Änderung im Einzelfall, also einer teilweisen Aufhebung und Neueinführung (s. o. Rn 10). Für erstere genügt die einfache Mehrheit schon deshalb, weil diese selbst bei dauerhafter Aufhebung ausreicht. Für Letztere gilt dies, weil sie als Einzelfallregelung nicht Geschäftsordnung ist, so dass die einfache Beschlussmehrheit iSv § 133 Abs 1 maßgeblich ist.

Allerdings sind an die Bekanntmachung von Durchbrechungsbeschlüssen die gleichen Anforderungen zu stellen wie an nicht verfahrensregelnde Beschl; sie sind auf die Tagesordnung zu setzen und nach § 121 Abs 3 S 2 bekanntzumachen (**aA** Spindler/Stilz AktG/*Wicke* Rn 13). Dies führt dazu, dass „spontane" verfahrensprivilegierte Durchbrechungen idR anfechtbar sind. **12**

VIII. Rechtsfolgen fehlerhaft erlassener Geschäftsordnung

Soweit der HV die Befugnis (s. o. Rn 4 und 6 f) zum Erlass einer Geschäftsordnung fehlt, ist der Beschl gem § 241 Nr 3 nichtig (MünchKomm AktG/*Kubis* Rn 13; Bachmann AG 1999, 120, 213). Die Wirksamkeit der verbliebenen Bestimmungen der Geschäftsordnung ist nach § 139 BGB zu beurteilen (K. Schmidt/Lutter AktG/*Ziemons* Rn 13; **aA** Spindler/Stilz AktG/*Wicke* Rn 14: im Zweifel keine Erstreckung auf die Gesamt-GO). **13**

Werden dagegen bei der Beschlussfassung über die Geschäftsordnung Verfahrensregeln nicht eingehalten, gelten die gleichen Rechtsfolgen wie bei anderen verfahrensfehlerhaften HV-Beschlüssen, dh idR die Anfechtbarkeit (§ 243 Abs 1) des Geschäftsordnungsbeschlusses (MünchKomm AktG/*Kubis* Rn 13). **14**

IX. Rechtsfolgen von Verstößen gegen die Geschäftsordnung

Beschl, die unter Verletzung – also nicht Durchbrechung (vgl Rn 11 f) – einer ordnungsgemäß zustandegekommenen Geschäftsordnung gefasst werden, sind nur dann gem § 243 Abs 1 Alt 1 anfechtbar, wenn der Verstoß gegen die Geschäftsordnung zugleich einen Verstoß gegen gesetzliche Vorschriften inklusive des § 53a und der Treuepflicht oder gegen die Satzung darstellt (*Hüffer* AktG Rn 1g; MünchKomm AktG/*Hüffer* § 243 Rn 22). Die abweichende Ansicht, die stets zur Anfechtbarkeit von geschäftsordnungswidrigen Beschl gelangt und dies mit einem mittelbaren Verstoß gegen § 129 begründet (so MünchKomm AktG/*Kubis* Rn 14; K. Schmidt/Lutter AktG/*Ziemons* Rn 14), ist abzulehnen. **15**

C. Aufstellung des Teilnehmerverzeichnisses (Abs 1 S 2)

Abs 1 S 2 verpflichtet zur Aufstellung eines Teilnehmerverzeichnisses in der HV, und zwar nach hM auch im Falle der Vollversammlung (*Hüffer* AktG Rn 5). Allein bei der Ein-Personen-AG ist kein Teilnehmerverzeichnis zu erstellen, da dieses keinen zusätzlichen Informationswert darstellt (ganz **hM** *Hüffer* AktG Rn 5; Spindler/Stilz AktG/*Wicke* Rn 19 mwN; **aA** K. Schmidt/Lutter AktG/*Ziemons* Rn 17). **16**

I. Aufstellungspflichtiger

Die Aufstellungspflicht trifft die **Gesellschaft** (*Hüffer* AktG Rn 5). Verantwortliches Organ ist der Vorstand, nicht der Versammlungsleiter (**hM**, MünchHdb AG/*Semler* § 36 Rn 30 mwN; K. Schmidt/Lutter AktG/*Ziemons* Rn 15; *Wicke* NZG 2007, 771; **aA** MünchKomm AktG/*Kubis* Rn 16). Letzterer muss lediglich auf die Aufstellung des Teilnehmerverzeichnisses hinwirken; ihn treffen keine weiteren (parallelen) Pflichten bezüglich der Aufstellung (KölnKomm AktG/*Noack/Zetsche* Rn 81; *Hüffer* aaO Rn 7). Der Versammlungsleiter hat allerdings eine Prüf- und Überwachungspflicht hinsichtlich der Aufstellung und ordnungsmäßen Führung seitens der Gesellschaft. **17**

Er muss vor der ersten Abstimmung die HV unterbrechen, bis das Teilnehmerverzeichnis erstellt ist (Abs 4 S 1, s Rn 27).

18 Der **Notar ist nicht aufstellungspflichtig**, ihm kann aber die Aufstellung und Führung des Teilnehmerverzeichnisses übertragen werden (zu den Kosten s Rn 32). Den Notar trifft aber eine, wenn auch auf Plausibilität beschränkte Prüfungspflicht durch In-Augenscheinnahme des Verfahrens und des organisatorischen Ablaufs der Aufstellung sowie eine Hinweispflicht ggü dem Versammlungsleiter bei Zweifeln des Notars an der Rechtmäßigkeit (MünchKomm AktG/*Kubis* Rn 17; MünchHdb AG/*Semler* § 36 Rn 30). Er hat hierbei eine erhöhte Sorgfalt anzuwenden, wenn das Teilnehmerverzeichnis als Grundlage der Ermittlung der Mehrheitsverhältnisse bei Abstimmungen dient. Der Notar darf die Beurkundung der HV jedoch nicht wegen formaler oder inhaltlicher Mängel oder bei gänzlichem Fehlen des Teilnehmerverzeichnisses verweigern (str, Semler/Volhard/Reichert ArbHdb HV/*Volhard* § 13 Rn 67; **aA** Hölters/*Drinhausen* Rn 16; KölnKomm AktG/*Noack/Zetsche* Rn 84; Spindler/Stilz AktG/*Wicke* Rn 22; Obermüller/Werner/Winden HV/*Butzke* Rn N 12).

II. Zeitlicher Rahmen

19 Nach dem Gesetzeswortlaut muss das Teilnehmerverzeichnis „in der HV" (Abs 1 S 2) erstellt werden. Das schließt jedoch vorbereitende Handlungen im Vorfeld der HV nicht aus. In der Praxis wird ein sog Anmeldeverzeichnis zugrunde gelegt, aus dem sich nach Ablauf der Anmeldefrist (§ 123 Abs 2) die maximale Zahl der in der HV erschienenen oder vertretenen Aktionäre ergibt. Durch Abgleich dieses Anmeldeverzeichnisses mit den am Tag der HV tatsächlich eintreffenden Teilnehmern entsteht dann sukzessive das Teilnehmerverzeichnis iSd Abs 1 S 2. Vor Beginn der ersten Abstimmung muss die Aufstellung des Teilnehmerverzeichnisses abgeschlossen sein (arg ex Abs 4 S 1, vgl KölnKomm AktG/*Noack/Zetsche* Rn 74). Es wird dann dem Versammlungsleiter zur Bekanntgabe des erschienenen Grundkapitals überreicht (GroßKomm AktG/*Werner* Rn 13). Wird die Aufstellung so abgeschlossen, dass vor der ersten Abstimmung noch Änderungen eintreten, ist das Erstverzeichnis in sog Nachtragsverzeichnissen zu korrigieren. Diese enthalten nicht notwendigerweise sämtliche Informationen des Erstverzeichnisses, sondern lediglich die Korrekturen selbst, die erst in Zusammenschau mit dem Erstverzeichnis inhaltlich zutreffend informieren.

20 Soll das Teilnehmerverzeichnis als Ausgangsbasis für die Ermittlung des Abstimmungsergebnisses im sog Subtraktionsverfahren (§ 133 Rn 12) verwendet werden, was in der Praxis zumeist der Fall ist, sind auch vor jedem weiteren Abstimmungsgang Änderungen in der Präsenz und in der Vertretung zu erfassen (MünchKomm AktG/ *Kubis* Rn 20). Hierbei sind insbesondere die online teilnehmenden Aktionäre (§ 118 Abs 1 S 2) zu berücksichtigen. Sofern und solange deren aktive Online-Zuschaltung zur HV besteht, gelten sie als erschienen und sind in das Teilnehmerverzeichnis aufzunehmen (vgl § 118 Rn 5c); wird die Online-Verbindung zu diesen getrennt, sind sie von da an wie physisch erschienene Aktionäre, die den Präsenzbereich verlassen, als nicht mehr erschienen zu werten und folglich in einem Nachtragsverzeichnis zum Teilnehmerverzeichnis als Abgang von der Präsenz zu führen. Auch unabhängig von der Verwendung als Präsenzliste für Abstimmungszwecke wird die Gesellschaft teilweise für verpflichtet gehalten, auch nach der ersten Abstimmung entsprechende Berichtigungen vorzunehmen (*Hüffer* AktG Rn 10; GroßKomm AktG/*Werner* Rn 16; **aA** Hölters/*Drinhausen* Rn 18: keine Rechtspflicht).

III. Form und Aufbau

Das Teilnehmerverzeichnis kann als elektronische Datei geführt werden. Dennoch ist 21 es zweckmäßig, nicht ausschließlich von der elektronischen Darstellung Gebrauch zu machen, sondern auch eine Papierfassung (Ausdruck) zu erstellen, die bei Anfechtungs- und Nichtigkeitsklagen Gegenstand des Urkundsbeweises sein kann (Münch-Komm AktG/*Kubis* Rn 2). Das Teilnehmerverzeichnis ist weder Teil der Niederschrift (§ 130), es hat vielmehr eigenständigen Charakter, noch gehört es zu den gem § 130 Abs 3 der Niederschrift beizufügenden Anlagen. Auch bei kleinen Gesellschaften kann es daher nicht durch Auflistung der Teilnehmer in der Niederschrift oder als Anlage hierzu ersetzt werden (*RGZ* 114, 202, 203; *Hüffer* AktG Rn 8).

Das Verzeichnis muss so strukturiert sein, dass es dem üblichen HV-Teilnehmer eine 22 dem Zweck des Teilnehmerverzeichnisses entsprechende Kenntnisnahme erlaubt. Hierfür ist eine alphabetische Aufteilung wie auch eine Auflistung der Teilnehmer nach den Nummern der Einladungskarten sinnvoll. Strukturell ändert sich durch die Aufnahme der online teilnehmenden Aktionäre (§ 118 Abs 1 S 2) im Teilnehmerverzeichnis nichts (näher dazu sogleich Rn 26a); denn § 129 sieht für diese keine zusätzlichen Sonderregelungen vor; somit kann die hergebrachte Struktur weiterverwendet werden. In der Praxis wird es sich allerdings anbieten, eine zusätzliche Spalte einzufügen, die angibt, ob dem Online-Teilnehmer das Stimmrecht zusteht oder ob die Online-Ausübung des Stimmrechts nicht eröffnet ist (vgl dazu Rn 26a aE).

IV. Inhalt

1. Angaben bei „Eigenbesitz". In das Teilnehmerverzeichnis sind die Namen – 23 wegen Verwechslungsgefahr in der Praxis auch Vornamen – und Wohnort der erschienenen oder vertretenen Aktionäre sowie der Vertreter aufzunehmen, sog **„Eigenbesitz"** (*Hüffer* AktG Rn 2), und zwar unabhängig von der Stimmberechtigung, also bspw selbst, wenn es sich um stimmrechtslose Aktien handelt oder (Obermüller/Werner/Winden HV/*Butzke* C 54; GroßKomm AktG/*Werner* Rn 26) oder um Online-Teilnehmer, wenn die Online-Ausübung des Stimmrechts nicht eröffnet ist (vgl § 118 Rn 5b). Darüber hinaus sind bei Nennbetragsaktien der Betrag und bei Stückaktien Zahl und Gattung anzugeben.

2. Angaben bei Ausübung von Stimmvollmacht (Abs 2) – „Vollmachtsbesitz". Abs 2 24 regelt den Fall der **verdeckten Stellvertretung**, in dem anders als in Abs 1 S 2 der vertretene Aktionär nicht bekannt ist, weil nur die Vertretung, nicht aber der Vertretene aufgedeckt wird („Vollmachtsbesitz"). Das Handeln im Namen dessen, den es angeht, gestattet das Gesetz ausdrücklich nur Kreditinstituten (§ 135 Abs 5 S 2), den gem § 135 Abs 8 gleichgestellten Vereinigungen und Personen sowie dem von der Gesellschaft benannten Stimmrechtsvertreter (§ 134 Abs 3 S 5 HS 2 iVm § 135 Abs 5). Für alle anderen Vertreter gilt daher zwingend der Eigenbesitz, Abs 1 S 2 (*Hüffer* AktG Rn 11; Spindler/Stilz AktG/*Wicke* Rn 27). Ein mit der Stimmvollmacht vergleichbares Ergebnis ohne die Folgen des Abs 1 S 2 kann aber durch Legitimationszession (Abs 3) erreicht werden (dazu unten Rn 26).

In das Teilnehmerverzeichnis aufgenommen wird nur der Vertreter unter getrennter 25 Angabe des vertretenen Gesamtbetrags bei Nennbetragsaktien bzw der Zahl bei Stückaktien. Die Namen der Aktionäre, die Vollmachten erteilt haben, brauchen dagegen nicht angegeben zu werden, da es widersprüchlich wäre, das Handeln im

Namen dessen, den es angeht, bei der Ausübung der Stimmvollmacht zu gestatten, aber die Namensnennung der Vertretenen im Teilnehmerverzeichnis anzuordnen (Abs 2 S 2; *Hüffer* AktG Rn 11).

26 **3. Angaben bei Legitimationszession – „Fremdbesitz" – (Abs 3).** Die Ermächtigung, fremde Stimmrechte im eigenen Namen auszuüben (Abs 3), meint den Fall der Legitimationsübertragung („Fremdbesitz"). Die Legitimationsaktionäre sind an Stelle der Aktionäre mit dem vertretenen Gesamtbetrag bei Nennbetragsaktien und der Zahl bei Stückaktien in das Teilnehmerverzeichnis gesondert einzutragen (unstr, Münch-Komm AktG/*Kubis* Rn 36; KölnKomm AktG/*Noack/Zetsche* Rn 64). Kreditinstituten gem § 135 Abs 8 gleichgestellte Vereinigungen und Personen kommen als Legitimationsaktionäre allerdings nur im Fall des § 135 Abs 6 in Frage (arg ex § 135 Abs 1 S 1). Abs 3 S 1 findet gem S 2 auch bei Namensaktien, für die der Ermächtigte als Aktionär im Aktienregister (§ 67 Abs 2 S 1) eingetragen ist, Anwendung (*Zöllner* aaO). Abs 3 S 2 schränkt § 67 Abs 2 S 2 insoweit ein (vgl *Hüffer* AktG Rn 12).

26a **4. Online-Teilnahme.** Online-Teilnehmer iSd § 118 Abs 1 S 2 müssen künftig mit in das Teilnehmerverzeichnis aufgenommen werden, und zwar unabhängig davon, welche Rechte den Online-Teilnehmern durch die Satzung bzw den hierzu ermächtigten Vorstand zur Ausübung zugestanden wurden. **Briefwähler** (§ 118 Abs 2) sind nicht mit aufzulisten. Eine entsprechende Regelung für diese Teilnahmeformen findet sich im Gesetz zwar nicht; doch der Umstand, dass nur online an der HV teilnehmende Aktionäre als erschienen gelten (vgl § 118 Rn 5c), nicht jedoch Briefwähler (vgl § 118 Rn 5g), lässt diesen Schluss zu (RegBegr BT-Drucks 16/11642, 26 f). **Inhaltlich** muss der Eintrag der Online-Teilnehmer gem Abs 1 S 2 wie bei physisch anwesenden Aktionären den Namen, Wohnort sowie Angaben zu der Anzahl bzw dem Nennwert der gehaltenen Aktien und deren Gattung enthalten. Die Aufnahme von Angaben zu den online ausübbaren Aktionärsrechten ist gesetzlich nicht vorgeschrieben, aber dennoch empfehlenswert, insbesondere wenn das Teilnehmerverzeichnis als Grundlage für die Ermittlung des Abstimmungsergebnisses verwendet werden soll (*Noack* WM 2009, 2289, 2294). Empfehlenswert ist daher die Aufnahme einer weiteren Spalte im Teilnehmerverzeichnis, die kennzeichnet, ob der Online-Teilnehmer über das Stimmrecht verfügt; Sinn ergibt diese Zusatzspalte vor allem, wenn die Online-Ausübung des Stimmrechts nicht gestattet ist (s *Bosse* NZG 2009, 807, 809); vgl auch zur Stimmenauszählung unter Berücksichtigung online teilnehmender Aktionäre und Briefwähler § 130 Rn 17a; § 133 Rn 12.

V. Publizität des Teilnehmerverzeichnisses (Abs 4)

27 **1. Zugänglichmachung vor der ersten Abstimmung (Abs 4 S 1).** Das Teilnehmerverzeichnis ist vor der ersten Abstimmung allen Teilnehmern zugänglich zu machen (Abs 4 S 1; Ausnahme s Rn 38). Aufgrund des klaren Wortlauts kommt es für die Ermittlung des maßgeblichen **Zeitpunkts** nicht darauf an, ob die Abstimmung einen Geschäftsordnungs- oder Sachbeschluss zum Gegenstand hat (**hM** KölnKomm AktG/*Noack/Zetsche* Rn 85; Obermüller/Werner/Winden HV/*Butzke* C 69; Spindler/Stilz AktG/*Wicke* Rn 32). Den genauen Zeitpunkt bestimmt der Versammlungsleiter (beachte aber Rn 28). Das Teilnehmerverzeichnis muss nicht in Papierform erstellt werden, zulässig ist auch dessen elektronische Darstellung auf Bildschirmen (Terminals) im Versammlungsraum (RegBegr BT-Drucks 14/4051, 14 f; *Hüffer* AktG Rn 13). Die Auslegung bzw elektronische Darstellung kann auch in frei zugänglichen Nebenräumen erfolgen (Semler/Volhard/Reichert ArbHdb HV/*Fischer* § 9 Rn 59). Notwendig ist nur, dass der Aktionär über eine angemessene Möglichkeit der Kenntnisnahme auf der HV verfügt (RegBegr BT-Drucks 14/4051, 14). Das Teilnehmerverzeichnis muss bis zum Ende der HV zugänglich bleiben (MünchKomm AktG/*Kubis* Rn 40).

Zum **berechtigten Personenkreis**, dem das Teilnehmerverzeichnis zugänglich zu machen ist, gehören nicht nur die Aktionäre, sondern grds alle Teilnehmer der HV (RegBegr *Kropf* S 182). Nach einheiliger Ansicht gilt dies jedoch nicht ausnahmslos. Ein gesetzliches Einsichtnahmerecht soll neben den Aktionären und deren Vertretern, nur dem Versammlungsleiter, den Mitgliedern der Verwaltung, dem Abschlussprüfer und dem Notar zustehen (Obermüller/Werner/Winden HV/*Butzke* C 72). Der Versammlungsleiter kann jedoch auch anderen Personen – ohne Anspruch auf Gleichbehandlung – die Einsichtnahme gestatten (MünchKomm AktG/*Kubis* Rn 37). Zu den Folgen verweigerter Einsichtgewährung su Rn 36. 28

Zwischen Auslegung des Teilnehmerverzeichnisses und Abstimmungsbeginn **muss kein** zeitlicher Abstand gewahrt werden, in dem die Aktionäre Gelegenheit hätten, das Verzeichnis einzusehen (str GroßKomm AktG/*Werner* Rn 46; Obermüller/Werner/Winden HV/*Butzke* C 71; **aA** MünchKomm AktG/*Kubis* Rn 39). Das Teilnehmerverzeichnis dient nicht dazu, den Aktionären vor der Beschlussfassung eine Kontrolle zu ermöglichen, sondern soll für Nachprüfungen festhalten, welche Personen mit welchem Anteilsbesitz an der HV teilgenommen haben (*Werner* aaO). Eine Unterbrechung der HV kann nur dann erforderlich werden, wenn Anhaltspunkte für Fehler im Verzeichnis bestehen (*Butzke* aaO C 71). 29

2. Nachträgliche Gewährung der Einsichtnahme (Abs 4 S 2). Jedem Aktionär ist auf Verlangen bis zu zwei Jahren nach der HV Einsicht in das Teilnehmerverzeichnis zu gewähren (Abs 4 S 2). Das Recht auf nachträgliche Einsichtnahme bei der Gesellschaft tritt faktisch an die Stelle des § 9 Abs 1 S 1 Alt 2 HGB. 30

Erfüllungsort der Einsichtnahme ist der Sitz der Gesellschaft (MünchKomm AktG/ *Kubis* Rn 42). Da es ein schriftliches Teilnehmerverzeichnis nicht mehr geben muss, hat die Gesellschaft die Wahl zwischen der elektronischen Darstellung und der Papierform (RegBegr BT-Drucks 14/4051, 15). Möglich ist somit eine Darstellung auf der Homepage der Gesellschaft (*DAV* NZG 2000, 443, 447), jedoch muss aus datenschutzrechtlichen Gründen gewährleistet sein, dass nur Aktionäre und nicht Dritte Einsicht nehmen können (vgl *Tröder* RNotZ 2001, 439, 442; *Goedecke/Heuser* BB 2001, 369, 372; krit *Büllesbach/Klawitter/Miedbrodt* CR 2000, 565, 568). Der Aktionär kann analog § 9 Abs 4 HGB eine **Abschrift** bzw bei elektronisch geführtem Teilnehmerverzeichnis einen Ausdruck oder Speicherung auf einem elektronischen Datenträger verlangen (*Hüffer* AktG Rn 14; K. Schmidt/Lutter AktG/*Ziemons* Rn 32). Die anfallenden Kosten sind analog § 811 Abs 2 BGB bis zur Höhe der Dokumentenpauschale nach § 136 Abs 2 bzw Abs 3 KostO von den Aktionären zu tragen (*Kubis* aaO). 31

VI. Kosten

Ist dem Notar die Führung des Teilnehmerverzeichnisses übertragen, so erhält er gem § 147 Abs 2 KostO hierfür die Hälfte der vollen Gebühr, wobei der Gegenstandswert gem § 30 Abs 1 KostO nach freiem Ermessen zu bestimmen ist (MünchHdb AG/*Semler* § 40 Rn 31). 32

VII. Kreditinstituten gleichgestellte Finanzdienstleistungsinstitute (Abs 5)

33 Die Verweisung auf § 125 Abs 5 in Abs 5 soll gewährleisten, dass die Regelung für Vollmachtsbesitz in Abs 2 (oben Rn 24) nicht nur auf Kreditinstitute, sondern auch auf sonstige Finanzdienstleistungsinstitute (§§ 53 Abs 1 S 1, 53b Abs 1 S 1 oder Abs 7 KWG), die Versammlungsrechte der Aktionäre wahrnehmen (dazu § 125 Rn 15), Anwendung findet.

VIII. Rechtsfolgen von Verstößen gegen die Aufstellungs- und Führungspflicht

34 Bei Verstößen gegen die Pflicht zur Aufstellung und Führung des Teilnehmerverzeichnisses handelt es sich um Gesetzesverletzungen iSv § 243 Abs 1. Auf ihnen beruhende HV-Beschlüsse können daher **angefochten** werden. Dies gilt auch für Beschl, die vor Erstellung und Zugänglichmachung des Teilnehmerverzeichnisses (Abs 4 S 1) gefasst wurden (Ausnahme: Wahl des Versammlungsleiters, hierfür muss das Teilnehmerverzeichnis noch nicht vorliegen, s hierzu Rn 38). Der Gesellschaft dürfte jedoch idR der Nachweis gelingen, dass der Verstoß für die sachgerechte Meinungsbildung der Aktionäre nicht relevant war (*BGHZ* 149, 158; 153, 32; *Hüffer* AktG Rn 16). Ist das Teilnehmerverzeichnis objektiv unrichtig, ohne dass der Gesellschaft dies vorgeworfen werden kann, etwa aufgrund unrichtiger Angaben seitens der Bank oder der Aktionäre, fehlt es bereits an einer Pflichtverletzung und damit an einem Gesetzesverstoß iSv § 243 Abs 1 (Spindler/Stilz AktG/*Wicke* Rn 36; KölnKomm AktG/*Noack/Zetsche* Rn 101). Machen Aktionäre oder deren Vertreter vorsätzlich unrichtige Angaben, handeln sie gem § 405 Abs 2 **ordnungswidrig**.

35 § 129 ist zugunsten der Abstimmungsteilnehmer **Schutzgesetz iSv § 823 Abs 2 BGB** und zwar unabhängig von der Sanktion des § 405 Abs 2, so dass für eine Haftung auch leichte Fahrlässigkeit genügt (**hM** KölnKomm AktG/*Noack/Zetsche* Rn 107). Geschützt iSd § 823 Abs 2 BGB sind die Versammlungsteilnehmer, nicht aber die Gesellschaft (MünchKomm AktG/*Kubis* Rn 47; GroßKomm AktG/*Werner* Rn 56). Der Versammlungsleiter haftet nicht persönlich für Aufstellungsfehler (*Kubis* aaO). Schadensersatzpflichtig können hingegen Teilnehmer sein, die Angaben unterlassen oder fehlerhaft machen (*Zöllner* aaO). Ersatz der Kosten einer Wiederholungsversammlung können weder die Aktionäre noch die Gesellschaft verlangen (*Kubis* aaO und dort Fn 145). Die Schadensersatzpflicht ist im Ergebnis praktisch bedeutungslos, auch ist eine Ursächlichkeit zu einem eingetretenen Schaden kaum vorstellbar (*Werner* aaO; Obermüller/Werner/Winden HV/*Butzke* C 75).

36 Wird ein gem Abs 4 S 1 einsichtnahmeberechtigter Aktionär oder dessen Vertreter durch den Versammlungsleiter an der **Einsichtnahme in das Teilnahmeverzeichnis gehindert**, führt das zur **Anfechtbarkeit** sämtlicher nach Äußerung des Einsichtnahmewunsches gefasster Beschl (MünchKomm AktG/*Kubis* Rn 37).

D. Anhang: Leitfaden für die Hauptversammlung

Literatur: *DAV* Stellungnahme zum RegE UMAG, ZIP 2005, 774; *Kort* Infotechnologie im Aktienrecht: Zum Stand der „elektronischen Hauptversammlung", NZG 2007, 653; *Krieger* Abwahl des satzungsgemäßen Versammlungsleiters?, AG 2006, 355; *Martens* Leitfaden für die Leitung der Hauptversammlung einer Aktiengesellschaft, 3. Aufl 2003; *ders* Die Leitungskompetenzen auf der Hauptversammlung einer Aktiengesellschaft, WM 1981, 1010; *Max* Die Leitung der Hauptversammlung, AG 1991, 77; *Rose* Anträge auf Abwahl des durch die Satzung bestimmten Versammlungsleiters, NZG 2007, 241; *Stützle/Walgenbach* Leitung der Hauptversammlung und Mitspracherecht der Aktionäre in Fragen der Versammlungsleitung, ZHR 155 (1991), 516; *Weißhaupt* Informationsmängel in der Hauptversammlung: die Neuregelung durch das UMAG, ZIP 2005, 1766; *Wilsing/von der Linden* Hauptversammlungsleitung durch einen Unternehmensfremden, ZIP 2009, 641.

I. Allgemeines

Der Ablauf der HV ergibt sich aus den §§ 129–130 und folgt iÜ allgemein anerkannten Grundsätzen über Durchführung von Versammlungen (*Hüffer* AktG Rn 17 mwN). 37

II. Person des Versammlungsleiters

Die Person des Versammlungsleiters bzw die Art und Weise von dessen Bestimmung, insbesondere im Verhinderungsfall, wird idR von der Satzung bzw der Geschäftsordnung festgelegt; im Sonderfall des § 122 Abs 3 S 2 kann das Gericht den Versammlungsleiter bestimmen. Steht der Versammlungsleiter zu Beginn der HV noch nicht fest (wegen fehlender GO- oder Satzungsregelung), ist er nach dem von der Satzung oder der Geschäftsordnung vorgegebenen Modus zu bestimmen. Fehlen solche Angaben, ist der Versammlungsleiter von der HV zu wählen (KölnKomm AktG/*Zöllner* § 119 Rn 47; MünchHdb AG/*Semler* § 36 Rn 36). In diesem Fall übernimmt, sofern die Satzung oder Geschäftsordnung nichts anderes bestimmt, der Einberufende, idR also der Vorsitzende des Vorstands, im Falle seiner Verhinderung dessen Stellvertreter, die vorläufige Versammlungsleitung bis zum Abschluss der Wahl des Versammlungsleiters und leitet die Wahl (**hM** Spindler/Stilz AktG/*Wicke* Anh § 119 Rn 3; GroßKomm AktG/*Mülbert* Vor §§ 118–147 Rn 78; *Semler* aaO; **aA** K. Schmidt/Lutter AktG/*Ziemons* Rn 39: sog parlamentarisches Verfahren). Der Beschl muss mit der einfachen Stimmenmehrheit iSd § 133 Abs 1 gefasst werden, falls die Satzung davon nicht abweicht (*Wicke* Rn 3; *Mülbert* aaO Rn 77; MünchKomm AktG/*Kubis* Anh § 119 Rn 111). Nicht als Versammlungsleiter einsetzbar – dies gilt auch für die soeben behandelte vorläufige Versammlungsleitung – sind Vorstandsmitglieder und der für die Niederschrift (§ 130) zuständige Notar (*Hüffer* AktG Rn 18; *Semler* aaO; *Wilsing/ von der Linden* ZIP 2009, 641, 644 f; ebenso zum beurkundenden Notar *KG* NZG 2011, 305, 307; zu Unrecht zweifelnd *Max* AG 1991, 77, 78), sehr wohl aber Aktionäre und unternehmensfremde Dritte (*Wilsing/von der Linden* aaO 646). Ist zum Zeitpunkt der Wahl des Versammlungsleiters das Teilnehmerverzeichnis noch nicht erstellt, kann die Wahl auch aufgrund einer provisorisch festgestellten Präsenz erfolgen (*Martens* Leitfaden S 47), wobei das Ergebnis nach Vorliegen des Teilnehmerverzeichnisses durch erneuten Beschl der HV bestätigt werden muss. 38

Der Versammlungsleiter kann sein Amt jederzeit ohne wichtigen Grund niederlegen (ganz **hM** K. Schmidt/Lutter AktG/*Ziemons* Rn 41; Spindler/Stilz AktG/*Wicke* Anh § 119 Rn 4). Für die Bestimmung eines neuen Versammlungsleiters gilt dann der von der Satzung oder Geschäftsordnung bestimmte Modus, ansonsten das in Rn 38 dargestellte Verfahren. Ein von Seiten der HV gewählter Versammlungsleiter kann durch eine nach dem oben dargestellten Modus (s. o. Rn 38) von der HV gewählte Ersatzperson ersetzt werden (*Ziemons* aaO). Auch die Abberufung eines satzungs- oder geschäftsordnungsmäßig bestimmten Versammlungsleiters durch die HV ist möglich (**hM** *Wicke* aaO; MünchKomm AktG/*Kubis* Anh § 119 Rn 109; Semler/Volhard/Rei- 38a chert ArbHdb HV/*Fischer* § 9 Rn 23; ausf *Rose* NZG 2007, 241 f, jeweils mwN; **aA** *Ziemons* aaO § 124 Rn 67; *Wilsing/von der Linden* ZIP 2010, 2321, 2327; *Krieger* AG 2006, 355, 363; Obermüller/Werner/Winden HV/*Butzke* Rn D 14). Erforderlich sind dafür das Vorliegen eines wichtigen Grundes (**hM**, ausf *Wicke* aaO mwN; Marsch-Barner/Schäfer Hdb AG/*Marsch-Barner* § 33 Rn 23; *OLG Bremen* AG 2010, 256, 257; *OLG Frankfurt* AG 2006, 249, 251 – Deutsche Telekom/T-Online; *OLG Hamburg* AG 2001, 359, 363; **aA** *Fischer* aaO: Abberufung auch ohne wichtigen Grund) sowie ein mit einer Mehrheit von Dreiviertel des vertretenen Grundkapitals gefasster Beschl der HV (**hM**, *Wicke* aaO mwN; *Fischer* aaO Rn 26; offen *OLG Bremen* aaO; **aA** einfache Mehrheit: GroßKomm AktG/*Mülbert* Vor §§ 118–147 Rn 83; *Rose* aaO 244). Als wichtige Gründe sind bspw die Nichtzulassung zweifelsohne legitimierter Aktionäre und die grundlose Nichtberücksichtigung von Stimmen anzuführen (*Wicke* aaO). Ein Abwahlantrag, der sich auf dies Gesichtspunkte stützt, die bereits im Vorjahr erfolglos vorgetragen worden sind, ist rechtsmissbräuchlich und kann vom Versammlungsleiter zurückgewiesen werden (*LG Frankfurt/Main* BB 2012, 736, 736). Lässt der Versammlungsleiter die Abstimmung über seine Abberufung pflichtwidrig nicht zu, droht die Anfechtbarkeit der nachfolgenden Beschl gem § 243 Abs 1 (*Marsch-Barner* aaO; *Rose* aaO 244; *Wicke* aaO; **aA**, die Nichtigkeit annehmend: *LG Frankfurt/Main* AG 2005, 892, 893 f; *LG Köln* AG 2005, 696, 701; *Fischer* aaO Rn 28). Voraussetzung für die Anfechtbarkeit von Beschlüssen, die unter der Leitung eines an sich unzuständigen Versammlungsleiters zustandegekommen sind, ist, dass sich die konkrete Maßnahme des an sich unzuständigen Versammlungsleiters inhaltlich iSd Relevanz auf den angefochtenen Beschluss ausgewirkt hat (*OLG Frankfurt/Main* BB 2012, 2327, 2328). Erfolgt die Abberufung durch die HV zu Unrecht, weil kein wichtiger Grund vorliegt, begründet dies ebenfalls die Anfechtbarkeit der daraufhin gefassten Beschlüsse (*Wicke* aaO); Abhilfe schafft im letzten Fall allein die parallel erfolgende Erklärung der Niederlegung des Amtes (*Rose* aaO 245; *Marsch-Barner* aaO). Bis zur Rechtskraft eines Urteils, dass seine Wahl zum AR-Vorsitzenden unwirksam ist, ist die Versammlungsleitung durch den gewählten AR-Vorsitzenden rechtmäßig (*OLG Frankfurt* BB 2012, 2327, 2328).

III. Versammlungsleitung

39 **1. Allgemeines.** Die Leitung der HV muss in deutscher Sprache erfolgen. Der Versammlungsleiter, der der deutschen Sprache nicht in ausreichendem Maß mächtig ist, muss dies notfalls durch einen Simultandolmetscher gewährleisten (*OLG Hamburg* AG 2001, 359, 363).

40 Zur Eröffnung der HV gehört zweckmäßigerweise die Feststellung der Anwesenheit der Mitglieder der Verwaltung durch den Versammlungsleiter (KölnKomm AktG/*Zöllner* Rn § 119 Rn 50).

41 Bei Wahlen zum AR folgt eine Vorstellung der vorgeschlagenen Personen.

42 **2. Aufgaben im Rahmen des Zutritts zur HV.** Zu den Aufgaben des Versammlungsleiters gehört es, den ungehinderten Zugang der Aktionäre zur HV zu ermöglichen. Dabei muss der Versammlungsleiter insbesondere in den Fällen über die Zulassung entscheiden, in denen die Berechtigung zweifelhaft ist (MünchKomm AktG/*Kubis* Anh § 119 Rn 129; *Wicke* NZG 2007, 771, 772). Seiner Entscheidung hat der Versammlungsleiter die im konkreten Fall einschlägigen **Anmelde- und Nachweiserfor-**

Geschäftsordnung; Verzeichnis der Teilnehmer **§ 129**

dernisse und beim Bestehen von Vertretungsverhältnissen deren Voraussetzungen zugrunde zu legen (*Kubis* aaO). Fehlentscheidungen des Versammlungsleiters bei der Zulassung von Aktionären können zur Anfechtbarkeit sämtlicher von der HV gefassten Beschl führen (*Wicke* aaO 771). Auch über den Zutritt von Dritten (zB Gäste, Presse) entscheidet der Versammlungsleiter (s § 118 Rn 10). Das Teilnahmerecht des Aktionärs umfasst nicht den Zugang zum sog „back-office"; auch nicht zur Kontrolle der Stimmauszählung (*OLG Frankfurt/Main* BB 2012, 2327, 2327).

Neben der Entscheidung über den Zutritt kann der Versammlungsleiter im Rahmen seiner Verantwortung für die Sicherheit aller HV-Teilnehmer **Personen- und Gepäckkontrollen** bei Bestehen von Anhaltspunkten einer Gefährdung durchführen (MünchKomm AktG/*Kubis* Anh § 119 Rn 132). Die Intensität der Überprüfung muss sorgfältig mit dem Teilnahmerecht der Aktionäre abgewogen werden. So stellt das Inspizieren der Tasche eines teilnahmewilligen Aktionärs eine unverhältnismäßige Beeinträchtigung des Teilnahmerechts dar, die mittels Durchleuchtung der Tasche verhindert werden kann (*OLG Frankfurt* NZG 2007, 310, 311, vgl auch § 118 Rn 6). **43**

Aufgrund seiner Verantwortung für die Zulassung und Nichtzulassung aller Aktionäre, gehört auch die **Überprüfung** des in der Verantwortung des Vorstandes zu erstellenden **Teilnehmerverzeichnisses** zu den Aufgaben des Versammlungsleiters (s. o. Rn 17). **44**

3. Erledigung der Tagesordnung. Die HV wird durch den Versammlungsleiter eröffnet; dies darf nicht vor dem bekanntgegebenen Zeitpunkt erfolgen, da ansonsten die gefassten Beschl anfechtbar sind (MünchKomm AktG/*Kubis* Anh § 119 Rn 133; *Wicke* NZG 2007, 771, 772). Zulässig sind auch Unterbrechungen der HV durch den Versammlungsleiter (*Wicke* aaO). **45**

Der Versammlungsleiter sorgt für die ordnungsgemäße Erledigung der Tagesordnung (*Martens* Leitfaden S 56). Dafür stehen ihm alle Rechte zu, die er zur Gewährleistung eines ordnungsgemäßen Ablaufs der HV benötigt (*Wicke* NZG 2007, 771; *Hüffer* AktG Rn 19). Innerhalb dieses Rahmens muss der Versammlungsleiter seine Maßnahme nach pflichtgemäßem Ermessen treffen; das Ermessen ist dabei am Neutralitätsgebot, dem Gleichbehandlungsgrundsatz und dem Verhältnismäßigkeitsgrundsatz auszurichten (*Wicke* aaO; K. Schmidt/Lutter AktG/*Ziemons* Rn 45). Veranlasst der Versammlungsleiter Maßnahmen unter Verstoß gegen diesen Ermessensrahmen, sind die betroffenen Beschl der HV anfechtbar, nicht jedoch die Maßnahme des Versammlungsleiters. **45a**

Der Versammlungsleiter ist gehalten, die **Tagesordnungspunkte** in der angekündigten **Reihenfolge** aufzurufen, darf aus Sachgründen aber davon abweichen (*KG* NJW 1957, 1680f für Genossenschaft); die HV kann die Reihenfolge nicht durch Beschl verbindlich gegenüber dem Versammlungsleiter festlegen (**hM**, Spindler/Stilz AktG/*Wicke* Anh § 119 Rn 7; K. Schmidt/Lutter AktG/*Ziemons* Rn 51; MünchKomm AktG/*Kubis* Anh § 119 Rn 137; GroßKomm AktG/*Mülbert* Vor §§ 118–147 Rn 108 mwN; **aA** MünchHdb AG/*Semler* § 36 Rn 43). Die **Absetzung** bzw **Vertagung** von Tagesordnungspunkten liegt allein in der Verantwortung der HV, die hierüber durch Beschl entscheidet (*Kubis* aaO Rn 141; *Hüffer* AktG Rn 19). Dagegen ist der Versammlungsleiter für das Wiederaufgreifen bereits abgehandelter Tagesordnungspunkte zuständig (**hM**, ausf *Kubis* aaO Rn 139; **aA** *Wicke* NZG 2007, 771, 772). Üblich und zulässig ist, die Aussprache einschließlich des Fragerechts zu mehreren bzw allen Tagesordnungspunkten in einer Generaldebatte zusammenzufassen. **45b**

Reger 1107

§ 129 Geschäftsordnung; Verzeichnis der Teilnehmer

45c Kommt es zu einem **Gegenantrag** oder **Wahlvorschlag**, sei es, dass dieser zuvor gem § 126 bzw § 127 iVm § 126 mitgeteilt wurde und nun in der HV als Antrag gestellt wird oder dass dieser erstmals in der HV gestellt wird (vgl § 126 Rn 7), sollte der Versammlungsleiter auf die Ausformulierung als „abstimmungsfähige" Beschlussvorlage hinwirken; der Versammlungsleiter ist jedoch nicht verpflichtet, Aktionäre zur Stellung der gem § 126 bzw § 127 angekündigten Gegenanträge bzw Wahlvorschläge aufzufordern (*Ek* Praxisleitfaden für die HV, § 8 Rn 181). Ob über den Gegenantrag oder Wahlvorschlag abgestimmt wird, liegt in den Händen des Versammlungsleiters; denn dieser entscheidet grds nach pflichtgemäßem Ermessen über die Reihenfolge der Abstimmung über mehrere Beschlussvorschläge zu einem Tagesordnungspunkt (*Henn* Handbuch des Aktienrechts, 7. Aufl 2001, § 24 Rn 844 f); sobald die erforderliche Mehrheit für einen Beschlussvorschlag zum Tagesordnungspunkt erreicht wurde (zB der Vorschlag der Verwaltung), sind alle weiteren Beschlussvorschläge zum Tagesordnungspunkt nicht mehr zur Abstimmung zu stellen (*Henn* aaO). Eine Ausnahme gilt für Wahlvorschläge zum AR, wenn die Voraussetzungen von § 137 vorliegen.

45d **4. Ordnungsmaßnahmen.** Der Versammlungsleiter ist für die sachgemäße Abwicklung der HV und für die Sicherung eines geordneten Verfahrensablaufs zuständig (MünchKomm AktG/*Kubis* § 119 Rn 128); dazu gehört auch die Aufgabe, für eine zeitlich angemessene Dauer Sorge zu tragen (*Wicke* NZG 2007, 771, 772). Leitbild ist dabei die Durchführung der HV an einem Tag (vgl *BGHZ* 184, 239, 250 – Redezeitbeschränkung mwN); der Gesetzgeber geht von einer üblichen HV-Dauer von 4-6 Stunden aus, sofern keine tiefgreifenden unternehmensstrukturellen Maßnahmen behandelt werden (RegBegr zum UMAG BT-Drucks 15/5092, 17). Zur Erfüllung dieser Aufgaben hat er die Befugnis, den Ablauf der HV durch Rede- und Fragezeitbeschränkungen, Ordnungsrufe und notfalls Wortentziehung und Saalverweis zu steuern (*BGHZ* 44, 245, 248). Der Versammlungsleiter kann diese Befugnisse nicht an die HV delegieren (Spindler/Stilz AktG/*Wicke* Anh § 119 Rn 5; einschränkend K. Schmidt/Lutter AktG/*Ziemons* Rn 46 f; aA MünchKomm AktG/*Kubis* § 119 Rn 124; *Max* AG 1991, 77, 92). Gem § 131 Abs 2 S 2 kann die Satzung oder die Geschäftsordnung den Versammlungsleiter ermächtigen, das Frage- und Rederecht des Aktionärs zeitlich angemessen zu beschränken, und Näheres dazu bestimmen (*BGHZ* 184, 239 – „Redezeitbeschränkung"). Der Versammlungsleiter kann somit für das Rede- und Fragerecht zusammengenommen einen zeitlichen Rahmen für den ganzen HV-Verlauf, für den einzelnen Tagesordnungspunkt und für den einzelnen Redner festsetzen (RegBegr BT-Drucks 15/5092, 17, s weitergehend Rn 46 und § 131 Rn 18). Ferner ist der Versammlungsleiter dafür verantwortlich, dass Wortmeldungen der Aktionäre in einem geordneten Ablauf stattfinden; eine bestimmte Reihenfolge muss er dabei nicht beachten (*Wicke* NZG 2007, 771, 772).

46 Die **Ordnungsmaßnahmen** sind am Grundsatz des Interventionsminimums auszurichten. Eingriffe in das Teilnahmerecht, insbesondere das Frage- und Rederecht, oder das Stimmrecht müssen also in Bezug auf den ordnungsgemäßen Ablauf der HV erforderlich und verhältnismäßig sein (*BGHZ* 44, 245, 251 ff; *OLG Frankfurt* AG 2006, 249, 251 f). Zu den einzelnen Eingriffsstufen und Mitteln des Versammlungsleiters zur Beschränkung des Frage- und Rederechts vgl ausf § 131 Rn 18 ff. Die Abmahnung ist stets das mildeste Mittel (*Hüffer* AktG Rn 23; *Wicke* NZG 2007, 771, 773). Aus § 131 Abs 2 S 2 darf nicht als Umkehrschluss geschlossen werden, dass der Versammlungsleiter nur im Rahmen einer ausdrücklichen Ermächtigung das Rede- und Fragerecht

der Aktionäre beschränken dürfte (*KG* ZIP 2009, 1223, 1232; *DAV* ZIP 2005, 774, 777 mit zutreffendem Verweis auf *BVerfG* NJW 2000, 349, s auch weiter unten). Die dem Versammlungsleiter zustehenden Rechte bleiben durch die Regelung des § 131 Abs 2 S 2 unberührt; die Regelung ermöglicht nur die Gleichsetzung und Zusammenfassbarkeit von Frage- und Rederecht bei entsprechender Ermächtigung (*Weißhaupt* ZIP 2005, 1766). Ohne Ermächtigung zur Einschränkung gem § 131 Abs 2 S 2 gilt allerdings für die Einschränkung des Fragerechts ein bei weitem strengerer Maßstab als für die Beschränkung des Rederechts. Die für die Fragestellung verwendete Zeit darf im Fall einer vom Versammlungsleiter verfügten Beschränkung der Redezeit (nicht auch der Fragezeit) nicht auf die Redezeit angerechnet werden (*LG Frankfurt/Main* AG 2007, 48, 49; *OLG Stuttgart* AG 1995, 235). Das Fragerecht des einzelnen Aktionärs ist ohne entsprechende Ermächtigung gem § 131 Abs 2 S 2 grds nur bei Missbrauch beschränkbar (zB bei einem Fragenkatalog von mehr als 100 Fragen, *Wicke* aaO 774). Daneben findet es seine Schranke darin, dass die HV in einer den zu behandelnden Tagesordnungspunkten angemessenen und den Aktionären zumutbaren Zeitdauer unter Berücksichtigung des Rede- und Fragerechts der anderen Aktionäre wie auch der Beiträge der Verwaltung durchzuführen ist (idR an einem Tag innerhalb von 4–6 Stunden, s.o. Rn 45d). Der Versammlungsleiter muss daher auch ohne Ermächtigung nach § 131 Abs 2 S 2 dafür Sorge tragen, dass die zur Verfügung stehende Zeit gerecht verteilt wird (*BVerfG* aaO 251). Eine Ermächtigung nach § 131 Abs 2 S 2 ermöglicht, über diesen weiten Rahmen hinaus das Rede- und das Fragerecht am Effizienzgebot der HV auszugestalten; ferner können zeitliche Grenzen pauschal für den ganzen HV-Verlauf, für den einzelnen Tagesordnungspunkt und für den einzelnen Redner sowohl hinsichtlich des Frage- als auch hinsichtlich des Rederechts festgesetzt werden (*BGHZ* 184, 239 – Redezeitbeschränkung). Wird von dem Fragerecht missbräuchlich Gebrauch gemacht, kann und muss der Versammlungsleiter dies unterbinden; ferner muss er nach Ablauf der verfügten Frage-/Redezeit dem Aktionär das Wort entziehen (vgl § 131 Rn 18). Ein Saalverweis (in Vorräume des Versammlungssaals) kommt als ultima ratio idR bei nachhaltigen und trotz mehrerer Ordnungsrufe des Versammlungsleiters und der Androhung des Saalverweises fortgesetzten Störungen außerhalb von regulären Redebeiträgen wie Sprechchören, beleidigenden Zwischenrufen, dem Entrollen von Transparenten etc in Betracht (*Hüffer* aaO; Spindler/Stilz AktG/*Wicke* Anh § 119 Rn 15; *KG* v 9.6.2008 – 2 W 101/07; *OLG Bremen* NZG 2007, 468 zu einem Saalverweis wegen formalbeleidigender Äußerungen und fortgesetzter Zwischenrufe; vgl auch *OLG München* WM 2010, 1859, 1860). Dessen Durchsetzung ist notfalls im Wege der Selbsthilfe (Werksschutz) oder durch die Polizei sicherzustellen (*OLG Stuttgart* aaO). Die Verhältnismäßigkeit kann es gebieten, dem Aktionär nach einer Phase der Beruhigung wieder Zutritt zur HV zu gewähren (*Wicke* NZG 2007, 771, 774). Gegenüber Nichtaktionären sind Ordnungsmaßnahmen ohne Rücksicht auf die nur Aktionären zustehenden Rechtspositionen zulässig (GroßKomm AktG/*Mülbert* Rn 170).

5. Abstimmungen. Üblich ist, dass nach einer Generaldebatte sämtliche Abstimmungen in einem Abstimmungsblock durchgeführt werden (zur Zulässigkeit der Zusammenfassung von Abstimmungsvorgängen vgl § 134 Rn 30 ff). Vor der Abstimmung ist das Teilnehmerverzeichnis allen HV-Teilnehmern zugänglich zu machen (s Rn 27). Der Versammlungsleiter bestimmt iRd satzungsmäßigen Vorgaben die Art und Form der Abstimmung, zB durch Handheben und Zuruf, Urnengang oder elektronische 47

Hilfsmittel (s hierzu § 133 Rn 10 ff und § 134 Rn 27 ff). Auch legt er das Abstimmungs- und Auszählverfahren fest, zB Subtraktions- oder Additionsverfahren (ausf § 133 Rn 11 f); er kann insbesondere das Abstimmungs- und Auszählverfahren für die einzelnen Beschl unterschiedlich bestimmen und bspw iRd Subtraktionsverfahrens festlegen, ob die Ja- oder die Nein-Stimmen abgegeben und gezählt werden. Bei der Durchführung der Abstimmung muss der Versammlungsleiter etwaige Stimmverbote berücksichtigen (*Wicke* NZG 2007, 771, 772). Aufgrund der begrenzten Zeit und der verfügbaren Prüfungsmöglichkeiten in der HV ist er jedoch nicht verpflichtet, unklare Fälle abschließend zu prüfen; in diesen Fällen genügt es, dass der Versammlungsleiter nach pflichtgemäßem Ermessen entscheidet, ob er möglicherweise einem Stimmverbot oder einem Stimmrechtsverlust unterliegende Aktien zu den Abstimmungen zulässt (*Wieneke/Wolf* HV-Magazin Sonderausgabe HV-Recht 2013, 48, 49). Zur Haftung des Versammlungsleiters vgl *von der Linden* NZG 2013, 208 ff. Wenn die Beschlussanträge in der Einberufung der HV bekannt gemacht worden sind und in der HV im Wortlaut vorliegen, müssen sie nicht vor der Abstimmung verlesen werden (*Martens* Leitfaden S 86 mwN). Über offenkundig gesetzeswidrige oder missbräuchliche Anträge muss der Versammlungsleiter nicht abstimmen lassen (*Wicke* aaO). Nach Abschluss der Abstimmungen und dem Auszählen der Stimmen verkündet der Versammlungsleiter die Ergebnisse und stellt gem § 130 Abs 2 S 1 aE die Beschlussfassungen fest (zu den Voraussetzungen vgl ausf § 130 Rn 17 ff); bei börsennotierten Gesellschaften sind gem § 130 Abs 2 S 2 unter Umständen zusätzliche Angaben zu machen (s ausf § 130 Rn 17a). Das vom Versammlungsleiter bekanntgegebene Abstimmungsergebnis wird vom Notar gem § 130 Abs 1, 2, 4 protokolliert. Die Überwachung und Protokollierung der Stimmauszählung selbst ist hingegen kein zwingendes Protokollierungserfordernis (*OLG Frankfurt/Main* BB 2012, 2327, 2328). Der Notar sollte sich jedoch im Vorfeld der Abstimmung anhand der örtlichen Gegebenheiten vergewissern, ob eine ordnungsgemäße Stimmauszählung gewährleistet ist (vgl *OLG Frankfurt/Main* BB 2012, 2327, 2328). Das Teilnahmerecht des Aktionärs umfasst nicht den Zugang zum sog „back-office"; auch nicht zur Kontrolle der Stimmauszählung (*OLG Frankfurt/Main* BB 2012, 2327, 2327).

48 **6. Beendigung der HV.** Der Versammlungsleiter schließt die HV, sobald die Tagesordnung vollständig abgehandelt wurde; ausnahmsweise kann auch ein vorheriger Abbruch der HV angezeigt sein, wenn bspw aufgrund eines Einberufungsfehlers die Nichtigkeit alle gefassten und zu fassenden Beschl feststeht (MünchHdb AG/*Semler* § 36 Rn 47 mwN). Eine Wiedereröffnung durch (unmittelbar folgenden) Fortsetzungsbeschluss der HV ist grds nicht möglich, da ansonsten in das Mitgliedschaftsrecht derjenigen Aktionäre eingegriffen würde, die nach Beendigung der HV durch den Versammlungsleiter die HV verlassen haben. Sind noch alle Aktionäre anwesend, besteht eine Fortsetzungskompetenz der HV (str, *Wicke* NZG 2007, 771, 772; MünchKomm AktG/*Kubis* Rn 160; *Semler* aaO; GroßKomm AktG/*Mülbert* Vor §§ 118–147 Rn 134; *Stützle/Walgenbach* ZHR 155 (1991), 516, 539; *Martens* WM 1981, 1010, 1014; **aA** *Max* AG 1991, 77, 93). Hat der Versammlungsleiter die HV unberechtigt beendet und beschließt die HV nicht die Fortsetzung, so ist die HV beendet (unstr, *Max* aaO; KölnKomm AktG/*Zöllner* § 119 Rn 69). Umgekehrt kann die HV nicht die Schließung der HV entgegen dem Willen des Versammlungsleiters beschließen, da es sich dabei um eine originäre Kompetenz des Versammlungsleiters handelt (*Kubis* aaO Rn 160; Obermüller/Werner/Winden HV/*Butzke* Rn D 50; *Mülbert* aaO; *Zöllner* aaO; **aA** *Wicke* aaO; *Mülbert* aaO).

IV. Aufzeichnung und Übertragung der HV

Wird die Versammlung durch die Gesellschaft in Ton oder Bild **aufgezeichnet**, hat der Teilnahmeberechtigte **ein Widerspruchsrecht** dahingehend, dass die Aufzeichnung während seines Redebeitrags unterbrochen wird (*BGHZ* 127, 107, 109; Spindler/Stilz AktG/*Wicke* § 130 Rn 70; K. Schmidt/Lutter AktG/*Ziemons* § 130 Rn 67; Münch-Komm AktG/*Kubis* § 130 Rn 101). Demgegenüber haben Aktionäre **kein Widerspruchsrecht**, wenn die HV aufgrund einer Geschäftsordnungs- oder Satzungsbestimmung iSd § 118 Abs 4 in Bild und Ton **übertragen** wird (jeweils zu § 118 Abs 3 aF vgl *Wicke* aaO; *Ziemons* aaO; *Kort* NZG 2007, 653, 654; *LG Frankfurt/Main* NJW-RR 2005, 837, 838; RegBegr BT-Drucks 14/8769, 19 f). Kein Fall der Aufzeichnung oder der Bild/Ton-Übertragung iSv § 118 Abs 4 ist die Übertragung (ohne Aufzeichnung) der HV aus dem Versammlungssaal in andere Räume des Präsenzbereichs oder in das Back-Office; hierfür bedarf es keines Einverständnisses der HV-Teilnehmer, ein Widerspruchsrecht besteht nicht. Auf das Verbot privater Ton- oder Bildaufzeichnungen (*BGHZ* 127, 107, 116 mwN) sollte der Versammlungsleiter hinweisen. In diesem Zusammenhang ist auch auf andere den Ablauf der HV betr Ordnungsregelungen zur Vermeidung von Störungen hinzuweisen (Abschalten von Mobiltelefonen, Rauchverbot etc), die entweder bereits aus der Geschäftsordnung der HV folgen oder aufgrund der Kompetenz des Versammlungsleiters von diesem angeordnet werden. 49

Stenografische Mitschriften: Die Anfertigung eines stenografischen Protokolls der HV oder von Teilen der HV durch die Gesellschaft ist zulässig und üblich (*BGHZ* 127, 107, 114). Es bedarf weder des Einverständnisses des Versammlungsleiters noch der Aktionäre und HV-Teilnehmer (unstr, MünchHdb AG/*Semler* § 36 Rn 52; Münch-Komm AktG/*Kubis* § 130 Rn 101 mwN). Auch ist die Tatsache der Mitschrift in der HV nicht mitzuteilen. Der HV-Teilnehmer kann der (stenografischen) Mitschrift seiner Redebeiträge und Fragen durch die Gesellschaft nicht widersprechen (*Kubis* aaO). Ein HV-Teilnehmer hat aber Anspruch gegen die Gesellschaft auf Erteilung einer Abschrift derjenigen Teile der Mitschrift, die seine Redebeiträge und Fragen sowie die dazu abgegebenen Stellungnahmen und Antworten der Verwaltung enthalten, allerdings nur Zug um Zug gegen Erstattung der für die Fertigung der Protokollabschrift entstehenden Kosten (Selbstkosten analog § 811 Abs 2 BGB bis zur Höhe der Dokumentenpauschale nach § 136 Abs 2 bzw Abs 3 KostO). Ein Anspruch auf Erteilung einer vollständigen Abschrift besteht nicht (*BGHZ* 127, 107, 108 ff). Bei Widersprüchen kann ein Anspruch auf Gewährung einer Abschrift nur den Widerspruch und die Gegenäußerung der Verwaltung hierzu, keinesfalls aber sämtliche Wortbeiträge umfassen (Obermüller/Werner/Winden HV/*Butzke* N 47). Wollen die Aktionäre selbst eine Mitschrift über die HV anfertigen, kann ihnen das nicht verboten werden; ein Einverständnis des Versammlungsleiters oder der übrigen HV-Teilnehmer ist hierzu nicht notwendig (*BGHZ* 127, 107, 115). S hierzu auch § 130 Rn 37. 50

Wegen der Wirkung des § 415 Abs 1 ZPO (formelle Beweiskraft öffentlicher Urkunden und damit auch der notariellen HV-Niederschrift) empfiehlt es sich, alle vom Versammlungsleiter als erfüllt angesehenen Formalia einer wirksam einberufenen HV in der Versammlung festzustellen und dies in die Niederschrift aufzunehmen. Die schlichte Feststellung, dass die Einberufung form- und fristgerecht erfolgt ist, genügt jedoch nicht; vielmehr sind die als erfüllt angesehenen Voraussetzungen im Einzelnen zu bezeichnen. Es sollte festgestellt werden, ob mitteilungspflichtige Gegenanträge 51 oder Wahlvorschläge zugegangen sind (s dazu §§ 126, 127) und welche zugänglich zu machenden bzw auslegungspflichtigen Dokumente auf der Internetseite der Gesellschaft, in sonstigen Medien bzw in den Geschäftsräumen der Gesellschaft in welchem Zeitraum zugänglich waren bzw eingesehen werden konnten (s zB §§ 124a, 175 Abs 2). Üblich sind ferner Hinweise auf während bzw in der HV zugänglich gemachte bzw ausliegende Vorlagen, wie zB Jahresabschluss etc (§ 176 Abs 1 S 1), Unternehmensverträge etc (§ 293g Abs 1), Verschmelzungsunterlagen etc (§ 64 Abs 1 S 1 UmwG; Obermüller/Werner/Winden HV/*Butzke* N 34). Auf das Einsichtnahmerecht (Abs 4) in das Teilnehmerverzeichnis und eventuelle Nachtragsverzeichnisse (üblicherweise am Wortmeldetisch oder an elektronischen Terminals) sollte ebenfalls hingewiesen werden (*Butzke* aaO). Empfehlenswert sind Hinweise zur Anwesenheitskontrolle. Auch sollten der Versammlungssaal, der Abstimmungsbereich sowie der Präsenzbereich definiert werden, falls sich die HV auch auf Räume erstreckt, die etwa zu Empfangs-, Verpflegungs- oder Sanitärzwecken zur Verfügung stehen; der Aktionär muss als Ausfluss seines Teilnahmerechts die HV im gesamten Präsenzbereich mitverfolgen können (*LG München I* BB 2010, 970). Auch ist der Hinweis auf die Möglichkeit empfehlenswert, im Falle des Verlassens der HV, anderen anwesenden Aktionären oder den Stimmrechtsvertretern der Gesellschaft Vollmacht zu erteilen; hierbei ist auch darauf hinzuweisen, wo etwaig zu verwendende Vollmachtsformulare (vgl § 124a S 1 Nr 5) auf der HV ausliegen.

§ 130 Niederschrift

(1) [1]Jeder Beschluss der Hauptversammlung ist durch eine über die Verhandlung notariell aufgenommene Niederschrift zu beurkunden. [2]Gleiches gilt für jedes Verlangen einer Minderheit nach § 120 Abs. 1 Satz 2, § 137. [3]Bei nichtbörsennotierten Gesellschaften reicht eine vom Vorsitzenden des Aufsichtsrats zu unterzeichnende Niederschrift aus, soweit keine Beschlüsse gefasst werden, für die das Gesetz eine Dreiviertel- oder größere Mehrheit bestimmt.

(2) [1]In der Niederschrift sind der Ort und der Tag der Verhandlung, der Name des Notars sowie die Art und das Ergebnis der Abstimmung und die Feststellung des Vorsitzenden über die Beschlussfassung anzugeben. [2]Bei börsennotierten Gesellschaften umfasst die Feststellung über die Beschlussfassung für jeden Beschluss auch

1. die Zahl der Aktien, für die gültige Stimmen abgegeben wurden,
2. den Anteil des durch die gültigen Stimmen vertretenen Grundkapitals,
3. die Zahl der für einen Beschluss abgegebenen Stimmen, Gegenstimmen und gegebenenfalls die Zahl der Enthaltungen.

[3]Abweichend von Satz 2 kann der Versammlungsleiter die Feststellung über die Beschlussfassung für jeden Beschluss darauf beschränken, dass die erforderliche Mehrheit erreicht wurde, falls kein Aktionär eine umfassende Feststellung gemäß Satz 2 verlangt.

(3) Die Belege über die Einberufung der Versammlung sind der Niederschrift als Anlage beizufügen, wenn sie nicht unter Angabe ihres Inhalts in der Niederschrift aufgeführt sind.

(4) [1]Die Niederschrift ist von dem Notar zu unterschreiben. [2]Die Zuziehung von Zeugen ist nicht nötig.

Niederschrift § **130**

(5) Unverzüglich nach der Versammlung hat der Vorstand eine öffentlich beglaubigte, im Falle des Absatzes 1 Satz 3 eine vom Vorsitzenden des Aufsichtsrats unterzeichnete Abschrift der Niederschrift und ihrer Anlagen zum Handelsregister einzureichen.

(6) Börsennotierte Gesellschaften müssen innerhalb von sieben Tagen nach der Versammlung die festgestellten Abstimmungsergebnisse einschließlich der Angaben nach Absatz 2 Satz 2 auf ihrer Internetseite veröffentlichen.

Übersicht

	Rn			Rn
A. Allgemeines	1		6. Weitere Pflichten	26
B. Erläuterungen	4		7. Ablehnung der Beurkundung	28
I. Notarielle Beurkundungspflicht	4		8. Kosten	29
1. Notarielle Beurkundungspflicht von Hauptversammlungsbeschlüssen (Abs 1 S 1)	4	III.	Private Niederschrift (Abs 1 S 3)	30
			1. Voraussetzungen	31
			2. Ablauf der Protokollierung	34
2. Notarielle Beurkundungspflicht bei Minderheitsverlangen (Abs 1 S 2)	5	IV.	Weitere Aufzeichnungen	36
			1. Stenografisches Protokoll	37
			2. Aufzeichnung und Übertragung von Bild und Ton	38
3. Sonstige beurkundungspflichtige Vorgänge	6	V.	Anlagen der Niederschrift (Abs 3)	40
4. Notar als Urkundsperson	7		1. Einberufungsbelege	40
5. Mitwirkungsverbote	10		2. Weitere obligatorische Anlagen	43
II. Inhalt der Niederschrift (Abs 2)	13			
1. Beschlüsse	14		3. Weitere fakultative Anlagen	45
a) Art und Ergebnis der Abstimmung	14	VI.	Unterschrift des Notars (Abs 4)	46
b) Feststellung des Versammlungsleiters über die Beschlussfassung (Abs 2 S 1 aE)	17	VII.	Einreichung zum Handelsregister (Abs 5)	49
			1. Einzureichende Urkunden	50
			2. Prüfung durch das Registergericht	53
c) Zusätzlicher Inhalt für börsennotierte AGs (Abs 2 S 2)	17a		3. Recht auf Einsichtnahme	54
aa) Anwendungsbereich und Inhalt	17a	VIII.	Veröffentlichung auf der Internetseite (Abs 6)	54a
bb) Befreiungsmöglichkeit (Abs 2 S 3)	17b	IX.	Rechtsfolgen bei Verstößen	55
			1. Protokollierungspflicht	55
2. Weitere obligatorische Angaben	18		2. Beifügungspflicht	57
3. Fakultative Angaben	20		3. Einreichungspflicht	58
4. Ablauf der Protokollierung	21		4. Verstöße des Notars	59
5. Berichtigungen	23		5. Verstöße des nicht-notariellen Protokollführers	60
		X.	Verfahrensfragen	61

Literatur: *Bezzenberger* Die Niederschrift über eine beurkundungsfreie Hauptversammlung, FS Schippel, 1996, S 361; *Blanke* Private Aktiengesellschaft und Deregulierung des Aktienrechts, BB 1994, 1505; *Bosse* Grünes Licht für das ARUG: das Aktienrecht geht online, NZG 2009, 807; *Deilmann/Otte* Auswirkungen des ARUG auf die Feststellung des Beschlussergebnisses in der Hauptversammlung, BB 2010, 722; *Drinhausen/Keinath* Regierungsentwurf eines Gesetzes zur Umsetzung der Aktionärsrechterichtlinie (ARUG) – Überblick über die Änderungen gegenüber dem Referentenentwurf, BB 2009, 64; *Eylmann* Fragwürdige Praxis bei der Abfassung von Hauptversammlungsprotokollen, ZNotP 2005,

300; *Faßbender* Die Hauptversammlung aus notarieller Sicht, RNotZ 2009, 425; *Flick* Die Niederschrift einer Hauptversammlung einer nicht börsennotierten AG, NJOZ 2009, 4485; *Grobecker* Beachtenswertes zur Hauptversammlungssaison, NZG 2010, 165; *Heckschen* Die „kleine AG" und Deregulierung des Aktienrechts – Eine kritische Bestandsaufnahme, DNotZ 1995, 275; *Heller* Wirksamkeit von Hauptversammlungsbeschlüssen – Richtige Feststellung und Verkündung durch den falschen Versammlungsleiter, AG 2008, 493; *ders* Zur Wirksamkeit von Hauptversammlungsbeschlüssen bei unterschiedlicher Feststellung und Verkündung durch zwei Versammlungsleiter, AG 2008, 278; *Herrler/Reymann* Die Neuerungen im Aktienrecht durch das ARUG – Unter besonderer Berücksichtigung der Neuregelungen zur Hauptversammlung und zur Kapitalaufbringung bei der AG –, DNotZ 2009, 815; *Horn* Änderungen bei der Vorbereitung und Durchführung der Hauptversammlung nach dem Referentenentwurf zum ARUG, ZIP 2008, 1558; *Krieger* Berichtigung von Hauptversammlungsprotokollen, NZG 2003, 366; *Leitzen* Die Protokollierung des Abstimmungsergebnisses in der Hauptversammlung der börsennotierten AG bei verkürzter Beschlussfeststellung, ZIP 2010, 1065; *Lutter* Das neue „Gesetz für kleine Aktiengesellschaften und zur Deregulierung des Aktienrechts", AG 1994, 429; *Merkner/Sustmann* Worauf bezieht sich § 130 II 2 Nr. 2 AktG: Auf das Grundkapital oder das vertretene Grundkapital?; NZG 2010, 568; *von Nussbaum* Neue Wege zur Online-Hauptversammlung durch das ARUG, GWR 2009, 215; *Reul* Aktuelle Änderungen des Aktienrechts aus notarieller Sicht – Teil II, ZNotP 2010, 44; *Reul/Zetzsche* Zwei Notare – eine Hauptversammlung, AG 2007, 561; *Scholz/Wenzel* Das Grundkapital i. S. d. § 130 II 2 Nr. 2 AktG, AG 2010, 443; *Schulte* Die Niederschrift über die Verhandlung der Hauptversammlung einer AG, AG 1985, 33; *Seibert/Florstedt* Der Referentenentwurf des ARUG – Inhalt und wesentliche Änderungen gegenüber dem Referentenentwurf, ZIP 2008, 2145; *Stützle/Walgenbach* Leitung der Hauptversammlung und Mitspracherecht der Aktionäre in Fragen der Versammlungsleitung, ZHR 155 (1991), 516; *Wettich* Aktuelle Entwicklungen in der Hauptversammlungssaison 2011 und Ausblick auf 2012, NZG 2011, 721; *Wicke* Einführung in das Recht der Hauptversammlung, das Recht der Sacheinlagen und das Freigabeverfahren nach dem ARUG, 2009; *ders* Zu des Anforderungen an eine Hauptversammlungsniederschrift bei der Abwahl eines Aufsichtsratsmitglieds nach §§ 103 Abs 1 S. 2, 130 Abs 1 S. 2 AktG, DNotZ 2008, 791; *Wilhelmi* Der Notar in der Hauptversammlung der Aktiengesellschaft, BB 1987, 1331; *Wilm* Beobachtungen der Hauptversammlungssaison 2010, DB 2010, 1686.

A. Allgemeines

1 Die Norm ordnet die Niederschrift von HV-Beschlüssen und bestimmten Minderheitsverlangen (Abs 1–4) und deren abschriftliche Einreichung zum HR (Abs 5) an. Sie bezweckt zweierlei; einmal soll sie im Interesse der (künftigen) Aktionäre und der Öffentlichkeit die Willensbildung der HV dokumentieren (*BGHZ* 127, 107, 113; *OLG Düsseldorf* AG 2003, 510, 512), zum anderen soll sie die HV zur Einhaltung der Verfahrensbestimmungen anhalten, also disziplinierend wirken (MünchKomm AktG/ *Kubis* Rn 1; MünchHdb AG/*Semler* § 40 Rn 1). Durch das ARUG v 30.7.2009 (BGBl I S 2479) wurde Abs 2 um zusätzliche Angabepflichten erweitert sowie ein neuer Abs 6 angefügt, der die Veröffentlichung der Abstimmungsergebnisse der HV vorschreibt; beide Änderungen gelten allein für börsennotierte AGs iSd § 3 Abs 2.

2 Die **Niederschrift** nach § 130 ist streng von einem bei großen HV oft zusätzlich erstellten **stenografischen Protokoll** zu unterscheiden, das den genauen Wortlaut der Äußerungen wiedergibt (MünchHdb AG/*Semler* § 40 Rn 1). Nur die Niederschrift gibt als öffentliche Urkunde vollen Beweis über die beurkundeten Vorgänge (*Semler* aaO Rn 4; *BGH* NJW 1994, 320, 321). Der Gegenbeweis bleibt zulässig (§ 415 ZPO).

Gem Abs 1 S 3 und Abs 5 ist bei Gesellschaften ohne Börsenzulassung anstelle der 3
notariellen Beurkundung die vom AR-Vorsitzenden unterzeichnete (privatschriftliche) Niederschrift möglich, soweit keine Beschl gefasst werden, für die das Gesetz eine Dreiviertel- oder größere Mehrheit bestimmt. Den Beweis als öffentliche Urkunde (§ 415 ZPO) vermag allerdings nur das notarielle Protokoll zu erbringen. Die privatschriftliche Niederschrift unterliegt der freien Beweiswürdigung (§ 286 ZPO). § 416 ZPO ist nicht anwendbar, weil die protokollierten Erklärungen nicht vom Aussteller, dem AR-Vorsitzenden, sondern von den Aktionären abgegeben werden (*Hüffer* AktG Rn 1).

B. Erläuterungen

I. Notarielle Beurkundungspflicht

1. Notarielle Beurkundungspflicht von Hauptversammlungsbeschlüssen (Abs 1 S 1).
Jeder Beschluss der HV ist im Grundsatz (außer in den Fällen des Abs 1 S 3) durch 4
eine über die Verhandlung notariell aufgenommene Niederschrift zu beurkunden (Abs 1 S 1; eingehend zur Rolle des Notars auf der HV *Faßbender* RNotZ 2009, 425 ff). Auf den Beschlussgegenstand kommt es ebenso wenig an wie auf das Abstimmungsergebnis (Annahme oder Ablehnung). Beurkundungspflichtig sind damit neben Sachbeschlüssen auch Verfahrens- und Wahlbeschlüsse, positive wie negative Beschlüsse (**allgM**, MünchKomm AktG/*Kubis* Rn 4). Beschl, die der Versammlungsleiter innerhalb seines Kompetenzbereichs durch Delegation an die HV initiiert (**informelle Befragungen** oder **Meinungsbilder**) fallen zwar nicht unter Abs 1 S 1, dennoch empfiehlt sich eine Protokollierung, da zum Umfang der versammlungsleitenden Befugnisse häufig Meinungsverschiedenheiten bestehen (GroßKomm AktG/*Werner* Rn 7; *Kubis* aaO). Nicht der Pflicht zur Erstellung einer HV-Niederschrift unterliegen damit geplant beschlusslose HV; vorsorglich sollte jedoch trotzdem eine Niederschrift angefertigt werden, falls es unvorhergesehen doch zur Fassung von Beschl durch die HV kommt (*Faßbender* aaO 429).

2. Notarielle Beurkundungspflicht bei Minderheitsverlangen (Abs 1 S 2). Eine nota- 5
rielle Beurkundungspflicht besteht auch für bestimmte Minderheitsverlangen (Abs 1 S 2). Das Gesetz nennt (insoweit abschließend, vgl GroßKomm AktG/*Werner* Rn 9; s aber Rn 7) § 120 Abs 1 S 2 (gesonderte Abstimmung bei Entlastung) und § 137 (Reihenfolge der Abstimmung über Wahlvorschläge). Der Unterschied zur Beurkundungspflicht nach Abs 1 S 1 besteht darin, dass die Minderheitsverlangen nicht zum Beschlussantrag erhoben werden müssen, um in das Protokoll aufgenommen zu werden (*Hüffer* AktG Rn 3). Unerheblich ist, ob in der HV entsprechend dem Antrag der Minderheit beschlossen werden soll oder darf (Semler/Volhard/Reichert ArbHdb HV/ *Volhard* § 13 Rn 53).

3. Sonstige beurkundungspflichtige Vorgänge. Das Gesetz ordnet außer in Abs 1 6
noch an anderen Stellen die Beurkundung bestimmter Vorgänge an oder setzt diese voraus (*Hüffer* AktG Rn 4): zB verweigerte Auskunftsverlangen (§ 131 Abs 5); Widersprüche gegen HV-Beschlüsse (§ 245 Nr 1); Widersprüche einer Minderheit gegen Verzicht auf oder Vergleich über bestimmte Ersatzansprüche (§ 50 S 1 iVm § 93 Abs 4 S 3 bzw § 116); Widersprüche einer Minderheit der außenstehenden Aktionäre gegen Verzicht auf oder Vergleich über Ausgleichs- oder Ersatzansprüche im Konzern (§§ 302 Abs 3 S 3, 309 Abs 3 S 1, 310 Abs 4, 317 Abs 4, 318 Abs 4, 323 Abs 1 S 2);

Widersprüche einer Minderheit von Aktionären gegen die Wahl von Abschlussprüfen (§ 318 Abs 3 S 2 HGB); weiterhin bestimmte beurkundungspflichtige Willenserklärungen wie bspw Verzichtserklärungen gem §§ 8 Abs 3, 9 Abs 3, 16 Abs 2 S 2 UmwG oder Verzichtserklärungen gem §§ 293a Abs 3, 293b Abs 2 oder 293e Abs 3 (s Spindler/Stilz AktG/*Wicke* Rn 11).

7 **4. Notar als Urkundsperson.** Über die Verhandlung ist eine notarielle Niederschrift aufzunehmen (Abs 1 S 1). Der Notar wird idR von der Gesellschaft beauftragt. Letztere wird durch den Vorstand vertreten (§ 78). Wird der Notar im Fall des § 122 Abs 3 von der einberufenden Minderheit beauftragt, wird die Gesellschaft mangels Vertretungsmacht nicht verpflichtet (§ 122 Rn 23; *Hüffer* AktG Rn 7), so dass die Kosten zunächst der Minderheit zur Last fallen, die aber gem § 122 Abs 4 einen Erstattungsanspruch gegenüber der Gesellschaft hat (§ 122 Rn 23). Regelmäßig wird die HV von einem einzigen Notar beurkundet. Die Hinzuziehung eines zweiten Notars, der alternativ, kumulativ (gleich- oder untergeordnet) oder hilfsweise tätig wird, ist grds zulässig; hierbei sind jedoch beurkundungs- und aktienrechtliche Besonderheiten zu beachten, um die Wirksamkeit der notariellen Niederschrift nicht zu beeinträchtigen (vgl ausf *Reul/Zetzsche* AG 2007, 561 ff). Unproblematisch möglich ist insbesondere, den Zweitnotar in einem von den Voraussetzungen des § 130 abgrenzbaren Aufgabenbereich einzusetzen, bspw für die Beurkundung von Widersprüchen iSd § 245 Nr 1. Dies berührt die Wirksamkeit der Niederschrift nach § 130 nicht und kann somit auch nicht die Nichtigkeitsfolge des § 241 Nr 2 iVm Abs 1, Abs 2 S 1 oder Abs 4 auslösen (*OLG Frankfurt* AG 2010, 39, 40; *Reul/Zetzsche* aaO 571).

8 § 130 enthält keine Regelung der **örtlichen Zuständigkeit**. Das Recht zur Amtsausübung wird jedoch durch §§ 10 ff BNotO und Standesrecht räumlich begrenzt (*Hüffer* AktG Rn 8). Gem § 11 Abs 3 BNotO, § 2 BeurkG berühren Verstöße aber nicht die Gültigkeit der Urkundstätigkeit.

9 Die Beurkundung kann unter Umständen auch durch ausländische Urkundspersonen erfolgen, wenn die HV zulässigerweise im Ausland abgehalten wird (§ 121 Rn 24, str). Voraussetzung ist die Gleichwertigkeit der Auslands- mit der Inlandsbeurkundung (§ 121 Rn 24 mwN).

10 **5. Mitwirkungsverbote.** Der Notar unterliegt nach § 3 **BeurkG** in bestimmten Fällen einem Mitwirkungsverbot, namentlich wenn er selbst oder ein Sozius dem Vorstand der AG (§ 3 Abs 1 S 1 Nr 4 BeurkG, eher unwahrscheinlich; weitergehend Spindler/Stilz AktG/*Wicke* Rn 20: auch Angehörige) oder dem AR (nach **hM** ebenfalls § 3 Abs 1 S 1 Nr 4 BeurkG, *Hüffer* AktG Rn 9; MünchKomm AktG/*Kubis* Rn 15; **aA** Semler/Volhard/Reichert ArbHdb HV/*Volhard* § 13 Rn 25) angehört, wenn er als Aktionär an HV teilnimmt oder sich vertreten lässt (§ 3 Abs 1 S 1 Nr 1 BeurkG). Ist der Notar Aktionär der AG, ist er nach § 3 Abs 1 S 1 Nr 9 BeurkG nur ausgeschlossen, wenn er mit mehr als 5 % der Stimmrechte oder mit einem anteiligen Betrag des Haftkapitals von mehr als 2 500 EUR beteiligt ist.

11 Wird gegen ein Mitwirkungsverbot verstoßen, ist die Wirksamkeit der Beurkundung dennoch nicht gefährdet, da es sich bei § 3 Abs 1 BeurkG um eine bloße Sollvorschrift handelt (*Winkler* BeurkG § 3 Rn 10 mwN; Spindler/Stilz AktG/*Wicke* Rn 21; KölnKomm AktG/*Noack/Zetsche* Rn 61). Eine Unwirksamkeit nach §§ 6 f **BeurkG** kommt nicht in Betracht, da die Beurkundung von Beschl – obwohl Rechtsgeschäfte – systematisch nicht unter den Zweiten Abschnitt (Beurkundung von Willenserklärungen),

sondern unter den Dritten Abschnitt (Sonstige Beurkundungen) einzuordnen ist, weil die Beurkundung tatsächlicher Vorgänge im Vordergrund steht (*RGZ* 75, 266; *LG Frankfurt/Main* AG 2006, 594, 595; *Zöllner* aaO; *Faßbender* RNotZ 2009, 425, 432). § 130 ist daher nicht berührt, so dass eine Nichtigkeit der HV-Beschlüsse gem § 241 Nr 2 ausgeschlossen ist (MünchKomm AktG/*Kubis* Rn 15).

Eine **Anfechtung** kann zwar auf den Verstoß gegen § 3 BeurkG gestützt werden, allerdings wird ihr regelmäßig die Relevanz fehlen, da der Gesetzesverstoß nach der Beschlussfassung erfolgt (*Hüffer* AktG Rn 10). 12

II. Inhalt der Niederschrift (Abs 2)

In der Niederschrift sind der Ort und der Tag der Verhandlung, der Name des Notars sowie die Art und das Ergebnis der Abstimmung und die Feststellung des Vorsitzenden über die Beschlussfassung anzugeben (Abs 2 S 1). Der Ort meint nur die politische Gemeinde. Um belegen zu können, dass die HV entsprechend der Einberufung durchgeführt wird, ist auch die Nennung der postalischen Anschrift, Räumlichkeit und Uhrzeit üblich, von Gesetz und Satzung jedoch nicht gefordert (GroßKomm AktG/*Werner* Rn 16; *Faßbender* RNotZ 2009, 425, 440). Erstreckt sich die HV über mehrere Tage, sind alle Tage anzugeben. Der Name des Notars muss in der Niederschrift genannt werden, die Unterschrift am Ende genügt nicht. Ausreichend ist die Angabe des Familiennamens, wenn keine Verwechslungsgefahr besteht (Spindler/Stilz AktG/*Wicke* Rn 44; *Hüffer* AktG Rn 16; KölnKomm AktG/*Noack/Zetsche* Rn 102; *Faßbender* aaO; **aA** K. Schmidt/Lutter AktG/*Ziemons* Rn 7; MünchHdb AG/*Semler* § 40 Rn 12). 13

1. Beschlüsse. – a) Art und Ergebnis der Abstimmung. Aufzunehmen sind sowohl die Art als auch das Ergebnis der Abstimmung (Abs 2 S 1 HS 1). Ersteres meint die Form der Stimmabgabe, etwa durch ein elektronisches Abstimmungssystem, Stimmkarten, Handaufheben, Zuruf etc (MünchHdb AG/*Semler* § 40 Rn 14; *OLG Düsseldorf* AG 2003, 510, 511), und den Ort der Stimmabgabe, also den Versammlungssaal, wobei auch Nebenräume (Foyer und Sanitärbereich) mit zum Abstimmungsbereich erklärt werden können (Semler/Volhard/Reichert ArbHdb HV/*Volhard* § 15 Rn 42; *OLG Düsseldorf* aaO). IRd „Art der Abstimmung" ist auch das Zählverfahren (Additions- oder Subtraktionsverfahren) anzugeben (*LG München I* ZIP 2012, 2209, 2210; zust *Wolf* EWiR 2013, 33). Diese Angaben sind für alle AGs verpflichtend; die Neuerungen durch das ARUG v 30.7.2009 (BGBl I S 2479) in Abs 2 S 2 und 3 haben zu keiner Änderung dieses Pflichtinhalts geführt. 14

Bei dem Ergebnis der Abstimmung handelt es sich um die Angabe des genauen ziffernmäßigen Ergebnisses. Hierfür sind folgende Angaben erforderlich: die Zahl der Ja-Stimmen und der Enthaltungen bzw die Zahl der Nein-Stimmen und der Enthaltungen (neben der Präsenz, s Rn 15a, jeweils im Subtraktionsverfahren) oder die Zahl der Ja- und die der Nein-Stimmen (im Additionsverfahren). Angaben nur über das Stimmverhalten des vertretenen Grundkapitals genügen nicht, da ihnen weder die absolute Zahl der bei der Beschlussfassung abgegebenen Stimmen, noch das ziffernmäßige Verhältnis zwischen den für und gegen die Annahme des Beschlussvorschlags abgegebenen Stimmen entnommen werden können, selbst wenn den Umständen nach keine Zweifel an der Annahme des Beschlussvorschlags bestehen können (*BGH* NJW-RR 1994, 1250, 1251). Ferner müssen die durch die Stimmen repräsentierten 15

Kapitalanteile angegeben werden, falls es sich bei der erforderlichen Mehrheit neben der Stimmenmehrheit um eine Kapitalmehrheit handelt (GroßKomm AktG/*Werner* Rn 25; K. Schmidt/Lutter AktG/*Ziemons* Rn 12). Wurde nach Aktiengattungen getrennt abgestimmt, muss diese Unterteilung auch aus der Niederschrift ersichtlich sein, wenn die so erfolgte Abstimmung und Auszählung gesetzlich (zB bei Sonderbeschlüssen wie § 179 Abs 3 S 2, 182 Abs 2 S 2, 222 Abs 2 S 2) oder satzungsmäßig vorgeschrieben war (*Werner* aaO Rn 24; Spindler/Stilz AktG/*Wicke* Rn 49; abw *Ziemons* aaO; *Hüffer* AktG Rn 20). Die aus dem Ergebnis der Abstimmung gezogenen rechtlichen Folgerungen (also Annahme oder Ablehnung des Beschlussvorschlags) sind grds Gegenstand der Feststellung über die Beschlussfassung (s sogleich, Rn 17); anderes gilt, wenn der Notar eine von der Feststellung des Versammlungsleiters abweichende Wahrnehmung hat (*Ziemons* aaO Rn 13); näher dazu Rn 16. Die genannten Angaben sind auch nach Inkrafttreten des ARUG v 30.7.2009 (BGBl I S 2479) erforderlich (*Reul* ZNotP 2010, 44, 47 f; *Hüffer* aaO Rn 19), und zwar unabhängig davon, ob die AG börsennotiert iSd § 3 Abs 2 ist oder nicht. Auch in dem Fall, dass der Versammlungsleiter einer börsennotierten AG nur eine verkürzte Feststellung des Beschlussergebnisses abgibt (Abs 2 S 3), müssen diese Angaben in die notarielle Niederschrift aufgenommen werden (*Deilmann/Otte* BB 2010, 722, 724; DNotI-Report 8/2010, 61, 64; *Leitzen* ZIP 2010, 1065, 1067). Gegen diese Pflicht kann zwar eine anderslautende Äußerung des Rechtsausschusses angeführt werden (BT-Drucks 16/13098, 39) und auch das Ziel des Abs 2 S 3, das in der Deregulierung und Entlastung der HV von „Zahlenkolonnen" bestand (dies anerkennend auch DNotI-Report aaO 63; *Leitzen* aaO 1066). Gegen das letzte Argument spricht aber, dass eine zeitliche Entlastung der HV maßgeblich vom Umfang der vom Versammlungsleiter zu verkündenden Feststellung zur Beschlussfassung abhängt (Abs 2 S 1 aE) und nicht vom Inhalt des notariellen Protokolls (*Leitzen* aaO 1067). Zudem spricht auch der Wortlaut des Abs 2 S 3, der sich ausdrücklich auf eine Einschränkung des Abs 2 S 2, nicht aber auch des Abs 2 S 1 bezieht (DNotI-Report aaO, 63; *Leitzen* aaO 1067) für eine Angabepflicht in der notariellen Niederschrift im Fall des Abs 2 S 3.

15a Beim Subtraktionsverfahren, das auch nach den Änderungen durch das ARUG v 30.7.2009 (BGBl I S 2479) anwendbar bleibt (RegBegr BT-Drucks 16/11642, 32; *Seibert/ Florstedt* ZIP 2008, 2145, 2148; *Drinhausen/Keinath* BB 2009, 64, 67), muss sich die unmittelbar vor der Abstimmung bestehende Präsenz aus der Niederschrift ergeben. Hat sich die Präsenz zum Zeitpunkt unmittelbar vor der Abstimmung gegenüber der unmittelbar vorangegangenen Präsenzfeststellung nicht geändert, genügt ein dahingehender Vermerk. Briefwähler und, wenn die Online-Ausübung des Stimmrechts eröffnet ist, Aktionäre, die online an der HV teilnehmen, müssen bei der Erfassung der abgegebenen Stimmen wie folgt berücksichtigt werden (ausf § 118 Rn 5a ff): Als Grundgröße des Subtraktionsverfahrens ist wie bisher zunächst die Zahl aller Stimmen der erschienenen stimmberechtigten Aktionäre zu ermitteln („Präsenz"), wobei online teilnehmende Aktionäre, denen die Online-Ausübung des Stimmrechts gewährt wurde, ebenfalls mit einzuberechnen sind; denn sie gelten als erschienen (§ 118 Rn 5c). Briefwähler hingegen zählen nicht als erschienen (§ 118 Rn 5f) und werden in einem gesonderten zweiten Rechenschritt addiert, allerdings erst nachdem das Ergebnis der erschienenen Aktionäre ermittelt wurde (*Faßbender* RNotZ 2009, 425, 456).

16 Zweifelhaft ist, ob zu dem Ergebnis der Abstimmung auch die eigene Feststellung des Notars über Annahme oder Ablehnung des Antrags gehört (MünchHdb AG/*Semler*

§ 40 Rn 14), ob also der Notar eigene rechtliche Folgerungen aus den abgegebenen Stimmen (als Annahme oder Ablehnung der Beschlussvorlage) ziehen und dies im Protokoll festhalten muss. Nach dem Wortlaut ist das nicht der Fall, berücksichtigt man, dass die Angabe der Feststellung des Vorsitzenden über die Beschlussfassung in der Niederschrift ausdrücklich geregelt ist (Abs 2 S 1 HS 2, s Rn 17; *BGHZ* 180, 9, 18; *OLG Düsseldorf* AG 2003, 510, 511). Sinnvoll kann die Aufnahme der eigenen Feststellung des Notars ohnehin nur sein, wenn er das Ergebnis der Abstimmung anders bewertet als der Vorsitzende (in diesem Sinne KölnKomm AktG/*Zöllner* Rn 37; *Hüffer* AktG Rn 21 mwN). Die Feststellung des Versammlungsleiters ist allerdings verbindlich (*BGHZ* 180, 9, 18; *Hüffer* aaO 19; Spindler/Stilz AktG/*Wicke* Rn 52); der Notar sollte auf seine abweichende Meinung jedoch hinweisen und dies zweckmäßigerweise im Protokoll vermerken (vgl Huhn/Schuckmann BeurkG/*Preuß* § 37 Rn 24; *Faßbender* RNotZ 2009, 425, 430; **aA**, für eine entspr Pflicht: K.Schmidt/Lutter AktG/*Ziemons* Rn 13; *Wicke* aaO Rn 52; *Zöllner* aaO; *Hüffer* aaO Rn 21). Der Notar hat nicht die Pflicht, den Vorgang der Stimmauszählung zu überwachen und zu protokollieren; ausreichend ist, dass er das vom Versammlungsleiter bekanntgegebene Abstimmungsergebnis protokolliert (*BGHZ* 180, 9, 16 – „Kirch/Deutsche Bank"; *OLG Frankfurt/Main* BB 2012, 2327, 2328).

Im Fall des Abs 2 S 3 kann nicht die Feststellung des Versammlungsleiters über die Beschlussfassung als Erkenntnisquelle für das „Ergebnis der Abstimmung" dienen (s. o. Rn 15 f), da diese aufgrund der Verkürzung (dazu su Rn 17b) nicht die hierfür erforderlichen Daten enthält. Hier wird der Notar auf sonstige Erkenntnismöglichkeiten, wie bspw sonstige von der Gesellschaft erstellte Erfassungen des zahlenmäßigen Abstimmungsergebnisses in der HV, die die Gesellschaft ohnehin im Rahmen von Abs 6 benötigt (s Rn 54a), zurückgreifen müssen (*Leitzen* ZIP 2010, 1065, 1068; DNotI-Report 8/2010, 61, 64); gleichfalls dürfte es zulässig sein, wenn der Versammlungsleiter dem Notar intern das konkrete Abstimmungsergebnis mitteilt (DNotI-Report aaO; *Leitzen* aaO). Empfehlenswert ist die Angabe der Erkenntnisquelle in der notariellen Niederschrift (DNotI-Report aaO; *Leitzen* aaO). 16a

b) Feststellung des Versammlungsleiters über die Beschlussfassung (Abs 2 S 1 aE). In die Niederschrift aufzunehmen ist auch die Feststellung des Versammlungsleiters über die Beschlussfassung (Abs 2 S 1 aE). Diese bezieht sich nicht allein auf die Mitteilung des Ergebnisses der Stimmenauszählung, sondern auch auf die ausdrückliche Feststellung, ob der jeweilige Beschl entsprechend dem Beschlussvorschlag zustandegekommen ist oder nicht (Semler/Volhard/Reichert ArbHdb HV/*Volhard* § 13 Rn 52). Fehlt es an dieser Feststellung der Annahme oder Ablehnung eines Beschlussvorschlags durch den Versammlungsleiter (er stellt zB nur die Zahl der Ja- und Nein-Stimmen fest), folgt daraus die Nichtigkeit des dadurch zwangsläufig nicht nach Maßgabe von Abs 2 S 1 beurkundeten Beschl gem § 241 Nr 2; Gleiches gilt, wenn der Notar die Feststellung nicht in die Niederschrift aufnimmt. Die rechtliche Bedeutung der Feststellung über die Beschlussfassung zusammen mit deren Angabe in der Niederschrift liegt in der konstitutiven Wirkung für den Beschl (**allgM** s nur *Hüffer* AktG Rn 22 mwN). Nicht erforderlich ist die vollständige Angabe des Beschlusstextes; es genügt eine anderweitige eindeutige Identifizierung des gefassten Beschl (*OLG Düsseldorf* AG 2009, 538, 541; *LG Frankfurt/Main* AG 2008, 751, 754 – „Leica"; *OLG München* ZIP 2008, 2117, 2119 – „HVB/UniCredit"; *Bosse* NZG 2009, 807, 810; *Reul* ZNotP 2010, 44, 47). 17

17a c) Zusätzlicher Inhalt für börsennotierte AGs (Abs 2 S 2). – aa) Anwendungsbereich und Inhalt. Die in der Niederschrift anzugebende Feststellung des Versammlungsleiters über die Beschlussfassung in der Niederschrift (Abs 2 S 1 aE) umfasst bei börsennotierten AGs (§ 3 Abs 2) seit Einführung des ARUG v 30.7.2009 (BGBl I S 2479) – grds verpflichtend (näher sogleich Rn 17b) – zusätzliche Angaben (Abs 2 S 2); diese sind für jeden einzelnen Beschl zu machen. Angegeben werden muss die Zahl der Aktien, für die gültige Stimmen abgegeben wurden (**Nr 1**). Damit ist die Summe der Aktien aller physisch präsenten und online teilnehmenden Aktionäre (sofern die Online-Ausübung des Stimmrechts eröffnet ist) sowie der per Briefwahl abstimmenden Aktionäre anzugeben, die mit Ja oder Nein gestimmt haben; Enthaltungen und ungültige Stimmen sind keine gültigen abgegebenen Stimmen und daher nicht mitzuzählen (*Deilmann/Otte* BB 2010, 722; *Scholz/Wenzel* AG 2010, 443, 444; *Merkner/ Sustmann* NZG 2010, 568, 569). Mehrstimmrechtsaktien sind gegenüber Aktien mit einfachem Stimmrecht nicht besonders zu berücksichtigen; gezählt werden lediglich, unabhängig vom Stimmrechtsumfang, die zugrundeliegenden Aktien. Damit entspricht die anzugebende Größe dem vertretenen Grundkapital iSd § 179 Abs 2 S 1 als terminus technicus (s § 179 Rn 33). Gem **Nr 2** ist der Anteil des durch die gültigen Stimmen vertretenen Grundkapitals anzugeben. Bezugsgröße der gültigen Stimmen ist dabei das im HR zum Zeitpunkt der Beschlussfassung eingetragene **gesamte Grundkapital** und nicht das bei der Beschlussfassung vertretene Grundkapital (*Scholz/Wenzel* aaO 447; *Merkner/Sustmann* aaO 568; *Wilm* DB 2010, 1686, 1691; ebenso der RefE zur Aktienrechtsnovelle 2011; **aA** *Deilmann/Otte* aaO 725). Hierfür sprechen zum einen der Wortlaut (das Wort „vertretenen" bezieht sich auf die gültigen Stimmen, ebenso *Scholz/Wenzel* aaO 444; *Merkner/Sustmann* aaO 569; **aA** *Deilmann/Otte* aaO 722 f) sowie zum anderen Sinn und Zweck der Norm, einen Informationsmehrwert für den Aktionär zu schaffen (RegBegr BT-Drucks 16/11642, 1): Zwar könnte der Aktionär diesen Anteil aus den anderen Angaben errechnen; der nach der Gegenmeinung anzugebende Wert („Anteil am vertretenen Grundkapital") würde dagegen stets 100 % betragen, da sich das vertretene Grundkapital allein aus der Summe der Kapitalanteile aller abgegebenen gültigen Ja- und Nein-Stimmen zusammensetzt (*Merkner/Sustmann* aaO 569; *Scholz/Wenzel* aaO 446). Von der Bezugsgröße „Grundkapital" ist grds der Anteil der gehaltenen eigenen Aktien abzuziehen. Davon kann abgesehen werden; ein Hinweis ist ausweislich der RegBegr (aaO S 32) empfehlenswert. Nach **Nr 3** ist die Zahl der für den Beschl abgegebenen Ja-Stimmen und Nein-Stimmen anzugeben; gemeint sind allein gültige Stimmen (*Deilmann/Otte* aaO 723 f; *Hüffer* AktG Rn 23a; *Horn* ZIP 2008, 1558, 1566; *Seibert/Florstedt* ZIP 2008, 2145, 2148). Ferner ist „gegebenenfalls" die Zahl der Enthaltungen zu nennen; letzteres ist nur im Fall der Anwendung des Subtraktionsverfahrens erforderlich (RegBegr aaO S 32; *Grobecker* NZG 2010, 165, 169). Additionsverfahren und Subtraktionsverfahren sind aufgrund des gewählten Wortlautes weiterhin anwendbar (*von Nussbaum* GWR 2009, 215, 216; *Horn* aaO; *Deilmann/Otte* aaO). Dadurch, dass im Falle des Verstoßes gegen Abs 2 S 2 weder die Nichtigkeit (Umkehrschluss zu § 241 Nr 2) noch idR die Anfechtbarkeit (mangels Relevanz, so *Scholz/Wenzel* aaO 446 f; *Reul* ZNotP 2010, 44, 47; *Herrler/Reymann* DNotZ 2009, 815, 823) drohen, verlieren die geschilderten Unsicherheiten in der Auslegung der Vorschrift an Brisanz.

17b bb) Befreiungsmöglichkeit (Abs 2 S 3). Der Versammlungsleiter kann von der Angabe der zusätzlichen Informationen nach Abs 2 S 2 absehen und die Feststellung

Niederschrift $ 130

über die Beschlussfassung für jeden Beschl darauf beschränken, dass die erforderliche Mehrheit erreicht wurde, falls kein Aktionär die umfassende Feststellung zur Beschlussfassung gem Abs 2 S 2 verlangt (Abs 2 S 3). Eine Verkürzung der Information der Aktionäre oder eine Beschränkung der von der Gesellschaft zu ermittelnden Abstimmungsdaten tritt letztlich nicht ein, da gem Abs 6 die Angaben nach Abs 2 S 2 auf der Internetseite der Gesellschaft obligatorisch zu veröffentlichen sind (vgl Rn 54a). Eine Hinweispflicht des Versammlungsleiters auf das Recht, eine umfassende Feststellung nach Abs 2 S 2 zu verlangen, besteht nicht; gleichwohl ist zur Vermeidung von Anfechtungen ein kurzer Hinweis zu empfehlen (*Deilmann/Otte* BB 2010, 722, 724). Auch ist zu empfehlen, dass der Versammlungsleiter vor der Feststellung über die Beschlussfassung feststellt, dass eine umfassende Feststellung nicht verlangt wurde, und dies in das HV-Protokoll aufgenommen wird (*Wettich* NZG 2011, 721, 727). Unklar ist, bis zu welchem **Zeitpunkt** die Aktionäre verlangen können, dass die umfassende Feststellung nach Abs 2 S 2 erfolgen soll. In jedem Fall muss dies bis zum Beginn der abgekürzten Beschlussfeststellung iSd Abs 2 S 3 möglich sein (*Bosse* NZG 2009, 807, 810; *Wicke* S 30); die Nachholung der ausführlichen Beschlussfeststellung im Anschluss an eine bereits erfolgte verkürzte Beschlussfeststellung ist abzulehnen (ebenso *Reul* ZNotP 2010, 44, 47). **Inhaltlich** ist iRd verkürzten Feststellung allein anzugeben, ob die einschlägige gesetzliche oder satzungsmäßig bestimmte Mehrheit erreicht wurde, nicht aber, welche Mehrheit erforderlich war und welches zahlenmäßige Abstimmungsergebnis konkret erreicht wurde (*Deilmann/Otte* aaO). Eine zusätzliche grafische Darstellung der detaillierten Beschlussergebnisse ist nicht erforderlich, um Anfechtungen zu vermeiden (so aber *Deilmann/Otte* aaO); denn der Gesetzeswortlaut sieht ausdrücklich von der umfassenden Feststellung über die Beschlussfassung ab.

2. Weitere obligatorische Angaben. Die Beurkundungspflicht des Notars ist nicht auf die gesetzlich ausdrücklich genannten Punkte beschränkt. Sie erstreckt sich auf sämtliche Vorgänge, die für das Zustandekommen eines Beschl wesentlich sind (K. Schmidt/Lutter AktG/*Ziemons* Rn 27; KölnKomm AktG/*Noack/Zetsche* Rn 261; GroßKomm AktG/*Werner* Rn 40; MünchKomm AktG/*Kubis* Rn 71; *OLG Düsseldorf* AG 2003, 510, 512 f). Das Bemühen der Gesellschaft auf Einhaltung dieser Vorgaben muss insoweit seinen Niederschlag im Inhalt des Protokolls finden (*Schulte* AG 1985, 33, 39). Rechtsgrund der sonstigen Pflichtangaben ist nicht das Aktienrecht (*OLG Düsseldorf* aaO), sondern die Amtspflicht des Notars, so dass Verstöße gegen diese Pflichtangaben nicht die Anfechtbarkeit der Beschl zur Folge haben, sondern (bei schuldhafter Verletzung) lediglich Schadensersatzansprüche gegen den Notar auslösen (Spindler/Stilz AktG/*Wicke* Rn 13; *Kubis* aaO Rn 8, 61; *Faßbender* RNotZ 2009, 425, 445; *Bezzenberger* FS Schippel, S 376 ff; *Schulte* aaO). Vgl näher (auch zu den Schadensersatzberechtigten) Rn 59. **18**

Als für das Zustandekommen von Beschl wesentliche Vorgänge sind anzusehen Verstöße gegen Stimmverbote, Ordnungsmaßnahmen des Versammlungsleiters wie das Festsetzen von Frage- oder Redezeit, Wortzug, Saalverweis, Zurückweisen von Anträgen als unzulässig, Abweichen von der Tagesordnung (*Schulte* AG 1985, 33, 39; *Faßbender* RNotZ 2009, 425, 445). Hinsichtlich der Frage, welche Vorgänge als beschlusswesentlich zu protokollieren sind, hat der Notar Ermessen; Vorstand, AR, Aktionäre und Versammlungsleiter können daher nicht verlangen, bestimmte Vorgänge dieser Art aufzunehmen (K.Schmidt/Lutter AktG/*Ziemons* Rn 28). Die vom Versamm- **19** lungsleiter festgestellten Verstöße gegen ein Stimmverbot sind vom Notar bereits iRd Protokollierung nach Abs 2 mit Nichtigkeitssanktion in der Niederschrift zu vermerken (MünchKomm AktG/*Kubis* Rn 56 und Rn 71 Fn 202; **aA**, Angabe allein beurkundungsrechtlich geboten: *Ziemons* aaO Rn 27; Spindler/Stilz AktG/*Wicke* Rn 13).

20 **3. Fakultative Angaben.** Notar und Versammlungsleiter können das Protokoll nach pflichtgemäßem Ermessen über den obligatorischen Mindestinhalt hinaus um weitere Angaben ergänzen (**allgM** MünchKomm AktG/*Kubis* Rn 72; *Hüffer* AktG Rn 6), die im Falle des notariellen Protokolls ebenfalls Beweiswert nach § 415 ZPO haben. Zweckmäßig sind – soweit nicht ohnehin ergänzende Pflichtangaben, s Rn 18 f – die namentliche Nennung des Versammlungsleiters und der anwesenden Organmitglieder, Angaben zu Beginn und Ende der HV, zu diskussionsleitenden Anordnungen und Ordnungsmaßnahmen, organisatorische Hinweise des Versammlungsleiters (etwa in Bezug auf die Führung des Teilnehmerverzeichnisses) sowie Rügen, die die Wirksamkeit von Beschl betreffen (*Kubis* aaO; Obermüller/Werner/Winden HV/*Butzke* N 34; MünchHdb AG/*Semler* § 40 Rn 23; Spindler/Stilz AktG/*Wicke* Rn 14). Nützlich festzuhalten ist auch, dass das Teilnehmerverzeichnis vor der ersten Abstimmung allen HV-Teilnehmern zugänglich gemacht worden ist und während der gesamten HV zugänglich blieb (KölnKomm AktG/*Noack/Zetsche* Rn 265).

21 **4. Ablauf der Protokollierung.** Die Niederschrift der oben Rn 13 ff genannten Punkte muss grds in der HV erfolgen. Sie muss handschriftlich, wenn auch nicht eigenhändig erfolgen, so dass Stenografen eingesetzt werden dürfen; selbst bloße leserliche Kürzel genügen dem (*BGHZ* 180, 9, 14 – „Kirch/Deutsche Bank"). Auch iÜ kann sich der Notar Hilfspersonen bedienen (*Stützle/Walgenbach* ZHR 155 (1991), 516, 535). Zweckmäßig und ebenfalls zulässig ist die Verwendung von vorgefertigten Entwürfen, Vordrucken oder Mustern, die während der HV handschriftlich angepasst und ergänzt werden (vgl § 44a Abs 1 S 1 BeurkG; vgl Rn 47, *BGH* aaO 13; *Hüffer* AktG Rn 11 mwN; MünchKomm AktG/*Kubis* Rn 19). Die Niederschrift muss nicht schon in der HV fertiggestellt werden; dafür spricht schon der Wortlaut des Abs 1 S 1 „über" (*BGH* aaO 13 mit zust Anm *Spindler* LMK 2009, 145, 148). Der Notar darf seine Wahrnehmungen auch noch im Anschluss an die HV ausarbeiten und unterzeichnen (*OLG Frankfurt/Main* BB 2012, 2327, 2327). Bis zum Zeitpunkt der Entäußerung der Reinschrift (zB durch Erteilung von Ausfertigungen oder Abschriften) handelt es sich um ein „Internum" (so ausdr *BGH* aaO) des Notars, nicht jedoch um die Niederschrift iSd Abs 1 S 1; die Unterzeichnung des Notars unter dem bloßen Entwurf ändert daran nichts (*BGH* aaO 14 mwN; *OLG Frankfurt* AG 2009, 542, 544 – „Kirch/ Deutsche Bank III"; K. Schmidt/Lutter AktG/*Ziemons* Rn 54; **aA** *Eylmann* ZNotP 2005, 300, 302). Bis zur Entäußerung sind damit Ergänzungen und Änderungen gegenüber den Notizen, aber auch das Vernichten des bis dahin verfassten Entwurfs und die anschließende Neuanfertigung möglich (*BGH* aaO 14; *Hüffer* aaO Rn 11a); denn das HV-Protokoll ist ein Bericht des Notars über dessen Wahrnehmungen während der HV iSd § 37 Abs 1 Nr 2 BeurkG (*BGH* aaO 15); nicht zur Anwendung kommt § 13 BeurkG, nach dem die Urkunde durch Genehmigung und Unterzeichnung des Notars entsteht (*BGH* aaO; **aA** *Eylmann* aaO 301).

22 Die Niederschrift muss in deutscher Sprache erfolgen (§ 5 Abs 1 BeurkG), selbst dann, wenn die HV im Ausland stattfinden sollte. Wird die HV in einer Fremdsprache durchgeführt, die der Notar nicht verhandlungssicher beherrscht, muss ein Dolmet-

scher hinzugezogen werden (*Hüffer* AktG Rn 11; *Faßbender* RNotZ 2009, 425, 453; **aA** KölnKomm AktG/*Noack/Zetsche* Rn 294: § 241 Nr 2). Das Protokoll ist schließlich vom Notar zu unterzeichnen (Abs 4 S 1). Eine vorherige Verlesung und Genehmigung findet nicht statt (*Hüffer* aaO).

5. Berichtigungen. Berichtigungen der Niederschrift sind gem § 44a Abs 2 BeurkG 23 möglich. Allein für die Art und Weise, wie diese zu erfolgen hat, ist zwischen offensichtlichen und nicht offensichtlichen Unrichtigkeiten zu unterscheiden. Der Begriff der **offensichtlichen Unrichtigkeiten** ist ebenso auszulegen wie der der offenbaren Unrichtigkeiten im Urteil, die nach § 319 Abs 1 ZPO von Amts wegen zu berichtigen sind (MünchKomm AktG/*Kubis* Rn 24). Die Berichtigung erfolgt durch Nachtragsvermerk (§ 44a Abs 2 S 2 BeurkG), der nach hM auch noch nach Erteilung einer Ausfertigung vorgenommen werden kann (*Hüffer* AktG Rn 11a; Semler/Volhard/Reichert ArbHdb HV/*Volhard* § 13 Rn 88).

Für **nicht offensichtliche Unrichtigkeiten** ist eine Berichtigungsniederschrift erforder- 24 lich (§ 44a Abs 2 S 3 BeurkG). Da der Beschl selbst und die Feststellung des Versammlungsleiters keine Willenserklärungen sind, die einzelnen Stimmausübungen der Aktionäre aber nicht beurkundet werden, handelt es sich bei der notariellen Niederschrift nicht um die Beurkundung von Willenserklärungen der Aktionäre, sondern um eine Tatsachenbeurkundung (*Krieger* NZG 2003, 366, 368), mit der Folge, dass eine Berichtigungsniederschrift nicht der Mitwirkung der HV-Teilnehmer bedarf (*LG Frankfurt/Main* AG 2006, 594, 595 mwN; *Winkler* BeurkG, § 44a Rn 39 und 26; **aA** *Hüffer* AktG Rn 11a). Die Berichtigung nicht offensichtlicher Unrichtigkeiten kann zeitlich unbefristet vorgenommen werden, da der Beweiszweck der Urkunde und die Rechtssicherheit nicht gefährdet, sondern durch die Eliminierung von Fehlern sogar erhöht werden (Spindler/Stilz AktG/*Wicke* Rn 26 mwN; K. Schmidt/Lutter AktG/*Ziemons* Rn 55); eine zeitliche Begrenzung, bis zur Entäußerung der Urkunde, ist abzulehnen (so aber *Hüffer* aaO mwN).

Für privatschriftliche HV-Niederschriften kann wegen der gesetzlichen Gleichsetzung 25 ebenfalls auf § 44a Abs 2 BeurkG zurückgegriffen werden (*Krieger* NZG 2003, 366, 372).

6. Weitere Pflichten. Mit der Amtsstellung des Notars (§ 1 BNotO) korrespondiert 26 die Pflicht, auf den gesetzmäßigen Verlauf der HV zu achten, die je nach Situation die Gestalt einer Prüfungs-, Hinweis- oder Einwirkungspflicht annehmen kann (*OLG Düsseldorf* AG 2003, 510, 512 f; *OLG Hamburg* NZG 2003, 978, 979; *Faßbender* RNotZ 2009, 425, 430; offen *BGHZ* 180, 9, 18 – „Kirch/Deutsche Bank"). Zu prüfen sind ua: die ordnungsgemäße Einberufung, die Legitimation des Versammlungsleiters, die Aufstellung des Teilnehmerverzeichnisses in organisatorischer Hinsicht, die Ermittlung der Abstimmungsergebnisse und die Einhaltung von Stimmverboten (insb § 136 Abs 1). In allen Fällen genügt eine summarische Prüfung auf evidente Mängel (*OLG Stuttgart* AG 2005, 125, 130; Spindler/Stilz AktG/*Wicke* Rn 29; MünchKomm AktG/*Kubis* Rn 34). Vorsichtshalber sollte der Notar auch darauf hinwirken, dass zur Abstimmung gestellte Anträge klar und eindeutig formuliert werden (nicht dagegen auf die inhaltliche Fassung, KölnKomm AktG/*Zöllner* Rn 70). Hat der Notar Mängel wahrgenommen, schließt sich eine Hinweis- und Einwirkungspflicht an, dh er muss gegenüber dem Versammlungsleiter seine abweichende Auffassung zum Ausdruck bringen. Zweckmäßigerweise nimmt er dann einen entsprechenden Vermerk in die Niederschrift auf (*Kubis* aaO Rn 84; K. Schmidt/Lutter AktG/*Ziemons* Rn 45).

27 IÜ hat der Notar weder eine Beratungspflicht, noch eine umfassende Prüfungs-, Belehrungs- oder Einwirkungspflicht (**allgM**, statt aller *Hüffer* AktG Rn 12). Insbesondere muss er nicht die Abstimmungs- und Auszählungsvorgänge im sog „backoffice" überwachen, er muss sich nicht bezüglich der Richtigkeit der Auszählung vergewissern (*BGHZ* 180, 9, 18 – „Kirch/Deutsche Bank"; *OLG Frankfurt* AG 2009, 542, 544; *LG Frankfurt/Main* AG 2006, 594, 595; *Hüffer* aaO Rn 19 mwN).

28 **7. Ablehnung der Beurkundung.** Zweifelhaft ist, ob und in welchen Fällen der Notar die Beurkundung von Beschl verweigern darf bzw muss. Nach § 4 BeurkG soll der Notar die Beurkundung ablehnen, wenn damit eine Mitwirkung bei Handlungen verlangt wird, mit denen erkennbar unerlaubte oder unredliche Zwecke verfolgt werden. Unterhalb dieser Evidenzschwelle ist streitig, ob eine Beurkundungspflicht des Notars besteht. Abzulehnen ist die Beurkundung daher bei Beschl bzw Beschlussverfahren, die gegen Strafgesetze verstoßen würden (MünchHdb AG/*Semler* § 40 Rn 17). Darüber hinaus ist richtigerweise zwischen nichtigen und nur anfechtbaren Beschl zu unterscheiden (MünchKomm AktG/*Kubis* Rn 40). Im ersten Fall darf der Notar die Beurkundung ablehnen, sofern sich die Nichtigkeitsfolge aus einer allgemein akzeptierten Auslegung des Gesetzes ergibt (*Kubis* aaO; KölnKomm AktG/*Noack/Zetsche* Rn 123; ähnlich Spindler/Stilz AktG/*Wicke* Rn 22; **aA** K. Schmidt/Lutter AktG/*Ziemons* Rn 47; *Faßbender* RNotZ 2009, 425, 431; Obermüller/Werner/Winden HV/*Butzke* Rn N 12; GroßKomm AktG/*Werner* Rn 92 f). Bei nur anfechtbaren Beschl hat der Notar kein Verweigerungsrecht (*Hüffer* AktG Rn 13; *Wicke* aaO; *Ziemons* aaO; *Faßbender* aaO; **aA** *Zöllner* aaO).

29 **8. Kosten.** Kostenschuldner ist die Gesellschaft. Für die Beurkundung von Beschl ist jeweils das Doppelte der vollen Gebühr zu erheben (§ 47 S 1 KostO), wobei die Höchstgebühr 5 000 EUR beträgt (§ 47 S 2). Der Geschäftswert bestimmt sich für jeden Beschl nach §§ 41c Abs 1 iVm 41a Abs 4 Nr 1 KostO: 1 % des Grundkapitals (bis zu einem Grundkapital v 500 000 EUR), mindestens jedoch 25 000 EUR. Bei Beschl nach dem UmwG ist gem § 41c Abs 2 KostO das betroffene Aktivvermögen anzusetzen. IdR fallen zudem Reisekosten (§ 153 KostO) und Auslagen (§ 137 KostO) sowie die Auswärtsgebühr gem § 58 KostO an. Für zusätzliche vorbereitende oder fördernde Tätigkeit sowie für die Erstellung des Teilnehmerverzeichnisses kann der Notar unter den Voraussetzungen des § 147 KostO die Hälfte der vollen Gebühr verlangen (MünchHdb AG/*Semler* § 40 Rn 31; *Hüffer* AktG Rn 14).

III. Private Niederschrift (Abs 1 S 3)

30 Bei nichtbörsennotierten Gesellschaften reicht eine vom Vorsitzenden des AR bzw vom jeweiligen Versammlungsleiter zu unterzeichnende Niederschrift, sog privatschriftliches Protokoll (MünchKomm AktG/*Kubis* Rn 26 ff), aus, soweit keine Beschl gefasst werden, für die das Gesetz eine Dreiviertel- oder größere Mehrheit bestimmt (Abs 1 S 3).

31 **1. Voraussetzungen.** Der Begriff der **börsennotierten Gesellschaft** entspricht der Definition in § 3 Abs 2 (*Hüffer* AktG Rn 14b).

32 Erforderlich ist weiterhin, dass es sich nicht um einen Beschl handelt, der aufgrund des Gesetzes wenigstens einer **Mehrheit von drei Vierteln** des bei der Beschlussfassung vertretenen Grundkapitals – nicht der Stimmen – bedarf (**hM**, FraktionsBegr BT-Drucks 12/6721, 9; AusschussBegr BT-Drucks 12/7848, 9; K. Schmidt/Lutter AktG/*Ziemons*

Rn 3; *Flick* NJOZ 2009, 4485, 4486): §§ 129 Abs 1 S 1, 179 Abs 2 S 1, 179a Abs 1 S 1, 182 Abs 1 S 1, 193 Abs 1 S 1, 202 Abs 2 S 2, 207 Abs 2 S 1, 221 Abs 1 S 2, 222 Abs 1 S 1, 229 Abs 2 S 1, 237 Abs 2 S 1, 262 Abs 1 Nr 2, 274 Abs 1 S 2, 293 Abs 1 S 2, 319 Abs 2 S 2, §§ 65 Abs 1 S 1, 233 Abs 2 S 1, 240 Abs 1 S 1 UmwG. Nicht vom Anwendungsausschluss umfasst sind Beschl, die lediglich einer Stimmenmehrheit von drei Vierteln bedürfen (so aber Spindler/Stilz AktG/*Wicke* Rn 38; Semler/Volhard/Reichert ArbHdb HV/*Volhard* § 13 Rn 3f; *Heckschen* DNotZ 1995, 275, 283). Wegen dieser Unsicherheit wird teilweise empfohlen, für beide Fallgruppen eine notarielle Niederschrift vorzunehmen (*Faßbender* RNotZ 2009, 425, 428). Sog „Holzmüller"-Beschlüsse (§ 119 Rn 12ff) sind aufgrund der Klarstellung des BGH (*BGHZ* 159, 30, 42f und *NZG* 2004, 575 – „Gelatine") wegen ihrer Satzungsnähe einzubeziehen. Sie fallen deshalb nicht aus dem von Abs 1 S 3 angesprochenen Bereich des § 119 Abs 1 heraus (**hM**, *Wicke* aaO Rn 39; *Faßbender* aaO; **aA** *Hüffer* AktG Rn 14c mwN; MünchKomm AktG/*Kubis* Rn 29). Eine lediglich von der Satzung geforderte Dreiviertel- oder größere Mehrheit steht dem privatschriftlichen Protokoll nicht entgegen (*Faßbender* aaO).

Sollen in der HV neben Beschl mit einfacher Mehrheit auch Beschl gefasst werden, für die eine notariell beurkundete Niederschrift erforderlich ist, sog **„gemischte" HV**, wird teilweise vertreten, dass der Notar nur für die Grundlagenbeschlüsse zugezogen werden muss, iÜ aber ein privatschriftliches Protokoll genügt (*Blanke* BB 1995, 681, 682; *Lutter* AG 1994, 429, 440; *Reul/Zetzsche* AG 2007, 561, 565 f). Hiergegen spricht, dass der Notar ohnehin die gesamte HV hindurch anwesend sein muss. Nur so kann er alle in Bezug auf die Beschlussfassung relevanten Handlungen sicher aufnehmen, zumal Widersprüche bis zum Ende der HV möglich sind (ganz **hM**, *Hüffer* AktG Rn 14c; *Flick* NJOZ 2009, 4485, 4490; *Faßbender* RNotZ 2009, 425, 428 f). 33

2. Ablauf der Protokollierung. Aufgrund fehlender gesetzlicher Regelung bestimmt der Versammlungsleiter den Protokollführer (*Hüffer* AktG Rn 14d). In Abs 1 S 3 wird lediglich bestimmt, dass das Protokoll vom Vorsitzenden des AR zu unterzeichnen ist. Hintergrund ist, dass das Gesetz davon ausgeht, dass die HV – wie in der Praxis auch überwiegend der Fall – vom AR-Vorsitzenden geleitet wird; gemeint ist aber der jeweilige Versammlungsleiter (Obermüller/Werner/Winden HV/*Butzke* N 18 mwN; *Hüffer* aaO Rn 14e). Ist der AR-Vorsitzende verhindert und/oder ist eine andere Person zum Versammlungsleiter bestellt, unterzeichnet der so bestimmte Versammlungsleiter die Niederschrift (**hM**, *Hüffer* aaO Rn 14e; *Flick* NJOZ 2009, 4485, 4491; **aA** K. Schmidt/Lutter AktG/*Ziemons* Rn 36). Der Inhalt des privatschriftlichen Protokolls entspricht dem der notariellen Niederschrift nach Abs 1 und 2 S 1 (*Bezzenberger* FS Schippel, S 364). Ein unvollständiges oder fehlerhaftes Protokoll führt auch bei privater Niederschrift zur Nichtigkeit von Beschlüssen (*Bezzenberger* aaO S 364f; Spindler/Stilz AktG/*Wicke* Rn 42). 34

Für **nachträgliche Änderungen** des privatschriftlichen Protokolls gibt es keine starren Regeln; dafür ist dessen Beweiswert entsprechend gering. Änderungen sollten klar gekennzeichnet werden und dürfen nicht zu Manipulationen gegenüber tatsächlichen Wahrnehmungen führen (Obermüller/Werner/Winden HV/*Butzke* N 23). 35

IV. Weitere Aufzeichnungen

Häufig besteht das Bedürfnis, mittels stenografischen Protokolls oder darüber hinaus mittels elektronischer Datenträger – dann auch in Ton und ggf Bild – Äußerungen in der HV festzuhalten. 36

37 **1. Stenografisches Protokoll.** Ein ergänzendes von der Gesellschaft angefertigtes stenografisches Protokoll der HV wird zu Recht allgemein für zulässig erachtet (*Hüffer* AktG Rn 33; vgl *OLG Frankfurt/Main* NZG 2013, 23, 27). Erst recht gilt dies damit für die stenografische Mitschrift der von den Aktionären gestellten Fragen zur Vorbereitung der Beantwortung der Fragen im sog „Backoffice". Ein HV-Teilnehmer kann gegen Erstattung der Selbstkosten analog § 811 Abs 2 BGB bis zur Höhe der Dokumentenpauschale nach § 136 Abs 2 bzw Abs 3 KostO von der Gesellschaft verlangen, dass ihm von denjenigen Teilen des Protokolls – und nur von diesen –, die seine Redebeiträge und Fragen sowie die dazu abgegebenen Stellungnahmen und Antworten der Verwaltung wiedergeben, eine Abschrift erteilt wird (*BGHZ* 127, 107 ff). Zweifelhaft ist, ob dieser Anspruch auch reine Widersprüche umfasst, in denen es an einem weitergehenden Wortbeitrag fehlt. In solchen Fällen kann ein Anspruch auf Gewährung einer Abschrift jedenfalls nur den Widerspruch und die Gegenäußerung der Verwaltung hierzu, keinesfalls aber sämtliche Wortbeiträge umfassen (Obermüller/Werner/ Winden HV/*Butzke* N 47; Spindler/Stilz AktG/*Wicke* Rn 71).

38 **2. Aufzeichnung und Übertragung von Bild und Ton.** Das mögliche Interesse der Gesellschaft, Wortbeiträge zu gesellschaftsinternen Zwecken in Bild und Ton (auf einem Speichermedium) aufzuzeichnen oder in Bereiche außerhalb der HV zB via Internet zu übertragen, steht im Spannungsverhältnis zum allgemeinen Persönlichkeitsrecht des hiervon betroffenen Aktionärs. Dieses erfordert grds das Einverständnis des Betroffenen, das auch schlüssig erteilt werden kann (*BGHZ* 127, 107, 109). Der Versammlungsleiter muss daher die Absicht, Redebeiträge mitzuschneiden oder in Bereiche außerhalb der HV zu übertragen, ankündigen und auf die Möglichkeit der Unterbrechung der Aufzeichnung bzw Übertragung bei eigenem Redebeitrag hinweisen (*BGHZ* aaO). Gegen Übernahme der Selbstkosten analog § 811 Abs 2 BGB bis zur Höhe der Dokumentenpauschale nach § 136 Abs 2 bzw Abs 3 KostO hat der betroffene Aktionär einen Anspruch auf Aushändigung einer Kopie der Aufzeichnung seiner Redebeiträge und Fragen sowie der dazu abgegebenen Stellungnahmen und Antworten der Verwaltung (*BGHZ* aaO 108 ff; MünchKomm AktG/*Kubis* Rn 104 ff).

39 Die Übertragung des Redebeitrags in Bild und Ton auf eine Großleinwand im Saal der HV, in andere zum Präsenzbereich zählende Räume oder ins Backoffice, dh nicht in Bereiche außerhalb der HV, bedarf keiner Einwilligung der betroffenen Aktionäre (vgl § 118 Rn 11); ein Hinweis hierauf durch den Versammlungsleiter ist ebenfalls nicht nötig. Für die Übertragung in Bereiche außerhalb der HV via Unternehmensfernsehen, öffentliche Sender oder das Internet ist die Einwilligung des betroffenen Aktionärs dagegen insbesondere wegen der Möglichkeit des Mitschnitts Dritter erforderlich. Anders ist es jedoch, wenn sich die Legitimation für eine solche externe Übertragung aus der Satzung der Gesellschaft ergibt (gem § 118 Abs 4). Dann bestehen bezüglich der Übertragung weder die Pflicht zur Einwilligung noch ein Recht auf Widerspruch des einzelnen Aktionärs; es genügt vielmehr, wenn die Aktionäre von der Tatsache der Übertragung unterrichtet werden (Spindler/Stilz AktG/*Wicke* Rn 70; MünchKomm AktG/*Kubis* § 118 Rn 118).

V. Anlagen der Niederschrift (Abs 3)

40 **1. Einberufungsbelege.** Die Belege über die Einberufung der Versammlung sind der Niederschrift als Anlage beizufügen, wenn sie nicht unter Angabe ihres Inhalts in der Niederschrift aufgeführt sind (Abs 3). Eine Beifügung in Urschrift (also das vom Vor-

stand unterzeichnete Original der Einberufung) ist nicht erforderlich (so aber *RGZ* 114, 202, 203 f; *Hüffer* AktG Rn 24; **aA** KölnKomm AktG/*Noack/Zetsche* Rn 273); ausreichend und vom Gesetz gemeint ist die Beifügung der Einberufungsbelege in der Form der Bekanntgabe/Übermittlung an die Aktionäre, also die Beifügung eines Ausdrucks aus dem BAnz oder bei der Privateinberufung eine Kopie des Einberufungsschreibens (KölnKomm AktG/*Noack/Zetsche* Rn 273). Alternativ kann gem Abs 3 HS 2 der Inhalt der Einberufungsbekanntmachung möglichst inhaltsgleich in die Niederschrift übernommen werden (MünchKomm AktG/*Kubis* Rn 73). Die Einberufungsbelege müssen in der Niederschrift als Anlagen bezeichnet und mit ihr äußerlich fest verbunden werden, beim notariellen Protokoll entweder durch Ankleben oder durch Anheften und Siegeln, §§ 18 Abs 2 S 1, 30 DONot.

Die Beifügung kann gem Abs 3 HS 2 unterbleiben, wenn die Belege unter Angabe ihres Inhalts in der Niederschrift aufgeführt werden. Auch wenn nicht notwendigerweise der Wortlaut des Belegs übernommen werden muss (Hölters/*Drinhausen* Rn 37; *Hüffer* AktG Rn 24), müssen die Angaben doch so genau sein, dass aus den Angaben die Ordnungsmäßigkeit der Einberufung festgestellt werden kann (GroßKomm AktG/*Werner* Rn 51; Spindler/Stilz AktG/*Wicke* Rn 58). Bei der Ein-Mann-AG und bei der Universalversammlung ist die Beifügung der Anlagen ebenfalls verzichtbar (*Werner* aaO; Semler/Volhard/Reichert ArbHdb HV/*Volhard* § 13 Rn 74). 41

Um die Führung eines rein elektronischen Teilnehmerverzeichnisses zu ermöglichen, ist seit Inkrafttreten des NaStraG das Teilnehmerverzeichnis nicht mehr als Anlage beizufügen (RegBegr BT-Drucks 14/4051, 15). 42

2. Weitere obligatorische Anlagen. Neben Abs 3 gibt es noch weitere gesetzliche Vorschriften, die die Beifügung von Anlagen verlangen, namentlich § 52 Abs 2 S 6 (Nachgründungsverträge), § 293g Abs 2 S 2 (Unternehmensverträge, zu § 293 Abs 3 S 6 aF vgl *BGH* NJW 1992, 1452), § 17 Abs 1 UmwG (Verschmelzungsverträge), §§ 125 S 1, 17 Abs 1 UmwG (Spaltungsverträge) und §§ 176 Abs 1, 17 Abs 1 UmwG (vermögensübertragende Verträge). Weit verbreitet, aber nicht erforderlich ist die Beifügung des festgestellten Jahresabschlusses (*LG München I* AG 1991, 75; Obermüller/Werner/ Winden, HV/*Butzke* N 36; Spindler/Stilz AktG/*Wicke* Rn 59). 43

Die Einreichungspflicht nach Abs 5 ist zu unterscheiden von der Beifügungspflicht bei eintragungspflichtigen Beschl. So ist im Falle der Satzungsänderung der vollständige Wortlaut der Satzung mit der Satzungsbescheinigung des Notars der HR-Anmeldung, nicht aber der Niederschrift beizufügen (§ 181 Abs 1 S 2). 44

3. Weitere fakultative Anlagen. Zulässig und üblich ist es, umfangreiche vom Aktionär vorbereitete Fragenkataloge der Niederschrift als Anlage beizufügen. 45

VI. Unterschrift des Notars (Abs 4)

Die Niederschrift ist vom Notar zu unterschreiben (Abs 4 S 1), womit sie grds den Charakter eines Entwurfs verliert (Obermüller/Werner/Winden HV/*Butzke* N 23) und zur **Urschrift** wird, die in der Verwahrung des Notars verbleibt (§ 45 Abs 1 BeurkG); ungeachtet einer etwaigen Unterschrift unter dem Entwurf liegt ein Entwurf so lange vor, bis der Notar die unterschriebene Ausarbeitung entäußert (*BGHZ* 180, 9, 14, ausf s.o. Rn 21). Für die Zwecke des Rechtsverkehrs hat der Notar eine Ausfertigung, eine 46 mit Ausfertigungsvermerk versehene Abschrift, zu erteilen (§ 47 ff BeurkG). Die Zuziehung von Zeugen ist nicht nötig (Abs 4 S 2).

47 Die Urschrift verlangt die eigenhändige Unterschrift des Notars; dem soll die Amtsbezeichnung beigefügt werden (§§ 37 Abs 3 iVm 13 Abs 3 BeurkG). Anders als die Beurkundung von reinen Willenserklärungen (zur Problematik s Rn 11) kann der Notar in der HV mit einem vorbereiteten Entwurf arbeiten, der durch handschriftliche Änderungen während der HV dem tatsächlichen Geschehensablauf angepasst wird, ohne dass er dieses Dokument als Original zu behandeln hätte und damit die einzelnen Änderungen zu unterzeichnen wären (vgl § 44a Abs 1 S 1 BeurkG). Die Unterschrift muss daher nicht bereits in der HV geleistet werden, sondern kann auch später erfolgen (KölnKomm AktG/*Noack/Zetsche* Rn 308). Eine zeitliche Grenze folgt indes mittelbar aus dem Erfordernis unverzüglicher (§ 121 Abs 1 S 1 BGB) Einreichung zum HR nach Abs 5 (*Hüffer* AktG Rn 26; *LG Frankfurt/Main* NZG 2009, 149, 153).

48 Die Unterschrift des Versammlungsleiters oder sonstige weitere Unterschriften sind nicht erforderlich (*Hüffer* AktG Rn 26).

VII. Einreichung zum Handelsregister (Abs 5)

49 Unverzüglich, also ohne schuldhaftes Zögern (§ 121 Abs 1 S 1 BGB), nach der Versammlung ist eine öffentlich beglaubigte bzw im Falle des Abs 1 S 3 eine vom Vorsitzenden des AR bzw vom Versammlungsleiter (s Rn 34) unterzeichnete Abschrift der Niederschrift und ihrer Anlagen zum HR einzureichen (Abs 5). Verpflichtet ist die Gesellschaft, vertreten durch den Vorstand (MünchKomm AktG/*Kubis* Rn 76). Üblich ist die Einreichung durch den beurkundenden Notar (Semler/Volhard/Reichert ArbHdb HV/*Volhard* § 13 Rn 84). Seit Geltung des EHUG v 10.11.2006 (BGBl I S 2553) ist das Protokoll elektronisch zu übermitteln (§ 12 Abs 2 S 2 HS 2 HGB); demgemäß muss das übermittelte Dokument auch mit einem einfachen elektronischen Zeugnis gem § 39a BeurkG versehen sein (ausf zum Prozedere vgl Spindler/Stilz AktG/*Wicke* Rn 61; *Faßbender* RNotZ 2009, 425, 448 f).

50 **1. Einzureichende Urkunden.** Im Falle der notariell beurkundeten Niederschrift hat der Vorstand gem Abs 5 eine öffentlich beglaubigte Abschrift der Niederschrift und ihrer Anlagen elektronisch (vgl soeben Rn 49) zum HR einzureichen. Die Urschrift verbleibt gem § 45 Abs 1 BeurkG beim Notar (s.o. Rn 46). Sind Zweigniederlassungen in das HR eingetragen, sind beim Registergericht der Hauptniederlassung oder dem des Sitzes zusätzlich je ein Exemplar pro Zweigniederlassung einzureichen (§ 13c Abs 4, Abs 1 HGB). Das Registergericht hat die Einreichung der Urkunden gem § 14 HGB notfalls durch Festsetzung von Zwangsgeld durchsetzen. Die Pflicht zur Anmeldung eintragungsbedürftiger HV-Beschlüsse besteht dabei neben der Einreichungspflicht aus Abs 5 (*Hüffer* AktG Rn 27; KölnKomm AktG/*Noack/Zetsche* Rn 378).

51 Im Falle des privatschriftlichen Protokolls (Abs 1 S 3) ist eine vom Vorsitzenden des AR bzw vom Versammlungsleiter (vgl Rn 34) unterzeichnete Abschrift dieses Protokolls zum HR einzureichen (Abs 5). Das Original verbleibt in diesem Fall bei der Gesellschaft (*Hüffer* AktG Rn 27a).

52 Gem § 9 Abs 1 HRV nimmt das Registergericht die eingereichten Unterlagen in einen Registerordner für das Registerblatt der Gesellschaft auf (Spindler/Stilz AktG/*Wicke* Rn 63).

Niederschrift § 130

2. Prüfung durch das Registergericht. Das Registergericht prüft von den eingereichten Unterlagen ausschließlich die Beschl, die in das HR einzutragen sind, und auch nur dann, wenn die gesondert erforderliche Anmeldung zur Eintragung vorliegt (KölnKomm AktG/*Noack/Zetsche* Rn 376). Formelle oder inhaltliche Richtigkeit sind iÜ nicht zu prüfen (*Hüffer* AktG Rn 28). 53

3. Recht auf Einsichtnahme. Die Einsicht der zum HR eingereichten Schriftstücke im HR oder im Unternehmensregister ist gem § 9 Abs 1, 6 HGB jedem zu Informationszwecken gestattet, und zwar gebührenfrei (§ 90 KostO). Gem § 9 Abs 4, 6 S 2 HGB kann auch die Erteilung eines Ausdrucks oder von Abschriften verlangt werden, die jedoch gem §§ 73 Abs 1–Abs 4, 89 KostO gebührenpflichtig ist Zur Einsichtnahme bei der Gesellschaft s Rn 61. Die Einsichtnahme beim Notar richtet sich nach § 51 Abs 3, Abs 1 Nr 2 BeurkG; zur Einsichtnahme beim Notar berechtigt sind folglich grds nur die Gesellschaft (aber nicht einzelne Organmitglieder), im Fall des § 111 Abs 3 der AR bzw im Fall des § 122 Abs 3 die ermächtigten Aktionäre (MünchKomm AktG/ *Kubis* Rn 79). 54

VIII. Veröffentlichung auf der Internetseite (Abs 6)

Börsennotierte Gesellschaften (§ 3 Abs 2) müssen die festgestellten Abstimmungsergebnisse einschließlich aller Angaben nach Abs 2 S 2 innerhalb von sieben Tagen nach der HV auf ihrer Internetseite (dazu § 121 Rn 13e) veröffentlichen; zu den Angaben nach Abs 2 S 2 vgl ausf Rn 17a. Für die Fristberechnung gelten die §§ 187–193 BGB; § 121 Abs 7 ist nicht einschlägig, da dieser auf von der HV zurückzuberechnende Termine und Fristen abstellt (vgl § 121 Abs 7 S 1) und die Pflicht des § 130 Abs 6 der HV nachgelagert ist. Die Vorschrift wurde durch das ARUG v 30.7.2009 (BGBl I S 2479) angefügt. Inhaltlich beschränkt sich die Veröffentlichungspflicht in richtlinienkonformer Auslegung des Art 14 Abs 2 der Aktionärsrechterichtlinie auf die Angaben des Abs 2 S 2, auch wenn der Wortlaut einen darüber hinausgehenden Inhalt vermuten lässt. Die Pflicht zur Veröffentlichung besteht unabhängig davon, ob eine verkürzte Feststellung zur Beschlussfassung nach Abs 2 S 3 erfolgte (*Reul* ZNotP 2010, 44, 47). 54a

IX. Rechtsfolgen bei Verstößen

1. Protokollierungspflicht. Ein Verstoß gegen die Protokollierungspflicht von HV-Beschlüssen (Abs 1, Abs 2 S 1 oder Abs 4) hat gem § 241 Nr 2 die Nichtigkeit der Beschl zur Folge, selbst wenn über das Abstimmungsergebnis kein Zweifel besteht (*BGH* WM 1994, 1521). Eine unrichtige Beurkundung steht einer unvollständigen Beurkundung gleich, da die Beurkundung des Richtigen fehlt (*Hüffer* AktG Rn 30; GroßKomm AktG/*Werner* Rn 113; str Ausnahmen v der Nichtigkeitsfolge in *RGZ* 105, 373, 374 f). Ausgeschlossen von der Nichtigkeitsfolge sind Verstöße gegen Abs 2 S 2 und 3, Abs 3, Abs 5 und Abs 6 (vgl § 241 Nr 2, dazu *Grobecker* NZG 2010, 165, 169). Fehler in der Niederschrift über die Feststellung des Versammlungsleiters zur Beschlussfassung iSv Verstößen gegen Abs 2 S 2 und 3 führen zur Anfechtbarkeit allein des betreffenden Beschl, wobei idR die erforderliche Relevanz fehlen wird (*Reul* ZNotP 2010, 44, 47; *Herrler/Reymann* DNotZ 2009, 815, 823). Ausnahmsweise kann die Nichtigkeitsfolge auch dann ausgelöst werden, wenn die HV durch einen scheinbar dazu berufenen Versammlungsleiter geleitet wurde (bspw durch einen vermeintlichen AR-Vorsitzenden, dessen Wahl nichtig war); hier liegt eine unwirksame Feststellung der Beschlussfassung iSd Abs 2 S 1 aE vor, da die tatbestandliche Voraus- 55 setzung der Feststellung durch den Vorsitzenden nicht erfüllt ist (so auch *Hüffer* aaO; **aA** *Heller* AG 2008, 493, 494; *Wicke* DNotZ 2008, 791, 794); für beim HR eintragungspflichtige Beschl ist § 242 Abs 1 zu beachten, der die Heilung des Beschlussmangels aufgrund der Eintragung des fehlerhaften Beschl im HR anordnet. Die Nichtigkeitsfolge gilt ebenso bei Unterzeichnung einer privatschriftlichen HV-Niederschrift durch einen anderen als den tatsächlichen AR-Vorsitzenden (*OLG Köln* ZIP 2008, 1767, 1768 f; *Heller* aaO 494 f; *ders* AG 2009, 278, 279). Keinen Nichtigkeitsgrund wegen eines Verstoßes gegen Abs 2 S 1 bildet dagegen die Feststellung über die Beschlussfassung durch einen Versammlungsleiter, der pflichtwidrig den Beschlussantrag eines Aktionärs zu seiner Abberufung nicht zur Abstimmung gestellt hat, da er ungeachtet dessen weiter als Versammlungsleiter im Amt war (*OLG Bremen* AG 2010, 256, 257). Eintragungspflichtige Beschl, die gegen die Anforderungen von Abs 1, Abs 2 S 1 oder Abs 4 verstoßen, werden jedoch gem § 242 Abs 1 durch Eintragung in das HR geheilt. Unbeschadet durch die Heilung ist ein Schadensersatzanspruch gegen den Notar (§ 19 Abs 1 BNotO).

56 Wird gegen die Protokollierungspflicht von Minderheitsverlangen verstoßen, so sind diese dennoch gültig, da die §§ 415, 417 ZPO insoweit nicht anwendbar sind. Allerdings begründet die fehlende Beurkundung eine Vermutung dafür, dass ein Minderheitsverlangen nicht gestellt wurde. Von einer bloßen Indizwirkung (*Hüffer* AktG Rn 31; KölnKomm AktG/*Noack/Zetsche* Rn 343) kann nicht gesprochen werden, da das Protokoll nicht als Beweismittel für die Anbringung des Verlangens verwendet werden kann (MünchKomm AktG/*Kubis* Rn 89), so dass es überhaupt der Darlegung und des Beweises der Anbringung bedarf. Die Minderheitsaktionäre können aber einen Schadensersatzanspruch gegen den Notar haben (§ 19 Abs 1 BNotO).

57 **2. Beifügungspflicht.** Die unterlassene Beifügung ist ohne Auswirkung auf die Gültigkeit der beurkundeten Vorgänge, weil Abs 3 nicht in § 241 Nr 2 als Nichtigkeitsgrund genannt ist und eine Anfechtung (§ 243 Abs 1) ausscheidet, da die HV-Beschlüsse nicht auf dem nachfolgenden Gesetzesverstoß beruhen (*Hüffer* AktG Rn 32; Spindler/Stilz AktG/*Wicke* Rn 68; KölnKomm AktG/*Noack/Zetsche* Rn 345). Unter Umständen besteht aber eine Schadensersatzpflicht des Notars (§ 19 Abs 1 BNotO).

58 **3. Einreichungspflicht.** Kommt der Vorstand der Einreichungspflicht (Abs 5) nicht nach, kann diese gem § 14 HGB im Zwangsgeldverfahren (§§ 388 ff FamFG) durchgesetzt werden (*Hüffer* AktG Rn 32). Eine verspätete, also nicht unverzüglich eingereichte Niederschrift, führt wegen der Nichterwähnung des Abs 5 in § 241 Nr 2 nicht zur Nichtigkeit v Beschl (*BGHZ* 180, 9, 17 – „Kirch/Deutsche Bank"; *OLG Frankfurt* AG 2008, 417, 418; *LG Frankfurt/Main* NZG 2009, 149, 153); auch die Anfechtbarkeit ist in diesem Fall zu verneinen, da die Beschl nicht auf dem nachfolgenden Verstoß beruhen (*OLG Frankfurt* aaO; *LG Frankfurt/Main* aaO; Spindler/Stilz AktG/*Wicke* Rn 68).

59 **4. Verstöße des Notars.** Vorsätzliche und fahrlässige Verstöße des Notars gegen seine Amtspflichten (ua die oben in Rn 26 genannten Prüfungs-, Hinweis- und Einwirkungspflichten, vgl *Wilhelmi* BB 1987, 1331, 1338) haben gem § 19 Abs 1 S 1 BNotO eine Schadensersatzpflicht gegenüber allen zur Folge, denen gegenüber die verletzte Amtspflicht bestand. Die Amtspflicht besteht gegenüber der Gesellschaft wie auch gegenüber den Aktionären (*OLG München* AG 2010, 677, 678). Gegenüber Gläubi-

gern besteht die Amtspflicht nur ausnahmsweise; insoweit ist der Inhalt des beurkundeten Vorgangs maßgebend (str, GroßKomm AktG/*Werner* Rn 108). Die Haftung ist gem § 19 Abs 1 S 2 BNotO wie bei Beamten iSd § 839 BGB subsidiär. Gem § 19 Abs 1 S 3 BNotO iVm § 254 BGB kann die Haftung ganz entfallen, wenn die Gesellschaft oder geschützte Dritte ein überwiegendes Mitverschulden trifft. Ein solches wird zB angenommen, wenn der Schaden durch eine Prüfung oder rechtzeitige Rüge evidenter Mängel durch die Gesellschaft hätte verhindert werden können (MünchKomm AktG/*Kubis* Rn 94; Spindler/Stilz AktG/*Wicke* Rn 69).

5. Verstöße des nicht-notariellen Protokollführers. Da den nicht-notariellen Protokollführer aufgrund der Übernahme der Protokollführung keine den Pflichten eines Notars vergleichbaren Pflichten treffen (s. o. Rn 26), haftet er insoweit auch nicht; allenfalls eine Haftung des Vorsitzenden aus §§ 116, 93 kommt in Betracht (Spindler/Stilz AktG/*Wicke* Rn 69; Hölters/*Deilmann*/Buchta Die kleine AG, S 109).   60

X. Verfahrensfragen

Die Aktionäre haben gegen die Gesellschaft grds keinen Anspruch auf Einsichtnahme oder Abschriftenerteilung des HV-Protokolls. Sie haben nach Einreichung der Protokolle gem § 9 Abs 1, 4 und 6 HGB einen entsprechenden Anspruch gegenüber dem Registergericht auf Einsichtnahme in das HR und das Unternehmensregister. Die Gesellschaft muss einem Begehren jedoch entsprechen, wenn auch anderen Aktionären Abschriften überlassen worden sind (§ 53a, ebenso K. Schmidt/Lutter AktG/*Ziemons* Rn 65).   61

Während der HV ist prinzipiell der Versammlungsleiter, nach deren Beendigung der Vorstand befugt, über die Einsichtgewährung/Abschriftenerteilung zu entscheiden (aA *Martens* Leitfaden S 30f, wonach der Versammlungsleiter auch nach der HV entscheidungsbefugt sein soll, wenn er sich diese Entscheidung vorbehalten hat). Erteilt der Vorstand jedoch während der HV eine Zusage, so ist der Versammlungsleiter an diese gebunden (MünchKomm AktG/*Kubis* Rn 107). Umgekehrt ist der Vorstand auch nach Beendigung der HV an eine Zusage des Versammlungsleiters gebunden (*Kubis* aaO; *Martens* aaO).   62

§ 131 Auskunftsrecht des Aktionärs

(1) ¹**Jedem Aktionär ist auf Verlangen in der Hauptversammlung vom Vorstand Auskunft über Angelegenheiten der Gesellschaft zu geben, soweit sie zur sachgemäßen Beurteilung des Gegenstands der Tagesordnung erforderlich ist.** ²**Die Auskunftspflicht erstreckt sich auch auf die rechtlichen und geschäftlichen Beziehungen der Gesellschaft zu einem verbundenen Unternehmen.** ³**Macht eine Gesellschaft von den Erleichterungen nach § 266 Abs. 1 Satz 3, § 276 oder § 288 des Handelsgesetzbuchs Gebrauch, so kann jeder Aktionär verlangen, dass ihm in der Hauptversammlung über den Jahresabschluss der Jahresabschluss in der Form vorgelegt wird, die er ohne Anwendung dieser Vorschriften hätte.** ⁴**Die Auskunftspflicht des Vorstands eines Mutterunternehmens (§ 290 Abs. 1, 2 des Handelsgesetzbuchs) in der Hauptversammlung, der der Konzernabschluss und der Konzernlagebericht vorgelegt werden, erstreckt sich auch auf die Lage des Konzerns und der in den Konzernabschluss einbezogenen Unternehmen.**

(2) ¹Die Auskunft hat den Grundsätzen einer gewissenhaften und getreuen Rechenschaft zu entsprechen. ²Die Satzung oder die Geschäftsordnung gemäß § 129 kann den Versammlungsleiter ermächtigen, das Frage- und Rederecht des Aktionärs zeitlich angemessen zu beschränken, und Näheres dazu bestimmen.

(3) ¹Der Vorstand darf die Auskunft verweigern,
1. soweit die Erteilung der Auskunft nach vernünftiger kaufmännischer Beurteilung geeignet ist, der Gesellschaft oder einem verbundenen Unternehmen einen nicht unerheblichen Nachteil zuzufügen;
2. soweit sie sich auf steuerliche Wertansätze oder die Höhe einzelner Steuern bezieht;
3. über den Unterschied zwischen dem Wert, mit dem Gegenstände in der Jahresbilanz angesetzt worden sind, und einem höheren Wert dieser Gegenstände, es sei denn, dass die Hauptversammlung den Jahresabschluss feststellt;
4. über die Bilanzierungs- und Bewertungsmethoden, soweit die Angabe dieser Methoden im Anhang ausreicht, um ein den tatsächlichen Verhältnissen entsprechendes Bild der Vermögens-, Finanz- und Ertragslage der Gesellschaft im Sinne des § 264 Abs. 2 des Handelsgesetzbuchs zu vermitteln; dies gilt nicht, wenn die Hauptversammlung den Jahresabschluss feststellt;
5. soweit sich der Vorstand durch die Erteilung der Auskunft strafbar machen würde;
6. soweit bei einem Kreditinstitut oder Finanzdienstleistungsinstitut Angaben über angewandte Bilanzierungs- und Bewertungsmethoden sowie vorgenommene Verrechnungen im Jahresabschluss, Lagebericht, Konzernabschluss oder Konzernlagebericht nicht gemacht zu werden brauchen;
7. soweit die Auskunft auf der Internetseite der Gesellschaft über mindestens sieben Tage vor Beginn und in der Hauptversammlung durchgängig zugänglich ist.

²Aus anderen Gründen darf die Auskunft nicht verweigert werden.

(4) ¹Ist einem Aktionär wegen seiner Eigenschaft als Aktionär eine Auskunft außerhalb der Hauptversammlung gegeben worden, so ist sie jedem anderen Aktionär auf dessen Verlangen in der Hauptversammlung zu geben, auch wenn sie zur sachgemäßen Beurteilung des Gegenstands der Tagesordnung nicht erforderlich ist. ²Der Vorstand darf die Auskunft nicht nach Absatz 3 Satz 1 Nr. 1 bis 4 verweigern. ³Sätze 1 und 2 gelten nicht, wenn ein Tochterunternehmen (§ 290 Abs. 1, 2 des Handelsgesetzbuchs), ein Gemeinschaftsunternehmen (§ 310 Abs. 1 des Handelsgesetzbuchs) oder ein assoziiertes Unternehmen (§ 311 Abs. 1 des Handelsgesetzbuchs) die Auskunft einem Mutterunternehmen (§ 290 Abs. 1, 2 des Handelsgesetzbuchs) zum Zwecke der Einbeziehung der Gesellschaft in den Konzernabschluss des Mutterunternehmens erteilt und die Auskunft für diesen Zweck benötigt wird.

(5) Wird einem Aktionär eine Auskunft verweigert, so kann er verlangen, dass seine Frage und der Grund, aus dem die Auskunft verweigert worden ist, in die Niederschrift über die Verhandlung aufgenommen werden.

Übersicht

	Rn		Rn
A. Allgemeines	1	1. Auskunftsberechtigter	4
B. Erläuterungen	4	2. Auskunftsverpflichteter	5
I. Auskunftspflicht (Abs 1)	4	3. Auskunftsvoraussetzungen	6

	Rn		Rn
a) Auskunftsverlangen	6	5. Bilanzierung und Bewertung (Nr 4)	23
b) Gesellschaftsangelegenheiten	7	6. Strafbarkeit (Nr 5)	24
c) Erforderlichkeit	11	7. Kredit- und Finanzdienstleistungsinstitute (Nr 6)	25
d) Kenntnisstand des Vorstands	15	8. Internetauskunft (Nr 7)	26
4. Auskunftspflicht des Mutterunternehmens	16	9. Missbrauch	27
II. Auskunftserteilung/Grundsätze gewissenhafter und getreuer Rechenschaft (Abs 2 S 1)	17	V. Erweiterte Auskunftspflicht (Abs 4)	28
		1. Erteilung außerhalb der Hauptversammlung	28
III. Beschränkung des Frage- und Rederechts (Abs 2 S 2)	18	2. Aktionärseigenschaft	29
IV. Berechtigte Auskunftsverweigerung (Abs 3)	19	3. Auskunftsverlangen in der Hauptversammlung	30
1. Allgemeines	19	4. Rechtsfolge	31
2. Nachteil für die Gesellschaft (Nr 1)	20	5. Ausnahmen	32
		VI. Verfahren bei Auskunftsverweigerung (Abs 5)	33
3. Besteuerung (Nr 2)	21	VII. Rechtsfolgen einer Verletzung der Auskunftspflicht	34
4. Stille Reserven (Nr 3)	22		

Literatur: *Angerer* Die Beschränkung des Rede- und Fragerechts des Aktionärs in der Hauptversammlung, ZGR 2011, 27; *Annuß/Theusinger* Das VorstAG – Praktische Hinweise zum Umgang mit dem neuen Recht, BB 2009, 2434; *Bredol* „Noch offene Fragen?" – Zur Nachfrageobliegenheit des Aktionärs auf der Hauptversammlung, NZG 2012, 613; *Decher* Information im Konzern und Auskunftsrecht der Aktionäre gem. § 131 Abs. 4 AktG, ZHR 158 (1994), 473; *Ebenroth/Wilken* Zum Auskunftsrecht des Aktionärs im Konzern, BB 1993, 1818; *Franken/Heinsius* Das Spannungsverhältnis der allgemeinen Publizität zum Auskunftsrecht des Aktionärs, FS Budde, 1995, S 213; *Goette* Neuere aktienrechtliche Rechtsprechung des II. Zivilsenats des Bundesgerichtshofes, DStR 2010, 2579; *Groß* Informations- und Auskunftsrecht des Aktionärs, AG 1997, 97, 98; *Habersack/Verse* Zum Auskunftsrecht des Aktionärs im faktischen Konzern, AG 2003, 300; *Henze* Die Treupflicht im Aktienrecht, BB 1996, 489; *Hoffmann-Becking* Das erweiterte Auskunftsrecht des Aktionärs nach § 131 Abs. 4 AktG, FS Rowedder, 1994, S 155; *Hohenstatt/Wagner* Zur Transparenz der Vorstandsvergütung – 10 Fragen aus der Unternehmenspraxis, ZIP 2008, 945; *Holzborn/Bunnemann* Änderungen im AktG durch den Regierungsentwurf für das UMAG, BKR 2005, 51; *Hüffer* Minderheitsbeteiligungen als Gegenstand aktienrechtlicher Auskunftsbegehren, ZIP 1996, 401; *Kersting* Ausweitung des Fragerechts durch die Aktionärsrechterichtlinie, ZIP 2009, 2317; *ders* Eine Niederlage für Berufskläger? – Zur Zulässigkeit inhaltlicher Beschränkungen des Frage- und Rederechts der Aktionäre gem § 131 II 2 AktG, NZG 2010, 446; *Kiethe* Das Recht des Aktionärs auf Auskunft über riskante Geschäfte (Risikovorsorge), NZG 2003, 401; *Kocher* Einschränkungen des Anspruchs auf gleiche Information für alle Aktionäre – keine Angst vor § 131 Abs 4 AktG?, Der Konzern 2008, 611; *Kort* Das Informationsrecht des Gesellschafters der Konzernobergesellschaft, ZGR 1987, 46; *Krause* Praxisfolgen und -empfehlungen zur Beschränkung des Frage- und Rederechts der Aktionäre in der Hauptversammlung, BB 2010, 852; *Krömker* Der Anspruch des Paketaktionärs auf Informationsoffenbarung zum Zwecke der Due Diligence, NZG 2003, 418; *Kubis* Die „formunwirksame" schriftliche Auskunftserteilung nach § 131 AktG, FS Kropff, 1997, S 172; *Kuthe* BB-Gesetzgebungsreport: Die Fortsetzung der Aktienrechtsreform durch den Entwurf eines Gesetzes zur Unternehmensintegrität und Modernisierung des Anfechtungsrechts, BB 2004, 449; *Luther* Überlegungen zur Handhabung von Auskunftsrecht und Auskunftspflicht in Hauptversammlungen von Publikums-Aktiengesellschaften, FS Möhring, 1975, S 221; *Martens* Leitfaden für die Leitung der Hauptversammlung einer Aktiengesellschaft, 3. Aufl 2003; *Meilicke/Heidel* Das Auskunftsrecht des Aktionärs in der Hauptversammlung, DStR 1992, 72 und 113; *Mertens* Die Information des Erwerbers einer wesentlichen Unternehmensbeteiligung an einer Aktiengesellschaft durch deren Vorstand, AG 1997, 541; *Pentz* Erweitertes Auskunftsrecht und faktische Unternehmensverbindungen, ZIP 2007, 2298; *Pöschke* Auskunft ohne Grenzen? Die Bedeutung der Aktionärsrechterichtlinie für die Auslegung des § 131 Abs 1 S 1 AktG, ZIP 2010, 1221; *Reger* Neues zum Auskunftsrecht in der Hauptversammlung, NZG 2013, 48; *Reger/Wolf* Das OLG Frankfurt zeigt die Grenzen von Auskunftsbegehren der Aktionäre auf, BB 2012, 2333; *Schüppen* Vorstandsvergütung – (K)ein Thema für die Hauptversammlung?, ZIP 2010, 905; *Seibert* UMAG und Hauptversammlung – Der Regierungsentwurf eines Gesetzes zur Unternehmensintegrität und Modernisierung des Anfechtungsrechts (UMAG), WM 2005, 157; *Seifert* Zum Auskunftsrecht des Aktionärs nach neuem Aktienrecht, AG 1967, 1; *Simon* Der „verschwundene" Aktionär, AG 1996, 540; *Spindler* Die Reform der Hauptversammlung und der Anfechtungsklage durch das UMAG, NZG 2005, 825; *Spitze/Diekmann* Verbundene Unternehmen als Gegenstand des Interesses von Aktionären, ZHR 158 (1994), 447; *Weißhaupt* Informationsmängel in der Hauptversammlung: die Neuregelung durch das UMAG, ZIP 2005, 1766; *Weitemeyer* Der BGH stärkt das Auskunftsrecht der Aktionäre nach einer Fusion, NZG 2005, 341.

A. Allgemeines

1 Dem Aktionär soll mit dem Auskunftsrecht nach § 131 ein Zugang zu denjenigen Informationen eröffnet werden, die für die Ausübung des Teilnahmerechts an der HV inklusive der Beschlussfassung erforderlich sind, ferner die er für die Entscheidung über eine etwaige Anfechtungsklage oder sonstige Minderheitsrechte, wie etwa die Sonderprüfung, benötigt (*BayObLG* NJW-RR 1996, 679, 680). Da das Auskunftsrecht nur in der HV ausgeübt werden kann, ist es ein Recht des Aktionärs auf dessen individuelle Information, das aber auch der Information des Organs HV dient (KölnKomm AktG/*Kersting* Rn 8; K. Schmidt/Lutter AktG/*Spindler* Rn 4); dennoch handelt es sich nicht um ein Recht der HV, sondern um ein **individuelles Informationsrecht** des einzelnen Aktionärs (**hM**, *Kubis* FS Kropff, S 180 und 182), das nicht der Organzuständigkeit, sondern seiner Mitgliedschaft entspringt (*Groß* AG 1997, 97, 103); es ist folglich als Mitgliedschafts- (*BGHZ* 160, 385, 388) bzw genauer als **Mitverwaltungsrecht** einzuordnen (MünchKomm AktG/*Kubis* Rn 2).

2 § 131 ist zwingend und größtenteils abschließend. Die Satzung und die Geschäftsordnung können allerdings Art und Weise der Geltendmachung und Ausübung des Rede-, Frage- und Auskunftsrechts festlegen (Obermüller/Werner/Winden HV/*Butzke* G 8 und 9). Das **Rederecht** hat keine gesetzliche Ausformung. Es ist in seinen Grenzen ähnlich zu fassen wie das Fragerecht nach § 131. Der Redebeitrag muss sich folglich auf den anstehenden Tagesordnungspunkt beziehen (hierzu Rn 7), ferner muss er auch erforderlich sein (GroßKomm AktG/*Mülbert* Vor §§ 118–147 Rn 147), dh er muss einen brauchbaren Beitrag zur Beurteilung des anstehenden Tagesordnungspunktes beinhalten. Anders als das Fragerecht bzw allgemein als das Informationsrecht bezieht sich das Rederecht nicht auf Erlangung einer Auskunft, sondern dient selbst der Vermittlung von Informationen oder der Darstellung einer Meinung. Rhetorische Fragen sind dem Rederecht zuzuordnen, weil keine Antwort verlangt wird (vgl *LG München I* AG 1993, 519). Das **Auskunftsrecht** beinhaltet das Fragerecht wie auch in gewissen Fällen ein Recht auf Vorlage von Dokumenten (Abs 1 S 3). **Frage-**

recht meint das Recht, in der HV tagesordnungsbezogen (Rn 7 ff) und iRd Erforderlichkeit (Rn 11 ff) gezielt Auskünfte zu verlangen. Abs 2 S 2 sieht eine Ermächtigung des Versammlungsleiters durch die Satzung oder die Geschäftsordnung der HV vor, dass dieser das Frage- und Rederecht der Aktionäre zeitlich angemessen beschränken kann; außerdem können Satzung und Geschäftsordnung Näheres dazu bestimmen. Hierdurch kann der Versammlungsleiter einen zeitlichen Rahmen für den gesamten Verlauf der HV, für einzelne Tagesordnungspunkte und für einzelne Redner setzen, was nach dem Willen des Gesetzgebers der inhaltlichen Qualität der HV zu Gute kommen soll (RegBegr BT-Drucks 15/5092, 17). Gem Abs 3 Nr 7 darf die Auskunft verweigert werden, wenn die begehrte Auskunft bereits auf der Internetseite der AG seit mindestens sieben Tagen vor und in der HV zugänglich ist.

Neben dem allgemeinen Auskunftsrecht des § 131 sind noch besondere individuelle Auskunftsrechte im Konzern- und Umwandlungsrecht verankert (§§ 293g Abs 3, 295 Abs 2 S 3, 319 Abs 3 S 5, 320 Abs 4 S 3, 326); diese sind parallel zu § 131 anwendbar (Spindler/Stilz AktG/*Siems* Rn 5; K. Schmidt/Lutter AktG/*Spindler* Rn 12). Darüber hinaus bestehen auch kollektive Informationsrechte wie zB die gem §§ 175 Abs 2, 176 Abs 2 bestehende Pflicht zur Vorlage des Jahresabschlusses, des Lageberichts bzw von Unterlagen der Konzernrechnungslegung (vgl *Spindler* aaO; ausf *Hüffer* ZIP 1996, 401, 405), die unabhängig von § 131 einzuhalten sind. § 131 ist nicht verletzt, wenn iR einer Kapitalerhöhung die Jahresabschlüsse nicht vorgelegt werden, weil insofern die Berichtspflicht des Vorstands gem § 186 Abs 4 S 2 abschließend ist und § 186 die Vorlage von Jahresabschlüssen nicht vorsieht; denkbar bleibt jedoch eine Verletzung des Fragerechts, wenn die Ges Fragen zur Kapitalerhöhung in der HV nicht ordnungsgemäß beantwortet werden (*OLG München* AG 2012, 802, 803). Neben mitgliedschaftlichen Auskunftsrechten kommen individuelle Auskunftsansprüche aus Auftrag (§ 666 BGB) mangels Auftragsverhältnisses mit den einzelnen Aktionären nicht in Betracht (*BGH* NJW 1967, 1462 f); mangels Trennbarkeit auch nicht aus von der Mitgliedschaft gelöstem Anteilseigentum (*Hüffer* aaO 403). § 312 verdrängt § 131, der Inhalt des Abhängigkeitsberichts ist nicht auskunftspflichtig (*OLG Frankfurt* NJW-RR 2003, 473, 474; **aA** *OLG Stuttgart* AG 2005, 94, 95 mwN; KölnKomm AktG/*Kersting* Rn 253).

Das Auskunftsrecht des § 131 wurde durch das ARUG v 30.7.2009 nicht geändert, obwohl eine Regelung in Art 9 der Aktionärsrechterichtlinie (AblEU Nr L 184 v 14.7.2007) zum Fragerecht der Aktionäre enthalten ist. Die derzeitige Ausgestaltung des § 131 mit den einschränkenden Voraussetzungen des Abs 1 S 1 bleibt jedoch nicht hinter dem erforderlichen Inhalt von Art 9 der Aktionärsrechterichtlinie zurück. Abs 1 S 1 muss daher nicht richtlinienkonform ausgelegt werden; die Vorschrift stellt vielmehr eine zulässige inhaltliche Ausgestaltung des Art 9 der Aktionärsrechterichtlinie dar (*Pöschke* ZIP 2010, 1221, 1224; **aA** *Kersting* ZIP 2009, 2317, 2324). Art 9 Abs 2 S 1 der Aktionärsrechterichtlinie schränkt den Umfang des Fragerechts der Aktionäre und der Antwortpflicht der AG ein. Die teleologische Auslegung der Vorschrift legt nahe, dass Abs 1 S 1 hierzu nicht im Widerspruch steht und somit keine unzulässige Verkürzung des in Art 9 der Aktionärsrechterichtlinie verankerten Fragerechts und der korrespondierenden Antwortpflicht der Gesellschaft gegeben ist (*OLG Stuttgart* ZIP 2012, 970, 973 – Porsche; *OLG Frankfurt/Main* NZG 2013, 23, 23; *Reger* NZG 2013, 48, 48; ausf *Pöschke* aaO; **aA** *Kersting* aaO); vgl Rn 11.

3

3a

B. Erläuterungen

I. Auskunftspflicht (Abs 1)

1. Auskunftsberechtigter. Auskunftsberechtigter ist nur der **teilnahmeberechtigte** Aktionär (KölnKomm AktG/*Kersting* Rn 62), der auch **tatsächlich** an der HV **teilnimmt** (*OLG Stuttgart* AG 1998, 529, 534). Teilnehmer in diesem Sinne können dabei auch Online-Teilnehmer iSd § 118 Abs 1 S 2 sein; das Bestehen des Auskunftsrecht ist bei Online-Teilnehmern jedoch davon abhängig, dass die Satzung oder der dazu ermächtigte Vorstand die Online-Ausübung des Auskunftsrechts einräumen (vgl *Kersting* aaO Rn 522 f). Weiterhin besteht ein Auskunftsrecht nur für Auskunftsverlangen, die in der HV geltend gemacht worden sind (**allgM**, Obermüller/Werner/Winden HV/*Butzke* G 29). Der Anspruchsberechtigte muss Aktionär sein, eine Aktie genügt jedoch (*BGHZ* 119, 1, 17; *BayObLGZ* 1974, 208, 213). Auch derjenige ist auskunftsbefugt, der im Verhältnis zur AG als Aktionär gilt, insbesondere der im Aktienregister eingetragene Namensaktionär (MünchKomm AktG/*Kubis* Rn 11). Besonderheiten ergeben sich auch aufgrund § 123 Abs 3 S 6, der auch in Bezug auf das Auskunftsrecht anzuwenden ist: Veräußert ein Aktionär nach dem „Record Date" seine Anteile, behält er mit dem Teilnahmerecht auch das Auskunftsrecht, der Erwerber hingegen hat kein Auskunftsrecht (vgl § 123 Rn 9). Ein Stimmrecht des Aktionärs ist nicht erforderlich; es schadet somit nicht, wenn das Stimmrecht ausgeschlossen, die Aktien nicht voll eingezahlt sind oder der Aktionär Vorzugsaktionär ohne Stimmrecht ist (*OLG Stuttgart* AG 2011, 93, 97 – „Porsche/VW"; *Franken/Heinsius* FS Budde, S 223). Das Auskunftsrecht kann auch von jeder anderen teilnahmeberechtigten Person ausgeübt werden, die ihr Teilnahmerecht von dem des Aktionärs ableitet (Bevollmächtigte, Legitimationsaktionäre, Testamentsvollstrecker etc, vgl *Kersting* aaO Rn 64). Die Stimmrechtsvollmacht impliziert grds auch das Auskunftsrecht (vgl *LG Heilbronn* NJW 1967, 1715, 1716; *Kersting* aaO Rn 65), wobei die Reichweite des Auskunftsrechts in diesen Fällen uneinheitlich bestimmt wird. Richtiger Ansicht nach besteht das Auskunftsrecht auch dann nicht nur für Tagesordnungspunkte, zu denen ein Beschl zu fassen ist, sondern auch zu solchen, bei denen nur Unterlagen vorzulegen sind, wie zB die Vorlage des festgestellten Jahresabschlusses (**hM**, *LG Köln* AG 1991, 38; *Kersting* aaO Rn 66; K. Schmidt/Lutter AktG/*Spindler* Rn 30; Obermüller/Werner/Winden HV/*Butzke* G 10). Dasselbe gilt für die Legitimationsübertragung (*Kubis* aaO Rn 15). Dennoch empfiehlt es sich, in der Vollmacht die Ausübung des Auskunftsrechts umfassend, explizit auch für Gegenstände, über die nicht abzustimmen ist, aufzuführen (*Meilicke/Heidel* DStR 1992, 72, 73). Auskunftsberechtigt ist nicht die HV, diese ist nur Adressat der Auskunft. Ein Auskunftsrecht der HV neben dem des Aktionärs gibt es nicht (*Kersting* aaO Rn 68), einem dahingehenden Beschl der HV kommt keine Wirkung zu (*Kubis* aaO Rn 18). Die HV kann Dritten ein Rederecht, aber kein Frage- und Auskunftsrecht einräumen; hierüber wird idR der Versammlungsleiter befinden (vgl Obermüller/Werner/Winden HV/*Butzke* G 11). Das Auskunftsrecht ist nicht selbstständig übertragbar (*Kubis* aaO Rn 2; vgl auch *Hüffer* ZIP 1996, 401, 405 f). Ein **Schriftformerfordernis** für das Auskunftsverlangen durch die Satzung oder die Geschäftsordnung der HV ist unzulässig (MünchHdb AG/*Semler* § 37 Rn 24).

2. Auskunftsverpflichteter. Schuldner der Auskunft ist die **Gesellschaft** (*OLG Stuttgart* AG 1998, 529, 534; *Groß* AG 1997, 97, 103). Die Formulierung des Abs 1 S 1, wonach die Auskunft vom Vorstand zu geben ist, regelt lediglich die funktionelle Zuständigkeit für die Ausführung dieser Verpflichtung der Gesellschaft. Eine Klage ist somit gegen die Gesellschaft zu richten. Die Entscheidung, ob die Auskunft erteilt oder verweigert wird, wie auch die Erteilung erfolgen durch den Vorstand. In personeller Hinsicht ist der zum Zeitpunkt der HV amtierende Vorstand gemeint, selbst wenn sich das Auskunftsbegehren auf die Amtszeit ehemaliger Vorstandsmitglieder bezieht (GroßKomm AktG/*Decher* Rn 90; KölnKomm AktG/*Kersting* Rn 71 mwN). Die Entscheidung über die Auskunftserteilung ist Geschäftsführungsmaßnahme (RegBegr *Kropff* S 185), so dass § 77 hierauf Anwendung findet (*Meilicke/Heidel* DStR 1992, 72, 74). Der Beschl kann konkludent gefasst werden (MünchKomm AktG/*Kubis* Rn 20), was etwa bei der Beantwortung durch ein sachkundiges Vorstandsmitglied ohne Widerspruch der übrigen Mitglieder vorliegt (*Decher* aaO). Eine Beschlussfassung des Vorstands vor der HV muss nicht in der HV wiederholt werden (*LG Essen* AG 1962, 126). Der Vorstand kann **Dritte**, insbesondere AR-Mitglieder, Versammlungsleiter, von der Gesellschaft hinzugezogene Rechtsanwälte und den Abschlussprüfer, zur Erteilung der Auskunft heranziehen, entweder indem der Vorstand die Beantwortung auf diese delegiert (*RGZ* 167, 151, 169) oder indem er sich bei Beantwortung ohne vorherige Verständigung die Äußerung des Dritten (konkludent) zu eigen macht (*OLG Celle* AG 2005, 438, 440; *Kubis* aaO Rn 21; *Kersting* aaO Rn 72). Diese Dritten sind jedoch nicht nach § 131 zur Auskunft verpflichtet, insbesondere nicht der Versammlungsleiter (*OLG Celle* AG 2005, 438, 440), ferner nicht der AR (*BVerfG* NJW 2000, 349, 351; *OLG Stuttgart* AG 1995, 234, 235), Letzterer selbst dann nicht, wenn sich das Auskunftsbegehren auf die Überwachungstätigkeit des AR bezieht (**hM**, *Decher* aaO Rn 91; *Kersting* aaO mwN). Auch der besondere Vertreter iSd § 147 ist nicht auskunftspflichtig (*LG München I* AG 2008, 794, 796 – „HVB/ UniCredit"); auch nicht der Abschlussprüfer (so ausdrücklich § 176 Abs 2 S 3). Auskunftspflichtig – auch bei **verbundenen Unternehmen** – ist nur die AG, deren HV stattfindet und an welcher der auskunftsverlangende Aktionär teilnimmt, nicht die verbundenen Unternehmen. Dass der Vorstand die Richtigkeit der von ihm erteilten Auskunft an Eides statt versichert, kann der Aktionär nicht verlangen (*BayObLGZ* 2002, 227, 230 f).

3. Auskunftsvoraussetzungen. – a) Auskunftsverlangen. Voraussetzung für die Auskunftspflicht ist stets ein entsprechendes Auskunftsverlangen des Aktionärs (**hM**, *OLG Stuttgart* AG 1998, 529, 534), das regulär (nicht als unzulässiger Zwischenruf, KölnKomm AktG/*Kersting* Rn 470) in der HV gestellt werden muss; es ist ausreichend, wenn ein konkludentes Verlangen vorliegt, wenn also einer Äußerung des Aktionärs durch Auslegung eine Frage entnommen werden kann (GroßKomm AktG/*Decher* Rn 96; K.Schmidt/Lutter AktG/*Spindler* Rn 23; Spindler/Stilz AktG/*Siems* Rn 20; *Kersting* aaO Rn 471; **aA** *OLG Celle* AG 1984, 266, 272). Vor der HV bei der Gesellschaft eingereichte Auskunftsverlangen sind als nur Ankündigungen eines Auskunftsverlangens zu verstehen und müssen daher in der HV wiederholt werden. Rhetorische Fragen sind kein Auskunftsverlangen, sondern bloße Ausübung des Rederechts (näher *LG München* AG 1993, 519). Das Auskunftsverlangen muss an den Vorstand gerichtet sein (*OLG Stuttgart* AG 1995, 234, 235; **aA** *Spindler* aaO; *Kersting* aaO Rn 470: auch an den Versammlungsleiter, wenn dieser die Frage an den Vorstand weiterleitet). Es kann **schriftlich oder mündlich** erfolgen (**hM**, *Decher* aaO Rn 98 mwN; *Spindler* aaO Rn 21; *Kersting* aaO Rn 473 mwN; **aA**, nur mündlich: *Hüffer* AktG Rn 8; MünchKomm AktG/

6

Kubis Rn 29; *OLG Frankfurt* AG 2007, 672, 675 – „Kirch/Deutsche Bank"; *OLG Frankfurt* NJW-RR 2007, 546 f). Allerdings muss gewährleistet sein, dass die gesamte HV die Frage kennt, um die Auskunft zu verstehen; denn Adressat der Auskunft ist nicht nur der die Frage stellende Aktionär, sondern die gesamte HV (s Rn 1). Schriftlich gestellte Fragen sind daher zu verlesen (zutr *LG Köln* AG 1991, 38; *Kersting* aaO Rn 474; Marsch-Barner/Schäfer Hdb AG/*Marsch-Barner* § 34 Rn 36). Zwar ist eine **Begründung** des Auskunftsverlangens nicht erforderlich (**allgM**, *Kersting* aaO Rn 477 mwN; *KG* NJW-RR 1996, 1060), jedoch muss der die Auskunft Verlangende die Beurteilungserheblichkeit darlegen (s Rn 11). Ebenso besteht keine Pflicht zur **Ankündigung** von Auskunftsverlangen im Vorfeld der HV (*OLG Düsseldorf* AG 1992, 34, 35; *Decher* aaO Rn 97). Jedoch erhöht eine Ankündigung die Pflicht des Vorstands, sich für die Beantwortung dieses Auskunftsbegehrens vorzubereiten. Umgekehrt kann der Aktionär ohne Ankündigung bei schwierigen Fragen und solchen, deren Beantwortung eine intensive Vorbereitung und Recherche erfordert, entsprechend keine tiefgehende Antwort in der HV erwarten, ggf entfällt die Auskunftspflicht ganz (*OLG Hamm* ZIP 2005, 1457, 1463: Geschäftsbeziehung unter Dritten; *OLG Celle* AG 2005, 438, 439). Je mehr Vorbereitungszeit dem Vorstand verbleibt, desto detaillierter muss die Antwort ausfallen, wobei frühester Ankündigungszeitpunkt für das Auskunftsverlangen die Bekanntmachung der Tagesordnung ist; Ankündigungen vor diesem Zeitpunkt braucht der Vorstand nicht zu beachten. Nur der Aktionär, der die Frage angekündigt hat, kann eine auf angemessener Vorbereitung beruhende detaillierte Antwort erwarten, anderen Aktionären kommt die Ankündigung nicht zu Gute (*Kubis* aaO Rn 31). Es obliegt dem einzelnen Aktionär, den Inhalt seiner Frage klar zum Ausdruck zu bringen; der Aktionär trägt insofern das **Interpretationsrisiko** hinsichtlich der von ihm gestellten Frage (*OLG Frankfurt/Main* NZG 2013, 23, 26; zust *Reger* NZG 2013, 48, 49). Versteht die Ges die gestellte Frage anders, als vom Aktionär beabsichtigt, und wird dies in der Antwort der Ges deutlich, muss der Aktionär dieses andere, aus seiner Sicht unrichtige Verständnis korrigieren (*OLG Frankfurt/Main* NZG 2013, 23, 26; *Reger* NZG 2013, 48, 49). Unerheblich ist, wie die Frage aus verobjektiviertem Empfängerhorizont zu verstehen gewesen wäre oder der fragende Aktionär sie subjektiv verstanden wissen wollte (*Reger* aaO; einschränkend für den konkret entschiedenen Fall *OLG Frankfurt/Main* NZG 2013, 23, 26: naheliegendes Verständnis). In einer Anfechtungsklage oder einem Auskunftsverfahren gem § 132 muss sich der Aktionär an diesem Verständnis festhalten lassen (*OLG Frankfurt/Main* NZG 2013, 23, 26). Gibt ein Aktionär auf seinem Wortmeldezettel an, zu allen Tagesordnungspunkten sprechen zu wollen, wird dieser objektive Erklärungsinhalt nicht durch den Zusatz, einen Antrag zur Geschäftsordnung stellen zu wollen, eingeschränkt (*LG Frankfurt/Main* AG 2013, 178).

6a Obwohl Adressat der Auskunft die HV ist, behält der fragende Aktionär die Dispositionsbefugnis über seine Frage, so dass er sie jederzeit **zurücknehmen** bzw auf die Antwort verzichten kann (*LG Mainz* AG 1988, 169, 170; Spindler/Stilz AktG/*Siems* Rn 20; MünchHdb AG/*Semler* § 37 Rn 3). Keine Rücknahme (so aber *LG Mainz* aaO: konkludente Rücknahme), sondern ein Fall widersprüchlichen und damit rechtsmissbräuchlichen Verhaltens (s Rn 27) liegt in der unterlassenen Wiederholung einer Frage, wenn bei einer Vielzahl von Fragen der Versammlungsleiter nach Beantwortung eines Teils den Betreffenden zur Wiederholung etwaig nicht beantworteter Fragen auffordert und der betreffende Aktionär solche Fragen nicht wiederholt bzw die Nichtbeantwortung nicht explizit rügt (MünchKomm AktG/*Kubis* Rn 33; *Kersting* aaO Rn 486; K. Schmidt/Lutter AktG/*Spindler* Rn 27 Fn 118; *Bredol* NZG 2012, 613; **aA** *OLG Köln* AG 2011, 838, 839: kein rechtsmissbräuchliches Verhalten, da Ges aufgrund des Back-Office leichter als Aktionär prüfen könne, ob Frage beantwortet ist). Anders ist dies, wenn der Versammlungsleiter zwar zur Wiederholung solcher Fragen auffordert, aber gleichzeitig zu verstehen gibt, diese bei nochmaliger Wiederholung durch den Aktionär nicht zu beantworten, und der Aktionär daraufhin seine Fragen nicht wiederholt bzw deren Nichtbeantwortung nicht rügt (so iE *OLG Köln* aaO). Das Verlassen der HV durch den fragenden Aktionär vor Beantwortung beinhaltet hingegen wegen dessen Dispositionsbefugnis eine konkludente Rücknahme der Frage (Marsch-Barner/Schäfer Hdb AG/*Marsch-Barner* § 34 Rn 32; *Kersting* aaO Rn 487); Anderes gilt jedoch, wenn er zuvor einem anderen Vertretungsmacht erteilt oder ein anderer Auskunftsberechtigter sich erkennbar die Frage zu eigen gemacht hat (*Spindler* aaO; *Simon* AG 1996, 540; Obermüller/Werner/Winden HV/*Butzke* G 30; **aA** *Kubis* FS Kropff, S 183). Allerdings ist nur zulässig und damit beachtlich, sich einzelne, konkrete Fragen ausdrücklich zu eigen zu machen, nicht aber pauschal sämtliche Fragen anderer Aktionäre (*LG Frankfurt/Main* ZIP 2005, 302, 303).

b) Gesellschaftsangelegenheiten. Voraussetzung der Auskunftspflicht ist, dass sich das Begehren auf Angelegenheiten der Gesellschaft bezieht. Der Begriff ist weit auszulegen (unstr, *BayObLGZ* 1996, 234, 242); auch Kunden- und Lieferantenbeziehungen können darunter fallen (vgl *LG München I* AG 1994, 380). Unter Gesellschaftsangelegenheiten sind alle Tatsachen zu verstehen, die für die Beurteilung eines Tagesordnungspunktes von Relevanz sind (KölnKomm AktG 1. Aufl/*Zöllner* Rn 18). Das ist jedoch nur der Fall, wenn die Tatsache sich auf die Gesellschaft **nicht unerheblich** auswirkt. Dieses Relevanzerfordernis beinhaltet eine **Darlegungslast** des Aktionärs dahingehend, dass es bei Angelegenheiten außerhalb der Gesellschaft (**mittelbare Angelegenheiten**) dem Aktionär obliegt, den erforderlichen Bezug, die Erheblichkeit der Auswirkung dieser mittelbaren Angelegenheit auf die Gesellschaft ausreichend darzulegen (MünchKomm AktG/*Kubis* Rn 35; *BayObLGZ* aaO). Bei **unmittelbaren Angelegenheiten** ist dagegen eine Darlegung der Erheblichkeit durch den Aktionär nicht notwendig. Unmittelbare Angelegenheiten sind Tatsachen aus dem Bereich der Vermögens-, Finanz- und Ertragslage, der rechtlichen und tatsächlichen Verhältnisse, der Geschäftspolitik, der Darstellung der Gesellschaft in der Öffentlichkeit (GroßKomm AktG/*Decher* Rn 114; KölnKomm AktG/*Kersting* Rn 91), das Risikomanagement, wesentliche und bestandsgefährdende Risiken, welche Risiken und in welcher Weise berücksichtigt wurden, bei Erheblichkeit auch externe Risikofaktoren (*Kiethe* NZG 2003, 401 und 403). Keine Angelegenheit der Gesellschaft ist mangels Erheblichkeit die Abstimmungsempfehlung, die die Gesellschaft als Kreditinstitut ihren Depotkunden gegeben hat, ferner auch nicht die Gründe für diese Abstimmungsempfehlung (*BayObLGZ* aaO; *LG München* AG 1996, 186). Auffassungen, Überlegungen und Motive einzelner AR-Mitglieder sind keine Angelegenheiten der AG iSd § 131 (*BVerfG* NJW 2000, 349, 351); dagegen gehören bei Wahlen zum AR die im Rahmen von § 100 Abs 5 erheblichen Tatsachen zum Kreis der Gesellschaftsangelegenheiten (*LG Hannover* AG 2009, 914, 915 – „Continental AG"). Die konkreten Vorgänge in AR-Sitzungen und in den Ausschüssen stellen bereits keine Gesellschaftsangelegenheiten dar, weil eine effektive Aufgabenwahrnehmung die vertrauliche Behandlung der Motive und Überlegungen der AR- und Ausschussmitglieder erfordert (*BVerfG* NZG 2000, 192, 194; *Hüffer*

AktG Rn 11). Eine Strafanzeige ist keine Gesellschaftsangelegenheit, auch nicht, wenn sie gegen ein AR- oder Vorstandsmitglied gerichtet ist (*LG Frankfurt/Main* ZIP 2005, 1275, 1276). Auch der Jahresabschluss des Hauptaktionärs und dessen Einzelheiten, insbesondere im Rahmen eines Squeeze-out, sind keine Gesellschaftsangelegenheit (*OLG Düsseldorf* AG 2009, 535, 538 – „Jagenberg AG"). Betrifft nach diesen Kriterien eine Frage keine Gesellschaftsangelegenheit, so ändert sich dies nicht dadurch, dass der Gegenstand der Frage zum Beschlussgegenstand der HV gemacht wird (*BayObLGZ* aaO 243; *Decher* aaO Rn 115).

8 Fragen bezüglich **verbundenen Unternehmen** betreffen grds mittelbare Angelegenheiten; sie haben folglich nur bei Erheblichkeit Gesellschaftsangelegenheiten zum Gegenstand. Davon zu trennen sind Angelegenheiten nach Abs 1 S 2, wonach auch die rechtlichen und geschäftlichen Beziehungen der Gesellschaft zu einem verbundenen Unternehmen von der Auskunftspflicht erfasst sind. Abs 1 S 2 erfasst nur die Beziehungen **der Gesellschaft zu** verbundenen Unternehmen, nicht aber Angelegenheiten **der** verbundenen Unternehmen (*Ebenroth/Wilken* BB 1993, 1818, 1819). Erstere (von Abs 1 S 2 erfasste) sind unmittelbare, Letztere mittelbare Angelegenheiten (**hM**, *OLG Bremen* AG 1981, 229, 230). Abs 1 S 2 hat nur klarstellende Bedeutung (ganz **hM**, vgl K. Schmidt/Lutter AktG/*Spindler* Rn 39 mwN; *Hüffer* AktG Rn 18; *LG München I* AG 1999, 283, 284). Der Begriff des verbundenen Unternehmens richtet sich in diesem Zusammenhang nach § 15 ff, nicht nach §§ 271 Abs 2, 290 HGB (*Kort* ZGR 1987, 46, 51). Bloße Angelegenheiten der verbundenen Unternehmen werden nur zu Angelegenheiten der auskunftspflichtigen Gesellschaft, soweit jene für letztere erheblich sind (KölnKomm AktG/*Kersting* Rn 252; *Hüffer* aaO; *Spindler* aaO Rn 41; *Kort* aaO 61 ff), was zugleich eine eigenständige und substantiierte Begründung des Auskunftsersuchens durch den Aktionär verlangt (*Ebenroth/ Wilken* aaO; zu diesem begleitenden Darlegungsaspekt s schon Rn 7). Die Erheblichkeit betrifft auch hier das Maß der Auswirkung auf die auskunftspflichtige Gesellschaft. Unrichtig für die Bestimmung erheblicher und damit auskunftspflichtiger Angelegenheiten ist es, auf die Interessen des Auskunft verlangenden Aktionärs abzustellen (so aber *Kort* aaO 53), da § 131 auf die Angelegenheiten der Gesellschaft und nicht die der Aktionäre Bezug nimmt (*Spitze/Diekmann* ZHR 158 (1994), 447, 457). Maßgebliches Kriterium muss daher die Auswirkung auf die auskunftspflichtige Gesellschaft bleiben, erst eine solche macht eine fremde Angelegenheit zu einer Angelegenheit der auskunftspflichtigen Gesellschaft (RegBegr *Kropff* S 185; GroßKomm AktG/*Decher* Rn 119; ähnlich *Kersting* aaO: Bedeutung der Angelegenheit). **Mit rechtlichen und geschäftlichen Beziehungen** (Abs 1 S 2) sind alle Umstände gemeint, die die Unternehmensverbindung begründen oder ausgestalten, zB Beteiligungsbesitz, wesentliche personelle Beziehungen, die Entwicklung gegenseitiger Geschäftsbeziehungen, Abschluss und Inhalt von Unternehmensverträgen, von Verträgen über wechselseitige Lieferungen und Leistungen, Zahlung von Konzernumlagen (s *OLG Karlsruhe* AG 1990, 82; *Spindler* aaO Rn 40), sonstige Rechtsgeschäfte zwischen der AG und dem verbundenen Unternehmen (RegBegr *Kropff* S 185; *Hüffer* aaO Rn 15 mwN; *OLG Stuttgart* AG 2005, 94, 96), zB Vertriebskosten, die von der Obergesellschaft dem verbundenen Unternehmen berechnet worden sind (*Spitze/Diekmann* aaO 453). Betrifft eine Angelegenheit nicht eine rechtliche oder geschäftliche Beziehung, sondern eine Tatsache, die sich auf eine solche rechtliche oder geschäftliche Beziehung auswirkt, etwa ein Vorgang in einem verbundenen

Unternehmen, so handelt es sich um eine mittelbare Tatsache, die eine Erheblichkeitsprüfung nach sich zieht (*Decher* aaO; *Spindler* aaO). IRd Eingliederung ist § 326 zu beachten.

Beispiele für mögliche Gesellschaftsangelegenheiten im Zusammenhang mit verbundenen Unternehmen: Gesamteinkünfte des Vorstands aus Vergütung für die Wahrnehmung von Aufsichtsrats- und Beiratsmandanten bei Konzernunternehmen (*OLG Düsseldorf* NJW 1988, 1033, 1034 f; *Schüppen* ZIP 2010, 905, 906); Beteiligungen der auskunftspflichtigen Gesellschaft, unabhängig davon, ob es sich um eine Beteiligung an einem verbundenen oder nicht verbundenen Unternehmen handelt, idR auch Beteiligungen, die von verbundenen Unternehmen gehalten werden (*Spitze/Diekmann* ZHR 158 (1994), 447, 458; bei Letzteren verlangen *Ebenroth/Wilken* BB 1993, 1818, 1819 zutr eine ausreichende Substantiierung des Auskunftsverlangens); Beteiligungserwerb durch verbundene Unternehmen (*Ebenroth/Wilken* aaO), auch hier ist eine ausreichende Substantiierung der Erheblichkeit zu fordern; Aufgliederung der Beteiligungen in direkte und indirekte Beteiligungen (verneinend *LG Berlin* WM 1994, 27, 30; **aA** *Ebenroth/Wilken* aaO 1820 bei abstrakter Gefährdung für die Gesellschaft); konzernfremde Vermögensverwaltung (*LG Berlin* aaO 27); Eigenkapital und Ergebnis des letzten Geschäftsjahres einer anderen Gesellschaft, in die der operative Betrieb gegen Gewährung einer Beteiligung ausgegliedert worden ist (*BayObLGZ* 1999, 193, 196); Plan- und Prognosezahlen iSv EBIT und Umsatz der Tochtergesellschaften für die folgenden 3 Jahre (*OLG München* WM 2008, 1072, 1074 mit Verweis auf die Vorinstanz *LG München I* WM 2007, 2111, 2113 f); Übernahme von Verlusten oder Gewinnen eines verbundenen Unternehmens beim Ankauf von Aktien (*LG München I* AG 1999, 283, 284); idR wesentliche Details der vertraglichen Regelungen zwischen verbundenen Unternehmen, zB wechselseitige Leistungen, Zahlungen oder Konzernverrechnungspreise (*OLG Stuttgart* AG 2005, 95, 96). **Nicht**: Namen der Aktionäre, die mehr als 0,5 % des Grundkapitals an der AG halten, denn dies ist eine Angelegenheit der Gesellschafter, nicht der Gesellschaft (*LG Berlin* aaO 32); Marktwert der Grundstücke und Gebäude von Konzernunternehmen (verneinend *LG Berlin* aaO 31; krit *Ebenroth/Wilken* aaO), es bestünde ferner idR ein Verweigerungsrecht nach Abs 3 Nr 3, s Rn 22.

Besonderheiten gelten für die Auskunftspflicht bezüglich **Minderheitsbeteiligungen.** Ob eine Gesellschaftsangelegenheit vorliegt, hängt in diesen Fällen von dem Erreichen bestimmter Größen ab (*BayObLG* AG 1996, 516, 517; anders *KG* AG 2001, 421 f; AG 1995, 131, 132, das diese Kriterien iRd Erforderlichkeit, s Rn 11, heranzieht). Die Auskunftspflicht liegt dann vor, wenn der **Börsenwert der Beteiligung ca 50 Mio EUR** beträgt oder wenn die auskunftspflichtige Gesellschaft mit einer **Anteils- oder Stimmrechtsquote von 3 %** an einem börsennotierten Unternehmen beteiligt ist; die Quote orientiert sich an § 21 WpHG (*BayObLGZ* 1996, 234, 239 statuiert noch eine Quote von 5 %; aufgrund der Erweiterung des § 21 WpHG muss nun die 3 %-Schwelle relevant sein; ebenso an § 21 WpHG orientierend K. Schmidt/Lutter AktG/*Spindler* Rn 57; **aA**, Anknüpfung an § 285 Nr 11 HGB: KölnKomm AktG/*Kersting* Rn 175; MünchKomm AktG/*Kubis* Rn 218; GroßKomm AktG/*Decher* Rn 171). Das gilt auch bei indirekter Beteiligung über verbundene Unternehmen (*KG* NJW-RR 1995, 98, 100). In besonderen Fällen sind jedoch Ausnahmen von den geschilderten Grundsätzen denkbar (*KG* AG 2001, 421, 422).

11 c) Erforderlichkeit. Die verlangte Auskunft muss ihrem Zweck entsprechend zur sachgemäßen Beurteilung eines konkreten Tagesordnungspunktes erforderlich sein. Abzustellen ist auf einen objektiv denkenden **(Durchschnitts-) Aktionär**, der die Gesellschaftsverhältnisse nur aufgrund allgemein bekannter Tatsachen kennt und deshalb die Auskunft als nicht nur unwesentliches Element zur Beurteilung eines konkreten Tagesordnungspunktes benötigt (**allgM**, *BGHZ* 180, 9, 29; *BGHZ* 160, 385, 389 mwN; *OLG Stuttgart* AG 2011, 93, 97 – „Porsche/VW"; *OLG Frankfurt* AG 2011, 713, 715 – Kirch/Deutsche Bank). Ob und in welchem Umfang das Auskunftsrecht besteht, kann danach immer nur im Zusammenhang mit dem konkreten Tagesordnungspunkt der HV beurteilt werden (*OLG Frankfurt* ZIP 2006, 614). Die geforderte Auskunft muss als Entscheidungsgrundlage geeignet sein. Ein irgendwie gearteter, loser Zusammenhang zum Tagesordnungspunkt genügt nicht; es ist zur Vermeidung ausufernder Auskunftsbegehren ein **strenger Maßstab** anzulegen (*OLG Düsseldorf* AG 1992, 34, 36 mwN; **aA** K. Schmidt/Lutter AktG/*Spindler* Rn 29). Art 9 Abs 1 S 1 der Aktionärsrechterichtlinie gebietet es auch nach dem Ablauf der Umsetzungsfrist der RL nicht, das Merkmal der Erforderlichkeit richtlinienkonform einschränkend auszulegen (*OLG Stuttgart* ZIP 2012, 970, 973 – Porsche; *Hölters* AktG Rn 12; *OLG Frankfurt/ Main* NZG 2013, 23, 25; *Reger* NZG 2013, 48, 48). Denn zum einen sollte nach der Entstehungsgeschichte der RL das Auskunftsrecht nicht erweitern, zum anderen steht das durch Art 9 Abs 1 der RL gewährte Fragerecht unter dem Vorbehalt etwaiger Maßnahmen, die die Mitgliedstaaten zur Gewährleistung einer ordnungsgemäßen Vorbereitung und eines ordnungsgemäßen Ablaufs der HV treffen (*OLG Stuttgart* ZIP 2012, 970, 973; *OLG Frankfurt/Main* NZG 2013, 23, 25). Hierunter fällt die Voraussetzung der Erforderlichkeit, die damit im Rahmen der Umsetzung der RL durch das ARUG unverändert beibehalten werden konnte (vgl Gesetzesbegründung zum ARUG: BR-Drucks 847/08, 27 ff). Notwendig ist zusätzlich, dass die Auskunft aus objektiver Sicht auch als eine für die Beurteilung von Tagesordnungspunkten wesentliche Ergänzung der dem Durchschnittsaktionär bereits vermittelten Erkenntnisse zu beurteilen ist (*BGHZ* 180, 9, 29; *BGHZ* 160, 385, 389; *KG* NJW-RR 1995, 98, 99); durch die Presse publizierte und damit allgemein bekannte Tatsachen müssen nicht nochmals iRd Auskunft wiedergegeben werden (*BGHZ* 180, 9, 30). Nicht jede marginale Information genügt dem Erforderlichkeitskriterium; vielmehr muss eine gewisse Maßgeblichkeitsschwelle überschritten sein (*OLG Düsseldorf* NZG 2013, 178, 179). Dagegen ist nicht notwendig, dass die geforderte Auskunft für sich genommen zur Beurteilung eines Tagesordnungspunkts genügt; vielmehr können auch Auskünfte verlangt werden, die aus objektiver Sicht den bisherigen Kenntnisstand des Durchschnittsaktionärs nur ergänzen (*KG* NJW-RR 1995, 98, 99; GroßKomm AktG/*Decher* Rn 144; *Spindler* aaO Rn 30; **aA** *LG München* AG 1993, 519). Nicht schadet allerdings, wenn der konkrete auskunftsbegehrende Aktionär selbst die verlangte Information bereits kennt – ein etwaiges Sonderwissen ist somit unerheblich - oder unabhängig von der Antwort sowieso in eine bestimmte Richtung abzustimmen gedenkt, weil zum einen nicht auf ihn, sondern auf den Durchschnittsaktionär abzustellen ist (*OLG Düsseldorf* NJW 1988, 1033, 1034; *Kubis* FS Kropff, S 183; *Spindler* aaO Rn 31), zum anderen Adressat der Auskunft nicht allein er, sondern die gesamte HV ist. Das Erforderlichkeitskriterium beinhaltet zum einen in **qualitativer Hinsicht** eine Maßgeblichkeitsschwelle bezüglich des anstehenden Tagesordnungspunktes, zum anderen aber auch in **quantitativer Hinsicht** eine Grenze, so dass bereits eine unangemessene Anzahl von Fragen zum Entfallen der Erforderlichkeitsvoraussetzung führen kann, selbst wenn die einzelnen Fragen für sich betrachtet als erforderlich anzusehen sind (*Spindler* aaO Rn 35; MünchKomm AktG/*Kubis* Rn 38 mwN; *Spitze/Diekmann* ZHR 158 (1994), 447, 453; **aA** KölnKomm AktG/*Kersting* Rn 160: Beurteilung der Erforderlichkeit für jede Frage einzeln, unabhängig von der Anzahl der gestellten Fragen). Ein rein spekulatives Auskunftsbegehren muss nicht beantwortet werden, da ein solches für den Durchschnittsaktionär ohne Relevanz ist (*OLG Frankfurt/Main* BB 2012, 2327, 2330).

Aktionäre haben Anspruch **nur** auf Erhalt derjenigen Auskünfte, die zur Beurteilung des jeweils **gerade zur Beratung anstehenden Tagesordnungspunktes** erforderlich sind (*BGHZ* 119, 1, 14 f). Ein Zusammenhang zwischen Tagesordnungspunkten hebt dieses Erfordernis nicht auf (vgl *BGHZ* 119, 1, 14 f; unzutr daher *KG* AG 2001, 355, 356). Daher muss der Aktionär die Auskunft zu einem bestimmten Tagesordnungspunkt zwischen dem Beginn und vor dem förmlichen Abschluss der Verhandlung zu diesem Punkt (bspw durch Abstimmung) verlangen (MünchKomm AktG/*Kubis* Rn 39); zu weit geht demnach die Ansicht, das Auskunftsverlangen könne ab dem Zeitpunkt der Eröffnung der HV gestellt werden (so aber KölnKomm AktG/*Kersting* aaO Rn 483; MünchHdb AG/*Semler* § 37 Rn 23). Werden mehrere Tagesordnungspunkte gemeinsam oder – wie bei börsennotierten Gesellschaften üblich – sämtliche Tagesordnungspunkte der HV in einer **Generaldebatte** verhandelt, genügt der Bezug zu einem Tagesordnungspunkt (*BayObLG* AG 2001, 424, 425); allerdings muss der Aktionär den Tagesordnungspunkt bezeichnen, auf den sich die Frage beziehen soll, wenn der Bezug nicht klar ist (*Hüffer* ZIP 1996, 401, 407). Ist bei einer Frage nicht erkennbar, dass die Auskunft zur sachgemäßen Beurteilung des Tagesordnungspunktes erforderlich ist, muss der Aktionär konkret darlegen, weshalb die begehrte Auskunft nicht nur für ihn und den zu ihm gehörenden Kreis, sondern auch für den objektiv denkenden Durchschnittsaktionär erforderlich ist (*BGH* ZIP 2009, 2203; *KG* NJW-RR 1996, 1060, 1064 mwN; *Spindler* aaO Rn 34). Bei Ausbleiben dieser Darlegung muss der Versammlungsleiter auf die Unklarheit bezüglich der Erforderlichkeit hinweisen (*OLG Hamburg* AG 1970, 50, 51; *Kersting* aaO Rn 478). Es handelt sich bei der Darlegungslast um eine Obliegenheit (*Luther* FS Möhring, S 239); der dem Aktionär bei Versäumnis trotz Hinweis entstehende Nachteil besteht nicht in der Verwirkung des Auskunftsrechts, sondern in der auf ihn fallenden Kostenlast, wenn das Anfechtungs- oder Auskunftserzwingungsverfahren für ihn erfolgreich endet (*Kersting* aaO Rn 479; *Spindler* aaO). Das Vorliegen der Erforderlichkeit steht nicht im **Ermessen** des Vorstands (*KG* NJW 1972, 2307, 2308). Für Abs 1 S 3 gilt das Erforderlichkeitskriterium nicht (GroßKomm AktG/*Decher* Rn 241).

11a

Das Auskunftsrecht des Aktionärs bezieht sich **inhaltlich** grds nur auf den **Zeitraum**, auf den sich die HV bzw der Tagesordnungspunkt bezieht; nur dann ist die Erforderlichkeit der begehrten Auskunft gegeben. Das Auskunftsrecht ist kein Vehikel zur allg Informationsbefriedigung (*Reger/Wolf* BB 2012, 2333, 2333). Auskünfte über länger zurückliegende Vorfälle müssen nur erteilt werden, soweit sie sich in dem betreffenden Geschäftsjahr ausgewirkt und hinsichtlich eines Tagesordnungspunktes Bedeutung haben (*OLG München* WM 2009, 265, 268; *OLG Zweibrücken* AG 1990, 496 f). Bezüglich der **Entlastung** von Vorstand oder AR muss das Auskunftsbegehren auf Vorgänge von einigem Gewicht gerichtet sein, die für die Beurteilung der Vertrauenswürdigkeit der Verwaltung von Bedeutung sind, eine weitergehende Einschränkung besteht nicht (*BGHZ* 160, 385, 389 f); frühere Tätigkeiten der Organmitglieder und

12

Vorgänge außerhalb des Zeitraums, auf den sich die HV bezieht, können iRd Entlastungsentscheidung ferner auch dann relevant sein, wenn sie erst jetzt bekannt geworden sind oder wenn sie zu neuen wesentlichen Erkenntnissen führen (*BGHZ* 160, 385, 389 f; *OLG Frankfurt* OLGReport Frankfurt 2008, 769, 771). Bei der Entlastung wird die Erforderlichkeit personenbezogen ermittelt (*Weitemeyer* NZG 2005, 341, 343). Bei **AR-Wahlen** können auch Auskünfte zu den Kandidaten, die sich auf zurückliegende Jahre beziehen, relevant sein. Das Informationsinteresse nimmt jedoch ab, je weiter die Vorgänge zurückliegen. Bei einer Wiederwahl ist die bisherige Amtsführung von Interesse, während bei einer erstmaligen Wahl die bisherige Vita des Kandidaten beurteilungserheblich ist (*OLG Frankfurt* BB 2012, 2327, 2329 f).

13 **Einzelheiten** (s ausf Überblick der Kasuistik bei KölnKomm AktG/*Kersting* Rn 165 ff) bezüglich der Erforderlichkeit (zu beachten ist, dass die Erforderlichkeit nur **konkret** im Zusammenhang mit dem betr Tagesordnungspunkt beurteilt werden kann – *BayObLGZ* 1996, 234, 239): Daten, aus denen keine Rückschlüsse für die Entscheidung über den Beschlussgegenstand gezogen werden können (Nein, *LG Essen* AG 1999, 329, 332: sämtliche Quadratmeterzahlen und Verkehrswerte betriebsnotwendiger Grundstücke, hilfsweise deren Versicherungswerte; vgl auch *KG* NJW-RR 1995, 98, 102 f; iÜ kann bzgl der Verkehrs- und Versicherungswerte das Auskunftsverweigerungsrecht gem Abs 3 Nr 3 eingreifen). Informationen, die aus dem **Jahresabschluss** erkennbar sind (Nein, *BGHZ* 93, 327, 329 f; *OLG Düsseldorf* AG 1992, 34, 36), anders für ergänzende Erläuterung, wobei jedoch ggf Abs 3 eingreift (näher Obermüller/Werner/Winden HV/*Butzke* G 53). Wurde der Jahresabschluss rechtswidrig nicht gem Abs 1 S 3 vorgelegt, erweitert sich die (mündliche) Auskunftspflicht entsprechend (*OLG Düsseldorf* AG 1992, 34, 36). Dass Informationen nicht erforderlich sind, die dem Jahresabschluss entnommen werden können, gilt namentlich für **Bezüge von Vorstandsmitgliedern**: Gem § 289 Abs 2 Nr 5 HGB im Lagebericht bzw gem § 315 Abs 2 Nr 4 HGB im Konzernlagebericht ist das Vergütungssystem in Grundzügen darzustellen, wenn die Ges bzw das Mutterunternehmen eine börsennotierte Gesellschaft ist. Bei einer börsennotierten AG sind gem § 285 Nr 9 S 5–8 HGB die Bezüge jedes einzelnen Vorstandsmitglieds aufgeschlüsselt nebst Nebenleistungen anzugeben, auch von Dritten geleistete; § 314 Abs 1 Nr 6 lit a) HGB enthält eine entsprechende Regelung für den Konzernanhang. Soweit die Ges dieser Verpflichtung nachkommt, sind darüber hinausgehende Fragen als nicht erforderlich anzusehen (K. Schmidt/Lutter AktG/*Spindler* Rn 48, Hohenstatt/Wagner ZIP 2008, 945, 953; **aA** MünchKomm AktG/*Kubis* Rn 236). Gem §§ 286 Abs 5, 314 Abs 2 S 2 HGB kann die HV der börsennotierten Gesellschaft beschließen, dass diese Angaben für maximal fünf Jahre unterbleiben (sog Opt-Out). In diesem Fall besteht insoweit auch kein Informationsrecht nach § 131 (*Annuß/Theusinger* BB 2009, 2434, 2441; *Schüppen* ZIP 2010, 905, 906; *Hohenstatt/ Wagner* aaO; **aA** EntwurfsBegr BT-Drucks 15/5577, 5 f; gegen einen prinzipiellen Ausschluss der Erforderlichkeit KölnKomm AktG/*Kersting* Rn 179): Der HV-Beschluss zum sog Opt-Out darf nicht durch Auskunftsverlangen ausgehöhlt werden. Für den **AR** und für nicht börsennotierte Gesellschaften besteht keine entsprechende Regelung (EntwurfsBegr aaO S 6 f). Bei nicht börsennotierten Gesellschaften können nur die Gesamtbezüge des Vorstands erfragt werden, wenn keine Angabe nach § 285 Nr 9 HGB erfolgte, Einzelaufgliederung nur ganz ausnahmsweise bei besonderen Anhaltspunkten für eine Pflichtverletzung des AR (**hM**, *LG*

Berlin AG 1991, 33, 34; *Schüppen* aaO 907). Vergütung des Vorstands für Wahrnehmung von AR- und Beiratsmandaten bei Konzernunternehmen (Ja, *OLG Düsseldorf* NJW 1988, 1033, 1034 f). Einzelvergütung von Mitarbeitern (Nein, **hM** *OLG Frankfurt* ZIP 2006, 610, 613; *LG Frankfurt* ZIP 2005, 302, 304 f, Ausnahme: konkrete Anhaltspunkte für überhöhte Vergütung, etwa für ein Leitungsorgan neben oder an Stelle des Vorstands, zB Group Executive Committee). Bei einem Group Executive Committee und sonstigen Gremien, welchen innerhalb der Organisationsstruktur der Gesellschaft eine exponierte Stellung und herausragende Bedeutung zukommt, kann die Gesamtvergütung, nicht jedoch die Vergütung der einzelnen Mitglieder dieses Committee erfragt werden (*OLG Frankfurt* ZIP 2006, 614 f; *OLG Frankfurt* ZIP 2006, 610, 611, wegen Abwerbungsgefahr besteht ferner hinsichtlich der Einzelvergütungen, nicht aber der Gesamtvergütung, die Gefahr eines Nachteils iSd Abs 3 Nr 1). Abstimmungsverhalten der Fondsmanager (Nein, *OLG Frankfurt* ZIP 2006, 610, 613, Ausnahme: konkrete und substantiierte Anhaltspunkte für rechtswidriges Verhalten). Geschäfte zwischen Organmitgliedern und Gesellschaft (Ja, *BayObLG* NJW-RR 1999, 978 f; *OLG München* WM 2009, 265, 267), dasselbe gilt für Geschäfte mit einer 100 %igen Tochtergesellschaft (*OLG Hamburg* AG 2005, 355, 356). Nebentätigkeit von Vorstands- und AR-Mitgliedern (Ja, *BayObLG* NJW-RR 1996, 679, 680 f: konzernfremdes AR-Mandat). Anzahl der Wortmeldungen des AR-Vorsitzenden in Vorstandssitzungen (Nein, *OLG Köln* BeckRS 2011, 19835). Informationen über die berufliche Qualifikation von Organmitgliedern, die über die Angabe des ausgeübten Berufs hinausgehen, iRd AR-Wahl oder des Entlastungsbeschlusses (Nein, aufgrund der Wertung des § 124 Abs 3 S 4, außer wenn konkrete Anzeichen für mangelnde Eignung, *OLG Düsseldorf* NZG 2013, 178, 180). Die **interne Kalkulation** fällt unter Abs 3 Nr 1 (*OLG Zweibrücken* AG 1990, 496, 497). Gründe für den Erwerb eigener Aktien (Ja, *BGHZ* 101, 1, 16 ff). Verwendung der Mittel aus Kapitalerhöhung (uU; *LG Hannover* AG 1996, 37). Konzernumlage (Ja, *OLG Karlsruhe* AG 1990, 82; Nein im faktischen Konzern, *OLG Frankfurt* NJW-RR 2003, 473 f). Wesentliche Vertragsbedingungen, wenn es sich um wesentliche Verträge handelt oder wenn Anhaltspunkte für pflichtwidriges Verhalten bestehen (Ja, *OLG Stuttgart* AG 2005, 95, 96). Wertansatz von Unternehmensbeteiligungen bei Veräußerung aller Tochtergesellschaften (Ja, *OLG Dresden* AG 2003, 433, 434). Risikovorsorge im Immobiliengeschäft, wenn AG eine Bank ist (Ja, *OLG München* AG 2002, 294, 295). Wert einzelner Optionen und Gesamtwert des Aktienoptionsprogramms (Ja, *OLG München* NJW-RR 2002, 1117; **aA** *OLG Stuttgart* AG 2001, 540, 542). Umstände bezüglich der Verwertung einer Kreditsicherheit iRd Entlastung (Ja, *LG Frankfurt* ZIP 2005, 1275, 1276). Für die Frage der Angemessenheit einer Abfindung notwendige Angaben (*OLG Saarbrücken* AG 2005, 366). Tagesordnung der AR-Sitzung (Nein, *LG Mannheim* AG 2005, 780, 781). Fragen bezüglich des 95 %-Anteils beim Squeeze-out (Ja, *LG Landshut* AG 2005, 934, 935). Das Informationsrecht erstreckt sich bei einem Squeeze-out nur auf die Voraussetzungen des § 327a Abs 1 und die nach § 327d vorzulegenden Unterlagen (*OLG München* BeckRS 2011, 23448 = BB 2011, 3021 Aussage nicht abgedruckt). Hypothetische Frage bezüglich des Verhaltens der Gesellschaft oder des Hauptaktionärs für den Fall, dass das Gericht in einem möglichen Spruchverfahren zu einem höheren Ertragswert kommt (Nein, *OLG Hamburg* NZG 2005, 86, 87). Zur Auskunft über die iRd Risikomanagement erfassten Risiken und ihre Behandlung (vgl § 91 Abs 2 AktG) eingehend *Kiethe* NZG 2003, 401, 402 ff.

14 Die Kriterien zur Bestimmung, ob Fragen nach **Minderheitsbeteiligungen** Gesellschaftsangelegenheiten sind (s Rn 10), indizieren noch nicht das Vorliegen der Erforderlichkeit der Auskunft (zutr *LG Frankfurt/Main* WM 1994, 1931, 1932 f; K. Schmidt/Lutter AktG/*Spindler* Rn 57; KölnKomm AktG/*Kersting* Rn 172; *Franken/Heinsius* FS Budde, S 236). Bei Minderheitsbeteiligungen, die aufgrund ihres Börsenwerts von mindestens ca 50 Mio EUR als Gesellschaftsangelegenheiten anzusehen sind, ist die Auskunft dann zumindest erforderlich, wenn sie im Verhältnis zu dem für die Ausschüttung an die Aktionäre verfügbaren Gewinn bedeutend ist. Dafür genügt aber bereits die Darlegung, dass der Bilanzgewinn der auskunftspflichtigen Gesellschaft vom wirtschaftlichen Ergebnis der entsprechenden Beteiligung nicht ganz unerheblich beeinflusst werden kann (*KG* AG 2001, 421, 422; ZIP 1995, 1585, 1588; krit *Hüffer* ZIP 1996, 401, 409 f). Ferner kann sich die Erforderlichkeit auch aus dem Zusammenhang mit der Entlastung von Vorstand und AR ergeben, wenn die Auskunft die Einflussmöglichkeiten und sich ergebende Risiken aufdeckt (*KG* AG 2001, 421, 422).

15 **d) Kenntnisstand des Vorstands.** Die Auskunftspflicht beschränkt sich nicht auf solche Auskünfte, die der Vorstand ohne weiteres sofort während der HV geben kann, vielmehr trifft ihn eine **Vorbereitungspflicht** (*BGHZ* 32, 159, 165). Fragen, die **unschwer und ohne wesentliche Verzögerung** aus Unterlagen von sachkundigen Mitarbeitern beantwortet werden können, werden auf jeden Fall von der Auskunftspflicht erfasst (*RGZ* 167, 151, 169 f; *KG* NJW-RR 1995, 98, 101). Die Vorbereitungspflicht umfasst somit die sog Ausstattungspflicht, insbesondere Bereitstellung von sachkundigem Personal (Back-Office) während der HV, um diese Unterlagen zu beschaffen und durchzusehen (*OLG Brandenburg* NZG 2002, 476, 477; *LG Frankfurt/Main* NZG 2007, 197, 198); das gilt auch, wenn die HV an einem arbeitsfreien Tag anberaumt ist (*BGHZ* 32, 159, 165); das Personal muss ggf auch spät abends/nachts noch bereit sein (*Meilicke/Heidel* DStR 1992, 72, 74; **aA** KölnKomm AktG/*Kersting* Rn 420). Das Maß dieser Ausstattungspflicht hängt von der Komplexität der Gesellschaft und der Tagesordnungspunkte ab (MünchKomm AktG/*Kubis* Rn 89). Auch Erfahrungen früherer HVen müssen einkalkuliert werden. Ist danach mit kritischen Fragen zu rechnen, intensiviert sich die Vorbereitungspflicht (*LG München I* ZIP 2008, 555, 558; K. Schmidt/Lutter AktG/*Spindler* Rn 64; *Kersting* aaO Rn 418). Die Vorbereitungspflicht besteht nur iRd dem Vorstand Zumutbaren (*Kersting* aaO Rn 415). Außerdem korreliert der Umfang der Vorbereitungspflicht mit der Obliegenheit des Auskunftsersuchenden, sein Auskunftsbegehren rechtzeitig vor der HV anzukündigen (dazu s.o. Rn 6; *BGHZ* 32, 159, 166 f und *OLG Frankfurt* AG 1999, 230, 231; *Kersting* aaO Rn 421 f). Hat der Vorstand seiner Vorbereitungspflicht genügt, bildet der vorhandene und in der HV unschwer und ohne wesentliche Verzögerung herstellbare Kenntnisstand des Vorstands die Grenze des Auskunftsrechts (*OLG Hamm* ZIP 2005, 1457, 1463; *BayObLG* NJW-RR 1996, 679, 682 mwN), wenn die konkrete Frage nicht zu erwarten war (*LG Düsseldorf* BeckRS 2011, 24100). Was der Vorstand dann nicht weiß, wird von § 131 nicht erfasst (*OLG Brandenburg* AG 2003, 328; *OLG Hamburg* AG 2002, 460, 462).

15a **Einzelheiten**: Ist das Auskunftsrecht mangels Kenntnis des Vorstands trotz ausreichender Vorbereitung beschränkt, so besteht auch dann keine Pflicht aus § 131 zur Auskunft nach der HV, wenn der Vorstand in der HV eine dahingehende Zusage gemacht hat (*Hüffer* AktG Rn 10; **aA** *Meilicke/Heidel* DStR 1992, 72, 74). Keine Auskunftspflicht besteht bezüglich Unternehmensverträgen, wenn der Vertragspartner die gewünschten Informationen nicht preisgibt und der Vorstand sich ernsthaft und hinreichend darum bemüht hat (*BayObLGZ* 1975, 239, 243). Die Informationsbeschaffungspflicht des herrschenden Unternehmens wird weiterhin durch Zumutbarkeit und die Verschwiegenheitspflicht beschränkt (*Kort* ZGR 1987, 46, 71 f). Die Möglichkeit der Erlangung der Information durch rechtswidrige Maßnahmen erweitert die Auskunftspflicht nicht, was namentlich bei faktischen Konzernen von Bedeutung ist (*Kort* aaO 58 f). Soweit die Frage jedoch teil- oder ansatzweise beantwortet werden kann, muss dies erfolgen (MünchKomm AktG/*Kubis* Rn 90); liegen Schätzwerte vor, sind diese statt nicht bekannter Daten zu nennen (*OLG München* AG 2002, 294, 295). Der Vorstand muss die Grenzen seines Kenntnisstands mitteilen, wenn er eine Frage (teilweise) nicht beantworten kann. Der Vorstand kann sich bei Nichtwissen nicht darauf berufen, dass etwas nicht zu bilanzieren sei; denn die Bilanzierungsvorschriften bilden weder eine Obergrenze für das Auskunftsrecht des Aktionärs, noch darf der Vorstand sich hinsichtlich seines für die Beantwortung von Auskunftsverlangen notwendigen Kenntnisstands auf das zu Bilanzierende beschränken (*LG München* AG 1987, 26, 27). Bei Informationen, die iRd (Konzern)Rechnungslegung zu beschaffen sind, darf sich der Vorstand nicht auf Unkenntnis berufen (vgl *Kort* aaO 72).

4. Auskunftspflicht des Mutterunternehmens. Die Auskunftspflicht eines Mutterunternehmen iSd § 290 HGB erstreckt sich gem Abs 1 S 4 zusätzlich auf die Lage des Konzerns und der nach §§ 294, 296 HGB in den Konzernabschluss einzubeziehenden Unternehmen inklusive der nur anteilsmäßig nach § 310 HGB konsolidierten, nicht aber der nur assoziierten Unternehmen iSd § 311 HGB (*Adler/Düring/Schmaltz* Rechnungslegung Tb 4 § 337 Rn 28; KölnKomm AktG/*Kersting* Rn 255). „Einbezogene" meint einzubeziehende Unternehmen; umfasst sind folglich auch solche Konzernunternehmen, die pflichtwidrig nicht in den Konzernabschluss einbezogen wurden (*Kersting* aaO). „Lage" des Konzern (vgl auch §§ 289, 315 HGB) meint Gesamtüberblick über die geschäftliche Entwicklung im Konzern und der in den Konzern einbezogenen Unternehmen (*Adler/Düring/Schmaltz* aaO). Die Erweiterung der Pflicht besteht nur iRd **ordentlichen** HV, in der der Konzernabschluss vorgelegt werden muss (MünchKomm AktG/*Kubis* Rn 66; K. Schmidt/Lutter AktG/*Spindler* Rn 42). Die übrigen Tatbestandsvoraussetzungen des Abs 1 gelten auch hier (vgl *OLG Düsseldorf* NJW-RR 1994, 618, 619 bzgl Erforderlichkeit) mit der Ausnahme, dass es sich nicht um eine Angelegenheit der auskunftspflichtigen AG handeln muss; vielmehr genügt, dass es sich um eine Angelegenheit eines einzubeziehenden Unternehmens handelt (vgl Rn 7). Die Erforderlichkeit bezieht sich hingegen auf das Mutterunternehmen (vgl *OLG Düsseldorf* NJW-RR 1994, 618, 619; *Kersting* aaO Rn 256). Die Einschränkungen der Abs 3 Nr 3 und 4 bei Feststellung des Jahresabschlusses durch die HV gelten hierbei nicht (*Hüffer* AktG Rn 20b; *Spindler* aaO).

II. Auskunftserteilung/Grundsätze gewissenhafter und getreuer Rechenschaft (Abs 2 S 1)

Abs 2 S 1 begründet weder einen selbstständigen Anspruch noch erweitert er den Anspruch aus Abs 1, sondern bestimmt ihn nur inhaltlich. Die Auskunft muss vollständig, zutreffend und sachgemäß sein (*OLG Stuttgart* AG 2005, 94, 96; KölnKomm AktG/*Kersting* Rn 265). Wie **tiefgehend** die Auskunftsverpflichtung ist, hängt davon ab, wie präzise das Auskunftsverlangen des Aktionärs gefasst ist. Wenn Letzteres allgemein und nicht detailliert formuliert wurde, genügt eine entsprechende pauschale

Auskunft (*OLG Stuttgart* aaO). Wünscht der Aktionär eine ins Detail gehende Auskunft, muss er dies deutlich zum Ausdruck bringen, ggf durch Nachfragen (*OLG Hamburg* AG 2001, 359, 360). Erfolgt keine solche Nachfrage, verstößt eine auf unzureichende Auskunft gestützte Auskunfts- oder Anfechtungsklage gegen Treu und Glauben (vgl Rn 27, *LG München I* AG 2008, 904, 909; *LG Braunschweig* AG 1991, 36, 37).

17a Die Auskunft erfolgt **mündlich**, eine schriftliche Auskunft kann der Aktionär nicht verlangen (*BGHZ* 135, 48, 54; 122, 211, 236), selbst wenn pauschal der Wortlaut verlangt wird (*OLG Stuttgart* AG 2005, 94, 96). Abs 1 S 3 ist insoweit eine Ausnahme (*OLG Düsseldorf* AG 1992, 34). Der gem Abs 1 S 3 geforderten Vorlage wird nur dadurch Genüge getan, dass der gesamte ungekürzte Jahresabschluss vorgelegt wird und nicht lediglich die gem §§ 266 Abs 1 S 3, 276 oder 288 HGB nicht angegebenen Informationen (KölnKomm AktG/*Kersting* Rn 262; K. Schmidt/Lutter AktG/*Spindler* Rn 43; GroßKomm AktG/*Decher* Rn 243; **aA** MünchKomm AktG/*Kubis* Rn 93). Empfehlenswert ist, eine genügende Anzahl von Ausdrucken des ungekürzten Jahresabschlusses bereit zu halten. Erteilte Auskünfte müssen nicht durch Vorlage von Unterlagen belegt werden (*OLG Frankfurt* AG 1989, 330). Ein Anspruch auf **Verlesung** von Urkunden besteht im Normalfall nicht, denn im Allgemeinen genügt, über die Urkunde zu referieren und den wesentlichen Inhalt mitzuteilen (*BGH* NJW 1967, 1462, 1463; *LG München I* ZIP 2008, 2124 – „HVB/UniCredit"; *LG Heidelberg* AG 1996, 523, 524). Ferner fehlt idR die notwendige Erforderlichkeit für eine Verlesung (*Kubis* aaO Rn 81); anders liegt es, wenn es gerade auf den Wortlaut ankommt (*Franken/Heinsius* FS Budde, S 235). Der Verlesung steht entgegen, wenn sie zu lange dauert oder wenn die HV zeitlich schon zu sehr vorgerückt ist (*BGH* NJW 1967, 1462, 1463; *OLG Hamburg* AG 1968, 190). Ein Anspruch auf **Einsicht in Unterlagen** besteht nicht (*BGHZ* 122, 211, 236 f; *LG München I* AG 2008, 904, 909; *LG Berlin* DZWIR 2005, 479: Insolvenzplan). Da der Vorstand die Auskunft mündlich erteilen muss (*OLG Düsseldorf* aaO 35), erfüllt das Angebot der Einsichtnahme in Unterlagen die Auskunftspflicht nur in Ausnahmefällen, insbesondere wenn sich der Aktionär anhand der Unterlagen schneller und zuverlässiger als bei mündlicher Auskunft unterrichten kann, zB bei einer Fülle von Daten und Zahlen (**hM**, *BGHZ* 101, 1, 15 f; *Spindler* aaO Rn 61; *Hüffer* AktG Rn 22; *Decher* aaO Rn 93; **aA** *Kubis* aaO Rn 81 f). Diese Möglichkeit der Einsichtnahme muss aber während der HV gegeben sein; das Angebot, nach der HV Einsicht zu nehmen, erfüllt die Auskunftspflicht genauso wenig wie die Zusage, eine mündliche oder schriftliche Auskunft nach der HV zu geben (*OLG Düsseldorf* aaO; näher *BGHZ* 101, 1, 16). Zulässig bleibt aber die in der HV offengelegte Vereinbarung über eine nachträgliche Auskunftserteilung (*Kubis* aaO Rn 85; *ders* FS Kropff, S 188) und die Verständigung des Vorstands mit dem Aktionär, der Auskunft verlangt, über die Beantwortung (etwa im Schriftwege) nach der HV (erfüllungsersetzende Auskunftserteilung, MünchKomm AktG/*Kubis* Rn 85; Spindler/Stilz AktG/*Siems* Rn 65); eine nachträgliche Auskunftserteilung zieht allerdings idR die erweiterte Auskunftspflicht gem Abs 4 nach sich. Wird die Auskunft erst nach der HV gegeben, ist streitig, ob der Auskunftsanspruch nachträglich erfüllt wird; jedenfalls fehlt dann aber das Rechtsschutzbedürfnis für ein Auskunftserzwingungsverfahren (vgl § 132 Rn 5). Ein Anspruch auf Auskunft unmittelbar nach der Frage besteht nicht; zulässig ist die Beantwortung – wie in der Praxis üblich – in Antwortblöcken erst nach Stellung mehrerer Fragen (**hM**, *Decher* aaO Rn 107 mwN; *Kersting* aaO Rn 500; *Siems* aaO Rn 66). Auskünfte zu einem Fragenkomplex mit einer Vielzahl von einzelnen Fragen können eine konkludente Beantwortung einzelner Teilfragen des Fragenkomplexes darstellen, wenn ein weiteres Eingehen auf die Fragen aus der Sicht eines Durchschnittaktionärs als nicht erforderlich anzusehen ist (*OLG Frankfurt/Main* BB 2012, 2327, 2329). Hält der Aktionär seine Frage nicht für hinreichend beantwortet, muss er präzise nachfragen (*Reger/Wolf* BB 2012, 2333, 2334).

III. Beschränkung des Frage- und Rederechts (Abs 2 S 2)

Abs 2 S 2 eröffnet die Möglichkeit, einen zeitlichen Rahmen für das Rede- und Fragerecht während der HV insgesamt, für einzelne Tagesordnungspunkte und einzelne Redner in der Satzung oder Geschäftsordnung zu bestimmen (RegBegr BT-Drucks 15/5092, 17; vgl bereits *Kuthe* BB 2004, 449, 450); die einzelnen getroffenen Bestimmungen sind der gerichtlichen Kontrolle zugänglich (*BGHZ* 184, 239, 251 f – „Redezeitbeschränkung", dies hervorhebend auch *Goette* DStR 2010, 2579, 2582). Die Geschäftsordnungs- oder Satzungsbestimmung kann sich statt auf das Rede- und Fragerecht auch entweder nur auf das Rederecht bzw nur das Fragerecht beziehen (ganz **hM** KölnKomm AktG/*Kersting* Rn 271; *Hüffer* AktG Rn 22c; K. Schmidt/Lutter AktG/*Spindler* Rn 66; **aA** *Seibert* WM 2005, 157, 160); dies empfiehlt sich jedoch nicht, denn der Übergang zwischen Fragen und Redebeiträgen ist in der Praxis fließend (*BGHZ* 184, 239, 247 f – „Redezeitbeschränkung"; zust *Krause* BB 2010, 852, 853). Als Satzungsregelung iSd Abs 2 S 2 kann eine abstrakte Ermächtigung – auch unter bloßer Wiedergabe des Gesetzeswortlautes des Abs 2 S 2 – vorgesehen werden. Alternativ kann eine konkrete Regelung der Ermächtigung des Versammlungsleiters erfolgen, die konkret bestimmte Zeitrahmen für die Beschränkung des Rede- und Fragerechts vorgibt (*BGH* aaO 243 mit zust Anm *Priester* EWiR 2010, 235, 236; ebenso zust *Krause* BB 2010, 852; anders noch Vorinstanz *OLG Frankfurt* AG 2008, 592, 593). Werden konkrete Vorgaben in der Satzung verankert, darf der Versammlungsleiter nur innerhalb dieser Vorgaben Beschränkungen des Frage- bzw Rederechts anordnen (*BGH* aaO). Satzungsbestimmungen, die solche konkreten Zeitrahmen bestimmen, beschränken den Handlungsspielraum des Versammlungsleiters. Die Satzungsbestimmung muss so gestaltet sein, dass sie noch Raum für eine Ermessensentscheidung des Versammlungsleiters in der Hinsicht bietet, ob und wann er eine Beschränkung des Frage- bzw Rederechts anordnet (*BGH* aaO 245, dies hervorhebend auch *Priester* aaO; *Kersting* NZG 2010, 446 f; *Angerer* ZGR 2011, 27, 33). Als in der Satzung fixierter Zeitpunkt für die Anordnung der Beschränkung kommt für den gesamten Verlauf der HV in Betracht, auch der Beginn der HV (*BGH* aaO 249 f). Der Versammlungsleiter muss nach pflichtgemäßem Ermessen den konkreten Zeitpunkt der Anordnung bestimmen; erforderlich hierfür ist das Vorliegen hinreichender Anzeichen dafür, dass das Ziel, die HV in angemessener und zumutbarer Dauer durchzuführen, eine Beschränkung des Frage- und Rederechts gebietet (*BGH* aaO 250). Zulässig ist eine Satzungsregelung, die den Versammlungsleiter in Form von konkret vorgegebenen Zeitrahmen ermächtigt, die Frage- und Redezeit eines Aktionärs auf 15 Minuten zu begrenzen und, falls sich zum Zeitpunkt der Worterteilung zumindest drei weitere Aktionäre als Redner angemeldet haben, eine Beschränkung auf 10 Minuten vorzusehen (*BGH* aaO 249; zust *Krause* aaO 853; *Kersting* NZG 2010, 446, 449). Ebenso ist die satzungsmäßige Ermächtigung des Versammlungsleiters zur Beschränkung der einem Aktionär insgesamt in der HV zustehenden Frage- und

18

§ 131 Auskunftsrecht des Aktionärs

Redezeit auf 45 Minuten zulässig (*BGH* aaO; *Priester* aaO). Ferner darf die Satzung den Versammlungsleiter dazu ermächtigen, ab 22.30 Uhr des Versammlungstages die Debatte zu beenden und mit der Abstimmung zu beginnen; Fragen sind ab dem Zeitpunkt des Debattenschlusses nicht mehr zulässig (*BGH* aaO 250; dem zust *Krause* aaO). Für die **Geschäftsordnungsregelungen** iSd Abs 2 S 2 gelten die hier dargestellten Grundsätze entsprechend.

18a Liegt eine entsprechende Ermächtigung durch die Satzung oder die Geschäftsordnung der HV vor, muss der Versammlungsleiter die Beschränkungen konkret und angemessen vornehmen; dies kann bereits zu Beginn der HV oder sukzessiv im Verlauf der HV geschehen (*Seibert* WM 2005, 157, 160). Der Versammlungsleiter hat hierbei einen weiten Ermessensspielraum; er hat sich an dem Grad der Wesentlichkeit der zu debattierenden Tagesordnungspunkte für die Gesellschaft und dem damit korrelierenden Informationsbedürfnis der Aktionäre, gleichzeitig aber auch an der Pflicht zu orientieren, die HV in einem für alle Teilnehmer angemessenen zeitlichen Rahmen zu bewältigen. Er kann als Orientierung davon ausgehen, dass nach dem Willen des Gesetzgebers eine normale HV ohne Erörterung tiefgreifender unternehmensstruktureller Maßnahmen maximal 4–6 Stunden dauert, bei außergewöhnlichen Tagesordnungspunkten 10 Stunden (RegBegr BT-Drucks 15/5092, 17; *BGHZ* 184, 239, 248 f – „Redezeitbeschränkung"); diese Angaben können auch in die Satzungsbestimmung iSd Abs 2 S 2 aufgenommen werden (*BGH* aaO). Das teilweise geforderte Herausrechnen der Beiträge des Vorstands und des Versammlungsleiters sowie von Unterbrechungen bei der Berechnung der Dauer der HV dürfte nicht erforderlich sein (**aA** *Angerer* ZGR 2011, 27, 34 f). Der Anordnung einer **Redezeitbeschränkung** durch den Versammlungsleiter müssen nicht zunächst mildere Maßnahmen vorausgehen (**aA** *LG München I* AG 2009, 382, 383, bspw Appell des Versammlungsleiters an alle Aktionäre zu Beginn der HV, die Redebeiträge kurz zu fassen, oder die Androhung einer Redezeitbeschränkung, wenn absehbar ist, dass die HV nicht fristgerecht am selben Tag beendet werden könnte). Die Einschränkung der maximalen Rede- und Fragezeit des einzelnen Aktionärs auf 10 bis 15 Minuten durch den Versammlungsleiter aufgrund Satzungsermächtigung ist zulässig (*LG Frankfurt/Main* DStR 2007, 168). Die Ermächtigung darf die Dauer der Beiträge nicht abhängig von den Stimmrechten (KölnKomm AktG/*Kersting* Rn 275) bzw der Beteiligungshöhe des einzelnen Aktionärs (Spindler/Stilz AktG/*Siems* Rn 55) bemessen (**aA** *Holzborn/Bunnemann* BKR 2005, 51, 54). Für die Frage der Angemessenheit der Redezeitbeschränkung ist auch ein zwischenzeitlich gestellter Antrag auf Abwahl des Versammlungsleiters, sowie die für die Beantwortung der Fragen erforderliche Zeit von Bedeutung (*OLG München* BB 2011, 3021, 3026). Eine Beschränkung auf 5 Minuten ist zwar nicht bereits ab Beginn der HV möglich (*LG München I* aaO 382), jedenfalls aber nach einer Dauer von 7 Stunden (*OLG Frankfurt* AG 2009, 549, 550). Eine unangemessene Beschränkung liegt erst in krassen Ausnahmefällen vor, zB wenn eine vernünftige Diskussionskultur im Keim erstickt wird (*Weißhaupt* ZIP 2005, 1766, 1768). Eine Einteilung der Rede- und Fragezeit nach Haupt- und Nachfragezeit ist möglich (*Kersting* aaO); zulässig ist aber auch, dass der Aktionär selbst von seinem Zeitkontingent Reserve für Nachfragen aufsparen muss (*Seibert* WM 2005, 157, 161). Werden vom Versammlungsleiter Redezeitbeschränkungen angeordnet, können Aktionäre keinen Anspruch auf Ausübung des Rederechts aus ihrer Eintragung in der Wortmeldeliste ableiten (*LG München I* ZIP 2011, 376 – „HRE"; *OLG München* aaO). Zulässig ist es, dass der

Versammlungsleiter einen Redner geringfügig (im Sekundenbereich) länger sprechen lässt, um einen respektvollen Umgang zu ermöglichen; unterschiedlich lange Sprechzeiten führen überdies nur zur Anfechtbarkeit, wenn rechtzeitige Wortmeldungen infolge der Ungleichbehandlung nicht mehr berücksichtigt werden können (*OLG Frankfurt/Main* BB 2012, 2327, 2328). Grds sollte vom Versammlungsleiter jedoch darauf geachtet werden, dass eine Beschränkung von allen Aktionären gleichermaßen eingehalten wird (*Reger/Wolf* BB 2012, 2333, 2333). Eine **Schließung der Rednerliste** etwa sechs Stunden vor Versammlungsschluss, um eine Abarbeitung der Redebeiträge zu ermöglichen, ist zulässig (*OLG Frankfurt/Main* BB 2012, 2327, 2328).

In Missbrauchsfällen (s Rn 27) kann der Versammlungsleiter auch ohne Ermächtigungsgrundlage eingreifen; er kann auch ohne Ermächtigung nach Abs 2 S 2 das Rederecht beschränken; Abs 2 S 2 erweitert lediglich die Befugnisse des Versammlungsleiters (*BGHZ* 184, 239, 252 – „Redezeitbeschränkung"; K. Schmidt/Lutter AktG/*Spindler* Rn 68; *Hüffer* AktG Rn 22b; *Weißhaupt* ZIP 2005, 1766, 1767; *Angerer* ZGR 2011, 27, 35). Ein Missbrauch des Frage- oder Rederechts liegt vor, wenn Ausführungen jenseits der Tagesordnung gemacht werden oder wenn sie beleidigenden, falschen, irreführenden oder wiederholenden Inhalt aufweisen. Ein Missbrauch des Fragerechts ist dann zu bejahen, wenn das Fragerecht ersichtlich dazu ausgenutzt wird, die angeordnete Redezeitbeschränkung durch in Frageform gekleidete Redebeiträge zu umgehen (*Martens* Leitfaden S 27). Weitere Fälle s Rn 27. 18b

IV. Berechtigte Auskunftsverweigerung (Abs 3)

1. Allgemeines. Abs 3 ist abschließend (MünchHdb AG/*Semler* § 37 Rn 24). Bei Missbrauch (s Rn 27) oder Unmöglichkeit/Unzumutbarkeit (s Rn 15 f) der Erteilung der Auskunft in der HV liegt bereits kein Auskunftsrecht des Aktionärs vor (vgl *Henze* BB 1996, 489, 495). Das Vorliegen eines Auskunftsverweigerungsgrundes unterliegt der uneingeschränkten richterlichen Nachprüfung (MünchKomm AktG/ *Kubis* Rn 104; *OLG Düsseldorf* AG 1992, 34, 35; K. Schmidt/Lutter AktG/*Spindler* Rn 73). Das Auskunftsverweigerungsrecht setzt nicht voraus, dass sich der Vorstand darauf beruft (*OLG Stuttgart* AG 2011, 93, 98 – „Porsche/VW" mwN). Ebenso wie die Erteilung der Auskunft ist die Verweigerung eine Geschäftsführungsmaßnahme. Für den zu fassenden Vorstandsbeschluss gelten dieselben Regeln wie bei der Erteilung der Auskunft (s Rn 5). Wird die für den Vorstandsbeschluss erforderliche Mehrheit nicht erreicht, darf die Auskunft nicht verweigert werden (*Kubis* aaO Rn 105). Für den Beschl genügt die Willensübereinstimmung, einer Übereinstimmung in den Gründen bedarf es nicht (*BGHZ* 36, 121, 127); verweigert der Vorsitzende ohne Widerspruch des übrigen Vorstands und konnte er von der notwendigen Übereinstimmung ausgehen, liegt darin konkludent ein Beschl des Gesamtvorstands (*OLG Frankfurt* ZIP 1986, 1244, 1245; *Spindler* aaO Rn 17). Abs 3 gibt dem Vorstand Ermessen („darf ... verweigern"), das aber durch § 93 Abs 1 S 2 reduziert wird. Ob es einer **Begründung** der Auskunftsverweigerung bedarf, ist streitig (offen lassend *BGHZ* 101, 1, 8 mwN). Eine fehlende Begründung mindert das objektiv vorliegende Auskunftsverweigerungsrecht nicht (*Kubis* aaO Rn 108; Spindler/Stilz AktG/*Siems* Rn 36); auch stellt dies keinen Verstoß iSd § 243 Abs 1 dar, auf den die Anfechtung eines Beschl gestützt werden könnte (*BGHZ* 101, 1, 8 f). Bei einer übereinstimmenden Erledigung einer Beschlussmängelstreitigkeit können im Falle einer fehlenden oder fehlerhaften Begründung die Kosten dem Auskunftspflichtigen auferlegt werden (*BGHZ* aaO 131 19 f; *BayObLG* AG 2002, 290, 291; *Siems* aaO). Andere gesetzliche Auskunftsansprüche des Aktionärs, wie zB §§ 293g Abs 3, 319 Abs 3 S 4, 320 Abs 4 S 3, 326, § 64 Abs 2 UmwG, richten sich in ihrer Begrenzung nach § 131, so dass die Auskunftsverweigerungsgründe auch für diese gelten (RegBegr BT-Drucks 15/5092, 17; GroßKomm AktG/*Decher* Rn 263 und 288 mwN; KölnKomm AktG/*Kersting* Rn 288). Ein Kreditinstitut ist zur Verschwiegenheit über alle kundenbezogenen Tatsachen und Wertungen verpflichtet **(Bankgeheimnis)**; Informationen über den Kunden darf das Kreditinstitut nur weitergeben, wenn gesetzliche Bestimmungen dies gebieten (Nr 2 Abs 1 AGB-Banken). Dieses Bankgeheimnis schließt daher das gesetzliche Informationsrecht des § 131 nicht grds aus (*LG Frankfurt/Main* ZIP 2005, 1275, 1276); notwendig ist vielmehr eine Interessenabwägung zwischen den Interessen der auskunftsbegehrenden Aktionären und den durch das Bankgeheimnis geschützten Interessen des Bankkunden (*LG Frankfurt/Main* aaO 1276 f). Dem gesetzlichen Informationsrecht des Aktionärs kommt dabei ein gewisser Vorrang zu, es sei denn durch die Auskunft würden persönliche Umstände und Verhältnisse zu Kunden offenbart (*LG Frankfurt/ Main* aaO).

20 **2. Nachteil für die Gesellschaft (Nr 1).** Ein nicht unerheblicher Nachteil liegt nicht erst bei einem Schaden vor, sondern meint bereits jede Beeinträchtigung von Interessen der Gesellschaft oder eines verbundenen Unternehmens (§ 15) von einigem Gewicht (*BayObLG* NJW-RR 1996, 994, 995; ähnlich *OLG Stuttgart* AG 2011, 93, 99 – „Porsche/VW": ins Gewicht fallende, nicht nur geringfügige Beeinträchtigung). Die Eignung zum Nachteil genügt (*LG Saarbrücken* AG 2006, 89, 90 mwN). Die Erheblichkeit bestimmt sich durch eine Gesamtabwägung der Vor- und Nachteile für die Gesellschaft; dominierender Vorteil kann die Aufdeckung von Pflichtverletzungen der Verwaltung sein (vgl *OLG Stuttgart* ZIP 2012, 970, 977; GroßKomm AktG/*Decher* Rn 300; *Hüffer* AktG Rn 27). Unbeachtlich haben hingegen etwaige sich aus der Auskunft ergebende Vorteile für den Aktionär zu bleiben (**hM**, MünchHdb AG/*Semler* § 37 Rn 31 mwN; KölnKomm AktG/*Kersting* Rn 293; **aA** *BGHZ* 86, 1, 19). Ob ein Nachteil vorliegt, steht nicht im Ermessen des Vorstands, sondern unterliegt der uneingeschränkten richterlichen Nachprüfung (*OLG Düsseldorf* AG 1992, 34, 35). Das Gericht kann eine Schädlichkeitsprognose idR aber nur dann stellen, wenn ihm die schädlichen Auswirkungen einsehbar werden (*KG* NJW-RR 1995, 98, 102); nicht die subjektive Einschätzung des Vorstands, sondern die Perspektive eines vernünftigen Kaufmanns ist maßgeblich (*OLG Stuttgart* AG 2011, 93, 99). Der wirtschaftliche Umfang im Einzelfall muss nicht messbar sein (*OLG Stuttgart* AG 2011, 93, 98). Es genügt, wenn sich die Auskunftserteilung erst in Verbindung mit der Weiterleitung der Information an Dritte konkret eignet, die Beeinträchtigung hervorzurufen (*OLG Stuttgart* AG 2011, 93, 99). Wer die **Beweislast** trägt, ist streitig (*OLG Karlsruhe* AG 1990, 82: AG; *LG Heilbronn* NJW 1967, 1715, 1717: auskunftsbegehrender Aktionär). Richtigerweise ist die Darlegungs- und Beweislast abzustufen. Die Gesellschaft muss ohne Offenlegung der schädlichen Tatsachen deren nachteilige Auswirkungen einigermaßen plausibel darstellen (*OLG Stuttgart* AG 2011, 93, 99; *KG* NJW-RR 1995, 98, 102; *OLG Düsseldorf* aaO: Hinweis auf „Konkurrenzgründe" genügt nicht), sofern das berechtigte Geheimhaltungsinteresse nicht schon offenkundig ist (so bei *LG Heilbronn* aaO). Auf keinen Fall muss die Ges die interne Kalkulation des Herstellungs- und Vermarktungsprozesses und die Preispolitik offenlegen, auch nicht mittelbar (*OLG Zweibrücken* AG 1990, 496, 497; *LG Dortmund* AG 1987, 189). Kommt die

Gesellschaft dieser verminderten Darlegungslast (Förderungslast) nach, obliegt dem Aktionär der Beweis, aus der Auskunft entstünde kein überwiegender Nachteil für die Gesellschaft (vgl *BGHZ* 86, 1, 20 f). Der die Auskunft begehrende Aktionär muss insofern Tatsachen darlegen, aus denen nicht nur die theoretische Möglichkeit, sondern die hinreichende Wahrscheinlichkeit einer Pflichtverletzung folgt (*OLG Stuttgart* ZIP 2012, 970, 978). Die geforderte Auskunft muss geeignet sein, den Verdacht zu bestätigen oder zu erhärten (*OLG Stuttgart* ZIP 2012, 970, 978). **Vertraulichkeitsabsprachen** können nur dann ein Auskunftsverweigerungsrecht begründen, wenn sie eine Tatsache betreffen, bezüglich derer bereits ein Auskunftsverweigerungsgrund besteht (*BayObLGZ* 1999, 193, 196, 198), oder wenn bereits ihre Missachtung einen Nachteil iSd Nr 1 zu begründen geeignet ist (MünchKomm AktG/*Kubis* Rn 112; vgl ferner *LG Koblenz* AG 2001, 205, 206). Über die konkreten Vorgänge in den AR-Sitzungen und den Ausschüssen, insb über Beschlussanlässe und Beschlussvorschläge, kann die Auskunft verweigert werden, weil die Vertraulichkeit der Beratung grds Vorrang vor dem Informationsinteresse des Aktionärs hat (*OLG Frankfurt/Main* NZG 2013, 23, 26; *OLG Stuttgart* BeckRS 2012, 05481 unter II 4 = ZIP 2012, 970 ff - Aussage nicht abgedruckt). Als weiterer Nachteil ist die Verletzung des Diskretionsinteresses und einer damit einhergehenden **Gefährdung der Kontrahierungsfähigkeit** der Ges anerkannt (*BGHZ* 180, 9, 31, dazu *Spindler* LMK 2009, 283053); so muss die Ges die genaue Höhe vereinbarter Basispreise und übriger Einzelheiten von Derivatgeschäften nicht offenlegen, da die Gefahr nicht unerheblicher, aus dieser Information resultierender Nachteile für die Ges infolge möglicher Spekulationen von Kapitalmarktteilnehmern besteht (*OLG Stuttgart* ZIP 2012, 970, 977 – stichtagsbezogene Strike-Preise sowie Bestand von Call- und Put-Optionen). Einen anerkannten Nachteil stellt auch die Gefahr eines **Vertrauensverlustes ggü Mitarbeitern** dar, wenn sich die Erteilung der begehrten Auskunft als Indiskretion negativ auf die bestehenden oder noch anzubahnenden Beschäftigungsverhältnisse auswirken kann (*OLG Frankfurt/Main* NZG 2013, 23, 28 – Offenlegung der Höhe einer an einen Mitarbeiter gezahlten Abfindung). Ein nicht unerheblicher Nachteil für die Ges liegt im Hinblick auf **Rechtsstreitigkeiten** vor, wenn die begehrte Auskunft Rückschlüsse über die Einschätzung der Prozesschancen zulassen würde und diese insb bei Vergleichsverhandlungen zu Ungunsten der Ges verwendet werden könnten (*OLG Frankfurt/Main* BB 2012, 2327, 2331). Ein weiterer nicht unerheblicher Nachteil ist, wenn die Erteilung der Auskunft einen **Rechtsverstoß** der Ges darstellt; würde die Ges mit der Erteilung der begehrten Auskunft gegen geltendes Recht verstoßen, darf sie die Auskunft verweigern (*OLG Frankfurt/Main* NZG 2013, 23, 28: Verstoß gegen das Bundesdatenschutzgesetz durch die Offenlegung der Höhe einer gezahlten Abfindung). Drohende empfindliche Sanktionen, weil die Auskunftserteilung einen Verstoß gegen Regeln einer ausländischen Börse darstellen würde (*LG München I* AG 2008, 904, 910), stellen ebenfalls einen nicht unerheblichen Nachteil für die Gesellschaft dar.

3. Besteuerung (Nr 2). Nr 2 betrifft hauptsächlich die Wertansätze der (inklusive vorangegangener) Steuerbilanzen und Ansprüche aus dem Steuerschuldverhältnis. Soweit diese steuerlichen Ansätze und Ansprüche in den handelsrechtlichen Jahresabschluss zu übernehmen sind (zB §§ 275 Abs 2 Nr 18 f bzw Abs 3 Nr 17 f HGB), muss Abs 3 Nr 2 teleologisch reduziert werden; ein Auskunftsverweigerungsrecht besteht in diesen Fällen nicht (**hM**, GroßKomm AktG/*Decher* Rn 309; MünchKomm AktG/*Kubis* Rn 115 mwN). Auskünfte über die Tarifbelastung des verwendbaren Eigenkapitals können verweigert werden (str, Obermüller/Werner/Winden HV/*Butzke* G 70 mwN; K. Schmidt/Lutter AktG/*Spindler* Rn 79; **aA** *Meilicke/Heidel* DStR 1992, 113, 117).

22 **4. Stille Reserven (Nr 3).** Nr 3 erfasst Fragen direkt nach dem Unterschied zwischen dem bilanziellen Wertansatz und dem tatsächlichen Wert, zB nach der Höhe, welche Vermögensgegenstände betroffen sind, aber auch Fragen, die mittelbar Informationen über die stillen Reserven geben. Ferner sind auch die stillen Reserven **verbundener Unternehmen** umfasst, Abs 3 Nr 3 geht insoweit § 64 UmwG vor (str, MünchKomm AktG/*Kubis* Rn 120 mwN; KölnKomm AktG/*Kersting* Rn 332). Auf alle Fragen nach einem höheren Wert als dem Buchwert kann die Auskunft verweigert werden (Groß-Komm AktG/*Decher* Rn 319 mwN; *Kersting* aaO); auch stille Lasten müssen nicht aufgedeckt werden. Fragen nach dem Buchwert von Beteiligungen fallen bei Kenntnis des Marktwerts unter Nr 3, da diese Auskunft ansonsten zur Aufdeckung der stillen Reserven führen würde (*LG Berlin* WM 1994, 27, 30); im Veräußerungsfall hingegen greift Nr 3 nicht ein, da der Schutzzweck allein die Bildung stiller Reserven betrifft, nicht aber deren Aufdeckung im Veräußerungsfall (*OLG Dresden* AG 2003, 433, 435). Unter Nr 3 fallen auch Fragen nach Feuerversicherungswerten von Betriebsgebäuden und Feuerversicherungssummen für Maschinen und Einrichtungen (*Decher* aaO Rn 320 mwN) sowie Fragen nach der Steigerung des inneren Wertes oder dem intern ermittelten Geschäftsergebnis (*KG* AG 2001, 421, 423).

23 **5. Bilanzierung und Bewertung (Nr 4).** Dieses Auskunftsverweigerungsrecht kann nur dann eigenständige Bedeutung erlangen, wenn Bilanzierungs- und Bewertungsmethoden im Anhang nicht korrekt dargestellt worden sind. Bei korrekter Angabe im Anh ist eine Auskunft schon nicht erforderlich (MünchKomm AktG/*Kubis* Rn 123, ähnlich Spindler/Stilz AktG/*Siems* Rn 47; s auch Rn 13). Wird ein Abschluss nach IAS/IFRS aufgestellt (vgl §§ 315a, 325 Abs 2a HGB), gilt Nr 4 analog. Maßgebend für die ausreichende Darstellung der Vermögens-, Finanz- und Ertragslage sind dann die IFRS-Notes.

24 **6. Strafbarkeit (Nr 5).** Erfasst wird jede Form strafbaren Verhaltens durch Auskunftserteilung, auch die Teilnahme. Das Auskunftsverweigerungsrecht besteht auch für **Ordnungswidrigkeiten** (GroßKomm AktG/*Decher* Rn 323 mwN). § 404 ist ebenfalls Vorschrift iSd Nr 5 (str, MünchHdb AG/*Semler* § 37 Rn 37; **aA** KölnKomm AktG/*Kersting* Rn 352; Spindler/Stilz AktG/*Siems* Rn 49; Obermüller/Werner/Winden HV/*Butzke* G 75 mwN). Davon unabhängig fällt eine Verletzung der Geheimhaltungspflicht idR unter Nr 1. Zur Vermeidung der Offenlegung zuvor begangenen strafbaren Verhaltens dient Abs 3 nicht (unstr, *OLG München* WM 2009, 265, 267; *OLG Düsseldorf* AG 1992, 34, 35). Bedeutend ist bei Nr 5, dass wegen der Strafbarkeit kein Ermessen des Vorstands, sondern eine Auskunftsverweigerungs**pflicht** besteht (*Kersting* aaO Rn 346).

25 **7. Kredit- und Finanzdienstleistungsinstitute (Nr 6).** Durch diese Auskunftsverweigerungsmöglichkeit wird verhindert, dass über die Angabepflichten im Jahresabschluss und Lagebericht hinausgehende Auskünfte (vgl insb § 340f Abs 3 HGB) gegeben werden müssen (RegBegr BT-Drucks 11/6275, 26). Ob § 176 Abs 1 S 4 das Auskunftsverweigerungsrecht erweitert, ist streitig (dafür *OLG Düsseldorf* AG 1994, 228, 232; **aA** MünchKomm AktG/*Kubis* Rn 133). Auch im Fall der Feststellung des Jahresabschlusses durch die HV gilt das Auskunftsverweigerungsrecht nach Nr 6 uneingeschränkt, die Ausnahmen der Nr 3 und 4 gelten insoweit nicht (*Kubis* aaO Rn 134; Obermüller/

Werner/Winden HV/*Butzke* G 76). Eine **Abwägung**, wie sie vor Einführung der Nr 6 (durch BankBiRiLiG v 30.11.1990, BGBl I S 2570) durch die Rspr, gestützt auf Nr 1, vorgenommen wurde, ist nicht möglich (näher KölnKomm AktG/*Kersting* Rn 342; *Kubis* aaO; *Butzke* aaO; **aA** *Hüffer* AktG Rn 32; GroßKomm AktG/*Decher* Rn 332 mwN). Nr 6 gilt auch dann, wenn ein Kreditinstitut sein Bankgeschäft aufgibt (*OLG Düsseldorf* aaO).

8. Internetauskunft (Nr 7). Es besteht ein Auskunftsverweigerungsrecht, soweit die 26
Auskunft auf der Internetseite (näher s.o. § 121 Rn 13e) der Gesellschaft über mindestens sieben Tage vor Beginn und in der HV durchgängig zugänglich ist. Zweck ist es, die HV von typischen Standardfragen, vom Vortrag von Statistiken, Listen, Regularien, Aufstellungen etc zu entlasten und die inhaltliche Diskussion in den Vordergrund zu rücken (RegBegr BT-Drucks 15/5092, 17). Was auf der Internetseite erscheint, entscheidet der Vorstand; angekündigte oder sonst dem Vorstand bekannte Fragen kann er so vorab beantworten, so dass in der HV nur noch etwaige weitergehende Zusatzfragen zu klären sind. Ein Recht des Aktionärs auf Zugänglichmachung besteht allerdings nicht. Dass ein Teil der Aktionäre nicht über einen Internetzugang verfügt, mindert das Auskunftsverweigerungsrecht nicht. Zugänglich ist eine Information erst, wenn sie nach Aufrufen der Internetstartseite der AG direkt oder durch eindeutige Links problemlos gefunden werden kann; ein Hinweis auf die Internetseite in der Einberufung oder der Tagesordnung ist nicht erforderlich (RegBegr aaO S 17 f). Für die Berechnung der Frist kann auf § 121 Abs 7 zurückgegriffen werden (KölnKomm AktG/*Kersting* Rn 366). Geringfügige und vorübergehende Störungen der Internetseite der Gesellschaft oder des Zugangs zur Internetseite führen nicht zur Verlängerung der Frist (RegBegr aaO S 18), anders verhält es sich zB bei tagelanger Unerreichbarkeit (*Spindler* NZG 2005, 825, 826). Für die zusätzliche Voraussetzung, diese Information durchgängig in der HV bereit zu stellen, besteht Formfreiheit. Möglich sind schriftliche oder elektronische (zB Infoterminal) Medien (RegBegr aaO). Nr 7 schließt nicht **ergänzende Nachfragen** zu Vorab-Informationen aus (*Holzborn/Bunnemann* BKR 2005, 51, 54; K. Schmidt/Lutter AktG/*Spindler* Rn 88). Ein unzulässiges Nachfragen liegt allerdings dann vor, wenn ein mit Fachkenntnissen vertrauter Dritter nur auf Grundlage der Vorab-Information und ohne Einblick in die Unternehmung die Frage beantworten könnte, das Auskunftsbegehren für einen mit den zumutbaren kaufmännischen, juristischen und sonstigen Kenntnissen ausgestatteten Aktionär also überflüssig wäre (*Weißhaupt* ZIP 2005, 1766, 1770).

9. Missbrauch. Ein Auskunftsrecht besteht dort nicht, wo dem Aktionär missbräuch- 27
liches Handeln vorzuwerfen ist (**hM**, *BVerfG* NJW 2000, 349, 351; GroßKomm AktG/*Decher* Rn 274 mwN; **aA** *Meilicke/Heidel* DStR 1992, 113, 115). IdR wird es in Missbrauchskonstellationen jedoch bereits an der Erforderlichkeit der Auskunft fehlen (MünchKomm AktG/*Kubis* Rn 140; KölnKomm AktG/*Kersting* Rn 379; K. Schmidt/Lutter AktG/*Spindler* Rn 91; vgl auch *BayObLGZ* 1974, 208, 213), da die Erforderlichkeit auch in quantitativer Hinsicht eine Grenze bildet (str, s Rn 11). So scheitern Fragen mit **übermäßigem Umfang** (vgl *OLG Frankfurt* AG 1984, 25, 26: Frage nach 5 000 Vorgängen und 25 000 Einzelangaben; nicht jedoch schon bei 54 Fragen, die zudem vorab an die AG übermittelt wurden, so *LG München I* WM 2010, 1699, 1702) oder **Detaillierungsgrad** bereits mangels Erforderlichkeit der Auskunftserteilung. Verbleibende Missbrauchsfälle lassen sich als Verstoß gegen die Treuepflicht einordnen, mit der Folge, dass ein Auskunftsrecht nicht besteht. Wird trotz missbräuchlicher Aus-

übung des Fragerechts eine Auskunft erteilt, ist die Rechtmäßigkeit der Auskunft nach den allgemeinen Regeln zu beurteilen; ein Berufen auf die Missbräuchlichkeit ist dem Vorstand nach Erteilung der Auskunft verwehrt (*OLG Frankfurt* AG 2008, 417, 419). Abs 3 S 2 steht der Auskunftsverweigerung wegen Missbrauchs damit nicht entgegen (vgl *Henze* BB 1996, 489, 495; *Spindler* aaO). Treuwidrig ist es etwa, den ordnungsgemäßen Gang der HV durch Fragen zu blockieren und die Verwaltung zur Mitteilung einer langen Reihe von Angaben zu veranlassen, so dass das Recht der anderen Aktionäre auf eine zügig zu bewältigende HV beeinträchtigt wird (*KG* NJW-RR 1996, 1060, 1064 mwN). Eine HV muss in einer angemessenen und zumutbaren Zeit durchgeführt werden (*BVerfG* NJW 2000, 349, 351; *BGHZ* 184, 239, 244 – „Redezeitbeschränkung"). Hat der Aktionär tatsächlich ein Interesse an umfangreichen oder sehr detaillierten Angaben (ist also die Erforderlichkeit grds zu bejahen), so soll er auf eine Veröffentlichung der Auskunft auf der Internetseite der Gesellschaft gem Abs 3 Nr 7 hinwirken. Verhält sich der auskunftsbegehrende Aktionär **widersprüchlich**, etwa weil er nur einen Teil der gestellten Fragen als noch nicht beantwortet mitteilt, obwohl er auch weitere Fragen beantwortet haben will (*LG München I* AG 2009, 382, 383; *LG München I* AG 2008, 904, 909; *Spindler* aaO Rn 94), ist ein solches Verhalten bezüglich letzterer Fragen als Rechtsverzicht zu werten (*LG Mainz* AG 1988, 169, 170; vgl *LG Frankfurt/Main* ZIP 2005, 302, 303). Ebenso verhält es sich, wenn eine Gelegenheit, zu fragen oder mitzuteilen, die Antwort sei nicht verständlich, ungenutzt gelassen wird (vgl den Fall bei *OLG Karlsruhe* AG 1998, 99, 100). Bringt die Ges in ihrer Antwort ein anderes (naheliegendes) Verständnis der Frage zum Ausdruck, muss der Aktionär dieses andere Verständnis in der HV korrigieren (*OLG Frankfurt/Main* NZG 2013, 23, 26; zust *Reger* NZG 2013, 48, 49); vgl Rn 6.

V. Erweiterte Auskunftspflicht (Abs 4)

28 **1. Erteilung außerhalb der Hauptversammlung.** Voraussetzung des Abs 4 ist die Erteilung einer Auskunft außerhalb der HV; selbst beschaffte oder unbeabsichtigt übermittelte Informationen begründen kein erweitertes Auskunftsrecht. Eine Erteilung liegt nur vor, wenn die Auskunft vom Vorstand willentlich und bewusst an einen Aktionär gerichtet wird. Unerheblich ist, ob sie vom Aktionär erfragt worden ist. Erfolgen die Auskünfte durch **Dritte**, greift Abs 4 nur, wenn sie vom Vorstand als Geschäftsführungsmaßnahme **veranlasst** worden sind, insbesondere wenn die Auskunft von für die Informationserteilung befugten Personen stammt (GroßKomm AktG/*Decher* Rn 341). Außerhalb der HV meint auch den Fall, dass während der HV gezielt nicht für alle Versammlungsteilnehmer vernehmbar Auskünfte erteilt wurden, etwa außerhalb des Versammlungsraumes oder innerhalb von (inklusive offenen) Gesprächszirkeln (MünchKomm AktG/*Kubis* Rn 144; K. Schmidt/Lutter AktG/*Spindler* Rn 96; KölnKomm AktG/*Kersting* Rn 454). Der **Nachweis** der Erteilung außerhalb der HV obliegt dem Aktionär (*Kersting* aaO Rn 460; *OLG Dresden* AG 1999, 274, 275: „greifbare Anhaltspunkte", s dazu unten Rn 30). Der die Auskunft begehrende Aktionär kann nur unter den Voraussetzungen des Abs 1 fragen, ob der Vorstand außerhalb der HV an einen Aktionär Auskünfte erteilt hat (die Erleichterungen des Abs 4 greifen insoweit nicht, *LG Düsseldorf* AG 1992, 461, 462; *Kersting* aaO Rn 462); namentlich bedarf es der Erforderlichkeit dieser Auskünfte, die der Aktionär darlegen und ggf beweisen muss. Ein Ausforschungsantrag auf Nennung etwaig an Aktionäre außerhalb der HV erteilter Auskünfte ist unzulässig (**hM**, *BayObLGZ* 2002, 227, 229; *Hoffmann-Becking* FS Rowedder, S 160 ff mwN; Spindler/Stilz AktG/*Siems* Rn 80).

2. Aktionärseigenschaft. Die Auskunft muss an den Aktionär als solchen, an ihn wegen seiner Eigenschaft als Aktionär erfolgt sein. Umfasst sind auch Legitimationsaktionäre und Aktionärsvertreter (K. Schmidt/Lutter AktG/*Spindler* Rn 97). Bei Erteilung der Auskunft muss die Aktionärseigenschaft vorliegen; dass die Auskunft im Hinblick auf den beabsichtigten Beteiligungserwerb des Auskunftsempfängers an der Gesellschaft erfolgte, reicht nicht aus (s hierzu im Folgenden; *LG Düsseldorf* AG 1992, 461, 462). Bei Doppelfunktion des Auskunftsempfängers, zB als AR-Mitglied und Aktionär, ist auf den Einzelfall und die ihm zugrunde liegende Motivation abzustellen (*Seifert* AG 1967, 1, 2; zu Beweisfragen vgl *Spindler* aaO Rn 98); Abs 4 gilt bereits dann, wenn ein Teil der der Auskunftserteilung zugrunde liegenden Motivation aus der Aktionärseigenschaft folgt (MünchKomm AktG/*Kubis* Rn 146). Abs 4 gilt nicht, wenn die Auskunft jemand ausschließlich in seiner Eigenschaft als AR-Mitglied oder einem Aktionär aufgrund einer außerhalb des Gesellschaftsverhältnisses begründeten Beziehung zu einem AR-Mitglied oder zur Gesellschaft mitgeteilt worden ist (*BGHZ* 86, 1, 7; *BayObLGZ* 2002, 227, 229), ferner nicht, wenn die Auskunft ihm in seiner Eigenschaft als Abschlussprüfer, Kreditgeber, Rechtsanwalt, der für die Gesellschaft tätig wird, oder als Vertragspartner erteilt worden ist; jedoch schließt die Eigenschaft als Großaktionär Abs 4 nicht aus (*BayObLGZ* aaO mwN; *Hoffmann-Becking* FS Rowedder, S 166 f; KölnKomm AktG/*Kersting* Rn 440). Abs 4 greift auch dann nicht, wenn die Information im Hinblick auf § 327b Abs 1 zur Festlegung der Höhe der Barabfindung erfolgte (*LG München* I ZIP 2008, 2124 – „HVB/UniCredit"; *LG Saarbrücken* AG 2006, 89, 90 mwN). Die Auskunft an den potentiellen Erwerber von Aktien der AG iRd Erwerbsprozesses, insbesondere im Rahmen einer Due Diligence, führt nicht zu Abs 4 (*Mertens* AG 1997, 541, 537; *Krömker* NZG 2003, 418, 423; *Kocher* Der Konzern 2008, 611, 614 f). Da in diesen Fällen des intendierten Erwerbs bzw der intendierten Veräußerung dem Aktionär die Information nicht als Aktionär (auch nicht als Großaktionär) zukommt, sondern wegen eines über die Mitgliedschaft hinausgehenden Interesses, gebietet das aktienrechtliche Gleichbehandlungsgebot gem § 53a (und folglich die spezielle Norm des Abs 4) wegen der sachlichen Rechtfertigung der Ungleichbehandlung nicht, die übrigen Aktionäre hinsichtlich der Information gleichzustellen (*Krömker* aaO; *Kocher* aaO 615). Der die Auskunft begehrende Aktionär muss substantiiert vortragen und ggf beweisen, dass ein anderer Aktionär gerade wegen seiner Eigenschaft als Aktionär die erbetene Auskunft erhalten habe (*BGHZ* 86, 1, 7).

3. Auskunftsverlangen in der Hauptversammlung. Die Auskunft kann nur innerhalb der HV verlangt werden, **nicht außerhalb** (*Hoffmann-Becking* FS Rowedder, S 159). Erforderlich ist ein ausdrückliches Verlangen; der Aktionär muss deutlich machen, dass sein Auskunftsverlangen sich auf eine außerhalb der HV erteilte Auskunft bezieht, eine bloße Frage genügt nicht (unstr, *LG Flensburg* AG 2004, 623, 624; KölnKomm AktG/*Kersting* Rn 457). Das Verlangen muss nicht unmittelbar in der nächsten HV nach der Erteilung der Auskunft erfolgen, jedoch muss ein aktueller Bezug zu gesellschaftsrelevanten Vorgängen noch gegeben sein (*BayObLGZ* 2002, 227, 229 f). Eines inhaltlichen Bezuges zur Tagesordnung oder zu einem Tagesordnungspunkt bedarf es nicht (*BayObLGZ* aaO; *Kersting* aaO Rn 451), insbesondere muss die verlangte Auskunft nicht zur sachgemäßen Beurteilung eines Gegenstands der Tagesordnung erforderlich sein, S 1 HS 2. Der Aktionär muss in groben Zügen den außerhalb der HV erfolgten Informationsvorgang an einen Aktionär darlegen; eine Namensnennung des informierten Aktionärs ist nicht erforderlich (Spindler/Stilz AktG/*Siems* Rn 80; K. Schmidt/Lutter AktG/*Spindler* Rn 103; MünchKomm AktG/*Kubis* Rn 152; *Kersting* aaO Rn 460; **aA** *BayObLG* aaO; *LG Frankfurt* AG 1968, 24).

31 **4. Rechtsfolge.** Die in der HV gem Abs 4 zu erteilende Auskunft richtet sich inhaltlich nach der außerhalb der HV erteilten Auskunft. Erforderlichkeit ist nicht notwendig, jedoch muss sich die Auskunft auf eine Angelegenheit der Gesellschaft beziehen (MünchKomm AktG/*Kubis* Rn 154; K. Schmidt/Lutter AktG/*Spindler* Rn 104).

32 **5. Ausnahmen.** Abs 4 S 3 ist nicht abschließend, sondern stellt nur exemplarisch einen Fall dar, in dem ein anderes Unternehmen nicht in der Eigenschaft als Aktionär eine Auskunft erhält (*Hoffmann-Becking* FS Rowedder, S 169 f), ein Umkehrschluss ist somit nicht möglich (GroßKomm AktG/*Decher* Rn 354; KölnKomm AktG/*Kersting* Rn 448; Spindler/Stilz AktG/*Siems* Rn 84; *Pentz* ZIP 2007, 2298, 2299 f; **aA** AnwK-AktR/*Heidel* Rn 77). Vielmehr unterfallen weitere Fälle nicht dem Anwendungsbereich von Abs 4, in denen die Auskunft nicht auf der Anteilsinhaberschaft, sondern auf einem **Konzernverhältnis** beruht. Auskünfte innerhalb der Unternehmen eines Vertragskonzerns (*LG München* AG 1999, 138) oder eines faktischen Konzerns (**hM**, *LG München I* Der Konzern 2007, 448, 455; *LG Düsseldorf* AG 1992, 461, 462 mwN; ausf *Kersting* aaO Rn 89 mwN; zum Abhängigkeitsbericht: *Habersack/Verse* AG 2003, 300, 306 f) fallen daher nicht unter Abs 4; dasselbe gilt für Auskünfte im Vorfeld, wenn Anteilsinhaber Auskünfte zu Konzernbildungszwecken erhalten (MünchKomm AktG/*Kubis* Rn 160). Bloße Mehrheitsbeteiligung iSd § 16 oder Abhängigkeit nach § 17 genügt grds nicht (*Habersack/Verse* AG 2003, 300, 307 mwN; *Kersting* aaO Rn 90; *Siems* aaO Rn 78; *Kocher* Der Konzern 2008, 611, 617; **aA** bei Vorliegen eines Abhängigkeitsverhältnisses: *Pentz* aaO 2301). Informationen der abhängigen Gesellschaft an die herrschende Gesellschaft wegen der Veräußerung der abhängigen Gesellschaft lösen Abs 4 nicht aus (*Decher* ZHR 158 (1994), 473, 489 f).

VI. Verfahren bei Auskunftsverweigerung (Abs 5)

33 Die Protokollierung der Frage und des Grundes der Auskunftsverweigerung kann nur bis zum förmlichen Ende der HV verlangt werden (MünchKomm AktG/*Kubis* Rn 164), bis dahin ist sie zu jedem Zeitpunkt möglich (*LG Hannover* AG 2009, 914, 916 – „Continental AG"). Ein Grund für eine Auskunftsverweigerung ist nur aufzunehmen, soweit der Vorstand einen Grund genannt hat; eine Pflicht, den Ablehnungsgrund zu nennen, besteht nicht, auch nicht bei einem Verlangen nach Abs 5 (*Hüffer* AktG Rn 32; K. Schmidt/Lutter AktG/*Spindler* Rn 107). Der Notar hat auf ein Protokollierungsverlangen eines Aktionärs hin nicht die Pflicht zu protokollieren, dass eine bestimmte Frage vom Aktionär tatsächlich gestellt und nicht (ausreichend) beantwortet wurde (*Reger* NZG 2013, 48, 50; **aA** wohl, iE aber offen lassend *OLG Frankfurt/Main* NZG 2013, 23, 27). Denn hierzu würde er angesichts der Vielzahl von Fragen auf einer HV auch regelmäßig nicht in der Lage sein; er protokolliert lediglich seine persönlichen Wahrnehmungen, § 37 Abs 1 S 1 Nr 2 BeurkG. Der Notar ist lediglich verpflichtet zu protokollieren, dass ein Aktionär ihm nach dessen Ansicht gestellte Fragen mit der Bitte um Protokollierung genannt und deren Nicht- oder nicht ausreichende Beantwortung gerügt hat. Bei einer Vielzahl von Fragen wird der Notar den

Aktionär regelmäßig auffordern, ihm eine Liste der nach Ansicht des Aktionärs gestellten, aber nicht (ausreichend) beantworteten Fragen zu übergeben, und den Erhalt dieser Liste als persönliche Wahrnehmung protokollieren (*Reger* aaO). Die Protokollierung dient allein Beweiszwecken (näher *LG Frankfurt/Main* ZIP 2005, 1275, 1276), weitere Rechtsfolgen sind mit ihr nicht verbunden; für § 258 Abs 1 S 1 Nr 2 genügt das Verlangen. Der Gegenbeweis gem § 415 Abs 2 ZPO, etwa durch Zeugeneinvernahme der Stenografen der HV, ist zulässig (*OLG Frankfurt/Main* aaO). Anspruchsinhaber ist nach dem eindeutigen Wortlaut des Abs 5 nur der Aktionär, dessen Auskunft verweigert wurde (*Spindler* aaO; *Hüffer* aaO Rn 43; **aA** KölnKomm AktG/*Kersting* Rn 516: alle Aktionäre).

VII. Rechtsfolgen einer Verletzung der Auskunftspflicht

Zu Unrecht verweigerte Fragen machen nur solche Beschl **anfechtbar**, auf deren Gegenstand sich das Auskunftsverlangen bezog; dass sich im Nachhinein herausstellt, dass die Auskunft auch für einen weiteren Beschlussgegenstand von Bedeutung hätte sein können, genügt zur Anfechtung dieses weiteren Beschlussgegenstandes hingegen nicht (*BGHZ* 119, 1, 13). Die Anfechtung kann sich auch auf die Unrichtigkeit der Auskunft stützen (*OLG Stuttgart* AG 2011, 93, 98 – „Porsche/VW" mwN). Die Anfechtbarkeit besteht iÜ auch nur dann, wenn das Anfechtungsrecht nicht verwirkt ist (vgl *LG München I* AG 2008, 904, 909: Verwirkung aufgrund rechtsmissbräuchlichen Verhaltens). Informationspflichtverletzungen in Bezug auf die Ermittlung, Höhe oder Angemessenheit von Ausgleich, Abfindung oder Zuzahlung müssen statt im Wege der Anfechtungsklage im Spruchverfahren gerügt werden (vgl § 243 Abs 4), wenn auf die der Kompensation zugrunde liegende Maßnahme das Spruchverfahren anwendbar ist (s § 1 SpruchG Rn 4; *OLG Frankfurt* AG 2008, 167, 171; *LG Krefeld* AG 2008, 754, 756). Eine **Schadensersatzpflicht** kann sich aus § 93 ergeben, nicht aber aus § 823 Abs 2 BGB iVm § 131; § 131 ist kein Schutzgesetz (str, KölnKomm AktG/*Kersting* Rn 564; *Hüffer* AktG Rn 44; **aA** GroßKomm AktG/*Decher* Rn 407 mit Einschränkung beim Schaden; K. Schmidt/Lutter AktG/*Spindler* Rn 117). In Betracht kommen aber §§ 823 Abs 2 BGB iVm 400 Abs 1 Nr 1 (MünchKomm AktG/*Kubis* Rn 171; *Kersting* aaO Rn 565; Spindler/Stilz AktG/*Siems* Rn 90; *Spindler* aaO).

34

§ 132 Gerichtliche Entscheidung über das Auskunftsrecht

(1) Ob der Vorstand die Auskunft zu geben hat, entscheidet auf Antrag ausschließlich das Landgericht, in dessen Bezirk die Gesellschaft ihren Sitz hat.

(2) [1]Antragsberechtigt ist jeder Aktionär, dem die verlangte Auskunft nicht gegeben worden ist, und, wenn über den Gegenstand der Tagesordnung, auf den sich die Auskunft bezog, Beschluss gefasst worden ist, jeder in der Hauptversammlung erschienene Aktionär, der in der Hauptversammlung Widerspruch zur Niederschrift erklärt hat. [2]Der Antrag ist binnen zwei Wochen nach der Hauptversammlung zu stellen, in der die Auskunft abgelehnt worden ist.

(3) [1]§ 99 Abs. 1, 3 Satz 1, 2 und 4 bis 6 sowie Abs. 5 Satz 1 und 3 gilt entsprechend. [2]Die Beschwerde findet nur statt, wenn das Landgericht sie in der Entscheidung für zulässig erklärt. [3]§ 70 Abs. 2 des Gesetzes über das Verfahren in Familiensachen und in den Angelegenheiten der freiwilligen Gerichtsbarkeit ist entsprechend anzuwenden.

(4) ¹Wird dem Antrag stattgegeben, so ist die Auskunft auch außerhalb der Hauptversammlung zu geben. ²Aus der Entscheidung findet die Zwangsvollstreckung nach den Vorschriften der Zivilprozessordnung statt.

(5) Das mit dem Verfahren befasste Gericht bestimmt nach billigem Ermessen, welchem Beteiligten die Kosten des Verfahrens aufzuerlegen sind.

Übersicht

	Rn		Rn
A. Allgemeines	1	2. Antragsberechtigung (Abs 2 S 1)	3a
B. Erläuterungen	2	3. Antragsfrist	4
I. Zuständiges Gericht (Abs 1)	2	4. Sonstiges	5
II. Antrag (Abs 2)	3	III. Verfahren (Abs 3)	6
1. Aktionärsstellung, Teilnahme an der HV	3	IV. Beschlusswirkungen	7
		V. Kosten	8

Literatur: *von Falkenhausen* Das Verfahren der freiwilligen Gerichtsbarkeit im Aktienrecht, AG 1967, 309; *Hellwig* Der Auskunftsanspruch des Aktionärs nach unrichtiger Auskunftserteilung, FS Budde, 1995, S 265; *Herchen* Zur Anfechtbarkeit eines Entlastungsbeschlusses, EWiR 2010, 343; *Jänig/Leißring* FamFG – Neues Verfahrensrecht für Streitigkeiten in AG und GmbH, ZIP 2010, 110; *Lüke* Das Verhältnis von Auskunfts-, Anfechtungs- und Registerverfahren im Aktienrecht, ZGR 1990, 657; *Quack* Unrichtige Auskünfte und das Erzwingungsverfahren des § 132 AktG, FS Beusch, 1993, S 665; *Theusinger/Schilha* Zur Zulässigkeit des Auskunftserzwingungsverfahrens bei Erteilung einer unrichtigen Auskunft, EWiR 2010, 237; *Werner* Fehlentwicklungen in aktienrechtlichen Auskunftsstreitigkeiten, FS Heinsius, 1991, S 911.

A. Allgemeines

1 Mit Hilfe des Auskunftserzwingungsverfahrens gem § 132 kann der Aktionär seinen Auskunftsanspruch titulieren lassen, so dass er seinen Anspruch auf Auskunft schlussendlich durchzusetzen imstande ist (vgl Abs 4 S 2). Es geht folglich um die Behebung eines Erfüllungsmangels durch Leistung, nicht um die Aufhebung eines auf dem Mangel beruhenden Beschl. Die Leistungsklage auf Auskunft vor den ordentlichen Zivilgerichten wird durch § 132 verdrängt, der Rechtsstreit wird in diesem Fall nach Abs 3, § 99 Abs 1 iVm § 3 FamFG an das nach § 132 Abs 1 S 2 zuständige LG verwiesen (KölnKomm AktG/*Kersting* Rn 25). Das Recht zur **Anfechtung eines Beschlusses** der HV bleibt von § 132 unberührt. Das Auskunftserzwingungsverfahren gem § 132 ist auch keine Voraussetzung für eine solche Anfechtung wegen einer fehlenden oder falschen Auskunft (*BGHZ* 86, 1, 3 ff; *KG* AG 2001, 355, 356). Bezüglich der sich daraus ergebenden Probleme der Rechtskrafterstreckung und Aussetzung nach § 148 ZPO s Rn 7. Durch das FGG-RG v 17.12.2008 (BGBl I S 2586) wurden einige Änderungen an § 132 vorgenommen (vgl insb Rn 2, 6 und 8).

B. Erläuterungen

I. Zuständiges Gericht (Abs 1)

2 Ausschließlich zuständig ist das LG, in dessen Bezirk die AG ihren Sitz hat. Bei örtlicher oder sachlicher Unzuständigkeit wird von Amts wegen verwiesen (Abs 3, § 99 Abs 1 iVm § 3 FamFG). Besteht eine Kammer für Handelssachen, so wird diese nach der Streichung von Abs 1 S 2-4 durch das FGG-RG vom 17.12.2008 aufgrund §§ 95

Gerichtliche Entscheidung über das Auskunftsrecht § 132

Abs 2 Nr 2, 71 Abs 2 Nr 4 lit b GVG tätig, und zwar auf Antrag gem § 96 GVG. Entscheidet anstelle der Kammer für Handelssachen eine Zivilkammer, liegt darin ein Verstoß gegen die Geschäftsverteilung des Gerichts (K. Schmidt/Lutter AktG/*Spindler* Rn 5; KölnKomm AktG/*Kersting* Rn 23); dies führt zwar nicht zur Unwirksamkeit der Entscheidung des Gerichts, stellt aber eine zur Anfechtung berechtigende Gesetzesverletzung dar (MünchKomm AktG/*Kubis* Rn 6; *Spindler* aaO), auf der die Entscheidung stets als beruhend anzusehen ist. Allerdings liegt kein unbedingter Rechtsbeschwerdegrund iSd § 547 Nr 1 ZPO vor, der die Zurückverweisung als notwendige Folge nach sich zieht (*Spindler* aaO Fn 21; **aA** *Hüffer* AktG Rn 3; zu Abs 1 aF: ebenso *BayObLG* NJW-RR 1999, 1519 mwN).

II. Antrag (Abs 2)

1. Aktionärsstellung, Teilnahme an der HV. Das Auskunftserzwingungsverfahren in seinem **personellen Anwendungsbereich** setzt einen verfahrenseinleitenden Antrag eines Aktionärs voraus. Der Antragsteller muss bis zur gerichtlichen Entscheidung noch Anteilsinhaber, wenn auch in gemindertem Umfang, sein. Hat er seinen Anteil gänzlich auf einen anderen übertragen, kann weder er noch der Erwerber einen Antrag nach § 132 stellen; § 265 ZPO findet im Auskunftserzwingungsverfahren keine Anwendung (*OLG Karlsruhe* NJW-RR 2000, 626 f; GroßKomm AktG/*Decher* Rn 21 mwN). Im Falle des Todes geht die Antragsbefugnis auf den Gesamtrechtsnachfolger über (*OLG Frankfurt/Main* NZG 2013, 23, 26). Der **Legitimationsaktionär** ist anstelle des Aktionärs nur dann antragsberechtigt, wenn die Legitimationszession die Antragstellung nach § 132 umfasst; die Ermächtigung für die Ausübung von Aktionärsrechten in der HV oder die bloße Stimmrechtsvollmacht genügen nicht (KölnKomm AktG/*Kersting* Rn 31 mwN; MünchKomm AktG/*Kubis* Rn 11; vgl auch *BayObLGZ* 1996, 234, 237 f). Eine Vollmacht muss explizit für das Auskunftserzwingungsverfahren erteilt werden, das Vertretungsverhältnis ist offen zu legen (*Decher* aaO Rn 19; *Kersting* aaO Rn 32; *OLG Hamburg* AG 1970, 50, 51). Notwendig ist ferner die Teilnahme des Antragstellers an der HV, persönlich oder aufgrund Stellvertretung; dieses Erfordernis gilt selbst bei unberechtigter Verweigerung der Teilnahme dann, wenn der Versammlungsleiter dem Aktionär die Teilnahme unberechtigt verweigert (K. Schmidt/Lutter AktG/*Spindler* Rn 7); auch die Online-Teilnahme iSd § 118 Abs 1 S 2 erfüllt dieses Erfordernis (*Kersting* aaO Rn 34).

2. Antragsberechtigung (Abs 2 S 1). Gem Abs 2 S 1 Alt 1 muss dem Aktionär die von ihm in seinem Auskunftsbegehren in der HV **verlangte Auskunft nicht gegeben** worden sein, was auch dann vorliegt, wenn die verlangte Auskunft nicht vollständig gegeben worden ist (MünchKomm AktG/*Kubis* Rn 16; KölnKomm AktG/*Kersting* Rn 36; K. Schmidt/Lutter AktG/*Spindler* Rn 9; **aA** *LG Köln* AG 1991, 38). Streitig ist der Fall, dass die gegebene Auskunft unzutreffend ist. Teilweise wird vertreten, in § 132 werde nicht die Richtigkeit der Auskunft geprüft; stattdessen müsste der Aktionär Schadensersatz-, Anfechtungs- oder Feststellungsklage erheben (*KG* WM 2010, 324, 325, abl Anm bei *Theusinger/Schilha* EWiR 2010, 237 f; *OLG Dresden* AG 1999, 274, 276; *LG Dortmund* AG 1999, 133; Henn/Frodermann/Jannott Hdb AktR/*Göhmann* Kap 9 Rn 214). Nach aA erfasst § 132 von Sinn und Zweck her (ua Durchsetzung des Auskunftsanspruchs, *Hüffer* AktG Rn 1) auch diese Fälle (*OLG Stuttgart* ZIP 2012, 970, 976; *LG München I* WM 2010, 1699, 1701; ausf *Kersting* aaO Rn 6; *Spindler* aaO; Spindler/Stilz AktG/*Siems* Rn 10; *Hellwig* FS Budde, S 279; *Quack* FS

3

3a

§ 132 Gerichtliche Entscheidung über das Auskunftsrecht

Beusch, S 671; GroßKomm AktG/*Decher* Rn 7 mwN). Erforderlich ist hier das Vorbringen von Tatsachen, aus denen nicht nur die Möglichkeit, sondern die Wahrscheinlichkeit der Unrichtigkeit der erteilten Auskunft folgt (*OLG Stuttgart* aaO 977). Alternativ zur Voraussetzung des Abs 2 S 1 Alt 1 genügt gem Abs 2 S 1 Alt 2, wenn sich die Auskunft auf einen Gegenstand, über den in der HV Beschluss gefasst worden ist, bezog, dass der Aktionär in der HV **Widerspruch zur Niederschrift** erklärt hat; statt der persönlichen Handlung genügt jeweils die Handlung durch einen Bevollmächtigten (*BayObLGZ* 1996, 234, 237; *BayObLG* NJW-RR 1996, 994). Das Handeln für einen anderen muss jedoch gem dem Rechtsgedanken des § 164 Abs 2 BGB in der HV hinreichend deutlich gemacht worden sein (*OLG Frankfurt* ZIP 2006, 610, 611). Protokollierung nach § 131 Abs 5 ist nicht Voraussetzung (s § 131 Rn 33, *OLG Hamburg* AG 2001, 359, 360).

3b **Inhaltlich** muss sich der Antragsgegenstand im Auskunftserzwingungsverfahren mit dem ursprünglich gestellten Auskunftsbegehren iSd § 131 decken bzw dem Beschlussgegenstand entsprechen, zu dem Widerspruch zur Niederschrift erklärt wurde. Dabei ist ein strenger Maßstab anzulegen (*BayObLG* NJW-RR 1996, 679, 681; KölnKomm AktG/*Kersting* Rn 41). Für das Stellen eines Auskunftsverlangens in der HV genügt, wenn sich der Aktionär einzelne Fragen anderer Aktionäre ausdrücklich in der HV zu eigen gemacht hat; nicht ausreichend ist es, wenn dies lediglich in pauschaler Weise geschah (*LG Frankfurt/Main* ZIP 2005, 302, 303).

4 **3. Antragsfrist.** Die Frist berechnet sich nach Abs 3 S 1, § 99 Abs 1 AktG iVm § 16 Abs 2 FamFG, § 222 Abs 1 ZPO. Wird sie nicht gewahrt, ist der Antrag unbegründet (**materiell-rechtliche Ausschlussfrist**, *OLG Dresden* AG 1999, 274 mwN; KölnKomm AktG/*Kersting* Rn 43 mwN). Der Eingang beim **örtlich unzuständigen** Gericht innerhalb der Frist wahrt die Frist, zumindest wenn die Abgabe alsbald erfolgt (str, *OLG Dresden* aaO 274 f mwN; *Kersting* aaO Rn 45 mwN auch zur älteren abw Meinung) oder wenn die Unzuständigkeit durch eine Zuständigkeitskonzentration nach Abs 1 S 3 verursacht ist, das Gericht also ansonsten zuständig wäre (*BayObLG* AG 2002, 291, 292). Auch die sachliche Unzuständigkeit steht der Fristwahrung nicht entgegen (**hM**, *Kersting* aaO; K. Schmidt/Lutter AktG/*Spindler* Rn 11; MünchKomm AktG/*Kubis* Rn 18; **aA** *BayObLG* AG 1995, 328). Eine Wiedereinsetzung in den vorigen Stand ist ausgeschlossen (*BayObLG* AG 1995, 328; *Kersting* aaO Rn 43).

5 **4. Sonstiges.** Ein **Anwaltszwang** besteht nicht (*OLG Dresden* AG 1999, 274; KölnKomm AktG/*Kersting* Rn 47). Der Antrag muss nicht den Anforderungen des § 253 ZPO entsprechen; es genügt, wenn sich das Verlangen nach gerichtlicher Entscheidung und die konkret verlangten Auskünfte mit hinreichender Deutlichkeit aus einer Gesamtschau von Antragsschrift und Anlagen ergeben (*OLG Koblenz* NJW-RR 1995, 1378; *Kersting* aaO Rn 48). Für den Antrag gelten keine besonderen **Formvorschriften**, wenn die Person des Antragstellers und sein Wille, einen Antrag nach § 132 zu stellen, zweifelsfrei feststellbar sind (vgl GroßKomm AktG/*Decher* Rn 27). Das **Rechtsschutzbedürfnis** fehlt, wenn die erbetene Auskunft dem Aktionär bereits vor der Entscheidung des LG erteilt worden ist (str, *BayObLG* AG 1996, 34; *LG München I* WM 2010, 1699, 1702 mwN). Gem Abs 3 S 1, § 99 Abs 1 iVm § 23 Abs 1 FamFG **sollen** folgende weitere Bedingungen erfüllt werden: Begründung des Antrags, Angabe der zur Begründung dienenden Tatsachen und Beweismittel, Nennung der möglichen Beteiligten, Beifügung der relevanten Urkunden sowie die Unterzeichnung des Antrags durch den Antragsteller bzw seinen Bevollmächtigten. Da diese Bestimmung lediglich eine Soll-Vorschrift darstellt, führt die Nichtbeachtung nicht zur Unwirksamkeit des Antrags (*Kersting* aaO Rn 49).

III. Verfahren (Abs 3)

Gem Abs 3 S 1, 99 Abs 1 sind die Vorschriften des FamFG anzuwenden, wobei § 132 Abs 3 hierzu eine abweichende Regelung, auch über den teilweisen Verweis auf § 99, enthält. Das Verfahren ist **öffentlich** (str, KölnKomm AktG/*Kersting* Rn 56; *LG Köln* AG 1997, 188 [allerdings zu § 132 aF]; **aA** *Hüffer* AktG Rn 6; *Jänig/Leißring* ZIP 2010, 110, 116). §§ 348, 349 ZPO gelten nicht (*OLG Koblenz* WM 1985, 829, 830). Grds gilt der Amtsermittlungsgrundsatz, Abs 3 S 1, § 99 Abs 1 AktG iVm § 26 FamFG. Dieser wird jedoch zum einen durch das Verfügungsrecht der Beteiligten über das Verfahren eingeschränkt, möglich sind daher Rücknahme, verfahrensbeendender Vergleich (*von Falkenhausen* AG 1967, 309, 316; *Kersting* aaO Rn 61) und übereinstimmende Erledigung (*BayObLG* AG 2002, 290, 291). Zum anderen haben die Beteiligten die Obliegenheit der Verfahrensförderung (*OLG Düsseldorf* AG 1992, 34, 35; *Kersting* aaO Rn 64; Spindler/Stilz AktG/*Siems* Rn 17; krit dazu *Jänig/Leißring* aaO 114; ungenau von einer Pflicht sprechend: *KG* WM 2010, 324, 327; *LG Frankfurt/Main* AG 2009, 92). Das Gericht kann davon ausgehen, dass die Beteiligten ihnen vorteilhafte Umstände von sich aus vorbringen; die Amtsermittlung endet dort, wo es ein Beteiligter allein oder primär in der Hand hat, Erklärungen abzugeben oder Beweismittel vorzulegen (*BGH* NJW 1994, 580, 581; *LG Frankfurt/Main* aaO; MünchKomm AktG/*Kubis* Rn 30; K. Schmidt/Lutter AktG/*Spindler* Rn 17). Bleibt ein Vortrag unwidersprochen und bestehen keine Anhaltspunkte für seine Unrichtigkeit, hat das Gericht ihn seiner Entscheidungsfindung zugrunde zu legen. Zur Feststellungslast im Einzelnen: GroßKomm AktG/*Decher* Rn 33 ff. **Rechtsmittel** ist die Beschwerde, vorausgesetzt, das LG erklärt sie für zulässig (Abs 3 S 2); neue Tatsachen können vorgebracht werden (*OLG Dresden* AG 1999, 274, 275; *Kersting* aaO Rn 82). Die Beschwerdefrist beträgt gem Abs 3 S 1, § 99 Abs 1 iVm § 63 Abs 1, Abs 3 FamFG einen Monat; die Frist wird nicht durch Einlegung der Beschwerde bei einem unzuständigen Gericht gewahrt (*OLG Düsseldorf* AG 2010, 211, 212; *Kersting* aaO Rn 81; anders bei Antragstellung zum Auskunftserzwingungsverfahren, s.o. Rn 4). Eine Nichtzulassungsbeschwerde existiert nicht (*OLG Frankfurt* NJW-RR 1996, 678; *Kersting* aaO Rn 87).

IV. Beschlusswirkungen

Die Entscheidung erwächst in materieller Rechtskraft (*Werner* FS Heinsius, S 921). Dennoch hat sie keine **präjudizielle** Wirkung für den Anfechtungsprozess (*BGHZ* 180, 9, 27 mit zust Anm *Herchen* EWiR 2010, 343, 344 und *Gericke* GWR 2010, 146, 148; KölnKomm AktG/*Kersting* Rn 12; K. Schmidt/Lutter AktG/*Spindler* Rn 45; Spindler/Stilz AktG/*Siems* § 131 Rn 87; *Hüffer* AktG Rn 2; **aA** *OLG Stuttgart* NJW-RR 1992, 1450 f; vgl *Lüke* ZGR 1990, 657, 660 f mwN), da der Entscheidung im Auskunftserzwingungsverfahren wegen des fehlenden Verweises in Abs 3 auf § 99 Abs 5 S 2 keine inter-omnes Wirkung zukommt (*BGH* aaO). Zudem ist das Auskunftserzwingungsverfahren im Hinblick auf seine beschränkten Möglichkeiten, Rechtsmittel einzulegen, dem allgemeinen Zivilverfahren nicht gleichwertig (*BGH* aaO 27 f). Der Beschl wird erst mit Rechtskraft wirksam, Abs 3 S 1 iVm § 99 Abs 5 S 1. Nach Abs 3 S 1 iVm § 99 Abs 5 S 3 muss der Vorstand nach Rechtskraft den Beschl unverzüglich zum HR einreichen (nicht notwendig hingegen in den Gesellschaftsblättern veröffentlichen, ebenso *Kersting* aaO Rn 108), womit der Beschl der Publizität nach § 9 HGB unterliegt (MünchKomm AktG/*Kubis* Rn 47). **Vollstreckbar** ist der Beschl mit Rechtskraft, eine vorläufige Vollstreckbarkeit kommt nicht in Betracht (GroßKomm AktG/*Decher* Rn 33; *Kersting* aaO Rn 96). Die Vollstreckung richtet sich nach § 888 ZPO, die sofortige Beschwerde ist im Vollstreckungsverfahren nicht von einer Zulassung durch das LG abhängig (*BayObLG* NJW-RR 1997, 489). Vollstreckungsgericht ist das nach § 132 zuständige LG (*BayObLGZ* 1988, 413, 415 f). Zwangsgeld ist gegen die Gesellschaft, Zwangshaft gegen das für die Auskunft zuständige Vorstandsmitglied anzuordnen (*OLG Koblenz* WM 1985, 829, 830). Ist dieses nur mit Hilfe eines Dritten zu einer genauen Auskunftserteilung in der Lage, so muss das Vorstandsmitglied den Dritten mit der gebotenen Intensität zur Mitwirkung veranlassen; bleibt dies ohne Erfolg, hat das Vorstandsmitglied die Auskunft ohne die Mitwirkung des Dritten, soweit ihm möglich, zu erteilen (*BayObLG* NJW-RR 1975, 740 f; *OLG Frankfurt* NJW-RR 1992, 171, 172).

V. Kosten

8   Abs 5 regelt nur die Höhe der **Verfahrenskosten**. Der Abs wurde durch das 2. KostRMoG vom 1.8.2013 neu gefasst. Abs 5 S 1–S 6 konnte aufgehoben werden, da sich die entspr Regelungen in § 1 Abs 2 Nr 1, § 79 Abs 1 GNotKG und Hauptabschnitt 3 Abschn 5 und 6 KV GNotKG befinden. § 132 Abs 5 S 7 wurde trotz der Regelung in § 81 Abs 1 S 1 FamFG, der über § 132 Abs 3 S 1 iVm § 99 Abs 1 Anwendung findet, beibehalten, weil er das Gericht zu einer Kostenentscheidung verpflichtet; § 81 Abs 1 S 1 FamFG stellt dagegen die Kostenentscheidung in das Ermessen des Gerichts. Das Ermessen hat sich idR an dem Verfahrensausgang zu orientieren.

Vierter Unterabschnitt
Stimmrecht

§ 133 Grundsatz der einfachen Stimmenmehrheit

(1) **Die Beschlüsse der Hauptversammlung bedürfen der Mehrheit der abgegebenen Stimmen (einfache Stimmenmehrheit), soweit nicht Gesetz oder Satzung eine größere Mehrheit oder weitere Erfordernisse bestimmen.**

(2) **Für Wahlen kann die Satzung andere Bestimmungen treffen.**

Übersicht

	Rn		Rn
I. Regelungsgegenstand	1	a) Inhalt	6
II. Hauptversammlungsbeschluss	2	b) Abgabe und Zugang	7
1. Rechtsnatur	2	c) Widerruf und Anfechtung	8
2. Positiver und negativer Beschluss	3	d) Uneinheitliche Stimmabgabe	9
		IV. Abstimmungsergebnis	10
III. Verfahren	4	1. Zuständigkeit für Ermittlung und Erläuterungen	10
1. Beschlussantrag	4		
2. Beschlussfähigkeit	5	2. Additionsmethode	11
3. Stimmabgabe	6	3. Subtraktionsmethode	12

Grundsatz der einfachen Stimmenmehrheit § 133

	Rn		Rn
V. Stimmenmehrheit (Abs 1)	13	2. Andere Mehrheiten/Weitere	
1. Einfache Stimmenmehrheit	13	Erfordernisse	15
a) Berechnung	13	a) Allgemeines	15
b) Anwendungsbereich	14	b) Satzung	16
		VI. Wahlen (Abs 2)	17

Literatur: *Armbrüster* Zur uneinheitlichen Stimmrechtsausübung im Gesellschaftsrecht, FS Bezzenberger, 2000, S 3; *Bischoff* Sachliche Voraussetzungen von Mehrheitsbeschlüssen in Kapitalgesellschaften, BB 1987, 1055; *Eckhardt* Zur Zulässigkeit des Subtraktionsverfahrens bei der Ermittlung des Abstimmungsergebnisses, EWiR 2003, 39; *Faßbender* Die Hauptversammlung der Aktiengesellschaft aus notarieller Sicht, RNotZ 2009, 425; *Grunsky* Stimmrechtsbeschränkung in der Hauptversammlung, ZIP, 1991, 778; *Heckelmann* Die uneinheitliche Abstimmung bei Kapitalgesellschaften, AcP 170 (1970), 306; *Holzborn* BGH verschärft Delisting-Voraussetzungen, WM 2003, 1105; *Holzborn* Kampfabstimmungen um Aufsichtsratsposten, NJW-Spezial 2010, 335; *Maier-Reimer* Negative „Beschlüsse" von Gesellschafterversammlungen, FS Oppenhoff, 1985, S 193; *Marsch-Barner* Treuepflichten zwischen Aktionären und Verhaltenspflichten bei der Stimmrechtsbündelung, ZHR 157 (1993), 172; *Martens* Die Leitungskompetenzen auf der Hauptversammlung einer Aktiengesellschaft, WM 1981, 1010; *Max* Die Leitung der Hauptversammlung, AG 1991, 77; *Messer* Der Widerruf der Stimmabgabe, FS Fleck, 1988, S 221; *Stützle/Walgenbach* Leitung der Hauptversammlung und Mitspracherechte der Aktionäre in Fragen der Versammlungsleitung, ZHR 155 (1991), 516; *Ulmer* Gesellschafterbeschlüsse in Personengesellschaften, FS Niederländer, 1991, S 415; *Wertenbruch* Quorumsänderung und zweistufige Beschlusskontrolle ohne Bestimmtheitsgrundsatz, NZG 2013, 641; *Winnefeld* Stimmrecht, Stimmabgabe und Beschluss, ihre Rechtsnatur und Behandlung, DB 1972, 1053; *Witt* Mehrheitsregelnde Satzungsklauseln und Kapitalveränderungsbeschlüsse, AG 2000, 345; *Zöllner* Beschluss, Beschlussergebnis und Beschlussergebnisfeststellung, FS Lutter, 2000, S 821; *ders* Die Konzentration der Abstimmungsvorgänge auf großen Hauptversammlungen, ZGR 1974, 1.

I. Regelungsgegenstand

In § 133 wird das Mehrheitserfordernis für Beschl im Allgemeinen geregelt, insb wird 1 die einfache Stimmenmehrheit zur Regel gemacht. Weiterhin ergibt sich aus § 133, dass mit Ausnahmen von Wahlen Beschlüsse nicht mit geringeren Mehrheiten als der einfachen gefasst werden können. Eigenständige Bedeutung entfaltet diese Einschränkung bei Satzungen. Eine mehrheitsregelnde Satzungsbestimmung etwa mit dem Inhalt, für bestimmte Beschlüsse würden 40 % der abgegebenen Stimmen genügen, wäre unzulässig. Weiterhin besagt § 133 aber auch, dass dort, wo Kapitalmehrheit verlangt wird (zB § 179 Abs 2), es noch zusätzlich der (zumindest einfachen Stimmenmehrheit bedarf (MünchKomm AktG/*Schröer* Rn 1; dazu unten Rn 14).

II. Hauptversammlungsbeschluss

1. Rechtsnatur. § 133 definiert den Beschl nicht. Der Beschl ist ein – idR **mehrseiti-** 2 **ges – Rechtsgeschäft eigener Art**, weder Vertrag noch Willenserklärung (*K. Schmidt* GesellschaftsR § 15 I 2. a); die Stimmabgaben sind Willenserklärungen, sie sind die Bestandteile des Beschl (*BGHZ* 14, 264, 267; 48, 163, 173). Die HV kann auf diese Weise ihren Organwillen äußern, die Abstimmung ist das Verfahren, der Beschl das Ergebnis (KölnKomm AktG/*Zöllner* Rn 3). Keine Beschl der HV sind Minderheitsverlangen (§§ 120 Abs 1 S 2, 137, 147 Abs 1), ebenso liegt kein Beschl vor, wenn der Beschlussantrag übergangen wurde (*Hüffer* AktG Rn 6). Die Regelungen über

Rechtsgeschäfte gelten für den Beschl nur zT. Die Bestimmungen über die Willenserklärung (§§ 116 ff BGB) sind zwar auf die dem Beschl zugrunde liegenden Stimmen anwendbar, nicht aber auf den Beschl selbst (MünchKomm AktG/*Schröer* Rn 4; *BGHZ* 65, 93, 96 ff; 14, 264, 267), ebenfalls nicht § 181 BGB (*BGHZ* 65, 93, 96 ff; *BGH* WM 1979, 71, 72). Anwendbar ist hingegen § 139 BGB. Weiterhin sind bei den Beschl für Rechtsgeschäfte untypische Besonderheiten zu beachten, wie etwa die konstitutive Feststellung des Beschlussergebnisses durch den Versammlungsleiter nebst Aufnahme in die notarielle Niederschrift gem § 130 Abs 2 S 1 (*Hüffer* aaO Rn 4; vgl *BGH* ZIP 2006, 227, 228). **Keine Stimmabgabe** und folglich keine Willenserklärung ist die **Enthaltung** (*BGHZ* 129, 136, 153; aA *Ulmer* FS Niederländer, S 419 und *Messer* FS Fleck, S 225 f).

3 **2. Positiver und negativer Beschluss.** Für die Unterscheidung zwischen positiv – negativ ist zwischen dem Beschl im formellen und materiellen Sinn zu unterscheiden. Ein **Beschluss im formellen** Sinn ist gegeben, wenn **mindestens eine Willenserklärung**, also eine Stimme zu einem Beschlussantrag, für oder gegen ihn, abgegeben wird (*Zöllner* FS Lutter, S 823). Abs 1 bezieht sich auf **formelle Beschlüsse mit positivem Inhalt**, dh dass die für den Beschl erforderliche Mehrheit vorhanden ist, der Beschlussantrag wurde angenommen, ein abgelehnter Beschl ist ein **formeller Beschluss mit negativem Inhalt** (in diesem Sinne wird gängig positiver/negativer Beschl verstanden, vgl *Hüffer* AktG Rn 5; MünchHdb AG/*F.-J. Semler* § 39 Rn 2; auch der den Antrag ablehnende Beschl ist anfechtbar *BGHZ* 88, 320, 328; 104, 66, 69). Zu einem **materiellen Beschluss**, dh zu einem Beschl über den Inhalt des Antrags kommt es nur dann, wenn die für den Beschl erforderliche Mehrheit dafür gestimmt hat (außer bei der Entlastung, s sogleich). Bei **materiellen Beschlüssen** bezieht sich die Unterscheidung positiv – negativ nicht auf das Abstimmungsverhalten, sondern auf den Inhalt des Beschl (Beschl mit **positivem oder negativem Inhalt**), also ob dieser positiv, etwa auf Entlastung der Vorstandsmitglieder, oder negativ, zB auf Verweigerung der Entlastung der Vorstandsmitglieder, formuliert ist (MünchKomm AktG/*Schröer* Rn 3 ff). Wird die **erforderliche Mehrheit nicht erreicht**, liegt **keine inhaltliche Äußerung** in Beschlussform vor; auch wird nicht etwa das Gegenteil des Antrages beschlossen, der bestehende Zustand bleibt unverändert (*Maier-Reimer* FS Oppenhoff, S 193 und S 197). **Ausnahmen** hiervon bestehen nur dann, wenn das Nichterreichen dieser erforderlichen Mehrheit Rechtsfolgen auslöst; die fehlende Mehrheit für eine Entlastung ist zB inhaltsgleich mit der **Entlastungsverweigerung** (*Maier-Reimer* aaO S 211 ff). Die Ablehnung eines negativ formulierten Antrages beinhaltet nicht die Annahme des Entgegengesetzten, also des Positiven (*F.-J. Semler* aaO Rn 5). Die fehlende Mehrheit für eine Entlastungsverweigerung bedeutet daher noch nicht die Entlastung.

III. Verfahren

4 **1. Beschlussantrag.** Das Zustandekommen des Beschl in der HV setzt ein bestimmtes Verfahren voraus (vgl hierzu MünchHdb AG/*F.-J. Semler* § 39 Rn 4 ff). Da die Stimmabgabe keinen über „Ja" oder „Nein" hinausgehenden Inhalt hat (*Zöllner* FS Lutter, S 822 f), bedarf es als Grundlage des Beschlussinhaltes eines Beschlussantrages, der ohne die Notwendigkeit weiterer Ergänzungen positiv oder negativ formuliert den Willen des Organs HV auszudrücken imstande ist. Fehlt es an einem hinreichend bestimmten Antrag, kann ein **materieller Beschlussinhalt** nicht festgestellt werden. **Antragsbefugt** ist jeder **Aktionär, der teilnahmeberechtigt ist**; stimmberechtigt muss er nicht sein (*Hüffer* AktG Rn 9). Ein Antragsrecht besteht auch für die Verwaltungsorgane als Gremium, wie auch für die einzelnen Mitglieder (str einschränkend Spindler/Stilz AktG/*Rieckers* Rn 13 mwN; gegen ein individuelles Antragsrecht K. Schmidt/Lutter AktG/*Spindler* § 118 Rn 38), nicht aber für den Versammlungsleiter (str ebenso, jedenfalls für Sachanträge *F.-J. Semler* aaO Rn 6; **aA** *Rieckers* aaO mwN: Antragsrecht für Verfahrensanträge; wieder **aA** *Spindler* aaO § 133 Rn 12: generelles Antragsrecht).

2. Beschlussfähigkeit. Die Beschlussfähigkeit liegt immer vor, selbst wenn nur eine 5 Aktie mit einer Stimme in der HV vertreten ist (MünchKomm AktG/*Schröer* Rn 16; *RGZ* 82, 386, 388). Anderes gilt lediglich im Sonderfall der Nachgründung wg § 52 Abs 5 S 2. Die **Satzung** kann Bestimmungen zur Beschlussfähigkeit vorsehen, zB ein **Kapitalquorum**. Ein solches Kapitalquorum kann nur durch stimmberechtigte Aktien erreicht werden. Bei Stimmverboten bleiben die betreffenden Aktien unberücksichtigt (*BGHZ* 116, 353, 358 f). Mitzuzählen sind aber auch solche stimmberechtigte Aktien, deren Inhaber sich enthalten (KölnKomm AktG/*Zöllner* Rn 31). Kann ein Quorum oder eine Mindestzahl nicht erreicht werden, zB weil ein Stimmrechtsausschluss im konkreten Fall sehr viele Anteile erfasst oder liegt die Mindestzahl über dem tatsächlich Vorhandenen, so liegt Beschlussfähigkeit mindestens dann vor, wenn alle stimmberechtigten Aktionäre erschienen sind (vgl *BGH* NJW 1992, 977, 978, insoweit nicht in *BGHZ* 116, 353 abgedruckt), da ansonsten eine faktische Satzungsänderungssperre gegeben wäre. Zur Quorumsänderung *Wertenbruch* NZG 2013, 643 ff.

3. Stimmabgabe. – a) Inhalt. Eine Stimme kann nur den Inhalt „Ja" oder „Nein" 6 haben (*Zöllner* FS Lutter, S 822 f), eine Enthaltung bedeutet keine Stimmabgabe (*BGHZ* 129, 136, 153; **aA** *Ulmer* FS Niederländer, S 419). Neben der Stimmabgabe mit „Ja" oder „Nein" und der Enthaltung gibt es keine sonstige eigenständige Verhaltensmöglichkeit. Wer erklärt, trotz Anwesenheit und Stimmrecht an der Abstimmung nicht teilnehmen zu wollen, unterscheidet sich nicht von dem, der sich enthält; dies gilt auch bei Anwendung der Subtraktionsmethode (*Hüffer* AktG Rn 18; KölnKomm AktG/*Zöllner* Rn 48). Wer bei der schriftlichen Stimmabgabe einen weißen Zettel abgibt, erklärt nichts und enthält sich daher (KölnKomm AktG/*Zöllner* Rn 61). Eine nicht zuordenbare Äußerung ist eine ungültige Stimmabgabe.

b) Abgabe und Zugang. Die **Stimmabgabe** ist eine **empfangsbedürftige Willenserklä-** 7 **rung** (§ 130 BGB, MünchKomm AktG/*Schröer* Rn 16 und 20); das gilt auch für die „Nein"-Stimme (**hM** *Messer* FS Fleck, S 226; *Ulmer* FS Niederländer, S 419 mwN, der dies allerdings unzutr auch für die Enthaltung behauptet; **aA** *Winnefeld* DB 1972, 1053, 1054). Erklärungsadressat ist die Gesellschaft. Auf den Zugang bei den übrigen Aktionären kommt es daher nicht an (*Winnefeld* aaO). Die Stimmabgabe wird mit Zugang beim Versammlungsleiter oder einem von ihm zum Empfang Bevollmächtigten, zB Stimmzähler, wirksam. Die **Art und Weise** der Stimmabgabe richtet sich nach der Satzung (§ 134 Abs 4), möglich ist auch eine Festlegung in der Geschäftsordnung (§ 129 Abs 1 S 1). Subsidiär legt der Versammlungsleiter den Modus fest (**hM** *Martens* WM 1981, 1010, 1014), in letzterem Fall hat der Aktionär keinen Anspruch, dass dieser einen bestimmten Abstimmungsmodus wählt (vgl auch Obermüller/Werner/Winden HV/*Butzke* E 102). Hat der Versammlungsleiter einen Abstimmungsmodus festgelegt, kann die HV gleichwohl dessen Entscheidung überstimmen und einen anderen

Modus bestimmen (K. Schmidt/Lutter AktG/*Spindler* Rn 22 mwN). Empfehlenswert ist es, dass die Satzung dem Versammlungsleiter die Festlegung überlässt, weil er den konkreten Umständen flexibel Rechnung tragen kann; die HV kann den Versammlungsleiter in diesem Fall nicht überstimmen (*Stützle/Walgenbach* ZHR 155 (1991), 516, 534 mwN). Möglich ist **verkörperte Stimmabgabe** (zB Abgabe einer Stimmkarte an Stimmzähler, insb bei größerer HV, entscheidend ist dann der Zugang beim Stimmzähler), **oder unverkörperte**, zB durch Handzeichen oder Zuruf, der Zugang bestimmt sich anhand der durch die in der Satzung, Geschäftsordnung oder subsidiär durch den Versammlungsleiter festgelegten Verlautbarungsweise (MünchHdb AG/*F.-J. Semler* § 39 Rn 18). Zu den Besonderheiten bei der Stimmabgabe durch Briefwahl oder mittels Online-Ausübung des Stimmrechts vgl § 118 Rn 5a ff.

8 **c) Widerruf und Anfechtung.** Nach Zugang kommt ein **Widerruf** nicht in Betracht (vgl § 130 Abs 1 S 2 BGB), auch nicht vor Vollzug bei wichtigem Grund (meint: dem Gesellschaftsinteresse abträglich) (*Messer* FS Fleck, S 227 ff; MünchHdb AG/*F.-J. Semler* § 39 Rn 18; Spindler/Stilz AktG/*Rieckers* Rn 21 mwN; aA MünchKomm AktG/ *Schröer* Rn 21; K.Schmidt/Lutter AktG/*Spindler* Rn 18 mwN). Auch eine Enthaltung verbraucht das Stimmrecht unwiderruflich (vgl *Messer* aaO, der allerdings die Enthaltung als Willenserklärung auffasst). Die **Anfechtbarkeit** und **Nichtigkeit** einer Stimmabgabe richten sich nach den **Vorschriften über die Willenserklärung** (§§ 119 ff BGB, *BGHZ* 14, 264, 267). Eine Ausnahme von der Unwiderruflichkeit gilt bei per Briefwahl abgegebenen Stimmen. Falls die Satzung oder der hierzu ermächtigte Vorstand ein spezielles Widerrufsrecht für die so abgegebenen Stimmen vorsieht, ist dieses vorrangig zu berücksichtigen; Einzelheiten zum Widerruf bei Briefwahl vgl § 118 Rn 5i.

9 **d) Uneinheitliche Stimmabgabe.** Jede Aktie gewährt grds gem § 12 Abs 1 S 1 ein Stimmrecht. Besitzt ein Aktionär mehrere Aktien mit Stimmrecht, muss er nicht einheitlich abstimmen, sondern kann die Stimmabgabe auf die einzelnen Aktien aufteilen (**allgM** in Lit, *Armbrüster* FS Bezzenberger, S 5; anders noch die Rspr des *RG*, zB *RGZ* 118, 67, 69 f, noch keine Rspr des *BGH*). **Beispiel**: Hat ein Aktionär mindestens drei Aktien mit Stimmrecht, so kann er mit einem Teil der Aktien dafür stimmen, mit dem anderen dagegen, mit einem dritten Teil sich enthalten. Die Verbriefung mehrerer Aktien in einer Urkunde hindert nicht an einer uneinheitlichen Stimmrechtsausübung (MünchKomm AktG/*Schröer* Fn 80 zu Rn 22). Vertritt eine Person mehrere oder wurde sie von mehreren ermächtigt, kann die uneinheitliche Stimmabgabe aus divergierenden Weisungen erfolgen. Nicht möglich ist jedoch aus einer Aktie bei einem Mehrstimmrecht die Stimmen uneinheitlich ausüben (**hL** *Hüffer* AktG Rn 21 mwN; *Heckelmann* AcP 170 (1970), 306, 332; **aA** *Armbrüster* FS Bezzenberger, S 15 ff).

IV. Abstimmungsergebnis

10 **1. Zuständigkeit für Ermittlung und Erläuterungen.** Der **Versammlungsleiter** ist zuständig für die Ermittlung des Abstimmungsergebnisses und Feststellung, ob der Beschl entsprechend des Vorschlags zustande gekommen ist oder nicht. Er kann hierfür technische Hilfsmittel und Hilfskräfte heranziehen (Obermüller/Werner/Winden HV/*Butzke* D 48). Der Versammlungsleiter hat vor der Abstimmung mitzuteilen und soweit nötig zu erklären, welches Abstimmungsverfahren durchgeführt wird (zur Bestimmung, welches Abstimmungsverfahren durchgeführt wird, s.o. Rn 7). Hierbei kann der Versammlungsleiter auch verschiedene Auszählmethoden innerhalb einer HV vorsehen, solange darin kein Rechtsmissbrauch liegt. Eine gesteigerte Erklärungspflicht besteht wg der Bedeutung des Schweigens als Stimmabgabe bei der Subtraktionsmethode. Bei der Additions- und Subtraktionsmethode handelt es sich um Auszählungsmethoden.

2. Additionsmethode. Es werden nur die **Ja- und Nein-Stimmen getrennt gezählt**, die 11 Zahl der insgesamt abgegebenen Stimmen ergibt sich aus der Addition der Ja- und Nein-Stimmen. Da Stimmenthaltungen schlicht keine Stimmabgabe bedeuten, werden sie nicht mitgezählt. Wie viele sich enthalten haben, spielt für die Mehrheit keine Rolle (su Rn 13 und *Max* AG 1991, 77, 87). Ein Bezug auf die aktuelle Präsenz oder auf das Teilnahmeverzeichnis sind bei diesem Verfahren nicht notwendig (Semler/Volhard ArbHdb HV/*Fischer* § 11 Rn 309). Dieses Verfahren ist unstreitig zulässig, zuverlässig und empfiehlt sich für eine kleinere HV (*Hüffer* AktG Rn 23; *Max* aaO).

3. Subtraktionsmethode. Hierbei werden die **Stimmenthaltungen** (gleichgestellt sind 12 entspr Verhaltensweisen, wie die ausdrückliche Erklärung, an der Abstimmung nicht teilzunehmen, vgl oben Rn 6) **und idR die Nein-Stimmen gezählt** (wird davon ausgegangen, dass es weniger Ja-Stimmen als Nein-Stimmen geben wird, können statt den Nein-Stimmen auch die Ja-Stimmen gezählt werden, die folgenden Ausführungen gelten dann entspr). Als **Ausgangsgröße** ist dabei die sog „**Präsenz**" zu ermitteln, die alle Aktionäre umfasst, die ihre Stimme auf der HV abgeben können (dh physisch anwesende Aktionäre und Aktionäre, die online teilnehmen, wenn ihnen die Online-Ausübung des Stimmrechts eröffnet wurde, vgl § 130 Rn 15a). Die Ja-Stimmen ergeben sich aus der Subtraktion der gezählten Stimmen nebst Enthaltungen von der Präsenz. Wer sich weder enthält noch mit „Nein" stimmt, stimmt durch sein Schweigen automatisch mit „Ja" ab. Das beredte Schweigen des Zustimmenden fungiert als Erklärungszeichen (*Max* AG 1991, 77, 87; *Eckardt* EWiR 2003, 39, 40; dies verkennt *OLG Karlsruhe* NJW-RR 1991, 553, 556; gegen dieses Urteil zutr *Stützle/Walgenbach* ZHR 155 (1991), 516, 535 und MünchKomm AktG/*Schröer* Fn 84 zu Rn 26). Damit diese Methode funktioniert, muss die **Präsenz hinreichend sicher festgestellt** sein (*OLG Hamm* NJW-RR 2003, 1397 f; *Zöllner* ZGR 1974, 1, 5 f). Bei der **Ein- und Ausgangskontrolle** zum Präsenzbereich muss sichergestellt sein, dass das Teilnehmerverzeichnis permanent aktualisiert wird, bei der Abstimmung ist die Stimmfluktuation möglichst zu unterbinden (Semler/Volhard ArbHdb HV/*Fischer* § 11 Rn 303 f). Bei **online-teilnehmenden Aktionären** ist in diesem Zusammenhang zu überwachen, ob eine aktive Online-Zuschaltung besteht, denn nur dann gelten sie als erschienen; wird die Online-Zuschaltung unterbrochen, sind sie von der Teilnehmerliste zu streichen (vgl § 129 Rn 20). Der Versammlungsleiter soll der gesamten Präsenz wahrnehmbar mitteilen, dass die Stimmabgabe nur im Abstimmungsraum (bzw für online teilnehmende Aktionäre auf die festgelegte Weise) möglich ist und nicht abgegebene Stimmen präsenter Aktionäre als Ja-Stimmen gewertet werden (*Max* AG 1991, 77, 88; MünchKomm AktG/*Schröer* Rn 26; hingegen als unzureichend wertend *OLG Karlsruhe* NJW-RR 1991, 553, 556; krit zu diesem Problem *Stützle/Walgenbach* ZHR 155 (1991), 516, 535 Fn 125). Die Subtraktionsmethode ist zulässig (**hM** *OLG Frankfurt* AG 1999, 231, 232; tendenziell auch *OLG Hamm* NJW-RR 2003, 1397; unzutr *OLG Karlsruhe* NJW-RR 1991, 553, 556, vgl auch oben; bejahend für das WEG: *BGHZ* 152, 63, 65 ff; diese Entscheidung kann auf die AG übertragen werden, zutr *Eckardt* aaO aE; **aA** – zur WEG – *OLG Düsseldorf* NJW-RR 2001, 11, 12; problematisch bei knappen Abstimmungsergebnissen, *BGHZ* 152, 63, 73), ferner sehr zügig, flexibel (statt Nein-Stimmen können auch die Ja-Stimmen ausgezählt werden, s.o.), weiterhin scheidet eine Enthaltung aus bloßer Bequemlichkeit aus (*Max* aaO). Ist die Briefwahl zugelassen worden, so schließt sich dem beschriebenen Verfahren ein weiterer Rechenschritt an – nämlich (je nach Ziel der Auszählung) die Addition der per Briefwahl abgegeben Ja- oder Nein-Stimmen (*Faßbender* RNotZ 2009, 425, 456; vgl auch § 130 Rn 15a).

V. Stimmenmehrheit (Abs 1)

13 **1. Einfache Stimmenmehrheit. – a) Berechnung.** Die einfache Stimmenmehrheit iSd Abs 1 bedeutet, dass es mehr Ja-Stimmen gibt als Nein-Stimmen, das Übergewicht einer Stimme reicht bereits hierfür aus (MünchKomm AktG/*Schröer* Rn 27). Bei **Stimmenpatt**, dh die Zahl der Ja-Stimmen ist genauso hoch wie der Nein-Stimmen, ist die Stimmenmehrheit nicht erreicht (*BGHZ* 88, 320, 328; 104, 66, 69). Eine Kapitalmehrheit verlangt Abs 1 nicht, eine solche kann die Stimmenmehrheit nicht ersetzen (zB bei einem Höchststimmrecht nach § 134 Abs 1 S 2, MünchHdb AG/*F.-J. Semler* § 39 Rn 20). Die Zahl der **Enthaltungen** (und gleichgestellter Handlungen, vgl oben Rn 6) spielt keine Rolle und kann bei der Berechnung gänzlich außer Betracht gelassen werden, weil Abs 1 nur von „der Mehrheit der abgegebenen Stimmen (einfache Stimmenmehrheit)" spricht, Enthaltungen beinhalten jedoch keine Stimmabgaben in diesem Sinne (*BGHZ* 129, 136, 153). Ist die Mehrheit zB mit drei Ja-Stimmen gegen zwei Nein-Stimmen erreicht, ist es egal, ob sich nullmal, zweimal oder hundertmal enthalten wurde; an der gegebenen Mehrheit ändert sich dadurch nichts. Enthaltungen werden nur entweder aus technischen Gründen, namentlich bei der Subtraktionsmethode, (vgl oben Rn 12 und § 130 Rn 15), oder zur bloßen Richtigkeitsgewähr gezählt (KölnKomm AktG/*Zöllner* Rn 61). **Ungültige Stimmen** dürfen nicht mitgezählt werden; sie bleiben bei der Berechnung wie Enthaltungen schlicht unberücksichtigt (*RGZ* 106, 258, 263; *F.-J. Semler* aaO). Ungültig sind Stimmen, die nicht in der (durch Satzung, § 134 Abs 4, oder subsidiär durch den Versammlungsleiter) vorgeschriebenen Weise abgegeben worden oder unklar sind; ferner, wenn für eine Aktie kein Stimmrecht (zB §§ 67 Abs 2, 105, 119 ff, 134, 138 BGB; §§ 21, 28 WpHG; §§ 35, 59 WpÜG; §§ 20 Abs 7, § 56 Abs 3 S 3, 71b, 71d, 71e, 134 Abs 2, 136 Abs 1, 139 Abs 1, 140 Abs 1) besteht (*Schröer* aaO Rn 28; *F. J.Semler* aaO). Der Versammlungsleiter muss – abgesehen von offensichtlichen Fällen – **treuwidrige Stimmen** (hierzu vgl *Marsch-Barner* ZHR 157 (1993), 172 ff) nicht zurückweisen. Er kann die idR nur schwer zu beantwortende Frage einem Anfechtungsverfahren anheimstellen (*Grunsky* ZIP 1991, 778 ff; *Marsch-Barner* ZHR 157 (1993), 172, 189 mwN; *Schröer* aaO; aA *BGH* NJW 1991, 846 f für GmbH). Liegt die von Abs 1 verlangte Mehrheit der Ja-Stimmen vor, ist ein positiver Beschl im formellen Sinn und damit auch ein materieller Beschl gegeben (vgl Rn 3, nur solche sind mit „Beschlüsse" in Abs 1 gemeint), ansonsten ein negativer Beschl im formellen Sinn.

14 **b) Anwendungsbereich.** Abs 1 begründet eine gesetzliche Regel. Damit gilt die einfache Stimmenmehrheit für alle Beschlussgegenstände, wo eine größere **Stimmenmehrheit** weder durch Gesetz noch durch Satzung vorgeschrieben ist bzw die Satzung für Wahlen abweichendes regelt (KölnKomm AktG/*Zöllner* Rn 67). Werden nur sonstige Erfordernisse begründet oder modifiziert, so bleibt es bei der einfachen Stimmenmehrheit, insb dort, wo das Gesetz eine Kapitalmehrheit verlangt, bedarf es noch der (zumindest) einfachen Stimmenmehrheit (unstr *BGH* NJW 1975, 212 f; GroßKomm AktG/*Wiedemann* § 179 Rn 114). Bei **Kapitalmehrheit** ist ggf (zB bei Mehrstimmrechten oder Höchststimmrechten) die Abstimmung doppelt auszuzählen, einmal nach

Stimmen, zum anderen nach Kapitalbeträgen (*Zöllner* aaO Rn 62; *Wiedemann* aaO). Die einfache Stimmenmehrheit genügt vorbehaltlich anderweitiger Regelung in der Satzung (dazu su Rn 16): §§ 50, 53, 68 Abs 2 S 3, 71 Abs 1 Nr 7 S 1, Nr 8 S 1, 84 Abs 3 S 2, 93 Abs 4 S 3 (ggf iVm 116 S 1, 117 Abs 4), 97 Abs 2 S 4, 101 Abs 1, 103 Abs 2 S 2, 113 Abs 1 S 2 und 4, Abs 2 S 1, 119 Abs 2 (nicht Holzmüller/Gelatine-Fälle, *BGHZ* 159, 30, 45 f), 120 Abs 1, 142 Abs 1 S 1, 147 Abs 1 S 1 und Abs 2 S 1, 173 Abs 1 und 2, 174 Abs 1, 237 Abs 4 S 3, 265 Abs 5 S 1, 270 Abs 2 S 1, ferner über die Wahl des Versammlungsleiters, wenn weder Satzung noch Geschäftsordnung jenes geregelt haben, und über die Absetzung oder Vertagung von Tagesordnungspunkten (MünchKomm AktG/*Schröer* Rn 30 f). Weiterhin bedarf das **reguläre Delisting** aufgrund der Macroton-Entscheidung (*BGHZ* 153, 47, 53; vgl dazu *Holzborn* WM 2003, 1105 ff) eines mit einfacher Mehrheit gefassten Beschl der HV.

2. Andere Mehrheiten/Weitere Erfordernisse. – a) Allgemeines. Einfache Stimmenmehrheit genügt dort nicht, wo Gesetz oder Satzung eine größere Mehrheit oder weitere Erfordernisse bestimmen. Mit „größere Mehrheit" ist ausschließlich Stimmenmehrheit gemeint; Kapitalmehrheit oder eine sonstige auf andere Faktoren sich beziehende Mehrheit stellt ein weiteres Erfordernis dar (str *Witt* AG 2000, 345, 346; *Hüffer* AktG Rn 13 f; so wohl auch *BGHZ* 76, 191, 193; **aA** MünchKomm AktG/*Schröer* Rn 54). „Weitere Erfordernisse" erfasst auch alles sonstige, wie Kapitalmehrheiten (zB §§ 52 Abs 5, 179 Abs 2, 182 Abs 1, 193 Abs 1, 202 Abs 2, 221 Abs 1, 293 Abs 1, 319 Abs 2, Holzmüller/Gelatine-Fälle (*BGHZ* 159, 30, 45 f)), Sonderbeschlüsse (§ 179 Abs 3), kein Widerspruch einer Minderheit (zB §§ 93 Abs 4 S 3, 309 Abs 3, 317 Abs 4), Zustimmung (§ 180) etc (*Hüffer* aaO Rn 14).

b) Satzung. Die Satzung kann statt der einfachen Stimmenmehrheit eine höhere bestimmen, außer das Gesetz nennt ausdrücklich die einfache Mehrheit (so in §§ 103 Abs 2 S 2, 113 Abs 1 S 4, 142 Abs 1 S 1, 147 Abs 1 S 1; vgl *BGHZ* 76, 191, 193; MünchHdb AG/*F.-J. Semler* § 39 Rn 29 mwN), eine tiefere nur bei Wahlen (s Rn 17). Eine gesetzliche höhere Stimmenmehrheit oder andere Erfordernisse können durch Satzung weiter erhöht werden, reduziert nur in Ausnahmefällen (zB §§ 179 Abs 2, 182 Abs 1, vgl auch *Witt* AG 2000, 345, 346 f). Die aus § 179 entlehnte Mehrheit von ¾ des in der HV vertretenen Grundkapitals bei Holzmüller/Gelatine ist nicht absenkbar (*BGHZ* 159, 30, 46). Soll von der Satzungsregelung nicht nur die Stimmen-, sondern auch Kapitalmehrheit erfasst sein, so muss dies ausdrücklich formuliert sein (*BGH* NJW 1975, 212 f; *BGHZ* 76, 191, 194 f). Der Wille, gesetzliche Mehrheitserfordernisse zu mildern und statt ihrer die einfache Mehrheit genügen zu lassen, muss in der Satzung **eindeutig** zum Ausdruck kommen (*BGH* NJW 1988, 260, 261; zur zutr Kritik am Eindeutigkeitserfordernis *Witt* aaO 348 mwN). Eindeutig ist zB eine Satzungsklausel, wenn sie einfache Mehrheit begründen soll, soweit das Gesetz nicht „zwingend" Abweichendes vorschreibt; fehlt es hingegen an dem Wort „zwingend", soll an der erforderlichen Eindeutigkeit mangeln (*BGH* NJW 1988, 260, 261; ein zulässiges Beispiel findet sich in *BGHZ* 76, 191, 194 f). Möglich ist das Zustimmungserfordernis aller Anwesenden (**allgM**) oder auch aller Gesellschafter (MünchKomm AktG/*Schröer* Rn 58; *F.-J. Semler* aaO Rn 28), sofern daraus nicht wie bei einer Publikumsgesellschaft ein faktisches Änderungsverbot der Satzung folgt (Spindler/Stilz AktG/*Holzborn* § 179 Rn 60). Die Pflicht der HV zur Beschlussfassung (zB in §§ 120, 173) schadet einer Erschwerung durch die Satzung nicht (*BGHZ* 76, 191, 193). Ein **Vetorecht** einzelner oder eines Verwaltungsorgans kann nicht begründet werden (*Schröer* aaO Rn 56).

VI. Wahlen (Abs 2)

17 Für Wahlen kann die Satzung andere Bestimmungen treffen (Abs 2). Wahlen bedeutet Personalentscheidungen in Abgrenzung zu Sach- und Verfahrensentscheidungen (MünchHdb AG/*F.-J. Semler* § 39 Rn 80). Darunter fallen insb AR-Wahlen (§ 101), aber auch für sonstige Wahlen (§ 318 HGB, §§ 142, 265 Abs 2 AktG, ferner bei Bestellung von Mitglieder für von der Satzung gebildete Gremien). Neben den bereits nach Abs 1 zulässigen Möglichkeiten (vgl Rn 16, ein Beispiel für eine zulässige Erhöhung des Stimmenmehrheitserfordernisses bei Wahlen: *BGHZ* 76, 191, 193 f), kommen weitere Regelungsgestaltungen in Frage. Insbesondere kann die einfache Stimmenmehrheit unterschritten werden; die Satzung kann die **relative Mehrheit** vorsehen (unstr, vgl anschaulich anhand einer „Kampfabstimmung" *Leuering/Rubner* NJW-Spezial 2010, 335 f); ferner auch **Stichwahl** oder das **Los**, etwa bei Stimmengleichheit oder wenn alle Kandidaten die erforderliche Mehrheit nicht erreicht haben (*BGH* NJW 1989, 904 bzgl Los). Als problematisch erweist sich der **Stichentscheid**, insb wenn er durch eine gesellschaftsfremde Person erfolgt (für Zulässigkeit: KölnKomm AktG/ *Zöllner* Rn 92, aA *Hüffer* AktG Rn 32; Spindler/Stilz AktG/*Rieckers* Rn 55 mwN; so auch MünchKomm AktG/*Schröer* Rn 77 bei gesellschaftsfremden Dritten). Zulässig ist auch die **Verhältniswahl** (str *Schröer* aaO Rn 78; *Rieckers* aaO Rn 56 mwN, die Gegenansicht bezieht sich hauptsächlich auf § 101). Bei der AR-Wahl wird in der Praxis oft zur **Listenwahl** im Sinne einer Globalwahl gegriffen. Es werden mehrere oder alle zukünftigen AR-Mitglieder en bloc in einer Abstimmung zur Wahl gestellt (*Zöllner* aaO Rn 94). Demgegenüber empfiehlt der DCGK (Ziff 5.4.3 S 1), die Wahlen zum AR als Einzelwahl durchzuführen. Dies entspricht auch internationalen Gepflogenheiten. Regelt die Satzung nichts, verbleibt es vorbehaltlich gesetzlicher Ausnahmen bei dem Erfordernis der Stimmenmehrheit iSd Abs 1.

§ 134 Stimmrecht

(1) ¹Das Stimmrecht wird nach Aktiennennbeträgen, bei Stückaktien nach deren Zahl ausgeübt. ²Für den Fall, dass einem Aktionär mehrere Aktien gehören, kann bei einer nichtbörsennotierten Gesellschaft die Satzung das Stimmrecht durch Festsetzung eines Höchstbetrags oder von Abstufungen beschränken. ³Die Satzung kann außerdem bestimmen, dass zu den Aktien, die dem Aktionär gehören, auch die Aktien rechnen, die einem anderen für seine Rechnung gehören. ⁴Für den Fall, dass der Aktionär ein Unternehmen ist, kann sie ferner bestimmen, dass zu den Aktien, die ihm gehören, auch die Aktien rechnen, die einem von ihm abhängigen oder ihn beherrschenden oder einem mit ihm konzernverbundenen Unternehmen oder für Rechnung solcher Unternehmen einem Dritten gehören. ⁵Die Beschränkungen können nicht für einzelne Aktionäre angeordnet werden. ⁶Bei der Berechnung einer nach Gesetz oder Satzung erforderlichen Kapitalmehrheit bleiben die Beschränkungen außer Betracht.

(2) ¹Das Stimmrecht beginnt mit der vollständigen Leistung der Einlage. ²Entspricht der Wert einer verdeckten Sacheinlage nicht dem in § 36a Abs. 2 Satz 3 genannten Wert, so steht dies dem Beginn des Stimmrechts nicht entgegen; das gilt nicht, wenn der Wertunterschied offensichtlich ist. ³Die Satzung kann bestimmen, dass das Stimmrecht beginnt, wenn auf die Aktie die gesetzliche oder höhere satzungsmäßige Mindesteinlage geleistet ist. ⁴In diesem Fall gewährt die Leistung der Mindesteinlage eine Stimme; bei höheren Einlagen richtet sich das Stimmverhältnis nach der Höhe der geleisteten Ein-

lagen. ⁵Bestimmt die Satzung nicht, dass das Stimmrecht vor der vollständigen Leistung der Einlage beginnt, und ist noch auf keine Aktie die Einlage vollständig geleistet, so richtet sich das Stimmenverhältnis nach der Höhe der geleisteten Einlagen; dabei gewährt die Leistung der Mindesteinlage eine Stimme. ⁶Bruchteile von Stimmen werden in diesen Fällen nur berücksichtigt, soweit sie für den stimmberechtigten Aktionär volle Stimmen ergeben. ⁷Die Satzung kann Bestimmungen nach diesem Absatz nicht für einzelne Aktionäre oder für einzelne Aktiengattungen treffen.

(3) ¹Das Stimmrecht kann durch einen Bevollmächtigten ausgeübt werden. ²Bevollmächtigt der Aktionär mehr als eine Person, so kann die Gesellschaft eine oder mehrere von diesen zurückweisen. ³Die Erteilung der Vollmacht, ihr Widerruf und der Nachweis der Bevollmächtigung gegenüber der Gesellschaft bedürfen der Textform, wenn in der Satzung oder in der Einberufung auf Grund einer Ermächtigung durch die Satzung nichts Abweichendes und bei börsennotierten Gesellschaften nicht eine Erleichterung bestimmt wird. ⁴Die börsennotierte Gesellschaft hat zumindest einen Weg elektronischer Kommunikation für die Übermittlung des Nachweises anzubieten. ⁵Werden von der Gesellschaft benannte Stimmrechtsvertreter bevollmächtigt, so ist die Vollmachtserklärung von der Gesellschaft drei Jahre nachprüfbar festzuhalten; § 135 Abs. 5 gilt entsprechend.

(4) Die Form der Ausübung des Stimmrechts richtet sich nach der Satzung.

Übersicht

	Rn			Rn
I. Allgemeines	1		3. Mehrere Bevollmächtigte, Zurückweisungsrecht (S 2)	17a
1. Regelungsgegenstand	1		4. Form (S 3)	18
2. Inhaltliche Bindung durch Treuepflicht	2		5. Übernahmeangebot	19
II. Stimmkraft (Abs 1 S 1)	3		6. Nachweis	20
III. Höchststimmrecht (Abs 1 S 2–6)	4		7. Zulässige Bevollmächtigte	21
1. Grundsatz	4		8. Stimmrechtsvertreter der Aktiengesellschaft (S 5)	22
2. Arten des Höchststimmrechts	5			
3. Umfang	6		9. Proxy Voting/Proxy Solicitation	23
4. Nachträgliche Einführung und Beseitigung	7	VI.	Sonstige Stimmrechtsausübung durch Dritte	24
5. Zurechnung	8		1. Gesetzliche und organschaftliche Vertreter, Amtswalter	24
a) Kraft Satzung	8			
b) Unternehmen	9		2. Bote	25
c) Sonstige Fälle	10		3. Legitimationsübertragung, Treuhand, Nießbrauch	26
6. Beschränkung auf einzelne Aktionäre/Gattungen	11			
7. Folgen bei Missachtung	12	VII.	Ausübungsform (Abs 4)	27
IV. Abhängigkeit von Einlageleistung (Abs 2)	13		1. Zuständigkeit	27
1. Allgemeines (S 1)	13		2. Mögliche Ausübungsformen	28
2. Verdeckte Sacheinlage (S 2)	13a		3. Geheime Abstimmung	29
3. Satzungsregelung (S 3)	14		4. Zusammenfassung von Abstimmungen	30
4. Fehlende Satzungsregelung (S 5)	15		a) Allgemeines	30
V. Stimmrechtsvollmacht (Abs 3)	16		b) Blockabstimmung	31
1. Allgemeines	16		c) Konzentration der Abstimmungsvorgänge	32
2. Mangel an Vollmacht	17			

Literatur: *Baums* Höchststimmrechte, AG 1990, 221; *Bunke* Fragen der Vollmachtserteilung zur Stimmrechtsausübung nach §§ 134, 135 AktG, AG 2002, 57; *Dietz* Zulässigkeit einer Blockabstimmung der Hauptversammlung der AG, BB 2004, 452; *Fuhrmann* Die Blockabstimmung in der Hauptversammlung, ZIP 2004, 2081; *Götze* Erteilung von Stimmrechtsvollmacht nach dem ARUG, NZG 2010, 93; *Großfeld/Spennemann* Die Teilnahmeberechtigung mehrerer gesetzlicher Vertreter von Gesellschaften in Mitgliederversammlungen von Kapitalgesellschaften und Genossenschaften, AG 1979, 128; *Grunsky* Stimmrechtsbeschränkung in der Hauptversammlung, ZIP 1991, 778; *Hanloser* Proxy-Voting, Remote-Voting und Online-HV: § 134 III 3 AktG nach dem NaStraG, NZG 2001, 355; *Harrer* Die Zurechnung von Wertpapieren und die Existenz eines Gruppenkonzeptes im deutschen und amerikanischen Wertpapierrecht, RIW 1994, 202; *Heckschen* Hauptversammlung der Aktiengesellschaft – Schutz des Teilnahmerechts des Aktionärs, EWiR 1991, 1149; *Hefermehl* Zur Zurechenbarkeit fremden Aktienbesitzes bei Festsetzung eines Höchststimmrechts für Aktionäre, FS O. Möhring, 1973, S 103; *Hermanns* Übertragung von Mitgliedschaftsrechten an Dritte – Gestaltungsmöglichkeiten und -grenzen, ZIP 2005, 2284; *Herrler/Reymann* Die Neuerungen im Aktienrecht durch das ARUG, DNotZ 2009, 815; *Immenga* Grenzen einer nachträglichen Einführung von Stimmrechtsbeschränkungen, BB 1975, 1042; *ders* Zur Zulässigkeit einer nachträglichen Stimmrechtsbeschränkung, AG 1976, 293; *Kindler* Der Aktionär in der Informationsgesellschaft – Das Gesetz zur Namensaktie und zur Erleichterung der Stimmrechtsausübung, NJW 2001, 1678; *Ludwig* Formanforderung an die individuell erteilte Stimmrechtsvollmacht in der Aktiengesellschaft und in der GmbH, AG 2002, 433; *Lutter* Zur inhaltlichen Begründung von Mehrheitsentscheidungen, ZGR 1981, 171; *Martens* Die Leitungskompetenzen auf der Hauptversammlung einer Aktiengesellschaft, WM 1981, 1010; *ders* Stimmrechtsbeschränkung und Stimmbindungsvertrag im Aktienrecht, AG 1993, 495; *Max* Die Leitung der Hauptversammlung, AG 1991, 77; *Muthers/Ulbrich* Internet und Aktiengesellschaft, WM 2005, 215; *Noack* Stimmrechtsvertretung in der Hauptversammlung nach NaStraG, ZIP 2001, 57; *ders* Neue Entwicklungen im Aktienrecht und moderne Informationstechnologie 2003–2005, NZG 2004, 297; *Osterloh-Konrad* Gefährdet „Empty Voting" die Willensbildung in der Aktiengesellschaft?, ZGR 2012, 35; *Renkl* Der Gesellschafterbeschluss 1982; *Reul* Aktuelle Änderungen des Aktienrechts aus notarieller Sicht – Teil II, ZNotP 2010, 44; *Riegger* Hauptversammlung und Internet, ZHR 165 (2001), 204; *J. Schmidt* Stimmrechtsvertretung und Stimmrechtsausübung „in absentia" in Deutschland und Großbritannien – Speziell vor dem Hintergrund der aktuellen Gesellschaftsrechtsreform in Großbritannien sowie der geplanten EU-Aktionärsrechte-Richtlinie, NZG 2006, 487; *Schneider* Gesetzliches Verbot für Stimmrechtsbeschränkungen bei der Aktiengesellschaft?, AG 1990, 56; *ders* Geheime Abstimmung in der Hauptversammlung einer Aktiengesellschaft, FS Peltzer 2001, S 425; *Schörnig* Die gesellschaftsrechtliche Zulässigkeit einer obligatorischen Gruppenvertretung bei Personen- und Kapitalgesellschaften durch eine sog. Vertreterklausel, ZEV 2002, 343; *Schröder* Umgehung der aktienrechtlichen Stimmrechtsbeschränkung, DB 1976, 1093; *Simon* Vorstandsermächtigungen, KSzW 2010, 15; *Söffing/Thoma* Börsennotierte Aktiengesellschaften in der Nachfolgeplanung, ErbStB 2004, 78; *Spindler/Hüther* Das Internet als Medium der Aktionärsbeteiligung in den USA, RIW 2000, 329; *Stützle/Walgenbach* Leitung der Hauptversammlung und Mitspracherechte der Aktionäre in Fragen der Versammlungsleitung, ZHR 155 (1991), 516; *Than* Verhaltenspflichten bei der Ausübung von Aktienstimmrechten durch Bevollmächtigte, ZHR 157 (1993), 125; *von der Linden* Wer entscheidet über die Form der Stimmrechtsausübung in der Hauptversammlung?, NZG 2012, 930; *Werner* Einführung des Höchststimmrechts durch nachträgliche Satzungsänderung, AG 1975, 176; *Wicke* Einführung in das Recht der Hauptversammlung, das Recht der Sacheinlagen und das Freigabeverfahren nach dem ARUG, 2009; *Wiebe* Vorstandsmacht statt Bankenmacht?, ZHR 166 (2002), 182; *Zätzsch/Gröning* Neue Medien im deutschen Aktienrecht: Zum RefE des NaStraG, NZG 2000, 393; *Zöllner* Die Konzentration der Abstimmungsvorgänge auf großen Hauptversammlungen, ZGR

1974, 1; *ders* Stimmrechtsvertretung der Kleinaktionäre, FS Pletzer, 2001, S 661; *Zöllner/ Noack* One share – one vote?, AG 1991, 117.

I. Allgemeines

1. Regelungsgegenstand. § 134 regelt die **Ausübung des Stimmrechts** wie auch die **Stimmkraft**. § 134 bestimmt nicht, wann das Stimmrecht vorliegt, vielmehr wird an § 12, wonach jede Aktie das Stimmrecht gewährt, angeknüpft. Nur soweit ein Stimmrecht besteht und dieses nicht ruht, entfaltet § 134 Regelungswirkung. Bei stimmrechtslosen Vorzugsaktien (§§ 139 Abs 1, 140 Abs 1) kommt diese Norm daher genauso wenig zum Zuge wie im Falle von zB eigenen Aktien (§ 71b), Unterlassen bestimmter Mitteilungspflichten (vgl zB § 28 WpHG, § 59 WpÜG; §§ 20 Abs 7, 21 Abs 4) oder wenn das Stimmrecht in Bezug auf einen bestimmten Beschlussgegenstand nicht ausgeübt werden darf (§§ 136 Abs 1, 142 Abs 1 S 3). Auch im Hinblick auf Stimmrechtsausübung und Stimmkraft enthält § 134 nur ausschnittsweise Bestimmungen (KölnKomm AktG/*Zöllner* Rn 3). Durch das ARUG wurde 2009 mit Abs 2 S 2 eine Regelung für den Beginn des Stimmrechts beim Vorliegen einer verdeckten Sacheinlage eingefügt; ferner sind Erleichterungen für die Vollmachterteilung in Abs 3 S 3 und 4 sowie mit Abs 3 S 2 eine Regelung betreffend die Bevollmächtigung Mehrerer aufgenommen worden.

2. Inhaltliche Bindung durch Treuepflicht. Das Stimmrecht kann aufgrund der konkreten Umstände des einzelnen Falles **inhaltlich beschränkt** sein (KölnKomm AktG/*Zöllner* Rn 121). Nicht das Stimmrecht als solches wird dabei ausgeschlossen, sondern die Möglichkeiten der Ausübung eingegrenzt (vgl *BGHZ* 129, 136, 153 – „Girmes"). In diesen Fällen darf das Stimmrecht nicht mehr gänzlich frei, sondern nur unter **Berücksichtigung der jeweils vorrangigen Interessen** ausgeübt werden. Eine solche Ausübungsschranke kann namentlich aus der **Treuepflicht** erwachsen; auch aus der Treuepflicht der Aktionäre untereinander (*BGH* aaO 145 ff). **Bevollmächtigte Nichtaktionäre** (Abs 3) trifft zwar die Treuepflicht nicht. Jedoch wird die Stimmrechtsausübung mittelbar von der Treuepflicht begrenzt. Denn der Bevollmächtigte hat keine größere Rechtsmacht als der Vollmachtgeber. Die Rechtsmacht des Vollmachtgebers ist aber durch die Treuepflicht begrenzt. Bei der näheren Bestimmung der Treuepflicht ist somit auf den Vertretenen, nicht auf den Bevollmächtigten abzustellen; eine eigenständige Treuepflicht des Vertreters, der kein Aktionär ist, existiert hingegen nicht; eine Eigenhaftung des Vertreters lässt sich nur durch § 179 BGB analog begründen (MünchKomm AktG/*Schröer* Rn 61; *BGH* aaO 149 ff). Der **Treuhänder** ist Vollrechtsinhaber (*Than* ZHR 157 (1993), 124, 130) und unterfällt daher uneingeschränkt der Treuepflicht. Problematisch ist hingegen die Treuepflicht des Ermächtigten bei der **Legitimationsübertragung**. Man wird trotz des offen gelegten Fremdbesitzes eine Bindung durch Treuepflicht annehmen müssen, weil anders als beim Stellvertreter nicht nur eine bloße Zurechnung auf den Inhaber der Mitgliedschaftsrechte erfolgt, sondern dem Dritten die Befugnis zur Ausübung des Stimmrechts im eigenen Namen eingeräumt wird (vgl auch Rn 26).

II. Stimmkraft (Abs 1 S 1)

Die Stimmkraft bestimmt sich bei Nennbetragsaktien (§ 8 Abs 2) nach dem Nennbetrag, bei Stückaktien (§ 8 Abs 3) aus der Zahl. Anderes kann gelten, wenn die **Einlage noch nicht vollständig geleistet** ist (Abs 2, dazu Rn 13) bzw in Fällen der verdeckten

Sacheinlage, wenn eine offensichtliche Überbewertung vorliegt (Abs 2 S 2 nF, dazu Rn 13a). Wurde die Einlage vollständig erbracht (§§ 36 Abs 2, 36a, 54 Abs 3) gilt folgendes: Jede **Stückaktie** gewährt eine Stimme, das Problem einer ungleichen Stückelung kann sich wg § 8 Abs 3 S 2 nicht stellen (MünchKomm AktG/*Schröer* Rn 6). Auch bei **Nennbetragsaktien** muss als Grundregel das Verhältnis der Anteile am Grundkapital identisch sein mit dem Verhältnis der Stimmen (vgl *BGHZ* 70, 117, 121; *Immenga* BB 1975, 1042, 1043). Wurde das Grundkapital gleichmäßig gestückelt, gewährt jede Aktie eine Stimme. Bei **ungleicher Stückelung** (es existieren zB sowohl 2 EUR- als auch 3 EUR-Aktien) muss, um das Verhältnis zwischen Beteiligung am Grundkapital und Stimmkraft rechnerisch zu wahren und damit die kleinste Einheit eine Stimme ist, vom **größten gemeinsamen Teiler (ggT)** der Stückelungen ausgegangen werden. Die Stimmkraft bemisst sich demzufolge danach, wie oft die Stückelung den ggT enthält. Ist der ggT genauso hoch wie die kleinste Stückelung (wenn die übrigen Stückelungen also immer ein Vielfaches von ihr darstellen), so ist die kleinste Stückelung eine Stimme, höhere Stückelungen entsprechend ihres Verhältnisses zu ihr das Mehrfache der Stimmkraft (KölnKomm AktG/*Zöllner* Rn 22).

Beispiel: (1) Aktien zu 2 EUR und 3 EUR, ggT ist somit 1 EUR, erstere Aktien gewähren 2 Stimmen, die anderen 3. (2) Aktien zu 250 EUR und 500 EUR, ggT ist 250 EUR, erstere Aktien gewähren 1 Stimme, die anderen 2. Keine Bedeutung für die Stimmkraft kommt dem Ausgabebetrag der Aktien zu (*Schröer* aaO Rn 5). Höchststimmrechte (§ 5 Abs 7 EGAktG, § 134 Abs 1 S 2–6, su Rn 4 ff) und noch bestehende Mehrstimmrechte (§ 5 Abs 1– 6 EGAktG, § 12 Abs 2, vgl dort) führen zu Abweichungen von dem Grundsatz, dass die Stimmkraft der Beteiligung am Grundkapital entspricht (*BGHZ* 70, 117, 121), so dass § 134 nur den gesetzlichen Standardfall betrifft.

III. Höchststimmrecht (Abs 1 S 2–6)

4 **1. Grundsatz.** Die Satzung kann nur bei **nichtbörsennotierten** Gesellschaften die Stimmkraft durch **Festsetzung eines Höchstbetrages** oder von Abstufungen beschränken (Abs 1 S 2). Durch eine solche Höchststimm- und Abstufungsregelungen wird von dem Grundsatz, dass die Stimmkraft der Beteiligung am Grundkapital entspricht (vgl Rn 3), abgewichen (*Zöllner/Noack* AG 1991, 117; RegBegr BT-Drucks 13/ 9712, 20). Eine solche Regelung kann **nur durch Satzung** erfolgen. Nicht möglich ist es, die Kompetenz zu verlagern. Die Entscheidung hierüber darf nicht, auch nicht teilweise, einem Verwaltungsorgan anheimgestellt werden. Ein Anweisungsbeschluss, der sehr vage formuliert ist und daher dem Vorstand **einen Ermessens- oder Beurteilungsspielraum** eröffnet, stellt eine solche **unzulässige Kompetenzverlagerung** dar (*LG Frankfurt/Main* AG 1990, 169, 170 f). Das KonTraG v 27.4.1998 (BGBl I S 786) hat die Zulässigkeit der Höchststimmrechte auf nichtbörsennotierte Gesellschaften verengt, vgl aber Beschränkung bei Namensaktien in § 67 Abs 2. An einem staatlich regulierten Markt zugelassene Gesellschaften können eine solche Stimmkraftbegrenzung nicht vorsehen (s § 3). Die vom Höchststimmrecht betroffenen Aktien bilden **keine eigene Gattung** (KölnKomm AktG/*Zöllner* Rn 26). Das ergibt sich bereits daraus, dass die Stimmrechtsbeschränkung nicht der einzelnen Gattung anhaftet, sondern sich erst aus der Zusammenballung von Aktien ergibt, somit nicht eine Beschränkung der Aktie, sondern eine **situative** und personenbezogene Stimmkraftbeschränkung darstellt, was namentlich bei der Veräußerung des über den Höchstbetrag bzw über der Abstufungsschwelle liegenden Anteils erhellt (vgl *BGHZ* 70, 117, 123).

Stimmrecht § 134

2. Arten des Höchststimmrechts. Das Stimmrecht kann auf einen **Nennwert**, einen 5
Prozentsatz am Grundkapital, bei Stückaktien auch auf eine **bestimmte Stückzahl**
beschränkt werden (MünchKomm AktG/*Schröer* Rn 9), hingegen scheiden als Bemessungsgrundlage für den Höchstbetrag sämtliche Kriterien aus, die nicht **in Beziehung zum Gesamtnennbetrag** der Aktien stehen, wie zB Warenabsatz oder -erzeugung, kein gangbarer Weg wäre es ferner, dass die Satzung die Bemessung der Verwaltung oder gar einem Dritten überlässt (KölnKomm AktG/*Zöllner* Rn 33 ff; vgl auch *LG Frankfurt/Main* AG 1990, 169, 170 f). Nicht zulässig ist der Ausschluss von bestimmten Aktien vom Stimmrecht (*Schröer* aaO). Statt eines Höchstbetrages oder kombiniert mit einem solchen kann die Satzung auch **eine oder mehrere Abstufungen** der Stimmrechte vorsehen. Nicht zulässig ist jedoch eine Regelung, wonach sich das Stimmrecht mit zunehmender Anteilsinnehabung erhöht (Spindler/Stilz AktG/*Rieckers* Rn 16). Die Abstufung muss dem Sinn und Zweck des Abs 1 S 2 entsprechend immer zu einer Minderung der Stimmkraftserhöhung im Vergleich zur Erhöhung des Anteils führen. Beispiel für eine zulässige Gestaltung (Abstufung kombiniert mit Höchstbetrag): Bei Aktienbesitz bis 3 % des Grundkapitals gewährt jede Aktie eine Stimme, zwischen 3 % und 10 % eine halbe Stimme, für Anteilsbesitz über 10 % besteht kein Stimmrecht. Auch Bestimmungen, die auf eine **Abstimmen nach Köpfen** hinausläuft, etwa die Regelung, dass alle Aktien nur die Stimmkraft der kleinsten Stücke haben, können in die Satzung aufgenommen werden (**hM** MünchHdb AG/*F.-J.* Semler § 38 Rn 8; *Baums* AG 1990, 221, 222 und 230; K. Schmidt/Lutter AktG/*Spindler* Rn 17; **aA** *Renkl* Der Gesellschafterbeschluss S 99).

3. Umfang. Eine Höchststimmrechtsregelung beansprucht nur für die Stimmenmehr- 6
heit Geltung, **nicht** aber **für die Kapitalmehrheit** (Abs 1 S 6). Bei bedeutsamen Beschlüssen wie Unternehmensverträgen, Kapitalerhöhung etc wird neben der Mehrheit der abgegebenen Stimmen (§ 133) zusätzlich eine qualifizierte Kapitalmehrheit verlangt. Auch eine satzungsmäßige Kapitalmehrheit wird durch ein Höchststimmrecht nicht berührt (*Hüffer* AktG Rn 15). Zwar bleibt auch in diesen Fällen die Stimmkraftsbeschränkung zur Verhinderung von Beschl geeignet, jedoch kann ein Anteilsbesitz von über 25 % somit trotz einer Höchststimmregelung bedeutsame Beschlüsse, die neben der Stimmenmehrheit noch die Kapitalmehrheit verlangen, blockieren (*Schneider* AG 1990, 56, 58). Eine Grenze einer solchen Blockadepolitik kann sich jedoch aus der Treuepflicht ergeben (s hierzu Rn 2; *Martens* AG 1993, 495, 496). Wie die Kapitalmehrheit berechnet sich eine für ein Minderheitsrecht vom Gesetz oder von der Satzung vorgesehene **Minderheitsquote unabhängig von einem Höchststimmrecht** (MünchKomm AktG/*Schröer* Rn 25), weil sich das Höchststimmrecht nur auf die Abstimmung als solche bezieht (KölnKomm AktG/*Zöllner* Rn 36). Welche **Beschlussgegenstände** von dem Höchststimmrecht erfasst werden, regelt sich nach der Satzung. Findet sich diesbezüglich keine spezielle Regelung in der Satzung, gilt das Höchststimmrecht für alle Beschlussgegenstände.

4. Nachträgliche Einführung und Beseitigung. Das Höchststimmrecht muss nicht 7
bereits in der ursprünglichen Satzung verankert sein; es kann auch durch **nachträgliche Satzungsänderung** begründet werden (*BGHZ* 70, 117, 119 ff). Aus dem Gesetz ergibt sich nichts, was einer satzungsändernden Mehrheit das Recht nimmt, auch mit Wirkung für die anderen ein Höchststimmrecht einzuführen. Es bedarf **keiner Zustimmung** der durch die Einführung des Höchststimmrechts in der Stimmkraft ihrer Aktien betroffenen Aktionäre. Anders als bei § 180 sieht das Gesetz gerade keine sol-

che Zustimmung vor (**hM** *BGHZ* 70, 117, 120 ff, speziell zu arg ex § 180: S 124; *OLG Celle* WM 1992, 1703, 1707; MünchKomm AktG/*Schröer* Rn 22; **aA** *Immenga* BB 1975, 1042, 1043 f). Es genügt die Beschlussfassung grds nach § 179 Abs 2 (s aber Rn 11). Das Höchststimmrecht belastet weder die Aktie als solche (s Rn 4) noch führt sie zu einer ungleichen Belastung einzelner Aktionäre, weil das Höchststimmrecht nicht gesonderte Regelungen für einzelne Aktionäre oder Aktionärsgruppen schafft, sondern eine für alle Aktionäre gültige (Abs 1 S 5) Stimmkraftbeschränkung darstellt. Dass wirtschaftlich der Aktionär durch ein Höchststimmrecht berührt wird, während der andere hierdurch keine Veränderung seiner Vermögenssituation erfährt, hat allein darin seine Ursache, dass das Höchststimmrecht an die Anteilshöhe anknüpft, die bei den einzelnen Aktionären verschieden sein kann (*Werner* AG 1975, 176, 179). Nicht die einzelne Aktie oder der einzelne Aktionär wird reglementiert, sondern eine Situation, in welcher eine bestimmte Anzahl von Aktien in der Hand eines Aktionärs zusammengeballt wird. Zwar gilt als Grundsatz, dass die Rechtsstellung der Gesellschafter sich nach dem Verhältnis ihres Anteilsbesitzes bestimmt; jedoch gilt dieser Grundsatz im AktG nicht uneingeschränkt (*Zöllner/Noack* AG 1981, 117, 118: „aus Zweckmäßigkeitsgründen etablierte Normalnorm"), dieser Grundsatz erfährt dort eine Abweichung, wo das Gesetz wie in § 134 vorrangige Interessen (inklusive Zweckmäßigkeit, *Zöllner/Noack* aaO) verfolgt oder der satzungsändernden Mehrheit anheimstellt, von diesem Grundsatz abzuweichen. Dieser Grundsatz taugt folglich auch nicht insoweit als Maßstab der Gleichbehandlung (§ 53a; **aA** *Immenga* AG 1976, 293, 294, bzgl § 180 aber *BGHZ* 70, 117, 124). Ferner bedarf es **keiner sachlichen Rechtfertigung**, die Abwägung der einzustellenden Belange wurde bereits zugunsten der Gesellschaft durch den Gesetzgeber vorgenommen (*BGHZ* 71, 40, 45). Eine **Entschädigung** kann der Aktionär, dessen Stimmkraft nach Einführung des Höchststimmrechts gesunken ist, **nicht verlangen** (*BGHZ* 70, 117, 125 f). Der Verlust an Stimmkraft bildet sich wirtschaftlich nur im Verlust eines möglichen Paketzuschlages bei der Veräußerung der Anteile ab. Jedoch bedingt der Verlust einer im tatsächlichen Bereich liegenden Erwartung auf einen solchen Paketzuschlag kein Recht auf Entschädigung. Dieselben Grundsätze gelten auch für die **Beseitigung des Höchststimmrechts**. Es bedarf der satzungsändernden Mehrheit, hingegen nicht einer gesonderten Zustimmung derjenigen Kleinaktionäre, welche durch die Beschränkung der Stimmkraft der anderen Aktionäre bislang profitiert haben (**hM** Spindler/Stilz AktG/*Rieckers* Rn 14 mwN; MünchHdb AG/*F.-J. Semler* § 38 Rn 17; Obermüller/Werner/Winden HV/ *Butzke* E 23; **aA** KölnKomm AktG/*Zöllner* Rn 48). Ebenso ist bei einer Einführung einer qualifizierten Mehrheit für die Änderung oder Abschaffung des Höchststimmrechts zu verfahren (*OLG Celle* aaO).

8 **5. Zurechnung. – a) Kraft Satzung.** Die Satzung kann gem Abs 1 S 3 und 4 zusätzlich zum Höchststimmrecht bestimmen, dass Aktien Dritter einem Aktionär zur Bestimmung der Stimmkraftbeschränkung in dort bezeichneten Fällen zugerechnet werden. Auf diese Weise kann **durch Typisierung abstrakt** einer Umgehung vorgebeugt werden, ohne dass es auf eine tatsächliche Umgehung des Höchststimmrechts oder gar auf Umgehungsabsicht ankäme. Eine solche typisierende Zurechnung setzt zwingend eine klare Bestimmung in der Satzung voraus, in welchen Fällen zugerechnet wird (*Schröder* DB 1976, 1093; zu den Befugnissen des Versammlungsleiters, wenn es im Einzelfall zu Streitigkeiten über die Zurechnung fremder Aktien geht: *Grunsky* ZIP 1991, 778 ff). Die **möglichen Fälle** nennen Abs 1 S 3 und 4 **abschließend**; weitere

Zurechnungsfälle kann die Satzung nicht vorsehen (§ 23 Abs 5). Ist der Aktionär, dem fremde Aktien zugerechnet werden sollen, kein Unternehmen, kann eine Zurechnung nur für den Fall bestimmt werden, dass einem anderen Aktien für seine Rechnung gehören (Abs 1 S 3). Das ist dann der Fall, wenn jemand **das wirtschaftliche Verlustrisiko** von Aktien trägt, obwohl nicht er, sondern ein anderer formal Inhaber ist (*LG Hannover* ZIP 1992, 1236, 1239 und 1241); problematisch ist der Fall der teilweisen Übertragung von Risiken (vgl auch § 22 Abs 1 S 1 Nr 2 WpHG). Solches liegt vor, wenn ein Auftrag, eine Geschäftsbesorgung oder Kommission vorliegt (*Hüffer* AktG Rn 10); ferner allg, wenn der Aktionär sich verpflichtet hat, den Inhaber „freizuhalten" oder ihm eine Verkaufsoption zu einem vom wirtschaftlichen Risiko freistellenden Kurs eingeräumt hat; wenn der Aktionär eine Kaufoption hat, deren Nichtausübung wirtschaftlich ineffizient ist; wenn sich eine Kauf- und eine Verkaufsoption gleichzeitig gegenüberstehen oder wenn der Optionsgeber gegenüber dem Optionsnehmer in der Stimmrechtsausübung wirtschaftlich oder rechtlich gebunden ist (MünchKomm AktG/*Schröer* Rn 17; vgl auch *LG Hannover* ZIP 1992, 1236, 1239: Kursgarantie gekoppelt mit Poolvertrag; ferner S 1241: unbedingte vergütete Option). Der Aktionär, dem weitere Aktien zugerechnet werden, und derjenige, dessen Aktien ersterem zugerechnet werden, müssen sich entweder einigen oder die das Höchststimmrecht übersteigende Stimmenzahl wird bei beiden anteilig reduziert (*Harrer* RIW 1994, 202, 206).

b) Unternehmen. Unternehmen ist ein Aktionär, der neben der Beteiligung an der Aktiengesellschaft **anderweitige wirtschaftliche Interessenbindungen** hat, welche die ernsthafte Sorge begründen, dass er wg dieser Bindung seinen mitgliedschaftlichen Einfluss auf die Aktiengesellschaft zu deren Nachteil ausüben kann (**konzernrechtlicher Unternehmensbegriff**, *BGHZ* 80, 69, 72; 135, 107, 113, s dazu § 15). Für solche Aktionäre kann **die Satzung** die in Abs 1 S 4 genannten **weiteren Zurechnungsfälle** (s hierzu §§ 17 und 18, bzgl für fremde Rechnung s Rn 8) festsetzen. Eine Mehrheitsbeteiligung (§ 16) am Unternehmen oder des Unternehmens genügt nicht (jedoch findet die Vermutungsregelung nach § 17 Abs 2 uneingeschränkt Anwendung); ebenso nicht per se ein Unternehmensvertrag. (*Hefermehl* FS O. Mähring, S 106 f; KölnKomm AktG/*Zöllner* Rn 44). 9

c) Sonstige Fälle. Als problematisch stellen sich **Umgehungsfälle** dar, die von der Satzung nicht erfasst werden oder wenn die Satzung schweigt. Teilweise wird eine Zurechnung unter Hinweis auf den abschließenden Charakter der Abs 1 S 3 und 4 verneint (MünchKomm AktG/*Schröer* Rn 16). Richtig dabei ist, dass Abs 1 S 3 und 4 abschließend sind und die Satzung daher keine darüber hinausgehenden Fälle bestimmen kann (*Harrer* RIW 1994, 202, 206 f). Jedoch eröffnen Abs 1 S 3 und 4 die Möglichkeit, abstrakt typisierend – gleichsam als unwiderlegbare Vermutungen –, namentlich ohne Vorliegen einer Umgehungsabsicht, Anteile Dritter zuzurechnen. Das steht einer darüber hinausgehenden Zurechnung im **konkreten Einzelfall** nicht entgegen, wenn nachgewiesen wird, dass tatsächlich eine Umgehung nebst zugehöriger Umgehungsabsicht vorliegt (zutr *Hüffer* AktG Rn 12). Eine **Stimmbindungsvereinbarung** bedeutet grds noch nicht eine solche Umgehung (eingehend *Martens* AG 1993, 498 ff: anders nur bei „unwiderstehlichem Erfüllungszwang"). Bei einer **Legitimationsübertragung** bzw bei einer **Vertretung** sind die Stimmen immer dem Ermächtigenden bzw dem Vertretenen bzgl des Höchststimmrechts zuzurechnen (*Schröder* DB 1976, 1093 f). 10

11 6. Beschränkung auf einzelne Aktionäre/Gattungen. Die Stimmrechtsbeschränkung kann **nicht für einzelne Aktionäre** angeordnet werden (Abs 1 S 5), weil sich dies faktisch wie ein Mehrstimmrecht (§ 12 Abs 2) auswirken könnte (*BGHZ* 70, 117, 123 f). Davon zu unterscheiden ist der unproblematisch zulässige Fall, dass trotz allg Satzungsregelung (momentan) tatsächlich nur ein Aktionär betroffen wird (MünchKomm AktG/*Schröer* Rn 12). Eine Stimmrechtsbeschränkung kann **hingegen für einzelne Aktiengattungen** isd § 11 bestimmt werden (arg ex Abs 2 S 7, **hM** MünchHdb AG/*F.-J. Semler* § 38 Rn 13; *Hüffer* AktG Rn 14; **aA** KölnKomm AktG/*Zöllner* Rn 46). Der Regierungsentwurf verbot noch ausdrücklich die Beschränkung für einzelne Gattungen. Dieses Verbot wurde nach Kritik durch den Ausschuss wieder aus dem Gesetz herausgenommen (*Kropff* S 192). Bei einer solchen Beschränkung für einzelne Gattungen wird dann ein Sonderbeschluss nach § 179 Abs 3 notwendig (Obermüller/Werner/Winden HV/*Butzke* E 23).

12 7. Folgen bei Missachtung. Die das Höchststimmrecht übersteigenden Stimmen dürfen **nicht mitgezählt** werden. Werden sie trotzdem mitgezählt, verfälschen sie in Höhe dieses übersteigenden Betrags das Abstimmungsergebnis (MünchKomm AktG/ *Schröer* Rn 26). Der Beschl kann nur dann angefochten werden, wenn deswegen das Beschlussergebnis anders ausgefallen ist als es hätte ausfallen müssen (**Kausalitätserfordernis**). Umgehungsversuchen begegnet die Ordnungswidrigkeitsvorschrift § 405 Abs 3 Nr 5.

IV. Abhängigkeit von Einlageleistung (Abs 2)

13 1. Allgemeines (S 1). Das **Stimmrecht** beginnt grds erst **bei vollständiger Leistung** der Einlage **inklusive des Agios** (§ 54 Abs 2). Die Einzahlung des Mindestbetrages (§§ 36 Abs 2, 36a) genügt jedoch dann, wenn die Satzung es vorsieht (Abs 2 S 3). Die Einlage muss **ordnungsgemäß** (vor Eintragung § 54 Abs 3) **geleistet** sein (vgl § 37 Abs 1 S 2). Einforderung durch den Vorstand ist aber für das Stimmrecht nicht Voraussetzung (MünchKomm AktG/*Schröer* Rn 4; **aA** *Hüffer* AktG Rn 16). Ist noch auf keine Aktie vollständig in diesem Sinne geleistet und sieht die Satzung keine Ausnahme vor (Abs 2 S 3), bestimmt sich das Stimmenverhältnis nach der geleisteten (Mindest)Einlage (Abs 2 S 5). Für einzelne Aktien kann die Satzung keine Sonderregeln bestimmen; ausdrücklich auch nicht für einzelne Aktiengattungen (Abs 2 S 7). Die Satzung darf folglich für alle Aktionäre nur entweder keine oder dieselbe Regelung enthalten. Wurde von keinem die Mindesteinlage geleistet, besteht überhaupt kein Stimmrecht. Haben Aktien kein Stimmrecht, sind sie auch bei Kapitalmehrheiten nicht mitzuzählen; wurde noch auf keine Aktie die Einlage vollständig geleistet, ist der geleistete Teil der Einlage für die Kapitalmehrheit relevant (KölnKomm AktG/*Zöllner* Rn 62).

13a 2. Verdeckte Sacheinlage (S 2). Die mit dem ARUG v 30.7.2009 (BGBl I S 2479) neu eingefügte Regelung des Abs 2 S 2 regelt, dass das Vorliegen einer verdeckten Sacheinlage dem Beginn des Stimmrechts grds nicht entgegensteht, allerdings nur, sofern der Wertunterschied zwischen der verdeckten Sacheinlage und dem in § 36a Abs 2 S 3 genannten Wert nicht offensichtlich ist. Dafür ist die Perspektive des Versammlungsleiters entscheidend. Offensichtlich ist der Wertunterschied somit dann, wenn die Sachleistung außerhalb der üblichen Bandbreite der Bewertungsdifferenzen liegt (darauf beschränkend *Hüffer* AktG Rn 17a) und dies dem Versammlungsleiter erkennbar ist (Spindler/Stilz AktG/*Rieckers* Rn 31; enger K. Schmidt/Lutter AktG/ *Spindler* Rn 32: Überbewertung muss „ins Auge springen"); auf § 38 Abs 2 S 1 kann sich nicht gestützt werden (so aber *Rechtsausschuss* BT-Drucks 16/13098, 39; *Bosse* NZG 2009, 807, 808; *Spindler* aaO). Die Beweislast für das Vorliegen eines offensichtlichen Wertunterschieds trägt derjenige, der sich darauf beruft (*Rechtsausschuss* aaO; *Reul* ZNotP 2010, 44, 53).

3. Satzungsregelung (S 3). Die Satzung kann das Stimmrecht bereits mit der Leistung der Mindesteinlage beginnen lassen (S 3). Mindesteinlage bedeutet in diesem Zusammenhang ein Viertel des geringsten Ausgabebetrags **zuzüglich des Agios** (§§ 36a Abs 1, 9, hier unstr, vgl nur *Hüffer* AktG Rn 19) und gewährt eine Stimme, höhere Einlagen als die Mindesteinlage eine entsprechend höhere Stimmkraft (S 4). Bei verschiedenen Nennbeträgen ist von der Mindesteinlage des geringsten Nennwertes auszugehen, höhere (geleistete) Mindesteinlagen gewähren entsprechend eine höhere Stimmkraft (KölnKomm AktG/*Zöllner* Rn 59). Für Bruchteile von Stimmen gilt allerdings S 6. Sie werden nur insoweit berücksichtigt, als sich zu vollen Stimmrechten addieren lassen. Sachleistungen können nur vollständig geleistet Stimmrecht gewähren (§ 36a Abs 2), eine Ausnahme hiervon kann die Satzung nicht bestimmen. **Beispiel**: Mindesteinlage 250 EUR, Zahlung auf 10 Aktien 3 300 EUR: Jede Aktie würde eine Stimme und 8/25 Stimmteil gewähren. Letzteres ist Stimmbruchteil und erhöht grds die Stimmkraft nicht. Jedoch lassen sich die jeweiligen 8/25-Bruchteile der 10 Aktien zusammenrechnen zu 80/25, also zu 3 Stimmen und 1/5- Stimmbruchteil. Somit hat der Aktionär je eine Stimme aus seinen Aktien, also 10, daneben weitere 3 aus Zusammenrechnung nach Abs 2 S 6; der schlussendliche Bruchteil von 1/5 bleibt allerdings unberücksichtigt, Abs 2 S 6. Die Satzung kann diesen Modus der S 3, 4 und 5 grds nur wählen; Abweichung von S 3 (bei Höchststimmrecht vgl aber *Zöllner* aaO Rn 63) oder S 5 (zB Bruchteile gewähren immer oder nie eine Stimme) kann die Satzung nicht bestimmen. Jedoch kann die **Satzung einen höheren** (MünchKomm AktG/ *Schröer* Rn 32; K. Schmidt/Lutter AktG/*Spindler* Rn 36; **aA** *Zöllner* aaO Rn 67; Spindler/Stilz AktG/*Rieckers* Rn 32 mwN), **nicht aber geringeren Mindestbetrag** für das Entstehen des Stimmrechts als die Mindesteinlage fordern, S 4 und S 6 gelten dann (entspr).

4. Fehlende Satzungsregelung (S 5). Hat kein Aktionär vollständig die Einlage geleistet und enthält auch die Satzung keine Regelung nach Abs 2 S 3, so bestimmt sich das Stimmrecht nach Abs 2 S 5 und 6: Die Mindesteinlage gewährt eine Stimme, höhere Einlagen entsprechend mehr; für Bruchteile gilt S 6 (vgl hierzu Rn 14). Das **Agio** wird auch in diesem Fall zur Mindesteinlage hinzugerechnet (str MünchKomm AktG/ *Schröer* Rn 30; Spindler/Stilz AktG/*Rieckers* Rn 37 mwN; **aA** KölnKomm AktG/*Zöllner* Rn 56). Für eine abweichende Sichtweise besteht kein rechtfertigender Grund. Für Sacheinlagen gilt S 4 nicht; eine teilweise Sachleistung führt zu keinem Stimmrecht (MünchHdb AG/*F.-J. Semler* § 38 Rn 3). Die gesetzliche Ausnahmeregelung des Abs 2 S 5 findet keine Anwendung, wenn auch nur ein Aktionär seine Einlage vollständig und ordnungsgemäß erbracht hat. Derjenige, welcher die Einlage nicht geleistet hat, hat dann überhaupt kein Stimmrecht, selbst wenn er wg unterschiedlicher Nennbeträge sogar mehr als ersterer eingezahlt hat.

V. Stimmrechtsvollmacht (Abs 3)

1. Allgemeines. Der Stimmberechtigte kann sich bei der Ausübung des Stimmrechts durch einen Bevollmächtigten vertreten lassen (Abs 3 S 1; zum Begriff „Proxy Voting" s Rn 23). Die Möglichkeit, sich vertreten zu lassen, kann die **Satzung nicht**

ausschließen. Auf der anderen Seite kann sie den Aktionär auch nicht dazu zwingen (§ 23 Abs 5, *Hüffer* AktG Rn 21). Die **§§ 164 ff BGB** finden grds Anwendung. Sondervorschriften gelten insb für die von der Gesellschaft benannten Stimmrechtsvertreter (S 5). Die Erteilung erfolgt entweder gegenüber dem zu Bevollmächtigenden (§ 167 Abs 1 Alt 1 BGB) oder der Gesellschaft (§ 167 Abs 1 Alt 2 BGB). Das Erlöschen der Vollmacht durch Widerruf richtet sich nach §§ 168–173, primär ist der Inhalt der Vollmacht für ihr Erlöschen entscheidend (*Hüffer* aaO Rn 22a; *BGH* WM 1976, 1246, 1249). Zur Form der Vollmacht vgl unten Rn 18. Die Gestaltung der Vollmacht darf dem **Abspaltungsverbot** (Verbot der Verselbstständigung des Stimmrechts von der Mitgliedschaft) nicht widersprechen, was bei einer unwiderruflichen und das Stimmrecht des Vertretenen ausschließenden Vollmachtsgestaltung der Fall wäre (*BGHZ* 3, 354, 357 ff; *BGH* WM 1976, 1246, 1249 f mwN). Nicht möglich ist es dagegen, nach Auseinandersetzung einer **Erbengemeinschaft** die Erben zu einem gemeinschaftlichen Vertreter zu zwingen; die Satzung kann allg keine Vertretungspflicht vorsehen (s bereits oben, *Söffing/Thoma* ErbStB 2004, 78; *Schörnig* ZEV 2002, 343, 344 und 350; vor Erbauseinandersetzung: § 69 Abs 1). Soweit die Vollmacht nicht das Stimmrecht betrifft, richtet sie sich nach den allg Vertretungsregeln des BGB, insb ist sie formfrei (*AG Nürtingen* AG 1995, 287), anderes gilt für Rechte, die unmittelbar mit dem Stimmrecht verknüpft sind, wie namentlich das Widerspruchsrecht; eine Vollmacht hierfür bedarf insb der Form nach Abs 3 S 3 (*LG Stuttgart* AG 1992, 236, 237). Zur Treuepflicht des bevollmächtigten Nichtaktionärs s.o. Rn 2.

17 **2. Mangel an Vollmacht.** Bei **vollmachtsloser Stimmabgabe** gilt ausschließlich § 180 S 1 BGB, eine **vollmachtlose Stimmrechtsvertretung gibt es nicht** (*OLG Hamm* AG 2001, 146; *Bunke* AG 2002, 57, 65; anders *BayObLGZ* 1988, 400, 405 für GmbH). Die Vollmacht muss **bei Abstimmung** vorliegen. Zweifelhaft ist, ob der Aktionär die Vollmacht auf bestimmtes Abstimmungsverhalten beschränken kann (vgl allg hierzu *Larenz/Wolf* Bürgerliches Recht § 47 Rn 9), so dass bei einer weisungswidrigen Stimmabgabe durch den Bevollmächtigten eine vollmachtlose Stimmabgabe vorläge (abl wohl MünchKomm AktG/*Schröer* Rn 48 und 61, der nur von der Möglichkeit einer Gebundenheit im Innenverhältnis, zB im Auftragsverhältnis, ohne Minderung der Rechtsmacht des Bevollmächtigten ausgeht). In dieser Konstellation wäre die Stimme bei Weisungswidrigkeit mangels Vollmacht ungültig. Davon zu unterscheiden ist der unproblematische Fall, dass eine sämtliche Abstimmungsverhalten umfassende Vollmacht besteht. Ein weisungswidriges Abstimmungsverhalten wäre dann von der Vollmacht gedeckt.

17a **3. Mehrere Bevollmächtigte, Zurückweisungsrecht (S 2).** Der Aktionär ist grds frei, mehrere Stimmrechtsvertreter zu bestellen (unstr). Das kann mittels Einzelvollmachten oder in Form einer Gesamtvollmacht erfolgen. Die Zahl der Vertreter pro Aktionär kann beschränkt werden. Der durch das ARUG vom 30.7.2009 (BGBl I S 2479) eingefügte Abs 3 S 2 ermächtigt die Gesellschaft, im Falle einer Bevollmächtigung von mehr als einem Stimmrechtsvertreter einen oder mehrere zurückzuweisen. Die **Zurückweisung aller Vertreter ist ausgeschlossen** – mindestens ein Stimmrechtsvertreter muss verbleiben (K. Schmidt/Lutter AktG/*Spindler* Rn 59). Das Zurückweisungsrecht gilt unabhängig davon, ob der Aktionär eine oder mehrere Aktien hält (Spindler/Stilz AktG/*Rieckers* Rn 64). Zulässig ist auch die Zurückweisung bei Bestehen einer Gesamtvollmacht. In diesem Fall müssen die zurückgewiesenen Vertreter dem (bzw den) verbliebenen Vertreter(n) Untervollmacht erteilen (*Hüffer* AktG Rn 27).

Der Verwaltung steht ein **Ermessensspielraum** bei der Ausübung des Zurückweisungsrechts zu (RegBegr BT-Drucks 16/11642, 32); für diesen kann die Satzung weitere Regeln aufstellen (*Rieckers* aaO; so auch schon die frühere **hM** vgl Obermüller/Werner/Winden HV/*Butzke* C 15). Der Versammlungsleiter sollte sorgfältig abwägen, ob eine Zurückweisung im Einzelfall opportun ist; bspw empfiehlt es sich, in Fällen streitiger Erbengemeinschaften davon abzusehen. Mehrere (zur HV zugelassene) Vertreter können nur dann verschieden abstimmen, wenn der Aktionär mehrere Aktien hält; ansonsten wären die verschiedenen Stimmabgaben wg Perplexität nichtig (*Hüffer* aaO Rn 27). Bei Publikums AGs wird dies in der Praxis in technischer Hinsicht meist eine Anmeldung unterschiedlicher Bestände erfordern. Der bevollmächtigte Aktienbestand wird in Eigenbesitz vertreten (anders §§ 129 Abs 2 und 135 – Fremdbesitz).

4. Form (S 3). Abs 3 S 3 schreibt seit Geltung des ARUG vom 30.7.2009 (BGBl I S 2479) **mangels abweichender Satzungsbestimmung** (dazu sogleich Rn 18a) nur noch (zumindest) **Textform** für die Erteilung und den Widerruf der Vollmacht vor. Das Textformerfordernis hindert eine Bevollmächtigung durch bloß schlüssiges Verhalten (*LG Stuttgart* AG 1992, 236, 237 zum Schriftformerfordernis nach Abs 3 S 2 aF). Die Textform wird in § 126b BGB geregelt. Zulässig sind somit neben der Verkörperung auf Papier (zB Fotokopie) die Nutzung elektronischer Speichermedien (zB USB-Sticks, DVD) sowie von Fax, E-Mail und SMS (Spindler/Stilz AktG/*Rieckers* Rn 70); ferner die Verwendung von Internetdialogen und elektronischen Formularen (RegBegr BT-Drucks 16/11642, 32; *Zetzsche* Der Konzern 2008, 321, 327). Von einer Pflicht der Gesellschaft zur Schaffung der genannten Kommunikationskanäle – womöglich begleitet von einer Hinweispflicht in der Einberufung zur HV –, um den Aktionären die gesamte Bandbreite der Kommunikationswege zu bieten, kann nicht ausgegangen werden; gleichwohl empfiehlt sich deren Einrichtung und Bekanntgabe (*Götze* NZG 2010, 93, 94). Die verpflichtende Verwendung bestimmter Formulare sollte die Gesellschaft trotz bestehender Hinweise in §§ 121 Abs 3 S 3 Nr 2a, 124a S 1 Nr 5 nicht vorschreiben, denn § 134 enthält nicht einen solchen Hinweis (*Götze* aaO). **Notwendiger Inhalt** der Vollmachterteilung ist die Bezeichnung des Bevollmächtigten, des Vertretenen und der Aktien, auf die sich die Vollmacht bezieht. Die Angabe des Vertretenen verhindert eine Stimmrechtsausübung im Namen dessen, den es angeht, einen Ausweg bietet die Legitimationsübertragung (*Than* ZHR 157 (1993), 125, 135). Eine Blankovollmacht genügt, wenn sie bei Stimmabgabe vervollständigt ist (MünchKomm AktG/*Schröer* Rn 48). Die Einhaltung der gesetzlich oder satzungsmäßig bestimmten Form ist **Gültigkeitsvoraussetzung** (§ 125 BGB, **hM** *BGHZ* 49, 183, 194; vgl ferner *OLG Hamm* AG 2001, 146: **unheilbare Nichtigkeit der Vollmacht**); daneben dient sie noch dem Nachweis gegenüber der Gesellschaft. Eine ungültige Vollmacht führt zu einem fehlerhaften Abstimmungsergebnis und zur Anfechtbarkeit, wenn das Beschlussergebnis anders ausgefallen wäre (*Wiebe* ZHR 166 (2001), 182, 187; eingehend *Ludwig* AG 2002, 433, 437 ff). Die für die Erteilung der Vollmacht geschilderten Anforderungen gelten entsprechend für den Widerruf der Vollmacht.

Spielraum für Abweichungen von der Textform durch die **Satzung** besteht für alle AG. Allerdings darf die Satzung **bei börsennotierten Gesellschaften** (§ 3 Abs 2) allein **Erleichterungen** festlegen, alle anderen Gesellschaften haben freie Hand bei der Festlegung abweichender Formvorschriften. Zu unterscheiden ist zwischen unmittelbaren Regelungen in der Satzung und einer satzungsmäßigen Ermächtigung des Vorstands (krit zu Letzterem *Simon* KSzW 2010, 15, 19), die diesen dazu ermächtigt, in der Einberufung die Form der Vollmachtserteilung festzulegen (Abs 3 S 3). Als Erleichterung gegenüber der Textform kommt derzeit allein die mündliche Erteilung in Betracht, die jedoch Beweisbedenken begegnet. Diesbezüglich werden europarechtliche Bedenken geäußert, da die Aktionärsrechterichtlinie zumindest von Schriftlichkeit iSv Textform ausgeht (so *Wicke* S 32; *Götze* NZG 2010, 93, 95; K. Schmidt/Lutter AktG/*Spindler* Rn 45; anders: Spindler/Stilz AktG/*Rieckers* Rn 72); jedenfalls ist mit Abs 3 S 3 jedoch vorgesorgt, dass durch oder aufgrund Satzung von zukünftigen technischen Erleichterungen Gebrauch gemacht werden kann (RegBegr BT-Drucks 16/11642, 32).

19 **5. Übernahmeangebot.** Die Gesellschaft hat bei einer **HV**, die im Zusammenhang mit **einem Übernahmeangebot** einberufen wird, den Aktionären die Erteilung von Stimmrechtsvollmachten soweit nach Gesetz und Satzung möglich **zu erleichtern** (§ 16 Abs 4 S 6 WpÜG). Aufgrund der Lockerung der gesetzlichen Formvorschrift für die Erteilung von Stimmrechtsvollmachten gem Abs 3 S 3 (Textform), die zudem für die iRd § 16 Abs 4 S 6 WpÜG allein relevanten börsennotierten AGs nicht erschwert werden dürfen, ist die Relevanz der Vorschrift des § 16 Abs 4 S 6 WpÜG stark eingeschränkt, da weitere zumutbare Erleichterungen schwer vorstellbar sind (Spindler/Stilz AktG/*Rieckers* Rn 74); die mündliche Vollmachtserteilung jedenfalls muss nicht vorgesehen werden (*Rieckers* aaO). Ohnehin müsste die AG ihre Satzung deshalb nicht etwa umgestalten, sondern die Förderungspflicht beinhaltet nur die Realisierung der in der Satzung oder im Gesetz bestehenden Möglichkeiten sowie das Verbot von Erschwerungen (KölnKomm WpÜG/*Hasselbach* § 16 Rn 63). Streitig ist, ob die Gesellschaft in diesen Fällen Stimmrechtsvertreter nach Abs 3 S 3 benennen muss (vgl hierzu *Rieckers* aaO; Geibel/Süßmann WpÜG/*Geibel* § 16 Rn 96; *Hasselbach* aaO).

20 **6. Nachweis.** Von der Frage der Einhaltung der Form als Voraussetzung einer gültigen Vollmacht ist zu unterscheiden der **Nachweis der Vollmacht gegenüber der Gesellschaft.** Zuständig für die **Überprüfung** ist der **Versammlungsleiter.** Die Satzung kann Regeln bzgl des Nachweises treffen (RegBegr BT-Drucks 14/4051, 15), zB die Vorlage der Originalvollmacht verlangen (*Ludwig* AG 2002, 433, 436). Börsennotierte Gesellschaften (§ 3 Abs 2) müssen ihren Aktionären seit Geltung des ARUG vom 30.7.2009 (BGBl I S 2479) gem Abs 3 S 4 mindestens einen Weg zur elektronischen Übermittlung des Nachweises anbieten; dem genügt bspw die Kommunikation per E-Mail, nicht aber die per Fax (*Horn* ZIP 2008, 1558, 1565). Darüber hinaus wird seit Geltung des ARUG auch der Nachweis dem Textformerfordernis unterworfen, sofern durch oder aufgrund Satzung nichts anderes geregelt wird (Abs 3 S 3, näher vgl Rn 18f). Die Satzungsbestimmung darf die Teilnahme nicht über § 123 erschweren; für Inhaberaktien bestehen jedoch weitgehende Gestaltungsmöglichkeiten (§ 123 Abs 2 S 1). Bei **Untervollmacht** muss **sowohl der Nachweis der Vollmacht als auch der der Untervollmacht** erbracht sein (MünchKomm AktG/*Schröer* Rn 58). Erbringt der Bevollmächtigte den erforderlichen Nachweis nicht ist die Bevollmächtigung nicht offensichtlich, kann der Versammlungsleiter den Bevollmächtigten **zurückweisen**, er muss es aber nicht (*OLG Hamm* AG 2001, 146; *OLG Düsseldorf* NJW-RR 1992, 100, 101). Hier gilt es, mit Augenmaß auf die in der Praxis häufig anzutreffenden Schwierigkeiten in Folge langer **Meldeketten** zu reagieren. Der Versammlungsleiter kann auch später noch den Nachweis fordern; §§ 174, 180 Abs 2 BGB führen zu keinem anderen Ergebnis (*OLG Hamm* aaO; **aA** *OLG Frankfurt* GWR 2009, 171). **§ 174 BGB** findet auf die Stimmrechtsvollmacht **modifiziert Anwendung** (dazu *Bunke* AG 2002, 57, 66 f; in der Tendenz abl aber *OLG Düsseldorf* aaO, gegen diese Entsch insoweit *Heckschen* EWiR 1991, 1149, 1150). Dennoch muss es sich trotz fehlenden Nachweises um eine formgültige Vollmacht handeln, ansonsten kommt es zu einem fehlerhaften Abstimmungsergebnis und ggf zu einer unrichtigen Beschlussfeststellung. In der Praxis erfolgt oft nur ein konkludenter Nachweis durch die Anforderung von Eintrittskarten für Bevollmächtigte durch Banken in der Depotverwahrkette.

7. Zulässige Bevollmächtigte. Ein Gesellschafter kann einen anderen Gesellschafter 21 vertreten; **§ 181 BGB steht dem nicht entgegen** (*BGHZ* 52, 316, 318). Weder der Wortlaut der Norm noch ihr Zweck erfassen diesen Fall (*BGHZ* 65, 93, 97 f). Nichts anderes gilt, wenn ein Bevollmächtigter **mehrere Aktionäre** vertritt. Nicht notwendig ist eine Spezialvollmacht; der Generalbevollmächtigte kann ebenso Stimmrechtsvertreter sein. Bei der **Prokura** (§§ 48 ff HGB) ist streitig, ob diese Vollmacht nur dann die Stimmrechtsvollmacht umfasst, wenn die Aktien zum Gewerbebetrieb des vertretenen Kaufmanns gehören (so *Hüffer* AktG Rn 22) oder ob die Prokura **immer die Stimmrechtsvollmacht** umfasst (so MünchKomm AktG/*Schröer* Rn 59 mwN). Letztere Ansicht ist wg der im Gegensatz zu § 54 Abs 1 HGB weiten Fassung des § 49 Abs 1 HGB (vgl MünchKomm HGB/*Krebs* § 49 Rn 3, 15 und 22; *ders* aaO § 54 Rn 26 ff; Baumbach/*Hopt* HGB § 49 Rn 1) vorzugswürdig. Bei der **Handlungsvollmacht** (§ 54 HGB) muss jedoch auch im Falle der Generalhandlungsvollmacht die Stimmrechtsausübung aus den Aktien **zum gewöhnlichen Betrieb eines Handelsgewerbes der Art des Vertretenen gehören** (*Schröer* aaO; *Hüffer* aaO). Die AG selbst oder ihre Organe dürfen wg § 136 Abs 2 (Rechtsgedanke) nicht als Bevollmächtigte auftreten; anderes gilt jedoch für **einzelne Verwaltungsmitglieder und Angestellte der AG (hM** KölnKomm AktG/*Zöllner* Rn 79; *Schröer* aaO Rn 37 mwN; **aA** *Kindler* NJW 2001, 1678, 1687); auch § 181 BGB steht der Bevollmächtigung nicht entgegen (*BGHZ* 52, 316, 318 f). Streitig ist, ob die Satzung bestimmen darf, dass der Bevollmächtigte ein Aktionär sein muss (bejahend die **hM** MünchHdb AG/*F.-J. Semler* § 36 Rn 13; *LG Bonn* AG 1991, 114, 115; **aA** *OLG Stuttgart* WM 1990, 1159, 1160 f; Spindler/Stilz AktG/*Rieckers* Rn 51 mwN).

8. Stimmrechtsvertreter der Aktiengesellschaft (S 5). Die Gesellschaft kann Stimm- 22 rechtsvertreter benennen (Abs 3 S 5). Zuständig für die Benennung ist der Vorstand (*Habersack* ZHR 165 (2001), 172, 187). Bezüglich der Form gilt dasselbe wie bei sonstigen Stimmrechtsvertretern (*Bunke* AG 2002, 57, 62). Möglich ist auch die Benennung von Mitarbeitern der AG, wg des Interessenkonflikts nicht aber die Benennung von Verwaltungsmitgliedern (*Hüffer* AktG Rn 26b; K. Schmidt/Lutter AktG/*Spindler* Rn 62; **aA** *Wiebe* ZHR 166 (2002), 182, 189 f; *Bunke* aaO; Spindler/Stilz AktG/*Rieckers* Rn 54, wonach auch Verwaltungsmitglieder benannt werden können; differenzierend *Zöllner* FS Peltzer, S 664 ff). Streitig bleibt trotz NaStraG insb die Frage, ob der von der Gesellschaft benannte Vertreter für die Stimmrechtsausübung **Weisungen** vom vertretenen Aktionär **analog § 135 Abs 3 S 3** erhalten haben muss (so *Noack* ZIP 2001, 57, 62, dagegen zutr *Habersack* aaO 188, der nur punktuell Analogie bei erhöhter Gefahr des Interessenkonflikt zulässt, zB bei Mitarbeiter der AG; anders, jedoch nicht überzeugend, *Muthers/Ulbrich* WM 2005, 215, 221 f). Der Gegenansicht (MünchKomm AktG/*Schröer* Rn 39; *Riegger* ZHR 165 (2001), 204, 215) ist der Vorzug einzuräumen, denn zum einen war dem Gesetzgeber dieses Problem bekannt (*Habersack* aaO), zum anderen ist die Situation nicht vergleichbar (*Schröer* aaO); die Voraussetzungen einer Analogie liegen daher nicht vor. Die Empfehlung in Ziffer 2.3.3 S 3, dass die Verwaltung für einen Stimmrechtsvertreter sorgen soll, der während der HV erreichbar ist, enthält keine Aussage zur Notwendigkeit von Weisungen (Spindler/Stilz AktG/*Rieckers* Rn 8; **aA** wohl K. Schmidt/Lutter AktG/*Spindler* Rn 56). Anwendbar ist aber wg ausdrücklichen Verweises § 135 Abs 5. Möglich ist daher auch die **verdeckte Vertretung** (Abs 3 S 5 HS 2 iVm § 135 Abs 5 S 2), **§ 129 Abs 2 S 2** gilt dann analog (*Rechtsausschuss* BT-Drucks 14/4618, 14). In dem Teilnehmerverzeichnis ist im Falle der verdeckten Stimmrechtsvertretung der Bevollmächtigte nebst Angabe der von ihm vertretenen Stückzahl bzw Nennbetrag wie auch die Gattung festzuhalten (*Schröer* aaO Rn 41). Die Vollmachtsurkunde muss der AG nicht vorgelegt werden. „Nachprüfbar festhalten" (Abs 3 S 5) meint, die Vollmachtserklärung **intern zu dokumentieren** (*Wiebe* aaO 187; eingehend *Bunke* aaO). Drei-Jahres-Frist beginnt mit Ende der HV, der Tag, an dem die HV endet, wird bei der Berechnung der Frist nicht mitgerechnet (§§ 187 Abs 1, 188 Abs 2 BGB, *Hüffer* aaO Rn 26c).

23 **9. Proxy Voting/Proxy Solicitation.** Die Begriffe „proxy voting" und „proxy solicitation" rühren von dem angloamerikanischen Recht her. „Proxy" kann Vollmacht, Bevollmächtigung, Bevollmächtigter und Vollmachtsurkunde bedeuten, auch in der engeren Bedeutung als Stimmrechtsvollmacht, Stimmrechtsbevollmächtigung etc. „**Proxy voting**" wird im Anschluss an die Ausführungen der Gesetzesmaterialien (RegBegr BT-Drucks 14/4051, 15 und *Rechtsausschuss* BT-Drucks 14/4618, 14) oft als **Verwaltungsstimmrecht** iSd Abs 3 S 5 (dazu s oben Rn 22) verstanden (s etwa *Hüffer* AktG Rn 26 f). Mit dieser Begriffsverengung auf das Verwaltungsstimmrecht löst sich der im deutschen Recht nunmehr allg eingebürgerte Begriff sprachlich vom angloamerikanischen Recht. Soweit mit dem Begriff „proxy voting" auf die **Stimmrechtseinwerbung („proxy solicitation")** Bezug genommen werden sollte, ergibt sich eine bedeutende Diskrepanz zum amerikanischen Recht wg der im deutschen Recht fehlenden Informationspflichten (*Hanloser* NZG 2001, 355, 356 f; vgl auch *Spindler/Hüther* RIW 2000, 329, 330 f). „Proxy solicitation" meint das gezielte Einwerben von Stimmrechten für eine oder mehrere HV, sowohl durch die Verwaltung als auch durch Dritte. Das Stimmrechteinwerben ist im deutschen Recht nicht eigens geregelt. Dieses „proxy solicitation" stellt sich unter verschiedenen Gesichtspunkten als problematisch dar. Wenn die Verwaltung Stimmrechte einwirbt, ist sie iRd § 53a zur **Gleichbehandlung** verpflichtet (vgl *J. Schmidt* NZG 2006, 487, 490 zu s 372 (6) CA (Großbritannien) 1985, wonach eine selektive „proxy solicitation" mit Bußgeld sanktioniert ist). Ferner kann sich die Auskunftspflicht gem **§ 131 Abs 4** erweitern. Dient die Stimmrechtseinwerbung der Abwehr einer Übernahme, so müssen die **§§ 33 ff WpÜG** beachtet werden. Dieselbe Pflichtenbindung tritt ein, wenn die Verwaltung dritte Personen zwischenschaltet (vgl dazu *OLG Karlsruhe* NJW-RR 2000, 1057, auch zu damit verbundenen wettbewerbsrechtlichen Problemen). Der um Stimmrechte Werbende unterliegt als geschäftsmäßig Handelnder den Vorschriften des § 135 Abs 1–7, wenn er sich gem **§ 135 Abs 8 HS 1** geschäftsmäßig, also mit Wiederholungsabsicht, zur Stimmrechtsausübung erbietet. Weiterhin sind **wettbewerbsrechtliche und kartellrechtliche Grenzen**, wie auch übernahmerechtliche Vorschriften **(acting in concert, Pflichtangebot)** zu beachten.

VI. Sonstige Stimmrechtsausübung durch Dritte

24 **1. Gesetzliche und organschaftliche Vertreter, Amtswalter.** Abs 3 findet weder bei gesetzlichen noch bei organschaftlichen Vertretern Anwendung; ebenso nicht bei Amtswaltern (unstr). Amtswalter sind der Insolvenzverwalter, der „starke" vorläufige

Insolvenzverwalter, der Nachlassinsolvenzverwalter, der Testamentsvollstrecker und der Zwangsverwalter (*Stein*/Jonas/*Bork* ZPO vor § 50 Rn 28; *Rosenberg/Schwab/Gottwald* Zivilprozessrecht § 40 Rn 13). Der Nachweis der Vertretungsberechtigung bzw der Verwaltungsbefugnis erfolgt durch ein entsprechendes Dokument, zB durch eine Geburts- oder Bestellungsurkunde, bei organschaftlichen Vertretern durch einen beglaubigten Registerauszug. IÜ gelten zum Nachweis obige Ausführungen (Rn 20) entsprechend.

2. Bote. Der Bote übermittelt nur eine Willenserklärung, im Gegensatz zum Vertreter gibt er selbst keine ab (Palandt/*Heinrichs* BGB Einf v § 164 Rn 11). Für die Unterscheidung, ob jemand Bote oder Vertreter, also ob er nur Übermittelnder oder selbst Erklärender ist, muss auf das äußere Auftreten, also auf den objektivierten Empfängerhorizont abgestellt werden (*BGHZ* 12, 327, 334). Das Stimmrecht ist **versammlungsgebunden**, kann folglich **nur innerhalb der HV** ausgeübt werden. Die Satzung kann hieran nichts ändern (§ 118 Rn 4). Somit scheidet die Möglichkeit aus, den Boten außerhalb der HV anzuweisen, eine bestimmte Stimme abzugeben, weil dann das Stimmrecht außerhalb der HV ausgeübt wäre (unstr KölnKomm AktG/*Zöllner* Rn 70). Zulässig ist aber die Anweisung eines Boten innerhalb der HV (sofern dieser eingelassen wird), in welcher die Stimme abgegeben werden soll; das Textformerfordernis des Abs 3 S 3 gilt nicht.

25

3. Legitimationsübertragung, Treuhand, Nießbrauch. Bei der Legitimationsübertragung handelt es sich um eine Ermächtigung (§ 185 BGB) zur Ausübung des Stimmrechts (und/oder sonstige mit der Aktie verbundene Mitgliedschaftsrechte) **als Fremdbesitzer im eigenen Namen** (§ 129 Abs 3). Abs 3 findet keine Anwendung. Für die Erteilung der Ermächtigung bedarf es der Besitzübertragung nach den Vorschriften der Vollrechtsübertragung der von der Ermächtigung betroffenen Aktien inklusive der Eintragung ins Aktienregister und bei Vinkulierung der Zustimmung der Gesellschaft (Obermüller/Werner/Winden HV/*Butzke* C 16; *Than* ZHR 157 (1993), 125, 132); der Aktionär bleibt jedoch Eigentümer (Vollrechtsinhaber) der Aktien, der Ermächtigte nimmt nur Mitgliedschaftsrechte als eigene wahr. Der Legitimationsaktionär (der Ermächtigte) tritt anders als der Vertreter im eigenen Namen und wie ein Vollrechtsinhaber auf, er legitimiert sich wie ein Aktionär. Er muss jedoch den **Fremdbesitz im Teilnehmerverzeichnis** (§ 129 Abs 3) als solchen angeben (MünchKomm AktG/*Schröer* Rn 66); die Ermächtigung durch den Aktionär muss jedoch nicht nachgewiesen werden (*Hüffer* AktG Rn 32). Die Satzung kann die Legitimationsübertragung ausschließen, jedoch darf sie nicht von der **Offenlegungspflicht des Fremdbesitzes** nach § 129 Abs 3 dispensieren (KölnKomm AktG/*Zöllner* Rn 102). Kreditinstitute dürfen bei Inhaberaktien nicht im Wege der Legitimationsübertragung ermächtigt werden (§ 135 Abs 1); dasselbe gilt für diesen gleichstellte Vereinigungen und Personen (§ 135 Abs 8). Eine Ausnahme stellt insoweit § 135 Abs 6 dar. Das Abspaltungsverbot (s oben Rn 16) steht der Legitimationsübertragung nur bei Umgehung der Vinkulierung entgegen (*Than* aaO 131). Von der Legitimationsübertragung ist die Stimmrechtsausübung durch den **Treuhänder** (hier iS einer Vollrechtstreuhand im Gegensatz zu einer „Vollmachtstreuhand", vgl dazu Assmann/*Schneider* WpHG/*Schneider* § 22 Rn 62) zu unterscheiden. Bei der Treuhand wird der Treuhänder anders als bei der Legitimationsübertragung **Vollrechtsinhaber und Eigenbesitzer**. Deswegen muss der Treuhänder keinerlei Hinweis auf die treuhänderische Bindung der Aktien geben (*Than* aaO 129). Erforderlich ist eine Übertragung der Aktien auf den Treuhänder, nicht bloß eine Ermächtigung. Das Treuhandverhältnis zwi-

26

schen Treugeber und Treuhänder wirkt im schuldrechtlichen Innenverhältnis. Das Abspaltungsverbot wird nicht berührt, weil der Treuhänder die Mitgliedschaft und die Aktie dinglich ungeschmälert erhält. Der **Nießbrauch** (§ 1068 BGB) gibt dem Nießbraucher **kein Stimmrecht** gegenüber der AG (str **hM** vgl Staudinger/*Frank* BGB Anh §§ 1068, 1069 Rn 116 ff; Spindler/Stilz AktG/*Rieckers* Rn 41), weil das Stimmrecht wie auch sonstige Mitverwaltungsrechte keine Nutzung der Aktie iSd § 100 BGB sind (MünchKomm BGB/*Pohlmann* § 1068 Rn 72 und 82). Das Nutzungsrecht des Nießbrauchs an einer Aktie beschränkt sich (zumindest im Wesentlichen) auf das Dividendenrecht. Eine Beschränkung des Nießbrauchs ist im sehr begrenzten Rahmen des §§ 1030 Abs 2, 1068 Abs 2 BGB möglich. Eine Erweiterung der Befugnisse ist hingegen ausgeschlossen. Stattdessen sind die Mitverwaltungsbefugnisse des Nießbrauchers vom Nießbrauch unabhängig mithilfe der Legitimationszession (s. o.) herzustellen; bei Vermögensrechten hilft die Zession. Die teilweise zu lesende Empfehlung, durch eine „Nießbrauchsabrede" oder vergleichbare Rechtshandlungen den Inhalt des Nießbrauchsrechts zu definieren, verkennt den nicht bzw nur sehr beschränkt der Privatautonomie unterliegenden Inhalt des Nutzungsrechts.

VII. Ausübungsform (Abs 4)

27   **1. Zuständigkeit.** Die Art und Weise der Stimmabgabe richtet sich nach der **Satzung** (Abs 4). Möglich ist auch eine Festlegung in der Geschäftsordnung (§ 129 Abs 1 S 1). Subsidiär legt der **Versammlungsleiter** den Modus fest (Semler/Volhard ArbHdb HV/ *Fischer* § 11 Rn 193 f; **aA** *von der Linden* NZG 2012, 930: ausschließliche und endgültige Kompetenz des Versammlungsleiters, wenn Satzungsregelung fehlt). In letzterem Fall hat der Aktionär keinen Anspruch auf einen bestimmten Abstimmungsmodus (Obermüller/Werner/Winden HV/*Butzke* E 102). Empfehlenswert ist es, dass die **Satzung dem Versammlungsleiter die Festlegung überlässt,** weil er den konkreten Umständen flexibel Rechnung tragen kann; die HV kann den Versammlungsleiter in diesem Fall der Delegation durch die Satzung nicht überstimmen (**hM** *Stützle/Walgenbach* ZHR 155 (1991), 516, 534 mwN; K. Schmidt/Lutter AktG/*Spindler* Rn 72; **aA** *Max* AG 1991, 77, 87: einstimmiger HV-Beschluss). Die HV darf somit den Modus nur dann wählen, wenn die Satzung keine Regelung trifft, also nicht, wenn die Satzung dem Versammlungsleiter die Festlegung überlässt; sie kann ihn dann auch nicht mittels Beschl überstimmen (*Stützle/Walgenbach* aaO 535). Die Möglichkeit des Überstimmens steht der HV nur zu, wenn der Versammlungsleiter subsidiär zuständig wird. Jedoch muss er auch dann keinen Beschl der HV einholen (*Martens* WM 1981, 1010, 1014). Die HV muss vielmehr von sich aus tätig werden und einen Antrag stellen.

28   **2. Mögliche Ausübungsformen.** Möglich ist **verkörperte** Stimmabgabe (zB Abgabe einer Stimmkarte an Stimmzähler, insb bei größerer HV, entscheidend ist dann der Zugang beim Stimmzähler), **oder unverkörperte,** zB durch Handzeichen oder Aufstehen. Der Zugang erfolgt durch die in der Satzung oder Geschäftsordnung festgelegten Verlautbarungsweise. Subsidiär bestimmt der Versammlungsleiter die erforderliche Verlautbarung (MünchHdb AG/*F.-J.Semler* § 39 Rn 18). Zwingend ist aber immer, dass der Abstimmungsmodus eine **zuverlässige und zweifelsfreie Ermittlung des Abstimmungsergebnisses** gewährleistet (MünchKomm AktG/*Schröer* Rn 82; *Zöllner* ZGR 1974, 1, 3; zur notwendigen Ergebnisermittlungstiefe: § 130 Rn 15). Bei **Stimmkarten** ergibt sich die Stimmkraft (Stimmenzahl) entweder aus ihnen selbst, etwa weil der Nennbetrag auf diesen genannt ist, oder die laufenden Nummern auf der Stimm-

karte entsprechen denen der Eintrittkarten und denen des Teilnehmerverzeichnisses, damit die Stimmkraft einer Stimmerklärung gemessen werden kann. Möglich sind aber auch andere Gestaltungen, welche eine Zuordnung der Stimmkraft zu einer abgegeben Stimme ermöglicht. Zulässig ist die Weisung an einen Stimmrechtsvertreter (auch an von der AG benannte Stimmrechtsvertreter), welcher sich in der HV befindet, weil dann die Stimmerklärung innerhalb der HV abgegeben wird (*Muthers/Ulbrich* WM 2005, 215, 218 f; *Riegger* ZHR 165 (2001), 204, 213). Seit Geltung des ARUG vom 30.7.2009 (BGBl I S 2479) sind zwei weitere Gruppen von Ausübungsformen hinzugekommen: einerseits die Stimmrechtsausübung iRd **Online-Teilnahme** (§ 118 Abs 1 S 2), andererseits die Stimmrechtsausübung iRd **Briefwahl** (§ 118 Abs 2); die Modalitäten sind dabei entweder unmittelbar in der Satzung zu regeln oder dem Vorstand aufgrund einer Ermächtigung in der Satzung zu übertragen (näher § 118 Rn 5a ff).

3. Geheime Abstimmung. Ein Anspruch auf geheime Abstimmung besteht grds nicht (**hM** Semler/Volhard, ArbHdb HV/*Fischer* § 11 Rn 197 mwN; KölnKomm AktG/*Zöllner* § 133 Rn 46; aA *Schneider* FS Peltzer, S 433). Eine Ausnahme wird man nur zulassen dürfen, wenn wg einer **wirtschaftlichen oder sozialen Abhängigkeit** eines Aktionärs zur Gesellschaft oder wg **erheblichen Drucks aus der Versammlung** das Recht zur freien Stimmrechtsausübung bei einer offenen Abstimmung beeinträchtigt wäre (Obermüller/Werner/Winden HV/*Butzke* E 103; *Fischer* aaO). Dann genügt eine Abstimmung **mittels Stimmkarte** oder eine sonst wie verdeckte Abstimmung. Diesbezüglich können **Satzung und subsidiär der Versammlungsleiter** Entscheidungen treffen. Gewährleistet muss aber sein, dass **Stimmverbote** für die Gesellschaft ersichtlich bleiben; ebenso darf eine **spätere Anfechtung wegen Zählfehlern etc nicht vereitelt** werden (MünchKomm AktG/*Schröer* Rn 86 f). 29

4. Zusammenfassung von Abstimmungen. – a) Allgemeines. Der Versammlungsleiter darf unter Berücksichtigung des § 137 die **Reihenfolge der Behandlung der Tagesordnungspunkte wie auch der Abstimmungsvorgänge** bestimmen (*OLG Hamburg* DB 1981, 80, 82; *LG Hamburg* WM 1996, 168, 170: arg ex § 137). IdR sollten **Verfahrensanträge vor Sachanträgen** gestellt werden (*Martens* WM 1981, 1010, 1015); einziges Kriterium ist jedoch die **Sachdienlichkeit** (näher *OLG Hamburg* aaO). Üblich und sinnvoll ist die **Generaldebatte**, in der zu allen Tagesordnungspunkten das Rede- und Fragerecht en bloc auszuüben ist. Die Aktionäre haben weder das Recht auf eine nach Tagesordnungspunkten gegliederte Debatte noch das Recht, unmittelbar nach einem Tagesordnungspunkt abzustimmen; auch besteht kein Recht der Aktionäre, vor Eintritt in die Verhandlung über den nächsten Tagesordnungspunkt das Abstimmungsergebnis zu einem vorigen Tagesordnungspunkt zu erfahren (MünchKomm AktG/*Schröer* Rn 88; *Martens* aaO 1015 f). Die Tagesordnungspunkte müssen ferner auch **nicht in der angekündigten Reihenfolge** abgehandelt werden (*Zöllner* ZGR 1974, 1, 9). Erst im Anschluss an diese Generaldebatte wird abgestimmt. Verlässt ein Aktionär zuvor die HV bzw trennt er die Internet-Verbindung iRd Online-Teilnahme, muss er, will er mitstimmen, sich um eine Vertretung bemühen; einen Anspruch auf vorgezogene Abstimmung hat er nicht. Liegen sich **widersprechende Anträge** vor, so kann der Versammlungsleiter nur denjenigen, für welchen er die Mehrheit erwartet, zur Abstimmung stellen. Der andere wird bei Mehrheit inzidenter abgelehnt (*Fuhrmann* ZIP 2004, 2081, 2082; *LG Hamburg* aaO). Zu alternativen Anträgen unten Rn 32. 30

31 b) Blockabstimmung. Eine mögliche sehr weitgehende Zusammenfassung von Abstimmungen besteht in der **Blockabstimmung (Sammelabstimmung).** Das bedeutet, dass **bezüglich mehrerer Beschlusspunkte (zB mehrerer Verträge) nur eine Stimmerklärung** abgegeben werden darf, also für alle einheitlich entweder nur ja oder nur nein oder insgesamt Enthaltung; hingegen ist eine differenzierte Abstimmung innerhalb der Blockabstimmung nicht möglich. Abgesehen von der Globalwahl von AR-Mitgliedern (zur Zulässigkeit diesbzgl vgl § 251 Rn 2) darf über **mehrere zusammenhängende Sachfragen**, wie zB einzelne zwecks Kapitalbeschaffung geschlossene Verträge, in einer Blockabstimmung abgestimmt werden, wenn der Versammlungsleiter **zuvor darauf hinweist**, dass nach (mehrheitlicher) Ablehnung der Beschlussvorlage eine Einzelabstimmung durchgeführt wird (*BGHZ* 156, 38, 41). Der *BGH* bringt in dieser Entscheidung nicht deutlich zum Ausdruck, welche Voraussetzungen er für die Blockabstimmung genau verlangt (*Fuhrmann* ZIP 2004, 2081, 2083). Erforderlich dürfte ein **enger Sachzusammenhang** zwischen den zur Abstimmung gestellten Beschlussgegenständen sein (*Dietz* BB 2004, 452, 457; *BGH* aaO spricht von „zusammengehörigen" Beschlussgegenständen; vgl auch *Fuhrmann* aaO). Ein enger Sachzusammenhang liegt bspw vor bei **Satzungsänderungen, Beschlüssen über Änderungen des Kapitals, Zustimmung zum Abschluss mehrerer Unternehmensverträge wie auch bei inhaltlicher Ähnlichkeit der Beschlusspunkte** (*Dietz* aaO 456, bzgl Satzungsänderungen allerdings offen lassend). Als weitere Voraussetzung fordert der BGH, dass kein teilnehmender Aktionär Einwände gegen diese Verfahrensweise erhebt (*BGH* aaO). Dies wird mit dem Argument bestritten, dass kein Minderheitsrecht außerhalb von § 120 Abs 1 S 2 bestünde (*Dietz* aaO 457). Allein die HV könne durch Mehrheitsbeschluss die Blockabstimmung abwenden; der Verfahrensantrag hierüber müsse nach allg Grundsätzen vor dem Sachantrag zur Abstimmung gestellt werden; ein Einwand eines Aktionärs gegen die Blockabstimmung sei als **Verfahrensantrag gegen die Blockabstimmung** zu deuten (*Dietz* aaO). Diese Ansicht überzeugt. Sie reiht sich in das sonst übliche Verfahrensmuster ein, ohne den Aktionär in seinen Rechten zu beschneiden. Diese Interpretation des BGH-Urteils ist jedoch nicht unbestritten. Mitunter wird ein die Blockabstimmung zu Fall bringendes Widerspruchsrecht eines einzelnen Aktionärs behauptet (vgl dazu eingehend *Fuhrmann* aaO 2083 ff mwN; offen lassend *LG München I* ZIP 2004, 853, 854). Folgt man der Auffassung, welche dem Aktionär statt eines Widerspruchsrechts nur einen Verfahrensantrag gegen die Blockabstimmung eröffnet, bietet sich eine **Bedingungskonstruktion** an (hierzu su Rn 32). Auf diese Weise wäre eine schnelle, aber auch den Interessen der Aktionäre genügende Vorgehensweise gefunden. Die Blockabstimmung über die Entlastung von Verwaltungsmitgliedern ist gesetzlich eigens in § 120 Abs 1 S 2 geregelt (abw aber Ziff 5.4.3 S 1 DCGK).

32 c) Konzentration der Abstimmungsvorgänge. Weniger einschneidend als die Blockabstimmung und somit weniger problematisch ist der Fall, dass die Abstimmungen **zwar zeitlich zusammengelegt** werden, dem Aktionär jedoch anders als bei der Blockabstimmung die Möglichkeit verbleibt, **zu jedem Beschlusspunkt gesondert**, also nach Beschlussgegenständen differenzierend, abzustimmen. Die Stimmkarten zu den einzelnen Beschlussgegenständen werden gemeinsam eingesammelt. Voraussetzung hierfür ist, dass **zu dem jeweiligen Tagesordnungspunkt nur ein Antrag** besteht und die Beschlussfassung über die Anträge **nicht miteinander in sachlichem oder rechtlichem Zusammenhang** stehen. Ein solcher Zusammenhang liegt vor, wenn über den einen nicht sinnvoll ohne Kenntnis über das Abstimmungsergebnis des anderen abgestimmt werden kann (*Dietz* BB 2004, 453). Solch ein Zusammenhang liegt vor bei Entlastung und Wiederwahl (*Martens* WM 1981, 1010, 1016). Bei **alternativen Anträgen** (Anträgen mit zwar sich nicht dialektisch widersprechenden, jedoch mit abw Inhalten zu demselben Beschlussgegenstand, so dass nur einer von ihnen angenommen werden kann, zB verschiedene Beträge bei der Gewinnverwendung) kann der Versammlungsleiter entweder denjenigen zuerst zur Abstimmung stellen, für welchen er die Mehrheit erwartet, und nur bei Ablehnung zum anderen Antrag übergehen oder er kann eine **Bedingungskonstruktion** wählen: Der Versammlungsleiter stellt beide Anträge zur Abstimmung, jedoch wird ein Antrag von beiden nur unter der Bedingung zur Abstimmung gestellt, dass der andere nicht die erforderliche Mehrheit erhält (*Zöllner* ZGR 1974, 1, 13; MünchKomm AktG/*Schröer* Rn 91). Die Bedingung sollte nur an die Mehrheit für den unbedingten Antrag anknüpfen, nicht aber an dessen Gültigkeit. Wenn der unbedingte Antrag diese Mehrheit findet, gilt der bedingte Antrag nicht als zur Abstimmung gestellt. Es muss in diesem Fall keine Auszählung der Stimmen über den bedingten Antrag erfolgen, eine Verkündung und Protokollierung hat diesbezüglich zu unterblieben.

§ 135 Ausübung des Stimmrechts durch Kreditinstitute und geschäftsmäßig Handelnde

(1) ¹Ein Kreditinstitut darf das Stimmrecht für Aktien, die ihm nicht gehören und als deren Inhaber es nicht im Aktienregister eingetragen ist, nur ausüben, wenn es bevollmächtigt ist. ²Die Vollmacht darf nur einem bestimmten Kreditinstitut erteilt werden und ist von diesem nachprüfbar festzuhalten. ³Die Vollmachtserklärung muss vollständig sein und darf nur mit der Stimmrechtsausübung verbundene Erklärungen enthalten. ⁴Erteilt der Aktionär keine ausdrücklichen Weisungen, so kann eine generelle Vollmacht nur die Berechtigung des Kreditinstituts zur Stimmrechtsausübung
1. entsprechend eigenen Abstimmungsvorschlägen (Absätze 2 und 3) oder
2. entsprechend den Vorschlägen des Vorstands oder des Aufsichtsrats oder für den Fall voneinander abweichender Vorschläge den Vorschlägen des Aufsichtsrats (Absatz 4)

vorsehen. ⁵Bietet das Kreditinstitut die Stimmrechtsausübung gemäß Satz 4 Nr. 1 oder Nr. 2 an, so hat es sich zugleich zu erbieten, im Rahmen des Zumutbaren und bis auf Widerruf einer Aktionärsvereinigung oder einem sonstigen Vertreter nach Wahl des Aktionärs die zur Stimmrechtsausübung erforderlichen Unterlagen zuzuleiten. ⁶Das Kreditinstitut hat den Aktionär jährlich und deutlich hervorgehoben auf die Möglichkeiten des jederzeitigen Widerrufs der Vollmacht und der Änderung des Bevollmächtigten hinzuweisen. ⁷Die Erteilung von Weisungen zu den einzelnen Tagesordnungspunkten, die Erteilung und der Widerruf einer generellen Vollmacht nach Satz 4 und eines Auftrags nach Satz 5 einschließlich seiner Änderung sind dem Aktionär durch ein Formblatt oder Bildschirmformular zu erleichtern.

(2) ¹Ein Kreditinstitut, das das Stimmrecht auf Grund einer Vollmacht nach Absatz 1 Satz 4 Nr. 1 ausüben will, hat dem Aktionär rechtzeitig eigene Vorschläge für die Ausübung des Stimmrechts zu den einzelnen Gegenständen der Tagesordnung zugänglich zu machen. ²Bei diesen Vorschlägen hat sich das Kreditinstitut vom Interesse des Aktionärs leiten zu lassen und organisatorische Vorkehrungen dafür zu tref-

fen, dass Eigeninteressen aus anderen Geschäftsbereichen nicht einfließen; es hat ein Mitglied der Geschäftsleitung zu benennen, das die Einhaltung dieser Pflichten sowie die ordnungsgemäße Ausübung des Stimmrechts und deren Dokumentation zu überwachen hat. ³Zusammen mit seinen Vorschlägen hat das Kreditinstitut darauf hinzuweisen, dass es das Stimmrecht entsprechend den eigenen Vorschlägen ausüben werde, wenn der Aktionär nicht rechtzeitig eine andere Weisung erteilt. ⁴Gehört ein Vorstandsmitglied oder ein Mitarbeiter des Kreditinstituts dem Aufsichtsrat der Gesellschaft oder ein Vorstandsmitglied oder ein Mitarbeiter der Gesellschaft dem Aufsichtsrat des Kreditinstituts an, so hat das Kreditinstitut hierauf hinzuweisen. ⁵Gleiches gilt, wenn das Kreditinstitut an der Gesellschaft eine Beteiligung hält, die nach § 21 des Wertpapierhandelsgesetzes meldepflichtig ist, oder einem Konsortium angehörte, das die innerhalb von fünf Jahren zeitlich letzte Emission von Wertpapieren der Gesellschaft übernommen hat.

(3) ¹Hat der Aktionär dem Kreditinstitut keine Weisung für die Ausübung des Stimmrechts erteilt, so hat das Kreditinstitut im Falle des Absatzes 1 Satz 4 Nr. 1 das Stimmrecht entsprechend seinen eigenen Vorschlägen auszuüben, es sei denn, dass es den Umständen nach annehmen darf, dass der Aktionär bei Kenntnis der Sachlage die abweichende Ausübung des Stimmrechts billigen würde. ²Ist das Kreditinstitut bei der Ausübung des Stimmrechts von einer Weisung des Aktionärs oder, wenn der Aktionär keine Weisung erteilt hat, von seinem eigenen Vorschlag abgewichen, so hat es dies dem Aktionär mitzuteilen und die Gründe anzugeben. ³In der eigenen Hauptversammlung darf das bevollmächtigte Kreditinstitut das Stimmrecht auf Grund der Vollmacht nur ausüben, soweit der Aktionär eine ausdrückliche Weisung zu den einzelnen Gegenständen der Tagesordnung erteilt hat. ⁴Gleiches gilt in der Versammlung einer Gesellschaft, an der es mit mehr als 20 Prozent des Grundkapitals unmittelbar oder mittelbar beteiligt ist.

(4) ¹Ein Kreditinstitut, das in der Hauptversammlung das Stimmrecht auf Grund einer Vollmacht nach Absatz 1 Satz 4 Nr. 2 ausüben will, hat den Aktionären die Vorschläge des Vorstands und des Aufsichtsrats zugänglich zu machen, sofern dies nicht anderweitig erfolgt. ²Absatz 2 Satz 3 sowie Absatz 3 Satz 1 bis 3 gelten entsprechend.

(5) ¹Wenn die Vollmacht dies gestattet, darf das Kreditinstitut Personen, die nicht seine Angestellten sind, unterbevollmächtigen. ²Wenn es die Vollmacht nicht anders bestimmt, übt das Kreditinstitut das Stimmrecht im Namen dessen aus, den es angeht. ³Ist die Briefwahl bei der Gesellschaft zugelassen, so darf das bevollmächtigte Kreditinstitut sich ihrer bedienen. ⁴Zum Nachweis seiner Stimmberechtigung gegenüber der Gesellschaft genügt bei börsennotierten Gesellschaften die Vorlegung eines Berechtigungsnachweises gemäß § 123 Abs. 3; im Übrigen sind die in der Satzung für die Ausübung des Stimmrechts vorgesehenen Erfordernisse zu erfüllen.

(6) ¹Ein Kreditinstitut darf das Stimmrecht für Namensaktien, die ihm nicht gehören, als deren Inhaber es aber im Aktienregister eingetragen ist, nur auf Grund einer Ermächtigung ausüben. ²Auf die Ermächtigung sind die Absätze 1 bis 5 entsprechend anzuwenden.

(7) Die Wirksamkeit der Stimmabgabe wird durch einen Verstoß gegen Absatz 1 Satz 2 bis 7, die Absätze 2 bis 6 nicht beeinträchtigt.

(8) Die Absätze 1 bis 7 gelten sinngemäß für Aktionärsvereinigungen und für Personen, die sich geschäftsmäßig gegenüber Aktionären zur Ausübung des Stimmrechts in der Hauptversammlung erbieten; dies gilt nicht, wenn derjenige, der das Stimmrecht ausüben will, gesetzlicher Vertreter, Ehegatte oder Lebenspartner des Aktionärs oder mit ihm bis zum vierten Grad verwandt oder verschwägert ist.

(9) Die Verpflichtung des Kreditinstituts zum Ersatz eines aus der Verletzung der Absätze 1 bis 6 entstehenden Schadens kann im Voraus weder ausgeschlossen noch beschränkt werden.

(10) § 125 Abs. 5 gilt entsprechend.

Übersicht

	Rn		Rn
I. Allgemeines	1	cc) Organisations- und Überwachungsmaßnahmen (Abs 2 S 2)	22
1. Regelungsgegenstand	1		
2. Normzweck	2		
3. Normgeschichte	3	dd) rechtzeitige Zugänglichmachung	24
II. Vollmacht (Abs 1)	4	b) Hinweispflichten	25
1. Beschränkung auf Stimmrechtsvollmacht (Abs 1 S 1)	4	aa) bevorstehende Stimmrechtsausübung (Abs 2 S 3)	25
a) Kreditinstitut	4		
b) Betroffene Aktien	5	bb) personelle Verflechtungen (Abs 2 S 4)	26
2. Vollmachtserklärung	6		
a) Allgemeines	6	cc) Beteiligungsbesitz (Abs 2 S 5 Alt 1)	28
b) Bestimmtes Kreditinstitut (Abs 1 S 2)	7		
c) Dokumentationspflicht (Abs 1 S 2)	8	dd) Emissionstätigkeit (Abs 2 S 5 Alt 2)	31
d) Sonstige inhaltliche Anforderungen (Abs 1 S 3)	9	c) Zusätzliche Voraussetzungen (Abs 3 S 3 und 4)	32
e) Arten der Bevollmächtigung, Weisung des Aktionärs (Abs 1 S 4)	10	aa) Eigene HV des Kreditinstituts (Abs 3 S 3)	32
3. Pflichten des Kreditinstituts	12	bb) Im Beteiligungsbesitz des Kreditinstituts stehende Gesellschaft (Abs 3 S 4)	33
a) Erbieten zur Zuleitung von Unterlagen (Abs 1 S 5)	12		
b) Hinweis auf Widerruf und die Änderung des Bevollmächtigten (Abs 1 S 6)	13	3. Abweichen von Weisung oder eigenem Vorschlag (Abs 3 S 1 und 2)	36
c) Technische Erleichterungen (Abs 1 S 7)	14	a) Abweichen	36
4. Widerruf der Vollmacht	15	b) Mitteilungs- und Begründungspflicht	37
III. Ausübung der Vollmacht (Abs 2-5)	16	4. Ausübung nach Verwaltungsvorschlägen (Abs 4)	38
1. Ausübung entsprechend Weisung des Aktionärs	16	5. Modalitäten der Stimmrechtsausübung	39
2. Ausübung entsprechend eigener Vorschläge des KI (Abs 2 und 3)	18	a) Untervollmacht (Abs 5 S 1)	39
a) Vorschläge	18	b) Arten der Ausübung, Briefwahl (Abs 5 S 2 und 3)	40
aa) Adressaten und Voraussetzungen	18	c) Legitimationsnachweis (Abs 5 S 4)	43
bb) inhaltliche Ausrichtung	20	IV. Sonderregeln für Namensaktien (Abs 6)	44

	Rn		Rn
V. Weitere Normadressaten (Abs 8)	46	VI. Kreditinstituten Gleichgestellte (Abs 10)	50
1. Aktionärsvereinigungen (Abs 8 HS 1 Alt 1)	46	VII. Rechtsfolgen bei Verstößen	51
2. Geschäftsmäßig Handelnde (Abs 8 HS 1 Alt 2)	47	1. Keine Unwirksamkeit der Stimmabgabe (Abs 7)	51
3. Ausnahme: Gesetzliche Vertreter und Angehörige (Abs 8 HS 2)	48	2. Schadensersatz (Abs 9)	52
		3. Anfechtung	53
		4. Ordnungswidrigkeit	54
4. Entsprechende Anwendung der Abs 1 bis 7	49		

Literatur: *Bunke* Fragen der Vollmachtserteilung zur Stimmrechtsausübung nach §§ 134, 135 AktG, AG 2002, 57; *DAV* Stellungnahme des Handelsrechtsausschusses des Deutschen Anwaltvereins eV – zum RefE eines Gesetzes zur Namensaktie und zur Erleichterung der Stimmrechtsausübung – Namensaktiengesetz (NaStraG), NZG 2000, 443; *Fleischer* Zur Rolle und Regulierung von Stimmrechtsberatern (Proxy Advisors) im deutschen und europäischen Kapitalmarktrecht, AG 2012, 2; *Grobecker* Beachtenswertes zur Hauptversammlungssaison, NZG 2010, 165; *Grundmann* Das neue Depotstimmrecht nach der Fassung im Regierungsentwurf zum ARUG, BKR 2009, 31; *Habersack* Aktienrecht und Internet, ZHR 165 (2001), 172; *Hammen* Das Vollmachtsstimmrecht der Banken in der Aktienrechtsreform, WM 1997, 1221; *ders* Zur Haftung bei der Stimmrechtsvertretung durch Kreditinstitute in der Hauptversammlung der Aktiengesellschaft, ZBB 1993, 239; *Henssler* Verhaltenspflichten bei der Ausübung von Aktienstimmrechten durch Bevollmächtigte, ZHR 157 (1993), 91; *Kiefner/Zetzsche* Die Legitimation durch Record Date Nachweis und Übergangsvorschrift des § 16 EGAktG, ZIP 2006, 551; *Knütel* Weisungen bei Geschäftsbesorgungsverhältnissen, insbesondere bei Kommission und Spedition, ZHR 157 (1973), 285; *Marsch-Barner* Neuere Entwicklungen im Vollmachtsstimmrecht der Banken, FS Peltzer 2002, S 261; *ders* Treuepflichten zwischen Aktionären und Verhaltenspflichten bei der Stimmrechtsbündelung, ZHR 157 (1993), 172; *Noack* Die organisierte Stimmrechtsvertretung auf Hauptversammlungen – insbesondere durch die Gesellschaft, FS Lutter, 2000, S 1463; *Noack/Zetzsche* Bankaktienrecht und Aktienbankrecht, FS Hopt 2010, S 2283; *ders* Stimmrechtsvertreter in der Hauptversammlung nach NaStraG, ZIP 2001, 57; *Bundesverband des privaten Bankgewerbes eV* Rundschreiben Nr 90 v 4.11.1965, WM 1965, 1090; *Schöne* Haftung des Aktionärs-Vertreters für pflichtwidrige Stimmrechtsausübung, WM 1992, 209; *J. Schmidt* Banken(voll)macht im Wandel der Zeit, WM 2009, 2350; *Schulte/Bode* Offene Fragen zur Form der Vollmachtserteilung an Vertreter iSv § 135 AktG, AG 2008, 730; *Seibert/Florstedt* Der Regierungsentwurf des ARUG – Inhalt und wesentliche Änderungen gegenüber dem Referentenentwurf, ZIP 2008, 2145; *Simon/Zetzsche* Das Vollmachtstimmrecht von Banken und geschäftsmäßigen Vertretern (§ 135 AktG nF) im Spannungsfeld von Corporate Governance, Präsenzsicherung und proceduraler Effizienz, ZGR 2010, 918; *Than* Verhaltenspflichten bei der Ausübung von Aktienstimmrechten durch Bevollmächtigte, ZHR 157 (1993), 125; *Timm* Treuepflicht im Aktienrecht, WM 1991, 481; *Vaupel* Ansprüche von Aktiengesellschaften gegen Stimmrechtsempfehlungen institutioneller Stimmrechtsinhaber, AG 2011, 63; *Zätsch/Gröning* Neue Medien im deutschen Aktienrecht: Zum RefE des NaStraG, NZG 2000, 393.

I. Allgemeines

1 **1. Regelungsgegenstand.** § 135 regelt die Ausübung des Stimmrechts aus fremden Aktien durch Kreditinstitute und diesen Gleichgestellte (Abs 10 und teilweise Gleichstellung in Abs 5), sog **Bankenstimmrecht**. Grds darf in diesen Fällen das Stimmrecht nur aufgrund einer Vollmacht ausgeübt werden (Abs 1 S 1). Eine Legitimationsübertragung kommt nur noch dann in Betracht, wenn trotz Fremdbesitzes das Kreditinstitut als Inhaber im Aktienregister eingetragen ist (Abs 6).

2. Normzweck. Die Norm soll auf der einen Seite durch Zulassung der Stimmrechtsvollmacht der Kreditinstitute die Kontrolle der Verwaltung durch die Aktionäre vor dem Hintergrund geringer HV-Präsenzen fördern, auf der anderen Seite verhindern, dass die Kreditinstitute diese Stimmrechtsvollmacht zu Gunsten ihrer eigenen Interessen und zu Lasten der Interessen der vertretenen Anteilsinhaber einsetzen (RegBegr *Kropff* S 194 f). Die praktische Relevanz des § 135 ist vor allem für institutionelle Aktionäre eher gering, da diese verbreitet auf Stimmrechtsvorschläge professioneller **Beratungsdienste** wie Institutional Shareholder Services (iss) zurückgreifen. Fraglich ist, ob § 135 ist auch in grenzüberschreitenden Fällen – bspw wenn ein ausländischer Finanzintermediär Teil der Verwahrkette für Aktien einer AG mit Gesellschaftssitz in Deutschland ist – anzuwenden ist (vgl dazu ausf *Noack/Zetzsche* FS Hopt, S 2283, 2294 ff mwN). Gute Gründe sprechen für die Anwendung des deutschen Gesellschaftsrechts, denn die Verweisung des § 135 Abs 10 über § 125 Abs 5 auf das KWG legt die Anwendung des sog „Marktortprinzips" nahe (überzeugend *Noack/Zetzsche* aaO S 2295 ff). 2

3. Normgeschichte. Hervorzuheben sind bedeutende Änderungen des § 135 durch das KonTraG v 27.4.1998 (BGBl I S 786) und durch das NaStraG v 18.1.2002 (BGBl I S 123), gefolgt von einer geringfügigen Veränderung durch das UMAG v 22.9.2005 (BGBl I S 2802) (eingehend zur Entstehungsgeschichte *Simon/Zetzsche* ZGR 2010, 918, 923 ff; Spindler/Stilz AktG/*Rieckers* Rn 2 ff). Eine grundlegende Neufassung erhielt § 135 schließlich durch das ARUG vom 30.7.2009 (BGBl I S 2479), wodurch auch § 128 Abs 2 und 3 aF in abgewandelter Form inkorporiert wurden. 3

II. Vollmacht (Abs 1)

1. Beschränkung auf Stimmrechtsvollmacht (Abs 1 S 1). – a) Kreditinstitut. Die Definition des Begriffs Kreditinstitut findet sich in §§ 1 und 2 KWG. Ausländische Kreditinstitute (zB § 53 KWG) werden ebenfalls erfasst (**hM** Hüffer AktG Rn 4; Spindler/Stilz AktG/*Rieckers* Rn 11; **aA** GroßKomm AktG/*Barz* 3. Aufl 1973, Anm 2); unerheblich ist auch, ob inländische oder ausländische Aktionäre vertreten werden (MünchKomm AktG/*Schröer* Rn 29; MünchHdb AG/*F.-J. Semler* § 38 Rn 54). Es muss sich nur um eine **HV einer deutschen AG** handeln. Eine Ausnahme ergibt sich aber aus Abs 10 iVm 125 Abs 5, weil für Kreditinstitute mit Sitz außerhalb der EU und ohne Zweigstelle im Geltungsbereich des KWG keine Pflicht zur Zugänglichmachung der eigenen Vorschläge nach Abs 2 besteht (MünchKomm AktG/*Kubis* § 128 Rn 3; K. Schmidt/Lutter AktG/*Spindler* Rn 6; *Hüffer* aaO; **aA** zu § 135 nF *Rieckers* aaO Rn 12 mwN). Damit greift in diesem Fall Abs 3 S 1, also die Abstimmung entspr den Vorschlägen des Kreditinstituts aufgrund einer Generalvollmacht iSd Abs 1 S 4 Nr 1 und ohne Weisung des Aktionärs, nicht ein, soweit darin auf die mitgeteilten Vorschläge Bezug genommen wird (*Hüffer* aaO). In diesem Fall soll das Kreditinstitut in seiner vollmachtsbezogenen Stimmrechtsausübung durch eine analoge Heranziehung der in Abs 3 ausgedrückten Interessenbindung wie ein inländisches Kreditinstitut beschränken (*Schröer* aaO; *Spindler* aaO); dabei soll aber analog Abs 3 S 1 der Erkenntnishorizont bei Stimmrechtsausübung maßgebend sein (*Schröer* aaO; *Spindler* aaO, gegen eine Anwendbarkeit des Abs 3 *Hüffer* aaO). 4

§ 135   Ausübung des Stimmrechts durch Kreditinstitute

5 **b) Betroffene Aktien.** S 1 gilt für nur **fremde** Namens- und Inhaberaktien. S 1 gilt somit dann nicht, wenn das Kreditinstitut Vollrechtsinhaber ist. Ist das Kreditinstitut **Treuhänder** (iS einer Vollrechtstreuhand im Gegensatz zu einer Vollmachtstreuhand, vgl dazu Assmann/*Schneider* WpHG § 22 Rn 62), so ist es Vollrechtsinhaber. S 1 findet keine Anwendung, unabhängig davon, ob es sich um eine eigennützige (Sicherungs-)Treuhand oder um eine uneigennützige (Verwaltungs-)Treuhand handelt. Ebenso gilt S 1 nicht, wenn das Vollrecht des Kreditinstituts dinglich belastet ist, da es sich auch dann nicht um fremde Aktien handelt. Auf der anderen Seite wird S 1 nicht durch eine dingliche Belastung zugunsten des Kreditinstituts eingeschränkt. S 1 gilt folglich auch dann, wenn das Kreditinstitut nur Pfandgläubiger oder Nießbraucher ist. Weiterhin darf (bei Namensaktien) das Kreditinstitut **nicht im Aktienregister** eingetragen sein. Wegen § 67 Abs 2 gilt dann nur das Kreditinstitut als legitimiert, Abs 6 weicht daher auf die Legitimationsübertragung aus, wobei aber in den Folgen ein möglichst weitgehender Gleichlauf angestrebt wird. Eine gleichwohl abgegebene Stimme bleibt nach der seit dem ARUG geltenden Fassung des § 135 gültig (Abs 7).

6 **2. Vollmachtserklärung. – a) Allgemeines.** Das Kreditinstitut muss zur Stimmrechtsausübung für fremde Aktien, für welche es nicht im Aktienregister eingetragen ist, bevollmächtigt sein; hingegen kommt die Legitimationsübertragung nicht in Frage. Im Hinblick auf die Form der Vollmacht enthält § 135 keine Angaben. Dennoch wird man in richtlinienkonformer Auslegung zumindest **Textform** verlangen müssen, denn Art 11 Abs 2 S 1 der Aktionärsrechterichtlinie (RL 2007/36/EG v 11.7.2007, AB1EU v 14.7.2007, L 184/17) verlangt für die Bestellung von Stimmrechtsvertretern generell „Schriftform", was jedoch nach allgM im Kontext der Richtlinie stets als Textform iSd 126b BGB auszulegen ist (vgl *Grundmann* BKR 2009, 31, 37; *J. Schmidt* WM 2009, 2350, 2356 mwN auch zur Handhabung nach § 135 aF; **aA** Spindler/Stilz AktG/*Rieckers* Rn 16 f); zulässig sind somit bspw die Vollmachterteilung per Fax, E-Mail oder Internet-Formular. Streitig ist, ob die **Satzung** eine **Form** zwingend vorschreiben darf (so *Bunke* AG 2002, 57, 61; der sich auf Abs 4 S 3 HS 1 aF (entspr Abs 5 S 4 HS 2 nF) stützt, der sich jedoch nicht auf die Vollmachtsform, sondern auf den Nachweis der Stimmrechtsberechtigung bezieht; *Zätsch/Gröning* NZG 2000, 393, 399; *LG Frankfurt/Main* BB 2009, 406, 407 f – „Triplan"; *LG Berlin* BB 2009, 1265; **aA** *Rieckers* aaO Rn 18 mwN; K. Schmidt/Lutter AktG/*Spindler* Rn 7; *Schulte/Bode* AG 2008, 730, 733 ff). Richtiger Ansicht nach wäre eine solche die Form vorschreibende Klausel unwirksam, weil dadurch eine an das Verhältnis des Aktionärs zu einem Dritten anknüpfende Erschwernis der Ausübung der Teilhaberechte begründet würde. Von der Frage nach der Schriftform zu trennen ist das Nachweiserfordernis der Vollmacht, jenes wird in Abs 5 S 4 geregelt (s Rn 43). Eine **Befristung** der Vollmacht (früher 15 Monate) ist nicht notwendig, jedoch zulässig. Neben der Dauervollmacht kann auch eine Vollmacht für nur eine HV erteilt werden. Von der Vollmacht zu trennen ist das zugrunde liegende Rechtsverhältnis, welches bei Unentgeltlichkeit Auftrag (§ 662 BGB), sonst Geschäftsbesorgung (§ 675 BGB) sein kann (*Than* ZHR 157 (1993), 125, 136 f; *Hensslen* ZHR 157 (1993), 91, 97). Dieses Verhältnis kann als Grundlage für Schadensersatz dienen (*Spindler* aaO Rn 55; *Hammen* ZBB 1993, 239, 241).

7 **b) Bestimmtes Kreditinstitut (Abs 1 S 2).** Die Vollmacht darf zur Vermeidung einer verdeckten „Stimmleihe" gem Abs 1 S 2 **nur einem** bestimmten Kreditinstitut erteilt werden, allerdings auch einem anderen als der Depotbank. Die Vollmachtserklärung muss die **namentliche Benennung** des konkreten bevollmächtigten Kreditinstituts ent-

halten. Diesem Erfordernis widersprechen Blankovollmachten, welche das bevollmächtigte Kreditinstitut offen lassen; ferner auch Inhabervollmachten oder Alternativvollmachten zugunsten mehrerer Kreditinstitute (unstr *Hüffer* AktG Rn 6; K. Schmidt/Lutter AktG/*Spindler* Rn 11 mwN). Im Zuge der Deregulierung des § 135 durch das ARUG ist der Kontrahierungszwang der Kreditinstitute iSd Abs 10 aF entfallen.

c) Dokumentationspflicht (Abs 1 S 2). Die Vollmacht ist vom Kreditinstitut gem Abs 1 S 2 **nachprüfbar festzuhalten.** Damit gemeint ist die interne Dokumentation des Kreditinstituts, nicht der Nachweis der Vollmacht gegenüber der Gesellschaft, in deren HV von der Stimmrechtsvollmacht Gebrauch gemacht werden soll. Das Kreditinstitut muss die Erteilung der Stimmrechtsvollmacht, unabhängig davon, ob es eine Dauer- oder eine Einzelvollmacht ist, so festhalten, dass eine Überprüfung im Rahmen einer Prüfung nach § 29 Abs 2 S 2 KWG möglich ist (RegBegr BT-Drucks 14/4051 S 16). Diese Dokumentationspflicht ist entspr auf die sonstigen, in Abs 8 genannten Normadressaten zu übertragen, auch wenn für sie § 29 Abs 2 S 2 KWG nicht gilt. Festzuhalten sind der Inhalt der Vollmachtserklärung und die **tatsächliche Erteilung** der Vollmacht wie auch das **Datum,** wann die Vollmacht erteilt worden ist. Identität des Erklärenden und Authentizität der Erklärung sind sicherzustellen (*Bunke* AG 2002, 57, 67). Die **Art und Weise** des Festhaltens bleibt dem Kreditinstitut überlassen. Die E-Mail oder die per E-Mail versandte Datei ist bspw so abzuspeichern, dass eine Manipulation weitestgehend ausgeschlossen werden kann. Möglich ist stattdessen auch der Ausdruck der E-Mail bzw der Datei, wenn das elektronische Dokument eine eingescannte Unterschrift enthält. Bei einem Tele- oder Computerfax genügt die Verwahrung des Papierausdrucks (*Bunke* aaO). Bei Vollmachtserteilung iRd electronic banking reichen die bestehenden Sicherheitsstandards (PIN- und TAN-Nummern) aus (RegBegr BT-Drucks 14/4051, 16); **dagegen wird gefordert,** dass das Identifizierungsprotokoll noch zusätzlich abgespeichert wird (*Schröer* aaO Rn 57), was jedoch ein nicht gerechtfertigter Formalismus wäre (Spindler/Stilz/*Rieckers* Rn 21). Der **Zeitraum,** wie lange die Vollmacht festgehalten werden muss, ist nicht ausdrücklich bestimmt. Sachlich angemessen ist eine Anlehnung an die in **§ 257 Abs 4 HGB genannte Sechsjahresfrist**; das gilt auch für die gem Abs 8 Dokumentationspflichtigen (*Bunke* aaO S 68). Verfehlt wäre es dagegen, die Dreijahresfrist des § 134 Abs 3 S 5 analog anzuwenden, weil sich diese Frist an der Heilung nichtiger Beschl orientiert.

d) Sonstige inhaltliche Anforderungen (Abs 1 S 3). Die Vollmachtserklärung muss gem Abs 1 S 3 **vollständig** sein. Vollständigkeit bedeutet, dass die Vollmachtserklärung den Namen des bevollmächtigten Kreditinstituts, die Person des Vollmachtgebers und die Bevollmächtigung zur Stimmrechtsausübung enthält, nicht aber die jederzeitige Widerruflichkeit. Auch fehlerhaft als unwiderruflich gekennzeichnete Vollmacht ist danach wirksam. Sie ergibt sich bereits aus dem Gesetz (MünchKomm AktG/*Schröer* Rn 51). Die von der Vollmacht betroffenen Aktien, Gesellschaft, Zahl, Gattung und Nennbeträge müssen in der Vollmachtserklärung **nicht** aufgeführt werden. Möglich ist eine umfassende Bevollmächtigung für die HV sämtlicher Gesellschaften und für alle von dem Kreditinstitut verwahrten Aktien (*Schröer* aaO Rn 52; *Hüffer* AktG Rn 9; **aA** KölnKomm AktG/*Zöllner* Rn 35). Es darf nur nicht zweifelhaft bleiben, welche Aktien von der Vollmacht umfasst sind. Buchungshinweis und Depotangabe genügen also. Die Datumsangabe der Vollmacht bedarf es erst für den Nachweis nach Abs 1 S 2, sie wäre bei einer nichtschriftlichen Vollmacht auch wenig sinnvoll (unklar insoweit RegBegr

§ 135 Ausübung des Stimmrechts durch Kreditinstitute

BT-Drucks 14/4051 S 16, welche allerdings teilweise eine klare Trennung zwischen Erteilung und Nachweis der Erteilung vermissen lässt). **Zeitlich relevant** für die Vollständigkeit ist das Wirksamwerden der Vollmacht. Das ist grds bei **Zugang** der Willenserklärung (§ 130 BGB). Das bedeutet schlussendlich nur, dass, so lange die Vollmacht nicht vollständig ist, das Kreditinstitut zur Stimmabgabe aus fremden Aktien mangels Vollmachtsstimmrecht nicht befugt ist. Der Bevollmächtigende kann jedoch die Vollmacht **jederzeit vervollständigen**. Ein **Vollständigkeitsmangel** berührt die Wirksamkeit der Stimmabgabe nicht, wie sich aus Abs 7 explizit ergibt. Das gilt aber nur bei Formalienmängeln. Fehlt hingegen die Bevollmächtigung, ist die Stimmabgabe ungültig. Ferner darf die Vollmacht gem Abs 1 S 3 **nur mit der Stimmrechtsausübung verbundene Erklärungen** enthalten. Eine Einbettung der Stimmrechtsvollmacht in eine umfassende AGB, in eine Vollmacht für die Vermögensverwaltung etc scheidet damit aus (Spindler/Stilz AktG/*Rieckers* Rn 29). Mit der Stimmrechtsausübung verbundene Erklärungen sind namentlich Weisungen, wie das Stimmrecht auszuüben ist, aber auch solche Erklärungen, welche die Stimmrechtsvollmacht betreffen, zB Befristung der Vollmacht oder Vorbehalt, von der Vollmacht keinen Gebrauch machen zu müssen; ferner auch Erklärungen im Zusammenhang mit Abs 5 S 1 (Untervollmacht), Abs 5 S 2 (Vollmacht im Namen dessen, den es angeht) und Abs 5 S 3 (Briefwahl).

10 **e) Arten der Bevollmächtigung, Weisung des Aktionärs (Abs 1 S 4).** Als **grundlegende Unterscheidung** differenziert § 135 zwischen der Bevollmächtigung des Kreditinstituts **mit Weisung** und **ohne Weisung** des Aktionärs. Eine Weisung ist eine Willensäußerung, welche den auf eine bestimmte Stimmrechtsausübung gerichteten Willen des vertretenen Aktionärs erkennen lässt. Ausreichend kann somit bereits eine Bitte sein (Münch-Komm AktG/*Schröer* Rn 90). **Ausdrücklich** meint zum einen, dass die Weisung eindeutig als solche zu erkennen ist (aA *Schröer* aaO Rn 91), zum anderen muss sich der Weisungsinhalt eindeutig aus der Erklärung ergeben (*Hüffer* AktG Rn 31). Eindeutigkeit schließt Auslegungsbedarf zwar nicht aus (*Schröer* aaO Rn 98; ausf zur Auslegung der Weisung vgl Rn 16). Die Auslegung ist jedoch zum Schutz des Aktionärs nur in sehr engen Grenzen möglich und muss daher zu sicheren Ergebnissen führen; verbleiben Zweifel, liegt Eindeutigkeit nicht vor. Auf keinen Fall darf die Weisung hinsichtlich der bei der Auslegung entstehenden Zweifelsfragen durch eigene Vorstellungen des Kreditinstituts (partiell) ersetzt werden. Da die Weisungen zu den einzelnen Gegenständen der Tagesordnung erteilt werden, können sie grds erst mit Vorliegen der Tagesordnung erfolgen. Eine **mögliche Weisung** ist auch die **Nichtausübung** des Stimmrechts **bzw** die **Enthaltung**. Die Weisung ist empfangsbedürftig, **bindet** folglich erst mit **Zugang**. Zugegangen ist die Weisung, wenn sie unter Berücksichtigung der banktechnischen Abläufe bei der Abstimmung in der HV noch berücksichtigt werden kann (K. Schmidt/Lutter AktG/*Spindler* Rn 29). Die Weisung kann wie die Vollmacht (s Rn 12) bis zu ihrer Ausführung jederzeit widerrufen oder durch eine anders lautende Weisung ersetzt bzw modifiziert werden. Notwendig ist jedoch wiederum der Zugang des Widerrufs bzw der anders lautenden Weisung beim Kreditinstitut. Bis zum Zugang eines Widerrufs oder einer abweichenden Weisung bleibt eine erteilte Weisung gültig. Das gilt auch für vor Bekanntgabe der Tagesordnung erteilte Weisungen; allerdings kann in diesen Fällen ein Abweichen eher gerechtfertigt sein (dazu su Rn 36 f). Die Weisung unterliegt **keinem Formerfordernis**. Bei einer (fern-)mündlich oder per E-Mail erteilten Weisung erfolgt die Legitimation des Weisenden wie sonst bei mündlichen oder elektronischen Kommunikation mit der Bank. Die Entscheidung, ob eine Weisung erteilt werden soll, liegt stets

1198 *Holzborn*

Ausübung des Stimmrechts durch Kreditinstitute § 135

beim Aktionär; allerdings ist in den Fällen des Abs 3 S 3 und S 4 eine Weisung erforderlich, wenn dem Kreditinstitut eine Generalvollmacht zur Abstimmung entspr seinen eigenen Abstimmungsvorschlägen gem Abs 1 S 4 Nr 1 erteilt wurde (vgl Rn 32 ff).

Wurden hingegen **keine Weisungen** durch den Aktionär erteilt bzw erfolgten diese nicht rechtzeitig, greift Abs 1 S 4 ein und der Aktionär hat die Möglichkeit, eine Generalvollmacht zur **Stimmrechtsausübung gemäß** den durch das Kreditinstitut übermittelten **eigenen Abstimmungsvorschlägen** (Abs 1 S 4 Nr 1) **oder** eine Generalvollmacht zur Abstimmung entspr den **Beschlussvorschlägen von Vorstand und AR** (bzw im Falle divergierender Abstimmungsvorschläge gemäß den Vorschlägen des AR) zu bevollmächtigen (Abs 1 S 4 Nr 2). Das Kreditinstitut kann dem Aktionär auch, anders als es der Wortlaut vermuten lässt, beide Varianten der Stimmrechtsausübung anbieten (RegBegr BT-Drucks 16/11642 S 33; *Seibert/Florstedt* ZIP 2008, 2145, 2151).   11

3. Pflichten des Kreditinstituts. – a) Erbieten zur Zuleitung von Unterlagen (Abs 1 S 5). Bietet das Kreditinstitut die Stimmrechtsausübung gem S 4 Nr 1 oder Nr 2 an, hat es sich zugleich zu erbieten, bis auf Widerruf einer Aktionärsvereinigung oder einem sonstigen Vertreter nach Wahl des Aktionärs die zur Stimmrechtsausübung erforderlichen Unterlagen zuzuleiten (Abs 1 S 5); auch eine freiwillige Zuleitung kommt in Betracht, ohne dass vom Kreditinstitut die Stimmrechtsausübung gem Abs 1 S 4 Nr 1 oder Nr 2 angeboten werden muss (*Simon/Zetzsche* ZGR 2010, 918, 935). Für die Person des Dritten (bzw die Aktionärsvereinigung) ist es unerheblich, ob bereits Vollmacht erteilt wurde (*Hüffer* AktG Rn 14). In der Zuleitung der Unterlagen kann eine konkludente Bevollmächtigung liegen (RegBegr BT-Drucks 16/11642 S 33 f; *Simon/Zetzsche* aaO 937); Gleiches gilt für die Erteilung eines Dauerauftrags an das Kreditinstitut (RegBegr aaO S 34). Die Pflicht zur Zuleitung steht unter dem Vorbehalt der **Zumutbarkeit**. Diese Grenze wird dann berührt, wenn die Zuleitung im Einzelfall nicht mehr im Rahmen eines weitgehend reibungslos und kostengünstig ablaufenden „Massengeschäfts" erfolgen kann (RegBegr aaO S 33 f). Das betrifft bspw Fälle, in denen Nachforschungen seitens des Kreditinstituts erforderlich wären (wg unrichtiger oder unvollständiger Angaben) oder die Zuleitung an einen im Ausland ansässigen Dritten nur schwierig zu realisieren ist sowie offensichtlich scherzhaft oder missbräuchlich benannte Adressaten (RegBegr aaO); sogar das häufige Wechseln des Vertreters, das „sachlich nicht begründbar" ist, wird als Überschreitung der Zumutbarkeit angesehen (*Simon/Zetzsche* aaO 935). Näheres zur Zumutbarkeitsschwelle kann in den AGB verankert werden (RegBegr aaO). **Inhaltlich** umfasst die Zuleitungspflicht die Legitimationsunterlagen iSd § 123 Abs 3 sowie die zur Briefwahl (§ 118 Abs 2) und zur Online-Ausübung des Stimmrechts (§ 118 Abs 1 S 2) erforderlichen Unterlagen (RegBegr aaO). In **zeitlicher Hinsicht** besteht die Pflicht zur Zuleitung nur bis zur Einberufung zur HV; nach diesem Zeitpunkt kann die Zuleitungspflicht nicht mehr entstehen (*Simon/Zetzsche* aaO). Aufgrund der Vorschrift des Abs 1 S 5 immanenten Benachteiligungsverbotes dürfen die Konditionen (bspw Vergütung) für die Zuleitung nicht ungünstiger sein als für die Erteilung einer Generalvollmacht iSd Abs 1 S 4 Nr 1 oder Nr 2 (*Simon/Zetzsche* aaO). Zur Handhabung der Zuleitung in der Praxis vgl ausf *Simon/Zetzsche* aaO 938.   12

b) Hinweis auf Widerruf und die Änderung des Bevollmächtigten (Abs 1 S 6). Das Kreditinstitut hat den Aktionär **jährlich** und **deutlich hervorgehoben** auf die **Änderung des Bevollmächtigten** (§ 125 Abs 1 S 4) sowie auf Möglichkeit des **jederzeitigen**   13

Holzborn 1199

Widerrufs der Vollmacht hinzuweisen, Abs 1 S 6. Deutlich hervorgehoben meint, dass mit der Kenntnisnahme durch einen verständigen Aktionär gerechnet werden kann (*Hüffer* AktG Rn 15). Ausreichend ist in dieser Hinsicht in jedem Fall ein Hinweis auf einem separaten Blatt oder eine E-Mail, welche nur den Hinweis enthält; räumliche Absetzung und optische Hervorhebung (zB Fettdruck, Rahmen) genügen jedoch (MünchKomm AktG/*Schröer* Rn 64; *Simon/Zetzsche* ZGR 2010, 918, 941: Fettdruck auf jährlichem Depotauszug). Der Hinweis der anderen Vertretungsmöglichkeit muss nicht räumlich vom Hinweis der jederzeitigen Widerruflichkeit abgesetzt werden (*Schröer* aaO Rn 66). Der Hinweis durch das Kreditinstitut hat bei der Vollmachtserteilung durch den bevollmächtigenden Aktionär zu erfolgen; sinnvoll, aber **nicht notwendig** ist, dass der **Hinweis Bestandteil des Vollmachtsformulars** oder der Vollmachtserklärung wird (so aber *Hüffer* aaO; dagegen mit Recht Spindler/Stilz AktG/ *Rieckers* Rn 40; *Schröer* aaO Rn 66). Ein Verstoß führt nicht zur Unwirksamkeit der Stimmabgabe (Abs 7); erst recht nicht zur Unwirksamkeit der Vollmacht. Eine Unwirksamkeit ergibt sich auch nicht dadurch, dass der Bevollmächtigte über anderweitige Vertretungsmöglichkeiten Fehlvorstellungen hatte (*Hüffer* aaO). Er kann deswegen auch nicht die Vollmacht nach §§ 119 ff BGB anfechten. Ein **Verstoß** gegen die Hinweispflicht zieht **keine Sanktionen** nach sich (vgl Abs 7, *Rieckers* aaO Rn 39). Bei Emittenten, für die die Bundesrepublik Deutschland der Herkunftsstaat ist, steht die Übermittlung von Informationen im Wege der Datenfernübertragung unter dem Vorbehalt der §§ 30b Abs 3, 30a Abs 1 Nr 1 WpHG.

14 c) Technische Erleichterungen (Abs 1 S 7). Die Erteilung einer Weisung zu den einzelnen Tagesordnungspunkten, die Erteilung und der Widerruf einer generellen Vollmacht nach Abs 1 S 4 sowie die Abgabe oder Änderung eines Weiterleitungsauftrages iSd Abs 1 S 5 müssen dem Aktionär gem Abs 1 S 7 erleichtert werden. Die vormals in Abs 2 S 5 aF geregelte Pflicht betraf allein die Weisung des Aktionärs und wurde durch das ARUG v 30.7.2009 (BGBl I S 2479) auf die eben genannten Anwendungsfälle ausgeweitet. Das Kreditinstitut muss dafür Formblätter oder ein Bildschirmformular anbieten. Abs 1 S 7 ist, anders als die vor Inkrafttreten des ARUG geltende Fassung, abschließend, so dass die technische Erleichterung nur in diesen beiden Formen realisiert werden kann (krit *J. Schmidt* WM 2009, 2350, 2355 f).

15 4. Widerruf der Vollmacht. Die Vollmacht ist **jederzeit** widerruflich, auch während der HV bis zur Ausübung (KölnKomm AktG/*Zöllner* Rn 41). Abweichendes kann nicht vereinbart werden, da die Verpflichtung zum Hinweis auf diese Widerruflichkeit normiert ist, Abs 1 S 6 (*Hüffer* AktG Rn 8). Enthält der Depotvertrag oder das der Vollmacht zugrunde liegende Rechtsverhältnis eine Einschränkung der Widerruflichkeit, ist sie unbeachtlich; die unwirksame Einschränkung führt aber auf der anderen Seite wg Abs 7 nicht zur Unwirksamkeit der Vollmacht. Der Widerruf bedarf keines Grundes. Der Widerruf führt zum Erlöschen der Vollmacht und erfasst alle Vorgänge der HV, bei denen das Ausübungsgeschäft noch nicht begonnen wurde (*Simon/Zetzsche* ZGR 2010, 918, 940). Eine vollmachtlose Stimmabgabe ist unwirksam. Aus Abs 7 kann selbstredend nicht entnommen werden, dass ein Widerruf die Wirksamkeit der nach Widerruf abgegebenen Stimmabgabe nicht beeinträchtigen würde (unstr). Abs 7 passt insoweit bereits vom Wortlaut nicht. §§ 167–176 BGB finden Anwendung (*Hüffer* aaO). § 168 BGB ist jedoch nur insoweit anwendbar, als die Widerruflichkeit nicht gemindert wird (zB nicht gem Depotvertrag beschränkbar). Der Widerruf kann mündlich erklärt werden, entweder gegenüber dem Kreditinstitut oder gegenüber der Gesellschaft, in deren HV die Vollmacht ausgeübt werden soll (§§ 167, 168 S 3 BGB).

III. Ausübung der Vollmacht (Abs 2-5)

1. Ausübung entsprechend Weisung des Aktionärs. Wurden **Weisungen erteilt** (vgl Rn 10), ist das Kreditinstitut beim Abstimmungsverhalten grds daran gebunden (*Henssler* ZHR 157 (1993), 91, 103). Diese Bindung ist rechtsgeschäftlich **nicht abdingbar** (unstr s nur KölnKomm AktG/*Zöllner* Rn 52). Die Bindung besteht selbst dann, wenn bei ernsthafter und endgültiger Weisungserteilung die Weisung aus Sicht des Kreditinstituts nicht zweck- oder interessengemäß ist (*Henssler* aaO; *BGH* NJW 1985, 42, 43, auch zu der damit verbundenen **Warnpflicht**); anderes gilt jedoch dann, wenn der Weisungsinhalt oder die Umstände ergeben, dass sich der Weisende der relevanten Sachlage und den damit verbundenen Folgen nicht vollständig bewusst war. Dann kommt eine Abweichung von der Weisung im Einzelfall in Betracht (dazu unten Rn 36 f). 16

Ist der **Wille des Depotkunden** nicht eindeutig oder ist die Weisung widersprüchlich, muss zuerst der eigentliche Wille durch **Auslegung** gewonnen werden (§ 133 BGB, *LG Düsseldorf* ZIP 1993, 350, 351; *Schöne* WM 1992, 209, 210; aA K. Schmidt/Lutter AktG/*Spindler* Rn 30 mwN: Erkundigungspflicht). Hilft die Auslegung nicht weiter, muss sich das Kreditinstitut bei einer nicht eindeutigen Weisung enthalten; eine nicht auslegbare widersprüchliche Weisung ist perplex, mithin ungültig und bindet folglich nicht. Ist eine Weisung ungültig, liegt keine Weisung iSd Abs 1 S 4 und 7, Abs 2 S 3, Abs 3 vor. Die Weisung ist im Hinblick auf den anstehenden Antrag zu konkretisieren. ZB bedeutet eine Weisung, für einen Verwaltungsvorschlag zu stimmen, idR auch die Weisung, gegen den diesbezüglichen Gegenantrag zu stimmen und nicht sich nur zu enthalten. Bei **nicht angekündigten Anträgen** ist zu unterscheiden: Besteht eine pauschale Weisung, zB immer iSd Verwaltung zu stimmen, muss durch Auslegung dieser Weisung ermittelt werden, ob sie auch für diesen Antrag gelten soll; iSd Verwaltung muss jedenfalls dann abgestimmt werden, wenn der Aktionär eine generelle Vollmacht iSd Abs 1 S 4 Nr 2 erteilt hat (*Grobecker* NZG 2010, 165, 168; Spindler/Stilz AktG/*Rieckers* Rn 73). Dasselbe gilt bei nicht pauschalen Weisungen zu einem ähnlichen Antrag (zB vergleichbarer Kapitalschnitt). Ferner können inhaltliche Zusammenhänge die Weisung konkretisieren: Wurde zB die Weisung erteilt, einzelne Organmitglieder nicht zu entlasten, bedeutet dies auch, einem Antrag auf Einzelentlastung zuzustimmen (Obermüller/Werner/Winden HV/*Butzke* E 86). Allerdings besteht keine Pflicht des Kreditinstituts, selbst den Antrag zu stellen. Zur Antragstellung ist es nie verpflichtet. Problematisch ist, ob die Vollmacht unter die Bedingung gestellt werden kann, dass ein bestimmter Antrag gestellt wird. Eine **bedingte Vollmacht** ist grds möglich (MünchKomm BGB/*H. P. Westermann* § 158 BGB Rn 28; Staudinger/*Schilken* § 167 BGB Rn 3). Zweifel könnten sich jedoch aus gesellschaftsrechtlichen Erwägungen (vgl auch § 134 Rn 17 zu der inhaltlich beschränkten Vollmacht) ergeben, namentlich aus einem etwaigen Schwebezustand, wenn noch nach Stimmabgabe die Möglichkeit der Antragstellung verbleibt. Verbindlich ist eine Weisung, Widerspruch zur Niederschrift gegen bezeichnete Beschl einzulegen. Allerdings muss der Name des Aktionärs offen gelegt werden (*Butzke* aaO E 82; *Rieckers* aaO Rn 65). Die Möglichkeit, von der Weisung abzuweichen, ergibt sich aus Abs 3 S 1 und 2 (dazu s Rn 36 f). 17

2. Ausübung entsprechend eigener Vorschläge des KI (Abs 2 und 3). – a) Vorschläge

18 aa) Adressaten und Voraussetzungen. Will ein Kreditinstitut das Stimmrecht für Aktionäre gem Abs 1 S 4 Nr 1 ausüben, so hat es eigene Vorschläge zur Stimmrechtsausübung zugänglich zu machen (Abs 2 S 1). Der Wille muss in Form einer **konkreten Absicht** liegen, das Stimmrecht für Aktionäre auszuüben. Das Vorliegen dieser Absicht kann zwar nicht bereits aus der Einholung von Stimmrechtsvollmachten nach § 135 geschlossen werden (**aA** MünchHdb GesR/*Semler* § 35 Rn 72); ein Rückschluss lässt sich jedoch aus der Versendung der Abstimmungsvorschläge ziehen (Obermüller/Werner/Winden HV/*Butzke* B 173). Die Entscheidung über das „**Ob**" der Stimmrechtsausübung können die Kreditinstitute für jede HV neu nach freiem Ermessen treffen (Grigoleit AktG/*Herrler* Rn 22; *Than* ZHR 157 (1993), 125, 139).

19 Die Kreditinstitute können das Stimmrecht für alle Depotkunden oder auch selektiv nur für einige ausüben wollen. Umstritten ist, ob die Vorschläge bei **beabsichtigter selektiver Stimmrechtsausübung** ebenfalls gegenüber den Aktionären zugänglich gemacht werden müssen, denen Stimmrechte nicht ausgeübt werden sollen. Die Pflicht zur Zugänglichmachung ist hier zu verneinen, da die Beschlussvorschläge des Kreditinstituts für diese Aktionäre sinnlos sind (**hM**, ebenso *Hüffer* AktG Rn 17; KölnKomm AktG/*Zöllner* § 128 Rn 21 f)

20 bb) inhaltliche Ausrichtung. Die Vorschläge zur Stimmrechtsausübung werden zu sämtlichen Tagesordnungspunkten abgegeben, hinsichtlich derer den Aktionären ein Stimmrecht zustehen kann (Spindler/Stilz AktG/*Rieckers* Rn 48; MünchKomm AktG/*Schröer* Rn 77), unabhängig davon, ob es sich um Tagesordnungspunkte handelt, die auf einem Aktionärsverlangen beruhen (*Schröer* aaO). Bei den **Vorschlägen** muss es sich um „**eigene**" handeln. Gleichwohl ist die Übernahme fremder Vorschlagsinhalte damit nicht ausgeschlossen (so etwa die Praxis kleinerer Institute, die Vorschläge ihnen nahestehender großer Banken zu übernehmen, vgl Obermüller/Werner/Winden HV/*Butzke* B 175). Das Kreditinstitut kann sich bspw dem Beschlussvorschlag der Verwaltung anschließen (K. Schmidt/Lutter AktG/*Ziemons* § 128 Rn 15). Entscheidend ist dabei allein, dass sich das Kreditinstitut den Vorschlag zu eigen macht. Dafür muss es ihn zumindest auf Schlüssigkeit prüfen (*Schröer* aaO) und darf ihn nicht etwa „blind" übernehmen. Das schließt jedoch formularmäßige Vorschläge nicht aus, die im Massengeschäft aus organisatorischen Gründen üblich sind. Alternativvorschläge sind hingegen unzulässig, da dann das Abstimmungsverhalten für den Aktionär nicht eindeutig feststeht (KölnKomm AktG/*Zöllner* § 128 Rn 14; einschränkend *Rieckers* aaO Rn 49).

21 Bei den Vorschlägen hat sich das Kreditinstitut vom **Interesse des (Durchschnitts-)-Aktionärs** leiten zu lassen (Abs 2 S 2). Eigeninteressen des Kreditinstituts sind zurückzustellen (Spindler/Stilz AktG/*Rieckers* Rn 51; *Hüffer* AktG Rn 20). Maßstab ist der informierte und verständige Aktionär (Grigoleit AktG/*Herrler* Rn 24; KölnKomm AktG/*Zöllner* § 128 Rn 15 f). Beide Interessensphären lassen sich jedoch nicht in Gegensatz zueinander setzen, wenn man das Gesellschaftsinteresse als Ausschnitt des Aktionärsinteresses versteht, zu dessen gemeinschaftlicher Verfolgung sich die Aktionäre verbunden haben (*Zöllner* aaO; ausf *Rieckers* aaO Rn 52).

22 cc) Organisations- und Überwachungsmaßnahmen (Abs 2 S 2). Entschließt sich das Kreditinstitut, Abstimmungsvorschläge zu unterbreiten, muss es gem Abs 2 S 2 organisatorische Vorkehrungen treffen, dass Eigeninteressen aus anderen Geschäftsbereichen des Kreditinstituts nicht einfließen. Hiervon sind vor allem Kreditgeschäft, Beteiligungsverwaltung und Emissionsgeschäft betroffen (*Hüffer* AktG Rn 21), aus denen **Interessenskonflikte** resultieren können. Eine unabhängige Urteilsbildung besteht dann, wenn die für die Erarbeitung der Vorschläge zuständigen Mitarbeiter nicht diesen Bereichen angehören und gegenüber diesen Bereichen keinerlei Weisung unterliegen (RegBegr BT-Drucks 13/9712 S 18; *Marsch-Barner* FS Peltzer, S 266 f; Bildung sog „Chinese walls", MünchHdb GesR/*Semler* § 35 Rn 74). Zu den organisatorischen Vorkehrungen gehört ferner deren Dokumentation, ohne die eine Überwachung der Vorkehrungen iSd Abs 2 S 2 HS 2 nicht möglich ist (näher dazu sogleich Rn 23).

Gem Abs 2 S 2 HS 2 muss das Kreditinstitut ein **Mitglied der Geschäftsleitung benennen**, das die Einhaltung der organisatorischen Vorkehrungen (Abs 2 S 2 HS 1) sowie die ordnungsgemäße Ausübung des Stimmrechts und deren Dokumentation überwacht (MünchKomm AktG/*Schröer* Rn 83). Die Benennung der zuständigen Person erfolgt entweder durch Beschl des Geschäftsleitungsgremiums, zB Vorstand, oder durch dessen Geschäftsordnung (*Hüffer* AktG Rn 22). An der Gesamtverantwortung der Geschäftsleitung ändert die Benennung jedoch nichts (RegBegr BT-Drucks 13/9712 S 18; *Schröer* aaO). Als Leitungsaufgabe verlangt die Überwachungspflicht idR kein Tätigwerden im Einzelfall (*Marsch-Barner* FS Peltzer, S 267). Die Dokumentationspflicht beinhaltet die den Abstimmungsvorschlägen zugrundeliegenden Erwägungen (RegBegr aaO). 23

dd) rechtzeitige Zugänglichmachung. Das Kreditinstitut muss den Abstimmungsvorschlag schließlich zugänglich machen, und zwar seit Geltung des ARUG v 30.7.2009 (BGBl I S 2479) unabhängig davon, ob es sich um Inhaber- und Namensaktien handelt. Neben dem Zugänglichmachen im Sinne einer Abrufbarkeit („pull") kann das Kreditinstitut auch aktiv übermitteln („push"), vgl *Simon/Zetzsche* ZGR 2010, 918, 932 f; Beispiel für die aktive Übermittlung („push") ist die papiergebundene Übermittlung, für die Abrufbarkeit ist es die Bereitstellung auf der Internetseite der Gesellschaft (RegBegr BT-Drucks 16/11642 S 34). Die vor Geltung des ARUG zu beachtenden Sondervorschrift in Übernahmesituationen (§ 16 Abs 4 S 6 und 7 WpÜG) muss nicht mehr berücksichtigt werden (*Hüffer* AktG Rn 18). **Rechtzeitig** erfolgt die Zugänglichmachung dann, wenn dem Aktionär eine angemessene Reaktionszeit nach Zugang der Abstimmungsvorschläge verbleibt, um eigene Weisungen zu erteilen (*Simon/Zetzsche* aaO 933; Spindler/Stilz AktG/*Rieckers* Rn 50). Unter Berücksichtigung der Übermittlungsdauer (maximal drei Tage) sowie eines Zeitraums für die bankinterne Bearbeitung (maximal vier Tage) und einer Reaktionszeit des Aktionärs von einer Woche ergibt sich somit zurückgerechnet vom Zeitpunkt des Anmeldeschlusses ein Zeitraum von maximal **zwei Wochen** (*Simon/Zetzsche* aaO); in jedem Fall dürfte als spätester Zeitpunkt der Zugänglichmachung der Nachweisstichtag („**record date**") iSd § 123 Abs 3 S 3 in Frage kommen (*Simon/Zetzsche* aaO). 24

b) Hinweispflichten. – aa) bevorstehende Stimmrechtsausübung (Abs 2 S 3). Die Aktionäre sind ferner darauf hinzuweisen, dass, wenn sie nicht rechtzeitig eine andere Weisung erteilen, das Stimmrecht entspr den mitgeteilten Vorschlägen ausgeübt wird (Abs 2 S 3). Rechtzeitigkeit der Weisung ist anzunehmen, wenn sie unter Berücksichtigung der banktechnischen Abläufe bei der Abstimmung in der HV noch berücksichtigt werden können (MünchKomm AktG/*Schröer* Rn 85; *Hüffer* AktG Rn 23). Zwar 25 kann den Depotkunden oder Mitgliedern eine **Rücksendefrist** gesetzt werden; diese wird jedoch dahingehend relativiert, dass auch später eingehende Weisungen noch berücksichtigt werden müssen, sofern dies im eben beschriebenen Sinne rechtzeitig möglich ist (*Schröer* aaO; *Hüffer* aaO Rn 24; **aA** Spindler/Stilz AktG/*Rieckers* Rn 67; K. Schmidt/Lutter AktG/*Ziemons* § 128 Rn 17). Dass der Hinweis einer entspr Abstimmung iSd Abs 2 S 3 „**zusammen**" mit den Abstimmungsvorschlägen erfolgen soll, bedeutet, dass sich der Kommunikationsweg nach dem für die Vorschläge geltenden Weg richtet (RegBegr BT-Drucks 14/4051 S 14; s soeben Rn 24).

26 **bb) personelle Verflechtungen (Abs 2 S 4).** Gehört ein Vorstandsmitglied oder ein Mitarbeiter des Kreditinstituts dem AR der Gesellschaft an, muss dies dem Kreditinstitut mitgeteilt werden; ferner besteht eine Hinweispflicht in der entspr umgekehrten Konstellation, wenn ein Vorstandsmitglied oder ein Mitarbeiter der Gesellschaft dem AR des Kreditinstituts angehört. In analoger Anwendung des Abs 2 S 4 muss ein Hinweis auch bei doppelten Vorstandsämtern erfolgen, nicht aber bei einem doppeltem AR-Amt (KölnKomm AktG/*Zöllner* § 128 Rn 28; Spindler/Stilz AktG/*Rieckers* Rn 57; krit zu letzterem K. Schmidt/Lutter AktG/*Ziemons* § 128 Rn 21). Analog gilt Abs 2 S 4 ebenfalls bei Geschäftsführern einer GmbH wie auch bei persönlich haftenden Gesellschaftern einer KGaA, KG oder OHG (*Rieckers* aaO mwN). Umfasst werden nur aktive, nicht aber ehemalige Mitarbeiter (*Rieckers* aaO).

27 Inhalt der Mitteilung ist lediglich das **Bestehen und** die **Art der Verflechtung, nicht aber der Name** (Spindler/Stilz AktG/*Rieckers* Rn 58). Dazu gehört auch die Angabe, ob die personelle Verflechtung von einem Vorstandsmitglied oder einem Mitarbeiter ausgeht (*Hüffer* AktG Rn 25). **Zeitlich** relevant für das Vorliegen der Verflechtung ist der Tag der HV; damit besteht die Hinweispflicht auch, wenn die Verflechtung am Tag der HV beginnt oder endet (MünchKomm AktG/*Schröer* Rn 87; **aA** *Rieckers* aaO).

28 **cc) Beteiligungsbesitz (Abs 2 S 5 Alt 1).** Hält das Kreditinstitut an der Gesellschaft eine Beteiligung, die nach § 21 WpHG meldepflichtig ist, ist auch dies mitzuteilen (Abs 2 S 5 Alt 1). Um meldepflichtig zu sein, muss die Beteiligung wenigstens 3 % der Stimmrechte erreichen (§ 21 Abs 1 S 1 WpHG). Allerdings greift der von der Pflicht des § 21 WpHG befreiende § 24 WpHG nicht ein, da sich der Verweis in Abs 2 S 5 Alt 1 nicht auch auf § 24 WpHG erstreckt.

29 Da Abs 2 S 5 Alt 1 nur von Beteiligung und nicht wie § 21 WpHG von Schwellenwerten spricht, ist dem Wortlaut nach der jeweils konkret erreichte Schwellenwert nicht mitzuteilen, sondern allein – falls dies der Fall ist –, dass eine Schwelle erreicht wurde (K. Schmidt/Lutter AktG/*Ziemons* Rn 23; **aA** Spindler/Stilz AktG/*Rieckers* Rn 60; MünchKomm AktG/*Schröer* Rn 88), auch wenn die Gesetzesbegründung auf die Wiederholung der den Kreditinstituten gesetzlich obliegenden Meldungen verweist (RegBegr BT-Drucks 13/9712 S 19).

30 Zur Vermeidung von Missverständnissen sollte auf das Unterschreiten der Schwellenwerte im Folgejahr ebenfalls hingewiesen werden (*Hüffer* AktG Rn 26).

31 **dd) Emissionstätigkeit (Abs 2 S 5 Alt 2).** Gehörte ein Kreditinstitut (Aktionärsvereinigungen dürften hier nicht in Betracht kommen, Abs 8) einem Konsortium an, das die innerhalb von fünf Jahren zeitlich letzte Emission von Wertpapieren der Gesellschaft durchgeführt hat, so muss dies mitgeteilt werden (Abs 2 S 5 Alt 2). Auch diese Pflicht dient wie Abs 2 S 5 Alt 1 der Transparenz hinsichtlich möglicherweise beste-

hender **Interessenkonflikte**. Die Mitteilungspflicht besteht daher erst recht, wenn ein Kreditinstitut die Emission allein durchgeführt hat (ganz **hM** Spindler/Stilz AktG/*Rieckers* Rn 61 mwN). Die Fristberechnung erfolgt rückwärts, beginnend mit dem Tag der Zugänglichmachung des Hinweises. Als Zeitpunkt der Emission, der für das Entstehen der Pflicht innerhalb der Fünf-Jahres-Frist liegen muss, ist auf die Beendigung der Emissionstätigkeit an – also die zeitlich letzte Platzierung (*Rieckers* aaO mwN; K. Schmidt/Lutter AktG/*Ziemons* § 128 Rn 22; *Marsch-Barner* FS Peltzer, S 265 f; anders *Hüffer* AktG Rn 27). Trotz fehlender Gefahr einer ernsthaften Interessenkollision ist aufgrund des eindeutigen gesetzlichen Wortlauts auch bei geringster Beteiligung an einem Emissionskonsortium die Mitteilungspflicht gegeben (*Hüffer* aaO; *Rieckers* aaO).

c) Zusätzliche Voraussetzungen (Abs 3 S 3 und 4). – aa) Eigene HV des Kreditinstituts (Abs 3 S 3). Das Kreditinstitut kann in der eigenen HV das Stimmrecht auf Grund der **Vollmacht nur** ausüben, **soweit** der Aktionär eine **ausdrückliche Weisung zu den einzelnen Gegenständen** der Tagesordnung erteilt hat. Der Wortlaut ist missverständlich: Nicht gefordert wird, dass jedem einzelnen Gegenstand eine einzelne Weisung erteilt wurde. Vielmehr bedeutet Abs 3 S 3, dass von der Stimmrechtsvollmacht nur insoweit Gebrauch gemacht werden darf, als sie von der Weisung gedeckt ist. Möglich ist daher **eine einzige abstrakte Weisung**, die alle Gegenstände der Tagesordnung umfasst, etwa immer entspr dem Vorschlag der Verwaltung (§ 124 Abs 3 S 1) oder dem in der HV zu Tage tretenden Willen der Verwaltung abzustimmen (MünchHdb AG/*F.-J. Semler* § 38 Rn 57; *Bundesverband des privaten Bankgewerbes eV* Rundschreiben Nr 90 v 4.11.1965, WM 1965, 1090, 1096). 32

bb) Im Beteiligungsbesitz des Kreditinstituts stehende Gesellschaft (Abs 3 S 4). Ist das **Kreditinstitut** an der Gesellschaft, in dessen HV es die Stimmrechtsvollmacht ausüben soll, **selbst beteiligt (Abs 3 S 4)**, besteht bei der Stimmrechtsausübung für die vertretenen Anteile die abstrakte Gefahr der **Kollision** eigener **Interessen** mit den Interessen des vertretenen Aktionärs (Abs 2 S 2). Das Konfliktbewältigungskonzept sieht ab einer gewissen Beteiligungshöhe (dazu Rn 34) vor, dass die Ausübung von Vollmachtstimmrechten nur dann möglich ist, wenn dem Kreditinstitut Weisungen erteilt wurden. Anders als die vor dem ARUG vom 30.7.2009 (BGBl I S 2479) geltende Fassung kann das Kreditinstitut den Verstoß gegen die Weisungspflicht des Abs 3 S 4 nicht dadurch abwenden, dass es auf die Ausübung seiner eigenen Stimmrechte verzichtet (Spindler/Stilz AktG/*Rieckers* Rn 91; **aA** *Hüffer* AktG Rn 36). Von der Restriktion des Abs 3 S 4 erfasst werden auch die Fälle, in denen sich das Kreditinstitut eines Dritten zur Ausübung der Stimmrechtsvollmacht bedient, unabhängig davon, ob das Kreditinstitut dem Dritten Weisungen erteilt hat (vgl Abs 1 S 3 aF idF des KonTraG v 27.4.1998: „ausüben lassen", s dazu auch 1. Aufl Rn 7). 33

Diese Stimmrechtsbeschränkung des Kreditinstituts gilt seit Geltung des ARUG vom 30.7.2009 (BGBl I S 2479) ab einer unmittelbaren oder mittelbaren Beteiligung des Kreditinstituts von mehr als **20 % des Grundkapitals** an der Gesellschaft, in deren HV das Stimmrecht ausgeübt werden soll. Grundkapital meint die im HR eingetragene **Kapitalziffer** und ggf das durch Ausgabe bedingten Kapitals (wirksam wg § 200) erhöhte und im Falle börsennotierter Unternehmen (genauer Inlandsemittenten iSd § 2 Abs 7 WpHG) gem § 26a WpHG veröffentlichte Grundkapital, nicht das in der HV vertretene Kapital. Stimmrechtslose Aktien sind nicht herauszurechnen. Zu der 34

Beteiligung des Kreditinstituts an der Gesellschaft gehören auch mittelbare Beteiligungen, wenn die Beteiligung von einer Gesellschaft gehalten wird, an welcher das Kreditinstitut die Mehrheit iSd § 16 hält (anderes gilt bei einer Kapitalanlagegesellschaft wg § 32 Abs 2 InvG). Der umgekehrte Fall, dass die Beteiligung, welche 20 % übersteigt, von einem Unternehmen gehalten wird, welches seinerseits mehrheitlich am Kreditinstitut beteiligt ist, wird nicht erfasst. Abs 3 S 4 kann nicht dadurch umgangen werden, dass das Kreditinstitut bei einer Beteiligung von über 20 % freiwillig nur eigene Stimmrechte unter 20 % ausübt (vgl *Marsch-Barner* FS Peltzer, S 268).

35 Ein Verstoß gegen Abs 3 S 4 führt nach der geltenden Fassung des § 135 idF d ARUG vom 30.7.2009 (BGBl I S 2479) nicht mehr zur Unwirksamkeit der in Vertretung der Aktionäre abgegebenen Stimmen. Ein HV-Beschluss wird durch einen **Verstoß** gegen Abs 3 S 4 **anfechtbar**, wenn die Stimmen, welche das Kreditinstitut für die von ihm vertretenen Aktionäre abgegeben hat, **rechnerisch kausal** zum Beschlussergebnis sind, wenn also unter zutreffender Nichtberücksichtigung dieser aufgrund Bankenvollmacht abgegebener Stimmen es zu einem anderen Beschl gekommen wäre. Daneben besteht noch die Ordnungswidrigkeitenvorschrift § 405 Abs 3 Nr 5, welche sich systemkonform nur auf die vertretenen Stimmen bezieht.

36 **3. Abweichen von Weisung oder eigenem Vorschlag (Abs 3 S 1 und 2). – a) Abweichen.** Abs 3 S 1 erlaubt das **Abweichen von Vorschlägen** des Kreditinstituts, wenn das Kreditinstitut den Umständen nach annehmen darf, dass der vertretene Aktionär bei hypothetischer Kenntnis der Sachlage die Abweichung billigen würde. Für Weisungen enthält § 665 S 1 BGB eine entspr Regelung, in welchen Fällen der Beauftragte von den Weisungen abweichen darf. Für Abweichungen von Vorschlägen gilt derselbe Maßstab (*Henssler* ZHR 157 (1993), 91, 103; *Hüffer* AktG Rn 29). Ausgangspunkt ist jeweils der hypothetische Wille des Aktionärs bei Kenntnis der Sachlage. Bedeutendster Fall ist die nachträgliche Änderung maßgeblicher Umstände (*Bundesverband des privaten Bankgewerbes eV* Rundschreiben Nr 90 v 4.11.1965, WM 1965, 1090, 1095); daneben können noch neue Erkenntnisse eine Abweichung rechtfertigen (Obermüller/Werner/Winden HV/*Butzke* E 87). Keine Abweichung liegt vor, wenn nicht der hypothetische, sondern der reelle Wille durch Auslegung ermittelt wurde (*Knütel* ZHR 137 (1973), 285, 296). Eine **Abweichungspflicht** kommt dann in Betracht, wenn eine weisungs- oder vorschlagsgemäße Abstimmung für den vertretenen Aktionär nachteilhaft wäre, jedes andere Abstimmungsverhalten ihm gegenüber somit **pflichtwidrig** wäre (*LG Düsseldorf* ZIP 1993, 350, 352; namentlich **bei sonst rechtswidriger Stimmrechtsausübung**), was allerdings dem abstimmenden Kreditinstitut unzweifelhaft erkennbar sein muss (vgl *Marsch-Barner* ZHR 157 (1993), 172, 187 f; *LG Düsseldorf* aaO 352 ff), und (bei Weisungen) der Wille des Aktionärs nicht eindeutig und endgültig ist (vgl dazu oben Rn 16 f). Eine **Pflicht zur Antragstellung** besteht für das Kreditinstitut jedoch **in keinem Fall**, die Abweichungspflicht hält sich iRd Stimmrechtsausübung (MünchKomm AktG/*Schröer* Rn 123). Vor Abweichung ist soweit möglich der Aktionär auf die maßgeblichen Punkte **hinzuweisen** und dessen Meinung **zu erfragen** (Spindler/Stilz AktG/*Rieckers* Rn 80); ggf trifft das Kreditinstitut darüber hinaus bei erkennbar nachteilhaften Weisungen eine **Warnpflicht** (dazu *BGH* NJW 1985, 42, 43). Diese Maßstäbe gelten auch für die in Abs 3 S 3 und S 4 bezeichneten Konstellationen (differenzierend hingegen *Schröer* aaO Rn 135). Auch das **Abweichen von Weisungen** des Aktionärs ist möglich, da es in Abs 3 S 2 vorausgesetzt wird.

b) Mitteilungs- und Begründungspflicht. Ist das Kreditinstitut im Falle einer fehlenden Weisung von seinem Vorschlag bzw beim Vorliegen einer Weisung von dieser abgewichen, hat es dies gem Abs 3 S 2 dem Aktionär **unverzüglich** (§ 121 BGB; Obermüller/Werner/Winden HV/*Butzke* E 88; *Hüffer* AktG Rn 29) mitteilen und **begründen**. In der Praxis werden häufig Verzögerungen durch Schwierigkeiten bei langen **Meldeketten** auftreten. Der Rechenschaftspflicht ist **unaufgefordert** nachzukommen; möglich ist allerdings eine Darstellung und Begr des Stimmverhaltens im Internet (MünchKomm AktG/*Schröer* Rn 129). Eine Formvorschrift besteht nicht. Zulässig ist daher auch eine (fern)mündliche Benachrichtigung und Begr. Abs 3 S 2 ist **nicht abdingbar**. Erfasst wird **auch versehentliches Abweichen**. Abweichen setzt aber in jedem Fall ein Abstimmungsvorgang voraus (*Schröer* aaO Rn 126). Nichtabstimmen mangels Abstimmung zu einem Tagesordnungspunkt ist daher kein Abweichen (Obermüller/Werner/Winden HV/*Butzke* E 88). Traf eine **Weisung zu spät** ein mit der Folge, dass sie nicht mehr beachtet werden konnte, ist dem Aktionär dies nachträglich mitzuteilen, wenn er nicht anderweitig Kenntnis erlangt haben muss. Ferner besteht **vor** einer solchen **intendierten Abweichung** noch die Pflicht, dem vertretenen (bzw im Falle des Abs 6 dem ermächtigenden) Aktionär von der beabsichtigten Abweichung **Anzeige** zu machen und dessen **Entscheidung abzuwarten** (§ 665 S 2 BGB). Jedoch besteht letztere Pflicht **nur, wenn** hierfür **genügend Zeit** verbleibt, also wenn mit einer rechtzeitigen Äußerung des betroffenen Aktionärs gerechnet werden kann (KölnKomm AktG/*Zöllner* Rn 61), was allerdings regelmäßig nicht der Fall sein dürfte.

4. Ausübung nach Verwaltungsvorschlägen (Abs 4). Hat der Aktionär das Kreditinstitut zur Stimmrechtsausübung entspr den Beschlussvorschlägen des Vorstands oder des AR oder im Falle divergierender Beschlussvorschläge entspr denen des AR, so ist das Kreditinstitut gem Abs 4 dazu verpflichtet, die Vorschläge des Vorstands und des AR zugänglich zu machen; zur Zugänglichmachung vgl Rn 24. Diese Pflicht besteht dann nicht, wenn die Beschlussvorschläge bereits anderweitig übermittelt wurden (vgl § 124). Die entspr Anwendung der Abs 2 S 3 sowie Abs 3 S 1–3 bedeutet, dass anstatt auf die dort in Bezug genommenen eigenen Abstimmungsvorschläge des Kreditinstituts auf die Verwaltungsvorschläge abzustellen ist.

5. Modalitäten der Stimmrechtsausübung. – a) Untervollmacht (Abs 5 S 1). Das bevollmächtigte Kreditinstitut darf Dritte nur dann unterbevollmächtigen, wenn die Vollmacht eine **Unterbevollmächtigung ausdrücklich zulässt** (Abs 5 S 1). Diese Einschränkung gilt nicht **für Angestellte des Kreditinstituts**, diese können auch ohne Gestattung unterbevollmächtigt werden (MünchHdb AG/*F.-J. Semler* § 38 Rn 59; Obermüller/Werner/Winden HV/*Butzke* E 80). Die Gestattung muss Bestandteil der Vollmachtserklärung sein, bezüglich „ausdrücklich" s. o. Rn 10. Nicht mehr erforderlich ist, dass das bevollmächtigte Kreditinstitut am Ort der HV keine Niederlassung hat. Die Gestattung der Unterbevollmächtigung kann auch im Außenverhältnis auf bestimmte Personen oder Personengruppen (zB nur auf Stimmrechtsvertreter iSd Abs 8) beschränkt werden (*Simon/Zetzsche* ZGR 2010, 918, 942). Ist die Unterbevollmächtigung vom Bevollmächtigenden gestattet, kommt grds auch die Unterbevollmächtigung eines von der Gesellschaft benannten Stimmrechtsvertreters (§ 134 Abs 3 S 5) in Betracht (Spindler/Stilz AktG/*Rieckers* Rn 42 mwN; GroßKomm AktG/ *Grundmann* Rn 62; **aA** K. Schmidt/Lutter AktG/*Spindler* Rn 19); mehrere Kreditinstitute können einen gemeinsamen Vertreter unterbevollmächtigen (*Marsch-Barner* FS Peltzer, S 269). Will das Kreditinstitut Untervollmacht erteilen, muss es den zu vertretenden Aktionär hiervon unterrichten, damit er seinen ggf entgegenstehenden Willen kundtun kann (*Marsch-Barner* aaO S 272). Problematisch ist die **Anwendbarkeit des § 135 auf den Unterbevollmächtigten.** Abs 4 ist auf den Unterbevollmächtigten so anzuwenden, als wäre der Unterbevollmächtigte das unterbevollmächtigende Kreditinstitut. IRd Abs 2 muss bezüglich der mitgeteilten Vorschläge auf die Vorschläge des unterbevollmächtigenden Kreditinstituts abgestellt werden, selbst wenn der Unterbevollmächtigte selbst Kreditinstitut ist. Die vor Geltung des ARUG v 30.7.2009 (BGBl I S 2479) zulässige Übertragung der Vollmacht (vgl Abs 3 S 2 aF) ist nicht mehr aufgrund § 135 abzuleiten, sondern ggf aus allgemeinen Grundsätzen herzuleiten (*Hüffer* AktG Rn 39).

40 **b) Arten der Ausübung, Briefwahl(Abs 5 S 2 und 3).** Der **vertretene Aktionär bestimmt**, ob das Kreditinstitut das Stimmrecht im **Namen dessen, den es angeht** ausübt, **oder** unter **Benennung des Aktionärs.** Fehlt eine Bestimmung des Aktionärs, greift der durch das ARUG v 30.7.2009 (BGBl I S 2479) neu eingeführte Abs 5 S 2 ein, der in Übereinstimmung mit der auch schon bisher in der Praxis den Regelfall darstellenden Handhabung bestimmt, dass die Stimmabgabe im Namen dessen, den es angeht, erfolgen muss.

41 Bei der Stimmrechtsausübung im Namen dessen, den es angeht, kann das Kreditinstitut den **Aktionär anonym belassen** (*BGHZ* 129, 136, 157). In das Teilnehmerverzeichnis wird dann nicht der Name des Vertretenen, sondern der des Kreditinstituts eingetragen (MünchKomm AktG/*Schröer* Rn 167). Bestimmt die Vollmacht, dass die Stimmrechtsausübung unter Benennung des Aktionärs zu erfolgen hat (§ 164 Abs 1 BGB), ist die **Namensnennung oder** sonst eine Individualisierung des Vertretenen erforderlich.

42 Das Kreditinstitut kann sich zur Stimmrechtsausübung auch gem Abs 5 S 3 der **Briefwahl** (§ 118 Abs 2) bedienen, sofern die Satzung der AG die Briefwahl überhaupt zulässt. Auch wenn die Online-Teilnahme iSd § 118 Abs 1 S 2 in Abs 5 S 3 nicht erwähnt ist, kann das Kreditinstitut sich auch dieser Art der Stimmrechtsausübung bedienen, da die Online-Teilnahme der Präsenzteilnahme gleichgestellt ist (*Simon/Zetzsche* ZGR 2010, 918, 943). Voraussetzung ist allein, dass das Stimmrecht online ausübbar ist.

43 **c) Legitimationsnachweis (Abs 5 S 4).** Abs 5 S 4 betrifft den Legitimationsnachweis gegenüber der Gesellschaft, in deren HV das Stimmrecht ausgeübt werden soll, während Abs 1 S 2 die Kreditinstitut-interne Dokumentation bestimmt. Seit Geltung des ARUG v 30.7.2009 (BGBl I S 2479) stellt Abs 5 S 4 klar, dass bei Aktionären von **börsennotierten Gesellschaften** (§ 3 Abs 2) die Vorlegung der Bankbescheinigung iSd § 123 Abs 3 S 2 als Nachweis stets genügt, und zwar unabhängig von etwaigen Satzungsbestimmungen. Zusätzlich kann bei börsennotierten Gesellschaften die Satzung weitere zulässige Legitimationsformen vorsehen; bei Aktionären **nichtbörsennotierter Gesellschaften** ist die Satzung allein maßgeblich (Spindler/Stilz AktG/*Rieckers* Rn 97). Wenn der Depotbank eine Vollmacht zur Stimmrechtsausübung im Namen dessen, den es angeht (Abs 5 S 2) vorliegt, muss der Nachweis (auch jener nach § 123 Abs 3) auf den Namen des Vertreters ausgestellt werden und diesem anstelle des Vertretenen auf Wunsch ausgehändigt werden; die Vertretereigenschaft ist im Nachweis offen zu legen (*Kiefner/Zetzsche* ZIP 2006, 551, 556). Die **ordnungsgemäße Bevollmächtigung muss nicht zusätzlich nachgewiesen werden** (Obermüller/Werner/Winden

HV/*Butzke* E 85; *Rieckers* aaO Rn 98; *Kiefner/Zetzsche* aaO für den geschäftsmäßigen Vertreter gem Abs 9 S 1 Nr 3).

IV. Sonderregeln für Namensaktien (Abs 6)

Wenn das Kreditinstitut für zu vertretende **(Namens)Aktien** im Aktienregister als Inhaber eingetragen ist, kommt eine Bevollmächtigung durch den wirklichen Inhaber nicht in Betracht, weil der wirkliche Inhaber nicht im Aktienregister eingetragen ist und folglich gegenüber der Gesellschaft als zur Bevollmächtigung nicht berechtigt angesehen wird (§ 67 Abs 2 S 1; MünchKomm AktG/*Schröer* Rn 175). Deswegen sieht Abs 6 die **Legitimationsübertragung (§ 129 Abs 3)** vor, welche anders als die Vollmacht die Stimmrechtsausübung **im eigenen Namen** eröffnet. In den übrigen Fällen, also bei Inhaberaktien oder wenn das Kreditinstitut für die zu vertretenden (Namens)Aktien nicht im Aktienregister eingetragen ist, scheidet die Ermächtigung des Kreditinstituts iSd § 129 Abs 3 aus. Für die Legitimationsübertragung sind die Vorschriften des § 135 entspr wie bei der Vollmacht anzuwenden (Abs 1–5, s sogleich). Wegen der Weisungsgebundenheit führt diese Ermächtigung nicht zur Meldepflicht nach §§ 21 ff WpHG (*Hüffer* AktG Rn 44). Zwar kann eine Zurechnung nach § 22 Abs 1 Nr 6 WpHG aufgrund Vollmacht erfolgen, die jedoch wegen der Weisungs- oder Vorschlagsbindung regelmäßig entfällt (RegBegr TUG BR-Drucks 579/06 S 77). **Fehlt die Ermächtigung** oder ist sie unwirksam, ist aufgrund einer teleologischen Auslegung des Abs 6 entgegen der pauschalen Verweisung des Abs 7 die Stimmabgabe unwirksam (*Simon/Zetzsche* ZGR 2010, 918, 948; **aA** Spindler/Stilz AktG/*Rieckers* Rn 101).

44

Wenn das Kreditinstitut für die zu vertretenden (Namens)Aktien nicht im Aktienregister eingetragen ist, kann eine **Bevollmächtigung** durch den wirklichen Rechtsinhaber erfolgen, weil dann der wirkliche Inhaber im Aktienregister eingetragen ist und folglich gegenüber der Gesellschaft als zur Bevollmächtigung berechtigt gilt. Problematisch ist der **Nachweis**, insbesondere die Anonymität des vertretenen Aktionärs. Denn grds erfolgt der Nachweis der Legitimation des Bevollmächtigenden durch das Aktienregister, wodurch dessen Anonymität aufgehoben würde. Zwar verbleibt es bei der grds Anwendbarkeit des Abs 5 S 2, also der Stimmrechtsausübung im Namen dessen, den es angeht, jedoch bedeutet dies lediglich, dass der vertretene Aktionär im Teilnehmerverzeichnis nicht genannt sein muss, der Nachweis zwingt hingegen zur Nennung des vertretenen Aktionärs (iE auch *Hüffer* AktG Rn 45, der bereits die anonyme Abstimmung ausschließt).

45

V. Weitere Normadressaten (Abs 8)

1. Aktionärsvereinigungen (Abs 8 HS 1 Alt 1). Das oben Ausgeführte zu Abs 1–7 beansprucht auch für Aktionärsvereinigungen Geltung (Abs 8 HS 1 Alt 1). Zur Definition der Aktionärsvereinigung siehe § 125 Rn 3 sowie ausführlich *Simon/Zetzsche* ZGR 2010, 918, 949 f; Spindler/Stilz AktG/*Rieckers* Rn 104. Aktionärsvereinigungen sind Normadressaten unabhängig davon, ob sie Empfänger von Gesellschaftsmitteilungen (§ 125 Abs 1) sind (*Hüffer* AktG Rn 47; KölnKomm AktG/*Zöllner* Rn 77).

46

2. Geschäftsmäßig Handelnde (Abs 8 HS 1 Alt 2). Ebenfalls Normadressaten der Abs 1–7 sind Personen, die sich geschäftsmäßig gegenüber Aktionären zur Ausübung des Stimmrechts in der HV erbieten (Abs 8 HS 1 Alt 2). **Geschäftsmäßigkeit** meint

47

Wiederholungsabsicht bezogen auf das Sicherbieten (*BGHZ* 129, 136, 157). Die Wiederholungsabsicht muss sich ferner auf **mehrere HV** derselben oder anderen Gesellschaften beziehen, der wiederholte Versuch der Stimmrechtserlangung für einen zeitlich begrenzten Zweck („Trommeln für Aktien", zB via § 127a) genügt für sich noch nicht (*Schöne* WM 1992, 209, 210; *Noack* ZIP 2001, 57, 62). Sicherbieten liegt vor, wenn einer Mehrzahl von Personen angeboten wird, das Stimmrecht für sie in der HV auszuüben (*Noack* FS Lutter, S 1473). Die Form des Sicherbietens spielt keine Rolle. Die bloße Aufforderung, von dem Stimmrecht Gebrauch zu machen, genügt nicht, auch wenn der Auffordernde daraufhin Stimmrechtsvollmachten erhält. Vielmehr muss die Bevollmächtigung als solche angestrebt sein (MünchKomm AktG/*Schröer* Rn 34). Notwendig ist, dass der Sicherbietende an die Aktionäre herantritt und nicht umgekehrt; daher **scheiden Rechtsanwälte und Vermögensverwalter**, die nicht an ihre Kunden herantreten, idR **aus** (*Hüffer* AktG Rn 48). Ferner fehlt es bei diesem Personenkreis an der auf das Sicherbieten bezogenen Geschäftsmäßigkeit; die geschäftsmäßige Ausübung genügt nicht (*Noack* aaO S 1472). In Betracht kommen jedoch **Herausgeber** von **Anlegerzeitschriften**, die um Stimmrechtsvollmachten werben (*BGH* aaO; vgl dazu auch *Noack* aaO S 1473). Erforderlich ist **weder berufs- oder gewerbsmäßiges Handeln noch Erwerbsabsicht** (so auch Spindler/Stilz AktG/*Rieckers* Rn 106; für „gewerbliches Element" hingegen *Simon/Zetzsche* ZGR 2010, 918, 950 f). Abs 1–7 gelten für den geschäftsmäßig Handelnden auch hinsichtlich solcher Aktionäre, denen gegenüber er sich nicht erboten hat (KölnKomm AktG/*Zöllner* Rn 85).

48 **3. Ausnahme: Gesetzliche Vertreter und Angehörige (Abs 8 HS 2).** Für gesetzliche Vertreter, den Ehegatte (bzw Lebenspartner iSd LPartG) des Aktionärs und Personen, die mit ihm bis zum vierten Grad (vgl § 1589 S 3 BGB) verwandt oder verschwägert (vgl §§ 1590 Abs 1 S 2, 1589 S 3 BGB) sind, gilt Abs 9 S 1 Nr 2 und 3 nicht (Abs 9 S 2). Die Nennung des gesetzlichen Vertreters wäre nicht notwendig gewesen, für ihn gilt § 135 bereits mangels Bevollmächtigung nicht.

49 **4. Entsprechende Anwendung der Abs 1 bis 7.** Für die in Abs 8 (mit Ausnahme der in HS 2) Genannten sind Abs 1–7 entspr anzuwenden (Einzelheiten bei *Simon/Zetzsche* ZGR 2010, 918, 951 ff), nicht aber Abs 10; streitig ist dagegen die Anwendbarkeit des Abs 9, s hierzu Rn 52. Damit scheidet wie bei Kreditinstituten die Legitimationsübertragung grds aus (Abs 1 S 1). Möglich bleibt jedoch die Stimmrechtsausübung im Namen dessen den es angeht (Abs 5 S 2, näher s. o. Rn 40; *Noack* FS Lutter S 1471; KölnKomm AktG/*Zöllner* Rn 89). Abs 8 enthält einen Verweis auf Abs 1 auch insoweit, als dass er § 134 Abs 3 S 2 verdrängt und **keine Form** vorschreibt (unstr *Habersack* ZHR 265 (2001), 172, 182). Teilt eine Aktionärsvereinigung einen **Vorschlag** gem Abs 8 iVm Abs 2 mit, gilt für sie Abs 3 S 1 gleichermaßen. Werden keine Vorschläge mitgeteilt, muss sich die Stimmrechtsausübung an den Interessen des Aktionärs ausrichten; wobei analog Abs 3 S 1 der Erkenntnishorizont bei Stimmrechtsausübung maßgebend ist.

VI. Kreditinstituten Gleichgestellte (Abs 10)

50 Abs 10 ordnet die entspr Geltung des § 125 Abs 5 an. Somit gelten die Abs 1–9 auch für Finanzdienstleistungsinstitute (§ 1 Abs 1a, § 2 Abs 6 KWG) und die nach § 53 Abs 1 S 1 oder § 53b Abs 1 S 1 oder Abs 7 KWG tätigen Unternehmen (Zweigstellen von Unternehmen mit Sitz im Ausland, Unternehmen mit Sitz in einem anderen Staat des Europäischen Wirtschaftsraums). Wesentlicher Unterschied zu den Normadressaten des Abs 8 ist, dass nicht nur die Abs 1–7, sondern auch Abs 9 (Beschränkbarkeit des Schadensersatzes, dazu s Rn 52) entspr Anwendung findet.

VII. Rechtsfolgen bei Verstößen

1. Keine Unwirksamkeit der Stimmabgabe (Abs 7). Abs 7 enthält eine ausdrückliche Regelung, wann ein Verstoß gegen § 135 **nicht** zur Unwirksamkeit der Stimmabgabe führt. Aus einem Umkehrschluss lassen sich diejenigen Verstöße ermitteln, welche die Unwirksamkeit bedingen. Durch das ARUG vom 30.7.2009 (BGBl I S 2479) wurden die Verstöße, die zur Unwirksamkeit der Stimme führen, erheblich reduziert; namentlich sind es allein solche gegen Abs 1 S 1. Damit zieht allein das gänzliche Fehlen der Bevollmächtigung oder ihre Unwirksamkeit (§ 134 Rn 17) die Unwirksamkeit der Stimmabgabe nach sich; vgl aber teleologische Reduktion des Unwirksamkeitsausschlusses bei Verstößen gegen Abs 6 (Rn 44 f). Ist die Stimmabgabe unwirksam, betrifft die Kassation zunächst lediglich die abgegebene Stimme, nicht aber den gesamten Beschl. Letzterer kann nur dann kassiert werden, wenn die Unwirksamkeit der Stimme **rechnerisch kausal** zum Beschlussergebnis ist, also wenn nur wegen fälschlichen Mitzählens der Stimme die erforderliche Mehrheit erreicht wird, und wenn deswegen der Beschl erfolgreich angefochten wird (vgl Rn 53 und § 243 Rn 8 f). 51

2. Schadensersatz (Abs 9). Die Schadensersatzpflicht des Kreditinstituts und der gem Abs 10 diesen Gleichgestellten wegen eines Verstoßes gegen Abs 1 6 kann im voraus weder ausgeschlossen noch beschränkt werden. Abs 9 gilt nicht für Normadressaten nach Abs 8 (str, Spindler/Stilz AktG/*Rieckers* Rn 108; *Simon/Zetzsche* ZGR 2010, 918, 953 f; *J. Schmidt* WM 2009, 2350, 2357; GroßKomm AktG/*Grundmann* Rn 29a; nun auch K. Schmidt/Lutter AktG/*Spindler* Rn 56, 65; ebenso die Gegenäußerung der Bundesregierung beim ARUG BT-Drucks 16/11642 S 58 entgegen einem entspr Vorschlag des Bundesrates BR-Drucks 847/08; zu § 135 aF bereits KölnKomm AktG/*Zöllner* Rn 110; aA *Hüffer* AktG Rn 51). Zumindest hinsichtlich der geschäftsmäßig Handelnden iSd Abs 8 HS 1 Alt 2 erscheint die Möglichkeit der Haftungsprivilegierung zweifelhaft, da deren Tätigkeit idR auch vergütet wird und damit das (versicherbare) Risiko von diesen getragen werden sollte. Eine Schadensersatzpflicht kann sich aus **Verletzung des Depotvertrages**, des **Auftrages** bzw des **Geschäftsbesorgungsvertrages** (*Hammen* ZBB 1993, 239, 241) und aus **§ 826 BGB** ergeben. Ein Anspruch aus **§ 823 Abs 2 BGB** hängt davon ab, inwieweit § 135 Schutzgesetz ist (sehr pauschal hingegen die hM, etwa MünchHdb AG/*F.-J. Semler* § 38 Rn 64; *Zöllner* aaO Rn 109, wonach § 135 allgemein Schutzgesetz ist; hieran zweifelnd aber *Hüffer* aaO). Richtiger Ansicht nach ist auf die jeweilige Einzelregelung des § 135 und deren Zweck abzustellen. Fälle, in denen ein Schaden vorliegt, sind nur schwer denkbar (*F.-J. Semler* aaO). Ein Schadensersatz kommt wegen Minderung des Anteilwertes nicht in Betracht, wenn die Gesellschaft einen eigenen Anspruch auf Schadensersatz hat (*Schöne* WM 1992, 209, 213; zu möglichen Ansprüchen der Gesellschaft s *Vaupel* AG 2011, 63). 52

3. Anfechtung. Aus dem Innenverhältnis zwischen dem Aktionär und dem Stimmrechtsvertreter resultierende Mängel berühren nicht die Wirksamkeit der Stimmabgabe und folglich auch nicht die Wirksamkeit der Beschlussfassung (*Habersack* ZHR 165 (2001), 172, 191 f). Nur dann, wenn der Mangel dem Außenverhältnis anhaftet und somit die Wirksamkeit der Stimmabgabe beeinträchtigen kann, kommt eine Anfechtung des Beschl wegen fehlerhaften Mitzählens ungültiger Stimmen in Betracht. Welche Verstöße zur Unwirksamkeit der Stimmabgabe führen, ist teilweise in Abs 7 (s Rn 51) geregelt. 53

54 **4. Ordnungswidrigkeit.** § 405 Abs 3 Nr 4 und 5 erfassen nur den Fall, dass **fremde** Stimmen nicht ausgeübt werden dürfen (etwa die eines Aktionärs, der im Falle von Abs 3 S 3 keine Weisungen erteilt hat, vorausgesetzt das Kreditinstitut übt eigene Stimmen aus) und trotzdem ausgeübt werden, nicht aber die fehlerhafte Ausübung der Stimmrechtsvollmacht, also bspw nicht eine Abweichung von nach Abs 2 mitgeteilten Vorschlägen oder ein Verstoß gegen Abs 3 S 2. § 405 Abs 3 Nr 4 und 5 gelten hinsichtlich der eigenen Stimmenrechte des Kreditinstituts nicht (s bereits oben Rn 35).

§ 136 Ausschluss des Stimmrechts

(1) ¹Niemand kann für sich oder für einen anderen das Stimmrecht ausüben, wenn darüber Beschluss gefasst wird, ob er zu entlasten oder von einer Verbindlichkeit zu befreien ist oder ob die Gesellschaft gegen ihn einen Anspruch geltend machen soll. ²Für Aktien, aus denen der Aktionär nach Satz 1 das Stimmrecht nicht ausüben kann, kann das Stimmrecht auch nicht durch einen anderen ausgeübt werden.

(2) ¹Ein Vertrag, durch den sich ein Aktionär verpflichtet, nach Weisung der Gesellschaft, des Vorstands oder des Aufsichtsrats der Gesellschaft oder nach Weisung eines abhängigen Unternehmens das Stimmrecht auszuüben, ist nichtig. ²Ebenso ist ein Vertrag nichtig, durch den sich ein Aktionär verpflichtet, für die jeweiligen Vorschläge des Vorstands oder des Aufsichtsrats der Gesellschaft zu stimmen.

Übersicht

	Rn		Rn
I. Allgemeines	1	a) Zurechnung von Drittgesellschaft auf Gesellschafter/Organmitglieder	16
II. Stimmrechtsausschluss (Abs 1)	2		
1. Grundsätzliches	2		
2. Entlastung	3	b) Zurechnung von Gesellschafter/Organmitglieder auf Drittgesellschaft	17
a) Betroffene Beschlüsse	3		
b) Einzelentlastung	4		
c) Entlastung des anderen Verwaltungsorgans	5	9. Rechtsgemeinschaft	19
		10. Sonderfall Kreditinstitut	20
3. Befreiung von Verbindlichkeit	6	11. Verstoß gegen das Stimmrechtsverbot	21
4. Geltendmachung eines Anspruchs	7	III. Stimmbindungsvertrag	22
a) Betroffene Beschlüsse	7	1. Form und Inhalt eines Stimmbindungsvertrags	22
b) Betroffenheit mehrerer Aktionäre	8	2. Generelle Zulässigkeit	23
5. Dispensentscheidung (§ 286 Abs 5 S 3 HGB)	9	3. Abhängigkeit von Verwaltung (Abs 2)	24
6. Analogiefähigkeit	10	a) Bindung zugunsten der Verwaltung	24
7. Subjektive Reichweite	11	b) Stimmpool	25
a) Unmittelbare Betroffenheit	11	4. Rechtsfolgen	26
b) Vertretung (Abs 1 S 2)	12	a) Schuldrechtliche Verpflichtung	26
c) Stimmbindungsvertrag	13	b) Wirksamkeit der Stimme	27
d) Nahestehende Personen	14	c) Durchsetzung	28
8. Zurechnung bei Drittgesellschaft	15	d) Vorläufiger Rechtsschutz	29

§ 136 Ausschluss des Stimmrechts

Literatur: *Altmeppen* Gibt es Stimmverbote in der Einmann-Gesellschaft?, NJW 2009, 3757; *Burgard* Die Offenlegung von Beteiligungen bei der Aktiengesellschaft, AG 1992, 41; *Damm* Einstweiliger Rechtsschutz im Gesellschaftsrecht, ZHR 154 (1990), 413; *Diekmann/ Fleischmann* Umgang mt Interessenkonflikten in Aufsichtsrat und Vorstand der Aktiengesellschaft, AG 2013, 141 ff, 150; *Faerber/Garbe* Stimmverbote bei indirekten Interessenkonflikten, GWR 2012, 219; *Fischer* Entlastung von Vorständen bei Personenidentität in Konzerngesellschaften, NZG 1999, 192; *Flume* Stimmbindungsvertrag und Vorkaufsrecht in einer Familien-Aktiengesellschaft, JZ 1987, 572 *Gerkan* Gesellschafterbeschlüsse, Ausübung des Stimmrechts und einstweiliger Rechtsschutz, ZGR 1985, 167; *Grunsky* Stimmrechtsbeschränkungen in der Hauptversammlung, ZIP 1991, 778; *Habersack* Grenzen der Mehrheitsherrschaft in Stimmrechtskonsortien, ZHR 164 (2000), 1; *Hecker/Peters* Kein Stimmverbot des Alleinaktionäres in „Einmann-AG" (UniCredit) BGH, Beschluss vom 12.07.2011, II ZR 58/10, jurisPR-HaGe, 9/2011 Anm. 5; *Hermanns* Übertragung von Mitgliedschaftsrechten an Dritte – Gestaltungsmöglichkeiten und -grenzen, ZIP 2005, 2284; *Hoffmann* Einzelentlastung, Gesamtentlastung und Stimmverbote im Aktienrecht, NZG 2010, 290; *Jäger* Stimmverbot bei Entlastung des Vorstands durch Abstimmung unter Mitwirkung einer mehrheitlich beteiligten AG, NZG 1998, 271; *Kiem* Investorenvereinbarungen im Lichte des Aktien- und Übernahmerechts, AG 2009, 301; *Leuering/Simon* Offene Fragen zur Offenlegung der Vorstandsvergüung, NZG 2005, 945; *Lübbert* Abstimmungsvereinbarungen in der Aktien- und GmbH Recht der EWG-Staaten, der Schweiz und Großbritannien, 1971; *Lutter* Blockabstimmung im Aktien- und GmbH-Recht, FS Odersky, 1996, S 847; *Martens* Stimmrechtsbeschränkung und Stimmbindungsvertrag im Aktienrecht, AG 1993, 495; *Mutter* Stimmverbot nach dem Tode?, AG 2012, R45; *Otto* Gebundene Aktien: Vertragliche Beschränkungen der Ausübung und Übertragbarkeit von Mitgliedschaftsrechten zugunsten der AG, AG 1991, 369; *Petersen/Schulze De la Cruz* Das Stimmverbot nach § 136 I AktG bei der Entlastung von Vorstandsdoppelmandatsträgern, NZG 2012, 453; *Priester* Drittbindung des Stimmrechts und Satzungsautonomie, FS Werner, 1984, S 1984; *ders* Stimmrechtsausschlüsse und Satzungsregelungen, GmbHR 2013, 225; *Schneider* Gesetzliches Verbot für Stimmrechtsbeschränkungen bei der Aktiengesellschaft?, AG 1990, 56; *ders* Stimmverbote im GmbH-Konzern, ZHR 150 (1986), 609; *J. Semler* Einzelentlastung und Stimmverbot, FS Zöllner, 1998, Bd I, S 553; *J. Semler/Asmus* Der stimmlose Beschluss, NZG 2004, 881; *Sieveking/Technau* Das Problem sogenannter „disponibler Stimmrechte" zur Umgehung der Vinkulierung von Namensaktien, AG, 1989, 17; *Timm* Treuepflichten im Aktienrecht, WM 1991, 482; *Villeida* Stimmrechtsausschluss nach § 136 AktG und 3 47 GmbHG für Drittgesellschaften, ihre Organmitglieder und Gesellschafter, AG 2013, 57; *Wand/Tillmann* Der stimmlose Gesellschafterbeschluss in der Vollversammlung, AG 2005, 227; *Wertenbruch* Beschlussfassung und Pflichtverletzungen im Stimmrechtskonsortium, NZG 2009, 645; *Wilhelm* Stimmrechtsausschluss und Verbot des Insichgeschäfts, JZ 1976, 674; *Wilsing* Zum Stimmverbot des AktG § 136 bei Sonderprüfungsanträgen, EWiR 2005, 99; *Zimmermann* Vertrauensentzug durch die Hauptversammlung und Stimmrechtsausübung, FS Roweder, 1994, S 593; *Zöllner* Zu Schranken und Wirkung von Stimmbindungsverträgen, insbesondere bei der GmbH, ZHR 155 (1991), 168; *Zutt* Einstweiliger Rechtsschutz bei Stimmbindungen, ZHR 155 (1991), 190.

I. Allgemeines

§ 136 nennt Stimmverbote und sanktioniert bestimmte Stimmbindungsverträge mit Nichtigkeit. Abs 1 behandelt drei Fälle, in denen das Stimmrecht nicht ausgeübt werden darf. Darüber hinaus bestehen weitere Stimmverbote (vgl MünchKomm AktG/ *Schröer* Rn 4). Die in Abs 1 genannten Stimmverbote sollen eine Einflussnahme von verbandsfremden Interessen auf das Abstimmungsergebnis vermeiden. Es wird jedoch **nicht** an dem allgemeinen Gedanken anknüpfend **ein allgemeines Stimmverbot** für jeglichen Fall der Gefahr des Einflusses von verbandsfremden Sonderinteressen nor- 1 miert, **sondern nur bestimmte typisierte Interessenkonflikte** erfasst (KölnKomm AktG/*Zöllner* Rn 3 und 6). Abs 2 will verhindern, dass die Verwaltung auf Beschl ohne eigenes Kapitalrisiko einwirken kann; zwar kann ein Verwaltungsmitglied als Aktionär Einfluss nehmen, jedoch wird dann seine Einflussnahme durch sein Kapitalrisiko, welches er als Anteilsinhaber trägt, legitimiert (*Zöllner* aaO Rn 4). Die Satzung kann die Regelung weder einschränken, noch erweitern (§ 23 Abs 5, *Hüffer* AktG Rn 3).

II. Stimmrechtsausschluss (Abs 1)

2 **1. Grundsätzliches.** Abs 1 will verhindern, dass bei einem Konflikt zwischen privaten Interessen und Interessen der Gesellschaft der Abstimmende zum Nachteil der Gesellschaft stimmt und so sich verbandsfremde Sonderinteressen auf das Beschlussergebnis auswirken (KölnKomm AktG/*Zöllner* Rn 2; MünchKomm AktG/*Schröer* Rn 5). Bereits die abstrakte Gefahr begründet das Stimmverbot, wenn einer der drei in Abs 1 genannten Fälle (Entlastung, Befreiung von Verbindlichkeit, Geltendmachung eines Anspruchs) vorliegt. Es ist somit für das Stimmverbot unerheblich, wie der Abstimmende im Einzelfall abstimmen würde, also ob er den privaten Interessen den Vorzug gäbe. Ferner ist auch nicht relevant, ob das Abstimmen im privaten Interesse zu einem Nachteil der Gesellschaft führen würde. Es wird damit anders als beim Stimmrechtsmissbrauch nicht nur ein gesellschaftsschädliches Stimmverhalten **untersagt**, sondern die **Ausübung des Stimmrechts überhaupt** (*Schneider* ZHR 150 (1986), 609, 613; *Zöllner* aaO und Rn 27). Würden sämtliche Aktionäre vom Stimmverbot in gleicher Weise (insb in der Einmann-AG) betroffen, gilt das Stimmverbot nicht (*OLG München* ZIP 2010, 725, 728 – bestätigt von *BGH* NZG 2011, 950; zur GmbH: *BGHZ* 105, 324, 333; vgl ausf *Altmeppen* NJW 2009, 3757 mwN). Die vom Stimmverbot betroffenen Stimmen sind weder bei der Stimmen- bzw Kapitalmehrheit noch beim vertretenen Grundkapital mitzuzählen (*Schröer* aaO Rn 54). Die **Satzung** kann die Stimmverbote nicht verkürzen (unstr, *K. Schmidt* GesR § 21 II 2. c). Eine Erweiterung der Stimmverbote durch die Satzung würde dem Aktionär das Stimmrecht teilweise wieder nehmen und ist daher grds unzulässig. Stimmverbote kann die Satzung jedoch dort ergänzen, wo sie neue Zuständigkeiten der HV, zB bei der Wahl zu Ausschüssen, begründet (*Zöllner* aaO Rn 31; *Schröer* aaO Rn 28; **aA** striktes Verbot: Spindler/Stilz AktG/*Rieckers* Rn 2; *K. Schmidt/Lutter* AktG/*Spindler* Rn 3). Das Stimmverbot bei Bestellung **eines Sonderprüfers** regelt § 142 Abs 1 S 2, auf § 136 Abs 1 darf, insb bezüglich Aktionären, welche nicht Verwaltungsmitglieder sind, nicht zurückgegriffen werden (**hM**, *OLG Hamburg* NZG 2002, 244, 246; *OLG Düsseldorf* AG 2006, 202, 206; *Wilsing* EWiR 2005, 99 f; **aA** *LG Frankfurt/Main* AG 2005, 545, 546 mwN).

3 **2. Entlastung. – a) Betroffene Beschlüsse.** Entlastung iSd Abs 1 meint jede Beschlussfassung über die **nachträgliche Billigung der Verwaltungstätigkeit** von Vorstand, AR oder Abwicklern (MünchKomm AktG/*Schröer* Rn 7; *BGH* WM 1976, 204, 205). Dieser Entlastungsbegriff ist weiter als der des § 120 (*Zimmermann* FS Roweder, S 596). Der Beschl muss sich auf **die Vergangenheit** beziehen; ein Beschl, welcher sich auf die Zukunft bezieht, fällt nicht unter Entlastung (*BGH* WM 1976, 204, 205 zur Erbengemeinschaft). Eine Ermächtigung oder vorherige Zustimmung nach § 119 Abs 2 sind also nicht Entlastungen iSd Abs 1. Für vergangenheitsbezogene Beschl ist Abs 1 S 1 Fall 1 jedoch dahingehend **generalisierungsfähig**, dass diesem Stimmverbot alle Beschl unterliegen, die darauf abzielen, das Verhalten eines Gesellschafters nach-

träglich zu billigen oder missbilligen (*BGHZ* 97, 28, 33). **Weder Vertrauensentzug** (§ 84 Abs 3) **noch Abberufung** (§ 103) sind Entlastungsbeschlüsse, weil diese Beschl die Ablehnung der weiteren Tätigkeit beinhalten, mithin zukunftsbezogen sind (*Zimmermann* aaO S 594 ff). Unerheblich ist, ob die zu entlastende Person noch im Amt ist. Weder die Tagesordnung noch der Beschl muss den Begriff „Entlastung" aufführen (*RGZ* 106, 258, 262; 115, 246, 250). Ein Stimmverbot besteht **nicht schon** dann, wenn die **Möglichkeit eines irgendwie gearteten Konflikts** besteht, weil der Abstimmende auch außergesellschaftliche Interessen oder die Interessen Nahestehender zu verfolgen geneigt ist (*BGHZ* 97, 28, 33; *Lutter* FS Odersky, S 848).

b) Einzelentlastung. Die Entscheidung, ob im Wege der Einzel- oder Gesamtentlastung Entlastung erteilt werden soll, ist noch keine Entscheidung über die Entlastung, so dass Abs 1 nicht einschlägig ist (*OLG München* NJW-RR 1996, 159, 160; Spindler/Stilz AktG/*Rieckers* Rn 8; **aA** GroßKomm AktG/*Grundmann* Rn 32). Davon zu trennen sind die einzelnen Entscheidungen über die Entlastung. Die Technik der Einzelentlastung erlaubt grds, bezüglich der **Entlastung** eines anderen Mitglieds **auch desselben** Organs abzustimmen. Das Stimmverbot trifft dann nur denjenigen, über dessen Entlastung gerade abgestimmt wird. **Anderes** gilt nur, wenn sich der Vorwurf gegen ein Mitglied eines Verwaltungsorgans auch gegen das abstimmende Mitglied desselben Verwaltungsorgans richtet, wenn es sich also um eine (behauptete) **gemeinsam begangene Verfehlung** handelt (*BGHZ* 97, 28, 34; 108, 21, 25; 182, 272, 279 f; ausf *Rieckers* aaO; **aA** *Hoffmann* NZG 2010, 290, 292). Daher müssen folgende **zwei Voraussetzungen kumulativ** für das Eingreifen des Stimmverbots in diesen Konstellationen vorliegen: Erstens müssen das Verwaltungsmitglied, über dessen Entlastung abgestimmt wird, und das abstimmende Verwaltungsmitglied demselben Organ angehören, zweitens muss eine gemeinsame Verfehlung beider vorliegen. Gemeinsam meint **vorwerfbare Mitwirkung** (*J. Semler* FS Zöllner, S 562). Die gemeinsame Verfehlung muss zwar nicht durch Grundurteil festgestellt werden (*BGHZ* 97, 28, 36). Jedoch muss sie **schlüssig, substantiiert und als konkreter Vorgang dargestellt** werden, mangelnder geschäftlicher Erfolg und reine Missbilligung der Geschäftsführung genügen auf keinen Fall (*J. Semler* FS Zöllner, S 562 f). 4

c) Entlastung des anderen Verwaltungsorgans. Die Mitglieder eines Verwaltungsorgans sind im Grundsatz nicht gehindert, bei der Entlastung des anderen Verwaltungsorgans bzw bei einer Einzelentlastung von Mitgliedern des anderen Verwaltungsorgans abzustimmen (*J. Semler* FS Zöllner, S 561). Anderes kann nur gelten, wenn beide Verwaltungsorgane **derselbe bzw ein sehr ähnlicher Vorwurf wegen einer gemeinsamen Handlung** trifft. Dafür sind oben (Rn 4) beschriebene Grundsätze gleichermaßen heranzuziehen (so auch MünchKomm AktG/*Schröer* Rn 9; Spindler/Stilz AktG/*Rieckers* Rn 9). 5

3. Befreiung von Verbindlichkeit. Ein Stimmverbot besteht für denjenigen, welcher von einer Verbindlichkeit zu befreien ist. Das Stimmverbot besteht **unabhängig von der Art** der Verbindlichkeit (Geldleistung, vertretbare oder unvertretbare Handlung, Unterlassung), ihrem **Rechtsgrund** (Gesellschaftsverhältnis, Organverhältnis oder Schuldverhältnis); ferner ist auch unerheblich, in welcher **Weise** von der Verbindlichkeit befreit wird (Erlass, Vergleich, negatives Schuldanerkenntnis, Klageverzicht, Erledigungserklärung) (MünchKomm AktG/*Schröer* Rn 11; KölnKomm AktG/*Zöllner* Rn 10). Als von einer Verbindlichkeit befreit gilt auch der **Sicherheitengeber**, wenn 6 mit der Verbindlichkeit auch die Verpflichtung zur Sicherheit entfällt (*Schröer* aaO Rn 55; *Zöllner* aaO Rn 14). Das Stimmverbot greift auch bei Beschlüssen ein, welche von der Verbindlichkeit **nur vorläufig** (pactum de non petendo, Fälligkeitsverschiebung zu Gunsten des Schuldners, Stundung) dispensieren (*Hüffer* AktG Rn 22). Dem Stimmverbot steht nicht entgegen, dass die Befreiung nicht sofort durch HV-Beschluss bewirkt wird, sondern **noch zusätzlicher Erfordernisse** bedarf. Eine **Befreiung durch Satzungsänderung** (zB Kapitalherabsetzung, Aufhebung einer Nebenpflicht) fällt **regelmäßig nicht** unter Abs 1; anderes gilt, wenn nicht alle Aktionäre gleichermaßen betroffen sind (dazu Spindler/Stilz AktG/*Rieckers* Rn 11). Auf keinen Fall greift das Stimmverbot, wenn alle Aktionäre betroffen wären (*Zöllner* aaO Rn 12). Bei Kapitalherabsetzung im Fall noch ausstehender Einlagen ist die Befreiung nur sekundäre Folge der Änderung der Satzung, somit gilt das Stimmverbot nicht (*Zöllner* aaO Rn 13). Ein Beschl, welcher selbst die Befreiung von der Verbindlichkeit nicht zum Inhalt hat, sondern **nur mittelbar** die Befreiung bewirkt, begründet ebenfalls nicht das Stimmverbot, zB bei Anpassung der Gesellschaft an geänderte Verhältnisse (*Schröer* aaO Rn 12).

7   **4. Geltendmachung eines Anspruchs. – a) Betroffene Beschlüsse.** Als dritten Fall nennt Abs 1 S 1, dass die HV über die Geltendmachung eines Anspruchs gegen einen Aktionär beschließt. Der Anspruch ist ebenso weit wie bei der 2. Variante (Befreiung von einer Verbindlichkeit, s Rn 6) zu verstehen. Geltendmachung meint **jede Form der Durchsetzung**, gerichtliche (Leistungs-, Gestaltungs- und Feststellungsanträge) und außergerichtliche (Mahnung, Fristsetzung) wie auch vorbereitende (Mandatserteilung) und verfahrensbeendende (Klagerücknahme, Verzicht, Vergleich, Erledigungserklärung) Maßnahmen (MünchKomm AktG/*Schröer* Rn 13; *Hüffer* AktG Rn 22). Die Entscheidung über die **Beendigung von Passivprozessen** (Anerkenntnis, Vergleich) führt zu einem Stimmverbot für den klagenden Aktionär (*Schröer* aaO Rn 14: Einzelanalogie).

8   **b) Betroffenheit mehrerer Aktionäre.** Bei Beschlussfassung über die Geltendmachung von Ansprüchen **gegen mehrere Aktionäre** ist ähnlich wie bei der Entlastung zu werten (s.o. Rn 4 f): Wird über die Geltendmachung von mehreren Ansprüchen in einem Beschluss entschieden, ist jeder Anspruchsschuldner vom Stimmrecht ausgeschlossen. Wird hingegen über jeden Anspruch gegen jeden einzelnen Aktionär durch getrennte Beschl entschieden, ist nur der Aktionär vom Stimmrecht ausgeschlossen, über dessen Anspruch entschieden wird. Abweichendes gilt nur, wenn mehrere Ansprüche **eng zusammenhängen**, so dass die Gefahr des Einflusses verbandsfremder Sonderinteressen von mittelbar betroffenen Aktionären gegeben ist (ebenso Spindler/ Stilz AktG/*Rieckers* Rn 14). In diesem Fall dürfen auch die mittelbar betroffenen Aktionäre nicht stimmen. Ein solcher enger Zusammenhang liegt zB vor bei **Gesamtschuld**, bei sonstiger **Möglichkeit des Regresses** und wenn den Ansprüchen der **gleiche Rechtsgrund oder der gleiche Sachverhalt** zugrunde liegt (vgl auch BGHZ 97, 28, 33 ff). Ferner erstreckt sich das Stimmverbot auf solche Gesellschafter, auf die sich zwar der Beschl nicht bezieht, die jedoch mit demjenigen Gesellschafter gemeinsam eine Pflichtverletzung begangen haben, gegen den ein Anspruch geltend gemacht werden soll (BGHZ 97, 28, 34). Bei der **Geltendmachung von Einlagen** kommt ein Stimmverbot nicht in Betracht, wenn sämtliche Aktionäre noch Einlage schulden; das gilt auch, wenn sie unterschiedliche Einlagen geleistet haben (KölnKomm AktG/*Zöllner* Rn 23).

5. Dispensentscheidung (§ 286 Abs 5 S 3 HGB). § 286 Abs 5 S 3 HGB erweitert das **9** Stimmverbot des § 136 Abs 1 auf Beschlüsse der HV über das Unterlassen der Angaben nach § 285 S 1 Nr 9a S 5–8 (erweiterte Darstellung der Vorstandsvergütung nach dem VorstOG v 3.8.2005, BGBl I 2267). Das Stimmverbot gilt jedoch nur für dasjenige Vorstandsmitglied, welches selbst **Aktionär** ist (*Leuering/Simon* NZG 2005, 945, 950, für eine Analogie fehlt die unbewusste Regelungslücke).

6. Analogiefähigkeit. Abs 1 S 1 nennt drei Fälle, diese jedoch nicht als Regelbeispiele, sondern abschließend. Es handelt sich somit um eine **kasuistische Regelung** mit **10** der Folge, dass aus ihr **nicht ein allgemeines Prinzip im Sinne einer Gesamtanalogie** abgeleitet werden darf, um mithilfe dieses allgemeinen Prinzips sämtliche Interessenkollisionen von dem Abstimmungsergebnis fernzuhalten (KölnKomm AktG/*Zöllner* Rn 26; *Hüffer* AktG Rn 18; K. Schmidt/Lutter AktG/*Spindler* Rn 29; anders *Wilhelm* JZ 1976, 674, 675 ff: Stimmverbot als Ausprägung des Verbots des Selbstkontrahierens; *K. Schmidt* GesR § 21 II 2. b: Verbot des Richters in eigener Sache). Zwar würde eine solche Gesamtanalogie dem Zweck des Abs 1 (s Rn 2) eher gerecht werden. Jedoch ist zum einen dieser Zweck bewusst nur in den drei Fallgruppen (ferner § 286 Abs 5 HGB) und gerade nicht als allgemeines Prinzip Gesetz geworden (*Zimmermann* FS Rowedder, S 598 f, insb hat der Gesetzgeber eine Fallgruppe – Vornahme von Rechtsgeschäften mit einem Aktionär – aus dem Gesetz genommen). Zum anderen stünde eine solche Gesamtanalogie der Rechtssicherheit diametral entgegen (*Schneider* ZHR 150 (1986), 609, 613; *BGHZ* 97, 28, 33). Das schließt aber nicht aus, **in Anlehnung einer der drei Fallgruppen** (Entlastung, Befreiung oder Geltendmachung einer Verbindlichkeit) über deren Wortlaut hinaus ein Stimmverbot zu bejahen, wenn eine Konstellation vorliegt, die zwar nicht vom Wortlaut, jedoch vom Regelungssinn der einzelnen Fallgruppe gedeckt ist (**Spezial- oder Einzelanalogie**). Solches liegt vor, wenn ein Interessenkonflikt einer der drei Fallgruppen quantitativ und qualitativ vergleichbar ist (MünchKomm AktG/*Schröer* Rn 22; *Zöllner* aaO Rn 28; ähnlich *BGHZ* 97, 28, 33; gegen eine Einzelanalogie *Zimmermann* aaO S 601 f, der aber mit der „Natur der Sache" die Fallgruppen erweitert). Von der Einzelanalogie erfasst wird die **Vertagung** der Beschlussfassung über eine der drei Fälle (*Zöllner* aaO; differenzierend: *Schröer* aaO Rn 23; Spindler/Stilz AktG/*Rieckers* Rn 18), **nicht** aber die **Abberufung** eines AR-Mitglieds nach § 103 (*Schröer* aaO Rn 24; *Rieckers* aaO Rn 19; **aA** *Zöllner* aaO; *Spindler* aaO Rn 30). Bei einer Genehmigung nach § 68 Abs 2 (Übertragung von **vinkulierten Namensaktien**) besteht kein Stimmverbot für den Veräußerer (**hM**, *BGHZ* 48, 163, 166 f; *Schröer* aaO Rn 25; **aA** *Zöllner* aaO Rn 29, der ebenso für den Erwerber ein Stimmverbot annimmt).

7. Subjektive Reichweite. – a) Unmittelbare Betroffenheit. Der Aktionär, welcher **11** entlastet, dessen Verbindlichkeit erlöschen oder gegen den ein Anspruch geltend gemacht werden soll (bzw wenn vergleichbare Fälle vorliegen, s Rn 10 oder im Fall des § 286 Abs 5 HGB), kann bei dem betreffenden Beschluss weder aus eigenen noch aus fremden (als Vertreter oder als Legitimationsaktionär) Aktien eine Stimme abgeben. Das gilt **auch für einen Nichtgesellschafter**, welcher zB kraft Amtswalterstellung (s hierzu § 134 Rn 24; *BGHZ* 108, 21, 25: Testamentsvollstrecker), Vollmacht oder Legitimationszession Stimmrechte grds ausüben kann (Ausnahme: Vorstandsvergütung Rn 9): Wenn der Nichtgesellschafter entlastet, von einer Verbindlichkeit befreit oder wenn gegen ihn ein Anspruch geltend gemacht wird, kann er das Stimmrecht nicht geltend machen. Unerheblich ist dabei, ob der Aktionär, dessen Stimmen der

Nichtgesellschafter wahrnimmt, selbst dem Stimmverbot unterliegen würde (*Hüffer* AktG Rn 6 mwN). Genügend ist das Betroffensein des Abstimmenden. Ob der abstimmende Nichtgesellschafter den Weisungen des Aktionärs unterliegt, spielt hierfür keine Rolle. Bei einer **Einmann-AG** gilt das Stimmverbot nicht (s Rn 2).

12 b) Vertretung (Abs 1 S 2). Für Aktien, aus denen der Aktionär nach Abs 1 S 1 das Stimmrecht nicht ausüben kann (s hierzu Rn 11), kann das Stimmrecht auch nicht durch einen anderen ausgeübt werden (Abs 1 S 2). Im Gegensatz zur unmittelbaren Betroffenheit erfasst Abs 1 S 2 diejenigen Fälle, in welchen der Abstimmende zwar persönlich nicht von dem Beschl betroffen wird, jedoch derjenige, für den der Abstimmende handelt, vom Stimmverbot unmittelbar betroffen wäre, würde er selbst die Stimme abgeben. Der Aktionär kann sich also nicht dadurch dem Stimmverbot entziehen, dass er einen anderen für sich abstimmen lässt (*BGHZ* 56, 47, 53). Erfasst sind auch die **Legitimationszession**, die **Partei kraft Amtes** (Insolvenzverwalter, „starker" vorläufiger Insolvenzverwalter, Nachlassinsolvenzverwalter, Testamentsvollstrecker, Zwangsverwalter), **Treuhand** und die **unechte Stellvertretung** (Halten der Aktien im eigenen Namen, aber für Rechnung eines anderen). Diese Regelung gilt auch für Nichtgesellschafter, welche das Stimmrecht für jemanden anderes ausüben können (als Bevollmächtigte, Legitimationsaktionäre etc); sie können sich also nicht dem Stimmverbot durch bspw eine **Untervertretung oder Ersatzvollmacht** entziehen (KölnKomm AktG/*Zöllner* Rn 33; *Hüffer* AktG Rn 6 mwN; zur Ersatzvollmacht eingehend MünchKomm AktG/*Schröer* Rn 31). Das Stimmverbot besteht unabhängig davon, ob der Aktionär dem stimmbefugten Dritten Weisungen erteilt hat oder ob der Dritte völlig frei abstimmen darf (*LG Köln* NJW-RR 1998, 966, 967; *Fischer* NZG 1999, 192, 193 f; anders aber bei Kreditinstituten und diesen nach § 135 Abs 8 und 10 Gleichgestellten, s Rn 18, 20).

13 c) Stimmbindungsvertrag. Ein Stimmbindungsvertrag zugunsten eines von einem Stimmverbot Betroffenen überträgt dieses Stimmverbot auf den durch den Stimmbindungsvertrag Verpflichteten, wenn der Verpflichtete den Weisungen des Begünstigten trotz dessen Stimmverbot folgt (MünchKomm AktG/*Schröer* Rn 52). Eine Verpflichtung des Stimmbindungsvertrags, gem den Weisungen des Begünstigten zu stimmen, **bindet insoweit nicht**, als für den Begünstigten ein Stimmverbot besteht (KölnKomm AktG/*Zöllner* Rn 53; Spindler/Stilz AktG/*Rieckers* Rn 36).

14 d) Nahestehende Personen. Ein Stimmverbot wird einem Aktionär nicht allein deswegen zugerechnet, weil ein Verwandter oder eine persönlich oder rechtlich nahe stehende Person (zB Erben, dazu ausf K. Schmidt/Lutter AktG/*Spindler* Rn 20) entlastet, von einer Verbindlichkeit befreit oder gegen ihn ein Anspruch geltend gemacht werden soll (**hM**, *BGHZ* 80, 69, 71; 56, 47, 54; MünchKomm AktG/*Schröer* Rn 33; *Hüffer* AktG Rn 16; **aA** *Schneider* ZHR 150 (1986), 609, 615 f). Das gebietet die Rechtssicherheit (*BGHZ* 80, 69, 71). Anderes gilt nur bei einem **Umgehungsversuch** (*OLG Hamm* GmbHR 1989, 79) oder **Stimmrechtsmissbrauch** (*BGHZ* 80, 69, 71). Eine Umgehung liegt nicht bereits bei Übertragung von Anteilen auf eine nahe stehende Person vor. Es muss vielmehr noch ein **Umgehungszweck** (zB sichere und zutr Erwartung, die nahe stehende Person werde in bestimmter Weise abstimmen) hinzutreten (*OLG Hamm* GmbHR 1989, 79 f, welches sich auf den Beweis des ersten Anscheins stützt).

8. Zurechnung bei Drittgesellschaft. Ist eine Drittgesellschaft (eine andere als die 15 beschlussfassende Gesellschaft, zB wenn die Gesellschaft Aktionärin der AG ist oder wenn der Beschl die Forderung einer Gesellschaft gegen die AG betrifft) involviert, so sind zwei grds Konstellationen zu unterscheiden: (a) Die Drittgesellschaft wird vom Beschl betroffen, etwa weil sie von einer Verbindlichkeit der AG gegenüber befreit werden soll. Die Drittgesellschaft unterliegt dann unproblematisch dem Stimmverbot, weil sie Adressatin des Stimmverbots ist (Rn 11 f). Problematisch ist aber das Stimmrecht der Gesellschafter und der Organmitglieder der Drittgesellschaft, wenn diese als Aktionäre oder als Vertreter etc (Rn 12) in der HV der AG auftreten (dazu Rn 16). (b) Die andere Konstellation ist, dass die Drittgesellschaft als Aktionärin (oder als Vertreterin etc, Rn 12) in der HV der AG auftritt und in der AG darüber zu beschließen ist, ob bspw eine Forderung gegen eine Person geltend gemacht werden soll, welche Organ oder Gesellschafter der Drittgesellschaft ist (dazu Rn 17).

a) Zurechnung von Drittgesellschaft auf Gesellschafter/Organmitglieder. Wenn eine 16 Drittgesellschaft von einer Verbindlichkeit befreit oder gegen sie ein Anspruch geltend gemacht werden soll (bzw wenn vergleichbare Fälle vorliegen, s Rn 9 f), stellt sich die Frage, ob sich das Stimmverbot auch auf die Gesellschafter und Organe dieser Gesellschaft, wenn sie Aktionäre bzw Vertreter etc (Rn 12) sind, erstreckt. Teilweise wird vertreten, dass eine Zurechnung auf die Gesellschafter bei einer Personengesellschaft, nicht aber bei einer Kapitalgesellschaft eintritt (KölnKomm AktG/*Zöllner* Rn 37 ff). Diese Differenzierung ist zu formal und überzeugt insb nicht bei einer personalistischen Kapitalgesellschaft oder bei einer Publikums-KG (MünchKomm AktG/ *Schröer* Rn 39). Abzustellen ist vielmehr darauf, ob im konkreten Fall eine **nachhaltige Verbindung der Interessen** der Gesellschaft mit denen eines Aktionärs besteht (*Hüffer* AktG Rn 12). Es kommt hierfür entscheidend auf die **wirtschaftliche und unternehmerische Einheit** von Drittgesellschaft und Aktionär an (*BGH* NJW 1973, 1039, 1040; *BGHZ* 68, 107, 109). Das ist der Fall, wenn ein Aktionär als **persönlich haftender Gesellschafter** einer anderen Gesellschaft angehört und diese Gesellschaft vom Stimmverbot betroffen ist **oder** wenn ein Aktionär **sämtliche Anteile** einer anderen Gesellschaft inne hat **und** diese **wirtschaftlich als ausschließlich sein Unternehmen** zu betrachten ist; diese Zurechnung kann auch bei einem mehrstufigen Konzern vorliegen, wenn zwischen jeder Stufe ein Zurechnungstatbestand besteht (*BGH* NJW 1973, 1039, 1040). Möglich ist auch, dass eine wirtschaftliche und unternehmerische Einheit von Drittgesellschaft und mehreren Aktionären besteht. Dann ist jeder dieser Aktionäre vom Stimmrecht ausgeschlossen (*BGHZ* 68, 107, 110 f: drei Aktionäre halten **sämtliche** Anteile einer Drittgesellschaft, welche ein Stimmverbot verwirklichen würde, wäre sie Aktionärin). Unerheblich ist hingegen für diese Zurechnung eine willensmäßige Beherrschung der Drittgesellschaft durch den Aktionär (*BGH* NJW 1973, 1039, 1040). **Nicht notwendig** ist dann, dass die **Drittgesellschaft Aktionärin** ist (Spindler/ Stilz AktG/*Rieckers* Rn 33). Es genügt, dass die Drittgesellschaft vom Stimmrecht ausgeschlossen wäre, wäre sie Aktionärin. Dieselben Erwägungen müssen auch in Bezug auf ein **Organmitglied** einer Drittgesellschaft als Aktionär der abstimmenden Gesellschaft gelten (zutr *Schröer* aaO Rn 37): Das (potentielle) Stimmverbot gegen die Drittgesellschaft erstreckt sich auf das Organmitglied nur, wenn seine Interessen mit den Interessen der Drittgesellschaft nachhaltig verknüpft sind. Das Organmitglied kann dann als Aktionär oder Vertreter eines anderen Aktionärs etc (Rn 12) nicht mitstimmen.

17 b) Zurechnung von Gesellschafter/Organmitglieder auf Drittgesellschaft. Wenn ein Organ oder ein Gesellschafter einer Drittgesellschaft bei der AG entlastet, von einer Verbindlichkeit befreit oder gegen ihn ein Anspruch geltend gemacht werden soll (bzw wenn vergleichbare Fälle vorliegen, s Rn 9 f), stellt sich die Frage, ob sich das Stimmverbot auch auf die Drittgesellschaft als Aktionär erstreckt. Ebenso wie in der umgekehrten Konstellation ist nicht entscheidend, ob die Drittgesellschaft Personen- oder Kapitalgesellschaft ist (vgl Rn 16). Maßgebend ist vielmehr, ob die Drittgesellschaft **willensmäßig** vom Aktionär oder Organ der Drittgesellschaft **beherrscht** wird (*BGH* NJW 1973, 1039, 1040; *OLG Brandenburg* NJW-RR 2001, 1185, 1187; *OLG Hamburg* AG 2001, 91, 92; ausf *Petersen/Schulze De la Cruz* NZG 2012, 453). Ob Beherrschung vorliegt, entscheidet sich nach der **konkreten Konstellation des Einzelfalls**. Die Beherrschung ist aber nicht an dem tatsächlich vorgenommenen Einfluss zu bemessen, sondern anhand der **Möglichkeit der Einflussnahme** (*Schneider* ZHR 150 (1986), 609, 619 f; MünchKomm AktG/*Schröer* Rn 46 f; vgl auch *OLG Karlsruhe* AG 2001, 93, 95 für die rein faktische Beherrschung, dazu su Rn 18). Allerdings genügt nicht die bloße theoretische Möglichkeit der Einflussnahme (*BGHZ* 36, 296, 300). Der Einfluss muss vielmehr rechtlich durchsetzbar (rechtlich qualifiziert) (*BGHZ* 36, 296, 308; anders wohl *RGZ* 146, 385, 392 f, zum Ausnahmefall des genügenden faktischen Einflusses s Rn 18) sein. Genügend ist die Beherrschung iSd § 17, ohne dass es auf die Unternehmenseigenschaft ankäme (*Hüffer* AktG Rn 11 mwN; Spindler/Stilz AktG/*Rieckers* Rn 17). Nicht ausreichend ist, wenn lediglich die Beschlussfassung in der Drittgesellschaft verhindert werden kann (*BGH* NZG 2012, 626 zu § 47 GmbHG). Ein hinreichender Einfluss durch ein Mitglied des AR kommt anders als bei einem Vorstandsmitglied nur in Ausnahmefällen in Betracht (*Schröer* aaO Rn 45). Sind **mehrere Gesellschafter oder Organmitglieder** von einem Beschluss betroffen, kann auf die **gemeinsame (kumulative) Beherrschung** durch alle betroffenen Gesellschafter/Organmitglieder abgestellt werden. Nicht notwendig ist, dass jeder einzelne allein beherrschenden Einfluss innehat. Wird bspw ein Vorstand entlastet und bildet dieser Teil dieses Vorstands zugleich die Mehrheit des Vorstands einer anderen Gesellschaft (insb Mutter-AG), erstreckt sich das Stimmverbot auf die andere Gesellschaft (*LG Köln* NJW-RR 1998, 966, 967; *Jäger* NZG 1998, 271). Die Erstreckung wäre hingegen nicht gerechtfertigt, wenn sich der vom Stimmverbot betroffene Teil des Vorstands in der anderen Gesellschaft nicht durchsetzen könnte (**hM**, *OLG Karlsruhe* aaO 94 f; *OLG Hamburg* DB 1981, 80 f; K. Schmidt/Lutter AktG/*Spindler* Rn 17; **aA** KölnKomm AktG/*Zöllner* Rn 47). Die bloße Zugehörigkeit zur Verwaltung der Drittgesellschaft genügt nicht (*BGHZ* 36, 296, 300). Ein Vetorecht kann nur verhindern, nicht hingegen positiv beherrschen und genügt daher nicht als Zurechnungsgrund (*OLG Karlsruhe* aaO). Ferner muss es sich um eine Beherrschung kraft **rechtlich qualifizierbaren Einflusses** und nicht bloß kraft persönlichen oder rein faktischen Einfluss handeln (*BGHZ* 36, 296, 308).

18 Ein ungewöhnlich starker faktischer Einfluss genügt nur in **Ausnahmefällen** (eingehend dazu *OLG Karlsruhe* AG 2001, 93, 94 mwN; offen gelassen in *BGHZ* 36, 296; ein Beispiel einer genügenden faktischen Beeinflussung findet sich in *RGZ* 146, 385: bes Recht des zu Entlastenden, den Geschäftsführer der Drittgesellschaft, welcher in der AG für die Drittgesellschaft abzustimmen hat, jederzeit abberufen zu können). Ein solcher Ausnahmefall liegt nur vor, wenn der ungewöhnlich starke Einfluss **offensichtlich** ist (MünchKomm AktG/*Schröer* Rn 47; *Villeida* AG 2013, 57, 61). Entspr dem umgekehrten Fall genügt, dass die beherrschenden Gesellschafter/Organe das Stimmverbot verwirklichen würden, wären sie Aktionäre. Darauf, ob sie tatsächlich Aktionäre sind, kommt es nicht an.

9. Rechtsgemeinschaft. Ist bei einer Mitberechtigung an Aktien (Gesamthandsgemeinschaft oder Bruchteilsgemeinschaft) ein oder sind mehrere Mitberechtigte vom Stimmverbot betroffen, erstreckt sich das Stimmverbot **grds nicht** auf die übrigen Mitberechtigten (KölnKomm AktG/*Zöllner* Rn 35; *BGHZ* 49, 183, 193). Ein Ausschluss aller Mitberechtigten ist nur dann gerechtfertigt, wenn die vom Stimmverbot betroffenen Mitberechtigten ihren Willen gegenüber den übrigen Mitberechtigten durchsetzen können (MünchKomm AktG/*Schröer* Rn 50; K. Schmidt/Lutter AktG/*Spindler* Rn 19). Es gelten dann die zur **Beherrschung** einer Gesellschaft (Rn 17) gemacht Ausführungen. Das gilt insb dann, wenn das Stimmrecht nur einheitlich ausgeübt werden kann (*BGHZ* 51, 209, 219; 49, 183, 194), was bspw bei der Bruchteilsgemeinschaft der Fall ist (§ 69). **Die Rechtsgemeinschaft bzw deren Vertreter** ist wegen des Stimmverbots bezüglich eines Teils der Berechtigten nur dann insgesamt **vom Stimmrecht ausgeschlossen, wenn** der vom Stimmverbot **betroffene Teil die Rechtsgemeinschaft beherrscht**. Ebenso sind die Grundsätze aus der Zurechnung bei Drittgesellschaften bei der umgekehrten Konstellation heranzuziehen: Ist die Rechtsgemeinschaft als solche vom Stimmverbot betroffen, sind nur diejenigen Mitberechtigten vom Stimmrecht ausgeschlossen, deren Interessen **nachhaltig** mit denen der gesamten Rechtsgemeinschaft **verknüpft** (dazu s.o. Rn 16) sind (**wirtschaftliche Einheit**, s *BGHZ* 56, 47, 53 f für Erbengemeinschaft).

10. Sonderfall Kreditinstitut. Die Bankenstimmrechtsvollmacht (§ 135) dient der Erhöhung der Präsenz in der HV und damit der Kontrolle der Verwaltung durch die Aktionäre. Ist das Kreditinstitut vom Stimmrecht ausgeschlossen, weil es selbst oder kraft Zurechnung (s Rn 16 f) ein Stimmverbot verwirklicht, kann es auch nicht für andere, also namentlich nicht für Depotkunden das Stimmrecht ausüben. Wenn das Kreditinstitut **auf ausdrückliche Weisung** (vgl § 135 Rn 16 f) des vertretenen Aktionärs handelt, vermögen die Sonderstellung der Kreditinstitute und die besondere Funktion der Bankenstimmrechtsvollmacht eine teleologische Reduktion des Stimmverbots zu rechtfertigen (KölnKomm AktG/*Zöllner* Rn 51; Spindler/Stilz AktG/*Rieckers* Rn 39). Das Stimmverbot bezüglich der eigenen Aktien des Kreditinstituts bleibt davon aber unberührt (MünchKomm AktG/*Schröer* Rn 51).

11. Verstoß gegen das Stimmrechtsverbot. Eine Stimmabgabe, die gegen ein Stimmverbot verstößt, ist gem § 134 BGB nichtig (*Hüffer* AktG Rn 24). Ein HV-Beschluss, bei dem entgegen Abs 1 vom Stimmrecht ausgeschlossene Stimmen mitgezählt werden und bei denen der Beschl hierauf **rechnerisch kausal** beruht, ist wegen Verfahrensmangels **anfechtbar** (*BGH* NJW-RR 2006, 1110, 1113; NJW-RR 2006, 472, 473). Zu Nichtigkeit oder gänzlichem Fehlen eines Beschl (Scheinbeschluss bzw „rechtliches Nullum") kann es nicht einmal dann kommen, wenn ein festgestellter Beschl sich auf keine wirksame Stimme stützen kann (*BGH* NJW-RR 2006, 1110, 1113 zu § 20 Abs 7; aA *J. Semler/Asmus* NZG 2004, 881, 890: Scheinbeschluss). Die **Beweislast** trägt derjenige, der sich auf das Stimmverbot stützt (vgl *Grunsky* ZIP 1991, 778, 781). Nach einem Teil der Literatur soll der Versammlungsleiter im Zweifel **umstrittene Stimmen** berücksichtigen (*Hüffer* aaO: empfehlenswert; eingehend *Grunsky* aaO 779 ff, der darin sogar eine Pflicht sieht, dies findet jedoch keine gesetzliche Grundlage). Wird nach dem **Additionsverfahren** (§ 133 Rn 11) ausgezählt, wirkt ein Stimmverbot wie eine Enthaltung, der vom Stimmverbot betroffene muss also bei der betreffenden Beschlussfassung schlicht stillhalten. Das Stimmverbot muss **nicht mitgeteilt** werden (MünchKomm AktG/*Schröer* Rn 53). Anders liegt es beim **Subtraktionsverfahren** (§ 133 Rn 12). Bloße Passivität würde somit rechtswidrig als Ja-Stimme gewertet. Der vom Stimmverbot Betroffene ist daher dazu angehalten, **aktiv** zu verhindern, dass sein vermeintliches Stimmrecht mitgezählt wird. Das geschieht indem er sich entweder bei der Auszählungen der Enthaltungen meldet (nicht aber bei Auszählung der Nein-Stimmen) oder indem er dafür sorgt, dass er von der Präsenz abgesetzt wird (*Schröer* aaO). Nach § 405 Abs 3 Nr 5 handelt **ordnungswidrig**, wer trotz des Stimmverbots aus § 136 Aktien einem anderen zur Stimmrechtsausübung überlässt oder solche ihm überlassenen Aktien zur Ausübung des Stimmrechts benutzt. Wer verbotswidrig abstimmt, ist **der Gesellschaft** zum **Ersatz des daraus entstehenden Schadens** aus § 823 Abs 2 BGB iVm § 136 Abs 1 (ggf auch aus § 826 BGB) verpflichtet (MünchHdb AG/*F.-J. Semler* § 38 Rn 39). Abs 1 ist Schutzgesetz iSd § 823 Abs 2 BGB **zugunsten der Gesellschaft** (KölnKomm AktG/*Zöllner* Rn 60).

III. Stimmbindungsvertrag

22 **1. Form und Inhalt eines Stimmbindungsvertrags.** Stimmbindungsverträge sind Verträge, durch die ein Gesellschafter verpflicht wird, sein Stimmrecht in bestimmter Weise auszuüben (KölnKomm AktG/*Zöllner* Rn 83; *ders* ZHR 155 (1991), 168 Fn 1). Diese Verträge sind nicht organisationsrechtlicher, sondern rein **schuldrechtlicher Natur** (MünchKomm AktG/*Schröer* Rn 60; *BGH* NJW 1987, 890, 891; *OLG Karlsruhe* NZG 2005, 636, 638). Der Vertrag bedarf daher **keiner Form** (*BGH* aaO). Möglich ist auch ein **Stimmrechtsausschlussvertrag**, der zur Nichtausübung des Stimmrechts verpflichtet (näher *Hüffer* AktG § 133 Rn 25). Die Stimmbindung kann Teil eines anderen Vertrags (zB Treuhand, Nießbrauch, Sicherungsvertrag) sein (*Schröer* aaO Rn 63). Die Verpflichtung kann sowohl gegenüber einem Mitgesellschafter als auch gegenüber einem Dritten bestehen (KölnKomm AktG/*Zöllner* Rn 83; *ders* ZHR 155 (1991), 168 Fn 1). Voraussetzung ist aber in jedem Fall ein **Rechtsbindungswille**, dieser kann bei einer ad hoc Koalition fehlen (*Schröer* aaO Rn 62; näher *Martens* AG 1993, 495, 497). Der Stimmbindungsvertrag kann entweder die inhaltliche Konkretisierung der Stimmpflicht bereits selbst vornehmen oder sie mittelbar bestimmen, zB indem das Stimmrecht gemäß einer Weisung oder eines Stimmverhaltens einer bestimmten anderen Person auszuüben ist (KölnKomm AktG/*Zöllner* Rn 83; *ders* ZHR 155 (1991), 168 Fn 1). Je nach Vertrag gilt die Stimmbindung nur für eine oder mehrere Abstimmungen oder generell (MünchHdb AG/*F.-J. Semler* § 38 Rn 41; *OLG Karlsruhe* NZG 2005, 636, 637; zur **Höchstdauer**: *OLG Stuttgart* JZ 1987, 570 und *Flume* JZ 1987, 572). Die Stimmbindung kann auch nur für einen Teil der Aktien beziehen (MünchKomm AktG/*Schröer* Rn 59). In **Konsortial- oder Poolverträgen** verpflichten sich mehrere Gesellschafter gegenseitig zur einheitlichen Stimmrechtsausübung, der verbindliche Inhalt wird üblicherweise durch Mehrheitsbeschluss dieser Gesellschafter vor Abstimmung festgelegt (KölnKomm AktG/*Zöllner* Rn 83; eingehend *Wertenbruch* NZG 2009, 645 ff; *Habersack* ZHR 164 (2000), 1, 2 ff, insb zu den Mehrheitserfordernissen im Konsortium, dazu auch Rn 25 f). Sind solche Verträge auf Dauer angelegt und wird ein gemeinsamer Zweck verfolgt, können sie eine **GbR (§§ 705 BGB)** beinhalten (*BGHZ* 179, 13, 19 – „Schutzgemeinschaftsvertrag II"; *Hüffer* AktG § 133 Rn 26;

MünchKomm AktG/*Schröer* Rn 60; *Habersack* ZHR 164 (2000), 1, 2 mwN). Eine **einseitige Stimmbindung** (Unterordnung) ist hingegen Auftrag (§§ 662 ff BGB) oder Geschäftsbesorgung (§ 675 BGB) – § 136 ist auf diese Fälle nicht anwendbar. Oftmals finden sich auch in **Investorenvereinbarungen** zwischen einem (zukünftigen) Investor und der Gesellschaft Abreden über die Stimmrechtsausübung, die im Einzelfall dem Regime des § 136 Abs 2 unterfallen (eingehend *Kiem* AG 2009, 301, 308 ff).

2. Generelle Zulässigkeit. Stimmbindungsverträge sind **zulässig** (inzwischen unstr, *BGH* NJW 1983, 1910, 1911). Grenze ist die **Treuepflicht**, weitere Grenzen finden sich in § 405 Abs 3 Nr 6 und 7 (**Stimmenkauf**, vgl näher dort). Die Treuepflicht beurteilt sich allein vom Gesellschaftsverhältnis her und nicht auch von einem schuldrechtlichen Vertrag (*BGH* NJW 1983, 1910, 1911; *BGHZ* 179, 13, 21 f – „Schutzgemeinschaftsvertrag II"). Ein Gesellschafter, der **vom Stimmrecht ausgeschlossen** ist, kann nicht mithilfe eines Stimmbindungsvertrags die Willensbildung der Gesellschaft beeinflussen (*BGHZ* 48, 163, 166 f). In diesen Fällen besteht keine Bindung zugunsten des vom Stimmverbot Betroffenen. Der aus dem Stimmvertrag Verpflichtete kann sein Stimmrecht frei ausüben (KölnKomm AktG/*Zöllner* Rn 53). Wurde eine für die **Übertragung vinkulierter Aktien** (§ 68 Abs 2) notwendige Zustimmung nicht erteilt, darf diese Verweigerung der Zustimmung nicht dadurch umgangen werden, dass statt der Veräußerung ein Stimmbindungsvertrag geschlossen wird, in welchem sich der Aktionär demjenigen, der die Aktien erwerben wollte, unterwirft (*K. Schmidt* GesR § 21 II 4. a cc; *RGZ* 69, 134, 137). Davon unabhängig ist der Veräußerer vinkulierter Aktien gehalten, für die Veräußerung zu stimmen (*BGHZ* 48, 163, 166; MünchKomm AktG/*Schröer* Rn 68). Ein **Höchststimmrecht** steht einem Stimmbindungsvertrag nicht entgegen; eine Anrechnung ist nur ausnahmsweise gerechtfertigt (**hM**, *Martens* AG 1993, 495, 497 f mwN; *Timm* WM 1991, 481, 493 f; **aA** *Schneider* AG 1990, 56, 60; vgl auch *Burgard* AG 1992, 41, 49). **Nichtaktionäre** können am Stimmbindungsvertrag beteiligt sein (*BGH* ZIP 1983, 432, 433); weder das Abspaltungsverbot noch die fehlende Treuepflichtbindung des Dritten stehen dem entgegen (*Zöllner* ZHR 155 (1991), 168, 180 f; *Schröer* aaO Rn 69; Spindler/Stilz AktG/*Rieckers* Rn 50; **aA** *Habersack* ZHR 164 (2000), 1, 11 f; *Hüffer* AktG § 133 Rn 27). Die Treuepflicht aktualisiert sich im abstimmenden Aktionär, die den Vorrang vor einer Stimmbindung beansprucht, so dass es keine Bindung zu einer treuwidrigen Abstimmung geben kann (*Schröer* aaO). Auch bei einer **Satzungsänderung** kann eine Stimmbindung gegenüber einem Dritten bestehen (str, *Zöllner* ZHR 155 (1991), 168, 181 f; **aA** *Priester* FS Werner, S 667 ff, Ausnahmen S 672 ff).

3. Abhängigkeit von Verwaltung (Abs 2). – a) Bindung zugunsten der Verwaltung. Bestimmte Stimmbindungsverträge, in denen sich ein Aktionär dem Willen der Verwaltung **unterordnet**, sind nichtig (Abs 2). Zweck dieser Vorschrift ist die Wahrung der gesetzlichen **Kompetenzzuordnung** zwischen den Organen. Nichtig ist daher eine Verpflichtung, das Stimmrecht nach Weisung der Gesellschaft, des Vorstands, des AR oder eines abhängigen Unternehmens (§ 17) auszuüben (Abs 2 S 1; dasselbe gilt nach Abs 2 S 2 auch für Bindung an Verwaltungsvorschläge). Die Aufzählung ist um Vorstand und AR eines abhängigen Unternehmens zu ergänzen (MünchKomm AktG/*Schröer* Rn 78, die Sachlage ist vergleichbar). Neben dem Stimmrecht kann der Aktionär **auch sonstige aus der Mitgliedschaft entspringende Rechte** (insb Einberufungs-, Antrags- und Klagerechte) nicht an die Weisung der Verwaltung binden (*Otto* AG 1991, 369, 377). Ist der Aktionär an die Weisung eines **einzelnen Verwaltungsmitglieds**

23

24

statt eines Verwaltungsorgans gebunden, ist nach dem **Beweggrund** zu differenzieren: Nichtigkeit tritt ein, wenn die Bindung der Verwaltungstätigkeit dienen soll; anderes gilt nur, wenn das Verwaltungsmitglied nicht unerheblich beteiligt ist und die Beteiligung Beweggrund der Bindung ist (*Otto* aaO 379; **aA** KölnKomm AktG/*Zöllner* Rn 102; *Schröer* aaO Rn 77: nur bei Umgehung; *Hüffer* AktG Rn 26). Über den Wortlaut hinaus werden von der Nichtigkeitsfolge auch Stimmbindungsverträge erfasst, die **keiner Weisung mehr bedürfen**, sondern die bereits im Vertrag das Abstimmungsverhalten präzisiert haben (*Otto* aaO 376 f; Spindler/Stilz AktG/*Rieckers* Rn 51; **aA** *Zöllner* ZHR 155 (1991), 184 für die GmbH). Gegenüber wem sich der Aktionär verpflichtet hat, ist ohne Bedeutung; auch eine **Verpflichtung gegenüber einem Dritten** wäre nichtig (*Schröer* aaO Rn 74; KölnKomm AktG/*Zöllner* Rn 106). Eine **mittelbare Beteiligung** genügt, wenn eine zwischengeschaltete Gesellschaft eine rein formale Stellung einnimmt (*Otto* aaO 378). Ein Verstoß gegen das Stimmbindungsverbot führt zur Nichtigkeit (§ 134 BGB, ggf iVm § 139 BGB) des Stimmbindungsvertrags. Schadensersatzansprüche werden von der Nichtigkeit erfasst, wenn Sinn und Zweck des Stimmverbots dies erfordern (*Schröer* aaO Rn 81, für Strafversprechen s § 344 BGB).

25 **b) Stimmpool. Unterordnung** liegt grds nicht bei einem Konsortium mit Mehrheitsentscheid vor. Abs 2 greift daher zumindest dann nicht ein, wenn die Verwaltung **nicht** die Mehrheit im Konsortium hat. Hat die Verwaltung die Mehrheit, ist zu unterscheiden: Eine Mehrheit schadet nicht, wenn die Mehrheit der Verwaltung im Konsortium an deren Anteilsbesitz anknüpft (*OLG Stuttgart* JZ 1987, 570 mwN; *OLG Karlsruhe* NZG 2005, 636, 638 mwN; **aA** MünchKomm AktG/*Schröer* Rn 73; tendenziell abl auch Spindler/Stilz AktG/*Rieckers* Rn 57). Abs 2 findet auf jeden Fall dann Anwendung, wenn die Verwaltung die Mehrheit im Konsortium kraft sonstiger, von der Anteilsgröße abweichender Regelung hat (zB Stichentscheid) (KölnKomm AktG/ *Zöllner* Rn 100; *OLG Stuttgart* aaO für Kopfbeteiligung).

26 **4. Rechtsfolgen. – a) Schuldrechtliche Verpflichtung.** Ein wirksamer Stimmbindungsvertrag verpflichtet **schuldrechtlich** (s Rn 22). Ein im Konsortium mit **einfacher Mehrheit** gefasster Beschl verpflichtet die Parteien des Stimmbindungsvertrags auch dann, wenn für die Beschlussfassung **in der HV eine größere Mehrheit vorgeschrieben ist** (str, *BGHZ* 179, 13, 20 ff – „Schutzgemeinschaftsvertrag II", zust Anm *Göz* EWiR 2009, 173 f; *OLG Karlsruhe* NZG 2005, 636, 637 ff; Spindler/Stilz AktG/*Rieckers* Rn 45 mwN; **aA** *Habersack* ZHR 164 (2000), 1, 14 ff).

27 **b) Wirksamkeit der Stimme.** Ein unwirksamer Stimmbindungsvertrag berührt die Wirksamkeit der Stimmabgabe **nicht**, unabhängig davon, ob der Aktionär gemäß dem Vertrag oder diesem zuwider abgestimmt hat (*OLG Nürnberg* AG 1996, 228, 229 mwN; *Hüffer* AktG Rn 29; *Priester* FS Werner, S 667). Grund ist der **Abstraktionsgrundsatz**, welcher einer Zurechnung entgegensteht (*Sieveking/Technau* AG 1989, 17, 22; MünchKomm AktG/*Schröer* Rn 85). Ebenso wird die Wirksamkeit der Stimmabgabe nicht berührt, wenn sie der schuldrechtlichen Verpflichtung aus dem Stimmbindungsvertrag zuwider abgegeben wird (*RGZ* 119, 386, 388 f; *OLG Koblenz* NJW 1991, 1119, 1120; *BGH* NJW 1983, 1910, 1911: „grundsätzlich nicht anfechtbar"). Grund ist die rein schuldrechtliche Wirkung der Stimmbindung (*OLG Koblenz* NJW 1986, 1692, 1693; *Lübbert* S 97 weist auf § 137 BGB hin). Die Wirksamkeit der Stimmerklärung ist daher immer **eigenständig** zu beurteilen. Eine **Ausnahme** soll aber dann gelten, wenn **alle Gesellschafter** eine die Gesellschaft betreffende Angelegenheit einverständlich

bindend geregelt haben und der Beschl gegen diese von allen Gesellschaftern eingegangene Bindung verstößt; dann sei der Beschl **anfechtbar** (*BGH* NJW 1983, 1910, 1911; vgl dazu auch § 243 Rn 5).

c) Durchsetzung. Aus einem Stimmbindungsvertrag kann **auf Leistung geklagt** werden (zutr *BGHZ* 48, 163, 169 ff). Erforderlich hierfür ist weder, dass der Verpflichtete in der HV bereits Gelegenheit hat, den Anspruch zu erfüllen, noch dass er im Voraus erklärt, er werde vertragswidrig abstimmen (*BGHZ* 48, 163, 171). Die Stimmabgabe ist **Willenserklärung** (§ 133 Rn 2), folglich richtet sich die Vollstreckung grds nach **§ 894 ZPO** (Fiktion der Abgabe einer Willenserklärung durch rechtskräftiges Urteil, *BGHZ* 48, 163, 169). Vollstreckungsergebnis ist auch bei einer Einmann-AG immer nur die Stimmerklärung, nie der Beschl (*BGH* NJW-RR 1989, 1056). Der **Zugang** der durch das Urteil ersetzten Willenserklärung erfolgt durch Zugang des Urteils beim Versammlungsleiter **in der HV** (*BGH* NJW-RR 1989, 1056). Steht der Inhalt der gebundenen Stimme noch nicht fest, muss auf § 888 ZPO (Vollstreckung **unvertretbarer** Handlungen) ausgewichen werden (*Zöller* ZPO/*Stöber* § 888 Rn 2 Punkt „Willenserklärung"; aA MünchKomm AktG/*Schröer* Rn 90: § 887 ZPO – vertretbare Handlung). Geht es primär um **Unterlassen** (Nichtteilnahme an der HV oder der Stimmabgabe, Enthaltung, keine Antragsstellung) bietet sich § 890 ZPO an (*Schröer* aaO). **Die Vollstreckung von Nebenpflichten**, etwa dem Vollstreckungsgläubiger den Zugang zur HV zu verschaffen, richtet sich nach der jeweiligen Nebenpflicht. 28

d) Vorläufiger Rechtsschutz. Streitig ist, ob der Anspruch aus dem Stimmbindungsvertrag qua einstweiliger Verfügung durchgesetzt werden kann (verneinend die früher hM: *OLG Celle* GmbHR 1981, 264, 265 f; *OLG Frankfurt* BB 1982, 274; Köln-Komm AktG/*Zöllner* Rn 117; weitere Nachweise bei *Gerkan* ZGR 1985, 167, 168 Fn 2; unklar Zöller ZPO/*Vollkommer* § 940 Rn 8 Punkt „Gesellschaftsrecht"). In Betracht kommt nur eine **Leistungsverfügung** (§ 940 ZPO analog). Im Wege einer Leistungsverfügung kann der Anspruch jedoch wegen der **Vorwegnahme der Hauptsache** nur durchgesetzt werden, wenn der Aktionär auf die sofortige Erfüllung **dringend angewiesen** (unabweisbares Bedürfnis) ist (*Vollkommer* aaO Rn 6). Dies gilt auch bei Stimmbindungsverträgen (*OLG Stuttgart* NJW 1987, 2449; *OLG Koblenz* NJW 1986, 1692, 1693; *OLG Köln* BB 1977, 464; eingehend *Damm* ZHR 154 (1990), 413, 431 f), ein ausreichender Grund für eine Sonderbehandlung von Stimmbindungen ist nicht erkennbar. Die Belange der Gesellschaft können in der **anzustellenden Interessenabwägung** genügend Berücksichtigung finden (*Damm* aaO 432 und 440). Das unabweisbare Bedürfnis dürfte bei Stimmbindungsverträgen jedoch die **absolute Ausnahme** (etwa Existenzvernichtung) sein, so dass es grds bei der Unzulässigkeit des vorläufigen Rechtsschutzes verbleibt (vgl auch *KG* GmbHR 1997, 175; *Gerkan* aaO 188 f). 29

§ 137 Abstimmung über Wahlvorschläge von Aktionären

Hat ein Aktionär einen Vorschlag zur Wahl von Aufsichtsratsmitgliedern nach § 127 gemacht und beantragt er in der Hauptversammlung die Wahl des von ihm Vorgeschlagenen, so ist über seinen Antrag vor dem Vorschlag des Aufsichtsrats zu beschließen, wenn es eine Minderheit der Aktionäre verlangt, deren Anteile zusammen den zehnten Teil des vertretenen Grundkapitals erreichen.

Holzborn

§ 137 Abstimmung über Wahlvorschläge von Aktionären

Übersicht

	Rn		Rn
I. Regelungsgegenstand	1	2. Antrag in der Hauptversammlung	3
II. Voraussetzungen	2	3. Minderheitsverlangen	4
1. Wahlvorschlag eines Aktionärs	2	III. Rechtsfolge	5

Literatur: *Max* Die Leitung der Hauptversammlung, AG 1991, 77; *Ramm* Gegenantrag und Vorschlagsliste – Zur Gestaltung des aktienrechtlichen Verfahrens für die Wahlen zum Aufsichtsrat, NJW 1991, 2753; *Stützle/Walgenbach* Leitung der Hauptversammlung und Mitspracherechte der Aktionäre in Fragen der Versammlungsleitung, ZHR 155 (1991), 516.

I. Regelungsgegenstand

1 § 137 ist die einzige Regelung im AktG zur **Abstimmungsreihenfolge** in der HV. Grds (arg e contrario) unterliegt es dem Dispositionsrecht des Versammlungsleiters – orientiert an der **Sachdienlichkeit** – die Reihenfolge der zur Abstimmung gestellten Anträge festzulegen, soweit nicht die Satzung oder die Geschäftsordnung eine abweichende Regelung enthält (*LG Hamburg* WM 1996, 168, 170; *Ramm* NJW 1991, 2753 f). § 137 bezweckt somit, dem Gegenantrag eines Aktionärs unter bestimmten Voraussetzungen durch dessen Priorität gegenüber den Vorschlägen des AR (§ 124 Abs 3) für die Wahl von AR-Mitgliedern **bessere Chancen** einzuräumen. Würde zuerst über den Vorschlag des AR abgestimmt werden, wäre mit dessen Annahme der Vorschlag eines **opponierenden Aktionärs obsolet** (näher zu sog „Kampfabstimmungen" *Leuering/Rubner* NJW-Spezial 2010, 335 f). Da die Norm dem Schutz der Aktionärsrechte dient, ist sie halbseitig zwingend iSd § 23 Abs 5. Die Voraussetzungen für die zeitlich vorrangige Behandlung können deshalb zwar abgemildert, nicht jedoch erschwert werden (MünchKomm AktG/Schröer Rn 4).

II. Voraussetzungen

2 **1. Wahlvorschlag eines Aktionärs.** Die Vorschrift setzt zunächst voraus, dass durch einen Aktionär ein **Wahlvorschlag für die Wahl eines Aufsichtsratsmitglieds** unterbreitet wurde. Als Initiator kommen alle Aktionäre in Betracht, und zwar unabhängig davon, ob sie ein Stimmrecht besitzen, oder nicht (K. Schmidt/Lutter AktG/*Spindler* Rn 2). Für einen Aktionärsvorschlag iSd § 137 muss eine **Pflicht gem § 127 iVm § 126 bestehen, diesen zugänglich zu machen.** Insbesondere muss dieser dem Vorschlag des AR (§ 124 Abs 3 S 1) widersprechen und spätestens vierzehn Tage vor dem Tage der HV (§§ 127 S 1 iVm 126 Abs 1 S 1) der Gesellschaft übersandt worden sein (aA *LG Dortmund* AG 1968, 390: Einhaltung der Frist nach § 126 Abs 1 aF ist für Gegenantrag iSd § 137 unerheblich, da die Frist keine Ausschlussfrist für die Zulässigkeit solcher Anträge darstellt). Eine **Begründungspflicht besteht nicht**, § 127 S 2. Auch ist infolge der Gesetzesänderung des § 126 Abs 1 nicht mehr die Mitteilung des Aktionärs erforderlich, dass er dem Vorschlag des AR widersprechen werde und die anderen Aktionäre veranlassen werde, für seinen Gegenantrag zu stimmen. Die Pflicht zur vorrangigen Behandlung besteht nur, wenn der Wahlvorschlag diesen Voraussetzungen entspricht, unabhängig davon, ob der Vorschlag zugänglich gemacht wurde oder nicht. Entscheidend ist allein, ob eine Pflicht zum Zugänglichmachen bestand.

2. Antrag in der Hauptversammlung. Der Aktionär, der den Wahlvorschlag einge- 3
reicht hat, oder dessen Bevollmächtigter, hat **in der HV den seinem Wahlvorschlag
entsprechenden Antrag auf Vorziehung zu stellen**, über seinen zur Wahl Vorgeschlagenen abzustimmen. Der inhaltsgleiche Antrag eines anderen Aktionärs reicht nicht aus (KölnKomm AktG/*Zöllner* Rn 4). Auch muss sich der Antrag auf den konkret Vorgeschlagenen beziehen und nicht auf eine andere Person. Der Antrag des Aktionärs muss nicht darauf gerichtet sein, über seinen Antrag zuerst abzustimmen. Dies erfolgt allein durch das Minderheitenverlangen (MünchKomm AktG/Schröer Rn 9).

3. Minderheitsverlangen. Zudem ist erforderlich, dass eine Minderheit von Aktionä- 4
ren eine zeitlich vorrangige Abstimmung über den **Aktionärsvorschlag** verlangt. Das Verlangen muss nicht während der Aussprache geltend gemacht werden. Es ist ausreichend, wenn der Versammlungsleiter mündlich oder schriftlich von dem Minderheitsverlangen unterrichtet wird (MünchKomm/*Schröer* Rn 9). Diese **Aktionärsminderheit** muss zusammen Anteile im Werte von 10% des in der HV vertretenen Grundkapitals besitzen. Der Versammlungsleiter ist nicht zur Nachfrage verpflichtet, ob die Aktionäre eine Vorausabstimmung verlangen wollen (*Schröer* aaO; KölnKomm/*Zöllner* Rn 5; K. Schmidt/Lutter AktG/*Spindler* Rn 5; **aA** *Hüffer* AktG Rn 3). Der Minderheit obliegt es jedoch, den Nachweis für das Erreichen des 10%-Quorums zu erbringen (**str** vgl § 120 Rn 7; Obermüller/Werner/Winden HV/*Butzke* J Rn 58). Zwar kann der Versammlungsleiter durch organisatorische Maßnahmen die Minderheit bei der Nachweiserbringung unterstützen; da die **Nachweislast jedoch bei der Minderheit liegt**, besteht hierzu keine Pflicht (ebenso Spindler/Stilz AktG/*Rieckers* Rn 7; *Butzke* aaO; **aA** GroßKomm AktG/*Barz* Rn 2; *Spindler* aaO Rn 6 mwN).

III. Rechtsfolge

Liegen die Voraussetzungen vor, so ist der Versammlungsleiter **an die gesetzlich vor-** 5
gegebene Abstimmungs**reihenfolge gebunden.** Wurden Wahlvorschläge verschiedener Aktionäre unterbreitet, so kann der Versammlungsleiter deren Reihenfolge nach seinem Ermessen festlegen. Mehrere Vorschläge desselben Aktionärs können einzeln oder auch zusammen zur Abstimmung gestellt werden, da § 137 nur die Reihenfolge der Abstimmung regelt (*OLG Hamburg* AG 1968, 332; *LG München* NZG 2004, 627). Zur Listenwahl s *Max* AG 1991, 89.

Wird die von § 137 vorgeschriebene Abstimmungsreihenfolge nicht gewahrt, so liegt 6
eine **Gesetzesverletzung** iSd § 251 Abs 1 S 1 vor, welche die Wahl **anfechtbar** macht (MünchKomm AktG/Schröer Rn 16). Dies jedoch nur, **wenn** die Abstimmungsreihenfolge das **Wahlergebnis beeinflusst** hat. Die Darlegungs- und Beweislast dafür, dass das Wahlergebnis auf der Abstimmungsreihenfolge beruht, soll die Gesellschaft tragen; idR spricht dafür ein eindeutiges Mehrheitsverhältnis (*Schröer* aaO). Fraglich ist jedoch, wie die Gesellschaft beweisen kann, dass das Wahlergebnis nicht auf der Abstimmungsreihenfolge beruhte (durch Vorlage des HV-Protokolls: Spindler/Stilz AktG/*Rieckers* Rn 9).

Fünfter Unterabschnitt
Sonderbeschluss

§ 138 Gesonderte Versammlung. Gesonderte Abstimmung

¹In diesem Gesetz oder in der Satzung vorgeschriebene Sonderbeschlüsse gewisser Aktionäre sind entweder in einer gesonderten Versammlung dieser Aktionäre oder in einer gesonderten Abstimmung zu fassen, soweit das Gesetz nichts anderes bestimmt. ²Für die Einberufung der gesonderten Versammlung und die Teilnahme an ihr sowie für das Auskunftsrecht gelten die Bestimmungen über die Hauptversammlung, für die Sonderbeschlüsse die Bestimmungen über Hauptversammlungsbeschlüsse sinngemäß. ³Verlangen Aktionäre, die an der Abstimmung über den Sonderbeschluss teilnehmen können, die Einberufung einer gesonderten Versammlung oder die Bekanntmachung eines Gegenstands zur gesonderten Abstimmung, so genügt es, wenn ihre Anteile, mit denen sie an der Abstimmung über den Sonderbeschluss teilnehmen können, zusammen den zehnten Teil der Anteile erreichen, aus denen bei der Abstimmung über den Sonderbeschluss das Stimmrecht ausgeübt werden kann.

Übersicht

	Rn		Rn
I. Allgemeines	1	2. Entsprechende Anwendung	
II. Sonderbeschluss	2	(S 2 Alt 1)	4
III. Versammlung und Beschluss-		a) Gesonderte Versammlung	4
fassung	3	b) Gesonderte Abstimmung	5
1. Wahl zwischen gesonderte		3. Minderheitsrecht (S 3 und S 2	
Versammlung/Abstimmung		iVm § 122)	6
(S 1)	3	IV. Rechtfolgen bei Verstößen	7

Literatur: *Baums* Der unwirksame Hauptversammlungsbeschluß, ZHR 142 (1978), 582; *T. Bezzenberger* Vorzugsaktien ohne Stimmrecht, 1990; *Geßler* Die Rechtslage bei Fehlen des Sonderbeschlusses benachteiligter Aktionäre oder verschiedener Aktiengattungen, DJ 1936, 1941; *Werner* Die Beschlussfassung der Inhaber stimmrechtsloser Vorzugsaktien, AG 1971, 69.

I. Allgemeines

1 § 138 behandelt das **Verfahren bei Sonderbeschlüssen**. Darüber, wann ein Sonderbeschluss notwendig wird, sagt § 138 nichts. Die Erforderlichkeit eines Sonderbeschlusses ergibt sich aus sonstigem AktG (Auflistung s Rn 2) oder aus der Satzung. Die Begründung durch Satzung ist jedoch nur in engen Grenzen möglich (näher Groß-Komm AktG/*G. Bezzenberger* Rn 13 ff; K. Schmidt/Lutter AktG/*Spindler* Rn 8; BGHZ 36, 296, 314; BGHZ 122, 211, 231 ff).

II. Sonderbeschluss

2 Der Sonderbeschluss dient dem Schutz der Aktionäre bestimmter Gattungen oder Gruppen, in deren besondere Rechte durch Beschl der HV oder Geschäftsführungsmaßnahmen eingegriffen wird (GroßKomm AktG/*G. Bezzenberger* Rn 6). Materiellrechtlich ist der Sonderbeschluss eine **Zustimmung** (MünchKomm AktG/Schröer Rn 2 f), entweder zu einem HV-Beschluss (§§ 141 Abs 1 und 3, 179 Abs 3, 182 Abs 2,

Gesonderte Versammlung. Gesonderte Abstimmung **§ 138**

193 Abs 1 S 3, 202 Abs 2 S 4, 221 Abs 1 S 4 und Abs 3, 222 Abs 2, 229 Abs 3, 237 Abs 2 S 1, 295 Abs 2 AktG; §§ 65 Abs 2, 73, 125 S 1, 135 Abs 1 S 1, 176 ff, 233 Abs 2 S 1, 240 Abs 1 S 1, 252 Abs 2 S 1 UmwG) oder **zu einer konzernbezogenen Geschäftsführungsmaßnahme** (§§ 296 Abs 2, 297 Abs 2, 302 Abs 3 S 3, 309 Abs 3, 310 Abs 4, 317 Abs 4, 318 Abs 4, 323 Abs 1). Das Erfordernis besteht nur dort, wo das Gesetz es ausdrücklich verlangt; eine **analoge Anwendung kommt nicht in Betracht** (*G. Bezzenberger* aaO Rn 12 mwN; vgl auch *BGHZ* 122, 211, 231 ff; *BGH* NJW 1979, 2103 f). Die Zustimmung umfasst sowohl die **vorherige Einwilligung** (§ 183 S 1 BGB) als auch die **nachträgliche Genehmigung** (§ 184 Abs 1 BGB). Der Sonderbeschluss als Zustimmungserklärung ist **kein Bestandteil** des zustimmungsbedürftigen HV-Beschlusses, sondern als eigenständiges Rechtsgeschäft **zusätzliches Wirksamkeitserfordernis** des HV-Beschlusses (*T. Bezzenberger* S 118 und 184; *G. Bezzenberger* aaO Rn 7). Dasselbe gilt, wenn der Sonderbeschluss sich auf eine Geschäftsführungsmaßnahme bezieht: Die **Vertretungsmacht** nach außen bedarf des Sonderbeschlusses als Wirksamkeitsvoraussetzung (*Schröer* aaO Rn 5).

III. Versammlung und Beschlussfassung

1. Wahl zwischen gesonderte Versammlung/Abstimmung (S 1). Die gesonderte Versammlung muss zwingend bei der Zustimmung der Vorzugsaktionäre zur Aufhebung oder Beschränkung des Vorzugs (§ 141 Abs 3 S 1) und bei entsprechendem Minderheitsverlangen (dazu unten Rn 6) erfolgen. Im Übrigen **entscheidet der Einberufende** (idR der Vorstand) iRd Ladung (§§ 121 Abs 2 S 1, 138 S 2, unstr *Hüffer* AktG Rn 3). Auf keinen Fall entscheidet der Versammlungsleiter, da zu einer gesonderten Versammlung gesondert geladen werden muss. Ein **Anspruch** der Aktionäre auf gesonderte Versammlung besteht außer in den Fällen der §§ 141 Abs 3, 138 S 3, 122 iVm 138 S 2 **nicht**, auch nicht darauf, dass andere Aktionäre den Saal bei Diskussion oder Abstimmung verlassen (MünchKomm AktG/*Schröer* Rn 20). **Wechsel** von gesonderter Abstimmung zur gesonderten Versammlung ohne neue Ladung ist nicht möglich, weil die gesonderte Ladung fehlt (Nichtigkeitsfolge gefasster Beschl, § 241 Nr 1, *Schröer* aaO); ebenso nicht ein Wechsel von gesonderter Versammlung zu gesonderter Abstimmung, da es an der Ankündigung der gesonderten Abstimmung in der Tagesordnung fehlt (Anfechtbarkeitsfolge) (GroßKomm AktG/*G. Bezzenberger* Rn 20, außer wenn alle am Sonderbeschluss teilnehmenden Aktionäre anwesend bzw vertreten sind und dem Wechsel zustimmen).

2. Entsprechende Anwendung (S 2 Alt 1). – a) Gesonderte Versammlung. Gem S 2 Alt 1 gelten für die Einberufung der gesonderten Versammlung, die Teilnahme an ihr sowie für das Auskunftsrecht die Bestimmungen über die HV. Diese **Aufzählung ist nicht abschließend**, sondern exemplarisch gemeint: Alle gesetzlichen (§§ 118, 121–126, 127a, 128–130, 131 f, 133 ff, 241 ff) und satzungsmäßigen Vorschriften bezüglich der HV, der Beschlussfassung, des Stimmrechts und der Folgen bei Beschlussmängeln gelten auch für gesonderte Versammlungen (KölnKomm AktG/*Zöllner* Rn 6 und 12). Es muss **in der Ladung klar** gestellt sein, dass nicht eine normale HV, sondern eine **gesonderte** Versammlung einberufen wird. Das **Teilnahmerecht** steht nur den am Sonderbeschluss **stimmberechtigten** Aktionären zu; andere Aktionäre können als Gäste zugelassen werden (hM MünchKomm AktG/*Schröer* Rn 25; *Hüffer* AktG Rn 4; aA *T. Bezzenberger* S 179 f: Teilnahme ohne Antrags-, Rede-, Auskunfts- und Stimmrecht). Vorstand und AR sind teilnahmeberechtigt (§ 118 Abs 3 S 1, 138 S 2; *Werner* AG 1971, 69, 73 Fn 25).

Holzborn 1229

§ 138 Gesonderte Versammlung. Gesonderte Abstimmung

Wer die gesonderte **Versammlung leitet**, bestimmt die Satzung oder die Geschäftsordnung. Fehlt eine besondere Regelung, ist auf den Versammlungsleiter der HV zurückzugreifen; notfalls ist dieser zu Beginn der Sonderversammlung zu wählen.

5 **b) Gesonderte Abstimmung.** Es gelten dieselben Regeln (Beschlussfassung, Stimmrecht, Fehlerfolgen) wie bei einer normalen Beschlussfassung (KölnKomm AktG/ *Zöllner* Rn 12). Erforderlich ist die **Ankündigung in der Tagesordnung als Sonderbeschluss**. Der Sonderbeschluss ist als eigener Tagesordnungspunkt auszuweisen und gem § 121 Abs 3 S 2 anzukündigen; die Ankündigung des zustimmungsbedürftigen HV-Beschlusses allein genügt nicht (GroßKomm AktG/*G. Bezzenberger* Rn 26; Spindler/Stilz AktG/*Rieckers* Rn 18). Es bedarf einer **gesonderten Präsenzliste** (entweder separat oder in allgemeiner Präsenzliste integriert, MünchKomm AktG/Schröer Rn 21). Die notarielle Niederschrift muss erkennen lassen, wie sichergestellt wurde, dass nur für den Sonderbeschluss stimmberechtigte Personen abgestimmt haben, zB besondere Stimmkarten (*Hüffer* AktG Rn 5).

6 **3. Minderheitsrecht (S 3 und S 2 iVm § 122).** Neben den uneingeschränkt bestehenden Rechten aus § 122 iVm § 138 S 2 besteht ein zusätzliches Einberufungs- oder Bekanntmachungsrecht nach S 3. § 122 iVm § 138 S 2 orientiert sich anders als S 3 am **gesamten** Grundkapital und nicht nur an dem Grundkapitalteil, welchen die am Sonderbeschluss Stimmberechtigten repräsentieren (MünchKomm AktG/Schröer Rn 34). Sowohl über § 122 iVm § 138 S 2 als auch über S 3 kann eine gesonderte Versammlung oder auch eine gesonderte Abstimmung durchgesetzt werden (*Hüffer* AktG Rn 7). Dem Verlangen nach gesonderter Versammlung kann der Vorstand dabei nicht durch eine Sonderabstimmung nachkommen (GroßKomm AktG/*G. Bezzenberger* Rn 35).

IV. Rechtfolgen bei Verstößen

7 Auf Sonderbeschlüsse sind die **allgemeinen Anfechtungs- und Nichtigkeitsregeln** anzuwenden (s.o. Rn 4 f). Anfechtungsbefugt sind neben dem Gesamtvorstand und den Vorstandsmitgliedern nur Aktionäre in entsprechender Anwendung der § 245 Nr 1–3, die bezüglich des Sonderbeschlusses **stimmberechtigt** sind; Nichtigkeitsklage können hingegen alle Anteilsinhaber erheben (MünchKomm AktG/Schröer Rn 36; Spindler/Stilz AktG/*Rieckers* Rn 25). **Ein fehlender Sonderbeschluss** macht den zustimmungsbedürftigen HV-Beschluss **schwebend unwirksam** (*OLG Frankfurt* DB 1993, 272; *T. Bezzenberger* S 118; K.Schmidt/Lutter AktG/*Spindler* Rn 21; **aA** *Baums* ZHR 142 (1978), 582, 586: Beschl sei nichtig, könne aber wirksam werden). Allein deswegen ist der HV-Beschluss allerdings **weder nichtig noch anfechtbar** (allgM *OLG Stuttgart* AG 1993, 94; *Werner* AG 1971, 69, 74). Ein ablehnender, nichtiger oder fehlender, nicht nachholbarer (etwa wegen Zeitablaufs) Sonderbeschluss führt zur endgültigen Unwirksamkeit (**nicht**: Nichtigkeit) des HV-Beschlusses (**hM** *OLG* Stuttgart aaO; *Hüffer* AktG Rn 7; **aA** *Baums* aaO 585 f: Nichtigkeit). Dasselbe gilt bei **rechtskräftigem Gerichtsurteil der Nichtigkeit des Sonderbeschlusses**. Eine **Nachholung (innerhalb angemessener Frist,** § 184 Abs 1 BGB) wirkt **ex tunc** auf den Zeitpunkt der Eintragung oder Geschäftsführungsmaßnahme zurück. Wird der HV-Beschluss trotz fehlenden Sonderbeschlusses **eingetragen** (vgl auch § 21 Abs 1 FamFG zur Aussetzung durch das Registergericht), wird die Unwirksamkeit **analog § 242 Abs 2 geheilt**, wenn nach dem Beschl verfahren wird, keine Feststellungsklage erhoben wurde und drei Jahre seit der Eintragung vergangen sind (*OLG Hamburg* AG 1970, 230, 231 f mwN; *T. Bezzenberger* S 186). Die **Unwirksamkeit des HV-Beschlusses** mangels Sonderbe-

schlusses kann von **jedem in seinen Rechten betroffenen Aktionär mittels Feststellungsklage geltend gemacht werden** (*OLG Stuttgart* aaO; *T. Bezzenberger* S 185). Ein bestätigender HV-Beschluss bedarf keines neuen Sonderbeschlusses (GroßKomm AktG/*G. Bezzenberger* Rn 8).

Sechster Unterabschnitt
Vorzugsaktien ohne Stimmrecht

§ 139 Wesen

(1) Für Aktien, die mit einem nachzuzahlenden Vorzug bei der Verteilung des Gewinns ausgestattet sind, kann das Stimmrecht ausgeschlossen werden (Vorzugsaktien ohne Stimmrecht).

(2) Vorzugsaktien ohne Stimmrecht dürfen nur bis zur Hälfte des Grundkapitals ausgegeben werden.

Übersicht

	Rn		Rn
I. Allgemeines	1	a) Inhalt	5
II. Vorzugsaktien ohne Stimmrecht		b) Vorzugsdividende	6
(Abs 1)	2	c) Nachzahlungsvorzug	7
1. Inhalt	2	d) Rangfolge der Gewinnverteilung	
2. Entstehung	3	lung	8
3. Stimmrechtsausschluss	4	III. Höchstgrenze der Ausgabe (Abs 2)	9
4. Vorzug	5	IV. Rechtsfolgen bei Verstößen	10

Literatur: *T. Bezzenberger* Vorzugsaktien ohne Stimmrecht, 1990; *Herzig/Ebeling* Substanzsteuerliche Folgen der Börseneinführung stimmrechtsloser Vorzugsaktien, AG 1989, 221; *Holzborn/Bunnemann* Gestaltung einer Sachausschüttung und Gewährleistung im Rahmen der Sachdividende, AG 2003, 671; *Reckinger* Vorzugsaktien in der Bundesrepublik, AG 1983, 216; *Roth* Die Berechnung der Garantiedividende von Vorzugsaktien im Rahmen von Unternehmensverträgen, Der Konzern, 2005, 685; *Siebel* Vorzugsaktien als „Hybride" Finanzierungsform und ihre Grenzen, ZHR 161 (1997), 628; *Sieger/Hasselbach* „Tracking Stock" im deutschen Aktien- und Kapitalmarktrecht, AG 2001, 391; *Wälzholz* Besonderheiten der Satzungsgestaltung bei der Familien-AG (Teil II), DStR 2004, 819; *Werner* Die Beschlussfassung der Inhaber stimmrechtsloser Vorzugsaktien, AG 1971, 69.

I. Allgemeines

Abs 1 **definiert** Vorzugsaktien ohne Stimmrecht und nennt die Ausstattung mit einem nachzuzahlenden Vorzug als **erforderliche Voraussetzung**. Abs 2 beschränkt die **maximale Ausgabe** stimmrechtsloser Vorzugsaktien auf die **Hälfte des Grundkapitals**. Der **Normzweck** besteht darin, der AG ein **Finanzierungsmittel** zur Verfügung zu stellen, ohne dass die Mehrheitsverhältnisse in der Gesellschaft verschoben werden. 1

II. Vorzugsaktien ohne Stimmrecht (Abs 1)

1. Inhalt. Vorzugsaktien ohne Stimmrecht sind Anteilsrechte, somit **Mitgliedschaften**, nicht bloße Gläubigerrechte wie Genussrechte (*Hüffer* AktG Rn 4; *Siebel* ZHR 161 2

(1997), 628, 647). **Mit Ausnahme des Stimmrechts** (Rn 4) hat der Vorzugsaktionär **sämtliche Mitgliedschaftsrechte**, insbesondere Teilnahmerecht (§ 118) und Auskunftsrecht (§ 131) (§ 140 Abs 1, MünchKomm AktG/Schröer Rn 1; *Wälzholz* DStR 2004, 819, 821). Vorzugsaktien ohne Stimmrecht setzen **zwingend** die Ausstattung mit einem Vorzug voraus (Rn 5 ff). Stimmrechtslose Vorzugsaktien stellen eine **eigene Gattung** iSd § 11 dar. Möglich sind auch **Vorzugsaktien mit Stimmrecht**, für diese gelten jedoch §§ 139 ff **nicht** (*Hüffer* aaO; näher K. Schmidt/Lutter AktG/*Spindler* Rn 27; *Bayer/Hoffmann* AG 2010, R 235 ff).

3 **2. Entstehung.** Die Ausgabe von stimmrechtslosen Vorzugsaktien setzt voraus, dass die **Satzung den Ausschluss des Stimmrechts** (Rn 4) bestimmt und den **Vorzug festlegt** (Rn 5) (GroßKomm AktG/*G. Bezzenberger* Rn 34; *OLG Schleswig* AG 2005, 48, 49, Ausnahme: Ermächtigung nach §§ 202 ff, su). Die Satzungsregelung kann auch durch **nachträgliche Satzungsänderung** erfolgen. Erforderlich hierfür ist die **Zustimmung** jedes vom Stimmrechtsentzug betroffenen Aktionärs (*BGHZ* 70, 117, 122; *Werner* AG 1975, 176, 179 mwN) wie auch die Zustimmung jedes Aktionärs, dessen Anteile nicht in stimmrechtslose Vorzugsaktien umgewandelt werden (§ 53a; MünchKomm AktG/Schröer Rn 5; *T. Bezzenberger* S 130 f). Möglich ist ferner eine Ausgabe von Vorzugsaktien ohne Stimmrecht im Rahmen einer **Kapitalerhöhung** (vgl auch §§ 182 Abs 1 S 2, 204 Abs 2). Die Zustimmung sämtlicher Stammaktionäre ist in diesem Fall nicht erforderlich (KölnKomm AktG/*Zöllner* Rn 24; *Hüffer* AktG Rn 11). Im Rahmen eines **genehmigten Kapitals** (§§ 202 ff) kann der Vorstand zur Ausgabe von stimmrechtslosen Aktien **ermächtigt** werden, **ohne dass nähere Regelungen** zum Stimmrechtsausschluss und zum Vorzug in der Satzung oder im Beschl der HV erfolgen, zumindest wenn noch keine Vorzugsaktien bestehen (*OLG Schleswig* aaO).

4 **3. Stimmrechtsausschluss.** Ausschluss des Stimmrechts meint, dass die Aktionäre aus den betroffenen Aktien kein Stimmrecht haben (hingegen alle sonstige Rechte, § 140 Abs 1. Diese können nicht ausgeschlossen werden, KölnKomm AktG/*Zöllner* Rn 7). **Nur der vollständige, nicht aber der teilweise Ausschluss** ist möglich (*T. Bezzenberger* S 88; Spindler/Stilz AktG/*Bormann* Rn 31). Das gilt sowohl hinsichtlich der Beschlussgegenstände als auch in quantitativer Hinsicht. Es ist daher weder möglich, einen Stimmrechtsausschluss nur hinsichtlich bestimmter Beschlussgegenstände oder Ausnahmen vom Stimmrechtsausschluss für bestimmte Beschlussgegenstände festzulegen, noch ist es möglich, statt des Stimmrechtsausschlusses nur die Stimmkraft der betroffenen Aktien zu reduzieren. Zulässig ist das **Befristen** des Stimmrechtsausschlusses. Nach Fristablauf werden die Aktien analog § 141 Abs 4 (Aufhebung des Vorzugs) stimmberechtigt (*T. Bezzenberger* aaO; GroßKomm AktG/*G. Bezzenberger* Rn 10). Das **Wiederaufleben** des ausgeschlossenen Stimmrechts richtet sich nach § 140 Abs 2. Im **vertretenen Kapital zählen** die stimmrechtslosen Vorzugsaktien **nicht mit** (arg ex § 140 Abs 2 S 2; *T. Bezzenberger* S 89; *Werner* AG 1975, 176, 179). Abgegebene Stimmen, die sich auf stimmrechtslose Vorzugsaktien beziehen, sind mangels Stimmrecht **unwirksam** (vgl *T. Bezzenberger* S 88).

5 **4. Vorzug. – a) Inhalt.** Vorzug bedeutet, dass der satzungsmäßig festgestellte Vorzugs-Gewinnanteil aus den zur Verteilung gelangenden **Bilanzgewinnen vorweg** zu nehmen **(Vorzugsdividende)** und, soweit er mangels Gewinns nicht erfüllt werden konnte, aus den **nächstfolgenden Bilanzgewinnen nachzuzahlen (Nachzahlungsvorzug)** ist (*BGHZ* 7, 263, 264; vgl einschränkend Rn 7). Der Vorzug kann auch in Form einer **Sachdivi-**

dende beglichen werden, wenn die Satzung dies vorsieht (§ 58 Abs 5, *Roth* Der Konzern 2005, 685, 690 mwN; vgl zur Sachdividende *Holzborn/Bunnemann* AG 2003, 671 ff). Der Vorzug ist ein **rein gesellschaftliches Recht**, ein schuldrechtlicher Anspruch auf Zahlung entsteht erst durch den Gewinnverwendungsbeschluss, soweit dieser eine Dividende vorsieht (*BGHZ* 65, 230, 235; 23, 150, 154; 7, 263, 264; *BGH* AG 2010, 491, 492). Die Satzung kann vorsehen, dass der Dividenden- und der Nachzahlungsanspruch bereits dann entstehen soll, wenn der festgestellte Jahresabschluss einen Bilanzgewinn (vgl § 268 Abs 1 HGB) ausweist (*BGHZ* 9, 279, 281). Der Vorzug ist notwendige **Bedingung des Stimmrechtsausschlusses** (Rn 3). Andere Privilegien als dieser Vorzug (bspw Vorrang bei Abwicklung) genügen für den Stimmrechtsausschluss nicht (*Hüffer* AktG Rn 5). **Befristung** und auflösende **Bedingung des Vorzugs** sind **möglich** (**hM** Spindler/Stilz AktG/*Bormann* Rn 31; MünchKomm AktG/Schröer Rn 9; **aA** K. Schmidt/Lutter AktG/*Spindler* Rn 5: auflösende Bedingung aus Gründen der Rechtssicherheit unzulässig).

b) Vorzugsdividende. Primäres Recht ist die Vorzugsdividende, die einen **Teil des Bilanzgewinns vorab** abschöpft und daher einen solchen voraussetzt (*Sieger/Hasselbach* AG 2001, 391, 395). Nur wenn ein solcher nicht vorhanden ist, steht dem Vorzugsaktionär ein Nachzahlungsanspruch zu. Ein **Anspruch auf Ausschüttung** entsteht jedoch auch bei der Vorzugsdividende **frühestens mit dem Gewinnverwendungsbeschluss** (s Rn 5). Vorzugsdividende bedeutet eine **höhere Priorität** bei der Gewinnverteilung: Zuerst wird die Vorzugsdividende an die Inhaber von Vorzugsaktien ausgeschüttet. Die eigentliche Ausschüttung an alle Aktionäre erfolgt danach und nur dann, wenn noch ein Rest verbleibt (*T. Bezzenberger* S 43 f). Vorzugsdividende bedeutet jedoch **nicht**, dass der Vorzugsaktionär **mehr erhalten** muss als Stammaktionäre (KölnKomm AktG/*Zöllner* Rn 11; *Wälzholz* DStR 2004, 819, 821). Eine **Mehrdividende** ersetzt die erforderliche Priorität nicht (*Hüffer* AktG Rn 8; eine Mehrdividende ist aber regelmäßig Bestandteil des Vorzugs). Die Vorzugsdividende muss **betragsmäßig bestimmbar** sein und im Hinblick auf den Nachzahlungsvorzug **auch dann** einem positiven Betrag eindeutig zuordenbar sein, **wenn kein Bilanzgewinn** vorhanden ist. Der Vorzugsatz darf daher **nicht** am **Jahresergebnis**, am **Bilanzgewinn** oder am **ausgeschütteten Betrag** anknüpfen (GroßKomm AktG/*G. Bezzenberger* Rn 15; *Herzig/Ebeling* AG 1989, 221). **Möglich** sind bspw ein **fester Betrag** oder ein **Prozentsatz** des anteiligen Betrags am **Grundkapital** (häufig 4–7 % des Grundkapitals); denkbar sind aber **auch veränderliche Bezugsgrößen**, wie zB ein definierter Basissatz, etwa Euribor (MünchKomm AktG/Schröer Rn 11). Ein gesetzlicher **Mindest- oder Höchstsatz** existiert **nicht** (*Sieger/Hasselbach* aaO auch 0,01 EUR *Roth* Der Konzern 2005, 685, 686; abw *Wälzholz* aaO: „nicht wirtschaftlich völlig wertlos").

c) Nachzahlungsvorzug. Konnte die Vorzugsdividende mangels Gewinns nicht erfüllt werden, ist aus **den nächstfolgenden Bilanzgewinnen** nachzuzahlen (Nachzahlungsvorzug) (*BGHZ* 7, 263, 264). Eine Ausnahme besteht gem § 5 Abs 1 S 3 FMStBG in Fällen, in denen dem Unternehmen Stabilisierungsmaßnahmen gewährt werden (§ 1 S 1 FMStBG).

Der Nachzahlungsvorzug bezieht sich vorbehaltlich anderer Satzungsregelung nur auf die Vorzugsdividende, nicht auf die Mehrdividende oder ein sonstiges Vorrecht (*Roth* Der Konzern 2005, 685, 689). Der Nachzahlungsvorzug kann als **gesellschaftsrechtliches Recht** (*BGHZ* 9, 279, 285 f) wie die Vorzugsdividende **erst bei einem Gewinnver-**

wendungsbeschluss, wenn dieser Ausschüttung festlegt, zu einem **Zahlungsanspruch** führen (*BGH* WM 1956, 87; *BGH* AG 2010, 491, 492; anderes gilt, wenn der Nachzahlungsvorzug qua Satzung verselbstständigt wird, § 140 Abs 3). Da der Nachzahlungsvorzug gesellschaftsrechtlicher Natur ist, **verjährt er nicht** und kann **nicht befristet** werden (MünchKomm AktG/*Schröer* Rn 14). Der Nachzahlungsvorzug besteht daher, bis er erfüllt oder aufgehoben (§ 141) wird. In Betracht kommt jedoch eine **Verwirkung**. Eine Befristung (oder Bedingung) der allgemeinen Nachzahlungspflicht (s Rn 5) berührt nicht einen bereits entstandenen Nachzahlungsvorzug. Bis zum Gewinnverwendungsbeschluss ist das Nachzahlungsrecht unselbstständiger Bestandteil der Vorzugsaktie (*OLG Stuttgart* AG 1995, 283). Nachzahlungsberechtigt ist derjenige, der bei Gewinnverwendungsbeschluss Inhaber der vorzugsberechtigten Aktien ist (GroßKomm AktG/*G. Bezzenberger* Rn 24, *OLG Stuttgart* aaO 284). Die Nachzahlungspflicht umfasst den **gesamten** ausgefallenen Vorzug, **weder ist eine Herabsetzung auf nur einen Teil** der Vorzugsdividende **möglich** (KölnKomm AktG/*Zöllner* Rn 17) **noch** kann die Satzung den Nachzahlungsvorzug **zeitlich aufschieben** (*G. Bezzenberger* aaO Rn 25). Auch der Nachzahlungsanspruch ist ebenso wie der Dividendenvorzug **vor der allgemeinen Ausschüttung** zu begleichen (vgl Rn 6). Wird der Nachzahlungsanspruch aus dem Vorjahr nicht beglichen, **lebt das Stimmrecht wieder auf**, wobei der Nachzahlungsanspruch jedoch fortbesteht (§ 140 Abs 2, *Schröer* aaO Rn 13).

8   d) **Rangfolge der Gewinnverteilung.** Aus dem auszuschüttenden Betrag des Bilanzgewinns sind **zuerst Nachzahlungsvorzüge** zu begleichen (dabei früher entstandene vor später entstandenen), **danach die Vorzugsdividenden** und **erst nach Begleichung aller Vorzüge** die eigentliche allgemeine Dividende. Zulässig ist die Ausgestaltung des Vorzugs als **Höchstdividende („limitierte Vorzugsaktie")**. Die Vorzugsaktie gewährt dann nur den Vorzug und keine weitere Dividende (**hM** MünchKomm AktG/*Schröer* Rn 22; *Reckinger* AG 1983, 216, 217 f; **aA** KölnKomm AktG/*Zöllner* Rn 12). Nimmt die Vorzugsaktie neben dem Vorzug an der allgemeinen Dividende teil (**„partizipierende Dividende"**), ist die Teilhabe an der allgemeinen Dividende nicht bevorrechtigt. Nach Begleichung der Vorzüge erfolgt die Verteilung der Dividenden unter Vorzugs- und Stammaktionäre grds gleichmäßig (*Reckinger* aaO). Möglich ist auch, dass der Anteil der Vorzugsaktionäre an der allgemeinen Dividende geringer ist als der Anteil der Stammaktionäre. Das folgt aus einem Erst-recht Schluss zur Höchstdividende. **Mehrere Gruppen von Vorzugsaktien** sind gleich zu behandeln, wenn die Satzung keine Rangfolge vorsieht (§ 141 Abs 2 S 1, *Siebel* ZHR 161 (1997), 628, 654 f). Bei einer Rangfolge sind zuerst die ranghöheren Nachzahlungsvorzüge und Vorzugsdividenden zu erfüllen, und dann erst die rangniederen (*Hüffer* AktG Rn 16; Spindler/Stilz AktG/*Bormann* Rn 24). Die Rangordnung muss bezüglich Nachzahlungsvorzug und Vorzugsdividende **identisch** sein: Man kann also **nicht** einer Gruppe hinsichtlich des Nachzahlungsvorzugs und einer anderen hinsichtlich der Vorzugsdividende den Vorrang einräumen (**hM** GroßKomm AktG/*G. Bezzenberger* Rn 21; *Schröer* aaO Rn 20; **aA** *T. Bezzenberger* S 75 f). Zur Berücksichtigung des Vorzugs im **konzernrechtlichen Ausgleich (§ 304)** vgl eingehend *Roth* Der Konzern 2005, 685 ff.

III. Höchstgrenze der Ausgabe (Abs 2)

9   Vorzugsaktien **ohne** Stimmrecht dürfen nur bis zur **Hälfte des Grundkapitals** ausgegeben werden. Normzweck ist zu verhindern, dass die stimmberechtigte Minderheit die

stimmrechtlose Mehrheit der Kapitalgeber beherrscht (MünchKomm AktG/*Schröer* Rn 23). Grundkapital meint den **Nominalbetrag**; wer wie viel darauf eingezahlt hat (§ 134 Abs 2), bleibt hingegen unbeachtlich (**hM** *Hüffer* AktG Rn 17; *Schröer* aaO; Spindler/Stilz AktG/*Bormann* Rn 46; **aA** *Siebel* ZHR 161 (1997), 628, 649 f; Groß-Komm AktG/*G. Bezzenberger* Rn 45). Maßgeblicher Zeitpunkt ist der **Zeitpunkt der Ausgabe** stimmrechtsloser Vorzugsaktien (*G. Bezzenberger* aaO Rn 46). Im Zuge einer **Kapitalerhöhung** können daher **auch weitere** stimmrechtslose Vorzugsaktien **emittiert** werden (*Hüffer* aaO Rn 18). Auf der anderen Seite darf nach einer **Kapitalherabsetzung** die hälftige Quote **nicht überschritten** werden (KölnKomm AktG/*Zöllner* Rn 26). Ggf müssen entsprechend auch stimmrechtslose Vorzugsaktien eingezogen werden.

IV. Rechtsfolgen bei Verstößen

Schließt die Gründungssatzung oder ein Beschluss (Kapitalerhöhung) das Stimmrecht **ohne Gewährung eines nachzuzahlenden Gewinnvorzugs** (Rn 5) aus, ist die Satzung bzw der Beschl gem § 241 Nr 3 **nichtig** (MünchKomm AktG/*Schröer* Rn 26; Spindler/Stilz AktG/*Bormann* Rn 40). Nichtigkeit tritt auch dann ein, wenn nur die Regelung über die **Nachzahlungsrecht** fehlt oder fehlerhaft ist (**hM** *Hüffer* AktG Rn 19; Groß-Komm AktG/*G. Bezzenberger* Rn 42; K. Schmidt/Lutter AktG/*Spindler* Rn 28; **aA** KölnKomm AktG/*Zöllner* Rn 18). Wird dennoch eingetragen, hindert die Nichtigkeit die Entstehung der AG bzw der Aktien nicht; jedoch sind die Aktien, selbst wenn den betreffenden Aktionären ein nachzuzahlender Gewinnvorzug gezahlt wird, mangels ordnungsgemäßer Regelung bezüglich des Vorzugs **stimmberechtigt** (**hM** *Hüffer* AktG Rn 19; *Schröer* aaO; **aA** *T. Bezzenberger* S 84 ff). Verstößt der **Gewinnverwendungsbeschluss gegen die Priorität** der Vorzugsaktien oder einer satzungsmäßigen Rangfolge (Rn 8), ist er **anfechtbar** (*Hüffer* aaO Rn 6). Fehlt die **Zustimmung eines Stammaktionärs bei Umwandlung in stimmrechtslose Vorzugsaktien** (Rn 3), ist der Beschluss anfechtbar, wenn seine Aktien nicht umgewandelt werden (§ 53a), und schwebend unwirksam, wenn sie umgewandelt werden (*Schröer* aaO Rn 5; *Zöllner* aaO Rn 23). Beschl, die dazu führen, dass die **Höchstgrenze** nach Abs 2 überschritten wird, sind nach § 241 Nr 3 **nichtig** (**allgM** *G. Bezzenberger* aaO Rn 47; *T. Bezzenberger* S 94). Das gilt auch für eine Kapitalherabsetzung.

§ 140 Rechte der Vorzugsaktionäre

(1) Die Vorzugsaktien ohne Stimmrecht gewähren mit Ausnahme des Stimmrechts die jedem Aktionär aus der Aktie zustehenden Rechte.

(2) ¹**Wird der Vorzugsbetrag in einem Jahr nicht oder nicht vollständig gezahlt und der Rückstand im nächsten Jahr nicht neben dem vollen Vorzug dieses Jahres nachgezahlt, so haben die Vorzugsaktionäre das Stimmrecht, bis die Rückstände nachgezahlt sind.** ²**In diesem Fall sind die Vorzugsaktien auch bei der Berechnung einer nach Gesetz oder Satzung erforderlichen Kapitalmehrheit zu berücksichtigen.**

(3) Soweit die Satzung nichts anderes bestimmt, entsteht dadurch, dass der Vorzugsbetrag in einem Jahr nicht oder nicht vollständig gezahlt wird, noch kein durch spätere Beschlüsse über die Gewinnverteilung bedingter Anspruch auf den rückständigen Vorzugsbetrag.

§ 140 Rechte der Vorzugsaktionäre

Übersicht

	Rn		Rn
I. Regelungsgegenstand	1	3. Rechtsfolgen	7
II. Rechte des stimmrechtslosen Vorzugsaktionärs (Abs 1)	2	4. Dauer des Stimmrechts	8
		IV. Unselbstständigkeit des Nachzahlungsrechts (Abs 3)	9
1. Stimmrechtsausschluss	2		
2. Übrige Mitgliedschaftsrechte	3	1. Unselbstständiges Nachzahlungsrecht	9
III. Aufleben des Stimmrechts (Abs 2)	5		
1. Voraussetzungen	5	2. Selbstständiges Nachzahlungsrecht	10
2. Zeitpunkt	6		

Literatur: *T. Bezzenberger* Vorzugsaktien ohne Stimmrecht, 1990; *Bitter/Laspeyres* Anm. zu BGH: Nr. 1.10 Unselbstständige Nachzahlungsansprüche von Vorzugsaktien im Insolvenzverfahren, WuB VI A. § 225 InsO 1.10 G; *Goette* Neuere aktienrechtliche Rechtsprechung des II. Zivilsenats des Bundesgerichtshofes, DStR 2010, 2579; *Hennerkes/May* Überlegungen zur Rechtsformwahl im Familienunternehmen, DB 1988, 537; *Madaus* Sind Vorzugsaktionärsrechte letztrangige Insolvenzforderungen?, ZIP 2009, 1214; *Münch* Der gekreuzte Bezugsrechtsausschluß im Recht der Aktiengesellschaft, DB 1993, 769; *Reckinger* Vorzugsaktien in der Bundesrepublik, AG 1983, 216; *Siebel* Vorzugsaktien als „Hybride" Finanzierungsform und ihre Grenzen, ZHR 161 (1997), 628; *Werner* Die Beschlussfassung der Inhaber stimmrechtsloser Vorzugsaktien, AG 1971, 69; *Wilsing* Zum Squeeze-Out, EWiR 2005, 495.

I. Regelungsgegenstand

1 § 140 regelt die Rechte stimmrechtsloser Vorzugsaktionäre. Abs 1 ergänzt § 139 Abs 1 dahingehend, dass Vorzugsaktien ohne Stimmrecht die Rechtsstellung des Aktionärs iÜ unberührt lassen. Damit wird klargestellt, dass auch Vorzugsaktien eine **mitgliedschaftliche Beteiligung** gewähren und sich somit von Gläubigerrechten unterscheiden (GroßKomm AktG/*G. Bezzenberger* Rn 2; vgl auch *BGHZ* 14, 264, 271). Abs 2 sichert den Gewinnvorzug, indem das Stimmrecht auflebt, wenn zweimal der Vorzug nicht vollständig beglichen wird. Abs 3 regelt die Unselbstständigkeit des Nachzahlungsrechts.

II. Rechte des stimmrechtslosen Vorzugsaktionärs (Abs 1)

2 **1. Stimmrechtsausschluss.** Die stimmrechtslosen Vorzugsaktien gewähren – abgesehen vom ausgeschlossenen Stimmrecht – jegliche Rechte, welche die übrigen Aktionäre auch haben. Der **Stimmrechtsausschluss** wirkt mit Ausnahme von bestimmten Sonderbeschlüssen (§ 141) bei allen Beschl inklusive Zustimmungsbeschlüssen zu Holzmüller-Maßnahmen (§ 119 Rn 12 ff). Stimmrechtslose Vorzugsaktien werden bei der Berechung **von Stimmen- und Kapitalmehrheiten nicht** berücksichtigt. Sie gelten als bei der Beschlussfassung nicht vertreten (arg ex Abs 2 S 2; MünchKomm AktG/ *Schröer* Rn 7; *Hennerkes/May* DB 1988, 537, 538). Die Vorzugsaktien zählen jedoch mit bei **Beteiligungsquoren** zur Geltendmachung von Minderheitsrechten (zB § 122 Abs 1 und 2; 103 Abs 3 S 3; **nicht** aber bei **Stimmenquoren** (Rn 4). Vorzugsaktien zählen erst dann vollumfänglich mit, wenn das Stimmrecht wieder auflebt (Rn 5 ff).

3 **2. Übrige Mitgliedschaftsrechte.** Die übrigen Mitgliedschaftsrechte gelten uneingeschränkt. Folglich können alle für Aktien geltenden Vorschriften angewendet werden, soweit sie weder das Stimmrecht regeln noch es voraussetzen (*Hüffer* AktG Rn 2). **Dazu zählen** (ua; eingehend GroßKomm AktG/*G. Bezzenberger* Rn 6 ff): Recht auf

Einberufung (§ 122) und Einladung (§ 125 Abs 2) (*LG Dortmund* WM 1972, 1324, 1325); Zusendung von Unterlagen (§ 128) (*T. Bezzenberger* S 108); Teilnahmerecht (*OLG Frankfurt* AG 1988, 304, 306; *BGHZ* 14, 264, 270 f); Auskunftsrechte (*BGHZ* 14, 264, 271); Einsichtnahme in den Jahresabschluss (§ 175 Abs 2) (*LG Dortmund* aaO; *Siebel* ZHR 161 (1997), 628, 647); Bilanzgewinn (§ 58 Abs 4); anderes gilt mangels Teilnahme an der allgemeinen Dividende bei limitierten Vorzugsaktien (s § 139 Rn 8); Anfechtung von HV-Beschlüssen (*BGHZ* 14, 264, 271); Klage auf Leistung an die Gesellschaft (§§ 309 Abs 4, 310 Abs 4, 317 Abs 4, 318 Abs 4) (*T. Bezzenberger* aaO); Minderheitsrechte, wenn diese nicht an ein Stimmenquorum, sondern an ein Beteiligungsquorum anknüpfen (zB § 122 Abs 1 und 2, MünchKomm AktG/*Schröer* Rn 3); Antragsrechte (§ 318 Abs 3 HGB; §§ 103 Abs 3 S 3, 122 Abs 2 und 3, 142 Abs 2 und 4, 147 Abs 2, 148, § 265 Abs 3 AktG; § 62 Abs 2 UmwG; **nicht aber wenn Antrag der Vorbereitung einer Abstimmung dient**, wie zB §§ 120 Abs 1 S 2, 137 AktG, *T. Bezzenberger* S 103; Spindler/Stilz AktG/*Bormann* Rn 9); Bezugsrecht (§ 186, *LG Dortmund* WM 1972, 1324, 1325). Das gilt auch dann, wenn ausschließlich Stammaktien emittiert werden. Werden jedoch auch neue stimmrechtslose Vorzugsaktien ausgegeben, können die stimmrechtslosen Vorzugsaktionäre auf diese beschränkt werden (gekreuzter Bezugsrechtsausschluss im Gegensatz zum Mischbezugsrecht, *Hennerkes/May* DB 1988, 537, 538; eingehend *Münch* DB 1993, 769, 771 ff mwN; K. Schmidt/Lutter AktG/*Spindler* Rn 8). Sollen die Rechte der Aktionäre gemindert werden, gilt im Verhältnis zu den übrigen Gattungen § 53a (bzgl des Vorzugs gilt § 141, *Schröer* aaO Rn 5).

Eine **Universalversammlung** (§ 121 Abs 6) setzt voraus, dass **auch sämtliche Vorzugsaktionäre** erschienen sind und **keiner von ihnen Widerspruch** gegen die Beschlussfassung erhoben hat (*T. Bezzenberger* S 108). 4

III. Aufleben des Stimmrechts (Abs 2)

1. Voraussetzungen. Wird in **zwei aufeinander folgenden Jahren** der Vorzug inklusive Nachzahlungspflicht **nicht oder nicht vollständig beglichen**, lebt das Stimmrecht wieder auf, bis die Rückstände nachgezahlt sind (S 1). Anders gewendet bedeutet dies, dass das Stimmrecht auflebt, wenn eine Nachzahlungspflicht besteht und wenn die Nachzahlungspflicht oder die Vorzugsdividende nicht beglichen wird. Das Stimmrecht lebt also auch dann wieder auf, wenn zwar die bestehende Nachzahlungspflicht vollständig beglichen wurde, jedoch die Vorzugsdividende nicht (MünchKomm AktG/*Schröer* Rn 9). Die eingangs erwähnte Formulierung, in der darauf abgestellt wird, ob in zwei aufeinander folgenden Jahren der Vorzug vollständig beglichen worden ist, ist einfacher. Das Aufleben des Stimmrechts ist **zwingend** (*T. Bezzenberger* S 96; *Werner* AG 1971, 69, 75). Der Vorzug **muss aus dem Bilanzgewinn** bedient werden (*T. Bezzenberger* S 95). Die **Ursache der Nichtzahlung** (fehlender Bilanzgewinn, keine Ausschüttung, schlichte Nichtzahlung) ist **unerheblich**; wird nur manchen Vorzugsaktionären nicht gezahlt, lebt nur deren Stimmrecht auf (GroßKomm AktG/*G. Bezzenberger* Rn 22). Es gilt jedoch **§ 162 Abs 2 BGB** analog. Dem Vorzugsaktionär steht **kein Wahlrecht** zu. Werden **Mitwirkungspflichten** oder sonstige Nebenpflichten durch den vorzugsberechtigten Aktionär verletzt und unterbleibt **deswegen** die Zahlung, entsteht das Stimmrecht nicht (*Schröer* aaO Rn 13). Beglichen ist der Vorzug auch bei **Erfüllungssurrogaten** wie zB Leistung an Erfüllungs statt (§ 364 Abs 1 BGB), Aufrechnung (§ 387 BGB) oder Verzicht (*G. Bezzenberger* aaO; *OLG Düsseldorf* AG 5

2005, 293, 298). Leistung an Erfüllungs statt liegt auch dann vor, wenn der Vorzugsaktionär den im **Gewinnabführungsvertrag vorgesehenen Ausgleich** des Dividendenvorzugs angenommen hat (*OLG Düsseldorf* aaO; *Wilsing* EWiR 2005, 495, 496). Das Stimmrecht entsteht bei einer **Leistung erfüllungshalber** erst, wenn der Versuch der anderweitigen Befriedigung aus dem erfüllungshalber übertragenen Anspruch bzw Recht fehlgeschlagen ist (*Schröer* aaO in Anlehnung an *BGHZ* 96, 182, 193; *BGH NJW* 1992, 683, 684; **aA** *G. Bezzenberger* aaO). **Bloße Stundung, pactum de non petendo, Fälligkeitsvereinbarung etc verhindern** das Aufleben des Stimmrechts **nicht** (*T. Bezzenberger* S 97; **aA** Spindler/Stilz AktG/*Bormann* Rn 18). Mit Vorzug ist **nur der bevorrechtigte Teil** iSd Ausschüttungspriorität gemeint, nicht sonstige Vorrechte wie zB nicht als Vorzug ausgestaltete **Mehrdividende** (*Hüffer* AktG Rn 4). Wird bspw eine solche Mehrdividende nicht beglichen, kann dies nicht zum Aufleben des Stimmrechts führen. Dabei ist allerdings zu beachten, dass es in der Praxis üblich ist, eine Mehrdividende als Vorzug auszugestalten. Ein als Vorzug ausgestaltete Mehrdividende gilt dann als Vorzug iSd Abs 2, so dass in diesem Fall die unvollständige Erfüllung der Mehrdividende das Stimmrecht aufleben lässt.

6 **2. Zeitpunkt.** Das Stimmrecht entsteht, wenn **feststeht**, dass der Vorzug wiederholt nicht vollständig beglichen wird (MünchKomm AktG/*Schröer* Rn 9). Weitere Voraussetzung ist immer, dass bereits eine Nachzahlungspflicht besteht. Frühester Fall, dass der Vorzugsausfall feststeht, ist dass im **festgestellten Jahresabschluss** der **Bilanzgewinn fehlt**. Das ist entweder bereits aus der Bilanz ersichtlich (§ 268 Abs 1 HGB) oder aus der fortgeführten GuV-Rechnung (§ 158 Abs 1 S 1 Nr 5). Feststellung tritt ein mit Billigung durch den AR (§ 172) oder mit HV-Beschluss (§ 173). Mangels Bilanzgewinns wird definitiv der Vorzug nicht beglichen. Auf den Gewinnverwendungsvorschlag (§ 170 Abs 2) kommt es nicht an. **Weist** der festgestellte Jahresabschluss **einen Bilanzgewinn aus**, ist entscheidend, dass der **Gewinnverwendungsbeschluss keine Ausschüttung** vorsieht. Sieht er keine vor, entsteht das Stimmrecht. Unbeachtlich ist der Verwaltungsvorschlag hinsichtlich der Gewinnverwendung. Beschl der HV (§§ 173, 174) sind hinsichtlich des Stimmrechts der Vorzugsaktien trotz § 130 bereits mit Beschlussfeststellung relevant, so dass **nach Feststellung des Beschlussergebnisses** die Vorzugsaktionäre stimmberechtigt sind (str, *Hüffer* AktG Rn 5; GroßKomm AktG/*G. Bezzenberger* Rn 24; K. Schmidt/Lutter AktG/*Spindler* Rn 18; **aA** *Schröer* aaO Rn 9: Stimmrecht erst in der nächsten HV). Das ist deswegen zutreffend, weil es **weder** auf die **Formalien** des § 130 **noch auf die Wirksamkeit** des Beschl **ankommt**, sondern **allein** darauf, ob der wiederholte Ausfall **mit hinreichender Sicherheit feststeht**. Bei Änderungen des Jahresabschlusses durch die HV (§ 173 Abs 2 und 3) bedarf es jedoch folgerichtig noch der Nachtragsprüfung (§ 316 Abs 3 HGB), bevor das Stimmrecht auflebt (*G. Bezzenberger* aaO Rn 25). Grund ist allerdings weniger die Wirksamkeit des Jahresabschlusses, als vielmehr der Umstand, dass nach Erteilung des Testats mit einer Änderung des Abschlusses nicht mehr zu rechnen ist. Beim **schlichten Nichtzahlen** gilt die **Aufforderung zur Zahlung** unter **Vorlage des Dividendenscheins** als zeitlich maßgebend (*Hüffer* aaO).

7 **3. Rechtsfolgen.** Wurde einem Vorzugsaktionär zweimal hintereinander der Vorzug nicht (vollständig) bezahlt, sind seine Aktien stimmberechtigt (Abs 2 S 1). Stimmrecht und Stimmkraft sind dann gleich wie die der Stammaktionäre (*T. Bezzenberger* S 100; vgl auch *OLG Karlsruhe* NZG 2006, 670). Das Stimmrecht besteht für **sämtliche Beschlussgegenstände** und nicht nur für Gegenstände, die mit dem Vorzug im Zusam-

menhang stehen (unstr, MünchKomm AktG/*Schröer* Rn 14 mwN; *Werner* AG 1971, 69, 75). **Höchststimmrechte** (§ 134 Abs 1) gelten auch für die nach Abs 2 nunmehr stimmberechtigten Vorzugsaktionäre; ein **Höchststimmrecht nur für Inhaber stimmberechtigt gewordener Vorzugsaktionäre** ist wegen Verstoßes gegen Sinn und Zweck des Abs 2 **unzulässig** (*T. Bezzenberger* S 100; KölnKomm AktG/*Zöllner* § 134 Rn 47; *Hüffer* AktG Rn 6; **aA** *Hennerkes/May* DB 1988, 537, 538). Die Vorzugsaktien bilden **weiterhin** eine besondere **Gattung**, **Sonderbeschlüsse** werden nicht entbehrlich (*Schröer* aaO; *Siebel* ZHR 161 (1997), 628, 657; GroßKomm AktG/*G. Bezzenberger* Rn 27). Stimmberechtigte Vorzugsaktien sind auch bei Berechnung einer nach Gesetz oder Satzung erforderlichen **Kapitalmehrheit zu berücksichtigen** (Abs 2 S 2).

4. Dauer des Stimmrechts. Mit vollständiger Rückzahlung **sämtlicher ausstehender** **8** **Vorzüge** endet das Stimmrecht **von selbst** (*Hüffer* AktG Rn 7). Erforderlich ist, dass sämtliche Rückstände nachgezahlt sind. Über den Wortlaut hinaus ist zusätzlich Voraussetzung, dass neben dem Nachzahlungsvorzug **auch die Vorzugsdividende** vollständig beglichen wird (unstr, *T. Bezzenberger* S 101; MünchKomm AktG/*Schröer* Rn 15). Der Vorzug **muss bezahlt** worden sein, ein **ausschüttender Gewinnverwendungsbeschluss genügt nicht** (*T. Bezzenberger* aaO; Spindler/Stilz AktG/*Bormann* Rn 30). Auch hier gilt wieder **§ 162 BGB** analog, etwa wenn die Annahme der Dividende vom Aktionär vereitelt wird. Das Stimmrecht erlischt keinesfalls vor dem ausschüttenden Gewinnverwendungsbeschluss (GroßKomm AktG/*G. Bezzenberger* Rn 30).

IV. Unselbstständigkeit des Nachzahlungsrechts (Abs 3)

1. Unselbstständiges Nachzahlungsrecht. Abs 3 drückt aus, dass das **Nachzahlungsrecht** **9** grds **gesellschaftsrechtliches Recht** (Verschieben des Verteilungsschlüssels, *T. Bezzenberger* S 59) ist (**unselbstständiges**) Nachzahlungsrecht) und **nicht Gläubigeranspruch** (*BGHZ* 9, 279, 285 f). Anderes gilt nur, wenn die **Satzung** das Nachzahlungsrecht als ein durch zukünftigen Gewinnverwendungsbeschluss **bedingten** Anspruch auf rückständigen Vorzug ausgestaltet (**selbstständiges** Nachzahlungsrecht, dazu sogleich Rn 10). Ein **unselbstständiges Nachzahlungsrecht** führt erst bei einem Gewinnverwendungsbeschluss, wenn dieser eine Ausschüttung festlegt, zu einem Zahlungsanspruch (*BGH* WM 1956, 87; *BGH* AG 2010, 491, 492). Bis zum Gewinnverwendungsbeschluss ist das Nachzahlungsrecht unselbstständiger Bestandteil der Vorzugsaktie (*OLG Stuttgart* AG 1995, 283). Da der Nachzahlungsvorzug gesellschaftsrechtlicher Natur ist, verjährt er nicht und kann nicht befristet werden (MünchKomm AktG/*Schröer* § 139 Rn 14). In Betracht kommt jedoch die Verwirkung des Nachzahlungsrechts. **Nachzahlungsberechtigt** ist derjenige, der bei Gewinnverwendungsbeschluss **Inhaber der vorzugsberechtigten Aktien** ist (GroßKomm AktG/*G. Bezzenberger* § 139 Rn 24, *OLG Stuttgart* aaO 284). Wegen der Unselbstständigkeit ist das Nachzahlungsrecht bis zum ausschüttenden Gewinnverwendungsbeschluss **nicht selbstständig übertragbar**, sondern kann **nur** gemeinsam **mit der Aktie übertragen** werden (*T. Bezzenberger* S 60). Das Nachzahlungsrecht kann durch **Satzungsänderung** nebst **Sonderbeschluss** (§ 141) **geändert oder aufgehoben werden** (*OLG Stuttgart* aaO 283; K. Schmidt/Lutter AktG/*Spindler* Rn 24). Unselbstständige Nachzahlungsansprüche sind im Rahmen eines Insolvenzplanverfahrens wie Forderungen letztrangiger Insolvenzgläubiger zu behandeln; sie erlöschen mit rechtskräftiger Bestätigung des Insolvenzplans, sofern dieser nichts anderes bestimmt (*BGH* AG 2010, 491, 492, vgl zust Anm bei *Mock* EWiR 2010, 465; *Bitter/Laspeyres* WuB VI A. § 225 InsO 1.10 G; *Goette* DStR 2010, 2579, 2584 f; krit *Madaus* ZIP 2010, 1214, 1220).

10 **2. Selbstständiges Nachzahlungsrecht.** Möglich ist, dass die Satzung das Nachzahlungsrecht als durch einen zukünftigen, ausschüttenden Gewinnverwendungsbeschluss aufschiebend **bedingten** Anspruch auf den rückständigen Vorzug ausgestaltet (**selbstständiges** Nachzahlungsrecht). Der Anspruch ist dann **schuldrechtliches Gläubigerrecht**, nicht Mitgliedschaftsrecht (**hM**, *BGH* WM 1956, 87; *BGH* AG 2010, 491, 492; MünchKomm AktG/*Schröer* Rn 17; **aA** *T. Bezzenberger* S 62). Der bedingte Anspruch kann **unabhängig vom Anteilsrecht übertragen** (§§ 398 ff BGB) werden. Die Übertragung der Vorzugsaktien bewirkt **nicht** auch die Übertragung des selbstständigen Nachzahlungsrechts (*Reckinger* AG 1983, 216, 217). Für das selbstständige Nachzahlungsrecht kommt es also anders als beim unselbstständigen **nicht** darauf an, wer bei der Ausschüttung Anteilsinhaber ist; Berechtigter aus dem Nachzahlungsrecht ist der jeweilige Forderungsinhaber; das kann auch ein Nichtaktionär sein. Diese Ausgestaltung muss in der Satzung einen **hinreichend klaren Ausdruck** gefunden haben (*BGHZ* 9, 279, 283; *BGH* WM 1956, 87; *OLG Stuttgart* AG 1995, 283, 284: „klar und eindeutig"; nicht ausreichend: „garantierte, nachzahlbare Vorzugsdividende von 7 %"). **Unwesentlich** ist hingegen die Formulierung des **Dividendenscheins** (*BGHZ* 9, 279, 284). Das selbstständige Nachzahlungsrecht kann als Gläubigerrecht **nicht mehr durch Beschluss der HV**, auch nicht durch satzungsändernden Beschl mit Sonderbeschluss **eingeschränkt oder beseitigt** werden (*BGHZ* 9, 279, 284), sondern **nur** noch **durch Rechtsgeschäft** der Gesellschaft mit dem Rechtsinhaber (*Schröer* aaO).

§ 141 Aufhebung oder Beschränkung des Vorzugs

(1) Ein Beschluss, durch den der Vorzug aufgehoben oder beschränkt wird, bedarf zu seiner Wirksamkeit der Zustimmung der Vorzugsaktionäre.

(2) ¹Ein Beschluss über die Ausgabe von Vorzugsaktien, die bei der Verteilung des Gewinns oder des Gesellschaftsvermögens den Vorzugsaktien ohne Stimmrecht vorgehen oder gleichstehen, bedarf gleichfalls der Zustimmung der Vorzugsaktionäre. ²Der Zustimmung bedarf es nicht, wenn die Ausgabe bei Einräumung des Vorzugs oder, falls das Stimmrecht später ausgeschlossen wurde, bei der Ausschließung ausdrücklich vorbehalten worden war und das Bezugsrecht der Vorzugsaktionäre nicht ausgeschlossen wird.

(3) ¹Über die Zustimmung haben die Vorzugsaktionäre in einer gesonderten Versammlung einen Sonderbeschluss zu fassen. ²Er bedarf einer Mehrheit, die mindestens drei Viertel der abgegebenen Stimmen umfasst. ³Die Satzung kann weder eine andere Mehrheit noch weitere Erfordernisse bestimmen. ⁴Wird in dem Beschluss über die Ausgabe von Vorzugsaktien, die bei der Verteilung des Gewinns oder des Gesellschaftsvermögens den Vorzugsaktien ohne Stimmrecht vorgehen oder gleichstehen, das Bezugsrecht der Vorzugsaktionäre auf den Bezug solcher Aktien ganz oder zum Teil ausgeschlossen, so gilt für den Sonderbeschluss § 186 Abs. 3 bis 5 sinngemäß.

(4) Ist der Vorzug aufgehoben, so gewähren die Aktien das Stimmrecht.

Übersicht

	Rn		Rn
I. Regelungsgegenstand	1	1. Vorzug	2
II. Aufhebung/Beschränkung des Vorzugs (Abs 1)	2	2. Unmittelbare Beeinträchtigung	3
		3. Kapitalerhöhung	4

	Rn		Rn
4. Kapitalherabsetzung	5	IV. Beschlussfassung	9
5. Umwandlung von Vorzugs- in Stammaktien	6	1. Beschluss der HV	9
		2. Sonderbeschluss (Abs 3)	10
III. Ausgabe vor- oder gleichrangiger Vorzugsaktien (Abs 2)	7	a) Gesonderte Versammlung (S 1)	10
		b) Mehrheit (S 2 und 3)	11
1. Zustimmungsbedürftigkeit (S 1)	7	c) Bezugsrechtsausschluss (S 4)	12
2. Ausnahme von der Zustimmungsbedürftigkeit (S 2)	8	V. Rechtsfolgen der Aufhebung des Vorzugs (Abs 4)	13

Literatur: *Altmeppen* Umwandlung von Vorzugsaktien in Stammaktien gegen Zuzahlung, NZG 2005, 771; *T. Bezzenberger* Vorzugsaktien ohne Stimmrecht, 1990; *Decher* Vereinfachte Kapitalherabsetzung – Zustimmung der Vorzugsaktionäre, EWiR 1991, 943; *Frey/Hirte* Vorzugsaktionäre und Kapitalerhöhung, DB 1989, 2465; *Fuchs* Tracking Stock – Spartenaktien als Finanzierungsinstrument für deutsche Aktiengesellschaften, ZGR 2003, 167; *Hillebrandt/Schremper* Analyse des Gleichbehandlungsgrundsatzes beim Rückkauf von Vorzugsaktien, BB 2001, 533; *Kiem* Die Stellung der Vorzugsaktionäre bei Umwandlungsmaßnahmen, ZIP 1997, 1627; *Kort* Zum Squeeze-Out von Vorzugsaktionären, EWiR 2004, 625; *Krauel/Weng* Das Erfordernis von Sonderbeschlüssen stimmrechtsloser Vorzugsaktionäre bei Kapitalerhöhungen und Kapitalherabsetzungen, AG 2003, 561, 563; *Volhard/Goldschmidt* Nötige und unnötige Sonderbeschlüsse der Inhaber stimmrechtsloser Vorzugsaktien, FS Lutter, 2000, S 779; *Werner* Die Beschlussfassung der Inhaber stimmrechtsloser Vorzugsaktien, AG 1971, 69; *Wilsing* Zum Squeeze-Out, EWiR 2005, 495; *Wirth/Arnold* Umwandlung von Vorzugsaktien in Stammaktien, ZGR 2002, 859.

I. Regelungsgegenstand

§ 141 verlangt für eine Aufhebung oder Beschränkung des Vorzugs (Vorzugsdividende und nachzuzahlenden Vorzug) eine Zustimmung der Vorzugsaktionäre durch Sonderbeschluss. Gemeint ist **nur der Vorzug iSd § 139**, welcher anstelle des Stimmrechts tritt. Die Aufhebung oder Beschränkung **sonstiger Vorrechte** gehört hingegen **nicht zum Regelungsbereich des § 141**, diese werden durch § 179 Abs 3 geschützt (MünchKomm AktG/*Volhard* Rn 1). **Mittelbare Beeinträchtigungen** des Vorzugs erfordern **grds keine Zustimmung**. Eine **Ausnahme** normiert Abs 2 S 1 bei der Ausgabe von Aktien, die gegenüber den bestehenden Vorzugsaktien bestimmte vor- oder gleichrangige Vorrechte aufweisen. Eine Ausnahme von dieser Ausnahme macht Abs 2 S 2, wenn eine solche Ausgabe vorbehalten und das Bezugsrecht der Vorzugsaktionäre nicht ausgeschlossen wurde. Bei Aufhebung und Beschränkung des Vorzugs verdrängt **§ 141 Abs 1 und Abs 2 S 1** als **speziellere Norm § 179 Abs 3** (*OLG Köln* NZG 2002, 966, 967). In Ergänzung zu § 138 bestimmt Abs 3 **Besonderheiten des Verfahrens der gesonderten Versammlung**. Abs 4 nennt die Folge der Aufhebung oder Beschränkung des Vorzugs bezüglich des Stimmrechts: Die Aufhebung des Vorzugs führt kraft Gesetzes zum endgültigen Aufleben des Stimmrechts der Vorzugsaktien. § 141 ist **zwingend** (§ 23 Abs 5). Für den Fall, dass die Gattung der Vorzugsaktionäre benachteiligt wird, die speziellen Voraussetzungen des Abs 1 oder 2 jedoch nicht erfüllt sind, greift § 179 Abs 3 hilfsweise ein (MünchKomm AktG/*Stein* § 179 Rn 181; GroßKomm AktG/*G. Wiedemann* § 179 Rn 140; *Fuchs* ZGR 2003, 167, 187 f).

II. Aufhebung/Beschränkung des Vorzugs (Abs 1)

2 1. Vorzug. Vorzug meint **nur** die **Vorzugsdividende** und den **Nachzahlungsvorzug** (str, MünchKomm AktG/*Volhard* Rn 3; GroßKomm AktG/*G. Bezzenberger* Rn 10 f; *T. Bezzenberger* S 134 ff; K. Schmidt/Lutter AktG/*Spindler* Rn 11 f; wohl auch *OLG Frankfurt* DB 1993, 272, 273: „Der Rechtsbegriff des Vorzugs (iSd Abs 2) soll die gesetzliche Priorität der Vorzugsaktie iSd § 139 bei der Gewinnverwendung gegenüber anderen Aktionären deutlich machen."). Eine aA will wg Abs 2 S 1 auch das Vorrecht bei der Verteilung des Gesellschaftsvermögens (Liquidationserlös) einschließen (KölnKomm AktG/*Zöllner* Rn 4; *Werner* AG 1971, 69; *Volhard/Goldschmidt* FS Lutter, S 780; Spindler/Stilz AktG/*Bormann* Rn 5). Zwar ist es tatsächlich ein Widerspruch, dass für die mittelbare Beeinträchtigung des Vorrechts bezüglich des Liquidationserlöses § 141 gilt (Abs 2 S 1), nicht aber für die unmittelbare (*Hüffer* AktG Rn 3). Dieser Widerspruch ist jedoch eher hinnehmbar, als der Widerspruch zu §§ 139 f, der auftreten würde, wenn in § 141 der Vorzugsbegriff erweitert würde. Denn §§ 139 ff behandeln die Vorzugsaktien ohne Stimmrecht und nur die Vorzugsdividende ist geeignet, das Stimmrecht auszuschließen (§ 139 Rn 5). Ferner schützt auch Abs 2 S 1 gem des ausdrücklichen Wortlauts nur stimmrechtslose Vorzugsaktien, somit nicht solche Aktien, welche nur ein Vorrecht bei Liquidation haben. Somit müsste nach dieser aA die Aufhebung oder Beschränkung des Vorrecht bei Liquidation teilweise nach Abs 1 und teilweise nach § 179 Abs 3 zu beurteilen sein. Für eine solche Aufteilung besteht jedoch kein sachlicher Grund. Weiterhin steht die Rechtsgeschichte einem solchen Verständnis des Vorzugsbegriffes entgegen (*T. Bezzenberger* S 135). Eine weitergehende Ansicht will sämtliche Vorrechte als Vorzug iSd § 141 deuten (*Hüffer* aaO). Zum einen liefert § 141 für diese weitergehende Ansicht keinerlei Anhaltspunkte, zum anderen sprechen die oben zur aA vorgebrachten Gründe in noch stärkerem Maße dagegen. **§ 179 Abs 3** schützt genügend **in den übrigen Fällen**, so dass für ein weites Verständnis des Abs 1 kein Bedürfnis besteht (*G. Bezzenberger* aaO).

3 2. Unmittelbare Beeinträchtigung. Erfasst wird nur die unmittelbare Beeinträchtigung, nicht die bloß mittelbare (arg ex Abs 2 S 2; ganz **hM** *OLG Düsseldorf* AG 2005, 293, 298; *OLG Frankfurt* DB 1993, 272, 273; KölnKomm AktG/*Zöllner* Rn 4; *Kiem* ZIP 1997, 1627 mwN; sich auf andere Kriterien stützend hingegen *T. Bezzenberger* S 124 f: Änderung des das Rechtsverhältnis unter den Aktiengattungen bestimmenden Satzungsinhalts). Ein **unmittelbarer** Eingriff liegt vor, wenn der Beschl **seinem Inhalt nach auf einen Eingriff in den Vorzug gerichtet** ist; sind es **bloß die wirtschaftlichen Nebenfolgen eines Beschlusses**, welche den Vorzug beeinträchtigen, ist **lediglich** eine **mittelbare Beeinträchtigung** gegeben (*OLG Düsseldorf* aaO; *OLG Frankfurt* aaO; MünchKomm AktG/*Volhard* Rn 4 ff). Es ist also danach zu fragen, ob die Beeinträchtigung Beschlussinhalt oder bloße Beschlussfolge ist (vgl *Volhard* aaO Rn 7). Das Verhältnis der Gattungen untereinander ist für Abs 1 unerheblich (*OLG Frankfurt* aaO). Der **Eintritt einer Bedingung** oder **Fristablauf** stellt **keine Beeinträchtigung** (auch nicht mittelbar) dar, sondern es verwirklicht sich dabei eine bereits bestehende, latente Rechtsminderung (*Hüffer* AktG Rn 11); **anderes gilt** für die **Schaffung einer Bedingung** oder **Befristung** (unmittelbare Beeinträchtigung). **Beispiele für unmittelbare Beeinträchtigung:** Entfallen des Vorzugs (Vorzugsdividende oder Nachzahlungsvorzug) als solchen (*OLG Frankfurt* aaO); Befristung, Bedingung und Vorbehalt der Beschlussfassung eines Gesellschaftsorgans (*Volhard* aaO Rn 5; *Volhard/Goldschmidt* FS Lutter, S 780); Umwandlung eines selbständigen Nachzahlungsrechts (§ 140

Rn 9) in ein unselbstständiges (*Werner* AG 1971, 69; *Volhard/Goldschmidt* aaO); Herabsetzung des Prozentsatzes, nach dem sich der Vorzug bemisst (*OLG Frankfurt* aaO); ebenso Herabsetzung eines fixen Wertes oder der Bemessungsgrundlagen (GroßKomm AktG/*G. Bezzenberger* Rn 20; Spindler/Stilz AktG/*Holzborn* § 179 Rn 188). **Beispiele für eine rein mittelbare Beeinträchtigung:** Auch die Vorzugsaktionäre betreffende Kapitalerhöhung (*OLG Frankfurt* aaO; *Werner* aaO); Feststellung des Jahresabschlusses (*Volhard* aaO Rn 7); Gewinnverwendungsbeschluss (*Volhard/ Goldschmidt* aaO S 781); Auflösung der Gesellschaft als Ganzes (*OLG Düsseldorf* aaO; *OLG Frankfurt* aaO; *Wilsing* EWiR 2005, 495, 496; *Werner* aaO); Gewinnabführungsvertrag (*Werner* aaO; näher Spindler/Stilz AktG/*Bormann* Rn 9); Verschmelzungsbeschluss (*OLG Düsseldorf* aaO; *Wilsing* aaO; differenzierend *Kiem* aaO 1698); Satzungsregelungen iSd § 58 (*Volhard* aaO); Abschluss eines Unternehmensvertrags (*Kiem* aaO 1628; *G. Bezzenberger* aaO Rn 15); Übertragungsbeschluss nach § 327a (Squeeze-out) (*OLG Düsseldorf* aaO; *Kort* EWiR 2004, 625, 626); Beeinträchtigung allein der Höhe des tatsächlichen Vorzugsertrags (*OLG Frankfurt* aaO); umwandlungsrechtliche Maßnahmen (*OLG Schleswig* AG 2008, 39, 41 f; *Bormann* aaO mwN); Delisting der Vorzugsaktien (*OLG Celle* ZIP 2008, 1874, 1876). Rückkauf gem § 71 Abs 1 Nr 8, ein eventueller Kursabschlag betrifft den Vorzug nicht unmittelbar (*Hüffer* aaO Rn 6; *Hillebrandt/Schremper* BB 2001, 533; 536 f). Mittelbare Beeinträchtigungen machen keine Zustimmung erforderlich. Ausnahme ist insoweit Abs 2 S 1 (*LG Frankfurt/Main* DB 1991, 1162). Ein **Vorbehalt** der Aufhebung oder Beschränkung iSd Abs 2 S 2 bei Ausgabe **ändert** am Zustimmungserfordernis gem Abs 1 **nichts**. Abs 2 S 2 ist nicht auf Abs 1 übertragbar (*Volhard* aaO Rn 6).

3. Kapitalerhöhung. Aus § 216 Abs 1 ergibt sich, dass eine Kapitalerhöhung den Vorzug nicht berührt. Der mittelbare Nachteil bei Ausgabe vor- oder gleichrangiger Vorzugsaktien wird von Abs 2 erfasst und genügt daher für Abs 1 nicht (*Volhard/Goldschmidt* FS Lutter, S 781). Bei einer **Kapitalerhöhung aus Gesellschaftsmitteln** ist die zur höheren **Zahl der Vorzugsaktien reziproke (umgekehrt proportionale)** Kürzung des Prozentsatzes der Vorzugsdividende **nicht zustimmungspflichtig**, weil der Vorzug nicht gekürzt, sondern nur die Prozentzahl an die geänderte Eigenkapitalstruktur angepasst wird (*OLG Stuttgart* AG 1993, 94, 95; MünchKomm AktG/*Volhard* Rn 9). § 216 setzt eine solche Kürzung voraus (*OLG Stuttgart* aaO). Der Gesamtbetrag der Vorzugsdividende muss daher auf alte und neue Vorzugsaktien gleichmäßig verteilt werden (*Volhard/Goldschmidt* aaO S 783; *OLG Stuttgart* aaO). Wird bei einer Kapitalherabsetzung das Verhältnis von Stamm- und Vorzugsaktien gewahrt und werden in einer daran anschließenden Kapitalerhöhung allein Stammaktien ausgegeben, so liegt kein unmittelbarer Eingriff vor und eine Zustimmung ist entbehrlich (*Volhard* aaO Rn 13 mwN).

4. Kapitalherabsetzung. Keine Zustimmungspflicht besteht bei einer **Herabsetzung des Nennbetrags**, selbst wenn der Vorzug als Prozentsatz des Nennbetrags ausgestaltet ist und dieser unverändert bleibt (**hM** *OLG Frankfurt* DB 1993, 272, 273; MünchKomm AktG/*Volhard* Rn 10; *Hüffer* AktG Rn 9; krit *Krauel/Weng* AG 2003, 561, 564 f; **aA** *T. Bezzenberger* S 171 ff, allerdings sich auf § 222 aF stützend; *Frey/Hirte* DB 1989, 2465), weil nur eine mittelbare Beeinträchtigung vorliegt. § 222 Abs 2 bezieht sich nur auf stimmberechtigte Aktien (*LG Frankfurt/Main* DB 1991, 1162; *Krauel/ Weng* aaO 563). Der Vorzug und die Regelung des Vorzugs bleiben unberührt, allein der tatsächliche Vorzugsertrag kann sich ändern (*OLG Frankfurt* aaO). Ein Parallele zur obigen Argumentation bei der Kapitalerhöhung aus Gesellschaftsmitteln (Rn 4) mit umgekehrtem Ergebnis (so zB *Decher* EWiR 1991, 943, 944 mwN; vgl auch *Krauel/Weng* aaO 564: „Asymmetrie") geht allerdings fehl, weil es um die Frage der unmittelbaren Beeinträchtigung geht, die aus mehreren Gründen (bei der Kürzung infolge einer Kapitalerhöhung aus Gesellschaftsmitteln fehlt bereits die Beeinträchtigung, hier nur die Unmittelbarkeit, beides führt aber zu demselben Ergebnis: Keine Zustimmungspflicht) fehlen kann. Eine **Zusammenlegung von Aktien** berührt den Vorzug nicht (*OLG Frankfurt* aaO), insb wenn das Verhältnis zu vernachlässigbaren Bruchteilen führt. Zudem kann ein Aktionär, der zu wenige Teile hat, um eine neue Aktie innezuhaben, Teilrechte hinzukaufen (wenn ein solcher Handel besteht). Es bedarf auch in diesem Fall keiner Zustimmung (*Volhard* aaO Rn 11; *Volhard/Goldschmidt* FS Lutter, S 786). Weder die gestattete **Einziehung von Vorzugsaktien** nach § 237 Abs 1 (str, GroßKomm AktG/*G. Bezzenberger* Rn 24; Spindler/Stilz AktG/*Bormann* Rn 15; **aA** *Volhard* aaO Rn 12) noch die angeordnete nach § 237 Abs 1 und 6 (*Volhard/Goldschmidt* aaO S 788) macht eine Zustimmung notwendig.

6 **5. Umwandlung von Vorzugs- in Stammaktien.** Die Umwandlung von Vorzugs- in Stammaktien bedarf, es sei denn, es liegt eine Einzelzustimmung im Rahmen eines freiwilligen Umtausches mit Zuzahlung vor (*Altmeppen* NZG 2005, 771, 774), eines **Zustimmungsbeschlusses** der Vorzugsaktionäre nach Abs 1 und eines Sonderbeschlusses seitens der Stammaktionäre gem § 179 Abs 3 wegen Stimmrechtsverwässerung durch Vermehrung der Gesamtzahl der stimmberechtigten Aktien (*OLG Köln* ZIP 2001, 2049, 2050; *Wirth/Arnold* ZGR 2002, 859, 866 und 871; MünchKomm AktG/*Stein* § 179 Rn 192; Spindler/Stilz AktG/*Holzborn* § 179 Rn 191). Ebenfalls einen Sonderbeschluss der Stammaktionäre erfordert die gleichzeitige Abschaffung der Beschränkung des Gewinns der Vorzugsaktien auf den Vorzug, da insofern der Gewinnanteil der Stammaktionäre betroffen ist (GroßKomm AktG/*Wiedemann* § 179 Rn 145; *Stein* aaO). Die Möglichkeit der Aufhebung der Vorzugsaktien gegen Zuzahlung besteht nur auf freiwilliger Basis, dh mit Einzelzustimmung der betreffenden Aktionäre; § 141 Abs 1 ist in diesem Fall nicht anwendbar (*Altmeppen* aaO 772 ff; **aA** ohne nähere Auseinandersetzung *OLG Köln* NZG 2002, 966 ff). Der **umgekehrte Fall, die Umwandlung von Stamm- in konkurrierende Vorzugsaktien** bedarf des **Zustimmungsbeschlusses nach Abs 2** (GroßKomm AktG/*G. Bezzenberger* Rn 43; K. Schmidt/Lutter AktG/*Spindler* Rn 27; anders *T. Bezzenberger* S 128 ff: Abs 1).

III. Ausgabe vor- oder gleichrangiger Vorzugsaktien (Abs 2)

7 **1. Zustimmungsbedürftigkeit (S 1).** Abs 2 S 1 erweitert den Kreis zustimmungsbedürftiger Beschl, indem bei der Ausgabe von Vorzugsaktien, die bei der Verteilung des Gewinns oder des Liquidationsüberschusses den bereits bestehenden stimmrechtslosen Vorzugsaktien **vorgehen oder gleichstehen**, die bloße mittelbare Beeinträchtigung ausreicht. Abs 2 ist grds **nicht analogiefähig** (*Hüffer* AktG Rn 12). Da die bereits bestehenden stimmrechtslosen Vorzugsaktien geschützt werden sollen, greift Abs 2 S 1 **unabhängig davon ein, ob die neu ausgegebenen Vorzugsaktien stimmlos oder stimmberechtigt** sind, denn in beiden Fällen werden die bereits bestehenden Vorzugsaktien mittelbar beeinträchtigt (GroßKomm AktG/*G. Bezzenberger* Rn 26; **aA** Spindler/Stilz AktG/*Bormann* Rn 33). Für die Ausgabe von **Optionen** und **Wandelschuldverschreibungen** gilt Abs 2 analog, wenn sie zur Ausgabe gleich- oder vorrangiger Vorzugsaktien führen können (MünchKomm AktG/*Vol-*

hard Rn 27). Die Zustimmungspflicht gilt nicht bei Genussrechten, zumindest dann nicht, wenn sie keinen Eigenkapitalcharakter aufweisen. **Geschützt** werden jedoch **nur** bereits bestehende **stimmrechtslose Vorzugsaktien**, nicht stimmberechtigte Vorzugsrechte oder sonstige Rechte. Werden Stammaktien mit einem den bereits bestehenden stimmlosen Vorzugsaktien gleichstehenden oder vorgehenden Vorrecht hinsichtlich des Gewinns (**Umwandlung von Stamm- in Vorzugsaktien**) oder des Liquidationsüberschusses ausgestattet, ist eine Zustimmung nach Abs 2 S 1 erforderlich (*Volhard* aaO Rn 22; *G. Bezzenberger* aaO Rn 43; anders *T. Bezzenberger* S 128 ff: Abs 1). Geschützt werden durch Abs 2 **nur der Vorzug** (Vorzugsdividende und Nachzahlungsvorzug) und das **Vorrecht bezüglich des Liquidationserlöses**, nicht sonstige Vorrechte (*Hüffer* aaO Rn 14). Gleich- und Vorrangigkeit orientiert sich nur an der Priorität, nicht an sonstigen Merkmalen wie zB Höhe des Prozentsatzes (*T. Bezzenberger* S 146). Gleich- und Vorrangigkeit bemisst sich ferner nur am **identischen Vorrecht**: Hat eine Aktie ein Vorrecht nur bei der Gewinnverteilung (Vorzug), so ist eine neue Aktie nur dann gleich- bzw vorrangig, wenn die neue Aktie bei der Gewinnverteilung gleich- oder vorrangig ist, entspr gilt bei dem Vorrecht bezüglich des Liquidationserlöses. Nur dann, wenn die alte Vorzugsaktie auch ein Vorrecht bezüglich des Liquidationserlöses hat, kommt ein Gleichrang bzw Vorrang insoweit in Betracht. Die Vorrechte dürfen jedoch **nicht überkreuzt** (Vergleich zweier nicht identischer Merkmale miteinander, Beispiel sogleich) verglichen werden (*T. Bezzenberger* S 147; *Werner* AG 1971, 69, 71 f): Die alten Aktien haben ein Vorrecht bei der Gewinnverteilung, jedoch kein Vorrecht bei der Verteilung des Gesellschaftsvermögens. Die neuen gehen diesen bei der Gewinnverteilung zwar nach, jedoch bei der Verteilung des Gesellschaftsvermögens vor: Es liegt kein Fall des Abs 2 vor. Beim **genehmigten Kapital** ist der Ermächtigungsbeschluss zustimmungspflichtig, wenn er zur Ausgabe vor- oder gleichrangiger Vorzugsaktien ermächtigt (vgl § 204 Abs 2; *G. Bezzenberger* aaO Rn 37).

2. Ausnahme von der Zustimmungsbedürftigkeit (S 2). Es besteht **keine Zustimmungspflicht**, wenn (1a) die Ausgabe gleich- oder vorrangiger Vorzugsaktien bei Einräumung des Vorzugs **ausdrücklich vorbehalten** worden ist **oder (1b)** die Ausgabe gleich- oder vorrangiger Vorzugsaktien bei der Ausschließung des Stimmrechts **ausdrücklich vorbehalten** war, falls das **Stimmrecht später ausgeschlossen** wurde, **und** (2) das **Bezugsrecht** der Vorzugsaktionäre **nicht ausgeschlossen oder beschränkt** (*Werner* AG 1971, 69, 72: Beschränkung steht dem Ausschluss gleich, unstr) wird. (1) und (2) müssen **kumulativ** vorliegen (KölnKomm AktG/*Zöllner* Rn 16); 1a und 1b nur alternativ. Der **Vorbehalt** muss **in der Satzung** stehen, möglich auch in Form der Ermächtigung (§ 202); bestehen allerdings bei Aufnahme des Vorbehalts in die Satzung bereits Vorzugsaktien, greift der den satzungsändernden Beschl, der den Vorbehalt in die Satzung aufnimmt, Abs 2 S 1 (MünchKomm AktG/*Volhard* Rn 29; Spindler/Stilz AktG/*Bormann* Rn 42). In der Aktienurkunde muss der Vorbehalt nicht aufgenommen werden (*Hüffer* AktG Rn 16). Der Vorbehalt gilt dann **für sämtliche nachfolgenden Ausgaben** und nicht nur für die nächstfolgende, wenn der Vorbehalt nichts anderes vorsieht; er gilt auch zu Lasten von Aktionären, denen aufgrund des Vorbehalts gleich- oder vorrangige Vorzugsaktien ausgegeben worden sind (*Werner* aaO). Eine Zustimmungspflicht besteht jedoch trotz Vorbehalts, wenn das Bezugsrecht der Vorzugsaktionäre auf vor- oder gleichrangige Vorzugsaktien ausgeschlossen wird (Abs 3 S 4, s Rn 12; *Hüffer* aaO Rn 17).

IV. Beschlussfassung

9 **1. Beschluss der HV.** Wird der Vorzug durch Beschl aufgehoben oder beschränkt (Abs 1) oder liegt ein Fall des Abs 2 S 1 vor, bedarf dieser Beschl der Zustimmung der Vorzugsaktionäre. Es müssen daher **zwei Beschlüsse** gefasst werden. Erstens ein **satzungsändernder** Beschl der HV, an welchem die betroffenen Vorzugsaktionäre nicht mitstimmen dürfen (Ausnahme: § 140 Abs 2), und zweitens ein **Sonderbeschluss** in gesonderter Versammlung (Abs 3, dazu Rn 10). Des Sonderbeschlusses bedarf es auch dann, wenn die Vorzugsaktien nach § 140 Abs 2 stimmberechtigt sind. Der Beschl der HV ändert die Satzung und muss daher den Erfordernissen §§ 179, 181 entsprechen, weil der Vorzug in der Satzung bestimmt wird (§ 139 Rn 3). Der zweite Beschluss fungiert als Zustimmung und ist damit Wirksamkeitsvoraussetzung des satzungsändernden HV-Beschlusses.

10 **2. Sonderbeschluss (Abs 3). – a) Gesonderte Versammlung (S 1).** Für Abs 1 und Abs 2 S 1 ist ein Sonderbeschluss notwendig. Im Grundsatz gilt § 138; Abs 3 normiert jedoch zusätzlich zu beachtende Besonderheiten. Eine gesonderte Abstimmung ist nicht zulässig, **sondern nur eine gesonderte Versammlung**. Bei mehreren betroffenen Gattungen von Vorzugsaktien ist **pro Gattung** eine **eigene gesonderte Versammlung** abzuhalten, eine gemeinsame gesonderte Versammlung kommt nicht in Betracht (*T. Bezzenberger* S 137 f; Spindler/Stilz AktG/*Bormann* Rn 53).

11 **b) Mehrheit (S 2 und 3).** Erforderlich ist eine Mehrheit von **drei Vierteln** der abgebenen Stimmen (**Stimmenmehrheit**, nicht Kapitalmehrheit). Die **Satzung** kann **weder** eine **größere noch** eine **geringere Mehrheit** vorsehen (MünchKomm AktG/*Volhard* Rn 34; Spindler/Stilz AktG/*Bormann* Rn 56). **Stimmkraftbeschränkungen** (Höchststimmrechte) finden **keine Anwendung** (hM *Hüffer* AktG Rn 20 mwN; *T. Bezzenberger* S 181; K. Schmidt/Lutter AktG/*Spindler* Rn 36; aA GroßKomm AktG/*G. Bezzenberger* Rn 53).

12 **c) Bezugsrechtsausschluss (S 4).** Wird im Fall des Abs 2 (Ausgabe vor- oder gleichrangiger Vorzugsaktien) das Bezugsrecht der Vorzugsaktionäre ganz oder teilweise ausgeschlossen, bedarf es eines Sonderbeschlusses bezüglich des Ausschlusses, für welchen **neben Abs 3** die Sonderbestimmungen des **§ 186 Abs 3–5** gelten. Der Sonderbeschluss muss **einheitlich** dem Bezugsrechtsausschluss als auch der Ausgabe von Vorzugsaktien zustimmen (§ 186 Abs 3 S 1 iVm § 141 Abs 3 S 4, GroßKomm AktG/ *G. Bezzenberger* Rn 55). Es handelt sich um eine Zustimmung zu zwei Beschl. Es muss sich **aus der Beschlussvorlage** ergeben, dass in derselben Abstimmung sowohl über die Ausgabe von Vorzugsaktien als auch über den Bezugsrechtsausschluss abgestimmt wird (MünchKomm AktG/*Volhard* Rn 37). Der Sonderbeschluss bedarf neben der qualifizierten Stimmenmehrheit (Abs 3 S 2) **auch der Kapitalmehrheit** nach § 186 Abs 3 S 2 und 3.

V. Rechtsfolgen der Aufhebung des Vorzugs (Abs 4)

13 Aufhebung des Vorzugs macht Vorzugsaktien zu Stammaktien, Beschränkung zu stimmberechtigten Vorzugsaktien (dann bes Gattung stimmberechtigte Vorzugsaktien) (MünchKomm AktG/*Volhard* Rn 40; GroßKomm AktG/*G. Bezzenberger* Rn 57). Vorzug meint nur den **Vorzug bei der Gewinnverteilung** im Sinne einer Priorität inklusive des Nachzahlungsvorzugs, nicht sonstige Vorrechte, deren Beschränkung oder Aufhebung das Stimmrecht nicht entstehen lässt. Es genügt aber für das Aufleben des

Stimmrechts, wenn nur die Vorzugsdividende oder nur der Nachzahlungsvorzug aufgehoben oder beschränkt (iSd Abs 1) wird (*Hüffer* AktG Rn 22; *Werner* AG 1971, 69, 76). **Weder mittelbare Beeinträchtigung**, zB Herabsetzung des Vorzugsbetrags, Ausgabe vorrangiger Vorzugsaktien iSd Abs 2 **noch die Aufhebung sonstiger Vorrechte**, wie etwa das Vorrecht bei Verteilung des Liquidationsüberschusses oder Mehrdividende, genügen (*Werner* aaO). Stimmrecht entsteht ohne weiteres **kraft Gesetzes** und anders als bei § 140 Abs 2 **endgültig**, §§ 139 ff gelten dann nicht mehr (*Hüffer* aaO). Bei **Befristung** und **Bedingung** des Vorzugs ist für das Aufleben des Stimmrechts zeitlich auf den Fristablauf bzw auf den Bedingungseintritt abzustellen (*G. Bezzenberger* aaO Rn 58).

Siebenter Unterabschnitt
Sonderprüfung. Geltendmachung von Ersatzansprüchen

§ 142 Bestellung der Sonderprüfer

(1) ¹Zur Prüfung von Vorgängen bei der Gründung oder der Geschäftsführung, namentlich auch bei Maßnahmen der Kapitalbeschaffung und Kapitalherabsetzung, kann die Hauptversammlung mit einfacher Stimmenmehrheit Prüfer (Sonderprüfer) bestellen. ²Bei der Beschlussfassung kann ein Mitglied des Vorstands oder des Aufsichtsrats weder für sich noch für einen anderen mitstimmen, wenn die Prüfung sich auf Vorgänge erstrecken soll, die mit der Entlastung eines Mitglieds des Vorstands oder des Aufsichtsrats oder der Einleitung eines Rechtsstreits zwischen der Gesellschaft und einem Mitglied des Vorstands oder des Aufsichtsrats zusammenhängen. ³Für ein Mitglied des Vorstands oder des Aufsichtsrats, das nach Satz 2 nicht mitstimmen kann, kann das Stimmrecht auch nicht durch einen anderen ausgeübt werden.

(2) ¹Lehnt die Hauptversammlung einen Antrag auf Bestellung von Sonderprüfern zur Prüfung eines Vorgangs bei der Gründung oder eines nicht über fünf Jahre zurückliegenden Vorgangs bei der Geschäftsführung ab, so hat das Gericht auf Antrag von Aktionären, deren Anteile bei Antragstellung zusammen den hundertsten Teil des Grundkapitals oder einen anteiligen Betrag von 100 000 Euro erreichen, Sonderprüfer zu bestellen, wenn Tatsachen vorliegen, die den Verdacht rechtfertigen, dass bei dem Vorgang Unredlichkeiten oder grobe Verletzungen des Gesetzes oder der Satzung vorgekommen sind; dies gilt auch für nicht über zehn Jahre zurückliegende Vorgänge, sofern die Gesellschaft zur Zeit des Vorgangs börsennotiert war. ²Die Antragsteller haben nachzuweisen, dass sie seit mindestens drei Monaten vor dem Tag der Hauptversammlung Inhaber der Aktien sind und dass sie die Aktien bis zur Entscheidung über den Antrag halten. ³Für eine Vereinbarung zur Vermeidung einer solchen Sonderprüfung gilt § 149 entsprechend.

(3) Die Absätze 1 und 2 gelten nicht für Vorgänge, die Gegenstand einer Sonderprüfung nach § 258 sein können.

(4) ¹Hat die Hauptversammlung Sonderprüfer bestellt, so hat das Gericht auf Antrag von Aktionären, deren Anteile bei Antragstellung zusammen den hundertsten Teil des Grundkapitals oder einen anteiligen Betrag von 100 000 Euro erreichen, einen anderen Sonderprüfer zu bestellen, wenn dies aus einem in der Person des

bestellten Sonderprüfers liegenden Grund geboten erscheint, insbesondere, wenn der bestellte Sonderprüfer nicht die für den Gegenstand der Sonderprüfung erforderlichen Kenntnisse hat, seine Befangenheit zu besorgen ist oder Bedenken wegen seiner Zuverlässigkeit bestehen. ²Der Antrag ist binnen zwei Wochen seit dem Tag der Hauptversammlung zu stellen.

(5) ¹Das Gericht hat außer den Beteiligten auch den Aufsichtsrat und im Fall des Absatzes 4 den von der Hauptversammlung bestellten Sonderprüfer zu hören. ²Gegen die Entscheidung ist die Beschwerde zulässig. ³Über den Antrag gemäß den Absätzen 2 und 4 entscheidet das Landgericht, in dessen Bezirk die Gesellschaft ihren Sitz hat.

(6) ¹Die vom Gericht bestellten Sonderprüfer haben Anspruch auf Ersatz angemessener barer Auslagen und auf Vergütung für ihre Tätigkeit. ²Die Auslagen und die Vergütung setzt das Gericht fest. ³Gegen die Entscheidung ist die Beschwerde zulässig; die Rechtsbeschwerde ist ausgeschlossen. ⁴Aus der rechtskräftigen Entscheidung findet die Zwangsvollstreckung nach der Zivilprozessordnung statt.

(7) Hat die Gesellschaft Wertpapiere im Sinne des § 2 Abs. 1 Satz 1 des Wertpapierhandelsgesetzes ausgegeben, die an einer inländischen Börse zum Handel im regulierten Markt zugelassen sind, so hat im Falle des Absatzes 1 Satz 1 der Vorstand und im Falle des Absatzes 2 Satz 1 das Gericht der Bundesanstalt für Finanzdienstleistungsaufsicht die Bestellung des Sonderprüfers und dessen Prüfungsbericht mitzuteilen; darüber hinaus hat das Gericht den Eingang eines Antrags auf Bestellung eines Sonderprüfers mitzuteilen.

(8) Auf das gerichtliche Verfahren nach den Absätzen 2 und 6 sind die Vorschriften des Gesetzes über das Verfahren in Familiensachen und in den Angelegenheiten der freiwilligen Gerichtsbarkeit anzuwenden, soweit in diesem Gesetz nichts anderes bestimmt ist.

Übersicht

	Rn		Rn
I. Allgemeines	1	III. Bestellung von Sonderprüfern durch das Gericht (Abs 2)	12
1. Überblick	1	1. Materiellrechtliche Voraussetzungen	13
2. Verhältnis zu anderen Prüfungen	2	a) Ablehnender Hauptversammlungsbeschluss	13
II. Bestellung von Sonderprüfern durch die Hauptversammlung (Abs 1)	3	b) Statthafter Prüfungsgegenstand	14
1. Prüfungsgegenstand	3	c) Verdacht eines schweren Pflichtverstoßes	15
a) Sachfragen, Bestimmtheitserfordernis	3	2. Formelle Voraussetzungen	16
b) Vorgänge bei der Gründung	5	a) Antrag einer qualifizierten Minderheit	16
c) Vorgänge bei der Geschäftsführung	6	b) Mindestbesitzzeit und Haltefrist	17
d) Maßnahmen der Kapitalbeschaffung und der Kapitalherabsetzung	7	c) Keine Antragsfrist	18
e) Zeitliche Grenzen	8	3. Verfahren, gerichtliche Entscheidung, Rechtsmittel (Abs 5)	19
2. Hauptversammlungsbeschluss	9	4. Missbrauch des Antragsrechts	21
3. Stimmverbote	10	a) Fallgestaltungen	21
4. Vertragsschluss und Vertragsverhältnis	11	b) Rechtsfolgen	22

§ 142 Bestellung der Sonderprüfer

	Rn		Rn
IV. Gerichtliche Bestellung anderer Sonderprüfer (Abs 4)	23	1. Gerichtlich bestellte Sonderprüfer	25
1. Voraussetzungen	23	2. Von der Hauptversammlung bestellte Sonderprüfer	26
2. Verfahren, Frist	24		
V. Auslagenersatz und Vergütung (Abs 6)	25	VI. Mitteilung gegenüber der BaFin (Abs 7)	27
		VII. Anzuwendendes Verfahren (Abs 8)	28

Literatur: *Adler/Düring/Schmalz* Rechnungslegung und Prüfung der Unternehmen, Band 4, 1997; *Ball/Haager* Aktienrechtliche Sonderprüfungen, 2007; *Bordt* Die aktienrechtliche Sonderprüfung unter besonderer Berücksichtigung der Aktienrechtsreform, Diss Hamburg 1962; *Forster* Aktienrechtsreform und Sonderprüfung, AG 1962, 233; *von Gleichenstein* Die Sonderprüfung im Aktiengesetz, BB 1956, 761; *Göz/Holzborn* Die Aktienrechtsreform durch das Gesetz für Unternehmensintegrität und Modernisierung des Anfechtungsrechts – UMAG, WM 2006, 157; *Habersack* Zweck und Gegenstand der Sonderprüfung nach § 142 AktG, FS Wiedemann, 2002, 889; *Hengeler* Probleme der Entlastung und der Sonderprüfung im Aktienrecht, AG 1962, 119; *Hirte* Nichtbestellung von Sonderprüfern im Feldmühle-Verfahren, ZIP 1988, 953; *Holzborn/Bunnemann* Änderungen im AktG durch den Regierungsentwurf für das UMAG, BKR 2005, 51; *Hüffer* Verwaltungskontrolle und Rechtsverfolgung durch Sonderprüfer und besondere Vertreter, ZHR 2010, 642; *Jänig* Aktienrechtliche Sonderprüfung und UMAG, BB 2005, 949; *ders* Die Aktienrechtliche Sonderprüfung, 2.A., 2008; *ders* Der Gegenstand der Sonderprüfung, WPg 2005, 761; *ders./Leißring* FamFG: Neues Verfahrensrecht für Streitigkeiten in AG und GmbH, ZIP 2010, 110; *Kirschner* Die Sonderprüfung der Geschäftsführung in der Praxis, 2008; *Küting/Weber* Kommentar zur Bilanzierung und Prüfung, Loseblatt; *Müller-Michaels/Wingerter* Die Wiederbelebung der Sonderprüfung durch die Finanzkrise: IKB und die Folgen, AG 2010, 903; *Noack* Die konzernrechtliche Sonderprüfung, WPg 1994, 225; *Obermüller* Der Sonderprüfer im geltenden und neuen Aktienrecht, BB 1962, 546; *Obermüller/Werner/Winden* Sonderprüfung nach dem Aktiengesetz 1965, DB 1967, 1119; *Saage* Die Prüfung der Geschäftsführung, 1965; *Schedlbauer* Sonderprüfungen, 1984; *Seibert* UMAG – Zu den Begriffen "Unredlichkeit oder grobe Verletzung des Gesetzes oder der Satzung in § 148 AktG und zu den Zusammenhängen zwischen §§ 93 und 148 AktG, FS Priester, 2007, 763; *Seibt* Reform des Verfolgungsrechts nach § 147 AktG und des Rechts der Sonderprüfung, WM 2004, 2137; *Spindler* Sonderprüfung und Pflichten des Bankvorstands in der Finanzmarktkrise, NZG 2010, 281; *Trölitzsch/Gunßer* Grenzen der gerichtlichen Anordnung von Sonderprüfungen nach § 142 Abs. 2 AktG, AG 2008, 833; *Wilsing/Neumann* Die Neuregelung der aktienrechtlichen Sonderprüfung, DB 2006, 31.

I. Allgemeines

1. Überblick. Die in §§ 142–146 normierte allg Sonderprüfung gibt den Aktionären 1 die Möglichkeit, unabhängig von Vorstand und Aufsichtsrat **Aufklärung über Vorgänge** im Zusammenhang mit der **Gründung und Geschäftsführung der Gesellschaft** zu erlangen. Aktionäre sollen auf diese Weise ihre Rechte zielgerichtet/sinnvoll ausüben können. Die Anbindung an § 147 verdeutlicht, dass Gesetzgeber dabei vor allem an die Vorbereitung von **Ersatzansprüchen** gegen Mitglieder von Vorstand und Aufsichtsrat gedacht hat (*Hüffer* AktG Rn 1). In Betracht kommt aber auch die Vorbereitung von Personalentscheidungen (*OLG München* AG 2010, 598, 599). Indem neben der HV (Abs 1) auch einer qualifizierten Aktionärsminderheit (Abs 2) ein Antragsrechts zuerkannt wird, ist die Sonderprüfung wesentliches Element des **Minderheitenschutzes** (GroßKomm AktG/*G. Bezzenberger* Rn 8). Die praktische Bedeutung der

§§ 142 ff war in der Vergangenheit eher gering. Die drastische Absenkung des Minderheitenquorums im Rahmen des UMAG hat zu einer weit größeren praktischen Relevanz der allg Sonderprüfung geführt. In jedem Fall wirkt die Sonderprüfung präventiv.

2 2. Verhältnis zu anderen Prüfungen. Die allg Sonderprüfung ist abzugrenzen gegenüber den speziellen Sonderprüfungen der §§ 258 ff und § 315 einerseits und den von unabhängigen Sachverständigen durchgeführten sonstigen Prüfungen andererseits. Der **Sonderprüfung wegen unzulässiger Unterbewertung** nach § 258 kommt ein absoluter Vorrang zu (vgl Abs 3), so dass eine allg Sonderprüfung in deren Anwendungsbereich unzulässig ist. Kein Rangverhältnis besteht zur **konzernrechtlichen Sonderprüfung** nach § 315, die aufgrund der niedrigeren Anforderungen in Konzernsachverhalten für Aktionäre nutzbringender ist. Ohne Relevanz ist die vorherige Durchleuchtung von Gründungsvorgängen im Rahmen einer **Gründungsprüfung**. Einzelne Vorgänge bei der Gründung können auch mit Hilfe der §§ 142 ff untersucht werden. Dies gilt schließlich auch für Teile des **Jahres- und Konzernabschlusses**. Hinzutreten endlich die sog unechten oder **informellen Sonderprüfungen**, die vom Aufsichtsrat oder dem Vorstand bei vermuteten Unregelmäßigkeiten initiiert werden. Auf diese finden die §§ 142–146 keine Anwendung.

II. Bestellung von Sonderprüfern durch die Hauptversammlung (Abs 1)

3 1. Prüfungsgegenstand. – a) Sachfragen, Bestimmtheitserfordernis. Eine Sonderprüfung kann sich nur auf bestimmte, dh zeitlich und sachlich klar **abgrenzbare Sachfragen** beziehen (**allgM** *OLG Hamburg* ZIP 2011, 1209 (Juris Rn 33); *Hüffer* AktG Rn 2; KölnKomm AktG/*Kronstein/Zöllner* Rn 6), nicht allein auf **Rechtsfragen** (so *KG* AG 2012, 412 - zust *Jänig* EWiR 2012, 369; *LG Köln* 19.8.2009 – 91 O 110/08 Juris = BeckRS 2010, 21353; MünchKomm AktG/*Schröer* Rn 15). Die Untersuchung sachlich breiter oder zeitlich längerer Zeitabschnitte ist einer Sonderprüfung nicht zugänglich. So ist die Geschäftsführung eines konkreten Geschäftsjahres kein tauglicher Gegenstand (*RGZ* 146, 385, 393). Auch die Einschränkung auf wesentliche Maßnahmen der Geschäftsführung während eines längeren Zeitraumes wird dem Bestimmtheitserfordernis nicht gerecht (*OLG Düsseldorf* WM 1992, 14, 22). Unstatthaft ist ebenso die Prüfung der vom Vorstand verfolgten Geschäftspolitik (*Saage* S 14). Gleiches soll für die Prüfung von Vorgängen im Zusammenhang mit der Zahlungsunfähigkeit der Gesellschaft gelten (*LG München* AG 2008, 720 – **aA** dazu *Jänig* EWiR 2009, 325, 326).

4 Das Bestimmtheitserfordernis erfährt allerdings **Auflockerungen**, wo es einer an sich sinnvollen Prüfung den Weg versperrt (vgl *OLG Stuttgart* AG 2009, 169, 171; bereits *Jänig* WPg 2005, 761, 762). Dies gilt einmal für die Fälle **mehraktiger Vorgänge**, wie zB bei der Prüfung von Geschäftsbeziehungen zu einem konkreten Geschäftspartner in einem begrenzten Zeitfenster. Eine Auflockerung ist ebenso angezeigt, soweit **Mitglieder des Vorstandes und AR** unmittelbar oder auch nur mittelbar auf der Gegenseite involviert sind; sie zB Gesellschafter eines kontrahierenden Unternehmens sind. Geringere Strenge ist auch bei der Prüfung von Vorgängen mit Bezug auf **verbundene Unternehmen** angebracht. In jedem Fall muss das Prüfungsthema zumindest in seinen Grundzügen umrissen werden (*OLG Stuttgart* AG 2009, 169, 171). Nach Möglichkeit sollten Zeit, Ort, Namen der handelnden Personen sowie die in Frage stehenden Unregelmäßigkeiten benannt werden. Die Hauptversammlung hat keine Kompetenz zur eigenständigen, über § 142 AktG hinausgehenden, gegenständlichen **Erweiterung**

Bestellung der Sonderprüfer § 142

des Prüfungsgegenstandes (ausf *Jänig* S 241 ff mwN; Küting/Weber/*Fleischer* Rn 31; **aA** Wachter AktG/*Zwissler* Rn 3; Grigoleit/*Herrler* AktG Rn 8; wohl auch *Hüffer* AktG Rn 2).

b) Vorgänge bei der Gründung. Sonderprüfer können zur Untersuchung von Vorgängen bei der Gründung bestellt werden. Hierzu zählen **sämtliche Umstände** im Zusammenhang mit der Gründung, zB die Werthaltigkeit von Sacheinlagen, Gesellschaftern eingeräumte Sonderrechte oder der gewährte Gründerlohn. Der Regelungszusammenhang verdeutlicht, dass neben den Mitgliedern der Verwaltung auch Gründer, deren Hintermänner, Gründergenossen und der Emittent persönlich erfasst werden (*Jänig* WPg 2005, 761, 763 f). Zeitlich reichen die Vorgänge bis zur Eintragung der Gesellschaft ins HR (*Jänig* BB 2005, 949, 950). Zu den Vorgängen bei der Gründung rechnen auch Nachgründungsvorgänge sowie Geschäftstätigkeiten der Verwaltung vor Eintragung ins HR (*Hüffer* AktG Rn 3). Beide letztgenannten Gruppen können auch als Vorgänge der Geschäftsführung Gegenstand einer Sonderprüfung sein. 5

c) Vorgänge bei der Geschäftsführung. Gegenstand einer Prüfung können auch Vorgänge bei der Geschäftsführung der Gesellschaft sein. Der Begriff der Geschäftsführung ist weit zu verstehen. Er umschließt nach allgM den gesamten **Verantwortungsbereich des Vorstandes** (*OLG Hamburg* ZIP 2011, 1209 (Juris Rn 33 aE); *OLG Düsseldorf* ZIP 2010, 28, 29; *Hüffer* AktG Rn 4; GroßKomm AktG/*G. Bezzenberger* Rn 11; *Jänig* BB 2005, 949, 950), also jede rechtliche und tatsächliche Tätigkeit für die Gesellschaft (*OLG Düsseldorf* ZIP 2010, 28, 29). Dies betrifft vor allem, aber nicht ausschließlich, die Ausübung der Leitungsfunktion sowie die Vertretung der Gesellschaft. Belanglos ist, ob es sich um außenwirksame oder gesellschaftsinterne Vorgänge oder um ein Tun oder Unterlassen handelt (MünchKomm AktG/*Schröer* Rn 18; Küting/Weber/*Fleischer* Rn 68). Nicht relevant ist auch eine Mitwirkung leitender oder anderer Angestellter an der Geschäftsführung (**hM** *Habersack* S 889, 899; GroßKomm AktG/*G. Bezzenberger* Rn 11; **aA** wohl KölnKomm AktG/*Kronstein/Zöllner* Rn 8: nur leitende Angestellte) Unbedeutend ist schließlich eine Delegation der Geschäftsführung an Dritte. Eine Sonderprüfung kann sich dabei nicht nur auf das Handeln des Vorstandes in Hinblick auf die Auswahl und Überwachung dieser an der Geschäftsführung beteiligten Personen beziehen, sondern auch auf deren „geschäftsführende Tätigkeit" (GroßKomm AktG/ *G. Bezzenberger* Rn 11). 6

Zur Geschäftsführung iSv § 142 gehört nach allgM ferner die **Tätigkeit des AR** (*OLG Düsseldorf* ZIP 2010, 28, 29; *AG Ingolstadt* AG 2002, 110 – dazu *Liebs* EWiR 2001, 845; *Hüffer* AktG Rn 5;). Welche Tätigkeiten im Einzelnen prüfungstauglich sind, ist umstritten: Ausübung der Überwachungs- und Zustimmungskompetenz (*OLG Düsseldorf* ZIP 2010, 28, 29); jedwede Tätigkeit mit Bezug zu Angelegenheiten des Vorstandes (**hM** *Hüffer* AktG Rn 5; Spindler/Stilz AktG/*Mock* Rn 47); gesamter Verantwortungsbereich des AR (*Jänig* S 219 f, *ders* WPg 2005, 761, 766 nennt ua Verletzung der Verschwiegenheit). Aus teleologischen Gründen sind nicht nur Handlungen mit Bezug zu Angelegenheiten des Vorstandes, sondern das gesamte Tätigkeitsfeld eingeschlossen. 6a

Die **Geschäftsbeziehungen zu verbundenen Unternehmen** sind ebenfalls prüfungstauglich, sofern es sich auch um Vorgänge bei der Gesellschaft handelt (*OLG Düsseldorf* ZIP 2010, 990, 992 AG 2010, 330; hierzu *Schneider* AG 2008, 305, 307 ff). Die Prüfung von Vorgängen, die ausschließlich verbundene Unternehmen betreffen, ist nicht zuläs- 6b

Holzborn/Jänig

sig. Im Übrigen kann an der Reichweite des § 131 AktG hinsichtlich der Auskunft bzgl verbundener Unternehmer angeknüpft werden (§ 131 Rn 8).

6c **Beispiele zum Gegenstand aus der Praxis** (unabhängig von der Frage der erfolgreichen Prüferbestellung): Verkauf Tochtergesellschaft an Mehrheitsaktionär (*OLG Stuttgart* NZG 2010, 864); Zahlungen von Rechtsanwalts- und Gerichtskosten (*OLG München* AG 2010, 840); Verlust eines großen Teils des Grundkapitals (*AG Ingolstadt* AG 2002, 110); Rechtsgeschäfte der AG sowie die Verwendung von Mitteln aus der Kapitalerhöhung (*BayObLG* ZIP 2004, 2285); Beteiligungserwerbe sowie Bürgschafts- und Kreditgewährungen (*BGH* NZG 2006, 191); *ders* (FAZ 20.12.2011, S 24); Durchführung bestimmter Geschäfte mit sehr großen Risiken (AG 1994 R 44); Darlehensvergabe an Großaktionäre (Börsen-Zeitung 20.6.2002, S 12; *OLG Hamburg* ZIP 2011, 1209); Einflussnahme von Aktionären hinsichtlich Unternehmenskäufen (SZ 15.6.2001, S 26); eingeschränkter Bestätigungsvermerk (*LG Köln* AG 1999, 283); Aktienoptionsprogramm (*OLG München* AG 2011, 720); Nichtvorlage von Jahresabschluss (WPg 1966, 34); weitere Beispiele bei *Jänig* S 436 ff.

7 **d) Maßnahmen der Kapitalbeschaffung und der Kapitalherabsetzung.** Gegenstand einer Sonderprüfung können ausweislich des Gesetzeswortlauts schließlich auch Vorgänge bei Kapitalmaßnahmen sein. In Betracht kommen sämtliche vorbereitende und ausführende Tätigkeiten der Verwaltung im Zusammenhang mit einer Kapitalmaßnahme, zB Ausnutzung genehmigten Kapitals, nicht jedoch der HV-Beschluss selbst (*Hüffer* AktG Rn 7; MünchKomm AktG/*Schröer* Rn 24; *Jänig* S 238; **aA** KölnKomm AktG/*Kronstein/Zöllner* Rn 17 und GroßKomm AktG/*G. Bezzenberger* Rn 17 – auch der HV-Beschluss); Bewertungsfragen (*LG Köln* 19.8.2009 - 91 O 110/08 Juris = BeckRS 2010, 21353).

8 **e) Zeitliche Grenzen.** Der Prüfungsgegenstand kann zeitlich beliebig weit zurückliegen (Nirk/Ziemons/Binnewies Hdb AktG/*Ziemons* Bd I Rn 11.35). Eine Grenze bildet lediglich der Gedanke des Rechtsmissbrauchs (*Hüffer* AktG Rn 8; vgl *OLG München* AG 2010, 598, 599); die Verjährung möglicher Ansprüche allein rechtfertigt nicht die Annahme eines Rechtsmissbrauchs (K. Schmidt/Lutter/*Spindler* Rn 23; **aA** wohl *Hüffer* AktG Rn 8).

9 **2. Hauptversammlungsbeschluss.** Die HV beschließt mit einfacher Stimmenmehrheit (§ 23 Abs 5: *RGZ* 143, 401, 409) über die Bestellung der Sonderprüfer. **Gegenstand des Beschl** ist zwingend die Bestimmung des Prüfungsgegenstandes sowie die namentliche Bestimmung des Sonderprüfers (*OLG Hamm* AG 2011, 90, 92: Trennung nach verschiedenen TOP unschädlich; Küting/Weber/*Fleischer* Rn 82; MünchKomm AktG/*Schröer* Rn 36). Der Gegenstand ist näher zu umschreiben. Zu beachten sind das Bestimmtheitserfordernis sowie die genannten sachlichen Grenzen des Prüfungsgegenstandes. Der Versammlungsleiter hat uU eine entsprechende Hinweispflicht (so wohl *OLG Köln* NZG 2005, 931 (Juris Rn 180)). Der HV steht es frei, mehr als einen Prüfer oder auch einen Ersatzprüfer zu bestimmen. Der Bestellungsbeschluss ist gem § 124 Abs 1 S 1 als **Gegenstand der Tagungsordnung bekanntzumachen** (zur Frage des für Beschlussvorschlag zuständigen Organs vgl *BGHZ* 153, 32 = ZIP 2003, 290, 291; zur Frage der Pflichtpublizität *LG München* AG 2012, 423 nrk). Eine Bekanntmachung der Bestellung eines Sonderprüfers kann allerdings bei einem sachlichen Zusammenhang mit einem anderen Tagesordnungspunkt entbehrlich sein (§ 124 Abs 4 S 2 Fall 2). So nach allgM in Hinblick auf die Entlastung, wenn sich Prüfungs-

und Entlastungszeitraum decken (*OLG Brandenburg* NZG 2002, 476, 478 = AG 2003, 328; *OLG Köln* Juris Rn 178 = NZG 2005, 931). Ein sachlicher Zusammenhang soll zwischen Aufsichtsratswahl und Sonderprüfung nicht bestehen (*LG Frankfurt/Main* NZG 2009, 149). In Anfechtungssituation führt Unterschreitung des Quorums von § 142 Abs 2 nach HV-Beschlussfassung nicht zum Entfall des Rechtsschutzbedürfnisses für **positive Beschlussfeststellungsklage** (*OLG Hamm* Urteil 8.10.2012, 8 U 270/11 Juris Rn 63).

3. Stimmverbote. Mitglieder der Verwaltung sind gem § 142 Abs 1 S 2 von der Abstimmung ausgeschlossen, soweit Sonderprüfung sich auf Vorgänge bezieht, die mit der Entlastung eines Mitglieds der Verwaltung oder der Einleitung eines Rechtsstreits zwischen Gesellschaft und einem Mitglied der Verwaltung zusammenhängen. Die Vorschrift geht insofern **über § 136 hinaus**. Ausgeschlossen ist jegliche Vertretung durch oder von Verwaltungsmitgliedern. Adressaten des Stimmverbotes sind sämtliche amtierenden Mitglieder der Verwaltung (*OLG Hamm* AG 2011, 90, 90, Juris Rn 136; *LG München I* ZIP 2010, 2098, 2099: Wahl ohne Mandatsbeginn allein nicht ausreichend). Es werden auch ehemalige Verwaltungsmitglieder erfasst, sofern der zu prüfende Vorgang in ihre Amtszeit fällt (*RGZ* 142, 134, 139; *OLG Hamm* AG 2011, 90, 90 (Juris Rn 136); *Hüffer* AktG Rn 14; **aA** kein Stimmverbot wenn Abstimmung zu Gunsten Sonderprüfung: *LG Dortmund* ZIP 2009, 1766 (LS)). Zur Problemlage, wenn Aktien nicht im Alleineigentum der Verwaltungsmitglieder stehen oder von juristischen Personen gehalten werden, an denen die Verwaltungsmitglieder beteiligt sind vgl § 136 Rn 19 sowie *OLG Düsseldorf* AG 2006, 202, 205 f. Das Stimmverbot findet keine entsprechende Anwendung auf **Aktionäre mit einem beherrschenden Einfluss** (hM *OLG Frankfurt* 22.3.2007 – 12 U 77/06 Juris Rn 66 ff; *OLG Düsseldorf* AG 2006, 202, 206; *OLG München* AG 2001, 193, 197; GroßKomm AktG/*G. Bezzenberger* Rn 34; **aA** KölnKomm AktG/*Kronstein/Zöllner* Rn 25). Der sachliche Geltungsbereich des Stimmverbots ist weit zu verstehen. Ausreichend ist ein loser Zusammenhang zwischen den zu untersuchenden Vorgängen und der Entlastung bzw. der Einleitung eines Rechtsstreits (*RGZ* 142, 134, 139; GroßKomm AktG/*G. Bezzenberger* Rn 3). Wird Stimmverbot nicht beachtet, ist Beschl **anfechtbar** (**allgM** *RGZ* 142, 134; *OLG Hamm* AG 2011, 90, 92; *OLG Frankfurt* 22.3.2007 – 12 U 77/06 Juris Rn 66 ff; *OLG Düsseldorf* AG 2006, 202, 205 (Juris Rn 61)); MünchKomm AktG/*Schröer* Rn 46) und Beschlussfassung im Wege **positiver Beschlussfeststellungsklage** zulässig (*OLG Hamm* Urteil v 8.10.2012, 8 U 270/11 Juris Rn 63; *OLG Hamburg* ZIP 2011, 1209 (Juris Rn 30). Unzulässige Stimmabgabe ist **Ordnungswidrigkeit** nach § 405 Abs 3 Nr 5.

4. Vertragsschluss und Vertragsverhältnis. Gesetz regelt nicht Art und Weise des Vertragsschlusses. Teilweise wird Vorstand als Bote der HV angesehen (*von Gleichenstein* BB 1956, 761, 762; KölnKomm AktG/*Kronstein/Zöllner* Rn 20). Nach aA soll Vorstand analog § 318 Abs 1 S 4 HGB zum Vertragsschluss verpflichtet sein (*ADS* §§ 142–146 Rn 13). Richtigerweise kommt **HV organschaftliche Vertretungsmacht** zu. HV kann in der Versammlung AR, einzelne AR-Mitglieder oder Dritte (zB zur Niederschrift zugezogenen Notar) mit dem Vertragsschluss bevollmächtigen (*Hüffer* AktG Rn 11). Erfolgt während Versammlung kein Vertragsschluss, so ist stillschweigende Bevollmächtigung des Vorstandes anzunehmen. Vertrag ist mit der Annahme des Angebots durch den Prüfer geschlossen. Prüfungsvertrag ist ein entgeltlicher, auf eine Werkleistung gerichteter Geschäftsbesorgungsvertrag (**allgM** *OLG Düsseldorf* 25.3.2011 – 22 U 162/10 Juris; GroßKomm AktG/*G. Bezzenberger* Rn 42).

III. Bestellung von Sonderprüfern durch das Gericht (Abs 2)

12 Sonderprüfer können unter den Voraussetzungen des § 142 Abs 2 S 1 auch auf Antrag einer Aktionärsminderheit durch einen gerichtlichen Beschl bestellt werden.

13 **1. Materiellrechtliche Voraussetzungen. – a) Ablehnender Hauptversammlungsbeschluss.** Voraussetzung ist zunächst, dass die HV einen Antrag auf Sonderprüfung nach § 142 Abs 1 abgelehnt hat. Aus teleologischen und verfahrensökonomischen Gründen **sind der Ablehnung gleichzustellen**: die unterlassene Abstimmung der HV trotz ordnungsgemäßer Ankündigung in Tagesordnung, die Aufhebung eines bereits gefassten, positiven Beschl (*RGZ* 143, 401; *OLG Düsseldorf* ZIP 2010, 28, 29 = AG 2010, 126 – zust *Mutter/Quincke* EWiR 2010, 171), die Nichtigkeit des HV-Beschlusses (*AG Ingolstadt* AG 2002, 110); die Bestellung trotz Vorliegen eines Bestellungsverbotes (K. Schmidt/Lutter AktG/*Spindler* § 142 Rn 49; **abw** wohl GroßKomm AktG/ *G. Bezzenberger* Rn 54: analoge Anwendung von § 318 Abs 4 S 1 HGB). Einer Ablehnung nicht gleichzustellen ist die Wahl eines anderen als des vorgeschlagenen Prüfers bei gleichbleibendem Prüfungsgegenstand (*Hüffer* ZHR 2010, 642, 652). **Anfechtbarkeit** eines ablehnenden HV-Beschlusses hindert nicht Antrag nach Abs 2 (*AG Ingolstadt* AG 2002, 110; Grigoleit/*Herrler* AktG Rn 21).

14 **b) Statthafter Prüfungsgegenstand.** Gegenstand einer Sonderprüfung nach § 142 Abs 2 können ebenso nur Vorgänge bei Gründung oder bei der Geschäftsführung sein. Vorgänge bei der Geschäftsführung dürfen anders als im Fall eines Begehrens der HV **nicht länger als fünf Jahre**, bei börsennotierten Gesellschaften nicht länger als 10 Jahre zurückliegen. Die Fristen knüpfen an die Verjährungsregelung des § 93 Abs 5 an. Die Fristberechnung folgt den §§ 187, 188 BGB. Sie ist vom Tag des abl Beschl der HV zurückzurechnen (**allgM** *Hüffer* AktG Rn 19). Bei zeitlich gestreckten Vorgängen genügt es, wenn nur ein Teil in die Frist hineinreicht (*OLG Düsseldorf* ZIP 2010, 28, 29 = AG 2010, 126 – **aA** *Mutter/Quincke* EWiR 2010, 171); die Prüfung kann sich dann auf den gesamten Vorgang erstrecken. Den **äußeren Rahmen** des Prüfungsgegenstandes steckt der Gegenstand des abgelehnten HV-Beschlusses (*OLG München* AG 2008, 33; *Jänig* S 288; MünchKomm AktG/*Schröer* Rn 62). Ein besonderes Rechtsschutzbedürfnis ist hinsichtlich des Prüfungsgegenstandes nicht erforderlich (beachte aber missbräuchliche Ausübung des Antragsrechts Rn 21 ff).

15 **c) Verdacht eines schweren Pflichtverstoßes.** Das Gericht bestellt ausweislich des Gesetzeswortlautes Sonderprüfer nur, wenn Tatsachen vorliegen, die den Verdacht rechtfertigen, dass bei dem Vorgang „Unredlichkeiten oder grobe Verletzungen" des Gesetzes oder der Satzung vorgekommen sind. Das Verständnis dieser Bergriffe ist umstritten. Gemeinsam ist beiden eine **schwere Pflichtverletzung**. Die Schwere ist anhand einer **Gesamtbewertung** sämtlicher Umstände des Einzelfalls zu beurteilen (ausf *Jänig* S 274 ff; vgl *OLG Düsseldorf* ZIP 2010, 28, 30 und *OLG Köln* ZIP 2010, 1799 (Juris Rn); Grigoleit/*Herrler* AktG, Rn 22; ähnlich für wortlautgleichen § 148 Abs 1 S 2 Nr 3 die hM s *§ 148 Rn 7*) Dabei kann ein Umstand sowohl allein als auch in Verbindung mit weiteren Umständen die Schwere ausmachen. Relevant können sein: Grad des Verschuldens, Ausmaß der Folgen der Pflichtverletzung für die Gesellschaft, besonderer Vertrauensbruch. Der Verdacht eines besonders hohen Verschuldensgrades oder eines besonders hohen Schadens können, müssen aber nicht die Grobheit einer Verletzung von Gesetz oder Satzung begründen. Die „besondere Höhe" eines Schadens misst sich vorrangig, aber nicht ausschließlich nach dem Verhältnis des Schadens zur Bilanzsumme. Entgegen einer vereinzelten Auffassung (*Trölitzsch/Gunßer* AG 2009, 833, 835) sind auch unternehmerische Ermessensentscheidungen prüfungstauglich (*OLG Stuttgart* NZG 2010, 864, 866; vgl Küting/Weber/*Fleischer* Rn 110).

Die Antragsteller haben eine **durch den Amtsermittlungsgrundsatz eingeschränkte** **"Darlegungs- und Beweislast"** (vgl *OLG München* AG 2011, 720, 721 „ergänzende Ermittlungen" durch das Gericht; *LG Köln* BeckRS 2010, 21353; s §§ 26, 27 FamFG – allg hierzu Keidel FamFG/*Sternal* § 27 Rn 1 ff; *Jänig/Leißring* ZIP 2010, 110, 114). Dem Antragsteller obliegt die **Darlegung konkreter Tatsachen** (vgl *OLG Düsseldorf* ZIP 2010, 28, 30; *OLG München* FGPrax 2007, 247, 248 = AG 2008, 33; Großkomm AktG/*G.Bezzenberger* Rn 62; *Holzborn/Bunnemann* BKR 2005, 51, 55). Unsubstantiierte Behauptungen, bloße Verdächtigungen oder Vermutungen genügen nach allgM nicht. Was das Beweismaß, dh die Überzeugung des Gerichts angeht, so müssen die Tatsachen nach Anhörung der Gesellschaft und des AR dem Gericht eine schwerwiegende Pflichtverletzung als **„denklogisch wahrscheinlich und nicht nur möglich"** erscheinen lassen (*OLG Düsseldorf* ZIP 2010, 28, 30 = AG 2010, 126; *OLG München* AG 2010, 840, 841 ZIP 2010, 1854 (LS); vgl *OLG München* AG 2011, 720, 721). Eine weitere Konkretisierung des Wahrscheinlichkeitsgrades hat den teleologischen Zusammenhang mit dem hinsichtlich des Verdachts wortlautgleichen **§ 148 Abs 1 Nr 3** zu berücksichtigen. Der Wahrscheinlichkeitsgrad iRd § 142 Abs 2 muss daher nicht nur graduell geringer sein als derjenige iRd § 148 Abs 1 Nr 3. Folglich ist **keine überwiegende Wahrscheinlichkeit** eines schweren Pflichtverstoßes zu fordern. Dem entspricht es wohl, wenn keine Wahrscheinlichkeit im Sinne eines Vollbeweises oder einer Glaubhaftmachung gefordert wird (*OLG Düsseldorf* ZIP 2010, 28, 30; *OLG München* FGPrax 2007, 247, 248 = AG 2008, 33; vgl *OLG München* AG 2011, 720, 721). Der in diesem Zusammenhang vergleichsweise herangezogene hinreichende Tatverdacht der StPO (*OLG München* ZIP 2010, 1127, 1128; GroßKomm AktG/*G.Bezzenberger* Rn 61) ist nur bedingt hilfreich (anders noch *Jänig* S 283 ff). Aus gleichem Grund sind die in der Gesetzesbegründung (Begr RegE, BT-Dr 15/5092, 18, dem folgend *OLG Stuttgart* NZG 2010, 864, 865, *OLG München* AG 2010, 840, 841 = ZIP 2010, 1854 (LS)) postulierten „hohen Anforderungen an die Überzeugung des Gerichts" fragwürdig.

15a

Einer zusätzlichen **Verhältnismäßigkeitsprüfung**, die erstmalig in der Gesetzesgeschichte für § 142 Abs 2 erwogen wurde (Begr RegE, BT-Drucks 15/5092, 18), bedarf es entgegen der hM nicht (wie hier *Fleischer* NZG 2005, 3525, 3527; krit ebenfalls K. Schmidt/Lutter AktG/*Spindler* Rn 52; **hM** *OLG Düsseldorf* ZIP 2010, 28, 30 = AG 2010, 126 – zust *Mutter/Quincke* EWiR 2010, 171; *OLG Stuttgart* NZG 2010, 864, 688; Spindler/Stilz AktG/*Mock* Rn 129 mwN). Die nach dem Gesetzeswortlaut notwendige Schwere des Pflichtenverstoßes ist Schranke genug.

15b

2. Formelle Voraussetzungen. – a) Antrag einer qualifizierten Minderheit. Antrag muss von Aktionären gestellt werden, die den **hundertsten Teil des Grundkapitals oder den anteiligen Betrag von 100 000 EUR** auf sich vereinen können. Bei Nennbetragsaktien ist Gesamtnennbetrag, bei Stückaktien die Multiplikation der Stückzahl mit dem auf die einzelnen Aktien entfallenden anteiligen Betrag des Grundkapitals maßgeblich; wie viel auf eine Aktie eingezahlt wurde, ist ohne Belang. Stimmrechtslose Aktien sind sowohl bei Berechnung des Quorums als auch der Ermittlung des

16

§ 142   Bestellung der Sonderprüfer

Grundkapitals einzubeziehen (**allgM** MünchKomm AktG/*Schröer* Rn 61). Antrag kann entgegen dem Wortlaut auch von einem einzelnen Aktionär gestellt werden. Unerheblich ist, ob antragstellende Aktionäre in HV den Sonderprüfungsantrag eingebracht, unterstützt oder opponiert oder an HV teilgenommen haben (*OLG Frankfurt* 22.3.2007 – 12 U 77/06, Juris Rn 69; *Hüffer* AktG Rn 22). Pfandgläubiger, Entleiher und Nießbraucher kommt kein Antragsrecht zu (ausf *Jänig* S 267 mwN); § 70 findet Anwendung.

17   **b) Mindestbesitzzeit und Haltefrist.** Antragsteller müssen nachweisen, dass sie seit mindestens drei Monaten vor dem Tag der HV Inhaber der Aktien sind und diese bis zur Entscheidung über den Antrag auch halten (Fristberechnung wohl entspr § 121 Abs 7; s Nirk/Ziemons/Binnewies, Hdb AktG/*Ziemons* Bd I Rn 11.43). **Nachweis der Mindestbesitzzeit** kann durch Bestätigung der depotführenden Bank, Kaufbelege oä, der **Nachweis der Haltefrist** durch eine Hinterlegungsbescheinigung, eine Depotbestätigung mit Sperrvermerk geführt werden (*Wilsing/Neumann* DB 2006, 31, 32 f). Für Nachweis der Haltefrist genügt auch eine Verpflichtung der Hinterlegungs- oder Depotführungsstelle gegenüber dem Gericht oder der Gesellschaft, über der Bestandsveränderung unverzüglich zu informieren (*OLG München* FGPrax 2007, 247, 248 = AG 2008, 33). Verliert der Antragsteller vor Bestellung des Prüfers seine Aktionärsstellung und wird das Quorum dadurch nicht mehr erreicht, so wird der Antrag unzulässig (*OLG München* ZIP 2010, 1032, 1033: Verlust durch Squeeze Out – aA *Mock* EWiR 2010, 549, 550; *OLG Frankfurt* NJW-RR 2009, 1411: Verlust durch Verschmelzung). Vereinbarungen zur Vermeidung einer Sonderprüfung sind gem § 142 Abs 2 S 3 entsprechend § 149 Abs 2 bekanntzumachen (*Wilsing/Neumann* DB 2006, 31, 33).

18   **c) Keine Antragsfrist.** Eine besondere Frist sieht das Gesetz für den Antrag nicht vor. Einer verzögerten Antragstellung kann allerdings der Missbrauchseinwand entgegengebracht werden (GroßKomm AktG/*G. Bezzenberger* Rn 57).

19   **3. Verfahren, gerichtliche Entscheidung, Rechtsmittel (Abs 5).** Sachlich und örtlich zuständig ist das Landgericht des Gesellschaftssitzes (§ 142 Abs 5 S 3, § 71 Abs 2 Nr 4 GVG); funktional die Kammer für Handelssachen (§ 95 Abs 2 Nr 2 GVG). Die Länder können darüber hinaus eine örtliche Zuständigkeitskonzentration anordnen (§ 71 Abs 4 GVG). Das Gericht wird im **(streitigen) Verfahren der freiwilligen Gerichtsbarkeit** tätig (§ 142 Abs 8). Das Gericht hat neben den Beteiligten (Antragsteller, AG vertreten durch Vorstand) auch den AR zu hören. Vorstand und AR sind als Gesellschaftsorgane **zu hören** (§ 142 Abs 5 S 1, §§ 77, 108 Abs 1). Die Anhörung kann mündlich oder schriftlich erfolgen. Die Entscheidung des Gerichts erfolgt durch einen begründeten Beschl. Die Sonderprüfer sind namentlich zu bezeichnen (*OLG Frankfurt* NJW-RR 2004, 686, 687). Das Gericht kann Vorschläge der Beteiligten zur Person des Prüfers hören, ist jedoch an diese nicht gebunden. Die Vorgaben des § 143 zu den Anforderungen an den Prüfer hat das Gericht zu beachten. Das Gericht hat daneben den Prüfungsgegenstand sorgsam zu umschreiben (*Hüffer* ZHR 2010, 642, 665). Bezüglich der Tätigkeit sind dem Prüfer grundsätzlich keine Auflagen zu machen (§ 144 Rn 4). Sinnreich ist aber ein Kosten- und Zeitrahmen für die Prüfung (*Jänig* S 310 f mit rechtsvergleichenden Nachweisen).

20   Gegen die Entscheidung des Gerichts ist die **Beschwerde** statthaft (§ 142 Abs 5 S 2, §§ 58 ff FamFG). Über sie befindet das Oberlandesgericht. Die Beschwerde ist binnen

eines Monats beim LG einzulegen (§§ 63 Abs 1, 64 Abs 1 FamFG). Zur Beschwerde berechtigt sind bei einem erfolglosen Antrag die Antragsteller, sonst die Gesellschaft. Im Fall des § 142 Abs 4 sind auch die ursprünglich bestellten Prüfer beschwerdeberechtigt. Das Beschwerdegericht kann auf formlose Anregung hin vor der Entscheidung über die Beschwerde eine **einstweilige Anordnung** erlassen (§ 64 Abs 3 FamFG); insb den Bestellungsbeschluss vorläufig außer Kraft setzen (*OLG Düsseldorf* 26.10.2009, I-6 W 45/09, Juris). Gegen Entscheidungen des Beschwerdegerichts ist eine **zulassungsbedingte Rechtsbeschwerde** zum BGH statthaft (§§ 70 ff FamFG, § 133 GVG).

4. Missbrauch des Antragsrechts. – a) Fallgestaltungen. Das Antragsrecht kann 21 rechtsmissbräuchlich ausgeübt werden (**allgM** MünchKomm AktG/*Schröer* Rn 104 ff; ausf m Beispielen *Jänig* S 315 ff). Neben den gewöhnlichen Konstellationen lassen sich mindestens drei spezifische Fallgestaltungen ausmachen. Eine erste Fallgruppe bildet das **offensichtliche Fehlen von Antragsvoraussetzungen**. Ein rechtsmissbräuchlicher Antrag liegt auch vor, wenn Aktionäre mit diesem weder Gesellschaft- noch mitgliedschaftsimmanente Eigeninteressen verfolgen, also **ausschließlich private Belange** durchzusetzen versuchen (*OLG Düsseldorf* AG 2010, 126; *OLG München* FGPrax 2007, 247, 248 = AG 2008, 33; *AG Düsseldorf* ZIP 1988, 970; zB Abkauf des „Lästigkeitswertes" von Sonderprüfungsanträgen; zum gleich gelagerten Problem bei der Anfechtungsklage § 245 Rn 19 ff). Eine dritte Konstellation umfasst **zweck- und folgenlose Anträge** (*OLG München* AG 2010, 598, 599; *OLG Frankfurt* NJW-RR 2009, 1411: fehlendes Rechtsschutzbedürfnis). Für den Aktionär muss ein tatsächliches Informationsbedürfnis bestehen; andernfalls ist sein Antrag rechtsmissbräuchlich (vgl das Erforderlichkeitskriterium beim Auskunftsrecht § 131 Rn 11 ff).

b) Rechtsfolgen. Liegt ein Fall des Rechtsmissbrauchs vor, so ist der Sonderprüfungs- 22 antrag als unbegründet zurückzuweisen (**hM** *Hüffer* AktG Rn 21; *Hirte* ZIP 1988, 953, 956; **aA** wohl *AG Düsseldorf* ZIP 1988, 970). Ein rechtsmissbräuchlicher Antrag kann einen Treuepflichtverstoß begründen und zu einer Überwälzung der Kostenlast führen (vgl § 146 S 2; Küting/Weber/*Fleischer* Rn 132).

IV. Gerichtliche Bestellung anderer Sonderprüfer (Abs 4)

1. Voraussetzungen. Bestellt die **HV** einen ungeeigneten Sonderprüfer, so hat das 23 Gericht auf Antrag einer qualifizierten Aktionärsminderheit einen anderen bzw mehrere andere Prüfer zu bestellen (zur Ersetzung eines **gerichtlich bestellten Prüfers wegen Ungeeignetheit** s § 143). Das Minderheitenquorum entspricht dem für die gerichtliche Erstbestellung (§ 142 Abs 2 S 1). Einer Mindestbesitzzeit oder einer Haltefrist bedarf es nicht (*Hüffer* AktG Rn 28). Als Gründe für die Ersetzung eines Prüfers benennt das Gesetz die fehlende Sachkenntnis, die Besorgnis der Befangenheit sowie Bedenken gegen die Zuverlässigkeit des Prüfers. Die Aufzählung ist nicht abschließend („insbesondere"). In Betracht kommen **sämtliche Umstände**, die den Bestellten fachlich oder persönlich von der Tätigkeit als Sonderprüfer disqualifizieren (s Komm zu § 143). Der Antrag auf gerichtliche Ersatzbestellung soll unabhängig von einer möglichen Anfechtungsklage gegen den Bestellungsbeschluss der HV gestellt werden können (Spindler/Stilz AktG/*Mock* Rn 165; für die Abschlussprüfung *BayObLG* NJW-RR 1988, 163, 163).

2. Verfahren, Frist. Für das **gerichtliche Verfahren** gelten die in Rn 19 ausgelegten 24 Grundsätze (vgl Abs 8) mit zwei Ausnahmen. Zum einen ist neben der AG auch der ursprünglich bestellte **Sonderprüfer** anzuhören. Zum anderen gilt für den Antrag eine **materiellrechtliche (Ausschluss-)Frist** von zwei Wochen; eine Wiedereinsetzung in den vorigen Stand ist nicht möglich (Großkomm AktG/*G. Bezzenberger* Rn 76). Die Frist beginnt mit dem Zeitpunkt der wirksamen Bestellung, dh mit der Annahme des Prüfungsvertrages durch den Bestellten (*Hüffer* AktG Rn 28; *Baumbach/Hueck* AktG Rn 16). Der nicht fristgerechte Antrag ist nicht unzulässig, sondern unbegründet (K. Schmidt/Lutter AktG/*Spindler* Rn 66; Großkomm AktG/*G. Bezzenberger* Rn 76; aA KölnKomm AktG/*Kronstein/Zöllner* Rn 36). Zur Frage der Auswechslung eines Prüfers, dessen Ungeeignetheit sich erst **nach Verstreichen der Frist** offenbart vgl § 143 Rn 5, 9.

V. Auslagenersatz und Vergütung (Abs 6)

25 **1. Gerichtlich bestellte Sonderprüfer.** Die nach § 142 Abs 2 und 4 vom Gericht bestellten Prüfer haben gegenüber der AG Anspruch auf angemessenen **Auslagenersatz und auf Vergütung** ihrer Tätigkeit. Die Höhe der Auslagen und Vergütung wird durch das **Gericht durch Beschluss** festgesetzt. Zulässig ist auch eine ergänzende **vertragliche Vereinbarung** hierüber (*Hüffer* AktG Rn 33; MünchKomm AktG/*Schröer* Rn 93), für die sich der Vorstand verantwortlich zeichnet. Die dagegen vorgebrachte Gefährdung der Unabhängigkeit des Prüfers (Großkomm AktG/*G. Bezzenberger* Rn 91; K. Schmidt/Lutter AktG/*Spindler* Rn 71) ist marginal und besteht auch bei der Bestellung eines Sonderprüfers durch die HV. Fehlt es an einer vertraglichen Vereinbarung über die Vergütungshöhe, so ist Maßstab die **übliche Vergütung** iSv § 632 Abs 2, 675 BGB. Hierfür kann an die von WP üblicherweise verlangten Zeitgebühren Anlehnung genommen werden (*OLG München* 4.6.2008 – 31 Wx 50/08, Juris Rn 11: 300 EUR/h; Küting/Weber/*Fleischer* Rn 147; WP-Handbuch 2006, Band I, Rn A 643). Vorschüsse für die Vergütung sind nach der Rpsr unzulässig, Abschlagszahlungen hingegen zulässig (*OLG München* 4.6.2008 – 31 Wx 50/08, Juris Rn 12; **aA** Hüffer AktG Rn 33). Es sind sämtliche Auslagen, nicht nur die baren, erstattungsfähig (KölnKomm AktG/*Kronstein/Zöllner* Rn 91). Gegen den Beschl des Gerichts ist die **Beschwerde** statthaft; die Rechtsbeschwerde ist ausgeschlossen (Abs 6 S 3).

26 **2. Von der Hauptversammlung bestellte Sonderprüfer.** Die von § 142 Abs 6 nicht betroffenen Ansprüche der von der HV bestellten Sonderprüfer richten sich nach dem Vertragsverhältnis zur Gesellschaft. Fehlt es an einer vertraglichen Regelung, so ist die **übliche Vergütung** geschuldet (vgl Rn 25; *von Gleichenstein* BB 1956 761, 762). Die Sonderprüfer haben auch Anspruch auf Ersatz angemessener **Auslagen** (§ 670 BGB).

VI. Mitteilung gegenüber der BaFin (Abs 7)

27 Der BaFin kommen, sofern es sich um Gesellschaft handelt, deren Wertpapiere iSd § 2 Abs 1 S 1 WpHG an einer inländischen Börse zum Handel im regulierten Markt zugelassen sind, im Zusammenhang mit einer Sonderprüfung Informationsrechte zu. Im Fall des Abs 1 S 1 hat der Vorstand und im Fall des Abs 2 S 1 das Gericht der BaFin die Bestellung von Sonderprüfer (einschließlich des Prüfungsauftrags) sowie den Prüfungsbericht mitzuteilen. Das Gericht hat darüber hinaus die BaFin bereits über den Eingang eines Antrags auf Bestellung eines Sonderprüfers zu informieren.

VII. Anzuwendendes Verfahren (Abs 8)

Die Vorschrift verweist auf das FamFG als die für die Bestellung von Sonderprüfern 28
maßgebliche Verfahrensordnung (zu den Neuerung durch das FamFG *Jänig/Leißring*
ZIP 2010, 110). Das FamFG findet für die Abs 1–6 Anwendung, sofern das AktG
nichts Abweichendes bestimmt. Zu den Einzelheiten des Verfahrens Rn 19.

§ 143 Auswahl der Sonderprüfer

(1) Als Sonderprüfer sollen, wenn der Gegenstand der Sonderprüfung keine anderen Kenntnisse fordert, nur bestellt werden
1. **Personen, die in der Buchführung ausreichend vorgebildet und erfahren sind;**
2. **Prüfungsgesellschaften, von deren gesetzlichen Vertretern mindestens einer in der Buchführung ausreichend vorgebildet und erfahren ist.**

(2) ¹**Sonderprüfer darf nicht sein, wer nach § 319 Abs. 2, 3, § 319a Abs. 1, § 319b des Handelsgesetzbuchs nicht Abschlussprüfer sein darf oder während der Zeit, in der sich der zu prüfende Vorgang ereignet hat, hätte sein dürfen.** ²**Eine Prüfungsgesellschaft darf nicht Sonderprüfer sein, wenn sie nach § 319 Abs. 2, 4, § 319a Abs. 1, § 329b des Handelsgesetzbuchs nicht Abschlussprüfer sein darf oder während der Zeit, in der sich der zu prüfende Vorgang ereignet hat, hätte sein dürfen.**

Übersicht

	Rn		Rn
I. Allgemeines	1	a) Bestellung durch die Hauptversammlung	8
II. Fachliche Eignung des Sonderprüfers (Abs 1)	2	b) Bestellung durch das Gericht	9
1. Anforderungsprofil	2	3. Besorgnis der Befangenheit	10
2. Rechtsfolgen eines Verstoßes	4	a) Berücksichtigung allgemeiner Befangenheitsgründe	10
III. Persönliche Eignung des Sonderprüfers (Abs 2)	6	b) Rechtsfolgen der Bestellung befangener Prüfer	11
1. Ausschlussgründe	6		
2. Rechtsfolge eines Verstoßes	8	4. Eigenheiten der Sonderprüfung	12

Literatur: Vgl die Nachweise zu § 142.

I. Allgemeines

Die Vorschrift enthält zwingende Vorgaben für die Auswahl des Sonderprüfers in 1
fachlicher (Abs **1**) und **persönlicher** (Abs **2**) **Hinsicht**. Sie gilt sowohl bei einer Prüferbestellung durch die HV als auch bei einer Bestellung durch die Minderheitsaktionäre. Bezweckt ist die Sicherstellung einer **sachkundigen, unparteiischen und unbefangenen Durchführung der Prüfung** (GroßKomm AktG/*G. Bezzenberger* Rn 3), die durch die Außerordentlichkeit der Sonderprüfung besonderes Gewicht erhält. Die fachlichen Anforderungen an die Eignung entsprechen denen, die vom Gesetz auch an die Gründungsprüfer gestellt werden (§ 33 Abs 4, 5). Hinsichtlich der persönlichen Anforderungen verweist § 143 auf die Bestimmungen für den Abschlussprüfer (§§ 319 ff. HGB). Nach § 143 Abs 1 können neben natürlichen Personen auch Prüfungsgesellschaften zu Sonderprüfern ernannt werden. Soweit die Eignungsvoraussetzungen vorliegen, ist entgegen dem missverständlichen Wortlaut von Abs 1 Nr 2 die Bestellung einer sonstigen Gesellschaft (z.B. Rechtsanwalts GmbH) als Prüfer zulässig.

II. Fachliche Eignung des Sonderprüfers (Abs 1)

2 **1. Anforderungsprofil.** Erfordert der Gegenstand der Sonderprüfung keine anderen Kenntnisse, sind nach Abs 1 eine **ausreichende Vorbildung und Erfahrung auf dem Gebiet der Buchführung** ausreichend. Die allg Sonderprüfung ist damit im Gegensatz zur Sonderprüfung wg unzulässiger Unterbewertung (§ 258 Abs 4 S 1) und zur Abschlussprüfung (§ 319 Abs 1 S 1 HGB) **nicht als Vorbehaltsprüfung für Wirtschaftsprüfer** ausgestaltet. Der Terminus der Buchführung umschließt das gesamte Gebiet der Rechnungslegung iSd Dritten Buches des HGB. Zur Verwirklichung der gesetzlich vorgeschriebenen Anforderungen ist neben der theoretischen Vorbildung und der praktischen Erfahrung im **Bereich der Rechnungslegung** auch ein **qualifiziertes betriebswirtschaftliches Fachwissen** unerlässlich (GroßKomm AktG/*G. Bezzenberger* Rn 6; Küting/Weber/*Fleischer* Rn 4). Ist eine Prüfungsgesellschaft als Prüfer bestellt, so müssen diese Anforderungen von mindestens einem der gesetzlichen Vertreter erfüllt werden. Wirtschaftsprüfer und Wirtschaftsprüfungsgesellschaften sind ebenso wie vereidigte Buchprüfer aufgrund der beruflichen Zulassungsregelungen grundsätzlich als Sonderprüfer fachlich geeignet; in der Praxis werden meist erstere beiden Gruppen mit der Durchführung betraut. Im Einzelfall kommen ebenfalls Steuerberater und Fachanwälte für Steuerrecht in Betracht.

3 Sind zur Erreichung des Prüfungszwecks andere Kenntnisse erforderlich, so können auch entsprechend **vorgebildete und praktisch erfahrene Personen anderer Fachgebiete** zu Sonderprüfern bestellt werden (*Hüffer* AktG Rn 2). Zu denken ist etwa an technische oder juristische Sachverständige oder an Branchen- und Marktexperten. Erfordert die Sonderprüfung neben dem besonderen Fachwissen eine Vorbildung und Erfahrung auf dem Gebiet der Buchführung, so müssen mitunter zur Gewährleistung einer sachkundigen Prüfung mehrere Sonderprüfer bestellt werden. Ist das besondere Fachwissen bzw auch die Vorbildung und Erfahrung auf dem Gebiet der Rechungslegung dagegen jeweils nur für einen nachrangigen Prüfungspunkt relevant, so kann gegebenenfalls auch nur ein Sonderprüfer ernannt werden, der dann spezialisierte Fachleute als Prüfungsgehilfen heranzieht (*ADS* §§ 142–146 Rn 25; Küting/Weber/*Fleischer* Rn 5). Letzteres sollte Abstimmungsschwierigkeiten minimieren.

4 **2. Rechtsfolgen eines Verstoßes.** Bestellt die **Hauptversammlung** einen Prüfer, der nicht den fachlichen Anforderungen des § 143 Abs 1 genügt, so hat dies nach einhelliger Ansicht **keine Nichtigkeit** des Bestellungsbeschlusses zur Folge (*Hüffer* AktG Rn 5). Nach heute wohl hM ist der Beschl der HV jedoch **anfechtbar** (GroßKomm AktG/*G. Bezzenberger* Rn 8; aA *Hefermehl* in Geßler/Hefermehl AktG Rn 5; *Baumbach/Hueck* AktG Rn 2). Die Gesetzeshistorie und der Telos von § 143 lassen die Vorschrift als lex perfecta und nicht als sanktionslose Soll-Vorschrift erkennen (im Einzelnen *Jänig* S 345 f). Die gerichtlich festgestellte Nichtigkeit des Beschl der HV erfasst auch den Prüfungsvertrag (GroßKomm AktG/*G. Bezzenberger* Rn 9). Für die Gesellschaft kommen in der Folge Ansprüche wg Nichtanzeige der Ungeeignetheit, für den Prüfer Ansprüche wg bereits geleisteter Tätigkeiten in Betracht. Ungeachtet der Anfechtbarkeit kann eine qualifizierte Aktionärsminderheit das Auswechslungsverfahren nach § 142 Abs 4 betreiben.

5 Bestellt das Gericht einen Prüfer, der nicht den fachlichen Anforderungen des § 143 Abs 1 genügt, steht der AG und der antragstellenden Minderheit nach § 142 Abs 5 S 2 die **Beschwerde** offen. Die Beschwer liegt in der Bestellung eines nicht ausreichend vorgebildeten, unerfahrenen oder eines anderweitig sachunkundigen Prüfers. Nach Eintritt der Rechtskraft des Bestellungsbeschlusses kann die fehlende Eignung von den Beteiligten in (entsprechender) Anwendung des Verfahrens nach § 142 Abs 4 geltend gemacht werden (K. Schmidt/Lutter AktG/*Spindler* Rn 8; Küting/Weber/*Fleischer* Rn 8; GroßKomm AktG/*G. Bezzenberger* § 142 Rn 79 sowie § 143 Rn 10; *Jänig* S 348: auch von Amts wegen; **aA** Spindler/Stilz AktG/*Mock* Rn 13). Die formale Rechtskraft des Erstbestellungsbeschlusses steht dem nicht entgegen (*Jänig* S 346 f). Rechtfertigen lässt sich dies mit dem Gedanken der nachträglichen Änderung gerichtlicher Entscheidungen mit Dauerwirkung, dem im Recht der freiwilligen Gerichtsbarkeit allg Geltung zukommt. Die Wirksamkeit des Vertrages zwischen Prüfer und Gesellschaft wird durch Abberufung nicht berührt (MünchKomm AktG/*Schröer* Rn 14). Für die Gesellschaft besteht lediglich die Möglichkeit einer Kündigung. Sie hat darüber hinaus ggf einen Anspruch gegen den Prüfer wg Nichtanzeige der Ungeeignetheit.

III. Persönliche Eignung des Sonderprüfers (Abs 2)

1. Ausschlussgründe. Mit einem Verweis auf die Regelungen zur Unabhängigkeit des Abschlussprüfers (§§ 319–319b HGB) statuiert § 143 Abs 2 eine Reihe persönlicher **Ausschlussgründe**, bei deren Vorliegen ein **Bestellungshindernis** besteht. Nach dem Gesetzeswortlaut ist für die Beurteilung der Unabhängigkeit, anders als bei der Abschlussprüfung, nicht allein der Zeitpunkt der Bestellung maßgeblich, sondern auch der Zeitraum, in dem sich die zu prüfenden Vorgänge ereignet haben. Die folgenden Ausführungen können sich auf eine Darstellung der eingängigen § 319 Abs 2, 3, §§ 319a, 319b HGB beschränken. § 319 Abs 2 HGB übernimmt die Funktion einer Generalklausel, die durch die Regelungen in §§ 319 Abs 3, 319a, 319b HGB konkretisiert bzw ergänzt wird (für Einzelheiten vgl Beckscher Bilanzkommentar 7. Aufl 2010). 6

§ 319 HGB
Auswahl der Abschlussprüfer und Ausschlussgründe

(1) ... 7

(2) Ein Wirtschaftsprüfer oder vereidigter Buchprüfer ist als Abschlussprüfer ausgeschlossen, wenn Gründe, insbesondere Beziehungen geschäftlicher, finanzieller oder persönlicher Art, vorliegen, nach denen die Besorgnis der Befangenheit besteht.

(3) ¹Ein Wirtschaftsprüfer oder vereidigter Buchprüfer ist insbesondere von der Abschlussprüfung ausgeschlossen, wenn er oder eine Person mit der er seinen Beruf gemeinsam ausübt,
1. Anteile oder andere nicht nur unwesentliche finanzielle Interessen an der zu prüfenden Kapitalgesellschaft oder eine Beteiligung an einem Unternehmen besitzt, das mit der zu prüfenden Kapitalgesellschaft verbunden ist oder von dieser mehr als zwanzig vom Hundert der Anteile besitzt;
2. gesetzlicher Vertreter, Mitglied des Aufsichtsrats oder Arbeitnehmer der zu prüfenden Kapitalgesellschaft oder eines Unternehmens ist, das mit der zu prüfenden Kapitalgesellschaft verbunden ist oder von dieser mehr als zwanzig vom Hundert der Anteile besitzt;
3. über die Prüfungstätigkeit hinaus bei der zu prüfenden oder für die zu prüfende Kapitalgesellschaft in dem zu prüfenden Geschäftsjahr oder bis zur Erteilung des Bestätigungsvermerks

a) bei der Führung der Bücher oder der Aufstellung des zu prüfenden Jahresabschlusses mitgewirkt hat,
b) bei der Durchführung der internen Revision in verantwortlicher Position mitgewirkt hat,
c) Unternehmensleitungs- oder Finanzdienstleistungen erbracht hat oder
d) eigenständige versicherungsmathematische oder Bewertungsleistungen erbracht hat, die sich auf den zu prüfenden Jahresabschluss nicht nur unwesentlich auswirken,

sofern diese Tätigkeiten nicht von untergeordneter Bedeutung sind; dies gilt auch, wenn eine dieser Tätigkeiten von einem Unternehmen für die zu prüfende Kapitalgesellschaft ausgeübt wird, bei dem der Wirtschaftsprüfer oder vereidigte Buchprüfer gesetzlicher Vertreter, Arbeitnehmer, Mitglied des Aufsichtsrats oder Gesellschafter, der mehr als zwanzig vom Hundert der den Gesellschaftern zustehenden Stimmrechte besitzt, ist;

4. bei der Prüfung eine Person beschäftigt, die nach den Nummern 1 bis 3 nicht Abschlussprüfer sein darf;

5. in den letzten fünf Jahren jeweils mehr als dreißig vom Hundert der Gesamteinnahmen aus seiner beruflichen Tätigkeit von der zu prüfenden Kapitalgesellschaft und von Unternehmen, an denen die zu prüfende Kapitalgesellschaft mehr als zwanzig vom Hundert der Anteile besitzt, bezogen hat und dies auch im laufenden Geschäftsjahr zu erwarten ist; zur Vermeidung von Härtefällen kann die Wirtschaftsprüferkammer befristete Ausnahmegenehmigungen erteilen.

²Dies gilt auch, wenn der Ehegatte oder der Lebenspartner einen Ausschlussgrund nach Satz 1 Nr. 1, 2 oder 3 erfüllt.

8 **2. Rechtsfolge eines Verstoßes. – a) Bestellung durch die Hauptversammlung.** Verstößt der **Beschluss** der HV gegen § 143 Abs 2, so ist er nichtig (wohl hM *Hüffer* AktG Rn 6; Küting/Weber/*Fleischer* Rn 17; K. Schmidt/Lutter AktG/*Spindler* Rn 32 mwN; **aA** Anfechtbarkeit: *ADS* § 142–146 Rn 29; Spindler/Stilz AktG/*Mock* Rn 39; MünchKomm AktG/*Schröer* Rn 25). Nicht einheitlich sind in der Literatur die hierfür gebotenen Begründungsmuster: zwingende Natur der gesetzlichen Ausschlussgründe (*Baumbach/Hueck* AktG Rn 3; KölnKomm AktG/*Kronstein/Zöllner* 1.A. Rn 11); § 241 Nr 3 Fall 3 AktG (*Hüffer* AktG Rn 6); Gedanke der Perplexität (Küting/Weber/ *Fleischer* Rn 17; *Jänig* S 351). Letzteres überzeugt, da der **Prüfungsvertrag** nach allgM aufgrund des Verstoßes gegen § 143 Abs 2 nichtig ist (§ 134 BGB, Heidel AktG/*Wilsing/Neumann* Rn 7), so das Bestellungsbeschluss ebenfalls gegenstandslos und nichtig ist. Aus der Nichtigkeit des Prüfungsvertrages können sich für die Gesellschaft Ansprüche wg Nichtanzeige der Ungeeignetheit ergeben; für den Prüfer aus bereits geleisteter Tätigkeit.

9 **b) Bestellung durch das Gericht.** Umstritten ist die Rechtslage, wenn das Gericht einen nach § 143 Abs 2 ausgeschlossenen Prüfer ernennt und die Ungeeignetheit erst nach Verstreichen der Rechtsmittelfrist erkannt wird. Nach einer Ansicht ist der gerichtliche Bestellungsbeschluss in diesem Fall unwirksam (Küting/Weber/*Fleischer* Rn 18; *Baumbach/Hueck* AktG Rn 4), was die erneute Bestellung eines Prüfers von Amts wegen nach sich zieht. Die Gegenansicht erachtet den Gerichtsbeschluss ungeachtet des Gesetzesverstoßes als wirksam (*Hüffer* AktG Rn 6). Sie befürwortet die Möglichkeit einer gerichtlichen **Änderung des Beschlusses** auf Antrag entsprechend § 142 Abs 4 (*Jänig* S 352; MünchKomm AktG/*Schröer* Rn 29). Der Prüfungsvertrag ist

aufgrund des Verstoßes gegen § 143 Abs 2 AktG nichtig (134 BGB). Zu möglichen Ansprüchen der Parteien Rn 8 aE.

3. Besorgnis der Befangenheit. – a) Berücksichtigung allgemeiner Befangenheitsgründe. Über den Wortlaut der §§ 319 ff HGB hinaus ist ein Prüfer von der Prüfung ausgeschlossen, wenn Umstände vorliegen, die eine Besorgnis der Befangenheit begründen (*OLG München* AG 2001, 193, 195; GroßKomm AktG/*G. Bezzenberger* Rn 11; Küting/Weber/*Fleischer* Rn 21). Dies folgt einmal aus dem Regelungszweck von § 143 sowie der expliziten Einbeziehung allg Befangenheitsgründe in § 142 Abs 4. Ob eine Besorgnis der Befangenheit vorliegt, ist im Einzelfall anhand einer **Gesamtschau** zu ermitteln (vgl GroßKomm HGB/*Zimmer* § 318 Rn 40). Entscheidend ist, ob aus Sicht eines verständigen Dritten die Urteilsbildung des Prüfers durch sachfremde Gründe beeinflusst werden könnte. Eine solch enge Beziehung (Näheverhältnis) kann in persönlichen, verwandtschaftlichen, familiären, aber auch geschäftlichen Umständen begründet liegen (GroßKomm HGB/*Zimmer* § 318 Rn 55 „Verlust der Objektivität aufgrund der Einwirkung von externen Einflüssen, Bindungen, Rücksichten, eigenen Interessen und Gefühlen"; vgl § 21 Abs 2 BS WP/vBP).

10

b) Rechtsfolgen der Bestellung befangener Prüfer. Hat die HV einen Prüfer bestellt, bei dem Gründe für eine Besorgnis der Befangenheit vorliegen, so ist der Bestellungsbeschluss **anfechtbar** (GroßKomm AktG/*G. Bezzenberger* Rn 12). Den Aktionären gleichsam offen steht das Ersetzungsverfahren nach **§ 142 Abs 4**. Lässt das Gericht bei der Bestellung eines Sonderprüfers einen Grund der Befangenheit außer Acht, so bleibt die Entscheidung wirksam (Küting/Weber/*Fleischer* Rn 24). Der Beschl ist allerdings in Hinblick auf die Person des Prüfers mit der Beschwerde anfechtbar. Ein erst nach Verstreichen der Beschwerdefrist erkennbarer bzw auftretender Grund für eine Besorgnis der Befangenheit kann zu einer Abberufung des Sonderprüfers durch das Gericht entsprechend § 142 Abs 4 führen (MünchKomm AktG/*Schröer* Rn 29). Es gilt hier nichts anderes als bei einem fachlich ungeeigneten oder abhängigen Prüfer (so).

11

4. Eigenheiten der Sonderprüfung. Aufgrund der Außerordentlichkeit der Sonderprüfung und des Verdachts schwerer Verletzungen des Gesetzes oder der Satzung im Fall des § 142 Abs 2 kommt der Unabhängigkeit und Unbefangenheit des Sonderprüfers ein noch größeres Gewicht als im Fall des Abschlussprüfers zu (ausf *Jänig* S 354 f). Jede beratende oder gutachterliche Tätigkeit mit jedwedem Bezug zum Prüfungsgegenstand schließt eine Person bzw Prüfungsgesellschaft von der Bestellung als Sonderprüfer aus (*Jänig* S 355 f mit rechtsvergleichenden Hinweisen; *Saage* S 18; **aA** GroßKomm AktG/*G. Bezzenberger* Rn 19: Abschussprüfer als Sonderprüfer). Herauszuheben ist, dass Unabhängigkeit und Unbefangenheit des Prüfers nicht nur in Hinblick auf die zu prüfende Gesellschaft beurteilt werden können. Berücksichtigung finden müssen auch die Beziehungen des Prüfers zu den antragstellenden Minderheitsaktionären und den Personen, deren Handlungen im Fokus der Prüfung stehen sollen (*Jänig* S 355; MünchKomm AktG/*Schröer* Rn 18). Auch persönliche, familiäre oder geschäftliche Beziehungen können eine Befangenheit des Prüfers begründen.

12

§ 144 Verantwortlichkeit der Sonderprüfer

§ 323 des Handelsgesetzbuchs über die Verantwortlichkeit des Abschlussprüfers gilt sinngemäß.

Übersicht

	Rn		Rn
I. Allgemeines	1	b) Inhalt des Anspruchs	7
II. Kreis der Sorgfaltspflichten	3	c) Vertragliche Freizeichnung	8
1. Allgemeines	3	d) Verjährung	9
2. Einzelheiten	4	2. Komplementäre Haftungstatbestände	10
III. Zivilrechtliche Verantwortlichkeit gegenüber der Gesellschaft	5	IV. Zivilrechtliche Verantwortlichkeit gegenüber Dritten	11
1. Schadensersatzpflicht gem § 144 AktG iVm § 323 Abs 1 S 3 HGB	5	1. Vertragliche Ansprüche	11
a) Anspruchsgrund	6	2. Deliktische Ansprüche	14

Literatur: *Canaris* Die Reichweite der Expertenhaftung gegenüber Dritten, ZHR 163 (1999), 206; *Ebke* Wirtschaftsprüfer und Dritthaftung, Diss Münster 1981; *Hopt* Die Haftung des Wirtschaftsprüfers, WPg 1986, 461; *Richter* Die Dritthaftung von Abschlussprüfern, Diss Hamburg 2007; vgl auch die Nachweise zu § 142.

I. Allgemeines

1 Zur Regelung der zivilrechtlichen Verantwortlichkeit der Sonderprüfer verweist das Aktiengesetz auf § 323 HGB über die Verantwortlichkeit des Abschlussprüfers. Die für die Sonderprüfung sinngemäß geltende Vorschrift fächert den **Kreis der Verhaltenspflichten** des Sonderprüfers im Einzelnen auf. Infolge des gesetzlichen Verweises und der Flankierung durch § 23 Abs 5 sind diese der Parteidisposition entzogen (Großkomm AktG/*G. Bezzenberger* Rn 5; *Jänig* S 379). Die Vorschrift statuiert zugleich die **haftungsrechtlichen Folgen** einer Pflichtverletzung. Diese weichen in mehrfacher Hinsicht von den allg Regeln des bürgerlichen Rechts ab und sind ebenfalls zwingend. § 144 zielt somit auf die Festschreibung eines zwingenden Mindeststandards an Verhaltenspflichten für den Sonderprüfer sowie auf die Fixierung besonderer, den Eigenheiten der Prüfung geschuldeter Folgen einer Pflichtverletzung. § 323 HGB über die Verantwortlichkeit des Abschlussprüfers hat folgenden Wortlaut:

§ 323
Verantwortlichkeit des Abschlussprüfers

2 (1) ¹Der Abschlussprüfer, seine Gehilfen und die bei der Prüfung mitwirkenden gesetzlichen Vertreter einer Prüfungsgesellschaft sind zur gewissenhaften und unparteiischen Prüfung und zur Verschwiegenheit verpflichtet; § 57b der Wirtschaftsprüferordnung bleibt unberührt. ²Sie dürfen nicht unbefugt Geschäfts- und Betriebsgeheimnisse verwerten, die sie bei ihrer Tätigkeit erfahren haben. ³Wer vorsätzlich oder fahrlässig seine Pflichten verletzt, ist der Kapitalgesellschaft und, wenn ein verbundenes Unternehmen geschädigt worden ist, auch diesem zum Ersatz des daraus entstehenden Schadens verpflichtet. ⁴Mehrere Personen haften als Gesamtschuldner.

(2) ¹Die Ersatzpflicht von Personen, die fahrlässig gehandelt haben, beschränkt sich auf eine Million Euro für eine Prüfung. ²Bei Prüfung einer Aktiengesellschaft, deren Aktien zum Handel im regulierten Markt zugelassen sind, beschränkt sich die Ersatz-

pflicht von Personen, die fahrlässig gehandelt haben, abweichend von Satz 1 auf vier Millionen Euro für eine Prüfung. ³Dies gilt auch, wenn an der Prüfung mehrere Personen beteiligt gewesen oder mehrere zum Ersatz verpflichtende Handlungen begangen worden sind, und ohne Rücksicht darauf, ob andere Beteiligte vorsätzlich gehandelt haben.

(3) Die Verpflichtung zur Verschwiegenheit besteht, wenn eine Prüfungsgesellschaft Abschlussprüfer ist, auch gegenüber dem Aufsichtsrat und den Mitgliedern des Aufsichtsrats der Prüfungsgesellschaft.

(4) Die Ersatzpflicht nach diesen Vorschriften kann durch Vertrag weder ausgeschlossen noch beschränkt werden.

(5) *(aufgehoben)*

II. Kreis der Sorgfaltspflichten

1. Allgemeines. Die in § 323 HGB benannten und auf den Sonderprüfer sinngemäß 3 anzuwendenden Verhaltenspflichten erfassen **sämtliche Tätigkeiten** im Zusammenhang mit der Prüfung, also auch Vorbereitung und Berichterstattung (Großkomm AktG/*G. Bezzenberger* Rn 10; Küting/Weber/*Fleischer* Rn 4). Eine Präzisierung erfahren die Pflichten durch die für den **Abschlussprüfer entwickelten Grundsätze**. Weitergehend sind auch die **berufsrechtlichen Regelungen** der Wirtschaftsprüfer und vereidigten Buchprüfer zu berücksichtigen, namentlich die Wirtschaftsprüferordnung (§§ 43 ff WPO) sowie die Berufssatzung für Wirtschaftsprüfer/vereidigte Buchprüfer. Die Verhaltensanforderungen treffen nach §§ 144 iVm 323 Abs 1 HGB nicht nur den Sonderprüfer, sondern auch seine **Prüfungsgehilfen** sowie die bei der Prüfung (auch nur durch Auswahl und Aufsicht) mitwirkenden **gesetzlichen Vertreter** einer Prüfungsgesellschaft (MünchKomm AktG/*Schröer* Rn 1; Großkomm AktG/*G. Bezzenberger* Rn 9). Die nachfolgenden Einzelheiten beschränken sich auf einige Kernpunkte und Besonderheiten der Sonderprüfung. Des Weiteren kann auf die einschlägigen Kommentierungen zu § 323 HGB sowie auf das Wirtschaftsprüferhandbuch verwiesen werden.

2. Einzelheiten. Der Sonderprüfer ist zunächst zu einer **gewissenhaften Prüfung** ver- 4 pflichtet. Er hat insb gesetzliche und fachliche Regelungen zu beachten und sein gesamtes Handeln am Ziel einer fundierten und zügigen Sachverhaltsaufklärung auszurichten. Die damit gepaarte Pflicht zur ordnungsgemäßen Berichterstattung wird durch § 403 strafrechtlich abgesichert. Das Gebot der **Unparteilichkeit** verpflichtet den Prüfer, den in Frage stehenden Vorgang frei von Interessen einzelner Gruppen zu untersuchen. Dies schließt die Interessen der Verwaltung ebenso wie die eines Großaktionärs und der antragstellenden Minderheitsaktionäre (Großkomm AktG/ *G. Bezzenberger* Rn 12). Damit eng verbunden ist auch die Pflicht des Sonderprüfers zur **eigenverantwortlichen** Durchführung der Prüfung. Der Prüfer hat den Sachverhalt selbst aufzuklären und die erforderlichen Maßnahmen zu ergreifen; er ist weisungsfrei (Küting/Weber/*Fleischer* Rn 13; K. Schmidt/Lutter AktG/*Spindler* Rn 15; *Jänig* S 382 f). Unbenommen ist die Heranziehung von Gehilfen. Ergebnisse sachverständiger Dritter sind vor Übernahme kritisch zu würdigen (MünchKomm AktG/*Schröer* Rn 12 mwN). Dem Sonderprüfer kommt auch eine Pflicht zur **Verschwiegenheit** zu. Sie erfasst sämtliche Informationen, die dem Prüfer im Zusammenhang mit der Prüfung bekannt werden und reicht zeitlich über das Mandatsende hinaus. Einschränkungen erfährt die Verschwiegenheitspflicht durch Zweckmäßigkeitserwägungen, so ggf bei der Erörterung von Sachverhalten mit Vorstand/Aufsichtsrat/Gericht oder der Weitergabe von Informationen an Prüfungsgehilfen (Großkomm AktG/*G. Bezzenberger* Rn 14; Küting/Weber/*Fleischer* Rn 10). Eine weitere Begrenzung findet die Pflicht durch die gesetzlich vorgesehene Berichterstattung über das Prüfungsergebnis (§ 145 Abs 4). Strafrechtlich sanktioniert wird eine Verletzung der Verschwiegenheitspflicht durch § 404 Abs 1 Nr 2 sowie §§ 14, 38 f WpHG. Für den Sonderprüfer besteht schließlich ein **Verwertungsverbot** hinsichtlich ihm bei der Prüfung bekannt werdender Geschäfts- und Betriebsgeheimnisse (zu den Begriffen § 404 Rn 4). Auch das Verwertungsverbot überdauert das Mandatsverhältnis und wird durch §§ 14, 38 WpHG flankiert.

III. Zivilrechtliche Verantwortlichkeit gegenüber der Gesellschaft

5 **1. Schadensersatzpflicht gem § 144 AktG iVm § 323 Abs 1 S 3 HGB.** Verstöße gegen die beschriebenen Verhaltenspflichten führen zu einer Ersatzpflicht des Sonderprüfers gegenüber der Gesellschaft und, wenn ein verbundenes Unternehmen geschädigt worden ist, auch diesem gegenüber.

6 **a) Anspruchsgrund.** Der Sonderprüfer haftet für jede vorsätzliche und fahrlässige Verletzung seiner Verhaltenspflichten. Es gilt ein objektiver, bereichsspezifischer Sorgfaltsmaßstab (Großkomm AktG/*G. Bezzenberger* Rn 17; Küting/Weber/*Fleischer* Rn 18). Ein Mitverschulden der Verwaltung ist nur in Ausnahmefällen anzuerkennen, so bei einer vorsätzlichen Fehlinformation gegenüber dem Prüfer. Mehrere Ersatzverpflichtete haften gem § 323 Abs 1 S 4 HGB als Gesamtschuldner. Intern kommen sodann §§ 426, 254 BGB zur Anwendung; bei angestellten Prüfungsgehilfen sind die arbeitsrechtlichen Besonderheiten zu beachten. Der Sonderprüfer haftet gem § 278 BGB ebenfalls für seine Erfüllungsgehilfen.

7 **b) Inhalt des Anspruchs.** Der Anspruch ist bei nur fahrlässiger Pflichtverletzungen gem § 323 Abs 2 S 1 auf 1 Mio Euro beschränkt. Dies gilt nach § 323 Abs 2 S 3 HGB ohne Rücksicht auf die Zahl der Pflichtverletzungen oder ein vorsätzliches Handeln anderer Beteiligter. Die von § 323 Abs 2 S 2 HGB für Gesellschaften, deren Aktien zum Handel im regulierten Markt zugelassen sind, vorgesehene Haftungsbeschränkung auf 4 Mio EUR greift nach hM auch im Recht der Sonderprüfung (K. Schmidt/ Lutter AktG/*Spindler* Rn 19; Küting/Weber/*Fleischer* Rn 21; **aA** Großkomm AktG/ *G. Bezzenberger* Rn 28).

8 **c) Vertragliche Freizeichnung.** Jedwede Beschränkung der Ersatzpflicht ist durch § 323 Abs 4 HGB einer vertraglichen Vereinbarung entzogen. Dies gilt sowohl hinsichtlich ihrer Voraussetzung als auch hinsichtlich ihrer Rechtsfolgen (Küting/Weber/ *Fleischer* Rn 21).

9 **d) Verjährung.** Die Ersatzansprüche verjähren gemäß den allg Bestimmungen (§§ 195 ff BGB). Der Beginn der Verjährungsfrist wird durch die Entstehung des Anspruchs markiert (§ 199 Abs 1 BGB). Entstanden ist der Anspruch mit Schadenseintritt (vgl *BGHZ* 73, 365; *BGH* NJW 86, 2567); unabhängig von dessen Kenntnis. Der konkrete Zeitpunkt ist im Einzelfall zu bestimmen. Dies kann im Fall einer nicht gewissenhaften Prüfung der Zeitpunkt einer Beschlussfassung der Hauptversammlung auf der Grundlage des Sonderprüfungsberichts sein (MünchKomm AktG/*Schröer* Rn 16; Großkomm AktG/*G. Bezzenberger* Rn 32; für die Abschlussprüfung *BGH*

NJW 1994, 323). Denkbar ist aber auch ein weitaus früherer Zeitpunkt, so bei der schadensträchtigen Verletzung der Verschwiegenheitspflicht vor Mandatsende.

2. Komplementäre Haftungstatbestände. In Betracht kommen des Weiteren Ansprüche aus **culpa in contrahendo** (§§ 280 Abs 1, 311 Abs 2, 241 Abs 2 BGB). Der Sonderprüfer ist insb verpflichtet, vor Abschluss des Vertrages seine fachliche und persönliche Eignung (s Komm § 143) zu prüfen. Kommt es aufgrund einer Verletzung dieser Pflicht zu einem Prüferwechsel, so hat der Prüfer der Gesellschaft den hieraus entstehenden Schaden zu ersetzen (Großkomm AktG/*G. Bezzenberger* § 143 Rn 9). Eine Schadensersatzpflicht kann sich auch aus der Verletzung eines Schutzgesetzes iVm **§ 823 Abs 2 BGB** ergeben (*Henn* Aktienrecht Rn 1164; *Jänig* S 385). Zu denken ist hier vorrangig an Schutzgesetze des Strafrechts wie §§ 263, 266 StGB, aber auch an § 403, 404. Endlich kommt eine Ersatzpflicht aus **§ 826 BGB** in Betracht. 10

IV. Zivilrechtliche Verantwortlichkeit gegenüber Dritten

1. Vertragliche Ansprüche. **Ungeklärt** ist die Frage, ob der Sonderprüfer im Fall einer Pflichtverletzung auch gegenüber Dritten, insb gegenüber den Aktionären, zum Schadensersatz verpflichtet ist. Das Schrifttum bemüht zur Beantwortung der Frage die **Grundsätze zur Dritthaftung des Abschlussprüfers** (Großkomm AktG/*G. Bezzenberger* Rn 23; Küting/Weber/*Fleischer* Rn 23). Nach überwiegender Auffassung in der Lit haftet dieser gegenüber Dritten grundsätzlich nicht, da andernfalls die von §§ 323 Abs 1 S 3, Abs 2 HGB vorgesehene Haftungsbeschränkung unterlaufen würde. Der *BGH* hat sich dieser Ansicht weitgehend angeschlossen, gleichwohl auf mögliche Ausnahmen auf der Grundlage des Vertrages mit Schutzwirkung zugunsten Dritter verwiesen (*BGH* NJW 2006, 1975, 1976; *BGHZ* 138, 257, 260 ff). Eine Schadensersatzpflicht soll nur dann in Betracht kommen, wenn sich dem Prüfer hinreichend deutlich ergibt, dass die Prüfung auch im Interesse eines Dritten durchgeführt wird und dieser das Ergebnis der Prüfung zur Grundlage einer rechtserheblichen Entscheidung macht Diese Dritthaftung ist jedoch die Ausnahme (*BGH* NJW 2006, 1975, 1976 f; NJW 2006, 611, 612 ff). 11

Vor diesem Hintergrund ist für den Sonderprüfer **grundsätzlich eine zivilrechtliche Verantwortlichkeit auch gegenüber Dritten zu bejahen** (Küting/Weber/*Fleischer* Rn 26; *Jänig* S 386; zurückhaltend K. Schmidt/Lutter AktG/*Spindler* Rn 22 f). Anders als die Abschlussprüfung erfolgt eine Sonderprüfung nicht routinemäßig und in regelmäßigen Abständen, sondern anlassbezogen und außerordentlich. Die Prüfung hat ihren Ausgangspunkt zudem in einem Begehren der Aktionäre. Der Prüfer weiß damit deutlich um das Interesse der Aktionäre am Prüfungsergebnis und dessen Bedeutung für nachfolgende Entscheidungen. Der **Kreis der Anspruchsberechtigten** umfasst sowohl die antragstellenden, als auch alle sonstigen Aktionäre der Gesellschaft, sofern sie auf den Sonderprüfungsbericht vertraut und auf dessen Grundlage schädigende Vermögensdispositionen getroffen haben (näher Küting/Weber/*Fleischer* Rn 26). Zwingend muss es sich um einen eigenen Schaden der Aktionäre und keinen bloßen Reflexschaden handeln. Gesellschaftsgläubiger und andere außenstehende Dritte können keine Ansprüche gegen den Sonderprüfer herleiten (*Jänig* S 387; Spindler/Stilz AktG/*Mock* Rn 30). Die Sonderprüfung dient nicht dem Schutz ihrer Belange und vermag daher die für einen Anspruch auf der Grundlage eines Vertrages mit Schutzwirkung zugunsten Dritter notwendigen Voraussetzungen Leistungsnähe und Einbeziehungsinteresse nicht zu begründen. 12

13 Den Grundsätzen der Rechtsfigur des Vertrages mit Schutzwirkung folgend kommt eine Schadensersatzpflicht nur in den **Grenzen des primären Vertragsverhältnisses** in Betracht. Die summenmäßige Haftungsbeschränkung (hierzu *BGHZ* 138, 257, 266) oder ein Mitverschulden der Gesellschaft wirken damit auch gegenüber Dritten.

14 **2. Deliktische Ansprüche.** Kaum Bedeutung sollte deliktischen Ansprüchen zukommen. Schutz vor den hier interessierenden Vermögensschäden bietet einmal **§ 823 Abs 2 BGB** iVm mit den einschlägigen strafrechtlichen Normen (zB §§ 263, 266, 267 StGB, § 404). Kein Schutzgesetz ist nach allg Ansicht § 323 HGB (GroßKomm HGB/ *Zimmer* § 323 Rn 58 mwN). Daneben kommt **§ 826 BGB** in Betracht.

§ 145 Rechte der Sonderprüfer. Prüfungsbericht

(1) Der Vorstand hat den Sonderprüfern zu gestatten, die Bücher und Schriften der Gesellschaft sowie die Vermögensgegenstände, namentlich die Gesellschaftskasse und die Bestände an Wertpapieren und Waren, zu prüfen.

(2) Die Sonderprüfer können von den Mitgliedern des Vorstands und des Aufsichtsrats alle Aufklärungen und Nachweise verlangen, welche die sorgfältige Prüfung der Vorgänge notwendig macht.

(3) Die Sonderprüfer haben die Rechte nach Absatz 2 auch gegenüber einem Konzernunternehmen sowie gegenüber einem abhängigen oder herrschenden Unternehmen.

(4) Auf Antrag des Vorstands hat das Gericht zu gestatten, dass bestimmte Tatsachen nicht in den Bericht aufgenommen werden, wenn überwiegende Belange der Gesellschaft dies gebieten und sie zur Darlegung der Unredlichkeiten oder groben Verletzungen gemäß § 142 Abs. 2 nicht unerlässlich sind.

(5) ¹Über den Antrag gemäß Absatz 4 entscheidet das Landgericht, in dessen Bezirk die Gesellschaft ihren Sitz hat. ²§ 142 Abs. 5 Satz 2, Abs. 8 gilt entsprechend.

(6) ¹Die Sonderprüfer haben über das Ergebnis der Prüfung schriftlich zu berichten. ²Auch Tatsachen, deren Bekanntwerden geeignet ist, der Gesellschaft oder einem verbundenen Unternehmen einen nicht unerheblichen Nachteil zuzufügen, müssen in den Prüfungsbericht aufgenommen werden, wenn ihre Kenntnis zur Beurteilung des zu prüfenden Vorgangs durch die Hauptversammlung erforderlich ist. ³Die Sonderprüfer haben den Bericht zu unterzeichnen und unverzüglich dem Vorstand und zum Handelsregister des Sitzes der Gesellschaft einzureichen. ⁴Auf Verlangen hat der Vorstand jedem Aktionär eine Abschrift des Prüfungsberichts zu erteilen. ⁵Der Vorstand hat den Bericht dem Aufsichtsrat vorzulegen und bei der Einberufung der nächsten Hauptversammlung als Gegenstand der Tagesordnung bekannt zu machen.

Übersicht

	Rn		Rn
I. Allgemeines	1	2. Auskunftsrecht	5
II. Rechte der Sonderprüfer (Abs 1–3)	3	a) Umfang	5
1. Einsicht- und Prüfungsrecht	3	b) Grenzen	6
a) Umfang	3	3. Prüferrechte im Unternehmensverbund	7
b) Gestattung durch den Vorstand	4	4. Durchsetzung der Prüferrechte	8

Rechte der Sonderprüfer. Prüfungsbericht **§ 145**

	Rn		Rn
III. Prüfungsbericht (Abs 4–6)	9	b) Gerichtliche Beschränkungen	12
1. Inhalt und Umfang	9	3. Weitere Behandlung des	
a) Berichtsgrundsätze	9	Berichts	13
b) Zufallsfunde	10	4. Nachfolgende Verfahren –	
2. Einschränkungen	11	Rolle des Prüfers und des	
a) Nachteilige Tatsachen	11	Prüfungsberichts	14

Literatur: *Adler/Forster* Zur Frage des Inhalts und Umfangs des Berichts über die aktienrechtliche Sonderprüfung, WPg 1957, 357; *Bungert/Rothfuchs* Vorbereitung und Durchführung der Sonderprüfung nach § 142 Abs. 2 AktG in der Praxis, DB 2011, 1677; *Klinger* Zur Problematik der Berichterstattung über die aktienrechtliche Sonderprüfung nach § 118 AktG, WPg 1957, 155; *König* Der Umfang der Berichterstattung über die aktienrechtliche Sonderprüfung, 1970; *Wilsing/von der Linden/Ogorek* Gerichtliche Inhaltskontrolle von Sonderprüfungsberichten, NZG 2010, 729; vgl auch die Nachweise zu § 142.

I. Allgemeines

Die Vorschrift regelt die Informationsrechte des Sonderprüfers (Abs 1–3) während **1** der Prüfungsdurchführung und Grundsätzlichkeiten des Sonderprüfungsberichts (Abs 4–6). Die Informationsrechte sollen eine effiziente Sonderprüfung sicherstellen (*Hüffer* AktG Rn 1). Sie lassen sich in **Einsicht- und Prüfungsrechte** einerseits sowie **Auskunftsrechte** anderseits teilen. Die vom Gesetz angeordnete schriftliche Berichterstattung zielt vornehmlich auf eine Information der Aktionäre, die auf Basis des Berichts informierte Entscheidungen treffen können sollen. Mit der Einreichung des Berichts beim HR wird schließlich eine die Öffentlichkeit erfassende **Publizität** erreicht. Nachdem das AktG 1965 auf eine Schutzklausel verzichtet hatte, wurde mit dem UMAG wieder eine **Schutzklausel** eingeführt (Abs 4), deren intendierte Wirkung aber gering ist (krit *Jänig* S 401 ff).

Den **Prüfungsrahmen** bilden der Bestellungsbeschluss der HV bzw der Gerichtsbe- **2** schluss zur Bestellung des Sonderprüfers. Eine Erweiterung des Prüfungsthemas während der Prüfung ist unzulässig. Ein neuer Gegenstand erfordert eine neue Sonderprüfung (Küting/Weber/*Fleischer* Rn 4). Ausführlich mit praktischen Hinweisen für die Durchführung der Prüfung *Bungert/Rothfuchs* DB 2011, 1677.

II. Rechte der Sonderprüfer (Abs 1–3)

1. Einsicht- und Prüfungsrecht. – a) Umfang. Der Sonderprüfer hat nach Abs 1 das **3** Recht, Bücher, Schriften der Gesellschaft sowie deren Vermögensgegenstände zu prüfen. Der Begriff der **Bücher und Schriften ist weit zu verstehen**. Er umfasst ua Buchführung, Korrespondenz, Verträge, Prüfungsberichte der internen Revision, Arbeitsanweisungen und Vermerke (weitere Bsp GroßKomm AktG/*G. Bezzenberger* Rn 12). Die Form der Speicherung sowie die Vertraulichkeit sind ohne Belang (*Hüffer* AktG Rn 2; MünchKomm AktG/*Schröer* Rn 8). Der Terminus der Vermögensgegenstände umschließt neben den im Gesetz benannten Wertpapier- und Warenbeständen und der Gesellschaftskasse **sämtliche Aktiva und Passiva** der Gesellschaft (GroßKomm AktG/*G. Bezzenberger* Rn 12). Das Prüfungsrecht ist **zeitlich und sachlich nicht beschränkt**, wie der Vergleich mit dem Auskunftsrecht nach Abs 2 zeigt (**hM** *Hüffer* AktG Rn 2, KölnKomm AktG/*Kronstein/Zöllner* Rn 5). Seine Ausübung steht im pflichtgemäßen Ermessen des Prüfers.

§ 145 Rechte der Sonderprüfer. Prüfungsbericht

4   **b) Gestattung durch den Vorstand.** Der Vorstand ist verpflichtet, dem Prüfer die Einsicht und Prüfung zu gestatten. Dies geht über bloße Duldung hinaus und bedeutet **aktive Unterstützung** der Prüfer (**allgM** MünchKomm AktG/*Schröer* Rn 7; vgl auch *BayObLG* NZG 2000, 424 für Prüfer nach § 2 Abs 3 PublG). Der Vorstand hat Unterlagen vorzulegen, Räumlichkeiten und technische Hilfsmittel zur Verfügung zu stellen, gespeicherte Daten sichtbar und verarbeitbar zu machen, Angestellte und Dritte (zB in Fällen externer Datenspeicherung) sind zur Zusammenarbeit anzuweisen (*Bungert/Rothfuchs* DB 2011,1677). Der Vorstand hat den Prüfer auf nicht unerhebliche Nachteile der Veröffentlichung einzelner Informationen hinzuweisen.

5   **2. Auskunftsrecht. – a) Umfang.** Der Sonderprüfer kann darüber hinaus nach Abs 2 (nur) von Vorstand und Aufsichtsrat Aufklärungen und Nachweise, dh **Erklärungen und Belege** verlangen. Auskunftspflichtig sind die **einzelnen Mitglieder**, die nach allgM umfassend aktiv und nicht nur gezielt den Prüfern Auskunft geben müssen (*Hüffer* AktG Rn 4, vgl auch *BayObLG* NZG 2000, 424 für Prüfer nach § 2 Abs 3 PublG). Ausgeschiedene Organmitglieder schulden nur der Gesellschaft aufgrund nachwirkender organschaftlicher Treuepflichten Auskunft (vgl *Hüffer* AktG Rn 3; GroßKomm AktG/*G. Bezzenberger* Rn 18; *Jänig* S 365 ff). Entsprechendes gilt ua für (ehemalige) Angestellte, Jahresabschlussprüfer, Rechtsanwälte der Gesellschaft. Die Organmitglieder haben den Prüfer auf nicht unerhebliche Nachteile der Veröffentlichung einzelner Informationen hinzuweisen.

6   **b) Grenzen.** Im Gegensatz zum Einsichts- und Prüfungsrecht nach Abs 1 können Aufklärungen und Nachweise nur verlangt werden, sofern diese **für eine sorgfältige Prüfung notwendig** sind (Abs 2 aE). Die Notwendigkeit wird durch das Prüfungsthema bestimmt (*Hüffer* AktG Rn 4). Ob das Verlangen nach Aufklärung oder Nachweis sich in dessen Grenzen bewegt, haben die Prüfer ggf plausibel zu machen. Eine Glaubhaftmachung oÄ ist nicht erforderlich (GroßKomm AktG/*G. Bezzenberger* Rn 19; KölnKomm AktG/*Kronstein/Zöllner* Rn 9). **Weitere Einschränkungen für das Auskunftsrecht bestehen nicht**, insb können Organmitglieder sich nicht auf die in § 131 Abs 2 Nr 1–4 genannten Verweigerungsgründe oder sonstige Geheimhaltungspflichten berufen (GroßKomm AktG/*G. Bezzenberger* Rn 20). Sie sind allerdings nicht zur Auskunft verpflichtet, wenn sie sich durch die Auskunft strafbar machen würden (vgl § 131 Abs 2 Nr 5; GroßKomm AktG/*G. Bezzenberger* Rn 20; Küting/ Weber/*Fleischer* Rn 19); § 404 AktG begründet kein Auskunftsverweigerungsrecht (so für § 131 die hM Großkomm AktG/*Decher* § 131 Rn 324 mwN). Organmitglieder sind auch dann zur Auskunft verpflichtet, wenn sie sich selbst oder nahe Angehörige der Gefahr einer Strafverfolgung aussetzen (ausf *Jänig* S 361 ff: strafprozessuales Verwertungsverbot; folgend K. Schmidt/Lutter AktG/*Spindler* Rn 22 f; Nirk/Ziemons/Binnewies, Hdb AktG/*Ziemons* Bd I Rn 11.83; Grigoleit/*Herrler* AktG Rn 3; **aA** GroßKomm AktG/*Bezzenberger* Rn 20 unter Hinweis auf § 384 Nr 2 Fall 2 ZPO, § 55 Abs 1 StPO; Spindler/Stilz/*Mock* Rn 17). Die hier vertretene Auffassung entspricht der wohl hM zur gleich gelagerten Problematik iRd § 131 AktG (hierzu *OLG München* ZIP 2009, 1667, 1668, *OLG Düsseldorf* BB 1992, 177, 179; K. Schmidt/Lutter AktG/*Spindler* Rn 83 mwN aus der Lit).

7   **3. Prüferrechte im Unternehmensverbund.** Das Auskunftsrecht nach Abs 2 steht dem Sonderprüfer auch gegenüber einem Konzernunternehmen sowie einem abhängigen oder herrschenden Unternehmen zu. Die Rechtsform des Unternehmens ist ohne

Belang (*Hüffer* AktG Rn 5). Zur Aufklärung verpflichtet sind bei Einzelunternehmen der Inhaber, bei Personengesellschaften die geschäftsführenden Gesellschafter, bei Kapitalgesellschaften die Mitglieder des Vertretungsorgans (Küting/Weber/*Fleischer* Rn 21; GroßKomm AktG/*G. Bezzenberger* Rn 21). Mitglieder von Aufsichtsorganen schulden ebenso Auskunft. Der Notwendigkeit der Auskunft für eine sorgfältige Prüfung (Rn 6) bedarf es auch hier.

4. Durchsetzung der Prüferrechte. Kommen Mitglieder des Vorstandes ihren Pflichten nach Abs 1–3 nicht nach, sind sie gem § 407 Abs 1 vom Registergericht durch Festsetzung eines **Zwangsgeldes** anzuhalten. Die Einzelheiten des Verfahrens regeln sich nach den §§ 389–391 FamFG (vgl § 388 Abs1 FamFG). Die Zuständigkeit des Registergerichts vermag allerdings angesichts der grundsätzlichen Zuständigkeit des LG in Sonderprüfungssachen (§§ 142 Abs 2, 145 Abs 5) nicht zu überzeugen (für einen Gleichlauf *Jänig* BB 2005, 949, 953; K. Schmidt/Lutter AktG/*Spindler* Rn 83). Eine zwangsweise Durchsetzung der Prüferrechte gegenüber Aufsichtsratsmitgliedern kommt aufgrund fehlender gesetzlicher Grundlage nicht in Betracht (krit *Jänig* S 376). Gleiches gilt für Personen, die nach Abs3 zur Auskunft verpflichtet sind. Ebenfalls der Durchsetzung des Prüferrechts dient die **Strafvorschrift des § 400 Abs 1 Nr 2**. Sie stellt die vorsätzlich falsche Angabe von Tatsachen, das Verschweigen erheblicher Umstände sowie die Verschleierung der Verhältnisse der Gesellschaft unter Strafe. Täter können sowohl Vorstands- als auch Aufsichtsratsmitglieder sein. Schließlich übt die **zivilrechtliche Verantwortlichkeit** der Organmitglieder (§§ 93, 116) bei einer Obstruktion der Prüferrecht eine steuernde Wirkung aus (näher Küting/Weber/*Fleischer* Rn 27; GroßKomm AktG/*G. Bezzenberger* Rn 28).

III. Prüfungsbericht (Abs 4–6)

1. Inhalt und Umfang. – a) Berichtsgrundsätze. Der Sonderprüfer hat über das Ergebnis seiner Prüfung **schriftlich** zu berichten. Das Gesetz stellt neben der Schriftlichkeit keine weiteren Anforderungen an den Bericht. Diese ergeben sich aus dem **Zweck der Sonderprüfung** (allgM *Hüffer* AktG Rn 7). Der Bericht muss demnach die Aktionäre in die Lage versetzen, ihre Rechte informiert auszuüben. Erforderlich ist ein **Erläuterungsbericht** zu den gefundenen Ergebnissen, die einerseits detailreich anderseits übersichtlich aufbereitet sein müssen (Küting/Weber/*Fleischer* Rn 29 „Erläuterungsbericht"; *Hüffer* AktG Rn 7). Gefordert ist vom Prüfer auch eine eigene Bewertung, welche eine Begründung und eine argumentative Auseinandersetzung einschließt (Küting/Weber/*Fleischer* Rn 34; MünchKomm AktG/*Schröer* Rn 27f). Hinsichtlich der weiteren Ausgestaltung des Berichts kann an die Grundsätze ordnungsgemäßer Berichterstattung des **IDW Prüfungsstandards 450** angeknüpft werden (ausf *König* S 80 ff; GroßKomm AktG/*G. Bezzenberger* Rn 30). Hierzu zählen die Grundsätze der Klarheit, Vollständigkeit, Berichtswahrheit und Unparteilichkeit. Die Prüfer haben den Bericht schließlich zu unterzeichnen.

b) Zufallsfunde. Der Prüfer hat Zufallsfunde, die auf **schwerwiegende Verfehlungen** von Organmitgliedern hinweisen aber außerhalb seines Prüfungsauftrags liegen, der Verwaltung mitzuteilen und im Bericht zu vermerken (ausf *Jänig* S 393; Küting/Weber/*Fleischer* Rn 36: nur Mitteilung an Verwaltung; vgl *BGHZ* 16, 17, 24 ff für den Abschlussprüfer; **aA** K. Schmidt/Lutter AktG/*Spindler* Rn 24).

11 2. Einschränkungen. – a) Nachteilige Tatsachen. Nach Abs 6 S 2 sind auch Tatsachen in den Prüfungsbericht aufzunehmen, deren Bekanntwerden der Gesellschaft oder einem verbundenen Unternehmen einen **nicht unerheblichen Nachteil** zufügen kann. Dies gilt ausweislich des Gesetzes nicht, wenn die Kenntnis dieser Tatsachen für die Beurteilung des untersuchten Sachverhaltes **nicht erforderlich** ist. Das Merkmal der Erforderlichkeit ist eng, dh im Sinne der Unerlässlichkeit des Abs 4, auszulegen.

12 b) Gerichtliche Beschränkungen. Abs 4 eröffnet dem Vorstand der Gesellschaft bei einer Sonderprüfung nach § 142 Abs 2 (Nirk/Ziemons/Binnewies, Hdb AktG/ *Ziemons* Bd I Rn 11.87: auch bei Prüfung nach § 142 Abs 1) durch Antrag die Möglichkeit, die Aufnahme von bestimmten Tatsachen in den Prüfungsbericht mit Hilfe des Gerichts zu verhindern. Voraussetzung hierfür sind **überwiegende Belange der Gesellschaft** (zB Geschäftsgeheimnisse oder wettbewerbsrelevante Daten, *Holzborn/Bunnemann* BKR 2005, 51, 54) sowie die **Erlässlichkeit** der Tatsachen zur Darlegung der Unredlichkeiten und groben Verletzungen gem § 142 Abs 2. Der von Abs 4 verwendete Begriff der Erlässlichkeit ist in gleicher Weise zu verstehen, wie der von Abs 6 S 2 verwendete Begriff der Erforderlichkeit (*Jänig* S 401 ff; **aA** *Wilsing/Neumann* DB 2006, 31, 34). Sachlich zuständig ist das Landgericht, in dessen Bezirk die Gesellschaft ihren Sitz hat; funktional die Kammer für Handelssachen. Das Gesetz ermöglicht örtliche Konzentration (vgl §§ 145 Abs 5 S 3, 142 Abs 5 S 5, 6). Das gerichtliche Verfahren folgt iÜ den Regeln des FamFG. Fraglich ist, wann und wie dem Vorstand Gelegenheit zur Intervention gegeben wird. Das Gesetz schweigt hierzu. Sinnreich ist es allein, dem Vorstand vor Veröffentlichung des Berichts Gelegenheit zur Stellungnahme zu geben (davon geht auch die Begr RegE UMAG S 41 aus; wie hier *Wilsing/von der Linden/Ogorek* NZG 2010, 729, 732; **aA** *Kirschner* S 319). Der Prüfer hat hierzu eine „unterschriebene vorläufige Endversion" an das zuständige Gericht zu übersenden, welches dem Bericht unter Fristsetzung nach dem Antrag nach Abs 4 an den Vorstand weiterleitet (zum schweizerischen Vorbild der deutschen Regelung *Jänig* S 69 f, 399 ff; iE ähnlich *Wilsing/von der Linden/Ogorek* NZG 2010, 729, 732; *Bungert/Rothfuchs* DB 2011, 1677, 1681; Grigoleit/*Herrler* AktG Rn 8: Weiterleitung direkt an Vorstand). Stellt der Vorstand keinen Antrag, informiert das Gericht den Prüfer, der entsprechend Abs 6 S 3 verfährt. Stellt der Vorstand hingegen einen Antrag, entscheidet das Gericht nach Prüfung über die Streichung oder Umschreibung der relevanten Tatsachen (vgl Begr RegE UMAG S 42); ggf hat es dem Prüfer Gelegenheit zur Überarbeitung zu geben (vgl *Jänig* S 69 f; **aA** *Kirschner* S 319). Das Gericht informiert sodann den Prüfer, der entsprechend Abs 6 S 3 verfährt.

13 3. Weitere Behandlung des Berichts. Der Prüfer hat den Bericht nach § 145 Abs 6 S 3 unverzüglich (§ 121 Abs 1 S 1 BGB) dem Vorstand und dem zuständigen Registergericht einzureichen. Das Registergericht gewährt jedermann Einsicht und fertigt Abschriften des Berichts (§ 9 Abs 1, 2 HGB). Auf Verlangen hat der Vorstand jedem Aktionär eine Abschrift des Berichts zu erteilen (§ 145 Abs 6 S 4), und zwar auf Kosten der Gesellschaft (**allgM** GroßKomm AktG/*G. Bezzenberger* Rn 41). Der Vorstand muss den Bericht ferner dem AR vorlegen und den Bericht bei der nächsten HV als Tagesordnungspunkt bekannt machen (§ 145 Abs 6 S 5); ggf ist eine ao HV einzuberufen (§ 121 Abs 1 AktG). Die HV ist im Umgang mit dem Bericht frei (*Hüffer* AktG Rn 9).

4. Nachfolgende Verfahren – Rolle des Prüfers und des Prüfungsberichts. In den der Sonderprüfung nachfolgenden Verfahren kann der Prüfer nach wohl allgM als **(sachverständiger) Zeuge** gehört werden (Küting/Weber/*Fleischer* Rn 47). Sein Bericht kann als **Privatgutachten** in ein gerichtliches Verfahren eingebracht werden (Küting/Weber/*Fleischer* Rn 47), beispielsweise im Rahmen der Klagezulassung nach § 148 (vgl § 148 Abs 1 Nr 3). Es taugt als besonders substantiierter Parteivortrag (*Jänig* S 409). 14

§ 146 Kosten

¹**Bestellt das Gericht Sonderprüfer, so trägt die Gesellschaft die Gerichtskosten und die Kosten der Prüfung.** ²**Hat der Antragsteller die Bestellung durch vorsätzlich oder grob fahrlässig unrichtigen Vortrag erwirkt, so hat der Antragsteller der Gesellschaft die Kosten zu erstatten.**

Übersicht

	Rn		Rn
I. Allgemeines	1	IV. Kostenlast bei Bestellung der Sonderprüfer durch die Hauptversammlung	9
II. Kostenlast bei gerichtlicher Bestellung der Sonderprüfer (S 1)	3	V. Sonstige Ersatzansprüche	10
1. Gesellschaft als Kostenschuldnerin	3	1. Ansprüche der Gesellschaft gegen Antragsteller	10
2. Ersatzanspruch gegenüber Antragsteller (S 2)	6	2. Ansprüche der Gesellschaft gegen Mitglieder der Verwaltung	11
III. Kostenlast bei gerichtlicher Ablehnung der Bestellung der Sonderprüfer	8		

Literatur: *Bode* Abhängigkeitsbericht und Kostenlast im einstufigen faktischen Konzern, AG 1995, 261; *Hopt* Schadensersatz aus ungerechtfertigter Verfahrenseinleitung, 1968; *Woeste* Der aktienrechtliche Sonderprüfer und dessen Kosten, AG 1957, 271; vgl auch die Nachweise zu § 142.

I. Allgemeines

Die Norm regelt die Frage der **Kostenlast** bei der Bestellung von Sonderprüfern durch das Gericht. Erfasst werden damit die Fälle, in denen eine Aktionärsminderheit die Bestellung eines Prüfers sowie die Auswechslung eines bereits bestellten Prüfers nach § 142 Abs 2 und 4 begehrt. Die Regelung überantwortet in S 1 der Gesellschaft die gerichtlichen Verfahrenskosten und eigentlichen Prüfungskosten. Der Zweck der Regelung liegt in der Stärkung des **Minderheitenschutzes** und der **Effektuierung des Sonderprüfungsrechts** (*Kropff* AktG S 212 f; *Baumbach/Hueck* Rn 2). Die Regressmöglichkeit nach S 2 zielt neben dem Schadensausgleich auf die **Verhinderung missbräuchlicher Anträge** (*Göz/Holzborn* WM 2006, 157, 158 f). Die gesetzlichen Bestimmungen sind aufgrund des minderheitenschützenden Charakters **zwingend** (§ 23 Abs 5; MünchKomm AktG/*Schröer* Rn 2). Damit kann weder die Satzung Abweichendes festlegen noch die HV Anderes beschließen. 1

Neben § 146 treten ergänzend die allg haftungsrechtlichen Bestimmungen. Da es sich bei den von der Norm erfassten Verfahren nach § 142 Abs 2 und 4 um Verfahren der freiwilligen Gerichtsbarkeit handelt (vgl § 142 Abs 8), kommen zudem die kostenrechtlichen Reglungen des FamFG, des FamGKG und des GNotKG zur Anwendung. 2

II. Kostenlast bei gerichtlicher Bestellung der Sonderprüfer (S 1)

3 **1. Gesellschaft als Kostenschuldnerin.** Bestellt das Gericht auf Antrag einer Aktionärsminderheit nach § 142 Abs 2 oder 4 Sonderprüfer, so ist die Gesellschaft vorrangiger Kostenschuldner – unabhängig vom Ergebnis der Prüfung (*Kropff* AktG S 213). Ihr bleibt lediglich der Rückgriff nach S 2 (Rn 6) und den allg bürgerlich-rechtlichen Vorschriften (Rn 10).

4 Ausweislich des Gesetzeswortlautes trägt die Gesellschaft sowohl die **Gerichts- als auch die Prüfungskosten.** Die Höhe der Gerichtskosten bestimmt sich nach § 34 GNotKG (vgl Tabelle A Nr 13500). Danach ist eine doppelte Gebühr zu erheben, deren Höhe sich nach dem vom Gericht festzusetzenden Geschäftswert bestimmt. Da das Gesetz für die Sonderprüfung keinen Geschäftswert benennt, hat das Gericht nach billigem Ermessen zu entscheiden (§ 36 GNotKG). Vorgeschlagen wird, am Regelgeschäftswert (5 000 EUR, § 36 Abs 3 GKNotK; GroßKomm AktG/*G. Bezzenberger* Rn 5; MünchKomm AktG/*Schröer* Rn 6) bzw an dem von § 132 Abs 5 S 6 für das Auskunftserzwingungsverfahren festgesetzten Regelgeschäftswert (5 000 EUR; *Jänig* S 415 Fn 2477; vgl *LG Köln* 19.8.2009 – 91 O 110/08 Juris: = BeckRS 2010, 21353) anzuknüpfen. Die Gerichte gehen nicht selten weit darüber hinaus (vgl *OLG Düsseldorf* ZIP 2010, 28 (Juris: 500 000 EUR); *OLG München* AG 2010, 840 = ZIP 2010, 1854 (Juris: 1 000 000 EUR); *OLG München* ZIP 2010, 1137 (Juris: 50 000 EUR). Zu den **Prüfungskosten** rechnen insb Vergütung und Auslagenersatz der Sonderprüfer (*OLG München* 4.6.2008 – 31 Wx 50/08 Juris: 300 EUR/h Vergütung für Sonderprüfer).

5 Über Auferlegung der weiteren **außergerichtlichen Kosten** (§ 80 FamFG „notwendige Aufwendungen"; ua Rechtsberatung, Gutachten) entscheidet das Gericht nach billigem Ermessen (§ 81 FamFG, *AG Ingolstadt* AG 2002, 110 (Juris); ausf zum billigen Ermessen: Keidel FamFG/*Zimmermann* § 81 Rn 44 ff). Ob die Grundregel, dass jede Partei ihre **Verfahrenskosten** trägt, unter dem FamFG weiterhin Geltung entfaltet, ist umstritten (verneinend Keidel FamFG/*Zimmermann* § 81 Rn 44; MünchKomm ZPO/*Schindler* § 81 Rn 6; bejahend *Bumiller/Harders* FamFG § 81 Rn 10). Gerechtfertigt erscheint eine Kostenüberwälzung auf die Gesellschaft bei stattgebender Entscheidungen des Gerichts (GroßKomm AktG/*G. Bezzenberger* Rn 6; Küting/Weber/*Fleischer* Rn 6; allg für Kostentragung durch den unterlegenen Beteiligten *BGH* NJW-RR 2008, 794 sowie Keidel FamFG/*Zimmermann* § 81 Rn 46).

6 **2. Ersatzanspruch gegenüber Antragsteller (S 2).** Der Gesellschaft steht nach S 2 ein **selbstständiger Kostenerstattungsanspruch** zu, wenn der Antragsteller die Bestellung von Sonderprüfern durch vorsätzlich oder grob fahrlässig unrichtigen Vortrag erwirkt hat. Der Ersatzanspruch umfasst nach dem Gesetzeswortlaut nur die Kosten, namentlich sämtliche Gerichts- und Prüfungskosten sowie die außergerichtlichen Kosten. Weitergehende Ansprüche können ausschließlich mit den allg Rechtsbehelfen verfolgt werden (Rn 10).

7 Der Vortrag des Antragstellers muss zum Zweck der Bestellung vor Gericht gemacht worden und ursächlich für die Bestellung gewesen sein. Die **Unrichtigkeit des Vortrags** bestimmt sich objektiv aus einer ex-post Sicht. Auf der Ebene des Vertretenmüssens setzt der Anspruch **Vorsatz oder grobe Fahrlässigkeit** voraus. Beide Schuldformen bestimmen sich nach § 276 BGB. Im Rahmen der groben Fahrlässigkeit sind damit auch Umstände in der Person des Antragstellers, wie fehlende Sachkunde, zu berücksichtigen (stRspr zu §§ 276, 277 BGB, vgl nur *BGHZ* 119, 149). Wird die

Bestellung durch vorsätzlich oder grob fahrlässig unrichtigen Vortrag erwirkt, kann die **zufällige Aufdeckung** von Verfehlungen der Verwaltung einen Schaden und damit auch einen Ersatzanspruch entfallen lassen (offen *Wilsing/Neumann* DB 2006, 35). Haben mehrere Antragsteller die Bestellung durch vorsätzlich oder grob fahrlässig unrichtigen Vortrag erwirkt, so haften sie als Gesamtschuldner.

III. Kostenlast bei gerichtlicher Ablehnung der Bestellung der Sonderprüfer

Keine Regelung zur Kostenlast trifft § 146 für den Fall, dass das Gericht den Antrag auf Bestellung von Sonderprüfern ablehnt. Nach den allg Regeln fallen die **Gerichtskosten** hier den Antragstellern zu (Geßler/Hefermehl/Eckardt/Kropff/*Hefermehl* AktG Rn 3; *Baumbach/Hueck* AktG Rn 1; *Jänig* S 417). Die **außergerichtlichen Kosten** werden nach den Grundsätzen des FamFG von jeder Partei selbst getragen. Entgegen diesen Grundregeln kann das Gericht wiederum gem § 81 Abs 1 FamFG aus Billigkeitserwägungen die Gerichtskosten und außergerichtlichen Kosten ganz oder auch teilweise einer der Parteien auferlegen. Das Gericht hat dabei die Wertung des S 2 zu berücksichtigen. 8

IV. Kostenlast bei Bestellung der Sonderprüfer durch die Hauptversammlung

Eine besondere Kostenregelung sieht das Gesetz für den Fall eines erfolgreichen HV-Begehrens nicht vor. Es ergibt sich von selbst, dass die Gesellschaft für die Kosten der Prüfungsdurchführung aufkommen muss; sie hat die Prüfung in Auftrag gegeben (GroßKomm AktG/*G. Bezzenberger* Rn 7; *Hüffer* AktG Rn 4). 9

V. Sonstige Ersatzansprüche

1. Ansprüche der Gesellschaft gegen Antragsteller. Der Gesellschaft stehen neben dem Anspruch nach S 2 auch die noch von § 146 AktG aF vorgesehenen Ersatzansprüche des bürgerlichen Rechts offen (*Jänig* BB 2005, 949, 954). Diese erfassen neben den Kosten auch sämtliche anderen Schadensersatzposten. In Betracht kommen einmal **deliktische Ansprüche**. Im Fall einer missbräuchlichen Antragstellung ist insb an einen Anspruch aus § 826 BGB zu denken. Daneben können auch Ansprüche aus § 824 BGB und § 823 Abs 2 BGB in Verbindung mit straf- und wettbewerbsrechtlichen Vorschriften gegeben sein (GroßKomm AktG/*G. Bezzenberger* Rn 10). Ein Eingriff in den eingerichteten und ausgeübten Gewerbebetrieb (§ 823 Abs 1 BGB) dürfte kaum von praktischer Relevanz sein. Für sämtliche Ansprüche ist die gesetzgeberische Wertung von S 2 zu berücksichtigen, wonach eine Ersatzpflicht nur bei einem vorsätzlichen bzw grob fahrlässigen Fehlverhalten eintritt. Ersatzansprüche der Gesellschaft können sich des Weiteren aus einer **Verletzung der Treuepflicht**, namentlich einer treuwidrigen Antragstellung, ergeben. Hinsichtlich des Verschuldensmaßstabes hat die Rspr bei derartigen Ansprüchen zum Teil ein vorsätzliches Handeln gefordert (vgl *BGHZ* 129, 137 – Girmes). Neben der Wertung von S 2 spricht die Situation der nicht ad hoc erfolgenden Antragstellung für eine Haftung auch für grob fahrlässiges Verhalten (ausf *Jänig* S 417 f). 10

2. Ansprüche der Gesellschaft gegen Mitglieder der Verwaltung. Kostenerstattungsansprüche können der Gesellschaft auch gegen Mitglieder der Verwaltung zustehen, wenn die Sonderprüfung ein pflichtwidriges Verhalten zu Tage fördert (*Jänig* S 420). 11

§ 147 Geltendmachung von Ersatzansprüchen

(1) ¹Die Ersatzansprüche der Gesellschaft aus der Gründung gegen die nach den §§ 46 bis 48, 53 verpflichteten Personen oder aus der Geschäftsführung gegen die Mitglieder des Vorstands und des Aufsichtsrats oder aus § 117 müssen geltend gemacht werden, wenn es die Hauptversammlung mit einfacher Stimmenmehrheit beschließt. ²Der Ersatzanspruch soll binnen sechs Monaten seit dem Tage der Hauptversammlung geltend gemacht werden.

(2) ¹Zur Geltendmachung des Ersatzanspruchs kann die Hauptversammlung besondere Vertreter bestellen. ²Das Gericht (§ 14) hat auf Antrag von Aktionären, deren Anteile zusammen den zehnten Teil des Grundkapitals oder den anteiligen Betrag von einer Million Euro erreichen, als Vertreter der Gesellschaft zur Geltendmachung des Ersatzanspruchs andere als die nach §§ 78, 112 oder nach Satz 1 zur Vertretung der Gesellschaft berufenen Personen zu bestellen, wenn ihm dies für eine gehörige Geltendmachung zweckmäßig erscheint. ³Gibt das Gericht dem Antrag statt, so trägt die Gesellschaft die Gerichtskosten. ⁴Gegen die Entscheidung ist die Beschwerde zulässig. ⁵Die gerichtlich bestellten Vertreter können von der Gesellschaft den Ersatz angemessener barer Auslagen und eine Vergütung für ihre Tätigkeit verlangen. ⁶Die Auslagen und die Vergütung setzt das Gericht fest. ⁷Gegen die Entscheidung ist die Beschwerde zulässig; die Rechtsbeschwerde ist ausgeschlossen. ⁸Aus der rechtskräftigen Entscheidung findet die Zwangsvollstreckung nach der Zivilprozessordnung statt.

(3) *(aufgehoben)*

(4) *(aufgehoben)*

Übersicht

	Rn		Rn
I. Regelungsgegenstand	1	5. Folgen der Beschlussfassung	8
II. Pflicht zur Geltendmachung von Ersatzansprüchen (Abs 1)	3	III. Besonderer Vertreter (Abs 2)	10
1. Arten von Ersatzansprüchen	3	1. Bestellung des besonderen Vertreters	10
2. Anspruchsgegner	4	a) Bestellung durch die Hauptversammlung (Abs 2 S 1)	10
3. Anspruchsteller	5	b) Bestellung durch das Gericht (Abs 2 S 2)	12
4. Hauptversammlungsbeschluss	6	2. Rechtsstellung des besonderen Vertreters	13
a) Ankündigung zur Beschlussfassung	6	3. Beendigung der Bestellung	14a
b) Beschlussinhalt, Beschlussmehrheit, Stimmverbote	7		

Literatur: *Binder* Das Informationsstatut des besonderen Vertreters (§ 147 Abs. 2 AktG), ZHR 2012, 380; *Böbel* Die Rechtsstellung der besonderen Vertreter gem § 147 AktG, Diss Frankfurt am Main 1999; *Duve/Basak* Ungeahnte Unterstützung für aktive Aktionäre – wie das UMAG Finanzinvestoren hilft, BB 2006, 1345; *Göz/Holzborn* Die Aktienrechtsreform durch das Gesetz für Unternehmensintegrität und Modernisierung des Anfechtungsrechts – UMAG, WM 2006, 157; *Holzborn/Bunnemann* Änderungen im AktG durch den Regierungsentwurf für das UMAG, BKR 2005, 51; *Hüffer* Verwaltungskontrolle und Rechtsverfolgung durch Sonderprüfer und besondere Vertreter ZHR 2010, 642; *Jänig* Die aktienrechtliche Sonderprüfung, 2.A., 2008; *ders* Rechte des besonderen Vertreters in Bezug auf die Hauptversammlung, WuB II A. § 147 AktG 1.09; *Kling* Der besondere Vertreter im Aktienrecht, ZGR 2009, 190; *Mock* Berichts-, Auskunfts- und Publizitätspflichten des besonderen Vertreters AG 2008, 839; *ders* Die Entdeckung des besonderen Vertreters, DB 2008, 393; *Müller* Die Durchsetzung konzernrechtlicher Ersatzansprüche nach dem UMAG, Der Konzern 2006, 725; *Peters/Hecker* Last Man Standing – Zur Anfechtungsklage des besonderen Vertreters gegen den Hauptversammlungsbeschluss über seine Abberufung, NZG 2009, 1294; *Spindler* Haftung und Aktionärsklage nach dem neuen UMAG, NZG 2005, 865; *Verhoeven* Der Besondere Vertreter nach § 147 AktG: Erwacht ein schlafender Riese?, ZIP 2008, 245; *Westermann* Der Besondere Vertreter im Aktienrecht, AG 2009, 237; *Wirth* Der besondere Vertreter nach § 147 Abs 2 AktG, FS Hüffer, 2010; *Wirth/Pospiech* Der besondere Vertreter gem. § 147 Abs. 2 Satz 1 AktG als Organ der Aktiengesellschaft?, DB 2008, 2471.

I. Regelungsgegenstand

§ 147 regelt die Geltendmachung von **Ersatzansprüchen der Gesellschaft gegen Gründer, Gründergenossen, Emittenten und Verwaltungsmitglieder** auf Betreiben der Aktionäre. Hierdurch soll die Durchsetzung der Ansprüche im Interesse der Gesellschaft gesichert werden, da die Vertretungsorgane der AG in diesen Fällen häufig einem Interessenkonflikt unterliegen. Ausgangspunkt der Geltendmachung der Ersatzansprüche ist ein entsprechender Beschl der HV. Die HV kann die Geltendmachung dabei dem entsprechenden Vertretungsorgan der AG überlassen (Abs 1) oder hierfür eigens einen besonderen Vertreter bestellen (Abs 2 S 1). Die Norm erlaubt iÜ die gerichtliche Bestellung eines solchen besonderen Vertreters auf Antrag einer Aktionärsminderheit, wenn dies zur ordnungsgemäßen Geltendmachung zweckmäßig erscheint (Abs 2 S 2 ff). 1

§ 147 steht in einem engen Regelungszusammenhang mit der Sonderprüfung (§ 142) einerseits sowie mit dem Klagezulassungsverfahren (§ 148) andererseits. Die Sonderprüfung bezweckt ua die Beschaffung der für ein Vorgehen nach § 147 notwendigen Informationen und bildet eine nicht notwendige, im Einzelfall aber essentielle Vorstufe eines Vorgehens nach § 147. Das Klagezulassungsverfahren ergänzt und erweitert hingegen § 147, indem es den Minderheitsaktionären die Möglichkeit bietet, Ersatzansprüche der AG im eigenen Namen geltend zu machen. 2

II. Pflicht zur Geltendmachung von Ersatzansprüchen (Abs 1)

1. Arten von Ersatzansprüchen. § 147 erfasst nach dem Wortlaut Ersatzansprüche aus der Gründung und Nachgründung (§§ 46–48, 53), aus der Geschäftsführung (§§ 93, 116) sowie Schadensersatzansprüche bei schädigender Einflussnahme (§ 117). **Darüber hinaus** erfasst die Vorschrift ihrem Normzweck nach auch Herausgabe- und Ausgleichsansprüche, Nebenansprüche auf Auskunftserteilung und Rechnungslegung sowie Unterlassungsansprüche (**hM** *Hüffer* AktG Rn 2; GroßKomm AktG/*G. Bezzenberger/T. Bezzenberger* Rn 12; **aA** MünchKomm AktG/*Schröer* Rn 18f). Gleiches soll nach wohl hM auch für konzernrechtliche Ersatzansprüche gelten, die im Zusammenhang mit den in § 147 ausdrücklich genannten Ansprüchen stehen (*OLG München* ZIP 2008, 73, 75; *OLG München* ZIP 2008, 1916, 1918; K. Schmidt/Lutter AktG/ *Spindler* Rn 4 mwN; *Müller* Der Konzern 2006, 725, 729; **aA** Hüffer § 309 Rn 21; *Kling* ZGR 2009, 190, 203 ff). **Nicht erfasst** sind nach allgM Ansprüche auf Erfüllung (MünchKomm AktG/*Schröer* Rn 18). 3

2. Anspruchsgegner. Die Ersatzansprüche der AG können sich gegen Gründer, Gründergenossen, Nachgründer und Hintermänner, Emittenten (§§ 46–48, 53) richten. 4

Bei Ansprüchen aus der Geschäftsführung können Anspruchsgegner alle gegenwärtigen und nach allgM auch alle ausgeschiedenen Vorstands- oder Aufsichtsratsmitglieder sein (*RGZ* 74, 301, 302; *OLG München* ZIP 2008, 73, 76; K. Schmidt/Lutter AktG/*Spindler* Rn 3). Ansprüche aus § 117 richten sich gegen alle Personen, die in unzulässiger Weise Einfluss auf Führungspersonen der AG genommen haben (§ 117 Abs 1) sowie alle neben diesen haftenden Personen (§ 117 Abs 2, 3).

5   **3. Anspruchsteller.** Erfasst sind nur Ersatzansprüche der Gesellschaft, nicht hingegen Ansprüche einzelner Aktionäre. Gem § 78 wird die Gesellschaft hierbei vom Vorstand als Vertretungsorgan vertreten. Richtet sich der Ersatzanspruch gegen den Vorstand oder einzelne Mitglieder des Vorstandes – auch ehemalige (grundlegend *BGH* AG 1991, 269) –, so erfolgt die Vertretung durch den AR gem § 112. Nach § 147 Abs 2 S 1 kann von diesen generellen Vertretungsregeln in der Weise abgewichen werden, dass die HV einen besonderen Vertreter für die Gesellschaft zur Geltendmachung des Ersatzanspruches bestellt (Abs 2).

6   **4. Hauptversammlungsbeschluss. – a) Ankündigung zur Beschlussfassung.** HV darf über Geltendmachung von Ersatzansprüchen nur beschließen, wenn diese ausdrücklich **als Tagesordnungspunkt bekanntgemacht wurde** (§ 124 Abs 1) oder aufgrund Sachzusammenhangs **bekanntmachungsfrei** ist (§ 124 Abs 4 S 2, 2. Alt). Für die Aktionäre muss jedenfalls ohne Weiteres erkennbar sein, dass über die Geltendmachung von Ersatzansprüchen beschlossen werden soll (GroßKomm AktG/*G. Bezzenberger/ T. Bezzenberger* Rn 18). Bekanntmachungsfrei ist der Beschl zur Geltendmachung, wenn dieser im unmittelbaren Zusammenhang mit einem bezeichneten Tagesordnungspunkt steht (vgl § 124 Rn 26 f). Ein solcher Zusammenhang ist mit dem Tagesordnungspunkt **Sonderprüfungsbericht** iSd § 145 Abs 6 S 5 gegeben (wohl **allgM** *Hüffer* AktG Rn 3), nicht hingegen mit dem Tagesordnungspunkt **Verhandlung über die Entlastung eines Organs** (GroßKomm AktG/*G. Bezzenberger/T. Bezzenberger* Rn 18). Gem § 122 Abs 2 kann auch eine Aktionärsminderheit verlangen, dass die Geltendmachung des Ersatzanspruchs als Gegenstand zur Beschlussfassung in einer HV bekanntgemacht wird (vgl § 122 Rn 15 f).

7   **b) Beschlussinhalt, Beschlussmehrheit, Stimmverbote.** Der Beschl selbst muss hinreichend konkret die Umstände („Lebenssachverhalt") des Ersatzanspruches und mögliche Anspruchsgegner bezeichnen; ausreichend ist eine entsprechende **Bestimmbarkeit des Ersatzanspruchs** (wohl **allgM** vgl *KG* AG 2012, 256 (Juris Rn 24); *OLG München* ZIP 2008, 1916 (Juris 51); *OLG Frankfurt* NZG 2004, 95, 96; *OLG Stuttgart* AG 2009, 169, 170; *LG München I* ZIP 2007, 2420, 2422; MünchKomm AktG/*Schröer* Rn 30). Zum Prüfungsmaßstab der Gerichte vgl *KG* AG 2012, 256 (Juris Rn 21): summarische Prüfung der Sach- und Rechtslage. Eine konkrete **Benennung einzelner Anspruchsgegner** soll daher nicht erforderlich sein (ausf *OLG München* ZIP 2008, 1916 (Juris Rn 49)). An der Bestimmbarkeit fehlt es, wenn Ansprüche erst aufgeklärt werden müssen (*OLG Stuttgart* 2008, 169, 170 f unter Verweis auf die Funktion der Sonderprüfung). Der Beschl kann in engen Grenzen **Vorgaben hinsichtlich der Geltendmachung** vorsehen (**allgM** *OLG München* ZIP 2008, 1916, 1922; Spindler/Stilz AktG/ *Mock* Rn 23 mwN; GroßKomm AktG/*G. Bezzenberger/T. Bezzenberger* Rn 19; *Verhoeven* ZIP 2009, 245, 248). Der HV steht es jedenfalls frei, Vorgaben zur Höhe und zum verfahrensrechtlichen Vorgehen zu machen: (vorrangige) außergerichtliche Geltendmachung, Schiedsverfahren, Feststellungsklage, Teilklage. Der Beschl wird mit **einfa-**

cher **Stimmenmehrheit** (§ 133 Abs 1) gefasst. Eine Verschärfung oder Milderung der Mehrheitsanforderungen durch die Satzung ist unzulässig (§ 23 Abs 5; GroßKomm AktG/*G. Bezzenberger/T. Bezzenberger* Rn 22). Für die Beschlussfassung ist das **Stimmrechtsverbot** des § 136 Abs 1 S 1, 3. Fall zu beachten, sodass Aktionäre, gegen die sich der Ersatzanspruch richtet, ihr Stimmrecht weder selbst noch durch einen Vertreter ausüben dürfen (*OLG München* ZIP 2008, 1916 (Juris Rn 27 ff) – Ausnahme: Rechtsmissbrauch durch Antragstellung; vgl auch § 136 Rn 7 f, 12).

5. Folgen der Beschlussfassung. Die Vertretungsorgane der AG bzw der besondere Vertreter sind bei Vorliegen eines Beschl nach § 147 Abs 1 S 1 verpflichtet, die im Rahmen des Beschl erforderlichen Maßnahmen zur Geltendmachung des Anspruchs zu ergreifen (vgl *KG Berlin* NZG 2005, 319, 320). Eine **Einschätzungsprärogative** (vgl *BGHZ* 135, 244, 252 ff) **besteht insofern nicht**.   **8**

Das zuständige Vertretungsorgan soll nach § 147 Abs 1 S 2 den Ersatzanspruch **innerhalb von sechs Monaten** seit dem Tage der HV, in der der Beschl zur Geltendmachung des Ersatzanspruchs gefasst wurde, geltend machen. Diese Sechs-Monats-Frist berechnet sich nach §§ 187, 188 BGB. Es handelt sich hierbei nicht um eine Ausschlussfrist, sodass das Verstreichen der Frist keinen Einfluss auf eine spätere Klage hat (Groß-Komm AktG/*G. Bezzenberger/T. Bezzenberger* Rn 40). Die Fristversäumnis hat jedoch zur Folge, dass sich das zuständige Organ bzw der besondere Vertreter schadensersatzpflichtig machen kann (GroßKomm AktG/*G. Bezzenberger/T. Bezzenberger* Rn 39; MünchKomm AktG/*Schröer* Rn 40) und Aufforderung nach § 148 1 S 2 Nr 2 uU entbehrlich ist (Nirk/Ziemons/Binnewies, Hdb AktG/*Ziemons* Bd I Rn 11.201). Legt der Hauptversammlungsbeschluss nicht fest, auf welche Weise der Ersatzanspruch geltend zu machen ist, so soll Einleitung gerichtlicher Maßnahmen innerhalb der Frist erforderlich sein (*Hüffer* AktG Rn 6; MünchKomm AktG/*Schröer* Rn 41; **aA** Nirk/Ziemons/Binnewies, Hdb AktG/*Ziemons* Bd I Rn 11.202: außergerichtliche Schritte). Bezeichnet der Hauptversammlungsbeschluss dagegen die zu ergreifenden Maßnahmen, so sind diese innerhalb der Frist zu treffen (vgl MünchKomm AktG/*Schröer* Rn 41).   **9**

III. Besonderer Vertreter (Abs 2)

1. Bestellung des besonderen Vertreters. – a) Bestellung durch die Hauptversammlung (Abs 2 S 1). Grundsätzlich haben die Vertreterorgane, also Vorstand oder AR (§§ 78, 112), die Ersatzansprüche der Gesellschaft geltend zu machen. Durch § 147 Abs 2 S 1 erhält die HV das Recht, ein oder mehrere besondere Vertreter für die beschlossene Geltendmachung des Ersatzanspruchs zu bestellen, welche sodann anstelle der jeweiligen Vertretungsorgane handeln. Vorstand und AR haben uU die Pflicht, selbst die **Bestellung eines besonderen Vertreters anzuregen**, wenn bspw das zuständige Vertretungsorgan nicht handlungsfähig ist oder ein Interessenkonflikt im Zusammenhang mit der Geltendmachung besteht (*RGZ* 114, 396, 399; MünchKomm AktG/*Schröer* Rn 42). Wird ein Bestellungsbeschluss **unabhängig von einem Beschluss nach Abs 1** gefasst, so bedarf er der selbstständigen Ankündigung als Tagesordnungspunkt (MünchKomm AktG/*Schröer* Rn 61). Der Beschl hat den Vertreter namentlich zu nennen. Die Bestellung eines besonderen Vertreters durch die HV erfolgt durch Beschl mit **einfacher Stimmenmehrheit** (§ 133 Abs 1). Die Person, gegen die der Ersatzanspruch geltend gemacht werden soll, unterliegt gem § 136 Abs 1 S 3, 3. Fall einem **Stimmrechtsverbot**, nicht hingegen die Person, die als besonderer Vertreter   **10**

§ 147 Geltendmachung von Ersatzansprüchen

bestellt werden soll (MünchKomm AktG/*Schröer* Rn 61; GroßKomm AktG/*G. Bezzenberger*/*T. Bezzenberger* Rn 42). Bestellung kann durch HV jederzeit durch Beschl widerrufen werden, dies schließt Bestellung eines anderen Vertreters ein. Durch die Bestellung eines besonderen Vertreters kann den gesetzesmäßigen Vertreterorganen auch die **Zeugenstellung** verschafft werden, da diese dann nicht mehr als gesetzliche Vertreter im Prozess auftreten (GroßKomm AktG/*G. Bezzenberger*/*T. Bezzenberger* Rn 52; Zöller/*Greger* ZPO § 373 Rn 5; **aA** MünchKomm AktG/*Schröer* Rn 48). Bei einer nichtigen Bestellung findet nach der Rspr die **Lehre von der fehlerhaften Organstellung** Anwendung (*BGH* ZIP 2011, 2195; *OLG München* ZIP 2010, 2022, 2204).

11 Zur **Auswahl des besonderen Vertreters** macht das Gesetz keine Vorgaben. Es kommt jede natürliche, unbeschränkt geschäftsfähige Person, auch ein Mitglied des Vorstands oder des AR oder ein Aktionär, in Betracht (vgl *KG* AG 2012, 328 (Juris Rn 11); *Hüffer* AktG Rn 6; GroßKomm AktG/*G. Bezzenberger*/*T. Bezzenberger* Rn 43; *Verhoeven* ZIP 2008, 245, 248: auch juristische Personen). Die Person sollte persönlich und fachlich geeignet sein, die Ansprüche geltend zu machen. Bei der **Person des besonderen Vertreters** kann, muss sich aber nicht um einen Aktionär handeln (*Hüffer* AktG Rn 6). Die Bestellung bedarf der Annahme, zu welcher jedoch auch für Aktionäre keine Pflicht besteht.

12 **b) Bestellung durch das Gericht (Abs 2 S 2).** Die Bestellung eines **anderen Vertreters** als die nach §§ 78, 112 oder nach Abs 2 S 1 zur Vertretung der AG berufenen Personen durch ein Gericht erfolgt auf Antrag einer **Aktionärsminderheit**, die zusammen Aktien entweder im Wert von 10 % des Grundkapitals oder mit dem anteiligen Betrag von 1 Mio EUR besitzt. Anfechtung des HV-Beschlusses nach Abs 2 S 1 ist hinsichtlich Rechtsschutzbedürfnis für Antrag nach Abs 2 S 2 nicht erforderlich (*KG* AG 2012, 328 (Juris Rn 11)). Bei Nichterreichen des Quorums ist der Antrag wg Unzulässigkeit zurückzuweisen (*Böbel* S 152). Dieser andere „besondere" Vertreter ist im Rahmen der Geltendmachung des Ersatzanspruches alleinvertretungsbefugt (*Hüffer* AktG Rn 7: Verdrängung von Vorstand und AR; *Westermann* AG 2009, 237, 239). Das Gericht hat dem Antrag zu entsprechen, wenn die Bestellung eines solchen Vertreters **„zweckmäßig erscheint"**. Zweckmäßigkeit ist ua dann zu bejahen, wenn eine sachgerechte Geltendmachung der Ersatzansprüche durch den bisherigen Vertreter aufgrund dessen persönlicher oder fachlicher Ungeeignetheit nicht gewährleistet erscheint (vgl *OLG Frankfurt* NZG 2004, 95, 96; *K. Schmidt/Lutter* AktG/*Spindler* Rn 18 mwN). Die Erfolgsaussichten einer Klage hat das Gericht in diesem Zusammenhang nicht zu prüfen (allgM *KG* NZG 2005, 319, 319; *OLG Frankfurt* NZG 2004, 95, 96; GroßKomm AktG/*G. Bezzenberger*/*T. Bezzenberger* Rn 41; *Böbel* S 149). Nach Abs 2 S 2 bestellter Vertreter ersetzt Vertreter nach Abs 2 S 1 (arg § 142 Abs 4 entspr; *KG* AG 2012, 328 (Juris Rn 11); Spindler/Stilz AktG/*Mock* Rn 56; Nirk/Ziemons/Binnewies, Hdb AktG/*Ziemons* Bd I Rn 11.211; unklar MünchKomm AktG/*Schröer* Rn 70). Zur **Auswahl des besonderen Vertreters** s Rn 11. Die gerichtliche Bestellung erfolgt im **Verfahren der freiwilligen Gerichtsbarkeit** (§ 375 Nr 3 FamFG, § 17 Nr 2a RPflG). Zuständig ist grundsätzlich das AG, in dessen Bezirk das LG seinen Sitz und in dessen Bezirk wiederum die Gesellschaft ihren Sitz hat (§ 376 Abs 1 FamFG; § 14 AktG; *Jänig/Leißring* ZIP 2010, 110, 112; folgend *K. Schmidt/Lutter* AktG/*Spindler* Rn 17; **aA** wohl Spindler/Stilz AktG/*Mock* Rn 50; beachte länderspezifische Öffnungsklausel § 376 Abs 2 FamFG). Im Verfahren gilt der Amtsermittlungsgrundsatz (§ 26 FamFG). Das Gericht entscheidet durch begründeten Beschl, gegen den Beschwerde statthaft

§ 147 Geltendmachung von Ersatzansprüchen

ist (Abs 2 S 4). Wird dem Antrag der Minderheit stattgegeben, hat die AG die angefallenen **Gerichtskosten** zu tragen (§ 147 Abs 2 S 3 AktG, § 81 Abs 5 FamFG). Im Übrigen entscheidet Gericht nach billigem Ermessen (§ 81 FamFG, vgl Keidel FamFG/ *Zimmermann* § 81 Rn 44 ff). Ob die Grundregel, dass jede Partei ihre **Verfahrenskosten** trägt, unter dem FamFG weiterhin Geltung entfaltet, ist umstr (verneinend Keidel FamFG/*Zimmermann* § 81 Rn 44; MünchKomm ZPO/*Schindler* § 81 Rn 6; bejahend *Bumiller/Harders* FamFG § 81 Rn 10).

2. Rechtsstellung des besonderen Vertreters. Der besondere Vertreter ist im Rahmen seiner durch die Bestellung definierten Tätigkeit **alleiniger Vertreter der AG** (wohl **allgM** BGH NJW 1981, 1097, 1098; *Hüffer* AktG Rn 7). Seine **Organstellung** ist umstritten (bejahend: *BGH* ZIP 2011, 2195; vgl auch *OLG München* ZIP 2010, 2202, 2204; Spindler/Stilz AktG/*Mock* Rn 25 mwN; GroßKomm AktG/*G. Bezzenberger/T. Bezzenberger* Rn 52; abl wohl: *RGZ* 83, 248, 251; *OLG München* ZIP 2008, 73, 79; *Wirth* S 1143 ff). Die Streitentscheidung trägt nur wenig zur Klärung der praktischen Fragen nach den Rechten und Pflichten bei (vgl *Hüffer* AktG Rn 7). Der besondere Vertreter ist jedenfalls im Grundsatz in seiner Stellung dem Sonderprüfer (der nach allgM kein Organ ist) näher als dem Vorstand und dem Aufsichtsrat. Dem Verhältnis zwischen dem besonderen Vertreter und der AG liegt ein auf Dienstleitung gerichteter **Geschäftsbesorgungsvertrag** zugrunde (allgM). **Art und Weise der Geltendmachung** der Ersatzansprüche liegt im Ermessen des besonderen Vertreters, sofern Bestellungsbeschluss nicht diesbezüglich Vorgaben macht (*KG* AG 2012, 328 (Juris Rn 20); *OLG München* ZIP 2008, 1916; ausf MünchKomm AktG/*Schröer* Rn 46; *Binder* ZHR 2012, 380, 394). Er übt seine Tätigkeit **im Übrigen weisungsfrei** aus (*LG München I* AG 2008, 794 (Juris Rn 31); GroßKomm AktG/*G. Bezzenberger/T. Bezzenberger* Rn 56; aA MünchKomm AktG/ *Schröer* Rn 58: Weisungsrecht der HV; *Böbel* S 60f; unklar *Kling* ZGR 2009, 190, 212 Fn 132). Der besondere Vertreter ist zudem zu einer **gewissenhaften, eigenverantwortlichen und unparteiischen Tätigkeit** verpflichtet; er unterliegt der **Verschwiegenheit** und einem **Verwertungsverbot** hinsichtlich im Rahmen der Geltendmachung erlangter Informationen (die Ausführungen zum Sonderprüfer, § 144 Rn 4, gelten entspr). Den besonderen Vertreter trifft ggf eine **Berichtspflicht** gegenüber der Gesellschaft vermittelt durch den Vorstand über den Stand der Geltendmachung (vgl *Jänig* WuB II A § 147 AktG 1.09 S. 117; GroßKomm AktG/*G. Bezzenberger/T. Bezzenberger* Rn 58: auch gegenüber AR; einschränkend *LG München I* ZIP 2007, 1809, 1815; aA Spindler/Stilz AktG/*Mock* Rn 74; K. Schmidt/Lutter AktG/*Spindler* Rn 28 gegenüber HV). Vorstand hat entspr die HV ungefiltert, zB durch Auslage von Berichten des besonderen Vertreters, zu informieren. **Kommt der besondere Vertreter zur Erkenntnis**, dass Ersatzanspruch nicht besteht oder dessen Geltendmachung mit einem unvertretbar hohen Prozessrisiko verbunden ist, soll er verpflichtet sein, eine Revision der Entscheidung der HV über die Geltendmachung der Ansprüche herbeizuführen (*KG* AG 2012, 328 (Juris Rn 21); *KG* AG 2012, 256 (Juris Rn 22 aE); *OLG München* ZIP 2008, 1916 (Juris Rn 45); GroßKomm AktG/*G. Bezzenberger/T. Bezzenberger* Rn 56; aA wohl Wachter/*Zwissler* AktG Rn 13 aE; zur Beendigung eines Zivilprozesses durch den besonderen Vertreter im Wege von Prozessvergleich, Klageverzicht und Anerkenntnis vgl *Kling* ZGR 209, 190, 207 ff). **13**

Zur Erfüllung seiner Aufgabe kommen dem besonderen Vertreter einklagbare **Einsichts- und Auskunftsrechte** zu (allgM *RGZ* 83, 248, 252 (Einsichtsrecht); *OLG München* ZIP 2008, 73, 77; *LG Stuttgart* ZIP 2010, 329, 330; GroßKomm AktG/*G. Bezzen-* **14** berger/T. Bezzenberger Rn 57; Binder ZHR 2012, 380, 397 ff weist §§ 809, 810 BGB besondere Bedeutung zu). Hinsichtlich des Umfangs des Einsichts- und Auskunftsrechts ist zu beachten, dass der besondere Vertreter anders als der Sonderprüfer nicht zur umfassenden Sachverhaltsaufklärung, sondern nur zur Geltendmachung der Ersatzansprüche bestellt wird (*OLG Stuttgart* AG 2009, 169, 170 f; *OLG München* ZIP 2008, 73, 76; *Kling* ZGR 2009, 190, 216). Die Rechte des besonderen Vertreters fallen daher hinter die des § 145 Abs 1-3 zurück (vgl *RGZ* 83, 248, 252; *Binder* ZHR 2012, 380, 396; **aA** *Böbel* S 93: § 145 analog). Das Einsichtsrecht bezieht sich grundsätzlich auf sämtliche Unterlagen der Gesellschaft (§ 111 Abs 2 S 1 entspr). Auskunft kann unmittelbar nur von Vorstand und Aufsichtsrat verlangt werden (vgl § 145 Abs 2 und *Jänig* S 368 f für den Sonderprüfer; K. Schmidt/Lutter AktG/*Spindler* Rn 26; *Böbel* S 93; *Wirth* **aA** LG München I ZIP 2007, 1809, 1815; Spindler/Stilz AktG/*Mock* Rn 78 mwN). Einsichts- und Auskunftsrecht werden iÜ durch das Kriterium der Notwendigkeit begrenzt (vgl § 145 Rn 6; *RGZ* 83, 248, 252). Ein **Rede- und Teilnahmerecht** des besonderen Vertreters in HV kommt allenfalls in den für den Abschlussprüfer geltenden Grenzen (§ 176 Abs 2 AktG), wie sie von der hM verstanden werden (hierzu MünchKomm AktG/*Kropff* Rn 38), in Betracht. Dies gilt auch für den Fall eines eigenständigen Tagesordnungspunktes zu seiner Tätigkeit (so aber K. Schmidt/Lutter AktG/*Spindler* Rn 28; Mock AG 2008, 839, 843). Dem besonderen Vertreter stehen **Vergütung und Auslagenersatz** zu (vgl auch § 147 Abs 2 S 5 f; die Ausführungen zum Sonderprüfer, § 142 Rn 25 f, gelten entspr; *Hüffer* AktG Rn 9; ausf *Verhoeven* ZIP 2008, 245, 249).

14a 3. **Beendigung der Bestellung.** Die Bestellung des besonderen Vertreters endet mit **Abschluss der Geltendmachung der Ansprüche** (Erfüllung, rechtskräftiges Urteil, Schiedsspruch, Feststehen fehlender Durchsetzbarkeit; allgM *Böbel* S 135). Der besondere Vertreter kann sein Amt auch **niederlegen.** Im Fall der **Bestellung des besonderen Vertreters durch die HV** kann die Bestellung jederzeit und ohne wichtigen Grund durch einen erneuten Mehrheitsbeschluss widerrufen werden (*OLG München* ZIP 2010, 725, 728 mwN). Die Bestellung endet auch, wenn der ursprüngliche Bestellungsbeschluss nichtig ist oder für nichtig erklärt wird. Im letzteren Fall sollen die Handlungen des besonderen Vertreters bis zum Zeitpunkt der Nichtigkeitserklärung wirksam sein (*OLG München* ZIP 2010, 2202, 2204: Anwendung der Lehre von der fehlerhaften Organstellung; *Verhoeven* ZIP 2008, 245, 253 f; folgend K. Schmidt/Lutter AktG/*Spindler* Rn 33). Bestellt das Gericht einen Vertreter nach Abs 2 S 2, so endet die Bestellung des ursprünglichen Vertreters. Der **gerichtlich bestellte besondere Vertreter** kann auf Antrag der Beteiligten durch das Gericht, unter gleichzeitiger Bestellung eines neuen Vertreters (*OLG Düsseldorf* NJW-RR 1997, 1389 für Notgeschäftsführer), abberufen werden (Spindler/Stilz AktG/*Mock* Rn 94; MünchKomm AktG/*Schröer* Rn 73: nur unter den Voraussetzungen des Abs 2 S 2).

§ 148 Klagezulassungsverfahren

(1) [1]Aktionäre, deren Anteile im Zeitpunkt der Antragstellung zusammen den einhundertsten Teil des Grundkapitals oder einen anteiligen Betrag von **100 000 Euro** erreichen, können die Zulassung beantragen, im eigenen Namen die in § 147 Abs 1 Satz 1 bezeichneten Ersatzansprüche der Gesellschaft geltend zu machen. [2]Das Gericht lässt die Klage zu, wenn

1. die Aktionäre nachweisen, dass sie die Aktien vor dem Zeitpunkt erworben haben, in dem sie oder im Falle der Gesamtrechtsnachfolge ihre Rechtsvorgänger von den behaupteten Pflichtverstößen oder dem behaupteten Schaden auf Grund einer Veröffentlichung Kenntnis erlangen mussten,
2. die Aktionäre nachweisen, dass sie die Gesellschaft unter Setzung einer angemessenen Frist vergeblich aufgefordert haben, selbst Klage zu erheben,
3. Tatsachen vorliegen, die den Verdacht rechtfertigen, dass der Gesellschaft durch Unredlichkeit oder grobe Verletzung des Gesetzes oder der Satzung ein Schaden entstanden ist, und
4. der Geltendmachung des Ersatzanspruchs keine überwiegenden Gründe des Gesellschaftswohls entgegenstehen.

(2) [1]Über den Antrag auf Klagezulassung entscheidet das Landgericht, in dessen Bezirk die Gesellschaft ihren Sitz hat, durch Beschluss. [2]Ist bei dem Landgericht eine Kammer für Handelssachen gebildet, so entscheidet diese anstelle der Zivilkammer. [3]Die Landesregierung kann die Entscheidung durch Rechtsverordnung für die Bezirke mehrerer Landgerichte einem der Landgerichte übertragen, wenn dies der Sicherung einer einheitlichen Rechtsprechung dient. [4]Die Landesregierung kann die Ermächtigung auf die Landesjustizverwaltung übertragen. [5]Die Antragstellung hemmt die Verjährung des streitgegenständlichen Anspruchs bis zur rechtskräftigen Antragsabweisung oder bis zum Ablauf der Frist für die Klageerhebung. [6]Vor der Entscheidung hat das Gericht dem Antragsgegner Gelegenheit zur Stellungnahme zu geben. [7]Gegen die Entscheidung findet die sofortige Beschwerde statt. [8]Die Rechtsbeschwerde ist ausgeschlossen. [9]Die Gesellschaft ist im Zulassungsverfahren und im Klageverfahren beizuladen.

(3) [1]Die Gesellschaft ist jederzeit berechtigt, ihren Ersatzanspruch selbst gerichtlich geltend zu machen; mit Klageerhebung durch die Gesellschaft wird ein anhängiges Zulassungs- oder Klageverfahren von Aktionären über diesen Ersatzanspruch unzulässig. [2]Die Gesellschaft ist nach ihrer Wahl berechtigt, ein anhängiges Klageverfahren über ihren Ersatzanspruch in der Lage zu übernehmen, in der sich das Verfahren zur Zeit der Übernahme befindet. [3]Die bisherigen Antragsteller oder Kläger sind in den Fällen der Sätze 1 und 2 beizuladen.

(4) [1]Hat das Gericht dem Antrag stattgegeben, kann die Klage nur binnen drei Monaten nach Eintritt der Rechtskraft der Entscheidung und sofern die Aktionäre die Gesellschaft nochmals unter Setzung einer angemessenen Frist vergeblich aufgefordert haben, selbst Klage zu erheben, vor dem nach Absatz 2 zuständigen Gericht erhoben werden. [2]Sie ist gegen die in § 147 Abs. 1 Satz 1 genannten Personen und auf Leistung an die Gesellschaft zu richten. [3]Eine Nebenintervention durch Aktionäre ist nach Zulassung der Klage nicht mehr möglich. [4]Mehrere Klagen sind zur gleichzeitigen Verhandlung und Entscheidung zu verbinden.

(5) [1]Das Urteil wirkt, auch wenn es auf Klageabweisung lautet, für und gegen die Gesellschaft und die übrigen Aktionäre. [2]Entsprechendes gilt für einen nach § 149 bekannt zu machenden Vergleich; für und gegen die Gesellschaft wirkt dieser aber nur nach Klagezulassung.

(6) [1]Die Kosten des Zulassungsverfahrens hat der Antragsteller zu tragen, soweit sein Antrag abgewiesen wird. [2]Beruht die Abweisung auf entgegenstehenden Gründen des Gesellschaftswohls, die die Gesellschaft vor Antragstellung hätte mitteilen

können, aber nicht mitgeteilt hat, so hat sie dem Antragsteller die Kosten zu erstatten. ³Im Übrigen ist über die Kostentragung im Endurteil zu entscheiden. ⁴Erhebt die Gesellschaft selbst Klage oder übernimmt sie ein anhängiges Klageverfahren von Aktionären, so trägt sie etwaige bis zum Zeitpunkt ihrer Klageerhebung oder Übernahme des Verfahrens entstandene Kosten des Antragstellers und kann die Klage nur unter den Voraussetzungen des § 93 Abs. 4 Satz 3 und 4 mit Ausnahme der Sperrfrist zurücknehmen. ⁵Wird die Klage ganz oder teilweise abgewiesen, hat die Gesellschaft den Klägern die von diesen zu tragenden Kosten zu erstatten, sofern nicht die Kläger die Zulassung durch vorsätzlich oder grob fahrlässig unrichtigen Vortrag erwirkt haben. ⁶Gemeinsam als Antragsteller oder als Streitgenossen handelnde Aktionäre erhalten insgesamt nur die Kosten eines Bevollmächtigten erstattet, soweit nicht ein weiterer Bevollmächtigter zur Rechtsverfolgung unerlässlich war.

Übersicht

	Rn		Rn
I. Regelungsgegenstand	1	IV. Recht der Gesellschaft (Abs 3)	12
II. Voraussetzungen des Klagezulassungsverfahrens (Abs 1)	3	1. Klage der Gesellschaft	12
		2. Übernahme der anhängigen Aktionärsklage durch die	
1. Antrag einer Aktionärsminderheit	3	Gesellschaft	13
2. Voraussetzungen der Klagezulassung (Abs 1 S 2)	4	3. Beiladung der Aktionärsminderheit	14
a) Erwerbszeitpunkt der Aktien (Abs 1 S 2 Nr 1)	4	V. Anforderungen an Haftungsklage der Aktionäre (Abs 4)	15
b) Vergebliche Fristsetzung zur Klageerhebung (Abs 1 S 2 Nr 2)	5	1. Kläger und Beklagter	15
		2. Zulässigkeitsvoraussetzungen	16
		3. Nebenintervention; Klageverbindung	17
c) Unredlichkeit oder grobe Gesetzes- oder Satzungsverletzung (Abs 1 S 2 Nr 3)	6	VI. Rechtskraft von Urteil und Vergleich (Abs 5)	18
		1. Urteil	18
		2. Vergleich	20
d) Keine überwiegenden Gründe des Gesellschaftswohls (Abs 1 S 2 Nr 4)	9	VII. Kostentragungsregelung (Abs 6)	21
III. Verfahrensrechtliche Bestimmungen (Abs 2)	10	1. Gerichtliche Kostenentscheidung	21
1. Einzelheiten des Verfahrensverlaufs	11	2. Materiell-rechtlicher Kostenerstattungsanspruch	22
2. Entscheidung des Gerichts	11a		

Literatur: *G. Bezzenberger/T. Bezzenberger* Aktionärskonsortien zur Wahrnehmung von Minderheitsrechten, FS K. Schmidt, 2009, S 105; *Bork* Prozessrechtliche Notiz zum UMAG, ZIP 2005, 66; *Diekmann/Leuering* Der Referentenentwurf eines Gesetzes zur Unternehmensintegrität und Modernisierung des Anfechtungsrechts (UMAG), NZG 2004, 249; *Duve/Basak* Ungeahnte Unterstützung für aktive Aktionäre – wie das UMAG Finanzinvestoren hilft, BB 2006, 1345; *Fleischer* Das Gesetz zur Unternehmensintegrität und Modernisierung des Anfechtungsrechts, NJW 2005, 3525; *Göz/Holzborn* Die Aktienrechtsreform durch das Gesetz für Unternehmensintegrität und Modernisierung des Anfechtungsrechts – UMAG, WM 2006, 157; *Happ* Vom besonderen Vertreter zur actio pro socio – Das Klagezulassungsverfahren des § 148 AktG auf dem Prüfstand, FS Westermann, 2008, S 971; *Holzborn/Bunnemann* Änderungen im AktG durch den Regierungsentwurf für das UMAG, BKR 2005, 51; *Koch* Das Gesetz zur Unternehmensintegrität und

Klagezulassungsverfahren § 148

Modernisierung des Anfechtungsrechts (UMAG), ZGR 2006, 769; *ders* Die Pflichtenstellung des Aufsichtsrates nach Zulassung der Aktionärsklage, FS Hüffer, 2009, 447; *Paschos/ Neumann* Die Neuregelung des UMAG im Bereich der Durchsetzung von Haftungsansprüchen der Aktiengesellschaft gegen Organmitglieder, DB 2005, 1779; *K. Schmidt* Verfolgungspflichten, Verfolgungsrechte und Aktionärsklagen, NZG 2005, 796; *Schröer* Geltendmachung von Ersatzansprüche gegen Organmitglieder nach UMAG, ZIP 2005, 2081; *Seibert* UMAG – Zu den Begriffen „Unredlichkeit oder grobe Verletzung des Gesetzes oder der Satzung" in § 148 AktG und zu den Zusammenhängen zwischen §§ 93 und 148 AktG, FS Priester, 2007, S 763; *Seibt* Die Reform des Verfolgungsrechts nach § 147 AktG und des Rechts der Sonderprüfung, WM 2004, 2137; *Spindler* Haftung und Aktionärsklage nach dem neuen UMAG, NZG 2005, 851; *Weiss/Buchner* Wird des UMAG die Haftung und Inanspruchnahme der Unternehmensleiter verändern?, WM 2005, 162.

I. Regelungsgegenstand

Die im Zuge des UMAG eingeführte Norm erlaubt Minderheitsaktionären die klageweise Geltendmachung der in § 147 Abs 1 genannten Ersatzansprüche der Gesellschaft im eigenen Namen. Die betrifft insb, aber nicht ausschließlich Ersatzansprüche gegen Mitglieder des Vorstandes und des AR. Die Geltendmachung erfolgt in zwei Stufen. Auf der ersten Stufe erfolgt eine gerichtliche Prüfung der Klagezulassung (**Klagezulassungsverfahren**; Abs 1, 2). Auf der zweiten Stufe erfolgt die eigentliche gerichtliche Geltendmachung (**Klageverfahren;** Abs 4). Durch die Herabsetzung des Quorums von 10 % des Grundkapitals (§ 147 Abs 1 S 1 aF) auf 1 % des Grundkapitals bzw auf einen anteiligen Betrag von 100 000 EUR im Rahmen das UMAG wurde die Geltendmachung von Ansprüchen durch Aktionäre erheblich erleichtert (*Göz/Holzborn* WM 2006, 158). 1

Das Verfolgungsrecht der Aktionäre gem § 148 besitzt nur **subsidiären Charakter**, wie die Vorrangregelungen in § 148 Abs 1 S 2 Nr 2, Abs 3 belegen (siehe auch UMAG RegBegr BR-Drucks 3/05, 43). Die Regelungen zeigen auch, dass Vorstand bzw AR ungeachtet eines Vorgehens der Aktionäre nach § 148 zur Verfolgung von Ersatzansprüchen verpflichtet ist (**aA** *Koch* FS Hüffer S 447, 463: AR kann Anspruchsverfolgung Aktionären überlassen). Im Übrigen kann auch die HV ungeachtet von § 148 nach § 147 verfahren. 2

II. Voraussetzungen des Klagezulassungsverfahrens (Abs 1)

1. Antrag einer Aktionärsminderheit. Das Recht der Aktionäre, die in § 147 Abs 1 S 1 bezeichneten und nicht verjährten Ersatzansprüche der Gesellschaft (vgl § 147 Rn 3 ff) einzuklagen, setzt voraus, dass die Klage durch das Gericht zugelassen worden ist. Der **Antrag auf Klagezulassung** kann nur von einer **Aktionärsminderheit** gestellt werden, **deren Anteile zusammen 1 % des Grundkapitals oder einen anteiligen Betrag von 100 000 EUR am Grundkapital** erreichen (zu Einzelheiten der Berechnung vgl § 142 Rn 16). Das Quorum muss ausweislich des Gesetzeswortlautes **nur im Zeitpunkt der Antragstellung** vorliegen; nachträgliche Änderungen sind unerheblich (**hM** *LG München* 28.8.2008 – 5 HKO 12861/07 Juris Rn 578 = ZIP 2008, 2124; *Hüffer* AktG Rn 4; K. Schmidt/Lutter AktG/*Spindler* Rn 11; *Schröer* ZIP 2005, 2081, 2083; **aA** GroßKomm AktG/*G. Bezzenberger/T. Bezzenberger* Rn 176; *DAV* NZG 2004, 555, 560). Die antragstellenden Minderheitsaktionäre handeln als **BGB-Gesellschaft** (RegBegr BR-Drucks 3/05, 43, 46, ausf GroßKomm AktG/*G. Bezzenberger/ T. Bezzenberger* Rn 168 f; *Spindler* NZG 2005, 865, 866). 3

§ 148 Klagezulassungsverfahren

4 2. Voraussetzungen der Klagezulassung (Abs 1 S 2). – a) Erwerbszeitpunkt der Aktien (Abs 1 S 2 Nr 1). Die Aktionäre müssen im Klagezulassungsverfahren nachweisen, dass sie die Aktien **vor dem Zeitpunkt erworben** haben, in dem sie von den behaupteten Pflichtverstößen oder dem behaupteten Schaden auf Grund einer Veröffentlichung Kenntnis erlangen mussten. Spätere Hinzuerwerbe sind unbeachtlich (K. Schmidt/Lutter AktG/*Spindler* Rn 16). Wann eine entsprechende **Information veröffentlicht** ist, kann nur im Einzelfall bestimmt werden. Die von der RegBegr genannten Veröffentlichungswege „Breitenmedien, in der Wirtschaftspresse oder in weit verbreiteten Online-Diensten" (RegBegr BR-Drucks 3/05, 43) sind nicht abschließend (*Happ* FS Westermann S 982). Für die Frage der **Kenntniserlangung genügt fahrlässige Unkenntnis** (vgl § 122 Abs 2 BGB). Der entsprechende Sorgfaltsmaßstab kann auch hier nur im **Einzelfall** bestimmt werden (GroßKomm AktG/*G. Bezzenberger/ T. Bezzenberger* Rn 111; *Weiss/Buchner* WM 2005, 162, 168; Grigoleit/*Herrler* AktG Rn 5). Die Rekurrierung auf den „durchschnittlichen, verständigen Aktionär" (K. Schmidt/Lutter AktG/*Spindler* Rn 18 mwN; *Hüffer* AktG Rn 5; *Happ* FS Westermann S 982) zieht den Verkehrskreis zu groß. Sie ist weder teleologisch geboten noch wird sie der Inhomogenität der Aktionäre gerecht (zur ratio legis vgl RegBegr BR-Drucks 3/05, 43). Da den Aktionären auch **Darlegung und (Voll-)Beweis** obliegt, ist sie sachlich nicht erforderlich. Bei der Berechnung des Quorums kommt es auf jeden einzelnen Aktionär an. Erwirbt ein Aktionär nach Kenntniserlangung weitere Aktien, so können diese später erworbenen Aktien nicht zum Erreichen des Quorums hinzugezählt werden (*Schröer* ZIP 2005, 2081, 2084). § 70 findet Anwendung.

5 b) Vergebliche Fristsetzung zur Klageerhebung (Abs 1 S 2 Nr 2). Des Weiteren ist in formeller Hinsicht der Nachweis erforderlich, dass die antragstellenden Aktionäre die Gesellschaft unter **Setzung einer angemessenen Frist vergeblich zur Klageerhebung aufgefordert** haben. Der Wortlaut und die Gesetzesmaterialien legen es nah, dass die auffordernden Aktionäre schon zu diesem Zeitpunkt das für den Zulassungsantrag erforderliche Quorum erreichen müssen (**hM** *Hüffer* AktG Rn 6; nun auch K. Schmidt/Lutter AktG/*Spindler* Rn 21; RegBegr BR-Drucks 3/05, 43). Teleologisch ist dies nicht geboten. Die **Angemessenheit der Frist** ist unter Berücksichtigung der konkreten Umstände für den Einzelfall zu bestimmten (GroßKomm AktG/*G. Bezzenberger/T. Bezzenberger* Rn 124; RegBegr BR-Drucks 3/05, 43 f: höchstens zwei Monate; vgl Grundsätze zu §§ 281, 323 BGB). Die **Fristsetzung ist entbehrlich**, wenn die Gesellschaft eine Klageerhebung ernsthaft und endgültig verweigert (RegBegr BR-Drucks 3/05, 43) oder besondere Umstände vorliegen, die eine sofortige Antragstellung rechtfertigen (vgl § 281 Abs 2 BGB; uU auch Fristversäumung nach § 147 Abs 1 S 2 – so allg Nirk/Ziemons/Binnewies, Hdb AktG/*Ziemons* Bd I Rn 11.201). Eine mögliche Haftung von Vorstand und AR macht Fristsetzung nicht entbehrlich (GroßKomm AktG/*G. Bezzenberger/T. Bezzenberger* Rn 125; Nirk/Ziemons/Binnewies, Hdb AktG/*Ziemons* Bd I Rn 11.240; **aA** K. Schmidt/Lutter AktG/*Spindler* Rn 22; Spindler/Stilz AktG/*Mock* Rn 68). Den Aktionären obliegen **Darlegung und (Voll-)- Beweis** der vergeblichen Klageaufforderung unter Setzung einer angemessenen Frist. Von der Gesellschaft wird man eine eindeutige Erklärung ihrer Entscheidung, die Ansprüche geltend zu machen oder nicht, verlangen können (vgl RegBegr BR-Drucks 3/05, 44). Diese ist ggf zu begründen (Spindler/Stilz AktG/*Mock* Rn 72: Mitteilung der überwiegenden Gründe des Gesellschaftswohls iSv Abs 1 S 2 Nr 4, vgl Abs 6 S 2). Die bloße Ankündigung der Klageerhebung durch die Gesellschaft soll nicht zur Unzulässigkeit des Minderheitenantrags führen (*Schröer* ZIP 2005, 2081, 2085). **Adressat der Aufforderung** ist das Verwaltungsorgan, das den Ersatzanspruch zu verfolgen hat (*Paschos/Neumann* DB 2005, 1779, 1780; Spindler/Stilz AktG/*Mock* Rn 68; **aA** Gesellschaft als Adressat: Heidel AktG/*Lochner* Rn 10; *Schröer* ZIP 2005, 2081, 2084). Die Gesellschaft kann sich jedoch kaum darauf berufen, dass ein falsches Organ adressiert wurde (§ 242 BGB; *Hüffer* AktG Rn 6; K.Schmidt/Lutter AktG/*Spindler* Rn 21). Unterlassene Klageerhebung soll (offensichtlich) unschlüssige Klageerhebung oder bloße Anhängigkeit wg fehlenden Gerichtskostenvorschusses gleichgestellt sein (Nirk/Ziemons/Binnewies, Hdb AktG/*Ziemons* Bd I Rn 11.241).

c) Unredlichkeit oder grobe Gesetzes- oder Satzungsverletzung (Abs 1 S 2 Nr 3). Die 6
Klagezulassung erfordert zudem das Vorliegen von Tatsachen, die den Verdacht rechtfertigen, dass der Gesellschaft durch Unredlichkeit oder grobe Verletzung des Gesetzes oder der Satzung ein Schaden entstanden ist. Das Erfordernis fand sich bereits in der Vorgängerregelung 147 Abs 3 aF. Es entstammt jedoch § 142 Abs 2 S 1. **Zur Interpretation der Begrifflichkeiten kann daher auf § 142 Abs 2 S 1 zurückgegriffen werden** (ausdrücklich RegE KonTraG BT-Drs 872/97, 54 für § 147 Abs 3 aF).

Den Begriffen „Unredlichkeit" und „grobe Verletzung" ist mithin eine **schwere Pflicht-** 7
verletzung gemein. Die Schwere ist anhand einer **Gesamtbewertung** sämtlicher Umstände des Einzelfalls zu beurteilen (ähnlich *Seibert* FS Priester S 767). Für weitere Einzelheiten und Nachweise s **§ 142 Rn 15 ff.** Anders als bei § 142 Abs 2 S 1 AktG bedarf es zwingend des Verdachts eines kausalen Schadens. Eine schwere Pflichtverletzung ist bei einem geringen Schaden zu verneinen (zur Frage der Geringfügigkeit der Schadenshöhe § 142 Rn 15). Die Begründung RegE UMAG trägt nur sehr bedingt zum Gesamtverständnis der Norm bei. Dort heißt es an zentraler Stelle: „Mit der Norm sollen also vor allem solche Fälle einer gerichtlichen Überprüfung zugeführt werden, in denen wg der besonderen Schwere der Verstöße, die nicht im Bereich unternehmerischer Fehlentscheidungen liegen, sondern regelmäßig im Bereich der Treupflichtverletzung liegen, eine Nichtverfolgung unerträglich wäre und das Vertrauen in die gute Führung und Kontrolle der deutschen Unternehmen [...]." (BR-Drucks 3/05, 44).

Die Antragsteller tragen die **Darlegungs- und Beweislast** (hM GroßKomm AktG/ 8
G. Bezzenberger/T. Bezzenberger Rn 149; *Happ* FS Westermann, S 995; **aA** Spindler/Stilz Akt/*Mock* Rn 79: keine Beweislast). Die Antragsteller haben daher entsprechende **konkrete Tatsachen darzulegen** (K. Schmidt/Lutter Akt/*Spindler* Rn 28). Was das **Beweismaß** angeht, so müssen die Tatsachen nach Anhörung der Gesellschaft und des AR eine schwerwiegende Pflichtverletzung und einen kausalen Schaden als denklogisch wahrscheinlich wie auch nicht möglich erscheinen lassen. **Der Wahrscheinlichkeitsgrad iRd § 148 Abs 1 Nr 3 muss dabei höher sein als derjenige iRd § 142 Abs 2. Folglich ist eine überwiegende Wahrscheinlichkeit** erforderlich (iE Heidel AktG/*Lochner* Rn 15; s § 142 Rn 15 ff). Der für diese Wahrscheinlichkeit notwendige Grad ähnelt dem der **Glaubhaftmachung** (dazu MünchKomm ZPO/*Prütting* § 294 Rn 24; *Zöller* ZPO § 294 Rn 6). Ein Vollbeweis iSd § 286 ZPO ist daher nicht notwendig (*Hüffer* AktG Rn 8; Grigoleit/*Herrler* AktG Rn 9; *K. Schmidt* NZG 2005, 796, 800; anders wohl die **hM**: K.Schmidt/Lutter Akt/*Spindler* Rn 28 mwN; GroßKomm AktG/ *G. Bezzenberger/T. Bezzenberger* Rn 149; unklar Spindler/Stilz Akt/*Mock* Rn 79). Dies belegt zum einen der Vergleich mit Abs 1 S 2 Nr 1, 2, die im Gegensatz zu Abs 1 S 2 Nr 3 explizit von einem Nachweis sprechen. Schließlich verlangen Rechtsprechung

und Schrifttum beim wortlautgleichen und sachzusammenhängenden § 142 Abs 2 S 1 AktG ebenfalls keinen Vollbeweis (§ 142 Rn 15a).

9 d) Keine überwiegenden Gründe des Gesellschaftswohls (Abs 1 S 2 Nr 4). Der Geltendmachung der Ersatzansprüche dürfen **keine überwiegenden Gründe des Gesellschaftswohls** iSd ARAG/Garmenbeck-Entscheidung (*BGHZ* 135, 244 ff) entgegenstehen. Durch die Gesetzesformulierung wird deutlich, dass eine Aktionärsklage bei Vorliegen der Voraussetzungen von Abs 1 S Nr 1–3 regelmäßig zuzulassen ist und **nur in außerordentlichen Ausnahmefällen** abgelehnt werden kann (vgl RegBegr BR-Drucks 3/05, 45). Zur Frage, **welche Aspekte in die Abwägung eingestellt werden können**, hat sich noch kein einheitliches Meinungsbild gebildet. In Anlehnung an die Gesetzesmaterialien werden im Schrifttum genannt (Spindler/Stilz AktG/*Mock* Rn 480 mwN): hohes Beitreibungsrisiko, nichts Neues beitragende Klagen (me-too-Klagen), geringe Schadenssumme. In Anlehnung an die ARAG-Garmenbeck-Entscheidung werden des Weiteren genannt (GroßKomm AktG/*G. Bezzenberger/T. Bezzenberger* Rn 153, 156 ff; vgl auch RegE 1998 KonTraG BT-Drucks 13/9712, 21 zu § 147 aF): negative Auswirkungen auf Geschäftstätigkeit oder Ansehen der Gesellschaft, Behinderung der Geschäftsleitertätigkeit, Beeinträchtigung des Betriebsklimas. Angesichts des nach Abs 1 S Nr 3 notwendigen Verdachts von Unredlichkeiten oder groben Gesetzes- oder Satzungsverletzungen (oben Rn 8) ist **zweifelhaft**, ob sämtliche im Schrifttum genannten Aspekte eine Nichtgeltendmachung von Ersatzansprüchen überhaupt rechtfertigen können. Überzeugend ist jedenfalls eine Berücksichtigung des Beitreibungsrisikos (so auch *Hüffer* AktG Rn 9) sowie geringer Schadenssummen (wenn man nicht bereits eine hohe Schadenssumme im Rahmen von Abs 1 S Nr 3 berücksichtigt). Hinsichtlich der überwiegenden Gründe des Gesellschaftswohls soll die beizuladende **Gesellschaft die Darlegungs- und Beweislast** tragen (*Happ* FS Westermann, 2008, S 997; aA K. Schmidt/Lutter AktG/*Spindler* Rn 32: Antragsteller; GroßKomm AktG/*G. Bezzenberger/T. Bezzenberger* Rn 161: Antragsgegner; *Hüffer* AktG Rn 9 sowie *K. Schmidt* NZG 2005, 796, 800: von Amts wegen zu prüfen; Heidel/ *Lochner* AktG Rn 16; Antragsgegner).

III. Verfahrensrechtliche Bestimmungen (Abs 2)

10 Das Klagezulassungsverfahren ist ein **Verfahren nach der ZPO** (RegBegr BR-Drucks 3/05, 40; *Hüffer* AktG Rn 10). Zuständig ist das LG, in dessen Bezirk die Gesellschaft ihren Sitz hat, soweit vorhanden ist die KfH funktional zuständig (S 1, 2). Den Ländern ist die Möglichkeit einer örtlichen Zuständigkeitskonzentration eröffnet. Der Antrag der Aktionärsminderheit ist darauf zu richten, dass sie als **Prozessstandschafter** im eigenen Namen den Anspruch der Gesellschaft für diese geltend macht (*Holzborn/Bunnemann* BKR 2005, 51, 55). Im Umkehrschluss aus § 148 folgt, dass die Ersatzansprüche nicht im Wege einer Aktionärsklage als actio pro socio geltend gemacht werden können.

11 1. Einzelheiten des Verfahrensverlaufs. Antragsgegner ist nach allgM diejenige Person, die Schuldner des geltend zu machenden Ersatzanspruchs ist und mithin im nachfolgenden Klageverfahren Klagegegner sein soll (*Schröer* ZIP 2005, 2081, 2086; Duve/ *Basak* BB 2006, 1345, 1347). Die Gesellschaft selbst ist im Zulassungsverfahren von Amts wegen „**beizuladen**" (vgl § 148 Abs 2 S 7). Die Gesellschaft kann dem Zulassungsverfahren als **streitgenössische Nebenintervenientin** beitreten (GroßKomm AktG/*G. Bezzenberger/T. Bezzenberger* Rn 184; *Zieglmeier* ZGR 2007, 144, 154; Bork

ZIP 2005, **aA** notwendige Beigeladene iSv §§ 65 Abs 2, 66 VwGO: *Hüffer* AktG Rn 12 sowie K. Schmidt/Lutter AktG/*Spindler* Rn 8 mwN). Die Gesellschaft kann daher eigene Interessen vertreten (GroßKomm AktG/*G. Bezzenberger/T. Bezzenberger* Rn 185 f; *Paschos/Neumann* DB 2005, 1781, 1783). Insbesondere kann sie – anders als bei der gewöhnlichen Nebenintervention – selbstständig, dh auch bei Widerspruch der von ihr unterstützten Partei, **Angriffs- und Verteidigungsmittel vorbringen und sonstige Verfahrenshandlungen vornehmen** (*Zieglmeier* ZGR 2007, 144, 154; *Paschos/Neumann* DB 2005, 1781, 1784; allg MünchKomm ZPO/*Schultes* § 69 Rn 13 mwN; *Zöller* ZPO, § 69 Rn 7). Die Gesellschaft kann hierbei insbes Gründe des Gesellschaftswohls iSd Abs 1 S 2 Nr 4 vortragen. Verfügungen über den Streitgegenstand insgesamt sind ihr nach hM dagegen nicht erlaubt (K. Schmidt/Lutter AktG/*Spindler* Rn 8; *Paschos/Neumann* DB 2005, 1781, 1784). Hierdurch wird der „Kontrollfunktion" der Gesellschaft im Klagezulassungsverfahren Genüge getan. Sie kann zudem das Verfahren durch eine eigene Klage unzulässig machen (Abs 3 S 1 HS 2). Der **Antragsgegner** ist gem § 148 Abs 2 S 4 anzuhören. Mit der Antragstellung wird die **Verjährung des Haftungsanspruchs** der Gesellschaft gehemmt (§ 209 BGB), zeitlich jedoch beschränkt auf die rechtskräftige Antragsabweisung oder auf den Ablauf der Klagefrist gem § 148 Abs 4 S 1.

2. Entscheidung des Gerichts. Das Gericht entscheidet durch **Beschluss** (Sachentscheidung; *Hüffer* AktG Rn 12), der aufgrund der Möglichkeit eines Rechtsmittels zu begründen ist. Hinsichtlich Form, Inhalt und Mitteilung finden Urteilsvorschriften entsprechende Anwendung (ausf GroßKomm AktG/*G. Bezzenberger/T. Bezzenberger* Rn 199 ff). Börsennotierte Gesellschaften sind verpflichtet, gem § 149 Abs 1 die gerichtliche Entscheidung auf Zulassung der Klage in den Gesellschaftsblättern bekannt zu geben. Statthaftes Rechtsmittel gegen den Beschl ist die **sofortige Beschwerde, § 567 ZPO**. Diese steht auch den (streitgenössischen) Nebenintervenienten zu. Die Rechtsbeschwerde ist ausgeschlossen (Abs 2 S 8). Mit der rechtskräftigen Zulassung der Aktionärsklage wird das innergesellschaftlich zuständige Organ, wenn nicht außergewöhnliche Umstände vorliegen, regelmäßig zur Erhebung einer eigenen Klage verpflichtet sein (Gegenäußerung BReg BT-Drucks 15/5092, 43; *Schröer* ZIP 2005, 2081, 2086; K. Schmidt/Lutter AktG/*Spindler* Rn 35; **aA** AR kann Anspruchsverfolgung Aktionären überlassen; *Koch* FS Hüffer S 447, 463).

11a

IV. Recht der Gesellschaft (Abs 3)

1. Klage der Gesellschaft. Die Gesellschaft ist jederzeit – während des Klagezulassungsverfahrens und des Klageverfahrens der Aktionäre – berechtigt, selbst Klage zu erheben und die Ersatzansprüche gerichtlich geltend zu machen (§ 148 Abs 3 S 1). Die Klageerhebung führt nach dem Wortlaut des § 148 Abs 3 S 1 HS 2 zur **„Unzulässigkeit"** des Zulassungsverfahrens bzw der anhängigen Aktionärsklage. Damit ist wohl gemeint, dass die Rechtshängigkeit automatisch enden soll (*Paschos/Neumann* DB 2005, 1779, 1782) bzw durch Fiktion die Klage als nicht mehr rechtshängig gilt (vgl *Hüffer* AktG Rn 13). Der Klage der Gesellschaft kann damit nicht der Einwand der anderweitigen Rechtshängigkeit (§ 261 Abs 3 Nr 1 ZPO) entgegengehalten werden. Der Antrag der Aktionäre bzw deren Klage ist aufgrund der „Unzulässigkeit" kostenpflichtig abzuweisen (arg nun fehlende Prozessstandschaft/Prozessführungsbefugnis: MünchKomm AktG/*Schröer* Rn 63 mwN). Etwaige bis zum Zeitpunkt der Klageerhebung durch die Gesellschaft den Aktionären entstandene Kosten trägt die Gesell-

12

schaft (Abs 6 S 4 (analog); MünchKomm AktG/*Schröer* Rn 82: Kostenerstattungspflicht der Gesellschaft). Das Verstreichen der von den Aktionären gesetzten Frist gem § 148 Abs 1 S 2 Nr 2 ist für die Klagemöglichkeit der Gesellschaft unschädlich (*Weiss/Buchner* WM 2005, 162, 169). Zuständig für diese Klage ist das für den Klagezulassungsantrag gem § 148 Abs 2 S 1 zuständige Gericht (*Hüffer* AktG Rn 17).

13 **2. Übernahme der anhängigen Aktionärsklage durch die Gesellschaft.** Wahlweise hat die Gesellschaft auch das Recht, die Aktionärsklage zu übernehmen. Diese **Klageübernahme** stellt nach allgM einen gesetzlichen Parteiwechsel auf Klägerseite dar (*Hüffer* AktG Rn 14; *Bork* ZIP 2005, 66, 67). Sie hängt weder von der Zustimmung des Klagegegners noch von der der klageführenden Aktionäre ab (*Paschos/Neumann* DB 2005, 1779, 1782). Die prozessuale Situation ist mit der des § 265 Abs 2 ZPO bei Klageübernahme durch den Rechtsnachfolger zu vergleichen: Die Aktionärsminderheit scheidet ohne Entscheidung aus. Die Gesellschaft übernimmt nach allgM den Prozess in der Lage, in der er sich zum Zeitpunkt der Übernahme befindet (MünchKomm AktG/*Schröer* Rn 64). Sie ist an die bisherigen Prozesshandlungen sowie an die Ergebnisse der Beweisaufnahme gebunden. Das Urteil mit Kostenentscheidung ergeht nur noch gegenüber der Gesellschaft (*Paschos/Neumann* DB 2005, 1779, 1783; allg MünchKomm ZPO/*Lüke* § 265 Rn 99 ff). Etwaige bis zum Zeitpunkt der Übernahme der Klage den Aktionären entstandene Kosten trägt die Gesellschaft (Abs 6 S 4).

14 **3. Beiladung der Aktionärsminderheit.** Die bisherigen Antragsteller bzw klagenden Aktionäre sind sowohl bei einer eigenen Klage der Gesellschaft als auch bei Übernahmen der Klage von den Aktionären „beizuladen" (Abs 3 S 3), um eine sorgfältige Prozessführung zu gewährleisten. Die „Beiladung" ist hier ebenfalls als **streitgenössische Nebenintervention** zu verstehen (GroßKomm AktG/*G. Bezzenberger/T. Bezzenberger* Rn 215; vgl Rn 11). Aktionäre können daher selbstständig, dh auch bei Widerspruch der von ihr unterstützten Partei, **Angriffs- und Verteidigungsmittel vorbringen und sonstige Verfahrenshandlungen vornehmen** (MünchKomm AktG/*Schröer* Rn 64). Verfügungen über den Streitgegenstand insgesamt sind ihnen nach hM dagegen nicht erlaubt (vgl Rn 11).

V. Anforderungen an Haftungsklage der Aktionäre (Abs 4)

15 **1. Kläger und Beklagter.** Klagebefugt sind nach wohl allgM ausschließlich **die Aktionäre, die erfolgreich im Rahmen des Zulassungsverfahrens Antragsteller waren** (RegBegr BR-Drucks 3/05, 45; *Göz/Holzborn* WM 2005, 157, 159; *Hüffer* AktG Rn 15). Sie klagen in gesetzlicher Prozessstandschaft (RegBegr BR-Drucks 3/05, 46; Spindler/Stilz AktG/*Mock* Rn 128). Weitere Aktionäre können sich nach Klagezulassung nicht mehr der Klage anschließen (RegBegr BR-Drucks 3/05, 46). Beteiligen sich einzelne Aktionäre nach Klagezulassung nicht mehr an der Klageerhebung, so soll dies nach **hM** unschädlich sein, da das Quorum nur bei der Antragstellung gem § 148 Abs 1 S 1 vorhanden sein muss (Spindler/Stilz AktG/*Mock* Rn 131; *Hüffer* AktG Rn 16; K. Schmidt/Lutter AktG/*Spindler* Rn 41; **aA** RefE UMAG, NZG 2004, Beilage zu Heft 4 S 15 f sowie ausf GroßKomm AktG/*G. Bezzenberger/T. Bezzenberger* Rn 228). **Beklagte** des Haftungsprozesses sind die in § 147 Abs 1 S 1 genannten Personen, die Haftungsschuldner des geltend zu machenden Ersatzanspruchs sein sollen. Der klagenden Aktionärsminderheit obliegt Informationslast. Zur Informationserlangung dient va die Sonderprüfung gem § 142 (*Hüffer* AktG Rn 15; *Seibt* WM 2004, 2137,

Klagezulassungsverfahren § 148

2142; *Semler* AG 2005, 321, 331). Im Einzelfall kann nach den allg Vorschriften für Verwaltungsorgane eine Pflicht zur Mitwirkung bei der Informationserlangung bestehen. **Klageantrag** muss sich iRd Beschlusses im Klagezulassungsverfahren bewegen (MünchKomm AktG/*Schröer* Rn 70).

2. Zulässigkeitsvoraussetzungen. Die Klage kann nur **innerhalb von drei Monaten** nach der rechtskräftigen Entscheidung auf Klagezulassung erhoben werden (§ 148 Abs 4 S 1). Vor Klageerhebung muss die Gesellschaft zudem unter Setzung einer angemessenen Frist (von weniger als zwei Monaten, vgl Rn 6) erneut von der **Aktionärsminderheit zur Klageerhebung erfolglos aufgefordert** worden sein. Die Aktionärsminderheit macht mit der Klage einen **Anspruch der Gesellschaft im eigenen Namen als gesetzlicher Prozessstandschafter** geltend. Der Antrag muss **auf Leistung an die Gesellschaft** gerichtet sein. Zuständiges Gericht ist das für den Klagezulassungsantrag zuständige Gericht (§ 148 Abs 2). **16**

3. Nebenintervention; Klageverbindung. Eine **Nebenintervention** (§ 66 ZPO) ist nach der gerichtlichen Entscheidung auf Klagezulassung durch Aktionäre nicht mehr möglich (§ 148 Abs 4 S 3). Vor Zulassung der Klage kann eine Nebenintervention im Rahmen des Klagezulassungsverfahrens (§ 66 Abs 1 ZPO) erfolgen, wenn der beitretende Aktionär die Voraussetzungen des § 148 Abs 1 S 2 Nr 1 erfüllt (GroßKomm AktG/ *G. Bezzenberger/T. Bezzenberger* Rn 186). Mehrere Aktionärsklagen sind zur gemeinsamen Verhandlung und Entscheidung (vgl § 147 ZPO) **zu verbinden**. **17**

VI. Rechtskraft von Urteil und Vergleich (Abs 5)

1. Urteil. Ein **Urteil im Ersatzanspruchsverfahren** wirkt für und gegen die Gesellschaft und alle übrigen Aktionäre (§ 148 Abs 5 S 1). Dies gilt unabhängig davon, ob das Klageverfahren auf einer Aktionärsklage beruht oder auf einer Klage der Gesellschaft gem § 148 Abs 3 (*Hüffer* AktG Rn 19). Infolge der entgegenstehenden Rechtskraft ist eine erneute Inanspruchnahme des Schuldners unzulässig. Wenn eine Aktionärsminderheit mit Stellung des Klagezulassungsantrags ihr Minderheitenrecht auf Verfolgung der Ersatzansprüche geltend machen will, dann sollte sie auch das Recht haben, eine Titelübertragung zu ihren Gunsten begehren zu können, wenn die AG den von ihr erstrittenen Titel nicht vollstreckt (*Hüffer* AktG Rn 19; MünchKomm AktG/*Schröer* Rn 79). Die **Entscheidung im Rahmen des Klagezulassungsverfahrens** bewirkt hingegen keine Rechtskrafterstreckung (GroßKomm AktG/*G. Bezzenberger/ T. Bezzenberger* Rn 200). Weiteren Aktionären bleibt es bei Stattgeben oder Ablehnung des Antrags unbenommen, ebenfalls Klagezulassung zu beantragen (*Spindler* NZG 2005, 865, 868). **18**

(zz nicht belegt) **19**

2. Vergleich. Schließen die Aktionäre einen Vergleich, ist zu differenzieren. **Im Zulassungsverfahren** wirkt der Vergleich nur zwischen den Parteien des Verfahrens (vgl GroßKomm AktG/*G. Bezzenberger/T. Bezzenberger* Rn 200 für den Beschl). Nicht beteiligte Aktionäre und die Gesellschaft werden durch einen Vergleich nicht gebunden. Die Gesellschaft kann trotz eines Vergleichs im Zulassungsverfahren daher selbst noch klagen. **Im Klageverfahren** wirkt ein Vergleich auch für und gegen die am Verfahren nicht beteiligten Aktionäre (Abs 5 S 2 HS 1). Für und gegen die Gesellschaft wirkt der Vergleich nur nach Klagezulassung. Der Vergleich unterliegt nach allgA den Voraussetzungen des § 93 Abs 4 S 3, 4 (K. Schmidt/Lutter Akt/*Spindler* Rn 51); arg die **20**

Regelungsbefugnis der Aktionäre als Prozessstandschafter kann nicht weiter reichen, als die der Gesellschaft selbst. Die **dreijährige Sperrfrist** soll indes nicht gelten (Groß-Komm AktG/*G.Bezzenberger/T.Bezzenberger* Rn 244; K. Schmidt/Lutter Akt/*Spindler* Rn 51; *Paschos/Neumann* DB 2005, 1779, 1784; offen Grigoleit/*Herrler* AktG 21). Dies begegnet angesichts deren Geltung für gewöhnliche Prozessvergleiche und einer fehlenden Vergleichbarkeit mit der Regelung in Abs 6 S 4 gewichtigen Bedenken. Der Vergleich soll zudem – neben der Zustimmung der HV – der Zustimmung der Gesellschaft unterliegen (*Paschos/Neumann* DB 2005, 1779, 1784).

20a **Schließt die Gesellschaft einen Vergleich** im **Klageverfahren** nach eigener oder übernommener Klage, wirkt dieser für und gegen sämtliche Aktionäre. Eine Zustimmung der „beigeladenen" Aktionäre ist nicht erforderlich. Sie können den Vergleich nicht verhindern (*Hüffer* AktG Rn 21; *Paschos/Neumann* DB 2005, 1779, 1884). Der Vergleich unterliegt jedoch den Voraussetzungen des § 93 Abs 4 S 3, 4 (*Paschos/Neumann* DB 2005, 1779, 1784; K. Schmidt/Lutter AktG/*Spindler* Rn 52; unklar *Hüffer* AktG Rn 21). Hinsichtlich der Anwendung der dreijährigen Sperrfrist oben Rn 20. Der **Hinweis in Abs 5 S 2 auf § 149** ist dahingehend zu verstehen, dass die Norm nur Vergleiche erfasst, die auf eine Verfahrensbeendigung abzielen.

VII. Kostentragungsregelung (Abs 6)

21 **1. Gerichtliche Kostenentscheidung.** Hinsichtlich der gerichtlichen Kostenentscheidung ist nach den Verfahrensstufen zu differenzieren. **Wird der Antrag auf Klagezulassung abgewiesen**, so sind **in diesem Beschluss** der Aktionärsminderheit die Verfahrenskosten aufzuerlegen (zu einem ggf bestehenden Kostenerstattungsanspruch Rn 22). **Wird dem Antrag auf Klagezulassung stattgegeben**, so ist über die Kostentragung bzgl des Zulassungsverfahrens auch erst im Endurteil der Haftungsklage zu entscheiden (§ 148 Abs 6 S 3). Diese Kostenentscheidung beurteilt sich im Übrigen nach §§ 91 ff ZPO. Der **Streitwert des Zulassungsverfahrens** wird vom Gericht im freiem Ermessen festgesetzt (§ 3 ZPO, § 53 Abs 1 Nr 4 GKG). Das Interesse an der Zulassung der Klage als solches ist dabei maßgebend (GroßKomm AktG/*G. Bezzenberger/ T. Bezzenberger* Rn 264; MünchKomm AktG/*Schröer* Rn 79), nicht ein der Beteiligung der antragstellenden Aktionäre entsprechender Anteil (so aber Spindler/Stilz AktG/*Mock* Rn 97; *Meilicke/Heidel* DB 2004, 1479, 1482). Hinsichtlich des **Streitwertes des Klageverfahrens** ist der Betrag des in der Klage bezifferten Anspruchs maßgebend (Höchstgrenze 30 Mio EUR: §§ 39 Abs 2 GKG, 22 Abs 2 RVG).

22 **2. Materiell-rechtlicher Kostenerstattungsanspruch.** Gem § 148 Abs 6 S 2 steht den Aktionären ein **materiell-rechtlicher Kostenerstattungsanspruch** zu, wenn ihr Antrag auf Klagezulassung nur deshalb abgewiesen wurde, weil **überwiegende Gründe des Gesellschaftswohls** entgegenstehen, welche die Gesellschaft den antragstellenden Aktionären im Vorfeld hätte mitteilen können und somit das Klagezulassungsverfahren hätte verhindern können. Diese Mitteilung soll im Rahmen der Aufforderung der Aktionäre gem § 148 Abs 4 S 1, die Gesellschaft solle selbst Klage erheben, erfolgen (RegBegr BR-Drucks 3/05, 48). Nach § 148 Abs 6 S 4 steht Aktionären ein Kostenerstattungsanspruch zu, wenn Gesellschaft selbst Klage erhebt oder Klage übernimmt (vgl. Rn 12, 13). Einen weiteren Kostenerstattungsanspruch gibt § 148 Abs 6 S 5 den zur Kostentragung verurteilten Aktionären, wenn sie in der zugelassenen Haftungsklage unterliegen, sofern die Zulassung der Klage **nicht auf vorsätzlich oder grob fahrlässig unrichtigem Vortrag** beruht. Zudem soll § 148 Abs 6 S 6 zur Kostenvermeidung

beitragen, indem grundsätzlich nur die Kosten eines Bevollmächtigten für alle gemeinsam antragstellenden oder klagenden Aktionären erstattungsfähig sind (Reg-Begr BR-Drucks 3/05, 49). Bezüglich der Kosten der beigeladenen Aktionäre (§ 148 Abs 3 S 3) wurde keine Regelung getroffen. Dies führt zu der Annahme, dass bewusst auf einen Kostenerstattungsanspruch der beigeladenen Aktionäre verzichtet wurde (*Paschos/Neumann* DB 2005, 1779, 1784). Die Kosten der Beiladung sollen nach eA durch die Beigeladenen selbst zu tragen sein (K. Schmidt/Lutter AktG/*Spindler* Rn 53), nach aA gelten die allg Regeln der (streitgenössischen) Nebenintervention (GroßKomm AktG/*G. Bezzenberger/T. Bezzenberger* Rn 254 f).

§ 149 Bekanntmachungen zur Haftungsklage

(1) Nach rechtskräftiger Zulassung der Klage gemäß § 148 sind der Antrag auf Zulassung und die Verfahrensbeendigung von der börsennotierten Gesellschaft unverzüglich in den Gesellschaftsblättern bekannt zu machen.

(2) ¹Die Bekanntmachung der Verfahrensbeendigung hat deren Art, alle mit ihr im Zusammenhang stehenden Vereinbarungen einschließlich Nebenabreden im vollständigen Wortlaut sowie die Namen der Beteiligten zu enthalten. ²Etwaige Leistungen der Gesellschaft und ihr zurechenbare Leistungen Dritter sind gesondert zu beschreiben und hervorzuheben. ³Die vollständige Bekanntmachung ist Wirksamkeitsvoraussetzung für alle Leistungspflichten. ⁴Die Wirksamkeit von verfahrensbeendigenden Prozesshandlungen bleibt hiervon unberührt. ⁵Trotz Unwirksamkeit bewirkte Leistungen können zurückgefordert werden.

(3) Die vorstehenden Bestimmungen gelten entsprechend für Vereinbarungen, die zur Vermeidung eines Prozesses geschlossen werden.

Übersicht

	Rn		Rn
I. Regelungsgegenstand	1	2. Einzelheiten zum Umfang der Bekanntmachung	3
II. Bekanntmachungspflicht zur Haftungsklage (Abs 1 und 2)	2	3. Rechtsfolgen	6
1. Allgemeines	2	III. Vereinbarung zur Prozessvermeidung (Abs 3)	7

Literatur: *Jahn* Das Aus für „räuberische Aktionäre" oder neues Erpressungspotenzial?, BB 2005, 5; *Koch* Das Gesetz zur Unternehmensintegrität und Modernisierung des Anfechtungsrechts (UMAG) – ein Überblick, ZGR 2006, 769; *Schröer* Geltendmachung von Ersatzansprüchen gegen Organmitglieder nach UMAG, ZIP 2005, 2081; *Spindler* Haftung und Aktionärsklage nach dem neuen UMAG, NZG 2005, 865; *Weiss/Buchner* Wird das UMAG die Haftung und Inanspruchnahme der Unternehmensleiter verändern?, WM 2005, 162.

I. Regelungsgegenstand

§ 149 regelt die **Bekanntmachungspflichten von börsennotierten Gesellschaften** (§ 3 Abs 2) im Zusammenhang mit **Haftungsklagen iSv § 148**. Für nicht börsennotierte „kleine AGs" gilt diese Pflicht nicht. Die Regelung wurde im Rahmen des UMAG eingeführt und trat am 1.11.2005 in Kraft. Die Bekanntmachung betrifft den **Antrag auf Klagezulassung und die Verfahrensbeendigung,** sowohl von Klagezulassungsver- 1

§ 149 Bekanntmachungen zur Haftungsklage

fahren als auch von Haftungsklageverfahren. Die Norm erfasst alle Vereinbarungen zur Verfahrensbeendigung und zur Prozessvermeidung. Für Hintergrundinformationen und weitere nicht bekanntmachungspflichtige Details steht den Aktionären ein Fragerecht in der nächsten HV zu (BT-Drucks 15/5092). § 248a stellt eine Parallelvorschrift für Anfechtungsklagen dar (vgl § 248a Rn 2).

II. Bekanntmachungspflicht zur Haftungsklage (Abs 1 und 2)

2 1. **Allgemeines.** Die Gesellschaft hat eine **Pflicht zur Bekanntmachung,** wenn eine Aktionärsminderheit gem § 148 die Zulassung einer Haftungsklage beantragt hat und das Gericht diesem Antrag stattgegeben hat. **Mit Rechtskraft dieser Klagezulassungsentscheidung,** also mit Ablauf der zweiwöchigen Beschwerdefrist oder mit Rechtskraft der Beschwerdeentscheidung, sind von der Gesellschaft der Zulassungsantrag der Aktionäre und die Verfahrensbeendigung (vgl Rn 3) bekannt zu geben. Die Bekanntgabe hat unverzüglich – **also ohne schuldhaftes Zögern (§ 121 BGB)** – durch den Vorstand im elektronischen Bundesanzeiger (§ 25 S 1) und, soweit die Satzung es vorsieht, in weiteren Gesellschaftsblättern zu erfolgen.

3 2. **Einzelheiten zum Umfang der Bekanntmachung.** Abs 2 regelt, welche Informationen hinsichtlich der Verfahrensbeendigung bekannt zu geben sind. Die Verfahrensbeendigung bezieht sich sowohl auf das **Klagezulassungsverfahren** als auch auf das nachfolgende **Hauptverfahren** (RegBegr BR-Drucks 3/05, 50). Da jedoch § 149 Abs 1 die Zulassung der Klage voraussetzt, wird sich die Art der Verfahrensbeendigung regelmäßig auf die Haftungsklage beziehen. **Arten der Verfahrensbeendigung** können gerichtliche und außergerichtliche **Vergleiche** (§ 93 Abs 4 S 3 und 4) sein sowie verfahrensbeendende Prozesshandlungen wie **Klagerücknahme** und **Erledigungserklärung.** Es sind jedoch nur Verfahrensbeendigungen erfasst, die in anderer Weise als durch Urteil erfolgen (vgl § 248a Rn 2; **aA die wohl hM** *Hüffer* AktG Rn 3; Spindler/Stilz AktG/*Mock* Rn 9; MünchKomm AktG/*Schröer* Rn 10), da im Falle eines Urteils der Regelungszweck der Norm, eine abschreckende Wirkung auf rechtsmissbräuchliche Klagen zu bewirken, nicht einschlägig ist. Zudem hätte die Erstreckung auf Urteile zur Folge, dass eine fehlerhafte Bekanntgabe ein Rückforderungsrecht für Leistungen begründen würde, die auf Grund einer gerichtlichen Entscheidung erbracht wurden.

4 Des Weiteren ist der **vollständige Wortlaut aller Vereinbarungen, Nebenabreden und sonstiger Verträge,** die zwischen der Gesellschaft, den Anfechtungsklägern sowie sonstigen im Interesse der Gesellschaft oder der Anfechtungskläger handelnden Dritten geschlossen wurden und die mit der Verfahrensbeendigung im Zusammenhang stehen, bekannt zu geben. Die Namen der an den Vereinbarungen Beteiligten, einschließlich ihrer Verfahrensvertreter, sind ebenfalls zu benennen, sowie die Anzahl der Aktien, die jeder Anfechtungskläger hält (RegBegr BT-Drucks 15/5092, 25).

5 Besonders zu beschreiben und hervorzuheben sind **Leistungen der Gesellschaft oder Leistungen Dritter, die der Gesellschaft zuzurechnen** sind. Hierunter fallen Prozesskosten- und Aufwandserstattungen, einvernehmliche Ansetzung des Vergleichswerts, Schadensersatzzahlungen, Honorare für Beratungsleistungen, Gutachten, wissenschaftliche Ausarbeitungen und sonstige Zuwendungen, des Weiteren Vereinbarungen über Rechtsgeschäfte wie Beratungsaufträge mit Aktionären oder ihnen nahe stehenden Dritten. Es wird jede vermögenswerte Leistung erfasst, die von der Gesellschaft erbracht wird oder ihr zuzurechnen ist (RegBegr BT-Drucks 15/5092, 24 f; Münch-

Komm AktG/*Schröer* Rn 14). Unerheblich ist, ob die Leistung dem Anfechtungskläger mittelbar oder unmittelbar zu Gute kommt. Unerheblich soll auch sein, ob Leistung durch Dritten auf Initiative der Gesellschaft erfolgt (MünchKomm AktG/*Schröer* Rn 16 f). Infolge der Ausgestaltung als Wirksamkeitsvoraussetzung besteht ein **Anspruch auf Bekanntgabe gegen die Gesellschaft** (RegBegr BT-Drucks 3/05, 54).

3. Rechtsfolgen. Die Bekanntmachungspflicht ist als Wirksamkeitsvoraussetzung ausgestaltet. Fehlerhafte oder unterlassene Bekanntmachung führt zur Unwirksamkeit der Verpflichtung der Gesellschaft zur Leistungserbringung, § 149 Abs 2 S 3. Ebenso sind Leistungspflichten Dritter unwirksam, deren Zusage der Gesellschaft zuzurechnen sind. Die Unwirksamkeit erfasst jedoch nicht die verfahrensbeendenden Prozesshandlungen wie Klagerücknahme oder Erledigungserklärung, § 149 Abs 2 S 4. Zwar spricht das Gesetz von „können", auf Grund des § 93 ist der Vorstand der Gesellschaft jedoch verpflichtet nach § 149 Abs 2 S 5 iVm §§ 812 ff BGB erbrachte Leistungen zurückzufordern (allgM *Spindler* NZG 2005, 865, 870; siehe auch RegBegr BR-Drucks 3/05, 51). § 814 BGB ist somit nicht anwendbar (*Koch* ZGR 2006, 769, 778; Spindler/ Stilz AktG/*Mock* Rn 19). Ebenso ist der Einwand des § 818 Abs 3 BGB ausgeschlossen (*Hüffer* AktG Rn 4). Stellt die Leistung der Gesellschaft eine verbotene Einlagenrückgewährung gem § 57 dar und führt diese nach den Grundsätzen zu § 57 zur Nichtigkeit des Verpflichtungs- und des Vollzugsgeschäfts, so besteht ein dinglicher Herausgabeanspruch und ein obligatorischer Rückerstattungsanspruch nach § 62. Der Rückforderungsanspruch des § 149 Abs 2 S 5 iVm §§ 812 ff BGB erfasst sodann nur noch die Rückforderung des Besitzes (*Hüffer* AktG Rn 4). 6

III. Vereinbarung zur Prozessvermeidung (Abs 3)

Vereinbarungen, die zur Vermeidung eines Prozesses geschlossen werden, sind in entsprechender Anwendung des § 149 Abs 1, 2 ebenfalls bekanntmachungspflichtig. Hierunter fallen bspw dahingehende Vereinbarungen, dass nach Klagezulassung die Haftungsklage nicht erhoben wird, dass das Klagezulassungsverfahren nicht weiter verfolgt wird oder dass der Antrag auf Klagezulassung zurückgenommen wird (*Hüffer* AktG Rn 5). Prozessvermeidende Vereinbarungen sollen von Abs 3 auch erfasst sein, wenn diese vor rechtskräftiger Zulassung der Klage gem § 148 getroffen wurden (MünchKomm AktG/*Schröer* Rn 23). Eine fehlerhafte oder unterlassene Bekanntgabe hat ebenfalls die Unwirksamkeit der Vereinbarung und die Rückforderungspflicht der Gesellschaft zur Folge (vgl Rn 5). 7

Fünfter Teil
Rechnungslegung. Gewinnverwendung

Erster Abschnitt
Jahresabschluss und Lagebericht. Entsprechenserklärung

§ 150 Gesetzliche Rücklage. Kapitalrücklage

(1) In der Bilanz des nach den §§ 242, 264 des Handelsgesetzbuchs aufzustellenden Jahresabschlusses ist eine gesetzliche Rücklage zu bilden.

(2) In diese ist der zwanzigste Teil des um einen Verlustvortrag aus dem Vorjahr geminderten Jahresüberschusses einzustellen, bis die gesetzliche Rücklage und die Kapitalrücklagen nach § 272 Abs. 2 Nr. 1 bis 3 des Handelsgesetzbuchs zusammen den zehnten oder den in der Satzung bestimmten höheren Teil des Grundkapitals erreichen.

(3) Übersteigen die gesetzliche Rücklage und die Kapitalrücklagen nach § 272 Abs. 2 Nr. 1 bis 3 des Handelsgesetzbuchs zusammen nicht den zehnten oder den in der Satzung bestimmten höheren Teil des Grundkapitals, so dürfen sie nur verwandt werden

1. zum Ausgleich eines Jahresfehlbetrags, soweit er nicht durch einen Gewinnvortrag aus dem Vorjahr gedeckt ist und nicht durch Auflösung anderer Gewinnrücklagen ausgeglichen werden kann;
2. zum Ausgleich eines Verlustvortrags aus dem Vorjahr, soweit er nicht durch einen Jahresüberschuss gedeckt ist und nicht durch Auflösung anderer Gewinnrücklagen ausgeglichen werden kann.

(4) ¹Übersteigen die gesetzliche Rücklage und die Kapitalrücklagen nach § 272 Abs. 2 Nr. 1 bis 3 des Handelsgesetzbuchs zusammen den zehnten oder den in der Satzung bestimmten höheren Teil des Grundkapitals, so darf der übersteigende Betrag verwandt werden

1. zum Ausgleich eines Jahresfehlbetrags, soweit er nicht durch einen Gewinnvortrag aus dem Vorjahr gedeckt ist;
2. zum Ausgleich eines Verlustvortrags aus dem Vorjahr, soweit er nicht durch einen Jahresüberschuss gedeckt ist;
3. zur Kapitalerhöhung aus Gesellschaftsmitteln nach den §§ 207 bis 220.

²Die Verwendung nach den Nummern 1 und 2 ist nicht zulässig, wenn gleichzeitig Gewinnrücklagen zur Gewinnausschüttung aufgelöst werden.

Übersicht

	Rn		Rn
I. Überblick	1	b) Satzung	5
1. Begriff der gesetzlichen Rücklage und der Kapitalrücklage	1	c) Zuweisung weiterer Beträge (§ 58 Abs 3 S 1)	6
2. Regelungszweck	2	III. Verwendbarkeit des Mindestbetrages (Abs 3)	7
II. Einzustellende Beträge (Abs 2)	3		
1. Zuweisung von 5 % Jahresüberschuss	3	IV. Verwendbarkeit des übersteigenden Teils (Abs 4)	8
2. Obergrenze	4	V. Rechtsfolgen von Verstößen	9
a) Gesetzliche	4		

Literatur: *Döllerer* Einlagen bei Kapitalgesellschaften nach Handelsrecht und Steuerrecht, BB 1986, 1857; *Ebeling* Die Verwendung der Kapitalrücklage der Aktiengesellschaft gem § 150 Abs 3 und 4 AktG, WPg 1988, 502; *von Falkenhausen* Ausschüttungssperren für die Kapitalrücklage – Eine rechtspolitische Betrachtung von § 150 III und IV AktG, NZG 2009, 1096; *Gelhausen/Althoff* Die Bilanzierung ausschüttungs- und abführungsgesperrter Beträge im handelsrechtlichen Jahresabschluss nach dem BilMoG (Teil 1), WPg 2009, 584; *Haller* Probleme bei der Bilanzierung der Rücklagen und des Bilanzergebnisses einer Aktiengesellschaft nach neuem Bilanzrecht, DB 1987, 645; *Knobbe-Keuk* Steuerrechtliche Fragen der Optionsanleihen, ZGR 1987, 312; *Kropff* Handelsrechtliche Bilanzierungsfragen der Optionsanleihen, ZGR 1987, 285; *Nauss* Probleme bei der Verwendung des Jahresüberschusses und des Bilanzgewinns nach dem Aktiengesetz v 1965, AG 1967, 127; *Simon* Ausschüttungs- und Abführungssperre als gläubigerschützendes Institut in der reformierten HGB-Bilanzierung – Zur Regelung des § 268 VIII HGB nF, NZG 2009, 1081.

I. Überblick

1. Begriff der gesetzlichen Rücklage und der Kapitalrücklage. Bei der in § 150 genannten **gesetzlichen Rücklage** handelt es sich um die in der Bilanz in § 266 Abs 3 A III Nr 1 HGB gesondert als „gesetzliche Rücklage" zu buchende Gewinnrücklage. Gewinnrücklagen sind Rücklagen, die aus dem Ergebnisüberschuss gebildet werden. Der Gewinnvortrag ist der Ergebnisüberschuss aus den vorigen Geschäftsjahren, über welchen die HV noch keinen Verwendungsbeschluss gem § 174 gefasst hat. Der Verlustvortrag ist der Bilanzverlust des Vorjahres. Der Jahresüberschuss bzw -fehlbetrag weist den im Geschäftsjahr erzielten Gewinn oder eingetretenen Verlust aus, bevor (im Fall des Jahresüberschusses) Beträge hieraus in die Rücklagen eingestellt werden. Die **Kapitalrücklage** besteht ua aus den nach § 272 Abs 2 HGB aufgeführten Beträgen, die zB im Zusammenhang mit Einlagen zum Erwerb von Anteilen oder der Gewährung eines Vorzugs stehen (*Kropff* ZGR 1987, 285, 294); weitere Bestandteile sind zB Beträge gem §§ 229 Abs 1 oder 232 AktG. 1

2. Regelungszweck. Zweck des § 150 ist es, die AG zur Bildung eines gesetzlichen Reservefonds zu verpflichten (krit *von Falkenhausen* NZG 2009, 1096). § 150 ist eine Kapitalerhaltungsregel mit Gläubigerschutzcharakter. Die Norm ist folglich **zwingend**. Eine Ausnahme sieht § 324 für die eingegliederte Gesellschaft vor. Bei Unternehmensverträgen modifiziert § 300 die Pflicht aus § 150. Auf **REIT**-Aktiengesellschaften findet § 150 gem § 13 Abs 1 S 2 REITG keine Anwendung. Die Besteuerung dieser REIT-Gesellschaften erfolgt nicht auf Ebene der Gesellschaft (Steuerbefreiung gem § 16 Abs 1 REITG), sondern erst auf Ebene der Aktionäre. Deswegen soll bei diesen Gesellschaften entgegen § 150 eine möglichst hohe Ausschüttung erfolgen können. 2

II. Einzustellende Beträge (Abs 2)

1. Zuweisung von 5 % Jahresüberschuss. Einzustellen sind 5 % des Jahresüberschusses, welcher um den Verlustvortrag aus dem Vorjahr zu mindern, nicht aber um den Gewinnvortrag zu erhöhen ist. Ferner sind auch keine passivierten Tantiemebeträge für Vorstand und AR oder sonstige aus dem Jahresgewinn zu zahlende Beträge, wie zB Gewinnanteile für Nichtgesellschafter (hierzu näher *Adler/Düring/Schmaltz* Rechnungslegung Tb 4 Rn 24 f mit Beispiel) hinzuzurechnen (GroßKomm AktG/*Brönner* Rn 21). 5 % des geminderten Betrages sind jährlich in die gesetzliche Rücklage einzustellen, bis die Obergrenze (s Rn 4) erreicht ist. Diese 5 % sind bereits bei der Aufstellung des Jahresabschlusses zu berücksichtigen, ein Verwendungsbeschluss darüber ist nicht zulässig. Der Prozentsatz kann nicht verändert werden, einer **Aufrundung auf volle Tausend Euro** steht jedoch nichts entgegen, zumal sie inzwischen auch üblich ist (BeckBilKomm/*Förschle/Hoffmann* § 272 HGB Rn 237). Die mit dem BilMoG neu eingeführte Ausschüttungssperre des § 268 Abs 8 HGB nF führt nicht wie die Verlustvorträge zur Kürzung der für die Bildung der gesetzlichen Rücklage verfügbaren Mittel (*Gelhausen/Althoff* WPg 2009, 584, 588; *Simon* NZG 2009, 1081, 1084); vielmehr wird § 268 Abs 8 HGB erst bei der Ausschüttung des Bilanzgewinns berücksichtigt, vgl § 170 Rn 8. 3

§ 150 Gesetzliche Rücklage. Kapitalrücklage

4 2. Obergrenze. – a) Gesetzliche. Die Pflicht, in die gesetzliche Rücklage 5 % des geminderten Jahresüberschusses einzuzahlen, besteht bis die gesetzliche Rücklage und die Kapitalrücklagen nach § 272 Abs 2 Nr 1–3 des HGB zusammen 10 % oder den in der Satzung bestimmten höheren Teil der Grundkapitalziffer erreichen. § 272 Abs 2 Nr 4 HGB bleibt hierbei unberücksichtigt (**allgM**, *Hüffer* AktG Rn 6; *Döllerer* BB 1986, 1857, 1859). Jedoch müssen der Kapitalrücklage nach § 272 Abs 2 Nr 1–3 HGB noch die Beträge hinzuaddiert werden, die **aufgrund einer Kapitalherabsetzung in die Kapitalrücklage** einzustellen sind, §§ 229 Abs 1; 231; 232, 237 Abs 5 (ganz **hM**, *Hüffer* aaO; *Ebeling* WPg 1988, 502, 503). Eine Kapitalerhöhung ist erst dann zu berücksichtigen, wenn sie durchgeführt und die Durchführung eingetragen ist, § 189. Bei der Kapitalherabsetzung gilt hingegen § 224.

5 b) Satzung. Abs 2 lässt einen höheren Prozentsatz durch die Satzung zu, jedoch darf dieser höhere „Teil" des Grundkapitals nicht dieselbe Höhe haben wie das Grundkapital oder gar darüber hinausgehen (**hM**, *Adler/Düring/Schmaltz* Rechnungslegung Tb 4 Rn 31 f mwN). Das folgt schon aus dem Wortlaut des Absatzes, der von „Teil" des Grundkapitals spricht. Wird die satzungsmäßige Obergrenze aufgehoben oder abgeändert, so ist die neue Obergrenze ab dem Zeitpunkt der Wirksamkeit dieser Satzungsänderung (§ 181 Abs 3) maßgeblich; liegt dieser Zeitpunkt nach dem Ablauf des Geschäftsjahres und vor Feststellung des zugehörigen Jahresabschlusses, so gilt die Satzungsänderung schon für diesen Jahresabschluss (Spindler/Stilz AktG/*Euler/Wirth* Rn 16). Zuvor eingestellte Beträge bleiben allerdings unberührt (MünchKomm AktG/ *Hennrichs/Pöschke* Rn 19). Abschließend geregelt und somit unveränderbar ist hingegen der Prozentsatz der jährlichen Zuweisung (vgl Rn 3; *Euler/Wirth* aaO Rn 15; K. Schmidt/Lutter AktG/*Kleindiek* Rn 5).

6 c) Zuweisung weiterer Beträge (§ 58 Abs 3 S 1). Gem § 58 Abs 3 S 1 kann die HV bis zur Grenze des § 254 weitere Beträge in die Gewinnrücklage einstellen, wozu auch die gesetzliche Rücklage gehört (s Rn 1; *Haller* DB 1987, 645). Hierfür bedarf es jedoch eines Gewinnverwendungsbeschlusses, § 174 Abs 2 Nr 3. Da diese Gewinnverwendung auf dem festgestellten Jahresabschluss beruht, kommt sie nicht mehr in diesem, sondern erst im nächsten Jahresabschluss zum Ausdruck (MünchKomm AktG/*Hennrichs/ Pöschke* Rn 22).

III. Verwendbarkeit des Mindestbetrages (Abs 3)

7 Abs 3 regelt abschließend (*Kropff* ZGR 1987, 285, 291; *Knobbe-Keuk* ZGR 1987, 312, 313), wozu der Betrag aus der gesetzlichen Rücklage und Kapitalrücklage verwendet werden darf (nicht muss, eine Pflicht besteht nicht), der 10 % bzw den in der Satzung bestimmten Teil des Grundkapitals nicht übersteigt. Ist der Betrag höher, so ist wie folgt aufzuteilen: Der Betrag aus der gesetzlichen Rücklage und Kapitalrücklage in Höhe von 10 % bzw dem in der Satzung bestimmten Teil unterliegt den Restriktionen nach Abs 3, der übersteigende denen nach Abs 4. Soweit eine Verwendung zulässig ist, steht es frei, auf welche Rücklage (gesetzliche Gewinn- oder Kapitalrücklage) man zurückgreift (*Adler/Düring/Schmaltz* Rechnungslegung Tb 4 Rn 69). Für eine Verwendung nach Abs 3 bedarf es eines Jahresfehlbetrages oder eines Verlustvortrages aus dem Vorjahr; Wertminderungen an einzelnen Vermögensgegenständen oder Verluste aus einzelnen Geschäften genügen hingegen nicht. Es ist allein auf die entspr Bilanzpositionen abzustellen. Jedoch kommt eine Verwendung nach Abs 3 selbst dann nicht in Betracht, wenn noch nicht verwendeter Gewinn (Gewinnvortrag und Jahresüberschuss) vorhanden ist oder Gewinnrücklagen auflösbar sind. Mit „anderen" Gewinnrücklagen ist nicht nur § 266 Abs 3 A III Nr 4 HGB gemeint, sondern prinzipiell alle Gewinnrücklagen, der Gesetzeswortlaut ist insoweit irreführend (*Adler/Düring/Schmaltz* aaO Rn 55). Auch zweckgebundene Rücklagen sind vorrangig aufzulösen, die Satzung muss notfalls geändert werden. Vorrangig aufzulösen sind ferner „andere Rücklagen" im technischen Sinn, Rücklagen nach § 58 Abs 2a, nicht aber Rücklagen für eigene Anteile iSd § 266 Abs 3 A III Nr 2 HGB (*Hüffer* AktG Rn 9; **aA** *Haller* DB 1987, 645, 656 zu § 266 HGB aF); ferner muss auch nicht der Sonderposten mit Rücklagenanteil iSd §§ 247 Abs 3, 273 HGB vorrangig aufgelöst werden (*Hüffer* aaO; *Adler/Düring/Schmaltz* aaO Rn 55 ff). Bei diesen vorrangig aufzulösenden Posten besteht keine vorgeschriebene Reihenfolge untereinander.

IV. Verwendbarkeit des übersteigenden Teils (Abs 4)

Bei dem den zehnten oder den in der Satzung bestimmten höheren Teil übersteigenden Teil der Summe aus gesetzlicher Rücklage und Kapitalrücklage ordnet Abs 4 eine gegenüber Abs 3 (hierzu s Rn 7 f) aufgelockerte Verwendungsschranke an. Im Gegensatz zu Abs 3 wird auf den Vorrang der Auflösung der Gewinnrücklagen verzichtet. Anderes gilt nur, wenn gleichzeitig Gewinnrücklagen zur Gewinnausschüttung aufgelöst werden, Abs 4 S 2. Gleichzeitig meint, dass die Gewinnausschüttung aus Gewinnrücklagen in dem Geschäftsjahr stattfand, in dessen GuV-Ergänzung (§ 158) die Entnahmen aus den Rücklagen ausgewiesen werden können (vgl KölnKomm AktG/*Ekkenga* Rn 35); bloße gleichzeitige Feststellung genügt hingegen nicht (MünchKomm AktG/*Hennrichs/Pöschke* Rn 33). 8

V. Rechtsfolgen von Verstößen

Ein Verstoß gegen § 150 führt zur **Nichtigkeit des Jahresabschlusses** gem § 256. Wird gegen Gläubigerinteressen verstoßen, gilt § 256 Abs 1 Nr 1. Das ist der Fall, wenn die Rücklagendotierung gem Abs 2 nicht oder in zu geringem Umfang erfolgt wie auch bei Entnahmen unter Verstoß gegen Abs 3 oder Abs 4 (*Adler/Düring/Schmaltz* Rechnungslegung Tb 4 Rn 71). Die Heilung tritt nach 3 Jahren ein (§ 256 Abs 6 S 1). Bei allen anderen Verstößen gegen § 150 findet § 256 Abs 1 Nr 4 Anwendung, wobei die Heilung bereits nach 6 Monaten eintritt. Hierunter fallen etwa zu hohe Einstellung in die gesetzliche Rücklage oder Verstöße gegen die Satzung. § 256 Abs 1 Nr 1 meint mit Vorschriften nur gesetzliche Vorschriften (**hM**, s § 256 Rn 3). Rechtsverstöße, insb rechtswidrige Entnahmen und unterlassene Einstellungen können zu Schadensersatzansprüchen gegen Vorstands- und AR-Mitglieder führen, §§ 93, 116. Für den Abschlussprüfer gilt § 323 HGB. 9

§§ 150a, 151

(aufgehoben)

Die Vorschriften regelten die Rücklage für eigene Aktien (§ 150a aF) bzw die Gliederung der Jahresbilanz (§ 151). Sie wurden durch das BiRiLiG vom 19.12.1985 (BGBl 1985 I S 2355) aufgehoben. Vgl jetzt §§ 265–268 HGB. 1

§ 152 Vorschriften zur Bilanz

(1) ¹Das Grundkapital ist in der Bilanz als gezeichnetes Kapital auszuweisen. ²Dabei ist der auf jede Aktiengattung entfallende Betrag des Grundkapitals gesondert anzugeben. ³Bedingtes Kapital ist mit dem Nennbetrag zu vermerken. ⁴Bestehen Mehrstimmrechtsaktien, so sind beim gezeichneten Kapital die Gesamtstimmenzahl der Mehrstimmrechtsaktien und die der übrigen Aktien zu vermerken.

(2) Zu dem Posten „Kapitalrücklage" sind in der Bilanz oder im Anhang gesondert anzugeben
1. der Betrag, der während des Geschäftsjahrs eingestellt wurde;
2. der Betrag, der für das Geschäftsjahr entnommen wird.

(3) Zu den einzelnen Posten der Gewinnrücklagen sind in der Bilanz oder im Anhang jeweils gesondert anzugeben
1. die Beträge, die die Hauptversammlung aus dem Bilanzgewinn des Vorjahrs eingestellt hat;
2. die Beträge, die aus dem Jahresüberschuss des Geschäftsjahrs eingestellt werden;
3. die Beträge, die für das Geschäftsjahr entnommen werden.

(4) Die Absätze 1 bis 3 sind nicht anzuwenden auf Aktiengesellschaften, die Kleinstkapitalgesellschaften im Sinne des § 267a des Handelsgesetzbuchs sind, wenn sie von der Erleichterung nach § 266 Absatz 1 Satz 4 des Handelsgesetzbuchs Gebrauch machen.

Übersicht

	Rn		Rn
I. Überblick	1	5. Posten mit Eigenkapitalcharakter	6
II. Vorschriften zum gezeichneten Kapital (Abs 1)	2	III. Ergänzungen zur Kapitalrücklage (Abs 2)	7
1. Gezeichnetes Kapital (S 1)	2	IV. Ergänzungen zur Gewinnrücklage (Abs 3)	8
2. Aktiengattungen (S 2)	3	V. Art und Weise der Darstellung	9
3. Bedingtes Kapital (S 3)	4	VI. Rechtsfolgen bei Verstößen	10
4. Mehrstimmrechtsaktien (S 4)	5		

Literatur: *Emmerich/Naumann* Zur Behandlung von Genußrechten im Jahresabschluß von Kapitalgesellschaften, WPg 1994, 677; *Heerma* Passivierung bei Rangrücktritt: widersprüchliche Anforderungen an Überschuldungsbilanz und Steuerbilanz?, BB 2005, 537; *Lutter/Hommelhoff* Finanzierungsmaßnahmen zur Krisenabwehr in der Aktiengesellschaft, BB 1980, 737.

I. Überblick

1 Abs 1 verlangt die gesonderte Ausweisung jeder Aktiengattung mit dem jeweiligen darauf entfallenden Betrag am Grundkapital, ferner dass bedingtes Kapital mit dem Nennbetrag vermerkt wird, sowie die Mitteilung der Gesamtstimmenzahl der Mehrstimmrechtsaktien und die der übrigen Aktien. Abs 2 regelt den gesonderten Ausweis von Einstellungen und Entnahmen von Kapitalrücklagen, Abs 3 schreibt entspr für die Gewinnrücklagen vor.

II. Vorschriften zum gezeichneten Kapital (Abs 1)

1. Gezeichnetes Kapital (S 1). Das **Grundkapital** muss stets in nomineller Höhe in der Bilanz als „**Gezeichnetes Kapital**" (§ 266 Abs 3 A I HGB) erscheinen: Gem § 283 HGB ist das gezeichnete Kapital zum Nennbetrag, wie er sich aus der Satzung (§ 23 Abs 3 Nr 3) ergibt, anzusetzen. Das Grundkapital ist folglich einer Bewertung nicht zugänglich (*Adler/Düring/Schmaltz* Rechnungslegung Tb 5 § 283 Rn 6). Änderungen unterliegt es nur durch Kapitalmaßnahmen.

2. Aktiengattungen (S 2). Der auf jede einzelne Aktiengattung entfallende Betrag des Grundkapitals ist gesondert anzugeben. Mit dem Begriff Aktiengattung wird auf § 11 S 2 AktG (vgl dort) Bezug genommen. Unterschiedliche Nennbeträge und Vinkulierungen fallen daher nicht darunter, ebenso nicht die Unterscheidung zwischen Namens- und Inhaberaktien (*Adler/Düring/Schmaltz* Rechnungslegung Tb 4 Rn 4); getrennt auszuweisen sind bspw Stammaktien und stimmrechtslose Vorzugaktien (§ 12 Abs 1). Die Angabe kann zusätzlich, jedoch nicht ausschließlich im Anhang zusammen mit den Angaben nach § 160 Abs 1 Nr 3 erfolgen (str, dazu § 160 Rn 6).

3. Bedingtes Kapital (S 3). Bedingtes Kapital ist mit dem Nennbetrag zu vermerken. Die Bilanz soll zeigen, um welchen Betrag sich das Grundkapital ohne Einflussmöglichkeit der AG erhöhen kann. Der Beschl der HV muss zum Bilanzstichtag vorliegen, Eintragung (§ 195) oder Aktienausgabe (§ 200) spielen hierfür keine Rolle (*Adler/Düring/Schmaltz* Rechnungslegung Tb 4 Rn 9). Mit Ausgabe der Bezugsaktien ist insoweit der Vermerk des bedingten Kapitals zu kürzen (*Adler/Düring/Schmaltz* Rechnungslegung Tb 5 § 272 Rn 25).

4. Mehrstimmrechtsaktien (S 4). Soweit Mehrstimmrechtsaktien noch bestehen (§ 5 EGAktG), sind beim gezeichneten Kapital die Gesamtstimmzahl der Mehrstimmrechtsaktien und die der übrigen Aktien zu vermerken. Die Beschränkung des Vorzugs auf bestimmte Beschlussgegenstände muss jedoch nicht mit angeführt werden; ein Hinweis auf die Fundstelle in der Satzung diesbezüglich ist jedoch sinnvoll (*Adler/Düring/Schmaltz* Rechnungslegung Tb 4 Rn 14). Der Vermerk muss in der Bilanz erfolgen, ein Vermerk im Anhang genügt nach dem Wortlaut nicht (str, näher § 160 Rn 6).

5. Posten mit Eigenkapitalcharakter. Die Bilanzierung von **Genussrechten** und **stillen Beteiligungen** hängt von ihrer Ausgestaltung ab, mithin davon, ob sie Eigenkapital- oder Fremdkapitalcharakter haben. Liegt Eigenkapitalcharakter vor, ist unter § 266 Abs 3 A HGB ein gesonderter Posten auszuweisen. Überwiegt hingegen der Fremdkapitalcharakter, sind die zugeflossenen Beträge unter § 266 Abs 3 C als Verbindlichkeiten auszuweisen, zweckmäßig als gesonderter Posten (vgl *Emmerich/Naumann* WPg 1994, 677 ff). **Gesellschafterdarlehen** sind als Fremdkapital zu passivieren (auch diejenigen, die unter der früheren Kategorie der „eigenkapitalersetzenden Gesellschafterdarlehen" behandelt wurden; diese Unterscheidung ist seit Geltung des § 39 Abs 1 Nr 5 InsO hinfällig; zur damaligen Rechtslage vgl: *BGHZ* 90, 381, 385 ff; *BFH* BStBl II 1992, 532 2. LS; vgl auch Vorauflage § 152 Rn 6).

III. Ergänzungen zur Kapitalrücklage (Abs 2)

Anzugeben sind der Betrag aller Einstellungen während des Geschäftsjahres und der Betrag aller Entnahmen für das Geschäftsjahr. Einstellungen in die Kapitalrücklage und deren Auflösung sind bereits bei der Aufstellung der Bilanz vorzunehmen (§ 270 HGB). Was einzustellen ist, ergibt sich aus § 272 Abs 2 Nr 1–4 HGB, ferner aus §§ 229, 232 und 237. Die Entnahme richtet sich nach § 150 (s dort Rn 7f), es werden alle Entnahmen erfasst, inklusive Entnahmen zwecks Kapitalerhöhung (§ 150 Abs 4 S 3) oder Verlustdeckung.

IV. Ergänzungen zur Gewinnrücklage (Abs 3)

8   Anzugeben sind die Beträge, die die HV aus dem Bilanzgewinn des Vorjahres in die Gewinnrücklage (zum Begriff s § 150 Rn 1) eingestellt hat (Nr 1; §§ 58 Abs 3, 174 Abs 2 Nr 3), die aus dem Jahresüberschuss des Geschäftjahres eingestellt werden (Nr 2; § 58 Abs 1, 2, 2a) und die Beträge, die daraus für das Geschäftsjahr entnommen werden (Nr 3). Wenn ein HV-Beschluss notwendig ist, erfolgt die Einstellung nicht in den festgestellten Jahresabschluss (Nr 1); stellt hingegen die Verwaltung ein (Nr 2 und 3), erfolgt die Einstellung mit Aufstellung und Feststellung des Jahresabschlusses (*OLG Stuttgart* AG 2003, 527, 529). Entnahmen werden unbeschränkt (nahezu; Ausnahmen s sogleich) von Abs 3 erfasst; nicht jedoch die bloße Umwidmung von Rücklagen, Weiterhin nicht erfasst sind die **Entnahme zwecks Einstellung in die gesetzliche Rücklage** oder in die Rücklage für Anteile an einem herrschenden oder mit Mehrheit beteiligten Unternehmen (Spindler/Stilz AktG/*Euler/Wirth* Rn 17).

V. Art und Weise der Darstellung

9   Die Bewegungen bei der Gewinnrücklage sind für jeden einzelnen Posten iSd § 266 Abs 3 A III Nr 1–4 aufgegliedert darzustellen. Bei einer Kapitalrücklage bedarf es einer solchen Aufgliederung nicht (WP-Handbuch Bd I, 2012, F Rn 374; Spindler/Stilz AktG/*Euler/Wirth* Rn 24; aA *Adler/Düring/Schmaltz* Rechnungslegung Tb 4 Rn 33; Grigoleit AktG/*Zellner* Rn 8; MünchKomm AktG/*Kessler/Suchan* Rn 24; KölnKomm AktG/*Ekkenga* Rn 14). Soweit eine AG von der weiteren Untergliederung gem § 266 Abs 1 S 3 HGB (ggf iVm § 327 HGB) befreit ist, gilt dies auch für § 152: auch hier entfällt dann die Pflicht zur weiteren Untergliederung. Die Angabe kann wahlweise im Anh oder in der Bilanz erfolgen, eine Aufspaltung widerspricht aber dem Gebot der Bilanzklarheit (§ 243 Abs 2 HGB) und ist folglich unzulässig (**hM**, *Euler/Wirth* aaO Rn 21 mwN; MünchKomm AktG/*Kessler/Suchan* Rn 23). Hat man sich (für Bilanz oder Anhang) entschieden, greift das Gebot der Darstellungsstetigkeit ein, § 265 Abs 1 S 1 HGB. Wenn eine Information auch nach § 158 darzustellen ist, befreit dies nicht von einer Angabe nach § 150. Eine gesetzl vorgeschriebene **Darstellungsform** existiert nicht. Die Darstellung muss klar und übersichtlich (§ 243 Abs 2 HGB) sein. Denkbare Varianten sind Darstellung in einer Vorspalte, horizontale Darstellung als Rücklagenspiegel oder Fußnoten (hierzu ausf *Adler/Düring/Schmaltz* aaO Rn 34; anschaulich auch *Euler/Wirth* aaO Rn 23 ff).

VI. Rechtsfolgen bei Verstößen

10   Wird gegen die Vorschrift des § 152 verstoßen, droht die Nichtigkeit des Jahresabschlusses gem § 256 Abs 4 (dazu § 256 Rn 14). Daneben kann eine Strafbarkeit gem §§ 283, 283b StGB gegeben sein.

§§ 153 bis 157

(aufgehoben)

Die Vorschriften regelten Wertansätze (§ 153) sowie Abschreibungen und Wertberichtigungen (§ 154) für Gegenstände des Anlagevermögens, Wertansätze für Gegenstände des Umlaufvermögens (§ 155), Ansätze von Passivposten (§ 156) sowie die Gliederung der Gewinn- und Verlustrechnung (§ 157). Sie wurden durch das BiRiLiG v 19.12.1985 (BGBl I 1985, 2355) aufgehoben. Vgl jetzt §§ 248 ff, 253 ff, 268, 275, 279 ff HGB. **1**

§ 158 Vorschriften zur Gewinn- und Verlustrechnung

(1) ¹Die Gewinn- und Verlustrechnung ist nach dem Posten „Jahresüberschuss/Jahresfehlbetrag" in Fortführung der Nummerierung um die folgenden Posten zu ergänzen:
1. Gewinnvortrag/Verlustvortrag aus dem Vorjahr
2. Entnahmen aus der Kapitalrücklage
3. Entnahmen aus Gewinnrücklagen
   a) aus der gesetzlichen Rücklage
   b) aus der Rücklage für Anteile an einem herrschenden oder mehrheitlich beteiligten Unternehmen
   c) aus satzungsmäßigen Rücklagen
   d) aus anderen Gewinnrücklagen
4. Einstellungen in Gewinnrücklagen
   a) in die gesetzliche Rücklage
   b) in die Rücklage für Anteile an einem herrschenden oder mehrheitlich beteiligten Unternehmen
   c) in satzungsmäßige Rücklagen
   d) in andere Gewinnrücklagen
5. Bilanzgewinn/Bilanzverlust.

²Die Angaben nach Satz 1 können auch im Anhang gemacht werden.

(2) ¹Von dem Ertrag aus einem Gewinnabführungs- oder Teilgewinnabführungsvertrag ist ein vertraglich zu leistender Ausgleich für außen stehende Gesellschafter abzusetzen; übersteigt dieser den Ertrag, so ist der übersteigende Betrag unter den Aufwendungen aus Verlustübernahme auszuweisen. ²Andere Beträge dürfen nicht abgesetzt werden.

(3) Die Absätze 1 und 2 sind nicht anzuwenden auf Aktiengesellschaften, die Kleinstkapitalgesellschaften im Sinne des § 267a des Handelsgesetzbuchs sind, wenn sie von der Erleichterung nach § 275 Absatz 5 des Handelsgesetzbuchs Gebrauch machen.

Übersicht

	Rn		Rn
I. Überblick	1	2. Entnahmen aus der Kapitalrücklage (Nr 2)	3
II. Zusätzliche GuV-Posten (Abs 1)	2	3. Entnahmen aus der Gewinnrücklage (Nr 3)	4
1. Gewinnvortrag/Verlustvortrag aus dem Vorjahr (Nr 1)	2		

	Rn		Rn
4. Einstellungen in die Gewinnrücklagen (Nr 4)	5	7. Angabe im Anhang (S 2)	8
5. Bilanzgewinn/Bilanzverlust (Nr 5)	6	III. Saldierung beim Gewinnabführungsvertrag (Abs 2)	9
6. Weitere GuV-Posten	7	VI. Rechtsfolgen bei Verstößen	10

Literatur: *Emmerich/Naumann* Zur Behandlung von Genußrechten im Jahresabschluß von Kapitalgesellschaften, WPg 1994, 677; *Haller* Probleme bei der Bilanzierung der Rücklagen und des Bilanzergebnisses einer Aktiengesellschaft nach neuem Bilanzrecht, DB 1987, 645.

I. Überblick

1 § 158 ist **zwingend**, das Wahlrecht des § 268 HGB, der eine entspr Regelung für die Bilanz vorsieht, bleibt jedoch unberührt (vgl *Haller* DB 1987, 645, 652). § 158 wird durch § 152 nicht beeinflusst, umgekehrt können Angaben nach § 152 Abs 2 und 3 nur dann entbehrlich sein, wenn diese Angaben und die nach § 158 im Anhang dargestellten vollständig übereinstimmen (**hM**, K. Schmidt/Lutter AktG/*Kleindiek* Rn 2; *Adler/Düring/Schmaltz* Rechnungslegung Tb 4 Rn 30; **aA**, Spindler/Stilz AktG/*Euler/Wirth* Rn 23).

II. Zusätzliche GuV-Posten (Abs 1)

2 **1. Gewinnvortrag/Verlustvortrag aus dem Vorjahr (Nr 1).** Gem § 174 beschließt die HV über die Verwendung des Bilanzgewinns. Als Verwendungen kommen Einstellung in die Gewinnrücklage oder Ausschüttung an die Aktionäre in Frage. Wird keine solche Verwendung getroffen, ist der Gewinn vorzutragen, so dass sich der verwendungsfähige Gewinn im nächsten Geschäftsjahr insoweit erhöht. Der Bilanzverlust aus dem Abschluss des Vorjahres wird hingegen als Verlustvortrag verbucht, zwischenzeitliche Gesellschafterzuschüsse zur Verlustabdeckung ändern hieran nichts (WP-Handbuch Bd I, 2012, F Rn 615).

3 **2. Entnahmen aus der Kapitalrücklage (Nr 2).** Weder braucht es die Angabe der Vorschrift, auf die sich die Entnahme stützt, noch, welche der in § 272 Abs 2 Nr 1–4 einzeln aufgeführten Rücklagen betroffen ist, es genügt die Angabe des Betrages der Entnahme (*Adler/Düring/Schmaltz* Rechnungslegung Tb 4 Rn 9). Entnahmen aus der Kapitalrücklage bei einer **Kapitalerhöhung aus Gesellschaftsmitteln** werden nicht von Abs 1 S 1 Nr 2 erfasst, sie müssen daher nicht in der GuV erscheinen. Es erfolgt in diesem Fall ein einfacher Passivtausch (ganz **hM**, MünchKomm AktG/*Kessler/Freisleben* Rn 11; Spindler/Stilz AktG/*Euler/Wirth* Rn 5; K. Schmidt/Lutter AktG/*Kleindiek* Rn 5 mwN).

4 **3. Entnahmen aus der Gewinnrücklage (Nr 3).** Entnahmen aus der **gesetzlichen** Rücklage oder **anderen** Gewinnrücklagen sind wie Kapitalrücklagen in der GuV gesondert aufzuführen; als Ausnahme hiervon werden Entnahmen für eine Kapitalerhöhung aus Gesellschaftsmitteln (§ 150 Abs 4 S 1 Nr 3) nicht in der GuV erfasst (*Adler/Düring/Schmaltz* Rechnungslegung Tb 4 Rn 9). Entnahmen aus der Rücklage für **eigene Anteile** (seit Geltung des BilMoG nur noch Anteile am herrschenden oder mehrheitlich beteiligten Unternehmen, § 272 Abs 4 S 4 HGB) sind immer in der GuV aufzuführen, selbst wenn Aufwand und Ertrag sich entsprechen (*Hüffer* AktG Rn 4). Bei Entnahmen aus satzungsmäßigen Rücklagen ist die satzungsmäßig festgelegte

Zwecksetzung maßgeblich (*Adler/Düring/Schmaltz* aaO Rn 14). Sind die Beträge für die Umwandlung in Grundkapital bestimmt, bedarf es keiner Erwähnung in der GuV. Bei Zweckfortfall ist zu differenzieren: Eine direkte Umbuchung – ohne Ausweis in der GuV – ist zulässig, wenn die Rücklage gem § 58 Abs 1 oder 2 gebildet worden ist. Wurde jedoch nach § 58 Abs 3 eingestellt, so ist die erfolgsneutrale Umbuchung nur möglich, wenn damit die Rücklage für eigene Aktien erhöht wird oder wenn dies nach § 58 Abs 1 oder 2 zulässig ist (*Adler/Düring/Schmaltz* aaO).

4. Einstellungen in die Gewinnrücklagen (Nr 4). Einstellungen in die Gewinnrücklage können nur dann in die GuV aufgenommen werden, wenn sie bei der Aufstellung (§ 270 Abs 2 HGB) oder Feststellung (§ 58 Abs 1 oder 2) bereits berücksichtigt wurden; eine auf einem Gewinnverwendungsbeschluss beruhende Einstellung erfolgt erst nach Feststellung des Jahresabschlusses und kann somit nicht mehr nach Abs 1 S 1 Nr 4 in der GuV aufgeführt werden (direkte Buchung, WP-Handbuch Bd I, 2012, F Rn 625; *OLG Stuttgart* AG 2003, 527, 529). § 152 Abs 3 Nr 1 bleibt jedoch unberührt. Eine direkte Umbuchung in die Rücklage für Anteile am herrschenden oder mehrheitlich beteiligten Unternehmen von anderen verfügbaren Gewinnrücklagen ist zulässig bei Verwendung frei verfügbarer Rücklagen (*Hüffer* AktG Rn 5). 5

5. Bilanzgewinn/Bilanzverlust (Nr 5). Der Bilanzgewinn bzw -verlust errechnet sich aus dem Saldo des Jahresüberschusses bzw- fehlbetrags, den Posten des Abs 1 S 1 Nr 1–Nr 4 sowie den weiteren GuV-Posten (s Rn 7). Dieser muss mit dem gem § 268 Abs 1 S 2 HGB anzugebenden Betrag übereinstimmen; hierauf beziehen sich zudem § 170 Abs 2 und § 174 (zum Ganzen Spindler/Stilz AktG/*Euler/Wirth* Rn 18). 6

6. Weitere GuV-Posten. Gem § 240 S 1 ist bei einer Kapitalherabsetzung ein Posten mit dem gewonnenen Betrag gesondert auszuweisen. Abs 1 S 2 gilt auch für diesen Posten (GroßKomm AktG/*Brönner* Rn 21; **aA** K. Schmidt/Lutter AktG/*Kleindiek* Rn 10 mwN; Spindler/Stilz AktG/*Euler/Wirth* Rn 20; *Hüffer* AktG Rn 8). Der Posten nach § 240 S 2 ist direkt hinter jenem nach § 240 S 1 auszuführen (**str**, ebenso *Adler/Düring/Schmaltz* Rechnungslegung Tb 4 Rn 26; K. Schmidt/Lutter AktG/*Kleindiek* § 240 Rn 5 mwN). Minderung und Wiederauffüllung von Genussrechtskapital mit Eigenkapitalcharakter ist in einem gesonderten und entspr bezeichneten Posten darzustellen (*Emmerich/Naumann* WPg 1994, 677, 688). 7

7. Angabe im Anhang (S 2). Die Angaben können entweder in der GuV oder im Anhang erfolgen, allerdings nur alle Posten **einheitlich**. Wählt man den Anhang, muss auch dort die Gliederung nach § 158 eingehalten werden. Die Nummerierung kann im Anhang wahlweise mit eins oder an die GuV folgend beginnen. § 265 Abs 8 HGB gilt analog (*Adler/Düring/Schmaltz* Rechnungslegung Tb 4 Rn 29, auch bzgl § 265 Abs 2 HGB). 8

III. Saldierung beim Gewinnabführungsvertrag (Abs 2)

Abs 2 macht für den Ertrag aus einem (Teil-)Gewinnabführungsvertrag von dem Tochterunternehmen (§ 277 Abs 3 S 2 HGB) eine Ausnahme vom Saldierungsverbot (Bruttoprinzip), wenn die Ausgleichsleistung von der Muttergesellschaft beglichen wird. Abs 2 S 2 hält für die übrigen Aufwendungen das Saldierungsverbot aufrecht, so dass sonstige Verrechnungen ausgeschlossen sind (eingehend MünchKomm AktG/ *Kessler/Freisleben* Rn 59). 9

VI. Rechtsfolgen bei Verstößen

10 Wird gegen die Vorschrift des § 158 verstoßen, droht die Nichtigkeit des Jahresabschlusses gem § 256 Abs 4 (dazu § 256 Rn 14).

§ 159

(aufgehoben)

1 Die Vorschrift schrieb einen Vermerk der Pensionszahlungen für den Jahresabschluss vor. Sie wurde durch das BiRiLiG v 19.12.1985 (BGBl I 1985, 2355) aufgehoben. Vgl jetzt §§ 249 Abs 2, 266, 275 HGB.

§ 160 Vorschriften zum Anhang

(1) In jedem Anhang sind auch Angaben zu machen über

1. den Bestand und den Zugang an Aktien, die ein Aktionär für Rechnung der Gesellschaft oder eines abhängigen oder eines im Mehrheitsbesitz der Gesellschaft stehenden Unternehmens oder ein abhängiges oder ein im Mehrheitsbesitz der Gesellschaft stehendes Unternehmen als Gründer oder Zeichner oder in Ausübung eines bei einer bedingten Kapitalerhöhung eingeräumten Umtausch- oder Bezugsrechts übernommen hat; sind solche Aktien im Geschäftsjahr verwertet worden, so ist auch über die Verwertung unter Angabe des Erlöses und die Verwendung des Erlöses zu berichten;
2. den Bestand an eigenen Aktien der Gesellschaft, die sie, ein abhängiges oder im Mehrheitsbesitz der Gesellschaft stehendes Unternehmen oder ein anderer für Rechnung der Gesellschaft oder eines abhängigen oder eines im Mehrheitsbesitz der Gesellschaft stehenden Unternehmens erworben oder als Pfand genommen hat; dabei sind die Zahl dieser Aktien und der auf sie entfallende Betrag des Grundkapitals sowie deren Anteil am Grundkapital, für erworbene Aktien ferner der Zeitpunkt des Erwerbs und die Gründe für den Erwerb anzugeben. Sind solche Aktien im Geschäftsjahr erworben oder veräußert worden, so ist auch über den Erwerb oder die Veräußerung unter Angabe der Zahl dieser Aktien, des auf sie entfallenden Betrags des Grundkapitals, des Anteils am Grundkapital und des Erwerbs- oder Veräußerungspreises, sowie über die Verwendung des Erlöses zu berichten;
3. die Zahl und bei Nennbetragsaktien den Nennbetrag der Aktien jeder Gattung, sofern sich diese Angaben nicht aus der Bilanz ergeben; davon sind Aktien, die bei einer bedingten Kapitalerhöhung oder einem genehmigten Kapital im Geschäftsjahr gezeichnet wurden, jeweils gesondert anzugeben;
4. das genehmigte Kapital;
5. die Zahl der Bezugsrechte gemäß § 192 Abs. 2 Nr. 3, der Wandelschuldverschreibungen und vergleichbaren Wertpapiere unter Angabe der Rechte, die sie verbriefen;
6. Genussrechte, Rechte aus Besserungsscheinen und ähnliche Rechte unter Angabe der Art und Zahl der jeweiligen Rechte sowie der im Geschäftsjahr neu entstandenen Rechte;
7. das Bestehen einer wechselseitigen Beteiligung unter Angabe des Unternehmens;

8. das Bestehen einer Beteiligung, die nach § 20 Abs. 1 oder Abs. 4 dieses Gesetzes oder nach § 21 Abs. 1 oder Abs. 1a des Wertpapierhandelsgesetzes mitgeteilt worden ist; dabei ist der nach § 20 Abs. 6 dieses Gesetzes oder der nach § 26 Abs. 1 des Wertpapierhandelsgesetzes veröffentlichte Inhalt der Mitteilung anzugeben.

(2) Die Berichterstattung hat insoweit zu unterbleiben, als es für das Wohl der Bundesrepublik Deutschland oder eines ihrer Länder erforderlich ist.

(3) Absatz 1 ist nicht anzuwenden auf Aktiengesellschaften, die Kleinstkapitalgesellschaften im Sinne des § 267a des Handelsgesetzbuchs sind, wenn sie von der Erleichterung nach § 264 Absatz 1 Satz 5 des Handelsgesetzbuchs Gebrauch machen.

Übersicht

	Rn		Rn
I. Allgemeines	1	5. Stock options, Wandelschuldpapiere und vergleichbare Wertpapiere (Nr 5)	8
II. Erläuterungen (Abs 1)	2		
1. Vorratsaktien (Nr 1)	2		
a) Voraussetzungen	2	6. Genussrechte, Besserungsscheine und ähnliche Rechte (Nr 6)	9
b) Angaben	3		
2. Eigenen Aktien (Nr 2)	4	7. Wechselseitige Beteiligung (Nr 7)	10
a) Voraussetzungen	4		
b) Angaben	5	8. Gem § 20 Abs 1 oder 4 mitgeteilte Beteiligungen (Nr 8)	11
3. Aktiengattungen (Nr 3)	6	III. Schutzklausel (Abs 2)	12
4. Genehmigtes Kapital (Nr 4)	7	IV. Rechtsfolgen bei Verstößen	13

Literatur: *Caspar* Rücklagendotierung bei Besserungsscheinverpflichtung?, WPg 1983, 146; *Emmerich* Fragen der Gestaltung des Jahresabschlusses nach neuem Recht, WPg 1986, 698; *Emmerich/Naumann* Zur Behandlung von Genußrechten im Jahresabschluß von Kapitalgesellschaften, WPg 1994, 677; *Forster* Anhang, Lagebericht, Prüfung und Publizität im Regierungsentwurf eines Bilanzrechtlinie-Gesetzes, DB 1982, 1577 und 1631; *Heinsius* Die Ausführung einer Verkaufskommission in eigenen Aktien durch ein Kreditinstitut und das Verbot des Erwerbs eigener Aktien nach § 71 AktG, AG 1988, 253; *Küting/Dürr* „Genüsse" in der Rechnungslegung nach HGB und IFRS sowie Implikationen im Kontext von Basel II, DStR 2005, 938; *Müller* Zum Entwurf eines Gesetzes zur Durchführung der Zweiten Richtlinie des Rates der Europäischen Gemeinschaften zur Koordinierung des Gesellschaftsrechts (Kapitalschutzrichlinie), WPg 1978, 565; *Rutkowsky* Die aktienrechtliche und aktienstrafrechtliche Beurteilung der notwendigen Angaben über eigene Aktien im Geschäftsbericht der Aktiengesellschaft, BB 1971, 1262; *Schülen* Die Aufstellung des Anhangs, WPg 1987, 223; *Schulze-Osterloh* Rangrücktritt, Besserungsschein, eigenkapitalersetzende Darlehen, WPg 1996, 97; *Ziebe* Rechtsnatur und Ausgestaltung von Genussrechten, DStR 1991, 1594; *Zilias/Lanfermann* Die Neuregelung des Erwerbs und Haltens eigener Aktien (Teil II), WPg 1980, 89.

I. Allgemeines

§ 160 enthält **Pflichtangaben**, dh Angaben, die im Anhang gemacht werden müssen, einzige Ausnahme diesbzgl ist Nr 3, die es genügen lässt, wenn sich die Angaben bereits aus der Bilanz ergeben. Die Angaben müssen in jedem Jahresabschluss im Anhang erscheinen, eine Bezugnahme auf einen Anhang eines vorangegangenen Jahresabschlusses oder Börsenzulassungsprospekte genügt nicht. Fehlanzeigen sind nicht erforderlich (GroßKomm AktG/*Brönner* Rn 5). Die Vorschriften (s §§ 316 Abs 1, 325, 328 Abs 1 Nr 1 HGB) und die inhaltlichen und formellen Anforderungen (hierzu vgl 1

Adler/Düring/Schmaltz Rechnungslegung Tb 5 § 284 Rn 17 f) für den Anhang gelten auch für die Angaben gem § 160; eine größenabhängige Erleichterung besteht nicht. Weiterhin wird § 160 **nicht** durch den **Grundsatz der Wesentlichkeit** beschränkt (Spindler/Stilz AktG/*Euler/Wirth* Rn 2 mwN). § 160 gibt keine Reihenfolge vor. Es bietet sich jedoch an, die Angaben nach § 160 thematisch den anderen Angaben im Anhang zuzuordnen (vgl *Emmerich* WPg 1986, 698, 706).

II. Erläuterungen (Abs 1)

2 **1. Vorratsaktien (Nr 1). – a) Voraussetzungen.** Die erste Alternative des Abs 1 Nr 1 bezieht sich auf § 56 Abs 3, die zweite Alternative hingegen auf § 56 Abs 2. Zwar statuiert § 56 Abs 2 ein Verbot, jedoch führt ein Verstoß nicht zur Unwirksamkeit der Übernahme (§ 56 Abs 2 S 2). Folglich müssen trotz des Verbotes im Anhang der AG Angaben zu der Aktienübernahme gemacht werden (weil sie wirksam durchgeführt werden kann). Für Abs 1 Nr 1 Alt 2 genügt nicht, dass das Unternehmen, welches die Aktien übernommen hat, erst nach Übernahme dieser Aktien zu einem von der AG abhängigen bzw in Mehrbesitz der AG stehenden Unternehmen wurde. Die Berichtspflicht nach Nr 1 tritt nur dann ein, wenn der originäre Erwerb **zu dem Zeitpunkt** stattfand, in dem das erwerbende Unternehmen bereits in dem Abhängigkeitsverhältnis bzw in Mehrbesitz stand (*Adler/Düring/Schmaltz* Rechnungslegung Tb 4 Rn 16; Grigoleit AktG/*Zellner* Rn 4; MünchKomm AktG/*Kessler* Rn 10: anwendbar ist aber Nr 2).

3 **b) Angaben.** Im Anhang der AG ist über den (End)Bestand der Vorratsaktien sowie Zugänge während des Geschäftsjahres bei den übernehmenden Unternehmen zu berichten. Zugänge dürfen nicht mit Abgängen saldiert werden. Zu- und Abgänge sind mit der Zahl und bei Nennbetragsaktien durch den Gesamtnennbetrag bzw bei Stückaktien durch den entspr Betrag des Grundkapitals auszuweisen, bei mehreren Aktiengattungen ist hiernach zu untergliedern. Die Angaben über den Anlass der Ausgabe oder der **Übernahmebedingungen** sind zwar zweckmäßig, jedoch nicht zwingend (str, WP-Handbuch Bd I, 2012, F Rn 1028; **aA** MünchKomm AktG/*Kessler* Rn 14; *Adler/Düring/Schmaltz* Rechnungslegung Tb 4 Rn 19). Unterschiedliche Übernahmefälle sind kenntlich zu machen. Der **Name** des Übernehmers muss nur in Ausnahmefällen bei wesentlicher Bedeutung, etwa bei der Übernahme durch das Tochterunternehmen, angeführt werden (*Adler/Düring/Schmaltz* aaO). Auch anzugeben ist die Verwertung unter Angabe des Erlöses und die Verwendung des Erlöses (Abs 1 Nr 1 HS 2). **Verwertung** meint jeden Abgang beim Übernehmer inklusive Verwendung bei Verschmelzung, Übernahme durch die AG selbst und Übernahme auf eigene Rechnung (WP-Handbuch Bd I, 2012, F Rn 1029). Erlös kann Verkaufspreis, aber auch den von der AG erzielten Erlös im Sinne einer Differenz aus Ausgabekurs und Veräußerungspreis bedeuten (*Adler/Düring/Schmaltz* aaO Rn 20). Mit **Verwendung** des Erlöses ist die tatsächliche und bilanzielle Verwendung gemeint.

4 **2. Eigenen Aktien (Nr 2). – a) Voraussetzungen.** Abs 1 Nr 2 erfasst im Gegensatz zur Nr 1 den derivativen Erwerb, knüpft somit an §§ 71 ff an, wonach ein solcher Erwerb bzw Pfandnahme teilw unzulässig ist. Unabhängig von der Zulässigkeit nach §§ 71 ff müssen Angaben gemacht werden (*Rutkowsky* BB 1971, 1262). Nicht von Abs 1 Nr 2 erfasst werden jedoch die Fälle, in denen der Erwerb durch einen Dritten für die AG bzw ein ihr zuzurechnendes Unternehmen bzw durch ein solches Unternehmen erfolgt und ein Umgehungsgeschäft iSd § 71a Abs 2 vorliegt. Denn die AG ist dann

nicht Eigentümer und von jedem wirtschaftlichen Risiko entbunden, so dass kein Informationsbedarf besteht und folglich die Berichtspflicht entfällt (*Adler/Düring/ Schmaltz* Rechnungslegung Tb 4 Rn 31 und 35). Ferner werden Geschäfte nicht erfasst, die zwar der AG Verfügungsmacht, nicht aber rechtliches Eigentum verschaffen (zB bei einer Verwaltungstreuhand oder Legitimationsübertragung; GroßKomm AktG/*Brönner* Rn 14), ebenso nicht die **Kaduzierung** (§ 64; MünchKomm AktG/*Kessler* Rn 29; Spindler/Stilz AktG/*Euler/Wirth* Rn 14; **aA** *Hüffer* AktG Rn 7), des Weiteren nicht die **Einkaufskommission durch ein Kreditinstitut** (hM, *Adler/Düring/ Schmaltz* aaO Rn 37 mwN). Erfasst wird hingegen der Erwerb eigener Aktien bei der Verkaufskommission (*Heinsius* AG 1988, 253).

b) Angaben. Im Anh ist der Bestand der eigenen (erworbenen oder unter Pfand 5 genommenen) Aktien anzugeben, dh die Zahl der Aktien und der auf sie entfallende Betrag des Grundkapitals sowie deren Anteil am Grundkapital. Für neu erworbene Aktien sind ferner der Zeitpunkt des Erwerbs und die Gründe für den Erwerb auszuweisen (*Müller* WPg 1978, 565, 573). Der Erwerb ist chronologisch aufzulisten (*Zilias/ Lanfermann* WPg 1980, 89, 96), möglichst taggenau, umfangbedingt kommen aber auch zeitliche Zusammenfassungen in Frage (**allgM**, WP-Handbuch Bd I, 2012, F Rn 1031; für Banken *OLG Frankfurt* BB 1983, 1647). Die Zulässigkeit des Erwerbes bzw der Pfandnahme ist grds ohne Bedeutung (bzgl § 71a Abs 2, s dort Rn 12). Sind solche Aktien im Geschäftsjahr veräußert oder erworben worden, so ist auch über den Erwerb oder die Veräußerung unter Angabe der Zahl dieser Aktien, des auf sie entfallenden Betrags des Grundkapitals, des Anteils hieran und des Preises, sowie über die Verwendung des Erlöses zu berichten. Grds ist getrennt darzustellen, soweit jedoch keine bedeutenden Informationen unterdrückt würden, kann insoweit zusammengefasst werden. Für Pfandnahmen gilt ausweislich des Wortlauts dieser Zusatz nicht. Hat ein abhängiges oder in Mehrheitsbesitz stehendes Unternehmen bzw ein Dritter für ein solches Unternehmen oder für die AG Aktien erworben oder als Pfand genommen, müssen zusätzliche Angaben über Abreden bzgl Rücknahme, Refinanzierung, Dividendenrechte oder Stimmrechtsbindungen gemacht werden (KölnKomm AktG/*Claussen* §§ 284–288 HGB/§ 160 Rn 151). Die Verwendung des Erlöses ist dann anzugeben, wenn Verkäufe eigener Aktien zur gezielten Finanzierung getätigt wurden, aber auch wenn sie nur zur Erhöhung der Liquidität dienen (*Adler/Düring/ Schmaltz* Rechnungslegung Tb 4 Rn 33; Spindler/Stilz AktG/*Euler/Wirth* Rn 12; **aA** *Claussen* aaO).

3. Aktiengattungen (Nr 3). Abs 1 Nr 3 enthält eine Pflichtangabe bzgl Aktiengattun- 6 gen, die allerdings nur gemacht werden muss, sofern die Angaben nicht schon in der Bilanz gem § 152 Abs 1 gemacht worden sind. Möglich ist eine doppelte Darstellung (WP-Handbuch 2012 Bd I, F Rn 1033; **aA** KölnKomm AktG/*Claussen* §§ 284–288 HGB/§ 160 Rn 152; MünchKomm AktG/*Kessler* Rn 35 mwN). Aufgrund des eindeutigen Wortlautes des § 152 Abs 1 S 2 ist es umgekehrt nicht möglich, die Angaben des § 152 Abs 1 S 2 lediglich im Anhang und nicht in der Bilanz aufzuführen (ebenso *Kessler* aaO; K. Schmidt/Lutter AktG/*Kleindiek* § 152 Rn 3; *Hüffer* AktG Rn 10; **aA** WP-Handbuch Bd I, 2006, F Rn 822 mwN; Spindler/Stilz AktG/*Euler/Wirth* Rn 16; *Adler/ Düring/Schmaltz* Rechnungslegung Tb 4 Rn 41). Bei Stückaktien genügt die Angabe der Zahl. Aktien, die bei einer **bedingten Kapitalerhöhung** gezeichnet wurden, sind **mit Abgabe der Bezugserklärung** gesondert auszuweisen. Auf den Zeitpunkt der Ausgabe der Bezugsaktien (§ 200) kommt es nicht an. Ist die bedingte Kapitalerhöhung am Stichtag des Jahresabschlusses noch nicht wirksam, weil noch keine Ausgabe erfolgt ist, so besteht zwar insoweit keine Berichtspflicht, es soll aber ein bes Hinweis hierzu im Anh gemacht werden, wenn die Aktien zum Stichtag bereits gezeichnet sind, um Missverständnisse zu vermeiden (*Euler/Wirth* aaO Rn 20 mwN; GroßKomm AktG/*Brönner* Rn 21). Auch bei diesen Aktien ist nach Gattungen zu untergliedern. Die Angaben im Anh entsprechen denen der Anmeldung gem § 201 Abs 1. Es muss weiterhin erkennbar sein, ob sich die Ausgabe an die satzungsmäßige Ermächtigung hielt (WP-Handbuch Bd I, 2012, F Rn 1034), insb welchem Ausmaß die Kapitalerhöhung durchgeführt wurde. Weitere Angaben können zweckmäßig sein, sind aber nicht zwingend (str, vgl *Adler/Düring/Schmaltz* aaO Rn 42 f und 46 mwN). Beim **genehmigten Kapital** gilt das zur bedingten Kapitalerhöhung Gesagte entspr. Relevanter Zeitpunkt ist dabei die Eintragung der Durchführung der Kapitalerhöhung im HR (§§ 189, 203). Eine Angabepflicht besteht aber nur, wenn diese Eintragung vor dem Jahresabschlussstichtag erfolgte; liegt zwar Zeichnung vor, aber noch keine Eintragung, ist wie bei der bedingten Kapitalerhöhung ein Hinweis im Anh empfehlenswert.

7   **4. Genehmigtes Kapital (Nr 4).**   Das **noch nicht ausgenutzte** genehmigte Kapital ist aus der Bilanz nicht ersichtlich. Soweit Ausgabe und Eintragung erfolgten, sind die Angaben im Anh nach Nr 3 (s Rn 6) zu machen. Die Angabepflicht im Anh soll die Kontrolle ermöglichen, wie von der Ermächtigung Gebrauch gemacht werden kann, Nr 4, und wie Gebrauch gemacht worden ist, Nr 3. Folglich muss der Inhalt des Ermächtigungsbeschlusses mit den Bedingungen der Aktienausgabe im Anhang mitgeteilt werden, insb Datum des Beschl und der Nennbetrag des genehmigten Kapitals, soweit dieser vom Vorstand aufgrund der Ermächtigung noch ausgenutzt werden kann (WP-Handbuch Bd I, 2012, F Rn 1035). Der Maßstab für den notwendigen Inhalt richtet sich nach dem Zweck, ersichtlich zu machen, ob der Ermächtigungsbeschluss eingehalten worden ist (KölnKomm AktG/*Claussen* §§ 284–288 HGB/§ 160 Rn 152). Folglich muss **nach** Ausnutzung der Zweck der Kapitalerhöhung, der Zeitpunkt, die Gattung, der Gesamtnennbetrag der Erhöhung, der Ausgabekurs und das Bezugsverhältnis mitgeteilt werden, soweit nicht gem Nr 3 berichtet wird (MünchKomm AktG/*Kessler* Rn 44; wohl auch *Adler/Düring/ Schmaltz* Rechnungslegung Tb 4 Rn 50).

8   **5. Stock options, Wandelschuldpapiere und vergleichbare Wertpapiere (Nr 5).**   Gem Abs 1 Nr 5 müssen Angaben über die Zahl der noch nicht ausgeübten Bezugsrechte gem § 192 Abs 2 Nr 3, der Wandelschuldverschreibungen und vergleichbaren Wertpapiere nebst Angabe der Rechte, die sie verbriefen, gemacht werden. Bezugsrechte nach § 192 Abs 2 Nr 3 meinen Aktienoptionspläne (sog stock options). Der Begriff der Wandelschuldverschreibungen ist in § 221 Abs 1 S 1 definiert. Vergleichbare Wertpapiere sind ua Optionsanleihen, Gewinnschuldverschreibungen, wenn sie mit einem Umtausch- oder Bezugsrecht ausgestattet sind (MünchKomm AktG/*Kessler* Rn 47), weiterhin auch Wertpapiere, die in Globalurkunden verbrieft oder Bucheffekte darstellen (*Hüffer* AktG Rn 12); für Genussrechte gilt Nr 6 (s Rn 9). Weiterhin sind nicht von der AG, sondern von Tochtergesellschaften emittierte Anleihen erfasst, die mit Optionsrechten auf Aktien der Muttergesellschaft ausgestattet sind (*Adler/Düring/Schmaltz* Rechnungslegung Tb 4 Rn 52; Grigoleit AktG/*Zellner* Rn 14; **aA** KölnKomm AktG/ *Ekkenga* Rn 33, 38). Anzugeben sind die Zahl der im Umlauf befindlichen Stücke – das gilt selbst bei Zusammenfassungen in Globalurkunden –, das verbriefte Recht (ob Inhaber-, Order- oder Namenspapier) und die wesentlichen Anleihebedingungen (näher

Kessler aaO). Wenn nicht die AG, sondern eine Tochter Schuldnerin ist, muss die Tochter bezeichnet werden (*Adler/Düring/Schmaltz* aaO Rn 53).

6. Genussrechte, Besserungsscheine und ähnliche Rechte (Nr 6). Abs 1 Nr 6 verlangt die Angabe von Genussrechten, Rechten aus Besserungsscheinen und ähnlichen Rechten in Art und Zahl sowie die Offenlegung der im Geschäftsjahr neu entstandenen Rechte. **Genussrechte** sind auf einem schuldrechtlichen Vertrag beruhende Vermögensrechte, die keine Mitgliedschaftsrechte sind und von dem Emittenten gegen Gewährung von Kapital gewährt werden (*Ziebe* DStR 1991, 1594) oder als Entgelt fungieren. Kommt dem Genussrecht Eigenkapitalcharakter zu (hierzu vgl *Küting/ Dürr* DStR 2005, 938, 940 ff), müssen die diesen Charakter begründenden Umstände, deren Dauerhaftigkeit und deren Auswirkungen angeführt werden (*Adler/Düring/ Schmaltz* Rechnungslegung Tb 4 Rn 55). **Besserungsscheine** beinhalten aufschiebend **bedingte** (nicht bloß gestundete) Forderungen (vgl *Schulze-Osterloh* WPg 1996, 97, 102 mwN). Die Bedingung bezieht sich auf eine Verbesserung der wirtschaftlichen Lage der AG (*Caspar* WPg 1983, 146, 147). Eine Passivierung ist erst ab Bedingungseintritt möglich, jedoch bereits im Abschluss des Jahres der Besserung aufzuführen (*Adler/Düring/Schmaltz* aaO). **Ähnliche Rechte** sind sonstige Rechte schuldrechtlicher Art mit Anspruch auf Beteiligung am Gewinn oder Liquidationserlös, ua nicht die unter Nr 5 (s Rn 8) aufzuführenden Gewinnschuldverschreibungen (GroßKomm AktG/*Brönner* Rn 29). Der wesentliche Inhalt der Rechte muss im Anh dargestellt werden. Im Einzelnen sind folglich nach den jeweiligen Rechten aufgegliedert aufzuführen die Art, ferner ob es sich um Namens-, Inhaber oder Orderpapiere handelt, der Nennbetrag und die Zahl der Rechte wie auch die wesentlichen Modalitäten (etwa Zeitpunkt, Zweck, Änderungen, Tilgung, Zinsen). Für neu entstandene Rechte müssen gesonderte Angaben gemacht werden, ein davon-Vermerk genügt, wenn sie mit bereits bestehenden Rechten dem wesentlichen Inhalt nach übereinstimmen (MünchKomm AktG/*Kessler* Rn 54).

7. Wechselseitige Beteiligung (Nr 7). Anzuführen sind gem Abs 1 Nr 7 diejenigen Angaben, welche die durch die wechselseitige Beteiligung iSd § 19 bedingten Risiken vor Augen führen, namentlich die Reduzierung des Haftkapitals. Im Anh müssen daher die wechselseitigen Beteiligungen als solche unter Angabe der Namen der anderen Unternehmen kenntlich gemacht werden; nicht gefordert werden hingegen Angaben zur Höhe der Beteiligung oder bzgl Änderungen innerhalb des Jahres (WP-Handbuch Bd I, 2012, F Rn 1039). **Relevanter Zeitpunkt** ist der Stichtag des Jahresabschlusses. Der zwischenzeitliche Wegfall der wechselseitigen Beteiligung soll zweckmäßigerweise im Lagebericht mitgeteilt werden (*Adler/Düring/Schmaltz* Rechnungslegung Tb 4 Rn 65). Eine weitergehende Angabepflicht kann sich aus § 285 Nr 11 HGB ergeben. Bei inhaltlichen Überschneidungen von Abs 1 Nr 7 mit Nr 8 ist eine zusammenfassende Darstellung idR sinnvoll (KölnKomm AktG/*Claussen* §§ 284–288 HGB/§ 160 Rn 165).

8. Gem § 20 Abs 1 oder 4 mitgeteilte Beteiligungen (Nr 8). Gem Abs 1 Nr 8 ist das Bestehen von Beteiligungen, die nach § 20 Abs 1 oder Abs 4 AktG oder nach § 21 Abs 1 oder Abs 1a WpHG mitgeteilt worden sind, im Anhang anzugeben. Nicht mitgeteilte oder nicht nach diesen Vorschriften – etwa nach § 15 WpHG – mitgeteilte Beteiligungen müssen nicht aufgeführt werden (ganz **hM**, *Adler/Düring/Schmaltz* Rechnungslegung Tb 4 Rn 69; Spindler/Stilz AktG/*Euler/Wirth* Rn 35 mwN; **aA** Beck-

BilKomm/*Ellrott* § 284 HGB Rn 47). Im Hinblick auf § 20 Abs 7 muss kenntlich gemacht werden, wenn eine Beteiligung, für welche keine Mitteilung nach § 20 Abs 1 oder Abs 4 AktG oder nach § 21 Abs 1 oder Abs 1a WpHG erfolgte, im Anh ausgewiesen wird; diese Hinweispflicht fehlender Mitteilung entfällt nur bei einer wechselseitigen Beteiligung (GroßKomm AktG/*Brönner* Rn 34). Abs 1 Nr 8 setzt nicht die Bekanntmachung nach § 20 Abs 6 voraus, oder dass die Mitteilung ordnungsgemäß erfolgte (WP-Handbuch Bd I, 2012, F Rn 1041). Die Angabepflicht bleibt solange bestehen, bis mitgeteilt wird, dass die (mitgeteilte) Beteiligung nicht mehr besteht. Relevanter Zeitpunkt ist der Stichtag des Jahresabschlusses. Anzugeben sind der Inhalt der Mitteilung – bei mehreren dieselbe Beteiligung betreffenden Mitteilung nur die aktuellste –, der Aktionär (bei natürlichen Personen mit Namen, bei Gesellschaften deren Sitz), die überschrittenen Schwellenwerte der Beteiligung, und bei einer Mitteilung nach dem WpHG ferner auch der Stimmrechtsanteil (vgl WP-Handbuch Bd I, 2012, F Rn 1041). Die genaue Beteiligungshöhe und die Entwicklung der Beteiligung müssen nicht angegeben werden (**hM**, GroßKomm AktG/*Brönner* Rn 32).

III. Schutzklausel (Abs 2)

12   Die Berichterstattung hat insoweit zu unterbleiben, als es für das Wohl der Bundesrepublik oder eines Bundeslandes erforderlich. Abs 2 ist an dem Zweck der §§ 93 ff StGB zu messen, Staatsgeheimnisse zu schützen (BeckBilKomm/*Ellrott* § 286 HGB Rn 3). Der unbestimmte Rechtsbegriff „Wohl" ist eng auszulegen (vgl *Schülen* WPg 1987, 223, 230). Nicht ausreichend für Abs 2 sind sonstige Nachteile, die zB allein die AG treffen. Abs 2 bezieht sich nur auf den Anh, nicht auf GuV und Bilanz. Besteht ein Wahlrecht, so wird dieses durch Abs 2 dahingehend eingeschränkt, dass eine Angabe in der Bilanz bzw in der GuV erfolgen muss (GroßKomm AktG/*Brönner* Rn 34). Das Gebrauchmachen von Abs 2 darf nicht offengelegt werden (K. Schmidt/Lutter AktG/*Kleindiek* Rn 11 mwN; GroßKomm AktG/*Brönner* Rn 40; BeckBilKomm/*Ellrott* § 286 HGB Rn 4; Baumbach/Hopt HGB/*Merkt* § 286 Rn 1).

IV. Rechtsfolgen bei Verstößen

13   Verstöße gegen die Angabepflichten aus § 160 können eine Ordnungswidrigkeit iSd §§ 334 Abs 1 Nr 1d, 284 Abs 1 HGB darstellen (*Adler/Düring/Schmaltz* Rechnungslegung Tb 4 Rn 10). Weiterhin kommt die Strafbarkeit gem § 331 Nr 1 HGB in Betracht (KölnKomm AktG/*Claussen* §§ 284–288 HGB/160 AktG Rn 188). Fehlt der Anh, ist der Jahresabschluss gem § 256 Abs 1 Nr 1 nichtig (*OLG Stuttgart* NZG 2008, 675, 676 mwN); Gleiches gilt für wesentliche unvollständige oder fehlerhafte Angaben im Anh (allg dazu *Hüffer* AktG Rn 8).

§ 161   Erklärung zum Corporate Governance Kodex

(1) ¹Vorstand und Aufsichtsrat der börsennotierten Gesellschaft erklären jährlich, dass den vom Bundesministerium der Justiz im amtlichen Teil des Bundesanzeigers bekannt gemachten Empfehlungen der „Regierungskommission Deutscher Corporate Governance Kodex" entsprochen wurde und wird oder welche Empfehlungen nicht angewendet wurden oder werden und warum nicht. ²Gleiches gilt für Vorstand und Aufsichtsrat einer Gesellschaft, die ausschließlich andere Wertpapiere als Aktien zum Handel an einem organisierten Markt im Sinn des § 2 Abs. 5 des Wertpapierhandelsge-

setzes ausgegeben hat und deren ausgebende Aktien auf eigene Veranlassung über ein multilaterales Handelssystem im Sinn des § 2 Abs. 3 Satz 1 des Wertpapierhandelsgesetzes gehandelt werden.

(2) Die Erklärung ist auf der Internetseite der Gesellschaft dauerhaft öffentlich zugänglich zu machen.

Übersicht

	Rn		Rn
I. Grundlagen	1	1. Bindungswirkung der Entsprechenserklärung	37
1. Regelungsgegenstand, Zweck	1	2. Mittel gesellschaftsinterner Umsetzung	38
2. Entstehungsgeschichte	2	a) gesellschaftsinterne Vorschriften	38
3. Regelungsmechanismus, Verfassungsmäßigkeit	3	b) organisatorische Maßnahmen	41
II. Pflicht zur Abgabe der Entsprechenserklärung	4	IV. Rechtsfolgen fehlerhafter bzw fehlender Entsprechenserklärungen	43
1. Normadressaten	4	1. Mängel bei der internen Beschlussfassung	43
2. Zuständigkeit	6	2. Mängel der Entsprechenserklärung	44
3. Beschlussfassung der Verwaltung	7	3. Anfechtbarkeit der Entlastungsbeschlüsse	47
a) Beschlussfassung des Vorstands	8	4. Haftungsfragen	50
b) Beschlussfassung des Aufsichtsrats	9	a) Innenhaftung	50
c) Mitwirkung der HV	10	aa) Verstoß bei Abgabe und Veröffentlichung der Entsprechenserklärung	51
4. Inhaltliche Voraussetzungen der Entsprechenserklärung	11	bb) Verstoß des Organhandelns gegen Empfehlungen	52
a) Kernaussage	12	b) Außenhaftung	57
aa) Vergangenheitsbezogener Teil	12	aa) Haftung der Organmitglieder	57
bb) Zukunftsbezogener Teil	15	bb) Haftung der Gesellschaft	59
b) Formulierungsbeispiele	19	c) Haftungsbegrenzung	60
aa) Uneingeschränkte Positivverklärung	20	5. Ordnungswidrigkeit, Strafbarkeit	61
bb) Eingeschränkte Positivverklärung	21	V. Corporate Governance	64
cc) Negativverklärung	22	1. Begriff und Herkunft von Corporate Governance	64
c) Begründungszwang	23	2. Entwicklung der Diskussion um die Corporate Governance in Deutschland	67
d) DCGK als Bezugspunkt	24	3. Regierungskommission Deutscher Corporate Governance Kodex	69
5. Abgabe der Entsprechenserklärung	25	4. Corporate Governance in den USA und Europa	79
a) Zeitpunkt der Abgabe, Zeitraum	25	a) Corporate Governance in den USA	81
b) unterjährige Aktualisierung der Entsprechenserklärung	31		
c) Form der Entsprechenserklärung	34		
d) Publizität	35		
aa) dauerhafte Zugänglichmachung (§ 161 Abs 2)	35		
bb) anderweitige Publizität	36		
III. Gesellschaftsinterne Umsetzung	37		

§ 161 Erklärung zum Corporate Governance Kodex

	Rn		Rn
b) Corporate Governance in Europa	89	2. Definition von Compliance	95
VI. Corporate Governance und Compliance	91	3. Herkunft und Bedeutung von Compliance	97
1. Zum integrativen Verständnis der Corporate Governance und Compliance als Bestandteile unternehmerischer Qualitätssicherungssysteme	91	4. Wesentliche Bestandteile eines Compliance Programms	102
		5. Compliance als zukünftiger Bestandteil guter Unternehmensführung	109

Literatur zu § 161 und DCGK: *Abram* Ansprüche von Anlegern wegen Verstoßes gegen § 161 AktG oder den Deutschen Corporate Governance Kodex – ein Literaturbericht, ZBB 2003, 41; *Bachmann* Die Erklärung zur Unternehmensführung (Corporate Governance Statement), ZIP 2010, 1517; *Bayer* Grundsatzfragen der Regulierung der aktienrechtlichen Corporate Governance, NZG 2013, 1; *Bayer/J. Schmidt* BB-Gesetzgebungs- und Rechtsprechungsreport zum Europäischen Unternehmensrecht 2010/2011, BB 2012, 3; *Berg/Stöcker* Anwendungs- und Haftungsfragen zum Deutschen Corporate Governance Kodex, WM 2002, 1569; *Borges* Selbstregulierung im Gesellschaftsrecht – zur Bindung an Corporate Governancce Kodizes, ZGR 2003, 508; *Bredol/Schäfer* Für die Abschaffung des Corporate Governance Berichts gemäß Nr. 3.10 DCGK, NZG 2013, 568; *Campos Nave/Vogel* Die erforderliche Veränderung von Corporate Compliance-Organisationen im Hinblick auf gestiegene Verantwortlichkeiten des Compliance Officers, BB 2009, 2546; *Claussen/Bröcker* Der Corporate Governance Kodex aus der Perspektive der kleinen und mittleren Börsen AG, DB 2002, 1199; *Cromme/Cromme* Corporate Governance Report, 2006; *Dallas* Governance and Risk, An Analytical Handbook for Investors, Managers, Directors, and Stakeholders; Standard & Poor's Governance Services, McGraw-Hill, 2004; *DAV-Handelsrechtsausschuss* Stellungnahme zu den Änderungsvorschlägen der Regierungskommission Deutscher Corporate Governance Kodex vom 5. Februar 2013, NZG 2013, 419; *Dölling (Hrsg)* Handbuch der Korruptionsprävention, 2007; *Ederle* Die jährliche Entsprechenserklärung und die Mär von der Selbstbindung, NZG 2010, 655; *Ettinger/Grützedieck* Haftungsrisiken im Zusammenhang mit der Abgabe der Corporate Governance Entsprechenserklärung gem § 161 AktG, AG 2003, 353; *Gelhausen/Hönsch* AG 2003, 367, 371; *Görling/Inderst/Bannenberg* Compliance, 2010; *Goslar/von der Linden* Anfechtbarkeit von Hauptversammlungsbeschlüssen aufgrund fehlerhafter Entsprechenserklärungen zum Deutschen Corporate Governance Kodex, DB 2009, 1691; *Hasselbach/Jakobs* Die Unabhängigkeit von Aufsichtsratsmitgliedern, BB 2013, 643; *Hauschka (Hrsg)* Corporate Compliance, 2. Aufl 2010; *Heckelmann* Drum prüfe, wer sich ewig bindet – Zeitliche Grenzen der Entsprechenserklärung nach § 161 AktG und des Deutschen Corporate Governance Kodex, WM 2008, 2146; *Hecker* Die aktuellen Änderungen des Deutschen Corporate Governance Kodex im Überblick, BB 2009, 1654; *Hecker/Peters* Die Änderungen des DCGK im Jahr 2010, BB 2010, 2251; *dies* BB-Report zu den Änderungen des DCGK im Jahr 2012, BB 2012, 2639; *dies* Der Deutsche Nachhaltigkeitskodex, NZG 2012, 55; *Hennke/Fett* Das VorstOG in der Praxis, BB, 2007, 1267; *Hommelhoff/Hopt/von Werder* Handbuch Corporate Governance, 2. Aufl 2009; *Hüffer* Zur Wahl von Beratern des Großaktionärs in den Aufsichtsrat der Gesellschaft, ZIP 2010, 1979; *Ihrig* Pflicht zur umgehenden Abgabe einer Entsprechenserklärung mit Inkrafttreten des BilMoG?, ZIP 2009, 853; *Ihrig/Meder* Die Zuständigkeitsordnung bei Benennung der Ziele für die Zusammensetzung des Aufsichtsrats gem Ziff 5.4. DCGK nF in mitbestimmten Gesellschaften, ZIP 2010, 1577; *Ihrig/Wagner* Die Reform geht weiter: Das Transparenz- und Publizitätsgesetz kommt, BB 2002, 789; *dies* Corporate Governance: Kodex-Erklärung und ihre unterjährige Korrektur, BB 2002, 2509; *Keiluweit* Die aktuellen Änderungen des Deutschen Corporate Governance Kodex im Lichte aktienrechtlicher Vorgaben, DStR 2010, 2251; *Kiefner* Fehlerhafte Entsprechenserklärung und Anfechtbarkeit von Hauptversammlungsbeschlüssen, NZG 2011, 201; *Kiethe* Falsche Erklärung nach § 161 AktG – Haftungsverschärfung für Vorstand und Aufsichtsrat?, NZG 2003, 559; *Klindt/Pelz/Theusinger* Compliance im Spiegel der Rechtsprechung, NJW 2010, 2385; *Knapp* Die Entwicklung des Rechts des Aufsichtsrats im Jahr 2010 – Aktuelles für die Praxis aus Gesetzgebung und Rechtsprechung (Teil 1), DStR 2011, 177; *Kocher* Die Diversity-Empfehlung des neuen Corporate-Governance-Kodex, BB 2010, 264; *Kort* Corporate Governance-Grundsätze als haftungsrechtlich relevante Verhaltensstandards?, FS K. Schmidt, 2009, S 945; *ders* Corporate Governance-Fragen der Größe und Zusammensetzung des Aufsichtsrats bei AG, GmbH und SE, AG 2008, 137; *ders* Die Außenhaftung des Vorstands bei der Abgabe von Erklärungen nach § 161 AktG, FS Raiser, 2005, S 203; *Krieger* Interne Voraussetzungen für die Abgabe der Entsprechenserklärung nach § 161 AktG, FS Ulmer, 2003, S 365; *Kuthe/Geiser* Die neue Corporate Governance Erklärung – Neuerung des BilMoG in § 289a HGB-RE, NZG 2008, 172; *Leuering* Keine Anfechtung wegen Mängeln der Entsprechenserklärung – Nachlese zu den BGH-Urteilen „Kirch/Deutsche Bank" (DStR 2009, 537) und „Umschreibestopp" (DStR 2009, 2207), DStR 2010, 2255; *Leuering/Rubner* Die Entsprechenserklärung und das Verbot der Marktmanipulation, NJW-Spezial 2010, 79; *Lutter* Die Erklärung zum Corporate Governance Kodex gem § 161 AktG, ZHR 166 (2002), 523; *Mock* Entsprechenserklärungen zum DCGK in Krise und Insolvenz, ZIP 2010, 15; *Mühl-Jäckel* Der „Public Corporate Governance Kodex" des Bundes – ein Modell für kommunale Unternehmen?, LKV 2010, 209; *Mutter* Überlegungen zur Justiziabilität von Entsprechenserklärungen nach § 161 AktG, ZGR 2009, 788; *Ringleb/Kremer/Lutter/von Werder* Deutscher Corporate Governance Kodex, 2010; *dies* Die Kodex-Änderungen vom Mai 2010, NZG 2010, 1161; *dies* Die Kodex-Änderungen vom Mai 2012, NZG 2012, 1081; *Rosengarten/S. H. Schneider* Die „jährliche" Abgabe der Entsprechenserklärung nach § 161 AktG, ZIP 2009, 1837; *Rübenstahl* Zur „regelmäßigen" Garantenstellung des Compliance Officers, NZG 2009, 1341; *Scholderer* Unabhängigkeit und Interessenkonflikte der Aufsichtsratsmitglieder, NZG 2012, 168; *Schulz* Die Zielbenennung zur Zusammensetzung des Aufsichtsrats nach dem DCGK 2010, BB 2010, 2390; *Seibert* OECD Principles of Corporate Governance – Grundsätze der Unternehmensführung und -kontrolle für die Welt, AG 1999, 337; *Seibt* Deutscher Corporate Governance Kodex: Antworten auf Zweifelsfragen der Praxis, AG 2003, 465; *ders* Deutscher Corporate Governance Kodex und Entsprechens-Erklärung (§ 161 AktG-E), AG 2002, 249; *Semler/Wagner* Deutscher Corporate Governance Kodex – Die Entsprechenserklärung und Fragen der gesellschaftsinternen Umsetzung, NZG 2003, 553; *Strieder* Anmerkungen zur individualisierten Angabe von Vorstandsbezügen im Anhang des Jahresabschlusses, DB 2005, 957; *Theusinger/Liese* Rechtliche Risiken der Corporate-Governance-Erklärung, DB 2008, 1419; *Thümmel* Persönliche Haftung von Managern und Aufsichtsräten, 4. Aufl 2008; *Thüsing* Das Gesetz über die Offenlegung von Vorstandsvergütungen, ZIP 2005, 1389; *Tödtmann/Schauer* Der Corporate Governance Kodex zieht scharf, ZIP 2009, 995; *Ulmer* Der Deutsche Corporate Governance Kodex – ein neues Regulierungsinstrument für börsennotierte Aktiengesellschaften, ZHR 166 (2002), 150; *Vetter* Der Tiger zeigt die Zähne – Anmerkungen zum Urteil des BGH im Fall Leo Kirch/Deutsche Bank –, NZG 2009, 561; *ders* Deutscher Corporate Governance Kodex, DNotZ 2003, 748; *ders* Der Deutsche Corporate Governance Kodex nur ein zahnloser Tiger? – Bedeutung von § 161 AktG für Beschlüsse der Hauptversammlung, NZG 2008, 121; *Weber-Rey/Buckel* Die Pflichten des Aufsichtsrats bei der Mandatierung des Vergütungsberaters, NZG 2010, 761; *Weber-Rey/Handt* Vielfalt/Diversity im Kodex – Selbstverpflichtung, Bemühenspflicht, Transparenz, NZG 2011, 1; *von Werder* Der deutsche Corporate Governance Kodex-Grundlagen und Einzelbestimmungen, DB 2002, 801; *Wernsmann/Gatzka* Der Deutsche Corporate Governance Kodex und die Entsprechenserklärung nach § 161 AktG – Anforderungen des Verfassungsrechts, NZG 2011, 1001; *Wilsing* Deutscher Corporate Governance Kodex, 2012; *Wilsing/von der Linden* Unabhängigkeit, Interessenkonflikte und Vergütung von Aufsichtsratsmitgliedern - Gedanken zur Kodexnovelle 2012, DStR 2012, 1391; *Wilsing/ von der Linden* Vorstandsvergütung und ihre Transparenz – Gedanken zur Kodexnovelle 2013, DStR 2013, 1291; *Zingales* „Corporate Governance" in The New Palgrave Dictionary of Economics and the Law, P. Newman, ed, Macmillan, 1998.

I. Grundlagen

1. Regelungsgegenstand, Zweck. § 161 enthält im Zusammenhang mit dem DCGK die Pflicht zur Abgabe einer sog Entsprechenserklärung, mit der Vorstand und AR von börsennotierten AGs angeben, ob die Empfehlungen des Kodex befolgt wurden oder nicht. Bezugspunkt ist die jeweils geltende im EBanz bekannt gemachte Fassung des DCGK. Neben der Pflicht zur Abgabe der Entsprechenserklärung sind weitere Vorgaben betreffend den Inhalt und die Publizität der Erklärung enthalten. § 161 dient auf der einen Seite der **Information von Aktionären und Kapitalmarktteilnehmern**. Parallel dazu soll die Verpflichtung zur Abgabe der Entsprechenserklärung die **Verwaltung** börsennotierter AGs anregen, sich mit den im Kodex niedergeschlagenen **Empfehlungen auseinanderzusetzen** (zum Normzweck *OLG München* AG 2009, 450, 451 f). Der DCGK spiegelt dabei den Konsens eines aus Wissenschaftlern und Praktikern bestehenden Gremiums über eine gute Unternehmensführung und -überwachung wieder, der in das Bewusstsein der Verwaltung rücken und gleichzeitig als **Verhaltensanregung** dienen soll.

2. Entstehungsgeschichte. Verglichen mit Entwicklungen im Ausland wurde in Deutschland spät die Diskussion um einen Corporate Governance Kodex begonnen. Weltweit sind Regelwerke zur Festlegung von Corporate Governance Grundsätzen für Unternehmen bereits seit 1990 üblich („Many governance observers cite the release in the early 1990s of the Cadbury Code on corporate governance in the United Kingdom as a key development in the modern literature on corporate governance in practice" in Dallas/*Patel* Governance and Risk, S 2 f; s hierzu auch Rn 64 ff). Anfänge einer Statuierung solcher Grundsätze reichen in Deutschland bis ins Jahr 2000 zurück, als ein erster „Code of Best Practice" für börsennotierte Gesellschaften von der Frankfurter Grundsatzkommission Corporate Governance aufgestellt wurde (sog „Frankfurter Grundsätze", s DB 2000, 238; später folgte der „German Code of Corporate Governance" des gegründeten Berliner Initiativkreises, s DB 2000, 1573). Aus den insoweit ersten Initiativen entwickelten sich in der Folgezeit die Regierungskommissionen zum DCGK. Die Arbeitsergebnisse dieser Kommissionen gingen dann im Jahre 2001 in den RefE des Bundesjustizministeriums vom 26.11.2001 ein. Darauf basierend wurde § 161 idF vom Gesetz zur weiteren Reform des Aktien- und Bilanzrechts, zu Transparenz und Publizität (TransPuG) vom 19.7.2002 (BGBl I S 2681) erlassen. Änderungen des Abs 1 und die Einfügung des Abs 2 ergaben sich durch das Bilanzrechtsmodernisierungsgesetz (BilMoG) vom 25.5.2009 (BGBl I S 1102), womit Vorgaben der Bilanzrichtlinie vom 25.7.1978 (RL 78/660/EWG) idF der Änderungsrichtlinie vom 14.6.2006 (RL 2006/46/EG) umgesetzt wurden.

3. Regelungsmechanismus, Verfassungsmäßigkeit. Auf den ersten Blick kritisch zu beurteilen ist das Zusammenspiel des § 161 mit dem DCGK, denn bei letzterem handelt es sich nicht um einen Akt staatlicher Rechtssetzung. Damit steht zunächst fest, dass der Kodex keine Rechtsnorm iSd § 2 EGBGB ist (*Tödtmann/Schauer* ZIP 2009, 995, 996). Dennoch bezieht sich Abs 1 S 1 auf den DCGK und verlangt Erklärungen darüber, ob den darin enthaltenen Empfehlungen entsprochen wurde; insoweit entfaltet der Regelungsmechanismus aufgrund der Verweistechnik eine vergleichbare Wirkung und man kann zu Recht die im Kodex enthaltenen Empfehlungen als **Normen im faktischen Sinne** (so *OLG München* ZIP 2009, 133, 134) bezeichnen; eine Einordnung als Handelsbrauch wie auch als Rechnungslegungsstandard muss zu Recht abgelehnt werden (ausf *Hüffer* AktG Rn 5). Gleichwohl kann den teilw geäußerten verfassungsrechtlichen Bedenken nicht beigepflichtet werden. Weder ein Verstoß gegen das Demokratieprinzip (Art 20 Abs 2 GG) noch ein Verstoß gegen den Grundsatz des Gesetzesvorbehalts (Art 20 Abs 3 GG) ist darin zu sehen, dass die Regierungskommission Deutscher Corporate Governance Kodex im DCGK Regeln zur Unternehmensführung aufstellt (*OLG München* WM 2008, 645, 648; KölnKomm AktG/*Lutter* Rn 20 ff; iE auch Spindler/Stilz AktG/*Sester* Rn 4; *Kort* FS K. Schmidt, S 945, 950; **aA** *Hüffer* aaO Rn 4; K. Schmidt/Lutter AktG/*Spindler* Rn 11; *Wernsmann/Gatzka* NZG 2011, 1001, 1005 ff). Auch wenn der geäußerten Kritik darin zuzustimmen ist, dass faktisch ein Druck zur Befolgung der Empfehlungen des DCGK durch die Pflichten des § 161 entsteht, kann es für die Beurteilung eines möglichen Legitimationsdefizits allein darauf ankommen, dass den betroffenen Unternehmen **kein Zwang zur Umsetzung** der Empfehlungen **des DCGK** auferlegt wird (*OLG München* WM 2008, 645, 648; *Lutter* aaO; *Kort* aaO 953). An der **Verfassungsmäßigkeit** bestehen damit keine Zweifel. Ein neuer Aspekt in dieser Frage hat sich durch die Ausdehnung der Haftung der Verwaltung im Rahmen von nicht oder unrichtig abgegebenen Entsprechenserklärungen ergeben, denn die Postulation nicht „zwingender Vorschriften" wird erschwert, wenn ein Verstoß gegen eine in Bezug auf diese abgegebene Entsprechenserklärung sanktioniert wird (vgl *Sester* aaO). Wird bei Verstößen genau zwischen dem Pflichtenkreis aus § 161 selbst und den Empfehlungen des Kodex differenziert und werden nur Verstöße gegen erstere sanktioniert, sind verfassungsrechtliche Bedenken weiter unbegründet (*Ulmer* ZHR 166 (2002) 150, 164 f; *Sester* aaO).

II. Pflicht zur Abgabe der Entsprechenserklärung

1. Normadressaten. Nach Abs 1 S 1 haben Vorstand und AR von **börsennotierten** 4
Gesellschaften (s Legaldefinition in § 3 Abs 2) zu den im EBanz bekannt gemachten Empfehlungen der Regierungskommission Deutscher Corporate Governance Kodex eine Entsprechenserklärung abzugeben. Auch inländische AGs, die allein an ausländischen Börsen notiert sind, werden vom Anwendungsbereich erfasst; umgekehrt trifft jedoch ausländische AGs keine Erklärungspflicht, denn nur nach dem AktG konstituierte Aktiengesellschaften werden von § 3 Abs 2 erfasst (ganz **hM**, K. Schmidt/Lutter AktG/*Spindler* Rn 17; *Ringleb/Kremer/Lutter/von Werder* Rn 1514; **aA** *Claussen/Bröcker* DB 2002, 1199, 1204). Der Anwendungsbereich der Erklärungspflicht umfasst seit Geltung des BilMoG v 25.5.2009 gem Abs 1 S 2 ferner solche AGs, die ausschließlich andere Wertpapiere als Aktien zum Handel an einem organisierten Markt iSd § 2 Abs 5 WpHG ausgegeben haben und deren ausgegebene Aktien auf eigene Veranlassung über ein multilaterales Handelssystem iSd § 2 Abs 3 S 1 Nr 8 WpHG gehandelt werden. Im Wesentlichen werden damit nun im Freiverkehr notierte AGs erfasst, die bspw Schuldverschreibungen oder Genussscheine an einem organisierten Markt iSd § 2 Abs 5 WpHG emittiert haben (RegBegr BT-Drucks 16/10067, 104). § 161 ist ferner auf die SE anwendbar (*BGH* BB 2012, 2522, 2525 – Fresenius SE).

Pflichtenadressaten für die Abgabe der Entsprechenserklärung sind der Vorstand und 5
der AR der börsennotierten AG, nicht jedoch die Gesellschaft selbst. Dabei sind **Vor**-

stand und **AR** jeweils **als Organ** der Gesellschaft verpflichtet (K. Schmidt/Lutter AktG/*Spindler* Rn 18). Mithin ist also eine Beschlussfassung beider Gesellschaftsorgane notwendig (dazu sogleich Rn 7 ff). Dies gilt auch in Bezug auf Empfehlungen, die nur auf einzelne Organmitglieder bezogen sind (zB Ziff 4.3.4. S 1), so dass das Verhalten des einzelnen Organmitglieds zum Gegenstand eines Beschlusses des Gesamtorgans wird. Zur Mitwirkung bei der Beschlussfassung sind allein amtierende Organmitglieder verpflichtet; scheidet ein Organmitglied vor Abgabe der Entsprechenserklärung aus seinem Amt aus, ist es für die Erklärung nicht mehr verantwortlich (*BGH* WM 2010, 848, 849; Spindler/Stilz AktG/*Sester* Rn 10).

6 **2. Zuständigkeit.** Der Entsprechenserklärung vorgeschaltet ist ein gesellschaftsinterner Prozess der Willensbildung und Beschlussfassung von Vorstand und AR (Spindler/Stilz AktG/*Sester* Rn 10; *Borges* ZGR 2003, 508, 527). Die dafür maßgebliche Kompetenzverteilung ergibt sich nicht aus dem Gesetzeswortlaut des Abs 1. Allerdings verlangt der Normzweck, dass die **Verwaltungsorgane getrennt voneinander** den Aktionären dauerhaft eine Information über die Einhaltung bzw Nichteinhaltung **aller Empfehlungen** des DCGK für den gesamten Bereich der Gesellschaft zur Verfügung stellen müssen (*BGHZ* 180, 9, 24 – Kirch/Deutsche Bank unter Berufung auf die Reg-Begr BT-Drucks 14/8769, 21; ebenso Spindler/Stilz AktG/*Sester* Rn 12; *Krieger* FS Ulmer, S 365, 368; *Vetter* NZG 2009, 561, 563; wohl auch MünchKomm AktG/*Goette* Rn 62 ff; einschränkend allein auf vergangenheitsbezogene Aussagen: KölnKomm AktG/*Lutter* Rn 44); die einschränkende Auslegung, dass sich jedes Verwaltungsorgan nur mit den jeweils in den eigenen Zuständigkeitsbereich fallenden Empfehlungen befassen darf, (so K. Schmidt/Lutter AktG/*Spindler* Rn 20; *Lutter* aaO Rn 49 für zukunftsbezogene Aussagen) ist abzulehnen, da der Informationswert von zwei zersplitterten Entsprechenserklärungen, die nur zusammen betrachtet die Gesamtheit der Kodexempfehlungen würdigen, erheblich herabgesetzt (*Krieger* aaO) und die Ausrichtung des Unternehmens als Ganzes am DCGK nicht transparent würde (*Sester* aaO). Weil die allg aktienrechtliche Kompetenzordnung beachtet werden muss, insb dass die Organe nicht gegenseitig in den fremden Zuständigkeitsbereich eingreifen, sind Besonderheiten zu beachten (dazu Rn 11 ff). Im Ergebnis geben Vorstand und AR entweder **getrennt jeweils eine Entsprechenserklärung** in Bezug auf alle Empfehlungen des Kodex ab **oder** es wird **eine gemeinsame Entsprechenserklärung** abgegeben, in der die Erklärungen beider Organe enthalten sind (*Vetter* aaO).

7 **3. Beschlussfassung der Verwaltung.** Die Beschl, auf denen die Entsprechenserklärungen aufbauen, müssen von Vorstand und AR in jeweils **getrennter Beschlussfassung** herbeigeführt werden, da es innerhalb einer AG kein gemeinsames Beschlussorgan von Vorstand und AR gibt (unstr, MünchKomm AktG/*Goette* Rn 62; *Hüffer* AktG Rn 11; K. Schmidt/Lutter AktG/*Spindler* Rn 19). Allerdings ist es zulässig, dass beide Organe freiwillig in einer gemeinsamen Sitzung einen entsprechenden Beschluss fassen (*Ringleb/Kremer/Lutter/von Werder* Rn 1540; Spindler/Stilz AktG/*Sester* Rn 11; *Goette* aaO). Für beide Organe gilt, dass nur die **Organmitglieder** bei der Beschlussfassung mitwirken müssen, **die zum Zeitpunkt der Beschlussfassung** noch Mitglied des Organs sind; ausgeschiedene Organmitglieder trifft nach dem Ausscheiden keine Verantwortlichkeit für Pflichtverletzungen des Organs (*BGH* WM 2010, 848, 849).

8 **a) Beschlussfassung des Vorstands.** Für die Beschlussfassung des Vorstands gilt gem den allg Regeln das **Einstimmigkeitsprinzip**, § 77 (*Ringleb/Kremer/Lutter/von Werder*

Rn 1532). Sieht die Geschäftsordnung oder Satzung spezielle Regelungen zu Abstimmungs- und Mehrheitserfordernissen vor, sind diese maßgeblich, sofern die jeweilige Empfehlung nicht an einzelne Mitglieder des Vorstands gerichtet ist (zB Ziff 4.3.4. DCGK) und deren Zustimmung für einen positiven Beschluss erforderlich macht (*Hüffer* AktG Rn 12). Ist die Zustimmung **bestimmter Vorstandsmitglieder** erforderlich, sollte auf eine bes sorgfältige und aussagekräftige Protokollierung geachtet werden (*Ringleb/Kremer/Lutter/von Werder* Rn 1532). Die Individualzustimmung kann bereits im Anstellungsvertrag erklärt werden (*Ulmer* ZHR 166 (2002), 150, 173; K. Schmidt/Lutter AktG/*Spindler* Rn 24; Spindler/Stilz AktG/*Sester* Rn 17). Der **Zustimmungsvorbehalt** des § 111 Abs 4 S 2 ist auf die Entscheidung des Vorstands nicht anwendbar, denn bei der Beschlussfassung des Vorstands handelt es sich um eine Einzelaufgabe des Vorstands (**hM**, *Ringleb/Kremer/Lutter/von Werder* Rn 1532; *Hüffer* aaO; *Krieger* FS Ulmer, S 365, 375; **aA** *Spindler* aaO Rn 21; *Seibt* AG 2002, 249, 253).

b) Beschlussfassung des Aufsichtsrats. Die Beschlussfassung im AR erfolgt nach den allg Regeln. Daher genügt die **einfache Stimmenmehrheit**, sofern nicht die Satzung oder Geschäftsordnung abw Regelungen vorsieht (*Hüffer* AktG Rn 13); letzteres gilt auch hier nur unter der Einschränkung, dass ggf in den Empfehlungen unmittelbar adressierte Mitglieder des AR für einen positiven Beschluss zustimmen müssen. Anders als beim Vorstand kann die Zustimmung nicht antizipiert werden, da mit AR-Mitgliedern kein Anstellungsvertrag besteht. Einen vergleichbaren Effekt kann jedoch ein einstimmiger Beschluss aller AR-Mitglieder haben, dem auch alle neu hinzutretenden AR-Mitglieder zugestimmt haben (*Lutter* ZHR 166 (2002), 523, 537; Spindler/Stilz AktG/*Sester* Rn 17). Umstritten ist, ob der AR die Beschlussfassung vom **Plenum** in einen Ausschuss verlagern kann. Eine solche Delegation ist unzulässig (**hM**, K. Schmidt/Lutter AktG/ *Spindler* Rn 26 mwN; *Hüffer* aaO; *Seibt* AG 2002, 249, 253; **aA**, *Ihrig/Wagner* BB 2002, 2509, 2513; in Bezug auf „bloße Ausführungsfragen" Marsch-Barner/Schäfer Hdb AG/ *Marsch-Barner* § 2 Rn 67); weil die Beschlussfassung nach § 161 mit den in § 107 Abs 3 S 3 genannten Maßnahmen vergleichbar ist (*Spindler* aaO). 9

c) Mitwirkung der HV. Die HV ist nicht verpflichtet, eine Entsprechenserklärung nach § 161 abzugeben (K. Schmidt/Lutter AktG/*Spindler* Rn 27; Spindler/Stilz AktG/ *Sester* Rn 19). Dies gilt auch in Bezug auf Empfehlungen, die sich auf Angelegenheiten der HV beziehen: die **Erklärungspflicht** liegt **stets** bei den **Verwaltungsorganen**, vgl bereits Rn 7 (**hM**, *BGHZ* 180, 9, 24 – Kirch/Deutsche Bank; *Spindler* aaO; MünchKomm AktG/*Goette* Rn 57; *Krieger* FS Ulmer, S 365, 368; **aA** *Seibt* AG 2002, 249, 253). Vorstand und AR können die ihnen obliegenden Pflichten zur Beschlussfassung und Abgabe der Entsprechenserklärung auch **nicht** an die HV **delegieren**. Die einzige Möglichkeit der HV zur Einflussnahme ist iRd Satzungsgebungskompetenz (*Spindler* aaO; *Sester* aaO; vgl auch Rn 38). 10

4. Inhaltliche Voraussetzungen der Entsprechenserklärung. Die Entsprechenserklärung besteht aus zwei Teilen: Aussagen zu **vergangenem Verhalten** und Aussagen zu **zukünftigem Verhalten** (*BGHZ* 180, 9, 19 – Kirch/Deutsche Bank). Beide Aussageteile sind zwingende Bestandteile der Entsprechenserklärung (**aA**, *Ederle* NZG 2010, 655, 660: zukunftsbezogener Teil nur freiwillig). An beide Teile der Entsprechenserklärung werden aufgrund ihrer unterschiedlichen Aussagerichtung unterschiedliche Anforderungen geknüpft. 11

§ 161 Erklärung zum Corporate Governance Kodex

12 **a) Kernaussage. – aa) Vergangenheitsbezogener Teil.** Aussagen der Entsprechenserklärung, die sich auf das Verhalten in der Vergangenheit beziehen, stellen eine **Wissenserklärung** in dem Sinne dar, dass die Organe (vgl Rn 7) nach eigenem Wissen beurteilen, ob in der Vergangenheit (idR seit der letzten Entsprechenserklärung, vgl Rn 28) bis zum Stichtag der Erklärung (Rn 29) empfehlungskonformes Verhalten vorlag. Fehlt dieses Wissen oder ist es unzureichend für die Beurteilung, was insb Fälle betreffen wird, in denen organfremdes Verhalten beurteilt werden muss, so müssen sich die betroffenen Organe und Organmitglieder die Informationen verschaffen (Spindler/Stilz AktG/*Sester* Rn 14, näher sogleich Rn 13).

13 Für Empfehlungen, die das **beurteilende Organ** selbst betreffen, steht den beurteilenden Organmitgliedern als Informationsgrundlage ein Auskunftsanspruch gegenüber den anderen Mitgliedern des Organs zu (K. Schmidt/Lutter AktG/*Spindler* Rn 28). Als Informationsquelle kann dabei auch der ggf eingesetzte Corporate-Governance-Beauftragte dienen (näher Rn 41 f). In Bezug auf die Empfehlungen, die **das andere Organ** bzw dessen Organmitglieder betreffen, darf das beurteilende Organ auf die vom anderen Organ abgegebene Entsprechenserklärung vertrauen, sofern nicht entgegenstehende Anhaltspunkte bestehen (Spindler/Stilz AktG/*Sester* Rn 14; *Krieger* FS Ulmer, S 365, 372). Bei Verhaltensempfehlungen, die sich an die **HV** richten, müssen AR und Vorstand ebenso auf Basis hinreichender Information getrennt entscheiden, ob empfehlungskonformes Verhalten vorlag oder nicht (*Krieger* aaO 371). Betrifft eine Empfehlung des DCGK ein **einzelnes Organmitglied**, so ist dieses durch das jeweils beurteilende Organ zu befragen, das dann auf Grundlage dieser Information eine Entscheidung trifft (*Krieger* aaO 372).

14 Stimmen die Erklärungen von Vorstand und AR in Bezug auf eine Empfehlung nicht überein, verbleibt es bei diesen **divergierenden Erklärungen** (*Hüffer* AktG Rn 11; K. Schmidt/Lutter AktG/*Spindler* Rn 23; *Krieger* FS Ulmer, S 365, 369). Ein Zwang zur Herbeiführung einer Einigung (so *Seibt* AG 2002, 249, 253) ist ebenso wenig anzunehmen wie die Verpflichtung zur Angabe, dass die Empfehlung nicht eingehalten worden sei, wenn Einigungsgespräche gescheitert sind (so *Ringleb/Kremer/Lutter/von Werder* Rn 1530 f).

15 **bb) Zukunftsbezogener Teil.** Der zukunftsbezogene Teil der Entsprechenserklärung stellt eine Information über die Einhaltung der Empfehlungen des DCGK im gesamten Bereich der Gesellschaft dar (*BGHZ* 180, 9, 24 – Kirch/Deutsche Bank); Gegenstand ist also das **zukünftige Verhalten**, auch wenn der Wortlaut des Abs 1 insoweit nicht eindeutig ist (RegBegr BT-Drucks 14/8769, 22; K. Schmidt/Lutter AktG/*Spindler* Rn 29; *Hüffer* AktG Rn 20 mwN). Auch hier gilt zunächst, dass Vorstand und AR als Erklärungspflichtige sich zu **allen Empfehlungen** eine Meinung bilden müssen, selbst wenn eine Empfehlung allein bspw das Verhalten des anderen Organs regelt (*BGH* aaO; *Krieger* FS Ulmer, S 365, 373; Spindler/Stilz AktG/*Sester* Rn 15; **aA** Köln-Komm AktG/*Lutter* Rn 49). Vorstand und AR steht ein **weitreichendes unternehmerisches Ermessen** bei der Einschätzung zu, ob die Einhaltung bestimmter Empfehlungen des Kodex künftig zweckmäßig erscheint oder nicht (*Krieger* aaO 378; *Seibt* AG 2002, 249, 253 f; *Kort* AG 2008, 137, 138; ebenso *Hüffer* aaO Rn 21); lediglich die Nichtausübung des Ermessens stellt einen Pflichtverstoß dar (*Krieger* aaO 380).

16 Um allerdings die Kompetenzbereiche zwischen den Verwaltungsorganen nicht zu verwischen, muss bei Meinungsverschiedenheiten, die selbst nach gemeinsamer

Beratung von Vorstand und AR fortbestehen, die **Letztentscheidungskompetenz** bei dem **Organ** liegen, **dessen Kompetenzbereich** allein **betroffen** ist; das andere Organ muss dann die Erklärung in diesem Sinne abgeben (*Krieger* FS Ulmer, S 365, 373; dem folgend *Hüffer* AktG Rn 10). Wg Missachtung des Kompetenzgefüges zwischen Vorstand und AR ist die Annahme, dass der Vorstand einen Entscheidungsvorrang und damit stets die Letztentscheidungskompetenz genieße (so *Seibt* AG 2002, 249, 253) abzulehnen (**hM**, *Spindler* aaO mwN; *Krieger* aaO 372 f); Gleiches gilt für die Forderung einer obligatorischen Zustimmung beider Verwaltungsorgane, ohne die die streitige Empfehlung abzulehnen sei (so Spindler/Stilz AktG/*Sester* Rn 15) bzw für den Lösungsvorschlag, analog § 111 Abs 4 S 2 der HV die Letztentscheidungskompetenz zukommen zu lassen (Hommelhoff/Hopt/von Werder Handbuch/*Hommelhoff/Schwab* 92 f).

Bei Verhaltensempfehlungen, die sich an die **HV** richten, müssen AR und Vorstand unabhängig voneinander entscheiden, ob sie auf die zukünftige Einhaltung der jeweiligen Empfehlung durch die HV hinwirken wollen oder nicht; vor einer divergierenden Entscheidung ist ebenfalls eine gemeinsame Beratung von Vorstand und AR durchzuführen (*Krieger* FS Ulmer, S 365, 373 f). 17

Betrifft eine Empfehlung des DCGK ein **einzelnes Organmitglied**, kann dieses nicht durch Beschluss von AR und Vorstand zu einer bestimmten Verhaltensweise gezwungen werden. Daher ist hier stets die Zustimmung des Organmitglieds in Bezug auf diese Empfehlung für eine positive Erklärung erforderlich (Spindler/Stilz AktG/*Sester* Rn 17); alternativ kommt die Festlegung im Anstellungsvertrag in Betracht (dazu Rn 40). 18

b) **Formulierungsbeispiele.** Bei der Entsprechenserklärung unterscheidet man zwischen uneingeschränkter Positiverklärung (auch uneingeschränkte Erklärung), eingeschränkter Positiverklärung (auch eingeschränkte Erklärung) und Negativerklärung. Bei den im Folgenden dargestellten Formulierungsvorschlägen handelt es sich um Beispiele, nicht um feststehende Wendungen. Aus dem **Erklärungsinhalt** muss sich **unzweideutig** ergeben, welche Empfehlungen des DCGK **eingehalten wurden** und zukünftig **eingehalten werden sollen**. Ggf ist in der Entsprechenserklärung auch eine **Begründung** anzugeben, warum Empfehlungen nicht beachtet wurden bzw künftig beachtet werden sollen. 19

aa) **Uneingeschränkte Positiverklärung.** Eine uneingeschränkte Positiverklärung liegt vor, wenn allen Empfehlungen entsprochen wurde und auch künftig entsprochen werden soll. Selbst wenn hinsichtlich des vergangenheitsbezogenen Teils einzelne, **nicht ins Gewicht fallende Abweichungen** im Berichtszeitraum stattgefunden haben, kann eine uneingeschränkte Positiverklärung abgegeben werden (**hM**, RegBegr BT-Drucks 14/8769, 21; *Hüffer* AktG Rn 16; *Ringleb/Kremer/Lutter/von Werder* Rn 1553 f; Köln-Komm AktG/*Lutter* Rn 82; iE auch Spindler/Stilz AktG/*Sester* Rn 38; **aA** K. Schmidt/Lutter AktG/*Spindler* Rn 32). Eine uneingeschränkte Positiverklärung kann durch folgende Formulierung abgegeben werden: 20

„Den im amtlichen Teil des elektronischen Bundesanzeigers bekanntgemachten Empfehlungen der Regierungskommission Deutscher Corporate Governance Kodex in der Fassung vom [Datum] wurde im Berichtsjahr 2011 entsprochen und soll auch künftig entsprochen werden."

21 bb) Eingeschränkte Positiverklärung. Eingeschränkte Positiverklärungen liegen dann vor, wenn von einzelnen Empfehlungen des Kodex abgewichen wurde bzw künftig abgewichen werden soll. In diesem Fall muss aus der Entsprechenserklärung eindeutig hervorgehen, welchen Empfehlungen entsprochen wurde bzw künftig entsprochen werden soll und welchen nicht. Allein **negative Abweichungen** in Form einer Unterschreitung von Empfehlungen sind anzugeben, nicht jedoch die Übererfüllung von Empfehlungen (Spindler/Stilz AktG/*Sester* Rn 39; K. Schmidt/Lutter AktG/*Spindler* Rn 34, 36). Die betr Empfehlungen sollten bei der Formulierung aus Gründen der Klarheit und Leserfreundlichkeit mit ihrer **Textziffer nebst inhaltlicher Umschreibung** bezeichnet werden (KölnKomm AktG/*Lutter* Rn 83). Hinsichtlich aller Unterschreitungen der Kodexempfehlungen ist zudem eine **Begründung** abzugeben, warum diese nicht eingehalten wurden bzw eingehalten werden sollen (näher Rn 23). Eine eingeschränkte Positiverklärung, die zusätzlich noch mit einer Begründung versehen werden muss, kann wie folgt abgegeben werden:

„Den im amtlichen Teil des elektronischen Bundesanzeigers bekanntgemachten Empfehlungen der Regierungskommission Deutscher Corporate Governance Kodex in der Fassung vom [Datum] wurde im Berichtsjahr 2013 unter Ausnahme von Ziff 3.8. Abs 3, also der Festlegung eines Selbstbehalts für die D&O-Versicherung des AR, entsprochen. Mit Ausnahme von Ziff 3.10 S 1, also der Pflicht zur Berichterstattung im Geschäftsbericht über die Corporate Governance des Unternehmens, soll künftig allen Verhaltensempfehlungen entsprochen werden."

22 cc) Negativerklärung. Eine Negativerklärung muss dann abgegeben werden, wenn den Empfehlungen des DCGK **vollständig nicht entsprochen** wurde und auch zukünftig nicht entsprochen werden soll. Regelmäßig wird dieser Fall in der Praxis nur dann eine Rolle spielen, wenn die Gesellschaft und ihre Organe ihr Verhalten an einem eigenen „Code of Best Practice" ausrichtet (RegBegr BT-Drucks 14/8769, 21). Die Entsprechenserklärung muss ferner eine **Begründung** dafür angeben, warum den Kodexempfehlungen nicht entsprochen wurde und auch zukünftig nicht entsprochen werden soll (näher Rn 23). Die bloße Erwähnung im Geschäftsbericht, dass keine Entsprechenserklärung abgegeben werden soll, erfüllt nicht die Pflicht des Abs 1 zur Abgabe einer Entsprechenserklärung (*Hüffer* AktG Rn 7; *OLG München* AG 2008, 386, 387). Eine Negativerklärung, die zusätzlich noch mit einer Begründung versehen werden muss, kann wie folgt abgegeben werden:

„Den im amtlichen Teil des elektronischen Bundesanzeigers bekanntgemachten Empfehlungen der Regierungskommission Deutscher Corporate Governance Kodex in der Fassung vom [Datum] wurde im Berichtsjahr 2013 nicht entsprochen und soll auch künftig nicht entsprochen werden."

23 c) Begründungszwang. Seit Geltung des BilMoG v 25.5.2009 (BGBl I S 1102) ist bei **jeder negativen Abweichung** von Verhaltensempfehlungen des DCGK eine Begründung anzugeben; die Begründungspflicht gilt sowohl für den vergangenheitsbezogenen Teil als auch für den zukunftsbezogenen Teil (Spindler/Stilz AktG/*Sester* Rn 43). Wie ausführlich die Begründung sein muss, ist dem Gesetzeswortlaut nicht zu entnehmen. Daher muss – an der ratio legis orientierend – eine solche Information erteilt werden, die dem durchschnittlichen Aktionär und Kapitalmarktteilnehmer ein Urteil darüber erlaubt, aus welchem Grund die Gesellschaft allen oder einigen Empfehlungen des DCGK nicht entsprochen hat bzw künftig nicht entspricht (K. Schmidt/Lutter

AktG/*Spindler* Rn 42; *Sester* aaO Rn 41). Anknüpfungspunkt der Begründung ist nach dem Gesetzeswortlaut die **einzelne Empfehlung**, von der abgewichen wurde bzw werden soll. Teilw wird vorgeschlagen, dass bzgl einer Negativerklärung (vgl Rn 22) in europarechtskonformer Auslegung des § 161 allein eine Begründung für die Ablehnung des Kodex insgesamt erfolgen muss (so *Sester* aaO Rn 42). In der Praxis erscheint es aufgrund des klaren Gesetzeswortlauts dennoch ratsam, eine Begründung für die Ablehnung jeder einzelnen Empfehlung abzugeben, um Sanktionen und Haftungsfolgen auszuschließen. Unzureichend wird es ferner sein, allein mit dem Argument der Kosteneinsparung die mangelnde Umsetzung einer Kodexempfehlung zu begründen (*Spindler* aaO; **aA** *Bachmann* ZIP 2010, 1517, 1518); zusätzlich wird zumindest eine Gegenüberstellung von Aufwand und Nutzen erforderlich sein (*Spindler* aaO). Wird in Folge der Anwendung eines eigenen „Code of Best Practice" eine Negativerklärung abgegeben, beschränkt sich die Begründungspflicht nach einer Ansicht auf die Angabe dieses Umstands (*Hüffer* AktG Rn 18).

d) DCGK als Bezugspunkt. Die Entsprechenserklärung muss stets auf die **geltende** **24** **Fassung des DCGK** bezogen sein, also die, die zum Zeitpunkt der Abgabe der Erklärung im amtlichen Teil des EBanz zuletzt bekannt gemacht wurde (Marsch-Barner/ Schäfer Hdb AG/*Marsch-Barner* § 2 Rn 69; vgl *OLG Stuttgart* AG 2011, 93, 95). Es empfiehlt sich eine **klarstellende Angabe** der Fassung des DCGK, auf die sich die Entsprechenserklärung bezieht (ebenso Spindler/Stilz AktG/*Sester* Rn 56; *Ringleb/Kremer/Lutter/von Werder* Rn 1570, vgl auch Formulierungen oben Rn 20ff). Durch die Angabe wird die Annahme einer dynamischen Verweisung ausgeschlossen, die schutzwürdiges Vertrauen bei den Aktionären und den sonstigen Kapitalmarktteilnehmern erzeugen und damit uU eine unterjährige Aktualisierungspflicht im Falle einer Neufassung des DCGK nach sich ziehen würde. Im Falle einer Änderung des DCGK im Zeitraum zwischen der Beschlussfassung der Organe und der Zugänglichmachung der Entsprechenserklärung wird die Bezugnahme auf die alte Fassung des Kodex jedenfalls dann unzureichend sein, wenn sich die Entsprechenserklärung noch auf die alte Fassung bezieht und die in Bezug genommene Fassung des Kodex nicht ausdrücklich in der Entsprechenserklärung angegeben wurde.

5. Abgabe der Entsprechenserklärung. – a) Zeitpunkt der Abgabe, Zeitraum. Abs 1 **25** S 1 legt fest, dass die Entsprechenserklärung „jährlich" abzugeben ist. Daraus ergeben sich verschiedene kontrovers diskutierte Rechtsfragen, die oftmals vermengt werden (ebenso *Rosengarten/S. H. Schneider* ZIP 2009, 1837, 1840f). Umstritten ist, bis zu welchem **Zeitpunkt** die **Entsprechenserklärung spätestens abgegeben** werden muss. Hier sind zwei Aspekte zu unterscheiden. Erstens: Der maximale Zeitraum, der zwischen zwei Entsprechenserklärungen liegen darf (Rn 26). Zweitens: Ob sich die zusätzlich zu erfüllende Bedingung einer einmal „jährlich" abzugebenden Entsprechenserklärung auf das Kalenderjahr oder das Geschäftsjahr bezieht (Rn 27). Darüber hinaus ist streitig, auf welchen **Zeitraum** sich die **Entsprechenserklärung beziehen** muss (Rn 28) und auf welchen Stichtag die Entsprechenserklärung bezogen sein muss (Rn 29). Besonderheiten sind schließlich im Falle eines Börsenganges zu beachten (Rn 30). Vgl zur Zugänglichmachung nicht mehr aktueller Entsprechenserklärungen Ziff 3.10 S 3 DCGK (Anh 161 Rn 8).

Legt man § 161 eng aus, muss die erneute Abgabe der Entsprechenserklärung alle **26** 12 Monate erfolgen. Dennoch ist nicht von einer Tag genau einzuhaltenden Höchstfrist auszugehen (so aber *OLG München* WM 2008, 645, 648), sondern von einer **Jahresfrist**, bei der **Abweichungen von wenigen Tagen** unschädlich sind (Spindler/Stilz AktG/*Sester* Rn 55; K. Schmidt/Lutter AktG/*Spindler* Rn 39; KölnKomm AktG/*Lutter* Rn 90; ebenso Anm *Kort* EWiR 2010, 441, 442 unter Berufung auf *BGH* WM 2010, 848, 849; weitergehend: innerhalb desselben Monats des nächsten Jahres Münch-Komm AktG/*Goette* Rn 73). Die Gegenansicht, die eine zeitliche Höchstdauer hinsichtlich dieses Aspekts insgesamt ablehnt (so *Hüffer* AktG Rn 15; *Heckelmann* WM 2008, 2146, 2147; *Rosengarten/S. H. Schneider* ZIP 2009, 1837, 1840 f), ist abzulehnen, da gesetzgeberisches Motiv nicht nur das lückenlose **Vorliegen** einer Entsprechenserklärung ist, sondern auch eine in regelmäßigen Abständen erfolgende Befassung durch die Verwaltung (vgl *Rosengarten/S. H. Schneider* ZIP 2009, 1837, 1840) und die sich daran anschließende Information der Aktionäre und der Kapitalmarktteilnehmer. Die aufgezeigten Widersprüche (*Rosengarten/S. H. Schneider* aaO 1840 f) lassen sich durch die oben gezeigte moderate Lockerung der Höchstfrist vermeiden.

27 Nach der **hM** ist hinsichtlich der „jährlichen" Aktualisierung der Entsprechenserklärung auf das **Geschäftsjahr** abzustellen (ebenso Spindler/Stilz AktG/*Sester* Rn 55; *Ringleb/Kremer/Lutter/von Werder* Rn 1583; *Hüffer* AktG Rn 15; offen K. Schmidt/ Lutter AktG/*Spindler* Rn 39; MünchKomm AktG/*Goette* Rn 41) und nicht auf das Kalenderjahr (so aber KölnKomm AktG/*Lutter* Rn 90; *Heckelmann* WM 2008, 2146, 2147), denn die Entsprechenserklärung steht im Zusammenhang mit der Rechnungslegung und muss als Gegenstand der Abschlussprüfung dieser zeitlich vorausgehen (*Ringleb/Kremer/Lutter/von Werder* Rn 1582; *Sester* aaO). Somit muss zumindest ein Mal im Geschäftsjahr eine Entsprechenserklärung abgegeben werden.

28 Bei der Frage, auf **welchen Zeitraum** die Entsprechenserklärung **bezogen** sein muss, ist zwischen dem vergangenheitsbezogenen und zukunftsbezogenen Teil zu unterscheiden. **Vergangenheitsbezogene Aussagen** beziehen sich stets auf den Zeitraum seit der letzten Entsprechenserklärung (K. Schmidt/Lutter AktG/*Spindler* Rn 39; *Rosengarten/S. H. Schneider* ZIP 2009, 1837, 1843; Spindler/Stilz AktG/*Sester* Rn 55; Marsch-Barner/Schäfer Hdb AG/*Marsch-Barner* § 2 Rn 64). **Zukunftsbezogene Aussagen** sollten zwar grds zeitlich unbegrenzt abgegeben werden; eine Begrenzung ist hingegen möglich, wenn sie eindeutig als solche erkennbar ist und nach Ablauf des Geltungszeitraums eine neue Entsprechenserklärung abgegeben wird (*LG Schweinfurt* WPg 2004, 339; *Spindler* aaO; *Ringleb/Kremer/Lutter/von Werder* Rn 1586; *Mock* ZIP 2010, 15, 16; **aA** *Rosengarten/S. H. Schneider* aaO; *Marsch-Barner* aaO Rn 65; K. Schmidt/ Lutter AktG/*Spindler* Rn 39).

29 Schließlich ist umstritten, auf welchen **Stichtag** die Entsprechenserklärung bezogen sein muss (bei diesem setzen dann wiederum die in Rn 26, 28 genannten Zeiträume an). Auch wenn sich eine Orientierung an §§ 285 Nr 16, 314 Abs 1 Nr 8, 325 Abs 1 S 1 HGB hierfür anbietet, steht es im Ermessen von Vorstand und AR, den Stichtag festzulegen (*Hüffer* AktG Rn 15; K. Schmidt/Lutter AktG/*Spindler* Rn 39; **aA** *Seibt* AG 2002, 249, 257).

30 Die zeitlichen Vorgaben (Rn 25–29) gelten im Grundsatz auch für Gesellschaften, die nach einem **Börsengang** zum ersten Mal dem Anwendungsbereich des § 161 unterliegen. Mit Rücksicht auf das Informationsinteresse des Kapitalmarktes und der Aktionäre ist wohl davon auszugehen, dass die Abgabe nicht nur in dem Geschäftsjahr des Börsengangs zu gewährleisten ist, sondern dass die Entsprechenserklärung **zeitnah**

zusätzlich nach Handelsbeginn zu erfolgen hat. Findet der Börsengang am Ende eines Geschäftsjahres statt, muss ausnahmsweise eine Abgabe – zeitnah – im nächsten Geschäftsjahr genügen.

b) unterjährige Aktualisierung der Entsprechenserklärung. Abw von der jährlichen Pflicht zur Aktualisierung der Entsprechenserklärung gem Abs 1 kann in bestimmten Fällen eine **Verpflichtung zur unterjährigen Aktualisierung** bestehen. Davon ist auszugehen, wenn sich im zukunftsbezogenen Teil der Entsprechenserklärung die **Absicht** zur Umsetzung einer oder mehrerer Verhaltensempfehlungen des DCGK **ändert.** Um dem Normzweck einer Information der Aktionäre und der Kapitalmarktteilnehmer gerecht zu werden, muss dann eine Aktualisierung der Entsprechenserklärung in den betroffenen Punkten erfolgen (*BGHZ* 180, 9, 19 – Kirch/Deutsche Bank; *OLG München* ZIP 2009, 133, 134; K. Schmidt/Lutter AktG/*Spindler* Rn 43; Spindler/Stilz AktG/*Sester* Rn 46; MünchKomm AktG/*Goette* Rn 35; Marsch-Barner/Schäfer Hdb AG/*Marsch-Barner* § 2 Rn 68; **aA**, *Ederle* NZG 2010, 655, 658; *Heckelmann* WM 2008, 2146, 2149; *Theusinger/Liese* DB 2008, 1419, 1421; *Seibt* AG 2002, 249, 254). Eine Pflicht zur Aktualisierung besteht zudem dann, wenn den in der Entsprechenserklärung niedergelegten Absichten in **tatsächlicher Hinsicht zuwider gehandelt** wird. Das betrifft zB Fälle, in denen Interessenkonflikte auftreten, die gem Ziff 5.5.3. S 1 DCGK im Bericht des AR aufzuführen wären und die zuletzt abgegebene Entsprechenserklärung die Absicht zur Einhaltung dieser Empfehlung enthielt, (*BGHZ* 180, 9, 23 – Kirch/Deutsche Bank, einschränkend *Herchen* EWiR 2010, 343, 344: nicht bei kurzfristigem Zuwiderhandeln); ferner, wenn ein Beschlussvorschlag der Verwaltung gegenüber der HV im Widerspruch zu einer in der Entsprechenserklärung zugestimmten Verhaltensempfehlung steht (*OLG München* aaO 134 f, dazu *Vetter* NZG 2008, 121, 124).

Keine Pflicht zur Aktualisierung wird durch eine **Änderung des DCGK** ausgelöst (Marsch-Barner/Schäfer Hdb AG/*Marsch-Barner* § 2 Rn 69; KölnKomm AktG/*Lutter* Rn 94; *Ihrig* ZIP 2009, 853 f; *Rosengarten/S. H. Schneider* ZIP 2009, 1837, 1844); mangels weiterer Hinweise in der Entsprechenserklärung ist stets von einer statischen und gerade nicht von einer dynamischen Verweisung der bestehenden Entsprechenserklärung auf den DCGK auszugehen (anders *Sester* aaO Rn 51, der auch ohne solche Hinweise eine Aktualisierung empfiehlt); eine klarstellende Angabe in der Entsprechenserklärung ist ratsam (vgl Rn 20 ff). Die Kodexänderungen sind erst in der **nächsten Entsprechenserklärung** zu berücksichtigen; das wird wohl auch unterjährig zu aktualisierende Entsprechenserklärungen betreffen, denn diese sagen aus, dass alle bisherigen Erklärungen zutreffen bis auf die nun aktualisierten.

Soweit Berichtigungen erforderlich werden, müssen diese **unverzüglich** veranlasst werden (*Semler* aaO Rn 121; Marsch-Barner/Schäfer Hdb AG/*Marsch-Barner* § 2 Rn 68; wohl auch *OLG München* ZIP 2009, 133, 135: zeitgleich mit dem verstoßenden Verwaltungshandeln; ähnlich *BGHZ* 180, 9, 19 – Kirch/Deutsche Bank: „umgehend"; ebenso *Vetter* NZG 2009, 561, 564); differenzierend wird wenig überzeugend gefordert, dass eine Aktualisierung unverzüglich bei einer Änderung der Absicht, hingegen bei Zuwiderhandeln entgegen der Entsprechenserklärung erst im Rahmen der Quartals- und Jahresabschlüsse notwendig wird (so *Mutter* ZIP 2009, 470, 471). Ferner kann in diesem Zusammenhang auch die Pflicht bestehen, eine ad-hoc-Meldung gem § 15 WpHG abzugeben, falls die Tatsache der geänderten Umsetzungsabsicht Kursrelevanz besitzt (*Marsch-Barner* aaO). Umgekehrt stellt ein Verstoß gegen die Pflicht zur Aktualisierung der Entsprechenserklärung keinen Verstoß gegen § 20a Abs 1 Nr 1 WpHG dar, da diese Pflicht nicht ausdrücklich statuiert ist, sondern aus dem Normzweck hergeleitet wird (*Leuering/Rubner* NJW-Spezial 2010, 79, 80).

34 **c) Form der Entsprechenserklärung.** Für die Form der Entsprechenserklärung enthält § 161 keine unmittelbaren Vorgaben. Einen Anhaltspunkt liefert die in § 325 Abs 1 S 3 HGB geregelte Pflicht zur Einreichung der Entsprechenserklärung zum HR. Daraus ergibt sich zumindest, dass eine **Verkörperung** der Entsprechenserklärung erforderlich ist; die Einhaltung der Schriftform iSd § 126 BGB ist nicht notwendig (*Hüffer* AktG Rn 22; K. Schmidt/Lutter AktG/*Spindler* Rn 46). Weiterhin müssen die **Vorsitzenden der Organe** die Erklärung ihres Organs **unterzeichnen** (*Spindler* aaO Rn 45; *Hüffer* aaO; KölnKomm AktG/*Lutter* Rn 101). Der weitergehenden Forderung, dass der vergangenheitsbezogene Teil der Entsprechenserklärung als Wissenserklärung von allen Vorstandsmitgliedern zu unterzeichnen sei (so *Seibt* AG 2002, 249, 253; MünchHdb AG/*Krieger* § 70 Rn 37), kann nicht gefolgt werden (MünchKomm AktG/*Goette* Rn 75). Die Auffassung ist auch nicht praxisnah, da innerhalb der beiden Organe aufwendig zwischen vergangenheitsbezogenen- und zukunftsweisenden Erklärungen bei Beschlussfassung und Niederschrift zu differenzieren wäre.

35 **d) Publizität. – aa) dauerhafte Zugänglichmachung (§ 161 Abs 2).** Die Entsprechenserklärung ist den Aktionären dauerhaft auf der Internetseite der AG zugänglich zu machen (Abs 2). Seit Geltung des BilMoG v 25.5.2009 (BGBl I S 1102) erfüllt **allein** die Veröffentlichung auf der **Internetseite** der Gesellschaft die Pflicht zur öffentlichen Zugänglichmachung. Gegenstand der Veröffentlichung ist die Entsprechenserklärung einschließlich der ggf erforderlichen Begründung (vgl Rn 23) bei eingeschränkten Positiverklärungen bzw Negativerklärungen. Die technische Realisierung sollte die einfache Erreichbarkeit der Entsprechenserklärung gewährleisten, dh einen Zugang ohne aufwendige Zusatzprogramme und über eine verständliche Menüführung bzw Links (K. Schmidt/Lutter AktG/*Spindler* Rn 61). Ein **dauerhafter Zugang** muss sichergestellt werden, was auch dann noch gegeben ist, wenn kurzzeitige Unterbrechungen auftreten (*Spindler* aaO Rn 58). Die dauerhafte Zugänglichmachung verpflichtet nicht, den Zugang auch zu überholten Entsprechenserklärungen zu gewährleisten, auch wenn dies im Interesse für Aktionäre und Kapitalmarkt wünschenswert ist (Spindler/Stilz AktG/*Sester* Rn 59). Zusätzlich zur Zugänglichmachung nach Abs 2 sind weitere Publikationsformen möglich. Die Zuständigkeit für die Zugänglichmachung liegt beim **Vorstand**, da es sich hierbei um einen reinen Umsetzungsakt und daher eine Maßnahme der Geschäftsführung handelt (*Semler/Wagner* NZG 2003, 553, 554).

36 **bb) anderweitige Publizität.** Neben der aktienrechtlichen Publizitätspflicht des Abs 2 bestehen parallel auch handelsrechtliche Vorschriften zur Rechnungslegung. Zu nennen sind Pflichtangaben im Anhang des Einzelabschlusses und – soweit anwendbar – im Anhang des Konzernabschlusses, dass die Entsprechenserklärung iSd § 161 abgegeben wurde und wo sie öffentlich zugänglich gemacht wurde (§§ 285 Nr 16, 314 Abs 1 Nr 8 HGB); weiterhin muss die Entsprechenserklärung gem § 325 Abs 1 S 3 HGB im EBanz eingereicht werden und gem § 325 Abs 2 HGB unverzüglich für die Bekanntmachung dort gesorgt werden. Schließlich müssen börsennotierte AGs seit Geltung des BilMoG v 25.5.2009 (BGBl I S 1102) gem § 289a HGB eine sog Erklärung zur

Unternehmensführung abgeben, die wiederum die Entsprechenserklärung iSd § 161 AktG enthält; wird diese Erklärung auf der Internetseite der AG veröffentlicht (§ 289a Abs 1 S 2 HGB), ist damit gleichzeitig die Pflicht des § 161 Abs 2 erfüllt (*Kuthe/Geiser* NZG 2008, 172, 175; *Hüffer* AktG Rn 24).

III. Gesellschaftsinterne Umsetzung

1. Bindungswirkung der Entsprechenserklärung. Wurde eine Entsprechenserklärung iSd § 161 abgegeben, stellt sich die Frage, ob deren Inhalt Bindungswirkung für das zukünftige Verhalten der Verwaltung begründet. Soweit es um vergangenheitsbezogene Aussagen geht, können diese denknotwendig keine Bindungswirkung für die Zukunft haben. Auch der zukunftsgerichtete Teil entfaltet **keine Bindungswirkung**, denn Zweck der Entsprechenserklärung ist nur die Information der Aktionäre und des Kapitalmarktes über die Absichten der Verwaltung in Bezug auf Grundsätze guter Unternehmensführung, nicht jedoch die Einschränkung des unternehmerischen Ermessens auf die einmal erklärte Absicht zur Befolgung bestimmter Verhaltensempfehlungen; zu beachten ist allein die Aktualisierungspflicht, sobald die Verwaltung einen Meinungswechsel in Bezug auf eine Empfehlung vollzieht (näher Rn 31). 37

2. Mittel gesellschaftsinterner Umsetzung. – a) gesellschaftsinterne Vorschriften. Von der Bindungswirkung, also einer Verpflichtung der Verwaltung zur Einhaltung der in der Entsprechenserklärung niedergelegten Absichten, ist die Frage der praktischen Umsetzung von Verhaltensempfehlungen zu trennen. Zunächst kommt eine Umsetzung iRd Satzung in Betracht. Die **Satzung** kann hierfür zwar nicht abstrakt bestimmen, dass der DCGK insgesamt einzuhalten ist, da die HV hiermit gleichzeitig auch in die Kompetenzbereiche der Verwaltung eingreifen würde (KölnKomm AktG/*Lutter* Rn 120; *Krieger* FS Ulmer, S 365, 378); allerdings können **einzelne Empfehlungen** in Satzungsbestimmungen **transformiert** werden (*Lutter* aaO). Ferner kann die Satzung auch Regelungen zur Ausgestaltung der Geschäftsordnungen von Vorstand und AR vorsehen. Aufgrund der Starre, die Satzungsbestimmungen aufweisen, ist von einer umfangreichen Instrumentalisierung der Satzung abzuraten (ebenso K. Schmidt/Lutter AktG/*Spindler* Rn 48). Verfahrensmäßig ist eine Satzungsänderung durch einen Beschluss der HV (§ 119 Abs 1 Nr 5) herbeizuführen, der grds einer Dreiviertel-Mehrheit des bei der Beschlussfassung vertretenen Grundkapitals bedarf (§ 179 Abs 2). 38

Flexibler sind Regelungen in den **Geschäftsordnungen** der Verwaltungsorgane, die kodexkonformes Verhalten konkret vorschreiben (näher *Ringleb/Kremer/Lutter/von Werder* Rn 1542 ff). Diese Vorgaben sind dann bindend für die jeweiligen Organmitglieder. Lediglich Widersprüche zum DCGK müssen bei Aufnahme in die Geschäftsordnung vermieden werden. Die Änderung einer Geschäftsordnung bedarf eines Beschlusses des jeweiligen Organs; dabei hat der Vorstand einstimmig zu beschließen (§ 77 Abs 2 S 3), der AR mit einfacher Mehrheit (vgl § 107 Rn 27). 39

Schließlich kommen auch **Dienstverträge** als Mittel zur Umsetzung von Verhaltensempfehlungen des DCGK in Betracht, indem diese ein Verhalten in Orientierung an den Empfehlungen vorschreiben (MünchKomm AktG/*Goette* Rn 77). Naturgemäß können damit nur Mitglieder des Vorstands erfasst werden, denn AR-Mitglieder verfügen über keine Dienstverträge. Zuständig für die Aufnahme entspr Regelungen im Anstellungsvertrag von Vorstandsmitgliedern ist der AR (§ 112). 40

§ 161   Erklärung zum Corporate Governance Kodex

41 **b) organisatorische Maßnahmen.** Vorstand und AR treffen iRd § 161 Organisations- und Überwachungspflichten (ausf *Vetter* NZG 2009, 561, 563 f). Hierzu kann sich die Verwaltung auch zusätzlichen Personals bedienen, was von vielen Stimmen angeregt wird (s nur *Goslar/von der Linden* DB 2009, 1690, 1694; K. Schmidt/Lutter AktG/*Spindler* Rn 28; ebenso bei „nicht ganz kleinen Verhältnissen": *Hüffer* AktG Rn 14). Die Entscheidung dazu steht im **unternehmerischen Ermessen** von Vorstand und AR (*Spindler* aaO). Allerdings muss beim Zuschnitt des Aufgabenbereichs darauf geachtet werden, dass die Kompetenzgrenzen von Vorstand und AR gewahrt bleiben (*Spindler* aaO; *Seibt* AG 2003, 465, 469; insoweit zutr *Ringleb/Kremer/Lutter/ von Werder* Rn 1604). Für den Vorstand regen viele Stimmen die Einschaltung eines sog **Corporate-Governance-Beauftragten** an, der jedoch allein das Verhalten des Vorstands und nicht zugleich auch das des AR überwachen darf; eine Ausnahme hiervon wird aufgrund eines einstimmigen Beschlusses des AR gemacht (*Seibt* AG 2003, 465, 469 f). Für den AR wird die Bildung eines **Corporate-Governance-Kontrollausschusses** vorgeschlagen, der allein das Verhalten des AR überwacht (*Seibt* AG 2002, 249, 254).

42 Als **Aufgaben** des Verantwortlichen werden die Überwachung und Dokumentation des Organverhaltens mit anschließender Berichterstattung an das jeweils überwachte Organ im Hinblick darauf genannt, ob die in der Entsprechenserklärung enthaltenen zukunftsgerichteten Aussagen eingehalten werden (KölnKomm AktG/*Lutter* Rn 137; *Seibt* AG 2002, 249, 254; Marsch-Barner/Schäfer Hdb AG/*Marsch-Barner* § 2 Rn 60); ferner sollte der Verantwortliche als Ansprechpartner für alle Fragen im Zusammenhang mit der Corporate Governance fungieren (*Lutter* aaO; auf diese Funktion beschränkend: *Ringleb/Kremer/Lutter/von Werder* Rn 1605 f). Zu den Möglichkeiten der praktischen Umsetzung des Überwachungsauftrages durch den Corporate-Governance-Beauftragten, vgl ausf *Seibt* AG 2003, 465, 469.

IV. Rechtsfolgen fehlerhafter bzw fehlender Entsprechenserklärungen

43 **1. Mängel bei der internen Beschlussfassung.** Entsprechenserklärungen können in vielerlei Hinsicht unmittelbar oder mittelbar fehlerhaft sein. Zunächst kommen Verfahrensfehler bei der Beschlussfassung durch Vorstand und AR in Betracht (vgl Rn 7 ff). Von einer formal fehlerhaften Beschlussfassung ist auszugehen, wenn die Gesellschaftsorgane die Beschlüsse unter Verstoß gegen die Satzung oder die jeweilige Geschäftsordnung von AR bzw Vorstand fassen, weil sie damit bspw gegen Vorgaben zur Einladung, zum Ablauf der Gremiensitzung oder zur Beschlussfassung verstoßen. **Verfahrensfehler** führen, wenn sie wesentlich sind, zur **Nichtigkeit** der gefassten Organbeschlüsse (KölnKomm AktG/*Lutter* Rn 141). Ist der **Beschlussinhalt** materiell fehlerhaft, indem er gegen das Gesetz oder die Satzung verstößt, ist der Beschluss ebenfalls **nichtig** – erneut Wesentlichkeit vorausgesetzt (*Lutter* aaO). Die Wirksamkeit der Entsprechenserklärung wird allein dadurch nicht berührt (*Lutter* aaO).

44 **2. Mängel der Entsprechenserklärung.** Wird eine Entsprechenserklärung bekanntgegeben, **ohne** dass sie auf einem **wirksamen Beschluss** des Organs beruht, etwa aufgrund von Verfahrensfehlern bei der Beschlussfassung (vgl soeben Rn 43) oder weil überhaupt kein Beschluss gefasst wurde, so bleibt die Entsprechenserklärung im Außenverhältnis gleichwohl wirksam (K. Schmidt/Lutter AktG/*Spindler* Rn 54).

Erklärung zum Corporate Governance Kodex § **161**

Ferner können Fehler bei der ordnungsgemäßen **Zugänglichmachung** der Entsprechenserklärung (Abs 2) auftreten. Der Vorstand ist dann zur unverzüglichen Nachholung der Veröffentlichung verpflichtet (K. Schmidt/Lutter AktG/*Spindler* Rn 54). 45

Der **Inhalt** der Entsprechenserklärung kann entweder **anfänglich fehlerhaft** sein (also 46 schon bei Abgabe der Entsprechenserklärung unrichtig sein) oder **nachträglich fehlerhaft** werden, wenn ein Wechsel der Umsetzungsabsicht vorliegt oder wenn tatsächliche Umstände eintreten, die im Widerspruch zur Entsprechenserklärung stehen (s. o. Rn 31 ff mwN). Die Mitglieder von Vorstand und AR sind verpflichtet, sorgfältig zu prüfen (zB auch unter Zuhilfenahme eines Corporate-Governance-Beauftragten, vgl Rn 41 f), ob die Entsprechenserklärung noch zutreffend ist oder aufgrund einer jetzt erst erkannten anfänglichen bzw nachträglichen Unrichtigkeit fehlerhaft ist (*BGHZ* 180, 9, 24 – Kirch/Deutsche Bank); wurde die Fehlerhaftigkeit erkannt, ist eine Aktualisierung der Entsprechenserklärung herbeizuführen (*BGH* aaO, vgl Rn 31). Vorwerfbar ist den Organmitgliedern dabei Kenntnis und Fahrlässigkeit (*BGH* aaO).

3. Anfechtbarkeit der Entlastungsbeschlüsse. Wird gegen die Pflicht zur Abgabe und 47 öffentlichen Zugänglichmachung der Entsprechenserklärung von Vorstand und AR gem § 161 verstoßen, kann dies zur Anfechtbarkeit der Entlastungsbeschlüsse führen (zuletzt *BGH* BB 2012, 2522, 2525 – Fresenius SE; MünchKomm AktG/*Goette* Rn 91 f; *Hüffer* AktG Rn 31). Wahlbeschlüsse der HV unterliegen nicht der Anfechtung (wie hier *Goette* aaO Rn 93; zu Wahlbeschlüssen zum AR: *Hüffer* ZIP 2010, 1979, 1980; *Kiefner* NZG 2011, 201, 203 ff; **aA** *OLG München* ZIP 2009, 133, 134 f; *LG Hannover* NZG 2010, 744, 748). Entlastungsbeschlüsse sind nach stRspr anfechtbar, wenn eindeutig ein schwerer Gesetzes- oder Satzungsverstoß vorliegt (*BGHZ* 153, 47, 50 ff). Übertragen auf § 161 bedeutet dies, dass die **unterlassene Abgabe einer Entsprechenserklärung** einen Gesetzesverstoß gegen § 161 darstellt. Der Verstoß weist zugleich die vom BGH geforderte Schwere auf und führt somit zur Anfechtbarkeit der Entlastungsbeschlüsse (*BGH* WM 2010, 848, 849 mit zust Anm *Kort* EWiR 2010, 441, 442; *OLG München* AG 2009, 450, 451 f, zust Anm *Staake* EWiR 2009, 461, 462; Spindler/Stilz AktG/*Sester* Rn 62; Hommelhoff/Hopt/von Werder Handbuch/*Hommelhoff/Schwab* 97 f; *Ulmer* ZHR 166 (2002), 150, 165); der Hinweis der Verwaltung, eine Entsprechenserklärung werde nicht abgegeben, ändert nichts an der Anfechtbarkeit (*OLG München* aaO). Parallel ist wohl von einer Anfechtbarkeit der Entlastungsbeschlüsse auszugehen, wenn die Entsprechenserklärung **nicht** ordnungsgemäß gem Abs 2 **öffentlich zugänglich** gemacht wurde, da im Ergebnis ebenfalls das Unterlassen einer Entsprechenserklärung vorliegt (*Goslar/von der Linden* DB 2009, 1691, 1695). Gleiches wird man für den Fall annehmen müssen, dass die seit Einführung des BilMoG v 25.5.2009 (BGBl I S 1102) erforderliche **Begründung** infolge der (geplanten) Nichteinhaltung von Verhaltensempfehlungen des DCGK fehlt (*Goslar/von der Linden* aaO).

Verstößt die Gesellschaftspraxis bereits bei Abgabe der Entsprechenserklärung gegen 48 die in der Entsprechenserklärung niedergelegten Absichten in Bezug auf Empfehlungen des DCGK in einem wesentlichen Punkt (**anfängliche Unrichtigkeit**), so sind die Entlastungsbeschlüsse von Vorstand und AR anfechtbar (*BGHZ* 180, 9, 19 ff – Kirch/Deutsche Bank). Betroffen sind dabei nicht nur die Entlastungsbeschlüsse der Organmitglieder, deren Kompetenzbereich durch die Verhaltensempfehlung geregelt wird, sondern alle Mitglieder von Vorstand und AR, die die Unrichtigkeit kannten oder

§ 161 Erklärung zum Corporate Governance Kodex

kennen mussten (*BGH* aaO 23 f). Ein „**nicht unwesentlicher Punkt**" liegt bei einer Informationspflichtverletzung (vgl Ziff 5.5.3. DCGK) vor, wenn die unterbliebene Information für einen objektiv urteilenden Aktionär zur sachgerechten Wahrnehmung seiner Teilnahme- und Mitgliedschaftsrechte relevant ist (*BGHZ* 182, 272, 281 – „Umschreibungsstopp" zust Anm *Priester* EWiR 2010, 1, 2).

49 Entlastungsbeschlüsse sind weiterhin anfechtbar, wenn die Verwaltung ihrer Pflicht zur unterjährigen Aktualisierung der Entsprechenserklärung bei **nachträglich eintretender Unrichtigkeit** nicht nachkommt. Das betrifft Fälle, in denen ein Gesinnungswandel in Bezug auf Empfehlungen des DCGK eintritt oder wenn durch zwischenzeitliches Verwaltungshandeln gegen Aussagen in der Entsprechenserklärung verstoßen wird (*BGHZ* 180, 9, 19 ff – Kirch/Deutsche Bank; *BGHZ* 182, 272, 280 f – „Umschreibungsstopp"; *OLG Frankfurt* v 20.10.2010 – 23 U 121/08 Rn 165 ff). Auch hier muss ein „nicht unwesentlicher Punkt" vorliegen, damit die Entlastungsbeschlüsse anfechtbar sind (*BGHZ* 182, 272, 281).

50 **4. Haftungsfragen. – a) Innenhaftung.** Die Haftung des Vorstands im Innenverhältnis gegenüber der Gesellschaft kommt in Betracht, wenn die Sorgfalt eines ordentlichen und gewissenhaften Geschäftsleiters nicht beachtet wird (s hierzu Kommentierung zu § 93 mwN). Dieser Haftungsmaßstab gilt sinngemäß auch für die Mitglieder des AR (s hierzu Kommentierung zu § 116 mwN). Darüber hinaus sind schuldhaftes Handeln sowie der Eintritt eines Schadens und adäquate Kausalität zwischen Sorgfaltspflichtverletzung und Schadenseintritt Voraussetzungen für eine Inanspruchnahme der Organmitglieder.

51 **aa) Verstoß bei Abgabe und Veröffentlichung der Entsprechenserklärung.** Verstöße gegen die sich aus § 161 ergebende Pflicht zur Abgabe und Veröffentlichung einer Entsprechenserklärung durch Nichtabgabe, durch Abgabe einer unwahren oder sonst mangelhaften Erklärung, durch eine unterlassene Begründung, durch einen Verstoß gegen die Pflicht zur Zugänglichmachung oder durch mangelhafte Beschlussfassung des zuständigen Organs stellen Pflichtverletzungen des jeweils zuständigen Organs dar. Allerdings dürfte es idR schwierig sein, einen Schaden nachzuweisen (ebenso K. Schmidt/Lutter AktG/*Spindler* Rn 66 mwN; Spindler/Stilz AktG/*Sester* Rn 81 f mwN).

52 **bb) Verstoß des Organhandelns gegen Empfehlungen.** Verstoßen Handlungen der Verwaltung gegen Empfehlungen des Kodex, ist zu differenzieren, inwieweit sich die Verwaltung mit ihrem Handeln in Widerspruch zu Erklärungen in der Entsprechenserklärung oder zu transformierten Verhaltensregeln (dazu Rn 38 ff) setzt (vgl *Hüffer* AktG Rn 26).

53 Ein schlichter Verstoß des Verwaltungshandelns gegen Empfehlungen, deren Einhaltung im zukunftsgerichteten Teil der Entsprechenserklärung nicht beabsichtigt war – bei **erklärungskonformem Verhalten** also – stellt keine Pflichtverletzung dar (*Hüffer* AktG Rn 27; Spindler/Stilz AktG/*Sester* Rn 83; K. Schmidt/Lutter AktG/*Spindler* Rn 68; *Theusinger/Liese* DB 2008, 1419, 1420; *Tödtmann/Schauer* ZIP 2009, 995, 998; **aA**, KölnKomm AktG/*Lutter* Rn 129; *Kort* FS K. Schmidt, S 945, 959 f; *Ulmer* ZHR 166 (2002), 150, 166 f; *Ringleb/Kremer/Lutter/von Werder* Rn 1623), auch nicht im Wege der Konkretisierung der allg Sorgfaltspflichten der §§ 93, 116. Tragendes Argument ist die vom Gesetzgeber vorgesehene Ausstiegsmöglichkeit von der Beachtung der Empfehlungen des DCGK (vgl RegBegr BT-Drucks 14/8769, 21), die jedoch durch die Bejahung einer Haftung ad absurdum geführt würde (ebenso *Sester* aaO).

Erklärung zum Corporate Governance Kodex § 161

Werden Verhaltensempfehlungen entgegen dem in der Entsprechenserklärung ange- 54
gebenen beabsichtigten Verhalten – bei **erklärungswidrigem Verhalten** also – vorgenommen, liegt hierin mangels Bindungswirkung der zukunftsorientierten Aussagen (vgl Rn 37) keine Pflichtverletzung (**hM**, *Hüffer* AktG Rn 26 f; K. Schmidt/Lutter AktG/*Spindler* Rn 68; MünchKomm AktG/*Goette* Rn 99; *Theusinger/Liese* DB 2008, 1419, 1420; *Thümmel* Rn 153; **aA**, Spindler/Stilz AktG/*Sester* Rn 81, 84; KölnKomm AktG/*Lutter* Rn 132 ff; *Ulmer* ZHR 166 (2002), 150, 166 f).

Anders liegt es, wenn das in der Entsprechenserklärung niedergelegte Verhaltenspro- 55
gramm wirksam durch **gesellschaftsinterne Maßnahmen** (dazu Rn 38 ff) transformiert wurde. In diesem Fall können Verstöße der Organmitglieder eine **Pflichtverletzung** darstellen (MünchKomm AktG/*Goette* Rn 99; KölnKomm AktG/*Lutter* Rn 138; K. Schmidt/Lutter AktG/*Spindler* Rn 68; *Kort* AG 2008, 137, 138; Hommelhoff/Hopt/von Werder Handbuch/*Hommelhoff/Schwab* 97; *Ettinger/Grützedieck* AG 2003, 353, 355), eine Aktualisierung der Entsprechenserklärung ändert nichts an der Pflichtverletzung, da der Verstoß an der gesellschaftsinternen Pflicht anknüpft und nicht an einem Verstoß gegen Inhalte der Entsprechenserklärung (zutr *Lutter* aaO).

Unproblematisch stellen alle Verstöße gegen sonstige Bestimmungen des DCGK, die 56
zwingendes Aktienrecht enthalten, Pflichtverletzungen dar. Die Pflichtverletzung liegt dann jedoch nicht im Verstoß gegen die Bestimmung des DCGK, sondern in dem Gesetzesverstoß (unstr, Spindler/Stilz AktG/*Sester* Rn 83).

b) Außenhaftung. – aa) Haftung der Organmitglieder. Für eine Außenhaftung der 57
Organmitglieder kommt zunächst die Anspruchsgrundlage des **§ 823 Abs 1 BGB** in Betracht. Diese scheidet nach zutr überwiegender Meinung im Schrifttum aus, da die Nichtbefolgung der Empfehlungen des DCGK gegenüber dem einzelnen Aktionär keinen haftungsbegründenden Eingriff in sein als sonstiges Recht geschütztes Mitgliedschaftsrecht darstellt (K. Schmidt/Lutter AktG/*Spindler* Rn 72; *Abram* ZBB 2003, 41, 44 f; *Berg/Stöcker* WM 2002, 1569, 1578; *Kiethe* NZG 2003, 559, 565; *Kort* FS Raiser, S 203, 205 ff; *Ulmer* ZHR 166 (2002) 150, 168; *Vetter* DNotZ 2003, 748, 762). Weiterhin scheidet auch die Anwendung des **§ 823 Abs 2 BGB iVm § 161** oder iVm den Empfehlungen des DCGK aus, da diese kein Schutzgesetz iSd § 823 Abs 2 BGB darstellen (unstr, *Hüffer* AktG Rn 28; Spindler/Stilz AktG/*Sester* Rn 73). Als weiteres Schutzgesetz kommt die Strafnorm des **§ 331 Nr 1 HGB** in Betracht, die die unrichtige Darstellung im Lagebericht der Gesellschaft sanktioniert, denn seit Einführung des BilMoG v 25.5.2009 (BGBl I S 1102) ist die Entsprechenserklärung gem § 289a Abs 2 Nr 1 HGB Teil der Erklärung zur Unternehmensführung im Lagebericht der Gesellschaft. Obgleich die Strafnorm des § 331 Nr 1 und 2 HGB nach allgM grds den Charakter einer Schutznorm erfüllt (vgl nur MünchKomm HGB/*Quedenfeld* § 331 Rn 2 mwN), wird eine Haftung aus § 823 Abs 2 BGB iVm § 331 Nr 1 oder 2 HGB idR zu verneinen sein, da die Kausalität zwischen Verletzung des § 331 HGB und dem eingetretenen Schaden nicht nachweisbar sein wird. (*Tödtmann/Schauer* ZIP 2009, 995, 999; *Theusinger/Liese* DB 2008, 1419, 1421). **§ 826 BGB** wird iE ebenfalls nicht zu einer Haftung führen, da dem Anspruchsteller idR nicht der Nachweis der Kausalität zwischen Sorgfaltspflichtverletzung in der Form der Missachtung der Empfehlung des DCGK und dem beim Aktionär eingetretenen Vermögensschaden sowie die vorsätzliche Schädigung im Einzelfall gelingen wird (*Hüffer* aaO Rn 29).

58 Die sog **kapitalmarktrechtliche Vertrauenshaftung** greift nicht ein, denn ein Vertrauen des Kapitalmarktes kann erst gar nicht entstehen, da die Entsprechenserklärung jederzeit aktualisiert werden kann (K. Schmidt/Lutter AktG/*Spindler* Rn 77; iE ebenso Spindler/Stilz AktG/*Sester* Rn 78). Ferner kommen keine **Prospekthaftungsansprüche** in Betracht, weil ein qualitativer Unterschied zwischen den Prospekten, die der Produkthaftung unterliegen und der nach § 161 abzugebenden Entsprechenserklärung liegt: während erstere als Vertriebsinformation dienen, gibt die Entsprechenserklärung allein Aufschluss über die Unternehmensverfassung (*Hüffer* AktG Rn 30 mwN; K. Schmidt/Lutter AktG/*Spindler* Rn 76; ähnlich *Sester* aaO Rn 77). Schließlich scheidet eine Haftung aus **vertragsähnlicher Beziehung** gem §§ 280 Abs 1, 311 Abs 3, 241 Abs 2 BGB aus, da die dafür erforderliche Inanspruchnahme bes Vertrauens nicht in der Abgabe der Entsprechenserklärung gesehen werden kann (*Spindler* aaO Rn 79; *Hüffer* aaO Rn 29).

59 **bb) Haftung der Gesellschaft.** Eine Haftung der AG wg Pflichtverletzungen ihrer Organe iRd des § 161 kann nicht kraft Zurechnung über § 31 BGB entstehen (*Hüffer* AktG Rn 29); auch die weiteren deliktischen Ansprüche scheiden iE aus, s. o. Rn 57 f. In Betracht kommt zudem theoretisch eine Haftung aus §§ 37b, 37c WpHG, was jedoch regelmäßig mangels Kursrelevanz auszuschließen sein wird (*Hüffer* aaO Rn 28).

60 **c) Haftungsbegrenzung.** Vereinzelt wird im Schrifttum die Frage diskutiert, ob eine mögliche Inanspruchnahme durch Haftungsausschlussklauseln, die in die Entsprechenserklärung integriert werden sollen, ausgeschlossen werden kann (s hierzu sehr ausf MünchKomm AktG 2. Aufl/*Semler* Rn 234 ff). Sollte es überhaupt zu einer Inanspruchnahme kommen, erscheinen derartige Haftungsbegrenzungen rechtlich fragwürdig (allein durch § 276 Abs 3 BGB wäre die Haftungsbegrenzung beschränkt) und zudem aus der Sicht eines börsennotierten Unternehmens wenig geeignet, am Kapitalmarkt für die notwendige Vertrauensbildung zu sorgen. Ferner erscheint es rechtlich problematisch, da eine Haftungsbegrenzung idR nur mit Zustimmung der potenziellen Gläubiger zulässig ist (Spindler/Stilz AktG/*Sester* Rn 60).

61 **5. Ordnungswidrigkeit, Strafbarkeit.** Eine Missachtung der sich aus § 161 ergebenden Verpflichtungen kann einen **Ordnungswidrigkeitstatbestand** der § 334 Abs 1 Nr 1d, Nr 2f HGB erfüllen, wenn die Angabe im Jahres- bzw Konzernabschluss fehlt, dass die Entsprechenserklärung des § 161 abgegeben und öffentlich zugänglich gemacht wurde.

62 Ferner kann sich eine **Strafbarkeit** aus § 331 Nr 1 HGB ergeben. Seit Einführung des BilMoG vom 25.5.2009 (BGBl I S 1102) ist die Entsprechenserklärung gem § 289a Abs 2 Nr 1 HGB Teil der Erklärung zur Unternehmensführung im Lagebericht der Gesellschaft (*Bachmann* ZIP 2010, 1517, 1521). Fraglich ist nun, ob eine Entsprechenserklärung die Verhältnisse der Gesellschaft im Lagebericht unrichtig wiedergeben oder verschleiern kann (so § 331 Nr 1 HGB). Zu denken ist dabei an unrichtige Entsprechenserklärungen, die nicht aktualisiert werden (Spindler/Stilz AktG/*Sester* Rn 85; *Tödtmann/Schauer* ZIP 2009, 995, 999). Allerdings muss hier Vorsatz gegeben sein, wobei auch bedingter Vorsatz genügt (*Sester* aaO).

63 Zu beachten ist ferner, dass bei der Verwirklichung einer Ordnungswidrigkeit oder gar einer Straftat durch ein Organmitglied das Risiko besteht, dass dem Unternehmen eine Geldbuße nach § 30 OWiG auferlegt wird.

§ 161 Erklärung zum Corporate Governance Kodex

V. Corporate Governance

1. Begriff und Herkunft von Corporate Governance. Mit Corporate Governance werden die Grundsätze guter Unternehmensführung definiert. Begrifflich wird Corporate Governance auch mit „Unternehmensverfassung" umschrieben (*Ringleb/Kremer/Lutter/von Werder* Rn 1; Hauschka Corporate Compliance/*Hauschka* § 1 Rn 1). Diese Definition suggeriert allerdings eine rechtliche Verbindlichkeit, die zumindest in Deutschland vom DCGK nicht ausgehen kann (vgl Rn 3), zumal zur Unternehmensverfassung aus rechtlicher Sicht eher Aktiengesetz, Satzung und innergesellschaftsrechtliche, verbindliche Regelungsnormen, wie zB die Geschäftsordnungen von AR und Vorstand zu zählen sind. Vorzuziehen ist es daher, von dem rechtlichen und faktischen Ordnungsrahmen für die Leitung und Überwachung eines Unternehmens zu sprechen (Dölling Korruptionsprävention/*Maschmann* S 170). 64

Beschrieben wird „insoweit das Zusammenspiel der verschiedenen Unternehmensorgane und ihr Verhältnis zu den wesentlichen Bezugsgruppen des Unternehmens, den „Stakeholdern" und „Shareholdern" (Dölling Korruptionsprävention/*Maschmann* S 170). Im Sinne eines modernen Risikomanagements ist ergänzend auch die Rolle von Corporate Governance als „Risikofaktor" bei der Unternehmensbewertung sowie beim Bonitätsrating hervorzuheben („for example, the Investor Opinion Surveys conducted by the consulting firm McKinsey & Company defined corporate governance in individual firms as an abstract combination of „effective boards of directors", brave disclosure, strong rights and equal treatment of shareholders. In its first pan-regional survey on corporate governance conducted in 2000, McKinsey found that a significant majority of institutional investors were willing to pay a premium for well governed companies (…)"; *Dallas/Patel* S 11; so auch *Dallas/Griep/Samson* S 580, „The Evolving Role of Corporate Governance in Credit Rating Analysis"). 65

Der Begriff „Corporate Governance" ist eine junge Wortschöpfung. „While some of the questions have been around since Berle and Means (1932), the term „corporate governance" did not exist in English language until twenty years ago. In the last two decades, however, corporate governance issues have become important not only in academic literature, but also in public policy debates" (*Zingales* „Corporate Governance", The New Palgrave Dictionary of Economics and the Law, 1998). 66

2. Entwicklung der Diskussion um die Corporate Governance in Deutschland. Nach der Einführung der Kodex-Empfehlungen im Zusammenhang mit der Unabhängigkeit von AR-Mitgliedern im Jahre **2005** will die Kommission insb beobachten, „wie der AR seiner Verantwortung gerecht wird, die auf die konkreten Umstände seines Unternehmens zugeschnittene angemessene Zahl von unabhängigen AR-Mitgliedern festzulegen" (*Cromme/Cromme* Corporate Governance Report 2006, Corporate Governance Stand und Entwicklung in Deutschland und Europa, S 32ff). Ein weiteres Schwerpunktthema für die Regierungskommission wurde der Umgang mit den neuen gesetzlichen Offenlegungsverpflichtungen für Vorstandsgehälter (*Cromme* aaO). Über die sich aus den europäischen (s hierzu Rn 80f) und nationalen Vorgaben ergebenden Umsetzungsbestrebungen hinaus, hat sich die Corporate Governance Diskussion in Deutschland bis zum Ende des Jahres **2006** aus der Sicht der Regierungskommission Deutscher Corporate Governance Kodex auf die Aspekte Unabhängigkeit der AR-Mitglieder und Offenlegung von Vorstandsgehältern gerichtet (vgl *Ringleb/Kremer/Lutter/von Werder* Rn 155). Letztlich sollte sich als weitere Aufgabe auch die krit Begleitung der aus den 67

Vereinigten Staaten nach Europa und Deutschland einströmenden umfangreichen und „sehr detailreichen" Regelungen ergeben, um eine unkontrollierte und unreflektierte Übernahme zu begrenzen (*Cromme* aaO S 36). Inwieweit sich diese durchaus zu begrüßende Zielsetzung noch verfolgen lässt, nachdem in der bisher renommierten deutschen Großindustrie mehrere massive Skandale die Glaubwürdigkeit der deutschen Unternehmen in ihren Bemühungen zum Aufbau guter Corporate Governance Systeme schwer beschädigt haben, bleibt abzuwarten. Themen im Jahr **2007**, die in den DCGK einflossen, waren im Wesentlichen die Begrenzung von Abfindungen für ausscheidende Vorstandsmitglieder sowie Themen im Zusammenhang mit Compliance, der „Europäische Gesellschaft" und der Geschäftsordnung des Vorstands. Prägend für die Debatte um die Fortentwicklung des DCGK im Jahr **2008** waren erneut die Vergütung des Vorstands sowie die Deckelung von Abfindung beim Austritt von Organmitgliedern aus der Gesellschaft. Die Diskussion um die Vorstandsvergütung flaute schließlich auch nicht im Jahr **2009** ab, so dass sich unter dem Einfluss der globalen Finanzkrise und der damit einhergehenden öffentlichen Kritik der Gesetzgeber selbst in der Verantwortung sah, entspr Gesetzesänderungen zur Vorstandsvergütung vorzunehmen (das spätere VorstAG v 31.7.2009). Parallel wurden im DCGK Regelungen hinsichtlich einer bestimmten Vergütungsstruktur (Vertikalität), zum Selbstbehalt für D&O Versicherungen bei Vorstands- und AR-Mitgliedern, zur Besetzung der Verwaltungsorgane unter dem Gesichtspunkt ausreichender Vielfalt (Diversity) sowie zur Anzahl paralleler AR-Mandate (vgl ausf *Ringleb/Kremer/Lutter/von Werder* Rn 159 ff). Die Entwicklung des DCGK im Jahr **2010** war weiter stark von Aspekten der Diversity sowie der Beschränkung von Vorständen hinsichtlich externer AR-Mandate geprägt. **2012** standen schwerpunktmäßig Aspekte der Vergütung und Unabhängigkeit von AR-Mitgliedern sowie die Offenlegung von Interessenkonflikten im Mittelpunkt. Erstmals wurde hierbei ein Konsultationsverfahren angewandt, das es ermöglichte, Reaktionen aus der Praxis und der Wissenschaft auf den Änderungsvorschlag der Regierungskommission zu verwerten. Die Änderungen im Jahr **2013** widmeten sich vor allem Themen der Transparenz und Angemessenheit der Vorstandsvergütung.

68 Parallel zur Entwicklung des DCGK wurde auch eine Diskussion über einen Leitfaden geführt, der die Führung **öffentlicher Unternehmen** behandeln sollte (vgl *Mühl-Jäckel* LKV 2010, 209 ff). Wesentlicher Meilenstein war hier die Verabschiedung der „Grundsätze der Corporate Governance für Staatsunternehmen" durch die OECD. Diese Entwicklung mündete schließlich im Juni 2009 in den sog **Public Corporate Governance Kodex** (PCGK).

69 **3. Regierungskommission Deutscher Corporate Governance Kodex.** Am 6.9.2001 hat die Bundesministerin der Justiz die Regierungskommission Deutscher Corporate Governance Kodex eingesetzt. Diese Kommission hat am 26.2.2002 der Bundesregierung den von ihr erarbeiteten DCGK überreicht. Die offizielle Erstveröffentlichung des Kodex im elektronischen Bundesanzeiger erfolgte am 30.8.2002. Der DCGK wird seitdem laufend von dieser Kommission überprüft und wurde zuletzt am 15.5.2012 angepasst. In 2013 werden voraussichtlich wieder Änderungen am DCGK vorgenommen.

70 Aktuell gehören folgende Mitglieder der Regierungskommission an:

Klaus-Peter Müller (Vorsitzender), AR-Vorsitzender Commerzbank AG

Prof. Dr. Dr. Ann-Kristin Achleitner, Lehrstuhl für Entrepreneurial Finance, unterstützt durch die KfW-Bankengruppe, Technische Universität München

Prof. Dr. Dres h.c. Theodor Baums, Direktor des Institute for Law and Finance, Goethe Universität Frankfurt

Dr. Hans-Friedrich Gelhausen, Wirtschaftsprüfer, Rechtsanwalt, Mitglied des Vorstands Pricewaterhouse Coopers AG WPG

Dr. Dr. h.c. Manfred Gentz, Präsident ICC Deutschland e.v. und Mitglied des Executive Boards ICC

Dietmar Hexel, Mitglied des Geschäftsführenden DGB-Bundesvorstandes

Ulrich Hocker, Präsident Deutsche Schutzvereinigung für Wertpapierbesitz e.V.

Dr. Stefan Schulte, Vorsitzender des Vorstands Fraport AG

Christian Strenger, Mitglied des Aufsichtsrats DWS Investment GmbH

Daniela Weber-Rey, Chief Governance Officer und Deputy Global Head Compliance, Deutsche Bank AG

Prof. Dr. Beatrice Weder di Mauro, Lehrstuhl für Wirtschaftspolitik, insbesondere internationale Makroökonomie an der Johannes Gutenberg- Universität Mainz

Prof. Dr. Axel von Werder, Lehrstuhl für Organisation und Unternehmensführung, Institut für Betriebswirtschaftslehre, Technische Universität Berlin und Leiter des Berlin Center of Corporate Governance

(zz nicht belegt) **71–78**

4. Corporate Governance in den USA und Europa. Blickt man allein auf die 90er **79** Jahre sowie den Zeitraum seit 2000 zurück, ist zu konstatieren, dass die Dynamik der Corporate Governance verstärkt durch Entwicklungen in den Vereinigten Staaten beeinflusst wurde. Aufgrund der Bilanzskandale um Enron und Worldcom war die vordringlichste Aufgabe des US-amerikanischen Gesetzgebers die Wiedererlangung des erschütterten Vertrauens der Kapitalmarktteilnehmer in die Rechnungslegung von US-amerikanischen, an den Börsen gelisteten Kapitalgesellschaften. Vor diesem Hintergrund kam es zur der Einführung des Sarbanes-Oxley-Acts im Juli 2002 (www.sarbanes-oxley.com/section.php?level=1&pub_id=Sarbanes-Oxley), der sowohl direkt die US Börsen- und Kapitalgesellschaftsregelungen modifizierte als auch indirekt in Europa zu inhaltlich gleichartigen Vorgaben im Bereich des Kapitalmarkt- und Gesellschaftsrechts führte.

Im gleichen Sinne hat auch die Organisation für Wirtschaftliche Zusammenarbeit und **80** Entwicklung (OECD) im Jahre 1999 Grundsätze für gute Unternehmensführung entwickelt, die von der nationalen Gesetzgebung der Mitgliedstaaten als unverbindliche Leitlinien herangezogen werden sollen (s Abdruck mit Anm *Seibert* AG 1999, 337).

a) Corporate Governance in den USA. Erste Bemühungen um die Aufbereitung der **81** Corporate Governance finden sich in den USA bereits im Jahre 1987 mit dem „Report of the National Committee on Fraudulant Financial Reporting" (sog „Treadway Report") (www.coso.org/Publications/NCFFR.pdf). Dem folgte 1992 der sog „COSO Report on Internal Control Integrated Approach" (www.coso.org/publications.htm), sowie die Governance Berichte des sog „Blue Ribbon Committee" (www.nyse.com oder www.nasd.com).

§ 161   Erklärung zum Corporate Governance Kodex

82   Die Bilanzskandale in den USA Ende der 90er Jahre führten dann zur Einführung des Sarbanes-Oxley-Acts im Juli 2002, benannt nach dem Senator Paul S.Sarbanes und dem Kongressabgeordneten Michael G. Oxley. Dieses Regelwerk gilt als die seitdem wichtigste Änderung des US-amerikanischen Aktien- und Wertpapierrechts. Ziel des Sarbanes-Oxley-Acts ist es, das Vertrauen der Marktteilnehmer in die Unternehmensüberwachung wiederherzustellen.

83   Der Sarbanes-Oxley-Act ist auf alle Gesellschaften anzuwenden, deren Wertpapiere an den amerikanischen Börsen NYSE, NASDAQ und AMEX gehandelt oder nach den Regeln des Securities Exchange Act von 1934 in den USA angeboten werden. Vor diesem Hintergrund können auch deutsche Unternehmen unter den Anwendungsbereich des Sarbanes-Oxley-Acts fallen, wenn deren Wertpapiere nach den US-amerikanischen Wertpapiervorschriften in den USA gehandelt werden und die Gesellschaft damit der Aufsicht der Securities and Exchange Commission („SEC") unterliegt.

84   Wesentliche, die europäische Entwicklung der Corporate Governance und letztlich auch den DCGK beeinflussende Regeln sind erstmalig im Sarbanes-Oxley-Act ausformuliert worden. Diese sind insb die Einrichtung eines Public Company Accounting Boards (s Sections 101, 109 Sarbanes-Oxley-Act), die Stärkung der Unabhängigkeit der Abschlussprüfer (s Sections 201, 209 Sarbanes-Oxley-Act; vergleichend Abschn 7 DCGK „Rechnungslegung und Abschlussprüfung"), die Einrichtung eines Audit Committees (s Section 301 Sarbanes-Oxley-Act, vergleichend Ziff 5.3 DCGK „Bildung von Ausschüssen"), die ausgeweitete Verantwortlichkeit des Chief Executive Officers und des Chief Financial Officers für den Jahresabschluss sowie die Quartalsberichte (s hierzu Section 302 Sarbanes-Oxley-Act), die Offenlegung des internen Kontrollsystems gem Sarbanes-Oxley-Act 404 und die Implementierung eines internen Beschwerdesystems (s hierzu Section 301 Sarbanes-Oxley-Act).

85   Auf die Einrichtung eines internen Kontrollsystems sowie eines Audit Committees soll nachfolgend näher eingegangen werden. Vor dem Hintergrund einer in der gesamten deutschen Öffentlichkeit erkennbar gesteigerten Bedeutung einer effektiven Corporate Governance wird gerade diesen beiden Elementen bereits jetzt (Audit Committee) oder in absehbarer Zukunft (internes Kontrollsystem) ein wachsendes Augenmerk zu Teil werden. Beide Elemente stehen auch in einem engen Zusammenhang zu modernen Governance und Compliance Programmen, die unter dem Abschnitt V erläutert werden.

86   Eine wesentliche Vorgabe des Sarbanes-Oxley-Acts ist die Implementierung von sog Audit Committees für US-börsengelistete Unternehmen (s hierzu auch die „Final Rule: Listing Standards Relating to Audit Committees" der SEC v 9.4.2003); ferner haben die US-Börsen eigene Vorgaben zu den qualitativen Kriterien erstellt, die von Audit Committees erfüllt sein müssen. Soweit diesen Vorgaben nicht entsprochen wird, droht den betroffenen Unternehmen das de-listing. Das Audit Committee soll sich aus drei bis fünf Mitgliedern zusammensetzen. Diese Mitglieder werden aus der Mitte des „Board of Directors" gewählt. Zumindest ein Mitglied des Audit Committees soll ein sog „financial expert" sein, der über ein umfassendes Verständnis der US-amerikanischen Rechnungsregeln („US-GAAP"), interner Kontrollsysteme, Prüfungsfragen und der Funktion des Audit Committees verfügen soll. Es ist gegenüber der US-amerikanischen Börsenaufsichtsbehörde und im veröffentlichten Jahresab-

Erklärung zum Corporate Governance Kodex § 161

schluss („20-F") des Unternehmens offen zu legen, dass sich im Audit Committee ein entspr „financial expert" befindet. Alle Mitglieder des Audit Committees müssen ferner unabhängig sein. Eine Vergütung ist nur für die Aufgaben im Board of Directors und im Audit Committee statthaft. Ferner dürfen die Mitglieder des Audit Committees keine weiteren Aufgaben oder Funktionen übernehmen und dem Unternehmen auch nicht in anderer Weise nahestehen.

Die Aufgaben des Audit Committees erstrecken sich auch auf die Überwachung der Rechnungslegung, des internen Kontrollsystems und der Abschlussprüfung, der Bestellung und Vergütung sowie der etwaigen Abberufung des Abschlussprüfers. Darüber hinaus ist das Audit Committee zuständig für die Schlichtung von etwaigen Meinungsverschiedenheiten zwischen Geschäftsleitung und Abschlussprüfung zu Fragen der Rechnungslegung und Abschlussprüfung. Letztlich kommt dem Audit Committee die Aufgabe zu, ein internes Beschwerdesystem für das Reporting von möglichen Compliance Fällen einzurichten. Das Audit Committee hat eine ausgedehnte eigenständige Kompetenz, um die vielfältigen Verpflichtungen angemessen zu erfüllen. Hierzu zählt unter anderem die Berechtigung, auf Kosten des Unternehmens weitere externe Berater mit der Prüfung einzelner Fragen zu beauftragen oder Audits im Unternehmen durchführen zu können. 87

Der Aufwand, den Vorgaben des Sarbanes-Oxley-Acts zu entsprechen, ist sowohl von den erforderlichen organisatorischen Maßnahmen als auch von der Kostenseite hoch. Insb die Einführung eines sog Risikokontrollsystems nach Sarbanes-Oxley-Act 404 verlangt umfangreiche sowie kostenintensive Implementierungen von teilw IT-gestützten Überwachungssystemen im Unternehmen. Das sich aus dem Sarbanes-Oxley-Act 404 ergebende Risikomanagement verlangt hierbei, dass die Unternehmen die internen Kontrollen identifizieren, die zur Aufstellung ordnungsgemäßer Abschlüsse und anderer finanzieller Informationen erforderlich sind. In einem weiteren Schritt sind sodann diese Kontrollen hinsichtlich des Umfelds, der Risikobeurteilung und der vorgesehenen Kontrollaktivitäten genauer auszugestalten. Die Wirksamkeit des internen Kontrollsystems ist sodann durch eine umfassende Dokumentation nachzuweisen. Dies beinhaltet letztlich auch den Nachweis, dass die Kontrollen geeignet sind, das Durchführen von Kontrolltests sowie eine Gesamtbewertung. 88

b) Corporate Governance in Europa. Die europäische Entwicklung der Corporate Governance wurde zunächst maßgeblich über Ansätze in Großbritannien beeinflusst. Als Folge der Governance-Skandale in Großbritannien Anfang der 90er Jahre (betroffen waren Maxwell Communications, BCCI und Polly Peck) erschien zunächst auf Regierungsinitiative der „Cadbury Committee's Code of Best Practice" im Dezember 1992 (weltweit der erste Corporate Governance Kodex überhaupt). Diesem Kodex folgten der „Greenbury Report" von 1995, der „Combined Code" aus den Jahren 2000 und 2003 sowie der „Myners Report" im Jahre 2001. Allen diesen Bestrebungen um gute Unternehmensführung lag das Prinzip zugrunde, zum einen sowohl der Aufstellung von freiwillig zu beachtenden Verhaltensregeln gegenüber gesetzlichen Bestimmungen den Vorrang zu geben als auch zum anderen das Prinzip „comply or explain" einzuführen. 89

Die Gremien der Europäischen Union haben dann diese Initiativen aufgegriffen und ebenfalls zeitnah die Bilanzskandale in den USA registriert, die dortigen Entwicklungen zum Sarbanes-Oxley-Act verfolgt und auch eigenständige Initiativen zur Weiter- 90

§ 161

entwicklung der Corporate Governance eingeleitet. Im September 2001 wurde von der EU-Kommission ein Panel zur Vorbereitung einer Modernisierung des Europäischen Gesellschaftsrechts eingesetzt und im Jahre 2002 speziell mit der Bearbeitung der Corporate Governance Thematik betraut („at a subsequent informal ECOFIN Council at Oviedo, Spain, in April 2002, the Commission prepared a briefing paper that proposed EU policy responses, including the widening of the mandate of the High-Level Group of Company Law Experts, chaired by Dutch professor Jaap Winter (originally implemented already in September 2001) by adding corporate governance issues", *Dallas/Gerben de Noord/Nick Bradley* S 360). Die Ergebnisse dieser Expertengruppe (a Modern Regulatory Framework for Company Law in Europe, „Winter Report", vom November 2002) gingen in den von der EU-Kommission am 21.5.2003 vorgelegten Aktionsplan zur „Modernisierung des Gesellschaftsrechts und Verbesserung der Corporate Governance in der EU" ein (Mitteilung an den Rat und das Europäische Parlament (KOM (2003) 284 endg; Abdruck in NZG 2003, Sonderbeilage zu Heft 13). Nach diesem Maßnahmenplan sollten bzw sollen in den Mitgliedstaaten die Aktionärsrechte an Unternehmen gestärkt, der Arbeitnehmer- und Gläubigerschutz ausgebaut und die Effizienz- und Wettbewerbsfähigkeit der Unternehmen gesteigert werden (vgl den ausf Überblick bei Hommelhoff/Hopt/vonWerder Handbuch/*Hopt* 51 ff). Im Jahr 2011 legte die Kommission das sog **Grünbuch Europäischer Corporate Governance-Rahmen** (KOM(2011) 164) vor, an das anknüpfend am 12.12.2012 der **Aktionsplan „Europäisches Gesellschaftsrecht und Corporate Governance"** erstellt wurde. Inhaltlich befassen sich diese mit einer Auseinandersetzung zweckmäßiger Regelungsaspekte eines auf europäischer Ebene angesiedelten Corporate Governance-Rahmens (*Bayer/J.Schmidt* BB 2012, 3, 8 f).

VI. Corporate Governance und Compliance

91 **1. Zum integrativen Verständnis der Corporate Governance und Compliance als Bestandteile unternehmerischer Qualitätssicherungssysteme.** Corporate Governance definiert die Kriterien guter Unternehmensführung. Die Kapitalmärkte und -anleger bedienen sich dieser Kriterien zur Bewertung des Unternehmens sowie seiner wichtigsten Organe, AR und Vorstand. Elemente der Corporate Governance finden sich daher auch in den sog „balanced scorecards" wieder, die standardisierte Merkmale zur Qualität der Unternehmensführung und zum entsprechenden Unternehmensvergleich anbieten (beispielhaft hierfür *Dallas/Griep/Samson* „The Evolving Role of Corporate Governance in Credit Rating Analysis, 580 ff). Die Corporate Governance Elemente entwickeln sich daher auch zu einem Bestandteil von modernem Risikomanagement (Corporate Governance als „Risk Factor", s *Dallas/Sandeep* S 2 ff) und können hierüber auch als Kriterien des klassischen unternehmerischen Qualitätsmanagementsystems verstanden werden.

92 Als Bestandteil des Qualitätsmanagementsystems dient Corporate Governance der Sicherung eines Teils der für das Unternehmen relevanten Risikofelder im Interesse einer vordefinierten Bezugsgruppe, den „Stakeholdern" und „Shareholdern" (Dölling Korruptionsprävention/*Maschmann* S 170). Es ergänzt daher den klassischen Teil bestehender unternehmerischer Qualitätsmanagementsysteme, die sich mit den Prozessen der Herstellung und des Vertriebs der vom Unternehmen angebotenen Waren und Dienstleistungen im Interesse einer weiteren vordefinierten Bezugsgruppe, den Kunden und Geschäftspartnern des Unternehmens, befassen.

Der integrative Ansatz zum Verständnis moderner Qualitätsmanagementsysteme als Kombination von Corporate Governance bliebe aber unvollständig, würde man nicht auch die sich vermehrt entwickelnden modernen Compliance-Risikokontrollsysteme mit einbeziehen. Aus der aktuellen Diskussion um die Bedeutung unternehmensinterner Compliance-Programme lässt sich ablesen, dass Compliance ebenfalls dem Grundverständnis eines integrativen Qualitätsmanagementsystems folgt. Die weitgehend auf freiwilliger Basis in Unternehmen implementierten Compliance-Sicherungsprogramme dienen durch Aufstellung eines idR weit gefassten Verhaltenskodexes der Risikoabwehr und Qualitätssicherung unternehmensinterner Abläufe. Mit dem Ziel, das Unternehmen vor weitreichender Inanspruchnahme in straf- und zivilrechtlicher Hinsicht zu schützen, erfolgt diese Risikoabwehr ebenfalls im Interesse einer vordefinierten Bezugsgruppe, den Mitarbeitern, Kunden und Anlegern. 93

Die Interdependenzen dieser drei Bestandteile moderner Qualitätssicherung sind zukünftig auch wissenschaftlich noch genauer zu erforschen. Schon heute lässt sich jedoch absehen, dass die unter dem gemeinsamen Nenner zu fassenden Kriterien (i) Qualitätskontrolle im engeren Sinne (ii) Corporate Governance und (iii) Compliance zu einem integrativen „Total-Quality-Management-Program" verwachsen werden, da bereits aktuell Komponenten aller drei Kriterien in inhaltlichen Quer- und Matrixverbindungen anzutreffen sind (so zB das gemeinsame Erfordernis von „Whistleblower-Hotlines" in Corporate Governance Regelungen (s Sarbanes-Oxley Vorgaben für die Aufgaben des Audit Committees) und Compliance-Systemen). Die zukünftig voranschreitende Vernetzung von Corporate Governance und Compliance rechtfertigt eine genauere Betrachtung zu Definition, Herkunft, Bedeutung und Aufbau moderner Compliance Programme. 94

2. Definition von Compliance. Der Begriff „Compliance" hat je nach Branchensektor und gegebenenfalls internationaler Einbindung des Unternehmens unterschiedliche inhaltliche Ausrichtungen. Gemeinsam ist dagegen allen Compliance Programmen der Umstand, dass es sich immer um freiwillig aufgestellte, unternehmensinterne Regelwerke handelt, die materielle Grundsätze und Prozesse zum Inhalt haben, welche auf Prävention, Aufklärung und Abwendung von Verhaltensweisen gerichtet sind, die entweder rechtlich unzulässig sind oder nicht im Einklang mit den definierten ethischen Geschäftsstandards der Gesellschaft stehen. 95

Entscheidend ist daher für ein Compliance Programm, dass sich das Unternehmen zunächst auf freiwilliger Basis einen Verhaltenskodex verordnet, in dem die rechtlichen, geschäftlichen und ethischen Standards festgeschrieben werden, die die Gesellschaft und die Gesamtheit ihrer Mitarbeiter bei Geschäftsausübung beachten will (*Poppe* in Görling/Inderst/Bannenberg, Compliance Kap 1 Rn 3). Häufig wird dem Verhaltenskodex, der auch als „ethische Verfassung des Unternehmens" beschrieben werden kann, „Mission und/oder Value Statements" vorangestellt, um gegenüber den Mitarbeitern die compliance-relevante Ausrichtung des Unternehmens zu verdeutlichen. Verhaltenskodex, Mission und Value Statements, gemeinsam mit Ausführungs- und Informationsregeln bilden im Unternehmen dann den schriftlich fixierten Teil eines Compliance Programms, auf den sodann alle Mitarbeiter üblicher Weise zu schulen sind. 96

3. Herkunft und Bedeutung von Compliance. Die Ursprünge der Compliance Programme finden sich in den Vereinigten Staaten wieder. Im Rahmen des strafrechtli- 97

Runte/Eckert

chen Sanktionssystems können dort auch Unternehmen als jur Personen zur Verantwortung gezogen und zu hohen Geldstrafen verurteilt werden. Mangels gesetzlich eindeutig festgelegter Strafrahmen kam es Anfang der 90er Jahre auf US-Bundesebene über die Sentencing Commission des US-Justizministeriums zur Festschreibung allg Strafzumessungsregeln, der sog „General Sentencing Guidelines".

98 Teil der General Sentencing Guidelines war ein Katalog, der für die Strafzumessung explizit bes strafverschärfende und strafmildernde Faktoren (sog „mitigating factors") festgeschrieben hat (vgl *Rieder/Falge* in Görling/Inderst/Bannenberg, Compliance Kap 2 Rn 25). Als strafmildernder Faktor wurde dort angesehen, wenn das betroffene Unternehmen ein Compliance Programm implementiert hatte. Erstmals wurden in diesem Rahmen auch die Kriterien festgelegt, die ein effektives Compliance Programm aufweisen musste, um iRd Sentencing Guidelines strafmildernd zu wirken.

99 Diese bis heute unverändert gebliebenen Kriterien setzen sich aus folgenden sieben Elementen zusammen: (s hierzu im Einzelnen Rn 102 ff):

schriftlich fixierter **Verhaltenskodex**

– **Compliance Officer**, der weisungsunabhängig für die Ausführung und Überwachung der Compliance Regeln verantwortlich ist und entweder direkt an den CEO (Vorstandsvorsitzenden) oder den Board of Directors zu berichten hat
– **Trainings- und Ausbildungsprogramm für alle Mitarbeiter**, die auf die Regeln des Compliance Programms zu schulen sind
– **unabhängiges Report- und Kommunikationssystem**, welches auch auf anonymer Basis Mitarbeitern ermöglichen soll, Beschwerden an den Compliance Officer zu berichten
– **einheitlicher, unternehmensinterner Aktions- und Maßnahmenplan**, um auf mögliche Verletzungen des Compliance Programms angemessen reagieren zu können
– regelmäßiger **Compliance Auditplan**
– **Mitarbeiterüberprüfungsprogramm.**

100 In der Folgezeit begannen Unternehmen in den Vereinigten Staaten, präventiv Compliance Programme als Bestandteil des allg Risikomanagements aufzubauen. Darüber hinaus wurde auch von den Strafverfolgungsbehörden bei der strafrechtlichen Verfolgung von Unternehmen gefordert, dass Compliance Programme neben der festgelegten weiteren Unternehmensstrafe zwingend zu implementieren waren. Solche Verpflichtungen wurden als mehrjährige Auflage über sog „Corporate Integrity Agreements" mit den betroffenen Unternehmen vertraglich festgelegt.

101 Auch außerhalb der Vereinigten Staaten wurden seit Mitte bis Ende der 90er Jahre Compliance Programme meist von international agierenden Unternehmen als Teil eines sich entwickelnden Risikovorsorgeprogramms implementiert (teilw auch vor dem Hintergrund lokaler rechtlicher Vorgaben, zB hat der italienische Gesetzgeber 2001 die Einführung von Compliance Programmen für bestimmte Industriesektoren verbindlich vorgeschrieben (decreto legislativo 231/2001), oder um sich für das eigene Geschäft in den Vereinigten Staaten entsprechend aufzustellen oder aus branchenrelevanten Gründen, so zB der Finanzdienstleistungssektor).

102 **4. Wesentliche Bestandteile eines Compliance Programms.** Aus den Vorgaben der Federal Sentencing Guidelines ergeben sich noch bis heute die Bestandteile, die ein wirksames Compliance Programm aufzuweisen hat (s Rn 99). Zunächst ist ein **Verhal-**

tenskodex („Code of Conduct") in schriftlicher Form erforderlich. Der Kodex ist der zentrale Bestandteil des Compliance Programms (vgl *Inderst* in Görling/Inderst/Bannenberg, Compliance Kap 4 Rn 9 f). Er gibt in detaillierter Form die Verhaltensregeln wieder, die das Unternehmen bei Ausführung der Geschäfte beachten will. Diese Regeln können sowohl **Vorgaben** für das **Außenverhältnis** (zB Umgang mit Geschäftspartnern, Kunden, Anlegern oder Behörden) abbilden als auch **betriebsinterne Grundsätze** (zB Arbeitsplatzsicherheit, Diskriminierungsverbote) widerspiegeln. Über rein rechtlich verpflichtende Vorgaben geht der Verhaltenskodex idR weit hinaus. Die insoweit auf freiwilliger Basis vom Unternehmen festgelegten Regeln spiegeln vielmehr auch die ethischen Grundsätze wieder, nach denen sich das Unternehmen im Geschäftsverkehr richten will (zu beachten ist aber, dass bei Aufstellung und Einführung von Compliance Programmen in deutschen Unternehmen die relevanten kollektivarbeitsrechtlichen Regeln zu berücksichtigen sind, so zB die Informations- oder Mitwirkungsrechte des Betriebsrats nach Betriebsverfassungsgesetz).

Ein Compliance Programm verlangt ferner einen **Compliance Beauftragten** (Compliance Officer) im Unternehmen, der selbstständig dh ohne Weisungen unterworfen zu sein für die Umsetzung und Einhaltung der sich aus dem Programm ergebenden Vorgaben verantwortlich ist. Die Aufgaben des Compliance Beauftragten sind vielfältig (vgl ausf *Inderst* in Görling/Inderst/Bannenberg Compliance Kap 3 Rn 36 ff). Eine Kernaufgabe ist die Schulung der Mitarbeiter. Er hat ferner ein Kommunikations- und Informationssystem zu unterhalten, das es für Mitarbeiter möglich macht, Compliance-Fälle zu melden. Ferner ist er für die Untersuchung möglicher Compliance-Verstöße im Unternehmen zuständig, zumindest hat er diese internen Audits aus Sicht der Compliance Abteilung zu begleiten. Er ist auch dafür verantwortlich, im Unternehmen die sich aus dem Verhaltenskodex ergebenden allgemeinen Grundsätze durch weitergehende Guidelines oder Policy-Regeln zu konkretisieren. Schließlich hat er aus eigener Kompetenz die Effizienz des Compliance Programms durch eigene Audits zu überprüfen.

Die Stellung des Compliance Officers im Unternehmen und dessen **strafrechtliche Verantwortlichkeit** wurden in der Entscheidung des BGH (*BGH* WM 2009, 1882, 1883, vgl dazu *Klindt/Pelz/Theusinger* NJW 2010, 2385, 2386) thematisiert, wenn auch lediglich als obiter dictum. Da das Aufgabengebiet des Compliance Officers die Verhinderung von Rechtsverstößen im Unternehmen beinhaltet, stelle dies zugleich regelmäßig eine Garantenpflicht iSd § 13 Abs 1 StGB dar (*BGH* aaO); dies folge aus der gegenüber der Unternehmensleitung übernommenen Verpflichtung, Rechtsverstöße, darunter gerade auch Straftaten, zu unterbinden (*BGH* aaO). Einer so weitgehenden Bestimmung des strafrechtlichen Pflichtenkreises des Compliance Officers kann jedoch nicht zugestimmt werden (ebenso *Campos Nave/Vogel* BB 2009, 2546, 2547 ff; *Rübenstahl* NZG 2009, 1341, 1342 ff; Anm *Stoffers* NJW 2010, 3176 f). Vgl zu strafrechtlichen Aspekten auch Hauschka Corporate Compliance/*Pelz* § 6.

Das Compliance Programm verlangt ferner, dass alle **Mitarbeiter** auf die Grundlagen des Verhaltenskodex **geschult** werden. Dies kann didaktisch sowohl über allgemeine Schulungsveranstaltungen, spezielle Schulungen für einzelne Mitarbeitergruppen (zB Verkaufsabteilungen) oder auch im Wege von sog E-Learning Programmen geschehen. Über die Schulungen sind vom Compliance-Beauftragten Nachweise anzufertigen (auch in diesem Zusammenhang sind die länderspezifischen Arbeitnehmermitbestimmungsrechte zu wahren, s hierzu auch Rn 102).

§ 161   Erklärung zum Corporate Governance Kodex

106   Ein weiterer wesentlicher Bestandteil des Compliance Programms ist die Bereitstellung eines **Kommunikations- und Informationssystems**, mit dem Mitarbeiter mögliche Compliance-Verstöße oder auch sonstige Beschwerden unmittelbar an den Compliance Beauftragten weitergeben können. Regelmäßig werden hierfür bei Unternehmen speziell so genannte „Compliance-Hotlines" sowohl telefonisch als auch für die E-Mail-Korrespondenz geschaltet. Die Möglichkeit, dass ein Mitarbeiter unmittelbar auf den Compliance Beauftragten zugreifen kann, ist zentraler Bestandteil eines wirksamen Compliance Programms. Das Unternehmen hat insoweit auch sicherzustellen, dass der Mitarbeiter keine Nachteile erleiden darf, wenn er sich mit einem Anliegen an den Compliance Beauftragten wenden will. Typischerweise ermöglicht daher ein Compliance Programm auch die anonyme Benachrichtigung.

107   Diese Art des sog „whistleblower-Systems" ist in den USA gängig, dagegen in vielen Ländern Europas umstr, teilw sogar untersagt (so wurden in Frankreich im Mai 2004 durch die staatliche „Commission Nationale de l'Informatique et des libertés" („CNIL") die sog „whistleblower-lines" ausländischer Firmen in französischen Tochtergesellschaften verboten).

108   Wesentliche weitere Teile eines wirksamen Compliance Programms sind letztlich die Festlegung von **unternehmensinternen Disziplinarsystemen**, die bei Compliance-Verstößen eine faire und gerechte Behandlung gleichgelagerter Fälle sicherzustellen haben. Hinzu kommt die Notwendigkeit, die Einhaltung der Compliance Vorgaben im Unternehmen durch eigenständige **Compliance-Audits** regelmäßig zu überwachen und hierbei auch die Mitarbeiter im Unternehmen im Rahmen der zulässigen betriebsverfassungsrechtlichen Vorgaben auf Einhaltung des Verhaltenskodex zu **kontrollieren**.

109   **5. Compliance als zukünftiger Bestandteil guter Unternehmensführung.** Die Überlagerungen und Verwerfungen zwischen Corporate Governance und Compliance sind auch für den deutschen Anwendungsbereich signifikant. Gute Unternehmensführung in Deutschland baut unausgesprochen schon heute auf einem erweiterten Compliance Verhaltenskodex, den DCGK, auf. Beide Kontrollsysteme setzen die Einhaltung von Qualitätsnormen und -prozessen voraus. Sowohl Corporate Governance als auch Compliance sehen in der freiwilligen Übernahme durch das Unternehmen den Schlüssel zu erfolgreichem Risikomanagement im Unternehmen (das vom DCGK vorgesehene Prinzip von „comply or explain" ist durchaus als freiwilliges Modell zur Übernahme der Governance Grundsätze zu bewerten, so auch *Ulmer* ZHR 166 (2002), 150, 157; *Lutter* ZHR 166 (2002), 523, 525, 531). Beide Systeme, Corporate Governance und Compliance bauen ferner auf angemessene Kommunikations- und Informationssysteme, die den Mitarbeitern die Möglichkeit zur direkten Kontaktaufnahme zu Audit Committee/ Compliance Beauftragten eröffnen. Sowohl Corporate Governance als auch Compliance sind schließlich als Bestandteil eines Risikomanagementsystems iSv Sarbanes-Oxley-Act Section 404 bereits in vielen deutschen Unternehmen implementiert.

110   Es ist vor diesem Hintergrund nicht verfehlt, an eine noch engere Zusammenführung der beiden Qualitätsmanagementsysteme zu denken. Als geeignetes Mittel käme hierfür in Betracht, zukünftig die an den Vorstand und die Gesellschaft gerichteten Verhaltensempfehlungen im DCGK um die Vorgabe zu ergänzen, im Unternehmen im Interesse eines erweiterten Risikomanagementsystems Compliance Programme im vordefinierten Sinne zu errichten.

Anhang zu § 161
Deutscher Corporate Governance Kodex

Deutscher Corporate Governance Kodex

i.d.F. vom 13.5.2013 (BAnz AT 10.6.2013 B3)
mit Beschlüssen aus der Plenarsitzung vom 13. Mai 2013

1 Präambel

Der Deutsche Corporate Governance Kodex (der „Kodex") stellt wesentliche gesetzliche Vorschriften zur Leitung und Überwachung deutscher börsennotierter Gesellschaften (Unternehmensführung) dar und enthält international und national anerkannte Standards guter und verantwortungsvoller Unternehmensführung. Der Kodex hat zum Ziel das deutsche Corporate Governance System transparent und nachvollziehbar zu machen. Er will das Vertrauen der internationalen und nationalen Anleger, der Kunden, der Mitarbeiter und der Öffentlichkeit in die Leitung und Überwachung deutscher börsennotierter Gesellschaften fördern.

Der Kodex verdeutlicht die Verpflichtung von Vorstand und Aufsichtsrat, im Einklang mit den Prinzipien der sozialen Marktwirtschaft für den Bestand des Unternehmens und seine nachhaltige Wertschöpfung zu sorgen (Unternehmensinteresse).

Deutschen Aktiengesellschaften ist ein duales Führungssystem gesetzlich vorgegeben.

Der Vorstand leitet das Unternehmen in eigener Verantwortung. Die Mitglieder des Vorstands tragen gemeinsam die Verantwortung für die Unternehmensleitung. Der Vorstandsvorsitzende koordiniert die Arbeit der Vorstandsmitglieder.

Der Aufsichtsrat bestellt, überwacht und berät den Vorstand und ist in Entscheidungen, die von grundlegender Bedeutung für das Unternehmen sind, unmittelbar eingebunden. Der Aufsichtsratsvorsitzende koordiniert die Arbeit im Aufsichtsrat.

Die Mitglieder des Aufsichtsrats werden von den Aktionären in der Hauptversammlung gewählt. Bei Unternehmen mit mehr als 500 bzw. 2 000 Arbeitnehmern im Inland sind auch die Arbeitnehmer im Aufsichtsrat vertreten, der sich dann zu einem Drittel bzw. zur Hälfte aus von den Arbeitnehmern gewählten Vertretern zusammensetzt. Bei Unternehmen mit mehr als 2 000 Arbeitnehmern hat der Aufsichtsratsvorsitzende, der praktisch immer ein Vertreter der Anteilseigner ist, ein die Beschlussfassung entscheidendes Zweitstimmrecht. Die von den Aktionären gewählten Anteilseignervertreter und die Arbeitnehmervertreter sind gleichermaßen dem Unternehmensinteresse verpflichtet.

Alternativ eröffnet die Europäische Gesellschaft (SE) die Möglichkeit, sich auch in Deutschland für das international verbreitete System der Führung durch ein einheitliches Leitungsorgan (Verwaltungsrat) zu entscheiden.

Die Ausgestaltung der unternehmerischen Mitbestimmung in der SE wird grundsätzlich durch eine Vereinbarung zwischen der Unternehmensleitung und der Arbeitnehmerseite festgelegt. Die Arbeitnehmer in den EU-Mitgliedstaaten sind einbezogen.

Die Rechnungslegung deutscher Unternehmen ist am True-and-fair-view-Prinzip orientiert und hat ein den tatsächlichen Verhältnissen entsprechendes Bild der Vermögens-, Finanz- und Ertragslage des Unternehmens zu vermitteln.

Empfehlungen des Kodex sind im Text durch die Verwendung des Wortes „soll" gekennzeichnet. Die Gesellschaften können hiervon abweichen, sind dann aber verpflichtet, dies jährlich offenzulegen und die Abweichungen zu begründen („comply or explain"). Dies ermöglicht den Gesellschaften die Berücksichtigung branchen- oder unternehmensspezifischer Bedürfnisse. Eine gut begründete Abweichung von einer Kodexempfehlung kann im Interesse einer guten Unternehmensführung liegen. So trägt der Kodex zur Flexibilisierung und Selbstregulierung der deutschen Unternehmensverfassung bei. Ferner enthält der Kodex Anregungen, von denen ohne Offenlegung abgewichen werden kann; hierfür verwendet der Kodex den Begriff „sollte". Die übrigen sprachlich nicht so gekennzeichneten Teile des Kodex betreffen Beschreibungen gesetzlicher Vorschriften und Erläuterungen.

In Regelungen des Kodex, die nicht nur die Gesellschaft selbst, sondern auch ihre Konzernunternehmen betreffen, wird der Begriff „Unternehmen" statt „Gesellschaft" verwendet.

Der Kodex richtet sich in erster Linie an börsennotierte Gesellschaften und Gesellschaften mit Kapitalmarktzugang im Sinne des § 161 Absatz 1 Satz 2 des Aktiengesetzes. Auch nicht kapitalorientierten Gesellschaften wird die Beachtung des Kodex empfohlen.

Der Kodex wird in der Regel einmal jährlich vor dem Hintergrund nationaler und internationaler Entwicklungen überprüft und bei Bedarf angepasst.

2 Aktionäre und Hauptversammlung

2.1 Aktionäre

2.1.1 Die Aktionäre nehmen im Rahmen der satzungsmäßig vorgesehenen Möglichkeiten ihre Rechte vor oder während der Hauptversammlung wahr und üben dabei ihr Stimmrecht aus.

2.1.2 Jede Aktie gewährt grundsätzlich eine Stimme. Aktien mit Mehrstimmrechten oder Vorzugsstimmrechten („golden shares") sowie Höchststimmrechte bestehen nicht.

2.2 Hauptversammlung

2.2.1 Der Vorstand legt der Hauptversammlung den Jahresabschluss, den Lagebericht, den Konzernabschluss und den Konzernlagebericht vor. Sie entscheidet über die Gewinnverwendung sowie die Entlastung von Vorstand und Aufsichtsrat und wählt in der Regel die Anteilseignervertreter im Aufsichtsrat und den Abschlussprüfer.

Darüber hinaus entscheidet die Hauptversammlung über die Satzung und den Gegenstand der Gesellschaft, über Satzungsänderungen und über wesentliche unternehmerische Maßnahmen wie insbesondere Unternehmensverträge und Umwandlungen, über die Ausgabe von neuen Aktien und von Wandel- und Optionsschuldverschreibungen sowie über die Ermächtigung zum Erwerb eigener Aktien. Sie kann über die Billigung des Systems der Vergütung der Vorstandsmitglieder beschließen.

2.2.2 Bei der Ausgabe neuer Aktien haben die Aktionäre grundsätzlich ein ihrem Anteil am Grundkapital entsprechendes Bezugsrecht.

2.2.3 Jeder Aktionär ist berechtigt, an der Hauptversammlung teilzunehmen, das Wort zu Gegenständen der Tagesordnung zu ergreifen und sachbezogene Fragen und Anträge zu stellen.

2.2.4 Der Versammlungsleiter sorgt für eine zügige Abwicklung der Hauptversammlung. Dabei sollte er sich davon leiten lassen, dass eine ordentliche Hauptversammlung spätestens nach 4 bis 6 Stunden beendet ist.

2.3 Einladung zur Hauptversammlung, Briefwahl, Stimmrechtsvertreter

2.3.1 Die Hauptversammlung der Aktionäre ist vom Vorstand mindestens einmal jährlich unter Angabe der Tagesordnung einzuberufen. Aktionärsminderheiten sind berechtigt, die Einberufung einer Hauptversammlung und die Erweiterung der Tagesordnung zu verlangen. Die Einberufung sowie die vom Gesetz für die Hauptversammlung verlangten Berichte und Unterlagen einschließlich des Geschäftsberichts sind für die Aktionäre leicht erreichbar auf der Internetseite der Gesellschaft zusammen mit der Tagesordnung zugänglich zu machen, sofern sie den Aktionären nicht direkt übermittelt werden. Das Gleiche gilt, wenn eine Briefwahl angeboten wird, für die Formulare, die dafür zu verwenden sind.

2.3.2 Die Gesellschaft soll den Aktionären die persönliche Wahrnehmung ihrer Rechte und die Stimmrechtsvertretung erleichtern. Der Vorstand soll für die Bestellung eines Vertreters für die weisungsgebundene Ausübung des Stimmrechts der Aktionäre sorgen; dieser sollte auch während der Hauptversammlung erreichbar sein.

2.3.3 Die Gesellschaft sollte den Aktionären die Verfolgung der Hauptversammlung über moderne Kommunikationsmedien (z. B. Internet) ermöglichen.

3 Zusammenwirken von Vorstand und Aufsichtsrat

3.1 Vorstand und Aufsichtsrat arbeiten zum Wohle des Unternehmens eng zusammen.

3.2 Der Vorstand stimmt die strategische Ausrichtung des Unternehmens mit dem Aufsichtsrat ab und erörtert mit ihm in regelmäßigen Abständen den Stand der Strategieumsetzung.

3.3 Für Geschäfte von grundlegender Bedeutung legen die Satzung oder der Aufsichtsrat Zustimmungsvorbehalte zugunsten des Aufsichtsrats fest. Hierzu gehören Entscheidungen oder Maßnahmen, die die Vermögens-, Finanz- oder Ertragslage des Unternehmens grundlegend verändern.

3.4 Die ausreichende Informationsversorgung des Aufsichtsrats ist gemeinsame Aufgabe von Vorstand und Aufsichtsrat.
Der Vorstand informiert den Aufsichtsrat regelmäßig, zeitnah und umfassend über alle für das Unternehmen relevanten Fragen der Strategie, der Planung, der Geschäftsentwicklung, der Risikolage, des Risikomanagements und der Compliance.

Er geht auf Abweichungen des Geschäftsverlaufs von den aufgestellten Plänen und Zielen unter Angabe von Gründen ein.

Der Aufsichtsrat soll die Informations- und Berichtspflichten des Vorstands näher festlegen. Berichte des Vorstands an den Aufsichtsrat sind in der Regel in Textform zu erstatten. Entscheidungsnotwendige Unterlagen werden den Mitgliedern des Aufsichtsrats möglichst rechtzeitig vor der Sitzung zugeleitet.

3.5 Gute Unternehmensführung setzt eine offene Diskussion zwischen Vorstand und Aufsichtsrat sowie in Vorstand und Aufsichtsrat voraus. Die umfassende Wahrung der Vertraulichkeit ist dafür von entscheidender Bedeutung.

Alle Organmitglieder stellen sicher, dass die von ihnen zur Unterstützung einbezogenen Mitarbeiter die Verschwiegenheitspflicht in gleicher Weise einhalten.

3.6 In mitbestimmten Aufsichtsräten können die Vertreter der Aktionäre und der Arbeitnehmer die Sitzungen des Aufsichtsrats jeweils gesondert, gegebenenfalls mit Mitgliedern des Vorstands, vorbereiten.

Der Aufsichtsrat soll bei Bedarf ohne den Vorstand tagen.

3.7 Bei einem Übernahmeangebot müssen Vorstand und Aufsichtsrat der Zielgesellschaft eine begründete Stellungnahme zu dem Angebot abgeben, damit die Aktionäre in Kenntnis der Sachlage über das Angebot entscheiden können.

Der Vorstand darf nach Bekanntgabe eines Übernahmeangebots bis zur Veröffentlichung des Ergebnisses keine Handlungen vornehmen, durch die der Erfolg des Angebots verhindert werden könnte, soweit solche Handlungen nicht nach den gesetzlichen Regelungen erlaubt sind. Bei ihren Entscheidungen sind Vorstand und Aufsichtsrat an das beste Interesse der Aktionäre und des Unternehmens gebunden.

Der Vorstand sollte im Falle eines Übernahmeangebots eine außerordentliche Hauptversammlung einberufen, in der die Aktionäre über das Übernahmeangebot beraten und gegebenenfalls über gesellschaftsrechtliche Maßnahmen beschließen.

3.8 Vorstand und Aufsichtsrat beachten die Regeln ordnungsgemäßer Unternehmensführung. Verletzen sie die Sorgfalt eines ordentlichen und gewissenhaften Geschäftsleiters bzw. Aufsichtsratsmitglieds schuldhaft, so haften sie der Gesellschaft gegenüber auf Schadensersatz. Bei unternehmerischen Entscheidungen liegt keine Pflichtverletzung vor, wenn das Mitglied von Vorstand oder Aufsichtsrat vernünftigerweise annehmen durfte, auf der Grundlage angemessener Information zum Wohle der Gesellschaft zu handeln (Business Judgement Rule).

Schließt die Gesellschaft für den Vorstand eine D&O-Versicherung ab, ist ein Selbstbehalt von mindestens 10 % des Schadens bis mindestens zur Höhe des Eineinhalbfachen der festen jährlichen Vergütung des Vorstandsmitglieds zu vereinbaren.

In einer D&O-Versicherung für den Aufsichtsrat soll ein entsprechender Selbstbehalt vereinbart werden.

3.9 Die Gewährung von Krediten des Unternehmens an Mitglieder des Vorstands und des Aufsichtsrats sowie ihre Angehörigen bedarf der Zustimmung des Aufsichtsrats.

3.10 Über die Corporate Governance sollen Vorstand und Aufsichtsrat jährlich berichten (Corporate Governance Bericht) und diesen Bericht im Zusammenhang mit der Erklärung zur Unternehmensführung veröffentlichen. Dabei sollte auch zu den

Kodexanregungen Stellung genommen werden. Die Gesellschaft soll nicht mehr aktuelle Entsprechenserklärungen zum Kodex fünf Jahre lang auf ihrer Internetseite zugänglich halten.

4 Vorstand

4.1 Aufgaben und Zuständigkeiten

4.1.1 Der Vorstand leitet das Unternehmen in eigener Verantwortung im Unternehmensinteresse, also unter Berücksichtigung der Belange der Aktionäre, seiner Arbeitnehmer und der sonstigen dem Unternehmen verbundenen Gruppen (Stakeholder) mit dem Ziel nachhaltiger Wertschöpfung.

4.1.2 Der Vorstand entwickelt die strategische Ausrichtung des Unternehmens, stimmt sie mit dem Aufsichtsrat ab und sorgt für ihre Umsetzung.

4.1.3 Der Vorstand hat für die Einhaltung der gesetzlichen Bestimmungen und der unternehmensinternen Richtlinien zu sorgen und wirkt auf deren Beachtung durch die Konzernunternehmen hin (Compliance).

4.1.4 Der Vorstand sorgt für ein angemessenes Risikomanagement und Risikocontrolling im Unternehmen.

4.1.5 Der Vorstand soll bei der Besetzung von Führungsfunktionen im Unternehmen auf Vielfalt (Diversity) achten und dabei insbesondere eine angemessene Berücksichtigung von Frauen anstreben.

4.2 Zusammensetzung und Vergütung

4.2.1 Der Vorstand soll aus mehreren Personen bestehen und einen Vorsitzenden oder Sprecher haben. Eine Geschäftsordnung soll die Arbeit des Vorstands, insbesondere die Ressortzuständigkeiten einzelner Vorstandsmitglieder, die dem Gesamtvorstand vorbehaltenen Angelegenheiten sowie die erforderliche Beschlussmehrheit bei Vorstandsbeschlüssen (Einstimmigkeit oder Mehrheitsbeschluss) regeln.

4.2.2 Das Aufsichtsratsplenum setzt die jeweilige Gesamtvergütung der einzelnen Vorstandsmitglieder fest. Besteht ein Ausschuss, der die Vorstandsverträge behandelt, unterbreitet er dem Aufsichtsratsplenum seine Vorschläge. Das Aufsichtsratsplenum beschließt das Vergütungssystem für den Vorstand und überprüft es regelmäßig.

Die Gesamtvergütung der einzelnen Vorstandsmitglieder wird vom Aufsichtsratsplenum unter Einbeziehung von etwaigen Konzernbezügen auf der Grundlage einer Leistungsbeurteilung festgelegt. Kriterien für die Angemessenheit der Vergütung bilden sowohl die Aufgaben des einzelnen Vorstandsmitglieds, seine persönliche Leistung, die wirtschaftliche Lage, der Erfolg und die Zukunftsaussichten des Unternehmens als auch die Üblichkeit der Vergütung unter Berücksichtigung des Vergleichsumfelds und der Vergütungsstruktur, die ansonsten in der Gesellschaft gilt. Hierbei soll der Aufsichtsrat das Verhältnis der Vorstandsvergütung zur Vergütung des oberen Führungskreises und der Belegschaft insgesamt auch in der zeitlichen Entwicklung berücksichtigen, wobei der Aufsichtsrat für den Vergleich festlegt, wie der obere Führungskreis und die relevante Belegschaft abzugrenzen sind.

Soweit vom Aufsichtsrat zur Beurteilung der Angemessenheit der Vergütung ein externer Vergütungsexperte hinzugezogen wird, soll auf dessen Unabhängigkeit vom Vorstand bzw. vom Unternehmen geachtet werden.

4.2.3 Die Gesamtvergütung der Vorstandsmitglieder umfasst die monetären Vergütungsteile, die Versorgungszusagen, die sonstigen Zusagen, insbesondere für den Fall der Beendigung der Tätigkeit, Nebenleistungen jeder Art und Leistungen von Dritten, die im Hinblick auf die Vorstandstätigkeit zugesagt oder im Geschäftsjahr gewährt wurden.

Die Vergütungsstruktur ist auf eine nachhaltige Unternehmensentwicklung auszurichten. Die monetären Vergütungsteile sollen fixe und variable Bestandteile umfassen. Der Aufsichtsrat hat dafür zu sorgen, dass variable Vergütungsteile grundsätzlich eine mehrjährige Bemessungsgrundlage haben. Sowohl positiven als auch negativen Entwicklungen soll bei der Ausgestaltung der variablen Vergütungsteile Rechnung getragen werden. Sämtliche Vergütungsteile müssen für sich und insgesamt angemessen sein und dürfen insbesondere nicht zum Eingehen unangemessener Risiken verleiten. Die Vergütung soll insgesamt und hinsichtlich ihrer variablen Vergütungsteile betragsmäßige Höchstgrenzen aufweisen. Die variablen Vergütungsteile sollen auf anspruchsvolle, relevante Vergleichsparameter bezogen sein. Eine nachträgliche Änderung der Erfolgsziele oder der Vergleichsparameter soll ausgeschlossen sein.

Bei Versorgungszusagen soll der Aufsichtsrat das jeweils angestrebte Versorgungsniveau – auch nach der Dauer der Vorstandszugehörigkeit – festlegen und den daraus abgeleiteten jährlichen sowie den langfristigen Aufwand für das Unternehmen berücksichtigen.

Bei Abschluss von Vorstandsverträgen soll darauf geachtet werden, dass Zahlungen an ein Vorstandsmitglied bei vorzeitiger Beendigung der Vorstandstätigkeit einschließlich Nebenleistungen den Wert von zwei Jahresvergütungen nicht überschreiten (Abfindungs-Cap) und nicht mehr als die Restlaufzeit des Anstellungsvertrages vergüten. Wird der Anstellungsvertrag aus einem von dem Vorstandsmitglied zu vertretenden wichtigen Grund beendet, erfolgen keine Zahlungen an das Vorstandsmitglied. Für die Berechnung des Abfindungs-Caps soll auf die Gesamtvergütung des abgelaufenen Geschäftsjahres und gegebenenfalls auch auf die voraussichtliche Gesamtvergütung für das laufende Geschäftsjahr abgestellt werden.

Eine Zusage für Leistungen aus Anlass der vorzeitigen Beendigung der Vorstandstätigkeit infolge eines Kontrollwechsels (Change of Control) soll 150 % des Abfindungs-Caps nicht übersteigen.

Der Vorsitzende des Aufsichtsrats soll die Hauptversammlung einmalig über die Grundzüge des Vergütungssystems und sodann über deren Veränderung informieren.

4.2.4 Die Gesamtvergütung eines jeden Vorstandsmitglieds wird, aufgeteilt nach fixen und variablen Vergütungsteilen, unter Namensnennung offengelegt. Gleiches gilt für Zusagen auf Leistungen, die einem Vorstandsmitglied für den Fall der vorzeitigen oder regulären Beendigung der Tätigkeit als Vorstandsmitglied gewährt oder die während des Geschäftsjahres geändert worden sind. Die Offenlegung unterbleibt, wenn die Hauptversammlung dies mit Dreiviertelmehrheit anderweitig beschlossen hat.

4.2.5 Die Offenlegung erfolgt im Anhang oder im Lagebericht. In einem Vergütungsbericht als Teil des Lageberichtes werden die Grundzüge des Vergütungssystems für die Vorstandsmitglieder dargestellt. Die Darstellung soll in allgemein verständlicher Form erfolgen.

Der Vergütungsbericht soll auch Angaben zur Art der von der Gesellschaft erbrachten Nebenleistungen enthalten.

Ferner sollen im Vergütungsbericht für die Geschäftsjahre, die nach dem 31. Dezember 2013 beginnen, für jedes Vorstandsmitglied dargestellt werden:

- die für das Berichtsjahr gewährten Zuwendungen einschließlich der Nebenleistungen, bei variablen Vergütungsteilen ergänzt um die erreichbare Maximal- und Minimalvergütung,
- der Zufluss im bzw. für das Berichtsjahr aus Fixvergütung, kurzfristiger variabler Vergütung und langfristiger variabler Vergütung mit Differenzierung nach den jeweiligen Bezugsjahren,
- bei der Altersversorgung und sonstigen Versorgungsleistungen der Versorgungsaufwand im bzw. für das Berichtsjahr.

Für diese Informationen sollen die als Anlage beigefügten Mustertabellen verwandt werden.

4.3 Interessenkonflikte

4.3.1 Vorstandsmitglieder unterliegen während ihrer Tätigkeit für das Unternehmen einem umfassenden Wettbewerbsverbot.

4.3.2 Vorstandsmitglieder und Mitarbeiter dürfen im Zusammenhang mit ihrer Tätigkeit weder für sich noch für andere Personen von Dritten Zuwendungen oder sonstige Vorteile fordern oder annehmen oder Dritten ungerechtfertigte Vorteile gewähren.

4.3.3 Die Vorstandsmitglieder sind dem Unternehmensinteresse verpflichtet. Kein Mitglied des Vorstands darf bei seinen Entscheidungen persönliche Interessen verfolgen und Geschäftschancen, die dem Unternehmen zustehen, für sich nutzen.

4.3.4 Jedes Vorstandsmitglied soll Interessenkonflikte dem Aufsichtsrat gegenüber unverzüglich offenlegen und die anderen Vorstandsmitglieder hierüber informieren. Alle Geschäfte zwischen dem Unternehmen einerseits und den Vorstandsmitgliedern sowie ihnen nahe stehenden Personen oder ihnen persönlich nahe stehenden Unternehmungen andererseits haben branchenüblichen Standards zu entsprechen. Wesentliche Geschäfte sollen der Zustimmung des Aufsichtsrats bedürfen.

4.3.5 Vorstandsmitglieder sollen Nebentätigkeiten, insbesondere Aufsichtsratsmandate außerhalb des Unternehmens, nur mit Zustimmung des Aufsichtsrats übernehmen.

5 Aufsichtsrat

5.1 Aufgaben und Zuständigkeiten

5.1.1 Aufgabe des Aufsichtsrats ist es, den Vorstand bei der Leitung des Unternehmens regelmäßig zu beraten und zu überwachen. Er ist in Entscheidungen von grundlegender Bedeutung für das Unternehmen einzubinden.

5.1.2 Der Aufsichtsrat bestellt und entlässt die Mitglieder des Vorstands. Bei der Zusammensetzung des Vorstands soll der Aufsichtsrat auch auf Vielfalt (Diversity) achten und dabei insbesondere eine angemessene Berücksichtigung von Frauen anstreben. Er soll gemeinsam mit dem Vorstand für eine langfristige Nachfolgeplanung sorgen. Der Aufsichtsrat kann die Vorbereitung der Bestellung von Vorstandsmitgliedern sowie der Behandlung der Bedingungen des Anstellungsvertrages einschließlich der Vergütung Ausschüssen übertragen.

Bei Erstbestellungen sollte die maximal mögliche Bestelldauer von fünf Jahren nicht die Regel sein. Eine Wiederbestellung vor Ablauf eines Jahres vor dem Ende der Bestelldauer bei gleichzeitiger Aufhebung der laufenden Bestellung soll nur bei Vorliegen besonderer Umstände erfolgen. Eine Altersgrenze für Vorstandsmitglieder soll festgelegt werden.

5.1.3 Der Aufsichtsrat soll sich eine Geschäftsordnung geben.

5.2 Aufgaben und Befugnisse des Aufsichtsratsvorsitzenden

Der Aufsichtsratsvorsitzende koordiniert die Arbeit im Aufsichtsrat, leitet dessen Sitzungen und nimmt die Belange des Aufsichtsrats nach außen wahr.

Der Aufsichtsratsvorsitzende soll nicht den Vorsitz im Prüfungsausschuss (Audit Committee) innehaben.

Der Aufsichtsratsvorsitzende soll zwischen den Sitzungen mit dem Vorstand, insbesondere mit dem Vorsitzenden bzw. Sprecher des Vorstands, regelmäßig Kontakt halten und mit ihm Fragen der Strategie, der Planung, der Geschäftsentwicklung, der Risikolage, des Risikomanagements und der Compliance des Unternehmens beraten. Der Aufsichtsratsvorsitzende wird über wichtige Ereignisse, die für die Beurteilung der Lage und Entwicklung sowie für die Leitung des Unternehmens von wesentlicher Bedeutung sind, unverzüglich durch den Vorsitzenden bzw. Sprecher des Vorstands informiert. Der Aufsichtsratsvorsitzende soll sodann den Aufsichtsrat unterrichten und erforderlichenfalls eine außerordentliche Aufsichtsratssitzung einberufen.

5.3 Bildung von Ausschüssen

5.3.1 Der Aufsichtsrat soll abhängig von den spezifischen Gegebenheiten des Unternehmens und der Anzahl seiner Mitglieder fachlich qualifizierte Ausschüsse bilden. Die jeweiligen Ausschussvorsitzenden berichten regelmäßig an den Aufsichtsrat über die Arbeit der Ausschüsse.

5.3.2 Der Aufsichtsrat soll einen Prüfungsausschuss (Audit Committee) einrichten, der sich insbesondere mit der Überwachung des Rechnungslegungsprozesses, der Wirksamkeit des internen Kontrollsystems, des Risikomanagementsystems und des internen Revisionssystems, der Abschlussprüfung, hier insbesondere der Unabhängigkeit des Abschlussprüfers, der vom Abschlussprüfer zusätzlich erbrachten Leistungen, der Erteilung des Prüfungsauftrags an den Abschlussprüfer, der Bestimmung von Prüfungsschwerpunkten und der Honorarvereinbarung sowie – falls kein anderer Ausschuss damit betraut ist – der Compliance, befasst. Der Vorsitzende des Prüfungsausschusses soll über besondere Kenntnisse und Erfahrungen in der Anwendung von Rechnungslegungsgrundsätzen und internen Kontrollverfahren verfügen. Er soll unabhängig und kein ehemaliges Vorstandsmitglied der Gesellschaft sein, dessen Bestellung vor weniger als zwei Jahren endete.

5.3.3 Der Aufsichtsrat soll einen Nominierungsausschuss bilden, der ausschließlich mit Vertretern der Anteilseigner besetzt ist und dem Aufsichtsrat für dessen Wahlvorschläge an die Hauptversammlung geeignete Kandidaten vorschlägt.

5.4 Zusammensetzung und Vergütung

5.4.1 Der Aufsichtsrat ist so zusammenzusetzen, dass seine Mitglieder insgesamt über die zur ordnungsgemäßen Wahrnehmung der Aufgaben erforderlichen Kenntnisse, Fähigkeiten und fachlichen Erfahrungen verfügen.

Der Aufsichtsrat soll für seine Zusammensetzung konkrete Ziele benennen, die unter Beachtung der unternehmensspezifischen Situation die internationale Tätigkeit des Unternehmens, potenzielle Interessenkonflikte, die Anzahl der unabhängigen Aufsichtsratsmitglieder im Sinn von Nummer 5.4.2, eine festzulegende Altersgrenze für Aufsichtsratsmitglieder und Vielfalt (Diversity) berücksichtigen. Diese konkreten Ziele sollen insbesondere eine angemessene Beteiligung von Frauen vorsehen.

Vorschläge des Aufsichtsrats an die zuständigen Wahlgremien sollen diese Ziele berücksichtigen. Die Zielsetzung des Aufsichtsrats und der Stand der Umsetzung sollen im Corporate Governance Bericht veröffentlicht werden.

Der Aufsichtsrat soll bei seinen Wahlvorschlägen an die Hauptversammlung die persönlichen und die geschäftlichen Beziehungen eines jeden Kandidaten zum Unternehmen, den Organen der Gesellschaft und einem wesentlich an der Gesellschaft beteiligten Aktionär offenlegen.

Die Empfehlung zur Offenlegung beschränkt sich auf solche Umstände, die nach der Einschätzung des Aufsichtsrats ein objektiv urteilender Aktionär für seine Wahlentscheidung als maßgebend ansehen würde.

Wesentlich beteiligt im Sinn dieser Empfehlung sind Aktionäre, die direkt oder indirekt mehr als 10 % der stimmberechtigten Aktien der Gesellschaft halten.

5.4.2 Dem Aufsichtsrat soll eine nach seiner Einschätzung angemessene Anzahl unabhängiger Mitglieder angehören. Ein Aufsichtsratsmitglied ist im Sinn dieser Empfehlung insbesondere dann nicht als unabhängig anzusehen, wenn es in einer persönlichen oder einer geschäftlichen Beziehung zu der Gesellschaft, deren Organen, einem kontrollierenden Aktionär oder einem mit diesem verbundenen Unternehmen steht, die einen wesentlichen und nicht nur vorübergehenden Interessenkonflikt begründen kann. Dem Aufsichtsrat sollen nicht mehr als zwei ehemalige Mitglieder des Vorstands angehören. Aufsichtsratsmitglieder sollen keine Organfunktion oder Beratungsaufgaben bei wesentlichen Wettbewerbern des Unternehmens ausüben.

5.4.3 Wahlen zum Aufsichtsrat sollen als Einzelwahl durchgeführt werden. Ein Antrag auf gerichtliche Bestellung eines Aufsichtsratsmitglieds soll bis zur nächsten Hauptversammlung befristet sein. Kandidatenvorschläge für den Aufsichtsratsvorsitz sollen den Aktionären bekannt gegeben werden.

5.4.4 Vorstandsmitglieder dürfen vor Ablauf von zwei Jahren nach dem Ende ihrer Bestellung nicht Mitglied des Aufsichtsrats der Gesellschaft werden, es sei denn ihre Wahl erfolgt auf Vorschlag von Aktionären, die mehr als 25 % der Stimmrechte an der Gesellschaft halten. In letzterem Fall soll der Wechsel in den Aufsichtsratsvorsitz eine der Hauptversammlung zu begründende Ausnahme sein.

5.4.5 Jedes Aufsichtsratsmitglied achtet darauf, dass ihm für die Wahrnehmung seiner Mandate genügend Zeit zur Verfügung steht. Wer dem Vorstand einer börsennotierten Gesellschaft angehört, soll insgesamt nicht mehr als drei Aufsichtsratsmandate in konzernexternen börsennotierten Gesellschaften oder in Aufsichtsgremien von konzernexternen Gesellschaften wahrnehmen, die vergleichbare Anforderungen stellen.

Die Mitglieder des Aufsichtsrats nehmen die für ihre Aufgaben erforderlichen Aus- und Fortbildungsmaßnahmen eigenverantwortlich wahr. Dabei sollen sie von der Gesellschaft angemessen unterstützt werden.

5.4.6 Die Vergütung der Aufsichtsratsmitglieder wird durch Beschluss der Hauptversammlung oder in der Satzung festgelegt. Dabei sollen der Vorsitz und der stellvertretende Vorsitz im Aufsichtsrat sowie der Vorsitz und die Mitgliedschaft in den Ausschüssen berücksichtigt werden.

Die Mitglieder des Aufsichtsrats erhalten eine Vergütung, die in einem angemessenen Verhältnis zu ihren Aufgaben und der Lage der Gesellschaft steht. Wird den Aufsichtsratsmitgliedern eine erfolgsorientierte Vergütung zugesagt, soll sie auf eine nachhaltige Unternehmensentwicklung ausgerichtet sein.

Die Vergütung der Aufsichtsratsmitglieder soll im Anhang oder im Lagebericht individualisiert, aufgegliedert nach Bestandteilen ausgewiesen werden. Auch die vom Unternehmen an die Mitglieder des Aufsichtsrats gezahlten Vergütungen oder gewährten Vorteile für persönlich erbrachte Leistungen, insbesondere Beratungs- und Vermittlungsleistungen, sollen individualisiert angegeben werden.

5.4.7 Falls ein Mitglied des Aufsichtsrats in einem Geschäftsjahr an weniger als der Hälfte der Sitzungen des Aufsichtsrats teilgenommen hat, soll dies im Bericht des Aufsichtsrats vermerkt werden.

5.5 Interessenkonflikte

5.5.1 Jedes Mitglied des Aufsichtsrats ist dem Unternehmensinteresse verpflichtet. Es darf bei seinen Entscheidungen weder persönliche Interessen verfolgen noch Geschäftschancen, die dem Unternehmen zustehen, für sich nutzen.

5.5.2 Jedes Aufsichtsratsmitglied soll Interessenkonflikte, insbesondere solche, die aufgrund einer Beratung oder Organfunktion bei Kunden, Lieferanten, Kreditgebern oder sonstigen Dritten entstehen können, dem Aufsichtsrat gegenüber offenlegen.

5.5.3 Der Aufsichtsrat soll in seinem Bericht an die Hauptversammlung über aufgetretene Interessenkonflikte und deren Behandlung informieren. Wesentliche und nicht nur vorübergehende Interessenkonflikte in der Person eines Aufsichtsratsmitglieds sollen zur Beendigung des Mandats führen.

5.5.4 Berater- und sonstige Dienstleistungs- und Werkverträge eines Aufsichtsratsmitglieds mit der Gesellschaft bedürfen der Zustimmung des Aufsichtsrats.

5.6 Effizienzprüfung

Der Aufsichtsrat soll regelmäßig die Effizienz seiner Tätigkeit überprüfen.

6 Transparenz

6.1 Die Gesellschaft wird die Aktionäre bei Informationen gleich behandeln. Sie soll ihnen unverzüglich sämtliche neuen Tatsachen, die Finanzanalysten und vergleichbaren Adressaten mitgeteilt worden sind, zur Verfügung stellen.

6.2 Informationen, die die Gesellschaft im Ausland aufgrund der jeweiligen kapitalmarktrechtlichen Vorschriften veröffentlicht, sollen auch im Inland unverzüglich bekannt gegeben werden.

6.3 Über die gesetzliche Pflicht zur unverzüglichen Mitteilung und Veröffentlichung von Geschäften in Aktien der Gesellschaft hinaus, soll der Besitz von Aktien der Gesellschaft oder sich darauf beziehender Finanzinstrumente, von Vorstands- und Aufsichtsratsmitgliedern angegeben werden, wenn er direkt oder indirekt größer als 1 % der von der Gesellschaft ausgegebenen Aktien ist. Übersteigt der Gesamtbesitz aller Vorstands- und Aufsichtsratsmitglieder 1 % der von der Gesellschaft ausgegebenen Aktien, soll der Gesamtbesitz getrennt nach Vorstand und Aufsichtsrat angegeben werden.

6.4 Im Rahmen der laufenden Öffentlichkeitsarbeit sollen die Termine der wesentlichen wiederkehrenden Veröffentlichungen (u. a. Geschäftsbericht, Zwischenfinanzberichte) und der Termin der Hauptversammlung in einem „Finanzkalender" mit ausreichendem Zeitvorlauf publiziert werden.

7 Rechnungslegung und Abschlussprüfung

7.1 Rechnungslegung

7.1.1 Anteilseigner und Dritte werden vor allem durch den Konzernabschluss und den Konzernlagebericht informiert. Während des Geschäftsjahres werden sie zusätzlich durch den Halbjahresfinanzbericht sowie im ersten und zweiten Halbjahr durch Zwischenmitteilungen oder Quartalsfinanzberichte unterrichtet. Der Konzernabschluss und der verkürzte Konzernabschluss des Halbjahresfinanzberichts und des Quartalsfinanzberichts werden unter Beachtung der einschlägigen internationalen Rechnungslegungsgrundsätze aufgestellt.

7.1.2 Der Konzernabschluss wird vom Vorstand aufgestellt und vom Abschlussprüfer sowie vom Aufsichtsrat geprüft. Halbjahres- und etwaige Quartalsfinanzberichte sollen vom Aufsichtsrat oder seinem Prüfungsausschuss vor der Veröffentlichung mit dem Vorstand erörtert werden. Zusätzlich sind die Prüfstelle für Rechnungslegung bzw. die Bundesanstalt für Finanzdienstleistungsaufsicht befugt, die Übereinstimmung des Konzernabschlusses mit den maßgeblichen Rechnungslegungsvorschriften zu überprüfen (Enforcement). Der Konzernabschluss soll binnen 90 Tagen nach Geschäftsjahresende, die Zwischenberichte sollen binnen 45 Tagen nach Ende des Berichtszeitraums, öffentlich zugänglich sein.

7.1.3 Der Corporate Governance Bericht soll konkrete Angaben über Aktienoptionsprogramme und ähnliche wertpapierorientierte Anreizsysteme der Gesellschaft enthalten, soweit diese Angaben nicht bereits im Jahresabschluss, Konzernabschluss oder Vergütungsbericht gemacht werden.

7.1.4 Die Gesellschaft soll eine Liste von Drittunternehmen veröffentlichen, an denen sie eine Beteiligung von für das Unternehmen nicht untergeordneter Bedeutung hält. Handelsbestände von Kredit- und Finanzdienstleistungsinstituten, aus denen keine

Stimmrechte ausgeübt werden, bleiben hierbei unberücksichtigt. Es sollen angegeben werden: Name und Sitz der Gesellschaft, Höhe des Anteils, Höhe des Eigenkapitals und Ergebnis des letzten Geschäftsjahres.

7.1.5 Im Konzernabschluss sollen Beziehungen zu Aktionären erläutert werden, die im Sinn der anwendbaren Rechnungslegungsvorschriften als nahe stehende Personen zu qualifizieren sind.

7.2 Abschlussprüfung

7.2.1 Vor Unterbreitung des Wahlvorschlags soll der Aufsichtsrat bzw. der Prüfungsausschuss eine Erklärung des vorgesehenen Prüfers einholen, ob und gegebenenfalls welche geschäftlichen, finanziellen, persönlichen oder sonstigen Beziehungen zwischen dem Prüfer und seinen Organen und Prüfungsleitern einerseits und dem Unternehmen und seinen Organmitgliedern andererseits bestehen, die Zweifel an seiner Unabhängigkeit begründen können. Die Erklärung soll sich auch darauf erstrecken, in welchem Umfang im vorausgegangenen Geschäftsjahr andere Leistungen für das Unternehmen, insbesondere auf dem Beratungssektor, erbracht wurden bzw. für das folgende Jahr vertraglich vereinbart sind.

Der Aufsichtsrat soll mit dem Abschlussprüfer vereinbaren, dass der Vorsitzende des Aufsichtsrats bzw. des Prüfungsausschusses über während der Prüfung auftretende mögliche Ausschluss- oder Befangenheitsgründe unverzüglich unterrichtet wird, soweit diese nicht unverzüglich beseitigt werden.

7.2.2 Der Aufsichtsrat erteilt dem Abschlussprüfer den Prüfungsauftrag und trifft mit ihm die Honorarvereinbarung.

7.2.3 Der Aufsichtsrat soll vereinbaren, dass der Abschlussprüfer über alle für die Aufgaben des Aufsichtsrats wesentlichen Feststellungen und Vorkommnisse unverzüglich berichtet, die sich bei der Durchführung der Abschlussprüfung ergeben.

Der Aufsichtsrat soll vereinbaren, dass der Abschlussprüfer ihn informiert bzw. im Prüfungsbericht vermerkt, wenn er bei Durchführung der Abschlussprüfung Tatsachen feststellt, die eine Unrichtigkeit der von Vorstand und Aufsichtsrat abgegebenen Erklärung zum Kodex ergeben.

7.2.4 Der Abschlussprüfer nimmt an den Beratungen des Aufsichtsrats über den Jahres- und Konzernabschluss teil und berichtet über die wesentlichen Ergebnisse seiner Prüfung.

Anlage

Mustertabelle 1 zu Nummer 4.2.5 Absatz 3 (1. Spiegelstrich)
Wert der gewährten Zuwendungen für das Berichtsjahr
Diese Tabelle bildet den Wert der für das Berichtsjahr gewährten Zuwendungen ab. Sie ist des Weiteren ergänzt um die Werte, die im Minimum bzw. im Maximum erreicht werden können.

Im Rahmen der einjährigen variablen Vergütung wird im Gegensatz zur Betrachtung des Auszahlungsbetrags (Tabelle 2) der Zielwert (d. h. der Wert bei einer Zielerreichung von 100%), der für das Berichtsjahr gewährt wird, angegeben. Sofern systemseitig kein Zielwert vorhanden ist, z. B. im Rahmen einer direkten Gewinnbeteiligung, wird ein vergleichbarer Wert eines „mittleren Wahrscheinlichkeitsszenarios" angegeben.

Außerdem werden die im Berichtsjahr gewährten mehrjährigen variablen Vergütungen nach verschiedenen Plänen und unter Nennung der jeweiligen Laufzeiten aufgeschlüsselt. Für Bezugsrechte und sonstige aktienbasierte Vergütungen wird der beizulegende Zeitwert zum Zeitpunkt der Gewährung wie bisher berechnet und berichtet. Sofern es sich bei den mehrjährigen variablen Bestandteilen um nichtaktienbasierte Bezüge handelt, ist zum Zeitpunkt der Zusage (sofern vorhanden) der Zielwert bzw. ein vergleichbarer Wert eines „mittleren Wahrscheinlichkeitsszenarios" anzugeben. Bei Plänen, die nicht jährlich, sondern in einem regelmäßigen mehrjährigen Rhythmus gewährt werden, ist ein ratierlicher Wert auf Jahresbasis zu ermitteln und anzugeben.

Für Zusagen für Pensionen und sonstige Versorgungsleistungen wird der Versorgungsaufwand, d. h. Dienstzeitaufwand nach IAS 19 (rev. 2011) (im Folgenden: IAS 19R) dargestellt. Dieser wird als Bestandteil der Gesamtvergütung mit aufgenommen, auch wenn es sich dabei nicht um eine neu gewährte Zuwendung im engeren Sinne handelt, sondern eine Entscheidung des Aufsichtsrats in der Vergangenheit weiterwirkt.

Die Angaben der Tabelle ersetzen nicht andere verpflichtende Angaben im Vergütungsbericht und Anhang.

		I	II	III	IV			
a	Gewährte Zuwendungen	Name				Name			
b		Funktion				Funktion			
c		Datum Ein-/Austritt				Datum Ein-/Austritt			
d		n-1	n	n (Min)	n (Max)	n-1	n	n (Min)	n (Max)
1	Festvergütung								
2	Nebenleistungen								
3	Summe								
4	Einjährige variable Vergütung								
5	Mehrjährige variable Vergütung								
5a	Planbezeichnung (Planlaufzeit)								
...	Planbezeichnung (Planlaufzeit)								
6	Summe								
7	Versorgungsaufwand								
8	Gesamtvergütung								

Erläuterungen:

- a Name des Vorstandsmitglieds
- b Funktion des Vorstandsmitglieds, z. B. Vorstandsvorsitzender, Finanzvorstand
- c Datum des Ein-/Austritts des Vorstandsmitglieds, sofern im betrachteten Geschäftsjahr n (Berichtsjahr) bzw. n-1
- d Betrachtetes Geschäftsjahr n (Berichtsjahr) bzw. n-1
- I Gewährte Zuwendungen im Geschäftsjahr n-1
- II Gewährte Zuwendungen im Geschäftsjahr n (Berichtsjahr)
- III Erreichbarer Minimalwert des jeweiligen im Geschäftsjahr n (Berichtsjahr) gewährten Vergütungsbestandteils, z. B. Null
- IV Erreichbarer Maximalwert des jeweiligen im Geschäftsjahr n (Berichtsjahr) gewährten Vergütungsbestandteils
- 1 Fixe Vergütungsbestandteile, z. B. Fixgehalt, feste jährliche Einmalzahlungen (Beträge entsprechen Beträgen der Tabelle „Zufluss"); Werte in Spalten II, III und IV sind identisch
- 2 Fixe Vergütungsbestandteile, z. B. Sachbezüge und Nebenleistungen (Beträge entsprechen Beträgen der Tabelle „Zufluss"); Werte in Spalten II, III und IV sind identisch
- 3 Summe der fixen Vergütungsbestandteile (1+2) (Beträge entsprechen Beträgen der Tabelle „Zufluss"); Werte in Spalten II, III und IV sind identisch
- 4 Einjährige variable Vergütung, z. B. Bonus, Tantieme, Short-Term Incentive (STI), Gewinnbeteiligung
- 5 Mehrjährige variable Vergütung (Summe der Zeilen 5a-...), z. B. Mehrjahresbonus, aufzuschiebende Anteile aus einjähriger variabler Vergütung (Deferral), Long-Term Incentive (LTI), Bezugsrechte, sonstige aktienbasierte Vergütungen
- 5a-... Mehrjährige variable Vergütung, Aufschlüsselung nach Plänen unter Nennung der Laufzeit
- 6 Summe der fixen und variablen Vergütungsbestandteile (1+2+4+5)
- 7 Dienstzeitaufwand gemäß IAS 19R aus Zusagen für Pensionen und sonstige Versorgungsleistungen (Beträge entsprechen Beträgen der Tabelle „Zufluss"); Werte in Spalten II, III und IV sind identisch
- 8 Summe der fixen und variablen Vergütungsbestandteile sowie Versorgungsaufwand (1+2+4+5+7)

Mustertabelle 2 zu Nummer 4.2.5 Absatz 3 (2. Spiegelstrich)

Zufluss im bzw. für das Berichtsjahr

Diese Tabelle enthält für die Festvergütung sowie die Nebenleistungen dieselben Werte wie die Tabelle 1, die den Wert der gewährten Zuwendungen für das Berichtsjahr abbildet. Wie bisher wird für die Festvergütung sowie die einjährige variable Vergütung der Zufluss für das Berichtsjahr (Auszahlungsbetrag) angegeben.

Die Tabelle gibt außerdem den tatsächlich erfolgten Zufluss im Berichtsjahr, d. h. die Auszahlungen aus mehrjährigen variablen Vergütungen wieder. Die Beträge werden nach unterschiedlichen Plänen bzw. Laufzeiten getrennt aufgeschlüsselt. Für Bezugsrechte und sonstige aktienbasierte Vergütungen, die in echten Aktien begeben worden sind, gilt als Zeitpunkt des Zuflusses und Zufluss-Betrag der nach deutschem Steuerrecht maßgebliche Zeitpunkt und Wert.

Bonus-/Malus-Regelungen sind sowohl in der einjährigen als auch der mehrjährigen variablen Vergütung im Auszahlungsbetrag zu berücksichtigen.

Vergütungsrückforderungen (Claw backs) werden unter Bezugnahme auf frühere Auszahlungen in der Zeile „Sonstiges" mit einem Negativbetrag berücksichtigt und müssen gesondert im Vergütungsbericht erläutert werden, insbesondere wenn bereits ausgeschiedene Vorstände betroffen sind.

Für Zusagen für Pensionen und sonstige Versorgungsleistungen wird wie in der Tabelle 1 der Versorgungsaufwand, d. h. Dienstzeitaufwand nach IAS 19R dargestellt. Dieser stellt keinen Zufluss im engeren Sinne dar, er wird aber zur Verdeutlichung der Gesamtvergütung mit aufgenommen.

Die Angaben der Tabelle ersetzen nicht andere verpflichtende Angaben im Vergütungsbericht und Anhang.

a	Zufluss	Name		Name		Name		Name	
b		Funktion		Funktion		Funktion		Funktion	
c		Datum Ein-/ Austritt		Datum Ein-/ Austritt		Datum Ein-/ Austritt		Datum Ein-/ Austritt	
d		n	n-1	n	n-1	n	n-1	n	n-1
1	Festvergütung								
2	Nebenleistungen								
3	Summe								
4	Einjährige variable Vergütung								
5	Mehrjährige variable Vergütung								
5a	Planbezeichnung (Planlaufzeit)								
...	Planbezeichnung (Planlaufzeit)								
6	Sonstiges								
7	Summe								
8	Versorgungsaufwand								
9	Gesamtvergütung								

Anh § 161/DCGK

Erläuterungen:

a Name des Vorstandsmitglieds

b Funktion des Vorstandsmitglieds, z. B. Vorstandsvorsitzender, Finanzvorstand

c Datum des Ein-/Austritts des Vorstandsmitglieds, sofern im betrachteten Geschäftsjahr n (Berichtsjahr) bzw. n-1

d Betrachtetes Geschäftsjahr n (Berichtsjahr) bzw. n-1

1 Fixe Vergütungsbestandteile, z. B. Fixgehalt, feste jährliche Einmalzahlungen (Beträge entsprechen Beträgen der Tabelle „Gewährte Zuwendungen")

2 Fixe Vergütungsbestandteile, z. B. Sachbezüge und Nebenleistungen (Beträge entsprechen Beträgen der Tabelle „Gewährte Zuwendungen")

3 Summe der fixen Vergütungsbestandteile (1+2) (Beträge entsprechen Beträgen der Tabelle „Gewährte Zuwendungen")

4 Einjährige variable Vergütung, z. B. Bonus, Tantieme, Short-Term Incentive (STI), Gewinnbeteiligung

5 Mehrjährige variable Vergütung (Summe der Zeilen 5a-...), z. B. Mehrjahresbonus, aufgeschobene Anteile aus einjähriger variabler Vergütung (Deferral), Long-Term Incentive (LTI), Bezugsrechte, sonstige aktienbasierte Vergütungen

5a-... Mehrjährige variable Vergütung, Aufschlüsselung nach Plänen unter Nennung der Laufzeit

6 Sonstiges, z. B. Vergütungsrückforderungen (Claw backs), die unter Bezugnahme auf frühere Auszahlungen mit einem Negativbetrag berücksichtigt werden

7 Summe der fixen und variablen Vergütungsbestandteile (1+2+4+5+6)

8 Dienstzeitaufwand gemäß IAS 19R aus Zusagen für Pensionen und sonstige Versorgungsleistungen (Beträge entsprechen Beträgen der Tabelle „Gewährte Zuwendungen"), hierbei handelt es sich nicht um einen Zufluss im Geschäftsjahr

9 Summe der fixen, variablen und sonstigen Vergütungsbestandteile sowie Versorgungsaufwand (1+2+4+5+6+8)

Übersicht

	Rn
I. Struktur	1
II. Kommentierung der Empfehlungen	2

I. Struktur

Der Kodex enthält **Empfehlungen**, die mit dem Wort „soll" gekennzeichnet sind und **1** befolgt werden können, bezüglich derer aber eine Offenlegung (vgl § 161 Rn 11 ff) erfolgen muss. Ferner sind **Anregungen** enthalten, die durch Verwendung des Wortes „sollte" gekennzeichnet sind und in ihrer Befolgung in das Ermessen der Gesellschaft bzw ihrer Organe gestellt werden; Anregungen sind nicht offenlegungspflichtig sind. Bei den übrigen Aussagen des DCGK handelt es sich um Aussagen zum **Gesetzesrecht**, die jedoch rein informatorischen Charakter haben. Siehe zu dieser Einteilung auch die **Präambel** des DCGK.

II. Kommentierung der Empfehlungen

Für die in **Ziff 2.3.2 S 1 DCGK** vorgesehene Erleichterung der **persönlichen Wahrneh- 2 mung** der Aktionärsrechte genügt es, dass eine **spürbare Erleichterung** bei der Rechtsausübung des Aktionärs bewirkt wird, die über das gesetzlich geforderte Mindestmaß hinausgeht (Wilsing/*Goslar* 2.3.3 Rn 5). Die Auswahl der konkreten Maßnahme steht im Ermessen der Gesellschaft. Beurteilt wird anhand einer Gesamtbetrachtung (*Ringleb/Kremer/Lutter/von Werder* Rn 315). Das Gesagte gilt ebenso für den Unterfall der **Erleichterung der Stimmrechtsvertretung**.

Ziff 2.3.2 S 2 DCGK empfiehlt, dass ein Vertreter für die weisungsgebundene Stimm- **3** rechtsausübung iSd § 134 Abs 3 S 5 AktG durch die Gesellschaft bestellt wird (sog „**proxy voting**", näher § 134 Rn 22 f).

Ziff 3.4 Abs 3 S 1 DCGK spricht die Empfehlung aus, eine sog **Informationsordnung 4** einzuführen, die die Informations- und Berichtspflichten des Vorstandes konkretisiert. Dabei sollten sich die Regelungen innerhalb des von § 90 AktG gezogenen Rahmens bewegen (Wilsing/*Johannsen-Roth* 3.4 Rn 25). Zur Umsetzung empfiehlt es sich, die Informationsordnung in die Geschäftsordnung des Vorstandes zu integrieren (näher *Johannsen-Roth* aaO 3.4 Rn 24).

Ziff 3.6 Abs 2 DCGK enthält die Empfehlung, dass die Sitzung des AR bei Bedarf **5** ohne den Vorstand erfolgen soll. Wann der Bedarf besteht, ohne den Vorstand zu tagen, entscheidet der AR nach eigenem Ermessen (*Ringleb/Kremer/Lutter/von Werder* NZG 2012, 1081, 1083). Ein Bedarf kann entweder einmalig oder dauerhaft bestehen (*Ringleb/Kremer/Lutter/von Werder* aaO); er wird va dann anzunehmen sein, wenn die Arbeit des AR durch die Anwesenheit des Vorstandes oder einzelner Vorstandsmitglieder beeinträchtigt würde, zB bei der Besprechung von Vorstandsangelegenheiten, wie dessen Haftung oder personelle Besetzung, in einer Übernahmesituation oder bei der Erörterung des Jahresabschlusses (Wilsing/*Johannsen-Roth* 3.6 Rn 20).

6   **Ziff 3.8 Abs 3 DCGK** empfiehlt, auch bei D&O Versicherungen des AR einen angemessenen Selbstbehalt zu vereinbaren. Durch die Bezugnahme auf die Bestimmung zum Selbstbehalt des Vorstandes („entsprechender Selbstbehalt") wird eine **strukturelle Gleichbehandlung** mit den Regelungen des Vorstandes angestrebt, so dass man sich an der in Ziff 3.8 Abs 2 DCGK genannten Höhe des Selbstbehaltes von mindestens 10 % des Schadens und einer Deckelung nicht unter dem Eineinhalbfachen des jährlichen Festgehaltes des AR-Mitgliedes orientieren sollte (Wilsing/*Johannsen-Roth* 3.8 Rn. 57; *Ringleb/Kremer/Lutter/von Werder* Rn 522 ff).

7   **Ziff 3.10 S 1 DCGK** enthält die Empfehlung, einen **Corporate Governance Bericht** im Zusammenhang mit der Erklärung zur Unternehmensführung (§ 289a HGB) zu veröffentlichen. Weil keine konkreten inhaltlichen Anforderungen des Berichtes genannt werden, steht es im pflichtgemäßen Ermessen von Vorstand und AR, dem Ziel einer Transparenz der Corporate Governance Rechnung zu tragen (Wilsing/*Johannsen-Roth* 3.10 Rn 8). Die Angaben der **Ziff 5.4.1 Abs 3 S 2** (Rn 47), **Ziff 6.3. S 2** (Rn 70) **und Ziff 7.1.3 DCGK** (Rn 74) sollten jedenfalls mit aufgenommen werden, da dort ausdrücklich die Angabe im Corporate Governance Bericht empfohlen wird. Bezugspunkt der Corporate Governance dürfte ein **konzernweiter Maßstab** sein (Präambel Abs 11), da mit der Streichung des Wortes „Unternehmen" im Zuge der Novellierung in 2012 insoweit offenbar keine Änderung beabsichtigt war (vgl *Ringleb/Kremer/Lutter/von Werder* NZG 2012, 1081, 1084; aA tendenziell *Bredol/Schäfer* NZG 2013, 568, 571). Dass die **Veröffentlichung im Zusammenhang** mit der Erklärung zur Unternehmensführung erfolgen soll, erfordert zB einen zeitlichen oder inhaltlich-strukturellen Zusammenhang zwischen der Erklärung zur Unternehmensführung und dem Corporate Governance Bericht (*Ringleb/Kremer/Lutter/von Werder* aaO). Ein zeitlicher Zusammenhang (sog **Separationslösung**) ist gegeben, wenn beide Dokumente innerhalb eines überschaubaren Zeitfensters veröffentlicht werden und wechselseitig Bezug auf Zeitpunkt und Ort der Veröffentlichung des anderen Dokumentes nehmen; ein inhaltlich-struktureller Zusammenhang (sog **Integrationslösung**) wird hergestellt, wenn die Erklärung zur Unternehmensführung und der Corporate Governance Bericht ein einheitliches Dokument bilden (*Ringleb/Kremer/Lutter/von Werder* aaO).

8   **Ziff 3.10 S 3 DCGK** bezieht sich auf nicht mehr aktuelle Entsprechenserklärungen zum Kodex iSd § 161 AktG, die noch weitere **5 Jahre** auf der Internetseite der Gesellschaft zugänglich gehalten werden sollen. Dafür müssen die Entsprechenserklärungen in einen **frei zugänglichen Bereich** der Homepage der Gesellschaft eingestellt werden und hinreichend **deutlich auf sie hingewiesen** werden. Lediglich kurze Störungen der Erreichbarkeit (zB aufgrund technischer Arbeiten) oder Überschreitungen der zeitlichen Verfügbarkeit führen nicht zum Verstoß gegen die Empfehlung. Der **Zeitraum** hat wenigstens 5 Jahre gerechnet ab dem Zeitpunkt zu betragen, ab dem die jeweilige Entsprechenserklärung durch eine neue Erklärung ersetzt wurde oder hätte ersetzt werden müssen.

9   Nach **Ziff 4.1.5 DCGK** soll der Vorstand bei der Besetzung von Führungsfunktionen auf Vielfalt (Diversity) achten, insb im Hinblick auf eine angemessene Berücksichtigung von Frauen. Positionen mit **Führungsfunktion** sind dabei jedenfalls solche, die in der Hierarchieebene unmittelbar unter dem Vorstand angesiedelt sind (Wilsing/*Gos-*

lar 4.15 Rn 3). Darüber hinaus sind aufgrund des weit gefassten Wortlautes nach den Gegebenheiten des jeweiligen Unternehmens grundsätzlich alle weiteren Ebenen betroffen, sofern die konkrete Position wesentliche Elemente der Unternehmensführung involviert (*Ringleb/Kremer/Lutter/Werder* NZG 2010, 1161, 1163). Unternehmen meint eine **konzernweite Erstreckung** iSd § 18 AktG (vgl Präambel) und erfasst somit zB auch Vorstandsposten und Geschäftsführerstellen konzernangehöriger, nicht börsennotierter Gesellschaften (*Goslar* aaO Rn 4; vgl auch *Ringleb/ Kremer/Lutter/Werder* aaO). Maßgeblich ist die Beachtung der Vielfalt allein bei der **Entscheidung über die Besetzung** der betroffenen Posten, nicht aber bei sonstigen Maßnahmen, die nicht unmittelbar damit zusammenhängen. Als **Diversity-Merkmale** sind **Internationalität** sowie, wie sich aus der Hervorhebung in HS 2 ergibt, das **Geschlecht** anerkannt (*Ringleb/Kremer/Lutter/Werder* aaO; *Kocher* BB 2010, 264; *Goslar* aaO Rn 7); die Ausweitung auf weitere Merkmale (etwa in Anlehnung an Art 3 Abs 3 GG oder § 1 AGG) wird überwiegend zu Recht abgelehnt (*Kocher* aaO). **Beachtet** werden Diversity-Merkmale, wenn sie in die Auswahlentscheidung mit einfließen; eine bestimmte höhere Gewichtung dieser Merkmale gegenüber anderen Auswahlkriterien oder gar ein bestimmter Erfolg ist nicht erforderlich. Innerhalb der Diversity-Merkmale ist die angemessene Berücksichtigung von Frauen aufgrund der im Wortlaut angelegten herausgehobenen Stellung vorrangig zu beachten (*Goslar* aaO Rn 10). Eine **Dokumentation** ist zwar nicht Gegenstand der Empfehlung, als Beleg für die erfolgte Berücksichtigung von Diversity-Merkmalen jedoch ratsam (*Goslar* aaO Rn 12).

Ziff 4.2.1 S 1 DCGK empfiehlt unabhängig von der Größe der AG (vgl § 76 Abs 2 AktG) die Besetzung des Vorstandes mit **mindestens zwei Personen**. Eine Abweichung von dieser Empfehlung liegt auch dann vor, wenn kraft satzungsmäßiger Regelung (§ 76 Abs 2 S 2 HS 2 AktG) der Einpersonenvorstand vorgeschrieben ist (Wilsing/*Goslar* 4.2.1 Rn 8). Darüber hinaus soll ein **Vorstandsvorsitzender oder** ein **Vorstandssprecher** existieren. Der Vorstandsvorsitzende wird vom AR ernannt (§ 84 Abs 2 AktG), die Ernennung als Vorstandssprecher erfolgt als Geschäftsführungsmaßnahme des Vorstandes gem § 77 Abs 2 AktG. 10

Die in **Ziff 4.2.1 S 2 DCGK** angesprochene Erstellung einer **Geschäftsordnung** für den Vorstand ist vor dem Hintergrund des § 77 Abs 2 AktG zu sehen und richtet sich an AR und Vorstand entsprechend dem dort angegebenen Konkurrenzverhältnis. Inhaltlich soll die Geschäftsordnung die dem **Gesamtvorstand** vorbehaltenen Angelegenheiten regeln, was mit Hilfe eines Kataloges erfolgen kann; zusätzlich sollten die allgemeinen Kriterien angegeben werden, wonach sich beurteilt, ob eine Maßnahme in den Entscheidungsbereich des Gesamtvorstands fällt (Wilsing/*Goslar* 4.2.1 Rn 8). Ferner sollten die **Ressortzuständigkeiten** der einzelnen Vorstandsmitglieder, erforderliche **Beschlussmehrheiten** bei Vorstandsbeschlüssen sowie weitere Regelungen zur Arbeit des Vorstandes aufgenommen werden, wie zB der Ablauf von Sitzungen, der Informationsfluss innerhalb des Vorstandes oder die Zusammenarbeit mit dem AR (*Goslar* aaO Rn 30). 11

Die Empfehlung des **Ziff 4.2.2 Abs 2 S 3 DCGK** gibt dem AR bei der Bemessung der Vorstandsvergütung auf, das Verhältnis zur Vergütung der oberen Führungsebene sowie der relevanten Belegschaft zu berücksichtigen. Eine **Berücksichtigung** setzt das 12

Einfließen dieses Verhältnisses bei der Festlegung der Vergütung voraus (*Wilsing/von der Linden* DStR 2013, 1291, 1293). Gegenstand der Beurteilung kann insbesondere die ausdrücklich hervorgehobene Entwicklung der verglichenen Vergütungsgruppen in einem bestimmten Zeitfenster sein, zB ein bestimmtes maximales Vielfaches gegenüber dem jeweiligen Basiswert der Referenzgruppen; bei der Festlegung des angemessenen Abstands besteht ein weiter Spielraum. Die **Festlegung der Referenzgruppen** obere Führungsebene und relevante Belegschaft erfolgt durch den AR. Nach dem Wortlaut der Empfehlung („relevante Belegschaft") dürfte auch eine auf einen bestimmten Ausschnitt der Belegschaft beschränkte Betrachtung zulässig sein (zB nur die deutsche Belegschaft).

13 Unter den in **Ziff 4.2.2 Abs 3 DCGK** angesprochenen **externen Vergütungsexperten** sind nur diejenigen Berater zu verstehen, die **Gestaltungsvorschläge** zur Struktur des Vergütungssystems oder im Hinblick auf die Angemessenheit der Bezüge machen. Nicht erfasst werden hiervon Berater, die lediglich eine rechtliche Beurteilung der Struktur eines bestehenden Vergütungssystems bezüglich der Vereinbarkeit mit den gesetzlichen Anforderungen bzw denen des DCGK abgeben (Wilsing/*Goslar* 4.2.2 Rn 29). Die **Unabhängigkeit** des Vergütungsexperten soll eine objektive Beratung sicherstellen, weshalb persönliche oder wirtschaftliche Verflechtungen der konkreten Person des Vergütungsexperten zum Vorstand die Unabhängigkeit ausschließen (*Goslar* aaO Rn 32 ff.; *Weber-Rey/Buckel* NZG 2010, 761, 763 ff).

14 **Ziff 4.2.3 Abs 2 S 2 DCGK** empfiehlt, dass die monetären Vergütungsteile des Vorstandes **fixe und variable Elemente** enthalten sollen. Mit dem fixen Anteil wird eine Grundsicherung angestrebt, mit dem variablen Vergütungsteil ein erfolgsbezogener Vergütungsbestandteil.

15 Gem **Ziff 4.2.3 Abs 2 S 4 DCGK** sollen die variablen Vergütungsteile des Vorstandes **positive und negative** Entwicklungen abbilden, was bedeutet, dass sich Veränderungen des aus der variablen Komponente resultierenden Vergütungsbetrages nach oben und nach unten in Abhängigkeit von der Entwicklung des Unternehmens ergeben müssen (*Ringleb/Kremer/Lutter/von Werder* Rn 725c).

16 Durch Ziff 4.2.3 Abs 2 S 6 DCGK wird empfohlen, sowohl für die Vergütung insgesamt als auch für die variablen Vergütungsteile betragsmäßige Höchstgrenzen aufzustellen. **Vergütung insgesamt** meint die Gesamtvergütung iSd Ziff 4.2.3 Abs 1 DCGK. Für einzelne variable Vergütungsteile ist jeweils eine gesonderte Höchstgrenze anzugeben. Sind die variablen Vergütungsteile aktienbezogen, bezieht sich nach richtiger Ansicht die festzulegende Höchstgrenze auf den Zeitpunkt der Zuteilung der Umtausch- oder Bezugsrechte und nicht (zusätzlich) auf den Ausübungszeitpunkt (*Wilsing/von der Linden* DStR 2013, 1291, 1293).

17 **Ziff 4.2.3 Abs 2 S 7 DCGK** bezieht sich auf die Ausgestaltung der variablen Vergütungsteile und empfiehlt, dass sich diese auf anspruchsvolle, relevante Vergleichsparameter beziehen sollen. Als geeignet ist in diesem Zusammenhang die **relative oder absolute Bezugnahme** auf eine Vielzahl von **Parametern** denkbar, wie die prozentuale Steigerung bestimmter Kennwerte (zB Steigerung des EBITDA um X %), die Bezugnahme auf den Aktienkurs oder sonstige Bilanzkennziffern (Wilsing/*Goslar* 4.2.3 Rn 16).

Ziff 4.2.3 Abs 2 S 8 DCGK empfiehlt, nachträgliche Änderungen der Erfolgsziele 18
oder der Vergleichsparameter („**Repricing**") auszuschließen. Dieser Empfehlung ist
dadurch Rechnung zu tragen, dass auf **Regelungen im Anstellungsvertrag** verzichtet
wird, die ein solches Repricing vorsehen.

Ziff 4.2.3 Abs 3 DCGK beinhaltet die Empfehlung an den AR, für Versorgungszusa- 19
gen das geplante Versorgungsniveau festzulegen. Da die **Dauer der Vorstandszugehörigkeit** im Vorhinein nicht exakt bestimmbar ist, muss ein prognostizierter Wert zugrunde gelegt werden. Zudem soll auch der **jährliche und der langfristige Aufwand** berücksichtigt werden, also nachvollziehbar in die Entscheidung über die Höhe des Versorgungsniveaus eingeflossen sein. Werden Versorgungszusagen aufgrund des gebräuchlichen sog „defined contribution"-Modells gewährt, kann das festzulegende Versorgungsniveau - an sich systemfremd - unter Hochrechnung zB eines konstanten jährlichen Beitrages auf die prognostizierte Mandatsdauer ermittelt werden (*DAV-Handelsrechtsausschuss* NZG 2013, 419, 420).

Auch **Ziff 4.2.3 Abs 4 S 1 DCGK** bezieht sich auf Vereinbarungen im Anstellungsver- 20
trag des Vorstandes zur **Abfindungshöhe bei vorzeitigem Ausscheiden**. Aus Ziff 4.2.3 Abs 4 S 2 DCGK ergibt sich, dass die maximale Abfindungshöhe in S 1 allein für die Fälle geregelt wird, in denen die Beendigung nicht aus einem von dem Vorstandsmitglied zu vertretenden wichtigen Grund erfolgt ist; insofern ist durch die Neufassung der Empfehlung in 2012 keine sachliche Änderung eingetreten (*Hecker/Peters* BB 2012, 2639, 2642). **Kumulativ** ist die Abfindungshöhe auf maximal zwei Jahresvergütungen zu begrenzen (**Abfindungs-Cap**) und darf zugleich keinen höheren Betrag ergeben als die vertraglich geschuldete **Vergütungssumme der gesamten Restlaufzeit** des Vertrages. Die Berechnungsgrundlage des Abfindungs-Caps ergibt sich aus der Empfehlung des Ziff 4.2.3 Abs 4 S 3 DCGK (Rn 21).

Ziff 4.2.3 Abs 4 S 3 DCGK beinhaltet die Empfehlung, als Berechnungsgrundlage für 21
den Abfindungs-Cap auf die Gesamtvergütung des abgelaufenen und ggf auch auf die Gesamtvergütung des laufenden Jahres abzustellen. Zur Erfüllung der Empfehlung ist auf die im **abgelaufenen Jahr** gewährte Gesamtvergütung iSd Ziff 4.2.3 Abs 1 DCGK abzustellen. Ob in der konkreten Situation auch auf die Gesamtvergütung des **laufenden Jahres** abgestellt werden soll, steht aufgrund der Formulierung („gegebenenfalls") im Ermessen des AR (Wilsing/*Goslar* 4.2.3 Rn 23).

Ziff 4.2.3 Abs 5 DCGK enthält als Begrenzung für Leistungen, die aus Anlass der vor- 22
zeitigen Beendigung der Vorstandstätigkeit in Folge eines Kontrollwechsels gewährt werden, die Empfehlung, dass 150 % des Abfindungs-Caps (Rn 20) dabei nicht überschritten werden sollen. Im Ergebnis liegt somit die Grenze bei **drei jährlichen Gesamtvergütungen**. Keine Anwendung findet ausweislich des Wortlautes die zusätzliche Begrenzung des Ziff 4.2.3 Abs 4 S 1 DCGK auf die Vergütung der Restlaufzeit.

Ziff 4.2.3 Abs 6 DCGK dient der Transparenz gegenüber der HV und erfordert die 23
einmalige Information über die **Grundzüge** des Vergütungssystems. Werden **Änderungen an den Grundzügen** des Vergütungssystems vorgenommen, ist lediglich in Bezug auf diese Veränderungen eine Information erforderlich (*Hecker/Peters* BB 2012, 2639, 2642; *Ringleb/Kremer/Lutter/von Werder* NZG 2012, 1081, 1085).

Ziff 4.2.5 Abs 1 S 3 DCGK empfiehlt eine **allgemein verständliche** Form für die Dar- 24
stellung des Vergütungssystems. Dafür sollten einfache Formulierungen mit möglichst

wenigen Fachausdrücken verwendet werden; ggf können sich zusätzliche Erläuterungen zu Fachbegriffen anbieten. Die Darstellungen sollten insgesamt übersichtlich und transparent sein, zB bei Zahlendarstellungen in Form von Tabellen (Wilsing/*Goslar* 4.2.5 Rn 8).

25 In **Ziff 4.2.5 Abs 2 DCGK** wird empfohlen, auch Angaben zur Art von Nebenleistungen im Vergütungsbericht zu machen. Es ist **kein individualisierter Ausweis** erforderlich.

26 Die Empfehlung des Ziff 4.2.5 Abs 3 S 1 DCGK definiert weitere **Inhalte des Vergütungsberichtes**. Ausführliche Hinweise zu den einzelnen Posten finden sich in den Erläuterungen zu den Mustertabellen als Anlage zum DCGK. Vom **zeitlichen Anwendungsbereich** sind erst Geschäftsjahre erfasst, die nach dem 31.12.2013 beginnen.

27 Gem Ziff 4.2.5 Abs 3 S 2 DCGK wird zur Steigerung der Vergleichbarkeit zwischen den Unternehmen empfohlen, für die Angaben des Ziff 4.2.5 Abs 3 S 1 DCGK (Rn 26) die als Anlage zum DCGK enthaltenen **Mustertabellen** zu verwenden.

28 Die Empfehlung des **Ziff 4.3.4 S 1 DCGK** adressiert Interessenkonflikte von Vorstandsmitgliedern. Ein **Interessenkonflikt** liegt vor, wenn eine Geschäftsführungsmaßnahme ein Interesse des Vorstandsmitgliedes berührt bzw dazu geeignet ist, dieses zu berühren, und aus diesem Umstand eine nachteilige Auswirkung auf das Unternehmensinteresse resultieren kann (zutr Wilsing/*Goslar* 4.3.4 Rn 3). Relevant sind neben Interessen des Vorstandsmitgliedes selbst auch Interessen nahestehender Personen. Ein Interessenkonflikt besteht nur dann, wenn dasjenige Vorstandsmitglied, dessen Interessen betroffen sind, auch bei der Entscheidungsfindung über die Maßnahme mitwirkt. Als Folge eines Interessenkonfliktes muss dieser gegenüber **dem AR** gegenüber **offengelegt** werden. Gemeint ist nach dem Wortlaut und der Systematik wohl die Information aller AR-Mitglieder und nicht lediglich des AR-Vorsitzenden (*Ringleb/Kremer/Lutter/von Werder* Rn 822; aA *Goslar* aaO Rn 8). Die **Information** muss ferner gegenüber **jedem anderen Vorstandsmitglied** erfolgen. Der **Umfang** der Information bzw Offenlegung sollte über die bloße Mitteilung des Bestehens eines Interessenkonfliktes hinausgehen und derart aussagekräftig sein, dass konkrete Gegenmaßnahmen zur Vermeidung der Auswirkung des Interessenkonfliktes auf die Entscheidungsfindung getroffen werden können (*Goslar* aaO Rn 9, 11). Die Offenlegung hat **unverzüglich** zu erfolgen, mithin ohne schuldhaftes Zögern (vgl § 121 Abs 1 BGB); Gleiches gilt für die Information der anderen Vorstandsmitglieder (*Goslar* aaO Rn 11). Als **Form** der Offenlegung und der Information dürfte nach der Empfehlung zwar eine mündliche Information genügen; anzuraten ist aber zu Dokumentationszwecken eine schriftliche Fixierung (*Goslar* aaO Rn 10).

29 Nach **Ziff 4.3.4 S 3 DCGK** wird empfohlen, dass wesentliche Geschäfte der Zustimmung des AR bedürfen sollen. „Geschäfte" bezieht sich auf diejenigen des Ziff 4.3.4 S 2 DCGK und damit solche zwischen der Gesellschaft und den Vorstandsmitgliedern, diesen nahe stehenden Personen bzw diesen nahe stehenden Unternehmungen. Zur Umsetzung der Empfehlung sollte der Begriff des **„wesentlichen"** Geschäftes, das dem Zustimmungsvorbehalt des AR (§ 111 Abs 4 S 2 AktG) unterliegen soll, anhand bestimmter Kriterien definiert werden; dabei können zB generell bestimmte Arten von Geschäften erfasst werden als auch bestimmte Wertgrenzen definiert werden (Wilsing/*Goslar* 4.3.4 Rn 20 f).

Ziff 4.3.5 DCGK betrifft Nebentätigkeiten von Vorstandsmitgliedern. Diese sollen nur 30
mit Zustimmung des AR übernommen werden dürfen. Aufgrund des weiten Wortlautes sind darunter grundsätzlich alle Tätigkeiten zu fassen, die nicht ohnehin bereits dem Anwendungsbereich des § 88 AktG unterfallen und damit zustimmungspflichtig sind. Besonders hervorgehoben werden AR-Mandate außerhalb des Unternehmens, also nach dem Verständnis der Präambel des DCGK außerhalb von Konzernunternehmen (§ 18 AktG), die dem Zustimmungsvorbehalt des AR unterworfen werden sollen.

Die in **Ziff 5.1.2 Abs 1 S 2 DCGK** enthaltene Empfehlung gegenüber dem AR, bei 31
der Zusammensetzung des Vorstandes auch auf Vielfalt (Diversity) zu achten, ist entsprechend dem zu **Ziff 4.1.5 DCGK** Gesagten (Rn 9) zu handhaben. Demnach ist lediglich die Besetzungsentscheidung des AR für die Besetzung des Vorstandes betroffen und besitzt innerhalb der Diversity-Merkmale das Merkmal der angemessenen Berücksichtigung von Frauen den Vorrang. Erforderlich ist auch hier lediglich eine Einbeziehung der Merkmale in die Besetzungsentscheidung, nicht jedoch ein konkreter Erfolg iSe Auswirkung in der finalen Vorstandsbesetzung.

Ziff 5.1.2 Abs 1 S 3 DCGK empfiehlt dem AR, gemeinsam mit dem Vorstand für eine 32
langfristige Nachfolgeplanung zu sorgen. Gemeint ist die Besetzung von Vorstandsposten durch **interne Kandidaten**, auf die Vorstand und AR langfristig hinwirken sollen, damit der AR eine solide Grundlage für die Besetzung des Vorstandes hat (*Ringleb/Kremer/Lutter/von Werder* Rn 940). Der Empfehlung kann der AR auch durch Einschaltung eines Ausschusses nachkommen.

Ziff 5.1.2 Abs 2 S 2 DCGK zielt auf die Wiederbestellung von Vorstandsmitgliedern 33
ab, die an sich noch über eine Bestelldauer von mehr als einem Jahr verfügen. Diese Praxis soll lediglich in Ausnahmefällen zur Anwendung kommen. Das ist zB dann vorstellbar, wenn eine Wiederbestellung gegenüber einem Vorstandsmitglied erfolgt, das über ein **externes Beschäftigungsangebot** verfügt und so vom Verbleib im Unternehmen überzeugt wird (*Ringleb/Kremer/Lutter/von Werder* Rn 950).

Gem Ziff 5.1.2 Abs 2 S 3 DCGK soll für Vorstandsmitglieder eine allgemeine Altersgrenze bestimmt werden. Nach dem Sinn und Zweck ist eine **Höchstgrenze** gemeint 34
(*Ringleb/Kremer/Lutter/von Werder* Rn 951). Anders als in Ziff 5.4.1 Abs 2 S 1 DCGK (Rn 44) dürfte hier die Bestimmung einer Regelaltersgrenze, die im Einzelfall Abweichungen zulässt, nicht genügen, da Ziff 5.1.2 Abs 2 S 3 DCGK die Bestimmung einer Altersgrenze empfiehlt und nicht lediglich die Berücksichtigung einer Altersgrenze im Rahmen einer Gesamtabwägung (zu Ziff 5.4.1 Abs 2 S 1 DCGK vgl *OLG München* ZIP 2009, 133, 135). Aufgrund der diskriminierenden Wirkung der Altersgrenze bestehen Friktionen im Hinblick auf das **AGG**. Eine Rechtfertigung kommt über den sich aus § 10 S 1 AGG ergebenden Rechtfertigungsmaßstab von legitimem Interesse (Sicherung der Leistungsfähigkeit des Vorstandes) und Verhältnismäßigkeit in Betracht. Problematisch und von der Rspr bislang nicht geklärt (offen gelassen in *BGH* NJW 2012, 2346, 2350) ist, ob eine allgemeine Altersgrenze der erforderlichen einzelfallbezogenen Verhältnismäßigkeit Rechnung trägt (*Wilsing/Wilsing* 5.1.2 Rn 12). Jedenfalls die Festlegung der Altersgrenze in Höhe des gesetzlichen Renteneintrittsalters dürfte aus systematischen Gründen (vgl § 10 S 3 Nr 5 AGG) zulässig sein (*Wilsing* aaO; *Ringleb/Kremer/Lutter/von Werder* Rn 954).

35 **Ziff 5.1.3 DCGK** empfiehlt dem AR, sich eine Geschäftsordnung zu geben. Inhaltliche Mindestanforderungen regelt die Empfehlung nicht (näher § 108 Rn 27 f).

36 Nach Ziff 5.2 Abs 2 DCGK soll der AR-Vorsitzende nicht den Vorsitz im Prüfungsausschuss (Audit Committee) bekleiden. Prüfungsausschuss meint den in Ziff 5.3.2 S 1 DCGK (Rn 40) beschriebenen Ausschuss. Die Funktion des stellvertretenden Vorsitzes sowie die „einfache" Mitgliedschaft sind unschädlich (Wilsing/*Wilsing* 5.2.2 Rn 16).

37 **Ziff 5.2 Abs 3 S 1 DCGK** empfiehlt, dass der AR-Vorsitzende regelmäßig mit dem Vorstand kommuniziert. **Inhaltlich** umfasst die Empfehlung die Kommunikation zu den Themen der Strategie, der Planung der Geschäftsentwicklung, der Risikolage, des Risikomanagements und der Compliance des Unternehmens. Aufgrund der Wortwahl „Unternehmen" (vgl Präambel) ist ein **konzernweiter Maßstab** iSd § 18 AktG heranzuziehen. Nach der Vorstellung der Empfehlung hat die Kommunikation mit dem Vorstand im Allgemeinen, insbesondere aber mit dem Vorstandsvorsitzenden bzw dem Vorstandssprecher stattzufinden. Was eine **regelmäßige** Kommunikation umfasst, hat der AR-Vorsitzende nach seinem Ermessen und nach den Umständen des Einzelfalles (zB wirtschaftliche Lage des Unternehmens, Größe des Unternehmens) zu beurteilen (Wilsing/*Wilsing* 5.2.2 Rn 17). Ebenso im Ermessen des AR-Vorsitzenden liegt die Wahl der **Kommunikationsform**, die persönlich wie auch unter Verwendung von Kommunikationsmitteln stattfinden kann. Mit der Neufassung des DCGK in 2012 ist zudem klargestellt, dass nur diejenige Kommunikation Gegenstand der Empfehlung ist, die im Zeitraum zwischen den Sitzungen stattfindet.

38 **Ziff 5.2 Abs 3 S 3 DCGK** stellt die Rückkoppelung von **Informationen** aus der Kommunikation mit dem Vorstand vom **AR-Vorsitzenden an den AR** sicher. Nach eigenem Ermessen des AR-Vorsitzenden kann dies entweder in den regulären Sitzungen erfolgen, was bereits weitgehend durch § 90 Abs 5 S 3 AktG sichergestellt wird, oder in außerordentlichen AR-Sitzungen; letzteres dürfte gerade bei eilbedürftigen gewichtigen Informationen sowie in der Krise nahe liegen.

39 Die in **Ziff 5.3.1 S 1 DCGK** geregelte Empfehlung zur **Einrichtung von Ausschüssen** ist so auszulegen, dass in kleinen Gesellschaften, deren AR lediglich eine Größe von drei oder sechs AR-Mitgliedern hat, die Bildung von Ausschüssen idR **nach der Anzahl der AR-Mitglieder** nicht erforderlich und daher entbehrlich ist. Sinn und Zweck der Empfehlung ist es nämlich, den Meinungsaustausch im AR zu ermöglichen. Bei einem AR in der beschriebenen Größe wird diesem Zweck idR schon im Plenum ausreichend Rechnung getragen (ebenso *Kort* AG 2008, 137, 145; *Ringleb/Kremer/Lutter/von Werder* Rn 978); ausnahmsweise kann sich jedoch auch bei solchen AR ein Bedarf aus **spezifischen Gegebenheiten des Unternehmens** ergeben, zB bei einer ungewöhnlich komplexen Unternehmensstruktur (*Kort* aaO). Ergibt sich im Einzelfall, dass wegen der Anzahl der AR-Mitglieder und den spezifischen Gegebenheiten des Unternehmens kein Ausschuss gebildet werden muss, hat keine Einschränkung der Entsprechenserklärung zu erfolgen, denn die Bildung von Ausschüssen ist ausdrücklich „abhängig" von diesen Merkmalen und wird gerade nicht generell empfohlen (*Ringleb/Kremer/Lutter/von Werder* aaO; aA Wilsing/*Wilsing* 5.3.1 Rn 8).

40 **Ziff 5.3.2 S 1 DCGK** empfiehlt dem AR die Einrichtung eines **Prüfungsausschusses** (sog **Audit Committee**), der ua den Rechnungslegungsprozess, die Wirksamkeit des internen Kontrollsystems, des Risikomanagementsystems und des internen Revisionssystems sowie die Abschlussprüfung (vor allem die Unabhängigkeit des Abschlussprüfers, zusätzliche Leistungen des Abschlussprüfers, die Erteilung des Prüfungsauftrags, die Festlegung von Prüfungsschwerpunkten, die Honorarvereinbarung) überwacht; ferner soll auch die Compliance vom Prüfungsausschuss überwacht werden, wenn nicht ein anderer Ausschuss hierfür zuständig ist. Der Aufgabenkatalog ist nicht abschließend („insbesondere").

In **Ziff 5.3.2 S 2 DCGK** werden besondere Qualifikationen beschrieben, die der Vorsitzende des Prüfungsausschusses aufweisen soll. Die Empfehlung ist im Zusammenhang mit **§ 100 Abs 5 AktG** zu sehen und einheitlich auszulegen, so dass der in § 100 Abs 5 AktG erforderliche Sachverstand dem der Empfehlung des Ziff 5.3.2 S 2 DCGK entspricht (Wilsing/*Wilsing* 5.3.2 Rn 4); zu den Anforderungen § 100 Rn 11b. **41**

Nach **Ziff 5.3.2 S 3 DCGK** soll der Vorsitzende des Prüfungsausschusses unabhängig sein. Für das Verständnis von Unabhängigkeit ist das von Ziff 5.4.2 S 2 DCGK heranzuziehen (Wilsing/*Wilsing* 5.3.2 Rn 5): Somit ist **Unabhängigkeit insbesondere nicht gegeben** ist, wenn der Vorsitzende „in einer persönlichen oder einer geschäftlichen Beziehung zu der Gesellschaft, deren Organen, einem kontrollierenden Aktionär oder einem mit diesem verbundenen Unternehmen steht, die einen wesentlichen und nicht nur vorübergehenden Interessenkonflikt begründen kann"; näher siehe Rn 49. Ferner soll der Vorsitzende kein ehemaliges Vorstandsmitglied der Gesellschaft sein, dessen Bestellung vor weniger als zwei Jahren endete. **42**

Ziff 5.3.3 DCGK spricht die Empfehlung an den AR aus, einen **Nominierungsausschuss** zu bilden, der allein mit Vertretern der Anteilseigner besetzt sein soll. Dieser Ausschuss soll dem AR für dessen Wahlvorschläge gegenüber der HV **zur Wahl des AR** (§ 124 Abs 3 S 1 AktG) seinerseits Vorschläge unterbreiten. **43**

Ziff 5.4.1 Abs 2 S 1 DCGK regelt die **Zusammensetzung des AR**. Hierfür soll der AR konkrete **Ziele** benennen, die unter Beachtung der unternehmensspezifischen Situation die internationale Tätigkeit des Unternehmens, potenzielle Interessenkonflikte, die Anzahl der iSd Ziff 5.4.2 DCGK unabhängigen AR-Mitglieder, eine Altersgrenze und Vielfalt (Diversity) berücksichtigen (Näheres zu Diversity Rn 9). Zur Erfüllung der Empfehlung sind die aufgelisteten Aspekte bei der Entscheidungsfindung über die Zielbenennung einzubeziehen (vgl aber Rn 45 zur angemessenen Beteiligung von Frauen gem S 2), wobei jedoch auch weitere Gesichtspunkte hinzukommen können (Wilsing/*Wilsing* 5.4.1 Rn 4). Das betrifft auch die Altersgrenze, da die Auslegung des Wortlautes und der Stellung in Ziff 5.4.1 Abs 2 S 1 DCGK dafür sprechen, dass sich dieser Aspekt in die Liste der anderen Punkte einreiht, die lediglich zu „berücksichtigen" sind (aA Wilsing/*Wilsing* 5.4.1 Rn 9). Für die Zahl der unabhängigen AR-Mitglieder ist bei mitbestimmten Gesellschaften festzulegen, ob sich diese auf den Gesamt-AR oder nur die Anteilseignerseite bezieht (*Ringleb/Kremer/Lutter/von Werder* NZG 2012, 1081, 1085); alle übrigen aufgelisteten Aspekte beziehen sich auf den Gesamt-AR (*Ringleb/Kremer/Lutter/von Werder* aaO). Die **Zielbenennung** sollte mittels eines vom AR zu fassenden Beschlusses erfolgen; eine neue Beschlussfassung wird erst notwendig, wenn die Zielbenennung geändert werden soll (*Wilsing* aaO Rn 5). Entspr dem Wortlaut („**konkret**") wird es nicht genügen, allg Ziele floskelartig zu nennen (*Schulz* BB 2010, 2390 f; *Hecker/Peters* BB 2010, 2251, 2254); kein Verstoß liegt bspw vor, wenn der AR bestimmt, dass für AR-Mitglieder „in der Regel" eine Altersgrenze von 70 Jahren besteht (*OLG München* ZIP 2009, 133, 135). Der AR **44**

kann zB (Mindest-)Quoten festlegen, die bei der Besetzung einzuhalten sind (*Ihrig/ Meder* ZIP 2010, 1577); zwingend ist dies nicht (*Ringleb/Kremer/Lutter/von Werner* NZG 2010, 1161, 1165; *Knapp* DStR 2011, 177, 178). Eine zeitliche Vorgabe, innerhalb der ein Ziel erfüllt werden soll, ist nicht erforderlich (*Schulz* aaO 2391). **Adressat der Empfehlung** ist auch in mitbestimmten Gesellschaften nach dem Wortlaut der Gesamt-AR (*Ringleb/Kremer/Lutter/von Werner* aaO 1165; *Weber-Rey/Handt* NZG 2011, 1, 4; zweifelnd *Ihrig/Meder* aaO).

45 Mit **Ziff 5.4.1 Abs 2 S 2 DCGK** wird empfohlen, eine angemessene Beteiligung von Frauen vorzusehen. Aufgrund des Wortlautes („vorsehen") und der gesonderten Erwähnung S 2 wird damit im Verhältnis zu den in S 1 genannten Aspekten die besondere Bedeutung hervorgehoben. Zur Erfüllung dieser Empfehlung muss sich dieser Aspekt unmittelbar **in den Zielen niederschlagen** und darf nicht lediglich ein Gesichtspunkt der Entscheidungsfindung sein.

46 **Ziff 5.4.1 Abs 3 S 1 DCGK** empfiehlt, dass die Wahlvorschläge des AR, die dieser an die HV richtet (§ 124 Abs 3 S 1 AktG) und auf deren Grundlage die Wahl des neuen AR stattfindet, die nach Ziff 5.4.1 Abs 2 S 1 DCGK (Rn 44) festgelegten Ziele berücksichtigen. Erforderlich ist auch hier, dass die Ziele in die **Entscheidungsfindung** des AR über die Abfassung der Wahlvorschläge mit **einfließen** (*Wilsing/Wilsing* 5.4.1 Rn 12).

47 **Ziff 5.4.1 Abs 3 S 2 DCGK** bezieht sich auf die definierten Ziele des Ziff 5.4.1. Abs 2 S 1 DCGK (Rn 44) und regelt die Empfehlung, die Zielsetzung und den Stand der Umsetzung im Corporate Governance Bericht zu veröffentlichen. Unabhängig davon, ob sich im Berichtsjahr Veränderungen an der Zielsetzung des AR oder beim Stand der Umsetzung ergeben haben, ist eine Berichterstattung erforderlich, um der Empfehlung Rechnung zu tragen; es genügt die bloße Information der Zielsetzung sowie des Standes, ohne dass es zusätzlicher Erläuterungen oder Begründungen bedarf (*Wilsing/Wilsing* 5.4.1 Rn 13).

48 Gem **Ziff 5.4.1 Abs 4 DCGK** sollen bei **Wahlvorschlägen an die HV** die persönlichen und geschäftlichen Beziehungen eines jeden Kandidaten zum Unternehmen, den Organen der Gesellschaft und einem wesentlich an der Gesellschaft beteiligten Aktionär offengelegt werden. **Persönliche Beziehungen** sind in Anlehnung an die Definition der sog Directors Dealings iSd WpHG solche zu Ehepartnern, eingetragenen Lebenspartnern, unterhaltsberechtigten Kindern sowie zu denjenigen Verwandten gegeben, die mindestens ein Jahr im Haushalt der Kandidaten leben (*Ringleb/Kremer/Lutter/ von Werder* NZG 2012, 1081, 1086). Von **geschäftlichen Beziehungen** wird jedenfalls dann auszugehen sein, wenn geschäftliche Abhängigkeiten bestehen (*Ringleb/Kremer/ Lutter/von Werder* aaO). **Wesentlich an der Gesellschaft beteiligte Aktionäre** sind nach der Legaldefinition des Ziff 5.4.1 Abs 6 DCGK solche, die direkt oder indirekt mehr als 10 % der stimmberechtigten Aktien der Gesellschaft halten. Der Inhalt der Empfehlung bleibt hinsichtlich des **Umfangs der Offenlegungspflicht** im Dunkeln; feststeht jedenfalls, dass die vollständige Offenbarung (zB vertragliche Details) nicht erforderlich ist, da dies den Wortlaut der Empfehlung, der nur die Offenlegung der „Beziehungen" verlangt, überdehnt (ebenso *Wilsing/von der Linden* DStR 2012, 1391, 1392). Erkenntnisfördernd ist weiter Ziff 5.4.1 Abs 5 DCGK. Zwar ist hiernach als Maßstab entscheidend, dass ein objektiv urteilender Aktionär die Umstände für seine Wahlentscheidung als maßgebend ansieht. Jedoch fließt dieser Maßstab ausweislich

des insoweit klaren Wortlautes („beschränkt sich ... nach Einschätzung des Aufsichtsrats") nur im Rahmen der **Einschätzung des AR** ein. Schätzt der AR somit zB für die Offenlegung einer geschäftlichen Beziehung ein, dass ein objektiv urteilender Aktionär lediglich die Information über die beteiligten Personen sowie die Art des Geschäfts (zB Darlehensvertrag) als maßgebend für seine Wahlentscheidung ansieht, so genügt die Offenlegung dieser Informationen. Eine besondere Einschränkung des Einschätzungsspielraums des AR ist nicht erkennbar, jedenfalls soweit der AR von seinem Ermessen nicht offensichtlich missbräuchlich Gebrauch macht; etwas anderes ergibt sich auch nicht aus der Entscheidung des BGH (*BGH* BB 2012, 2522, 2523 f – Fresenius SE), denn dort ging es nicht um eine im Normtext vorausgesetzte Einschätzung des AR über die Maßgeblichkeit von Informationen aus Aktionärssicht, sondern um die Auslegung objektiver Voraussetzungen des § 114 AktG (vgl aber *Wilsing/von der Linden* DStR 2012, 1391, 1392 f). **Form** und **Zeitpunkt der Offenlegung** sollte erfolgen wie die Wahlvorschläge selbst (*Ringleb/Kremer/Lutter/von Werder* aaO).

Nach **Ziff 5.4.2 S 1 DCGK** soll dem AR eine seiner Einschätzung nach angemessene Anzahl unabhängiger Mitglieder angehören. Zur Orientierung für die Auslegung der unbestimmten Rechtsbegriffe bietet sich die EU-Kommissionsempfehlung aus 2005 an (2005/162/EG ABl L EU 52/51 v 25.2.2005). Für die Definition des objektiven Tatbestandsmerkmals **Unabhängigkeit** ist Ziff 5.4.2 S 2 DCGK heranzuziehen, der seiner geänderten Fassung nach eine negative Definition von Unabhängigkeit enthält. Danach ist Unabhängigkeit **nicht gegeben**, wenn das AR-Mitglied in einer persönlichen oder geschäftlichen Beziehung zur Gesellschaft, deren Organen, einem kontrollierenden Aktionär oder einem mit diesem Aktionär verbundenen Unternehmen steht, die einen wesentlichen und nicht nur vorübergehenden Interessenkonflikt begründen kann. Ausreichend ist wegen des Wortlautes („begründen kann") bereits die **abstrakte Gefahr** eines Interessenkonfliktes (*Bayer* NZG 2013, 1, 11; *Hecker/Peters* BB 2012, 2639, 2644), die sich bei typisierender Betrachtung ergibt (*Hasselbach/Jakobs* BB 2013, 643, 645). **Persönliche oder geschäftliche Beziehung** wird im Ausgangspunkt einheitlich wie in Ziff 5.4.1, Abs 4 DCGK (Rn 48) ausgelegt (*Ringleb/Kremer/Lutter/von Werder* NZG 2012, 1081, 1086; ähnlich *Hasselbach/Jakobs* aaO 646). Lediglich der Maßstab der Betrachtung ist hier auf die **Gesellschaft** bezogen. Ferner wird hier das Verhältnis zum **kontrollierenden Aktionär** betrachtet, unter denen jedenfalls mehrheitlich beteiligte Aktionäre zu verstehen sind, aber auch andere Aktionäre, die bestimmenden Einfluss auf die Zusammensetzung der Organe haben (*Hecker/Peters* aaO; *Ringleb/Kremer/Lutter/von Werder* aaO 1088; weitergehend *Hasselbach/Jakobs* aaO 648), sowie zu **einem mit diesem verbundenen Unternehmen** (§ 15 AktG). Ferner werden hier nur wesentliche und nicht nur vorübergehende Interessenkonflikte erfasst. Als **wesentlich** ist ein Interessenkonflikt dann anzusehen, wenn bei näherer Betrachtung der konkreten Umstände der persönlichen oder geschäftlichen Beziehung (also insbesondere finanzielle, wirtschaftliche oder sonstige relevante Interessen) gewöhnlich von einer anhand dieser Interessen beeinflussten Entscheidung des AR-Mitglieds auszugehen ist (ähnlich *Hasselbach/Jakobs* aaO 646). **Nicht nur vorübergehend** ist der Interessenkonflikt schließlich, wenn er sich nach einer Prognose nicht zeitnah auflöst (vgl Ziff 5.5.3 S 2 DCGK dazu Rn 65; anders *Hasselbach/Jakobs* aaO). Hervorzuheben ist die Formulierung des Ziff 5.4.2 S 2 DCGK als **Regelbeispiel** („insbesondere"), was über die genannten Fälle hinaus die fehlende Unabhängigkeit begründen kann (näher *Hasselbach/Jakobs* aaO). **Arbeitnehmervertreter**

49

Anh § 161/DCGK

im AR sind nach zutr Ansicht generell als unabhängig einzustufen (*Ringleb/Kremer/ Lutter/von Werder* aaO; aA *Hasselbach/Jakobs* aaO 649). Für das subjektive Merkmal Einschätzung der **Angemessenheit der Anzahl unabhängiger AR-Mitglieder** ist dem AR ein weiter Spielraum zuzugestehen (*Bayer* aaO 10; vgl aber *Scholderer* NZG 2012, 168, 174: mindestens zwei unabhängige Mitglieder); Bezugspunkt ist die Anzahl des Gesamt-AR. Die Überlegungen sollten zur Dokumentation schriftlich fixiert werden (*Ringleb/Kremer/Lutter/von Werder* NZG 2012, 1081, 1087).

50 **Ziff 5.4.2 S 3 DCGK** empfiehlt, dass dem AR **maximal zwei** ehemalige **Mitglieder des Vorstands** angehören sollen. Keine Rolle spielt dabei der zeitliche Abstand zum Ende der Amtszeit. **Adressat** der Empfehlung ist der AR (*Wilsing/Wilsing* 5.4.2 Rn 14), der dieser nachkommt, indem er im Rahmen der Wahlvorschläge für die Wahrung der Maximalzahl ehemaliger Vorstandsmitglieder sorgt.

51 **Ziff 5.4.2 S 4 DCGK** spricht die Empfehlung aus, dass AR-Mitglieder weder Organfunktionen noch Beratungsaufgaben bei wesentlichen Wettbewerbern des Unternehmens ausüben sollen. Unter **Organfunktionen** sind Vorstands- und AR-Mandate zu verstehen, bzw bei anderen Rechtsformen die Mitgliedschaft im Geschäftsführungsorgan oder in gesetzlich vorgeschriebenen Aufsichtsgremien (*Ringleb/Kremer/Lutter/von Werner* Rn 1050). **Beratungsaufgaben** sind solche Aufgaben, die sich auf die Unternehmensprüfung oder die Überwachung des Unternehmens beziehen (*Ringleb/Kremer/Lutter/von Werner* aaO; zu weit Wilsing/*Wilsing* 5.4.2 Rn 17: sämtliche beratende Tätigkeiten). Die Bestimmung des **wesentlichen Wettbewerbers** erfolgt anhand einer konzernweiten Betrachtung iSd § 18 AktG („Unternehmen" iSd Präambel) und setzt im Kerntätigkeitsbereich eine tatsächliche Aktivität in demselben Geschäftszweig voraus; potenzieller Wettbewerb genügt nicht (*Ringleb/Kremer/Lutter/von Werner* Rn 1050).

52 Gem **Ziff 5.4.3 S 1 DCGK** soll die **Wahl zum AR** als **Einzelwahl** durchgeführt werden. Um der Empfehlung nachzukommen, muss von Listen- oder Blockwahlverfahren abgesehen werden. **Adressat** der Empfehlung ist der Versammlungsleiter der HV (Wilsing/*Wilsing* 5.4.3 Rn 2), der die Entscheidung über den Abstimmungsmodus trifft (s § 129 Rn 47).

53 **Ziff 5.4.3 S 2 DCGK** betrifft den Antrag auf gerichtliche Bestellung von AR-Mitgliedern gem § 104 AktG und enthält die Empfehlung, dass die Ersatzbestellung lediglich bis zur nächsten stattfindenden HV befristet sein soll; erfasst ist wohl nur die Ersatzbestellung von AR-Mitgliedern der **Anteilseigner** (*Ringleb/Kremer/Lutter/von Werner* Rn 1058; zust Wilsing/*Wilsing* 5.4.3 Rn 6). **Adressaten** der Empfehlung sind aufgrund deren Antragsberechtigung der **Vorstand** als Organ sowie alle **AR-Mitglieder**. Wegen des Ermessens des Gerichts bei der Bestellung auch hinsichtlich der Dauer der Bestellung ist für die Erfüllung der Empfehlung allein erforderlich, dass ein auf die befristete Ernennung gerichteter Antrag gestellt wird (*Wilsing* aaO Rn 4 f). Die Befristung im Antrag hat bis zur **nächsten HV** zu erfolgen, unabhängig davon, ob es sich um eine ordentliche oder außerordentliche handelt; einschränkend wird man aufgrund des Telos fordern müssen, dass die formelle Vorbereitung für die Durchführung einer AR-Wahl noch möglich sein muss, insbesondere also die maßgeblichen Fristen für die Bekanntmachung noch nicht abgelaufen sein dürfen (zutr *Wilsing* aaO Rn 7).

54 Gem **Ziff 5.4.3 S 3 DCGK** sollen den Aktionären die Vorschläge für den AR-Vorsitz bekannt gegeben werden. Die Bekanntgabe kann, muss aber nicht bereits mit der Ein-

berufung zur HV stattfinden; spätestens hat sie vor der Fassung des Wahlbeschlusses zum AR durch die HV zu erfolgen (Wilsing/*Wilsing* 5.4.3 Rn 8). Voraussetzung ist, dass eine für die Wahl zum AR in der HV aufgestellte Person gleichfalls auch für den Posten des AR-Vorsitzes kandidiert. Die Kandidatur zum AR-Vorsitz kann entweder auf Eigeninitiative oder auf Betreiben anderer AR-Mitglieder beruhen (*Wilsing* aaO).

Ziff 5.4.4 S 2 DCGK steht in engem Zusammenhang mit der Ausnahmevorschrift des § 104 Abs 2 Nr 4 AktG, die ein Absehen von der Cooling-Off Periode ermöglicht, wenn der AR-Kandidat von Aktionären vorgeschlagen wird, die mehr als 25 % der Stimmrechte der Gesellschaft halten. Ist dieser Fall gegeben und soll das AR-Mitglied zugleich als AR-Vorsitzender agieren, empfiehlt Ziff 5.4.4 S 2 DCGK, gegenüber der HV eine Begründung dafür abzugeben, dass zugleich der **Wechsel in den AR-Vorsitz** erfolgt. In **zeitlicher Hinsicht** muss die Übernahme des AR-Vorsitzes unmittelbar nach der Wahl zum AR anstehen (Wilsing/*Wilsing* 5.4.4 Rn 8); wird das ausnahmsweise nach § 104 Abs 2 Nr 4 AktG gewählte AR-Mitglied später im Laufe seiner Amtszeit zum AR-Vorsitzenden ernannt, genügt es, die Begründung gegenüber der nächsten ordentlichen HV abzugeben (ebenso *Ringleb/Kremer/Lutter/von Werner* Rn 1066; *Wilsing* aaO Rn 9), da in Ziff 5.4.4 S 2 DCGK kein konkreter Zeitpunkt für die Begründung genannt ist. **Inhaltlich** sind in der Begründung die tragenden Motive für die Ernennung zum AR-Vorsitzenden anzugeben. **55**

Die Empfehlung des **Ziff 5.4.5 Abs 1 S 2 DCGK** beinhaltet eine Empfehlung zur zahlenmäßigen Beschränkung paralleler Mandate von AR-Mitgliedern, die zugleich Mitglied im Vorstand einer börsennotierten Gesellschaft sind. Die Definition der **börsennotierten Gesellschaft** richtet sich nach § 3 Abs 2 AktG (*Ringleb/Kremer/Lutter/von Werner* Rn 1073); **konzernexterne Gesellschaften** sind nach Maßgabe des § 18 AktG zu ermitteln (Wilsing/*Wilsing* 5.4.5 Rn 5, 7). **Aufsichtsgremien** von konzernexternen Gesellschaften, **die vergleichbare Anforderungen** stellen, sind solche Gremien, die vom Aufgabenumfang ein vergleichbares Pensum gegenüber AR aufweisen und ebenso für die Überwachung der Geschäftsführung verantwortlich sind (*Ringleb/Kremer/Lutter/von Werder* NZG 2012, 1081, 1088). **56**

Ziff 5.4.5 Abs 2 S 2 DCGK enthält die Empfehlung, AR-Mitglieder bei Aus- und Fortbildungsmaßnahmen angemessen zu unterstützen. Diese Regelung ist deckungsgleich mit Ziff 5.4.1 Abs 4 S 2 DCGK aF. Als **Unterstützungshandlungen** kommen innerhalb des weiten Ermessensspielraums zB die Gewährung von Urlaub oder Informationen zu konkreten Maßnahmen in Betracht, ferner auch In-house Veranstaltungen (Wilsing/*Wilsing* 5.4.1 Rn 15). Eine **finanzielle Unterstützung** von Maßnahmen ist unzulässig, soweit damit eine zusätzliche Gegenleistung für die Tätigkeit im AR gewährt wird; als zulässig sind Zahlungen anzusehen, die als Aufwendungsersatz für nützliche oder erforderliche Maßnahmen in Bezug auf die AR-Arbeit anzusehen sind und daher ohnehin erstattungspflichtig wären (*Wilsing* aaO). **57**

Ziff 5.4.6 Abs 1 S 2 DCGK trägt der regelmäßig erhöhten Arbeitsbelastung bei Übernahme zusätzlicher Aufgaben durch AR-Mitglieder Rechnung. Daher wird empfohlen, den Posten des AR-Vorsitzes, dessen Stellvertreters sowie der Vorsitz und die Mitgliedschaft in Ausschüssen bei der Vergütung zu berücksichtigen. Dem wird Rechnung getragen, indem diesen AR-Mitgliedern **erhöhte Bezüge** gewährt werden (*Ringleb/Kremer/Lutter/von Werner* Rn 1084; Wilsing/*Wilsing* 5.4.6 Rn 6). **58**

59 Gem **Ziff 5.4.6 Abs 2 S 2 DCGK** soll eine erfolgsorientierte Vergütung des AR auf eine nachhaltige Unternehmensentwicklung ausgerichtet sein. Anders als in der Vorgängerregelung greift die Empfehlung erst dann, *wenn* eine erfolgsorientierte Vergütung gewährt wird. Mit der Ausrichtung an der nachhaltigen Unternehmensentwicklung macht sich die Empfehlung die Maßgabe des § 87 Abs 1 S 2 AktG zu eigen, wobei jedoch die zwischen AR und Vorstand bestehenden Unterschiede zu berücksichtigen sind (*Hecker/Peters* BB 2012, 2639, 2645). Dadurch, dass keine erfolgsorientierte Vergütung mehr empfohlen wird, sondern nur noch deren Ausgestaltung Gegenstand der Empfehlung ist, muss auch keine Abweichung von der Empfehlung erklärt werden, wenn gar keine erfolgsorientierte Vergütung vorgesehen ist, weil die Empfehlung dann ins Leere geht (*Hecker/Peters* aaO).

60 **Ziff 5.4.6 Abs 3 S 1 DCGK** empfiehlt eine individualisierte und nach den Bestandteilen aufgegliederte Ausweisung der Vergütung des AR im Anhang oder im Lagebericht. Ratsam und ausreichend ist eine Aufteilung in fixe sowie kurzfristige und langfristige variable Gehaltsbestandteile (Wilsing/*Wilsing* 5.4.6 Rn 11).

61 **Ziff 5.4.6 Abs 3 S 2 DCGK** knüpft an S 1 an und empfiehlt, individualisiert auch die Vergütungen und sonstigen Vorteile anzugeben, die Mitglieder des AR für persönlich erbrachte Leistungen, insbesondere Beratungs- und Vermittlungsleistungen, vom Unternehmen erhalten haben. Aufgrund der Wortwahl („Unternehmen") ist eine **konzernweite Betrachtungsweise** iSd § 18 AktG geboten (vgl Präambel). Die Auslegung der in den Anwendungsbereich fallenden **Leistungen** wird in Anlehnung an § 114 AktG zu erfolgen haben, da gerade dann, wenn der AR iSd § 114 zugestimmt hat, ein Informationsinteresse der HV gegeben ist (dafür Wilsing/*Wilsing* 5.4.6 Rn 12; weiter *Ringleb/Kremer/Lutter/von Werner* Rn 1105 f).

62 **Ziff 5.4.7 DCGK** richtet sich an den AR und begründet die Empfehlung, diejenigen AR-Mitglieder im Bericht des AR (§ 171 Abs 2 AktG) zu vermerken, die im Geschäftsjahr an weniger als der Hälfte der AR-Sitzungen teilgenommen haben. Unter **Teilnahme** eines AR-Mitglieds fällt wegen des Wortlautes des § 110 Abs 3 AktG („abhalten") abhängig von den Vorgaben im Einzelfall neben der physischen Teilnahme auch die Zuschaltung per Telefon oder Videokonferenz (*Ringleb/Kremer/Lutter/von Werner* Rn 1109). Im Einzelfall ist bei zeitlich nur ganz geringfügiger Teilnahme an einer Sitzung eine volle Sitzungsteilnahme zu verneinen, wohingegen im Falle des geringfügigen vorzeitigen Verlassens einer Sitzung von einer vollen Teilnahme auszugehen sein wird (Wilsing/*Wilsing* 5.4.7 Rn 4). Die **Anzahl der Sitzungen**, an denen eine volle Teilnahme in diesem Sinne stattfand, muss weniger als die Hälfte der Sitzungsgesamtzahl des Geschäftsjahres betragen; herausgerechnet werden Sitzungen, die vor der Amtszeit des AR-Mitglieds stattfanden (*Wilsing* aaO Rn 5). Unter **Sitzungen** sind sowohl ordentliche als auch außerordentliche Sitzungen zu fassen (*Wilsing* aaO Rn 3). Als **Vermerk** im AR-Bericht des § 171 Abs 2 AktG genügt die Angabe des Namens des AR-Mitgliedes und des Umstandes, dass dieses an weniger als der Hälfte der AR-Sitzungen teilgenommen hat.

63 **Ziff 5.5.2 DCGK** enthält die Empfehlung, dass AR-Mitglieder gegenüber dem AR Interessenkonflikte offenlegen sollen. Ein **Interessenkonflikt** liegt vor, wenn das Unternehmensinteresse von Sonderinteressen des AR-Mitglieds berührt wird (vgl Wilsing/*Wilsing* 5.5.2 Rn 3); spätestens dann, wenn sich der Konflikt auf die Beratung des AR auswirkt, wird ein offenlegungspflichtiger Interessenkonflikt gegeben sein

(*Ringleb/Kremer/Lutter/von Werder* Rn 1127). Es muss eine **konkrete Gefahr** vorliegen, dass sich der Interessenkonflikt auswirkt (*OLG Frankfurt* BB 2012, 2327, 2332 mit zust Anm *Reger/Wolf*; *Wilsing* aaO). Generell werden einzelfallbezogene Konflikte sowie auch Dauerkonflikte erfasst. **Beispielhaft** nennt Ziff 5.5.2 DCGK die Beratung oder das Ausüben einer Organfunktion bei Kunden, Lieferanten, Kreditgebern oder sonstigen Dritten. In diesen Fällen liegt ein Interessenkonflikt zwar nahe, jedoch ist er nicht stets gegeben und daher im Einzelfall zu überprüfen. Was unter „**sonstigen Dritten**" zu verstehen ist, die den Begriff der „sonstigen Geschäftspartner" iSd Ziff 5.5.2 DCGK aF ablösen, erschließt sich nicht aus der Empfehlung. Mangels Einschränkung ist zwar grundsätzlich jedermann hierunter subsumierbar. Gleichwohl sollten **Aktionäre**, sofern sie nicht unter eine der anderen Personenkategorien fallen, nicht als sonstige Dritte angesehen werden, da Aktionäre in systematischer Auslegung nicht wie die zuvor aufgezählten Personen externe Stakeholder sind (*Hecker/Peters* BB 2012, 2639, 2645; ausf *Wilsing/von der Linden* DStR 2012, 1391, 1393; vgl zu dieser Auslegung von Ziff 5.5.2 DCGK aF *OLG Düsseldorf* NZG 2013, 178, 180). Gegen eine Einbeziehung von Aktionären spricht auch Ziff 7.1.1 S 1 DCGK, da dort Anteilseigner und Dritte unterschiedliche Informationsadressaten behandelt werden und deshalb auch in Ziff 5.5.2 DCGK Aktionäre nicht unter sonstige Dritte fallen können. **Beratung** umfasst alle haupt- und nebenberuflichen, einmaligen und dauerhaften Beratungstätigkeiten (ebenso *Wilsing* aaO Rn 8). Als **Organfunktion** sind vor allem Mandate in der Geschäftsführung oder im Überwachungsorgan anzusehen. **Inhaltlich** sollte neben dem Fakt des Bestehens in dem Umfang offengelegt werden, dass den übrigen AR-Mitgliedern eine Einschätzung sowie eine angemessene Reaktion ermöglicht wird (*Wilsing* aaO Rn 20). Die **Offenlegung** hat nach der Empfehlung formlos gegenüber dem AR zu erfolgen; zu Dokumentationszwecken ist eine schriftliche Fixierung jedoch anzuraten.

Nach **Ziff 5.5.3 S 1 DCGK** soll der AR in seinem Bericht an die HV über aufgetretene **64** Interessenkonflikte von AR-Mitgliedern und deren Behandlung informieren. **Interessenkonflikt** wird wie in **Ziff 5.5.2 DCGK** (Rn 63) definiert. Ein solcher ist zB **aufgetreten**, wenn ein Dritter Klage auf Schadensersatz gegen die Gesellschaft mit der Begründung erhebt, dass ein amtierendes AR-Mitglied während seiner vormaligen Tätigkeit im Vorstand der AG einen Gesetzesverstoß begangen hat (*BGHZ* 180, 9 – Kirch/Deutsche Bank, LS 4). Dasselbe gilt, wenn der Rechtsanwaltssozietät, der ein AR-Mitglied angehört, von der Gesellschaft Mandate zur Rechtsberatung erteilt worden sind (*BGH* BB 2012, 2522, 2525 – Fresenius SE). Sind keine Interessenkonflikte aufgetreten, besteht auch keine Berichtspflicht (*OLG Düsseldorf* NZG 2013, 178, 180). Berichtet werden muss auch über die **Behandlung** aufgetretener Interessenkonflikte, so dass der konkrete Umgang (zB Stimmenthaltung, Verzicht auf Sitzungsteilnahme) ersichtlich wird (Wilsing/*Wilsing* 5.5.3 Rn 5). Für einen hinreichenden **Informationsumfang** sollte der Interessenkonflikt so konkret benannt werden, dass die Aktionäre über eine ausreichende Grundlage für die Wahl zum AR verfügen. Das ist der Fall bei der Angabe, dass die Zustimmung des AR zur Mandatierung eines AR-Mitgliedes erfolgte, das Mitglied in einem für den Konzern rechtsberatend tätigen Unternehmen ist (*BGH* BB 2012, 2522, 2525– Fresenius SE); ungenügend ist die bloße Nennung der Anzahl der Beschlussfassungen, an denen ein AR-Mitglied nicht teilnahm, weil sie ihn persönlich betrafen, da zumindest Beschlussthemen und Grund des Interessenkonflikts zu nennen sind (*OLG Frankfurt* ZIP 2011, 1613, 1616; einschränkend *OLG Frankfurt* BB 2012, 2327, 2332 mit zust Anm *Reger/Wolf*; abl *Wilsing* aaO Rn 6). Generell ist für die Bestimmung des Informationsumfangs auch die Möglichkeit der Aktionäre zu berücksichtigen, in der HV Auskunft gem § 131 AktG zu erlangen (*BGH* BB 2012, 2522, 2525 – Fresenius SE). Zustimmung verdient die in der Literatur (*Wilsing* aaO) befürwortete **Einschränkung des Informationsumfangs** für Angaben, die einem gesetzlichen Geheimhaltungsgebot (§ 116 S 2 AktG) unterliegen. Eine **Information** der HV im Bericht ist **nicht** deshalb **entbehrlich**, weil die Öffentlichkeit bereits über die Medien von dem Interessenkonflikt Kenntnis erlangt hat; hier fehlt zumindest eine Information, wie der Interessenkonflikt „behandelt" wurde iSd Ziff 5.5.3 S 1 DCGK (*BGHZ* 180, 9, 20 f). Für die **Form** der Information sieht Ziff 5.5.3 S 1 DCGK den Bericht des AR an die HV iSd § 171 AktG vor; keine die Anfechtung der Entlastungsbeschlüsse rechtfertigende eindeutige und schwere Rechtsverletzung liegt in der stattdessen im Corporate Governance Bericht vorgenommenen Information (*BGH* BB 2012, 2522, 2525 – Fresenius SE).

65 **Ziff 5.5.3 S 2 DCGK** empfiehlt, dass ein wesentlicher und nicht nur vorübergehender Interessenkonflikt die Beendigung des Mandats des AR-Mitglieds nach sich ziehen soll. **Wesentlich** ist ein Interessenkonflikt dann, wenn aufgrund der Häufigkeit der zu ergreifenden Gegenmaßnahmen (zB nahezu ständiges Fernbleiben von AR-Sitzungen) die Funktionsfähigkeit (zB wegen § 108 Abs 2 AktG) des AR beeinträchtigt wird (Wilsing/*Wilsing* 5.5.3 Rn 8). **Nicht nur vorübergehend** ist ein Interessenkonflikt, wenn eine Prognose ergibt, dass er sich nicht zeitnah auflöst (*Wilsing* aaO Rn 9). **Adressaten** der Empfehlung sind sowohl das AR-Mitglied selbst, das sein Mandat niederlegen kann, als auch der Vorstand, der es abberufen kann (*Wilsing* aaO Rn 10). Als **Zeitpunkt der Beendigung** wird ein möglichst zeitnahes Handeln zu fordern sein (*Ringleb/Kremer/Lutter/von Werder* Rn 1141).

66 Die nach **Ziff 5.6 DCGK** empfohlene regelmäßige Effizienzprüfung des AR in Bezug auf seine Tätigkeit erfordert es zu ermitteln, in welchem **Verhältnis** der **Aufwand** des AR **zum erreichten Nutzen** steht (Wilsing/*Wilsing* 5.6 Rn 2); maßgeblich hierfür ist auch die Frage, ob der AR die **Compliance** des Unternehmens beachtet hat (nachdrücklich *Ringleb/Kremer/Lutter/von Werder* Rn 1154). Prüfungsgegenstand ist die Erfüllung vorgegebener oder selbst auferlegter Aufgaben (*Wilsing* aaO). Die **Durchführung der Effizienzprüfung** kann in einem formalisierten Prozess erfolgen oder informell durch eine Diskussion (*Wilsing* aaO Rn 3). Als **Evaluationsobjekte** kommen jedenfalls das AR-Plenum sowie Ausschüsse des AR in Betracht. Es ist **keine Individualüberprüfung** einzelner AR-Mitglieder erforderlich, da dies den Umfang der Effizienzprüfung überfrachten würde (*Wilsing* aaO Rn 2; aA *Ringleb/Kremer/Lutter/von Werder* Rn 1156); gegen eine Individualprüfung spricht zudem der in Ziff 5.6 DCGK verwendete Wortlaut, der gerade nicht wie in anderen Kodexbestimmungen auf das einzelne AR-Mitglied abstellt, sondern auf die Tätigkeit des AR.

67 Gem **Ziff 6.1 S 2 DCGK** sollen neue Tatsachen, die die Gesellschaft Finanzanalysten und anderen vergleichbaren Adressaten mitgeteilt hat, auch den Aktionären zur Verfügung gestellt werden. Gegenstand der Informationspflicht sind allein **Tatsachen**, die in Anlehnung an den bis zum Inkrafttreten des AnSVG v 28.10.2004 (BGBl I 2004, 2630) geltenden Rechtsbegriffs der „Insidertatsache" alle konkreten und dem Beweis zugänglichen Geschehnisse oder Zustände der Vergangenheit oder Gegenwart erfassen (Wilsing/*von der Linden* 6.3 Rn 8); **keine Tatsachen sind** Planungen, Konzepte,

Strategien, Vorbereitungsmaßnahmen, Meinungen, Werturteile, Gerüchte oder Vermutungen (*Ringleb/Kremer/Lutter/von Werder* Rn 1223). **Neu** sind Tatsachen, wenn sie nicht dem gesamten Aktionärskreis bekannt sind (*von der Linden* aaO Rn 9). **Finanzanalysten** bestimmen sich nach § 34b WpHG, **vergleichbare Adressaten** sind solche Empfänger, denen die Gesellschaft die Informationen zur Pflege der (Kapital-)Marktbeziehungen zukommen lässt, wie zB Fondsmanager, Rating-Agenturen oder Wirtschaftsjournalisten (*Ringleb/Kremer/Lutter/von Werder* Rn 1225; zust *von der Linden* aaO Rn 11). Die neuen Tatsachen müssen nach dem insoweit klaren Wortlaut der Empfehlung **kumulativ** sowohl Finanzanalysten als auch vergleichbaren Adressaten **mitgeteilt** worden sein (*von der Linden* aaO Rn 12); nur einer der beiden Adressatengruppen mitgeteilte neue Tatsachen begründen noch kein Informationserfordernis gegenüber den Aktionären. Aus dem systematischen Zusammenhang mit S 1 ergibt sich, dass nur solche neuen Tatsachen zur Verfügung gestellt werden müssen, die **die Gesellschaft selbst** an die beiden Adressatengruppen **herausgegeben** hat (*von der Linden* aaO Rn 13; *Ringleb/Kremer/Lutter/von Werder* Rn 1224). Wie die Gesellschaft die neuen Tatsachen **zur Verfügung stellt**, steht in ihrem Ermessen; in Frage kommen zB die Kommunikation über die Gesellschaftsblätter (§ 25 AktG), die Einstellung auf der Unternehmens-Homepage (auch in einem nur für Aktionäre zugänglichen Bereich) sowie die persönliche Kommunikation an die Aktionäre per E-Mail oder Brief (*von der Linden* aaO Rn 14). Die Tatsachen sind **unverzüglich** und somit in Anlehnung an § 121 Abs 1 S 1 BGB ohne schuldhaftes Zögern zur Verfügung zu stellen (*Ringleb/Kremer/Lutter/von Werder* Rn 1226; *von der Linden* aaO Rn 15).

Nach **Ziff 6.2 DCGK** sollen die Informationen, die aufgrund ausländischer kapitalmarktrechtlicher Vorschriften veröffentlicht werden, auch in Deutschland unverzüglich bekannt gemacht werden. Unter **Informationen** sind Tatsachen iSd Ziff 6.1 S 2 DCGK (Rn 67) sowie aufgrund des weiteren Wortlautes auch Planungen, Konzepte, Strategien, Vorbereitungsmaßnahmen, Meinungen, Werturteile, Gerüchte oder Vermutungen zu verstehen (vgl *Ringleb/Kremer/Lutter/von Werder* Rn 1231). Eingeschränkt sind allerdings nur diejenigen Informationen vom Anwendungsbereich der Empfehlung erfasst, die nach **ausländischen kapitalmarktrechtlichen Vorschriften** veröffentlicht werden; gemeint sind allein zwingende Veröffentlichungsvorschriften (Wilsing/*von der Linden* 6.5 Rn 3). Weil die Information **im Ausland veröffentlicht** worden sein muss, ist lediglich eine allein im Ausland, nicht aber eine auch im Inland, zB über das Internet, veröffentlichte Information maßgeblich (*von der Linden* aaO). Die Form der **Bekanntgabe** liegt im Ermessen der Gesellschaft (zB Internet, sonstige Wege der elektronischen oder herkömmlichen Kommunikation). **Unverzüglich** meint in Anlehnung an § 121 BGB ohne schuldhaftes Zögern, wobei aus der Formulierung des Ziff 6.2 DCGK folgt, dass die Frist erst nach der Veröffentlichung im Ausland beginnt (*von der Linden* aaO Rn 4).

Ziff 6.3 S 1 DCGK empfiehlt eine Angabe, wenn Vorstands- oder AR-Mitglieder einen bestimmten Bestand an Aktien der Gesellschaft oder sich darauf beziehender Finanzinstrumente besitzen. Die Angabe steht expressis verbis **neben der gesetzlichen Angabepflicht**, namentlich der des § 15a WpHG. Der **direkte Besitz** betrifft den des betreffenden Vorstands- oder AR-Mitglieds selbst, der **indirekte Besitz** denjenigen, der dem Organmitglied von anderen Personen zugerechnet wird; für die Zurechnung dürfte der Personenkreis des § 15a Abs 3 WpHG maßgeblich sein, vor allem also Ehegatten, eingetragene Lebenspartner und Verwandte ersten Grades (Wilsing/*von der*

Linden 6.6 Rn 10). Die Angabe muss erst bei Überschreiten der Schwelle von 1 % der ausgegebenen Aktien durch den **individuellen Besitz eines Organmitglieds** erfolgen. Sich **auf Aktien der Gesellschaft beziehende Finanzinstrumente** sind nur solche, die dem Organmitglied ein Bezugsrecht auf Aktien der Gesellschaft gewähren (*von der Linden* aaO). **Inhaltlich** muss der individuelle Besitz von jedem die Schwelle überschreitenden Organmitglied angegeben werden.

70 **Ziff 6.3 S 2 DCGK** enthält die Empfehlung einer Angabe, falls der Gesamtbesitz von Vorstand und AR die Schwelle von 1 % der ausgegebenen Aktien übersteigt; abzustellen ist auf die **Gesamtsumme des Einzelbesitzes aller Organmitglieder** von Vorstand und AR. Aus dem systematischen Zusammenhang mit S 1 ergibt sich, dass sich die maßgebliche Summe aus den Einzelbesitzen der Organmitglieder zusammensetzt, der sich seinerseits wiederum aus direktem und indirektem Besitz speist (Wilsing/*von der Linden* 6.6 Rn 11). Ist der Schwellenwert erreicht, soll die Angabe den Gesamtbesitz getrennt für Vorstand und AR der jeweiligen Gruppe beinhalten; die Angaben sollen in den **Corporate Governance Bericht** integriert werden (Ziff 3.10 S 1 DCGK, näher Rn 7).

71 **Ziff 6.4 DCGK** empfiehlt, einen sog „Finanzkalender" zu publizieren. **Inhaltlich** soll der Finanzkalender die Termine der HV sowie die wesentlichen wiederkehrenden Veröffentlichungen (zB Geschäftsberichte, Zwischenfinanzberichte, Bilanzpressekonferenzen, Analystenkonferenzen, Roadshows) enthalten (*Ringleb/Kremer/Lutter/von Werder* Rn 1250). Die Daten des Finanzkalenders sollen mit **ausreichendem Zeitvorlauf** eingestellt werden, was jedenfalls dann gegeben ist, wenn die Information so rechtzeitig erfolgt, dass der Informationsadressat sein Verhalten danach ausrichten kann (Wilsing/*von der Linden* 6.7 Rn 4). **Normadressat** ist die Gesellschaft, für diese wiederum der Vorstand als das Organ, für den hierin eine Geschäftsführungsmaßnahme liegt (*von der Linden* aaO Rn 2). Als **Veröffentlichungsmedium** wird sich aufgrund der regelmäßigen Aktualisierung vor allem das Internet anbieten.

72 **Ziff 7.1.2 S 2 DCGK** enthält die Empfehlung, dass Halbjahres- und Quartalsfinanzberichte vom AR oder dessen Prüfungsausschuss mit dem Vorstand erörtert werden sollen. Für eine **Erörterung** genügt die zumindest zustimmende Kenntnisnahme des AR bzw des AR-Prüfungsausschusses (*Ringleb/Kremer/Lutter/von Werder* Rn 1312).

73 Gem **Ziff 7.1.2 S 4 DCGK** soll der Konzernabschluss binnen 90 Tagen nach Geschäftsjahresende öffentlich zugänglich sein; bei Zwischenberichten soll dies binnen 45 Tagen nach Ende des Berichtszeitraumes der Fall sein. Sog **Zwischenberichte** existieren nach heutiger Gesetzesterminologie nicht mehr, sondern stammen aus § 40 BörsG aF; umfasst sind jedenfalls Halbjahresberichte iSd § 37w WpHG sowie wohl auch Quartalsfinanzberichte (Wilsing/*von der Linden* 7.1.2 Rn 8). Ungeklärt ist, ob auch Zwischenberichte iSd § 37x WpHG erfasst sind (dafür *Ringleb/Kremer/Lutter/von Werder* Rn 1314; dagegen *von der Linden* aaO Rn 8). Fällt das **Fristende** auf ein Wochenende oder einen gesetzlichen Feiertag, ist entsprechend § 193 BGB der nächste Werktag maßgeblich (*Ringleb/Kremer/Lutter/von Werder* Rn 1317). **Öffentlich zugänglich** sind die Berichte jedenfalls, wenn sie auf der Internetseite der Gesellschaft veröffentlicht werden (vgl *von der Linden* aaO Rn 11).

74 Nach **Ziff 7.1.3 DCGK** sollen im Corporate Governance Bericht konkrete Angaben zu Aktienoptionsprogrammen und ähnlichen wertpapierorientierten Anreizsystemen gemacht werden. Die Angaben sind **entbehrlich**, wenn sie bereits im Jahresabschluss,

Konzernabschluss oder im Vergütungsbericht enthalten sind. Bei **Aktienoptionsprogrammen** auf Basis von bedingtem Kapital sollten hierzu die Angaben zu den Vorgaben der §§ 192 Abs 2 Nr 3, 193 Abs 2 Nr 4 AktG sowie zu Erfolgszielen, den Erwerbs- und Ausübungszeiträumen, zu Kurshürden und zur Wartezeit getätigt werden; bei einer Bedienung auf Basis von eigenen Aktien sollten die nach § 71 Abs 1 Nr 8 S 5 iVm § 193 Abs 2 Nr 4 AktG erforderlichen Angaben gemacht werden (Wilsing/ *Marsch-Barner* 7.1.3 Rn 4). Virtuelle Aktienoptionsprogramme sowie solche, bei denen der Begünstigte ein Wahlrecht zwischen der Lieferung der Aktien und der Zahlung der Kursdifferenz hat, fallen unter **ähnliche wertpapierorientierte Anreizsysteme** und sollten mit denselben Angaben versehen werden wie Aktienoptionsprogramme (*Marsch-Barner* aaO Rn 5). Als **Begünstigte** dieser Vergütungselemente werden neben Organmitgliedern auch Mitarbeiter erfasst (*Ringleb/Kremer/Lutter/von Werder* Rn 1320).

Ziff 7.1.4 S 1 DCGK empfiehlt, eine Liste von Drittunternehmen zu veröffentlichen, 75
an denen die Gesellschaft eine Beteiligung hält, die von nicht untergeordneter Bedeutung für das Unternehmen ist. **Beteiligung** ist weit zu verstehen und umfasst jeden Anteil an einer anderen Gesellschaft (Wilsing/*Marsch-Barner* 7.1.4 Rn 1). Unter **Drittunternehmen** fallen alle Gesellschaften, die nicht im Konzernabschluss konsolidiert sind (*Marsch-Barner* aaO Rn 1; *Ringleb/Kremer/Lutter/von Werder* Rn 1323). Für eine **nicht untergeordnete Bedeutung für das Unternehmen** kommt es aufgrund der Wortwahl „Unternehmen" auf eine konzernweite Betrachtung iSd § 18 AktG an (vgl Präambel). Maßgeblich ist die **wirtschaftliche Bedeutung** der Beteiligung (*Marsch-Barner* aaO Rn 2; *Ringleb/Kremer/Lutter/von Werder* Rn 1324). **Ausgenommen** sind nach Ziff 7.1.4 S 2 DCGK **Handelsbestände von Kredit- und Finanzdienstleistungsinstituten**, aus denen keine Stimmrechte ausgeübt werden.

Ziff 7.1.4 S 3 DCGK konkretisiert die Angabeempfehlung des Ziff 7.1.4 S 1 DCGK 76
(Rn 75) mit einer eigenen Empfehlung und verlangt als Angaben den Namen und Sitz des Drittunternehmens, die Höhe des Anteils, die Höhe des Eigenkapitals und das Ergebnis des letzten Geschäftsjahres. Als **Grundlage dieser Angaben** dienen die Informationen des Einzelabschlusses des Drittunternehmens (*Ringleb/Kremer/Lutter/von Werder* Rn 1329).

Gem **Ziff 7.1.5 DCGK** sollen diejenigen Beziehungen erläutert werden, die zu Aktio- 77
nären bestehen, die im Sinne der anwendbaren Rechnungslegungsvorschriften als nahe stehende Personen zu qualifizieren sind. **Nahe stehende Personen** sind nach IAS 24 zu ermitteln und können sowohl natürliche als auch juristische Personen sein (näher Wilsing/*Marsch-Barner* 7.1.5 Rn 2, 4). Die **Erläuterung** soll die Art der Beziehung zu der nahe stehenden Person sowie alle geschäftlichen Aktivitäten angeben, ohne dass es auf das Überschreiten einer Wesentlichkeitsschwelle der Aktivitäten ankommt (*Marsch-Barner* aaO Rn 3).

Ziff 7.2.1 Abs 1 S 1 DCGK enthält die Empfehlung, dass vor Abgabe des Vorschlags 78
des AR zur Wahl des Abschlussprüfers iSd § 124 Abs 3 S 1 AktG eine Erklärung des Abschlussprüfers über seine Unabhängigkeit seitens des AR oder des AR-Prüfungsausschusses eingeholt wird. Der **Inhalt der Erklärung** muss aus Sicht eines unabhängigen Dritten alle **geschäftlichen** (zB Organ- oder Gremiumsmitglied in der zu prüfenden Gesellschaft), **finanziellen** (zB Kreditgeschäfte, Beteiligungen an der zu prüfenden Gesellschaft), **persönlichen** (zB Verwandtschaft) und **sonstigen** Bezie-

hungen (Wilsing/*Marsch-Barner* 7.2.1 Rn 8; *Ringleb/Kremer/Lutter/von Werder* Rn 1358) angeben. Die **Beziehung** muss zwischen dem Prüfer bzw seinen Organen und Prüfungsleitern einerseits und dem zu prüfenden Unternehmen bzw dessen Organmitgliedern andererseits bestehen; aufgrund der Verwendung des Begriffs „Unternehmen" ist eine **konzernweite Betrachtung** iSd § 18 AktG angezeigt (vgl Präambel). **Abschlussprüfer** ist sowohl der Prüfer der Muttergesellschaft, die die Entsprechenserklärung gem § 161 AktG abgibt, als auch der ggf davon zu unterscheidende Prüfer des Konzernabschlusses (*Marsch-Barner* aaO Rn 6). Hinzukommen muss, dass **Zweifel an der Unabhängigkeit** aufgrund des Bestehens einer der genannten Beziehungen entstehen können. Der **Zeitpunkt des Kenntnisstandes**, auf den es für den Inhalt der Erklärung ankommt, ist die Abgabe der Erklärung zur Unabhängigkeit (*Marsch-Barner* aaO Rn 5); Bezugspunkt ist das laufende Geschäftsjahr (*Ringleb/Kremer/Lutter/von Werder* Rn 1360). Anforderungen an die **Form** stellt die Empfehlung nicht, ratsam ist aus Dokumentationszwecken jedoch eine schriftliche Fixierung (für Textform: *Ringleb/Kremer/Lutter/von Werder* Rn 1357). Die Unabhängigkeitserklärung ist sowohl im Falle des Bestehens als auch des Nichtbestehens relevanter Beziehungen einzuholen; sind keine relevanten Beziehungen vorhanden, ist eine entsprechende **Negativangabe** in der Unabhängigkeitserklärung erforderlich.

79 **Ziff 7.2.1 Abs 1 S 2 DCGK** erweitert den Inhalt der in S 1 erwähnten Unabhängigkeitserklärung und empfiehlt den Umfang anderer Leistungen anzugeben, die im vorangegangenen Geschäftsjahr erbracht wurden bzw für das nächste Geschäftsjahr vereinbart sind. **Relevante Leistungen** sind neben den ausdrücklich genannten Beratungsverträgen alle weiteren Dienstleistungen (Wilsing/*Marsch-Barner* 7.2.1 Rn 10). Für die Angabe des **Umfangs** sind die Art der erbrachten Leistung sowie das Honorar zu nennen (*Marsch-Barner* aaO).

80 **Ziff 7.2.1 Abs 2 DCGK** empfiehlt dem AR, eine Vereinbarung mit dem Abschlussprüfer zu schließen, nach der der AR oder der Vorsitzende des AR-Prüfungsausschusses über während der Prüfung beim Abschlussprüfer auftretende Ausschluss- oder Befangenheitsgründe unverzüglich unterrichtet wird, falls diese nicht unverzüglich beseitigt werden. Beide Handlungen beziehen sich auf ein **„unverzügliches"** Tun, was iSd § 121 Abs 1 BGB ohne schuldhaftes Zögern bedeutet. Zur Erfüllung der Empfehlung dürfte es erforderlich sein, eine entsprechende Vereinbarung für den gesamten Prüfungszeitraum vorweisen zu können, so dass deren **Abschluss** bereits **vor der Bestellung** des Abschlussprüfers angezeigt ist (Wilsing/*Marsch-Barner* 7.2.1 Rn 13). Der Abschluss der Vereinbarung kann durch den AR oder den AR-Prüfungsausschuss erfolgen (*Ringleb/Kremer/Lutter/von Werder* Rn 1362). Aus Dokumentationszwecken sollte die Vereinbarung schriftlich fixiert werden.

81 Gem **Ziff 7.2.3 Abs 1 DCGK** wird dem AR der Abschluss einer Vereinbarung mit dem Abschlussprüfer empfohlen, die eine Unterrichtung von Feststellungen und Vorkommnissen, welche sich bei der Abschlussprüfung ergeben haben, enthält, sofern diese für die Aufgaben des AR wesentlich sind. Die Vereinbarung soll eine **unverzügliche** (§ 121 Abs 1 BGB, ohne schuldhaftes Zögern) Berichterstattung zum Gegenstand haben. Über den **Abschluss** der Vereinbarung beschließt der AR selbst oder der AR-Prüfungsausschuss (Wilsing/*Marsch-Barner* 7.2.3 Rn 3). Zu Dokumentationszwecken sollte die Vereinbarung schriftlich fixiert werden.

Nach **Ziff 7.2.3 Abs 2 DCGK** soll mit dem Abschlussprüfer eine Vereinbarung geschlossen werden, aufgrund der er verpflichtet ist, über Tatsachen, die eine Unrichtigkeit der abgegebenen Entsprechenserklärung iSd § 161 AktG begründen, zu informieren bzw dies im Prüfbericht zu vermerken. Die Informations- bzw Angabepflicht soll sich lediglich auf im Rahmen der Prüfung festgestellte Tatsachen erstrecken und bedingt somit **keine Ausweitung des Prüfungsumfangs** über den gesetzlich geforderten Umfang hinaus auf Aspekte, die für die Entsprechenserklärung von Relevanz sind. 82

Zweiter Abschnitt
Prüfung des Jahresabschlusses

Erster Unterabschnitt
Prüfung durch Abschlussprüfer

§§ 162 bis 169
(aufgehoben)

Die Vorschriften regelten die Abschlussprüfung. Sie wurden durch das BiRiLiG v 19.12.1985 (BGBl 1985 I S 2355) aufgehoben. Vgl jetzt §§ 316 ff, 340k, 341k HGB. 1

Zweiter Unterabschnitt
Prüfung durch den Aufsichtsrat

§ 170 Vorlage an den Aufsichtsrat

(1) ¹**Der Vorstand hat den Jahresabschluss und den Lagebericht unverzüglich nach ihrer Aufstellung dem Aufsichtsrat vorzulegen.** ²**Satz 1 gilt entsprechend für einen Einzelabschluss nach § 325 Abs. 2a des Handelsgesetzbuchs sowie bei Mutterunternehmen (§ 290 Abs. 1, 2 des Handelsgesetzbuchs) für den Konzernabschluss und den Konzernlagebericht.**

(2) ¹**Zugleich hat der Vorstand dem Aufsichtsrat den Vorschlag vorzulegen, den er der Hauptversammlung für die Verwendung des Bilanzgewinns machen will.** ²**Der Vorschlag ist, sofern er keine abweichende Gliederung bedingt, wie folgt zu gliedern:**

1. **Verteilung an die Aktionäre** ....
2. **Einstellung in Gewinnrücklagen** ....
3. **Gewinnvortrag** ....
4. **Bilanzgewinn** ....

(3) ¹**Jedes Aufsichtsratsmitglied hat das Recht, von den Vorlagen und Prüfungsberichten Kenntnis zu nehmen.** ²**Die Vorlagen und Prüfungsberichte sind auch jedem Aufsichtsratsmitglied oder, soweit der Aufsichtsrat dies beschlossen hat, den Mitgliedern eines Ausschusses zu übermitteln.**

Übersicht

	Rn		Rn
I. Überblick	1	IV. Rechte der Aufsichtsratsmitglieder (Abs 3)	12
II. Vorlage des Jahresabschlusses und des Lageberichts (Abs 1)	2	1. Allgemeines	12
1. Vorzulegende Unterlagen	2	2. Kenntnisnahme der Vorlagen und Prüfungsberichte (S 1)	13
2. Ablauf	3	3. Übermittlung der Vorlagen und Prüfungsberichte (S 2)	14
3. Einzelabschluss nach IFRS	4		
4. Konzern	5	V. Durchsetzung und Sanktionen	15
III. Vorschlag für die Verwendung des Bilanzgewinns (Abs 2)	6	1. Rechte des einzelnen Aufsichtsratsmitgliedes bei Verstößen gegen § 170 Abs 3	15
1. Bedeutung des Vorschlages	6	2. Rechte des Aufsichtsrats bei Verstößen gegen § 170 Abs 2 und 3	16
2. Inhalt und Gliederung des Vorschlages	7		
a) Verteilung an Aktionäre	8		
b) Einstellung in die Gewinnrücklage	9	3. Verstöße der Aufsichtsratsmitglieder gegen ihre Prüfungspflicht	17
c) Gewinnvortrag	10		
d) Bilanzgewinn	11		

Literatur: *Biener* Die Konzernrechnungslegung nach der Siebenten Richtlinie des Rates der Europäischen Gemeinschaften über den Konzernabschluß, DB 1983, Beilage 19; *Bormann/Gucht* Übermittlung des Prüfungsberichts an den Aufsichtsrat - ein Beitrag zu § 170 Abs 3 S 2 AktG, BB 2003, 1419; *Clemm* Abschlußprüfer und Aufsichtsrat, ZGR 1980, 454; *Fey/Deubert* Befreiender IFRS-Einzelabschluss nach § 325 Abs 2a HGB für Zwecke der Offenlegung, KoR 2006, 92; *Frey* Zur Problematik der aktienrechtlichen Gewinnverwendung, BB 1968, 275; *Gelhausen/Althoff* Die Bilanzierung ausschüttungs- und abführungsgesperrter Beträge im handelsrechtlichen Jahresabschluss nach dem BilMoG (Teil 1), WPg 2009, 584; *Hoffmann-Becking* Der Aufsichtsrat im Konzern, ZHR 1995, 325; *Hommelhoff* Die Autarkie des Aufsichtsrates, ZGR 1983, 551; *ders* Die neue Position des Abschlußprüfers im Kraftfeld der aktienrechtlichen Organisationsverfassung (Teil I), BB 1998, 2567; *ders* Gesellschaftsrechtliche Fragen im Entwurf eines Bilanzrichtlinien-Gesetzes, BB 1981, 944; *IDW* IDW Prüfungsstandard: Grundsätze ordnungsmäßiger Berichterstattung bei Abschlussprüfungen (IDW PS 450), WPg 2006, 113; *Ihrig/Wagner* Die Reform geht weiter: Das Transparenz- und Publizitätsgesetz kommt, BB 2002, 789; *Küting/Kaiser* Aufstellung oder Feststellung – Wann endet der Wertaufhellungszeitraum?, WPg 2000, 577; *Lanfermann/Maul* EU-Prüferrichtlinie: Neue Pflichtanforderungen für Audit Committees, DB 2006, 1505; *Lenz/Ostrowski* Kontrolle und Transparenz im Unternehmensbereich durch die Institution Abschlussprüfung, BB 1997, 1523; *Lutter/Leinekugel/Rödder* ECLR - Die Sachdividende, ZGR 2002, 204; *Martens* Die Vorlage des Jahresabschlusses und des Prüfungsberichts gegenüber dem Wirtschaftsausschuß, DB 1988, 1229; *Müller* Die Änderungen im HGB und die Neuregelung der Sachdividende durch das Transparenz- und Publizitätsgesetz, NZG 2002, 752; *Scheffler* Die Berichterstattung des Abschlussprüfers aus der Sicht des Aufsichtsrates, WPg 2002, 1289; *Schüppen* To comply or not to comply - that's the question! „Existenzfragen" des Transparenz- und Publizitätsgesetzes im magischen Dreieck kapitalmarktorientierter Unternehmensführung, ZIP 2002, 1269; *Velte* Beschränkung der Informationsrechte des Aufsichtsrats in Bezug auf die Rechnungslegungsunterlagen des Vorstands und den Prüfungsbericht des Abschlussprüfers, NZG 2009, 737; *Wilde* Informationsrechte und Informationspflichten im Gefüge der Gesellschaftsorgane, ZGR 1998, 423.

Vorlage an den Aufsichtsrat § **170**

I. Überblick

Die Vorlagepflichten des § 170 ermöglichen dem AR die Prüfung des Jahresabschlus- 1
ses, des Lageberichtes und des Gewinnverwendungsvorschlages (§ 171) sowie die Entscheidung bzgl der Billigung und Feststellung des Jahresabschlusses (§ 172).

II. Vorlage des Jahresabschlusses und des Lageberichts (Abs 1)

1. Vorzulegende Unterlagen. Der Vorstand hat den Entwurf des Jahresabschlusses 2
und den Lagebericht vorzulegen. Der **Prüfungsbericht** wird durch den Prüfer unmittelbar dem AR gem § 111 Abs 2 S 2, § 321 Abs 5 S 2 HGB vorgelegt (dazu vgl *IDW WPg* 2006, 113, 124); zulässig ist jedoch auch die Zuleitung des Prüfungsberichts über den Vorstand zum AR (vgl *OLG Stuttgart* DB 2009, 1521, 1524 f). Der Entwurf des Jahresabschlusses muss vom Vorstand gebilligt sein; die Vorlage bedarf weder der Unterzeichnung des Vorstands (§ 245 HGB; *OLG Stuttgart* DB 2009, 1521, 1525) noch des Bestätigungsvermerks des Abschlussprüfers (*BGH* AG 1985, 188, 189; ausf MünchKomm AktG/*Hennrichs/Pöschke* Rn 17 f; *Adler/Düring/Schmaltz* Rechnungslegung Tb 4 Rn 7; **aA** GroßKomm AktG/*Brönner* Rn 4; *Küting/Kaiser* WPg 2000, 577, 585 ff). Allerdings muss der Bestätigungsvermerk noch vor der Beschlussfassung durch den AR erteilt werden (*Hennrichs/Pöschke* aaO Rn 18; *OLG Stuttgart* aaO).

2. Ablauf. Der Vorstand wird als Organ verpflichtet, veranlasst wird aber idR die 3
Vorlage durch den Vorstandsvorsitzenden bzw durch den für das Ressort Zuständigen. Eine **Abänderung** des Jahresabschlusses oder des Lageberichtes durch den Vorstand ist auch noch nach der Vorlage zulässig, insoweit muss jedoch eine Nachprüfung gem § 316 Abs 3 HGB erfolgen. Die Vorlage hat an den AR als Gremium (als Organ) zu erfolgen, wobei idR der AR-Vorsitzende empfangsberechtigt ist, es sei denn, die Geschäftsordnung regelt abw (GroßKomm AktG/*Brönner* Rn 8). Die einzelnen Mitglieder des AR werden durch den AR-Vorsitzenden informiert. Möglich ist die Bildung eines **Bilanzausschusses**, dessen Vorsitzenden in diesem Fall für den Ausschuss die Unterlagen vorgelegt werden. Die Vorlage muss **unverzüglich** (§ 121 BGB) erfolgen (vgl dazu *Adler/Düring/Schmaltz* Rechnungslegung Ergänzungsband Rn 14 ff). Eine Verzögerung kann nur durch einen wichtigen Grund gerechtfertigt werden. Die Unterlagen müssen jedoch nicht einzeln vorgelegt werden, zulässig ist, erst dann vorzulegen, wenn alle vorzulegenden Unterlagen erstellt sind (*Adler/Düring/Schmaltz* Rechnungslegung Tb 4 Rn 9).

3. Einzelabschluss nach IFRS. Soll ein Einzelabschluss nach IFRS gem § 325 Abs 2a 4
HGB statt des Jahresabschlusses nach HGB offen gelegt werden, so ist auch dieser gem Abs 1 S 2 unverzüglich nach seiner Aufstellung vorzulegen (näher *Fey/Deubert* KoR 2006, 92, 99 f). Eine Erleichterung für den Jahresabschluss nach HGB hinsichtlich der §§ 170–176 AktG bedingt ein IFRS-Einzelabschluss nicht, vielmehr ist letzterer in das Verfahren nach §§ 170 ff mit Modifikationen einzubeziehen (vgl jeweils dort).

4. Konzern. Unter Geltung des durch das BilMoG vom 25.5.2009 (BGBl I S 1102) 5
novellierten § 290 HGB besteht nach dessen Abs 1 die Pflicht zur Erstellung eines Konzernabschlusses und Konzernlageberichts durch das Mutterunternehmen, wenn es auf das Tochterunternehmen **beherrschenden Einfluss** ausüben kann. Das ist dann der Fall, wenn die **Finanz- und Geschäftspolitik** eines anderen Unternehmens **dauerhaft** und nicht nur vorübergehend **bestimmt** werden kann, um aus dessen Tätigkeit **Nutzen**

Schulz

zu ziehen (BT-Drucks 16/12407, 89; eingehend BeckBilKomm/*Kozikowski/Kreher* § 290 HGB Rn 25). Daneben regelt § 290 Abs 2 HGB Fälle, in denen beherrschender Einfluss unwiderleglich vermutet wird. Unverändert kann sich auch nach neuem Recht die Notwendigkeit zur Erstellung von Teilkonzernabschlüssen und Teilkonzernlageberichten ergeben (*Kozikowski/Kreher* Rn aaO Rn 2). Wird anstelle eines Konzernabschlusses nach HGB ein befreiender Konzernabschluss nach anderen Vorschriften aufgestellt (vgl § 315a HGB: IFRS) aufgestellt, so ist dieser gem Abs 1 vorzulegen (BeckBilKomm/*Ellrott/Hoffmann* Vor § 325 HGB Rn 23).

III. Vorschlag für die Verwendung des Bilanzgewinns (Abs 2)

6 **1. Bedeutung des Vorschlages.** Gem § 174 Abs 1 beschließt die HV über die Verwendung des Bilanzgewinnes. Eine Bindung an den Gewinnverwendungsvorschlag besteht nicht. Jedoch kommt dem Vorschlag nicht unerhebliches Gewicht dadurch zu, sodass sich die Kreditinstitute für die nach § 135 Abs 2 mitzuteilenden eigenen Vorschläge daran ausrichten. Ferner ist die Pflicht zur ad-hoc-Mitteilung zu berücksichtigen, wenn der Vorstand einer börsennotierten AG eine von den Erwartungen der Aktionäre wesentlich abw Dividende vorschlägt (MünchKomm AktG/*Hennrichs/Pöschke* Rn 52). Zum Ablauf gilt das zum Jahresabschluss Gesagte (s Rn 3).

7 **2. Inhalt und Gliederung des Vorschlages.** Der Vorstand hat im pflichtgemäßen Ermessen zu entscheiden, wie er den Bilanzgewinn zu verwenden vorschlägt. Einer **Begründung** bedarf es nicht, eine freiwillige Begründung kann im Lagebericht erscheinen (MünchKomm AktG/*Hennrichs/Pöschke* Rn 57). Der durch einen vom Vorschlag abw Gewinnverwendungsbeschluss bedingte zusätzliche Aufwand ist gem § 174 Abs 2 Nr 5 anzugeben. Allerdings besteht inzwischen ein einheitlicher Körperschaftssteuersatz (§ 23 KStG) unabhängig von der Rücklagenbildung, der zusätzliche Aufwand bezieht sich jedoch auf Steuerrückstellungen wg des zuvor geltenden gespaltenen Steuersatzes (*Frey* BB 1968, 275). Die **Gliederung** hat sich grds nach Abs 2 auszurichten, weitere **Untergliederungen** können zweckmäßig sein. **Leerposten** müssen nicht angegeben werden. Abs 2 S 2 ist grds zwingend. Diese Vorschrift enthält aber eine Einschränkung dahingehend, dass andere Gliederungen zulässig sind, wenn der Vorschlag eine solche bedingt, dh wenn ein wichtiger Grund vorliegt (GroßKomm AktG/*Brönner* Rn 19 mit Beispielen). Ein wichtiger Grund liegt immer dann vor, wenn die grds vorgeschriebene Gliederung unübersichtlich ist und zu Missverständnissen Anlass gibt, ferner, wenn eine andere als in Abs 2 Nr 1–3 genannte Verwendung vorgeschlagen wird (*Adler/Düring/Schmaltz* Rechnungslegung Tb 4 Rn 21). Bei dieser anderen Verwendung bedarf es einer Satzungsermächtigung.

8 **a) Verteilung an Aktionäre.** Der Vorstand hat hierbei den seiner Meinung nach die Aktionäre auszuschüttenden Gesamtbetrag wie auch den Verteilungsschlüssel anzugeben. Bei mehreren Aktiengattungen mit unterschiedlichen Gewinnrechten sind diese Angaben für jede Gattung gesondert darzustellen. **Relevanter Zeitpunkt** hierfür ist der Zeitpunkt des Gewinnverwendungsbeschlusses gem § 174 Abs 1 (*Adler/Düring/Schmaltz* Rechnungslegung Tb 4 Rn 31). Bei der Abfassung des Gewinnverwendungsvorschlages muss der Vorstand prognostizieren, wie viele eigene Aktien iSd §§ 71b und 71d bei Beschlussfassung der Gewinnverwendung nach § 174 vorhanden sind. Dadurch können **Änderungen** notwendig werden, der Vorstand muss konkrete Zahlen angegeben, jedoch kann die Dividende auch prozentual bestimmt sein. Der insgesamt auszuschüttende Betrag muss aber beziffert in dem Vorschlag genannt sein.

Abschlagszahlungen (§ 59) dürfen den darzustellenden Gesamtbetrag nicht verkleinern, sie sind innerhalb des Postens in einer Vorspalte abzusetzen (*Adler/Düring/Schmaltz* aaO Rn 37; GroßKomm AktG/*Brönner* Rn 15). Bei einer **Sachdividende** müssen angegeben werden, welcher Sachwert ausgeschüttet wird und der Anteil, mit welchem er auf die einzelne Aktie entfällt, wobei der Sachwert gem § 174 Abs 2 Nr 2 analog beziffert werden muss (MünchKomm AktG/*Hennrichs/Pöschke* Rn 63). Ob hierfür der Buchwert oder der Verkehrswert maßgeblich ist, wird nicht einheitlich beantwortet (*Ihrig/Wagner* BB 2002, 789, 796; *Müller* NZG 2002, 752, 759: Verkehrswert), richtiger Ansicht nach besteht jedoch ein Wahlrecht (Spindler/Stilz AktG/*Euler* Rn 35; *Lutter/Leinekugel/Rödder* ZGR 2002, 204, 216; *Schüppen* ZIP 2002, 1269, 1277). Die mit dem BilMoG neu eingeführte Ausschüttungssperre des § 268 Abs 8 HGB nF ist bei der Gewinnausschüttung zu beachten (K. Schmidt/Lutter AktG/*Drygala* Rn 10; *Gelhausen/Althoff* WPg 2009, 584, 590).

b) Einstellung in die Gewinnrücklage. Da sich der Vorschlag auf die Verwendung durch die HV bezieht, kommen nur solche Einstellungen in Frage, die noch nicht im Jahresabschluss berücksichtigt werden konnten (s § 158 Rn 5; WP-Handbuch Bd I, 2012, F Rn 909; *OLG Stuttgart* AG 2003, 527, 529). Einstellungen durch die Verwaltung nach § 58 Abs 1 und 2 sind bereits im Jahresabschluss vorzunehmen, so dass die Gewinnverwendung und der Vorschlag des Vorstandes sich auf die Einstellung nach § 58 Abs 3 beschränken. Der Vorschlag muss die gewählte Gewinnrücklage iSd § 266 Abs 3 A III Nr 1-4 HGB näher eingrenzen. Diese eingestellten Beträge sind dann in dem nächsten Jahresabschluss (ebenfalls nach § 266 Abs 3 A III Nr 1-4 HGB näher aufgegliedert, s § 152 Rn 9) gesondert auszuweisen (§ 152 Abs 3 Nr 1). 9

c) Gewinnvortrag. Der Gewinnvortrag ist der nicht ausgeschüttete und nicht in Gewinnrücklagen eingestellte Anteil am Gewinn, der für das Folgejahr den Bilanzgewinn erhöht (§ 158 Abs 1 Nr 1) und folglich in den nächsten Perioden zur weiteren freien Verwendung zur Verfügung stehen wird. Eine Verwendung des als Gewinnvortrag ausgewiesenen Betrages vor der nächsten HV ist dann aber ausgeschlossen. Mit Abs 2 Nr 3 ist nicht (wie bei § 158 Abs 1 Nr 1) der Gewinnvortrag aus dem Vorjahr, der sich aus dem Jahresabschluss ergibt, gemeint, sondern der jetzt zu bestimmende – auf das nächste Jahr vorzutragende – Gewinnvortrag. 10

d) Bilanzgewinn. Der Bilanzgewinn ist die **Summe** der Posten Nr 1–3 und bezeichnet folglich den verwendbaren Gewinn. Der Posten Bilanzgewinn muss daher mit dem Posten § 158 Abs 1 Nr 5 übereinstimmen, da der vorhandene Bilanzgewinn (§ 268 Abs 1 S 2 HGB, § 158 Abs 1 Nr 5) nicht größer oder kleiner sein kann als der verwendbare. 11

IV. Rechte der Aufsichtsratsmitglieder (Abs 3)

1. Allgemeines. Jedes AR-Mitglied hat das Recht, von den Vorlagen und Prüfungsberichten Kenntnis zu nehmen (S 1). Neben dem Recht auf Kenntnisnahme besteht ein Recht auf Übermittlung (S 2). Durch die Bildung eines Ausschusses nach Abs 3 S 2 kann das Übermittlungsrecht des einzelnen Mitglieds des AR ausgeschlossen werden (vgl *Hommelhoff* BB 1981, 944, 945), jedoch kann das Kenntnisnahmerecht eines einzelnen Mitglieds aus Abs 3 S 1 nicht wirksam beschränkt werden (MünchKomm AktG/*Hennrichs/Pöschke* Rn 85; *BGHZ* 85, 293, 300). 12

13 **2. Kenntnisnahme der Vorlagen und Prüfungsberichte (S 1).** Das einzelne AR-Mitglied hat die Pflicht, sich ausreichend für die Prüfung nach § 171 und für die zur Feststellung führende Billigung gem § 172 ausreichend Kenntnis zu verschaffen (*Hommelhoff* ZGR 1983, 551, 579 f). Das Mitglied ist verpflichtet, sich ein **eigenes Bild** zu machen (*Hommelhoff* aaO 576). Er muss sich dafür alle notwendigen Kenntnisse und Fähigkeiten aneignen. Folglich hat er keinen Anspruch darauf, bei der Einsichtnahme einen Sachverständigen hinzuziehen zu dürfen (*BGHZ* 85, 293, 295 f). Die Beratung muss vielmehr grds im AR intern verlaufen (*BGHZ* 85, 293, 299 f; etwas anders noch *BGHZ* 64, 325, 331 f). Die Anforderungen an die Kenntnisnahme richten sich danach, ob durch die Bildung eines Ausschuss Abs 3 S 2 die Übermittlung an das einzelne Mitglied des AR ausgeschlossen ist. In diesem Fall findet die Kenntnisnahme in den Geschäftsräumen der AG oder anderen von der AG bestimmten Räumen, die für die Mitglieder zumutbar zu erreichen sind, statt (*Bormann/Gucht* BB 2003, 1887). Das einzelne Mitglied ist berechtigt, diesen Bericht für eine angemessene Dauer einzusehen, wobei er sich Notizen anfertigen kann; er muss sich nicht mit einer Zusammenfassung begnügen (MünchKomm AktG/*Hennrichs/Pöschke* Rn 108).

14 **3. Übermittlung der Vorlagen und Prüfungsberichte (S 2).** Neben dem Kenntnisnahmerechts besteht ferner auch grds ein individueller Anspruch auf Übermittlung der Akten, Abs 3 S 2. Dies hat unaufgefordert zu geschehen (*Hommelhoff* BB 1998, 2567, 2572). Dieser Anspruch eines jeden Mitgliedes kann durch Bildung eines Ausschusses ausgeschlossen werden (s Rn 12). Die Bildung eines Ausschusses kann durch AR-Beschluss – sowohl für den Einzelfall als auch generell für die Zukunft – erfolgen, aber auch allg in der Geschäftsordnung geregelt sein. Die Regelung bestimmt ferner, welche Vorlagen betroffen sind bzw welche Vorlagen nur dem Ausschuss und nicht jedem einzelnen AR-Mitglied übermittelt werden (GroßKomm AktG/*Brönner* Rn 23; *Adler/Düring/Schmaltz* Tb 4 Rn 55; krit *Velte* NZG 2009, 737; **aA** MünchKomm AktG/*Hennrichs/Pöschke* Rn 98; K.Schmidt/Lutter AktG/*Drygala* Rn 19: teleologische Reduktion auf Prüfungsberichte). Möglich ist die Bildung mehrerer Ausschüsse. Der Ausschluss der Vorlage von Unterlagen an einzelne AR-Mitglieder durch die Bildung eines Ausschusses bedarf einer **sachlichen Rechtfertigung**. Dem Übermittlungsinteresse der einzelnen AR-Mitglieder kommt jedoch im Gegensatz zum Geheimhaltungsinteresse nur geringes Gewicht zu, da das Übermittlungsrecht der Überwachungspflicht des AR dient, welche aber bereits primär durch das unentziehbare Kenntnisnahmerecht gewährleistet wird (zutr *Martens* DB 1988, 1229, 1236; **aA** *Lenz/Ostrowski* BB 1997, 1523, 1524; krit *Hommelhoff* aaO 2573). Ein Beschl des Plenums ist trotz Nichterwähnung in § 107 Abs 3 erforderlich (so auch: Grigoleit AktG/*Grigoleit/Zellner* Rn 14; *Hennrichs/Pöschke* aaO Rn 104; *Hüffer* AktG Rn 14; Spindler/Stilz AktG/*Euler* Rn 46). Soweit keine andere Regelung vorliegt, genügt einfache Mehrheit. Wurde die Übermittlung auf den Ausschuss übertragen, genügt die bloße Auslegung in der Bilanzsitzung dem unentziehbaren Recht auf Kenntnisnahme der verbleibenden AR-Mitglieder in zeitlicher Hinsicht nicht (*Velte* NZG 2009, 737; *Adler/Düring/Schmaltz* aaO Rn 58). Ist ein Ausschuss gebildet worden, so steht es im Ermessen des AR-Vorsitzenden, einzelnen Mitgliedern, die am Ausschuss nicht teilnehmen, die Unterlagen zu übermitteln, wenn sie es verlangen. Voraussetzung dafür ist, dass die Ausschussbildung dadurch nicht konterkariert wird und wiederum eine sachliche Rechtfertigung für die Übermittlung trotz Ausschlusses besteht (MünchKomm AktG/*Hennrichs/Pöschke* Rn 101). Der AR-Vorsitzende muss hierfür vom AR ermächtigt sein (*Martens* DB 1988, 1229, 1236. Übermittlung meint nicht nur Auslegung zur kurzfristigen Einsicht, aber auch nicht Übergabe zum endgültigen Verbleib (BR-Drucks 872/97, 57). Zuständig für die Übermittlung ist der Vorsitzende des AR. Jedoch bleibt es ohne Bedeutung, wer die Unterlagen übermittelt, wenn der AR-Vorsitzende damit einverstanden ist, möglich ist daher eine Übermittlung direkt vom Vorstand. Die Übermittlung hat an die vom AR-Mitglied angegebene Adresse zu erfolgen. Die Übermittlung kann auch auf elektronischem Wege, etwa per E-Mail erfolgen. Die **Übermittlungsfrist** muss den Umständen angemessen sein, idR liegt sie daher bei **zwei Wochen**, uU auch darunter (*Bormann/Gucht* BB 2003, 1887, 1888). Der AR hat auch die **Rückgabekonditionen** festzulegen (zur Zulässigkeit solcher Rückgabepflichten s *BGH* AG 2008, 743, 744). Eine Rückgabe kann erst dann verlangt werden, wenn die Beratung des AR insoweit abgeschlossen ist.

V. Durchsetzung und Sanktionen

1. Rechte des einzelnen Aufsichtsratsmitgliedes bei Verstößen gegen § 170 Abs 3. 15
Das einzelne AR-Mitglied kann sein Recht auf Kenntnisnahme (Abs 3 S 1) wie auch sein Recht auf Übermittlung (Abs 2 S 1) vor Gericht klageweise geltend machen (MünchKomm AktG/*Hennrichs/Pöschke* Rn 112). Wird das Übermittlungsrecht des einzelnen, nicht am Ausschuss teilnehmenden Mitglieds durch Bildung eines Ausschusses ausgeschlossen, so ist seine Klage auf Übermittlung unbegründet. Die Klage ist **gegen die AG** zu richten (*BGHZ* 85, 293, 295). Für eine Klage gegen den Vorsitzenden des AR fehlt das für die Zulässigkeit notwendige Rechtsschutzbedürfnis (*BGH* aaO).

2. Rechte des Aufsichtsrats bei Verstößen gegen § 170 Abs 2 und 3. Von der Konstel- 16
lation, dass das einzelne AR-Mitglied gegen die AG wg seiner Rechte nach Abs 3 vorgeht, ist der Fall zu unterscheiden, dass die AG gegen den Vorstand vorgeht wg der Rechte des AR aus Abs 1 und 2. In diesem Fall wird die AG durch den AR vertreten (MünchKomm AktG/*Hennrichs/Pöschke* Rn 113; GroßKomm AktG/*Brönner* Rn 25). Daneben kann gegen den Vorstand auch nach § 407 vorgegangen werden (dazu *Bormann/Gucht* BB 2003, 1887, 1893).

3. Verstöße der Aufsichtsratsmitglieder gegen ihre Prüfungspflicht. Die Mitglieder 17
des AR haben die Pflicht, die Unterlagen durchzuarbeiten, um ihrer weiteren Aufgaben, Prüfung der Unterlagen nach § 171 und Entscheidung bzgl der Billigung des Jahresabschlusses nach § 172 gerecht werden zu können (s Rn 13). Die Möglichkeit der Kenntnisnahme führt im Zusammenhang mit der gesetzlichen Beweislastumkehr nach §§ 116, 93 Abs 2 S 2 (vgl *Adler/Düring/Schmaltz* Rechnungslegung Tb 4 Rn 56) zu einem Schadensersatzanspruch (§§ 116, 93; vgl zum Ganzen *Bormann/Gucht* BB 2003, 1887, 1893).

§ 171 Prüfung durch den Aufsichtsrat

(1) ¹Der Aufsichtsrat hat den Jahresabschluss, den Lagebericht und den Vorschlag für die Verwendung des Bilanzgewinns zu prüfen, bei Mutterunternehmen (§ 290 Abs. 1, 2 des Handelsgesetzbuchs) auch den Konzernabschluss und den Konzernlagebericht. ²Ist der Jahresabschluss oder der Konzernabschluss durch einen Abschlussprüfer zu prüfen, so hat dieser an den Verhandlungen des Aufsichtsrats oder des Prüfungsausschusses über diese Vorlagen teilzunehmen und über die wesentlichen Ergebnisse seiner Prü-

fung, insbesondere wesentliche Schwächen des internen Kontroll- und des Risikomanagementsystems bezogen auf den Rechnungslegungsprozess, zu berichten. ³Er informiert über Umstände, die seine Befangenheit besorgen lassen und über Leistungen, die er zusätzlich zu den Abschlussprüfungsleistungen erbracht hat.

(2) ¹Der Aufsichtsrat hat über das Ergebnis der Prüfung schriftlich an die Hauptversammlung zu berichten. ²In dem Bericht hat der Aufsichtsrat auch mitzuteilen, in welcher Art und in welchem Umfang er die Geschäftsführung der Gesellschaft während des Geschäftsjahrs geprüft hat; bei börsennotierten Gesellschaften hat er insbesondere anzugeben, welche Ausschüsse gebildet worden sind, sowie die Zahl seiner Sitzungen und die der Ausschüsse mitzuteilen. ³Ist der Jahresabschluss durch einen Abschlussprüfer zu prüfen, so hat der Aufsichtsrat ferner zu dem Ergebnis der Prüfung des Jahresabschlusses durch den Abschlussprüfer Stellung zu nehmen. ⁴Am Schluss des Berichts hat der Aufsichtsrat zu erklären, ob nach dem abschließenden Ergebnis seiner Prüfung Einwendungen zu erheben sind und ob er den vom Vorstand aufgestellten Jahresabschluss billigt. ⁵Bei Mutterunternehmen (§ 290 Abs. 1, 2 des Handelsgesetzbuchs) finden die Sätze 3 und 4 entsprechende Anwendung auf den Konzernabschluss.

(3) ¹Der Aufsichtsrat hat seinen Bericht innerhalb eines Monats, nachdem ihm die Vorlagen zugegangen sind, dem Vorstand zuzuleiten. ²Wird der Bericht dem Vorstand nicht innerhalb der Frist zugeleitet, hat der Vorstand dem Aufsichtsrat unverzüglich eine weitere Frist von nicht mehr als einem Monat zu setzen. ³Wird der Bericht dem Vorstand nicht vor Ablauf der weiteren Frist zugeleitet, gilt der Jahresabschluss als vom Aufsichtsrat nicht gebilligt; bei Mutterunternehmen (§ 290 Abs. 1, 2 des Handelsgesetzbuchs) gilt das Gleiche hinsichtlich des Konzernabschlusses.

(4) ¹Die Absätze 1 bis 3 gelten auch hinsichtlich eines Einzelabschlusses nach § 325 Abs. 2a des Handelsgesetzbuchs. ²Der Vorstand darf den in Satz 1 genannten Abschluss erst nach dessen Billigung durch den Aufsichtsrat offenlegen.

Übersicht

	Rn		Rn
I. Allgemeines	1	a) Verhältnis zum Aufsichtsrat	6
II. Prüfung (Abs 1)	2	b) Aufgaben des Abschluss-	
1. Prüfungspflicht (S 1)	2	prüfers	7
a) Verpflichteter	2	III. Schriftlicher Bericht (Abs 2)	8
b) Prüfungsumfang	3	1. Allgemeines, Ergebnis der Prü-	
aa) Allgemein	3	fung (S 1)	8
bb) bei uneingeschränktem		2. Überprüfung der Geschäftsfüh-	
Bestätigungsvermerk	3a	rung (S 2)	9
cc) bei eingeschränktem		3. Stellungnahme zur Abschluss-	
oder versagtem Bestäti-		prüfung (S 3)	10
gungsvermerk	3b	4. Einwendung und Billigung (S 4)	11
dd) weitere Faktoren	4	5. Konzernabschluss (S 5)	12
ee) Besonderheiten anderer		IV. Zuleitung des Berichtes an den	
Prüfungsgegenstände	4a	Vorstand (Abs 3)	13
c) Änderungsbefugnis?	5	V. Einzelabschluss nach IFRS (Abs 4)	14
2. Abschlussprüfer (S 2 und 3)	6	VI. Rechtsfolgen bei Verstößen	15

Literatur: *Bischof/Oser* Zweifelsfragen zur Teilnahmepflicht des Abschlußprüfers an der Bilanzsitzung des Aufsichtsrats, WPg 1998, 539; *Clemm* Abschlußprüfer und Aufsichtsrat, ZGR 1980, 454; *Deckert* Effektive Überwachung der AG-Geschäftsführung durch Ausschüsse des Aufsichtsrates, ZIP 1996, 985; *Dörner/Oser* Erfüllen Aufsichtsrat und Wirtschaftsprüfer ihre Aufgaben?, DB 1995, 1085; *Fey/Deubert* Befreiender IFRS-Einzelabschluss nach § 325 Abs 2a HGB für Zwecke der Offenlegung, KoR 2006, 92; *Forster* Aufsichtsrat und Abschlussprüfung, ZfB 58 (1988), 789; *Gelhausen* Reform der externen Rechnungslegung und ihrer Prüfung durch den Wirtschaftsprüfer, AG-Sonderheft 1997, 73; *Hommelhoff* Die Autarkie des Aufsichtsrats, ZGR 1983, 551; *ders* Die neue Position des Abschlußprüfers im Kraftfeld der aktienrechtlichen Organisationsverfassung (Teil II), BB 1998, 2625; *IDW* IDW Prüfungsstandard: Grundsätze für die mündliche Berichterstattung des Abschlussprüfers an den Aufsichtsrat (IDW PS 470), WPg 2003, 608; *Kompenhans/Buhleier/Splinter* Festlegung von Prüfungsschwerpunkten durch Aufsichtsrat und Abschlussprüfer, WPg 2013, 59; *Liese/Theusinger* Anforderungen an den Bericht des Aufsichtsrats vor dem Hintergrund steigender Anfechtungsrisiken für Entlastungsbeschlüsse – Zugleich Anmerkung zu LG München I, Urt vom 5.4.2007 – 5 HK O 15964/06, BB 2007, 2528; *von der Linden* Darstellung von Interessenkonflikten im Bericht des Aufsichtsrat an die Hauptversammlung, GWR 2011, 407; *Lutter* Defizite für eine effiziente Aufsichtsratstätigkeit und gesetzliche Möglichkeiten der Verbesserung, ZHR 159 (1995), 287; *Maser/Bäumker* Steigende Anforderungen an die Berichtspflicht des Aufsichtsrats?, AG 2005, 906; *Mutze* Prüfung und Feststellung des Jahresabschlusses der Aktiengesellschaft sowie Beschlussfassung über die Gewinnverwendung, AG 1966, 173; *Neuling* Präsenzpflicht in der Bilanzsitzung des Aufsichtsrats, AG 2002, 610; *Priester* Interessenkonflikte im Aufsichtsratsbericht – Offenlegung versus Vertraulichkeit, ZIP 2011, 2081; *Prühs* Der Sachverstand im Aufsichtsrat, AG 1970, 347; *Schulze-Osterloh* Unternehmensüberwachung und Prüfung des Jahresabschlusses durch den Aufsichtsrat, ZIP 1998, 2129; *Strieder* Zur Frist der Prüfungs- und Berichtspflicht des Aufsichtsrats hinsichtlich des Jahresabschlusses einer AG oder KGaA, AG 2006, 363; *Sünner* Anfechtung eines Hauptversammlungs-Entlastungsbeschlusses, AG 2006, 450; *Trescher* Strafrechtliche Aspekte der Berichterstattung des Aufsichtsrates, DB 1998, 1016; *ders* Die Überwachungsberichte des Aufsichtsrates, DB 1989, 1981; *Uhlendorf* Zur Frage der Anforderungen an den Bericht des Aufsichtsrates in der HV über dessen Überwachungstätigkeit in Bezug auf die Geschäftsführung der Gesellschaft in Zeiten wirtschaftlicher Schwierigkeiten, BB 2006, 1024; *Vetter* Die Berichterstattung des Aufsichtsrates an die HV als Bestandteil seiner Überwachungsaufgabe, ZIP 2006, 257; *Voßen* Stärkung der Informationsrechte der Aktionäre gegenüber dem Aufsichtsrat – Zugleich Besprechung des Urt des OLG Stuttgart v 15.3.2006, NZG 2006, 1287; *Wagner* Aufsichtsratssitzung in Form einer Videokonferenz – Gegenwärtiger Stand und mögliche Änderungen durch das Transparenz- und Publizitätsgesetz, NZG 2002, 57; *Wilsing/Goslar* Zu den Anforderungen an den Aufsichtsratsbericht, EWiR 2006, 259.

I. Allgemeines

§ 171 ist **zwingend**, der AR kann von der Prüfung in keinem Fall absehen, eine abw **1** Regelung in der Satzung, etwa die Übertragung der (abschließenden) Prüfung und Beschlussfassung auf ein anderes Organ oder auf einen Dritten, ist unwirksam gem § 23 Abs 5 (s MünchKomm AktG/*Hennrichs/Pöschke* Rn 5). Obwohl § 171 lex specialis zu § 111 ist, bleibt § 111 Abs 2 unberührt, so dass diese Rechte ausgeübt werden können bzw müssen (*Adler/Düring/Schmaltz* Rechnungslegung Tb 4 Rn 4, s auch *Forster* ZfB 58 (1988), 789, 792).

II. Prüfung (Abs 1)

2   1. Prüfungspflicht (S 1). – a) Verpflichteter. Die Prüfung obliegt dem AR. Jedes einzelne Mitglied hat hierbei selbstständig die Unterlagen zu prüfen (*BGHZ* 85, 293, 295 f; *Hommelhoff* ZGR 1983, 551, 576); dies ist eine originäre Aufgabe des AR, die diesem nicht durch Beratungsverträge zusätzlich vergütet werden dürfen (*BGH* AG 2009, 661). Die Prüfungspflicht verbunden mit der Pflicht, sich die dafür erforderlichen Kenntnisse und Fertigkeiten anzueignen, gilt uneingeschränkt auch für Arbeitnehmervertreter (**hM**, *BGH* aaO; s § 170 Rn 13). Wer den Anforderungen nicht genügt, muss das Mandat ablehnen (*OLG Frankfurt* AG 1982, 194, 195). § 111 schließt aus, dass einzelne Mitglieder ihre Aufgaben auf andere delegieren. Zulässig ist aber, dass der AR die Beratung und Beschlussfassung durch einen Ausschuss oder einen Sachkundigen vorbereiten lassen (*Dörner/Oser* DB 1995, 1085, 1088). Jedoch entbindet ein solcher Ausschuss nicht von der eigenen sorgfältigen Prüfung, der Ausschuss bzw der Sachkundige kann nur vorbereitend wirken (*RGZ* 93, 338, 340; *Vetter* ZIP 2006, 257, 263). Die AR-Mitglieder dürfen vorgelegte Prüfungsergebnisse nicht blindlings übernehmen, sondern müssen die Unterlagen selbst gewissenhaft prüfen; sollte sich hierbei ein Anlass zu Bedenken ergeben, so ist diesen nachzugehen (*RGZ* 161, 129, 140). Jedoch ergibt sich aus der kurzen Vorlagepflicht des Abs 3, dass die Prüfung des AR sich auf das Wesentliche konzentrieren muss (GroßKomm AktG/*Brönner* Rn 40).

3   b) Prüfungsumfang. – aa) Allgemein. Die Prüfungspflicht nach Abs 1 S 1 beschränkt sich nicht nur auf die Rechtmäßigkeit, sondern erfasst auch die **Zweckmäßigkeit** (**hM**, *Vetter* ZIP 2006, 257, 259; *Strieder* AG 2006, 363, 366; *Schulze-Osterloh* ZIP 1998, 2129, 2134; MünchKomm AktG/*Hennrichs/Pöschke* Rn 36 mwN). Das bedeutet zum einen, dass in die Prüfung die Frage einzubeziehen ist, ob die Bilanz, die GuV-Rechnung und der Lagebericht zutr die Vermögens-, Finanz- und Ertragslage der AG inklusive der mit der künftigen Entwicklung verbundenen Risiken aufzeigen (vgl § 317 Abs 2 HGB; *Adler/Düring/Schmaltz* Rechnungslegung Tb 4 Rn 17), zum anderen aber auch in einem zweiten Schritt, ob Bilanzierungswahlrechte wie auch Entnahmen und Einstellungen durch den Vorstand über die zuvor zu beantwortende Frage der Rechtmäßigkeit hinaus dem Interesse der Gesellschaft entsprechen (*Forster* ZfB 58 (1988), 789, 792 f). Der AR hat die Rechtmäßigkeit, die Übereinstimmung mit Gesetz und Satzung, zu prüfen. Soweit es den Jahresabschluss und den Lagebericht (inklusive Abschluss und Bericht bzgl des Konzerns) betrifft und es sich nicht um eine kleine Kapitalgesellschaft iSd § 267 Abs 1 HGB handelt, liegt im Zeitpunkt der Beratung und Beschlussfassung durch den AR bereits eine Abschlussprüfung (§ 316 Abs 1 und Abs 2 HGB) vor. Mithin ist die Rechtmäßigkeit insoweit (der Gewinnverwendungsvorschlag bleibt bei der Abschlussprüfung außer Betracht) bereits geprüft. Dennoch muss der AR **selbstständig** die Rechtmäßigkeit prüfen. Das bedeutet nicht, dass der AR eine zweite Abschlussprüfung machen müsste (GroßKomm AktG/*Brönner* Rn 12), Bücher, Inventar und Belege muss er gerade nicht einsehen. Auch diesbzgl gilt die allg Überwachungspflicht des § 111. Das AR-Mitglied muss alle eigenen Erfahrungen und (Sonder-)Kenntnisse in die Prüfung einfließen lassen (Spindler/Stilz AktG/*Euler* Rn 64 f; Schmidt/Lutter AktG/*Drygala* Rn 7; *Adler/Düring/Schmaltz* aaO Rn 26). Allg gilt weiterhin, dass Zweifel weitere Nachforschungen des AR-Mitglieds und eine erhöhte Prüfungsintensität erforderlich machen (*Drygala* aaO).

bb) bei uneingeschränktem Bestätigungsvermerk. Hat der Abschlussprüfer seinen **3a**
Bestätigungsvermerk uneingeschränkt erteilt und liegt auch sonst kein Anlass für
Bedenken gegen die Richtigkeit der Buchführung vor, kann sich der AR auf die
Abschlussprüfung verlassen (*Forster* ZfB 58 (1988), 789, 792; *Clemm* ZGR 1980, 454,
458 spricht sogar von einer „Plausibilitätsprüfung"). Dann kann sich der AR auf die
vorgelegten Unterlagen und den Prüfungsbericht beschränken (vgl KölnKomm AktG/
Ekkenga Rn 25). Auch müssen dann nicht etwa Stichproben gemacht werden (ganz
hM, K. Schmidt/Lutter AktG/*Drygala* Rn 6; *Clemm* aaO 457; **aA** *Prühs* AG 1970, 347,
351), jedoch **darf** der AR nähere Kontrollen gem § 111 Abs 2 vornehmen. Grds darf
der AR dann von der Richtigkeit der Abschlussprüfung ausgehen, namentlich kann er
die Tatsachen, wie sie der Abschlussprüfer festgestellt hat, seiner eigenen Prüfung
zugrunde legen. Je geringer die Darstellungstiefe, die innere Logik und Konsequenz
des Prüfungsberichtes des Abschlussprüfers ausfallen, desto eingehender muss der
AR selbst prüfen. Dies kann aber nur gelten, wenn der Bestätigungsvermerk uneingeschränkt erteilt wurde. Gesteigerte Anforderungen an die Prüfung sind selbst bei
Erteilung eines uneingeschränkten Bestätigungsvermerks gegeben, wenn Umstände
und Risiken existieren, die auf dem Sonderwissen eines AR-Mitglieds beruhen (*Drygala* aaO Rn 7) bzw anderweitig erkennbar waren, aber bspw mangels unmittelbaren
Bezugs zur Buchführung dem Abschlussprüfer verborgen geblieben sind (GroßKomm
AktG/*Brönner* Rn 6); ferner bei anderweitig auftretenden Zweifeln an der Korrektheit des Jahresabschlusses (KölnKomm AktG/*Ekkenga* Rn 23, 25).

cc) bei eingeschränktem oder versagtem Bestätigungsvermerk. Wenn der **Bestäti- 3b
gungsvermerk nicht uneingeschränkt vom Abschlussprüfer erteilt** oder gar **versagt**
(§ 322 Abs 4 HGB) wurde, ändert sich der Inhalt der Pflicht des AR. Der AR ist nun
nicht mehr nur gehalten, die Unterlagen zu prüfen, sondern muss darauf hinwirken,
dass die in der Begründung zur Einschränkung bzw Versagung des Bestätigungsvermerks (§ 322 Abs 4 S 3 HGB) erläuterte Einwendung geklärt und die diesen zugrunde
liegenden Mängel beseitigt werden (*Adler/Düring/Schmaltz* Rechnungslegung Tb 4 aaO
Rn 27). Hierfür bedarf es eines Zusammenwirkens von AR, Vorstand und Abschlussprüfer. Je nach den bes Umständen, namentlich wenn sich Mängel im Zusammenhang
mit der Buchführung ergeben, muss der AR Stichproben vornehmen und ggf Bücher
und Belege, soweit vom Abschlussprüfer Mängel dargestellt werden, selbst prüfen. In
diesem Umfang ist es dem AR verwehrt, eine ordnungsgemäße Buchführung oder
einen gesetzmäßigen Jahresabschluss zu vermuten. Auch hier gilt, dass gesteigerte
Anforderungen an den Prüfungsaufwand zu stellen sind, wenn Umstände und Risiken
existieren, die auf dem Sonderwissen eines AR-Mitglieds beruhen (*Adler/Düring/
Schmaltz* aaO Rn 28). Der AR muss auch noch **Veränderungen** berücksichtigen, welche
nach Aufstellung und Testierung eingetreten sind, und ggf die Billigung aufgrund dieser
Änderungen verweigern (*OLG Dresden* AG 2006, 672, 673).

dd) weitere Faktoren. Die Möglichkeit des AR, auf der Prüfung des Abschlussprü- **4**
fers aufzubauen, beschränkt sich auf solche Vorgänge, die für Abschlussprüfer gut
erkennbar sind. Dort hingegen, wo der Abschlussprüfer keine Aussagen machen kann
oder wo der AR bessere Kontrollmöglichkeiten als der Abschlussprüfer hat, kann sich
der AR nicht auf den Prüfungsbericht stützen, sondern muss selbst tätig werden. Da
der AR gem § 111 ständig die Geschäftsführung überwachen muss, hat sich diese allg
Überwachung besonders auf diejenigen Vorgänge zu beziehen, die der Abschlussprüfer nicht in der für die Prüfung und Stellungnahme (Abs 2) des AR genügendem

Maße prüfen kann. Dafür muss sich der AR folglich ausreichend genaue Kenntnisse der gesamten Geschäftsverhältnisse (vgl *RGZ* 161, 129, 140) verschaffen. Ist zwar der Bestätigungsvermerk uneingeschränkt erteilt, gibt es aber gleichwohl Anlass zu Bedenken, etwa aufgrund der Überwachung des AR nach § 111, aufgrund von Beschwerden oder aufgrund von Hinweisen des Prüfungsausschusses oder sogar des Abschlussprüfers selbst, so muss der AR diese Problempunkte aufklären (*RG* aaO). Liegen bes Umstände vor, etwa eine Krise der AG, widersprüchliches Verhalten des Vorstandes oder ist die Bilanzierung als problematisch einzustufen, ist die Prüfungspflicht des AR ebenfalls erweitert. Widersprüche müssen aufgedeckt und geklärt, Risiken eingeschätzt und beurteilt werden.

4a **ee) Besonderheiten anderer Prüfungsgegenstände.** Beim **Lagebericht** muss der AR neben der Frage der Rechtmäßigkeit anhand von Gesetz und Satzung weiterhin prüfen, ob er zweckmäßig erstellt worden ist, dh ob die gewählte Darstellung die tatsächliche Lage der AG widerspiegelt oder ob sie einen irreführenden Eindruck zu erwecken geeignet ist. Aufgrund der ständigen Überwachung nach § 111 hat der AR im Vergleich zum Abschlussprüfer weitergehende Kenntnisse, so dass er hier bes gefordert ist (KölnKomm AktG/*Ekkenga* Rn 27). Der **Gewinnverwendungsvorschlag** wird vom Abschlussprüfer nicht geprüft. Der AR prüft die vorgeschlagene Gewinnverwendung auf ihre rechtliche Zulässigkeit (zB §§ 150, 254), aber auch auf ihre Zweckmäßigkeit. Letzteres beinhaltet die Prüfung, ob den widerstreitenden Interessen ausreichend Rechnung getragen ist, zB ob die Ausschüttung den berechtigten Interessen der Aktionäre wie auch auf der anderen Seite den wirtschaftlichen Umständen der AG entspricht (*Forster* ZfB 58 (1988), 789, 794). Bei Mutterunternehmen iSd § 290 Abs 1 und 2 HGB sind ferner auch der **Konzernabschluss** und der **Konzernlagebericht** zu prüfen. Auch diese sind vollständig auf Recht- und Zweckmäßigkeit hin zu überprüfen. Dies setzt als notwendige Vorstufe die Prüfung voraus, inwieweit ein Konzern besteht. Für die Prüfung der Konzernunterlagen gilt das oben bereits Gesagte entspr (vgl MünchKomm AktG/*Hennrichs/Pöschke* Rn 67 und 74, der bzgl Fragen der Konsolidierungstechnik eine Reduzierung der Prüfung durch den AR zulässt).

5 **c) Änderungsbefugnis?** Der AR kann den Jahresabschluss nicht abändern (GroßKomm AktG/*Brönner* Rn 17; *Forster* ZfB 58 (1988), 789, 793). Die Versagung der Billigung führt zum Feststellungsrecht der HV (§ 173 Abs 1), welche den Jahresabschluss abändern kann (§ 173 Abs 2 und 3). Solange der Jahresabschluss nicht festgestellt ist, hat der Vorstand die Möglichkeit, diesen abzuändern, worauf der AR hinwirken kann bzw muss. Möglich ist eine Billigung des Jahresabschluss durch den AR unter der Bedingung von Änderungen des Jahresabschlusses durch den Vorstand. Mit Änderung durch den Vorstand und Nachprüfung gem § 316 Abs 3 HGB tritt Feststellung ein (*Adler/Düring/Schmaltz* Rechnungslegung Tb 4 Rn 43 f). Eine Billigung unter der Bedingung, dass der Lagebericht oder der Gewinnverwendungsvorschlag abgeändert wird, ist nicht möglich.

6 **2. Abschlussprüfer (S 2 und 3). – a) Verhältnis zum Aufsichtsrat.** Der AR kann durch Mehrheitsbeschluss wählen, ob die Teilnahme des Abschlussprüfers im Plenum oder im Ausschuss erfolgt. Die Satzung kann dies hingegen nicht regeln, weil der AR autonom zu entscheiden hat (MünchKomm AktG/*Hennrichs/Pöschke* Rn 135). Möglich ist, dass der Abschlussprüfer sowohl in das Plenum als auch in den Ausschuss vom AR zitiert wird (*Hommelhoff* BB 1998, 2625, 2627). Die Teilnahme- und Berichtspflicht des Abschlussprüfers besteht allerdings nur, wenn eine **gesetzliche Prüfungspflicht** besteht. Satzungsmäßige Prüfungspflichten lösen diese grds nicht aus (*Bischof/Oser* WPg 1998, 539, 540 f; **aA** *Hennrichs/Pöschke* aaO Rn 127), es sei denn die Satzung schreibt ebenfalls die Teilnahme- und Berichtspflicht vor. Dann ergibt sich die Pflicht aber aus der Satzung und nicht aus Abs 1 S 2. Die fachliche Kompetenz des Abschlussprüfers und seine intensive Einarbeitung nimmt dem AR bzw dessen Ausschuss einen beachtlichen Teil der Prüfungsarbeit, ohne dass dadurch die Mitgliedern des AR von der Pflicht entbunden werden, sich ein eigenes Bild zu verschaffen (näher Rn 3 ff). Zwar kann das Mitglied sich den recherchierenden Teil durch Fragen an den Abschlussprüfer erheblich abkürzen (*Forster* ZfB 58 (1988), 789, 798; zur Festlegung von Prüfungsschwerpunkten *Kompenhans/Buhleier/Splinter* WPg 2013, 59 ff), die eigentliche ihm obliegende Beurteilung kann er hingegen nicht delegieren (§ 111 Abs 5). Will der AR beim Vorstand eine Änderung des Jahresabschlusses erreichen, würde also eine Nachprüfung nach § 316 Abs 3 HGB notwendig werden, so kann der in der Sitzung anwesende Abschlussprüfer mitteilen, ob er der Änderung den Bestätigungsvermerk erteilen wird (*Forster* aaO 797). Die Teilnahme- und Berichtspflicht trifft den verantwortlichen Prüfungsleiter, bei einer Verhinderung, zB bei Terminkollisionen, kann stattdessen ein anderer sachkundiger Prüfer des eingeschalteten Prüfungsteams erscheinen (*Hennrichs/Pöschke* aaO Rn 128 mwN). Der AR legt auch den **Modus der Teilnahme** des Abschlussprüfers. Hält der AR seine Sitzung per Videokonferenz ab, kann der Abschlussprüfer seiner Teilnahmepflicht auch durch Zuschalten zur Videokonferenz nachkommen (str, *Wagner* NZG 2002, 57, 63; **aA** *Neuling* AG 2002, 610, 612 f), denn der Wortlaut des Abs 1 S 2 schreibt nicht obligatorisch die physische, sondern die Teilnahme im Allg vor. Lässt der AR die Teilnahme per Videokonferenz nicht zu, kann der Abschlussprüfer auch nicht auf diese Art seiner Teilnahmepflicht nachkommen (*Neuling* aaO).

Der Abschlussprüfer ist zur **Teilnahme** verpflichtet (Abs 1 S 2). Die gesetzliche Teilnahme- und Auskunftspflicht des Abschlussprüfers besteht nur, soweit und solange der AR oder sein Prüfungsausschuss über den Jahresabschluss, den Lagebericht oder den Gewinnverwendungsvorschlag berät. Seit Geltung des BilMoG v 25.5.2009 (BGBl I S 1102) besteht die Teilnahmepflicht nicht mehr gegenüber (irgend)einem Ausschuss, sondern nur im Verhältnis zum **Prüfungsausschuss**. Die Pflicht ist wg § 888 Abs 2 ZPO gerichtlich nicht durchsetzbar (GroßKomm AktG/*Brönner* Rn 21). § 332 HGB gilt nicht für die unrichtige mündliche Erläuterung des Prüfungsberichtes gem Abs 1 S 2 (BeckBilKomm/*Kozikowski/Gutman* § 332 HGB Rn 9). Obgleich eine gesetzliche Teilnahmepflicht des Abschlussprüfers in diesen Fällen besteht, bleibt die Entscheidungshoheit darüber, ob der Abschlussprüfer an der entspr Sitzung des AR teilnehmen soll, beim AR. Der AR kann also, selbst wenn er über einen der gerade genannten Punkte berät, von der Teilnahme des Abschlussprüfers absehen, wenn er dies ausdrücklich erklärt (str, *Gelhausen* AG 1997, 73, 79; K. Schmidt/Lutter AktG/*Drygala* Rn 9; RegBegr BT-Drucks 13/9712, 22; **aA** *Bischof/Oser* WPg 1998, 539, 541 f); in diesem Fall handelt der AR pflichtwidrig, nicht aber der Abschlussprüfer (*Drygala* aaO). Der Abschlussprüfer handelt seinerseits pflichtwidrig, wenn er ohne eine ausdrückliche Ausladung des AR nicht an der entspr Sitzung teilnimmt (Spindler/Stilz AktG/*Euler* Rn 27 f). Pflichtverletzungen sind für die Wirksamkeit des Jahresabschluss jedoch unerheblich (MünchKomm AktG/*Hennrichs/Pöschke* Rn 179; *Drygala* aaO mwN). 6a

7 b) Aufgaben des Abschlussprüfers. Weiterhin ist der Abschlussprüfer verpflichtet, über die wesentlichen Ergebnisse seiner Prüfung zu berichten (**Berichtspflicht**, s hierzu *IDW* PS 470 WPg 2003, 608). Der Abschlussprüfer hat die Schwerpunkte, die wesentlichen Ergebnisse seiner Prüfung sowie die Gesamtzusammenhänge darzustellen (*Hommelhoff* BB 1998, 2625, 2626). Diese Berichtspflicht wurde mit Einführung des BilMoG vom 25.5.2009 (BGBl I S 1102) dahingehend konkretisiert, dass die Prüfungsergebnisse insb in Bezug auf wesentliche Schwächen des internen Kontroll- und Risikomanagementsystems bzgl des Rechnungslegungsprozesses dargelegt werden müssen. Die Materialien nennen etwa die Risiken bei der Bildung von Bewertungseinheiten und die Risikoeinschätzung der Inanspruchnahme aus Eventualverbindlichkeiten (RegBegr BT-Drucks 16/1006, 104 f). Die Neuregelung bewirkt keine Einengung der Berichtspflicht (RegBegr aaO). Zur Berichtspflicht gehört zusätzlich nun auch die Angabe von Umständen, welche die Neutralität des Abschlussprüfers in Frage stellen, wie zB zusätzlich erbrachte Leistungen, (S 3 nF). Ferner kann der AR sich gezielt einzelne Stellen des Jahresabschlusses oder des Prüfungsberichtes erklären lassen (BT-Drucks 13/9712, 22). Innerhalb der Sitzung hat jedes einzelne Mitglied das Recht, dass der Vorsitzende ihn Fragen an den Prüfer stellen lässt, soweit er nicht missbräuchlich, sachfremd oder übermäßig vorgeht (MünchKomm AktG/*Hennrichs/Pöschke* Rn 168). Auf Diskussionen mit einzelnen Mitgliedern muss sich der Abschlussprüfer aber nicht einlassen (zutr *Hommelhoff* aaO 2627). Der Abschlussprüfer muss auch außerhalb der Sitzungen dem AR Auskunft erteilen, nicht aber dem einzelnen AR-Mitglied (GroßKomm AktG/*Brönner* Rn 19). Bedarf ein einzelnes Mitglied jedoch vom Abschlussprüfer eine Information, so ist hierfür zuvor eine Genehmigung durch den Vorsitzenden des AR einzuholen (*Adler/Düring/Schmaltz* Rechnungslegung Tb 4 Rn 43 f).

III. Schriftlicher Bericht (Abs 2)

8 1. Allgemeines, Ergebnis der Prüfung (S 1). Abs 2 enthält nur die **Mindestanforderungen**. In der Art der Darstellung ist der AR frei. Inzwischen standardisierte Formulierungen sind zulässig (nicht aber bzgl der Überprüfung der Geschäftsführung, su Rn 9), wenn keine Einwendungen erhoben worden sind (*Maser/Bäumker* AG 2005, 906, 907) und die Prüfungspflicht nicht aufgrund bestimmter Umstände gesteigert ist. Erhöht sich die Prüfpflicht (vgl hierzu Rn 3 ff), erhöht sich auch entspr die Berichtspflicht. Besteht keine gesteigerte Berichtspflicht, sind die standardisierten Formulierungen angemessen und zeugen nicht etwa von mangelnder Ernsthaftigkeit (*Adler/Düring/Schmaltz* Rechnungslegung Tb 4 Rn 59; KölnKomm AktG/*Ekkenga* Rn 68; bei § 314 gelten strengere Anforderungen. Der Bericht muss erkennen lassen, dass der AR überhaupt eine eigene Prüfung vorgenommen hat und was das Ergebnis dieser Prüfung ist, LG Berlin DB 2005, 1320). Der Bericht hat nur das Wesentliche mitzuteilen, er soll nur den notwendigen Überblick verschaffen, weitergehende Angaben sind nur bei Einwendungen notwendig (*Forster* ZfB 58 (1988), 789, 800); bspw muss der Bericht keinen Hinweis auf die Mandatierung einer Rechtsanwaltskanzlei enthalten, der ein AR-Mitglied angehört (*OLG München* WM 2009, 265, 268). Auf der anderen Seite ist zu berücksichtigen, dass der Prüfungsbericht der HV nicht vorgelegt wird, diese also sich nur auf den Bericht des AR stützen kann, weswegen der Bericht verständlich und leicht nachvollziehbar sein muss. Der AR muss bei der Berichterstattung in allen Fällen die Verschwiegenheitspflicht nach § 286 HGB und § 160 Abs 2 einhalten (GroßKomm AktG/*Brönner* Rn 27). Der Bericht muss vom Vorsitzenden des AR **unterzeichnet** werden (*BGH* WM 2010, 1502, 1504; *Mutze* AG 1966, 173, 174; *Vetter* ZIP 2006, 257, 263, als Datum soll der Tag der Bilanzsitzung des AR genommen werden, bei Bedingung der Tag des Bedingungseintritts, so auch *Strieder* AG 2006, 363, 366). Sondervoten einzelner AR-Mitglieder müssen nicht im Bericht aufgeführt werden. Zur Entlastung und Haftungsbefreiung müssen diese ihre Auffassung klar zum Ausdruck bringen und notfalls ihr Amt niederlegen (*Brönner* Rn 24). Der Bericht muss vom AR durch Beschl festgestellt werden (*BGH* aaO 1503; *Hüffer* AktG Rn 12; Spindler/Stilz AktG/*Euler* Rn 71); eine Beschlussfassung durch konkludentes Verhalten verbietet sich wie bei allen anderen Beschl des AR auch hier (*BGH* aaO 1503 f, vgl auch § 108 Rn 2). Ein Ausschuss kann die Berichterstattung zwar vorbereiten, nicht aber den Beschl dazu fassen. Die **Ausführlichkeit** der Berichterstattung bzgl des Jahresabschlusses richtet sich nach dem Grad der Billigung des Jahresabschlusses durch den AR (*Adler/Düring/Schmaltz* aaO Rn 64): Bei uneingeschränkter Billigung genügt die Mitteilung der Prüfung des Jahresabschlusses, Lageberichts und Gewinnverwendungsvorschlags des Vorstands durch den AR und dessen Billigung des Jahresabschlusses. In diesem Fall genügt ein Satz, wenn nicht noch Abweichungen in wesentlichen Fragen zu dem Prüfungsbericht des Abschlussprüfers mitzuteilen sind (BeckBilKomm/*Ellrott/Hoffmann* Vor § 325 HGB Rn 29). Ansonsten sind die Auffassungen des AR und die des Vorstands substantiiert mitzuteilen. Die HV muss die Auffassungen nachvollziehen und sich ein eigenes Urteil bilden können (MünchKomm AktG/*Hennrichs/Pöschke* Rn 209). Lücken und Fehler im Jahresabschluss können nicht durch die Berichterstattung des AR ausgeglichen werden, insoweit muss der AR den Vorstand zur Änderung bewegen. Weiterhin sind auf Verlangen der HV mündliche Auskünfte zu erteilen (*Mutze* aaO).

2. Überprüfung der Geschäftsführung (S 2). Hintergrund dieser Vorschrift ist, den AR zur Überwachung gem § 111 anzuhalten. Ferner bildet der Bericht die Grundlage für die Information der HV, die auch über die **Entlastung des AR** zu entscheiden hat (*BGH* WM 2010, 1502, 1505); ferner sind Rechtsverstöße auch für den Beschl zur Entlastung des Vorstands relevant (*BGH* aaO; Spindler/Stilz AktG/*Euler* Rn 70). Konsens herrscht heute insoweit, dass der AR entgegen zumindest bisheriger Praxis nicht zu allg Formulierungen greifen kann (*LG München* AG 2008, 133, 135; so auch zumindest bei erheblichen wirtschaftlichen Schwierigkeiten *OLG Stuttgart* AG 2006, 379, 380 f dazu s unten). Bzgl der genauen Anforderungen herrscht jedoch Streit. Nach einer Meinung sind **generell** die ergriffenen Überwachungsmaßnahmen mitzuteilen (GroßKomm AktG/*Brönner* Rn 29; *LG München* aaO; im Grundsatz ebenso K. Schmidt/Lutter AktG/*Drygala* Rn 16). Danach sind stets die Häufigkeit der Prüfung, der Gegenstand und die Methode der Prüfungen anzugeben Neben der Darstellung der Überwachung durch Berichte gem § 90 Abs 1 S 1 oder Abs 3 sind somit auch Angaben über Einsichtnahmen in Bücher, Schriften etc iSd § 111 Abs 2 S 1, Beauftragung von Sachverständigen nach § 111 Abs 2 S 2, Zustimmungsvorbehalte gem § 111 Abs 4, Bestellung und Abberufung von Vorstandsmitgliedern (zur Darstellung personeller Veränderungen: *Vetter* ZIP 2006, 257, 260), ggf auch darüber, warum von einer dieser Möglichkeiten bewusst nicht Gebrauch gemacht wurde, zu machen (*LG München* DB 2005, 878; *OLG Stuttgart* DStR 2006, 578). Auch über außergewöhnliche Prüfungsmaßnahmen ist zu berichten (BeckBilKomm/*Ellrott/Hoffmann* Vor § 325 HGB Rn 28). Nach zutreffender aA ist die **wirtschaftliche Situation** für die **Berichtsintensi-**

tät maßgebend (*OLG Hamburg* AG 2001, 359, 362; MünchKomm AktG/*Hennrichs/ Pöschke* Rn 196; *Maser/Bäumker* AG 2005, 906, 908 f; *Wilsing/Goslar* EWiR 2006, 259, 260; ähnlich *Hüffer* AktG Rn 13 mwN; tendenziell auch *OLG Stuttgart* aaO; vgl auch *Uhlendorf* BB 2006, 1024, 1025; zur Anfechtung des Entlastungsbeschlusses wg einer Berichtspflichtverletzung *Sünner* AG 2006, 450 ff). Eine Intensivierung der Überwachungspflicht aufgrund wirtschaftlicher Schwierigkeiten führt entspr zu einer gesteigerten Berichtspflicht; dasselbe gilt bei risikoträchtigen und wegweisenden Entscheidungen (*OLG Stuttgart* aaO). Bei erheblichen wirtschaftlichen Schwierigkeiten verbieten sich formelhafte, für die Bewertung der Kontrolle ungenügende Mitteilungen, etwa dass sich der AR „regelmäßig anhand schriftlicher und mündlicher Berichte des Vorstands eingehend über die Unternehmensstrategie, den Gang der Geschäfte und die Lage des Unternehmens sowie über wesentliche Programm-Investitionen informierte". Notwendig ist vielmehr die Darstellung der konkreten Überwachungstätigkeit, namentlich der außergewöhnlichen und problematischen Vorfälle (*OLG Stuttgart* aaO). Maßgeblich für die Berichtstiefe sind somit die Schwerpunkte und die zentralen Fragestellungen der Überwachungstätigkeit des AR (*Liese/Theusinger* BB 2007, 2528, 2530). Ausschlaggebend für den im konkreten Fall notwendigen Berichtsinhalt muss Sinn und Zweck der Berichtspflicht des § 171 bleiben, die HV genügend für ihre Willensbildung zu informieren. Die Maßnahmen sind konkret anzuführen, ferner ob die Überwachung durch einen Ausschuss oder durch Dritte erfolgt ist (*Adler/Düring/ Schmaltz* Rechnungslegung Tb 4 Rn 67). Der Anlass der einzelnen Maßnahmen muss hingegen nicht aufgeführt werden. Grenzen können sich aus Datenschutz- und Vertraulichkeitsaspekten ergeben (*Maser/Bäumker* aaO 909). Hier besteht ein Spannungsverhältnis zwischen der Empfehlung gem Ziff 5.5.2, 5.5.3 DCGK Interessenkonflikte von Aufsichtsräten offenzulegen und der Verschwiegenheitspflicht gem § 116 (*Wettich* AG 2012, 725, 730; vgl *OLG Frankfurt/Main* NZG 2011, 1029, 1031, das eine detaillierte Offenlegung fordert; kritisch hierzu auch *von der Linden* GWR 2011, 407; *Priester* ZIP 2011, 2081 ff). Ziff 5.5.3 DCGK verlangt iE keine Darlegung der Einzelheiten eines Interessenkonflikts; der Aktionär, der nähere Informationen erhalten möchte, hat bereits in der HV die Möglichkeit vom Vorstand Auskunft zu verlangen (so *BGH* NZG 2013, 783, 784). Weiterhin muss der AR mitteilen, ob die Überwachungsmaßnahmen zu **Beanstandungen** geführt haben. Diese sind dann ebenfalls näher darzulegen.

9a Bei einer **börsennotierten AG** muss immer angegeben werden, welche Ausschüsse gebildet worden sind. Zudem ist die Zahl der Sitzungen des AR und die der Ausschüsse voneinander getrennt darzustellen (*Hüffer* AktG Rn 13a). Nicht notwendig ist die namentliche Nennung der Ausschussmitglieder und des Vorsitzenden (*Vetter* aaO 260 f, auch zu den Ausnahmen). Eine Bezugnahme auf den Vorjahresbericht ist unzulässig. Zur **Vorstandsvergütung** muss sich der Bericht nicht äußern (*Vetter* aaO), anderes kann bei bedenklichen Vergütungsbestandteilen gelten.

10 **3. Stellungnahme zur Abschlussprüfung (S 3).** Die erforderliche Ausführlichkeit der Stellungnahme hängt davon ab, inwieweit der AR dem Prüfungsbericht des Abschlussprüfers zustimmt, aber auch davon, ob und inwieweit der Abschlussprüfer den Bestätigungsvermerk erteilt hat. Stimmt der AR dem Prüfungsbericht vollständig zu und wurde der Bestätigungsvermerk uneingeschränkt erteilt, so kann sich die Stellungnahme auf einen kurzen Satz beschränken, indem die zustimmende Kenntnisnahme kundgetan wird (**hM**, *Adler/Düring/Schmaltz* Rechnungslegung Tb 4 Rn 71 mwN;

Prüfung durch den Aufsichtsrat § 171

Maser/Bäumker AG 2005, 906, 909; *OLG Hamburg* AG 2001, 359, 362; **aA** GroßKomm AktG/*Brönner* Rn 34). Wenn aber die Auffassung des AR von der des Abschlussprüfers abweicht oder der Bestätigungsvermerk versagt oder nur eingeschränkt erteilt worden ist, so muss der AR seine eigene Meinung der HV mitteilen, so dass diese zur Bildung eines eigenen Urteiles imstande ist. Dabei ist besonders zu berücksichtigen, dass die HV kein Recht auf Vorlage des Prüfungsberichtes hat. Jedoch darf der Prüfungsbericht insoweit vorgelegt werden, als dadurch weder die AG noch die Vertraulichkeit des Prüfungsberichts gefährdet wird (*Brönner* aaO Rn 33; *Adler/Düring/Schmaltz* aaO Rn 73), soweit nicht vorgelegt wird, muss die Stellungnahme die für das eigene Urteil der HV notwendigen Ausführungen enthalten. Der AR darf aus dem Prüfungsbericht zitieren (MünchKomm AktG/*Hennrichs/Pöschke* Rn 207). Grenze ist aber immer die Vertraulichkeit (*Maser/Bäumker* aaO). Eine Ausnahme zur Möglichkeit der kurz gefassten Stellungnahme ist weiterhin im Falle einer **wirtschaftlich schwierigen Situation** der AG anzunehmen, da in diesen Fällen die Berichtspflicht des AR erhöht ist (*OLG Hamburg* AG 2001, 359, 362). Es muss dann Stellung genommen werden zu den existenzgefährdenden Risiken, zur Einschätzung dieser Risiken durch den Abschlussprüfer (§ 322 Abs 2 S 3 HGB) wie auch zu der Bewertung der Risikodarstellung durch den Abschlussprüfer gem § 322 Abs 6 S 2 HGB (verallgemeinernd, auch wenn keine Krise vorliegt: *Hennrichs/Pöschke* aaO Rn 208).

4. Einwendung und Billigung (S 4). Einwendungen sind ausführlich (analog § 322 **11** Abs 4 S 4 HGB) der HV zu erläutern. Sind nach Auffassung der AR hingegen keine Einwendungen zu erheben, kann dies knapp mitgeteilt werden. Mit Einwendungen wird inhaltlich auf § 322 Abs 3 S 1 und Abs 4 HGB Bezug genommen. Unwesentliche Mängel, die keine Einschränkung oder Versagung des Bestätigungsvermerkes zur Folge haben können, fallen grds nicht darunter; anderes gilt nur bei entspr schweren Einwendungen gegen die Zweckmäßigkeit (**hM**, MünchKomm AktG/*Hennrichs/ Pöschke* Rn 191; **aA** *Hüffer* AktG Rn 14). Sogar Einwendungen gegen die Rechtoder Zweckmäßigkeit des vom Abschlussprüfer nicht zu prüfenden Gewinnverwendungsvorschlag sind mit umfasst (*Adler/Düring/Schmaltz* Rechnungslegung Tb 4 Rn 76), ferner Einwendungen bzgl der Geschäftsführung (vgl *Trescher* DB 1989, 1981, 1982). Ob der Jahresabschluss **gebilligt** wird oder nicht, ist **explizit** zu erklären. Beim Einzelabschluss führt die Billigung zur Feststellung gem § 172, die Versagung zur Feststellungskompetenz der HV (§ 173 Abs 1). Lagebericht und Gewinnverwendungsvorschlag sind einer Billigung nicht zugänglich.

5. Konzernabschluss (S 5). Gem Abs 2 S 5 finden bei Mutterunternehmen S 3 und 4 auf **12** den Konzernabschluss entspr Anwendung. Der AR hat folglich zu dem Ergebnis der Prüfung des Konzernabschlusses Stellung zu nehmen. Ferner hat er in der Schlusserklärung darzulegen, ob Einwendungen gegen den Konzernabschluss zu erheben sind und ob er den Konzernabschluss billigt. Die Billigung des Konzernabschlusses führt anders als beim Einzelabschluss nicht zur Feststellung, jedoch beinhaltet auch beim Konzernabschluss die Billigung eine gewisse Endgültigkeitserklärung (vgl MünchKomm AktG/ *Hennrichs/Pöschke* § 172 Rn 103, s § 172 Rn 1). Wenn der AR nicht den Konzernabschluss billigt, muss die HV darüber beschließen (§ 173 Abs 1). Bzgl der Stellungnahme und der Einwendungen gilt das zum Jahresabschluss Gesagte entspr (s Rn 10). Wird anstelle eines Konzernabschlusses nach HGB ein befreiender Konzernabschluss nach anderen Vorschriften (vgl § 315a HGB: IFRS) aufgestellt, so gelten Abs 2 S 5 iVm S 3 und 4 im Hinblick auf diesen (BeckBilKomm/*Ellrott/Hoffmann* Vor § 325 HGB Rn 23).

IV. Zuleitung des Berichtes an den Vorstand (Abs 3)

13 Der Bericht muss innerhalb eines Monats dem Vorstand zugeleitet werden. Die Frist fängt an zu laufen, wenn dem AR-Vorsitzenden bzw an den sonst Empfangsberechtigten (s § 170 Rn 3) **alle** Vorlagen – mit Ausnahme des direkt vorzulegenden Prüfungsberichts (str, MünchKomm AktG/*Hennrichs/Pöschke* Rn 217; **aA** K. Schmidt/Lutter AktG/*Drygala* Rn 18; *Strieder* AG 2006, 363, 366 mwN) – zugegangen sind. Der Zugang bei den einzelnen Mitgliedern spielt hingegen keine Rolle. Nach Fristablauf muss der Vorstand dem AR unverzüglich (vgl § 121 BGB) eine weitere Frist von nicht mehr als einem Monat setzen. Der Vorstand muss die zweite Frist setzen, er hat diesbezgl keinerlei Ermessen. Gem § 407 kann diese Pflicht sogar durch Zwangsgeld erzwungen werden. Die zweite Frist muss vom Vorstand angemessen gewählt werden. Die Satzung kann hieran nichts ändern, insb kann sie die Fristen nicht verlängern (*Adler/Düring/Schmaltz* Rechnungslegung Tb 4 Rn 85). Läuft auch diese zweite Frist ab, so wird die Erklärung des AR, dass der Jahresabschluss nicht gebilligt wird, mit der Rechtsfolge des § 173 Abs 1 **fingiert**. Die Fiktion gilt gem Abs 3 S 3 2. HS auch für den Konzernabschluss, ferner auch für den IFRS-Einzelabschluss nach § 325 Abs 2a HGB (BeckBilKomm/*Ellrott/Hoffmann* Vor § 325 HGB Rn 32; RegBegr BT-Drucks 15/3419, 54), bei einem IFRS-Einzelabschluss kommt es jedoch nicht zu § 173. Die Fiktion tritt nur bei Ausbleiben der Zuleitung des Berichtes an den Vorstand ein, nicht schon dann, wenn ein mangelhafter Bericht dem Vorstand zugeleitet worden war. Anderes kann nur gelten, wenn dem Mangel ein solches Gewicht zukommt, als läge gar kein Bericht vor, was bei Fehlen wichtiger Bestandteile der Fall sein kann (vgl *LG Karlsruhe* DB 2000, 1608, 1609). Ein solch schwerer Mangel liegt aber dann nicht vor, wenn der Bericht auslegungsfähig ist. Nach Eintritt der Fiktion hat der Vorstand die HV unverzüglich einzuberufen (KölnKomm AktG/*Claussen* Rn 20; *Adler/Düring/ Schmaltz* aaO Rn 87). Trotz Eintritt der Fiktion muss der AR dem Vorstand weiterhin den Bericht vorlegen. Der AR kann die Entscheidung über die Billigung nicht mehr nachholen (*Hennrichs/Pöschke* aaO Rn 221; **aA** *Adler/Düring/Schmaltz* aaO).

V. Einzelabschluss nach IFRS (Abs 4)

14 Wenn ein Einzelabschluss nach IFRS gem § 325 Abs 2a HGB statt des Jahresabschlusses nach HGB aufgestellt worden ist, dann erstreckt sich die Prüfungspflicht des AR auch auf den IFRS-Einzelabschluss und die dazugehörigen Unterlagen (*Fey/Deubert* KoR 2006, 92, 99 f). Der Lagebericht muss auch hinsichtlich des IFRS-Abschlusses (vgl § 325 Abs 2a S 4 HGB) vom AR überprüft werden. Über das Ergebnis der Prüfung durch den AR muss der HV berichtet werden. Darin hat sich eine Stellungnahme zu dem Ergebnis der Prüfung des IFRS-Abschlusses (§§ 324a, 316 HGB) zu befinden. Inwieweit der Überwachungspflicht nachgekommen wurde, muss bereits im Bericht zum Jahresabschluss nach HGB erläutert werden und bedarf keiner Wiederholung im Bericht zum IFRS-Einzelabschluss (vgl auch Abs 2 S 5) (*Fey/Deubert* aaO). Die Erklärung bzgl der Billigung und etwaiger Einwände muss für den IFRS-Abschluss gesondert erfolgen (vgl RegBegr BT-Drucks 15/3419, 54). Eine Billigung kommt auch dann nicht in Betracht, wenn die Voraussetzungen der §§ 324a, 325 Abs 2b HGB nicht erfüllt sind, namentlich muss der Abschlussprüfer des handelsrechtlichen Jahresabschlusses den IFRS-Abschluss geprüft haben. Eine Feststellungswirkung ist für den IFRS-Abschluss bei der Billigung nicht verbunden, da dieser nicht Grundlage der Gewinnverwendung ist. Jedoch tritt die für die Offenlegung befreiende Wirkung

(§ 325 Abs 2a HGB) nur bei Billigung des AR ein. Abs 4 S 2 ordnet deswegen an, dass der Vorstand den IFRS-Einzelabschluss erst nach Billigung durch den AR offen legen darf (RegBegr aaO). Nicht in Betracht kommt eine ersetzende Billigung der HV gem § 173 (*Fey/Deubert* aaO 94 und 100). Bei fehlender Billigung muss der Vorstand den IFRS-Abschluss ändern oder es entfällt die Möglichkeit des § 325 Abs 2a HGB (Beck-BilKomm/*Ellrott/Hoffmann* Vor § 325 HGB Rn 30).

VI. Rechtsfolgen bei Verstößen

Mängel der Berichterstattung des AR können zu Schadensersatzansprüchen (§§ 116, 93) gegen diesen führen (*Mutze* AG 1966, 173, 174). Zum strafrechtlichen Aspekt fehlerhafter Berichterstattung s *Trescher* DB 1998, 1016. Verzögerungen der Berichtsvorlage nach Abs 3 oder Nichtvorlage können eine Anfechtung des Feststellungsbeschlusses nicht begründen (MünchKomm AktG/*Hennrichs/Pöschke* Rn 228; *BGH* AG 2008, 83, 85). Nichtigkeit des fehlerhaften Berichtsbeschlusses des AR kann nur bei schweren Mängeln, insb bei Verletzung der Wahrheitspflicht, angenommen werden (vgl *Trescher* DB 1989, 1981, 1984). 15

Dritter Abschnitt
Feststellung des Jahresabschlusses, Gewinnverwendung

Erster Unterabschnitt
Feststellung des Jahresabschlusses

§ 172 Feststellung durch Vorstand und Aufsichtsrat

¹Billigt der Aufsichtsrat den Jahresabschluss, so ist dieser festgestellt, sofern nicht Vorstand und Aufsichtsrat beschließen, die Feststellung des Jahresabschlusses der Hauptversammlung zu überlassen. ²Die Beschlüsse des Vorstands und des Aufsichtsrats sind in den Bericht des Aufsichtsrats an die Hauptversammlung aufzunehmen.

Übersicht

	Rn		Rn
I. Überblick	1	b) Anwendbarkeit des § 139 BGB	9
II. Feststellung (S 1)	2	III. Weiteres Verfahren, Aufnahme in den Bericht des Aufsichtsrats (S 2)	10
1. Voraussetzungen	2	1. Unterzeichnung des Jahresabschlusses	10
a) Allgemeines	2		
b) Insbesondere Billigung durch den Aufsichtsrat	3	2. Aufnahme in den Bericht des Aufsichtsrats (S 2)	11
c) Bedingte Billigung	4	IV. Änderung des festgestellten Jahresabschlusses	12
d) Übertragung der Feststellung auf die Hauptversammlung	5	1. Nichtige Jahresabschlüsse	12
e) Bedingte Übertragung der Feststellung auf die HV	6	2. Fehlerhafte, nicht nichtige Jahresabschlüsse	13
2. Wirkungen	7	3. Fehlerfreie Jahresabschlüsse	14
3. Beschlussmängel	8	4. Änderungsverfahren	15
a) Anfechtbarkeit und Nichtigkeit	8	V. Änderung des Konzernabschlusses	16

§ 172 Feststellung durch Vorstand und Aufsichtsrat

Literatur: *Busse von Colbe* Kleine Reform der Konzernrechnungslegung durch das TransPuG, BB 2002, 1583; *Erle* Unterzeichnung und Datierung des Jahresabschlusses bei Kapitalgesellschaften, WPg 1987, 637; *Geist* Die Pflicht zur Berichtigung nichtiger Jahresabschlüsse bei Kapitalgesellschaften, DStR 1996, 306; *Hennrichs* Fehlerhafte Bilanzen, Enforcement und Aktienrecht, ZHR 168 (2004), 383; *Hense* Rechtsfolgen nichtiger Jahresabschlüsse und Konsequenzen für Folgeabschlüsse, WPg 1993, 716; *IDW* IDW Stellungnahme zur Rechnungslegung: Änderung von Jahres- und Konzernabschlüssen (IDW RS HFA 6), WPg Supplement 2/2007, 77; *Kropff* Die Beschlüsse des Aufsichtsrats zum Jahresabschluß und zum Abhängigkeitsbericht, ZGR 1994, 628; *ders* Wann endet der Wertaufhellungszeitraum?, WPg 2000, 1137; *Küting/Kaiser* Aufstellung oder Feststellung: Wann endet der Wertaufhellungszeitraum?, WPg 2000, 577; *Küting/Ranker* Die buchhalterische Änderung handelsrechtlicher Jahresabschlüsse, WPg 2005, 1; *Ludewig* Möglichkeiten der Bilanzänderung, insb Fehleinschätzungen der wirtschaftlichen Entwicklung des Unternehmens, DB 1986, 133; *Mattheus/Schwab* Fehlerkorrektur nach dem Rechnungslegungs-Enforcement: Private Initiative vor staatlicher Intervention, BB 2004, 1099; *Müller* Die Änderung von Jahresabschlüssen, Möglichkeit und Grenzen, FS Quack, 1991, S 359; *Mutze* Prüfung und Feststellung des Jahresabschlusses der Aktiengesellschaft sowie Beschlussfassung über die Gewinnverwendung, AG 1966, 173; *Weirich* Bilanzänderungen aus der Sicht der Handelsbilanz, WPg 1976, 625.

I. Überblick

1 S 1 knüpft die Feststellung an die Billigung des Jahresabschlusses durch den AR. Die Feststellung wird durch ein **korporationsrechtliches Rechtsgeschäft** zwischen Vorstand und AR bewirkt (*BGHZ* 124, 111, 116; MünchHdb AG/*Hoffmann-Becking* § 45 Rn 1; s Rn 2). Festgestellt wird der Jahresabschluss, welcher Bilanz, GuV und den Anhang umfasst. **Nicht** umfasst ist und nicht festgestellt wird der **Lagebericht**. Dieser wird vom Vorstand einseitig erstellt. Ferner werden Zwischenabschlüsse nach § 299 Abs 2 S 2 HGB nicht festgestellt. Auch bzgl des **Konzernabschlusses** muss der AR entscheiden, ob er ihn billigt oder nicht (§ 171 Abs 2 S 5 iVm S 4). Jedoch verbindet § 172 mit der Billigung des Konzernabschlusses keine Feststellung (vgl *OLG Frankfurt* ZIP 2007, 72, 73; *LG Frankfurt/Main* AG 2005, 665; *Busse von Colbe* BB 2002, 1583, 1586). Dasselbe gilt für einen IFRS-Einzelabschluss nach § 325 Abs 2a HGB. Die Befreiungswirkung für die Bekanntgabe (§ 325 Abs 2 und 2a HGB) setzt die Billigung des AR voraus, festgestellt wird ein IFRS-Abschluss jedoch nicht (RegBegr BT-Drucks 15/3419, 45 und 54). Alternativ kann die Feststellung eines vom AR gebilligten Jahresabschlusses auf die HV übertragen werden. Die dafür vom Vorstand und AR gefassten Beschl müssen dann in den Bericht des AR an die HV aufgenommen werden, S 2.

II. Feststellung (S 1)

2 **1. Voraussetzungen. – a) Allgemeines.** Das korporationsrechtliche Rechtsgeschäft beruht auf der Vorlage des Jahresabschlusses durch den Vorstand. Damit wird das rechtlich bedeutsame Begehren nach Billigung zum Ausdruck gebracht wird. Hierauf bezieht sich auch der Billigungsbeschluss des AR mit der entspr Erklärung nach § 171 Abs 2 S 4 und Abs 3 (*BGHZ* 124, 111, 116 mwN). Die Beschl des Vorstandes und des AR sind dem jeweils anderen Organ mitzuteilen. Die Beschl selbst sind zwar keine Willenserklärungen (*K. Schmidt* Gesellschaftsrecht § 15 I 2a; *KG* NJW 1959, 1446, f). Dies steht jedoch nicht der Annahme entgegen, dass neben die Beschl noch konkludente Erklärungen treten, die der zweckgerechten Ausführung der Beschl dienen (MünchKomm AktG/*Hennrichs/Pöschke* Rn 22). Es gelten folglich die Vorschriften über die Willenserklärung entspr (str, vgl *Hennrichs/Pöschke* aaO mwN; *Adler/ Düring/Schmaltz* Rechnungslegung Tb 4 Rn 11 f mwN; **aA** Spindler/Stilz AktG/*Drygala* Rn 10 mwN; *Mutze* AG 1966, 173, 175), insb die Regeln über die Anfechtung (§§ 119 ff BGB) und den Zugang. Die Erklärung des AR geht dem Vorstand nach § 171 Abs 2 S 4 und Abs 3 durch die Vorlage des Berichtes zu. Erst ab diesem **Zeitpunkt** treten die Wirkungen der Feststellung ein.

b) Insbesondere Billigung durch den Aufsichtsrat. Die Billigung erfolgt durch Beschl des AR als Plenum mit einfacher Mehrheit (MünchKomm AktG/*Hennrichs/Pöschke* Rn 27). Die Billigung kann nicht einem Ausschuss übertragen werden (**hM**, *Hüffer* AktG Rn 7; GroßKomm AktG/*Brönner* Rn 9 mwN). Das Fehlen der Niederschrift schadet der Wirksamkeit des AR-Beschlusses nicht (vgl *AG Ingolstadt* BB 2001, 1356). Der Beschl geht dem Vorstand zu, indem ihm der AR gem § 171 Abs 3 S 1 den Bericht zuleitet. Dieser muss am Schluss die Erklärung enthalten, ob der AR den vom Vorstand aufgestellten Jahresabschluss billigt (§ 171 Abs 2 S 4). Erst zu diesem Zeitpunkt, nicht schon bei Beschlussfassung oder Niederschrift, treten die Wirkungen der Feststellung ein (**str,** *Hüffer* aaO Rn 3; *Adler/Düring/Schmaltz* Rechnungslegung Tb 4 Rn 7; **aA** *Brönner* aaO Rn 11). Die Wirkungen treten jedoch allerdings bereits vor der Zuleitung nach § 171 Abs 3 S 1 ein, wenn der Vorstand an der Sitzung des AR teilnimmt (*Hennrichs/Pöschke* aaO). 3

c) Bedingte Billigung. Ob die Billigung **bedingt** sein kann, ist **streitig** (bejahend unter Einschränkungen *Adler/Düring/Schmaltz* Rechnungslegung Tb 4 Rn 18; KölnKomm AktG/*Ekkenga* Rn 15; abl MünchKomm AktG/*Hennrichs/Pöschke* Rn 30; K. Schmidt/ Lutter AktG/*Drygala* Rn 15; Spindler/Stilz AktG/*Euler* Rn 11). Die Notwendigkeit, dass sich AR und Vorstand abstimmen (s Rn 1), macht eine Bedingungskonstruktion sinnvoll. Für die Möglichkeit einer Bedingung sprechen zudem Praktikabilitätserwägungen, denn in der Praxis erscheint die nochmalige Vorlage beim AR im Falle transparenter Bedingungen entbehrlich. Die bestehende Unklarheit, die sich durch die Nichterkennbarkeit der Änderung und damit verbunden des Eintrittes der Billigungswirkung ergeben kann, kann durch eine deutliche Darstellung der Bedingungskonstruktion im Bericht des AR begegnet werden (zutr *Adler/Düring/Schmaltz* aaO); entscheidend ist dabei, dass die Bedingung unzweideutig formuliert ist, so dass der Bedingungseintritt unproblematisch festgestellt werden kann. Unter diesen Voraussetzungen geht der Vorwurf eines Verlusts an Rechtssicherheit bzw Rechtsklarheit (so etwa *Hennrichs/Pöschke* aaO; *Drygala* aaO) fehl; ferner ist auch sichergestellt, dass es zu keiner schleichenden Kompetenzverlagerung vom für die Billigung zuständigen AR hin zum Vorstand kommt. Ferner muss der Vorstand mitteilen, ob er die Bedingung erfüllt hat oder ob er die Änderungswünsche des AR – wenn auch nur zum Teil – ablehnt. Weiterhin ist wichtig, dass der AR ausdrücklich mitteilt, ob die Billigung nicht durch die Erteilung des (uneingeschränkten) Bestätigungsvermerks durch den Abschlussprüfer bei der Nachtragsprüfung (§ 316 Abs 3 HGB) bedingt ist. Kommt der Vorstand den Änderungswünschen des AR nach, ist der geänderte Vorschlag gebilligt und festgestellt, wenn – soweit erforderlich – ein Nachtragsprüfung gem § 316 HGB durchgeführt worden ist (*Adler/Düring/Schmaltz* aaO Rn 19). Lehnt der Vorstand jedoch die Änderungswünsche ab, indem er den Jahresabschluss nicht entspr der Bedingung der Billigung des AR abändert, tritt die Billigungswirkung nicht ein, so dass der Jahresabschluss nicht festgestellt ist. In diesem Fall wird die HV gem § 173 Abs 1 S 1 Alt 2 zuständig. Nicht möglich ist aber, die Bedingung an eineÄnde- 4 rung des Lageberichtes oder des Gewinnverwendungsvorschlages zu knüpfen, da diese nicht Bestandteil des Jahresabschlusses sind.

5 **d) Übertragung der Feststellung auf die Hauptversammlung.** Gem S 1 letzter HS können Vorstand und AR die Feststellung des Jahresabschlusses der HV überlassen. Die bilanzfeststellende Wirkung der Billigung des AR tritt in diesem Fall nicht ein (BeckBilKomm/*Ellrott/Hoffmann* Vor § 325 HGB Rn 75). Diese Übertragung der Feststellungskompetenz an die HV setzt jeweils einen Beschl des Vorstandes und des AR voraus. Die Beschl zur Übertragung der Feststellungskompetenz können bis zur Einberufung der HV gefasst werden, sie müssen nicht zeitgleich mit der Billigung erfolgen (**hM**, MünchHdb AG/*Hoffmann-Becking* § 45 Rn 3 mwN; Grigoleit AktG/*Grigoleit/Zellner* Rn 8; **aA** GroßKomm AktG/*Brönner* Rn 14; ausf MünchKomm AktG/*Hennrichs/Pöschke* § 173 Rn 15 ff). Eine erteilte Billigung des AR wird trotz der Beschl zur Übertragung der Feststellungskompetenz an die HV nicht gegenstandslos, sondern es entfällt nur die Feststellungswirkung der Billigung; die Feststellungswirkung entfällt nachträglich, wenn die Überlassungsbeschlüsse nach der Billigung durch den AR erfolgen. Die Billigung drückt in allen Fällen jedoch weiterhin das Einverständnis des AR mit dem Jahresabschluss aus (vgl MünchKomm AktG/*Kropff* Rn 23). Die Beschl können AR und Vorstand nur bis zur Einberufung der HV ändern (§ 175 Abs 4, *Ellrott/Hoffmann* aaO). Wenn AR und Vorstand ihre Übertragungsbeschlüsse oder der AR allein seinen Übertragungsbeschluss zurücknimmt, ist der Jahresabschluss vom AR gebilligt und somit festgestellt. Eine Rücknahme nur des Beschl des Vorstandes dürfte hingegen nicht genügen, weil ansonsten der Eintritt der Feststellung dem gesetzlichen Feststellungsverfahren zuwider in seiner Hand läge (vgl *Adler/Düring/Schmaltz* Rechnungslegung Tb 4 Rn 22), obwohl der AR, anders als bei der Bedingung (s oben Rn 4), die Wirkungen seiner Billigung gerade nicht von einer Handlung des Vorstandes abhängig machen wollte. Die Übertragung der Feststellungskompetenz auf die HV kann nur für den dem AR vorgelegten Jahresabschluss erfolgen, mithin nicht vor Vorlage des Jahresabschlusses an den AR und insb nicht für zukünftige, in den folgenden Wirtschaftsjahren noch zu erstellende Jahresabschlüsse (KölnKomm AktG/*Ekkenga* Rn 16). Ein dahingehender Grundsatzbeschluss von Vorstand und AR oder eine Satzungsklausel wären unwirksam.

6 **e) Bedingte Übertragung der Feststellung auf die HV.** Der AR kann den Beschluss, die Feststellung des Jahresabschlusses auf die HV zu übertragen, unter der Bedingung fassen, dass der Vorstand ebenfalls die Übertragung der Feststellungskompetenz auf die HV gem S 1 letzter HS beschließt (ähnlich BeckBilKomm/*Ellrott/Hoffmann* Vor § 325 HGB Rn 73; *Adler/Düring/Schmaltz* Rechnungslegung Tb 4 Rn 14 f; **aA** Grigoleit AktG/*Grigoleit/Zellner* Rn 5; MünchKomm AktG/*Hennrichs/Pöschke* Rn 28 f mwN). Allerdings müssen vor Einberufung der HV die Übertragungsbeschlüsse des AR und des Vorstands in den Bericht des AR aufgenommen sein (*Adler/Düring/Schmaltz* aaO Rn 17), damit die HV sicher davon ausgehen kann, dass ihr die Entscheidung zur Feststellung obliegt. Die Überlassungsmöglichkeit besteht weder bei einem IFRS-Abschluss noch bei einem Konzernabschluss. Es handelt sich hierbei nicht um eine bedingte Billigung (so noch die Vorauf; so zB auch: BeckBilKomm/*Ellrott/Hoffmann* aaO; Grigoleit AktG/*Grigoleit/Zellner* aaO), weil in diesem Fall eine zusätzliche Feststellung durch die HV vorliegen würde – das Gesetz geht jedoch von einer alternativen Kompetenzzuweisung aus –, sondern allein um die Bedingung des

Übertragungsbeschlusses. Fasst der Vorstand keinen entspr Beschluss, bleibt es bei der Feststellungskompetenz des AR.

2. Wirkungen. Mit der Feststellung des Jahresabschlusses durch den Vorstand und 7
AR (§ 172) wird der Bilanzgewinn für die HV gem § 174 Abs 1 S 1, Abs 3 verbindlich festgestellt (KölnKomm AktG/*Ekkenga* Rn 2). Diese Feststellungswirkung führt zu einem mitgliedschaftlichen Gewinnanspruch der Aktionäre. Dieser beinhaltet aber noch keinen als Gläubigerrecht zu wertenden Zahlungsanspruch, weil der auszuschüttende Betrag erst durch den Gewinnverwendungsbeschluss der HV (§§ 58 Abs 3, 174 Abs 2) festgesetzt wird (*BGHZ* 124, 111, 122 f). Der Gewinnanspruch verfestigt sich daher erst mit diesem Verwendungsbeschluss zu einem der Höhe nach bestimmbaren Dividendenanspruch (*BGHZ* 65, 230, 235; 23, 150, 154). Jedoch haben die Aktionäre mit dem mitgliedschaftlichen Gewinnanspruch bereits einen Anspruch gegen die AG auf Herbeiführung des Gewinnverwendungsbeschlusses, den jeder Aktionär durch Erhebung der Leistungsklage gerichtlich geltend machen kann (*BGHZ* 124, 111, 123). Neben dem mitgliedschaftlichen Gewinnanspruch bewirkt die Feststellung Bestandskraft im Sinne einer Einschränkung der nun nur noch durch gewichtige Umstände rechtfertigbaren Abänderbarkeit (*IDW* RS HFA 6 WPg Supplement 2/2007, 77, 78; dazu s Rn 13 ff). Namentlich verliert der Jahresabschluss durch die Feststellung seinen Entwurfscharakter. Soweit Dritte Ansprüche haben, für die der Jahresabschluss bzw einzelne Posten maßgeblich sind, ist – soweit nicht etwas anderes vereinbart ist – die Feststellung relevant (MünchKomm AktG/*Hennrichs/Pöschke* Rn 50). Gem § 174 Abs 1 S 2 ist die HV an den festgestellten Jahresabschluss gebunden.

3. Beschlussmängel. – a) Anfechtbarkeit und Nichtigkeit. Auf mangelhafte AR- 8
Beschlüsse sind die für fehlerhafte HV-Beschlüsse geltenden Vorschriften der §§ 241 ff **nicht** entspr anwendbar, namentlich ist § 246 für die Frist der Anfechtungs- und Nichtigkeitsklage nicht anwendbar (*BGHZ* 124, 111, 115; 122, 342, 347 ff). Die Frist ist unter dem Gesichtspunkt der Verwirkung zu bestimmen, der Rechtsweg muss mit zumutbarer Beschleunigung eingeschlagen worden sein. Eine Nichtigkeit kann **nur nach § 256** begründet sein (*BGHZ* 124, 111, 116 f mwN). Die Klage ist gegen die Gesellschaft, vertreten durch den Vorstand, zu richten (*BGHZ* 122, 342, 344 f). Klagebefugt ist bei inhaltlichen Mängeln jedes AR-Mitglied (*OLG Düsseldorf* AG 1994, 416). Wenn eine für das korporationsrechtliche Rechtsgeschäft notwendige Handlung nicht nur fehlerhaft ist, sondern fehlt, dann liegt überhaupt keine Feststellung vor (KölnKomm AktG/*Ekkenga* Rn 17). Davon ist auch auszugehen, wenn nicht der AR, sondern nur ein Ausschuss gebilligt hat (GroßKomm AktG/*Brönner* Rn 20). Bei **Konzernabschlüssen** kommt weder eine Klage nach § 256 auf Nichtigkeit noch eine Feststellungsklage nach § 256 ZPO, dass der Konzernabschluss nichtig sei in Betracht (s § 256 Rn 20). Ferner kann auch der Billigungsbeschluss des AR als solcher nicht nach §§ 241 ff angegriffen werden (s § 256 Rn 12). Möglich ist zwar grds eine Feststellungsklage nach § 256 ZPO, dass der AR-Beschluss wg eines wesentlichen Verfahrensmangels oder Verstoßes gegen Gesetz oder Satzung nichtig sei **und** dadurch den klagenden Aktionär in seinen Mitgliedschaftsrechten beeinträchtigt (*OLG Frankfurt* ZIP 2007, 72, 74 f mit Verweis auf *BGHZ* 164, 249 – Mangusta/Commerzbank II). Dennoch ist eine Feststellungsklage nach § 256 ZPO gegen den Billigungsbeschluss des AR mangels bes Feststellungsinteresse und feststellungsfähigem Rechtsverhältnis nicht möglich (*OLG Frankfurt* aaO 75).

9 b) Anwendbarkeit des § 139 BGB. Die Nichtigkeit des Jahresabschlusses iSd § 256 Abs 1 erfasst das gesamte, zu seiner Feststellung durch Vorstand und AR nach § 172 führende korporationsrechtliche Rechtsgeschäft. Dieses umfasst die Vorlage des Jahresabschlusses durch den Vorstand, den Billigungsbeschluss des AR und der Erklärungen nach § 171 Abs 2 S 4, Abs 3 (*BGHZ* 124, 111, 116 mwN, zust *Kropff* ZGR 1994, 628, 633 f). § 139 BGB ist auf Beschl dann anwendbar, wenn sie auf die Begründung, Änderung oder Aufhebung sozial- oder individualrechtlicher Befugnisse oder Pflichten gerichtet sind und ihnen deswegen ein rechtsgeschäftlicher Inhalt zuerkannt werden kann (*RGZ* 140, 174, 177 mwN; 118, 218, 221), was bei der Feststellung des Jahresabschlusses durch Vorstand und AR gegeben ist (*BGHZ* 124, 111, 122 f). Von der Nichtigkeit umfasst sein kann daher auch der Beschl des AR, dem Bericht über die Beziehungen zu verbundenen Unternehmen die Zustimmung zu verweigern. Sind die Beschl formal selbstständig gefasst, besteht jedoch ein enger innerer Zusammenhang, dann kann dieser enge Zusammenhang nach dem in § 139 BGB zum Ausdruck gekommenen Rechtsgedanken ebenfalls zur umfassenden Nichtigkeit führen (*BGHZ* 124, 111, 124; vgl auch *RGZ* 140, 174, 177).

III. Weiteres Verfahren, Aufnahme in den Bericht des Aufsichtsrats (S 2)

10 1. Unterzeichnung des Jahresabschlusses. Gem § 245 HGB ist der Jahresabschluss vom Kaufmann (bei AG der Vorstand, *Erle* WPg 1987, 637, 638) unter Angabe des Datums zu unterzeichnen. Die Unterzeichnung hat auf dem **festgestellten** Jahresabschluss (Original) zu erfolgen (**hM**, *BGH* WM 1985, 567, 569 mwN; **aA** *Küting/Kaiser* WPg 2000, 577, 585 ff). Die Unterzeichnung muss durch alle Vorstandsmitglieder erfolgen, die zur Zeit der Feststellung dem Vorstand angehören. Unerheblich ist, ob er bei der Aufstellung des Jahresabschlusses und Beschlussfassung hierüber Vorstandsmitglied war. Unbeachtlich ist ebenfalls, ob er bei der Beschlussfassung über den Jahresabschluss überstimmt worden ist. Keine Unterzeichnungspflicht besteht für Vorstandsmitglieder, die den Jahresabschluss für nichtig halten (MünchKomm AktG/*Hennrichs/Pöschke* Rn 52).

11 2. Aufnahme in den Bericht des Aufsichtsrats (S 2). S 2 bezieht sich nur auf den Fall der Übertragung der Feststellungskompetenz auf die HV durch Vorstand und AR gem S 1 letzter HS (s Rn 5). Der Billigungsbeschluss des AR bzw die Ablehnung der Billigung ist bereits gem § 171 Abs 2 S 4 in den Bericht des AR aufzunehmen (*Adler/Düring/Schmaltz* Rechnungslegung Tb 4 Rn 25). Gem § 175 Abs 2 S 1 ist dieser Bericht von der Einberufung an zur Einsicht der Aktionäre auszulegen, so dass die Aktionäre (auch) hierüber von der übergeleiteten Feststellungskompetenz der HV erfahren. Fehlt eine Entscheidung des AR, ob er den Jahresabschluss billigt oder nicht, ganz (vgl § 171 Rn 11), so muss der Vorstand die Aktionäre bei Einberufung der HV darüber informieren, weil ihnen insoweit der Bericht des AR als Informationsquelle fehlt (GroßKomm AktG/*Brönner* Rn 17).

IV. Änderung des festgestellten Jahresabschlusses

12 1. Nichtige Jahresabschlüsse. Von der nichtigen Feststellung des Jahresabschlusses ist der Fall zu trennen, dass es bei einem Jahresabschluss schon gar nicht zu einer Feststellung gekommen ist, etwa wenn ein für das korporationsrechtliche Rechtsgeschäft notwendiger Beschl bzw eine hierfür notwendige Erklärung fehlt, was auch infolge einer Anfechtung wegen Willensmängeln gem §§ 119, 123 BGB der Fall sein kann

(*Adler/Düring/Schmaltz* Rechnungslegung Tb 4 Rn 41). Die Nichtigkeit des Jahresabschlusses zwingt grds zur **Neuaufstellung** des Jahresabschlusses, es handelt sich hierbei nicht um einen Fall der Änderung (**hM**, MünchKomm AktG/*Hennrichs/Pöschke* Rn 56 mwN; *IDW* WPg Supplement 2/2007, 77, 78; **aA** *Küting/Kaiser* WPg 2000, 577, 593 f). Eine Neuaufstellung muss jedoch nicht erfolgen, wenn die **Heilung der Nichtigkeit** eingetreten ist. Weiterhin kann in bestimmten Fällen die Heilung der Nichtigkeit abgewartet werden (vgl dazu auch *Mattheus/Schwab* BB 2004, 1099, 1101 f mwN). Unproblematisch sollte der Fall sein, dass die Nichtigkeit erst kurz vor Ablauf der Heilungsfrist erkannt wird und die Informationsinteressen der Bilanzadressaten, inklusive der Nichtgesellschafter, nur geringfügig tangiert sind. Jedoch muss auch iÜ die Verhältnismäßigkeit ausschlaggebend sein, es muss also pflichtgemäß abgewogen werden, wobei ein gewisser Ermessensspielraum besteht (*IDW* aaO 79; **aA** *Geist* DStR 1996, 306, 309). Wesentliche Vorfrage ist, ob die kurze sechsmonatige oder ob die dreijährige Heilungsfrist eingreift, im ersteren Falle ist grds ein Abwarten vertretbar, im letzteren eher nicht (vgl *Hennrichs* ZHR 168 (2004), 383, 389 f). Weiterhin sind die Schwere des Nichtigkeitsgrundes (*Adler/Düring/Schmaltz* aaO Rn 39) und der Umstand, ob der Mangel über den betroffenen Jahresabschluss hinaus auf Folgeabschlüsse wirkt, einzubeziehen. Eine Erzwingung der Aufstellung eines wirksamen Abschlusses durch Zwangsgeld ist nicht zulässig; die Offenlegungspflicht (§ 325 HGB) wird auch mit einem nichtigen Jahresabschluss erfüllt (*BayObLG* NJW-RR 2000, 1350 f, jedoch offen lassend bei einer Entscheidung nach § 256 Abs 7). Die Nichtigkeit des Jahresabschlusses führt nicht automatisch zur Nichtigkeit der Folgeabschlüsse (*Hense* WPg 1993, 716, 717, vgl § 256 Rn 24). Wird der Jahresabschluss neu aufgestellt, so gelten hierfür die allg Vorschriften, insb ergibt sich keinerlei Bindung aus dem nichtigen Jahresabschluss. Namentlich liegt die Feststellungszuständigkeit (wieder) primär bei der Verwaltung, selbst wenn die nichtige Feststellung durch die HV erfolgte (*Hennrichs/Pöschke* aaO Rn 63 und § 256 Rn 78).

2. Fehlerhafte, nicht nichtige Jahresabschlüsse. Redaktionelle Änderungen, namentlich die Korrektur von Schreibfehlern, sind immer möglich (BeckBilKomm/*Grottel/Schubert* § 253 HGB Rn 800). Bis zum Feststellungsbeschluss sind Änderungen ohne weiteres möglich (*IDW* WPg Supplement 2/2007, 77); richtiger Ansicht nach engt die Feststellung die Berichtigungsmöglichkeiten nicht ein, solange die Feststellung unter Vertrauensgesichtspunkten ein reines Internum ist. Es ist folglich auf den **Zeitpunkt** der Einberufung der HV abzustellen, erst dann kann sich auf der Grundlage der Feststellung schutzwürdiges Vertrauen gebildet haben (MünchKomm AktG/*Hennrichs/Pöschke* Rn 47 mwN; Spindler/Stilz AktG/*Euler* Rn 32). Der Fehler selbst rechtfertigt grds die Berichtigung, so dass neben den Fehler nicht noch ein gewichtiger Grund – den es bei fehlerfreien Jahresabschlüssen für eine Änderung bedarf (s Rn 14) – hinzutreten muss (**hM**, *Müller* FS Quack S 367; *IDW* aaO 78). Eine Fehlerberichtigung ist daher nie ein Fall der rechtswidrigen Willkür. Ein Fehler liegt jedoch nur dann vor, wenn der Kaufmann diesen Fehler im Zeitpunkt der Feststellung bei pflichtgemäßer und gewissenhafter Prüfung hätte erkennen können; wertaufhellende Erkenntnisse nach der Feststellung machen den Jahresabschluss nicht fehlerhaft (stRspr, *BGH* NJW-RR 1997, 27, 28; *BFH* BStBl II 1969, 88, 93: subjektive Richtigkeit). Zu den fehlerhaften Jahresabschlüssen sind auch solche zu zählen, deren Nichtigkeit geheilt ist, denn Zweck der Heilung ist nicht die Erschwerung der Berichtigung durch die AG (*Küting/Ranker* WPg 2005, 1, 10). Das Berichtigungsrecht kann sich zu einer **Berichti-**

13

§ 172 Feststellung durch Vorstand und Aufsichtsrat

gungspflicht verdichten, wenn der fehlerhafte Jahresabschluss ein irreführendes Bild von der tatsächlichen Vermögens-, Finanz- oder Ertragslage herbeiführt (*Müller* aaO S 367 f; *IDW* aaO 80). Eine Feststellung von Fehlern iRd Enforcement durch die DPR oder BaFin begründet keine eigene Berichtigungspflicht (*IDW* aaO 79 f). Aus dem Umkehrschluss zu § 253 Abs 1 folgt, dass die Fehlerhaftigkeit des Jahresabschlusses allein den Gewinnverwendungsbeschluss (§ 174) nicht nichtig macht. In diesem Zusammenhang ist zu berücksichtigen, dass Vorstand und AR einen einmal festgestellten Jahresabschluss nicht willkürlich ändern können, insb wenn durch die (nicht nichtige) Feststellung den Aktionären ein Gewinnanspruch entstanden ist (s.o. Rn 7; *BGHZ* 23, 150, 153). Jedoch liegt Willkür dann nicht vor, wenn ein gewichtiger Grund gegeben ist, der die Bilanzänderung rechtfertigt (*Ludewig* DB 1986, 133, 134), was bei einer Fehlerberichtigung immer der Fall ist (s.o.). Reicht der Bilanzgewinn nicht für die vorgenommene Gewinnverwendung aus, muss die Ausschüttung im Folgejahr in der gem § 158 erweiterten GuV als Vorabausschüttung ausgewiesen werden (*Adler/Düring/Schmaltz* Rechnungslegung Tb 4 Rn 65). Inwieweit sich die Berichtigung auf schuldvertragliche Beziehungen zu Dritten auswirkt, ist eine Frage der Auslegung dieses Rechtsgeschäfts (zutr *Grottel/Schubert* aaO § 253 HGB Rn 837), wenn keine ausdrückliche vertragliche Regelung vorliegt. Im Vertrag sollte dies zur Vermeidung von Unklarheiten ausdrücklich geregelt sein.

14 **3. Fehlerfreie Jahresabschlüsse.** Für redaktionelle Korrekturen und für die Zeit vor der Einberufung der HV gilt das zu fehlerhaften, nicht nichtigen Jahresabschlüssen Gesagte in gleicher Weise. Nach der Einberufung der HV ist die durch die Feststellung bewirkte Bestandskraft zu beachten, so dass es eines gewichtigen rechtlichen oder wirtschaftlichen Grundes bedarf (*IDW* WPg Supplement 2/2007, 77, 78). Ob ein Grund hierfür genügend ist, muss durch **Abwägung** festgestellt werden. Hierbei ist insb der durch die Feststellung des Jahresabschlusses entstandene Gewinnanspruch der Aktionäre einzubeziehen, dieser darf von Vorstand und AR **nicht willkürlich** geändert werden (*BGHZ* 23, 150, 153; vgl auch *BFH* BStBl 1973, 195, 196). Willkürlich ist die Änderung nur dann, wenn kein gewichtiger, den Gewinnanspruch nicht ausreichend mitberücksichtigender Grund gegeben ist (vgl *Ludewig* DB 1986, 133, 134). Zu den gewichtigen Gründen (Übersicht bei *Adler/Düring/Schmaltz* Rechnungslegung Tb 4 Rn 54 ff und bei *Weirich* WPg 1976, 625, 628 f; weitaus restriktiver *Küting/Ranker* WPg 2005, 1, 6 und 7) gehören die Anpassung der Handelsbilanz an das Ergebnis einer steuerlichen Betriebsprüfung (*BFH* BStBl II 1969, 634, 636), erst nach Feststellung erkannte oder eingetretene Umstände, die erhebliche Risiken für die Gesellschaft bedeuten, nicht aber höhere Ausschüttung oder „bloße Sinnesänderung" (*BGHZ* 23, 150, 152). Kann der Fehler in dem letzten noch nicht festgestellten Jahresabschluss korrigiert werden (Korrektur in laufender Rechnung), besteht kein angemessener Grund, einen festgestellten Jahresabschluss zu ändern. Das ist bei Mängeln, die keine Nichtigkeit verursachen, die Regel (*IDW* aaO 78). Einer Minderung des auszuschüttenden Betrages ist durch die Auflösung offener Rücklagen zuvorzukommen (*Weirich* aaO 628), anderes gilt, wenn die Aktionäre zustimmen (näher: *Müller* FS Quack S 364 f). Eine zeitliche Grenze der Änderung besteht nicht (*IDW* aaO).

15 **4. Änderungsverfahren.** Über die Änderung beschließt derjenige, der den betroffenen Jahresabschluss festgestellt hat (*Weirich* WPg 1976, 625, 629). Das weitere Verfahren entspricht dem des zu ändernden Jahresabschlusses, jedoch muss ein nach außen erkennbarer Hinweis erfolgen, dass ein geänderter Abschluss vorliegt. **Folgeabschlüsse** müssen wg der Änderung eines Jahresabschlusses nur dann geändert werden, wenn sich betragsmäßige Auswirkungen auf diese Folgeabschlüsse ergeben haben oder wenn die formelle Bilanzkontinuität (§ 252 Abs 1 Nr 1 HGB) dies erfordert (dazu *IDW* WPg Supplement 2/2007, 77, 80 f). Letzteres ist aber nicht der Fall, wenn zwar der Vorjahresabschluss Gliederungsvorschriften nicht eingehalten hat, der Folgeabschluss jedoch die Gliederungsvorschriften einhält und ein Hinweis auf die erforderliche Änderung der Gliederung erfolgt (*Weirich* aaO 627). Die Bilanzkontinuität steht einer Korrektur in Folgeabschlüssen nicht im Weg, weil ein wichtiger Grund für die Abweichung von der Bilanzstetigkeit vorliegt und weil die Erläuterung im Anh (§ 284 Abs 2 Nr 3 HGB) ausreichend ist (*Mattheus/Schwab* BB 2004, 1099, 1102). Die Beschneidung von Rechten der Aktionäre oder Dritter bedarf auch bei einer Änderung von Folgeabschlüssen einer Rechtfertigung durch einen gewichtigen Grund. Die Änderung anderer Posten als des fehlerhaften bedarf, soweit es sich nicht um notwendige Folgeänderungen handelt, immer der Rechtfertigung durch einen gewichtigen Grund. Zulässig ist es, **Wertaufhellungen** im geänderten Jahresabschluss zu berücksichtigen (**hM**, ähnlich MünchKomm AktG/*Hennrichs/Pöschke* Rn 91 mwN, die hierin sogar Verpflichtung sehen; **aA**, die Berücksichtigung ausschließend *Küting/Kaiser* WPg 2000, 577, 590 ff), jedoch müssen nicht alle Posten neu überprüft werden (MünchKomm AktG/*Hennrichs/Pöschke* aaO). Grds gilt, dass Wertaufhellungen bis zur Feststellung zu berücksichtigen sind (**hM**, *Kropff* WPg 2000, 1137 ff, **aA** *Küting/ Kaiser* WPg 2000, 577, 596: nur bis zur Aufstellung). Eine Pflicht, nach wirksamer Feststellung Wertaufhellungen einzubeziehen, besteht nur, wenn die Änderung zur Erhöhung des Jahresergebnisses geführt hat und wenn die Wertaufhellungen gegenläufig sind (*IDW* aaO 81). Das führt dann ggf dazu, dass das Jahresergebnis niedriger ist als vor der Änderung, da § 4 Abs 2 S 2 EStG für die Handelsbilanz nicht gilt (BeckBilKomm/*Grottel/Schubert* § 253 HGB Rn 807). Für eine prüfungspflichtige AG gilt, dass grds der **bereits gewählte Abschlussprüfer** den geänderten Jahresabschluss aufgrund des bereits erteilten Prüfungsauftrags prüft (MünchKomm AktG/*Hennrichs/Pöschke* Rn 63 und 94). Liegt keine Nichtigkeit vor, ist nur nach § 316 Abs 3 HGB zu verfahren (*Adler/Düring/Schmaltz* Rechnungslegung Tb 4 Rn 70).

V. Änderung des Konzernabschlusses

Ein Konzernabschluss wird nicht festgestellt, eine Bindungswirkung erfährt er jedoch durch die Billigung des AR (s.o. Rn 1). Ein gebilligter Konzernabschluss kann zumindest unter den Voraussetzungen geändert werden, unter denen ein festgestellter Jahresabschluss geändert werden könnte (s.o. Rn 12 ff). Fehler können im Konzernabschluss geändert werden, eine solche Fehlerkorrektur ist immer möglich (*IDW* WPg Supplement 2/2007, 77, 82). Der Abschluss muss dann nochmals geprüft und gebilligt werden. Die Änderung eines in einen **Konzernabschluss** einbezogenen Jahresabschlusses führt nicht zwingend zur Notwendigkeit der Änderung des Konzernabschlusses, es hängt vielmehr vom konkreten Fall ab. Es wird grds ausreichen, wenn die Änderung des Einzelabschlusses erst im nächsten Konzernabschluss berücksichtigt wird (*IDW* aaO). Für IFRS-Abschlüsse gelten die IAS 8.14 ff (changes in accounting policies, vgl *IDW* aaO).

16

§ 173 Feststellung durch die Hauptversammlung

(1) ¹Haben Vorstand und Aufsichtsrat beschlossen, die Feststellung des Jahresabschlusses der Hauptversammlung zu überlassen, oder hat der Aufsichtsrat den Jahresabschluss nicht gebilligt, so stellt die Hauptversammlung den Jahresabschluss fest. ²Hat der Aufsichtsrat eines Mutterunternehmens (§ 290 Abs. 1, 2 des Handelsgesetzbuchs) den Konzernabschluss nicht gebilligt, so entscheidet die Hauptversammlung über die Billigung.

(2) ¹Auf den Jahresabschluss sind bei der Feststellung die für seine Aufstellung geltenden Vorschriften anzuwenden. ²Die Hauptversammlung darf bei der Feststellung des Jahresabschlusses nur die Beträge in Gewinnrücklagen einstellen, die nach Gesetz oder Satzung einzustellen sind.

(3) ¹Ändert die Hauptversammlung einen von einem Abschlussprüfer auf Grund gesetzlicher Verpflichtung geprüften Jahresabschluss, so werden vor der erneuten Prüfung nach § 316 Abs. 3 des Handelsgesetzbuchs von der Hauptversammlung gefasste Beschlüsse über die Feststellung des Jahresabschlusses und die Gewinnverwendung erst wirksam, wenn auf Grund der erneuten Prüfung ein hinsichtlich der Änderungen uneingeschränkter Bestätigungsvermerk erteilt worden ist. ²Sie werden nichtig, wenn nicht binnen zwei Wochen seit der Beschlussfassung ein hinsichtlich der Änderungen uneingeschränkter Bestätigungsvermerk erteilt wird.

Übersicht

	Rn		Rn
I. Feststellung durch die Hauptversammlung (Abs 1)	1	1. Anwendung der Aufstellungsvorschriften (S 1)	5
1. Voraussetzungen	1	2. Gewinnrücklagen (S 2)	6
2. Feststellungsbeschluss der Hauptversammlung	2	III. Nachtragsprüfung (Abs 3)	7
3. Konzernabschluss (S 2)	3	1. Wirksamkeitsvoraussetzung (S 1)	7
4. IFRS-Einzelabschluss	4	2. Nichtigkeit bei Fristversäumnis (S 2)	8
II. Aufstellungsvorschriften (Abs 2)	5		

Literatur: *Fey/Deubert* Befreiender IFRS-Einzelabschluss nach § 325 Abs 2a HGB für Zwecke der Offenlegung, KoR 2006, 92; *Henze* Konzernfinanzierung und Besicherung, WM 2005, 717; *Koch* Die Feststellung des Jahresabschlusses nach § 125 Abs 3 Aktiengesetz, AG 1964, 157; *Kropff* Wann endet der Wertaufhellungszeitraum?, WPg 2000, 1137; *Küting/Kaiser* Aufstellung oder Feststellung: Wann endet der Wertaufhellungszeitraum?, WPg 2000, 577; *Mutze* Prüfung und Feststellung des Jahresabschlusses der Aktiengesellschaft sowie Beschlussfassung über die Gewinnverwendung, AG 1966, 173.

I. Feststellung durch die Hauptversammlung (Abs 1)

1 **1. Voraussetzungen.** § 173 begründet die Zuständigkeit der HV zur Feststellung des Jahresabschlusses in zwei Fällen: Erstens, wenn Vorstand und AR beschließen, die Feststellung auf die HV zu übertragen; es bedarf hierfür jeweils einen Beschl des Vorstandes und des AR. (bzgl der Einzelheiten vgl § 172 Rn 5). Zweitens wird die HV für die Feststellung zuständig, wenn der AR den Jahresabschluss nicht billigt. Das ist zum einen der Fall, wenn der AR erklärt, er billige den Jahresabschluss nicht (vgl § 171 Abs 2 S 4), ferner, wenn er nur unter einer Bedingung billigt (vgl hierzu § 172 Rn 4) und die Bedingung nicht eintritt. Ein weiterer Fall ergibt sich aus § 171 Abs 3 S 3, die zur **endgültigen** Übertragung der Feststellungskompetenz auf die HV führt; zwar steht es dem AR bis zur Einberufung der HV weiterhin frei, seine Billigung zu erklären, jedoch führt diese Billigung nicht mehr die Feststellung des Jahresabschlusses herbei (str, MünchKomm AktG/*Hennrichs/Pöschke* Rn 21 mwN; Spindler/Stilz AktG/*Euler* Rn 9; **aA** *Adler/Düring/Schmaltz* Rechnungslegung Tb 4 Rn 12). Ist die HV nicht für die Feststellung des Jahresabschlusses zuständig und beschließt diese trotzdem, so ist dieser Feststellungsbeschluss nichtig.

2. Feststellungsbeschluss der Hauptversammlung. Die HV stellt den Jahresabschluss 2 durch Beschl fest. Der Jahresabschluss muss vor der Feststellung durch die HV von allen Vorstandsmitgliedern unterzeichnet werden (MünchKomm AktG/*Hennrichs/ Pöschke* Rn 35). Die Feststellung durch die HV hat **die gleichen Wirkungen** wie eine Feststellung durch den AR (*Adler/Düring/Schmaltz* Rechnungslegung Tb 4 Rn 13), Billigt der AR den Jahresabschlussentwurf des Vorstandes nicht, so muss er seine Einwendungen, die nach seiner Auffassung einer Billigung entgegenstehen, hinreichend klar in seinem Bericht darstellen. Bzgl der Änderung des festgestellten Jahresabschlusses gelten dieselben Grundsätze wie bei einem durch die Verwaltung festgestellten Jahresabschluss (vgl § 172 Rn 15 ff). Für die Nichtigkeit des Feststellungsbeschlusses der HV gilt ausschließlich § 256 (*Hennrichs/Pöschke* aaO Rn 40).

3. Konzernabschluss (S 2). Die HV entscheidet über die Billigung des Konzernab- 3 schlusses, wenn der AR diesen nicht gebilligt hat (Abs 1 S 2). Die Nichtbilligung des AR wird fingiert, wenn der AR seinen Bericht zum Konzernabschluss nicht innerhalb der vom Vorstand nach § 171 Abs 3 S 3 gesetzten zweiten Frist zuleitet. Nicht möglich ist die Übertragung der Billigung des Konzernabschlusses auf die HV durch Überlassungsbeschlüsse des AR und des Vorstandes, wie sie bei einem Einzelabschluss gem §§ 172 S 1, 173 Abs 1 S 1 Alt 1 zulässig ist.

4. IFRS-Einzelabschluss. Über die Billigung eines wg § 325 Abs 2a HGB aufge- 4 stellten Einzelabschlusses nach IFRS entscheidet in keinem Fall die HV (unstr; vgl RegBegr BT-Drucks 15/3419, 45). Entweder der Vorstand ändert den IFRS-Einzelabschluss dahingehend ab, dass der AR ihn billigt, oder die Möglichkeit der Inanspruchnahme des § 325 Abs 2a HGB entfällt (BeckBilKomm/*Ellrott/Hoffmann* Vor § 325 HGB Rn 30). Notwendig ist in der Praxis daher eine frühzeitige Abstimmung zwischen Vorstand und AR, wenn § 325 Abs 2a HGB angewendet werden soll (*Fey/ Deubert* KoR 2006, 92, 100).

II. Aufstellungsvorschriften (Abs 2)

1. Anwendung der Aufstellungsvorschriften (S 1). Abs 2 S 1 erklärt die für die Auf- 5 stellung des Jahresabschlusses geltenden Vorschriften auf den Jahresabschluss bei der Feststellung durch die HV für anwendbar. Damit sind §§ 242–256, 264–288 HGB nebst den ergänzenden Vorschriften aus dem AktG §§ 150–160 gemeint. Die Feststellung durch die HV beinhaltet, soweit sie den Entwurf des Vorstandes ändert, eine Aufstellung des Jahresabschlusses. Die HV ist in ihrer Feststellung und Abänderung weder an den vom Vorstand aufgestellten Jahresabschluss noch an die Ansicht des AR gebunden, unabhängig davon, ob die Auffassungen des Vorstandes und des AR miteinander harmonieren (unstr, vgl *Mutze* AG 1966, 173, 176; vgl auch *Henze* WM 2005, 717, 726). Änderungen sind auch aufgrund des bilanzpolitischen Ermessens (Zweckmäßigkeit, höhere Gewinnausschüttung) der HV denkbar (*Kropff* WPg 2000, 1137, 1142).

Schulz

Die HV muss bei der Feststellung **Wertaufhellungen** berücksichtigen, da auf die Feststellung die Vorschriften der Aufstellung, mithin auch § 252 Abs 1 Nr 4 HGB, anzuwenden sind (Abs 2 S 1). Relevanter Zeitpunkt für die Berücksichtigung der Wertaufhellungen ist der Zeitpunkt der Feststellung des Jahresabschlusses durch die HV, es ist nicht auf den Zeitpunkt der Aufstellung des Entwurfs durch den Vorstand abzustellen (*Kropff* WPg 2000, 1137, 1142 ff; K. Schmidt/Lutter AktG/*Drygala* Rn 6; **aA** *Küting/ Kaiser* WPg 2000, 577, 587 f). Für den Lagebericht bleibt der Vorstand zuständig, jedoch muss er bei wesentlichen Änderungen des Jahresabschlusses durch die HV den Lagebericht insoweit anpassen (KölnKomm AktG/*Ekkenga* Rn 18). Beim **Konzernabschluss** besteht keine Änderungsbefugnis (anders MünchKomm AktG/*Hennrichs/ Pöschke* Rn 72).

6   **2. Gewinnrücklagen (S 2).**   Einstellen kann die HV bei Feststellung nur in die gesetzliche Rücklage, in die Rücklage für eigene Anteile und in die satzungsmäßige Einlage. In letztere kann allerdings nur eingestellt werden, wenn die Satzung den Betrag nach § 58 Abs 1 eindeutig vorgibt; eine Ermächtigung der HV zur Rücklagenbildung reicht hingegen nicht aus (**hM**, MünchKomm AktG/*Hennrichs/Pöschke* Rn 31 mwN). In die anderen Gewinnrücklagen iSd § 266 Abs 3 A III Nr 4 HGB kann nie bei Feststellung durch die HV eingestellt werden, anders bei der Gewinnverwendung nach § 174. Diese Unterscheidung zwingt auch zur klaren Trennung des Feststellungs- und Gewinnverwendungsbeschlusses, ebenso muss die Tagesordnung die Unterscheidung erkenntlich machen (KölnKomm AktG/*Ekkenga* Rn 15). Hat der Vorstand Beträge in Gewinnrücklagen eingestellt, die weder nach Gesetz noch nach der Satzung einzustellen sind, und wird die HV zB wg Nichtbilligung des Jahresabschlusses durch den AR für die Feststellung zuständig, so muss die HV den Jahresabschluss insoweit abändern, so dass nur noch nach Gesetz oder Satzung notwendige Beträge in die Gewinnrücklage eingestellt sind (*Kropff* WPg 2000, 1137, 1142). Der Vorstand kann die Änderung vor der Vorlage an die HV vornehmen, allerdings muss dann eine Nachtragsprüfung nach § 316 Abs 3 HGB vorgenommen werden. Das Recht der HV, im **Gewinnverwendungsbeschluss** nach § 174 weitere Beträge in die Gewinnrücklage einzustellen, bleibt jedoch unberührt, Abs 2 S 2 betrifft allein den Jahresabschluss. Für die Auflösung von Gewinnrücklagen gilt nichts anderes als bei der Feststellung durch die Verwaltung (MünchKomm AktG/*Hennrichs/Pöschke* Rn 32).

III. Nachtragsprüfung (Abs 3)

7   **1. Wirksamkeitsvoraussetzung (S 1).**   Abs 3 S 1 räumt eine Zweiwochenfrist ein; diese schiebt die Nichtigkeit von Beschlüssen zur Feststellung und Gewinnverwendung auf. Voraussetzung ist, dass nach Fristablauf ein **uneingeschränkter** Bestätigungsvermerk erteilt wurde. Die Prüfung bezieht sich allerdings nur auf die Änderung. Das gilt selbst dann, wenn sich dem Prüfer etwas außerhalb der Änderung aufdrängt. Nur wenn die auf die Änderung begrenzte Nachprüfung ergibt, dass bereits der Jahresabschluss vor den Änderungen durch die HV nicht hätte bestätigt werden dürfen, darf der Abschlussprüfer sein Testat verweigern (MünchKomm AktG/*Hennrichs/Pöschke* Rn 45 f). Solange kein **uneingeschränkter** Bestätigungsvermerk erteilt worden ist, dürfen die (schwebend unwirksamen) Beschl, namentlich der Gewinnverwendungsbeschluss, **nicht ausgeführt** werden.

8   **2. Nichtigkeit bei Fristversäumnis (S 2).**   Nach Ablauf der zwei Wochen seit Beschlussfassung über die Feststellung tritt Nichtigkeit ein (Abs 3 S 2), wenn nicht ein

uneingeschränkter Bestätigungsvermerk erteilt worden ist. Zusätze zum Bestätigungsvermerk schaden im Gegensatz zu Einschränkungen nicht. § 256 Abs 6 gilt für Abs 3 S 2 nicht (unstr, KölnKomm AktG/*Ekkenga* Rn 22). Möglich ist immer, dass die HV erneut beschließt. Der betr Tagesordnungspunkt ist wg der Nichtigkeit noch offen.

Zweiter Unterabschnitt
Gewinnverwendung

§ 174

(1) ¹Die Hauptversammlung beschließt über die Verwendung des Bilanzgewinns. ²Sie ist hierbei an den festgestellten Jahresabschluss gebunden.

(2) In dem Beschluss ist die Verwendung des Bilanzgewinns im Einzelnen darzulegen, namentlich sind anzugeben
1. der Bilanzgewinn;
2. der an die Aktionäre auszuschüttende Betrag oder Sachwert;
3. die in Gewinnrücklagen einzustellenden Beträge;
4. ein Gewinnvortrag;
5. der zusätzliche Aufwand auf Grund des Beschlusses.

(3) Der Beschluss führt nicht zu einer Änderung des festgestellten Jahresabschlusses.

Übersicht

	Rn		Rn
I. Gewinnverwendungsbeschluss (Abs 1)	1	3. Bindung an den festgestellten Jahresabschluss	3
1. Zuständigkeit der Hauptversammlung für die Verwendung des Bilanzgewinns	1	II. Beschlussinhalt (Abs 2)	4
		1. Allgemeines	4
		2. Angaben	5
2. Beschlussfassung und Änderung des Beschlusses	2	III. Wirkungen des Gewinnverwendungsbeschlusses	6

Literatur: *Ekkenga* Einzelabschlüsse nach IFRS – Ende der aktien- und GmbH-rechtlichen Kapitalerhaltung?, AG 2006, 389; *Förster/Felchner* Auszahlung des Körperschaftsteuerguthabens nach dem SEStEG, DStR 2007, 280; *Horbach* Der Gewinnverzicht des Großaktionärs, AG 2001, 78; *Orth* Ausschüttungsbedingte Änderung des Körperschaftsteueraufwandes, WPg 2001, 947; *Ortmann-Babel/Bolik* Praxisprobleme des SEStEG bei der Auszahlung des Körperschaftsteuerguthabens nach § 37 KStG nF, BB 2007, 73; *Priester* Änderung von Gewinnverwendungsbeschlüssen, ZIP 2000, 261.

I. Gewinnverwendungsbeschluss (Abs 1)

1. Zuständigkeit der Hauptversammlung für die Verwendung des Bilanzgewinns. Die 1 HV ist für die Entscheidung über die Gewinnverwendung unabdingbar zuständig (GroßKomm AktG/*Brönner* Rn 10). Zulässig sind Unternehmensverträge (§§ 291 f), die zur Minderung des Bilanzgewinnes der AG führen. Abschlagszahlungen (§ 59) mindern den Bilanzgewinn; nur über diesen geminderten Bilanzgewinn kann die HV entscheiden.

§ 174

2 **2. Beschlussfassung und Änderung des Beschlusses.** Gem § 120 Abs 3 soll die Verhandlung über den Bilanzgewinn mit der Verhandlung über die Entlastung des Vorstands und des AR verbunden werden, ferner auch mit der Verhandlung über die Feststellung, wenn für diese die HV zuständig ist (§ 175 Abs 3 S 2). Nachträgliche **Änderungen** sind grds möglich, soweit dadurch nicht individuelle Gewinnauszahlungsansprüche der Aktionäre beeinträchtigt werden. Die HV kann daher eine im Gewinnverwendungsbeschluss beschlossene Einstellung in die Rücklagen wieder rückgängig machen (str, *Priester* ZIP 2000, 261, 263; einschränkend K. Schmidt/Lutter AktG/*Drygala* Rn 13; **aA** *Adler/Düring/Schmaltz* Rechnungslegung Tb 4 § 172 Rn 24). Unproblematisch ist mangels auflösungsbedürftiger Vermögensbindung die Aufhebung eines Gewinnvortrages (*Adler/Düring/Schmaltz* aaO Rn 25). Für die Aufhebung oder nachteilige Änderung des Beschl, soweit er die Ausschüttung betrifft, bedarf es eines Erlassvertrags (§ 397 Abs 1 BGB), der insb eine dahingehende Erklärung des betroffenen Aktionärs voraussetzt. Diese kann in seiner Zustimmung zur Aufhebung bzw Änderung des Verwendungsbeschlusses liegen (*Priester* aaO).

3 **3. Bindung an den festgestellten Jahresabschluss.** Die HV ist bei ihrem Beschl über die Gewinnverwendung an den festgestellten (nicht nichtigen) Jahresabschluss gebunden (Abs 1 S 2). Die HV muss in ihrem Gewinnverwendungsbeschluss den Bilanzgewinn vollständig ausschöpfen, jedoch darf sie nicht über einen höheren Betrag beschließen (*OLG Stuttgart* WM 2006, 292, 295). Nur durch eine Änderung des Jahresabschlusses kann auch der für die Gewinnverwendung relevante Bilanzgewinn geändert werden. In keinem Fall ist ein gem § 325 Abs 2a HGB aufgestellter Einzelabschluss nach IFRS für die Gewinnverwendung relevant, diese Funktion kommt nur dem Jahresabschluss nach HGB zu (unstr, RegBegr BT-Drucks 15/3419, 46; BeckBilKomm/*Ellrott/Grottel* § 325 HGB Rn 57).

II. Beschlussinhalt (Abs 2)

4 **1. Allgemeines.** Abs 2 enthält wie § 170 Abs 2 lediglich **Mindestangaben**. Leerposten müssen nicht angegeben werden. Für die Darstellung gilt dasselbe wie beim Gewinnverwendungsvorschlag des Vorstands (vgl § 170 Rn 6). Eine Untergliederung des Gewinnverwendungsbeschlusses nach Abs 2 Nr 3 ist nur erforderlich, wenn vom Verwaltungsvorschlag abgewichen wird und über den vorab bindend festgestellten Bilanzgewinn weitere Gewinnrücklagen beschlossen werden; ansonsten genügt eine Fixierung des auszuschüttenden Betrags (*OLG Stuttgart* WM 2006, 292, 295). Auch für die Bekanntmachung nach § 124 bestehen insoweit keine weiteren Anforderungen (*OLG Stuttgart* aaO). Möglich ist ein **Verzicht** des Aktionärs auf den Gewinn; zu unterscheiden ist dabei der Verzicht auf das mitgliedschaftliche Gewinnstammrecht und der Verzicht auf den mit Wirksamwerden des Gewinnverwendungsbeschlusses entstehenden schuldrechtlichen Auszahlungsanspruch. Unproblematisch kann der Aktionär auf zukünftige schuldrechtliche Auszahlungsansprüche verzichten; der frei werdende Betrag wird dann gem dem jeweils geltenden Verteilungsschlüssel an die verbleibenden Aktionäre ausgeschüttet (Spindler/Stilz AktG/*Cahn* § 60 Rn 29; K. Schmidt/Lutter AktG/*Fleischer* § 60 Rn 20). Auf das Gewinnstammrecht kann der Aktionär nicht wirksam verzichten, da es untrennbar mit seiner Mitgliedschaft verknüpft ist, sog Abspaltungsverbot (*Fleischer* aaO Rn 21; *Horbach* AG 2001, 78, 82 mN auch zur älteren Gegenauffassung).

2. Angaben. Zu Abs 2 Nr 1–4 vgl § 170 Rn 7–10. Der auszuschüttende Betrag meint 5 den Gesamtbetrag. In welcher Höhe der einzelne Aktionär einen Dividendenanspruch erlangt, ergibt sich aus der Satzung oder dem Gesetz. Hierüber kann die HV nicht entscheiden, auch nicht zwecks Gleichbehandlung (*BGHZ* 84, 303, 310 f). Der zusätzliche Aufwand (Abs 2 Nr 5) bezog sich vor allem auf Steuerrückstellung/-aufwand wegen des zuvor geltenden gespaltenen Steuersatzes bei Abweichung vom Vorschlag der Verwaltung (vgl *Orth* WPg 2001, 947, 953). Inzwischen besteht aber ein einheitlicher Körperschaftssteuersatz (§ 23 KStG) unabhängig von der Rücklagenbildung. Der in Abs 2 Nr 5 erwähnte Zusatzaufwand konnte in dieser Hinsicht nur noch während eines Übergangszeitraumes (§ 37 KStG idF des Gesetzes vom 16.5.2003) bis zum 31.12.2006 (§ 37 Abs 4 S 4 KStG, neu durch SEStEG, Sonderfälle in § 37 Abs 4 S 2 und 3 KStG) nach den Vorschriften für den Übergang von Anrechnungsverfahren zum Halbeinkünfteverfahren nach den §§ 36 ff KStG relevant werden (vgl BeckBilKomm/*Förschle/Büssow* § 278 HGB Rn 11; *Orth* WPg 2001, 947, 948; für noch nicht bestandskräftig abgeschlossene Verfahren beachte *BVerfG* 17.11.2009 – 1 BvR 2192/05: Verfassungswidrigkeit eines Teils der Übergangsvorschriften und Regelungsauftrag für Ersatzregelung bis 1.1.2011). Das SEStEG vom 9.11.2006 (BGBl I 2006, 2782) ersetzt die bis dahin möglichen ausschüttungsabhängigen Körperschaftsteuerminderungen durch eine ratierliche **ausschüttungsunabhängige** Auszahlung des Körperschaftsteuerguthabens (*Ortmann-Babel/Bolik* BB 2007, 73; *Förster/Felchner* DStR 2007, 280, 281). Des Weiteren kann es aufgrund anderer von der Höhe der Gewinnausschüttung abhängigen Posten (zB Tantiemen, ausschüttungsabhängige Genussrechte) zu zusätzlichem Aufwand kommen, wenn die HV vom Vorschlag des Vorstandes abweicht. 174 Abs 2 Nr 5 ist zwingend, Verstöße führen zur Nichtigkeit (*LG Offenburg* AG 1981, 55 f). Ergänzende Posten sind zulässig, wenn die Satzung hierzu ermächtigt (MünchKomm AktG/*Hennrichs/Pöschke* Rn 37).

III. Wirkungen des Gewinnverwendungsbeschlusses

Der Beschl führt nicht zu einer Änderung des festgestellten Jahresabschlusses, son- 6 dern er muss erst im darauf folgenden Jahresabschluss miteinbezogen werden. Auch zusätzlicher Aufwand (Abs 2 Nr 5) berührt den festgestellten Jahresabschluss nicht (*Orth* WPg 2001, 947, 950). Die Einstellungen in (Gewinn-)Rücklagen werden nach § 152 Abs 3 Nr 1 gesondert ausgewiesen. Soweit der Gewinnverwendungsbeschluss eine Ausschüttung vorsieht, verfestigt sich der mitgliedschaftsrechtliche Gewinnanspruch zu einem der Höhe nach bestimmbaren und unentziehbaren Zahlungsanspruch (*BGHZ* 137, 378; 65, 230, 235). Der Gewinnfeststellungsbeschluss kann die Auszahlung in Raten oder eine spätere Fälligkeit bestimmen (**hM**, MünchKomm AktG/*Hennrichs/Pöschke* Rn 45 mwN).

Dritter Unterabschnitt
Ordentliche Hauptversammlung

§ 175 Einberufung

(1) ¹Unverzüglich nach Eingang des Berichts des Aufsichtsrats hat der Vorstand die Hauptversammlung zur Entgegennahme des festgestellten Jahresabschlusses und des Lageberichts, eines vom Aufsichtsrat gebilligten Einzelabschlusses nach § 325 Abs. 2a des Handelsgesetzbuchs sowie zur Beschlussfassung über die Verwendung eines

Bilanzgewinns, bei einem Mutterunternehmen (§ 290 Abs. 1, 2 des Handelsgesetzbuchs) auch zur Entgegennahme des vom Aufsichtsrat gebilligten Konzernabschlusses und des Konzernlageberichts, einzuberufen. ²Die Hauptversammlung hat in den ersten acht Monaten des Geschäftsjahrs stattzufinden.

(2) ¹Der Jahresabschluss, ein vom Aufsichtsrat gebilligter Einzelabschluss nach § 325 Abs. 2a des Handelsgesetzbuchs, der Lagebericht, der Bericht des Aufsichtsrats und der Vorschlag des Vorstands für die Verwendung des Bilanzgewinns sind von der Einberufung an in dem Geschäftsraum der Gesellschaft zur Einsicht der Aktionäre auszulegen. ²Auf Verlangen ist jedem Aktionär unverzüglich eine Abschrift der Vorlagen zu erteilen. ³Bei einem Mutterunternehmen (§ 290 Abs. 1, 2 des Handelsgesetzbuchs) gelten die Sätze 1 und 2 auch für den Konzernabschluss, den Konzernlagebericht und den Bericht des Aufsichtsrats hierüber. ⁴Die Verpflichtungen nach den Sätzen 1 bis 3 entfallen, wenn die dort bezeichneten Dokumente für denselben Zeitraum über die Internetseite der Gesellschaft zugänglich sind.

(3) ¹Hat die Hauptversammlung den Jahresabschluss festzustellen oder hat sie über die Billigung des Konzernabschlusses zu entscheiden, so gelten für die Einberufung der Hauptversammlung zur Feststellung des Jahresabschlusses oder zur Billigung des Konzernabschlusses und für das Zugänglichmachen der Vorlagen und die Erteilung von Abschriften die Absätze 1 und 2 sinngemäß. ²Die Verhandlungen über die Feststellung des Jahresabschlusses und über die Verwendung des Bilanzgewinns sollen verbunden werden.

(4) ¹Mit der Einberufung der Hauptversammlung zur Entgegennahme des festgestellten Jahresabschlusses oder, wenn die Hauptversammlung den Jahresabschluss festzustellen hat, der Hauptversammlung zur Feststellung des Jahresabschlusses sind Vorstand und Aufsichtsrat an die in dem Bericht des Aufsichtsrats enthaltenen Erklärungen über den Jahresabschluss (§§ 172, 173 Abs. 1) gebunden. ²Bei einem Mutterunternehmen (§ 290 Abs. 1, 2 des Handelsgesetzbuchs) gilt Satz 1 für die Erklärung des Aufsichtsrats über die Billigung des Konzernabschlusses entsprechend.

Übersicht

	Rn		Rn
A. Allgemeines	1	II. Auslegung und Abschriften	
B. Erläuterungen	3	(Abs 2)	6
I. Zeitlicher Rahmen für Einberufung (Abs 1)	3	1. Auslegung (S 1)	6
		2. Abschriften (S 2)	8
1. Unverzüglich nach Eingang des Aufsichtsratsberichts (S 1)	3	3. Publikation im Internet zur Erfüllung der Berichtspflicht	9
2. Innerhalb der ersten acht Monate (S 2)	4	4. Rechtsfolgen von Verstößen	10
3. Rechtsfolgen von Verstößen	5	III. Feststellung des Jahresabschlusses durch Hauptversammlung (Abs 3)	11
		IV. Bindung der Verwaltung (Abs 4)	12

Literatur: *Bosse* Wesentliche Neuregelungen ab 2007 aufgrund des Tranzparenzrichtlinie-Umsetzungsgesetzes für börsennotierte Unternehmen, DB 2007, 39; *Drinhausen/Keinath* BB-Rechtsprechungs- und Gesetzgebungsreport zum Hauptversammlungsrecht 2009, BB 2010, 3; *von Gleichenstein/Stallbaum* Zum Informationsrecht des Aktionärs nach § 175 Abs 2 AktG, AG 1970, 217; *M. Hirte* Auslage eines Vorstandsberichts zu § 289 Abs 5 HGB bleibt empfehlenswert, AG-Report 2010, R 125 f; *Kiefner* Wenn BilMoG und ARUG sich in die Quere kommen – der erläuternde Bericht zu den Angaben nach §§ 289 IV, 315 IV HGB, NZG 2010, 692; *Knapp* Die Entwicklung des Rechts des Aufsichtsrats im Jahr 2010, DStR 2011, 225; *Leuering* Die Erteilung von Abschriften an Aktionäre, ZIP 2000, 2053; *Mutze* Prüfung und Feststellung des Jahresabschlusses der Aktiengesellschaft sowie Beschlussfassung über die Gewinnverwendung, AG 1966, 173; *Nussbaum* Neue Wege zur Online-Hauptversammlung durch das ARUG, GWR 2009, 215; *Tielmann/Schulenberg* Aktuelle Gestaltungsempfehlungen zur Vorbereitung der Hauptversammlung nach EHUG und TUG, BB 2007, 840; *Werner* Ausgewählte Fragen zum Aktienrecht, AG 1972, 137.

A. Allgemeines

Die ordentliche HV unterscheidet sich dadurch von einer außerordentlichen HV, dass in ihr die alljährlich abzuhandelnden Tagesordnungspunkte (Regularien) abzuwickeln sind. Die AG muss daher einmal pro Jahr eine ordentliche HV abhalten. Für ordentliche wie auch für außerordentliche HV gelten die §§ 118 ff gleichermaßen. Die **Regularien** sind die Entgegennahme des festgestellten (im Fall des § 173: Feststellung des Jahresabschlusses) Jahresabschlusses und des Lageberichts, bei Mutterunternehmen (§ 290 Abs 1 und 2 HGB) ferner auch des Konzernabschlusses (ggf auch dessen Billigung) und des Konzernlageberichts, im Fall des § 325 Abs 2a HGB auch des Einzelabschlusses nach IAS/IFRS, weiter die Beschlussfassung über die Verwendung des Bilanzgewinns, wenn ein solcher besteht, die Beschlussfassung über die Entlastung der Mitglieder des Vorstands und AR (§ 120), bei prüfungspflichtigen Gesellschaften die Wahl des Abschlussprüfers (§ 318 Abs 1 S 1 HGB). Die ordentliche HV ist nicht auf die Regularien beschränkt, es können jegliche in der Kompetenz der HV liegende Gegenstände hinzutreten. 1

Abs 1 bestimmt die Einberufungspflicht in zeitlicher Hinsicht: Zum einen ist die ordentliche HV unverzüglich nach Eingang des Berichts des AR (gem § 171 Abs 2 und 4) einzuberufen (S 1), zum anderen muss die ordentliche HV spätestens in den ersten acht Monaten des Geschäftsjahres stattfinden (S 2). Abs 2 räumt den Aktionären Einsichtsrechte und das Recht auf Abschrift ein. Für den Fall, dass die HV den Jahresabschluss feststellen oder über die Billigung des Konzernabschlusses entscheiden muss, gelten Abs 1 und Abs 2 entsprechend (Abs 3 S 1). Weiterhin sollen die Verhandlungen über die Feststellung des Jahresabschlusses und über die Gewinnverwendung verbunden werden (Abs 3 S 2). Abs 4 bindet die Verwaltung ab dem Zeitpunkt der Einberufung der HV an die im Bericht des AR enthaltenen Erklärungen über den Jahresabschluss und ggf den Konzernabschluss. Geschützt wird damit zum einen die Kompetenz der HV zur Feststellung des Jahresabschlusses (RegBegr *Kropff* S 284), die Verwaltung kann ab diesem Zeitpunkt die Feststellungskompetenz nicht wieder an sich ziehen; zum anderen wird aber durch Abs 4 auch umgekehrt eine Feststellung des Jahresabschlusses durch die Verwaltung unverrückbar gemacht. 2

B. Erläuterungen

I. Zeitlicher Rahmen für Einberufung (Abs 1)

1. Unverzüglich nach Eingang des Aufsichtsratsberichts (S 1). Unverzüglich nach Eingang des Berichts des AR (§ 171 Abs 2 und 4, bei getrennten Berichten: Eingang des letzten Berichts) hat der Vorstand die HV einzuberufen. Unverzüglich meint ohne schuldhaftes Zögern (§ 121 Abs 1 S 1 BGB, *von Gleichenstein/Stallbaum* AG 1970, 217, 218). Die Einhaltung einer angemessenen Fristenplanung für die Vorbereitung 3 der HV steht dem Unverzüglichkeitserfordernis nicht entgegen. Vor Eingang des Berichts darf die HV nicht einberufen werden, da ansonsten die Auslegung nicht gem Abs 2 S 1 erfolgen kann. Hält der AR auch die Pflicht nach § 171 Abs 3 S 2 nicht ein, hat der Vorstand die HV unmittelbar nach Ablauf der Nachfrist einzuberufen (vgl § 171 Rn 13); mangels verbindlicher Billigung durch den AR wird dann die HV zur Feststellung des Jahresabschlusses und ggf zur Billigung des Konzernabschlusses (in keinem Fall aber zur Billigung eines Abschlusses nach § 325 Abs 2a HGB, hierfür kann die HV nicht zuständig werden) einberufen (vgl *Hüffer* AktG Rn 3).

4 **2. Innerhalb der ersten acht Monate (S 2).** Die HV hat in den ersten acht Monaten des Geschäftsjahres stattzufinden; die für die HV erforderlichen Maßnahmen müssen davor rechtzeitig erledigt sein. Mindestens 30 Tage vor der HV muss die Einberufung erfolgen (§ 123 Abs 1); diese Frist verlängert sich ggf um die Anmeldefrist (§ 123 Abs 2) (§ 123 Rn 5). Vor der Einberufung muss der Bericht des AR eingegangen sein (s Rn 3, Frist zur Berichterstattung: ein Monat, § 171 Abs 3). Davor finden die Aufstellung des Jahres-/Konzernabschlusses und, soweit erforderlich, die Abschlussprüfung statt. Für die Aufstellung der Abschlüsse bestehen Fristregelungen in §§ 264, 290 HGB. Notfalls dürfen die Fristen für die Maßnahmen vor der HV nicht ausgeschöpft werden, um die Acht-Monats-Frist des Abs 1 S 2 zu wahren. Die Frist kann durch Satzung nicht verlängert (unstr), jedoch verkürzt werden (str, Hölters/*Drinhausen* Rn 28; K. Schmidt/Lutter AktG/*Drygala* Rn 6; MünchKomm AktG/*Hennrichs/Pöschke* Rn 16; aA *Hüffer* AktG Rn 4; GroßKomm AktG/*Brönner* Rn 10; KölnKomm AktG/ *Ekkenga* Rn 11). Eine Fristverkürzung ist allerdings unzweckmäßig.

5 **3. Rechtsfolgen von Verstößen.** Wird gegen das Unverzüglichkeitserfordernis (S 1) oder gegen die Acht-Monats-Frist (S 2) verstoßen, hat dies keine Folgen für die Wirksamkeit der in der HV gefassten Beschl, namentlich sind die Beschl (auch nicht der Gewinnverwendungsbeschluss) deswegen nicht anfechtbar (*Adler/Düring/Schmaltz* Rechnungslegung Tb 4 Rn 11; MünchKomm AktG/*Hennrichs/Pöschke* Rn 20; K. Schmidt/Lutter AktG/*Drygala* Rn 7). Ferner wird dadurch auch nicht die Wirksamkeit des Jahresabschlusses oder die Verbindlichkeit des Konzernabschlusses bzw die Wirksamkeit der Feststellung des Jahresabschlusses oder der Billigung des Konzernabschlusses berührt (*Adler/Düring/Schmaltz* aaO; GroßKomm AktG/*Brönner* Rn 11). Auf Anregung eines Aktionärs oder von Amts wegen kann das Registergericht gem § 407 den Vorstand durch Festsetzung von Zwangsgeld zur Einhaltung des zeitlichen Rahmens nach Abs 1 anhalten. Ferner kommen Schadensersatzansprüche gegen den Vorstand (§ 93), den AR (§ 116 S 1) oder den Abschlussprüfer (§ 323 HGB) in Betracht. Die Festsetzung von Zwangsgeld und Schadensersatz sind nicht begründet, wenn der Verstoß gegen Abs 1 **vertretbar** war (*Hennrichs/Pöschke* aaO Rn 18). Das kann der Fall sein, wenn ein relevantes Gerichtsurteil (insb bzgl Aufstellungs- und Bewertungsvorschriften) zu erwarten oder wenn die Verzögerung durch Verspätung des Eingangs des AR-Berichts (§ 171) bedingt ist (*Adler/Düring/Schmaltz* aaO Rn 10; *Hennrichs/Pöschke* aaO).

II. Auslegung und Abschriften (Abs 2)

6 **1. Auslegung (S 1).** Der Jahresabschluss, ein vom AR gebilligter Einzelabschluss nach § 325 Abs 2a HGB (wenn dieser statt des Jahresabschlusses offen gelegt werden soll), der Lagebericht (auch wenn nur die Satzung einen Lagebericht verlangt, *BGH* NZG 2008, 309, 310), der AR-Bericht und der Vorschlag des Vorstands für die

Einberufung **§ 175**

Gewinnverwendung (wenn ein Bilanzgewinn vorhanden ist) sind zur Einsicht der Aktionäre auszulegen. Bei Mutterunternehmen (§ 290 Abs 1 und 2 HGB) müssen zusätzlich der Konzernabschluss (ggf der nach § 315a HGB), der Konzernlagebericht und der Bericht des AR hierüber (üblicherweise wird lediglich ein zusammengefasster Bericht des AR zu Gesellschaft und Konzern erstellt, s § 171 Rn 8) ausgelegt werden (S 3). Die **Auslegung von Abschriften** genügt (*Adler/Düring/Schmaltz* Rechnungslegung Tb 4 Rn 17; GroßKomm AktG/*Brönner* Rn 13; Spindler/Stilz AktG/*Euler* Rn 24). Wird von den Erleichterungen nach §§ 266 Abs 1 S 3, 276 oder 288 HGB Gebrauch gemacht, muss der Abschluss nur in erleichterter Form ausgelegt werden; § 131 Abs 1 S 3 findet erst in der HV Anwendung (MünchKomm AktG/*Hennrichs/Pöschke* Rn 29). Falls die HV den Jahresabschluss feststellt oder über die Billigung des Konzernabschlusses entscheidet, genügt die Vorlage des jeweiligen Entwurfs (*Brönner* aaO Rn 13). Ist der Bericht des AR auch nach Verstreichen der Nachfrist (§ 171 Abs 3 S 2) nicht eingegangen, kann der Bericht nicht vorgelegt werden. In diesem Fall entscheidet die HV gem § 171 Abs 3 S 3 über die Feststellung des Jahresabschlusses (ggf auch über die Billigung des Konzernabschlusses) ohne AR-Bericht (*Hüffer* AktG Rn 4); der fehlende AR-Bericht ist dann kein zur Anfechtung berechtigender Verfahrensmangel des Feststellungsbeschlusses bzw Billigungsbeschlusses (*Hennrichs/Pöschke* aaO Rn 27; *Euler* aaO Rn 23). Demgegenüber sind die Entlastungsbeschlüsse von Vorstand und AR sowie die Wahl des AR gem § 243 Abs 1 anfechtbar, wenn der AR-Bericht nicht vom AR durch Beschl festgestellt wurde und auch nicht zumindest durch den AR-Vorsitzenden in der Urschrift unterschrieben wurde (*BGH* WM 2010, 1502, 1504 f – „Aufsichtsratsbericht"; zust *Knapp* DStR 2011, 225). Der **Bericht des Abschlussprüfers** ist **nicht** auszulegen (*Hüffer* aaO Rn 5). Es muss **von der Bekanntmachung der Einberufung** an (§ 121 Abs 4, 4a) ausgelegt werden. Auszulegen ist in den **Geschäftsräumen der Gesellschaft**. Gemeint ist damit der Ort, an dem sich die Hauptverwaltung befindet (*Adler/Düring/Schmaltz* aaO; *Hüffer* aaO; *Euler* aaO Rn 26; K. Schmidt/Lutter AktG/*Drygala* aaO Rn 8; **aA** *von Gleichenstein/Stallbaum* AG 1970, 217, 218: Räume des Vorstands). Der Sitz der AG (§ 5) ist nicht maßgebend (unstr *Hüffer* aaO). Eine Auslegung an der Zweigniederlassung ist nicht erforderlich (*Adler/Düring/Schmaltz* aaO mwN). Ist allerdings für die Aktionäre unklar, wo sich die Hauptverwaltung befindet, sollte an allen in Betracht kommenden Orten ausgelegt werden, um ein Anfechtungsrisiko zu vermeiden (*Hennrichs/Pöschke* aaO Rn 31).

Die bisher ebenfalls in Abs 2 geregelte zusätzliche Pflicht börsennotierter AGs zur Auslegung des vom Vorstand erstellten erläuternden Berichts zu den Angaben nach §§ 289 Abs 4, 315 Abs 4 HGB ist durch das ARUG vom 30.7.2009 (BGBl I S 2479) aufgehoben. Zwar stellt die Änderungsanweisung des Gesetzgebers zum ARUG (BGBl I S 2479, 2484) unrichtig auf die Streichung ab, wie er vor der zwischenzeitlichen Änderung durch das BilMoG vom 25.5.2009 (BGBl I S 1102) bestand; dennoch ist davon auszugehen, dass die Auslegungspflicht des erläuternden Berichts in § 175 insgesamt entfallen ist (*Kiefner* NZG 2010, 692, 694; *Drinhausen/Keinath* BB 2010, 3, 8; vgl auch *M. Hirte* AG-Report 2010, R 125 f). Stattdessen **muss** dieser Bericht mit den Angaben nach §§ 289 Abs 4, 315 Abs 4 HGB nun gem § 124a S 1 Nr 3 iVm § 176 Abs 1 S 1 alsbald nach der Einberufung zur HV auf der **Internetseite** der Gesellschaft (*Hüffer* AktG Rn 5, vgl § 124a Rn 4) sowie gem § 176 Abs 1 S 1 während der HV zugänglich gemacht werden (*Kiefner* aaO; *Drinhausen/Keinath* aaO, vgl § 176 Rn 2). **6a**

§ 175

7 Mit der Pflicht der Gesellschaft zur Auslegung korrespondiert das Recht des Aktionärs auf Einsichtnahme in die auszulegenden Unterlagen. Das **Einsichtsrecht** ist unentziehbar (*Mutze* AG 1966, 173, 176), jedoch kann der einzelne Aktionär auf die Einsicht verzichten; verzichten alle Aktionäre, bedarf es nicht der Auslegung (Münch-Komm AktG/*Hennrichs/Pöschke* Rn 25). Die AG kann vom Aktionär, der zur Einsichtnahme in die Geschäftsräume kommt, einen **Nachweis** seiner Aktionärsstellung verlangen (**hM** K. Schmidt/Lutter AktG/*Drygala* Rn 10; *Adler/Düring/Schmaltz* Rechnungslegung Tb 4 Rn 19; *LG Hagen* AG 1965, 82; enger KölnKomm AktG/*Ekkenga* Rn 20: idR nur bei Zweifeln). Bei Namensaktien genügt der Eintrag im Aktienregister, bei Inhaberaktien kann eine Hinterlegungsbescheinigung, ein satzungsmäßiger Nachweis (§ 123 Abs 3 S 1), ein Nachweis nach § 123 Abs 3 S 2 oder ein sonst vergleichbarer Nachweis die Aktionärsstellung belegen.

8 **2. Abschriften (S 2).** Auf Verlangen hat die Gesellschaft jedem Aktionär unverzüglich (ohne schuldhaftes Zögern, § 121 Abs 1 S 1 BGB) eine Abschrift der Vorlagen zu erteilen. Abschrift bedeutet Vervielfältigung des Originals, üblicherweise durch Fertigung einer Kopie (auch als elektronische Datei im Wege der Datenfernübertragung bei Vorliegen der Voraussetzungen des § 30b Abs 3 Nr 1 WpHG, s hierzu § 125 Rn 12); „erteilen" umfasst auch das Versenden (*Leuering* ZIP 2000, 2053, 2055). Mit „Vorlagen" sind die nach S 1 zur Einsicht auszulegenden Dokumente gemeint, bei Mutterunternehmen (§ 290 Abs 1 und 2 HGB) erstreckt sich somit das Recht auf Abschrift auch auf den Konzernabschluss, den Konzernlagebericht und den Bericht des AR hierüber (S 3). Jeder Aktionär kann Abschriften verlangen, auch Inhaber stimmrechtsloser Vorzugsaktien (*Hüffer* AktG Rn 6). Das Verlangen kann formlos (unstr) und auch schon vor Einberufung zur HV, erfolgen, wobei in letzterem Fall die Erteilung der Abschriften erst nach der Einberufung erfolgen muss (str, *Hüffer* aaO; MünchKomm AktG/*Hennrichs/Pöschke* Rn 35; K. Schmidt/Lutter AktG/*Drygala* Rn 9; **aA** *Adler/Düring/Schmaltz* Rechnungslegung Tb 4 Rn 20; Spindler/Stilz AktG/*Euler* Rn 28: Verlangen kann erst nach Einberufung zur HV gestellt werden). Dass der Aktionär in die Geschäftsräume kommt, ist nicht erforderlich; das Recht, Abschriften zu verlangen, besteht unabhängig von und neben dem Einsichtsrecht (S 1). Die Kosten der Abschrift fallen der AG zur Last (unstr), die der Versendung dem Aktionär (str, GroßKomm AktG/*Brönner* Rn 15; *Mutze* AG 1966, 173, 176; **aA** *Euler* aaO; *Drygala* aaO; KölnKomm AktG/*Ekkenga* Rn 23; *Hüffer* aaO; *Hennrichs/Pöschke* aaO Rn 37). Bei Versendung handelt es sich idR um eine Schickschuld iSd § 269 Abs 3 BGB (*Leuering* aaO 2056). Die AG kann vom Aktionär Nachweis seiner Aktionärsstellung verlangen; s hierzu Rn 7.

9 **3. Publikation im Internet zur Erfüllung der Berichtspflicht.** Gem Abs 2 S 4 entfallen die Verpflichtungen nach S 1–3, wenn die dort bezeichneten Dokumente für denselben Zeitraum, also ab dem Zeitpunkt der Einberufung (Abs 2 S 1), über die Internetseite der Gesellschaft zugänglich sind (*LG Düsseldorf* EWiR 2008, 67 f m Anm *Rottnauer*). Andere Auslegungspflichten werden hiervon nicht berührt (*Tielmann/Schulenburg* BB 2007, 840, 843). Die Publikation im Internet erfordert die Abrufbarkeit des Dokumentes auf der Internetseite der Gesellschaft für den gesamten Zeitraum – also ab der Einberufung zur HV (Rechtsausschuss zum EHUG BT/Drucks 16/2781, 88). Die Informationen müssen sich ohne große Suchanstrengungen durch die Aktionäre auffinden lassen und dürfen mit keinerlei Zugangsbeschränkungen versehen sein (*LG Frankfurt/Main* BeckRS 2012, 02303; K. Schmidt/Lutter AktG/*Drygala* Rn 11 mN, vgl auch § 121 Rn 13e). Sind die Unterlagen nicht ohne größere Suchanstrengung auffindbar, kann sich die Ges nicht auf die Auslage in den Geschäftsräumen gem Abs 2 S 1 berufen, wenn die HV-Einladung nur einen Hinweis auf die Internetseite, nicht aber auf die Auslage in den Geschäftsräumen enthält (*LG Frankfurt/Main* aaO). Für börsennotierte Gesellschaften besteht gem § 124a S 1 Nr 3 die Pflicht zur Einstellung der Unterlagen auf der Internetseite der Gesellschaft, allerdings lediglich „alsbald nach der Einberufung" (vgl § 124a Rn 10); die Zugänglichmachung gem Abs 2 S 4 erfüllt damit hinsichtlich der Unterlagen von Abs 2 auch die Pflicht nach § 124a S 1 Nr 3.

4. Rechtsfolgen von Verstößen. Ein Verstoß gegen das Recht auf Einsicht oder **10** Abschrift ist ein Verfahrensmangel, der grds zur Anfechtbarkeit der Beschlüsse führt, für welche die nicht vorgelegten oder erteilten Vorlagen von Bedeutung waren. Bei der für die Anfechtung erforderlichen Relevanz des Verstoßes ist auf den objektiv urteilenden Aktionär abzustellen (*BGHZ* 160, 385, 392). Bei Verletzung des Rechts auf Erteilung von Abschriften gilt ferner das Kausalitätserfordernis: Die für die Anfechtung erforderliche Relevanz liegt nicht vor, wenn feststeht, dass der Beschl auch ohne die Stimmen des Aktionärs, dessen Recht auf Abschriften verletzt worden ist, gefasst worden wäre (str, K. Schmidt/Lutter AktG/*Drygala* Rn 13; *Hüffer* AktG Rn 6; *Adler/Düring/Schmaltz* Rechnungslegung Tb 4 Rn 20; **aA** *Leuering* ZIP 2000, 2053, 2058 mwN). Eine Anfechtung wegen mangelnder Abschriftenerteilung kann ferner nur dann begründet sein, wenn der Aktionär nach Verlangen der Abschrift das Ausbleiben bei der Gesellschaft gerügt und dennoch keine Abschrift erhalten hat (*Leuering* aaO, 2059). Die Vollständigkeit der verlangten Abschriften muss der Aktionär überprüfen. Unterlässt er dies und fordert er deswegen die fehlenden Teile nicht nach, liegt kein Verstoß der AG gegen Abs 2 vor (*LG Frankfurt/Main* AG 2002, 356). Der Anspruch auf Erteilung von Abschriften kann im Klagewege erstritten werden (MünchKomm AktG/*Hennrichs/Pöschke* Rn 41; *Leuering* aaO 2057). Im Wege einer **einstweiligen Verfügung** (Leistungsverfügung, § 940 ZPO analog) kann der Anspruch jedoch wegen der Vorwegnahme der Hauptsache nur durchgesetzt werden, wenn der Aktionär auf die sofortige Erfüllung dringend angewiesen ist (KölnKomm AktG/ *Claussen* Rn 14; *Hüffer* aaO Rn 5; eine einstweilige Verfügung abl *Adler/Düring/ Schmaltz* aaO Rn 22; *Mutze* AG 1966, 173, 176). Ein Verstoß gegen Abs 2 kann ferner die Festsetzung von Zwangsgeld (§ 407) nach sich ziehen. Problematisch sind auch etwaige Störungen der Abrufbarkeit aus dem Internet. Die Einschränkung der Anfechtbarkeit gem § 243 Abs 3 Nr 1 gilt hier nicht. Doch stellen ausweislich der RegBegr Unterbrechungen, die weder vorsätzlich noch grob fahrlässig verursacht wurden, sowie solche, die auf einer Wartung des Systems beruhen, keine Verletzung der Offenlegungspflicht dar (RegBegr BT-Drucks 16/11642, 24); dies kann allerdings nur für vorübergehende und zeitlich unwesentliche Unterbrechungen gelten. Als Nachweis des Verstoßes genügt ein entsprechend datierter Auszug aus dem Internet (*Tielmann/ Schulenburg* BB 2007, 840, 843).

III. Feststellung des Jahresabschlusses durch Hauptversammlung (Abs 3)

Wenn die HV den Jahresabschluss feststellen oder über die Billigung des Konzernab- **11** schlusses entscheiden muss, gelten Abs 1 und 2 entsprechend (S 1). Die seit Geltung des ARUG vom 30.7.2009 (BGBl I S 2479) erforderliche „Zugänglichmachung" stellt unter Beibehaltung des materiellen Gehalts der Vorschrift sprachlich klarer gegenüber der zuvor geforderten „Auslegung" heraus, dass an Stelle der „Auslegung" der

§ 175 Einberufung

Dokumente (Abs 3 S 1 iVm Abs 2 S 1) die Einstellung der Dokumente auf der Internetseite der Gesellschaft (Abs 3 S 1 iVm Abs 2 S 4, vgl Rn 9) genügt (RegBegr BT-Drucks 16/11642, 35). Die HV wird im Fall des Abs 3 nicht zur Entgegennahme des Jahresabschlusses (und ggf des Konzernabschlusses) einberufen, sondern zur Feststellung des Jahresabschlusses (bzw zur Billigung des Konzernabschlusses). Die Tagesordnung und die Beschlussvorschläge müssen entsprechend formuliert werden (*Hüffer* AktG Rn 7). Die Verhandlung über die Feststellung des Jahresabschlusses und über die Verwendung des Bilanzgewinns, wenn ein solcher besteht, sollen verbunden werden (S 2; zum Inhalt des Verbindungsgebots näher § 120 Rn 16). § 120 Abs 3 sieht zusätzlich die Verbindung der Verhandlung über die Entlastung von Vorstand und AR mit der Verhandlung des Bilanzgewinns vor, so dass im Ergebnis drei Verhandlungsgegenstände zu verbinden sind. Abs 3 S 2 und § 120 Abs 3 sind allerdings nur **Soll**vorschriften, so dass ein Verstoß gegen diese Verbindungsvorschriften **keine (Rechts)Folgen** hat (GroßKomm AktG/*Brönner* Rn 21; MünchKomm AktG/*Hennrichs/Pöschke* Rn 22).

IV. Bindung der Verwaltung (Abs 4)

12   Die Verwaltung ist an die im Bericht des AR enthaltenen Erklärungen über den Jahresabschluss gebunden, sobald die HV zur Entgegennahme oder zur Feststellung des Jahresabschlusses einberufen worden ist. Die gebundenen Erklärungsinhalte sind entweder Billigung oder Nichtbilligung des Jahresabschlusses durch den AR oder die Beschl von Vorstand und AR, der HV die Feststellung des Jahresabschlusses zu überlassen (§ 172 S 1) (MünchKomm AktG/*Hennrichs/Pöschke* Rn 47). Die Bindungswirkung tritt erst mit Einberufung gem § 121 Abs 4 bzw 4a (vgl § 121 Rn 14 ff) einer HV nach § 175 Abs 1 oder Abs 3 ein; vorher können die Erklärungen geändert werden (*Adler/Düring/Schmaltz* Rechnungslegung Tb 4 Rn 27). Die Bindung bedeutet, dass mit Einberufung die Feststellungskompetenz endgültig zugeordnet ist. Auf der einen Seite heißt dies, dass, wenn die Kompetenz der HV zur Feststellung des Jahresabschlusses (§ 173 Abs 1) begründet ist, diese Kompetenz der HV nicht mehr durch Änderungen des AR-Berichts oder durch Billigung des Jahresabschlusses durch die Verwaltung entzogen werden kann. Auf der anderen Seite kann die Verwaltung, wenn der Jahresabschluss festgestellt ist, der HV nicht mehr die Kompetenz zur Feststellung eröffnen. Ein Beschl gem § 173 Abs 1 S 1, der HV die Feststellung des Jahresabschlusses zu überlassen, ist wirkungslos, wenn er erst nach Einberufung gefasst wurde. Die Bindung der Erklärungen steht einer Anfechtung (§§ 119, 123 BGB) dieser Erklärungen entgegen. Die Bindung bezieht sich **nur auf die Erklärungen** der Verwaltung, **nicht aber auf den Inhalt des Jahresabschluss** selbst, so dass dieser selbst nach Feststellung (wenn noch keine Feststellung vorliegt: keinerlei Bindung, § 173 Abs 2) auch noch nach Einberufung in begrenztem Rahmen (§ 172 Rn 12 ff) abänderbar ist (**hM** *Adler/Düring/Schmaltz* aaO Rn 26; *Hüffer* AktG Rn 8; K. Schmidt/Lutter AktG/*Drygala* Rn 17; Spindler/Stilz AktG/*Euler* Rn 34; *Werner* AG 1972, 137, 140; KölnKomm AktG/*Ekkenga* Rn 35; *Hennrichs/Pöschke* aaO Rn 51; **aA** GroßKomm AktG/*Brönner* Rn 23 ff). Eine Aufhebung der Einberufung lässt die Bindungswirkung nicht entfallen (*Adler/Düring/Schmaltz* aaO Rn 28; *Hennrichs/Pöschke* aaO Rn 50; *Euler* aaO). Entsprechendes gilt für den **Konzernabschluss**: Mit der Einberufung kann der AR die Kompetenz der HV, über die Billigung des Konzernabschlusses zu entscheiden, nicht mehr durch nachträgliche Billigung entziehen; umgekehrt kann der AR mit der Ein-

berufung seine vor Einberufung erteilte Billigung nicht wieder zurücknehmen (zutr *Hennrichs/Pöschke* aaO Rn 49). Eine solche Zurücknahme wäre wirkungslos und würde die Kompetenz der HV, über die Billigung des Konzernabschlusses zu entscheiden, nicht begründen. Auch beim Konzernabschluss bezieht sich die Bindungswirkung allein auf die Erklärung der Verwaltung (hier nur des AR) und nicht auf den Inhalt des Abschlusses (s soeben).

§ 176 Vorlagen. Anwesenheit des Abschlussprüfers

(1) ¹Der Vorstand hat der Hauptversammlung die in § 175 Abs. 2 genannten Vorlagen sowie bei börsennotierten Gesellschaften einen erläuternden Bericht zu den Angaben nach § 289 Abs. 4, § 315 Abs. 4 des Handelsgesetzbuchs zugänglich zu machen. ²Zu Beginn der Verhandlung soll der Vorstand seine Vorlagen, der Vorsitzende des Aufsichtsrats den Bericht des Aufsichtsrats erläutern. ³Der Vorstand soll dabei auch zu einem Jahresfehlbetrag oder einem Verlust Stellung nehmen, der das Jahresergebnis wesentlich beeinträchtigt hat. ⁴Satz 3 ist auf Kreditinstitute nicht anzuwenden.

(2) ¹Ist der Jahresabschluss von einem Abschlussprüfer zu prüfen, so hat der Abschlussprüfer an den Verhandlungen über die Feststellung des Jahresabschlusses teilzunehmen. ²Satz 1 gilt entsprechend für die Verhandlungen über die Billigung eines Konzernabschlusses. ³Der Abschlussprüfer ist nicht verpflichtet, einem Aktionär Auskunft zu erteilen.

Übersicht

	Rn		Rn
A. Allgemeines	1	c) Erläuterung durch den Aufsichtsrat	6
B. Erläuterungen	2	3. Rechtsfolgen von Verstößen	7
I. Zugänglichmachungs- und Erläuterungspflicht (Abs 1)	2	II. Teilnahme des Abschlussprüfers (Abs 2)	8
1. Vorlagen (S 1)	2	1. Teilnahmepflicht (S 1)	8
2. Erläuterung (S 2–4)	3	a) Voraussetzung	8
a) Erläuterung durch den Vorstand	3	b) Umfang	9
b) Erläuterung des Jahresfehlbetrags/Verlusts	4	2. Teilnahmerecht	10
		3. Auskunftspflicht (S 2)	11
		4. Rechtsfolgen von Verstößen	12

Literatur: *Hommelhoff* Die neue Position des Abschlußprüfers im Kraftfeld der aktienrechtlichen Organisationsverfassung (Teil II), BB 1998, 2625; *Kiefner* Wenn BilMoG und ARUG sich in die Quere kommen – der erläuternde Bericht zu den Angaben nach §§ 289 IV, 315 IV HGB, NZG 2010, 692; *Mutze* Prüfung und Feststellung des Jahresabschlusses der Aktiengesellschaft sowie Beschlussfassung über die Gewinnverwendung, AG 1966, 173; *Nussbaum* Neue Wege zur Online-Hauptversammlung durch das ARUG, GWR 2009, 215.

A. Allgemeines

§ 176 enthält Regelungen zum Ablauf der HV und ergänzt die allgemeinen Vorschriften der §§ 118 ff im Hinblick auf die Abschlüsse und die Gewinnverwendung. Die in § 175 Abs 2 genannten Vorlagen (§ 175 Rn 6) müssen der HV zugänglich gemacht werden (Abs 1 S 1). Die nunmehr erforderliche „Zugänglichmachung" (anstelle der bis- **1**

§ 176 Vorlagen. Anwesenheit des Abschlussprüfers

herigen „Vorlage") sowie die ebenfalls in Abs 1 S 1 geregelte Pflicht börsennotierter Gesellschaften zur Zugänglichmachung des erläuternden Berichts zu den Angaben nach § 289 Abs 4, § 315 Abs 4 HGB sind auf das ARUG vom 30.7.2009 (BGBl I S 2479) zurückzuführen. Die genannten Vorlagen sind der HV zu erläutern (Abs 1 S 2). In den Erläuterungen soll insbesondere auf einen Jahresfehlbetrag oder Verlust, der das Jahresergebnis wesentlich beeinträchtigt hat, eingegangen werden; das gilt jedoch nicht, wenn die AG ein Kreditinstitut ist (Abs 1 S 3 und 4). Die Sonderregelung für Kreditinstitute ergänzt die bankenspezifischen Regelungen des stillen Verlustausgleichs (sog Überkreuzkompensation; s Rn 5). Diese Zugänglichmachungs- und Erläuterungspflicht besteht unabhängig davon, ob die HV den Jahresabschluss entgegennimmt oder ob sie ihn feststellt. Bei einer prüfungspflichtigen AG besteht eine Teilnahmepflicht des Abschlussprüfers an den Verhandlungen über die Feststellung des Jahresabschlusses und über die Billigung des Konzernabschlusses; allerdings ist er den Aktionären gegenüber nicht zur Erteilung von Auskünften verpflichtet (Abs 2). Solche HV-Verhandlungen über die Feststellung des Jahresabschlusses und über die Billigung des Konzernabschlusses sind nur dann denkbar, wenn die Kompetenz zur Feststellung bzw Billigung bei der HV liegt (§ 173 Abs 1). Die Anwesenheit des Abschlussprüfers dient dem Erfordernis der Nachtragsprüfung (§ 173 Abs 3) und der bilanziellen Richtigkeit der Abschlüsse.

B. Erläuterungen

I. Zugänglichmachungs- und Erläuterungspflicht (Abs 1)

2 **1. Vorlagen (S 1).** Im Zuge der Umsetzung der Aktionärsrechterichtlinie durch das ARUG vom 30.7.2009 (BGBl I S 2479) wurde die bisherige Vorlagepflicht gegenüber modernen Publikationsformen geöffnet. Die in Abs 1 S 1 in Bezug genommenen Dokumente des § 175 Abs 2 (§ 175 Rn 6) sowie bei börsennotierten Gesellschaften zusätzlich der erläuternde Bericht zu den Angaben nach § 289 Abs 4, § 315 Abs 4 HGB müssen der HV **zugänglich** gemacht werden; letzterer war bisher in § 175 Abs 2 S 1 aufgeführt, wurde allerdings durch das ARUG in § 176 verschoben, womit sich der Zeitpunkt der Zugänglichmachung des Berichts vom Zeitpunkt der Einberufung (§ 175 Abs 2 S 1 aF) auf den Zeitpunkt des Beginns der HV (siehe sogleich) verlagert hat (näher § 175 Rn 6a; *Kiefner* NZG 2010, 692, 694). Ausweislich der RegBegr (RegBegr BT-Drucks 16/11642, 35) ist mit der Zugänglichmachung neben der weiterhin möglichen Vorlage in Papierform der elektronische Zugang, zB mittels von der Gesellschaft bereitgestellter Computerterminals (BT-Drucks aaO S 25; *von Nussbaum* GWR 2009, 215, 216; *Hüffer* AktG Rn 2), gemeint. Die Wahl des Mediums obliegt der AG. Die Bereitstellung oder das Verteilen von Exemplaren zur Mitnahme durch die Aktionäre ist nicht erforderlich. Zuständig dafür ist der Vorstand. Der bei börsennotierten Gesellschaften geforderte **erläuternde Bericht** zu den Angaben nach § 289 Abs 4, § 315 Abs 4 HGB ist eine erläuternde Darstellung des Vorstands zu den von § 289 Abs 4 bzw § 315 Abs 4 HGB verlangten Angaben im Lagebericht bzw im Konzernlagebericht. Üblicherweise erfolgt der Bericht in einem gesonderten Dokument oder in einem eigenen Abschnitt des (Konzern-)Lageberichts. **Ziel** des erläuternden Berichts und der Angaben nach § 289 Abs 4, § 315 Abs 4 HGB ist es, potenziellen Bietern in einer Übernahmesituation durch die Offenlegung der Angaben ein umfassendes Bild der börsennotierten Zielgesellschaft und ihrer Struktur sowie etwaiger Übernahmehindernisse zu verschaffen (RegBegr zum Übernahmerichtlinie-

Umsetzungsgesetz BT-Drucks 16/1003, 24). Der **Zeitraum**, in dem die genannten Dokumente zugänglich sein müssen, erstreckt sich vom Beginn bis zum Ende der HV; das schließt bei mehrtägigen HV auch Tage ein, für die die HV nicht einberufen wurde (K. Schmidt/Lutter AktG/*Drygala* Rn 3). Wird von den Erleichterungen nach § 266 Abs 1 S 3, § 276 oder § 288 HGB Gebrauch gemacht, muss der Abschluss nur in erleichterter Form vorgelegt werden (MünchKomm AktG/*Hennrichs/Pöschke* Rn 9). Ein weitergehendes Informationsrecht ergibt sich dann erst aus § 131 Abs 1 S 3 (s dazu § 131 Rn 17 f).

Es ist **keine Verlesung** erforderlich (ganz **hM**, statt vieler *Hüffer* AktG Rn 2; **2a** K. Schmidt/Lutter AktG/*Drygala* Rn 2; anders nur GroßKomm AktG/*Brönner* Rn 4); der Versammlungsleiter sollte auch keine Verlesung anbieten (*Hüffer* aaO Rn 2; *Drygala* aaO). Werden entgegen § 175 Abs 3 S 2 die Verhandlungen über die Feststellung des Jahresabschlusses und über die Gewinnverwendung nicht in derselben HV geführt, muss in jeder HV, in der diese Verhandlungen geführt werden, vorgelegt werden. Die Pflicht zur Zugänglichmachung in der HV besteht unabhängig von der Auslegung zur Einsicht in den Geschäftsräumen der Gesellschaft oder der Erteilung von Abschriften an Aktionäre nach § 175 Abs 2. Eine Übersendung der Vorlagen an die Aktionäre lässt die Pflicht zur Zugänglichmachung unberührt (*Adler/Düring/Schmaltz* Rechnungslegung Tb 4 Rn 5). Weiterhin hängt die Pflicht zur Zugänglichmachung nicht davon ab, dass in der HV Beschlüsse zu fassen sind. Besteht kein Bilanzgewinn und ist der Jahresabschluss festgestellt bzw der Konzernabschluss gebilligt, muss dennoch zugänglich gemacht werden (Semler/Volhard/Reichert, ArbHdb HV/*Rodewig* § 12 Rn 36). Die Zugänglichmachung führt zur Offenlegungspflicht nach § 325 HGB. Ist eine Nachtragsprüfung notwendig (§ 173 Abs 3), kann mit der Offenlegung bis zum Vorliegen von deren Ergebnis abgewartet werden (MünchKomm AktG/*Hennrichs/Pöschke* Rn 10). Als **Ort** der Vorlage kommen neben dem Raum, in dem die HV abgehalten wird, auch jedem Aktionär während der HV problemlos zugängliche Nebenräume in Betracht; der Ort ist in der HV mitzuteilen (*Rodewig* aaO Rn 35; *Drygala* aaO Rn 3; *Hennrichs/Pöschke* aaO Rn 11).

2. Erläuterung (S 2–4). – a) Erläuterung durch den Vorstand. Der Vorstand soll gem **3** Abs 1 S 2 „seine" Vorlagen mit Ausnahme des Berichts des AR (s hierzu Rn 6) erläutern. Aufgrund des Regelungszusammenhangs mit Abs 1 S 1 sind unter den vom Vorstand zu erläuternden Vorlagen sämtliche in Abs 1 S 1 genannten Dokumente zu verstehen, dh die in § 175 Abs 2 genannten Vorlagen (mit Ausnahme des Berichts des AR) und der erläuternde Bericht zu den Angaben nach § 289 Abs 4, 315 Abs 4 HGB. Die Pflicht des Vorstands ist als Sollvorschrift ausgestaltet; sie ist daher weder erzwingbar noch berührt ein Verstoß gegen sie die Wirksamkeit der HV-Beschlüsse (s Rn 7). Die Erläuterung obliegt dem Gesamtvorstand; innerhalb des Vorstands ist der Vorstandsvorsitzende oder das nach der Geschäftsordnung zuständige Mitglied verantwortlich (*Hüffer* AktG Rn 3; K. Schmidt/Lutter AktG/*Drygala* Rn 12). Als Zeitpunkt der Erläuterung sieht Abs 1 S 2 den „Beginn der Verhandlung" vor. Dem entspricht die allgemeine Praxis, nach der der Vorstand die Erläuterungen in seiner Rede iRd Tagesordnungspunkts zur Vorlage der Unterlagen nach Abs 1 S 1 – üblicherweise Tagesordnungspunkt eins der ordentlichen HV – und vor Eröffnung der Generaldebatte macht. Die Erklärungsinhalte werden ggf durch Vorstandsbeschluss festgelegt (§ 77 Abs 1). Der Beschl kann konkludent gefasst werden, was etwa bei der Erläuterung durch ein sachkundiges Vorstandsmitglied ohne Widerspruch der übrigen

Mitglieder vorliegt (vgl *OLG Frankfurt* ZIP 1986, 1244, 1245 zu § 131). Hinsichtlich des Erläuterungsinhalts hat der Vorstand **freies Ermessen** (*Adler/Düring/Schmaltz* Rechnungslegung Tb 4 Rn 12; Spindler/Stilz AktG/*Euler* Rn 11). Da Anhang und Lagebericht bereits Bilanz, GuV, Geschäftsverlauf und Lage der Gesellschaft darlegen, bieten sich eine zusammenfassende Darstellung der Rechenschaftslegung mit Schwerpunktbildung und eine Erläuterung des **Vorschlags für die Gewinnverwendung** an (*Adler/Düring/Schmaltz* aaO Rn 13 f; BeckBilKomm-*Ellrott/M. Ring* Vor § 325 HGB Rn 112; *Drygala* aaO Rn 13); ferner können Entwicklungen, die erst nach Erstellung der Vorlagen eintraten, dargelegt werden (MünchKomm AktG/*Hennrichs/ Pöschke* Rn 13; *Drygala* aaO). Insbesondere kann die Beantwortung bekannter oder erwarteter Aktionärsfragen (§ 131) vorweggenommen werden. Weiterhin soll zu einem etwaigen Jahresfehlbetrag und wesentlichen Verlusten Stellung genommen werden (s dazu Rn 4).

4 **b) Erläuterung des Jahresfehlbetrags/Verlusts.** Der Vorstand soll bei seinen Erläuterungen zu einem Jahresfehlbetrag und zu Verlusten, die das Jahresergebnis (Jahresüberschuss oder Jahresfehlbetrag, §§ 266 Abs 3 A.V, 275 Abs 2 Nr 20, Abs 3 Nr 19 HGB) **wesentlich** beeinträchtigt haben, Stellung nehmen (S 3). Die Pflicht des Vorstands ist als Sollvorschrift ausgestaltet, sie ist daher weder erzwingbar noch berührt ein Verstoß gegen sie die Wirksamkeit der HV-Beschlüsse (s Rn 7). Die Erläuterungen bezüglich solcher Verluste sollen die Aktionäre rechtzeitig auf ungünstige Entwicklungen aufmerksam machen, was insbesondere dann notwendig erscheint, wenn ein Jahresüberschuss ausgewiesen ist (RegBegr BT-Drucks 10/317, 105). Eine Erläuterungspflicht bezüglich der Verluste besteht daher auch dann, wenn das Jahresergebnis positiv ist. Das Informationsbedürfnis hinsichtlich der Verluste wird zwar bereits größtenteils durch die Rechnungslegung (zB Lagebericht, Anhang) abgedeckt. Ein Informationsbedürfnis der Aktionäre besteht jedoch noch dort, wo detailliertere Kenntnisse notwendig sind, namentlich **Hintergrundinformationen** zu einzelnen markanten Verlusten im Hinblick auf die Entlastungsentscheidung (§ 120). Erläuterungsbedürftig sind Verluste, die die Kursentwicklung bzw die Wertentwicklung der Aktien erkennbar beeinflusst haben (MünchKomm AktG/*Hennrichs/Pöschke* Rn 16, zB Wegfall eines Absatzmarktes), die für einzelne Sparten kennzeichnend waren, außergewöhnliche bilanzielle Maßnahmen (zB Beteiligungsveräußerungen in großem Umfang) erforderlich gemacht oder zur Auflösung von Rücklagen gezwungen haben (*Hüffer* AktG Rn 5). Dem Verhältnis des Verlusts zum Jahresergebnis kommt für die Erläuterungserheblichkeit keine Bedeutung zu (*Hennrichs/Pöschke* aaO; KölnKomm AktG/ *Ekkenga* Rn 11). Ein Verlust wird nicht dadurch unbedeutend, dass er durch Auflösung von Rücklagen oder Gewinnvortrag kompensiert wird (RegBegr aaO).

5 Die Erläuterungspflicht bezüglich Jahresüberschuss und wesentlichen Verlusten besteht nicht bei Kreditinstituten (Abs 1 S 4). Die **Sonderregelung für Banken** steht im Zusammenhang mit § 340f Abs 3 HGB, wonach bestimmte Aufwendungen und Erträge miteinander verrechnet werden dürfen; eine Erläuterungspflicht wäre mit dieser Möglichkeit der Banken, Verlustausgleiche still durchzuführen, nicht zu vereinbaren (sog Überkreuzkompensation, *Adler/Düring/Schmaltz* Rechnungslegung Tb 4 Rn 2 und 21; krit Spindler/Stilz AktG/*Euler* Rn 14). Der Vorstand von Kreditinstituten kann dessen ungeachtet freiwillig Erläuterungen machen.

c) Erläuterung durch den Aufsichtsrat. Der AR-Vorsitzende soll den Bericht des AR 6
(§ 171) erläutern, im Verhinderungsfall gem § 107 Abs 1 S 3 sein Stellvertreter (Groß-
Komm AktG/*Brönner* Rn 10). Die Pflicht des AR-Vorsitzenden ist als Sollvorschrift
ausgestaltet; sie ist daher weder erzwingbar noch berührt ein Verstoß gegen sie die
Wirksamkeit der HV-Beschlüsse (s Rn 7). Bezüglich des Inhalts der Erläuterungen
besteht freies Ermessen des AR-Vorsitzenden. Er entscheidet allein über den Inhalt;
ein Beschluss des AR ist nicht erforderlich, weil die Pflicht ihn persönlich betrifft und
nicht den AR als Organ (*Adler/Düring/Schmaltz* Rechnungslegung Tb 4 Rn 23).
Grundlage der Erläuterungen ist aber der Bericht des AR (K. Schmidt/Lutter AktG/
Drygala Rn 15); der AR-Vorsitzende muss auf eine etwaige abweichende eigene Auf-
fassung zum AR-Bericht hinweisen (*Drygala* aaO; Spindler/Stilz AktG/*Euler* Rn 17).
Üblich ist die Darstellung der Auffassung des AR zur Lage und Entwicklung der
Gesellschaft.

3. Rechtsfolgen von Verstößen. Verstöße gegen die **Pflicht zur Zugänglichmachung** 7
machen HV-Beschlüsse anfechtbar, für die die fehlenden Vorlagen von Bedeutung
waren. Bei der für die Anfechtung erforderlichen Relevanz des Verstoßes ist auf den
objektiv urteilenden Aktionär abzustellen (s hierzu näher § 175 Rn 10). Da die **Erläuterungspflicht** als **Soll**vorschrift ausgestaltet ist, kann sie von den Aktionären weder
erzwungen werden noch führen Verstöße gegen die Erläuterungspflicht Beschl der
HV zur Anfechtbarkeit (**allgM**, statt vieler K. Schmidt/Lutter AktG/*Drygala* Rn 16
mwN). Ein Verstoß ist auch keine Ordnungswidrigkeit; eine Festsetzung von Zwangsgeld ist nicht möglich (s § 407). Der Aktionär ist durch sein Fragerecht (§ 131) genügend geschützt. Jedoch gilt für Erläuterungen **§ 400 Abs 1 Nr 1**, der unrichtige Wieder-
gaben oder Verschleierungen unter Strafe stellt.

II. Teilnahme des Abschlussprüfers (Abs 2)

1. Teilnahmepflicht (S 1). – a) Voraussetzung. Muss der Jahresabschluss (aufgrund 8
Gesetz oder Satzung) von einem Abschlussprüfer geprüft werden, hat der Abschlussprüfer an den Verhandlungen über die Feststellung des Jahresabschlusses und ggf an
den Verhandlungen über die Billigung des Konzernabschlusses teilzunehmen. Voraussetzung ist somit, dass die HV den Jahresabschluss festzustellen (§§ 173 Abs 1, 234
Abs 2, 270 Abs 2, 286 Abs 1) oder über die Billigung des Konzernabschlusses zu entscheiden hat. Sind der Jahresabschluss bereits festgestellt und der Konzernabschluss
gebilligt, besteht keine Teilnahmepflicht des Abschlussprüfers. Hat die HV die Kompetenz, den Jahresabschluss festzustellen, kann sie den Jahresabschluss ändern (§ 173
Rn 5). Änderungen des Jahresabschlusses machen eine Nachtragsprüfung notwendig,
wobei innerhalb von zwei Wochen nach Fassung des ersten Feststellungsbeschlusses
ein uneingeschränkter Bestätigungsvermerk erteilt sein muss (§ 173 Abs 3; s § 173
Rn 7 f). Die Anwesenheit des Abschlussprüfers dient daher der fristgerechten Erteilung des uneingeschränkten Bestätigungsvermerks bezüglich der Änderung des Jahresabschlusses. Er kann sogar den uneingeschränkten Bestätigungsvermerk noch in
der HV erteilen (*Mutze* AG 1966, 173, 176), die HV kann hierfür unterbrochen werden. Eine Pflicht des Abschlussprüfers zur Prüfung in der HV besteht nicht (*Adler/
Düring/Schmaltz* Rechnungslegung Tb 4 Rn 27; **aA** *Hüffer* AktG Rn 9: Pflicht bei
„völliger Überschaubarkeit"). Der Abschlussprüfer kann bereits in der Verhandlung
der HV über die Feststellung Bedenken gegen die Abänderung durch die HV vortragen. Bei der Entscheidung über die Billigung eines Konzernabschlusses kann die HV

§ 176 Vorlagen. Anwesenheit des Abschlussprüfers

nicht abändern, sondern sich nur für oder gegen die Billigung entscheiden (§ 173 Rn 5). Der Abschlussprüfer soll auch hinsichtlich des Konzernabschlusses vor Bilanzrechtsverstößen warnen (MünchKomm AktG/*Hennrichs/Pöschke* Rn 34).

9 b) Umfang. Die Teilnahmepflicht des Abschlussprüfers beschränkt sich trotz der Verbindungsgebote nach §§ 120 Abs 3 und 175 Abs 3 S 2 allein auf die Verhandlung über die Feststellung des Jahresabschlusses und die Verhandlung über die Billigung des Konzernabschlusses (GroßKomm AktG/*Brönner* Rn 14; *Adler/Düring/Schmaltz* Rechnungslegung Tb 4 Rn 31; *Hüffer* AktG Rn 7; MünchKomm AktG/*Hennrichs/ Pöschke* Rn 26; aA K. Schmidt/Lutter AktG/*Drygala* Rn 17; KölnKomm AktG/ *Ekkenga* Rn 16: Pflicht nur bei Verbindung mit Verhandlung über Gewinnverwendung; weitergehend *Mutze* AG 1966, 173, 176 f), was namentlich dann von Bedeutung ist, wenn die Verhandlungen entgegen dieser Verbindungsgebote getrennt geführt werden. Aber auch bei Verbindung besteht eine Teilnahmepflicht nur für Verhandlungsbeiträge hinsichtlich der Feststellung (und ggf Billigung). Für die Annahme einer weitergehenden Teilnahmepflicht fehlt die dafür notwendige gesetzliche Grundlage (zutr *Hüffer* AktG Rn 7). Die Teilnahmepflicht erstreckt sich über die bloße Verhandlung hinaus auch auf die Feststellungs- bzw Billigungsentscheidung. Ist eine Wirtschaftsprüfungsgesellschaft Abschlussprüfer, muss der Prüfungsleiter teilnehmen, bei Verhinderung genügt ein anderer sachkundiger Prüfer des tätig gewordenen Prüfungsteams (vgl § 171 Rn 6). Haben zwei Wirtschaftsprüfer den Bestätigungsvermerk unterzeichnet, genügt die Teilnahme eines von ihnen (*Adler/ Düring/Schmaltz* aaO Rn 33). Der teilnahmepflichtige Abschlussprüfer kann sich durch Mitglieder seines Prüfungsteams begleiten und unterstützen lassen (*Hennrichs/Pöschke* aaO Rn 28; *Drygala* aaO Rn 22).

10 2. Teilnahmerecht. Soweit der Abschlussprüfer eine Teilnahmepflicht hat, muss er zur HV nicht gesondert **zugelassen** werden, sondern darf schon aufgrund Abs 2 S 1 teilnehmen (jedoch kommt ihm auch insoweit kein eigenständiges Teilnahmerecht zu, das er durchsetzen könnte, s § 118 Rn 10); ein entgegenstehender Beschl der HV wäre nach § 241 Nr 3 nichtig (MünchKomm AktG/*Hennrichs/Pöschke* Rn 29). Für die sonstigen Verhandlungen der HV und auch für die gesamte HV kann er vom Versammlungsleiter (auch konkludent) zugelassen werden, eines Beschl der HV bedarf es grds nicht (KölnKomm AktG/*Ekkenga* Rn 17, näher § 118 Rn 10), selbst wenn für ihn überhaupt keine Teilnahmepflicht besteht, weil der Jahresabschluss bereits festgestellt ist und, falls ein Konzernabschluss aufgestellt wurde, dieser bereits gebilligt ist. Teilweise wird von einem Teilnahmerecht des Abschlussprüfers in bestimmten Fällen gesprochen (zB *Ekkenga* aaO Rn 17; GroßKomm AktG/*Brönner* Rn 14; *Adler/Düring/Schmaltz* Rechnungslegung Tb 4 Rn 32: bei Entgegennahme des Jahresabschlusses durch die HV und wenn seine erneute Wahl als Abschlussprüfer auf der Tagesordnung steht); dem ist nicht zuzustimmen (K. Schmidt/Lutter AktG/*Drygala* Rn 21 mwN), da diese Qualifikation zumindest begrifflich unrichtig ist; ein Recht des Abschlussprüfers auf Teilnahme besteht nicht (auch nicht als Pflicht der Gesellschaft, den Abschlussprüfer zuzulassen, so aber *Hennrichs/Pöschke* aaO Rn 33; weitergehend *Hommelhoff* BB 1998, 2625, 2631) und würde § 118 widersprechen (zutr *Hüffer* AktG Rn 8).

11 3. Auskunftspflicht (S 2). Die Aktionäre haben kein Auskunftsrecht gegenüber dem Abschlussprüfer. Fragen sind von den Aktionären auch dann an den Vorstand

Vorlagen. Anwesenheit des Abschlussprüfers **§ 176**

zu richten, wenn die Fragen die Feststellung des Jahresabschlusses oder die Billigung des Konzernabschlusses betreffen (§ 131; s § 131 Rn 5). Der Vorstand kann dann seinerseits den Abschlussprüfer fragen. Nicht notwendig ist, dass der Vorstand antwortet, er kann den Abschlussprüfer zur Beantwortung ermächtigen (*RGZ* 167, 151, 169; § 131 Rn 5). Der Abschlussprüfer hat **kein Rederecht**. Ungefragt durch den Vorstand darf sich der Abschlussprüfer nicht äußern, auch nicht bei falschen Äußerungen des Vorstands oder des AR oder, wenn der Abschlussprüfer meint, sich verteidigen zu müssen; insbesondere steht dem seine Verschwiegenheitspflicht aus § 323 HGB entgegen (**hM** MünchKomm AktG/*Hennrichs/Pöschke* Rn 41, 47 mwN, auch zu den Ausnahmen; KölnKomm AktG/*Ekkenga* Rn 18; **aA** *Hommelhoff* BB 1998, 2625, 2631). Er darf ohne Ermächtigung durch den Vorstand nicht von sich aus Fragen von Aktionären beantworten, was auch wegen des Rechts des Vorstands, eine Auskunft zu verweigern, von Bedeutung ist. Beantwortet der Abschlussprüfer dennoch Fragen von Aktionären ohne vorherige Verständigung mit dem Vorstand, kann der Vorstand sich die Antwort des Abschlussprüfers zu Eigen machen. Die Frage gilt dann als durch den Vorstand beantwortet (*OLG Celle* AG 2005, 438, 440; *OLG Düsseldorf* NJW 1988, 1033, 1034). Der Abschlussprüfer hat eine **Auskunftspflicht gegenüber dem Vorstand** hinsichtlich der Prüfung des Jahresabschlusses und des Lageberichts (GroßKomm AktG/*Brönner* Rn 15; *Hüffer* AktG Rn 9; K. Schmidt/ Lutter AktG/*Drygala* Rn 24). Diese Pflicht folgt aus dem Auftragsverhältnis zwischen Gesellschaft und Abschlussprüfer (*Adler/Düring/Schmaltz* Rechnungslegung Tb 4 Rn 39). Eine Pflicht des Abschlussprüfers, die Fragen der Aktionäre unmittelbar zu beantworten, besteht selbst bei Ermächtigung durch den Vorstand nicht (*Brönner* aaO Rn 17; *Hennrichs/Pöschke* aaO Rn 41). Eine solche Ermächtigung enthält idR eine (konkludente) Befreiung von der Verschwiegenheitspflicht nach § 323 HGB; notwendig ist jedoch immer die Vergewisserung des Abschlussprüfers, dass eine Befreiung erteilt worden ist (*Adler/Düring/Schmaltz* aaO; Spindler/Stilz AktG/*Euler* Rn 26).

4. Rechtsfolgen von Verstößen. Die Nichtteilnahme des Abschlussprüfers führt **nicht** zur Anfechtbarkeit des Feststellungs- oder (beim Konzernabschluss) des Billigungsbeschlusses (str Bonner Handbuch Rechnungslegung/*Reiß* § 176 Rn 17; **aA** Spindler/Stilz AktG/*Euler* Rn 28; K. Schmidt/Lutter AktG/*Drygala* Rn 25; *Hüffer* AktG Rn 10; MünchKomm AktG/*Kropff* Rn 42 ff; GroßKomm AktG/*Brönner* Rn 18; KölnKomm AktG/*Ekkenga* Rn 19). Die Teilnahmepflicht des Abschlussprüfers dient in erster Linie der fristgebundenen Nachtragsprüfung, ferner ermöglicht die Teilnahme den Abschlussprüfern, bestimmte Problempunkte zu erfahren; die Unterrichtung der Aktionäre ist nicht seine Aufgabe (RegBegr *Kropff* S 285). Zweck des Abs 2 ist somit nicht die Einräumung eines Informationsrechts der Aktionäre, auch nicht mittelbar, sondern die Sicherstellung der bilanziellen Richtigkeit der offen zu legenden Abschlüsse. Nur mittelbar, wenn der Vorstand in Ermangelung der Möglichkeit, den Abschlussprüfer zu fragen, eine Frage nach § 131 zu beantworten nicht imstande ist, kann sich eine Nichtzulassung des Abschlussprüfers auf die Wirksamkeit des Feststellungs- oder Billigungsbeschlusses auswirken. Eine solche mittelbare Relevanz wird aber eher die Ausnahme bilden (vgl *Adler/Düring/Schmaltz* Rechnungslegung Tb 4 Rn 34). 12

Vierter Abschnitt
Bekanntmachung des Jahresabschlusses

§§ 177, 178
(aufgehoben)

1 Die Vorschriften regelten die Einreichung des festgestellten Jahresabschlusses und des Geschäftsberichts zum HR. Sie wurden durch das BiRiLiG v 19.12.1985 (BGBl 1985 I S 2355) aufgehoben. Vgl jetzt §§ 325 ff HGB.

Sechster Teil
Satzungsänderung. Maßnahmen der Kapitalbeschaffung und Kapitalherabsetzung

Erster Abschnitt
Satzungsänderung

§ 179 Beschluss der Hauptversammlung

(1) ¹Jede Satzungsänderung bedarf eines Beschlusses der Hauptversammlung. ²Die Befugnis zu Änderungen, die nur die Fassung betreffen, kann die Hauptversammlung dem Aufsichtsrat übertragen.

(2) ¹Der Beschluss der Hauptversammlung bedarf einer Mehrheit, die mindestens drei Viertel des bei der Beschlussfassung vertretenen Grundkapitals umfasst. ²Die Satzung kann eine andere Kapitalmehrheit, für eine Änderung des Gegenstands des Unternehmens jedoch nur eine größere Kapitalmehrheit bestimmen. ³Sie kann weitere Erfordernisse aufstellen.

(3) ¹Soll das bisherige Verhältnis mehrerer Gattungen von Aktien zum Nachteil einer Gattung geändert werden, so bedarf der Beschluss der Hauptversammlung zu seiner Wirksamkeit der Zustimmung der benachteiligten Aktionäre. ²Über die Zustimmung haben die benachteiligten Aktionäre einen Sonderbeschluss zu fassen. ³Für diesen gilt Absatz 2.

Übersicht

	Rn		Rn
I. Allgemeines	1	b) Änderung formeller Satzungsbestandteile	6
1. Regelungsgegenstand und systematische Stellung	1	2. Abgrenzung	8
2. Anwendungsbereich	2	a) Negativabgrenzung	8
3. Grundsatz der Abänderlichkeit	3	b) So genannte Satzungsdurchbrechung	9
II. Satzungsänderung	4	c) Schlichte Satzungsverletzung	11
1. Begriff	4	d) So genannte faktische Satzungsänderung	12
a) Änderung materieller Satzungsbestandteile	5		

		Rn			Rn
3.	Beschlussgegenstände	13		aa) Kapitalmehrheit	32
	a) Gesellschaftszweck	13		bb) Ausnahmen	34
	b) Unternehmensgegenstand	14		b) Satzungsmäßige Mehrheits-erfordernisse (Abs 2 S 2)	35
	c) Beteiligungserwerb/Ausgliederung	16		aa) Umfang der Regelungsbefugnis	35
	d) Grundkapital	18		bb) Bestimmtheit und Reichweite von Mehrheitsklauseln	36
	e) Gesellschaftsdauer, Firma, Sitz	19		cc) Erleichterungen	37
	f) Unternehmensverträge	20		dd) Erschwerungen	38
	g) Umwandlung	21	3.	Weitere Erfordernisse (Abs 2 S 3)	39
	h) Mantelkauf und Mantelverwendung	22	4.	Weitere gesetzliche Anforderungen	41
	aa) Begriff	22	IV.	Grenzen der Satzungsänderung	43
	bb) Zulässigkeit	23	1.	Allgemeines	43
	cc) Wirtschaftliche Neugründung	24	2.	Befristung und Bedingung	44
	dd) Anwendung der Gründungsvorschriften (Unterbilanzhaftung)	25	3.	Rückwirkung	47
	i) Sonstiges	26	4.	Änderung und Aufhebung	50
III.	Verfahren	27	5.	Erzwingung	51
1.	Zuständiges Organ	27	V.	Sonderbeschlüsse (Abs 3)	52
	a) Hauptversammlung (Abs 1 S 1)	27	1.	Normzweck	52
	b) Aufsichtsrat (Abs 1 S 2)	28	2.	Verhältnis zu § 53a und zu anderen Sonderbeschlusserfordernissen	53
	aa) Begriff der Fassungsänderung	28	3.	Voraussetzungen	54
	bb) Adressat	29		a) Existenz verschiedener Aktiengattungen	54
	cc) Verfahren und Umfang der Übertragung	30		b) Benachteiligung einer Gattung	55
	dd) Beschlussfassung durch den Aufsichtsrat	31	4.	Verfahren	57
2.	Mehrheitserfordernisse (Abs 2)	32	5.	Mehrheitserfordernisse	58
	a) Gesetzliche Mehrheitserfordernisse (Abs 2 S 1)	32	6.	Fehlerhaftigkeit und Rechtsfolgen	59

Literatur: *Bachmann* Abschied von der "wirtschaftlichen Neugründung"?, NZG 2011, 441; *ders* Die Offenlegung der wirtschaftlichen Neugründung und die Folgen ihrer Versäumung, NZG 2012, 579; *Dempewolf* Die Rückwirkung von Satzungsänderungen aktienrechtlicher Gesellschaften, NJW 1958, 1212; *Feldhaus* Der Verkauf von Unternehmensteilen einer Aktiengesellschaft und die Notwendigkeit einer außerordentlichen Hauptversammlung, BB 2009, 562; *Fuchs* Tracking Stock – Spartenaktien als Finanzierungselement für deutsche Aktiengesellschaften, ZGR 2003, 167; *Goette* Haftungsfragen bei Verwendung von Vorratsgesellschaften und „leeren" GmbH-Mänteln, DStR 2004, 461; *Gottschalk* Die wirtschaftliche Neugründung einer GmbH und ihre Haftungsfolgen, DStR 2012, 1458; *Hüffer* Haftung bei wirtschaftlicher Neugründung unter Verstoß gegen die Offenlegungspflicht, NJW 2011, 1772; *Immenga/Immenga* Die fusionskartellrechtliche Anmeldepflichtigkeit von sog Mantelgesellschaften, BB 2009, 7; *Kleindiek* Mantelverwendung und Mindestkapitalerfordernis, FS Priester, 2007, S 369; *Lieder* Wirtschaftliche Neugründung: Grundsatzfragen und aktuelle Entwicklungen, DStR 2012, 137; *ders* Zustimmungsvorbehalte des Aufsichtsrats nach neuer Rechtslage, DB 2004, 2251; *Lutter* Die entschlußschwache Hauptversammlung, FS Quack, 1991, S 301; *Lutter/Leinekugel* Der Ermächtigungsbeschluß der Hauptversammlung zu grundlegenden Strukturmaßnahmen – zulässige Kompetenzübertragung oder unzulässige Selbstentmachtung?, ZIP 1998, 805; *Lutter/Schneider* Die Beteiligung von Ausländern an inländischen Aktiengesellschaften, ZGR 1975, 182; *Priester* Satzungsänderung und Satzungsdurchbrechung, ZHR 151 (1987), 40; *ders* Drittbindung des Stimmrechts und Satzungsautonomie, FS Werner, 1984, S 657; *ders* Satzungsänderungen bei der Vor-GmbH, ZIP 1987, 280; *Reichert* Mitwirkungsrechte und Rechtsschutz der Aktionäre nach Macrotron und Gelatine, AG 2005, 150; *Schall* „Cessante ratione legis" und das Richterrecht zur wirtschaftlichen Neugründung, NZG 2011, 656; *B. Schaub* Vorratsgesellschaften vor dem Aus?, NJW 2003, 2125; *K. Schmidt* Vorratsgründung, Mantelkauf und Mantelverwendung, NJW 2004, 1345; *Schneider* Die Rückdatierung von Rechtsgeschäften – Unter besonderer Berücksichtigung der Probleme rückdatierter Gesellschaftsverträge, AcP 175 (1975), 279; *Senger/Vogelmann* Die Umwandlung von Vorzugsaktien in Stammkapital, AG 2002, 193; *Sieger/Hasselbach* „Tracking Stock" im deutschen Aktien- und Kapitalmarktrecht, AG 2001, 391; *Sommermeyer* Änderung satzungsmäßig erschwerter Abstimmungsvorschriften, SchlHA 1967, 319; *Tavakoli* Begrenzung der Unterbilanzhaftung bei wirtschaftlicher Neugründung, NJW 2012, 481; *Timm* Die Aktiengesellschaft als Konzernspitze – Die Zuständigkeitsordnung bei der Konzernbildung und -umbildung, 1980; *Ulrich* Verwendung von Vorratsgesellschaften und gebrauchten Gesellschaftsmänteln nach dem BGH-Beschluss vom 7. Juli 2003, WM 2004, 915; *Werner* Perpetuierung einer GmbH durch Stiftungsträgerschaft, GmbHR 2003, 331; *Wiedemann* Anmerkung zu BGH vom 13.3.1978, JZ 1978, 612; *Zöllner* Satzungsdurchbrechung, FS Priester, 2007, S 879.

I. Allgemeines

1. Regelungsgegenstand und systematische Stellung. § 179 regelt das Verfahren der Satzungsänderung. Neben der grds Zuweisung der Regelungszuständigkeit an die HV (Abs 1) werden Mehrheitserfordernis (Abs 2) und Besonderheiten für die Änderung des bisherigen Verhältnisses mehrerer Aktiengattungen (Abs 3) normiert. § 179 wird insoweit durch §§ 180, 181 ergänzt. Die Vorschrift steht in engem Zusammenhang mit § 23 (Satzungsfeststellung, insb Satzungsinhalt) und § 124 Abs 2 S 2 (Bekanntmachungspflicht). Darüber hinaus enthält das AktG **Sonderregelungen** für bestimmte Grundlagenbeschlüsse, die § 179 modifizieren oder sogar verdrängen, namentlich für die Kapitalerhöhung (§§ 182 ff) und Kapitalherabsetzung (§§ 222 ff), für Unternehmensverträge (§ 293 Abs 1 S 4) sowie für Eingliederung (§ 319 Abs 1 S 2) und Auflösung (§§ 262 ff). Weitere Sonderregeln für Strukturänderungen finden sich im UmwG. Zur Entstehungsgeschichte s Spindler/Stilz AktG/*Holzborn* Rn 7.

2. Anwendungsbereich. § 179 findet **erst ab Eintragung der AG** Anwendung. Auf die Vorgründungsgesellschaft ist das AktG noch nicht anwendbar (vgl § 41 Rn 4); aber auch in der Vor-AG sind Satzungsänderungen entgegen § 179 Abs 2 wegen der Verantwortlichkeit der Gründer nur mit Zustimmung aller Gründer möglich (vgl § 41 Rn 10; MünchKomm AktG/*Stein* Rn 3; *Hüffer* AktG Rn 2; Spindler/Stilz AktG/*Holzborn* Rn 23). Im Liquidationsstadium **nach Auflösung der AG** (nicht aber auf die Auflösung selbst, s unten Rn 8) finden die §§ 179 ff grds ebenso Anwendung (vgl § 264 Abs 3) wie **im Insolvenzverfahren** (MünchKomm AktG/*Stein* Rn 3; Spindler/Stilz AktG/*Holzborn* Rn 24 f). Der Zweck der Abwicklung bzw der Insolvenz kann allerdings bestimmten Satzungsänderungen entgegenstehen (vgl *BGHZ* 24, 279, 286; MünchKomm AktG/*Stein* Rn 74; AnwK-AktR/*Wagner* Rn 3). Zum sachlichen Anwendungsbereich s Rn 1 aE sowie Rn 4 ff.

3. Grundsatz der Abänderlichkeit. Die Satzung ist grds änderbar. Die Änderbarkeit 3
lässt sich nicht wirksam ausschließen, dh weder im Ganzen noch hinsichtlich einzelner
Teile kann eine Unabänderlichkeit festgeschrieben werden (*Werner* GmbHR 2003,
331, 332 f); derartige Regelungen sind nichtig (§ 241 Nr 3 AktG, KölnKomm AktG/
Zöllner Rn 2; *Hüffer* AktG Rn 3; Grigoleit AktG/*Ehmann* Rn 24). **Unabänderlichkeitsklauseln** lassen sich aber zumeist nach § 140 BGB dahingehend **umdeuten**, dass
sie erschwerte Anforderungen an das Zustandekommen einer Satzungsänderung normieren (zur Umdeutung ausf Spindler/Stilz AktG/*Holzborn* Rn 27). Solche Erschwerungen sind in den Grenzen des § 179 Abs 2 S 2 und 3 zulässig. In Betracht kommt
insb eine Umdeutung dahingehend, dass eine Zustimmung aller Aktionäre oder ein
einstimmiger Beschluss aller an der Abstimmung teilnehmenden Aktionäre erforderlich ist (zu Einstimmigkeitsklauseln s Rn 38, 40). Ob eine dieser beiden Varianten
oder ggf auch eine andere Lösung sach- und interessengerecht ist, hängt von den konkreten Verhältnissen der AG ab (*Hüffer* AktG Rn 3). So spricht die durch die Unabänderlichkeitsklausel ausgedrückte Absicht eigentlich für die Umdeutung in ein Erfordernis der Zustimmung aller Aktionäre; eine solche Umdeutung kann aber bei starker
Streuung der Anteile zu einem faktischen Ausschluss der Satzungsänderung führen
und daher unzulässig sein (ausf MünchKomm AktG/*Stein* Rn 58 f).

II. Satzungsänderung

1. Begriff. Der Begriff der **Satzung** umfasst in **formeller** Hinsicht den gesamten Inhalt 4
der Satzungsurkunde einschließlich der Aktienübernahmeerklärung nach § 23 Abs 2
und der in der Urkunde enthaltenen schuldrechtlichen Nebenabreden (vgl dazu § 23
Rn 50 ff; Spindler/Stilz AktG/*Holzborn* Rn 29 ff). Von diesem formellen Satzungsbegriff ist der **materielle** Satzungsbegriff zu unterscheiden, der nur die Regelungen
umfasst, die die Gesellschaft und ihre Beziehungen zu ihren Gründern betreffen
(näher dazu § 23 Rn 19). Dementsprechend hat auch der Begriff der **Satzungsänderung** zwei Facetten:

a) Änderung materieller Satzungsbestandteile. Die §§ 179 ff sehen ein bes Verfahren 5
für die Änderung zwingender oder fakultativer (MünchKomm AktG/*Stein* Rn 23 ff)
materieller Satzungsbestimmungen (vgl § 23 Rn 19), einschließlich korporativ wirkender indifferenter Satzungsbestimmungen (vgl § 23 Rn 21) vor. Erfasst ist jede rechtsgestaltende Abänderung oder Aufhebung solcher materiellen Satzungsbestimmungen,
die in Ergänzung der gesetzlichen Vorschriften die normative Grundordnung der AG
bilden (MünchKomm AktG/*Stein* Rn 22). Die §§ 179 ff sind **auch anwendbar, wenn**
solche materiellen Satzungsbestimmungen ohne inhaltliche Änderung lediglich formell abgeändert, zB sprachlich neu gefasst werden (sog **Fassungsänderungen**, arg ex
§ 179 Abs 1 S 2; *Hüffer* AktG Rn 5). Die Befugnis für bloße Fassungsänderungen
kann die Hauptversammlung dem Aufsichtsrat übertragen, § 179 Abs 1 S 2 (dazu
Rn 28 ff).

b) Änderung formeller Satzungsbestandteile. Die Änderung bloß formeller (unech- 6
ter) Satzungsbestimmungen, die nicht die Organisation der Gesellschaft oder ihr Verhältnis zu den Gesellschaftern betreffen und daher regelmäßig auch außerhalb der
Satzung hätten geregelt werden können (vgl § 23 Rn 20), erfolgt dagegen grds **nach
den Regeln, die für das der Bestimmung zugrunde liegende Rechtsverhältnis gelten**,
solange der Text der Satzung dadurch nicht berührt wird. Welche Regeln dies sind
(etwa ob Einstimmigkeit oder eine besondere Form erforderlich ist), ist durch Ausle-

gung zu ermitteln (KölnKomm AktG/*Zöllner* Rn 86 f; MünchHdB GesR/*Semler* Bd 4 § 39 Rn 55; Wachter AktG/*Wachter* Rn 13). Die AG ist auch grds nicht verpflichtet, überholte formelle Satzungsbestimmungen zu tilgen (vgl *OLG Köln* RPfl 1972, 257, 258 zur GmbH; MünchKomm AktG/*Stein* Rn 34; *Hüffer* AktG Rn 6) oder allein aus Klarstellungsgründen überholte deklaratorische Angaben (zB die Namen der Mitglieder des ersten Vorstands oder AR) zu korrigieren (MünchKomm AktG/*Stein* Rn 31; *Hüffer* AktG Rn 5; Wachter AktG/*Wachter* Rn 12).

7 **Anderes** kann aber gelten, wenn die Aufnahme der Regelungen in die Satzung gerade den Zweck hatte, die Änderung der betr Bestimmungen in die Hände der HV zu legen; in diesem Fall ist eine Satzungsänderung nach Maßgabe der §§ 179 ff durchzuführen (KölnKomm AktG/*Zöllner* Rn 86 f; MünchKomm AktG/*Stein* Rn 31). Ferner ist umstr, welche Anforderungen zu stellen sind, wenn – unabhängig davon, ob eine entspr Pflicht bestand oder nicht – die Änderung formeller Satzungsbestimmungen mit einem **Eingriff in den Satzungstext** verbunden ist. Insoweit wird teilw eine uneingeschränkte Anwendbarkeit der §§ 179 ff bejaht (MünchKomm AktG/*Stein* Rn 33; Spindler/Stilz AktG/*Holzborn* Rn 41), während andere für eine eingeschränkte Anwendbarkeit eintreten und insb eine HV-Entscheidung mit einfacher Mehrheit ausreichen lassen (KölnKomm AktG/*Zöllner* Rn 84) bzw auf Eintragung und Bekanntmachung nach § 181 verzichten wollen (vgl *LG Dortmund* GmbHR 1978, 235 f zur GmbH; insoweit **aA** KölnKomm AktG/*Zöllner* Rn 85; Spindler/Stilz AktG/*Holzborn* Rn 42). Für die **uneingeschränkte Einhaltung der §§ 179 ff** AktG sprechen neben dem Grundsatz der Satzungsstrenge (§ 23 Abs 5) auch Gründe der Rechtssicherheit (ebenso *Hüffer* AktG Rn 6; Spindler/Stilz AktG/*Holzborn* Rn 41 ff).

8 **2. Abgrenzung. – a) Negativabgrenzung.** Die **Auflösung** der AG ist grds keine Satzungsänderung iSd §§ 179 ff; auf sie finden allein die §§ 262 f Anwendung. Keine Satzungsänderungen sind ferner Beschlüsse über die **Veräußerung des gesamten Gesellschaftsvermögens** (soweit nicht das UmwG greift, ist hier aber ggf § 179a Abs 1 zu beachten) und über die gänzliche **Einstellung jeder Geschäftstätigkeit**, solange eine Wiederaufnahmemöglichkeit besteht (MünchKomm AktG/*Stein* Rn 35). Gleiches gilt für inhaltliche Änderungen formeller Satzungsbestandteile ohne Änderung des Satzungstextes (vgl Rn 6), für die Aufhebung satzungsändernder Beschlüsse vor Eintragung (vgl Rn 50) sowie für die Errichtung einer Zweigniederlassung (KölnKomm AktG/*Zöllner* Rn 88).

9 **b) So genannte Satzungsdurchbrechung.** Der **Begriff** der Satzungsdurchbrechung bezeichnet HV-Beschlüsse, durch die die Aktionäre mehrheitlich **bewusst der Satzung widersprechen** und diese dadurch insoweit außer Kraft setzen möchten (KölnKomm AktG/*Zöllner* Rn 90 f; GroßKomm AktG/*Wiedemann* Rn 95; **aA** Lutter/Hommelhoff GmbHG/*Bayer* § 53 Rn 29 ff: Durchbrechungswille irrelevant). Solche von der Satzung abweichenden Beschlüsse verletzen die Satzung und sind daher rechtswidrig, wenn sie (auch nach Auslegung derselben) weder durch die Satzung selbst (etwa in Gestalt einer Ausnahmeregelung) gedeckt sind noch den Anforderungen an eine Satzungsänderung genügen (MünchKomm AktG/*Stein* Rn 38; MünchHdB GesR/*Semler* Bd 4 § 39 Rn 58). Teilw wird weiter nach der Reichweite des Beschlusses zwischen nur **punktuellen** (dh nur ad hoc, im Einzelfall wirkenden) und **zustandsbegründenden** (dh Dauerwirkung entfaltenden) Satzungsdurchbrechungen unterschieden (*BGHZ* 123, 15, 19 = NJW 1993, 2246, 2247; *Hüffer* AktG Rn 7 f; AnwK-AktR/*Wagner* Rn 18;

Zöllner FS Priester, S 879, 880; Spindler/Stilz AktG/*Holzborn* Rn 49 ff); nach **aA** ist diese Unterscheidung für das Aktienrecht irrelevant (MünchKomm AktG/*Stein* Rn 40). **Beispiele** für Satzungsdurchbrechungen bilden die Bestellung von Vorstandsmitgliedern oder die Wahl von AR-Mitgliedern unter bewusstem Verstoß gegen satzungsmäßige Anforderungen (MünchKomm AktG/*Stein* Rn 38) oder die Kündigung eines Beteiligungsvertrages, der den alleinigen Unternehmensgegenstand darstellt (*OLG Köln* DB 2000, 2465; *LG Bonn* AG 2001, 201, 202).

Bei der **rechtlichen Beurteilung** der Satzungsdurchbrechung steht die Frage im Vordergrund, ob neben dem in den §§ 179 ff normierten Verfahren der Satzungsänderung eine weitere Variante denkbar ist, geltendes Satzungsrecht zumindest vorübergehend zu suspendieren. Die im Aktienrecht **ganz hM** lehnt dies ab und betrachtet solche Beschlüsse – **unabhängig davon, ob es sich um eine punktuelle oder zustandsbegründende Durchbrechung handelt** – als **rechtswidrig** (MünchKomm AktG/*Stein* Rn 40; Großkomm AktG/*Wiedemann* Rn 99; KölnKomm AktG/*Zöllner* Rn 92; Spindler/Stilz AktG/*Holzborn* Rn 51 f; Grigoleit AktG/*Ehmann* Rn 31 **aA** AnwK-AktR/*Wagner* Rn 19; GroßKomm AktG/*Schmidt* § 241 Rn 111 will durch Rechtsfortbildung des § 241 die Nichtigkeit des Beschlusses begründen; krit dazu *Zöllner* FS Priester, S 879, 883). Das Prinzip der aktienrechtlichen Formstrenge würde seine Wirkung verfehlen, wenn man die jeweiligen Verfahrens- und Formvorschriften situationsgebunden auslegen würde. Der Aktionärsschutz, das Gebot der Rechtssicherheit und die registerrichterliche Kontrolle verbieten es, geltendes Satzungsrecht ohne das vorgeschriebene förmliche Verfahren außer Kraft zu setzen. Erforderlich ist deshalb, dass der Gegenstand der Satzungsdurchbrechung auf der Tagesordnung gem § 124 Abs 2 S 2 angekündigt und die Satzungsdurchbrechung als solche im Hinblick auf die jeweilige Satzungsbestimmung bezeichnet wird. Zusätzlich bedarf es der satzungsändernden Mehrheit nach § 179 Abs 2 sowie der Anmeldung zum HR nach § 181 (MünchKomm AktG/*Stein* Rn 40; **aA** AnwK-AktR/*Wagner* Rn 19). Daraus folgt zugleich, dass der Beschluss nur dann Wirksamkeit erlangt, wenn er in das HR eingetragen wurde. **Solange es an einer solchen Eintragung fehlt**, ist der Beschluss **unwirksam**, ohne dass es dafür einer Anfechtung bedürfte (Großkomm AktG/*Wiedemann* Rn 100; MünchKomm AktG/*Stein* Rn 41; **aA** MünchHdB GesR/*Semler* Bd 4 § 39 Rn 58). **Nach erfolgter Eintragung** wird die Satzungsdurchbrechung wie jede andere Satzungsänderung wirksam, wenn alle übrigen Wirksamkeitsvoraussetzungen erfüllt sind; fehlt es daran, ist der Beschluss **anfechtbar** (Großkomm AktG/*Wiedemann* Rn 100; MünchKomm AktG/*Stein* Rn 41; Spindler/Stilz AktG/*Holzborn* Rn 52).

c) Schlichte Satzungsverletzung. Eine schlichte Satzungsverletzung ist dagegen anzunehmen, wenn der Beschluss zwar objektiv gegen die Satzung verstößt, aber **nicht als bewusste Satzungsdurchbrechung gewollt** ist (vgl KölnKomm AktG/*Zöllner* Rn 99; GroßKomm AktG/*Wiedemann* Rn 95). Ein solcher Beschluss ist nach **hM**, sofern er nicht bereits aufgrund seines Inhalts nichtig ist, lediglich anfechtbar und erlangt auch ohne Eintragung im HR mit Eintritt der Unanfechtbarkeit volle Wirksamkeit (KölnKomm AktG/*Zöllner* Rn 99; Spindler/Stilz AktG/*Holzborn* Rn 53; vgl GroßKomm AktG/*Wiedemann* Rn 95; **einschränkend** MünchKomm AktG/*Stein* Rn 42, die zur Vermeidung einer Privilegierung „heimlicher Satzungsdurchbrechungen" zusätzlich verlangt, dass die betr Regelung auch ihrem Inhalt nach keine Satzungsänderung erfordert, sondern durch einfachen HV-Beschluss getroffen werden kann). Dass ein die Satzung verletzender Beschluss einstimmig gefasst wird, macht ihn nicht unanfechtbar, da ein Anfechtungsrecht auch dem Vorstand bzw Mitgliedern von Vorstand und AR zusteht (s § 245 Nr 4 und 5; MünchKomm AktG/*Stein* Rn 43).

12 **d) So genannte faktische Satzungsänderung.** Unter den irreführenden Begriff der „faktischen Satzungsänderung" werden Fälle gefasst, in denen geltendes Satzungsrecht durch abw Handhabung oder sogar längere Übung verletzt und faktisch „außer Kraft gesetzt" wird (MünchKomm AktG/*Stein* Rn 44; zB die Tätigkeit außerhalb des Unternehmensgegenstandes, vgl *BGHZ* 83, 122, 130 – *Holzmüller*). Diese satzungswidrige Praxis kann sowohl von den Organen als auch den Aktionären ausgehen. Sie entfaltet jedoch auch bei längerer Übung keinerlei rechtliche Verbindlichkeit und bewirkt insb auch **keine Satzungsänderung** (*Hüffer* AktG Rn 9; KölnKomm AktG/ *Zöllner* Rn 110). Die Anerkennung eines „Gewohnheitssatzungsrechts" durch eine lang andauernde tatsächliche Abweichung von der Satzung würde dem Grundsatz der Satzungsstrenge widersprechen (MünchAnwHdB AG/*Sickinger* § 29 Rn 21). Es handelt sich bei einer solchen Praxis **vielmehr** um eine **Satzungsverletzung**, die ggf Schadensersatzansprüchen für die in ihren Rechten verletzten Aktionäre begründen und als Pflichtverletzung der Organmitglieder zu deren Abberufung führen kann (MünchKomm AktG/*Stein* Rn 44; KölnKomm AktG/*Zöllner* Rn10). Der Vorstand ist zur Beendigung dieses satzungswidrigen Zustandes verpflichtet (Spindler/Stilz AktG/ *Holzborn* Rn 56). Gegen die Satzung verstoßende Rechtsgeschäfte bleiben aber wegen der umfassenden Vertretungsmacht des Vorstands nach § 82 Abs 1 nach außen wirksam (*BGHZ* 83, 122, 132; *Hüffer* AktG Rn 9). Zur faktischen Änderung des Unternehmensgegenstandes s Rn 14 f.

13 **3. Beschlussgegenstände. – a) Gesellschaftszweck.** Der Gesellschaftszweck bezeichnet das oder die **Ziele der Gesellschaft**. Er ist abzugrenzen vom Unternehmensgegenstand, der die dazu eingesetzten Mittel und die Tätigkeit der AG beschreibt (dazu § 23 Rn 29; *Hüffer* AktG § 23 Rn 22; MünchKomm AktG/*Pentz* § 23 Rn 71 ff; GroßKomm AktG/*Wiedemann* Rn 54 und *Röhricht* § 23 Rn 97 ff). Der Gesellschaftszweck kann ideeller, gemeinnütziger, wirtschaftlicher oder gemischter Art sein; zumeist wird er bei der AG auf **Gewinnerzielung** gerichtet sein. Er muss nicht notwendig ausdrücklich in der Satzung geregelt sein, sondern kann auch durch Auslegung ermittelt werden (MünchKomm AktG/*Stein* Rn 130). Eine **Änderung** ist nicht nur bei Übergang von erwerbswirtschaftlichen zu ideellen Zwecken (und umgekehrt) anzunehmen; es reicht zB aus, dass das Ziel der Gewinnerzielung zugunsten anderer Ziele eingeschränkt wird oder ein wesentlicher Teil des Gewinns anderen Zwecken als der Ausschüttung an die Aktionäre zugeführt werden soll (§ 23 Rn 29; KölnKomm AktG/*Zöllner* Rn 114). Nach **hM** ist eine Änderung des Gesellschaftszwecks **analog § 33 Abs 1 S 2 BGB nur mit Zustimmung aller Aktionäre** möglich (*Hüffer* AktG Rn 33; MünchKomm AktG/*Stein* Rn 132 und *Pentz* § 23 Rn 70; K. Schmidt/Lutter AktG/*Seibt* Rn 10; Spindler/Stilz AktG/*Holzborn* Rn 60; **nach aA** soll § **179** anwendbar sein: *Timm* S 31 ff; *Wiedemann*, JZ 1978, 612; vgl auch GroßKomm AktG/*Wiedemann* Rn 56: qualifizierter Mehrheitsbeschluss mit Austrittsmöglichkeit der überstimmten Aktionäre). Unbeschadet dieses Streits enthält das AktG für viele strukturändernde Maßnahmen abschließende Sonderregelungen, welche die subsidiäre Anwendung des § 33 Abs 1 S 2 BGB ausschließen, zB §§ 291 ff, 320 ff (GroßKomm AktG/*Röhricht* § 23 Rn 102). Außerdem ist **§ 33 Abs 1 S 2 BGB nach § 40 BGB dispositiv** und daher nach **hM** auch bei dispositiver Anwendung im Aktienrecht nicht zwingend, so dass mit Zustimmung aller Aktionäre auch ein Mehrheitserfordernis eingeführt werden kann (MünchKomm

AktG/*Stein* Rn 132; KölnKomm AktG/*Zöllner* Rn 114; *Hüffer* AktG Rn 33). Es reicht dafür nicht aus, dass eine Klausel Satzungsänderungen durch Mehrheitsbeschluss zulässt; die Mehrheitsklausel muss sich eindeutig (regelmäßig: ausdrücklich) auch auf die Änderung des Gesellschaftszwecks beziehen (*BGHZ* 96, 245, 249 f; MünchKomm AktG/*Stein* Rn 132; AnwK-AktR/*Wagner* Rn 42). Den überstimmten Aktionären sind in einem solchen Fall ein außerordentliches Kündigungsrecht aus wichtigem Grund sowie ein Anspruch auf eine angemessene, auf der Basis des wirklichen Unternehmenswertes bestimmte Abfindung analog § 305 Abs 2 Nr 3 zuzubilligen (GroßKomm AktG/*Wiedemann* Rn 56; Hölters AktG/*Haberstock/Greitemann* Rn.19).

b) Unternehmensgegenstand. Der Unternehmensgegenstand ist die **Art der Tätig-** **14** **keit, welche die Gesellschaft zu betreiben beabsichtigt** (*BGHZ* 102, 209, 213; Münch-Komm AktG/*Pentz* § 23 Rn 69; vgl im Einzelnen § 23 Rn 28 ff; s auch soeben Rn 13). Eine **Änderung** des Unternehmensgegenstandes liegt in jeder Modifizierung des Wortlauts der Satzungsbestimmung über den Unternehmensgegenstand, soweit sich diese inhaltlich auswirkt, sei es durch Änderung der Beschreibung, sei es durch Hinzufügung, Erweiterung (vgl dazu *KG* NZG 2005, 88) oder Beseitigung von Geschäftsbereichen oder Tätigkeitsfeldern (KölnKomm AktG/*Zöllner* Rn 117; MünchKomm AktG/*Stein* Rn 102), anderes gilt nur für inhaltsneutrale Anpassungen des Wortlauts an den modernen Sprachgebrauch (Spindler/Stilz AktG/*Holzborn* Rn 63). Die Eintragung des Unternehmensgegenstandes dient auch der Festlegung der Tarifzuständigkeit (AnwK-AktR/*Wagner* Rn 43).

Eine Satzungsänderung kann auch bei faktischer Änderung des Unternehmensgegen- **15** standes (Überschreitung oder Unterschreitung) erforderlich werden. Eine **Überschreitung** liegt regelmäßig dann vor, wenn die AG ihre Tätigkeiten auf ein Gebiet ausdehnt, das von der Beschreibung in der Satzung nicht gedeckt ist (MünchKomm AktG/*Stein* Rn 107). Eine **Unterschreitung** kommt in Betracht, wenn diese Beschreibung wesentlich weiter reicht, als die tatsächliche Tätigkeit (KölnKomm AktG/*Zöllner* Rn 118; K. Schmidt/Lutter AktG/*Seibt* Rn 18; Spindler/Stilz AktG/*Holzborn* Rn 64; *Feldhaus* BB 2009, 562, 563 ff; Henssler/Strohn*Strohn* Rn 9), namentlich bei vollständigem Rückzug aus der werbenden Tätigkeit oder aus in der Satzung genannten Arbeitsgebieten (MünchKomm AktG/*Stein* Rn 108). **Maßstäbe** für die Feststellung einer Über- oder Unterschreitung sind der Sinn und Zweck der Satzung unter Berücksichtigung der individuellen Lage der Gesellschaft, die Verkehrsanschauung, die strukturellen und wirtschaftlichen Zusammenhänge sowie die Entwicklung der Märkte und der technologische Fortschritt (MünchKomm AktG/*Stein* Rn 106). **Indiz** für die Erforderlichkeit der rechtlichen Anpassung ist eine Erhöhung des mit der Änderung der unternehmerischen Tätigkeit einhergehenden Risikos (MünchKomm AktG/*Stein* Rn 106). Die **Erforderlichkeit einer Satzungsänderung mit qualifizierter Mehrheit gem § 179 Abs 2** ist für den Fall der Überschreitung mit Blick auf die Begrenzungsfunktion des Unternehmensgegenstandes „nach oben" (vgl § 23 Rn 29; *Hüffer* Rn 9a) seit langem anerkannt. Doch ist – auch mit Blick auf die Informationsfunktion (vgl § 23 Rn 28) – Gleiches für Fälle der Unterschreitung angezeigt. Der Vorstand darf demnach **nicht** ohne Satzungsänderung **dauerhaft** die in der Satzung festgelegte Tätigkeit aufgeben oder einschränken (*OLG Köln* AG 2009, 416 Tz 101 = CCZ 2009, 72 m Anm *Carstens/Gisewsk*; *OLG Stuttgart* AG 2003, 527, 532; *Reichert* AG 2005, 150, 156; tendenziell auch *Hüffer* AktG Rn 9a). Wenn die Satzung eine Konzernklausel enthält (insb bei einer Ausgliederung) reicht es aber regelmäßig aus, dass der Unternehmensgegenstand durch eine unternehmerisch geführte Tochter weiter betrieben wird (*Hüffer* AktG Rn 9a; Grigoleit AktG/*Ehmann* Rn 32; vgl *OLG Köln* AG 2009, 416 Tz 109).

16 **c) Beteiligungserwerb/Ausgliederung.** Für die Frage, inwieweit **Erwerb von Anteilen an dritten Unternehmen oder die Ausgliederung** einer Satzungsänderung bedürfen, ist neben der Charakterisierung der Beteiligung als unternehmerisch oder rein kapitalistisch relevant, ob die Satzung eine Konzernklausel enthält. Bei einer **Holding**, deren Unternehmensgegenstand den Erwerb, das Halten oder den Verkauf von Beteiligungen umfasst, kann im Einzelfall eine Änderung des Unternehmensgegenstandes aufgrund eines solchen Erwerbsvorgangs entbehrlich sein; anderes gilt jedenfalls dann, wenn die Holding nach der Veräußerung nicht mehr in der Lage ist, ihren Unternehmensgegenstand zu verfolgen (vgl *LG Frankfurt/Main* AG 2001, 431, 433) oder wenn das Halten einer bestimmten Unternehmensbeteiligung Unternehmensgegenstand ist und diese veräußert wird (*LG Bonn* AG 2001, 367, 370); zudem ist neben der Holdingklausel, welche die Gruppenleitung als Unternehmensgegenstand ausweist, grds auch die Geschäftstätigkeit der Gruppengesellschaften zu umschreiben oder aufzulisten (*Hüffer* AktG § 23 Rn 24a). Bei Gesellschaften, deren Unternehmensgegenstand auf **Produktion, Handel oder Dienstleistung** gerichtet ist, kann der Erwerb von Beteiligungen durch sog **Konzernklauseln** in der Satzung gedeckt sein (Spindler/Stilz AktG/*Holzborn* Rn 68). Mit der Aufnahme einer allg Konzernöffnungsklausel in die Satzung erweitern die Aktionäre den Handlungsspielraum des Vorstands, der in diesem Fall (in den durch die Konzernklausel und den Unternehmensgegenstand abgesteckten Grenzen) den Unternehmensgegenstand nicht nur durch eigene operative Tätigkeit der AG, sondern auch durch dafür zu gründende oder zu erwerbende Gesellschaften oder Beteiligungen verfolgen darf. Darin liegt auch im Falle einer **Ausgliederung** nicht notwendig eine Aufweichung der Aktionärsrechte, denn aufgrund der Anerkennung ungeschriebener HV-Zuständigkeiten besteht ein Mitwirkungsrecht der HV der Muttergesellschaft auch bei bestimmten grundlegenden Maßnahmen in der ausgegliederten Tochtergesellschaft (grundlegend *BGHZ* 83, 122, 141 ff – Holzmüller; s auch *BGHZ* – 159, 30 = NJW 2004, 1860, 1864 – Gelatine; zu dieser Rspr ausführlich § 119 Rn 12 ff).

17 **Soweit eine Konzernklausel fehlt**, ist umstritten, ob auch reine **Finanzanlagen** (Portfolio-Investitionen) in die Zuständigkeit von Vorstand und AR fallen (GroßKomm AktG/*Wiedemann* Rn 63; MünchKomm AktG/*Stein* Rn 112; KölnKomm AktG/*Zöllner* Rn 120;) oder auch hierfür eine Satzungsänderung erforderlich ist (so Spindler/ Stilz AktG/*Holzborn* Rn 69; MünchHdb AG/*Krieger* § 69 Rn 74; Grigoleit AktG/ *Ehmann* Rn 19). Es bedarf jedenfalls einer Satzungsermächtigung und damit ggf einer Satzungsänderung, wenn die Finanzanlagen einen eigenen Geschäftszweig (Handel mit Unternehmensbeteiligungen) bilden, wenn **unternehmerische Beteiligungen** erworben werden (GroßKomm AktG/*Wiedemann* Rn 62 ff; MünchKomm AktG/*Stein* Rn 113) oder wenn die **Ausgliederung** von Betriebsteilen auf ein neu gegründetes Tochterunternehmen erfolgen soll. Dies gilt selbst dann, wenn durch die Tochtergesellschaften Tätigkeiten ausgeübt werden sollen, die vom Unternehmensgegenstand iSv § 23 Abs 3 Nr 2 umfasst sind, weil sich aus der Beschreibung des Unternehmensgegenstandes auch ergeben muss, ob die AG ihre Tätigkeiten unmittelbar selbst oder mittelbar durch andere Unternehmen ausübt (*OLG Frankfurt/Main* AG 2008, 862, 863); ein unternehmerischer Beteiligungserwerb führt daher, soweit er nicht bereits in

der Satzung vorgesehen ist, zu einer Änderung des Unternehmensgegenstandes (vgl MünchKomm AktG/*Stein* Rn 113; **aA** in Bezug auf den Erwerb von Beteiligungen an anderen Grundstücksgesellschaften durch eine Grundbesitz verwaltende und verwertende AG: *KG* AG 2005, 90).

d) Grundkapital. Das Grundkapital ist notwendiger Satzungsbestandteil (§ 23 Abs 3 Nr 3). Kapitalerhöhung oder Kapitalherabsetzung bedürfen grds als Satzungsänderungen eines Beschlusses der HV; anderes gilt nur, wenn die HV den Vorstand nach § 202 ff ermächtigt hat, das Grundkapital bis zu einem bestimmten Nennbetrag (genehmigtes Kapital) durch Ausgabe neuer Aktien zu erhöhen. Auch iÜ sind die **§§ 179 ff nur anwendbar, soweit die §§ 182 ff keine Sonderregelungen statuieren.** So ist § 179 Abs 1 S 2 anwendbar, während die Mehrheitserfordernisse durchweg gesetzlichen Sonderregelungen unterliegen, die § 179 Abs 2 verdrängen (KölnKomm AktG/*Zöllner* Rn 131 f; *Hüffer* AktG Rn 35; vgl §§ 182 Abs 1 S 1 und 2; 193 Abs 1; 202 Abs 2 S 2 und 3; 207 Abs 2; 222 Abs 1; 229 Abs 3; 237 Abs 2 S 1 und Abs 4). Enthält die Satzung eine von § 179 Abs 2 abw Regelung zum Mehrheitserfordernis für Satzungsänderungen, so ist durch objektive Auslegung zu klären, ob auch Kapitalmaßnahmen davon erfasst werden. Man wird dies wegen des Sondercharakters der Kapitaländerungen nur bei eindeutiger (idR ausdrücklicher) Einbeziehung annehmen können (vgl KölnKomm AktG/ *Zöllner* Rn 132). Bei Vorhandensein mehrerer Aktiengattungen findet § 179 Abs 3 aufgrund bestehender Sondervorschriften (vgl §§ 182 Abs 2, 193 Abs 1 S 3, 222 Abs 2, 229 Abs 3) keine Anwendung (*Hüffer* AktG Rn 35; offen lassend *LG Mannheim* AG 1967, 83, 84).

e) Gesellschaftsdauer, Firma, Sitz. Bestimmungen über die **Dauer** müssen in der Satzung getroffen werden. Die Einfügung, Änderung oder Aufhebung solcher Angaben ist daher eine **Satzungsänderung** (*RGZ* 65, 264, 266 für GmbH; *RGZ* 74, 297, 299 für KGaA; GroßKomm AktG/*Wiedemann* § 179 Rn 81; Heidel AktG/*Wagner* Rn 52). Auf Einfügung einer Fristbestimmung oder **Verkürzung** der Dauer findet § 262 Abs 1 Nr 2 entspr Anwendung. In diesen Fällen kann die Satzung nur eine höhere als die erforderliche Dreiviertelmehrheit bestimmen, da zugleich ein Auflösungsbeschluss über die Gesellschaft vorliegt (KölnKomm AktG/*Kraft* § 262 Rn 10). Auf die **Verlängerung** der Dauer oder Aufhebung der Fristbestimmung ist dagegen § 179 Abs 2 einschließlich des S 2 anzuwenden (MünchKomm AktG/*Stein* Rn 116; *Hüffer* AktG Rn 38). **Firma** (§ 4) und der **Sitz** (§ 5) als weitere Identitätsmerkmale der AG und notwendige Satzungsbestandteile (§ 23 Abs 3 Nr 1) können ebenfalls nur im Wege der Satzungsänderung nach §§ 179 ff modifiziert werden (s ausf Spindler/Stilz AktG/*Holzborn* Rn 80 ff).

f) Unternehmensverträge. Unternehmensverträge können (namentlich in Gestalt von Gewinnabführungs- oder Beherrschungsverträgen iSd § 291) massiv in Gesellschaftszweck oder Unternehmensgegenstand eingreifen oder diesen sogar widersprechen (vgl KölnKomm AktG/*Zöllner* Rn 124). Überlagern sie korporationsrechtliche Bestandteile der Satzung, so haben sie materiell satzungsändernden Charakter. Trotzdem erklärt § 293 Abs 1 S 4 die **Vorschriften** des Gesetzes und der Satzung selbst **über die Satzungsänderung** für **unanwendbar.** An ihre Stelle treten die Spezialvorschriften der §§ 293 ff. Gleiches gilt nach § 295 Abs 1 S 1 für die Änderung von Unternehmensverträgen.

g) Umwandlung. Die formwechselnde Umwandlung iSd §§ 238 ff UmwG ist eine materielle Satzungsänderung (Lutter/Hommelhoff/*Happ* UmwG § 243 Rn 26 ff; *Hüffer*

AktG Rn 37). Doch werden die Vorschriften des AktG weitgehend durch **Spezialregelungen in den §§ 240 ff UmwG** verdrängt. Ob Klauseln, die für Satzungsänderungen eine vom Gesetz abw Mehrheit festlegen, auch auf Umwandlungen anzuwenden sind, ist umstritten. Man wird mit Blick auf die grundlegende Bedeutung jedenfalls eine eindeutige (idR ausdrückliche) Einbeziehung verlangen müssen (dazu auch *Hüffer* AktG Rn 37 iVm Rn 35: Ermittlung im Wege objektiver Auslegung; KölnKomm AktG/*Zöllner* Rn 140: gesetzliche Anforderungen verschärfende Klauseln auch auf Umwandlungen anwendbar).

22 **h) Mantelkauf und Mantelverwendung. – aa) Begriff.** Eine AG, die mit dem Zweck gegründet wurde, durch ihre Eintragung in das Handelsregister äußerlich eine Kapitalgesellschaft zu schaffen und damit eine „leere Hülle" herzustellen, die irgendwann als Mantel für die Aufnahme einer AG dienen soll (zur Mantelgründung s § 23 Rn 33) oder die nicht mehr werbend tätig, aber trotzdem noch im Handelsregister eingetragen ist, bezeichnet man als **„AG-Mantel"**. Wird dieser Mantel wieder in Gebrauch genommen **(Mantelverwendung)** oder von einem Dritten erworben **(Mantelkauf)**, um unter Vermeidung der Gründungsformalitäten werbend tätig zu werden, so ändert sich der Unternehmensgegenstand, der bei der Mantel-AG zulässigerweise auf Verwaltung und Erhaltung eigenen Vermögens gerichtet ist (dazu § 23 Rn 33). Dies macht eine **Satzungsänderung erforderlich** (*Hüffer* AktG § 23 Rn 27; MünchKomm AktG/*Pentz* § 23 Rn 99). Auch eine Änderung von Firma und/oder Sitz im Wege der Satzungsänderung (dazu oben Rn 19) kann erforderlich sein. Die insoweit überwiegend zur GmbH ergangene Rspr gilt auch für Mantelkauf und Mantelverwendung bei der AG (vgl Nachf Rn 23 ff; ausf Spindler/Stilz AktG/*Limmer* Rn 45 f). Zur Differenzierung zwischen offener und verdeckter Mantelgründung s § 23 Rn 33a und 33b. Umfassend zur Diskussion über die Behandlung der Aktivierung eines Mantels als wirtschaftliche Neugründung *Bachmann* NZG 2011, 441 ff; *ders* NZG 2012, 579.

23 **bb) Zulässigkeit.** Mantelkauf und die Mantelverwendung als solche werden heute durchweg als **zulässig** angesehen (vgl nur *BGHZ* 117, 323, 331 ff (zur AG); 153, 158, 160 ff; 155, 318; NJW-RR 2008, 483 (alle zur GmbH); *Hüffer* AktG § 23 Rn 26; Münchkomm AktG/*Pentz* § 23 Rn 96 ff; zur Entwicklung *K. Schmidt* NJW 2004, 1345, 146 f; s auch § 23 Rn 33). Bedenken wegen eines möglichen Missbrauchs zur Umgehung der Kapitalaufbringungsvorschriften wird heute **überwiegend** durch eine Behandlung als **wirtschaftliche Neugründung** und durch **analoge Anwendung** der die Gewährleistung der Kapitalausstattung dienenden **Gründungsvorschriften** Rechnung getragen (*BGHZ* 153, 158, 162 ff (zur GmbH); *BGHZ* 171, 293, 301 (zur AG): *Hüffer* AktG Rn 27; *Goette* DStR 2004, 461; *Bachmann* NZG 2011, 441; *Kleindiek* FS Priester, S 369, 370 ff mwN; **aA** KölnKomm AktG/*Kraft* § 23 Rn 60: Durchgriffshaftung). Allerdings kann bei der Übertragung einer Vorratsgesellschaft eine fusionskontrollrechtliche Anmeldung erforderlich werden (dazu *Immenga/Immenga* BB 2009, 7). Die AG kann den durch die wirtschaftliche Neugründung entstehenden **Gründungsaufwand** übernehmen und die entsprechende Satzungsergänzung kann in das HR eingetragen werden, wenn der Gründungaufwand bei der Vorratsgründung allein von der Gründerin selbst (und nicht von der AG) getragen wurde (*OLG Stuttgart* NJW-RR 2013, 368).

24 **cc) Wirtschaftliche Neugründung.** Die wirtschaftliche Neugründung durch Mantelkauf und Mantelverwendung ist **abzugrenzen von der bloßen Umstrukturierung bzw**

Sanierung eines „dahindümpelnden" Unternehmens (*OLG Jena* NZG 2004, 1114): Eine wirtschaftliche Neugründung liegt vor, wenn die Unternehmenstätigkeit erstmals oder (nach Volleinstellung der werbenden Tätigkeit) wieder aufgenommen wird; dagegen liegt eine bloße Umstrukturierung vor, wenn „die Gesellschaft noch ein aktives Unternehmen betrieb, an das die Fortführung des Geschäftsbetriebes – sei es auch unter wesentlicher Umgestaltung, Einschränkung oder Erweiterung seines Tätigkeitsgebietes – in irgendeiner wirtschaftlich noch gewichtbaren Weise anknüpft" (*BGHZ* 155, 318, 324; vgl *OLG Jena* NZG 2004, 1114 f; *Hüffer* AktG § 23 Rn 27b; Spindler/ Stilz AktG/*Limmer* Rn 45; s auch *OLG München* NZG 2010, 544, 545 mit Hinweis auf die Irrelevanz eines Gesellschafterwechsels). Der BGH stellt also nicht allein auf die Vermögenslosigkeit des Mantels ab (so noch *OLG Düsseldorf* NZG 2004, 380; *OLG Stuttgart* GmbHR 1999, 610), sondern darauf, ob (schon bzw noch) aktiv ein Unternehmen betrieben wird (*BGHZ* 155, 318, 324; *Ulrich* WM 2004, 915, 920). Nach *BGH* NJW 2010, 1459 (LS 1 und 2) kommt eine **Mantelverwendung, auf welche die Regeln einer wirtschaftlichen Neugründung anwendbar sind,** nur in Betracht „wenn die Gesellschaft eine ‚leere Hülse' ist, also kein aktives Unternehmen betreibt, an das die Fortführung des Geschäftsbetriebs – sei es auch unter wesentlicher Umgestaltung, Einschränkung oder Erweiterung seines Tätigkeitsgebiets – in irgendeiner wirtschaftlich noch gewichtbaren Weise anknüpfen kann. Eine ‚leere Hülse, in diesem Sinne liegt dann nicht vor, wenn die Gesellschaft nach Gründung und Eintragung konkrete Aktivitäten zur Planung und Vorbereitung der Aufnahme ihrer nach außen gerichteten Geschäftstätigkeit im Rahmen des statutarischen Unternehmensgegenstands entfaltet". Satzungsänderungen in Bezug auf Unternehmensgegenstand, Firma oder Sitz haben insoweit nur indizielle Bedeutung (*BGH* NZG 2011, 1066 Rn 7; *BGHZ* 155, 318, 325; *Hüffer* AktG § 23 Rn 27b).

dd) Anwendung der Gründungsvorschriften (Unterbilanzhaftung). Hinsichtlich der 25 analogen Anwendung der Gründungsvorschriften sind die Verwertung eines von vornherein zu diesem Zweck geschaffenen AG-Mantels und die **„Wiederbelebung" eines alten AG-Mantels** gleichgestellt, da in beiden Fällen die Gefahr einer Umgehung der Gründungsvorschriften mit der Folge droht, dass die gesetzliche und satzungsmäßige Kapitalausstattung bei Aufnahme der Tätigkeiten nicht gewährleistet ist (*BGHZ* 155, 318, 322 f und *BGH* NJW-RR 2008, 483 (beide zur GmbH); Spindler/ Stilz AktG/*Limmer* § 23 Rn 44). Daher sind in beiden Fällen die Vorschriften über die Aufbringung des Mindestkapitals und die Prüfungsvorschriften (§§ 7, 33 ff) anzuwenden (vgl *BGHZ* 153, 158, 162 ff zur Verwendung eines neuen und *BGHZ* 155, 318, 323 ff zur Verwendung eines alten GmbH-Mantels; vgl im Einzelnen MünchKomm AktG/*Pentz* § 23 Rn 100 ff). Die Mantelverwendung ist dem Registergericht gegenüber offen zu legen und mit der **Versicherung,** dass am satzungsmäßigen Stammkapital auszurichten ist, zu verbinden, dass die gesetzlich gebotenen Leistungen auf die Stammeinlagen bewirkt sind, § 37 Abs 1 analog (*K. Schmidt* NJW 2004, 1345, 1347). Darüber hinaus erstreckt sich die **registergerichtliche Prüfung** auch auf die Deckung des satzungsmäßigen Grundkapitals. Die reale Aufbringung des satzungsmäßigen Grundkapitals (und nicht nur des gesetzlichen Mindestkapitals nach § 7) ist durch entspr Anwendung des Haftungsmodells der **Unterbilanzhaftung** (dazu § 41 Rn 31 ff) sicherzustellen, wobei *BGHZ* 155, 318 als **Stichtag** für diese Haftung auf den **Tag der Offenlegung der wirtschaftlichen Neugründung** samt Anmeldung der betr Satzungsänderung zum HR abstellt (*BGHZ* 155, 318, 326 f = NJW 2003, 3198; *BGH* NJW-

RR 2008, 483; s auch Spindler/Stilz AktG/*Limmer* Rn 45a; *Goette* DStR 2004, 461). S hierzu allerdings Rn 25a aE.

25a Die Rechtsfigur der „wirtschaftlichen Neugründung" ist in Literatur und Rspr kritisiert worden (dazu *BGH* NJW 2012, 1875, 1877; ausf *Bachmann* NZG 2011, 441 ff; *Lieder* DStR 2012, 137 ff). Es bestand insbesondere erhebliche Unsicherheit über die **Folgen des Unterbleibens der Offenlegung** der wirtschaftlichen Neugründung, die zu unterschiedlichen Lösungsansätzen auf der Ebene der OLG führte. *OLG Jena* NZG 2004, 1114, 1115 sprach sich grds für eine zeitlich und umfänglich unbegrenzte Verlustdeckungshaftung aus, nahm davon aber Altfälle bis zur Entscheidung *BGHZ* 155, 318 aus, für die nur eine auf den Zeitpunkt der Wiederaufnahme der Tätigkeit begrenzte Stichtagshaftung gelten sollte. *OLG München* NZG 2010, 544, 545 f sprach sich ebenfalls für eine grds unbegrenzte Verlustdeckungshaftung aus, erwog aber eine Haftungsbefreiung für den Fall, dass das Stammkapital bei Wiederbelebung der Gesellschaft nachweislich vorhanden war, bzw die Anwendung der Differenzhaftungsgrundsätze. *KG* NZG 2010, 387, 388 votierte demgegenüber in der Sache für eine bloße Differenzhaftung, falls das statutarische Stammkapital der Gesellschaft vollständig eingezahlt und bei Aufnahme der Geschäftstätigkeit noch unverbraucht vorhanden war (eine Differenzhaftung befürwortend *Schall* NZG 2011, 656; **abl** *Bachmann* NZG 2011, 441, 442 ff; *Hüffer* NJW 2011, 1772; *Lieder* DStR 2012, 137, 140 f). Der **BGH** hat (in dem zuvor vom *OLG München* entschiedenen Fall) sowohl eine unbegrenzte Verlustdeckungshaftung als auch den Übergang zu einer bloßen Differenzhaftung verworfen und klargestellt, die Gesellschafter hafteten bei Unterbleiben der Offenlegung der wirtschaftlichen Neugründung im Umfang einer **Unterbilanz, die in dem Zeitpunkt bestehe, zu dem die wirtschaftliche Neugründung** entweder durch die Anmeldung der Satzungsänderungen oder durch die Aufnahme der wirtschaftlichen Tätigkeiten **erstmals nach außen in Erscheinung trete**. Dabei trügen die in Anspruch genommenen Gesellschafter die Beweislast dafür, dass in diesem Zeitpunkt keine Differenz zwischen dem Stammkapital und dem Wert des Gesellschaftsvermögens bestanden habe (*BGH* NJW 2012, 1875 LS 1 und 2). Dass der BGH nunmehr für den Fall der Offenlegung auf deren Zeitpunkt und für den Fall ihres Unterbleibens auf die Aufnahme der Tätigkeit abstellt, ist nicht unproblematisch, weil dadurch eine Schlechterstellung eines Vorstands, der die wirtschaftliche Neugründung (wenn auch verspätet) offenlegt, gegenüber demjenigen eintreten kann, der sie gar nicht offenlegt (namentlich dann, wenn das Stammkapital zwischen Tätigkeitsaufnahme und Offenlegung ganz oder teilweise aufgezehrt wird). In der **Literatur** wird deshalb **für eine generelle Irrelevanz des Offenlegungszeitpunkts für die Bestimmung der Unterbilanz** plädiert (*Tavakoli* NJW 2012, 1855, 1856) und die Bedeutung der Offenlegung letztlich nur noch in der Aktivierung des Haftungstatbestandes des § 9a GmbHG (*Bachmann* NZG 2012, 579, 580; vgl dazu auch Rn 25b) sowie in einer Umkehr der Darlegungs- und Beweislast für die Unterbilanz, die normalerweise bei der Gesellschaft bzw beim Insolvenzverwalter liegt, zulasten der Gesellschafter gesehen (*Gottschalk* DStR 2012, 1458, 1461).

25b Die **Folge einer unrichtigen Offenlegung** (wahrheitswidrige Versicherung des Vorstands, dass sich das Stammkapital endgültig in seiner freien Verfügung befindet) ist eine Haftung analog § 9a GmbHG, §§ 46, 48 AktG (*BGH* NZG 2011, 1066 zur GmbH; *Lieder* DStR 2012, 137, 141; *Bachmann* NZG 2012, 579, 580 f).

Für eine **Handelndenhaftung** gem § 41 Abs 1 S 2 neben der Unterbilanzhaftung ist **25c**
nach *BGHZ* 155, 318, 327 (zu § 11 Abs 2 GmbHG) nur Raum, wenn vor Offenlegung
der wirtschaftlichen Neugründung die Geschäfte aufgenommen werden, ohne dass
dem alle Gesellschafter zugestimmt haben (s auch *BGH* NZG 2011, 1066; für eine
Handelndenhaftung in diesem Fall auch *Lieder* DStR 2012, 137, 141; MünchKomm
AktG/*Pentz* § 23 Rn 105; *Hüffer* AktG § 23 Rn 27a; gegen eine Handelndenhaftung
OLG Brandenburg NJW-RR 1999, 1640; *B. Schaub* NJW 2003, 2125, 2128).

Auf eine **Nachgründung** binnen zweier Jahre nach Eintragung der Gesellschaft ist § 52 **25d**
unmittelbar sowie entspr auf Nachgründungen innerhalb von zwei Jahren nach Eintragung des für die Mantelverwertung erforderlichen Beschlusses anzuwenden (Münch-
Komm AktG/*Pentz* § 23 Rn 102; *Hüffer* AktG § 23 Rn 27). Wird der § 52 auf die wirtschaftliche Neugründung angewendet, treten an die Stelle der historischen Gründer
mit Blick auf den Schutzzweck des § 52 die erstmaligen Verwender der wirtschaftlich
neu gegründeten AG (Grigoleit AktG/*Vedder* Vor § 23 Rn 19; Spindler/Stilz AktG/
Heidinger § 52 Rn 27).

i) Sonstiges. **Sonderrechte** können gem § 35 BGB nur durch Zustimmung des betroffe- **26**
nen Aktionärs beseitigt oder verkürzt werden (*BGHZ* 15, 177, 181). **Rein schuldrechtliche Regelungen** zwischen den Gründern können als formelle Satzungsbestandteile nach
den Regeln, die für das der Bestimmung zugrunde liegende Rechtsverhältnis gelten,
geändert werden (s dazu Rn 6). Von den **gesetzlichen Regelungen über die Verwaltungsorganisation** (zB zur Größe und Zusammensetzung von Vorstand und AR) kann
die Satzung nur abweichen, soweit dies im AktG oder anderen Gesetzen (namentlich
MitbestG) vorgesehen ist (ausf GroßKomm AktG/*Wiedemann* Rn 89; Spindler/Stilz
AktG/*Holzborn* Rn 85 ff).

III. Verfahren

1. Zuständiges Organ. – a) Hauptversammlung (Abs 1 S 1). Nach § 179 Abs 1 S 1 ist **27**
die HV das für Satzungsänderungen zuständige Organ. Diese Zuständigkeitszuweisung ist **zwingend**, soweit das Gesetz keine Ausnahmen bestimmt oder zulässt (Exklusivzuständigkeit der HV, vgl Spindler/Stilz AktG/*Holzborn* Rn 2 ff). Eine **Übertragung** auf andere Personen oder Institutionen innerhalb oder außerhalb der AG ist
grds unzulässig (*LG Frankfurt* AG 1990, 169, 170; *Lutter/Leinekugel* ZIP 1998, 805,
807 f). Auch **Vorratsänderungen**, deren Anmeldung in das Ermessen des Vorstands
gestellt werden, sind unzulässig (*Hüffer* AktG Rn 10; GroßKomm AktG/*Wiedemann*
Rn 105; Grigoleit AktG/*Ehmann* Rn 8; aA KölnKomm AktG/*Zöllner* Rn 145: lediglich kein freies Ermessen des Vorstands). Die notwendige Mitwirkung Dritter wie die
des Notars oder des Registergerichts ist unproblematisch. Gesetzlich zugelassene **Ausnahmen** von der Zuständigkeit der HV sind zu finden in § 179 Abs 1 S 2 (Übertragung
von Fassungsänderungen auf den AR), § 202 Abs 1 (Entscheidung des Vorstands über
Kapitalerhöhung durch Ausnutzung genehmigten Kapitals), § 237 Abs 3 Nr 3 HS 2
(Anpassung der Stückaktienzahl nach Einziehung) und § 237 Abs 6 (Entscheidung des
Vorstands über Kapitalherabsetzung durch Einziehung von Aktien), vgl auch § 156
Abs 1 iVm § 39 Abs 3 VAG bzgl Versicherungs-AG (Ermächtigung zur Satzungsanpassung an AR bei Änderungsverlangen der Aufsichtsbehörde).

b) Aufsichtsrat (Abs 1 S 2). – aa) Begriff der Fassungsänderung. Nach § 179 Abs 1 S 2 **28**
kann die HV die Befugnis zu Änderungen, die nur die Fassung der Satzung betreffen,

auf den AR übertragen. Der Begriff der Fassungsänderung bezeichnet Änderungen, die sich nur auf die sprachliche Form der Satzung beziehen und ihren Inhalt unberührt lassen (vgl *öOGH* AG 2002, 583, 584; Hölters AktG/*Haberstock/Greitemann* Rn 39). Die Abgrenzung zu Inhaltsänderungen kann im Einzelfall schwierig sein. Ein HV-Beschluss, der den AR über § 179 Abs 1 S 2 hinausgehend zu Änderungen des materiellen Satzungsinhalts ermächtigt, ist wegen Verstoßes gegen § 241 Nr 3 nichtig (MünchKomm AktG/*Stein* Rn 177). Anerkannte **Fallgruppen** von Fassungsänderungen sind die Streichung einer Satzungsbestimmung, die durch Gesetzesänderung überflüssig oder unwirksam geworden ist; die Anpassung der Satzung an einen geänderten Wortlaut des Gesetzes oder Sprachgebrauch (*LG Kassel* Rpfleger 1989, 201); die Festlegung des Finanzierungsrahmens bei einer bedingten Kapitalerhöhung; die Streichung obsolet gewordener Regelungen über Sondervorteile, Sachübernahmen, Sacheinlagen und Gründeraufwand; die bloße Ausformulierung einer inhaltlich durch die HV beschlossenen Satzungsänderung (eingehend KölnKomm AktG/*Zöllner* Rn 147).

29 **bb) Adressat.** Die HV kann den **AR** nur **als Organ** ermächtigen, nicht aber einzelne AR-Mitglieder (MünchKomm AktG/*Stein* Rn 170). Der AR selbst kann die Ausführung der Fassungsänderung dann auf einen AR-Ausschuss übertragen (vgl § 107 Abs 3 S 2); die unmittelbare Übertragung der Fassungsänderung an einen AR-Ausschuss durch die HV ist dagegen nach **hM** ausgeschlossen (MünchKomm AktG/*Stein* Rn 172 f; KölnKommAktG/*Zöllner* Rn 149; *Hüffer* AktG Rn 11; **aA** GroßKomm AktG/*Wiedemann* Rn 109: auch direkte Betrauung durch die HV). Eine Übertragung auf den Vorstand ist unzulässig; eine ungeschriebene Notzuständigkeit ist zu verneinen (MünchKomm AktG/*Stein* Rn 171).

30 **cc) Verfahren und Umfang der Übertragung.** Die Übertragung auf den AR ist weder eine Satzungsänderung noch setzt sie eine solche voraus; sie ist eine Vorbereitungshandlung für künftige Satzungsänderungen. Die Übertragung bedarf eines Mehrheitsbeschlusses der HV gem § 179 Abs 2 (MünchKomm AktG/*Stein* Rn 167 f). Nach **hM** kann die HV den AR nicht nur für den Einzelfall, sondern **auch generell** zu allen Fassungsänderungen ermächtigen. In diesem Fall ist eine Satzungsänderung erforderlich, wenn nicht bereits die Gründungssatzung eine Befugnis des AR zu Fassungsänderungen vorsieht (GroßKomm AktG/*Wiedemann* Rn 108; MünchKomm AktG/*Stein* Rn 168; *Hüffer* AktG Rn 11; **aA** KölnKomm AktG/*Zöllner* Rn 148: nur Einzelermächtigung). Aus der Befugnis des AR folgt nicht nur das Recht, sondern auch die **Pflicht zur Vornahme der Formulierung,** um dem Vorstand die Anmeldung der Satzungsänderung nach § 181 zu ermöglichen (Einzelheiten MünchKomm AktG/*Stein* Rn 166).

31 **dd) Beschlussfassung durch den Aufsichtsrat.** Für die Beschlussfassung durch den AR gelten in Ermangelung einer bes Regelung die allg Grundsätze der §§ 107, 108 (MünchKomm AktG/*Stein* Rn 174 ff; *Hüffer* AktG Rn 12). Danach beschließt der AR mit einfacher Mehrheit. Bes Formvorschriften sind nicht einzuhalten; der Beschluss ist lediglich in die Niederschrift gem § 107 Abs 2 aufzunehmen. Nach dem Beschluss durch den AR oder durch den zuständigen AR-Ausschuss ist die Fassungsänderung dem Vorstand mitzuteilen, damit dieser die Anmeldung zum HR (§ 181) betreiben kann. Überschreitet der Beschluss des AR die Ermächtigung durch die Satzung bzw die HV oder ergeht er ohne eine solche, ist er nichtig (MünchKomm AktG/*Stein* Rn 177; *Hüffer* AktG Rn 12).

Beschluss der Hauptversammlung § 179

2. Mehrheitserfordernisse (Abs 2). – a) Gesetzliche Mehrheitserfordernisse (Abs 2 S 1). – aa) Kapitalmehrheit. Für die Satzungsänderung gilt ein **doppeltes Mehrheitserfordernis:** Die HV muss *erstens* nach § 179 Abs 2 S 1 einem satzungsändernden Beschluss mit mindestens **drei Vierteln** des bei der Beschlussfassung anwesenden Grundkapitals zustimmen. Durch das Abstellen auf die Kapitalmehrheit wollte der Gesetzgeber verhindern, dass die Satzung allein durch Mehrstimmrechtsaktionäre geändert wird, ohne dass diese zugleich die Kapitalmehrheit besitzen. Trotz Abschaffung der Mehrstimmrechte (§ 12 Abs 2) bleibt die Regelung bedeutsam, denn sie zielt auch ganz allg darauf, satzungsändernde Beschlüsse wegen ihrer bes Tragweite für AG und Aktionäre schärferen Stimmanforderungen zu unterwerfen als gewöhnliche HV-Beschlüsse. Dies gilt unabhängig davon, ob Stimmrecht und Kapitalbeteiligung zusammenfallen oder nicht. Daher bedarf der Beschluss für seine Wirksamkeit *zweitens* **zusätzlich gem** § 133 Abs 1 der **einfachen Mehrheit der abgegebenen Stimmen** (*BGH* NJW 1975, 212). Einer doppelten Beschlussfassung bedarf es nicht, jedoch gegebenenfalls einer doppelten Auszählung (vgl im Einzelnen MünchKomm AktG/ *Stein* Rn 85 ff). 32

Bezugsgröße der Kapitalmehrheit iSd Abs 2 S 1 ist das **bei der Beschlussfassung vertretene** Kapital; Aktien von Inhabern, die in der HV nicht vertreten oder erschienen sind, werden ebenso wie Stimmenthaltungen nicht mitgezählt (*Hüffer* AktG Rn 14; MünchKomm AktG/*Stein* Rn 82 f; Hölters AktG/*Haberstock/Greitemann* Rn 9; **aA** in Bezug auf Stimmenthaltungen *von Godin/Wilhelmi* § 133 Anm 4). Stimmrechtslose Vorzugsaktien (arg e contrario § 140 Abs 2 S 2) und Aktien, aus denen keine Stimmrechte ausgeübt werden können oder deren Stimmrechte ruhen (vgl dazu §§ 20 Abs 7, 21 Abs 4, 56 Abs 3 S 3, 71b, 134 Abs 2, 136 Abs 1), werden ebenfalls nicht mitgezählt (Großkomm AktG/*Wiedemann* Rn 112 f; MünchKomm AktG/*Stein* Rn 83). Stimmrechtsbeschränkungen nach § 136 Abs 1 S 2 ff bleiben nach § 136 Abs 1 S 6 außer Betracht. 33

bb) Ausnahmen. Nicht alle Satzungsänderungen setzen eine mit der Stimmrechtsmehrheit nach § 133 Abs 1 kumulierte Dreiviertelmehrheit nach § 179 Abs 2 S 1 voraus. Das Gesetz normiert insoweit eine Reihe von Ausnahmen: Eine **einfache Stimmenmehrheit** genügt insb für die Änderung von Satzungsbestimmungen über Zusammensetzung des AR, §§ 97 Abs 2 S 4, 98 Abs 4 S 2, für die Herabsetzung der Vergütung der AR-Mitglieder, § 113 Abs 1 S 4, für die Kapitalherabsetzung durch Einziehung von Aktien, § 237 Abs 4 S 2 und die erstmalige Anwendung des Mitbestimmungsgesetzes auf ein Unternehmen, § 37 Abs 1 S 2 MitbestG (vgl MünchKomm AktG/*Stein* Rn 87; *Hüffer* AktG Rn 15). Die Änderung des Gesellschaftszwecks bedarf umgekehrt analog § 33 Abs 1 S 2 BGB der **Zustimmung aller Aktionäre** (s oben Rn 13). 34

b) Satzungsmäßige Mehrheitserfordernisse (Abs 2 S 2). – aa) Umfang der Regelungsbefugnis. Nach § 179 Abs 2 S 2 kann die Satzung von Abs 2 S 1 abw Mehrheitserfordernisse aufstellen. Das Erfordernis der Kapitalmehrheit kann allerdings nur anders bestimmt und nicht völlig abgeschafft werden (*BGH* NJW 1975, 212, 213; *Hüffer* AktG Rn 16; Wachter AktG/*Wachter* Rn 30). Abs 2 S 2 lässt grds sowohl Erschwerungen als auch Erleichterungen zu, soweit nicht zwingende gesetzliche Vorschriften der Satzungsautonomie **Grenzen** setzen. Eine erste Grenze für die Modifizierung der **Kapitalmehrheit** normiert insoweit bereits Abs 2 S 2 selbst, indem er für die Ände- 35

rung des Unternehmensgegenstandes nur Erschwerungen zulässt; lediglich eine
Erschwerung erlauben in gleicher Weise auch zahlreiche andere Normen (vgl §§ 179
Abs 2 S 2, 182 Abs 1 S 2, 186 Abs 3 S 3, 202 Abs 2 S 3, 222 Abs 1 S 2 AktG; 65
Abs 1 S 2 UmwG). Hinsichtlich der regelmäßig zusätzlich erforderlichen einfachen
Stimmenmehrheit ist nach § 133 Abs 1 ebenfalls nur eine Erschwerung möglich (vgl
§ 133 Rn 16). Schließlich sind die in Rn 34 beschriebenen **Ausnahmen** grds zwingend
(vgl MünchKomm AktG/*Stein* AktG Rn 87); anderes gilt aber auch für § 237 Abs 4 S 2, der
nach seinem S 3 eine Erschwerung zulässt sowie – mit Blick auf § 40 BGB – für § 33
Abs 1 S 2 BGB (dazu oben Rn 13).

36 **bb) Bestimmtheit und Reichweite von Mehrheitsklauseln.** Wird vom gesetzlichen
Erfordernis der qualifizierten Kapitalmehrheit abgewichen, so muss dieser Wille **eindeutig** zum Ausdruck kommen (Bestimmtheitsgebot, *BGH* NJW 1988, 260; *LG
Frankfurt/Main* AG 2002, 356, 357; MünchKomm AktG/*Stein* Rn 91; aA KölnKomm
AktG/*Zöllner* Rn 154: Deutlichkeit statt Eindeutigkeit). **Im Zweifel** gilt die **gesetzliche Regelung** (*BGH* NJW 1975, 212, 213; *Hüffer* AktG Rn 18). Die abw Satzungsbestimmung ist in diesem Fall nichtig (*BGH* NJW 1988, 260, 261). **Allgemein formulierte
Mehrheitsklauseln** iSd § 179 Abs 2 S 2 gelten grds auch für ihre eigene Änderung
(KölnKomm AktG/*Zöllner* Rn 159; *Hüffer* AktG Rn 19 f). Dagegen erfassen sie bes
grundlegende Satzungsänderungen grds nicht (*Hüffer* AktG Rn 18; vgl oben Rn 13
zur Änderung des Gesellschaftszwecks, Rn 18 zu Kapitalmaßnahmen und Rn 21 zur
Umwandlung). Eine allg auf die einfache Stimmenmehrheit abstellende Satzungsklausel lässt sich nicht ohne Weiteres auf die vom Gesetz zusätzlich geforderte Kapitalmehrheit für Satzungsänderungen beziehen, auch wenn Stimmen- und Kapitalmehrheit bei der betr AG zusammenfallen (*BGH* NJW 1975, 212, 213). Ob **auf bes
Beschlussgegenstände gerichtete Mehrheitsklauseln** auch ihre eigene Änderung erfassen, ist weniger klar. Nach **hM** erfassen erschwerende Mehrheitserfordernisse im
Zweifel auch Änderungen, die auf ihre Abmilderung oder Beseitigung gerichtet sind;
dagegen gelten für Änderungen, die auf Erleichterungen gerichtet sind, sowie für die
Änderung erleichternder Mehrheitserfordernisse die gesetzlichen Bestimmungen,
soweit die Satzung nicht etwas anderes bestimmt (MünchKomm AktG/*Stein* Rn 120 ff;
Hüffer AktG Rn 19 f; KölnKomm AktG/*Zöllner* Rn 160).

37 **cc) Erleichterungen.** Erleichterungen sind in der Praxis nur in sehr geringem Umfang
möglich. Zahlreiche Sonderbestimmungen lassen lediglich eine Erschwerung zu (dazu
schon Rn 35). Die Kapitalmehrheit kann darüber hinaus nur anders bestimmt, nicht
aber völlig abgeschafft werden, so dass jedenfalls mehr als 50 % des vertretenen
Grundkapitals für die Satzungsänderung stimmen muss (*BGH* NJW 1975, 212, 213;
Hüffer AktG Rn 19). Beispiele sind ordentliche Kapitalerhöhungen, soweit keine
Ausgabe von Vorzugsaktien ohne Stimmrecht erfolgt (§ 182 Abs 1), und die Ausgabe
von Wandel- und Gewinnschuldverschreibungen (§ 221 Abs 1 S 3).

38 **dd) Erschwerungen.** Zahlreiche Normen lassen (nur) Erschwerungen zu (vgl Rn 35).
Grds ist eine Erschwerung bis hin zum Erfordernis der Einstimmigkeit denkbar
(MünchKomm AktG/*Stein* Rn 95; Wachter AktG/*Wachter* Rn 31). Allerdings können
Einstimmigkeitsklauseln in Konflikt mit dem Grundsatz der Abänderlichkeit der Satzung (vgl oben Rn 3) geraten und daher unzulässig sein (*Hüffer* AktG Rn 20; zu sog
„Ewigkeitsklauseln" s *Werner* GmbHR 2003, 331, 332 f). Dies ist regelmäßig bei
Publikumsgesellschaften der Fall, bei denen ein Einstimmigkeitserfordernis regelmä-

ßig als faktische Änderungssperre wirkt (*Hüffer* AktG Rn 20; MünchKomm AktG/ *Stein* Rn 98). Legt die Satzung fest, dass nicht nur die an der HV teilnehmenden, sondern alle Aktionäre zustimmen müssen, liegt darin ein „weiteres Erfordernis" iSd Abs 2 S 3, weil eine solche Klausel über die in § 179 Abs 2 S 1 und 2 geregelten HV-Beschlüsse hinausreicht (KölnKomm AktG/*Zöllner* Rn 169; *Hüffer* AktG Rn 20; dazu sogleich Rn 40 aE). Im Zweifel bezieht sich das Einstimmigkeitserfordernis auf die abstimmenden Aktionäre (Spindler/Stilz AktG/*Holzborn* Rn 124).

3. Weitere Erfordernisse (Abs 2 S 3). Nach § 179 Abs 2 S 3 kann die Satzung 39 allg oder für einzelne Satzungsänderungen (MünchKomm AktG/*Stein* Rn 138) „weitere Erfordernisse" für Satzungsänderungen aufstellen. Dabei handelt es sich um alle Erschwerungen, die sich nicht auf Mehrheitserfordernisse beziehen und daher nicht schon in S 2 geregelt sind. In Bezug auf diese Erfordernisse sind die durch das Gesetz gesetzten **Grenzen** zu beachten. Mit Blick auf die Zuständigkeit der HV (vgl oben Rn 27) unzulässig sind namentlich **Zustimmungserfordernisse**, welche die Wirksamkeit einer Satzungsänderung von der Zustimmung des Vorstands, des AR oder fakultativer Organe (*RGZ* 169, 65, 80 f zur GmbH; Münch-Komm AktG/*Stein* Rn 147 f; KölnKomm AktG/*Zöllner* Rn 71 f; MünchAnwHdB AG/*Sickinger* § 29 Rn 36) oder sogar Dritter (*RGZ* 169, 65, 81 zur GmbH; Köln-Komm AktG/*Zöllner* Rn 170; ausführlich MünchKomm AktG/*Stein* Rn 149 ff) abhängig machen wollen. Gleiches gilt für Klauseln, nach denen eine Satzungsänderung einer höheren Mehrheit bedarf, wenn eine solche Zustimmung nicht vorliegt (MünchKomm AktG/*Stein* Rn 148). Lässt das Gesetz ausnahmsweise eine geringere als die in Abs 2 S 1 vorgeschriebene Mehrheit ausreichen (vgl oben Rn 34), so ist dieser Erleichterung zu entnehmen, dass auch die Aufstellung weiterer, erschwerender Erfordernisse unzulässig ist (*Hüffer* AktG Rn 22; Münch-Komm AktG/ *Stein* Rn 138). Hinsichtlich der **Änderung** von Klauseln, die weitere Erfordernisse aufstellen, gelten die gleichen Grundsätze wie für die Änderung von Klauseln, die eine größere Kapitalmehrheit bestimmen (vgl oben Rn 36; *Hüffer* AktG Rn 22; MünchKomm AktG/*Stein* Rn 156 f).

Beispiele für „weitere Erfordernisse" sind Regelungen, die als Wirksamkeitsvoraus- 40 setzung einer Satzungsänderung eine bestimmte Mindestpräsenz des stimmberechtigten Kapitals in der HV (MünchKomm AktG/*Stein* Rn 139 f) oder die Zustimmung bestimmter Aktionäre oder der Inhaber bestimmter Aktiengattungen verlangen (KölnKomm AktG/*Zöllner* Rn 169). Denkbar ist auch, die Wirksamkeit bestimmter Beschlüsse von der Zustimmung an sich nicht stimmberechtigter Aktionäre (etwa der Inhaber stimmrechtsloser Vorzugsaktien) abhängig zu machen; dies gilt aber nur, wenn einem solchen Stimmrecht keine gesetzlichen Vorschriften entgegenstehen (vgl im Einzelnen MünchKomm AktG/*Stein* Rn 145). Für die Erteilung einer solchen Zustimmung und hinsichtlich der Rechtsfolgen ihres Fehlens gilt das Gleiche wie für gesetzliche Zustimmungserfordernisse (*Hüffer* AktG Rn 22; vgl § 180 Rn 10 ff). Problematisch können in diesem Zusammenhang Klauseln sein, die ein **100 %-Quorum, Einstimmigkeit oder die Zustimmung aller Aktionäre** verlangen. Teilw werden solche Klauseln für unzulässig erachtet (vgl *von Godin/Wilhelmi* Anm 1; *Henn* Hdb Aktienrecht 7. Aufl Rn 180 Fn 135, die **hM** nimmt zu Recht eine Würdigung der konkreten Umstände vor und hält solche Klauseln nur dann für unwirksam, wenn sie im konkreten Fall auf einen völligen Ausschluss von Satzungsänderungen hinauslaufen und daher gegen den Grundsatz der Abänderbarkeit der Satzung verstoßen (vgl bereits

Rn 3 und 38; MünchKomm AktG/*Stein* Rn 98, 141, 144; GroßKomm AktG/*Wiedemann* Rn 121; KölnKomm AktG/*Zöllner* Rn 169 ; *Hüffer* AktG Rn 23).

41 **4. Weitere gesetzliche Anforderungen.** § 179 ist nicht abschließend. Beschlüsse über Satzungsänderungen müssen zusätzlich die allg Anforderungen an die Wirksamkeit von HV-Beschlüssen erfüllen. **In formeller Hinsicht** ist nach § 124 Abs 2 S 2 insb der Wortlaut der vorgeschlagenen Satzungsänderung in die Bekanntmachung der Tagesordnung aufzunehmen; ein Verstoß macht den Beschluss anfechtbar (KölnKomm AktG/*Zöllner* Rn 163). Die HV entscheidet durch Beschl, der notariell zu beurkunden ist (§ 130; ausführlich KölnKomm AktG/*Zöllner* Rn 163 ff). Die Satzungsänderung wird erst mit ihrer Eintragung gem § 181 Abs 3 wirksam.

42 **In materieller Hinsicht** sieht das Gesetz Sonderregeln für eine Reihe von Beschlussgegenständen vor (vgl bereits oben Rn 1 und 34). In Betracht kommen namentlich bes **gesetzliche Zustimmungserfordernisse** in Bezug auf alle betroffenen Aktionäre bei Auferlegung von Nebenpflichten oder Vinkulierung von Aktien oder Zwischenscheinen (§ 180). Die Zustimmung der Betroffenen ist ferner erforderlich bei Eingriffen in satzungsmäßig verbriefte Sonderrechte (vgl oben Rn 26) oder bei Verstößen gegen den Gleichbehandlungsgrundsatz (*Hüffer* AktG Rn 21). Zustimmungserfordernisse (oder andere Voraussetzungen) können sich auch aus anderen Gesetzen ergeben (vgl etwa § 240 Abs 3 UmwG). Eine Satzungsänderung kann schließlich einem staatlichen **Genehmigungserfordernis** unterworfen sein, wobei allerdings die Vorlage einer Genehmigungsurkunde seit Streichung des früheren § 181 Abs 1 S 3 durch das ARUG grds nicht mehr erforderlich ist. Versicherungsgesellschaften benötigen für jede Satzungsänderung die Genehmigung durch die BaFin (§ 5 Abs 3 Nr 1, 13 Abs 1 VAG). Bedarf die Gründung einer AG der Genehmigung staatlicher Stellen, so gilt das Genehmigungserfordernis grds auch für spätere Erweiterungen des Unternehmensgegenstandes (GroßKomm AktG/*Wiedemann* Rn 130).

IV. Grenzen der Satzungsänderung

43 **1. Allgemeines.** Verstößt eine Satzungsänderung gegen gesetzliche Vorschriften, ist der Beschluss der HV anfechtbar (§ 243 Abs 1) oder nichtig (§ 241 Nr 3, 4). Insb ist der **Grundsatz der Satzungsstrenge** aus § 23 Abs 5 zu beachten (vgl § 23 Rn 40), dh es können nur solche Bestimmungen festgelegt werden, die auch in der Gründungssatzung hätten vereinbart werden können. Die in § 23 Abs 3, 4 als notwendig bestimmten Satzungsbestandteile (vgl § 23 Rn 18 ff) dürfen weder gestrichen noch in unzulässiger Weise verändert werden. Das Gleichbehandlungsgebot sowie mitgliedschaftliche Treubindungen können nicht prinzipiell abgeschafft werden (*Hüffer* AktG Rn 24). Zu **sachlichen Grenzen** iS der Notwendigkeit einer sachlichen Rechtfertigung von Satzungsänderungen oder einer materiellen **Beschlusskontrolle** s ausführlich § 243 Rn 10 ff, vgl auch *Hüffer* AktG Rn 29; zu Grenzen, die sich aus der Zuständigkeit der HV ergeben, s oben Rn 27 und 39; zu Grenzen in Bezug auf Mehrheitserfordernisse s oben Rn 35 ff; zu den **zeitlichen Grenzen** der Anwendung der §§ 179 ff s oben Rn 2. Die Mehrheitsmacht darf natürlich nur in den Grenzen des allg **Missbrauchsverbots** (vgl *BGHZ* 71, 40; 80, 69) und der **Treuepflicht** (vgl *BGHZ* 129, 136 – Girmes) ausgeübt werden (Spindler/Stilz AktG/*Holzborn* Rn 170 f).

44 **2. Befristung und Bedingung.** Hinsichtlich der Frage, ob Satzungsänderungen auch befristet oder bedingt iSd §§ 158–163 BGB erfolgen können, ist zwischen echten und unechten Bedingungen bzw Befristungen zu unterscheiden (vgl dazu KölnKomm AktG/*Zöllner* Rn 195 ff; GroßKomm AktG/*Wiedemann* Rn 158 ff). Als „unecht" bezeichnet man dabei Bedingungen oder Befristungen, die sich nicht auf den Satzungsinhalt, sondern lediglich auf den HV-Beschluss beziehen: die HV beschließt in diesem Fall, der Vorstand solle eine Satzungsänderung erst zu einem bestimmten zukünftigen Zeitpunkt **(unechte Befristung)** oder bei Eintritt eines zukünftigen ungewissen Ereignisses **(unechte Bedingung)** zur Eintragung in das HR anmelden und dadurch wirksam werden lassen. Eine „echte" Befristung oder Bedingung liegt dagegen vor, wenn die Wirksamkeit der Satzungsbestimmung selbst mit einem festen Anfangs- oder Endtermin oder einer festen Geltungsdauer versehen wird **(echte Befristung)** oder nur abhängig von einem zukünftigen ungewissen Ereignis gelten oder nicht gelten soll **(echte Bedingung)**.

Eine **unechte Befristung/Bedingung ist grds zulässig** (MünchKomm AktG/*Stein* Rn 46, 49; GroßKomm AktG/*Wiedemann* Rn 160, 162; *Hüffer* AktG Rn 25 f). Allerdings darf weder dem Vorstand Ermessen hinsichtlich des „Ob" der Anmeldung eingeräumt werden (*LG Frankfurt* AG 1990, 169, 170; KölnKomm AktG/*Zöllner* Rn 196) noch darf der Eintritt einer Bedingung in das Belieben eines Dritten gestellt sein (Großkomm AktG/*Wiedemann* Rn 162). Die Voraussetzungen, unter denen der Beschluss anzumelden ist, müssen daher klar gefasst sein (MünchKomm AktG/*Stein* Rn 49). In zeitlicher Hinsicht darf die Anmeldung nicht über die nächste HV hinausgeschoben werden (KölnKomm AktG/*Zöllner* Rn 196); tritt diese Situation dennoch ein, so ist ein bestätigender Beschluss der nächsten HV erforderlich (*Hüffer* AktG Rn 25). Wird ein Beschluss vor Fristablauf oder Bedingungseintritt eingetragen, so wird er gleichwohl wirksam (KölnKomm AktG/*Zöllner* Rn 196; MünchKomm AktG/*Stein* Rn 46, 49). **45**

Eine **echte Befristung ist grds zulässig**, wenn sie als solche für außenstehende Dritte eindeutig erkennbar ist; dafür ist keine kalendermäßige Bestimmtheit, sondern lediglich eine objektive Bestimmbarkeit erforderlich (KölnKomm AktG/*Zöllner* Rn 197; *Hüffer* AktG Rn 25). Eine befristete Satzungsänderung kann bereits vor dem Wirksamwerden der geänderten Bestimmung ins HR eingetragen werden (GroßKomm AktG/*Wiedemann* Rn 159). Befristet ist hier eigentlich nicht die Satzungsänderung (die mit der Eintragung wirksam wird), sondern die durch sie geänderte Satzungsbestimmung (MünchKomm AktG/*Stein* Rn 48). Die Frage nach der Wirksamkeit **echter Bedingungen** ist problematischer. **Auflösend bedingte** Satzungsänderungen iSd § 158 Abs 2 BGB sind **unzulässig**, weil nach Eintragung der Satzungsänderung die Wirksamkeit nicht von außenstehenden Ereignissen abhängen darf. Der Rechtsverkehr muss darauf vertrauen können, dass die Grundordnung der Gesellschaft aus sich heraus feststellbar ist (GroßKomm AktG/*Wiedemann* Rn 161; Spindler/Stilz AktG/*Holzborn* Rn 158). **Aufschiebend bedingte** Satzungsänderungen sind aus den gleichen Gründen **grds unwirksam**. Sie können **aber nach hM** eingetragen (und damit **wirksam**) werden, **wenn die Bedingung vor der Anmeldung zum HR eingetreten** ist (MünchKomm AktG/*Stein* Rn 50; *Hüffer* AktG Rn 26; *Priester* ZIP 1987, 280, 285; Spindler/Stilz AktG/*Holzborn* Rn 159; **aA** Großkomm AktG/*Wiedemann* Rn 161). **46**

3. Rückwirkung. Nach § 181 Abs 3 werden Satzungsänderungen erst mit ihrer Eintragung in das HR wirksam. Doch betrifft diese Bestimmung lediglich das **Inkrafttreten** der Satzungsbestimmung und lässt die Frage offen, ob diese aus sich heraus **Rückwir- 47**

§ 179 Beschluss der Hauptversammlung

kung entfalten kann (RegBegr bei *Kropff* S 291; KölnKomm AktG/*Zöllner* Rn 206). Diese Frage wird für einige Regelungsgegenstände durch **gesetzliche Regelungen** beantwortet. So lassen die §§ 234, 235 AktG für vereinfachte Kapitalherabsetzungen bzw -erhöhungen eine begrenzte Rückwirkung zu (s § 234 Rn 1; § 235 Rn 2 ff), während die §§ 189, 200, 203 Abs 1 S 1, 211 Abs 1, 224, 238 S 1 AktG sie ausschließen.

48 Unbeschadet solcher gesetzlichen Sonderregeln ist nach **allg Grundsätzen** zu entscheiden (vgl RegBegr bei *Kropff* S 291; *Schneider* AcP 175 (1975) 279 ff; GroßKomm AktG/*Wiedemann* Rn 163), dh ausschlaggebend ist insb der **Vertrauensschutzgedanke**, nach dem eine Rückwirkung grds ausgeschlossen ist, wenn Aktionäre, Dritte oder die Allgemeinheit auf den Bestand einer Satzungsbestimmung vertrauen dürfen (*Hüffer* AktG Rn 28; MünchKomm AktG/*Stein* § 181 Rn 76). Nach diesen Grundsätzen können insb Änderungen organisationsrechtlicher **Bestimmungen mit Außenwirkung keine Rückwirkung** entfalten (GroßKomm AktG/*Wiedemann* Rn 154; KölnKomm AktG/*Zöllner* Rn 207: „Alles was für den Rechtsverkehr... von Belang ist"), denn solche Änderungen werden erst mit ihrer Eintragung in das HR dem Geschäftsverkehr zur Kenntnis gebracht (MünchKomm AktG/*Stein* § 181 Rn 77). **Unzulässig** ist zB eine rückwirkende Änderung des Geschäftsjahres (KG DR 1942, 735; OLG Schleswig NJW-RR 2000, 1425; Grigoleit AktG/*Ehmann* Rn 28), des Gesellschaftszwecks und des Unternehmensgegenstandes (**allgM**, zB *Hüffer* AktG Rn 28), des Katalogs zustimmungsbedürftiger Geschäfte nach § 111 Abs 4 S 2 (zur Neuregelung *Lieder* DB 2004, 2251 ff), der Vertretungsmacht des Vorstands (GroßKomm AktG/*Wiedemann* Rn 164; differenzierend *Dempewolf* NJW 1958, 1212, 1215), der Firma, des Sitzes, des Grundkapitals oder der Rechtsform der Gesellschaft (KölnKomm AktG/*Zöllner* Rn 207; zur Rückwirkung beim Beherrschungsvertrag vgl § 294 Rn 17).

49 In Bezug auf **Satzungsänderungen mit rein gesellschaftsinterner Wirkung** gelten mildere Maßstäbe. Hier ist eine Rückwirkung **grds möglich**, sofern kein schutzwürdiges Vertrauen verletzt wird (MünchKomm AktG/*Stein* § 181 Rn 78; KölnKomm AktG/*Zöllner* Rn 179). Keines Vertrauensschutzes bedarf es bei Zustimmung aller betroffenen Aktionäre (MünchKomm AktG/*Stein* § 181 Rn 78), aber auch bei Mehrheitsbeschlüssen entfällt die Vertrauensgrundlage in den Fortbestand einer Regelung nicht erst mit der Eintragung der Änderung im Handelsregister, sondern bereits mit der Beschlussfassung (KölnKomm AktG/*Zöllner* Rn 208). **Unzulässig** bleiben Rückwirkungen in Bezug auf die Grundlagen des Rückwirkungsbeschlusses selbst (etwa von Mehrheitserfordernissen, KölnKomm AktG/*Zöllner* Rn 208) oder in Bezug auf konkrete mitgliedschaftliche Rechtspositionen (etwa die Umwandlung von Inhaber- in Namensaktien (MünchKomm AktG/*Stein* § 181 Rn 79; *Hüffer* Rn 28).

50 **4. Änderung und Aufhebung.** Da ein Änderungsbeschluss nach § 181 Abs 3 erst mit seiner Eintragung in das HR wirksam wird, ist seine **Aufhebung vor** der **Eintragung** keine Satzungsänderung iSd §§ 179 ff. Eine solche Aufhebung ist daher nach heute **ganz hM mit einfacher Stimmenmehrheit gem § 133 Abs 1** möglich, soweit die Satzung keine abw Bestimmungen trifft (*Hüffer* AktG Rn 40; KölnKomm AktG/*Zöllner* Rn 162; MünchKomm AktG/*Stein* Rn 53; GroßKomm AktG/*Wiedemann* Rn 183; **aA** GroßKomm AktG/*Barz* 3. Aufl § 119 Anm 16). Eine **Änderung oder Teilaufhebung** ist dagegen **bereits vor** der **Eintragung** eine **Satzungsänderung** iSd §§ 179 ff, weil sie auf eine durch den ursprünglichen Beschluss nicht gedeckte Satzungsänderung zielt (MünchKomm AktG/*Stein* Rn 54). **Nach der Eintragung** kann die Satzungsänderung

nur durch eine erneute Satzungsänderung geändert oder aufgehoben werden (**allgM**, zB KölnKomm AktG/*Zöllner* AktG § 181 Rn 51).

5. Erzwingung. Außenstehende **Dritte** können grds keine Satzungsänderungen 51
erzwingen. Die AG selbst kann sich Dritten gegenüber **nicht wirksam verpflichten**, bestimmte Satzungsänderungen vorzunehmen oder zu unterlassen, weil dies die Satzungsautonomie verletzen würde; schuldrechtliche Stimmbindungsvereinbarungen mit Aktionären, die Dritten einen Einfluss auf die Änderung der Satzung gewähren, sind daher ebenfalls unzulässig (MünchKomm AktG/*Stein* Rn 153 f, 212; Spindler/Stilz AktG/*Holzborn* Rn 11); allerdings können Ansprüche Dritter mittelbar einen **Druck zur Satzungsänderung** erzeugen, namentlich dann, wenn die Satzung der AG und ihren Organen ein Verhalten gebietet, das Rechtspositionen Dritter verletzt (zB bei einem Unterlassungsanspruch eines Dritten aus § 37 Abs 2 HGB wegen unzulässiger Firma, weitere Bsp bei MünchKomm AktG/*Stein* Rn 213). Einzelne **Aktionäre** können aufgrund ihrer **Treuepflicht** ausnahmsweise zur Unterstützung eines Satzungsänderungsbeschlusses (aber auch zur Ablehnung gesellschaftsschädlicher Beschl) verpflichtet sein, wenn eine Satzungsänderung im dringenden Interesse der Gesellschaft liegt und ihnen zumutbar ist (vgl *BGHZ* 98, 276, 279; *Hüffer* AktG Rn 30; MünchKomm AktG/*Stein* Rn 218 f; § 53a Rn 13f). Treuwidrig abgegebene Stimmen sind grds nichtig (vgl *BGHZ* 102, 172, 176; *Hüffer* AktG Rn 31; § 53a Rn 14).

V. Sonderbeschlüsse (Abs 3)

1. Normzweck. § 179 Abs 3 statuiert das Erfordernis eines Sonderbeschlusses für den 52
Fall, dass das Verhältnis mehrerer Aktiengattungen (vgl § 11 Abs 2; dazu § 11 Rn 6 ff) zum Nachteil einer Gattung geändert werden soll. Dieser Sonderbeschluss tritt als zusätzliches Wirksamkeitserfordernis neben den HV-Beschluss gem § 179 Abs 2 (*OLG Celle* AG 2003, 505, 506; MünchKomm AktG/*Stein* Rn 178). Die Regelung dient einerseits dem **Schutz der benachteiligten Aktionäre**; der Sonderbeschluss hat insoweit auch eine **Warnfunktion** (vgl unten Rn 57). Andererseits bezweckt § 179 Abs 3 eine **Erleichterung der Veränderung** zu Lasten einer Gattung, denn während für eine Sonderbelastung nach allgemeinen Regeln die Zustimmung jedes einzelnen betroffenen Aktionärs erforderlich wäre, lässt § 179 Abs 3 einen qualifizierten Mehrheitsbeschluss der benachteiligten Gruppe ausreichen (*Senger/Vogelmann* AG 2002, 193, 207; *Fuchs* ZGR 2003, 167, 189; GroßKomm AktG/*Wiedemann* Rn 138).

2. Verhältnis zu § 53a und zu anderen Sonderbeschlusserfordernissen. Im Verhältnis 53
zu **§ 53a** stellt § 179 Abs 3 insoweit eine Sonderregelung dar, neben welcher der Gleichbehandlungsgrundsatz keine Anwendung findet (*OLG Celle* AG 2003, 505, 506; MünchKomm AktG/*Stein* Rn 179; Grigoleit AktG/*Ehmann* Rn 36; aA *OLG Köln* NZG 2002, 966, 967; Hölters AktG/*Haberstock/Greitemann* Rn 59). Im Verhältnis zu anderen Sonderbeschlusserfordernissen tritt § 179 Abs 3 dagegen teilweise zurück: Für die Beseitigung von Mehrstimmrechten ist nach **§ 5 Abs 2 S 3 EGAktG** kein Sonderbeschluss erforderlich (*Hüffer* AktG Rn 42; MünchKomm AktG/*Stein* Rn 183). Wird das Verhältnis zwischen mehreren Aktiengattungen im Rahmen einer Kapitalerhöhung oder Kapitalherabsetzung berührt, so gehen die **§§ 182 Abs 2 und 222 Abs 2** dem § 179 Abs 3 als **Spezialregelungen** vor (KölnKomm AktG/*Zöllner* Rn 177). Gleiches gilt für die Aufhebung oder Beschränkung des Vorzugs bei Vorzugsaktien ohne Stimmrecht gem **§ 141 Abs 1** (Zustimmung aller Vorzugsaktionäre, dazu *OLG Köln* NZG 2002, 966, 967) sowie gem **§ 142 Abs 2** für Beschlüsse über die Ausgabe von Vor-

zugsaktien, die bei der Verteilung des Gewinns oder des Gesellschaftsvermögens den Vorzugsaktien ohne Stimmrecht vorgehen oder gleichstehen (KölnKomm AktG/*Zöllner* Rn 179), ebenso schließlich auch für Verschmelzungen gem § 65 Abs 2 UmwG (MünchKomm AktG/*Stein* Rn 180). **Anderes** gilt **für konzernrechtliche Sonderbeschlusserfordernisse** (vgl §§ 295 Abs 2, 309 Abs 3), denn die außenstehenden Aktionäre bilden als solche keine eigene Aktiengattung (KölnKomm AktG/*Zöllner* Rn 180; MünchKomm AktG/*Stein* Rn 184).

54 3. **Voraussetzungen. – a) Existenz verschiedener Aktiengattungen.** Nach § 11 Abs 2 bilden Aktien mit gleichen Rechten eine Gattung. § 179 Abs 3 setzt voraus, dass bereits mehrere Aktiengattungen iSd § 11 Abs 2 bestehen; die Norm findet keine Anwendung auf Beschl, durch die erstmals verschiedene Aktiengattungen gebildet werden (**allgM**, zB *Hüffer* AktG Rn 43). Basiert die neue Gattung zumindest teilweise auf der Umwandlung bereits vorhandener Stammaktien, so müssen alle ungleich betroffenen Aktionäre dem allerdings gem § 53a zustimmen (KölnKomm AktG/*Zöllner* Rn 181; *Lutter/Schneider* ZGR 1975, 182, 190). Die Umwandlung von Inhaberaktien in Namensaktien nach § 24 erfordert nach **hM** keinen Sonderbeschluss nach § 179 Abs 3 und auch nicht die Zustimmung der betroffenen Aktionäre, weil Inhaber- und Namensaktien die gleiche mitgliedschaftliche Stellung verkörpern und daher lediglich verschiedene Aktienarten, nicht aber verschiedene Aktiengattungen bilden (MünchKomm AktG/*Stein* Rn 185; vgl *Hüffer* AktG § 24 Rn 6; s auch § 24 Rn 6; § 11 Rn 10).

55 b) **Benachteiligung einer Gattung.** Ein Sonderbeschluss nach § 179 Abs 3 ist stets erforderlich, wenn durch eine Satzungsänderung gattungsspezifische Rechte *im Verhältnis zu anderen Gattungen* **nachteilig verändert** werden (*OLG Köln* NZG 2002, 966, 967 f; GroßKomm AktG/*Wiedemann* Rn 143; KölnKomm AktG/*Zöllner* Rn 182). **Eingriffe in gesetzliche Aktionärsrechte** fallen **nicht** unter Abs 3; soweit solche Eingriffe überhaupt zulässig sind, ist hierfür die Zustimmung aller betroffenen Aktionäre erforderlich (GroßKomm AktG/*Wiedemann* Rn 144; MünchKomm AktG/*Stein* Rn 193). Weder eines Sonderbeschlusses noch einer Einzelzustimmung bedarf die Einführung von Benachteiligungen einer Aktiengattung, die in der bisherigen Satzung bereits **vorbehalten** waren (*OLG Karlsruhe* OLGRspr 42, 215, 216; GroßKomm AktG/*Wiedemann* Rn 144; MünchKomm AktG/*Stein* Rn 194). Nicht ausreichend für die Begründung eines Sonderbeschlusserfordernisses ist, dass sich die Position einer Gattung durch eine Satzungsänderung **lediglich weniger verbessert** als diejenige einer anderen, solange die Begünstigung der einen Gattung nicht auf Kosten der anderen erfolgt (*OLG Celle* AG 2003, 505, 506; MünchKomm AktG/*Stein* Rn 190: hier aber ggf Verstoß gegen § 53a). Als ebenfalls unzureichend für eine Veränderung des Verhältnisses der Aktiengattungen wird eine Satzungsänderung angesehen, die lediglich Auswirkungen auf den Wert einer Gattung, auf ihre Gewinnchancen (*OLG Celle* AG 2003, 505, 507) oder auf ihre allg Machtposition in der Gesellschaft hat (KölnKomm AktG/*Zöllner* Rn 183; MünchKomm AktG/*Stein* Rn 187).

56 Die **hM** stellt für die Ermittlung der Erforderlichkeit eines Sonderbeschlusses auf die **Unmittelbarkeit** der Benachteiligung einer Aktiengattung durch die Satzungsänderung ab (*RGZ* 80, 95, 98 f; 125, 356, 361; *OLG Celle* AG 2003, 505, 506; GroßKomm AktG/*Wiedemann* Rn 145; MünchKomm AktG/*Stein* Rn 187). Grds macht jede im Verhältnis zu anderen Gattungen unmittelbar nachteilige Veränderung einen Sonderbeschluss erforderlich; es findet insb auch **keine Verrechnung von Vor- und Nachteilen**

statt (*Hüffer* AktG Rn 45; MünchKomm AktG/*Stein* Rn 191; Grigoleit AktG/*Ehmann* Rn 39; *Senger/Vogelmann* AG 2002, 193, 195; **aA** *LG Berlin* JW 1937, 2835). Doch bleibt das **Unmittelbarkeitskriterium** letztlich **diffus** (zu Recht kritisch *Hüffer* AktG Rn 44: „Indiz, aber nicht selbst entscheidungstragendes Kriterium"; ähnlich KölnKomm AktG/*Zöllner* Rn 183: „nicht falsch, aber zu unbestimmt"). Zur Präzisierung wird ein nachhaltiger Eingriff gerade in diejenigen gattungsbegründenden Rechtspositionen gefordert, die der Gattung ihre bevorrechtigte Stellung im Verhältnis zu andern Gattungen sichern (MünchKomm AktG/*Stein* Rn 187) bzw wo es wird eine Abwägung des Interesses der Mehrheit an der Satzungsänderung mit dem Interesse der Gattungsaktionäre an der Erhaltung des status quo unter Berücksichtigung des Gesellschaftsinteresses vorgenommen (*Hüffer* AktG Rn 44; gegen das Ausreichen einer solchen Abwägung *OLG Celle* AG 2003, 505, 506). Aufgrund der bestehenden Unklarheiten empfiehlt es sich für die **Praxis**, im Zweifel einen Sonderbeschluss jeder durch eine Satzungsänderung potentiell beeinträchtigten Aktiengattung herbeizuführen (MünchKomm AktG/*Stein* Rn 187).

4. Verfahren. Das Verfahren der Sonderbeschlussfassung ist in § 138 geregelt. Der Sonderbeschluss ist durch die benachteiligten Aktionäre zu fassen (§ 179 Abs 3 S 2). Er kann sowohl in einer gesonderten Abstimmung iRd allg HV als auch in einer gesonderten Versammlung vor oder nach derselben (§ 138 S 1) als „Zustimmung" (§ 182 BGB) dh in Gestalt einer vorherigen Einwilligung (§ 183 BGB) oder nachträglichen Genehmigung (§ 184 BGB) erfolgen (Spindler/Stilz AktG/*Holzborn* Rn 194; Hölters AktG/ *Haberstock/Greitemann* Rn 56). Für eine gesonderte Versammlung gelten gem § 138 S 2 die Vorschriften für die HV entspr. Der Sonderbeschluss muss in einem angemessenen **zeitlichen Zusammenhang** mit der HV erfolgen (MünchKomm AktG/*Stein* Rn 198 ff; *Hüffer* AktG Rn 46). Die Satzung kann als „weiteres Erfordernis" iSd § 179 Abs 2 S 2 iVm Abs 3 S 3 auch eine bestimmte Frist für die Nachholung des Sonderbeschlusses vorschreiben (*Hüffer* AktG Rn 46). Das Registergericht kann im Rahmen dieser Frist die nachträgliche Beibringung des Sonderbeschlusses unter Fristsetzung anordnen, um eine Ablehnung der Eintragung der Satzungsänderung zu vermeiden (KölnKomm AktG/ *Zöllner* Rn 192). **Für jede benachteiligte Aktiengattung** muss ein **gesonderter Beschluss** erfolgen (MünchKomm AktG/*Stein* Rn 192). Ein Sonderbeschluss der benachteiligten Aktionäre ist auch erforderlich, wenn die HV der Satzungsänderung einstimmig zugestimmt hat, weil nur so der Warnfunktion genügt werden kann (MünchKomm AktG/ *Stein* Rn 195; letzteres ist **für die Einpersonen-AG str**: dafür MünchKomm AktG/*Stein* Rn 195; **aA** *Hüffer* AktG Rn 45). Sind neben Stammaktien nur stimmrechtslose Vorzugsaktion vorhanden und soll durch eine Satzungsänderung die Rechtsstellung der Vorzugsaktionäre verbessert werden, erscheint ein Sonderbeschluss entbehrlich, weil der Satzungsänderungsbeschluss allein durch die benachteiligten Stammaktionäre getroffen wird (*Hüffer* AktG Rn 45; **abw** MünchKomm AktG/*Stein* Rn 195: gesonderter Beschl, aber keine gesonderte Abstimmung erforderlich).

5. Mehrheitserfordernisse. Wie die Satzungsänderung selbst (vgl oben Rn 32) ist auch der Sonderbeschluss einem **doppelten Mehrheitserfordernis** unterworfen: Grds bedarf er nach § 179 Abs 3 S 3 iVm Abs 2 S 1 einer **qualifizierten Kapitalmehrheit** von drei Vierteln und zusätzlich der **einfachen Stimmenmehrheit** gem § 138 S 2 iVm § 133 Abs 1. Die Satzung kann nach Maßgabe des § 179 Abs 3 S 3 iVm § 179 Abs 2 S 2 und 3 abw Mehrheiten oder weitere Erfordernisse normieren. Dafür gelten die oben bei Rn 35 ff beschriebenen Maßstäbe; solche Satzungsbestimmungen für Satzungsänderungen gelten im Zweifel auch für Sonderbeschlüsse nach § 179 Abs 3 (MünchKomm AktG/*Stein* Rn 204, 206; *Hüffer* AktG Rn 47). Doch kann die Satzung auch unterschiedliche Anforderungen für Satzungsänderungen und Sonderbeschlüsse aufstellen (MünchKomm AktG/*Stein* Rn 204, 206; KölnKomm AktG/*Zöllner* Rn 190; aA *von Godin/Wilhelmi* Anm 10); erleichtert die Satzung diese Anforderung nur in Bezug auf Sonderbeschlüsse, so bedarf diese Erleichterung der Zustimmung aller Aktiengattungen (MünchKomm AktG/*Stein* Rn 204, 206).

59 **6. Fehlerhaftigkeit und Rechtsfolgen.** Für Sonderbeschlüsse gem § 138 S 2 gelten die Bestimmungen für HV-Beschlüsse und damit auch die §§ 241 ff entspr; **fehlerhafte Sonderbeschlüsse** sind dementsprechend je nach Art des Fehlers anfechtbar (§ 243) oder nichtig (§ 241); anfechtungsbefugt sind analog § 245 Nr 1–3 nur Aktionäre der benachteiligten Aktiengattung (MünchKomm AktG/*Stein* Rn 210). Ein nichtiger Beschluss wird wie ein fehlender behandelt (*Hüffer* AktG Rn 48; MünchKomm AktG/*Stein* Rn 211; aA Grigoleit AktG/*Ehmann* Rn 42). Solange der **Sonderbeschluss fehlt**, ist der **Satzungsänderungsbeschluss** weder nichtig noch anfechtbar, sondern nur **schwebend unwirksam** (*RGZ* 148, 175, 184 ff; *Hüffer* AktG Rn 49). Wird die **Zustimmung** mit Sonderbeschluss **verweigert** oder läuft die Nachholfrist ab (vgl Rn 57), so wird der **Satzungsänderungsbeschluss endgültig unwirksam** (MünchKomm AktG/*Stein* Rn 207). Die Satzungsänderung darf in diesem Fall nicht eingetragen werden (*RGZ* 148, 175, 187). Wurde sie fälschlich eingetragen, kommt eine **Heilung** analog § 242 Abs 2 in Betracht (GroßKomm AktG/*Wiedemann* Rn 153; MünchKomm AktG/*Stein* Rn 209; *Hüffer* AktG Rn 49).

§ 179a Verpflichtung zur Übertragung des ganzen Gesellschaftsvermögens

(1) ¹Ein Vertrag, durch den sich eine Aktiengesellschaft zur Übertragung des ganzen Gesellschaftsvermögens verpflichtet, ohne dass die Übertragung unter die Vorschriften des Umwandlungsgesetzes fällt, bedarf auch dann eines Beschlusses der Hauptversammlung nach § 179, wenn damit nicht eine Änderung des Unternehmensgegenstandes verbunden ist. ²Die Satzung kann nur eine größere Kapitalmehrheit bestimmen.

(2) ¹Der Vertrag ist von der Einberufung der Hauptversammlung an, die über die Zustimmung beschließen soll, in dem Geschäftsraum der Gesellschaft zur Einsicht der Aktionäre auszulegen. ²Auf Verlangen ist jedem Aktionär unverzüglich eine Abschrift zu erteilen. ³Die Verpflichtungen nach den Sätzen 1 und 2 entfallen, wenn der Vertrag für denselben Zeitraum über die Internetseite der Gesellschaft zugänglich ist. ⁴In der Hauptversammlung ist der Vertrag zugänglich zu machen. ⁵Der Vorstand hat ihn zu Beginn der Verhandlung zu erläutern. ⁶Der Niederschrift ist er als Anlage beizufügen.

(3) Wird aus Anlass der Übertragung des Gesellschaftsvermögens die Gesellschaft aufgelöst, so ist der Anmeldung der Auflösung der Vertrag in Ausfertigung oder öffentlich beglaubigter Abschrift beizufügen.

Übersicht

	Rn		Rn
I. Anwendungsbereich	1	2. Übertragung des gesamten Gesellschaftsvermögens	5
II. Normzweck	3		
III. Übertragungsvertrag	4	3. Abgrenzung zum Umwandlungsrecht	6
1. Zustimmungsbedürftigkeit	4		

	Rn		Rn
4. Vertragsinhalt	7	a) Inhalt	17
5. Abschluss	9	b) Mehrheitserfordernisse	18
6. Wirksamwerden	11	c) Weitere Erfordernisse	19
7. Erfüllung	12	d) Stimmrecht	20
IV. Zustimmungsbeschluss der Hauptversammlung (Abs 1)	13	e) Beschlussmängel	21
1. Zustimmungserfordernis	13	V. Informationspflichten (Abs 2)	22
a) Gegenstand	13	1. Regelungsgehalt	22
b) Zwingender Charakter	14	2. Entsprechende Anwendung	23
c) Einwilligung oder Genehmigung	15	VI. Vermögensübertragung und Auflösung (Abs 3)	24
d) Doppeltes Beschlusserfordernis bei Satzungsänderung	16	1. Verhältnis von Übertragung und Auflösung	24
2. Beschluss	17	2. Übertragende Auflösung	25

Literatur: *Bredthauer* Zum Anwendungsbereich des § 179a AktG, NZG 2008, 816; *Deilmann/Messerschmidt* Vorlage von Verträgen an die Hauptversammlung, NZG 2004, 977; *Heckschen* Die Formbedürftigkeit der Veräußerung des gesamten Vermögens im Wege des „asset deal", NZG 2006, 772; *Henze* Der Schlusspunkt des Bundesverfassungsgerichts unter den Streit um die „übertragende Auflösung", FS Peltzer, 2001, S 181; *Hermanns* Beurkundungspflichten, Beurkundungsverfahren und Beurkundungsmängel unter besonderer Berücksichtigung des Unternehmenskaufvertrages, DNotZ 2013, 9; *Jäger* Aktiengesellschaft: unter besonderer Berücksichtigung der KGaA, 2004; *Leitzen* Die analoge Anwendung von §179a AktG auf Gesellschaften mit beschränkter Haftung und Personengesellschaften, NZG 2012, 491; *Lutter/Drygala* Die übertragende Auflösung: Liquidation des Aktiengesellschaft oder Liquidation des Minderheitenschutzes?, FS Kropff, 1997, S 191; *Lutter/Leinekugel* Planmäßige Unterschiede im umwandlungsrechtlichen Minderheitenschutz?, ZIP 1999, 261; *Mülbert* Abschwächungen des mitgliedschaftlichen Bestandsschutzes im Aktienrecht, FS Ulmer, 2003, S 433; *ders* Aktiengesellschaft, Unternehmensgruppe und Kapitalmarkt: die Aktionärsrechte bei Bildung und Umbildung einer Unternehmensgruppe zwischen Verbands- und Anlegerschutz, 1995; *Reichert* Die Spaltung im neuen Umwandlungsrecht und ihre Rechtsfolgen, ZHR-Beiheft 68, 1999, S 25; *Roth* Die übertragende Auflösung nach Einführung des Squeeze out, NZG 2003, 998; *Schockenhoff* Informationsrechte der HV bei Veräußerung eines Tochterunternehmens, NZG 2001, 921; *Veil* Klagemöglichkeiten bei Beschlussmängeln der Hauptversammlung nach dem UMAG, AG 2005, 567; *Windbichler* Die Rechte der Hauptversammlung bei Unternehmenszusammenschlüssen durch Vermögensübertragung, AG 1981, 169; *Wolff* Der Minderheitenausschluss qua „übertragender Auflösung" nach Einführung des Squeeze-Out gem §§ 327a–f AktG, ZIP 2002, 153.

I. Anwendungsbereich

§ 179a wurde 1994 durch Art 6 Nr 3 UmwBerG (BGBl I 1994, 3260) **anstelle des § 361** **1** **aF** in das Aktiengesetz eingefügt. § 179a Abs 2 S 3 wurde neu eingefügt und Abs 2 S 4 geändert durch Art 1 Nr 24 a) und b) ARUG vom 30.7.2009 (BGBl I 2009, 2479). Die Vorschrift findet nach ihrem Wortlaut Anwendung auf **Vermögensübertragungen, die nicht unter das UmwG fallen** und bei denen (anders als bei den vom UmwG erfassten Strukturveränderungen) keine Gesamtrechtsnachfolge, sondern eine Übertragung des gesamten Vermögens im Wege der Einzelübertragung der Vermögensgegenstände erfolgt (MünchKomm AktG/*Stein* Rn 1). § 179a ist sowohl auf die **werbende AG** als auch auf die **Liquidationsgesellschaft** (MünchKomm AktG/*Stein* Rn 12;

§ 179a Verpflichtung zur Übertragung des ganzen Gesellschaftsvermögens

Hüffer AktG Rn 20 f; Spindler/Stilz AktG/*Holzborn* Rn 11), **nicht** aber **im Insolvenzverfahren** (MünchKomm AktG/*Stein* Rn 13; Spindler/Stilz AktG/*Holzborn* Rn 12; Hölters AktG/*Haberstock/Greitemann* Rn 3) und bei Grundstücksveräußerung nach Art 233 § 2 Abs 3 EGBGB (*BGH* NZG 2003, 532) anwendbar.

2 § 179a findet **entspr Anwendung auf** andere Gesellschaftsformen, namentlich auf die **KGaA** (§ 278 Abs 3; s § 278 Rn 43), auf die **GmbH** (Scholz GmbHG/*Priester* § 53 Rn 177; MünchKomm AktG/*Stein* Rn 14; ausf *Leitzen* NZG 2012, 491) und auf **Personengesellschaften** (*BGH* NJW 1995, 596 zu § 361 aF: Zustimmung der Gesellschafter zum Verpflichtungsgeschäft erforderlich; **aA** *Grunewald* GesR, 6. Aufl 2005, 1. B Rn 23). **Keine Anwendung** findet § 179a dagegen **auf eine Ausgliederung des wertvollsten Teilbetriebs**, wenn die Gesellschaft mit dem zurückbehaltenen Betriebsvermögen noch ausreichend in der Lage bleibt, satzungsmäßige Unternehmensziele, wenn auch in eingeschränktem Umfang, selbst zu verfolgen. Zwar könnte der Vorstand bei derartig schwerwiegenden Eingriffen in die Rechte und Interessen der Aktionäre im Innenverhältnis verpflichtet sein, gem § 119 Abs 2 eine Entscheidung der HV herbeizuführen (*BGHZ* 83, 122 = NJW 1982, 1703 – Holzmüller; *OLG Stuttgart* ZIP 2005, 1415, 1417; *OLG Celle* NZG 2001, 409). Doch hat der *BGH* jüngst entschieden, dass eine Beteiligungsveräußerung, solange die Grenze des § 179a nicht überschritten ist, kein Fall sei, in dem die HV kraft ungeschriebener Zuständigkeit nach den „Gelatine"-Grundsätzen (*BGHZ* 159, 30) zur Mitwirkung berufen sei (*BGH* NZG 2007, 234 = ZIP 2007, 24; zu dieser Rspr ausführlich § 119 Rn 12 ff).

II. Normzweck

3 § 179a bezweckt insb den **Schutz der Aktionäre vor einer unangemessenen Vertragsgestaltung** bei einer Übertragung an den bisherigen Mehrheitsaktionär (*BGH* NJW 1982, 933, 934 zu § 361 aF; *Mülbert* Aktiengesellschaft, Unternehmensgruppe und Kapitalmarkt, S 176; *Hüffer* AktG Rn 1; **aA** AnwK-AktR/*Wagner* Rn 3). Die Wirksamkeit der Vermögensübertragung wird von einem Hauptversammlungsbeschluss abhängig gemacht. Dadurch wird eine entspr **Hauptversammlungskompetenz** klargestellt (BT-Drucks 12/6699, 177) und die Vertretungsmacht des Vorstandes beschränkt. § 179a schützt die Aktionäre aber nicht vor einer Veräußerung des Gesellschaftsvermögens als solcher oder vor dem Verlust ihrer Mitgliedschaft (MünchKomm AktG/*Stein* Rn 8; Spindler/Stilz AktG/*Holzborn* Rn 2; zur Verfassungskonformität des § 179a und zur Pflicht der Wahrung der Vermögensinteressen der Aktionäre s *BVerfG* NJW 2001, 279 – Moto Meter AG; vgl auch *BVerfG* AG 2007, 544 zur Verfassungsmäßigkeit des Squeeze-out nach §§ 327 a ff). § 179a Abs 3 stellt klar, dass ein zust Hauptversammlungsbeschluss **nicht notwendig zur Auflösung der Gesellschaft führt** (*Hüffer* AktG Rn 1; MünchKomm AktG/*Stein* Rn 68 f; s auch unten Rn 24).

III. Übertragungsvertrag

4 **1. Zustimmungsbedürftigkeit.** Gegenstand des Zustimmungsbeschlusses nach § 179a Abs 1 S 1 ist der abgeschlossene oder noch abzuschließende schuldrechtliche Übertragungsvertrag. Der der HV vorgelegte Vertrag muss vollständig sein (s Rn 13). Zustimmungsbedürftig ist nach dem Normwortlaut **lediglich das Verpflichtungsgeschäft**. Die zur Erfüllung der Übertragungsverpflichtung vorgenommenen dinglichen Verfügungsgeschäfte sind auch ohne Zustimmung der HV wirksam; insoweit gehen Verkehrsschutz und Rechtssicherheit den Aktionärsinteressen vor (MünchKomm AktG/*Stein*

Verpflichtung zur Übertragung des ganzen Gesellschaftsvermögens § 179a

Rn 16, 39 und 41; *Hüffer* AktG Rn 4; Henssler/Strohn Gesellschaftsrecht/AktG/*Strohn* Rn 3; *LG Mainz* AG 1998, 538; vgl *BGH* NJW 1991, 2564 zu § 419 BGB).

2. Übertragung des gesamten Gesellschaftsvermögens. Nach dem Wortlaut des Abs 1 muss der Übertragungsvertrag auf die Übertragung des ganzen Gesellschaftsvermögens gerichtet sein. Insoweit reicht einerseits die Übertragung wesentlicher Vermögensbestandteile als solche nicht aus, um eine unmittelbare oder auch nur entspr Anwendung des § 179a zu begründen (*OLG Stuttgart* NZG 2007, 234; dazu auch bereits Rn 2 aE). Andererseits steht der Anwendbarkeit des § 179a nicht im Wege, dass unwesentliche Vermögensbestandteile bei der AG verbleiben (*RGZ* 124, 279, 294 f; *BGHZ* 83, 122, 128 = NJW 1982, 1703, 1704 – Holzmüller; *OLG Düsseldorf* WM 1994, 337, 343; **aA** *Bredthauer* NZG 2008, 816, 817 ff: § 179a grds unanwendbar auf Veräußerung einzelner Gegenstände, jedenfalls aber Kenntnis des Vertragspartners von der Wesentlichkeit erforderlich). Die Frage der **Wesentlichkeit** bestimmt sich insoweit grds nicht durch einen bloßen Wertvergleich. Entscheidend ist, ob „die Gesellschaft mit dem zurückbehaltenen Betriebsvermögen noch ausreichend in der Lage bleibt, ihre in der Satzung festgelegten Unternehmensziele weiterhin, wenn auch in eingeschränktem Umfang, selbst zu verfolgen" (*BGHZ* 83, 122, 128). Ist dies der Fall, ist § 179a nicht anwendbar (*BGH* aaO; *OLG München* AG 1995, 232; *Hüffer* AktG Rn 5; *Henze* FS Boujong, S 233, 244 f; **differenzierend** MünchKomm AktG/*Stein* Rn 18 f; Grigoleit AktG/*Ehmann* Rn 5: grds quantitativer Maßstab, nur im Zweifel qualitative Betrachtung; s auch *OLG Düsseldorf* WM 1994, 337, 343 zur Weiterführung der AG mit geändertem Unternehmensgegenstand). Eine Übertragung auch der Passiva ist nicht erforderlich; es reicht aus, dass die AG ihre Aktiva überträgt (Spindler/Stilz AktG/*Holzborn* Rn 19; MünchKomm AktG/*Stein* Rn 17).

3. Abgrenzung zum Umwandlungsrecht. § 179a erfasst bereits nach dem Normwortlaut nur Vermögensübertragungen, die nicht vom UmwG erfasst werden. Es darf also weder eine **Verschmelzung** (§§ 2 ff, 60 ff UmwG), **Spaltung** (§§ 123 ff UmwG) oder ein **Formwechsel** (§§ 190 ff, 226 ff UmwG) noch ein Sonderfall der Vermögensübertragung iSv §§ 174 ff, 178 f UmwG vorliegen. Durch diese Negativabgrenzung wird der Ausnahmecharakter der Vorschrift betont, der eine parallele Anwendung trotz gleicher Schutzrichtung verbietet (*BayObLG* AG 1999, 185). Andererseits ist aber auch eine Ausdehnung des Anwendungsbereichs umwandlungsrechtlicher Vorschriften auf von § 179a erfasste Fallgestaltungen ausgeschlossen (MünchKomm AktG/*Stein* Rn 23; vgl Rn 71 ff zur übertragenden Auflösung).

4. Vertragsinhalt. Gegenstand des § 179a ist die Vermögensübertragung im Wege der Einzelrechtsnachfolge in die einzelnen Vermögensgegenstände der AG; ein Vertrag iSd § 179a muss daher die **einzelnen zu übertragenden Vermögensgegenstände genau bezeichnen**. Eine Verpflichtung zur Übertragung der **Verbindlichkeiten** ist nicht erforderlich (MünchKomm AktG/*Stein* Rn 17, 24); insoweit kann sich allerdings auch ohne vertragliche Regelung eine Haftung des Übernehmers aus gesetzlichen Bestimmungen (zB § 25 HGB oder § 613a BGB) ergeben. Ein auf die **Übertragung künftigen Vermögens** gerichteter Vertrag ist entgegen § 361 aF gem § 311b Abs 2 BGB nichtig (MünchKomm AktG/*Stein* Rn 25). Dabei ist es ausweislich des Wortlauts von § 311b Abs 2 BGB unerheblich, ob er auf die Übertragung des ganzen Vermögens oder nur einzelner Vermögensbestandteile gerichtet ist.

Körber 1453

§ 179a Verpflichtung zur Übertragung des ganzen Gesellschaftsvermögens

8   Eine **Gegenleistung** (zB Geld oder Aktien der Erwerbergesellschaft) muss nicht zwingend vereinbart werden, wenngleich dies regelmäßig der Fall sein wird (*Hüffer* AktG Rn 17; MünchKomm AktG/*Stein* Rn 28). Insoweit ist zu beachten, dass die Gegenleistung Bestandteil des Gesellschaftsvermögens wird und damit den für das Gesellschaftsvermögen geltenden Bindungen, namentlich dem Verbot der Einlagenrückgewähr nach § 57, unterliegt (MünchKomm AktG/*Stein* Rn 26 ff). Die Gegenleistung darf daher weder seitens der AG noch des Erwerbers an die Aktionäre fließen (sonst Haftung der Aktionäre nach § 62). Darüber hinaus kann auch eine **Vermögensübertragung an Aktionäre** eine verbotene Einlagenrückgewähr darstellen, wenn sie ohne hinreichende Gegenleistung an die AG erfolgt; in diesem Fall ist der Übertragungsvertrag nach § **134 BGB** iVm § 57 Abs 1 S 1 AktG nichtig (*Hüffer* AktG Rn 17; MünchKomm AktG/*Stein* Rn 28, 36).

9   **5. Abschluss.** Die AG wird beim Abschluss des Vertrages durch den **Vorstand** (§ 78) bzw als Liquidationsgesellschaft durch die Abwickler (§ 269) vertreten. Der Vorstand kann beim Vertragsabschluss aus eigenem Antrieb handeln, aber auch einen vorausgehenden Beschluss der HV nach § 83 ausführen (vgl MünchKomm AktG/*Stein* Rn 44). **Ohne** die **Zustimmung** der HV **fehlt** Vorstand bzw Abwicklern die **Vertretungsmacht** (vgl Rn 3); die Verträge sind in diesem Fall schwebend unwirksam (vgl *BGHZ* 83, 122, 128 = NJW 1982, 1703, 1704 – Holzmüller zu § 361 aF; *Hüffer* AktG Rn 15). Zum Wirksamwerden s noch unten Rn 11.

10 Der Vertrag bedarf nach § **311b Abs 3 BGB** der **notariellen Beurkundung** (§ 128 BGB, §§ 8 ff BeurkG; vgl *Hermanns* DNotZ 2013, 9, 11 f). Bei § 179a AktG wurde mit Blick auf diese Regelung im BGB auf eine zusätzliche Normierung nach dem Muster des § 361 Abs 1 S 4 aF verzichtet (BT-Drucks 12/6699, 177; zur Formbedürftigkeit beim sog „asset deal" *Heckschen* NZG 2006, 772). Es ist dabei gleichgültig, ob Vereinbarungen in nur einer oder (zulässigerweise) in mehreren Urkunden niedergelegt werden (*BGHZ* 82, 188, 194 f = NJW 1982, 933, 935). Wird die Form nicht eingehalten, ist der Vertrag nach § 125 S 1 BGB nichtig. Eine Heilungsmöglichkeit durch Erfüllung ist in § 311b Abs 3 BGB im Gegensatz zu § 311b Abs 1 S 2 BGB nicht vorgesehen. Auch eine Analogie zu § 311b Abs 1 S 2 BGB scheidet in Ermangelung einer planwidrigen Regelungslücke aus. Allerdings ist es **nicht erforderlich, dass der HV ein bereits notariell beurkundeter Vertrag vorgelegt wird.** Zu beurkundender Vertragsinhalt und Zustimmungsbeschluss müssen sich zwar lückenlos decken, doch ist dem insoweit bestehenden Informationsinteresse bereits durch Einhaltung der Schriftform genügt; die notarielle Beurkundung kann dann nach der HV nachgeholt werden (*BGHZ* 82, 188, 194 = NJW 1982, 933, 935; zur Vorlage von Verträgen an die HV ausführlich *Deilmann/Messerschmidt* NZG 2004, 977).

11 **6. Wirksamwerden.** Ein formgültig abgeschlossener Übertragungsvertrag wird mit der **Zustimmung der HV** wirksam; bei deren Verweigerung wird er endgültig unwirksam (MünchKomm AktG/*Stein* Rn 35). Ist die Zustimmung bereits vorab erteilt worden, so tritt die Wirksamkeit des Vertrages mit dessen notarieller Beurkundung ein (vgl Rn 10). Der Vertrag muss **exakt mit dem Wortlaut beurkundet** werden, **der dem Hauptversammlungsbeschluss zugrunde lag** (*BGHZ* 82, 188, 194 = NJW 1982, 933, 935; MünchKomm AktG/*Stein* Rn 31, 43). Eine Eintragung in das HR ist weder erforderlich noch möglich (*Hüffer* AktG Rn 13); der Vertrag ist lediglich nach § 179a Abs 2 S 5 als Anlage zur Sitzungsniederschrift der HV (§ 130 Abs 1 S 1) nach § 130 Abs 5 zum HR einzureichen (MünchKomm AktG/*Stein* Rn 33).

7. Erfüllung. Die AG ist mit Wirksamwerden des Vertrages zur Erfüllung durch Übertragung ihres Vermögens im festgelegten Umfang verpflichtet. Die Vertragserfüllung erfolgt durch Übertragung der einzelnen Vermögensgegenstände. Auf die Erfüllungsgeschäfte ist § 179a nicht anwendbar (s oben Rn 4). Nach Maßgabe des Abstraktionsprinzips berühren auch **Mängel des schuldrechtlichen Übertragungsvertrages** das dingliche Erfüllungsgeschäft grds nicht (MünchKomm AktG/*Stein* Rn 38; vgl KölnKomm AktG/*Kraft* § 361 Rn 26; aA *von Godin/Wilhelmi* § 361 Anm 10). Lediglich in den Fällen der verbotenen Einlagenrückgewähr erfasst die Nichtigkeit auch die Übertragungsgeschäfte gem § 134 BGB iVm § 57 Abs 1 S 1 AktG (dazu bereits Rn 8). Erfolgt die Vermögensübertragung rechtsgrundlos, so richtet sich die Rückabwicklung nach den §§ 812 ff BGB (*Jäger* Aktiengesellschaft § 50 Rn 3; Grigoleit AktG/*Ehmann* Rn 8). 12

IV. Zustimmungsbeschluss der Hauptversammlung (Abs 1)

1. Zustimmungserfordernis. – a) Gegenstand. Ein Zustimmungserfordernis besteht **nur in Bezug auf den schuldrechtlichen Übertragungsvertrag**, nicht dagegen für die dinglichen Erfüllungsgeschäfte (s oben Rn 4 und 12; Spindler/Stilz AktG/*Holzborn* Rn 13; Wachter AktG/*Wachter* Rn 8). Der Vertrag kann bereits in notariell beurkundeter Form vorgelegt werden. Zur Vermeidung einer erneuten Beurkundung bei Änderungen iRd Zustimmungsverfahrens ist es aber auch möglich (und regelmäßig praxisgerechter), der HV lediglich einen schriftlichen Entwurf vorzulegen und die Beurkundung des Vertrages nach der Beschlussfassung nachzuholen (s oben Rn 10 f). Der Beschluss muss sich auf sämtliche Vertragsbedingungen erstrecken, die von den beiderseitigen Vertretern ausgehandelt worden sind oder nicht ausgehandelt werden sollen und deren erschöpfende Kenntnis notwendig ist, um die rechtliche Tragweite der Abmachungen zu überblicken; dazu gehören alle im Hinblick auf die Vermögensübertragung getroffenen Abreden, die rechtsverbindlich die Beziehungen der Vertragschließenden bestimmen sollen und die eine Einheit iSv § 139 BGB bilden (*BGHZ* 82, 188, 196 – Hoesch/Hoogovens = NJW 1982, 933, 935). Für das Verhältnis zur Satzungsänderung s Rn 16. 13

b) Zwingender Charakter. Der Zustimmungsbeschluss ist ein zwingendes Wirksamkeitserfordernis (vgl Rn 11). Die HV kann weder teilw noch vollständig auf die Beschlussfassung oder die ihr vorausgehende Information nach Abs 2 verzichten; sie kann ihre Beschlussfassung auch nicht auf den Teil eines umfassenderen Vertragswerks, den der Vorstand ihr zu unterbreiten für angebracht hält, beschränken und im Übrigen dem Vorstand freie Hand lassen. Denn dadurch würde die Versammlung eine ihr obliegende Aufgabe unzulässigerweise auf ein anderes Gesellschaftsorgan übertragen (*BGHZ* 82, 188, 197 = NJW 1982, 933, 936). Unzulässig ist deshalb auch, die Zustimmung vorab in Form einer allg Ermächtigung an den Vorstand in der Satzung zu erteilen (MünchKomm AktG/*Stein* Rn 42). 14

c) Einwilligung oder Genehmigung. Die Zustimmung der HV kann sowohl vorab als Einwilligung iSv § 183 BGB als auch als Genehmigung iSv § 184 BGB nach Abschluss des Übertragungsvertrages erfolgen (**allgM**, s Rn 10 f); *BGHZ* 82, 188, 197 = NJW 1982, 933, 935). Vertragstext und Zustimmungsbeschluss müssen exakt übereinstimmen (vgl Rn 11). Spätere Abweichungen machen daher einen neuen Zustimmungsbeschluss der HV erforderlich (MünchKomm AktG/*Stein* Rn 43; *Hüffer* AktG Rn 7; Spindler/Stilz AktG/*Holzborn* Rn 15). 15

§ 179a Verpflichtung zur Übertragung des ganzen Gesellschaftsvermögens

16 d) Doppeltes Beschlusserfordernis bei Satzungsänderung. Nach dem Wortlaut des § 179a Abs 1 bedarf der Übertragungsvertrag „auch dann eines Beschlusses der Hauptversammlung nach § 179, wenn damit nicht eine Änderung des Unternehmensgegenstandes verbunden ist". Dies impliziert nicht, dass der Beschluss eine Satzungsänderung zum Inhalt haben müsste (K. Schmidt/Lutter AktG/*Seibt* Rn 5; MünchKomm AktG/*Stein* Rn 11). Die Regelung sagt zunächst einmal nur aus, dass ein Vertrag zur Übertragung des gesamten Vermögens aufgrund seines grundlegenden Charakters immer (also auch dann, wenn die Vermögensübertragung nicht schon aus anderen Gründen eines solchen Beschlusses bedarf) für seine Wirksamkeit einen zustimmenden Beschluss mit qualifizierter Mehrheit gem § 179 Abs 2 voraussetzt (BT-Drucks 12/6699, 177; *Hüffer* AktG Rn 8). Doch ist umgekehrt die Frage aufgeworfen, **ob ein gesonderter Zustimmungsbeschluss nach § 179a auch dann erforderlich ist, wenn damit** zugleich eine Änderung des Unternehmensgegenstandes und damit **eine Satzungsänderung** (vgl § 179 Rn 14 f) **verbunden ist**. Diese Situation ist keine Ausnahme, sondern der Regelfall, auf den die §§ 179 ff auch unmittelbar anwendbar sind (BT-Drucks 12/6699, 177). Die hM zu § 361 aF hielt auch in diesem Fall einen gesonderten Zustimmungsbeschluss für erforderlich (vgl nur *von Godin/Wilhelmi* § 361 Anm 7). Normwortlaut und Gesetzesmaterialien (BT-Drucks 12/6699, 177) zu § 179a deuten eher auf die Entbehrlichkeit eines gesonderten Zustimmungsbeschlusses (*Hüffer* AktG Rn 9; **aA** bzgl des Wortlauts MünchKomm AktG/*Stein* Rn 46). Trotzdem sind ausgehend vom Normzweck mit Blick auf die unterschiedlichen Inhalt von Satzungsänderungsbeschluss nach § 179 und Zustimmungsbeschluss nach § 179a sowie insb auch angesichts der bes Informationspflichten nach § 179a Abs 2 **grds** zwei getrennte Abstimmungen und eine **doppelte Beschlussfassung auch unter Geltung des § 179a erforderlich** (MünchKomm AktG/*Stein* Rn 48). Man wird davon allerdings eine **Ausnahme** machen und eine **Zusammenfassung beider Beschlussgegenstände** in einem Beschluss zulassen müssen, wenn der satzungsändernde Beschluss den Übertragungsvertrag (oder seinen Entwurf, s Rn 10, 13) als Anlass der Änderung in seinen Inhalt aufnimmt und wenn den Erfordernissen des § 179a Abs 2 genügt wird (*Hüffer* AktG Rn 9; Henssler/Strohn Gesellschaftsrecht/AktG/*Strohn* Rn 6; Hölters AktG/*Haberstock/Greitemann* Rn 8; Spindler/Stilz AktG/*Holzborn* Rn 25; *Reichert* ZHR-Beiheft 68 (1999), 25, 42; **krit** MünchKomm AktG/*Stein* Rn 48: „möglich, jedoch nicht sinnvoll"). Solange kein Aktionär nach entspr Hinweis gegen dieses Verfahren Einspruch erhebt, käme es einer unnötigen Förmelei gleich, eine doppelte Abstimmung zu verlangen (vgl *BGHZ* 156, 38 = NJW 2003, 3412 zur Unbedenklichkeit einer Blockabstimmung über mehrere Unternehmensverträge).

17 2. Beschluss. – a) Inhalt. Der Beschluss muss inhaltlich die **Zustimmung zum gesamten Vertragswerk** zum Ausdruck bringen, wobei es keine Rolle spielt, ob der Übertragungsvertrag aus einer oder mehreren Urkunden besteht (s oben Rn 10 f, 13). Der Beschluss **bedarf**, auch bei Übertragung auf den Mehrheitsaktionär, **keiner sachlichen Rechtfertigung** (*Hüffer* AktG Rn 10 unter Hinweis auf *BGHZ* 103, 184, 190 = NJW 1988, 1579, 1580 – *Linotype*, wo der BGH ein Rechtfertigungserfordernis für den vergleichbaren Fall der Vermögensübernahme durch Liquidation der Gesellschaft verneinte; vgl auch *Lutter/Drygala* FS Kropff, S 191, 215 f sowie Rn 25 ff zur übertragenden Auflösung).

18 b) Mehrheitserfordernisse. Ebenso wie für Satzungsänderungen nach § 179 gilt auch für den Zustimmungsbeschluss nach § 179a Abs 1 S 1 ein **doppeltes Mehrheitserfordernis**: Erforderlich ist eine **qualifizierte Kapitalmehrheit** von drei Viertel nach § 179

Verpflichtung zur Übertragung des ganzen Gesellschaftsvermögens § 179a

Abs 2 S 1 und zusätzlich eine **einfache Stimmenmehrheit** nach § 133 Abs 1 (vgl § 179 Rn 32 ff). Nach § 179a Abs 1 S 2 kann die **Satzung** auch eine **größere Kapitalmehrheit** bestimmen (vgl § 179 Rn 35).

c) Weitere Erfordernisse. Eine § 179 Abs 2 S 3 entspr Regelung, nach der die Satzung 19 weitere Erfordernisse aufstellen kann, fehlt in § 179a. Allerdings enthielt § 361 aF eine solche Möglichkeit und mit der Neufassung in § 179a sollte keine inhaltliche Änderung eintreten (BT-Drucks 12/6699, 177). Da zudem keine Sachgründe dafür erkennbar sind, die Satzungsautonomie bei Vermögensübertragungen stärker einzuschränken als bei Satzungsänderungen, dürfte es sich dabei aber um ein Redaktionsversehen handeln, so dass die Einführung weiterer, erschwerender Erfordernisse (vgl § 179 Rn 39 f) durch die Satzung auch in Bezug auf Zustimmungsbeschlüsse nach § 179a möglich ist; der Verweis des § 179a Abs 1 S 1 auf § 179 umfasst insoweit auch § 179 Abs 2 S 3 (ebenso MünchKomm AktG/*Stein* Rn 52; *Hüffer* AktG Rn 11; Spindler/Stilz AktG/*Holzborn* Rn 21).

d) Stimmrecht. Stimmberechtigt ist **jeder Aktionär, dh auch ein Mehrheitsaktionär,** 20 **der das Gesellschaftsvermögen übernimmt** (*Hüffer* AktG Rn 12; MünchKomm AktG/ *Stein* Rn 53). Wie beim Unternehmensvertrag (§ 293) hat das Gesetz auch in § 179a kein Stimmverbot vorgesehen. Ein solches kann auch nicht aus einem allg Prinzip des Verbots der Abstimmung in eigenen Angelegenheiten abgeleitet werden. § 136 Abs 1 ist auf die Vermögensübertragung nicht analog anwendbar (vgl § 136 Rn 10; *Hüffer* AktG Rn 12; MünchKomm AktG/*Stein* Rn 53; Hölters AktG/*Haberstock/Greitemann* Rn 10).

e) Beschlussmängel. In Bezug auf Nichtigkeit bzw Anfechtbarkeit des Zustimmungs- 21 beschlusses gelten die allg Regelungen der §§ 241 ff. Ist der Beschluss von Anfang an nichtig (§ 241) oder wird er durch erfolgreiche Anfechtungsklage vernichtet (§§ 234, 248), so ist bzw wird auch der Übertragungsvertrag unwirksam (oben Rn 11). Als **Anfechtungsgründe** kommen insb Verstöße gegen die Informationspflichten aus § 179a Abs 2 in Betracht (*Windbichler* AG 1981, 169, 173). Ist der Erwerber Mehrheitsaktionär, kommt bei Unangemessenheit der Gegenleistung eine Anfechtung wegen unzulässiger Verfolgung von Sondervorteilen oder Treuepflichtverletzung in Betracht (vgl *BGHZ* 103, 184, 193 ff; MünchKomm AktG/*Stein* Rn 55; s auch oben Rn 8 zur Nichtigkeit des Übertragungsvertrages nach § 134 BGB; vgl auch *LG Mainz* NZG 2004, 1118 zu einem Fall des nachträglichen Wegfalls der Anfechtungsbefugnis durch einen Squeeze Out). Das durch das UMAG eingeführte **Freigabeverfahren** findet ausweislich des Wortlauts des § 246a Abs 1 bei Beschluss nach § 179a **keine Anwendung** (vgl auch BT-Drucks 15/5092, 27 zu Nr 23; **aA** *Veil* AG 2005, 567, 575: entspr Anwendung des § 246a). Zur Anwendbarkeit des **Spruchverfahrens** nach dem SpruchG im Falle einer übertragenden Auflösung s Rn 27 sowie Anh § 306 § 1 SpruchG Rn 6 f.

V. Informationspflichten (Abs 2)

1. Regelungsgehalt. Nach § 179a Abs 2 ist die AG verpflichtet, den **Vertrag** (oder sei- 22 nen Entwurf, s Rn 10, 13) von der Einberufung der HV an, die über die Zustimmung beschließen soll, in ihren Geschäftsräumen zur Einsicht der Aktionäre auszulegen (S 1) und diesen auf Verlangen unverzüglich eine **Abschrift** zu erteilen (S 2; nach **hM auf Kosten der AG**: MünchKomm AktG/*Stein* Rn 61). **Fremdsprachige Dokumente**

Körber 1457

§ 179a Verpflichtung zur Übertragung des ganzen Gesellschaftsvermögens

müssen den Aktionären in vollständiger deutscher Übersetzung zur Verfügung gestellt werden (*OLG Dresden* AG 2003, 433, 435; MünchKomm AktG/*Stein* Rn 60). Diese Pflichten entfallen nach S 3, sofern der Vertrag von der Einberufung der HV an auf der Internetseite der AG verfügbar ist. Für börsennotierte AG besteht nach § 124a Abs 1 Nr 3 eine Pflicht zur Veröffentlichung auf der Internetseite der AG. In der HV ist der Vertrag nach S 4 ebenfalls zugänglich zu machen; dies kann nicht nur in Papierform, sondern auch mittels elektronischer Hilfsmittel (zB über Monitore) geschehen (dazu RegBegr BT-Drucks 16/11642, 35 mit Verweis auf S 24 f; s auch Kommentierung zu § 52 Rn 12; *Hüffer* AktG Rn 19; *Mutter* AG-Report 2009, 100). Der Vertrag ist nach S 5 vom Vorstand zu Beginn der Verhandlung zu **erläutern**. Ein bloßes Verlesen des Vertrages reicht dafür ebenso wenig aus (*Hüffer* AktG Rn 19) wie eine sinngemäße Wiedergabe der wesentlichen Bestandteile (Spindler/Stilz AktG/*Holzborn* Rn 26). Den Aktionären wird auf diese Weise eine informierte Entscheidung ermöglicht. Schließlich ist der Vertrag **als Anlage** zur Sitzungsniederschrift der HV (§ 130 Abs 1 S 1) nach § 130 Abs 5 **zum Handelsregister einzureichen** (S 6), um auf diese Weise die Publizität des Übertragungsvorgangs sicherzustellen. **Verstöße** gegen diese Pflichten können die Anfechtbarkeit des Zustimmungsbeschlusses begründen (*BGHZ* 146, 288 = NJW 2001, 1277 – Altana; MünchKomm AktG/*Stein* Rn 59).

23 2. Entsprechende Anwendung. Rspr und Teile der Literatur befürworten eine entspr Anwendung des § 179a Abs 2 auf Fälle, in denen die **Zustimmungsbedürftigkeit** nicht durch das Gesetz angeordnet wird, sondern sich **aus** dem **Übertragungsvertrag** selbst, aus **ungeschriebenen Hauptversammlungszuständigkeiten** iSd *Holzmüller/Gelatine*-Rspr (dazu ausführlich § 119 Rn 12 ff) oder daraus ergibt, dass der Vorstand der HV einen Beschlussgegenstand nach **§ 119 Abs 2** von sich aus vorlegt (*BGHZ* 146, 288 = NJW 2001, 1277, 1278 m Anm *Schockenhoff* NZG 2001, 921; *OLG Dresden* AG 2003, 433, 434). Der *BGH* lehnt für solche Fälle zwar eine Gesamtanalogie aus den Vorschriften der §§ 179a Abs 2, 293f Abs 1 Nr 1, 293g Abs 1 AktG, 63 Abs 1 Nr 1, 64 Abs 1 S 1 UmwG als zu undifferenziert ab (NJW 2001, 1277; **aA** die Vorinstanz *OLG Frankfurt* NZG 1999, 887), hält aber eine entspr Anwendung des § 179a Abs 2 für möglich, **wenn** eine **dem Normzweck vergleichbare Situation vorliegt,** namentlich dann, wenn der Vorstand sich im Vorhinein des Einverständnisses der HV zum Vertragsabschluss oder zur Mitwirkung bei diesem versichern will oder wenn er gar den Vertrag unter der Bedingung der Zustimmung (§ 158 BGB) oder unter dem Vorbehalt der Genehmigung (§ 184 BGB) der HV geschlossen hat (*BGH* NJW 2001, 1277, 1278 f). Im konkreten Fall hat der *BGH* dies für das durch ein Verlangen des Vorstands nach § 119 Abs 2 begründete Erfordernis der Zustimmung der HV einer Muttergesellschaft über einen § 179a unterfallenden Vermögensübergang der Tochtergesellschaft bejaht (*BGH* NJW 2001, 1277, 1279; **aA** *OLG München* AG 1995, 232, 233: Analogie zu § 124 Abs 2 S 2).

VI. Vermögensübertragung und Auflösung (Abs 3)

24 1. Verhältnis von Übertragung und Auflösung. § 179a Abs 3 bestimmt, dass der Anmeldung der Auflösung der Vertrag in Ausfertigung oder öffentlich beglaubigter Abschrift beizufügen ist, wenn die Gesellschaft aus Anlass der Vermögensübertragung durch einen **zusätzlich zu fassenden Auflösungsbeschluss gem § 262 Abs 1 Nr 3** aufgelöst wird. Sie stellt dadurch zugleich klar, dass die Vermögensübertragung als solche nicht zwingend zur Auflösung führt (vgl bereits Rn 3 aE). Ohne einen gesonderten

Auflösungsbeschluss besteht die Gesellschaft trotz Vermögensübertragung grds als werbende Gesellschaft fort und kann ihren bisherigen oder einen neuen Unternehmensgegenstand unter Verwendung zurückbehaltener oder als Gegenleistung erlangter Vermögenswerte weiterverfolgen (MünchKomm AktG/*Stein* Rn 68). Die **zeitliche Abfolge von Vermögensübertragung und Auflösung** ist **grds irrelevant**. Eine Vermögensübertragung mit dem Ziel der Auflösung ist ebenso möglich (vgl MünchKomm AktG/*Stein* Rn 70) wie eine Vermögensübertragung nach Auflösung der Gesellschaft (Spindler/Stilz AktG/*Holzborn* Rn 32; zur Anwendbarkeit des § 179a auf die Liquidationsgesellschaft s bereits oben Rn 1).

2. Übertragende Auflösung. Die übertragende Auflösung – auch „auflösungsbedingte Übertragung" (*Wiedemann* ZGR 1999, 857, 860) oder „Moto Meter-Methode" (*BVerfG* NJW 2001, 279, 281) – beschreibt einen Sonderfall der Vermögensübertragung nach § 179a, bei welcher der Mehrheitsaktionär unter Hinausdrängung der Minderheit das gesamte Vermögen der beherrschten AG erwirbt, um diese dann aufzulösen (dazu ausführlich MünchKomm AktG/*Stein* Rn 71 ff; K. Schmidt/Lutter AktG/ *Seibt* Rn 24 ff). Dieses Vorgehen ist **gesellschaftsrechtlich wie verfassungsrechtlich zulässig** (*BVerfG* NJW 2001, 279 – Moto Meter AG; *OLG Stuttgart* AG 1997, 136, 137; *Reichert* ZHR-Beiheft 68, 1999, 25, 30 ff). Die Ermöglichung eines **Squeeze Out** durch die §§ 327a ff hat daran nach **hM** grds nichts geändert (MünchKomm AktG/*Stein* Rn 74; *Rühland* WM 2002, 1957, 1958; *Roth* NZG 2003, 998, 999; *Wolf* ZIP 2002, 153, 154; **aA** *Wilhelm/Dreier* ZIP 2003, 1369, 1373 ff), insb auch nicht im Sinne eines Musters für eine maximale Ausschlussquote, vgl MünchKomm AktG/*Stein* Rn 75; **aA** Hölters AktG/*Haberstock/Greitemann* Rn 19). Die §§ 327a ff haben aber einen weitgehenden praktischen Bedeutungsverlust der übertragenden Auflösung mit sich gebracht (vgl dazu § 327a Rn 5). 25

Bei einer solchen Übertragung auf einen Mehrheitsaktionär kommt es zu einer bes **Gefährdung der Minderheitsinteressen**, weil der Mehrheitsaktionär auf beiden Seiten des abzuschließenden Geschäfts beteiligt ist und daher durch das Zustimmungserfordernis nach § 179a Abs 1 kein Interessenausgleich herbeigeführt werden kann (*BVerfG* NJW 2001, 279, 281; *Jäger* Aktiengesellschaft § 50 Rn 14). Andererseits ist die übertragende Auflösung selbst dann **nicht** als **rechtsmissbräuchlich** anzusehen, wenn sie ausschließlich dazu verwandt wird, die noch vorhandenen Minderheitsaktionäre aus der Gesellschaft zu verdrängen (*BVerfG* NJW 2001, 279, 281), denn die Mehrheit hat ein rechtlich geschütztes Interesse, aus wirtschaftlichen und unternehmenspolitischen Gründen die Minderheit aus der Gesellschaft auszuschließen (*BVerfG* NJW 2001, 279, 280). 26

Der insoweit bestehende Interessenkonflikt rechtfertigt **keine materielle Beschlusskontrolle** (vgl *BGHZ* 103, 184, 191 f; *BGH* NJW 2003, 1032 – Macrotron). Doch bedarf § **179a** der **verfassungskonformen Auslegung** iSe Gewährleistung der **vollen Entschädigung** der ausgeschlossenen Minderheitsaktionäre einschließlich einer **gerichtlichen Kontrollmöglichkeit**. Eine gerichtliche Kontrolle kann nach Auffassung des BVerfG sowohl durch Eröffnung einer Anfechtungsklage als auch über das aktienrechtliche Spruchverfahren herbeigeführt werden (*BVerfG* NJW 2001, 279, 281). Die **hM** wendet heute die Regelungen zum **Spruchverfahren entspr** an (*Lutter/Leinekugel* ZIP 1999, 261, 265 ff; MünchKomm AktG/*Stein* Rn 78 ff mit Überblick zum Meinungsstand; Hölters AktG/*Haberstock/Greitemann* Rn 21; tendenziell auch Henssler/ 27

Strohn Gesellschaftsrecht/AktG/*Strohn* Rn 13; vgl *BGHZ* 153, 47, 57 f = NJW 2003, 1032, 1035 – Macrotron; ; **aA** *OLG Zweibrücken* NZG 2005, 935; *Lutter/Drygala* FS Kropff, S 191, 215; *Hüffer* AktG Rn 12a; Grigoleit AktG/*Ehmann* Rn 12: übertragende Auflösung im Anwendungsbereich des § 327a unzulässig). An die Stelle von § 306 aF ist zwischenzeitlich das **SpruchG** getreten (vgl zu dessen Anwendungsbereich im Einzelnen Anh § 306 § 1 SpruchG Rn 6 f). Als **Ansatzpunkte für die Kontrolle der Angemessenheit der Entschädigung** kommen der Anspruch des Minderheitsaktionärs auf seinen Anteil am Liquidationserlös (dazu *Henze* FS Peltzer, S 181, 193), ein eigenständiger Abfindungsanspruch des Aktionärs (der auch unmittelbar aus Art 14 Abs 1 S 1 GG abgeleitet werden kann, vgl *BGHZ* 153, 47, 55 = NJW 2003, 1032, 1034 – Macrotron) sowie der Kaufpreisanspruch der AG gegen den Mehrheitsaktionär in Betracht (MünchKomm AktG/*Stein* Rn 87).

§ 180 Zustimmung der betroffenen Aktionäre

(1) Ein Beschluss, der Aktionären Nebenverpflichtungen auferlegt, bedarf zu seiner Wirksamkeit der Zustimmung aller betroffenen Aktionäre.

(2) Gleiches gilt für einen Beschluss, durch den die Übertragung von Namensaktien oder Zwischenscheinen an die Zustimmung der Gesellschaft gebunden wird.

Übersicht

	Rn		Rn
I. Regelungsgegenstand und Normzweck	1	1. Normzweck	6
		2. Anwendungsbereich	7
II. Auferlegung von Nebenverpflichtungen (Abs 1)	2	3. Umwandlung	8
		4. Kapitalerhöhung	9
1. Nebenverpflichtungen	2	IV. Zustimmung aller betroffenen Aktionäre	10
2. Auferlegung	3		
3. Satzungsvorbehalt	4	V. Rechtsfolgen	11
4. Kapitalerhöhung	5	1. Grundsatz	11
III. Vinkulierung von Namensaktien (Abs 2)	6	2. Abweichende Gestaltung	12
		VI. Prüfung durch das Registergericht	13

Literatur: *Asmus* Die vinkulierte Mitgliedschaft, 2001; *Bayer/Lieder* Anmerkung zu BGH vom 20.9.2004, II ZR 288/02, LMK 2004, 224; *Bermel/Müller* Vinkulierte Namensaktien und Verschmelzung, NZG 1998, 331; *Brodmann* Aktienrecht, 1928; *Noack* Die Umstellung von Inhaber- auf Namensaktien, FS Bezzenberger, 2000, S 291; *Reichert* Folgen der Anteilsvinkulierung für Umstrukturierungen von Gesellschaften mit beschränkter Haftung und Aktiengesellschaften nach dem Umwandlungsgesetz 1995, GmbHR 1995, 176, 194; *Stupp* Anforderungen an die Vinkulierungsklausel bei Namensaktien, NZG 2005, 205.

I. Regelungsgegenstand und Normzweck

1 § 180 schreibt für die Fälle der Auferlegung von Nebenverpflichtungen (Abs 1) und der Vinkulierung von Aktien (Abs 2) die Zustimmung aller Aktionäre vor. Als Ausformung des gesellschaftsrechtlichen **Belastungsverbots** schützt sie die Gesellschafter vor einer nachträglichen Erweiterung ihrer Pflichten, indem sie die **Anforderungen an eine Satzungsänderung** durch das Erfordernis einer individuellen Zustimmung aller betroffenen Aktionäre über die Anforderungen der §§ 55, 179 hinaus **verschärft** (MünchKomm AktG/*Stein* Rn 3 f). § 180 erfasst augenscheinlich nicht alle Fallgruppen zustimmungsbedürftiger Satzungsänderungen. Eine Zustimmung aller Aktionäre kann namentlich bei der Änderung des Gesellschaftszwecks (vgl § 179 Rn 13), bei Eingriffen in bestimmte Sonderrechte (vgl § 179 Rn 26) oder bei Beschluss erforderlich sein, die vom Gleichbehandlungsgebot abweichen (vgl § 53a Rn 8). Anders als in diesen Fällen setzt § 180 aber kein Sonderopfer einzelner Aktionäre voraus, sondern ist **auch anwendbar, wenn alle Aktionäre gleichermaßen betroffen** sind (MünchKomm AktG/*Stein* Rn 1).

II. Auferlegung von Nebenverpflichtungen (Abs 1)

1. Nebenverpflichtungen. Die Norm erfasst die **nachträgliche Auferlegung** von Nebenverpflichtungen iSd § 55 **durch satzungsändernden Beschl**, nicht dagegen die Auferlegung von Nebenverpflichtungen in der Gründungssatzung (MünchKomm AktG/*Stein* Rn 6 f) oder satzungsergänzende schuldrechtliche Nebenabreden (*Hüffer* AktG Rn 2; zu Regelungen unterhalb der Satzungsebene vgl auch Rn 4). Der Vorbehalt des Abs 1 bezieht sich nur auf Nebenpflichten. Allerdings können aufgrund des abschließenden Charakters von § 54 Abs 1 den Aktionären auch keine über die Hauptleistungspflicht hinausgehenden Pflichten wie die Erbringung von Nachschüssen oder Zusatzzahlungen auferlegt werden (GroßKomm AktG/*Wiedemann* Rn 4). 2

2. Auferlegung. „Auferlegung" iSd § 180 ist die **Neubegründung oder Verschärfung** von Nebenverpflichtungen **in Bezug auf die bereits vorhandenen Aktionäre** (*Hüffer* AktG Rn 3; GroßKomm AktG/*Wiedemann* Rn 8; MünchKomm AktG/*Stein* Rn 8). Beispielhaft zu nennen sind etwa die Erweiterung nach Art und Umfang (*RGZ* 91, 166, 169), die Einführung oder Verschärfung von Vertragsstrafen gem § 55 Abs 2 (*RGZ* 121, 238, 242) oder die Herabsetzung der satzungsmäßigen Gegenleistung sowie Aufhebung einer zeitlichen Begrenzung (*Hüffer* AktG Rn 3). **Nicht erfasst** werden Beschlüsse zu Nebenverpflichtungen, die sich nicht nachteilig auf die Stellung der Aktionäre auswirken; so bedarf die Aufhebung oder Abmilderung von Nebenpflichtungen zwar eines Beschlusses nach § 179 Abs 3, nicht aber einer Zustimmung iSd § 180 (GroßKomm AktG/*Wiedemann* Rn 10; Grigoleit AktG/*Ehmann* Rn 3). Beispiele hierfür sind etwa die Verkürzung der Dauer der Nebenverpflichtung, die Verminderung ihres Umfangs oder die Erhöhung der satzungsmäßigen Gegenleistung (*Hüffer* AktG Rn 3). Eine Saldierung von Verschärfungen und Abmilderungen ist grds ausgeschlossen (GroßKomm AktG/*Wiedemann* Rn 10). 3

3. Satzungsvorbehalt. Wird eine **Nebenverpflichtung** durch einen HV-Beschluss lediglich auf der Grundlage eines **bestehenden** und hinreichend bestimmten **Satzungsvorbehalts** konkretisiert (§§ 315 ff BGB), entfällt nach Sinn und Zweck der Norm das Zustimmungserfordernis (*RGZ* 87, 261, 265 f; KölnKomm AktG/*Zöllner* Rn 8). Notwendig ist insoweit nur die Festlegung des Rahmens für Art und Umfang der Nebenverpflichtung in der Satzung. Die unterhalb der Ebene einer Satzungsänderung erfolgende Regelung der Modalitäten der Pflichterfüllung oder Leistungserbringung kann dagegen den Organen der AG oder Dritten überlassen werden (MünchKomm AktG/*Stein* Rn 11). Davon zu unterscheiden ist die **Einführung eines** entspr **Satzungsvorbehalts**, die der Zustimmung bedarf (*Hüffer* AktG Rn 4). 4

4. Kapitalerhöhung. Bei Kapitalerhöhungen, durch die Aktien mit Nebenverpflichtungen geschaffen werden, ist zu differenzieren: Handelt es sich um eine **effektive Kapitalerhöhung**, so ist § 180 nicht anzuwenden, weil das Bezugsrecht freiwillig ist und 5 der Bezug die Zustimmung zur Übernahme der Nebenverpflichtungen bereits einschließt. Bei einer **Kapitalerhöhung aus Gesellschaftsmitteln** (§§ 207 ff) wachsen die neuen Aktien den Aktionären in diesem Fall nach § 212 zu, ohne dass es dazu einer Bezugsrechtsausübung bedürfte. Deshalb wird eine Zustimmung nach § 180 teilw für im Grundsatz erforderlich gehalten; anderes gelte nur, wenn bestehende Nebenverpflichtungen so auf alte und neue Aktien verteilt würden, dass sie insgesamt keine Ausweitung erführen (*Hüffer* AktG Rn 4; Henssler/Strohn/*Strohn* Rn 3). Andererseits wird zu Recht darauf hingewiesen, dass dies gleichsam automatisch der Fall sei, weil § 216 Abs 3 S 2 eine Veränderung des Gesamtumfangs der den einzelnen Aktionär treffenden Nebenverpflichtungen ausschließe (MünchKomm AktG/*Stein* Rn 7; AnwK-AktR/*Wagner* Rn 4). Ein Zustimmungsbeschluss iSd § 180 Abs 1 ist daher auch bei einer Kapitalerhöhung aus Gesellschaftsmitteln entbehrlich.

III. Vinkulierung von Namensaktien (Abs 2)

6   **1. Normzweck.** § 180 Abs 2 statuiert eine Zustimmungspflicht aller betroffenen Aktionäre für eine Satzungsänderung, welche die Übertragung von Namensaktien oder Zwischenscheinen an die Zustimmung der Gesellschaft bindet (sog **Vinkulierung**). Die Regelung ist eine Ausformung des **Vertrauensschutzgedankens** dahingehend, dass die Aktionäre keine nachträglichen Beschränkungen der Übertragbarkeit ihrer Aktien hinnehmen müssen. Die **freie Übertragbarkeit** der erworbenen Aktien wird als Kernbestand des Mitgliedschaftsrechts abgesichert und damit zugleich das **Recht** geschützt, jederzeit aus der Gesellschaft **auszuscheiden** (vgl schon vor Erlass des AktG *Brodmann* Aktienrecht § 222 HGB Anm 1a; heute unstr, zB MünchKomm AktG/*Stein* Rn 16; MünchKomm AktG/*Bayer* § 68 Rn 46). § 180 Abs 2 ist in Ausfüllung des § 53 Abs 3 GmbHG auf die GmbH entspr anwendbar (*OLG Dresden* GmbHR 2004, 1080; Baumbach/Hueck GmbHG/*Zöllner* § 53 Rn 34).

7   **2. Anwendungsbereich.** § 180 Abs 2 erfasst dem Wortlaut nach nur die **nachträgliche Vinkulierung**, nicht dagegen eine Vinkulierung in der Gründungssatzung. Über den Wortlaut hinausgehend gilt das Zustimmungserfordernis nach seinem Sinn und Zweck auch bei **Verschärfung** einer bereits bestehenden Vinkulierung (GroßKomm AktG/*Wiedemann* Rn 12). Dies ist zB der Fall, wenn in der Satzung vorgesehene Zustimmungsgründe gestrichen oder Versagungsgründe erweitert werden (vgl MünchKomm AktG/ *Stein* Rn 18 f). Der geringfügige Grad einer Verschärfung schließt das Zustimmungserfordernis nicht aus (*Hüffer* AktG Rn 6; MünchKomm AktG/*Stein* Rn 18; **aA** GroßKomm AktG/*Barz* 3. Aufl 1973 § 68 Anm 6; vgl auch MünchKomm AktG/*Bayer* § 68 Rn 46). Auch eine Erschwerung der Übertragung der Aktien mit dinglicher Wirkung, zB durch das Wirksamkeits- oder Nachweiserfordernis einer Unterschriftsbeglaubigung auf Kosten des betr Aktionärs, ist außerhalb einer § 180 Abs 2 unterfallenden Vinkulierung unzulässig (dazu *BGHZ* 160, 253 = NJW 2004, 3561, 3562; *Bayer/Lieder* LMK 2004, 224; *Stupp* NZG 2005, 205, 207). Dass eine **Aufhebung oder Lockerung** der Vinkulierung umgekehrt keiner Zustimmung bedarf, versteht sich mit Blick auf den Normzweck von selbst.

8   **3. Umwandlung.** Nicht anwendbar ist § 180 Abs 2 im Falle einer **Verschmelzung**, bei der die Aktionäre der übertragenden Gesellschaft mit vinkulierten Aktien der aufnehmenden Gesellschaft abgefunden werden sollen (*Hüffer* AktG Rn 6); dies gilt auch dann, wenn die vinkulierten Aktien eigens durch Kapitalerhöhung geschaffen wurden, denn weder die vom Bezugsrecht ausgeschlossenen Altaktionäre noch die von vornherein

vinkulierte Aktien erhaltenden Neuaktionäre fallen unter den Schutzzweck der Norm; letztere haben nach § 29 Abs 1 S 2 UmwG die Möglichkeit, gegen Barabfindung auszuscheiden (MünchKomm AktG/*Stein* Rn 28). § 180 Abs 2 ist dagegen anwendbar, wenn im Rahmen einer Verschmelzung auch die Aktien von Altaktionären erstmals vinkuliert werden oder bestehende Vinkulierungen verschärft werden sollen (*Bermel/Müller* NZG 1998, 331, 333; MünchKomm AktG/*Stein* Rn 28; *Hüffer* AktG Rn 6). Auch beim **Formwechsel** tritt an die Stelle der Zustimmungspflicht ein Barabfindungsanspruch, hier gem § 207 UmwG (*Reichert* GmbHR 1995, 176, 194; **aA** zum früheren § 369 *LG Bonn* AG 1991, 114, 115). Schließlich wird auch eine entspr Anwendbarkeit des § 180 Abs 2 auf die **Umwandlung von Inhaber- in Namensaktien** verneint, in denen die Fungibilität von Aktien beschränkt wird, da die Auswirkungen auf die Rechtsposition des Aktionärs weniger stark seien (*Noack* FS Bezzenberger, S 291, 304).

4. Kapitalerhöhung. Enthält die Satzung eine **Vinkulierungsklausel**, nach der **alle Aktien vinkuliert** sind, so erfasst diese Klausel ohne Weiteres auch junge Aktien oder Zwischenscheine, ohne dass dies einer bes Erwähnung im Kapitalerhöhungsbeschluss oder einer Zustimmung nach § 180 Abs 2 bedürfte (MünchKomm AktG/*Stein* Rn 23; *Hüffer* AktG Rn 7; *LG Bonn* AG 1970, 18 f). Bezieht sich die Vinkulierungsklausel nur auf einen Teil der Aktien, so muss im Erhöhungsbeschluss festgelegt werden, ob und in welchem Umfang vinkulierte Aktien ausgegeben werden sollen (*Hüffer* AktG Rn 7). In Bezug auf die **Vinkulierung junger Aktien** ist eine Zustimmung nach § 180 Abs 2 nicht erforderlich, wenn die Altaktionäre entweder wirksam von deren Bezug ausgeschlossen sind oder wenn die jungen Aktien aufgrund bes Umstände (vgl § 192 Abs 2 Nr 2 und 3; § 68 UmwG) ausschließlich für Nichtaktionäre bestimmt sind (MünchKomm AktG/*Stein* Rn 25; *Hüffer* AktG Rn 7). Stehen den Altaktionären junge Aktien aufgrund eines Bezugsrechts oder unmittelbar nach § 212 zu, so ist § 180 Abs 2 auf die Vinkulierung derjenigen jungen Aktien anzuwenden, die auf nicht vinkulierte Altaktien entfallen (MünchKomm AktG/*Stein* Rn 27). Hinsichtlich der Vinkulierung neuer Aktien, die auf vinkulierte Altaktien entfallen, ist dagegen keine Zustimmung erforderlich; die bestehende Vinkulierung erfasst insoweit auch die Bezugsrechte (GroßKomm AktG/*Wiedemann* Rn 14; MünchKomm AktG/*Stein* Rn 27; KölnKomm AktG/*Zöllner* Rn 13).

IV. Zustimmung aller betroffenen Aktionäre

Die Zustimmung ist durch eine grds **formfreie, ausdrückliche oder konkludente** (*RGZ* 121, 238, 244) **gegenüber der AG abzugebende Willenserklärung** zu erteilen. Sie kann vor, während oder auch nach der HV erfolgen (*Hüffer* AktG Rn 8; GroßKomm AktG/*Wiedemann* Rn 18; ausführlich MünchKomm AktG/*Stein* Rn 29 ff). Sie kann zB erfolgen, indem alle betroffenen Aktionäre bei der Abstimmung in der HV dem satzungsändernden Beschluss zustimmen, aber auch nachträglich durch Genehmigung der Aktienübertragung, nicht dagegen durch bloßes Verstreichenlassen der Anfechtungsfrist (GroßKomm AktG/*Wiedemann* Rn 19; KölnKomm AktG/*Zöllner* Rn 16; **aA** *RGZ* 140, 231, 247 zur Genossenschaft). Die Zustimmung tritt als **zusätzliches Wirksamkeitserfordernis** zu den sonstigen Anforderungen der Satzungsänderung hinzu (s oben Rn 1). Da **jeder betroffene Aktionär zustimmen muss**, ist ein Sonderbeschluss iSd § 179 Abs 3 weder erforderlich noch ausreichend (GroßKomm AktG/*Wiedemann* Rn 17); dies gilt auch dann, wenn nur die Inhaber einer bestimmten Aktiengattung betroffen sind (MünchKomm AktG/*Stein* Rn 30).

V. Rechtsfolgen

11 **1. Grundsatz.** Wird die **Zustimmung** erteilt, so bindet sie nicht nur den Zustimmenden selbst, sondern auch dessen Rechtsnachfolger, der die Aktie vor Eintragung der Satzungsänderung ins HR erworben hat (*Hüffer* AktG Rn 8; MünchKomm AktG/ *Stein* Rn 34). **Fehlt** die notwendige **Zustimmung**, ist der Beschluss schwebend unwirksam (Spindler/Stilz AktG/*Holzborn* Rn 16). Der Beschluss wird endgültig unwirksam, wenn auch nur ein einziger Betroffener seine Zustimmung endgültig verweigert (*BGHZ* 160, 253, 258 = NJW 2004, 3561, 3562). Die Eintragung im HR (vgl dazu Rn 13) kann die fehlende Zustimmung nicht ersetzen oder heilen (*Hüffer* AktG Rn 9). Auch ein zu Unrecht eingetragener Beschluss kann aber durch nachträgliche Zustimmung wirksam werden.

12 **2. Abweichende Gestaltung.** Es ist möglich, die Satzungsbestimmung so zu gestalten, dass sie nur für zustimmende Aktionäre wirksam wird. In diesem Fall führt die Verweigerung der Zustimmung durch einzelne Aktionäre nicht zur Unwirksamkeit des Beschl, sondern nur zur Unanwendbarkeit diesen gegenüber. Ein dahin gehender Gestaltungswille muss aber eindeutig feststellbar sein. Im Zweifel ist von einer Unwirksamkeit des Beschlusses auszugehen, weil sich die Aktionäre im Zweifel nur unter der Bedingung verpflichten, dass auch die anderen Aktionäre gebunden werden (KölnKomm AktG/*Zöllner* Rn 18; *Hüffer* AktG Rn 9; vgl GroßKomm AktG/*Wiedemann* Rn 20).

VI. Prüfung durch das Registergericht

13 Das Registergericht prüft bei Eintragung der Satzungsänderung auch das Vorliegen und die Wirksamkeit der erforderlichen Zustimmungen. Fehlen die erforderlichen Zustimmungen, hat es die Eintragung zu verweigern. Zum Nachweis der Zustimmungen sind öffentlich beglaubigte oder beurkundete Erklärungen bes geeignet; die Einhaltung einer bestimmten Form ist aber nicht erforderlich (**heute hM**, GroßKomm AktG/*Wiedemann* Rn 21; MünchKomm AktG/*Stein* Rn 37; *Hüffer* AktG Rn 10; **abw** *RGZ* 136, 185, 192: Register kann Nachweis in öffentlich beglaubigter Form verlangen; *Baumbach/Hueck* Rn 3). Bei namentlicher Abstimmung in der HV kann der Nachweis durch das HV-Protokoll samt Teilnehmerverzeichnis erfolgen. Das Registergericht kann sich auch mit einer Bescheinigung des Vorstands begnügen, dass alle Zustimmungserklärungen vorliegen (**ganz hM**, etwa *Ritter* AktG 1937 § 147 Anm 4; KölnKomm AktG/*Zöllner* Rn 20; MünchKomm AktG/*Stein* Rn 37; **aA** Wachter AktG/*Wachter* Rn 15), solange kein Aktionär widerspricht (*Hüffer* AktG Rn 10).

§ 181 Eintragung der Satzungsänderung

(1) ¹Der Vorstand hat die Satzungsänderung zur Eintragung in das Handelsregister anzumelden. ²Der Anmeldung ist der vollständige Wortlaut der Satzung beizufügen; er muss mit der Bescheinigung eines Notars versehen sein, dass die geänderten Bestimmungen der Satzung mit dem Beschluss über die Satzungsänderung und die unveränderten Bestimmungen mit dem zuletzt zum Handelsregister eingereichten vollständigen Wortlaut der Satzung übereinstimmen.

(2) Soweit nicht die Änderung Angaben nach § 39 betrifft, genügt bei der Eintragung die Bezugnahme auf die beim Gericht eingereichten Urkunden.

(3) Die Änderung wird erst wirksam, wenn sie in das Handelsregister des Sitzes der Gesellschaft eingetragen worden ist.

§ 181 Eintragung der Satzungsänderung

Übersicht

	Rn		Rn
I. Zweck, Anwendungsbereich und systematische Stellung	1	aa) Allgemeines	17
II. Anmeldung der Satzungsänderung	2	bb) Unwirksame Beschlüsse	18
1. Zuständiges Gericht	2	cc) Anfechtbare Beschlüsse	19
2. Anmelder	3	dd) Nichtige Beschlüsse	23
3. Anmeldepflicht	5	2. Eintragung	24
4. Form und Inhalt	6	3. Bekanntmachung	26
5. Beizufügende Urkunden	7	4. Rechtsmittel	29
a) Allgemeines	7	IV. Wirkung der Eintragung (Abs 3)	31
b) Vollständiger Satzungswortlaut (Abs 1 S 2)	8	1. Konstitutive Wirkung der Eintragung	31
c) Genehmigungsurkunden (Abs 1 S 3 aF)	11	2. Rechtliche Bedeutung des Beschlusses bis zur Eintragung	32
d) Weitere Urkunden	12	3. Heilungswirkung der Eintragung	33
6. Rücknahme	13	a) Grundsatz	33
III. Eintragung und Bekanntmachung	14	b) Heilung nach § 242	34
1. Registerkontrolle und Entscheidung	14	4. Verfahrensmängel	35
a) Prüfungsumfang und Prüfungsmaßstab	14	V. Löschung	37
		1. Amtslöschung	37
b) Ordnungsgemäße Anmeldung	16	a) Allgemeines	37
		b) Löschung gem § 398 FamFG	39
c) Wirksamkeit des Satzungsänderungsbeschlusses	17	c) Löschung gem § 395 FamFG	40
		2. Änderung oder Löschung auf Antrag der Aktiengesellschaft	41

Literatur: *Ammon* Die Anmeldung zum Handelsregister, DStR 1993, 1025; *Baums* Eintragung und Löschung von Gesellschafterbeschlüssen, 1981; *Bokelmann* Eintragung eines Beschlusses: Prüfungskompetenz des Registerrichters bei Nichtanfechtung, rechtsmißbräuchlicher Anfechtungsklage und bei Verschmelzung, DB 1994, 1341; *Horbach* Der Gewinnverzicht des Großaktionärs, AG 2001, 78; *Lutter* Die Eintragung anfechtbarer Hauptversammlungsbeschlüsse im Handelsregister, NJW 1969, 1873; *Noack* Fehlerhafte Beschlüsse in Gesellschaften und Vereinen, 1989; *Priester* Unwirksamkeit der Satzungsänderung bei Eintragungsfehlern?, BB 2002, 2613; *Ries* Auswirkungen der Reform des Rechts der freiwilligen Gerichtsbarkeit auf das Gesellschaftsrecht unter Berücksichtigung der Neuerungen durch das MoMiG und das ARUG, NZG 2009, 654; *Säcker* Inhaltskontrolle von Satzungen mitbestimmter Unternehmen durch das Registergericht, FS Stimpel, 1985, S 867; *Volhard* Muss der Vorstand anfechtbare oder angefochtene Hauptversammlungsbeschlüsse verteidigen?, ZGR 1996, 55.

I. Zweck, Anwendungsbereich und systematische Stellung

§ 181 schreibt die Anmeldung von Satzungsänderungen zum HR (Abs 1) sowie ihre Eintragung und Bekanntmachung (Abs 2) vor und macht die Wirksamkeit von Satzungsänderungen von der Eintragung abhängig (Abs 3). Auf diese Weise stellt die Norm in Fortsetzung der Gründungsregelungen der §§ 36 ff **Registerpublizität** (dazu noch Rn 8 aE) und **registerrechtliche Kontrolle** sicher (MünchKomm AktG/*Stein* Rn 1). § 181 Abs 1 S 2 beruht auf der Publizitätsrichtlinie (vgl Einl Rn 14). § 181 erfasst jede Satzungsänderung; die Norm ist **auch bei Fassungsänderungen** durch den AR gem § 179 Abs 1 S 2 zu beachten (KölnKomm AktG/*Zöllner* Rn 3). Das Ziel der Publizitätsverbesserung rechtfertigt eine **entspr Anwendung** auf Satzungsänderungen 1 im Stadium der Vor-AG, obwohl die §§ 179 ff hier grds noch nicht gelten (vgl § 179 Rn 2; MünchKomm AktG/*Stein* Rn 23; *KG* DB 1997, 270, 271 zur GmbH). Der frühere § 181 Abs 1 S 3 wurde durch Art 1 Nr 24a des ARUG vom 23.7.2009 (BGBl I 2009, 2479) und § 181 Abs 2 S 2 durch Art 5 Nr 14 des MoMiG vom 23.10.2008 (BGBl I 2008, 2026) aufgehoben. **Sondervorschriften** für bestimmte Arten von Satzungsänderungen finden sich in § 45 (Sitzverlegung), §§ 184, 188 f, 195, 200 f, 203, 207 Abs 2, 210 f (Kapitalerhöhung) und §§ 223 f, 227, 229, 237 ff (Kapitalherabsetzung).

II. Anmeldung der Satzungsänderung

2 **1. Zuständiges Gericht.** Sachlich zuständig ist gem § 8 HGB, § 23a Abs 1 Nr 2 GVG, § 376 Abs 1 FamFG (vormals § 125 Abs 1 FGG) das **Amtsgericht**. Örtlich zuständig ist nach § 14 AktG das Gericht **des satzungsmäßigen Sitzes**, bei Doppelsitz (vgl § 5 Rn 6 f) beide Registergerichte. Funktional zuständig ist nach § 17 Nr 1 lit b RPflG mit Ausnahme reiner Fassungsänderungen der RegRichter. Zur Zuständigkeitsverteilung bei Sitzverlegung vgl § 45 Rn 2 ff. Zur früher in § 43 AktG und zwischenzeitlich in § 13c HGB geregelten registerrechtlichen Behandlung von Zweigniederlassungen vgl seit Inkrafttreten des EHUG zum 1.1.2007 nunmehr § 13 Abs 1 HGB.

3 **2. Anmelder.** Die Anmeldung obliegt dem **Vorstand** (Abs 1 S 1), der dabei die AG vertritt. Bei entspr Vertretungsmacht können auch stellvertretende Vorstandsmitglieder mitwirken (GroßKomm AktG/*Wiedemann* Rn 8). Bei Kapitalerhöhungen und Kapitalherabsetzungen ordnen die betr Spezialvorschriften (zB §§ 184 Abs 1 S 1, 223) eine Mitwirkung des AR-Vorsitzenden an. Bei Satzungsänderungen nach Auflösung treten nach § 269 die Abwickler an die Stelle des Vorstands. Die Anmeldung erfolgt, obwohl die Vorstandsmitglieder mit ihrem eigenen Namen zeichnen (KölnKomm AktG/*Zöllner* Rn 3), **für die AG in deren Namen** (*BGHZ* 105, 324, 328 zur GmbH; Grigoleit AktG/*Ehmann* Rn 3), so dass auch die Rechtsfolgen und Kosten der Anmeldung allein die AG treffen (MünchKomm AktG/*Stein* Rn 9). Die Vorstandsmitglieder müssen **in vertretungsberechtigter Zahl** bei der Anmeldung mitwirken. Eine Mitwirkung aller Vorstandsmitglieder ist nur erforderlich, wenn die Satzung (ausnahmsweise) keine von der Gesamtvertretungsregel des § 78 Abs 2 S 1 abw Regelung trifft. Die Anmelder können **gleichzeitig, aber auch nacheinander** ihre Erklärungen abgeben (**allgM**, zB *Hüffer* AktG Rn 4).

4 Eine Anmeldung durch **Bevollmächtigte** ist nach § 12 Abs 1 S 2 HGB grds möglich. Sie ist aber nur zulässig, sofern die Anmeldung keine Erklärung enthält, für welche die Anmelder zivilrechtlich nach §§ 46, 48 oder strafrechtlich nach § 399 verantwortlich sind (*BayObLG* NJW 1987, 136; *Hüffer* AktG Rn 4). Dritte (einschließlich des beurkundenden Notars) können solche Erklärungen nur als Boten überbringen (MünchKomm AktG/*Stein* Rn 12). Die Vollmacht bedarf nach § 12 Abs 1 S 2 iVm S 1 HGB der öffentlich beglaubigten Form (§ 129 BGB, §§ 39, 40 BeurkG). Die Vollmachtsvermutung des § 378 FamFG (vormals § 129 FGG) zugunsten des **beurkundenden Notars** erfasst nur Pflichtanmeldungen (vgl sogleich Rn 5) und greift daher bei Satzungsänderungen nicht ein (*BayObIG* NJW 1995, 1971; *Ammon* DStR 1993, 1025, 1028); allerdings kommt eine Vollmachtsvermutung nach allg Rechtsgrundsätzen in Betracht (MünchKomm AktG/*Stein* Rn 12; *Hüffer* AktG Rn 4). **Prokuristen** können nicht bereits aufgrund ihrer Prokura, sondern nur mit einer Spezialvollmacht Satzungsänderungen zum HR anmelden; sie können aber gem § 78 Abs 3 im Rahmen einer gemischten (unechten) Gesamtvertretung an der Anmeldung mitwirken (**hM**,

zB GroßKomm AktG/*Wiedemann* Rn 8; MünchKomm AktG/*Stein* Rn 11; Wachter AktG/*Wachter* Rn 5; **aA** *KG* OLGRspr 22, 34, 35; *Henn* Hdb Aktienrecht Kap 12 Rn 94).

3. Anmeldepflicht. Es besteht **keine öffentlich-rechtliche Pflicht** zur Anmeldung von   5
Satzungsänderungen (vgl auch § 407 Abs 2 S 1: keine Erzwingbarkeit durch Ordnungsgeld). Die Satzungsänderung untersteht bis zur Eintragung noch der Parteidisposition; Interessen der Allgemeinheit werden durch das Unterbleiben der Eintragung nicht in rechtlich geschützter Weise tangiert (GroßKomm AktG/*Wiedemann* Rn 10). Allerdings trifft den Vorstand **gegenüber der AG** nach § 181 Abs 1 S 1 iVm § 83 Abs 2 die **organschaftliche Pflicht**, eine Anmeldung vorzunehmen, und zwar grds **unverzüglich** isd § 121 Abs 1 S 1 BGB (*Hüffer* AktG Rn 5; KölnKomm AktG/*Zöllner* Rn 27), weil nach § 181 Abs 3 davon das Wirksamwerden des Satzungsänderungsbeschlusses abhängt (s aber § 179 Rn 44 f zur Möglichkeit der HV, den Beschluss mit einer unechten Bedingung oder Befristung zu versehen). Die **Anmeldepflicht entfällt** nur bei nichtigen, nicht aber bei nur anfechtbaren Beschl, und zwar unabhängig davon, ob bereits Anfechtungsklage erhoben wurde (*Hüffer* AktG Rn 5; Spindler/Stilz AktG/*Holzborn* Rn 8); allerdings kann der Vorstand den Registerrichter auf eventuelle Bedenken und erhobene Anfechtungsklagen hinweisen (GroßKomm AktG/ *Wiedemann* Rn 9). Die Anmeldung hat grds **unverzüglich** zu erfolgen; möchte der Vorstand den Beschluss gem § 245 Nr 4 anfechten, steht ihm aber eine angemessene Überlegungsfrist zu (Spindler/Stilz AktG/*Holzborn* Rn 6). Eine schuldhafte **Verletzung der Anmeldepflicht** kann Schadensersatzforderungen der Gesellschaft nach § 93 oder die Abberufung des Vorstands nach § 84 Abs 3 nach sich ziehen.

4. Form und Inhalt. Die Anmeldung zum HR erfolgt nach § 12 Abs 1, Abs 2   6
HGB **elektronisch in öffentlich beglaubigter Form** (§ 129 BGB, §§ 39, 40 BeurkG). Anzumelden ist nach § 181 Abs 1 S 1 die beschlossene Satzungsänderung. Hinsichtlich des erforderlichen **Inhalts** ist umstr, ob die explizite Angabe des oder der geänderten Satzungsparagraphen erforderlich ist (dafür *OLG Schleswig* DNotZ 1973, 482, 483; dagegen *Hüffer* AktG Rn 6). IÜ ist hinsichtlich der inhaltlichen Anforderungen zwischen Satzungsänderungen, die Angaben nach § 39 betreffen (dh Firma, Sitz, Unternehmensgegenstand, Höhe des Grundkapitals, Vertretungsbefugnis der Vorstandsmitglieder, Dauer der Gesellschaft, genehmigtes Kapital) und solchen zu unterscheiden, die andere Aspekte zum Gegenstand haben: Betrifft die Änderung **wesentliche Satzungsbestandteile iSd § 39**, so muss sie nach **hM** den Inhalt der **einzelnen Änderungen konkret** wiedergeben, um bereits in der Anmeldung Missverständnisse über den Inhalt der Änderungen auszuschließen und eine erhöhte Gewähr für die Richtigkeit der anschließenden inhaltlichen Wiedergabe im Register und der Bekanntmachung zu erreichen; es reicht allerdings aus, dass die geänderten Satzungsbestandteile **schlagwortartig hervorgehoben** werden (*BGH* NJW 1997, 3191 f zur GmbH; s auch *OLG Frankfurt* GmbHR 2003, 1273; MünchKomm AktG/*Stein* Rn 21; vgl **Bsp** bei *Hüffer* AktG Rn 6: „Änderung der Firma in…" reicht aus, „Änderung der Firma" dagegen nicht; **aA** KölnKomm AktG/*Zöllner* Rn 9, der eine Bezugnahme auf die eingereichten Urkunden auch in diesen Fällen ausreichen lassen will). Betrifft die Satzungsänderung **keine Angaben iSd § 39, so reicht** dagegen die **Bezugnahme** auf die beim Gericht eingereichten Urkunden gem § 181 Abs 2 S 1, weil diese Urkunden es dem Registerrichter in aller Regel ermöglichen, sich die notwendigen Informatio-

nen für die Prüfung und Eintragung der Satzungsänderung zu verschaffen (*BGH NJW* 1997, 3191 zur GmbH; KölnKomm AktG/*Zöllner* Rn 7; Grigoleit AktG/ *Ehmann* Rn 6).

7 **5. Beizufügende Urkunden. – a) Allgemeines.** Nach § 181 Abs 1 S 2 ist der Anmeldung der **vollständige Wortlaut der geänderten Satzung** beizufügen. Eine Vorlage von Genehmigungsurkunden ist seit Streichung des § 181 Abs 1 S 3 nicht mehr erforderlich (s Rn 11). Die Verpflichtung zur Einreichung **anderer Urkunden** kann aber hinzukommen (dazu sogleich Rn 12). Die Vorlage der Satzung dient der Registerpublizität und ermöglicht eine registergerichtliche Kontrolle (vgl Rn 1 und 6). Sie kann – anders als die Anmeldung selbst (vgl Rn 5) – nach § 14 HGB durch Festsetzung eines Zwangsgeldes durchgesetzt werden.

8 **b) Vollständiger Satzungswortlaut (Abs 1 S 2).** Der vollständige Satzungswortlaut iSv § 181 Abs 1 S 2 umfasst den Wortlaut der **künftigen, mit der Eintragung der Änderung nach Abs 3 wirksam werdenden Satzung**. Unter Satzung ist dabei nicht nur die Satzung im materiellen Sinne, sondern die vollständige Satzungsurkunde **einschließlich rein formeller** (vgl § 23 Rn 20) **und überholter Satzungsbestimmungen** zu verstehen, solange sie nicht durch förmliches Satzungsverfahren beseitigt wurden (MünchKomm AktG/*Stein* Rn 25; *Hüffer* AktG Rn 7; **aA** *OLG Köln* RPfl 1972, 257, 258 für die GmbH). Dementsprechend muss die Anmeldung nach Abs 1 S 2 mit einer **notariellen Bescheinigung** (vgl § 39 BeurkG) versehen sein, dass die geänderten Bestimmungen der Satzung mit dem Beschluss über die Satzungsänderung und die unveränderten Bestimmungen mit dem zuletzt zum Handelsregister eingereichten vollständigen Wortlaut der Satzung übereinstimmen. Durch diese Bescheinigung wird das Registergericht entlastet (*Hüffer* AktG Rn 8); va aber stellt Abs 1 S 2 sicher, dass der **aktuelle Stand der Satzung** stets aus einer einzigen, beim HR verwahrten Urkunde ersichtlich ist und dort nach § 9 HGB eingesehen werden kann (BT-Drucks V/3862, 13; MünchKomm AktG/*Stein* Rn 23). Die notarielle Bescheinigung kann von jedem Notar erteilt werden. Gleichwohl ist es zweckmäßig, den Notar zu beauftragen, der auch die Satzungsänderung beurkundet hat, da es sich insoweit um ein gebührenfreies Nebengeschäft gem Vor 21 (Abs 2 Nr 4) KV GNotKG handelt (vgl zu § 47 KostO *Hüffer* AktG Rn 8).

9 Die Herstellung des vollständigen Satzungstextes ist **redaktioneller Natur und obliegt dem Vorstand** (BT-Drucks V/3862, 13; MünchKomm AktG/*Stein* Rn 24; *Hüffer* AktG Rn 7). Die HV muss daher einerseits nicht bei jeder Satzungsänderung die Satzung neu feststellen. Andererseits besteht die **Verpflichtung aus Abs 1 S 2 auch, wenn die Satzung komplett neu beschlossen wurde** und ihr Wortlaut bereits in der notariellen Niederschrift über die HV enthalten ist; dies folgt aus dem in Rn 8 aE beschriebenen Normzweck (MünchKomm AktG/*Stein* Rn 24; *Hüffer* AktG Rn 9; *OLG Schleswig* DNotZ 1973, 482, 483; **aA** *OLG Zweibrücken* NZG 2002, 93; *Henn* Hdb Aktienrecht 7. Aufl Rn 478).

10 Hält das Registergericht nur einen Teil von **mehreren zur Eintragung angemeldeten Satzungsänderungen** für eintragungsfähig, so kann es mit Blick auf das Publizitätsziel des Abs 1 S 2 die Eintragung verweigern, bis der Vorstand einen berichtigten Satzungswortlaut samt notarieller Bescheinigung vorlegt, der nur die eintragungsfähigen Änderungen enthält. Trägt es den eintragungsfähigen Teil der Änderungen schon vorher ein, kann es entspr § 248 Abs 2 eine Nachreichung dieses berichtigten Satzungswortlauts verlangen und dies nach § 14 HGB durch Zwangsgelder durchsetzen; dies gilt nach **hM** auch dann, wenn der Vorstand gegen die teilw Ablehnung der Eintragung **Rechtsmittel** eingelegt hat (MünchKomm AktG/*Stein* Rn 29; *Hüffer* AktG Rn 9; **aA** GroßKomm AktG/*Wiedemann* Rn 17 aE: Pflicht zur Nachreichung des berichtigten Wortlauts erst bei Unterliegen im Rechtsmittelverfahren). Ist das Rechtsmittel erfolgreich, nimmt das Registergericht mit der entspr Eintragung die ursprüngliche, ihm ggf erneut vorgelegte Fassung zu den Akten (KölnKomm AktG/*Zöllner* Rn 16; MünchKomm AktG/*Stein* Rn 29).

c) Genehmigungsurkunden (Abs 1 S 3 aF). Bedarf die Satzungsänderung staatlicher Genehmigung, so war bisher der Anmeldung nach § 181 Abs 1 S 3 aF die Genehmigungsurkunde beizufügen. **§ 181 Abs 1 S 3** ist gem Art 1 Nr 24a ARUG **zum 1.9.2009 gestrichen** worden. Die Wirksamkeit der Genehmigungserfordernisse als solche wird dadurch nicht berührt. Bspw bedürfen Satzungsänderungen bei einer Versicherungs-AG nach §§ 5 Abs 3 Nr 1, 13 Abs 1 VAG der Genehmigung der BaFin. Einer staatlichen Genehmigung bedürfen auch Satzungsänderungen, aufgrund derer die AG erstmals im genehmigungsbedürftigen Bereich tätig wird (MünchKomm AktG/*Stein* Rn 31; s auch § 37 Rn 6). 11

d) Weitere Urkunden. Der Anmeldung müssen neben den in Abs 1 erwähnten Urkunden (Rn 7–11) und eventuellen **Vollmachtsurkunden** (Rn 4) eine Reihe weiterer Urkunden beigefügt werden, ohne die eine Eintragung nicht erfolgt: Ist ein **HV-Beschluss** über die Satzungsänderung erfolgt, so ist der Anmeldung die vollständige notarielle HV-Niederschrift beizufügen. Ist diese bereits nach § 130 Abs 5 zum HR eingereicht worden, kann darauf bei der Anmeldung der Satzungsänderung Bezug genommen werden (KölnKomm AktG/*Zöllner* Rn 11). Hat der AR eine **Fassungsänderung** iSd § 179 Abs 1 S 2 vorgenommen, so ist der Anmeldung einerseits die Niederschrift der HV beizufügen, auf der der AR dazu ermächtigt wurde; andererseits ist auch die Niederschrift des maßgeblichen AR-Beschlusses (bzw des Beschlusses des beauftragten Ausschusses) beizufügen (vgl § 107 Abs 2; KölnKomm AktG/*Zöllner* Rn 12; MünchKomm AktG/*Stein* Rn 33). Ist schließlich ein **Sonderbeschluss** iSd § 179 Abs 3 oder § 141 erfolgt, ist der Anmeldung der Satzungsänderung schließlich auch die notarielle Niederschrift der HV oder Sonderversammlung beizufügen, auf der dieser Sonderbeschluss gefasst wurde (KölnKomm AktG/*Zöllner* Rn 13). Bedarf die Satzungsänderung der **Zustimmung bestimmter Aktionäre** (vgl dazu § 179 Rn 53; § 180), so muss schließlich auch diese nachgewiesen werden. Eine bes Nachweisform ist dabei nur erforderlich, wenn die Zustimmungsregelung selbst diese vorsieht (MünchKomm AktG/*Stein* Rn 35; vgl zB *OLG Stuttgart* NZG 2003, 293 zu § 285 Abs 3 S 2; hinsichtlich der Nachweisform **abw** *RGZ* 136, 185, 192 zur GmbH; dazu § 180 Rn 13). 12

6. Rücknahme. Die Anmeldung kann bis zu ihrer Eintragung durch die zur Anmeldung befugten Personen (Rn 3 f) zurückgenommen werden; die Eintragung darf dann nicht mehr erfolgen (MünchKomm AktG/*Stein* Rn 37; vgl *OLG Hamburg* AG 1994, 566 f). Dabei ist allerdings zu beachten, dass im Verhältnis zur AG grds eine Anmeldepflicht besteht, die einer Rücknahme entgegensteht (vgl Rn 5). Auch der Satzungsänderungsbeschluss kann bis zur Eintragung mit einfacher Mehrheit aufgehoben werden (vgl § 179 Rn 50; GroßKomm AktG/*Wiedemann* Rn 20); in diesem Fall ist die Anmeldung natürlich ebenfalls zurückzunehmen. 13

Körber

III. Eintragung und Bekanntmachung

1. Registerkontrolle und Entscheidung. – a) Prüfungsumfang und Prüfungsmaßstab.

14 Das Registergericht prüft gem § 26 FamFG von Amts wegen nach **allgM**, ob die **formellen und materiellen Eintragungsvoraussetzungen** vorliegen, obgleich § 181 dies im Gegensatz zu § 38 Abs 1 nicht ausdrücklich vorschreibt; diese Prüfung bezieht sich sowohl auf die ordnungsgemäße Anmeldung als auch auf die Wirksamkeit der Satzungsänderung (*BGHZ* 113, 335, 352; *OLG Karlsruhe* DB 2002, 889; *Hüffer* AktG Rn 12). Gem § 26 FamFG (vormals § 12 FGG) gilt der **Amtsermittlungsgrundsatz**, dh das Registergericht prüft alle Sach- und Rechtsfragen von Amts wegen; es wird davon auch nicht durch eine vorliegende Genehmigung (vgl Rn 11) entbunden (*OLG Hamburg* BB 1984, 1763 = *OLGZ* 1984, 307, 309 f). Grundlage dieser Prüfung sind allerdings die mit der Anmeldung eingereichten Urkunden; eigene Nachforschungen nach § 26 FamFG (vormals § 12 FGG) sind nur anzustellen, wenn begründete Anhaltspunkte für deren Unrichtigkeit vorliegen (MünchKomm AktG/*Stein* Rn 40).

15 **Umstr** ist, inwieweit auch eine **Zweckmäßigkeitskontrolle** stattfindet: Weitgehende Einigkeit besteht darüber, dass es nicht Sache des Registergerichts ist, die Angemessenheit oder Zweckmäßigkeit ieS zu überprüfen, soweit sich die Satzungsänderung im gesetzlichen Rahmen bewegt (GroßKomm AktG/*Wiedemann* Rn 26; s auch *OLG Köln* BB 1982, 579 = WM 1981, 1263, 1264 f; *BayObLG* BB 1983, 83, 84; beide zur GmbH). Einigkeit besteht auch darüber, dass die Eintragung **bei unklaren, unrichtigen oder widersprüchlichen Satzungsänderungen** jedenfalls dann von einer vorherigen Berichtigung abhängig zu machen ist, wenn diese (wie zB Regelungen zur Vertretungsmacht der Vorstandsmitglieder) **Außenwirkungen** entfalten (*Hüffer* AktG Rn 12; MünchKomm AktG/*Stein* Rn 39; GroßKomm AktG/*Wiedemann* Rn 26; vgl *BayObLG* WM 1985, 572, 573 zur GmbH). Betrifft die Satzungsänderung dagegen nur das **Innenverhältnis** zu den Aktionären selbst, so soll ihre Unklarheit, Unrichtigkeit oder Widersprüchlichkeit nach **hM** einer Eintragung nicht im Wege stehen, da es nicht Aufgabe des Registergerichts sei, Streitigkeiten über die Auslegung der Satzung vorzubeugen (*BayObLG* WM 1985, 572, 573 zur GmbH; MünchKomm AktG/*Stein* Rn 39; *Hüffer* AktG Rn 12; K. Schmidt/Lutter AktG/*Seibt* Rn 22; Spindler/Stilz AktG/*Holzborn* Rn 20). Dem wird von **aA** zu Recht entgegengehalten, dass jedenfalls von der Satzung einer Publikums-AG zu verlangen ist, dass sie den Kapitalanlegern korrekt über ihren Inhalt Auskunft gibt, so dass die Satzung auch insoweit auf ihren eindeutigen und widerspruchsfreien Inhalt zu kontrollieren sei (GroßKomm AktG/*Wiedemann* Rn 26).

16 **b) Ordnungsgemäße Anmeldung.** IRd Prüfung der ordnungsgemäßen Anmeldung überprüft das Registergericht die oben bei Rn 2 ff beschriebenen Voraussetzungen, dh seine eigene örtliche und sachliche Zuständigkeit, die Befugnis der als Anmelder auftretenden Personen (einschließlich eventueller Vollmachten), die Einhaltung der Form, die Vollständigkeit und Ordnungsmäßigkeit der Urkunden und Nachweise sowie die Identität zwischen dem Inhalt der Anmeldung und dem Satzungsänderungsbeschluss (KölnKomm AktG/*Zöllner* Rn 31; *Hüffer* AktG Rn 13). Das Gericht prüft ferner, ob der Beschluss von der letzten HV gefasst oder (wenn die Anmeldung ausnahmsweise nicht unverzüglich nach dem Beschluss erfolgt ist, vgl § 179 Rn 44 f) von dieser bestätigt wurde (*Hüffer* AktG Rn 13; KölnKomm AktG/*Zöllner* Rn 27, 38). Aufgrund der notariellen Bescheinigung nach § 181 Abs 1 S 2 (vgl oben Rn 8) darf das

Eintragung der Satzungsänderung § 181

Gericht von der Richtigkeit des Satzungswortlauts ausgehen; entdeckt es gleichwohl Fehler, so kann es den Anmeldern durch eine Zwischenverfügung deren Berichtigung aufgeben (KölnKomm AktG/*Zöllner* Rn 31; *Hüffer* AktG Rn 13). **Fehlt die ordnungsgemäße Anmeldung**, so darf die Eintragung nicht erfolgen (**allgM**, zB *Hüffer* AktG Rn 16).

c) Wirksamkeit des Satzungsänderungsbeschlusses. – aa) Allgemeines. Satzungsänderungen dürfen nur eingetragen werden, wenn sie wirksam sind. Das Registergericht hat dies **zu prüfen** (Rn 14) und ohne pflichtwidrige Verzögerung (*Hüffer* AktG Rn 16) über die Eintragung zu entscheiden. Ist die **Satzungsänderung mangelfrei**, so besteht ein **Eintragungsanspruch** (vgl § 38 Rn 3). Mängel an anderen (bereits eingetragenen) Satzungsbestandteilen sind nach § 399 FamFG (vormals § 144a FGG) geltend zu machen und legitimieren nicht die Ablehnung der Eintragung einer für sich genommen mangelfreien Satzungsänderung (*BayObLG* GmbHR 1997, 73). Ist nur ein **Teil der Satzungsänderung mit einem Mangel behaftet**, so hat das Registergericht entsprechend § 139 BGB darüber zu entscheiden, ob der mangelfreie Teil für sich genommen Bestand haben und eingetragen werden kann (so auch Spindler/Stilz AktG/*Holzborn* Rn 23); im Zweifel ist die Eintragung insgesamt abzulehnen (*RGZ* 140, 174, 179 f zur Genossenschaft; MünchKomm AktG/*Stein* Rn 55; *Hüffer* AktG Rn 16). Bei **behebbaren Eintragungshindernissen** hat das Gericht regelmäßig im Wege der Zwischenverfügung die Gelegenheit, dem Antragsteller die Beseitigung des Hindernisses zu ermöglichen (vgl § 382 Abs 4 FamFG; *OLG Hamm* NJW 1963, 1554). **Mängel** können in Gestalt unwirksamer, anfechtbarer oder nichtiger Beschlüsse auftreten. Im Einzelnen gilt insoweit Folgendes: 17

bb) Unwirksame Beschlüsse. Unwirksame Beschlüsse dürfen nach **hM** ebenfalls nicht eingetragen werden (*RGZ* 148, 175, 186; *Hüffer* AktG Rn 14; **aA** *Baums* S 93); eine (idR nur schwebende) Unwirksamkeit kann sich zB aus dem Fehlen oder der Nichtigkeit eines Sonderbeschlusses nach § 179 Abs 3, einer (zB nach § 180) erforderlichen Zustimmung oder einer staatlichen Genehmigung (dazu oben Rn 11 sowie § 179 Rn 42) ergeben (MünchKomm AktG/*Stein* Rn 44). Bei schwebender Unwirksamkeit wird das Registergericht die Eintragung idR nicht sogleich ablehnen, sondern den Anmeldern zunächst gem § 382 Abs 4 FamFG durch Zwischenverfügung aufgeben, die fehlenden Nachweise beizubringen. 18

cc) Anfechtbare Beschlüsse. Hinsichtlich bloß anfechtbarer Beschlüsse ist zu differenzieren: Liegt ein lediglich anfechtbarer Beschluss vor, gegen den **noch keine Anfechtungsklage erhoben** wurde, so muss das Gericht zwar ohne pflichtwidrige Verzögerung über die Eintragung entscheiden (*Hüffer* AktG Rn 16). Hier liegt es allerdings nahe, die Möglichkeit einer Aussetzung nach §§ 21 Abs 1, 381 FamFG (vormals § 127 S 2 FGG) zu prüfen. In diesem Fall hat das Gericht einem der Beteiligten nach § 381 S 2 FamFG eine Frist zur Erhebung der Klage zu setzen. Auch ein Abwarten bis zum Ablauf der Monatsfrist ist idR zumutbar (MünchKomm AktG/*Stein* Rn 45; *Hüffer* AktG § 243 Rn 52; *Bokelmann* DB 1994, 1341; AnwK-AktR/*Wagner* Rn 13 f; vgl GroßKomm AktG/*K. Schmidt* § 243 Rn 72: Anfechtbarkeit kein Eintragungshindernis, Entscheidung über Eintragung nach pflichtgemäßem Ermessen). 19

Ist ein **Anfechtungsprozess anhängig**, so trifft das RegGericht in Abwägung der Erfolgsaussichten der Klage und des Interesses der AG an einer zügigen Eintragung eine **Ermessensentscheidung** darüber, ob es die Eintragung nach §§ 21 Abs 1, 381 20

Körber

FamFG (vormals § 127 S 1 FGG) bis zum rechtskräftigen Abschluss des Klageverfahrens aussetzt oder vorher selbst eine materielle Bewertung vornimmt (vgl ausführlich MünchKomm AktG/*Stein* Rn 50 f; *Hüffer* AktG Rn 17). Dabei weicht das Verfahren nach §§ 21 Abs 1, 381 FamFG insoweit von § 127 S 1 FGG ab, als die neuen Regelungen Vorgreiflichkeit und Anhängigkeit eines anderen Verfahrens nicht mehr zwingend voraussetzen (vgl § 381 S 1 FamFG). Allerdings muss das Registergericht, wenn es aussetzt und ein Rechtsstreit nicht anhängig ist, einem der Beteiligten eine Frist zur Erhebung der Klage setzen (§ 381 S 2 FamFG), während dies nach § 127 FGG im Ermessen des Gerichts stand. Die Aussetzung des Eintragungsverfahrens steht weiter im Ermessen des Registergerichts (*Ries* NZG 2009, 654, 656). Erscheint die **Anfechtungsklage aussichtslos**, so muss das Registergericht die Eintragung grds vornehmen (vgl *BGHZ* 112, 9, 23 f zur Verschmelzung; MünchKomm AktG/*Stein* Rn 50; *Bokelmann* DB 1994, 1341). Hat ein Anfechtungskläger ein **gerichtliches Eintragungsverbot** erwirkt, so darf die Eintragung gem § 16 Abs 2 HGB nicht erfolgen (dazu ausf Spindler/Stilz AktG/*Holzborn* Rn 31; MünchKomm AktG/*Stein* Rn 54). Das **Freigabeverfahren nach § 246a** gilt nur für HV-Beschlüsse über Kapitalbeschaffung, Kapitalherabsetzung und Unternehmensverträge und ist auf andere HV-Beschlüsse **nicht**, auch nicht analog, **anwendbar** (Spindler/Stilz AktG/*Holzborn* Rn 27).

21 Hat die **Anfechtungsklage Erfolg**, so bindet dieses Urteil nach § 248 auch das Registergericht; hat das Registergericht das Verfahren nicht nach §§ 21 Abs 1, 381 FamFG (vormals § 127 FGG) ausgesetzt und die Eintragung bereits verfügt, so ist nach § 248 Abs 1 S 3, 29 Abs 1 S 1 AktG das rechtskräftige Urteil in das HR einzutragen (vgl § 248 Rn 15 ff). Eine **Klageabweisung** im Anfechtungsprozess entfaltet dagegen keine Bindungswirkung gegenüber dem Registergericht (MünchKomm AktG/*Stein* Rn 52 und 43; *Hüffer* AktG Rn 17; vgl *Ammon* DStR 1993, 1025, 1029 f).

22 Umstr ist, welche Folge das **Verstreichenlassen der Anfechtungsfrist** für die Entscheidung des Registergerichts hat. Die früher im Gesellschaftsrecht und noch **im Registerrecht hM** geht von einer **Eintragungspflicht** aus, da die Mangelhaftigkeit mit Fristablauf von niemandem mehr geltend gemacht werden kann (*von Godin/Wilhelmi* Anm 7; *Baumbach/Hueck* AktG § 243 Anm 3; AnwK-AktR/*Wagner* Rn 13 f; *Winker* in Keidel FamFG/*Heinemann* § 374 Rn 59). Die im Anschluss an *Lutter* (NJW 1969, 1873, 1879) heute **im Gesellschaftsrecht hM** hält das Registergericht dagegen zu Recht für verpflichtet, die **Eintragung zurückzuweisen, wenn** der Mangel auf einem **Verstoß gegen zwingendes Gesetzesrecht** beruht, **das (auch) öffentliche Interessen** einschließlich der Interessen der Gläubiger und künftiger Aktionäre **schützt** (MünchKomm AktG/*Stein* Rn 46; *Hüffer* AktG Rn 14 und § 243 Rn 56; KölnKomm AktG/*Zöllner* Rn 35 f; Spindler/Stilz AktG/*Holzborn* Rn 26; *Noack* S 12; Hölters AktG/*Haberstock/Greitemann* Rn 18; **weitergehend** GroßKomm AktG/*Wiedemann* Rn 25: Zurückweisung auch bei evidenten Verstößen gegen Normen, die dem Schutz der gegenwärtigen Aktionäre dienen). Der **im Gesellschaftsrecht hM ist zu folgen**, weil das Registergericht auch die Aufgabe einer Rechtsaufsichtsbehörde hat und daher nicht rechtswidrigen Beschlüssen durch Eintragung zur Wirksamkeit verhelfen darf (GroßKomm AktG/*Wiedemann* Rn 25) und weil die Anfechtungsberechtigten sonst über Drittinteressen disponieren dürfen (*Hüffer* AktG § 243 Rn 56).

23 **dd) Nichtige Beschlüsse.** Nichtige Beschlüsse dürfen nicht eingetragen werden; dabei ist nach **hM** irrelevant, worauf die Nichtigkeit beruht (KölnKomm AktG/*Zöllner*

Eintragung der Satzungsänderung § 181

Rn 34; MünchKomm AktG/*Stein* Rn 42; **teilw abw** *Säcker* FS Stimpel, S 867, 868 f, 885); ebenfalls irrelevant ist, ob die Nichtigkeit gem § 242 durch Eintragung geheilt würde (vgl GroßKomm AktG/*Wiedemann* Rn 23: in diesem Fall erst recht keine Eintragung; *Lutter* NJW 1969, 1873, 1876, **differenzierend** *Baums* S 70). Hinsichtlich der Möglichkeit einer Aussetzung nach § 381 FamFG (vormals § 127 FGG) und der Bindungswirkungen des Urteils über die Nichtigkeitsklage gilt das zur Anfechtungsklage bei Rn 19 ff Gesagte entspr.

2. Eintragung. Liegen alle Eintragungsvoraussetzungen vor, so trägt der Urkundsbeamte der Geschäftsstelle die Satzungsänderung **auf Verfügung des Registerrichters** (§ 25 Abs 1 HRV) in das HR ein. Die Eintragung von **Zweigniederlassungen** erfolgt nach § 13 Abs 2 HGB auf dem Registerblatt der Hauptniederlassung. Bei einer **Sitzverlegung** nach § 45 Abs 2 erfolgt eine Eintragung in das HR des neuen Sitzes (vgl § 45 Rn 5 und 7). Die Eintragung ist gebührenpflichtig (§ 105 Abs 1 Nr 1 GNotKG). Die **Kosten** muss gem § 29 Nr 1 GNotKG die AG tragen (vgl zu § 2 KostO *Hüffer* AktG Rn 2). 24

Hinsichtlich des **Inhalts** ist – wie bei der Anmeldung – zwischen **Änderungen**, die **wesentliche Satzungsbestandteile iSd § 39** betreffen, und anderen Eintragungen zu unterscheiden. Im ersten Fall ist eine **ausdrückliche Eintragung des Inhalts** der Änderung erforderlich, wobei eine schlagwortartige Wiedergabe ausreicht (insoweit gelten die Ausführungen zur Anmeldung oben bei Rn 6 entspr; s auch MünchKomm AktG/ *Stein* Rn 58). Bei **anderen Änderungen** reicht eine lediglich auf die Satzungsänderungen hinweisende und iÜ auf die eingereichten Urkunden **bezugnehmende Eintragung**; auch eine Bezeichnung des Gegenstandes der Satzungsänderung ist nicht erforderlich (*OLG Celle* AG 1989, 209, 211; MünchKomm AktG/*Stein* Rn 59; *Hüffer* AktG Rn 20). Obgleich § 328 Abs 2 FamFG (vormals § 130 Abs 1 FGG) dies nur als Soll-Bestimmung verlangt, ist bei allen Eintragungen nach § 181 stets der **Tag der Eintragung anzugeben**, weil davon das Wirksamwerden der Satzungsänderung nach § 181 Abs 3 abhängt (*Hüffer* AktG Rn 21). **Nicht** erforderlich ist dagegen die Angabe des **Tages der Beschlussfassung** (MünchKomm AktG/*Stein* Rn 60; *Hüffer* AktG Rn 21; KölnKomm AktG/*Zöllner* Rn 43; Spindler/Stilz AktG/*Holzborn* Rn 28; Grigoleit AktG/*Ehmann* Rn 9; **aA** GroßKomm AktG/*Wiedemann* Rn 37). 25

3. Bekanntmachung. Das Registergericht macht die Eintragung der Satzungsänderung gem **§ 10 HGB** iVm §§ 32 ff HRV bekannt. Die Bekanntmachung ist danach vom Richter bzw Urkundsbeamten der Geschäftsstelle (§ 27 HRV) in dem von der Landesjustizverwaltung bestimmten **elektronischen Informations- und Kommunikationssystem** zu bewirken (vgl auch § 9 Abs 1 S 4 und S 5 HGB). Das Unternehmensregister sorgt für eine zentrale Abrufbarkeit der Bekanntmachungen (§ 8b HGB). Aufgrund der **Übergangsregelung** des Art 61 Abs 4 EGHGB hat das Gericht die Eintragungen in das Handelsregister bis zum 31.12.2008 zusätzlich zu der elektronischen Bekanntmachung auch in einer Tageszeitung oder einem sonstigen Blatt bekannt zu machen, welches das Gericht jährlich im Dezember zu bezeichnen hat. 26

Bekannt gemacht wird nach § 10 HGB nicht die Satzungsänderung, sondern die Eintragung, dh **der gesamte Inhalt der Eintragung** (vgl oben Rn 25) einschließlich des Eintragungsdatums (§ 33 Abs 2 HRV) und des registerführenden Gerichts (*Hüffer* AktG Rn 22). Die **Bekanntmachung** ist **kein Wirksamkeitserfordernis** für die Satzungsänderung (*OLG Celle* AG 1989, 209, 211). Sie kann aber mit Blick auf die Regis- 27

Körber

§ 181 Eintragung der Satzungsänderung

terpublizität im Zusammenhang mit § 15 HGB rechtliche Bedeutung erlangen (dazu ausf KölnKomm AktG/*Zöllner* Rn 55 ff).

28 Der frühere § 181 Abs 2 S 2 bestimmte ferner, dass die Änderung ihrem Inhalt nach bekannt zu machen sei, sofern sie eine Bestimmung betreffe, die ihrem Inhalt nach bekannt zu machen sei. Damit nahm die Norm Bezug auf § 40 Abs 1 (*Hüffer* AktG Rn 23), der allerdings durch Art 9 Nr 2 EHUG (BGBl I 2006, 2553) mit Wirkung zum 1.1.2007 mit der Begründung aufgehoben wurde, dass „die Bekanntmachung nur das Spiegelbild der Eintragung ist, nicht aber weitergehende Inhalte aufweisen soll" und dass sich der Rechtsverkehr in Zukunft über weitere Einzelheiten online informieren könne (vgl §§ 9, 12 HGB; Begr RegE BT-Drucks 16/960, 65 zu Nr 2). § 181 Abs 2 S 2 war daher praktisch obsolet und wurde konsequenterweise **durch das MoMiG gestrichen**.

29 **4. Rechtsmittel.** Gegen **abl Entscheidungen und Zwischenverfügungen** des Registerrichters ist die Beschwerde zum Landgericht gem §§ 58 ff FamFG (vormals § 19 FGG) statthaft; beschwerdebefugt ist insoweit der Anmelder, dh die AG vertreten durch den Vorstand, nicht aber das Vorstandsmitglied persönlich (vgl oben Rn 3; *Hüffer* AktG Rn 18; KölnKomm AktG/*Zöllner* Rn 48). Die Entscheidung des Beschwerdegerichts konnte unter Geltung des FGG mit einer weiteren Beschwerde zum OLG angefochten werden (§§ 27, 28 FGG); seit Inkrafttreten des FamFG zum 1.9.2009 ist eine Anfechtung nur noch durch zulassungsabhängige Rechtsbeschwerde gem §§ 70 ff FamFG möglich. Gegen Entscheidungen des Rechtspflegers ist eine Erinnerung gem § 11 RpflG statthaft. Die Beeinträchtigung durch Zurückweisung der Anmeldung einer Satzungsänderung entfällt durch die Eintragung einer späteren Satzungsänderung selbst dann, wenn die ursprüngliche Satzungsänderung wiederum zur Anmeldung und Eintragung gebracht werden soll (*KG* AG 2005, 537 f).

30 Ob gegen die **Eintragungsverfügung** (vgl oben Rn 24) ein Rechtsmittel eingelegt werden kann, um die Eintragung zu verhindern, ist umstr. Die **hM** lehnt dies grds ab, da es sich bei dieser Verfügung um einen verwaltungsinternen Vorgang handele (*OLG Stuttgart* OLGZ 1970, 419, 420; *OLG Hamm* AG 1980, 79, 80; *Hüffer* AktG Rn 18); eine Ausnahme wird aber **teilw** gemacht, wenn das Registergericht den Beteiligten die Verfügung gerade zu dem Zweck zugänglich gemacht hat, ihnen eine Nachprüfung durch ein Rechtsmittel zu ermöglichen (*BayObLG* NJW-RR 1992, 295; *OLG Stuttgart* OLGZ 1970, 419, 420 f). Nach **aA** ist mit Blick auf die konstitutive Wirkung der Eintragung im Lichte des Art 19 Abs 4 GG die Einlegung von Rechtsmitteln gegen die Eintragungsverfügung zuzulassen; beschwerdeberechtigt soll demgemäß nach § 59 FamFG (vormals § 20 Abs 1 FGG) jeder sein, dessen Recht durch die Eintragung beeinträchtigt würde (GroßKomm AktG/*Wiedemann* Rn 38; MünchKomm AktG/*Stein* Rn 62 ff; *Baums* S 167 ff; Grigoleit AktG/*Ehmann* Rn 11: Beschwerde zulässig, wenn Verfügung bekanntgemacht und noch nicht vollzogen). Die **Eintragung** selbst ist als bloßer Realakt **nicht rechtsmittelfähig** (*BGHZ* 104, 61, 63; GroßKomm AktG/*Wiedemann* Rn 67; s auch MünchKomm AktG/*Stein* Rn 100: keine Beschwerde gegen Eintragungsverfügung nach der Eintragung). Zur **Amtslöschung bei fehlerhafter Eintragung** s unten Rn 37 ff.

IV. Wirkung der Eintragung (Abs 3)

31 **1. Konstitutive Wirkung der Eintragung.** Die Eintragung hat konstitutive Wirkung. Die Satzungsänderung erlangt im Außenverhältnis zu Dritten (zB Finanzbehörden:

BFH NJW-RR 2002, 318) wie auch im Innenverhältnis der Gesellschaft (KölnKomm AktG/*Zöllner* Rn 49) erst durch die Eintragung Rechtswirksamkeit. Das setzt natürlich voraus, dass der Beschluss iÜ fehlerfrei war (Spindler/Stilz AktG/*Holzborn* Rn 47; vgl Rn 33 ff zur nur ausnahmsweise eintretenden Heilungswirkung der Eintragung bei mängelbehafteten Beschl). Der Tag der Eintragung wird nach § 382 Abs 2 FamFG (vormals § 130 Abs 1 FGG) im HR vermerkt (s oben Rn 25). Nach der Eintragung kann die Satzungsänderung nur durch eine erneute Satzungsänderung geändert oder aufgehoben werden (s § 179 Rn 50). Abs 3 steht einer rückwirkenden Satzungsänderung bzgl der variablen AR-Vergütung auch für das laufende Geschäftsjahr, nicht entgegen (*LG München* NZG 2013, 182, 183 f).

2. Rechtliche Bedeutung des Beschlusses bis zur Eintragung. Bis zur Eintragung ist 32 die Satzungsänderung als solche noch nicht rechtsverbindlich; die Satzung gilt noch in ungeänderter Fassung (zur Frage der **Rückwirkung** s § 179 Rn 47 ff; zur Möglichkeit einer **Aufhebung oder Änderung** s § 179 Rn 50). Trotzdem gehen vom Änderungsbeschluss schon gewisse Rechtswirkungen aus: Dem **Vorstand gegenüber** begründet der Beschluss eine Pflicht zur Anmeldung (s oben Rn 5); die Organe der AG können darüber hinaus ebenso wie die **Aktionäre** mit Blick auf die Treupflicht gehalten sein, den Beschluss bereits jetzt zu beachten und ihm zumindest nicht entgegen zu handeln (GroßKomm AktG/*Wiedemann* Rn 42); der Beschluss bindet auch **Neuaktionäre**, die nach Beschlussfassung aber vor Eintragung Aktien der Gesellschaft erwerben (MünchKomm AktG/*Stein* Rn 71; *Hüffer* AktG Rn 25). Die Monatsfrist für die **Anfechtung des Satzungsänderungsbeschlusses** beginnt nach § 246 Abs 1 mit der Beschlussfassung und nicht erst mit der Eintragung. **Beschlüsse zur Durchführung der Satzungsänderung** können schon vor der Eintragung gefasst werden, auch sie erlangen aber erst mit der Eintragung der Satzungsänderung Wirksamkeit (MünchKomm AktG/*Stein* Rn 72; *Priester* ZHR 151 (1987) 40, 57). Werden also zB AR-Posten durch die Satzungsänderung geschaffen, so können die Gewählten dieses Amt erst ab Eintragung ausüben (*KGJ* 28 (1905), S A 216, 224; offen gelassen in *RGZ* 24, 54, 58; zu Gewinnverwendungsbeschlüssen vgl *Horbach* AG 2001, 78, 79 f).

3. Heilungswirkung der Eintragung. – a) Grundsatz. Die Eintragung nach § 181 33 Abs 3 führt zwar zur Wirksamkeit eines fehlerfreien Satzungsänderungsbeschlusses, doch kann sie einen solchen Beschluss nicht ersetzen. Die **Eintragung als solche** hat daher bei einem fehlerhaften Beschluss **grds keine heilende Wirkung (allgM,** zB KölnKomm AktG/*Zöllner* Rn 52; GroßKomm AktG/*Wiedemann* Rn 46; *Hüffer* AktG Rn 26). **Anderes** gilt bei Verletzung einer **Ordnungsvorschrift** (etwa § 182 Abs 4), deren Verletzung weder zur Nichtigkeit noch zur Anfechtbarkeit des Beschlusses führt: Hier hat das Gericht zwar die Eintragung zu verweigern, trägt es die Satzungsänderung aber dennoch ein, so wird sie mit der Eintragung wirksam (MünchKomm AktG/*Stein* Rn 86). IÜ ist wie folgt zu differenzieren:

b) Heilung nach § 242. Fehlende Beschlüsse können durch eine bloße Eintragung 34 nicht ersetzt werden. Eine Heilung scheidet insoweit aus. **Nichtige Beschlüsse** (oben Rn 23) werden zwar ebenfalls grds nicht durch bloße Eintragung wirksam, doch kann die Nichtigkeit in bestimmten Fällen nach § 242 durch Eintragung bei Formverstößen sofort (§ 242 Abs 1), in anderen Fällen nach Zeitablauf von idR drei Jahren seit Eintragung (§ 242 Abs 2) **geheilt** werden (dazu im Einzelnen § 242 Rn 1 ff). Dies gilt grds auch für Satzungsänderungsbeschlüsse (KölnKomm AktG/*Zöllner* Rn 52; *Hüffer*

AktG Rn 27; **aA** *Säcker* FS Stimpel, S 867, 884). **Allerdings** bleibt in den Fällen des § 242 Abs 2 entspr § 242 Abs 2 S 3 die **Amtslöschung** der Registereintragung durch das Registergericht nach § 398 FamFG (vormals § 144 Abs 2 FGG) möglich, so dass die Heilungswirkung insoweit unvollkommen ist (KölnKomm AktG/*Zöllner* Rn 52; MünchKomm AktG/*Stein* Rn 84). Auf **unwirksame Beschlüsse** (oben Rn 18) ist § 242 Abs 2 entspr anzuwenden (*OLG Hamburg* AG 1970, 230, 231; MünchKomm AktG/*Stein* Rn 85), nicht dagegen auf **anfechtbare Beschlüsse** (oben Rn 19 ff). Anfechtbare Beschlüsse werden nicht bereits durch die Eintragung geheilt; sie werden erst mit Ablauf der Anfechtungsfrist des § 246 Abs 1 unangreifbar (KölnKomm AktG/*Zöllner* Rn 53); hat eine vorher erhobene Anfechtungsklage Erfolg, werden die Wirkungen einer zwischenzeitlich erfolgten Eintragung rückwirkend beseitigt (vgl § 248; dazu oben Rn 21; MünchKomm AktG/*Stein* Rn 86).

35 **4. Verfahrensmängel.** Grds führen nur **schwere Verfahrensmängel** zur **Unwirksamkeit** der Eintragung. Dies ist etwa der Fall, wenn eine **Anmeldung fehlt oder wirksam zurückgenommen** wurde: Hier entfaltet die Eintragung keine Rechtswirkungen, weil das Registergericht nicht ohne Antrag von sich aus tätig werden darf (*RGZ* 132, 22, 25 für einen fehlenden Beschluss bei einer Genossenschaft; MünchKomm AktG/*Stein* Rn 88; GroßKomm AktG/*Wiedemann* Rn 49; **aA** *Baums* S 133 ff). Die Anmeldung kann jedoch nachgeholt und der Mangel dadurch geheilt werden (MünchKomm AktG/*Stein* Rn 88). Ohne Rechtswirkungen bleibt auch die **Eintragung durch ein unzuständiges Gericht** (MünchKomm AktG/*Stein* Rn 89).

36 Ob auch die **unvollständige oder unrichtige Wiedergabe des Satzungsänderungsbeschlusses** zur Unwirksamkeit der Eintragung führt, ist im Einzelnen umstr. Zum Teil wird dies für beide Fälle bejaht (GroßKomm AktG/*Wiedemann* Rn 50), teils zwischen Fehlerhaftigkeit und Unvollständigkeit differenziert (vgl *Hüffer* AktG Rn 28); wieder andere treten für ein Wirksamwerden des angemeldeten Beschlusses mit der fehlerhaften oder unvollständigen Eintragung ein, weil sich Gegenstand und Inhalt aus dem bei den Registerakten befindlichen Satzungsänderungsbeschluss und dem Satzungswortlaut erschließen ließen und daher die Eintragungsfehler nicht so schwerwiegend seien (so *Priester* BB 2002, 2613, 2615; MünchKomm AktG/*Stein* Rn 90). Wird der Beschluss **nur zum Teil richtig eingetragen**, so wird jedenfalls der eingetragene Teil mit der Eintragung wirksam, wenn dies unter Zugrundelegung des Rechtsgedankens des § 139 BGB von der AG gewollt und rechtlich möglich ist (vgl *RGZ* 132, 22, 26; *Hüffer* AktG Rn 28). Gleichermaßen steht ein **Fehlen von Nachweisen iSd § 181 Abs 1 S 2** oder ein **Verstoß gegen Formvorschriften wie § 12 HGB** einem Wirksamwerden des Beschlusses mit einer gleichwohl erfolgten Eintragung nicht im Wege (MünchKomm AktG/*Stein* Rn 91; *Hüffer* AktG Rn 28; GroßKomm AktG/*Wiedemann* Rn 51). Fehlende Unterlagen können nach § 14 HGB nachgefordert werden (s oben Rn 7). Schreibversehen und andere offenbare Unrichtigkeiten können nach § 17 HRV von Amts wegen berichtigt werden; die AG selbst kann eine Korrektur fehlerhafter oder unvollständiger Eintragungen anregen oder im Wege der Beschwerde nach § 59 Abs 2 FamFG (vormals § 20 Abs 2 FGG) erwirken (MünchKomm AktG/*Stein* Rn 90; s auch unten Rn 41).

V. Löschung

37 **1. Amtslöschung. – a) Allgemeines.** Abgesehen von der Berichtigung von Schreibversehen und anderen offenbaren Unrichtigkeiten nach § 17 HRV können Korrekturen

Eintragung der Satzungsänderung § 181

des HR nicht ohne Weiteres von Amts wegen erfolgen. Fehlerhafte Eintragungen können **nur unter den Voraussetzungen der §§ 395, 398 FamFG (vormals §§ 142 Abs 1, 144 Abs 2 FGG)** (dazu sogleich Rn 39 f) und nur noch durch das Registergericht gelöscht werden. Liegen diese Voraussetzungen vor, so erfolgt die Löschung von Amts wegen; eine Anregung durch die AG oder Dritte ist möglich, aber nicht erforderlich (*Hüffer* AktG Rn 29). Das Registergericht entscheidet über die Löschung nach dem Wortlaut der Normen nach pflichtgemäßem **Ermessen** („kann"); das öffentliche Interesse iSd § 398 (vormals § 144 Abs 2 FGG) wird sich aber regelmäßig iSe Löschung durchsetzen (**str**, für eine Pflicht zur Löschung im Falle des § 398 *Hüffer* AktG Rn 30; *Baums* S 116 f; für eine Ermessensentscheidung in Abwägung öffentlicher und privater Interessen die **hM**, zB GroßKomm AktG/*Wiedemann* Rn 64; Keidel FamFG/*Heinemann* § 398 Rn 17). **Bei Erfolg einer Anfechtungsklage** gegen eine bereits eingetragene Satzungsänderung wird nicht die Eintragung gelöscht, sondern nach §§ 248 Abs 1 S 3, 249 Abs 1 S 1 das **rechtskräftige Urteil in das Handelsregister eingetragen** (vgl oben Rn 21 sowie § 248 Rn 15 ff).

Der Amtslöschung kommt grds **nur deklaratorische Wirkung** zu. Allerdings können sich **ausnahmsweise Rechtswirkungen** ergeben, wenn aufgrund der Löschung die Heilungswirkung nach § 242 Abs 2 S 2 entfällt (vgl Rn 34) oder die Nachholung einer heilenden Verfahrenshandlung ausgeschlossen wird (vgl Rn 35 f). Zudem beseitigt die Löschung für die Zukunft den Verkehrsschutz nach § 15 HGB. Konstitutive Wirkung entfaltet eine Amtslöschung auch in Fällen des § 241 Nr 6 AktG iVm § 398 FamFG (vormals § 144 Abs 2 FGG; s auch § 241 Rn 21 ff). Nach § 395 Abs 2 FamFG (vormals § 142 Abs 2 FGG) muss das RegGericht der AG zugleich mit der Benachrichtigung über die beabsichtigte Löschung eine angemessene **Widerspruchsfrist** setzen. Als Rechtsmittel gegen die Zurückweisung des Widerspruchs steht nach § 393 Abs 3 iVm § 395 Abs 3 die **Beschwerde** zur Verfügung (ausf zu Rechtsmitteln Spindler/Stilz AktG/*Holzborn* Rn 51). 38

b) Löschung gem § 398 FamFG. Ein Satzungsänderungsbeschluss kann nach § 398 FamFG (vormals § 144 Abs 2 FGG) „gem der Vorschrift des § 395 FamFG (vormals §§ 142, 143 FGG) als nichtig gelöscht werden, wenn er durch seinen Inhalt zwingende gesetzliche Vorschriften verletzt und seine Beseitigung im öffentlichen Interesse erforderlich erscheint" (**abw** *Hüffer* AktG Rn 30: entgegen Gesetzeswortlaut („kann") kein Ermessensspielraum). Der Begriff der **„zwingenden gesetzlichen Vorschriften"** umfasst neben Vorschriften des AktG auch andere gesetzliche Regelungen (zB §§ 27 ff MitbestG). Der Beschluss muss ferner **„durch seinen Inhalt"** gegen die gesetzliche Vorschrift verstoßen; bloße Verfahrensverstöße reichen daher nicht aus (*OLG Hamm* OLGZ 1979, 313, 317; *Hüffer* AktG Rn 30). Zum Begriff des „öffentlichen Interesses" vgl § 241 Rn 13 ff; *Hüffer* AktG § 241 Rn 18 ff; zu den anderen Voraussetzungen auch ausf § 241 Rn 21 ff). Bei **Fassungsänderungen** gem § 179 Abs 1 S 2 durch den AR ist § 398 FamFG (vormals § 144 Abs 2 FGG) nur auf den ermächtigenden HV-Beschluss anwendbar, soweit dieser zwingendes Recht verletzt (MünchKomm AktG/*Stein* Rn 92). 39

c) Löschung gem § 395 FamFG. § 398 FamFG (vormals § 144 Abs 2 FGG) verdrängt in seinem Anwendungsbereich als lex specialis die Vorschrift des § 395 FamFG (vormals §§ 142, 143 FGG). Inhaltliche Beschlussmängel können deshalb nicht unter den erleichterten Voraussetzungen des § 395 FamFG durch Amtslöschung beseitigt werden 40

(MünchKomm AktG/*Stein* Rn 94; Keidel FamFG/*Heinemann* § 398 Rn 4, § 144 Rn 1, 5). § 395 FamFG findet allenfalls Anwendung bei Eintragungen, die auf schweren Verfahrensmängeln beruhen (*Hüffer* AktG Rn 31; vgl oben Rn 35, zB fehlende Anmeldung; insoweit **enger** § 241 Rn 27). Eine Amtslöschung nach § 395 FamFG (vormals §§ 142 ff FGG) kommt auch bei bloßen **Fassungsänderungen** in Bezug auf Mängel in Betracht, die nicht den ermächtigenden HV-Beschluss betreffen und daher nicht schon unter § 398 FamFG fallen (GroßKomm AktG/*Wiedemann* Rn 55; MünchKomm AktG/*Stein* Rn 95). Bei einer zu **Unrecht nach** § 395 **FamFG erfolgten Amtslöschung** bleibt die Satzungsänderung wirksam, nur das HR wird falsch; der Löschungsvermerk stellt dann seinerseits eine fehlerhafte Eintragung dar und kann gem § 395 FamFG gelöscht werden (GroßKomm AktG/*Wiedemann* Rn 65 f; **aA** *OLG Hamm* BB 1981, 259, 261 für die Eingliederung).

41 **2. Änderung oder Löschung auf Antrag der Aktiengesellschaft.** Eine Änderung oder Löschung einer Eintragung kommt nach § 48 FamFG (vormals § 18 FGG) auch auf Antrag der AG in Betracht. Die Voraussetzungen des § 395 FamFG (vormals §§ 142 ff FGG) müssen in diesem Fall nicht vorliegen, weil die Norm dem Schutz der AG dienen (*KG* JW 1933, 1842; GroßKomm AktG/*Wiedemann* Rn 70). Eine Änderung setzt allerdings die inhaltliche Unrichtigkeit der Eintragung voraus, eine Löschung die Unwirksamkeit der Eintragung. Liegen diese Voraussetzungen vor, muss das Registergericht dem Antrag entsprechen (MünchKomm AktG/*Stein* Rn 102). Sind Satzungsänderungen trotz fehlerhafter Eintragung wirksam geworden, so kann zwar ein Eintragungsfehler auf Antrag berichtigt, nicht aber die Eintragung als solche gelöscht werden, weil dies das HR in Widerspruch zur tatsächlichen Rechtslage setzen würde (GroßKomm AktG/*Wiedemann* Rn 70). Gleiches gilt, wenn eine Heilung nach § 242 eingetreten ist; in diesem Fall kann ein Löschungsantrag aber in eine Anregung zur Amtslöschung (dazu oben Rn 34 und 37 f) umgedeutet werden (MünchKomm AktG/*Stein* Rn 102).

Zweiter Abschnitt
Maßnahmen der Kapitalbeschaffung

Erster Unterabschnitt
Kapitalerhöhung gegen Einlagen

§ 182 Voraussetzungen

(1) ¹Eine Erhöhung des Grundkapitals gegen Einlagen kann nur mit einer Mehrheit beschlossen werden, die mindestens drei Viertel des bei der Beschlussfassung vertretenen Grundkapitals umfasst. ²Die Satzung kann eine andere Kapitalmehrheit, für die Ausgabe von Vorzugsaktien ohne Stimmrecht jedoch nur eine größere Kapitalmehrheit bestimmen. ³Sie kann weitere Erfordernisse aufstellen. ⁴Die Kapitalerhöhung kann nur durch Ausgabe neuer Aktien ausgeführt werden. ⁵Bei Gesellschaften mit Stückaktien muss sich die Zahl der Aktien in demselben Verhältnis wie das Grundkapital erhöhen.

(2) ¹Sind mehrere Gattungen von stimmberechtigten Aktien vorhanden, so bedarf der Beschluss der Hauptversammlung zu seiner Wirksamkeit der Zustimmung der

Voraussetzungen § 182

Aktionäre jeder Gattung. ²Über die Zustimmung haben die Aktionäre jeder Gattung einen Sonderbeschluss zu fassen. ³Für diesen gilt Absatz 1.

(3) Sollen die neuen Aktien für einen höheren Betrag als den geringsten Ausgabebetrag ausgegeben werden, so ist der Mindestbetrag, unter dem sie nicht ausgegeben werden sollen, im Beschluss über die Erhöhung des Grundkapitals festzusetzen.

(4) ¹Das Grundkapital soll nicht erhöht werden, solange ausstehende Einlagen auf das bisherige Grundkapital noch erlangt werden können. ²Für Versicherungsgesellschaften kann die Satzung etwas anderes bestimmen. ³Stehen Einlagen in verhältnismäßig unerheblichem Umfang aus, so hindert dies die Erhöhung des Grundkapitals nicht.

Übersicht

	Rn		Rn
I. Grundlagen	1	d) Frist zur Durchführung	22
1. Gegenstand der Regelung	1	e) Sonstige Angaben	23
2. Arten der Kapitalerhöhung	2	f) Satzungsanpassung	26
3. Systematische Stellung	5	4. Aufhebung und Änderung	27
4. Pflicht zur Kapitalerhöhung?	7	5. Fehlerhaftigkeit	28
5. Ablauf der Kapitalerhöhung	9	III. Sonderbeschlüsse	29
II. Kapitalerhöhungsbeschluss	12	IV. Ausgabebetrag	34
1. Allgemeines	12	V. Ausstehende Einlagen	38
2. Mehrheitserfordernisse	13	1. Grundregeln	38
a) Gesetzliche Regelung	13	2. Ausnahmen	42
b) Satzung	14	3. Rechtsfolgen bei Verstoß	45
3. Inhalt des Erhöhungsbeschlusses		VI. Auflösung und Insolvenz	47
a) Allgemeines	17	1. Auflösung	47
b) Betrag der Kapitalerhöhung	18	2. Insolvenz	48
c) Angaben zu den neuen Aktien	20	VII. Kosten	50

Literatur: *Frey/Hirte* Vorzugsaktionäre und Kapitalerhöhung DB 1989, 2465; *Götze* Die Auswirkungen der Eröffnung eines Insolvenzverfahrens auf die Durchführung einer zuvor beschlossenen Kapitalerhöhung, ZIP 2002, 2204; *Klette* Die Überpari-Emission bei der Kapitalerhöhung gegen Einblagen, DB 1968, 2203 und 2261; *Krauel/Weng* Das Erfordernis von Sonderbeschlüssen stimmrechtsloser Vorzugsaktien bei Kapitalerhöhungen und Kapitalherabsetzungen, AG 2003, 561; *Kuntz* Die Kapitalerhöhung in der Insolvenz DStR 2006, 519; *Lutter* Gescheiterte Kapitalerhöhungen FS Schilling, 1973, S 207; *H.-F. Müller* Die Kapitalerhöhung in der Insolvenz, ZGR 2004, 842; *Priester* Die nicht placierte Kapitalerhöhung, FS Wiedemann, 2002, S 1161; *Seibt* Sanierungskapitalerhöhungen: Dogmatische Überlegungen und Praxisgestaltungen, Der Konzern 2009, 261; *Seibt/Voigt* Kapitalerhöhungen zu Sanierungszwecken, AG 2009, 133; *Vaupel/Reers* Kapitalerhöhungen bei börsennotierten Aktiengesellschaften in der Krise, AG 2010, 93.

I. Grundlagen

1. Gegenstand der Regelung. § 182 legt in Übereinstimmung mit Art 25 Abs 1 der Kapitalrichtlinie 77/91/EWG fest, dass die Erhöhung des Grundkapitals von der HV beschlossen werden muss. Ergänzend werden die Mehrheitserfordernisse (Abs 1 S 1 und 2) und die Aufstellung weiterer Erfordernisse durch die Satzung (Abs 1 S 3) geregelt. Abs 1 S 4 stellt klar, dass die Kapitalerhöhung durch Ausgabe neuer Aktien

Marsch-Barner 1479

§ 182

erfolgen muss; eine Erhöhung durch Heraufsetzung des Nennbetrags ist damit ausgeschlossen (Ausnahme: § 4 Abs 3 EGAktG zur Glättung des Nennbetrags aus Anlass der Euroumstellung). Bei Gesellschaften mit Stückaktien muss sich die Zahl der Aktien in demselben Verhältnis wie das Grundkapital erhöhen (Abs 1 S 5) um sicherzustellen, dass die Beteiligungsquoten nicht zu Lasten der alten Aktien verändert werden (*Hüffer* AktG § 182 Rn 1). Bei Vorhandensein mehrerer Gattungen stimmberechtigter Aktien sind zur Kapitalerhöhung Sonderbeschlüsse erforderlich (Abs 2). Sollen Aktien zu einem höheren als dem geringsten Ausgabebetrag (§§ 9 Abs 1, 8 Abs 3 S 3) ausgegeben werden, muss der Mindestbetrag im Beschluss der HV festgesetzt werden (Abs 3). Sind die Einlagen auf das bisherige Grundkapital noch nicht vollständig geleistet, soll eine Kapitalerhöhung nicht stattfinden (Abs 4, Subsidiarität der Kapitalerhöhung).

2 **2. Arten der Kapitalerhöhung.** Die Vorschrift regelt als Grundform der Erhöhungen des Grundkapitals die **Kapitalerhöhung gegen Einlagen** (§§ 182–191). Daneben stellt das Gesetz drei weitere Formen zur Verfügung: die **bedingte Kapitalerhöhung** (§§ 192–201), das **genehmigte Kapital** (§§ 202–206) und die **Kapitalerhöhung aus Gesellschaftsmitteln** (§§ 207–220). Auch bei der bedingten Kapitalerhöhung und der Erhöhung aus genehmigtem Kapital wird das Grundkapital gegen Einlagen erhöht. Die in §§ 182 ff geregelte Grundform wird deshalb besser als ordentliche oder reguläre Kapitalerhöhung bezeichnet (*Hüffer* AktG Rn 2; KölnKomm AktG/*Lutter* Vor § 182 Rn 19; MünchKomm AktG/*Peifer* Vor § 182 Rn 2; MünchHdb AG/*Krieger* § 55 Rn 3). Bei der Kapitalerhöhung aus Gesellschaftsmitteln werden keine Einlagen geleistet. Es erfolgt nur eine Umbuchung von Bilanzposten, nämlich von den Rücklagen in das Grundkapital (näher dazu § 207 Rn 3).

3 In der Praxis bildet die ordentliche Kapitalerhöhung eher die Ausnahme. Dies liegt daran, dass diese Kapitalerhöhung in zeitlichem Zusammenhang mit der Beschlussfassung der HV auch durchgeführt werden muss (dazu näher unten Rn 22). Beim **genehmigten Kapital** (§§ 202–206) können dagegen Vorstand und AR bei Vorliegen einer entspr Ermächtigung unabhängig von der HV eine Erhöhung des Kapitals beschließen und durchführen. IÜ stehen ordentliche Kapitalerhöhung und genehmigtes Kapital **gleichrangig nebeneinander**. Auf die Schaffung eines genehmigten Kapitals muss nicht verzichtet werden, wenn auch eine reguläre Erhöhung möglich ist (*OLG Karlsruhe* AG 2003, 444, 445 r Sp; *Hüffer* AktG Rn 2).

4 Die ordentliche Kapitalerhöhung kann wie die Kapitalerhöhung aus genehmigtem Kapital zu **beliebigen Zwecken** beschlossen werden. In der Praxis überwiegen Kapitalerhöhungen gegen Bareinlagen, um der Gesellschaft neue liquide Mittel zuzuführen. Daneben kommen auch Kapitalerhöhungen gegen Sacheinlagen vor. Solche Erhöhungen können insb dazu dienen, Anteile an anderen Unternehmen gegen Ausgabe neuer Aktien zu erwerben (dazu näher Rn 6 zu § 183). Auch bei der bedingten Kapitalerhöhung erhält die Gesellschaft neue Mittel. Die Zwecke, die dabei verfolgt werden dürfen, sind in § 192 Abs 2 allerdings abschließend aufgeführt.

5 **3. Systematische Stellung.** Die Kapitalerhöhung ist stets zugleich **Satzungsänderung**. Soweit die § 182 ff keine bes Regelungen enthalten, sind daher die §§ 179–181 anwendbar (*Hüffer* AktG Rn 3; MünchKomm AktG/*Peifer* Rn 6). Geändert wird neben der Höhe des Grundkapitals (§ 23 Abs 1 Nr 3) auch die Anzahl der Aktien (§ 23 Abs 1 Nr 4). Beide Angaben sind zwingende Bestandteile der Satzung.

Die Kapitalerhöhung stellt zwar keine partielle Neugründung der Gesellschaft dar, erweitert aber ihre ursprüngliche Kapitalgrundlage und ist insoweit als **Strukturänderung** zu sehen (vgl dazu BGH ZIP 2002, 799, 801 KölnKomm AktG/*Lutter* Rn 1; MünchKomm AktG/*Peifer* Rn 6; AnwK-AktG/*Elser* Rn 3; *Schneider/Verhoeven* ZIP 1982, 644, 645). Auf das Gründungsrecht wird allerdings wiederholt verwiesen (vgl zB §§ 183 Abs 3 S 2, 188 Abs 2 S 1, 194 Abs 4 S 2, 205 Abs 3). 6

4. Pflicht zur Kapitalerhöhung? Eine gesetzliche Pflicht zur Kapitalerhöhung besteht auch bei materieller Unterkapitalisierung nicht (MünchKomm AktG/*Peifer* Rn 5; GroßKomm AktG/*Wiedemann* Rn 36). Wie die (Mehrheits-)Aktionäre ihrer Verantwortung für die Finanzierung der Gesellschaft nachkommen, bleibt ihnen überlassen. Soll – auf Vorschlag der Verwaltung oder von Aktionären – eine Kapitalerhöhung beschlossen werden, müssen dieser die Aktionäre nicht zustimmen. Bei einer Kapitalerhöhung zu Sanierungszwecken kann sich zwar ausnahmsweise aus der gesellschaftsrechtlichen Treuepflicht eine **Zustimmungspflicht** ergeben (*K. Schmidt* ZGR 1982, 519, 525; MünchKomm AktG/*Peifer* Rn 5). Diese Pflicht bedeutet grds nur ein Blockadeverbot und enthält keine Pflicht zur Beteiligung an der Kapitalerhöhung (*Priester* ZGR 1977, 445, 465; MünchKomm AktG/*Peifer* aaO). Nach § 7 Abs 7 S 1 FMStBG machen sich Aktionäre eines Unternehmens des Finanzsektors allerdings schadensersatzpflichtig, wenn sie eine für den Fortbestand der Gesellschaft erforderliche Kapitalmaßnahme, insb durch ihre Stimmrechtsausübung, verzögern oder vereiteln. Diese Regelung ist verallgemeinerungsfähig und gilt im Falle einer Krise auch bei anderen Gesellschaften (*Langenbucher* ZGR 2010, 75, 97; einschr *Bachmann* ZIP 2009, 1249, 1253: nur bei Vorsatz entspr BGHZ 129, 136, 168 Girmes). 7

Die Aktionäre können sich **schuldrechtlich verpflichten**, unter bestimmten Voraussetzungen eine Kapitalerhöhung zu beschließen. Eine solche Verpflichtung kann auch Dritten gegenüber eingegangen werden. Die Gesellschaft kann sich Dritten gegenüber zwar zur Vornahme oder Unterlassung einer Kapitalerhöhung verpflichten, die Einhaltung dieser Pflicht kann aber nicht durchgesetzt werden (MünchKomm AktG/*Peifer* Rn 5, 20; KölnKomm AktG/*Lutter* Rn 15; GroßKomm AktG/*Wiedemann* Rn 37; K.Schmidt/Lutter AktG/*Veil* Rn 12). 8

5. Ablauf der Kapitalerhöhung. Das Gesetz unterscheidet zwischen dem Kapitalerhöhungsbeschluss (§§ 182 ff) und seiner Durchführung (§§ 185 ff). Der Beschluss ist Sache der HV, die Durchführung obliegt der Verwaltung. Zur Durchführung gehören insb folgende Schritte: 9

Anmeldung des Kapitalerhöhungsbeschlusses zur Eintragung in das HR (§ 184) – idR zusammen mit der Anmeldung der Durchführung der Kapitalerhöhung (§ 188)

Einholung der Zeichnungserklärungen für die neuen Aktien (§ 185), idR nach Ausübung des Bezugsrechts (§ 186)

Leistung der erforderlichen Einlagen auf die neuen Aktien durch die Zeichner (§ 188 Abs 2 S 1 iVm §§ 36 Abs 2, 36a)

Anmeldung der Durchführung der Kapitalerhöhung zur Eintragung in das HR (§§ 188, 37 Abs 1)

Wirksamwerden der Kapitalerhöhung mit der Eintragung der Durchführung in das HR (§ 189).

Ausgabe der neuen Aktien (§ 191).

10 In der Praxis, insb der börsennotierten Gesellschaften, wird mit der Durchführung der Kapitalerhöhung meist ein **Emissionsunternehmen** (dazu § 186 Rn 54) beauftragt. Dieses Emissionsunternehmen – oder ein Konsortium solcher Unternehmen – verpflichtet sich bereits vor der Beschlussfassung über die Kapitalerhöhung, die neuen Aktien zu übernehmen und sie sodann für Rechnung der Gesellschaft bei den bisherigen Aktionären (mittelbares Bezugsrecht, § 186 Abs 5) oder bei neuen Anlegern zu platzieren. Das Risiko der Unterbringung der neuen Aktien und die technische Abwicklung der Platzierung werden der Gesellschaft damit abgenommen (Spindler/Stilz AktG/*Servatius* Rn 5). Ist das Bezugsrecht der Aktionäre ausgeschlossen, erfolgt die Zuteilung der neuen Aktien aufgrund bestimmter Vorgaben, die zwischen Vorstand und Emissionsunternehmen vereinbart worden sind. Der Vorstand kann dadurch in gewissem Umfang auf die Zusammensetzung der (neuen) Aktionäre Einfluss nehmen (zur Zuteilung näher Marsch-Barner/Schäfer Hdb AG/*Meyer* § 7 Rn 39 ff).

11 Für die Dienstleistungen in Zusammenhang mit der Platzierung der Aktien erhält das Emissionsunternehmen eine **Provision**, die sich üblicherweise als Prozentsatz des (Brutto-)Emissionserlöses berechnet wird (dazu näher Marsch-Barner/Schäfer Hdb AG/*Meyer* § 7 Rn 92). Diese Ausgabekosten dürfen weder aktiviert (§ 248 Abs 1 HGB) noch von einem etwaigen, in die Kapitalrücklage einzustellenden Agio (§ 272 Abs 2 Nr 1 HGB) abgezogen werden, sondern sind als betrieblicher Aufwand zu verbuchen (§ 275 Abs 2 Nr 8, Abs 3 Nr 7 HGB).

II. Kapitalerhöhungsbeschluss

12 **1. Allgemeines.** § 182 Abs 1 stellt – ergänzend zu den §§ 119 Abs 1 Nr 5 und 6, 179 Abs 1 S 1 – klar, dass die ordentliche Kapitalerhöhung nur von der HV beschlossen werden kann. Mit dem Erhöhungsbeschluss bekundet diese zunächst allerdings nur den Willen zur Kapitalerhöhung (*Hüffer* AktG Rn 6; MünchKomm AktG/*Peifer* Rn 14). Die Verwirklichung der Kapitalerhöhung hängt vor allem davon ab, dass die neuen Aktien gezeichnet werden. Der **Vorschlag** zur Kapitalerhöhung, der idR von Vorstand und AR unterbreitet wird (§ 124 Abs 3 S 1), ist in der Tagesordnung der HV in vollem Wortlaut **bekannt zu machen** (§ 124 Abs 2 S 2). Bei Besonderheiten wie der Leistung von Sacheinlagen oder dem Ausschluss des Bezugsrechts sind zusätzliche Angaben zu machen (vgl §§ 183 Abs 1, 186 Abs 3). Soll eine vereinfachte Sachkapitalerhöhung (§ 183a) erfolgen, empfiehlt es sich, auch dies anzugeben.

13 **2. Mehrheitserfordernisse. – a) Gesetzliche Regelung.** Der Beschluss der HV über die Kapitalerhöhung bedarf einer Mehrheit von mindestens **drei Vierteln des** bei der Beschlussfassung **vertretenen Grundkapitals** (§ 182 Abs 1 S 1). Dieses Erfordernis ist europarechtlich unbedenklich, nachdem Art 59 SE-VO nationale Regelungen anerkennt, die den für Satzungsänderungen einer höheren als die dort geregelte Zwei Drittel-Mehrheit verlangt wird (Spindler/Stilz AktG/*Servatius* Rn 15). Bei der **SE** ist nach Art 59 SE-VO eine Mehrheit von **zwei Dritteln der abgegebenen Stimmen** notwendig, wenn das nationale Sitzrecht keine „größere Mehrheit" vorsieht. Da § 182 Abs 1 S 1 eine „**Dreiviertel-Kapitalmehrheit**" verlangt, stellt sich die Frage, ob dies eine „größere Mehrheit" iSv § 182 Abs 1 S 1 darstellt. Diese Frage ist zu bejahen, wobei allerdings eine Umdeutung in eine „**Dreiviertel-Stimmenmehrheit**" vorzunehmen ist (Hölters AktG/*von Dryander/Niggemann* Rn 28; Spindler/Stilz AktG/*Eberspächer* Art 59 SE-VO Rn 4; MünchKomm AktG/*Kubis* Art 59 SE-VO Rn 6; **aA** van

Hulle/Maul/Drinhausen/*Maul* Hdb zur SE § 4 Rn 65, 68). Außerdem bedarf der Beschluss der **einfachen Stimmenmehrheit** (§ 133 Abs 1). Für die Berechnung der Kapitalmehrheit kommt es nur auf das Grundkapital an, das mit „Ja" oder „Nein" gestimmt hat; Stimmenthaltungen bleiben ebenso unberücksichtigt wie das Kapital, das an der Beschlussfassung nicht teilgenommen hat oder nicht teilnehmen durfte (zB stimmrechtslose Vorzugsaktien). Praktische Bedeutung hat das doppelte Mehrheitserfordernis nur dort, wo das Stimmgewicht der Aktien nicht ihrem Nennbetrag bzw bei Stückaktien ihrer Zahl entspricht, zB bei satzungsmäßigen Stimmrechtsbeschränkungen (§ 134 Abs 1), bei nicht vollständiger Leistung der Einlage (§ 134 Abs 2) und bei evtl noch bestehenden Mehrstimmrechtsaktien (§ 12 Abs 2 AktG, § 5 EGAktG). In all diesen Fällen ist keine doppelte Abstimmung, sondern nur eine **zweifache Auszählung** erforderlich (MünchKomm AktG/*Peifer* § 182 Rn 17).

Bei Unternehmen des Finanzsektors kann eine Kapitalerhöhung im Zusammenhang mit einer Rekapitalisierung zur Überwindung der **Finanzmarktkrise** (§ 7 FMStFG) mit einfacher Stimmenmehrheit beschlossen werden; abw Satzungsbestimmungen sind unbeachtlich (§ 7 Abs 2 FMStBG). Für einen Ausschluss des Bezugsrechts genügt dabei eine Zwei Drittel-Mehrheit bzw, wenn mehr als die Hälfte des Grundkapitals vertreten ist, die einfache Mehrheit. Bedenken aus Art 14 Abs 1 GG bestehen gegen diese Erleichterung nicht (*LG München* ZIP 2010, 779, 781). **13a**

b) Satzung. Die Satzung kann eine von § 182 Abs 1 S 1 **abweichende Kapitalmehrheit** vorsehen (§ 182 Abs 1 S 2). Von dem Erfordernis der einfachen Stimmenmehrheit kann sie dagegen nicht entbinden (§ 133 Abs 1, 2. HS). Soll eine geringere Kapitalmehrheit genügen, bildet die einfache Kapitalmehrheit die Untergrenze, da § 179 Abs 2 S 2 mindestens die Mehrheit verlangt (*Hüffer* AktG Rn 8; *BGH* NJW 1975, 212 f). Nach oben bestehen grds keine Beschränkungen. Die Satzung kann daher auch **Einstimmigkeit** aller oder der in der HV anwesenden Aktionäre verlangen (*Hüffer* AktG Rn 8; MünchKomm AktG/*Peifer* Rn 18). Eine solche Bestimmung darf aber nicht dazu führen, dass eine Kapitalerhöhung faktisch unmöglich wird, wie dies bei einer Publikums AG der Fall sein würde (*Hüffer* AktG § 179 Rn 20; KölnKomm AktG/*Zöllner* § 179 Rn 157; aA K.Schmidt/Lutter AktG/*Veil* Rn 29). Möglich ist auch eine Änderung der Bezugsgröße für die Berechnung der Kapitalmehrheit, indem nicht auf das vertretene, sondern das gesamte stimmberechtigte Kapital abgestellt wird (*Hüffer* AktG § 179 Rn 17; MünchKomm AktG/*Stein* § 179 Rn 89). Bes Mehrheitserfordernisse können zudem für bestimmte Regelungsgegenstände (zB Abberufung von AR-Mitgliedern, § 103 Abs 1 S 3) festgesetzt werden. Für Kapitalerhöhungsbeschlüsse, welche die **Ausgabe von Vorzugsaktien** ohne Stimmrecht vorsehen, kann die Satzung nur eine höhere als die gesetzliche Kapitalmehrheit vorsehen (§ 182 Abs 1 S 2). **14**

Die Satzungen börsennotierter Gesellschaften enthalten meist **allgemeine Herabsetzungsklauseln**, wonach für alle Beschlüsse der HV, soweit Gesetz oder Satzung nicht zwingend eine andere Mehrheit vorsehen, die einfache Stimmen- und Kapitalmehrheit ausreichen soll. Solche Bestimmungen beziehen sich idR ausdrücklich auch auf Beschlüsse über eine Kapitalerhöhung (vgl Happ Aktienrecht/*Pühler* Muster 1.01 Anm 86 zu § 21). Eine Satzungsbestimmung, die die einfache Mehrheit nur für Satzungsänderungen genügen lässt, gilt dagegen nicht ohne weiteres auch für eine Kapitalerhöhung (*BGH* NJW 1975, 212 f; *Hüffer* AktG Rn 8; aA MünchHdb AG/*Krieger* § 56 Rn 14). **15**

16 Über die Änderung der Kapitalmehrheit hinaus kann die Satzung **weitere Erfordernisse** für den Kapitalerhöhungsbeschluss aufstellen (§ 182 Abs 1 S 3). Zulässig ist zB die Einführung eines Quorums, sofern dadurch nicht die Kapitalerhöhung faktisch unmöglich wird (vgl oben Rn 14). Vorgesehen werden kann auch die Zustimmung bestimmter Aktionäre. Wegen der zwingenden Kompetenz der HV kann die Wirksamkeit des Kapitalerhöhungsbeschlusses aber nicht von der Zustimmung eines anderen Organs oder außenstehender Dritter abhängig gemacht werden (MünchKomm AktG/*Peifer* Rn 20; *Hüffer* AktG Rn 10 und § 179 Rn 23).

17 3. **Inhalt des Erhöhungsbeschlusses. – a) Allgemeines.** Zum Inhalt des Kapitalerhöhungsbeschlusses enthält das Gesetz nur wenige Bestimmungen. Aus § 182 Abs 3 ergibt sich, dass bei einer Überpari-Emission der Mindestausgabebetrag der neuen Aktien im Beschluss festgesetzt werden muss. Bei Sacheinlagen verlangt § 183 Abs 1 S 1 nähere Angaben. Für den Ausschluss des Bezugsrechts enthält § 186 Abs 3 und Abs 5 bes Vorschriften. Aus der Zuständigkeit der HV folgt iÜ, dass der Beschluss der HV **alle wesentlichen Einzelheiten** der Kapitalerhöhung zu regeln hat (*Hüffer* AktG Rn 11, MünchKomm AktG/*Peifer* Rn 35).

18 b) **Betrag der Kapitalerhöhung.** Die Kapitalerhöhung muss um einen bestimmten Betrag in Euro erfolgen (vgl § 23 Abs 3 Nr 3). Dieser Betrag kann im Erhöhungsbeschluss festgesetzt werden. Dies hat aber zur Folge, dass alle neuen Aktien gezeichnet werden müssen. Wird der Erhöhungsbetrag nicht in vollem Umfang erreicht, kann die Durchführung der Kapitalerhöhung (§ 189) nicht eingetragen werden (*Hüffer* AktG Rn 12; MünchKomm AktG/*Peifer* Rn 36). Die Angabe eines **bestimmten Betrages** ist daher nur sinnvoll, wenn alle neuen Aktien, zB von einer Bank oder einem Bankenkonsortium, übernommen und anschließend nach § 186 Abs 5 weiterplatziert werden. Solche festen Übernahmen sind bei börsennotierten Gesellschaften die Regel (vgl Marsch-Barner/Schäfer HdB AG/*Busch* § 39 Rn 12). Ist der Umfang der Zeichnung der neuen Aktien dagegen ungewiss, ist es zweckmäßiger, im Kapitalerhöhungsbeschluss nur einen **Mindest- und Höchstbetrag** oder nur einen **Höchstbetrag** festzusetzen. Solche offeneren Regelungen sind zulässig (*Hüffer* AktG Rn 12; KölnKomm AktG/*Lutter* Rn 17; MünchKomm AktG/*Peifer* Rn 36; *KG* Der Konzern 2011, 128, 131; *OLG Hamburg* AG 2000, 326, 327; *LG Hamburg* AG 1995, 92, 93). Der endgültige Erhöhungsbetrag hängt dann davon ab, wie viele Aktien tatsächlich gezeichnet werden (zur Bestimmung des Höchstbetrags durch den angestrebten Emissionserlös s *Seibt* Der Konzern 2009, 261, 265). Unsicherheiten über den Erhöhungsbetrag können sich ergeben, wenn zB Bezugsrechte aus Wandelschuldverschreibungen (§ 221) noch ausstehen. Der Umfang der Kapitalerhöhung steht dann erst nach Abgabe der Bezugserklärungen kurz vor der Durchführung der Kapitalerhöhung fest (Marsch-Barner/Schäfer Hdb AG/*Busch* § 42 Rn 13). Welche Gestaltung gewollt ist, muss klar zum Ausdruck gebracht werden. Lautet der Beschluss nur auf eine bestimmte Summe, ist dies im Zweifel als fester Erhöhungsbetrag und nicht als Höchstbetrag zu verstehen (*Hüffer* AktG Rn 12; MünchKomm AktG/*Peifer* Rn 37; *OLG Hamburg* AG 2000, 326, 327).

19 Enthält der Erhöhungsbeschluss nur einen Mindest- und/oder Höchstbetrag, muss gleichzeitig der **Zeitraum** festgelegt werden, in dem die Zeichnungen vorgenommen werden können. Dieser Zeitraum ist genau zu bestimmen, da sonst die Verwaltung Einfluss auf den Umfang der Kapitalerhöhung nehmen könnte. Die Grenze zwischen ordentlicher Kapitalerhöhung und genehmigten Kapital darf nicht verwischt werden (*Hüffer* AktG Rn 12; KölnKomm AktG/*Lutter* Rn 17; MünchKomm AktG/*Peifer* Rn 37; *LG Hamburg* AG 1995, 92, 93). Ein Zeitraum von **bis zu sechs Monaten** wird als zulässig angesehen (KölnKomm AktG/*Lutter* Rn 17; MünchKomm AktG/*Peifer* Rn 37; K.Schmidt/Lutter AktG/*Veil* Rn 16; Marsch-Barner/Schäfer HdB AG/*Busch* § 42 Rn 11; *Priester* FS Wiedemann, 2002 S 1161, 1163; Münch Hdb AG/*Kraft/Krieger* § 56 Rn 23; *OLG München* NZG 2009, 1274, 1275; *OLG Hamburg* AG 2000, 326, 328; *LG Hamburg* AG 1995, 92, 93 mit Anm *Bähr*; für eine Durchführungsfrist von bis zu neun Monaten bei schwierigem Marktumfeld *Seibt/Voigt* AG 2009, 133, 135; eine längere Frist kann auch im Falle einer Anfechtung angebracht sein, vgl *Bücker* NZG 2009, 1339, 1341 und *Vaupel/Reers* AG 2010, 93, 94).

c) Angaben zu den neuen Aktien. Bei **Nennbetragsaktien** (§ 8 Abs 2) ist der Nennbetrag der neuen Aktien anzugeben, sofern dazu die Satzung nicht bereits eine Regelung enthält (vgl § 23 Abs 3 Nr 4). Notwendig ist die Angabe stets, wenn Aktien mit verschiedenen Nennbeträgen vorhanden sind (*Hüffer* AktG Rn 13). Eine Kapitalerhöhung durch Erhöhung der Nennbeträge ist unzulässig (§ 182 Abs 1 S 4). Bei **Stückaktien** (§ 8 Abs 3) steht der auf sie entfallende Betrag des Grundkapitals fest. Im Erhöhungsbeschluss anzugeben ist nur die Zahl der neuen Aktien. Diese muss sich im selben Verhältnis wie das Grundkapital erhöhen (§ 182 Abs 1 S 5). 20

Im Beschluss festzulegen ist außerdem, ob die neuen Aktien auf den **Inhaber** oder den **Namen** lauten (vgl § 23 Abs 3 Nr 5). Diese Angabe ist entbehrlich, wenn die Satzung bereits eine Regelung enthält. Bei Vorhandensein **verschiedener Aktiengattungen** (§ 11) sind im Erhöhungsbeschluss die neuen Aktien der jeweiligen Gattung unter Angabe von Zahl und Betrag zuzuordnen (vgl § 23 Abs 3 Nr 4; *Hüffer* AktG Rn 13). Wird iRd Kapitalerhöhung eine neue Gattung geschaffen, muss der Erhöhungsbeschluss die Rechte und Pflichten dieser Aktien näher bestimmen (*Hüffer* AktG Rn 13; MünchKomm/*Peifer* Rn 43). 21

d) Frist zur Durchführung. Der Kapitalerhöhungsbeschluss kann eine Frist zur Durchführung der Kapitalerhöhung bestimmen. Diese Frist sollte **sechs Monate** nicht überschreiten, um die Kapitalerhöhung nicht in das Ermessen des Vorstands zu stellen (*LG Hamburg* AG 1995, 92, 93; *Priester* FS Wiedemann, 2002 S 1161, 1164; MünchKomm AktG/*Peifer* Rn 37; s oben Rn 19). Ohne Fristsetzung ist die Kapitalerhöhung **unverzüglich** (§ 121 Abs 1 S 1 BGB) durchzuführen (*Hüffer* AktG Rn 14; KölnKomm AktG/*Lutter* Rn 17; MünchKomm AktG/*Peifer* Rn 37; *OLG München* NZG 2009, 1274, 1275). Die HV kann auch die **Verfallsfrist** für die Zeichnungsscheine (§ 185 Abs 1 Nr 4) festlegen. Geschieht dies nicht, wird die Frist vom Vorstand bestimmt (MünchHdb AG/*Krieger* § 56 Rn 32). Die HV kann eine Durchführung der KapErhöhung auch in **mehreren**, näher bestimmten **Tranchen** vorsehen (*Bücker* NZG 2009, 1339, 1340; *Holzmann/Eichstädt* DStR 2010, 277, 281; **abl** *Priester* NZG 2010, 81). Ob eine mehrfache Durchführung auch dann zulässig ist, wenn sie nur bei der Anmeldung der ersten Tranche vorbehalten wird, erscheint zweifelhaft (offen gelassen von *OLG München* NZG 2009, 1274, 1375). 22

e) Sonstige Angaben. Zweckmäßig ist die Festlegung des **Beginns der Gewinnberechtigung** der neuen Aktien. Diese wird üblicherweise auf den Beginn des laufenden Geschäftsjahres zurück bezogen. Zulässig ist auch die Einräumung einer Gewinnbeteiligung für ein bereits abgelaufenes Geschäftsjahr, solange die HV noch nicht gem 23

§ 182 Voraussetzungen

§ 174 über die Gewinnverwendung für dieses Geschäftsjahr beschlossen hat (*Hüffer* AktG Rn 15; KölnKomm AktG/*Lutter* Rn 31; MünchKomm AktG/*Peifer* Rn 57; MünchHdb AG/*Hoffmann-Becking* § 46 Rn 21; *Henssler/Glindemann* ZIP 2012, 949, 951; aA Geßler/Hefermehl/Eckardt/Kropff AktG/*Hefermehl/Bungeroth* § 60 Rn 27; *Happ* AktienR Muster 12.01 Anm 7). Fehlt eine Festsetzung der Gewinnberechtigung, sind die neuen Aktien zeitanteilig gewinnberechtigt (vgl § 60 Abs 2 S 3). Bei börsennotierten Gesellschaften ist dann für die jungen Aktien eine bes Wertpapier-Kenn-Nummer erforderlich (Marsch-Barner/Schäfer HdB AG/*Busch* § 42 Rn 15).

24   Die HV kann auch die **Fälligkeit der Einlagen** auf die neuen Aktien regeln, soweit diese nicht schon vor der Durchführung der Kapitalerhöhung eingezahlt sein müssen (§ 188 Abs 2 S 1 iVm §§ 36 Abs 2, 36a Abs 1, 37 Abs 1; KölnKomm AktG/*Lutter* Rn 30; MünchKomm AktG/*Peifer* Rn 56; aA *Hüffer* AktG Rn 14). Enthält der Kapitalerhöhungsbeschluss keine Regelung, ist es Sache des Vorstandes, die über die gesetzlichen Mindestbeträge hinausgehenden Einlagen einzufordern (§ 63 Abs 1 S 1; KölnKomm AG/*Lutter* Rn 30; GroßKomm AktG/*Wiedemann* Rn 76; MünchHdb AG/*Kraft/Krieger* § 56 Rn 32). Auch wenn die Fälligkeit im Erhöhungsbeschluss geregelt ist, bleibt die konkrete Zahlungsaufforderung eine Geschäftsführungsmaßnahme, die allein Aufgabe des Vorstands ist (GroßKomm AktG/*Wiedemann* Rn 76). Unabhängig davon können die Aktionäre zusätzliche Einlageleistungen außerhalb des HV-Beschlusses vereinbaren (vgl dazu *BayObLG* AG 2002, 510; *Hergeth/Eberl* DStR 2001, 1818, 1820; K.Schmidt/Lutter AktG/*Veil* Rn. 26).

25   Vor allem bei Kapitalerhöhungen mit unmittelbarem Bezugsrecht wird der Vorstand meist ermächtigt, ggf mit Zustimmung des AR, die **weiteren Einzelheiten** der Kapitalerhöhung und ihrer Durchführung festzusetzen (vgl MünchVertragsHdb/*Hölters* Formular V. 124). Eine solche Ermächtigung hat – in Bezug auf den Vorstand – nur klarstellende Bedeutung (MünchHdb AG/*Kraft/Krieger* § 56 Rn 35).

26   **f) Satzungsanpassung.** Mit dem Wirksamwerden der Kapitalerhöhung werden die bisherigen Angaben in der **Satzung** über die Höhe des Grundkapitals und die Zahl der Aktien (§ 23 Abs 3 Nr 3 und 4) **unrichtig**. Die HV kann die Satzung insoweit durch einen zusätzlichen Beschluss ändern. Sie kann stattdessen auch den **AR** zur Änderung der Fassung der Satzung ermächtigen (§ 179 Abs 1 S 2). Die Anpassung der Satzung kann dann vom AR vorgenommen werden. Dem AR kann die Befugnis zur Fassungsänderung der Satzung auch generell übertragen werden (*Hüffer* AktG § 179 Rn 11; MünchKomm AktG/*Peifer* § 179 Rn 164; aA KölnKomm AktG/*Zöllner* § 179 Rn 148).

27   **4. Aufhebung und Änderung.** Bis zur Eintragung des Kapitalerhöhungsbeschlusses (§ 184) kann dieser mit einfacher Mehrheit wieder **aufgehoben** werden (*Hüffer* AktG Rn 16; MünchHdb AG/*Kraft/Krieger* § 56 Rn 60). In der Zeit danach bis zur Eintragung der Durchführung der Kapitalerhöhung kann der Erhöhungsbeschluss nur noch mit der für eine Kapitalherabsetzung erforderlichen Mehrheit (§ 222 Abs 1) aufgehoben werden (*Hüffer* AktG Rn 16; KölnKomm AktG/*Lutter* § 184 Rn 4 und § 189 Rn 3; MünchHdb AG/*Kraft/Krieger* § 56 Rn 60; Marsch-Barner/Schäfer/*Busch* § 42 Rn 20; aA GroßKomm AktG/*Wiedemann* § 184 Rn 30; MünchKomm AktG/*Peifer* 30; K.Schmidt/Lutter AktG/*Veil* Rn 31, wonach die einfache Mehrheit genügen soll). Die Aufhebung eines Kapitalerhöhungsbeschlusses kann auch konkludent erfolgen, so insb, wenn – vor Eintragung der Durchführung (§ 189) – die Auflösung der Gesell-

schaft (§ 262 Abs 1 Nr 2), eine Herabsetzung des Grundkapitals (§§ 222, 229) oder eine Verschmelzung (§§ 60 ff UmwG) beschlossen wird (*Hüffer* AktG Rn 16; Münch-Komm AktG/*Peifer* Rn 31). **Änderungen** des Kapitalerhöhungsbeschlusses sind bis zum Wirksamwerden der Kapitalerhöhung (§ 189) noch möglich. Der Änderungsbeschluss bedarf ders Mehrheiten wie der ursprüngliche Erhöhungsbeschluss (*Hüffer* AktG Rn 16).

5. Fehlerhaftigkeit. Fehlerhafte Kapitalerhöhungsbeschlüsse sind entweder **nichtig** 28 (§ 241) oder **anfechtbar** (§§ 243, 255). Ist die Frist zur Durchführung der Kapitalerhöhung (vgl oben Rn 22) so lang, dass der Verwaltung ein unangemessen langer Entscheidungsspielraum zusteht, ist der Beschluss gem § 241 Nr 3 nichtig (*Hüffer* AktG Rn 17; KölnKomm AktG/*Lutter* Rn 17; MünchKomm AktG/*Peifer* Rn 38). Dies wird allerdings erst ab einer Frist von einem Jahr oder länger anzunehmen sein (*RGZ* 144, 138, 142; AnwK-AktG/*Elser* Rn 65; einschr auch Spindler/Stilz AktG/*Servatius* Rn 45). Weniger gravierende Verstöße begründen nur Anfechtbarkeit (§ 243 Abs 1). Dazu gehört der Fall, dass die Durchführungsfrist zwar zu lang ist, die Grenze zur Nichtigkeit aber nicht überschreitet (*RGZ* 143, 20, 23 ff; *RGZ* 144, 138, 143), oder dass ein Verstoß gegen § 182 Abs 1 S 4 oder 5 vorliegt (*Hüffer* AktG Rn 17).

III. Sonderbeschlüsse

Sind zwei oder mehr **stimmberechtigte Aktiengattungen** (zB stimmberechtigte Vor- 29 zugsaktien oder Aktien mit Nebenverpflichtungen, § 55) vorhanden, so wird der Kapitalerhöhungsbeschluss nur wirksam, wenn ihm die Aktionäre jeder Gattung durch Sonderbeschluss (§ 138) zustimmen. Dies gilt – anders als nach § 179 Abs 3 – unabhängig davon, ob eine Benachteiligung einer Gattung vorliegt (*Hüffer* AktG Rn 18). Die Zustimmung ist auch dann erforderlich, wenn der Kapitalerhöhungsbeschluss einstimmig gefasst wurde (*Hüffer* AktG Rn 18; KölnKomm AktG/*Lutter* Rn 10; Münch-Komm AktG/*Peifer* Rn 22). Nur bei der Einmann-AG sind in einem solchen Fall Sonderbeschlüsse entbehrlich (vgl dazu MünchKomm AktG/*Peifer* Rn 22).

Ein Sonderbeschluss ist grds nicht erforderlich, wenn neben den Stammaktien nur 30 **stimmrechtslose Vorzugsaktien** vorhanden sind (§ 182 Abs 2 S 1; *Hüffer* AktG Rn 19; MünchKomm AktG/*Peifer* Rn 23). Ist das Stimmrecht der Vorzugsaktien gem § 140 Abs 2 wieder aufgelebt, ist aber ein Sonderbeschluss notwendig (Marsch-Barner/Schäfer HdB AG/*Busch* § 42 Rn 9; MünchHdb AG/*Kraft/Krieger* § 56 Rn 16; MünchKomm AG/*Peifer* Rn 24; *Werner* AG 1971, 69, 75; **aA** *Hüffer* AktG Rn 19; GroßKomm AktG/*G. Bezzenberger* § 141 Rn 45; *Frey/Hirte* DB 1989, 2465, 2469; *Krauel/Weng* AG 2003, 561, 562 f). Die Notwendigkeit eines Sonderbeschlusses der Vorzugsaktionäre kann sich iÜ auch aus § 141 Abs 2 ergeben, wenn neue Vorzugsaktien ausgegeben werden sollen, die den bisherigen vorgehen und gleichstehen. Sonderbeschlüsse sind nicht erforderlich, wenn zwischen dem Beginn des Geschäftsjahres und der Hauptversammlung junge Aktien aus einer Kapitalerhöhung mit einer **Gewinnberechtigung fürs laufende Geschäftsjahr** entstanden sind. Da diese Abweichung gegenüber den bestehenden Aktien nur bis zur ordentlichen HV besteht, liegt ein nur vorübergehender, materiell nicht relevanter Unterschied in den Mitgliedschaftsrechten und damit keine Gattungsverschiedenheit iSv § 11 vor (Marsch-Barner/Schäfer/*Butzke* § 6 Rn 5; *Singhof* in FS Hoffmann-Becking, 2013, S 1163, 1180 f; **aA** Schmidt/Lutter/*Ziemons* § 11 Rn 5; Marsch-Barner/Schäfer/*Busch* § 44 Rn 21).

31 Ein Sonderbeschluss bedarf grds ders **Kapital- und Stimmenmehrheit** wie der Kapitalerhöhungsbeschluss (§ 182 Abs 2 S 3 iVm Abs 1 S 1 und § 138 S 2 iVm § 133 Abs 1). Die Satzung kann für den Sonderbeschluss eine andere Mehrheit und zusätzliche Erfordernisse vorsehen. Dabei kann es sich um andere Erfordernisse als für den Kapitalerhöhungsbeschluss handeln (*Hüffer* AktG Rn 20; MünchKomm AktG/*Peifer* Rn 26). Enthält die Satzung nur für den Kapitalerhöhungsbeschluss bes Erfordernisse, so gelten diese im Zweifel auch für den Sonderbeschluss (*Hüffer* AktG Rn 20).

32 Der Sonderbeschluss ist nicht Teil des Kapitalerhöhungsbeschlusses, sondern ein **zusätzliches Wirksamkeitserfordernis** (*RGZ* 148, 175, 186 f; KölnKomm AktG/*Lutter* Rn 13). Er kann vor oder nach dem Beschluss der HV gefasst werden. Fehlt er, ist der Kapitalerhöhungsbeschluss schwebend unwirksam und darf nicht eingetragen werden. Wird der Kapitalerhöhungsbeschluss dennoch eingetragen, kann der Sonderbeschluss noch bis zur Eintragung der Durchführung nachgeholt werden (MünchKomm AktG/ *Peifer* Rn 27). Wird auch die Durchführung trotz fehlendem Sonderbeschluss eingetragen, kommt eine Heilung entspr § 242 Abs 2 in Betracht (*Hüffer* AktG Rn 21).

33 Wird im Sonderbeschluss die **Zustimmung** zum Kapitalerhöhungsbeschluss **verweigert**, ist dieser endgültig unwirksam (GroßKomm AktG/*Wiedemann* Rn 52; K. Schmidt/Lutter AktG/*Veil* Rn 35). Das gleiche gilt, wenn der Sonderbeschluss nicht innerhalb angemessener Zeit nach dem Kapitalerhöhungsbeschluss gefasst wird. Dafür wird verschiedentlich ein **Zeitraum von drei Monaten** angesetzt (GroßKomm AktG/*Wiedemann* Rn 52; MünchKomm AktG/*Peifer* Rn 25). Ist der Sonderbeschluss **fehlerhaft**, gelten die Vorschriften über die Nichtigkeit oder Anfechtbarkeit von HV-beschlüssen entspr (§ 138 S 2 iVm §§ 241 ff). Zur Bestandssicherung eines Sonderbeschlusses kann auch das Freigabeverfahren nach § 246a durchgeführt werden (§ 138 S 2).

IV. Ausgabebetrag

34 Sollen die Aktien für einen höheren Betrag als den geringsten Ausgabebetrag (§ 9 Abs 1) ausgegeben werden **(Über-Pari-Emission)**, muss der Kapitalerhöhungsbeschluss den Ausgabebetrag iS eines Mindestbetrages angeben (§ 182 Abs 3). Der Ausgabebetrag kann dabei genau bestimmt werden; er ist dann für die Verwaltung verbindlich (*Hüffer* AktG Rn 22). Die HV kann neben dem Mindestbetrag aber auch einen **Höchstbetrag** vorsehen und die nähere Bestimmung über die Höhe des Ausgabebetrages der Verwaltung überlassen (KölnKomm AktG/*Lutter* Rn 25).

35 Die HV ist bei der Bestimmung der **Höhe des Ausgabebetrages** frei. Unzulässig ist nur die Festsetzung eines niedrigeren als des geringsten Ausgabebetrags (*Hüffer* AktG Rn 23; *OLG Hamburg* AG 2000, 326, 327). Ein Verstoß gegen dieses Verbot der Unterpari-Ausgabe führt zur Nichtigkeit des Kapitalerhöhungsbeschlusses nach § 243 Nr 3. Soll das Bezugsrecht der Altaktionäre auf die neuen Aktien ausgeschlossen werden, muss der Kapitalerhöhungsbeschluss einen angemessenen Ausgabebetrag festsetzen; andernfalls ist der Erhöhungsbeschluss nach § 255 Abs 2 anfechtbar. Die neuen Aktien dürfen in diesem Fall nicht unter ihrem Wert ausgegeben werden (*BGHZ* 71, 40, 51; *Hüffer* AktG Rn 23; MünchKomm AktG/*Peifer* Rn 47).

36 Hat die HV nur den Mindestbetrag oder einen Mindest- und Höchstbetrag festgesetzt, so hat die **Verwaltung** den Ausgabebetrag nach pflichtgemäßem Ermessen zu **konkretisieren**, vgl §§ 188 Abs 2, 36 Abs 2, 36a Abs 1 (*Hüffer* AktG Rn 24; MünchKomm

AktG/*Peifer* Rn 50; MünchHdb AG/*Kraft/Krieger* § 56 Rn 26). Zuständig dafür ist der Vorstand. Die HV kann diese Befugnis aber auch auf Vorstand und AR oder nur auf den AR übertragen (*Hüffer* AktG Rn 24; KölnKomm AktG/*Lutter* Rn 24). Der genaue Ausgabebetrag muss spätestens zu Beginn der Zeichnung der neuen Aktien feststehen (vgl § 185 Abs 1 S 3 Nr 2). Erweist sich der Ausgabebetrag nach den Marktverhältnissen als zu hoch, kann der Vorstand den Ausgabebetrag iR seiner Ermächtigung herabsetzen. Die bisherigen Zeichnungsscheine müssen dann neu ausgestellt werden (*Priester* FS Wiedemann, 2002, S 1161, 1163).

Sieht der Kapitalerhöhungsbeschluss **keinen Ausgabebetrag** vor, ist zunächst durch Auslegung zu klären, ob die Ausgabe der neuen Aktien zum Nennbetrag bzw zum anteiligen Betrag oder über pari gewollt ist (insoweit zutr Spindler/Stilz AktG/*Servatius* Rn 57). Führt die Auslegung zu keinem klaren Ergebnis, kommt es darauf an, ob den Aktionären ein unmittelbares oder mittelbares Bezugsrecht (§ 186 Abs 1 und 5) zusteht oder ob das Bezugsrecht ausgeschlossen ist (§ 186 Abs 3). Im ersten Fall sind die neuen Aktien zu pari auszugeben; im zweiten Fall ist die Verwaltung zur Über-Pari-Ausgabe verpflichtet, soweit diese möglich ist (*Hüffer* AktG Rn 25; GroßKomm AktG/*Wiedemann* Rn 68; einschränkend MünchHdb AG/*Kraft/Krieger* § 56 Rn 25). Werden die neuen Aktien im Falle eines Bezugsrechtsausschlusses zu pari ausgegeben, obwohl eine Über-Pari-Ausgabe möglich wäre, verletzt dies die Interessen der ausgeschlossenen Aktionäre. Darin liegt zugleich eine Pflichtverletzung gegenüber der Gesellschaft (KölnKomm AktG/*Lutter* Rn 27). 37

V. Ausstehende Einlagen

1. Grundregeln. Das Grundkapital soll nicht erhöht werden, solange Einlagen auf das bisherige Grundkapital noch ausstehen und erlangt werden können (§ 182 Abs 4 S 1). In einer solchen Situation besteht für eine Kapitalerhöhung kein Bedürfnis. Die Kapitalerhöhung ist insofern nur subsidiäres Mittel der Kapitalbeschaffung (MünchKomm AktG/*Peifer* Rn 58). Dabei macht es keinen Unterschied, ob **Bar–** oder **Sacheinlagen** ausstehen und gegen welche Art von Einlagen die Kapitalerhöhung erfolgen soll (*Hüffer* AktG Rn 26; MünchKomm AktG/*Peifer* Rn 59). 38

Mit den **ausstehenden Einlagen** sind alle noch nicht geleisteten gesetzlichen Mindesteinlagen und etwaige Aufgelder (§ 36a) sowie alle noch nicht vollständig erbrachten Sacheinlagen (§ 36a Abs 2) gemeint. Gleich zu behandeln sind nach allgM nicht erfüllte Ansprüche auf Einlagenrückgewähr (§ 62) sowie Ansprüche aus kaduzierten Aktien (§§ 64, 65; *Hüffer* AktG Rn 26). 39

Die ausstehenden Einlagen müssen allerdings auch **erlangt werden können**. Grds müssen alle rechtlichen Möglichkeiten ausgeschöpft werden, um die ausstehenden Einlagen zu erlangen. Dazu gehört erforderlichenfalls auch eine Zwangsvollstreckung, sofern nicht deren Zwecklosigkeit von vornherein feststeht (KölnKomm AktG/*Lutter* Rn 37; MünchKomm AktG/*Peifer* Rn 60). Ausstehende Einlagen können nicht erlangt werden, wenn sie aus tatsächlichen oder rechtlichen Gründen nicht realisierbar sind. Dies gilt auch dann, wenn die Einlagen wg eines vorübergehenden Hindernisses (zB fehlende Fälligkeit) nicht rechtzeitig erlangt werden können (MünchHdb AG/*Kraft/Krieger* § 56 Rn 4; Marsch-Barner/Schäfer Hdb AG/*Busch* § 42 Rn 4; K. Schmidt/Lutter AktG/*Veil* Rn 37; **aA** *Hüffer* AktG Rn 27; MünchKomm AktG/*Peifer* Rn 60). Sacheinlagen, die untergegangen sind und für die ein 40

Ersatzanspruch nicht besteht oder nicht durchsetzbar ist, können ebenfalls nicht mehr erlangt werden (*Hüffer* AktG Rn 7).

41 Hält die Gesellschaft wirksam erworbene **eigene Aktien**, so ruht ein etwaiger Anspruch auf rückständige Einlagen (§ 71b). Teilw wird angenommen, dass § 182 Abs 4 S 1 analog anzuwenden sei, weil die Gesellschaft die Aktien veräußern könne (so *Hüffer* AktG Rn 27; MünchKomm AktG/*Peifer* Rn 63; K. Schmidt/Lutter AktG/ *Veil* Rn 38). Eine Veräußerungspflicht sieht § 71a aber nur bei einem unwirksamen Erwerb vor, wobei dies als abschließende Regelung zu verstehen ist (GroßKomm AktG/*Wiedemann* Rn 85). War der Erwerb der eigenen Aktien unwirksam, so haftet der Veräußerer für etwa noch ausstehende Einlagen weiter. § 182 Abs 4 S 1 gilt dann in Bezug auf diesen (MünchHdb AG/*Kraft/Krieger* § 56 Rn 3; Marsch-Barner/Schäfer Hdb AG/*Busch* § 42 Rn 3).

42 **2. Ausnahmen.** Im § 182 Abs 4 S 1 gilt nach S 2 nicht für **Versicherungsgesellschaften**, sofern deren Satzung bestimmt, dass das Grundkapital trotz ausstehender Einlagen erhöht werden kann. Da das Grundkapital bei diesen Gesellschaften zugleich als Risikoreserve dient, soll eine Kapitalerhöhung auch in diesen Fällen möglich sein (Köln-Komm AktG/*Lutter* Rn 39). Die entspr Satzungsbestimmung kann zusammen mit der Kapitalerhöhung beschlossen werden (*Hüffer* AktG Rn 27).

43 Eine Kapitalerhöhung kann auch dann beschlossen werden, wenn Einlagen nur **in verhältnismäßig unerheblichem Umfang** ausstehen (§ 182 Abs 4 S 3). Für die Beurteilung der Unerheblichkeit kommt es dabei auf das Verhältnis der Rückstände zu dem bisherigen Grundkapital an (MünchHdb AG/*Kraft/Krieger* § 56 Rn 5; **anders** *Hüffer* AktG Rn 28; KölnKomm AktG/*Lutter* Rn 38; die auf das Verhältnis zur Summe der bisher geleisteten Einlagen abstellen). Bei einem Grundkapital von bis zu 250 000 EUR sollen ausstehende Einlagen bis zu 5 % unerheblich sein. Bei einem Grundkapital von über 250 000 EUR soll der Grenzwert bei 1 % liegen (*Hüffer* AktG Rn 28; Münch-Komm AktG/*Peifer* Rn 66; MünchHdb AG/*Kraft/Krieger* § 56 Rn 5).

44 Bei einer Kapitalerhöhung zur Durchführung einer **Verschmelzung, Spaltung** oder **Vermögensübertragung** findet § 182 Abs 4 S 1 keine Anwendung (§§ 69 Abs 1 S 1, erster Halbs, 78 S 1; 125, 174 ff UmwG).

45 **3. Rechtsfolgen bei Verstoß.** Da § 182 Abs 4 S 1 nur eine **Sollvorschrift** ist, führt ein Verstoß weder zur Nichtigkeit noch zur Anfechtbarkeit. Verletzt ist nur eine Ordnungsvorschrift (GroßKomm AktG/*Wiedemann* Rn 91; KölnKomm AktG/*Lutter* Rn 40; MünchHdb AG/*Krieger* § 56 Rn 6; **aA** *Hüffer* AktG Rn 29; MünchKomm AktG/*Peifer* Rn 69, die bei nicht unbedeutender Verletzung Anfechtbarkeit annehmen). Bei der Anmeldung der Kapitalerhöhung ist ggf anzugeben, welche Einlagen noch nicht geleistet sind und warum sie nicht erlangt werden können (§ 184 Abs 2). Unrichtige Angaben sind gem § 399 Abs 1 Nr 4 strafbar.

46 Das **Registergericht** ist verpflichtet, die Eintragung des Kapitalerhöhungsbeschlusses abzulehnen, solange die Einlagen auf die bisherigen Aktien nicht voll geleistet sind. Dabei kommt es auf die Verhältnisse im Zeitpunkt der Prüfung der Anmeldung an. Etwaige Einlageleistungen nach der Anmeldung sind somit zu berücksichtigen (Münch-Komm AktG/*Peifer* Rn 71). Werden der Beschluss und die Durchführung der Kapitalerhöhung trotz erheblicher Rückstände eingetragen, ist die Kapitalerhöhung wirksam. Eine Löschung nach § 398 FamFG kommt nicht in Betracht (*Hüffer* AktG Rn 30).

VI. Auflösung und Insolvenz

1. Auflösung. Im Falle einer Auflösung der Gesellschaft gelten die Vorschriften über die werbende Gesellschaft weiter, sofern sich nicht aus dem Zweck der Auflösung oder den §§ 264 ff etwas anderes ergibt (§ 264 Abs 3). Beschließt die HV die Auflösung der Gesellschaft, so liegt darin im Zweifel die konkludente Aufhebung eines zuvor gefassten Kapitalerhöhungsbeschlusses. Soll dieser Beschluss weiter gelten, müssen besondere Anhaltspunkte vorliegen (*Hüffer AktG* Rn 31; KölnKomm AktG/*Lutter* Rn 47; MünchKomm AktG/*Peifer* Rn 73; K. Schmidt/Lutter AktG/*Veil* Rn 43). Eine bedingte Kapitalerhöhung bleibt allerdings von einer nachfolgenden Auflösung unberührt (§ 192 Abs 4; *BGHZ* 24, 279, 286 f). Nach einem Auflösungsbeschluss kann eine Kapitalerhöhung ohne weiteres beschlossen werden. Sie kann insb sinnvoll sein, um die Gesellschaftsgläubiger zu befriedigen oder die Fortsetzung der Gesellschaft (§ 274) vorzubereiten (*Hüffer* AktG Rn 31).

47

2. Insolvenz. Mit der Eröffnung des Insolvenzverfahrens (§ 27 Abs 1 InsO) tritt die Auflösung der Gesellschaft kraft Gesetzes ein (§ 262 Abs 1 Nr 3). Wie bei der Auflösung durch Beschluss ist ein zuvor gefasster Kapitalerhöhungsbeschluss damit idR hinfällig (MünchKomm AktG/*Peifer* Rn 77). Eine Kapitalerhöhung, die **vor der Insolvenz** beschlossen wurde, kann aber noch während des Insolvenzverfahrens durchgeführt und damit wirksam werden (§ 189). Der Insolvenzverwalter kann die Anmeldung allerdings nicht vornehmen (*KG* NZG 2000, 103, 104; *BayObLG* NZG 2004, 582 f). Hierzu ist auch nach Eintritt der Insolvenz nur der Vorstand berechtigt und verpflichtet. Die HV kann den Vorstand aber anweisen, die Anmeldung bei Eintritt der Insolvenz zu unterlassen oder zurückzunehmen (*BGH* NJW 1996, 460; *BayObLG* NZG 2004, 582, beide zur GmbH). Ist die Kapitalerhöhung wirksam geworden, kann der Insolvenzverwalter die restlichen Einlagen einfordern (*BGH* aaO; *Lutter* FS Schilling, 1973, S 207, 212; *Götze* ZIP 2002, 2204 ff; **aA** *OLG Hamm* AG 1981, 53 r Sp).

48

Auch **nach Eröffnung des Insolvenzverfahrens** kann die HV eine Kapitalerhöhung beschließen (*LG Heidelberg* ZIP 1988, 1257 f; *Hüffer* AktG Rn 32). Nach § 35 InsO gehört zur Insolvenzmasse allerdings alles, was der Schuldner während des Insolvenzverfahrens erlangt. Dazu gehören auch die durch eine Kapitalerhöhung nach Eröffnung des Insolvenzverfahrens gewonnenen Mittel (*Hüffer* AktG Rn 32a; MünchKomm AktG/*Peifer* Rn 78; Spindler/Stilz AktG/*Servatius* Rn 72; *H.F. Müller* ZGR 2004, 842, 843 f; *Kuntz* DStR 2006, 519, 520; **aA** *Uhlenbruck* in Kölner Schrift zur Insolvenzordnung, 1997, S 879, 892; *Braun/Uhlenbruck* Unternehmensinsolvenz, 1997, S 89; Anwk-AktG/*Elser* Rn 68). Eine Kapitalerhöhung zur Sanierung der Gesellschaft kann daher realistischerweise nur in Abstimmung mit den Gläubigern, etwa iR eines **Insolvenzplans** (§§ 217 ff InsO) erfolgen, indem zB ein Forderungsverzicht der Gläubiger mit einer Kapitalerhöhung der Aktionäre verbunden wird (*Hüffer* AktG Rn 32b). Nach § 225a Abs 3 InsO kann im Insolvenzplan alles geregelt werden, was gesellschaftsrechtlich zulässig ist. Dies kann zB eine Kapitalerhöhung durch Umwandlung von Gläubigerforderungen in Grundkapital sein, sog **Debt-Equity-Swap** (vgl § 225a Abs 2 S 3 InsO; *Simon/Merkelbach* NZG 2012, 121, 123 ff). Sind die Aktionäre in den Insolvenzplan einbezogen, gilt ihre Zustimmung als erteilt, wenn sie durch den Insolvenzplan voraussichtlich nicht schlechter gestellt sind als sie ohne den Plan stünden und die vorrangigen Gläubigergruppen dem Plan mehrheitlich zugestimmt haben (vgl

49

§ 245 Abs 1 Nr 1 InsO). Danach ist auch ein Kapitalschnitt unter vollständigem Ausschluss der Altaktionäre möglich (*Decher/Voland* ZIP 2012, 103 ff).

VII. Kosten

50 Für die Beurkundung des Kapitalerhöhungsbeschlusses fallen **Notarkosten** an. Die Kosten der **Eintragung** der Kapitalerhöhung ins HR ergeben sich aus § 58 Abs 1 Nr 1 GNotKG iVm der HRegGebV. Bei getrennter Eintragung des Kapitalerhöhungsbeschlusses und der Durchführung der Kapitalerhöhung sind zwei Gebührentatbestände verwirklicht, bei Verbindung beider (§ 188 Abs 2) nur einer. Die mit der Eintragung der Durchführung verbundene Satzungsänderung hat kostenrechtlich keine selbstständige Bedeutung (§ 109 Abs 2 Nr 4b GNotKG). Bei einer späteren gesonderten Anmeldung ist die Satzungsänderung dagegen selbstständig gebührenpflichtig (§ 105 Abs 4 Nr 1 GNotKG).

§ 183 Kapitalerhöhung mit Sacheinlagen; Rückzahlung von Einlagen

(1) ¹Wird eine Sacheinlage (§ 27 Abs. 1 und 2) gemacht, so müssen ihr Gegenstand, die Person, von der die Gesellschaft den Gegenstand erwirbt, und der Nennbetrag, bei Stückaktien die Zahl der bei der Sacheinlage zu gewährenden Aktien im Beschluss über die Erhöhung des Grundkapitals festgesetzt werden. ²Der Beschluss darf nur gefasst werden, wenn die Einbringung von Sacheinlagen und die Festsetzungen nach Satz 1 ausdrücklich und ordnungsgemäß bekannt gemacht worden sind.

(2) § 27 Abs. 3 und 4 gilt entsprechend.

(3) ¹Bei der Kapitalerhöhung mit Sacheinlagen hat eine Prüfung durch einen oder mehrere Prüfer stattzufinden. ²§ 33 Abs. 3 bis 5, die §§ 34, 35 gelten sinngemäß.

Übersicht

	Rn		Rn
I. Gegenstand der Regelung	1	1. Wirksamkeit der Rechtsgeschäfte	19
II. Sacheinlagen	2	2. Anfechtbarkeit	20
1. Begriffliche Unterscheidungen	2	3. Heilung der Kapitalerhöhung	21
2. Gegenstand der Sacheinlage	5	4. Bareinlagepflicht	22
3. Vereinbarungen über die Sacheinlage	8	5. Verdeckte Sacheinlagen	23
4. Zeichnungsschein	12	6. Hin- und Herzahlen	24
III. Kapitalerhöhungsbeschluss	13	VI. Prüfung der Sacheinlage (§ 183 Abs 3)	25
1. Allgemeines	13	1. Inhalt der Regelung	25
2. Inhalt des Beschlusses	14	2. Prüfungsverfahren	26
3. Bekanntmachung	17	3. Rechtsfolgen	27
IV. Verhältnis zur Nachgründung	18	VII. Kosten	32
V. Rechtsfolgen fehlerhafter Beschlussfassung	19		

Literatur: *Bayer* Transparenz und Wertprüfung beim Erwerb von Sacheinlagen und genehmigtes Kapital, FS Ulmer, 2003, S 21; *Bayer/J.Schmidt* Die Reform der Kapitalaufbringung bei der Aktiengesellschaft durch das ARUG, ZGR 2009, 805; *Bork/Stangier* Nachgründende Kapitalerhöhung mit Sacheinlagen? AG 1984, 320; *Cahn/Simon/Theiselmann* Forderungen gegen die Gesellschaft als Sacheinlage?, CF 2010, 238; *Cahn/Simon/Theiselmann* Dept Equity zum Nennwert!, DB 2010, 1629; *Hoffmann-Becking* Der Einbringungsvertrag zur Sacheinlage eines Unternehmens oder Unternehmensteils in die Kapitalgesellschaft, FS Lutter, 2000, S 453; *Krieger* Zur Reichweite des § 52 AktG, FS Claussen 1997, S 223; *Lutter* Verdeckte Leistungen und Kapitalschutz, FS Stiefel, 1997, S 505; *Lutter/Zöllner* Zur Anwendung der regeln über die Sachkapitalerhöhung auf das Ausschüttungs-Rückhol-Verfahren, ZGR 1996, 164; *Maier-Reimer* Wert der Sacheinlage und Ausgabebetrag, FS Bezzenberger, 2000, S 253; *Mülbert* Anwendung der Nachgründungsvorschriften auf die Sachkapitalerhöhung?, AG 2003, 136; *Priester* Kapitalaufbringungspflicht und Gestaltungsspielräume beim Agio, FS Lutter, 2000, S 617; *Priester* Debt-Equity-Swap zum Nennwert? DB 2010, 1445; *Reichelt* Probleme der Nachgründung nach altem und neuem Recht, ZGR 2001, 554; *Verse* (Gemischte) Sacheinlagen, Differenzhaftung und Vergleich über Einlageforderungen – Besprechung von BGHZ 191, 364 – Babcock, ZGR 2012, 875; *Wieneke* Die Differenzhaftung des Inferenten und die Zulässigkeit eines Vergleichs über ihre Höhe, NZG 2012, 136; *Wieneke* Die Festsetzung des Gegenstands der Sacheinlage nach §§ 27, 183 AktG, AG 2013, 437.

I. Gegenstand der Regelung

Der durch Art 1 Nr. 25 des ARUG vom 30.7.2009 (BGBl I S 2479) geänderte § 183 ergänzt § 182 für den Fall einer Kapitalerhöhung gegen Sacheinlagen. § 183 Abs 1 regelt den Inhalt des Kapitalerhöhungsbeschlusses und dessen Bekanntmachung. Abs 2 verweist auf die Regelungen in § 27 Abs 3 und 4 idF des ARUG zur verdeckten Sacheinlage sowie zum Hin- und Herzahlen. Diese Bestimmungen gelten damit auch für die KapErhöhung. Abs 3 befasst sich mit der Prüfung der Sacheinlage durch unabhängige Prüfer und das Gericht. Diese Regelung wird durch § 183a ergänzt. Die Vorschriften des § 183 sollen vor allem die **Offenlegung** und **neutrale Bewertung** der Sacheinlagen sicherstellen. Sie entsprechen dem Grundsatz der realen Kapitalaufbringung und dienen dem Schutz der Gläubiger wie der Aktionäre der Gesellschaft (*Hüffer* AktG Rn 1; *BGH* NJW 1992, 3167, 3169). Weitere Vorschriften zur Sachkapitalerhöhung enthalten die §§ 183a, 184 Abs 1 S 2, 185 Abs 1 S 3 Nr 3, 188 Abs 3 Nr 2. **1**

II. Sacheinlagen

1. Begriffliche Unterscheidungen. Nach der Legaldefinition in § 27 Abs 1 S 1 ist **Sacheinlage** jede Einlage, die nicht durch Einzahlung des Ausgabebetrags zu erbringen ist. Dies gilt nach der Verweisung in § 183 Abs 1 S 1 auch für die Kapitalerhöhung. Die Sacheinlage steht damit im Gegensatz zur Bareinlage, die den gesetzlichen Regelfall darstellt (§ 54 Abs 2). Soll für die auszugebenden Aktien neben Geld auch eine Sachleistung erbracht werden **(gemischte Einlage)**, sind diese Leistungen rechtlich getrennt zu beurteilen (*Hüffer* AktG § 36 Rn 12; Happ AktienR/*Happ* Muster 12.02 Anm 2). Für den Geldteil der Einlage gilt § 182, für die Sachleistung § 183. Hiervon zu unterscheiden ist die **gemischte Sacheinlage**. Sie liegt vor, wenn Vermögensgegenstände eingebracht werden und dafür neben Aktien auch eine Barvergütung gewährt wird (vgl dazu Rn 10 zu § 27). Die Einlageleistung ist dabei kraft Parteivereinbarung unteilbar (*BGH* ZIP 2008, 788, 790; NZG 2012, 69, 75). Soll die Vergütung auf die Einlage angerechnet werden, wird auch von einer fingierten Sacheinlage gesprochen (vgl § 27 Abs 2 S 2) Die Regeln über Sacheinlagen gelten in diesen Fällen grds für den gesamten Vorgang (*Hüffer* AktG Rn 2 und § 27 Rn 9; BGH NZG 2007, 144, 145). **2**

Eine **verdeckte Sacheinlage** liegt nach der durch das ARUG von § 19 Abs 4 S 1 GmbHG in § 27 Abs 3 S 1 übernommenen Legaldefinition vor, wenn eine Geldeinlage bei wirtschaftlicher Betrachtung und auf Grund einer im Zusammenhang mit der **3**

Geldeinlage getroffenen Abrede vollständig oder teilweise als Sacheinlage zu bewerten ist. Während nach der früheren Rechtslage sowohl das Erfüllungsgeschäft als auch die in diesem Zusammenhang geschlossenen Verträge unwirksam waren (zB *BGHZ* 110, 47, 51 ff), sind die im Zusammenhang mit der Bareinlage getroffenen Abreden nach neuer Rechtslage wirksam. Ob und inwieweit auch eine Erfüllung der Bareinlagepflicht eintritt, hängt von verschiedenen Voraussetzungen ab (vgl Rn 20a ff zu § 27 sowie unten Rn 24). Zu den Besonderheiten einer **verdeckten gemischten Sacheinlage** s *BGH* NZG 2010, 702; *Habersack* GWR 2010, 107; *Pentz* GWR 2010, 285).

4   Von § 183 nicht erfasst ist die **Sachübernahme**, dh der Erwerb eines Vermögensgegenstandes ohne Anrechnung der dafür gewährten Vergütung auf die Einlagepflicht. Dieser Vorgang ist nur im Gründungsrecht der Sacheinlage gleichgestellt (§ 27 Abs 1 S 1, 2. Halbs und *BGH* DB 2007, 212, 214 zur verdeckten Sacheinlage). Weiter zu unterscheiden ist der Fall einer **gemischten Bar- und Sachkapitalerhöhung**. Dabei leistet ein Teil der Zeichner Geldeinlagen während ein anderer Teil Sacheinlagen erbringt (vgl *OLG Jena* ZIP 2006, 1989). Diese Gestaltung ist vor allem ein Problem des Bezugsrechtsausschlusses (s dazu Rn 31 zu § 186).

5   **2. Gegenstand der Sacheinlage.** Gegenstand einer Sacheinlage können nur Vermögensgegenstände sein, deren wirtschaftlicher Wert feststellbar ist (§§ 183 Abs 1 S 1, 27 Abs 2, Hs 1). Verpflichtungen zu Dienstleistungen sind hiervon – vor allem wegen der Schwierigkeiten bei einer Vollstreckung – ausgenommen (§§ 183 Abs 1 S 1, 27 Abs 2, HS 2). Bei der Sacheinlage muss es sich um einen **übertragbaren** Gegenstand handeln, der dem Vorstand wie Geld zur freien Verfügung überlassen werden kann. Dabei kommt es nicht auf die Pfändbarkeit des Gegenstandes (§ 851 Abs 1 ZPO), sondern auf die Überführung des Gegenstandes in die Dispositionsmacht des Vorstandes an (MünchKomm AktG/*Peifer* Rn 10).

6   Die Sacheinlage muss selbstständig **bewertbar** sein. Die bilanzielle Aktivierbarkeit ist dafür nicht Voraussetzung. Auch selbst geschaffene immaterielle Güter können trotz fehlender Aktivierbarkeit (§ 248 Abs 2 HGB) Gegenstand einer Sacheinlage sein (MünchKomm AktG/*Peifer* Rn 11). Einlagefähig sind insb **Sachen** und **Sachgesamtheiten** (Unternehmen) sowie übertragbare **Mitgliedschaften**, **Forderungen** und **Rechte** (vgl *Schlitt/Beck* NZG 2001, 688, 693 zur Einbringung von stillen Beteiligungen; *BGHZ* 144, 290, 293 ff zur Einbringung von Lizenzrechten). Einlagefähig sind auch Forderungen gegen die Gesellschaft selbst (sog **Debt Equity Swap**). Ob die Forderung werthaltig ist, richtet sich nach hM nach der Bonität der Gesellschaft im Zeitpunkt der Einbringung (*BGH* DB 1990, 311; *Priester* DB 2010, 1445; *M. Schmidt/Schlitt* Der Konzern 2009, 279, 282 jeweils mwN). Bei Zweifeln ist daher ein Abschlag vom Nennbetrag vorzunehmen (so zB *K. Schmidt/Lutter* AktG/*Bayer* § 27 Rn 18; Spindler/Stilz AktG/*Heidinger* § 27 Rn 35; aA *Cahn/Simon/Theiselmann* CF 2010, 238, 242 ff.; *dies* DB 2010, 1629 ff). **Dienstleistungen** sind nicht einlagefähig (*BGH* ZIP 2009, 713 Quivive; *BGH* NZG 2010, 343 Eurobike). Werden Vermögensgegenstände eingebracht, die nur in bestimmtem Zusammenhang werthaltig sind (zB Know how), ist dies bei der Wertfeststellung zu berücksichtigen (MünchKomm AktG/*Peifer* Rn 12). Wegen der Erwerbsbeschränkungen gem § 71 sind **eigene Aktien** der Gesellschaft sowie Wandel- und Optionsanleihen, die zum Umtausch in Aktien der Gesellschaft bzw zu deren Bezug berechtigen, nicht einlagefähig (*BGH* NZG 2011, 1271, 1272 Ision zu eigenen Aktien). Das gleiche gilt für Genussrechte, die nur eine Beteiligung am Gewinn oder

Liquidationserlös der Gesellschaft zum Gegenstand haben (KölnKomm AktG/*Lutter* Rn 36; MünchKomm AktG/*Peifer* Rn 14). Einlagefähig sind insoweit nur konkrete Ansprüche wie zB auf Zinsen oder eine bestimmte Dividende.

Auch eine Kapitalerhöhung im Wege des **„Schütt-aus-Hol-zurück"-Verfahrens** kann als Sachkapitalerhöhung durchgeführt werden. Gegenstand der Sacheinlage sind die durch den Gewinnverwendungsbeschluss entstandenen Dividendenansprüche gegen die Gesellschaft (*BGHZ* 135, 381, 384 ff zur GmbH; *BGHZ* 113, 335). Anstelle einer offenen Sachkapitalerhöhung kann auch eine Kapitalerhöhung aus Gesellschaftsmitteln vorgenommen werden (*BGHZ* 135, 381, 384 ff; *BGH* NJW 2000, 725, 726; *Krieger* Münch Hdb AG § 56 Rn 51; *Lutter/Zöllner* ZGR 1996, 164, 178 ff). 7

3. Vereinbarungen über die Sacheinlage. Ergänzend zum Kapitalerhöhungsbeschluss können Einleger und Gesellschaft weitere Vereinbarungen über die Einbringung der Sacheinlage treffen. Dabei geht es meist um nähere Bestimmungen zur Einlagenleistung, insb bei der Einbringung von Unternehmen oder Unternehmensteilen (s dazu *Hoffmann-Becking* FS Lutter 2000, S 453, 454 f und *Mulert* in Happ Aktienrecht Muster 2.04 e), sowie um Nebenabreden, zB zur Fälligkeit der Einlage. Bei dem Einbringungsvertrag handelt es sich um einen **körperschaftsrechtlichen Vertrag** (*BGHZ* 45, 338, 345), in dem sich der Einleger verpflichtet, einen bestimmten Gegenstand als Einlage zu erbringen und dafür neue Aktien zu zeichnen. Der Einbringungsvertrag kann zusammen mit dem Zeichnungsvertrag (§ 185) geschlossen werden kann (*Kley* RNotZ 2003, 17, 20 ff). Er unterliegt wie dieser der Schriftform (vgl §§ 185 Abs 1 S 1, 188 Abs 3 Nr 2; *Hüffer* AktG Rn 6; MünchKomm AktG/*Peifer* Rn 47; aA GroßKomm AktG/*Wiedemann* Rn 71). Aus den allgemeinen Vorschriften können sich weitergehende Formerfordernisse ergeben (zB §§ 311b, 1365 BGB, § 15 Abs 3 GmbHG). 8

Vereinbarungen zur **Gewährleistung** spielen im Hinblick darauf, dass der Einleger bei Nichterreichen des vereinbarten Wertes der Sacheinlage auf Geld haftet (Rn 22) keine Rolle. Bei der Einbringung von Unternehmen wird von neuen Aktionären bisweilen eine Gewährleistung der Werthaltigkeit der auszugebenden Aktien verlangt. Die Gesellschaft kann jedoch im Hinblick auf § 57 Abs 1 nicht ohne weiteres einen bestimmten Wert ihrer Aktien garantieren und durch eine Verpflichtung zum Geldausgleich absichern (vgl dazu *Sieger/Hasselbach* BB 2004, 60, 61 ff; *Brandi* NZG 2004, 600 ff; *Wieneke* NZG 2004, 61, 67 f). Die Gesellschaft kann sich auch nicht verpflichten, bei Erreichen bestimmter Ertragsziele des eingebrachten Unternehmens zusätzliche neue Aktien auszugeben (sog contingent shares; Marsch-Barner/Schäfer Hdb AG/ *Busch* § 42 Rn 33). 9

Der Einbringungsvertrag kann **vor oder nach** dem Kapitalerhöhungsbeschluss geschlossen werden. Wird er vorher geschlossen, steht er unter der aufschiebenden Bedingung, dass ein entspr Kapitalerhöhungsbeschluss gefasst wird (*LG Heidelberg* DB 2001, 1607, 1609; *Hüffer* AktG Rn 6; MünchKomm AktG/*Peifer* Rn 46). Eine solche Bedingung kann auch ausdrücklich vereinbart sein (*OLG Oldenburg* DB 1997, 1325, 1326). Wird der Vertrag erst später geschlossen, steht zum Zeitpunkt des Kapitalerhöhungsbeschlusses noch nicht verbindlich fest, wer welche Einlagen erbringen wird. Ein solches Vorgehen ist zwar zulässig, birgt aber das Risiko, dass die Kapitalerhöhung nicht durchgeführt werden kann, wenn der Einbringungsvertrag nicht innerhalb angemessener Frist zustande kommt (*Hüffer* AktG Rn 6; GroßKomm AktG/*Wiedemann* Rn 71; *Krieger* Münch Hdb AG § 56 Rn 42). Der Einbringungsvertrag muss 10 mindestens die in § 183 Abs 1 S 1 vorgeschriebenen Festsetzungen enthalten. Darüber hinaus kann er weitere Verpflichtungen, insb in Bezug auf den einzubringenden Gegenstand, zum Inhalt haben (s oben Rn 8 und MünchKomm AktG/*Peifer* Rn 46). Die zur Sacheinlage getroffenen Vereinbarungen sind der Anmeldung der Durchführung der Kapitalerhöhung beizufügen (§ 188 Abs 3 Nr 2). Zur Erfüllung der Verträge sind die jeweils erforderlichen Verfügungen (zB nach §§ 398, 413; 873; 925; 929 ff BGB) vorzunehmen.

11 Sind die zur Sacheinlage getroffenen Vereinbarungen unwirksam, hat der Einleger anstelle der Sacheinlage den **Ausgabebetrag** der Aktien **in bar** zu leisten. Die Verpflichtung zur Bareinlage wird durch den Einbringungsvertrag mithin nicht aufgehoben, sondern nur verdrängt. Sie bleibt als Ausfallhaftung bestehen (*Lutter* FS Stiefel, 1987, S 505, 510; *Hüffer* AktG Rn 4; vgl auch MünchKomm AktG/*Peifer* Rn 7). Zum Wiederaufleben der Bareinlagepflicht s auch unten Rn 22.

12 **4. Zeichnungsschein.** Neben eine eventuelle schuldrechtliche Verpflichtung zur Leistung der Sacheinlage tritt der Zeichnungsschein (§ 185) als gesellschaftsrechtliche Verpflichtung zur Übernahme der neuen Aktien. Dieser Schein muss alle Angaben über die Sacheinlage enthalten (§ 185 Abs 1 S 3 Nr 3).

III. Kapitalerhöhungsbeschluss

13 **1. Allgemeines.** Der Kapitalerhöhungsbeschluss gegen Sacheinlagen muss neben den Anforderungen des § 183 Abs 1 auch denen des § 182 entsprechen. Zu berücksichtigen ist außerdem, dass die Kapitalerhöhung gegen Sacheinlage idR mit einem Ausschluss des Bezugsrechts verbunden ist (vgl *BGHZ* 71, 40, 46; *BGH* AG 1995, 227, 228; MünchKomm AktG/*Peifer* Rn 32). Der Kapitalerhöhungsbeschluss bedarf dann mindestens einer Drei Viertel-Kapitalmehrheit (§ 186 Abs 3 S 2). Der vorgesehene Bezugsrechtsausschluss ist ausdrücklich und ordnungsgemäß bekannt zu machen und zu begründen (§ 186 Abs 4; *BGHZ* 71, 40, 46 f).

14 **2. Inhalt des Beschlusses.** Im Kapitalerhöhungsbeschluß sind der **Gegenstand** der Sacheinlage, die Person des **Einlegers** sowie der **Nennbetrag** bzw bei Stückaktien die **Zahl** der Aktien festzusetzen, die für die Sacheinlage gewährt werden sollen (§ 183 Abs 1 S 1). Die Angaben müssen vollständig und genau sein, damit der mit der Offenlegung bezweckte Schutz erreicht wird (*Hüffer* AktG Rn 9). Objektive Bestimmbarkeit genügt (*Hüffer* AktG § 27 Rn 17). Hängt die genaue Anzahl der auszugebenden Aktien von äußeren Umständen, zB dem Umfang der Annahme bei einem öffentlichen Tauschangebot ab, so genügt eine „bis – zu" Angabe (*J. Vetter* FS K. Schmidt, 2009, S 1371, 1382 f). Soll ein Unternehmensteil eingebracht werden, ist eine schlagwortartige und verkehrsübliche Bezeichnung ausreichend (*Hoffmann-Becking* FS Lutter 2000, S 453, 462). Der Wert der Einlage muss nicht angegeben werden (MünchKomm AktG/*Pentz* § 27 Rn 71). Das gilt auch für die wertbildenden Regelungen des Einbringungsvertrags (*Wieneke* AG 2013, 437, 441). Der Einleger ist zumindest mit Name/Firma, Wohnsitz/Sitz und ggf der Nr des HR zu identifizieren (vgl *Happ* in Happ Aktienrecht Muster 12.02 Anm 8 c). Werden die neuen Aktien von einem Intermediär, zB einer Bank als Treuhänder iR eines öffentlichen Übernahmeangebots übernommen, genügt dessen Angabe (*Hüffer* AktG Rn 9).

15 Ein den Nennbetrag oder anteiligen Betrag der auszugebenden Aktien übersteigender **Ausgabebetrag** braucht im Kapitalerhöhungsbeschluss nicht festgelegt zu werden

(*BGHZ* 71, 40, 50 f.; *Hüffer* AktG Rn 9; MünchKomm AktG/*Peifer* Rn 35; *Hoffmann-Becking* FS Lutter 2000, S 453, 456; MünchHdb AG/*Kraft/Krieger* § 56 Rn 40; *Maier-Reimer* FS Bezzenberger 2000, 253, 260 ff; **aA** GroßKomm AktG/*Wiedemann* Rn 51; *Bork/Stangier* AG 1984, 320, 321; K. Schmidt/Lutter AktG/*Veil* Rn 13; Spindler/Stilz AktG/*Servatius* Rn 19; wohl auch KölnKomm AktG/*Lutter* Rn 46). Der Kapitalerhöhungsbeschluss kann aber Bestimmungen zum Ausgabebetrag enthalten. In diesem Falle ist gem § 182 Abs 3 der Mindestbetrag anzugeben, unter dem die Aktien nicht ausgegeben werden sollen. Ergänzend kann auch ein Höchstbetrag festgesetzt werden (vgl Rn 18 zu § 182).

Wird der Ausgabebetrag von der HV nicht bestimmt, obwohl der Wert der Sacheinlage den geringsten Ausgabebetrag (§ 9) übersteigt, stellt sich die Frage, wie dies **bilanziell** zu behandeln ist. Nach hM kann die Gesellschaft wählen, ob sie die Sacheinlage zum Zeitwert oder zum Nennbetrag bzw anteiligen Betrag der für sie gewährten Aktien aktiviert. Im zweiten Fall entstehen stille Reserven, während im ersten Fall die Differenz zwischen Zeitwert und Nennbetrag bzw anteiligem Betrag in die Kapitalrücklage gem § 272 Abs 2 Nr 1 HGB einzustellen ist (MünchHdb AG/*Hoffmann-Becking* § 4 Rn 9; Marsch-Barner/Schäfer Hdb AG/*Busch* § 42 Rn. 27; MünchKomm AktG/*Peifer* Rn 37). 16

3. Bekanntmachung. Die geplante Einbringung der Sacheinlage und die Festsetzungen nach § 183 Abs 1 S 1 sind ausdrücklich und ordnungsgemäß mit der Tagesordnung bekannt zu machen (§ 183 Abs 1 S 2 iVm § 121 Abs 3). Dabei genügt es, wenn die Vereinbarungen, die der Sacheinlage zugrunde liegen, nicht im Wortlaut, sondern in ihrem wesentlichen Inhalt bekannt gemacht werden (*OLG Oldenburg* DB 1997, 1325). Ohne diese Bekanntmachung darf der Kapitalerhöhungsbeschluss nicht gefasst werden. Geschieht dies dennoch, ist der Beschluss gem § 243 Abs 1 anfechtbar. Solange der Beschluss nicht vernichtet ist, schuldet der Zeichner die versprochene Sacheinlage (KölnKomm AktG/*Lutter* Rn 51; MünchKomm AktG/*Peifer* Rn 43). Ein Bekanntmachungsfehler liegt auch zB bei einer Kapitalerhöhung mit verdeckter Sacheinlage vor (*OLG Frankfurt* AG 1999, 231). Bei einer HV, bei der alle Aktionäre erschienen oder vertreten sind, kann die Bekanntmachungspflicht nach § 124 Abs 1 entfallen, sofern kein anwesender Aktionär widerspricht (§ 121 Abs 6; *Hüffer* AktG Rn 10; MünchKomm AktG/*Peifer* Rn 43). 17

IV. Verhältnis zur Nachgründung

Erfolgt die Kapitalerhöhung gegen Sacheinlagen innerhalb von zwei Jahren nach Eintragung der Gesellschaft, sind auf die Kapitalerhöhung ergänzend die teilweise strengeren Vorschriften zur Nachgründung (§§ 52, 53) entspr anzuwenden (*OLG Oldenburg* AG 2002, 620; KölnKomm AktG/*Lutter* Rn 6; *Hüffer* AktG Rn 5; GroßKomm AktG/*Wiedemann* Rn 29; MünchKomm AktG/*Peifer* Rn 44; Münch Hdb AG/*Kraft/Krieger* § 56 Rn 48; **aA** K. Schmidt/Lutter AktG/*Veil* Rn 7; Spindler/Stilz AktG/*Servatius* Rn 68; *Bork/Stangier* AG 1984, 320, 322 f; *Mülbert* AG 2003, 136, 139 ff; *Reichert* ZGR 2001, 554, 576 ff). Dabei berechnet sich die 10 %-Grenze des § 52 Abs 1 S 1 nicht nach dem Wert der Gegenleistung, sondern entspr § 67 S 3 UmwG nach dem Nennbetrag bzw anteiligen Betrag der neuen Aktien in Bezug auf das erhöhte Grundkapital (*Hüffer* AktG Rn 5; Münch Hdb AG/*Hoffmann-Becking* § 4 Rn 34; *Krieger* FS Claussen S 223, 228; *Kubis* AG 1993, 118, 122). 18

V. Rechtsfolgen fehlerhafter Beschlussfassung

19 **1. Wirksamkeit der Rechtsgeschäfte.** Fehlen im Kapitalerhöhungsbeschluss einzelne oder alle Angaben gem § 183 Abs 1 oder stimmen sie nicht mit den Angaben in der Sacheinlagevereinbarung überein, sind die Vereinbarungen über die Sacheinlage und die zu ihrer Ausführung vorgenommenen Rechtshandlungen im Verhältnis zur Gesellschaft unwirksam. Dies entspricht den bisherigen, in § 183 Abs 2 aF zum Ausdruck gelangten Grundsätzen (*Hüffer* AktG Rn 11). Die fehlerhaft festgesetzte Sacheinlage darf allerdings nicht schlechter gestellt werden als die verdeckte Sacheinlage, für die – über Abs 2 – § 27 Abs 3 S 2–5 entspr gilt. Dies bedeutet, dass, wenn die vorgesehene Sacheinlage tatsächlich eingebracht wird, die Sacheinlagevereinbarung und die Ausführungshandlungen als wirksam zu betrachten sind. Die Einbringung führt aber nicht unmittelbar zur Erfüllung. Wegen der fehlerhaften Festsetzung lebt nämlich die ursprüngliche Bareinlagepflicht wieder auf (s unter Rn 22). Auf diese Bareinlagepflicht ist der Wert der Sacheinlage entspr § 27 Abs 3 S 3 und 4 anzurechnen (wie hier *Hölters* AktG/*von Dryander/Niggemann* Rn 27, 31; wohl auch K. Schmidt/Lutter AktG/*Veil* Rn 17; **aA** Spindler/Stilz AktG/*Serratins* Rn 33, wo auch die ursprüngl Sacheinlagepflicht bestehen bleibt). Angesichts dieser Wirkung kann der Inferent die Sacheinlage nicht nach § 812 Abs 1 S 2 Alt 2 BGB wegen Zweckverfehlung zurückfordern (vgl oben § 27 Rn 20).

20 **2. Anfechtbarkeit.** Fehlende, unrichtige oder unvollständige Angaben nach § 183 Abs 1 führen außerdem zur **Anfechtbarkeit** des Kapitalerhöhungsbeschlusses (§§ 243 Abs 1, 255 Abs 1; *Hüffer* AktG Rn 12; MünchKomm AktG/*Peifer* Rn 51; Spindler/Stilz AktG/*Servatius* Rn 18). Der Sacheinleger kann nur anfechten, wenn er bisher schon Aktionär war (vgl § 245 Nr 1 und 2). Liegt der im HV-Beschl festgesetzte Ausgabebetrag unter dem geringsten Ausgabebetrag (§ 9 Abs 1), ist der Beschl gem § 241 Nr 3 Alt 2 nichtig (s auch Rn 28).

21 **3. Heilung der Kapitalerhöhung.** Im Falle eines Verstoßes gegen § 183 Abs 1 S 1 hat das Registergericht die Eintragung des Erhöhungsbeschlusses (§ 184) und der Durchführung der Kapitalerhöhung (§ 188) **abzulehnen** (*Hüffer* AktG Rn 12; KölnKomm AktG/*Lutter* Rn 54; MünchKomm AktG/*Pfeifer* Rn 52). Kommt es dennoch zur Eintragung der Durchführung der Kapitalerhöhung, wird die **Erhöhung** des Grundkapitals rückwirkend **wirksam** (*Hüffer* AktG Rn 14). Mit der Eintragung entfällt auch die Anfechtbarkeit, soweit es um einen Verstoß gegen die Festsetzungspflicht nach § 183 Abs 1 S 1 geht. Eine Anfechtung wegen anderer Mängel, zB fehlerhafter Bewertung der Sacheinlage, bleibt weiter möglich (*Hüffer* AktG Rn 14; MünchKomm AktG/*Peifer* Rn 54; *OLG Frankfurt* AG 1976, 298, 302 f). – Bis zur Eintragung der Durchführung der Kapitalerhöhung ist eine Heilung der Verträge und Ausführungshandlungen durch **ergänzenden oder neuen Beschluss** der HV möglich, der den Anforderungen der §§ 182, 183 Abs 1 genügt (MünchKomm AktG/*Peifer* Rn 52; zur Aufhebung und Änderung eines Kapitalerhöhungsbeschlusses s Rn 29 zu § 182).

22 **4. Bareinlagepflicht.** Ist die Kapitalerhöhung trotz fehlerhafter Festsetzungen nach § 183 Abs 1 S 1 durch Eintragung der Durchführung wirksam geworden, hat der vermeintliche Einleger den Ausgabebetrag der Aktien in Geld einzuzahlen. An die Stelle der ursprünglich beabsichtigten Sacheinlage tritt kraft Gesetzes eine Bareinlagepflicht (*BGHZ* 33, 175, 178; *BGH* NJW 1982, 2823, 2827; *Hüffer* Rn 14; MünchKomm AktG/*Peifer* Rn 55; K. Schmidt/Lutter AktG/*Veil* Rn 17; **aA** Spindler/Stilz AktG/*Servatius*

Rn 33). Richtige Angaben im Zeichnungsschein (§ 185 Abs 1 S 3 Nr 3) ändern daran nichts (*Hüffer* AktG Rn 14; MünchKomm AktG/*Peifer* Rn 55). Der Einleger kann sich vor dieser Rechtsfolge dadurch schützen, dass er den Zeichnungsschein erst nach ordnungsgemäß gefasstem Kapitalerhöhungsbeschluss unterzeichnet (*Hüffer* AktG Rn 15; KölnKomm AktG/*Lutter* Rn 61; MünchKomm AktG/*Peifer* Rn 48). Hatte er den Zeichnungsschein schon vorher unterschrieben, kann er versuchen, die Eintragung der Durchführung im HR durch einen Hinweis an den Registerrichter und/oder durch Erhebung einer Anfechtungsklage zu verhindern.

5. Verdeckte Sacheinlagen. Nach den Änderungen durch das ARUG gilt § 27 Abs 3 bei der Kapitalerhöhung entsprechend. (§ 183 Abs 2). Danach wird der Zeichner einer verdeckten Sacheinlage von seiner Einlagepflicht nicht befreit, die Verträge über die Sacheinlage und die Rechtshandlungen zu ihrer Ausführung sind aber wirksam. Der Wert des eingebrachten Gegenstands ist auf die Einlageverpflichtung anzurechnen (näher dazu Rn 37 zu § 27). Dabei trägt der Sacheinleger die Beweislast für die Werthaltigkeit des geleisteten Gegenstands (§ 27 Abs 3 S 5) und damit das Risiko einer fehlenden Wertdeckung. Trotz der erfolgten Vereinfachung bleibt es dabei, dass falsche Angaben bei der Anmeldung gemäß § 399 Abs 1 Nr 4 strafbar sind. Außerdem kann der Beginn des Stimmrechts gem § 134 Abs 2 S 1 und 2 gehemmt sein (zur Haftung eines Beraters *BGH* NZG 2009, 865). – Nach der Streichung des früheren § 183 Abs 2 S 4 ist auch eine Heilung der verdeckten Sacheinlage im Wege der Satzungsänderung möglich (vgl Begr Rechtsausschuss BT-Drucks 16/13098 S 54). Dazu ist neben einem mit satzungsändernder Mehrheit gefassten HV-Beschl die Nachholung der Werthaltigkeitsprüfung erforderlich, sofern diese nicht nach § 183a entbehrlich ist (*Bayer/J.Schmidt* ZGR 2009, 805, 830). Maßgebender Zeitpunkt ist gem §§ 183 Abs 2, 27 Abs 3 S 3 die Anmeldung zur Eintragung in das HR. Mit der Eintragung der Satzungsänderung im HR wird die verdeckte Sacheinlage ex nunc geheilt. Die Einzahlung der Einlage auf ein Konto, das in einen Cash-Pool einbezogen ist, stellt eine verdeckte Sacheinlage dar, wenn der Saldo auf dem Zentralkonto im Zeitpunkt der Weiterleitung zu Lasten der Gesellschaft negativ ist, andernfalls liegt ein Hin- und Herzahlen vor (*BGH* NZG 2009, 944 Cash-Pool II zur GmbH).

6. Hin- und Herzahlen. Nach § 183 Abs 2 gilt die Regelung zum Hin- und Herzahlen in § 27 Abs 4 bei der Kapitalerhöhung entspr. Diese Regelung setzt voraus, dass keine verdeckte Sacheinlage vorliegt. Fließt die Einlage bei wirtschaftlicher Betrachtung an den Aktionär zurück, wird dieser von seiner Einlageverpflichtung nur befreit, wenn die Leistung an ihn durch einen vollwertigen, fälligen und liquiden Rückgewähranspruch gedeckt ist und die Absprache über die Rückgewähr in der Anmeldung offen gelegt wurde (näher dazu Rn 50 § 27). Für die Beurteilung der Vollwertigkeit gilt dabei die bilanzielle Betrachtungsweise (Begr Rechtsausschuss BT-Drucks 16/13098 S 37). Die Vollwertigkeit fehlt, wenn die Gesellschaft überschuldet ist (*BGH* NZG 2012, 1067, 1069). Die Beweislast liegt beim Aktionär. Sind alle Voraussetzungen gegeben, tritt die Erfüllungswirkung in vollem Umfang ein; andernfalls bleibt die Einlageverpflichtung ungekürzt bestehen (*Bayer/J.Schmidt* ZGR 2009, 805, 837). Zu diesen Voraussetzungen gehört nach *BGH* NZG 2009, 463, 465 – Quivive und nach *BGH* NZG 2009, 944, 946 Cash Pool II auch die Offenlegung im Rahmen der Anmeldung. Eine unterbliebene Offenlegung kann nachgeholt werden, solange die Kapitalerhöhung noch nicht ins HR eingetragen ist, *OLG Stuttgart* NZG 2012, 231.

VI. Prüfung der Sacheinlage (§ 183 Abs 3)

25 1. Inhalt der Regelung. Nach § 183 Abs 1 S 1 hat, sofern nicht eine Befreiung gemäß § 183a eingreift, bei jeder Kapitalerhöhung mit Sacheinlagen eine Prüfung zu erfolgen. Zu prüfen ist, ob der Wert der Sacheinlage den **geringsten Ausgabebetrag** (§ 9 Abs 1) der im Gegenzug zu gewährenden Aktien erreicht (§§ 183 Abs 3 S 2, 34 Abs 1 Nr 2; *Hüffer* AktG Rn 16; MünchKomm AktG/*Peifer* Rn 64; *Krieger* Münch Hdb AG § 56 Rn 41). Da es nur um die Verhinderung einer Unterpari-Ausgabe geht, muss ein höherer **Ausgabebetrag** nicht geprüft werden (*Hüffer* AktG Rn 16; MünchKomm AktG/*Peifer* Rn 64; KölnKomm AktG/*Lutter* Rn 52; Spindler/Stilz AktG/*Servatius* Rn 45; aA K. Schmidt/Lutter AktG/*Veil* Rn 26; Münch Hdb AG/*Krieger* § 56 Rn 44; GroßKomm AktG/*Wiedemann* Rn 82; *Bayer* FS Ulmer 2003, S 21, 39; *Priester* FS Lutter 2000, S 617, 623; OLG Jena ZIP 2006, 1989, 1997). Dies gilt auch dann, wenn im Kapitalerhöhungsbeschluss ein höherer Ausgabebetrag festgesetzt worden ist (Marsch-Barner/Schäfer Hdb AG/*Busch* § 42 Rn 32 mwN). Der Schutz der Alt-Aktionäre gegen eine Verwässerung ihrer Beteiligung wird nicht über die Sacheinlagenprüfung, sondern über die Anfechtbarkeit nach § 255 Abs 2 sichergestellt. Die dort genannte Voraussetzung eines Ausschlusses des Bezugsrechts ist bei einer Kapitalerhöhung gegen Sacheinlagen regelmäßig gegeben.

26 2. Prüfungsverfahren. Die Prüfung muss, wie sich aus § 184 Abs 2 ergibt, vor der Anmeldung des Kapitalerhöhungsbeschlusses gem § 184 stattfinden. Das Prüfungsverfahren richtet sich nach den Vorschriften über die **Gründungsprüfung** (§ 183 Abs 3 S 2). Danach werden die Prüfer auf Antrag der Gesellschaft, vertreten durch den Vorstand, vom Registergericht bestellt (§ 33 Abs 3 S 2). Die Auswahl und Anzahl der Prüfer stehen im Ermessen des Gerichts, wobei die sachlichen und persönlichen Voraussetzungen der Prüferbestellung (§ 33 Abs 4 und 5) zu beachten sind. Eine Bestellung des Abschlussprüfers kommt bei kapitalmarktorientierten Gesellschaften wegen § 319a Abs 1 Nr 2 HGB regelmäßig nicht in Betracht. Der Prüfungsgegenstand ergibt sich aus der entspr Anwendung von § 34 Abs 1, auf den nach der Änderung durch das ARUG klarstellend Bezug genommen wird (vgl *Hüffer* AktG Rn 17). Über die Prüfung ist schriftlich zu berichten (§ 34 Abs 2). Je ein Exemplar des Berichts ist dem Registergericht und dem Vorstand einzureichen (§ 34 Abs 3 S 1). Die Prüfer können alle für die Prüfung notwendigen Aufklärungen und Nachweise verlangen (§ 35 Abs 1). Bei Meinungsverschiedenheiten über den Umfang der Aufklärungen entscheidet das Gericht (§ 35 Abs 2 S 1). Die Prüfer haben gem § 35 Abs 3 Anspruch auf Auslagenersatz und Vergütung.

27 3. Rechtsfolgen. Ist eine **Prüfung** durch externe Prüfer entgegen § 183 Abs 3 und/oder durch das Gericht entgegen § 184 Abs 3 **unterblieben**, so berührt dies den Kapitalerhöhungsbeschluss nicht. Wird die Kapitalerhöhung mit Sacheinlage im HR eingetragen, ist sie wirksam; eine Nachholung der Prüfung kann nicht verlangt werden (*Hüffer* AktG Rn 19; KölnKomm AktG/*Lutter* § 184 Rn 13).

28 Bleibt der **Wert der Sacheinlage** hinter dem geringsten Ausgabebetrag der Aktien zurück (§§ 34 Abs 1 Nr 2, 183 Abs 3), hat das Registergericht die Eintragung abzulehnen (Rn 25). Der Kapitalerhöhungsbeschluss ist gem § 241 Nr 3 Alt 2 nichtig (*Hüffer* AktG Rn 20; MünchKomm AktG/*Peifer* Rn 70; *aA BGHZ* 29, 300, 307). Der Kapitalerhöhungsbeschluss ist auch dann nichtig, wenn der Wert der Sacheinlage zwar den geringsten Ausgabebetrag noch erreicht, aber in grobem Missverhältnis zum tatsächlichen Ausgabebetrag steht (*Hüffer* AktG Rn 20; MünchKomm AktG/*Peifer* Rn 70).

Bei einem Ausschluss des Bezugsrechts ist der Kapitalerhöhungsbeschluss gem § 255 **29** Abs 2 anfechtbar, wenn der Wert der Sacheinlage unangemessen niedrig festgesetzt wurde (*BGHZ* 71, 40, 50 f; *OLG Frankfurt* AG 1976, 298, 302; *Hüffer* AktG Rn 20; MünchKomm AktG/*Peifer* Rn 71). Ist das Bezugsrecht nicht ausgeschlossen, kommt eine Anfechtung nach § 243 Abs 1 iVm § 53a in Betracht, wenn die Sacheinlage überbewertet ist und dem Einleger deshalb unangemessene Vorteile verschafft wurden (*Hüffer* AktG Rn 20; MünchKomm AktG/*Peifer* Rn 71).

Liegt der Wert der Sacheinlage nicht unwesentlich unter dem geringsten Ausgabe- **30** betrag der dafür ausgegebenen Aktien, ist die **Kapitalerhöhung** aber **eingetragen** und dadurch wirksam geworden (§ 189), so haftet der Einleger der Gesellschaft gegenüber auf den Wertunterschied in Geld (*Hüffer* AktG Rn 21; MünchKomm AktG/*Peifer* Rn 72). Diese **Differenzhaftung** ergibt sich aus § 188 Abs 2 S 1 iVm § 36a Abs 2 S 3 und dem Grundsatz der realen Kapitalaufbringung sowie aus einer Analogie zu § 9 Abs 1 GmbHG. Die Haftung besteht unabhängig von einem Verschulden. Maßgebend für ihren Umfang ist die Wertdifferenz im Zeitpunkt der Anmeldung nach § 188 (*Hüffer* AktG Rn 21; KölnKomm AktG/*Lutter* Rn 66; Münch Hdb AG/*Krieger* § 56 Rn 46).

Die Differenzhaftung ist nach der Rechtsprechung nicht auf den **geringsten Ausgabe- 31 betrag** (§ 9 Abs 1) beschränkt, sondern erstreckt sich auch auf das **korporative Agio**, also den Mehrbetrag des über den geringsten Ausgabebetrag hinausgehenden, im Zeichnungsschein angegebenen Ausgabebetrags (*BGH* NZG 2012, 69 Rz 17; *OLG Jena* ZIP 2006, 1989, 1997; *Verse* ZGR 2012, 875, 879; Münch Hdb AG/*Kraft/Krieger* § 56 Rn 49; AnwK-AktG/*Elser* Rn 42; Spindler/Stilz AktG/*Servatius* Rn 73; aA Voraufl; *Hüffer* AktG Rn 21; KölnKomm AktG/*Lutter* Rn 66; MünchKomm AktG/*Peifer* Rn 72; K. Schmidt/Lutter AktG/*Veil* Rn 30). Werden die Aktien jedoch zum geringsten Ausgabebetrag ausgegeben und wird der überschießende Wert der Sacheinlage freiwillig in die Kapitalrücklage (§ 272 Abs 2 Nr 4 HGB) eingestellt, liegt nur ein **schuldrechtliches Agio** vor. Auf eine solche freiwillige Wertdeckung erstreckt sich die gesetzliche Differenzhaftung nicht (*Verse* ZGR 2012, 875, 882 ff; *Wieneke* NZG 2012, 136, 137 f; zur Abgrenzung zwischen korporativem und schuldrechtlichem Agio *Baums* FS Hommelhoff 2012, S 61, 77 f). Die AG hat uU aber einen schuldrechtlichen Anspruch auf die Wertdifferenz (MünchKomm AktG/*Peifer* Rn 72). Wird die Wertdifferenz im Falle eines korporativen Agios vom Registergericht rechtzeitig erkannt, hat die Eintragung der Kapitalerhöhung zu unterbleiben (§ 36a Abs 2 S 3 iVm § 188 Abs 2). Ist der Kapitalerhöhungsbeschluss nichtig oder für nichtig erklärt worden (§ 248 Abs 1 S 1), ist die Kapitalerhöhung entweder nicht durchzuführen oder rückabzuwickeln. Für eine Differenzhaftung besteht dann kein Raum. Wird die Nichtigkeit gem § 242 Abs 2 geheilt, lebt die Differenzhaftung allerdings wieder auf (*Hüffer* AktG Rn 21). Das Einlageversprechen kann im Allgemeinen als rechtsgeschäftliche Zusage dahin gewertet werden, dass der Einleger der Gesellschaft gegenüber auch auf die Einbringung des tatsächlichen Wertes der Einlage haftet (MünchKomm AktG/*Peifer* Rn 72). Das Aufgeld ist Teil der mitgliedschaftlichen Leistungspflicht (§ 54 Abs 1), von der grundsätzlich nicht befreit werden kann (§ 66 Abs 1). Ein **Vergleich** über den Differenzhaftungsanspruch ist gleichwohl zulässig, wenn er wegen tatsächlicher oder rechtlicher Ungewissheit über

Marsch-Barner

den Bestand oder Umfang des Anspruchs geschlossen wird (*BGH* NZG 2012, 69 Rz 22, 31; dazu auch oben *Westermann* § 66 Rn 6). Die Zustimmung der HV ist zu einem solchen Vergleich nicht erforderlich (*BGH* aaO Rz 25 ff).

VII. Kosten

32 Bei einer Kapitalerhöhung mit Sacheinlagen entstehen der Gesellschaft zusätzliche Kosten durch die externe Prüfung der Werthaltigkeit der Sacheinlage gem § 183 Abs 3 S 1 (vgl § 67 Abs 1 Nr 1 GNotKG; zu den Kosten der regulären Kapitalerhöhung s Rn 50 zu § 182). Für Einleger und Gesellschaft ergeben sich besondere Kosten auch dann, wenn die Übertragung der Sacheinlage notariell zu beurkunden ist. Bei der Einbringung von Grundstücken fällt Grunderwerbsteuer an (§ 1 Abs 1 Nr 2 GrEStG).

§ 183a Kapitalerhöhung mit Sacheinlagen ohne Prüfung

(1) ¹**Von einer Prüfung der Sacheinlage (§ 183 Abs. 3) kann unter den Voraussetzungen des § 33a abgesehen werden.** ²**Wird hiervon Gebrauch gemacht, so gelten die folgenden Absätze.**

(2) ¹**Der Vorstand hat das Datum des Beschlusses über die Kapitalerhöhung sowie die Angaben nach § 37a Abs. 1 und 2 in den Gesellschaftsblättern bekannt zu machen.** ²**Die Durchführung der Erhöhung des Grundkapitals darf nicht in das Handelsregister eingetragen werden vor Ablauf von vier Wochen seit der Bekanntmachung.**

(3) ¹**Liegen die Voraussetzungen des § 33a Abs. 2 vor, hat das Amtsgericht auf Antrag von Aktionären, die am Tag der Beschlussfassung über die Kapitalerhöhung gemeinsam fünf vom Hundert des Grundkapitals hielten und am Tag der Antragstellung noch halten, einen oder mehrere Prüfer zu bestellen.** ²**Der Antrag kann bis zum Tag der Eintragung der Durchführung der Erhöhung des Grundkapitals (§ 189) gestellt werden.** ³**Das Gericht hat vor der Entscheidung über den Antrag den Vorstand zu hören.** ⁴**Gegen die Entscheidung ist die Beschwerde gegeben.**

(4) **Für das weitere Verfahren gelten § 33 Abs. 4 und 5, die §§ 34, 35 entsprechend.**

Übersicht

	Rn		Rn
I. Gegenstand der Regelung	1	2. Wahlrecht	3
II. Absehen von externer Prüfung	2	3. Verfahren	4
1. Anderweitige Bewertung	2	III. Minderheitenrecht auf Prüfung	5

Literatur: *Bayer/J.Schmidt* Die Reform der Kapitalaufbringung bei der Aktiengesellschaft durch das ARUG, ZGR 2009, 805; *Bayer/Lieder* Moderne Kapitalaufbringung nach ARUG, GWR 2010, 3; *Böttcher* Die kapitalschutzrechtlichen Aspekte der Aktionärsrechterichtlinie (ARUG), NZG 2008, 481; *DAV-Handelsrechtsausschuss* Stellungnahme zum Referentenentwurf eines Gesetzes zur Umsetzung der Aktionärsrechterichtlinie (ARUG), NZG 2008, 534; *DAV-Handelsrechtsausschuss* Stellungnahme zum Regierungsentwurf eines Gesetzes zur Umsetzung der Aktionärsrechterichtlinie (ARUG), NZG 2009, 96; *Herrler/Reymann* Die Neuerungen im Aktienrecht unter dem ARUG, DNotZ 2009, 815, 914; *Merkner/Decker* Vereinfachte Sachkapitalerhöhung nach dem ARUG – Wertvolle Deregulierung oder Regulierung auf dem Papier?, NZG 2009, 887.

§ 183a Kapitalerhöhung mit Sacheinlagen ohne Prüfung

I. Gegenstand der Regelung

Die durch das ARUG eingefügte Vorschrift regelt die vereinfachte SachKapErhöhung entspr der vereinfachten Sachgründung gem §§ 33a, 37a. Die Vereinfachung bezieht sich dabei auf den unter bestimmten Voraussetzungen möglichen Verzicht auf eine externe Prüfung gem § 183 Abs 3. Dieser Verzicht wird durch erhöhte Publizität und ein Minderheitenrecht auf Neubewertung erkauft. Die Regelung beruht auf den Änderungen der zweiten Richtlinie vom 6.9.2006 (ABlEU Nr L 264 v 25.9.2006). § 184 enthält ergänzende Bestimmungen. Die Vorschrift gilt beim bedingten und genehmigten Kapital entspr (§§ 194 Abs 5, 205 Abs 5 S 2). 1

II. Absehen von externer Prüfung

1. Anderweitige Bewertung. Nach § 183a Abs 1 S 1 kann von der externen Prüfung einer Sacheinlage nach § 183 Abs 3 abgesehen werden, wenn die Voraussetzungen des § 33a erfüllt sind. Gegenstand der Sacheinlage müssen danach entweder Wertpapiere mit Börsenkurs oder Vermögensgegenstände mit vorhandenem Wertgutachten sein; sollen (auch) andere Gegenstände eingebracht werden, findet die Regelung keine Anwendung (*Merkner/Decker* NZG 2009, 887, 889). Zur ersten Gruppe gehören **übertragbare Wertpapiere** oder **Geldmarktinstrumente** iSv § 2 Abs 1 S 1 und Abs 1a WpHG (§ 33a Abs 1 Nr 1). Diese müssen während der letzten drei Monate an einem organisierten Markt iSv § 2 Abs 5 WpHG gehandelt und mit dem gewichteten Durchschnittspreis bewertet worden sein. Zur zweiten Gruppe gehören andere **Vermögensgegenstände**, die von einem unabhängigen, ausreichend vorgebildeten und erfahrenen Sachverständigen zum Zeitwert bewertet wurden, wobei der Bewertungsstichtag nicht länger als sechs Monate zurückliegen darf (§ 33a Abs 1 Nr 2; wegen der Einzelheiten dieser Voraussetzungen s Rn 5 ff zu § 33a). 2

2. Wahlrecht. Ob die Gesellschaft bei Vorliegen einer der beiden Alternativen von der Möglichkeit des Verzichts auf die externe Sacheinlagenprüfung Gebrauch macht, liegt in ihrem Ermessen. Im Hinblick auf die vierwöchige Sperrfrist gemäß § 183a Abs 2 S 2 (unten Rn 4) ist die Eintragung der KapErhöhung mit externer Prüfung uU schneller zu erreichen ist als ohne diese; die Gesellschaft wird die Prüfung dann eher in Kauf nehmen (*Hüffer* AktG Rn 3). Die Neuregelung dürfte daher nur geringe praktische Bedeutung erlangen (vgl *DAV-Handelsrechtsausschuss* NZG 2008, 534, 540 und NZG 2009, 97 f; *Merkner/Decker* NZG 2009, 887, 891). Hinzukommt, dass die reguläre Sachkapitalerhöhung wegen § 255 Abs 2 besonders anfechtungsgefährdet ist. Bei Publikumsgesellschaften wird dafür eher ein genehmigtes Kapital verwendet. 3

3. Verfahren. Will der Vorstand von der externen Prüfung absehen, hat er das **Datum des Beschlusses** über die KapErhöhung sowie die **Angaben nach § 37a Abs 1 und 2** (Beschreibung der Sacheinlage, Erklärung zur Wertdeckung, keine entgegenstehenden Umstände) in den Gesellschaftsblättern **bekannt zu machen** (§ 183a Abs 2 S 1). Dabei handelt es sich um eine gesonderte Bekanntmachung, nachdem die HV über die KapErhöhung beschlossen hat. Diese Veröffentlichung wird als erforderlich angesehen, damit die Aktionäre ggf ihr Antragsrecht gem § 183a Abs 3 (unten Rn 5) ausüben können (Begr RegE BT-Drucks 16/11642 S 36). Die Bekanntmachung hat auch dann zu erfolgen, wenn die Absicht, von der Prüfung abzusehen, bereits in der Tagesordnung zum Ausdruck gebracht worden ist (Rn 12 zu § 182). Die Durchführung der KapErhöhung darf nicht vor Ablauf von vier Wochen seit der Bekanntmachung in das 4

HR eingetragen werden (§ 183a Abs 2 S 2). Diese **Sperrfrist** bezieht sich nur auf die Eintragung der Durchführung der KapErh (§ 189). Die Anmeldung des Erhöhungsbeschlusses (§ 184) kann schon vor Ablauf der Frist erfolgen. Dabei ist aber zu versichern, dass keine die Bewertung in Frage stellenden Umstände iSv § 37a Abs 2 bekannt geworden sind (§ 184 Abs 1 S 3). Um dem Registergericht eine vollständige Prüfung zu ermöglichen, ist diese Versicherung auch bei der Anmeldung der Durchführung (§ 189) zu verlangen. § 183a Abs 2 S 2 ist außerdem erweiternd dahin auszulegen, dass diese Anmeldung idR erst nach Ablauf der Vierwochenfrist erfolgen kann (*Bayer/J.Schmidt* ZGR 2009, 805, 818; zust K. Schmidt/Lutter AktG/*Veil* Rn 6).

III. Minderheitenrecht auf Prüfung

5   Ist der gewichtete Durchschnittspreis der Wertpapiere oder Geldmarktinstrumente durch außergewöhnliche Umstände erheblich beeinflusst worden oder ist anzunehmen, dass der Zeitwert der anderen Vermögensgegenstände auf Grund neuer oder neu bekannt gewordener Umstände erheblich niedriger als der von dem Sachverständigen angenommene Wert ist (§ 33a Abs 2 und dazu näher Rn 6f zu § 33a), kann eine **Aktionärsminderheit** beim zuständigen Amtsgericht die Bestellung eines oder mehrerer Prüfer beantragen (§ 183a Abs 3 S 1). Der für das Antragsrecht erforderliche Aktienbesitz von zusammen mindestens **5 % des Grundkapitals** muss am Tag der Beschlussfassung über die KapErhöhung bestanden haben und am Tag der Antragstellung noch bestehen (§ 183a Abs 3 S 1). Die Antragsbefugnis endet am Tag der Eintragung der Durchführung (§ 183a Abs 3 S 2). Nach der Eintragung gemäß § 189 kann kein Antrag mehr gestellt werden (*Hüffer* AktG Rn 7). Da das Recht auf Erzwingung einer externen Prüfung allein dem Schutz der Minderheit dient, kann auf dieses Recht einvernehmlich verzichtet werden (*Klasen* BB 2008, 2694, 2698; K. Schmidt/Lutter AktG/*Veil* Rn 9).

6   Für das **Bestellungsverfahren** gelten mangels besonderer Regeln die Vorschriften des FamFG. Ob die Voraussetzungen des § 33a Abs 2 mit der Notwendigkeit einer Neubewertung vorliegen, ist vom Gericht ggf von Amts wegen zu klären (§ 26 FamFG). In Bezug auf die Qualifikation der Prüfer gelten die allg Regeln (§ 183a Abs 4 iVm § 33 Abs 4 und 5). Das Gericht hat vor seiner Entscheidung den Vorstand zu hören (§ 183a Abs 3 S 3). Gegen die Entscheidung ist das Rechtsmittel der Beschwerde gegeben (§ 183a Abs 3 S 4 iVm §§ 58 ff FamFG). Für deren Einlegung gilt eine Frist von einem Monat (§ 63 FamFG). Die **Prüfung** selbst erfolgt nach den allg Regeln (§ 183a Abs 4 iVm §§ 34, 35).

§ 184 Anmeldung des Beschlusses

(1) ¹Der Vorstand und der Vorsitzende des Aufsichtsrats haben den Beschluss über die Erhöhung des Grundkapitals zur Eintragung in das Handelsregister anzumelden. ²In der Anmeldung ist anzugeben, welche Einlagen auf das bisherige Grundkapital noch nicht geleistet sind und warum sie nicht erlangt werden können. ³Soll von einer Prüfung der Sacheinlage abgesehen werden und ist das Datum des Beschlusses der Kapitalerhöhung vorab bekannt gemacht worden (§ 183a Abs. 2), müssen die Anmeldenden in der Anmeldung nur noch versichern, dass ihnen seit der Bekanntmachung keine Umstände im Sinne von § 37a Abs. 2 bekannt geworden sind.

(2) Der Anmeldung sind der Bericht über die Prüfung von Sacheinlagen (§ 183 Abs. 3) oder die in § 37a Abs. 3 bezeichneten Anlagen beizufügen.

(3) ¹Das Gericht kann die Eintragung ablehnen, wenn der Wert der Sacheinlage nicht unwesentlich hinter dem geringsten Ausgabebetrag der dafür zu gewährenden Aktien zurückbleibt. ²Wird von einer Prüfung der Sacheinlage nach § 183a Abs. 1 abgesehen, gilt § 38 Abs. 3 entsprechend.

Übersicht

	Rn		Rn
I. Gegenstand der Regelung	1	5. Inhalt der Anmeldung	9
II. Anmeldung des Kapitalerhöhungs-		6. Rücknahme der Anmeldung	12
beschlusses	2	III. Prüfung durch das Registergericht	13
1. Allgemeines	2	1. Prüfung und Entscheidung	13
2. Anmeldeberechtigte Personen	3	2. Eintragung	16
3. Pflicht zur Anmeldung	7	3. Rechtsmittel	17
4. Zeitpunkt der Anmeldung	8		

Literatur: *Bokelmann* Eintragung eines Beschlusses: Prüfungskompetenz des Registerrichters bei Nichtanfechtung, missbräuchlicher Anfechtungsklage und bei Verschmelzung, DB 1994, 1341; *Busch* Aktien- und börsenrechtliche Fragen von Force Majeure-Klauseln in Aktienübernahmeverträgen, WM 2001, 1277; *Lutter/Leinekugel* Fehlerhaft angemeldete Kapitalerhöhungen, ZIP 2000, 1225; *Pfeiffer/Buchinger* Rücknahme von Handelsregisteranmeldungen bei gescheiterter Kapitalerhöhung einer Aktiengesellschaft, BB 2006, 2317; *Volhard* Eigenverantwortlichkeit und Folgepflicht – Muss der Vorstand anfechtbare oder angefochtene Hauptversammlungsbeschlüsse ausführen und verteidigen?, ZGR 1995, 55.

I. Gegenstand der Regelung

Die durch das ARUG geänderte Vorschrift betrifft die Anmeldung des Kapitalerhö- 1
hungsbeschlusses zur Eintragung in das HR. Mit dieser Eintragung ist die Kapitalerhöhung noch nicht wirksam. Erforderlich ist dazu, dass zusätzlich auch die Durchführung der Kapitalerhöhung in das HR eingetragen ist (§ 189). Beide Anmeldungen und Eintragungen können miteinander verbunden werden (§ 188 Abs 4). Die Anmeldung der sich aus der Kapitalerhöhung ergebenden Satzungsänderung (§ 181 Abs 1) erfolgt erst bei der Anmeldung der Durchführung.

II. Anmeldung des Kapitalerhöhungsbeschlusses

1. Allgemeines. Der Kapitalerhöhungsbeschluss ist beim Amtsgericht am Satzungs- 2
sitz der Gesellschaft (§ 14; § 23a Abs 2 Nr 3 GVG) zur Eintragung in das HR anzumelden. Die Anmeldung hat in öffentlich beglaubigter Form (§ 12 Abs 1 HGB), dh gem § 129 BGB iVm §§ 39 ff BeurkG, zu erfolgen. Die Anmeldung ist Verfahrenshandlung und Organisationsakt, nicht Rechtsgeschäft. Dennoch können einzelne *Vorschriften* über Willenserklärungen entspr angewendet werden (dazu näher *Hüffer* AktG § 36 Rn 2).

2. Anmeldeberechtigte Personen. Die Anmeldung des Kapitalerhöhungsbeschlusses 3
obliegt dem Vorstand und dem AR-Vorsitzenden (Abs 1 S 1; bei einfacher Satzungsänderung dagegen nur dem Vorstand, § 181 Abs 1 S 1). Die anmeldenden Personen handeln für die AG, auch wenn sie die Anmeldung wegen der persönlichen strafrechtlichen Verantwortlichkeit gem § 399 Abs 1 Nr 4 mit ihrem eigenen Namen unterzeich-

nen (*Hüffer* AktG Rn 3; KölnKomm AktG/*Lutter* Rn 5; GroßKomm AktG/*Wiedemann* Rn 10; vgl auch *BGHZ* 105, 324, 328 zur GmbH). Die Anmelder können mit einheitlicher Erklärung oder mit getrennten Erklärungen anmelden (*Hüffer* AktG Rn 3; MünchKomm AktG/*Peifer* Rn 9).

4   Beim Vorstand genügt die Mitwirkung so vieler Mitglieder, wie nach der Satzung zur Vertretung der Gesellschaft erforderlich sind (*Hüffer* AktG Rn. 3; KölnKomm AktG/*Lutter* Rn 5; GroßKomm AktG/*Wiedemann* Rn 10). Enthält die Satzung zur gesetzlichen Vertretung keine Bestimmung, ist die Anmeldung von allen Vorstandsmitgliedern zu unterzeichnen (§ 78 Abs 2 S 1).

5   Eine Anmeldung durch **Bevollmächtigte** scheidet aus, weil dabei die strafrechtliche Verantwortlichkeit des Vorstands nach § 399 Abs 1 Nr 4 nicht gesichert wäre (*Hüffer* AktG Rn 3; KölnKomm AktG/*Lutter* Rn 5; MünchKomm AktG/*Peifer* Rn 7; GroßKomm AktG/*Wiedemann* Rn 10). Unechte Gesamtvertretung durch Vorstand und Prokurist ist dagegen zulässig (*Hüffer* AktG Rn 3; KölnKomm AktG/*Lutter* Rn 5; MünchKomm AktG/*Peifer* Rn 7; MünchHdb AG/*Kraft/Krieger* § 56 Rn 53 KG JW 1938, 3121; **aA** GroßKomm AktG/*Wiedemann* Rn 11; *Lutter/Leinekugel* ZIP 2000, 1225, 1230 f; Marsch-Barner/Schäfer Hdb AG/*Busch* § 42 Rn 104). Die strafrechtliche Verantwortung für die abgegebenen Erklärungen trifft dann jedenfalls das mitwirkende Vorstandsmitglied.

6   Neben dem Vorstand ist der **AR-Vorsitzende** anmeldepflichtig. Seine Mitwirkung soll die Verlässlichkeit der bei der Anmeldung abzugebenden Erklärungen erhöhen (*Lutter/Leinekugel* ZIP 2000, 1225, 1229; MünchKomm AktG/*Peifer* Rn 8). Ist der AR-Vorsitzende verhindert, kann an seiner Stelle der stellvertretende AR-Vorsitzende mitwirken (§ 107 Abs 1 S 3; *Hüffer* AktG Rn 3). Eine Vertretung durch sonstige Bevollmächtigte ist nicht möglich (MünchKomm AktG/*Peifer* Rn 8).

7   **3. Pflicht zur Anmeldung.** Vorstand und AR-Vorsitzender sind gegenüber der Gesellschaft zur Anmeldung der Kapitalerhöhung verpflichtet. Bei Weigerung kann der AR den Vorstand (§ 112) bzw der Vorstand den AR (§ 78 Abs 1) auf Mitwirkung verklagen (*Hüffer* AktG Rn 3; MünchKomm AktG/*Peifer* Rn 10). Die Vollstreckung erfolgt nach § 888 ZPO (*Hüffer* AktG § 36 Rn 5; GroßKomm AktG/*Röhricht* § 36 Rn 11; **aA** Kölner Komm AktG/*Lutter* Rn 6: § 894 ZPO). Eine schuldhaft unterlassene oder verspätete Anmeldung kann zur Haftung auf Schadensersatz gegenüber der Gesellschaft (§§ 93, 116 S 1) oder zur Abberufung (§§ 84 Abs 3, 103 Abs 3) führen. Eine Anmeldepflicht besteht nicht, wenn der Kapitalerhöhungsbeschluss **nichtig** oder **unwirksam** ist (MünchKomm AktG/*Peifer* Rn 10; GroßKomm AktG/*Wiedemann* Rn 14). Ist der Kapitalerhöhungsbeschluss lediglich **anfechtbar**, empfiehlt es sich, die Anmeldung vorzunehmen und dabei den Registerrichter auf die Bedenken hinzuweisen (MünchKomm AktG/*Peifer* Rn 10). Die Pflicht zur Anmeldung ist keine öffentlich-rechtliche Pflicht; sie kann deshalb nicht mit Zwangsgeld durchgesetzt werden (§ 407 Abs 2 S 1; MünchKomm AktG/*Peifer* Rn 11).

8   **4. Zeitpunkt der Anmeldung.** Wann die Kapitalerhöhung anzumelden ist, haben die anmeldepflichtigen Personen **nach pflichtgemäßem Ermessen** zu bestimmen (*Hüffer* AktG Rn 2; KölnKomm AktG/*Lutter* Rn 7; MünchKomm AktG/*Peifer* Rn 12; GroßKomm AktG/*Wiedemann* Rn 17). Die Anmeldung des Kapitalerhöhungsbeschlusses hat spätestens im Zeitpunkt der Anmeldung der Durchführung der Kapitalerhöhung zu erfolgen. Die HV kann zum Zeitpunkt der Anmeldung Näheres bestimmen.

Anmeldung des Beschlusses § 184

5. Inhalt der Anmeldung. Gegenstand der Anmeldung ist der Kapitalerhöhungsbeschluss (Abs 1 S 1). Dieser muss grundsätzlich in der Anmeldung wiedergegeben werden; es genügt aber auch eine Bezugnahme auf die beigefügten Unterlagen (*Hüffer* AktG Rn 2; MünchKomm AktG/*Peifer* Rn 14; GroßKomm AktG/*Wiedemann* Rn 16). Die Anmeldung hat außerdem gem Abs 1 S 2 Angaben über etwa noch **ausstehende Einlagen** zu enthalten. Dabei geht es um die Frage, ob Einlagen in einem Umfang ausstehen, der nicht verhältnismäßig unerheblich ist (§ 182 Abs 4 S 3). Die Angaben dazu müssen so bestimmt sein, dass der Registerrichter prüfen kann, ob der Grundsatz der Subsidiarität der Kapitalerhöhung der beantragten Eintragung entgegensteht. Vorsätzlich falsche Angaben sind gem § 399 Abs 1 Nr 4 strafbar. Mit der Eintragung der Kapitalerhöhung ist die Kapitalerhöhung allerdings auch dann wirksam, wenn die Angaben unrichtig oder unvollständig sind (*Hüffer* AktG Rn 5; *RGZ* 54, 389, 392 zur GmbH). Bei Versicherungsgesellschaften können die Angaben nach Abs 1 S 2 entbehrlich sein (vgl § 182 Abs 4 S 2). Bei Kapitalerhöhungen zur Durchführung einer Verschmelzung, Spaltung oder Vermögensübertragung findet Abs 1 S 2 keine Anwendung (§§ 69 Abs 1 S 1, 125, 176 ff UmwG).

9

Soll im Falle einer **vereinfachten SachKapErhöhung** von einer Prüfung der Sacheinlage abgesehen werden und ist das Datum des HV-Beschlusses gemäß § 183a Abs 2 S 1 bekannt gemacht worden, müssen die Anmeldenden in der Anmeldung versichern, dass ihnen seit der Bekanntmachung keine die Bewertung in Frage stellenden Umstände iSv § 37a Abs 2 bekannt geworden sind. Außer dem Datum des HV-Beschlusses müssen angesichts der Bezugnahme auf den gesamten § 183a Abs 2 auch die Angaben nach § 37a Abs 1 und 2 bekannt gemacht worden sein (so auch Begr RegE BT-Drucks 16/11642 S 37; *Hüffer* AktG Rn 2b). Die Abgabe einer falschen Versicherung ist strafbar (§ 399 Abs 1 Nr 4).

9a

Der Anmeldung sind alle **Unterlagen beizufügen**, die das Gericht zur Prüfung der Wirksamkeit der Kapitalerhöhung benötigt. Dazu gehören die notarielle Niederschrift der HV (§ 130) und die Niederschrift über evtl Sonderbeschlüsse nach § 182 Abs 2. Sind diese Niederschriften bereits eingereicht worden (vgl § 130 Abs 5), ist ihre Beifügung entbehrlich. Bei einer Kapitalerhöhung gegen Sacheinlagen sind der Anmeldung der Bericht über die Prüfung von Sacheinlagen (§ 183 Abs 3) oder, wenn von einer Prüfung abgesehen wurde, die in § 37a Abs 3 bezeichneten Unterlagen beizufügen (§ 184 Abs 2). Die Beifügung des Prüfungsberichts ist entbehrlich, wenn er dem Gericht bereits nach §§ 183 Abs 3 S 2, 34 Abs 3 eingereicht worden ist (*Hüffer* AktG Rn 5; MünchKomm AktG/*Peifer* Rn 16; Spindler/Stilz AktG/*Servatius* Rn 8). Wird die Kapitalerhöhung im Rahmen einer **Mantelverwendung** vorgenommen, hat die Anmeldung des Kapitalerhöhungsbeschlusses auch die Versicherung vom Vorhandensein des bisherigen satzungsmäßigen Grundkapitals zu enthalten (*BGHZ* 153, 158; 155, 318; *OLG Jena* ZIP 2007, 124; jeweils zur GmbH; BGH NJW-RR 2007, 1487, 1489 zur AG; Spindler/Stilz AktG/*Servatius* Rn 9; K. Schmidt/Lutter AktG/*Veil* Rn 8).

10

Die Anmeldung ist, soweit die HV nichts anderes bestimmt hat, unverzüglich, spätestens mit der Durchführung der Kapitalerhöhung (vgl § 188 Abs 4), vorzunehmen. Die Anmeldung und die Einreichung der beizufügenden Unterlagen erfolgen elektronisch (§ 12 Abs 2 HGB).

11

6. Rücknahme der Anmeldung. Die Anmeldung kann bis zur Eintragung des Kapitalerhöhungsbeschlusses **ohne Begründung** zurückgenommen werden (*BGH NJW*

12

Marsch-Barner 1507

1959, 1323; *BayObLG* DNotZ 1963, 723; KölnKomm AktG/*Lutter* Rn 8; Münch-
Komm AktG/*Peifer* Rn 20; GroßKomm AktG/*Wiedemann* Rn 21). Eine Pflicht zur
Rücknahme besteht dann, wenn die HV den Erhöhungsbeschluss aufhebt oder ändert
(§ 83 Abs 2). Der Gesellschaft gegenüber kann die Rücknahme auch dann gerechtfertigt sein, wenn die Kapitalerhöhung nicht ordnungsgemäß erfolgt ist oder wirtschaftlich nicht durchgeführt werden kann (Marsch-Barner/Schäfer Hdb AG/*Busch* § 42
Rn 107). Die Gesellschaft kann sich der Emissionsbank gegenüber vertraglich verpflichten, die Anmeldung zurückzunehmen, wenn bestimmte Ereignisse wie der plötz-
liche Verfall der Aktienkurse eintreten, die eine wirtschaftlich sinnvolle Durchführung
der Kapitalerhöhung in Frage stellen (dazu näher *Busch* aaO Rn 105 und *ders* WM
2001, 1277, 1278). Die Rücknahme der Anmeldung durch **ein Organ** genügt (Marsch-
Barner/Schäfer Hdb AG/*Busch* § 42 Rn 107; vgl auch *Hüffer* AktG § 36 Rn 5; weitergehend *Pfeiffer/Buchinger* BB 2006, 2317, 2319, die bei der Rücknahme auch eine
rechtsgeschäftliche Vertretung des Vorstandes für zulässig halten).

III. Prüfung durch das Registergericht

13   **1. Prüfung und Entscheidung.** Das Registergericht hat die Anmeldung in formeller
und materieller Hinsicht zu prüfen. Die **formelle Prüfung** bezieht sich auf die Ordnungsmäßigkeit der Anmeldung und die Vollständigkeit der beigefügten Unterlagen
(*Hüffer* AktG Rn 4; MünchKomm AktG/*Peifer* Rn 21). Die **materielle Prüfung**
bezieht sich auf die Wirksamkeit des Kapitalerhöhungsbeschlusses. Das Gericht hat
bei Zweifeln an der Rechtmäßigkeit des Kapitalerhöhungsbeschlusses von Amts
wegen zu ermitteln (§ 26 FamFG). Zur Klärung einzelner Fragen kann es Zwischenverfügungen mit Fristsetzung zur Behebung der Unklarheiten erlassen (§ 26 S 2
HRV).

14   Ist der Kapitalerhöhungsbeschluss nach § 241 **nichtig**, hat das Gericht die Eintragung
abzulehnen. Fehlen nach § 182 Abs 2 erforderliche **Sonderbeschlüsse**, kann das
Gericht das Verfahren gem § 21 FamFG aussetzen, bis die Beschlüsse nachgeholt sind
oder endgültig feststeht, dass sie nicht gefasst werden. Im letzten Fall ist die Eintragung abzulehnen (KölnKomm AktG/*Lutter* Rn 16; MünchKomm AktG/*Peifer* Rn 22).
Bei einer Kapitalerhöhung gegen Sacheinlagen hat das Gericht die **Werthaltigkeit der
Sacheinlagen** zu prüfen und die Eintragung des Kapitalerhöhungsbeschlusses bei nicht
unwesentlichem Zurückbleiben des Wertes der Sacheinlage hinter dem geringsten
Ausgabebetrag (§ 9 Abs 1) der dafür auszugebenden Aktien abzulehnen (Abs 3 S 1;
zu den Einzelheiten s § 183 Rn 25f). Auf ein etwaiges Agio erstreckt sich die Prüfung
dabei nicht (K. Schmidt/Lutter AktG/*Veil* Rn 11; Spindler/Stilz AktG/*Servatius* § 183
Rn 61). Liegt eine **vereinfachte SachkapErhöhung** ohne externe Prüfung vor (§ 183a),
hat das Gericht hinsichtlich der Werthaltigkeit der Sacheinlage nur zu prüfen, ob die
formalen Voraussetzungen des § 37a (Versicherung der Anmeldenden, Beifügung vorhandener Bewertungsunterlagen) vorliegen (Abs 3 S 1). Die Eintragung kann nur bei
offenkundiger und erheblicher Überbewertung abgelehnt werden (Abs 3 iVm § 38
Abs 3; *Hüffer* AktG Rn 6).

15   Ist der Kapitalerhöhungsbeschluss lediglich **anfechtbar**, ist die Eintragung nur dann
abzulehnen, wenn durch die Gesetzesverletzung Gläubigerinteressen, der Schutz
künftiger Aktionäre oder sonstige objektive Ordnungsvorschriften betroffen sind.
Berührt der Gesetzesverstoß dagegen nur die Interessen der gegenwärtigen Aktionäre, ist es deren Sache, ihre Rechte durch Anfechtung des Beschlusses zu wahren

(*Hüffer* AktG Rn 6; KölnKomm AktG/*Lutter* Rn 15; MünchKomm AktG/*Peifer* Rn 26; AnwK-AktG/*Elser* Rn 14; *Lutter* NJW 1969, 1873, 1878; *Bokelmann* DB 1994, 1341, 1342 f; *Volhard* ZGR 1996, 55, 58). Das Registergericht kann in diesen Fällen die Eintragung nicht ablehnen, sondern allenfalls bis zum Ablauf der Anfechtungsfrist oder bis zur Entscheidung über eine Anfechtungsklage aussetzen (*Hüffer* AktG Rn 6; KölnKomm AktG/*Lutter* Rn 15). Die Erhebung einer Anfechtungsklage bewirkt keine Eintragungssperre. Das Registergericht kann den Kapitalerhöhungsbeschluss jedenfalls dann eintragen, wenn es die Klage für unzulässig oder offensichtlich unbegründet hält (vgl *Hüffer* AktG § 181 Rn 17; GroßKomm AktG/*K. Schmidt* § 243 Rn 72; GroßKomm AktG/*Wiedemann* § 181 Rn 28). Um den rechtlichen Bestand der Kapitalerhöhung zu sichern, kann die Gesellschaft beim Prozessgericht die Feststellung beantragen, dass die Erhebung der Klage der Eintragung nicht entgegensteht und Mängel des Kapitalerhöhungsbeschlusses die Wirkung der Eintragung unberührt lassen (§ 246a Abs 1).

2. Eintragung. Eingetragen wird nur der Beschluss über die Kapitalerhöhung als Grundlage der Kapitalerhöhung (*OLG Karlsruhe* OLGZ 1986, 155, 157 f). Die Erhöhung des Grundkapitals selbst erfolgt erst mit der Durchführung und deren Eintragung im HR (§ 189). Die Eintragung des Beschlusses ist gem § 10 HGB bekannt zu machen. 16

3. Rechtsmittel. Wird die Eintragung abgelehnt, kann die Gesellschaft, vertreten durch die zur Anmeldung berechtigten Personen, Beschwerde zum *OLG* (§§ 58 ff FamFG) und, bei Zulassung durch das Beschwerdegericht, Rechtsbeschwerde zum *BGH* (§§ 70 ff FamFG) einlegen. Gegen eine fehlerhafte Eintragung kommt nur Berichtigung oder Löschung in Betracht (§§ 395, 398 FamFG; *Hüffer* AktG Rn 8; GroßKomm AktG/*Wiedemann* Rn 27; MünchKomm AktG/*Peifer* Rn 29). 17

§ 185 Zeichnung der neuen Aktien

(1) ¹**Die Zeichnung der neuen Aktien geschieht durch schriftliche Erklärung (Zeichnungsschein), aus der die Beteiligung nach der Zahl und bei Nennbetragsaktien dem Nennbetrag und, wenn mehrere Gattungen ausgegeben werden, der Gattung der Aktien hervorgehen muss.** ²**Der Zeichnungsschein soll doppelt ausgestellt werden.** ³**Er hat zu enthalten**

1. **den Tag, an dem die Erhöhung des Grundkapitals beschlossen worden ist;**
2. **den Ausgabebetrag der Aktien, den Betrag der festgesetzten Einzahlungen sowie den Umfang von Nebenverpflichtungen;**
3. **die bei einer Kapitalerhöhung mit Sacheinlagen vorgesehenen Festsetzungen und, wenn mehrere Gattungen ausgegeben werden, den auf jede Aktiengattung entfallenden Betrag des Grundkapitals,**
4. **den Zeitpunkt, an dem die Zeichnung unverbindlich wird, wenn nicht bis dahin die Durchführung der Erhöhung des Grundkapitals eingetragen ist.**

(2) Zeichnungsscheine, die diese Angaben nicht vollständig oder die außer dem Vorbehalt in Absatz 1 Nr. 4 Beschränkungen der Verpflichtung des Zeichners enthalten, sind nichtig.

§ 185 Zeichnung der neuen Aktien

(3) Ist die Durchführung der Erhöhung des Grundkapitals eingetragen, so kann sich der Zeichner auf die Nichtigkeit oder Unverbindlichkeit des Zeichnungsscheins nicht berufen, wenn er auf Grund des Zeichnungsscheins als Aktionär Rechte ausgeübt oder Verpflichtungen erfüllt hat.

(4) Jede nicht im Zeichnungsschein enthaltene Beschränkung ist der Gesellschaft gegenüber unwirksam.

Übersicht

	Rn		Rn
I. Regelungsgegenstand	1	a) Grundlagen und Rechtswirkungen	13
II. Grundlagen	2	b) Zeitliche Grenzen des Vertragsschlusses	14
1. Anwendungsbereich des § 185	2		
2. Zeichnung, Zeichnungsschein, Zeichnungsvertrag	3	6. Verpflichtung zur Zeichnung durch Vorvertrag	15
III. Zeichnung neuer Aktien (Abs 1)	4	IV. Rechtsfolgen einer fehlerhaften Zeichnung	16
1. Formerfordernisse	4	1. Inhaltsmängel (Abs 2)	16
2. Inhalt der Erklärung	5	a) Nichtigkeit des Zeichnungsscheins	16
a) Individueller Erklärungsinhalt (Abs 1 S 1)	6	b) Rechtsfolgen der Nichtigkeit	17
b) Allgemeine Angaben im Zeichnungsschein (Abs 1 S 3)	7	c) Heilung (Abs 3)	18
aa) Datum des Erhöhungsbeschlusses, Nr 1	7	aa) Voraussetzungen	18
bb) Ausgabebetrag, Einzahlungen, Nebenverpflichtungen, Nr 2	8	bb) Wirkung der Heilung	20
		2. Fehlende Schriftform nach Abs 1 S 1	21
cc) Sacheinlagen, Aktiengattungen, Nr 3	9	3. Beschränkungen außerhalb des Zeichnungsscheins (Abs 4)	22
dd) Endzeitpunkt, Nr 4	10	4. Sonstige Mängel	23
3. Person des Zeichners	11	a) Rechtsgeschäftliche Mängel	23
4. Zeitpunkt der Abgabe der Zeichnungserklärung	12	b) Fehlender Kapitalerhöhungsbeschluss	24
5. Zeichnungsvertrag	13	c) Überzeichnung	25
		V. Leistungsstörungen	27

Literatur: *Götze* Keine Angabe des Ausgabebetrags im Zeichnungsschein bei Sachkapitalerhöhungen in der AG?, AG 2002, 76; *Hergeth/Eberl* Wirksamkeitsvoraussetzungen des Zeichnungsvorvertrags, NZG 2003, 205; *Hunecke* Der Zeichnungsvertrag, 2011; *Klevemann* Heilung einer gescheiterten Kapitalerhöhung, AG 1993, 273; *Kley* Sachkapitalerhöhung bei der Aktiengesellschaft: Einbringungsvertrag und Zeichnung der neuen Aktien – Notwendigkeit und Formerfordernisse, RNotZ 2003, 17; *Leßmann* Heilung nichtiger Aktienzeichnungsvorverträge, DB 2006, 1256; *Mülbert* Die Anwendung der allgemeinen Formvorschriften bei Sachgründung und Sachkapitalerhöhungen, AG 2003, 281; *Weisner* Zeichnungsschein und Ziele des TransPuG, NZG 2005, 578.

I. Regelungsgegenstand

1   § 185 regelt die Zeichnung neuer Aktien, die nach der Eintragung des Erhöhungsbeschlusses (§§ 182, 184) der erste Schritt zur Durchführung der Kapitalerhöhung ist (vgl § 182 Rn 9). In Abs 1 werden inhaltliche und formelle Anforderungen an die Zeichnung aufgestellt. Abs 2 und 3 betreffen die Rechtsfolgen einer fehlerhaften Zeichnung. Zudem sind nicht in den Zeichnungsschein aufgenommene Beschränkungen der

Zeichnung der neuen Aktien § 185

AG gegenüber unwirksam, Abs 4. Diese Anforderungen sollen **Rechtssicherheit** gewährleisten und den Aktienersterwerb nach außen **dokumentieren** (MünchKomm AktG/*Peifer* Rn 1).

II. Grundlagen

1. Anwendungsbereich des § 185. Die Zeichnung der neuen Aktien hat bei **Bar-** und bei **Sacherhöhungen** zu erfolgen; eine Sacheinlagevereinbarung allein reicht für den Aktienerwerb nicht aus. Auch die Inhaber von **gesetzlichen oder vertraglichen Bezugsrechten** (§§ 186 Abs 1, 187) müssen über die Zeichnung gem § 185 ihren Anspruch geltend machen (MünchKomm AktG/*Peifer* Rn 3). § 185 gilt sinngemäß für die Zeichnung beim genehmigten Kapital, § 203 Abs 1 S 1. Dagegen wird beim bedingten Kapital die Zeichnung durch die Bezugsrechtserklärung gem § 198 Abs 2 S 1 ersetzt (vgl § 198 Rn 1). Auch bei einer Kapitalerhöhung zur Durchführung einer Verschmelzung (§ 69 Abs 1 S 1 UmwG) und bei einer Kapitalerhöhung aus Gesellschaftsmitteln (§§ 207 ff, 214 Abs 1 S 1) ist § 185 nicht anwendbar. Erfolgt die Ausgabe der neuen Aktien gem § 186 Abs 5 über eine Bank oder ein Bankenkonsortium (mittelbares Bezugsrecht; vgl § 186 Rn 53 ff), erwerben die Aktionäre die neuen Aktien durch Kauf von der Emissionsbank; § 185 ist auf einen solchen derivativen Erwerb nicht anwendbar (*Hüffer* AktG Rn 2). Zur entspr Anwendung des § 185 auf einen Vorvertrag vgl Rn 15. 2

2. Zeichnung, Zeichnungsschein, Zeichnungsvertrag. Bei der Zeichnung gem § 185 ist zwischen Zeichnung, Zeichnungsschein und Zeichnungsvertrag zu unterscheiden. Zeichnung bzw **Zeichnungserklärung** ist die auf den Erwerb neuer Aktien gerichtete, empfangsbedürftige Willenserklärung. Diese Willenserklärung ist idR ein **Angebot an die AG** auf Abschluss eines Zeichnungsvertrages (MünchKomm AktG/ *Peifer* Rn 7). Die Allgemeinheit ist nicht empfangsberechtigt (**allgM** GroßKomm AktG/*Wiedemann* Rn 10 mwN; **aA** frühere Rspr *RGZ* 127, 186, 191 mwN). Grds ist der Zeichnungserklärende bis zu der gem § 185 Abs 1 S 3 Nr 4 festgesetzten Frist an sein Angebot gebunden (vgl Rn 10, 14). Der **Zeichnungsschein** ist die schriftliche Verkörperung dieser Zeichnungserklärung und stellt eine Beweisurkunde dar, kein Wertpapier (arg § 191, MünchKomm AktG/*Peifer* Rn 9 mwN). Der **Zeichnungsvertrag** wird durch die Annahmeerklärung der AG geschlossen. Gem § 151 BGB ist ihr Zugang entbehrlich (*Hüffer* AktG Rn 4). Der Vertrag ist kein gegenseitiger iSv §§ 320 ff BGB, sondern ein unvollkommen zweiseitig verpflichtender Vertrag (MünchKomm AktG/*Peifer* Rn 32; *Hüffer* AktG Rn 4 mwN; teilweise **aA** GroßKomm AktG/*Wiedemann* Rn 18). Er enthält sowohl schuldrechtliche als auch gesellschaftsrechtliche Elemente (*Hüffer* AktG Rn 4). Mit dem Zeichnungsvertrag verpflichtet sich der künftige Aktionär zur Abnahme der Aktien im vereinbarten Umfang und zur Erbringung der vereinbarten Einlage (GroßKomm AktG/*Wiedemann* Rn 34). Die AG verpflichtet sich, dem Zeichner im festgelegten Umfang Mitgliedschaftsrechte durch Zuteilung neuer Aktien einzuräumen, wenn die Kapitalerhöhung durchgeführt wird. Eine Pflicht zur Durchführung der Kapitalerhöhung entsteht für die AG nicht (GroßKomm AktG/*Wiedemann* Rn 35); die Mitgliedschaftsrechte entstehen aber erst durch Eintragung der Durchführung der Kapitalerhöhung, § 189 (vgl § 189 Rn 2). 3

III. Zeichnung neuer Aktien (Abs 1)

4 **1. Formerfordernisse.** Gem Abs 1 S 1 bedarf die Zeichnungserklärung der Schriftform, § 126 BGB. Nicht jeder Zeichner muss eine selbstständige Urkunde ausstellen, ausreichend ist die Zeichnung in Zeichnungslisten (MünchKomm AktG/*Peifer* Rn 11). Ein Verstoß gegen die Schriftform führt grds zur Nichtigkeit der Erklärung, eine Heilung ist aber entspr Abs 3 möglich (**hM** vgl Rn 21). Der Zeichnungsschein **soll** gem Abs 1 S 2 doppelt ausgestellt werden, um die Zweitschrift gem § 188 Abs 3 Nr 1 beim Registergericht einreichen zu können. Die Einhaltung der Form ist **keine Wirksamkeitsvoraussetzung** (**allgM** *Hüffer* AktG Rn 8). Die Zweitschrift kann zeitgleich mit dem Original erstellt werden oder nachträglich, solange sie bei Anmeldung der Durchführung der Kapitalerhöhung vorliegt (*Hüffer* AktG Rn 8). Weichen beide Erklärungen inhaltlich voneinander ab, ist der Erklärungsinhalt durch Auslegung zu ermitteln (MünchKomm AktG/*Peifer* AktG Rn 55). Lässt sich der Inhalt nicht feststellen, kann Zeichnung scheitern (vgl Rn 18 ff; *Hüffer* AktG Rn 8).

5 **2. Inhalt der Erklärung.** Da der Zeichnungsvertrag durch formlose Annahmeerklärung der AG zustande kommt, muss die Zeichnungserklärung alle wesentlichen Angaben zur Ausgabe der neuen Aktien enthalten. Die **individuellen** Angaben sind dabei der Auslegung zugänglich, weil durch sie das konkrete Rechtsgeschäft identifiziert wird (*Hüffer* AktG Rn 9 mwN; MünchKomm AktG/*Peifer* Rn 13). Die **allgemeinen** Angaben sind dagegen für eine wirksame Zeichnungserklärung zwingend erforderlich und können nicht durch Auslegung mit Hilfe des Kapitalerhöhungsbeschlusses ergänzt werden.

6 **a) Individueller Erklärungsinhalt (Abs 1 S 1).** Zum individuellen Inhalt zählen die Angaben gem Abs 1 S 1. Der Zeichner muss die gewünschte Beteiligung durch Angabe der **Stückzahl** bei Stückaktien (§ 8 Abs 3) oder des **Nennbetrags** bei Nennbetragsaktien (§ 8 Abs 2) festlegen. Der Nennbetrag bezieht sich auf die einzelne Aktie, nicht auf den Gesamtnennbetrag aller Aktien (**hM** MünchKomm AktG/*Peifer* Rn 15; **aA** KölnKomm AktG/*Lutter* Rn 38). Wird fälschlich der Gesamtnennbetrag angegeben, kann der Nennbetrag durch Auslegung unter Zuhilfenahme des Kapitalerhöhungsbeschlusses ermittelt werden (MünchKomm AktG/*Peifer* Rn 15). Bei mehreren **Aktiengattungen** muss auch die gewünschte Gattung genannt werden. Unklarheiten können auch hier durch Auslegung beseitigt werden. Zur Individualisierung des Zeichners sind seine **Person** und als Adressat der Erklärung die **AG** zu nennen (MünchKomm AktG/*Peifer* AktG Rn 14; **aA** *Hüffer* AktG Rn 12: Adressat ist allgemeine Angabe). Angaben zu Sacheinlagen fallen gem Abs 1 S 3 Nr 3 unter den allgemeinen Inhalt (*Hüffer* AktG Rn 10 mwN, **aA** GroßKomm AktG/*Wiedemann* Rn 27: Wert der Sacheinlage als zusätzliche individuelle Angabe). Im Zweifel enthält die Zeichnungserklärung auch das Angebot, eine geringere Zahl an Aktien zu übernehmen, soweit der Zeichner nichts Abweichendes erklärt (*Hüffer* AktG Rn 11).

7 **b) Allgemeine Angaben im Zeichnungsschein (Abs 1 S 3). – aa) Datum des Erhöhungsbeschlusses, Nr 1.** Aufzunehmen ist der Tag, an dem der Erhöhungsbeschluss gem § 182 gefasst wurde. Unabhängig davon, ob Sonderbeschlüsse gem § 182 Abs 2 zu fassen sind, ist das Datum der HV entscheidend (**hM** MünchKomm AktG/*Peifer* Rn 19 mwN). Soll die Zeichnungserklärung schon vor der Beschlussfassung der HV abgegeben werden, ist der Tag der geplanten Beschlussfassung in die Erklärung aufzunehmen (vgl Rn 14).

bb) Ausgabebetrag, Einzahlungen, Nebenverpflichtungen, Nr 2. Der Ausgabebetrag 8
der Aktien sowie der Betrag der im Kapitalerhöhungsbeschluss festgesetzten Einzahlung sind anzugeben. Ausgabebetrag ist der Betrag, zu dem der einzelne Anteil erworben werden kann (MünchKomm AktG/*Peifer* Rn 20; zum Widerspruch zu § 186 Abs 2: *Weisner* NZG 2005, 578). Dieser Ausgabebetrag ist auch bei Sacheinlagen anzugeben (*Götze* AG 2002, 76, 79; **aA** *Hüffer* AktG Rn 12). Der Betrag der festgesetzten Einzahlung ist dagegen nur bei Bareinlagen anzugeben (MünchKomm AktG/*Peifer* AktG Rn 21). Dies ist mindestens der nach §§ 188 Abs 2 iVm 36 Abs 2 vor Anmeldung der Durchführung einzuzahlende gesetzliche Mindestbetrag oder ein – wie üblich – von der HV festgesetzter höherer Mindestbetrag (*Hüffer* AktG Rn 12). Außerdem sind **korporationsrechtliche Nebenverpflichtungen iSv** § 55 aufzunehmen, unabhängig davon, ob der individuelle Aktionär von ihnen betroffen ist (MünchKomm AktG/*Peifer* Rn 22). Schuldrechtliche Nebenverpflichtungen müssen dagegen nicht im Zeichnungsschein aufgeführt werden.

cc) Sacheinlagen, Aktiengattungen, Nr 3. Bei einer Kapitalerhöhung gegen Sacheinlagen sind die Festsetzungen nach § 183 Abs 1 S 1 im Zeichnungsschein zu nennen 9
(**allgM** *Hüffer* AktG Rn 13). Anzugeben sind der Gegenstand der Sacheinlage, die Person des Sacheinlegers und der Nennbetrag (§ 8 Abs 2) bzw die Stückzahl (§ 8 Abs 3) der zu gewährenden Aktien. Bei gemischter Einlage müssen diese Angaben in allen Zeichnungsscheinen enthalten sein, nicht nur in denen die Sacheinlage betreffenden (MünchKomm AktG/*Peifer* Rn 23). Wenn mehrere Aktiengattungen ausgegeben werden, muss der Betrag des Grundkapitals angegeben werden, der auf die jeweilige Aktiengattung entfällt.

dd) Endzeitpunkt, Nr 4. Der Zeichnungsschein muss den Zeitpunkt angeben, an dem 10
die Zeichnung unverbindlich wird, wenn bis dahin nicht die Durchführung der Kapitalerhöhung in das HR eingetragen ist (§ 189). Diese Regelung soll den Zeichner vor einer unbegrenzten Bindung schützen. Der Zeitpunkt wird von der HV einheitlich für alle Zeichner gleich im Erhöhungsbeschluss festgelegt. Geschieht dies nicht, ist der Vorstand für die Fristbestimmung zuständig (MünchHdb AG/*Kraft/Krieger* § 56 Rn 31). Die Festlegung kann entweder durch ein konkretes Datum erfolgen oder durch Angaben, die das Fristende kalendermäßig bestimmbar machen (MünchKomm AktG/*Peifer* Rn 24). Wird die Kapitalerhöhung nicht innerhalb dieser Frist eingetragen, ist die Zeichnungserklärung unverbindlich. Der in Nr 4 festgelegte Zeitpunkt ist **auflösende Rechtsbedingung mit Zeitbestimmung**; **§ 158 Abs 2 BGB** gilt **entspr** (MünchKomm AktG/*Peifer* Rn 25; *Hüffer* AktG Rn 14; *OLG Stuttgart* NZG 2012, 586; für unmittelbare Anwendung des § 158 Abs 2 BGB *OLG Düsseldorf* AG 2010, 878, 879; **aA** GroßKomm AktG/*Wiedemann* Rn 22; KölnKomm AktG/*Lutter* Rn 42). Das Registergericht hat die Eintragung abzulehnen (*OLG Stuttgart* NZG 2012, 586, 587). Die mit dem Vertrag begründeten Rechte und Pflichten gehen unter (*Hüffer* AktG Rn 14). Bereits geleistete Einlagen können gem § 812 Abs 1 S 2, 1. Alt BGB zurückgefordert werden (MünchKomm AktG/*Peifer* Rn 45).

3. Person des Zeichners. Zeichner können nur Personen sein, die auch Gründer einer 11
AG sein können (vgl § 2 Rn 4ff). Jede **natürliche Person** kann demnach Aktien zeichnen, unabhängig von der Staatsangehörigkeit, ebenso **juristische Personen** (vgl MünchKomm AktG/*Peifer* Rn 26). Für eine GbR ist mittlerweile die Gründerfähigkeit anerkannt (GroßKomm AktG/*Wiedemann* Rn 11). Als Zeichner **kommt jedoch**

nicht die AG selbst (§ 56 Abs 1), ein von ihr abhängiges Unternehmen (§ 17) oder ein in ihrem Mehrbesitz stehendes Unternehmen in Betracht (§ 56 Abs 2). Wird hiergegen verstoßen, haften der Zeichner, der für Rechnung der AG handelt, bzw die Vorstandsmitglieder, § 56 Abs 3 und 4. Der Zeichner kann sich gem §§ 164 ff BGB vertreten lassen (**allgM** *Hüffer* AktG Rn 5). Gem § 167 Abs 2 BGB bedarf die Vollmacht nicht der Schriftform; gleiches gilt für die Genehmigung gem § 182 Abs 2 BGB. Auch die für Strohmanngeschäfte typische mittelbare Stellvertretung ist zulässig (MünchKomm AktG/*Peifer* AktG Rn 28 mwN).

12 **4. Zeitpunkt der Abgabe der Zeichnungserklärung.** Sobald der Erhöhungsbeschluss (§ 182) gefasst wurde, kann die Zeichnung erklärt werden; unerheblich ist die Eintragung des Erhöhungsbeschlusses ins HR (**unstr** *Hüffer* AktG Rn 6; MünchKomm AktG/*Peifer* Rn 29, arg § 188 Abs 4). Obwohl nach Abs 1 S 3 Nr 1 im Zeichnungsschein der Tag genannt werden muss, an dem der Erhöhungsbeschluss gefasst wurde, kann die Zeichnung auch schon **vor dem Erhöhungsbeschluss** erklärt werden (**hM** *Hüffer* AktG Rn 6; KölnKomm AktG/*Lutter* Rn 25; *Kley* RNotZ 2003, 17, 30). In diesem Fall genügt für die Angabe nach Abs 1 S 3 Nr 4 der Tag der geplanten Beschlussfassung (*Hüffer* AktG Rn 6). Die AG kann diese Zeichnungserklärung allerdings erst nach der Beschlussfassung annehmen (KölnKomm AktG/*Lutter* Rn 25).

13 **5. Zeichnungsvertrag. – a) Grundlagen und Rechtswirkungen.** Mit Annahme der Zeichnungserklärung durch die AG kommt der Zeichnungsvertrag zustande, der auf die **Einräumung von Mitgliedschaftsrechten** gerichtet ist. Eine **Pflicht** der AG zur Durchführung der Kapitalerhöhung wird nicht begründet (vgl Rn 3). Der Zeichner erwirbt deshalb auch **kein Anwartschaftsrecht** auf künftige Mitgliedschaft (MünchKomm AktG/*Peifer* Rn 35 mwN). Die Annahmeerklärung braucht dem Zeichner gem § 151 BGB nicht zuzugehen. Nur die Zeichnungserklärung unterliegt dem Schriftformerfordernis, nicht die Annahmeerklärung und der Zeichnungsvertrag (**unstr** GroßKomm AktG/*Wiedemann* Rn 32). Zu beachten sind ggf allg Formvorschriften (bspw § 311 b BGB; ausf *Mülbert* AG 2003, 281). Grds hat die AG **keine Pflicht** zur Annahme der Zeichnungserklärung, solange sich der Zeichner nicht auf ein gesetzliches oder rechtsgeschäftliches Bezugsrecht berufen kann (ausf MünchKomm AktG/*Peifer* Rn 31). Führt die AG die Kapitalerhöhung nicht durch, hat der Zeichner nur Anspruch auf Ersatz des Vertrauensschadens gem § 280 Abs 1 BGB; ein Schadensersatzanspruch anstelle der Leistung gem §§ 280 Abs 1, 3 iVm 281, 283 BGB besteht nicht (MünchKomm AktG/*Peifer* Rn 35). Erst mit Eintragung der Durchführung hat der Zeichner Anspruch auf Ausgabe neuer Aktien. Der Zeichner hat die vereinbarte Einlage grds vor der Eintragung der Durchführung zu leisten, die Fälligkeit kann jedoch vertraglich hinausgeschoben werden.

14 **b) Zeitliche Grenzen des Vertragsschlusses.** Die Annahme der Zeichnungserklärung ist gem Abs 1 S 3 Nr 4 nur zeitlich befristet möglich. Außerdem kann nach Eintragung der Durchführung kein Zeichnungsvertrag mehr geschlossen werden (MünchKomm AktG/*Peifer* Rn 38). Wurde die Zeichnungserklärung schon vor dem Erhöhungsbeschluss abgegeben, darf sich die AG erst nach der Beschlussfassung durch den Zeichnungsvertrag binden (GroßKomm AktG/*Wiedemann* Rn 36). Da die Zeichnungserklärung ein Angebot iSv §§ 145 ff BGB ist, ist der Zeichner grds nur im zeitlichen Rahmen des § 147 Abs 2 gebunden. Diese Frist ist jedoch großzügig zu bemessen, um der AG eine angemessenen Prüfungszeitraum bieten zu können (*Hüffer* AktG Rn 24).

Zeichnung der neuen Aktien § 185

Der Zeichner kann jedoch durch schriftliche Bestimmung einer Annahmefrist (§ 148 BGB) im Zeichnungsschein seine zeitliche Bindung beschränken (vgl Rn 16; Münch-Komm AktG/*Peifer* Rn 39).

6. Verpflichtung zur Zeichnung durch Vorvertrag. Weder Altaktionäre noch vertraglich Bezugsberechtigte sind zur Zeichnung neuer Aktien **verpflichtet**. Es gibt keine allgemeine gesellschaftsrechtliche Pflicht, Anteile aus der Kapitalerhöhung zu zeichnen (**allgM** MünchKomm AktG/*Peifer* Rn 30). **Nach Beschlussfassung der HV** kann die AG mit einem Interessenten einen schuldrechtlichen Vertrag schließen, durch den sich dieser zur Zeichnung und die AG zur Einräumung von Mitgliedschaftsrechten verpflichten. Hierbei sind die Bezugsrechte der Altaktionäre zu beachten (Groß-Komm AktG/*Wiedemann* Rn 81; *Hergeth/Eberl* NZG 2003, 205, 206). **Vor Beschlussfassung der HV** kann dagegen ein **Vorvertrag** wegen § 187 Abs 2 nur in Form einer **einseitigen Verpflichtungserklärung** des Interessenten begründet werden (*OLG Frankfurt* NZG 2001, 758; *Leßmann* DB 2006, 1256 mwN). Auf einen solchen Vertrag ist **§ 185 Abs 1 S 1, S 3 weitestgehend analog** anzuwenden (*Hüffer* AktG Rn 31; einschränkend Spindler/Stilz AktG/*Servatius* Rn 53). Die Verpflichtung zur künftigen Zeichnung muss schriftlich erklärt werden (**unstr** MünchKomm AktG/*Peifer* Rn 30). Des Weiteren müssen die nach § 185 Abs 1 S 3 für die Zeichnung erforderlichen Angaben, soweit bereits bestimmbar, enthalten sein (*OLG Frankfurt* NZG 2001, 758; *Hergeth/Eberl* NZG 2003, 205, 207). Der Tag der HV-Beschlussfassung gem Abs 1 S 3 Nr 1 muss nicht angegeben werden (*Hüffer* AktG Rn 31). Zum Schutz des zukünftigen Zeichners sind gem Abs 1 S 3 Nr 2 die Festlegung der Beteiligung nach Zahl, Nennbetrag und Aktiengattung anzugeben (*Hüffer* AktG Rn 31; **aA** MünchHdb AG/*Kraft/Krieger* § 56 Rn 120). Gleiches gilt für die Angaben nach Abs 1 S 3 Nr 3 (*Leßmann* DB 2006, 1256, 1257; **aA** MünchHdb AG/*Kraft/Krieger* § 56 Rn 120). Auch wenn noch kein Zeitpunkt für die Fassung des Erhöhungsbeschlusses festgesetzt ist, muss die Laufzeit der Verpflichtung entspr Abs 1 S 3 Nr 4 durch **Festlegung eines konkreten Datums** begrenzt werden (*OLG Frankfurt* NZG 2001, 758; *Hergeth/Eberl* NZG 2003, 205, 208 mwN). 15

IV. Rechtsfolgen einer fehlerhaften Zeichnung

1. Inhaltsmängel (Abs 2). – a) Nichtigkeit des Zeichnungsscheins. Nach Abs 2, 1. HS führen Verstöße gegen Abs 1 zur Nichtigkeit. Enthält die Zeichnungserklärung nicht alle erforderlichen Angaben oder sind einzelne Angaben unvollständig, ist **die Zeichnungserklärung nichtig**. Bei individuellen Angaben kann die Lücke vorrangig durch Auslegung geschlossen werden (vgl Rn 5 f). In den Zeichnungsschein aufgenommene Beschränkungen, Vorbehalte, Bedingungen oder Befristungen der **nach Abs 1 erforderlichen Angaben** zu Lasten der AG führen – mit Ausnahme des nach Abs 1 S 3 Nr 4 festzulegenden Zeitpunkts – ebenfalls zur **Nichtigkeit** der Zeichnungserklärung. Dem Zeichner bleibt es daneben unbenommen, für seine Annahmeerklärung gem § 148 BGB eine Annahmefrist zu bestimmen (vgl Rn 14; *Hüffer* AktG Rn 15). Der Zeichner kann seine Erklärung auch inhaltlich dergestalt beschränken, dass er nur eine bestimmte Anzahl an Aktien erwerben will, nicht jedoch eine geringere Zuteilung (vgl Rn 6; MünchKomm AktG/*Peifer* Rn 44). Dem Zeichner kann zudem ein Widerrufsrecht eingeräumt werden (*LG Frankfurt* AG 1999, 472; *Hüffer* AktG Rn 15). 16

Marsch-Barner 1515

17 b) Rechtsfolgen der Nichtigkeit. Eine nach Abs 2 nichtige Zeichnungserklärung hat die **Nichtigkeit des Zeichnungsvertrages** zur Folge. Vorbehaltlich einer Heilung gem Abs 3 sind dann von Anfang an keine Rechte und Pflichten für den Zeichner und für die AG begründet worden (*Hüffer* AktG Rn 16). Bereits geleistete Einlagen können gem § 812 Abs 1 S 1, 1. Alt BGB zurückgefordert werden. Die Kapitalerhöhung ist dann insoweit nicht durchgeführt. Das Registergericht hat zunächst iRd Eintragung der Durchführung die AG auf den Mangel durch Zwischenverfügung hinzuweisen, um der Gesellschaft Gelegenheit zur Fehlerbeseitigung zu geben (*Hüffer* AktG Rn 16). Wurde der Erhöhungsbetrag im Erhöhungsbeschluss konkret festgesetzt, kann dieser Fehler nur durch erneute Zeichnung behoben werden (*Klevemann* AG 1993, 273, 274). Ist dagegen im HV-Beschluss ein Mindest- und/oder Höchstbetrag bestimmt worden, kann die AG den Mangel durch Änderung des Erhöhungsbetrages in der Anmeldung beseitigen. Wird der Mangel der unvollständigen Durchführung nicht beseitigt, hat das Registergericht die Eintragung abzulehnen (MünchKomm AktG/*Peifer* Rn 45). Trägt das Registergericht trotzdem ein, obwohl der Mangel nicht behoben wurde, wird Kapitalerhöhung infolge **Heilung gem § 189** wirksam (KölnKomm AktG/*Lutter* Rn 53). Die Zeichnungsverträge können hierdurch aber nicht geheilt werden, erforderlich ist zudem, dass die übrigen Voraussetzungen gem Abs 3 vorliegen (MünchKomm AktG/*Peifer* Rn 46). Werden die Zeichnungsverträge nicht geheilt, stehen die betroffenen Aktien zunächst der AG zu. Wegen des Grundsatzes der realen Kapitalaufbringung sind die Aktien analog § 71c Abs 1, 3 zu verwerten. Gelingt dies nicht, sind die Aktien im Wege einer Kapitalherabsetzung durch Einziehung (§ 237) zu beseitigen (*Hüffer* AktG Rn 16 mwN).

18 c) Heilung (Abs 3). – aa) Voraussetzungen. Eine Heilung nach Abs 3 kann sowohl bei **Nichtigkeit** der Zeichnungserklärung gem Abs 2 als auch bei einer zwischenzeitlichen **Unverbindlichkeit** der Zeichnungserklärung gem Abs 1 S 3 Nr 4 eintreten. Nichtigkeit der Zeichnungserklärung liegt vor, wenn nach Abs 1 erforderliche Inhaltsangaben fehlen oder unvollständig sind (vgl Rn 16 f). Bei einem Mangel der individuellen Angaben ist Heilung grds möglich, wenn der Inhalt der Zeichnungserklärung festgestellt werden kann (**hM** GroßKomm AktG/*Wiedemann* Rn 55; KölnKomm AktG/*Lutter* Rn 59; *Hüffer* AktG Rn 17). Unverbindlichkeit der Zeichnungserklärung liegt dagegen vor, wenn bis zum festgelegten Zeitpunkt die Durchführung nicht in das HR eingetragen wurde.

19 Eine Heilung nach Abs 3 setzt voraus, dass die **Durchführung** der Kapitalerhöhung gem § 188 in das HR **eingetragen** wurde. Des Weiteren muss der Zeichner als Aktionär auf Grund des konkreten Zeichnungsscheins, nicht auf Grund alter Aktien, Rechte ausgeübt oder Verpflichtungen erfüllt haben. Als **Rechtsausübung** gelten insb die Entgegennahme der Aktienurkunden, das Beziehen von Dividenden, die Ausübung des Bezugsrechtes gem § 186, die Teilnahme an einer HV, die Beteiligung an Abstimmungen, die Beteiligung an einem Einberufungsantrag gem § 122 oder an einem Antrag gem § 175 Abs 2 S 2, ein Auskunftsverlangen gem § 131 oder auch die Veräußerung oder die Verpfändung der Mitgliedschaftsrechte an Dritte (Münch-Komm AktG/*Peifer* Rn 50 mwN). Eine **Pflichterfüllung** iSv Abs 3 besteht in der Leistung der Einlage und in der Erfüllung von Nebenverpflichtungen gem § 55. Die Leistung der Einlage vor Eintragung, insb der Mindesteinlage gem § 188 Abs 2 iVm § 36a Abs 1, kann dagegen keine Heilung bewirken, da der Zeichner zu diesem Zeitpunkt noch kein Aktionär war, also keine Verpflichtung „als Aktionär" erfüllt hat (arg § 189;

Hüffer AktG Rn 19 mwN; MünchKomm AktG/*Peifer* Rn 51). Unerheblich ist die Kenntnis des Aktionärs, entscheidend ist allein sein tatsächliches Verhalten. AG kann also nicht durch Aufklärung die Heilung verhindern (*Hüffer* AktG Rn 19).

bb) Wirkung der Heilung. Der Zeichner kann sich mit Eintritt der Heilung nicht 20 mehr auf die Nichtigkeit oder Unverbindlichkeit des Zeichnungsscheins berufen, Abs 3. Damit werden Zeichnungserklärung und Zeichnungsschein **rückwirkend wirksam**. Dies gilt auch gegenüber der AG, die sich nicht auf Nichtigkeit oder Unverbindlichkeit berufen kann (**allgM** MünchKomm AktG/*Peifer* Rn 52 mwN). Die Heilung bewirkt, dass der Zeichner rückwirkend auf den Tag der Eintragung der Durchführung (§ 189) Aktionär geworden ist. Eigene Aktien (vgl Rn 17 aE) bestehen nicht mehr (*Hüffer* AktG Rn 20). Die geheilte Zeichnungserklärung ist, soweit inhaltlich gesetzeskonform, für den Inhalt des Zeichnungsvertrages maßgebend. Unzulässige Beschränkungen nach Abs 2 bleiben unwirksam. Inhaltliche Lücken gelten unter Zuhilfenahme des Erhöhungsbeschlusses oder der anderen Zeichnungsscheine als ergänzt (KölnKomm AktG/*Lutter* Rn 63). Der Aktionär darf auch eine Sacheinlage leisten, wenn die erforderlichen Festsetzungen im Erhöhungsbeschluss enthalten sind (KölnKomm AktG/*Lutter* Rn 63).

2. Fehlende Schriftform nach Abs 1 S 1. Gem § 185 Abs 1 S 1 muss die Zeichnungser- 21 klärung der Schriftform des § 126 BGB genügen, sonst ist sie gem § 125 S 1 BGB **nichtig**. Ein Verstoß hat also die gleiche Rechtsfolge wie ein Verstoß gegen Abs 1 (vgl Rn 16). Diese Nichtigkeit ist **analog § 185 Abs 3** heilbar, wenn die Durchführung ins HR eingetragen wurde und der Zeichner als Aktionär Rechte ausgeübt oder Verpflichtungen erfüllt hat (MünchKomm AktG/*Peifer* Rn 54; GroßKomm AktG/*Wiedemann* Rn 58; MünchKomm AktG/*Kraft/Krieger* § 56 Rn 123, der jedoch § 185 Abs 3 direkt anwenden will; aA *Hüffer* AktG Rn 21; KölnKomm AktG/*Lutter* Rn 60; Spindler/Stilz AktG/*Servatius* Rn 39).

3. Beschränkungen außerhalb des Zeichnungsscheins (Abs 4). Mit Ausnahme des in 22 Abs 1 S 3 Nr 4 geregelten Vorbehalts führen im Zeichnungsschein enthaltene Beschränkungen zur Nichtigkeit der Zeichnungserklärung. Sonstige Beschränkungen der Pflichten des Zeichners, die mündlich oder schriftlich außerhalb des Zeichnungsscheins festgelegt wurden, haben keine Rechtswirkung, Abs 4. Sie gelten der AG gegenüber als nicht getroffen, iÜ ist die Zeichnungserklärung wirksam (*Hüffer* AktG Rn 22; MünchKomm AktG/*Peifer* Rn 53). Will der Zeichner eine Annahmefrist gem § 148 BGB festlegen, ist diese wegen Abs 4 in den Zeichnungsschein mit aufzunehmen (vgl Rn 14).

4. Sonstige Mängel. – a) Rechtsgeschäftliche Mängel. Da es sich bei dem Zeich- 23 nungsvertrag nicht nur um ein korporationsrechtliches, sondern auch um ein schuldrechtliches Rechtsgeschäft handelt, sind die allgemeinen Vorschriften des BGB anwendbar. Bei rechtsgeschäftlichen Mängeln gelten **vor Eintragung** gem §§ 188, 189 die allgemeinen Vorschriften des BGB (insb §§ 104 ff, 117 f, 119 ff; 123; 134 und 138 BGB; MünchKomm AktG/*Peifer* Rn 56 f). **Nach Eintragung** hängt die Berufung auf zivilrechtliche Rechtsverletzungen vom Schutzzweck der geltend gemachten Rechtsnorm und ihrer Bedeutung für die reale Kapitalaufbringung ab (MünchKomm AktG/*Peifer* Rn 57 mwN). Deshalb sollte der Zeichner, sobald er einen rechtsgeschäftlichen Mangel feststellt, ein gerichtliches Eintragungsverbot gem § 16 Abs 2 HGB erwirken (*Hüffer* AktG Rn 28). Wegen der Schutzbedürftigkeit von Geschäftsunfähigen und beschränkt Geschäftsfähigen entstehen bei Verstößen gegen §§ 104 f; 106 ff BGB für diese auch nach der Eintragung **keine Verpflichtungen** (KölnKomm AktG/*Lutter* Rn 14 mwN). Ebenso können durch physische Zwang, Fälschung der Zeichnungserklärung oder bei vollmachtloser Vertretung keine Verpflichtungen begründet werden (MünchKomm AktG/*Peifer* Rn 58). Eine Heilung nach Abs 3 tritt in diesen Fällen nicht ein (*Hüffer* AktG Rn 29). Es gelten die gleichen Rechtsfolgen wie bei einer nicht geheilten Nichtigkeit nach Abs 2 (vgl Rn 17; MünchKomm AktG/*Peifer* Rn 59). Eine Berufung auf alle anderen rechtsgeschäftlichen Mängeln ist dagegen nicht mehr möglich (KölnKomm AktG/*Lutter* Rn 15; MünchKomm AktG/*Peifer* Rn 60 mwN). Insb ist wegen des **Schutzes des Rechtsverkehrs** und des **Grundsatzes der realen Kapitalaufbringung** eine Berufung auf §§ 117, 118, 134, 138 BGB oder die Anfechtungsnormen (§§ 119 ff BGB) ausgeschlossen. Der Zeichner wird somit unabhängig vom rechtsgeschäftlichen Mangel Aktionär mit allen Rechten und Pflichten (*Hüffer* AktG Rn 28 mwN). Ihm steht gegen die AG **kein Anspruch auf Schadensersatz** zu (KölnKomm AktG/*Lutter* Rn 18). Er kann jedoch die Vermittlung eines Übernehmers für seine Aktien verlangen oder – im Falle des Scheiterns – Kapitalherabsetzung mit Einziehung der Aktien (*Hüffer* AktG Rn 28; MünchKomm AktG/*Peifer* Rn 61). Gegen Verwaltungsmitglieder, die für den Mangel mitverantwortlich sind, kann der Zeichner aber Schadensersatzansprüche geltend machen (bspw Täuschung des Zeichners; MünchKomm AktG/*Peifer* Rn 61 mwN).

24 **b) Fehlender Kapitalerhöhungsbeschluss.** Der HV-Beschluss ist zwingende Voraussetzung einer Kapitalerhöhung. Fehlt dieser von Anfang an, ist er zwischenzeitlich durch die HV wieder aufgehoben worden, unwirksam (bspw wegen § 182 Abs 2), nichtig (§ 241) oder für nichtig erklärt worden (§ 246), so kann auch keine wirksame Zeichnung junger Aktien erfolgen (MünchKomm AktG/*Peifer* Rn 62). Vor Eintragung der Durchführung ist vom Registergericht das Vorliegen eines wirksamen Erhöhungsbeschlusses zu prüfen und ggf die Eintragung abzulehnen. Wurde die Durchführung trotzdem eingetragen, sind die **Regeln über die fehlerhafte Gesellschaft** anzuwenden (MünchHdb AG/*Kraft/Krieger* § 56 Rn 121 mwN; K. Schmidt/Lutter AktG/*Veil* Rn 27; aA KölnKomm/*Lutter* § 189 Rn 6; *Hüffer* AktG § 189 Rn 4 ff). Die fehlerhafte Kapitalerhöhung ist danach mit Eintragung der Durchführung als für die Vergangenheit wirksam anzusehen; eine Rückabwicklung findet nur mit Wirkung für die Zukunft statt. Zwischenzeitlich ausgezahlte Dividenden oder ausgeübte Stimmrechte haben somit Bestand. Die Rückabwicklung zwischen AG und Zeichner erfolgt nach den Regeln der Einziehung der Aktien gegen Zahlung einer Abfindung (MünchHdb AG/*Kraft/Krieger* § 56 Rn 145; Marsch-Barner/Schäfer Hdb AG/*Busch* § 42 Rn 116).

25 **c) Überzeichnung.** Die AG kann Aktien nur in dem Umfang ausgeben, der vom Erhöhungsbetrag des Kapitalerhöhungsbeschlusses gedeckt ist. Werden mehr Zeichnungserklärungen abgegeben, als bei der Kapitalerhöhung auf Grund eines konkreten Erhöhungsbetrages oder eines Höchstbetrages berücksichtigt werden können, liegt eine **Überzeichnung** vor. AG hat zu entscheiden, mit welchem Zeichner sie in welchem Umfang einen Zeichnungsvertrag schließen will. **Vorrangig** sind dabei die Zeichner mit einem gesetzlichen, dann mit einem vertraglichen Bezugsrecht zu behandeln (MünchKomm AktG/*Peifer* Rn 64; Spindler/Stilz AktG/*Servatius* Rn 9; aA *Hunecke* S 284). IÜ ist die AG in ihrer Entscheidung frei, hat jedoch das Gleichbehandlungsgebot (§ 53a) zu beachten (*Hüffer* AktG Rn 25).

Zeichnung der neuen Aktien § 185

Wurden von der AG mehr Zeichnungsverträge geschlossen als Aktien ausgegeben werden können, sind die **nach Deckung des Erhöhungsbetrages** geschlossenen Zeichnungsverträge zwar wegen § 311a Abs 1 BGB wirksam, die Erfüllung des Anspruchs auf Leistung gegen die AG ist jedoch unmöglich, § 275 Abs 1 BGB (MünchKomm AktG/*Pfeifer* Rn 65). Ein solcher **Überschuss an Zeichnungsverträgen** kann aus einem Versehen resultieren, wenn das Erreichen des Erhöhungsbetrages übersehen wurde, oder aus einer nachträglichen Herabsetzung des Erhöhungsbetrages. Unabhängig von der zeitlichen Reihenfolge der Vertragsabschlüsse sind zunächst die Zeichnungsverträge mit Inhabern von gesetzlichen und sodann von vertraglichen Bezugsrechten zu bedienen (arg § 187; *Hüffer* AktG Rn 26). Zeichner, denen infolge des Überschusses an Zeichnungsverträgen keine Aktien zugeteilt werden, können gegen die AG einen Schadensersatzanspruch nach § 311a Abs 2 bzw §§ 280 Abs 1, 3, 283 S 1 BGB geltend machen (MünchKomm AktG/*Pfeifer* Rn 65; K. Schmidt/Lutter AktG/*Veil* Rn 26). Zuviel geleistete Einlagen können gem § 812 Abs 1 S 1 BGB zurückgefordert werden (*Hüffer* AktG Rn 26). Die AG kann ihrerseits die Verwaltungsmitglieder gem § 93 AktG haftbar machen. 26

V. Leistungsstörungen

Zwar ist der Zeichnungsvertrag kein gegenseitiger Vertrag, sondern ein unvollkommen zweiseitig verpflichtender Vertrag (vgl Rn 3). Unter Berücksichtigung der Rechtswirkung der Eintragung gem § 189 ist dennoch eine entspr Anwendung der § 320 ff BGB wie auch der §§ 280 ff BGB möglich (MünchKomm AktG/*Pfeifer* Rn 67 ff). Um die Durchführung der Kapitalerhöhung eintragen zu können, ist **bei Bareinlagen** zuvor die Mindesteinlage zu erbringen. Bei Verzug des Zeichners mit der Mindesteinlage kann die AG zur Durchsetzung ihres Anspruchs gegen den Zeichner gem §§ 280 Abs 1, Abs 3, 281 BGB Verzögerungsschaden statt der Leistung geltend machen oder im Falle der Nichtzahlung nach Fristsetzung gem § 323 BGB vom Vertrag zurücktreten (MünchKomm AktG/*Pfeifer* Rn 68, 70; *Hüffer* AktG Rn 30). Wegen § 276 Abs 1 S 1 BGB kann sich der Zeichner bei Bareinlagen nicht auf Unmöglichkeit berufen. **Nach Eintragung** kommen nur noch §§ 63 ff zur Anwendung (KölnKomm AktG/*Lutter* Rn 24). **Bei Sacheinlagen** kann eine Berufung auf Unmöglichkeit gem § 275 BGB in Betracht kommen, regelmäßig wird die AG dann gem § 326 Abs 1 BGB auch von ihren Verpflichtungen aus dem Zeichnungsvertrag frei. Ein Schadensersatzanspruch statt der Leistung gem §§ 280 Abs 1, 3, 283 BGB ist ebenfalls möglich. Ohne Leistung der Sacheinlage muss das Registergericht die Eintragung ablehnen; kommt es dennoch zur Eintragung, wird der Zeichner Aktionär und seine ursprüngliche Sacheinlagepflicht wandelt sich in die subsidiäre Bareinlagepflicht, § 183 Abs 2 S 3 analog (vgl GroßKomm AktG/*Wiedemann* Rn 46; MünchKomm Akt/*Peifer* Rn 69 mwN). Bei mangelhaften Sacheinlagen stehen der AG die kaufrechtlichen Gewährleistungsrechte gem §§ 434, 437 ff BGB zu, nach der Eintragung muss der Minderwert der Sacheinlage durch Barleistung analog § 183 Abs 2 S 3 ausgeglichen werden, um dem Grundsatz der realen Kapitalaufbringung zu genügen (MünchKomm AktG/*Peifer* Rn 69). 27

§ 186 Bezugsrecht

(1) ¹Jedem Aktionär muss auf sein Verlangen ein seinem Anteil an dem bisherigen Grundkapital entsprechender Teil der neuen Aktien zugeteilt werden. ²Für die Ausübung des Bezugsrechts ist eine Frist von mindestens zwei Wochen zu bestimmen.

(2) ¹Der Vorstand hat den Ausgabebetrag oder die Grundlagen für seine Festlegung und zugleich eine Bezugsfrist gemäß Absatz 1 in den Gesellschaftsblättern bekannt zu machen. ²Sind nur die Grundlagen der Festlegung angegeben, so hat er spätestens drei Tage vor Ablauf der Bezugsfrist den Ausgabebetrag in den Gesellschaftsblättern und über ein elektronisches Informationsmedium bekannt zu machen.

(3) ¹Das Bezugsrecht kann ganz oder zum Teil nur im Beschluss über die Erhöhung des Grundkapitals ausgeschlossen werden. ²In diesem Fall bedarf der Beschluss neben den in Gesetz oder Satzung für die Kapitalerhöhung aufgestellten Erfordernissen einer Mehrheit, die mindestens drei Viertel des bei der Beschlussfassung vertretenen Grundkapitals umfasst. ³Die Satzung kann eine größere Kapitalmehrheit und weitere Erfordernisse bestimmen. ⁴Ein Ausschluss des Bezugsrechts ist insbesondere dann zulässig, wenn die Kapitalerhöhung gegen Bareinlagen zehn vom Hundert des Grundkapitals nicht übersteigt und der Ausgabebetrag den Börsenpreis nicht wesentlich unterschreitet.

(4) ¹Ein Beschluss, durch den das Bezugsrecht ganz oder zum Teil ausgeschlossen wird, darf nur gefasst werden, wenn die Ausschließung ausdrücklich und ordnungsgemäß bekannt gemacht worden ist. ²Der Vorstand hat der Hauptversammlung einen schriftlichen Bericht über den Grund für den teilweisen oder vollständigen Ausschluss des Bezugsrechts zugänglich zu machen; in dem Bericht ist der vorgeschlagene Ausgabebetrag zu begründen.

(5) ¹Als Ausschluss des Bezugsrechts ist es nicht anzusehen, wenn nach dem Beschluss die neuen Aktien von einem Kreditinstitut oder einem nach § 53 Abs. 1 Satz 1 oder § 53b Abs. 1 Satz 1 oder Abs. 7 des Gesetzes über das Kreditwesen tätigen Unternehmen mit der Verpflichtung übernommen werden sollen, sie den Aktionären zum Bezug anzubieten. ²Der Vorstand hat dieses Bezugsangebot mit den Angaben gemäß Absatz 2 Satz 1 und einen endgültigen Ausgabebetrag gemäß Absatz 2 Satz 2 bekannt zu machen; Gleiches gilt, wenn die neuen Aktien von einem anderen als einem Kreditinstitut oder Unternehmen im Sinne des Satzes 1 mit der Verpflichtung übernommen werden sollen, sie den Aktionären zum Bezug anzubieten.

Übersicht

	Rn		Rn
I. Regelungsgegenstand	1	a) Aktionäre als Bezugsberechtigte	7
II. Grundlagen	2	b) Gesellschaft als Bezugsberechtigte	8
1. Bedeutung des Bezugsrechts	2	c) Dingliche Bezugsberechtigte	9
2. Anwendungsbereich des § 186	3	aa) Nießbrauch	9
III. Gesetzliches Bezugsrecht (Abs 1, 2)	4	bb) Pfandrecht	10
1. Inhalt	4	cc) Sicherungseigentum	11
2. Umfang	5	dd) Sonstige Sonderfälle	12
3. Rechtsnatur und Übertragbarkeit	6	5. Ausübung des Bezugsrechts	14
4. Bezugsberechtigte	7		

	Rn		Rn
a) Bezugserklärung	14	ee) Ausgabe mehrerer	
b) Ausübungsfrist	15	Aktiengattungen	42
6. Bekanntmachung, Abs 2	17	ff) Sonstige Rechtfertigungsgründe	43
7. Durchsetzung und Verletzung des Bezugsrechts	18	g) Gerichtliche Kontrolle der sachlichen Rechtfertigung	47
IV. Ausschluss des Bezugsrechts, Abs 3, 4	20	4. Teilausschluss	49
1. Allgemeines	20	5. Folgen des Bezugsrechtsausschlusses	50
2. Formelle Voraussetzungen	21	6. Fehlerhafter Bezugsrechtsausschluss	51
a) Bestandteil des Erhöhungsbeschlusses	21	V. Mittelbares Bezugsrecht (Abs 5)	52
b) Mehrheitsanforderungen und weitere Erfordernisse, Abs 3 S 2, S 3	22	1. Praktische Bedeutung der Regelung	52
c) Bekanntmachung, Abs 4 S 1	23	2. Voraussetzungen	53
d) Vorstandsbericht, Abs 4 S 2	24	a) Festsetzung im Erhöhungsbeschl	53
aa) Zeitpunkt und Form des Vorstandsberichts	25	b) Emissionsunternehmen	54
bb) Inhalt des Vorstandsberichts	26	c) Verpflichtung zugunsten der Aktionäre	55
cc) Besonderheiten bei Übernahmeangebot	27	3. Durchführung des mittelbaren Bezugsrechts	57
3. Materielle Voraussetzungen	28	a) Durchführung der KapErhöhung	57
a) Erfordernis sachlicher Rechtfertigung	28	b) Vereinbarung zwischen Aktiengesellschaft und Emissionsunternehmen	58
b) Interesse der Gesellschaft	29		
c) Geeignetheit und Erforderlichkeit	30	c) Rechtsverhältnis zwischen Emissionsunternehmen und Aktionär	59
d) Verhältnismäßigkeit	31		
e) Vereinfachter Bezugsrechtsausschluss, Abs 3 S 4	32	d) Bekanntmachung des Bezugsangebots	60
aa) Inhalt und Bedeutung	32	e) Nichtausgeübte Bezugsrechte	61
bb) Voraussetzungen	33		
cc) Rechtsfolgen	36	4. Übertragbarkeit des mittelbaren Bezugsrechts	62
dd) Vorstandsbericht	37		
f) Einzelfälle	38	5. Nicht unter § 186 Abs 5 S 1 fallende Bezugsrechte	63
aa) Sacherhöhung	38		
bb) Barerhöhung	39	VI. Bezugsrechtsausschluss im Konzern	64
cc) Mitarbeiterbeteiligung	40		
dd) Bedienung von Wandel- und Optionsanleihen	41		

Literatur: *Becker/Fett* Börsengang im Konzern – Über ein „Zuteilungsprivileg" zum Schutz der Aktionärsinteressen, WM 2001, 549; *Burg/Marx* Debt Equity Swap im Wege der Kapitalerhöhung mit Ersetzungsbefugnis CF law 2010, 364; *Busch* Bezugsrecht und Bezugsrechtsausschluß bei Wandel- und Optionsanleihen, AG 1999, 58, 59; *Goette* Zur Zuteilung der Aktien beim vereinfachten Bezugsrechtsausschluss nach § 186 Abs. 3 Satz 4 AktG, ZGR 2012, 505; *Herfs* Bezugsrechtsemissionen, in Habersack/Mülbert/Schlitt, Unternehmensfinanzierung am Kapitalmarkt, 2. Aufl, 2008, § 4; *Hirte* Der Kampf um Belgien – Zur Abwehr feindlicher Übernahmen, ZIP 1989, 1233; *Hoffmann-Becking* Gesetz zur „kleinen AG" – unwesentliche Randkorrekturen oder grundlegende Reform?, ZIP 1995, 1; *Ihrig/Wagner* Vor Lumengrenzen für Kapitalmaßnahmen der AG – Zu den aktienrechtlichen Höchstgrenzen bei Kapitalmaßnahmen, NZG 2002, 657; *Kirchner/Sailer* Rechtsprobleme bei Einbringung und Verschmelzung, NZG 2002, 305; *Kort* Bekanntmachungs-, Berichts- und Informationspflichten bei „Holzmüller"-Beschlüssen der Mutter im Falle von Tochter-Kapital-Erhöhungen zu Sanierungszwecken, ZIP 2002, 685; *Marsch-Barner* Die Erleichterung des Bezugsrechtsausschlusses nach § 186 Abs. 3 Satz 4 AktG, AG 1994, 532; *Martens* Die Entscheidungsautonomie des Vorstands und die „Basisdemokratie" in der Aktiengesellschaft, ZHR 147 (1983), 377; *ders* Richterliche und gesetzliche Konkretisierung des Bezugsrechtsausschlusses, ZIP 1994, 669; *Rittig* Der gekreuzte Bezugsrechtsausschluss in der Höchstkapitalerhöhung, NZG 2012, 1292; *Schäfer* Emission und Vertrieb von Wertpapieren nach dem Wertpapierverkaufsprospektgesetz, ZIP 1991, 1557; *Schlitt/Schäfer* Aktuelle Entwicklungen bei Bezugsrechtskapitalerhöhungen, CF law 2011, 410; *Seibt* Sanierungskapitalerhöhungen: Dogmatische Überlegungen und Praxisgestaltungen, Der Konzern 2009, 261; *Seibt/Vogt* Kapitalerhöhungen zu Sanierungszwecken, AG 2009, 133; *Teichmann* Der Nießbrauch an Gesellschaftsanteilen – Gesellschaftsrechtlicher Teil, ZGR 1972, 1; *Trapp* Erleichterter Bezugsrechtsausschluß nach § 186 Abs 3 S 4 AktG und Greenshoe, AG 1997, 115; *Trölitzsch* Festlegung unterschiedlicher Ausgabekurse bei einem gekreuzten Bezugsrechtsausschluss, DB 1993, 1457.

I. Regelungsgegenstand

1 § 186 regelt das gesetzliche Bezugsrecht und schützt **die Rechtsstellung der Aktionäre**. Durch Abs 1 S 1 wird den Aktionären **ein subjektives Recht auf den Bezug neuer Aktien** bei einer Kapitalerhöhung gewährt. Den Aktionären soll ihre Beteiligungsquote erhalten bleiben, damit ihre Stimmrechtsmacht und der Wert ihrer Aktien nicht geschwächt werden. Auf ihr Verlangen hin sind den Aktionären ein ihrem Anteil am bisherigen Grundkap entspr Teil der neuen Aktien zuzuteilen. IRd Bezugserklärung sind die Anforderungen nach Abs 1 und 2 zu beachten. Ferner bestimmen Abs 3 und 4 unter welchen Voraussetzungen dieses mitgliedschaftliche Grundrecht durch die HV ausgeschlossen werden kann. § 186 Abs 4 S 3 regelt hierzu den Sonderfall eines vereinfachten Bezugsrechtsausschlusses. Gem § 186 Abs 5 wird die Ausgabe von Aktien an Kreditinstitute oder Emissionsunternehmen zum Zwecke der Weiterveräußerung an die Aktionäre nicht als Bezugsrechtsausschluss behandelt (sog **mittelbares Bezugsrecht**). Für Kapitalerhöhungen bei Unternehmen des **Finanzsektors** gelten im Zusammenhang mit einer Rekapitalisierung teilweise Sonderregeln (zB § 7 Abs 3 FMStBG).

II. Grundlagen

2 **1. Bedeutung des Bezugsrechts.** Das Bezugsrecht ist grundrechtlich geschützt (Art 14 GG) und kann durch die Satzung weder aufgehoben noch beschränkt werden (MünchKomm AktG/*Peifer* Rn 55, 71). Ohne Bezugsrecht könnte die prozentuale Beteiligung des einzelnen Aktionärs am Grundkapital durch eine Kapitalerhöhung herabgesetzt werden sowie die Gewinn- und Liquidationsverteilung (§§ 60 Abs 1, 271 Abs 2) verschlechtert werden. Ferner kann eine Kapitalerhöhung zu einer Verwässerung des Aktienwerts führen. Schließlich wird die Stimmkraft, die sich gem § 134 Abs 1 S 1 aus der Beteiligungsquote ergibt, reduziert. Minderheitenrechte (vgl §§ 93 Abs 4 S 3, 122 Abs 1 S 1, 137, 142 Abs 2, 147, 148, 309 Abs 3) können ohne Bezugsrecht verloren gehen (*Hüffer* AktG Rn 2).

3 **2. Anwendungsbereich des § 186.** Bei einer Kapitalerhöhung zur Durchführung einer **Verschmelzung oder Spaltung** gem §§ 69 Abs 1, 142 Abs 1 UmwG besteht kein Bezugsrecht; § 186 ist **nicht anwendbar**. § 186 ist auch bei einer **bedingten Kapitalerhö-**

hung nicht anwendbar (vgl § 192 Rn 4). Jedoch haben die Aktionäre ein Bezugsrecht bei der Ausgabe von Schuldverschreibungen, § 221 Abs 4. Bei einer Kapitalerhöhung aus Gesellschaftsmitteln stehen den Aktionären die jungen Aktien schon kraft Gesetzes zu, § 212. Veräußert die AG von ihr gehaltene eigene Aktien, ist nur § 71c anwendbar (*Hüffer* AktG Rn 3). Hingegen ist § 186 auch beim genehmigten Kapital anzuwenden, §§ 203 Abs 1 S 1 iVm 186.

III. Gesetzliches Bezugsrecht (Abs 1, 2)

1. Inhalt. Das gesetzliche Bezugsrecht gem § 186 gewährt ein subjektives Recht auf Teilhabe an der Kapitalerhöhung mittels Zuerwerb von jungen Aktien. Dieses Bezugsrecht ist zwingend und kann nur unter den strengen Voraussetzungen der Abs 3 und 4 ausgeschlossen werden. Die HV kann im Erhöhungsbeschluss Bestimmungen hinsichtlich des Bezugsrechts treffen, insb bei mehreren Aktiengattungen das Bezugsrecht auf die bereits gehaltene Aktiengattung beschränken (*Hüffer* AktG Rn 4, 30, 43). Wird durch bestimmte Festsetzungen, zB einen zu hohen Ausgabebetrag (*LG Düsseldorf* AG 1999, 134), die Ausübung des Bezugsrechts so erschwert, dass es **faktisch ausgeschlossen** ist, müssen die formellen und materiellen Voraussetzungen des Bezugsrechtsausschlusses gem Abs 3 und 4 beachtet werden (KölnKomm AktG/*Lutter* Rn 87; *OLG Oldenburg* WM 1995, 924, 927; vgl Rn 51). Liegt der Bezugspreis über dem aktuellen Börsenkurs, so liegt gleichwohl kein faktischer Bezugsrechtsausschluss vor, wenn der innere Wert der Aktien über dem Börsenkurs liegt oder diesem entspricht (*Seibt* Der Konzern 2009, 261, 265; *Seibt/Vogt* AG 2009, 133, 138; *Schlitt/Schäfer* CF law 2011, 410, 413). Der Bezugsberechtigte hat zur Ausübung des Bezugsrechts eine Bezugserklärung abzugeben, die den Anforderungen der Abs 1 und 2 entspricht. Mit dieser Erklärung erlangt der Aktionär einen Anspruch gegen die AG auf Abschluss eines Zeichnungsvertrages zu den im Erhöhungsbeschl bestimmten Bedingungen, jedoch nicht auf Zuteilung neuer Aktien zum geringsten Ausgabebetrag (*Hüffer* AktG Rn 4). Die Aktionäre werden also nicht automatisch an der Kapitalerhöhung beteiligt, sondern müssen ihr Teilhaberecht gegenüber der AG geltend machen (MünchKomm AktG/*Peifer* Rn 13). Andererseits unterliegen die Aktionäre grds **keiner Pflicht zum Bezug neuer Aktien,** soweit sie sich nicht schuldrechtlich verpflichten (vgl § 185 Rn 15; GroßKomm AktG/*Wiedemann* Rn 54; KölnKomm AktG/*Lutter* Rn 2). 4

2. Umfang. Der Umfang des Bezugsrechtsanspruchs ist beschränkt auf die bisherige Beteiligungsquote des jeweiligen Aktionärs, so dass er **prozentual** auch zukünftig im gleichen Umfang am Grundkap beteiligt ist. Der Anspruch auf Zuteilung neuer Aktien besteht nur unter der Rechtsbedingung, dass die KapErhöhung auch durchgeführt wird (MünchKomm AktG/*Peifer* Rn 20). Jede Aktie gewährt das Bezugsrecht, wobei die AG bei der Zuteilung der jungen Aktien § 53a zu beachten hat **(Gleichbehandlungsgrundsatz).** Da das Grundkap in den seltensten Fällen verdoppelt oder vervielfacht wird mit der Folge, dass auf jedes Bezugsrecht ganze Aktien entfallen, entstehen regelmäßig nur **Ansprüche auf Bruchteile** einer Aktie. Ergibt das Bezugsrecht keinen Anspruch auf Zeichnung **ganzer Aktien,** kann der Aktionär entweder von anderen Aktionären Bezugsansprüche hinzu erwerben, seine Bezugsansprüche verkaufen oder mit anderen Aktionären gemeinsam (§ 69) die Bruchteilsrechte ausüben (vgl Rn 6; MünchKomm AktG/*Peifer* Rn 16). Von einem **Überbezugsrecht** wird gesprochen, wenn den Aktionären ein (quotales) Bezugsrecht auf die nicht bezogenen 5

§ 186

Aktien eingeräumt wird (*Schlitt/Schäfer* CF law 2011, 410, 412). Ein gesetzlicher Anspruch darauf besteht nicht (vgl Rn 61).

6 **3. Rechtsnatur und Übertragbarkeit.** IRd § 186 ist zwischen dem allg Bezugsrecht, das jede Aktie seinem Inhaber vermittelt, und dem konkreten Bezugsrechtsanspruch zu differenzieren. Das **allg Bezugsrecht** ist ein **untrennbarer Bestandteil** des durch die Aktie verkörperten Mitgliedschaftsrechts, über das **nicht selbstständig** verfügt werden kann (sog **Bezugsgrundrecht**). Der **konkrete Bezugsrechtsanspruch** hingegen entsteht auf der Grundlage des allg Bezugsrechts mit Wirksamwerden des Erhöhungsbeschlusses (§ 184) und berechtigt den Aktionär, sein Recht auf den Bezug neuer Aktien auszuüben (MünchKomm AktG/*Peifer* Rn 20). Die tatsächliche Zuteilung der neuen Aktien steht jedoch noch unter der Bedingung der Durchführung der Kapitalerhöhung. Dieser Bezugsrechtsanspruch ist ein selbstständiges Recht, das übertragen, veräußert, gepfändet und verpfändet werden kann (Marsch-Barner/Schäfer Hdb AG/*Busch* § 39 Rn 45; *Hüffer* AktG Rn 6). Eine Veräußerung kann insb eine Rolle spielen, wenn der Aktionär lediglich Anspruch auf einen Bruchteil einer Aktie hat (vgl Rn 5), jedoch haben die Aktionäre keinen Anspruch auf **Einrichtung eines Börsenhandels** für Bezugsrechte (*LG Hamburg* AG 1999, 382; *Hüffer* AktG Rn 7; MünchHdb AG/*Kraft/Krieger* § 56 Rn 64; aA Spindler/Stilz AktG/*Servatius* Rn 17; bei Wert des Bezugsrechts auch Marsch-Barner/Schäfer Hdb AG/*Busch* § 42 Rn 65). Die **Veräußerung** erfolgt durch Abtretung gem §§ 398, 413 BGB. Wenn der Bezugsanspruch nur unter Vorlage eines Gewinnanteilsscheins ausgeübt werden kann, ist der Gewinnanteilsschein als Recht zum Bezug der Aktie anzusehen. Da es sich dann bei diesem um ein **Wertpapier** handelt, hat eine Veräußerung gem §§ 929 ff, 935 Abs 2 BGB zu erfolgen (MünchKomm AktG/*Peifer* Rn 23). Verfügungsbefugt ist der Bezugsberechtigte (vgl Rn 7 ff). Bei vinkulierten Namensaktien ist die Verfügungsbefugnis gem § 68 Abs 2 beschränkt; die Übertragung des Bezugsanspruchs ist nur mit Zustimmung der AG zulässig, soweit der Erhöhungsbeschl nicht freie Übertragbarkeit erlaubt (MünchKomm AktG/*Peifer* Rn 24; MünchHdb AG/*Kraft/Krieger* § 56 Rn 63). Allerdings kann auch der Erhöhungsbeschl die Übertragbarkeit des Bezugsrechtsanspruches ausschließen oder beschränken, hierbei sind jedoch die formellen und materiellen Anforderungen eines Bezugsrechtsausschlusses einzuhalten (MünchHdb AG/*Kraft/Krieger* § 56 Rn 63). Der Bezugsanspruch kann auch noch nach Abgabe der Bezugserklärung übertragen werden; mit Abschluss des Zeichnungsvertrages erlischt hingegen der Bezugsanspruch durch Erfüllung und kann nicht mehr übertragen werden (*Hüffer* AktG Rn 7).

7 **4. Bezugsberechtigte. – a) Aktionäre als Bezugsberechtigte.** Grds sind **die Aktionäre** bezugsberechtigt. Maßgebender Zeitpunkt ist das Wirksamwerden des Erhöhungsbeschlusses (*Hüffer* AktG Rn 8). Die Aktiengattung spielt keine Rolle. Gem § 140 Abs 1 sind auch stimmrechtslose Vorzugsaktionäre bezugsberechtigt (MünchKomm AktG/*Peifer* Rn 27). Bei der erstmaligen Ausgabe unterschiedlicher Gattungen erstreckt sich die Bezugsberechtigung auf den Bezug von Aktien jeder Gattung (MünchHdb AG/*Kraft/Krieger* § 56 Rn 67). Bestehen allerdings schon verschiedene Gattungen (bspw Stamm- und Vorzugsaktien ohne Stimmrecht) und werden beide Gattungen im gleichen Verhältnis aufgestockt, beschränkt sich das Bezugsrecht auf die jeweilige bisher gehaltene Aktiengattung, sog **Gattungsbezugsrecht** (MünchKomm AktG/*Peifer* Rn 27; MünchHdb AG/*Kraft/Krieger* § 56 Rn 67 mwN; aA *Hüffer* AktG Rn 4; KölnKomm AktG/*Lutter* Rn 3; *Rittig* NZG 2012, 1292, 1293 sog **Mischbezugs-**

Bezugsrecht § 186

recht). Wird hingegen eine schon vorhandene Gattung **überproportional** erhöht, besteht an den die verhältnismäßige Aufstockung übersteigenden Teil für alle Gattungsaktionäre ein **gemischtes Bezugsrecht** (MünchHdb AG/*Kraft/Krieger* § 56 Rn 67). Bei einer Rechtsgemeinschaft gem § 67 ist das Bezugsrecht gemeinsam auszuüben. Haben einzelne Aktionäre kein Bezugsrecht, erhöht sich das der anderen Aktionäre im Verhältnis ihrer Beteiligung (*Hüffer* AktG Rn 9)

b) Gesellschaft als Bezugsberechtigte. Nach § 71b stehen der **AG aus eigenen Aktien** 8 keine Rechte zu, sodass von ihr gehaltene eigene Aktien auch keine Bezugsrechte gewähren. Gleiches gilt gem § 71d S 4 iVm § 71b, wenn ein Dritter für Rechnung der AG Aktien hält; weder die AG noch der Dritte können Bezugsrechte geltend machen (MünchKomm AktG/*Peifer* Rn 29). Demzufolge ist auch keine Veräußerung des Bezugsrechts möglich (GroßKomm AktG/*Wiedemann* Rn 65). Im **Unternehmensverbund** darf ein abhängiges oder im Mehrbesitz stehendes Unternehmen weder ein Bezugsrecht auf neue Aktien an seiner Obergesellschaft ausüben noch Bezugsrechte veräußern (**hM** arg § 71d S 2, 4 iVm § 71b: MünchKomm AktG/*Peifer* Rn 29; *Hüffer* AktG Rn 9; GroßKomm AktG/*Wiedemann* Rn 68; **aA** Bezugsrecht darf wegen § 56 Abs 2 nicht ausgeübt werden, aber an Dritte veräußert werden: KölnKomm AktG/*Lutter* Rn 19). Nach § 328 sind bei **wechselseitig aneinander beteiligten Unternehmen** (§ 19) die Rechte aus den Anteilen einschränkbar, sodass die Ausübung der Bezugsrechte auf 25 % des Grundkaps beschränkt werden kann (*Hüffer* AktG Rn 9). Zur Kontrolle von Unternehmensverbindungen sind bestimmte Erwerbs- und Veräußerungsvorgänge offen zu legen. Wird gegen die Mitteilungspflichten in §§ 20, 21 verstoßen, so stellt §§ 20 Abs 7, 21 Abs 4 klar, dass das Bezugsrecht endgültig verloren geht (MünchKomm AktG/*Peifer* Rn 30; *BGH* WM 1991, 1166, 1169; offen *Hüffer* AktG Rn 9). Das gleiche folgt aus § 28 WpHG, wenn gegen die Mitteilungspflichten gem § 21 Abs 1 und 1a WpHG verstoßen wird (Assmann/Schneider WpHG/*Schneider* § 28 Rn 36).

c) Dingliche Bezugsberechtigte. – aa) Nießbrauch. Beim **Nießbrauch gem §§ 1030 ff** 9 **BGB** ist der Aktionär bezugsberechtigt, nicht der Nießbraucher, denn der Bezugsanspruch folgt aus dem Bezugsgrundrecht und ist keine Nutzung iSv §§ 1030 Abs 1, 1068 Abs 2, 100 BGB (*OLG Bremen* AG 1970, 335; MünchKomm AktG/*Peifer* Rn 32 mwN). Der Aktionär bedarf weder zur Ausübung noch zur Veräußerung der Zustimmung des Nießbrauchers (*Hüffer* AktG Rn 10; MünchKomm AktG/*Peifer* Rn 32; KölnKomm AktG/*Lutter* Rn 20). Ist hierzu die Aktie oder der Gewinnanteilsschein erforderlich, die im Besitz des Nießbrauchers sind, sind diese Dokumente dem Aktionär zugänglich zu machen (vgl § 1081 Abs 1 S 1, 2 BGB; MünchKomm AktG/*Peifer* Rn 33; *Hüffer* AktG Rn 10). Der Nießbrauch erstreckt sich weder auf den Bezugsanspruch, noch auf die durch Ausübung des Bezugsrechts erworbenen neuen Aktien oder den durch Veräußerung erzielten Erlös (*OLG Bremen* AG 1970, 335; MünchKomm AktG/*Peifer* Rn 33; **aA** KölnKomm AktG/*Lutter* Rn 20; *Teichmann* ZGR 1972, 1, 20). Der Nießbraucher hat aber einen vertraglichen Anspruch auf Nachteilsausgleich, welcher sich auf Bestellung eines Nießbrauchs entweder an den neu bezogenen Aktien oder an dem Veräußerungserlös richtet, vom Umfang her jedoch beschränkt auf das Verhältnis von eingesetzten Bezugsrechten und Gesamtwert der neuen Aktien (*BGH* WM 1982, 1433 f zur KG; *Hüffer* AktG Rn 10; MünchKomm AktG/*Peifer* Rn 33 mwN). Gegenüber dem Nießbraucher hat der Aktionär die schuldrechtliche Pflicht, das Bezugsrecht weder zu verschenken noch es verfallen zu lassen, sonst macht er sich gem § 280 Abs 1 BGB schadensersatzpflichtig (*Hüffer* AktG Rn 10).

Marsch-Barner

§ 186 Bezugsrecht

10 **bb) Pfandrecht.** Der Aktionär bleibt trotz Pfandrecht an der Aktie gem §§ 1273, 1293 BGB Bezugsberechtigter. Gleiches gilt beim Nutzungspfandrecht gem §§ 1273 Abs 2, 1213 Abs 1 BGB (**allgM** MünchKomm AktG/*Peifer* Rn 34 mwN). Der Aktionär bedarf weder zur Ausübung noch zur Veräußerung des Bezugsrechts der Zustimmung des Pfandgläubigers; § 1276 Abs 2 BGB ist nicht anwendbar (MünchKomm AktG/*Peifer* Rn 34). Ist zur Ausübung des Bezugsrechts die Vorlage der Aktienurkunde oder des Gewinnanteilsscheins erforderlich, hat der Pfandgläubiger diese der AG vorzulegen (arg § 1253 Abs 1; **allgM** *Hüffer* AktG Rn 11). Das Pfandrecht erstreckt sich grds nicht auf die neuen Aktien oder einen Veräußerungserlös (GroßKomm AktG/*Wiedemann* Rn 79; MünchHdb AG/*Kraft/Krieger* § 56 Rn 70 mwN; **aA** KölnKomm AktG/ *Lutter* Rn 20). Zur Kompensation eines drohenden Wertverlustes der Sicherheit hat der Pfandgläubiger einen vertraglichen Anspruch auf Nachteilsausgleich (vgl Rn 9). Soweit nichts anderes vereinbart wurde, unterliegt der Aktionär einer **vertraglichen Nebenverpflichtung**, dem Pfandgläubiger ein Pfandrecht am Veräußerungserlös oder an den neuen Aktien im entspr Umfang zu bestellen (*Hüffer* AktG Rn 11). Außerdem darf der Aktionär das Bezugsrecht weder verschenken noch verfallen lassen; andernfalls macht er sich schadensersatzpflichtig, § 280 Abs 1 BGB (GroßKomm AktG/*Wiedemann* Rn 81).

11 **cc) Sicherungseigentum.** Der Sicherungseigentümer bzw Sicherungsnehmer ist nach außen hin vollberechtigter Aktionär und somit Bezugsberechtigte. Vorbehaltlich anderweitiger Vereinbarung ist der Sicherungseigentümer **zur Ausübung des Bezugsrechts verpflichtet**, soweit ihm der Sicherungsgeber die erforderlichen Mittel zur Verfügung stellt (*Hüffer* AktG Rn 12). Die bezogenen Aktien werden Bestandteil des Treuguts, soweit sie dem Bezugsrechtswert entsprechen (GroßKomm AktG/ *Wiedemann* Rn 83 mwN; **aA** *Hüffer* AktG Rn 12: Aktien werden vollständiges Treugut). Werden dem Sicherungseigentümer nicht die erforderlichen Mittel zur Verfügung gestellt, kann der Sicherungseigentümer wählen, ob er das Bezugsrecht veräußert oder mit eigenen Mitteln ausübt. Der Sicherungsgeber ist hierbei verpflichtet, die zur Ausübung erforderlichen Urkunden zur Verfügung zu stellen (*Hüffer* AktG Rn 12). Sowohl Veräußerungserlös als auch der Wert der neuen Aktien sind dann abzüglich der aufgewendeten Mittel mit der gesicherten Forderung zu verrechnen (**str** KölnKomm AktG/*Lutter* Rn 22; *Hüffer* AktG Rn 12; diff nach Zahlbarkeit und Fälligkeit der gesicherten Schuld (§ 56 Rn 70) MünchKomm AktG/*Peifer* Rn 35 und GroßKomm AktG/*Wiedemann* Rn 83; MünchHdb AG/ *Kraft/Krieger* § 56 Rn 70).

12 **dd) Sonstige Sonderfälle.** Im Falle der testamentarischen Anordnung einer **Vor- und Nacherbschaft** (§ 2100 BGB), stehen die Bezugsrechte dem Vorerben nicht persönlich zu, da es sich nicht um Nutzungen iSv § 100 BGB handelt. Vielmehr gehören sie gem § 2111 Abs 1 S 1, Alt 1 BGB zum Nachlass und sind vom Vorerben nach Maßgabe einer ordnungsgemäßen Verwaltung auszuüben oder zu veräußern, §§ 2130 Abs 1 S 1, 2113 Abs 2 BGB (*Hüffer* AktG Rn 13; MünchKomm AktG/*Peifer* Rn 36). Gebietet die Pflicht die Ausübung des Bezugsrechts, kann der Bezugspreis aus dem Nachlass entnommen werden, § 2124 Abs 2 S 1 BGB. Die neuen Aktien bzw der Veräußerungserlös gehören kraft dinglicher Surrogation gem §§ 2111 Abs 1 S 1, Alt 3 BGB zum Nachlass (*Hüffer* AktG Rn 13). Verwendet der Vorerbe eigene Mittel, ist der Nacherbe bei Eintritt der Nacherbfolge zum Ersatz der aufgewendeten Mittel verpflichtet (MünchKomm AktG/*Peifer* Rn 36). Lässt der Vorerbe die

Bezugsrechte verfallen oder verschenkt er sie, verstößt er gegen seine Pflicht aus § 2130 Abs 1 BGB. Eine unentgeltliche Verfügung ist dem Nacherben gegenüber unwirksam, § 2113 Abs 2 BGB.

Werden die Aktien von Depotbanken verwahrt, bleiben die Aktien Eigentümer des Kunden; nur dieser ist bezugsberechtigt (*Hüffer* AktG Rn 13). Die Bank hat den Aktionär über die Gelegenheit zur Ausübung von Bezugsrechten zu informieren, sie darf jedoch zunächst nicht ohne Anweisung des Aktionärs handeln (MünchKomm AktG/*Peifer* Rn 37). Erfolgt keine Weisung zum Bezug neuer Aktien, kann die Depotbank nach den Bedingungen für Wertpapiergeschäfte sämtliche Bezugsrechte bestens verkaufen (Nr 15 Abs 1 S 2 AGB-WP Geschäfte; *Hüffer* AktG Rn 13; Münch-Komm AktG/*Peifer* Rn 37). 13

5. Ausübung des Bezugsrechts. – a) Bezugserklärung. Das Bezugsrecht wird durch die Bezugserklärung ausgeübt. Diese ist als empfangsbedürftige, **formfreie**, einseitige Erklärung der AG gegenüber abzugeben (MünchKomm AktG/*Peifer* Rn 38). Unter Beachtung des § 174 BGB kann sie auch von einem Vertreter abgegeben werden (*KG Berlin* AG 2006, 201). Mit dieser **geschäftsähnlichen Handlung** wird die AG aufgefordert, dem Berechtigten entweder ein Zeichnungsangebot zu unterbreiten oder alle erforderlichen Informationen und Unterlagen zukommen zu lassen, um ihm eine ordnungsgemäße und wirksame Zeichnungserklärung zu ermöglichen (*Hüffer* AktG Rn 38). Regelmäßig wird die AG zur **Legitimation** des Erklärenden die Vorlage eines Gewinnanteilsscheins verlangen (MünchKomm AktG/*Peifer* Rn 41). Zu unterscheiden sind Bezugserklärung gem § 186 und Zeichnungserklärung gem § 185. Die eine verkörpert die Absicht des Bezugsberechtigten, einen Zeichnungsvertrag schließen zu wollen. Die andere ist zwingender Bestandteil des Zeichnungsvertrages, mit dem erst die Zuteilung der Aktien erfolgt. Mit der Bezugserklärung verpflichtet sich der Aktionär **nicht** zur Abgabe einer Zeichnungserklärung, denn sonst wären die strengen Formerfordernisse für Zeichnungserklärungen gem § 185 hinfällig (**hM** GroßKomm AktG/*Wiedemann* Rn 89; MünchKomm AktG/*Peifer* Rn 40). Bezugs- und Zeichnungserklärung können aber in einem Zeichnungsschein miteinander verbunden werden (*Hüffer* AktG Rn 14). 14

b) Ausübungsfrist. Gem Abs 1 S 2 soll für die Bezugsrechtsausübung eine Bezugsfrist von **mindestens zwei Wochen** bestimmt werden. Die AG soll innerhalb eines konkreten Zeitraums Gewissheit über den Umfang der geltend gemachten Bezugsrechte erlangen (MünchKomm AktG/*Peifer* Rn 42). Die Fristbestimmung ist **obligatorisch** (*Hüffer* AktG Rn 15; MünchKomm AktG/*Peifer* Rn 42). Grds gilt diese Frist nur für die Bezugserklärung; sie kann aber auf die Zeichnungserklärung erstreckt werden. Die Frist kann entweder generell in der Satzung oder individuell für die jeweilige Kapitalerhöhung im HV-Beschl festgelegt werden (*Hüffer* AktG Rn 15). Fehlen solche Festsetzungen, ist der Vorstand für die Fristbestimmung zuständig (MünchKomm AktG/*Peifer* Rn 43). Gem § 186 Abs 2 ist die Bezugsfrist bekannt zu geben; gleiches gilt, wenn die Frist auch für die Zeichnungserklärung gelten soll (vgl Rn 17; MünchKomm AktG/*Pfeifer* Rn 49). Wurde keine Frist bestimmt, kann das Bezugsrecht bis zur Anmeldung der Durchführung ausgeübt werden (*Hüffer* AktG Rn 15; MünchKomm AktG/*Peifer* Rn 42). Bei der Festlegung der Frist ist zu beachten, dass zwischen dem Fristende nach § 186 Abs 1 S 2 und dem Zeitpunkt nach § 185 Abs 1 S 2 Nr 4, bis zu welchem die Durchführung eingetragen wurde, ein aus- 15

§ 186 Bezugsrecht

reichender Zeitraum liegt, um noch nicht bezogene Aktien zeichnen zu lassen (MünchKomm AktG/*Peifer* Rn 43).

16 Die Frist beginnt mit ihrer Bekanntgabe gem § 186 Abs 2, soweit nichts Abweichendes geregelt wurde (GroßKomm AktG/*Wiedemann* Rn 95). Fristberechnung erfolgt nach §§ 187 Abs 1, 188 Abs 2 BGB (*Hüffer* AktG Rn 15). Innerhalb der Frist hat die Bezugserklärung der AG zuzugehen. Da es sich um eine **Ausschlussfrist** handelt, verliert der Bezugsberechtigte nach Ablauf der Frist seinen Bezugsanspruch (MünchKomm AktG/*Peifer* Rn 44). Über nicht bezogene Aktien kann die AG verfügen; sie hat jedoch im eigenen Interesse die neuen Aktien zum höchsten Ausgabebetrag auszugeben. Wollen Aktionäre nach Ablauf der Bezugsfrist neue Aktien zeichnen, stehen sie bei der Zuteilung der neuen Aktien Dritten und Aktionären, die über ihr Bezugsanspruch hinaus weitere Aktien erwerben wollen, gleich (GroßKomm AktG/*Wiedemann* Rn 97; *Hüffer* AktG Rn 16).

17 **6. Bekanntmachung, Abs 2.** Nach Abs 2 ist der Vorstand verpflichtet, den Ausgabebetrag bzw die Grundlagen für dessen Festlegung und die Bezugserklärungsfrist (Abs 1 S 2; vgl Rn 15) in den Gesellschaftsblättern bekannt zu geben. Gem § 25 dient der **elektronische Bundesanzeiger** als Bekanntgabemedium. Daneben kann die Satzung weitere Informationsmedien vorsehen. Hat die Bek in mehreren Informationsmedien zu erfolgen, beginnt die Bezugserklärungsfrist gem Abs 1 S 2 mit dem Erscheinen des letzten Mediums (MünchKomm AktG/*Peifer* Rn 47). Diese Art der Bek gilt nur, wenn Aktionäre ein unmittelbares Bezugsrecht haben (*Hüffer* AktG Rn 19). Werden die Aktien über ein Emissionsunternehmen nach Abs 5 S 1 (sog **mittelbares Bezugsrecht**) ausgegeben, gilt dagegen Abs 5 S 2 (vgl Rn 60). Liegt ein Bezugsrechtsausschluss gem Abs 3, 4 vor, entfällt die Bekpflicht (MünchKomm AktG/ *Peifer* Rn 45). Regelmäßig erfolgt die Bek nach Eintragung des Erhöhungsbeschlusses, kann wegen § 188 Abs 4 aber auch schon vorher erfolgen (GroßKomm AktG/*Wiedemann* Rn 99). **Inhaltlich** ist der konkret festgelegte Ausgabebetrag anzugeben. Um den Ausgabepreis nach dem aktuellen Marktpreis am Ende der Bezugsfrist festlegen zu können, genügt bei der Bekanntgabe aber auch die **Angabe der Festlegungsgrundlagen**. Dafür genügt zB die Angabe, dass ein Bookbuilding-Verfahren durchgeführt wird. Die Angabe einer Preisspanne oder eines Höchstpreises ist dagegen nicht erforderlich (*Krug* BKR 2005, 302, 304; *Schlitt/Schäfer* CF law 2011, 410, 412; **aA** Marsch-Barner/Schäfer Hdb AG/*Busch* § 42 Rn 52). Der Ausgabebetrag ist dann spätestens drei Tage vor Ablauf der Bezugsfrist nach Abs 1 S 2 fest zu beziffern und bekannt zu machen, Abs 2 S 2. Diese späte Konkretisierung ermöglicht es, den Ausgabepreis im Bookbuilding-Verfahren zu ermitteln oder einen Durchschnittspreis festzusetzen (Marsch-Barner/Schäfer Hdb AG/*Busch* § 42 Rn 52). Die Bekanntgabe hat im elektronischen Bundesanzeiger, § 25, und über einen elektronischen Informationsdienst (regelmäßig Internetseite der AG) zu erfolgen (vgl *Hüffer* AktG Rn 19a). Zudem sind die Bezugsfrist und ggf eine Erstreckung der Frist auf die Zeichnungserklärung bekannt zu geben (vgl Rn 15; GroßKomm AktG/*Wiedemann* Rn 100). Die Bekanntmachung muss ein **Mindestmaß an Informationen** enthalten, um den Vorgang einer konkreten Kapmaßnahme zuordnen zu können. Hierfür sind die Angaben, dass überhaupt eine KapErhöhung beschlossen wurde, welcher Erhöhungsbetrag festgelegt wurde und welches Bezugsverhältnis bestimmt wurde, erforderlich (MünchKomm AktG/*Wiedemann* AktG Rn 50).

7. Durchsetzung und Verletzung des Bezugsrechts. Die AG ist **verpflichtet**, bei ord- 18
nungsgemäßer Bezugs- und wirksamer Zeichnungserklärung mit dem Altaktionär
einen Zeichnungsvertrag zu schließen und ihm neue Aktien zuzuteilen, sonst verletzt
sie das Bezugsrecht (MünchKomm AktG/*Peifer* Rn 51). Bis zur Eintragung der
Durchführung kann der Bezugsberechtigte seinen Bezugsanspruch mit einer Klage
gegen die AG durchsetzen und seinen Anspruch durch eine einstweilige Verfügung
gem §§ 935, 940 ZPO sichern (vgl § 16 Abs 2 HGB; *Hüffer* AktG Rn 17; MünchKomm
AktG/*Peifer* Rn 51). Wird das Bezugsrecht endgültig mit der Eintragung der Durchführung verletzt, der Aktionär also mangels Zeichnungsvertrages nicht an der KapErhöhung beteiligt, hat er gem § 280 Abs 1, 3, 283 BGB und gem § 823 Abs 2 BGB iVm
§ 186 AktG einen **Schadensersatzanspruch** (MünchKomm AktG/*Peifer* Rn 54 mwN).
Hält die AG eigene Aktien, über die sie frei verfügen kann (§ 71 Abs 3 S 2), kann gem
§ 249 Abs 1 S 1 Naturalrestitution geleistet werden. IÜ ist Schadensersatz in Geld zu
leisten gem § 251 Abs 1 BGB, wobei sich die Höhe des Schadens nach den Kosten für
eine anderweitige Beschaffung der Aktien richtet (MünchKomm AktG/*Peifer* Rn 54).

Kommt es überhaupt nicht zur Eintragung der Durchführung der KapErhöhung, ist 19
das Bezugsrecht auch nicht verletzt, da die Bezugsansprüche unter der Bedingung stehen, dass es zur Durchführung der KapErhöhung kommt (vgl Rn 6). § 186 wird auch
nicht durch die Einräumung von **vertraglichen Bezugsrechten** an nichtbezugsberech-
tigte Personen sowie durch den Abschluss von Zeichnungsverträgen mit Dritten verletzt. Zwar kann das gesetzliche Bezugsrecht hierdurch gefährdet sein, wegen § 187
Abs 1 geht das gesetzliche Bezugsrecht anderen Zusicherungen aber vor (Münch-
Komm AktG/*Peifer* § 187 Rn 5). Ebenso stellt eine Überzeichnung dann keine Verletzung des Bezugsrechts dar, wenn der Prioritätsgrundsatz beachtet wird (vgl § 185
Rn 25; KölnerKomm AktG/*Lutter* Rn 40).

IV. Ausschluss des Bezugsrechts, Abs 3, 4

1. Allgemeines. Das Bezugsrecht ist als mitgliedschaftliches Grundrecht von Art 14 20
GG geschützt (*BVerfG* NJW 1999, 3769, 3770; MünchKomm AktG/*Peifer* Rn 71). Ein
Bezugsrechtsausschluss ist ein bes schwerer Eingriff in das Mitgliedschaftsrecht, weil
die Beteiligungsquote gesenkt wird und eine Verwässerung eintreten kann (Marsch-
Barner/Schäfer Hdb AG/*Busch* § 42 Rn 68; KölnKomm AktG/*Lutter* Rn 50; 58). Ein
Bezugsrechtsausschluss ist deshalb nach Abs 3 und 4 nur zulässig, wenn es **im vorrangigen Interesse der Gesellschaft** liegt (MünchKomm AktG/*Peifer* Rn 55). Der Gesetzeswortlaut stellt nur formelle Anforderungen auf. Rspr und Literatur haben wegen
der Bedeutung eines Bezugsrechtsausschlusses für die Aktionäre aber auch materielle
Voraussetzungen entwickelt (arg Abs 4 S 2 und Abs 3 S 4; MünchHdb AG/*Kraft*/*Krieger* § 56 Rn 75 ff).

2. Formelle Voraussetzungen. – a) Bestandteil des Erhöhungsbeschlusses. Das 21
Bezugsrecht kann ganz oder teilweise **nur von der HV** im Erhöhungsbeschl ausgeschlossen werden. Die Entscheidung über den Ausschluss stellt einen untrennbaren
Bestandteil des Erhöhungsbeschlusses dar (*Hüffer* AktG Rn 20; MünchKomm AktG/
Peifer Rn 60). Im Unterschied zum genehmigten Kap kann der Vorstand **nicht
ermächtigt** werden, über den Bezugsrechtsausschluss zu entscheiden. Die Kompetenz
liegt allein und ausschließlich bei der HV. Der Bezugsrechtsausschluss sollte aus
Gründen der Rechtsklarheit **ausdrücklich** im Erhöhungsbeschl gefasst werden. Allerdings ist auch ein **konkludenter** Ausschluss wirksam, solange der Wille der HV ein-

deutig erkennbar ist (bspw durch Bestimmung einer konkreten Sacheinlage oder eines allein zeichnungsberechtigten Personenkreises). Gleiches gilt, wenn ein Teil der Aktien als „freie Spitze" bezeichnet wird oder die Zuteilung der neuen Aktien vollständig den Organen überlassen wird (MünchKomm AktG/*Peifer* Rn 61).

22 **b) Mehrheitsanforderungen und weitere Erfordernisse, Abs 3 S 2, S 3.** Wegen der untrennbaren Einheit von Bezugsrechtsausschluss und Erhöhungsbeschl gelten für den Beschl über den Bezugsrechtsausschluss auch die Voraussetzungen gem § 182 Abs 1 S 1 bis S 3, Abs 2 und § 133 (MünchKomm AktG/*Peifer* Rn 62). Abs 3 S 2 bestimmt darüber hinaus die erforderliche Kapmehrheit von **mindestens drei Viertel** des bei Beschlussfassung vertretenen Grundkap. Diese Mehrheit kann gem Abs 3 S 3 durch die Satzung nur verschärft werden, eine Herabsetzung ist im Unterschied zu § 182 Abs 1 S 2 nicht zulässig (*Hüffer* AktG Rn 21). Satzung kann weitere Erfordernisse für die Beschlussfassung aufstellen. Die nach Abs 3 S 2, S 3 bestehenden Beschlusserfordernisse gelten auch für etwaige Sonderbeschlüsse nach § 182 Abs 2 (*Hüffer* AktG Rn 21). Trotz fehlender Verweisung auf § 186 Abs 3 S 2, S 3 ist eine Ausdehnung auf Sonderbeschlüsse wegen des Zusammenhangs von Erhöhungsbeschl und Bezugsrechtsausschluss geboten (**allgM** MünchKomm AktG/*Peifer* Rn 63 mwN).

23 **c) Bekanntmachung, Abs 4 S 1.** Die Absicht, die HV über den Bezugsrechtsausschluss beschließen zu lassen, ist ausdrücklich und ordnungsgemäß bekannt zu machen. Gem § 25 ist der elektronische Bundesanzeiger zwingendes Bekanntmachungsmedium. Gem § 124 Abs 1 ist mit der Einberufung der HV die Tagesordnung und der beabsichtige Beschl zum Bezugsrechtsausschluss bekannt zu geben. Diese Pflicht entfällt gem § 121 Abs 6 bei einer Vollversammlung, § 121 Abs 6. Der beabsichtigte Bezugsrechtsausschluss muss wegen der **Hinweis- und Warnfunktion** der Bek sowohl **bes deutlich** als auch **eindeutig** angekündigt werden (MünchKomm AktG/*Peifer* Rn 64; *Hüffer* AktG Rn 22). Ein allgemeiner Hinweis reicht nicht aus (KölnKomm AktG/*Lutter* Rn 55). Wird gegen diese Bekanntmachungspflicht verstoßen, ist der HV-Beschl gem § 243 anfechtbar, aber nicht nichtig (GroßKomm AktG/*Wiedemann* Rn 112).

24 **d) Vorstandsbericht, Abs 4 S 2.** Der Vorstand muss der HV einen **schriftlichen Bericht** über den Grund des Bezugsrechtsausschluss zugänglich machen und den vorgeschlagenen Ausgabebetrag begründen. Hierdurch soll die HV umfassend informiert werden, um eine sachgerechte Entscheidung unter Berücksichtigung aller relevanten Gesichtspunkte zu ermöglichen (*BGH* NJW 1982, 2444). Außerdem ist dieser Bericht **Prüfungsgrundlage** in einem etwaigen Anfechtungsprozess (*Hüffer* AktG Rn 23). Sind die Gründe eines Bezugsrechtsausschlusses offensichtlich, hat der Bericht diese in angemessener Kürze wiederzugeben. Ein Prüfbericht gem § 34 Abs 2, 3 iVm § 183 Abs 3 ersetz den Vorstandsbericht nicht (*Hüffer* AktG Rn 24) Allerdings können die Aktionäre einstimmig auf den Vorstandsbericht verzichten (MünchKomm AktG/*Peifer* Rn 65 mwN).

25 **aa) Zeitpunkt und Form des Vorstandsberichts.** Der Bericht ist der HV schriftlich mit dem erforderlichen Inhalt zugänglich zu machen (vgl Rn 26 ff). Zur Wahrung der Schriftform ist der Bericht ist von **allen Vorstandsmitgliedern** eigenhändig zu **unterschreiben** (§ 126 BGB; Spindler/Stilz AktG/*Servatius* Rn 30; anders zum Verschmelzungsbericht *BGH* NZG 2007, 714, 716).Der schriftliche Bericht kann der HV im Original oder in einer oder mehreren Kopien vorgelegt werden; rechtlich notwendig ist

Bezugsrecht **§ 186**

dies nach der Änderung des Abs 4 S 2 durch Art 1 Nr 28b des ARUG aber nicht mehr. Es genügt, wenn der Vorstand den Bericht der Hauptversammlung **zugänglich macht**. Wird der Bericht von der Einberufung der HV an auf der Internetseite der Gesellschaft veröffentlicht, braucht während der Einberufungsfrist entspr § 175 Abs 2 S 4 keine Auslegung zu erfolgen (vgl auch die Empfehlung in Ziff 2.3.1 S 3 DCGK; für börsnot Gesellschaften sieht § 124a Nr 3 die Veröffentlichung auf der Internetseite dagegen nur „alsbald nach" der Einberufung vor). Eine Übersendung von Abschriften kann dann entspr § 175 Abs 2 S 4 nicht verlangt werden (**aA** *Hüffer* AktG Rn 23), kann aber freiwillig, mit Zustimmung desAktionärs auch per E-Mail erfolgen. Der Bericht braucht entspr § 124 Abs 2 S 2 nur in seinem **wesentlichen Inhalt** bekanntgemacht zu werden (*LG Berlin* DB 2005, 1320, 1321; *Hüffer* aaO mwN). Zur Vermeidung von Abgrenzungsschwierigkeiten empfiehlt sich jedoch eine ungekürzte Veröffentlichung. Der Bericht muss auch während der HV zugänglich sein. Dies kann anstelle einer Auslegung ebenfalls elektronisch, zB über im Versammlungsraum aufgestellte Monitore geschehen (**allgM** *Hüffer* AktG Rn 23). Eine Mitteilung des Berichts gem §§ 125, 128 ist nicht erforderlich (*Hüffer* AktG Rn 23; **aA** KölnKomm AktG/*Lutter* Rn 57). Im Falle eines Übernahmeangebots gilt die Sonderregelung gem § 16 Abs 4 S 7 WpÜG.

bb) Inhalt des Vorstandsberichts. Abs 4 S 2 bestimmt, dass der Bericht die Gründe 26 für den Bezugsrechtsausschluss und eine Begründung für den vorgeschlagenen Ausgabebetrag enthalten muss. Wegen des mit dem Vorstandsberichts verfolgten Zwecks, der HV die Grundlagen für eine sachgerechte Entscheidung zu bereiten, muss der Bericht alle erheblichen Tatsachen und eine vom Vorstand vorgenommene Bewertung dieser Tatsachen enthalten (MünchKomm AktG/*Peifer* Rn 66). Ist der Bericht lückenhaft oder unvollständig, kann er nicht mündlich in der HV ergänzt werden; nur eine Erläuterung ist zulässig (GroßKomm AktG/*Wiedemann* Rn 122, 130). Die für die sachliche Rechtfertigung erforderlichen Kriterien (vgl Rn 28) müssen aus ex-ante-Sicht beurteilt werden (MünchKomm AktG/*Peifer* Rn 73). Der Bericht soll es dem Vorstand ermöglichen, die Gesellschaftsinteressen zu bewerten, die Nachteile der Aktionäre zu erkennen und beides gegeneinander abzuwägen (*BGHZ* 83, 319, 326 Holzmann). Jedoch müssen keine unter das Auskunftsverweigerungsrecht des § 131 Abs 3 fallenden Informationen bekannt gegeben werden (GroßKomm AktG/*Wiedemann* Rn 128). Eine abstrakte Umschreibung der Gründe reicht im Allgemeinen nicht aus, der Vorstandsbericht muss auf die konkreten Tatsachen und Umstande eingehen und das mit der KapErhöhung verfolgte Ziel angeben (*Hüffer* AktG Rn 24). Hinsichtlich des **Ausgabebetrages** sind die Berechnungsgrundlagen und Bewertungskriterien anzugeben, anhand derer der festgelegte Ausgabebetrag zu begründen ist (K.Schmidt/Lutter AktG/*Veil* Rn 18; Spindler/Stilz AktG/*Servatius* Rn 29). Ein unangemessener Ausgabebetrag kann die Aktionäre zur Anfechtung gem § 255 Abs 2 berechtigen. Soll im HV-Beschl kein Ausgabebetrag oder nur ein Mindest- und/oder Höchstbetrag festgesetzt werden, so ist dies im Bericht zu begründen (*Hüffer* AktG Rn 24).

cc) Besonderheiten bei Übernahmeangebot. Bei einer HV im Zusammenhang mit 27 einem öffentlichen Übernahmeangebot braucht der Vorstandsbericht gem Abs 4 S 2 nur allen Aktionären zugänglich und in Kurzfassung bekannt gemacht zu werden (§ 16 Abs 4 S 5 WpÜG). Ein schriftlicher Bericht, der in der AG auszulegen ist, bleibt grds weiter erforderlich. Die Auslegung wird aber durch Veröffentlichung auf der Internetseite der AG ersetzt (§ 175 Abs 2 S 4; zur früheren Rechtslage auch MünchKomm

Marsch-Barner 1531

AktG/*Peifer* Rn 70). Bei der Bek gem § 124 Abs 2 S 2, 2. Fall genügt ein Hinweis auf die Fundstelle des vollständigen Textes des Beschlussvorschlages auf der Homepage der AG (§ 16 Abs 4 S 5 WpÜG; *Hüffer* AktG Rn 23).

28 **3. Materielle Voraussetzungen. – a) Erfordernis sachlicher Rechtfertigung.** Auf Grund der bes Bedeutung eines Eingriffs in das Bezugsrecht wird über den Wortlaut der Abs 3 und 4 hinaus eine sachliche Rechtfertigung gefordert (unstr; grundlegend *BGH* NJW 1978, 1316 – Kali+Salz; *BGH* NJW 1982, 2444 – Holzmann; ausf MünchKomm AktG/*Peifer* Rn 71 mwN). Deshalb muss der Bezugsrechtsausschluss einem im Interesse der Gesellschaft liegenden Zweck dienen, zum Erreichen dieses Zwecks geeignet und erforderlich und auch iÜ verhältnismäßig sein (**hM** *BGH* NJW 1994, 1410 – Deutsche Bank; *Hüffer* AktG Rn 25 mwN). Es ist eine umfassende Abwägung der mit dem Bezugsrechtsausschluss verfolgten Gesellschaftsinteressen und den Individualinteressen der Aktionäre vorzunehmen (GroßKomm AktG/*Wiedemann* Rn 137). Nur wenn alle vom Bezugsrechtsausschluss betroffenen Aktionäre zustimmen, kann auf das Erfordernis der sachlichen Rechtfertigung verzichtet werden (*Hüffer* AktG Rn 25).

29 **b) Interesse der Gesellschaft.** Die AG muss mit dem Bezugsrechtsausschluss ein berechtigtes **Interesse der Gesellschaft** verfolgen. Dieses Gesellschaftsinteresse muss in der Förderung des vom Unternehmensgegenstand bestimmten Gesellschaftszwecks liegen (MünchKomm AktG/*Peifer* Rn 75 mwN). Vom Gesellschaftsinteresse sind die Interessen der einzelnen Aktionäre, der Vorstands- und AR-Mitglieder und des Konzerns zu unterscheiden. Mit dem Bezugsrechtsausschluss kann nur eine das Gesellschaftsinteresse fördernde Maßnahme verfolgt werden, er muss weder für den Fortbestand der AG erforderlich sein noch ein überragendes Interesse der AG verfolgen (GroßKomm AktG/*Wiedemann* Rn 139 ff; *Hüffer* AktG Rn 26).

30 **c) Geeignetheit und Erforderlichkeit.** Der Bezugsrechtsausschluss muss geeignet sein, den zur Förderung des Gesellschaftsinteresses verfolgten Zweck zu erreichen (**allgM** MünchKomm AktG/*Peifer* Rn 76 mwN). Zudem muss der Ausschluss erforderlich sein, es darf also kein gleich geeignetes milderes Mittel geben, vielmehr muss er das am besten geeignete Mittel sein (*Hüffer* AktG Rn 27 mwN). Ins bei BarKapErhöhungen besteht regelmäßig kein Grund, die Bareinlage durch Dritte erbringen zu lassen, wenn sie ebenso von den Bezugsberechtigten erbracht werden kann (MünchKomm AktG/*Peifer* Rn 76).

31 **d) Verhältnismäßigkeit.** Schließlich ist eine Gesamtabwägung vorzunehmen, bei der die Gesellschaftsinteressen gewichtiger sein müssen als die nachteiligen Folgen für die ausgeschlossenen Aktionäre (*BGH* NJW 1982, 2444 Holzmann; *Hüffer* AktG Rn 28). Entscheidend ist das Verhältnis von Mittel und Zweck unter Berücksichtigung der Schwere des Eingriffs (MünchKomm AktG/*Peifer* Rn 77). Auf AG-Seite ist insb das konkrete Finanzierungsinteresse zu bewerten. Nachteilige Folgen können sich für die Aktionäre aus dem Verlust der Stimmkraft und dem Verwässerungseffekt ergeben (vgl Rn 2). Werden die Interessen der Aktionäre übermäßig beeinträchtigt, kann der Bezugsrechtsausschluss trotzdem gerechtfertigt sein, wenn die Beeinträchtigung anderweitig kompensiert wird. Eine SachKapErhöhung kann bspw mit einer BarKapErhöhung kombiniert werden, von der der Sacheinleger ausgeschlossen wird (**gemischte Bar-/Sachkapitalerhöhung**, *OLG Stuttgart* AG 2001, 200; MünchKomm AktG/*Peifer* Rn 28). Zulässig ist auch eine gemischte Bar-/SachkapErhöhung als einheitlicher Beschl, sofern die Bedingungen der Aktienausgabe gleich sind (*OLG Jena* NZG 2007, 148, 149; GroßKomm AktG/*Wiedemann* Rn 183). Die Einräumung einer Ersetzungsbefugnis (zB Bar- statt Sacheinlage) zugunsten einzelner Aktionäre verstößt gegen § 53a, sofern sie nicht im Unternehmensinteresse gerechtfertigt ist (vgl *KG AG* 2010, 494, 496). IRd Verhältnismäßigkeit ist auch zu prüfen, ob eine zwar schlechtere, aber noch zumutbare und Erfolg versprechende Alternativmaßnahme besteht, die weniger nachteilige Folgen für die Aktionäre verursacht (KölnKomm AktG/*Lutter* Rn 63).

e) Vereinfachter Bezugsrechtsausschluss, Abs 3 S 4. – aa) Inhalt und Bedeutung. Abs 3 S 4 regelt für eine Sonderkonstellation die **materielle Zulässigkeit** des Bezugsrechtsausschlusses. Die sachliche Rechtfertigung braucht hier nicht mehr geprüft zu werden (*Reg-Begr* BT-Drucks 12/6721 S 10; *Marsch-Barner* AG 1994, 532, 533; vgl aber Rn 36). Hierdurch soll der Bezugsrechtsausschluss liberalisiert werden, indem bei börsennotierten Publikumsgesellschaften eine flexible Kapbeschaffung ermöglicht wird. Mit dem vereinfachten Bezugsrechtsausschluss lassen sich Zeit und Kosten sparen (MünchKomm AktG/*Peifer* Rn 82 ff). Die mit dem Bezugsrechtsausschluss verbundenen Nachteile können die Aktionäre über den Aktienerwerb an der Börse ausgleichen. Die Vorschrift bestimmt, dass unter ihren Voraussetzungen das Finanzierungsinteresse der AG idR höher zu bewerten ist als die Aktionärsinteressen (MünchKomm AktG/*Peifer* Rn 84). 32

bb) Voraussetzungen. Abs 3 S 4 setzt voraus, dass es sich um eine **BarKapErhöhung** handelt. Die Erhöhung darf maximal **10 % des Grundkap** betragen. Schließlich darf der Ausgabebetrag den **Börsenpreis** nicht wesentlich übersteigen. Wird gleichzeitig ein SachKapErhöhung durchgeführt, gelten für sie nicht die Erleichterungen des Abs 3 S 4 (MünchKomm AktG/*Peifer* Rn 85). Für die **Kapgrenze** von 10 % des Grundkaps ist die Grundkapziffer in der Satzung im Zeitpunkt der Beschlussfassung maßgebend (*Hüffer* AktG Rn 39c; *Ihrig/Wagner* NZG 2002, 657, 660). Wurden jedoch iR eines bedingten Kaps bereits Bezugsaktien ausgegeben, ist wegen § 200 das mit der Aktienausgabe erhöhte Grundkap entscheidend (*Trapp* AG 1997, 115, 116). Innerhalb der 10 %-Grenze wird vermutet, dass den Aktionären keine schweren Nachteile widerfahren. Daher ist ein sog **Vorratsbeschluss** unzulässig, der den Vorstand ermächtigen soll, von einem die 10 %-Grenze übersteigenden Erhöhungsbetrag stufenweise Gebrauch zu machen, sodass die einzelne Erhöhungstranche die 10%-Grenze nicht übersteigt (*OLG München* AG 1996, 518; MünchKomm AktG/*Peifer* Rn 86). Dagegen ist ein **wiederholte Inanspruchnahme** des vereinfachten Bezugsrechtsausschlusses nicht von Sinn und Zweck der Regelung ausgeschlossen, soweit die Grenze zum Missbrauch nicht überschritten wird (MünchHdb AG/*Kraft/Krieger* § 56 Rn 88). Eine jährliche Ausnutzung wird grds zulässig sein (KölnKomm AktG/*Lutter* Nachtrag § 186 Rn 9). Bei einem Zusammentreffen mit parallelen Ermächtigungen nach § 71 Abs 1 Nr 8 S 5 oder § 221 Abs 4 S 2, jeweils iVm § 186 Abs 3 S 4, darf die 10 %-Grenze insgesamt nur einmal ausgenutzt werden. Dies ist durch eine entspr **Anrechnungsklausel** sicherzustellen (Marsch-Barner/Schäfer Hdb AG/*Busch* § 43 Rn 22; Hölters AktG/*von Dryander/Niggemann* Rn 84). 33

Aus der Bezugnahme auf den Börsenpreis folgt, dass **nur börsennotierte AGs** einen vereinfachten Bezugsrechtsausschluss durchführen können. Bei einem **going public** kann Abs 3 S 4 deshalb nicht angewendet werden. Die Aktien müssen also zum amtli- 34 chen Handel gem §§ 30 ff BörsG, zum geregelten Markt gem §§ 49 ff BörsG oder zum Freiverkehr gem § 57 BörsG zugelassen sein (*Marsch-Barner* AG 1994, 532, 533; MünchKomm AktG/*Peifer* Rn 87). Entscheidend sind nur die Aktien der Gattung, um deren Ausgabe des geht (*Hüffer* AktG Rn 39c). Auf die Ausgabe bislang nicht börsennotierten Aktiengattungen ist Abs 3 S 4 nicht anwendbar (*Marsch-Barner* AG 1994, 532, 536). Ausreichend ist die Zulassung an einer ausländischen Börse (§ 121 Abs 5 S 2 e contrario *Marsch-Barner* AG 1994, 533; MünchHdb AG/*Kraft/Krieger* § 56 Rn 90; aA *Hüffer* AktG Rn 39c; GroßKomm AktG/*Wiedemann* Rn 153). Der Ausgabebetrag der neuen Aktien darf den Börsenpreis nicht wesentlich unterschreiten. Eine Unterschreitung um **drei (Regelabschlag) bis fünf (Obergrenze) Prozentpunkte** ist wesentlich (**hM** MünchKomm AktG/*Peifer* Rn 87 mwN; BT-Drucks 12/7848 S 9; **aA** *Hüffer* AktG Rn 39d: keine starren Grenzen).

35 Das Gesetz regelt nicht, auf welchen Börsenkurs abzustellen ist. In zeitlicher Hinsicht ist der **Börsenkurs am Tag der HV** maßgebend, in der der Ausgabebetrag festgesetzt wird (*Marsch-Barner* AG 1994, 532, 537; *Trapp* AG 1997, 115, 121; **aA** MünchKomm AktG/*Peifer* Rn 87 und *Hüffer* AktG Rn 39d: jeweils Durchschnittskurs). Setzt die HV im Erhöhungsbeschl nur Mindest- und/oder Höchstbetrag fest, ist der Börsenkurs am Tag der Festlegung des Ausgabebetrages durch den Vorstand entscheidend (*Marsch-Barner* AG 1994, 532, 537). Bei Mehrfachnotierungen oder Abweichungen der verschiedenen Tageskurse ist nicht ein Kurs alleine maßgebend. Vielmehr kommt es auf das Spektrum der Börsenpreise (sog **Preisniveau**) an. Hierbei besteht ein unternehmerischer Ermessensspielraum: Es kann ein Durchschnittspreis aller Tageskurse gebildet oder nur der XETRA-Kurs zum Zeitpunkt der Preisfestsetzung herangezogen werden (*von Oppen/Menhart/Holst* WM 2011, 1835, 1839 f; *Marsch-Barner* AG 1994 532, 536). Bei volatilen Kursen ist eine Durchschnittsbetrachtung angebracht (Marsch-Barner/Schäfer Hdb AG/*Busch* § 42 Rn 87).

36 **cc) Rechtsfolgen.** Liegen die gesetzlichen Voraussetzungen vor, ist der Bezugsrechtsausschluss durch die **widerlegliche Vermutung** des Abs 3 S 4 sachlich gerechtfertigt (MünchKomm AktG/*Peifer* Rn 88; GroßKomm AktG/*Wiedemann* Rn 150; aA MünchHdb AG/*Kraft/Krieger* Rn 92 Fiktion). Eine Anfechtung nach § 243 Abs 1 wegen Verletzung des Verhältnismäßigkeitsgrundsatzes wird danach regelmäßig scheitern, es sei denn, die Vermutung kann widerlegt werden. Eine Anfechtung nach § 255 Abs 2 mit der Begründung, der Ausgabepreis sei unangemessen niedrig, wird idR ebenfalls nicht durchgreifen, weil sich der Ausgabepreis nach Abs 3 S 4 am Börsenkurs orientiert. Diese Vermutung kann aber widerlegt werden, wenn der Börsenpreis den inneren Aktienwert deutlich verfehlt und Verwässerung droht. Eine Anfechtungsklage könnte dann auf § 255 Abs 2 wegen unangemessenen Ausgabebetrags gestützt werden (*Hüffer* AktG Rn 39e; MünchKomm AktG/*Peifer* Rn 88). Eine solche Rechtsfolge würde aber dem Abs 3 S 4 verfolgten Regelungszweck widersprechen (vgl *Busch* AG 1999, 58, 59; MünchHdb AG/*Kraft/Krieger* § 56 Rn 92; *Ihrig* FS Happ S 109, 113 ff; *LG München I* AG 2005, 169, 170). Die Vermutung einer sachlichen Rechtfertigung in Abs 3 S 4 ist insb bei **Rechtsmissbrauch** widerlegbar. Ein solcher liegt idR vor, wenn die KapErhöhung nicht der Finanzierung, sondern allein der Änderung der Beteiligungsverhältnisse dient (vgl *Seibt* CF law 2011, 74,82). Unter dem Gesichtspunkt der sachlichen Rechtfertigung können eine häufige Ausnutzung des vereinfachten Bezugsrechtsausschlusses (Rn 33), eine mangelhafte Aussagekraft des Börsenkurses bei Marktenge, ein Bezugsrechtsausschluss zu Lasten einflussgewährender Beteiligungsquoten sowie das Fehlen einer Zukaufsmöglichkeit über die Börse oder eine Zukaufsmöglichkeit nur zu übersteigerten Kursen problematisch sein (*Hüffer* AktG Rn 39g mwN). Eine Anfechtung aus anderen, nicht die sachliche Rechtfertigung bereffenden Gründen, bleibt unbenommen.

dd) Vorstandsbericht. Auch bei einem vereinfachten Bezugsrechtsausschluss hat der Vorstand einen Bericht gem Abs 4 S 2 zugänglich zu machen. Darin sind nur die gesetzlichen Voraussetzungen des Abs 3 S 4 darzulegen. Die Angemessenheit des Ausschlusses ist schon von Gesetzes wegen gegeben (MünchHdb AG/*Kraft/Krieger* § 56 Rn 98). Zunächst ist das mit dem Ausschluss verfolgte Gesellschaftsinteresse an einem optimalen Erlös darzulegen (*LG München I* AG 1996, 138, 139; MünchHdb AG/*Kraft/Krieger* § 56 Rn 98). Zur Begründung des vorgeschlagenen Ausgabekurses sind dabei Angaben über den maximalen Abschlag vom Börsenkurs zu machen. Im Allgemeinen genügt es dafür, wenn auf die im Bericht des Rechtsausschusses genannte Quote von 3 % bis maximal 5 % hingewiesen wird (MünchHdb AG/*Kraft/ Krieger* § 56 Rn 98; *Hoffmann-Becking* ZIP 1995, 1, 9; *Trapp* AG 1997, 115, 120; **aA** *Hüffer* AktG Rn 39f; MünchKomm AktG/*Peifer* Rn 89 mwN). In problematischen Fällen sollte der Vorstand näher auf die konkreten Umstände eingehen. 37

f) Einzelfälle. – aa) Sacherhöhung. Bei einer SachKapErhöhung wird das Interesse der Gesellschaft am Bezugsrechtsausschluss darin bestehen, dass sie ein **konkretes Interesse am Erwerb der Sacheinlage** hat (*BGH* NJW 1978, 1316 – *Kali+Salz*; *Hüffer* AktG Rn 34). Sacheinlage spielt insb beim Erwerb von Unternehmen oder Unternehmensbeteiligungen eine Rolle, die gegen Erwerb von Aktien eingebracht werden. Die Erforderlichkeit des Bezugsrechtsausschlusses kann entfallen, wenn der konkrete Gegenstand auch durch Kaufvertrag zu vergleichbaren Bedingungen erworben werden kann (MünchKomm AktG/*Peifer* Rn 90). IRd Verhältnismäßigkeit ist bei der Sacheinlage eines Altaktionärs zu erwägen, ob auch eine **gemischte Bar-/SachKapErhöhung** durchgeführt werden kann (KölnKomm AktG/*Lutter* Rn 79; *Hüffer* AktG Rn 34; vgl auch *OLG Jena* NZG 2007, 147; zur Verbindung mit einer wahlweisen Sachkapitalerhöhung *Burg/Marx* CF law 2010, 364, 366). Die Anforderungen an die Rechtfertigung des Bezugsrechtsausschl in Bezug auf die Sacheinlage sind dann geringer, weil die Altaktionäre durch das BarbezugsR geschützt sind (Spindler/Stilz AktG/ *Servatius* Rn 63). Sollen Aktien gegen **Einlage von Forderungen** gegen die AG ausgegeben werden, ist dies gem § 27 eine Sacheinlage (s Rn 6 zu § 183). Zu begründen ist dann, warum sich die AG nicht durch BarKapErhöhung die zur Erfüllung dieser Forderungen erforderlichen Mittel beschafft (MünchKomm AktG/*Peifer* § 183 Rn 39). Die Rechtfertigung kann darin liegen, dass Gläubiger einen Sanierungsbeitrag durch Einbringung ihrer Forderungen leisten wollen (*Hüffer* AktG Rn 35; s dazu auch § 183 Rn 6). 38

bb) Barerhöhung. Bei einer BarKapErhöhung wird ein Bezugsrechtsausschluss nur ausnahmsweise sachlich gerechtfertigt sein. Für das Finanzierungsinteresse der AG ist es dabei unerheblich, von wem die Bareinlage geleistet wird (**allgM** KölnKomm AktG/*Lutter* Rn 65). Ein Teilausschluss für **Spitzenbeträge** ist zulässig, wenn sich wegen eines überschüssigen Betrages kein glattes und vernünftiges Bezugsverhältnis ergibt (vgl KölnKomm AktG/*Lutter* Rn 66). Das vorsätzliche Anstreben von freien Spitzen ist aber unzulässig (MünchKomm AktG/*Peifer* Rn 91). Ein Ausschluss des Bezugsrechts ist auch zur Ausnutzung einer **Mehrzuteilungsoption** (Greenshoe) zum 39

Marsch-Barner 1535

Zwecke der Kursstabilisierung bei einem Börsengang zulässig (*BGH* ZIP 2009, 913 914f; *KG* ZIP 2007, 1660, 1663 zum gen Kap).

40 cc) Mitarbeiterbeteiligung. Sollen Mitarbeiteraktien ausgegeben werden, kann sich aus dem damit verfolgten Zweck eine sachliche Rechtfertigung der KapErhöhung ergeben (*BGH* NJW 2000, 2356). Eine Begründung ist aber weiterhin erforderlich. Auch die Ausgabe solcher Aktien muss im Interesse der Gesellschaft liegen (*Hüffer* AktG Rn 29). Grds sind aber an die sachliche Rechtfertigung bei Mitarbeiteraktien keine hohen Anforderungen zu stellen, da das Gesetz die Ausgabe solcher Aktien fördert (vgl §§ 202 Abs 4, 203 Abs 4, 204 Abs 3 und 205 Abs 5). **Aktienoptionspläne** verfolgen vorrangig allerdings eine zusätzliche Vergütung für die begünstigten Mitarbeiter und evtl auch Vorstandsmitglieder. Hier muss zusätzlich begründet werden, warum das Aktienoptionsprogramm im Interesse der Gesellschaft liegt (*OLG Schleswig* NZG 2003, 177, 181; MünchKomm AktG/*Peifer* Rn 92). Solche Aktienoptionspläne werden idR allerdings mit einem bedingtes Kap unterlegt (vgl §§ 192 Abs 2 Nr 3, 193 Abs 2 Nr 4).

41 dd) Bedienung von Wandel- und Optionsanleihen. Aktien zur **Bedienung von Wandel- und Optionsanleihen** gem § 221 können sowohl durch bedingtes Kap (§ 192 Abs 2 Nr 1) als auch durch eine ordentliche KapErhöhung geschaffen werden. Für den erforderlichen Bezugsrechtsausschluss ist die Feststellung ausreichend, dass die Aktien zur Bedienung der Bezugsrechte eingesetzt werden. Denn über § 221 Abs 4 haben die Aktionäre ein Bezugsrecht an den Wandelschuldverschreibungen (MünchKomm AktG/*Peifer* Rn 93; *Hüffer* AktG Rn 30).

42 ee) Ausgabe mehrerer Aktiengattungen. Bestehen bereits mehrere Aktiengattungen (§ 11) und sollen durch die KapErhöhung neue Aktien dieser Gattungen ausgegeben werden, ist zu klären, ob ein Gattungs- oder Mischbezugsrecht (vgl auch Rn 7) besteht. Sollen die neuen Aktien im Verhältnis der bisherigen Gattungen geschaffen werden, haben die Aktionäre grds nur ein Bezugsrecht auf Aktien der Gattung, die sie bereits halten **(gattungsbezogenes Bezugsrechts)**. Ein Ausschluss des Bezugsrechts auf die Aktien der anderen, nicht gehaltenen Gattung ist deshalb nicht erforderlich (MünchKomm AktG/*Peifer* Rn 94; MünchHdb AG/*Kraft/Krieger* § 56 Rn 67; **aA** *Hüffer* AktG Rn 30; KölnKomm AktG/*Lutter* Rn 175). Werden die neuen Aktien nicht im Verhältnis der bisherigen Gattungen geschaffen, haben die Aktionäre für den die verhältnismäßige Erhöhung übersteigenden Teil ein Bezugsrecht auf Aktien jeder Gattung (**gemischtes Bezugsrecht**; MünchKomm AktG/*Peifer* Rn 27; GroßKomm AktG/*Wiedemann* Rn 70; *Frey/Hirte* DB 1989, 2465, 2467). Zur Vermeidung rechtlicher Zweifel empfiehlt es sich dabei, im Erhöhungsbeschl vorsorglich das Bezugsrecht auf Aktien der anderen Gattung auszuschließen (MünchHdb AG/*Kraft/Krieger* § 56 Rn 67). Ein solcher **gekreuzter Bezugsrechtsausschluss** ist wegen des in § 216 verkörperten Rechtsgedanken ohne weiteres zulässig, sofern gewährleistet ist, dass die unterproportional berücksichtigte Aktiengattung ein Bezugsrecht auf Aktien der überproportional berücksichtigten Aktiengattung hinsichtlich des Spitzenbetrags hat (*Hüffer* AktG Rn 30; MünchKomm AktG/ *Peifer* Rn 94; *Rittig* NZG 2012, 1292, 1294; *LG München* WM 1992, 1151, 1154; enger *LG Tübingen* AG 1991, 406, 407 f). Auch eine **Höchstbetragskapitalerhöhung** ist mit gekreuztem Bezugsrechtsausschluss möglich, da die Gesellschaft nicht zur Durchführung einer verhältniswahrenden Kapitalerhöhung verpflichtet ist, sondern nur zu einem dahingehenden Angebot (*Rittig* NZG 2012, 1292, 1295 f).

Bezugsrecht § 186

ff) Sonstige Rechtfertigungsgründe. Ein Bezugsrechtsausschluss kann auch dadurch 43 gerechtfertigt sein, dass die AG auf diese Weise einen **höheren Ausgabekurs** der neuen Aktien erzielt. Es müssen dann aber **konkrete Anhaltspunkte** dafür vorliegen, dass die Aktionäre diesen höheren Ausgabebetrag nicht zahlen (MünchKomm AktG/ *Peifer* Rn 95; **aA** *Hüffer* AktG Rn 33). In einer **Sanierungssituation** kann die Rechtfertigung darin bestehen, dass der Investor eine finanzielle Unterstützung nur gegen Ausgabe von Aktien leisten will (*Hüffer* AktG Rn 31; KölnKomm AktG/*Lutter* Rn 70). Keine ausreichende sachliche Rechtfertigung liegt dagegen vor, wenn der Bezugsrechtsausschluss zunächst zur Eingliederungsmehrheit gem § 320 Abs 1 führt und die notwendige Kapitalbeschaffungsmaßnahme erst danach erfolgen soll (*LG München* WM 1995, 715, 717).

Ein Ausschluss des Bezugsrechts kann auch zum Zweck der **Börseneinführung** 44 gerechtfertigt sein, wenn die nach § 9 BörsZulV erforderlichen Aktienanzahl und Stückelung nicht anders beschafft werden können. Bei grds Interesse der AG an einer langfristigen Finanzierung am Kapitalmarkt ist der Ausschluss regelmäßig sachlich gerechtfertigt (MünchKomm AktG/*Peifer* Rn 96; MünchHdb AG/*Kraft/Krieger* § 56 Rn 81; *Hüffer* AktG Rn 31; GroßKomm AktG/*Wiedemann* Rn 159 jedoch mit Austrittsrecht gegen Barabfindung bei Ersteinführung). Auch zur Platzierung von Aktien an einer **ausländischen Börse** kann ein Bezugsrechtsausschluss gerechtfertigt sein (*BGH* NJW 1994, 1410, 1411 Deutsche Bank; MünchKomm AktG/*Peifer* Rn 31; GroßKomm AktG/*Wiedemann* Rn 160).

Strebt die AG eine Geschäftsverbindung mit einem anderen Unternehmen an, kann 45 ein Bezugsrechtsausschluss gerechtfertigt sein, wenn die Zusammenarbeit von der **Beteiligung an der AG** abhängig gemacht wird (*BGH* NJW 1982, 2444, 2446; *Hüffer* AktG Rn 31). Gegeneinander abzuwägen sind auch hier das Interesse der AG an der Kooperation und die Aktionärsinteressen (MünchKomm AktG/*Pfeifer* Rn 97). Dabei sind bes hohe Anforderungen zu stellen, wenn die Beteiligung zu einer Abhängigkeit der AG führt (KölnKomm AktG/*Lutter* Rn 82 u 71).

Ein Bezugsrechtsausschluss kann auch dazu dienen, eine Beteiligung zu verhindern 46 oder zu reduzieren. Ob ein Bezugsrechtsausschluss zu einem solchen Zweck sachlich gerechtfertigt ist, hängt davon ab, ob es nur um die Abwehr einer unerwünschten Beteiligung geht oder ob die AG vor feindlichem unternehmerischen Verhalten geschützt werden soll. Da die AG idR kein berechtigtes Interesse an einer konkreten Beteiligungsstruktur hat, ist ein Bezugsrechtsausschluss zur Abwehr einer **Überfremdungsgefahr** durch unerwünschte Aktionäre regelmäßig nicht gerechtfertigt (MünchKomm AktG/*Peifer* Rn 98; *Hüffer* AktG Rn 32 mwN; **aA** GroßKomm AktG/*Wiedemann* Rn 164). Beabsichtigt ein Aktionär dagegen, die AG zu **schädigen** oder **aufzulösen**, was uU schwer nachzuweisen ist, kann zur Verteidigung der Selbstständigkeit und Unabhängigkeit der AG ein Bezugsrechtsausschluss gerechtfertigt sein (vgl *BGHZ* 33, 175, 186 – Minimax II; MünchKomm AktG/*Peifer* Rn 98; **aA** KölnKomm AktG/*Lutter* Rn 75; *Hirte* ZIP 1989, 1233, 1238). Zur Abwehr eines öffentlichen **Übernahme- oder Pflichtangebotes** (§§ 29, 35 WpÜG) ist ein Bezugsrechtsausschluss dagegen nicht ohne weiteres gerechtfertigt, da die Entscheidung über das Angebot nach den Sonderregeln des WpÜG in erster Linie bei den Aktionären liegt (MünchKomm AktG/*Peifer* Rn 96; MünchHdb AG/*Kraft/Krieger* § 56 Rn 84).

47 **g) Gerichtliche Kontrolle der sachlichen Rechtfertigung.** Bei Überprüfung der sachlichen Rechtfertigung eines Bezugsrechtsausschlusses hat das Gericht eine **ex-ante-Betrachtung** zugrunde zulegen. Die an der Entscheidung beteiligten Organe müssen nach dem Bild, wie es sich zur Zeit der Beschlussfassung darbot, aufgrund einer sorgfältigen, von gesellschaftsfremden Erwägungen freien Abwägung davon ausgegangen sein, dass der Ausschluss zum Besten der AG und damit der Aktionäre erfolgt (*BGH* NJW 1978, 1316, 1318 – Kali+Salz; vgl *Hüffer* AktG Rn 36 mwN). Dabei hat der Vorstand ein im Kern nicht nachprüfbares Beurteilungsermessen (MünchKomm AktG/ *Peifer* Rn 73; *Martens* ZIP 1994, 669, 670). Die Bewertung der einzelnen Umstände und Kriterien ist eine Prognoseentscheidung iR unternehmerischen Ermessens. Der gerichtlichen Kontrolle zugänglich ist dagegen, ob die zugrunde gelegten Tatsachen vorlagen und vollständig ermittelt wurden, ob sachfremde Erwägungen eingestellt wurden und ob alle wesentlichen Gesichtspunkte in die Rechtfertigung miteinbezogen wurden (*Hüffer* AktG Rn 36). Nachträglich bekannt gewordene Umstände sind nicht zu berücksichtigen (*BGH* NJW 1982, 2444 – Holzmann; *Hüffer* AktG Rn 36). Grundlage der gerichtlichen Überprüfung ist der **Bericht des Vorstands** gem Abs 2 S 2 (vgl Rn 24 ff). Da der Bericht vollständig sein muss, können darin nicht enthaltene Gründe nicht berücksichtigt werden. Die angeführten Gründe können aber erläutert und vertieft werden (*OLG Celle* AG 2002, 292; *Hüffer* AktG Rn 37). Darin liegt noch kein Indiz für eine Unvollständigkeit des Berichts (Spindler/Stilz AktG/*Servatius* Rn 52).

48 Das Bezugsrecht der Aktionäre ist der gesetzliche Regelfall. Will die AG das Bezugsrecht ausschließen, trägt sie im Prozess die **Darlegungs- und Beweislast**, dass der Ausschluss formell ordnungsgemäß und materiell sachlich gerechtfertigt war (hLit *Hüffer* AktG Rn 38; GroßKomm AktG/*Wiedemann* Rn 188; MünchKomm AktG/*Peifer* Rn 81 mwN; **aA Rspr** *BGH* NJW 1978, 1316 – Kali+Salz; *BGH* NJW 1983, 687; *BGH* NJW-RR 1986, 60: Kläger trifft Darlegungs- und Beweislast, AG muss substantiiert bestreiten, um Geständnisfiktion des § 138 Abs 3 ZPO zu verhindern; zust *Bezzenberger* ZIP 2002, 1917, 1927). Die AG hat also das Gesellschaftsinteresse und alle übrigen Umstände darzulegen, die den Bezugsrechtsausschluss gerechtfertigt haben sollen (MünchKomm AktG/*Peifer* Rn 81). Nur beim vereinfachten Bezugsrechtsausschluss ist es Sache des Klägers, die Anfechtungsgründe darzulegen und zu beweisen (MünchHdb AG/*Kraft/Krieger* § 56 Rn 101).

49 **4. Teilausschluss.** Von Abs 3, 4 ist auch der Fall erfasst, dass nur für einen Teil des Erhöhungsbetrages das Bezugsrecht ausgeschlossen wird und iÜ das gesetzliche Bezugsrecht erhalten bleibt. Hauptfall ist das Entstehen freier Spitzen aufgrund des Bezugsverhältnisses (*Hüffer* AktG Rn 39). Ein Teilausschluss kann sich wegen § 53a dagegen grds nicht auf einzelne Aktionäre oder Aktionärsgruppen beziehen, da die Machtposition der nicht ausgeschlossenen Aktionäre in der Gesellschaft auf Kosten der gesetzlichen Minderheitenrechte der ausgeschlossenen Aktionäre ausgebaut werden könnte. Die Bevorzugung eines Aktionärs oder einer Aktionärsgruppe darf somit nicht willkürlich sein, sondern muss im Interesse der Gesellschaft liegen und sachlich begründet sein (*Goette* ZGR 2012, 505, 516; *Hüffer* Rn 39g; K. Schmidt/Lutter AktG/ *Veil* Rn 44; Spindler/Stilz AktG/*Servatius* Rn 61). Im Einzelfall kann eine Beschränkung des Bezugsrechts auch auf eine Aktiengattung gerechtfertigt sein, bspw wenn neue Gattungsaktien nur an die entspr Inhaber der Altaktien ausgegeben werden sollen (**hM** *BGH* NJW 1961, 26; *Trölitzsch* DB 1993, 1457).

5. Folgen des Bezugsrechtsausschlusses. Infolge des Ausschlusses der Altaktionäre 50 hat der Vorstand für die AG mit Dritten Zeichnungsverträge zu schließen. Bei der Auswahl der Zeichner hat er den Zweck des Bezugsrechtsausschlusses zu beachten (insb bei SachKapErhöhungen, Arbeitnehmeraktien). Aus dem Erhöhungsbeschl können sich weitere Vorgaben betreffend die Auswahl der künftigen Aktionäre ergeben. IÜ ist der Vorstand in seiner Auswahl frei. Vorrangig sind aber Altaktionäre unter Beachtung des Gleichbehandlungsgrundsatzes, § 53a, zu bedienen (MünchKomm AktG/*Peifer* Rn 101). Kann der mit dem Bezugsrechtsausschluss verfolgte Zweck nicht erreicht werden, sind die neuen Aktien unter Beachtung des Abs 1 und 2 den Altaktionären zum Bezug anzubieten (*Hüffer* AktG Rn 40 mwN). Bei der Festlegung des Ausgabebetrages der neuen Aktien ist § 255 Abs 2 zu beachten (vgl Rn 26). Überlässt die HV die konkrete Festsetzung dem Vorstand, muss unter Beachtung der vorgegebenen Grenzen der höchstmögliche Ausgabebetrag festgelegt werden (*Hüffer* AktG Rn 41).

6. Fehlerhafter Bezugsrechtsausschluss. Da Erhöhungsbeschl und Bezugsrechtsaus- 51 schluss eine **untrennbare Einheit** darstellen, begründet die Nichtigkeit oder Anfechtbarkeit des Bezugsrechtsausschlusses zugleich auch die Nichtigkeit oder Anfechtbarkeit des Erhöhungsbeschl. Eine Klage muss sich deshalb auch gegen den Erhöhungsbeschl richten, eine **Teilanfechtung** ist wegen Unzulässigkeit abzuweisen (MünchKomm AktG/*Pfeifer* Rn 60, 102 ff). Die Fehlerhaftigkeit des Ausschlussbeschlusses kann zur Unwirksamkeit, Nichtigkeit oder Anfechtbarkeit führen. **Unwirksamkeit** liegt zB vor, wenn der Beschl nicht zusammen mit dem Erhöhungsbeschl getroffen wurde, § 186 Abs 3 S 1 (MünchKomm AktG/*Peifer* Rn 102). **Nichtigkeit** kann sich aus einem Verstoß gegen § 241 Nr 3 und Nr 4 ergeben. Der Verstoß kann beim Erhöhungsbeschl oder beim Bezugsrechtsausschluss liegen, wegen der untrennbaren Einheit beider erstreckt sich die Nichtigkeit auch auf den jeweils anderen Beschl (MünchKomm AktG/*Peifer* Rn 103). Die **Anfechtbarkeit** des Bezugsrechtsausschlusses kann sich aus einer Gesetzesverletzung gem § 243 Abs 1 ergeben. Hier kommen insb eine Verletzung der Bekanntmachungsvorschrift (§ 186 Abs 4 S 1) sowie Fehlen oder Unvollständigkeit des Vorstandsberichts (§ 186 Abs 4 S 2) in Betracht. Eine kausale Verbindung zwischen dem Verstoß gegen § 186 Abs 4 S 2 und dem Beschl über den Bezugsrechtsausschluss ist nicht erforderlich (*Hüffer* AktG Rn 42; vgl Rn 47). Anfechtung kann auch auf fehlende sachliche Rechtfertigung gestützt werden (vgl Rn 47). Schließlich kann nach § 255 Abs 2 angefochten werden, wenn der Ausgabebetrag unangemessen niedrig festgesetzt wurde (*Hüffer* AktG Rn 42; vgl aber Rn 36 zum vereinfachten Bezugsrechtsausschluss). Enthält der Erhöhungsbeschl Bestimmungen, die **faktisch** zu einem Bezugsrechtsausschluss führen, ist er ebenfalls anfechtbar (vgl Rn 4; *Hüffer* AktG Rn 43).

V. Mittelbares Bezugsrecht (Abs 5)

1. Praktische Bedeutung der Regelung. Das mittelbare Bezugsrecht stellt in der Pra- 52 xis den Regelfall für die Durchführung einer KapErhöhung mit Bezugsrecht dar. Die neuen Aktien werden dabei von der AG nicht unmittelbar an die Aktionäre, sondern an ein Emissionsunternehmen (dazu Rn 54) ausgegeben. Das Emissionsunternehmen verpflichtet sich, den gesamten Erhöhungsbetrag zu zeichnen und sodann die neuen Aktien den Aktionären entspr § 186 Abs 1 S 1 zum Bezug anzubieten (*Hüffer* AktG Rn 44). In diesem Vorgehen liegt ein Ausschluss des gesetzlichen Bezugsrechts. Da die Aktionäre die neuen Aktien jedoch mittelbar erwerben können, fingiert § 186 Abs 5

S 1, dass die Zwischenschaltung des Emissionsunternehmens materiell keinen Bezugsrechtsausschluss darstellt. Auch eine „bis zu"-KapErhöhung (s dazu § 182 Rn 18) kann im Wege des mittelbaren Bezugsrechts durchgeführt werden (*Seibt/Vogt* AG 2009, 133, 136; K. Schmidt/Lutter AktG/*Veil* Rn 45; Spindler/Stilz AktG/*Servatius* Rn 67; **aA** *Herfs* in Habersack/Mülbert/Schlitt, § 4 Rn 10, 60)

53 **2. Voraussetzungen. – a) Festsetzung im Erhöhungsbeschl.** Die HV hat das mittelbare Bezugsrecht im Erhöhungsbeschl festzusetzen und hierdurch das reguläre Bezugsrecht auszuschließen (*Hüffer* AktG Rn 45). Die Erfordernisse nach Abs 3 und 4 brauchen nicht beachtet zu werden. Das mittelbare Bezugsrecht kann sich auch nur auf einen Teil des Erhöhungsbetrages beziehen (MünchKomm AktG/*Peifer* Rn 106). Es kann sowohl mit einem regulären Bezugsrecht gem Abs 1 als auch mit einem Bezugsrechtausschluss gem Abs 3 und 4 kombiniert werden.

54 **b) Emissionsunternehmen.** Bei dem zwischengeschalteten Emissionsunternehmen muss es sich um ein Unternehmen handeln, das der Aufsicht durch die BaFin nach § 6 KWG unterliegt. Dies sind zunächst Kreditinstitute iSd §§ 1 Abs 1, 2 Abs 1 KWG sowie Unternehmen iSv §§ 53 Abs 1 S 1 und 53b Abs 1 S 1, Abs 7 KWG. Kein zulässiges Emissionsunternehmen sind die Deutsche Bundesbank oder die KfW sowie Finanzdienstleistungsinstitute und Finanzunternehmen nach §§ 1 Abs 1a, Abs 3 KWG. Diese Emissionsunternehmen können einzeln oder als Konsortium handeln, solange jeder Konsorte ein Emissionsunternehmen ist (MünchKomm AktG/*Peifer* Rn 107). Eine solches Konsortium ist regelmäßig eine GbR (vgl *BGH* NJW 2001, 1056). Soll das mittelbare Bezugsrecht durch ein sonstiges Unternehmen, einen Aktionär oder einen Dritten ausgeführt werden, ist der Erhöhungsbeschl anfechtbar (*OLG Koblenz* NZG 1998, 552, 553; MünchKomm AktG/*Peifer* Rn 107; vgl Rn 63).

55 **c) Verpflichtung zugunsten der Aktionäre.** Der **Erhöhungsbeschl** muss festsetzen, dass dem Emissionsunternehmen die **Verpflichtung** auferlegt wird, die Aktien den Aktionären zum Bezug anzubieten, Abs 5 S 1 letzter HS. Diese Verpflichtung ist dem Emissionsunternehmen vertraglich aufzuerlegen. Der entspr Vertrag mit dem Emissionsunternehmen ist spätestens gleichzeitig mit den Zeichnungsverträgen abzuschließen (*Hüffer* AktG Rn 47). Der Vertrag ist als **Vertrag zugunsten Dritter** (der Aktionäre) gem § 328 BGB auszugestalten, damit die Aktionäre ein unmittelbares Bezugsrecht gegen das Emissionsunternehmen erhalten (**allgM** MünchKomm AktG/*Pfeifer* Rn 108; *Hüffer* AktG Rn 47; *BGH* NJW 1993, 1982; *OLG Düsseldorf* AG 2001, 51, 52f). Der Vertrag muss sich auf alle neuen Aktien erstrecken, die sonst über das gesetzliche Bezugsrecht gem Abs 1 S 1 hätten bezogen werden können. Zudem muss jedem Aktionär eine Bezugsmöglichkeit entspr seinem gesetzlichen Bezugsrecht eingeräumt werden. Das Emissionsunternehmen ist außerdem zu einem unverzüglichen Anbieten der Aktien zu verpflichten (MünchKomm AktG/*Peifer* Rn 108). Eine absichtliche Verzögerung der Weitergabe lässt die Privilegierung durch Abs 5 entfallen und bewirkt einen teilweisen Bezugsrechtsausschluss (*Hüffer* AktG Rn 47). Zum weiteren Vertragsinhalt vgl Rn 58.

56 Der **Erhöhungsbeschl** kann den vom Emissionsunternehmen zu zahlenden **Ausgabekurs** und den von den Aktionären zu zahlenden **Bezugspreis** festsetzen (MünchKomm AktG/*Peifer* Rn 109). Unterbleiben diese Festsetzungen, ist der Vorstand zuständig. Der **Bezugskurs** kann über dem vom Emissionsunternehmen zu zahlenden Ausgabekurs festgelegt werden (*Hüffer* AktG Rn 48). Die **Differenz** zwischen Bezugspreis und

Ausgabekurs darf aber ein angemessenes Entgelt für die Dienstleistung des Emissionsunternehmens nicht überschreiten (MünchKomm AktG/*Peifer* Rn 109). Hat sich das Emissionsunternehmen dazu verpflichtet, den über ein angemessenes Entgelt hinausgehenden Mehrerlös an die AG zurückzuführen, ist aber eine höhere Differenz zulässig (*Hüffer* AktG Rn 48). Dieser Betrag ist dann in die Kapitalrücklage einzustellen (MünchKomm AktG/*Peifer* Rn 109). Regelmäßig wird das Emissionsunternehmen von der HV bestimmt. Die Auswahl kann aber auch dem Vorstand überlassen werden (*Hüffer* AktG Rn 49; Spindler/Stilz AktG/*Servatius* Rn 68).

3. Durchführung des mittelbaren Bezugsrechts. – a) Durchführung der KapErhöhung Zur Durchführung der KapErhöhung hat die AG mit dem Emissionsunternehmen Zeichnungsverträge gem § 185 zu schließen. Das Emissionsunternehmen verpflichtet sich damit zur Leistung der Mindesteinlagen und eines etwaigen Aufgeldes (§ 188 Abs 2). Die 25 % Mindesteinlage berechnet sich nach dem mit der AG vereinbarten Ausgabekurs und nicht nach dem von den Aktionären zu zahlenden höheren Bezugspreis. Sie muss der AG zufließen und ihr auch verbleiben (vgl *BGH* NJW 1993, 1983; MünchKomm AktG/*Peifer* Rn 110). Die Durchführung der KapErhöhung kann erst nach der Einlageleistung ins HR eingetragen werden. Mit der Eintragung (§ 189 AktG) wird das Emissionsunternehmen Aktionär mit allen Rechten und Pflichten (MünchKomm AktG/*Peifer* Rn 110). Erst mit der Weitergabe der Aktien an die zum mittelbaren Bezug Berechtigten geht seine Aktionärsstellung unter. § 56 Abs 3 findet keine Anwendung, weil das Emissionsunternehmen nicht für Rechnung der AG tätig wird (KölnKomm AktG/*Lutter* Rn 116). 57

b) Vereinbarung zwischen Aktiengesellschaft und Emissionsunternehmen. Der Vertrag zwischen der AG und dem Emissionsunternehmen muss neben der Verpflichtung, die Aktien zum Bezug anzubieten (vgl Rn 55) auch den Bezugspreis für die Aktionäre festlegen. Dieser wird entweder von der HV im Erhöhungsbeschl oder vom Vorstand festgesetzt (vgl Rn 57). Mit dem Emissionsunternehmen ist insb auch eine **angemessene Vergütung** zu vereinbaren. Dabei handelt es sich um das Entgelt für eine banktypische Dienstleistung, das aus den laufenden Mitteln der Gesellschaft und nicht nur aus dem im Bezugspreis enthaltenen Agio bezahlt werden kann (**aA** *Hüffer* Rn 47 und Voraufl). Dies gilt jedenfalls dann, wenn das Emissionsunternehmen die Aktien nur vorübergehend als fremdnütziger Treuhänder und nicht auf Dauer selbst erwirbt (zur Rolle der Emissionsbank als Bezugsrechtsmittler *BGH* NJW 1992, 2222 – BuM III; *Schnorbus* AG 2004, 113 ff und *Parmentier* ZInsO 2008, 1 ff). In der Zahlung der Vergütung liegt auch keine verdeckte Sacheinlage (vgl *BGH* BB 2010, 658, 659 f – Eurobike). 58

c) Rechtsverhältnis zwischen Emissionsunternehmen und Aktionär. Aufgrund der Ausgestaltung als Vertrag zugunsten Dritter haben die Aktionäre einen klagbaren Anspruch auf den Bezug von Aktien, § 328 Abs 1 BGB (**allgM**; *OLG Düsseldorf* ZIP 2000, 2025, 2027; MünchKomm AktG/*Peifer* Rn 112 mwN). Mit Eintragung der Durchführung der KapErhöhung hat Emissionsunternehmen Vertragsangebote zum Abschluss von Kaufverträgen mit den Altaktionären abzugeben (*Hüffer* AktG Rn 51). Dieses Angebot wird spätestens mit Bek nach Abs 5 S 2 wirksam (MünchKomm AktG/*Peifer* Rn 112). Die Anzahl der zum Verkauf angebotenen Aktien muss sich nach der bisherigen Beteiligungsquote des einzelnen Aktionärs richten (MünchKomm AktG/*Peifer* Rn 112). An die Annahmeerklärung des Aktionärs können bestimmte Anforderungen gestellt werden, wie Schriftform, Berechtigungsnachweis 59 oder eine Annahmefrist nach § 148, 150 Abs 1 BGB (*Hüffer* AktG Rn 51). Mit der Annahme kommt ein Kaufvertrag zwischen dem Emissionsunternehmen und dem Aktionär zustande, §§ 433 ff BGB. Der Kaufpreis ist durch den Bezugspreis bereits festgelegt. §§ 54, 63 ff gelten nicht, da es sich nicht um eine Einlageschuld handelt (MünchKomm AktG/*Peifer* Rn 112). Bei Informationspflichtverletzung kommt ein Schadensersatzanspruch gegen das Emissionsunternehmen nach §§ 44 ff BörsG und § 13 VerkProspG in Betracht (MünchKomm AktG/*Peifer* Rn 113; ausf *Schäfer* ZIP 1991, 1557). Ein vorvertragliches Schuldverhältnis zwischen Emissionsunternehmen und Aktionär gem §§ 241 II, 311 II BGB besteht nicht (MünchKomm AktG/*Peifer* Rn 113; *OLG Düsseldorf* AG 1984, 188, 190; zweifelnd *Hüffer* AktG Rn 51).

60 **d) Bekanntmachung des Bezugsangebots.** Die AG hat durch den Vorstand das Bezugsangebot des Emissionsunternehmens gem § 186 Abs 5 S 2 bekanntzumachen. Diese Bek hat gem § 25 zumindest im elektronischen Bundesanzeiger zu erfolgen. Daneben kann die Bek auch auf die Internetseite der AG eingestellt werden, § 25 S 2. Die Bekanntgabe muss die Angabe nach Abs 2 S 1 enthalten, also entweder den konkret festgesetzten **Bezugspreis** oder die **Grundlagen seiner Festlegung**. Zudem sind alle **Bezugsbedingungen** (zB Bezugsverhältnis, verlangte Legitimation) aufzunehmen (MünchKomm AktG/*Peifer* Rn 114). Die Bestimmung einer **Bezugsfrist** ist fakultativ; eine festgesetzte Frist ist aber verbindlich (*OLG Karlsruhe* AG 2002, 91; *Hüffer* AktG Rn 52; aA *Schlitt/Seiler* WM 2003, 2175, 2179). Sie muss entspr Abs 1 S 2 mindestens zwei Wochen betragen. Werden nur die Grundlagen der Festlegung bekannt gegeben, muss der konkrete Bezugspreis spätestens drei (Kalender-)Tage vor Ablauf der Bezugsfrist in einer zweiten Bekanntmachung mitgeteilt werden (Abs 5 S 1, 1. HS). Diese Frist ist zwingend (*Hüffer* AktG Rn 52; *Schlitt/Seiler* WM 2003, 2175, 2179). Die zweite Bek ist neben dem elektronischen Bundesanzeiger über ein elektronisches Informationsmedium bekannt zu machen (Abs 2 S 2). Dafür bietet sich die Internetseite der AG an (*Hüffer* AktG Rn 52). Die Kosten der Bekanntmachung trägt die AG.

61 **e) Nichtausgeübte Bezugsrechte.** Soweit mittelbare Bezugsrechte nicht ausgeübt werden, ist das Emissionsunternehmen regelmäßig vertraglich verpflichtet, sie bestmöglich zu verwerten. Sie wachsen jedenfalls nicht den Aktionären an (*Hüffer* AktG Rn 53). Erfolgt die Verwertung zu einem höheren Preis als dem Bezugspreis, ist dieser Mehrerlös an die AG abzuführen (*BGH* NJW 1995, 2486). Bei der Verwertung hat das Emissionsunternehmen die gleichen Grundsätze zu beachten wie die AG beim gesetzlichen Bezugsrecht. Insb sind die Aktionäre gleich zu behandeln (*Hüffer* AktG Rn 53). Eine abweichende Vereinbarung zwischen AG und Emissionsunternehmen ist unwirksam. Das Emissionsunternehmen kann sich bei Verletzung dieser Grundsätze schadensersatzpflichtig machen (KölnKomm AktG/*Lutter* Rn 115).

62 **4. Übertragbarkeit des mittelbaren Bezugsrechts.** Wie der konkrete Bezugsanspruch gem Abs 1 S 1 kann auch der mittelbare Bezugsanspruch gegen das Emissionsunternehmen unabhängig von der Aktie gem §§ 398, 413 BGB übertragen werden. Der Anspruch ist auch verpfändbar, pfändbar und vererblich (*Hüffer* AktG Rn 54). Mit Abgabe des Vertragsangebots durch das Emissionsunternehmen erlangt der Aktionär eine Rechtsposition, über die ebenfalls verfügen kann (MünchKomm AktG/*Peifer* Rn 115). Ist die Ausübung des mittelbaren Bezugsrechts an einen Legitimationsnachweis in Form der Vorlage eines Gewinnanteilsscheins, handelt es sich bei diesem Schein um ein Inhaberpapier iSv § 793 BGB. Die Übertragung hat dann nach §§ 929 ff BGB zu erfolgen (MünchKomm AktG/*Peifer* Rn 115; **aA** *Hüffer* AktG Rn 54).

5. Nicht unter § 186 Abs 5 S 1 fallende Bezugsrechte. Wird das mittelbare Bezugs- 63
recht von einem Finanzdienstleister durchgeführt, der kein Emissionsunternehmen ist
(vgl Rn 55), liegt ein Bezugsrechtsausschluss vor, bei dem die formellen und materiellen Voraussetzungen der Abs 3 und 4 einzuhalten sind (*Hüffer* AktG Rn 55). Die
sachliche Rechtfertigung kann darauf beruhen, dass der Finanzdienstleister die gleiche
Bonität und Seriosität wie ein Emissionsunternehmen bietet und besondere Gründe
für seine Auswahl vorliegen (KölnKomm AktG/*Lutter* Rn 112). Zudem müssen die
weiteren Voraussetzungen des Abs 5 erfüllt sein, um die Bezugsmöglichkeiten der
Aktionäre zu sichern. Insb muss im Vertrag mit dem Finanzdienstleister den Aktionären gem § 328 BGB eine Anspruch auf Aktienerwerb eingeräumt werden. Die AG
bleibt verpflichtet, das Angebot gem Abs 5 S 2, 2. HS bekannt zu machen (MünchKomm AktG/*Peifer* Rn 116). Vgl dazu Rn 60.

VI. Bezugsrechtsausschluss im Konzern

§§ 182 gelten vom Wortlaut her nicht iR einer KapErhöhung bei einer von der AG 64
abhängigen oder unter ihrer Konzernleitung stehenden Tochtergesellschaft (§§ 17, 18
Abs 1). Obwohl eine KapMaßnahme Einfluss auf die **Beteiligungsstruktur im Konzern**
hat, besitzt nur die Muttergesellschaft, nicht hingegen ihre Aktionäre ein Bezugsrecht
(str vgl *Becker/Fett* WM 2001, 549, 554; *Hüffer* AktG Rn 5a mwN). Es besteht zudem
keine Pflicht der Muttergesellschaft, die bezogenen Aktien an ihre Aktionäre weiterzuleiten (*Hüffer* AktG Rn 8; MünchKomm AktG/*Peifer* Rn 117; aA *Martens* ZHR 147
(1983), 377, 413). Bei einer KapErhöhung mit Bezugsrechtsausschluss einer Tochtergesellschaft ist unmittelbar nur die Muttergesellschaft betroffen, die ihre Beteiligung
durch ihren Vorstand ausübt. Die Tochtergesellschaft hat iRd Prüfung der sachlichen
Rechtfertigung nur ihre Interessen zu wahren, das Konzerninteresse spielt keine Rolle
(MünchKomm AktG/*Peifer* Rn 118). Der Vorstand der Muttergesellschaft, der in der
HV der Tochter für die Muttergesellschaft als Aktionärin entscheidet, muss allerdings
bei **grundlegenden Entscheidungen** wiederum seine Aktionäre beteiligen (*BGH* NJW
1982, 1703 – Holzmüller). Solche grundlegenden Entscheidungen sind eine **KapErhöhung** bei einer durch Ausgliederung entstanden Tochtergesellschaft oder die Ausgliederung einer Tochtergesellschaft zum Zwecke eines **Börsengangs** (MünchKomm AktG/
Peifer Rn 118 mwN; aA *Becker/Fett* WM 2001, 549 ff). Soll eine **KapErhöhung mit
Bezugsrechtsausschluss** durchgeführt werden, müssen ebenfalls die Aktionäre der
grundlegenden Entscheidung des Vorstandes zustimmen (str *BGH* NJW 1982, 1703 –
Holzmüller; MünchKomm AktG/*Peifer* mwN; aA *Becker/Fett* WM 2001, 549, 553). Der
Zustimmungsbeschl ist von der HV der Muttergesellschaft unter Beachtung der Voraussetzungen von Abs 3 und 4 zu fassen (*Hüffer* AktG Rn 56 mwN; vgl *Kort* ZIP 2002, 685).
Sollen allerdings anstelle der Muttergesellschaft deren Aktionäre zum Bezug berechtigt
werden, ist **kein Zustimmungsbeschl** erforderlich, weil ihr Beteiligungswert nicht mehr
gefährdet ist und nun ihnen die Entscheidung über den Bezug der Aktien zusteht
(MünchKomm AktG/*Peifer* Rn 118; *Hüffer* AktG Rn 56 mwN).

§ 187 Zusicherung von Rechten auf den Bezug neuer Aktien

(1) Rechte auf den Bezug neuer Aktien können nur unter Vorbehalt des Bezugsrechts der Aktionäre zugesichert werden.

(2) Zusicherungen vor dem Beschluss über die Erhöhung des Grundkapitals sind
der Gesellschaft gegenüber unwirksam.

§ 187 Zusicherung von Rechten auf den Bezug neuer Aktien

Übersicht

	Rn		Rn
I. Gegenstand der Regelung	1	3. Vorbehalt	5
II. Einzelheiten	3	4. Zusicherung vor Erhöhungs-	
1. Zusicherung (Abs 1)	3	beschluss (Abs 2)	7
2. Vorrang des gesetzlichen		5. Zugesicherte Bezugsrechte	8
Bezugsrechts	4		

Literatur: *Aha* Vorbereitung des Zusammenschlusses im Wege der Kapitalerhöhung gegen Sacheinlage durch ein „Business Combination Agreement" BB 2001, 2225; *Fuchs* Selbstständige Optionsscheine als Finanzierungsinstrument der Aktiengesellschaft AG 1995, 433; *Wieneke* Der Einsatz von Aktien als Akquisitionswährung NZG 2004, 61 ff.

I. Gegenstand der Regelung

1 Die Vorschrift befasst sich mit der rechtsgeschäftlichen Zusicherung von Bezugsrechten durch die Gesellschaft. Zum Schutz des gesetzlichen Bezugsrechts der Aktionäre (vgl *Hüffer* AktG Rn 1) dürfen rechtsgeschäftliche Bezugsrechte nur unter dem Vorbehalt des gesetzlichen Bezugsrechts zugesichert werden (Abs 1). Zusicherungen, die vor einem Kapitalerhöhungsbeschluss abgegeben werden, sind unwirksam (Abs 2). Damit wird die Entscheidungsfreiheit der HV in Bezug auf die Kapitalerhöhung und einen etwaigen Bezugsrechtsausschluss gewahrt (*Hüffer* AktG Rn 1; MünchKomm AktG/*Peifer* Rn 1).

2 Die Vorschrift gilt auch beim genehmigten Kapital (§ 203 Abs 1). Sie schützt dort die Entscheidungsfreiheit von Vorstand und AR. Bei der Kapitalerhöhung aus Gesellschaftsmitteln ist sie dagegen ohne Bedeutung, da hier die neuen Aktien den Aktionären kraft Gesetzes zufallen (§ 212). Bei der bedingten Kapitalerhöhung gibt es kein Bezugsrecht; daher ist nur Abs 2 anwendbar (§ 193 Abs 1 S 3). Mangels Verweisung gilt § 187 nicht für Bezugsrechte, die sich aus Wandelschuldverschreibungen nach § 221 Abs. 1 ergeben (*Hüffer* AktG Rn 2; KölnKomm AktG/*Lutter* Rn 21). § 187 ist aber entspr anwendbar, soweit es um das gesetzliche Bezugsrecht auf Wandelschuldverschreibungen und Genussrechte gem § 221 Abs 4 geht (*Hüffer* Rn 2; MünchKomm AktG/*Peifer* Rn 2). Bei Kapitalerhöhungen zur Durchführung einer Verschmelzung, Spaltung oder Vermögensübertragung ist Abs 1 ausdrücklich ausgeschlossen (§§ 69 Abs 1 S 1, 125, 176 ff UmwG). § 187 beschränkt die Verpflichtungsfreiheit der Gesellschaft in Bezug auf neue Aktien aus einer Kapitalerhöhung. Die Gewährung von Rechten auf bereits vorhandene Aktien ist nicht erfasst (MünchHdb AG/*Kraft/Krieger* § 56 Rn 113; MünchKomm AktG/*Peifer* Rn 5; AnwK-AktG/*Rebmann* Rn 2; **aA** *Wieneke* NZG 2004, 61, 64).

II. Einzelheiten

3 **1. Zusicherung (Abs 1).** Unter Zusicherung ist jede, vom Vorstand als dem gesetzlichen Vertretungsorgan erteilte rechtsgeschäftliche Zusage eines Bezugsrechts auf neue Aktien aus einer Kapitalerhöhung zu verstehen. Erfasst sind sowohl Zusagen aus einem Vorvertrag zur Zeichnung wie auch etwaige Zusicherungen in der Satzung. Die Vorschrift gilt auch für einen Zeichnungsvertrag, der ohne Berücksichtigung des gesetzlichen Bezugsrechts geschlossen wird (*Hüffer* AktG Rn 2; KölnKomm AktG/*Lutter* Rn 5; MünchKomm AktG/*Peifer* Rn 5). Eine Zusicherung kann auch in einem Beschluss der HV enthalten sein. § 187 gilt dann für die Ausführung dieses Beschlusses durch den Vorstand (KölnKomm AktG/*Lutter* Rn 5; MünchKomm AktG/*Peifer* Rn 5). Keine Zusicherung liegt vor im Falle einer unverbindlichen Absichtserklärung. Von § 187 nicht erfasst ist die vertragliche Verpflichtung zur Übernahme neuer Aktien (*Hüffer* AktG Rn 2; MünchKomm AktG/*Peifer* Rn 5; vgl auch *OLG Frankfurt* NZG 2001, 719) sowie die Verpflichtung zur Weitergabe der übernommenen Aktien gem § 186 Abs 5 S 1 (GroßKomm AktG/*Wiedemann* Rn 6).

2. Vorrang des gesetzlichen Bezugsrechts. Soweit nicht die HV selbst Einschränkungen oder den Ausschluss des gesetzlichen Bezugsrechts beschließt (vgl § 186 Abs 3 S 1), ist dieses vorrangig vor etwaigen rechtsgeschäftlichen Bezugszusagen zu erfüllen. Zugesicherte Bezugsrechte können somit allenfalls aus den nach Abwicklung des gesetzlichen Bezugsrechts verbleibenden Aktien bedient werden. Soweit das Bezugsrecht nach § 186 Abs 3 und 4 ausgeschlossen ist, besteht kein Vorrang. Das gesetzliche Bezugsrecht geht auch nur in dem Umfang vor, wie es sich aus § 186 AktG ergibt; etwaige darüber hinaus gehende vertragliche oder satzungsmäßige Bezugsrechte der Aktionäre sind nicht geschützt. Zur Erfüllung solcher weitergehenden Bezugsrechte ist die Gesellschaft nicht verpflichtet; sie haftet auch nicht auf Schadensersatz (*Hüffer* Rn 3; KölnKomm AktG/*Lutter* Rn 3; MünchKomm AktG/*Peifer* Rn 11).

3. Vorbehalt. Nach heute überwiegender Ansicht steht jede rechtsgeschäftliche Zusicherung von Bezugsrechten kraft Gesetzes unter dem Vorbehalt gem Abs 1. Eine ausdrückliche oder konkludente Erklärung des Vorbehalts bei der Zusicherung ist daher nicht erforderlich (*Hüffer* Rn 4; KölnKomm AktG/*Lutter* Rn 14; MünchKomm AktG/*Peifer* Rn 10; MünchHdb AG/*Kraft/Krieger* § 56 Rn 113; *Fuchs* AG 1995, 433, 443 Fn 91; **aA** GroßKomm AktG/*Wiedemann* Rn 14 f). Etwaige Zusicherungen sind danach nicht gem § 134 BGB nichtig und können evtl noch nach Erfüllung des gesetzlichen Bezugsrechts bedient werden. Um bei zeichnungswilligen Dritten keinen schutzwürdigen Vertrauenstatbestand entstehen zu lassen, empfiehlt es sich allerdings, die Zusicherung vorsorglich mit einem ausdrücklichen Vorbehalt zu versehen (MünchKomm AktG/*Peifer* Rn 10; *Wieneke* NZG 2004, 61, 62).

Bleiben nach Erfüllung des gesetzlichen Bezugsrechts noch Aktien übrig, können diese für die Bedienung von Bezugszusagen verwendet werden. Dabei sind vertragliche Bezugsansprüche von Aktionären gem § 53a gleichmäßig zu berücksichtigen. Bei Dritten sind nach allgemeinen Grundsätzen die zuerst entstandenen Bezugsrechte vorrangig zu bedienen (GroßKomm AktG/*Wiedemann* Rn 13; MünchKomm AktG/*Peifer* Rn 11; **aA** KölnKomm AktG/*Lutter* Rn 10 und AnwK-AktG/*Rebmann* Rn 7, die auch insoweit eine anteilige Berücksichtigung befürworten).

4. Zusicherung vor Erhöhungsbeschluss (Abs 2). Werden vor einem Kapitalerhöhungsbeschluss Bezugsrechte zugesichert, so sind derartige Zusagen der Gesellschaft gegenüber unwirksam (Abs 2) Die Unwirksamkeit tritt allerdings erst ein, wenn der Kapitalerhöhungsbeschluss gefasst ist und das gesetzliche Bezugsrecht ausgeübt wurde (MünchKomm AktG/*Peifer* Rn 13; KölnKomm AktG/*Lutter* Rn 16 ff; **aA** GroßKomm AktG/*Wiedemann* Rn 8). Die Gesellschaft wird aus solchen Zusagen weder zur Erfüllung noch zum Schadensersatz verpflichtet. Die HV kann unabhängig von ihnen über die Kapitalerhöhung beschließen, das Bezugsrecht ganz oder teilweise ausschließen (§ 186 Abs 3 und 4) und über eine andere als die zugesagte Verwendung der neuen Aktien beschließen (*Hüffer* AktG Rn 5; KölnKomm AktG/*Lutter* Rn 17 ff; MünchHdb AG/*Kraft/Krieger* § 56 Rn 113; *Fuchs* AG 1995, 433, 443 Fn 93). Allerdings können Schadensersatzansprüche gutgläubiger Dritter gegen die Vorstandsmitglieder bestehen, die die Bezugsrechte zugesichert haben (§§ 280 Abs 1, 241 Abs 2, 311 Abs 2 und 3 BGB; *Hüffer* AktG Rn 5; MünchKomm AktG/*Peifer* Rn 18; vgl auch *RGZ* 106, 68, 73 f). Sind bei einer personalistisch geprägten Gesellschaft alle Aktionäre mit der Zusicherung einverstanden, besteht kein Schutzbedürfnis. § 187 Abs 2 gilt dann nicht (teleologische Reduktion; Spindler/Stilz AktG/*Servatius* Rn 13).

8 **5. Zugesicherte Bezugsrechte.** Eine vertragliche Zusicherung von Bezugsrechten ist idR als Vorvertrag zu einem Zeichnungsvertrag anzusehen (s dazu auch Rn 15 zu § 185). Bezugsrechte können sich auch aus der Satzung ergeben. Gegenüber Aktionären wirken solche satzungsmäßigen Bezugsrechte unmittelbar rechtsbegründend. Dritten gegenüber müssen sie noch vom Vorstand vertraglich umgesetzt werden. Zugesicherte Bezugsrechte begründen weder einen Anspruch auf Beschlussfassung einer Kapitalerhöhung noch auf Durchführung einer beschlossenen Kapitalerhöhung. Die Zusicherung von Bezugsrechten genügt idR auch nicht, um einen Bezugsrechtsausschluss (§ 186 Abs 3) sachlich zu rechtfertigen (*Hüffer* AktG Rn 6). Die Ansprüche aus der Zusicherung von Bezugsrechten können nach den allgemeinen Regeln (§§ 413, 398 BGB) übertragen werden.

9 Wirksam werden solche Bezugsrechte erst, wenn die Kapitalerhöhung durchgeführt ist und dabei nicht in Anspruch genommene Bezugsrechte übrig bleiben (vgl MünchKomm AktG/*Peifer* Rn 16 f). Dies kann bei einem Unternehmenszusammenschluss praktische Bedeutung haben, wenn den Aktionären der Zielgesellschaft iR eines Umtauschangebots in bestimmtem Umfang neue Aktien aus einer Sachkapitalerhöhung zugesagt werden sollen. Solche Zusagen sind unwirksam, auch wenn sie in einem Vertrag zwischen den beteiligten Gesellschaften (Business Combination Agreement) vereinbart sind (dazu näher *Aha* BB 2001, 2225 ff; s auch Spindler/Stilz AktG/*Servatius* Rn 20). Steht der Bietergesellschaft ein (ausreichendes) genehmigtes Kapital zur Verfügung, so können Vorstand und AR die Überlassung der Aktien dadurch absichern, dass sie über die Ausnutzung des genehmigten Kapitals beschließen. § 187 steht dem nicht entgegen. Die Ausnutzung setzt allerdings voraus, dass die Einzelheiten der benötigten Kapitalerhöhung bereits feststehen (*Wieneke* NZG 2004, 61, 64).

§ 188 Anmeldung und Eintragung der Durchführung

(1) Der Vorstand und der Vorsitzende des Aufsichtsrats haben die Durchführung der Erhöhung des Grundkapitals zur Eintragung in das Handelsregister anzumelden.

(2) ¹**Für die Anmeldung gelten sinngemäß § 36 Abs. 2, § 36a und § 37 Abs. 1.** ²**Durch Gutschrift auf ein Konto des Vorstands kann die Einzahlung nicht geleistet werden.**

(3) Der Anmeldung sind beizufügen

1. **die Zweitschriften der Zeichnungsscheine und ein vom Vorstand unterschriebenes Verzeichnis der Zeichner, das die auf jeden entfallenden Aktien und die auf sie geleisteten Einzahlungen angibt;**
2. **bei einer Kapitalerhöhung mit Sacheinlagen die Verträge, die den Festsetzungen nach § 183 zugrunde liegen oder zu ihrer Ausführung geschlossen worden sind;**
3. **eine Berechnung der Kosten, die für die Gesellschaft durch die Ausgabe der neuen Aktien entstehen werden.**
4. *(aufgehoben)*

(4) Anmeldung und Eintragung der Durchführung der Erhöhung des Grundkapitals können mit Anmeldung und Eintragung des Beschlusses über die Erhöhung verbunden werden.

(5) *(aufgehoben)*

Übersicht

	Rn		Rn
I. Regelungsgegenstand	1	5. Beizufügende Unterlagen	
II. Anmeldung der Durchführung der Kapitalerhöhung (Abs 1–3)	2	(Abs 3)	14
		a) Zweitschriften (Nr 1)	15
1. Grundlagen	2	b) Verträge über Sacheinlagen	
2. Anmeldende	3	(Nr 2)	16
3. Voraussetzungen der Anmeldung (Abs 2)	4	c) Berechnung der Kosten der Kapitalerhöhung (Nr 3)	17
a) Vollständige Zeichnung des Erhöhungsbetrages	4	d) Genehmigungsurkunde	18
		e) Anmeldung der Satzungsänderung	19
b) Leistung der Mindesteinlage	5	f) Sonstige Unterlagen	20
aa) Bareinlage	5	III. Verbindung der Anmeldungen	
bb) Voreinzahlung auf künftige Bareinlagepflicht	9	(Abs 4)	21
cc) Sacheinlage	10	IV. Registerkontrolle	22
dd) Sicherung der erbrachten Einlageleistung	11	1. Prüfungspflicht	22
		2. Entscheidung des Gerichts und Rechtsmittel	24
4. Inhalt der Anmeldung	12		

Literatur: *Bayer/J. Schmidt* Die Reform der Kapitalaufbringung bei der Aktiengesellschaft durch das ARUG, ZIP 2009, 805; *Frey* Einlagen in Kapitalgesellschaften, 1990; *Gehrlein* Kein Sonderrecht für Cash-Pool-Zahlungssysteme bei Begleichung der GmbH-Stammeinlagen, MDR, 2006, 789; *Goette* Anmerkung zum Urteil BGH Az II ZR 307/05, DStR 2007, 773; *Hallweger* Die freie Verfügbarkeit von Bareinlagen aus Kapitalerhöhungen in der Aktiengesellschaft, DStR 2002, 2131; *Henze* Erfordernis der wertgleichen Deckung bei Kapitalerhöhung mit Bareinlagen, BB 2002, 955; *Karollus* Voreinzahlung auf künftige Kapitalerhöhungen, DStR 1995, 1065; *Kort* Voreinzahlung auf künftige Kapitalerhöhung bei AG und GmbH, DStR 2002, 1223; *Krebs/Wagner* Der Leistungszeitpunkt von Sacheinlagen nach § 36a Abs. 2 AktG, AG 1998, 467; *Priester* Die kleine AG – ein neuer Star unter den Rechtsformen?, BB 1996, 333; *Roth* Die wertgleiche Deckung als Eintragungsvoraussetzung, ZHR 167 (2003), 89; *Vetter/Schwandtner* Kapitalerhöhung im Cash Pool, Der Konzern 2006, 407; *Wiedemann* Die Erfüllung der Geldeinlagepflicht bei Kapitalerhöhungen im Aktienrecht, ZIP 1991, 1257.

I. Regelungsgegenstand

§ 188 betrifft die Anmeldung der Durchführung der Kapitalerhöhung zur Eintragung **1**
im HR mit dem Ziel, die **reale Kapitalaufbringung** zu sichern. Die Regelung wird
durch § 189 ergänzt, wonach erst die Eintragung zur Erhöhung des Grundkapitals
führt. Die Eintragung hat somit **konstitutive Wirkung.** Von der Anmeldung und Eintragung der Durchführung ist die Anmeldung und Eintragung des Erhöhungsbeschlusses gem §§ 184 iVm 182 zu unterscheiden, welche die tatsächliche Kapitalerhöhung nur vorbereitet (*OLG Karlsruhe* OLGZ 1986, 155, 157). Auf Grund der mit der
Eintragung der Durchführung verbundenen Rechtswirkungen stellt § 188 besondere
Anmeldevoraussetzungen auf: Gem Abs 2 sind einige Gründungsvorschriften entspr

anzuwenden. Außerdem sind nach Abs 3 bestimmte Unterlagen vorzulegen, anhand derer das Gericht seiner Prüfungspflicht nachkommen kann. Gem Abs 4 können die beiden Eintragungsschritte Erhöhungsbeschluss (§ 184) und Durchführung der Kapitalerhöhung (§ 188) miteinander verbunden werden. Neben diese Eintragungen tritt die Eintragung der Satzungsänderung, da mit der Kapitalerhöhung die Angabe des Grundkapitals in der Satzung unrichtig wird. Deshalb ist außerdem die Änderung des Satzungstextes anzumelden und einzutragen, § 181 (*Hüffer* AktG Rn 1). § 188 gilt beim genehmigten Kapital entspr, § 203 Abs 1 S 1.

II. Anmeldung der Durchführung der Kapitalerhöhung (Abs 1–3)

2 **1. Grundlagen.** Die Anmeldung ist ein Antrag an das zuständige Registergericht auf **Eintragung der Durchführung der Kapitalerhöhung**. Die Durchführung erfasst die Gesamtheit der Maßnahmen, die erforderlich sind, um die Erhöhung des Grundkapitals im HR einzutragen und somit wirksam werden zu lassen, insb die tatsächliche Kapitalaufbringung durch Leistung der Bar- oder Sacheinlagen (MünchKomm AktG/ *Peifer* Rn 7). Zuständig ist das **Amtsgericht** am Satzungssitz der AG, § 8 HGB iVm §§ 377 FamFG, 5 Abs 1, 14 AktG. Die Anmeldenden unterliegen zwar **keiner öffentlich-rechtlichen**, wohl aber einer **gesellschaftsrechtlichen Pflicht** gegenüber der AG zur Anmeldung (MünchKomm AktG/*Peifer* § 184 Rn 10, 24). Der Antrag auf Eintragung kann bis zum Vollzug der Eintragung durch das Registergericht ohne Angabe von Gründen zurückgenommen werden (unstr, *Hüffer* AktG Rn 2). Die Anmeldung hat **elektronisch in öffentlich beglaubigter Form** zu erfolgen, § 12 Abs 1 S 1 HGB.

3 **2. Anmeldende.** Anmeldeberechtigt ist der Vorstand zusammen mit dem AR-Vorsitzenden (vgl § 184 Rn 3ff). Die Anmeldenden handeln im Namen der AG, unterzeichnen aber mit eigenem Namen (*Hüffer* AktG Rn 2; MünchKomm AktG/*Peifer* § 184 Rn 6). Die Anmeldeerklärungen der Anmeldeberechtigten können gemeinsam oder getrennt gegenüber dem Registergericht abgegeben werden (MünchKomm AktG/*Peifer* § 184 Rn 9).

4 **3. Voraussetzungen der Anmeldung (Abs 2). – a) Vollständige Zeichnung des Erhöhungsbetrages.** Zunächst muss das gesamte von der HV beschlossene Erhöhungskapital durch Zeichnungsverträge gedeckt sein, dh Aktionäre oder Dritte müssen sich insgesamt in dem Umfang zu Einlageleistungen verpflichtet haben, in dem betragsmäßig das Kapital erhöht werden soll. Ist nur ein Mindestbetrag im Erhöhungsbeschluss festgelegt worden, muss dieser Betrag erreicht sein. Ein festgelegter Höchstbetrag darf nicht überschritten werden (MünchKomm AktG/*Peifer* Rn 8; vgl bei Überzeichnung § 185 Rn 25). Die Zeichnungsverträge müssen zivilrechtlich und aktienrechtlich wirksam sein, insb § 185 Abs 1 S 3 Nr 4, Abs 2.

5 **b) Leistung der Mindesteinlage. – aa) Bareinlage.** Abs 2 S 1 verweist auf §§ 36 Abs 2, 36a und 37 Abs 1. Hat sich der Zeichner zur Erbringung einer **Bareinlage** verpflichtet, muss vor der Anmeldung der auf jede Aktie eingeforderte Betrag ordnungsgemäß iSv § 54 Abs 3 eingezahlt worden sein und dem Vorstand endgültig zur freien Verfügung stehen. Der eingeforderte Betrag muss gem § 36a Abs 1 mindestens 25 % des geringsten Ausgabebetrags und ein etwaiges Aufgeld in voller Höhe umfassen. Der HV bleibt es aber unbenommen, im Erhöhungsbeschluss einen höheren Mindestbetrag festzulegen (*Hüffer* AktG Rn 5). Wegen § 36 Abs 2 S 2 hat bei einer Einmann-AG der alleinige Aktionär für die die Mindesteinlage übersteigende Resteinlage eine

Sicherheit zu leisten (MünchKomm AktG/*Peifer* Rn 10; **aA** *Priester* BB 1996, 333, 334). Der Restbetrag der Einlage wird erst mit der Zahlungsaufforderung des Vorstands fällig (*Hüffer* AktG Rn 6). Die HV kann aber auch im Erhöhungsbeschluss die Fälligkeit der Resteinlage festlegen (**hM** GroßKomm AktG/*Wiedemann* § 182 Rn 56; **aA** *Hüffer* AktG § 182 Rn 14, § 188 Rn 6)

Nur eine **ordnungsgemäße Einzahlung iSv § 54 Abs 3** bewirkt eine Erfüllung. Um die reale Kapitalaufbringung sicherzustellen, müssen die Bareinlagen der AG effektiv und liquide zur Verfügung stehen (GroßKomm AktG/*Wiedemann* Rn 5). Wegen § 188 Abs 2 S 2 kann die Zahlung entweder **in bar** oder **auf das Konto der AG** erfolgen (MünchKomm AktG/*Peifer* Rn 11). Eine Aufrechnung ist ausgeschlossen, § 66 Abs 1 S 2. Zahlung auf ein ausländisches Konto, an einen Dritten auf Anweisung der Gesellschaft (*BGHZ* 119, 177, 189) oder auf ein Konto, über das der Vorstand rechtlich oder faktisch nicht frei verfügen kann, führt nicht zur Erfüllung (MünchKomm AktG/*Peifer* Rn 11). 6

Des Weiteren muss der Mindesteinlagebetrag, soweit er nicht bereits zur Bezahlung der bei der Kapitalerhöhung angefallenen Steuern und Gebühren verwandt wurde, **endgültig zur freien Verfügung des Vorstands** stehen, § 36 Abs 2 (*Hüffer* AktG Rn 6 mwN). Maßgebend dafür ist der **Zeitpunkt**, in dem die **Anmeldung** bei Gericht eingeht. Ein Vorverbrauch ist nur für Steuern und Gebühren gem § 36 Abs 2 zulässig (MünchKomm AktG/*Peifer* Rn 13). Damit soll verhindert werden, dass die Einlage unter Rückforderungsvorbehalt geleistet wird oder nach Leistung wieder zurückgezahlt wird (vgl *OLG München* WM 2007, 123, 125). Die Einlageleistung muss aber nicht auf einem Sperrkonto liegen (KölnKomm AktG/*Lutter* Rn 15; **aA** *OLG Köln* DB 1988, 955 zur GmbH). An einer endgültig freien Verfügung fehlt es bei bloßer Scheinzahlung mit im Vorfeld abgesprochener Rückzahlung sowie bei Hin- und Herzahlung des Einlagebetrages innerhalb weniger Tage (*Gehrlein* MDR 2006, 789). Zur Einzahlung auf ein Konto, das in einen **Cash-Pool** einbezogen wird, s § 183 Rn 23. 7

Nach früherer Ansicht musste bei Bareinlagen im Zeitpunkt der Anmeldung eine **wertgleiche Deckung** vorliegen, dh der Wert der Einlage hatte zur freien Verfügung des Vorstands zu stehen. Über den eingezahlten Betrag konnte nur verfügt werden, wenn an seine Stelle ein entspr Gegenwert getreten ist, bspw bei Anschaffung von Gegenständen oder Tilgung von Forderungen (*BGH* NJW 1992, 3300; MünchKomm AktG/*Peifer* Rn 14 mwN). Diese Einschränkungen gelten inzwischen als überholt (*BGH* NJW 2002, 1716; *Hüffer* AktG Rn 6 mwN). Ausreichend ist, dass die **Einlage einmal** vor Anmeldung **geleistet** wurde und zur freien Verfügung des Vorstands stand. Außerdem darf kein Rückforderungsvorbehalt oder Rückzahlungsanspruch vereinbart sein (MünchKomm AktG/*Peifer* Rn 15). Das Gebot der wertgleichen Deckung ist damit aufgegeben (*Henze* BB 2002, 955, 956; *Hallweger* DStR 2002, 2131; *Roth* ZHR 167 (2003) 89, 98 ff; **krit** MünchKomm AktG/*Peifer* Rn 16). Bei der Anmeldung hat der Vorstand zu **versichern**, dass der Einlagebetrag zur freien Verfügung des Vorstands für die Zwecke der AG eingezahlt und nicht an den Einleger zurückgezahlt wurde (*BGH* NJW 2002, 1716; *Hüffer* AktG Rn 6). Der Vorstand kann erst dann über eine geleistete Einlage verfügen, wenn dieser ein Kapitalerhöhungsbeschluss zugrunde liegt, die Einlageforderung mithin entstanden ist (MünchKomm AktG/*Peifer* Rn 17; vgl aber Rn 10). Im Falle eines **Hin- und Herzahlens** (§§ 183 Abs 2, 27 Abs 4) befreit die Einlageleistung nur, wenn dem Registergericht der vorher verein- 8 barte Mittelrückfluss und der diesem zugrunde liegende Rückgewähranspruch spätestens bei der Anmeldung der Durchführung der Kapitalerhöhung offen gelegt werden (s dazu Rn 24 zu § 183 und Rn 56 zu § 27).

9 **bb) Voreinzahlung auf künftige Bareinlagepflicht.** Einlageleistungen ohne entspr Kapitalerhöhungsbeschluss entfalten grds keine Erfüllungswirkung (MünchKomm AktG/*Peifer* Rn 17). Eine Leistung auf einen nur beabsichtigten Kapitalerhöhungsbeschluss wirkt nicht schuldbefreiend (*BGH* NJW 2001, 67). Bei einer wirtschaftlichen Krise iSv § 92 Abs 2 ist allerdings nur ein Zeitraum von drei Wochen eröffnet, um der Gesellschaft neues Kapital zuführen zu können. In solchen Fällen besteht ein Bedürfnis, Eigenkapital durch Voreinzahlung von Einlagen ohne Vorliegen eines Kapitalerhöhungsbeschluss beschaffen zu können. Entspr Einlageleistungen werden ausnahmsweise als befreiend anerkannt (sog **befreiende Vorfinanzierung in Sanierungssituationen**; **hM** MünchKomm AktG/*Peifer* Rn 17; *BGH* DB 2006, 2621; *OLG Nürnberg* BB 2011, 148; *OLG Stuttgart* ZIP 1994, 1532; alle zur GmbH; *Kort* DStR 2002 1223, 1224 ff; *Hüffer* AktG Rn 7; **aA** *LG Düsseldorf* WM 1986, 792; *Wiedemann* ZIP 1991, 1257; **offen gelassen** in *BGH* NJW 2001, 67, 68). Eine befreiende Vorfinanzierung setzt jedoch voraus, dass sie zur Krisenbeendigung **notwendig** ist (*BGH* NJW 1992, 2222; *Hüffer* AktG Rn 8). Zudem muss die Barzahlung in das Vermögen der AG geleistet und ausdrücklich als Voreinzahlung auf eine künftige Kapitalerhöhung gekennzeichnet werden (*Karollus* DStR 1995, 1065, 1068). Schließlich hat die Leistung auf Grund eines bereits geplanten, künftigen Kapitalerhöhungsbeschlusses zu erfolgen, der auch alsbald beschlossen und durchgeführt wird (*BGH* DB 2006, 2621; NJW 1995, 460, 461: Beschlussfassung drei Monate nach Voreinzahlung nicht mehr alsbald). Scheitert die Sanierungsmaßnahme, muss die Einlage der AG trotzdem als Eigenkapital zur Verfügung stehen (MünchKomm AktG/*Peifer* Rn 17). In den Erhöhungsbeschluss und in die Erklärung iSv § 37 Abs 1 ist die Tatsache der Vorfinanzierung mit aufzunehmen (*Hüffer* AktG Rn 8). Werden diese Voraussetzungen nicht erfüllt, steht dem Einleger gem § 812 Abs 1 S 2 BGB ein Anspruch auf Rückzahlung zu. Eine Verrechnung mit der späteren Einlageschuld ist unzulässig (MünchKomm AktG/*Peifer* Rn 19). Der Bereicherungsanspruch kann aber als offene Sacheinlage eingebracht werden (*BGH* NZG 2012, 1067, 1069). Wird die AG insolvent, steht der Anspruch aus § 812 BGB im Rang nach den Gläubigeransprüchen (MünchKomm AktG/*Peifer* Rn 19). Bei Unternehmen des Finanzsektors haben Vorauszahlungen des Finanzmarktstabilisierungsfonds stets Erfüllungswirkung (§ 7 Abs 4 FMStBG).

10 **cc) Sacheinlage.** Sacheinlagen können gem § 266 BGB **nur vollständig** geleistet werden (MünchKomm AktG/*Peifer* Rn 21). Gem § 36 Abs 2 S 1 ist die Sacheinlage grds vor der Anmeldung der Durchführung zu erbringen (MünchKomm AktG/*Peifer* Rn 20; *Hüffer* AktG Rn 9 mwN). Liegt der Tatbestand des § 36 Abs 2 S 2 vor (Verpflichtung zur Leistung eines Vermögensgegenstandes), ist die Sacheinlage innerhalb von fünf Jahren zu erbringen (vgl dazu *Krebs/Wagner* AG 1998, 467, 473). In diesem Fall muss die schuldrechtliche Verpflichtung zur Sacheinbringung aber schon vor der Anmeldung begründet sein (MünchKomm AktG/*Peifer* Rn 21). Gem §§ 36a Abs 2 S 3, 37 Abs 1 S 1 muss der Wert der Sacheinlage dem geringsten Ausgabebetrag und bei Über-Pari-Emission dem höheren Aufgeld entsprechen (*Hüffer* AktG Rn 9). Eine Differenzhaftung auch für ein etwaiges Aufgeld kann daraus aber nicht abgeleitet werden (MünchKomm AktG/*Peifer* Rn 22; **aA** KölnKomm AktG/*Lutter* § 183 Rn 66). Im

Falle einer **verdeckten Sacheinlage** (§§ 183 Abs 2, 27 Abs 3) muss die getroffene Abrede bei der Anmeldung dem Registergericht gegenüber offen gelegt werden. Der Wert des Vermögensgegenstandes wird dann auf die Geldeinlagepflicht angerechnet (s dazu Rn 23 zu § 183 und Rn 38 zu § 27).

dd) Sicherung der erbrachten Einlageleistung. Scheitert die Kapitalerhöhung, 11 haben die Zeichner ein berechtigtes Interesse an der **Rückforderung** der geleisteten Einlagen. Grds besteht darauf ein **Anspruch aus § 812 BGB**. Im Falle der Insolvenz führt dieser Anspruch aber nur zu einer Befriedigung aus der Masse (§ 38 InsO). Zur Absicherung kann die Einlageleistung mit einer Bestellung an **dinglicher Sicherheiten** verbunden werden (*Frey* S 11 f). Bei **Bareinlagen** kann eine Einzahlung auf ein **Notaranderkonto** erfolgen mit der Maßgabe, dass die eingezahlten Einlage erst mit der Anmeldung der Durchführung freigegeben wird (*Hüffer* AktG Rn 10; Münch-Komm AktG/*Peifer* Rn 11). Bei **Sacheinlagen** kann die Übereignung gem § 929 BGB unter der aufschiebenden Bedingung der Anmeldung oder der auflösenden Bedingung des Scheiterns der Kapitalerhöhung erfolgen. Gem § 47 InsO ist der Zeichner dann im Falle der Insolvenz zur Aussonderung berechtigt (*Hüffer* AktG Rn 10).

4. Inhalt der Anmeldung. Der Antrag auf Eintragung ist eine **prozessuale Erklärung**, 12 die sich nach den Regeln des FamFG richtet (MünchKomm AktG/*Peifer* Rn 26). Zunächst muss erklärt werden, dass und in welcher Höhe von der HV eine Kapitalerhöhung beschlossen und sodann durchgeführt wurde (*Hüffer* AktG Rn 3). Bei **Bareinlagen** ist gem § 37 Abs 1 S 1 zu erklären, dass der eingeforderte Einlagebetrag gem § 36a Abs 1 ordnungsgemäß eingezahlt wurde, nicht an den Einleger zurückgezahlt wurde und zur freien Verfügung des Vorstands steht, soweit er nicht zur Tilgung von Steuern und Gebühren eingesetzt wurde, § 36 Abs 2 S 1. Zur freien Verfügbarkeit gem § 37 Abs 1 S 2 ist ein Nachweis zu erbringen, bspw durch Bankbestätigung oder durch Steuer- oder Gebührenbescheid (*Hüffer* AktG Rn 3). Eine Zeichnerliste genügt, wenn sich aus ihr die insgesamt eingezahlten Beträge ergeben, § 188 Abs 3 Nr 1 (Münch-Komm AktG/*Peifer* Rn 27). Bei **Sacheinlagen** ist anzugeben, dass der Wert der Sacheinlage dem geringsten Ausgabebetrag und ggf einem etwaigen Aufgeld entspricht, § 36a Abs 2 S 3. Hinsichtlich des **Leistungszeitpunktes** ist zu erklären, dass die Sacheinlage bereits vor der Anmeldung vollständig erbracht wurde und zur freien Verfügung des Vorstands steht. Alternativ ist der zukünftige Leistungszeitpunkt zu nennen (*Hüffer* AktG Rn 3; MünchKomm AktG/*Peifer* Rn 30). Zur Anmeldung der Durchführung einer **vereinfachten SachKapErhöhung** s §§ 183a, 184 sowie unten Rn 23.

Die handelnden Vorstandsmitglieder und der AR-Vorsitzende **haften** gegenüber der 13 AG für die Richtigkeit und Vollständigkeit der in der Anmeldung gemachten Angaben gem §§ 93, 116. Zudem sind sie gem § 399 Abs 1 Nr 4 strafrechtlich verantwortlich. Aus § 823 Abs 2 BGB iVm § 399 Abs 1 Nr 4 kann sich auch ein Schadensersatzanspruch ergeben (MünchKomm AktG/*Peifer* Rn 31).

5. Beizufügende Unterlagen (Abs 3). Anhand der beizufügenden Unterlagen kann 14 das Registergericht seiner Prüfungspflicht nachkommen. Die erforderlichen Unterlagen sind nur einfach einzureichen (vgl *Hüffer* AktG Rn 12). Die Vorlage falscher oder inhaltlich unvollständiger Unterlagen kann eine Straftat darstellen, § 399 Abs 1 Nr 4.

a) Zweitschriften (Nr 1). Gem § 185 sind iRd Zeichnung **Zweitschriften der Zeich-** 15 **nungsscheine** zu fertigen. Diese Zweitschriften sind der Anmeldung beizufügen, ebenso das vom Vorstand unterschriebene **Verzeichnis der Zeichner**. Das Verzeichnis muss die Namen der Zeichner enthalten, die Anzahl der jeweils gezeichneten Aktien und die Angabe, welche Zahlungen bei Bareinlagen bislang auf die Aktien geleistet wurden (*Hüffer* AktG Rn 13). Der Ausgabebetrag der einzelnen Aktien muss nicht mit aufgenommen werden (MünchKomm AktG/*Peifer* Rn 33). Das Verzeichnis muss auch die Sacheinleger und de bereits geleisteten Sacheinlagen enthalten (str Münch-Komm AktG/*Peifer* Rn 34; KölnKomm AktG/*Lutter* Rn 34; **aA** *Hefermehl/Bungeroth* in Geßler/Hefermehl AktG Rn 34). Die Angaben müssen den einzelnen Zeichnern zugeordnet werden können (*Hüffer* AktG Rn 13).

16 **b) Verträge über Sacheinlagen (Nr 2).** Bei einer Kapitalerhöhung durch Sacheinlagen sind alle Verträge vorzulegen, die den Festsetzungen nach § 183 zugrunde liegen oder zur Ausführung des Sacheinlagebeschlusses geschlossen wurden, insb alle schuldrechtlichen Sacheinlagevereinbarungen zwischen Einleger und AG sowie Verträge zur Erfüllung der Sacheinlageverpflichtung, soweit diese Vereinbarungen schriftlich vorliegen (MünchKomm AktG/*Peifer* Rn 37). Wurden Erfüllungshandlungen nur mündlich vorgenommen, sind die Umstände darzulegen (GroßKomm AktG/*Wiedemann* Rn 59). Bei einer vereinfachten SachKapErhöhung (§ 183a) sind der Anmeldung die Bewertungsunterlagen gem § 37a Abs 3 beizufügen (§ 184 Abs 3 S 2).

17 **c) Berechnung der Kosten der Kapitalerhöhung (Nr 3).** Außerdem ist eine Zusammenstellung der mit der Kapitalerhöhung verbundenen Kosten vorzulegen. Dazu gehören insb die Notarkosten für die Beurkundung der Niederschrift der HV (§ 130), Kosten für die Prüfung bei Sacheinlagen, Notarkosten für die Anmeldungen zum HR, Gerichtskosten für die Eintragung, Kosten für die Bekanntmachung sowie Druckkosten für die Aktienurkunden und ggf Provisionen für die Börseneinführung und die Tätigkeit einer Emissionsbank. Noch nicht feststehende Kosten können geschätzt werden; Belege sind nicht mit einzureichen (*Hüffer* AktG Rn 15).

18 **d) Genehmigungsurkunde.** Die frühere Nr 4 des § 188 Abs 3 wurde durch Art 1 Nr 28a des ARUG aufgehoben. Damit braucht der Anmeldung in dem ohnehin kaum vorkommenden Fall, dass die Kapitalerhöhung einer staatlichen Genehmigung bedarf, die Genehmigungsurkunde nicht mehr beigefügt zu werden.

19 **e) Anmeldung der Satzungsänderung.** Gem § 189 bewirkt die Eintragung der Durchführung, dass das Grundkapital um den entspr Betrag erhöht ist. Hierdurch wird der Text der Satzung bzgl des ausgewiesenen Grundkapitals und der Zerlegung des Kapitals in Aktien gem § 23 Abs 3 Nr 3, Nr 4 unrichtig. Der Satzungstext wird durch Satzungsänderung gem §§ 179 ff berichtigt. Grds ist dazu ein HV-Beschluss gem § 179 Abs 1 S 1 erforderlich, üblicherweise ist aber der AR zur Fassungsänderung ermächtigt (§ 179 Abs 1 S 2). Die Anmeldung der Satzungsänderung ist mit der Anmeldung der Durchführung der Kapitalerhöhung zu verbinden (**hM** MünchKomm AktG/*Peifer* Rn 41 mwN; **aA** GroßKomm AktG/*Wiedemann* Rn 66: Verbindung zulässig, aber nicht notwendig). Einzureichen ist der **vollständige Wortlaut der neuen Satzung** zusammen mit einer notariellen Bescheinigung, § 181 Abs 1 S 2 (MünchKomm AktG/ *Peifer* Rn 40).

20 **f) Sonstige Unterlagen.** Der Nachweis über die ordnungsgemäße Leistung der Mindesteinlage kann durch schriftliche Bankbestätigung erbracht werden, § 37 Abs 1 S 3. Ob andere Nachweise als ausreichend anzusehen sind, liegt es im Ermessen des Registerrichters (MünchKomm AktG/*Peifer* Rn 42).

Anmeldung und Eintragung der Durchführung § **188**

III. Verbindung der Anmeldungen (Abs 4)

Gem Abs 4 kann die Anmeldung zur Eintragung des Kapitalerhöhungsbeschlusses gem 21
§ 184 mit der Anmeldung zur Eintragung der Durchführung der Kapitalerhöhung gem
§ 188 verbunden werden. Dies ist aus Kostengründen sowie bei Einschaltung eines
Emissionsunternehmens gängige Praxis. Die Anträge auf Eintragung können in einer
Urkunde enthalten sein (*Hüffer* AktG Rn 18). Soweit der Erhöhungsbeschluss keine
Vorgaben enthält, liegt es im pflichtgemäßen Ermessen der Anmeldenden, die Anträge
zu verbinden (MünchKomm AktG/*Peifer* Rn 44). Da mit der Anmeldung der Durchführung auch die Satzungsänderung anzumelden ist, erfolgen bei Verbindung gem Abs 4
drei Anmeldungen gleichzeitig (vgl Rn 20). Dem Gericht bleibt es unbenommen, Eintragungen bei getrennten Anmeldungen miteinander zu verbinden (*Hüffer* AktG
Rn 18). Um den Kostenvorteil einer gemeinsamen Eintragung für die AG zu erhalten,
ist gemeinsame Eintragung zu beantragen (MünchKomm AktG/*Peifer* Rn 44).

IV. Registerkontrolle

1. Prüfungspflicht. Das Registergericht hat vor der Eintragung der Durchführung die 22
Voraussetzungen der Kapitalerhöhung **in formeller und materieller Hinsicht** zu prüfen. Grds braucht nur auf **Plausibilität** geprüft zu werden. Besteht Anlass zu Zweifeln,
hat das Gericht jedoch gem § 26 FamFG von Amts wegen eigene Ermittlungen anzustellen (*BayObLG* NJW-RR 2002, 1036; *Hüffer* AktG Rn 20; MünchKomm AktG/
Peifer Rn 46). Die **formelle** Prüfung umfasst die örtliche und sachliche Zuständigkeit
des Gerichts, das Vorliegen einer ordnungsgemäßen und vollständigen Anmeldung
einschließlich der nach § 188 erforderlichen Unterlagen (vgl Rn 13 ff) sowie die
Anmeldebefugnis der Anmeldenden (vgl Rn 3). **Materiell** wird die Wirksamkeit des
Kapitalerhöhungsbeschlusses gem § 182 geprüft. Wurde der Kapitalerhöhungsbeschluss gem § 184 bereits eingetragen, steht dies einer Prüfung nicht entgegen; eine
gegenteilige rechtliche Beurteilung ist dadurch nicht ausgeschlossen (GroßKomm
AktG/*Wiedemann* Rn 67; MünchKomm AktG/*Peifer* Rn 46, 50). Wegen der Heilungswirkung gem § 242 Abs 1 kann eine fehlerhafte Beurkundung des Erhöhungsbeschlusses gem § 130 Abs 1, 2, 4 iVm § 241 Nr 1 alleine nicht zur Ablehnung der Eintragung
führen (MünchKomm AktG/*Peifer* Rn 50). Außerdem ist eine vollständige und wirksame Zeichnung des Erhöhungsbetrages sowie die Beachtung des § 56 Abs 1, 2 zu prüfen. Ein Verstoß gegen § 56 Abs 3 ist kein Eintragungshindernis (*Hüffer* AktG Rn 20;
MünchKomm AktG/*Peifer* Rn 48). Bei einer **Barkapitalerhöhung** wird geprüft, ob die
Mindesteinlagen geleistet wurden. Ein Verstoß gegen § 182 Abs 4 führt zu einem Eintragungshindernis (vgl § 182 Rn 46). Bei einer **Sachkapitalerhöhung** hat das RegG zu
prüfen, ob der Wert der Sacheinlage gem § 184 Abs 3 S 1 nicht unwesentlich hinter
dem geringsten Ausgabebetrag der dafür zu gewährenden Aktien zurückbleibt (*Hüffer* AktG Rn 21). An eine bereits durchgeführte Prüfung iRd Anmeldung gem § 184
ist das Gericht nicht gebunden (MünchKomm AktG/*Peifer* Rn 49). Zudem muss der
Wert der Sacheinlage dem tatsächlichen Ausgabebetrag entsprechen, also dem
geringsten Ausgabebetrag (§§ 36a Abs 2 S 3 1. Alt, 183 Abs 3 S 3) einschließlich eines
etwaigen höheren Aufgeldes (§ 36a Abs 2 S 3, 2. Alt) (**str** GroßKomm AktG/*Wiedemann* Rn 68; **aA** *Hüffer* AktG Rn 21; MünchKomm AktG/*Peifer* Rn 49). Fehlen
Unterlagen oder Beschlüsse, die nachgereicht werden können, wird das Registergericht eine Zwischenverfügung mit Fristsetzung erlassen, innerhalb der etwaige Mangel
behoben werden können, § 26 S 2 HRV.

Marsch-Barner

23 Die Durchführung einer **vereinfachten SachKapErhöhung** darf nicht vor Ablauf von vier Wochen nach der Bekanntmachung des HV-Beschl in den Gesellschaftsblättern eingetragen werden (§ 183a Abs 2 S 2). Diese Sperrfrist gilt entspr auch für die Anmeldung. Um sicherzugehen, dass in der Zwischenzeit kein Minderheitenantrag auf Prüfung gem § 183a Abs 3 gestellt worden ist, kann das Registergericht bei der Anmeldung der Durchführung entspr § 184 Abs 1 S 3 (erneut) die Versicherung verlangen, dass keine die Bewertung in Frage stellenden Umstände iSv § 37a Abs 1 bekannt geworden sind (*Bayer/J. Schmidt* ZGR 2009, 805, 818).

24 2. Entscheidung des Gerichts und Rechtsmittel. Liegt ein Ablehnungsgrund vor und wird der Mangel innerhalb der durch die Zwischenverfügung gesetzten Frist nicht behoben, ist die Eintragung abzulehnen (MünchKomm AktG/*Peifer* Rn 51). Bei einem fehlerhaften Erhöhungsbeschluss sind etwaige Anfechtungs- und Nichtigkeitsgründe zu beachten (vgl § 184 Rn 14f). Liegen keine Eintragungshindernisse vor, kann das Gericht die Eintragung der Durchführung der Kapitalerhöhung nur verfügen, wenn der Erhöhungsbeschluss bereits eingetragen ist oder die Eintragung zeitgleich erfolgt (*Hüffer* AktG Rn 22). Gegen die **Ablehnungsverfügung** kann Beschwerde zum *OLG*, § 58 FamFG, und zulassungsabhängige Rechtsbeschwerde zum *BGH*, §§ 70 ff FamFG, eingelegt werden. Beschwerdeberechtigt ist nur die AG. Das Rechtsmittel ist von Vorstand und AR-Vorsitzenden einzulegen (*Hüffer* AktG Rn 22).

§ 189 Wirksamwerden der Kapitalerhöhung

Mit der Eintragung der Durchführung der Erhöhung des Grundkapitals ist das Grundkapital erhöht.

Übersicht

	Rn		Rn
I. Regelungsgegenstand	1	2. Rechtsfolgen einer unwirksamen Kapitalerhöhung	4
II. Wirkung der Eintragung	2		
III. Mängel der Kapitalerhöhung	3	IV. Anpassung von Ansprüchen Dritter	6
1. Wirkung der Eintragung der Durchführung	3		

I. Regelungsgegenstand

1 § 189 ergänzt § 188 und regelt die Rechtswirkung der Eintragung. Erst die Eintragung der Durchführung der Kapitalerhöhung hat deren Wirksamkeit zur Folge. Die Vorschrift dient der **Rechtssicherheit** und dem **Gläubigerschutz** (MünchKomm AktG/*Peifer* Rn 1). Gem § 203 Abs 1 S 1 gilt § 189 beim genehmigten Kapital sinngemäß.

II. Wirkung der Eintragung

2 Die Eintragung der Durchführung der Kapitalerhöhung hat **konstitutive Wirkung**, erst durch sie wird das Grundkapital erhöht. Die Erhöhung des Kapitals hängt somit nicht von der Bekanntmachung oder Ausgabe der Aktienurkunden an die Zeichner ab (MünchKomm AktG/*Peifer* Rn 4 mwN). Die neue Grundkapitalziffer ist in der Bilanz auf der Passivseite zu führen, § 266 Abs 3 A I HGB. § 235 gestattet eine rückwirkende Bilanzierung, wenn die Kapitalerhöhung mit einer rückwirkenden Kapitalherabsetzung verbunden wird (*Hüffer* AktG Rn 2). Der bisherige Satzungstext ist hinsichtlich

Wirksamwerden der Kapitalerhöhung § 189

des bezifferten Grundkapitals zu berichtigen (vgl § 188 Rn 20). Mit der Eintragung entstehen auch die neuen Mitgliedschaftsrechte. Die Zeichner werden unabhängig von der Aushändigung der Aktienurkunden Aktionäre (MünchKomm AktG/*Peifer* Rn 6). Zu unwirksamen Zeichnungsverträgen vgl § 185 Rn 18. Erst mit der Eintragung können die Zeichner Verbriefung verlangen, sofern dieser Anspruch nicht nach § 10 Abs 5 ausgeschlossen ist. Vor Eintragung ausgegebene Urkunden sind gem § 191 nichtig (*Hüffer* AktG Rn 3). Solange noch keine Aktienurkunden ausgegeben sind, können die neuen Mitgliedschaftsrechte nur gem §§ 398, 413 BGB abgetreten werden, wobei wegen § 410 BGB Schriftform zu empfehlen ist (*BGH* AG 1977, 295, 296).

III. Mängel der Kapitalerhöhung

1. Wirkung der Eintragung der Durchführung. § 189 bestimmt den Zeitpunkt des Wirksamwerdens der Kapitalerhöhung, enthält aber keine Regelung für eine Heilungswirkung der Eintragung bei fehlerhafter Kapitalerhöhung. Hierbei ist zu differenzieren: Fehlt der Antrag auf Eintragung (§ 188), wurde er zurückgenommen oder von nicht Anmeldungsberechtigten gestellt, bewirkt die Eintragung keine Heilung; das Grundkapital ist nicht erhöht. Der Mangel kann nur durch einen neuen ordnungsgemäßen Antrag behoben werden. IÜ wird eine fehlerhafte Anmeldung aber durch die Eintragung geheilt (ausf MünchKomm AktG/*Peifer* Rn 14). Fehlt der Erhöhungsbeschluss gem § 182, ist er nichtig oder mangels (wirksamer) Sonderbeschlüsse unwirksam, erhöht sich das Grundkapital ebenfalls nicht (*Hüffer* AktG Rn 5; die Nichtigkeit des Erhöhungsbeschlusses kann jedoch gem § 242 Abs 2 geheilt werden). Gleiches gilt, wenn der Inhalt des Erhöhungsbeschlusses nicht mit seiner Durchführung übereinstimmt (MünchKomm AktG/*Peifer* Rn 15). Dagegen kann ein in sonstiger Weise fehlerhafter Erhöhungsbeschluss eingetragen werden, bleibt aber anfechtbar. Nur ein Verstoß gegen § 183 Abs 1 S 1 wird gem § 183 Abs 2 S 2 mit der Eintragung der Durchführung geheilt. Mangelhafte Zeichnungsverträge berühren gem § 185 Abs 3 das Wirksamwerden der Kapitalerhöhung durch Eintragung nicht (vgl § 185 Rn 17; MünchKomm AktG/*Peifer* Rn 19). Ebenso steht ein Verstoß gegen die Pflicht zur Mindesteinlage dem Wirksamwerden der Kapitalerhöhung nicht entgegen (*Hüffer* AktG Rn 5). Bei Sacheinlagen ist bereits der Kapitalerhöhungsbeschluss nichtig und somit unheilbar, wenn der Wert der Sacheinlage hinter dem geringsten Ausgabebetrag der dafür zu gewährenden Aktien nicht nur unwesentlich zurückbleibt oder ein grobes Missverhältnis zwischen Sacheinlagewert und Ausgabebetrag besteht (*Hüffer* AktG Rn 5).

2. Rechtsfolgen einer unwirksamen Kapitalerhöhung. Kann die Eintragung keine Heilung bewirken, wird das Grundkapital trotz Eintragung nicht erhöht und neue Mitgliedschaftsrechte können nicht entstehen. Die Zeichner werden demzufolge nicht Aktionäre; ausgegebene Aktienurkunden sind nichtig (MünchKomm AktG/*Peifer* Rn 22). Ein gutgläubiger Erwerb der nicht entstandenen Rechte ist nicht möglich (*Hüffer* AktG Rn 6). Die Zeichner können allerdings gem § 277 Abs 3 analog zur Einlageleistung verpflichtet sein (ausf MünchKomm AktG/*Peifer* Rn 22). Die Ausgeber trifft entspr § 191 S 3 eine Schadensersatzpflicht (vgl § 191 Rn 5).

Nach § 398 FamFG kann ein HV-Beschluss von Amts wegen gelöscht werden, wenn der Inhalt des Beschlusses zwingende Gesetzesvorschriften verletzt und die Beseitigung der Eintragung im öffentlichen Interesse erforderlich erscheint. Auf die Eintragung eines nichtigen oder fehlerhaften Erhöhungsbeschlusses gem § 184 ist § 398 FamFG unmittelbar anwendbar, auf die Eintragung der Durchführung nur analog

(MünchKomm AktG/*Peifer* Rn 24 mwN). Dem RegGericht steht, wenn die Voraussetzungen des § 398 FamFG vorliegen, kein Ermessensspielraum zu (MünchKomm AktG/*Hüffer* § 241 Rn 80 mwN). Innerhalb seines Anwendungsbereichs ist § 398 FamFG lex specialis gegenüber § 395 FamFG (GroßKomm AktG/*Wiedemann* Rn 51; *Hüffer* AktG Rn 7). Liegen die Voraussetzungen des § 398 FamFG bei einem fehlerhaften Erhöhungsbeschluss nicht vor, kann eine Löschung nur auf Antrag der AG gem § 23 FamFG erfolgen (MünchKomm AktG/*Peifer* Rn 24). Bei Verfahrensfehlern greift hingegen § 398 FamFG ein (GroßKomm AktG/*Wiedemann* Rn 51 zu § 142 Abs 1 FGG).

IV. Anpassung von Ansprüchen Dritter

6 Eine Kapitalerhöhung kann sich nicht nur auf die Beteiligungsrechte der Aktionäre, sondern auch auf Ansprüche Dritter auswirken. Durch Kapital- und Dividendenverwässerung können diese nach der Kapitalerhöhung schlechter stehen, als zur Zeit der Anspruchsbegründung, weil sich jetzt Vermögen und Gewinn der AG auf eine höhere Anzahl von Aktien verteilen (GroßKomm AktG/*Wiedemann* Rn 15). Ansprüche Dritter können sich auf eine **Kapitalbeteiligung** (bspw bei Wandelschuldverschreibungen, Genussrechten, Abfindungen nach § 305 Abs 2) oder auf die **Dividende** beziehen (bspw Gewinnschuldverschreibungen, Tantiemen, Genussrechte). Soweit in der Vereinbarung der Parteien nicht bereits eine Regelung für den Fall einer Kapitalerhöhung getroffen wurde, ist zu prüfen, wie ein Ausgleich geschaffen werden kann. Eine gesetzliche Regelung besteht nur gem § 216 Abs 3 für die Kapitalerhöhung aus Gesellschaftsmitteln und nach §§ 23, 125, 204 UmwG bei einer Umwandlung. Bei dividendenabhängigen Ansprüchen ist eine Anpassung **analog § 216 Abs 3** vorzunehmen (**hM** *Hüffer* AktG Rn 9 mwN). Bei Ansprüchen auf eine Kapitalbeteiligung ist angesichts der Vielfältigkeit möglicher Vertragsgestaltungen eine **ergänzende Vertragsauslegung** vorzunehmen (**str** ausf GroßKomm AktG/*Wiedemann* Rn 17; MünchKomm AktG/ *Peifer* Rn 11; MünchHdb AG/*Kraft/Krieger* § 56 Rn 139).

§ 190

(aufgehoben)

1 Die Vorschrift regelte die Bekanntmachung der Eintragung der Durchführung der Kapitalerhöhung (§ 188). Sie wurde mit Wirkung zum 1.1.2007 aufgehoben durch das Gesetz über elektronische Handelsregister und Genossenschaftsregister sowie das Unternehmensregister (*EHUG*) v 10.11.2006 (BGBl 2006 I S 2553). Dahinter steht der Grundsatz des Verzichts auf Zusatzbekanntmachungen im Zuge des Übergangs auf das elektronisch geführte HR.

§ 191 Verbotene Ausgabe von Aktien und Zwischenscheinen

¹**Vor der Eintragung der Durchführung der Erhöhung des Grundkapitals können die neuen Anteilsrechte nicht übertragen, neue Aktien und Zwischenscheine nicht ausgegeben werden.** ²**Die vorher ausgegebenen neuen Aktien und Zwischenscheine sind nichtig.** ³**Für den Schaden aus der Ausgabe sind die Ausgeber den Inhabern als Gesamtschuldner verantwortlich.**

Verbotene Ausgabe von Aktien und Zwischenscheinen § 191

Übersicht

	Rn		Rn
I. Regelungsgegenstand	1	1. Tatbestand (S 1 Var 2)	3
II. Verfügungsverbot (S 1 Var 1)	2	2. Rechtsfolge (S 2)	4
III. Das Verbot der Ausgabe von		3. Haftung der Ausgeber (S 3)	5
Aktien und Zwischenscheinen	3	IV. Analoge Anwendung	6

I. Regelungsgegenstand

§ 191 ergänzt die Regelung des § 189, wonach erst die Eintragung der Durchführung der Kapitalerhöhung die Erhöhung des Grundkapitals bewirkt. Zur Sicherung dieser konstitutiven Wirkung bestimmt § 191 S 1, dass vor der Eintragung neue Anteilsrechte nicht übertragen werden dürfen (sog **Verfügungsverbot**) und neue Aktien und Zwischenscheine vorher nicht ausgegeben werden dürfen (sog **Ausgabeverbot**). Ein Verstoß gegen das Ausgabeverbot führt zur Nichtigkeit der Aktien und Zwischenscheine (S 2) und zur Schadensersatzpflicht der Ausgeber (S 3). Mit dieser Regelung bleiben die beteiligten Aktionäre überschaubar; außerdem werden die Aktienerwerber vor Schwindelemissionen geschützt (*BGH* AG 1988, 76, 78; MünchKomm AktG/*Peifer* Rn 1; vgl § 41 Rn 13 zur Parallelvorschrift im Gründungsverfahren). Gem § 203 Abs 1 S 1 gilt § 191 für das genehmigte Kapital sinngemäß. **1**

II. Verfügungsverbot (S 1 Var 1)

Nach § 189 entstehen die neuen Anteilsrechte erst mit der Eintragung der Durchführung der Kapitalerhöhung, vorher existieren keine Rechte. Demzufolge geht eine Übertragung solcher nicht existierenden Rechte ins Leere, S 1 Var 1. Hierunter fallen alle Formen von **Verfügungsgeschäften**, insb Verpfändungen und Pfändungen, aufschiebend bedingte Übertragungen oder die Übertragung einer Anwartschaft (Groß-Komm AktG/*Wiedemann* Rn 3). Es können nicht keine Rechte aus der Zeichnung übertragen werden (MünchKomm AktG/*Peifer* Rn 4). Eine verbotswidrige Verfügung entfaltet keine Rechtswirkung, weder gegenüber der AG noch zwischen Veräußerer und Erwerber (*Hüffer* AktG Rn 2). Auch die **Eintragung** bewirkt **keine Heilung**; das Verfügungsgeschäft muss deshalb nach Eintragung erneut vorgenommen werden (MünchKomm AktG/*Peifer* Rn 5). Verpflichtungsgeschäfte sind zwar nicht von S 1 Var 1 erfasst, ihre Erfüllung ist aber vor Eintragung unmöglich, § 275 Abs 1 BGB iVm § 191 S 1 Var 1 (*Hüffer* AktG Rn 2). Verpflichtungsgeschäfte sind regelmäßig dahin auszulegen, dass Erfüllung erst nach Eintragung gewollt ist (MünchKomm AktG/*Peifer* Rn 6). **2**

III. Das Verbot der Ausgabe von Aktien und Zwischenscheinen

1. Tatbestand (S 1 Var 2). Vor Eintragung der Durchführung der Kapitalerhöhung gem § 188 ist die Ausgabe von neuen Aktien und Zwischenscheinen **verboten**, S 1 Var 2. Unter den Begriff Ausgabe fallen alle Handlungen und Unterlassungen, durch die auf Veranlassung der Verantwortungsträger der AG die Urkunden in den Verkehr gebracht werden (*BGH* AG 1977, 295, 296). Keine Ausgabe liegt deshalb vor, wenn die Aktienurkunden trotz ordnungsgemäßer Sicherung gestohlen werden (Münch-Komm AktG/*Peifer* Rn 7). Auch bloße Vorbereitungshandlungen, wie die Herstellung und Unterzeichnung der Urkunden, stellen noch keine Ausgabe iSv S 1 Var 2 dar (*Hüffer* AktG Rn 3). § 405 Abs 1 Nr 2 enthält die entspr Bußgeldvorschrift. **3**

4 2. Rechtsfolge (S 2). Eine gegen S 1 Var 2 verstoßende Ausgabe führt zur **Nichtigkeit** der betroffenen Aktienurkunden und Zwischenscheine. Das Anteilsrecht wurde nicht ordnungsgemäß verbrieft, seine Entstehung ist hiervon aber nicht betroffen (vgl § 189 Rn 2). Deshalb kann das Anteilsrecht auch ohne Verbriefung gem §§ 398, 413 BGB übertragen werden (*Hüffer* AktG Rn 4). Auch nach Eintragung der Durchführung ist ein gutgläubiger Erwerb durch Übertragung der Urkunden mangels Heilungswirkung nicht möglich (MünchKomm AktG/*Peifer* Rn 8). Nach der Eintragung haben Neuaktionäre Anspruch auf Verbriefung ihres Anteilsrechts. Wird ein neuer Begebungsvertrag zwischen AG und Neuaktionär geschlossen, kann auf die alten Urkunden zurückgegriffen werden (*BGH* AG 1977, 295, 296; **aA** *OLG Frankfurt* AG 1976, 77, 78: einseitige Gültigkeitserklärung des Vorstands ausreichend).

5 3. Haftung der Ausgeber (S 3). Den Inhabern nichtiger Aktien und Zwischenscheine steht gem S 3 ein Schadensersatzanspruch gegen die Ausgeber zu. Die Inhaber sind schutzwürdig, weil sie die Nichtigkeit nicht erkennen können und ein gutgläubiger Erwerb ausscheidet (MünchKomm AktG/*Peifer* Rn 9). Die Haftung besteht nur, wenn die Nichtigkeit auf dem Ausgabeverbot nach S 1 Var 2, S 2 beruht (*Hüffer* AktG Rn 5). **Anspruchsberechtigt** ist Inhaber der nichtigen Urkunde. Die Inhaberschaft beurteilt sich nach der Berechtigung aus der Urkunde (§ 793 BGB), nicht nach dem Besitz (MünchKomm AktG/*Peifer* Rn 11 mwN). Schadensersatzpflichtig sind die Ausgeber persönlich; mehrere Ausgeber haften als Gesamtschuldner nach §§ 421 ff BGB (GroßKomm AktG/*Wiedemann* Rn 11). Eine eigene Haftung der AG besteht nicht. Ausgeber sind alle für die AG selbstständig und verantwortlich Handelnden, auf deren Veranlassung die Urkunden in den Verkehr gebracht wurden, insb Vorstandsmitglieder und Prokuristen (MünchKomm AktG/*Peifer* Rn 11). Nur auf Weisung handelnde Mitarbeiter sind keine Ausgeber iSv S 3. Die Haftungsregelung ist als Gefährdungshaftung konzipiert; ein Verschulden ist nicht erforderlich (*Hüffer* AktG Rn 6). Ersatzfähig ist der Schaden, der dem Inhaber durch sein Vertrauen auf die Gültigkeit der Urkunden entstanden ist, insb entgangener Gewinn gem § 249 S 1 iVm § 252 BGB. Zu beachten ist, dass das Anteilsrecht unabhängig von der Verbriefung entsteht, der Zweiterwerber den Anspruch aus dem Kaufvertrag also nicht verliert (MünchKomm AktG/*Peifer* Rn 13). Neben S 3 kann sich ein Ersatzanspruch auch aus § 823 Abs 2 BGB iVm § 191 S 3 und iVm § 405 Abs 1 Nr 2 ergeben. Zwar setzen diese Anspruchsgrundlagen Verschulden voraus, über § 830 Abs 2 BGB können aber auch Anstifter und Gehilfen in Anspruch genommen werden (*Hüffer* AktG Rn 6).

IV. Analoge Anwendung

6 Die Nichtigkeitsfolge gem S 1, S 2 tritt auch ein, wenn Aktien aufgrund eines nichtigen oder unwirksamen Erhöhungsbeschlusses ausgegeben wurden. Die Ausgeber sind dann ebenfalls schadensersatzpflichtig gem S 3 (**hM** KölnKomm AktG/*Lutter* Rn 5 mwN); **aA** Haftung nur nach allg Grundsätzen, bes nach §§ 241 Abs 2, 280 Abs 1, 311 Abs 2 BGB: *Hüffer* AktG Rn 7; MünchKomm AktG/*Peifer* Rn 15 mwN).

Zweiter Unterabschnitt
Bedingte Kapitalerhöhung

§ 192 Voraussetzungen

(1) Die Hauptversammlung kann eine Erhöhung des Grundkapitals beschließen, die nur so weit durchgeführt werden soll, wie von einem Umtausch- oder Bezugsrecht Gebrauch gemacht wird, das die Gesellschaft auf die neuen Aktien (Bezugsaktien) einräumt (bedingte Kapitalerhöhung).

(2) Die bedingte Kapitalerhöhung soll nur zu folgenden Zwecken beschlossen werden:
1. zur Gewährung von Umtausch- oder Bezugsrechten an Gläubiger von Wandelschuldverschreibungen;
2. zur Vorbereitung des Zusammenschlusses mehrerer Unternehmen;
3. zur Gewährung von Bezugsrechten an Arbeitnehmer und Mitglieder der Geschäftsführung der Gesellschaft oder eines verbundenen Unternehmens im Wege des Zustimmungs- oder Ermächtigungsbeschlusses.

(3) ¹Der Nennbetrag des bedingten Kapitals darf die Hälfte und der Nennbetrag des nach Absatz 2 Nr. 3 beschlossenen Kapitals den zehnten Teil des Grundkapitals, das zur Zeit der Beschlussfassung über die bedingte Kapitalerhöhung vorhanden ist, nicht übersteigen. ²§ 182 Abs. 1 Satz 5 gilt sinngemäß.

(4) Ein Beschluss der Hauptversammlung, der dem Beschluss über die bedingte Kapitalerhöhung entgegensteht, ist nichtig.

(5) Die folgenden Vorschriften über das Bezugsrecht gelten sinngemäß für das Umtauschrecht.

Übersicht

	Rn		Rn
I. Regelungsgegenstand	1	4. Bezugsrechte für Arbeitnehmer und Geschäftsführungsmitglieder (Nr 3)	14
II. Bedingte Kapitalerhöhung (Abs 1)	2	a) Grundlagen	14
1. Allgemeines	2	b) Begünstigter Personenkreis	16
2. Besonderheiten des bedingten Kapitals	4	aa) Arbeitnehmer und Vorstandsmitglieder der kapitalerhöhenden Aktiengesellschaft	16
3. Hauptversammlungsbeschluss	5		
III. Zwecke des bedingen Kapitals (Abs 2)	6		
1. Grundsatz der Zweckbindung	6	bb) Mitarbeiter und Geschäftsführer verbundener Unternehmen	17
2. Bedienung von Umtausch- oder Bezugsrechten aus Wandelschuldverschreibungen	7	cc) Aufsichtsratsmitglieder	18
a) Unmittelbarer Anwendungsbereich	7	c) Zustimmungs- oder Ermächtigungsbeschluss	19
b) Analoge Anwendung	8	5. Bezugsrechtsausschluss der Altaktionäre	20
c) Verhältnis von Ausgabe- und Erhöhungsbeschluss	12		
3. Unternehmenszusammenschlüsse (Nr 2)	13	IV. Begrenzung des bedingten Kapitals (Abs 3)	22

	Rn		Rn
1. Höchstbetrag	22	1. Grundlagen	26
2. Besonderheiten bei Stück-		2. Entgegenstehende Beschlüsse	27
aktien	24	VI. Entsprechende Geltung für das	
3. Rechtsfolgen von Verstößen	25	Bezugsrecht (Abs 5)	30
V. Nichtigkeit entgegenstehender		VII. Kosten	31
Hauptversammlungsbeschlüsse			
(Abs 4)	26		

Literatur: *Baums* Aktienoptionen für Vorstandsmitglieder, FS Claussen, 1997, S 3; *Bayer* Aktienrechtsnovelle 2012 – Kritische Anmerkungen zum Regierungsentwurf, AG 2012, 141; *Bungert/Wettich* Aktienrechtsnovelle 2012 – der Regierungsentwurf aus Sicht der Praxis, ZIP 2012, 297; *Bürgers* Keine Aktienoptionen für Aufsichtsräte – Hindernis für die Professionalisierung des Aufsichtsrats?, NJW 2004, 3022; *Busch* Bezugsrecht und Bezugsrechtsausschluss bei Wandel- und Optionsanleihen, AG 1999, 58; *Drinhausen/Keinath* Regierungsentwurf zur Aktienrechtsnovelle 2012, BB 2012, 395; *Fuchs* Selbstständige Optionsscheine als Finanzierungsinstrument der Aktiengesellschaft, AG 1995, 433; *Gätsch/Theusinger* Naked Warrants als zulässige Finanzierungsinstrumente für Aktiengesellschaften, WM 2005, 1256; *Götze/Arnold/Carl* Der Regierungsentwurf der Aktienrechtsnovelle 2012 – Anmerkungen aus der Praxis, NZG 2012, 321; *Gustavus* Die Sicherung von mit ausländischen Optionsanleihen verbundenen Bezugsrechten auf deutsche Aktien, BB 1970, 694; *Hoff* Aktienoptionen für Aufsichtsräte über § 71 Abs 1 Nr 8 AktG?, WM 2003, 909; *Hoffmann* Optionsanleihen ausländischer Töchter unter der Garantie ihrer deutschen Muttergesellschaft, AG 1973, 47; *Ihrig/Wagner* Volumengrenzen für Kapitalmaßnahmen der AG – Zu den aktienrechtlichen Höchstgrenzen bei Kapitalmaßnahmen, NZG 2002, 657; *Kallmeyer* Aktienoptionspläne für Führungskräfte im Konzern, AG 1999, 97; *Keul/Semmer* Das zulässige Gesamtvolumen von Aktienoptionsplänen, DB 2002, 2255; *Knoll* Kumulative Nutzung von bedingtem Kapital und Aktienrücklauf zur Bedienung von Aktienoptionsprogrammen – sind 10% nicht genug?, ZIP 2002, 1382; *Königshausen* Die Aktienrechtsnovelle 2013 – Endlich vollendet?, WM 2013, 909; *Martens* Die mit Optionsrechten gekoppelte Aktienemission, AG 1989, 69; *ders* Die bilanzrechtliche Behandlung internationaler Optionsanleihen nach § 150 Abs. 2 AktG, FS Stimpel, 1985, S 621; *Merkner/Schmidt-Bendun* Die Aktienrechtsnovelle 2012 – Überblick über den Regierungsentwurf, DB 2012, 98; *Müller-Eising* Aktienrechtsnovelle 2012 – Änderungen zur Vorzugsaktie und zum bedingten Kapital für Wandelanleihen, GWR 2010, 591; *Nodoushani* CoCo-Bonds in Deutschland – Die neue Wandelschuldverschreibung, ZBB 2011, 143; *Richter* Aktienoptionen für den Aufsichtsrats?, BB 2004, 949; *Schlitt/Seiler/Singhof* Aktuelle Rechtsfragen und Gestaltungsmöglichkeiten im Zusammenhang mit Wandelschuldverschreibungen, AG 2003, 254; *Stadler* Die Sanierung von Aktiengesellschaften unter Einsatz von Wandelgenussrechten, NZI 2003, 579; *Sünner* Einzelfragen der Aktienrechtsnovelle 2012, CCZ 2012, 107; *Wehrhahn* Kein bedingtes Kapital für „naked warrants"?, BKR 2003, 124; *Werner* Ausgewählte Fragen zum Aktienrecht, AG 1972, 137.

I. Regelungsgegenstand

1 Das bedingte Kapital ist ein flexibles Instrument, um Umtausch- oder Bezugsrechte auf junge Aktien abzusichern. Dabei wird die Kapitalerhöhung nur insoweit durchgeführt, wie die Berechtigten von ihrem **Umtausch- oder Bezugsrecht** Gebrauch machen und junge Aktien der AG beziehen wollen. Das bedingte Kapital schafft dafür die Grundlage. Ohne das bedingte Kapital als Sicherungsmittel wäre der Inhaber eines Umtausch- oder Bezugsrechts auf die Mitwirkung der HV in jedem Einzelfall angewiesen, um junge Aktien zu erhalten (KölnKomm AktG/*Lutter* Vorb § 192 Rn 2). Diese bedarfsabhängige Kapitalbeschaffung ist an **bestimmte Zwecke** (Abs 2) gebun-

Voraussetzungen § 192

den und **quantitativen Grenzen** (Abs 3) unterworfen. Die Vorschriften sind grds sowohl auf Umtausch- als auch auf Bezugsrechte anwendbar (Abs 5). Durch Abs 4 ist das bedingte Kapital gegen entgegenstehende HV-Beschlüsse geschützt. Als Sonderform der Kapitalerhöhung gegen Einlagen finden die Vorschriften über die reguläre Kapitalerhöhung iRd §§ 192 ff nur vereinzelt Anwendung (§ 192 Abs 3 S 2 iVm § 182 Abs 1 S 5, § 193 Abs 1 S 2 iVm §§ 182 Abs 2, 187 Abs 2).

II. Bedingte Kapitalerhöhung (Abs 1)

1. Allgemeines. Eine bedingte Kapitalerhöhung bedeutet, dass die Kapitalerhöhung nur insoweit durchgeführt wird, als von Umtausch- oder Bezugsrechten Gebrauch gemacht wird (**Legaldefinition** in Abs 1). **Bezugsaktien** sind gem Abs 1 neue Aktien, auf die ein Umtausch- oder Bezugsrecht eingeräumt worden ist. Ein **Umtauschrecht** liegt gem § 221 Abs 1 vor, wenn der Gläubiger einer Anleihe berechtigt ist, seinen Zahlungsanspruch gegen die AG durch Ausübung einer Ersetzungsbefugnis in einen Anspruch auf Aktien umzuwandeln. Ein **Bezugsrecht** liegt dagegen gem § 221 Abs 1 vor, wenn dem Gläubiger einer Anleihe neben seinem Zahlungsanspruch gegen die AG **zusätzlich** das Recht eingeräumt wurde, Aktien der AG zu erwerben. Dieses Recht kann als Optionsschein selbstständig verbrieft sein. Wegen § 192 Abs 5 unterscheiden die §§ 192 ff grds nicht zwischen Umtausch- und Bezugsrecht. Zu unterscheiden ist allerdings zwischen der gesellschaftsrechtlichen Grundlage des bedingten Kapitals, dem HV-Beschluss, und dem schuldrechtlichen Rechtsgeschäft zwischen der AG und dem künftig Berechtigten, welches das Umtausch- oder Bezugsrecht und damit einen Anspruch, Aktien der AG beziehen zu können, begründet (vgl *Hüffer* AktG Rn 3 und MünchKomm AktG/*Fuchs* Rn 25). 2

Das bedingte Kapital wird durch HV-Beschluss mit den in § 193 Abs 2 vorgeschriebenen Festsetzungen beschlossen (vgl § 193 Rn 3 ff). Um auf dieser Grundlage Aktien ausgeben zu können, muss der HV-Beschluss ins HR eingetragen werden, § 195. Erst nach erfolgter Eintragung können Bezugs- und Umtauschrechte wirksam begründet werden. Vorher gewährte Rechte stehen unter der aufschiebenden Bedingung der Eintragung des bedingten Kapitals, § 197 S 2. Mit Abgabe der Bezugserklärung üben die Bezugsberechtigten ihr Bezugsrecht aus. Mit der Annahme dieser Erklärung durch die AG kommt der Zeichnungsvertrag zustande. Dieser Zeichnungsvertrag wird mit der Ausgabe der Aktien erfüllt. Gem § 200 wird das Grundkapital der AG schon mit der Ausgabe der Aktien, und nicht erst, wie bei § 189, mit der Eintragung der Durchführung der Kapitalerhöhung ins HR, um den jeweiligen Gesamtnennbetrag der ausgegebenen Aktien (§ 8 Abs 2) bzw bei Stückaktien um den anteiligen Betrag (§ 8 Abs 3 S 3) erhöht. Die Ausgabe der Aktien darf nur unter den Voraussetzungen des § 199 erfolgen. Bei sukzessiver Kapitalerhöhung, abhängig von der individuellen Ausübung der Bezugsrechte, ändert sich das Kapital mit jeder Ausgabe neuer Aktien. Aus Vereinfachungsgründen und wegen der lediglich deklaratorischen Wirkung der HR-Eintragung ist alljährlich eine nachträgliche Sammelanmeldung vorzunehmen, § 201. 3

2. Besonderheiten des bedingten Kapitals. Wegen der Ausrichtung auf die Umtausch- und Bezugsrechte Dritter gibt es beim bedingten Kapital **kein gesetzliches Bezugsrecht** der Aktionäre (*BGH* NZG 2006, 129, 130 Tz. 6). Die Aktionäre werden aber durch die Zweckbindung gem Abs 2, die drei Viertel- Kapitalmehrheit nach § 193 Abs 1, die Anforderungen an den Beschlussinhalt gem § 193 Abs 2 und bei Wandelschuldverschreibungen und Genussrechten durch das Bezugsrecht gem § 221 Abs 4 4

Marsch-Barner 1561

§ 192 Voraussetzungen

ausreichend geschützt (*Hüffer* AktG Rn 3). Nachdem bereits die Ausgabe der Bezugsaktien das Grundkapital erhöht (§ 200), wird hierdurch die **Satzung** hinsichtlich des angegebenen Grundkapitals (§ 23 Abs 3 Nr 3) **unrichtig**. Neben der Eintragung des bedingten Kapitals selbst (§ 195) und der jährlichen Sammelanmeldung der im Geschäftsjahr ausgegebenen Bezugsaktien (§ 201 Abs 1) ist deshalb spätestens nach Ablauf der Bezugsfrist bzw nach Ausübung aller auf das bedingte Kapital bezogener Umtausch- und Bezugsrechte die Satzung **zu berichtigen**; §§ 179–181 sind anzuwenden. Im Hinblick hierauf ist es sinnvoll, den AR zur Anpassung des Wortlauts der Satzung (Fassungsänderung) zu ermächtigen, § 179 Abs 1 S 2. Über die Verweisungen in §§ 192 Abs 3 S 2, 193 Abs 1 S 2 auf die §§ 182 Abs 1 S 5, 182 Abs 2, 187 Abs 2 hinaus sind die **Vorschriften über die reguläre Kapitalerhöhung** (§§ 182 ff) nicht anwendbar.

5 **3. Hauptversammlungsbeschluss.** Das bedingte Kapital kann nur durch HV-Beschluss geschaffen werden. Eine Begründung bereits in der Ursprungssatzung, wie dies § 202 Abs 1 beim genehmigten Kapital ermöglicht, ist unzulässig (arg e contrario; MünchKomm AktG/*Fuchs* Rn 22; KölnKomm AktG/*Lutter* Rn 2; *Maier-Reimer* ZHR 164 (2000) 563, 582; Spindler/Stilz AktG/*Rieckers* Rn 19; **aA** GroßKomm AktG/*Frey* Rn 24; Grigoleit AktG/*Rieder/Holzmann* Rn 10; *Hüffer* AktG Rn 7 für die Fälle des § 192 Abs 2 Nr 3; MünchHdb AG/*Krieger* § 57 Rn. 11). Für die Beschlussfassung der HV gelten die §§ 193, 194. Da mit der Ausgabe der neuen Aktien auf der Grundlage des HV-Beschlusses eine Satzungsänderung bewirkt wird, ist der vorgeschlagene Beschluss vor der HV gem § 124 Abs 2 S 2 im Wortlaut bekannt zu machen.

III. Zwecke des bedingten Kapitals (Abs 2)

6 **1. Grundsatz der Zweckbindung.** Abs 2 nennt die zulässigen Zwecke einer bedingten Kapitalerhöhung. Diese **Zweckbindung** führt dazu, dass ein bedingtes Kapital regelmäßig wie ein **Bezugsrechtsausschluss** wirkt, ohne dass die besonderen Anforderungen des § 186 Abs 3, 4 zu beachten sind. Zudem wird dadurch der **Ausnahmecharakter** des bedingten Kapitals deutlich, weil die AG bei der Durchführung dieser Kapitalerhöhung von der Entscheidung der Bezugsberechtigten abhängig ist (MünchKomm AktG/*Fuchs* Rn 36; *OLG Stuttgart* ZIP 2002, 1807, 1808). Die Aufzählung der zulässigen Zwecke in Abs 2 ist daher **grds abschließend**. Es dürfen keine anderen Zwecke geschaffen werden (**hM** MünchKomm AktG/*Fuchs* Rn 36; KölnKomm AktG/*Lutter* Rn 18; GroßKomm AktG/*Frey* Rn 49; *Hüffer* AktG Rn 8; *Martens* AG 1989, 69, 71; **aA** *Hoffmann* AG 1973, 47, 56 f; *Werner* AG 1972, 137, 142). Die Formulierung als Soll-Vorschrift steht dem nicht entgegen, da das Registergericht gem § 195 Abs 1 die Eintragung des bedingten Kapitals abzulehnen hat, wenn kein Zweck iSv Abs 2 verfolgt wird (MünchKomm AktG/*Fuchs* Rn 41; *Hüffer* AktG Rn 8). **In Einzelfällen** ist jedoch eine **Analogie** zu den in Abs 2 genannten Zwecken zulässig, wenn die mit der Zweckbindung verfolgten Ziele dem nicht entgegenstehen und die beabsichtigte Gestaltung mit den in Abs 2 enumerativ aufgeführten Zwecken verwandt ist (*OLG Stuttgart* ZIP 2002, 1807, 1808; GroßKomm AktG/*Frey* Rn 49; MünchKomm AktG/ *Fuchs* Rn 37 f). Ein HV-Beschluss zur Schaffung eines bedingten Kapitals mit einem unzulässigen Zweck ist nach § 243 Abs 1 wegen Gesetzesverletzung **anfechtbar**. Eine unterbliebene oder nicht fristgemäße Anfechtung des Beschlusses hat keine Auswirkungen auf die Prüfungspflicht und -kompetenz des Registergerichts; dieses hat gleichwohl die Eintragung abzulehnen (str *Hüffer* AktG Rn 8; MünchKomm AktG/ *Fuchs* Rn 41; KölnKomm AktG/*Lutter* Rn 19 mwN zur Gegenansicht). Wird im HV-

Beschluss überhaupt kein Zweck angegeben, liegt ein Verstoß gegen § 193 Abs 2 Nr 1 vor, der gem § 241 Nr 3 zur **Nichtigkeit** des Beschlusses führt (MünchKomm AktG/ *Fuchs* Rn 42).

2. Bedienung von Umtausch- oder Bezugsrechten aus Wandelschuldverschreibungen a) Unmittelbarer Anwendungsbereich. Abs 1 Nr 1 regelt den wichtigsten Fall des bedingten Kapitals. Gem § 221 kann die AG Wandelschuldverschreibungen ausgeben, bei denen den Gläubigern ein Umtausch- oder Bezugsrecht auf Aktien eingeräumt wird. Um diese Umtausch- oder Bezugsrechte im Bedarfsfall durch die Ausgabe von Aktien bedienen zu können, kann gem Abs 1 Nr 1 ein bedingtes Kapital geschaffen werden. Wandelschuldverschreibungen sind verbriefte Zahlungsversprechen der AG zugunsten eines Dritten (§§ 793 ff BGB). Wandelschuldverschreibungen können auch zugunsten von Mitarbeitern und Vorstandsmitgliedern begeben werden, um ihre Tätigkeit für die Gesellschaft durch Umtausch- oder Bezugsrechte auf Aktien zu vergüten. Dass Abs 2 Nr 3 für die Gewährung von Bezugsrechten an diesen Personenkreis eine Sonderregelung bereithält, schließt die Begebung und Besicherung solcher Anleihen durch ein bedingtes Kapital nach Abs 1 Nr 1 nicht aus (*OLG Braunschweig* ZIP 1998, 1585, 1592; *OLG Stuttgart* AG 1998, 1998, 529; *LG Frankfurt* AG 1997, 185; RegBegr BT-Drucks 13/9712 S 23; GroßKomm AktG/*Frey* Rn 59; *Hüffer* AktG Rn 9 mwN). Nach § 221 Abs 1 S 1 sind **Gewinnschuldverschreibungen** den Wandelschuldverschreibungen gleichgestellt. Auch diese fallen deshalb in den unmittelbaren Anwendungsbereich des § 192 Abs 2 Nr 1 (*Hüffer* AktG Rn 9; KölnKomm AktG/*Lutter* Rn 4). 7

b) Analoge Anwendung. Nach § 221 Abs 3 gilt für die Gewährung von **Genussrechten** § 221 Abs 1 sinngemäß. Unabhängig von einer Verbriefung, wie sie für Schuldverschreibungen typisch ist, können auch Genussrechte mit einem Umtausch- oder Bezugsrecht **(Wandel- oder Optionsgenussrechte)** ausgegeben und durch ein bedingtes Kapital analog § 192 Abs 2 Nr 1 gesichert werden (allgM *OLG Stuttgart* ZIP 2002, 1807, 1808; MünchKomm AktG/*Fuchs* Rn 47; MünchHdb AG/*Krieger* § 57 Rn 4 mwN; vgl *Stadler* NZI 2003 579, 583 ff; KölnKomm AktG/*Lutter* § 221 Rn 187). Dies gilt unabhängig davon, ob die Genussrechte als Finanzierungsmittel ausgestaltet sind (MünchKomm AktG/*Fuchs* Rn 47; MünchKomm AktG/*Habersack* § 221 Rn 40; Spindler/Stilz AktG/*Rieckers* Rn 29; aA KölnKomm AktG/*Lutter* § 221 Rn 187). Die Rechte der Aktionäre stehen nicht entgegen, da diese auch bei der Begebung von Genussrechten grds bezugsberechtigt sind, § 221 Abs 4. Für Anleihen, die neben einem Umtauschrecht unter bestimmten Umständen zusätzlich eine Umtauschpflicht vorsehen (sog **Pflichtwandelanleihen**), kann ebenfalls ein bedingtes Kapital nach Abs 2 Nr 1 beschlossen werden (Marsch-Barner/Schäfer Hdb AG/*Groß* § 51 Rn 7 f; Hölters/*v. Dryander/Niggemann* Rn 24; *Bungert/Wettich* ZIP 2011, 160, 163; *Müller-Eising* GWR 2010, 591, 592 f; *Schlitt/Seiler/Singhof* AG 2003, 254, 266; Marsch-Barner/ Schäfer Hdb AG/*Busch* § 44 Rn 7 mwN). Dies gilt jedenfalls für Schuldverschreibungen, die ein Tilgungswahlrecht zugunsten der Gesellschaft vorsehen oder den Gläubigern neben der Wandlungspflicht auch ein Wandlungsrecht einräumen (Spindler/Stilz AktG/*Seiler* § 221 Rn 151). Der RegE der „Aktienrechtsnovelle 2012" (später „Gesetz zur Verbesserung der Kontrolle der Vorstandsvergütung und zur Änderung weiterer aktienrechtlicher Vorschriften – VorstKoG") sah eine Änderung der §§ 192, 194, 195, 221 dahin vor, dass auch Wandelschuldverschreibungen, die (nur) der Gesellschaft ein Wandlungsrecht einräumen (sog **umgekehrte Wandelschuldverschreibung**), unter die 8

Regelungen des § 192 Abs 2 Nr 1, 221 Abs 1 fallen. Diese Änderungen waren nur als Klarstellung gedacht (BegrRegE, BR-Drucks 852/11, 18. Solche Wandelschuldverschreibungen bleiben daher zulässig, auch wenn die Novelle nicht verabschiedet wurde. Vom geltenden Gesetzeswortlaut nicht erfasst sind **bedingte Pflichtwandelanleihen** (sog CoCo-Bonds), bei denen bei Eintritt eines in den Anleihebedingungen festgelegten Ereignisses (trigger event) der Rückzahlungsanspruch ohne weitere Erklärung in Eigenkapital (Aktien) umgewandelt wird (dazu näher *Nodoushani* ZBB 2011, 143). Da die Vertragspartner frei sind, das „Wandlungsereignis" zu vereinbaren (so BegrRegE, BR-Drucks 852/11, 19), ist davon auszugehen, dass auch solche, der Pflichtwandelanleihe nahestehende Anleihen durch ein bedingtes Kapital gesichert werden können (*Götze/Arnold/Carl* NZG 2012, 321, 324; *Königshausen* WM 2013, 909, 912). Rechtlich sicherer sind aber Gestaltungen, die mit einem Umtauschrecht verbunden sind und bei denen ein Recht zur Gewährung von Aktien statt Rückzahlung in Geld vereinbart ist (*Drinhausen/Keinath* BB 2012, 385, 397; *Merkner/Schmidt-Bendun* DB 2012, 98, 101).

9   In analoger Anwendung des Abs 2 Nr 1 stellt auch die Absicherung sog **Warrant-Anleihen** einen zulässigen Zweck dar. Damit sind Anleihen gemeint, die von einer ausländischen Tochtergesellschaft einer deutschen AG, verbunden mit einem Umtausch- oder Bezugsrecht auf Aktien der Muttergesellschaft, begeben werden (*Hüffer* AktG Rn 10; MünchHdb AG/*Krieger* § 63 Rn 39; GroßKomm AktG/*Frey* Rn 73). Die Muttergesellschaft garantiert entweder die Anleihe und das von der Tochtergesellschaft zugesagte Umtausch- oder Bezugsrecht oder garantiert nur die Anleihe und verpflichtet sich selbst zur Erfüllung des Umtausch- oder Bezugsrechts auf ihre Aktien (*Hüffer* AktG Rn 10; KölnKomm AktG/*Lutter* Rn 7). Für die Zulässigkeit der Analogie werden teilweise unterschiedliche Voraussetzungen aufgestellt (vgl *Martens* FS Stimpel, S 627 ff; *Hüffer* AktG Rn 12; MünchHdb AG/*Krieger* § 63 Rn 30 f; MünchKomm AktG/*Fuchs* Rn 55; GroßKomm AktG/*Frey* Rn 75; Marsch-Barner/Schäfer Hdb AG/*Gross* § 51 Rn 4). Zum Schutz der Aktionärsinteressen und im Hinblick auf die in Abs 2 festgelegten Zweckbindungen kann ein bedingtes Kapital zur Sicherung von drittemittierten Anleihen nur geschaffen werden, wenn die AG hinsichtlich der Anleihe (§ 221) ein **eigenes Finanzierungsinteresse** hat (*Hüffer* AktG Rn 4; Spindler/ Stilz AktG/*Rieckers* Rn 33). Ein Konzernverhältnis (§ 18) zwischen der AG und der Emittentin ist dagegen nicht zu fordern (MünchKomm AktG/*Habersack* § 221 Rn 48; KölnKomm AktG/*Lutter* § 221 Rn 175; Marsch-Barner/Schäfer Hdb AG/*Gross* § 51 Rn 4 aE; **aA** *Hüffer* AktG Rn 12 und MünchHdb AG/*Krieger* § 63 Rn 31). Im Falle einer Konzernfinanzierung ist ein mittelbares Finanzierungsinteresse der Muttergesellschaft idR allerdings gegeben (*Hüffer* AktG Rn 12). Schließlich muss die **Garantie** für die von der Tochtergesellschaft ausgegebene Anleihe durch einen HV-Beschluss der Mutter-AG **analog § 221** erteilt werden. Den Aktionären steht dann ein Bezugsrecht auf die Anleihe analog § 221 Abs 4 zu (*Hüffer* AktG Rn 12; MünchHdb AG/ *Krieger* § 63 Rn 41; Marsch-Barner/Schäfer Hdb AG/*Busch* § 44 Rn 6). Dieses Bezugsrecht kann unter den Voraussetzungen des § 186 Abs 3, 4 ausgeschlossen werden.

10 Auch durch sog **Huckepack-Emissionen** gewährte Bezugsrechte können analog Abs 2 Nr 1 durch ein bedingtes Kapital abgesichert werden (*Martens* AG 1989, 69, 71; MünchKomm AktG/*Fuchs* Rn 53; MünchHdb AG /*Krieger* § 57 Rn 4, § 63 Rn 24; Spindler/Stilz AktG/*Rieckers* Rn 32; **aA** KölnKomm AktG/*Lutter* Rn 9; *Hüffer* AktG Rn 9). In solchen Fällen wird die Ausgabe von Aktien mit dem Recht zum Bezug wei-

terer Aktien verbunden. Die rechtliche Beurteilung derartiger Gestaltungen ist die gleiche wie bei der Absicherung selbstständiger Bezugsrechte (vgl nachfolgende Rn 11). Bei der Ausgabe von Aktien mit Optionsrechten erhöht das Optionsrecht den Emissionskurs der ausgegebenen Aktien (KölnKomm AktG/*Lutter* Rn 9). Die besondere Ausgestaltung soll zudem die Platzierung der neuen Aktien erleichtern.

11 Abs 2 Nr 1 kann auch auf die Begebung sog **„naked warrants"** entspr angewandt werden (**str**, wie hier MünchKomm AktG/*Fuchs* Rn 48 ff; *Fuchs* AG 1995, 433, 447 f; *Roth/Schoneweg* WM 2002, 677, 681; *Wehrhahn* BKR 2003, 125; *Gätsch/Theusinger* WM 2005, 1256, 1262; MünchHdb AG/*Krieger* § 63 Rn 27; Marsch-Barner/Schäfer Hdb AG/*Busch* § 44 Rn 8, **aA** *LG Stuttgart* WM 1998, 1237, 1242; *LG Braunschweig* NZG 1998, 387, 388; *OLG Stuttgart* ZIP 2002, 1806, 1807; GroßKomm AktG/*Frey* Rn 63 ff, 68; *Weiß* AG 1999, 353, 354 mwN). „Naked warrants" sind selbstständige Optionsrechte, die zum Bezug von Aktien berechtigen, ohne mit einer Schuldverschreibung verbunden zu sein. Solche Optionen wurden mit dem KonTraG für den Sonderfall des Abs 2 Nr 3 (dazu unten Rn 14 ff) ausdrücklich zugelassen. Daraus kann indessen nicht e contrario geschlossen werden, dass iÜ keine selbstständigen Optionsrechte begeben werden dürften (so zB *Baums* in Bericht der Regierungskommission Corporate Governance, 2001, Rn 222). Mit der Regelung in Abs 2 Nr 3 sollte der Anwendungsbereich des bedingten Kapitals nur erweitert und nicht eingeschränkt werden (MünchHdb AG/*Krieger* 2. Aufl § 63 Rn 22; MünchKomm AktG/*Fuchs* Rn 49; Spindler/Stilz AktG/*Rieckers* Rn 31; vgl auch *Hüffer* AktG Rn 17).

12 **c) Verhältnis von Ausgabe- und Erhöhungsbeschluss.** Obwohl § 221 und § 192 Abs 2 Nr 1 eng mit einander verbunden sind, sind sie rechtlich zu trennen (*Hüffer* AktG Rn 13). Der HV-Beschluss zur Schaffung des bedingten Kapitals gem § 192 Abs 1 und der HV-Beschluss zur Ausgabe von Schuldverschreibungen mit Bezugsrechten nach § 221 können jedoch miteinander verbunden werden (*BGH* NJW-RR 2006, 471). In welcher **Reihenfolge** die HV die Beschlüsse fasst, ist dabei unerheblich. Wandelschuldverschreibungen, deren Umtausch- oder Bezugsrechte (noch) nicht durch ein bedingtes Kapital gesichert sind, sind zwar wirksam, verpflichten und berechtigen die Gesellschaft aber nicht zur Ausgabe von Bezugsaktien (*Hüffer* AktG Rn 13; GroßKomm AktG/*Frey* Rn 55). Wird ein bedingtes Kapital vor einem Beschluss nach § 221 geschaffen, genügt eine abstrakte Umschreibung der (künftigen) Bezugsberechtigten (GroßKomm AktG/*Frey* Rn 56). In der Praxis werden die HV-Beschlüsse gem § 192 Abs 2 Nr 1 und gem § 221 regelmäßig gemeinsam zur Abstimmung gestellt (KölnKomm AktG/*Hüffer* Rn 10; GroßKomm AktG/*Frey* Rn 55 ff). Wegen § 197 S 2 steht den Bezugsberechtigten vor Eintragung des bedingten Kapitals kein Bezugsrecht zu und Aktien dürfen gem § 197 S 3 nicht ausgegeben werden. Eine Absicherung von Umtausch- oder Bezugsrechten ist auch über ein **genehmigtes Kapital** (§§ 202 ff) möglich. Der Vorteil des bedingten Kapitals ist aber, dass für dessen Ausnutzung keine zeitliche Grenze besteht und die jungen Aktien bereits mit der Ausgabe durch den Vorstand entstehen (§ 199), ohne dass dafür eine Eintragung im HR erforderlich ist.

13 **3. Unternehmenszusammenschlüsse (Nr 2).** Eine bedingte Kapitalerhöhung kann auch beschlossen werden, um den Zusammenschluss mehrerer Unternehmen vorzubereiten, Abs 2 Nr 2. Die **Rechtsform** der beteiligten Unternehmen ist unerheblich. Es kann sich sowohl um Kapital- als auch um Personengesellschaften handeln; auch Einzelkaufleute, Freiberufler oder juristische Personen des öffentlichen Rechts sind erfasst (*Hüffer* AktG Rn 14; MünchKomm AktG/*Fuchs* Rn 59). Die Gesellschaft, bei der das bedingte Kapital beschlossen wird, muss allerdings AG oder KGaA sein. Als **Zusammenschluss** wird jede Verbindung angesehen, zu deren Durchführung Aktien benötigt werden. Die Beibehaltung oder der Verlust der rechtlichen Selbstständigkeit spielen dabei keine Rolle (MünchKomm AktG/*Fuchs* Rn 58 ff). Hierunter fallen der Abschluss eines **Beherrschungs- und/oder Gewinnabführungsvertrages** (§ 305 Abs 2 Nr 1 und 2), die **Mehrheitseingliederung** (§ 320b) und der **Erwerb anderer Unternehmensanteile** gegen Ausgabe eigener Aktien wie zB bei einem Übernahmeangebot gem §§ 10 ff WpÜG (vgl *Hüffer* AktG Rn 14; MünchHdb AG/*Krieger* § 57 Rn 5; KölnKomm AktG/*Lutter* Rn 14; GroßKomm AktG/*Frey* Rn 87). Ein bedingtes Kapital nach Abs 2 Nr 2 kann auch geschaffen werden, um iR einer **Verschmelzung** oder **Spaltung** und **Ausgliederung zur Aufnahme** (§§ 2 Nr 1, 123 UmwG) Umtausch- oder Optionsrechte beim übertragenden Rechtsträger abzusichern (§ 23 UmwG; *OLG München* WM 1993, 1285, 1288; *Martens* AG 1992, 209, 214; MünchHdb AG/*Krieger* § 57 Rn 5). Ein bedingtes Kapital kann auch zur Durchführung einer Verschmelzung (vgl § 69 UmwG) beschlossen werden, wenn zB die Anzahl der auszugebenden Aktien noch nicht feststeht (*Kallmeyer/Marsch-Barner* UmwG § 69 Rn 15). Bei einer Verschmelzung zur Neugründung (§ 2 Nr 2 UmwG) kommt ein bedingtes Kapital nicht in Betracht, weil die benötigten Aktien dann im Zuge der Neugründung und nicht durch eine Kapitalerhöhung entstehen (*Hüffer* AktG Rn 14; MünchKomm AktG/*Fuchs* Rn 60). Wegen der erforderlichen Festsetzung der Bezugsberechtigten gem § 193 Abs 2 Nr 2 muss im Erhöhungsbeschluss ein **bestimmtes Unternehmen** benannt werden (*Hüffer* AktG Rn 14). Der beabsichtigte Zusammenschluss muss damit frühzeitig offen gelegt werden (Grosskomm AktG/*Frey* Rn 86; MünchKomm AktG/*Fuchs* Rn 61).

14 **4. Bezugsrechte für Arbeitnehmer und Geschäftsführungsmitglieder (Nr 3). – a) Grundlagen.** In Abs 2 Nr 3 wird die Gewährung von Aktienoptionen (**Stock Options**) als weiterer Zweck des bedingten Kapitals bestimmt. Arbeitnehmern und Mitgliedern der Geschäftsführung der Gesellschaft oder eines mit ihr verbundenen Unternehmens können Bezugsaktien auf der Grundlage von Bezugsrechten gewährt werden, die durch ein bedingtes Kapital gesichert werden können. Abs 2 Nr 3 besitzt **Ausnahmecharakter**, da Optionen ohne Anleihe (sog naked warrants) ausdrücklich nur für AN und Führungsmitglieder zugelassen sind (*Hüffer* AktG Rn 16; vgl auch oben Rn 11). Die Zulassung durch Art 1 Nr 26 KonTraG vom 25.3.1998 (BGBl I S 786) ermöglicht, dass Bezugsaktien nicht nur durch Sachkapitalerhöhung ausgegeben werden können, also gegen Einlage von Geldforderungen aus Gewinnbeteiligungen, sondern auch gegen Bareinlagen (GroßKomm AktG/*Frey* Rn 105). Die früher gewählten Formen zur Absicherung der Mitarbeiterbezugsrechte, sowohl als Sachkapitalerhöhung als auch gem Abs 2 Nr 1 durch Wandelschuldverschreibungen mit Bezugsrechten, bleiben aber weiterhin zulässig (MünchKomm AktG/*Fuchs* Rn 62, 77 ff mwN). Wurden den von Abs 2 Nr 3 Begünstigten Bezugsrechte eingeräumt, ist die AG bei Geltendmachung der Option verpflichtet, einen Zeichnungsvertrag zu schließen. Die zur Erfüllung des Zeichnungsvertrages erforderlichen neuen Aktien können durch das bedingte Kapital bereitgestellt werden. Durch Stock Options sollen die AN an das Unternehmen gebunden werden und die Führungskräfte am Unternehmenserfolg beteiligt werden (MünchKomm AktG/*Fuchs* Rn 65, 67). Mit den Regelung in Abs 2 Nr 3 und in § 193 Abs 2 Nr 4 werden Stock Options gesetzlich als **besondere erfolgsorientierte Vergütungsform** anerkannt (*Hüffer* AktG Rn 16). Stock

Options können zwar auch durch zurückgekaufte **eigene Aktien** der AG bedient werden, § 71 Abs 1 Nr 8, dann muss die AG jedoch zunächst den Kaufpreis der Aktien zahlen (MünchKomm AktG/*Fuchs* Rn 81). Obwohl Abs 2 Nr 3 eine Sonderregelung für Bezugsrechte zugunsten von Mitarbeitern und Mitgliedern der Geschäftsführung bereitstellt, können Aktienoptionspläne zugunsten solcher Personen auch durch ein **genehmigtes Kapital** abgesichert werden (*OLG Braunschweig* ZIP 1998, 1585, 1592; RegBegr BT-Drucks 13/9712 S 23; GroßKomm AktG/*Frey* Rn 59; *Hüffer* AktG Rn 9 mwN). Nicht unter § 192 Abs 2 Nr 3 fällt eine variable Vorstandsvergütung, die sich nur am Börsenkurs der Gesellschaft orientiert (vgl *LG München I* NZG 2008, 114. Die Vergütung durch Aktienoptionen wird wegen der einseitigen Ausrichtung auf den Aktienkurs zunehmend kritisch gesehen. Vor dem Hintergrund einzelner Vergütungsexzesse wird generell eine stärkere Kontrolle der Vorstandsvergütung durch die Aktionäre sowie eine Begrenzung der variablen Vergütungsbestandteile durch betragsmäßige Obergrenzen gefordert (vgl Ziff 4.2.3 Abs 2 DCGK und § 120 Abs 4 idF des Gesetzentwurfs zur Verbesserung der Kontrolle der Vorstandsvergütung und zur Änderung weiterer aktienrechtlicher Vorschriften, BT-Drucks 17/14214).

Die Sicherung von Aktienoptionen durch ein bedingtes Kapital bewirkt **kraft Gesetzes** den **Bezugsrechtsausschluss** der Altaktionäre (*LG Stuttgart* AG 2001, 152, 153; RegBegr BT-Drucks 13/9712 S 24; GroßKomm AktG/*Frey* Rn 117). Ein ausdrücklicher Beschluss über den Ausschluss ist nach dem Willen des Gesetzgebers nicht erforderlich (RegBegr BT-Drucks 13/9712 S 24; *Hüffer* AktG Rn 16). In materieller Hinsicht werden die Interessen der Aktionäre durch die Regelungen in §§ 192 Abs 3 S 1, 193 Abs 2 Nr 3 und 4 gesichert (vgl Rn 21; *Hüffer* AktG Rn 18 mwN). Die Bezugsrechte, die durch das bedingte Kapital bedient werden sollen, können sowohl durch einen Zustimmungsbeschluss der HV, als auch durch einen Ermächtigungsbeschluss der HV begründet werden (s auch Rn 20; *Hüffer* AktG Rn 16). 15

b) Begünstigter Personenkreis. – aa) Arbeitnehmer und Vorstandsmitglieder der kapitalerhöhenden Aktiengesellschaft. Ausdrücklich begünstigt sind die Arbeitnehmer der kapitalerhöhenden AG, also alle Personen, die in einem gegenwärtigen **Arbeitsverhältnis** zur AG stehen. Auf eine hierarchische Abstufung wurde verzichtet; die Stock Options stehen deshalb nicht nur der Führungsebene zu (MünchKomm AktG/*Fuchs* Rn 87; GroßKomm AktG/*Frey* Rn 95). Betriebsrentner sind dagegen nicht begünstigt (arg e contrario aus § 71 Abs 1 Nr 2, GroßKomm AktG/*Frey* Rn 103; *Hüffer* AktG Rn 19). Die Geschäftsführungsmitglieder der kapitalerhöhenden AG sind die **Vorstandsmitglieder** gem §§ 76 ff (ausf *Baums* FS Claussen, S 3 ff). Die Formulierung „Mitglieder der Geschäftsführung" wurde wegen der Erstreckung des Anwendungsbereichs auf verbundene Unternehmen gewählt (MünchKomm AktG/*Fuchs* Rn 88). Die **AR-Mitglieder** sind wegen ihrer Überwachungs- und Kontrollfunktion keine Mitglieder der Geschäftsführung und gehören somit auch **nicht** zum begünstigten Personenkreis (**allgM** Münchkomm AktG/*Fuchs* Rn 88 mwN, vgl auch Rn 18). 16

bb) Mitarbeiter und Geschäftsführer verbundener Unternehmen. Begünstigt werden auch die AN und die Mitglieder der Geschäftsführung eines verbundenen Unternehmens. Verbundene Unternehmen können nach § 15 **Tochter-** und **Enkelgesellschaften, Schwestergesellschaften** und **Muttergesellschaften** sein. Der Gesetzgeber ist allerdings davon ausgegangen, dass eine Bezugsberechtigung von Organmitgliedern einer Muttergesellschaft auf Aktien der Tochter ausgeschlossen sein soll (BT-Drucks 13/9712 17

S 24). Dieser Einschränkung ist zuzustimmen, da die Begünstigten sonst ihren Einfluss auf die Tochter für ihre Vergütungsinteressen ausnutzen könnten (MünchKomm AktG/*Fuchs* Rn 89; GroßKomm AktG/*Frey* Rn 99; *Hüffer* AktG Rn 20; GroßKomm AktG/*Kort* § 87 Rn 150; **aA** MünchHdb AG/*Krieger* § 63 Rn 39; bei besonderen Gründen auch Spindler/Stilz AktG/*Rieckers* Rn 60a). Deshalb sollten auch Mitarbeiter der Obergesellschaft nicht an Aktienoptionsplänen einer Tochtergesellschaft beteiligt sein (MünchKomm AktG/*Fuchs* Rn 89; GroßKomm AktG/*Frey* Rn 100). Weniger bedenklich ist dagegen die Einbeziehung von AN und Mitgliedern der Geschäftsführung einer Tochtergesellschaft in einen Aktienoptionsplan des Mutterunternehmens (BT-Drucks 13/9712 S 23 f). Dies gilt auch für den Fall, dass die variable Vergütung des Vorstands einer Tochtergesellschaft überwiegend an die Kursentwicklung der Muttergesellschaft gebunden ist (*Habersack* FS Raiser 2005, S 111, 118 ff; *ders* NZG 2008, 634; *Hohenstatt/Seibt/Wagner* ZIP 2008, 2289, 2292 ff; MünchHdb AG/*Krieger* § 63 Rn 39; aA OLG München NZG 2008, 631; *Hüffer* AktG Rn 20a; K.Schmidt/Lutter AktG/*Veil* Rn 23; *Tröger* ZGR 2009, 447, 457ff). Soweit es sich um eine **100 %ige Beteiligung** handelt oder mit der Tochter ein **Beherrschungsvertrag** besteht, ist gegen die Einbeziehung in einen Aktienoptionsplan mit Erfolgszielen der Mutter nichts einzuwenden. In allen **anderen Fällen** empfiehlt es sich, die Einräumung der Aktienoptionen an Mitarbeiter und Geschäftsführer der Tochter mit spezifischen Erfolgszielen der Tochter zu verbinden (*Hüffer* AktG Rn 20 f; Marsch-Barner/Schäfer Hdb AG/*Busch* § 44 Rn 13; GroßKomm AktG/*Frey* Rn 101; Spindler/Stilz AktG/*Servatius* Rn 61; *Hoffmann-Becking* NZG 1999, 797, 803; *Spindler* DStR 2004, 36, 44 f; für eine Prüfung eventueller Fehlanreize im Einzelfall Spindler/Stilz AktG/*Rieckers* Rn 61; für eine Zustimmung der Minderheitsgesellschafter der Tochter *Kallmeyer* AG 1999, 97, 102 und GroßKomm AktG/*Kort* § 87 Rn 153). Ist die Tochter eine AG, sind nachteilige Einwirkungen der Mutter zwar zulässig und verpflichten diese zum Nachteilsausgleich (§ 311 Abs 2). Ein solcher Ausgleich dürfte aber im Zusammenhang mit Aktienoptionen mangels Messbarkeit kaum praktische Bedeutung erlangen (s dazu näher *Habersack* FS Raiser, 2005, S 111, 118 ff; MünchHdb AG/*Krieger* § 63 Rn 39; *Martens* FS Ulmer, 2003, S 399, 416 f). Je nach Rechtsform des verbundenen Unternehmens sind die Mitglieder der Geschäftsführung **Vorstandsmitglieder** (§§ 76 ff, 94) oder **Geschäftsführer** (§§ 35 GmbHG). Bei Geschäftsleitungsfunktionen in der kapitalerhöhenden Gesellschaft und im verbundenen Unternehmen **(Doppelmandat)** sollte § 192 Abs 2 Nr 3 als Alternative („oder") gelesen werden. Dies vermeidet eine doppelte Begünstigung Einzelner (*Hüffer* AktG Rn 20). Die Festlegung der Erfolgsziele gem § 193 Abs 2 Nr 4 muss dann am verbundenen Unternehmen ausgerichtet werden (*Hüffer* AktG Rn 20; vgl § 193 Rn 10). Wird ein **verbundenes Unternehmen veräußert**, ändert dies an der Zusage von Aktienoptionen grds nichts (missverständlich *Hüffer* AktG Rn 20). Ist die Veräußerung mit einem Betriebsübergang verbunden, fällt eine solche Zusage allerdings nicht unter § 613a BGB; sie ist nicht Bestandteil des Arbeitsverhältnisses und geht daher auch nicht auf den Erwerber über (BAGE 104, 324, 331 ff; dazu *Annuß/Lembke* BB 2003, 2230 f).

18 **cc) Aufsichtsratsmitglieder.** AR-Mitgliedern können keine Optionen eingeräumt werden, die nach § 192 Abs 2 Nr 3 gesichert werden. Wegen des Verweises in § 71 Abs 1 S 1 Nr 8 S 5 auf §§ 193 Abs 2 Nr 4, 192 Abs 2 Nr 3 können ihnen auch keine Aktienoptionen gewährt werden, die durch eigene Aktien bedient werden (*BGH* ZIP 2004, 613, 614; *Bürgers* NJW 2004, 3022 f; **aA** *OLG Schleswig* NZG 2003, 176; *Hoff*

WM 2003, 910, 914). Gem §§ 221, 193 Abs 2 Nr 4 können AR-Mitgliedern des Weiteren **keine Wandelschuldverschreibungen mit Bezugsrechten** als Vergütung gewährt werden (vgl § 113 Rn 11; *BGH* ZIP 2004, 613, 614; *Bürgers* NJW 2004, 3022, 3025 f; **aA** *Richter* BB 2004, 949 ff; *Hoff* WM 2003, 909, 910; GroßKomm AktG/*Frey* Rn 59 mwN). Nach der durch das UMAG (BGBl I 2005 S 2802) in § 221 Abs 4 S 2 eingefügten Verweisung auf § 193 Abs 2 Nr 4, 192 Abs 2 Nr 3 können nur Arbeitnehmer und Mitglieder der Geschäftsführung Wandelschuldverschreibungen mit Bezugsrechten erhalten (BT-Drucks 15/5092 S 25). Dadurch soll die Kontroll- und Überwachungsfunktion des AR sichergestellt werden, die nicht von einer an die Kursentwicklung gebundenen Vergütung beeinflusst werden soll (*Bürgers* NJW 2004, 3022, 3023). Vgl zu anderen kursabhängigen Vergütungsformen § 113 Rn 12.

c) Zustimmungs- oder Ermächtigungsbeschluss. Die Absicherung von Bezugsrechten durch bedingtes Kapital kann im Wege eines **Zustimmungs-** oder **Ermächtigungsbeschlusses** erfolgen. In beiden Fällen beschließt die HV über das bedingte Kapital. Im Falle der Zustimmung ist der Vorstand nach § 83 Abs 2 verpflichtet, den Aktienoptionsplan, auf den sich das bedingte kapital bezieht, auszuführen (*Hüffer* AktG Rn 22). Beim **Ermächtigungsbeschluss** wird dagegen das „ob" und „wann" der Durchführung des Aktienoptionsplans ins pflichtgemäße Ermessen des Vorstands gestellt (vgl *Hüffer* AktG Rn 22; MünchKomm AktG/*Fuchs* Rn 100). Für die zeitlichen Eckpunkte des Plans genügen in diesem Falle bestimmbare Angaben (MünchKomm AktG/*Fuchs* Rn 100). Für die Ausnutzung der Ermächtigung gilt die **Fünf-Jahres-Frist** der §§ 202 Abs 1, 221 Abs 2 entspr (Münchkomm AktG/*Fuchs* Rn 101; wohl auch Marsch-Barner/Schäfer Hdb AG/*Busch* § 44 Rn 15; GroßKomm AktG/*Frey* Rn 113 allerdings nur in Bezug auf Führungskräfte). 19

5. Bezugsrechtsausschluss der Altaktionäre. Beim bedingten Kapital ergibt sich der Ausschluss des Bezugsrechts der Altaktionäre bereits aus seiner Zweckgebundenheit. Ein **Vorstandsbericht** entspr § 186 Abs 4 S 2 ist deshalb **nicht erforderlich** (RegBegr BT-Drucks 13/9712 S 24; *OLG Stuttgart* ZIP 2001, 1367, 1371; **aA** MünchKomm AktG/*Fuchs* Rn 112 ff). Eine entsprechende Berichtspflicht folgt auch nicht aus der Kapitalrichtlinie (vgl deren Art 41 Abs 1 gegenüber Art 29 Abs 4 S 3 und Spindler/Stilz AktG/*Rieckers* Rn 49 f). IRd Abs 2 Nr 1 ist allerdings beim Beschluss über die Ausgabe von Wandelschuldverschreibungen gem § 221 und den Ausschluss des Bezugsrechts der Aktionäre auf diese ein Vorstandsbericht zu erstatten, §§ 221 Abs 4 S 2 iVm 186 Abs 4 S 2. Im Anwendungsbereich des Abs 2 Nr 2 ist regelmäßig ein Vorstandsbericht im Verfahren des Unternehmenszusammenschlusses gesetzlich vorgeschrieben (vgl GroßKomm AktG/*Frey* Rn 119). In allen anderen Fällen ist kein Vorstandsbericht erforderlich, weil die Interessen der Aktionäre durch die drei Viertel-Mehrheit (§ 193 Abs 1), die in Abs 2 festgelegte Zweckbindung und die zwingenden Festsetzungen nach § 193 Abs 2 ausreichend geschützt sind (KölnKomm AktG/*Lutter* Rn 27; *Hüffer* AktG Rn 18 mwN; **aA** MünchKomm AktG/*Fuchs* Rn 112 ff). Bei Abs 2 Nr 3 wird das Fehlen eines Vorstandsberichts durch die ausführlichen Festsetzungen gem § 193 Abs 2 Nr 4 ausgeglichen (**hM** *Hüffer* AktG Rn 18; *Busch* in Marsch-Barner/Schäfer § 44 Rn 32; RegE ZIP 1997, 2059, 2068; **aA** GroßKomm AktG/*Frey* Rn 120 mwN). Aktienoptionsrechte von Vorstandsmitgliedern sind individualisiert im **Anhang** anzugeben (§ 285 S 1 Nr 9a HGB idF des VorstOG, BGBl I 2005 S 2267). Die Angabe umfasst neben der Anzahl der Bezugsrechte auch ihren Wert zum Zeitpunkt der Gewährung. Die Grundzüge eines Akti- 20 enoptionsplans für Vorstandsmitglieder sind zudem im **Lagebericht** darzustellen (§ 289 Abs 2 Nr 5 HGB). Darüberhinaus empfiehlt der Kodex die jährliche Offenlegung der zugeflossenen Vergütungen nach detaillierten Mustertabellen (Ziff 4.2.5 DCGK). Außerdem soll der Corporate Governance Bericht konkrete Angaben über Aktienoptionsprogramme und ähnliche wertpapierorientierte Anreizsysteme enthalten, soweit diese Angaben nicht bereits in den Unterlagen zur Rechnungslegung stehen (vgl Ziff 7.1.3 DCGK).

21 Fraglich ist, ob der Beschluss über ein bedingtes Kapital **sachlich gerechtfertigt**, insb erforderlich und angemessen sein muss (dafür zB *Lutter* ZGR 1979, 401, 411). Angesichts der konkreten Vorgaben, die der Gesetzgeber festgelegt hat, besteht für eine zusätzliche materielle Prüfung des mit dem bedingten Kapital zwingend einhergehenden Bezugsrechtsausschlusses keine Notwendigkeit (*Hüffer* AktG Rn 18; MünchHdb AG/*Krieger* § 57 Rn 9; GroßKomm AktG/*Frey* Rn 121; Spindler/Stilz AktG/*Rieckers* Rn 17). Bei der Absicherung von Umtausch- oder Bezugsrechten aus **Wandelschuldverschreibungen** (Abs 2 Nr 1) steht den Aktionären gem § 221 Abs 4 grds ein Bezugsrecht auf die Schuldverschreibungen zu (zum erleichterten Bezugsrechtsausschluss gem § 221 Abs 4 S 2 iVm § 186 Abs 3 S 4 *OLG München* ZIP 2006, 1440; *Kniehase* AG 2006, 180; *Klawitter* AG 2005, 792 sowie Rn 55 ff zu § 221). In den Fällen von Abs 2 Nr 2 und 3 ist zwar eine Beeinträchtigung der Beteiligungsquote der Altaktionäre möglich (Marsch-Barner/Schäfer Hdb AG/*Busch* § 41 Rn 31). Ist bei einem **Unternehmenszusammenschluss** eine gesonderte Zustimmung der Aktionäre mit Berichtspflicht erforderlich, sind die Aktionärsinteressen aber hinreichend geschützt (GroßKomm AktG/*Frey* Rn 123). Eine Prüfung der sachlichen Rechtfertigung ist nur dann erforderlich, wenn das bedingte Kapital zur Sicherung eines Übernahmeangebots genutzt wird, obwohl dafür auch eine reguläre Kapitalerhöhung hätte beschlossen werden können (GroßKomm AktG/*Frey* Rn 123; Marsch-Barner/Schäfer Hdb AG/*Busch* § 44 Rn 33 mwN). In diesem Fall ist auch ein Vorstandsbericht entspr § 186 Abs 2 S 4 zu erstatten (MünchHdb AG/*Krieger* § 57 Rn 9; Marsch-Barner/Schäfer Hdb AG/*Busch* § 44 Rn 33). Bei der Absicherung von **Aktienoptionen** kann auf eine besondere sachliche Rechtfertigung des bedingten Kapitals angesichts der besonderen Schutzmechanismen der §§ 192 Abs 3 S 1, 193 Abs 2 Nr 4 verzichtet werden (MünchHdb AG/Krieger § 57 Rn 9; Marsch-Barner/Schäfer Hdb AG/*Busch* § 41 Rn 31 mwN; **aA** GroßKomm AktG/*Frey* Rn 125 f).

IV. Begrenzung des bedingten Kapitals (Abs 3)

22 **1. Höchstbetrag.** Dem bedingten Kapital sind durch Abs 3 Grenzen gesetzt. So darf der Umfang eines bedingten Kapitals, unabhängig von seinem Verwendungszweck, die **Hälfte des Grundkapitals** nicht übersteigen. Maßgebend ist dabei das Grundkapital im Zeitpunkt des HV-Beschlusses und nicht, wie beim genehmigten Kapital (§ 202 Abs 3), im Zeitpunkt der Eintragung in das HR. Der Umfang des zulässigen bedingten Kapitals erhöht sich deshalb nicht dadurch, dass in ders HV eine ord KapErhöhung beschlossen wird (*Müller-Eising/Heinrich* ZIP 2010, 2390). Zudem besteht eine **verwendungszweckspezifische Grenze**: Im Anwendungsbereich des Abs 2 Nr 3 (Sicherung von Bezugsrechten) darf der Nennbetrag des bedingten Kapitals **10 % des Grundkapitals** nicht übersteigen. Beide Grenzen bestehen nebeneinander: Werden mit dem bedingten Kapital mehrere Verwendungszwecke verfolgt, darf der Gesamtnennbetrag die Hälfte des Grundkapitals nicht übersteigen, der von Abs 2 Nr 3

Voraussetzungen §192

geprägte Teilbetrag ist außerdem auf höchstens 10 % des Grundkapitals begrenzt (MünchKomm AktG/*Fuchs* Rn 144). Diese Kapitalgrenzen schützen zum einen die Aktionäre vor einem überhöhten Einsatz des bedingten Kapitals, bei dem insb das Bezugsrecht der Aktionäre beeinträchtig wird, zum anderen soll die Übersichtlichkeit der Kapitalverhältnisse wegen § 201 für die Öffentlichkeit gewahrt werden (*Hüffer* AktG Rn 23). Die 10%-Grenze iRd Abs 2 Nr 3 dient außerdem als Verwässerungsschutz zugunsten der Aktionäre (*Hüffer* AktG Rn 24).

Nennbetrag des bedingten Kapitals ist zunächst der im HV-Beschluss nach § 192 23 Abs 1 bezifferte Nennbetrag. Diesem Betrag sind die Nennbeträge etwaiger früherer bedingter Kapitalerhöhungen hinzuzurechnen, soweit sie noch nicht durch Aktienausgaben verbraucht sind, § 200 (MünchKomm AktG/*Fuchs* Rn 146). Dieser Gesamtnennbetrag ist mit dem Grundkapital der AG zum Zeitpunkt der Beschlussfassung zu vergleichen. Maßgebend ist dabei das in der **Satzung** ausgewiesene Grundkapital (§ 23 Abs 3 Nr 3). Ordentliche oder genehmigte Kapitalerhöhungen sind, ebenso wie eine Kapitalherabsetzung, nur zu berücksichtigen, soweit sie bereits wirksam geworden sind. Wird zeitgleich ein bedingtes Kapital aufgehoben, so muss dieses nicht mehr berücksichtigt werden (*Ihrig/Wagner* NZG 2002, 657, 658). Bei der **10 %-Grenze** für Aktienoptionen ist zu beachten, dass nach § 71 Abs 1 Nr 8 S 5 vorgesehene **eigene Aktien**, mit denen ebenfalls die Aktienoptionen bedient werden sollen, dem maximalen Nennbetrag zuzurechnen sind (MünchKomm AktG/*Fuchs* Rn 149 mwN; MünchHdb AG/*Krieger* § 63 Rn 38; *Knoll* ZIP 2002, 1382; *Keul/Semmer* DB 2002, 2255, 2256 f; **abl** *Hüffer* AktG Rn 24; *Mutter* ZIP 2002, 295, 296 f). Ein zeitgleicher Beschluss über ein bedingtes Kapital und ein **genehmigtes Kapital** (§ 202 Abs 3 S 1) führt nicht zur wechselseitigen Anrechnung, sodass jeweils ein Nennbetrag von 50 % des Grundkapitals beschlossen werden kann (*BGH* NJW-RR 2006, 471, 472; MünchKomm AktG/*Fuchs* Rn 147 mwN).

2. Besonderheiten bei Stückaktien. Gibt die Gesellschaft Stückaktien aus, so muss 24 gem Abs 3 S 2 iVm § 182 Abs 1 S 5 die Zahl der Aktien durch die Kapitalmaßnahme in demselben Verhältnis erhöht werden wie das Grundkapital. Hierdurch soll eine überproportionale Beeinträchtigung alter Aktien vermieden werden (*Hüffer* AktG Rn 25).

3. Rechtsfolgen von Verstößen. Bei einem Verstoß gegen den Höchstbetrag ist der 25 gesamte HV-Beschluss gem § 241 Nr 3 nichtig (*OLG München* NZG 2012, 44; *Hüffer* AktG Rn 23; MünchKomm AktG/*Fuchs* Rn 153; GroßKomm AktG/*Frey* Rn 143 mwN). Das Registergericht hat die Eintragung abzulehnen. Erfolgt die Eintragung trotzdem, tritt dadurch noch keine Heilung ein. Eine Heilung bleibt aber durch Zeitablauf nach § 242 Abs 2 möglich. Diese Heilung führt dann auch zur Wirksamkeit der bereits ausgegebenen Aktien (*Hüffer* AktG Rn 23; KölnKomm AktG/*Lutter* Rn 31; MünchKomm AktG/*Fuchs* Rn 154).

V. Nichtigkeit entgegenstehender Hauptversammlungsbeschlüsse (Abs 4)

1. Grundlagen. Mit der **Nichtigkeitsfolge für entgegenstehende HV-Beschlüsse** sollen 26 die Inhaber von Umtausch- oder Bezugsrechten geschützt werden. Die einmal durch das bedingte Kapital gesicherte Rechtsposition kann nicht mehr beeinträchtigt werden (*Hüffer* AktG Rn 26). Gem § 197 S 2 erlangen die Bezugsberechtigten erst mit Eintragung des bedingten Kapitals einen Anspruch, der sie zur Geltendmachung ihres

Marsch-Barner 1571

Umtausch- oder Bezugsrechts befugt. Bis zur Eintragung kann deshalb der HV-Beschluss mit einfacher Mehrheit wieder aufgehoben werden, weil die Satzungsänderung erst mit Eintragung wirksam wird (MünchKomm AktG/*Fuchs* Rn 156 mwN). Der sich aus Abs 4 ergebende Bestandschutz ist hinfällig, wenn keine Bezugsberechtigten (mehr) vorhanden sind oder wenn alle Bezugsberechtigten dem entgegenstehenden HV-Beschluss zugestimmt haben (*Hüffer* AktG Rn 26; MünchKomm AktG/*Fuchs* Rn 157; GroßKomm AktG/*Frey* Rn 149 f; KölnKomm AktG/*Lutter* Rn 38; MünchHdb AG/*Krieger* § 57 Rn 35). Dies ist dem Registergericht in geeigneter Weise nachzuweisen (GroßKomm AktG/*Frey* Rn 152: eidesstattliche Versicherung von Vorstand und AR-Vorsitzendem entspr § 195). Die Aufhebung oder Herabsetzung des bedingten Kapitals bedarf in diesen Fällen stets der in § 193 Abs 1 S 2 vorgesehenen Mehrheit.

27 **2. Entgegenstehende Beschlüsse.** Ein HV-Beschluss steht der bedingten Kapitalerhöhung entgegen, wenn er die Durchsetzung von Umtausch- oder Bezugsrechten **erschwert.** Dies ist insb bei einer **Aufhebung** und **Herabsetzung** des entspr gewidmeten bedingten Kapitals der Fall (*Hüffer* AktG Rn 27; GroßKomm AktG/*Frey* Rn 147 ff). Ein Beschluss, der den Wert des Bezugs- oder Umtauschrechts, zB durch eine weitere Kapitalerhöhung mindert, ist dagegen von Abs 4 nicht erfasst (*Hüffer* AktG Rn 27; GroßKomm AktG/*Frey* Rn 160; MünchKomm AktG/*Fuchs* Rn 159). Dies gilt selbst dann, wenn der Aktienkurs in Folge der weiteren Kapitalerhöhung unter den Bezugskurs sinkt und das Bezugsrecht damit wertlos wird (*Hüffer* AktG Rn 27; Spindler/Stilz AktG/*Rieckers* Rn 81; **aA** Kölner Komm AktG/*Lutter* Rn 35). Die Gesellschaft kann auch eine Kapitalherabsetzung oder eine ungewöhnlich hohe Dividendenausschüttung beschließen (vgl MünchKomm AktG/*Fuchs* Rn 159). Die Bezugsberechtigten sind auch nicht vor einer sonstigen faktischen Beseitigung ihrer Umtausch- oder Bezugsrechte geschützt (MünchHdb AG/*Krieger* § 57 Rn 36 mwN). So stehen insb Beschlüsse über Auflösungs- und Umwandlungsbeschlüsse sowie Beschlüsse über Beherrschungs- und Gewinnabführungsverträge und einen sog Squeeze-out (§§ 327a ff) nicht entgegen (*Hüffer* AktG Rn 27).

28 Im Einzelfall können allerdings vertragliche oder gesetzliche **Ausgleichsansprüche** bestehen (vgl MünchHdb AG/*Krieger* § 57 Rn 36; MünchKomm AktG/*Fuchs* Rn 161 ff). So hat zB bei einer **Umwandlung** der übernehmende oder neue Rechtsträger für die untergehenden Umtausch- oder Bezugsrechte bei der übertragenden Gesellschaft gleichwertige Rechte zu gewähren, §§ 23, 36 Abs 1, 125 UmwG, ebenso § 204 UmwG zum Formwechsel (s dazu näher Marsch-Barner/Schäfer Hdb AG/*Busch* § 44 Rn 49 f). Bei **Squeeze-out**-Beschlüssen wird zT vertreten, dass ein bedingtes Kapital unverändert bestehen bleibe, mit der Wirkung, dass mit der Ausübung der Umtausch- oder Bezugsrechte wieder neue Aktien in der Hand außenstehender Aktionäre entstehen würden (so Frankfurter Komm WpÜG/*Schüppen/Tretter* § 327e Rn 19; *P. Baums* WM 2001, 1843, 1847 ff.). Nach überwiegender und zutr Ansicht ist dagegen davon auszugehen, dass die Umtausch- und Bezugsberechtigten nur noch Anspruch auf angemessene Barabfindung haben (*LG Düsseldorf* ZIP 2004, 1755, 1757; *Krieger* BB 2002, 53, 61; *Fleischer* ZGR 2002, 2002, 757; *Hüffer* AktG § 327b Rn 3; KölnKomm WpÜG/*Hasselbach* § 327e Rn 61 ff). Dies gilt auch dann, wenn auf die Umtausch- oder Bezugsrechte im Falle ihrer Ausübung mehr als 5% des Grundkapitals entfallen würden (*Wilsing/Kruse* ZIP 2002, 1465, 1469; *Geibel/Süßmann* WpÜG/*Grzimek* § 327e Rn 32; **aA** *Krieger* BB 2002, 53, 61; *Gesmann-Nuissl* WM 2002, 1205,

1207). Für die Squeeze out-Beschlüsse nach § 62 Abs 5 UmwG und §§ 39a ff WpÜG gelten die gleichen Grundsätze.

Ein dem bedingten Kapital entgegenstehender HV-Beschluss ist gem Abs 4 **nichtig**. Das Registergericht hat die Eintragung dieses Beschlusses **abzulehnen**. Eine Heilung ist nicht möglich, da § 242 Abs 2 weder unmittelbar noch entspr anwendbar ist (*Hüffer* AktG Rn 28; GroßKomm AktG/*Frey* Rn 162; MünchKomm AktG/*Fuchs* Rn 168). 29

VI. Entsprechende Geltung für das Bezugsrecht (Abs 5)

Zur sprachlichen Vereinfachung bestimmt Abs 5, dass die §§ 193–201 sinngemäß auch für das Umtauschrecht gelten. An die Stelle von Bezugsrecht, Bezugsberechtigte und Bezugserklärung sind damit beim Umtauschrecht die entspr Begriffe zu lesen. § 194 Abs 1 S 2 und § 199 Abs 2 sind nach ihrem Wortlaut allerdings nur auf Umtauschrechte anzuwenden (*Hüffer* AktG Rn 29). 30

VII. Kosten

Die Gebühren und Kosten im Zusammenhang mit der Schaffung eines bedingten Kapitals ergeben sich aus §§ 58 Abs 1 Nr 1, 105 Abs 1 Nr 4a, Abs 4 Nr 1, 108 Abs 1, 109 Abs 2 Nr 4a GNotKG iVm der HR-Gebührenordnung (HRegGebV) vom 30.9.2004 (BGBl I S 2562). 31

§ 193 Erfordernisse des Beschlusses

(1) ¹**Der Beschluss über die bedingte Kapitalerhöhung bedarf einer Mehrheit, die mindestens drei Viertel des bei der Beschlussfassung vertretenen Grundkapitals umfasst.** ²**Die Satzung kann eine größere Kapitalmehrheit und weitere Erfordernisse bestimmen.** ³§ 182 Abs. 2 und § 187 Abs. 2 gelten.

(2) **Im Beschluss müssen auch festgestellt werden**
1. **der Zweck der bedingten Kapitalerhöhung;**
2. **der Kreis der Bezugsberechtigten;**
3. **der Ausgabebetrag oder die Grundlagen, nach denen dieser Betrag errechnet wird; bei einer bedingten Kapitalerhöhung für die Zwecke des § 192 Abs. 2 Nr. 1 genügt es, wenn in dem Beschluss oder in dem damit verbundenen Beschluss nach § 221 der Mindestausgabebetrag oder die Grundlagen für die Festlegung des Ausgabebetrags oder des Mindestausgabebetrags bestimmt werden; sowie**
4. **bei Beschlüssen nach § 192 Abs. 2 Nr. 3 auch die Aufteilung der Bezugsrechte auf Mitglieder der Geschäftsführungen und Arbeitnehmer, Erfolgsziele, Erwerbs- und Ausübungszeiträume und Wartezeit für die erstmalige Ausübung (mindestens vier Jahre).**

Übersicht

	Rn		Rn
I. Regelungsgegenstand	1	2. Besondere Anforderungen nach Abs 2	4
II. Formelle Beschlusserfordernisse (Abs 1)	2	3. Ergänzende Angaben bei Bezugsrechten gem § 192 Abs 2 Nr 3	8
III. Inhaltliche Anforderungen an Erhöhungsbeschluss (Abs 2)	3	IV. Rechtsfolgen fehlerhafter Erhöhungsbeschlüsse	14
1. Allgemeine Anforderungen	3		

Literatur: *Hoffmann-Becking* Gestaltungsmöglichkeiten bei Anreizsystemen, NZG 1999, 797; *Maier-Reimer* Bedingtes Kapital für Wandelanleihen, GS Bosch 2006, S 85; *Maul* Zur Unzulässigkeit der Festsetzung lediglich eines Mindestausgabebetrages im Rahmen des § 193 II Nr. 3 AktG, NZG 2000, 679; *Spiering/Grabbe* Bedingtes Kapital und Wandelschuldverschreibungen – Mindestausgabebetrag und Errechnungsgrundlagen im Rahmen des § 193 Abs. 2 Nr. 3 AktG, AG 2004, 91.

I. Regelungsgegenstand

1 § 193 ergänzt § 192 hinsichtlich der formellen und inhaltlichen Anforderungen an den Erhöhungsbeschluss der HV. Für die Beschlussfassung ist eine **Kapitalmehrheit** von **mindestens drei Vierteln** erforderlich Abs 1 S 1). Die Satzung kann jedoch eine größere Mehrheit bestimmen und weitere Erfordernisse vorsehen (Abs 1 S 2). Nach der Verweisung auf § 182 Abs 2 in Abs 1 S 3 sind Sonderbeschlüsse erforderlich, falls mehrere stimmberechtigte Aktiengattungen vorhanden sind. Mit der Verweisung auf § 187 Abs 2 wird klargestellt, dass die HV durch die Ausgabe von Wandelschuldverschreibungen oder eine sonstige Begründung von Umtausch- oder Bezugsrechten nicht verpflichtet wird, ein bedingtes Kapital zu schaffen (MünchKomm AktG/*Fuchs* Rn 1). Abs 2 bestimmt die zusätzlichen inhaltlichen Anforderungen, die neben den allgemeinen Vorschriften der §§ 23 Abs 2 Nr 2, Abs 3 Nr 3–5 im HV-Beschluss beachtet werden den müssen. Abs 2 Nr 4 enthält insb ergänzende Anforderungen bei Aktienoptionsplänen gem § 192 Abs 2 Nr 3. Die Vorschrift verstärkt die Zuständigkeit der HV.

II. Formelle Beschlusserfordernisse (Abs 1)

2 Der zur Schaffung eines bedingten Kapitals erforderliche HV-Beschluss bedarf gem Abs 1 S 1 mindestens einer **Mehrheit von drei Vierteln des** bei der Beschlussfassung vertretenen **Grundkapitals**. Zusätzlich ist gem § 133 Abs 1 die **einfache Stimmenmehrheit** erforderlich (*Hüffer* AktG Rn 2). Die Satzung kann eine größere Kapitalmehrheit festlegen und **weitere Erfordernisse** aufstellen, Abs 1 S 2. Im Unterschied zu § 182 Abs 1 S 2, 3 kann eine geringere Kapitalmehrheit nicht vorgesehen werden. Dies ist im Hinblick auf den immanenten Bezugsrechtsausschluss gerechtfertigt (vgl § 192 Rn 4). Ein Widerspruch zu § 221 Abs 1 S 3 liegt nicht vor (*Hüffer* AktG Rn 2; aA *Lehmann* AG 1983, 113, 115). Sind mehrere stimmberechtigte Aktiengattungen vorhanden, müssen die Aktionäre jeder Gattung durch **Sonderbeschluss** (§ 138) zustimmen, §§ 193 Abs 1 S 3 iVm 182 Abs 2. Ohne solche Sonderbeschlüsse ist der HV-Beschluss unwirksam. Ein Zustimmungsbeschluss von stimmrechtslosen Vorzugsaktionären ist gem § 141 Abs 2 nur erforderlich, wenn neue Vorzugsaktien ausgegeben werden sollen, die bei der Verteilung des Gewinns oder des Gesellschaftsvermögens den bereits vorhandenen Vorzugsaktien vorgehen oder gleichstehen sollen (MünchKomm AktG/ *Fuchs* Rn 4). Der Verweis in Abs 1 S 3 auf § 187 Abs 2 ist dahin zu verstehen, dass die **HV nicht verpflichtet** ist, ein bedingtes Kapital zu schaffen, auch wenn schon Bezugsrechte eingeräumt wurden. Die Bezugsberechtigten haben auch **keinen Schadensersatzanspruch** gegen die AG, wenn zB Wandelanleihen ausgegeben wurden, ein bedingtes Kapital dann aber nicht beschlossen wird (*Hüffer* AktG Rn 3; GroßKomm AktG/*Frey* Rn 13; KölnKomm AktG/*Lutter* Rn 19; MünchHdb AG/*Krieger* § 57 Rn 34).

Erfordernisse des Beschlusses § 193

III. Inhaltliche Anforderungen an Erhöhungsbeschluss (Abs 2)

1. Allgemeine Anforderungen. Aus dem HV-Beschluss muss sich zunächst ergeben, 3
dass eine **bedingte Kapitalerhöhung** gewollt ist. Er muss deshalb die Anweisung an
den Vorstand enthalten, den nach Abs 2 Nr 2 näher zu bezeichnenden Personen
Umtausch- oder Bezugsrechte zu gewähren (*Hüffer* AktG Rn 4; KölnKomm AktG/
Lutter Rn 23; MünchKomm AktG/*Fuchs* Rn 7). Sodann ist der **Erhöhungsbetrag** festzusetzen, bis zu dem die Kapitalerhöhung bei Ausübung aller Umtausch- oder
Bezugsrechte durchgeführt werden darf (*Hüffer* AktG Rn 4). Wie bei jeder Kapitalerhöhung sind der **Nennbetrag** (§ 8 Abs 2) bzw bei Stückaktien die **Stückzahl** (§ 8 Abs 3)
der auszugebenden Aktien sowie **Aktienart** und **Aktiengattung,** soweit nicht die Satzung dazu bereits Regelungen enthält, anzugeben (GroßKomm AktG/*Frey* Rn 15 ff).
Für eine bedingte Sachkapitalerhöhung enthält § 194 weitere Anforderungen. Als
fakultativen Inhalt kann der HV-Beschluss Einzelheiten zu den Bezugs- und
Umtauschrechten festlegen. Dies können Angaben zur **inhaltlichen Ausgestaltung** der
Bezugsrechte wie zB eine Befristung eine Bedingung sein (*Hüffer* AktG Rn 4 mwN).
Die HV kann den AR ermächtigen, die **Satzungsfassung** nach Durchführung der
Kapitalerhöhungen zu berichtigen (§ 179 Abs 1 S 2). Die übliche Ermächtigung an den
Vorstand, weitere Einzelheiten festzulegen, hat nur deklaratorische Bedeutung
(MünchKomm AktG/*Fuchs* Rn 8).

2. Besondere Anforderungen nach Abs 2. Zum Schutz der Interessen der Aktionäre 4
sind die Angaben gem Abs 2 Angaben zwingend erforderlich.

Im HV-Beschluss ist der nach § 192 Abs 2 Nr 1–3 **zulässige Zweck** des bedingten Kapi- 5
tals anzugeben und zu konkretisieren. Bei § 192 Abs 2 **Nr 1** genügt dafür die Bezugnahme auf den Zustimmungs- oder Ermächtigungsbeschluss nach § 221. Dieser wird
idR in ders HV gefasst. Der Beschluss über das bedingte Kapital kann dem Beschluss
nach § 221 aber auch nachfolgen oder vorgehen. Im ersten Fall entsteht durch den
Beschluss nach § 221 noch kein Umtausch- oder Bezugsrecht gegenüber der Gesellschaft. Soll zuerst über das bedingte Kapital beschlossen werden, genügt es, wenn
dabei die künftigen Gläubiger des vorgesehenen Finanzinstruments als Berechtigte
benannt werden. Eine nähere Umschreibung ist nicht erforderlich; sie kann dem künftigen Beschluss nach § 221 überlassen werden (GroßKomm AktG/*Frey* Rn 22; *Maier-
Reimer* GS Bosch 2006, S 85, 95; aA MünchKomm AktG/*Fuchs* Rn 10). Der Beschluss
über das bedingte Kapital ist dann aufschiebend bedingt zu fassen oder davon abhängig zu machen, dass das bedingte Kapital erst angemeldet wird, wenn auch der
Beschluss nach § 221 gefasst ist (*Hüffer* AktG § 192 Rn 13). Bei § 192 Abs 2 **Nr 2** ist
das betroffene Unternehmen mit Firma, Sitz und Art des Zusammenschlusses zu nennen (GroßKomm AktG/*Frey* Rn 23). In den Fällen des § 192 Abs 2 **Nr 3** muss erkennbar sein, dass das bedingte Kapital der Bedienung von Bezugsrechten eines bestimmten Personenkreises dient.

Nach **Abs 2 Nr 2** hat der HV-Beschluss den **Kreis der Bezugsberechtigten** zu bestim- 6
men. Diese Festsetzung bindet den Vorstand bei der Begründung der Bezugsrechte
und der späteren Ausgabe der Bezugsaktien, sie begründet aber noch kein Bezugs-
oder Umtauschrecht (*Hüffer* AktG Rn 5). Eine namentliche Nennung der Berechtigten ist nicht erforderlich, diese müssen aber **eindeutig bestimmbar** sein (*Hüffer* AktG
Rn 5; KölnKomm AktG/*Lutter* Rn 9; MünchKomm AktG/*Fuchs* Rn 11). Bei einem
Beschluss nach § 192 Abs 1 Nr 1 kann dies durch die Angabe der Wandelschuldver-

schreibung geschehen, deren Inhaber zum Umtausch oder Bezug berechtigt sind (*Hüffer* AktG Rn 5; GroßKomm AktG/*Frey* Rn 30). Bei einem Unternehmenszusammenschluss (§ 192 Abs 2 Nr 2) genügt die Bezeichnung des Unternehmens, ggf ergänzt um die abstrakte Kriterien, um die bezugsberechtigten Gesellschafter zu bestimmen (MünchKomm AktG/*Fuchs* Rn 11). Bei einem Beschluss nach § 192 Abs 2 Nr 3 sind Angaben erforderlich, um die aus dem ein Aktienoptionsprogramm berechtigten Mitarbeiter abgrenzen zu können (GroßKomm AktG/*Frey* Rn 33).

7 Nach **Abs 2 Nr 3 HS 1** sind der **Ausgabebetrag der Bezugsaktien** oder seine **Berechnungsgrundlagen** festzusetzen. Dies soll die Aktionäre vor einer Verwässerung ihrer Beteiligung schützen (GroßKomm AktG/*Frey* Rn 36). Der Ausgabebetrag bestimmt sich durch den Gesamtwert der Leistungen, gegen die die Aktie erstmalig begeben wird (GroßKomm AktG/*Frey* Rn 37; MünchKomm AktG/*Fuchs* Rn 12). Er muss mindestens dem Nennbetrag, bei Stückaktien dem anteiligen Betrag der jungen Aktien entsprechen (§ 9 Abs 1); ein höherer Ausgabebetrag ist zulässig (§ 9 Abs 2). Ausgabebetrag ist bei **Umtauschrechten** der Wandlungspreis, gegen den der Nennbetrag der Wandelschuldverschreibung verrechnet wird; dabei sind etwaige Zuzahlungen mit anzugeben (Marsch-Barner/Schäfer Hdb AG/*Busch* § 44 Rn 24). Gem § 199 Abs 2 kann der Gesamtnennbetrag der Wandelschuldverschreibungen unter dem geringsten Ausgabebetrag der jungen Aktien liegen. Bei **Bezugsrechten** ist Ausgabebetrag der Optionspreis, zu dem die neuen Aktien erworben werden können. Neben diesem Betrag ist auch das Bezugsverhältnis anzugeben (*Hüffer* AktG Rn 6; MünchKomm AktG/*Fuchs* Rn 12). Bei Wandel- und Optionsanleihen nach § 192 Abs 2 Nr 1 genügt es, wenn im KapErhöhungsbeschl oder dem damit verbundenen Beschl nach § 221 der **Mindestausgabebetrag** oder die **Grundlagen für die Festlegung** des Ausgabebetrags oder des Mindestausgabebetrags bestimmt werden (Abs 2 Nr 3 **HS 2**). Diese Regelung ist durch Art 1 Nr 29 des ARUG eingefügt worden (s dazu den Gesetzgebungsvorschlag des *Handelsrechtsausschusses des DAV* NZG 2007, 857). Zuvor war str, ob die Angabe eines Mindestprozentsatzes (zB 80 %) des Börsenkurses als Bestimmung der Berechnungsgrundlagen iS von HS 1 genügt. Während die Lit dies ganz überwiegend bejahte (s dazu die Nachweise in der Voraufl), war die RSpr zunächst meist abl (vgl *OLG Hamm* ZIP 2008, 923; *OLG Celle* AG 2008, 85; *KG* NZG 2008, 274). Erst der BGH hat kurz nach Inkrafttreten der gesetzlichen Klarstellung die entspr restriktive Auslegung auch für frühere Beschlussfassungen anerkannt (*BGH* NZG 2009, 986). Die Gesetzesänderung stellt zugleich klar, dass die Festsetzung des Mindestausgabebetrags auch im Ermächtigungsbeschluss nach § 221 erfolgen kann. Sieht die Ermächtigung wie üblich Verwässerungsschutzklauseln zB bei künftigen Kapitalmaßnahmen vor, so genügt auch dafür eine Festlegung der Grundlagen (*Handelsrechtsausschuss des DAV* NZG 2007, 857, 858). Eine **nachträgliche Anpassung** des Ausgabetrages (sog Repricing) ist nur mit HV-Beschluss zulässig (*Casper* DStR 2004, 1391, 1393; *Ackermann/Suchan* BB 2002, 1497, 1499). Bei Aktienoptionen wird empfohlen, eine nachträgliche Änderung der Erfolgsziele auszuschließen (Ziff 4.2.3 Abs 2 S 8 DCGK). Gegengeschäfte zur Verminderung des Kursrisikos (sog **Hedge**) widersprechen dem Anreizgedanken und sollten daher vertraglich ausgeschlossen werden (Spindler/Stilz AktG/*Servatius* Rn 18). Wegen des dem bedingten Kapital immanenten Bezugsrechtsausschlusses ist bei der Festlegung des Ausgabebetrages die **Angemessenheitsgrenze des § 255 Abs 2** zu beachten. Bei Mitarbeiterbezugsrechten darf der Ausgabebetrag in angemessenem Rahmen unter Wert festgelegt werden (arg § 204

Abs 3; KölnKomm AktG/*Lutter* Rn 14; *Hüffer* AktG Rn 6). Wenn das Bezugsrecht auf die Schuldverschreibung nach § 221 Abs 4 besteht, ist § 255 Abs 2 nicht anzuwenden (MünchKomm AktG/*Fuchs* Rn 17 mwN).

3. Ergänzende Angaben bei Bezugsrechten gem § 192 Abs 2 Nr 3. Zusätzlich zu den regulären Inhaltsanforderungen (Rn 3 ff) muss der HV-Beschluss bei Bezugsrechten gem § 192 Abs 2 Nr 3 **weitere Angaben** enthalten. Die in Abs 2 Nr 4 aufgeführten Angaben sind **zwingend** festzulegen, die HV kann darüberhinaus weitere Einzelheiten bestimmen (*Hüffer* AktG Rn 8). § 192 Abs 2 Nr 3 begründet als Kompetenznorm umfassende Zuständigkeit der HV für die Festlegung der Eckpunkte und die weitere inhaltliche Ausgestaltung eines Aktienoptionsprogramms (*Hüffer* AktG Rn 7; MünchKomm AktG/*Fuchs* Rn 18). Vorstand und AR haben nach § 124 Abs 3 S 1 einen entspr detaillierten Beschlussvorschlag zu unterbreiten (*OLG Stuttgart* AG 2001, 540, 541; *Hüffer* AktG Rn 8). Bei Aktienoptionsprogrammen mit **Wandelschuldverschreibungen** gilt Abs 2 Nr 4 entspr (§ 221 Abs 4 S 2). 8

Im Beschluss der HV ist die **Aufteilung der Bezugsrechte** auf die Mitglieder der Geschäftsführungen und die Arbeitnehmer festzulegen. Dabei ist zwischen den Vorstandsmitgliedern der AG, den Geschäftsführungsmitgliedern verbundener Unternehmen, den AN der AG und den AN verbundener Unternehmen zu unterscheiden (RegBegr BT-Drucks 13/9712 S 23; MünchKomm AktG/*Fuchs* Rn 20 f; Spindler/Stilz AktG/*Servatius* Rn 21; **aA** *OLG Koblenz* AG 2003, 453, das eine gemeinsame Gruppe der Geschäftsleiter annimmt und *Hüffer* AktG Rn 9, der AN als eine Gruppe sieht). Die Aufteilung auf diese **vier Gruppen** ist ausreichend, einzelne Personen müssen nicht genannt werden (GroßKomm AktG/*Frey* Rn 59; *Hüffer* AktG Rn 9). 9

Die HV hat **Erfolgsziele** festzusetzen. Erst wenn diese erreicht sind, dürfen die Bezugsrechte ausgeübt werden (MünchKomm AktG/*Fuchs* Rn 23). Die Erfolgsziele stellen eine **Bedingung für die Ausübung des Bezugsrechts** dar (MünchHdb AG/*Krieger* § 63 Rn 34; Marsch-Barner/Schäfer Hdb AG/*Busch* § 44 Rn 28). Bei der Bestimmung der Erfolgsziele besteht ein weites Ermessen (*OLG Koblenz* AG 2003, 453). Erfolgsziele können sich am Börsenkurs, an der Eigenkapital- oder Gesamtkapitalrendite, dem Gewinn pro Aktie oder anderen Kennzahlen orientieren. Bei einer Ausrichtung auf den Börsenkurs ist zwischen **absoluter** und **relativer Kurshürde** zu unterscheiden. Bei der absoluten Kurshürde wird an die Steigerung des Aktienkurses um einen bestimmten Prozentsatz oder Betrag angeknüpft; eine relative Kurshürde stellt auf das Verhältnis des Aktienkurses zu einem Aktienindex ab (vgl Marsch-Barner/Schäfer Hdb AG/*Busch* § 44 Rn 28; GroßKomm AktG/*Frey* Rn 67). Ziff 4.2.3 Abs 2 S 7 DCGK empfiehlt die Festlegung anspruchsvoller Vergleichsparameter. Problematisch ist ein Erfolgsziel, das in der Steigerung des Aktienkurses über den weit unter dem Marktpreis angesetzten Ausübungspreis besteht (*Hüffer* AktG Rn 9; Marsch-Barner/ Schäfer Hdb AG/*Busch* § 44 Rn 28; **aA** *OLG Koblenz* AG 2003, 453, 454 f; MünchKomm AktG/*Fuchs* Rn 25). Werden Aktienoptionen an Mitarbeiter von **verbundenen Unternehmen** ausgegeben, sollte sich das Erfolgsziel auf ihr Unternehmen beziehen (MünchKomm AktG/*Fuchs* Rn 26 mwN; **aA** *Kallmeyer* AG 1999, 97, 102 f; s dazu auch Rn 17 zu § 192). 10

Der HV-Beschluss muss die **Erwerbszeiträume** festlegen, die den zeitlichen Rahmen für die Zeichnung der Bezugsrechte bilden (RegBegr, BT-Drucks 13/9712 S 24). Diese Angabe muss nicht kalendermäßig erfolgen, sondern kann auch als Wochenfrist 11 beginnend mit einem konkreten Ereignis bestimmt werden (GroßKomm AktG/*Frey* Rn 69). Zweckmäßig sind kurze Zeitspannen mit möglichst breiter Kapitalmarktinformation (vgl MünchKomm AktG/*Fuchs* Rn 31). Die Bestimmung des **Ausübungszeitraums** ist das Zeitfenster, innerhalb dessen der AG die Bezugserklärungen zugehen müssen (Marsch-Barner/Schäfer Hdb AG/*Busch* § 44 Rn 30). Um einer Ausnutzung von Insiderwissen vorzubeugen, empfiehlt es sich dabei an Zeiten anzuschließen, zu denen aktuelle Geschäftszahlen veröffentlicht sind (*Hoffmann/Becking* NZG 1999, 797, 804).

12 Die festzulegende **Wartefrist** für die erstmalige Ausübung des Bezugsrechts muss gem Abs 2 Nr 4 **mindestens vier Jahre** betragen. Mit dieser Mindestfrist soll eine langfristige Motivationswirkung erreicht werden (MünchKomm AktG/*Fuchs* Rn 32). Die frühere Zwei-Jahresfrist wurde durch Art 1 Nr 7 des VorstAG auf vier Jahre verlängert. Damit soll entspr § 87 Abs 1 ein noch stärkerer Anreiz zu langfristigem Handeln gesetzt werden (Begr BT-Drucks 16/12278 S 5). Eine entspr Anwendung der Mindest-Frist auf virtuelle Aktienoptionen (Phantom Stocks, Stock Appreciation Rights) oder die Gewährung von Aktien mit Sperrfrist für die Veräußerung (restricted shares) ist zwar nicht vorgeschrieben, im Hinblick auf die generelle Ausrichtung der variablen Vergütung nach § 87 Abs 1 aber zu empfehlen (*Fleischer* NZG 2009, 801, 803; *Hoffmann-Becking/Krieger* NZG 2009, 1, 11; weniger streng *Hüffer* AktG Rn 9; Hohenstatt ZIP 2009, 1349, 1356; Spindler/Stilz AktG/*Rieckers* Rn 32a). Mit der Vier-Jahres-Frist ist der Zeitraum zwischen Begründung des Bezugsrechts und seiner Ausübung gemeint (*Hüffer* AktG Rn 9).

13 Der HV-Beschluss kann **weitere Festsetzungen** enthalten. Zu denken ist zB an das Verfahren der Zuteilung und Ausübung der Aktienoptionen, den Ausschluss der Übertragbarkeit und den Verfall der Bezugsrechte oder Mindesthaltefristen für die erlangten Aktien (vgl RegBegr, BT-Drucks 13/9712 S 24).

IV. Rechtsfolgen fehlerhafter Erhöhungsbeschlüsse

14 Fehlt die Angabe nach **Abs 2 Nr 1**, ist der HV-Beschluss gem § 241 Nr 3 **nichtig** (allgM). Fehlen die Angaben nach **Abs 2 Nr 2 bis 4**, liegt grds nur **Anfechtbarkeit** gem § 243 vor, da es im Wesentlichen um Aktionärsinteressen geht (str, wie hier Groß-Komm AktG/*Frey* Rn 77; für Nichtigkeit bei Nr 2 und 3 dagegen *Hüffer* AktG Rn 10; MünchKomm AktG/*Fuchs* Rn 38). Bei Nichtigkeit ist eine Heilung gem § 242 Abs 2 möglich (*Hüffer* AktG Rn 10). Eine Anfechtbarkeit kann sich auch aus § 255 Abs 2 ergeben (GroßKomm AktG/*Frey* Rn 81).

§ 194 Bedingte Kapitalerhöhung mit Sacheinlagen; Rückzahlung von Einlagen

(1) ¹Wird eine Sacheinlage gemacht, so müssen ihr Gegenstand, die Person, von der die Gesellschaft den Gegenstand erwirbt, und der Nennbetrag, bei Stückaktien die Zahl der bei der Sacheinlage zu gewährenden Aktien im Beschluss über die bedingte Kapitalerhöhung festgesetzt werden. ²Als Sacheinlage gilt nicht die Hingabe von Schuldverschreibungen im Umtausch gegen Bezugsaktien. ³Der Beschluss darf nur gefasst werden, wenn die Einbringung von Sacheinlagen ausdrücklich und ordnungsgemäß bekannt gemacht worden ist.

(2) § 27 Abs. 3 und 4 gilt entsprechend; an die Stelle des Zeitpunkts der Anmeldung nach § 27 Abs. 3 Satz 3 und der Eintragung nach § 27 Abs. 3 Satz 4 tritt jeweils der Zeitpunkt der Ausgabe der Bezugsaktien.

(3) Die Absätze 1 und 2 gelten nicht für die Einlage von Geldforderungen, die Arbeitnehmern der Gesellschaft aus einer ihnen von der Gesellschaft eingeräumten Gewinnbeteiligung zustehen.

(4) ¹Bei der Kapitalerhöhung mit Sacheinlagen hat eine Prüfung durch einen oder mehrere Prüfer stattzufinden. ²§ 33 Abs. 3 bis 5, die §§ 34, 35 gelten sinngemäß.

(5) § 183a gilt entsprechend.

Übersicht

	Rn		Rn
I. Regelungsgegenstand	1	1. Inhaltliche Anforderungen	
II. Anwendungsbereich	3	(Abs 1 S 1)	6
1. Sacheinlagen	3	2. Bekanntmachung	7
2. Wandelschuldverschreibungen		3. Rechtsfolgen eines fehlerhaften	
(Abs 1 S 2)	4	Beschlusses	8
3. Arbeitnehmeraktien (Abs 3)	5	IV. Verdeckte Sacheinlagen, Hin- und	
III. Anforderungen an Hauptversammlungsbeschluss	6	Herzahlen (Abs 2)	9
		V. Prüfung der Sacheinlage	
		(Abs 4 und 5)	10

Literatur: *Bayer* Aktienrechtsnovelle 2012 – Kritische Anmerkungen zum Regierungsentwurf, AG 2012, 141; *Drinhausen/Keinath* Nutzung eines bedingten Kapitals bei Ausgabe von Wandelschuldverschreibungen gegen Sachleistung BB 2011, 1736; *Drygala* Wandelanleihen mit Wandlungsrecht des Anleihschuldners nach dem Entwurf für eine Aktienrechtsnovelle 2011, WM 2011, 1637; *Gleske/Ströbele* Bedingte Pflichtwandelanleihen – aktuelle bankaufsichtsrechtliche Anforderungen und Aktienrechtsnovelle 2012, CF law 2012, 49; *Götze/Arnold/Carl* Der Regierungsentwurf der Aktienrechtsnovelle 2012 – Anmerkungen aus der Praxis, NZG 2012, 321; *Marsch-Barner* Nochmals: Umgehung der Sacheinlagevorschriften durch Wandelschuldverschreibungen und Wandelgenussrechte?, DB 1995, 1497; *Merkner/Schmidt-Bendun* Die Aktienrechtsnovelle 2012 – Überblick über den Regierungsentwurf, DB 2012, 98; *Nodoushani* CoCo-Bonds in Deutschland – Die neue Wandelschuldverschreibung, ZBB 2011, 143; *Schlitt/Seiler/Singhof* Rechtsfragen und Gestaltungsmöglichkeiten bei Wandelschuldverschreibungen, AG 2003, 254; *Schnorbus/Trapp* Die Ermächtigung des Vorstands zur Ausgabe von Wandelschuldverschreibungen gegen Sacheinlage, ZGR 2010, 1023; *Singhof* Ausgabe von Aktien aus bedingtem Kapital, in FS Hoffmann-Becking, 2013, S 1163.

I. Regelungsgegenstand

§ 194 regelt die Besonderheiten einer bedingten Kapitalerhöhung gegen Sacheinlagen. **1** Mit den speziellen Anforderungen soll eine **effektive Kapitalaufbringung** sichergestellt werden. Die Vorschrift entspricht § 183, befreit die einzelne Sacheinlage aber von dessen besonderen Anforderungen, Abs 1 S 2, Abs 3. Der reguläre Beschlussinhalt nach § 193 wird durch die zwingenden Festsetzungen nach Abs 1 S 1 erweitert. Abs 2 bestimmt die Rechtsfolgen fehlerhafter HV-Beschlüsse. Nach Abs 3 gelten die Regelungen zur verdeckten Sacheinlage und zum Hin- und Herzahlen (§ 27 Abs 3 und 4) entspr. Zudem schreibt Abs 4 eine Prüfung des **Wertes der Sacheinlage** durch unabhängige Prüfer vor. Ergänzende Bestimmungen enthalten die §§ 195 Abs 2 Nr 1 und 198 Abs 1 S 3.

2 Auch bei der bedingten Kapitalerhöhung besteht grds eine **Bareinlagepflicht**. Unter den Voraussetzungen des § 194 kann diese Bareinlagepflicht jedoch **durch eine Sacheinlage** iS einer Leistung an Erfüllungs Statt (§ 364 Abs 1 BGB) **ersetzt** werden (MünchKomm AktG/*Fuchs* Rn 2). Werden die Vorgaben des § 194 nicht beachtet oder sind die Sacheinlagevereinbarungen fehlerhaft, lebt die Bareinlagepflicht allerdings mit Wirksamwerden der bedingten Kapitalerhöhung (§ 200) wieder auf (*Hüffer* AktG Rn 2).

II. Anwendungsbereich

3 **1. Sacheinlagen.** Zum Begriff der Sacheinlage gelten die allgemeinen Vorschriften des § 27 Abs 1 und 2. § 194 gilt insb bei der Vorbereitung eines **Unternehmenszusammenschlusses** gem § 192 Abs 2 Nr 2, bei dem ein Unternehmen oder Unternehmensanteile gegen Ausgabe junger Aktien erworben werden sollen. Wird ein bedingtes Kapital zur Durchführung einer Verschmelzung oder Spaltung verwendet, so findet § 194 Abs 4 keine Anwendung; § 69 Abs 1 S 2 UmwG gilt insoweit entsprechend (GroßKomm AktG/*Frey* Rn 87; Kallmeyer UmwG/*Marsch-Barner* § 69 Rn 15).

4 **2. Wandelschuldverschreibungen (Abs 1 S 2).** Nach Abs 1 S 2 gilt die Hingabe von Schuldverschreibungen im Umtausch gegen Aktien nicht als Sacheinlage. Damit finden die §§ 194, 195 Abs 2 Nr 1, 198 Abs 1 keine Anwendung (GroßKomm AktG/*Frey* Rn 22). Diese Regelung gilt nur für **Wandelanleihen** und nicht auch für **Optionsanleihen**. (*Hüffer* AktG Rn 4). Ist der Inhaber einer Optionsanleihe jedoch berechtigt, bei Ausübung der Option die Anleiheforderung in Zahlung zu geben, ist Abs 1 S 2 analog anwendbar (Marsch-Barner/Schäfer Hdb AG/*Gross* § 51 Rn 62; *Hüffer* AktG Rn 3; aA MünchKomm AktG/*Fuchs* Rn 14). Die grds Beschränkung auf Umtauschrechte beruht darauf, dass in diesen Fällen der Gläubiger anstelle der Rückzahlung des Anleihebetrags sein Recht auf Zuteilung junger Aktien geltend macht (MünchKomm AktG/*Fuchs* Rn 5). Entscheidend ist dabei, dass die Wandelschuldverschreibung durch Barzahlung erworben wurde und ihre Hingabe deshalb eine **Umqualifizierung der** früher **geleisteten Zahlung** in eine Bareinlage darstellt (KölnKomm AktG/*Lutter* Rn 4). Dieser Gedanke der Voreinzahlung gilt aber nur für den Nennbetrag der Anleihe, nicht auch für etwa aufgelaufene Zinsen (Marsch-Barner/Schäfer Hdb AG/*Busch* § 44 Rn 40; Spindler/Stilz AktG/*Rieckers* Rn 8). Sollen **Wandelschuldverschreibungen** abgesichert werden, die **gegen Sacheinlage** ausgegeben werden, ist Abs 1 S 2 uneingeschränkt anwendbar, wenn es um die Ausübung des Wandlungsrechts geht. Bei der Ausgabe der Wandelschuldverschreibungen muss allerdings sichergestellt sein, dass die Sacheinlagevorschriften beachtet sind. Soll diese Ausgabe aufgrund einer entsprechenden Ermächtigung (vgl § 221 Abs 2) erst nach der Eintragung des bedingten Kapitals erfolgen, ist eine gerichtliche Sacheinlagenprüfung gem Abs 4 nicht möglich. Stattdessen ist der Vorstand verpflichtet, die Werthaltigkeit der Sacheinlage bei der Ausgabe der Wandelschuldverschreibung zu prüfen (Hölters/*v.Dryander/Niggemann* Rn 15; KölnKomm AktG/*Lutter* Rn 4 und § 221 Rn 140; mit Analogie zu § 205 Abs 2 S 1 auch *Drinhausen/Keinath* BB 2011, 1736, 1740 ff und *Schnorbus/Trapp* ZGR 2010, 1023, 1040). Für Wandelanleihen einer **Tochtergesellschaft** (mit Umtauschrecht auf die Aktien der Mutter) gilt die Regelung nur, wenn die Tochter den Anleiheerlös an die Mutter weitergeleitet hat und der sich daraus ergebende Rückzahlungsanspruch anteilig an die Gläubiger abgetreten wurde (KölnKomm AktG/*Lutter* Rn 9 ff; Marsch-Barner/Schäfer Hdb AG/*Gross* § 51 Rn 63; *Schlitt/Seiler/Singhof* AG 2003, 254, 264 f;

für breitere Anwendbarkeit MünchKomm AktG/*Fuchs* Rn 10 und Spindler/Stilz AktG/*Servatius* Rn 10). Abs 1 S 2 ist analog auf **Wandelgenussrechte** anzuwenden, soweit diese ebenfalls gegen Barleistung ausgegeben wurden und nicht mit einer Verlustbeteiligung versehen sind (KölnKomm AktG/*Lutter* Rn 6; *Hüffer* AktG Rn 4; aA GroßKomm AktG/*Frey* Rn 78 ff). Im Falle eines vereinbarten **Rangrücktritts** oder einer **Verlustbeteiligung** ist Abs 1 S 2 nach bislang hM nicht anwendbar, weil Bestand und Höhe der Verbindlichkeit nicht gesichert sind (*Hüffer* Rn 4; MünchHdb AG/*Krieger* § 57 Rn 24; aA MünchKomm AktG/*Habersack* § 221 Rn 244; *Singhof* in FS Hoffmann-Becking, S 1163, 1177 f). Dies gilt nicht bei Aufnahme einer auflösenden Bedingung, wonach die Nachrangabrede mit der Wandlung entfällt (Marsch-Barner/Schäfer Hdb AG/*Busch* § 44 Rn 42; Spindler/Stilz AktG/*Rieckers* Rn 12).

3. Arbeitnehmeraktien (Abs 3). Abs 3 ergänzt § 192 Abs 2 Nr 3 für den Fall der Ausgabe von Aktien gegen Einbringung einer Gewinnbeteiligung von AN. Obwohl die Aktien gegen Einlage einer konkreten Gewinnbeteiligungsforderung und nicht gegen Barzahlung ausgegeben werden, wird dies wegen der Werthaltigkeit der Forderung nicht als Sachkapitalerhöhung behandelt. Die Festsetzungen nach Abs 1 und 2 gelten dafür nicht (Abs 3). Nur die **Prüfungspflicht nach Abs 4** bleibt. Neben den eigentlichen Gewinnbeteiligungen fallen unter Abs 3 auch Umsatzbeteiligungen, Leistungsprämien, Gratifikationen, stock appreciation rights und phantom stocks (MünchKomm AktG/*Fuchs* Rn 16 mwN). Begünstigt sind neben den **AN** der **AG** oder der mit ihr **verbundenen Unternehmen** wie bei § 192 Abs 2 Nr 3 auch die **Mitglieder der Geschäftsführungen** (MünchHdb AG/*Krieger* § 57 Rn 26; aA GroßKomm AktG/*Frey* Rn 91).   5

III. Anforderungen an Hauptversammlungsbeschluss

1. Inhaltliche Anforderungen (Abs 1 S 1). Ergänzend zum Inhalt nach § 193 sind bei Sacheinlagen weitere Einzelheiten in den Beschluss aufzunehmen: Der **Gegenstand** der Sacheinlage und die **Person** des Einlegers müssen konkret genannt werden. Ist, wie bei einem öffentlichen Übernahmeangebot, der Sacheinleger noch unbekannt, reichen Angaben zur Bestimmbarkeit der künftigen Sacheinleger aus (vgl § 193 Rn 6; MünchKomm AktG/*Fuchs* Rn 18; Spindler/StilzAktG/*Rieckers* Rn 18). Objektive Bestimmbarkeit genügt auch für die Festsetzung des Nennbetrags (§ 8 Abs 2) bzw der Stückzahl (§ 8 Abs 3) der bei der Sacheinlage zu gewährenden Aktien (*Drinhausen/Keinath* BB 2011, 1736, 1737), vgl auch Rn 14 zu § 183. Der Wert der Sacheinlage muss nicht in den Beschluss aufgenommen werden (*Hüffer* Rn 6; MünchKomm AktG/*Fuchs* Rn 18 mwN; Spindler/Stilz AktG/*Rieckers* Rn 17; aA KölnKomm AktG/*Lutter* Rn 14).   6

2. Bekanntmachung. Die beabsichtigte **Einbringung von Sacheinlagen** ist vor der Beschlussfassung **ausdrücklich und ordnungsgemäß** gem §§ 194 Abs 1 S 3 iVm 121 Abs 3 mit der Tagesordnung der HV bekannt zu geben. Zwar verlangt Abs 1 S 3 – im Unterschied zur Parallelnorm § 183 – nicht ausdrücklich die Bekanntmachung der Festsetzungen nach Abs 1 S 1. Da es für eine unterschiedliche Behandlung keinen sachlichen Grund gibt, sind auch diese Festsetzungen bekannt zu geben (MünchKomm AktG/*Fuchs* Rn 19; *Hüffer* AktG Rn 7; Spindler/Stilz AktG/*Servatius* Rn 19). Bei fehlerhafter Bekanntmachung ist der HV-Beschluss gem § 243 **anfechtbar**; das Registergericht hat die Eintragung abzulehnen (MünchKomm AktG/*Fuchs* Rn 24; *Hüffer* AktG Rn 7).   7

8 **3. Rechtsfolgen eines fehlerhaften Beschlusses.** Fehlen die nach Abs 1 S 1 erforderlichen Festsetzungen im HV-Beschluss, sind sie unvollständig oder unrichtig, so ist der KapErhöhungsbeschl gem § 243 **anfechtbar**, soweit die Fehlerhaftigkeit nicht geheilt wurde (MünchKomm AktG/*Fuchs* Rn 22). Bis zur Aktienausgabe kann ein fehlerhafter HV-Beschluss durch einen **satzungsändernden Beschluss** ergänzt und berichtigt werden (GroßKomm AktG/*Frey* Rn 101 mwN). Nach Ausgabe der Aktien ist dagegen keine Heilung mehr möglich, soweit nicht eine Nachgründung gem § 52 in Betracht kommt (*Hüffer* AktG Rn 8). Das Registergericht hat die Eintragung eines fehlerhaften Beschlusses abzulehnen (GroßKomm AktG/*Fuchs* Rn 21).

IV. Verdeckte Sacheinlagen, Hin- und Herzahlen (Abs 2)

9 Abs 2 ist durch Art 1 Nr 30 des ARUG neu gefasst worden. Wie bei der ordentlichen SachKapErhöhung (§ 183 Abs 2) gelten auch bei der bedingten KapErhöhung die Regelungen zur verdeckten Sacheinlage (§ 27 Abs 3) und zum Hin- und Herzahlen (§ 27 Abs 4) entspr (Abs 2 HS 1). Bei der **verdeckten Sacheinlage** wird der Einleger zwar nicht von der Einlagepflicht befreit; der Wert des verdeckt eingebrachten Vermögensgegenstands wird aber unter bestimmten Voraussetzungen auf die Einlageschuld angerechnet (s dazu näher Rn 23 zu § 183 und Rn 38 zu § 27). Für die Bewertung und Anrechnung kommt es dabei allerdings nicht auf die Anmeldung bzw Eintragung, sondern auf den Zeitpunkt der Ausgabe der Bezugsaktien an (Abs 2 HS 2). Dies beruht darauf, dass das Grundkap bereits mit der Ausgabe der Bezugsaktien erhöht ist (§ 200) und die Anmeldung und Eintragung nur mit deklaratorischer Wirkung nachfolgen (§ 201; Bericht Rechtsausschuss BT-Drucks 16/13098 S 58). Bei einem **Hin- und Herzahlen** iS von § 27 Abs 4 befreit die Einlageleistung nur, wenn die vorherige Verwendungsabsprache bei der Anmeldung der KapErhöhung offen gelegt wird (§ 27 Abs 4 S 2; s dazu näher Rn 24 zu § 183 und Rn 56 zu § 27).

V. Prüfung der Sacheinlage (Abs 4 und 5)

10 Bei jeder Sacheinlageerhöhung – mit Ausnahme der vereinfachten Erhöhung nach Abs 5 iVm § 183a (Rn 10) – ist eine Prüfung durch einen oder mehrere unabhängige Prüfer durchzuführen, ob der **Wert der Sacheinlage** den geringsten Ausgabebetrag (§ 9 Abs 1) erreicht (Abs 4 S 2 iVm § 34 Abs 1 Nr 2). Eine entspr Prüfungspflicht obliegt auch dem Registergericht; die diesbezügliche Regelung wurde durch Art 1 Nr 31c des ARUG vom bisherigen § 194 Abs 4 S 1 in § 195 Abs 3 S 1 verschoben. Beide Prüfungen erfolgen im Zusammenhang mit der Anmeldung des HV-Beschlusses, zu einem Zeitpunkt also, zu dem nur feststeht, welche Sacheinlagen zugelassen sind (*Drinhausen/Keinath* BB 2011, 1736, 1737 f). Eine erneute Sacheinlagenprüfung vor der späteren Ausgabe der Aktien ist nicht vorgeschrieben. Der Vorstand sollte sich dann aber vorsorglich von der Werthaltigkeit der konkreten Einlage überzeugen (vgl GroßKomm AktG/*Frey* Rn 107). Vgl iÜ § 183 Rn 25 ff. Bei einer Absicherung von Aktienbezugsrechten aus einer Wandelschuldverschreibung, die aufgrund einer Ermächtigung gegen Sachleistung ausgegeben wurde, kann die erforderliche Sacheinlagenprüfung erst zum Zeitpunkt der Ausgabe der Wandelschuldverschreibung vorgenommen werden; sie obliegt dann dem Vorstand, der dabei uU auch Ansprüche aus einer Differenzhaftung geltend machen muss (*Schnorbus/Trapp* ZGR 2010, 1023, 1040 und *Drinhausen/Keinath* BB 2011, 1736, 1741, jeweils mit Analogie zu § 205). Das Registergericht kann auch noch im Zusammenhang mit der Erklärung des Vorstands nach § 201 Abs 3 einen Nachweis der Werthaltigkeit verlangen (Hölters/*v. Dryander/Niggemann* Rn 15).

Von der grds erforderlichen Sacheinlagenprüfung durch externe Prüfer kann nach Abs 5 unter den Voraussetzungen des § 183a iVm §§ 33a, 37a, 38 Abs 3 abgesehen werden (**vereinfachte SachKapErhöhung**). Ein entspr Wahlrecht besteht, wenn entweder übertragbare Wertpapiere oder Geldmarktinstrumente iSd § 2 Abs 1 S 1 und Abs 1a WpHG zu dem gewichteten Durchschnittskurs eingebracht werden oder sonstige Vermögensgegenstände eingebracht werden, für die ein unabhängiger, ausreichend vorgebildeter und erfahrener Sachverständiger den beizulegenden Zeitwert ermittelt hat. Will der Vorstand in einem solchen Falle von der externen Prüfung absehen, hat er das Datum des KapErhöhungsbeschlusses sowie die Angaben nach § 37a Abs 1 und 2 (Beschreibung der Sacheinlage, Erklärung zur Wertdeckung, keine entgegenstehenden Umstände) in den Gesellschaftsblättern bekannt zu machen. Die Durchführung der KapErhöhung darf dann nicht vor Ablauf von vier Wochen seit dieser Bekanntmachung eingetragen werden (Abs 5 iVm § 183a Abs 2 S 2). Da die Eintragung nur deklaratorische Bedeutung hat, muss dem Zweck der Regelung entsprechend jedoch auf die Ausgabe der Bezugsaktien abgestellt werden (Münch/Komm AktG/*Fuchs* Rn 29). Aktionäre, die mindestens 5 % des Grundkapitals halten, können während dieser Zeit unter den Voraussetzungen der §§ 183a Abs 2, 33a Abs 2 verlangen, dass das Amtsgericht einen oder mehrere Prüfer bestellt (zu den weiteren Einzelheiten s Rn 2 ff zu § 183a). 11

§ 195 Anmeldung des Beschlusses

(1) ¹**Der Vorstand und der Vorsitzende des Aufsichtsrats haben den Beschluss über die bedingte Kapitalerhöhung zur Eintragung in das Handelsregister anzumelden.** ²§ 184 Abs. 1 Satz 2 gilt entsprechend.

(2) **Der Anmeldung sind beizufügen**
1. **bei einer bedingten Kapitalerhöhung mit Sacheinlagen die Verträge, die den Festsetzungen nach § 194 zugrunde liegen oder zu ihrer Ausführung geschlossen worden sind, und der Bericht über die Prüfung von Sacheinlagen (§ 194 Abs. 4) oder die in § 37a Abs. 3 bezeichneten Anlagen;**
2. **eine Berechnung der Kosten, die für die Gesellschaft durch die Ausgabe der Bezugsaktien entstehen werden.**
3. *(aufgehoben)*

(3) ¹**Das Gericht kann die Eintragung ablehnen, wenn der Wert der Sacheinlage nicht unwesentlich hinter dem geringsten Ausgabebetrag der dafür zu gewährenden Aktien zurückbleibt.** ²**Wird von einer Prüfung der Sacheinlage nach § 183a Abs. 1 abgesehen, gilt § 38 Abs. 3 entsprechend.**

Übersicht

	Rn		Rn
I. Regelungsgegenstand	1	IV. Eintragung ins Handelsregister	8
II. Anmeldung des Erhöhungsbeschlusses (Abs 1)		1. Prüfungspflicht (Abs 3)	8
	2	2. Eintragungsinhalt und Bekanntmachung	9
1. Zuständigkeit und Formalien	2		
2. Anmeldeberechtigte Personen	3	3. Wirkung der Eintragung und Rechtsmittel	10
III. Beizufügende Unterlagen (Abs 2)	4		

Marsch-Barner

§ 195

I. Regelungsgegenstand

1 § 195 regelt die **Anmeldung des HV-Beschlusses** über die bedingte Kapitalerhöhung (§ 192 Abs 1) zur Eintragung ins HR. Zwischen der Eintragung dieses Beschlusses und der **Durchführung der Kapitalerhöhung** (§ 201) ist wie bei der ordentlichen Kapitalerhöhung (§§ 184, 188) zu unterscheiden. Beim bedingten Kapital können beide Anmeldungen allerdings **nicht miteinander verbunden** werden, weil die Eintragung des Erhöhungsbeschlusses besondere Rechtsfolgen mit sich bringt. Mit der Eintragung des HV-Beschlusses entsteht gem § 197 S 2 das Bezugsrecht; außerdem erlangt der Erhöhungsbeschluss Bestandskraft (§ 192 Abs 4). Die Eintragung ist zudem Voraussetzung für die Ausgabe der Bezugsaktien, § 197 S 1. Die Vorschrift bestimmt die **anmeldepflichtigen Personen** (Abs 1) und legt die **einzureichenden Unterlagen** fest (Abs 2). Die Prüfung durch das Registergericht (Abs 3) wurde durch Art 1 Nr 31 des ARUG eingefügt. Abs 3 S 1 wurde dabei aus dem früheren § 183 Abs 3 S 1 übernommen. Abs 3 S 2 nimmt auf die ebenfalls durch das ARUG eingefügte Möglichkeit einer Sacheinlage ohne externe Prüfung (§ 183a) Bezug. Da sich mit Ausgabe der Aktien gem § 200 unabhängig von der Eintragung der Durchführung (§ 201) das Grundkapital erhöht, muss der Satzungsinhalt bezüglich des Grundkapitals (§ 23 Abs 3) und der Aktien (§ 23 Abs 4) angepasst werden. Hierzu ist grds ein weiterer HV-Beschluss gem § 179 Abs 1 S 1 erforderlich, wenn nicht der AR gem § 179 Abs 1 S 2 zur Fassungsänderung ermächtigt wurde. Diese Änderung der Satzung ist gem § 181 ebenfalls zur Eintragung ins HR anzumelden.

II. Anmeldung des Erhöhungsbeschlusses (Abs 1)

2 **1. Zuständigkeit und Formalien.** Sachlich ist das **Amtsgericht als Registergericht** zuständig, §§ 8 HGB, 376 FamFG. Die **örtliche Zuständigkeit** richtet sich nach dem **Satzungssitz der Gesellschaft**, §§ 5 Abs 1, 14, § 377 FamFG. Funktionell zuständig ist der **Registerrichter** (GroßKomm AktG/*Frey* Rn 8). Die HV kann den Zeitpunkt der Anmeldung selbst bestimmen oder den Anmeldenden hierfür ein Ermessen einräumen (MünchKomm AktG/*Fuchs* Rn 10). Fehlen diesbezügliche Vorgaben, hat die Anmeldung unverzüglich (§ 121 BGB) zu erfolgen (*Hüffer* AktG Rn 2). Die Anmeldung ist elektronisch in öffentlich beglaubigter Form (§ 129 BGB) einzureichen, § 12 Abs 1 HGB. Bis zur Eintragung kann die Anmeldung jederzeit ohne Begründung zurückgenommen werden (MünchKomm AktG/*Fuchs* Rn 5).

2a Nach dem durch Art 1 Nr 31 des ARUG eingefügten Abs 1 S 2 gilt § 184 Abs 1 S 2 entspr. Dies würde bedeuten, dass in der Anmeldung bislang nicht geleistete Einlagen anzugeben sind. Nach der Gesetzesbegr (BT-Drucks 16/11642 S 38) ist jedoch das vereinfachte Sacheinlageverfahren ohne externe Prüfung gemeint. Die Vorschrift ist daher korrigierend als Bezugnahme auf § 184 Abs 1 S 3 zu verstehen (*Hüffer* AktG Rn 2). Danach ist in der Anmeldung unter bestimmten Voraussetzungen nur noch zu versichern, dass keine Umstände iS von § 37a Abs 2 bekannt geworden sind.

3 **2. Anmeldeberechtigte Personen.** Die Anmeldung kann **nur** durch den Vorstand zusammen mit dem AR-Vorsitzenden bzw dessen Stellvertreter erfolgen (Abs 1 S 1). Die anmeldenden Personen handeln hierbei **im Namen der AG**, nicht im eigenen Namen; Anmelder ist somit die AG (*BGH* NJW 1992, 1824; *Hüffer* AktG Rn 3; GroßKomm AktG/*Frey* Rn 10 mwN). Die anmeldenden Personen müssen aber mit eigenem Namen unterschreiben (MünchKomm AktG/*Fuchs* Rn 7). Der Vorstand muss in vertretungsberechtigter Zahl handeln (§ 78; MünchKomm AktG/*Fuchs* Rn 8). Eine

Anmeldung des Beschlusses § 195

Vertretung durch Bevollmächtigte ist unzulässig (GroßKomm AktG/*Frey* Rn 10, 12). Es besteht keine öffentlich-rechtliche Pflicht zur Anmeldung; Vorstand und AR-Vorsitzende sind aber der Gesellschaft gegenüber zur Anmeldung verpflichtet (MünchKomm AktG/*Fuchs* Rn 7; GroßKomm AktG/*Frey* Rn 13).

III. Beizufügende Unterlagen (Abs 2)

In § 195 zwar nicht ausdrücklich erwähnt, jedoch selbstverständlich, ist die **Beifügung des HV-Beschlusses über das bedingte Kapital** sowie etwaiger **Sonderbeschlüsse** nach §§ 193 Abs 1 S 3 iVm 182 Abs 2 in beglaubigter Abschrift (*Hüffer* AktG Rn 4 mwN). Ggf ist auch ein **geänderter Satzungstext** einzureichen, wenn das bedingte Kapital in die Satzung aufgenommen wurde und diese Änderung der Satzung mit angemeldet werden soll (GroßKomm AktG/*Frey* Rn 27). 4

Bei einer bedingten Kapitalerhöhung mit **Sacheinlagen** sind alle Verträge, die den Festsetzungen nach § 194 zu Grunde liegen oder zu ihrer Ausführung geschlossen wurden, zusammen mit dem Prüfbericht (§ 194) beizufügen (Abs 2 Nr 1 Alt 1). Diese Regelung spielt insb bei einem bedingten Kapital zum Zwecke eines Unternehmenszusammenschlusses (§ 192 Abs 2 Nr 2) eine Rolle; bei Wandelschuldverschreibungen mit Umtauschrecht (§ 194 Abs 1 S 2) ist sie dagegen nicht anwendbar (MünchKomm AktG/*Fuchs* Rn 12). Liegen bei der Anmeldung des Erhöhungsbeschlusses noch nicht alle Vereinbarungen über die Erbringung der Sacheinlage vor, sind diese mit der Anmeldung gem § 201 Abs 2 einzureichen (MünchKomm AktG/*Fuchs* Rn 13, *Hüffer* AktG Rn 5). Wurden keine Verträge über die Sachleistung abgeschlossen, genügt eine Negativerklärung. Wird das vereinfachte Verfahren nach § 194 Abs 5 gewählt, so sind der Anmeldung anstelle des Prüfungsberichts die in § 37a Abs 3 bezeichneten Bewertungsunterlagen beizufügen (Abs 2 Nr 1 Alt 2). 5

Der Anmeldung ist eine **umfassende Aufstellung der Kosten**, zu denen Gerichts- und Notargebühren, Steuern und Druckkosten gehören, beizufügen (**Abs 2 Nr 2**). Ggf ist die voraussichtliche Höhe der Kosten zu schätzen (*Hüffer* AktG Rn 6). Nicht erfasst sind Kosten eines Unternehmenszusammenschlusses und die Kosten für die Ausgabe von Wandelschuldverschreibungen (MünchKomm AktG/*Fuchs* Rn 15). 6

Die früher in Abs 2 Nr 3 enthaltene Pflicht zur Beifügung der Genehmigungsurkunde, falls die Kapitalerhöhung der staatlichen Genehmigung bedarf, ist durch Art 1 Nr 31 des ARUG gestrichen worden. 7

IV. Eintragung ins Handelsregister

1. Prüfungspflicht (Abs 3). Das RegGericht hat umfassend zu prüfen, ob alle gesetzlichen Vorgaben beachtet wurden. Dies betrifft sowohl die formelle und materielle Rechtmäßigkeit des HV-Beschlusses als auch die Voraussetzungen einer ordnungsgemäßen Anmeldung, insb die Vollständigkeit der einzureichenden Unterlagen. Bei **Sacheinlagen** erweitert sich der Prüfungsumfang gem Abs 3. Abs 3 S 1 wurde durch Art 1 Nr 31c des ARUG eingefügt; die Regelung entspr dem früheren § 194 Abs 4 S 2. Das Gericht hat danach zu prüfen, ob der Wert der Sacheinlagen den geringsten Ausgabebetrag der neuen Aktien (§ 9 Abs 1) erreicht. Die Eintragung kann abgelehnt werden, wenn der Wert nicht unwesentlich unter diesem Betrag liegt. Bei einer **vereinfachten SachKapErhöhung** (§§ 194 Abs 5, 183a) findet nur die formale Prüfung gem § 38 Abs 3 statt (Abs 3 S 2 sowie Rn 6b zu § 38). Die Eintragung kann in diesem Fall 8

Marsch-Barner

nur bei offensichtlicher Überbewertung abgelehnt werden (§ 38 Abs 3 S 2). Diese Prüfungen erfolgen anhand der Anmeldungserklärung und der eingereichten Unterlagen. Hierbei darf sich der Registerrichter auf die Richtigkeit einer widerspruchsfreien Anmeldung verlassen (**Plausibilitätsprüfung,** MünchKomm AktG/*Fuchs* Rn 19; Groß-Komm AktG/*Frey* Rn 38). Fehlen Unterlagen oder Sonderbeschlüsse, wird das Gericht regelmäßig eine Zwischenverfügung erlassen, um das Nachreichen der Unterlagen oder Beschlüsse zu ermöglichen (GroßKomm AktG/*Frey* Rn 38). Ist der Beschluss angefochten worden, entscheidet das Gericht nach pflichtgemäßem Ermessen über eine Aussetzung der Eintragung, §§ 21 Abs 1, 381 FamFG (MünchKomm AktG/*Fuchs* Rn 20). Es hat den Eintragungsantrag zurückzuweisen, wenn Sonderbeschlüsse endgültig fehlen oder der Beschluss gem § 241 nichtig ist. **Nichtigkeit** kann sich insb aus einer Verletzung des § 193 Abs 2 und des § 192 Abs 3 ergeben. In den Fällen der Anfechtbarkeit ist der Eintragungsantrag grds nur dann zurückzuweisen, wenn durch den Verstoß Drittinteressen beeinträchtigt sein können (MünchKomm AktG/*Fuchs* Rn 21 mwN; **aA** GroßKomm AktG/*Frey* Rn 38).

9 **2. Eintragungsinhalt und Bekanntmachung.** Der Registerrichter verfügt die Eintragung des HV-Beschlusses, wenn die Eintragungsvoraussetzungen vorliegen. Gem §§ 43 Nr 3 S 2, Nr 6a, b gg HRV ist in Spalte 6 einzutragen: „Die HV vom ... hat die bedingte Erhöhung des Grundkapitals um [einen Betrag von] bis zu ... EUR beschlossen" (*Hüffer* AktG Rn 10). Die Bekanntmachung der Eintragung richtet nach § 10 HGB.

10 **3. Wirkung der Eintragung und Rechtsmittel.** Die Eintragung des Kapitalerhöhungsbeschlusses ist zwingende Voraussetzung für die Ausgabe der jungen Aktien, § 197 S 1 und S 3, und lässt bereits vorher begründete Bezugsrechte entstehen, § 197 S 2 (MünchKomm AktG/*Fuchs* Rn 24). Mit Eintragung erlangt der HV-Beschluss zudem Bestandsschutz, § 192 Abs 4. Die Kapitalerhöhung wird dagegen erst mit der Ausgabe der Aktien wirksam, § 200. Gegen eine Ablehnung der Eintragung kann die AG Beschwerde einlegen, über die das OLG entscheidet (§§ 58 ff FamFG; § 119 Abs 1 Nr 1 lit b, Nr 2 GVG). Zulassungsabhängig ist weitere Rechtsbeschwerde zum BGH möglich (§§ 70 ff FamFG; § 133 GVG).

§ 196

(aufgehoben)

1 Die Vorschrift regelte die Bekanntmachung der Eintragung des Beschlusses über die Kapitalerhöhung (§ 195). Sie wurde mit Wirkung zum 1.1.2007 aufgehoben durch das Gesetz über elektronische Handelsregister und Genossenschaftsregister sowie das Unternehmensregister (EHUG) v 10.11.2006 (BGBl 2006 I, 2553). Dahinter steht der Grundsatz des Verzichts auf Zusatzbekanntmachungen im Zuge des Übergangs auf das elektronisch geführte HR.

§ 197 Verbotene Aktienausgabe

[1]**Vor der Eintragung des Beschlusses über die bedingte Kapitalerhöhung können die Bezugsaktien nicht ausgegeben werden.** [2]**Ein Anspruch des Bezugsberechtigten entsteht vor diesem Zeitpunkt nicht.** [3]**Die vorher ausgegebenen Bezugsaktien sind nichtig.** [4]**Für den Schaden aus der Ausgabe sind die Ausgeber den Inhabern als Gesamtschuldner verantwortlich.**

Verbotene Aktienausgabe § 197

Übersicht

	Rn		Rn
I. Regelungsgegenstand	1	III. Schadensersatzpflicht der Ausgeber (S 4)	4
II. Verbot der vorzeitigen Aktienausgabe	2	IV. Entstehung des Bezugsanspruchs (S 2)	5
1. Tatbestand (S 1)	2		
2. Nichtigkeitsfolge (S 3)	3		

I. Regelungsgegenstand

Die Vorschrift schützt die **Entscheidungsfreiheit der HV** und die **Erwerber nichtiger** 1
Bezugsaktien. S 1 verbietet die Ausgabe von Bezugsaktien vor Eintragung des Erhöhungsbeschlusses. Wird hiergegen verstoßen, können die Aktionäre aus den vorzeitig entgegengenommenen Aktienurkunden keine Rechte herleiten (S 3). Als Ausgleich dafür stehen ihnen Schadensersatzansprüche gegen die Ausgeber zu (S 4). S 2 regelt zudem den Zeitpunkt der frühestmöglichen Entstehung von Bezugsrechten.

II. Verbot der vorzeitigen Aktienausgabe

1. Tatbestand (S 1). Im Zusammenspiel mit § 200, wonach das Grundkapital mit der 2
Ausgabe der Bezugsaktien erhöht ist, verbietet S 1 die Ausgabe der Bezugsaktien vor Eintragung des Erhöhungsbeschlusses nach § 195. Unter Ausgabe ist dabei das **tatsächliche Inverkehrbringen der Aktienurkunde** durch Handlungen oder Unterlassungen der Verantwortungsträger der AG zu verstehen (MünchKomm AktG/*Fuchs* Rn 5). Eine Aktienausgabe ohne Verbriefung kommt beim bedingten Kapital nicht in Betracht (Marsch-Barner/Schäfer Hdb AG/*Busch* § 44 Rn 54). Werden Aktien vor Eintragung des Erhöhungsbeschlusses ausgegeben, liegt darin eine **Ordnungswidrigkeit**, § 405 Abs 1 Nr 2. Neben der Eintragung des HV-Beschlusses werden für die Ausgabe der Bezugsaktien außerdem die **Abgabe einer Bezugserklärung** (§ 198) und die **volle Einlageleistung** (§ 199) vorausgesetzt.

2. Nichtigkeitsfolge (S 3). S 3 ergänzt das Ausgabeverbot und bestimmt die Rechts- 3
folge bei einem Verstoß gegen S 1: Die Bezugsaktien sind **nichtig**, es **entstehen keine Mitgliedschaftsrechte**, das Grundkapital ist **nicht erhöht** (MünchKomm AktG/*Fuchs* Rn 8 mwN). Diese Rechtsfolge ist endgültig, eine spätere Eintragung des Erhöhungsbeschlusses bewirkt **keine Heilung** (*Hüffer* AktG Rn 3 mwN). Wegen der Nichtigkeitsfolge ist ein gutgläubiger Erwerb der Aktienurkunden ausgeschlossen (MünchKomm AktG/*Fuchs* Rn 10). Schließt die AG mit dem Berechtigten einen neuen Begebungsvertrag, kann sie bei der Aktienausgabe auf frühere Urkunden zurückgreifen (MünchKomm AktG/*Fuchs* Rn 9). Einseitige Gültigkeitserklärung durch die AG reicht hierfür allerdings nicht aus (GroßKomm AktG/*Frey* Rn 22 mwN, 41; **aA** *OLG Frankfurt* AG 1976, 77, 78).

III. Schadensersatzpflicht der Ausgeber (S 4)

Die Ausgeber unterliegen einer **verschuldensunabhängigen** Haftung gem S 4. Ausge- 4
ber ist nicht die AG, sondern derjenige, der die Ausgabe der Aktienurkunde in eigenverantwortlicher Weise veranlasst hat (GroßKomm AktG/*Frey* Rn 15). Dies können insb **Vorstandsmitglieder** und **AR-Mitglieder** sein. Bei **leitenden Angestellten** ist darauf abzustellen, ob sie auf eigene Initiative oder auf Anweisung gehandelt haben (MünchKomm AktG/*Fuchs* Rn 12; vgl auch GroßKomm AktG/*Frey* Rn 16). S 4 ist Schutzgesetz iS von § 823 Abs 2 BGB (MünchKomm AktG/*Fuchs* Rn17).

Marsch-Barner

IV. Entstehung des Bezugsanspruchs (S 2)

5　Nach S 2 entsteht ein Bezugs- oder Umtauschanspruch (§ 192 Abs 5) auf Aktien nicht vor der Eintragung des Erhöhungsbeschlusses. Wird zwischen der AG und dem Begünstigten ein Bezugs- oder Umtauschrecht nach dem HV-Beschluss, aber vor dessen Eintragung begründet, so kann der Bezugsberechtigte **erst ab Eintragung** des Beschlusses seinen Bezugsanspruch geltend machen (MünchKomm AktG/*Fuchs* Rn 18 mwN). Es handelt sich dabei um einen **Anspruch** gegen die AG **auf Mitwirkung beim Abschluss** eines **Zeichnungsvertrages** (GroßKomm AktG/*Frey* Rn 37). Wurde das Umtausch- oder Bezugsrecht bereits vor dem Beschluss über das bedingte Kapital vereinbart, steht dieses Recht **unter dem Vorbehalt**, dass die HV über ein bedingtes Kapital beschließt, und **unter der aufschiebenden Bedingung**, dass der HV-Beschluss auch eingetragen wird (*Hüffer* AktG Rn 5; GroßKomm AktG/*Frey* Rn 38; Spindler/Stilz AktG/*Servatius* Rn 15; ähnlich Geßler/Hefermehl/Eckard/Kropff AktG/*Bungeroth* § 197 Rn 10). Wird ein Bezugs- oder Umtauschrecht nach Eintragung des Erhöhungsbeschlusses begründet, kann der Bezugsanspruch – soweit keine anderweitige Bestimmung getroffen wurde – unverzüglich geltend gemacht werden. Die Vorschrift setzt somit eine **zeitliche Schranke**, vor der Bezugs- oder Umtauschrechte nicht geltend gemacht werden können (MünchKomm AktG/*Frey* Rn 18).

§ 198 Bezugserklärung

(1) ¹Das Bezugsrecht wird durch schriftliche Erklärung ausgeübt. ²Die Erklärung (Bezugserklärung) soll doppelt ausgestellt werden. ³Sie hat die Beteiligung nach der Zahl und bei Nennbetragsaktien dem Nennbetrag und, wenn mehrere Gattungen ausgegeben werden, der Gattung der Aktien, die Feststellungen nach § 193 Abs. 2, die nach § 194 bei der Einbringung von Sacheinlagen vorgesehenen Festsetzungen sowie den Tag anzugeben, an dem der Beschluss über die bedingte Kapitalerhöhung gefasst worden ist.

(2) ¹Die Bezugserklärung hat die gleiche Wirkung wie eine Zeichnungserklärung. ²Bezugserklärungen, deren Inhalt nicht dem Absatz 1 entspricht oder die Beschränkungen der Verpflichtung des Erklärenden enthalten, sind nichtig.

(3) Werden Bezugsaktien ungeachtet der Nichtigkeit einer Bezugserklärung ausgegeben, so kann sich der Erklärende auf die Nichtigkeit nicht berufen, wenn er auf Grund der Bezugserklärung als Aktionär Rechte ausgeübt oder Verpflichtungen erfüllt hat.

(4) Jede nicht in der Bezugserklärung enthaltene Beschränkung ist der Gesellschaft gegenüber unwirksam.

Übersicht

	Rn		Rn
I. Regelungsgegenstand	1	IV. Fehlerhafte Bezugserklärung	
II. Grundlagen	2	(Abs 2 S 2, Abs 3)	8
III. Bezugserklärung (Abs 1, Abs 2 S 1)	3	1. Fehlende oder falsche Angaben	8
1. Bezugsrecht	3	2. Beschränkungen	9
2. Ausübung	4	3. Rechtsfolgen und Heilung	10
3. Form	5	V. Beschränkungen außerhalb der	
4. Notwendiger Inhalt	6	Bezugserklärung (Abs 4)	12
5. Bindende Wirkung (Abs 2 S 1)	7	VI. Sonstige Mängel	13

Bezugserklärung § 198

I. Regelungsgegenstand

§ 198 regelt die Ausübung des Bezugsrechts durch **Bezugserklärung**. Die Vorschrift bestimmt die Form der Erklärung (Abs 1 S 1 und 2), ihren Inhalt (Abs 1 S 3), ihre Rechtswirkungen (Abs 2 S 1) sowie die Rechtsfolgen fehlerhafter Bezugserklärungen (Abs 2 S 2, Abs 3). Beschränkungen, die nicht in der Bezugserklärung enthalten sind, haben der AG gegenüber keine Wirkung (Abs 4). Diese Anforderungen dienen vor allem der **Rechtsklarheit** und **Rechtssicherheit** (MünchKomm AktG/*Fuchs* Rn 2). Die Bezugserklärung tritt an die Stelle der Zeichnungserklärung (§ 185) bei einer ordentlichen Kapitalerhöhung. 1

II. Grundlagen

Das Bezugsrecht gewährt dem Berechtigten einen **Anspruch gegen die AG** auf Mitwirkung beim Abschluss eines Zeichnungsvertrages (MünchKomm AktG/*Fuchs* Rn 4). Das Bezugsrecht wird durch Vertrag zwischen der AG und dem Berechtigten begründet und durch Abgabe der Bezugserklärung ausgeübt. IdR enthält die Bezugserklärung ein Angebot zum Abschluss eines Zeichnungsvertrages, das von der AG gem § 151 BGB angenommen wird (MünchKomm AktG/*Fuchs* Rn 4; aA GroßKomm AktG/*Frey* Rn 10, iE aber gleich). Die Bedingungen des Bezugsrechts können jedoch – insb bei Optionsanleihen – so ausgestaltet sein, dass diese ein Angebot der AG zum Abschluss eines Zeichnungsvertrages enthalten und die Bezugserklärung dann die Annahmeerklärung darstellt (MünchKomm AktG/*Fuchs* Rn 4; *Hüffer* AktG Rn 2). Sofern keine sog **Pflichtwandelanleihe** oder eine Anleihe mit **Wandlungsrecht der Gesellschaft** (s dazu Rn 2, 7 zu § 192) vorliegt, ist der Berechtigte nicht zur Ausübung des Bezugsrechts verpflichtet. Vgl auch § 185 Rn 3 ff zum Zeichnungsvertrag. 2

III. Bezugserklärung (Abs 1, Abs 2 S 1)

1. Bezugsrecht. Voraussetzung für eine wirksame Bezugserklärung ist ein den Erklärenden berechtigendes Bezugsrecht. Dieses Bezugsrecht wird durch Vertrag zwischen der AG, vertreten durch den Vorstand (§ 78), und dem Berechtigten begründet (MünchKomm AktG/*Fuchs* § 197 Rn 22). Der Kreis der Berechtigten ergibt sich aus dem Kapitalerhöhungsbeschluss, § 193 Abs 2 Nr 2 (vgl § 193 Rn 6; MünchKomm AktG/*Fuchs* Rn 18). Soweit die Ausgabe neuer Aktien aus einem bedingten Kapital auf den Erhöhungsbetrag begrenzt ist, sind Verträge zur Begründung von Bezugsrechten, die nach Erreichen der Kapitalziffer geschlossen werden, zwar wirksam, können wegen Unmöglichkeit (§ 275 Abs 1 BGB) aber nicht erfüllt werden (*Hüffer* AktG Rn 5). 3

2. Ausübung. Die Bezugserklärung unterliegt als Willenserklärung den allgemeinen Bestimmungen des BGB (KölnKomm AktG/*Lutter* Rn 5). Sie kann vom Berechtigten oder einem **Stellvertreter**, §§ 164 ff BGB, abgegeben werden. Bei Stellvertretung braucht keine Vollmachtsurkunde nach § 174 BGB vorgelegt zu werden (MünchKomm AktG/*Fuchs* Rn 18). Stellvertretung ist regelmäßig bei Wandelschuldverschreibungen und Aktienoptionsprogrammen vorgesehen; die Bezugserklärungen werden hier idR über eine zentrale Umtausch- oder Optionsstelle abgegeben (Marsch-Barner/Schäfer Hdb AG/*Busch* § 44 Rn 52). Nach Eintragung des Kapitalerhöhungsbeschlusses (§ 197 S 2) darf der Berechtigte sein Bezugsrecht **grds jederzeit** ausüben. Der Kapitalerhöhungsbeschluss kann dafür jedoch eine Frist vorsehen (GroßKomm AktG/ 4

Marsch-Barner 1589

Frey Rn 9). Umfasst das Bezugsrecht den Bezug mehrerer Aktien, so kann dieses Recht gemeinsam für **alle Aktien** oder auch nur **einen Teil davon** ausgeübt werden, sofern nichts anderes vereinbart ist oder sich aus dem Zweck der Kapitalerhöhung ergibt (*Hüffer* AktG Rn 7; MünchKomm AktG/*Fuchs* Rn 21; Spindler/Stilz AktG/*Servatius* Rn 22). Ein Umtauschrecht (insb bei Wandelanleihen) kann dagegen immer nur in vollem Umfang ausgeübt werden (KölnKomm AktG/*Lutter* Rn 8). Das Bezugsrecht kann grds auch noch in der **Insolvenz** der AG ausgeübt werden (MünchKomm AktG/*Fuchs* Rn 20).

5 **3. Form.** Die Erklärung ist **schriftlich** abzugeben. Der nach Abs 1 S 3 erforderliche Inhalt muss daher schriftlich fixiert sein; die Erklärung muss außerdem die eigenhändige **Unterschrift** des Erklärenden enthalten, § 126 Abs 1 BGB (MünchKomm AktG/ *Fuchs* Rn 6). Bei Nichtbeachtung der Schriftform ist die Erklärung gem § 125 S 1 BGB nichtig (GroßKomm AktG/*Frey* Rn 21). Das Formerfordernis gilt nicht für die Annahmeerklärung der AG und für den Zeichnungsvertrag (*Hüffer* AktG Rn 8; GroßKomm AktG/*Frey* Rn 21). Der Berechtigte ist verpflichtet die Erklärung **doppelt auszustellen** (S 2), damit die Zweitschrift der Anmeldung zum HR beigefügt werden kann (§ 201 Abs 2 S 1, Abs 4). Eine einfache Ausstellung führt aber nicht zur Unwirksamkeit; der Berechtigte ist nur zur Nachlieferung verpflichtet (GroßKomm AktG/ *Frey* Rn 22 f; vgl auch § 185 Rn 4 zur Zweitschrift des Zeichnungsscheins).

6 **4. Notwendiger Inhalt.** Da die Bezugserklärung auf den Abschluss eines Zeichnungsvertrages gerichtet ist, müssen sich aus ihr die **Person des Zeichners** sowie die **AG** als Adressat ergeben (MünchKomm AktG/*Fuchs* Rn 11; GroßKomm AktG/*Frey* Rn 31). In ihr müssen des Weiteren die Angaben nach Abs 1 S 3 enthalten sein. Der Erklärende muss die **gewünschte Beteiligung** nennen, also die Zahl oder den Nennbetrag der Aktien sowie die Gattung (sog **individuelle Angaben**). Die Angaben zu den **Feststellungen nach § 193 Abs 2** müssen den Zweck der Kapitalerhöhung (§ 193 Abs 2 Nr 1), den Kreis der Berechtigten (§ 193 Abs 2 Nr 2) und den Ausgabebetrag der Aktien (§ 193 Abs 2 Nr 3) umfassen. Enthielt der HV-Beschluss nur die Berechnungsgrundlage, muss die Bezugserklärung den endgültigen Ausgabebetrag enthalten (MünchKomm AktG/*Fuchs* Rn 14). Nach dem Gesetzeswortlaut sind bei Aktienoptionen auch die Festsetzungen gem § 193 Abs 2 Nr 4 anzugeben. Diese zT sehr umfangreichen Angaben ergeben bei der individuellen Bezugserklärung allerdings keinen rechten Sinn; sie sind deshalb aufgrund **teleologischer Reduktion** der Vorschrift entbehrlich (MünchKomm AktG/*Fuchs* Rn 13; *Hüffer* AktG Rn 9; K.Schmidt/Lutter AktG/*Veil* Rn 7; Spindler/Stilz AktG/*Servatius* Rn 13; aA GroßKomm AktG/*Frey* Rn 28). Soll eine **Sacheinlage** erbracht werden, sind die Festsetzungen nach § 194 Abs 1 S 1 (Gegenstand der Sacheinlage, Person des Einlegers und Nennbetrag der Aktien bzw Stückzahl bei Stückaktien) in die Erklärung aufzunehmen (MünchKomm AktG/*Fuchs* Rn 16). Schließlich muss der **Tag des Kapitalerhöhungsbeschlusses** genannt werden. Das Datum von Sonderbeschlüsse nach §§ 193 Abs 1 S 3, 182 Abs 2 wird nicht verlangt (*Hüffer* AktG Rn 9 iVm § 185 Rn 12; aA MünchKomm AktG/ *Fuchs* Rn 17: Datum des letzten Sonderbeschlusses). Auch wenn der Wortlaut des § 198 Abs 1 S 3 (im Unterschied zu § 185 Abs 1 S 3 Nr 2) keine Angaben über **Nebenverpflichtungen** (§ 55) verlangt, sind diese ggf mit in die Erklärung aufzunehmen, weil sie nur dann wirksam gegenüber dem Bezugsberechtigten begründet werden (MünchKomm AktG/*Fuchs* Rn 15; *Hüffer* AktG Rn 9; Spindler/Stilz AktG/*Servatius* Rn 17). Fehlt die Angabe über Nebenverpflichtungen, führt dies aber nicht zur Nichtigkeit der

Bezugserklärung, weil es sich gerade nicht um eine gesetzlich notwendige Angabe handelt (MünchKomm AktG/*Fuchs* Rn 15 mwN).

5. Bindende Wirkung (Abs 2 S 1). Die Bezugserklärung hat nach Abs 2 S 1 die gleiche Wirkung wie eine Zeichnungserklärung, bindet also den Erklärenden und begründet mit der korrespondierenden, formfreien Willenserklärung der AG den Zeichnungsvertrag. Gegenüber der Zeichnungserklärung bestehen jedoch erhebliche Unterschiede. So ist der Bezugsrechtserklärende **endgültig** an seine Erklärung **gebunden** (*Hüffer* AktG Rn 10; MünchKomm AktG/*Fuchs* Rn 24). Eine Zeichnungserklärung gilt dagegen gem § 185 Abs 1 S 3 Nr 4 zeitlich begrenzt. Außerdem hat der Bezugsberechtigte Anspruch auf Abschluss des Zeichnungsvertrages, während die AG im Falle einer der Zeichnungserklärung nur bei gesetzlichem (§ 186) oder vertraglichem (§ 187) Bezugsrecht zum Abschluss verpflichtet ist (GroßKomm AktG/*Frey* Rn 8, MünchKomm AktG/*Fuchs* Rn 24). 7

IV. Fehlerhafte Bezugserklärung (Abs 2 S 2, Abs 3)

1. Fehlende oder falsche Angaben. Entspricht der Inhalt der Bezugserklärung nicht den Anforderungen nach Abs 1 S 3, ist die Erklärung **nichtig** (Abs 2 S 2, 1. Alt). Dies ist der Fall, wenn Angaben ganz oder teilweise fehlen oder die Angaben inhaltlich nicht genügen (MünchKomm AktG/*Fuchs* Rn 29). Fehlende individuelle Angaben können im Einzelfall durch Auslegung ergänzt werden (GroßKomm AktG/*Frey* Rn 33). 8

2. Beschränkungen. Enthält die Bezugserklärung Beschränkungen hinsichtlich der Verpflichtung des Erklärenden, ist die Bezugserklärung ebenfalls nichtig (Abs 2 S 2, 2. Alt). Hierunter fällt zB eine Befristung der Erklärung entspr § 185 Abs 1 S 3 Nr 4 (*Hüffer* AktG Rn 11). Von der Nichtigkeitsfolge sind nur Beschränkungen der durch den Zeichnungsvertrag und auf seiner Grundlage entstehenden Pflichten erfasst (MünchKomm AktG/*Fuchs* Rn 30). Beschränkungen der Pflichten der AG können dagegen ohne weiteres in die Erklärung aufgenommen werden (GroßKomm AktG/ *Frey* Rn 37). 9

3. Rechtsfolgen und Heilung. Aus einer nichtigen Bezugserklärung erwachsen weder Rechte noch Pflichten; auch Zeichnungsverträge besitzen keinerlei Rechtswirkung (MünchKomm AktG/*Fuchs* Rn 33). Die Nichtigkeit nach Abs 2 S 2 wird jedoch **rückwirkend geheilt**, wenn dem betroffenen Aktionär Bezugsaktien ausgegeben werden und er auf Grund der Bezugserklärung als Aktionär Rechte ausgeübt oder Verpflichtungen erfüllt hat (Abs 3; *Hüffer* AktG Rn 12). Bei Verstößen gegen die Schriftform ist Abs 3 entspr anzuwenden (MünchKomm AktG/*Fuchs* Rn 34; GroßKomm AktG/ *Frey* Rn 56; ähnlich *Hüffer* AktG Rn 13). 10

Eine **Heilung nach Abs 3** setzt voraus, dass die Ausgabe der Bezugsaktien ungeachtet der Nichtigkeit der Bezugserklärung erfolgte. Ob der Vorstand die Nichtigkeit der Bezugserklärung kannte, ist unerheblich (MünchKomm AktG/*Fuchs* Rn 35). Der Erklärenden muss ich sodann wie ein Aktionär verhalten haben, indem er **auf Grund der Bezugserklärung** angebliche Rechte ausgeübt hat oder angebliche Pflichten erfüllt hat. Bei Altaktionären kann dies zweifelhaft sein (MünchKomm AktG/*Fuchs* Rn 36). Ob dem Erklärenden die Nichtigkeit seiner Erklärung bekannt war, spielt keine Rolle, entscheidend ist das tatsächliche Verhalten (MünchKomm AktG/*Fuchs* Rn 36). Der vermeintliche Aktionär übt nicht schon mit der Entgegennahme der Aktienur- 11 kunde Mitgliedschaftsrechte aus, weil er zu diesem Zeitpunkt noch nicht Aktionär ist, sondern erst mit der Annahme der Aktienurkunde Aktionär wird (*Hüffer* AktG Rn 12; MünchKomm AktG/*Fuchs* Rn 37; MünchHdb AG/*Krieger* § 57 Rn 41; aA KölnKomm AktG/*Lutter* Rn 13; GroßKomm AktG/*Frey* Rn 51). Eine **Ausübung von Rechten** iSv § 198 Abs 3 liegt zB bei einer Veräußerung oder Belastung der Mitgliedschaftsrechte, dem Bezug von Dividenden oder der Ausübung von Bezugs-, Mitwirkungs- und Informationsrechten vor (MünchKomm AktG/*Fuchs* Rn 38). Eine **Erfüllung von Pflichten** iSv § 198 Abs 3 ist zB die Erfüllung von Nebenpflichten gem § 55. Die Erbringung der Einlage erfolgt wegen § 199 Abs 1 regelmäßig schon vor der Aktienausgabe, stellt somit nur in Ausnahmefällen eine Pflichterfüllung iSv § 198 Abs 3 dar (MünchKomm AktG/*Fuchs* Rn 39). Die Heilung bewirkt, dass sowohl Bezugserklärung als auch Zeichnungsvertrag **rückwirkend wirksam** werden. Über den Wortlaut des Abs 3 hinaus darf sich neben dem Erklärenden auch die AG nicht auf die Nichtigkeit berufen (*Hüffer* AktG Rn 12; GroßKomm AktG/*Frey* Rn 53). Der Erklärende wird voll berechtigter Aktionär. Die Heilung verhilft dagegen Beschränkungen, die gegen Abs 2 S 2 verstoßen, nicht zur Wirksamkeit. Diese gelten vielmehr als nicht geschrieben (MünchKomm AktG/*Fuchs* Rn 41).

V. Beschränkungen außerhalb der Bezugserklärung (Abs 4)

12 Jede nicht in der Bezugserklärung enthaltene Beschränkung der Pflichten des Erklärenden ist der AG gegenüber unwirksam (Abs 4). Im Unterschied zu Abs 2 S 2, wonach in der Bezugserklärung enthaltene Beschränkungen zur Nichtigkeit der Bezugserklärung führen, gelten Beschränkungen iSv Abs 4 als nicht getroffen, berühren somit die Wirksamkeit der Bezugserklärung und des Zeichnungsvertrages nicht (MünchKomm AktG/*Fuchs* Rn 42). Abs 4 liegt dann vor, wenn die Beschränkung entweder mündlich oder zwar schriftlich, aber außerhalb der Bezugserklärung getroffen wurde (*Hüffer* AktG Rn 14). Eine Beschränkung der Pflichten der AG ist dagegen auch außerhalb der Bezugserklärung möglich (MünchKomm AktG/*Fuchs* Rn 43).

VI. Sonstige Mängel

13 Die Willenserklärungen (Bezugserklärung, Annahmeerklärung der AG) und der Zeichnungsvertrag können an zivilrechtlichen Mängeln leiden (MünchKomm AktG/ *Fuchs* Rn 44). Die Vorschriften des BGB sind bis zum Wirksamwerden der bedingten Kapitalerhöhung gem § 200 anwendbar (*Hüffer* AktG Rn 15). Willensmängel (§§ 119 ff BGB) können nach Ausgabe der Bezugsaktien nicht mehr geltend gemacht werden, ebenso wenig die Berufung auf ein Scheingeschäft (§ 117 BGB), mangelnde Ernstlichkeit (§ 118 BGB) oder Wucher (§ 138 Abs 2). Hingegen werden Minderjährige oder beschränkt Geschäftsfähige (§§ 104 ff) auch nicht durch die Aktienausgabe verpflichtet; gleiches gilt, wenn eine Bezugserklärung des Berechtigten fehlt (vgl MünchKomm AktG/*Fuchs* Rn 44 ff).

§ 199 Ausgabe der Bezugsaktien

(1) **Der Vorstand darf die Bezugsaktien nur in Erfüllung des im Beschluss über die bedingte Kapitalerhöhung festgesetzten Zwecks und nicht vor der vollen Leistung des Gegenwerts ausgeben, der sich aus dem Beschluss ergibt.**

§ 199 Ausgabe der Bezugsaktien

(2) ¹Der Vorstand darf Bezugsaktien gegen Wandelschuldverschreibungen nur ausgeben, wenn der Unterschied zwischen dem Ausgabebetrag der zum Umtausch eingereichten Schuldverschreibungen und dem höheren geringsten Ausgabebetrag der für sie zu gewährenden Bezugsaktien aus einer anderen Gewinnrücklage, soweit sie zu diesem Zweck verwandt werden kann, oder durch Zuzahlung des Umtauschberechtigten gedeckt ist. ²Dies gilt nicht, wenn der Gesamtbetrag, zu dem die Schuldverschreibungen ausgegeben sind, den geringsten Ausgabebetrag der Bezugsaktien insgesamt erreicht oder übersteigt.

Übersicht

	Rn		Rn
I. Regelungsgegenstand	1	III. Besondere Voraussetzungen bei Umtauschrechten (Abs 2)	7
II. Allgemeine Voraussetzungen der Aktienausgabe (Abs 1)	2	1. Allgemeines	7
1. Begriff und Rechtsnatur der Aktienausgabe	2	2. Unter-Pari-Situation	8
2. Aktienausgabe	3	3. Deckung der Differenz	9
3. Erfüllung des Zwecks	4	4. Ausnahme vom Deckungserfordernis (Abs 2 S 2)	10
4. Volle Leistung des Gegenwerts	5	IV. Rechtsfolgen von Verstößen bei der Aktienausgabe	11
5. Weitere Voraussetzungen	6		

I. Regelungsgegenstand

§ 199 regelt die Voraussetzungen der Aktienausgabe durch den Vorstand bei Bezugs- und Umtauschrechten. Mit Abschluss des Zeichnungsvertrages ist der Vorstand zur Ausgabe der Aktien verpflichtet. Von der Aktienausgabe hängt die Wirksamkeit der Kapitalerhöhung ab (§ 200). § 199 ist nicht abschließend, aus §§ 192–198 ergeben sich weitere Voraussetzungen für die Aktienausgabe. Die Vorschrift soll im Hinblick auf den immanenten Bezugsrechtsausschluss die **Altaktionäre schützen** und die **Kapitalaufbringung sicherstellen** (MünchKomm AktG/*Fuchs* Rn 1). Deshalb darf die Aktienausgabe nur zur Erfüllung des Zwecks der bedingten Kapitalerhöhung und nur nach voller Einlagenleistung erfolgen (Abs 1). Abs 2 betrifft nur Umtauschrechte und regelt einen Sonderfall des **Verbots der Unter-Pari-Emission** (§ 9 Abs 1). 1

II. Allgemeine Voraussetzungen der Aktienausgabe (Abs 1)

1. Begriff und Rechtsnatur der Aktienausgabe. Die Aktienausgabe hat rechtsbegründende Wirkung: Gem § 200 wird die Kapitalerhöhung mit Ausgabe der Aktien wirksam. Der Begriff Aktienausgabe hat im AktG verschiedene Bedeutungen: In §§ 8 Abs 2, 10 Abs 4, 41 Abs 4, 191 S 3, 405 ist das tatsächliche Inverkehrbringen gemeint, in §§ 9, 198–200 steht der Begriff dagegen für den **rechtlichen Tatbestand**, der das in der Aktienurkunde verbriefte Mitgliedschaftsrecht und die damit korrespondierenden Verpflichtungen der Gesellschaft entstehen lässt (*Hüffer* AktG Rn 2; MünchKomm AktG/*Fuchs* Rn 4; KölnKomm AktG/*Lutter* Rn 3 f; GroßKomm AktG/*Frey* Rn 12; Spindler/Stilz AktG/*Servatius* Rn 4). Dieser rechtliche Tatbestand besteht in der körperlichen **Übergabe der Aktienurkunde** und dem Abschluss eines **Begebungsvertrages**. Der Begebungsvertrag ist dabei schuldrechtliche Kausalabrede und zugleich sachenrechtliches Verfügungsgeschäft, durch das der Zeichner Eigentum an der Aktienurkunde erlangt (sog. Wertpapierrechtstheorie, MünchKomm AktG/*Fuchs* Rn 4; GroßKomm AktG/*Frey* Rn 12; ausf MünchKomm BGB/*Hüffer* Vor § 793 Rn 22 ff). 2

Die Ausgabe von **Zwischenscheinen** als vorläufiger Verbriefung steht der Ausgabe von Aktien gleich (GroßKomm AktG/*Frey* Rn 15; *Hüffer* AktG Rn 4; Spindler/Stilz AktG/*Servatius* Rn 6 mwN). Die Verbriefung des Mitgliedschaftsrechts ist bei der bedingten Kapitalerhöhung zwingend; unverkörperte Aktien können nicht ausgegeben werden, da es im Gegensatz zu anderen Formen der Kapitalerhöhung an einer konstitutiven Eintragung fehlt und die Kapitalerhöhung mit der Aktienausgabe wirksam wird (MünchKomm AktG/*Fuchs* AktG Rn 5; *Hüffer* AktG Rn 2 mwN). Mangels Eintragung der Durchführung der Kapitalerhöhung ins HR ist die Aktienausgabe als nach außen sichtbares Zeichen erforderlich (GroßKomm AktG/*Frey* Rn 14; Spindler/ Stilz AktG/*Servatius* Rn 5).

3 **2. Aktienausgabe.** Die Ausgabe der Aktien ist eine Maßnahme der Geschäftsführung und erfolgt **durch den Vorstand**, §§ 199 Abs 1 und 2, 83 Abs 2. Er kann sich dabei Angestellter, Banken oder auch Treuhänder bedienen (GroßKomm AktG/*Frey* Rn 22). Die Aktienurkunden sind vom Vorstand in vertretungsberechtigter Zahl zu unterzeichnen, § 13.

4 **3. Erfüllung des Zwecks.** Die Aktien dürfen nur in Erfüllung des im Beschluss über die bedingte Kapitalerhöhung festgesetzten Zwecks ausgegeben werden, Abs 1 HS 1. Der Zweck der Kapitalerhöhung ist gem § 193 Abs 2 Nr 1 zwingender Inhalt des Kapitalerhöhungsbeschlusses. Allein die Erfüllung des **konkret festgesetzten Zwecks** ist zulässig; die Erfüllung eines anderen, nach § 193 Abs 2 zulässigen, aber nicht festgesetzten Zwecks ist nicht erlaubt (*Hüffer* AktG Rn 6). Zur Erfüllung des Zwecks gehört auch, dass die Aktien nur an den gem § 193 Abs 2 Nr 2 festgesetzten **Kreis der Bezugsberechtigten** ausgegeben werden darf (**allgM,** MünchKomm AktG/*Fuchs* Rn 7; KölnKomm AktG/*Lutter* Rn 7; weiter GroßKomm AktG/*Frey* Rn 27, 31: alle Festsetzungen gem § 193 Abs 2 Nr 1–4 müssen erfüllt sein).

5 **4. Volle Leistung des Gegenwerts.** Vor der Aktienausgabe muss die volle Leistung des Gegenwerts erbracht sein (Abs 1 HS 2). Dieses Erfordernis ist zwingend; eine Abbedingung oder Modifikation im Kapitalerhöhungsbeschluss ist unzulässig (KölnKomm AktG/*Lutter* Rn 13; MünchHdb AG/*Krieger* § 57 Rn 49). Der Gegenwert ist die **geschuldete Einlage**, unabhängig davon, ob es sich um eine Geld-, Sach- oder gemischte Einlage handelt. Eventuell bestehende Nebenforderungen gem § 55 gehören jedoch nicht dazu (GroßKomm AktG/*Frey* Rn 32; MünchKomm AktG/*Fuchs* Rn 8 mwN). Im Unterschied zur ordentlichen Kapitalerhöhung und zum genehmigten Kapital ist eine anteilige Vorleistung nicht möglich. Beim bedingten Kapital muss gem § 199 Abs 1 die **Einlage** vor der Aktienausgabe **vollständig** erbracht sein, dh der **Erfolg des Verfügungsgeschäfts** muss eingetreten sein (MünchKomm AktG/*Fuchs* Rn 9, 12). Eine Leistung **Zug um Zug** kann im Zeichnungsvertrag vereinbart werden (GroßKomm AktG/*Frey* Rn 33 mwN). **Bareinlagen** sind in voller Höhe einschließlich Aufgeld zu leisten, wobei §§ 188 Abs 2 S 2, 54 Abs 2, Abs 3 und 36 Abs 2 entspr anzuwenden sind (**hM** MünchKomm AktG/*Fuchs* Rn 14; Spindler/Stilz AktG/*Servatius* Rn 12 mwN; **aA** GroßKomm AktG/*Frey* Rn 35 ff). Für **Sacheinlagen** gilt die Frist des § 36a Abs 2 S 2 **nicht** (MünchKomm AktG/*Fuchs* Rn 9). Bei Aktienausgabe auf Grund eines **Umtauschrechts** ist der Gegenwert geleistet, wenn die **Wandelanleihe** der AG unwiderruflich zur Verfügung steht und etwaige Zuzahlungen vollständig erbracht wurden (MünchKomm AktG/*Fuchs* Rn 12). Werden Forderungen gegen die AG eingebracht, müssen sie abgetreten (§ 398 BGB) oder durch Erlass (§ 397 BGB) erlo-

Ausgabe der Bezugsaktien § **199**

schen sein. Bei einem **Grundstück** als Sacheinlage müssen Auflassung und Eintragung ins Grundbuch erfolgt sein, §§ 873, 925 BGB; bei **beweglichen Sachen** genügt die Einigung mit der Übergabe bzw einem Übergabesurrogat, §§ 929 ff BGB. Bei einem Unternehmenszusammenschluss durch Verschmelzung oder Eingliederung muss die Maßnahme im HR eingetragen sein (*Hüffer* AktG Rn 7).

5. Weitere Voraussetzungen. Die Regelung in § 199 Abs 1 ist nicht abschließend. 6
Nach § 197 S 1 dürfen die Aktien nicht vor Eintragung des Kapitalerhöhungsbeschlusses (§ 195) ausgegeben werden. Außerdem müssen eine ordnungsgemäße Zeichnungserklärung und ein wirksamer Zeichnungsvertrag vorliegen, § 198 (GroßKomm AktG/ *Frey* Rn 24 ff). Der Anspruch des Bezugsberechtigten auf Ausgabe der Aktien kann gem §§ 883, 888, 894, 897 ZPO zwangsweise durchgesetzt werden (KölnKomm AktG/ *Lutter* Rn 2 mwN).

III. Besondere Voraussetzungen bei Umtauschrechten (Abs 2)

1. Allgemeines. § 199 Abs 2 modifiziert und sichert das **Verbot der Unter-Pari-Emis-** 7
sion (§ 9 Abs 1) bei **Wandelanleihen.** Macht der Bezugsberechtigte von seinem Umtauschrecht gebrauch, so werden die Aktien gegen Hingabe der Anleihe ausgegeben. Der tatsächliche Ausgabebetrag der einzelnen Anleihe darf dann nicht unter dem geringsten Ausgabebetrag der Bezugsaktien liegen. Andernfalls muss die Differenz durch Zuzahlung des Bezugsberechtigten ausgeglichen oder durch Entnahme aus den anderen Gewinnrücklagen gedeckt werden (MünchKomm AktG/*Fuchs* Rn 15). Abs 2 S 2 gestattet eine Ausnahme vom Deckungserfordernis, wenn iR einer Gesamtbetrachtung der Gesamtbetrag aller Anleihen den geringsten Gesamtnennbetrag der Bezugsaktien erreicht oder übersteigt. Abs 2 ist auch auf **Wandelgenussscheine**, die unter pari ausgegeben wurden, anwendbar (**allgM** GroßKomm AktG/*Frey* Rn 42 mwN). Für Wandelgenussscheine mit Verlustbeteiligung gilt Abs 2 dagegen auch nicht analog (*Hüffer* AktG Rn 10; MünchKomm AktG/*Fuchs* Rn 17; Spindler/Stilz AktG/ *Servatius* Rn 15; **aA** GroßKomm AktG/*Frey* Rn 42).

2. Unter-Pari-Situation. Ein Deckungserfordernis gem Abs 2 S 1 ist nur bei einer 8
Unter-Pari-Situation gegeben. Liegt der tatsächlich gezahlte Ausgabebetrag der einzelnen Anleihe unter dem geringsten Ausgabebetrag der Bezugsaktien, würden die neue Aktien unter pari (§ 9 Abs 1) ausgegeben. Nicht maßgebend ist der Rückzahlungs- oder Nennbetrag der Anleihe (MünchKomm AktG/*Fuchs* Rn 18). Bei der Ermittlung des tatsächlichen Ausgabebetrages der Anleihe sind eingeräumte Sonderkonditionen, gewährte Skonti oder sonstige Vorteile zu berücksichtigen; abzustellen ist auf die tatsächliche Nettoleistung ohne Rücksicht auf Steuern und Kosten (*Hüffer* AktG Rn 11, KölnKomm AktG/*Lutter* Rn 18

3. Deckung der Differenz. Liegt eine Unter-Pari-Situation vor, muss die Differenz 9
anderweitig gedeckt werden. Der Vorstand kann dabei wählen, ob er die Lücke durch Einforderung einer Zuzahlung oder durch Verwendung von Gewinnrücklagen schließen will (MünchKomm AktG/*Fuchs* Rn 21; GroßKomm AktG/*Frey* Rn 46). Bei einer Deckung durch **Zuzahlung** des Umtauschberechtigten gilt diese als Gegenwert iSv Abs 1 und muss daher vor der Aktienausgabe geleistet werden (KölnKomm AktG/ *Lutter* Rn 19). Die Deckung aus **anderen Gewinnrücklagen** ist beschränkt auf den unter dem entspr Bilanzposten (§ 266 Abs 3 A III Nr 4 HGB) ausgewiesenen Betrag. Die Gewinnrücklagen dürfen dabei nicht anderen Zwecken gewidmet sein (Münch-

Marsch-Barner 1595

§ 199 Ausgabe der Bezugsaktien

Komm AktG/*Fuchs* Rn 25; GroßKomm AktG/*Frey* Rn 54). Sonstige Rücklagen, wie Kapitalrücklagen, gesetzliche oder satzungsmäßige Rücklagen, oder die Rücklagen für eigene Anteile dürfen nicht verwendet werden (*Hüffer* AktG Rn 12). Ein **Gewinnvortrag** darf dagegen zur Deckung eingesetzt werden (hM *Hüffer* AktG Rn 12; MünchHdb AG/*Krieger* § 57 Rn 51; aA MünchKomm AktG/*Fuchs* Rn 24; Spindler/Stilz AktG/*Servatius* Rn 22). Der Bilanzgewinn des betreffenden Geschäftsjahrs ist keine Rücklage, kann somit nicht verwendet werden (KölnKomm AktG/*Lutter* Rn 19). Bei der Deckung durch andere Gewinnrücklagen erfolgt nur eine Umbuchung auf der Passivseite der Bilanz (*Hüffer* AktG Rn 12).

10 **4. Ausnahme vom Deckungserfordernis (Abs 2 S 2).** Dem Deckungserfordernis nach Abs 2 S 1 liegt eine Einzelbetrachtung zu Grunde, bei der der tatsächliche Ausgabebetrag der einzelnen Anleihe mit dem geringsten Ausgabebetrag der Bezugsaktien verglichen wird. Gem Abs 2 S 2 wird auf das Deckungserfordernis verzichtet, wenn bei einer **Gesamtbetrachtung** der Gesamtsumme aller Anleihen den geringsten Gesamtnennbetrag der Bezugsaktien erreicht oder übersteigt. Die Vorschrift setzt voraus, dass die Wandelanleihen zu unterschiedlichen Ausgabebeträgen, teils unter pari und teils über pari, ausgegeben wurden, und daher bei einer Gesamtbetrachtung ein Gleichgewicht möglich ist (MünchKomm AktG/*Fuchs* Rn 29). Entscheidend ist der durchschnittliche Ausgabebetrag aller ursprünglich umtauschbaren, nicht nur der bereits eingetauschten Anleihen (*Hüffer* AktG Rn 13; MünchKomm AktG/*Fuchs* Rn 30). Die Gesamtbetrachtung bezieht sich immer nur auf eine bestimmte bedingte KapErhöhung; mehrere Beschl sind jeweils gesondert zu beurteilen (GroßKomm AktG/*Frey* Rn 65).

IV. Rechtsfolgen von Verstößen bei der Aktienausgabe

11 Verstößt der Vorstand bei der Aktienausgabe gegen § 197 S 1, werden die Aktien also vor Eintragung des Kapitalerhöhungsbeschlusses ausgegeben, sind die Bezugsaktien nichtig und verbriefen keine Mitgliedschaftsrechte (§ 197 S 3; *Hüffer* AktG Rn 8; GroßKomm AktG/*Frey* Rn 70). Wird der im Beschluss festgesetzte Umfang des bedingten Kapitals mit der Aktienausgabe überschritten, sind die ausgegebenen Aktien ebenfalls nichtig (MünchKomm AktG/*Fuchs* Rn 34 mwN). **Verletzt** der Vorstand dagegen bei der Aktienausgabe die Anforderungen des **§ 199 Abs 1 und 2**, berührt dies die Wirksamkeit der Aktienausgabe und die Rechtsfolge des § 200 nicht. Die ausgegebenen Bezugsaktien verbriefen Mitgliedschaftsrechte; der Empfänger wird Aktionär mit allen Rechten und Pflichten MünchKomm AktG/*Fuchs* Rn 32). Denn § 199 regelt die Geschäftsführungsbefugnis des Vorstands (rechtliches Dürfen), nicht seine Vertretungsmacht (*Hüffer* AktG Rn 8). Die Ausgabe von Bezugsaktien an Personen, die nicht zum Kreis der Bezugsberechtigten (§ 193 Abs 2 Nr 2) gehören, die Ausgabe zu einem anderen als dem festgesetzten Zweck (§ 193 Abs 2 Nr 1) oder die Ausgabe vor voller Leistung des Gegenwerts führen **nicht** zur **Unwirksamkeit** der Aktienausgabe (GroßKomm AktG/*Frey* Rn 68). Das gleiche gilt bei einem Verstoß gegen Abs 2 (*Hüffer* AktG Rn 14). Der neue Aktionär hat daher auch bei einem Verstoß gegen Abs 1 HS 2 den Gegenwert und bei einem Verstoß gegen das Deckungserfordernis den Deckungsbetrag durch Zuzahlung (Abs 2) zu leisten (GroßKomm AktG/*Frey* Rn 68 f).

12 Verletzt der Vorstand die Anforderungen des § 199, handelt er pflichtwidrig und ist der AG zum **Schadensersatz** verpflichtet, § 93 Abs 1 S 1, Abs 2 S 1, Abs 3 Nr 9. Hat

der AR iRd Aktienausgabe seine Aufsichtspflicht verletzt, haftet er ebenfalls gem § 116 S 1 iVm § 93. Bezugsberechtigte verlieren ihren Anspruch auf Aktien aus dem Zeichnungsvertrag **nicht**, wenn ein Nichtberechtigter Bezugsaktien erhält. Wird dadurch allerdings das bedingte Kapital ausgeschöpft und die Ausgabe weiterer Aktien unmöglich, stehen dem Bezugsberechtigten gegen die AG Schadensersatzansprüche nach §§ 280, 283 BGB zu (*Hüffer* AktG Rn 9). Werden den neuen Aktionären die Aktien vor der vollständigen Erbringung der Einlage ausgehändigt, sind sie weiterhin zur vollen Einlageleistung verpflichtet (MünchKomm AktG/*Fuchs* Rn 36; *Hüffer* AktG Rn 8). Bezugs- oder Umtauschberechtigte können sich grds nicht auf einen gutgläubig lastenfreien Aktienerwerb berufen, der sie von der Einlagepflicht befreien würde. Nur bei Inhaberaktien ist ein gutgläubig lastenfreier Zweiterwerb möglich, wenn in der Aktienurkunde kein Vermerk über die Teilleistung enthalten ist, § 10 Abs 2 S 2 (GroßKomm AktG/*Frey* Rn 68 mwN).

§ 200 Wirksamwerden der bedingten Kapitalerhöhung

Mit der Ausgabe der Bezugsaktien ist das Grundkapital erhöht.

Übersicht

	Rn		Rn
I. Allgemeines	1	III. Rechtsfolge	3
II. Ausgabe	2	IV. Rechtsfolgen bei Verstößen	4

I. Allgemeines

Gem § 200 erhöht sich das Grundkapital mit der **Ausgabe der Bezugsaktien**. Die Ausgabe bestimmt somit den **Zeitpunkt** des Wirksamwerdens der Kapitalerhöhung. Durch Ausübung des Bezugsrechts (§ 198) erhöht sich das Grundkapital außerhalb der Satzung und des HR ohne Eintragung (*Hüffer* AktG Rn 1). Die nachträgliche Eintragung der Ausgabe der Bezugsaktien gem § 201 hat nur deklaratorische Bedeutung (KölnKomm AktG/*Lutter* Rn 2). Das Grundkapital erhöht sich somit **schrittweise** entspr der jeweiligen Ausübung des Bezugsrechts (*Hüffer* AktG Rn 1). 1

II. Ausgabe

Ausgabe meint den Gesamttatbestand, durch den die in der Aktienurkunde verbriefte Mitgliedschaft entsteht (MünchKomm AktG/*Fuchs* Rn 4). Erforderlich dafür sind die **Übergabe** der Aktienurkunde oder eines Zwischenscheins und der Abschluss des **Begebungsvertrags** (KölnKomm AktG/*Lutter* Rn 2; *Hüffer* Rn 2). Zuständig für die Ausgabe ist der Vorstand. Er kann bei der Ausführung aber einen Boten, Vertreter oder Treuhänder hinzuziehen (GroßKomm AktG/*Frey* Rn 5). Bei der Zwischenschaltung eines Treuhänders liegt die für die Ausgabe erforderliche Übergabe nicht schon in der Aushändigung der Urkunde an diesen, sondern erst in den Aushändigung an den Berechtigten (MünchKomm AktG/*Fuchs* Rn 5; Spindler/Stilz AktG/*Servatius* Rn 5). 2

III. Rechtsfolge

Die Ausgabe erhöht **konstitutiv** das Grundkapital und begründet damit die Mitgliedschaft des Erwerbers; die Eintragung nach § 201 wirkt nur noch deklaratorisch (Groß-Komm AktG/*Frey* Rn 21 u 23; *Portner* DStR 1997, 786, 787). Die Erhöhung des 3

Grundkapitals erfolgt **schrittweise** mit jeder einzelnen Aktienausgabe und nicht erst mit Ausgabe aller Bezugsaktien. Mit jeder Ausgabe wird die Angabe zum Grundkapital in der Satzung unrichtig (§ 23 Abs 3 Nr 3). Für die formelle Anpassung des Satzungstextes empfiehlt sich eine Ermächtigung des AR gem § 179 Abs 1 S 2. In der **Jahresbilanz** ist das bedingte Kapital mit seinem Nennbetrag zu vermerken (§ 152 Abs 1 S 3). Bei der Ausgabe von Bezugsaktien ist dieser Vermerk zu kürzen und der Betrag des Grundkapitals (gezeichnetes Kapital, § 266 Abs 3 A I HGB) entspr zu erhöhen. Beim Umtausch von Anleihen ist auch der Anleihebetrag zu korrigieren (*Hüffer* AktG Rn 3). Zu den Angaben im **Anhang** s § 160 Rn 6. Gem **§ 26a WpHG** hat jeder Inlandsemittent Veränderungen von Stimmrechten am Ende eines jeden Kalendermonats zu veröffentlichen, der BaFin mitzuteilen und dem Unternehmensregister zu übermitteln.

IV. Rechtsfolgen bei Verstößen

4 Bei Ausgabe von Aktien vor Eintragung des Kapitalerhöhungsbeschlusses entstehen keine Mitgliedschaftsrechte; die ausgegebenen Aktienurkunden sind nichtig (§ 197 S 3). Fehlt die Übergabe der Aktienurkunde oder eines Zwischenscheins oder der Begebungsvertrag oder ist dieser nichtig, so **fehlt** es an einer **wirksamen Ausgabe** mit der Folge, dass weder das Grundkapital erhöht ist noch Mitgliedschaften entstanden sind (MünchKomm AktG/*Fuchs* Rn 17). Die betroffenen Aktienurkunden sind nichtig, ein Gutglaubenserwerb von Mitgliedschaften scheidet aus (vgl näher GroßKomm AktG/*Frey* Rn 12 ff). Ist der **Kapitalerhöhungsbeschluss** nichtig, gem § 248 für nichtig erklärt worden oder mangels wirksamen Sonderbeschlusses unwirksam, entstehen keine Mitgliedschaften (*Hüffer* AktG Rn 4; K. Schmidt/Lutter AktG/*Veil* Rn 3; Spindler/Stilz AktG/*Servatius* Rn 15; **aA** MünchHdb AG/*Krieger* § 57 Rn 54: fehlerhafte Gesellschaft). Auch in diesen Fällen besteht **kein Gutglaubensschutz** (KölnKomm AktG/*Lutter* Rn 8). Nach Eintragung der fehlerhaften Aktienausgabe haften die Empfänger der Aktien aber entspr § 277 Abs 3 (*Hüffer* AktG Rn 4; MünchKomm AktG/*Fuchs* Rn 26). Zu fehlerhaften Bezugserklärungen vgl § 198 Rn 8 ff. Nichtige Urkunden sind von der Gesellschaft zurückzufordern (§ 812 Abs 1 S 1 Var 1 BGB; vgl *Hüffer* AktG Rn 4). Da die Einlageleistung rechtsgrundlos erfolgt ist, kann auch sie nach § 812 Abs 1 S 1 Var 1 BGB zurückverlangt werden (MünchKomm AktG/*Fuchs* Rn 25).

§ 201 Anmeldung der Ausgabe von Bezugsaktien

(1) Der Vorstand hat innerhalb eines Monats nach Ablauf des Geschäftsjahrs zur Eintragung in das Handelsregister anzumelden, in welchem Umfang im abgelaufenen Geschäftsjahr Bezugsaktien ausgegeben worden sind.

(2) ¹Der Anmeldung sind die Zweitschriften der Bezugserklärungen und ein vom Vorstand unterschriebenes Verzeichnis der Personen, die das Bezugsrecht ausgeübt haben, beizufügen. ²Das Verzeichnis hat die auf jeden Aktionär entfallenden Aktien und die auf sie gemachten Einlagen anzugeben.

(3) In der Anmeldung hat der Vorstand zu erklären, dass die Bezugsaktien nur in Erfüllung des im Beschluss über die bedingte Kapitalerhöhung festgesetzten Zwecks und nicht vor der vollen Leistung des Gegenwerts ausgegeben worden sind, der sich aus dem Beschluss ergibt.

(4) *(aufgehoben)*

Anmeldung der Ausgabe von Bezugsaktien § **201**

Übersicht

	Rn		Rn
I. Allgemeines	1	V. Beizufügende Unterlagen (Abs 2)	5
II. Anmeldeberechtigte Personen	2	VI. Erklärung zum Zweck und zur	
III. Inhalt und Frist (Abs 1)	3	Einlageleistung (Abs 3)	6
IV. Einreichung beim Amtsgericht	4	VII. Prüfung durch das Registergericht	7

Literatur: *Cahn* Die Anpassung der Satzung der Aktiengesellschaft an Kapitalerhöhungen, AG 2001, 181; *Rieß* Elektronisches Handels- und Unternehmensregister, Rpfleger 2006, 233; *Schlotter* Das EHUG ist in Kraft getreten: Das Recht der Unternehmenspublizität hat eine neue Grundlage, BB 2007, 1.

I. Allgemeines

§ 201 regelt die **Anmeldung** der **Ausgabe von Bezugsaktien** zur Eintragung in das HR. 1
Die Eintragung ist wegen des konstitutiven Charakters der Ausgabe nur noch deklaratorisch (§ 200 Rn 1). § 201 regelt nicht die Anmeldung der **Satzungsänderung** zur Eintragung in das HR (s dazu § 200 Rn 3); diese kann jedoch mit der Anmeldung nach § 201 verbunden werden (**hM** *Heidel/Wagner* Aktienrecht, § 201 AktG Rn 5; **aA** *Cahn* AG 2001, 181 ff: Satzungsanpassung als Annex zur Anmeldung der Kapitalmaßnahme). Die Gesellschaft muss den Satzungswortlaut aber erst mit Ablauf der Bezugsfrist, mit Ausübung aller Bezugsrechte oder mit Aufhebung des verbleibenden bedingten Kapitals anpassen (**hM** *Hüffer* AktG Rn 5; MünchHdb AG/*Krieger* § 57 Rn 56; **aA** Nirk/Ziemons/Binnewies Hdb AktG/*Ziemons/Herchen* I Rz 5.1195). Abs 1 bestimmt Inhalt und Frist. Abs 2 nennt die beizufügenden Unterlagen. Abs 3 verlangt vom Vorstand eine Erklärung über den tatsächlichen Ausgabezweck und die Einlageleistung. Durch das **EHUG** v 10.11.2006 (BGBl I S 2553) wurde Abs 2 S 1 geändert und Abs 4 aufgehoben. Die Anmeldung ist gem § 14 HGB **erzwingbar**. Falsche Angaben und Verschweigen erheblicher Umstände sind gem § 399 Abs 1 Nr 4 **strafbar**.

II. Anmeldeberechtigte Personen

Der **Vorstand** hat – in vertretungsberechtigter Zahl (vgl § 184 Rn 4) – die Ausgabe in 2
das HR anzumelden, einer Mitwirkung des Vorsitzenden des AR bedarf es nicht (MünchKomm AktG/*Fuchs* Rn 6; wie bei § 181 Abs 1, anders dagegen §§ 195 Abs 1, 184 Abs 1, 188 Abs 1). Die anmeldenden Personen handeln für die AG, zeichnen jedoch im eigenen Namen und nicht mit der Firma der Gesellschaft (vgl *BGHZ* 105, 324, 328; MünchKomm AktG/*Fuchs* Rn 7). Eine Anmeldung durch einen Bevollmächtigten scheidet aus (vgl § 184 Rn 5). Zulässig ist dagegen **unechte Gesamtvertretung** durch Vorstand und Prokurist (§ 184 Rn 5, MünchKomm AktG/*Fuchs* Rn 7; **aA** AnwK-AktR/*Wagner* Rn 4). Zur Anmeldepflicht vgl § 184 Rn 7. Wurden im letzten Geschäftsjahr **keine Aktien ausgegeben**, braucht dies nicht mitgeteilt zu werden (GroßKomm AktG/*Frey* Rn 13).

III. Inhalt und Frist (Abs 1)

Der Vorstand hat innerhalb **eines Monats** nach Ablauf des Geschäftsjahrs zur Eintra- 3
gung in das HR anzumelden, in welchem Umfang im abgelaufenen Geschäftsjahr Bezugsaktien ausgegeben worden sind. Anzugeben ist die **Zahl** und bei Nennbetragsaktien auch der **Nennbetrag** der ausgegebenen Aktien (*Hüffer* AktG Rn 3). Statt Zahl und Nennbetrag kann auch der Gesamtnennbetrag mitgeteilt werden (GroßKomm

AktG/*Frey* Rn 15). Die Anmeldung einzelner Aktienausgaben während des Geschäftsjahrs ist unzulässig (**hM**, *Hüffer* AktG Rn 3; MünchKomm AktG/*Fuchs* Rn 3).

IV. Einreichung beim Amtsgericht

4 Die Anmeldung erfolgt in öffentlich beglaubigter Form (§§ 129 BGB, 39a BeurkG), wird jedoch elektronisch eingereicht (§ 12 Abs 1 HGB; *Schlotter* BB 2007, 1). Gem § 12 Abs 2 S 1 HGB sind sonstige Dokumente ebenfalls elektronisch einzureichen, insoweit genügt eine elektronische Aufzeichnung (dazu *Rieß* Rpfleger 2006, 233, 235). Sachlich ist das **Amtsgericht** als RegGericht zuständig (§§ 8 Abs 1 HGB, 23a Abs 1 Nr 2 GVG). Örtlich zuständig ist das Gericht am Sitz der Gesellschaft (§§ 5, 14). Für etwaige Zweigniederlassungen brauchen nach Aufhebung des § 13c Abs 1 HGB durch das EHUG keine zusätzlichen Exemplaren eingereicht zu werden (vgl auch Art 61 Abs 6 EGHGB).

V. Beizufügende Unterlagen (Abs 2)

5 Der Anmeldung sind die Zweitschriften der **Bezugserklärungen** (§ 198 Abs 1 S 2) und ein vom Vorstand unterschriebenes **Verzeichnis der Personen**, die das Bezugsrecht ausgeübt haben, beizufügen (Abs 2 S 1). Das Verzeichnis hat die auf jeden Aktionär entfallenden Aktien und die darauf geleisteten Einlagen anzugeben (Abs 2 S 2). Erfasst sind nur die Aktionäre, denen wirksam Bezugsaktien ausgegeben worden sind (GroßKomm AktG/*Frey* Rn 23). Die Aktionäre sind namentlich und unter Angabe der auf sie entfallenden Stückzahl aufzuführen (*Hüffer* AktG Rn 4), bei Nennbetragsaktien sind Gesamtnennbetrag oder deren Einzelnennbetrag und Zahl zu nennen (MünchKomm AktG/*Fuchs* Rn 13). Bei **Sacheinlagen** ist auch der Wert im Zeitpunkt der Einlage mitzuteilen (GroßKomm AktG/*Frey* Rn 25). Unterlagen, die bei der Anmeldung nach § 195 nicht eingereicht wurden wie zB eine Sacheinlagevereinbarung, sind iRd Anmeldung nach § 201 nachzureichen (**hM**, KölnKomm AktG/*Lutter* Rn 4 und 9; MünchKomm AktG/*Fuchs* Rn 14). Bei einer solchen Nachmeldung bedarf es abw von § 195 keiner Unterschrift des AR-Vorsitzenden (GroßKomm AktG/*Frey* Rn 28). Beim Umtausch von **Wandelschuldverschreibungen** sind die Zahl der eingereichten Schuldverschreibungen, ihr Ausgabebetrag und etwa geleistete Zuzahlungen anzugeben (GroßKomm AktG/*Frey* Rn 26).

VI. Erklärung zum Zweck und zur Einlageleistung (Abs 3)

6 In der Anmeldung hat der Vorstand zu erklären, dass die Bezugsaktien nur in Erfüllung des im Beschluss über die bedingte Kapitalerhöhung festgesetzten Zwecks und nicht vor der vollen Leistung des Gegenwerts ausgegeben worden sind, der sich aus dem Beschluss ergibt (Abs 3). Die Erklärung muss nicht in ders Urkunde wie die Anmeldung abgegeben werden, erforderlich ist aber, dass sie in der Form der Anmeldung erfolgt (*Hüffer* AktG Rn 6; Spindler/Stilz AktG/*Servatius* Rn 17). Die Erklärung muss als Bestandteil der Anmeldung von denselben Vorstandsmitgliedern abgegeben werden, die die Anmeldung vornehmen (MünchKomm AktG/*Fuchs* Rn 16). Nicht erklärt werden muss, dass die Einlagen endgültig zur freien Verfügung des Vorstands stehen (KölnKomm AktG/*Lutter* Rn 6; MünchKomm AktG/*Fuchs* Rn 15). Bei Sacheinlagen muss erklärt werden, dass sie zu dem Zeitpunkt, als sie geleistet wurden, werthaltig waren (AnwK-AktR/*Wagner* Rn 6). Ein Verstoß gegen § 199 hindert die

Voraussetzungen § 202

Eintragung und damit die Anmelde- und Erklärungspflicht nicht (MünchKomm AktG/*Fuchs* Rn 17).Kann der Vorstand die Erklärung nach § 201 Abs 3 wegen eines solchen Verstoßes nicht abgeben, muss er angeben, inwiefern gegen § 199 verstoßen wurde (KölnKomm AktG/*Lutter* Rn 7).

VII. Prüfung durch das Registergericht

Das Registergericht prüft vor Eintragung die formellen und materiellen Eintragungsvoraussetzungen, namentlich, ob die Anmeldung ordnungsgemäß erfolgt ist und die Voraussetzungen des § 199 vorliegen (*Hüffer* AktG Rn 7). Ein Verstoß gegen § 199 hindert die die Eintragung nicht (Rn 6). Ist die Sacheinlage minderwertig oder unwirksam, muss die Differenz in bar aufgebracht werden. Das Gericht hat ggf auf Ergänzung des Verzeichnisses nach Abs 2 und Berichtigung der Erklärung nach Abs 3 hinzuwirken (*Hüffer* AktG Rn 7). Gegen die Zurückweisung des Eintragungsantrags kann die Gesellschaft **Beschwerde** zum OLG (§§ 58 ff FamFG) und bei Zulassung Rechtsbeschwerde zum BGH (§§ 70 ff FamFG) erheben (MünchKomm AktG/*Fuchs* Rn 21; GroßKomm AktG/*Frey* Rn 40). Das Registergericht hat die Eintragung gem § 10 HGB **bekanntzumachen**.

7

Dritter Unterabschnitt

Genehmigtes Kapital

§ 202 Voraussetzungen

(1) Die Satzung kann den Vorstand für höchstens fünf Jahre nach Eintragung der Gesellschaft ermächtigen, das Grundkapital bis zu einem bestimmten Nennbetrag (genehmigtes Kapital) durch Ausgabe neuer Aktien gegen Einlagen zu erhöhen.

(2) [1]Die Ermächtigung kann auch durch Satzungsänderung für höchstens fünf Jahre nach Eintragung der Satzungsänderung erteilt werden. [2]Der Beschluss der Hauptversammlung bedarf einer Mehrheit, die mindestens drei Viertel des bei der Beschlussfassung vertretenen Grundkapitals umfasst. [3]Die Satzung kann eine größere Kapitalmehrheit und weitere Erfordernisse bestimmen. [4]§ 182 Abs. 2 gilt.

(3) [1]Der Nennbetrag des genehmigten Kapitals darf die Hälfte des Grundkapitals, das zur Zeit der Ermächtigung vorhanden ist, nicht übersteigen. [2]Die neuen Aktien sollen nur mit Zustimmung des Aufsichtsrats ausgegeben werden. [3]§ 182 Abs. 1 Satz 5 gilt sinngemäß.

(4) Die Satzung kann auch vorsehen, dass die neuen Aktien an Arbeitnehmer der Gesellschaft ausgegeben werden.

Übersicht

	Rn		Rn
I. Regelungsgegenstand	1	III. Satzungsmäßige Ermächtigung des Vorstands	4
II. Genehmigtes Kapital	2	1. Ermächtigung in der Gründungssatzung	4
1. Sonderform der Kapitalerhöhung	2		
2. Verfahren	3	2. Ermächtigung durch Satzungsänderung	5

Marsch-Barner 1601

		Rn			Rn
	a) Hauptversammlungsbeschluss	5	2.	Zustimmung des Aufsichtsrats	16
	b) Mehrheitserfordernis	6	3.	Rechtsfolgen bei Überschreitung der Ermächtigung	17
	c) Sonderbeschlüsse	7	V.	Arbeitnehmeraktien (Abs 4)	18
	d) Weiteres Verfahren	8	1.	Regelungszweck	18
	e) Aufhebung und Änderung der Ermächtigung	9	2.	Voraussetzungen	19
				a) Arbeitnehmer der Gesellschaft	19
3.	Materielle Anforderungen an die Ermächtigung	10		b) Satzungsbestimmung	20
	a) Frist	11		c) Ausgabe von Arbeitnehmeraktien	21
	b) Nennbetrag	12			
	c) Fakultative Bestimmungen	13	3.	Handhabung in der Praxis	22
4.	Rechtsfolgen bei fehlender Ermächtigung	14	VI.	Genehmigtes Kapital in Liquidation und Insolvenz	23
IV.	Ausnutzung der Ermächtigung	15	VII.	Rechtsschutz, Prüfung des Registergerichts	25
1.	Maßnahme der Geschäftsführung	15	VIII.	Kosten	26

Literatur: *Bayer* Materielle Schranken und Kontrollinstrumente beim Einsatz des genehmigten Kapitals mit Bezugsrechtsausschluss, ZHR 168 (2004), 132; *Busch* Mangusta/Commerzbank – Rechtsschutz nach Ausnutzung eines genehmigten Kapitals, NZG 2006, 81; *Cahn* Ansprüche und Klagemöglichkeiten der Aktionäre wegen Pflichtverletzungen der Verwaltung beim genehmigten Kapital, ZHR 164 (2000), 113; *Ekkenga* Das Organisationsrecht des genehmigten Kapitals, AG 2001, 567 (Teil I), 615 (Teil II); *Happ* Genehmigtes Kapital und Beteiligungserwerb – Zu Informationsdefiziten, Rechtsschutzmöglichkeiten und Reformüberlegungen, FS Ulmer, 2003, S 175; *Heinsius* Bezugsrechtsausschluß bei Schaffung von genehmigtem Kapital, FS Kellermann, 1991, S 115; *Kimpler* Die Abgrenzung der Zuständigkeiten von Hauptversammlung und Vorstand bei der Kapitalerhöhung, Diss Frankfurt am Main, 1994; *Knepper* Die Belegschaftsaktie in Theorie und Praxis, ZGR 1985, 419; *Kubis* Information und Rechtsschutz der Aktionäre beim genehmigten Kapital, DStR 2006, 188; *Langenbucher* Bankaktienrecht unter Unsicherheit, ZGR 2010, 75; *Pentz* Genehmigtes Kapital, Belegschaftsaktien und Sacheinlagefähigkeit obligatorischer Nutzungsrechte – das adidas-Urteil des BGH, ZGR 2001, 901; *Pleister/Kindler* Kapitalmaßnahmen in der Insolvenz börsennotierter Gesellschaften, ZIP 2010, 503; *Rottnauer* Geltungsdauer der Ermächtigungsbefugnis bei genehmigtem Kapital: Dispositionsspielraum des Vorstands?, BB 1999, 330; *Tollkühn* Die Schaffung von Mitarbeiteraktien durch kombinierte Nutzung von genehmigtem Kapital und Erwerb eigener Aktien unter Einschaltung eines Kreditinstituts, NZG 2004, 594.

I. Regelungsgegenstand

1 § 202 regelt eine weitere Sonderform der Kapitalerhöhung gegen Einlagen. In der Praxis stellt das genehmigte Kapital die häufigste Form der Kapitalerhöhung dar (*Cahn* HR 163 (1999), 554, 555). Beim genehmigten Kapital hat der Vorstand die Möglichkeit, auf Wettbewerbssituationen und die Gegebenheiten des Kapitalmarktes im Interesse der Gesellschaft **schnell und flexibel** zu reagieren und neue Aktien auszugeben, um damit dem Finanzierungsbedürfnis der AG gerecht zu werden (*BGH* NJW 1997, 2815; *OLG München* BeckRS 2007, 773). Diese **Handlungsfreiheit** ist insb auch erforderlich, um bei sich bietender Gelegenheit Unternehmen oder Beteiligungen gegen Ausgabe von Aktien erwerben zu können (vgl *BGH* NJW 2006, 371, 373). Das genehmigte Kapital ist noch keine Erhöhung des Grundkapitals, sondern eine Ermächtigung

an den Vorstand, innerhalb eines bestimmten zeitlichen Rahmens (maximal fünf Jahre) eine Kapitalerhöhung bis zu einem bestimmten Umfang eigenständig ohne erneuten HV-Beschluss durchzuführen. Diese Erleichterung bei der Kapitalbeschaffung ist ein Ausgleich für die Unzulässigkeit von Vorratsaktien (*Hüffer* AktG Rn 1). Die HV kann ein genehmigtes Kapital auch dann beschließen, wenn eine ordentliche Kapitalerhöhung möglich wäre. Ein **Rangverhältnis** zwischen diesen beiden Formen der Kapitalerhöhung besteht nicht (*OLG Karlsruhe* AG 2003, 444, 445). Wird das genehmigte Kapital durch **Satzungsänderung** geschaffen, gelten die §§ 179 ff, soweit die §§ 202 ff keine Sonderregelungen enthalten (MünchKomm AktG/*Bayer* Rn 29).

II. Genehmigtes Kapital

1. Sonderform der Kapitalerhöhung. In Abweichung von der allgemeinen Zuständigkeit der HV für Satzungsänderungen und Kapitalerhöhungen (§§ 179, 182 Abs 1), wird beim genehmigten Kapital das Grundkapital noch nicht erhöht. Die HV erteilt nur, entweder bereits in der **Gründungssatzung** (Abs 1, § 39 Abs 2; Rn 4) oder im Wege der **Satzungsänderung** (Abs 2; Rn 5 ff), eine **Ermächtigung an den Vorstand**, selbstständig eine Kapitalerhöhung vorzunehmen. Von dieser Ermächtigung kann der Vorstand – ggf in Tranchen – Gebrauch machen und dabei über die Kapitalerhöhung als **Maßnahme der Geschäftsführung** entscheiden (MünchKomm AktG/*Bayer* Rn 86). Dabei sind die von der HV gesetzten Grenzen und Bestimmungen einzuhalten (vgl Rn 18). Die HV ist über die Ausnutzung der Ermächtigung nicht vorab (schriftlich) zu unterrichten; vielmehr hat der Vorstand in der nächsten HV über die Einzelheiten seines Vorgehens (mündlich) zu berichten und Rede und Antwort zu stehen (*BGH* NJW 1997, 2815, 2816 – Siemens/Nold; *BGH* NJW 2006, 371, 372 Mangusta/Commerzbank; NZG 2006, 81, 82). Das genehmigte Kapital stellt somit einen Beschluss über eine **Zuständigkeitsverlagerung auf den Vorstand** dar (MünchKomm AktG/*Bayer* Rn 29). In der Praxis ist es üblich, zwischen verschiedenen genehmigten Kapitalien (zB **Genehmigtes Kapital I und II**) zu unterscheiden. Diese Ermächtigungen sind inhaltlich unterschiedlich ausgestaltet und in der HV selbstständige Beschlussgegenstand. Solche getrennten Ermächtigungen sind insb dann zweckmäßig, wenn die einzelnen Kapitalerhöhungen nach Geld- oder Sacheinlage oder Modifikationen im Bezugsrecht differenziert werden sollen (KölnKomm AktG/*Lutter* Rn 31; *Hüffer* AktG Rn 5). Die Gefahr von Anfechtungen kann dann auf die stärker gefährdete Ermächtigung beschränkt werden (*Heinsius* FS Kellermann S 115; vgl *BGH* NJW 1997, 2815 – Siemens/Nold). Das Gesamtvolumen der genehmigten Kapitale darf jedoch auch bei einer solchen Ausdifferenzierung die Höchstgrenze von 50 % des Grundkapitals gem Abs 3 S 1 nicht übersteigen (GroßKomm AktG/*Hirte* Rn 153). Das Genehmigte Kapital ist im **Anhang** des Jahresabschlusses anzugeben (§ 160 Abs 1 Nr 4). Für AG des **Finanzsektors** gilt bei **Rekapitalisierungen** nach § 7 FMStFG die Begrenzung des genehmigten Kapitals auf 50 % des Grundkapitals nicht (§ 7b Abs 1 S 1, HS 1 FMStBG). Außerdem ist ein solches genehmigtes Kapital nicht auf andere genehmigte Kapitalia anzurechnen (§ 7b Abs 1 S 1, HS 2 FMStBG).

2. Verfahren. § 202 regelt die Ermächtigung an den Vorstand, eine Kapitalerhöhung durchzuführen. Diese Ermächtigung kann entweder schon in der **Gründungssatzung** enthalten sein (Abs 1, § 39 Abs 2) oder im Wege einer **Satzungsänderung** beschlossen werden (Abs 2, § 181 Abs 1 S 1). Die Bildung von genehmigtem Kapital ist somit **Bestandteil der Satzung** (KölnKomm AktG/*Lutter* Rn 3; MünchKomm AktG/*Bayer*

Rn 31). Erfolgt die Ermächtigung nachträglich durch Satzungsänderung, muss der HV-Beschluss zunächst den allgemeinen Voraussetzungen entsprechen (insb ordnungsgemäße Einberufung der HV, Ankündigung zur Tagesordnung, ordnungsgemäße Beschlussfassung, §§ 121, 123, 124, 133) und zur Eintragung ins HR angemeldet werden (§ 181 Abs 1). Gem § 181 Abs 3 wird die Satzungsänderung und damit die Ermächtigung erst mit Eintragung wirksam. Die eingetragene Ermächtigung **berechtigt** den Vorstand, verpflichtet ihn aber nicht, über eine Kapitalerhöhung zu entscheiden. Die Entscheidung des Vorstands stellt eine **Maßnahme der Geschäftsführung** dar. Im mehrgliedrigen Vorstand muss grds ein einstimmiger Beschluss gefasst werden, § 77 Abs 1 (MünchKomm AktG/*Bayer* Rn 5). Nach § 202 Abs 3 S 2 soll die **Zustimmung des AR** eingeholt werden. Die Durchführung der Kapitalerhöhung erfolgt wie bei der ordentlichen Kapitalerhöhung (§§ 182 ff): Die neuen Aktien sind zu zeichnen (§ 185) und der Zeichner hat seine Einlage zu erbringen (§ 188 Abs 2). Die Durchführung der Kapitalerhöhung ist sodann zur Eintragung ins HR anzumelden (§§ 188, 203 Abs 3 S 4). Die Satzung muss bzgl des ausgewiesenen Grundkapitals (§ 23 Abs 3 Nr 3) berichtigt werden. Dies stellt eine weitere **Satzungsänderung** dar, die den §§ 179 ff unterliegt (*Hüffer* AktG Rn 4). Die Eintragung der Durchführung führt zum Wirksamwerden der (§§ 203 Abs 1, 189) und zum Entstehen der Mitgliedschaftsrechte. Deshalb dürfen die Aktienurkunden auch erst nach der Eintragung ausgegeben werden (§§ 203 Abs 1, 191). In der Praxis ist es jedoch üblich, dass die neuen Aktien zunächst von einer Emissionsbank übernommen werden, die dann die Aktien den Bezugsberechtigten anbietet (vgl § 186 Rn 53 ff).

III. Satzungsmäßige Ermächtigung des Vorstands

4 **1. Ermächtigung in der Gründungssatzung.** Gem § 202 Abs 1 kann schon die Gründungssatzung die Ermächtigung an den Vorstand enthalten, das Grundkapital bis zu einem bestimmten Nennbetrag zu erhöhen. Der Mindestnennbetrag von 50 000 EUR muss ohne Hinzurechnung des genehmigten Kapitals gewährleistet sein (KölnKomm AktG/*Lutter* Rn 4). Als Teil der Satzung ist die Ermächtigung eintragungspflichtig (§ 39 Abs 2 AktG) und gem § 10 HGB bekannt zu geben. In der Gründungssatzung kann auch schon das Bezugsrecht ausgeschlossen oder der Vorstand zum Ausschluss ermächtigt werden (MünchKomm AktG/*Bayer* Rn 37).

5 **2. Ermächtigung durch Satzungsänderung. – a) Hauptversammlungsbeschluss.** Die spätere Ermächtigung an den Vorstand erfolgt durch Satzungsänderung, Abs 2 S 1. Hierfür gelten die allgemeinen Regeln für Satzungsänderungen (§§ 179 ff), soweit die §§ 202 ff keine Sonderregelungen enthalten. Die Satzungsänderung erfordert einen HV-Beschluss. Eine Übertragung auf den AR nach § 179 Abs 1 S 2 ist nicht möglich, da keine bloße Änderung der Fassung erfolgt. Dem Beschluss der HV hat eine ordnungsgemäße Bekanntgabe des Beschlussgegenstands in der Tagesordnung vorauszugehen, §§ 124 Abs 2 S 2, 123.

6 **b) Mehrheitserfordernis.** Gem § 202 Abs 2 S 2, durch den § 179 Abs 2 verdrängt wird, ist für den HV-Beschluss eine **Mehrheit von** mindestens **drei Vierteln des vertretenen Grundkapitals** erforderlich. Die Satzung kann nur eine größere Kapitalmehrheit und weitere Erfordernisse vorsehen (Abs 2 S 3). Eine geringere Kapitalmehrheit ist unzulässig (§ 23 Abs 5). Daneben ist einfache **Stimmenmehrheit** erforderlich (§ 133 Abs 1). Eine allgemeine Satzungsregelung zu den Mehrheitserfordernissen für satzungsändernde Beschlüsse gilt im Zweifel auch für den Ermächtigungsbeschluss nach § 202

Voraussetzungen § 202

Abs 2 (**hM** MünchKomm AktG/*Bayer* Rn 42; GroßKomm AktG/*Hirte* Rn 100; **aA** *Hüffer* AktG Rn 9).

c) Sonderbeschlüsse. Sind mehrere Aktiengattungen (§ 11) vorhanden, müssen gem 7 § 202 Abs 2 S 4 iVm § 182 Abs 2 Sonderbeschlüsse gefasst werden. Zu Einzelheiten vgl § 182 Rn 29).

d) Weiteres Verfahren. Die Satzungsänderung ist gem § 181 Abs 1 zur Eintragung ins 8 HR anzumelden. Der Anmeldung ist der vollständige Wortlaut der Satzung beizufügen. Die Änderung muss sodann eingetragen und bekannt gegeben werden, § 181 Abs 2, § 10 HGB. Eine Bezugnahme auf die eingereichten Unterlagen genügt nicht, §§ 181 Abs 2 S 1, 39 Abs 2. Erst mit Eintragung wird die Satzungsänderung und damit die Ermächtigung wirksam, § 181 Abs 3. Dabei ist zwischen der Anmeldung und Eintragung der Ermächtigung und der Anmeldung und Eintragung der Durchführung der Kapitalerhöhung zu unterscheiden, die nicht miteinander verbunden werden können (*Hüffer* AktG Rn 8).

e) Aufhebung und Änderung der Ermächtigung. Vor Eintragung in das HR kann der 9 Ermächtigungsbeschluss jederzeit durch einen HV-Beschluss mit einfacher Stimmenmehrheit **aufgehoben** werden. Nach Eintragung ist die Aufhebung dagegen nur als Satzungsänderung gem §§ 179 ff möglich (MünchKomm AktG/*Bayer* Rn 48; **aA** *Hüffer* AktG Rn 18; GroßKomm AktG/*Hirte* Rn 104). Zust Sonderbeschlüsse sind in beiden Fällen nicht erforderlich (*Hüffer* AktG Rn 18). Sonstige inhaltliche **Änderungen** der Ermächtigung unterliegen stets denselben Regeln wie die Erteilung der Ermächtigung (*Hüffer* AktG Rn 18; MünchKomm AktG/*Bayer* Rn 48; MünchHdb AG/*Krieger* § 58 Rn 6).

3. Materielle Anforderungen an die Ermächtigung. Die inhaltlichen Anforderungen 10 an den Ermächtigungsbeschluss sind teils zwingend und teils fakultativ. Zum **zwingenden Inhalt** gehören die Fristsetzung für die Ausübung der Ermächtigung (Abs 1 und Abs 2) sowie die Festlegung des Nennbetrags des genehmigten Kapitals (Abs 3). Durch **fakultative Bestimmungen** können die Kompetenzen des Vorstandes bei der Durchführung der Kapitalerhöhung erweitert und beschränkt werden.

a) Frist. Die Ermächtigung muss eine ausdrückliche Bestimmung zu ihrer zeitlichen 11 Geltung enthalten (MünchKomm AktG/*Bayer* Rn 58). Die **gesetzliche Höchstfrist** beträgt **fünf Jahre**. Die zeitliche Bestimmung kann durch Angabe eines konkreten Datums („bis zum...") oder einer Berechnungsmethode („für die Dauer von vier Jahren vom Tage der Eintragung ab") erfolgen. Aus dem HR muss sich das Ende der Frist ergeben, sonst ist die Satzungsbestimmung gem § 38 Abs 3 Nr 1 bzw gem § 241 **Nr 3 nichtig** (MünchKomm AktG/*Bayer* Rn 58; *Hüffer* AktG Rn 11). **Nichtigkeit** ist erst recht gegeben, wenn die Ermächtigungsfrist gänzlich fehlt oder die gesetzliche Höchstfrist überschritten wird (GroßKomm AktG/*Hirte* Rn 144). Auf die gesetzliche Frist kann nicht im Wege der Auslegung zurückgegriffen werden (*LG Mannheim* BB 1957, 689 f). Der Registerrichter hat vielmehr die Eintragung abzulehnen (*OLG Celle* NJW 1962, 2160 f). Erfolgt die Eintragung trotzdem, ist eine **Heilung** gem § 242 Abs 2 dann möglich, wenn die Höchstfrist überschritten wurde. Es gilt dann die gesetzliche Höchstfrist (**hM** MünchHdb AG/*Krieger* § 58 Rn 13; GroßKomm AktG/*Hirte* Rn 134; *Hüffer* AktG Rn 11). Bei völligem Fehlen einer Fristsetzung kann die Ermächtigung dagegen nicht dahingehend ausgelegt werden, dass die gesetzliche Höchstfrist gelten soll (*Hüffer* AktG Rn 11). Die fünfjährige **Höchstfrist beginnt** bei Ermächtigung in

Marsch-Barner

§ 202 Voraussetzungen

der Gründungssatzung mit der Eintragung der Gesellschaft (Abs 1), im Falle der Satzungsänderung mit deren Eintragung (Abs 2 S 1). Dieser Fristbeginn ist mit Art 25 Abs 2 S 3 der Kapitalrichtlinie vereinbar (*OLG Hamm* AG 2009, 791, 792). Die HV ist berechtigt, einen Fristbeginn nach der Eintragung festzulegen (MünchKomm AktG/*Bayer* Rn 61; GroßKomm AktG/*Hirte* Rn 145). Die Frist berechnet sich nach §§ 187 ff BGB. Spätestens bis zum Ende der Frist muss die Durchführung der Kapitalerhöhung eingetragen sein, sonst erlischt die Ermächtigung und der Vorstand hat keine Kompetenz mehr, eine Kapitalerhöhung durchzuführen (vgl Rn 15; *Hüffer* AktG Rn 11, 17). Der Vorstand hat die Ermächtigung **unverzüglich zur Eintragung anzumelden** (MünchKomm AktG/*Bayer* Rn 61; *Hüffer* AktG Rn 11; *Rottnauer* BB 1999, 330, 332; **aA** GroßKomm AktG/*Hirte* Rn 145: innerhalb von drei Monaten).

12   **b) Nennbetrag.** Die Ermächtigung muss einen **bestimmten Nennbetrag** enthalten, der die maximale Kapitalerhöhung darstellt (MünchKomm AktG/*Bayer* Rn 64). Die Festsetzung eines Prozentsatzes ist nicht ausreichend (**hM** *Hüffer* AktG Rn 12; **aA** KölnKomm AktG/*Lutter* Rn 11). Dieser Betrag darf im Zeitpunkt der Eintragung des Ermächtigungsbeschlusses (§§ 41 Abs 1 S 1, 181 Abs 3) die **Hälfte des Grundkapitals** der AG nicht übersteigen (MünchKomm AktG/*Bayer* Rn 66). Maßgebend für die Höhe des Nennbetrags ist das Gesamtvolumen aller genehmigten Kapitalien, die noch nicht zur Kapitalerhöhung ausgenutzt wurden (MünchKomm AktG/*Bayer* Rn 69). Für das Grundkapital (§ 6) gilt der im HR eingetragene Betrag. Er umfasst alle bislang durchgeführten Kapitalerhöhungen und Kapitalherabsetzungen. Auch eine Änderung, die zeitgleich mit der Ermächtigung eingetragen wird, ist für den zulässigen Umfang des genehmigten Kapitals zu berücksichtigen (*Hüffer* AktG Rn 14; MünchKomm AktG/*Bayer* Rn 66). Bedingtes Kapital ist insoweit zu berücksichtigen, als es durch die Ausgabe von Aktien im Zeitpunkt des Ermächtigungsbeschlusses bereits wirksam geworden ist (§ 200). **Spätere Kapitalherabsetzungen** führen nicht zur Unzulässigkeit der Ermächtigung, auch wenn dadurch die 50 %-Grenze überschritten wird (Marsch-Barner/Schäfer Hdb AG/*Busch* § 43 Rn 9). Fehlt die Angabe eines Nennbetrages oder ist die zulässige Höchstgrenze überschritten, ist der Ermächtigungsbeschluss **nichtig**, § 241 Nr 3. Der Registerrichter hat deshalb die Eintragung abzulehnen. Wird der Beschluss dennoch eingetragen, ist im Falle einer Überschreitung der Höchstgrenze Heilung gem § 242 Abs 2 möglich; es gilt dann der nach § 202 Abs 3 S 1 zulässige Höchstbetrag (*Hüffer* AktG Rn 14; MünchHdb AG/*Krieger* § 58 Rn 8). **Genehmigtes** und **bedingtes Kapital** können nebeneinander bestehen und jeweils die Hälfte des Grundkapitals erreichen (*BGH* NZG 2006, 229, 230)

13   **c) Fakultative Bestimmungen.** Die HV kann in der Ermächtigung weitere Anordnungen treffen. So kann das Bezugsrecht der Aktionäre bereits in der Ermächtigung ausgeschlossen (§ 203 Abs 2) oder der Vorstand zum Ausschluss ermächtigt werden (§ 203 Abs 2). Die HV kann einen bestimmten **Ausgabebetrag** festlegen oder **Sacheinlagen** zulassen (§ 205 Abs 1). Sie kann die Kapitalerhöhung auch einer Zweckbindung unterwerfen (vgl MünchKomm AktG/*Bayer* Rn 77; GroßKomm AktG/*Hirte* Rn 138). Ohne nähere Vorgaben entscheidet der Vorstand mit Zustimmung des AR über den Inhalt der Aktien und die Bedingungen der Aktienausgabe (§ 204 Abs 1). Sollen **Vorzugsaktien ohne Stimmrecht** ausgegeben werden, die den bereits vorhandenen Vorzugsaktien vorgehen oder gleichstehen, muss dies die Ermächtigung vorsehen (§ 204 Abs 2). Soll das genehmigte Kapital zur **Abwehr eines Übernahmeangebots** eingesetzt werden, müssen dazu (auch) die übernahmerechtlichen Voraussetzungen erfüllt sein;

insbes muss eine Ausnahme von dem übernahmerechtlichen Verhinderungsverbot gegeben sein (vgl § 33 Abs 1 WpÜG). Soll zur Abwehr eines Übernahmeangebots ein spezielles genehmigtes Kapital geschaffen werden, darf die Ermächtigung nur für höchstens 18 Monate erteilt werden (§ 33 Abs 2 S 2 WpÜG).

4. Rechtsfolgen bei fehlender Ermächtigung. Fehlt ein Ermächtigungsbeschluss, ist er erfolgreich angefochten, nichtig oder infolge Zeitablaufs erloschen, liegt keine Kompetenzerteilung an den Vorstand (mehr) vor, die ihn zur Kapitalerhöhung berechtigen würde. Dem Fehlen einer Ermächtigung steht es gleich, wenn der Vorstand bei Ausnutzung der Ermächtigung den von der HV festgesetzten Nennbetrag überschreitet (KölnKomm AktG/*Lutter* Rn 21; Marsch-Barner/Schäfer Hdb AG/*Busch* § 43 Rn 46) Wird eine solche Kapitalerhöhung vom Vorstand pflichtwidrig durchgeführt, ist sie **nichtig** und die Eintragung der Kapitalerhöhung vom Registergericht abzulehnen (GroßKomm AktG/*Hirte* Rn 242). Erfolgt die Eintragung dennoch, tritt **keine Heilung** ein. Es entstehen keine Mitgliedschaftsrecht gem § 203 Abs 1 iVm § 189: Etwa ausgegebene Aktienurkunden verbriefen keine Rechte, sodass auch ein gutgläubiger Erwerb nicht erfolgen kann (**hM** KölnKomm AktG/*Lutter* Rn 22; *Hüffer* AktG Rn 19; **aA** MünchKomm AktG/*Bayer* § 203 Rn 31; K. Schmidt/Lutter AktG/*Veil* Rn 25; Spindler/Stilz AktG/*Wamser* Rn 124: Grundsätze der fehlerhaften Gesellschaft). Die Erfüllung bereits geschlossener Zeichnungsverträge ist gem §§ 275 Abs 1, 311a Abs 1 BGB unmöglich (*Hüffer* AktG Rn 19). Zwar sind die vermeintlichen Aktionäre in der Insolvenz gem § 277 Abs 3 zur Leistung ihrer Einlagen verpflichtet; ihnen steht aber im Gegenzug ein Schadens- oder Aufwendungsersatzanspruch gegen die AG nach § 311a Abs 2 BGB zu (*Hüffer* AktG Rn 19). Die Verwaltungsmitglieder sind gem §§ 93 Abs 2, 116 der AG gegenüber schadensersatzpflichtig.

IV. Ausnutzung der Ermächtigung

1. Maßnahme der Geschäftsführung. Die Ermächtigung an den Vorstand begründet **keine Pflicht**, sondern nur das **Recht** zur Durchführung einer Kapitalerhöhung (MünchKomm AktG/*Bayer* Rn 34). Diese Entscheidung ist eine **Maßnahme der Geschäftsführung** gem § 77, die nach pflichtgemäßem Ermessen zu treffen ist (MünchKomm AktG/ *Bayer* Rn 86 f; MünchHdb AG/*Krieger* § 58 Rn 28). Beim mehrgliedrigen Vorstand bedarf es grds eines einstimmigen Beschlusses, sofern Satzung oder GO keine abweichenden Regelungen enthalten (§ 77 Rn 21). Der Vorstand ist **nicht** verpflichtet, die **HV vorab** über die konkrete Planung der Kapitalerhöhung **zu unterrichten** (*Happ* FS Ulmer, S 183 f). Er hat aber der nächsten ord HV zu berichten (s dazu § 203 Rn 31; MünchHdb AG/*Krieger* § 58 Rn 45; *Kubis* DStR 2006, 188, 191). Dabei gestellte Fragen nach Einzelheiten der früheren KapErh wie Namen der Einzahler und Datum der Einzahlungen müssen aber nicht beantwortet werden (*OLG Frankfurt* 23.7.2010 – 5 W 91/ 09; Beck RS 2010, 21954 S 9; **aA** *OLG München* WM 2009, 265, 268 = WuB II A. § 243 AktG 1.09 Soehring, jeweils ohne den genauen Sachverhalt). Zu beantworten ist jedoch die Frage nach der Verwendung des Erlöses (*OLG Frankfurt* ZIP 2011, 1613, 1617). Bei einer börsennotierten AG kann die Entscheidung über die Kapitalerhöhung eine **ad hoc-Mitteilung** nach § 15 WpHG erforderlich machen. Eine solche Mitteilung kann schon bei der vorgeschalteten Zustimmung des Aufsichtsrats geboten sein (vgl *EuGH* ZIP 2012, 1282), sofern nicht eine sog **Selbstbefreiung** gem § 15 Abs 3 WpHG erfolgt. Der Beschluss des Vorstands über die Kapitalerhöhung bedarf keiner Form. Beschließt der Vorstand über den **Ausschluss des Bezugsrechts**, muss dies erforderlich und verhältnismäßig sein und, auch in Bezug auf die Festsetzung des Ausgabepreises, im wohlverstandenen Interesse der Gesellschaft liegen (*Ekkenga* AG 2001, 567, 569; *BGH* NJW 1997, 2815, 2816 – Siemens/Nold; *Kubis* DStR 2006, 188).

16 **2. Zustimmung des Aufsichtsrats.** Nach Abs 3 S 2 sollen die neuen Aktien nur mit Zustimmung des AR ausgegeben werden. Ausgabe bedeutet hier nicht die Aushändigung der Aktienurkunden, sondern die Entscheidung des Vorstands, von der Ermächtigung Gebrauch zu machen (MünchKomm AktG/*Bayer* Rn 91). Die einzelfallbezogene Zustimmungserteilung erfolgt durch AR-Beschluss, der grds mit einfacher Stimmenmehrheit zustandekommt, und kann auch auf einen Ausschuss übertragen werden (§ 107 Abs 3 S 2). Ist die Zustimmung des AR gem § 204 Abs 1 S 2 zwingend erforderlich, so liegt in dieser Zustimmung zugleich auch die Zustimmung zur Ausübung der Ermächtigung nach § 202 Abs 3 S 2 (MünchKomm AktG/*Bayer* Rn 91). Die Zustimmung nach Abs 3 S 2 ist, im Unterschied zur Zustimmung nach § 204 Abs 1 S 2, keine Wirksamkeitsvoraussetzung für die Kapitalerhöhung (MünchKomm AktG/*Bayer* Rn 93). Wurde die Zustimmung des AR nicht erteilt, hat der Registerrichter die Eintragung abzulehnen (GroßKomm AktG/*Hirte* Rn 252). Er kann aber vom Vorliegen der Zustimmung ausgehen, wenn der AR-Vorsitzende bei der Anmeldung gem §§ 203 Abs 1 S 1 iVm 188 Abs 1 mitgewirkt hat (KölnKomm AktG/*Lutter* Rn 24).

17 **3. Rechtsfolgen bei Überschreitung der Ermächtigung.** Der Vorstand handelt pflichtwidrig, wenn er bei der Kapitalerhöhung die ihm von der HV gesetzten Grenzen der Ermächtigung, zB hinsichtlich des Inhalts der neuen Aktien, überschreitet. In einem solchen Fall hat das Registergericht die Eintragung der Durchführung abzulehnen (GroßKomm AktG/*Hirte* Rn 242; MünchHdb AG/*Krieger* § 58 Rn 58; Spindler/Stilz AktG/*Wamser* § 203 Rn 51; **aA** *Hüffer* AktG § 204 Rn 9). Wird die Durchführung der Kapitalerhöhung dennoch eingetragen, sind die Zeichnungsverträge aber wirksam und die neuen Mitgliedschaftsrechte entstehen, da der Pflichtverstoß keine Außenwirkung entfaltet (KölnKomm AktG/*Lutter* § 204 Rn 21; MünchKomm AktG/*Bayer* § 203 Rn 32; obiter auch *BGH* NJW 2006, 374, 376 – Mangusta/Commerzbank II; **aA** GroßKomm AktG/*Hirte* Rn 246). Die Kapitalerhöhung ist somit wirksam, weil die gutgläubigen Zeichner schutzwürdig sind. Sie dürfen nicht mit dem Risiko von Fehlern belastet werden, die aus dem Bereich der Gesellschaft kommen (MünchKomm AktG/*Bayer* § 203 Rn 32).

V. Arbeitnehmeraktien (Abs 4)

18 **1. Regelungszweck.** Abs 4 soll die Ausgabe von Belegschaftsaktien erleichtern, die regelmäßig dazu dienen, die Bindung der Arbeitnehmer an das Unternehmen zu festigen (*BGH* NJW 2000, 2354). Ein HV-Beschluss, der die Ausgabe neuer Aktien an Arbeitnehmer vorsieht, enthält zugleich einen Bezugsrechtsausschluss (KölnKomm AktG/*Lutter* Rn 28; MünchHdb AG/*Krieger* § 58 Rn 59). Wird der Vorstand zur Ausgabe an die Arbeitnehmer lediglich berechtigt, stellt auch dies eine Ermächtigung zum Ausschluss des Bezugsrechts dar (MünchHdb AG/*Krieger* § 58 Rn 22). Der Ausschluss des Bezugsrechts zugunsten der Arbeitnehmer wäre zwar auch ohne die in Abs 4 enthaltene Regelung möglich, bedürfte aber nach § 186 Abs 3 der sachlichen Rechtfertigung. Der Zweck der Arbeitnehmer-Aktien, diese an das Unternehmen zu binden, stellt schon ein berechtigtes Interesse der Gesellschaft dar und rechtfertigt somit den Bezugsrechtsausschluss (*BGH* NJW 2000, 2354; *Hüffer* AktG Rn 27; MünchKomm AktG/*Bayer* Rn 102; **aA** *Pentz* ZGR 2001, 917). Die Ausgabe

Voraussetzungen § 202

von Belegschaftsaktien wird beim genehmigten Kapital auch durch §§ 203 Abs 4, 204 Abs 3 und 205 Abs 4 gefördert.

2. Voraussetzungen. – a) Arbeitnehmer der Gesellschaft. Durch die Vorschrift werden unmittelbar nur die **Arbeitnehmer der kapitalerhöhenden Gesellschaft** begünstigt. Eine analoge Anwendung auf die **Arbeitnehmer von verbundenen Unternehmen** ist aber im Hinblick auf § 71 Abs 1 Nr 2 und § 192 Abs 2 Nr 3 gerechtfertigt (*Hüffer* AktG Rn 24; MünchKomm AktG/*Bayer* Rn 104; GroßKomm AktG/*Hirte* Rn 185; K. Schmidt/Lutter AktG/*Veil* Rn 28; Spindler/Stilz AktG/*Wamser* Rn 109). Dagegen fallen Mitglieder der Geschäftsleitung nicht unter den Arbeitnehmer-Begriff (Umkehrschluss aus § 192 Abs 2 Nr 3: MünchKomm AktG/*Bayer* Rn 104). 19

b) Satzungsbestimmung. Sowohl die Gründungssatzung als auch eine nachträgliche Satzungsänderung können die Ausgabe von Arbeitnehmer-Aktien vorsehen. Die Berechtigung dazu kann allgemein erteilt werden mit der Folge, dass sie für jedes beliebige genehmigte Kapital gilt (GroßKomm AktG/*Hirte* Rn 174; KölnKomm AktG/*Lutter* Rn 26; aA MünchKomm AktG/*Bayer* Rn 99). Der Vorstand kann zur Ausgabe neuer Aktien an Arbeitnehmer sowohl berechtigt als auch verpflichtet werden. Eine **Verpflichtung zur Ausgabe** an die Arbeitnehmer entsteht nur, wenn tatsächlich eine Kapitalerhöhung durchgeführt wird; eine Verpflichtung zur Kapitalerhöhung selbst besteht nicht. Auch eine Verpflichtung zur Ausgabe von Arbeitnehmer-Aktien begründet für die Arbeitnehmer noch kein Bezugsrecht (GroßKomm AktG/*Hirte* Rn 175; KölnKomm AktG/*Lutter* Rn 26). 20

c) Ausgabe von Arbeitnehmeraktien. Der Vorstand kann die Aktien den begünstigten Arbeitnehmer entweder unmittelbar oder mittelbar über eine Emissionsbank zur Zeichnung anbieten. Aufgrund der Sozial- und Bindungsfunktion der Belegschaftsaktien können den Arbeitnehmer **Vorzugsbedingungen** gewährt werden, wie ein Ausgabekurs unter Marktniveau (*Hüffer* AktG Rn 27) oder eine Ausgabe ohne Einlageleistung der Arbeitnehmer, § 204 Abs 3 S 1. Die Einlageschuld kann nach § 205 Abs 5 auch mit einem Gewinnanspruch verrechnet werden. Die Ausgabe darf jedoch, ins auch beim Ausgabekurs, keinen unangemessenen Eingriff in die Rechte der Altaktionäre darstellen (GroßKomm AktG/*Hirte* Rn 183; KölnKomm AktG/*Lutter* Rn 28). Dabei ist einschränkend die Absicht des Gesetzgebers zu berücksichtigen, die Ausgabe von Belegschaftsaktien zu fördern (vgl Spindler/Stilz AktG/*Wamser* Rn 104). Der Maßstab des steuerlichen Freibetrags gem § 19a EStG ist jedenfalls zu eng (**aA** *Hüffer* AktG Rn 27). Nach § 203 Abs 4 dürfen Arbeitnehmer-Aktien auch dann ausgegeben werden, wenn die Einlagen auf das bisherige Grundkapital noch nicht vollständig erbracht wurden. Der Vorstand hat der HV zur Begründung des Bezugsrechtsausschlusses gem § 203 Abs 1 S 1, Abs 2 S 2 iVm § 186 Abs 4 S 2 einen schriftlichen Bericht vorzulegen. 21

3. Handhabung in der Praxis. Die Ausgabe von Belegschaftsaktien erfolgt idR nicht unmittelbar an die Arbeitnehmer. Die Aktien werden vielmehr von einer Emissionsbank oder einem Bankenkonsortium unter Ausschluss des Bezugsrechts zum Börsenkurs übernommen und anschließend von der AG zum gleichen Kurs zurückgekauft. Sodann werden die Aktien den Arbeitnehmer zum Vorzugskurs angeboten. Hierin liegt kein Verstoß gegen § 71 Abs 1 Nr 2 (Spindler/Stilz AktG/*Wamser* Rn 111). Durch dieses Vorgehen kann die AG die Differenz zwischen Erwerbspreis und Vorzugskurs als Betriebsausgabe steuermindernd absetzen (MünchKomm AktG/*Bayer* Rn 107). 22

Marsch-Barner 1609

Gegenüber der Beschaffung von eigenen Aktien am Markt nach § 71 Abs 1 hat dieses Vorgehen den Vorteil, dass der AG zusätzlich neues Eigenkapital zufließt (GroßKomm AktG/*Hirte* Rn 186; *Knepper* ZGR 1985, 419, 434; krit *Tollkühn* NZG 2004, 594, 595 und *Hüffer* AktG Rn 29). Allerdings gelten die Erleichterungen gem § 203 Abs 4 dann nicht (MünchHdb AG/*Krieger* § 58 Rn 65).

VI. Genehmigtes Kapital in Liquidation und Insolvenz

23 Auch nach **Auflösung** (§ 262), aber vor Ende der Abwicklung, ist eine Kapitalerhöhung aus genehmigtem Kapital grds möglich (GroßKomm AktG/*Hirte* Rn 200). Die vor der Auflösung beschlossene Ermächtigung kann ihren ursprünglichen Zweck aber nicht mehr erreichen und wird deshalb im Zweifel unwirksam. Auch eine bereits beschlossene Kapitalerhöhung darf nicht mehr durchgeführt und ins HR eingetragen werden (MünchKomm AktG/*Bayer* Rn 109). Der HV-Beschluss über die Auflösung der AG enthält zumindest konkludent auch die Aufhebung des Ermächtigungsbeschlusses, sofern darin nicht ausdrücklich die Kapitalerhöhung nach Beginn der Abwicklung vorgesehen ist (GroßKomm AktG/*Hirte* Rn 201; zweifelnd MünchKomm AktG/*Bayer* Rn 108). Der HV bleibt unbenommen, nach Beginn des Liquidationsverfahrens eine neue Ermächtigung zu beschließen (GroßKomm AktG/*Hirte* Rn 203).

24 Auch in der **Insolvenz** ist grds eine Kapitalerhöhung möglich (jetzt hM, MünchKomm AktG/*Bayer* Rn 111; GroßKomm AktG/*Hirte* § 182 Rn 96). Im Falle eines genehmigten Kapitals endet die Ermächtigung nach verbreiteter Meinung jedoch ipso iure mit der Eröffnung des Insolvenzverfahrens, da nicht angenommen werden könne, dass die HV die Ermächtigung auch für diesen Fall erteilt habe (GroßKomm AktG/*Hirte* Rn 205; KölnKomm AktG/*Lutter* Rn 17). Nach Eröffnung des Insolvenzverfahrens komme nur noch eine ordentliche Kapitalerhöhung gem § 182 in Betracht (MünchKomm AktG/*Bayer* Rn 112; GroßKomm AktG/*Hirte* Rn 205). Dieser Ansicht ist nicht zu folgen, da weder der Schutz der Minderheitsaktionäre noch das auf den Erhalt des Unternehmens ausgerichtete Insolvenzverfahren (vgl § 1 S 1 InsO) eine solche Einschränkung erfordern (K. Schmidt/Lutter AktG/*Veil* Rn 33; Spindler/Stilz AktG/*Wamser* Rn 116; *Pleister/Kindler* ZIP 2010, 503, 504; vgl auch *BGH* NJW 1995, 460 zur ordentlichen KapErhöhung einer GmbH; und noch Voraufl).

VII. Rechtsschutz, Prüfung des Registergerichts

25 Der Ermächtigungsbeschluss der HV kann im Wege der Nichtigkeits- oder Anfechtungsklage angegriffen werden, §§ 241 ff. Eine Anfechtung nach § 255 Abs 2 wird die Ausnahme darstellen, da die HV den Ausgabenkurs der neuen Aktien regelmäßig nicht selbst festlegt (*Bayer* ZHR 168 (2004), 133, 157). Die Entscheidung des Vorstands, von der Ermächtigung Gebrauch zu machen und das Kapital zu erhöhen, ist als Maßnahme der Geschäftsführung nur im Wege der Feststellungs- oder Schadensersatzklage angreifbar (ausf *Cahn* ZHR 164 (2000), 113, 118), ggf auch durch vorbeugende Unterlassungsklage oder einstweilige Verfügung (MünchKomm AktG/*Bayer* Rn 13; *Kubis* DStR 2006, 188, 191; *Busch* NZG 2006, 81, 82 ff). Hat die Gesellschaft einen Freigabeantrag nach § 246a gestellt, ist ein Verfügungsverfahren unzulässig (*Hüffer* AktG § 246a Rn 28). – Das Registergericht hat bei der Eintragung des gen Kap ein umfassendes Prüfungsrecht. Sind im öffentlichen Interesse liegende Normen verletzt, hat es die Eintragung abzulehnen. Wurden Normen verletzt, die Rechte der Aktionäre betreffen, kann das Gericht es diesen überlassen, ob sie gegen den Beschl

vorgehen wollen (Spindler/Stilz AktG/*Wamser* Rn 48). Das Gericht kann die Eintragung auch vorübergehend aussetzen, zB bis zur Entscheidung der ersten Instanz über die Anfechtungsklage (§ 21 FamFG). Hat die Gesellschaft das Freigabeverfahren nach § 246a eingeleitet, ist die Entscheidung des *OLG* für das Registergericht bindend (§ 246a Abs 3 S 5 HS 2). Im Übrigen stehen der Gesellschaft gegen die Ablehnung der Eintragung die Beschwerde zum OLG (§§ 58 ff FamFG) und bei Zulassung die Rechtsbeschwerde zum *BGH* (§§ 70 ff FamFG) zur Verfügung.

VIII. Kosten

Gebühren und Kosten iRd genehmigten Kapitals ergeben sich aus §§ 41a Abs 1 Nr 1, Nr 4, 79 Abs 1, 79a KostO iVm HR-gebührenordnung (HRegGebV) vom 30.9.2004 (BGBl I S 2562) und §§ 140 ff KostO. Vgl § 182 Rn 51 ff. 26

§ 203 Ausgabe der neuen Aktien

(1) ¹Für die Ausgabe der neuen Aktien gelten sinngemäß, soweit sich aus den folgenden Vorschriften nichts anderes ergibt, §§ 185 bis 191 über die Kapitalerhöhung gegen Einlagen. ²An die Stelle des Beschlusses über die Erhöhung des Grundkapitals tritt die Ermächtigung der Satzung zur Ausgabe neuer Aktien.

(2) ¹Die Ermächtigung kann vorsehen, dass der Vorstand über den Ausschluss des Bezugsrechts entscheidet. ²Wird eine Ermächtigung, die dies vorsieht, durch Satzungsänderung erteilt, so gilt § 186 Abs. 4 sinngemäß.

(3) ¹Die neuen Aktien sollen nicht ausgegeben werden, solange ausstehende Einlagen auf das bisherige Grundkapital noch erlangt werden können. ²Für Versicherungsgesellschaften kann die Satzung etwas anderes bestimmen. ³Stehen Einlagen in verhältnismäßig unerheblichem Umfang aus, so hindert dies die Ausgabe der neuen Aktien nicht. ⁴In der ersten Anmeldung der Durchführung der Erhöhung des Grundkapitals ist anzugeben, welche Einlagen auf das bisherige Grundkapital noch nicht geleistet sind und warum sie nicht erlangt werden können.

(4) Absatz 3 Satz 1 und 4 gilt nicht, wenn die Aktien an Arbeitnehmer der Gesellschaft ausgegeben werden.

Übersicht

	Rn		Rn
I. Regelungsgegenstand	1	c) Bezugsrechtsausschluss durch die Hauptversammlung	8
II. Sinngemäße Anwendung der §§ 185 – 191 (Abs 1)	2	aa) Formelle Anforderungen	9
1. Durchführung der Kapitalerhöhung	2	bb) Materielle Anforderungen	10
2. Zeichnung der neuen Aktien, § 185	3	cc) Auswirkungen auf Vorstandsentscheidung	13
a) Verweisung auf § 185	3	dd) Auswirkungen auf Inhalt und Umfang des Berichts gem § 186 Abs 4 S 2	14
b) Inhalt des Zeichnungsscheins	4		
3. Bezugsrecht und Bezugsrechtsausschluss, § 186	5		
a) Allgemeines	5		
b) Bezugrechtsausschluss in der Gründungssatzung	7	4. Zusicherung von Bezugsrechten, § 187	15

Marsch-Barner

	Rn		Rn
5. Anmeldung und Eintragung der Durchführung der Kapitalerhöhung, § 188	16	3. Ermächtigung durch Satzungsänderung	27
a) Voraussetzungen	17	a) Formelle Anforderungen	27
b) Angaben und einzureichende Unterlagen	18	b) Materielle Anforderungen	28
		aa) Sachliche Rechtfertigung	28
c) Strafbarkeit unrichtiger Angaben	20	bb) Auswirkungen auf Vorstandsentscheidung	29
d) Prüfung des Registergerichts	21	cc) Auswirkungen auf Inhalt und Umfang des Berichts gem § 186 Abs 4 S 2	30
6. Wirksamwerden der Kapitalerhöhung, § 189	22
7. Verbotene Ausgabe von Aktien und Zwischenscheinen, § 191	23	4. Ausübung der Ermächtigung	31
		IV. Rechtsschutz bei Bezugsrechtsausschluss	32
8. Bekanntmachung der Eintragung, § 10 HGB	24	V. Subsidiarität der Aktienausgabe bei ausstehenden Einlagen (Abs 3)	34
III. Ermächtigung an den Vorstand zum Bezugsrechtsausschluss (Abs 2)	25	1. Regelungszweck der Subsidiarität	34
		2. Ausnahmen	35
1. Allgemeines zur Ausschlussermächtigung	25	3. Erklärung nach S 4	36
		4. Rechtsfolgen bei Verstößen	37
2. Ermächtigung in der Gründungssatzung	26	VI. Arbeitnehmeraktien (Abs 4)	38

Literatur: *Bayer* Materielle Schranken und Kontrollinstrumente beim Einsatz des genehmigten Kapitals mit Bezugsrechtsausschluß, ZHR 168 (2004), 132; *Bürgers/Holzborn* Von „Siemens/Nold" zu „Commerzbank/Mangusta" – BGH konkretisiert Überprüfung des Bezugsrechtsausschlusses bei genehmigtem Kapital, BKR 2006, 202; *Bungert* Die Liberalisierung des Bezugsrechtsausschlusses im Aktienrecht – Zum Siemens/Nold-Urteil des BGH, NJW 1988, 488; *ders* Vorstandsbericht bei Bezugsrechtsausschluss bei genehmigtem Kapital – Siemens/Nold in der Praxis, BB 2001, 742; *Cahn* Ansprüche und Klagemöglichkeiten der Aktionäre wegen Pflichtverletzungen der Verwaltung beim genehmigten Kapital, ZHR 164 (2000), 113; *Goette* Zur jüngsten Rechtsprechung des II. Zivilsenats zum Gesellschaftsrecht, DStR 2006, 139; *Groß* Bezugsrechtsausschluß bei Barkapitalerhöhungen: Offene Fragen bei der Anwendung des neuen § 186 Abs. 3 Satz 4 AktG, DB 1994, 2431; *Hofmeister* Der Ausschluss des aktiengesetzlichen Bezugsrechts bei börsennotierten AG – Konsequenzen aus BGHZ 136, 133 ff. – Siemens/Nold, NZG 2000, 713; *Krämer/Kiefner* Präventiver Rechtsschutz und Flexibilität beim genehmigten Kapital, ZIP 2006, 301; *Kubis* Information und Rechtsschutz der Aktionäre beim genehmigten Kapital, DStR 2006, 188; *Marsch-Barner* Die Erleichterung des Bezugsrechtsausschlusses nach § 186 Abs. 3 Satz 4 AktG, AG 1994, 532; *Niggemann/Wansleben* Berichtspflichten und Folgen ihrer Verletzung bei der bezugsrechtsfreien Ausnutzung genehmigten Kapitals, AG 2013, 269; *Paefgen* Justiziabilität des Verwaltungshandelns beim genehmigten Kapital, ZIP 2004, 145; *Paschos* Berichtspflichten und Rechtsschutz bei der Ausübung des genehmigten Kapitals, DB 2005, 2731; *Pentz* Genehmigtes Kapital, Belegschaftsaktien und Sacheinlagefähigkeit obligatorischer Nutzungsrechte – das adidas-Urteil des BGH, ZGR 2001, 901; *Reichert/Senger* Berichtspflichten des Vorstands und Rechtsschutz der Aktionäre, Der Konzern 2006, 338; *Schlitt/Schäfer* Alte und neue Fragen im Zusammenhang mit 10 %-Kapitalerhöhungen, AG 2005, 67; *Schwark* Der vereinfachte Bezugsrechtsausschluß – Zur Auslegung des § 186 Abs 3 S 4 AktG, FS Claussen, 1997, S 357; *Trapp* Erleichterter Bezugsrechtsausschluß nach § 186 Abs 3 S 4 AktG und Greenshoe, AG 1997, 115; *Volhard* „Siemens/Nold": Die Quittung, AG 1998, 397; *Wilsing* Berichtspflichten des Vorstands und Rechtsschutz der Aktionäre bei der Ausübung der Ermächtigung zum Bezugsrechtsausschluss im Rahmen eines genehmigten Kapitals, ZGR 2006, 722.

I. Regelungsgegenstand

§ 203 regelt die Durchführung der Kapitalerhöhung bei einem genehmigten Kapital. Die Vorschrift betrifft den unmittelbaren Ausschluss des Bezugsrechts in der Ermächtigung und den mittelbaren Bezugsrechtsausschluss in Form der Ermächtigung an den Vorstand, über den Ausschluss zu entscheiden. Beim genehmigten Kapital sind **drei Phasen** zu unterscheiden: Die Ermächtigung in der Gründungssatzung bzw der HV-Beschluss zur Ermächtigung des Vorstands, der Entschluss des Vorstands, von der Ermächtigung Gebrauch zu machen und das Kapital zu erhöhen sowie die Durchführung der Kapitalerhöhung (MünchKomm AktG/*Bayer* Rn 1 ff). Für die Durchführung der Kapitalerhöhung gelten die §§ 185 ff sinngemäß. Mit der Ausgabe der neuen Aktien ist nicht etwa die Übergabe der Aktienurkunden, sondern die Durchführung der Kapitalerhöhung gemeint (KölnKomm AktG/*Lutter* Rn 2 f; GroßKomm AktG/ *Hirte* Rn 5). Bei der Anwendung der §§ 185 ff ist gem Abs 1 S 2 nicht auf den HV-Beschluss, sondern stets auf die mit Eintragung wirksame Ermächtigung abzustellen. Nur der Verweis auf § 186 betrifft die erste Phase, weil er die Anforderungen an einen unmittelbaren Bezugsrechtsausschluss im Ermächtigungsbeschluss regelt (Münch-Komm AktG/*Bayer* Rn 3). Abs 2 sieht vor, dass der Vorstand ermächtigt werden kann, im Falle der Ausnutzung des genehmigten Kapitals selbst über einen Bezugsrechtsausschluss zu entscheiden. In Abs 3 wird der Durchführung der Kapitalerhöhung insoweit eine Grenze gesetzt, als diese solange nicht erfolgen soll, wie noch Einlageleistungen ausstehen. Der Beschluss zur Ausnutzung des genehmigten Kapitals kann danach zwar schon gefasst werden, der Abschluss der Zeichnungsverträge hat aber zu unterbleiben (MünchKomm AktG/*Bayer* Rn 182). Das Gesetz geht davon aus, dass für eine Kapitalbeschaffung kein Bedürfnis besteht, wenn ausstehende Einlagen noch erlangt werden können, macht jedoch eine Ausnahme bei der Belegschaftsaktien (*Hüffer* AktG Rn 1). 1

II. Sinngemäße Anwendung der §§ 185 – 191 (Abs 1)

1. Durchführung der Kapitalerhöhung. Hat der Vorstand auf der Grundlage des Ermächtigungsbeschlusses den Entschluss zur Kapitalerhöhung gefasst, richtet sich die Durchführung der Kapitalerhöhung nach §§ 185 ff, soweit die §§ 203 ff keine Sonderregelung enthalten. Bei der **sinngemäßen Anwendung der §§ 185 ff** tritt an die Stelle des Kapitalerhöhungsbeschlusses der HV die Ermächtigung (Abs 1 S 2), sodass in §§ 185 Abs 1 S 3 Nr 1, 186 Abs 3 S 1 und 187 Abs 1 auf die mit Eintragung wirksam gewordene **Ermächtigung**, also entweder auf die Eintragung der Gründungssatzung oder die Eintragung des HV-Beschlusses, abzustellen ist. Mit der Durchführung der Kapitalerhöhung kann deshalb erst nach dieser Eintragung begonnen werden (MünchKomm AktG/*Bayer* Rn 10; *Hüffer* AktG Rn 2). Infolge der Trennung von Eintragung der Ermächtigung und Durchführung der Kapitalerhöhung ist § 188 Abs 4 nicht anwendbar; die jeweiligen Anmeldungs- und Eintragungsverfahren können nicht miteinander verbunden werden (MünchKomm AktG/*Bayer* Rn 10; GroßKomm AktG/*Hirte* Rn 35; s dazu auch unten Rn 16). 2

2. Zeichnung der neuen Aktien, § 185. – a) Verweisung auf § 185. Nach der Entscheidung über die Kapitalerhöhung sind gem §§ 203 Abs 1 S 1 iVm 185 die Aktien zu 3 zeichnen; vgl dazu § 185 Rn 2 ff. Mit Abschluss des Zeichnungsvertrages wird der Zeichner noch nicht Aktionär; dazu muss erst noch die Durchführung der Kapitalerhöhung eingetragen sein (*Hüffer* AktG Rn 3).

4 **b) Inhalt des Zeichnungsscheins.** Der Zeichnungsschein bedarf zu seiner Wirksamkeit der **Schriftform**, § 185 Abs 1 S 1 AktG, sonst ist die Willenserklärung nichtig, § 125 BGB (vgl § 185 Rn 4). Inhaltlich ist zunächst die **Person des Zeichners** so zu benennen, dass sie individualisiert werden kann (*Hüffer* AktG Rn 4). Sodann muss der Zeichnungsschein die **Beteiligung** nach der Zahl bzw bei Nennbetragsaktien nach dem Nennbetrag enthalten. Darüber hinaus sind die **Angaben nach** § 185 Abs 1 S 3 Nr 1–4 aufzunehmen (Vgl § 185 Rn 5 ff). Wird von dem genehmigten Kapital nur teilweise Gebrauch gemacht, so sind nur die für die betreffende Tranche erforderlichen Angaben zu machen (*Hüffer* AktG Rn 5). Fehlen die Angaben nach § 185 Abs 1 S 3, sind sie unvollständig oder enthält der Zeichnungsschein abgesehen von dem Vorbehalt in § 185 Abs 1 Nr 4 Verpflichtungsbeschränkungen des Zeichners, so ist die Offerte nichtig. Eine Heilung ist jedoch gem § 185 Abs 3 möglich, wenn die Kapitalerhöhung eingetragen ist (MünchKomm AktG/*Bayer* Rn 15). Der Zeichner kann sich dann nicht mehr auf die Nichtigkeit oder Unverbindlichkeit des Zeichnungsscheins berufen. Beschränkungen, die nicht im Zeichnungsschein stehen, sind der AG gegenüber unwirksam (§ 185 Abs 4).

5 **3. Bezugsrecht und Bezugsrechtsausschluss, § 186. – a) Allgemeines.** Auch bei einer Kapitalerhöhung im Wege des genehmigten Kapitals muss infolge der Verweisung auf § 186 Abs 1 S 1 jedem Aktionär auf sein Verlangen hin ein seinem Anteil an dem bisherigen Grundkapital entspr Teil der neuen Aktien zugeteilt werden. Zu den Einzelheiten des Bezugsrechts vgl § 186 Rn 2ff. Der **konkrete Bezugsrechtsanspruch** entsteht beim genehmigten Kapital bereits mit der **Entscheidung des Vorstandes**, eine Kapitalerhöhung durchzuführen (GroßKomm AktG/*Hirte* Rn 17). Auf die Zustimmung des AR nach § 203 Abs 3 S 2 kommt es insoweit nicht an (GroßKomm AktG/*Hirte* Rn 17). Wurden die Bedingungen der Aktienausgabe allerdings noch nicht im Ermächtigungsbeschluss geregelt, entsteht der konkrete Bezugsrechtsanspruch erst mit **Zustimmung des AR** nach § 204 Abs 1 S 2 (GroßKomm AktG/*Hirte* Rn 17; *Hüffer* AktG Rn 7). Der Vorstand hat seine Entscheidung bzgl der Kapitalerhöhung gem § 186 Abs 2 bekannt zu geben und dabei den Aktionären zur Ausübung des Bezugsrechts eine Frist von mindestens zwei Wochen zu setzen (KölnKomm AktG/*Lutter* Rn 9).

6 Beim Ausschluss des Bezugsrechts ist stets zu berücksichtigen, dass das Bezugsrecht eine von Art 14 GG erfasste Rechtsposition ist (*BVerfGE* 100, 289, 302). Ein Bezugsrechtsausschluss ist beim genehmigten Kapital auf zwei Wegen möglich: Entweder können die Gründer in der Gründungssatzung (§§ 202 Abs 1, 203 Abs 1 S 1, 186 Abs 3, 4) oder später die HV im Ermächtigungsbeschluss (§§ 202 Abs 2, 203 Abs 1 S 1, 186 Abs 3, 4) unmittelbar und verbindlich das Bezugsrecht ganz oder teilweise ausschließen (sog **Direktausschluss**) oder der Vorstand wird in der Gründungssatzung bzw im Ermächtigungsbeschluss zur Entscheidung über einen vollständigen oder teilweisen Bezugsrechtsausschluss ermächtigt (sog **Ausschlussermächtigung**; § 203 Abs 2; vgl Rn 25 ff). § 203 Abs 1 S 1 iVm § 186 Abs 3, 4 regelt den Direktausschluss. Dem Vorstand steht danach nur noch das Recht, über die Durchführung der Kapitalerhöhung an sich zu entscheiden, nicht jedoch über den Ausschluss des Bezugsrechts (*Hüffer* AktG Rn 8). Regelt die Ermächtigung, dass die neuen Aktien von einem **Kre-**

ditinstitut übernommen werden sollen, das wiederum den Aktionären die Aktien anbietet (§ 186 Abs 5), so liegt darin kein Bezugsrechtsausschluss. Dieses sog **mittelbare Bezugsrecht** ist in der Praxis zum Regelfall geworden (vgl § 186 Rn 52).

b) Bezugrechtsausschluss in der Gründungssatzung. Wird das genehmigte Kapital bereits in der Gründungssatzung geschaffen (§ 202 Abs 1), kann auch schon in dieser das Bezugsrecht verbindlich ausgeschlossen werden (GroßKomm AktG/*Hirte* Rn 19). § 186 Abs 3 S 2–4, Abs 4 sind dabei **nicht anwendbar** (MünchKomm AktG/*Bayer* Rn 85). Eine Mehrheitsentscheidung und eine sachliche Rechtfertigung sind nicht erforderlich, da die Gründungssatzung übereinstimmend von allen Gründern festgestellt wird. Ein Direktausschluss bedarf deshalb keiner weiteren formellen oder materiellen Voraussetzungen (MünchKomm AktG/*Bayer* Rn 85).

7

c) Bezugsrechtsausschluss durch die Hauptversammlung. Wird das genehmigte Kapital erst später von der HV durch Satzungsänderung geschaffen (§ 202 Abs 2), so gelten für einen Direktausschluss des Bezugsrechts die §§ 203 Abs 1 S 1, 186 Abs 3, 4. Der Ausschluss iRd genehmigten Kapitals beurteilt sich dann grds nach den gleichen Voraussetzungen wie bei einer regulären Kapitalerhöhung, jedoch sind die Besonderheiten des genehmigten Kapitals zu beachten (MünchKomm AktG/*Bayer* Rn 86; KölnKomm AktG/*Lutter* Rn 10 f).

8

aa) Formelle Anforderungen. Nach § 186 Abs 3 ist der Bezugsrechtsausschluss **Bestandteil des Ermächtigungsbeschlusses**. Für die Beschlussfassung ist eine drei Viertel-Mehrheit des in der HV vertretenen Grundkapitals erforderlich, § 186 Abs 3 S 2 (MünchKomm AktG/*Bayer* Rn 87; *Hüffer* AktG Rn 87). Die Satzung kann jedoch eine größere Kapitalmehrheit und weitere Erfordernisse bestimmen (§ 186 Abs 3 S 3). § 186 Abs 4 S 1 stellt zudem klar, dass ein Direktausschluss nur gefasst werden darf, wenn die Ausschließung ausdrücklich und ordnungsgemäß (§ 124 Abs 1) bekannt gemacht worden ist (GroßKomm AktG/*Hirte* Rn 20; MünchKomm AktG/*Bayer* Rn 88). Der Vorstand hat der HV vor der Beschlussfassung einen **schriftlichen Bericht** zu erstatten, in dem zum Grund für den beabsichtigten Ausschluss Stellung genommen wird (§ 186 Abs 4 S 2). Ein Ausgabebetrag muss weder vorgeschlagen noch begründet werden, da der Ausgabebetrag im HV-Beschluss über die Schaffung eines genehmigten Kapitals nicht festgesetzt zu werden braucht (*BGH* NJW 1997, 2815 – Siemens/Nold; *OLG Stuttgart* AG 2001, 200, 201). Zu Einzelheiten hinsichtlich Inhalt und Umfang vgl Rn 14. Diese Berichtspflicht besteht auch bei einem **vereinfachten Bezugsrechtsausschluss** nach § 186 Abs 3 S 4. Der Vorstand hat in diesem Fall darzulegen, warum er den Bezugsrechtsausschluss vorschlägt und dass die Voraussetzungen des § 186 Abs 3 S 4 vorliegen (MünchKomm AktG/*Bayer* Rn 81; BT-Drucks 12/6721 S 10). Dafür genügen kurze Ausführungen (MünchHdb AG/*Krieger* § 58 Rn 21). Wird das Bezugsrecht in einem Kapitalerhöhungsbeschluss zur **Rekapitalisierung gem § 7 FMStFG** ausgeschlossen, genügt dafür eine Mehrheit von zwei Dritteln der abgegebenen Stimmen oder des vertretenen Grundkapitals. Die einfache Mehrheit genügt, wenn die Hälfte des Grundkapitals vertreten ist (§ 7 Abs 3 S 1 und 2 FMStBG)

9

bb) Materielle Anforderungen. Der Direktausschluss muss wegen Art 14 GG **materiell gerechtfertigt** sein (*BVerfGE* 100, 289, 302; GroßKomm AktG/*Hirte* Rn 22; vgl auch § 186 Rn 28 ff). Liegt kein vereinfachter Bezugsrechtsausschluss nach § 186 Abs 3 S 4 vor (vgl Rn 11), ist der Ausschluss materiell nur zulässig, wenn die mit dem Ausschluss verfolgten Zwecke **im wohlverstandenen Interesse der Gesellschaft** liegen

10

Marsch-Barner

(*BGH* NJW 1978, 1316 – Kali+Salz; *BGH* NJW 1997, 2815, 2817 f – Siemens/Nold). Diese materielle Anforderung gilt auch iRd genehmigten Kapitals (*BGH* NJW 1982, 2444 – Holzmann; *Hofmeister* NZG 2000, 713). Die **Besonderheit des genehmigten Kapital** liegt in der zeitlichen Verschiebung: Zwar beschließen die Gründer bzw. die HV den Bezugsrechtsausschluss, jedoch erfolgt die Entscheidung über den tatsächlichen Ausschluss erst mit dem Beschluss des Vorstands über die Ausnutzung des genehmigten Kapitals. Diese Vorstandsentscheidung kann bis zu fünf Jahre nach der Ermächtigung getroffen werden (§ 202 Abs 1 und 2 S 1).

11 § 186 Abs 3 S 4 regelt einen **Sonderfall** der sachlichen Rechtfertigung für einen vereinfachten Bezugsrechtsausschluss. Danach ist ein Ausschluss materiell-rechtlich zulässig, wenn die Kapitalerhöhung gegen Bareinlagen zehn vom Hundert des Grundkapitals nicht übersteigt und der Ausgabebetrag den Börsenpreis nicht wesentlich unterschreitet. Dieser Fall einer gesetzlich geregelten Rechtfertigung soll die Unternehmensfinanzierung durch Eigenkapitalaufnahme erleichtern (BT-Drucks 12/6721 S 10). Die Vorschrift setzt zunächst voraus, dass es sich um eine **Barkapitalerhöhung** handelt. Des Weiteren darf die Kapitalerhöhung, also der Gesamtnennbetrag der neuen Aktien, die Obergrenze von **10 % des Grundkapitals** nicht übersteigen (*Hüffer* AktG Rn 10a; *Marsch-Barner* AG 1994, 532, 534). Wegen der Besonderheiten des genehmigten Kapitals ist das Grundkapital im **Zeitpunkt der Eintragung des genehmigten Kapitals** maßgebend (**hM** *Groß* DB 1994, 2431, 2432; *Marsch-Barner* AG 1994, 532, 534; *Ihrig/Wagner* NZG 2002, 657, 660; **aA** GroßKomm AktG/*Hirte* Rn 115: Zeitpunkt der Ausnutzung des genehmigten Kapitals ist entscheidend). Wird das Grundkapital nach Eintragung der Ermächtigung herabgesetzt, ist diese Veränderung des Grundkapitals bei Ausübung der Ermächtigung unerheblich (MünchHdb AG/*Krieger* § 58 Rn 8; *Groß* DB 1994, 2431, 2432; *Schlitt/Schäfer* AG 2005, 67 mwN; **aA** *Ihrig/Wagner* NZG 2002, 657, 660 mwN). Liegt eine sog **Stufenermächtigung** vor, so ist auf den **Zeitpunkt der jeweiligen Ausnutzung** der Ermächtigung abzustellen (**hM** GroßKomm AktG/*Hirte* Rn 115; *Schwark* in FS Claussen, 1997, S 357, 377; *Marsch-Barner* AG 1994, 532, 534; *Groß* DB 1994, 2431, 2439; *Trapp* AG 1997, 115, 117; MünchHdb AG/*Krieger* § 58 Rn 20; **aA** OLG München BB 1996, 2162; *Ihrig/Wagner* NZG 2002, 657, 661; Spindler/Stilz AktG/*Wamser* Rn 92: Stufenermächtigung unzulässig). Zudem darf der Ausgabekurs der neuen Aktien den Börsenkurs nicht wesentlich unterschreiten. Infolge der gesetzlich vorgeschriebenen Orientierung am Börsenkurs muss die betroffene AG eine börsennotierte Gesellschaft sein (*Marsch-Barner* AG 1994, 533; MünchKomm AktG/*Bayer* Rn 76). Als ungeschriebenes Tatbestandsmerkmal wird des Weiteren gefordert, dass die neuen Aktien entweder an der Börse breit gestreut werden oder für die formal ausgeschlossenen Aktionäre zumindest die Möglichkeit des Aktienerwerbs in sonstiger Weise besteht (**hM** OLG München BB 1996, 2162; *Schwark* FS Claussen, 1997, S 357, 373 f; GroßKomm AktG/*Hirte* Rn 114; Spindler/Stilz AktG/*Wamser* Rn 93; **aA** *Cahn* ZHR 163 (1999), 554, 588). Liegen diese Voraussetzungen vor, ist keine Interessenabwägung und auch keine sachliche Rechtfertigung erforderlich (BT-Drucks 12/6721 S 10).

12 Seit *BGH* NJW 1997, 2815 – Siemens/Nold reicht es für die Rechtfertigung des Bezugsrechtsausschluss im Ermächtigungsbeschluss aus, dass die Kapitalerhöhung, zu deren Durchführung der Vorstand ermächtigt werden soll, **im wohlverstandenen Interesse der Gesellschaft** liegt. Für die Beurteilung, ob dieses Gesellschaftsinteresse gegeben ist, bleibt der HV-Beschluss der maßgebliche Zeitpunkt. Es muss jedoch nicht

mehr die konkrete Eignung, Erforderlichkeit und Verhältnismäßigkeit festgestellt werden. Ausreichend ist vielmehr, wenn festgestellt wird, dass die mit der Kapitalerhöhung und dem Bezugsrechtsausschluss verfolgten Maßnahmen und Zwecke **allgemein und abstrakt** im wohlverstandenen Interesse der Gesellschaft liegen (*BGH* NJW 1997, 2815 – Siemens/Nold). Bis zu dieser Änderung der Rspr hatten die Gerichte verlangt, dass an einen Bezugsrechtsausschluss im Ermächtigungsbeschluss die gleichen materiellen Anforderungen zu stellen sind wie bei einer regulären Kapitalerhöhung iSv §§ 182 ff. Die materielle Rechtfertigung umfasste danach eine Abwägung der Gesellschafts- und Aktionärsinteressen sowie der Verhältnismäßigkeit von Mittel und Zweck (*BGH* NJW 1994, 1410; NJW 1982, 2444; NJW 1978, 1316). Diese Voraussetzungen mussten im Zeitpunkt der HV-Beschlussfassung so konkret feststehen und offen gelegt werden, dass die HV sie endgültig beurteilen konnte (*BGH* NJW 1995, 2656). Der *BGH* hat diese Anforderungen in der Siemens/Nold-Entscheidung zu Recht als zu streng und nicht praktikabel beurteilt, da sie den Unternehmen die Flexibilität nimmt, die das genehmigte Kapital gerade ermöglichen soll, um auf die Entwicklung des Marktes schnell reagieren zu können. Die Maßnahme, zu deren Durchführung der Vorstand ermächtig werden soll, muss deshalb nur noch **allgemein umschrieben** und in dieser Form der HV bekannt gegeben werden; sie muss nur allgemein im Interesse der Gesellschaft liegen. Eine endgültige Abwägung der Gesellschafts- und Aktionärsinteressen ist auf dieser Stufe nicht erforderlich (*Goette* DStR 2006, 139, 142). Soweit der HV konkrete Einzelumstände des geplanten Vorhabens bekannt sind, hat sie anhand dieser Informationen die Rechtfertigung des Bezugsrechtsausschlusses zu prüfen. IÜ ist eine abstrakte Umschreibung der Umstände im Ermächtigungsbeschluss ausreichend. Diese neue Rspr wurde inzwischen wiederholt bestätigt (*BGH* NZG 2006, 18 – Mangusta/Commerzbank I; *BGH* NZG 2006, 20 – Mangusta/Commerzbank II; *OLG Schleswig* NZG 2004, 281; *OLG München* BeckRS 2007, 00773).

cc) Auswirkungen auf Vorstandsentscheidung. Der Vorstand entscheidet zwar beim **13** Direktausschluss entspr seiner Kompetenz nur über die Ausnutzung des genehmigten Kapitals: Er hat bei dieser Entscheidung aber die materielle Rechtfertigung des mit der Kapitalerhöhung einhergehenden Bezugsrechtsausschlusses zu prüfen. Bei einem vereinfachten Bezugsrechtsausschluss nach § 186 Abs 3 S 4 hat der Vorstand für die sachliche Rechtfertigung festzustellen, dass das vorausgesetzte Finanzierungsinteresse der AG und die tatsächlichen Voraussetzungen der Vorschrift **im Zeitpunkt der späteren Vorstandsentscheidung** noch gegeben sind (*Hüffer* AktG Rn 35). In allen anderen Fällen, in denen die HV nur anhand der abstrakt umschriebenen Umstände die materielle Rechtfertigung des Bezugsrechtsausschlusses prüfen kann, hat der Vorstand die Pflicht, iR seines unternehmerischen Ermessens **sorgfältig** zu prüfen, ob das konkrete Vorhaben mit dem **Unternehmensgegenstand** übereinstimmt und die **konkreten** Tatsachen der **abstrakten** Umschreibung in der Ermächtigung entsprechen. Dabei ist vom Vorstand außerdem zu prüfen, ob die konkrete Durchführung durch das wohlverstandene Interesse der Gesellschaft gerechtfertigt ist (*BGH* NJW 1997, 2815, 2816 – Siemens/Nold; NZG 2006, 20 – Mangusta/Commerzbank II; GroßKomm AktG/*Hirte* Rn 73 f). Ist das genehmigte Kapital an einen bestimmten Zweck gebunden, muss die konkrete Maßnahme der Verfolgung dieses Zwecks dienen (GroßKomm AktG/*Hirte* Rn 80 f). Kommt der Vorstand zu dem Ergebnis, dass der Bezugsrechtsausschluss nicht gerechtfertigt ist, hat er die Durchführung der Kapitalerhöhung zu unterlassen. Der Vorstand hat erst in der folgenden ordentlichen HV über die Durchführung der Kapitalerhöhung (mündlich) Bericht zu erstatten und Rede und Antwort zu stehen (*BGH* NZG 2006, 18 – Mangusta/Commerzbank I; *Krämer/Kiefner* ZIP 2006, 301, 306; s dazu auch unten Rn 31). Eine **Vorabinformationspflicht** des Vorstandes gegenüber der HV vor Ausübung der Ermächtigung zur Kapitalerhöhung **besteht nicht** (hM *BGH* NJW 1997, 2815, 2816 – Siemens/Nold; NZG 2006, 18 – Mangusta/Commerzbank I; *Hüffer* Rn 36; Spindler/Stilz AktG/*Wamser* Rn 97 ff.; K. Schmidt/Lutter AktG/*Veil* Rn 30; *Bürgers/Holzborn* BKR 2006, 202, 203; *Reichert/Senger* Der Konzern 2006, 338, 351; aA MünchKomm AktG/*Bayer* Rn 161; GroßKomm AktG/*Hirte* Rn 86). Gem §§ 175, 160 Abs 1 Nr 3 ist über die Aktien, die bei einem genehmigten Kapital im Geschäftsjahr gezeichnet wurden, im Anhang des Jahresberichts zu informieren (MünchKomm AktG/*Bayer* Rn 153). Entspr § 204 Abs 1 S 2 HS 2 ist auch bei der Ausnutzung des genehmigten Kapitals mit direktem Bezugsrechtsausschluss die Zustimmung des AR erforderlich (*BGH* NJW 1997, 2815, 2816 – Siemens/Nold; MünchKomm AktG/*Bayer* § 204 Rn 23; GroßKomm AktG/*Hirte* § 204 Rn 17; vgl § 204 Rn 6).

dd) Auswirkungen auf Inhalt und Umfang des Berichts gem § 186 Abs 4 S 2

14 Zweck der Berichtspflicht nach § 186 Abs 4 S 2 ist es, die HV vor der Beschlussfassung über die Hintergründe des Bezugsrechtsausschlusses zu informieren und so eine **sachgerechte Entscheidung der HV** zu ermöglichen (*Hüffer* AktG Rn 11). Inhalt und Umfang dieses Berichts hängen dementspr davon ab, welche materiellen Anforderungen an den Bezugsrechtsausschluss gestellt werden. In der Holzmann-Entscheidung (*BGH* NJW 1982, 2444) wurde noch gefordert, der Zweck der Kapitalerhöhung müsse bereits im Zeitpunkt der Ermächtigungserteilung vom Vorstand so konkret dargelegt werden, dass die HV auf sicherer Grundlage abschließend über die sachliche Rechtfertigung des Bezugsrechtsausschlusses entscheiden könne. Mit der Aufgabe dieser Rspr durch das Siemens/Nold-Urteil (*BGH* NJW 1997, 2815) wurden auch die Anforderungen an den Bericht herabgesetzt. Ausreichend ist nunmehr, dass die Maßnahme, die unter Ausschluss des Bezugsrechts durchgeführt werden soll, im Interesse der Gesellschaft liegt und der HV in allgemein umschriebener Form bekannt gegeben wird (*BGH* NJW 1997, 2815; *Wilsing* ZGR 2006, 722, 726 f; *Bungert* NJW 1998, 488, 491). Der Vorstand muss nicht mehr über konkrete Zwecke berichten, deren Verfolgung einen Bezugsrechtsausschluss iRd späteren Ausnutzung des genehmigten Kapitals rechtfertigen soll (*Reichert/Senger* Der Konzern 2006, 338 340). Es genügen Angaben darüber, warum die abstrakt beschriebene Maßnahme (bspw Erwerb von Unternehmen) im Interesse der Gesellschaft liegt und warum der Vorstand hierfür einen Bezugsrechtsausschluss vorschlägt (MünchHdb AG/*Krieger* § 58 Rn 19). Dies gilt auch im Falle einer Ermächtigung gem § 33 Abs 2 WpÜG (Spindler/Stilz AktG/*Wamser* Rn 70; *Drinkuth* AG 2005, 597, 601; für weitergehende Anforderungen LG München DB 2005, 824, 825). Das damit einhergehende Informations- und Kontrolldefizit der HV wird durch eine angemessene gerichtliche Kontrolle der Vorstandsentscheidung ausgeglichen (*BGH* NZG 2006, 20, 22 – Mangusta/Commerzbank II; GroßKomm AktG/*Hirte* Rn 119). Falls allerdings der Zweck der Ermächtigung auf ein **bestimmtes Vorhaben** beschränkt wird, ist dieses im Bericht konkret zu erläutern. Der Vorstand hat diesen Zweck dann bei der Entscheidung über die Durchführung der Kapitalerhöhung zu berücksichtigen (*LG München I* BB 2001, 748; *Bungert* BB 2001, 742, 743; *Kubis* DStR 2006, 188, 189 f).

4. Zusicherung von Bezugsrechten, § 187. Rechte auf den Bezug neuer Aktien können nen Dritten kraft Gesetzes nur unter **Vorbehalt des Bezugsrechts der Aktionäre** zugesichert werden, § 187 Abs 1 iVm § 203 Abs 1 S 1. Schließt jedoch die Ermächtigung in Form eines Direktausschlusses das Bezugsrecht der Aktionäre aus, tritt mit Eintragung der Ermächtigung diese Vorbehaltswirkung nicht ein (GroßKomm AktG/*Hirte* Rn 28; *Hüffer* AktG Rn 13). Bei einer Ausschlussermächtigung an den Vorstand bleibt es dagegen bei der gesetzlichen Vorbehaltswirkung. Nach § 187 Abs 2 iVm § 203 Abs 1 S 2 ist eine Zusicherung vor der Eintragung des Ermächtigungsbeschlusses der Gesellschaft gegenüber unwirksam (GroßKomm AktG/*Hirte* Rn 27 f; vgl § 187 Rn 7). 15

5. Anmeldung und Eintragung der Durchführung der Kapitalerhöhung, § 188. Hat der Vorstand die Ausnutzung des genehmigten Kapitals und somit eine Kapitalerhöhung beschlossen, so ist gem § 188 Abs 1 nur die Durchführung der Kapitalerhöhung, nicht hingegen der Vorstandsbeschluss, zur Eintragung anzumelden (GroßKomm AktG/*Hirte* Rn 29). Anmeldeberechtigt ist der Vorstand in vertretungsberechtigter Zahl zusammen mit dem AR-Vorsitzenden bzw dessen Stellvertreter (§§ 188 Abs 1, 107 Abs 1 S 3). Für die anmeldeberechtigten Personen besteht zwar keine öffentliche, aber doch eine gesellschaftsrechtliche Pflicht, die Anmeldung zur Eintragung ins HR vorzunehmen. Die Einhaltung dieser Pflicht kann durch Organklage erzwungen werden; ihre Verletzung kann außerdem zu Schadensersatzansprüchen gem §§ 93, 116 führen. Abweichend von § 188 Abs 4 kann die Anmeldung und Eintragung des Ermächtigungsbeschlusses nicht mit der Anmeldung und Eintragung der Durchführung der Kapitalerhöhung verbunden werden. Die Kompetenz des Vorstandes zur Durchführung der Kapitalerhöhung wird erst mit der Eintragung des Ermächtigungsbeschlusses begründet (§ 202 Rn 3). Der Vorstand ist daher erst nach der Eintragung zur Ausnutzung des genehmigten Kapitals berechtigt (*Hüffer* AktG Rn 15). 16

a) Voraussetzungen. Die Anmeldung kann erst nach vollständiger **Zeichnung** der neuen Aktien erfolgen (vgl § 188 Rn 4 ff; MünchKomm AktG/*Bayer* Rn 22; *Hüffer* AktG Rn 14). Liegen die Voraussetzungen des § 204 Abs 3 bzgl der Ausgabe von Belegschaftsaktien vor, so ist die Erbringung der Mindesteinlage und dementspr auch die Bestätigung durch den Vorstand nicht erforderlich (MünchKomm AktG/*Bayer* Rn 45). 17

b) Angaben und einzureichende Unterlagen. Bei der ersten Anmeldung ist gem § 203 Abs 3 S 4 anzugeben, welche Einlagen auf das bisherige Grundkapital noch nicht erbracht wurden und warum sie nicht erlangt werden konnten (MünchKomm AktG/ *Bayer* Rn 26). Wird die Kapitalerhöhung in mehreren Tranchen durchgeführt, muss diese Angabe nur bei der ersten Tranche erfolgen (vgl Rn 37). Gem § 203 Abs 4 ist die Angabe bei der Ausgabe von AN-Aktien entbehrlich (*Hüffer* AktG Rn 14). 18

Zu den einzureichenden Schriftstücken gehören die Bestätigung des Vorstands bzgl der erbrachten Mindesteinlagen (vgl § 188 Rn 13). Des Weiteren sind nach § 188 Abs 3 die Zweitschriften der Zeichnungsscheine zusammen mit einem Zeichnerverzeichnis (Nr 1), bei einer Kapitalerhöhung gegen Sacheinlagen die jeweiligen Einbringungsverträge (Nr 2) sowie eine Aufstellung der mit der Kapitalerhöhung verbundenen Verwaltungskosten (Nr 3) beizufügen. Auch wenn das Registergericht auf Grund der Mitwirkung des AR-Vorsitzenden bei der Anmeldung von der Zustimmung des AR gem §§ 202 Abs 3 S 2, 204 Abs 1 S 2, 205 Abs 2 S 1 ausgehen kann, ist es zweckmäßig, einen Nachweis über die Zustimmung des AR einzureichen 19

Marsch-Barner

(MünchHdb AG/*Krieger* § 58 Rn 54). Mit der Eintragung der Durchführung der Kapitalerhöhung wird die Kapitalerhöhung wirksam und der bisherige Satzungswortlaut über die Höhe des Grundkapitals (§ 23 Abs 3 Nr 3) unrichtig. Um diese Unrichtigkeit zu beheben, muss zugleich ein berichtigter und vollständiger Wortlaut der Satzung eingereicht werden (MünchHdb AG/*Krieger* § 58 Rn 52; MünchKomm AktG/*Bayer* Rn 28; *Hüffer* AktG Rn 15; aA GroßKomm AktG/*Hirte* Rn 38; KölnKomm AktG/*Lutter* Rn 51). Die HV muss deshalb bei der Beschlussfassung über die Bildung das genehmigten Kapitals darauf achten, dass sie den AR dazu ermächtigt, den Wortlaut der Satzung zu berichtigen (MünchKomm AktG/*Bayer* Rn 28). Liegt eine solche Ermächtigung gem § 179 Abs 1 S 2 vor, kann der AR den Wortlaut der Satzung an die Kapitalerhöhung anpassen.

20 **c) Strafbarkeit unrichtiger Angaben.** Gem § 399 Abs 1 Nr 4 machen sich Mitglieder des Vorstandes oder des AR strafbar, wenn sie zum Zweck der Eintragung einer Kapitalerhöhung gem §§ 182 bis 206 über die Erbringung des bisherigen Einlagen (§ 203 Abs 3 S 4), die Zeichnung oder Einbringung neuen Kapitals (§§ 188 Abs 2 iVm 37 Abs 1), den Ausgabebetrag der Aktien, die Ausgabe der Bezugsaktien oder über Sacheinlagen falsche Angaben machen oder erhebliche Umstände verschweigen (vgl § 399 Rn 19).

21 **d) Prüfung des Registergerichts.** Vor Eintragung hat der Registerrichter die formellen und materiellen Voraussetzungen der Durchführung der Kapitalerhöhung zu prüfen (GroßKomm AktG/*Hirte* Rn 39; *Hüffer* AktG Rn 16; vgl § 202 Rn 14, 17, 18). Zunächst ist festzustellen, ob eine wirksame Ermächtigung vorliegt, die weder nichtig, wirksam angefochten noch infolge Zeitablaufs erloschen ist (vgl § 202 Rn 14). Des Weiteren muss die Ausnutzung des genehmigten Kapitals iRd festgesetzten Höchstbetrags erfolgt sein. Zudem müssen bei der Durchführung der Kapitalerhöhung alle sonstigen Bestimmungen und Beschränkungen, insb hinsichtlich des Inhalts der Aktien und der Bedingungen der Aktienausgabe, beachtet worden sein. Zwar hat der Registerrichter auch die erforderliche Zustimmung des AR nach § 202 Abs 3 S 2, 204 Abs 1 S 2, 205 Abs 2 S 2 zu prüfen, grds kann er jedoch vom Vorliegen der Zustimmung ausgehen, da die Anmeldung zur Eintragung gemeinsam durch Vorstand und AR-Vorsitzenden erfolgt (*Hüffer* AktG Rn 16; MünchHdb AG/*Krieger* § 58 Rn 55). Bei einer Kapitalerhöhung gegen Sacheinlagen ist des Weiteren zu prüfen, ob der Wert der Sacheinlage wesentlich hinter dem geringsten Ausgabebetrag (§ 9 Abs 1) der hierfür gewährten Aktien zurückbleibt, §§ 9 Abs 1, 205 Abs 7 S 1 (MünchHdb AG/*Krieger* § 58 Rn 55; weiter MünchKomm AktG/*Bayer* Rn 29: Prüfung unter Einschluss des Agios). Ergibt die registergerichtliche Prüfung, dass keine Gesetzes- oder Satzungsverstöße vorliegen, verfügt der Registerrichter die Eintragung (MünchKomm AktG/*Bayer* Rn 30). Wird durch die Kapitalerhöhung der Höchstbetrag des genehmigten Kapitals vollständig ausgenutzt, wird die Ermächtigung als gegenstandslos gerötet (*Hüffer* AktG Rn 17). Zu den **Rechtsfolgen einer fehlerhaften Eintragung** und einer etwaigen Heilung vgl § 202 Rn 14, 17, 18, § 204 Rn 7.

22 **6. Wirksamwerden der Kapitalerhöhung, § 189.** Mit der Eintragung der Durchführung der Kapitalerhöhung ist das Grundkapital erhöht. Die Zeichner werden ipso iure Aktionäre, die im Zeichnungsvertrag aufgeführten Mitgliedschaftsrechte entstehen (MünchKomm AktG/*Bayer* Rn 35). Diese konstitutive Wirkung führt zur Unrichtigkeit der Satzung hinsichtlich der Angabe des Grundkapitals (vgl Rn 19).

Ausgabe der neuen Aktien § 203

7. Verbotene Ausgabe von Aktien und Zwischenscheinen, § 191. Sinngemäß ist auch 23
§ 191 anzuwenden, sodass vor Eintragung der Durchführung der Kapitalerhöhung
(§ 188) die neuen Anteilsrechte nicht übertragen werden können (sog **Verfügungsverbot**) und die neuen Aktienurkunden und Zwischenscheine nicht ausgegeben werden dürfen (sog **Ausgabeverbot**). Wird gegen das Ausgabeverbot verstoßen, so hat dies unheilbare Nichtigkeit der Aktienurkunden und Zwischenscheine zur Folge, § 191 S 2 (MünchKomm AktG/*Bayer* Rn 37). Für einen durch die pflichtwidrige Ausgabe entstandenen Schaden haften die Ausgeber den Inhabern der nichtigen Urkunden und Scheine gesamtschuldnerisch, § 191 S 3.

8. Bekanntmachung der Eintragung, § 10 HGB. Die Eintragung ist ihrem ganzen 24
Inhalt nach bekannt zu geben, § 10 HGB.

III. Ermächtigung an den Vorstand zum Bezugsrechtsausschluss (Abs 2)

1. Allgemeines zur Ausschlussermächtigung. Neben dem Bezugsrechtsausschluss 25
durch die Gründer in der Gründungssatzung bzw durch die HV im Ermächtigungsbeschluss (sog Direktausschluss, §§ 203 Abs 1 iVm 186 Abs 3, 4), kann der Vorstand auch ermächtigt werden, im Fall der Ausnutzung des genehmigten Kapitals das Bezugsrecht ganz oder teilweise selbst auszuschließen (sog **Ausschlussermächtigung** gem § 203 Abs 2). Diese Ausschlussermächtigung muss **ausdrücklich** erfolgen (*OLG Stuttgart* AG 2001, 200; GroßKomm AktG/*Hirte* Rn 57; KölnKomm AktG/*Lutter* Rn 13).

2. Ermächtigung in der Gründungssatzung. Wird die Ausschlussermächtigung bereits 26
in der Gründungssatzung erteilt, gelten keine Besonderheiten. Die Gründer haben – wie bei einem Direktausschluss – durch übereinstimmende Willenserklärungen die Ausschlussermächtigung erteilt, sodass es keines weiteren Schutzes bedarf (*Hüffer* AktG Rn 22)

3. Ermächtigung durch Satzungsänderung. – a) Formelle Anforderungen. Bei einer 27
Ermächtigung durch Satzungsänderung gilt § 186 Abs 4 sinngemäß; dessen **formelle Anforderungen** sind daher zu beachten (vgl Rn 9). Der Vorstand hat insb der HV vor Beschlussfassung einen **schriftlichen Bericht** zugänglich zu machen, in welchem der Grund für den teilweisen oder vollständigen Ausschluss des Bezugsrechts dargelegt wird, damit die Aktionäre anhand dieser Informationen die materielle Rechtfertigung des Bezugsrechtsausschlusses beurteilen können. Wie bei einem Direktausschluss hängen Inhalt und Umfang des Berichts von den an die materielle Rechtfertigung zu stellenden Anforderungen ab (vgl Rn 9, 14, 30). Im Unterschied zum Direktausschluss, dessen Beschlussmehrheit sich nach § 203 Abs 1 S 1 iVm § 186 Abs 3 richtet, wird für die Ausschlussermächtigung in § 203 Abs 2 nicht auf § 186 Abs 3 verwiesen. Die Anforderungen sind jedoch gleich, da es sich bei § 202 Abs 2 S 3, 4 und § 186 Abs 3 S 2, 3 um inhaltlich übereinstimmende Regelungen handelt (MünchKomm AktG/*Bayer* Rn 91; *Hüffer* AktG Rn 24). Die Ausschlussermächtigung muss, da eine Verweisung auf § 186 Abs 3 S 1 fehlt, nicht zwingend bereits bei der Schaffung des genehmigten Kapitals erteilt werden. Sie kann deshalb auch **nachträglich** durch Satzungsänderung für ein bereits bestehendes genehmigtes Kapital erteilt werden (ausf MünchKomm AktG/*Bayer* Rn 92; GroßKomm AktG/*Hirte* Rn 58; **aA** *Ekkenga/Sittmann* AG 1989, 231 f).

28 b) Materielle Anforderungen. – aa) Sachliche Rechtfertigung. Die Ausschlussermächtigung muss ebenso wie der Direktausschluss im Gesellschaftsinteresse liegen. Hierbei ist eine generell-abstrakte Beurteilung vorzunehmen (*Hüffer* AktG Rn 26). Im Holzmann-Urteil (*BGH* NJW 1982, 2444) wurde für eine Ausschlussermächtigung noch vorausgesetzt, dass die Ermächtigung selbst von sachlichen Gründen getragen sein muss. Die Änderung dieser Rspr durch das Siemens/Nold-Urteil (vgl Rn 12 ff) gilt auch für die Ausschlussermächtigung (*BGH* NJW 1997, 2815, 2816). Demnach hat die HV im Zeitpunkt der Beschlussfassung über die Ausschlussermächtigung nur noch anhand abstrakter Informationen festzustellen, dass die mit einer Kapitalerhöhung verfolgte Maßnahme **im wohlverstandenen Interesse** der AG liegt. Eine konkrete Prüfung ist zu diesem Zeitpunkt nicht erforderlich, zumal die tatsächlichen Umstände erst bei Ausnutzung der Ermächtigung beurteilt werden können (*BGH* NJW 1997, 2815, 2816). Vgl Rn 10 ff. Eine Ausschlussermächtigung kann auch für einen vereinfachten Bezugsrechtsausschluss gem § 186 Abs 3 S 4 erteilt werden (*OLG München* BB 1996, 2162; GroßKomm AktG/*Hirte* Rn 114 mwN; Einzelheiten Rn 11)

29 bb) Auswirkungen auf Vorstandsentscheidung. Die neuere Rspr hat eine Verschiebung der konkreten Rechtfertigungsprüfung zur Folge: Macht der Vorstand von der Ermächtigung zum Bezugsrechtsausschluss Gebrauch, hat er im Zeitpunkt seiner Entscheidung **in eigener Verantwortung** zu prüfen, ob der Ausschluss des Bezugsrechts aus unternehmerischer Sicht **im Interesse der Gesellschaft** liegt (*BGH* NJW 1997, 2815, 2816 – Siemens/Nold; MünchKomm AktG/*Bayer* Rn 127; *Pentz* ZGR 2001, 901, 904). Erst zu diesem Zeitpunkt ist das geplante Vorhaben hinreichend bekannt. Nur wenn nach sorgfältiger und gewissenhafter Prüfung der bekannten Umstände ein Gesellschaftsinteresse zu bejahen ist, kann der Vorstand in Erfüllung seiner Geschäftsführungspflichten von der Ermächtigung Gebrauch machen (*BGH* NJW 1997, 2815, 2816 – Siemens/Nold; *Pentz* ZGR 2001, 901, 904).

30 cc) Auswirkungen auf Inhalt und Umfang des Berichts gem § 186 Abs 4 S 2. Auch im Vorstandsbericht nach § 186 Abs 4 S 2 braucht die mit der Kapitalerhöhung verfolgte Maßnahme nur **abstrakt-generell** umschrieben zu werden (*BGH* NJW 1997, 2815, 2816 Siemens/Nold). Allgemeine Aussagen wie eine stategische Neuausrichtung genügen dafür allerdings nicht (*OLG München* NZG 2002, 1113). Der Bericht hat außerdem konkrete Angaben zu enthalten, wenn die Ausschlussermächtigung zum Zwecke eines bestimmten Vorhabens erteilt werden soll (*BGH* NJW 2000, 2356, 2357 – adidas; *LG München* Der Konzern 2009, 488, 492; krit *Pentz* ZGR 2001, 901, 907). Vorausschauende und geheimhaltungsbedürftige Angaben brauchen aber nicht offengelegt werden (*BGH* NJW 2000, 2356, 2357; MünchKomm AktG/*Bayer* Rn 151). Im Bericht des Vorstands ist auch der **Ausgabebetrag** zu begründen, allerdings nur, wenn er von der HV und nicht später vom Vorstand festgelegt wird (*Hüffer* AktG Rn 26).

31 4. Ausübung der Ermächtigung. Der Vorstand hat die **formellen** und **materiellen Anforderungen**, die an einen Bezugsrechtsausschluss zu stellen sind, bei der Ausübung der Ermächtigung zu beachten. Maßgeblicher Beurteilungszeitpunkt ist die Entscheidung des Vorstands. Um von der erteilten Ermächtigung Gebrauch machen zu können, muss die Gründungssatzung bzw die Satzungsänderung ordnungsgemäß in das HR eingetragen worden sein (§§ 203 Abs 1, 181 Abs 3). Weist die Ausschlussermächtigung Mängel auf, die zu einer Anfechtbarkeit gem § 243 Abs 1 führen, wurde sie aber dennoch ohne Anfechtung ins HR eingetragen, kann der Vorstand die Anfechtungsgründe in die Interessenabwägung mit einbeziehen (KölnKomm AktG/*Lutter* Rn 43; *Hüffer* AktG Rn 34). Beim mehrgliedrigen Vorstand muss die Entscheidung durch einstimmigen Beschluss getroffen werden, es sei denn, die Satzung oder Geschäftsordnung haben eine abweichende Regelung getroffen (§ 77). Der Beschluss wird weder ins HR eingetragen noch sonst wie bekannt gegeben (*Hüffer* AktG Rn 33). Gem § 204 Abs 1 S 2 HS 2 bedarf die Entscheidung des Vorstands, das Bezugsrecht auszuschließen, der Zustimmung des AR (vgl § 204 Rn 6). In materieller Hinsicht hat der Vorstand die sachliche Rechtfertigung des Bezugsrechtsausschlusses zu prüfen (vgl Rn 29) und eine etwaige in der Ermächtigung bestimmte Zweckbindung zu beachten. Der Vorstand ist **nicht verpflichtet**, der HV gegenüber der HV **vorab schriftlich** über die Entscheidung zum Bezugsrechtsausschluss und deren Gründe **zu berichten** (s dazu oben Rn 13). Der Vorstand braucht auch **keine einmonatige Wartefrist** einzuhalten, vor deren Ablauf von dem genehmigten Kapital kein Gebrauch gemacht werden darf (**hM** *BGH* NJW 2006, 371, 372 – Mangusta/Commerzbank; **aA** KölnKomm AktG/*Lutter* Rn 31). Etwas anderes gilt nur bei einer vereinfachten SachKapErhöhung ohne externe Prüfung (§§ 205 Abs 6 S 2, 183a Abs 2). Der Vorstand hat auf der **nächsten ordentlichen HV** über die Einzelheiten seines Vorgehens zu **berichten** und Rede und Antwort zu stehen (*BGH* NJW 2006, 371, 372 Mangusta/Commerzbank I). Diese Berichterstattung kann mündlich erfolgen (MünchKomm AktG/*Bayer* Rn 153; *Niggemann/Wansleben* AG 2013, 269, 273; für schriftl Bericht in komplexen Fällen *Kossmann* NZG 2012, 1129). Der Bericht muss über die Angaben nach § 160 Abs 1 Nr 3 hinausgehen und insb auf den Ausgabebetrag, die Gründe eines Bezugsrechtsausschlusses und den Wert einer Sacheinlage eingehen (*OLG Frankfurt* ZIP 2012, 1613, 1618; MünchKomm AktG/*Bayer* Rn 153). Nach der Rechtsprechung soll eine Verletzung dieser Berichtspflicht zur Anfechtbarkeit der Beschlussfassung über ein neues genehmigtes Kapital führen (*OLG Frankfurt* ZIP 2012, 1613, 1618 – Deutsche Bank). Dem ist zu widersprechen, da der Zweck der nachgelagerten Berichtspflicht in erster Linie in der Absicherung des Rechtsschutzes nach Ausnutzung eines genehmigten Kapitals besteht (*Niggemann/Wansleben* AG 2013, 269, 27 f; *Stoll* GWR 2011, 410). Die Aktionäre haben zudem gem § 131 einen **Auskunftsanspruch** gegenüber dem Vorstand (s dazu auch Rn 15 zu § 202). Börsennotierte AG müssen den Kapitalmarkt uU im Wege der **Ad hoc-Pulizität** (§ 15 WpHG) über die Ausnutzung des genehmigten Kapitals informieren.

IV. Rechtsschutz bei Bezugsrechtsausschluss

Erfolgt der Bezugsrechtsausschluss bzw die Ermächtigung hierzu durch Satzungsänderung, so ist ein rechtswidriger Beschluss der HV grds durch **Nichtigkeits- oder Anfechtungsklage**, §§ 241 ff, angreifbar. Eine Anfechtung wegen Verletzung des § 255 Abs 2 dürfte dabei selten sein, da die HV den Ausgabekurs in ihrem Beschluss regelmäßig nicht festsetzt (MünchKomm AktG/*Bayer* Rn 171). Nach den Grundsätzen des § 139 BGB kommt auch eine **Teilanfechtung** in Betracht. Beim Direktausschluss hat die erfolgreiche Anfechtungsklage danach regelmäßig die Unwirksamkeit des genehmigten Kapitals insgesamt zur Folge, da anzunehmen ist, dass das genehmigte Kapital ohne den Bezugsrechtsausschluss nicht geschaffen worden wäre (*OLG München* WM 1993, 840, 843 f; *OLG Frankfurt* WM 1993, 373, 375f; MünchHdb AG/*Krieger* § 58 Rn 26; MünchKomm AktG/*Bayer* Rn 172; **aA** GroßKomm AktG/*Hirte* Rn 125). Im

32

Falle der Ausschlussermächtigung kann das genehmigte Kapital dagegen eigenständige Bedeutung auch ohne den Bezugsrechtsausschluss haben (*Hüffer* AktG Rn 32).

33 Die **Entscheidungen des Vorstands**, beim Direktausschluss vom genehmigten Kapital Gebrauch zu machen und damit zwingend das Bezugsrecht auszuschließen oder bei einer Ausschlussermächtigung iR einer Kapitalerhöhung von der Ermächtigung Gebrauch zu machen und selbstständig das Bezugsrecht auszuschließen, stellen eine Maßnahme der Geschäftsführung dar, gegen die Nichtigkeits- und Anfechtungsklagen unzulässig sind (*BGH* NZG 2006, 20, 21 – Mangusta/Commerzbank II; *Hüffer* AktG Rn 38). Handelt der Vorstand bei der Entscheidung pflichtwidrig, überschreitet er bspw die Grenzen der Ermächtigung oder erweist sich der Bezugrechtsausschluss auf Grund der Umstände als materiell ungerechtfertigt (MünchKomm AktG/*Bayer* Rn 173), können die Aktionäre diese Entscheidung mit (vorbeugender) **Unterlassungsklage** oder auch **allgemeiner Feststellungsklage** (§ 256 Abs 1 ZPO) gegenüber der AG angreifen (*BGH* NZG 2006, 20, 21 – Mangusta/Commerzbank II; *BGH* NJW 1997, 2815 – Siemens/Nold). Die Eintragung führt nicht zum Wegfall des Rechtsschutzinteresses für die Feststellungsklage (*BGH* NZG 2006, 20, 23 – Mangusta/Commerzbank II). Stellt das Gericht iRd Feststellungsklage fest, dass die Entscheidung des Vorstands das Bezugsrecht der Aktionäre verletzt, so berührt dies die Wirksamkeit der durchgeführten und eingetragenen Kapitalerhöhung und die dadurch neu entstandenen Mitgliedschaftsrechte nicht. Die Aktionäre haben dennoch ein legitimes Interesse an dieser Feststellung, da weitere Konsequenzen wie Abberufung, Versagung der Entlastung oder Schadensersatzansprüche folgen können (*BGH* NZG 2006, 20, 23 – Mangusta/Commerzbank II). Beim Rechtsschutz durch **einstweilige Verfügung** ist das Schadensersatzrisiko gem § 945 ZPO zu beachten (GroßKomm AktG/*Hirte* Rn 133). Gegen die Gesellschaft können den Aktionären des Weiteren **Schadensersatzansprüche** gem §§ 823 Abs 1 BGB, 823 Abs 2 BGB iVm 186 AktG zustehen (ausf *Cahn* ZHR 164 (2000), 113, 121). Die Gesellschaft kann ggf bei den Verwaltungsmitgliedern gem §§ 93 Abs 2, 116 S 1 **Regress** nehmen.

V. Subsidiarität der Aktienausgabe bei ausstehenden Einlagen (Abs 3)

34 **1. Regelungszweck der Subsidiarität.** Nach § 203 Abs 3 S 1 sollen die neuen Aktien nicht ausgegeben werden, solange ausstehende Einlagen auf das bisherige Grundkapital noch erlangt werden können (vgl § 182 Rn 38 zur ordentlichen Kapitalerhöhung). Durch diese Regelung soll sichergestellt werden, dass eine Kapitalerhöhung nur durchgeführt wird, wenn dafür ein Bedürfnis besteht. Unter „Ausgabe neuer Aktien" ist die Durchführung der Kapitalerhöhung zu verstehen (vgl Rn 1; *Hüffer* AktG Rn 41). Ein Beschluss zur Ausnutzung eines genehmigten Kapitals kann zwar gefasst werden, es sollen aber keine Zeichnungsverträge abgeschlossen werden (MünchKomm AktG/*Bayer* Rn 182). Bei den ausstehenden Einlagen macht es keinen Unterschied, ob es sich um Bar- oder Sacheinlagen handelt, sie müssen jedoch noch erlangt werden können. IdR wird es sich um ausstehende Geldeinlagen handeln. Das bisherige Grundkapital ist das Kapital, das im Zeitpunkt der ersten Anmeldung der Durchführung einer Kapitalerhöhung vorhanden ist (MünchKomm AktG/*Bayer* Rn 185). Bei der Aktienausgabe in Tranchen gilt die Subsidiaritätsklausel daher nur für die erste Tranche (GroßKomm AktG/*Hirte* Rn 160).

35 **2. Ausnahmen.** **Versicherungs-AGs** können gem § 203 Abs 3 S 2 in ihrer Satzung eine abweichende Regelung treffen und die Anwendung der Subsidiaritätsklausel ausschlie-

Bedingungen der Aktienausgabe § 204

ßen. Dieser Ausnahme liegt die Struktur von Versicherungsgesellschaften zu Grunde, die ihr Grundkapital nicht nur für betriebliche Zwecke, sondern auch zur Risikovorsorge benötigen (*Hüffer* AktG Rn 42). Eine solche Satzungsregelung kann jedoch nicht vom **Mindesteinzahlungsgebot** gem §§ 203 Abs 1 S 1, 188 Abs 2, 36 Abs 2, 36a befreien (MünchKomm AktG/*Bayer* Rn 187). Eine weitere Ausnahme enthält § 203 Abs 3 S 3: Stehen Einlagen lediglich in verhältnismäßig unerheblichem Umfang aus, hindert dies die Ausgabe neuer Aktien nicht (ausf § 182 Rn 43). Bei der Ausgabe von AN-Aktien ist die Subsidiaritätsklausel ebenfalls nicht anwendbar, § 203 Abs 4 (vgl Rn 33).

3. Erklärung nach S 4. Der Vorstand hat bei der Anmeldung zur Eintragung eine **Erklärung** nach Abs 3 S 4 beizufügen, aus der sich ergibt, welche Einlagen auf das bisherige Kapital noch nicht geleistet wurden und warum sie bislang nicht erlangt werden konnten. Diese Vorschrift erweitert die nach § 188 für die Anmeldung erforderlichen Angaben. Wird das genehmigte Kapital **in Tranchen** ausgenutzt, braucht der Vorstand diese Erklärung nur **bei der ersten Anmeldung** der Durchführung einer Kapitalerhöhung abzugeben (*Hüffer* AktG Rn 44; MünchKomm AktG/*Bayer* Rn 186). Falschangaben sind gem § 399 Abs 1 Nr 4 strafbar (GroßKomm AktG/*Hirte* Rn 168). 36

4. Rechtsfolgen bei Verstößen. Obwohl es sich bei § 203 Abs 3 S 1 um eine Sollvorschrift handelt, wird das Registergericht regelmäßig die Eintragung ablehnen, wenn erlangbare Einlagen noch ausstehen (MünchKomm AktG/*Bayer* Rn 188; *Hüffer* AktG Rn 43). Registerrichter hat nach pflichtgemäßem Ermessen zu prüfen, ob es sich bei den ausstehenden Einlagen um einen verhältnismäßig unerheblichen Umfang iSv Abs 3 S 3 handelt (MünchKomm AktG/*Bayer* Rn 187 f). Maßgeblich ist der Zeitpunkt der Registerentscheidung. Nach der Anmeldung geleistete Einlagen sind deshalb ebenso zu berücksichtigen wie eine zwischenzeitlich eingetretene Uneinbringlichkeit von Einlagen (*Hüffer* AktG Rn 43). Aktionäre können keine Unterlassungsklage wegen Verstoßes gegen § 203 Abs 3 erheben (GroßKomm AktG/*Hirte* Rn 167; MünchKomm AktG/*Bayer* Rn 188). Wurde die Durchführung der Kapitalerhöhung trotz Verstoßes gegen § 203 Abs 3 S 1 eingetragen, so ist die Kapitalerhöhung wirksam; eine Löschung von Amts wegen gem § 398 FamFG kommt nicht in Betracht (*Hüffer* AktG Rn 43). 37

VI. Arbeitnehmeraktien (Abs 4)

Die Subsidiarität der Aktienausgabe gem § 203 Abs 3 S 1 und S 4 gilt nicht, wenn die Aktien an AN der AG ausgegeben werden. Der Regelungszweck der Subsidiaritätsklausel passt in diesem Fall nicht, weil bei der Ausgabe von Belegschaftsaktien nicht die Kapitalbeschaffung im Vordergrund steht, sondern die Beteiligung der AN an der Gesellschaft (*Hüffer* AktG Rn 45). Demzufolge sind bei der Anmeldung zum HR auch die Angaben über ausstehende Einlagen gem Abs 3 S 4 nicht erforderlich. Diese Erleichterung gilt auch, wenn Aktien an AN verbundener Unternehmen ausgegeben werden sollen (*Hüffer* AktG Rn 45). 38

§ 204 Bedingungen der Aktienausgabe

(1) ¹Über den Inhalt der Aktienrechte und die Bedingungen der Aktienausgabe entscheidet der Vorstand, soweit die Ermächtigung keine Bestimmungen enthält. ²Die Entscheidung des Vorstands bedarf der Zustimmung des Aufsichtsrats; Gleiches gilt für die Entscheidung des Vorstands nach § 203 Abs. 2 über den Ausschluss des Bezugsrechts.

(2) Sind Vorzugsaktien ohne Stimmrecht vorhanden, so können Vorzugsaktien, die bei der Verteilung des Gewinns oder des Gesellschaftsvermögens ihnen vorgehen oder gleichstehen, nur ausgegeben werden, wenn die Ermächtigung es vorsieht.

(3) ¹Weist ein Jahresabschluss, der mit einem uneingeschränkten Bestätigungsvermerk versehen ist, einen Jahresüberschuss aus, so können Aktien an Arbeitnehmer der Gesellschaft auch in der Weise ausgegeben werden, dass die auf sie zu leistende Einlage aus dem Teil des Jahresüberschusses gedeckt wird, den nach § 58 Abs. 2 Vorstand und Aufsichtsrat in andere Gewinnrücklagen einstellen könnten. ²Für die Ausgabe der neuen Aktien gelten die Vorschriften über eine Kapitalerhöhung gegen Bareinlagen, ausgenommen § 188 Abs. 2. ³Der Anmeldung der Durchführung der Erhöhung des Grundkapitals ist außerdem der festgestellte Jahresabschluss mit Bestätigungsvermerk beizufügen. ⁴Die Anmeldenden haben ferner die Erklärung nach § 210 Abs. 1 Satz 2 abzugeben.

Übersicht

	Rn		Rn
I. Regelungsgegenstand	1	III. Ausgabe von Vorzugsaktien (Abs 2)	8
II. Inhalt der Aktienrechte und Bedingungen der Aktienausgabe (Abs 1)	2	1. Anwendungsbereich	8
		2. Zustimmung der Vorzugsaktionäre	9
1. Kompetenzverteilung	2	IV. Ausgabe von Arbeitnehmeraktien	10
2. Entscheidung des Vorstands	3	1. Grundlagen	10
a) Grundlagen	3	2. Voraussetzungen	11
b) Inhalt der Aktienrechte	4	a) Ermächtigung	11
c) Bedingungen der Aktienausgabe	5	b) Arbeitnehmer	12
		c) Jahresüberschuss	13
3. Zustimmung des Aufsichtsrats	6	3. Durchführung der Kapitalerhöhung	14
4. Rechtsfolgen bei Verstößen	7		

Literatur: *Bayer* Kapitalerhöhung mit Bezugsrechtsausschluss und Vermögensschutz der Aktionäre nach § 255 Abs 2 AktG, ZHR 1999 (163), 505; *Gross* Zulässigkeit der Ausgabe neuer Aktien mit Gewinnanteilsberechtigung für ein bereits abgelaufenes Geschäftsjahr auch bei Bezugsrechtsausschluss, FS Hoffmann-Becking, 2013, S 395; *Henssler/Glindemann* Die Beteiligung junger Aktien am Gewinn eines abgelaufenen Geschäftsjahres bei einer Kapitalerhöhung aus genehmigtem Kapital, ZIP 2012, 949; *Meyer* Der „Greenshoe" und das Urteil des Kammergerichts, WM 2002, 1106; *Simon* Rückwirkende Dividendengewährung beim genehmigten Kapital?, AG 1960, 148; *Sinewe* Die Relevanz des Börsenkurses im Rahmen des § 255 II AktG, NZG 2002, 314.

I. Regelungsgegenstand

1 § 204 Abs 1 regelt die **Kompetenzen** von Vorstand, AR und HV bei der **Festlegung des Inhalts der Aktienrechte und der Bedingungen der Aktienausgabe**. Soweit die HV keine fakultativen Bestimmungen getroffen hat, obliegt dem Vorstand die Entscheidungskompetenz für diese Festlegungen. Die Zustimmungspflicht des AR dient sodann als **Kontrollmaßnahme**. Durch Abs 2 werden schon vorhandene Vorzugsaktionäre ohne Stimmrecht vor einer Umgehung des § 141 Abs 2 S 1 geschützt. Mit Abs 3 soll die Ausgabe von Belegschaftsaktien erleichtert werden, indem die Einlagen durch Gesellschaftsmittel gedeckt werden. IE handelt es sich um eine Kapitalerhöhung aus Gesellschaftsmitteln (MünchKomm AktG/*Bayer* Rn 2).

II. Inhalt der Aktienrechte und Bedingungen der Aktienausgabe (Abs 1)

1. Kompetenzverteilung. Bei einer Kapitalerhöhung aus genehmigtem Kapital haben die Gründer bzw die HV die alleinige Kompetenz, mit einer Ermächtigung an den Vorstand die Grundlage für die Kapitalerhöhung zu schaffen, § 202 Abs 1, 2. Hierbei ist von den Gründern bzw der HV zwingend nur die zeitliche Geltung der Ermächtigung und der Kapitalrahmen festzulegen. Sobald das genehmigte Kapital geschaffen ist, steht allein dem Vorstand die Entscheidung zu, **ob** das genehmigte Kapital ausgenutzt wird und **in welcher Höhe** eine Kapitalerhöhung durchgeführt werden soll (MünchKomm AktG/*Bayer* Rn 4). Für die einzelnen Festlegungen des Inhalts der Aktienrechte und der Bedingungen der Aktienausgabe liegt die Kompetenz gem § 204 Abs 1 **vorrangig bei den Gründern bzw bei der HV**. Nur soweit dazu in der Ermächtigung keine Regelungen getroffen wurden, ist der Vorstand für die Festsetzungen zuständig. Dieser subsidiären Kompetenz des Vorstands ist insoweit eine Grenze gesetzt, als für bestimmte Festlegungen eine ausdrückliche Ermächtigung durch die Gründer oder die HV erteilt werden muss. Zu diesen ermächtigungsbedürftigen Festlegungen gehören der Ausschluss des Bezugsrecht der Aktionäre (§ 203 Abs 2), die Ausgabe von Aktien gegen Sacheinlagen (§ 205 Abs 1) und die Ausgabe von Vorzugsaktien ohne Stimmrecht im Falle des § 204 Abs 2. Die Kompetenz des Vorstands steht somit **unter dem Vorbehalt**, dass die Gründer bzw die HV keine Bestimmungen getroffen haben und hängt für einzelne Gestaltungen von einer ausdrücklichen Ermächtigung ab (GroßKomm AktG/*Hirte* Rn 6 f; MünchKomm AktG/*Bayer* Rn 4 f). Soweit der Vorstand danach zuständig ist, bedürfen seine Festlegungen der **Kontrolle durch den AR** in Form einer Zustimmungserteilung. Um eine flexible Kapitalbeschaffung durch das genehmigte Kapital zu gewährleisten, werden die Gründer bzw die HV regelmäßig keine umfassenden Bestimmungen treffen. Üblich ist eine Zwecksetzung wie der Erwerb von Unternehmen oder Unternehmensbeteiligungen, die Festlegung von Art und Gattung der Aktien sowie evtl die Bestimmung eines Mindest- und Höchstbetrags des Ausgabekurses (MünchKomm AktG/*Bayer* Rn 6).

2. Entscheidung des Vorstands. – a) Grundlagen. Soweit der Vorstand zuständig ist, um den Inhalt der Aktienrechte und die Bedingungen der Aktienausgabe festzulegen, hat er hierüber nach **pflichtgemäßem Ermessen** zu entscheiden. Bei dieser Maßnahme der Geschäftsführung (§ 77) darf der Vorstand nicht zum Nachteil der AG handeln und keine sachfremden Erwägungen einstellen (*BGH* NJW 1956, 1753; MünchKomm AktG/*Bayer* Rn 7; vgl auch § 93 Abs 1 S 2)). Die in der Ermächtigung auferlegten Grenzen müssen beachtet werden; auch sonstige Vorgaben aus Gesetz, Satzung oder Geschäftsordnung sind einzuhalten (*Hüffer* AktG Rn 3). Insb sind §§ 8, 9, 10 Abs 2, 101 Abs 2, 139 Abs 2, 188 Abs 2, 241, 255 Abs 2 zu beachten. Diesbezügliche Entscheidungen des Vorstands sind, ebenso wie die Entscheidung über die Ausnutzung des genehmigten Kapitals selbst, nicht in das HR einzutragen und bekannt zu machen (*Hüffer* Rn 3).

b) Inhalt der Aktienrechte. Ist der Vorstand zur Festlegung des Inhalts der Aktienrechte zuständig, muss er bei Nennbetragsaktien den Nennbetrag der neuen Aktien festlegen (§ 8 Abs 2) sowie die Aktienart (§ 10 Abs 1) und die Aktiengattung (§ 11) bestimmen. Der Vorstand kann auch über Nebenleistungspflichten gem § 55 Abs 1 S 1 oder über eine Beschränkung des Stimmrechts nach § 134 Abs 1 S 2 entscheiden. Da die §§ 202 ff gegenüber § 60 Abs 3 als leges speziales vorgehen, kann der Vorstand nach § 204 Abs 1 S 1 den **Gewinnverteilungsschlüssel** und den **Zeitpunkt der Gewinnberechtigung** festgelegen (GroßKomm AktG/*Henze* § 60 Rn 19; weitergehend *Gross* FS Hoffmann-Becking, 2013, S 395, 408, der die entspr Festlegung durch den Vorstand einer Satzungsbestimmung nach § 60 Abs 3 gleichstellt). Wie bei der ordentlichen Kapitalerhöhung (vgl § 182 Rn 23) ist es zulässig, die neuen Aktien **rückwirkend** am Gewinn **für das abgelaufene Geschäftsjahr** zu beteiligen, sofern über die Gewinnverteilung noch nicht beschlossen wurde (*Hüffer* AktG Rn 4; K. Schmidt/Lutter AktG/ *Veil* Rn 6; Spindler/Stilz AktG/*Wamser* Rn 9f; MünchHdb AG/*Krieger* § 58 Rn 34; KölnKomm AktG/*Lutter* Rn 7; GroßKomm AktG/*Hirte* Rn 9; *Simon* AG 1960, 148; *Gross* FS Hoffmann-Becking, 2013, S 395, 408; *Henssler/Glindemann* ZIP 2012, 949, 957; **abl** MünchKomm AktG/*Bayer* Rn 10 und *Mertens* FS Wiedemann, S 1113). Um letzte Zweifel an der Kompetenz des Vorstands zur Bestimmung eines vom Gesetz abweichenden Beginns der Gewinnbeteiligung zu bestimmen, kann eine ausdrückliche Ermächtigung des Vorstands durch die Hauptversammlung (Satzungsklausel) vorgesehen werden. Eine solche Regelung ist auch bei einem Ausschluss des Bezugsrechts zulässig, wenn dieser sachlich gerechtfertigt ist (MünchHdb AG/*Krieger* § 58 Rn 34).

5 **c) Bedingungen der Aktienausgabe.** Zu den Bedingungen der Aktienausgabe gehören insb die Höhe des Ausgabebetrages, der Zeitpunkt der Aktienausgabe, die Fälligkeit der Einlageverpflichtung und die Ersetzung des unmittelbaren Bezugsrechts durch ein mittelbares iSv § 186 Abs 5. Wenn dafür eine ausdrückliche Ermächtigung vorliegt, kann der Vorstand auch über den **Ausschluss des Bezugsrechts** (§ 203 Abs 2 S 1), die Ausgabe von Aktien gegen **Sacheinlagen** (§ 205 Abs 1) oder die Ausgabe von Vorzugsaktien gem § 204 Abs 2 entscheiden. Ist die Ausgabe von Belegschaftsaktien in der Satzung vorgesehen (§ 202 Abs 4), kann die Deckung der Einlagenschuld aus dem Jahresüberschuss bestimmt werden, § 204 Abs 3 (vgl Rn 10 ff). Bei der Festsetzung des **Ausgabebetrages** hat der Vorstand zunächst die Untergrenze des § 9 Abs 1 zu beachten. Besteht das (mittelbare) Bezugsrecht der Aktionäre, liegt die Bestimmung der Höhe des Ausgabeertrages im unternehmerischen Ermessen des Vorstands. Ist das Bezugsrecht dagegen ausgeschlossen, dürfen die neuen Aktien nicht unter ihrem Wert ausgegeben werden (MünchKomm AktG/*Bayer* Rn 14). Gem § 255 Abs 2 darf der Ausgabebetrag nicht unangemessen niedrig sein (*BGH* NJW 1997, 2815 – Siemens/Nold; ausf *Bayer* ZHR 163 (1999), 505, 512 ff; *Hüffer* AktG Rn 5). Maßgeblicher Beurteilungszeitpunkt dafür ist die letzte Verwaltungsentscheidung (MünchKomm AktG/*Bayer* Rn 19). Die Platzierung neuer Aktien im Markt gem **§ 186 Abs 4 S 3** oder im sog **Bookbuilding**-Verfahren ist danach regelmäßig nicht zu beanstanden (*Meyer* WM 2002, 1106, 1113). Gleiches gilt für den sog **Greenshoe**, dh eine Mehrzuteilungsoption, die den Emissionsbanken bei größeren Emissionen zur Befriedigung der Nachfrage und zur Kursstabilisierung eingeräumt wird (*BGH* ZIP 2009, 913, 915; *KG* ZIP 2007, 1660, 1663; MünchHdb AktG/*Krieger* § 58 Rn 35 und Marsch-Barner/Schäfer Hdb AG/*Busch* § 43 Rn 52). Bei einer Sachkapitalerhöhung muss der Wert der Sacheinlage dem angemessenen Ausgabebetrag der neuen Aktien entsprechen (**hM** GroßKomm AktG/*Hirte* § 20 Rn 103; MünchKomm AktG/*Bayer* Rn 17; **aA** *OLG Frankfurt* NZG 1999, 119, 121: Bewertung der AG entbehrlich).

6 **3. Zustimmung des Aufsichtsrats.** Legt der Vorstand den Inhalt der Aktienrechte und die Bedingungen der Aktienausgabe gem Abs 1 S 1 fest, muss der AR diesen Festlegungen zustimmen, § 204 Abs 1 S 2 HS 1. Ebenso bedarf die Entscheidung, das Bezugsrecht der Aktionäre auf Grund einer Ermächtigung gem § 203 Abs 2 auszu-

Bedingungen der Aktienausgabe § 204

schließen der Zustimmung des AR, § 204 Abs 1 S 2 HS 2. Dies gilt entspr, wenn das Bezugsrecht unmittelbar von der HV ausgeschlossen wurde (*BGH* NJW 1997, 2815, 2816 – Siemens/Nold; GroßKomm AktG/*Hirte* Rn 17; MünchHdb AG/*Krieger* § 58 Rn 46). Diese Zustimmungen sind – im Unterschied zur Zustimmung nach § 202 Abs 3 S 2 – zwingende Wirksamkeitsvoraussetzungen (**allgM** MünchKomm AktG/ *Bayer* Rn 23; GroßKomm AktG/*Hirte* Rn 15). Die Erteilung der Zustimmung kann auf einen Ausschuss übertragen werden, § 107 Abs 3 S 2 (*Hüffer* AktG Rn 6).

4. Rechtsfolgen bei Verstößen. Missachtet der Vorstand bei seinen Festsetzungen die 7 Bestimmungen der Ermächtigung, verletzt er das Gesetz, die Satzung oder die Geschäftsordnung oder fehlt die Zustimmung des AR, so ist der Vorstandsbeschluss rechtswidrig und unwirksam; der Vorstand darf die Kapitalerhöhung nicht durchführen (MünchKomm AktG/*Bayer* Rn 26). Der Registerrichter muss dementsprechend auch die Eintragung der Durchführung der Kapitalerhöhung ablehnen (**hM** Münch-Komm AktG/*Bayer* Rn 29, § 203 Rn 32 f; MünchHdb AG/*Krieger* § 58 Rn 58; **diff** *Hüffer* AktG Rn 9; GroßKomm AktG/*Hirte* Rn 20; **aA** KölnKomm AktG/*Lutter* Rn 25). Wird die Durchführung der Kapitalerhöhung mit den fehlerhaften Festsetzungen dennoch eingetragen, entfalten die Pflichtverstöße **keine Außenwirkung** (MünchHdb AG/ *Krieger* § 58 Rn 58; KölnKomm AktG/*Lutter* Rn 25; **diff** GroßKomm AktG/*Hirte* Rn 20 f und *Hüffer* AktG Rn 9: Heilung nur, wenn keine öffentlichen Interessen oder die Interessen von künftigen Aktionären beeinträchtigt sind). Die rechtswidrigen Festsetzungen erlangen somit Geltung, die Zeichnungsverträge und die Kapitalerhöhung sind wirksam (*Hüffer* AktG Rn 8; MünchHdb AG/*Krieger* § 58 Rn 58; Köln-Komm AktG/*Lutter* Rn 25 ff). Die Geltendmachung eines Verwässerungsschadens ihrer Anteile ist den Aktionären, sofern kein Fall des § 826 vorliegt, nicht eröffnet (*BGHZ* 94, 55; *Hüffer* AktG Rn 9; **aA** GroßKomm AktG/*Hirte* Rn 21).

III. Ausgabe von Vorzugsaktien (Abs 2)

1. Anwendungsbereich. Soweit die HV die Kompetenz nicht an sich gezogen hat, 8 kann der Vorstand gem § 204 Abs 1 S 1 die Aktiengattung festlegen. Dies umfasst auch die Ausgabe von **Vorzugsaktien ohne Stimmrecht** (§ 139 ff; *OLG Schleswig* AG 2005, 48, 49; Spindler/Stilz AktG/*Wamser* Rn 8). Sind solche Vorzugsaktien schon vorhanden, ist die Kompetenz des Vorstandes durch das Ermächtigungserfordernis in § 204 Abs 2 begrenzt: Sollen die neuen Vorzugsaktien bei der Verteilung des Gewinns oder des Gesellschaftsvermögens den schon vorhandenen Vorzugsaktien vorgehen oder gleichstehen, muss die Ermächtigung dies **ausdrücklich** vorsehen. Ohne diese Regelung wäre eine Umgehung des § 141 Abs 2 S 1 möglich, weil nicht die HV, sondern der Vorstand entscheidungsbefugt ist (MünchKomm AktG/*Bayer* Rn 32). Deshalb stellt eine Ermächtigung iSv Abs 2 auch einen Beschluss über die Ausgabe von Vorzugsaktien iSv § 141 Abs 2 dar, welcher der **Zustimmung der Vorzugsaktionäre** bedarf: Diese Zustimmung wird durch einen **Sonderbeschluss** erteilt (§ 141 Abs 3). § 204 Abs 2 ist nur dann anwendbar, wenn Vorzugsaktien ohne Stimmrecht bereits vorhanden sind. Die Inhaber anderer Vorzugsaktien sind nicht durch Abs 2, sondern durch §§ 202 Abs 2 S 4 iVm 182 Abs 2 geschützt (GroßKomm AktG/*Hirte* Rn 26). Bei der erstmaligen Ausgabe von stimmrechtslosen Vorzugsaktien ist Abs 2 nicht anwendbar (MünchKomm AktG/*Bayer* Rn 30). Sollen die neuen stimmrechtslosen Vorzugsaktien den bereits vorhandenen weder vorgehen noch gleichstehen oder sollen andere als stimmrechtslose Vorzugsaktien ausgegeben wer-

Marsch-Barner

den, ist ebenfalls keine ausdrückliche Ermächtigung erforderlich (*Hüffer* AktG Rn 11; MünchKomm AktG/*Bayer* Rn 34).

9 **2. Zustimmung der Vorzugsaktionäre.** Wird das genehmigte Kapital durch Satzungsänderung gem § 202 Abs 2 geschaffen, ist die Zustimmung der Vorzugsaktionäre durch einen Sonderbeschluss gem § 141 Abs 3 zu erteilen (vgl § 141 Rn 8). Wird die Ermächtigung zur Kapitalerhöhung gem § 202 Abs 1 bereits in der Gründungssatzung erteilt oder werden die Vorzugsaktien erst nach der Satzungsänderung zur Schaffung des genehmigten Kapitals (§ 202 Abs 2) ausgegeben, entfällt das Zustimmungserfordernis der Vorzugsaktionäre, wenn das **Bezugsrecht** der Vorzugsaktionäre **nicht ausgeschlossen** wird (§ 141 Abs 2 S 2; KölnKomm AktG/*Lutter* Rn 32; GroßKomm AktG/*Hirte* Rn 24). Andernfalls müssen die Vorzugsaktionäre nachträglich durch Sonderbeschluss zustimmen (MünchKomm AktG/*Bayer* Rn 36). Fehlt der erforderliche Zustimmungsbeschluss der Vorzugsaktionäre, ist er nichtig oder erfolgreich angefochten worden, hat der Vorstand die Anmeldung des genehmigten Kapitals zur Eintragung zu unterlassen und das Registergericht die Eintragung abzulehnen (MünchKomm AktG/*Bayer* Rn 35). Eine Heilung nach § 242 Abs 2 kann nicht eintreten (*Hüffer* AktG Rn 11; MünchKomm AktG/*Bayer* Rn 38; **aA** GroßKomm AktG/*Hirte* Rn 28). Erhöht der Vorstand auf der Grundlage einer solchen fehlerhaften Ermächtigung das Kapital, handelt er pflichtwidrig. Die Zeichnungsverträge sind gem § 275 Abs 1 BGB nicht zu erfüllen und das Registergericht muss die Eintragung der Durchführung der Kapitalerhöhung ablehnen (MünchKomm AktG/*Bayer* Rn 38). Mitgliedschaftsrechte können auch durch fehlerhafte Eintragung nicht entstehen (*Hüffer* AktG Rn 11).

IV. Ausgabe von Arbeitnehmeraktien

10 **1. Grundlagen.** Abs 3 fördert die Ausgabe von Arbeitnehmer-Aktien. Bei einer ausdrücklichen Ermächtigung zur Ausgabe von Arbeitnehmer-Aktien erlaubt diese Sonderregelung, die Einlagepflichten der Arbeitnehmer-Aktionäre aus dem Jahresüberschuss der AG zu decken (Abs 3 S 1). Zu den Einzelheiten bei der Ausgabe von Arbeitnehmer-Aktien s § 202 Rn 19. Im wirtschaftlichen Ergebnis handelt es sich um eine Kapitalerhöhung aus Gesellschaftsmitteln; die speziellen Regelungen der §§ 207–220 sind jedoch nicht anzuwenden. Stattdessen wird für die Ausgabe der Aktien auf §§ 185 ff (mit Ausnahme von § 188 Abs 2) verwiesen (Abs 3 S 2; MünchKomm AktG/*Bayer* Rn 39). Hierdurch fließt der AG kein Fremdkapital zu (*Hüffer* AktG Rn 12). Vielmehr werden die Arbeitnehmer-Aktionäre am Gewinn beteiligt, da ihre Einlageverbindlichkeiten aus dem Jahresüberschuss erfüllt werden (GroßKomm AktG/*Hirte* Rn 30).

11 **2. Voraussetzungen. – a) Ermächtigung.** Die Ermächtigung iSv § 202 Abs 1, Abs 2 muss vorsehen, dass die neuen Aktien an die Arbeitnehmer ausgegeben werden dürfen, § 202 Abs 4 (vgl § 202 Rn 21; KölnKomm AktG/*Lutter* Rn 35; MünchHdb AG/*Krieger* § 58 Rn 62; MünchKomm AktG/*Bayer* Rn 41; **aA** GroßKomm AktG/*Hirte* Rn 30). Ein ausdrücklicher Hinweis auf die Einlagendeckung gem § 204 Abs 3 ist entbehrlich (MünchHdb AG/*Krieger* § 58 Rn 62 mwN; **aA** GroßKomm AktG/*Hirte* Rn 30).

12 **b) Arbeitnehmer.** Begünstigt sind die Arbeitnehmer der kapitalerhöhenden Gesellschaft, einschließlich leitender Angestellter und Prokuristen (GroßKomm AktG/*Hirte* Rn 31), nicht dagegen Organmitglieder und ehemalige Mitarbeiter (*Hüffer* AktG

Rn 13). Zu dem Kreis der Begünstigten gehören entspr der Wertung der §§ 71 Abs 1 Nr 2, 192 Abs 2 Nr 3 auch die Arbeitnehmer verbundener Gesellschaften (*Hüffer* AktG Rn 13; Spindler/Stilz AktG/*Wamser* Rn 54; **aA** GroßKomm AktG/*Hirte* Rn 31; K. Schmidt/Lutter Akt/*Veil* Rn 16).

c) Jahresüberschuss. Die Verrechnung der Einlageverpflichtungen nach Abs 3 setzt **13** einen Jahresabschluss voraus, der einen **Jahresüberschuss** ausweist und mit einem uneingeschränkten **Bestätigungsvermerk** gem § 322 Abs 1 HGB versehen ist (vgl Abs 3 S 3). Nach § 204 Abs 3 S 1 iVm § 58 Abs 2 müssen Vorstand und AR in der Lage sein, den zur Deckung der Einlageleistungen erforderlichen Geldbetrag in andere Gewinnrücklagen einzustellen. Dies bedeutet, dass die Feststellung des Jahresabschlusses bei der Verwaltung (§ 172) und nicht bei der HV (§ 173) liegen muss. Zudem darf der für die Deckung der Einlageleistung erforderliche Betrag die Hälfte des Jahresüberschusses (§ 58 Abs 2 S 1) bzw einen in der Satzung festgelegten Höchstbetrag (§ 58 Abs 2 S 2) nicht übersteigen (*Hüffer* AktG Rn 15). § 58 Abs 2 S 3 ist nicht anzuwenden (MünchKomm AktG/*Bayer* Rn 43). Schließlich muss der Jahresüberschuss auch noch zur Verfügung stehen (MünchKomm AktG/*Bayer* Rn 43). Ist der Überschuss bereits verbindlich in andere Gewinnrücklagen eingestellt worden oder durch zwischenzeitliche Verluste aufgebraucht, scheidet § 204 Abs 3, vgl Abs 3 S 4 iVm § 210 Abs 1 S 2 aus (*Hüffer* AktG Rn 15).

3. Durchführung der Kapitalerhöhung. Abs 3 S 2 verweist für die Durchführung der **14** Kapitalerhöhung auf die §§ 185 bis 191, mit Ausnahme des § 188 Abs 2, weil die Einlage gerade nicht durch Zahlung erbracht wird. Die Regelung entspricht somit dem Verweis in § 203 Abs 1 S 1 (MünchKomm AktG/*Bayer* Rn 45). Außerdem sind die §§ 203, 204 anzuwenden. Nach § 204 Abs 1 S 2 bedarf die Ausgabe von Arbeitnehmer-Aktien der Zustimmung des AR. Die Arbeitnehmer haben zunächst die Aktien zu zeichnen, § 185. Dabei ist im Zeichnungsschein zu vermerken, dass die Einlage gem § 204 Abs 3 aus dem Jahresüberschuss gedeckt wird, § 185 Abs 4 (*Hüffer* AktG Rn 16; MünchKomm AktG/ *Bayer* Rn 45). Als Ausgabebetrag wird der geringste Ausgabebetrag (§ 9 Abs 1) festgelegt; bei Nennbetragsaktien ist dies der Nennbetrag (MünchKomm AktG/*Bayer* Rn 45). Infolge der unverzüglichen Erbringung der Einlagenschuld durch Umbuchung des Jahresüberschusses können auch Inhaberaktien ausgegeben werden (vgl § 10 Abs 2; *Hüffer* AktG Rn 16). Bei der **Anmeldung** der Durchführung der Kapitalerhöhung ist der festgestellte, mit einem Bestätigungsvermerk versehene Jahresabschluss beizufügen (GroßKomm AktG/*Hirte* Rn 36). § 188 Abs 3 Nr 2 gilt nicht, da die Kapitalerhöhung kraft Gesetzes als Barerhöhung gilt (*Hüffer* AktG Rn 16). Die Anmeldenden haben gem §§ 204 Abs 3 S 4, 210 Abs 1 S 2 zu erklären, dass nach ihrer Kenntnis seit dem Bilanzstichtag bis zum Tag der Anmeldung keine Vermögensminderung eingetreten ist, die der Kapitalerhöhung entgegenstehen würde, wenn sie am Tag der Anmeldung beschlossen worden wäre. Können eingetretene Verluste durch andere Rücklagen ausgeglichen werden, steht dies der Kapitalerhöhung nicht im Wege (*Hüffer* AktG Rn 17). Eine unrichtige Erklärung ist strafbar (§ 399 Abs 2). Das Registergericht hat die allgemeinen Voraussetzungen der Kapitalerhöhung und die Voraussetzungen des § 204 Abs 3 zu prüfen (MünchKomm AktG/*Bayer* Rn 48). Auf Grund des Bestätigungsvermerks ist jedoch von der Richtigkeit des Jahresabschlusses auszugehen (*Hüffer* AktG Rn 18, arg § 210 Abs 3). Die Eintragung ist bei formellen oder materiellen Mängeln abzulehnen. Dies gilt auch, wenn die Erklärung nach § 204 Abs 3 S 4 fehlt oder Einschränkungen enthält (MünchHdb AG/*Krieger* § 58 Rn 63).

Marsch-Barner

§ 205 Ausgabe gegen Sacheinlagen; Rückzahlung von Einlagen

(1) Gegen Sacheinlagen dürfen Aktien nur ausgegeben werden, wenn die Ermächtigung es vorsieht.

(2) ¹Der Gegenstand der Sacheinlage, die Person, von der die Gesellschaft den Gegenstand erwirbt, und der Nennbetrag, bei Stückaktien die Zahl der bei der Sacheinlage zu gewährenden Aktien sind, wenn sie nicht in der Ermächtigung festgesetzt sind, vom Vorstand festzusetzen und in den Zeichnungsschein aufzunehmen. ²Der Vorstand soll die Entscheidung nur mit Zustimmung des Aufsichtsrats treffen.

(3) § 27 Abs. 3 und 4 gilt entsprechend.

(4) Die Absätze 2 und 3 gelten nicht für die Einlage von Geldforderungen, die Arbeitnehmern der Gesellschaft aus einer ihnen von der Gesellschaft eingeräumten Gewinnbeteiligung zustehen.

(5) ¹Bei Ausgabe der Aktien gegen Sacheinlagen hat eine Prüfung durch einen oder mehrere Prüfer stattzufinden; § 33 Abs. 3 bis 5, die §§ 34, 35 gelten sinngemäß. ²§ 183a ist entsprechend anzuwenden. ³Anstelle des Datums des Beschlusses über die Kapitalerhöhung hat der Vorstand seine Entscheidung über die Ausgabe neuer Aktien gegen Sacheinlagen sowie die Angaben nach § 37a Abs. 1 und 2 in den Gesellschaftsblättern bekannt zu machen.

(6) Soweit eine Prüfung der Sacheinlage nicht stattfindet, gilt für die Anmeldung der Durchführung der Kapitalerhöhung zur Eintragung in das Handelsregister (§ 203 Abs. 1 Satz 1, § 188) auch § 184 Abs. 1 Satz 3 und Abs. 2 entsprechend.

(7) ¹Das Gericht kann die Eintragung ablehnen, wenn der Wert der Sacheinlage nicht unwesentlich hinter dem geringsten Ausgabebetrag der dafür zu gewährenden Aktien zurückbleibt. ²Wird von einer Prüfung der Sacheinlage nach § 183a Abs. 1 abgesehen, gilt § 38 Abs. 3 entsprechend.

Übersicht

	Rn		Rn
I. Regelungsgegenstand	1	1. Kompetenzen	4
II. Sacheinlagen, Rückzahlung von Einlagen	2	2. Inhalt der Festsetzungen nach Abs 2 S 1	5
III. Ermächtigung zur Ausgabe gegen Sacheinlagen	3	V. Prüfung der Sacheinlage (Abs 5–7)	6
IV. Zwingende Festsetzungen bei Sacheinlagen (Abs 2)	4	VI. Rechtsfolgen fehlerhafter Festsetzungen	9
		VII. Arbeitnehmeraktien (Abs 4)	11

I. Regelungsgegenstand

1 Das genehmigte Kapital kann vom Vorstand **zur Ausgabe von Aktien gegen Sacheinlage** genutzt werden, insb zum Erwerb von Unternehmen oder Unternehmensteilen (vgl § 183 Rn 2 ff; GroßKomm AktG/*Hirte* Rn 4). § 205 schützt **Gläubiger** und **Aktionäre** vor der Gefahr einer Überbewertung der Sacheinlage (MünchKomm AktG/ *Bayer* Rn 1). Die **reale Kapitalaufbringung** der AG soll sichergestellt und eine **Vermögensverschiebung** zugunsten des Sacheinlegers vermieden werden (vgl MünchKomm AktG/*Bayer* Rn 1). Nach Abs 1 bedarf die **Sachkapitalerhöhung** einer **ausdrücklichen Ermächtigung**. Der Vorstand ist verpflichtet, die in Abs 2 zwingend vorgeschriebenen

Einzelheiten festzulegen, soweit diese Festsetzungen nicht schon in der Ermächtigung enthalten sind. Nach den Änderungen der Vorschrift durch Art. 1 Nr 32 des ARUG gelten gem Abs 3 die Bestimmungen zur verdeckten Sacheinlage (§ 27 Abs 3) sowie zum Hin- und Herzahlen (§ 27 Abs 4) entsprechend. Für die Einlage von Geldforderungen, die Arbeitnehmern als Gewinnbeteiligung zustehen, gilt § 205 nur eingeschränkt (Abs 4). Zur Wertsicherung stellt Abs 5 eine **Bewertungspflicht der Sacheinlage** durch unabhängige Prüfer sowie gem Abs 7 durch das Registergericht auf. Unter den Voraussetzungen der vereinfachten KapErhöhung (Abs 5 S 2, Abs 6) kann von der externen Prüfung allerdings abgesehen werden. Unberührt bleiben die speziellen Vorschriften zur **Nachgründung gem § 52**. Neben der Sacheinlageprüfung nach Abs 5 und 7 sind auch §§ 52, 53 zu beachten, wenn innerhalb von zwei Jahren nach Eintragung der AG ein in der Ursprungssatzung vorgesehenes oder später durch die HV geschaffenes genehmigtes Kapital ausgenutzt wird (*OLG Oldenburg* AG 2002, 620; MünchKomm AktG/*Bayer* Rn 8, § 52 Rn 73 ff).

II. Sacheinlagen, Rückzahlung von Einlagen

Eine **Sacheinlage** ist jede Einlage, die nicht durch Einzahlung des Ausgabebetrags zu erbringen ist (Legaldefinition in § 27 Abs 1 S 1 HS 1, § 27 Abs 1 S 2). Dabei muss es sich um Vermögensgegenstände handeln, deren wirtschaftlicher Wert feststellbar ist (*Hüffer* AktG Rn 2; zu weiteren Einzelheiten oben § 183 Rn 5 f). Auf **Sachübernahmen** als gründungsspezifischer Besonderheit (§ 27 Abs 1 S 1 HS 2) ist § 205 nicht anwendbar (MünchKomm AktG/*Bayer* Rn 6). Die Vorschrift erfasst aber **gemischte Sacheinlagen** sowie **gemischte Einlagen** (*Hüffer* AktG Rn 2; vgl *Wieneke* NZG 2004, 61, 69). Wie bei der ordentlichen und der bedingten SachKapErhöhung (§§ 183 Abs 2, 194 Abs 2) gelten auch bei der SachKapErhöhung aus genehmigtem Kapital die Regeln zur verdeckten Sacheinalge sowie zum Hin- und Herzahlen entsprechend (Abs 3 iVm § 27 Abs 3 und 4). Eine **verdeckte Sacheinlage** liegt gem § 27 Abs 3 S 1 vor, wenn eine Geldeinlage bei wirtschaftlicher Betrachtung und auf Grund einer im Zusammenhang mit ihr getroffenen Abrede vollständig oder teilweise als Sacheinlage zu bewerten ist. Die dabei getroffenen Abreden sind grds wirksam; der Wert des eingebrachten Vermögensgegenstandes kann auf die fortbestehende Einlageverpflichtung in bar angerechnet werden (s näher Rn 38 zu § 27 sowie Rn 3, 23 zu § 183). Bei einem **Hin- und Herzahlen**, das keine verdeckte Sacheinlage darstellt, wird die Einlagepflicht nur erfüllt, wenn die Voraussetzungen des Abs 3 iVm § 27 Abs 4 in Bezug auf den Rückgewähranspruch und die Offenlegung der Absprache dazu gegeben sind (s dazu näher Rn 56 zu § 27 sowie Rn 24 zu § 183).

III. Ermächtigung zur Ausgabe gegen Sacheinlagen

Eine Sachkapitalerhöhung führt regelmäßig zu einem **Bezugsrechtsausschluss** zugunsten des die Sacheinlage erbringenden Aktionärs und stellt somit einen Eingriff in das Bezugsrecht der übrigen Aktionäre dar. Zur Kapitalerhöhung gegen Sacheinlagen ist eine **ausdrückliche Ermächtigung** an den Vorstand erforderlich (MünchKomm AktG/ *Bayer* Rn 9). Diese Ermächtigung kann allgemein formuliert sein („zur Ausgabe neuer Aktien gegen Bar- oder Sacheinlagen") oder auch Konkretisierungen iSv § 205 Abs 2 enthalten (*Hüffer* AktG Rn 3; GroßKomm AktG/*Hirte* Rn 7). Die Kompetenz des Vorstands kann dabei verbindlichen Beschränkungen unterworfen werden, indem zB nur eine bestimmte Sacheinlage erbracht werden darf oder nur ein Teil der neuen

Aktien gegen Sacheinlagen ausgegeben werden soll (*Hüffer* AktG Rn 3). Festgelegt werden kann auch, dass die neuen Aktien nur gegen Sacheinlagen ausgegeben werden sollen (GroßKomm AktG/*Hirte* Rn 7). Wegen des Bezugsrechtsausschlusses zugunsten der Sacheinleger muss geprüft werden, ob der Erwerb der Sacheinlage im Interesse der Gesellschaft liegt (vgl § 203 Rn 5 ff). Handelt der Vorstand **ohne Ermächtigung** oder missachtet er in der Ermächtigung enthaltene Beschränkungen, sind die Vereinbarungen über die Sacheinlage unwirksam und das Registergericht hat die Eintragung abzulehnen (*Hüffer* aaO; GroßKomm AktG/*Hirte* Rn 8). Wird dennoch eingetragen und werden Aktien ausgegeben, sind die verkörperten Mitgliedschaftsrechte wirksam entstanden. Die Zeichner sind jedoch zur Bareinlage verpflichtet (*Hüffer* aaO). Bei Sacheinlagevereinbarungen **vor Eintragung** der AG gelten die besonderen Regeln des § 206.

IV. Zwingende Festsetzungen bei Sacheinlagen (Abs 2)

4 **1. Kompetenzen.** Soweit die Ermächtigung keine Festsetzungen zu Sacheinlagen enthält, ist der Vorstand **verpflichtet,** die in Abs 2 genannten Bestimmungen zu treffen. Die Gründer bzw die HV können auch teilweise Einzelheiten festzulegen, der Vorstand muss diese Festlegungen dann vervollständigen (MünchHdb AG/*Krieger* § 58 Rn 37). Wurden Verträge über Sacheinlagen schon **vor Eintragung der AG** ins HR (§ 41 Abs 1) geschlossen, müssen sich die Festsetzungen gem Abs 2 bereits aus der Satzung ergeben, § 206 S 1 (vgl § 206 Rn 3; *Hüffer* AktG Rn 4).

5 **2. Inhalt der Festsetzungen nach Abs 2 S 1.** Die Ausgabe von Aktien gegen Sacheinlagen erfordert zwingend die Festsetzung bestimmter Einzelheiten. Gem Abs 2 müssen der **Gegenstand der Sacheinlage**, die **Person**, von der die AG die Sacheinlage erwirbt und der **Nennbetrag** bei Nennbetragsaktien (§ 8 Abs 2) bzw die **Stückzahl** der auszugebenden Aktien bei Stückaktien (§ 8 Abs 3). Des Weiteren sollte zur Klarstellung der Ausgabekurs der Aktien angegeben werden (GroßKomm AktG/*Hirte* Rn 9, KölnKomm AktG/*Lutter* Rn 7); vorgeschrieben ist dies aber nicht (Spindler/Stilz AktG/*Wamser* Rn 15). Soweit diese Festsetzungen vom Vorstand getroffen werden, handelt es sich um eine Maßnahme der Geschäftsführung (§ 77). Die notwendigen Festsetzungen sind auch in den **Zeichnungsschein** aufzunehmen (Abs 2 S 1 aE). Damit wird bezweckt, dass die bislang interne Geschäftsführungsentscheidung des Vorstands, die weder zur Eintragung anzumelden noch bekannt zu machen ist, schriftlich fixiert und dokumentiert wird (MünchKomm AktG/*Bayer* Rn 18; GroßKomm AktG/*Hirte* Rn 13). Bei einer gemischten Bar- und Sachkapitalerhöhung reicht es aus, wenn die Festsetzungen zur Sacheinlage in die Zeichnungsscheine der konkreten Sacheinleger aufgenommen werden (Bar- oder Sacheinlage handelt (MünchHdb AG/*Krieger* § 58 Rn 37; MünchKomm AktG/*Bayer* Rn 18; KölnKomm AktG/*Lutter* Rn 8, 13; *Hüffer* AktG Rn 4; K. Schmidt/Lutter AktG/*Veil* Rn 6; **aA** GroßKomm AktG/*Hirte* Rn 13: Aufnahme in alle Zeichnungsscheine). Den Festsetzungen soll der **AR zustimmen** (Abs 2 S 2). Die **Zustimmung** ist als bloße Sollvorgabe aber keine Wirksamkeitsvoraussetzung (MünchKomm AktG/*Bayer* Rn 14; MünchHdb AG/*Krieger* § 58 Rn 37). Der Vorstand handelt aber, wie bei § 202 Abs 3 S 2, im Innenverhältnis pflichtwidrig, wenn er trotz fehlender Zustimmung die Sachkapitalerhöhung durchführt (*Hüffer* AktG Rn 4); das Registergericht hat, wenn ihm das Fehlen der Zustimmung bekannt wird, die Eintragung abzulehnen (MünchKomm AktG/*Bayer* Rn 14).

V. Prüfung der Sacheinlage (Abs 5–7)

Mit der Feststellung des Sacheinlagewerts durch einen oder mehrere **unabhängige** **Prüfer** (Abs 5 S 1 iVm § 33) soll sichergestellt werden, dass der Wert der Sacheinlage den geringsten Ausgabebetrag (§ 9 Abs 1) der dafür gewährten Aktien erreicht (Abs 5 S 1 iVm § 34 Abs 1 Nr 2; KölnKomm AktG/*Lutter* Rn 16; **aA** *Bayer* FS Ulmer, 2003, S 36 ff; Spindler/Stilz AktG/*Wamser* Rn 20: zusätzliche Prüfung, ob das festgesetzte Aufgeld vom Wert der Sacheinlage abgedeckt wird). Der Regelungsinhalt entspricht § 183 Abs 3. Vgl § 183 Rn 25 ff. 6

Die Anmeldung der Durchführung der KapErhöhung erfolgt nach den allgemeinen Vorschriften (§§ 203 Abs 1, 188). Dabei ist der Prüfungsbericht beizufügen (Abs 5 iVm § 34 Abs 3). Beizufügen sind auch Kopien der Zeichnungsscheine sowie die Verträge, die den Festsetzungen zugrunde liegen oder zu ihrer Ausführung geschlossen worden sind (§ 203 Abs 1 iVm § 188 Abs 3 Nr 1 und 2). Das **Registergericht** prüft die KapErhöhung anhand der eingereichten Unterlagen. Es kann die Eintragung bei Vorliegen der Voraussetzungen gem Abs 7 S 1 (nicht unwesentliches Zurückbleiben hinter dem geringsten Ausgabebetrag) ablehnen (vgl § 183 Rn 27 ff; GroßKomm AktG/*Hirte* Rn 16). Wurde die KapErhöhung **ohne externe Prüfung** durchgeführt, prüft das Registergericht nur, ob die formalen Voraussetzungen des § 37a Abs 1 (Versicherung der Anmeldenden, Beifügung vorhandener Unterlagen) vorliegen. Die Eintragung kann dann nur bei offenkundiger und erheblicher Überbewertung der Sacheinlage zurückgewiesen werden (Abs 7 S 2 iVm § 38 Abs 3; ebenso §§ 184 Abs 3 S 2, 195 Abs 3 S 2). 7

Der Vorstand kann von der externen Prüfung der Sacheinlage absehen, wenn auf organisierten Märkten gehandelte **Wertpapiere** oder andere, von einem qualifizierten Sachverständigen **bewertete Vermögensgegenstände** eingebracht werden sollen (Abs 5 S 2 iVm §§ 183a, 33a). In einem solchen Fall hat der Vorstand seine Entscheidung über die Ausgabe neuer Aktien gegen Sacheinlage sowie die Angaben nach § 37a Abs 1 und 2 in den Gesellschaftsblättern zu veröffentlichen (Abs 5 S 3). Die Durchführung der Erhöhung darf dann nicht vor Ablauf von vier Wochen seit dieser Bekanntmachung in das Handelsregister eingetragen werden (Abs 5 S 3 iVm § 183a Abs 5 S 2). Während dieser Sperrfrist haben **Aktionäre**, die **mindestens 5 % des Grundkapitals** halten, die Möglichkeit, beim Amtsgericht die Bestellung eines oder mehrerer Prüfer zum Zwecke der Neubewertung der Sacheinlage zu beantragen (Abs 5 S 2 iVm § 183a Abs 3; s dazu näher Rn 2 ff zu § 183a). Kommt es zu keiner Neubewertung, haben die Anmeldenden in der Anmeldung der KapErhöhung zu versichern, dass ihnen seit der Bekanntmachung keine die Bewertung in Frage stellenden Umstände bekannt geworden sind. Außerdem sind die Bewertungsunterlagen beizufügen (Abs 6 iVm § 184 Abs 1 S 3 und Abs 2). Die vierwöchige Eintragungssperre im Anschluss an die Veröffentlichung der Ausnutzungsentscheidung nimmt dem genehmigten Kapital mit vereinfachten Sacheinlageverfahren die Schnelligkeit, die sonst einer der Hauptvorteile des genehmigten Kapitals ist. Die vorherige Ankündigung der KapErhöhung kann von Aktionären auch leicht zum Anlass für rechtliche Interventionen wie einer vorbeugenden Unterlassungs- oder Feststellungsklage genommen werden (s Rn 33 zu § 203). Zumindest bei Publikumsgesellschaften wird diese Form des genehmigten Kapitals daher kaum genutzt werden (vgl Stellungnahme des *Handelsrechtsausschusses des DAV* Stellungnahme zum RefEntwurf des ARUG NZG 2008, 5343, 540 f; *Merkner/Decker* NZG 2009, 887, 891). 8

Marsch-Barner

VI. Rechtsfolgen fehlerhafter Festsetzungen

9 Fehlen die nach Abs 2 S 1 vom Vorstand zu treffenden Festsetzungen, sind sie unvollständig, unrichtig oder unklar, sind die **Verträge** über Sacheinlagen und die **Rechtshandlungen** zur Ausführung der Verträge **unwirksam.** Auch die Nichtaufnahme der vom Vorstand getroffenen Festsetzungen in die Zeichnungsscheine führt zu deren Unwirksamkeit. Die **Unwirksamkeit** des schuldrechtlichen Verpflichtungsgeschäfts sowie des dinglichen Vollzugsgeschäfts war früher in Abs 4 S 1 ausdrücklich geregelt; diese Regelung wurde im Rahmen des ARUG gestrichen (vgl Beschlussempfehlung und Bericht des Rechtsausschusses BT-Drucks 16/13098 S 41). Die Unwirksamkeit folgt nunmehr daraus, dass die erforderlichen Festsetzungen zwingender Bestandteil der Ausnutzung des genehmigten Kapitals sind. Die AG und der Einleger können sich auf die Unwirksamkeit berufen. Dem Einleger stehen gegen die AG zur Rückabwicklung der Sacheinlage die Ansprüche aus §§ 812 ff, 985 ff BGB zu (MünchKomm AktG/*Bayer* Rn 42). Das Registergericht hat die Eintragung abzulehnen (MünchHdb AG/*Krieger* § 58 Rn 39). Wurden die mangelhaften Festsetzungen in der Ermächtigung von den Gründern oder der HV getroffen, kann die HV vor Eintragung der Durchführung durch satzungsändernden Beschluss den Mangel beheben (MünchKomm AktG/*Bayer* Rn 37; *Hüffer* AktG Rn 7). Dagegen kann der Vorstand eine mangelhafte Ermächtigung nicht durch ergänzende Festsetzungen und deren Aufnahme in den Zeichnungsschein iSv Abs 2 heilen (GroßKomm AktG/*Hirte* Rn 18; *Hüffer* AktG Rn 7; MünchHdb AG/*Krieger* § 58 Rn 38). Bis zur Eintragung der Durchführung der Kapitalerhöhung kann der Vorstand aber Fehler bei den von ihm gem Abs 2 S 1 getroffenen Festsetzungen berichtigen und unterbliebene Festsetzungen vervollständigen (MünchKomm AktG/ *Bayer* Rn 37).

10 Wird die Durchführung der Kapitalerhöhung trotz fehlender oder fehlerhafter Festsetzungen **ins HR eingetragen**, so ist die Kapitalerhöhung gleichwohl wirksam. Dadurch tritt keine Heilung ein, sondern der Sacheinleger wird **kraft Gesetzes zum Bareinleger** in Höhe des Ausgabebetrags. Ein entgegenstehender Wille des Zeichners ist unbeachtlich (MünchKomm AktG/*Bayer* 41). Der Ausgabebetrag ergibt sich dann gem § 182 Abs 2 aus dem Erhöhungsbeschluss (*Hüffer* AktG Rn 8). Der Zeichnungsschein verpflichtet nun zur Erbringung einer Bareinlage (GroßKomm AktG/*Hirte* Rn 22). Eine Heilung kann allerdings durch Satzungsänderung herbeigeführt werden, nachdem der dem früher entgegenstehende Abs 4 S 5 durch das ARUG aufgehoben wurde.

VII. Arbeitnehmeraktien (Abs 4)

11 Eine Sacherhöhung liegt auch vor, wenn Belegschaftsaktien ausgegeben werden sollen und die Einlagepflicht der Arbeitnehmer durch die Einbringung einer konkreten **Forderung** gegen die AG **aus Gewinnbeteiligung** gedeckt wird (MünchKomm AktG/*Pentz* § 27 Rn 29; GroßKomm AktG/*Hirte* Rn 25; *Hüffer* AktG Rn 9; vgl BGH NJW 1990, 982, 985). Gem Abs 4 gelten dann bestimmte Erleichterungen. Diese Regelung erleichtert und fördert, ebenso wie die §§ 202 Abs 4, 203 Abs 4 und 204 Abs 3, die Ausgabe von Aktien an Arbeitnehmer. Der **Arbeitnehmerbegriff** entspricht dem in § 202 Abs 4, § 203 Abs 4, § 204 Abs 3 (vgl § 202 Rn 19, § 204 Rn 12). Die Gewinnbeteiligung kann eine Umsatzbeteiligung, eine Gratifikation oder auch eine Leistungsprämie sein (MünchKomm AktG/*Bayer* Rn 45). Nach Abs 4 sind bei Arbeitnehmer-Aktien die Festsetzungen gem Abs 2 S 1 nicht erforderlich. Etwaige Festsetzungen

müssen auch nicht in den Zeichnungsschein aufgenommen werden. Die Bestimmungen über verdeckten Sacheinlagen sowie ein Hin- und Herzahlen sind ausdrücklich ausgeschlossen. Auch die Prüfungspflicht nach Abs 5 entfällt (KölnKomm/*Lutter* Rn 19; *Hüffer* AktG Rn 9; aA MünchKomm AktG/*Bayer* Rn 47). Nicht ausdrücklich ausgeschlossen ist Abs 4. Dessen Rechtsfolgen kommen jedoch wegen der fehlenden Voraussetzungen nach Abs 2 nicht zur Anwendung (*Hüffer* AktG Rn 9). Zwischen der AG und dem Arbeitnehmer muss **vereinbart** werden, dass die Einlagepflicht mit den Forderungen aus Gewinnbeteiligungen verrechnet wird, andernfalls gilt das Aufrechnungsverbot des § 66 Abs 1 S 2 (MünchKomm AktG/*Bayer* Rn 46). Die Verrechnung erfolgt entweder durch Erlassvertrag, § 397 BGB, oder durch Aufrechnung, §§ 387 ff BGB (GroßKomm AktG/*Hirte* Rn 25).

§ 206 Verträge über Sacheinlagen vor Eintragung der Gesellschaft

¹**Sind vor Eintragung der Gesellschaft Verträge geschlossen worden, nach denen auf das genehmigte Kapital eine Sacheinlage zu leisten ist, so muss die Satzung die Festsetzungen enthalten, die für eine Ausgabe gegen Sacheinlagen vorgeschrieben sind.** ²**Dabei gelten sinngemäß § 27 Abs. 3 und 5, die §§ 32 bis 35, 37 Abs. 4 Nr. 2, 4 und 5, die §§ 37a, 38 Abs. 2 und 3 sowie § 49 über die Gründung der Gesellschaft.** ³**An die Stelle der Gründer tritt der Vorstand und an die Stelle der Anmeldung und Eintragung der Gesellschaft die Anmeldung und Eintragung der Durchführung der Erhöhung des Grundkapitals.**

Übersicht

	Rn		Rn
I. Regelungsgegenstand	1	1. Sinngemäße Anwendung	4
II. Vereinbarungen vor Eintragung der Aktiengesellschaft	2	2. Rechtsfolgen fehlerhafter Festsetzung in der Gründungssatzung	5
III. Festsetzungen in der Gründungssatzung	3	3. Bericht und Prüfung	6
IV. Sinngemäße Anwendung der Gründungsvorschriften, S 2, 3	4	4. Anmeldung und Eintragung	7

I. Regelungsgegenstand

§ 206 ergänzt die Regelungen des § 205 zu einer Sachkapitalerhöhung iRd genehmigten Kapitals. Die Vorschrift will eine Umgehung der gesetzlichen Bestimmungen über eine Sachgründung dadurch verhindern, dass bereits vor der Eintragung der AG Verträge über Sacheinlagen für eine künftige Kapitalerhöhung durch genehmigtes Kapital geschlossen werden (MünchKomm AktG/*Bayer* Rn 1; KölnKomm AktG/*Lutter* Rn 2). So müssen die Gründer **in der Gründungssatzung** die Festsetzungen nach § 205 Abs 2 selbst treffen. Außerdem sind einzelne Bestimmungen aus den **Gründungsvorschriften** in den §§ 27, 32 ff zu beachten. Ohne die Regelung des § 206 könnte mit Hilfe des genehmigten Kapitals eine verdeckte Sachgründung vollzogen werden (GroßKomm AktG/*Hirte* Rn 3). Mit der Einführung der **Prüfungspflicht bei Sacheinlagen** nach § 205 Abs 5 und 7 durch unabhängige Prüfer und das Registergericht hat § 206 an Bedeutung verloren. Der Zweck des § 206 besteht nun darin, der Vorgabe, dass nicht der Vorstand, sondern ausschließlich die Gründer in der Gründungssatzung die gem § 205 Abs 2 zwingend erforderlichen Festsetzungen treffen (MünchKomm AktG/*Bayer*

Marsch-Barner

§ 206 Verträge über Sacheinlagen vor Eintragung der Gesellschaft

Rn 1; GroßKomm AktG/*Hirte* Rn 3). Mit § 52 wird im Falle der **Nachgründung** ein Schutz vor Umgehung der Sicherungsnormen geboten. Praktische Bedeutung kommt § 206 zB zu, wenn iR einer Umwandlung einer Personengesellschaft in eine AG ein stille Beteiligung in eine Sacheinlage umgewandelt werden soll (*Semler* FS Werner, S 855, 865 ff; GroßKomm AktG/*Hirte* Rn 6).

II. Vereinbarungen vor Eintragung der Aktiengesellschaft

2 Die strengen Anforderungen des § 206 kommen nur zur Anwendung, wenn **bereits vor der Eintragung der AG ins HR** (§ 39) Vereinbarungen getroffen wurden, nach denen bei Ausnutzung des genehmigten Kapitals eine Sacheinlage zu leisten ist. Hierunter fallen **alle schuldrechtlichen und dinglichen Verträge** zwischen der sich in Gründung befindenden AG und Gründern oder Dritten, die sich auf die Einbringung einer Sacheinlage beziehen (MünchKomm AktG/*Bayer* Rn 4 mwN).

III. Festsetzungen in der Gründungssatzung

3 Ist § 206 einschlägig, haben die Gründer die nach § 205 Abs 2 zwingenden Festsetzungen bereits in der Gründungssatzung iRd Ermächtigung (§ 202 Abs 1) zur Ausnutzung des genehmigten Kapitals zu treffen. Zwingender Inhalt der Festsetzungen sind der **Gegenstand der Sacheinlage**, die **Person**, von der die AG den Gegenstand erwirbt sowie der **Nennbetrag** bzw die **Stückzahl** der Aktien, die für die Sacheinlage ausgegeben werden. Fehlen diese zwingenden Angaben in der Gründungssatzung, kann das Registergericht die AG dennoch gem § 39 eintragen (**hM** MünchKomm AktG/*Bayer* Rn 8; **aA** *Hüffer* AktG Rn 2). Die mangelhaften Festsetzungen wirken sich erst bei der Durchführung der Sachkapitalerhöhung aus, wenn das Registergericht deren Voraussetzungen zur Eintragung zu prüfen hat (MünchKomm AktG/*Bayer* Rn 8). Das Gericht sollte jedoch auf den Mangel bereits in der Gründungsphase hinweisen, damit dieser noch vor Eintragung der AG behoben werden kann. Der Mangel der Satzung kann nicht vom Vorstand durch ergänzende Festsetzungen geheilt werden (*Hüffer* AktG Rn 2). Auch durch satzungsändernden Beschluss der HV ist keine Ergänzung möglich (MünchKomm AktG/*Bayer* Rn 9).

IV. Sinngemäße Anwendung der Gründungsvorschriften, S 2, 3

4 **1. Sinngemäße Anwendung.** § 206 S 2 verweist auf die §§ 27 Abs 3 und 5, 32–35, 37 Abs 4 Nr 2, 4 und 5, 37a, 38 Abs 2 und 3 sowie 49. Bei der sinngemäßen Anwendung dieser Vorschriften tritt an die Stelle der Gründer der Vorstand der AG und an die Stelle der Anmeldung und Eintragung der Gesellschaft die Anmeldung und Eintragung der Durchführung der Kapitalerhöhung.

5 **2. Rechtsfolgen fehlerhafter Festsetzung in der Gründungssatzung.** Enthält die Gründungssatzung keine Festsetzungen oder sind die Festsetzungen unvollständig oder unrichtig, obwohl der Tatbestand des § 206 vorliegt, so sind die vor Gründung der Gesellschaft mit Dritten geschlossen **Verträge** über die Sacheinlage und die Rechtshandlungen zu deren Ausführung **der Gesellschaft gegenüber unwirksam**. Führt der Vorstand jedoch die Sachkapitalerhöhung durch und wird diese ins HR eingetragen, wird der vermeintliche Sacheinleger zum Bareinleger, unabhängig davon, ob er die Sacheinlage schon erbracht hat. Die Kapitalerhöhung wird mit Eintragung wirksam (*Hüffer* AktG Rn 4). Dem Einleger stehen dann aus §§ 812 ff, 985 ff BGB Ansprüche

Marsch-Barner

gegen die AG zu. Eine Heilung durch Satzungsänderung ist möglich, nachdem die früher entgegenstehenden §§ 27 Abs 4, 205 Abs 4 S 5 durch das ARUG aufgehoben wurden. Wegen des Verweises auf § 27 Abs 5 können wirksame Festsetzungen oder gegenstandslos gewordene Regelungen nur unter Beachtung der in § 26 Abs 4, 5 enthaltenen Fristen geändert oder beseitigt werden (*Hüffer* AktG Rn 4).

3. Bericht und Prüfung. Gem § 32 haben sämtliche **Mitglieder des Vorstands** einen schriftlichen **Kapitalerhöhungsbericht** zu erstatten, in dem insb die wesentlichen Umstände darzulegen sind, von denen die Angemessenheit der Leistung für die Sacheinlage abhängt. Die **Mitglieder des AR** haben gem § 33 den Hergang der Kapitalerhöhung zu prüfen. Des Weiteren ist gem § 33 Abs 2 Nr 4 eine **Kapitalerhöhungsprüfung** durch einen oder mehrere **externe Prüfer** durchzuführen. Auf Grund der nur sinngemäßen Anwendung entfällt die in § 33 Abs 1 vorgesehene Prüfungspflicht des Vorstands, weil schon der Kapitalerhöhungsbericht nach § 32 seine Bewertung zeigt (**hM GroßKomm AktG/***Hirte* Rn 12; **aA** *Hüffer* AktG Rn 5). Gegenstand der Prüfung ist gem § 34 insb die **Richtigkeit und Vollständigkeit der Festsetzungen,** die Frage, ob der Ausgabebetrag der neuen Aktien den geringsten Ausgabebetrag (§ 9 Abs 1) erreicht sowie die Gleichwertigkeit von **Sacheinlagewert und geringstem Ausgabebetrag** der dafür zu gewährenden Aktien (MünchKomm AktG/*Bayer* Rn 12; abw *Hüffer* AktG Rn 5). Das Ergebnis der Prüfung von AR und Prüfer ist schriftlich (§ 126 BGB) in **zwei selbstständigen** Berichten festzuhalten, die eine Beschreibung der Sacheinlage und Angaben zur Wertermittlungsmethode enthalten müssen (MünchKomm AktG/*Pentz* § 34 Rn 21). Nur der Bericht der Prüfer ist beim Vorstand und bei Gericht einzureichen, wo er von jedermann eingesehen werden kann. Die Prüfer haben gegen den Vorstand einen umfassenden Informations- und Auskunftsanspruch, § 35. Sie können alle erforderlichen Aufklärungen und Nachweise verlangen. Bei Meinungsverschiedenheiten kann eine gerichtliche Entscheidung begehrt werden.

4. Anmeldung und Eintragung. Bei der Durchführung der Kapitalerhöhung gem § 203 Abs 1 S 1 iVm § 188 sind der Anmeldung zur Eintragung gem § 37 Abs 4 folgende Unterlagen beizufügen: Alle **Vereinbarungen,** die die Leistung einer Sacheinlage auf das genehmigte Kapital betreffen und eine **Berechnung des Kapitalerhöhungsaufwands** für die Gesellschaft, der **Kapitalerhöhungsbericht** des Vorstands (§ 33) und die **Prüfungsberichte** von AR und Prüfern (§ 34) nebst ihren urkundlichen Unterlagen und eine ggf erforderliche Genehmigungsurkunde. Der Registerrichter hat ein selbstständiges Prüfungsrecht. Nach seinem Ermessen kann die **Eintragung der Durchführung der Kapitalerhöhung abgelehnt** werden, wenn der Kapitalerhöhungsbericht des Vorstands oder der Prüfungsbericht des AR fehlerhaft, unrichtig oder unvollständig ist, § 38 Abs 2 S 1. Ebenso kann ein fehlerhafte Bewertung der Sacheinlage zur Ablehnung der Eintragung führen, § 38 Abs 2 S 2. Gem § 49 AktG ist für die Haftung der Prüfer § 323 Abs 1–4 HGB sinngemäß anzuwenden. Bei einer SachKap-Erhöhung ohne externe Prüfung (§ 33a) gelten für die Anmeldung die Vorschriften des § 37a. Das Registergericht prüft das Vorliegen dieser Voraussetzungen; die Eintragung kann es nur bei offenkundiger und erheblicher Überbewertung ablehnen (S 2 iVm § 38 Abs 3).

§ 207 Voraussetzungen

Vierter Unterabschnitt
Kapitalerhöhung aus Gesellschaftsmitteln

§ 207 Voraussetzungen

(1) Die Hauptversammlung kann eine Erhöhung des Grundkapitals durch Umwandlung der Kapitalrücklage und von Gewinnrücklagen in Grundkapital beschließen.

(2) ¹Für den Beschluss und für die Anmeldung des Beschlusses gelten § 182 Abs. 1, § 184 Abs. 1 sinngemäß. ²Gesellschaften mit Stückaktien können ihr Grundkapital auch ohne Ausgabe neuer Aktien erhöhen; der Beschluss über die Kapitalerhöhung muss die Art der Erhöhung angeben.

(3) Dem Beschluss ist eine Bilanz zugrunde zu legen.

Übersicht

	Rn		Rn
I. Gegenstand der Regelung	1	5. Beschlussmängel, Aufhebung	
II. Hauptversammlungsbeschluss	2	und Änderung	8
1. Beschlussfassung	2	III. Kombinationsmöglichkeiten	9
2. Beschlussinhalt	3	1. Mehrere Kapitalerhöhungsarten	
a) Notwendiger Inhalt	3	in einem Beschluss	9
b) Art der Erhöhung	4	2. Kapitalerhöhung aus Gesell-	
c) Fakultativer Inhalt	5	schaftsmitteln und Kapital-	
3. Anmeldung zum Handels-		herabsetzung	10
register	6	IV. Auflösung	11
4. Zugrundeliegen einer Bilanz (Abs 3)	7		

Literatur: *Börner* Verbindung von Kapitalerhöhung aus Gesellschaftsmitteln und Kapitalerhöhung gegen Bareinlagen bei Aktiengesellschaften, DB 1988, 1254; *Fett/Spiering* Typische Probleme bei der Kapitalerhöhung aus Gesellschaftsmitteln, NZG 2002, 358; *Gessler* Zweifelsfragen aus dem Recht der Kapitalerhöhung aus Gesellschaftsmitteln, DNotZ 1960, 619; *Hirte/Butters* Die Kapitalerhöhung aus Gesellschaftsmitteln in den europäischen Aktienrechten: Anregung für Auslegung und Reform des deutschen Rechts, ZBB 1998, 286; *Korsten* Kapitalerhöhung aus Gesellschaftsmitteln bei unrichtigem Jahresabschluss, AG 2006, 321; *Take* Kapitalerhöhung aus Gesellschaftsmitteln als Instrument zur Heilung einer verunglückten Kapitalerhöhung, StB 2001, 452; *Than* Rechtliche und praktische Fragen der Kapitalerhöhung aus Gesellschaftsmitteln bei einer Aktiengesellschaft, WM-Sonderheft (Festgabe für Heinsius) 1991, S 54; *Weiss* Kombinierte Kapitalerhöhung aus Gesellschaftsmitteln mit nachfolgender ordentlicher Kapitalherabsetzung, BB 2005, 2697; *Witt* Mehrheitsändernde Satzungsklauseln und Kapitalveränderungsbeschlüsse, AG 2000, 345.

I. Gegenstand der Regelung

1 §§ 207 ff regeln die Kapitalerhöhung aus Gesellschaftsmitteln, § 207 bestimmt ihre Voraussetzungen. Kapitalerhöhung aus Gesellschaftsmitteln bedeutet die Umwandlung von Kapitalrücklage und/oder Gewinnrücklagen in Grundkapital (Abs 1). Diese Sonderform der Kapitalerhöhung dient nicht der Beschaffung neuer Mittel, da nur schon vorhandenes Gesellschaftsvermögen in Grundkapital umgebucht wird (*Hüffer* AktG Rn 3). Dennoch handelt es sich um eine **echte Kapitalerhöhung**, weil

Voraussetzungen **§ 207**

die Grundkapitalziffer erhöht wird (MünchKomm AktG/*Volhard* Rn 1; *LG Tübingen* AG 1991, 406, 408). Die Änderung der Grundkapitalziffer beinhaltet zugleich eine Satzungsänderung, § 23 Abs 3 Nr 3 und 4 (*Witt* AG 2000, 345, 349). Für den Kapitalerhöhungsbeschluss gelten die §§ 182 Abs 1, 184 Abs 1 sinngemäß (Abs 2 S 1). Der Erhöhungsbeschluss muss die Art der Erhöhung angeben (Abs 2 S 2 HS 2). Gesellschaften mit Stückaktien können die Kapitalerhöhung auch ohne Ausgabe neuer Aktien ausführen (Abs 2 S 2 HS 1). Gem Abs 3 ist dem Kapitalerhöhungsbeschluss eine Bilanz zugrunde zu legen. Die Vorgaben des § 207 sind zwingend. Die Kapitalerhöhung aus Gesellschaftsmitteln kann **unterschiedlichen Zwecken** dienen. Im Vordergrund steht die Erhöhung der Anzahl der Aktien, um zB den Börsenkurs zu reduzieren, bestimmte pro Aktie berechnete Kennzahlen zu verändern oder einen Börsengang vorzubereiten. Die Kapitalerhöhung aus Gesellschaftsmitteln kann auch dazu dienen, anstelle einer Dividendenausschüttung neue Aktien auszugeben (sog Gratisaktien). Sie bietet sich ferner an, wenn die Kapitalrücklage in freie Rücklagen umgewandelt werden soll (Rn 10). Zu weiteren Gründen vgl GroßKomm AktG/*Hirte* Rn 35 ff; zur Heilung einer fehlerhaften Kapitalerhöhung gegen Einlagen durch Kapitalerhöhung aus Gesellschaftsmitteln vgl den Vorschlag von *Take* StB 2001, 452 ff. Eine Kapitalerhöhung durch Stehenlassen oder Wiedereinzahlung von Dividenden (**"Schütt-aus-hol-zurück"**-Verfahren) kann nach den Grundsätzen der Kapitalerhöhung aus Gesellschaftsmitteln durchgeführt werden (vgl *BGHZ* 135, 381, 384 zur GmbH; zur analogen Anwendung auf die AG *Hirte/Butters* ZBB 1998, 286, 287; MünchHdb AG/*Kraft/Krieger* § 56 Rn 54; zur geringer gewordenen Bedeutung dieses Verfahrens Spindler/Stilz AktG/*Fock/Wüsthoff* Rn 32).

II. Hauptversammlungsbeschluss

1. Beschlussfassung. Zuständig für die Beschlussfassung ist die **HV**; eine Delegation oder Ermächtigung iSd § 202 kommt nicht in Betracht (ganz **hM**, MünchHdb AG/*Krieger* § 59 Rn 7, KölnKomm AktG/*Lutter* Rn 3 und 16; **aA** wohl GroßKomm AktG/*Hirte* Rn 105). Für den Beschluss und dessen Anmeldung zur Eintragung ins HR gelten die §§ **182 Abs 1, 184 Abs 1 sinngemäß** (dazu § 182 Rn 12 ff und § 184 Rn 2 ff; bzgl den anmeldeberechtigten Personen s § 210 Rn 2). Die Verweisung auf § 182 Abs 1 S 2 HS 2 geht allerdings ins Leere, da sich die Zahl neuer stimmrechtsloser Vorzugsaktien ggf aus § 216 Abs 1 ergibt (*Hüffer* AktG Rn 9). Da das Verhältnis verschiedener Aktiengattungen zueinander gem § 216 nicht verändert werden darf, bedarf es keiner Sonderbeschlüsse iSd § 182 Abs 2 (GroßKomm AktG/*Hirte* Rn 117; Marsch-Barner/Schäfer HdB AG/*Busch* § 45 Rn 3). Legt die Satzung für die ordentliche Kapitalerhöhung eine **andere Kapitalmehrheit** oder **sonstige Erfordernisse** fest (vgl §§ 182 Abs 1 S 2 und 3), gelten diese Bestimmungen im Zweifel auch für die Kapitalerhöhung aus Gesellschaftsmitteln (GroßKomm AktG/*Hirte* Rn 109; *Gessler* DNotZ 1960, 619, 623; **aA** *Witt* AG 2000, 345, 351). Das Gleiche gilt, wenn die Satzung allgemein für Kapitalerhöhungen oder Satzungsänderungen besondere Regeln enthält (MünchHdb AG/*Krieger* § 59 Rn 8; **aA** *Witt* AG 2000, 345, 351). Nicht verwiesen wird auf § 182 Abs 4; ausstehende Einlagen sind daher kein Hinderungsgrund (*Hirte/Butters* ZBB 1998, 286, 303). Gem §§ 182 Abs 1 S 4, 207 Abs 2 kann die Kapitalerhöhung nur durch **Ausgabe neuer Aktien** ausgeführt werden. § 207 Abs 2 S 2 HS 1 macht hiervon jedoch eine Ausnahme für **Stückaktien**: Gesellschaften mit Stückaktien können die Kapitalerhöhung aus Gesellschaftsmitteln auch ohne Emission neuer Aktien durchführen. Die

Ausgabe neuer Aktien ist aber auch bei Stückaktien möglich (*Fett/Spiering* NZG 2002, 358, 363). Werden keine Aktien emittiert, verteilt sich der Erhöhungsbetrag ohne weiteres Zutun in gleichem Umfang auf die bestehenden Aktien (GroßKomm AktG/ *Hirte* Rn 103). Ob Aktien emittiert werden oder nicht, muss im Beschluss ausdrücklich angegeben sein, andernfalls ist der Beschluss unvollständig und deshalb nichtig (*Fett/Spiering* NZG 2002, 358, 363). Gem § 182 Abs 1 S 5 muss sich bei Gesellschaften mit Stückaktien die Zahl der Aktien in demselben Verhältnis wie das Grundkapital erhöhen, was allerdings bereits aus § 212 folgt (*Hüffer* AktG Rn 9).

3 **2. Beschlussinhalt. – a) Notwendiger Inhalt.** Im Beschluss anzugeben ist zunächst der Betrag, um den das Grundkapital erhöht werden soll. Eine genaue Angabe des **Erhöhungsbetrages** ist dafür nicht notwendig. Es genügt, wenn sich der Erhöhungsbetrag zum Zeitpunkt der Eintragung eindeutig anhand des HR feststellen lässt und dieser Betrag nicht von der Ermessensausübung des Vorstands abhängt (*OLG Karlsruhe* ZIP 2007, 270, 272 f; MünchHdb AG/*Krieger* § 59 Rn 10; **aA** wohl *Hüffer* AktG Rn 12; Heidel Anwk-AktR/*Wagner* § 207 AktG Rn 12). Im Hinblick auf § 8 Abs 2 S 1, Abs 3 S 3 muss der Erhöhungsbetrag so gewählt werden, dass er vollständig auf die Aktien verteilt werden kann und der Nennbetrag oder anteilige Betrag am Grundkapital nicht geringer als ein Euro ist (MünchKomm AktG/*Volhard* Rn 16). Die Gesellschaft ist jedoch nicht verpflichtet, die Entstehung von **Teilrechten** (§ 213) zu verhindern (*Fett/Spiering* NZG 2002, 358, 364; einschränkend GroßKomm AktG/*Hirte* Rn 113). Aus praktischen Gründen empfiehlt sich allerdings ein Erhöhungsbetrag, aus dem sich ein möglichst praktikables Erhöhungsverhältnis ergibt (Semler/Volhard/Reichert ArbHdb HV/*Schröer* § 28 Rn 4, Beschlussmuster aaO Rn 10). Anzugeben ist sodann, dass die Kapitalerhöhung durch **Umwandlung von Rücklagen** erfolgen soll. Dabei ist festzulegen, welche Beträge aus der Kapitalrücklage und welche Beträge aus welchen Gewinnrücklagen in Grundkapital umgewandelt werden (MünchKomm AktG/*Volhard* Rn 19; Spindler/ Stilz AktG/*Fock/Wüsthoff* Rn 14; K. Schmidt/Lutter AktG/*Veil* Rn 12). Bei Gewinnrücklagen muss bestimmt werden, welche der in § 266 Abs 3 A. III. HGB genannten Gewinnrücklagen für die umzuwandelnden Beträge verwendet werden (*Hüffer* AktG Rn 12a; *Than* WM-Sonderbeilage (Festgabe für Heinsius) 1991, S 54). Die Entscheidung, welche Rücklagen verwendet werden sollen, kann die HV **nicht** dem Vorstand überlassen (KölnKomm AktG/*Lutter* Rn 12). Werden mehrere Rücklagen in Anspruch genommen, ist der Gesamterhöhungsbetrag auf die einzelnen verwendeten Rücklagen aufzuteilen (*Than* WM-Sonderbeilage (Festgabe für Heinsius) 1991, S 54). Diese müssen in der entspr Höhe verfügbar sein (*Hüffer* AktG Rn 12). Im Erhöhungsbeschluss muss auch die **Bilanz** angegeben werden, die der Kapitalerhöhung zugrunde liegen soll (§§ 207 Abs 3, 209). Dies kann die letzte Jahresbilanz (§ 209 Abs 1) oder eine besondere Erhöhungsbilanz (§ 209 Abs 2) sein (*Hüffer* AktG Rn 12). Werden **neue Aktien** ausgegeben, ist bei Stückaktien deren Zahl, bei Nennbetragsaktien deren Nennbeträge im Beschluss aufzuführen; insoweit kann eine **Satzungsänderung** vorliegen (MünchKomm AktG/*Volhard* Rn 21, näher dazu § 182 Rn 20). Zu beachten ist ferner § 217 Abs 2 S 1, wonach im Erhöhungsbeschluss bestimmt werden kann, dass die neuen Aktien bereits am **Gewinn** des letzten vor der Beschlussfassung über die Kapitalerhöhung abgelaufenen Geschäftsjahrs teilnehmen (*Hüffer* AktG Rn 13). Fehlt diese Angabe, nehmen die Aktien am Gewinn des (ganzen) laufenden Jahres teil (§ 217 Abs 1).

b) Art der Erhöhung. Die Art der Erhöhung ist immer dann anzugeben, wenn ein 4
Wahlrecht besteht, ob neue Aktien ausgegeben werden oder nicht (MünchHdb AG/
Krieger § 59 Rn 9). Bei **Stückaktien** muss stets angegeben werden, ob neue Aktien
ausgegeben werden (*Fett/Spiering* NZG 2002, 358, 359 und 363). Bei **Nennbetragsaktien** kommt nur eine Erhöhung durch Ausgabe neuer Aktien, nicht aber die Erhöhung
des Nennbetrags der Altaktien in Betracht (§§ 182 Abs 1 S 4, 207 Abs 2). Die Art der
Erhöhung muss daher bei Nennbetragsaktien grds nicht angegeben werden (Münch-
Komm AktG/*Volhard* Rn 20). Bei **teileingezahlten** Aktien kann die Kapitalerhöhung
allerdings nur durch Erhöhung des Nennbetrags ausgeführt werden (§ 215 Abs 2 S 2;
AG Heidelberg DB 2001, 1481, 1482). Sind neben teileingezahlten Aktien auch volleingezahlte Aktien vorhanden, besteht gem § 215 Abs 2 S 3 HS 1 ein **Wahlrecht**, ob
bei den volleingezahlten Nennbetragsaktien die Kapitalerhöhung durch Ausgabe
neuer Aktien oder durch Erhöhung des Nennbetrags ausgeführt wird. Wegen des
Wahlrechts muss dann die Art der Erhöhung im Beschluss angegeben werden (§ 215
Abs 2 S 3 HS 2). Ein **Verstoß** gegen die Pflicht, bei einem Wahlrecht die Art anzugeben, führt zur Nichtigkeit des Beschlusses (MünchHdb AG/*Krieger* § 59 Rn 49; *BayObLG* AG 2006, 397, 398).

c) Fakultativer Inhalt. Das **Erhöhungsverhältnis**, dh das Verhältnis des Erhöhungsbe- 5
trages zum bisherigen Grundkapital, braucht im Beschluss nicht angegeben zu werden. Wird es angegeben, ist dies unschädlich. Ist die Angabe unrichtig, führt dies
wegen Verstosses gegen § 212 zur Nichtigkeit des Beschl (*OLG Dresden* NZG 2001,
756; *Fett/Spiering* NZG 2002, 358, 359; Spindler/Stilz AktG/*Fock/Wüsthoff* Rn 15;
Hüffer AktG § 212 Rn 3; aA GroßKomm AktG/*Hirte* Rn 120 und Voraufl). Die ggf
erforderlichen **Satzungsberichtigungen** (vgl §§ 216 Abs 1, Abs 3 S 2, 218) können im
Erhöhungsbeschluss oder einem gesonderten Beschluss vorgenommen werden
(MünchKomm AktG/*Volhard* Rn 23). Ist der AR zur Änderung der Satzungsfassung
ermächtigt (§ 179 Abs 1 S 2), kann dieser die erforderliche Anpassung vornehmen. Im
Zusammenhang mit der **Anmeldung** des Kapitalerhöhungsbeschlusses zur Eintragung
ins HR (§ 210) kann die HV dem Vorstand wie bei der Anmeldung sonstiger Satzungsänderungen **Weisungen** erteilen. Soll der Beschluss erst zu einem bestimmten
künftigen Zeitpunkt angemeldet werden (unechte Befristung), dürfen dadurch aber
die Fristen des § 210 Abs 2 und des § 217 Abs 2 S 4 nicht außer Kraft gesetzt werden
(GroßKomm AktG/*Hirte* Rn 138). Die Bestimmung einer Frist, von dem an die Kapitalerhöhung wirksam werden soll (echte Befristung) ist dagegen unzulässig (*Börner*
DB 1988, 1254, 1256; GroßKomm AktG/*Hirte* Rn 138). Grds zulässig ist die Bestimmung, dass der Beschluss über die Kapitalerhöhung nur dann zur Eintragung angemeldet werden soll, wenn ein bestimmtes Ereignis eingetreten ist (unechte Bedingung). Insb kann die Anmeldung einer Kapitalerhöhung aus Gesellschaftsmitteln **mit
einer regulären Kapitalerhöhung** (§§ 182 ff) **verknüpft** werden (vgl KölnKomm AktG/
Lutter Vorb § 207 Rn 13). Im Hinblick auf die §§ 207 Abs 3, 208 und 210 unzulässig ist
dagegen die Bestimmung, dass die Erhöhung erst nach künftiger Bildung der im
Beschluss bezeichneten Rücklagen durchgeführt werden soll (KölnKomm AktG/*Lutter* Rn 16). Zur (unzulässigen) Verknüpfung des Rechts auf neue Aktien bei einer
Kapitalerhöhung aus Gesellschaftsmitteln mit der Teilnahme an einer vorherigen
regulären Kapitalerhöhung vgl Rn 9.

3. Anmeldung zum Handelsregister. Gem §§ 184 Abs 1 S 1, 207 Abs 2 haben der Vor- 6
stand in vertretungsberechtigter Zahl (*Hüffer* AktG Rn 19) und der AR-Vorsitzende

den Beschluss zur Eintragung in das HR anzumelden (dazu näher § 184 Rn 3 ff und § 210 Rn 2 ff). § 184 Abs 1 S 2 findet bei der Kapitalerhöhung aus Gesellschaftsmitteln keine Anwendung, da bei dieser keine Einlagen geleistet werden (*Hüffer* Rn 19). Die Anmeldung muss alsbald nach der Beschlussfassung erfolgen, eine Ausnahme besteht nur bei einer zulässigen Bedingung oder Befristung (MünchKomm AktG/*Volhard* Rn 27; GroßKomm AktG/*Hirte* Rn 113: unverzüglich).

7 **4. Zugrundeliegen einer Bilanz (Abs 3).** Gem Abs 3 muss dem Kapitalerhöhungsbeschluss eine Bilanz zugrunde gelegt werden. Dies geschieht durch die konkrete Angabe der Bilanz (§ 209) im Erhöhungsbeschluss (Rn 3 und *Hüffer* AktG Rn 15. Die zugrunde gelegte Bilanz muss geprüft und mit einem uneingeschränkten Bestätigungsvermerk versehen sein (§ 209 Abs 1 und 3). Der Stichtag der zugrunde gelegten Bilanz darf höchstens acht Monate vor der Anmeldung (Rn 6) liegen (§ 209 Abs 1 und Abs 2 S 2). Dadurch wird zugleich der zeitliche Rahmen vorgegeben, in dem Beschlussfassung und Anmeldung erfolgen müssen (MünchKomm AktG/*Volhard* Rn 33).

8 **5. Beschlussmängel, Aufhebung und Änderung.** Ein Verstoß gegen Abs 3 macht den Beschluss gem § 241 Nr 3 nichtig (*BayObLG* AG 2006, 397, 398; KölnKomm AktG/ *Lutter* Rn 18). Weist der Beschluss nicht den notwendigen Inhalt (Rn 3 f) auf, ist er ebenfalls nichtig (MünchHdb AG/*Krieger* § 59 Rn 14; GroßKomm AktG/*Hirte* Rn 123; *Hüffer* Rn 18). Enthält der Beschluss trotz Wahlmöglichkeit zwischen Ausgabe und Nichtausgabe von Aktien keine Angabe bzgl der Art der Erhöhung, ist er nichtig (MünchHdb AG/*Krieger* § 59 Rn 24; *BayObLG* AG 2006, 397, 398; **aA** GroßKomm AktG/*Hirte* Rn 125 nur Anfechtbarkeit). Bis zur Eintragung können Aufhebungs- und Änderungsbeschlüsse mit einfacher Mehrheit wieder aufgehoben werden (KölnKomm AktG/*Lutter* § 211 Rn 4; **aA** *Hüffer* Rn 18; vgl auch § 182 Rn 27). Nach der Eintragung (§ 211) kann die Kapitalerhöhung nur durch eine Kapitalherabsetzung (§ 222) rückgängig gemacht werden (*Hüffer* AktG Rn 18; KölnKomm AktG/*Lutter* § 211 Rn 4).

III. Kombinationsmöglichkeiten

9 **1. Mehrere Kapitalerhöhungsarten in einem Beschluss.** Eine Kapitalerhöhung aus Gesellschaftsmitteln kann **nicht** mit einer regulären Kapitalerhöhung **in einem Beschluss** verbunden werden (hM, KölnKomm AktG/*Lutter* Vorb § 207 Rn 15; MünchHdb AG/*Krieger* § 59 Rn 3; Marsch-Barner/Schäfer HdB AG/*Busch* § 45 Rn 2; *Fett/Spiering* NZG 2002, 358, 367; *Börner* DB 1988, 1254; **aA** GroßKomm AktG/*Hirte* Rn 145; *Hirte/Butters* ZBB 1998, 286, 303 f; für die GmbH auch *OLG Düsseldorf* NJW 1986, 2060; *LG München* Rpfleger 1983, 157 f). Ausgeschlossen ist damit die Gestaltung, dass bei einer Kapitalerhöhung ein Teil durch Einlagen gedeckt wird, während der anderer Teil aus Gesellschaftsmitteln herrührt. Zulässig ist dagegen, in zwei **gesonderten**, zeitlich aufeinander folgenden **Beschlüssen** die Kapitalerhöhung aus Gesellschaftsmitteln und die reguläre Kapitalerhöhung (oder genehmigtes oder bedingtes Kapital) zu beschließen. Dabei kann die **Reihenfolge** gewählt werden (*Hüffer* Rn 7 mwN; einschränkend *Börner* DB 1988, 1254, 1256 Kapitalerhöhung aus Gesellschaftsmitteln zuerst). Die Reihenfolge der Durchführung muss aber feststehen (Semler/Volhard/Reichert, ArbHdb HV/*Schröer* § 28 Rn 24). Fehlt eine ausdrückliche Bestimmung der Reihenfolge, ist die Reihenfolge der Beschlussfassung maßgebend (MünchKomm AktG/*Volhard* Rn 36; *Börner* DB 1988, 1254, 1256). Der Vorstand kann von der HV im Beschluss angewiesen werden, die erste Kapitalerhöhung erst

dann zur Eintragung in das HR anzumelden, wenn auch die zweite Kapitalerhöhung anmeldefähig ist (KölnKomm AktG/*Lutter* Vorb § 207 Rn 13). Die zweite Kapitalerhöhung darf erst eingetragen werden, wenn die erste wirksam geworden ist (MünchKomm AktG/*Volhard* Rn 36 f). Unzulässig ist die Bedingung, dass nur Aktionäre, die an der regulären Kapitalerhöhung teilgenommen haben, Aktien aus der Kapitalerhöhung aus Gesellschaftsmitteln erhalten; ein Zwang zur Teilnahme an der regulären Kapitalerhöhung darf nicht ausgeübt werden (*Hüffer* AktG Rn 7; *Börner* DB 1988, 1254, 1256). Nicht zulässig ist auch ein **genehmigtes Kapital** mit der Ermächtigung, zu deren Ausübung auf Rücklagen zurückzugreifen (**hM** KölnKomm AktG/*Lutter* Rn 17; *Hüffer* AktG Rn 6; *Fett/Spiering* NZG 2002, 358, 367 f; **aA** GroßKomm AktG/*Hirte* Rn 146). Eine Kapitalerhöhung aus genehmigtem Kapital kann gem § 202 nur gegen Einlagen erfolgen.

2. Kapitalerhöhung aus Gesellschaftsmitteln und Kapitalherabsetzung. Eine Kapital- 10 erhöhung aus Gesellschaftsmitteln kann auch mit einer Kapitalherabsetzung kombiniert werden (MünchHdb AG/*Krieger* § 59 Rn 4 mwN). So kann eine vorangehende Kapitalherabsetzung zB zur Einziehung von Aktien (§§ 237 ff) führen, die dann an der Kapitalerhöhung aus Gesellschaftsmitteln nicht teilnehmen. Über eine nachfolgende Kapitalherabsetzung können zuvor in Grundkapital umgewandelten Rücklagen an die Aktionäre ausgeschüttet werden (§ 222 Abs 3). Dieser Weg kommt vor allem dann in Betracht, wenn eine direkte Ausschüttung der Rücklagen wegen § 150 nicht möglich ist (dazu ausf *Weiss* BB 2005, 2697). Die Kombination mit einer vereinfachten Kapitalherabsetzung ist dagegen wegen der vorherigen Auflösung der Rücklagen gem § 229 Abs 2 ausgeschlossen (KölnKomm AktG/*Lutter* Rn 7; Marsch-Barner/Schäfer HdB AG/*Busch* § 45 Rn 2).

IV. Auflösung

Eine **aufgelöste** Gesellschaft (§ 262) kann keine Kapitalerhöhung aus Gesellschafts- 11 mitteln beschließen, eine beschlossene Erhöhung darf nicht ins HR eingetragen werden (KölnKomm AktG/*Lutter* Rn 20). Jedoch kann die aufgelöste Gesellschaft mit oder nach dem Fortsetzungsbeschluss (§ 274) eine Kapitalerhöhung aus Gesellschaftsmitteln beschließen (GroßKomm AktG/*Hirte* Rn 155).

§ 208 Umwandlungsfähigkeit von Kapital- und Gewinnrücklagen

(1) ¹**Die Kapitalrücklage und die Gewinnrücklagen, die in Grundkapital umgewandelt werden sollen, müssen in der letzten Jahresbilanz und, wenn dem Beschluss eine andere Bilanz zugrunde gelegt wird, auch in dieser Bilanz unter „Kapitalrücklage" oder „Gewinnrücklagen" oder im letzten Beschluss über die Verwendung des Jahresüberschusses oder des Bilanzgewinns als Zuführung zu diesen Rücklagen ausgewiesen sein.** ²**Vorbehaltlich des Absatzes 2 können andere Gewinnrücklagen und deren Zuführungen in voller Höhe, die Kapitalrücklage und die gesetzliche Rücklage sowie deren Zuführungen nur, soweit sie zusammen den zehnten oder den in der Satzung bestimmten höheren Teil des bisherigen Grundkapitals übersteigen, in Grundkapital umgewandelt werden.**

(2) ¹**Die Kapitalrücklage und die Gewinnrücklagen sowie deren Zuführungen können nicht umgewandelt werden, soweit in der zugrunde gelegten Bilanz ein Verlust**

einschließlich eines Verlustvortrags ausgewiesen ist. ²**Gewinnrücklagen und deren Zuführungen, die für einen bestimmten Zweck bestimmt sind, dürfen nur umgewandelt werden, soweit dies mit ihrer Zweckbestimmung vereinbar ist.**

Übersicht

	Rn		Rn
I. Gegenstand der Regelung	1	III. Grenzen der Umwandlungsfähigkeit	6
II. Umwandlungsfähiges Eigenkapital	2	1. Grenzen nach Abs 1 S 2	6
1. Rücklagen	2	2. Bilanzverlust und Verlustvortrag (Abs 2 S 1)	7
2. Jahresüberschuss	3	3. Zweckbindung (Abs 2 S 2)	8
3. Bilanzgewinn	4	IV. Rechtsfolgen bei Verstößen	9
4. Nicht umwandlungsfähige Bestandteile	5		

Literatur: *Döllerer* Einlagen bei Kapitalgesellschaften nach Handelsrecht und Steuerrecht, BB 1986, 1857; *Ebeling* Die Verwendung der Kapitalrücklage der Aktiengesellschaft gem § 150 Abs. 3 und 4 AktG, WPg 1988, 502; *Forster/Müller* Die umwandelbaren Rücklagen bei der Kapitalerhöhung aus Gesellschaftsmitteln, AG 1960, 55 und 83; vgl auch die Nachweise § 207.

I. Gegenstand der Regelung

1 § 208 regelt, welche Rücklagen in welchem Umfang bei der Umwandlung in Grundkapital verwendet werden können. Grds umwandlungsfähig sind Kapitalrücklage und Gewinnrücklagen sowie uU auch ein bestimmter Teil des Jahresüberschusses bzw des Bilanzgewinns (Abs 1 S 1). Abs 1 S 2 bildet die notwendige Verknüpfung zu § 150 Abs 2 und 4 S 1 Nr 3. Abs 2 bindet die eigentlich verwendbaren Rücklagen. Eine Umwandlung ist ausgeschlossen, soweit in der zugrunde gelegten Bilanz ein Verlust einschließlich eines Verlustvortrags ausgewiesen ist (Abs 2 S 1). Abs 2 S 2 wahrt die bisherige Zweckbindung der Gewinnrücklagen.

II. Umwandlungsfähiges Eigenkapital

2 **1. Rücklagen.** Umwandlungsfähig sind zunächst Kapitalrücklage und Gewinnrücklagen. Mit **Kapitalrücklage** ist der Bilanzposten gem § 266 Abs 3 A II. HGB gemeint. In ihm sind die in § 272 Abs 2 HGB genannten Beträge auszuweisen, darunter ein evtl Agio sowie Zuzahlungen der Gesellschafter. Die Kapitalrücklage ist nur insoweit verwendbar, als sie zusammen mit der gesetzlichen Rücklage (§ 266 Abs 3 A III Nr 1 HGB) den zehnten oder den durch die Satzung bestimmten höheren Teil des bisherigen Grundkapitals übersteigt (Abs 1 S 2, § 150). Die **Gewinnrücklagen** sind in der Bilanz gem § 266 Abs 3 A III. Nr 1–4 HGB erfasst; die Dotierung dieses Postens ist in § 272 Abs 3 und 4 HGB beschrieben. Umwandlungsfähig sind nur die Gewinnrücklagen gem § 266 Abs 3 A III Nr 1, 3 und 4 HGB (gesetzliche und satzungsmäßige Rücklage sowie andere Gewinnrücklagen). Nicht umwandlungsfähig ist aufgrund ihrer Zweckbindung die **Rücklage für Anteile** einem herrschenden oder mit Mehrheit beteiligten Unternehmen gem §§ 266 Abs 3 A III Nr 2, 272 Abs 4 HGB. Die bei Auslösung dieser Rücklage (zB durch Wiederausgabe, Veräußerung oder Einzug der eigenen Anteile) freiwerdenden Beträge können aber zur Umwandlung verwendet werden (zur früheren Rücklage für eigene Anteile KölnKomm AktG/*Lutter* Rn 12; GroßKomm AktG/*Hirte* Rn 40; *Hüffer* Rn 4). Die in Grundkapital umzuwandelnden Rücklagen (Kapitalrücklage und Gewinnrücklagen) müssen **in der letzten Jahresbilanz** und, wenn dem Erhöhungsbe-

schluss eine **Erhöhungsbilanz** nach § 209 Abs 2 zugrunde gelegt wird, auch in dieser Bilanz als solche **ausgewiesen** sein (Abs 1 S 1). Wird eine Rücklage in den beiden Bilanzen nicht mit demselben Betrag ausgewiesen, ist für die Umwandlung der niedrigere Betrag relevant (*Hüffer* AktG § 209 Rn 6; GroßKomm AktG/*Hirte* Rn 34; *Fett/Spiering* NZG 2002, 358, 361).

2. Jahresüberschuss. Anstelle von Beträgen, die in der Bilanz als Kapitalrücklage 3 oder als eine Gewinnrücklage ausgewiesen sind, können auch Beträge verwendet werden, die im letzten **Beschluss** über die **Verwendung des Jahresüberschusses** als Zuführung zu diesen Rücklagen ausgewiesen sind. Dabei kommt nur eine Zuführung zu den **Gewinnrücklagen** in Betracht; in die Kapitalrücklage darf der Jahresüberschuss nicht eingestellt werden (§§ 158, 174 Abs 2; MünchKomm AktG/*Volhard* Rn 6). Über die Verwendung des Jahresüberschusses entscheiden entweder Vorstand und AR oder die HV im Rahmen der Feststellung des Jahresabschlusses (§§ 58 Abs 2 und 2a, 172 bzw §§ 58 Abs 1, 173). Einen Beschluss über die Verwendung des Jahrsüberschusses gibt es dabei allerdings nicht, die aus dem Jahresüberschuss stammenden Zuführungen gehen vielmehr unmittelbar in die Jahresbilanz ein (GroßKomm AktG/*Hirte* Rn 37; MünchKomm AktG/*Volhard* Rn 11; vgl auch *OLG Stuttgart* AG 2003, 527, 529). Bei Zugrundelegung einer besonderen Erhöhungsbilanz muss die Zuführung in dieser bereits ausgewiesen sein (*Hüffer* AktG Rn 5; wohl auch Marsch-Barner/Schäfer HdB AG/ *Busch* § 45 Rn 16).

3. Bilanzgewinn. Zulässig ist auch die Verwendung solcher Beträge, die im letzten 4 **Beschluss** über die **Verwendung des Bilanzgewinns** (Gewinnverwendungsbeschluss) als Zuführung zu diesen Rücklagen ausgewiesen sind. Der Bilanzgewinn ergibt sich aus dem Jahresergebnis nach Verrechnung mit den in § 158 genannten Posten nebst weiterer Posten (vgl §§ 268 Abs 1, 275 Abs 4 HGB, vgl dazu § 158 Rn 7). Über die Verwendung des Bilanzgewinns entscheidet die HV in ihrem **Gewinnverwendungsbeschluss** (§§ 58 Abs 3, 174 Abs 2). Dieser Beschluss kann in ders HV gefasst werden, in der auch über die Kapitalerhöhung beschlossen wird (MünchHdb AG/*Krieger* § 59 Rn 25). Voraussetzung ist aber, dass zuerst der Gewinnverwendungsbeschluss und erst danach der Kapitalerhöhungsbeschluss gefasst wird (*Than* WM-Sonderbeilage, Festgabe für Heinsius, 1991, S 56;); es handelt sich dann um eine **Aktiendividende** (Spindler/Stilz AktG/*Fock/Wüsthoff* Rn 12). Diese Verbindung ist ausgeschlossen, wenn die neuen Aktien am Gewinn des abgelaufenen Geschäftsjahrs teilnehmen sollen; nach § 217 Abs 2 S 2 muss dann nämlich die Kapitalerhöhung vor der Gewinnverwendung beschlossen werden (MünchKomm AktG/*Volhard* Rn 10; GroßKomm AktG/*Hirte* Rn 36). Die Gewinnverwendung muss wirksam beschlossen sein. Der Beschluss darf daher nicht nichtig sein. Bloße Anfechtbarkeit schadet nicht, solange der Beschluss nicht für nichtig erklärt worden ist. Wie beim Jahresüberschuss (Rn 3) kommt nur eine Einstellung in die **Gewinnrücklagen** in Betracht (§ 174 Abs 2). Durch die Regelung wird ermöglicht, den Bilanzgewinn ganz oder teilweise den Rücklagen zuzuweisen und ihn unmittelbar in das Grundkapital umzubuchen, um den Aktionären statt einer Bardividende neue Aktien zu gewähren (sog Gratisaktien oder stock dividend; *Hüffer* AktG Rn 5; KölnKomm AktG/*Lutter* Rn 4).

4. Nicht umwandlungsfähige Bestandteile. Nicht umwandlungsfähig sind neben der 5 Rücklage für eigene Anteile (vgl Rn 2) auch **stille Reserven**, also die Differenz zwischen Buchwert und wirklichem Wert, solange sie nicht realisiert und in die Rückla-

§ 208 Umwandlungsfähigkeit von Kapital- und Gewinnrücklagen

gen eingestellt sind (*Hüffer* AktG Rn 2; KölnKomm Akt/*Lutter* Rn 6; *Fett/Spiering* NZG 2002, 358, 360). Ein **Gewinnvortrag** kann erst verwendet werden, wenn er im Gewinnverwendungsbeschluss den Gewinnrücklagen zugeführt worden ist (Köln-Komm AktG/*Lutter* Rn 4; MünchHdb AG/*Krieger* § 59 Rn 25). Die gesetzlichen **Sonderrücklagen** nach § 218 S 2 sowie zur Differenzdeckung bei Wandelanleihen nach § **199 Abs 2** sind nicht umwandlungsfähig (*Hüffer* Rn 10; MünchHdb AG/*Krieger* § 59 Rn 29).

III. Grenzen der Umwandlungsfähigkeit

6 **1. Grenzen nach Abs 1 S 2.** Die **Kapitalrücklage** (§§ 266 Abs 3 A II, 272 Abs 2 Nr 1 bis 3 HGB) und die **gesetzliche Rücklage** (§ 266 Abs 3 A III Nr 1 HGB) einschließlich evtl Zuführungen (Rn 3 f) können nur insoweit verwendet werden, als sie zusammen den zehnten oder den in der Satzung bestimmten höheren Teil des bisherigen Grundkapitals übersteigen (Abs 1 S 2). Auf das Grundkapital nach Kapitalerhöhung kommt es dabei nicht an (MünchHdb AG/*Krieger* § 59 Rn 26; *Weiss* BB 2005, 2697, 2701; Spindler/Stilz AktG/*Fock/Wüsthoff* Rn 21). **Andere Gewinnrücklagen** (§ 266 Abs 3 A III Nr 4 HGB) und evtl Zuführungen können dagegen unbeschränkt in Grundkapital umgewandelt werden, sofern sie keiner besonderen Zweckbindung unterliegen (Abs 1 S 2 iVm Abs 2). Das Gleiche gilt für **satzungsmäßige Rücklagen** (vgl Abs 2; MünchHdb AG/*Krieger* § 59 Rn 26). Von den Beschränkungen des Abs 2 S 1 nicht erfasst sind die **anderen Zuzahlungen** in die Kapitalrücklage **gem § 272 Abs 2 Nr 4 HGB;** diese können unabhängig von der Höhe der übrigen Kapitalrücklage und gesetzlichen Rücklage in Grundkapital umgewandelt werden (MünchKomm AktG/ *Volhard* Rn 23; *Döllerer* BB 1986, 1857, 1859; *Ebeling* WPg 1988, 502, 504 f; vgl auch § 150 Rn 4). Von Abs 2 S 1 erfasst ist dagegen auch die **Kapitalrücklage nach §§ 232, 237 Abs 5** (GroßKomm AktG/*Hirte* Rn 17; *Ebeling* WPg 1988, 502, 503; vgl auch § 150 Rn 4). Soweit die Satzung einen **höheren** als den gesetzlichen **Mindestbetrag** von 10 % vorsieht, kann diese Bestimmung durch satzungsändernden Beschluss aufgehoben werden. Die Satzungsänderung kann in ders HV wie der Kapitalerhöhungsbeschluss beschlossen werden; der Erhöhungsbeschluss kann sich dann auch schon am herabgesetzten Mindestbetrag orientieren, wenn die Satzungsänderung vor der Kapitalerhöhung in das HR eingetragen wird (GroßKomm AktG/*Hirte* Rn 20; MünchKomm AktG/*Volhard* Rn 26; aA *Hüffer* AktG Rn 6; KölnKomm AktG/*Lutter* Rn 10; Spindler/Stilz AktG/*Fock/Wüsthoff* Rn 23).

7 **2. Bilanzverlust und Verlustvortrag (Abs 2 S 1).** Die Kapitalrücklage und die Gewinnrücklagen sowie deren Zuführungen können nicht umgewandelt werden, soweit in der zugrunde gelegten Bilanz ein **Verlust** (§ 266 Abs 3 A V HGB) einschließlich eines **Verlustvortrags** (§ 266 Abs 3 A IV HGB) ausgewiesen ist (Abs 2 S 1). Diese Einschränkung gilt für **alle umwandlungsfähigen Rücklagen.** In Höhe des Verlustes bzw Verlustvortrags sind diese für eine Umwandlung nicht verwendbar (*Hüffer* AktG Rn 8; GroßKomm AktG/*Hirte* Rn 23). Eine vorherige Verrechnung mit anderen, nicht umwandlungsfähigen Rücklagen ist nicht zulässig (*Hüffer* AktG Rn 7; MünchHdb AG/*Krieger* § 59 Rn 27). Eine Umwandlung kann nur in der verbleibenden Höhe erfolgen. Maßgebend für den Verlust bzw Verlustvortrag ist dessen **Ausweis in der** der Kapitalerhöhung zugrunde gelegten **Bilanz** (Abs 2 S 1). Wird eine Erhöhungsbilanz (§ 209 Abs 2) zugrunde gelegt, kommt es nur auf den Ausweis in dieser an. Ein Ausweis auch in der letzten Jahresbilanz ist nicht erforderlich. Weist die Erhöhungsbilanz

im Unterschied zur letzten Jahresbilanz keinen Verlust aus, besteht die Beschränkung aus Abs 2 S 1 nicht mehr (MünchKomm AktG/*Volhard* Rn 29). Nach dem Stichtag der zugrunde gelegten Bilanz eingetretene Verluste stehen der Eintragung des Kapitalerhöhungsbeschlusses allerdings gem § 210 Abs 1 S 2 und Abs 2 entgegen und sind deshalb zu berücksichtigen (MünchKomm AktG/Volhard Rn 29). Bei der Ermittlung des Umfangs des umwandlungsfähigen Gewinnrücklagen ist iÜ gem Abs 2 S 2 zu prüfen, inwieweit die Verwendung zweckgebunden ist (dazu Rn 8).

3. Zweckbindung (Abs 2 S 2). Gewinnrücklagen und deren Zuführungen, die für einen bestimmten Zweck bestimmt sind, dürfen nur umgewandelt werden, soweit dies **mit ihrer Zweckbestimmung vereinbar** ist. Dies muss gesondert für jede umzuwandelnde Rücklage geprüft werden. Die Zweckbestimmung kann sich aus der Satzung ergeben; sie kann aber auch bei der Bildung der Rücklage durch die Verwaltung (§ 58 Abs 2) oder die HV (§§ 173 Abs 2 S 2, 58 Abs 3, 174 Abs 2 S 1 Nr 3) festgelegt werden (KölnKomm AktG/*Lutter* Rn 19, 21; MünchKomm AktG/*Volhard* Rn 34). Aus der zugrunde liegenden Bilanz braucht sich die Zweckbindung nicht zu ergeben (*Hüffer* AktG Rn 9; MünchHdb AG/*Krieger* § 59 Rn 28; **aA** KölnKomm AktG/*Lutter* Rn 19). Umwandlungsfähigkeit liegt vor, wenn die zweckgerechte Verwendung der Rücklage zu aktivierungsfähigen Aufwendungen (zB Investitionen) führt, nicht aber, wenn sie auf vermögensmindernden Aufwand gerichtet ist (zB Rücklage für freiwillige Sozialleistungen; MünchHdb AG/*Krieger* § 59 Rn 28; MünchKomm AktG/*Volhard* Rn 36). Die Zweckbindung kann durch das Organ, das sie geschaffen hat, jederzeit wieder aufgehoben werden (GroßKomm AktG/*Hirte* Rn 45). Dies kann ggf auch konkludent geschehen. Die Zweckbindung kann sich uU auch anderweitig erledigen (*Forster/Müller* AG 1960, 55, 57). Bei einer satzungsmäßigen Zweckbestimmung bedarf es einer Satzungsänderung. Die entspr Satzungsänderung kann in ders HV wie die Kapitalerhöhung beschlossen werden. Die Erhöhung kann somit aus den betroffenen Rücklagen bedient werden, wenn die Satzungsänderung zur Zweckbestimmung vorher im HR nicht eingetragen wird (GroßKomm AktG/*Hirte* Rn 46; MünchKomm AktG/*Volhard* Rn 37; MünchHdb AG/*Krieger* § 59 Rn 28; **aA** *Hüffer* Rn 9; KölnKomm AktG/*Lutter* Rn 20; vgl dazu auch Rn 6).

IV. Rechtsfolgen bei Verstößen

Ein Verstoß gegen **Abs 1** oder **Abs 2 S 1** führt zur **Nichtigkeit** des Kapitalerhöhungsbeschlusses nach § 241 Nr 3 (KölnKomm AktG/*Lutter* Rn 25; GroßKomm AktG/*Hirte* Rn 52; zu den Folgen *Fett/Spiering* NZG 2002, 358, 360; **aA** *Forster/Müller* AG 1960, 83, 85). Das RegGericht darf nicht eintragen; geschieht dies dennoch, sind die ausgegebenen Aktien nichtig (KölnKomm AktG/*Lutter* Rn 25). Allerdings ist Heilung gem § 242 Abs 2 möglich (*Hüffer* AktG Rn 11). Fehlerhafte Entnahmen aus Gewinn- und Kapitalrücklagen führen auch zur Nichtigkeit des Jahresabschlusses gem § 256 Abs 1 Nr 4. Ein Verstoß gegen die Zweckbindung gem **Abs 2 S 2** führt dagegen nur zur **Anfechtbarkeit** (unstr, MünchHdb AG/*Krieger* § 59 Rn 31; *Fett/Spiering* NZG 2002, 358, 360). Die Einhaltung der Zweckbindung braucht vom Registergericht nicht geprüft zu werden (str, *Hüffer* Rn 11; MünchHdb AG/*Krieger* § 59 Rn 34; **aA** GroßKomm AktG/*Hirte* Rn 56; KölnKomm AktG/*Lutter* Rn 27; MünchKomm AktG/*Volhard* Rn 40; K. Schmidt/Lutter AktG/*Veil* Rn 10; Spindler/Stilz AktG/*Fock/Wüsthoff* Rn 34).

§ 209 Zugrunde gelegte Bilanz

(1) Dem Beschluss kann die letzte Jahresbilanz zugrunde gelegt werden, wenn die Jahresbilanz geprüft und die festgestellte Jahresbilanz mit dem uneingeschränkten Bestätigungsvermerk des Abschlussprüfers versehen ist und wenn ihr Stichtag höchstens acht Monate vor der Anmeldung des Beschlusses zur Eintragung in das Handelsregister liegt.

(2) ¹Wird dem Beschluss nicht die letzte Jahresbilanz zugrunde gelegt, so muss die Bilanz §§ 150, 152 dieses Gesetzes, §§ 242 bis 256, 264 bis 274 des Handelsgesetzbuchs entsprechen. ²Der Stichtag der Bilanz darf höchstens acht Monate vor der Anmeldung des Beschlusses zur Eintragung in das Handelsregister liegen.

(3) ¹Die Bilanz muss durch einen Abschlussprüfer darauf geprüft werden, ob sie §§ 150, 152 dieses Gesetzes, §§ 242 bis 256, 264 bis 274, 279 bis 283 des Handelsgesetzbuchs entspricht. ²Sie muss mit einem uneingeschränkten Bestätigungsvermerk versehen sein.

(4) ¹Wenn die Hauptversammlung keinen anderen Prüfer wählt, gilt der Prüfer als gewählt, der für die Prüfung des letzten Jahresabschlusses von der Hauptversammlung gewählt oder vom Gericht bestellt worden ist. ²Soweit sich aus der Besonderheit des Prüfungsauftrags nichts anderes ergibt, sind auf die Prüfung § 318 Abs. 1 Satz 3 und 4, § 319 Abs. 1 bis 4, § 319a Abs. 1, § 319b Abs. 1, § 320 Abs. 1, 2, §§ 321, 322 Abs. 7 und § 323 des Handelsgesetzbuchs entsprechend anzuwenden.

(5) ¹Bei Versicherungsgesellschaften wird der Prüfer vom Aufsichtsrat bestimmt; Absatz 4 Satz 1 gilt sinngemäß. ²Soweit sich aus der Besonderheit des Prüfungsauftrags nichts anderes ergibt, ist auf die Prüfung § 341k des Handelsgesetzbuchs anzuwenden.

(6) Im Fall der Absätze 2 bis 5 gilt für das Zugänglichmachen der Bilanz und für die Erteilung von Abschriften § 175 Abs. 2 sinngemäß.

Übersicht

	Rn		Rn
I. Gegenstand der Regelung	1	3. Prüfung	7
II. Letzte Jahresbilanz	2	a) Bestimmung des Prüfers und Prüfungsumfang	7
1. Bilanz und Prüfung	2	b) Uneingeschränkter Bestätigungsvermerk	8
2. Stichtag	3		
3. Informationsrechte	4	4. Informationsrechte	9
III. Erhöhungsbilanz	5	IV. Rechtsfolgen bei Verstößen	10
1. Bilanz und Stichtag	5		
2. Umzuwandelnde Rücklagen	6		

I. Gegenstand der Regelung

1 § 209 regelt, welche Bilanz dem Erhöhungsbeschluss zugrunde gelegt werden kann. Wird dem Beschluss nicht die letzte Jahresbilanz zugrunde gelegt (Abs 1), sondern eine Zwischenbilanz (Erhöhungsbilanz), muss diese Zwischenbilanz gesondert geprüft werden (Abs 2). Die Prüfung und die Wahl des Abschlussprüfers für die Zwischenbilanz regeln Abs 3–5. Abs 6 ordnet für den Fall der Zugrundelegung einer Zwischenbilanz die sinngemäße Geltung des § 175 Abs 2 an, um die rechnungslegungsbezogenen Informationsrechte der Aktionäre zu wahren.

Zugrunde gelegte Bilanz § **209**

II. Letzte Jahresbilanz

1. Bilanz und Prüfung. Die letzte Jahresbilanz ist die Bilanz des Jahresabschlusses für 2 das letzte vor der Beschlussfassung über die Kapitalerhöhung abgelaufene Geschäftsjahr. Auf die übrigen Bestandteile Jahresabschlusses (insb GuV und Anhang) kommt es nicht an (MünchKomm AktG/*Volhard* Rn 4). Für die Aufstellung und die Feststellung der letzten Jahresbilanz gelten keine Besonderheiten. Bei einer kleinen Kapitalgesellschaft iSv § 267 Abs 1 HGB genügt eine gem § 266 Abs 1 S 3 HGB verkürzte Bilanz schon im Hinblick auf die Prüfungspflicht gem Abs 1 nicht (str, *IDW* PH 9.400.6; *Hüffer* AktG Rn 3; KölnKomm AktG/*Lutter* Rn 4; Marsch-Barner/Schäfer Hdb AG/*Busch* § 45 Rn 7; **aA** GroßKomm AktG/*Hirte* Rn 14; MünchKomm AktG/*Volhard* Rn 7). Die Bilanz muss geprüft und vor ihrer Feststellung mit dem uneingeschränkten Bestätigungsvermerk des Abschlussprüfers (§ 322 Abs 1 HGB) versehen sein (Abs 1). Die Prüfung bestimmt sich nach den §§ 316 ff HGB und ggf weiteren Vorschriften (zB §§ 340k, 341k HGB). Die Vorschriften gem Abs 3–5 gelten nur für die Erhöhungsbilanz gem Abs 2. Bzgl der umwandlungsfähigen Rücklagen beschränkt sich die Prüfung auf die Richtigkeit des Ausweises; die Umwandlungsfähigkeit wird nicht geprüft (MünchKomm AktG/*Volhard* Rn 9; KölnKomm AktG/*Lutter* Rn 3; *Hüffer* AktG Rn 3). Die Prüfung muss zu einem uneingeschränkten Bestätigungsvermerk (§ 322 Abs 2 S 1 Nr 1 HGB) geführt haben. Dies gilt jedoch nicht, soweit die Einwendungen des Prüfers nicht die Bilanz, sondern nur die GuV, den Anhang oder den Lagebericht betreffen (GroßKomm AktG/*Hirte* Rn 24; MünchKomm AktG/*Volhard* Rn 16). Bei einer Änderung der Bilanz ist vor dem Kapitalerhöhungsbeschluss eine erneute Prüfung notwendig. Dies gilt auch dann, wenn die HV selbst die Bilanz bei Feststellung ändert (§ 173 Abs 3; GroßKomm AktG/*Hirte* Rn 20 f). Die Nachprüfung kann sich auf die geänderten Teile beschränken, wenn zuvor ein uneingeschränkter Bestätigungsvermerk erteilt wurde. Die Jahresbilanz muss festgestellt (§§ 172, 173) sein und zwar nach der Prüfung (§ 316 Abs 1 S 2 HGB). Bei einer kleinen AG kann die Feststellung mangels gesetzlicher Prüfungspflicht auch vor der Prüfung erfolgen (*Hüffer* AktG Rn 3). Eine testierte Bilanz ist auch dann erforderlich, wenn die Kapitalerhöhung nur um einen geringfügigen Betrag erfolgt (*BayObLG* AG 2002, 397, 398).

2. Stichtag. Der Stichtag der Jahresbilanz darf höchstens acht Monate vor der 3 Anmeldung des Kapitalerhöhungsbeschlusses zur Eintragung in das HR liegen. Stichtag ist der letzte Tag des Geschäftsjahrs; das Datum der Feststellung oder der Unterzeichnung ist nicht maßgebend (*Hüffer* AktG Rn 5). Vor Fristende (Berechnung der Frist nach §§ 186 ff BGB) muss die Anmeldung beim Registergericht eingegangen sein. Ist die Anmeldung nicht ordnungsgemäß, kommt es nach hM auf den Zeitpunkt der Behebung des Mangels an (MünchKomm AktG/*Volhard* Rn 21 mwN; GroßKomm AktG/*Hirte* Rn 26). Jedenfalls bei Fehlern, denen kurzfristig abgeholfen werden kann, sollte die Frist durch die ursprüngliche Anmeldung gewahrt bleiben (Marsch-Barner/ Schäfer HdB AG/*Busch* § 45 Rn 8; MünchHdb AG/*Krieger* § 59 Rn 16). Bei Fristüberschreitung darf das Registergericht die Eintragung gem § 210 Abs 2 nicht vornehmen (KölnKomm AktG/*Lutter* Rn 8; *OLG Frankfurt* GmbHR 1981, 243; *LG Essen* GmbHR 1982, 213, 214).

3. Informationsrechte. Bei Beschlussfassung durch die ordentliche HV gilt für das 4 Zugänglichmachen der Bilanz und die Erteilung von Abschriften § 175 Abs 2. Dies gilt entspr, wenn eine ao HV beschließt (**allgM**, *Hüffer* AktG Rn 2). Die Pflicht zum

§ 209 Zugrunde gelegte Bilanz

Zugänglichmachen und zur Erteilung von Abschriften bezieht sich dann aber nur auf die Bilanz, nicht auf sonstige Teile des Jahresabschlusses oder weitere Berichte (*Hüffer* AktG Rn 2). In beiden Fällen gilt § 175 Abs 2 S 4, wonach die Verpflichtung zur Auslegung und Erteilung von Abschriften entfällt, wenn die Bilanz für den vorgeschriebenen Zeitraum über die Internetseite der Gesellschaft zugänglich ist.

III. Erhöhungsbilanz

5 **1. Bilanz und Stichtag.** Anstelle der letzten Jahresbilanz kann dem Erhöhungsbeschluss auch eine besondere Erhöhungsbilanz, die das Vermögen zu einem anderen Stichtag als dem Ende des Geschäftsjahrs darstellt, zugrunde gelegt werden (Abs 2 S 1). GuV, Anhang und Lagebericht sind nicht erforderlich (*IDW* PH 9.400.6). Der Stichtag einer solchen Zwischenbilanz darf höchstens acht Monate vor der Anmeldung des Kapitalerhöhungsbeschlusses zur Eintragung in das HR liegen (Abs 2 S 2; vgl Rn 3). Die Aufstellung der Zwischenbilanz obliegt dem Vorstand; für ihren Inhalt gelten die Vorschriften über die Jahresbilanz (Abs 2 S 1). Soweit Sonderregeln für die Jahresbilanz gelten (zB §§ 340 ff, 341 ff HGB), gelten diese auch für die Zwischenbilanz (MünchKomm AktG/*Volhard* Rn 26). Die Zwischenbilanz muss auf der letzen Jahresbilanz aufbauen. Ist diese noch nicht festgestellt, kann auf die festgestellte vorletzte Jahresbilanz zurückgegriffen werden, wobei die Zwischenbilanz auf einen Stichtag im vergangenen Geschäftsjahr aufgestellt werden kann (Marsch-Barner/Schäfer Hdb AG/*Busch* § 45 Rn 10). Da die Zwischenbilanz für die Gewinnverwendung nicht relevant ist, bedarf sie keiner Feststellung nach § 172 oder § 173. Der AR prüft die Zwischenbilanz nicht nach § 171, sondern nach § 111 (MünchHdb AG/*Krieger* § 59 Rn 22; *Hüffer* AktG Rn 11; **aA** GroßKomm AktG/*Hirte* Rn 37). Der AR muss daher keinen formalen Prüfungsbericht verfassen (HüfferAktG Rn 11). Eine Billigung durch den AR dürfte aber gleichwohl erforderlich sein (Hüffer AktG Rn 11; Marsch-Barner/Schäfer Hdb AG/*Busch* § 45 Rn 12; GroßKomm AktG/*Hirte* Rn 37; **aA** GroßKomm AktG/*Hirte* Rn 37; K. Schmidt/Lutter AktG/*Veil* Rn 12).

6 **2. Umzuwandelnde Rücklagen.** Die in Grundkapital umzuwandelnden Rücklagen müssen nicht nur in der Zwischenbilanz, sondern auch in der letzten Jahresbilanz ausgewiesen sein (Abs 1 S 1; § 208 Rn 2). Die Zwischenbilanz kann daher nicht dazu dienen, zwischenzeitlich angefallene Gewinne den Rücklagen zuzuweisen (Marsch-Barner/Schäfer Hdb AG/*Busch* § 45 Rn 11). Weichen die in der Jahres- und in der Zwischenbilanz ausgewiesenen Rücklagen im Betrag voneinander ab, ist der niedrigere Betrag maßgebend (*Hüffer* AktG Rn 6; KölnKomm/*Lutter* Rn 11; Fett/Spiering NZG 2002, 358, 361). Soweit es um die Berücksichtigung eines Verlusts oder Verlustvortrags (§ 208 Abs 2 S 1) geht, kommt es dagegen nur auf die Erhöhungsbilanz an (*Hüffer* AktG Rn 6).

7 **3. Prüfung. – a) Bestimmung des Prüfers und Prüfungsumfang.** Die Zwischenbilanz muss von einem Abschlussprüfer darauf geprüft werden, ob sie den Voraussetzungen gem Abs 2 S 1 und evtl ergänzender Sonderregelungen entspricht (Abs 3 S 1). Geprüft werden danach nur die Gliederung und die Ansatz- und Wertvorschriften (*IDW* PH 9.400.6). Wenn die HV keinen Prüfer wählt, gilt der Prüfer als gewählt, der für die Prüfung des letzten Jahresabschlusses von der HV gewählt oder vom Gericht bestellt worden ist (Abs 4 S 1). Die Fiktion gilt auch für kleine AG bei einer vorhergehenden freiwilligen Prüfung (GroßKomm AktG/*Hirte* Rn 40). Auch bei einer kleinen AG können nur WP und WP-Gesellschaften prüfen (*Hüffer* AktG Rn 9; *Fett/Spiering*

NZG 2002, 358, 361). Soweit sich aus der Besonderheit des Prüfungsauftrags nichts anderes ergibt, sind auf die Prüfung die in Abs 4 S 2 genannten Vorschriften entspr anzuwenden. Für die Erteilung des Prüfungsauftrags ist an sich der Vorstand zuständig (§ 78). Allerdings liegt auch eine Analogie zu § 111 Abs 2 S 3 nahe. Daher sollte die Erteilung vorsorglich durch Vorstand und AR erfolgen (*Hüffer* AktG Rn 9). Bei Versicherungsgesellschaften wird der Prüfer vom AR bestimmt (Abs 5 S 1). Für die Prüfung gilt ergänzend § 341k HGB (Abs 5 S 2).

b) Uneingeschränkter Bestätigungsvermerk. Die Zwischenbilanz muss mit einem uneingeschränkten Bestätigungsvermerk versehen sein (Abs 4 S 2). Ein bestimmter Wortlaut ist für den Prüfungsvermerk nicht vorgeschrieben. Das Prüfungsurteil bezieht sich darauf, dass bei der Bilanz die in Abs 2 und 3 genannten Vorschriften (nebst etwaiger Sondervorschriften) eingehalten worden sind (MünchKomm AktG/ *Volhard* Rn 36; Formulierungs-Beispiel: *IDW* PH 9.400.6 Ziff 11). Der Prüfungsvermerk muss uneingeschränkt erteilt sein. Andernfalls ist die Zwischenbilanz für die Kapitalerhöhung nicht verwendbar. Eine Einschränkung kommt daher in der Wirkung einer Versagung gleich. Eine Änderung der Zwischenbilanz nach der Prüfung macht eine erneute Prüfung mit einem neuen uneingeschränkten Bestätigungsvermerk erforderlich (*Hüffer* AktG Rn 10). 8

4. Informationsrechte. Für die Auslegung der Erhöhungsbilanz und für die Erteilung von Abschriften gilt § 175 Abs 2 sinngemäß, Abs 6; vgl zu den Einzelheiten § 175 Rn 6 ff). Da nur eine Zwischenbilanz vorzulegen ist, beschränkt sich das Recht zur Einsicht und Abschrifterteilung auf diese. Für die Auslegung muss die Zwischenbilanz noch nicht geprüft und testiert sein. Ergeben sich aus der Prüfung Änderungen liegt aber ein Anfechtungsgrund vor, wenn die ausgelegte und der HV zugrunde gelegte Bilanz nicht übereinstimmen. Daher sollte erst die endgültige Zwischenbilanz ausgelegt werden (*Hüffer* AktG Rn 13). Die Zwischenbilanz muss nicht nach § 325 HGB offen gelegt werden (Marsch-Barner/Schäfer Hdb AG/*Busch* § 45 Rn 14). 9

IV. Rechtsfolgen bei Verstößen

Liegt dem Kapitalerhöhungsbeschluss **keine geprüfte** und mit dem uneingeschränkten Bestätigungsvermerk versehene **Bilanz** (letzte Jahresbilanz oder Zwischenbilanz) zugrunde, ist der Erhöhungsbeschluss gem § 241 Nr 3 **nichtig** (MünchHdb AG/*Krieger* § 59 Rn 23; *BayObLG* AG 2006, 397, 398; KölnKomm AktG/*Lutter* Rn 10). Das Gleiche gilt, wenn die letzte Jahresbilanz **nicht festgestellt** oder ist die Feststellung nichtig ist (*Hüffer* AktG Rn 14; MünchKomm AktG/*Volhard* Rn 43; GroßKomm AktG/*Hirte* Rn 52). Der Registerrichter darf den Kapitalerhöhungsbeschluss nicht eintragen. Geschieht dies dennoch, ist Heilung nach § 242 Abs 2 möglich (*Hüffer* AktG Rn 14). Liegt der **Stichtag** der zugrunde gelegten Bilanz **länger als acht Monate** zurück, darf ebenfalls nicht eingetragen werden (§ 210 Abs 2). Wird trotz Fristüberschreitung eingetragen, ist die Kapitalerhöhung in vollem Umfang wirksam (*Hüffer* AktG Rn 14; MünchKomm AktG/*Volhard* Rn 47; KölnKomm AktG/*Lutter* Rn 10). Eine Amtslöschung ist deswegen nicht möglich (*Hüffer* AktG Rn 14). Ein Verstoß gegen § 175 **Abs 2** führt nur zur **Anfechtbarkeit** (MünchHdb AG/*Krieger* § 59 Rn 24). Die Auslegung kann außerdem gem § 407 Abs 1 durch Ordnungsgeld erzwungen werden. Zu weiteren Folgen bei Verstößen gegen § 175 Abs 2 vgl § 175 Rn 10. Zur Eintragung bei Anfechtbarkeit vgl § 243 Rn 28 ff. 10

§ 210 Anmeldung und Eintragung des Beschlusses

(1) ¹Der Anmeldung des Beschlusses zur Eintragung in das Handelsregister ist die der Kapitalerhöhung zugrunde gelegte Bilanz mit Bestätigungsvermerk, im Fall des § 209 Abs. 2 bis 6 außerdem die letzte Jahresbilanz, sofern sie noch nicht nach § 325 Abs. 1 des Handelsgesetzbuchs eingereicht ist, beizufügen. ²Die Anmeldenden haben dem Gericht gegenüber zu erklären, dass nach ihrer Kenntnis seit dem Stichtag der zugrunde gelegten Bilanz bis zum Tag der Anmeldung keine Vermögensminderung eingetreten ist, die der Kapitalerhöhung entgegenstünde, wenn sie am Tag der Anmeldung beschlossen worden wäre.

(2) Das Gericht darf den Beschluss nur eintragen, wenn die der Kapitalerhöhung zugrunde gelegte Bilanz auf einen höchstens acht Monate vor der Anmeldung liegenden Stichtag aufgestellt und eine Erklärung nach Absatz 1 Satz 2 abgegeben worden ist.

(3) Das Gericht braucht nicht zu prüfen, ob die Bilanzen den gesetzlichen Vorschriften entsprechen.

(4) Bei der Eintragung des Beschlusses ist anzugeben, dass es sich um eine Kapitalerhöhung aus Gesellschaftsmitteln handelt.

(5) *(aufgehoben)*

Übersicht

	Rn		Rn
I. Gegenstand der Regelung	1	III. Prüfung durch das Registergericht (Abs 2 und 3)	6
II. Anmeldung des Kapitalerhöhungsbeschlusses (Abs 1)	2	1. Eintragungsvoraussetzungen	6
1. Anmeldeberechtigte Personen	2	2. Zugrunde gelegte Bilanz	7
2. Einreichung zum Gericht	3	IV. Entscheidung	8
3. Inhalt der Anmeldung	4	1. Ablehnungsgründe	8
a) Beizufügende Unterlagen	4	2. Aussetzung, Zwischenverfügung	9
b) Erklärung zur Vermögensminderung nach Bilanzstichtag (Abs 1 S 2)	5	V. Eintragung	10

Literatur: *Ammon* Die Anmeldung zum Handelsregister, DStR 1993, 1025; *Apfelbaum* Wichtige Änderungen für Notare durch das EHUG jenseits der elektronischen Handelsregisteranmeldung, DNotZ 2007, 166; *Liebscher/Scharff* Das Gesetz über elektronische Handelsregister und Genossenschaftsregister sowie das Unternehmensregister, NJW 2006, 3745; *Rieß* Elektronisches Handels- und Unternehmensregister, Rpfleger 2006, 233; *Schlotter* Das EHUG ist in Kraft getreten: Das Recht der Unternehmenspublizität hat eine neue Grundlage, BB 2007, 1; vgl auch die Nachweise zu § 207.

I. Gegenstand der Regelung

1 § 210 regelt die Anmeldung des Erhöhungsbeschlusses zur Eintragung und die Eintragung dieses Beschlusses in das HR durch das Registergericht. Bereits die Eintragung des Erhöhungsbeschlusses führt zur Erhöhung des Grundkapitals (MünchKomm AktG/*Volhard* Rn 47). Der Jahresabschluss ist iRd jährlichen Offenlegung beim Betreiber des elektronischen Bundesanzeigers einzureichen (§ 325 Abs 1 S 1 HGB); wird hingegen die letzte Jahresbilanz der Kapitalerhöhung aus Gesellschaftsmitteln

Anmeldung und Eintragung des Beschlusses § 210

zugrunde gelegt, bleibt hierfür die Eintragung in das HR weiter notwendig. Die Übermittlung erfolgt jedoch gem § 12 HGB elektronisch (dazu *Schlotter* BB 2007, 1). Eine gewisse Zusammenfassung wird durch das elektronische Unternehmensregister gem § 8b HGB erreicht.

II. Anmeldung des Kapitalerhöhungsbeschlusses (Abs 1)

1. Anmeldeberechtigte Personen. Der **Vorstand** (in vertretungsberechtigter Zahl, §184 Rn 4) und der **AR-Vorsitzende** haben gem §§ 184 Abs 1, 207 Abs 2 S 1 den Kapitalerhöhungsbeschluss zur Eintragung in das HR anzumelden. Die Anmeldenden handeln für die AG (*BGHZ* 105, 324, 328), zeichnen jedoch im eigenen Namen und nicht mit der Firma der Gesellschaft (KölnKomm AktG/*Lutter* Rn 2; GroßKomm AktG/ *Hirte* Rn 8). Anmeldung durch einen Bevollmächtigten ist nicht möglich; **unechte Gesamtvertretung** durch Vorstand und Prokurist ist dagegen zulässig (§ 184 Rn 5; KölnKomm AktG/*Lutter* Rn 2; bzgl der unechten Gesamtvertretung aA GroßKomm AktG/*Hirte* Rn 9; Marsch-Barner/Schäfer Hdb AG/*Busch* § 45 Rn 21). Ist der AR-Vorsitzende verhindert, kann an seiner Stelle der stellvertretende Vorsitzende mitwirken; eine Vertretung durch Bevollmächtigung scheidet auch hier aus (§ 184 Rn 6). Eine Vertretung durch Bevollmächtigung kommt auch dann nicht in Betracht, wenn die Erklärung gem § 210 Abs 1 S 2 bereits erfolgt ist und sich die Bevollmächtigung auf die Anmeldung beschränken würde (*Hüffer* § 208 Rn 19; aA *OLG Köln* NJW 1987, 135 f zur GmbH; KölnKomm AktG/*Lutter* Rn 2; vgl auch *Ammon* DStR 1993, 1025, 1027 f). Die Anmeldung einreichen kann auch ein Dritter (*Hüffer* AktG § 208 Rn 19). Die anmeldeberechtigten Personen sind gegenüber der Gesellschaft zur Anmeldung **verpflichtet** (näher dazu § 184 Rn 7). Eine Erzwingung der Anmeldung durch Zwangsgeld gem § 14 HGB ist nicht möglich (§ 407 Abs 2).

2. Einreichung zum Gericht. Die Anmeldung ist Verfahrenserklärung (KölnKomm AktG/*Lutter* Rn 5). Ihre Einreichung erfolgt elektronisch, jedoch in öffentlich beglaubigter Form (§ 12 Abs 1 HGB). Wegen der öffentlichen Beglaubigung bedarf es weiter der handschriftlichen Unterzeichnung der Anmeldung bei einem Notar, der diese dann in eine mit elektronischer Signatur versehene Datei umformt (*Schlotter* BB 2007, 1). Für die Beglaubigung muss gem § 39a BeurkG iVm § 12 Abs 2 S 2 ein einfaches elektronisches Zeugnis übermittelt werden. Sachlich ist das **Amtsgericht** zuständig (§ 376 FamFG). Örtlich zuständig ist das Gericht am Sitz der Gesellschaft (§§ 5, 14). Ein Gericht der Zweigniederlassung besteht nicht mehr (*Liebscher/Scharff* NJW 2006, 3745, 3751; vgl auch Art 61 Abs 6 EGHGB). Zum **Zeitpunkt** der Anmeldung vgl § 184 Rn 8.

3. Inhalt der Anmeldung. – a) Beizufügende Unterlagen. Der Anmeldung ist die **Niederschrift über den HV- Beschluss** zur Kapitalerhöhung aus Gesellschaftsmitteln nebst Anlagen beizufügen (§ 130 Abs 5; *Hüffer* AktG Rn 3). Sollen Mittel umgewandelt werden, die nicht in der zugrunde gelegten Bilanz, sondern im **Gewinnverwendungsbeschluss** (§ 174) als Zuweisungen zu den Rücklagen ausgewiesen sind (§ 208 Abs 1 S 1), ist auch dieser Beschluss der Anmeldung beizufügen. Davon kann abgesehen werden, wenn der Beschluss schon eingereicht worden ist (zB nach § 325 Abs 1 S 3, 326 HGB; GroßKomm AktG/*Hirte* Rn 17). Beizufügen ist sodann die **zugrunde gelegte Bilanz** mit dem uneingeschränkten **Bestätigungsvermerk**, idR die letzte Jahresbilanz, sofern sie nicht schon eingereicht worden ist (Abs 1 S 1). Insofern genügt die Einreichung zum Bundesanzeiger gem § 325 Abs 1 S 1 HGB (*Hüffer* AktG Rn 3;

Marsch-Barner 1655

K. Schmidt/Lutter AktG/*Veil* Rn 3). Bei Verwendung einer **Zwischenbilanz** (Erhöhungsbilanz) ist diese und **zusätzlich** die letzte Jahresbilanz beizufügen (vgl § 208 Abs 1 S 1). Außerdem muss der **neue Satzungswortlaut** mit der Notarbescheinigung nach § 181 Abs 1 S 2 beigefügt werden, weil die Kapitalerhöhung die Satzung hinsichtlich der Höhe des Grundkapitals (§ 23 Abs 3 Nr 3) ändert (*Hüffer* AktG Rn 3; Köln-Komm AktG/*Lutter* Rn 10). Einer Kostenberechnung bedarf es nicht (MünchKomm AktG/*Volhard* Rn 17; GroßKomm AktG/*Hirte* Rn 23).

5 **b) Erklärung zur Vermögensminderung nach Bilanzstichtag (Abs 1 S 2).** Gem § 210 Abs 1 S 2 haben die Anmeldenden dem Gericht gegenüber zu erklären, dass nach ihrer Kenntnis **seit dem Stichtag der** zugrunde gelegten **Bilanz** bis zum Tag der Anmeldung **keine Vermögensminderung** eingetreten ist, die der Kapitalerhöhung entgegenstünde, wenn sie am Tag der Anmeldung beschlossen worden wäre. Gemeint sind damit zwischenzeitlich eingetretene Vermögensminderungen, die der Kapitalerhöhung aus Gesellschaftsmitteln entgegenstünden, wenn Stichtag der zugrunde gelegten Bilanz der Tag der Anmeldung wäre (*OLG Hamm* AG 2008, 713, 716; MünchKomm AktG/*Volhard* Rn 8; GroßKomm AktG/*Hirte* Rn 24). Zu fragen ist daher, ob die nach dem Stichtag der Bilanz eingetretenen Vermögensminderungen die Bilanz derart verändert hätten, würde man ihren Stichtag auf den Tag der Anmeldung verschieben, dass sie einer Kapitalerhöhung nicht mehr zugrunde gelegt werden könnte (Marsch-Barner/Schäfer Hdb AG/*Busch* § 45 Rn 23). Die Versicherung bloßer Unkenntnis genügt nicht (*Hüffer* AktG Rn 4). Die Anmeldenden müssen sich positive Kenntnis über etwaige Vermögensminderungen verschaffen, dass keine die Kapitalerhöhung hindernde Vermögensminderung eingetreten ist (*Hüffer* AktG Rn 4; MünchKomm AktG/*Volhard* Rn 32). Dafür dürfte es genügen, wenn sich die Anmeldenden vor der Anmeldung bei der als zuverlässig bekannten Finanzbuchhaltung informieren (vgl Marsch-Barner/Schäfer Hdb AG/*Busch* § 45 Rn 23 und MünchHdb AG/*Krieger* § 59 Rn 33; weitergehend GroßKomm AktG/*Hirte* Rn 24: kontinuierliche Überwachung). Die Erklärung kann in der Anmeldung oder in einem gesonderten (elektronischen) Dokument (§ 12 HGB) erfolgen (*Hüffer* AktG Rn 4). Eine **unwahre Erklärung** ist gem § 399 Abs 2 **strafbar**.

III. Prüfung durch das Registergericht (Abs 2 und 3)

6 **1. Eintragungsvoraussetzungen.** Vor der Eintragung prüft das Registergericht die formellen und materiellen Eintragungsvoraussetzungen, insb das Zustandekommen des Kapitalerhöhungsbeschlusses und die Ordnungsmäßigkeit der Anmeldung (MünchKomm AktG/*Volhard* Rn 18). Zur Ordnungsmäßigkeit der Anmeldung gehört, dass die der Kapitalerhöhung zugrunde gelegte Bilanz auf einen höchstens acht Monate vor der Anmeldung liegenden Stichtag aufgestellt und eine Erklärung nach Abs 1 S 2 abgegeben worden ist (Abs 2). Auch eine geringfügige Fristversäumung zwingt zur Ablehnung (vgl § 209 Rn 3). Grds genügt eine Plausibilitätskontrolle (*Hüffer* AktG Rn 5). Soweit die Angaben vollständig sind und keine Widersprüche vorliegen, kann das Gericht von der Richtigkeit der Angaben und Unterlagen ausgehen (KölnKomm AktG/*Lutter* Rn 11). Bei Zweifeln an der Rechtmäßigkeit der Kapitalerhöhung hat das Gericht von Amts wegen zu ermitteln (§ 26 FamFG).

7 **2. Zugrunde gelegte Bilanz.** Die der Erhöhung zugrunde gelegte Bilanz wird vom Registergericht nur insoweit geprüft, als es sich um spezifische Voraussetzungen für die Kapitalerhöhung aus Gesellschaftsmitteln handelt. Geprüft werden somit die

Anmeldung und Eintragung des Beschlusses § 210

Anforderungen des § 209 (vgl dort), also ob die Bilanz der Kapitalerhöhung zugrunde gelegt werden kann, insb ob eine ordnungsgemäße Prüfung (vgl § 209 Abs 4 und 5) und ein uneingeschränkter Bestätigungsvermerk vorliegen (*Hüffer* AktG Rn 6). Bei einer kleinen AG genügt trotz §§ 266 Abs 1 S 3, 267 Abs 1 HGB eine verkürzte Bilanz nicht; wird sie zugrunde gelegt, führt dies zur Ablehnung der Eintragung (vgl § 209 Rn 2). Wegen § 210 Abs 3 werden von der Prüfungspflicht **nicht** erfasst §§ 209 Abs 2 S 1 und Abs 3 S 1. Ferner prüft das Gericht die **Umwandlungsfähigkeit** der betroffenen Rücklagen nach § 208 Abs 1 und Abs 2 S 1. Wird eine Zwischenbilanz (Erhöhungsbilanz) zugrunde gelegt, muss geprüft werden, ob die verwendete Rücklage auch in der letzten Jahresbilanz als Kapitalrücklage oder Gewinnrücklage ausgewiesen ist (§ 208 Abs 1 S 1; GroßKomm AktG/*Hirte* Rn 30). **Nicht** geprüft wird jedoch, ob eine der Umwandlungsfähigkeit gem § 208 Abs 2 S 2 entgegenstehende **Zweckbindung** besteht (str, MünchHdb AG/*Krieger* § 59 Rn 34; *Hüffer* AktG Rn 6; **aA** GroßKomm AktG/*Hirte* Rn 30; MünchKomm AktG/*Volhard* Rn 22; **diff** Marsch-Barner/Schäfer Hdb AG/*Busch* § 45 Rn 24: Prüfungspflicht bei satzungsmäßiger Zweckbindung). Eine entgegenstehende Zweckbindung kann die Nichtigkeit nicht begründen (§ 208 Rn 9). Das Gericht braucht nicht zu prüfen, ob die Bilanz den gesetzlichen Vorschriften entspricht (§ 210 Abs 2); dies ist Aufgabe des Abschlussprüfers. Das Registergericht ist jedoch berechtigt, die Bilanz zu prüfen (GroßKomm AktG/*Hirte* Rn 32). Ein Anlass dafür kann jedoch nur in krassen Ausnahmefällen bestehen (vgl *AG Heidelberg* DB 2001, 1481, 1483).

IV. Entscheidung

1. Ablehnungsgründe. Das Gericht hat **unverzüglich** nach Eingang der Anmeldung 8 zu entscheiden (§ 25 Abs 1 S 2 HRV). Ist die Anmeldung nicht ordnungsgemäß oder wurde sie nicht fristgerecht eingereicht, muss die Eintragung abgelehnt werden. Die Eintragung muss ua auch dann abgelehnt werden, wenn die Erklärung nach § 210 Abs 1 S 2 falsch ist und die Kapitalerhöhung hindernde Vermögensminderungen vorliegen (GroßKomm AktG/*Hirte* Rn 35). Ist der Kapitalerhöhungsbeschluss nach § 241 nichtig, hat das Gericht die Eintragung abzulehnen. Ist er lediglich anfechtbar, ist die Eintragung nur dann abzulehnen, wenn durch die Gesetzesverletzung Gläubigerinteressen oder öffentliche Interessen verletzt werden (MünchKomm AktG/*Volhard* Rn 24). Berührt der Gesetzesverstoß dagegen nur die Interessen der Aktionäre, ist es deren Sache, ihre Rechte durch Anfechtung des Beschlusses zu wahren (*Hüffer* AktG Rn 7). Ein Verstoß gegen § 208 Abs 2 S 2 (Zweckbindung von Rücklagen) oder gegen §§ 209 Abs 6, 175 Abs 2 (Informationsrechte der Aktionäre) bildet kein Eintragungshindernis (str für § 208 Abs 2 S 2, vgl dazu oben Rn 2). Wird die Eintragung abgelehnt, kann die Gesellschaft (*BGHZ* 105, 324, 327), vertreten durch die zur Anmeldung berechtigten Personen **Beschwerde** zum *OLG* (§§ 58 ff FamFG) und – zulassungsabhängig – Rechtsbeschwerde zum *BGH* (§§ 70 ff FamFG) einlegen. Der einzelne Aktionär ist nicht beschwerdeberechtigt (KölnKomm AktG/ *Lutter* Rn 16; GroßKomm AktG/*Hirte* Rn 37).

2. Aussetzung, Zwischenverfügung. Das Registergericht kann, wenn kein Eintra- 9 gungshindernis besteht, die Eintragung nicht ablehnen, sondern allenfalls bis zum Ablauf der Anfechtungsfrist oder bis zur Entscheidung über eine Anfechtungs- oder Nichtigkeitsklage **aussetzen** (§§ 381, 21 FamFG). Eine solche Aussetzung führt nicht zur Überschreitung der Achtmonatsfrist (*Hüffer* AktG Rn 7; GroßKomm AktG/*Hirte*

Marsch-Barner

Rn 34). Die Erhebung einer Anfechtungsklage bewirkt keine Eintragungssperre. Das Registergericht kann den Kapitalerhöhungsbeschluss jedenfalls dann eintragen, wenn es die Klage für unzulässig oder offensichtlich unbegründet hält. Um den rechtlichen Bestand der Kapitalerhöhung zu sichern, kann die Gesellschaft beim Prozessgericht die Feststellung beantragen, dass die Erhebung der Klage der Eintragung nicht entgegensteht und Mängel des Kapitalerhöhungsbeschlusses die Wirkung der Eintragung unberührt lassen (§ 246a Abs 1). Der Registerrichter kann durch **Zwischenverfügung** dem Antragsteller eine Frist zur Ausräumung von behebbaren Hindernisse (zB unvollständige Anmeldung) setzen (§ 26 S 2 HRV; *Hüffer* AktG Rn 7). Eine Aussetzung kann nach **hM** zur Überschreitung der Frist führen, da diese nur bei vollständiger Anmeldung gewahrt ist (GroßKomm AktG/*Hirte* Rn 36, vgl § 209 Rn 3). Die Möglichkeit einer Festsetzung von Zwangsgeld gem § 14 HGB besteht nicht (§ 407 Abs 2).

V. Eintragung

10 Bei der Eintragung des Beschlusses ist anzugeben, dass es sich um eine Kapitalerhöhung aus Gesellschaftsmitteln handelt (Abs 4). Ein Verstoß dagegen berührt die Wirksamkeit der Eintragung nicht, die Korrektur erfolgt durch ergänzende Berichtigung nach § 17 HRV (*Hüffer* AktG Rn 10; MünchKomm AktG/*Volhard* Rn 35; LG Essen GmbHR 1982, 213 f). Fehler beim Anmeldeverfahren machen die Eintragung nur dann wirkungslos, wenn die Anmeldung fehlt oder sie von nicht vertretungsberechtigten Personen vorgenommen wurde (*Hüffer* AktG Rn 10, dann Amtslöschung nach § 395 FamFG). Ein Verstoß gegen § 210 Abs 2 (Anmeldefrist und Erklärung über Vermögensminderung nach Bilanzstichtag) berührt die Wirksamkeit der Eintragung nicht; eine Löschung von Amts wegen kommt deswegen nicht in Betracht (KölnKomm AktG/*Lutter* Rn 19). Zur Heilung vgl § 242 Rn 2 ff. Die Bekanntmachung erfolgt gem § 10 HGB. Die Eintragung wird ihrem ganzen Inhalt nach veröffentlicht (*Hüffer* AktG Rn 11).

§ 211 Wirksamwerden der Kapitalerhöhung

(1) Mit der Eintragung des Beschlusses über die Erhöhung des Grundkapitals ist das Grundkapital erhöht.

(2) *(aufgehoben)*

Übersicht

	Rn			Rn
I. Normgegenstand	1		3. Wirksame Anmeldung	4
II. Eintragung	2		4. Löschung der Eintragung	5
1. Konstitutive Wirkung	2	III.	Keine Einlagepflicht	6
2. Wirksamer Beschluss	3			

I. Normgegenstand

1 § 211 bestimmt ebenso wie § 181 Abs 3 für Satzungsänderungen, dass die Kapitalerhöhung erst mit Eintragung wirksam wird, um eine effektive Registerkontrolle und Publizität zu ermöglichen. § 211 entspricht dem früheren § 8 KapErhG (aufgehoben durch Art 5 UmwBerG 1994). GmbH: §§ 54 Abs 3, 57c Abs 4 GmbHG.

II. Eintragung

1. Konstitutive Wirkung. Die Eintragung wirkt konstitutiv (**allgM**); ab Eintragung ist die erhöhte Grundkapitalziffer als „gezeichnetes Kapital" (§§ 266 Abs 3 A. I. HGB, 152 Abs 1 S 1) in den Passiva zu führen (*Hüffer* AktG Rn 2; KölnKomm AktG/*Lutter* Rn 3; MünchKomm AktG/*Volhard* Rn 4; Grigoleit AktG/*Rieder/Holzmann* Rn 2). Mit dem Zeitpunkt der Eintragung entstehen die Mitgliedschaftsrechte unabhängig von der Ausgabe der Aktienurkunden (vgl dazu § 219). Bis zur Ausgabe der Urkunden handelt es sich um unverkörperte Aktien (*Hüffer* AktG Rn 3; MünchKomm AktG/*Volhard* Rn 9), auf die §§ 398, 413 BGB anwendbar sind. Entspricht die Eintragung nicht dem Kapitalerhöhungsbeschluss, ist die Kapitalerhöhung nicht wirksam (Spindler/Stilz AktG/*Fock/Wüsthoff* Rn 8). 2

2. Wirksamer Beschluss. Erforderlich ist ein wirksamer und mit der Eintragung kongruenter Kapitalerhöhungsbeschluss; § 211 legt nur den Zeitpunkt der Wirksamkeit fest, kann Mängel der Kapitalerhöhung oder der Anmeldung als solche nicht heilen (MünchKomm AktG/*Volhard* Rn 11). Ist ein **nichtiger Kapitalerhöhungsbeschluss** eingetragen, so wird trotz Eintragung die Nichtigkeit erst nach drei Jahren geheilt (§ 242 Abs 2, 3), sofern keine Nichtigkeitsklage (§ 249) erhoben ist; auch ein **Gutglaubensschutz** wird durch die Eintragung eines nichtigen Beschlusses nicht begründet, § 15 Abs 3 HGB findet keine Anwendung (KölnKomm AktG/*Lutter* Rn 3; MünchKomm AktG/*Volhard* Rn 24), etwa ausgegebene Aktienurkunden sind nichtig („Scheinaktien"). Eine Ausnahme gilt für eine nicht gehörige Beurkundung des Kapitalerhöhungsbeschlusses, die durch die Eintragung als solche **geheilt** wird (§ 242 Abs 1). Generell nicht (auch nicht durch Ablauf der Drei-Jahresfrist) geheilt werden kann dagegen eine Nichtigkeit gem § 212 S 2 (s näher § 212 Rn 7). Die bloße **Anfechtbarkeit** des Beschlusses steht einem Wirksamwerden durch die Eintragung nicht entgegen; die Eintragung heilt jedoch die Anfechtbarkeit nicht, auch nach der Eintragung kann noch Anfechtungsklage erhoben werden (MünchKomm AktG/*Volhard* Rn 16, 25; MünchHdB AG/*Krieger* § 59 Rn 37). In der Praxis sind solche Fälle trotz Fehlens einer Regelung wie in § 16 Abs 2 UmwG aber selten, da das Gericht im Falle einer aussichtsreichen Anfechtungsklage die Entscheidung über die Eintragung regelmäßig aussetzt (vgl § 21 FamFG). 3

3. Wirksame Anmeldung. Weiterhin ist eine von den befugten Personen (Vorstand gemeinsam mit Vorsitzendem des AR, §§ 184 Abs 1, 207 Abs 2 S 1) wirksam vorgenommene Anmeldung erforderlich (MünchKomm AktG/*Volhard* Rn 12; *Hüffer* AktG § 210 Rn 10), sonst bleibt die Eintragung wirkungslos und ist von Amts wegen zu löschen, §§ 395 Abs 1, 398 FamFG. Andere Mängel der Anmeldung (zB Verstoß gegen § 210 Abs 1 S 2 oder Überschreitung der Achtmonatsfrist des § 210 Abs 2) berühren dagegen weder die Wirksamkeit der Eintragung noch ermöglichen sie eine Löschung von Amts wegen (*Hüffer* AktG § 210 Rn 10; MünchKomm AktG/*Volhard* Rn 13; str, **aA** *von Godin/Wilhelmi* AktG § 210 Anm 4). Im Einzelnen § 210 Rn 8, 10. 4

4. Löschung der Eintragung. Ist die Kapitalerhöhung durch die Eintragung wirksam geworden, kommt eine Löschung der Eintragung von Amts wegen (§§ 395 Abs 1, 398 FamFG) oder auf Anregung der AG (vgl § 24 FamFG) nicht mehr in Frage, selbst wenn die Anmeldung bestimmte Mängel hatte (s Rn 4) oder die Kapitalerhöhung noch anfechtbar ist; eine Löschung ist nur dann möglich, wenn die Kapitalerhöhung nichtig ist bzw auf Anfechtung hin für nichtig erklärt worden ist (§ 248 Abs 1). Eine 5

Stadler

Löschung nach Ablauf der Dreijahresfrist des § 242 Abs 1 S 1 steht gem §§ 395, 398 FamFG im pflichtgemäßen Ermessen des Gerichts (vgl MünchKomm AktG/*Volhard* Rn 18: öffentliches Interesse wird nach Eintritt der Heilung nur selten zu bejahen sein); eine Löschung beseitigt nachträglich die Heilungsmöglichkeit des § 242 Abs 1.

III. Keine Einlagepflicht

6 Weitere Ausführungshandlungen sind bei einer Kapitalerhöhung aus Gesellschaftsmitteln nicht erforderlich, insb ist die Leistung einer Einlage nicht geschuldet. Dies selbst dann nicht, wenn die zur Umwandlung in Grundkapital erforderlichen Mittel (Kapital- oder Gewinnrücklage, § 207 Abs 1) nicht vorhanden sind, zB wegen Unrichtigkeit der Bilanz oder zwischenzeitlich eingetretener Verluste; eine dadurch entstandene **Unterbilanz** ist nicht durch die Aktionäre auszugleichen (ganz **hM**, KölnKomm AktG/*Lutter* Rn 8; *Hüffer* AktG Rn 5; MünchKomm AktG/*Volhard* Rn 10; *Baumbach/Hueck* AktG Rn 3; MünchHdB AG/*Krieger* § 59 Rn 36; Grigoleit AktG/*Rieder/Holzmann* Rn 4; **aA** zur Situation bei der GmbH Scholz/*Priester* GmbHG § 57i Rn 20). Die AG kann jedoch ggf die Abschlussprüfer (§ 323 HGB) oder Anmelder (§§ 93, 116) auf Schadensersatz in Anspruch nehmen (*Hüffer* AktG Rn 5; Grigoleit AktG/*Rieder/Holzmann* Rn 4). IÜ ist die Unterbilanz nach allgemeinen Grundsätzen durch zukünftige Gewinnvorträge oder eine Kapitalherabsetzung (ggf in vereinfachter Form gem §§ 229 ff) auszugleichen (MünchHdB AG/*Krieger* § 59 Rn 36; *Hüffer* AktG Rn 5). Nach wohl **hM** besteht in diesen Fällen der Unterbilanz sogar eine **Pflicht zur Kapitalherabsetzung** (KölnKomm AktG/*Lutter* Rn 8; MünchKomm AktG/*Volhard* Rn 10; GroßKomm AktG/*Hirte* Rn 14); eine solche Pflicht ist abzulehnen (ebenso *Hüffer* AktG Rn 5; Geßler/Hefermehl/Eckardt/Kropff AktG/*Bungeroth* Rn 12; MünchHdB AG/*Krieger* § 59 Rn 36; *Ulmer* in Hachenburg GmbHG § 8 KapErhG Rn 6), da die HV in ihren Beschlussfassungen grds frei ist. Auch bei einer bloßen **Nennbetragserhöhung** (bei Stückaktien gem § 207 Abs 2 S 2, ansonsten ausnahmsweise gem § 215 Abs 2 S 2) entsteht keinerlei Einlagepflicht durch die Kapitalerhöhung; bereits vor der Kapitalerhöhung noch ausstehende Einlagen sind allerdings zu erbringen (*Hüffer* AktG Rn 6; KölnKomm AktG/*Lutter* Rn 9; *Baumbach/Hueck* AktG Rn 3; *Geßler*, BB 1960, 6, 8). In Frage kommen lediglich Schadensersatzansprüche gegen die Anmelder oder Abschlussprüfer (Spindler/Stilz AktG/*Fock/Wüsthoff* Rn 5).

§ 212 Aus der Kapitalerhöhung Berechtigte

¹**Neue Aktien stehen den Aktionären im Verhältnis ihrer Anteile am bisherigen Grundkapital zu.** ²**Ein entgegenstehender Beschluss der Hauptversammlung ist nichtig.**

Übersicht

	Rn		Rn
I. Normgegenstand	1	3. Berechtigter Aktionär	4
II. Berechtigung an den neuen		III. Zwingende Geltung	5
Aktien, S 1	2	IV. Folge von Verstößen, S 2	6
1. Entstehung der neuen Aktien	2	1. Nichtigkeit	6
2. Verteilungsmaßstab	3	2. Handelsregister	7

Literatur: *Simon* Vermeidung von Spitzenbeträgen bei Kapitalerhöhung aus Gesellschaftsmitteln, GmbHR 1961, 179; *Steiner* Anm zum Beschluss des *OLG Dresden* vom 9.2.2001, DB 2001, 585.

I. Normgegenstand

§ 212 (entspricht § 57j GmbHG) sichert die Aktionäre vor einer ungerechtfertigten Verschiebung von Stimmrecht und kapitalmäßiger Beteiligung. Geändert durch Art 1 Ziff 28 StückAG, da die Ausgabe neuer Aktien bei Stückaktien fakultativ ist (§ 207 Abs 2 S 2). 1

II. Berechtigung an den neuen Aktien, S 1

1. Entstehung der neuen Aktien. Neue Aktien entstehen ohne Zuteilung, Zeichnung, Bezugserklärung oder sonstiger Mitwirkung der Aktionäre automatisch zum Zeitpunkt der Eintragung, ggf sogar gegen den Willen der Aktionäre (§ 211 Abs 1; *Hüffer* AktG Rn 2; MünchKomm AktG/*Volhard* Rn 8; KölnKomm AktG/*Lutter* Rn 3; GroßKomm AktG/*Hirte* Rn 8; Grigoleit AktG/*Rieder/Holzmann* Rn 4; MünchHdb AG/*Krieger* § 59 Rn 38; unstr). Da es sich nur um eine Umwandlung von Rücklagen in Grundkapital handelt (§ 207 Abs 1), wird **kein Bezugsrecht** begründet, das ausgeschlossen werden könnte oder auf das der Aktionär verzichten könnte (*Hüffer* AktG Rn 2; aA *Steiner* DB 2001, 585, 586). Auch auf eine Aushändigung neuer Aktienurkunden (§ 214) kommt es nicht an, diese betrifft lediglich die wertpapiermäßige Verbriefung der Mitgliedschaftsrechte (MünchKomm AktG/*Volhard* Rn 8). 2

2. Verteilungsmaßstab. Die Aktien entstehen im Verhältnis der bisherigen Anteile am Grundkapital; dabei ist auch die Ausgabe neuer Aktien aus bedingtem Kapital zu berücksichtigen, sofern diese vor der Eintragung der Kapitalerhöhung stattgefunden hat, selbst wenn die Eintragung noch nicht erfolgt ist (Spindler/Stilz/*Fock/Wüsthoff* AktG Rn 4; anders bei sonstigen effektiven Kapitalerhöhungen, die nur an der Verteilung teilnehmen, wenn sie bereits eingetragen sind, s Rn 5). Die Beteiligungsquoten bleiben unverändert, so dass auch **keine Spitzenbeträge** entstehen können (MünchKomm AktG/*Volhard* Rn 10; KölnKomm AktG/*Lutter* Rn 3); dagegen können **Teilrechte** entstehen, die den Aktionären ebenfalls automatisch zuwachsen (*Hüffer* AktG Rn 2; MünchKomm AktG/*Volhard* Rn 8; KölnKomm AktG/*Lutter* Rn 3; GroßKomm AktG/*Hirte* Rn 8), ggf auch auf bereits vorhandene Teilrechte (s § 213 Rn 8). Solche Teilrechte sind selbstständig veräußerlich (§ 213 Abs 1; für die Ausübung der Rechte aus den Teilrechten gilt § 213 Abs 2). **Eigene Aktien** (oder Aktien an abhängigen oder in Mehrheitsbesitz stehenden Unternehmen, §§ 16, 17) nehmen an der Kapitalerhöhung teil (§ 215; *Hüffer* AktG Rn 2; KölnKomm AktG/*Lutter* Rn 3; MünchKomm AktG/*Volhard* Rn 5; allerdings steht der Gesellschaft gem § 71b bei dem Kapitalerhöhungsbeschluss kein Stimmrecht zu); § 56 Abs 1, 2 steht dem nicht entgegen. 3

3. Berechtigter Aktionär. Aktionär gem S 1 ist der rechtliche Inhaber der Aktien zum Zeitpunkt der Eintragung des Kapitalerhöhungsbeschlusses (MünchKomm AktG/*Volhard* Rn 6), im Falle einer Treuhandschaft also der Treuhänder, im Falle einer Sicherungsübereignung der Sicherungsnehmer (KölnKomm AktG/*Lutter* Rn 4). Bestehen **dingliche Rechte Dritter**, hat dies auf den Erwerb der neuen Aktien durch den Inhaber keinen Einfluss; das dingliche Recht (zB Nießbrauch, Pfandrecht, Vor-/Nacherbfolge) entsteht aber ohne weiteres auch an den neuen Aktien (**allgM;** *Hüffer* 4

§ 212   Aus der Kapitalerhöhung Berechtigte

AktG Rn 2; KölnKomm AktG/*Lutter* Rn 4; MünchKomm AktG/*Volhard* Rn 6; Groß-Komm AktG/*Hirte* Rn 12; MünchHdb AG/*Krieger* § 59 Rn 40).

III. Zwingende Geltung

5   § 212 S 1 ist zwingend, der HV steht kein Gestaltungsspielraum zu. Selbst eine Zustimmung aller Aktionäre oder ein Verzicht der betroffenen Aktionäre kann daran nichts ändern (*OLG Dresden* AG 2001, 532; KölnKomm AktG/*Lutter* Rn 5; MünchKomm AktG/*Volhard* Rn 11; GroßKomm AktG/*Hirte* Rn 15; Grigoleit AktG/*Rieder/Holzmann* Rn 4; MünchHdb AG/*Krieger* § 59 Rn 39), auch kleine Abweichungen ohne Verschiebung der Mehrheitsverhältnisse sind unzulässig (hM, *Hüffer* AktG Rn 3; KölnKomm AktG/*Lutter* Rn 9; **aA** *Steiner* DB 2001, 585; krit auch GroßKomm AktG/*Hirte* Rn 6; zum GmbHR *LG Mannheim* BB 1961, 303; *Simon* GmbHR 1961, 179). Auch in der Satzung kann § 212 S 1 nicht abbedungen werden (§ 23 Abs 5). Ebenso ist eine bloß **mittelbare Beeinträchtigung** der Rechte aus § 212 unzulässig; so kann der Erwerb der neuen Aktien nicht von Bedingungen (zB der gleichzeitigen Teilnahme an einer Kapitalerhöhung gegen Einlagen oder einer Verpflichtung zur Weiterveräußerung der neu erworbenen Aktien) abhängig gemacht werden (*Hüffer* AktG Rn 3; KölnKomm AktG/*Lutter* Rn 10; MünchHdb AG/*Krieger* § 59 Rn 39). Möglich ist freilich, dass eine Kapitalerhöhung gegen Einlagen der Erhöhung aus Gesellschaftsmitteln vorausgeht; die Eintragung der regulären Kapitalerhöhung hat in diesen Fällen vor der Eintragung der Erhöhung aus Gesellschaftsmitteln stattzufinden (KölnKomm AktG/*Lutter* Rn 10; Spindler/Stilz AktG/*Fock/Wüsthoff* Rn 4; s Rn 3), die Aktionäre können dann ihre Bezugsrechte einschließlich der zukünftigen Aktien aus der Kapitalerhöhung aus Gesellschaftsmitteln veräußern (s MünchKomm AktG/*Volhard* Rn 13). S im Einzelnen § 207 Rn 9.

IV. Folge von Verstößen, S 2

6   **1. Nichtigkeit.** Ein von S 1 abweichender Verteilungsmaßstab oder unzulässige Bedingungen oder Erschwerungen des Erwerbs der neuen Aktien sind nichtig. Die Nichtigkeit des HV Beschlusses iÜ beurteilt sich nach **§ 139 BGB**. Im Zweifel ist Gesamtnichtigkeit anzunehmen (*Hüffer* AktG Rn 4; KölnKomm AktG/*Lutter* Rn 11; MünchKomm AktG/*Volhard* Rn 15; GroßKomm AktG/*Hirte* Rn 19; MünchHdb AG/ *Krieger* § 59 Rn 39; vgl etwa den Fall *LG Mannheim* BB 1961, 303; **aA** *Ulmer* in Hachenburg GmbHG § 9 KapErhG Rn 7: im Zweifel soll Beschluss mit Ausnahme des Verteilungsmaßstabes wirksam sein).

7   **2. Handelsregister.** Nichtiger Beschluss darf nicht eingetragen werden; Heilung gem § 242 Abs 2 nicht möglich (*Hüffer* AktG Rn 4; KölnKomm AktG/*Lutter* Rn 12; MünchKomm AktG/*Volhard* Rn 16). Wird ein teilnichtiger Beschluss ohne den nichtigen Teil angemeldet, ist er so einzutragen (MünchKomm AktG/*Volhard* Rn 17); wird er insgesamt angemeldet, so kann das HR den Beschluss ohne den nichtigen Teil eintragen (**aA** MünchKomm AktG/*Volhard* Rn 17; GroßKomm AktG/*Hirte* Rn 20; unklar KölnKomm AktG/*Lutter* Rn 12); trägt das HR den Beschluss insgesamt ein, so wird er nur ohne den nichtigen Teil wirksam, der nichtige Beschlussteil ist keiner Heilung zugänglich (*Hüffer* AktG Rn 4; MünchKomm AktG/*Volhard* Rn 17; KölnKomm AktG/*Lutter* Rn 12).

§ 213 Teilrechte

(1) Führt die Kapitalerhöhung dazu, dass auf einen Anteil am bisherigen Grundkapital nur ein Teil einer neuen Aktie entfällt, so ist dieses Teilrecht selbstständig veräußerlich und vererblich.

(2) Die Rechte aus einer neuen Aktie einschließlich des Anspruchs auf Ausstellung einer Aktienurkunde können nur ausgeübt werden, wenn Teilrechte, die zusammen eine volle Aktie ergeben, in einer Hand vereinigt sind oder wenn sich mehrere Berechtigte, deren Teilrechte zusammen eine volle Aktie ergeben, zur Ausübung der Rechte zusammenschließen.

Übersicht

	Rn		Rn
I. Normgegenstand	1	1. Ausübungssperre	4
II. Entstehung	2	2. Übertragbarkeit, Vererblichkeit	5
1. Entstehung ipso iure	2	IV. Vereinigung in einer Hand, gemeinsame Rechtsausübung, Abs 2	6
2. Ermessen der Hauptversammlung	3	V. Anschließende Kapitalerhöhung aus Gesellschaftsmitteln	8
III. Rechtsnatur	4		

I. Normgegenstand

§ 213 (entspricht § 57k GmbHG) ist eine notwendige Ergänzung zu § 212, da bei der zwingenden quotalen Zuordnung von Aktien Erhöhungsbeträge entstehen können, die nicht durch den Aktiennennbetrag (§ 8 Abs 2) bzw den anteiligen Betrag bei Stückaktien (§ 8 Abs 3) teilbar sind. Anders als bei einer Kapitalerhöhung gegen Einlagen, bei der Teilrechte nach den Regeln des Bezugsrechtsausschlusses vermieden werden können, kann die Entstehung von Teilrechten bei einer Kapitalerhöhung aus Gesellschaftsmitteln wegen der **zwingenden Geltung** des § 212 (dort Rn 5) nicht vermieden werden (*OLG Dresden* AG 2001, 532; MünchKomm AktG/*Volhard* Rn 5). Der Kapitalerhöhungsbetrag ist dabei so zu wählen, dass sämtliche Teilrechte zusammen volle Aktien ergeben (MünchHdB AG/*Krieger* § 59 Rn 42). 1

II. Entstehung

1. Entstehung ipso iure. Teilrechte entstehen zwingend ipso iure in der Person des berechtigten Aktionärs entspr der Zuteilungsvorschrift des § 212 S 1. 2

2. Ermessen der Hauptversammlung. Nach wohl hM haben die Aktionäre einen Anspruch darauf, dass der Erhöhungsbetrag bzw. die Stückelung so festgesetzt werden, dass Teilrechte in möglichst geringem Umfang entstehen (*Hüffer* AktG Rn 1; vgl auch GroßKomm AktG/*Hirte* § 207 Rn 113; zur GmbH Hachenburg GmbHG/*Ulmer* § 10 KapErhG Rn 4; *Priester* in Scholz GmbHG § 57k Rn 4). Dies ist abzulehnen, da das Gesetz Teilrechte ohne Einschränkungen anerkennt; lediglich in Ausnahmefällen, wenn der Erhöhungsbetrag so sachwidrig festgelegt wird, dass ein angemessener Bezug neuer Aktien verhindert wird, mag der Erhöhungsbeschluss anfechtbar sein (MünchHdB AG/*Krieger* § 59 Rn 43; wohl auch MünchKomm AktG/*Volhard* Rn 25; s auch § 207 Rn 3). 3

III. Rechtsnatur

4 **1. Ausübungssperre.** Teilrechte sind **selbstständiger Teil eines Vollrechts.** Der Unterschied zum Vollrecht besteht in einer Ausübungssperre (*Hüffer* § 213 AktG Rn 4), dh insb der Dividendenanspruch, das gesetzliche Bezugsrecht bei Kapitalerhöhungen gegen Einlagen, der Anspruch auf Verbriefung (dazu Rn 5) und die Mitwirkungsrechte (wie etwa Teilnahmerecht an HV, Antrags- und Stimmrechte, Auskunftsrechte, Minderheitenrechte zB nach §§ 122, 142, 147, Anfechtungsrecht) können nicht ausgeübt werden (MünchKomm AktG/*Volhard* Rn 12, 13; vgl Grigoleit AktG/*Rieder/Holzmann* Rn 4; MünchHdB AG/*Krieger* § 59 Rn 44). Dagegen nehmen Teilrechte an Kapitalerhöhungen aus Gesellschaftsmitteln zwingend teil (dazu Rn 8).

5 **2. Übertragbarkeit, Vererblichkeit.** Teilrechte sind selbstständig veräußerlich und vererblich, auch Pfändung, Verpfändung und sonstige Belastungen von Teilrechten sind möglich (*Hüffer* AktG Rn 3; MünchKomm AktG/*Volhard* Rn 6; MünchHdB AG/ *Krieger* § 59 Rn 42). Übertragung erfolgt durch **formlose Abtretung** (§§ 398, 413 BGB), wobei ein Gutglaubenserwerb nicht möglich ist (*Hüffer* AktG Rn 3; MünchKomm AktG/*Volhard* Rn 7; KölnKomm AktG/*Lutter* Rn 7; GroßKomm AktG/*Hirte* Rn 12; *Schippel* DNotZ 1960, 353, 370). Eine **Verbriefung** einzelner Teilrechte ist ausgeschlossen (Abs 2; in der Praxis weithin bedeutungslos, da der Einzelverbriefungsanspruch der Aktionäre regelmäßig zugunsten einer Globalurkunde ausgeschlossen ist, vgl § 10 Abs 5). Die freie Veräußerbarkeit ermöglicht einen **Handel mit Teilrechten** (vergleichbar dem Bezugsrechtshandel), der insb die Zusammenfassung zu Vollrechten ermöglicht (dazu Abs 2). Die freie Übertragbarkeit, Vererblichkeit und Belastbarkeit ist **zwingend** und kann weder in der Satzung noch im Erhöhungsbeschluss ausgeschlossen werden (MünchKomm AktG/*Volhard* Rn 9). Eine Ausnahme gilt nur für **Vinkulierungen** (§ 68 Abs 2); sind die Altaktien vinkuliert, gilt dies auch für die auf sie entfallenden neuen Aktien und Teilrechte (*Hüffer* AktG Rn 3; MünchKomm AktG/ *Volhard* Rn 9; GroßKomm AktG/*Hirte* Rn 11). Umgekehrt erfordert eine Vinkulierung von Teilrechten, die auf nicht vinkulierte Altaktien entfallen, gem § 180 Abs 2 die Zustimmung aller betroffenen Aktionäre (MünchKomm AktG/*Volhard* Rn 9).

IV. Vereinigung in einer Hand, gemeinsame Rechtsausübung, Abs 2

6 Die Ausübungssperre entfällt, wenn sich in der Hand eines Aktionärs mehrere Teilrechte zu mindestens einer vollen Aktie vereinen (erste Alternative) oder sich mehrere Aktionäre mit solchen Teilrechten zur gemeinsamen Rechtsausübung zusammenschließen (zweite Alternative); letzteres geschieht regelmäßig in Form einer GbR gem § 705 BGB (MünchKomm AktG/*Volhard* Rn 21; KölnKomm AktG/*Lutter* Rn 5). Die GbR kann als gemeinsamer Stimmrechtsvertreter gem § 69 Abs 1, 3 auftreten (zweite Alternative des Abs 2); die Teilrechte können aber auch auf die GbR übertragen werden (dann liegt bei der GbR die erste Alternative des Abs 2 vor, denn eine GbR kann selbst Aktionärin sein (heute **hM**, *Hüffer* AktG Rn 4; MünchKomm AktG/*Volhard* Rn 21, 22; **aA** wohl KölnKomm AktG/*Lutter* Rn 5, durch *BGHZ* 146, 341, 343 überholt). Die jeweiligen Teilrechte müssen nicht genau eine oder mehrere Aktien ergeben (zB aus fünf Teilrechten zu je 2/3 können gem Abs 2 die Rechte aus drei Aktien ausgeübt werden, MünchKomm AktG/*Volhard* Rn 15).

7 Auch wenn die Teilrechte in einer Hand vereinigt sind, bleibt ihre **rechtliche Selbstständigkeit erhalten** (MünchKomm AktG/*Volhard* Rn 18). Eine **Zusammenfassung**

mehrerer **Teilrechte** zu einem Vollrecht erfordert die Ausstellung einer Aktienurkunde auf Verlangen des Aktionärs, die Zuteilung von Aktien gem § 214 Abs 4 S 2 oder eine Veräußerung gem § 214 Abs 4 S 1 (MünchKomm AktG/*Volhard* Rn 20; § 214 Rn 18).

V. Anschließende Kapitalerhöhung aus Gesellschaftsmitteln

Teilrechte nehmen selbstständig an nachfolgenden Kapitalerhöhungen teil (*Hüffer* AktG Rn 4; KölnKomm AktG/*Lutter* Rn 6), dh es findet keine „Aufstockung" der Teilrechte statt, sondern es entstehen auf die alten Teilrechte zusätzlich neue selbstständige Teilrechte. **8**

§ 214 Aufforderung an die Aktionäre

(1) ¹Nach der Eintragung des Beschlusses über die Erhöhung des Grundkapitals durch Ausgabe neuer Aktien hat der Vorstand unverzüglich die Aktionäre aufzufordern, die neuen Aktien abzuholen. ²Die Aufforderung ist in den Gesellschaftsblättern bekannt zu machen. ³In der Bekanntmachung ist anzugeben,
1. um welchen Betrag das Grundkapital erhöht worden ist,
2. in welchem Verhältnis auf die alten Aktien neue Aktien entfallen.
⁴In der Bekanntmachung ist ferner darauf hinzuweisen, dass die Gesellschaft berechtigt ist, Aktien, die nicht innerhalb eines Jahres seit der Bekanntmachung der Aufforderung abgeholt werden, nach dreimaliger Androhung für Rechnung der Beteiligten zu verkaufen.

(2) ¹Nach Ablauf eines Jahres seit der Bekanntmachung der Aufforderung hat die Gesellschaft den Verkauf der nicht abgeholten Aktien anzudrohen. ²Die Androhung ist dreimal in Abständen von mindestens einem Monat in den Gesellschaftsblättern bekannt zu machen. ³Die letzte Bekanntmachung muss vor dem Ablauf von achtzehn Monaten seit der Bekanntmachung der Aufforderung ergehen.

(3) ¹Nach Ablauf eines Jahres seit der letzten Bekanntmachung der Androhung hat die Gesellschaft die nicht abgeholten Aktien für Rechnung der Beteiligten zum Börsenpreis und beim Fehlen eines Börsenpreises durch öffentliche Versteigerung zu verkaufen. ²§ 226 Abs. 3 Satz 2 bis 6 gilt sinngemäß.

(4) ¹Die Absätze 1 bis 3 gelten sinngemäß für Gesellschaften, die keine Aktienurkunden ausgegeben haben. ²Die Gesellschaften haben die Aktionäre aufzufordern, sich die neuen Aktien zuteilen zu lassen.

Übersicht

	Rn		Rn
I. Normgegenstand	1	4. Inhalt der Bekanntmachung, Abs 1 S 3	5
II. Aufforderung zur Abholung neuer Aktien, Abs 1	2	a) Adressaten	5
1. Anwendbarkeit	2	b) Betrag der Erhöhung und Verhältniszahl, Abs 1 S 3 Ziff 1 und 2	6
2. Anspruch der Aktionäre. Pflicht des Vorstands	3	c) Hinweis auf Folgen der Nichtabholung, Abs 1 S 4	7
3. Form der Aufforderung, Abs 1 S 2	4	5. Ausgabe der neuen Aktien	8

§ 214 Aufforderung an die Aktionäre

	Rn		Rn
III. Verkauf nicht abgeholter Aktien, Abs 2 und 3	9	1. Regelungszweck	14
1. Pflicht zum Verkauf	9	2. Sinngemäße Anwendung	15
2. Verkaufsandrohung	10	3. Durchführung des Verkaufs	16
3. Durchführung des Verkaufs, Abs 3	11	V. Teilrechte	17
4. Wirkungen des Verkaufs	12	1. Analoge Anwendung	17
5. Folgen eines unzulässigen Verkaufs	13	2. Verbriefung, Verkauf von Aktien aus Teilrechten	18
IV. Unverbriefte Aktien, Abs 4	14	3. Unverbriefte Aktien	19
		VI. Besonderheiten bei Erhöhung der Aktiennennbeträge	20

Literatur: *Stein* Technische Durchführung einer Kapitalerhöhung aus Gesellschaftsmitteln bei Aktiengesellschaften, WM 1960, 242.

I. Normgegenstand

1 Während die Mitgliedschaft durch Eintragung des Erhöhungsbeschlusses automatisch in unverkörperter Form entsteht (§ 211), regelt § 214 das Verfahren zur Ausgabe der Aktienurkunden bzw der Zuteilung (Abs 4), wenn entspr der heutigen Praxis Urkunden nicht oder nur in Form einer Globalurkunde ausgegeben werden (vgl § 10 Abs 5). Bei börsennotierten Gesellschaften wird die Aktienausgabe technisch über ein Bankenkonsortium durchgeführt. Geändert durch Art 1 Ziff 29 StückAG (1998) und Art 7 des 4. FinanzmarktFördG (2002).

II. Aufforderung zur Abholung neuer Aktien, Abs 1

2 **1. Anwendbarkeit.** Norm ist gem Abs 1 S 1 nur anwendbar, wenn **neue Aktien** ausgegeben werden. Bei Stückaktien kann die Kapitalerhöhung gem § 207 Abs 2 S 2 auch ohne Ausgabe neuer Aktien beschlossen werden, es erhöht sich dann lediglich der anteilige Kapitalbetrag pro Aktie. Gleiches gilt im Sonderfall der Erhöhung der Nennbeträge (dazu Rn 20).

3 **2. Anspruch der Aktionäre. Pflicht des Vorstands.** Mit Eintragung (§ 211) erwerben die Aktionäre einen Anspruch auf die Ausgabe von Aktienurkunden, wenn dieser nicht gem § 10 Abs 5 in der Satzung (ein Ausschluss im Kapitalerhöhungsbeschluss genügt nicht!) ausgeschlossen ist (**allgM**, MünchHdB AG/*Krieger* § 59 Rn 69; Münch-Komm AktG/*Volhard* Rn 4). Der Vorstand hat unverzüglich (§ 121 Abs 1 S 1 BGB) nach Eintragung Aktienurkunden bereitzustellen und die Aktionäre zur Abholung aufzufordern; Verstoß gegen diese Pflicht kann Schadensersatzpflicht auslösen (§ 93 Abs 2; s auch § 407 Abs 1: Durchsetzung mit Zwangsgeldandrohung). Der Vorstand sollte die körperliche Herstellung und Ausfertigung der Urkunden bereits vor der Eintragung veranlassen (*Hüffer* AktG Rn 3; MünchKomm AktG/*Volhard* Rn 6; Groß-Komm AktG/*Hirte* Rn 9; *Stein* WM 1960, 242, 244), auch die Unterzeichnung (ggf durch vervielfältigte Unterschrift, § 13 S 1) darf bereits vor Eintragung erfolgen (*Hüffer* AktG Rn 6); ausgegeben werden dürfen die Aktien aber erst mit Eintragung, § 219 (zur Aktienausgabe Rn 8).

4 **3. Form der Aufforderung, Abs 1 S 2.** Die Aufforderung ist in den Gesellschaftsblättern (§ 25 S 1) bekannt zu machen; anders als für die Verkaufsandrohung gem § 214 Abs 2 S 2 genügt einmalige Bekanntmachung (*Hüffer* AktG Rn 4; MünchKomm

Aufforderung an die Aktionäre § 214

AktG/*Volhard* Rn 7; KölnKomm AktG/*Lutter* Rn 7). Muster für die Aufforderung finden sich bei MünchVertragsHdB/*Hölters* Bd 1 Nr V.133 und Happ AktR/*Tielmann* Nr 11.10 b.

4. Inhalt der Bekanntmachung, Abs 1 S 3. – a) Adressaten. Die Aufforderung ist an 5 die jeweiligen **Inhaber** der neuen Mitgliedschaftsrechte zu richten; dies müssen nicht zwingend die Altaktionäre sein, da die unverkörperten Aktien durch Abtretung übertragen werden können, §§ 398, 413 BGB (MünchKomm AktG/*Volhard* Rn 9); umgekehrt können auch die Altaktien ohne die neuen noch unverkörperten Aktien übertragen werden (KölnKomm AktG/*Lutter* Rn 9). Mitgeteilt werden muss die **Form des Nachweises** der Berechtigung (etwa durch Vorlage eines bestimmten Gewinncoupons oder der Altaktien (s MünchKomm AktG/*Volhard* Rn 14; KölnKomm AktG/*Lutter* Rn 9), sowie **Ort und Zeit** der Abholung, meist in den Geschäftsräumen der AG. Übernimmt bei börsennotierten Gesellschaften ein Bankenkonsortium die Ausgabe, kann diese in den Geschäftsräumen der Konsorten erfolgen. Auch Ausgabe über Depotbanken ist mit Hinweis in der Bekanntmachung möglich, sofern Aktionäre Aktien in Streifband- oder Girosammelverwahrung halten (*Hüffer* AktG Rn 4).

b) Betrag der Erhöhung und Verhältniszahl, Abs 1 S 3 Ziff 1 und 2. Der Kapitalerhö- 6 hungsbetrag (Ziff 1) gehört zum zwingenden Inhalt der Bekanntmachung gem § 214. Die **Verhältniszahl** (Ziff 2) ergibt sich zwingend gem § 212 aus dem Verhältnis des Erhöhungsbetrages zur Grundkapitalziffer **unmittelbar vor Eintragung** der Erhöhung (§ 211). Sofern junge Aktien aus einer Kapitalerhöhung gegen Einlagen bereits an der Erhöhung aus Gesellschaftsmitteln teilnehmen sollen, muss die **reguläre Kapitalerhöhung** vorher eingetragen werden (*Hüffer* AktG Rn 5; KölnKomm AktG/*Lutter* Rn 8). Dagegen ist im Falle eines **bedingten Kapitals** gem § 200 die eingetragene Grundkapitalziffer um bereits ausgegebene, aber noch nicht zum HR angemeldete bzw eingetragene Bezugsaktien zu korrigieren (*Hüffer* AktG Rn 5; MünchKomm AktG/*Volhard* Rn 11; KölnKomm AktG/*Lutter* Rn 8 aE).

c) Hinweis auf Folgen der Nichtabholung, Abs 1 S 4. Die Bekanntmachung muss 7 einen Hinweis auf die in Abs 3 geregelten Folgen der Nichtabholung enthalten, und zwar in **berichtigender Auslegung** des Abs 1 S 4 in inhaltlich richtiger, nämlich dem Abs 3 entspr Form (abweichend vom Wortlaut des Abs 1 S 4 ist die AG gem Abs 3 nur berechtigt, solche Aktien zu verkaufen, die binnen eines Jahres nach der Bekanntmachung der letzten der drei *Androhungen* nicht abgeholt wurden, MünchKomm AktG/*Volhard* Rn 12).

5. Ausgabe der neuen Aktien. Die Ausgabe der neuen Aktien erfolgt durch körperli- 8 che Übergabe und Einigung (wertpapierrechtlicher Begebungsvertrag) der vom Vorstand in vertretungsberechtigter Anzahl unterzeichneten Aktienurkunden (vervielfältigte Unterschrift ist ausreichend, § 13 S 1); erst dadurch erhalten die Aktionäre Eigentum an den Urkunden (*Hüffer* AktG Rn 6; MünchKomm AktG/*Volhard* Rn 13). **Vertretung** (etwa durch **Depotbanken**) ist sowohl auf Seiten der Aktionäre als auch der AG möglich (MünchKomm AktG/*Volhard* Rn 15; KölnKomm AktG/*Lutter* Rn 2 aE; Grigoleit AktG/*Rieder/Holzmann* Rn 8). Sofern ein Depotvertrag besteht, ist die Depotbank idR berechtigt und verpflichtet, die neuen Aktien abzuholen (*Hüffer* AktG Rn 6; KölnKomm AktG/*Lutter* Rn 2).

Stadler

III. Verkauf nicht abgeholter Aktien, Abs 2 und 3

9 1. Pflicht zum Verkauf. Werden die Aktien nicht binnen der Jahresfrist des § 214 Abs 2 S 1 abgeholt, hat die Gesellschaft (Vorstand, §§ 76 Abs 1, 78 Abs 1) die **Pflicht**, das Verkaufsverfahren nach Abs 3 einzuleiten (*Hüffer* AktG Rn 7; MünchKomm AktG/*Volhard* Rn 17; KölnKomm AktG/*Lutter* Rn 10). Die Einleitung eines Zwangsgeldverfahrens ist nach dem eindeutigen Wortlaut des § 407 Abs 1 nicht möglich; dieser Unterschied zu § 214 Abs 1 ist schwer nachvollziehbar (KölnKomm AktG/*Lutter* Rn 10).

10 2. Verkaufsandrohung. Der Verkauf ist anzudrohen, frühestens ein Jahr (§ 214 Abs 2 S 1) nach der Bekanntmachung der ordnungsgemäßen Aufforderung gem Abs 1 (insb mit dem Hinweis gem § 214 Abs 1 S 4); Bekanntmachung dreimal im Abstand von mindestens einem Monat, wobei die Bekanntmachung der letzten Androhung vor Ablauf von 18 Monaten seit Bekanntmachung der Aufforderung ergehen muss (§ 214 Abs 2 S 3). Der Verkauf ist dann frühestens ein Jahr nach Bekanntmachung der letzten Androhung zulässig, insgesamt ergibt sich für den Zwangsverkauf also eine **Mindestfrist von 26 Monaten** seit Bekanntmachung der Aufforderung zur Abholung (*Hüffer* AktG Rn 8; MünchKomm AktG/*Volhard* Rn 20). Die Fristen beginnen jeweils mit dem Erscheinen des letzten Gesellschaftsblatts, sofern von § 25 S 2 Gebrauch gemacht ist. Muster für die Androhung bei MünchVertragsHdB/*Hölters* Bd 1 Nr V.134 und Happ AktR/*Tielmann* Nr 12.07 e.

11 3. Durchführung des Verkaufs, Abs 3. Die AG verkauft die Aktien im eigenen Namen für Rechnung der betreffenden Aktionäre (**mittelbare Stellvertretung**, *Hüffer* AktG Rn 9; MünchKomm AktG/*Volhard* Rn 24; GroßKomm AktG/*Hirte* Rn 34). Besteht ein **Börsenpreis**, sind die Aktien zwingend zu diesem Börsenpreis zu verkaufen; nach Abschaffung der amtlichen Kursfeststellung wurde § 214 Abs 3 entspr geändert. Der Verkauf zum Börsenpreis ist dann geboten, wenn die Aktien entweder im regulierten Markt (§ 32 BörsG) oder Freiverkehr (§ 48 BörsG) zugelassen sind und tatsächlich ein hinreichender Handel stattfindet (MünchKomm AktG/*Volhard* Rn 25). Ansonsten hat eine **öffentliche Versteigerung** (§ 383 Abs 3 S 1 BGB) stattzufinden. § 214 Abs 3 S 2 verweist für das Versteigerungsverfahren auf § 226 Abs 3 S 2–6, wobei der Verweis, soweit im Einzelnen passend, grds für beide Verkaufsarten gilt (*Hüffer* AktG Rn 9; MünchHdB AG/*Krieger* § 59 Rn 72; str, **aA** wohl KölnKomm AktG/*Lutter* Rn 18). Insb gilt gem § 226 Abs 3 S 6 für beide Verkaufsarten, dass der Erlös den Berechtigten auszuzahlen oder, soweit bei bestimmten Beteiligten ein Recht zur Hinterlegung besteht (§ 372 BGB), zu hinterlegen ist (MünchKomm AktG/*Volhard* Rn 27). Ausgekehrt wird der **Netto-Erlös**, AG kann durch den Verkauf entstandene angemessene Aufwendungen abziehen (MünchKomm AktG/*Volhard* Rn 28; §§ 667, 670 BGB).

12 4. Wirkungen des Verkaufs. Mit Verkauf und Übereignung der nicht abgeholten Aktien gehen (i) die Mitgliedschaftsrechte aus den bisher unverkörperten Aktien von den bisher Berechtigten auf den Käufer über, (ii) aufgrund eines wertpapierrechtlichen Begebungsvertrages erwerben die Käufer Eigentum an den Aktienurkunden und (iii) die bisher unverkörperten Rechte werden mit den Aktienurkunden „verbunden" und bestehen fortan als wertpapiermäßig verkörperte Aktien (MünchKomm AktG/ *Volhard* Rn 30). **Gläubiger des Kaufpreisanspruchs** ist nach zutr **hM** entspr den Regeln über die mittelbare Stellvertretung (Rn 11) die AG (*Hüffer* § 214 AktG Rn 9;

Aufforderung an die Aktionäre § 214

MünchKomm AktG/*Volhard* Rn 31; str, **aA** KölnKomm AktG/*Lutter* Rn 19), die den Nettoerlös (Rn 11 aE) gem §§ 667 BGB, 226 Abs 3 S 6 an die Aktionäre auszukehren hat.

5. Folgen eines unzulässigen Verkaufs. Ist das Verfahren gem Abs 1–3 nicht eingehalten, ist Verkauf unzulässig. AG verfügt als **Unberechtigte** über die Aktien; dagegen wird die Wirksamkeit der Kaufverträge mit den Erwerbern nicht berührt (mittelbare Stellvertretung, Rn 11). Erwerber kann nach anwendbaren Gutglaubensvorschriften (§§ 932 ff BGB für Inhaberaktien; Art 16 WG iVm § 68 Abs 1 S 2 für durch Indossament zu übertragende Namensaktien) Eigentümer der Urkunden und Aktien werden; in diesem Fall schuldet die AG den eigentlich berechtigten Aktionären, die ihre Mitgliedschaft verlieren, die Herausgabe des Erlöses (§ 816 Abs 1 S 1 BGB) und **Schadensersatz** gem §§ 823 Abs 1, 31 BGB (*Hüffer* AktG Rn 10; MünchKomm AktG/*Volhard* Rn 33; KölnKomm AktG/*Lutter* Rn 20; GroßKomm AktG/*Hirte* Rn 46); auch gegen den Vorstand kommt ein Schadensersatzanspruch gem § 823 BGB in Frage. Findet dagegen ein Gutglaubenserwerb nicht statt, schuldet die AG den Käufern Schadensersatz gem § 280 Abs 1 BGB. 13

IV. Unverbriefte Aktien, Abs 4

1. Regelungszweck. Ist die Einzelverbriefung der Aktien ausgeschlossen (also auch im Falle der Ausstellung einer **Globalurkunde**, vgl § 10 Abs 5, dort Rn 3; **aA** MünchKomm AktG/*Volhard* Rn 38: direkte Anwendung der Abs 1–3) finden Abs 1–3 sinngemäße Anwendung; an die Stelle der Ausgabe der Aktienurkunden tritt die „**Zuteilung**". Sinn der Regelung ist unklar, da die unverkörperten Aktien mit Eintragung (§ 211) ipso iure ohnehin entstehen (*Hüffer* AktG Rn 11; *von Godin/Wilhelmi* AktG Anm 7 sprechen Abs 4 gar jede rechtliche Bedeutung ab). Nach ganz **hM** ist mit Zuteilung daher eine **schriftliche Bestätigung** gemeint, mit der die AG die Berechtigung der Inhaber der jungen Aktien anerkennt (*Hüffer* AktG Rn 12; MünchKomm AktG/*Volhard* Rn 39; KölnKomm AktG/*Lutter* Rn 22; GroßKomm AktG/*Hirte* Rn 50). 14

2. Sinngemäße Anwendung. Sinngemäße Anwendung bedeutet, dass die AG verpflichtet ist, gem Abs 1–3 die Aktionäre aufzufordern, die Zuteilung der neuen Aktien zu verlangen, wenn erforderlich den Verkauf anzudrohen und durchzuführen. Ebenso wie bei verbrieften Aktien (Rn 9) besteht auch hier eine Pflicht des Vorstands (*Hüffer* AktG Rn 12; MünchKomm AktG/*Volhard* Rn 42; MünchHdB AG/*Krieger* § 59 Rn 73; **aA** KölnKomm AktG/*Lutter* Rn 24). 15

3. Durchführung des Verkaufs. Mangels Börsenpreis kann der Verkauf nur über öffentliche Versteigerung geschehen, Verfahren gem § 226 Abs 3 S 2–6 ist zu beachten; Übertragung der Aktien durch Abtretung (§§ 398, 413, 185 BGB). Gutglaubenserwerb ist ausgeschlossen (dies gilt selbst bei Einschaltung eines Gerichtsvollziehers, da dieser nicht gem § 817 ZPO tätig wird, KölnKomm AktG/*Lutter* Rn 23). Ist das Verfahren gem Abs 1–3 nicht ordnungsgemäß durchgeführt, entfällt die Verfügungsbefugnis der AG, Rechtsfolgen s Rn 13: Schadensersatz gegenüber den Käufern. 16

V. Teilrechte

1. Analoge Anwendung. Für Teilrechte gilt § 214 analog (*Hüffer* AktG Rn 13; KölnKomm AktG/*Lutter* Rn 25; **aA** GroßKomm AktG/*Hirte* Rn 54; MünchKomm AktG/*Volhard* Rn 34: unmittelbare Anwendung). 17

§ 215 Eigene Aktien. Teileingezahlte Aktien

18 **2. Verbriefung, Verkauf von Aktien aus Teilrechten.** Aufgrund der **Ausübungssperre** (§ 213 Rn 4) kann der Verbriefungsanspruch aus einem Teilrecht nicht ausgeübt werden. Deshalb können die Aktien gem § 214 nur abgeholt werden, wenn sich Teilrechte in der Hand eines Aktionärs zu mindestens einer vollen Aktie vereinen (was durch Handel mit Teilrechten geschehen kann) oder sich mehrere Aktionäre zur gemeinschaftlichen Ausübung zusammenschließen (§ 213 Abs 2), worauf in der Praxis in der Aufforderung gem Abs 1 sinnvollerweise hingewiesen wird (vgl dazu etwa das Muster in MünchVertragsHdB/*Hölters* Bd 1 Nr V.133). Geschieht dies binnen der Frist des § 214 Abs 2, 3 nicht, ist die AG zum Verkauf der zu **vollen Aktien zusammengefassten Teilrechten** berechtigt, Erlös steht den Teilrechtsinhabern anteilig zu (§ 226 Abs 3 S 6; *Hüffer* AktG Rn 13; KölnKomm AktG/*Lutter* Rn 26; GroßKomm AktG/*Hirte* Rn 56; MünchKomm AktG/*Volhard* Rn 37; MünchHdB AG/*Krieger* § 59 Rn 74). Mit § 214 steht der AG somit ein wirksames Mittel zur Verfügung, einheitliche Mitgliedschaftsrechte aus Teilrechten zu schaffen.

19 **3. Unverbriefte Aktien.** Die Zuteilung der Aktien im Falle fehlender Verbriefung führt gleichermaßen zur Vereinigung von Teilrechten, ebenso wie der entspr Zwangsverkauf (MünchKomm AktG/*Volhard* Rn 45).

VI. Besonderheiten bei Erhöhung der Aktiennennbeträge

20 Findet ausnahmsweise eine Erhöhung der Nennbeträge statt (möglich bei teileingezahlten Aktien (§ 215 Abs 2) und einer Glättung iRd Euroumstellung (§ 215 Rn 10)), kommt **§ 214 nicht zur Anwendung** (MünchHdB AG/*Krieger* § 59 Rn 72; MünchKomm AktG/*Volhard* Rn 48; KölnKomm AktG/*Lutter* Rn 5). Mit Eintragung (§ 211) erhöhen sich die Nennbeträge automatisch. Bei unverbrieften Aktien ist der Vorgang damit abgeschlossen; sind Aktienurkunden ausgegeben, werden diese unrichtig, die Aktionäre können eine **Neuausstellung oder Berichtigung** („Abstempelung") verlangen (dies gilt nicht bei Stückaktien, da diese keine Nennbeträge enthalten, die unrichtig werden könnten, s Spindler/Stilz AktG/*Fock/Wüsthoff* Rn 13). Die AG ist berechtigt (aber nicht verpflichtet), die Aktionäre zur Vorlage der Urkunden zwecks Berichtigung oder Neuausstellung aufzufordern (da es sich bei teileingezahlten Aktien stets um Namensaktien handelt, § 10 Abs 2 S 1, ist eine persönliche Aufforderung an die Aktionäre möglich); sie kann die Vorlage der Urkunden aber weder erzwingen noch einen Zwangsverkauf androhen oder durchführen, auch eine Kraftloserklärung kommt gem § 73 Abs 1 S 2 nicht in Frage.

§ 215 Eigene Aktien. Teileingezahlte Aktien

(1) Eigene Aktien nehmen an der Erhöhung des Grundkapitals teil.

(2) ¹Teileingezahlte Aktien nehmen entsprechend ihrem Anteil am Grundkapital an der Erhöhung des Grundkapitals teil. ²Bei ihnen kann die Kapitalerhöhung nicht durch Ausgabe neuer Aktien ausgeführt werden, bei Nennbetragsaktien wird deren Nennbetrag erhöht. ³Sind neben teileingezahlten Aktien voll eingezahlte Aktien vorhanden, so kann bei voll eingezahlten Nennbetragsaktien die Kapitalerhöhung durch Erhöhung des Nennbetrags der Aktien und durch Ausgabe neuer Aktien ausgeführt werden; der Beschluss über die Erhöhung des Grundkapitals muss die Art der Erhöhung angeben. ⁴Soweit die Kapitalerhöhung durch Erhöhung des Nennbetrags der

Eigene Aktien. Teileingezahlte Aktien　　　　　　　　　　　　　　**§ 215**

Aktien ausgeführt wird, ist sie so zu bemessen, dass durch sie auf keine Aktie Beträge entfallen, die durch eine Erhöhung des Nennbetrags der Aktien nicht gedeckt werden können.

Übersicht

	Rn			Rn
I. Normgegenstand	1		e) Aktiensplit	9
II. Eigene Aktien, Abs 1	2		f) Sonderfall der Euroumstellung	10
1. Eigene Aktien	2			
2. Gleichgestellte Fälle	3	3.	Zusammentreffen von voll- und teileingezahlten Aktien, Abs 2 S 3	11
III. Teileingezahlte Aktien, Abs 2	4			
1. Teilnahme an Kapitalerhöhung, S 1	4		a) Wahlrecht	11
2. Durchführung der Kapitalerhöhung, S 2	5		b) Folgen eines Verstoßes	12
		4.	Bemessung des Kapitalerhöhungsbetrages, Abs 3 S 4	13
a) Nennbetragsaktien	5		a) Vermeidung von Spitzen	13
b) Stückaktien	6		b) Verstoß	14
c) Verbriefung	7			
d) Zwingende Geltung	8			

Literatur: *Fett/Spiering* Typische Probleme bei der Kapitalerhöhung aus Gesellschaftsmitteln, NZG 2002, 358.

I. Normgegenstand

Vorschrift regelt zwei Sonderfälle, nämlich die Teilnahme von **eigenen Aktien** (Abs 1) **1** und **teileingezahlten Aktien** (Abs 2), und stellt sicher, dass die Beteiligung der Aktionäre gem § 212 unverändert bleibt. Allerdings ist die Kapitalerhöhung bei teileingezahlten Aktien nur durch Erhöhung des Nennbetrags und nicht durch die Ausgabe neuer Aktien möglich; diese Abweichung von §§ 182 Abs 1 S 4, 207 Abs 2 dient dem Gläubigerschutz (*Hüffer* AktG Rn 1; dazu näher Rn 8). Geändert durch Art 1 Ziff 30 StückAG (1998). Parallelnorm im GmbHR: § 57l GmbHG.

II. Eigene Aktien, Abs 1

1. Eigene Aktien. Eigene Aktien nehmen an der Kapitalerhöhung aus Gesellschafts- **2** mitteln teil, da anders als bei der Kapitalerhöhung gegen Einlagen (dort ist ein Bezugsrecht und eine Zeichnung neuer eigener Aktien ausgeschlossen, §§ 56 Abs 1, 71b) ein effektiver Vermögenszufluss nicht stattfindet; eine „Umwidmung" von Rücklagen in Grundkapital ist aber auch bei eigenen Aktien erforderlich (§ 207 Abs 1).

2. Gleichgestellte Fälle. § 215 Abs 1 findet erst recht Anwendung auf Aktien, die das **3** Gesetz eigenen Aktien gleichstellt (*Hüffer* AktG Rn 2; MünchKomm AktG/*Volhard* Rn 5), also insb Aktien, die von einem abhängigen oder in Mehrheitsbesitz stehendem Unternehmen gehalten werden (§ 71d S 2), sowie ausnahmsweise von Dritten für Rechnung der AG gehaltene Aktien (§§ 71d S 1, 56 Abs 3; KölnKomm AktG/*Lutter* Rn 3).

III. Teileingezahlte Aktien, Abs 2

1. Teilnahme an Kapitalerhöhung, S 1. Im Gegensatz zu einer effektiven Kapitaler- **4** höhung ist eine Erhöhung aus Gesellschaftsmitteln auch möglich, wenn noch Einlagen

Stadler 1671

§ 215 Eigene Aktien. Teileingezahlte Aktien

auf alte Aktien ausstehen (arg e § 182 Abs 4; *Hüffer* AktG Rn 3; MünchKomm AktG/ *Volhard* Rn 6). Gem § 212 nehmen dann auch teileingezahlte Aktien an der Erhöhung entspr ihrem Anteil am Grundkapital (nicht entspr der bis dahin geleisteten Einlagen, MünchKomm AktG/*Volhard* Rn 7) teil, da teileingezahlte Aktien grds volle Mitgliedschaftsrechte gewähren (Ausnahmen gelten für das Stimmrecht, § 134 Abs 2 S 1 und die Gewinnverteilung, § 60 Abs 2 S 1; dazu näher Rn 5 und § 216 Rn 11 ff).

5 **2. Durchführung der Kapitalerhöhung, S 2. – a) Nennbetragsaktien.** Da die Ausgabe neuer Aktien auf teileingezahlte Aktien unzulässig ist, findet eine Erhöhung der Nennbeträge statt. In Höhe des Erhöhungsbetrags gelten die Aktien als eingezahlt. **Bsp:** Aktien mit einem Nennwert von 100, teileingezahlt zu 25 (vgl § 36a Abs 1), nehmen an einer Kapitalerhöhung im Verhältnis 1:1 teil. Dann gilt der volle Erhöhungsbetrag von 100 pro Aktie (also nicht etwa nur 25 entspr der Einzahlungsquote von 25 %) als eingezahlt, die Aktien erhalten also einen Nennwert von 200, auf den 125 eingezahlt sind. Die Rechte aus den teileingezahlten Aktien, die sich nach der geleisteten Einlage bestimmten (**Stimmrecht**, § 134 Abs 2 S 1 und **Gewinnbeteiligung**, § 60 Abs 2 S 1), erhöhen sich aber nur verhältnismäßig zur geleisteten Einlage (§ 216 Abs 2, dazu im einzelnen § 216 Rn 11 ff). In Höhe der ursprünglich nicht geleisteten Einlage **bleibt die Einlagepflicht bestehen**, eine Verrechnung der offenen Einlagepflichten mit umwandlungsfähigen Rücklagen ist nicht zulässig (§ 66 Abs 1 S 1; MünchKomm AktG/*Volhard* Rn 10; KölnKomm AktG/*Lutter* Rn 7; GroßKomm AktG/*Hirte* Rn 12).

6 **b) Stückaktien.** Bei Stückaktien bleibt bei einer Kapitalerhöhung aus Gesellschaftsmitteln die Beteiligungsquote notwendigerweise unverändert (s § 8 Abs 3 S 2). Der **anteilige Kapitalbetrag** (§ 8 Abs 3 S 3) erhöht sich automatisch mit Eintragung (§ 211). Für das Stimmrecht ergeben sich keine Konsequenzen, da es nach Anzahl der Aktien ausgeübt wird (§ 134 Abs 1 S 1, näher § 134 Rn 3). Es besteht kein weiterer Ausführungsbedarf.

7 **c) Verbriefung.** Bei teileingezahlten Nennbetragsaktien werden ggf ausgegebene Aktienurkunden durch die Erhöhung des Nennbetrages fehlerhaft, verkörpern jedoch weiterhin wirksam die Mitgliedschaft (*Hüffer* AktG Rn 4; KölnKomm AktG/*Lutter* § 214 Rn 5); Aktionär hat **Anspruch auf Berichtigung** der Aktien (etwa durch Neuausstellung oder Abstempelung). Die AG kann allerdings die Berichtigung nicht erzwingen, auch eine Kraftloserklärung kommt nicht in Betracht (weder § 214 Abs 3 noch § 73 Abs 1 S 2 sind anwendbar, näher § 214 Rn 20).

8 **d) Zwingende Geltung.** § 215 Abs 2 S 2 gilt zwingend (**allgM**; *Hüffer* § 215 AktG Rn 4; MünchKomm AktG/*Volhard* Rn 11; KölnKomm AktG/*Lutter* Rn 10; Groß-Komm AktG/*Hirte* Rn 32), Abweichung ist weder in der Satzung noch im Erhöhungsbeschluss möglich. Eine abweichende Festsetzung ist gem **§ 241 Ziff 3 nichtig**, da § 215 Abs 2 S 2 dem Schutz der Gläubiger und der Sicherung der Kapitalaufbringung dient; denn iRd Einziehung (Kaduzierung) haften die teileingezahlten Aktien mit ihrem vollen (erhöhten) Nennbetrag, während neue Aktien, die auf teileingezahlte Aktien ausgegeben würden, der Haftung für die ausstehende Einlage entzogen wären (MünchKomm AktG/*Volhard* Rn 10, 11; KölnKomm AktG/*Lutter* Rn 10). Für den Umfang der Nichtigkeit gilt **§ 139 BGB**, idR wird nur die Festsetzung der Ausgabe neuer Aktien nichtig sein.

e) Aktiensplit. Ohne Verstoß gegen § 215 Abs 2 zulässig ist ein Aktiensplit iRd Kapitalerhöhung, und zwar sowohl bei Stück- wie Nennbetragsaktien; darin liegt keine gem § 215 Abs 2 S 2 unzulässige Ausgabe neuer Aktien (*Hüffer* AktG Rn 4; *LG Heidelberg* AG 2002, 563; *AG Heidelberg* AG 2002, 527, 528). Auch die durch den Aktiensplit entstehenden neuen Aktien sind nämlich im entspr Verhältnis teileingezahlte Aktien. 9

f) Sonderfall der Euroumstellung. IRd Euroumstellung führt eine Umrechnung der DM-Beträge in Euro zu unzulässigen „krummen" Eurobeträgen. Deshalb findet entweder eine Umstellung auf Stückaktien statt oder die krummen Nennbeträge werden durch eine Kapitalerhöhung auf den nächsten glatten Eurobetrag „**geglättet**"; hierfür bietet sich eine Kapitalerhöhung aus Gesellschaftsmitteln an, wobei auch bei volleingezahlten Aktien die Nennbeträge ohne Ausgabe neuer Aktien erhöht werden (§ 4 Abs 3 S 1 Fall 1 EGAktG, hierfür ist die einfache Mehrheit des vertretenen Kapitals ausreichend, § 4 Abs 2 S 1 EGAktG). Für teileingezahlte Aktien gilt demgemäß nichts anderes, wobei für die entspr Erhöhung der Rechte § 216 Abs 2 gilt (oben Rn 5 und § 216 Rn 10). 10

3. Zusammentreffen von voll- und teileingezahlten Aktien, Abs 2 S 3. – a) Wahlrecht Sind neben teileingezahlten auch volleingezahlte Aktien vorhanden, besteht für letztere (nicht auch für die teileingezahlten Aktien, bei diesen findet zwingend eine Erhöhung der Nennbeträge statt) ein Wahlrecht. Entweder es bleibt bei der gesetzlichen Regel der **Ausgabe neuer Aktien** (§§ 207 Abs 2, 182 Abs 1 S 4) oder die **Nennbeträge** auch der volleingezahlten Aktien werden erhöht; HV hat freies Ermessen (*Hüffer* AktG Rn 5; MünchKomm AktG/*Volhard* Rn 12; KölnKomm AktG/*Lutter* Rn 11; GroßKomm AktG/*Hirte* Rn 20; *Fett/Spiering* NZG 2002, 358, 365). Auch Kombinationen aus beiden Arten (zB Erhöhung der Nennbeträge verbunden mit der Ausgabe neuer Aktien für je einen Teil des Erhöhungsbetrages) sind zulässig (MünchHdB AG/*Krieger* § 59 Rn 46; GroßKomm AktG/*Hirte* Rn 20; für GmbH *Lutter/Hommelhoff* GmbHG § 57h Rn 5). Die Ausübung des Wahlrechts muss sich aus dem **Erhöhungsbeschluss** ergeben; eine Ausübung des Wahlrechts durch den Vorstand ist nicht zulässig (MünchHdB AG/*Krieger* § 59 Rn 48; Spindler/Stilz AktG/*Fock/Wüsthoff* Rn 8). 11

b) Folgen eines Verstoßes. Fehlt die Art der Erhöhung im Beschluss, ist str, ob er **nichtig** (hM; MünchKomm AktG/*Volhard* Rn 14; MünchHdB AG/*Krieger* § 59 Rn 48; Geßler/Hefermehl/Eckardt/Kropff AktG/*Bungeroth* Rn 14; *von Godin/Wilhelmi* AktG Anm 5; zur GmbH: Hachenburg GmbHG/*Ulmer* § 6 KapErhG Rn 16) oder nur **anfechtbar** ist (KölnKomm AktG/*Lutter* Rn 12). Nichtigkeit gem § 241 Ziff 3 kommt nicht in Betracht, da die Ausübung des Wahlrechts für *voll*eingezahlte Aktien nicht dem Gläubigerschutz dient (so richtig KölnKomm AktG/*Lutter* Rn 12). *Hüffer* (AktG Rn 5) nimmt zutr an, der Beschluss sei **unwirksam**, da ein notwendiger Teil fehle und der Beschluss daher nicht vollziehbar sei. Die Vertreter einer bloßen Anfechtbarkeit meinen dagegen, in diesem Fall müsse die Wahl vom Vorstand getroffen werden (KölnKomm AktG/*Lutter* Rn 12); dies ist jedoch nicht möglich, da gem § 215 Abs 2 S 3 HS 2 die Bestimmung zwingend im Beschluss der HV enthalten sein muss und eine Zuständigkeit des Vorstandes hier nicht gegeben ist (Grigoleit AktG/*Rieder/Holzmann* Rn 7; *Hüffer* AktG Rn 5). Zum Parallelproblem iRd § 207 s dort Rn 4. 12

4. Bemessung des Kapitalerhöhungsbetrages, Abs 3 S 4. – a) Vermeidung von Spitzen Soweit die Nennbeträge erhöht werden, dürfen keine freien Spitzen entstehen, die 13

§ 216 Wahrung der Rechte der Aktionäre und Dritter

den zwingenden Vorschriften über die Nominalbeträge gem § 8 Abs 2 widersprechen; § 215 Abs 3 S 4 ist also eine notwendige Ergänzung zu § 8 (KölnKomm AktG/*Lutter* Rn 13). Die Erhöhung ist daher so zu bemessen, dass bei quotaler Verteilung gem § 212 S 1 die neuen erhöhten Nennbeträge auf **glatte Eurobeträge** lauten (§ 8 Abs 2 S 4; MünchKomm AktG/*Volhard* Rn 15). Lauten die Aktien auf den Mindestbetrag von einem Euro, ist eine Erhöhung mindestens im Verhältnis 1:1 erforderlich.

14 **b) Verstoß.** Im Falle eines Verstoßes gegen § 215 Abs 3 S 4 ist der Erhöhungsbeschluss **nichtig.** Dies folgt aus **§ 212 S 2** (*Hüffer* AktG Rn 6; MünchKomm AktG/*Volhard* Rn 17; KölnKomm AktG/*Lutter* Rn 14; aA *von Godin/Wilhelmi* AktG Anm 5 und wohl MünchHdB AG/*Krieger* § 59 Rn 48: § 241 Ziff 3; für GmbHR *Ulmer* in Hachenburg GmbHG § 6 KapErhG Rn 16; Scholz/*Priester* GmbHG § 57h Rn 11; aA Baumback/Hueck, GmbHG/*Zöllner* § 57h Rn 10). Die Nichtigkeit ist **unheilbar**, § 242 Abs 2 findet keine Anwendung. Die Nichtigkeitsfolge tritt auch bei bloß geringfügigen Verschiebungen ein (*Hüffer* AktG Rn 6; KölnKomm AktG/*Lutter* Rn 14; aA GroßKomm AktG/*Hirte* Rn 34).

§ 216 Wahrung der Rechte der Aktionäre und Dritter

(1) Das Verhältnis der mit den Aktien verbundenen Rechte zueinander wird durch die Kapitalerhöhung nicht berührt.

(2) ¹Soweit sich einzelne Rechte teileingezahlter Aktien, insbesondere die Beteiligung am Gewinn oder das Stimmrecht, nach der auf die Aktie geleisteten Einlage bestimmen, stehen diese Rechte den Aktionären bis zur Leistung der noch ausstehenden Einlagen nur nach der Höhe der geleisteten Einlage, erhöht um den auf den Nennbetrag des Grundkapitals berechneten Hundertsatz der Erhöhung des Grundkapitals zu. ²Werden weitere Einzahlungen geleistet, so erweitern sich diese Rechte entsprechend. ³Im Fall des § 271 Abs. 3 gelten die Erhöhungsbeträge als voll eingezahlt.

(3) ¹Der wirtschaftliche Inhalt vertraglicher Beziehungen der Gesellschaft zu Dritten, die von der Gewinnausschüttung der Gesellschaft, dem Nennbetrag oder Wert ihrer Aktien oder ihres Grundkapitals oder sonst von den bisherigen Kapital- oder Gewinnverhältnissen abhängen, wird durch die Kapitalerhöhung nicht berührt. ²Gleiches gilt für Nebenverpflichtungen der Aktionäre.

Übersicht

	Rn		Rn
I. Normgegenstand und Anwendungsbereich	1	aa) Wirtschaftliche Anpassung	6
II. Unverändertes Verhältnis der Aktionärsrechte zueinander, Abs 1	2	bb) Anpassung kraft Gesetzes	7
1. Grundsatz	2	c) Mehrstimmrechte, Abs 1 S 2	8
2. Rechtsfolgen bei Gesellschaften mit verschiedenen Aktiengattungen	5	d) Verstöße, abweichende Satzungsregelungen	9
a) Grundsatz	5	III. Teileingezahlte Aktien, Abs 2	10
b) Rechte, die nicht nur vom Anteil am Grundkapital abhängen	6	1. Grundsatz	10
		2. Einzelne Rechte	11
		a) Gewinnbeteiligung	12
		aa) Vorabgewinn nach Einlagen, § 60 Abs 2	12

	Rn		Rn
bb) Gewinn nach Anteilen am Grundkapital, § 60 Abs 1	15	d) Rechtswirkung. Zwingende Geltung	23
b) Stimmrecht, § 134	16	2. Einzelne Rechtsverhältnisse	25
c) Beteiligung am Liquidationserlös, §§ 216 Abs 2 S 3, 271 Abs 3	17	a) Tantiemen	25
		b) Rechte gem § 221	27
		aa) Gewinnschuldverschreibungen	27
IV. Rechtsverhältnisse mit Dritten, Abs 3 S 1	18	bb) Wandel- und Optionsanleihen	28
1. Allgemeines	18	cc) Genussrechte	29
a) Anwendungsbereich	18	c) Beherrschungs- und Gewinnabführungsverträge	30
aa) Vertragliche Beziehungen	18	3. Analoge Anwendung im Rahmen von Kapitalherabsetzungen?	31
bb) Nebenleistungspflichten	20		
b) Schutzzweck	21		
c) Analoge Anwendung auf reguläre Kapitalerhöhungen	22	V. Nebenverpflichtungen der Aktionäre, Abs 3 S 2	32

Literatur: *Boesebeck* Vorstands- und AufsichtsratsTantiemen bei Kapitalerhöhungen aus Gesellschaftsmitteln, DB 1960, 139; *ders* Die Behandlung von Vorzugsaktien bei Kapitalerhöhungen aus Gesellschaftsmitteln, DB 1960, 404; *Geßler* Zweifelsfragen aus dem Recht der Kapitalerhöhung, DNotZ 1960, 619, *ders* Die Kapitalerhöhung aus Gesellschaftsmitteln, BB 1960, 6; *Hüffer* § 216 Abs 3 AktG: Sondernorm oder allgemeiner Rechtsgedanke?, FS Bezzenberger 2000, S 191; *Köhler* Kapitalerhöhung und vertragliche Gewinnbeteiligung, AG 1984, 197; *Milde-Büttcher* Mehrstimmrechte bei Kapitalerhöhungen aus AG-Gesellschaftsmitteln – Opfer der heißen Nadel des Gesetzgebers?, BB 1999, 1073; *Teichmann* Der Nießbrauch an Gesellschaftsanteilen, ZGR 1972, 1; *Zöllner* Die Anpassung dividendensatzbezogener Verpflichtungen von Kapitalgesellschaften bei effektiver Kapitalerhöhung, ZGR 1986, 288, 304.

I. Normgegenstand und Anwendungsbereich

§ 216 ergänzt § 212. § 216 regelt, dass nicht nur die Beteiligungsquoten, sondern auch die Einzelrechte im Verhältnis zueinander nicht verändert werden (Abs 1). Bes Bedeutung kommt diesem Grundsatz für teileingezahlte Aktien zu, da der Erhöhungsbetrag für diese Aktien nicht nur anteilig in Höhe der bisherigen Einzahlungsquote, sondern in voller Höhe als eingezahlt gilt (dazu § 215 Rn 4). Deshalb bestimmt Abs 2, dass die von der Einlage abhängigen Rechte (zB Stimmrecht, § 134 Abs 2 S 2, und Gewinnbeteiligung, § 60 Abs 2) auch für den erhöhten Nennbetrag nur nach dem Verhältnis der bisherigen Einzahlungsquoten ausgeübt werden können. Abs 3 bestimmt, dass der wirtschaftliche Gehalt von Beziehungen der Gesellschaft zu Dritten durch die Kapitalerhöhung unverändert bleibt. Parallelnorm: § 57m GmbHG. **1**

II. Unverändertes Verhältnis der Aktionärsrechte zueinander, Abs 1

1. Grundsatz. Im Grundsatz bekräftigt und ergänzt § 216 Abs 1 nur das, was wegen § 212 ohnehin gilt: eine Kapitalerhöhung aus Gesellschaftsmitteln verändert die bisherigen Verhältnisse der Aktionärsrechte nicht. Gleiches gilt für die aus der Beteiligung fließenden Pflichten der Aktionäre (*Hüffer* AktG Rn 2; MünchKomm AktG/*Volhard* Rn 4). Gem § 216 Abs 1 S 1 erhalten die Aktionäre **junge Aktien dergleichen Gattung** wie die der Altaktien, so dass das Verhältnis der einzelnen Gattungen zueinander **2**

unverändert bleibt; dies ist **zwingend**, dh eine Ausgabe von Aktien anderer Gattung als die der Altaktien ist unzulässig (**hM**; Spindler/Stilz AktG/*Fock/Wüsthoff* Rn 3; *Hüffer* AktG Rn 3; MünchKomm AktG/*Volhard* Rn 5; KölnKomm AktG/*Lutter* Rn 5; GroßKomm AktG/*Hirte* Rn 15 f; *Geßler* DNotZ 1960, 619, 636), Stammaktionäre erhalten Stammaktien, Vorzugsaktionäre Vorzugsaktien gleicher Ausstattung (*Hüffer* AktG Rn 3; zu Mehrstimmrechtsaktien Rn 8; **aA** MünchHdB AG/*Krieger* § 59 Rn 53; Geßler/Hefermehl/Eckardt/Kropff AktG/*Bungeroth* Rn 5: Ausgabe anderer Aktiengattungen im gleichen Verhältnis zulässig, wenn diese „nicht minderwertig" sind, so dass eine Beeinträchtigung der bisherigen Beteiligung nicht zu befürchten sei). Zulässig sind Abweichungen nur durch Satzungsregelung mit Zustimmung *aller* betroffenen Aktionäre (vgl Rn 9).

3 Sind die Altaktien **vinkuliert**, gilt dies ebenso für die jungen Aktien. Sind die Altaktien nicht vinkuliert, können die neu ausgegebenen Aktien durch Satzungsregelung nur dann erstmals vinkuliert werden, wenn sämtliche betroffene Aktionäre zustimmen (§ 180 Abs 2; MünchKomm AktG/*Volhard* Rn 7; MünchHdB AG/*Krieger* § 59 Rn 53; GroßKomm AktG/*Hirte* Rn 16).

4 Wegen der proportionalen Berücksichtigung der einzelnen Aktiengattungen ist ein **Sonderbeschluss** der jeweiligen Aktiengattungen (§§ 141, 179 Abs 3) **nicht erforderlich** (MünchKomm AktG/*Volhard* Rn 8; KölnKomm AktG/*Lutter* Rn 3; arg e § 207 Abs 2 S 1 iVm § 182 Abs 2).

5 **2. Rechtsfolgen bei Gesellschaften mit verschiedenen Aktiengattungen. – a) Grundsatz.** Bestehen mehrere Aktiengattungen, kann die jeweilige proportionale Ausgabe neuer Aktien gleicher Gattungen (s Rn 2) zu wirtschaftlichen Verschiebungen zwischen den Aktiengattungen führen; dies gilt insb dann, wenn die Rechte aus den Aktien nicht allein von dem durch den geringsten Ausgabebetrag (§ 9) bestimmten Anteil am Grundkapital abhängen (insb Vorzugsaktien, dazu Rn 6) oder es um Mehrstimmrechte geht (dazu Rn 8). In diesem Fall erfordert § 216 Abs 1 S 1 zusätzliche wirtschaftliche Anpassungen.

6 **b) Rechte, die nicht nur vom Anteil am Grundkapital abhängen. – aa) Wirtschaftliche Anpassung.** Bei Vorzugsaktien hängt der Vorzug (idR ein Gewinnvorzug) oft nicht vom (durch die Kapitalerhöhung unveränderten) prozentualen Anteil am Grundkapital ab, sondern von anderen Größen, wie etwa der Anzahl der Aktien oder dem Nennbetrag. **Bsp:** Grundkapital beträgt vor Erhöhung 50 000, eingeteilt in 50 000 Nennbetragsaktien zu je 1. 25 000 **Vorzugsaktien** haben **Gewinnvorzug** in der Form, dass 10 % des Nennbetrags als Vorabdividende ausbezahlt werden, der Gewinnvorzug beträgt also 2 500. Wird das Grundkapital im Verhältnis 1:3 erhöht, betrüge der Gewinnvorzug 10 000 (10 % aus 100 000, da auf jede der 25 000 Vorzugsaktien weitere drei Vorzugsaktien entfielen). Eine derartige Verschiebung des Gewinnvorzugs ist aber wirtschaftlich nicht gerechtfertigt, denn das Gesamtkapital bleibt unverändert, die Vorzugsaktionäre erbringen keine zusätzliche Einlage. Deshalb ist der Gewinnvorzug gem § 216 Abs 1 S 1 anzugleichen, so dass der Gewinnvorzug pro Vorzugsaktie nur noch 2,5 % des Nennbetrags beträgt und damit insgesamt unverändert bleibt (**ganz hM**; *OLG Stuttgart* AG 1993, 94; *LG Tübingen* AG 1991, 406, 408; *Hüffer* AktG Rn 3; MünchKomm AktG/*Volhard* Rn 13; KölnKomm AktG/*Lutter* Rn 6; GroßKomm AktG/*Hirte* Rn 22; *Geßler* DNotZ 1960, 619, 636; *Boesebeck* DB 1960, 404; für GmbH Hachenburg, GmbHG/*Ulmer* § 13 KapErhG Rn 7; **aA** Geßler/Hefermehl/Eckardt/

Kropff AktG/*Bungeroth* Rn 5; MünchHdB AG/*Krieger* § 59 Rn 56: Ergebnis könne auch durch die Ausgabe von Stamm- anstelle von Vorzugsaktien erreicht werden, so dass Gewinnvorzug unverändert bleibt, abl Spindler/Stilz AktG/*Fock/Wüsthoff* Rn 6). Gleiches würde in dem Beispiel etwa bei **Stückaktien** gelten, die einen Gewinnvorzug von 0,1 pro Aktie haben und für jede Stückaktie drei weitere Stückaktien ausgegeben werden; anders allerdings, wenn keine neue Stückaktien ausgegeben werden (§ 207 Abs 2 S 2) und sich lediglich der anteilige Grundkapitalbetrag (§ 8 Abs 3) erhöht.

bb) Anpassung kraft Gesetzes. Die erforderliche wirtschaftliche Anpassung findet kraft Gesetzes statt (**ganz hM;** *Hüffer* AktG Rn 4; MünchKomm AktG/*Volhard* Rn 16; KölnKomm AktG/*Lutter* Rn 7; GroßKomm AktG/*Hirte* Rn 26; Grigoleit AktG/*Rieder/Holzmann* Rn 4; *Boesebeck* DB 1960, 404; für GmbH *Ulmer* in Hachenburg GmbHG § 13 KapErhG Rn 11; Baumbach/Hueck GmbHG/*Zöllner* § 57m Rn 9; **aA** *Geßler* BB 1960, 6, 10; *von Godin/Wilhelmi* AktG Anm 3: ausdrückliche Festsetzungen im Kapitalerhöhungsbeschluss erforderlich). Wird dadurch der Satzungstext unrichtig, ist dieser durch **Berichtigung der Satzung** anzupassen; diese kann die HV nach den Regelungen der Satzungsänderung (§ 179) gleichzeitig mit dem Kapitalerhöhungsbeschluss vornehmen oder dem **AR übertragen**, da nur die Fassung der Satzung betroffen ist (§ 179 Abs 1 S 2; *Hüffer* AktG Rn 4; MünchKomm AktG/*Volhard* Rn 17; GroßKomm AktG/*Hirte* Rn 29; *Boesebeck* DB 1960, 404; für GmbH Hachenburg GmbHG/*Ulmer* § 13 KapErhG Rn 12; **aA** KölnKomm AktG/*Lutter* Rn 7; Baumbach/Hueck GmbHG/*Zöllner* § 57m Rn 9). Vollständiger berichtigter Satzungswortlaut mit Notarbestätigung ist der Anmeldung beizufügen (§ 181 Abs 1 S 2). 7

c) Mehrstimmrechte, Abs 1 S 2. Während nach der früheren Gesetzesfassung durch den Verweis des § 216 Abs 1 S 2 auf § 12 Abs 2 S 2 sichergestellt war, dass die Mehrstimmrechte ohne staatliche Genehmigung auch für die neu ausgegeben Aktien gelten (und damit das Stimmgewicht unverändert blieb), ist § 12 Abs 2 S 2 durch das KonTraG (1998) aufgehoben worden, so dass Mehrstimmrechte nach dem Wortlaut der neuen Fassung des § 12 Abs 2 unzulässig sind (eingehend zur Problematik *Milde-Büttcher* BB 1999, 1073 ff). Daher ist für Mehrstimmrechte, deren Fortgeltung in der Übergangsfrist bis 31.5.2003 beschlossen worden ist (§ 5 Abs 1 EGAktG), nunmehr fraglich, ob im Lichte der Neufassung des § 12 Abs 2 weiterhin neue Mehrstimmrechtsaktien iR einer Kapitalerhöhung aus eigenen Mitteln ausgegeben werden können; dies ist zu bejahen (MünchKomm AktG/*Volhard* Rn 11; Spindler/Stilz AktG/*Fock/Wüsthoff* Rn 10), denn ansonsten müsste den Inhabern der Mehrstimmrechte ein Ausgleich analog § 5 Abs 3 EGAktG gewährt werden, was durch die Fortgeltung der Mehrstimmrechte gem § 5 Abs 1 EGAktG gerade vermieden werden sollte. Unklar ist, was mit der Streichung des § 216 Abs 1 S 2 durch das MoMiG bezweckt ist; denn Mehrstimmrechte, für welche dies innerhalb der Übergangsfrist bis 1.6.2003 beschlossen worden ist, gelten fort und bedürfen weiterhin einer Regelung für die Fälle von Kapitalerhöhungen aus Gesellschaftsmitteln; deshalb ist davon auszugehen, dass die Gesetzesänderung keine sachlichen Auswirkungen hat (Spindler/Stilz AktG/*Fock/Wüsthoff* Rn 10). Für **Höchststimmrechte** ergeben sich keine Probleme; diese bleiben unberührt, da sie personenbezogen sind (MünchKomm AktG/*Volhard* Rn 10; näher § 134 Rn 4 ff). 8

Stadler

9 d) Verstöße, abweichende Satzungsregelungen. Da § 216 Abs 1 zwingend ist (oben Rn 2), kann die HV nicht im Kapitalerhöhungsbeschluss anderweitige Festsetzungen treffen; solche sind gem §§ 243 Abs 1, 216 Abs 1 nach **hM anfechtbar** (*Hüffer* AktG Rn 18; KölnKomm AktG/*Lutter* Rn 8; Hachenburg GmbHG/*Ulmer* § 13 KapErhG Rn 27). Allerdings kann die HV jederzeit die Satzung ändern und die Rechte der Aktionäre bzw Aktiengattungen verändern. Solange die förmlichen **Voraussetzungen der Satzungsänderung** erfüllt sind (§ 179), kann dies auch gleichzeitig mit oder im Kapitalerhöhungsbeschluss beschlossen werden. Sofern dadurch die Rechte einzelner Aktionäre beeinträchtigt werden, ist aber die Zustimmung der betroffenen Aktionäre in einem **Sonderbeschluss** erforderlich (§ 179 Abs 3; MünchKomm AktG/*Volhard* Rn 19 ff; Geßler/Hefermehl/Eckardt/Kropff AktG/*Bungeroth* Rn 21 ff; KölnKomm AktG/*Lutter* Rn 9; MünchHdB AG/*Krieger* § 59 Rn 60).

III. Teileingezahlte Aktien, Abs 2

10 1. Grundsatz. Da die Erhöhung des Nennbetrags auch bei teileingezahlten Aktien in voller Höhe aus der Umwandlung von Rücklagen (§ 207 Abs 2) bedient wird, erhöht sich das Einzahlungsverhältnis. Im **Beispiel in § 215 Rn 5** (ursprünglicher Nennwert 100, davon ¼, also 25 eingezahlt, Kapitalerhöhung im Verhältnis 1:1 um 100 auf 200 pro Nennbetragsaktie) erhöht sich die Einzahlungsquote von 25 % auf 62,5 % (125/200). Für Rechte, die von der geleisteten Einlage abhängen, würde sich daher zugunsten der Inhaber teileingezahlter Aktien eine wirtschaftlich nicht gerechtfertigte Verschiebung ergeben. Um den Regelungszweck des § 216 Abs 1 zu erreichen, nämlich einen **Fortbestand der bisherigen wirtschaftlichen Verhältnisse** sicherzustellen, bestimmt Abs 2, dass sich die einlageabhängigen Rechte nur prozentual entspr der bisherigen Einzahlungsquote erhöhen. Werden weitere Einzahlungen auf die offenen Einlagen geleistet, erhöhen sich die Rechte entspr, dh in Höhe des zusätzlichen Prozentsatzes, um den sich die ursprüngliche Einzahlung erhöht hat.

11 2. Einzelne Rechte. Die wichtigsten einlageabhängigen Rechte sind: Gewinnbeteiligung (§ 60 Abs 2; Rn 12), Beteiligung am Liquidationserlös (§ 271 Abs 3; Rn 17) bei nicht im gleichen Verhältnis eingezahlten Aktien, Stimmrecht (§ 134 Abs 2 S 2, 3; Rn 16).

12 a) Gewinnbeteiligung. – aa) Vorabgewinn nach Einlagen, § 60 Abs 2. Sind nicht auf alle Aktien Einzahlungen im gleichen Verhältnis geleistet, so steht den Aktionären vorab ein Gewinn in Höhe von 4 % ihrer Einlagen zu (bzw eines entspr niedrigeren Satzes, wenn der Gewinn 4 % der Einlagen nicht erreicht). Im Falle einer Kapitalerhöhung aus eigenen Mitteln erhöht sich dieser Vorabgewinn nur um den Prozentsatz der Erhöhung des Grundkapitals. Im **Beispiel in § 215 Rn 5** (s schon oben Rn 10) wurde das Grundkapital um 100 % erhöht, also verdoppelt sich der Vorabgewinn; dieser betrug vor der Kapitalerhöhung für teileingezahlte Aktien 1 (4 % aus 25) und erhöht sich nunmehr gem § 216 Abs 2 S 1 auf 2. Bei volleingezahlten Aktien erhöht er sich von 4 auf 8; damit ist die gleiche wirtschaftliche Relation zwischen teil- und volleingezahlten Aktien gewahrt. Leisten die Inhaber der teileingezahlten Aktien nunmehr eine weitere Einlage in Höhe von 25, so erweitern sich die Rechte entspr der Erhöhung der Einzahlungsquote (§ 216 Abs 2 S 2; vgl *Hüffer* AktG Rn 7; MünchKomm AktG/*Volhard* Rn 24, 31). Im Beispiel beträgt der Vorabgewinn pro teileingezahlter Aktie also 4 (er würde vor der Kapitalerhöhung 2, nämlich 4 % aus 50 betragen, und verdoppelt sich durch die Kapitalerhöhung im Verhältnis 1:1; KölnKomm AktG/*Lutter* Rn 14).

§ 216 Abs 2 iVm § 60 Abs 2 gilt nicht, wenn nur teileingezahlte Aktien existieren, die 13
alle im gleichen Verhältnis eingezahlt sind (MünchKomm AktG/*Volhard* Rn 32) oder
wenn die **Satzung** den gesamten Gewinn nach Anteilen am Grundkapital verteilt oder
teileingezahlte Aktien überhaupt nicht am Gewinn teilhaben lässt (§ 60 Abs 3; Köln-
Komm AktG/*Lutter* Rn 15); umgekehrt kann die Satzung auch bestimmen, dass der
gesamte Gewinn nach der Höhe der Einlagen zu verteilen ist, dann gilt § 216 Abs 2 für
den Gesamtgewinn (*Hüffer* AktG Rn 7; KölnKomm AktG/*Lutter* Rn 15).

Sind **Stückaktien** ausgegeben, gelten die dargestellten Grundsätze entspr mit der 14
Maßgabe, dass anstelle des Nennbetrags der anteilige Kapitalbetrag tritt (§ 8 Abs 3
S 3) (so auch Grigoleit AktG/*Rieder/Holzmann* Rn 6).

bb) Gewinn nach Anteilen am Grundkapital, § 60 Abs 1. Für den nach den Anteilen 15
am Grundkapital zu bestimmenden Gewinn (§ 60 Abs 1) gilt § 216 Abs 2 nach dem
klaren Wortlaut nicht. Sofern nach dem Gewinnvorab gem § 60 Abs 2 noch ein **verbleibender gem § 60 Abs 1 zu verteilender Gewinn** vorhanden ist, ergibt sich daher iE
eine Verschiebung des Gewinns zugunsten der Inhaber der volleingezahlten Aktien,
da der nur im Verhältnis der Einlagen auszubezahlende Anteil durch die Kapitalerhöhung steigt, der nach Anteilen am Grundkapital berechnete Gewinnanteil also sinkt
(s dazu das Beispiel von MünchKomm AktG/*Volhard* Rn 34). Deshalb wird zT angenommen, im Lichte des § 216 Abs 1 S 1 müsse eine weitere Korrektur vorgenommen
werden, indem der insgesamt gem § 60 Abs 2 auszuzahlende Gewinn vorab konstant
zu halten sei (MünchKomm AktG/*Volhard* Rn 35; MünchHdB AG/*Krieger* § 59 Rn 62;
GroßKomm AktG/*Hirte* Rn 37 ff). Diese Ansicht ist abzulehnen. § 216 Abs 2 modifiziert nach seinem eindeutigen Wortlaut die Berechnung der Vorabdividende gem § 60
Abs 2; dass sich diese dadurch zulasten des Gewinns gem § 60 Abs 1 erhöht, ist sys-
temimmanent und daher hinzunehmen.

b) Stimmrecht, § 134. § 216 Abs 2 findet keine Anwendung, wenn nach der gesetzli- 16
chen Regel des § 134 Abs 2 S 1 das Stimmrecht erst mit vollständiger Einlageleistung
beginnt; denn dann haben teileingezahlte Aktien weder vor noch nach der Kapitaler-
höhung ein Stimmrecht (*Hüffer* AktG Rn 8; MünchKomm AktG/*Volhard* Rn 26;
KölnKomm AktG/*Lutter* Rn 12; GroßKomm AktG/*Hirte* Rn 41). Anwendbar ist § 216
Abs 2 S 1 dagegen, wenn in der **Satzung** festgelegt ist, dass sich das **Stimmrecht nach
den geleisteten Einlagen** bestimmt (§ 134 Abs 2 S 2, Mindesteinlage gewährt eine
Stimme; s § 134 Rn 14) oder nur teileingezahlte Aktien vorhanden sind (§ 134 Abs 2
S 4); dann erhöht sich das Stimmrecht prozentual durch die Kapitalerhöhung.
Bestimmt im **Beispiel in § 215 Rn 5** (s schon oben Rn 10) die Satzung, dass sich das
Stimmrecht nach den geleisteten Einlagen bestimmt (§ 134 Abs 2 S 2), hatten vor der
Kapitalerhöhung volleingezahlte Aktien je 4 Stimmen und die mit der Mindesteinlage
zu ¼ teileingezahlten Aktien je eine Stimme (§ 134 Abs 2 S 3). Nach der Kapitalerhöhung im Verhältnis 1:1 (Nennbetrag 200 gem § 215 Abs 2, davon ist auf die teileingezahlten Aktien eine Einlage von 125 geleistet) verdoppelt sich das Stimmrecht für die
teileingezahlten Aktien gem § 216 Abs 2 S 1 auf 2 Stimmen (statt auf 5), auf die volleingezahlten Aktien kommt eine weitere Aktie mit 4 Stimmen (insgesamt also 8 Stimmen); das Verhältnis der Stimmrechte bleibt also bei 1:4. Zahlt ein Aktionär auf eine
teileingezahlte Aktie weitere 25 ein, verdoppelt sich sein Stimmrecht gem § 216 Abs 2
S 2 auf 4 Stimmen; er hat die Hälfte seiner Einlagepflicht erfüllt, so dass ihm auch die
Hälfte der Stimmen der Inhaber von volleingezahlten Aktien (8 Stimmen) zusteht.

Stadler

17 c) Beteiligung am Liquidationserlös, §§ 216 Abs 2 S 3, 271 Abs 3. Sind die Einlagen in unterschiedlichem Verhältnis geleistet, werden im Liquidationsfalle zunächst die Einlagen erstattet, das weitere Vermögen nach den Anteilen am Grundkapital verteilt (s § 271 Rn 5 ff). Dabei bleibt es auch bei einer Kapitalerhöhung, dh abweichend von § 216 Abs 2 S 1, 2 gilt hier der volle Erhöhungsbetrag als einbezahlt (§ 216 Abs 2 S 3) und ist vorweg zu erstatten. Dies stellt keine Benachteiligung der Inhaber volleingezahlter Aktien dar (MünchKomm AktG/*Volhard* Rn 38). Im **Beispiel in § 215 Rn 5** (s schon oben Rn 10) soll das in 2 000 Aktien eingeteilte Grundkapital 200 000 mit jeweils der Hälfte teil- und volleingezahlten Aktien betragen und nach der Liquidation ein Vermögen in Höhe von 500 000 zur Verfügung stehen; dann entfallen ohne die Kapitalerhöhung auf die zu ¼ teileingezahlten Aktien die Erstattung der Einlage von 25 000, auf die volleingezahlten von 100 000. Die restlichen 375 000 des verteilungsfähigen Vermögens entfallen hälftig (also je 187 500) auf die teil- und volleingezahlten Aktien, erstere erhalten also insgesamt 212 500, letzter 287 500. Gleiches gilt nach der Kapitalerhöhung im Verhältnis 1:1. Dann entfällt auf die teileingezahlten Aktien die Erstattung der Einlage von 125 000, auf die volleingezahlten die Erstattung von 200 000. Die restlichen 175 000 des Vermögens entfallen wieder hälftig (also je 87 500) auf die teil- und volleingezahlten Aktien, erstere erhalten also wiederum 212 500, letztere 287 500.

IV. Rechtsverhältnisse mit Dritten, Abs 3 S 1

18 1. Allgemeines. – a) Anwendungsbereich. – aa) Vertragliche Beziehungen. Der Inhalt vertraglicher Beziehungen, die von den Kapital- oder Gewinnverhältnissen abhängen, bleibt durch die Kapitalerhöhung wirtschaftlich unverändert; dies kann zB Gewinnschuldverschreibungen, Wandel- und Optionsanleihen, Genussrechte, stille Gesellschaften, sonstige Gewinnbeteiligungen und partiarische Vereinbarungen betreffen (*Hüffer* AktG Rn 15; MünchKomm AktG/*Volhard* Rn 75). Die Vorschrift ist anwendbar, gleich ob die AG **Schuldner oder Gläubiger** ist (**allgM**; *Hüffer* AktG Rn 10; MünchKomm AktG/*Volhard* Rn 48; KölnKomm AktG/*Lutter* Rn 18). Weiterhin spielt es keine Rolle, ob der Dritte zugleich Aktionär ist, solange er der AG nur iR einer schuldrechtlichen Beziehung wie ein Dritter gegenübertritt, auch wenn die schuldrechtliche Beziehung mit Rücksicht auf die Aktionärsstellung begründet wurde (MünchKomm AktG/*Volhard* Rn 46; GroßKomm AktG/*Hirte* Rn 59). Gleiches gilt für **Mitglieder des Vorstands** in Bezug auf ihre Vorstandsverträge (MünchKomm AktG/*Volhard* Rn 46).

19 § 216 Abs 3 S 1 ist nur anwendbar, wenn die vertragliche Beziehung zum **Zeitpunkt** des Wirksamwerdens der Kapitalerhöhung (Eintragung, § 211) bereits besteht (MünchKomm AktG/*Volhard* Rn 49; MünchHdB AG/*Krieger* § 59 Rn 66). Sofern gem § 216 Abs 3 S 1 angepasste Verträge **verlängert** werden, gelten sie im Zweifel mit dem angepassten Vertragsinhalt fort (*Hüffer* AktG Rn 11; MünchHdB AG/*Krieger* § 59 Rn 64).

19a Auf Rechtsbeziehungen zwischen **Aktionären und Dritten** ist § 216 Abs 3 nicht anwendbar, selbst wenn die KapErh aus Gesellschaftsmitteln Einfluss auf solche Rechtsbeziehungen hat, etwa wenn an den Kurs einer Aktie angeknüpft wird (Grigoleit AktG/*Rieder/Holzmann* Rn 15; MünchHdB AG/*Krieger* § 59 Rn 69); in diesem Falle gelten allgemeine vertragliche Grundsätze, insb die Grundsätze ergänzender Vertragsauslegung oder einer Vertragsanpassung gem § 242 BGB (Grigoleit AktG/

Rieder/Holzmann Rn 15). Sofern an Aktien besondere Rechtsverhältnisse bestehen (wie zB Pfandrechte, Nießbrauch, Treuhandverhältnisse), so setzen diese sich auch an den neuen Aktien kraft Surrogation fort (Grigoleit AktG/*Rieder/Holzmann* Rn 15; *Hüffer* AktG Rn 16), vgl zB §§ 1212, 1075 BGB.

bb) Nebenleistungspflichten. Nicht anwendbar ist Abs 3 S 1 auf reine **Nebenleistungspflichten gem** § 55; hier ist nur Abs 3 *S 2* einschlägig (s Rn 32). Ebenso findet Abs 3 S 1 keine Anwendung auf Vertragsbeziehungen **zwischen Dritten oder zwischen Dritten und Aktionären**; in diesem Fall kann allenfalls eine ergänzende Vertragsauslegung (§§ 133, 157 BGB) oder Vertragsanpassung gem §§ 242, 313 BGB nach allgemeinen Grundsätzen helfen (*Hüffer* AktG Rn 16; MünchKomm AktG/*Volhard* Rn 72; MünchHdB AG/*Krieger* § 59 Rn 66). Auf **dingliche Rechte** oder besondere rechtliche Bindungen (zB **Treuhandschaft; Nacherbschaft; Nießbrauch**), die an den Altaktien bestehen, ist Abs 3 S 1 ebenfalls unanwendbar; nach allgemeinen Grundsätzen erstrecken sich solche Rechte aber automatisch auch auf die jungen Aktien (**§ 1247 S 2 BGB analog**; ganz hM, zB *Hüffer* AktG Rn 16; MünchKomm AktG/*Volhard* Rn 73; MünchHdB AG/*Krieger* § 59 Rn 66; KölnKomm AktG/*Lutter* Rn 26; *Ulmer* in Hachenburg GmbHG § 13 KapErhG Rn 26; *Geßler* DNotZ 1960, 619, 639; zum Nießbrauch *Teichmann* ZGR 1972, 1, 16; anders zum Nießbrauch bei Anteilen an Personengesellschaften BGHZ 58, 316, 319 = NJW 1972, 1755).

b) Schutzzweck. Die Vorschrift vermeidet zum einen Minderungen der Ansprüche Dritter durch die Kapitalerhöhung (zB eine Minderung der Gewinnbeteiligung eines Dritten, die an den Dividendensatz anknüpft – „Dividendengarantie"); zum anderen greift § 216 Abs 3 S 1 auch dann ein, wenn bei nach der Kapitalerhöhung unverändertem Dividendensatz (bei entspr Erhöhung des Gesamtdividendenbetrages) die Aktionäre wegen der erhöhten Anzahl der Aktien eine höhere Dividende erhalten, während die Gewinnbeteiligung der Drittberechtigten bei unveränderter Bemessungsgrundlage nicht erhöht wird (dazu *Hüffer* AktG Rn 10; *ders* FS Bezzenberger 191, 197 ff; Spindler/Stilz AktG/*Fock/Wüsthoff* Rn 21).

c) Analoge Anwendung auf reguläre Kapitalerhöhungen. § 216 Abs 3 S 1 ist nur auf Kapitalerhöhungen aus Gesellschaftsmitteln anwendbar. Eine analoge Anwendung auf Kapitalerhöhungen gegen Einlagen ist abzulehnen (*Hüffer* AktG Rn 19; MünchHdB AG/*Krieger* § 56 Rn 117 Fn 351; **aA** MünchKomm AktG/*Volhard* Rn 45; GroßKomm AktG/*Hirte* Rn 63; KölnKomm AktG/*Lutter* Rn 29; *Köhler* AG 1984, 197, 199; offen *OLG Stuttgart* AG 1995, 329, 332), da § 216 nur auf den Fall anwendbar ist, dass das Gesamtkapital und die Ertragskraft der AG nicht verändert wird. Auch die Grundsätze der ergänzenden Vertragsauslegung (§§ 133, 157 BGB) oder Vertragsanpassung (§§ 242, 313 BGB) helfen in diesen Fällen idR nicht weiter (so aber *Hüffer* AktG Rn 19; *ders* FS Bezzenberger, S 191, 201 ff; MünchHdB AG/*Krieger* § 56 Rn 117 Fn 351; *Zöllner* ZGR 1986, 288, 304; ausführlich für Rechte aus § 221 dort Rn 128).

d) Rechtswirkung. Zwingende Geltung. Die Vorschrift des Abs 3 S 1 hat eine **Vertragsanpassung** kraft Gesetzes zur Folge (rechtsgestaltende Wirkung, MünchKomm AktG/*Volhard* Rn 41; KölnKomm AktG/*Lutter* Rn 20). Abs 3 S 1 ist zwingend und kann nicht einseitig von der AG im Kapitalerhöhungsbeschluss oder in der Satzung abbedungen werden. Möglich sind dagegen **abweichende vertragliche Vereinbarungen** zwischen der AG und dem Dritten, und zwar sowohl vor wie auch nach der Kapitalerhöhung (*Hüffer* AktG Rn 11; MünchKomm AktG/*Volhard* Rn 43, 44; KölnKomm AktG/*Lutter* Rn 20).

24 Da die Vertragsanpassung kraft Gesetzes eintritt, ist Feststellungs- oder, wenn bereits auf Leistung geklagt werden kann, Leistungsklage zu erheben (*Hüffer* AktG Rn 11; MünchKomm AktG/*Volhard* Rn 41).

25 **2. Einzelne Rechtsverhältnisse. – a) Tantiemen.** Erhalten Vorstandsmitglieder, AR-mitglieder oder Angestellte Tantiemen, die von einer Ergebnisgröße der AG abhängig sind, ist § 216 Abs 3 nicht einschlägig, da die Kapitalerhöhung das Ergebnis der AG unbeeinflusst lässt. Dagegen ist eine Korrektur gem § 216 Abs 3 geboten, wenn die Tantieme nach der **Dividende oder (sinnvoller) nach dem Gewinn pro Aktie** oder nach dem **Dividendensatz** bemessen ist (Spindler/Stilz AktG/*Fock/Wüsthoff* Rn 23; MünchKomm AktG/*Volhard* Rn 52; KölnKomm AktG/*Lutter* Rn 21; s auch *Geßler* DNotZ 1960, 619, 637; *Boesebeck* DB 1960, 139).

26 Bei Tantiemen für Mitglieder des AR, die sich nach einem Anteil am Jahresgewinn bemessen, ist zudem die Vorschrift des **§ 113 Abs 3** zu beachten; diese bestimmt, dass von dem Gewinn als Bemessungsgrundlage 4 % der auf den geringsten Ausgabebetrag der Aktien geleisteten Einlage abzuziehen sind. Wird das Grundkapital erhöht, vermindert sich also zwingend die Bemessungsgrundlage für die AR-Tantieme. Fraglich und str ist nun, welche Vorschrift Vorrang hat; sowohl § 113 Abs 3 (dort S 2) als auch § 216 Abs 3 S 1 (Rn 23) sind zwingend. Zutr ist die heute **hM**, nach der § 113 Abs 3 die speziellere Norm ist und eine direkte oder analoge Anwendung des § 216 Abs 3 ausschließt (*Hüffer* AktG Rn 12; MünchHdB AG/*Krieger* § 59 Rn 65; Geßler/Hefermehl/Eckardt/Kropff AktG/*Bungeroth* Rn 61; *von Godin/Wilhelmi* AktG Anm 8; *Boesebeck* DB 1960, 139; Hachenburg GmbHG/*Ulmer* § 13 KapErhG Rn 21; **aA** MünchKomm AktG/*Volhard* Rn 59; KölnKomm AktG/*Lutter* Rn 22; GroßKomm AktG/*Hirte* Rn 75: § 216 Abs 3 hat Vorrang). Freilich schließt § 113 Abs 3 die Anpassung einer AR-Tantieme, die nicht nach einem Anteil am Jahresgewinn bestimmt wird (zB bei dividendenabhängigen Tantiemen), nicht aus (MünchHdB AG/*Krieger* § 59 Rn 65).

27 **b) Rechte gem § 221. – aa) Gewinnschuldverschreibungen.** § 216 Abs 3 S 1 findet auf Gewinnschuldverschreibungen Anwendung, wenn sich die Gewinnbeteiligung der Anleihegläubiger nicht nach dem durch die Kapitalerhöhung unveränderten Gesamtgewinn der AG berechnet, sondern nach Gewinn/Dividende pro Aktie oder dem Dividendensatz (Spindler/Stilz/*Fock/Wüsthoff* AktG Rn 27).

28 **bb) Wandel- und Optionsanleihen.** Auf **Wandel- und Optionsanleihen** ist § 216 Abs 3 S 1 anwendbar, dh das Umtauschverhältnis (§ 221 Rn 28) bei Wandelanleihen verbessert sich entspr der Erhöhung des Grundkapitals, bei Optionsanleihen erhält der Bezugsberechtigte für den unveränderten Bezugspreis (§ 221 Rn 28) eine entspr höhere Anzahl von Aktien; im Falle einer Kapitalerhöhung im Verhältnis 1:1 erhält der Bezugsberechtigte also für den gleichen Anleihebetrag bzw den gleichen Bezugspreis die doppelte Anzahl von Aktien. Da sich das bedingte Kapital (§ 192 Abs 2 Ziff 1) ebenfalls im gleichen Verhältnis erhöht (§ 218 S 1), ist auch die Erfüllbarkeit der neu gestalteten Anleihebedingungen gesichert; sofern der Anleihebetrag den geringsten Ausgabebetrag der Anleihen nicht mehr deckt, ist eine Sonderrücklage zu bilden (§ 218 S 2, dort Rn 7 ff). Bezieht sich das Umtausch- bzw Bezugsrecht nach der Anpassung der Anleihebedingungen nicht mehr auf eine „glatte" Anzahl von Aktien,

hat die AG bei Ausübung der Umtausch-/Bezugsrechte entspr **Teilrechte iSv § 213** auszugeben (MünchKomm AktG/*Volhard* Rn 62; KölnKomm AktG/*Lutter* Rn 25).

cc) Genussrechte. Auch auf Genussrechte findet § 216 Abs 3 S 1 Anwendung. Enthalten Genussrechte Umtausch- oder Bezugsrechte, gilt das zu Wandel- und Optionsanleihen Gesagte entspr; gewähren Genussrechte eine Gewinnbeteiligung, sind sie insoweit wie Gewinnschuldverschreibungen zu behandeln (s dazu § 221 Rn 98, 100).

c) Beherrschungs- und Gewinnabführungsverträge. Auch Ansprüche der Aktionäre einer abhängigen AG aus §§ 304, 305 fallen unter § 216 Abs 3 S 1, wenn das herrschende (oder gewinnbezugsberechtigte) Unternehmen ebenfalls eine AG ist. Dies gilt für den **Ausgleichsanspruch (§ 304 Abs 1)**, wenn dieser zB nach der Dividende pro Aktie des herrschenden Unternehmens bestimmt ist (*Hüffer* AktG Rn 15); erhöht das herrschende Unternehmen in diesem Fall sein Kapital aus Gesellschaftsmitteln im Verhältnis 1:2 und verdoppelt damit die Anzahl der Aktien, so beträgt der Ausgleich zukünftig das Zweifache der Dividende pro Aktie; umgekehrt ermäßigt sich der pro Aktie der abhängigen Gesellschaft zu zahlende Betrag, wenn deren Kapital erhöht wird (MünchKomm AktG/*Volhard* Rn 69; KölnKomm AktG/*Lutter* Rn 27; Groß-Komm AktG/*Hirte* Rn 81, 79). Entspr gilt für ein **Abfindungsangebot (§ 305)**; besteht dieses in Aktien der herrschenden Gesellschaft (§ 305 Abs 2 Ziff 1) und wird deren Kapital erhöht, bevor das Abfindungsangebot erfüllt ist, wird das Abfindungsangebot gem § 216 Abs 3 S 1 angepasst (MünchKomm AktG/*Volhard* Rn 70).

3. Analoge Anwendung im Rahmen von Kapitalherabsetzungen? § 216 Abs 3 findet keine analoge Anwendung auf Kapitalherabsetzungen (*BGHZ* 119, 305, 322 = NJW 1993, 57 – „**Klöckner Genüsse**"). Zum Schutz ihres Vermögens wird die AG in den vertraglichen Bedingungen aber entspr Schutzmechanismen vorsehen. Im Fall „**Klöckner Genüsse**" sahen die Genussrechtsbedingungen (zulässigerweise) vor, dass bei einer Kapitalherabsetzung auch das Genussrechtskapital im gleichen Verhältnis herabgesetzt wird. Eine analoge Anwendung wurde in diesem Fall auch dann verneint, als die Drohverlustrückstellungen, derentwegen das Kapital herabgesetzt wurde, wieder aufgelöst wurden, weil die Verluste nicht in der erwarteten Höhe eingetreten sind; eine Wiederauffüllung des Genussrechtskapitals analog § 216 Abs 3 wurde verneint, im Wege ergänzender Vertragsauslegung wurde den Genussrechtsinhabern lediglich anteilig der Betrag der aufgelösten Rückstellungen als Ausgleich zugesprochen.

V. Nebenverpflichtungen der Aktionäre, Abs 3 S 2

Auch Nebenverpflichtungen der Aktionäre bleiben durch die Kapitalerhöhung wirtschaftlich unverändert. Mit Nebenverpflichtungen sind nur **körperschaftliche Pflichten gem § 55** gemeint; tritt ein Aktionär wie ein Dritter in sonstige schuldrechtliche Verpflichtungen zur AG, gilt § 216 Abs 3 S 1 unmittelbar (MünchKomm AktG/*Volhard* Rn 74; GroßKomm AktG/*Hirte* Rn 85). Gem § 216 Abs 3 S 2 dürfen sich Nebenverpflichtungen der Aktionäre durch die Kapitalerhöhung nicht erweitern, sie verteilen sich also bei der Ausgabe neuer Aktien **gleichmäßig auf alte und neue Aktien** (*Hüffer* AktG Rn 17; MünchKomm AktG/*Volhard* Rn 75; KölnKomm AktG/*Lutter* Rn 28; GroßKomm AktG/*Hirte* Rn 83), bei der Erhöhung der Nennbeträge (va bei teileingezahlten Aktien, § 215 Abs 2 S 2) bleiben die Nebenverpflichtungen je Aktie unverändert. Diese Rechtsfolge tritt **ipso iure** ein, einer Festsetzung im Kapitalerhöhungsbeschluss bedarf es nicht (MünchKomm AktG/*Volhard* Rn 76; KölnKomm

Stadler

AktG/*Lutter* Rn 28). Zulässig ist dagegen die Befreiung der *neuen* Aktien von Nebenleistungspflichten, wenn diejenigen aus den alten Aktien unverändert bleiben (Geßler/Hefermehl/Eckardt/Kropff AktG/*Bungeroth* Rn 76). Sofern Satzungsregelungen unrichtig werden, gilt das in Rn 7 Gesagte.

§ 217 Beginn der Gewinnbeteiligung

(1) Neue Aktien nehmen, wenn nichts anderes bestimmt ist, am Gewinn des ganzen Geschäftsjahrs teil, in dem die Erhöhung des Grundkapitals beschlossen worden ist.

(2) ¹Im Beschluss über die Erhöhung des Grundkapitals kann bestimmt werden, dass die neuen Aktien bereits am Gewinn des letzten vor der Beschlussfassung über die Kapitalerhöhung abgelaufenen Geschäftsjahrs teilnehmen. ²In diesem Fall ist die Erhöhung des Grundkapitals zu beschließen, bevor über die Verwendung des Bilanzgewinns des letzten vor der Beschlussfassung abgelaufenen Geschäftsjahrs Beschluss gefasst ist. ³Der Beschluss über die Verwendung des Bilanzgewinns des letzten vor der Beschlussfassung über die Kapitalerhöhung abgelaufenen Geschäftsjahrs wird erst wirksam, wenn das Grundkapital erhöht ist. ⁴Der Beschluss über die Erhöhung des Grundkapitals und der Beschluss über die Verwendung des Bilanzgewinns des letzten vor der Beschlussfassung über die Kapitalerhöhung abgelaufenen Geschäftsjahrs sind nichtig, wenn der Beschluss über die Kapitalerhöhung nicht binnen drei Monaten nach der Beschlussfassung in das Handelsregister eingetragen worden ist. ⁵Der Lauf der Frist ist gehemmt, solange eine Anfechtungs- oder Nichtigkeitsklage rechtshängig ist.

Übersicht

	Rn		Rn
I. Normgegenstand und Anwendungsbereich	1	b) Praktisches Bedürfnis	5
II. Regelfall, Abs 1	2	c) Folgen eines Verstoßes gegen Abs 2 S 2	6
III. Anderweitige Festsetzungen	3	d) Wirksamwerden der Beschlüsse, Abs 2 S 3, 4	7
1. Dispositive Regel	3		
2. Rückwirkende Gewinnberechtigung, Abs 2	4	e) Berechnung, Hemmung der Dreimonatsfrist, Abs 2 S 5	8
a) Voraussetzungen	4		

I. Normgegenstand und Anwendungsbereich

1 § 217 regelt den Zeitpunkt der Gewinnberechtigung. Regel ist die Beteiligung ab dem Geschäftsjahr, in dem die Erhöhung beschlossen wurde (Abs 1). Die HV kann aber auch Gewinnbeteiligung rückwirkend für das vorangegangene Geschäftsjahr beschließen (Abs 2). Die Regelung des § 217 ist nur anwendbar, soweit **neue Aktien** ausgegeben werden. Bei einer Erhöhung des anteiligen Kapitalbetrages von Stückaktien (dazu § 215 Rn 6) oder Erhöhung des Nennbetrages etwa iRd Euroumstellung (dazu § 215 Rn 10) ist § 217 unanwendbar, hier nehmen die Aktien ohnehin vollständig am Gewinn teil (Spindler/Stilz AktG/*Fock/Wüsthoff* Rn 1). **Analog anwendbar** (MünchKomm AktG/*Volhard* Rn 2) ist § 217 jedoch auf den Sonderfall, dass der Nennbetrag teileingezahlter Aktien erhöht wird (§ 215 Abs 2 S 2) *und* zugleich auf volleingezahlte Aktien junge Aktien ausgegeben werden (§ 215 Abs 2 S 3; dazu § 215 Rn 11); in diesem Fall gilt die Regelung über die Gewinnbeteiligung der neu ausgegebenen Aktien

Beginn der Gewinnbeteiligung § 217

auch für die Gewinnbeteiligung der im Nennbetrag erhöhten teileingezahlten Aktien, soweit sie anteilig auf den Erhöhungsbetrag entfällt. Geändert durch Art 1 Ziff 28 StückAG (1998). Parallelnorm im GmbHR: § 57n GmbHG.

II. Regelfall, Abs 1

Neue Aktien nehmen am Gewinn des ganzen Geschäftsjahres teil, in dem die Kapitalerhöhung beschlossen wurde; auf den Zeitpunkt der Eintragung kommt es aufgrund des eindeutigen Wortlautes des Abs 1 nicht an (allgM). Zweckmäßigerweise werden dadurch unterschiedliche Kurse alter und neuer Aktien vermieden (MünchKomm AktG/*Volhard* Rn 5; KölnKomm AktG/*Lutter* Rn 2). Auch wird auf diese Weise die Gewinnverteilung vereinfacht (Grigoleit AktG/*Rieder/Holzmann* Rn 2). 2

III. Anderweitige Festsetzungen

1. Dispositive Regel. Abs 1 ist dispositiv. Gewinnbeteiligung kann unter Beachtung von Abs 2 im HVBeschluss (nach MünchKomm AktG/*Volhard* Rn 7 auch in der Satzung für alle zukünftigen Kapitalerhöhungen) **rückwirkend** für das vorangegangene Geschäftsjahr festgelegt werden. Auch ein **späterer Beginn** der Gewinnbeteiligung ist möglich (**hM**; *Hüffer* AktG Rn 3; KölnKomm AktG/*Lutter* Rn 3; GroßKomm AktG/*Hirte* Rn 31; MünchHdB AG/*Krieger* § 59 Rn 50; **aA** MünchKomm AktG/*Volhard* Rn 8: dispositiv nur iRd laufenden Geschäftsjahrs). Derartige Festlegungen müssen dem Gleichbehandlungsgrundsatz (§ 53a) gerecht werden (Grigoleit AktG/*Rieder/Holzmann* Rn 3; Spindler/Stilz AktG/*Fock/Wüsthoff* Rn 3). 3

2. Rückwirkende Gewinnberechtigung, Abs 2. – a) Voraussetzungen. Gewinnberechtigung kann bis zum Beginn des vor der Beschlussfassung abgelaufenen Geschäftsjahres zurückverlegt werden. Dann muss der Erhöhungsbeschluss allerdings zwingend vor dem Gewinnverwendungsbeschluss (§ 174) für das vorangegangene Jahr gefasst werden (§ 217 Abs 2 S 2); sofern über beides auf **ders HV** beschlossen wird, ist die Reihenfolge der Tagesordnung entspr festzulegen (*Hüffer* AktG Rn 4). Für die Anwendung des § 217 Abs 2 S 2 ist unerheblich, ob die Gewinnverwendung in Form einer **Ausschüttung** oder eines bloßen **Gewinnvortrags** beschlossen wurde (*Hüffer* AktG Rn 4; KölnKomm AktG/*Lutter* Rn 5; GroßKomm AktG/*Hirte* Rn 20); ein einmal gefällter Gewinnverwendungsbeschluss kann auch nicht mehr nach dem Beschluss über die Kapitalerhöhung abgeändert oder neu gefasst werden, da der Gewinnverwendungsbeschluss unentziehbare Gläubigerrechte der Aktionäre begründet (*Hüffer* AktG Rn 4; MünchKomm AktG/*Volhard* Rn 14; KölnKomm AktG/*Lutter* Rn 5; näher § 174 Rn 2, 6). 4

b) Praktisches Bedürfnis. Während ein späterer Beginn der Gewinnbeteiligung kaum jemals praktisch relevant sein dürfte, ist eine auf das vorangegangene Geschäftsjahr vorverlegte Gewinnbeteiligung dann sinnvoll, wenn über die Verwendung des Gewinns des vorangegangenen Geschäftsjahres entspr der Voraussetzung des § 217 Abs 2 S 2 noch nicht beschlossen worden ist; somit können **unterschiedliche Gewinnbeteiligungen** und damit unterschiedliche Kurse alter und neuer Aktien vermieden werden (MünchKomm AktG/*Volhard* Rn 11; GroßKomm AktG/*Hirte* Rn 16; vgl KölnKomm AktG/*Lutter* Rn 4). 5

c) Folgen eines Verstoßes gegen Abs 2 S 2. Wird der Erhöhungsbeschluss mit rückwirkender Gewinnbeteiligung für das abgelaufene Geschäftsjahr gefasst, obwohl über 6

Stadler

§ 218

den Gewinn dieses Geschäftsjahres bereits entschieden ist, ist die Bestimmung des Beginns der Gewinnbeteiligung **nichtig** (*Hüffer* AktG Rn 4; MünchKomm AktG/*Volhard* Rn 16; MünchHdB AG/*Krieger* § 59 Rn 51; KölnKomm AktG/*Lutter* Rn 7). Die Wirksamkeit des Kapitalerhöhungsbeschlusses iÜ bestimmt sich nach **§ 139 BGB** (MünchKomm AktG/*Volhard* Rn 16; KölnKomm AktG/*Lutter* Rn 7), im Zweifel wird nur **Teilnichtigkeit** vorliegen (*Hüffer* AktG Rn 4).

7 **d) Wirksamwerden der Beschlüsse, Abs 2 S 3, 4.** Der Gewinnverwendungsbeschluss für das vorangegangene Geschäftsjahr wird erst (und gleichzeitig) mit der Eintragung des Kapitalerhöhungsbeschlusses wirksam (S 3). Dabei muss die Eintragung binnen drei Monaten nach Beschlussfassung erfolgen, ansonsten sind beide Beschlüsse nichtig (§§ 241, 217 Abs 2 S 4). Entscheidender Zeitpunkt ist allein die **Eintragung, nicht die Anmeldung**, auch wenn die Gesellschaft nach rechtzeitiger Anmeldung auf das Eintragungsverfahren keinen Einfluss mehr hat (**allgM**, zB *Hüffer* AktG Rn 5); ist die Anmeldung vollständig und unverzüglich nach Beschlussfassung (*Hüffer* AktG Rn 5; KölnKomm AktG/*Lutter* Rn 10) eingereicht und verzögert sich das Eintragungsverfahren dennoch über die Dreimonatsfrist hinaus, sind Amtshaftungsansprüche denkbar (§ 839 Abs 1 BGB).

8 **e) Berechnung, Hemmung der Dreimonatsfrist, Abs 2 S 5.** Der Lauf der Frist (Berechnung: §§ 187 Abs 1, 188 BGB; Beginn: Fassung des HV Beschlusses) ist **gehemmt** (§ 209 BGB), solange eine Anfechtungs- oder Nichtigkeitsklage rechtshängig ist (bloße Anhängigkeit genügt nicht) oder eine staatliche Genehmigung nicht erteilt ist. Endet die Hemmung, läuft die bereits begonnene Frist weiter (*Hüffer* AktG Rn 6). Hemmung steht in Zusammenhang mit der möglichen Aussetzung des Eintragungsverfahrens gem § 381 FamFG. Tritt mangels Eintragung binnen der Dreimonatsfrist **Nichtigkeit** beider Beschlüsse ein, ist für das abgelaufene Geschäftsjahr über die **Gewinnverwendung erneut zu entscheiden** (*Hüffer* AktG Rn 6; MünchKomm AktG/*Volhard* Rn 17; KölnKomm AktG/*Lutter* Rn 9; *von Godin/Wilhelmi* AktG § 217 Anm 4). Nach **Ablauf der Frist** darf der Registerrichter den nichtigen Kapitalerhöhungsbeschluss nicht mehr eintragen (*Hüffer* AktG Rn 6; MünchKomm AktG/*Volhard* Rn 22). Trägt er trotzdem ein, wird der Kapitalerhöhungsbeschluss **geheilt** (§ 242 Abs 3). Entgegen der **hM** (MünchKomm AktG/*Volhard* Rn 20; Geßler/Hefermehl/Eckardt/Kropff AktG/*Bungeroth* Rn 20) bezieht sich die Heilung nicht nur auf den Kapitalerhöhungsbeschluss, sondern auch auf den Gewinnverwendungsbeschluss; zwar heilt die Eintragung grds nur den eintragungspflichtigen Beschluss (so MünchKomm AktG/*Volhard* Rn 20), § 217 Abs 2 S 4 stellt jedoch eine Verknüpfung zwischen beiden Beschlüssen her; wird die Nichtigkeit des Kapitalerhöhungsbeschlusses geheilt, gilt dies auch für den Gewinnverwendungsbeschlusses.

§ 218 Bedingtes Kapital

[1]**Bedingtes Kapital erhöht sich im gleichen Verhältnis wie das Grundkapital.** [2]**Ist das bedingte Kapital zur Gewährung von Umtauschrechten an Gläubiger von Wandelschuldverschreibungen beschlossen worden, so ist zur Deckung des Unterschieds zwischen dem Ausgabebetrag der Schuldverschreibungen und dem höheren geringsten Ausgabebetrag der für sie zu gewährenden Bezugsaktien insgesamt eine Sonderrücklage zu bilden, soweit nicht Zuzahlungen der Umtauschberechtigten vereinbart sind.**

Bedingtes Kapital § 218

Übersicht

	Rn		Rn
I. Normgegenstand	1	b) Optionsanleihen und Wandelgenussrechte	10
II. Erhöhung des bedingten Kapitals, S 1	2	3. Höhe der Sonderrücklage in besonderen Fällen	11
1. Anpassung kraft Gesetzes	2	4. Zeitpunkt der Bildung der Rücklage	12
2. Handelsregister	3		
3. Teilrechte, Spitzenbeträge	4	5. Unmöglichkeit der Bildung der Sonderrücklage	13
III. Bildung einer Sonderrücklage, S 2	5		
1. Anwendbarkeit	6	IV. Keine Anwendung auf genehmigtes Kapital	14
2. Sonderrücklage	7		
a) Wandelschuldverschreibungen	8		

I. Normgegenstand

§ 218 sichert die Erfüllbarkeit von Umtauschrechten und vermeidet zugleich deren Verwässerung. § 218 steht in unmittelbarem Zusammenhang mit § 216 Abs 3, der die schuldrechtlichen Beziehungen zu Inhabern von Finanzinstrumenten mit Bezugsrechten regelt. S 2 verhindert eine Unter-Pari-Emission, wenn durch die Anpassung des Umtauschverhältnisses gem § 216 Abs 3 oder eine „Antiverwässerungsregelung" in den Anleihebedingungen (§ 221 Rn 127 ff) der Nennbetrag der eingebrachten Wandelanleihen den Mindestausgabebetrag der neuen Aktien nicht mehr decken sollte. **1**

II. Erhöhung des bedingten Kapitals, S 1

1. Anpassung kraft Gesetzes. Das bedingte Kapital erhöht sich kraft Gesetzes im gleichen Verhältnis wie das Grundkapital; ist das bedingte Kapital bereits teilweise aufgebraucht, ist der zum Zeitpunkt des Wirksamwerdens der Kapitalerhöhung (§ 211) noch vorhandene Restbetrag maßgeblich (*Hüffer* AktG Rn 2; MünchKomm AktG/*Volhard* Rn 3), da bereits aus dem bedingten Kapital entstandene Aktien direkt an der Kapitalerhöhung teilnehmen. Die Erhöhung tritt kraft Gesetzes mit der Eintragung der Kapitalerhöhung im HR (§ 211) ein, selbst wenn eine entspr Festsetzung in Erhöhungsbeschluss fehlt (*Hüffer* AktG Rn 2; MünchKomm AktG/*Volhard* Rn 4; KölnKomm AktG/*Lutter* Rn 2; GroßKomm AktG/*Hirte* Rn 9). So gewährleistet die Vorschrift, dass ausreichendes bedingtes Kapital vorhanden ist, welches die entsprechend erhöhte Anzahl von Wandel- und Bezugsrechten absichert (Grigoleit AktG/*Rieder/Holzmann* Rn 2). **2**

2. Handelsregister. Wird die Erhöhung des Grundkapitals ohne gleichzeitige Erhöhung des bedingten Kapitals eingetragen, wird das HR unrichtig. Deshalb hat (Rechtspflicht) der Vorstand die Berichtigung anzumelden (§ 210), und zwar zeitgleich mit der Anmeldung der Kapitalerhöhung (vgl §§ 31 ff HGB; MünchKomm AktG/*Volhard* Rn 10; **aA** KölnKomm AktG/*Lutter* Rn 4); der vollständige neue Satzungstext mit Notarbescheinigung (§ 181 Abs 1 S 2) ist der Anmeldung beizufügen. Hinsichtlich der (berichtigenden) Anmeldung der Erhöhung des bedingten Kapitals ist die Mitwirkung des AR-Vorsitzenden nicht erforderlich (*Hüffer* AktG Rn 3; MünchKomm AktG/*Volhard* Rn 9; KölnKomm AktG/*Lutter* Rn 4); allerdings kann die Satzungsänderung als solche (sowohl hinsichtlich der Erhöhung des Grundkapitals als auch des bedingten Kapitals, MünchKomm AktG/*Volhard* Rn 7) dem AR überlassen werden, § 179 Abs 1 S 2. Versäumt der Vorstand pflichtwidrig die Anmeldung, kommt nach **hM** eine **Berichtigung von Amts wegen** (§§ 395 FamFG) nicht in Betracht, da **3**

Stadler 1687

§ 218 Bedingtes Kapital

ursprünglich keine „unzulässige" Eintragung vorlag; lediglich ein Erzwingen der Anmeldung gem §§ 14 HGB, 388 FamFG soll möglich sein (*Hüffer* AktG Rn 3; MünchKomm AktG/*Volhard* Rn 10; KölnKomm AktG/*Lutter* Rn 4; **aA** MünchKomm AktG/*Volhard* Rn 10).

4   **3. Teilrechte, Spitzenbeträge.** Kommt es durch die verhältnismäßige Erhöhung des bedingten Kapitals zu „krummen" Beträgen, so ist dies nach **hM** ohne Verstoß gegen § 8 hinzunehmen; eine Auf- oder Abrundung des bedingten Kapitals auf volle Euro findet nicht statt (MünchKomm AktG/*Volhard* Rn 5; KölnKomm AktG/*Lutter* Rn 3). Es entstehen Teilrechte gem § 213 (*Hüffer* AktG Rn 2; MünchKomm AktG/*Volhard* Rn 6; KölnKomm AktG/*Lutter* Rn 3; GroßKomm AktG/*Hirte* Rn 8; **aA** Geßler/Hefermehl/Eckardt/Kropff AktG/*Bungeroth* Rn 6: „krumme Beträge" gewinnen keine praktische Bedeutung, da die AG nicht berechtigt ist, aus einem bedingten Kapital Teilrechte auszugeben).

III. Bildung einer Sonderrücklage, S 2

5   S 2 erfordert die Bildung einer Sonderrücklage, wenn durch eine verhältnismäßige Erhöhung des bedingten Kapitals im Falle der Ausübung von Umtauschrechten eine **Unter-Pari-Emission** droht, dh der geringste Ausgabebetrag (§ 9 Abs 1) im Falle der Ausübung der Umtauschrechte durch die Einlage der Anleihen (dazu § 221 Rn 47, 131) nicht gedeckt wäre.

6   **1. Anwendbarkeit.** § 218 S 2 ist (ebenso wie § 216 Abs 3 S 1) entgegen dem Wortlaut nicht nur auf Wandelschuldverschreibungen anwendbar, sondern auch auf andere Finanzinstrumente, die Umtauschrechte gewähren (Spindler/Stilz AktG/*Fock/Wüsthoff* Rn 8; *Hüffer* AktG Rn 4, 7), wie zB Optionsanleihen und Wandelgenussrechte (*Hüffer* AktG Rn 7 für Optionsanleihen; MünchKomm AktG/*Volhard* Rn 24–26; KölnKomm AktG/*Lutter* Rn 7 für Optionsanleihen).

7   **2. Sonderrücklage.** Maßgeblich für die Bildung der Sonderrücklage ist, ob im Falle der Ausübung der Umtauschrechte die Einlage den niedrigsten Ausgabebetrag, nämlich den Gesamtnennbetrag (§ 8 Abs 2) bzw das Produkt aus der Anzahl der Bezugsaktien und dem anteiligen Nennbetrag (§ 8 Abs 3), decken würde.

8   **a) Wandelschuldverschreibungen.** Bei Wandelschuldverschreibungen ist der Ausgabebetrag der Anleihen maßgeblich; dies ist nach ganz **hM** nicht der Nennbetrag der Anleihen, sondern der **tatsächliche Ausgabebetrag einschließlich eines Agios** über dem Rückzahlungsbetrag der Anleihe (*Hüffer* AktG Rn 5; MünchHdB AG/*Krieger* § 59 Rn 68; MünchKomm AktG/*Volhard* Rn 13). Die **hM** wirft jedoch Probleme auf. Zwar ist das für eine Wandelanleihe gezahlte Agio gem § 272 Abs 2 Ziff 2 HGB ein gebundener Posten des Eigenkapitals, der einer Ausschüttungssperre unterliegt (§ 150 Abs 4; § 150 Rn 8; *Hüffer* § 150 AktG Rn 11; Baumbach/Hopt HGB/*Merkt* § 272 HGB Rn 6); allerdings ist diese Bindung aufgeweicht, da die Rücklage für eine Kapitalerhöhung aus Gesellschaftsmitteln verwandt werden kann (§ 150 Abs 4 Ziff 3). Deshalb ist mE eine Verwendung der Rücklage gem § 272 Abs 2 Ziff 2 HGB iVm § 150 Abs 4 Ziff 3 für eine Kapitalerhöhung aus Gesellschaftsmitteln dann unzulässig, wenn im Falle einer Ausübung von Umtauschrechten eine Unter-Pari-Emission droht, sofern nicht in entspr Höhe eine Sonderrücklage gem § 218 S 2 gebildet werden kann.

Sind bei Ausübung des Umtauschrechts **Zuzahlungen** geschuldet, sind diese zu berücksichtigen (*Hüffer* AktG Rn 6 aE; KölnKomm AktG/*Lutter* Rn 5; MünchKomm AktG/*Volhard* Rn 15; MünchHdB AG/*Krieger* § 59 Rn 68). **Bsp:** Wandelanleihen wurden im Nennbetrag von 100 EUR zu pari ausgegeben. Umtauschrecht berechtigt zu zwei Aktien im Nennbetrag von je 20 EUR, wobei nach den Anleihebedingungen eine Zuzahlung von 10 EUR zu leisten ist. Das Grundkapital wird aus Gesellschaftsmitteln im Verhältnis 1:3 erhöht. Damit berechtigt gem §§ 216 Abs 3 S 1, 218 S 1 die Wandelanleihe zum Bezug von acht Aktien im Nennwert von je 20 EUR, also insgesamt 160 EUR; abzüglich der Zuzahlung von 10 EUR ergibt sich ein Betrag von 50 EUR zulasten der Bezugsaktien, für den in gleicher Höhe eine Sonderrücklage zu bilden ist. 9

b) Optionsanleihen und Wandelgenussrechte. Bei Optionsanleihen und Wandelgenussrechten, für die § 218 analog gilt (Rn 6), ist anstelle des Ausgabebetrags der Anleihen der zu entrichtende Optionspreis maßgeblich. 10

3. Höhe der Sonderrücklage in besonderen Fällen. War bereits vor der Kapitalerhöhung ein Unterschiedsbetrag vorhanden, so ist nach **hM** eine Sonderrücklage für den gesamten, nicht nur für den durch die Kapitalerhöhung zusätzlich verursachten Unterschiedsbetrag zu bilden (MünchKomm AktG/*Volhard* Rn 18). Alternativ könnte man in diesem Fall hinsichtlich des ursprünglichen Unterschiedsbetrages Nichtigkeit der Anleihebedingungen gem §§ 134 BGB, 9 Abs 1 AktG annehmen, so dass der ursprüngliche Unterschiedsbetrag im Falle der Ausübung des Umtauschrechts durch Zuzahlungen zu decken wäre. 11

4. Zeitpunkt der Bildung der Rücklage. Zeitpunkt der Bildung der Sonderrücklage ist str. Richtigerweise ist diese im Zeitpunkt der Beschlussfassung (besser: Eintragung, so wohl MünchHdB AG/*Krieger* § 59 Rn 68) zu buchen und im nächsten Jahresabschluss auszuweisen (*Hüffer* AktG Rn 6; MünchKomm AktG/*Volhard* Rn 19; KölnKomm AktG/*Lutter* Rn 6; GroßKomm AktG/*Hirte* Rn 23; Happ AktR/*Tielmann* Kap 12.07 Rn 13). Freilich ist auch eine Bildung der Rücklage in der Bilanz zulässig, die der Kapitalerhöhung zugrunde liegt (vgl § 209 Abs 1; *Hüffer* AktG Rn 6; MünchHdB AG/*Krieger* § 59 Rn 68). Ferner muss diese Bilanz die zur Rücklagenbildung erforderlichen Mittel bereits ausweisen (MünchKomm AktG/*Volhard* Rn 21; GroßKomm AktG/*Hirte* Rn 23; vgl § 208 Abs 1). 12

5. Unmöglichkeit der Bildung der Sonderrücklage. Sind freie Mittel (§ 208) zur Bildung der Sonderrücklage nicht vorhanden, ist der Kapitalerhöhungsbeschluss nichtig (§ 241 Ziff 3; MünchKomm AktG/*Volhard* Rn 22; GroßKomm AktG/*Hirte* Rn 29); Eintragung heilt nur unter den Voraussetzungen des § 242 Abs 2. Ein Versäumnis der Bildung der Rücklage berührt Wirksamkeit der Kapitalerhöhung dagegen nicht, sondern führt allenfalls zur Nichtigkeit des entspr Jahresabschlusses (§ 256 Abs 1 Ziff 4; MünchKomm AktG/*Volhard* Rn 23; GroßKomm AktG/*Hirte* Rn 31). 13

IV. Keine Anwendung auf genehmigtes Kapital

§ 218 ist auf genehmigtes Kapital nicht anzuwenden (Spindler/Stilz AktG/*Fock/Wüsthoff* Rn 9; *Hüffer* AktG Rn 8; KölnKomm AktG/*Lutter* Rn 8; MünchKomm AktG/*Volhard* Rn 27; MünchHdB AG/*Krieger* § 59 Rn 67). Die HV kann zwar mit dem Kapitalerhöhungsbeschluss auch das genehmigte Kapital anpassen, kraft Gesetzes findet eine solche Anpassung nicht statt (**allgM**; *Hüffer* AktG Rn 8; MünchKomm AktG/ 14

Volhard Rn 28; KölnKomm AktG/*Lutter* Rn 8; GroßKomm AktG/*Hirte* Rn 34); angepasst wird lediglich der Höchstbetrag gem § 202 Abs 3. Dies zeigt, dass Gläubiger von Umtauschrechten durch genehmigtes Kapital nur unzureichend gesichert sind und auf die Schaffung bedingten Kapitals bestehen sollten (§ 221 Rn 51, 53).

§ 219 Verbotene Ausgabe von Aktien und Zwischenscheinen

Vor der Eintragung des Beschlusses über die Erhöhung des Grundkapitals in das Handelsregister dürfen neue Aktien und Zwischenscheine nicht ausgegeben werden.

Übersicht

	Rn		Rn
I. Normgegenstand	1	IV. Übertragung künftiger Mitgliedsrechte	4
II. Verbot vorzeitiger Aktienausgabe	2	V. Gutgläubiger Erwerb	5
III. Rechtsfolgen verbotswidriger Aktienausgabe	3	VI. Haftung. Schadensersatz	6

I. Normgegenstand

1 Ebenso wie bei anderen Arten der Kapitalerhöhung (§§ 191, 197, 203 Abs 1 S 1) sollen durch das Verbot der Ausgabe von Aktien oder Zwischenscheinen vor Wirksamwerden der Kapitalerhöhung durch Eintragung in das HR potentielle Erwerber der neu geschaffenen Aktien vor „Schwindelemissionen" geschützt werden.

II. Verbot vorzeitiger Aktienausgabe

2 § 219 verbietet die Ausgabe von Aktien bzw Zwischenscheinen vor Entstehung der Mitgliedschaftsrechte im Zeitpunkt des Wirksamwerdens der Kapitalerhöhung durch Eintragung (§ 211), nicht dagegen die körperliche Herstellung (einschließlich der Unterzeichnung) der Aktien- oder Zwischenscheinurkunden (MünchKomm AktG/*Winner* Rn 4). Ausgabe iSd § 219 liegt erst dann vor, wenn die Aktien willentlich in Verkehr gebracht werden, idR durch Aushändigung an einen Dritten, etwa die Depotbank (s im Einzelnen § 191 Rn 3).

III. Rechtsfolgen verbotswidriger Aktienausgabe

3 Vor Eintragung ausgegebene Aktien können keine Mitgliedschaftsrechte verbriefen. Sie sind allerdings nach **hM** entgegen der Rechtslage bei der Gründung und effektiven Kapitalerhöhung (§§ 41 Abs 4 S 2, 191 S 2, 197 S 3, 203 Abs 1 S 1) **nicht absolut nichtig**, sondern zunächst nur **unwirksam**, verbriefen aber potentielle zukünftige Mitgliedschaftsrechte (MünchKomm AktG/*Winner* Rn 8; Grigoleit AktG/*Rieder/Holzmann* Rn 2); wird die Kapitalerhöhung später eingetragen, wird der Mangel geheilt und das neue Mitgliedschaftsrecht wirksam verbrieft (Spindler/Stilz AktG/*Fock/Wüsthoff* Rn 2; *Hüffer* AktG Rn 2; MünchKomm AktG/*Winner* Rn 8; KölnKomm AktG/*Lutter* Rn 3, 4). Die gegenüber §§ 41 Abs 4 S 2, 191 S 2, 197 S 3, 203 Abs 1 S 1 unterschiedliche Rechtsfolge wird mit dem unterschiedlichen Wortlaut („dürfen") sowie damit begründet, dass bei einer Kapitalerhöhung aus Gesellschaftsmitteln keine Kapitalzuführung von außen erforderlich ist (*Hüffer* AktG Rn 2; KölnKomm AktG/*Lutter* Rn 3).

IV. Übertragung künftiger Mitgliedsrechte

§ 219 verbietet weder, sich schuldrechtlich zur Übertragung künftiger Mitgliedschaftsrechte zu verpflichten, noch, diese Rechte aufschiebend bedingt durch die HR-eintragung zu übertragen (anders als § 191 S 1). Dies folgt aus dem allgemeinen Grundsatz, dass bestimmbare zukünftige Rechte durch **Abtretung** gem §§ 398, 413 BGB übertragen werden können (*Hüffer* AktG Rn 3; MünchKomm AktG/*Winner* Rn 9, 10; KölnKomm AktG/*Lutter* Rn 5; MünchHdB AG/*Krieger* § 59 Rn 70). IÜ folgt die Übertragung den für die jeweilige Urkunde geltenden Regeln; Inhaberpapiere erfordern wertpapierrechtliche Einigung und Übergabe, Namensaktien und Zwischenscheine (§§ 8 Abs 6, 68 Abs 4) erfordern Indossament und Übergabe (§ 68 Abs 1) oder Abtretung durch bloße Einigung (vgl MünchKomm AktG/*Winner* Rn 10). 4

V. Gutgläubiger Erwerb

Sind Aktienurkunden unter Verletzung von § 219 ausgegeben, ist ein gutgläubiger Erwerb der noch nicht entstandenen Mitgliedschaftsrechte ausgeschlossen (MünchKomm AktG/*Winner* Rn 11). Möglich ist zwar nach allgemeinen wertpapierrechtlichen Grundsätzen der gutgläubige Erwerb der (noch inhaltsleeren) Aktien (§ 68 Abs 1 iVm. Art. 16 Abs 2 WG analog; MünchKomm AktG/*Winner* Rn 11), die Mitgliedschaftsrechte entstehen jedoch erst mit der Eintragung im HR. 5

VI. Haftung. Schadensersatz

Ein Verstoß gegen § 219 ist eine Ordnungswidrigkeit gem § 405 Abs 1 Ziff 2, die auch durch eine spätere Heilung nicht beseitigt wird. §§ 219 und 405 Abs 1 Ziff 2 sind **Schutzgesetze** zugunsten dritter Erwerber iSv § 823 Abs 2 BGB, die durch die vorzeitige Ausgabe der Aktien Schaden erleiden (MünchKomm AktG/*Winner* Rn 13). Es ist daher ein verschuldensabhängiger **Schadensersatzanspruch** möglich. Anspruchsgegner sind sowohl die Gesellschaft (§ 823 Abs 2 BGB iVm § 219, str, **aA** Spindler/Stilz AktG/ *Fock/Wüsthoff* Rn 5; ein Rückgriff gem § 93 gegen den Vorstand, ggf gegen § 116 gegen den AR ist möglich; s KölnKomm AktG/*Lutter* Rn 7; **aA** *Hüffer* AktG Rn 4; vgl auch MünchKomm AktG/*Winner* Rn 13) als auch die handelnden Verwaltungsmitglieder direkt (§ 823 Abs 2 BGB iVm § 405 Abs 1 Ziff 2; vgl MünchKomm AktG/*Winner* Rn 13). Demgegenüber kommt eine verschuldensunabhängige Haftung der Ausgeber in Analogie zu den Vorschriften iRd Gründung (§ 41 Abs 4 S 3) bzw einer effektiven Kapitalerhöhung (§ 191 S 3) nicht in Betracht (MünchKomm AktG/*Winner* Rn 12; **aA** *Hüffer* AktG Rn 4; GroßKomm AktG/*Hirte* Rn 11). 6

§ 220 Wertansätze

¹Als Anschaffungskosten der vor der Erhöhung des Grundkapitals erworbenen Aktien und der auf sie entfallenen neuen Aktien gelten die Beträge, die sich für die einzelnen Aktien ergeben, wenn die Anschaffungskosten der vor der Erhöhung des Grundkapitals erworbenen Aktien auf diese und auf die auf sie entfallenen neuen Aktien nach dem Verhältnis der Anteile am Grundkapital verteilt werden. ²Der Zuwachs an Aktien ist nicht als Zugang auszuweisen.

§ 220 Wertansätze

Übersicht

	Rn		Rn
I. Normgegenstand	1	IV. S 2, kein Zugang	5
II. Bilanzierung der neuen Aktien (S 1)	2	V. Kapitalerhöhung ohne Ausgabe neuer Aktien	6
III. Teilrechte	4	VI. Steuerliche Behandlung	7

I. Normgegenstand

1 § 220 regelt die Bilanzierung der erworbenen Mitgliedschaftsrechte beim Aktionär (nicht bei der AG). Bereits aus allgemeinen Grundsätzen folgt, dass die neu erworbenen Rechte mangels Gegenleistung keine zusätzlichen Anschaffungskosten nach sich ziehen und auch nicht als Ertrag ausgewiesen werden können. Der Erwerb der neuen Aktien ist bilanziell vermögens- und ertragsneutral (MünchKomm AktG/*Winner/Volhard* Rn 7), was auch der steuerlichen Situation entspricht (s Rn 7). Diese Grundsätze ergänzt § 220 dahingehend, dass die aktuellen Buchwerte der alten Aktien gleichmäßig auf die alten und neuen Aktien verteilt werden. Geändert durch Art 1 Ziff 31 *Stück* AG 1998 (Verhältnis der „Nennbeträge" wurde durch das Verhältnis der „Kapitalanteile" ersetzt, um die Norm der Schaffung von Stückaktien gem § 8 Abs 3 anzupassen).

II. Bilanzierung der neuen Aktien (S 1)

2 Aktien im Betriebsvermögen (im Anlagevermögen, § 266 Abs 2 A III HGB, seltener im Umlaufvermögen, § 266 Abs 2 B III 3 HGB) sind mit den Anschaffungskosten anzusetzen (§ 255 Abs 1 HGB). Mangels Entgelt für neue Aktien aus einer Kapitalerhöhung aus Gesellschaftsmitteln sind die Anschaffungskosten der alten Aktien verhältnismäßig entspr ihrem Anteil am Grundkapital auf alte und neue Aktien zu verteilen. Dabei ist maßgeblich der **aktuelle Buchwert**, der sich aus den historischen Anschaffungskosten korrigiert um Abschreibungen (§§ 253 Abs 2 und 3, 254 HGB) oder Werthaufholungen (§ 280 HGB) ergibt (*Hüffer* AktG Rn 2; MünchKomm AktG/ *Winner/Volhard* Rn 5; KölnKomm AktG/*Lutter* Rn 3; Spindler/Stilz AktG/*Fock/Wüsthoff* Rn 5). Die Verteilung hat zur Folge, dass jede alte und neue Aktie mit dem gleichen Wert zu Buche steht (MünchKomm AktG/*Winner/Volhard* Rn 8). Sofern Aktien mit unterschiedlichen Buchwerten vorhanden sind, werden die neuen Aktien anteilig auf die verschiedenen Bestände verteilt (*Hüffer* AktG Rn 2; MünchKomm AktG/*Winner/Volhard* Rn 9).

3 Beispiel. Im Bestand sind 100 Aktien mit einem Buchwert zu je 1,50 EUR und 200 Aktien zu je 3 EUR, insgesamt also mit einem Buchwert von 750 EUR. Es findet eine Kapitalerhöhung im Verhältnis 2:1 statt, dh es kommen 150 Aktien hinzu. Dann ist der Buchwert der 100 alten Aktien zu je 1,50 EUR gleichmäßig auf 150 Aktien zu verteilen, also jeweils mit einem Buchwert von 1 EUR; der Buchwert der 200 alten Aktien zu je 3 EUR ist auf 300 Aktien zu verteilen, also jeweils mit einem Buchwert von 2 EUR.

III. Teilrechte

4 § 220 ist auf Teilrechte entspr anwendbar (*Hüffer* AktG Rn 3; MünchKomm AktG/ *Winner/Volhard* Rn 10; Grigoleit AktG/*Rieder/Holzmann* Rn 3). Die Anschaffungskosten der vorhandenen Aktien und Teilrechte sind verhältnismäßig auf alte und neue Voll- und Teilrechte zu verteilen.

Beispiel. Im Bestand sind 15 Aktien mit einem Buchwert zu je 3 EUR sowie 1 Teilrecht zu ½ mit einem Buchwert von 1,50 EUR. Es findet eine Kapitalerhöhung aus Gesellschaftsmitteln im Verhältnis 2:1 statt, dh es kommen 7 Aktien, ein Teilrecht zu ½ sowie ein Teilrecht zu ¼ hinzu. Dann ist der Buchwert der alten Aktien und Teilrechte von insgesamt 46,50 EUR gleichmäßig auf 23 Aktien (das alte und neue Teilrecht zu je ½ haben sich zu einem Vollrecht ergänzt) sowie dem Teilrecht zu ¼ zu verteilen, dh die 23 Aktien stehen mit je 2 EUR zu Buche, das Teilrecht zu ¼ mit 0,50 EUR. Für einen **Hinzuerwerb von Teilrechten** gilt dann folgendes: Erwirbt der Aktionär später drei weitere Teilrechte von je ¼ zu je 2 EUR hinzu, ist § 220 nicht mehr einschlägig; die neuen Teilrechte vereinigen sich mit dem vorhandenen Teilrecht zu einer neuen Aktie mit einem Buchwert von insgesamt 6,50 EUR (*Hüffer* AktG Rn 3; MünchKomm AktG/*Winner/Volhard* Rn 11; Geßler/Hefermehl/Eckardt/Kropff AktG/*Bungeroth* Rn 11). Die entgegengesetzte Ansicht (KölnKomm AktG/*Lutter* Rn 5), die auch die Anschaffungskosten des neuen Teilrechts auf den gesamten Aktienbestand verteilen möchte (dh der Bestand würde sich nach dieser Ansicht aus 24 Aktien zu je 2,1875 EUR zusammensetzen), ist abzulehnen.

IV. S 2, kein Zugang

Neue Rechte aus einer Kapitalerhöhung aus Gesellschaftsmitteln sind nicht als Zugang auszuweisen; die neuen Aktien sind weder in der Bilanz noch im Anhang iRd Entwicklung des Anlagevermögens (Finanzanlagen, § 266 Abs 2 A. III HGB) darzustellen; § 268 Abs 2 S 1 HGB kommt nicht zur Anwendung (*Hüffer* AktG Rn 3; KölnKomm AktG/*Lutter* Rn 6). Etwas anderes gilt in dem Beispielsfall (Rn 4), in dem zur Ergänzung von Teilrechten weitere Teilrechte hinzuerworben werden (MünchKomm AktG/*Winner/Volhard* Rn 13), da hier ein effektiver Wertzuwachs der Beteiligung stattgefunden hat. 5

V. Kapitalerhöhung ohne Ausgabe neuer Aktien

Findet die Kapitalerhöhung aus Gesellschaftsmitteln ohne Ausgabe neuer Aktien statt (bei Stückaktien gem § 207 Abs 2 S 2 oder bei Nennbetragsaktien im Ausnahmefall des § 215 Abs 2 S 2, 3), so ist § 220 nicht einschlägig; es folgt aber unmittelbar aus der Natur der Sache, dass auch ohne die Anwendung des § 220 die bisherigen Anschaffungskosten der Aktien unverändert bleiben (*Hüffer* AktG Rn 5; KölnKomm AktG/*Lutter* Rn 3). 6

VI. Steuerliche Behandlung

Die steuerrechtlichen Vorschriften korrespondieren mit § 220. Der Erwerb der neuen Rechte aus einer Kapitalerhöhung aus Gesellschaftsmitteln ist ertragsneutral (§ 1 KapErhStG), die ursprünglichen Anschaffungskosten sind auch in der Steuerbilanz gleichmäßig auf alte und neue Rechte zu verteilen (§ 3 KapErhStG); die Gesellschaft trifft lediglich eine Mitteilungspflicht an das Finanzamt (§ 4 KapErhStG). Auch wenn die Aktien nicht im Betriebsvermögen gehalten werden, gelten diese Grundsätze zum Zwecke der Ermittlung von Spekulationsgewinnen aus privaten Veräußerungsgeschäften (§ 23 Abs 1 S 1 Ziff 2 EStG) entspr (Spindler/Stilz AktG/*Fock/Wüsthoff* Rn 8; *BMF* Schreiben v 25.10.2004 DStR 2004, 2009, Tz 20 ff; *Hess FG* DStRE 1998, 53). Gleiches gilt sogar bei der entgeltfreien Gewährung von Bonusaktien (Freianteilen), die nicht aus einer Kapitalerhöhung aus Gesellschaftsmitteln stammen, wenn ein unmittelbarer wirtschaftlicher Zusammenhang mit dem ursprünglichen Erwerb besteht (*FG Düsseldorf* DStRE 2002, 1423: Gewährung von Telekom Bonusaktien nach einer gewissen Haltefrist waren keine Einkünfte iSv § 20 Abs 1 Ziff 1, Abs 2 Ziff 1 oder § 22 Ziff 3 EStG, da die Zusage bereits bei Erwerb der Altaktien erteilt wurde; es wurde lediglich eine anteilige Minderung der Anschaffungskosten angenommen; vgl a *BMF* Schreiben v 25.10.2004 DStR 2004, 2009, Tz 18 f). 7

Fünfter Unterabschnitt
Wandelschuldverschreibungen. Gewinnschuldverschreibungen

§ 221

(1) ¹Schuldverschreibungen, bei denen den Gläubigern ein Umtausch- oder Bezugsrecht auf Aktien eingeräumt wird (Wandelschuldverschreibungen), und Schuldverschreibungen, bei denen die Rechte der Gläubiger mit Gewinnanteilen von Aktionären in Verbindung gebracht werden (Gewinnschuldverschreibungen), dürfen nur auf Grund eines Beschlusses der Hauptversammlung ausgegeben werden. ²Der Beschluss bedarf einer Mehrheit, die mindestens drei Viertel des bei der Beschlussfassung vertretenen Grundkapitals umfasst. ³Die Satzung kann eine andere Kapitalmehrheit und weitere Erfordernisse bestimmen. ⁴§ 182 Abs. 2 gilt.

(2) ¹Eine Ermächtigung des Vorstands zur Ausgabe von Wandelschuldverschreibungen kann höchstens für fünf Jahre erteilt werden. ²Der Vorstand und der Vorsitzende des Aufsichtsrats haben den Beschluss über die Ausgabe der Wandelschuldverschreibungen sowie eine Erklärung über deren Ausgabe beim Handelsregister zu hinterlegen. ³Ein Hinweis auf den Beschluss und die Erklärung ist in den Gesellschaftsblättern bekannt zu machen.

(3) Absatz 1 gilt sinngemäß für die Gewährung von Genussrechten.

(4) ¹Auf Wandelschuldverschreibungen, Gewinnschuldverschreibungen und Genussrechte haben die Aktionäre ein Bezugsrecht. ²§§ 186 und 193 Abs. 2 Nr. 4 gelten sinngemäß.

Übersicht

	Rn		Rn
A. Einführung	1	aa) Analoge Anwendung des § 221	11
B. Wandelschuldverschreibungen, Gewinnschuldverschreibungen	2	bb) Reichweite der Analogie	12
I. Abgrenzung, ähnliche Titel	2	cc) Sicherung des Bezugsrechts	13
1. Wandelanleihen und Optionsanleihen	2	dd) Innenverhältnis zwischen den verbundenen Unternehmen	14
2. Gewinnschuldverschreibungen	3	c) Options-/Umtauschanleihen inländischer Tochtergesellschaften	15
a) Gewinnbeteiligung	4		
aa) „Gewinnabhängige" Verzinsung	4	d) Anleihen mit Bezugsrechten auf Aktien einer abhängigen Aktiengesellschaft	16
bb) „Gewinnorientierte" Verzinsung	5		
b) Gewinn einer Unternehmenssparte	6	4. Optionsrechte ohne Schuldverschreibung („Naked Warrants")	17
c) Gewinn einer anderen Gesellschaft als Bezugsgröße	7	5. Mit Aktien verbundene Optionsrechte („Huckepack-Emission")	18
d) Mischformen	8	II. Hauptversammlungsbeschluss	19
3. Aktienanleihe, Umtauschanleihe („Exchangeables")	9	1. Natur des Beschlusses	20
a) Identitätsgrundsatz	9	a) Ermächtigungsbeschluss	21
b) Optionsanleihen ausländischer Tochtergesellschaften („Warrant Anleihe")	10	b) Zustimmungsbeschluss (Verpflichtung)	22

	Rn		Rn
2. Inhalt des Beschlusses	23	c) Genehmigtes Kapital	53
a) Art, Nennbetrag, Befristung	24	d) Übertragung eigener Aktien	54
b) Wandel- und Optionsanleihen	28	VI. Bezugsrecht der Aktionäre	55
c) Gewinnschuldverschreibungen	30	1. Gesetzliches Bezugsrecht	55
		2. Der konkrete Bezugsanspruch	56
d) Vorbehalte. Zustimmung des Aufsichtsrates	31	3. Bekanntmachungen	57
		4. Schutz des Bezugsrechts	58
e) Ermessen der Hauptversammlung	32	5. Ausschluss des Bezugsrechts	59
		a) Allgemeine Grundsätze	59
f) Vertragsfreiheit; Inhaltskontrolle der Anleihebedingungen	32a	b) Mehrheit, formelle Erfordernisse	60
		c) Vorstandsbericht	61
g) Schutz bei Übernahmegeboten („Event Risk Protection")	33	aa) Inhaltliche Grundsätze	62
		bb) Begründung des Ausgabebetrags	63
h) Rückkaufsrechte, Call Options	36	cc) Ermächtigung des Vorstandes – „Siemens Nold"	64
3. Mehrheit	37		
a) Gesetz, Satzung	37	dd) Verletzung der Berichtspflicht	65
b) Auslegung von Mehrheitserfordernissen in der Satzung	38	d) Sachliche Rechtfertigung	66
		aa) Wandel- und Optionsanleihen	67
4. Sonstige Beschlusserfordernisse	39	bb) Gewinnschuldverschreibungen	68
a) Sonderbeschluss	39	cc) Spezielle Fälle sachlicher Rechtfertigung	69
b) Bekanntmachung	40		
c) Handelsregister. Gesellschaftsblätter	41	dd) Ausgabe in der Nähe des Börsenpreises	70
5. Nichtigkeit/Anfechtbarkeit	42	ee) Teilweiser Ausschluss des Bezugsrechts	71
III. Ausgabe der Schuldverschreibungen	43	e) Mittelbares Bezugsrecht	72
1. Begebung der Anleihen. Hauptversammlungsbeschluss als Grundlage	43	f) Fehlerhafter Bezugsrechtsausschluss	73
		VII. Meldepflichten nach dem TUG	73a
2. Erfüllung der Rechte aus den Anleihen	44	VIII. Bilanzierung, Steuerrecht	74
		1. Wandel- und Optionsanleihen	74
IV. Ausübung des Bezugsrechts bei Wandel-/Optionsanleihen	45	a) Bilanzierung nach HGB	74
1. Umtausch-/Bezugserklärung	45	b) Bilanzierung nach IAS/IFRS	75
2. Gegenleistung. Einlage	46	c) Einkommensteuer	76
a) Wandelanleihen	47	aa) Emittent	77
b) Optionsanleihen	48	bb) Zeichner	78
c) Drittemissionen	49	d) Gewerbesteuer	81
V. Erfüllung der Bezugsrechte	50	2. Gewinnschuldverschreibungen	82
1. Entstehung der Mitgliedschaft	50	**C. Genussrechte**	83
2. Mittel der Erfüllung der Bezugsrechte	51	I. Allgemeines	83
a) Bedingtes Kapital	51	1. Mittelstandsfinanzierung (Finanzierungsgenussrechte)	84
b) Reguläre Kapitalerhöhung	52	2. Börsennotierte Unternehmen	85

	Rn
3. Arbeitnehmerbeteiligung	86
4. Sanierung	87
II. Rechtsnatur und Abgrenzung	88
1. Definition	88
2. Abgrenzung	90
a) „Aktiengleiche" und „aktienähnliche" Genussrechte	90
b) Abgrenzung zu Vorzugsaktien	91
c) Abgrenzung zu Gewinnschuldverschreibungen	92
d) Abgrenzung zu (Teil-)Gewinnabführungsverträgen	93
3. Rechtsnatur	94
a) Dauerschuldverhältnis	94
b) Sorgfaltspflichten	95
c) Inhaltskontrolle	96
III. Ausgestaltung von Genussrechten	97
1. Rechte der Genussrechtsinhaber	97
a) Beteiligung am Gewinn	98
b) Beteiligung am Verlust	98a
c) Beteiligung am Liquidationserlös	99
d) Bezugsrechte	100
e) Sonstige Rechte	101
2. Ausgestaltung als Eigen- oder Fremdkapital	102
a) Eigenkapital	103
aa) HGB	104
(1) Nachrangigkeit	105
(2) Erfolgsabhängigkeit der Vergütung	106
(3) Teilnahme am Verlust	107
(4) Langfristigkeit der Kapitalüberlassung	108
bb) IAS/IFRS	109
b) Fremdkapital	110
3. Behandlung der Gewinnbeteiligung	111
a) Handelsrecht	111
b) Einkommensteuer	112
aa) Bei der Gesellschaft	113
bb) Beim Genussrechtsinhaber	114
c) Gewerbesteuer	115
d) Umsatzsteuer	116
IV. Hauptversammlungsbeschluss. Bezugsrecht	117
1. Hauptversammlungsbeschluss	117
2. Bezugsrecht	118

	Rn
D. **Verbriefung. Übertragung der Rechte**	120
I. Verbriefung	120
II. Übertragung	121
1. Grundsatz	121
2. Selbstständige Übertragung des Optionsrechts	122
3. Erwerb eigener Titel durch Gesellschaft	123
a) Wandel-/Optionsanleihen	124
b) Gewinnschuldverschreibungen	125
c) Genussrechte	126
E. **Kapitalmaßnahmen. Verwässerung, Schutzrechte der Rechteinhaber**	127
I. Wandel- und Optionsanleihen	128
1. Gesetzliche Regelung	128
2. Regelungen in Anleihebedingungen	129
a) Schuldrechtliche Zulässigkeit	129
b) Gestaltungsvarianten	130
aa) Bezugsrechte für Anleihe-/Genussrechtsinhaber	130a
bb) Anpassung des Umtauschverhältnisses. Barausgleich	131
cc) Verwässerungsschutz bei Ausschluss des Bezugsrechts der Aktionäre	132
dd) Verbot der Kapitalerhöhung. Stimmbindungsvereinbarung	133
II. Gewinnschuldverschreibungen	134
III. Genussrechte	135
F. **Umwandlungsrecht. Konzernrecht. Kapitalersatz. Insolvenz**	136
I. Umwandlung	136
II. Konzernierung	137
1. Eingliederung	137
2. Unternehmensverträge	138
3. Faktische Konzernierung	139
III. Übernahmerecht	140
1. Squeeze-Out	140
2. Übernahme- und Pflichtangebote	141
IV. Kapitalersatz. Insolvenz	142
1. Kapitalersatzregeln für Altfälle	142
2. MoMiG	142a
3. Insolvenz	143

Literatur: *Altenburg* Der Rückkauf eigener Wandelanleihen, ein steuerneutraler Aufwand?, DStR 2013, 5; *Angerer* Genussrechte bzw Genussscheine als Finanzierungsinstrument, DStR 1994, 41; *Aubel* Der vereinfachte Bezugsrechtsausschluß, 1997; *Baums* Bericht der Regierungskommission Corporate Governance, 2001; *ders* Der Ausschluss von Minderheitsaktionären nach §§ 327a ff AktG n.F., WM 2001, 1843; *Bayer/Graff* Das neue Eigenkapitalersatzrecht nach dem MoMiG, DStR 2006, 1654; *Bock* Steuerliche und bilanzielle Aspekte mezzaniner Nachrang-Darlehen, DStR 2005, 1067; *Böttcher/Kautzsch* Rechtssicherheit bei Wandelschuldverschreibungen, NZG 2009, 978; *Bormann* Kapitalerhaltung bei Aktiengesellschaft und GmbH nach dem Referentenentwurf zum MoMiG, DB 2006, 2616; *Bosse* Wesentliche Neuregelungen ab 2007 aufgrund des Transparenzrichtlinie-Umsetzungsgesetzes für börsennotierte Unternehmen, DB 2007, 39; *Broichhausen* Mitwirkungskompetenz der Hauptversammlung bei der Ausgabe von Wandelschuldverschreibungen auf eigene Aktien, NZG 2012, 86; *Brüggemann/Lühn/Siegel* Bilanzierung hybrider Finanzinstrumente nach HGB, IFRS und US-GAAP im Vergleich, KoR 2004, 340 und 389; *Bundschuh/Hadding/Schneider* Recht und Praxis der Genußscheine, 1987; *Busch* Aktienrechtliche Probleme bei der Begebung von Genussrechten zwecks Eigenkapitalverbreiterung, AG 1994, 93; *ders* Bezugsrechte und Bezugsrechtsausschluß bei Wandel- und Optionsanleihen, AG 1999, 58; *Claussen* Genuss ohne Reue, AG 1985, 77; *ders* Kapitalersatzrecht und Aktiengesellschaft – Das BuM-Urteil des BGH vom 26.03.1984, AG 1985, 173; *Ebenroth/Müller* Die Beeinträchtigung der Aktionärsinteressen beim teilweisen Bezugsrechtsausschluß auf Genußrechte, BB 1993, 512; *Ehricke/Roth* Squeeze-out im geplanten deutschen Übernahmerecht, DStR 2001, 1120; *Ekkenga* Wertpapier-Bedingungen als Gegenstand richterlicher AGB-Kontolle?, ZHR 160 (1996), 59; *Emmerich* Ausgleichsansprüche der Genussrechtsinhaber, JuS 2012, 1038; *Emmerich/Naumann* Zur Behandlung von Genussrechten im Jahresabschluss von Kapitalgesellschaften, WPg 1994, 683; *Frantzen* Genußscheine, 1993; *Fuchs* Aktienoptionen für Führungskräfte und bedingte Kapitalerhöhung, DB 1997, 661; *Gehling* „Obligationsähnliche Genussrechte": Genussrechte oder Obligation?, WM 1992, 1093; *Groß* Isolierte Anfechtung der Ermächtigung zum Bezugsrechtsausschluss bei der Begebung von Optionsanleihen, AG 1991, 201; *ders* Bezugsrechtsausschluss bei Barkapitalerhöhungen: Offene Fragen bei der Anwendung des neuen § 186 Abs. 3 Satz 4 AktG, DB 1994, 2431; *Gustavus* Die Sicherung von mit ausländischen Optionsanleihen verbundenen Bezugsrechten auf deutsche Aktien, BB 1970, 694; *Haas* Mitunternehmer durch Genußrechte, BB 1982, 1537; *Habersack* Genußrechte und sorgfaltswidrige Geschäftsführung, ZHR 155 (1991), 378; *Häuselmann* Wandelanleihen in der Handels- und Steuerbilanz des Emittenten, BB 2000, 139; *ders* Die steuerliche Erfassung von Pflichtwandelanleihen, BB 2003, 1531; *Hammen* Unzulässigkeit aktiengleicher Genussrechte?, DB 1988, 2549; *Hirte* Genußscheine mit Eigenkapitalcharakter in der Aktiengesellschaft, ZIP 1988, 477; *ders* Bezugsrechtsfragen bei Optionsanleihen, WM 1994, 321; *Hüffer* Aktienbezugsrechte als Bestandteil der Vergütung von Vorstandsmitgliedern und Mitarbeitern – gesellschaftsrechtliche Analyse, ZHR 161 (1997), 214; *Knobbe-Keuk* Bilanz- und Unternehmenssteuerrecht, 9. Aufl 1993; *dies* Gewinnausschüttungen auf Genussrechte, BB 1987, 341; *Kraft* Die Abgrenzung von Eigen- und Fremdkapital nach IFRS, ZGR 2008, 324; *Krieger* Squeeze out nach neuem Recht: Überblick und Zweifelsfragen, BB 2002, 53; *Kümpel* Die neue AGB für Börsentermingeschäfte, WM 1990, 449; *Küting/Kessler* Eigenkapitalähnliche Mittel in der Handelsbilanz und im Überschuldungsstatus, BB 1994, 2103; *Kuntz* Die Zulässigkeit selbstständiger Aktienoptionen („naked warrants"), AG 2004, 480; *Leuschner/Weller* Qualifizierung rückzahlbarer Kapitaltitel nach IAS 32 – ein Informationsgewinn?, WPg 2005, 261; *Linscheidt* Die steuerliche Behandlung des Genußrechtskapitals der Kapitalgesellschaft, DB 1992, 1852; *Löw/Schildbach* Financial Instruments – Änderungen von IAS 39 aufgrund des Amendment Project des IASB, BB 2004, 875; *Loos* Sachgemäße Ausgestaltung der Bedingungen von Wandelschuldverschreibungen zum Schutze der Wandelschuldverschreibungsgläubiger, DB 1960, 515; *ders* Steuerliche und handelsrechtliche Einstufung von Aufgeld und Unverzinslichkeit bei Optionsanleihen, BB 1988, 369; *Lüdenbach/Hoffmann* Kein Eigenkapital in der IAS/IFRS-Bilanz von Personengesellschaften und Genossenschaften?, BB 2004, 1042; *Lüdenbach/Hoffmann* IAS Praxiskommentar, 2003; *Lutter* Aktienoptionen für Führungskräfte – de lege lata und de lege ferenda, ZIP 1997, 1; *ders* Genussrechtsfragen, ZGR 1993, 291; *Luttermann* Anlegerschutz und Bezugsrechtsausschluß bei Genußrechten, DB 1993, 1809; *Maier-Reimer* Der Börsentermin- und Differenzeinwand im Optionsscheinhandel, AG 1988, 317; *Marsch-Barner* Die Erleichterung des Bezugsrechtsausschlusses nach § 186 Abs. 3 S 4 AktG, AG 1994, 532; *ders* Nochmals: Umgehung der Sacheinlagevorschriften durch Wandelschuldverschreibungen und Wandelgenussrechte?, DB 1995, 1497; *Martens* Die mit Optionsrechten gekoppelte Aktienemission, AG 1989, 69; *Meilicke* Welchen Genuss gewährt der Genussschein?, BB 1987, 1609; *ders* Inwieweit können Verluste aus Genussscheinen steuerlich geltend gemacht werden?, BB 1989, 465; *ders* Umgehung der Sacheinlagevorschriften durch Wandelschuldverschreibungen und Wandelgenussrechte?, DB 1995, 1061; *Müller/Reinke* Behandlung von Genussrechten im Jahresabschluss, WPg 1995, 569; *Paefgen* Eigenkapitalderivate bei Aktienrückkäufen und Managementbeteiligungsmodellen, AG 1999, 67; *Reckinger* Vorzugsaktien in der Bundesrepublik, AG 1983, 216; *Reusch* Zur Einordnung der Genußrechte zwischen Vorzugsaktie und Gewinnschuldverschreibung, in Bundschuh/Hadding/Schneider, Recht und Praxis der Genußscheine, 1987, S 21; *Rinnert* Auswirkungen eines Formwechsels von einer AG in eine GmbH auf das bedingte Kapital zur Sicherung von Bezugsrechten, NZG 2001, 865; *Roth/Schoneweg* Emission selbstständiger Aktienoptionen durch die Gesellschaft, WM 2002, 677; *Schäfer* Genussscheine mit Eigenkapitalcharakter, WM 1991, 1941; *ders* Reform des GmbHG durch das MoMiG – viel Lärm um nichts?, DStR 2006, 2085; *Schaub* Nochmals: „Warrant-Anleihen" von Tochtergesellschaften, AG 1972, 340; *Schlitt/Löschner* Abgetrennte Optionsrechte und Naked Warrants, BKR 2002, 150; *Schlitt/Schäfer* Auswirkungen der Umsetzung der TransparenzRL und der FinanzmarktRL auf Aktien- und Equity-Linked-Emissionen, AG 2007, 227; *Schlitt/Seiler/Singhof* Aktuelle Rechtsfragen und Gestaltungsmöglichkeiten im Zusammenhang mit Wandelschuldverschreibungen, AG 2003, 254; *Schmitz/Slopek* PIPE-Transaktionen aus rechtlicher Sicht, NJOZ 2009, 1264; *Schumacher* Besteuerung von Umtauschanleihen und vergleichbaren Anleiheformen, DStR 2000, 1218; *Schüppen* Übernahmegesetz ante portas!, WPg 2001, 958; *Schumann* Optionsanleihen, 1990; *Schwark* Börsentermin- und Differenzeinwand im Optionsscheinhandel, WM 1988, 921; *Sethe* Genußrechte: Rechtliche Rahmenbedingungen und Anlegerschutz, AG 1993, 293; *Sontheimer* Die steuerliche Behandlung von Genußrechten, BB 1984, Beil Nr 19; *Stadler* Die Sanierung von Aktiengesellschaften unter Einsatz von Wandelgenussrechten, NZI 2003, 579; *Steiner* Zulässigkeit der Begebung von Optionsrechten auf Aktien ohne Optionsschuldverschreibung (naked warrants), WM 1990, 1776; *Volhard* „Siemens/Nold": Die Quittung, AG 1998, 397; *Vollmer/Lorch* Der Schutz des aktienähnlichen Genusskapitals bei Kapitalveränderungen; *Weitnauer* Die Gesellschafterfremdfinanzierung aus Sicht von Finanzinvestoren, BKR 2009, 18; *Wengel* Genußrechte im Rahmen der Bilanzanalyse, DStR 2000, 395; *Widmayer* Genussrechte als Instrument für grenzüberschreitende Finanzierungen, IStR 2001, 337; *Wiechers* Die Beteiligung von Aufsichtsratsmitgliedern am Unternehmenserfolg über die Ausgabe von Wandelschuldverschreibungen und die Bedienung von Aktienbezugsrechten, DB 2003, 595; *Wilsing/Kruse* Zur Behandlung bedingter Aktienbezugsrechte beim Squeeze-out, ZIP 2002, 1465; *Wohlfahrt/Brause* Die Emission kursorientierter Wertpapiere auf eigene Aktien – Zur Auslegung des § 221 AktG, WM 1997, 397; *Wünsch* Genußschein als Verbriefung privatrechtlicher Ansprüche, FS Strasser, 1983, S 885; *Ziebe* Kapitalbeschaffung durch Genußscheine, BB 1988, 225; *Zimmer* Die Ausgabe von Optionsrechten an Mitglieder des Aufsichtsrats und externe Berater, DB 1999, 999; *Zöllner* Die Anpassung dividendensatzbezogener Verpflichtungen von Kapitalgesellschaften bei effektiver Kapitalerhöhung, ZGR 1986, 288.

§ 221 Wandelschuldverschreibungen

A. Einführung

§ 221 ist eine Schnittstelle zwischen allgemeinem Schuldrecht und Gesellschaftsrecht. **1** Die Titel gem § 221 (Wandel-/Optionsanleihen, Gewinnschuldverschreibungen und Genussrechte) sind sämtlich **schuldrechtlicher Natur** (Rechtsverhältnisse isd § 241 BGB, Rn 45, 88). Sie beeinträchtigen aber (potenziell) die Rechte der Aktionäre (insb Aktienbezugsrechte, Gewinnbeteiligungsrecht), so dass zu deren Schutz ein HV-Beschluss als Ermächtigungsgrundlage erforderlich ist; es handelt sich dem Wesen nach um eine **Erweiterung des § 119 Abs 2**. Die Regelung des § 221 ist rudimentär, zur inhaltlichen Gestaltung enthält § 221 wenige Vorgaben (insb für Genussrechte), es gilt für die **inhaltliche Ausgestaltung** grds die schuldrechtliche **Vertragsfreiheit**, sofern nicht bestimmte aktionärstypische Rechte vereinbart werden, welche den Aktionären aufgrund der Sperrwirkung der §§ 139 ff vorbehalten sind (Rn 91). Aufgrund der großen Gestaltungsfreiheit sind die Titel des § 221 zu beliebten Finanzierungsinstrumenten geworden (zB Mittelstandsfinanzierung, Arbeitnehmerbeteiligungsprogramme, Sanierung, sog Debt PIPE (Private Investments in Public Entities, s zur zunehmenden Popularität von PIPEs und den verschiedenen Gestaltungsmöglichkeiten *Schmitz/Slopek* NJOZ 2009, 1264)). Wandel-/Optionsanleihen und Wandelgenussrechte sind als **hybride Finanzinstrumente** ein typisches Mittel, um eine Verteilung von Risiko und Rendite zwischen reinem Fremd- und Eigenkapital zu erreichen. Aufgrund des durch das MoMiG eingeführten § 55a GmbHG sind Wandelschuldverschreibungen und Wandelgenussrechte nunmehr auch bei der **GmbH** über die Schaffung eines bedingten Kapitals praktisch umsetzbar (vgl *Weitnauer* BKR 2009, 18).

B. Wandelschuldverschreibungen, Gewinnschuldverschreibungen

I. Abgrenzung, ähnliche Titel

1. Wandelanleihen und Optionsanleihen. Dem Wortlaut nach erfasst § 221 Abs 1 **2** Wandelanleihen und Optionsanleihen. Wandelanleihen sind solche, bei denen das Gläubigerrecht in Aktien getauscht werden kann. Optionsanleihen dagegen begründen zusätzlich zur Gläubigerposition ein Bezugsrecht. Die Einlage wird bei Wandelanleihen wirtschaftlich durch die Einbringung der Darlehensforderung gegen die AG aus der Wandelanleihe erbracht, es handelt sich also um eine bes Form der Sacheinlage (im einzelnen Rn 47); ob es sich rechtstechnisch um einen Tausch, eine Wahlschuld (§ 262 BGB) oder eine Ersetzungsbefugnis (so die wohl **hM**, zB *OLG Stuttgart* AG 1995, 329, 330 – „SüdmilchAG") handelt, ist mehr theoretischer Natur. Bei der Optionsanleihe muss die Einlage gesondert erbracht werden, idR in der Form einer Bareinlage, so dass es sich letztendlich um ein Zeichnungsrecht auf Aktien gegen Bareinlage handelt. Umtausch- bzw Optionsrecht kann sich auf Stamm- oder Vorzugsaktien beziehen (MünchHdb AG/*Krieger* § 63 Rn 4). Dem Umtausch- bzw Optionsrecht kommt ein bestimmter Wert zu, den der Anleihegläubiger regelmäßig entweder in Form eines Aufgeldes („**Agio**") oder einer niedrigeren Verzinsung („**niedrigverzinsliche Anleihe**") bezahlt. Wandel- und Optionsanleihen sind also ein Darlehen (Fremdkapital) mit einem „**Equity Kicker**"; sofern gegenüber vorrangigem, meist besichertem Fremdkapital (Senior Debt) ein Nachrang vorgesehen ist, spricht man von „**Mezzanine Kapital**" (s *Bock* DStR 2005, 1067 ff).

2. Gewinnschuldverschreibungen. Gewinnschuldverschreibungen gewähren zusätz- **3** lich zu dem Rückzahlungsanspruch Rechte in Abhängigkeit von dem Gewinnanspruch der Aktionäre, etwa in Form einer Verzinsung nach der Höhe des Gewinns oder Dividendensatzes der Gesellschaft. Diese variable Verzinsung kann entweder zusätzlich oder anstelle einer festen Verzinsung vorgesehen sein (*Hüffer* AktG Rn 8).

4 a) Gewinnbeteiligung. – aa) „Gewinnabhängige" Verzinsung. Nicht anwendbar ist § 221 auf Darlehen mit fester Verzinsung, deren Zahlung jedoch von der Erzielung eines bestimmten Jahresüberschusses oder dem Vorliegen eines Bilanzgewinns abhängig ist; derartige gewinnabhängige Zinsgestaltungen können zB auch üblichen **Rangrücktrittsvereinbarungen** zugrunde liegen. Wird eine Verzinsung lediglich vom Vorliegen eines Jahresüberschusses oder Bilanzgewinns abhängig gemacht, so handelt es sich um eine bes Ausgestaltung einer Fremdkapitalverzinsung, ohne dass das Gewinnbeteiligungsrecht der Aktionäre materiell beeinträchtigt wäre; hier werden die Fremdkapitalgläubiger lediglich am Risiko eines Verlustes beteiligt, nicht aber an den Chancen der Aktionäre (**aA** die wohl noch **hM**, zB MünchKomm AktG/*Habersack* Rn 54 und 100; Spindler/Stilz AktG/*Seiler* Rn. 18; zur vergleichbaren Situation bei Genussrechten (s Rn 98) o Begr *BGHZ* 120, 141, 145 ff = NJW 1993, 400: „obligationsähnliche Ausgestaltung der Genußrechte"; *OLG Bremen* WM 1991, 1920; *OLG Düsseldorf* AG 1991, 438; K. Schmidt/Lutter AktG/*Merkt* Rn 58; *Busch* AG 1994, 93, 95 f; *Sethe* AG 1993, 293, 298 f; Geßler/Hefermehl/Eckardt/Kropff AktG/*Karollus* Rn 296; *Hüffer* AktG Rn 25b; wie hier KölnKomm AktG/*Lutter* Rn 217 f und ZGR 1993, 291, 303 ff; *Gehling* WM 1992, 1093, 1094 f).

5 bb) „Gewinnorientierte" Verzinsung. Der Anwendungsbereich des § 221 ist also nur im Falle einer gewinnorientierten Zinsgestaltung eröffnet. Die direkte Anwendung des § 221 Abs 1 S 1 („Gewinnanteile von Aktionären") betrifft die häufigste Variante einer Orientierung am Dividendenbezug. § 221 Abs 1 S 1 ist auch anwendbar, wenn an andere Gewinngrößen angeknüpft wird (*Hüffer* AktG Rn 8; Geßler/Hefermehl/Eckardt/Kropff AktG/*Karollus* Rn 473; KölnKomm AktG/*Lutter* Rn 446; MünchKomm AktG/*Habersack* Rn 55; MünchHdb AG/*Krieger* § 63 Rn 44), wie beispielsweise den Jahresüberschuss, den Bilanzgewinn, die Gesamtkapitalrendite, das EBITDA, EBIT oder Vergleichskennziffern (Benchmarks, *Bock* DStR 2005, 1067, 1068).

6 b) Gewinn einer Unternehmenssparte. Zulässig ist auch das Ergebnis bestimmter Unternehmensbereiche der emittierenden AG als Bemessungsgrundlage (MünchKomm AktG/*Habersack* Rn 56; K. Schmidt/Lutter AktG/*Merkt* Rn 40); dies ist das Fremdkapital-Pendant zu in Deutschland noch ungebräuchlichen „Tracking Stocks", dh Aktien, deren Gewinnbezugsrecht an den Gewinn bestimmter Unternehmenssparten geknüpft ist (§ 11 S 1; *Hüffer* AktG § 11 Rn 4 mwN; die Zulässigkeit von Tracking Stocks ist rechtlich ungeklärt, vgl etwa K. Schmidt/Lutter AktG/*Merkt* Rn 40). Hier ist bes Sorgfalt auf eine detaillierte und justiziable Formulierung der Gewinnermittlung in den Anleihebedingungen zu verwenden.

7 c) Gewinn einer anderen Gesellschaft als Bezugsgröße. Unstr ist im Grundsatz, dass auch das Ergebnis von verbundenen Unternehmen in die Berechnungsgröße einbezogen werden kann, wie etwa das **Gesamtkonzernergebnis** oder der Konzerndurchschnittsgewinn (s *RGZ* 118, 152, 155; *Hüffer* AktG Rn 8; MünchKomm AktG/*Habersack* Rn 56; KölnKomm AktG/*Lutter* Rn 209, 447). Str ist allerdings, ob die emittierende AG selbst zum Kreis dieser verbundenen Unternehmen gehören muss, deren Ergebnis für die Zinsbemessung maßgeblich ist (so MünchKomm AktG/*Habersack* Rn 56; KölnKomm AktG/*Lutter* Rn 209, 446; *Hüffer* AktG Rn 8). Dieses Erfordernis ist abzulehnen

(Geßler/Hefermehl/Eckardt/Kropff AktG/*Karollus* Rn 474; MünchHdb AG/*Krieger* § 63 Rn 44 Fn 130), solange die emittierende AG zumindest wirtschaftlich Teil des **Konzernfinanzierungsinteresses** ist.

d) Mischformen. Mischformen sind zulässig und fallen ebenfalls unter § 221. So kann etwa eine fixe Verzinsung durch eine gewinnorientierte Komponente ergänzt werden. Auch können Gewinnschuldverschreibungen zusätzlich ein Umtausch- oder Bezugsrecht beinhalten; dann handelt es sich um eine Wandel- oder Optionsanleihe mit gewinnorientierter Verzinsung (vgl *Hüffer* AktG Rn 8 unter Verweis auf *RGZ* 118, 152, 155, dazu näher Rn 91).

3. Aktienanleihe, Umtauschanleihe („Exchangeables"). – **a) Identitätsgrundsatz.** Weder unmittelbar noch analog von § 221 erfasst sind Anleihen, die ein Umtauschrecht in Aktien einer dritten AG begründen (Identitätsgrundsatz, **allgM**, K. Schmidt/ Lutter AktG/*Merkt* Rn 4; MünchKomm AktG/*Habersack* Rn 25; *Hüffer* AktG Rn 70; KölnKomm AktG/*Lutter* Rn 12, 153 ff; MünchHdb AG/*Krieger* § 63 Rn 39; Geßler/ Hefermehl/Eckardt/Kropff AktG/*Karollus* Rn 37; *Gustavus* BB 1970, 694, 695). Zivilrechtlich handelt es sich um eine Anleihe mit Ersetzungsbefugnis. Teilweise wird die Anwendung des § 221 und das Erfordernis eines Hauptversammlungsbeschlusses auch dann verneint, sofern zur Bedienung der Bezugsrechte nur existierende eigene Aktien des Emittenten verwendet werden (*Broichhausen* NZG 2012, 86; MünchHdb AG/ *Krieger* § 63 Rn 27; wohl auch Schmidt/Lutter AktG/*Merkt* Rn 16). Diese Ansicht ist abzulehnen (MünchKomm AktG/*Habersack* Rn 24), da § 221 nicht danach unterscheidet, auf welche Weise die Bezugsrechte erfüllt werden. Anderes kann allenfalls dann gelten, wenn das Umtauschrecht zwar in Aktien der Anleiheschuldnerin besteht, diese Aktien aber bereits geschaffen sind und von einem *Dritten* gehalten werden und die Verpflichtung zur Lieferung der Aktien durch eine Vereinbarung mit dem Dritten abgesichert ist (*OLG Frankfurt* Urt v 6.11.2012, 5 U 154/11, BeckRS 2012, 23999 – Commerzbank). In diesem Fall ist nämlich eine Verwässerung der Aktionäre durch die Bedienung der Anleihe ausgeschlossen, so dass auch die Notwendigkeit eines Hauptversammlungsbeschlusses entfällt; folgerichtig sind dann auch die Vorschriften über die Ausübung des Bezugsrechts nicht gem §§ 221 Abs 1, 186 anwendbar (im konkreten Fall wurde vom *OLG Frankfurt* aaO ungeachtet des § 186 Abs 1 S 2 eine Fristsetzung von nur einer Woche für die Ausübung des Bezugsrechts als unschädlich angesehen). Im Übrigen ist § 221 unabhängig davon anwendbar, wie die Umtauschrechte erfüllt werden, etwa aus bedingtem Kapital oder eigenen Aktien (s Rn 50 ff).

b) Optionsanleihen ausländischer Tochtergesellschaften („Warrant Anleihe"). Anders ist die Situation zu beurteilen, wenn die Anleihe von einer ausländischen Tochter ausgegeben wird und Bezugsrechte auf Aktien der deutschen Mutter gewährt („Warrant Anleihe", s § 192 Rn 9). Dieses häufig aus steuer- und finanztechnischen Gründen angewandte Modell (insb über eine holländische B.V.) sieht vor, dass die Tochter den Emissionserlös in Form eines **Darlehens** an die Mutter weiterleitet, dessen Rückzahlung im Falle der Ausübung des Optionsrechts in Form der Ausreichung der Aktien an die Anleihegläubiger geschieht (Ersetzungsbefugnis). Die deutsche Mutter wiederum **garantiert** die Anleihe im Hinblick auf den Rückzahlungsbetrag zugunsten der Anleihegläubiger (§ 328 Abs 1 BGB) bzw die Tochter tritt zur Sicherheit ihren Darlehensrückzahlungsanspruch gegen die Mutter an die Anleihegläubiger ab, welche die Anleihe entsprechend den Anleihebedingungen nur zusammen mit diesem Darlehensanspruch abtreten dürfen; die Einbringung der Darlehensforderung in die deutsche Mutter im Falle der Ausübung des Umtauschrechts muss gem § 194 Abs 1 S 2 (analog, s näher Rn 11) nicht den Sacheinlagevorschriften genügen (Spindler/Stilz AktG/*Seiler* Rn 127). Das Bezugsrecht auf die Aktien der deutschen Mutter wird (i) entweder ebenfalls von dieser garantiert (üblicherweise **„Verpflichtungserklärung"** genannt) oder (ii) den Anleihegläubigern wird direkt ein **Optionsschein der Mutter** ausgestellt, der dann von der ausländischen Tochter zusammen mit der Anleihe emittiert wird (s zu den Gestaltungen näher MünchKomm AktG/*Habersack* Rn 42). Die steuerliche Indizierung dieser Anleiheform beruht auf der Vermeidung der deutschen Kapitalertragsteuer (§ 43 Abs 1 S 1 Ziff 2 EStG) für Anleger aus den meisten DBA-Staaten bzw der Definitivbesteuerung in Höhe von 25 % (§§ 49 Abs 1 Ziff 5 lit a, 50 Abs 2 EStG) für Nicht-DBA-Staaten (näher *Häuselmann* BB 2003, 1531).

11 **aa) Analoge Anwendung des § 221.** Direkt ist § 221 auf diese Fälle wg des Identitätsgrundsatzes (Rn 9) nicht anwendbar (MünchKomm AktG/*Habersack* Rn 45; *Hüffer* AktG Rn 71; KölnKomm AktG/*Lutter* Rn 166; MünchHdb AG/*Krieger* § 63 Rn 39). Die heute **allgM** befürwortet eine analoge Anwendung des § 221 auf die deutsche Mutter, da für die Aktionäre durch die Einräumung des Bezugsrechts im Zusammenhang mit der Anleihe der Tochter die gleiche Gefährdungslage für ihre mitgliedschaftlichen Rechte entsteht (MünchKomm AktG/*Habersack* Rn 47; *Hüffer* AktG Rn 72; KölnKomm AktG/*Lutter* Rn 172; Grigoleit AktG/*Rieder/Holzmann* Rn 74; MünchHdb AG/*Krieger* § 63 Rn 42; Geßler/Hefermehl/Eckardt/Kropff AktG/*Karollus* Rn 39; *Busch* AG 1999, 58; *Schumann* Optionsanleihen (1990) S 159 ff; *BGHZ* 114, 177 = NJW 1991, 1956; vgl auch *OLG München* NJW-RR 1991, 1058 f; *LG Frankfurt* WM 1990, 1745, 1747; früher **aA** zB *Schaub* AG 1972, 340 ff). Dabei macht es keinen Unterschied, ob die Mutter selbst den **Optionsschein** ausstellt oder nur eine Verschaffungspflicht der Tochter **garantiert**; selbst eine nur intern von der Mutter gegenüber der Tochter übernommene Verschaffungspflicht ohne direkte Berechtigung der Anleiheinhaber gegen die Mutter eröffnet eine analoge Anwendung des § 221 (MünchKomm AktG/*Habersack* Rn 48).

12 **bb) Reichweite der Analogie.** Erforderlich ist ein **Hauptversammlungsbeschluss** der Muttergesellschaft entspr § 221 Abs 1 S 1 einschließlich der in Abs 1 S 2 bis 4 und Abs 2 genannten Erfordernisse und Beschränkungen (*Hüffer* AktG Rn 72). Werden die Optionsscheine oder Garantien ohne einen solchen Beschluss ausgestellt, sind diese zwar wirksam, die Verwaltung macht sich aber wg pflichtwidrigen Verhaltens gem §§ 93, 116 ersatzpflichtig (*Hüffer* AktG Rn 72). Den Aktionären steht gem § 221 Abs 4 analog ein **Bezugsrecht** zu. Da im Außenverhältnis die Aktionäre keinen direkten Anspruch gegen die Tochtergesellschaft haben, ist die Mutter verpflichtet, ihren Aktionären einen **vertraglichen Bezugsanspruch** auf die Anleihe zu verschaffen (*Hüffer* AktG Rn 73); hierfür ist ein berechtigender Vertrag mit der Tochter zugunsten der Aktionäre erforderlich, im Hinblick auf den Rechtsgedanken des § 186 Abs 5 (mittelbares Bezugsrecht) aber auch ausreichend (MünchKomm AktG/*Habersack* Rn 47 spricht von einer *„effektiven Bezugsrechtsgewährung"*). Ansonsten ist ein formeller **Bezugsrechtsausschluss** gem §§ 221 Abs 4 S 2, 186 Abs 3, 4 mit Vorstandsbericht (*OLG München* NJW-RR 1991, 1058 f) und materieller Rechtfertigung erforderlich (*Hüffer* AktG Rn 73; MünchKomm AktG/*Habersack* Rn 47; KölnKomm AktG/*Lutter* Rn 172; MünchHdb AG/*Krieger* § 63 Rn 43; Geßler/Hefermehl/Eckardt/Kropff AktG/ *Karollus* Rn 39; *Busch* AG 1999, 58; *Schumann* Optionsanleihen (1990) S 159 ff). IRd materiellen Rechtfertigung ist ausschließlich auf die Interessen der Mutter (insb das Interesse einer angemessenen Konzernfinanzierung) in Abwägung zu den Interessen von deren Aktionären abzustellen. Auch die Angemessenheit des Anleihe- bzw Optionspreises ist gem § 255 Abs 2 analog gerichtlich überprüfbar (vgl auch *Hüffer* AktG Rn 73).

cc) Sicherung des Bezugsrechts. Für die Sicherung des Bezugsrechts auf die Aktien 13 der Muttergesellschaft gelten die allg Grundsätze (Rn 51 ff); eine gesicherte Position haben die Anleiheinhaber erst, wenn bei der Muttergesellschaft bedingtes oder genehmigtes Kapital geschaffen ist; im Falle einer Beschlussfassung analog § 221 ist konsequenterweise auch die Möglichkeit der Schaffung bedingten Kapitals gem § 192 Abs 2 Ziff 1 zu bejahen (ganz hM, *Hüffer* AktG Rn 74; MünchKomm AktG/*Habersack* Rn 48; KölnKomm AktG/*Lutter* Rn 174 f; MünchHdb AG/*Krieger* § 63 Rn 41). Teilweise wird zusätzlich zu einem Beschluss gem § 221 noch das Vorliegen eines bes *„Konzernfinanzierungsinteresses"* verlangt (*Hüffer* AktG Rn 74; MünchHdb AG/*Krieger* § 63 Rn 41); dies ist abzulehnen (MünchKomm AktG/*Habersack* Rn 48; KölnKomm AktG/*Lutter* Rn 175), da die Aktionäre bei der Beschlussfassung gem § 221 bereits verbindlich ein solches Interesse bejaht haben.

dd) Innenverhältnis zwischen den verbundenen Unternehmen. Wenn die Tochter die 14 Anleihe im Interesse der Mutter aufgrund des Konzernfinanzierungsinteresses ausgibt (wie dies idR der Fall ist, sog **„fremdnütziges Modell"**), leitet sie die erhaltenen Mittel unmittelbar an die Mutter weiter, es handelt sich um ein Geschäftsbesorgungsverhältnis (§§ 675, 662 ff BGB; MünchKomm AktG/*Habersack* Rn 50); auch die Gestaltung in Form eines Darlehensverhältnisses ist möglich. Die Mutter hat die Tochter finanziell in die Lage zu versetzen, den Anleihebetrag bei Fälligkeit zurückzuführen (§ 670 BGB). Handelt die Tochter in ihrem eigenen Interesse, dh soll ihr der Anleiheerlös zufließen (sog **„eigennütziges Modell"**), hat sie umgekehrt der Mutter eine Vergütung für die Stellung der Garantie und des Optionsrechtes zu zahlen (MünchKomm AktG/*Habersack* Rn 50).

c) Options-/Umtauschanleihen inländischer Tochtergesellschaften. Wird eine 15 Umtauschanleihe von einer deutschem Recht unterliegenden inländischen Tochtergesellschaft mit einem Bezugsrecht auf Aktien der Mutter ausgegeben, ist der Identitätsgrundsatz ebenfalls nicht erfüllt; deshalb gelten die Ausführungen zur Emission einer ausländischen Tochter gleichermaßen (Rn 11 ff).

d) Anleihen mit Bezugsrechten auf Aktien einer abhängigen Aktiengesellschaft. Im 16 umgekehrten Fall, nämlich bei der Emission der Anleihe durch die Mutter mit Bezugsrechten auf Aktien einer Tochter, hilft eine analoge Anwendung des § 221 für die Tochtergesellschaft nicht weiter, da die Stimmrechte bei der Beschlussfassung wiederum von der Mutter ausgeübt würden; eine analoge Anwendung auf die Mutter scheidet ebenfalls aus, da keine Bezugsrechte auf deren Aktien ausgegeben werden. Hier sind aber nach den Grundsätzen der **„Holzmüller-Entscheidung"** (*BGHZ* 83, 122, 141 ff = NJW 1982, 1703) die Aktionäre zu beteiligen, da der Erwerb von Bezugsrechten durch Dritte auf Anteile an einer Tochtergesellschaft wirtschaftlich grundlegend in die mitgliedschaftliche Position der Aktionäre eingreifen kann. In diesem Fall haben die Aktionäre der emittierenden Muttergesellschaft ein Mitwirkungsrecht (**Zustimmungserfordernis gem § 119 Abs 2**, wobei mE die Drei-Viertel-Mehrheit des

§ 221 Abs 1 S 2 zur Anwendung kommen sollte (allg zum Streitstand § 119 Rn 26), ebenso wie ein Bezugsrecht der Aktionäre auf die Anleihe bestehen sollte (Münch-Komm AktG/*Habersack* Rn 46; KölnKomm AktG/*Lutter* Rn 101).

17 **4. Optionsrechte ohne Schuldverschreibung („Naked Warrants").** Die Zulässigkeit ist str und weitgehend ungeklärt. Die Erwerber der Optionsrechte erhalten idR gegen Zahlung eines gewissen Optionspreises das Recht, für einen bestimmten Ausübungspreis („Exercise Price") Aktien der Gesellschaft zu erwerben; die Option gewinnt im Falle von Kurssteigerungen der Basispapiere (Aktien der emittierenden AG) an Wert und kann idR als solche gehandelt werden. Ausdrücklich lässt das Gesetz solche Optionsrechte für Mitarbeiterbeteiligungsprogramme zu (vgl § 192 Abs 2 Ziff 3, **„Stock Options"**); daraus folgert die wohl **hM** im Umkehrschluss, dass iÜ Naked Warrants unzulässig seien (*OLG Stuttgart* DB 2002, 2638, 2639; *Lutter* ZIP 1997, 1, 7; KölnKomm AktG/*Lutter* Rn 185; *Martens* AG 1989, 69, 72; *Zimmer* DB 1999, 999, 1001; GroßKomm AktG/*Frey* § 192 Rn 65 ff; s auch *Baums* (Hrsg) Bericht der Regierungskommission „Corporate Governance" (2001), Rn 222). Dieser hM ist nicht zu folgen (§ 192 Rn 11; ebenso zB MünchKomm AktG/*Habersack* Rn 37; *Steiner* WM 1990, 1776; MünchHdb AG/*Krieger* § 63 Rn 22; *Fuchs* DB 1997, 661, 664 ff; *Paefgen* AG 1999, 67, 70; *Schlitt/Löschner* BKR 2002, 151, 153 ff; *Roth/Schoneweg* WM 2002, 677, 681ff; *Kuntz* AG 2004, 480, 481 ff; nicht eindeutig *Hüffer* AktG Rn 75, s auch Rn 32). Die Gefährdungslage für die mitgliedschaftliche Position der Aktionäre ist bei Naked Warrants nicht anders zu beurteilen als bei Wandelanleihen; durch eine **sinngemäße Anwendung des § 221** (Zustimmungserfordernis der HV mit Drei-Viertel-Mehrheit, Bezugsrecht) werden diese genauso geschützt wie bei Wandelanleihen (teilw werden Naked Warrants als Sonderfall des Genussrechts gesehen, zB K. Schmidt/Lutter AktG/*Merkt* Rn 13). Dann muss konsequenterweise zur Sicherung des Optionsrechts die Schaffung eines entspr bedingten Kapitals zulässig sein. Sofern das Bezugsrecht ausgeschlossen wird, ist neben den Berichtspflichten und der sachlichen Rechtfertigung (§§ 221 Abs 4 S 2, 186 Abs 3, 4 analog) die Zahlung eines angemessenen Optionspreises erforderlich (§ 255 Abs 2 analog); die **Angemessenheit des Emissionspreises** ist nach anerkannten finanzmathematischen Methoden zu bestimmen, wie etwa der Formel von Black & Scholes (diese Formel berücksichtigt die für eine Option wertbildenden Faktoren: gegenwärtiger Preis des Underlying, Ausübungspreis, Laufzeit der Option, Zinsniveau, Volatilität des Underlying, s zB *Reilly/Brown* Investment Analysis and Portfolio Management, 6. Ed 2000, S 1004 ff und Rn 70). Der Optionspreis ist als Eigenkapital in die Kapitalrücklage einzustellen (*Hüffer* AktG Rn 75) und stärkt damit die Eigenkapitalbasis der AG.

18 **5. Mit Aktien verbundene Optionsrechte („Huckepack-Emission").** Ebenso wie die Ausgabe von Naked Warrants ist es zulässig, Aktien mit Optionsrechten auf weitere Aktien zu begeben (§ 192 Rn 10; MünchKomm AktG/*Habersack* Rn 39; *Steiner* WM 1990, 1776 f; MünchHdb AG/*Krieger* § 63 Rn 22; *Fuchs* AG 1995, 433, 437 f; *Wohlfahrt/Brause* WM 1997, 397 ff; *Martens* AG 1989, 69 ff; *Hüffer* AktG Rn 75; **aA** KölnKomm AktG/*Lutter* § 192 Rn 9); § 221 ist auch hier analog anwendbar. Der Beschluss kann jedoch mit dem Kapitalerhöhungsbeschluss für die Ausgabe der Aktien verbunden werden bzw in diesem enthalten sein (s *Hüffer* AktG Rn 76; MünchHdb AG/*Krieger* § 63 Rn 22).

II. Hauptversammlungsbeschluss

Ist der Anwendungsbereich des § 221 AktG eröffnet, ist die Ausgabe der Schuldverschreibungen nur aufgrund eines Beschlusses der HV zulässig. 19

1. Natur des Beschlusses. Der Beschluss ist nicht satzungsändernder Natur, sondern 20 billigt eine Geschäftsführungsmaßnahme (*Hüffer* AktG Rn 9; MünchKomm AktG/ *Habersack* Rn 132). Lässt der Wortlaut des Beschlusses nicht eindeutig erkennen, ob eine **Verpflichtung** (Abs 1) (dazu Rn 22) oder eine bloße **Ermächtigung** (Abs 2) gemeint ist (dazu Rn 21), ist regelmäßig letzteres anzunehmen, da die Eigenverantwortlichkeit des Vorstands bei der Geschäftsführung (§ 76 Abs 1 AktG) die Regel und deren Einschränkung durch die HV die Ausnahme ist. Etwas anderes kann dann gelten, wenn die Bedingungen der Anleihe einzelfallbezogen sehr genau umrissen sind; dann ist davon auszugehen, dass die HV die Ausgabe der Anleihe iR eines konkreten Vorhabens wünscht (vgl *Hüffer* AktG § 179 Rn 9).

a) Ermächtigungsbeschluss. Eine Ausgestaltung des Beschlusses als bloße Ermächti- 21 gung des Vorstands ist nach dem Wortlaut des § 221 Abs 2 S 1 rechtlich zulässig; dieser ist auf **Gewinnschuldverschreibungen** (und Genussrechte, dazu BGH NJW 1995, 260, 261) **analog** anwendbar (*Hüffer* AktG Rn 13; MünchKomm AktG/*Habersack* Rn 154); auch die Fünf-Jahresfrist für die Ermächtigung gilt analog (MünchHdb AG/*Krieger* § 63 Rn 45). Wenn auch der Vorstand im Falle einer Ermächtigung nach seinem Ermessen über das Ob und Wie einer Ausgabe der Anleihen entscheidet, ist er aber zumindest verpflichtet zu prüfen, ob er im Interesse der Gesellschaft von dem ihm eingeräumten Finanzierungsinstrument Gebrauch machen sollte (dh er muss sein **Ermessen** auch tatsächlich ausüben); in Extremfällen kann sich dieses unternehmerische Ermessen sogar zu einer Verpflichtung verdichten, wenn die Ausgabe der gebilligten Anleihe von überragender Wichtigkeit oder sogar notwendig ist, um eine ordnungsgemäße Finanzierung der Gesellschaft sicherzustellen (vgl MünchKomm AktG/ *Habersack* Rn 153).

b) Zustimmungsbeschluss (Verpflichtung). Die HV kann den Beschluss auch als Ver- 22 pflichtung für den Vorstand (§ 83 Abs 2) formulieren. ZT wird dafür die Vorlage eines Antrages der Verwaltung für ein konkretes Emissionsvorhaben gefordert (MünchKomm AktG/*Habersack* Rn 133 f; KölnKomm AktG/*Lutter* Rn 39). Diese Ansicht ist abzulehnen, die HV kann die Verwaltung auch eigeninitiativ zur Ausgabe von Titeln iSd § 221 verpflichten, da es sich um Kapitalbeschaffungsmaßnahmen gem § 119 Abs 1 Ziff 6 handelt (*Hüffer* AktG Rn 9; MünchHdb AG/*Krieger* § 63 Rn 8; GroßKomm AktG/ *Schilling* Anm 16; **aA** *Henn* Aktienrecht Rn 1290). Ist der Beschluss als Verpflichtung formuliert, sind der im Beschluss genannten Bezugsberechtigte oder das Anlegerpublikum aber nicht bereit, die Anleihe zu zeichnen, muss der Vorstand das ihm ggf bei der Ausgestaltung der Anleihebedingungen eingeräumte Ermessen bis zu den Grenzen des unternehmerisch Vertretbaren soweit als möglich ausschöpfen, um den Bezugsberechtigten bzw dem Publikum die Anleihe schmackhaft zu machen. Kommt das mangelnde Interesse an der Anleihe überraschend, kann der Vorstand sogar verpflichtet sein, eine außerordentliche HV einzuberufen, um der HV die Möglichkeit zu geben, die Bedingungen nachzubessern. Umgekehrt kann der Vorstand in Ausnahmefällen verpflichtet sein, trotz einer entspr Verpflichtung die Ausgabe der Anleihen zu unterlassen, wenn sich die dem HV-Beschluss zugrundeliegenden Annahmen wesentlich geändert haben (§ 83 Rn 5; *Hüffer* AktG Rn 9; MünchKomm AktG/*Habersack* Rn 135).

Stadler

2. Inhalt des Beschlusses. Zum notwendigen Inhalt macht das Gesetz keine konkreten Vorgaben. Die HV ist im Wesentlichen frei, inwieweit sie die Bedingungen der Anleihe im HV-Beschluss vorgibt oder die Ausgestaltung dem Vorstand überlässt. Üblich sind inhaltlich eher dürftige HV-Beschlüsse mit einem großen **Gestaltungsspielraum** für den Vorstand bei der Festlegung der Anleihebedingungen.

a) Art, Nennbetrag, Befristung. Das Mindestmaß an Bestimmtheit (MünchKomm AktG/*Habersack* Rn 139) erfordert mindestens folgende Angaben im HV-Beschluss:

(1) **Art der Anleihe**, dh Wandel-, Options- oder Gewinnschuldverschreibung (Grigoleit AktG/*Rieder/Holzmann* Rn 11);

(2) **Gesamtnennbetrag** der Anleihe, im Falle einer bloßen Ermächtigung als Höchstbetrag (*Hüffer* AktG Rn 10; Grigoleit AktG/*Rieder/Holzmann* Rn 11; Geßler/Hefermehl/Eckardt/Kropff AktG/*Karollus* Rn 60; *BGH* NJW 1995, 260, 262 für Genussrechte); fehlt die Angabe eines Gesamt(höchst)nennbetrages, ist der Beschluss nichtig (§ 241 Ziff 3, vgl *BGH* NJW 1995, 260, 262 für Genussrechte);

(3) Angabe der **Ermächtigungsfrist**: die **hM** fordert weiter im Falle einer bloßen Ermächtigung zwingend die konkrete Angabe der Frist gem § 221 Abs 2 S 1 und nimmt anderenfalls Nichtigkeit gem § 241 Ziff 3 Fall 3 an (*Hüffer* AktG Rn 10, 13); die Angabe einer Höchstfrist (wie „höchstens fünf Jahre") ist ausreichend (**aA** MünchHdb AG/*Krieger* § 63 Rn 9, offen *BGH* NJW 1995, 260, 262 für Genussrechte).

Die Bedingungen können auch eine Verpflichtung der Gläubiger zur Wandelung zu einem bestimmten Zeitpunkt vorsehen, wenn bis dahin nicht freiwillig gewandelt wurde (**Pflichtwandelanleihe**, sog **Mandatories**, prominente Beispiele zB Telekom Intern. Finance BV 2003/2006, Bayer Capital Corp. B.V. 2007/2009); auch dieser Fall der Pflichtwandelanleihe ist von §§ 221, 192 Abs 2 Ziff 1 gedeckt (**hM**, zB MünchHdb AG/*Krieger* § 63 Rn 25; *Häuselmann* BB 2003, 1531; zur steuerlichen Behandlung Rn 76) und kann durch bedingtes Kapital bedient werden (s § 192 Rn 8; ausf MünchKomm AktG/*Fuchs* § 192 Rn 44 und § 198 Rn 22). Die Anleihebedingungen können vorsehen, dass die Bezugserklärung des Anleiheinhabers aufgrund Vollmacht durch eine mit der Abwicklung der Anleihe betraute „Wandelungsstelle" erfolgt (MünchHdB AG/*Krieger* § 63 Rn 25).

b) Wandel- und Optionsanleihen. Bei Wandel- und Optionsanleihen ist eine Festlegung des **Umtausch- bzw Bezugsverhältnisses** im Beschluss nicht zwingend erforderlich (ebenso MünchHdb AG/*Krieger* § 63 Rn 10; *Hüffer* AktG Rn 11; MünchKomm AktG/*Habersack* Rn 155, allerdings nur für den Fall eines bloßen Ermächtigungsbeschlusses; **aA** *LG Hamburg* v 20.10.2005, BeckRS 2006 Nr 04051 zu Wandelgenussrechten: Umtauschverhältnis muss genau bestimmt sein, nicht einmal ein Mindestausgabebetrag soll genügen; anders wohl *BGH* NJW 1995, 260, 262; nach der neuesten Rechtsprechung des BGH zur Zulässigkeit eines **Mindestausgabebetrages** beim bedingten Kapital, *BGHZ* 181, 144 = NJW-RR 2009, 1196, kann für den Beschluss nach § 221 nichts anderes gelten, zumal der Beschluss nach § 221 meist mit dem Beschluss über die Schaffung bedingten Kapitals verbunden wird; s Rn 51). Freilich kann die HV auch in praktisch unbegrenztem Umfange die Anleihebedingungen selbst ausgestalten; auch die Koppelung an Börsenkurse einer Referenzperiode oder einen bestimmten Stichtag ist zulässig (MünchKomm AktG/*Habersack* Rn 140); niedrigster Ausgabebetrag (§ 9) muss jedoch in jedem Fall gewahrt sein (**allgM**).

Einzelfälle. Möglich sind die Bestimmung der wertpapierrechtlichen Qualifikation 29
(Inhaber- oder Orderpapiere), die Festlegung der Höhe der Verzinsung, Fälligkeit des
Kapitals (falls nicht umgetauscht wird), des Umtausch- bzw Bezugsverhältnisses (kann
fix oder variabel ausgestaltet sein) und ggf zu leistender Zuzahlungen, Gattung der
auszugebenden Aktien (s *Hüffer* AktG Rn 11), wobei letztere sogar zwingend im HV-
Beschluss zu regeln ist, da die Bestimmung der Art der auszugebenden Aktien die
mitgliedschaftlichen Rechte der Aktionäre unmittelbar berührt (vgl MünchKomm
AktG/*Habersack* Rn 139: „aktionärstypische Rechte"); Kündigungs- und Rückkaufsrechte; Voraussetzungen und Befristung der Ausübung des Umtausch- bzw Bezugsrechts, ggf Pflichtwandelung; Gewinnberechtigung der auszugebenden Aktien; Regelungen zum Schutz der Anleihegläubiger gegen Verwässerung (s näher Rn 127 ff);
Nebenrechte (Teilnahmerecht an HV; Einsichtsrecht in bestimmte Geschäftsunterla-
gen); rechtliche Formalien (Gerichtsstand, Bekanntmachungen); Beispiele bei *Hüffer*
AktG Rn 11; *Schumann* Optionsanleihen (1990) S 51 ff; Bedingung des Bezugsrechts
durch Börsennotierung der betreffenden Aktien, sog „Going Public Anleihe"
(MünchHdB AG/*Krieger* § 63 Rn 26). Besteht ein Recht auf Bezug von Vorzugsaktien, sollte deren Ausstattung in den Anleihebedingungen und im jeweiligen bedingten Kapital im Einzelnen festgelegt werden; ansonsten erhalten die Anleihegläubiger
hinsichtlich der Ausstattung des Vorzugs keine gesicherte Rechtsposition (dazu *OLG
Stuttgart* AG 1995, 329, 331 – **„Südmilch"**).

c) Gewinnschuldverschreibungen. Bei Gewinnschuldverschreibungen muss die 30
Gewinnorientierung (bei bloßer Gewinnabhängigkeit liegt nach der hier vertretenen
Ansicht kein Titel iSd § 221 vor, Rn 4) des Zinsanspruches in Grundzügen im HV
Beschluss definiert sein (MünchKomm AktG/*Habersack* Rn 140), insb die Grundlage
der Zinsberechnung (zB auf Basis der Dividende oder des Gewinns). Die Festlegung
der Höhe der Verzinsung im Einzelnen kann dagegen dem Vorstand überlassen
werde.

d) Vorbehalte. Zustimmung des Aufsichtsrates. Fraglich ist, ob die HV die Ausgabe 31
der Schuldverschreibungen (insb im Falle einer bloßen Ermächtigung) von Vorbehalten abhängig machen kann, zB einer **Zustimmung des AR**. Dies wird von der **hM** zutr
bejaht (*Hüffer* AktG Rn 13; MünchKomm AktG/*Habersack* Rn 152; *LG Frankfurt*
aM WM 1997, 473, 475; **aA** Geßler/Hefermehl/Eckardt/Kropff AktG/*Karollus* Rn 71),
da auch ein derartiger Zustimmungsvorbehalt Ausfluss der Kontrollfunktion des AR
(§ 111 Abs 1) ist; der AR hat nach pflichtgemäßem Ermessen zu entscheiden. Eine
Bindung der Ausgabe der Schuldverschreibungen an die **Zustimmung eines bestimmten Aktionärs** ist unzulässig, da dies materiell einen gesetzlich nicht zulässigen Vorzug
bzw eine Art Mehrstimmrecht für den betreffenden Aktionär bedeuten würde. Auch
ein Zustimmungserfordernis für einen Dritten würde die Kompetenzen der Gesellschaftsorgane (HV und Vorstand) unzulässig auf Dritte verlagern. Im Falle eines
Ermächtigungsbeschlusses der HV kann der AR gem § **111 Abs 4 S 2** die Ausgabe
eigeninitiativ von seiner Zustimmung abhängig machen.

e) Ermessen der Hauptversammlung. Die HV ist inhaltlich bei ihrer Entscheidung 32
frei, solange nur die rechtlichen Charakteristika von Wandel-/Options- bzw Gewinnschuldverschreibungen gewahrt sind. Ist letzteres nicht der Fall (zB nach der hier vertretenen Ansicht bei bloß „gewinnabhängiger" Verzinsung, Rn 4), kann es sich um die
Aufnahme gewöhnlichen Fremdkapitals handeln, für die eine Zuständigkeit der HV

nur gem § 119 Abs 2 begründet sein kann. Solange die Bezugsrechte der Aktionäre gewahrt sind, können bis an die Grenzen des Missbrauchs auch die Ausgabebedingungen und das Umtauschverhältnis frei bestimmt werden (§ 255 Abs 2 analog). Welchen Zweck die Ausgabe der Schuldverschreibungen verfolgt, ist gleichgültig. Es kann die Finanzierungsfunktion mit Fremdkapital genauso im Vordergrund stehen wie die Gewährung von Umtauschrechten. Wandelschuldverschreibungen können auch zum Zwecke der Gewährung von Stock Options an Vorstandsmitglieder und Arbeitnehmer iRv **Mitarbeiterbeteiligungsprogrammen** ausgegeben werden (vgl § 192 Abs 2 Ziff 1), ebenso wie an **AR-Mitglieder** (**hM**, *Wiechers* DB 2003, 595, 596; *Zimmer* DB 1999, 999, 1000; str, **aA** *Marsch-Barner* § 192 Rn 18; *Hüffer* AktG § 192 Rn 21; der HV Beschluss erfüllt dann idR auch die Anforderungen des § 113 Abs 1). § 192 Abs 2 Ziff 3, der die Ausgabe von sog „Naked Options" an Arbeitnehmer ermöglicht, ist insoweit nicht abschließend (**allgM** *Hüffer* AktG Rn 18; *OLG Braunschweig* AG 1999, 84; *OLG Stuttgart* NZG 1998, 822; näher Rn 17). Wandelschuldverschreibungen iRv Managementbeteiligungsprogrammen bieten sich vor allem dann an, wenn dem Management nicht nur Optionen als zusätzlicher Gehaltsbestandteil gewährt werden sollen, sondern durch die Investition aus dem Privatvermögen in die Anleihe das Vertrauen des Managements in das Unternehmen unter Beweis gestellt werden soll. Zwangsläufig muss das Bezugsrecht der Aktionäre bei derartigen Programmen ausgeschlossen werden, wobei die Motivation und Bindung des Managements idR den Bezugsrechtsausschluss als solches sachlich rechtfertigen wird (*Hüffer* AktG Rn 42 und ZHR 161 (1997), 214, 227 ff; *OLG Braunschweig* AG 1999, 84, 86 ff; *OLG Stuttgart* NZG 1998, 822, 823 f; *LG Frankfurt* AG 1997, 185, 186 f; *LG Stuttgart* AG 1998, 41, 43; **aA** *LG Braunschweig* AG 1998, 289, 293 f); als Richtschnur sollte gelten, dass ein Anteil der Bezugsrechte im Falle deren Ausübung in Höhe von bis zu 5 % am Grundkapital unbedenklich ist.

32a **f) Vertragsfreiheit; Inhaltskontrolle der Anleihebedingungen.** Da es sich bei den Anleihen um ein schuldrechtliches Verhältnis handelt, unterliegen die Bedingungen nach dem Grundsatz der Vertragsfreiheit keinen Beschränkungen, solange nicht zwingende gesetzliche Vorschriften (§ 134 BGB) verletzt sind. Aufgrund dieses schuldrechtlichen Charakters lässt die **hM** eine Inhaltskontrolle gem §§ 305 ff BGB zu (*BGHZ* 119, 305, 310 ff = NJW 1993, 57 – „**Klöckner**"; *Hüffer* AktG Rn 35 mwN). Die **hM** ist abzulehnen, da die Bereichsausnahme des § 310 Abs 4 BGB greift (s näher Rn 96).

33 **g) Schutz bei Übernahmegeboten („Event Risk Protection").** Ein Übernahmeangebot bzw die Annahme eines solchen lässt grds die Verpflichtungen aus dem Umtauschrecht unberührt. Solange dieses nicht ausgeübt ist, ist der Anleiheinhaber nur Gläubiger und ist am Übernahmeverfahren nicht beteiligt; im Falle einer späteren Ausübung des Umtauschrechts hat der Anleihegläubiger Anspruch auf die zu liefernden Aktien entspr dem festgelegten Umtauschverhältnis. Dies stellt den Zweck und das Ergebnis des Übernahmeverfahrens in Frage, va nach einem anschließend durchgeführten „Squeeze-Out" gem §§ 327a ff. Deshalb gewährt die **hM** dem Anleihegläubiger nach einem erfolgreichen **Squeeze-Out in Analogie zu § 327a Abs 1 S 1** anstelle des Anpsruchs auf Gewährung der Aktien lediglich einen Anspruch auf die festgelegte Barabfindung gegen den Hauptaktionär (*Hüffer* AktG § 327b Rn 3; Geibel/Süßmann WpÜG/*Grzimek* § 327e AktG Rn 31 f; KölnKomm WpÜG/*Hasselbach* § 327e AktG Rn 22; *Ehricke/Roth* DStR 2001, 1120, 1122; *Krieger* BB 2002, 53,61; *Wilsing/*

Kruse ZIP 2002, 1465, 1467 ff); die Barabfindung ist dabei bezogen auf den Wert des Optionsrechtes zu berechnen (Spindler/Stilz AktG/*Seiler* Rn 163). Diese Ansicht ist zwar rechtlich umstr (**aA** zB *Steinmeyer/Häger* WpÜG § 327e Rn 33; *Baums* WM 2001, 1843, 1847 ff; *Schüppen* WPg 2001, 958, 975 f; *Kiem* RWS-Forum 20 (2001), 329, 349 f), letztlich aber als einzig praktikable Lösung vorzugswürdig. Zur Vermeidung von Zweifeln, sollten die **Anleihebedingungen** zur Übernahmeproblematik eine eindeutige Regelung enthalten. Diese sollte vorsehen, dass im Falle eines

(i) Barangebotes bei einer Ausübung des Umtauschrechts ein der Anzahl der zu liefernden Aktien entspr Barbetrag zu zahlen ist, der sich nach dem Übernahmeangebot bzw dem im Squeeze-Out festgelegten Abfindungsbetrag richtet. Dadurch werden die Anleihegläubiger aber insoweit um den Wert ihrer Umtauschoption gebracht, als sie an etwaigen Wertsteigerungen nach der Durchführung des Übernahmeangebotes bzw des Squeeze-Out bis zum Ablauf der Optionsfrist nicht mehr beteiligt werden. Daher werden die Anleihegläubiger auf die Festlegung eines entspr zusätzlichen Ausgleichsbetrages bestehen; dieser sollte neben den zwischenzeitlich gezahlten Dividenden auch mögliche Wertsteigerungen seit der Durchführung des Übernahmeangebotes bzw des Squeeze-Out berücksichtigen. Zu den entspr finanzmathematischen Berechnungen im Falle einer Aktienanleihe (Umtauschanleihe) vgl etwa die ausführlichen Regelungen in der 1,7 Mrd EUR Anleihe der Allianz Finance B.V., fällig 2005, umtauschbar in Aktien der Siemens AG, gem Angebotsprospekt vom 17.3.2000, dort § 12. Alternativ ist in den Anleihebedingungen vorgesehen, dass die Emittentin im Falle eines Barangebotes die Anleihe zum (aufgezinsten) Nennbetrag vorzeitig zurückerwerben kann (Call Option, s näher Rn 36). Im Falle eines 34

(ii) Tauschangebotes ist dagegen eine Regelung ausreichend, die an Stelle der ursprünglichen Bezugsaktien die iRd Tauschangebotes angebotenen Aktien entspr dem im Tauschangebot festgesetzten Umtauschverhältnis setzt; dann partizipiert der Anleihegläubiger an Wertsteigerungen der neuen Bezugsaktien bis zur Ausübung seines Umtauschrechts, so dass die Festsetzung eines weiteren Ausgleichsbetrages nicht erforderlich ist. 35

h) Rückkaufsrechte, Call Options. Häufig sehen Anleihebedingungen vorzeitige Rückkaufsrechte des Emittenten zum (meist aufgezinsten) Nennbetrag vor, oft in Abhängigkeit vom Kurs der Bezugsaktien, wenn diese über einen bestimmten Zeitraum (zB 20 aufeinenderfolgenden Handelstagen) ein bestimmtes Kursniveau (zB 20 % über dem Nennbetrag der Anleihe) erreicht haben. Ein Rückkaufsrecht kann auch im Falle eines Übernahmeangebotes für die Bezugsaktien vorgesehen sein (Rn 33). Derartige Rückkaufsrechte **beeinträchtigen den Wert des Umtauschrechts** für die Anleihegläubiger, was sich in einem höheren Zins widerspiegeln wird. Solche Regelungen sind **rechtlich zulässig**, selbst dann, wenn der HV-Beschluss dazu keine Regelungen enthält. Die Ausübung eines derartigen Rückerwerbsrechts bei Vorliegen der Voraussetzungen ist eine Maßnahme der Geschäftsführung, die der Vorstand primär am Interesse der Gesellschaft und dem Schutz des Gesellschaftsvermögens auszurichten hat (vgl § 93; *Hüffer* AktG § 93 Rn 1). Eine Verpflichtung zur Wahrnehmung des Rückkaufsrechts kommt allenfalls in Ausnahmesituationen in Frage, zB wenn der zur vorzeitigen Rückzahlung erforderliche Betrag der Gesellschaft in Bar zur Verfügung steht und auf absehbare Zeit nicht mit einer angemessenen Eigenkapitalrendite investiert werden kann („Excess Cash"). 36

Stadler

37 **3. Mehrheit. – a) Gesetz, Satzung.** Beschluss bedarf einfacher Stimmenmehrheit (§ 133 Abs 1, *Hüffer* AktG Rn 14, **allgM**) und Kapitalmehrheit von mindestens drei Vierteln (§ 221 Abs 2 S 2). Maßgeblich ist das vertretene Kapital abzüglich der Stimmenthaltungen (**hM** *Hüffer* AktG Rn 14, § 179 Rn 14; Geßler/Hefermehl/Eckardt/Kropff AktG/*Bungeroth* § 179 Rn 73; **aA** *von Godin/Wilhelmi* AktG § 179 Anm 4). Ein **Sonderbeschluss** stimmrechtsloser Vorzugsaktionäre ist nicht erforderlich (§ 141 verdrängt § 182 Abs 2; **aA** für den Fall, dass die Wandel-/Optionsanleihen ebenfalls auf stimmrechtslose Vorzugsaktien lauten: MünchKomm AktG/*Habersack* Rn 145; KölnKomm AktG/*Lutter* Rn 41). Satzung kann abweichende Mehrheiten bestimmen, § 221 Abs 1 S 3, und zwar sowohl geringere Kapitalmehrheit als auch größere Kapital- oder Stimmenmehrheit. Sogar Einstimmigkeit aller Aktionäre einschließlich der nicht anwesenden kann vorgesehen werden; dabei handelt es sich um ein zulässiges weiteres Erfordernis gem § 221 Abs 1 S 3 AktG (vgl *Hüffer* AktG § 179 Rn 20). Für Satzungsänderungen wird die Möglichkeit, die Zustimmung aller Aktionäre zu fordern, zwar zT bestritten, da dies jedenfalls bei Publikumsgesellschaften eine Satzungsänderung unzulässig erschwere (zB *Hüffer* AktG § 179 Rn 20; Geßler/Hefermehl/Eckardt/Kropff AktG/*Bungeroth* § 179 Rn 89). Bei der Ausgabe von Wandel- oder Gewinnschuldverschreibungen ist dieser Gedanke nicht anwendbar, da das Erfordernis der grds Abänderbarkeit der Satzung für die bloße Ausgabe von Schuldverschreibungen nicht gilt; die Ermächtigung oder Verpflichtung zur Ausgabe von Wandel- oder Gewinnschuldverschreibungen ist keine Satzungsänderung, sondern eine Billigung oder Verpflichtung im Hinblick auf eine Geschäftsführungsmaßnahme (*Hüffer* AktG § 179 Rn 9; KölnKomm AktG/*Lutter* Rn 38; s Rn 20).

38 **b) Auslegung von Mehrheitserfordernissen in der Satzung.** Fraglich ist, ob eine satzungsmäßige Festlegung von Mehrheitserfordernissen für eine reguläre Kapitalerhöhung auch für Beschlüsse gem § 221 gilt. Die **hM** verneint dies (*Hüffer* AktG Rn 15, 17; KölnKomm AktG/*Lutter* Rn 40; Geßler/Hefermehl/Eckardt/Kropff AktG/*Karollus* Rn 62).

39 **4. Sonstige Beschlusserfordernisse. – a) Sonderbeschluss.** Bei verschiedenen stimmberechtigten Aktiengattungen ist ein Sonderbeschluss (§ 138) jeder Aktiengattung erforderlich (§§ 221 Abs 1 S 4, 182 Abs 2; zur Problematik der stimmrechtslosen Vorzugsaktionäre Rn 37).

40 **b) Bekanntmachung.** Nach allg Regelung des § 124 Abs 1 ist der Beschluss gem § 221 mit seinem wesentlichen Inhalt in der Tagesordnung bekannt zu machen. Die Wiedergabe des Wortlautes gem § 124 Abs 2 S 2 ist nicht erforderlich, da es sich nicht um eine Satzungsänderung handelt (so *Hüffer* AktG Rn 16; KölnKomm AktG/*Lutter* Rn 42; MünchKomm AktG/*Habersack* Rn 142; Geßler/Hefermehl/Eckardt/Kropff AktG/*Karollus* Rn 59). Abweichendes gilt freilich für die zur Bedienung der Bezugsrechte erforderliche Kapitalerhöhung (KölnKomm AktG/*Lutter* Rn 42).

41 **c) Handelsregister. Gesellschaftsblätter.** Anders als der Beschluss über das entspr bedingte Kapital (§ 195) ist der Beschluss gem § 221 weder eintragungspflichtig noch eintragungsfähig (*Hüffer* AktG Rn 20; KölnKomm AktG/*Lutter* Rn 43; MünchKomm AktG/*Habersack* Rn 146; Grigoleit AktG/*Rieder/Holzmann* Rn 16). Erforderlich ist dagegen eine **Hinterlegung** des Beschlusses und einer schriftlichen Erklärung über die Ausübung beim HR des Satzungssitzes gemeinsam durch Vorstand (der in vertretungsberechtigter Anzahl seiner Mitglieder zu handeln hat, auch unechte Gesamtvertretung ist zulässig, § 78 Abs 3, nicht dagegen eine Bevollmächtigung; MünchHdb AG/ *Krieger* § 63 Rn 12) und den Vorsitzenden des AR (§ 221 Abs 2 S 2) sowie eine **Bekanntmachung in den Gesellschaftsblättern.** Die Hinterlegungs- und Bekanntmachungspflicht gem § 221 Abs 2 S 2 gilt entgegen dem Wortlaut auch für **Gewinnschuldverschreibungen und Genussrechte** (MünchKomm AktG/*Habersack* Rn 149; KölnKomm AktG/*Lutter* Rn 81, 84; Grigoleit AktG/*Rieder/Holzmann* Rn 17; *BGH* NJW 1995, 260; **aA** *Hüffer* AktG Rn 20). Ferner ist § 221 Abs 2 S 2 entgegen seinem Wortlaut nicht nur auf Ermächtigungsbeschlüsse gem Abs 2 anwendbar, sondern auch auf Zustimmungsbeschlüsse gem Abs 1 (MünchKomm AktG/*Habersack* Rn 148; **aA** KölnKomm AktG/*Lutter* Rn 84).

5. Nichtigkeit/Anfechtbarkeit. Allgemeine Regeln über Nichtigkeit und Anfechtbarkeit (§§ 241 ff) sind anwendbar. Mangels Eintragung im HR (Rn 41) kommt eine Heilung gem § 242 nicht in Frage (*Hüffer* AktG Rn 19; GroßKomm AktG/*Schilling* Rn 17). Da die Rechte der Gläubiger aus den Schuldverschreibungen nicht durch den HV-Beschluss begründet werden, sondern durch den Begebungsvertrag (s Rn 43), berührt die Fehlerhaftigkeit des Beschlusses die **Wirksamkeit der Ausgabe der Schuldverschreibungen** nicht (GroßKomm AktG/*Schilling* Rn 17). Selbst das völlige Fehlen eines HV-Beschlusses soll nach **hM** die Wirksamkeit der Begebung der Schuldverschreibung nicht berühren, da **§ 221 nur das Innenverhältnis**, nämlich die Geschäftsführungsbefugnis des Vorstandes gem § 77 betreffe (*Hüffer* AktG Rn 52 und ZHR 161 (1997), 214, 224 f; KölnKomm AktG/*Lutter* Rn 114; s Rn 43). Im Falle eines fehlerhaften oder fehlenden HV-Beschlusses ist nach **hM** eine **nachträgliche Einwilligung** (Genehmigung) durch die HV nicht möglich (*Hüffer* AktG Rn 52; KölnKomm AktG/*Lutter* Rn 115), was aus einem Umkehrschluss zu § 93 Abs 4 S 3 folgen soll. Diese Ansicht ist abzulehnen. In der nachträglichen Fassung des HV-Beschlusses ist kein Verzicht auf Schadensersatzansprüche iSd § 93 Abs 4 S 3 zu sehen, sondern die nachträgliche Legitimierung einer Überschreitung der Geschäftsführungsbefugnis. 42

III. Ausgabe der Schuldverschreibungen

1. Begebung der Anleihen. Hauptversammlungsbeschluss als Grundlage. Der Vorstand gibt die Schuldverschreibungen auf der Basis des HV-Beschlusses aus (§§ 77, 78, 83 Abs 2). Erst durch das Rechtsgeschäft mit den Anleiheinhabern werden die Rechte aus den Schuldverschreibungen begründet (Anleihevertrag; *Hüffer* AktG Rn 47; MünchKomm AktG/*Habersack* Rn 199); die Rechte und Pflichten der Anleiheinhaber werden im einzelnen in den **Anleihebedingungen** als vertragliche Grundlage festgelegt (*OLG Stuttgart* AG 1995, 329, 332 – „Südmilch"). Fehlt ein solcher Beschluss, oder verstoßen die Anleihebedingungen gegen den Inhalt des HV-Beschlusses, handelt der Vorstand pflichtwidrig, ohne dass dadurch aber die **Wirksamkeit der Begebung der Schuldverschreibungen** berührt wird (Spindler/Stilz AktG/*Seiler* Rn 129; *Hüffer* AktG Rn 47; KölnKomm AktG/*Lutter* Rn 114; Geßler/Hefermehl/Eckardt/Kropff AktG/ *Karollus* Rn 69; MünchKomm AktG/*Habersack* Rn 150; *OLG Frankfurt* Urt v 6.11.2012, 5 U 154/11, BeckRS 2012, 23999 – „Commerzbank"). Vorstand und ggf AR haften gem §§ 93, 116. 43

2. Erfüllung der Rechte aus den Anleihen. Von dem Ermächtigungsbeschluss zur Ausgabe der Anleihen sind die von der HV zur Erfüllung der Rechte der Anleihegläubiger vorzunehmenden Maßnahmen zu unterscheiden, insb die zur Erfüllung von Umtauschrechten erforderliche Kapitalerhöhung. Die AG haftet den Anleihegläubi- 44 gern auf **Schadensersatz** (§ 280 BGB), wenn die Rechte aus den Anleihen nicht erfüllt werden können, weil die HV die erforderlichen Voraussetzungen nicht schafft (Rn 50).

IV. Ausübung des Bezugsrechts bei Wandel-/Optionsanleihen

45 **1. Umtausch-/Bezugserklärung.** Der Anleihevertrag gewährt schuldrechtlich ein Bezugs- bzw Optionsrecht, das durch die Umtauscherklärung (im Falle von Wandelanleihen) bzw Bezugserklärung (im Falle von Optionsanleihen) als einseitige Willenserklärung gegenüber der AG ausgeübt wird (§ 130 BGB, s *Hüffer* AktG Rn 5). Darin ist eine Zeichnung von Aktien gem §§ 185, 187, 198 Abs 2 zu sehen (K. Schmidt/Lutter AktG/*Merkt* Rn 25; die rechtliche Trennung zwischen Bezugserklärung und Zeichnung – s etwa KölnKomm AktG/*Lutter* Rn 137 – scheint dabei etwas künstlich, vgl MünchKomm AktG/*Habersack* Rn 223: „einheitliche Erklärung"); die AG wird zum Abschluss eines entspr **Zeichnungsvertrages** verpflichtet (*OLG Stuttgart* AG 1995, 329, 330 – „Südmilch"). Meist ist in den Anleihebedingungen festgelegt, dass die Umtausch- bzw Bezugserklärung zugleich bereits die Annahme eines mit der Begebung der Anleihe erklärten **verbindlichen Zeichnungsangebotes** der AG ist (*Hüffer* AktG § 198 Rn 3 und § 221 Rn 5; MünchKomm AktG/*Habersack* Rn 223; Geßler/ Hefermehl/Eckardt/Kropff AktG/*Bungeroth* § 198 Rn 5; KölnKomm AktG/*Lutter* Rn 137); schweigt der Wortlaut der Anleihebedingungen dazu, kann sogar in aller Regel gem § 157 BGB ein konkludentes Angebot auf Abschluss eines Zeichnungsvertrages angenommen werden, da dieser Mechanismus gebräuchlich und praktikabel ist (vgl K. Schmidt/Lutter AktG/*Merkt* Rn 25; *Hüffer* AktG Rn 5, 7; Geßler/Hefermehl/ Eckardt/Kropff AktG/*Karollus* Rn 142, 145; KölnKomm AktG/*Lutter* § 198 Rn 3; MünchHdb AG/*Krieger* § 57 Rn 32).

46 **2. Gegenleistung. Einlage.** Als Gegenleistung für die Ausgabe der Aktien schuldet der Anleihegläubiger eine entspr Einlage.

47 **a) Wandelanleihen.** Im Falle von Wandelschuldverschreibungen ist die Gegenleistung für die Ausgabe von Aktien die Einbringung der Darlehensforderung; § 194 Abs 1 S 2 stellt klar, dass hierfür die **Regelungen über eine Sacheinlage nicht anwendbar** sind; vielmehr gilt der auf die Anleihe eingezahlte Betrag kraft Ersetzungsbefugnis des Gläubigers (Gestaltungsrecht, ganz **hM**, *OLG Stuttgart* AG 1995, 329, 330; *Hüffer* AktG Rn 4 mwN) als Bareinlage (MünchKomm AktG/*Habersack* Rn 230). Eine Bewertung der Forderung zum Zeitpunkt der Umtauscherklärung ist daher nicht erforderlich. Anders zu beurteilen ist der Fall, dass die Wandelanleihe selbst gegen Sacheinlage begeben wird; in diesem Fall sind die Sacheinlagevorschriften anwendbar (§ 194 Abs 4; im Falle der Unter-Pari-Emission ist Zuzahlung zu leisten oder eine Gewinnrücklage aufzulösen, § 199 Abs 2), wobei als **Zeitpunkt für die Bewertung** die Einbringung der Sacheinlage bzw Eintragung des entspr bedingten Kapitals maßgeblich ist, nicht die Ausgabe der Aktien (*Stadler* NZI 2003, 579, 584; K. Schmidt/Lutter AktG/*Merkt* Rn 26; vgl auch MünchKomm AktG/*Habersack* Rn 231); das Risiko einer Wertminderung der Sacheinlage nach Begebung der Anleihe bis zur Ausgabe der Aktien trägt also die Gesellschaft (zur Problematik der Werthaltigkeit im Falle der Umwandlung von notleidenden Kreditforderungen zu Sanierungszwecken s eingehend Rn 87). Die Sacheinlagevorschriften sind auch dann nicht anwendbar, wenn die Forderung an Verlusten teilnimmt (wie etwa häufig auch bei Wandelgenussrechten), und zwar unabhängig davon, ob sich zum Zeitpunkt der Wandelung bereits eine Ver-

lustbeteiligung realisiert hat (K. Schmidt/Lutter AktG/*Merkt* Rn 26; MünchKomm AktG/*Habersack* Rn 244; aA MünchHdb AG/*Krieger* § 57 Rn 24).

b) Optionsanleihen. Der Anleihegläubiger hat die in den Anleihebedingungen festgelegte Einlage zu leisten, regelmäßig eine Bareinlage, aber auch eine Sacheinlage ist möglich; in letzterem Fall gelten die Sacheinlagevorschriften (§§ 194 Abs 4, 205). Verbot der Unter-Pari-Emission gilt gem § 9 Abs 1. Sehen die Anleihebedingungen eine **Inzahlungnahme der Anleihe** auf Verlangen des Gläubigers vor, so kommen ebenso wie bei der Wandelanleihe die Vorschriften über die Sacheinlage in analoger Anwendung des § 194 Abs 1 S 2 nicht zur Anwendung (MünchKomm AktG/*Habersack* Rn 237; K. Schmidt/Lutter AktG/*Merkt* Rn 36; KölnKomm AktG/*Lutter* Rn 161). Gleiches gilt, wenn in den Anleihebedingungen vorgesehen ist, dass der Gläubiger die Anleihe bei Ausübung des Optionsrechts fällig stellen und den Rückzahlungsbetrag mit der Einlageschuld **verrechnen** kann (MünchKomm AktG/*Habersack* Rn 238; KölnKomm AktG/*Lutter* Rn 162). Dies gilt allerdings nur, wenn die Ersetzungs- bzw Verrechnungsbefugnis bereits in den Anleihebedingungen vorgesehen ist, da eine Aufrechnung mit der fälligen Anleiheforderung gegen die Bareinlageforderung gem § 66 Abs 1 S 2 nicht zulässig ist. 48

c) Drittemissionen. Im Falle des „eigennützigen" Anleihemodells (Rn 14) kommt § 194 Abs 1 S 2 nicht zur Anwendung, da der Mutter schon der Anleiheerlös nicht zugeflossen ist. Die Einbringung der Anleiheforderung (an die Mutter, nicht an die Emittentin!) ist daher eine gewöhnliche Sacheinlage (KölnKomm AktG/*Lutter* Rn 161; MünchKomm AktG/*Habersack* Rn 234). Gleiches gilt für das **„fremdnützige" Anleihemodell** (Rn 14); denn die Einbringung der Anleiheforderung berührt den Darlehensanspruch der Tochter gegen die Mutter nicht. Zwar kann die Mutter dann aufrechnen, der Anwendung des § 194 Abs 1 S 2 steht jedoch der Rechtsgedanke des § 66 Abs 1 entgegen (im Insolvenzfall der Tochter gilt ferner § 96 Ziff 1 InsO). Dies soll jedoch dann nicht gelten, wenn der Darlehensanspruch der Tochter nach den Anleihebedingungen an die Anleihegläubiger abgetreten wird, so dass die Anleihe nach der Ausgabe wie bei einer Direktemission durch die Mutter nur noch zwischen ihr und dem Anleiheinhaber abgewickelt wird (MünchKomm AktG/*Habersack* Rn 235). 49

V. Erfüllung der Bezugsrechte

1. Entstehung der Mitgliedschaft. Durch Ausübung des Umtausch- bzw Optionsrechts und das Zustandekommen eines Zeichnungsvertrages (Rn 45) entsteht noch keine Mitgliedschaft (vgl *OLG Stuttgart* AG 1995, 329, 330); erst mit der Entstehung (Eintragung im HR gem § 189 bei regulärer Kapitalerhöhung) bzw Ausgabe der Aktien (§ 200, Eintragung der Ausübung des bedingten Kapitals gem § 201 hat nur deklaratorische Bedeutung, *Hüffer* AktG § 201 Rn 2) werden die Anleihegläubiger Aktionäre. Das erforderliche Kapital kann dabei auch **nachträglich** durch die HV geschaffen werden. Allerdings wird der Anleihezeichner gut beraten sein, darauf zu bestehen, dass bereits bei Begebung der Anleihe die erforderliche Grundlage zur Bedienung der Umtauschrechte geschaffen ist; denn die HV ist in ihrer Entscheidung stets frei, ungeachtet einer schuldrechtlichen Verpflichtung zur Bedienung von Umtauschrechten (vgl § 136 Abs 2 S 1; *Stadler* NZI 2003, 579, 587; MünchKomm AktG/*Habersack* Rn 214). Können die wirksam begründeten Umtauschrechte gesellschaftsrechtlich nicht bedient werden, schuldet die AG in gleicher Weise wie beim Fehlen eines wirk- 50 samen HV-Beschlusses (dazu Rn 42) **Schadensersatz** und kann ihrerseits beim Vorstand gem § 93 Abs 2 Rückgriff nehmen. Die potenziellen Schadensersatzforderungen bei Nichterfüllung der Optionsrechte können freilich einen starken **faktischen Druck auf die Aktionäre** ausüben; im Extremfall, nämlich wenn Schadensersatzforderungen in Geld (§ 251 Abs 1 BGB) die Gesellschaft finanziell überfordern, können die Aktionäre aufgrund gesellschaftsrechtlicher Treuepflichten zur Schaffung des erforderlichen Kapitals sogar verpflichtet sein. Auch ein Erwerb eigener Aktien zur Bedienung der Optionsrechte gem § 71 Abs 1 Ziff 1 kommt dann in Betracht (Rn 54).

51 **2. Mittel der Erfüllung der Bezugsrechte. – a) Bedingtes Kapital.** Das Gesetz sieht als Regel die bedingte Kapitalerhöhung vor (§ 192 Abs 2 Ziff 1). Der HV-Beschluss über die Schaffung bedingten Kapitals ist vom Ermächtigungsbeschluss für die Ausgabe der Anleihen zu unterscheiden (*Hüffer* AktG Rn 60). Er ist zweckmäßigerweise zusammen mit dem Ermächtigungsbeschluss zu fassen; erforderlich ist dies jedoch nicht, § 187 Abs 2 ist nicht (auch nicht analog) auf die Gewährung der Bezugs- bzw. Umtauschrechte aus Wandelschuldverschreibungen oder Genussrechten anwendbar (**hM**, s § 187 Rn 2; Spindler/Stilz AktG/*Seiler* Rn 84). Auch ein bereits bestehendes bedingtes Kapital kann genutzt werden, etwa wenn dieses für früher ausgegebene Schuldverschreibungen nicht benötigt wurde. Der Beschluss über das bedingte Kapital kann dem Ermächtigungsbeschluss auch nachfolgen (*Hüffer* AktG Rn 60; KölnKomm AktG/*Lutter* Rn 98; Geßler/Hefermehl/Eckardt/Kropff AktG/*Karollus* Rn 134). Zu den Anforderungen an die Bestimmtheit des Beschlusses über die Schaffung bedingten Kapitals vgl *OLG Karlsruhe* DB 2007, 331, 333. Entgegen früherer Instanzrechtsprechung (*KG* NZG 2008, 274 = ZIP 2008, 648; *OLG Hamm* ZIP 2008, 923, 924; *OLG Hamm* AG 2008, 85) hat der BGH nunmehr klargestellt, dass im Erhöhungsbeschluss die Angabe eines **Mindestausgabebetrages (sog „Floor")** ausreichend ist; die alternative Angabe der Grundlagen des Ausgabebetrages (§ 193 Abs 2 Nr 3 Alt 2) ist in diesem Fall nicht erforderlich, wenn ein bestimmter Mindestausgabebetrag angegeben ist, der eine definitive Obergrenze für die Verwässerung der Aktionäre setzt (*BGHZ* 181, 144 = NJW-RR 2009, 1196; zustimmend zB *Böttcher/Kautzsch* NZG 978 ff; Spindler/Stilz AktG/*Seiler* Rn 69; K. Schmidt/Lutter AktG/*Merkt* Rn 20); dies gelte jedenfalls für bedingtes Kapital in Verbindung mit einer Ermächtigung gem § 221 Abs 2, damit der Vorstand die Anleihen mit „optimaler Preisgestaltung effizient am Markt" platzieren kann (*BGH* aaO). Nicht erforderlich ist auch die Angabe der Art und Anzahl auszugebender Aktien, wenn in der Satzung nur ein Aktientyp vorgesehen ist und sich die Anzahl aus dem Erhöhungsbetrag und der Einteilung des Grundkapitals berechnen lässt (*BGH* aaO; aA MünchHdb AG/*Krieger* § 57 Rn 15). Der Mindestausgabebetrag ist vom Registergericht nicht zu überprüfen, auch nicht in Form einer Plausibilitätsprüfung (Spindler/Stilz AktG/*Seiler* Rn 69). Die Rechtsprechung ist damit in Einklang mit der Neufassung des § 193 Abs 2 Nr 3 durch das ARUG (Art 1 Nr 29 Gesetz zur Umsetzung der Aktionärsrichtlinie), gilt aber auch für bedingte Kapitalien, die vor dem Inkrafttreten des ARUG am 1.9.2009 beschlossen wurden. Sofern die zugrunde liegende Anleihe **börsennotiert** ist, ist auch das entspr bedingte Kapital zuzulassen (§ 11 BörsZulVO); im Prospekt sind dabei sowohl Angaben zur Anleihe selbst als auch zum Umtauschverfahren und den Bezugsaktien (Underlying) zu machen.

52 **b) Reguläre Kapitalerhöhung.** Eine Erfüllung der Optionsrechte nach deren Ausübung ist auch durch reguläre Kapitalerhöhung möglich (*Hüffer* AktG Rn 58); diese

kann bei Gesellschaften mit wenigen Aktionären etwa durch eine Aktionärsvereinbarung mit entspr **Stimmbindung** sichergestellt werden. Eine reguläre Kapitalerhöhung ist auch schon vor der Ausübung der Bezugsrechte unter Einschaltung eines Treuhänders möglich, der die Aktien zeichnet (§ 185) (*Hüffer* AktG Rn 58; MünchHdb AG/ *Krieger* § 63 Rn 18) und für Rechnung der AG zur Erfüllung der Bezugsrechte übernimmt; hier ist jedoch § 56 Abs 3 zu beachten (eingehend MünchKomm AktG/*Habersack* Rn 220, 221). § 194 Abs 1 S 2 gilt für eine Erfüllung der Bezugsrechte durch reguläre Kapitalerhöhung analog.

c) Genehmigtes Kapital. Auch die Ausnutzung genehmigten Kapitals (§ 202) zur Bedienung der Bezugsrechte der Gläubiger ist möglich, wenn dem Vorstand ein solches zur Verfügung steht und die Bedienung der Anleihe vom Inhalt der Ermächtigung gedeckt ist (*BGHZ* 83, 319, 323 = NJW 1982, 2444; *LG Frankfurt/Main* AG 1984, 296, 299; KölnKomm AktG/*Lutter* Rn 99; Geßler/Hefermehl/Eckardt/Kropff AktG/*Karollus* Rn 135; MünchHdb AG/*Krieger* § 63 Rn 18). Im Falle der Ausnutzung genehmigten Kapitals ist das Bezugsrecht der Aktionäre auszuschließen, wofür an sich eine sachliche Rechtfertigung gem §§ 186, 203 Abs 1 erforderlich ist. Über diese ist jedoch bereits beim Ausschluss des Bezugsrechts iRd Ermächtigung gem §§ 221 Abs 4, 186 entschieden worden, so dass es keiner weiteren Prüfung bedarf (*Hüffer* AktG § 186 Rn 30). In der Praxis wird das Verfahren über genehmigtes Kapital nur noch selten gewählt (zu den Gründen ausführlich Spindler/Stilz AktG/*Seiler* Rn 71 ff, 78; vgl a § 218 Rn 14 aE). § 194 Abs 1 S 2 gilt für eine Erfüllung der Bezugsrechte durch genehmigtes Kapital analog. **53**

d) Übertragung eigener Aktien. Die Übertragung eigener Aktien an die Anleihegläubiger zur Erfüllung der Bezugsrechte ist möglich, wenn eine **Ermächtigung gem § 71 Abs 1 Ziff 8** besteht; die Erfüllung von Umtauschrechten ist zulässiger Erwerbszweck iSv § 71 Abs 1 Ziff 8 (MünchKomm AktG/*Habersack* Rn 222; *Hüffer* AktG Rn 59 aE; Spindler/Stilz AktG/*Seiler* Rn 79; MünchHdb AG/*Krieger* § 63 Rn 18; *Schlitt/Seiler/Singhof* AG 2003, 254, 256; *Wiechers* DB 2003, 595, 597; *Altenburg* DStR 2013, 5, 6). Hier steht jedoch die Höchstgrenze (10 % des Grundkapitals) die Beschränkung auf höchstens fünf Jahre zu beachten; auch kann der Erwerb eigener Aktien den Kurs erhöhen und damit die Erfüllung der Optionsrechte verteuern. Zu empfehlen ist der Weg über eigene Aktien daher nur dann, wenn diese Aktien bereits im Bestand der Gesellschaft vorhanden sind, wobei allerdings im Ermächtigungsbeschluss vorgesehen sein muss, dass das Bezugsrecht zum Zwecke der Bedienung von Umtauschrechten ausgeschlossen werden kann (Spindler/Stilz AktG/*Seiler* Rn 81). Denkbar ist in Ausnahmefällen auch ein **Erwerb gem § 71 Abs 1 Ziff 1**, etwa wenn der zur Bedienung der Schuldverschreibungen gefasste Beschluss über eine bedingte Kapitalerhöhung nichtig ist und die Erfüllung von Schadensersatzansprüchen in Geld (§ 251 Abs 1 BGB) die Gesellschaft finanziell überfordern würde (Rn 50). **54**

VI. Bezugsrecht der Aktionäre

1. Gesetzliches Bezugsrecht. Aktionäre haben auf Wandelanleihen, Optionsanleihen, Gewinnschuldverschreibungen sowie Genussrechte (zu den Besonderheiten Rn 118) ein gesetzliches Bezugsrecht (§ 221 Abs 4). Darin unterscheiden sich diese Rechte von der stillen Gesellschaft, die eine bloße schuldrechtliche Beteiligung ohne darüber hinausgehende Beeinträchtigungen der mitgliedschaftlichen Rechte darstellen (*Hüffer* AktG Rn 38; Grigoleit AktG/*Rieder/Holzmann* Rn 32; *BGHZ* 156, 38 = NZG 2003, **55**

1023 = AG 2003, 625; *KG* AG 2003, 99, 100). Bezugsberechtigt sind nur Aktionäre (MünchKomm AktG/*Habersack* Rn 164), die Einräumung von Bezugsrechten an Inhaber von Wandel-/Optionsanleihen oder Genussrechten wäre unzulässig. Bezugsberechtigt sind alle Aktiengattungen, auch Vorzugsaktien ohne Stimmrecht, § 140 Abs 1 (*Hüffer* AktG Rn 38 und § 186 Rn 8; *Reckinger* AG 1983, 216, 219; Geßler/Hefermehl/ Eckardt/Kropff AktG/*Bungeroth* § 186 Rn 23; str, **aA** GroßKomm AktG/*Schilling* § 186 Rn 69). Der Gesellschaft steht aus eigenen Aktien kein Bezugsrecht zu (§ 71b).

56 2. Der konkrete Bezugsanspruch. Der konkrete Bezugsanspruch entsteht aus dem abstrakten Bezugsrecht (dazu eingehend MünchKomm AktG/*Habersack* Rn 166) im Falle eines verpflichtenden HV-Beschlusses (Rn 22) mit Wirksamwerden des HV-Beschlusses, anderenfalls erst durch Ausübung der Ermächtigung durch den Vorstand (MünchKomm AktG/*Bungeroth* § 56 Rn 166).

57 3. Bekanntmachungen. Gem §§ 221 Abs 4 S 2, 186 Abs 2 gelten die Bekanntmachungspflichten für Bezugsrechte auf Aktien entspr. Bekannt zu machen ist der wesentliche Inhalt der Anleihebedingungen (MünchKomm AktG/*Habersack* Rn 167), wozu insb auch die Voraussetzungen der Ausübung der Optionsrechte und evtl Call Optionen der Gesellschaft (s Rn 36) gehören. Auch der Ausgabebetrag ist zu veröffentlichen, und zwar nicht nur der **Ausgabebetrag der emittierten Titel** (Anleihen oder Genussrechte), sondern in analoger Anwendung des § 186 Abs 2 auch der **Ausgabebetrag der Bezugsaktien**, falls Umtausch- oder Optionsrechte auf Aktien eingeräumt werden (vgl MünchKomm AktG/*Habersack* Rn 167). Dieser Ausgabebetrag ergibt sich bei Wandelanleihen (und -genussrechten) aus dem Umtauschverhältnis, bei Optionsanleihen aus dem Bezugspreis (im Übrigen soll die Gesamtheit der Anleihekonditionen unter den Begriff des Ausgebebetrags iSd § 186 Abs 2 fallen, siehe Spindler/Stilz AktG/*Seiler* Rn 47). Steht dieser so definierte Ausgabepreis bereits bei der Emission fest, ist er als solches nachvollziehbar darzustellen. § 186 Abs 2 stellt klar, dass die Angabe der Grundlagen für die Festsetzung des Umtausch- oder Optionspreises genügt, wenn dieser bei der Emission noch nicht feststeht, etwa weil das Umtauschverhältnis vom Börsenkurs oder einer Unternehmensbewertung abhängt; der Ausgabebetrag selbst ist dann spätestens drei Tage vor Ablauf der Bezugsfrist zu veröffentlichen, etwa nach Abschluss eines Bookbuilding Verfahrens. Trotz dieser Erleichterung (eingeführt durch das TransPuG) sind Bezugsrechtsemissionen von Wandelschuldverschreibungen eher selten (vgl ausf zum Platzierungsverfahren Spindler/Stilz AktG/*Seiler* Rn 42 ff).

58 4. Schutz des Bezugsrechts. Trotz fehlenden Verweises in § 221 Abs 4 ist § **187 analog** anwendbar (ganz **hM**, zB MünchKomm AktG/*Habersack* Rn 168; Hüffer AktG Rn 46; Geßler/Hefermehl/Eckardt/Kropff AktG/*Karollus* Rn 79 ff; GroßKomm AktG/ *Schilling* Anm 19; MünchHdb AG/*Krieger* § 63 Rn 13); diese analoge Anwendung bezieht sich auf vertragliche Bezugszusagen für die Anleihen, nicht dagegen auf das darin enthaltene Bezugsrecht auf Aktien. Dies bedeutet, dass gem § 187 Abs 1 Zusagen über den Bezug der Anleihen stets unter dem Vorbehalt der Bezugsrechte der Aktionäre stehen. Gem § 187 Abs 2 ist vor der Fassung des HV-Beschlusses bzw des Vorstandsbeschlusses die Gesellschaft durch die vertragliche Zusage überhaupt nicht gebunden; wird der Beschluss später gefasst, wird die Zusage gem § 187 Abs 1 mit dem Vorbehalt der Bezugsrechte der Aktionäre wirksam (MünchKomm AktG/*Habersack* Rn 169).

Wandelschuldverschreibungen § 221

5. Ausschluss des Bezugsrechts. – a) Allgemeine Grundsätze. Wie bei der Ausgabe 59
von Aktien kann das Bezugsrecht ausgeschlossen werden (§§ 221 Abs 4 S 2, 186
Abs 3). Darüber hat die HV zu entscheiden, allerdings kann sie sich auf eine Ermächtigung des Vorstandes zum Bezugsrechtsausschluss beschränken (§ **203 Abs 2 analog**; MünchKomm AktG/*Habersack* Rn 173; *Hüffer* AktG Rn 39; Grigoleit AktG/*Rieder/Holzmann* Rn 35; Geßler/Hefermehl/Eckardt/Kropff AktG/*Karollus* Rn 89; MünchHdb AG/*Krieger* § 63 Rn 14; KölnKomm AktG/*Lutter* Rn 89; *Groß* AG 1991, 202; *BGHZ* 181, 144 = NJW-RR 2009, 1196; *BGH* NZG 2007, 907; *BGHZ* 136, 133, 140 = NJW 1997, 2815; *OLG München* AG 1991, 210, 211 und AG 1994, 372, 373). Das Bezugsrecht kann ganz oder teilweise ausgeschlossen werden; ein teilweiser Ausschluss kann sich auf einen Teil der auszugebenden Anleihen oder auf einen Teil der Aktionäre beziehen (zu § 53a s Rn 71).

b) Mehrheit, formelle Erfordernisse. Beschluss bedarf einer Mehrheit von drei Vierteln 60
des vertretenen Grundkapitals (§§ 221 Abs 1 S 2, Abs 4 S 2, 186 Abs 3 S 2), in der Satzung können nur eine größere Mehrheit oder weitere Erfordernisse vorgesehen werden (§ 186 Abs 3 S 3). Die Absicht, das Bezugsrecht auszuschließen, muss gem §§ 186 Abs 4 S 1, 124 Abs 1 ordnungsgemäß bekannt gemacht werden; dies gilt auch für den wesentlichen Inhalt des Vorstandsberichts (MünchKomm AktG/*Habersack* Rn 175, 181; dazu § 186 Rn 23). Die Entscheidung über den Bezugsrechtsausschluss bzw die entspr Ermächtigung des Vorstandes ist **integraler Bestandteil des HV Beschlusses** gem § 221 Abs 1 S 1 (*Hüffer* AktG Rn 40; MünchKomm AktG/*Habersack* Rn 172; KölnKomm AktG/*Lutter* Rn 88). Eine spätere isolierte Beschlussfassung über den Bezugsrechtsausschluss ist nicht möglich, es muss dann der gesamte Beschluss neu gefasst werden; dies gilt auch für eine spätere Änderung des Zwecks des Bezugsrechtsausschlusses (*Hüffer* AktG Rn 40; *OLG Schleswig* AG 2003, 48, 49).

c) Vorstandsbericht. Gem §§ 221 Abs 4 S 2, 186 Abs 4 S 2 ist ein Bericht über den 61
Grund des Bezugsrechtsausschlusses zu erstatten. Der Bericht muss während der HV ausliegen und analog § 175 Abs 2 (*Hüffer* AktG Rn 41; MünchKomm AktG/*Habersack* Rn 181; offen *BGHZ* 120, 141, 156 f = NJW 1993, 400; **aA** *OLG Bremen* WM 1991, 1920, 1926) vor der Einberufung in den Geschäftsräumen der Gesellschaft ausgelegt und den Aktionären auf Verlangen in Abschrift übersandt werden.

aa) Inhaltliche Grundsätze. Inhaltlich muss der Vorstandsbericht der HV eine sach- 62
gerechte Grundlage für die Entscheidung über den Bezugsrechtsausschluss geben und für den durchschnittlichen Aktionär hinreichend verständliche Ausführungen enthalten, in welchen Fällen und mit welchen Auswirkungen ein Bezugsrechtsausschluss möglich ist (*OLG München* NZG 2009, 592); er dient zugleich als Basis für eine gerichtliche Überprüfung iRd Anfechtungsklage (*BGHZ* 83, 319, 326 = NJW 1982, 2444; *OLG Stuttgart* DB 1998, 1757, 1760). Der Bericht muss umfassend und konkret sowohl die dem Bezugsrechtsausschluss zugrundeliegenden Tatsachen als auch die Wertungen des Vorstandes, die ihn zu dem Vorschlag des Bezugsrechtsausschluss veranlasst haben, darlegen (*OLG Frankfurt* AG 1992, 271; *OLG München* AG 1991, 210, 211 und AG 1994, 372, 374; *Hüffer* AktG Rn 41; KölnKomm AktG/*Lutter* Rn 75ff; MünchKomm AktG/*Habersack* Rn 178; s näher § 186 Rn 26). Generalisierende und schlagwortartige Aussagen sind nicht ausreichend (vgl *OLG München* NJW-RR 1991, 1058, 1059; *LG Memmingen* DB 2001, 1190, 1191; *LG Frankfurt* WM 1990, 1745, 1747), Beispiele bei MünchKomm AktG/*Habersack* Rn 178: Der Hinweis auf eine

Stadler

Auslandsemission muss mit Erklärungen unterfüttert sein, warum eine reine Auslandsemission beabsichtigt ist und gerade eine solche dem Unternehmensinteresse dienlich sein soll. Ebenso ist der allgemeine Hinweis auf die **Ausnutzung der Vorteile des Kapitalmarktes** nicht ausreichend. Werden Wandelschuldverschreibungen als *Sanierungsmittel* eingesetzt (zu Sanierungsgenussrechten s Rn 87), ist die Überlegenheit gegenüber anderen ggf zur Verfügung stehenden Sanierungsmitteln darzustellen. Werden Wandelschuldverschreibungen im Rahmen eines **Vergütungs- und Incentiveprogramms** genutzt, müssen die Bedingungen des Programms und die Gründe für die erwartete Steigerung des Unternehmenswertes genannt werden (MünchKomm AktG/*Habersack* Rn 178; *Hüffer* AktG Rn 41 und ZHR 161 (1997), 214, 229 f); allerdings sollten die Anforderungen hier nicht überhöht werden, da es mittlerweile anerkannt ist, dass zum einen eine Beteiligung des Managements an der Steigerung des Unternehmenswertes einen positiven Einfluss auf die Leistung des Managements hat, zum anderen die konkreten Leistungssteigerungen durch das jeweilige Optionsprogramm schwer zu quantifizieren sind.

63 **bb) Begründung des Ausgabebetrags.** Der vorgeschlagene Ausgabebetrag ist zu begründen (§§ 221 Abs 4 S 2, 186 Abs 4 S 2 HS 2). Es sind nicht nur die wesentlichen Konditionen der Emission, insb die Umtausch- und Bezugskonditionen (*OLG Stuttgart* DB 1998, 1757, 1760; *LG Stuttgart* DB 1997, 2421, 2424; MünchKomm AktG/*Habersack* Rn 179; *Hüffer* AktG Rn 41), sondern auch die Angemessenheit des Ausgabebetrages (vgl § 255 Abs 2 S 1) darzulegen (MünchKomm AktG/*Habersack* Rn 179). Bei Options- und Wandelanleihen setzt sich der Wert des Finanztitels aus dem **Barwert der Zinsen** („Fixed Income" Komponente) und dem **Wert des Wandel- bzw Optionsrechts** zusammen. Der Wert von letzterem bestimmt sich insb nach der Laufzeit, dem Umtauschverhältnis bzw Ausübungspreis („Conversion Ratio", „Exercise Price") und dem Wert des Basisinstruments. Etwaige Call Optionen der Gesellschaft sind wertmindernd zu berücksichtigen. Die finanzmathematische Berechnung des Wertes der Umtausch- und Optionsrechte ist kompliziert und wird üblicherweise nach der Formel von Black & Scholes vorgenommen (s Rn 17).

64 **cc) Ermächtigung des Vorstandes – „Siemens Nold".** Im Falle einer bloßen Ermächtigung des Vorstandes zum Ausschluss des Bezugsrechts ist nach der Siemens-Nold Entscheidung des BGH (*BGHZ* 136, 133, 136ff = NJW 1997, 2815; dazu näher § 203 Rn 12) der notwendige Berichtsinhalt reduziert. Dies gilt auch für eine Ermächtigung nach § 221 (MünchKomm AktG/*Habersack* Rn 180; MünchHdb AG/*Krieger* § 63 Rn 14); es genügt eine generell abstrakte Beschreibung des Vorhabens. Auch zum Ausgabebetrag und den Umtausch- und Bezugskonditionen kann nur insoweit berichtet werden, als dazu im Ermächtigungsbeschluss Festsetzungen enthalten sind (vgl *BGHZ* 136, 133, 141 = NJW 1997, 2815 und *BGHZ* 144, 290, 295 = NJW 2000, 2356 zu § 204 Abs 1; MünchKomm AktG/*Habersack* Rn 180; *Hüffer* AktG Rn 41). Allerdings hat der Vorstand bei Ausübung der Ermächtigung erneut zu berichten, wobei str ist, ob dies analog § 186 Abs 4 *vor* Ausübung der Ermächtigung zu geschehen hat oder ein *nachträglicher* Bericht auf der nächsten HV ausreichend ist (so richtig im Anschluss an *Siemens-Nold* (*BGHZ* 136, 133, 136ff = NJW 1997, 2815) die ganz **hM** zu § 203 Abs 2, zB *OLG Frankfurt* AG 2003, 438, 439; MünchHdb AG/*Krieger* § 58 Rn 44; *Hüffer* AktG § 203 Rn 36, 37 mwN). Die Frage ist iRd § 221 genauso zu beurteilen wie im Falle des § 203 Abs 2, da beide Situationen vergleichbar sind (MünchKomm AktG/*Habersack* Rn 180 aE).

dd) Verletzung der Berichtspflicht. Im Falle einer Verletzung der Berichtspflicht ist 65 der Beschluss über den Bezugsrechtsausschluss anfechtbar (*OLG München* NJW-RR 1991, 1058, 1059; Spindler/Stilz AktG/*Seiler* Rn 87). Eine Ergänzung des Berichts in der HV oder im Anfechtungsprozess beseitigt die Anfechtbarkeit nicht, da der Aktionär in der Lage sein soll, seine Entscheidung *vor* der Entscheidung der HV aufgrund des Berichts zu treffen (MünchKomm AktG/*Habersack* Rn 182; KölnKomm AktG/ *Lutter* Rn 77; *Hüffer* AktG Rn 44; *LG Frankfurt* WM 1990, 1745, 1748; str, **aA** *LG München I* WM 1990, 984, 985).

d) Sachliche Rechtfertigung. Die Anforderungen an die materielle Rechtfertigung 66 richten sich nach dem Inhalt der auszugebenden Rechte.

aa) Wandel- und Optionsanleihen. Im Falle von Wandel- oder Optionsanleihen ist 67 die sachliche Rechtfertigung wie bei einer Kapitalerhöhung zu beurteilen, da diese Rechte die Mitgliedschaft der anderen Aktionäre durch die (mögliche) Ausgabe zusätzlicher Aktien unmittelbar beeinträchtigen können (**allgM**, zB *OLG München* NJW-RR 1991, 1058, 1059; *LG München I* AG 1991, 73, 74 f; KölnKomm AktG/*Lutter* Rn 56; *Hüffer* AktG Rn 42; Geßler/Hefermehl/Eckardt/Kropff AktG/*Karollus* Rn 100; MünchHdb AG/*Krieger* § 63 Rn 14). Ist die Ausgabe derartiger Anleihen Teil von **Options- und Incentiveprogrammen** zur Mitarbeitermotivation, ist die sachliche Rechtfertigung bereits vom Gesetzgeber in § 192 Abs 2 Ziff 3 anerkannt, sofern die weiteren Voraussetzungen in §§ 192 Abs 3, 193 Abs 2 Ziff 4 erfüllt sind (Beschränkung des Volumens auf 10 % des Grundkapitals), so dass die Förderung des Gesellschaftsinteresses (Mitarbeitermotivation und -bindung), Erforderlichkeit und Verhältnismäßigkeit idR zu bejahen sind (Rn 69; *BGHZ* 144, 290, 292 = NJW 2000, 2356 und ZIP 1995, 372, 373; *OLG Schleswig* AG 2003, 48, 49; *OLG Braunschweig* AG 1999, 84, 86ff; *OLG Stuttgart* AG 1998, 529, 530 ff; *LG Frankfurt* AG 1997, 185, 186; *LG Stuttgart* AG 1998, 41, 43; *Hüffer* AktG Rn 42; MünchKomm AktG/*Habersack* Rn 188; **aA** *LG Braunschweig* AG 1998, 289, 293). Vgl zu den Einzelfällen einer sachlichen Rechtfertigung § 186 Rn 38 ff; Spindler/Stilz AktG/*Seiler* Rn 88 f. Zur Zulässigkeit der Gewährung von Wandel-/Optionsanleihen an AR Mitglieder s Rn 32 und § 192 Rn 18.

bb) Gewinnschuldverschreibungen. Bei Titeln, welche kein Options- oder Bezugs- 68 recht enthalten, insb bei Gewinnschuldverschreibungen (zu Genussrechten su Rn 118) ist das Erfordernis sachlicher Rechtfertigung str. Nach richtiger Ansicht ist das Erfordernis einer sachlichen Rechtfertigung auch bei Gewinnschuldverschreibungen zu bejahen, da die Beeinträchtigung des Gewinnbezugsrechts der Aktionäre einer inhaltlichen Überprüfung zugänglich sein muss (MünchKomm AktG/*Habersack* Rn 187; **aA** *LG Bremen* AG 1992, 37; *Hirte* ZIP 1988, 477, 486). Lediglich der Grad der erforderlichen sachlichen Rechtfertigung ist vom Umfang des Eingriffs in die Position der Aktionäre abhängig (MünchKomm AktG/*Habersack* Rn 187; *Hüffer* AktG Rn 43; MünchHdb AG/*Krieger* § 63 Rn 55; vgl auch *BGHZ* 120, 141, 146 = NJW 1993, 400).

cc) Spezielle Fälle sachlicher Rechtfertigung. Unproblematisch ist die sachliche 69 Rechtfertigung für **„wertpapiertechnische"** Zwecke, insb für den Spitzenausgleich (MünchKomm AktG/*Habersack* Rn 188; KölnKomm AktG/*Lutter* Rn 62) und den wechselseitigen Bezugsrechtsausschluss zur Aufrechterhaltung des Verhältnisses verschiedener Aktiengattungen zueinander (*LG Tübingen* ZIP 1991, 169, 171; *LG München I* WM 1992, 1151, 1154; MünchKomm AktG/*Habersack* Rn 188; KölnKomm AktG/*Lutter* Rn 64). Auch ein Bezugsrechtsausschluss iRd **Verwässerungsschutzes**

(näher Rn 127 ff) ist grds zulässig (MünchKomm AktG/*Habersack* Rn 189; Köln-Komm AktG/*Lutter* Rn 66). Die Ausgabe von Wandelschuldverschreibungen oder Optionsanleihen iR eines Arbeitnehmervergütungsprogrammes (**"Stock Options"**) ist ohne weitere sachliche Rechtfertigung zulässig, wenn die Anforderungen der §§ 192 Abs 2 Ziff 3, 193 Abs 2 Ziff 4 erfüllt sind (*BGHZ* 144, 290, 292 = NJW 2000, 2356 und ZIP 1995, 372, 373; MünchKomm AktG/*Habersack* Rn 188; *Hüffer* AktG Rn 42; näher Rn 67); erforderlich ist lediglich, dass die Ausgestaltung des Programms zu dieser Zweckerreichung geeignet ist und dem Volumen nach angemessen ist, also keine übermäßige Verwässerung der Aktionäre droht (*OLG Braunschweig* AG 1999, 84, 86 ff; *OLG Stuttgart* AG 1998, 529, 530ff; *LG Frankfurt/Main* AG 1997, 185, 186f; *LG Stuttgart* AG 1998, 41, 43; **aA** *LG Braunschweig* AG 1998, 289, 293f); insoweit ist allerdings ein weiter Spielraum der HV mit eingeschränkter Überprüfbarkeit anzunehmen (vgl *Hüffer* AktG Rn 42).

70 **dd) Ausgabe in der Nähe des Börsenpreises.** Der vereinfachte Bezugsrechtsausschluss gem § 186 Abs 3 S 4 ist auch iRd § 221 anwendbar (§ 221 Abs 4 S 2; **hM**; *OLG München* NZG 2006, 785 – „EM.TV", offen *BGH* NZG 2007, 907; MünchKomm AktG/*Habersack* Rn 190; *Hüffer* AktG Rn 43a; Spindler/Stilz AktG/*Seiler* Rn 92; *Groß* DB 1994, 2431, 2435, str) und zur gängigen Praxis geworden (Beispiele bei Spindler/Stilz AktG/*Seiler* Rn 91 Fn 261). Hinsichtlich der **10 %-Grenze** ist bei Wandel- oder Optionsanleihen auf die Höhe der bei Ausübung der Umtauschrechte erforderlichen Kapitalerhöhung abzustellen, wobei eine iR eines etwaigen Verwässerungsschutzes (Rn 127 ff) theoretisch denkbare Veränderung des Umtauschverhältnisses außer Betracht bleibt. Die zweite Voraussetzung, nämlich die Ausgabe in der **Nähe des Börsenpreises**, soll nach der wohl noch **hM** in der Praxis kaum jemals erfüllt sein, da ein vergleichbarer Börsenpreis nur dann feststellbar sei, wenn bereits Papiere mit dem exakt gleichen Inhalt und Bedingungen (hinsichtlich Verzinsung, Restlaufzeit, Umtauschverhältnis, Optionszeitpunkt etc) börsennotiert sind, was praktisch nie der Fall sein wird (*Hüffer* AktG Rn 43a; Köln-Komm AktG/*Lutter* Nachtrag zu § 186 Rn 39 und AG 1994, 429, 445; offen *OLG Stuttgart* NZG 1998, 822, 824; vgl а *OLG Braunschweig* AG 1999, 84, 85; *Busch* AG 1999, 58, 59; *Marsch-Barner* AG 1994, 532, 538; *Schlitt/Seiler/Singhof* AG 2003, 254, 259). Dagegen stellt die Gegenmeinung nicht auf die Anleihe als solches, sondern auf die zur Erfüllung der Umtauschrechte erforderliche Kapitalerhöhung und somit auf den Optionspreis bzw das Umtauschverhältnis ab (*OLG Braunschweig* AG 1999, 84, 85; *Groß* DB 1994, 2431, 2437 f; *Marsch-Barner* AG 1994, 532, 539). Eine weitere „praxiserprobte" (s MünchKomm AktG/*Habersack* Rn 190 Fn 512 mit zahlreichen Beispielen aus der Praxis) Meinung lässt es dagegen generell ausreichen, wenn nach **anerkannten finanzmathematischen Methoden** aus einem existierenden Börsenpreis von börsennotierten Wertpapieren des Emittenten auf den **hypothetischen Börsenpreis** der beabsichtigten Emission geschlossen werden kann und der Emissionspreis in der Nähe dieses hypothetischen Börsenpreises liegt (MünchKomm AktG/*Habersack* Rn 191; vgl auch *Busch* AG 1999, 58 ff; MünchHdb AG/*Krieger* § 63 Rn 15; Spindler/Stilz AktG/*Seiler* Rn 94 ff, 97; *Schlitt/Seiler/Singhof* AG 2003, 254, 259f; *Volhard* AG 1998, 397, 399 Fn 41; *Aubel* S 128, 131; K. Schmidt/Lutter AktG/*Merkt* Rn 10). Dieser Ansicht ist zuzustimmen. Der Gesetzgeber möchte einen Bezugsrechtsausschluss dann erleichtern, wenn eine vermögensmäßige Verwässerung der Aktionäre durch einen marktgerechten Emissionspreis nicht zu besorgen ist, was aufgrund der *Theorie der effektiven Kapitalmärkte* im Falle einer Emission in der Nähe eines vorhandenen Börsenpreises zu bejahen ist; dabei kann

Wandelschuldverschreibungen § 221

es bei einer wirtschaftlichen Betrachtungsweise keine Rolle spielen, ob bereits ein Papier mit gleichen Konditionen börsennotiert ist oder aufgrund anerkannter finanzmathematischer Methoden (wie etwa der zwar komplizierten, aber bewährten Formel von *Black & Scholes,* dazu etwa *Reilly/Brown* Investment Analysis and Portfolio Management, 6. Ed 2000, S 1004 ff und Rn 17; vgl Spindler/Stilz AktG/*Seiler* Rn 102) aus einem anderen Börsenpreis erschlossen werden kann. Der Abschlag des Ausgabebetrags vom so ermittelten hypothetischen Börsenwert darf als Richtwert nicht mehr als 3–5 % betragen; insoweit sollten keine strengeren Maßstäbe als bei der Emission von Aktien gelten (**aA** Spindler/Stilz AktG/*Seiler* Rn 107; 1–3 %).

ee) Teilweiser Ausschluss des Bezugsrechts. Wird das Bezugsrecht nur für einzelne 71
Aktionärsgruppen ausgeschlossen, so bedarf diese Ungleichbehandlung im Lichte des § 53a über die Rechtfertigung des Bezugsrechtsausschlusses hinaus einer weiteren es Rechtfertigung (MünchKomm AktG/*Habersack* Rn 174, 193; *BGHZ* 120, 141, 149 = NJW 1993, 400 – „Bremer Bankverein"), an die strenge Anforderungen zu stellen sind. Unproblematisch ist dagegen idR ein teilweiser Bezugsrechtsausschluss für einen bestimmten Teil der Emission (s zB *LG Braunschweig* DB 1992, 1398: Ausschluss nur für einen im Ausland emittierten Teil). Ein solcher teilweiser Ausschluss kann sogar iRd Verhältnismäßigkeitsgrundsatzes geboten sein, da der Bezugsrechtsausschluss nur insoweit gerechtfertigt ist, als er zwingend erforderlich ist.

e) Mittelbares Bezugsrecht. Gem §§ 221 Abs 4 S 2, 186 Abs 5 wird fingiert, dass kein 72
Ausschluss des Bezugsrechts gegeben ist, wenn die Titel von einem Kreditinstitut (§ 1 Abs 1 KWG) oder gleichgestellten Emissionsunternehmen (dh Unternehmen, die Emissionsgeschäfte betreiben dürfen, vgl §§ 53 Abs 1 S 1, 53b Abs 1 S 1, Abs 7 KWG, näher § 186 Rn 54) mit der Verpflichtung übernommen werden, sie den Aktionären entspr deren Bezugsrechten zum Bezug anzubieten. Dies muss bereits **im Ausgabebeschluss** festgelegt sein (*Hüffer* AktG Rn 45; MünchKomm AktG/*Habersack* Rn 198; Grigoleit AktG/*Rieder/Holzmann* Rn 33), allerdings ist eine nachträgliche Ergänzung des Zustimmungsbeschlusses zulässig. Das mittelbare Bezugsrecht ist den Aktionären im Wege eines **berechtigenden Vertrages zugunsten Dritter** (§ 328 BGB) gegen das Emissionsunternehmen einzuräumen, damit ein unmittelbarer Bezugsanspruch entsteht (*Hüffer* AktG Rn 45; MünchKomm AktG/*Habersack* Rn 198; *BGHZ* 114, 203, 208 = NJW 1991, 2765; *BGHZ* 118, 83, 96 = NJW 1992, 2222; *BGHZ* 122, 180, 186 = NJW 1993, 1983; s näher § 186 Rn 52 ff).

f) Fehlerhafter Bezugsrechtsausschluss. Der Bezugsrechtsausschluss kann sowohl aus 73
formellen Gründen als auch aus materiellen Gründen angefochten werden. Aus formellen Gründen ist eine Anfechtung va bei **Verletzung der Berichtspflicht** durch den Vorstand möglich (§ 243 Abs 1), wobei eine nachträgliche mündliche Ergänzung in der HV wg des Schriftformerfordernisses keine Heilung begründen kann (§§ 221 Abs 4 S 2, 186 Abs 4 S 2). Auch eine schriftliche Ergänzung nach der HV ist nicht statthaft, da der Bericht dann insoweit nicht mehr Grundlage des HV-Beschlusses sein kann (Grigoleit AktG/*Rieder/Holzmann* Rn 43). Geringfügige Fehler im Bericht sind allerdings nach der **Neuregelung des § 243 Abs 4** irrelevant. Materiell sind insb die sachliche Rechtfertigung iR eines weit zu verstehenden unternehmerischen Ermessens (vgl dazu § 186 Rn 28 ff) sowie die **Angemessenheit des Ausgabepreises** gerichtlicher Kontrolle unterworfen; obwohl § 221 Abs 4 keine ausdrückliche Verweisung enthält, ist **§ 255 Abs 2 S 1** analog anwendbar (vgl K. Schmidt/Lutter AktG/*Merkt* Rn 104;

MünchKomm AktG/*Habersack* Rn 187, der offensichtlich von einer direkten Anwendbarkeit ausgeht). Eine auf den Bezugsrechtsausschluss beschränkte **Teilanfechtung** kommt in Betracht, wenn der Vorstand zum Ausschluss des Bezugsrechts ermächtigt, aber nicht verpflichtet ist; dann ist es Auslegungsfrage, ob nach dem Willen der HV die Zustimmung zur Ausgabe der Titel auch ohne wirksame Ermächtigung zum Bezugsrechtsausschluss Bestand haben kann; bei einer bloßen Ermächtigung des Vorstandes zum Bezugsrechtsausschluss wird die Vermutung des § 139 BGB (vgl zur Anwendbarkeit von § 139 BGB: *BGH* NJW 1995, 260) regelmäßig widerlegt sein (MünchKomm AktG/*Habersack* Rn 196; KölnKomm AktG/*Lutter* Rn 89; *Groß* AG 1991, 201, 205; etwas enger, wenn Befugnisse mit Ermächtigung zum Bezugsrechtsausschluss nur erweitert werden sollten: *Hüffer* AktG Rn 44; vgl auch *Hirte* WM 1994, 321, 328; *OLG München* NJW-RR 1991, 1058, 1059 und AG 1994, 372, 374; *LG Frankfurt* WM 1990, 1745, 1747. Geßler/Hefermehl/Eckardt/Kropff AktG/*Karollus* Rn 117, der stets nur von einer Teilanfechtung ausgeht, vernachlässigt die mögliche Einheitlichkeit des Zustimmungsbeschlusses). *OLG München* NJW-RR 1991, 1058, 1059, möchte für die Frage der Teilanfechtung maßgeblich den Vorstandsbericht heranziehen; dies ist durchaus sachgerecht, da der HV Beschluss meist auf den unternehmerischen Erwägungen des Vorstands beruht, die im Vorstandsbericht im einzelnen dargelegt sind.

VII. Meldepflichten nach dem TUG

73a Nach dem zum 20.1.2007 in Kraft getretenen Umsetzungsgesetz zur EU Transparenzrichtlinie (RL 2004/109/EG) unterfallen gem **§ 25 WpHG nF** auch Finanzinstrumente mit einem *unbedingten* Recht auf Erwerb von Aktien eines Emittenten iSd § 2 Abs 1 S 1 Ziff 1 WpHG der Meldepflicht des § 21 WpHG (mit Ausnahme der neuen 3 %-Schwelle); dies galt gem § 22 Abs 1 S 1 Ziff 5 WpHG bisher nur im Falle von *dinglichen* Optionen (**hM**, vgl *Bosse* DB 2007, 39, 42; *Assmann/Schneider* WpHG § 22 Rn 92 ff; Begründung zu § 25 WpHG nF, BT-Drucks 16/2498, 36 f), § 25 WpHG nF betrifft auch **schuldrechtliche Optionen**, ein Rückgriff auf § 25a WpHG ist nicht erforderlich. Allerdings gilt § 25 WpHG nur für Optionen auf bereits ausgegebene Aktien, also in erster Linie Umtauschanleihen (Rn 9 ff). Wandel-/Optionsanleihen, die mit bedingtem oder nicht ausgeübten genehmigten Kapital unterlegt sind, sind nicht erfasst; etwas Anderes gilt nach dem Wortlaut, wenn die Optionen mit eigenen Aktien unterlegt sind (vgl *Schlitt/Schäfer* AG 2007, 227, 232). Die Meldepflicht erfordert weiter, dass eine unbedingte Option auf Erwerb der Aktien besteht; dies ist nicht der Fall, wenn das Optionsrecht noch von äußeren Umständen abhängt (etwa von einem bestimmten Kursniveau der Basispapiere) oder der Emittent die Option durch eine Barzahlung ablösen kann (eingehend *Schlitt/Schäfer* AG 2007, 227, 233). In der seit 1.3.2009 geltenden Fassung des § 25 Abs 1 S 3 WpHG findet eine Zusammenrechnung der Bestände gem §§ 21, 22 und § 25 WpHG statt; soweit für die Optionen bereits gem § 22 Abs 1 S 1 Ziff 5 WpHG oder einer anderen Mitteilung erfasst sind, ist grundsätzlich keine weitere Meldung erforderlich (§ 25 Abs 1 S 3 und 4 WpHG nF).

VIII. Bilanzierung, Steuerrecht

74 **1. Wandel- und Optionsanleihen. – a) Bilanzierung nach HGB.** Die Anleihen sind gem § 266 Abs 3 HGB in der Gliederung unter C. 1 (mit einem Hinweis auf das Umtauschrecht mit einem „davon"-Vermerk, WP Hdb 2006 I Abschn F Rn 350) zu

Wandelschuldverschreibungen § 221

passivieren, und zwar grds mit dem Rückzahlungsbetrag (§ 253 Abs 1 S 2 HGB). Allerdings hat das Umtausch-/Optionsrecht einen eigenen Wert, welcher durch ein **Aufgeld (Agio)** oder eine **niedrigere Verzinsung** („niedrigverzinsliche Anleihe") der Anleihe erkauft ist; der Wert des Umtausch-/Optionsrechts entspricht dem Aufgeld bzw kann bei niedrigverzinslichen Anleihen nach finanzmathematischen Methoden berechnet werden (etwa nach der Formel nach Black & Scholes oder einem Vergleich des Anleihekupons mit der marktüblichen Verzinsung vergleichbarer Anleihen ohne Aktienbezugsrecht). Nach der **Nettomethode** ist der so bestimmte Wert des Bezugsrechts von der Anleihe getrennt in der Kapitalrücklage auszuweisen (§ 272 Abs 2 Ziff 2 HGB; *BFH* DB 2006, 130; *Bluemich* EStG § 5 Rn 920 Stichwort „Optionsanleihen"). Dieses Entgelt für das Bezugsrecht kann in den Anleihebedingungen als Aufgeld ausgewiesen sein, anderenfalls (was die Regel ist) muss der Wert des Entgelts finanzmathematisch ermittelt werden (sog **Splitting- oder Differenzmethode**; *Adler/Düring/Schmaltz* § 272 HGB Rn 125; BeckBil-Komm/*Hoyos/Ring* § 253 HGB Rn 64 und § 272 Rn 62 ff; KölnKomm AktG/*Lutter* Rn 191, 192; MünchKomm AktG/*Habersack* Rn 327; *Bock* DStR 2005, 1067, 1069; zur Berechnung eingehend *Häuselmann* BB 2000, 139, 141). Auf der Aktivseite ist ein entspr aktiver RAP zu bilden, der aufwandswirksam (Zinsaufwand oder weiterer Aufwand) über die Laufzeit des Bezugsrechts aufzulösen ist, § 250 Abs 3 HGB (KölnKomm AktG/*Lutter* Rn 193; BeckBil-Komm/*Hoyos/Ring* § 253 HGB Rn 64; *Bock* DStR 2005, 1067, 1070). Auch **Pflichtwandelanleihen** (Rn 27a) sind bis zur Wandelung als Fremdkapital zu bilanzieren; ob auch hier eine gesonderte Erfassung des Werts des Umtauschrechts in der Rücklage gem § 272 Abs 2 Ziff 2 HGB stattfinden hat, ist str (s *Häuselmann* BB 2003,1531, 1532). Im Falle von **Drittemissionen** (dazu Rn 9 ff) ist die Optionsgebühr, welche die Emittentin an ihre Muttergesellschaft bezahlt, bei der Mutter in die Kapitalrücklage einzustellen (KölnKomm AktG/*Lutter* Rn 194; MünchKomm AktG/*Habersack* Rn 330). Bei der Begebung von **„Naked Warrants"** (dazu Rn 17) ist das Entgelt für die Optionen vollständig gem § 272 Abs 2 Ziff 2 HGB analog in die Kapitalrücklage einzustellen. Gem **§ 160 Abs 1 Ziff 5** sind im Anhang entspr Angaben über die Bezugsrechte zu machen.

b) Bilanzierung nach IAS/IFRS. Ähnlich wie in der HGB Bilanzwelt sind Wandel- und Optionsanleihen beim Emittenten als kombinierte Titel **(Compound Financial Instruments)** in eine Eigen- und Fremdkapitalkomponente aufzuteilen **(„Split Accounting"**, IAS 32.15 und 32.28–32) bzw als zwei selbständige Vermögensgegenstände zu bilanzieren (s *Kraft* ZGR 2008, 324, 347, demgemäß Optionsanleihen keine zusammengesetzten Instrumente sind). Bei marktüblich verzinsten Anleihen mit Agio entspricht letzteres dem Ansatz für die Eigenkapitalkomponente. Bei niedrigverzinslichen Anleihen ist zunächst der Zeitwert der Anleihekomponente anhand einer marktüblichen Abzinsung des Rückzahlungsbetrages und der Zinsansprüche zu ermitteln (Fair Value) und als Fremdkapital zu passivieren; der verbleibende Unterschiedsbetrag zum Emissionserlös entspricht der Eigenkapitalkomponente (näher *Brüggemann/Lühn/Siegel* KoR 2004, 389, 392). Grds können gem IAS 39.9 hybride Finanzinstrumente wie zB Wandel- und Optionsanleihen abweichend vom Rückzahlungsbetrag über die Laufzeit hinweg erfolgswirksam zum jeweiligen Zeitwert bzw Marktwert bewertet werden (Fair Value Option, IAS 39.9), wobei dieses **Wahlrecht (Fair Value Option)** in Zukunft an bestimmte Voraussetzungen geknüpft sein soll (Exposure Draft IAS 39, ausf *Brüggemann/Lühn/Siegel* KoR 2004, 389, 393 f; *Löw/Schildbach* BB 2004, 875, 877; s auch Stellungnahme der Europäischen Kommission zu ED IAS

75

39 vom 4.11.2009); durch dieses Wahlrecht wird letztlich die eigene Bonität zum Bewertungsfaktor von Verbindlichkeiten.

76 **c) Einkommensteuer.** IRd steuerlichen Behandlung ist entspr der bilanziellen Behandlung ebenfalls grds eine Trennung von Anleihe und Optionsrecht vorzunehmen („**Zwei-Wirtschaftsgüter Theorie**", *Bock* DStR 2005, 1067, 1070). Lediglich bei einer **Pflichtwandelanleihe** hat – ungeachtet von deren Bilanzierung als Fremdkapital – eine Aufteilung zu unterbleiben, da es sich dort nicht mehr um getrennte WG handeln kann (MünchKomm AktG/*Habersack* Rn 342; *Häuselmann* BB 2003, 1531, 1534).

77 **aa) Emittent.** Beim Emittenten ist das Entgelt für das Bezugsrecht (sei es in Form eines Agios oder einer Niedrigverzinsung, s Rn 74) zwingend als aktiver RAP (MünchKomm AktG/*Habersack* Rn 335; Schmidt EStG/*Weber-Grellet* § 5 Rn 270, Stichwort ‚Anleihen': immaterielles WG) zu aktivieren, ein Wahlrecht besteht nicht (vgl *OFD München* BB 2000, 2628; *OFD Düsseldorf* DB 2001, 1337, Ziff 2 für Optionsanleihen: „Anzahlung") und anschließend über die Laufzeit erfolgswirksam aufzulösen (*Bock* DStR 2005, 1067, 1070). Auf der Passivseite ist das Entgelt für das Bezugsrecht als Einlage in die Kapitalrücklage einzustellen. Die **Ausübung des Bezugsrechts ist dann erfolgsneutral** (*BFH* DB 2006, 130, 132; *OFD Frankfurt* BB 1995, 1345; *Bock* DStR 2005, 1067, 1070). Ein Ertrag entsteht aber auch dann nicht, wenn das Bezugsrecht nicht ausgeübt wird (*BFH* DB 2006, 130, 132; MünchKomm AktG/*Habersack* Rn 334, 338; *Streck* Komm zum KStG § 8 Anm. 38; Beck-BilKomm-*Hoyos/Ring* § 253 HGB Rn 92; **aA** *OFD Düsseldorf* DB 2001, 1337, Ziff 2: Passivposten „Anzahlung"). Die FinVerw ist zT **aA** und behandelt das Entgelt grds als steuerpflichtigen Ertrag, wenn das Umtauschrecht nicht ausgeübt wird. Sofern das Entgelt in Form eines Aufgeldes gewährt wird, soll während des Schwebezustands ein Passivposten „Anzahlung" gebildet werden können, der bei Ausübung des Optionsrechts steuerrechtlich erfolgsneutral „Eigenkapital" wird (dazu *OFD Frankfurt* BB 1995, 1345), ansonsten bei endgültiger Nichtausübung des Bezugsrechts als Betriebseinnahme zu qualifizieren sei, was technisch durch eine erfolgswirksame Auflösung der erhaltenen Anzahlung erfolgt (*OFD Düsseldorf* DB 2001, 1337, Ziff 2a für Optionsanleihen; diese Ansicht ist durch *BFH* DB 2006, 130, 132 überholt, demnach bei Begebung der Anleihe das Aufgeld unabhängig von der späteren Ausübung der Option endgültig als Einlage zu behandeln ist; s auch Schmidt EStG/*Weber-Grellet* § 5 Rn 270, Stichwort ‚Anleihen'; *Bluemich* § 5 Rn 920 Stichwort „Optionsanleihen", möchte das offene oder verdeckte Aufgeld im Jahr der Begebung gewinnwirksam verbuchen, da mangels Gesellschaftereinzahlung keine Einlage gem §§ 4 Abs 1, 5 Abs 4 EStG vorliege; erst im Jahr der Optionsausübung soll eine Umgliederung in EK durch gewinnwirksame Auflösung des Passivpostens erfolgen). **Emissionskosten** sowie die **laufend gezahlten Zinsen** sind (zusammen mit der Auflösung des aktiven RAP) in unbeschränkter Höhe als Betriebsausgaben absetzbar. Zum **Rückkauf** von Wandel- und Optionsanleihen durch den Anleiheschuldner s *Altenburg* DStR 2013, 5; beim Rückkauf (Rn 124) soll nach der „actus contrarius Theorie" der als Einlage bilanzierte Teil eine vGA darstellen (§ 8 Abs 3 S 2 KStG), dies gelte auch insoweit, als der Rückkaufsbetrag die Fremdkapital- und Eigenkapitalkomponente übersteigt.

78 **bb) Zeichner.** Beim Zeichner ist zwischen Privat- und Betriebsvermögen zu unterscheiden:

Wandelschuldverschreibungen § 221

(1) Betriebsvermögen 79

Grds sind Anleihe und Bezugsrecht in der StBilanz jeweils als **eigene WG getrennt** anzusetzen; sofern das Entgelt für das Bezugsrecht als Aufgeld gewährt wird, ist dessen Höhe für die Anschaffungskosten des Bezugsrechts maßgeblich (*OFD Düsseldorf* DB 2001, 1337, Ziff 1a für Optionsanleihen; MünchKomm AktG/*Habersack* Rn 341, 342). Im Falle einer niedrig verzinslichen Anleihe ist diese mit ihrem vollen Nennbetrag und ein entspr passiver RAP in Höhe des Wertes des Optionsrechtes (zur Berechnung s Rn 63) anzusetzen (Buchung Anleihe an Bank und RAP sowie Optionsrecht an Bank); der RAP ist über die Laufzeit gewinnerhöhend aufzulösen (*OFD Düsseldorf* DB 2001, 1337, Ziff 1b für Optionsanleihen; MünchKomm AktG/*Habersack* Rn 341, 342). Bei **Ausübung des Bezugsrechts** ist der Ansatz für das Optionsrecht, im Falle einer Wandelanleihe auch der Ansatz für die Anleihe, auf die Anschaffungskosten für die Aktien umzubuchen. Dieser Vorgang ist erfolgsneutral, da der Erwerb der Anleihe und die Ausübung des Bezugsrechts ein wirtschaftlich und steuerlich einheitlicher Vorgang ist (*RFHE* 54, 128; *BFH* BStBl 2000 II 262 für den Umtausch von Floating Rate Notes in festverzinsliche Bonds; *OFD Düsseldorf* DB 2001, 1337, Ziff 1d für Optionsanleihen; *OFD Frankfurt* BB 1995, 1345; MünchKomm AktG/*Habersack* Rn 344; *Bluemich* EStG § 5 Rn 920 Stichwort „Wandelschuldverschreibungen"), da der evtl höhere Wert der Aktien bereits durch die Realisierung des passiven RAP versteuert wurde; dies gilt selbst dann, wenn vorher auf die Anleihe eine Teilwertabschreibung vorgenommen wurde (*OFD Frankfurt* BB 1995, 1345). Sofern das Bezugsrecht endgültig nicht ausgeübt wird, ist das Optionsrecht als außerordentlicher Aufwand auszubuchen (*OFD Düsseldorf* DB 2001, 1337, Ziff 1d für Optionsanleihen). Vor Ausübung des Bezugsrechts erzielte **Veräußerungsgewinne** fallen nicht unter das Privileg des § 8b Abs 2 KStG (vgl MünchKomm AktG/*Habersack* Rn 344; anders bei Genussrechten, die ein Recht am Gewinn und Liquidationserlös begründen, Rn 114); sie unterfallen auch nicht dem Teileinkünfteverfahren gem § 3 Nr 40 EStG.

(2) Privatvermögen 80

Laufende Zinsen sind als Einkünfte gem § 20 Abs 1 Ziff 7 EStG steuerpflichtig (Kapitalertragsteuer gem § 43 Abs 1 Ziff 2 EStG; vgl *BMF* DStR 2000, 1227 für Umtauschanleihen), für ausländische Inhaber wird eine beschränkte Steuerpflicht begründet (§ 49 Abs 1 Ziff 5 lit a, c EStG). Grds ist auch beim privaten Zeichner die Anschaffung der Anleihe und des Optionsrechts zu trennen („Doppelerwerb"; MünchKomm AktG/*Habersack* Rn 345). Das fingierte Disagio bei einer niedrig verzinslichen Anleihe ist gem § 20 Abs 2 Ziff 1 EStG ebenfalls als zusätzliches Entgelt steuerpflichtig. **Zufluss** ist aber erst bei Rückzahlung der Anleihe anzunehmen, sofern das Bezugsrecht nicht ausgeübt wird. Die **Ausübung des Optionsrechts** ist wg wirtschaftlichen Identität der Anleihe und der Bezugsaktien keine Anschaffung und daher steuerlich neutral (*OFD Frankfurt* v 29.3.1995, S 2150 A – 6 – St II 21; MünchKomm AktG/*Habersack* Rn 346; *Schumacher* DStR 2000, 1218, 1220; *RFHE* 54, 128; vgl auch *BFH* BStBl 2000 II S 262 für den Umtausch von Floating Rate Notes in festverzinsliche Bonds; anders dagegen bei Umtauschanleihen, *BMF* DStR 2000, 1227: der über dem Rückzahlungsbetrag des überlassenen Kapitalvermögens hinausgehende Wert der eingetauschten Aktien ist Kapitalertrag nach § 20 Abs 2 Ziff 1 EStG). Veräußerungsgewinne sind stets steuerpflichtig (§ 20 Abs 2 Ziff 7 EStG; *BMF* vom 11.10.2007 o Az, BeckVerw 122595, Tz 9) und mit dem Abgeltungssteuersatz belastet.

Stadler

81 **d) Gewerbesteuer.** Für die laufenden Zinsen beim Emittenten gilt die Hinzurechnung in Bezug auf Dauerschulden (§ 8 Ziff 1 GewStG). Fraglich ist, ob auch die gewinnmindernde Auflösung des aktiven RAP der Hinzurechnung unterliegt. Dies ist zu verneinen.

82 **2. Gewinnschuldverschreibungen.** Gewinnschuldverschreibungen sind beim Emittenten gem §§ 253 Abs 1 S 2, 266 Abs 3 C 1 HGB mit dem Rückzahlungsbetrag unter der Position Anleihen zu passivieren. Im jeweiligen Geschäftsjahr sind zumindest fixe Zinsanteile gewinnmindernd als Zinsaufwand zu erfassen. Die hM, nach der gewinnorientierte Zinsanteile in einem bestimmten Geschäftsjahr nur in der Höhe gewinnmindernd zu berücksichtigen sind, soweit sie bereits entstanden sind und ihre Höhe feststeht (MünchKomm AktG/*Habersack* Rn 348; *Hüffer* AktG Rn 78; KölnKomm AktG/*Lutter* Rn 336), ist zweifelhaft; denn bei den Ausschüttungen auf Gewinnschuldverschreibungen handelt es sich nicht um Gewinnverwendung im eigentlichen Sinn, sondern eine variable schuldrechtliche Verzinsung, die zumindest zurückgestellt werden sollte (vgl Geßler/Hefermehl/Eckardt/Kropff AktG/*Karollus* Rn 488, 440). Steuerrechtlich werden Gewinnschuldverschreibungen wie gewöhnliche Anleihen behandelt, die Zinszahlungen sind für den Emittenten Betriebsausgaben (§ 8 Abs 3 S 2 KStG ist unanwendbar, MünchKomm AktG/*Habersack* Rn 349), für den Inhaber sind sie Betriebseinnahmen bzw Einkünfte aus Kapitalvermögen (§§ 20 Abs 1 Ziff 7, 43 Abs 1 S 1 Ziff 2 EStG). Veräußerungsgewinne sind stets steuerpflichtig (§ 20 Abs 2 Ziff 7 EStG; *BMF* vom 11.10.2007 o Az, BeckVerw 122595, Tz 9) und mit dem Abgeltungssteuersatz belastet.

C. Genussrechte

I. Allgemeines

83 Genussrechte sind ein Instrument, das bereits im 19. Jahrhundert als Möglichkeit der Beteiligung am Gewinn ohne aktienrechtliche Mitgliedschaft geschaffen wurde (s dazu *Hüffer* AktG Rn 22). Genussrechte gewähren schuldrechtliche Ansprüche auf „aktionärstypische Rechte" (s MünchKomm AktG/*Habersack* Rn 64), ohne aber eine Aktionärseigenschaft zu begründen (grundlegend *BGHZ* 119, 305, 310 ff = NJW 1993, 57 – „Klöckner"). Die fehlende detaillierte gesetzliche Ausgestaltung rief zwar zahlreiche Zweifelsfragen hervor, ermöglichte aber zugleich eine Entwicklung der Genussrechte zu einem **flexiblen Finanzierungsinstrument**.

84 **1. Mittelstandsfinanzierung (Finanzierungsgenussrechte).** Ist eine Eigen-/Fremdkapitalrelation erreicht, die es nicht mehr erlaubt, zu vernünftigen Bedingungen weiteres Fremdkapital (etwa zur Expansionsfinanzierung) aufzunehmen, muss die Eigenkapitalbasis gestärkt werden; va bei familiengeführten Unternehmen soll aber eine Verwässerung der Beteiligungen der Inhaber durch die Ausgabe neuer Anteile vermieden werden. In dieser Situation bieten Genussrechte einen Ausweg, wenn sie so ausgestaltet werden, dass sie bilanziell haftendes Eigenkapital sind, steuerlich dennoch als Fremdkapital einzustufen sind, so dass die Ausschüttungen an die Genussrechtsinhaber als Betriebsausgaben geltend gemacht werden können (dazu näher Rn 113). Derartige Genussrechte verschiedener Unternehmen können in **Fondskonstruktionen** gepoolt und anschließend über den Kapitalmarkt durch Ausgabe von Schuldverschreibungen oder Fondsanteilen refinanziert werden. Aufgrund der Diversifizierung kann das refinanzierende Fondsvehikel ein besseres Credit Rating erhalten als die einzel-

nen teilnehmenden Unternehmen. Regionale Mid Cap Fonds haben Unternehmen die Teilnahme bereits ab einem Volumen von TEUR 250 ermöglicht (vgl dazu *Ahlers* GoingPublic 3/05, 54).

2. Börsennotierte Unternehmen. Interessant kann die Ausgabe auch für börsennotierte Unternehmen sein, deren Bewertung etwa aufgrund eines schwachen Kapitalmarktes oder der schlechten Bewertung ihres Marktumfeldes die Ausgabe von Aktien unvernünftig erscheinen lassen. In Zeiten niedriger Zinsen auf Unternehmensanleihen können Genussrechte ein guter Kompromiss zwischen klassischem Fremd- und Eigenkapital zur Verbesserung der Bilanzrelationen sein (vgl etwa *Pohlücke/Holz* GoingPublic 3/05, 50, 51). 85

3. Arbeitnehmerbeteiligung. Genussrechte bieten die Möglichkeit, eine breite Gruppe von Mitarbeitern am Erfolg des Unternehmens zu beteiligen, ohne diesen Mitgliedschafts- und Stimmrechte einzuräumen, was vor allem bei Familienunternehmen wichtig sein kann (*Franzten* Genußscheine (1993) 78 ff). Arbeitnehmergenussrechte werden steuerlich gem § 19a EStG und § 2 des 5. VermBG gefördert (dabei ist zwischen unverbrieften Genussrechten, § 2 Abs 1 lit l 5. VermBG, und verbrieften Genussscheinen, § 2 Abs 1 lit f 5. VermBG, zu unterscheiden; gewinnunabhängige Mindest- oder Fixverzinsungen sind nur in beschränktem Umfange zulässig, § 2 Abs 3, 4 5. VermBG, vgl im einzelnen *BMF* BStBl 2004 I, 717 ff). Die Mitarbeiter müssen nicht am gesamten Unternehmenserfolg beteiligt werden; ihre Gewinnbeteiligung kann gezielt auf den Unternehmensbereich beschränkt werden, in dem sie tätig sind (MünchKomm AktG/*Habersack* Rn 83, 95; s näher Rn 6 zur vergleichbaren Situation bei Gewinnschuldverschreibungen). Um eine Bindung der Mitarbeiter an das Unternehmen zu erreichen, können (weitergehender als bei Aktien) nicht nur Vinkulierungen (§ 68 Abs 2), sondern auch **Rückfall- und Kündigungsrechte** im Falle einer Beendigung des Arbeitsverhältnisses vereinbart werden (MünchKomm AktG/*Habersack* Rn 83; KölnKomm AktG/*Lutter* Rn 336). Die Genussrechtsbedingungen sowie der Kreis der bezugsberechtigten Arbeitnehmer werden regelmäßig in einer freiwilligen **Betriebsvereinbarung** festgelegt (§ 88 Ziff 3 BetrVG). Die Betriebsvereinbarung enthält ein Angebot an die berechtigten Arbeitnehmer; soweit diese das Angebot wahrnehmen, kommt ein Anlage- und Zeichnungsvertrag zu den in der Betriebsvereinbarung genannten Bedingungen zwischen dem Arbeitgeber und Arbeitnehmer zustande (KölnKomm AktG/*Lutter* Rn 329, 330). 86

4. Sanierung. Genussrechte können ein probates Mittel der Sanierung sein (dazu ausf *Stadler* NZI 2003, 579; s auch KölnKomm AktG/*Lutter* Rn 342 ff, dort noch „ohne praktische Bedeutung"). Neben bloßer Stundung fälliger Forderungen im Wege eines Stillhalteabkommens oder gar Forderungsverzichten (ggf mit Besserungsschein), Rangrücktritten zur Ermöglichung weiterer Kreditaufnahmen (welche die Situation oft mehr verschlechtern als verbessern), zusätzlicher Gesellschafterfinanzierung durch Gesellschafterdarlehen oder gesellschafterseitiger Sicherheiten und sanierenden Kapitalmaßnahmen (Kapitalschnitten mit gleichzeitiger Kapitalerhöhung) ist die **Umwandlung von Kreditforderungen in (Wandel)genussrechte** im Wege der Sacheinlage der notleidenden Kreditforderung angewandt worden; als prominente Beispiele sind die Philipp Holzmann AG (2000, dort erfolglos) und die Herlitz AG (2001) zu nennen. Dies ermöglicht es den Kreditgläubigern, an dem Sanierungserfolg durch Umtauschrechte und ggf auch Gewinnbeteiligungen teilzunehmen, ohne sofort Anteile am 87

Unternehmen übernehmen zu müssen; auch eine Konsolidierung des Unternehmens bei den Kreditgläubigern ist dadurch nicht zu besorgen, sofern die Genussrechte keinen maßgeblichen Einfluss auf das Unternehmen ermöglichen. Eine **Ausgestaltung der Genussrechte als Eigenkapital** führt zu einer unmittelbaren Verbesserung der Bilanzrelationen. Nach erfolgreicher Sanierung können die Genussrechte unter Berücksichtigung des Wertes des Umtauschrechtes von der AG zurückgekauft werden, wenn aufgrund der Sanierung ausreichend freie Mittel zur Verfügung stehen. Der Rückkauf von Genussrechten unterliegt dabei nicht den Beschränkungen des § 71 Abs 1, weder ist eine Ermächtigung der HV erforderlich noch gilt die Zehn-Prozent-Grenze des § 71 Abs 1 Ziff 8 (*Stadler* NZI 2003, 579, 583, *Hüffer* AktG § 71 Rn 5; zum vergleichbaren Fall der Wandelschuldverschreibungen Geßler/Hefermehl/Eckardt/Kropff AktG/*Hefermehl/Bungeroth* § 71 Rn 15; KölnKomm AktG/*Lutter* Rn 256). Werden Kreditforderungen in Wandelgenussrechte umgewandelt, gelten die Vorschriften über die **Sacheinlage** (§§ 27, 194), dh die Forderungen müssen im Zeitpunkt der Ausgabe der Genussrechte werthaltig sein (s Rn 47; in K. Schmidt/Uhlenbruck GmbH/*Wittig* in der Krise Rn 538, 539; *Marsch-Barner* DB 1995, 1497). Da dies in Sanierungsfällen nicht der Fall ist, muss in Höhe des niedrigsten Ausgabebetrages der Bezugsaktien (§ 9) eine bare Zuzahlung vorgesehen werden (gemischte Bar- und Sacheinlage), der diesen Wert übersteigende Nennbetrag der Kreditforderungen kann dann als nicht der Werthaltigkeitsprüfung unterliegende weitere Zuzahlung in die Rücklage gem § 272 Abs 2 Ziff 4 HGB (nicht als Aufgeld, das einer Differenzhaftung unterliegt) behandelt werden (ausf *Stadler* NZI 2003, 579, 584, so geschehen bei Philipp Holzmann). Bei der Sanierung der Klöckner-Humboldt-Deutz AG wurden die Genussrechte denn auch gegen Bareinlagen ausgegeben, bei der Metallgesellschaft AG konnte trotz der Schieflage die Werthaltigkeit der Sacheinlage dargestellt werden, s dazu *Marsch-Barner* DB 1995, 1497 gegen *Meilicke* DB 1995, 1061). In anderer Form kommen Genussrechte zu Sanierungszwecken als sog **„Unterbilanz-Genussscheine"** vor; liegt im Falle einer Unterbilanz der niedrigste Ausgabepreis (§ 8 Abs 2) von jungen Aktien noch über dem wahren Wert der Aktien, kann als Alternative zu einem Kapitalschnitt mit den Aktien zusätzlich ein Genussschein als weiterer Anreiz zur Zeichnung ausgegeben werden (KölnKomm AktG/*Lutter* Rn 346; MünchKomm AktG/*Habersack* Rn 83; *Franzten* Genußscheine (1993) S 52; GroßKomm AktG/*Schilling* § 221 Anm 10). Im Falle eines Ausschlusses des Bezugsrechts ist der finanzmathematische Wert des Genussscheins iRd § 255 Abs 2 dem Ausgabebetrag der Aktien hinzuzurechnen.

II. Rechtsnatur und Abgrenzung

88 **1. Definition.** Der Gesetzgeber hat in § 221 Abs 3 auf eine Definition des Genussrechts verzichtet (vgl *Hüffer* AktG Rn 23). Deshalb muss die Rechtsnatur inhaltlich negativ abgegrenzt werden: das Genussrecht gewährt seinem Inhaber eine Beteiligung am Gewinn und/oder Vermögen der Gesellschaft, ohne dabei eine aktienrechtliche Mitgliedschaft zu begründen (vgl § 23 Abs 5 AktG). Genussrechte sind daher von der Mitgliedschaft in der AG abzugrenzen, sie dürfen keine korporationsrechtliche Natur haben, sondern nur eine **schuldrechtliche Rechtsbeziehung** begründen (vgl *Hüffer* AktG Rn 26; Grigoleit AktG/*Rieder/Holzmann* Rn 19). Sie können keine Rechte beinhalten, die als Verwaltungsrechte zwingend den Aktionären vorbehalten sind, iÜ sind die Parteien aber bei der Ausgestaltung der Genussrechte weitgehend frei

(*BGHZ* 119, 305, 310 ff = NJW 1993, 57 – „**Klöckner**"). Bestimmte Verwaltungsrechte können nicht Teil eines Genussrechts sein, insb das Stimmrecht als wichtigstes Verwaltungsrecht sowie die Anfechtungsbefugnis (*BGHZ* 119, 305, 310 ff = NJW 1993, 57 – „Klöckner"). Andere Verwaltungsrechte können unschädlich sein, wie zB ein Teilnahmerecht an HV; entscheidend ist, dass die Rechte der Genussrechtsinhaber lediglich der Sicherung der schuldrechtlichen Position dienen und keine mitgliedschaftliche Verwaltungsbefugnis gewähren (*BGH* ZIP 1992, 1542, 1543; KölnKomm AktG/*Lutter* Rn 197; MünchHdb AG/*Krieger* § 63 Rn 26; MünchKomm AktG/*Habersack* Rn 65; GroßKomm AktG/*Schilling* Anm 11). Gegenleistung für die Ausgabe der Genussrechte können jegliche Bar- oder Sachleistungen sein sowie die Überlassung von Rechten (zB Nutzungsrechte und Lizenzen); der Grundsatz der realen Kapitalaufbringung findet auf Genussrechte keine Anwendung (K. Schmidt/Lutter AktG/*Merkt* Rn 48); etwas anderes gilt allerdings für Wandelgenussrechte, hier gelten die Ausführungen zu Wandelschuldverschreibungen entsprechend (Rn 47).

Einzelfälle: Rechte, die eine Klassifizierung als Genussrecht stets ausschließen: 89
Stimmrecht, Anfechtungsbefugnis, Vetorechte gegen Beschlüsse der HV; Bezugsrechte bei Kapitalerhöhungen. Unschädlich sind dagegen: Informationsrechte wie zB Einsichtnahme in Jahresabschluss oder Teilnahmerecht an HV; diese dienen lediglich der Absicherung der vermögensrechtlichen Position aus den Genussrechten. Weitergehende Antragsrechte (zB Wahlvorschläge, Anträge zur Tagesordnung) sind wiederum unzulässig, diese sind als Kernverwaltungsrechte den Aktionären vorbehalten. Ein Grenzfall sind Rede- und Fragerechte in der HV, richtigerweise sind auch diese unzulässig (*Hüffer* AktG Rn 26), da die HV das Forum der Anteilseigner ist.

2. Abgrenzung. – a) „Aktiengleiche" und „aktienähnliche" Genussrechte. Genuss- 90
rechte dürfen keine aktiengleiche Ausgestaltung haben (Rn 88; aA *Claussen* AG 1985, 77 ff; *Hammen* DB 1988, 2549; *Sethe* AG 1993, 293, 300; *Raiser* KapGesRe § 17 Rn 22 f). Dagegen sind „aktienähnliche" Ausgestaltungen zulässig (*BGHZ* 119, 305, 310 ff = NJW 1993, 57 – „**Klöckner**"; MünchHdb AG/*Krieger* § 63 Rn 53; *Schäfer* WM 1991, 1942 f; *Habersack* ZHR 155 (1991), 387; *Vollmer/Lorch* ZBB 1992, 44, 45 ff; MünchKomm AktG/*Habersack* Rn 127), insb können Genussrechte bilanziell als **Eigenkapital** ausgestaltet sein (näher Rn 103 ff). Eine Umgehung der §§ 139 ff ist darin nicht zu sehen (MünchKomm AktG/*Habersack* Rn 127). Auch eine wirtschaftliche Besserstellung von Genussrechtsinhabern gegenüber (Vorzugs-) Aktionären ist als Kompensation für das Fehlen der mitgliedschaftlichen Stellung zulässig. Eine solche Besserstellung kann zB in einer zwar gewinnabhängigen, aber ausschüttungsunabhängigen Verzinsung, einer vom Gewinn unabhängigen Mindestverzinsung, einer vorrangigen Berücksichtigung bei der Liquidation oder einem **Kündigungsrecht** liegen (MünchKomm AktG/*Habersack* Rn 125 mwN; *Vollmer/Lorch* ZBB 1992, 44, 45; vgl auch *BGHZ* 119, 305, 310 ff = NJW 1993, 57 – „Klöckner": Kündigungsrecht zum Ablauf von 20 Jahren schließt Umgehung von §§ 139 ff aus).

b) Abgrenzung zu Vorzugsaktien. Schwierig kann die Abgrenzung zu Vorzugsaktien 91
(§ 139) sein. Vorzugsaktien schließen das Stimmrecht als wichtigstes Verwaltungsrecht ebenso wie Genussrechte aus, begründen aber dennoch eine mitgliedschaftliche Position, dh die Verwaltungs- und Teilhaberechte müssen anders als bei Genussrechten gem § 140 Abs 1 AktG iÜ erhalten bleiben (Teilnahmerecht an HV einschließlich Auskunfts- und Antragsrecht; Anfechtungsbefugnis; Bezugsrecht bei Ausgabe junger

Aktien, egal ob Stämme oder Vorzüge ausgegeben werden, vgl *LG Tübingen* AG 1991, 406, 407, *Hüffer* AktG § 140 Rn 3; Minderheitenrechte wie zB § 142 Abs 2 oder § 93 Abs 4 S 3 AktG). Selbst das Stimmrecht lebt bei Vorzugsaktien wieder auf, wenn der Gewinnvorzug in bestimmtem Umfang nicht erfüllt worden ist (§ 140 Abs 2, *BGHZ* 119, 305, 310 ff = NJW 1993, 57 – „Klöckner"). Daraus wird ersichtlich, dass bei Vorzugsaktien der Gewinnvorzug durch den Verzicht auf das Stimmrecht erkauft worden ist (vgl § 141 Abs 4 AktG), während Genussrechte von vorneherein nur eine schuldrechtliche Gläubigerposition gewähren. Gewähren die Genussrechtsbedingungen dagegen die genannten mitgliedschaftlichen Rechte, handelt es in Wahrheit um Vorzugsaktien, so dass die **Sperrwirkung der §§ 139 ff** greift und die Gewährung der Genussrechte gem § 134 BGB nichtig ist; lediglich die Einräumung von Verwaltungsrechten, die nicht unmittelbar in den Willensbildungsprozess eingreifen (**Teilnahme an HV, Auskunftsrecht, Rederecht**, letzteres str, nach hier vertetener Ansicht unzulässig, Rn 89), sollen zulässig sein (MünchKomm AktG/*Habersack* Rn 120; MünchHdb AG/ *Krieger* § 63 Rn 48; KölnKomm AktG/*Lutter* Rn 220; *Hüffer* AktG Rn 26; *Hammen* DB 1988, 2549; offen *BGHZ* 119, 305, 310 ff = NJW 1993, 57 – „Klöckner", demgemäß „aktienähnliche" Gestaltungen zulässig sein sollen, die aber in der Praxis kaum anzutreffen sind, vgl auch K. Schmidt/Lutter AktG/*Merkt* Rn 78). Ob die Genussrechte im Falle einer gem § 134 BGB nichtigen Bestimmung iÜ aufrecht erhalten werden können, richtet sich nach § 139 BGB. Im Zweifel ist dies nicht der Fall. Sollten die ausgegebenen Genussrechte nichtig sein, ist das eingezahlte Genussrechtskapital gem §§ 812 ff BGB zurückzuerstatten. Eine Rückgewähr von Einlagen liegt in diesem Fall nicht vor, auch eine Aufrechnung gegen Forderungen der AG mit Ausnahme von Einlageforderungen ist zulässig.

92 **c) Abgrenzung zu Gewinnschuldverschreibungen.** Sofern Genussrechte lediglich eine Beteiligung am Gewinn vorsehen, ist die Abgrenzung zu Gewinnschuldverschreibungen schwierig; insb wenn eine Rückzahlung des Genussrechts zum Nennwert zugesagt ist, kann es sich dem Wesen nach um eine Gewinnschuldverschreibung handeln (**aA** wohl K. Schmidt/Lutter AktG/*Merkt* Rn 46: in diesem Fall soll es sich um ein partiarisches Darlehen handeln), vgl auch *BMF* BStBl 2004 I 717 ff, Tz 4 (6). Für Zwecke des AktRe ist die Abgrenzung weitgehend irrelevant, da gem § 221 Abs 3 für beide Formen die gleichen Grundsätze gelten; letztendlich ist die Gewinnschuldverschreibung ein Unterfall des Genussrechts (MünchKomm AktG/*Habersack* Rn 58, 68; KölnKomm AktG/*Lutter* Rn 234, 446). Wichtig ist die Unterscheidung dagegen im Finanzaufsichtsrecht (vgl §§ 10 Abs 5 KWG, 53c Abs 3a VAG). Kennzeichnend für die Gewinnschuldverschreibung ist neben der Beteiligung am Gewinn ein fester und unbedingter Rückzahlungsanspruch zum Nennwert (MünchKomm AktG/*Habersack* Rn 58); die Vereinbarung eines Rangrücktritts ändert daran nichts (insoweit **aA** MünchKomm AktG/*Habersack* Rn 58), wohl aber eine Beteiligung am Verlust oder eine Beschränkung auf den Liquidationserlös; in letzteren Fällen liegt ein Genussrecht vor (MünchKomm AktG/*Habersack* Rn 58; K. Schmidt/Lutter AktG/*Merkt* Rn 59).

93 **d) Abgrenzung zu (Teil-) Gewinnabführungsverträgen.** Genussrechte, auch soweit sie einen Anspruch auf Gewinnbeteiligung enthalten, unterfallen nicht dem § 292 Abs 1 Ziff 2 (*BGH* ZIP 2003, 1789 f; *KG* NZG 2002, 818, 820; *LG Berlin* DB 2000, 2466, 2467; MünchHdb AG/*Krieger* § 63 Rn 55; KölnKomm AktG/*Koppensteiner* § 292 Rn 59; MünchKomm AktG/*Habersack* Rn 72 f; *Busch* AG 1994, 93, 97; *Sethe* AG 1993, 293, 310 f); § 221 ist insoweit lex specialis. Der Unterschied liegt darin, dass

(Teil-) Gewinnabführungsverträge Ausdruck einer Konzernierungsmaßnahme sind und somit einem Konzerninnenverhältnis dienlich sind, während Genussrechte regelmäßig Teil der (Außen-) Unternehmensfinanzierung sind.

3. Rechtsnatur. – a) Dauerschuldverhältnis. Genussrechte sind schuldrechtlicher Natur (Dauerschuldverhältnis, **allgM**, *BGHZ* 119, 305, 309f = NJW 1993, 57; *OLG Frankfurt aM* OLGR Frankfurt 2008, 997; *Hüffer* AktG Rn 26 f mwN; Grigoleit AktG/*Rieder/Holzmann* Rn 23; es handelt sich um abstrakte Verpflichtungen gem § 780 BGB, *Angerer* DStR 1994, 41, 42). Genussrechte **mit Verlustteilnahme** (typisch für Genussrechte mit Eigenkapitalcharakter, Rn 103) werden zT als **stille Gesellschaft** (§§ 230 ff HGB) qualifiziert (*Meilicke* BB 1987, 1609, 1611 und BB 1989, 465; MünchKomm AktG/*Habersack* Rn 89; Geßler/Hefermehl/Eckardt/Kropff AktG/*Karollus* Rn 279); diese Ansicht ist abzulehnen, da es an der für eine stille Gesellschaft erforderlichen Förderung eines gemeinsamen Zwecks fehlt (Spindler/Stilz AktG/*Seiler* Rn 30; **aA** K. Schmidt/Lutter AktG/*Merkt* Rn 45: Verlustteilnahme sei zwingendes Indiz für eine stille Gesellschaft); das Genussrecht erschöpft sich in einem geldwerten Anspruch (*BGHZ* 156, 38 = NZG 2003, 1023 = AG 2003, 625; 626; KölnKomm AktG/*Lutter* Rn 232; *Sethe* AG 1993, 293, 297; *Angerer* DStR 1994, 41, 44).

94

b) Sorgfaltspflichten. Zweifelhaft ist, ob den Genussrechtsinhabern im Falle des Verlusts des Genussrechtskapitals wg **fehlerhaften Vorstandshandelns** Schadensersatzansprüche gegen die AG zustehen. Der BGH (*BGHZ* 119, 305, 330ff = NJW 1993, 57 – „**Klöckner**" – für aktienähnliche Genussrechte) und die **hM** in der Literatur (*Hüffer* AktG Rn 27; MünchKomm AktG/*Habersack* Rn 122, 272 ff; *Lutter* ZGR 1993, 302) bejahen dies zutr, da aus dem Charakter als Dauerschuldverhältnis auch die Regeln des allgemeinen Schuldrechts anwendbar sind (Regeln der Vertragsverletzung, § 280 iVm § 31 BGB), wobei keine Unterscheidung nach dem Inhalt der Genussrechte (zB ob mit oder ohne Verlustteilnahme, Eigen- oder Fremdkapital, etc) gezogen werden sollte (vgl MünchKomm AktG/*Habersack* Rn 122, 274). Als **Haftungsmaßstab** ist § 93 mit einem weiten unternehmerischen Ermessen (§ 76 Abs 1) maßgebend; der *BGH* (*BGHZ* 119, 305, 330ff = NJW 1993, 57) fordert als Voraussetzung eines **Schadensersatzanspruchs** „kaufmännisch schlechthin unseriöses und verantwortungsloses" Vorstandshandeln; dies ist zB der Fall, wenn gegen den satzungsmäßigen Unternehmenszweck verstoßen wird. Ansprüche direkt gegen Organmitglieder bestehen nur im Falle deliktischen Handelns (§§ 826, 823 Abs 2 BGB; MünchKomm AktG/*Habersack* Rn 277); § 93 Abs 5 findet nach *BGHZ* 119, 305, 330ff = NJW 1993, 57 keine Anwendung, vielmehr gelangt der BGH im Wege der Anwendung von § 31 BGB offensichtlich über einen deliktischen Haftungstatbestand zu einer Schadensersatzpflicht der Gesellschaft; weitergehend *Habersack* ZHR 155 (1991), 378, 388 ff, der eine Haftung nach allgemeinen Regeln der Vertragsverletzung für möglich hält.

95

c) Inhaltskontrolle. Wegen des schuldrechtlichen Charakters unterwirft der BGH (*BGHZ* 119, 305, 312 = NJW 1993, 57 – „**Klöckner**": im konkreten Fall hat der BGH eine Herabsetzung des Genussrechtskapitals zusammen mit einer Herabsetzung des Grundkapitals wg Drohverlustrückstellungen für zulässig erachtet; ebenso **hM**, *OLG Düsseldorf* AG 1991, 438, 439 f (Vorinstanz zu „Klöckner"); Spindler/Stilz AktG/*Seiler* Rn 168; K. Schmidt/Lutter AktG/*Merkt* Rn 74; KölnKomm AktG/*Lutter* Rn 221; Geßler/Hefermehl/Eckardt/Kropff AktG/*Karollus* Rn 361 ff; *Hüffer* AktG Rn 35 mwN; **aA** zB *Ekkenga* ZHR 160 (1996), 59 ff) Genussrechte einer Inhaltskontrolle,

96

wenn die Genussrechtsbedingungen vorformuliert für eine Vielzahl von Verträgen verwendet werden. Dies ist mE abzulehnen. Zum einen gilt entgegen der hM die **Bereichsausnahme** des **§ 310 Abs 4 S 1 BGB**. Zwar sind Genussrechte schuldrechtliche Verträge; die Genussrechtsinhaber (ebenso wie die Inhaber von Wandel- und Gewinnschuldverschreibungen) treten aber in Konkurrenz zu den Rechten der Aktionäre, es entsteht eine typische Gefährdungslage für die mitgliedschaftlichen Rechte, so dass Genussrechte der aktienrechtlichen Regelung des § 221 unterworfen sind; daher handelt es sich um Verträge „auf dem Gebiet des Gesellschaftsrechts" iSd § 310 Abs 4 S 1 BGB (ebenso *Vollmer/Lorch* ZBB 1992, 44, 48 für „aktienähnliche Genussrechte", obligationsähnliche Genussrechte sollen dagegen einer Inhaltskontrolle unterliegen; Bundschuh/Hadding/Schneider Recht und Praxis der Genußscheine/ *Reusch* 1987, S 21, 24: Inhaltskontrolle nur gem §§ 134, 242 BGB). Selbst wenn man die Bereichsausnahme nicht anwenden möchte, wäre die Inhaltskontrolle letztlich gem § 307 Abs 3 S 1 BGB mit Ausnahme des **allgemeinen Transparenzgebotes** (§ 307 Abs 1 S 2 BGB – hierunter würden zB Befugnisse zur einseitigen Änderung der Genussrechtsbedingungen fallen, vgl MünchKomm AktG/*Habersack* Rn 261) – obsolet, da der Inhalt von Genussrechten gesetzlich nicht definiert ist und somit praktisch alle Regelungen in den Genussrechtsbedingungen der **Leistungsbeschreibung** dienen; eine Unterscheidung zwischen Hauptpflichten (die nicht der Inhaltskontrolle unterliegen) und Nebenpflichten oder „Leistungsbegrenzungen" (s dazu K. Schmidt/Lutter AktG/*Merkt* Rn 75) ist mangels gesetzlichem Leitbild nicht praktikabel (so aber zB MünchKomm AktG/*Habersack* Rn 259; Spindler/Stilz AktG/*Seiler* Rn 169; **aA** auch *Hüffer* AktG Rn 35, der umgekehrt die Inhaltskontrolle auch auf Nebenpflichten anwenden möchte). Abzulehnen ist auch eine vermittelnde Ansicht, die zwischen „aktienähnlichen" Genussrechten (nur „gesellschaftsrechtliche" Inhaltskontrolle gem §§ 134, 242 BGB) und „obligationsähnlichen" Genussrechten (Inhaltskontrolle gem §§ 305 ff BGB) unterscheidet (vgl *Vollmer/Lorch* ZBB 1992, 44,48), da dies zu unüberwindlichen Abgrenzungsproblemen führt. Eine Inhaltskontrolle gem §§ 305 ff BGB ist auch für **Wandel- und Gewinnschuldverschreibungen** abzulehnen; zwar sind diese eine spezielle Form des gesetzlich in §§ 488 ff BGB geregelten Darlehens, da sie jedoch in typische Aktionärsrechte eingreifen und diese Gefährdungslage in § 221 gesellschaftsrechtlich geregelt ist, greift auch hier die Bereichsausnahme des § 310 Abs 4 BGB (Rn 32a; generell abl zu einer Inhaltskontrolle auch *Ekkenga* ZHR 160 (1996), 59 ff). Zur Einbeziehung von ABG bei Primäremissionen und beim Zweiterwerber, falls man eine Inhaltskontrolle mit der **hM** bejahen möchte, vgl MünchKomm AktG/ *Habersack* Rn 256. Freilich wird man in der Praxis nicht um die Beachtung der Rechtsprechung zur Inhaltskontrolle umhin kommen; zu einzelnen Klauseln s Spindler/Stilz AktG/*Seiler* Rn 171 ff.

III. Ausgestaltung von Genussrechten

97 **1. Rechte der Genussrechtsinhaber.** Mangels gesetzlicher Vorgabe werden die Rechte der Genussrechtsinhaber durch vertragliche Vereinbarungen in den Genussrechtsbedingungen begründet. Lediglich bestimmte Mindestrechte bestehen nach allgemeinen Rechtsgrundsätzen, wenn die Genussrechtsbedingungen dazu schweigen (zB eine **Rechenschaftspflicht** im Falle der Gewinnbeteiligung, vgl § 259 BGB). Genussrechte begründen keine Mitgliedschaft und enthalten deshalb insb kein Stimmrecht (*Henn* Aktienrecht Rn 1296); sollten dennoch in den Bedingungen mitgliedschaftliche Rechte (wie zB Stimmrechte) vorgesehen sein, sind die Genussrechtsbedingungen insoweit wg Verstoßes gegen aktienrechtliche Vorschriften unwirksam (§§ 134 BGB, 23 Abs 5, 139 AktG, näher Rn 91).

a) Beteiligung am Gewinn. Typischerweise (MünchKomm AktG/*Habersack* Rn 65, 94) begründen Genussrechte eine Beteiligung am Gewinn; dass ggf neben einer Beteiligung am Gewinn eine feste Mindestverzinsung vorgesehen ist, hindert die Anwendung des § 221 Abs 3 nicht (KölnKomm AktG/*Lutter* Rn 202; MünchKomm AktG/ *Habersack* Rn 94). Insoweit kann aber eine Abgrenzung zu einem **nachrangigen Darlehen** mit gewinnabhängiger Verzinsung problematisch sein. Wenn die Rechteinhaber am Verlust teilnehmen oder (abgesehen von einem evt Nachrang) keine unbedingte Rückzahlung des Genussrechtskapitals vorgesehen ist, handelt es sich regelmäßig um Genussrechte, ansonsten ist eine Qualifizierung als **partiarisches Darlehen** möglich (KölnKomm AktG/*Lutter* Rn 233; MünchKomm AktG/*Habersack* Rn 93; zum partiarischen Darlehen MünchKomm HGB/*Schmidt* § 230 Rn 58). Diese Unterscheidung hat hohe Tragweite, da eine Darlehensaufnahme als Geschäftsführungsmaßnahme allein durch den Vorstand verantwortet wird, während die Begebung von Genussrechten die Mitwirkung der HV erfordert. Richtigerweise liegt im Falle einer bloß **gewinnabhängigen Verzinsung**, also einem Festzins, der unter bestimmten Voraussetzungen entfällt (etwa beim Bestehen eines negativen Jahresergebnisses oder ähnlich einem Rangrücktritt eines Bilanzverlustes, s Rn 4) kein Genussrecht vor, es handelt sich um ein Darlehen, auf das § 221 Abs 3 keine Anwendung findet (KölnKomm AktG/*Lutter* Rn 216 f; *Gehling* WM 1992, 1093, 1094; K. Schmidt/Lutter AktG/*Merkt* Rn 76: „**obligationsähnliches Genussrecht**"; wohl auch *Henn* Aktienrecht Rn 1296; **aA** *BGHZ* 120, 141, 145 = NJW 1993, 400, der jedoch für einen Bezugsrechtsausschluss keine sachliche Rechtfertigung fordert; MünchKomm AktG/*Habersack* Rn 100; Geßler/Hefermehl/Eckardt/Kropff AktG/*Karollus* Rn 297; *Sethe* AG 1993, 293, 298; *Busch* AG 1994, 93, 95; *Hüffer* AktG Rn 25b; Spindler/Stilz AktG/*Seiler* Rn 64 zur vergleichbaren Situation bei Gewinnschuldverschreibungen s Rn 68). Als Bemessungsgrundlage für eine unter § 221 fallende **gewinnorientierte Verzinsung** (s Rn 5) oder Gewinnbeteiligung kann der Jahresüberschuss, der ausschüttungsfähige Gewinn, der Bilanzgewinn oder der Dividendenbezug vorgesehen werden, ebenso wie andere renditeorientierte Finanzkennzahlen oder das Ergebnis einzelner Unternehmenssparten oder sogar einzelner Wirtschaftsgüter (MünchKomm AktG/*Habersack* Rn 95; KölnKomm AktG/ *Lutter* Rn 208) oder Gewinngrößen anderer Konzerngesellschaften (vgl K. Schmidt/ Lutter AktG/*Merkt* Rn 71); näher Rn 6 ff.

b) Beteiligung am Verlust. Da Genussrechte typischerweise Risikokapital sind, ist regelmäßig eine Beteiligung am Verlust vorgesehen (vgl Rn 107), oft verbunden mit einer Besserungsabrede, nach der spätere Gewinne das Genussrechtskapital wieder auffüllen (*BGHZ* 119, 305, 313 f = NJW 1993, 57 – „**Klöckner**"; BGH DStR 2007, 539, 549; siehe auch Rn 98, 135); ist eine solche Aufholung in den Anleihebedingungen nicht ausdrücklich vereinbart, ist zweifelhaft, ob sich diese aus einer ergänzenden Vertragsauslegung ergeben kann (so Spindler/Stilz AktG/*Seiler* Rn 181). Die Verlustbeteiligung kann zusätzlich von einer **Kapitalherabsetzung** zur Verlustdeckung abhängig gemacht werden. Regelmäßig wird in diesem Fall entsprechend den Genussrechtsbedingungen für die Verlustteilnahme ausreichend sein, dass die Verluste bis zum Laufzeitende der Genussrechte entstanden sind, auch wenn die Kapitalherabsetzung erst in der Hauptversammlung nach dem entsprechenden Bilanzstichtag beschlossen wurde (§§ 222, 229), wobei es auf den Zeitpunkt der Eintragung (§ 224) nicht ankommt; im Übrigen können derartige Regelungen in den Genussrechtsbedingungen frei vereinbart werden (s Rn 135), im Falle von Unklarheiten müssen die Bedingungen ausgelegt werden (*BGH* DStR 2007, 539, 540). Wirksam ist auch eine Regelung, demgemäß die Genussrechte zwar an einer Kapitalherabsetzung, nicht aber an einer gleichzeitig (§ 235) oder später beschlossenen Kapitalerhöhung teilnehmen, dh keine **Wiederauffüllung des Genusskapitals** vorgesehen ist (*BGH* aaO; teilweise werden derartige Vereinbarungen gem § 307 BGB als unwirksam angesehen, zB K. Schmidt/Lutter AktG/*Merkt* Rn 64), und zwar selbst dann, wenn dadurch das Genussrechtskapital auf Null sinkt und die Genussrechte erlöschen (zw K. Schmidt/Lutter AktG/*Merkt* Rn 61, 62). Ist in den Genussrechtsbedingungen eine Verzinsung des Genussrechtskapitals vorgesehen, sollte klargestellt werden, ob die Verminderung des Genussrechtskapitals auch die Verzinsung entsprechend ändert (Spindler/Stilz AktG/*Seiler* Rn 35).

99 **c) Beteiligung am Liquidationserlös.** Genussrechte können eine Beteiligung am Liquidationserlös vorsehen (zur steuerlichen Problematik Rn 113). Möglich ist auch eine Beteiligung am sog Liquidationsmehrerlös (vgl MünchKomm AktG/*Habersack* Rn 114; KölnKomm AktG/*Lutter* Rn 211).

100 **d) Bezugsrechte.** Genussrechte können Bezugsrechte auf Aktien vorsehen, sog **Wandel-** oder **Optionsgenussrechte**; gleichermaßen können Bezugsrechte auf andere Titel iSd § 221 vereinbart werden (vgl MünchKomm AktG/*Habersack* Rn 117). Wirtschaftlich kann es sich in derartigen Fällen um Wandel- oder Optionsanleihen handeln; letztlich kann die Abgrenzung zwischen Genussrechten iSd § 221 Abs 3 und Wandel- bzw Optionsanleihen (vgl MünchKomm AktG/*Habersack* Rn 116) jedoch dahinstehen, da auf beide Instrumente die gleichen Vorschriften anwendbar sind. Für die Erfüllung der Umtauschrechte von Wandelgenussrechten durch Schaffung bedingten oder genehmigten Kapitals gelten die gleichen Grundsätze wie bei Wandel- oder Optionsanleihen (§§ 221 Abs 3 und 1, Rn 51 ff).

101 **e) Sonstige Rechte.** Den Genussrechtsinhabern können weitere Rechte eingeräumt werden. IRv Poolkonstruktionen zur Mittelstandsfinanzierung (Rn 84) ist zB häufig das Recht der Genussrechtsinhaber zur Einsetzung eines Sanierers (**„Recovery Managers"**) unter bestimmten Voraussetzungen vorgesehen. Stets ist dabei darauf zu achten, dass solche Rechte nicht in unzulässigem Maße in Konkurrenz zu Aktionärsrechten treten, wodurch die Genussrechte wg der Sperrwirkung der §§ 139 ff nichtig sein können (Rn 91; vgl MünchKomm AktG/*Habersack* Rn 118).

102 **2. Ausgestaltung als Eigen- oder Fremdkapital.** Wegen ihres schuldrechtlichen Charakters sind Genussrechte zivilrechtlich Fremdkapital (*Brüggemann/Lühn/Siegel* KoR 2004, 340, 343). Je nach Ausgestaltung können Genussrechte aber auch eigenkapitalähnliche Vermögensrechte gewähren (*Brüggemann/Lühn/Siegel* KoR 2004, 340, 343), wie etwa Optionsrechte auf Aktien (dann handelt es sich um hybride Finanzinstrumente). Je nach der konkreten Ausgestaltung sind Genussrechte als Eigen- oder Fremdkapital zu bilanzieren. Diese Qualifizierung richtet sich nach den jeweils anwendbaren Bilanzierungsvorschriften (va HGB oder IAS/IFRS). Die viel diskutierte Frage, ob Genussrechte mit Eigenkapitalcharakter überhaupt zulässig sind, geht von vornherein in die falsche Richtung, denn dies ist richtigerweise allein eine Frage der jeweils anwendbaren Bilanzierungsvorschriften, die von der Frage der aktienrechtlichen Zulässigkeit zu trennen ist. Die Sperrwirkung der §§ 139 ff, mit der viele

Autoren die Zulässigkeit von Genussrechten mit Eigenkapitalcharakter verneinen, ist aktienrechtlicher Natur (Rn 91), während die Qualifizierung als Eigen- oder Fremdkapital bilanzrechtlicher Natur ist. Auch der *BGH* hält in seiner **„Klöckner"**-Entscheidung Genussrechte mit Eigenkapitalcharakter ausdrücklich für zulässig (*BGHZ* 119, 305 = NJW 1993, 57).

a) Eigenkapital. Die Qualifizierung als Eigenkapital kann insb zur Bilanzbereinigung in Sanierungsfällen wichtig sein, etwa wenn Kreditverbindlichkeiten in Wandelgenussrechte umgewandelt werden (s Rn 87). Gemeinhin wird die Bedeutung der Frage jedoch überschätzt, da Analysten bei der Beurteilung der Kreditwürdigkeit und Bilanzrelationen immer hinter die bilanztechnische Qualifizierung sehen und die Details der Genussrechtsbedingungen unabhängig von der Bilanzierung genau analysieren werden. Nach dem **materiellen Eigenkapitalbegriff** hängt die bilanzielle Qualifikation von der Langfristigkeit der Kapitalüberlassung und der Haftungsqualität als „Verlustpuffer" ab. **103**

aa) HGB. Hybride Finanzinstrumente sind entweder als Eigen- oder Fremdkapital zu qualifizieren (§§ 247 Abs 1, 266 Abs 3 HGB). Die Schaffung eines Sonderpostens zwischen Eigen- und Fremdkapital ist trotz § 265 Abs 5 S 2 HGB nicht möglich (eingehend *Brüggemann/Lühn/Siegel* KoR 2004, 340, 347; **aA** zB *Knobbe-Keuk* Bilanz- und UnternehmensStR S 107 f). Im Falle einer Qualifizierung als Eigenkapital erfolgt ein Ausweis zum Emissionserlös in einem gesonderten Posten des Eigenkapitals (§ 265 Abs 5 S 2 HGB), und zwar nach dem gezeichneten Kapital, den Gewinnrücklagen oder als letzter Posten des Eigenkapitals (*IDW* HFA 1/1994 Tz 2.1.3, abgedr. in WPg 1994, 412 ff; *Brüggemann/Lühn/Siegel* KoR 2004, 340, 350; BeckBil-Komm/*Hoyos/Ring* § 266 HGB Rn 216; *Stadler* NZI 2003, 579, 581). Im Anhang sind Angaben zur Ausgestaltung der Genussrechte erforderlich (§ 160 Abs 1 Ziff 6). Erforderlich ist für eine Bilanzierung als Eigenkapital nach HGB (i) Nachrangigkeit gegenüber Gläubigern im Insolvenz- oder Liquidationsfall, (ii) Leistung laufender Zahlungen nur aus dem Gewinn, dh Erfolgsabhängigkeit der Vergütung (iii) Verlustteilnahme zur vollen Höhe und (iv) langfristige Kapitalüberlassung (*Stadler* NZI 2003, 579, 580 mwN; Beck-BilKomm/*Hoyos/Ring* § 247 HGB Rn 228; *Adler/Düring/Schmaltz* § 266 HGB Rn 195; *Brüggemann/Lühn/Siegel* KoR 2004, 340, 348; *Kraft* ZGR 2008, 324, 351; *IDW* HFA 1/1994 Tz 2.1.1, abgedr in WPg 1994, 412 ff). **104**

(1) Nachrangigkeit. Diese ist unumstr Erfordernis der Haftungsqualität des Eigenkapitals. Sie muss in den Genussrechtsbedingungen durch eine Rangrücktrittserklärung sichergestellt werden (*Brüggemann/Lühn/Siegel* KoR 2004, 340, 348), so dass der Genussrechtsinhaber im Insolvenz- oder Liquidationsfall einen etwaigen Rückzahlungsanspruch erst nach Befriedigung aller (auch nachrangigen) Gläubiger geltend machen kann. **105**

(2) Erfolgsabhängigkeit der Vergütung. Grds darf die Eigenkapitalvergütung nur aus dem Gewinn bezahlt werden; eine erfolgsunabhängige Mindestvergütung ist mit einem Eigenkapitalausweis nicht vereinbar. Teilweise wird dies für die Rechtsform der GmbH anders gesehen, solange nur das Stammkapital gem § 30 GmbHG erhalten bleibt, während bei der AG § 57 Abs 2 explizit die Vereinbarung einer festen Vergütung verbiete (so *Brüggemann/Lühn/Siegel* KoR 2004, 340, 348; *Emmerich* in Scholz GmbHG § 29 Rn 88; *Baumbach/Hueck* GmbHG § 29 Rn 62; *Lutter/Hommelhoff* GmbHG § 29 Rn 47). Richtigerweise folgt dies aber nicht erst aus § 57 Abs 2, sondern **106**

dem allgemeinen Charakter des Eigenkapitals, da § 57 nur Aktien betrifft (der *IDW* HFA 1/1994 Tz 2.1.1 b), abgedr in WPg 1994, 412 ff, stellt darauf ab, ob die Vergütung der Genussrechte nur aus Eigenkapitalbestandteilen ausbezahlt werden darf, die nicht bes gegen Ausschüttungen geschützt sind.

107 **(3) Teilnahme am Verlust.** Diese folgt aus der Haftungsqualität des Eigenkapitals; nicht erforderlich ist eine Nachschuss- oder Ausgleichspflicht der Genussrechtsinhaber, wohl aber eine Verrechnung von Verlusten mit dem Genussrechtskapital, wobei eine Verrechnung mit als Eigenkapital ausgewiesenen Genussrechten vorrangig gegenüber einer Minderung von bes zu schützenden Eigenkapitalbestandteilen ist (*Brüggemann/Lühn/Siegel* KoR 2004, 340, 349; *IDW* HFA 1/1994 Tz 2.1.1 b), abgedr in WPg 1994, 412 ff), wie insb der gesetzlichen Rücklage gem § 150.

108 **(4) Langfristigkeit der Kapitalüberlassung.** Diese wird regelmäßig durch ein Kündigungsrecht des Genussrechtsinhabers ausgeschlossen, da durch dessen Ausübung eine unbedingte Rückzahlungsverpflichtung der Gesellschaft entsteht; etwas anderes gilt dann, wenn die Gesellschaft im Falle der Ausübung des Kündigungsrechts ihrerseits die Ausübung des Umtauschrechts verlangen kann oder das Kündigungsrecht erst nach einem „langen Zeitraum" ausgeübt werden kann (*Stadler* NZI 2003, 579, 580), was nach hM bei einem Ausschluss des Kündigungsrechts für 20 Jahre der Fall ist (*Stadler* NZI 2003, 579, 580; *Widmayer* IStR 2001, 337, 339; *Müller/Reinke* WPg 1995, 569, 571); in der Lit werden verschiedene Mindestlaufzeiten von 15–25 Jahren genannt (vgl *Emmerich/Naumann* WPg 1994, 683; *Brüggemann/Lühn/Siegel* KoR 2004, 340, 349), zT wird eine Einzelfallentscheidung gefordert (vgl *Adler/Düring/Schmaltz* § 266 HGB Rn 195; *Küting/Kessler* BB 1994, 2103, 2112 und *Wengel* DStR 2000, 395, 397 halten in Anlehnung an § 10 Abs 5 S 1 Ziff 3 KWG eine Kapitalüberlassungsdauer von fünf Jahren für ausreichend, s auch K. Schmidt/Lutter AktG/*Merkt* Rn 66; dieser Vergleich ist jedoch nicht zielführend, da der Regelungszweck des § 10 KWG den speziellen Fall der Eigenmittelausstattung von Kreditinstituten betrifft).

109 **bb) IAS/IFRS.** Auch nach IAS gilt der materielle Eigenkapitalbegriff (*„Substance over Form"*, IAS 32.18 ff; *Lüdenbach/Hoffmann* BB 2004, 1042, 1044). Hierfür ist entscheidend, ob eine (auch nur in Form eines Kündigungsrechts der Inhaber) potentielle Rückzahlungsverpflichtung besteht, dh eine Qualifizierung als Eigenkapital ist nur bei **unbegrenzter Laufzeit ohne Kündigungsrecht der Genussrechtsinhaber** möglich (*Stadler* NZI 2003, 579, 580; *Brüggemann/Lühn/Siegel* KoR 2004, 389, 394; *Leuschner/Weller* WPg 2005, 261, 264); eine „Langfristigkeit" der Kapitalüberlassung (Rn 108) genügt im Gegensatz zu den HGB-Regeln nicht, das Genussrecht müsste als „Perpetual Bond" ohne Kündigungsmöglichkeit durch den Inhaber ausgestaltet sein (*Kraft* ZGR 2008, 324, 350), was allerdings die steuerliche Abzugsfähigkeit der Gewinnbeteiligung ausschließen würde (s Rn 113). IAS sind nach dem materiellen Eigenkapitalbegriff auch insoweit strenger, als eine Bilanzierung als Eigenkapital selbst dann ausgeschlossen sein kann, wenn eine Rückzahlungs*verpflichtung* der Gesellschaft nicht vorliegt; dies etwa dann, wenn die Gesellschaft unter bestimmten Voraussetzungen *berechtigt* (aber nicht verpflichtet) ist, die Genussrechte zurückzuzahlen, und aufgrund der wirtschaftlichen Umstände ein Gebrauch des Rückzahlungsrechtes zu erwarten ist, etwa weil der Rückzahlungsbetrag den Wert der Genussrechte (zB im Fall eines Umtauschrechtes in Aktien) deutlich unterschreitet. Nach einem *Exposure Draft* soll diese Regelung allerdings gekippt werden, indem in Zukunft ein bloßes faktisches Rückzahlungs*recht*, selbst wenn dessen Ausübung zu erwarten ist, einer Bilanzierung als Eigenkapital nicht im Wege stehen soll (Exposure Draft IAS 32.19; dazu *Lüdenbach/Hoffmann* IAS Praxiskommentar 2003 §20 Rn 9). Nach den vorgenannten Grundsätzen wird eine Bilanzierung von Genussrechten als Eigenkapital nur selten in Betracht kommen. Zur Folgebewertung (nach fortgeführten Buchwerten oder dem jeweiligen Zeitwert, sog „Fair Value Option") s Rn 75, dazu *Brüggemann/Lühn/Siegel* KoR 2004, 389, 394. Zu beachten ist, dass die Zinsschranke regelmäßig auf der Basis des IFRS Konzernabschlusses zu beurteilen ist (§ 4h Abs 2 lit c S 8 EStG).

b) Fremdkapital. Sind die oben genannten Kriterien nicht kumulativ erfüllt, erfolgt **110** ein Ausweis als Fremdkapital. Im HGB Abschluss ist ein Fremdkapitalausweis zum Rückzahlungsbetrag bei den Verbindlichkeiten erforderlich, wobei sowohl die Bildung eines gesonderten Postens (§ 265 Abs 5 S 2 HGB) als auch ein Ausweis im Unterposten „Anleihen" (sinnvollerweise mit einem „davon"-Vermerk, WP Hdb 2006 I Abschn F Rn 350) zulässig ist (*Brüggemann/Lühn/Siegel* KoR 2004, 340, 350; IDW HFA 1/1994 Tz 2.1.3), abgedr in WPg 1994, 412ff). Sonstige Angaben im Anhang gem § 160 Abs 1 Ziff 6. Im IFRS Abschluss ist ein gesonderter Ausweis innerhalb der sonstigen Verbindlichkeiten empfehlenswert (IAS 1.69; *Brüggemann/Lühn/Siegel* KoR 2004, 389, 394).

3. Behandlung der Gewinnbeteiligung. – a) Handelsrecht. Die Gewinnbeteiligung **111** der Genussrechtsinhaber ist handelsrechtlich stets als Aufwand zu behandeln, und zwar selbst im Falle einer Bilanzierung als Eigenkapital (*Stadler* NZI 2003, 579, 583; *Widmayer* IStR 2001, 337, 339; *Küting/Kessler/Harth* Beil zu BB Heft 8/1996, 1, 9; IDW HFA 1/1994 Tz 2.2.2 a, abgedr in WPg 1994, 412ff). Dabei ist im Falle eines Eigenkapitalausweises des Genussrechtskapitals ein gesonderter Ausweis des Aufwandes in der GuV erforderlich, im Falle einer Bilanzierung als Fremdkapital handelt es sich um „Zinsen und ähnliche Aufwendungen" (*Stadler* NZI 2003, 579, 583 Fn 45; IDW HFA 1/1994 Tz 2.2.1a) und Tz 2.2.2 a, abgedr in WPg 1994, 412 ff. Ist eine **Verlustteilnahme** vorgesehen, wird im Falle einer Bilanzierung als Fremdkapital die Rückzahlungsverpflichtung vermindert, es ist ein „Ertrag aus Verlustübernahme" zu vereinnahmen (IDW HFA 1/1994 Tz 2.2.1 b), abgedr in WPg 1994, 412 ff, im Falle einer Bilanzierung als EK handelt es sich um eine ertragsneutrale „Entnahme aus Genussrechtskapital" (IDW HFA 1/1994 Tz 2.2.2 b), abgedr in WPg 1994, 412 ff.

b) Einkommensteuer. Einkommensteuerlich ist die handelsrechtliche Einstufung als **112** Eigen- oder Fremdkapital nicht zwingend entscheidend:

aa) Bei der Gesellschaft. Bei der Gesellschaft wird ein Abzug der Gewinnbeteiligung **113** als Aufwand nur dann anerkannt, wenn eine Beteiligung der Genussrechte am Liquidationserlös nicht vorgesehen ist (§ 8 Abs 3 S 2 KStG Schmidt EStG/*Weber-Grellet* § 5 Rn 550, Stichwort ‚Genussrechte'), ohne dass es dabei auf die handelsrechtliche Einordnung als Fremd- oder Eigenkapital ankommt (*Stadler* NZI 2003, 579, 583). Andernfalls ist die Gewinnbeteiligung der Genussrechtsinhaber Teil der Gewinnverwendung (*Streck* Komm zum KStG 2003 § 8 Anm 58; *Hüffer* AktG Rn 80; *Bluemich* EStG § 5 Rn 920 Stichwort „Genussrechte"). Nach dem eindeutigen Wortlaut des § 8 Abs 3 S 2 KStG kann das Abzugsverbot in der Praxis also allein dadurch vermieden werden, dass dem Genussrechtsinhaber eine Beteiligung am Liquidationserlös verweigert wird, was für diesen idR zu verschmerzen ist (insb auch in Fällen, in denen die Genussrechte als Sanierungsinstrument dienen, s dazu *Stadler* NZI 2003, 579, 583). Die abweichende Ansicht der *Finanzverwaltung* (*BMF* Nichtanwendungserlass v 27.12.1995, BStBl 1996 I, 49 = WPg 1996, 247), dass eine Beteiligung am Liquidationserlös isd § 8 Abs 3 S 2 KStG bereits dann vorliegt, wenn die Rückzahlung des Genussrechtskapitals vor der Liquidation nicht verlangt werden kann, insb wenn dem Genussrechtsinhaber kein Kündigungsrecht zusteht, ist abzulehnen (*BFH* BStBl 1996 II 77; *Stadler* NZI 2003, 579, 583; *Knobbe-Keuk* BB 1987, 341; *Frotscher/Maas* Komm zum KStG § 8 Rn 125; vgl auch *Häuselmann* BB 2003, 1531, 1533; MünchKomm AktG/*Habersack* Rn 367, 368; *Angerer* DStR 1994, 41, 42). Zu beachten ist, dass auch Vergütungen auf Genusskapital, das steuerlich als Fremdkapital gilt, der Zinsabzugsbeschränkung unterliegt (§ 4h Abs 3 S 2 EStG).

114 bb) Beim Genussrechtsinhaber. Beim Inhaber der Genussrechte liegen Einkünfte aus Kapitalvermögen gem **§ 20 Abs 1 Ziff 1 EStG** vor, wenn eine Beteiligung am Gewinn und Liquidationserlös gegeben ist, bei der Gesellschaft also ein Abzugsverbot vorliegt; dies gilt gleichermaßen für verbriefte und unverbriefte Genussrechte (Schmidt EStG/*Weber-Grellet* § 20 Rn 52; *BFH* BStBl 1996 II, 77; vgl *BMF* Nichtanwendungserlass v 27.12.1995, BStBl 1996 I, 49 = WPg 1996, 247; Hüffer AktG Rn 81). Eine Mitunternehmerschaft zwischen Genussrechtsinhaber und der AG liegt regelmäßig mangels Mitwirkungsrechtes des Genussrechtsinhabers nicht vor (*Rengers* in Bluemich KStG § 8 Rn 195; vgl auch *Stuhrmann* in Bluemich EStG § 15 Rn 336; *Haas* BB 1982, 1537 f); denkbar ist jedoch eine **Qualifizierung als vGA isd § 8 Abs 3 KStG**, wenn der Genussrechtsinhaber beherrschender Aktionär ist (Bluemich KStG/*Rengers* § 8 Rn 215). Ist eine Körperschaft Inhaber von Genussrechten isd § 8 Abs 3 S 2 KStG, greift (anders als bei Wandel- und Optionsanleihen) die 95 %ige **Steuerbefreiung gem § 8b Abs 1 KStG** (*BMF* Schreiben v 28.4.2003 zu § 8b KStG, Tz 24, abgedr in DStR 2003, 881 ff). Früher ergaben sich daraus interessante internationale Gestaltungsmöglichkeiten, wenn die Gesellschaft in einem Land ansässig ist, das trotz einer Beteiligung am Liquidationserlös einen Abzug zulässt, während der Genussrechtsinhaber im Inland die Steuerbefreiung des § 8b Abs 1 KStG in Anspruch nehmen kann; diese Gestaltung ist nunmehr durch das JStG 2013 durch die Einführung des **Korrespondenzprinzips** ausgeschlossen, da § 8b Abs 1 S 1 KStG nur noch für Bezüge anwendbar ist, soweit sie das Einkommen der leistenden Körperschaft nicht gemindert haben (§ 8b Abs 1 S 2 KStG, dazu ausführlich *Becker/Loose* IStR 2012, 758). Auf Zahlungen für Genussrechte, die nicht kumulativ eine Beteiligung am Gewinn und Liquidationserlös vorsehen, ist **§ 20 Abs 1 Ziff 7 EStG** anwendbar (*Weber-Grellet* in Schmidt EStG § 20 Rn 52); im Falle von Genussrechten als Mittel der Arbeitnehmerbeteiligung können sie als Einkünfte aus nichtselbstständiger Arbeit mit der Folge der betragsmäßig beschränkten Steuerfreiheit gem § 19a Abs 1 EStG und § 2 Abs 1 Ziff 1 lit l 5. VermBG qualifiziert werden (*Hüffer* AktG Rn 81; Schmidt EStG/*Weber-Grellet* § 19a Rn 5, 14). Ausschüttungen auf Genussrechte unterliegen der **Kapitalertragsteuer** (§§ 43 Abs 1 S 1 Ziff 1, 20 Abs 1 Ziff 1 EStG), unabhängig davon, ob sie im Privat- oder Betriebsvermögen gehalten werden (§ 43 Abs 4 EStG); die Erträge unterliegen grundsätzlich der Abgeltungsbelastung von 25 % (§ 32d Abs 1 EStG, su). Gewinne aus der **Veräußerung von Genussrechten im Privatvermögen** sind als private Veräußerungsgeschäfte innerhalb der Spekulationsfrist gem § 23 Abs 1 S 1 Ziff 2 steuerpflichtig. Gewinne aus der Veräußerung von Genussrechten gem § 17 Abs 1 S 3 EStG können als gewerbliche Einkünfte gem § 2 Abs 1 Ziff 2 EStG qualifiziert werden, wobei es entgegen dem Wortlaut des § 17 Abs 1 S 3 EStG („Genussscheine") nicht darauf ankommt, ob die Genussrechte verbrieft sind (*Hüffer*

AktG Rn 81; Schmidt EStG/*Weber-Grellet* § 17 Rn 22; *Littmann* Komm zum EStG § 17 Rn 11; *Sontheimer* BB 1984, Beilage Nr 19 S 2); allerdings ist **§ 17 EStG** wiederum nur anwendbar, wenn die Genussrechte nicht nur eine Beteiligung am Gewinn, sondern auch am Liquidationserlös vorsehen (vgl *BFH* BStBl 1996 II 77 und DStR 2005, 1847, 1848; Schmidt EStG/*Weber-Grellet* § 17 Rn 22; *Hüffer* AktG Rn 81; eine „Nachrangabrede" ist hierfür nicht ausreichend, *BFH* DStR 2005, 1847, 1849), da eine wesentliche Beteiligung (mindestens 1 %) am Kapital der Gesellschaft bestehen muss, also eine Beteiligung am Liquidationserlös *einschließlich* einer Beteiligung an den stillen Reserven. Für Zwecke der Feststellung einer „wesentlichen Beteiligung" ist der Anteil des Genussrechtsinhabers am Liquidationserlös entscheidend (MünchKomm AktG/ *Habersack* Rn 373; *Sontheimer* BB 1984, Beilage Nr 19 S 8; Schmidt EStG/*Weber-Grellet* § 17 Rn 46 fordert eine wesentliche Beteiligung am Gewinn *und* Liquidationserlös). Nach der **Unternehmenssteuerreform 2008** gilt für alle ab dem 1.1.2009 erworbenen Genussrechte, dass Veräußerungsgewinne unabhängig von der Haltedauer steuerpflichtig sind und der Abgeltungssteuer unterliegen (§§ 20 Abs 2 Ziff 1 S 2, 52a Abs 10 EStG); dies gilt nach dem Wortlaut der gesetzlichen Regelung allerdings wiederum nur für Genussrechte, die eine Beteiligung am Gewinn *und* Liquidationserlös beinhalten; ist dies nicht der Fall, dürfte nach wie vor § 23 Abs 1 Ziff 2 EStG anwendbar sein (mit einer auf 10 Jahre erweiterten Spekulationsfrist, falls in mindestens einem Kalenderjahr Einkünfte erzielt werden; anders wohl *BMF* vom 11.10.2007 o Az, BeckVerw 122595: Veräußerungsgewinne seien bei aktien- und obligationsähnlichen Genussrechten stets zum Abgeltungssteuersatz steuerpflichtig). Handelt es sich um **Genussrechte aus einer Arbeitnehmerbeteiligung**, sind damit in Zusammenhang stehende Aufwendungen (einschließlich von Finanzierungskosten für ein Darlehen des Arbeitgebers) als **Werbungskosten** bei den Einkünften aus Kapitalvermögen (nicht aus nichtselbstständiger Arbeit) anzusetzen, auch wenn die Förderung des beruflichen Fortkommens im Vordergrund steht (*FG Rheinland-Pfalz* DStRE 2002, 603; *FG Hamburg* DStRE 2002, 861).

c) Gewerbesteuer. Sofern die Vergütung für die Genussrechtsinhaber bei der Gesellschaft als Betriebsausgaben abziehbar sind (vgl Bluemich GewStG/*Twickel* § 7 Rn 92), findet für Zwecke der Gewerbesteuer eine Hinzurechnung gem § 8 Ziff 1 GewStG für Dauerschulden statt (*Stadler* NZI 2003, 579, 583; *Widmayer* DStR 2001, 337, 341; *Linscheidt* DB 1992, 1852, 1856). Die frühere Streitfrage, ob auch gewinnabhängige Vergütungen der Hinzurechnung unterfallen, hat sich durch die Neufassung des § 8 Ziff 1 GewStG (SteuerreformG 1990) erledigt, indem das Wort „Zinsen" durch „Entgelt" ersetzt worden ist (*Knobbe-Keuk* Bilanz- und UnternehmensStR S 592 f; *Angerer* DStR 1994, 41, 44). Beim Genussrechtsinhaber unterliegen die Ausschüttungen der Gewerbesteuer, wenn die Genussrechte iR eines Gewerbebetriebes gehalten werden. **115**

d) Umsatzsteuer. Umsatzsteuerlich sind sowohl die Veräußerung von verbrieften und unverbrieften Genussrechten (§ 4 Ziff 8 lit c, e UStG) als auch entspr Ausschüttungen (MünchKomm AktG/*Habersack* Rn 376; *Ziebe* BB 1988, 225, 228; *BMF* v 11.9.1986, IV A 3-S 7160–28/86) befreit. **116**

IV. Hauptversammlungsbeschluss. Bezugsrecht

1. Hauptversammlungsbeschluss. Ebenso wie bei Wandel- und Gewinnschuldverschreibungen ist für die Ausgabe von Genussrechten ein HV-Beschluss erforderlich. Die Ausführungen unter Rn 19 ff gelten entspr. Obwohl § 221 Abs 3 seinem Wortlaut **117**

Stadler

nach nicht auf § 221 Abs 2 verweist, ist Abs 2 ebenso wie bei Gewinnschuldverschreibungen (Rn 21, 41) analog anwendbar (**allgM**; *BGH* NJW 1995, 260, 261; *Hüffer* AktG Rn 36; Geßler/Hefermehl/Eckardt/Kropff AktG/*Karollus* Rn 338; MünchHdb AG/*Krieger* § 63 Rn 54; KölnKomm AktG/*Lutter* Rn 81 ff); die Zustimmung der HV ist auch in Form eines bloßen **Ermächtigungsbeschlusses** zulässig, die maximale Dauer der Ermächtigung für fünf Jahre (§ 221 Abs 2 S 1 analog) ist zu beachten. Zur Frage, ob und wie konkret der Zeitraum festgelegt werden muss vgl Rn 27. Die HV kann die Ausgestaltung der Genussrechte im Einzelnen dem Vorstand überlassen, ein bestimmter Mindestinhalt des HV-Beschlusses ist jedoch erforderlich. So muss der **Umfang der Rechte im HV Beschluss** jedenfalls grob umrissen werden, dh eine Festlegung, ob die Genussrechte Aktienbezugsrechte (Wandel-/Optionsgenussrechte), Gewinnbeteiligungen, Teilnahme am Verlust, Beteiligung am Liquidationserlös etc enthalten sollen. Auch ist der Nennbetrag der Genussrechte (zumindest als Höchstbetrag) im HV-Beschluss festzusetzen (*BGH* NJW 1995, 260, 262; **aA** für Wandel-/Optionsanleihen MünchHdb AG/*Krieger* § 63 Rn 10); fehlt diese Angabe, ist der Beschluss nichtig (§ 241 Ziff 3, vgl *BGH* NJW 1995, 260, 262). Im Falle von Wandelgenussrechten genügt nach der neueren Rechtsprechung im Beschluss über die bedingte Kapitalerhöhung gem § 193 Abs 2 Ziff 3 die Angabe eines **Mindestausgabebetrages** (*BGHZ* 181, 144 = NJW-RR 2009, 1196); die genaue Festsetzung des Ausgabebetrages der Bezugsaktien ist nicht erforderlich (anders zB noch *LG Hamburg* v 20.10.2005, BeckRS 2006 Nr 04051; Einzelheiten s Rn 51).

118 **2. Bezugsrecht.** S schon ausführlich oben Rn 55 ff; die Ausführungen gelten im Wesentlichen entspr. Aktionäre haben auf Genussrechte ein gesetzliches Bezugsrecht (§ 221 Abs 3, 4). Unter den Voraussetzungen des § 186 kann das Bezugsrecht ausgeschlossen werden. Da der Inhalt von Genussrechten gesetzlich nicht vorgegeben ist (Rn 83), ist eine bes **einzelfallorientierte Beurteilung der sachlichen Rechtfertigung** eines Bezugsrechtsausschlusses erforderlich. Abzulehnen ist die abweichende Ansicht, eine sachliche Rechtfertigung sei nicht erforderlich, da Genussrechte keinen Eingriff in die mitgliedschaftliche Stellung der Aktionäre darstellen (so zB *LG Bremen* AG 1992, 37; *Hirte* ZIP 1988, 477, 486; wohl auch *Luttermann* DB 1993, 1809, 1813). Der Gesetzgeber selbst hat nämlich mit dem Verweis auf § 186 – einschließlich dessen Abs 4 – die Entscheidung für die Anwendbarkeit der Bezugsrechtsregeln getroffen. Gleichermaßen unrichtig ist die in entgegengesetzter Richtung vertretene Ansicht (*Ebenroth/Müller* BB 1993, 512 ff; *Vollmer/Lorch* DB 1991, 1313; *Wünsch* FS Strasser, S 885 ff), die für Kapitalerhöhungen entwickelten Grundsätze seien gleichermaßen für die sachliche Rechtfertigung auf Genussrechte anzuwenden. Richtigerweise kann der Maßstab der sachlichen Rechtfertigung als Interessenabwägung nur in Abhängigkeit von der konkreten Ausgestaltung der Genussrechte beurteilt werden, dh vom Umfang der Beeinträchtigung der rechtlichen und wirtschaftlichen Position der Aktionäre (*Hüffer* AktG Rn 43; *BGHZ* 120, 141, 146 = NJW 1993, 400 – „Bremer Bankverein"; Geßler/Hefermehl/Eckardt/Kropff AktG/*Karollus* Rn 351; MünchHdb AG/*Krieger* § 63 Rn 55; wohl auch KölnKomm AktG/*Lutter* Rn 58 ff).

119 **Einzelfälle:** Bei **obligationsähnlichen Genussrechten** sind nach Ansicht des BGH (im konkreten Fall sahen die Genussrechte eine nachrangige fixe Verzinsung mit Verlustteilnahme und ohne Teilhabe am Liquidationserlös vor) jegliche vernünftige und nachvollziehbare Gründe für einen Bezugsrechtsausschluss ausreichend, wenn der Zinssatz im Vergleich zum üblichen Fremdkapitalzinssatz angemessen ist (vgl *BGHZ*

120, 141, 149 = NJW 1993, 400 – „**Bremer Bankverein**"). Ist dagegen ein vorrangiges Recht am Liquidationserlös und eine vorrangige „**gewinnorientierte Verzinsung**" mit der Gefahr einer „Nulldividende" vorgesehen, sind an die sachliche Rechtfertigung strengere Anforderungen zu stellen, da das Gewinnbezugsrecht der Aktionäre unmittelbar beeinträchtigt ist (MünchKomm AktG/*Habersack* Rn 187; unklar *OLG Bremen* WM 1991, 1920, 1924). **Beteiligung am Liquidationserlös**: beeinträchtigt unmittelbar Eigentümerposition, daher erhöhte Anforderungen. **Umtauschrecht in Aktien**: Anforderungen an Bezugsrechtsausschluss nahezu ebenso streng wie bei der direkten Ausgabe von Aktien, zumindest wenn unter normalen Umständen mit einer Ausübung des Umtauschrechts zu rechnen ist; insoweit sind Genussrechte ähnlich Wandel- oder Optionsanleihen zu beurteilen (*Hüffer* AktG Rn 43); Einzelheiten Rn 59 ff. § 186 Abs 3 S 4 (Ausgabe in der Nähe des Börsenpreises) ist anwendbar (*Hüffer* AktG Rn 43a); sofern Genussrechte mit dem gleichen Inhalt noch nicht emittiert sind, kann nach anerkannten finanzmathematischen Methoden ein fiktiver Börsenpreis ermittelt werden (eingehend Rn 70).

D. Verbriefung. Übertragung der Rechte

I. Verbriefung

Wandel-/Optionsanleihen, Gewinnschuldverschreibungen und Genussrechte als schuldrechtliches Rechtsverhältnis werden dann zu Wertpapieren, wenn eine **wertpapierrechtliche Begebung** iVm der Ausstellung einer Urkunde (sog mehrgliedriger Wertpapierrechtsbegriff, vgl *BGH* NJW 1973, 282, 283; *Hüffer AktG* Rn 48; *Palandt/ Thomas* § 793 BGB Rn 8; *Hueck-Canaris* Recht der Wertpapiere § 3 I 2) erfolgt (bei Genussrechten spricht man dann von „Genussscheinen"). Zuständig für die Begebung einschließlich der Ausstellung der Urkunden durch deren Unterzeichnung ist der Vorstand (§ 78). IÜ gelten die allgemeinen wertpapierrechtlichen Vorschriften einschließlich der **Rechtsscheinsgrundsätze** im Falle eines fehlenden oder unwirksamen Begebungsvertrages. Die Regel ist die Begebung als **Inhaberpapier** (§ 793 BGB), aber auch **Namens- und Orderpapiere** sind möglich (K. Schmidt/Lutter AktG/*Merkt* 90; Spindler/Stilz AktG/*Seiler* Rn 132); meist wird eine Globalurkunde ausgestellt (§ 9a Abs 1 DepotG). Sofern verschiedene Rechte (zB Optionsrecht und Darlehensanspruch einer Optionsanleihe; verschiedene Bestandteile eines Genussscheins) untrennbar in einer Urkunde verbrieft sind, sind die jeweiligen Rechte auch nur einheitlich als ganzes übertragbar (vgl Rn 122), da bei Wandelanleihen Zahlungsanspruch und Optionsrecht nicht Gegenstand getrennter Rechte sein können, findet Verbriefung notwendigerweise in einer Urkunde statt (*Hüffer* AktG Rn 48). Ist zur wertpapierrechtlichen Begebung im HV-Beschluss nichts geregelt, ist im Zweifel davon auszugehen, dass der Vorstand zur Verbriefung ermächtigt ist. Zu unterscheiden von der Schaffung eines Wertpapiers ist die Ausstellung bloßer Beweisurkunden, welche die schuldrechtlichen Vereinbarungen über den Inhalt der Rechte festhalten (vgl *Hüffer* AktG Rn 28; KölnKomm AktG/*Lutter* Rn 248 ff; Geßler/Hefermehl/Eckardt/Kropff AktG/*Karollus* Rn 339; MünchHdb AG/*Krieger* § 63 Rn 47).

II. Übertragung

1. Grundsatz. Die Rechte aus Wandel-/Optionsanleihen, Gewinnschuldverschreibungen und Genussrechten sind nach allgemeinen Vorschriften durch Abtretung (§§ 398, 413 BGB) übertragbar (s Rn 120). Die Übertragbarkeit kann jedoch in den Anleihebedingungen ausgeschlossen sein. Sind die Rechte als Inhaber- (§ 793 BGB) oder Namenspapier (Orderpapier, § 363 HGB) verbrieft, was weithin üblich ist, ist primär die sachenrechtliche Übertragung des Papiers (§§ 929 ff BGB) angezeigt, welcher dann die Übertragung der Rechte aus dem Papier folgt. Im Falle einer Verbriefung ist eine **Notierung** im regulierten Markt oder im Freiverkehr möglich (bei Papieren, die ein Umtausch- oder Bezugsrecht beinhalten, ist § 11 BörsZulV zu beachten). Die Emission wird dann nach allgemeinen Vorschriften meist über ein Bankenkonsortium durchgeführt, das im Falle des Bestehens von Bezugsrechten gem § 186 Abs 5 S 1 auf Weisung der Gesellschaft tätig wird (mittelbares Bezugsrecht).

122 **2. Selbstständige Übertragung des Optionsrechts.** Im Gegensatz zu Wandelanleihen gewähren Optionsanleihen zwei selbstständige Rechte: das Gläubigerrecht auf Zins und Rückzahlung des Anleihekapitals und das Optionsrecht. Mangels anderweitiger Regelung in den Anleihebedingungen kann daher das Optionsrecht selbstständig übertragen werden (§§ 398, 413 BGB); anders bei börsennotierten Optionsanleihen, wenn nur die Zulassung der Optionsanleihe, nicht aber auch des abgetrennten Optionsrechts zum börslichen Handel beantragt wird. Sind die Rechte verbrieft, so erfordert eine selbstständige Abtretbarkeit der Optionsrechte eine bes Verbriefung in Optionsscheinen, die allerdings zunächst fest mit der Optionsanleihe verbunden sein können und dann ab einem bestimmten Zeitpunkt von dieser getrennt und als selbstständiges Wertpapier (Optionsscheine) übertragen werden können (vgl *Hüffer* AktG Rn 6; *BGHZ* 114, 177 = NJW 1991, 1956); vor der Trennung spricht man bei Optionsanleihen von „vollen Stücken", danach von „leeren Stücken". Die abgetrennten Optionsscheine können als solche als Wertpapier (vgl § 2 Abs 1 S 1 Ziff 3 WpHG) zum Börsenhandel zugelassen werden. Unter der früheren Fassung des WpHG (§ 2 Abs 2, 2a, 37d ff aF) war der Handel mit derartigen abgetrennten Optionsscheinen als **Finanztermingeschäft** zu qualifizieren (MünchKomm AktG/*Habersack* Rn 212; *Assmann/Schneider* WpHG § 2 Rn 40 f). Nach den Änderungen des WpHG durch das FRUG gelten nunmehr die allgemeinen Informationspflichten gem §§ 31 ff WpHG (K. Schmidt/Lutter AktG/*Merkt* Rn 106). Ob iÜ bei **Genussrechten**, die sich aus mehreren Rechtspositionen zusammensetzen, eine Übertragung einzelner Rechte möglich ist, ist Auslegungsfrage (§ 157 BGB); im Zweifel ist davon auszugehen, dass die Genussrechte nur als Ganzes übertragen werden können.

123 **3. Erwerb eigener Titel durch Gesellschaft.** Ein Erwerb durch die Gesellschaft ist grds möglich. Da es sich aber lediglich um schuldrechtliche Titel handelt, bleiben sie nach dem Erwerb als solche nur dann bestehen, wenn sie als Wertpapiere verbrieft sind; ansonsten erlöschen die Rechte im Wege der Konfusion (MünchKomm AktG/*Habersack* Rn 205; KölnKomm AktG/*Lutter* Rn 117).

124 **a) Wandel-/Optionsanleihen.** Die AG kann grds eigene Wandel-/Optionsanleihen und Gewinnschuldverschreibungen erwerben, auch über den börslichen Handel (allerdings nur **derivativ, nicht originär**, § 56 Abs 1, 2 analog; *Hüffer* AktG Rn 54; KölnKomm AktG/*Lutter* Rn 117; MünchKomm AktG/*Habersack* Rn 205). Das Verbot des § 71 greift nicht; eine Analogie aus Kapitalschutzgesichtspunkten ist nach heute **allgM** nicht geboten (Spindler/Stilz AktG/*Seiler* Rn 135; *Hüffer* AktG § 71 Rn 5; MünchKomm AktG/*Habersack* Rn 205; Geßler/Hefermehl/Eckardt/Kropff AktG/*Hefermehl/Bungeroth* § 71 Rn 15; KölnKomm AktG/*Lutter* § 71 Rn 13). Attraktiv kann insbesondere der Erwerb von Titeln sein, die unter ihrem Nennbetrag notieren; derartige

Rückkäufe an der Börse unterliegen den wertpapierrechtlichen Bestimmungen insbesondere der §§ 12 ff, 15a und 20a WpHG. Die Anleihebedingungen stehen derartigen Rückkäufen in der Regel nicht entgegen. Die Gesellschaft kann die Anleihen später durch Veräußerung verwerten. Dagegen kann die Gesellschaft nach dem Erwerb die Optionsrechte nicht ausüben, etwa um eigene Aktien zu schaffen, um diese anschließend am Kapitalmarkt zu platzieren. Dies folgt aus § 56 Abs 1 (*Hüffer* AktG § 71 Rn 5; *Altenburg* DStR 2013, 5, 6), eine entspr Bezugserklärung wäre gem §§ 134 BGB, 56 Abs 1 nichtig (*Hüffer* AktG § 56 Rn 4; MünchKomm AktG/*Bungeroth* § 56 Rn 8; MünchKomm AktG/*Habersack* Rn 206; KölnKomm AktG/*Lutter* § 56 Rn 8). Das Verbot der Ausübung von Umtauschrechten gilt auch im Falle des **Erwerbs der Anleihen durch abhängige oder im Mehrheitsbesitz stehende Unternehmen** (§ 56 Abs 2, *Hüffer* AktG Rn 54; MünchKomm AktG/*Habersack* Rn 208; Geßler/Hefermehl/Eckardt/Kropff AktG/*Karollus* Rn 125, 127; KölnKomm AktG/*Lutter* Rn 119; MünchHdb AG/*Krieger* § 63 Rn 17). Der umgekehrte Fall, nämlich die Ausübung von Umtauschrechten auf Aktien einer Tochter wird dagegen von § 56 Abs 2 nicht erfasst (*Hüffer* AktG § 56 Rn 8; MünchKomm AktG/*Bungeroth* § 56 Rn 23; KölnKomm AktG/*Lutter* § 56 Rn 34). Ebenso betrifft § 56 Abs 2 nicht den Fall der Ausübung von Umtauschrechten auf Aktien einer Schwestergesellschaft (§ 18 Abs 2, Gleichordnungskonzern). Nach der ausdrücklichen Regelung in § 56 Abs 2 S 2 tritt anders als bei § 56 Abs 1 im Falle des Verstoßes keine Nichtigkeit der Übernahme ein.

b) Gewinnschuldverschreibungen. Der Erwerb eigener Gewinnschuldverschreibungen ist nach den gleichen Grundsätzen möglich, wobei die Rechte aus den Anleihen zum Ruhen gebracht werden. Während des Haltens durch die Gesellschaft entstehende Gewinnanteile stehen (endgültig) den Aktionären und sonstigen Gewinnbeteiligten (Genussrechtsinhaber, sonstige Inhaber von Gewinnanleihen) zu (MünchKomm AktG/*Habersack* Rn 207; KölnKomm AktG/*Lutter* Rn 262). 125

c) Genussrechte. Die gleichen Grundsätze gelten für Genussrechte, dh die Gesellschaft kann eigene Genussrechte erwerben (vgl aber die Beschränkungen des Erwerbs eigener verbriefter Genussrechte durch Kreditinstitute in § 10 Abs 5 S 6 KWG durch die 4. KWG-Novelle; *Hüffer* AktG Rn 54). Im Einzelnen hängen die Rechtsfolgen vom Inhalt der Genussrechte ab; enthalten sie Bezugsrechte, gilt das zu Wandel-/Optionsanleihen (Rn 124), für Gewinnbeteiligungsrechte das zu Gewinnschuldverschreibungen (Rn 125) Gesagte. 126

E. Kapitalmaßnahmen. Verwässerung, Schutzrechte der Rechteinhaber

Die Inhaber von Wandel- und Optionsanleihen bzw Genussrechten sind vor der Ausübung von Umtauschrechten nicht Aktionäre, haben weder ein Bezugs- noch Stimmrecht und sind daher grds gegen eine Beeinträchtigung ihrer Rechtspositionen durch Beschlüsse der HV nicht geschützt. Insb durch Kapitalmaßnahmen oder die Ausgabe weiterer Wandel-/Optionsanleihen oder Genussrechte können die Rechte erheblich beeinträchtigt werden. Die Optionsrechte der Anleihe- oder Genussrechtsinhaber begründen insb **kein Verbot von Kapitalmaßnahmen** (vgl § 187 Abs 2; MünchKomm AktG/*Habersack* Rn 288 mwN); ein solches kann auch vertraglich nicht vorgesehen werden. 127

I. Wandel- und Optionsanleihen

128 1. Gesetzliche Regelung. Im Falle einer Kapitalerhöhung werden die Umtausch-/Optionsrechte **stimmrechtsmäßig verwässert**, da der Anteil am Grundkapital im Falle der Ausübung der Umtauschrechte sinkt. Anders als Aktionäre haben die Anleihegläubiger kein gesetzliches Bezugsrecht (§§ 186, 192 Abs 5, 203 Abs 1). Gegen eine **vermögensmäßige Verwässerung** im Falle eines gerechtfertigten Ausschlusses des Bezugsrechts sind gem § 255 Abs 2 ebenfalls nur Aktionäre geschützt (vgl *Stadler* NZI 2003, 579, 586). Eine analoge Anwendung der §§ 186 ff bzw 255 Abs 2 auf Inhaber von Anleihen und Genussrechten mit Umtausch-/Optionsrechten ist entgegen einer neueren Ansicht (*Köhler* AG 1984, 197, 199; KölnKomm AktG/*Lutter* Rn 393; *Hachenburg/Goerdeler/Müller* GmbHG § 29 Anh Rn 14; MünchHdb AG/*Krieger* § 63 Rn 19; Geßler/Hefermehl/Eckardt/Kropff AktG/*Karollus* Rn 176) ausgeschlossen, da § 216 Abs 3 ausdrücklich für Wandel- und Optionsanleihen als Ausnahmeregelung eine Anpassung des Umtauschverhältnisses nur für **Kapitalerhöhungen aus Gesellschaftsmitteln** vorsieht (*OLG Stuttgart* AG 1995, 329, 331 – „Südmilch"; *Hüffer* AktG Rn 63; *Loos* DB 1960, 515, 516; *Georgakopoulus* ZHR 120 (1957), 84, 172; GroßKomm AktG/*Schilling* Anm 6). Auch eine Anpassung des Umtauschverhältnisses nach den Grundsätzen der Änderung der Geschäftsgrundlage (§ 313 BGB) oder der ergänzenden Vertragsauslegung (§ 157 BGB) ist nicht möglich, im Falle eines Fehlens einer Regelung in den Anleihebedingungen ist das Risiko einer Verwässerung den Anleihegläubigern zugewiesen (aA Spindler/Stilz AktG/*Seiler* Rn 158; MünchKomm AktG/*Habersack* Rn 291: Anpassung des Umtauschverhältnisses oder der Bezugsbedingungen mit analoger Anwendung des § 186 Abs 3 S 4; wohl auch *Hüffer* AktG Rn 63; *Zöllner* ZGR 1986, 288, 304 f). Umgekehrt bedeutet dies, dass die Anleihegläubiger aus einer **Kapitalherabsetzung** entspr profitieren, wenn die Anleihebedingungen keine anderweitigen Regelungen enthalten (*OLG Stuttgart* AG 1995, 329, 332 – „Südmilch"; **aA** wohl *Hüffer* AktG Rn 63; KölnKomm AktG/*Lutter* Rn 136; Geßler/Hefermehl/Eckardt/Kropff AktG/*Karollus* Rn 199 mwN).

129 2. Regelungen in Anleihebedingungen. – a) Schuldrechtliche Zulässigkeit. Um eine Absicherung gegen eine Beeinträchtigung ihrer Rechtspositionen zu verhindern, müssen die Inhaber der Anleihen bzw Genussrechte auf Schutzmechanismen in den Anleihe-/Genussrechtsbedingungen bestehen (*Angerer* DStR 1994, 41, 42). Solche Regelungen sind iRd **Vertragsfreiheit** zulässig (vgl *OLG Stuttgart* AG 1995, 329, 332 – „Südmilch"; *Hüffer* AktG Rn 62, 66; *Zöllner* ZGR 1986, 288, 296) und können den beschränkten **Schutz des § 216 Abs 3 ergänzen**; umgekehrt kann § 216 Abs 3 in seinem Anwendungsbereich zwar nicht durch Satzungsregelung, wohl aber in den Anleihebedingungen abbedungen werden. Eine solche Abbedingung des § 216 Abs 3 in Allgemeinen Geschäftsbedingungen würde allerdings eine Abweichung von wesentlichen Grundgedanken der gesetzlicher Regelung des § 216 Abs 3 darstellen und wäre damit gem § 307 Abs 1, Abs 2 Ziff 1 BGB unwirksam, falls man eine Inhaltskontrolle gem §§ 305 ff BGB bejahen möchte (dazu Rn 96).

130 b) Gestaltungsvarianten. Möglich und üblich sind zwei verschiedene Gestaltungsvarianten:

130a aa) Bezugsrechte für Anleihe-/Genussrechtsinhaber. Den Anleiheinhabern kann in den Bedingungen ein Bezugsrecht auf junge Aktien aus einer Kapitalerhöhung eingeräumt werden, soweit den Aktionären im Falle einer Kapitalerhöhung ein Bezugsrecht zusteht. Ein solches Bezugsrecht kann sich nicht nur auf Aktien beziehen, sondern auch auf zusätzliche Wandelanleihen bzw Wandelgenussrechte. Die Durchsetzbarkeit solcher Regelungen ist allerdings wg § 187 rechtlich schwierig, da das Bezugsrecht der Aktionäre stets vorrangig ist (§ 187 Abs 2; MünchKomm AktG/*Habersack* Rn 296; Geßler/Hefermehl/Eckardt/Kropff AktG/*Karollus* Rn 185; KölnKomm AktG/*Lutter* Rn 127; *Georgakopoulus* ZHR 120 (1957), 84, 173; *Loos* DB 1960, 517). Sollte die HV die Erfüllung der vertraglich eingeräumten Bezugsrechte für die Anleihegläubiger (unter gleichzeitigem Ausschluss der Bezugsrechte für die Aktionäre) nicht beschließen, so stünde den Anleiheinhaber nicht einmal ein Anspruch auf Schadensersatz zu, da ein solcher § 187 Abs 2 aushebeln würde (*Hüffer* AktG § 187 Rn 6; aA MünchKomm AktG/*Habersack* Rn 294); deshalb sollte bereits bei Begebung der Anleihen ein *zusätzliches* bedingtes Kapital zur Bedienung dieser vertraglichen Bezugsrechte geschaffen werden (MünchKomm AktG/*Habersack* Rn 296; KölnKomm AktG/*Lutter* Rn 127). Es wird ferner als zulässig erachtet, den Anleihegläubigern in den Bedingungen einen vorzeitigen Umtausch zu gewähren und dadurch ein gesetzliches Bezugsrecht entstehen zu lassen (KölnKomm AktG/*Lutter* Rn 127; vgl auch Geßler/Hefermehl/Eckardt/Kropff AktG/*Karollus* Rn 188).

bb) Anpassung des Umtauschverhältnisses. Barausgleich. Zulässig ist ein Schutz der Anleihegläubiger durch eine vertragliche Anpassung des Umtauschverhältnisses bzw des Optionspreises oder ein Barausgleich (*OLG Stuttgart* AG 1995, 329, 332 – „Südmilch"; KölnKomm AktG/*Lutter* Rn 130; MünchKomm AktG/*Habersack* Rn 299 ff; Geßler/Hefermehl/Eckardt/Kropff AktG/*Karollus* Rn 190). Die Anleihebedingungen sollten dabei die Berechnung der Anpassung möglichst genau festlegen (zu Berechnungsformeln vgl KölnKomm AktG/*Lutter* Rn 131 f); sachgerecht ist eine Anknüpfung an den Bezugsrechtswert (MünchKomm AktG/*Habersack* Rn 299 ff; Geßler/Hefermehl/Eckardt/Kropff AktG/*Karollus* Rn 192), der bei börsennotierten Gesellschaften durch entspr Kursnotierungen festgestellt werden kann; derartige Anpassungsregelungen sind gem § 193 Abs 2 Nr 3 auch für das entsprechende bedingte Kapital zulässig (Spindler/Stilz AktG/*Seiler* Rn 153). Die Anpassung des Umtauschverhältnisses findet ihre Grenzen im **Verbot der Emission unter pari** (§ 199 Abs 2; MünchKomm AktG/*Habersack* Rn 299); dabei ist auch ein an die Anleihegläubiger zu zahlender Barausgleich zu berücksichtigen (vgl *Hüffer* AktG § 199 Rn 11). Enthalten die Verwässerungsregelungen keine Grenze der Unterpari Emission, hat die Gesellschaft in **analoger Anwendung des § 218 S 2** (ohne Mitwirkung der HV) zunächst eine Sonderrücklage zu schaffen, um den Fehlbetrag zum niedrigsten Ausgabebetrag zu decken; soweit dies nicht möglich ist, ist die Verwässerungsschutzregelung insoweit unwirksam, als das Umtauschverhältnis über den geringsten Ausgabebetrag hinaus angeglichen würde (§ 139 BGB). IÜ ist **ausreichendes bedingtes Kapital** zu schaffen, um Verbesserungen des Umtauschverhältnisses bedienen zu können. Dies sollte bereits *bei Begebung der Anleihe* geschehen, da die HV in jeder ihrer Entscheidungen frei ist und nicht wirksam verpflichtet werden kann, später entspr Kapitalerhöhungen vorzunehmen (vgl § 136 Abs 2 S 1; *Stadler* NZI 2003, 579, 587); nach **hM** (*Hüffer* AktG Rn 62 und ZHR 161 (1997), 214, 224 f; Geßler/Hefermehl/Eckardt/Kropff AktG/*Karollus* Rn 69 f, 185) haben die Anleiheinhaber in diesem Fall lediglich einen Anspruch auf Schadensersatz.

Im Falle eines **sanierenden Kapitalschnitts** mit unmittelbar anschließender Wiedererhöhung des Kapitals findet wirtschaftlich keine verwässernde Kapitalerhöhung statt, so dass in diesem Falle vertragliche Anpassungsregelungen nach ihrem Sinn und Zweck regelmäßig nicht zur Anwendung kommen (*OLG Stuttgart* AG 1995, 329, 332 – „Südmilch").

132 **cc) Verwässerungsschutz bei Ausschluss des Bezugsrechts der Aktionäre.** Ist bei einer Kapitalerhöhung das Bezugsrecht der Aktionäre ausgeschlossen (etwa im Falle einer Sachkapitalerhöhung), kann ein solches auch den Anleihe-/Genussrechtsinhabern naturgemäß nicht eingeräumt werden. In diesem Fall wird wg der erstrebten wirtschaftlichen Gleichstellung der Anleiheinhaber mit den Aktionären auch eine Anpassung des Umtauschverhältnisses regelmäßig nicht in Betracht kommen (Köln-Komm AktG/*Lutter* Rn 133). Allerdings kann in den Bedingungen geregelt werden, dass dem Bezugsberechtigten keine besseren Bedingungen eingeräumt werden dürfen als den Anleihe-/Genussrechtsinhabern gewährt wurden (vgl dazu *Stadler* NZI 2003, 579, 587). Hierfür kann festgelegt werden, dass der für die spätere Kapitalerhöhung zugrundegelegte Unternehmenswert *pre-money* nicht niedriger sein darf als der bei der Ausgabe der Wandelanleihen bzw –genussrechte für die Festlegung des Umtauschverhältnisses seinerzeit maßgebliche Unternehmenswert einschließlich des von den Rechteinhabern eingebrachten Wertes (*post-money* Unternehmenswert). Sinnvollerweise ist der seinerzeitige post-money Unternehmenswert zahlenmäßig in den Bedingungen festzuhalten (zu wirtschaftlichen Gefahren solcher Gestaltungen in Sanierungsfällen s *Stadler* NZI 2003, 579, 587). Da derartige schuldrechtliche Regelungen in den Bedingungen allerdings die HV nicht wirksam binden können, sollte ersatzweise eine entspr Verbesserung des Umtauschverhältnisses oder ein Barausgleich vorgesehen werden.

133 **dd) Verbot der Kapitalerhöhung. Stimmbindungsvereinbarung.** Unzulässig und nichtig ist eine Bestimmung, die ein Verbot von Kapitalerhöhungen vorsieht, da durch schuldrechtliche Anleihe-/Genussrechtsbedingungen die HV nicht wirksam gebunden werden kann (*Hüffer* AktG Rn 63; MünchKomm AktG/*Habersack* Rn 288; **allgM**; eine schuldrechtliche Verpflichtung, keine weiteren Wandelanleihen oder Wandelgenussrechte auszugeben, soll dagegen wirksam sein, KölnKomm AktG/*Lutter* Rn 126). Grds wirksam und bei nicht börsennotierten Gesellschaften mit einem überschaubaren Aktionärskreis üblich sind dagegen Stimmbindungsvereinbarungen, welche die Aktionäre verpflichten, keine Kapitalerhöhungen (oder solche ohne Bezugsrecht der Anleihe-/Genussrechtsinhaber) zu beschließen. Ungeklärt ist hier allerdings, ob der Abschluss einer solchen **Stimmbindungsvereinbarung** erfordert, dass die Anleihe-/Genussrechtsinhaber bereits Aktionäre sind, wie dies die **hM** (zB *Hüffer* AktG § 133 Rn 27) für die Beteiligten an Stimmbindungsvereinbarungen fordert (dazu im Einzelnen § 136 Rn 23). Abzulehnen ist die vereinzelt gebliebene Ansicht, Aktionäre mit Sperrminorität seien auch ohne Stimmbindungsvereinbarung verpflichtet, gegen eine Kapitalerhöhung zu stimmen, wenn nicht auch die Anleihegläubiger ein Bezugsrecht erhalten (so zB noch *Loos* DB 1960, 517; dazu MünchKomm AktG/*Habersack* Rn 298).

II. Gewinnschuldverschreibungen

134 Um eine Beeinträchtigung von Gewinnbeteiligungsrechten aus Genussrechten oder Gewinnschuldverschreibungen zu vermeiden, ist vorrangig eine überlegte **Definition der Gewinnbeteiligung** erforderlich. Ist diese nach den Anleihebedingungen von der Höhe der Dividenden abhängig, können die Anleiheinhaber durch eine übermäßige

Gewinnthesaurierung benachteiligt werden. Kraft Gesetzes können die Anleiheinhaber Maßnahmen erzwingen, die für eine ordnungsgemäße **Berechnung der Gewinnbeteiligung** erforderlich sind, wie etwa die Feststellung des Jahresabschlusses durch die HV (§§ 172, 173) oder die Fassung des Gewinnverwendungsbeschlusses (§ 174), ein entspr Urteil ist gem § 888 ZPO (nicht § 894 ZPO) zu vollstrecken (MünchKomm AktG/*Habersack* Rn 281). Ist die Gewinnbeteiligung vom Dividendenbezug abhängig, ist nach **hM** eine **Zahlungsklage** erst möglich, wenn der Jahresabschluss festgestellt und der Gewinnverwendungsbeschluss gefasst ist (KölnKomm AktG/*Lutter* Rn 357; **aA** MünchKomm AktG/*Habersack* Rn 281: Höhe des Zahlungsanspruches vom Gericht gem § 315 BGB festzusetzen; teilweise wird eine Zahlungsklage auch mit einem Schadensersatzanspruch gem § 280 Abs 1 BGB begründet, vgl *Hüffer* AktG Rn 65; **aA** KölnKomm AktG/*Lutter* Rn 357); dem ist aus Gründen der Praktikabilität zuzustimmen, um Diskrepanzen zwischen dem festgestellten Jahresabschluss und der Berechnungsgrundlage für die Gewinnverschuldung zu vermeiden. Gleiches gilt, wenn der Gewinn unrichtig ermittelt worden ist oder der Jahresabschluss nichtig ist (§ 256).

III. Genussrechte

Die oben genannten Grundsätze und Regelungsmöglichkeiten gelten gleichermaßen für Genussrechte. Sofern die Genussrechte Optionsrechte gewähren, sind die Ausführungen zu Wandel-/Optionsanleihen einschlägig, bezüglich Gewinnbeteiligungsrechten gelten die Ausführungen zu Gewinnschuldverschreibungen entspr. Im Falle einer **Grundkapitalherabsetzung** (selbst bei einer Herabsetzung auf Null, vgl § 228 Abs 1) ist eine Regelung in den Genussrechtsbedingungen, dass gleichzeitig das Genussrechtskapital entspr herabgesetzt wird, zulässig (s Rn 98a); dies auch dann, wenn das Grundkapital nur zur Deckung drohender, künftiger Verluste (§§ 249 Abs 1 S 1 HGB, 229 Abs 1 AktG) herabgesetzt wird (in *BGHZ* 119, 305, 310 ff = NJW 1993, 57 – „**Klöckner**" hat der BGH eine solche Regelung im Lichte des § 9 AGBG, jetzt § 307 BGB, für zulässig erachtet; nach hier vertretener Ansicht findet allerdings wg der Bereichsausnahme des § 310 Abs 4 BGB gar keine Inhaltskontrolle statt, Rn 32a). Stellt sich später heraus, dass die Verluste nicht eintreten, so dass die Rückstellung wieder aufgelöst wird, findet auch keine Wiederauffüllung des Genussrechtskapitals statt; dies folgt insb auch nicht aus dem Rechtsgedanken des § 216 Abs 3 (**aA** *Hirte* ZIP 1991, 1461, 1466). Enthalten die Bedingungen keine entgegenstehende Regelung, haben die Genussrechtsinhaber aber einen schuldrechtlichen Anspruch auf Auszahlung des auf die Genussrechte entfallenden aufgelösten Rückstellungsbetrages (*BGHZ* 119, 305, 310 ff = NJW 1993, 57 – „**Klöckner**"); der übrige Betrag ist in die Rücklage einzustellen (§ 232).

F. Umwandlungsrecht. Konzernrecht. Kapitalersatz. Insolvenz

I. Umwandlung

Im Falle einer **Verschmelzung** sind Genussrechtsinhabern und Anleihegläubigern der übertragenden AG am übernehmenden Rechtsträger gleichwertige Rechte einzuräumen (§§ 23, 36 Abs 1 S 1 UmwG); gleiches gilt beim **Formwechsel** (§ 204 UmwG) und bei der **Spaltung** (§ 125 S 1 UmwG). Sofern der neue Rechtsträger eine GmbH ist, ist die Sicherung der Bezugsrechte nicht mehr möglich; bedingtes Kapital des übertragenden bzw formwechselnden Rechtsträgers geht unter (*Rinnert* Düsseldorf NZG 2001, 865, 867; Kallmeyer UmwG/*Marsch-Barner* § 23 Rn 11). Allerdings ist nunmehr bei der GmbH die Schaffung eines genehmigten Kapitals gem § 55a GmbHG möglich. Im Rahmen eines Formwechsels kann daher im Lichte der §§ 204, 23 UmwG im Umwandlungsbeschluss vorgesehen werden, dass zur Bedienung von Options- und Bezugsrechten ein dem bedingten Kapital entsprechendes genehmigtes Kapital geschaffen wird (§ 194 Abs 1 Nr 5 UmwG). Alternativ wird die Festsetzung einer **Barabfindung** vertreten (so Goutier/Knopf/Tulloch UmwG/*Bermel* 1995 § 23 Rn 15: Analogie zu § 29 UmwG; **aA** *Lutter/Grunewald* UmwG § 23 Rn 13; Geßler/Hefermehl/Eckardt/Kropff AktG/*Karollus* Rn 196: Bezugsberechtigte können unmittelbar vor dem Formwechsel ihr Optionsrecht ausüben). Richtigerweise jedoch lässt der Formwechsel das Bestehen der Bezugsrechte unberührt, lediglich die Sicherung durch bedingtes Kapital entfällt. Weigert sich die Gesellschafterversammlung im Falle der späteren Ausübung der Bezugsrechte die erforderliche Kapitalerhöhung zu beschließen und wurde im Umwandlungsbeschluss auch kein genehmigtes Kapital geschaffen (s.o.), entsteht ein **Schadensersatzanspruch** (Kallmeyer UmwG/*Marsch-Barner* § 23 Rn 11; *Lutter/Decher* UmwG § 23 Rn 31); sollte dieser die GmbH finanziell überfordern, ist eine Verpflichtung der Gesellschafter zur Fassung eines Kapitalerhöhungsbeschlusses nach den Grundsätzen der gesellschaftsrechtlichen Treuepflicht (vgl dazu allg *BGH* NJW 1987, 189 und NJW 1987, 3192) in Erwägung zu ziehen (**aA** *Rinnert Düsseldorf* NZG 2001, 865, 869).

II. Konzernierung

137 **1. Eingliederung.** Im Falle einer Eingliederung (§ 320; diese ist trotz § 192 Abs 4 zulässig) erlöschen Umtausch- und Optionsrechte gegen die eingegliederte Gesellschaft; an ihre Stelle tritt ein Anspruch auf gleichwertige Rechte gegen die Hauptgesellschaft (§§ 320b AktG, 23 UmwG analog; *BGH* NJW 1998, 2146; *OLG München* ZIP 1993, 1001, 1004; MünchHdb AG/*Krieger* § 63 Rn 21; Geßler/Hefermehl/Eckardt/Kropff AktG/*Karollus* Rn 198; *Hüffer* AktG § 320b Rn 4; KölnKomm AktG/*Lutter* Rn 402; MünchKomm AktG/*Habersack* Rn 318). Die Gläubigerrechte bleiben gegen die eingegliederte AG bestehen, Haftung gem § 322.

138 **2. Unternehmensverträge.** Bei Abschluss eines Beherrschungs- und Gewinnabführungsvertrages sind Umtausch- und Optionsrechte gegen das herrschende Unternehmen oder eine Barabfindung gem § 305 Abs 1, 2 analog zu gewähren (MünchKomm AktG/*Habersack* Rn 319). Eine Beteiligung am Gewinn der abhängigen Gesellschaft (aus Gewinnschuldverschreibungen oder Genussrechten) ist analog § 304 auszugleichen (MünchKomm AktG/*Habersack* Rn 320; KölnKomm AktG/*Lutter* Rn 404); die analoge Anwendung des § 304 soll sich aus einer ergänzenden Vertragsauslegung ergeben, da die Genussrechtsinhaber sogar noch schutzwürdiger seien als außenstehende Aktionäre, da ihnen jede Möglichkeit gesellschaftsrechtlicher Einflussnahme fehle (*OLG Frankfurt* Urt v 13.12.2011 – 3 U 56/11, BeckRS 2011,29048; dazu *Emmerich* JuS 2012, 1038).

139 **3. Faktische Konzernierung.** Es gelten die allgemeinen Regeln. Ebenso wie die Aktionäre der faktisch beherrschten Gesellschaft können auch Anleihe- und Genussrechtsinhaber die Konzernierung nicht verhindern; im Falle der Zufügung von Einzelnachteilen besteht eine Ausgleichspflicht gem § 311 Abs 2, bei qualifizierter Nachteilszufügung nach neuerer Ansicht ein Durchgriff (vgl dazu § 311 Rn 29).

III. Übernahmerecht

1. Squeeze-Out. Bei einem „Squeeze-Out" bleiben nicht ausgeübte Bezugsrechte bei 140 der Berechnung der 95 % Mehrheit gem § 327a Abs 1 S 1 unberücksichtigt, **hM**; möglich ist ein Squeeze-Out auch dann, wenn die nicht ausgeübten Bezugsrechte insgesamt mehr als 5 % betragen (vgl Spindler/Stilz AktG/*Seiler* Rn 161). Mit Anmeldung des Übertragungsbeschlusses (§ 327e Abs 1; **aA**: Eintragung, so MünchKomm AktG/*Habersack* Rn 323) erlöschen Umtausch- und Optionsrechte; sie sind in bar abzufinden (§ 327b analog; *Hüffer* AktG § 327b Rn 3; MünchKomm AktG/*Habersack* Rn 323; *Krieger* BB 2002, 53, 61; *Wilsing/Kruse* ZIP 2002, 1465, 1467; Geibel/Süßmann WpÜG/*Grzimek* § 327e Rn 31; KölnKomm WpÜG/*Hasselbach* § 327e Rn 22; **aA** *Steinmeyer/Häger* WpÜG § 327e Rn 33; *Schüppen* WPg 2001, 958, 975: Bezugsrechte bleiben bestehen). Dagegen bleiben Gewinnbeteiligungsansprüche aus Gewinnschuldverschreibungen und Genussrechten gegen die übernommene Gesellschaft bestehen.

2. Übernahme- und Pflichtangebote. Übernahme- und Pflichtangebote müssen sich 141 nicht auf Bezugsrechte beziehen, solange diese nicht ausgeübt sind (MünchKomm AktG/*Habersack* Rn 324). Bezugsrechte bleiben durch eine Übernahme unberührt; allerdings kann ein Erwerbsangebot auch für börsennotierte Wandel- und Optionsanleihen sowie Wandelgenussrechte unterbreitet werden (§ 2 Abs 2 Ziff 2 WpÜG).

IV. Kapitalersatz. Insolvenz

1. Kapitalersatzregeln für Altfälle. Die für die GmbH vor Inkrafttreten des MoMiG 142 entwickelten Kapitalersatzregeln (die gem § 103d EGInsO weiterhin auf Altfälle anwendbar sind, vgl *BGHZ* 179, 249 = NJW 2009, 1277 – „Gut Buschow") sind bei Vorliegen einer unternehmerischen Beteiligung (idR bei Vorliegen einer Sperrminorität) auch auf die AG anwendbar (grundlegend *BGHZ* 90, 381 = NJW 1984, 1893 = AG 1984, 181; *Stadler* NZI 2003, 579, 587; § 57 Rn 22). Insb wenn Wandelanleihen oder Wandelgenussrechte als **Sanierungsinstrument** genutzt werden (Rn 87), sind für die Inhaber Risiken aus diesen Kapitalersatzregeln denkbar; sofern nämlich nur ein Teil der notleidenden Kreditforderungen eingebracht wird, könnte der Rest der (stehengelassenen) Darlehensforderungen vom Kapitalersatz erfasst werden. Für die Qualifizierung einer unternehmerischen Beteiligung als Voraussetzung für den Eigenkapitalersatz ist allerdings der Erwerb der Wandelanleihen oder –genussrechte allein irrelevant, erst die **Ausübung der Umtauschrechte** führt zu der erforderlichen Aktionärsstellung (*Stadler* NZI 2003, 579, 587; *Claussen* AG 1985, 173, 179; K. Schmidt/Uhlenbruck GmbH in der Krise/*Wittig* Rn 539). Aus diesem Grund scheidet auch eine Qualifizierung der Anleiheforderung als Kapitalersatz aus, da erst mit dem Umtausch in Aktien eine Beteiligung entsteht. Deshalb ist die Umwandlung notleidender Kreditforderungen für finanzierende Banken regelmäßig in dieser Hinsicht bedenkenlos, selbst wenn die vollständige Ausübung der Umtauschrechte zu einer Beteiligung von mindestens 25 % führen würde. Etwas anderes kann nur gelten, wenn eine unternehmerische „Beteiligung" ausnahmsweise auch unterhalb der 25 %-Grenze – in Extremfällen sogar ganz ohne Aktionärsstellung – entsteht (dazu *Stadler* NZI 2003, 579, 587; MünchKomm AktG/*Bayer* § 57 Rn 177). In diesen Fällen hilft dann aber meistens das **Sanierungsprivileg** des § 32a Abs 3 S 3 GmbHG weiter, das auf die AG analog anwendbar ist (s im Einzelnen *Stadler* NZI 2003, 579, 587; MünchKomm AktG/*Bayer* § 57 Rn 188).

Stadler

142a 2. MoMiG. Im Zuge der GmbH Reform durch das **MoMiG** wurden die Rechtsprechungsregeln zum Eigenkapitalersatz zugunsten einer rein insolvenzrechtlichen Regelung abgeschafft, dh Gesellschafterdarlehen erhalten zwar generell einen Nachrang, unabhängig davon, ob sie in einer Krise gegeben oder stehengelassen wurden (§§ 39 Abs 1 Ziff 5, 44a InsO, 57 Abs 1 S 4 AktG; *Schäfer* DStR 2006, 2085, 2087), die entspr Insolvenzanfechtung ist aber auf Zahlungen im letzten Jahr vor Insolvenzantragstellung begrenzt (§ 135 Abs 1 Ziff 2 InsO). Weiterhin wurde das Sanierungsprivileg des § 32a GmbHG rechtsformunabhängig als insolvenzrechtliches Institut ausgestaltet (§ 39 Abs 4 S 2 InsO). Im Sanierungsfall tritt kein Nachrang für bestehende oder neue Darlehen ein, wenn der Erwerb der Aktien unabhängig von der Höhe der Beteiligung zum Zwecke der Sanierung erfolgte. Keinem generellen Nachrang unterliegen auch Aktionärsdarlehen eines mit höchstens 10 % beteiligten Aktionärs, der nicht zugleich Vorstandsmitglied ist; dieses Kleinbeteiligungsprivileg ist entgegen früherem Recht nunmehr ausdrücklich auch auf die AG anwendbar (§ 39 Abs 5 InsO; s im Einzelnen Scholz/ *K. Schmidt* GmbHG Nachtrag MoMiG § 32a/b aF Rn 26); bei der Berechnung der 10 %- Schwelle bleiben nicht ausgeübte Optionen unberücksichtigt (s Rn 142). Allerdings sollten Sanierungsgenussrechte auch nach der Neuregelung auf typische Gläubigerrechte beschränkt sein, um nicht eine quasigesellschaftsrechtliche Beteiligung zu begründen, welche die Rechtsfolge des § 39 Abs 1 Ziff 5 InsO auslösen könnte.

143 3. Insolvenz. Ein Wandelungs- bzw Optionsrecht ist als Gestaltungsrecht keine Insolvenzforderung iSd § 38 InsO (Hess, InsO, § 38 Rn 14; MüKo InsO/*Ehricke* § 38 Rn 47). Deshalb ist es dem Insolvenzverfahren als solches entzogen; sofern iR eines Insolvenzplanverfahrens das Unternehmen fortgesetzt wird (§ 157 InsO), kann das Wandelungs- bzw Optionsrecht auch noch im Insolvenzverfahren bzw. nach Aufhebung des Insolvenzverfahrens (§§ 258, 259 InsO) ausgeübt werden, da der Rechtsträger erhalten bleibt, vgl §§ 225 Abs 1, 2 InsO (zum alten Recht gem § 82 Vergl *OLG Stuttgart* AG 329, 330 – „Südmilch"; Vorinstanz *LG Stuttgart* AG 1994, 475; insoweit hat sich die Rechtslage durch § 254 InsO nicht verändert, *Flessner* in HK InsO, § 254 Rn 2). Sofern allerdings die Anleiheforderung im Insolvenzplan reduziert wird, besteht auch das Wandelungs- bzw Optionsrecht nur in entspr reduziertem Umfang (*OLG Stuttgart* AG 329, 331). Da im Falle der Ausübung des Wandelungs- bzw Optionsrechts allerdings eine Insolvenzforderung (auf Lieferung der Aktien) entsteht (MüKo InsO/*Ehricke* § 38 Rn 47), sollte im Insolvenzplan in jedem Fall für die Anleihegläubiger eine eigene Gläubigergruppe gebildet (§ 222 Abs 1 S 2 Ziff 2 InsO) und die Rechte im Falle der Ausübung des Gestaltungsrechts geregelt werden.

Dritter Abschnitt
Maßnahmen der Kapitalherabsetzung

Erster Unterabschnitt
Ordentliche Kapitalherabsetzung

§ 222 Voraussetzungen

(1) ¹Eine Herabsetzung des Grundkapitals kann nur mit einer Mehrheit beschlossen werden, die mindestens drei Viertel des bei der Beschlussfassung vertretenen Grundkapitals umfasst. ²Die Satzung kann eine größere Kapitalmehrheit und weitere Erfordernisse bestimmen.

(2) ¹Sind mehrere Gattungen von stimmberechtigten Aktien vorhanden, so bedarf der Beschluss der Hauptversammlung zu seiner Wirksamkeit der Zustimmung der Aktionäre jeder Gattung. ²Über die Zustimmung haben die Aktionäre jeder Gattung einen Sonderbeschluss zu fassen. ³Für diesen gilt Absatz 1.

(3) In dem Beschluss ist festzusetzen, zu welchem Zweck die Herabsetzung stattfindet, namentlich ob Teile des Grundkapitals zurückgezahlt werden sollen.

(4) ¹Die Herabsetzung des Grundkapitals erfordert bei Gesellschaften mit Nennbetragsaktien die Herabsetzung des Nennbetrags der Aktien. ²Soweit der auf die einzelne Aktie entfallende anteilige Betrag des herabgesetzten Grundkapitals den Mindestbetrag nach § 8 Abs. 2 Satz 1 oder Abs. 3 Satz 3 unterschreiten würde, erfolgt die Herabsetzung durch Zusammenlegung der Aktien. ³Der Beschluss muss die Art der Herabsetzung angeben.

Übersicht

	Rn		Rn
A. Allgemeines		VII. Zweck der Kapitalherabsetzung	
I. Überblick	1	§ 222 Abs 3	21
II. Verhältnis zur Satzungsänderung	4	VIII. Fehler des Herabsetzungsbe-	
III. Verbindung mit Kapitalerhöhung	5	schlusses	22
B. Herabsetzungsbeschluss	7	1. Unterschreitung von Mindest-	
I. Formelle Voraussetzungen	7	beträgen	22
1. Vorbereitung	7	2. Fehler bei Angabe des	
2. Mehrheit	8	Zwecks	23
3. Weitere Erfordernisse	10	3. Weitere Fehler	24
II. Inhalt des Herabsetzungsbe-		**C. Herabsetzungsarten § 222 Abs 4**	25
schlusses	11	I. Nennbetragsaktien	26
1. Herabsetzungsbetrag	11	1. Herabsetzung des Nennbe-	
2. Zweck der Herabsetzung	12	trags § 222 Abs 4 S 1	27
3. Art der Herabsetzung	14	2. Zusammenlegung § 222 Abs 4	
III. Materielle Voraussetzungen	15	S 2	28
1. Sachliche Rechtfertigung	15	3. Kombination	29
2. Gleichbehandlungsgebot	16	II. Stückaktien	30
IV. Aufhebung und Änderung	17	III. Vermeidung von Aktienspitzen	
V. Abwendung durch freiwillige		bei der Zusammenlegung	31
Zuzahlung	18	**D. Liquidation und Insolvenz**	33
VI. Sonderbeschluss § 222 Abs 2	19		

Literatur: *Geißler* Rechtliche und unternehmenspolitische Aspekte der vereinfachten Kapitalherabsetzung bei der AG, NZG 2000, 719; *Grunewald* Der Ausschluss aus Gesellschaft und Verein, 1987; *Heidinger* Die Euroumstellung der Aktiengesellschaft durch Kapitalherabsetzung, DNotZ 2000, 661; *Jäger* Wege aus der Krise einer Aktiengesellschaft, NZG 1999, 238; *Kindl* OLG Düsseldorf – Kein Schädigungsvorsatz des Vertreters der Minderheitsaktionäre bei Abstimmung über Kapitalherabsetzung – Girmes, Anmerkung, WiB 1997, 358; *Kort* Aktien aus vernichteter Kapitalerhöhung, ZGR 1994, 291; *Krauel/Weng* Das Erfordernis von Sonderbeschlüssen stimmrechtsloser Vorzugsaktien bei Kapitalerhöhungen und Kapitalherabsetzungen, AG 2003, 561; *Krieger* Beschlusskontrolle bei Kapitalherabsetzungen, ZGR 2000, 893; *Pfeiffer* OLG Dresden – Materielle Beschlusskontrolle eines Hauptversammlungsbeschlusses zur vereinfachten Kapitalherabsetzung – Sachsenmilch, Anmerkung, WiB 1997, 358; *von Schorlemer/Stupp* Kapitalerhöhung zu Sanierungszwecken – zur Reichweite der Zustimmungspflicht des Minderheitsgesellschafters mit Sperrminorität, NZI 2003, 345; *Siebel* Aktienspitzen, NJW 1952, 330; *Terbrack* Kapitalherabsetzung ohne Herabsetzung des Grundkapitals? – Zur Wiedereinführung der Amortisation im Aktienrecht, DNotZ 2003, 734; *ders* Kapitalherabsetzende Maßnahmen bei Aktiengesellschaften, RNotZ 2003, 89; *Vetter* Verpflichtung zur Schaffung von 1 Euro-Aktien?, AG 2000, 193; *Westhoff* Die Neueinteilung des Grundkapitals einer AG anlässlich der Neufestsetzung nach dem DM-Bilanzgesetz, DNotZ 1951, 108; *Wiedemann* Rechtsethische Maßstäbe im Unternehmens- und Gesellschaftsrecht, ZGR 1980, 147; *Witt* Mehrheitsregelnde Satzungsklauseln und Kapitalveränderungsbeschlüsse, AG 2000, 345.

A. Allgemeines

I. Überblick

1 Die Kapitalherabsetzung zielt auf die Verringerung der Grundkapitalziffer und damit auf die Verkleinerung des nach § 57 gebundenen Vermögens. Obwohl im Grundsatz nur der Bilanzgewinn zur Verteilung an die Aktionäre zur Verfügung steht (§§ 57 Abs 3, 174 Abs 1 S 1), kann durch eine Kapitalherabsetzung Vermögen freigesetzt werden, um etwa den verteilbaren Bilanzgewinn zu erhöhen oder im Verlustfall den Jahresfehlbetrag zu verringern.

2 Das Gesetz sieht drei Arten der Kapitalherabsetzung vor: die ordentliche Kapitalherabsetzung (§§ 222–228), die vereinfachte Kapitalherabsetzung (§§ 229–236) sowie die Kapitalherabsetzung durch Einziehung von Aktien (§§ 237–239). In der GuV führt die Herabsetzung des Grundkapitals zu einem „Ertrag aus der Kapitalherabsetzung" (§ 240 S 1). Ferner ist im Anh zu erläutern, ob und in welcher Höhe die aus der Kapitalherabsetzung gewonnenen Beträge zum Ausgleich von Wertminderungen, zur Deckung von sonstigen Verlusten oder zur Einstellung in die Kapitalrücklage verwandt werden (§ 240 S 3).

3 Die **ordentliche Kapitalherabsetzung** entspricht einer Teilliquidation der Gesellschaft, die bis zur Grenze des in § 7 genannten Mindestbetrags möglich ist (Münch-Komm AktG/*Oechsler* Rn 1). § 222 regelt die grundlegenden Erfordernisse der Beschlussfassung über die ordentliche Kapitalherabsetzung: das qualifizierte Mehrheitserfordernis (Abs 1), den Sonderbeschlusses bei mehreren Aktiengattungen (Abs 2) sowie die Angabe des Zwecks der Kapitalherabsetzung (Abs 3); ebenfalls wird hier die Durchführung der Kapitalherabsetzung geregelt (Abs 4). Die ordentliche Kapitalherabsetzung vollzieht sich in folgenden Schritten (vgl KölnKomm AktG/*Lutter* Rn 2): ordnungsgemäße Einberufung der HV (vgl § 121 ff) unter Angabe des Beschlussgegenstandes (s Rn 11; so § 124 Rn 16 ff); Beschlussfassung über die Kapitalherabsetzung; Anmeldung der Beschlussfassung zum HR (s § 223 Rn 2); Prüfung durch das Registergericht (s § 223 Rn 6); Eintragung des Beschl, welche die Kapitalherabsetzung bewirkt (§ 224) sowie öffentliche Bek (§ 223 Rn 7), wobei die Gläubiger auf ihr Recht hinzuweisen sind, Sicherheitsleistung zu verlangen (s § 225 Rn 10); Durchführung der Kapitalherabsetzung; (deklaratorische) Anmeldung der Durchführung zum HR (s § 227, die Anmeldung des Beschl kann mit der Anmeldung der Durchführung verbunden werden, § 227 Abs 2); Eintragung und Bek der Durchführung der Kapitalherabsetzung (s § 227, dies kann ebenfalls mit der Eintragung und Bek des Herabsetzungsbeschlusses verbunden werden, § 227 Abs 2).

Voraussetzungen § 222

II. Verhältnis zur Satzungsänderung

Der Herabsetzungsbeschluss führt wegen § 23 Abs 3 Nr 3 stets zu einer **Satzungsände-** 4
rung. Die §§ 179 ff gelten gegenüber den Spezialnormen der §§ 222 ff nur subsidiär
(MünchKomm AktG/*Oechsler* Rn 9). Die Satzung wird mit der Eintragung des Kapitalherabsetzungsbeschlusses unrichtig (s § 224 Rn 1). Für die Berichtigung der Satzung
finden die §§ 179 ff Anwendung, so dass die Fassung des formellen Satzungsänderungsbeschlusses auch auf den AR übertragen werden kann (*Hüffer* AktG Rn 6). Aus
dem Charakter der Kapitalherabsetzung als Satzungsänderung folgt, dass der Vorstand nicht ermächtigt werden kann, die Kapitalherabsetzung allein durchzuführen;
die Beschlussfassung darüber kann nur durch die HV erfolgen (MünchHdb AG/*Krieger* § 60 Rn 20).

III. Verbindung mit Kapitalerhöhung

Kapitalherabsetzung und Barkapitalerhöhung können in einer HV kombiniert 5
beschlossen werden (*Hüffer* AktG Rn 4, unstr). Für die **Sanierung einer AG** ist diese
Kombination zweckmäßig (*Jäger* NZG 1999, 238, 239 f), bei Unterschreitung des Mindestnennbetrags (§ 7) sogar zwingend (§ 228). Eine Verbindung mit einer Kapitalerhöhung ändert am Verfahren der Kapitalherabsetzung grds nichts, die Besonderheiten
des § 228 sind jedoch zu beachten. Soweit die Kapitalherabsetzung und die Barkapitalerhöhung gleichzeitig wirksam werden sollen, was dem gesetzlichen Leitbild des § 228
entspricht, müssen die Anmeldungen des Kapitalherabsetzungsbeschlusses (§ 224), die
des Kapitalerhöhungsbeschlusses (§ 184) und die der Durchführung der Kapitalerhöhung gleichzeitig erfolgen (s § 227 Rn 10). Weiterhin kann unter den Voraussetzungen
des § 229 Abs 2 die ausschließlich Sanierungszwecken dienende vereinfachte Kapitalherabsetzung mit einer Kapitalerhöhung verbunden werden (s § 229 Rn 3), was in der
Praxis die gängige Verbindung von Kapitalherabsetzung und Kapitalerhöhung darstellt. Dies eröffnet den Anwendungsbereich der §§ 234, 235 (bilanzielle Rückwirkung
der gleichzeitigen Kapitalerhöhung, s § 235 Rn 2 f; vgl auch *Jäger* NZG 1999, 238, 240).

Da die Sanierung ein notwendiges Mittel bei einer Krise der AG sein kann, schränkt 6
die **Treuepflicht** die Rechte der Aktionäre ein. Einzelne Aktionäre dürfen daher sinnvolle (objektiv nachhaltig sicherstellende und verhältnismäßige) Sanierungsmaßnahmen zB durch eine blockierende Sperrminorität nicht vereiteln, wenn ansonsten die
Gesellschaft unweigerlich zusammenbrechen würde und die Stellung des einzelnen
Aktionärs ungünstiger wäre, als bei einem Fortbestehen der Gesellschaft und einer
Veräußerung seiner Aktien (*BGHZ* 129, 136, 142; *Jäger* NZG 1999, 238, 241; *von
Schorlemer/Stupp* NZI 2003, 345, 347 ff; zur Schadensberechnung vgl *OLG Düsseldorf*
NJW-RR 1997, 607, 610 f; *OLG Karlsruhe* ZIP 1996, 1211).

B. Herabsetzungsbeschluss

I. Formelle Voraussetzungen

1. Vorbereitung. Vorbereitung und Durchführung des **Herabsetzungsbeschlusses** 7
richten sich nach §§ 121 ff. Aus der Tagesordnung muss sich eindeutig die Höhe des
Herabsetzungsbetrages, die Zwecksetzung und die Art der Durchführung nach § 224
Abs 4 S 3 ergeben (MünchKomm AktG/*Oechsler* Rn 13), ebenso etwaige Besonderheiten der Durchführung (KölnKomm AktG/*Lutter* Rn 4). Der Herabsetzungsbetrag
der einzelnen Aktie oder das Zusammenlegungsverhältnis müssen nur aufgeführt wer-

den, soweit sie sich nicht aus dem Zusammenhang der zwingenden Angaben ergeben (KölnKomm AktG/*Lutter* Rn 4 mwN).

8 2. Mehrheit. § 222 Abs 1 S 1 verlangt eine Kapitalmehrheit von drei Viertel des bei der Beschlussfassung vertretenen Grundkapitals. Neben dieser Kapitalmehrheit bedarf es noch der einfachen Stimmenmehrheit nach § 133 Abs 1 (vgl MünchKomm AktG/*Oechsler* Rn 14; Spindler/Stilz AktG/*Marsch-Barner* Rn 19). Bezugsgröße für die Berechnung der Stimmenmehrheit ist nur das Kapital, das an der Beschlussfassung teilgenommen hat; Stimmenthaltungen und Kapital, welches an der Beschlussfassung nicht mitgewirkt hat oder nicht mitwirken durfte, bleiben unberücksichtigt (vgl § 179 Rn 33).

9 Gem § 222 Abs 1 S 1 kann die Satzung auch eine **größere Kapitalmehrheit** vorsehen. Grds kann dort auch Einstimmigkeit gefordert werden (*Hüffer* AktG Rn 10). Zu einem faktischen Ausschluss der Kapitalherabsetzung darf das Einstimmigkeitserfordernis jedoch wg §§ 23 Abs 5 S 1, 179 Abs 2 nicht führen; ob dies der Fall ist, hängt von der Struktur der Gesellschaft im konkreten Fall und der sich daraus realistischerweise ergebenden Wahrscheinlichkeit ab, überhaupt einen einstimmigen Beschl zu erreichen (MünchKomm AktG/*Oechsler* Rn 15). Inwieweit eine allg Erhöhung der satzungsändernden Mehrheit durch die mehrheitsregelnde Satzungsklausel nach § 179 Abs 2 S 2 auch die Kapitalherabsetzung erfasst, ist Auslegungsfrage (vgl § 179 Rn 36). Richtigerweise muss sich aus der entspr Klausel deutlich erkennbar ergeben, dass sich das erhöhte Mehrheitserfordernis auch auf die Kapitalherabsetzung erstrecken soll; im Zweifel ist die Kapitalherabsetzung nicht von einer derartigen Klausel umfasst (*Hüffer* AktG Rn 10; Marsch-Barner/Schäfer Hdb AG/*Busch* § 44 Rn 4; MünchKomm AktG/*Oechsler* Rn 16; **aA** wohl KölnKomm AktG/*Lutter* Rn 3). Im Hinblick darauf, dass nach allg Meinung der Herabsetzungsbeschluss von der dadurch notwendigen Satzungsberichtigung zu unterscheiden ist (s Rn 4), ließe sich noch daran denken, eine generelle Erhöhung der satzungsändernden Mehrheit auf die Berichtigung der Satzung nach Wirksamwerden der Kapitalherabsetzung bzw auf die Ermächtigung des AR dazu, soweit diese nicht schon in der Satzung vorgesehen ist, zu erstrecken. Überzeugen kann dies indes nicht, da die Berichtigung der Satzung nur eine (sprachliche) formale und keine inhaltliche Änderung der Satzung darstellt; auch hier bleibt es daher im Zweifel bei dem gesetzlichen Mehrheitserfordernis.

10 3. Weitere Erfordernisse. In der Satzung können auch andere Erfordernisse als Mehrheitsklauseln bestimmt werden, etwa die Zustimmung durch bestimmte Aktionäre, eine Mindestpräsenz in der HV oder die Abstimmung in einer zweiten HV (vgl KölnKomm AktG/*Lutter* Rn 11; MünchKomm AktG/*Oechsler* Rn 18). Eines gesonderten schriftlichen Vorstandsberichts über die Kapitalherabsetzung bedarf es indes nicht (*OLG Schleswig* NZG 2004, 281; K. Schmidt/Lutter AktG/*Veil* Rn 7; im Einzelfall soll vorsorgliche Erstellung eines Vorstandsberichts empfehlenswert sein, so K. Schmidt/Lutter AktG/*Marsch-Barner* Rn 27).

II. Inhalt des Herabsetzungsbeschlusses

11 1. Herabsetzungsbetrag. Sowohl der Umstand, dass das Kapital der Gesellschaft überhaupt herabgesetzt werden soll, als auch der Betrag, um den die Grundkapitalziffer herabgesetzt werden soll, müssen aus dem Beschl erkennbar sein. So kann entweder der konkrete **Herabsetzungsbetrag** angegeben werden oder es können das alte und neue Grundkapital gegenübergestellt werden (MünchKomm AktG/*Oechsler* Rn 19). Wegen des satzungsändernden Charakters der Kapitalherabsetzung ist es nicht möglich, die Höhe des Herabsetzungsbetrags nach Art einer „genehmigten Kapitalherabsetzung" (so KölnKomm AktG/*Lutter* Rn 13) in das Ermessen des Vorstands zu stellen; ein solcher Beschl wäre gem § 241 Nr 3 nichtig (s Rn 4). Ein **Höchstbetrag** ist jedoch zulässig, wenn der Betrag konkret bestimmbar ist. Hierfür bedarf es so genauer Vorgaben, dass dem Vorstand kein Ermessen mehr bzgl des Betrages zusteht (*OLG Karlsruhe* AG 2007, 270, 273; *Hüffer* AktG Rn 12). Die Bestimmbarkeit muss bereits im Zeitpunkt der Beschlussfassung bestehen (MünchKomm AktG/ *Oechsler* Rn 20). Ein Offenlassen des (bestimmbaren) Betrages ist etwa sinnvoll, wenn den Aktionären die Möglichkeit eingeräumt wird, die Herabsetzung durch freiwillige Zuzahlungen abzuwenden (su Rn 18) oder wenn die Höhe einer zu beseitigenden Unterbilanz bei Beschlussfassung noch nicht feststeht (MünchHdb AG/*Krieger* § 60 Rn 25). Die Bezifferung des Herabsetzungsbetrages pro Aktie bei Nennbetragsherabsetzung oder die Angabe des Verhältnisses bei Zusammenlegung müssen im Herabsetzungsbeschluss nicht angegeben werden; ihre Angabe ist jedoch zweckmäßig (*Hüffer AktG* Rn 13).

2. Zweck der Herabsetzung. Gem § 222 Abs 3 ist im Beschl auch der Zweck der Herabsetzung (s Rn 21) anzugeben. Die Angabe des Zwecks muss so konkret sein, dass der Schutzzweck der Regelung (Schutz der Gläubiger und Aktionäre) erfüllt wird. Nicht ausreichend konkrete Zweckangaben sind zB „Anpassung an wirtschaftliche Verhältnisse", „Sanierung" oder „Gewinnausschüttung" (KölnKomm AktG/*Lutter* Rn 16; *Hüffer* AktG Rn 13). Konkret genug sind hingegen „Rückzahlung an die Aktionäre", „Befreiung der Aktionäre von rückständigen Einlagen", „Verlustdeckung", „Ausgleich von Wertminderungen", „Rückgabe von Sacheinlagen", „Bildung von Rücklagen" (vgl KölnKomm AktG/*Lutter* Rn 16). 12

Bei **mehreren Zwecken** sind alle anzugeben, auch wenn sie nur mitverfolgt werden; auch die alternative Zweckverfolgung ist möglich und entspr anzugeben. 13

3. Art der Herabsetzung. Anzugeben ist ferner die Art und Weise auf welche die Herabsetzung vorgenommen werden soll (§ 222 Abs 4 S 3); ob es sich etwa um eine Herabsetzung der Nennbeträge oder eine Zusammenlegung von Aktien handelt. Werden weitere Einzelheiten fakultativ mit aufgenommen, etwa ob ein Umtausch oder die Berichtigung der Aktienurkunden erfolgt, ist der Vorstand dadurch gebunden, ansonsten entscheidet er selbst (*Hüffer* AktG Rn 13); einer ausdrücklichen Durchführungsermächtigung bedarf es zwar nicht, diese ist jedoch üblich (vgl Happ AktienR/ *Tielmann* 14.01 Rn 8). 14

III. Materielle Voraussetzungen

1. Sachliche Rechtfertigung. Der HV-Beschluss über die Herabsetzung des Grundkapitals erfordert **keine sachliche Rechtfertigung**. Eine solche ergibt sich bereits aus den gesetzlichen Regelungen, die auf einer Abwägung der Aktionärsbelange mit den Interessen der Gesellschaft an der Maßnahme beruhen (*BGHZ* 138, 71, 76). Einer sachlichen Rechtfertigung bedarf es ferner nicht, weil kein Eingriff in die mitgliedschafts- und vermögensrechtliche Stellung der Aktionäre vorliegt, sondern lediglich deren ziffernmäßige Beteiligung am Grundkapital geändert wird; die Beteiligungsquote und das Verhältnis ihrer Mitgliedschaftsrechte bleiben erhalten. Auch einen wirtschaftlichen Nach- 15 teil erleiden die Aktionäre nicht, da der Herabsetzungsbetrag ihnen unmittelbar oder zumindest mittelbar zugutekommt (*BGHZ* 138, 71, 75 f; ebenso *Hüffer* AktG Rn 14 mwN, **aA** *Wiedemann* ZGR 1980, 147, 157). Eine materielle Inhaltskontrolle ist selbst bei Bildung von Spitzen im Falle der Zusammenlegung (s Rn 31) wegen deren Subsidiarität nach § 222 Abs 4 nicht erforderlich (*BGHZ* 138, 71, 76 f; **aA** *Grunewald* Der Ausschluss aus Gesellschaft und Verein, 1987, 296; *Krieger* ZGR 2000, 885, 893). Abweichend davon erfordert eine vereinfachte Kapitalherabsetzung, bei der ein außerordentlich stark in die Mitgliedschaftsrechte der Aktionäre eingreifendes Zusammenlegungsverhältnis vereinbart wurde und durch welche die Überschuldung nicht beseitigt werden kann, insoweit eine sachliche Rechtfertigung als keine gleichzeitige Kapitalerhöhung nach §§ 182 ff erfolgt (*Hüffer* AktG Rn 14; MünchKomm AktG/*Oechsler* § 229 Rn 28 f; offen lassend *BGHZ* 138, 71, 77 f). Gegen diese Auffassung werden indes praktische Bedenken in Bezug auf die Schwelle, ab welcher in diesem Fall eine materielle Inhaltskontrolle eingreifen soll, entgegengebracht (Hölters AktG/*Haberstock/Greitemann* Rn 21).

16 **2. Gleichbehandlungsgebot.** Der Kapitalherabsetzungsbeschluss muss dem Gleichbehandlungsgebot genügen (§ 53a). Einzelne Aktiengattungen dürfen weder benachteiligt noch bevorzugt werden. Eine Beschränkung der Herabsetzung auf ausgeloste Mitgliedsrechte scheidet wg § 134 BGB, § 237 Abs 1 S 2 aus, da insoweit nur das gesetzliche Mittel der Zwangseinziehung zur Verfügung steht (MünchKomm AktG/*Oechsler* Rn 26, Grigoleit AktG/*Rieder* Rn. 23, zT **aA** MünchHdb AG/*Krieger* § 60 Rn 17). Zwar ermöglicht die ausdrückliche Zustimmung des betroffenen Aktionärs eine Ungleichbehandlung (s § 53a Rn 7), durch eine entspr Satzungsbestimmung kann eine Ungleichbehandlung indes nicht gerechtfertigt werden (*Hüffer* AktG Rn 15).

IV. Aufhebung und Änderung

17 Die **Aufhebung** der Kapitalherabsetzung ist nach wohl **hM** bis zur Eintragung (s § 224) durch einfachen Mehrheitsbeschluss der HV möglich (MünchHdb AG/*Krieger* § 60 Rn 37 mwN; **aA** *Hüffer* AktG Rn 16; K. Schmidt/Lutter AktG/*Veil* Rn 22; **aA** Henssler/Strohn/*Galla*, AktG Rn 9). Überzeugend begründet wird dies unter Verweis auf die §§ 133, 179 damit, dass die Aufhebung des Herabsetzungsbeschlusses selbst keinen satzungsändernden Charakter hat und nur eine Bestätigung der bestehenden Satzung ist (MünchKomm AktG/*Oechsler* Rn 28). Die Annahme auch des qualifizierten Mehrheitserfordernisses beim „*actus contrarius*" zur Herabsetzung findet keine Stütze im Gesetz. Eine **Änderung** der Kapitalherabsetzung ist hingegen nur aufgrund eines HV-Beschlusses möglich, der den Mehrheitsanforderungen des Herabsetzungsbeschlusses genügt (MünchKomm AktG/*Oechsler* Rn 28), da der geänderte Beschl auf eine Änderung der Satzung zielt. Nach Eintragung des Herabsetzungsbeschlusses kann dieser nicht mehr geändert werden; hier bleibt nur noch der Weg, die Kapitalherabsetzung durch eine Kapitalerhöhung wirtschaftlich zu revidieren (s auch § 224 Rn 1).

V. Abwendung durch freiwillige Zuzahlung

18 Den Aktionären kann im Kapitalherabsetzungsbeschluss die Möglichkeit eröffnet werden, die Kapitalherabsetzung durch freiwillige Zuzahlungen abzuwenden (so schon *RGZ* 80, 81, 85). Der Herabsetzungsbeschluss ist in diesen Fällen dergestalt auflösend bedingt, dass jeder Aktionär den auf ihn entfallenden Teil der Kapitalherabsetzung durch seine Zuzahlung verhindern und damit die auflösende Bedingung eintreten lassen kann (MünchKomm AktG/*Oechsler* Rn 29). Voraussetzungen hierfür sind: die Freiwilligkeit der Zuzahlung, die Beachtung des Gleichbehandlungsgrundsatzes und, soweit den zuzahlenden Aktionären ein Vorteil gewährt wird, die wirtschaftliche Entsprechung von Vorteil und Zuzahlung (*RGZ* aaO; *Hüffer* AktG Rn 5). Verstöße hiergegen führen zur Anfechtbarkeit, in schweren Fällen gem § 241 Nr 3 zur Nichtigkeit (KölnKomm AktG/*Lutter* Rn 50, s auch § 54 Rn 6, s Rn 24). Die Zuzahlungen führen weder zu einer Erhöhung des Grundkapitals noch zu einer Verbindlichkeit der Gesellschaft gegenüber den zuzahlenden Aktionären. Teilweise ist die Zulässigkeit der Abwendung der Kapitalherabsetzung durch Zuzahlungen der Aktionäre auf Kritik gestoßen: So würde den Aktionären die bei der regulären Kapitalerhöhung nach einer Kapitalherabsetzung insb gem § 186 bestehende vermögenswerte Möglichkeit des Bezugsrechtshandels genommen; mithin sei die Aufforderung zur freiwilligen Zuzahlung nur zulässig, wenn eine alternativ durchgeführte Kapitalherabsetzung mit anschließender Kapitalerhöhung den Bezugsrechtswert „Null" ergeben hätte (KölnKomm AktG/*Lutter* Rn 33). Diese Auffassung erscheint insoweit bedenklich als nicht sichergestellt ist, dass die Kombination von Kapitalerhöhung und Kapitalherabsetzung die entsprechende Mehrheit gefunden hätte. Beide Situationen erscheinen daher nicht als zwingende Alternativen. Zwar wären die Aktionäre, die sich nicht an einer freiwilligen Zuzahlung beteiligen wollen, ebenfalls nicht gezwungen an einer Kapitalerhöhung teilzunehmen, indes verhindert der Weg über die Zuzahlung auch die potentielle Erweiterung des Aktionärskreises, die bei der Veräußerung von Bezugsrechten möglich wäre (MünchKomm AktG/*Oechsler* Rn 29). Als Vorteile können den zuzahlenden Aktionäre durch Satzungsänderung etwa Genussrechte oder Vorzugsrechte eingeräumt werden (KölnKomm AktG/*Lutter* Vorb § 182 Rn 33). Auch ist es zulässig, zuzahlungswilligen Aktionären ein besseres Zusammenlegungsverhältnis anzubieten, wenn dieser Vorteil wirtschaftlich der Zuzahlung entspricht (MünchKomm AktG/ *Oechsler* Rn 29; **aA** wohl *Hüffer* AktG Rn 5). Die Abwendung der Kapitalherabsetzung durch Zahlung ist nur bis zur Eintragung des Herabsetzungsbeschlusses möglich (MünchKomm AktG/*Oechsler* Rn 29).

VI. Sonderbeschluss § 222 Abs 2

Besteht nicht nur eine Aktiengattung, so müssen die Aktionäre jeder Gattung stimmberechtigter Aktien der Kapitalherabsetzung durch einen **Sonderbeschluss** (§ 138) zustimmen. Das Erfordernis des Sonderbeschlusses ist unabhängig davon, ob eine Aktiengattung benachteiligt wird (*Hüffer* AktG Rn 18) und besteht auch dann, wenn der Herabsetzungsbeschluss nach § 222 Abs 1 einstimmig gefasst wurde (*RGZ* 148, 175, 178 ff). § 222 Abs 2 gilt nur für Gattungen stimmberechtigter Aktien, mithin nicht für Vorzugsaktien ohne Stimmrecht (s § 139). Falls neben den stimmrechtslosen Aktien nur eine weitere Gattung besteht, entfällt das Erfordernis des Sonderbeschlusses ganz (*Krauel/Weng* AG 2003, 561, 563). Das doppelte Mehrheitserfordernis des Herabsetzungsbeschlusses (s Rn 8) gilt für den Sonderbeschluss entspr. Eine mehrheitserhöhende Satzungsklausel, die eindeutig auch bei Kapitalherabsetzung eingreifen soll, findet im Zweifel auch auf den Sonderbeschluss Anwendung. Der Sonderbeschluss bildet als Zustimmung zum (aufschiebend bedingten) Herabsetzungsbeschluss einen Bestandteil der Kapitalherabsetzung selbst (vgl *BGHZ* 96, 245, 249; 76, 191, 195 f; *Witt* AG 2000, 345, 353). Ferner spricht neben dem Verweis auf Abs 1 in § 222 Abs 2 S 3 für die Erstreckung solcher Satzungsklauseln auf Sonderbeschlüsse auch,

19

dass diese grds denselben Mehrheitserfordernissen unterliegen, wie der zustimmungsbedürftige HV-Beschluss (vgl GroßKomm AktG/*Bezzenberger* § 138 Rn 29).

20 Ein **Fehlen des Sonderbeschlusses** führt zur schwebenden Unwirksamkeit, nicht jedoch zur Anfechtbarkeit oder gar Nichtigkeit des Herabsetzungsbeschlusses, dem die satzungsändernde Wirkung fehlt (*RGZ* 148, 175, 186 f). Allerdings darf die Eintragung des Herabsetzungsbeschlusses nicht erfolgen (vgl § 184 Rn 14); § 242 Abs 1 gilt hier (auch in entspr Anwendung) nicht. Die Nachholung und die Heilung analog § 242 Abs 2 sind jedoch möglich. Ist der Sonderbeschluss fehlerhaft, gilt § 138 S 2 (*Hüffer* AktG Rn 19). Ein ablehnender Sonderbeschluss bewirkt die endgültige Unwirksamkeit des Herabsetzungsbeschlusses.

VII. Zweck der Kapitalherabsetzung § 222 Abs 3

21 Der **Zweck der Herabsetzung** des Grundkapitals ist im Herabsetzungsbeschluss anzugeben (s Rn 12). Bei mehreren Zwecken, die sämtlich anzugeben sind, ist eine bindende Prioritätsliste durch die HV möglich (*Hüffer* AktG Rn 20; weiter Marsch-Barner/Schäfer Hdb AG/*Busch* § 44 Rn 8: Reihenfolge ist festzulegen); mehrere Zwecke können jedoch auch alternativ verfolgt werden (KölnKomm AktG/*Lutter* Rn 16). So könnte eine entsprechende Formulierung etwa lauten: „Verlustdeckung, etwaiger überschießender Ertrag ist an die Aktionäre zurückzuzahlen" (nach *Terbrack* RNotZ 2003, 89, 93). Die HV ist in der Bestimmung des Zwecks frei. Beispiele sind: Ausschüttung an Aktionäre einschließlich Sachausschüttungen, Rückzahlung an Aktionäre (§ 57 steht dem nicht entgegen, s § 57 Rn 43), Befreiung von Einlageverbindlichkeit, wobei für die tatsächliche Befreiung noch ein zusätzlicher Erlassvertrag zwischen AG und Aktionär nach § 397 BGB nötig ist (MünchKomm AktG/*Oechsler* Rn 37); möglich ist auch die Kapitalherabsetzung zur Umstellung auf Euro (*Heidinger* DNotZ 2000, 661).

VIII. Fehler des Herabsetzungsbeschlusses

22 **1. Unterschreitung von Mindestbeträgen.** Ein Verstoß gegen den Mindestnennbetrag des Grundkapitals (§ 7) führt (außer im Falle des § 228) zur Nichtigkeit gem § 241 Nr 3, ebenso ein Verstoß gegen den Mindestnennbetrag der einzelnen Aktie nach § 8 Abs 2 S 1 oder § 8 Abs 3 S 3 (MünchKomm AktG/*Oechsler* Rn 30), nicht aber ein Verstoß gegen § 8 Abs 2 S 4, nach dem Aktiennennbeträge immer auf volle Euro lauten müssen (*BGH* NJW-RR 1992, 168 f); letzterer führt nur zur Anfechtbarkeit des Beschl.

23 **2. Fehler bei Angabe des Zwecks.** Ein **Fehlen des Zwecks** führt zur Anfechtbarkeit (§ 243 Abs 1), da die Zwecksetzung überwiegend den Interessen der Aktionäre und nicht dem Schutz der Gläubiger dient. Bei Nichtanfechtung und Eintragung des Beschlusses ist die Herabsetzung gültig. Über den Buchertrag kann dann allein die HV und nicht etwa die Verwaltung verfügen. Der Buchertrag ist bis zur Entsch auf einem Sonderkonto gutzuschreiben und (analog) § 232 in die Kapitalrücklage einzustellen (*BGHZ* 119, 305, 324; KölnKomm AktG/*Lutter* Rn 37 f; s auch § 224 Rn 3 zum späteren Wegfall des Zwecks). Ist der angegebene **Zweck nicht erreichbar**, kann der Beschl ebenfalls angefochten werden (*LG Hannover* AG 1995, 285 f; Marsch-Barner/Schäfer Hdb AG/*Busch* § 44 Rn 18). Nach *Oechsler* soll dies zutreffenderweise nur im Falle der Erkennbarkeit der Unerreichbarkeit des Zwecks bei Beschlussfassung gel-

ten, da man den Beschl andernfalls kaum als rechtswidrig ansehen könnte (Münch-Komm AktG/*Oechsler* Rn 41); die HV muss hier wie bei einem Fehlen des Zwecks letztlich einen erneuten Beschl über die Verwendung der freigesetzten Mittel fassen.

3. Weitere Fehler. Das Fehlen der Angabe über die **Art der Herabsetzung** führt nur zur Anfechtbarkeit, ebenso Verstöße gegen das Subsidiaritätsprinzip oder das Gleichbehandlungsgebot, da bei diesen Verstößen überwiegend die Aktionärs- und nicht die Gläubigerinteressen berührt werden (MünchKomm AktG/*Oechsler* Rn 52 mwN). **Wirtschaftlicher Zwang** bei „freiwilligen" Zahlungen zur Abwendung der Kapitalherabsetzung (s Rn 18) etwa durch Gewährung von Vorteilen, die den wirtschaftlichen Wert der Zuzahlung übersteigen, führt zur Anfechtbarkeit, in besonderen Fällen zur Nichtigkeit (KölnKomm AktG/*Lutter* Rn 50; zum Sonderbeschluss s Rn 19 f).   24

C. Herabsetzungsarten § 222 Abs 4

Der Herabsetzungsmodus betrifft die Art und Weise der Durchführung der Herabsetzung. Dabei ist der Vorstand gegenüber den Aktionären verpflichtet, den Herabsetzungsbeschluss ohne schuldhaftes Zögern durchzuführen (*BGH* NJW-RR 1992, 168). Neben den Herabsetzungsarten des § 222 Abs 4 kann die Kapitalherabsetzung auch noch durch die in § 237 geregelte Einziehung von Aktien erfolgen.   25

I. Nennbetragsaktien

Bei Nennbetragsaktien gibt es gem § 222 Abs 4 zwei Arten der Herabsetzung: die Herabsetzung des Nennbetrages (Abs 4 S 1) und die Zusammenlegung von Aktien (Abs 4 S 2). Die Zusammenlegung darf nur gewählt werden, wenn der in § 8 Abs 2 S 1 oder § 8 Abs 3 S 3 genannte Betrag unterschritten würde, was insb bei der Herabsetzung des Grundkapitals auf Null der Fall ist (*BGHZ* 142, 167, 169 f). Kommt es bei der Kapitalherabsetzung nicht zu einem Unterschreiten des Mindestnennbetrages, muss der Nennbetrag herabgesetzt werden (**Subsidiaritätsgrundsatz**). Teilw wird vertreten, die Zusammenlegung könne auch dann gewählt werden, wenn sich dabei Aktienspitzen (dazu s Rn 31) vermeiden ließen (MünchKomm AktG/*Oechsler* Rn 45). Eine entsprechende teleologische Reduktion des § 222 Abs 4 S 2 scheint indes im Hinblick auf die hinter dem eindeutigen Wortlaut stehende gesetzgeberische Wertentscheidung fragwürdig.   26

1. Herabsetzung des Nennbetrags § 222 Abs 4 S 1. Die **Herabsetzung des Nennbetrags** der Aktien erfolgt in dem Verhältnis des alten zum herabgesetzten Grundkapital. Der Mindestbetrag des § 8 Abs 2 S 1 darf dabei nicht unterschritten werden, ferner ist bei der Herabsetzung auch § 8 Abs 2 S 4 zu beachten. Die mitgliedschafts- und vermögensrechtliche Stellung des einzelnen Aktionärs wird durch die Nennbetragsherabsetzung nicht beeinträchtigt. Soweit bei der Gesellschaft Aktienurkunden ausgegeben wurden, werden diese durch die Kapitalherabsetzung unrichtig. Die unrichtig gewordenen Urkunden sind durch die Verwaltung entweder auszutauschen oder zu korrigieren. Ein **Gutglaubensschutz** zugunsten der Erwerber von Aktien mit unrichtigen Nennbeträgen besteht nicht (*Kort* ZGR 1994, 291, 304 f). Bei der AG nicht eingereichte, unrichtig gewordene Aktien können nach § 73 für kraftlos erklärt werden; § 226 gilt indes allein im Falle der Herabsetzung durch Zusammenlegung von Aktien.   27

2. Zusammenlegung § 222 Abs 4 S 2. Würde die Nennbetragsherabsetzung zu einem Verstoß gegen § 8 Abs 1 S 2 führen, muss insoweit (s Rn 29) die Herabsetzung durch   28

Zusammenlegung der Aktien erfolgen. Die Mitgliedschaftsrechte werden bei der Zusammenlegung nicht vernichtet, sondern verlieren nur ihre rechtliche Selbstständigkeit (Grigoleit AktG/*Rieder* Rn 37); auch die Beteiligungsquote ändert sich nicht (bzgl der Ausnahme bei Spitzen s Rn 31). Bis zum Umtausch der Aktien verbrieft die Inhaberschaft der alten Aktien im herabgesetzten Umfang den Fortbestand des Stimmrechts der Aktionäre (*BGH* NJW-RR 1992, 168 1. LS). Für die Durchführung der Zusammenlegung ist der Vorstand zuständig, er hat nach den Anweisungen des Herabsetzungsbeschlusses zu handeln, soweit keine Anweisungen bestehen, nach pflichtgemäßem Ermessen (*RGZ* 80, 81, 83 f, MünchHdb AG/*Krieger* § 60 Rn 52); die Regelungen des § 226 sind zu beachten.

29 **3. Kombination.** Der Subsidiaritätsgrundsatz (s Rn 26) zwingt dazu, die Herabsetzung primär über die Herabsetzung des Nennbetrags durchzuführen. Erst soweit eine Nennbetragsherabsetzung nicht möglich ist, sind Aktien zusammenzulegen. Das kann dazu führen, dass die beiden Formen der Herabsetzung miteinander zu kombinieren sind; in diesen Fällen darf also nicht etwa nur die Zusammenlegung gewählt werden (KölnKomm AktG/*Lutter* Rn 26; *Hüffer* AktG Rn 22; MünchKomm AktG/*Oechsler* Rn 49).

II. Stückaktien

30 Die Grundkapitalherabsetzung führt mit ihrem Wirksamwerden (§ 224) bei Stückaktien automatisch zur Verringerung des Anteils der einzelnen Stückaktie am Grundkapital der Gesellschaft; weitere Maßnahmen sind entbehrlich. Hier dient die Angabe der Art der Herabsetzung im Herabsetzungsbeschluss nur der Information der Aktionäre (*Hüffer* AktG Rn 22). Ebenfalls zu beachten ist hier § 8 Abs 3 S 3: Soweit der auf das einzelne Stück entfallende Betrag die Mindestuntergrenze unterschreiten würde, ist auch die Zusammenlegung der Stückaktien erforderlich; darauf muss dann im Herabsetzungsbeschluss hingewiesen werden (*Terbrack* RNotZ 2003, 89, 93).

III. Vermeidung von Aktienspitzen bei der Zusammenlegung

31 Grds bleiben bei der Zusammenlegung die Beteiligungsquoten der einzelnen Aktionäre erhalten. Anders verhält es sich jedoch, wenn die Zusammenlegungsquote bei einem Aktionär zu einem nicht zusammenlegbaren Bruchteilsrecht führt, wenn also Teilrechte verbleiben, die nicht mit anderen Teilrechten zu einem Vollrecht zusammengelegt werden können, sog „**Aktienspitzen**". Für diese Fälle gilt § 226 Abs 1 S 2 (s § 224 Rn 6). Der Aktionär kann solche Teilrechte – verbleiben ihm nur Teilrechte, dann unter Verzicht auf die Mitgliedschaft – veräußern oder er kann weitere Teilrechte zwecks Erwerb eines Vollrechtes hinzu erwerben (*BGHZ* 138, 71, 77).

32 Die AG hat gegenüber ihren Aktionären grds die Pflicht, das Entstehen **unverhältnismäßig hoher Spitzen** dadurch zu vermeiden, dass der Nennwert der neuen Aktien an dem gesetzlichen Mindestbetrag festgelegt wird; sachliche Gründe, welche die Festlegung eines höheren Nennwertes geboten erscheinen lassen, sind von der Gesellschaft darzulegen (*BGHZ* 142, 167). Denn die Möglichkeit, die gesellschaftsbezogenen Interessen der Mitgesellschafter zu beeinträchtigen, führt zu der korrespondierenden Pflicht, auf diese Interessen angemessen Rücksicht zu nehmen (*BGHZ* 142, 167, 170 mwN). Die Rücksichtnahmepflicht kann folglich in Extremfällen zur Schaffung von 1-Euro-Aktien führen (vgl *Vetter* AG 2000, 193, 201); etwa dann, wenn ein betroffener

Aktionär sonst aus der Gesellschaft ausscheiden müsste. Der Vorteil des Mehrheitsaktionärs aufgrund der Stellung gegenüber dem Minderheitsaktionär genügt ferner für sich allein nicht, die AG zu einem geringeren Nennbetrag zu verpflichten (*BGHZ* 138, 71, 80 f). Einer **sachlichen Rechtfertigung** bedarf es auch in diesen Fällen – in denen aus Rücksichtnahme wegen der Spitzen und der dadurch bedingten Beeinträchtigung der Mitgliedschaftsrechte ein geringerer Nennbetrag festzulegen ist – nicht (*BGHZ* 138, 71, 76 f; umfassend *Krieger* ZGR 2000, 885, 891 ff; s Rn 15). Für Stückaktien gilt das zu Nennbetragsaktien Gesagte entspr (vgl *Vetter* AG 2000, 193, 207). Eine Verletzung der aus der Treupflicht resultierenden Pflicht zur Rücksichtnahme liegt nicht vor, wenn bei einer Kapitalherabsetzung auf Null mit anschließender Kapitalerhöhung eine Umwandlung der bisherigen Nennbetragsaktien in Stückaktien erfolgt (*OLG Dresden* AG 2006, 671).

D. Liquidation und Insolvenz

Grds gelten während der **Liquidation** die allg Regeln, also auch die § 222 ff, soweit sie nicht dem Zweck der Abwicklung der Gesellschaft entgegenstehen (§ 264 Abs 3). Eine Kapitalherabsetzung ist auch im Liquidationsverfahren möglich, wenn die Gläubigerschutzvorschrift des § 272 neben § 225 beachtet wird (**hM** *Terbrack* RNotZ 2003, 89, 91; MünchHdb AG/*Krieger* § 60 Rn 18; Spindler/Stilz AktG/*Marsch-Barner* Rn 45; *OLG Frankfurt* NJW 1974, 463; **aA** MünchKomm AktG/*Oechsler* § 229 Rn 30); die praktische Durchführung einer Kapitalherabsetzung während der Liquidation wird indes beschränkt sein (vgl KölnKomm AktG/*Lutter* Rn 52). Ein Kapitalherabsetzungsbeschluss wird iÜ auch nicht durch einen späteren Auflösungsbeschluss gegenstandslos, er kann weiterhin angefochten werden (*LG Hannover* AG 1995, 285, 1. LS). 33

Die Kapitalherabsetzung ist auch im **Insolvenzverfahren** zulässig (*BGHZ* 138, 71, 78; **aA** *Baumbach/Hueck* AktG Vor § 179 Rn 2). Das gilt selbst dann, wenn mit der Kapitalherabsetzung keine Kapitalerhöhung verbunden wird (*BGH* aaO; **aA** KölnKomm AktG/*Lutter* Rn 53). Für entsprechende Kapitalmaßnahmen im Rahmen des Insolvenzplans sieht § 225a Abs 2 S 3 InsO die Kapitalherabsetzung für den sog Debt-Equity-Swap (s dazu auch § 183 Rn 6) sogar ausdrücklich vor. 34

§ 223 Anmeldung des Beschlusses

Der Vorstand und der Vorsitzende des Aufsichtsrats haben den Beschluss über die Herabsetzung des Grundkapitals zur Eintragung in das Handelsregister anzumelden.

Übersicht

	Rn		Rn
I. Allgemeines	1	b) Einzureichende Unterlagen	5
II. Anmeldung	2	c) Gerichtliche Prüfung	6
1. Anmeldepflicht	2	3. Eintragung und Bekanntmachung	7
2. Verfahren	4		
a) Zuständiges Gericht, Form, Zeitpunkt und Bezifferung	4	4. Kosten und Beschwerde	8

Literatur: *Lutter* Die Eintragung anfechtbarer Hauptversammlungsbeschlüsse im Handelsregister, NJW 1969, 1873; *Priester* „Squeeze out" durch Herabsetzung des Stammkapitals auf Null?, DNotZ 2003, 592; *Schaub* Stellvertretung bei Handelsregisteranmeldungen,

DStR 1999, 1699; *Terbrack* Kapitalherabsetzende Maßnahmen bei Aktiengesellschaften, RNotZ 2003, 89.

I. Allgemeines

1 Die Vorschrift des § 223 regelt allein die **Anmeldung des Beschl** über die Kapitalherabsetzung, nicht hingegen die Anmeldung der Satzungsänderung, die aufgrund der geänderten Kapitalziffer notwendig wird (vgl §§ 224, 23 Abs 3 Nr 3). Da die Eintragung des Kapitalherabsetzungsbeschlusses die Vorlage der angepassten Satzung voraussetzt (MünchKomm AktG/*Oechsler* Rn 1; *Hüffer* AktG Rn 1; **aA** wohl Groß-Komm AktG/*Sethe* Rn 3), sind die Anmeldungen der Kapitalherabsetzung und der entsprechenden Satzungsänderung miteinander zu verbinden. Zweck des § 223 ist die vorgeschaltete Kontrolle durch das Registergericht (*Hüffer* AktG Rn 1; *Lutter* NJW 1969, 1873, 1878). Neben der Pflicht, den Beschl über die Kapitalherabsetzung selbst anzumelden, besteht noch die Anmeldepflicht gem § 227, die die Durchführung der Kapitalherabsetzung betrifft. Auch diese Anmeldungen können miteinander verbunden werden (§ 227 Abs 2).

II. Anmeldung

2 **1. Anmeldepflicht.** Zur Anmeldung verpflichtet sind der Vorstand und der Vorsitzende des AR, wobei bzgl des Vorstands die Mitwirkung einer vertretungsberechtigten Zahl von Vorstandsmitgliedern ausreicht (*Hüffer* AktG Rn 3). Im Falle **unechter Gesamtvertretung** nach § 78 Abs 3 können auch Prokuristen mitwirken (*KG* JW 1938, 3121); sogar eine Bevollmächtigung Dritter zur Anmeldung ist unter Beachtung der Form des § 12 HGB möglich, weil bei der Anmeldung keine strafrechtlich relevanten Versicherungen abgegeben werden müssen (*Terbrack* RNotZ 2003, 89, 96; vgl auch *Schaub* DStR 1999, 1699, 1701 f). Für die Vertretung des verhinderten AR-Vorsitzenden gilt § 107 Abs 1 S 3. Die Erklärungen können einheitlich, aber auch getrennt erfolgen (MünchKomm AktG/*Oechsler* Rn 2).

3 Die Anmeldepflichtigen trifft im Innenverhältnis eine Pflicht zur Anmeldung gegenüber der AG, deren Verletzung zu Schadensersatzansprüchen (§§ 93, 116) und sogar zur Abberufung (§§ 84 Abs 3, 103 Abs 3) führen kann (MünchKomm AktG/*Oechsler* Rn 3); ein Zwangsgeld scheidet indes aus (§ 407 Abs 2). Obwohl das Gesetz keine zeitliche Vorgabe trifft, ist davon auszugehen, dass die Anmeldepflichtigen umgehend nach Beschlussfassung tätig werden müssen (K. Schmidt/Lutter AktG/*Veil* § 222 Rn 2). Eine **Rücknahme** des Eintragungsantrags ist bis zur Eintragung möglich (*BGH* NJW 1959, 1323). Ist der Kapitalherabsetzungsbeschluss aufgehoben worden (vgl § 222 Rn 17), muss der Antrag sogar zurückgenommen werden (*Hüffer* AktG Rn 3). Keine Pflicht zur Anmeldung besteht im Falle der Nichtigkeit des Kapitalherabsetzungsbeschlusses, bei bloßer Anfechtbarkeit muss die Anmeldung jedoch erfolgen (KölnKomm AktG/*Lutter* Rn 3).

4 **2. Verfahren. – a) Zuständiges Gericht, Form, Zeitpunkt und Bezifferung.** Zuständig ist das **Amtsgericht am Sitzort** der AG, § 14 AktG iVm § 337 FamFG. Die **Form** richtet sich nach § 12 Abs 1 S 1 HGB, der die elektronische Anmeldung zur Eintragung in öffentlich beglaubigter Form vorschreibt. Grds muss **unverzüglich** angemeldet werden (*Hüffer* AktG Rn 2; s auch *BGH* NJW-RR 1992, 168 2. Ls und § 222 Rn 25). Bei einem **Höchstbetrag** muss vor Eintragung noch die **Bezifferung** erfolgen. Bei einem bedingten Herabsetzungsbeschluss, insb bei einer **Zuzahlungsbefugnis**, darf erst nach Bedingungseintritt – bei einer Zuzahlungsmöglichkeit mithin dann, wenn dem Gericht nachgewiesen wurde, dass die Zuzahlungen nicht erfolgt sind – eingetragen werden; Zuzahlungen zur Abwendung der Herabsetzung sind nach Bedingungseintritt nicht mehr möglich (*Terbrack* RNotZ 2003, 89, 96 mwN; vgl auch MünchKomm AktG/*Oechsler* Rn 9; *Grunewald* AG 1990, 133, 137 f). Unbestimmte oder unrichtige Tatsachen dürfen nicht in das HR eingetragen werden, da es nicht dazu dient, die bloße Möglichkeit eines später entstehenden Verhältnisses anzukündigen (so schon *RGZ* 22, 58, 59).

b) **Einzureichende Unterlagen.** Alle zur Prüfung des Herabsetzungsbeschlusses notwendigen Unterlagen sind einzureichen, soweit sie dem Gericht noch nicht vorliegen, insb die notarielle Niederschrift über die HV sowie etwaige Sonderbeschlüsse nach § 222 Abs 2. Wegen der Verbindung mit der Anmeldung der entspr Satzungsänderung ist auch der Nachweis gem § 181 Abs 1 S 2 zu führen (*Terbrack* RNotZ 2003, 89, 96). Die Unterlagen sind in Urschrift, Abschrift oder öffentlich beglaubigter Form einzureichen und verbleiben bei Gericht. 5

c) **Gerichtliche Prüfung.** Das Registergericht prüft die eigene Zuständigkeit, die Anmeldebefugnis der Anmelder, die Form der Anmeldung, Unterlagen und Mehrheitserfordernisse, das Vorliegen von Sonderbeschlüssen sowie die Bestimmtheit des Herabsetzungsbetrages (vgl § 222 Rn 11) und etwaige Nichtigkeitsgründe sowie sonstige Verstöße gegen Gesetz oder Satzung (*Hüffer* AktG Rn 5). Das Registergericht darf nichtige Beschl selbst dann nicht eintragen, wenn die Nichtigkeit durch Eintragung geheilt würde (*Priester* DStR 2003, 592, 601). Sind **Anfechtungsgründe** gegeben, ist zu differenzieren: Diese sind zu berücksichtigen, wenn durch die Gesetzesverletzung Drittinteressen betroffen werden; sind nur Aktionärsinteressen betroffen, steht es im Ermessen des Gerichts, diese Gründe zu berücksichtigen. Das Gericht muss bzw darf in diesen Fällen das Verfahren bis zum Ablauf der Anfechtungsfrist oder bis zur Rechtskraft des Anfechtungsprozesses aussetzen, es sei denn, die Aussetzung der Eintragung wäre für die AG unzumutbar (MünchKomm AktG/*Oechsler* Rn 6; vgl auch *Lutter* NJW 1969, 1873, 1878 f). Letzteres gilt grds auch, wenn die Anfechtungsklage zweifelsfrei ohne Erfolgsaussicht ist. Ist der Erfolg der Anfechtungsklage hingegen lediglich als nicht sicher anzusehen, kann das Registergericht das Eintragungsverfahren gem §§ 21, 381 FamFG aussetzen (*Hüffer* aaO). Bei der Herabsetzung unter den Mindestnennbetrag darf das Eintragungsverfahren allerdings nur bei Hemmung gem § 228 Abs 2 S 2 ausgesetzt werden (MünchKomm AktG/*Oechsler* Rn 7); Abweichungen können sich durch das Freigabeverfahren (§ 246a) ergeben. 6

3. Eintragung und Bekanntmachung. Das Gericht ist an den Antrag gebunden und kann entweder eintragen oder den Antrag abweisen bzw bei behebbaren Mängeln eine Zwischenverfügung erlassen; ein vom Antrag abw Eintrag ist ausgeschlossen (KölnKomm AktG/*Lutter* Rn 15). Einzutragen ist die herabgesetzte Grundkapitalziffer, iÜ genügt die Bezugnahme auf den HV-Beschluss, §§ 181 Abs 2, 39 Abs 1. Die **Eintragung** des Herabsetzungsbeschlusses erfolgt gem § 43 Nr 3, Nr 6f, Nr 7 HRV in Spalte 6; in Spalte 3 ist die neue Grundkapitalziffer einzutragen, die alte Ziff ist zu röten (*Keidel/Schmatz/Stöber* Registerrecht Rn 460). Die Eintragung wirkt konstitutiv, § 224. Die **Bekanntmachung** richtet sich nach §§ 181 Abs 2 S 2, 39 Abs 1 S 1 AktG, 10 HGB (*Terbrack* RNotZ 2003, 89, 97): Bekanntzumachen sind der Wortlaut der Eintra- 7 gung, die Anzahl der neuen Aktien, ggf vorhandene Nennbeträge, ggf Aktiengattungen und die Zahl der Aktien jeder Gattung (*Keidel/Schmatz/Stöber* aaO). Bei Stückaktien genügt die Angabe ihrer neuen Zahl, außer es bestehen mehrere Gattungen (*Hüffer* AktG Rn 6). Ferner ist insb § 225 Abs 1 S 2 zu beachten: Die Gläubiger sind in der Bek auf ihr Recht, Sicherheit zu verlangen, hinzuweisen.

8   **4. Kosten und Beschwerde.** Die anfallenden **Kosten für Anmeldung und Eintragung** regeln § 105 Abs 1 Nr 4b) GNotKG bzw Ziff 2400 des Gebührenverzeichnisses für HandelsregistergebührenVO v 23.7.2013. Bzgl der Kosten der Anmeldung und Eintragung der Durchführung der Kapitalherabsetzung s § 227 Rn 8. Gegen die Zurückweisung des Antrages ist die **einfache fristlose Beschwerde** zum *OLG* gem § 58 FamFG, § 119 GVG statthaft. Beschwerdeberechtigt ist die AG, vertreten durch den Vorstand (vgl *BGHZ* 105, 324, 327f). Der einzelne Aktionär ist mangels unmittelbarer Betroffenheit nicht beschwerdeberechtigt (KölnKomm AktG/*Lutter* Rn 17). Gegen eine fehlerhafte Eintragung kommen nur Berichtigung und Löschung nach §§ 395, 398 FamFG in Betracht.

§ 224 Wirksamwerden der Kapitalherabsetzung

Mit der Eintragung des Beschlusses über die Herabsetzung des Grundkapitals ist das Grundkapital herabgesetzt.

Übersicht

	Rn		Rn
A. Regelungsgegenstand	1	2. Zusammenlegung	5
B. Eintragung	3	3. Teilrechte und Spitzen	6
I. Auswirkungen auf Bilanz und Gewinn- und Verlustrechnung	3	III. Nachträgliche Zweckänderung	8
II. Auswirkungen auf Mitgliedschaftsrechte	4	IV. Schuldrechtliche Vereinbarungen	9
		1. Allgemeines	9
1. Herabsetzung der Nennbeträge	4	2. Vertragsanpassungen	10
		V. Fehler und Rechtsfolgen	15

Literatur: *Emde* Die Auswirkungen von Veränderungen des Unternehmenskapitals auf Bestand und Inhalt von Genussrechten, DB 1989, 209; *Habersack* Genussrechte und sorgfaltswidrige Geschäftsführung, ZHR 155 (1991), 378; *Hirte* Genussschein und Kapitalherabsetzung, ZIP 1991, 1461; *A. Hueck* Die Behandlung von Wandelschuldverschreibungen bei Änderung des Grundkapitals, DB 1963, 1347; *Kort* Aktien aus vernichteter Kapitalerhöhung, ZGR 1994, 291; *Meilike* Wandelschuldverschreibungen bei Kapitalherabsetzungen, BB 1963, 500; *Priester* „Squeeze out" durch Herabsetzung des Stammkapitals auf Null?, DNotZ 2003, 592; *Siebel* Aktienspitzen, NJW 1952, 330; *Vollmer* Der Genussschein – ein Instrument für mittelständische Unternehmen zur Eigenkapitalbeschaffung an der Börse, ZGR 1983, 445; *Vollmer/Lorch* Der Schutz des aktienähnlichen Genusskapitals bei Kapitalveränderungen, ZBB 1992, 44; *Westhoff* Die Neueinteilung des Grundkapitals einer AG anlässlich der Neufestsetzung nach dem DM-Bilanzgesetz, DNotZ 1951, 108.

A. Regelungsgegenstand

1   § 224 regelt das **Wirksamwerden** der Kapitalherabsetzung und knüpft die Wirkungen der Kapitalherabsetzung an die Eintragung des Beschlusses an; die Vorschrift dient insoweit der Rechtssicherheit. Die Eintragung des Beschl wirkt **konstitutiv**, während die Eintragung der Durchführung der Kapitalherabsetzung gem § 227 rein deklara-

torischen Charakter hat. Die Grundkapitalziffer ist mit der Eintragung in das HR herabgesetzt. Die Satzung der Gesellschaft wird damit unrichtig und muss gem §§ 179 ff geändert werden. Die Kapitalherabsetzung unterscheidet sich daher von der Kapitalerhöhung, die die Wirkungen nicht an die Eintragung des Erhöhungsbeschlusses (§ 184), sondern an die Eintragung der Durchführung bindet, um die Kapitalaufbringung sicherzustellen (vgl *Hüffer* AktG Rn 1). Die durch Eintragung wirksam gewordene Kapitalherabsetzung kann nicht durch einen entspr Gegenbeschluss wieder rückgängig gemacht werden. Ihre wirtschaftlichen Folgen lassen sich nur über eine Kapitalerhöhung revidieren (Geßler/Hefermehl/Eckardt/Kropff AktG/ *Hefermehl* Rn 12 f; s auch § 222 Rn 17).

Ein **bedingter** oder der Höhe nach nur **bestimmbarer** Herabsetzungsbeschluss, dessen Wirksamkeit erst nach der Eintragung eintreten würde, ist als solcher nicht eintragungsfähig (**hM** *Hüffer* AktG Rn 8; MünchKomm AktG/*Oechsler* Rn 2; KölnKomm AktG/*Lutter* Rn 4; **aA** Geßler/Hefermehl/Eckardt/Kropff AktG/*Hefermehl* Rn 4; hierzu schon § 223 Rn 4). Der Schwebezustand muss vor Eintragung – zB durch Bedingungseintritt oder genaue Bezifferung des Herabsetzungsbetrages – beendet sein. Das HR ist nämlich nicht dazu bestimmt, die bloße Möglichkeit später entstehender Verhältnisse anzukündigen (*RGZ* 22, 58, 59). Sofern die Kapitalherabsetzung daher durch eine Zuzahlungsbefugnis der Aktionäre auflösend bedingt ist, endet das Abwendungsrecht spätestens mit der Eintragung; spätere Zahlungen laufen insoweit ins Leere (*Hüffer* AktG Rn 7; MünchKomm AktG/*Oechsler* Rn 2; **aA** Baumbach/ Hueck AktG Rn 4). Auch eine **Rückbeziehung** der Wirkung auf einen vor der Eintragung liegenden Stichtag ist nicht möglich (KölnKomm AktG/*Lutter* Rn 3); dies folgt aus dem Wortlaut der Norm sowie dem Umkehrbeschluss zu § 234 (s § 234 Rn 1 f). Ein genehmigtes oder bedingtes Kapital wird durch die Eintragung des Herabsetzungsbeschlusses nicht berührt. Die Höchstgrenzen der §§ 192 Abs 3, 202 Abs 3 sind lediglich bei der Beschlussfassung über die entspr Kapitalerhöhungen zu beachten (iE ebenso Spindler/Stilz AktG/*Marsch-Barner* Rn 11 mwN). 2

B. Eintragung

I. Auswirkungen auf Bilanz und Gewinn- und Verlustrechnung

Da die Eintragung des Kapitalherabsetzungsbeschlusses konstitutiven Charakter hat, entsteht durch sie in der **Gewinn- und Verlustrechnung** ein „Ertrag aus Kapitalherabsetzung", vgl § 240 S 1. Die Buchung auf den vorgeschalteten Konten (Grundkapital, Rücklagen) muss unverzüglich und nicht erst zum nächsten Bilanzstichtag erfolgen (MünchKomm AktG/*Oechsler* Rn 13). Bei der Buchung muss die Verwaltung die Zweckbindung beachten. Ist als Zweck die Befreiung von Einlageverpflichtungen (vgl § 222 Rn 21) oder die Rückzahlung an Aktionäre vorgesehen, so ist der Ertrag insoweit wg § 225 Abs 2 für die dort genannte Zeit auf ein Sonderkonto zu buchen (Köln-Komm AktG/*Lutter* Rn 14). In der **Bilanz** erscheint die neue Grundkapitalziffer regelmäßig erst im folgenden Jahresabschluss. Im Anh müssen gem § 240 S 3 bestimmte Verwendungen aus der Kapitalherabsetzung und der Auflösung von Gewinnrücklagen erläutert werden. Für den Fall, dass kein Zweck besteht, weil die Festsetzung ausnahmsweise unterblieb oder der Zweck sich erübrigt hat (bspw wenn sich die Rückstellungen für Verluste nachträglich als überhöht erweisen), ist der überschüssige Buchertrag auf einem Sonderkonto zu verbuchen und gem § 232 analog in die Kapitalrücklage einzustellen (*BGHZ* 119, 305, 322; s auch § 222 Rn 23). 3

II. Auswirkungen auf Mitgliedschaftsrechte

4 **1. Herabsetzung der Nennbeträge.** Nach Wirksamwerden der Herabsetzung verkörpern die herabgesetzten Nennbetragsaktien als Wertpapiere nur noch den herabgesetzten Betrag trotz eines anders lautenden nominalen Nennbetrages (*Hüffer* AktG Rn 4; *Siebel* NJW 1952, 330). Es besteht **kein Gutglaubensschutz** bzgl Bestand oder Umfang eines **Mitgliedschaftsrechtes**. Weder lässt sich ein guter Glaube auf § 15 HGB gründen noch auf einen fehlerhaft ausgewiesenen alten Nennbetrag der Aktienurkunde; die Aktie ist ein deklaratorisches, kein konstitutives Wertpapier (**hM** *Kort* ZGR 1994, 291, 303 ff; MünchKomm AktG/*Oechsler* Rn 17 mwN). Ein Gutglaubensschutz stünde auch im Widerspruch zu Kapitalaufbringungs- und Kapitalerhaltungsprinzipien, nach denen an der AG nur so viele Mitgliedschaftsrechte bestehen, wie in der Satzung festgelegt sind. Die unrichtig gewordenen Urkunden sind zu berichtigen oder auszutauschen. Nur soweit sie gem § 73 für kraftlos erklärt wurden, werden die betroffenen Aktienurkunden gegenstandslos.

5 **2. Zusammenlegung.** Bei der Zusammenlegung verbrieft die Inhaberschaft der alten Aktien im herabgesetzten Umfang den Fortbestand des Stimmrechts der Aktionäre bis zum Umtausch der alten in neue Aktien, so dass bereits vor Durchführung der Zusammenlegung die Rechte der Aktionäre im herabgesetzten Umfang – auf Grundlage der alten Aktien – ausgeübt werden können (*BGH* NJW-RR 1992, 168, 169). Soweit sich ein Aktionär durch Vorlage der Stücke legitimieren will, sind dann jeweils alle Aktienurkunden in dem Umfang vorzulegen, wie sie neue vollständige Mitgliedschaftsrechte ergeben (vgl *Hüffer* AktG Rn 5; KölnKomm AktG/*Lutter* Rn 10 mit Beispiel). Werden die Aktien gem § 226 für kraftlos erklärt, sind die betroffenen Urkunden danach gegenstandslos.

6 **3. Teilrechte und Spitzen.** Bei der Herabsetzung durch Zusammenlegung können **Teilrechte** entstehen. Lassen sich die Teilrechte nicht erschöpfend zu neuen Mitgliedsrechten zusammenlegen, spricht man von sog **Aktienspitzen** (hierzu s § 222 Rn 31 f). Der Aktionär kann das Teilrecht – verbleiben ihm nur Teilrechte, dann unter Verzicht auf die Mitgliedschaft – veräußern oder weitere Teilrechte zwecks Erwerb des Vollrechts hinzu erwerben (*BGHZ* 138, 71, 77; s auch § 226 Rn 4). Mehrere von einem Aktionär gehaltene Teilrechte wachsen nicht automatisch zu einem Vollrecht zusammen. Vielmehr bedarf es der Zusammenlegung durch die AG (MünchKomm AktG/*Oechsler* § 226 Rn 19; *Westhoff* DNotZ 1951, 108, 112; **aA** *Siebel* NJW 1952, 330, 331). Dafür spricht im Hinblick auf Aktienurkunden schon der sachenrechtliche Bestimmtheitsgrundsatz.

7 Inwieweit der Aktionär seine mitgliedschaftlichen Rechte aus den Teilrechten ausüben kann, ist umstr. Verfügt der Aktionär über die für die Bildung eines Vollrechts erforderliche Zahl von Teilrechten, ist insoweit anerkannt, dass es für die Ausübung der Mitgliedschaftsrechte nicht auf die förmliche Zusammenlegung ankommt. Daher wirkt sich auch eine etwaige Kraftloserklärung der Aktien nur auf die Verbriefung der Mitgliedschaft, nicht jedoch auf die Mitgliedschaft selbst aus (MünchKomm AktG/*Oechsler* § 226 Rn 10; MünchHdb AktG/*Krieger* § 60 Rn 34). Fehlt dem Aktionär die für die Bildung eines Vollrechts notwenige Anzahl von Teilrechten oder bleiben Aktienspitzen zurück, sollen dem Aktionär nach Auffassung des *BGH* die mit den Teilrechten verbundenen Mitgliedschaftsrechte, einschließlich des Stimmrechts, vollständig erhalten bleiben (so für eine Restgesellschaft *BGH* NJW-RR 1992, 168, 169;

ebenso Spindler/Stilz AktG/*Marsch-Barner* Rn 8; Grigoleit AktG/*Rieder* Rn 5). Dies wird für das Teilnahme- und Gewinnbezugsrecht bejaht, für das Stimmrecht insb unter Verweis auf § 69 Abs 1 jedoch abgelehnt. So habe der Gesetzgeber das Problem von Bruchteilen am Mitgliedschaftsrecht erkannt und sich gegen eine isolierte Geltendmachung entschieden (MünchKomm AktG/*Oechsler* § 226 Rn 11; ebenso Baumbach/ *Hueck* AktG § 226 Rn 3). Ferner wird gegen ein entsprechendes Stimmrecht vorgebracht, dass es weniger als eine Stimme, die mit einer Aktie verbunden sei, nicht gebe (KölnKomm AktG/*Lutter* Rn 12). Dieser Auffassung ist zu folgen. Der Inhaber der Aktienspitzen hat die Möglichkeit, mit anderen Inhabern von Aktienspitzen eine Bruchteilsgemeinschaft zu bilden und so eine vollständige Stimme abzugeben. Nicht zu überzeugen vermag indes, dem Inhaber von Aktienspitzen unter Verweis auf das fehlende Teilstimmrecht auch das Anfechtungsrecht zu versagen (so KölnKomm AktG/*Lutter* Rn 12 wegen einer Verkopplung von Anfechtungsrecht und Stimmrecht). Eine solche Verbindung von Stimm- und Anfechtungsrecht besteht nämlich nicht, wie sich schon aus § 140 Abs 1 ergibt.

III. Nachträgliche Zweckänderung

Soll bei einer ordentlichen Kapitalherabsetzung nachträglich der Zweck geändert werden, so bedarf es hierfür eines eigenen Beschl nach den Regeln des § 222, wobei der Zweck erst mit Eintragung als geändert gilt (MünchKomm AktG/*Oechsler* Rn 6 mwN). Dasselbe gilt, wenn der Herabsetzungsbeschluss keine Zweckfestsetzung enthält und somit erstmals ein Zweck festgesetzt werden muss. Die **Zweckänderung** ist auch nach Eintragung rückwirkend möglich. Dies folgt bereits aus der Möglichkeit der alternativen und bedingten Zwecksetzung (s § 222 Rn 13; vgl auch KölnKomm AktG/ *Lutter* Rn 7). Werden Aktionäre durch die Zweckänderung benachteiligt, bedarf es deren Zustimmung (MünchHdb AG/*Krieger* § 60 Rn 37a). Keinen Einfluss hat die nachträgliche Zweckänderung auf die Sperrfrist nach § 225 Abs 2 S 1. Diese beginnt immer mit Bek des ursprünglichen Herabsetzungsbeschlusses (MünchKomm AktG/ *Oechsler* Rn 6). Eine teilw Umwidmung in einen Zweck iSd § 229, etwa weil ein Teil der Mittel nicht für die Zwecksetzung nach § 222 Abs 3 benötigt wird, macht die Kapitalherabsetzung nicht zu einer vereinfachten Herabsetzung; § 225 lässt sich auf diese Weise nicht umgehen. Eine gänzliche Umstellung auf die vereinfachte Kapitalherabsetzung durch vollständige Zweckänderung soll nach Eintragung jedoch möglich sein (so MünchKomm AktG/*Oechsler* Rn 10 f). Dies erscheint vor dem Hintergrund des § 229 Abs 2 zweifelhaft, der die Wirksamkeit und mithin Eintragung der Kapitalherabsetzung insgesamt von der Auflösung von Rücklagen bzw Ausschöpfung von Gewinnvorträgen abhängig macht.

8

IV. Schuldrechtliche Vereinbarungen

1. Allgemeines. Hat die AG Dritten Ansprüche auf eine Kapitalbeteiligung eingeräumt, so kann das Äquivalenzverhältnis dieser Verträge durch die Kapitalherabsetzung gestört werden (vgl *Vollmer* ZGR 1983, 445, 462; *Habersack* ZHR 155 (1991), 378, 388 f). Hier stellt sich die Frage nach den Auswirkungen der Kapitalherabsetzung auf diese **schuldrechtlichen Vereinbarungen**. Insb bei Wandelschuldverschreibungen und Optionsanleihen würde der Gläubiger nach einer Kapitalherabsetzung einen verhältnismäßig größeren Anteil am Grundkapital erhalten. Das gleiche Problem stellt sich, soweit die Beteiligung an der AG als Bemessungsgrundlage für Leistungen

9

herangezogen wird, wie zB bei Abfindungsvereinbarungen, Gewinnschuldverschreibungen und Genussrechten. Fraglich ist, inwieweit in diesen Fällen eine Anpassung zu erfolgen hat.

10 **2. Vertragsanpassungen.** Da sich die AG in aller Regel nicht einseitig von Verpflichtungen gegenüber ihren Gläubigern lösen kann, ist entscheidend, ob der Vertrag ausdrückliche oder konkludente Regeln zur Anpassung des Rechtsgeschäfts enthält. Regelungslücken in der Vereinbarung sind durch eine ergänzende Vertragsauslegung zu schließen. Regelmäßig wird für die Anpassung nach verschiedenen Formen der schuldrechtlichen Verpflichtung unterschieden (MünchHdb AG/*Krieger* § 60 Rn 36).

11 Bei **Dividendengarantien** wird es durch eine Kapitalherabsetzung im Zweifel keinen Anpassungsbedarf geben; so bemisst sich der Dividendenanspruch an der Kapitalziffer vor der Herabsetzung (**hM** MünchKomm AktG/*Oechsler* Rn 22; Spindler/Stilz AktG/*Marsch-Barner* Rn 13 jeweils mwN). Die gleichen Grundsätze gelten auch beim Ausgleichsanspruch außenstehender Aktionäre nach § 304 Abs 2 S 1. Eine Anpassung wird teilweise befürwortet, soweit die Kapitalherabsetzung der Teilrückzahlung des Grundkapitals an die Aktionäre dient (KölnKomm AktG/*Lutter* Rn 20). Überzeugen kann letztere Auffassung indes nicht, weil mit der Teilrückzahlung des Grundkapitals auch die entsprechende Mitgliedschaft verloren geht. Von einer doppelten Begünstigung kann daher nicht ausgegangen werden.

12 Bei **Genussscheinen** ist zwischen aktien- und obligationsähnlichen Genüssen zu unterscheiden (*BGHZ* 119, 305, 310; *Vollmer/Lorch* ZBB 1992, 44). Obligationsähnliche Genussscheine gewähren typischerweise eine gewinnunabhängige (Mindest-)Verzinsung und einen unbedingten Rückzahlungsanspruch zum Nennwert, ggf mit Verlustbeteiligungsabzug (*Vollmer/Lorch* ZBB 1992, 44, 45). Dieser Form kommt Garantiecharakter zu, weshalb die für die Dividendengarantien dargestellten Grundsätze auch hier gelten (MünchKomm AktG/*Oechsler* Rn 23).

13 **Aktienähnliche Genussscheine** räumen hingegen eine Beteiligung am Gewinn und Liquidationserlös ein (*Vollmer/Lorch* ZBB 1992, 44) und haben Eigenkapitalcharakter. Das Genusskapital haftet daher für Verbindlichkeiten ebenso wie das Eigenkapital (vgl eingehend *Vollmer* ZGR 1983, 445, 451 f). Bei dieser Art von Genüssen muss grds eine Anpassung des Genussrechtsverhältnisses erfolgen (*Emde* DB 1989, 209, 213). Das Schicksal aktienähnlicher Genussscheine bei einer Herabsetzung wird aber idR durch **AGB** ausgestaltet (MünchKomm AktG/*Oechsler* Rn 24), welche unter die Inhaltskontrolle der §§ 305 ff BGB fallen (*BGHZ* 119, 305, 312; *Hirte* ZIP 1991, 1461, 1464). Die AGBs können zulässigerweise anordnen, dass das Genusskapital in demselben Verhältnis wie das Grundkapital herabgesetzt wird, wobei auch eine Herabsetzung auf Null denkbar ist (*BGHZ* 119, 305, 319 f; *BGHZ* 142, 167, 169; *Hüffer* AktG Rn 11; *Priester* DNotZ 2003, 592, 594; **aA** *Hirte* ZIP 1991, 1461, 1467). Ob die von § 228 vorausgesetzte Kapitalerhöhung zu der Pflicht führt, das Genusskapital ebenfalls aufzustocken, ist fraglich (offen lassend *BGHZ* 119, 305, 322 f; befürwortend MünchKomm AktG/*Oechsler* Rn 24). Das Schutzinteresse der Genussscheininhaber spricht wohl dafür. Andererseits kann die Grundlage einer Anpassung nur in den Genussrechtsbedingungen selbst gefunden werden. Gegen eine Anpassung entspr der gesetzlichen Vorschriften spricht auch, dass dann, wenn sich nachträglich heraus stellt, dass eine zu Sanierungszwecken unternommene Kapitalherabsetzung im beschlossenen Umfang nicht notwendig war, die Erträge aus Auflösung von Rückstellungen nicht zur

Auffüllung des Genusskapitals verwendet werden müssen; § 216 Abs 3 AktG und § 23 UmwG gelten hier nicht analog (*BGHZ* 119, 305, 322 f; *Hüffer* AktG Rn 13; Henssler/Strohn/*Galla* AktG Rn 6). Es sind jedoch Schadensersatzansprüche aus § 280 Abs 1 BGB gegen die Gesellschaft denkbar, soweit das Genussrechtskapital vertragswidrig beeinträchtigt wurde (*BGHZ* 119, 305, 331; *Hüffer* AktG Rn 11).

Auch bei **Wandelschuldverschreibungen** und **Optionsanleihen** ist in erster Linie der Vertragsinhalt maßgebend; namentlich ist zu prüfen, ob in der Vereinbarung eine Garantie erblickt werden kann oder ob eine Vertragsanpassung (konkludent) vereinbart worden ist. Fehlen vertragliche Regelungen und bleibt die ergänzende Auslegung ergebnislos, so wendet die **hM** § 216 Abs 3 analog zulasten der Anleihegläubiger an (Geßler/Hefermehl/Eckardt/Kropff AktG/*Karollus* § 221 Rn 199; KölnKomm AktG/*Lutter* Rn 19; MünchHdb AG/*Krieger* Rn 36a; *Meilicke* BB 1963, 500, 501; K. Schmidt/ Lutter AktG/*Veil* Rn 7: abhängig vom Einzelfall; **aA** *Hüffer* AktG Rn 13 gegen eine Analogie, aber für eine Anpassung über das Institut des Wegfalls der Geschäftsgrundlage (§ 313 BGB): MünchKomm AktG/*Oechsler* Rn 25; *Hueck* DB 1963, 1347, 1348). 14

V. Fehler und Rechtsfolgen

Fehlt ein Kapitalherabsetzungsbeschluss oder ist er nichtig bzw unwirksam, so tritt die Wirkung des § 224 nicht ein. Andere Mängel haben keinen Einfluss auf die Rechtsfolgen des § 224. **Fehler des Herabsetzungsbeschlusses** werden durch die Eintragung nicht beseitigt. Eine Heilung oder Anfechtung des Beschlusses kann demnach auch im Anschluss an die Eintragung erfolgen. Mängel iRd Anmeldeverfahrens berühren die Rechtsfolgen des § 224 regelmäßig nicht. Dies ist anders zu beurteilen, soweit der Herabsetzungsbeschluss ohne Anmeldung oder nach deren Rücknahme eingetragen wurde, wobei die fehlende Anmeldung durch nachträglichen Antrag geheilt werden kann (*Hüffer* AktG Rn 9). 15

§ 225 Gläubigerschutz

(1) ¹Den Gläubigern, deren Forderungen begründet worden sind, bevor die Eintragung des Beschlusses bekannt gemacht worden ist, ist, wenn sie sich binnen sechs Monaten nach der Bekanntmachung zu diesem Zweck melden, Sicherheit zu leisten, soweit sie nicht Befriedigung verlangen können. ²Die Gläubiger sind in der Bekanntmachung der Eintragung auf dieses Recht hinzuweisen. ³Das Recht, Sicherheitsleistung zu verlangen, steht Gläubigern nicht zu, die im Fall des Insolvenzverfahrens ein Recht auf vorzugsweise Befriedigung aus einer Deckungsmasse haben, die nach gesetzlicher Vorschrift zu ihrem Schutz errichtet und staatlich überwacht ist.

(2) ¹Zahlungen an die Aktionäre dürfen auf Grund der Herabsetzung des Grundkapitals erst geleistet werden, nachdem seit der Bekanntmachung der Eintragung sechs Monate verstrichen sind und nachdem den Gläubigern, die sich rechtzeitig gemeldet haben, Befriedigung oder Sicherheit gewährt worden ist. ²Auch eine Befreiung der Aktionäre von der Verpflichtung zur Leistung von Einlagen wird nicht vor dem bezeichneten Zeitpunkt und nicht vor Befriedigung oder Sicherstellung der Gläubiger wirksam, die sich rechtzeitig gemeldet haben.

(3) Das Recht der Gläubiger, Sicherheitsleistung zu verlangen, ist unabhängig davon, ob Zahlungen an die Aktionäre auf Grund der Herabsetzung des Grundkapitals geleistet werden.

§ 225 Gläubigerschutz

Übersicht

	Rn		Rn
A. Allgemeines	1	IV. Ausnahmen	13
B. Anspruch auf Sicherheitsleistung	3	1. Fällige Forderungen	13
I. Maßgebliche Gläubigerstellung	3	2. Ausnahmen nach § 225	
1. Forderung	3	Abs 1 S 3	14
2. Entstehungszeitpunkt	4	3. Besicherte Forderungen	15
3. Dauerschuldverhältnisse	6	V. Rechtsfolgen	16
4. Bestrittene Forderungen	8	VI. Auszahlungssperre	17
5. Konkrete wirtschaftliche		1. Zahlungsverbot	18
Gefährdung der Forderung	9	2. Unwirksamer Erlassvertrag	20
II. Verfahren	10	VII. Sicherheitsleistung ohne Gefährdungslage (Abs 3)	21
III. Hinweis in der Bekanntmachung (Abs 1 S 2)	12	VIII. Schutzgesetzcharakter	22

Literatur: *Geißler* Rechtliche und unternehmenspolitische Aspekte der vereinfachten Kapitalherabsetzung bei der AG, NZG 2000, 719; *Gotthardt* Sicherheitsleistungen für Forderungen pensionsberechtigter Arbeitnehmer bei Kapitalherabsetzung, BB 1990, 2419; *Jaeger* Sicherheitsleistung für Ansprüche aus Dauerschuldverhältnissen bei Kapitalherabsetzung, Verschmelzung und Beendigung eines Unternehmensvertrages, DB 1996, 1069; *Krieger* Sicherheitsleistung für Versorgungsrechte, FS Nirk, 1992, S 551; *Rittner* Die Sicherheitsleistung bei der ordentlichen Kapitalherabsetzung, FS Oppenhoff, 1985, S 317; *Wiedemann/Küpper* Die Rechte des Pensions-Sicherungs-Vereins als Träger der Insolvenzsicherung vor einem Konkursverfahren und bei einer Kapitalherabsetzung, FS Pleyer, 1986, S 445.

A. Allgemeines

1 § 225 dient dem Schutz der Gesellschaftsgläubiger. Da jede Kapitalherabsetzung das Grundkapital und damit die Haftungsgrundlage der AG schmälert, wird hierdurch die Realisierung von Forderungen gegen die AG gefährdet. Diese Gefahr besteht insb, wenn iRd ordentlichen Kapitalherabsetzung freiwerdende Mittel an die Aktionäre ausbezahlt bzw ausstehende Einlageverpflichtungen erlassen werden sollen oder gebundenes in freies Gesellschaftsvermögen umgewandelt wird. § 225 gewährt den Gläubigern einen Anspruch auf Sicherheitsleistung und bestimmt, dass Auszahlungen an die Aktionäre erst nach Ablauf einer halbjährigen Sperrfrist erfolgen dürfen. Hierbei bezieht sich das Tatbestandsmerkmal der Sicherheitsleistung auf die §§ 232 ff BGB. Die Vorschrift findet analoge Anwendung auf die Kapitalherabsetzung durch Einziehung von Aktien (§ 237 Abs 2 S 1) nicht jedoch auf die vereinfachte Kapitalherabsetzung, bei welcher der Gläubigerschutz durch die §§ 230–233 gewährleistet wird.

2 Vergleichbare Regelungen bestehen für die Beendigung eines Beherrschungs- bzw Gewinnabführungsvertrages (§ 303), die Eingliederung (§ 321) sowie für Umwandlungsmaßnahmen (§§ 22, 125, 176, 204 UmwG).

B. Anspruch auf Sicherheitsleistung

I. Maßgebliche Gläubigerstellung

3 **1. Forderung.** Voraussetzung für den Anspruch auf **Sicherheitsleistung** ist das Bestehen einer Forderung des Anspruchstellers gegen die AG. Gleichgültig ist, ob der schuldrechtliche Anspruch gesetzlicher oder rechtsgeschäftlicher Natur ist. Neben Zahlungsansprüchen sind auch andere Ansprüche, etwa auf Eigentumsverschaffung oder Unterlassung umfasst (*Hüffer* AktG Rn 2), dingliche Rechte hingegen nicht (MünchKomm AktG/*Oechsler* Rn 5). Für verjährte Forderungen besteht kein Sicherungsbedürfnis (Spindler/Stilz AktG/*Marsch-Barner* Rn 10).

2. Entstehungszeitpunkt. Die Forderung muss vor Bek der Eintragung des Kapitalherabsetzungsbeschlusses im HR begründet worden sein. Die Bek richtet sich nach § 10 S 1 HGB. Erfasst werden auch Forderungen, die erst nach Beschlussfassung, aber vor Bek entstanden sind. Eine etwaige Kenntnis des Gläubigers von der Kapitalherabsetzung steht seinem Anspruch auf Sicherheitsleistung nicht entgegen (KölnKomm AktG/*Lutter* Rn 7; einschränkend MünchKomm AktG/*Oechsler* Rn 6). § 15 Abs 2 S 2 HGB findet iRd § 225 keine Anwendung. 4

Die Forderung ist begründet, wenn sie entstanden ist. Bei vertraglichen Ansprüchen ist dies regelmäßig mit Vertragsschluss der Fall, bei gesetzlichen Ansprüchen, sobald alle tatbestandlichen Entstehungsvoraussetzungen vorliegen. Der Anspruch muss weder fällig sein, noch kommt es darauf an, ob er befristet oder auflösend bedingt ist. Auch aufschiebend bedingte Ansprüche unterfallen der Vorschrift (KölnKomm AktG/*Lutter* Rn 10 mwN), sofern der Eintritt der Bedingung innerhalb der Sechs-Monats-Frist des Abs 1 absehbar ist (MünchKomm AktG/*Oechsler* Rn 8). 5

3. Dauerschuldverhältnisse. Da es für den Anwendungsbereich der Vorschrift auf den Zeitpunkt des Vertragsschlusses und nicht auf den der Fälligkeit der Forderung ankommt, kann auch für Forderungen aus Dauerschuldverhältnissen Sicherheit verlangt werden. 6

Bei Dauerschuldverhältnissen sind mit Vertragsschluss auch die künftigen Einzelforderungen begründet. Diese fallen jedoch nur dann in den Anwendungsbereich des § 225, soweit sie konkretisiert sind (ebenso Grigoleit AktG/*Rieder* Rn 7) und ohne weiteres Zutun der Parteien in vorbestimmter Höhe entstehen und wirksam werden. Dies ist bspw bei fortlaufenden Mietzinszahlungen der Fall, nicht hingegen bei offen gestalteten Abnahmeverpflichtungen in der Art eines Bierlieferungsvertrages (s hierzu KölnKomm AktG/*Lutter* Rn 13). Denn hier ist die Höhe der künftigen Zahlungsverpflichtungen noch völlig ungewiss. Im Hinblick auf die Laufzeit von Dauerschuldverhältnissen muss dem Interesse der AG an einer angemessenen Begrenzung der Sicherheitsleistung Rechnung getragen werden, um eine Übersicherung zu vermeiden. Daher ist regelmäßig nicht der Gesamtbetrag der Zahlungsverpflichtungen aus den Dauerschuldverhältnis zu besichern, sondern nur ein individuelles Sicherungsinteresse des Gläubigers, welches unter Berücksichtigung der Gegebenheiten des Einzelfalles zu bestimmen ist (vgl *BGH* NJW 1996, 1539, 1540). Teilw wird unter Anwendung des Rechtsgedankens des § 160 HGB ein Sicherungsinteresse bis zum Ablauf von fünf Jahren angenommen (*Jaeger* DB 1996, 1069, 1070 ff), was sachgerecht erscheint, um eine Übersicherung zu vermeiden (ebenso K. Schmidt/Lutter AktG/*Veil* Rn 8). Andere wollen den Gläubiger nur bis zum Wirksamwerden seiner nächsten ordentlichen Kündigungsmöglichkeit schützen (MünchKomm AktG/*Oechsler* Rn 10, Hölters AktG/*Haberstock/Greitemann* Rn 5; s dazu auch § 321 Rn 6). Letztere Auffassung erscheint zweifelhaft, da die Begrenzung des Sicherungsbedürfnisses durch die Möglichkeit der ordentlichen Kündigung dazu führen kann, dass sich die Gläubiger gezwungen sehen könnten, das Dauerschuldverhältnis zu beenden; dies kann etwa für den Mietvertrag über die Geschäftsräume der AG auch den Interessen der Gesellschaft entgegenstehen. 7

8 4. Bestrittene Forderungen. Auch streitige Forderungen müssen nach dem Schutzzweck des § 225 besichert werden, solange sie nicht offensichtlich unbegründet sind, oder der Vorstand nach sorgfältiger Prüfung zu dem Ergebnis kommt, dass sie nicht bestehen. Soweit in diesen Fällen dennoch Sicherheit geleistet würde, wäre dies pflichtwidrig iSd §§ 93, 116 (*Hüffer* AktG Rn 5; MünchKomm AktG/*Oechsler* Rn 12).

9 5. Konkrete wirtschaftliche Gefährdung der Forderung. Inwieweit die Erfüllung der besicherten Forderung durch die Kapitalherabsetzung tatsächlich gefährdet wird, ist unerheblich. Auch wenn die Kapitalherabsetzung mit einer Kapitalerhöhung verbunden wurde, besteht der Sicherungsanspruch des Gläubigers fort (KölnKomm AktG/*Lutter* Rn 20). Ebenfalls unbeachtlich bleibt gem § 225 Abs 3 der Einwand der AG, dass die Kapitalherabsetzung keine Auszahlung an die Aktionäre bezwecke; für den Sicherungsanspruch der Gl lässt der Gesetzgeber – anders als bei § 22 Abs 1 S 2 UmwG – die jeder Kapitalherabsetzung immanente abstrakte Gefahr genügen (K. Schmidt/Lutter AktG/*Veil* Rn 13).

II. Verfahren

10 Um Sicherheitsleistung erlangen zu können, müssen sich die Gl der Gesellschaft innerhalb von sechs Monaten nach der Bek der Eintragung des Kapitalherabsetzungsbeschlusses bei der Gesellschaft melden. Unter Meldung ist dabei jede Erklärung gegenüber der AG zu verstehen, mit der der Gl seinen Anspruch auf Besicherung einfordert. Dies kann auch konkludent erfolgen (vgl Spindler/Stilz AktG/*Marsch-Barner* Rn 14). Besondere Formerfordernisse sieht das Gesetz für die Meldung nicht vor, aus Beweisgründen ist aber zumindest Schriftform zu empfehlen. Sie muss an die AG und nicht etwa das Registergericht gerichtet sein (*Hüffer* AktG Rn 6). Bei § 225 Abs 1 S 1 handelt es sich um eine materiell-rechtliche Ausschlussfrist. Auf eine etwaige Kenntnis des Gl oder die Möglichkeit der Einhaltung der Frist kommt es somit nicht an; die Grundsätze der Wiedereinsetzung sind nicht anwendbar.

11 Die Berechnung der Sechs-Monats-Frist richtet sich nach den §§ 187 ff BGB. Auch Meldungen der Gläubiger vor Fristbeginn sind möglich, der Anspruch auf Sicherheitsleistung beginnt jedoch erst mit der Bek (*Hüffer* AktG Rn 7). Der Fristablauf kann weder gehemmt noch unterbrochen werden. Bei Fristablauf ohne vorherige Meldung verliert der Gläubiger seinen Sicherungsanspruch. Die Forderung bleibt jedoch ohne Einschränkung bestehen. Eine Verlängerung der Frist durch HV-Beschluss ist möglich; die Fristverkürzung nicht (*Hüffer* AktG Rn 7; KölnKomm AktG/*Lutter* Rn 16; MünchKomm AktG/*Oechsler* Rn 16 f).

III. Hinweis in der Bekanntmachung (Abs 1 S 2)

12 Das Registergericht hat die Gläubiger auf ihr Recht, Sicherheit verlangen zu können, in der Bek über die Kapitalherabsetzung hinzuweisen. Unterbleibt der Hinweis, ist weder die Wirksamkeit der Kapitalherabsetzung noch der Beginn der Sechs-Monats-Frist betroffen. In diesem Fall, kann jedoch ein Amtshaftungsanspruch des Gläubigers gegen das pflichtwidrig handelnde Registergericht nach Art 34 GG, § 839 BGB bestehen (KölnKomm AktG/*Lutter* Rn 35).

IV. Ausnahmen

1. Fällige Forderungen. Ist der Anspruch bereits vor Bek der Kapitalherabsetzung fällig geworden, steht dem Gl kein Anspruch auf Sicherheitsleistung zu, da er von der Gesellschaft Erfüllung verlangen kann (vgl § 225 Abs 1 S 1 aE). Der Gl wird insoweit ausreichend durch das Auszahlungsverbot nach Abs 2 geschützt. Die Fälligkeit der Forderung richtet sich nach § 271 BGB, wobei rechtshemmende Einreden zu berücksichtigen sind *(Hüffer* AktG Rn 9; **aA** Spindler/Stilz AktG/*Marsch-Barner* Rn 16, offen lassend Grigoleit AktG/*Rieder* Rn 13). Das Schutzbedürfnis des Gl besteht bis zu dem Zeitpunkt, wo er tatsächlich Leistung verlangen kann fort. Tritt die Fälligkeit erst im Laufe der Sperrfrist des Abs 2 ein, so kann nur bis zu diesem Zeitpunkt Sicherheitsleistung verlangt werden. Der Anspruch auf Sicherheitsleistung entfällt auch dann, wenn sich der Gläubiger vor Fälligkeit seiner Forderung bei der AG gemeldet hat, die tatsächliche Gewährung der Sicherheit vor Fälligkeit jedoch noch nicht erfolgt ist (*Hüffer* AktG Rn 9). Eine bereits gewährte Sicherheit ist indes erst mit Erfüllung zurückzugewähren, nicht bereits mit Eintritt der Fälligkeit (KölnKomm AktG/*Lutter* Rn 22). **13**

2. Ausnahmen nach § 225 Abs 1 S 3. In den Fällen des § 225 Abs 1 S 3 besteht kein Anspruch auf Sicherheitsleistung. Diese Ausnahmeregelung kommt zur Anwendung, soweit dem Gl im Fall der Insolvenz ein Recht auf vorzugsweise Befriedigung aus einer Deckungsmasse zusteht, die nach gesetzlicher Vorschrift zu seinem Schutz errichtet wurde und staatlicher Überwachung unterliegt. Dies erfasst etwa die Gl der Pfandbriefbanken (§§ 29 ff PfandBG) sowie Versicherungsnehmer gegenüber ihren Versicherungsgesellschaften (§ 77a VAG). Inwiefern § 225 Abs 1 S 3 analog auf Ansprüche aus laufender betrieblicher Altersversorgung und auf unverfallbare Anwartschaften aus laufender betrieblicher Altersversorgung nach § 1 BetrAVG Anwendung findet, für den der Pensionssicherungsverein im Fall der Insolvenz der AG eingreift (vgl § 7 BetrAVG), ist umstr (von der **hM** wird dies richtigerweise bejaht; vgl hierzu ausf MünchKomm AktG/*Oechsler* Rn 28. Ob die Deckungsmasse im Einzelfall zur Befriedigung der Gläubiger ausreicht, spielt für den Ausschluss des Anspruchs auf Sicherheitsleistung keine Rolle (Spindler/Stilz AktG/*Marsch-Barner* Rn 18). **14**

3. Besicherte Forderungen. Wurde dem Gl für seine Forderung bereits vor der Kapitalherabsetzung eine Sicherheit bestellt, die den Anforderungen der §§ 232 ff BGB genügt, so erhält er wegen der Kapitalherabsetzung keinen neuerlichen Anspruch auf Besicherung (allg Ansicht, vgl statt vieler KölnKomm AktG/*Lutter* Rn 26 mwN). Umstr ist hingegen die Konstellation, dass dem Gläubiger eine Sicherheit anderer Art bestellt wurde, die den Anforderungen der §§ 232 ff BGB nicht genügt. Die **hM** lehnt hier zu Recht eine erneute Besicherung ab, soweit dem Gl für seine Forderung bereits eine eindeutig ausreichende aber nicht den strengen Anforderungen der §§ 232 ff BGB entspr Sicherheit gewährt wurde (KölnKomm AktG/*Lutter* Rn 29; MünchHdb AG/*Krieger* § 60 Rn 45 mwN; MünchKomm AktG/*Oechsler* Rn 26; einschränkend *Hüffer* AktG Rn 11; **aA** *Rittner* FS Oppenhoff, S 317, 326 ff; *Wiedemann/Küpper* FS Pleyer, S 445, 452 f). **15**

V. Rechtsfolgen

16 Soweit die Voraussetzungen des § 225 Abs 1 S 1 erfüllt sind und keine der oben genannten Ausnahmen eingreift, steht dem Gläubiger ein klagbarer Anspruch auf Sicherheitsleistung gegen die AG zu. Die Modalitäten der Sicherheitsleistung sind in den §§ 232 ff BGB geregelt. Regelmäßig sind die Forderungen vollumfänglich zu besichern. Bei bedingten und befristeten Forderungen kann jedoch ein Bewertungsabschlag vorzunehmen sein (vgl *Hüffer* AktG Rn 12; GroßKomm AktG/*Sethe* Rn 19).

VI. Auszahlungssperre

17 Der Buchertrag aus der Kapitalherabsetzung darf zu Zahlungen an die Aktionäre erst nach Ablauf der sechsmonatigen Sperrfrist und voller Befriedigung bzw Sicherung der Gl, die sich rechtzeitig gemeldet haben, genutzt werden (vgl § 225 Abs 2 S 1). Auch eine Befreiung der Aktionäre von der Verpflichtung zur Leistung von Einlagen kann nicht früher wirksam werden (§ 225 Abs 1 S 2). Der Auszahlungsanspruch der Aktionäre wird durch § 225 Abs 2 S 1 sowohl aufschiebend befristet als auch bedingt. Insofern ersetzt die Auszahlungssperre den Gläubigerschutz, der sonst durch das hier nicht anwendbare Verbot der Einlagenrückgewähr (§ 57) gewährleistet würde (Münch-Komm AktG/*Oechsler* Rn 1, 31).

18 **1. Zahlungsverbot.** Das Auszahlungsverbot erstreckt sich auf Zahlungen, die aufgrund der Herabsetzung des Grundkapitals, dh unter Ausnutzung des Buchertrages der Kapitalherabsetzung, erfolgen können. Der Begriff der Zahlung ist weit zu verstehen. Das Verbot gilt unabhängig davon, ob es zu einer unmittelbaren Auszahlung kommt, oder ob der Buchertrag zunächst in eine Rücklage eingestellt wird, und die Zahlung aus deren anschließender Auflösung erfolgt (MünchKomm AktG/*Oechsler* Rn 32). Auch Dividendenzahlungen, die erst durch die Beseitigung einer Unterbilanz aufgrund der Kapitalherabsetzung möglich werden, sind untersagt; ein regulärer Bilanzgewinn kann indes trotz erfolgter Herabsetzung als Dividende ausgeschüttet werden (*Geißler* NZG 2000, 719, 723). Über ihren Wortlaut hinaus erfasst die Auszahlungssperre des § 225 Abs 2 auch Sachleistungen an die Aktionäre (vgl Spindler/Stilz AktG/*Marsch-Barner* Rn 24 f).

19 Wird das Verbot des § 225 Abs 2 nicht beachtet, haftet die Verwaltung der Gesellschaft gem §§ 93, 116. Die Aktionäre haben die empfangenen Leistungen gem § 62 zurückzugewähren. Für die Gl besteht die Möglichkeit, die Einhaltung der Sperrfrist im Wege der Unterlassungsklage durchzusetzen (KölnKomm AktG/*Lutter* Rn 40).

20 **2. Unwirksamer Erlassvertrag.** Soweit durch die Kapitalherabsetzung Aktionäre von ihrer Einlagepflicht befreit werden sollen, erstreckt sich die Sperrfrist auch auf den Abschluss von Erlassverträgen gem § 397 BGB (s hierzu § 222 Rn 21). Gem § 225 Abs 2 S 2 wird ein etwaiger Erlassvertrag erst nach Ablauf von sechs Monaten sowie Befriedigung bzw Besicherung von Gl, die sich rechtzeitig gemeldet haben, wirksam. Bis zum Eintritt dieser Bedingungen bleiben die Aktionäre zur Leistung der Einlagen verpflichtet (§ 66 Abs 1 S 1) und der Erlassvertrag ist schwebend unwirksam. Die Vorschrift des § 225 Abs 2 S 2 normiert anders als § 225 Abs 2 S 1 kein Verbot, sondern regelt allein die Voraussetzungen der Wirksamkeit des Vertrages.

VII. Sicherheitsleistung ohne Gefährdungslage (Abs 3)

Gem § 225 Abs 3 besteht der Anspruch auf Sicherheitsleistung unabhängig davon, ob aus dem Buchertrag der Kapitalherabsetzung Zahlungen an die Aktionäre erfolgen sollen. Der Zweck der Kapitalherabsetzung ist für den Gläubigerschutz mithin unbeachtlich; der Gesetzgeber lässt die abstrakte Gefährdung durch die Kapitalherabsetzung für den Besicherungsanspruch genügen (vgl hierzu auch oben Rn 9).   **21**

VIII. Schutzgesetzcharakter

§ 225 Abs 1 S 1 und Abs 2 S 1 sind Schutzgesetze iSd § 823 Abs 2 BGB (*Hüffer* AktG Rn 18; KölnKomm AktG/*Lutter* Rn 40). Soweit die Vorgaben des Gesetzes nicht beachtet werden, haften die Verwaltungsmitglieder den Gesellschaftsgläubigern daher deliktisch. Darüber hinaus kommt eine Inanspruchnahme der AG nach § 31 BGB analog in Betracht; diese könnte dann wiederum ihre Organmitglieder gem §§ 93, 116 in Regress nehmen.   **22**

§ 226 Kraftloserklärung von Aktien

(1) ¹Sollen zur Durchführung der Herabsetzung des Grundkapitals Aktien durch Umtausch, Abstempelung oder durch ein ähnliches Verfahren zusammengelegt werden, so kann die Gesellschaft die Aktien für kraftlos erklären, die trotz Aufforderung nicht bei ihr eingereicht worden sind. ²Gleiches gilt für eingereichte Aktien, welche die zum Ersatz durch neue Aktien nötige Zahl nicht erreichen und der Gesellschaft nicht zur Verwertung für Rechnung der Beteiligten zur Verfügung gestellt sind.

(2) ¹Die Aufforderung, die Aktien einzureichen, hat die Kraftloserklärung anzudrohen. ²Die Kraftloserklärung kann nur erfolgen, wenn die Aufforderung in der in § 64 Abs. 2 für die Nachfrist vorgeschriebenen Weise bekannt gemacht worden ist. ³Die Kraftloserklärung geschieht durch Bekanntmachung in den Gesellschaftsblättern. ⁴In der Bekanntmachung sind die für kraftlos erklärten Aktien so zu bezeichnen, dass sich aus der Bekanntmachung ohne weiteres ergibt, ob eine Aktie für kraftlos erklärt ist.

(3) ¹Die neuen Aktien, die an Stelle der für kraftlos erklärten Aktien auszugeben sind, hat die Gesellschaft unverzüglich für Rechnung der Beteiligten zum Börsenpreis und beim Fehlen eines Börsenpreises durch öffentliche Versteigerung zu verkaufen. ²Ist von der Versteigerung am Sitz der Gesellschaft kein angemessener Erfolg zu erwarten, so sind die Aktien an einem geeigneten Ort zu verkaufen. ³Zeit, Ort und Gegenstand der Versteigerung sind öffentlich bekannt zu machen. ⁴Die Beteiligten sind besonders zu benachrichtigen; die Benachrichtigung kann unterbleiben, wenn sie untunlich ist. ⁵Bekanntmachung und Benachrichtigung müssen mindestens zwei Wochen vor der Versteigerung ergehen. ⁶Der Erlös ist den Beteiligten auszuzahlen oder, wenn ein Recht zur Hinterlegung besteht, zu hinterlegen.

Übersicht

	Rn		Rn
I. Allgemeines	1	a) Allgemeines	9
II. Zusammenlegungsverfahren	2	b) Rechtsfolgen	10
III. Kraftloserklärung	6	IV. Verwertung	11
1. Überblick	6	1. Allgemeines	11
2. Voraussetzungen	7	2. Durchführung	12
3. Verfahren der Kraftloserklärung	9		

§ 226 Kraftloserklärung von Aktien

Literatur: *Bork* Mitgliedschaftsrechte unbekannter Aktionäre während des Zusammenlegungsverfahrens nach § 226 AktG, FS Claussen, 1997, S 49; *Kort* Aktien aus vernichteter Kapitalerhöhung, ZGR 1994, 291; *Zöllner* Neustückelung des Grundkapitals und Neuverteilung von Einzahlungsquoten bei teileingezahlten Aktien der Versicherungsgesellschaften, AG 1985, 19.

I. Allgemeines

1 Die Regelung des § 226 soll verhindern, dass die Zusammenlegung von Aktien iRd Kapitalherabsetzung an der fehlenden Mitwirkung der Aktionäre scheitert (*BGH* NJW-RR 1992, 168, 169). Die Norm kommt lediglich bei einer Kapitalherabsetzung durch Zusammenlegung von Aktien (§ 222 Abs 4 S 2) zur Anwendung. Erfolgt die Herabsetzung hingegen durch Reduzierung des Nennbetrages, so ist der in der Aktie ausgewiesene Nennbetrag mit Wirksamkeit der Kapitalherabsetzung überhöht. Die nunmehr unrichtigen Aktienurkunden sind daher zu berichtigen bzw auszutauschen. Unrichtige Aktienurkunden, die nicht freiwillig eingereicht werden, kann die AG in diesem Fall nur gem § 73 für kraftlos erklären (allg Ansicht, s KölnKomm AktG/*Lutter* Rn 5). Der Anwendungsbereich des § 226 ist ebenfalls nicht eröffnet, wenn durch die Zusammenlegung der Aktien lediglich der Nennwert erhöht werden soll; Voraussetzung bleibt stets die Kapitalherabsetzung durch Zusammenlegung. Die Vorschrift gilt kraft Verweisung sinngemäß bei der vereinfachten Kapitalherabsetzung (§ 229 Abs 3) sowie für den Umtausch von Aktien im Rahmen einer Verschmelzung (vgl § 72 UmwG).

II. Zusammenlegungsverfahren

2 Für die Durchführung der Kapitalherabsetzung ist der Vorstand zuständig (§ 83 Abs 2). Bei der Zusammenlegung ist er an eventuelle Vorgaben im Herabsetzungsbeschluss (s § 222 Rn 14) gebunden und entscheidet iÜ nach pflichtgemäßem Ermessen gem § 93 Abs 1 S 1 (*Hüffer* AktG Rn 3 mwN). Hierbei trifft den Vorstand regelmäßig die Pflicht, den Herabsetzungsbeschluss unverzüglich auszuführen (*BGH* NJW-RR 1992, 168, 169, auch zu Ausnahmen). Den Aktionären steht ein diesbezüglicher klagbarer Anspruch gegen die AG auf Durchführung der Zusammenlegung zu (KölnKomm AktG/*Lutter* Rn 6). Der Vorstand hat seine Entsch über das Zusammenlegungsverfahren unabhängig davon herbeizuführen, ob die zusammenzulegenden Mitgliedschaftsrechte in Aktienurkunden verbrieft sind oder nicht. Insb umfasst die Vorstandsentscheidung auch die Modalitäten der Zusammenlegung, dh welche Mitgliedschaftsechte auf welche Art und Weise zusammengelegt werden.

3 Die Entsch des Vorstands über die Zusammenlegung ist nach richtiger Ansicht als einseitige, nicht empfangsbedürftige Willenserklärung einzuordnen (KölnKomm AktG/*Lutter* Rn 7; MünchKomm AktG/*Oechsler* Rn 5; *Hüffer* AktG Rn 4; Groß-Komm AktG/*Sethe* Rn 31) und wird daher bereits mit der Kundgabe wirksam. Formale Anforderungen an die Kundgabe bestehen nicht. Sie kann sowohl ausdrücklich als auch konkludent erfolgen (MünchKomm AktG/*Oechsler* Rn 5), etwa durch einen Aktenvermerk des Vorstands (K. Schmidt/Lutter AktG/*Veil* Rn 4).

4 Technisch kann die Zusammenlegung verbriefter Aktien durch Umtausch, Abstempelung oder ein ähnliches berichtigendes Verfahren vorgenommen werden (ausf GroßKomm AktG/*Sethe* Rn 38). Entscheidend ist, dass die Entwertung der alten Urkunden gewährleistet wird (MünchKomm AktG/*Oechsler* Rn 6). Darüber hinaus

ist der Vorstand zum Schutz des Rechtsverkehrs verpflichtet, die durch Zusammenlegung entwerteten Aktienurkunden einzubehalten und zu vernichten. Eine Gefahr besteht insb für redliche Erwerber, da ein gutgläubiger Erwerb unwirksamer Aktienurkunden nicht in Betracht kommt (vgl *Kort* ZGR 1994, 291, 303 ff); das zu erwerbende Mitgliedschaftsrecht ist darin nicht mehr verbrieft. Ist eine Globalurkunde ausgestellt, wird diese berichtigt oder ersetzt und bei den Aktionären, deren Aktien Gegenstand der Girosammelverwahrung sind, eine entspr Umbuchung im Depot vorgenommen (Spindler/Stilz AktG/*Marsch-Barner* Rn 8). Dabei wird der Aktionär im Verhältnis seiner nach der Zusammenlegung bestehenden Beteiligung an der neuen Globalurkunde mit einer entsprechenden Depotgutschrift über die neue auf ihn entfallende Anzahl von Aktien und ggf Aktienspitzen beteiligt. Soweit die Mitgliedschaftsrechte nicht verbrieft wurden, dh keine Aktienurkunden vorhanden sind, werden durch die Zusammenlegung lediglich die Mitgliedschaftsrechte beeinträchtigt. Die Zusammenlegung erfolgt auch in diesem Fall durch Umbuchung. Die Aktionäre sind darüber in Kenntnis zu setzen, welchen Nennbetrag die Mitgliedschaftsrechte nunmehr haben; bei Stückaktien ist ihnen mitzuteilen, welcher Anteil des Grundkapitals auf sie entfällt.

Bleiben bei der Zusammenlegung Aktienspitzen bestehen (zum Begriff so § 224 Rn 6), etwa weil der Aktionär eine Anzahl von Aktien einreicht, die sich nicht mit dem Zusammenlegungsverhältnis deckt, wird die Zusammenlegung mit Mitgliedschaftsrechten Dritter erforderlich. In diesem Fall kann der Aktionär der Gesellschaft die Verwertungsbefugnis erteilen, was regelmäßig konkludent durch Einreichung der alten Aktienurkunden geschehen wird (vgl KölnKomm AktG/*Lutter* Rn 14). Da Bruchteilsrechte nicht selbständig zu verwerten sind (KölnKomm AktG/*Lutter* Rn 12), legt die Gesellschaft diejenigen Aktienspitzen, für die ihr Verwertungsbefugnis erteilt wurde, zu neuen Aktien zusammen. Es entsteht eine Bruchteilsgemeinschaft gem §§ 741 ff BGB. Etwaige Belastungen an einer Aktie, die Teil des Bruchteileigentums ist, wie etwa ein Pfandrecht, setzen sich nur am betroffenen Bruchteil fort (vgl dazu MünchKomm AktG/*Oechsler* Rn 12). Die ehemaligen Eigentümer der Aktienspitzen erhalten im Verhältnis der eingebrachten Bruchteilsrechte, Miteigentum (§§ 1008 ff BGB). Die Gesellschaft hat die neuen Aktien im Anschluss an die Zusammenlegung für Rechnung der Aktionäre zu verwerten und den Erlös anteilsmäßig auf die bruchteilsberechtigten Aktionäre zu verteilen. Die Verwertung kann bspw im Wege des freihändigen Verkaufs erfolgen; die Vorgaben des § 226 Abs 3 sind dabei nicht zu beachten (KölnKomm AktG/*Lutter* Rn 27; MünchKomm AktG/*Oechsler* Rn 11; *Hüffer* AktG Rn 5; aA *Geßler* AktG Rn 16). Nur wenn Inhaber von Bruchteilsrechten der AG keine Verwertungsbefugnis einräumen, sind § 226 Abs 1 S 2 und Abs 3 anwendbar (MünchKomm AktG/ *Oechsler* Rn 14).

Unterliegen die Aktien der Girosammelverwahrung sollten die Aktionäre aufgefordert werden, Ihrer Depotbank zur Spitzenregulierung einen entsprechenden Kauf- und Verkaufsvertrag zu erteilen, damit durch den Verkauf von Aktienspitzen oder deren Zukauf eine Arrondierung zu einer Aktie möglich wird. Für verbleibende Aktienspitzen wird dann in der Regel eine weitere Bank eingesetzt, die die zusammengelegten Aktien über einen entsprechenden Verkaufsauftrag für die Aktionäre verwertet.

III. Kraftloserklärung

6 1. Überblick. Die Regelungen zur Kraftloserklärung greifen nur ein, wenn Aktienurkunden ausgegeben wurden, welche nach Aufforderung innerhalb einer bestimmten Frist nicht eingereicht werden oder die Zahl der eingereichten Urkunden nicht zur Bildung neuer Aktien genügt bzw Aktienspitzen bestehen bleiben, für die der Gesellschaft keine Verwertungsbefugnis erteilt wurde. Das Verfahren der Kraftloserklärung ist zwingend und gewährleistet einen Mindestschutz der Aktionäre. Daher darf die Satzung die Kraftloserklärung weder erleichtern noch verbieten. Um der Gefahr eines faktischen Verbots zu begegnen, darf die Satzung darüber hinaus keine zusätzlichen Anforderungen an die Durchführung der Kraftloserklärung stellen (**hM** MünchKomm AktG/*Oechsler* Rn 2; *Hüffer* AktG Rn 7; AnwK AktR/*Terbrack* Rn 12; **aA** KölnKomm AktG/*Lutter* Rn 18). Trotz des Wortlauts des § 226 Abs 2 S 1 („kann") ist die Kraftloserklärung eine gebundene Entsch, damit der § 8 entgegenstehende Zustand beseitigt wird. Der Wortlaut „kann" verleiht allein der Vorstandskompetenz Ausdruck, von der bei entsprechender Mitwirkung der Aktionäre kein Gebrauch gemacht werden muss (MünchKomm AktG/*Oechsler* Rn 18). In Ausnahmefällen kann jedoch eine Abweichung von dieser Regel geboten sein, insb wenn es einem beträchtlichen Teil der Aktionäre unmöglich ist, der Aufforderung zur Einreichung nachzukommen (*BGH* NJW-RR 1992, 168, 169).

7 2. Voraussetzungen. Gem § 226 Abs 2 ist die Kraftloserklärung nur zulässig, soweit die Aktionäre, unter Androhung der Kraftloserklärung, aufgefordert wurden, ihre Aktien einzureichen. Die Androhung muss eine Frist zur Einreichung setzen und eindeutig auf die Folge der Kraftloserklärung hinweisen. Die pauschale Mitteilung, dass ansonsten nach der gesetzlichen Regelung verfahren werde, genügt nicht (*Hüffer* AktG Rn 9; GroßKomm AktG/*Sethe* Rn 20). Enthält der Kapitalherabsetzungsbeschluss keine Vorgaben, wird die Dauer der Einreichungsfrist vom Vorstand bestimmt (*Hüffer* AktG Rn 9; zu Durchführungsvorgaben im Beschl vgl auch § 222 Rn 14 und MünchKomm AktG/*Oechsler* § 222 Rn 22). In beiden Fällen sind die Mindestzeiträume und die Form der Bek gem § 64 Abs 2 einzuhalten; die Aufforderung ist mithin mindestens dreimal in den Gesellschaftsblättern bekannt zu machen, wobei die erste Bek mindestens drei Monate und die letzte Bek mindestens einen Monat vor dem Ablauf der Frist zu erfolgen hat. Für vinkulierte Namensaktien ist die Sonderregelung des § 64 Abs 2 S 4 zu beachten (s § 64 Rn 6). Als weitere Voraussetzung für die Durchführung der Kraftloserklärung muss die Kapitalherabsetzung gem § 224 wirksam geworden sein.

8 Werden bei der Kraftloserklärung die vorstehend beschriebenen Voraussetzungen nicht eingehalten, ist die Kraftloserklärung unwirksam (§ 134 BGB). Auch auf dieser Basis neu ausgegebene Aktienurkunden sind unwirksam und ein gutgläubiger Erwerb der Mitgliedschaftsrechte ist auf dieser Grundlage nicht möglich (K. Schmidt/Lutter AktG/*Veil* Rn 10). Die Mitgliedschaftsrechte werden weiterhin durch die alten Urkunden verbrieft. Die Heilung eines schwebend unwirksamen Herabsetzungsbeschlusses, etwa wegen eines fehlenden Sonderbeschlusses gem § 222 Abs 2, kann einer fehlerhaften Kraftloserklärung nicht zur Wirksamkeit verhelfen (MünchKomm AktG/*Oechsler* Rn 20). Den betroffenen Aktionären verbleibt die Möglichkeit, auf Feststellung der Verbriefung der Mitgliedschaftsrechte in den alten Urkunden zu klagen und der Verwertung gegebenenfalls mit einer Klage auf Unterlassung der Verwertung zu begegnen; auch eine entsprechende einstweilige Verfügung ist denkbar (*Hüffer* AktG Rn 17).

3. Verfahren der Kraftloserklärung. – a) Allgemeines. Die Kraftloserklärung erfolgt durch einseitige, nicht empfangsbedürftige Willenserklärung des Vorstands. Gem § 226 Abs 2 S 3 wird für die Wirksamkeit der Kraftloserklärung die einmalige Bek in den Gesellschaftsblättern vorausgesetzt. Dabei sind die Aktien so genau zu bezeichnen, dass eine Individualisierung ermöglicht wird (bspw durch Angabe der Seriennummer) und sich ohne weiteres aus der Bek ergibt, ob eine Aktie für kraftlos erklärt ist (§ 226 Abs 2 S 4). Eine Benachrichtigung des einzelnen Aktionärs ist überflüssig und erfüllt die gesetzlichen Anforderungen nicht. Für (vinkulierte) Namensaktien gelten die vorstehenden Voraussetzungen gleichermaßen (Hölters AktG/*Haberstock/Greitemann* Rn 8).

b) Rechtsfolgen. Durch die Kraftloserklärung erlischt das Mitgliedschaftsrecht nicht. Vielmehr endet allein seine wertpapiermäßige Verbriefung. Ein gutgläubiger Erwerb der für kraftlos erklärten Aktienurkunden ist nicht möglich (*BGH* NJW-RR 1992, 168, 169; MünchKomm AktG/*Oechsler* Rn 17). Vom Zeitpunkt der Kraftloserklärung an darf und muss die Gesellschaft die Mitgliedsrechte zusammenlegen, neue Aktienurkunden ausgeben und diese verwerten (*Hüffer* AktG Rn 12). In der Zwischenzeit kann die Mitgliedschaft im Wege der Abtretung gem §§ 398 ff, 413 BGB übertragen werden. Die Rechte aus der Mitgliedschaft, insb das Stimmrecht, ruhen zwischen Kraftloserklärung und Verwertung der neuen Aktien (**hM** vgl Spindler/Stilz AktG/ *Marsch-Barner* Rn 18 mwN); Vermögensrechte werden von der AG für den Aktionär ausgeübt (*Hüffer* AktG Rn 13).

IV. Verwertung

1. Allgemeines. Regelmäßig muss der Vorstand im Anschluss an die Zusammenlegung die neuen Aktien unverzüglich (§ 121 Abs 1 S 1 BGB) verwerten, § 226 Abs 3 S 1. Die Norm ist ein Schutzgesetz iSd § 823 Abs 2 BGB (GroßKomm AktG/*Sethe* Rn 50; KölnKomm AktG/*Lutter* Rn 26; MünchKomm AktG/*Oechsler* Rn 25). Ein etwaiger Schaden des Aktionärs kann insb dann gegeben sein, wenn der Kurs der Aktien während der Verzögerung fällt. Der AG stehen bei Inanspruchnahme ggf Regressansprüche gegen die Verwaltungsmitglieder zu.

2. Durchführung. Der Vorstand muss die neuen Aktien für Rechnung der betroffenen Aktionäre zum Börsenpreis und bei Fehlen eines solchen durch öffentliche Versteigerung veräußern (§ 226 Abs 3 S 1). Die Zustimmung der betroffenen Aktionäre ist nicht erforderlich (Hölters AktG/*Haberstock/Greitemann* Rn 19). Eine andere Art der Verwertung ist nur zulässig, sofern ihr alle betroffenen Aktionäre zustimmen. Die Versteigerung erfolgt regelmäßig am Sitz der Gesellschaft. Ist dort kein angemessener Erfolg zu erwarten, kann die Versteigerung andernorts vorgenommen werden, § 226 Abs 3 S 2. Zeit, Ort und Gegenstand der Versteigerung sind gem § 226 Abs 3 S 3 öffentlich bekannt zu machen. Ferner sind die von der Versteigerung betroffenen Aktionäre gesondert zu benachrichtigen (Hölters AktG/*Haberstock/Greitemann* Rn 16); einer besonderen Form bedarf die Benachrichtigung nicht. Die Benachrichtigung und die öffentliche Bek haben mindestens zwei Wochen vor der Versteigerung zu erfolgen. Ist eine Benachrichtigung der Aktionäre untunlich, kann sie gem § 226 Abs 3 S 4 unterbleiben. Die Verwertung durch die AG erfolgt im Rahmen eines auftragsähnlichen gesetzlichen Schuldverhältnisses. Die §§ 662 ff BGB finden Anwendung, mit der Folge, dass die Gesellschaft vom Aktionär Aufwendungsersatz gem § 670 BGB verlangen kann.

13 Der Erlös der Verwertung ist unverzüglich an die Aktionäre auszukehren (§ 667 BGB analog) bzw gem § 372 BGB zu hinterlegen, wenn ein Recht zur Hinterlegung besteht (§ 226 Abs 3 S 6). Liegen unverwertbare Aktienspitzen vor, sind die Aktionäre bar abzufinden. Gläubigerschutzvorschriften, wie etwa die Sperrfrist nach § 225 Abs 2, finden iRd Auskehrung des Verwertungserlöses keine Anwendung, da es sich bei den verwerteten Aktien nicht um gebundenes Vermögen der Gesellschaft handelt (*Hüffer* AktG Rn 16; Grigoleit AktG/*Rieder* Rn 21). Ein Bezugsrecht der Aktionäre an den fremden, verwerteten Teilrechten besteht regelmäßig nicht und lässt sich nur in Ausnahmefällen begründen (hierzu ausf MünchKomm AktG/*Oechsler* Rn 32 ff; Hölters AktG/*Haberstock/Greitemann* Rn 20 ff).

§ 227 Anmeldung der Durchführung

(1) Der Vorstand hat die Durchführung der Herabsetzung des Grundkapitals zur Eintragung in das Handelsregister anzumelden.

(2) Anmeldung und Eintragung der Durchführung der Herabsetzung des Grundkapitals können mit Anmeldung und Eintragung des Beschlusses über die Herabsetzung verbunden werden.

Übersicht

	Rn		Rn
I. Allgemeines	1	1. Anmeldeverpflichteter, Form	7
II. Begriff der Durchführung	2	2. Registergericht	8
III. Verfahren	6	3. Verbindung von Anmeldungen	9

Literatur: Vgl Angaben zu § 223.

I. Allgemeines

1 § 227 regelt die Anmeldung der Durchführung der Kapitalherabsetzung zur Eintragung in das HR. Anders als die Eintragung des Kapitalherabsetzungsbeschlusses nach § 224 Abs 1, hat die Eintragung der Durchführung keinen konstitutiven sondern nur deklaratorischen Charakter (KölnKomm AktG/*Lutter* Rn 2; *Geßler* AktG, Loseblatt, Rn 2). Die Anmeldung hat durch den Vorstand zu erfolgen, der hierbei, im Unterschied zu § 223, ohne den AR-Vorsitzenden handelt. Die Anmeldungen nach § 223 und § 227 dürfen gem § 227 Abs 2 verbunden werden.

II. Begriff der Durchführung

2 Die Anmeldung nach § 227 Abs 1 hat erst nach Durchführung der Kapitalherabsetzung zu erfolgen. Diese ist erfolgt, sobald die Summe der Aktiennennbeträge an die Höhe des neuen Grundkapitals angepasst ist (MünchKomm AktG/*Oechsler* Rn 2).

3 Ist die Kapitalherabsetzung durch Reduzierung der Nennbeträge erfolgt, sind Durchführungsmaßnahmen entbehrlich. Die Herabsetzung durch Reduzierung der Aktiennennbeträge bedarf für ihre Wirksamkeit lediglich der Eintragung des Herabsetzungs-

Anmeldung der Durchführung § 227

beschlusses in das HR, § 224, und gilt mit dieser als durchgeführt. In diesem Fall ist die Verbindung der Anmeldungen nach § 227 Abs 2 problemlos möglich.

Anders ist dies bei der Herabsetzung durch Zusammenlegung von Aktien. Hier ist die Verbindung der Anmeldung des Beschl und der Durchführung unzulässig, da das Zusammenlegungsverfahren erst im Anschluss an die Eintragung des Herabsetzungsbeschlusses aufgenommen werden kann. Die Durchführung der Kapitalherabsetzung setzt hier voraus, dass der Vorstand über die Zusammenlegung und Einreichung bzw ggf Kraftloserklärung der alten Aktienurkunden entschieden hat (*Hüffer* AktG Rn 2). 4

Alle übrigen Maßnahmen, die iRd praktischen Umsetzung der Kapitalherabsetzung zu erfolgen haben, wie zB die Berichtigung alter und die Ausgabe neuer Aktien, die Verwertung (s § 226 Rn 11 f) oder aber auch die Sicherheitsleistung nach § 225 Abs 1 sind nicht Teil der Durchführung iSd § 227 Abs 1 (KölnKomm AktG/*Lutter* Rn 4; Spindler/Stilz AktG/*Marsch-Barner* Rn 4). 5

III. Verfahren

Die **Anmeldung der Durchführung** hat beim zuständigen Registergericht, dh beim Amtsgericht am Satzungssitz der Gesellschaft, zu erfolgen. 6

1. Anmeldeverpflichteter, Form. Die Anmeldung der Durchführung der Kapitalherabsetzung hat der Vorstand im Namen der AG unverzüglich (*Hüffer* AktG Rn 4) und elektronisch in öffentlich beglaubigter Form (§ 12 Abs 1 HGB) vorzunehmen. Ausreichend ist die Anmeldung durch eine vertretungsberechtigte Anzahl von Mitgliedern des Vorstands bzw durch einen durch öffentlich beglaubigte Vollmacht legitimierten Dritten (KölnKomm AktG/*Lutter* Rn 5; *Hüffer* AktG Rn 5). Soll die Anmeldung der Durchführung mit der Anmeldung des Herabsetzungsbeschlusses verbunden werden (su Rn 10), so bedarf es der Mitwirkung des AR-Vorsitzenden. Im Unterschied zur Anmeldung des Kapitalherabsetzungsbeschlusses (vgl § 407 Abs 2) kann die Anmeldung der Durchführung der Kapitalherabsetzung vom Registergericht erzwungen werden (Spindler/Stilz AktG/*Marsch-Barner* Rn 5). 7

2. Registergericht. Das Registergericht kontrolliert in einer summarischen Prüfung die formelle und materielle Rechtmäßigkeit der Durchführung der Kapitalherabsetzung (so Rn 2 ff). Die Prüfung erstreckt sich jedoch nicht auf Umsetzungsmaßnahmen außerhalb des Durchführungsverfahrens (so Rn 5). Sind die Voraussetzungen erfüllt, so hat die Eintragung gem § 43 Nr 6 lit a HRV zu erfolgen, welche nach § 10 Abs 1 HGB bekannt zu machen ist. Die Kosten des Registerverfahrens richten sich nach § 105 Abs 1 Nr 4b GNotKG bzw Ziff 2400 des Gebührenverzeichnisses zur HandelsregistergebührenVO v 23.7.2013, wobei letzteres allein die Durchführung der Kapitalerhöhung ausdrücklich erwähnt; für die Durchführung der Kapitalherabsetzung wird man aber von einer entsprechenden Anwendung ausgehen können (ebenso *Hüffer* AktG Rn 10). 8

3. Verbindung von Anmeldungen. Ist die Kapitalherabsetzung durch Reduzierung der Nennbeträge erfolgt, so darf die Anmeldung des Kapitalherabsetzungsbeschlusses mit der Anmeldung der Durchführung der Kapitalherabsetzung verbunden werden, § 227 Abs 2, wobei das Registergericht zunächst den Kapitalherabsetzungsbeschluss eintragen wird. Trotz gleichzeitiger Anmeldung handelt es sich um unterschiedliche Anträge, über die getrennt entschieden wird (**aA** Grigoleit AktG/*Rieder* Rn 8). Wurde 9 die Kapitalherabsetzung hingegen im Wege der Zusammenlegung vorgenommen, so kommt eine Verbindung der Anmeldungen faktisch nicht in Betracht (K. Schmidt/Lutter AktG/*Veil* Rn 6).

10 Wird die Kapitalherabsetzung mit einer anschließenden Kapitalerhöhung verbunden (s § 222 Rn 5), so sind die Anmeldungen der Eintragung des Kapitalherabsetzungsbeschlusses, der Eintragung des Kapitalerhöhungsbeschlusses und der Eintragung der Durchführung der Kapitalerhöhung gemeinsam vorzunehmen, um die gleichzeitige Wirksamkeit der Kapitalmaßnahmen zu garantieren (KölnKomm AktG/*Lutter* Rn 8). Klarstellend sollte die Anmeldung zusätzlich den Antrag auf gleichzeitige Eintragung enthalten (*Hüffer* AktG Rn 9).

§ 228 Herabsetzung unter den Mindestnennbetrag

(1) Das Grundkapital kann unter den in § 7 bestimmten Mindestnennbetrag herabgesetzt werden, wenn dieser durch eine Kapitalerhöhung wieder erreicht wird, die zugleich mit der Kapitalherabsetzung beschlossen ist und bei der Sacheinlagen nicht festgesetzt sind.

(2) ¹Die Beschlüsse sind nichtig, wenn sie und die Durchführung der Erhöhung nicht binnen sechs Monaten nach der Beschlussfassung in das Handelsregister eingetragen worden sind. ²Der Lauf der Frist ist gehemmt, solange eine Anfechtungs- oder Nichtigkeitsklage rechtshängig ist. ³Die Beschlüsse und die Durchführung der Erhöhung des Grundkapitals sollen nur zusammen in das Handelsregister eingetragen werden.

Übersicht

	Rn			Rn
I. Allgemeines	1	III.	Eintragungsverfahren	6
II. Herabsetzung unter den Mindest-			1. Eintragungsfrist	7
nennbetrag	4		2. Hemmung der Frist	9
1. Zulässigkeitserfordernisse	4		3. Gleichzeitige Eintragung	10
2. Rechtsfolgen bei Verstoß	5			

Literatur: *Priester* „Squeeze out" durch Herabsetzung des Stammkapitals auf Null?, DNotZ 2003, 592; *Reger/Stenzel* Der Kapitalschnitt auf Null als Mittel zur Sanierung von Unternehmen – Gesellschaftsrechtliche, börsenzulassungsrechtliche und kapitalmarktrechtliche Konsequenzen, NZG 2009, 1210; *K. Schmidt* Die sanierende Kapitalerhöhung im Recht der Aktiengesellschaft, GmbH und Personengesellschaft, ZGR 1982, 519; *Sethe* Kapitalmarktrechtliche Konsequenzen einer Kapitalherabsetzung, ZIP 2010, 1825.

I. Allgemeines

1 Die Regelung des § 228 Abs 1 gestattet eine kurzfristige Herabsetzung des Grundkapitals unter den in § 7 bestimmten Mindestnennbetrag von 50 000 EUR, soweit dieser durch eine zeitgleich beschlossene Kapitalerhöhung anschließend wieder erreicht wird. Auch eine zwischenzeitliche Herabsetzung des Grundkapitals auf Null ist zulässig (*BGHZ* 119, 305, 319 f; *BGHZ* 142, 167, 169 f; zu möglichen Folgen bei Börsennotierung der AG eingehend *Reger/Stenzel* NZG 2009, 1210, 1213 f; *Sethe* ZIP 2010, 1825 ff).

Herabsetzung unter den Mindestnennbetrag § 228

Hauptanwendungsbereich der Vorschrift ist der sog Kapitalschnitt (s § 229 Rn 3 f) iRd vereinfachten Kapitalherabsetzung zum Zweck der Sanierung; auf diese findet § 228 über die Verweisung in § 229 Abs 3 Anwendung. Dabei kann es etwa zur Beseitigung einer Unterbilanz notwendig werden, den Mindestnennbetrag des Grundkapitals zu unterschreiten. 2

Kapitalherabsetzung und Kapitalerhöhung sind rechtlich eigenständige Maßnahmen. Sofern sie in derselben HV gefasst werden, können beide Maßnahmen in zwei selbstständigen Beschl erfolgen (KölnKomm AktG/*Lutter* Rn 3). Allerdings muss der Gläubigerschutz gem § 225 auch bei einer Kombination beider Kapitalmaßnahmen gewährleistet werden, soweit es sich nicht um eine vereinfachte Kapitalherabsetzung handelt (vgl § 225 Rn 1). 3

II. Herabsetzung unter den Mindestnennbetrag

1. Zulässigkeitserfordernisse. Die Herabsetzung des Grundkapitals unter den Mindestnennbetrag des § 7 ist nur zulässig, wenn zugleich mit der Kapitalherabsetzung eine Barkapitalerhöhung beschlossen wird, durch welche das Mindestgrundkapital wieder hergestellt oder überschritten wird. Die Kapitalerhöhung muss entspr den Voraussetzungen des § 182 erfolgen. Die Aktionäre haben grds ein Bezugsrecht (Spindler/Stilz AktG/*Marsch-Barner* Rn 6; *Priester* DNotZ 2003, 592, 596 ff). Zur Vermeidung von Bewertungsproblemen und um den Zufluss von Liquidität sicherzustellen, ist eine Erhöhung des Grundkapitals gegen Sacheinlage in diesem Zusammenhang ebenso unzulässig, wie eine Erhöhung aus genehmigtem Kapital, § 202, oder aus Gesellschaftsmitteln, § 207; allerdings kann über das Erreichen des Mindestnennbetragsniveaus hinaus eine Sacheinlage festgesetzt werden (*Hüffer* AktG Rn 3). 4

2. Rechtsfolgen bei Verstoß. Ein Verstoß gegen die Voraussetzungen des § 228 Abs 1, der in einem Verstoß gegen § 7 resultiert, hat gem § 241 Nr 3 die Nichtigkeit des Kapitalherabsetzungsbeschlusses zur Folge. Umstr ist, ob dies auch die Nichtigkeit des Kapitalerhöhungsbeschlusses bewirkt. Mit der Begr die HV hätte die Kapitalerhöhung nicht ohne die Kapitalherabsetzung beschlossen, soll die Kapitalerhöhung in diesem Fall gem § 139 BGB ebenfalls als nichtig anzusehen sein (*Hüffer* AktG Rn 4; KölnKomm AktG/*Lutter* Rn 13). Dies wird mit dem Hinweis abgelehnt, dass § 139 BGB schon nicht eingreife, da jeder Beschl ein eigenständiges Rechtsgeschäft sei; auch über § 228 Abs 2 S 1 lasse sich die Gesamtnichtigkeit nicht begründen, da die Vorschrift lediglich die dauerhafte Unterschreitung des Mindestnennbetrages verhindern wolle (MünchKomm AktG/ *Oechsler* Rn 9). Letztere Auffassung überzeugt indes nur teilweise: Zwar sind beide Beschl formal eigenständige Maßnahmen, wenn jedoch beide Beschl objektiv als einheitliches Rechtsgeschäft angesehen werden können, weil etwa im Beschl über die Kapitalerhöhung ausdrücklich auf die zuvor beschlossene Kapitalherabsetzung Bezug genommen wird, ist bei Nichtigkeit der Kapitalherabsetzung von einer Gesamtnichtigkeit der Beschl auszugehen (ebenso K. Schmidt/Lutter AktG/*Veil* § 228 Rn 4; Hölters AktG/*Haberstock/Greitemann* Rn 12). Werden die Beschl trotz Nichtigkeit eingetragen, ist unter den Voraussetzungen des § 242 Abs 2 eine Heilung möglich (*Hüffer* AktG Rn 4). 5

Becker 1783

III. Eintragungsverfahren

6 Werden der Kapitalerhöhungs-, der Kapitalherabsetzungsbeschluss und die Durchführung der Kapitalerhöhung nicht innerhalb von sechs Monaten nach der Beschlussfassung in das HR eingetragen, sind beide Beschl nichtig. Hiervon sind auch die Durchführungsmaßnahmen der Zusammenlegung und Kraftloserklärung betroffen, die dann ebenfalls als nichtig anzusehen sind (MünchKomm AktG/*Oechsler* Rn 10).

7 **1. Eintragungsfrist.** Der sechsmonatige Fristlauf beginnt mit dem Tage der Beschlussfassung, also dem Tag der entsprechenden HV. Für die Berechnung der Frist gelten die §§ 187 ff BGB. Zur Wahrung der Frist müssen alle drei Eintragungen (Beschl über Kapitalherabsetzung und Kapitalerhöhung sowie Durchführung der Kapitalerhöhung) im HR erfolgt sein. Die Einreichung der Anmeldung zur Eintragung reicht zur Fristwahrung im Hinblick auf den eindeutigen Wortlaut der Vorschrift nicht aus.

8 Nach Fristablauf darf das Registergericht die nunmehr nichtigen Beschl nicht mehr eintragen. Im Falle einer schuldhaft unterbliebenen fristgemäßen Eintragung können jedoch Amtshaftungsansprüche geltend gemacht werden.

9 **2. Hemmung der Frist.** Der Lauf der Frist ist während der Rechtshängigkeit einer Anfechtungs- oder Nichtigkeitsklage gehemmt (§ 228 Abs 2 S 2). Die zuvor normierte Hemmung bei Fehlen einer beantragten staatlichen Genehmigung zur Kapitalerhöhung oder Kapitalherabsetzung wurde in 2009 mangels praktischer Relevanz durch das ARUG gestrichen.

10 **3. Gleichzeitige Eintragung.** Um zu verhindern, dass Beschl ins HR eingetragen werden, die nachträglich aufgrund der Regelung des § 228 Abs 2 S 1 ihre Wirksamkeit verlieren, sollen Kapitalherabsetzungs-, Kapitalerhöhungsbeschluss und die Durchführung der Erhöhung gleichzeitig eingetragen werden. Darüber hinaus soll damit vermieden werden, dass ein geringerer Nennbetrag, als der in § 7 geforderte, länger als für eine „logische Sekunde" besteht (KölnKomm/AktG *Lutter* Rn 20).

11 Ein Verstoß gegen das Gebot der gleichzeitigen Eintragung beeinträchtigt die Wirksamkeit der Beschl jedoch nicht; bei § 228 Abs 2 S 3 handelt es sich lediglich um eine „Soll-Vorschrift".

Zweiter Unterabschnitt
Vereinfachte Kapitalherabsetzung

§ 229 Voraussetzungen

(1) [1]Eine Herabsetzung des Grundkapitals, die dazu dienen soll, Wertminderungen auszugleichen, sonstige Verluste zu decken oder Beträge in die Kapitalrücklage einzustellen, kann in vereinfachter Form vorgenommen werden. [2]Im Beschluss ist festzusetzen, dass die Herabsetzung zu diesen Zwecken stattfindet.

(2) [1]Die vereinfachte Kapitalherabsetzung ist nur zulässig, nachdem der Teil der gesetzlichen Rücklage und der Kapitalrücklage, um den diese zusammen über zehn vom Hundert des nach der Herabsetzung verbleibenden Grundkapitals hinausgehen, sowie die Gewinnrücklagen vorweg aufgelöst sind. [2]Sie ist nicht zulässig, solange ein Gewinnvortrag vorhanden ist.

(3) § 222 Abs. 1, 2 und 4, §§ 223, 224, 226 bis 228 über die ordentliche Kapitalherabsetzung gelten sinngemäß.

Übersicht

	Rn		Rn
A. Allgemeines	1	II. Auflösung von Rücklagen und Abschöpfung des Gewinnvortrages § 229 Abs 2	11
I. Reduzierung des Gläubigerschutzes	2		
II. Verbindung mit Kapitalerhöhung	3		
B. Voraussetzungen	4	1. Gesetzliche Rücklage und Kapitalrücklage	12
I. Zulässige Zwecke § 229 Abs 1	5		
1. Allgemeines	5	2. Gewinnrücklage und Gewinnvortrag	14
2. Ausgleich von Wertminderungen und Verlustdeckung	6	**C. Verfahren § 229 Abs 3**	15
		I. Verweisung auf §§ 222 ff	15
3. Einstellung in die Kapitalrücklage	8	II. Beschlussvoraussetzungen	16
		III. Registerverfahren	19
4. Festsetzung des Zwecks § 229 Abs 1 S 2	9	**D. Rechtsfolgen bei Fehlern**	21

Literatur: *Geißler* Rechtliche und unternehmenspolitische Aspekte der vereinfachten Kapitalherabsetzung bei der AG, NZG 2000, 719; *Hirte* Genüsse zum Versüßen vereinfachter Kapitalherabsetzungen, FS Claussen, 1997, S 115; *Lutter/Hommelhoff/Timm* Finanzierungsmaßnahmen zur Krisenabwehr in der Aktiengesellschaft, BB 1980, 737; *Risse* Rückwirkung der Kapitalherabsetzung einer Aktiengesellschaft, BB 1968, 1012; *K. Schmidt* Die sanierende Kapitalerhöhung im Recht der Aktiengesellschaft, GmbH und Personengesellschaft, ZGR 1982, 519; *ders* Die Umwandlung einer GmbH in eine AG zu Kapitaländerungszwecken, AG 1985, 150; *Wirth* Vereinfachte Kapitalherabsetzung zur Unternehmenssanierung, DB 1996, 867.

A. Allgemeines

§ 229 regelt die Voraussetzungen der vereinfachten Kapitalherabsetzung, die, anders als die reguläre Kapitalherabsetzung nach §§ 222 ff, nur zur Erreichung der in der Vorschrift abschließend benannten Zwecke zulässig und auf die Sanierung der Gesellschaft gerichtet ist. Es handelt sich dabei um die praktisch bedeutendste Form der Kapitalherabsetzung. Die Sanierung wird dabei (zunächst) nicht durch den Zufluss neuer Mittel, sondern durch eine Umbuchung der Bilanzkonten erreicht; die vereinfachte Kapitalherabsetzung wird daher auch als Buchsanierung bezeichnet (vgl *K. Schmidt* ZGR 1982, 519, 520). **1**

I. Reduzierung des Gläubigerschutzes

Die Kapitalherabsetzung nach den §§ 229 ff ist insofern vereinfacht, als der aufwendige Gläubigerschutz des § 225 nicht zur Anwendung kommt. Dies ergibt sich aus der eingeschränkten Verweisung in § 229 Abs 3. Die Gewährleistung des Gläubigerschutzes wäre aufgrund des reduzierten Vermögens der Gesellschaft auch kaum realisierbar. Die Gefährdung der Gläubiger tritt daher nicht durch die Herabsetzung ein, sondern ist bereits durch die vorangegangenen Verluste der Gesellschaft bedingt (*BGHZ* 138, 71, 79). Dem Gläubigerschutz wird jedoch dadurch entsprochen, dass die aus der Herabsetzung generierten Erträge allein der Unternehmenssanierung zugutekommen und nicht zur Auszahlung an die Aktionäre verwendet werden dürfen (§§ 230 ff). **2**

II. Verbindung mit Kapitalerhöhung

Die vereinfachte Kapitalherabsetzung wird häufig, im Wege des sog Kapitalschnitts (s dazu auch § 228 Rn 1), mit einer anschließenden Kapitalerhöhung nach § 182 ver- **3** bunden (*Hüffer* AktG Rn 1). Weist die Gesellschaft etwa eine Unterbilanz auf, steht dem geringsten Ausgabebetrag gem § 9 kein entspr Gegenwert mehr gegenüber. Dh bei einer Übernahme der Aktien zum geringsten Ausgabebetrag würde dieser den tatsächlichen Wert der Aktien übersteigen. Um dieses Ergebnis und einen Verstoß gegen das Verbot der Unter-Pari-Emission (§ 9) zu vermeiden, wird die Grundkapitalziffer dem reduzierten Vermögen der Gesellschaft durch die vereinfachte Kapitalherabsetzung angepasst; daraufhin kann ihr durch eine Kapitalerhöhung neues Eigenkapital zugeführt werden.

B. Voraussetzungen

4   Gem § 229 Abs 3 sind für das Verfahren der vereinfachten Kapitalherabsetzung grds die §§ 222 ff anzuwenden. Ausgangspunkt ist damit ein Herabsetzungsbeschluss nach § 222 Abs 1. Darin ist anzugeben, dass es sich um eine Kapitalherabsetzung in vereinfachter Form handelt, um klarzustellen, dass keine ordentliche Kapitalherabsetzung vorliegt, die ebenfalls zu den in § 229 Abs 1 beschriebenen Zwecken durchgeführt werden kann (MünchKomm AktG/*Oechsler* Rn 17; Hölters AktG/*Haberstock/Greitemann* Rn 7).

I. Zulässige Zwecke § 229 Abs 1

5   **1. Allgemeines.** Die vereinfachte Kapitalherabsetzung kann nur zu den in § 229 Abs 1 abschließend aufgeführten Zwecken durchgeführt werden, namentlich zum Ausgleich von Wertminderungen oder zur Deckung sonstiger Verluste sowie zur Einstellung von Beträgen in die Kapitalrücklage. Beide Zwecke können nebeneinander verfolgt werden.

6   **2. Ausgleich von Wertminderungen und Verlustdeckung.** Gem § 229 Abs 1 S 1 kann die vereinfachte Kapitalherabsetzung zum Ausgleich von Wertminderungen sowie zur Deckung sonstiger Verluste dienen. Die Begriffe „Wertminderung" und „Verlust" sind untechnisch zu verstehen. Es kommt daher weder auf die Ursache des Verlusts an, noch muss dieser durch eine besondere Bilanz förmlich festgestellt werden (*Hüffer* AktG Rn 7; *Lutter/Hommelhoff/Timm* BB 1980, 737, 740). „Wertminderung" meint etwa Abschreibungen oder Wertberichtigungen (vgl Spindler/Stilz AktG/*Marsch-Barner* Rn 5). Regelmäßig ist die Aufstellung eines untestierten Zwischenabschlusses nach den Grundsätzen der Jahresbilanz durch den Vorstand ausreichend und empfehlenswert (Hölters AktG/*Haberstock/Greitemann* Rn 10); einer förmlichen Feststellung dieses Abschlusses bedarf es nicht (*Wirth* DB 1996, 867, 868; K. Schmidt/Lutter AktG/ *Veil* Rn 6). Dies entspricht der Zwecksetzung der vereinfachten Kapitalherabsetzung, Unternehmenssanierungen zu ermöglichen.

7   Der bilanzielle Verlust muss im Zeitpunkt der Beschlussfassung tatsächlich bestehen. Ausreichend dafür sind auch drohende Verluste aus schwebenden Geschäften, für die Rückstellungen zu bilden sind (§ 249 HGB) und die zu einem Verlustausweis in der Bilanz führen (*BGHZ* 119, 305, 321). Eine bestimmte Höhe der Verluste ist nicht erforderlich; einer Unterbilanz bedarf es ebenfalls nicht (*Wirth* DB 1998, 867, 868 f). Es darf sich jedoch nicht nur um unbedeutende bzw vorübergehende Verluste handeln, die eine Kapitalherabsetzung nach kaufmännischen Grundsätzen nicht zu rechtfertigen vermögen (*OLG Frankfurt* AG 1989, 207, 208; KölnKomm AktG/*Lutter* Rn 17). Erforderlich ist eine gewissenhafte prognostische Entsch nach kaufmänni-

schen Grundsätzen ohne Berücksichtigung der nachträglichen, tatsächlichen Entwicklung in der Folgezeit (*OLG Frankfurt* AG 1989, 207, 208). Insofern hat die HV einen Beurteilungsspielraum, der der gerichtlichen Nachprüfung entzogen ist. Der Beschl über die vereinfachte Kapitalherabsetzung ist aber anfechtbar, wenn die betr Prognose unvertretbar ist (vgl K. Schmidt/Lutter AktG/*Veil* aaO). Der Vorstand muss der HV seine Feststellungen bzgl des Verlusts, insb dessen Höhe und Ursachen, mitteilen, andernfalls ist der Beschl über die vereinfachte Kapitalherabsetzung anfechtbar.

3. Einstellung in die Kapitalrücklage. Neben dem Ausgleich von Verlusten darf die vereinfachte Kapitalherabsetzung auch dazu genutzt werden, Beträge in die Kapitalrücklage nach § 266 Abs 3 A II HGB einzustellen. Hierfür sind weder konkrete Verluste noch Verlusterwartungen erforderlich (*Geißler* NZG 2000, 719, 721). Die Grenzen des § 231 sind jedoch zu beachten, daher darf die Summe aus gesetzlicher Rücklage und Kapitalrücklage 10 % des herabgesetzten Grundkapitals nicht überschreiten (s § 231 Rn 2). Der ökonomische Hintergrund einer vereinfachten Kapitalherabsetzung zur Einstellung von Beträgen in die Kapitalrücklage liegt insb in der Vorsorge vor in der Zukunft erwarteten Verlusten. Praktisch erfolgt eine Umbuchung des Herabsetzungsbetrages vom Grundkapital in die Kapitalrücklage (KölnKomm AktG/*Lutter* Rn 18). 8

4. Festsetzung des Zwecks § 229 Abs 1 S 2. Im HV-Beschluss muss die vereinfachte Kapitalherabsetzung eindeutig als solche benannt werden. Darüber hinaus muss der Beschl den nach § 229 Abs 1 S 1 verfolgten Zweck konkret bezeichnen. Fehlt eine entspr, zumindest bestimmbare Zweckfestsetzung, ist der Beschl anfechtbar. Werden mehrere Zwecke verfolgt, muss aus dem HV-Beschluss klar hervorgehen, welche Bucherträge aus der Kapitalherabsetzung auf welchen Zweck entfallen sollen (KölnKomm AktG/*Lutter* Rn 20; MünchKomm AktG/*Oechsler* Rn 14; GroßKomm AktG/*Sethe* Rn 29). Diese Entsch kann gem § 229 Abs 1 S 2 nur durch die HV erfolgen und darf nicht dem Vorstand oder AR überlassen werden. 9

Werden zusätzliche Zwecke verfolgt, die in § 229 Abs 1 nicht genannt sind, so kann nur eine ordentliche Kapitalherabsetzung durchgeführt werden. Wird hingegen die vereinfachte Herabsetzung gewählt, so ist der HV-Beschluss gem § 241 Nr 3 nichtig (MünchKomm AktG/*Oechsler* Rn 14). 10

II. Auflösung von Rücklagen und Abschöpfung des Gewinnvortrages § 229 Abs 2

Um einem Missbrauch der vereinfachten Kapitalherabsetzung vorzubeugen und zum Schutz von Aktionären und Gläubigern der Gesellschaft, darf die Herabsetzung nur unter der Bedingung durchgeführt werden, dass zuvor zumindest ein Teil der gesetzlichen Rücklage, der Kapitalrücklage und der Gewinnrücklage aufgelöst wurde (§ 229 Abs 2 S 1). Nach § 229 Abs 2 S 2 muss der Gewinnvortrag ebenfalls aufgebraucht sein. Die Aufzählung der auflösungspflichtigen Rücklagen in § 229 Abs 2 ist abschließend (MünchKomm AktG/*Oechsler* Rn 45). Aus diesem Grund sind stille Reserven, Sonderposten mit Rücklagenanteil und Rückstellungen nicht von der Auflösungspflicht betroffen (MünchHdb AG/*Krieger* § 61 Rn 9; Spindler/Stilz AktG/*Marsch-Barner* Rn 19). Durch **Rücklagenauflösung** gewonnene Mittel dürfen nur zu den in § 230 genannten Zwecken genutzt werden. Ein Verstoß gegen § 229 Abs 2 macht den Beschl anfechtbar. 11

Becker

12 1. Gesetzliche Rücklage und Kapitalrücklage. Die gesetzliche Rücklage (§ 150 Abs 2) und die Kapitalrücklage (§ 272 Abs 2 HGB) müssen nicht vollständig aufgelöst werden, sondern dürfen in Höhe von 10 % des herabgesetzten Grundkapitals bestehen bleiben (§ 229 Abs 2 S 1). Wird die Herabsetzung mit einer anschließenden Kapitalerhöhung verbunden, so ist für die Berechnung nur auf den zunächst herabgesetzten Grundkapitalbetrag abzustellen (MünchKomm AktG/*Oechsler* Rn 36).

13 Wird bei der Herabsetzung der Mindestnennbetrag nach § 7 kurzzeitig unterschritten, so ist dieser nach **hM** bei der Berechnung der aufzulösenden Positionen zugrunde zu legen (*Hüffer* AktG Rn 13; MünchKomm AktG/*Oechsler* Rn 36; KölnKomm AktG/*Lutter* Rn 33, jeweils mwN).

14 2. Gewinnrücklage und Gewinnvortrag. Gewinnrücklagen umfassen die satzungsmäßigen Rücklagen sowie die anderen Gewinnrücklagen iSd § 266 Abs 3 A III Nr 3 , 4 HGB. Diese sind vor der vereinfachten Kapitalherabsetzung vollständig aufzulösen. Der weitergehende Verweis auf die gesetzlichen Rücklagen sowie die Rücklagen für Anteile an einem herrschenden oder mehrheitlich beteiligten Unternehmen, § 266 Abs 3 A III Nr 1, 2 HGB, wird nach allg Ansicht als Redaktionsversehen gewertet, da die gesetzliche Rücklage (§ 266 Abs 3 A III Nr 1 HGB) gerade nur bis zur 10 %-Grenze aufzulösen ist und für die Auflösung der Rücklage für Anteile an einem herrschenden oder mehrheitlich beteiligten Unternehmen (§ 266 Abs 3 III Nr 2 HGB) die Sonderregel des § 272 Abs 4 S 4 HGB gilt (vgl nur MünchKomm AktG/*Oechsler* Rn 37 ff mwN). Ein Gewinnvortrag nach § 266 Abs 3 A IV HGB ist ebenfalls vollständig aufzulösen (§ 229 Abs 2 S 2); dieser wird als Sonderfall der Rücklagenbildung im Verhältnis zu § 229 Abs 2 S 1 nur klarstellend erwähnt.

C. Verfahren § 229 Abs 3

I. Verweisung auf §§ 222 ff

15 § 229 Abs 3 verweist auf die Vorschriften der ordentlichen Kapitalherabsetzung, wobei die Regelungen des § 222 Abs 3 sowie des § 225 ausgenommen sind. § 222 Abs 3 gilt nicht, da die vereinfachte Herabsetzung auf die in § 229 Abs 1 S 2 genannten Zwecke beschränkt ist, und § 225 findet keine Anwendung, da der Gläubigerschutz iRd vereinfachten Kapitalherabsetzung durch die §§ 230 ff realisiert wird.

II. Beschlussvoraussetzungen

16 Da § 222 Abs 1 über § 229 Abs 3 für sinngemäß anwendbar erklärt wird, kann zunächst auf die dortigen Ausführungen verwiesen werden (s § 222 Rn 7 ff). Der HV-Beschluss bedarf der für Satzungsänderungen erforderlichen Mehrheit. Auch iRd vereinfachten Kapitalherabsetzung können Sonderbeschlüsse der Gattungsaktionäre erforderlich sein (§ 222 Abs 2, s § 222 Rn 20 f). Aus dem Beschl muss sich unzweifelhaft ergeben, dass das Kapital vereinfacht herabgesetzt werden soll, da der Vorstand anderenfalls von einer ordentlichen Kapitalherabsetzung auszugehen hätte, bei der § 225 zu beachten ist (KölnKomm AktG/*Lutter* Rn 22). In engen Ausnahmefällen kann auch eine sachliche Rechtfertigung des Beschl geboten sein (s § 222 Rn 15; K. Schmidt/Lutter AktG/*Veil* Rn 4; **aA** Spindler/Stilz AktG/*Marsch-Barner* Rn 21).

17 Der Herabsetzungsbetrag ist im Herabsetzungsbeschluss ebenfalls anzugeben. Dient die vereinfachte Kapitalherabsetzung der Verlustdeckung, ist Herabsetzungsbetrag der Betrag, der nach Auflösung der Rücklagen und Berücksichtigung des Gewinnvortrags noch zur Deckung der Verluste erforderlich ist. Da bei der vereinfachten Kapitalherabsetzung zur Verlustdeckung die genaue Höhe der Verluste zum Zeitpunkt der Beschlussfassung häufig nicht ohne weiteres feststehen wird, kann der Herabsetzungsbetrag als Höchstbetrag festgelegt werden (zu den Voraussetzungen s § 222 Rn 11). Im Zeitpunkt der Beschlussfassung muss jedoch ein bilanzieller Verlust bestehen (s dafür oben Rn 6 f). Stellt sich in der Nachschau heraus, dass die Verluste tatsächlich geringer sind als prognostiziert, sind die übrigen durch die Herabsetzung entstehenden Erträge nach § 232 in die Kapitalrücklage einzustellen (*BGHZ* 119, 305, 321 f).

Bezweckt die vereinfachte Kapitalherabsetzung Beträge in die Kapitalrücklage einzustellen, so ist die Höhe des Herabsetzungsbetrages durch die Vorgaben nach § 231 beschränkt. § 231 ist insoweit echte Beschlussvoraussetzung welche § 229 ergänzt (*Hüffer* AktG Rn 16). 18

III. Registerverfahren

Ebenso wie eine ordentliche Kapitalherabsetzung ist die Anmeldung der vereinfachten Kapitalherabsetzung zum HR vom Vorstand und dem Vorsitzenden des AR vorzunehmen (s § 223 Rn 2). 19

Dient die vereinfachte Kapitalherabsetzung der Deckung von Verlusten, so hat das Registergericht zu kontrollieren, ob der Verlust in Höhe des Herabsetzungsbetrages in kaufmännisch vertretbarer Weise prognostiziert wurde (*Hüffer* AktG Rn 20). Sollen die Beträge aus der Herabsetzung hingegen in die Kapitalrücklage eingestellt werden, überprüft das Registergericht insb, ob der Herabsetzungsbetrag den Voraussetzungen des § 231 entspricht (KölnKomm AktG/*Lutter* Rn 43). Um nachzuweisen, dass auch die übrigen Voraussetzungen des § 229 erfüllt sind, hat der Vorstand die entsprechenden Auskünfte zu erteilen und Unterlagen vorzulegen. Ergibt die Überprüfung, dass ein Verstoß gegen § 229 Abs 2 vorliegt, ist die Eintragung abzulehnen. Mit der Eintragung in das HR wird die Kapitalherabsetzung wirksam (§ 224). Die Eintragung ist bekannt zu machen. 20

D. Rechtsfolgen bei Fehlern

Die Rechtsfolgen einer fehlerhaften Beschlussfassung sind nach den allg Regeln der §§ 241 ff zu beurteilen und führen bei einem Verstoß gegen die Zulässigkeitsanforderungen einer vereinfachten Kapitalherabsetzung regelmäßig nur zur Anfechtbarkeit des Beschl (*Hüffer* AktG Rn 23; KölnKomm AktG/*Lutter* Rn 37 ff). Sollte die Herabsetzung etwa der Verlustdeckung dienen, lag aber tatsächlich kein Verlust vor, so richtet sich die Anfechtbarkeit nach den Verhältnissen zum Zeitpunkt der Beschlussfassung (*OLG Frankfurt* AG 1989, 207, 208). Ausschlaggebend bleibt mithin, ob der Verlust in kaufmännisch vertretbarer Weise prognostiziert wurde, auch wenn sich die Prognose im Nachhinein als unrichtig herausgestellt hat (Hölters AktG/*Haberstock/Greitemann* Rn 15). Auch Verstöße gegen § 231 und § 229 Abs 2 führen ebenso zur Anfechtbarkeit wie eine fehlende Zweckbestimmung. Werden mit der vereinfachten Kapitalherabsetzung jedoch Zwecke verfolgt, die in § 229 keine Erwähnung finden, so ist der Herabsetzungsbeschluss nach § 241 Nr 3 nichtig. 21

§ 230 Verbot von Zahlungen an die Aktionäre

¹Die Beträge, die aus der Auflösung der Kapital- oder Gewinnrücklagen und aus der Kapitalherabsetzung gewonnen werden, dürfen nicht zu Zahlungen an die Aktionäre und nicht dazu verwandt werden, die Aktionäre von der Verpflichtung zur Leistung von Einlagen zu befreien. ²Sie dürfen nur verwandt werden, um Wertminderungen auszugleichen, sonstige Verluste zu decken und Beträge in die Kapitalrücklage oder in die gesetzliche Rücklage einzustellen. ³Auch eine Verwendung zu einem dieser Zwecke ist nur zulässig, soweit sie im Beschluss als Zweck der Herabsetzung angegeben ist.

Übersicht

	Rn		Rn
I. Allgemeines	1	III. Bindung an Zweckvorgaben	7
II. Ausschüttungsverbot	2	1. Überblick	7
1. Überblick	2	2. Inhalt	8
2. Inhalt	3	3. Zuwiderhandeln	10
3. Verstoß	5		

Literatur: Vgl die Angaben bei § 229.

I. Allgemeines

1 § 230 reglementiert die Verwendung der aus der vereinfachten Kapitalherabsetzung und der zuvor durch Auflösung der Kapital- und Gewinnrücklagen gewonnenen Beträge. Die Norm schützt sowohl die Gesellschaftsgläubiger als auch die Aktionäre. Der Gläubigerschutz wird durch das Verbot gewährleistet, Bucherträge an die Aktionäre auszuschütten bzw diese von ihrer Einlagenpflicht zu befreien, § 230 S 1. Die Interessen der Aktionäre werden durch das Gebot gewahrt, den Buchgewinn nur zu den im Herabsetzungsbeschluss genannten Zwecken zu verwenden, § 230 S 2, 3.

II. Ausschüttungsverbot

2 **1. Überblick.** Das Ausschüttungsverbot in § 230 S 1 besagt, dass aus der vereinfachten Kapitalherabsetzung gewonnene Bucherträge nicht an die Aktionäre ausgeschüttet oder zum Erlass ihrer Einlageverpflichtungen verwandt werden dürfen. Zum Schutz der Gesellschaftsgläubiger wird hierdurch verhindert, dass der AG durch die vereinfachte Kapitalherabsetzung Mittel abhanden kommen (KölnKomm AktG/*Lutter* Rn 3; MünchKomm AktG/*Oechsler* Rn 1; *Hüffer* AktG Rn 1).

3 **2. Inhalt.** Vom Ausschüttungsverbot erfasst sind sowohl der direkt aus der Herabsetzung stammende Buchertrag als auch die Beträge, die durch die nach § 229 Abs 2 geforderte Auflösung der Gewinn- und Kapitalrücklagen sowie des Gewinnvortrages gewonnen wurden. Untersagt ist sowohl die Auszahlung als auch der Erlass von Einlageverpflichtungen, sei es unmittelbar oder mittelbar (KölnKomm AktG/*Lutter* Rn 16; MünchKomm AktG/*Oechsler* Rn 8). Das Verbot gilt ohne zeitliche Beschränkung (Grigoleit AktG/*Rieder* Rn. 4).

4 Nicht vom Verbot betroffen sind die im normalen Betrieb erwirtschafteten Gewinne (GroßKomm AktG/*Sethe* Rn 7; *Hüffer* AktG Rn 3). Diese dürfen unter der Einschränkung des § 233 weiter ausgekehrt werden. Ebenfalls zulässig bleiben Zahlungen an Aktionäre, die ihren Rechtsgrund in anderweitigen Austauschverträgen haben, solange hie-

rin keine verdeckte Einlagenrückgewähr zu sehen ist. Entgegen § 229 Abs 2 nicht aufgelöste Rücklagen unterliegen nicht den Bindungen nach § 230 S 1, ihre bisherige Zweckbestimmung gilt fort (Spindler/Stilz AktG/*Marsch-Barner* Rn 2 mwN).

3. Verstoß. Bei Empfang von nach § 230 S 1 verbotenen Leistungen haften Aktionäre nach § 62 auf Rückgewähr (KölnKomm AktG/*Lutter* Rn 17). Erlassene Einlageforderungen bestehen fort, da der Erlass nach § 134 BGB iVm § 230 S 1 nichtig ist (MünchKomm AktG/*Oechsler* Rn 10). Eine Haftung der Verwaltung ergibt sich aus §§ 93, 116 (*Hüffer* AktG Rn 4). 5

Jahresabschlüsse, die Beträge aus der Herabsetzung bzw der Auflösung von Rücklagen entgegen § 230 als Gewinn ausweisen, sind gem § 256 Abs 1 Nr 1 nichtig (*Hüffer* AktG Rn 4); das gleiche Schicksal trifft einen darauf basierenden Gewinnverwendungsbeschluss gem §§ 253 Abs 1 S 1, 241 Nr 3 (KölnKomm AktG/*Lutter* Rn 21). 6

III. Bindung an Zweckvorgaben

1. Überblick. Das **Verwendungsgebot** in § 230 S 2, 3 gewährleistet, dass die durch die vereinfachte Kapitalherabsetzung generierten Mittel nur zu den im Kapitalherabsetzungsbeschluss bezeichneten Zweck verwendet werden. 7

2. Inhalt. Die aus der vereinfachten Kapitalherabsetzung sowie der Auflösung von Rücklagen und Gewinnvortrag gewonnenen Beträge sind in ihrer zulässigen Nutzung beschränkt. Sie dürfen nur verwendet werden, um Wertminderungen auszugleichen, sonstige Verluste zu decken und Beträge in die Kapitalrücklage oder die gesetzliche Rücklage einzustellen, § 230 S 2. Als weitere Voraussetzung muss eben dieser Zweck der Herabsetzung im Beschl über die Kapitalherabsetzung ausdrücklich genannt sein (§ 230 S 3). Die Regelung ergänzt § 229 indem sie die Verwaltung an den Beschl bindet und ihr jeden Ermessensspielraum nimmt (K. Schmidt/Lutter AktG/*Veil* Rn 5). 8

Treten keine Verluste in erwarteter Höhe ein und verbleibt aufgrund dessen ein Unterschiedsbetrag, der keine vollständige, zweckgerichtete Verwendung findet, so ist dieser gem § 232 in die Kapitalrücklage einzustellen. Fehlt die Angabe des Zwecks im Kapitalherabsetzungsbeschluss gänzlich, ist der freiwerdende Betrag bis zur Entsch der HV auf ein Sonderkonto gutzuschreiben und in die Kapitalrücklage einzustellen (vgl § 222 Rn 23; Spindler/Stilz AktG/*Marsch-Barner* Rn 7). 9

3. Zuwiderhandeln. Handelt die Verwaltung entgegen den Vorgaben aus § 230 S 2, 3, macht sie sich gem §§ 93, 116 haftbar. Die zweckwidrige Bilanzierung macht den Jahresabschluss fehlerhaft. Hieraus resultiert jedoch keine Nichtigkeit, da das Verwendungsgebot allein den Interessen der Aktionäre zu dienen bestimmt ist (*Hüffer* AktG Rn 7). Auch die Anfechtbarkeit des Jahresabschlusses scheidet gem § 257 Abs 1 S 2 aus (MünchKomm AktG/*Oechsler* Rn 11). 10

§ 231 Beschränkte Einstellung in die Kapitalrücklage und in die gesetzliche Rücklage

¹Die Einstellung der Beträge, die aus der Auflösung von anderen Gewinnrücklagen gewonnen werden, in die gesetzliche Rücklage und der Beträge, die aus der Kapitalherabsetzung gewonnen werden, in die Kapitalrücklage ist nur zulässig, soweit die Kapitalrücklage und die gesetzliche Rücklage zusammen zehn vom Hundert des Grundkapitals nicht übersteigen. ²Als Grundkapital gilt dabei der Nennbetrag, der sich durch die Herabsetzung ergibt, mindestens aber der in § 7 bestimmte Mindest-

§ 231 Beschränkte Einstellung in die Kapitalrücklage

nennbetrag. ³Bei der Bemessung der zulässigen Höhe bleiben Beträge, die in der Zeit nach der Beschlussfassung über die Kapitalherabsetzung in die Kapitalrücklage einzustellen sind, auch dann außer Betracht, wenn ihre Zahlung auf einem Beschluss beruht, der zugleich mit dem Beschluss über die Kapitalherabsetzung gefasst wird.

Übersicht

	Rn		Rn
I. Überblick	1	IV. Verbindung mit Kapitalerhöhung § 231 S 3	5
II. Beschränkung der Einstellung in die Rücklagen § 231 S 1	2	V. Verstoß gegen § 231 S 1	6
III. Bemessungsgrundlage § 231 S 2	3		

Literatur: Vgl die Angaben bei § 229.

I. Überblick

1   § 231 dient der Ergänzung der Regelungen aus §§ 229, 230. Die Vorschrift beschränkt die Zulässigkeit der Einstellung von aus der Herabsetzung gewonnenen Beträgen in die gesetzliche Rücklage und die Kapitalrücklage der Höhe nach auf insgesamt 10 % des Grundkapitals. Hierdurch werden die Aktionäre geschützt, da eine Reduzierung des Grundkapitals zugunsten einer unangemessenen Erhöhung der Rücklagen vermieden wird (*Hüffer* AktG Rn 1; *Geßler* AktG, Loseblatt, §§ 231–233 Rn 9). Im Fall der Kapitalherabsetzung zur Verlustdeckung kommt § 231 nicht zur Anwendung; wurden hierbei Verluste zu hoch prognostiziert, so gilt allein § 232 (KölnKomm AktG *Lutter* Rn 3).

II. Beschränkung der Einstellung in die Rücklagen § 231 S 1

2   Gegenstand des § 231 S 1 ist die Umbuchung zwischen Eigenkapitalkonten der Gesellschaft (*Hüffer* AktG Rn 2). Die bei der vereinfachten Kapitalherabsetzung anfallenden Buchgewinne dürfen nur begrenzt in die Kapitalrücklage bzw gesetzliche Rücklage eingestellt werden. Gem § 231 S 1 ist die Einstellung nur bis zur Auffüllung des gesetzlichen Reservefonds iSd § 150 Abs 1 zulässig, der als Summe von gesetzlicher Rücklage und Kapitalrücklage nicht mehr als 10 % des Grundkapitals betragen darf. Für den Fall des § 231 S 1 HS 1 geht es dabei um eine Umbuchung von den anderen Gewinnrücklagen (§ 266 Abs 3 A III Nr 4 HGB) in die gesetzliche Rücklage (§ 266 Abs 3 A III Nr 1 HGB), bei § 231 S 1 HS 2 geht es um eine Umbuchung vom gezeichneten Kapital (§ 266 Abs 3 A I HGB) in die Kapitalrücklage (§ 266 Abs 3 A II HGB).

III. Bemessungsgrundlage § 231 S 2

3   Die Summe aus gesetzlicher Rücklage und Kapitalrücklage darf einen Wert iHv 10 % des Grundkapitals nicht übersteigen. § 231 S 2 legt fest, dass hierbei grds von der hypothetischen, sich nach Durchführung der Herabsetzung ergebenden Grundkapitalziffer auszugehen ist (KölnKomm AktG/*Lutter* Rn 3; GroßKomm AktG/*Sethe* Rn 6).

4   Zugleich setzt § 231 S 2 auch die Untergrenze für die der Berechnung zugrunde zu legende Grundkapitalziffer fest. Für den Fall, dass eine Kapitalherabsetzung mit einer anschließenden Kapitalerhöhung verbunden wird, wobei zunächst eine Herabsetzung des Kapitals auf Null zulässig ist (s hierzu § 228 Rn 2), ist dabei nicht von einer auf Null reduzierten Grundkapitalziffer auszugehen. Vielmehr ist der Mindestnennbetrag

nach § 7 in Höhe von 50 000 EUR als Berechnungsgrenze anzusetzen, mit der Folge dass stets eine Mindestreserve in Höhe von 5 000 EUR verbleibt (*Hüffer* AktG Rn 5).

IV. Verbindung mit Kapitalerhöhung § 231 S 3

Nach § 231 S 3 müssen Zuweisungen in die Kapitalrücklage, die nach dem Herabsetzungsbeschluss erfolgen, unberücksichtigt bleiben. Hiervon sind etwa Beträge betroffen, die aus einer Kapitalerhöhung resultieren, die nach § 228 mit der Herabsetzung verbunden wurde und bei welcher der Ausgabebetrag der Aktien den Nennbetrag übersteigt. Die Regelung trägt dem Umstand Rechnung, dass Kapitalherabsetzung und Kapitalerhöhung trotz der Verbindung nach § 228 rechtlich selbstständige Maßnahmen darstellen (MünchKomm AktG/*Oechsler* Rn 8). Im Ergebnis kommt es für die Berechnung der Höhe der gesetzlichen Rücklage und der Kapitalrücklage mithin auf den Zeitpunkt der Beschlussfassung der HV über die Kapitalherabsetzung an (K. Schmidt/Lutter AktG/*Veil* Rn 2). 5

V. Verstoß gegen § 231 S 1

Verstöße gegen § 231 S 1 führen zur Anfechtbarkeit nach § 243 Abs 1 und nicht zur Nichtigkeit, denn die Regelung steht nicht im überwiegenden Interesse der Gläubiger. Da eine Beeinträchtigung von Interessen Dritter nicht zu erwarten ist, wird der Beschl bei unterbliebener Anfechtung regelmäßig eingetragen (MünchKomm AktG/*Oechsler* Rn 9). 6

Beträge, die die Grenze zur Einstellung in die Kapital- bzw gesetzliche Rücklage überschreiten, sind nach umstr Ansicht analog § 232 in die Kapitalrücklage einzustellen (KölnKomm AktG/*Lutter* Rn 7; *Hüffer* AktG Rn 7; aA *Hirte* FS Claussen, S 115, 123). Dieses Ergebnis erscheint vor dem Hintergrund des Verbotes aus § 231 – der Einstellung der die 10 %-Grenze übersteigenden Beträge in die Kapitalrücklage – widersprüchlich. Bedenkt man jedoch, dass die Regelung nur zum Schutz der Aktionäre bestimmt ist und jene sich dieses Schutzes freiwillig begeben haben, wenn sie den entspr Beschl nicht nach § 243 Abs 1 anfechten, so gilt nach wie vor das strenge Ausschüttungsverbot aus § 230 S 1, welches nur durch Einstellung des überschießenden Betrages in die Kapitalrücklage gewährleistet werden kann (ebenso Spindler/Stilz AktG/*Marsch-Barner* Rn 8). 7

§ 232 Einstellung von Beträgen in die Kapitalrücklage bei zu hoch angenommenen Verlusten

Ergibt sich bei Aufstellung der Jahresbilanz für das Geschäftsjahr, in dem der Beschluss über die Kapitalherabsetzung gefasst wurde, oder für eines der beiden folgenden Geschäftsjahre, dass Wertminderungen und sonstige Verluste in der bei der Beschlussfassung angenommenen Höhe tatsächlich nicht eingetreten oder ausgeglichen waren, so ist der Unterschiedsbetrag in die Kapitalrücklage einzustellen.

Übersicht

	Rn		Rn
I. Regelungszweck	1	2. Verlusteintritt	6
1. Allgemeines	1	III. Analoge Anwendung	7
II. Voraussetzungen	3	IV. Rechtsfolgen	9
1. Unterschiedsbetrag	4	V. Verstöße	11

Literatur: Vgl Angaben zu § 229.

§ 232 Einstellung von Beträgen in die Kapitalrücklage

I. Regelungszweck

1. Allgemeines. § 232 gilt iRd vereinfachten Kapitalherabsetzung zur Verlustdeckung und regelt die **Verwendung zu hoch prognostizierter Verluste.** Die vereinfachte Kapitalherabsetzung zur Verlustdeckung erfordert im Zeitpunkt der Beschlussfassung eine Prognose der zu erwartenden Verluste (s hierzu § 229 Rn 6 f). Bei dieser Berechnung sind nicht nur bereits tatsächlich eingetretene, sondern auch nach vernünftiger kaufmännischer Betrachtung aus der künftigen Geschäftsentwicklung zu erwartende Verluste zu berücksichtigen. Regelmäßig wird diese Prognose nicht genau dem tatsächlich eintretenden Finanzbedarf der Gesellschaft entsprechen. Da die Verluste entweder zu hoch angesetzt oder zwischenzeitlich ausgeglichen wurden, verbleiben überschüssige Beträge. Die Norm dient dem Gläubigerschutz, da sie die Einstellung der nicht zur Verlustdeckung benötigten Beträge in die Kapitalrücklage anordnet, womit diese der Bindung aus § 150 Abs 3, 4 unterliegen (MünchKomm AktG/*Oechsler* Rn 1). Sind die Verluste zu niedrig angesetzt, kann eine erneute Kapitalherabsetzung erforderlich werden.

Darüber hinaus wird durch § 232 missbräuchlich überhöhten Verlustprognosen vorgebeugt. Da überschüssige Beträge nicht frei werden und damit die allg Kapitalbindung aus § 57 nicht umgangen werden kann, wird der Anreiz zu Manipulationen genommen. Das Verbot aus § 231 S 1 findet auf § 232 keine Anwendung; die Einstellungshöchstgrenze gilt hier nicht (KölnKomm AktG/*Lutter* Rn 4; *Hüffer* AktG Rn 6).

II. Voraussetzungen

Die Regelung des § 232 findet nur in Fällen der vereinfachten Kapitalherabsetzung zur Verlustdeckung direkte Anwendung, in denen die durch ordnungsgemäße Prognose ermittelten Verluste nachträglich nicht in der erwarteten Höhe eintreten (zur analogen Anwendbarkeit s Rn 7 f).

1. Unterschiedsbetrag. Voraussetzung für die Anwendbarkeit des § 232 ist zunächst, dass ein Unterschiedsbetrag bei der Aufstellung der Jahresbilanz eintritt. Dieser ist als Differenz einer (nachträglich aufzustellenden) fiktiven auf den Stichtag der Beschlussfassung über die Kapitalherabsetzung bezogenen Jahresbilanz und der tatsächlichen Jahresbilanz zu bestimmen (*Hüffer* AktG Rn 3; GroßKomm AktG/*Sethe* Rn 6). Unerheblich ist dabei, ob die konkret prognostizierten Verluste eingetreten sind oder ob sich andere Verluste verwirklicht haben. Wurden einzelne Posten in der Verlustprognose zu hoch bzw zu niedrig angesetzt, so gleichen sich diese aus (MünchKomm AktG/*Oechsler* Rn 6). Entscheidend ist, dass trotz ordnungsgemäßer Prognose ein Differenzbetrag entsteht (Spindler/Stilz AktG/*Marsch-Barner* Rn 4); § 232 gestattet es nicht, den Verlustbetrag fehlerhaft oder willentlich überhöht festzulegen (*Hüffer* AktG Rn 2).

Für die Bestimmung des Differenzbetrages bleiben nach der Beschlussfassung erfolgte Vermögensverschlechterungen bzw -verbesserungen unberücksichtigt (MünchKomm AktG/*Oechsler* Rn 7; Hölters AktG/*Haberstock/Greitemann* Rn 6). Eine Verbesserung verpflichtet demnach nicht dazu, einen entsprechenden Betrag in die Kapitalrücklage einzustellen (*Hüffer* AktG Rn 4). War bei der Beschlussfassung tatsächlich kein Fehlbetrag gegeben und tritt ein solcher nachträglich ein, so ist der Unterschiedsbetrag in die Kapitalrücklage einzustellen und darf nicht zur Deckung der neuen Verluste verwandt werden (KölnKomm AktG/*Lutter* Rn 6; **aA** *von Godin/Wilhelmi* AktG Anm 2).

§ 232 Einstellung von Beträgen in die Kapitalrücklage

2. Verlusteintritt. § 232 ist für einen Zeitraum von drei Jahren nach der Beschlussfassung über die vereinfachte Kapitalherabsetzung zu beachten. Wenn sich der Unterschiedsbetrag bei Aufstellung der Jahresbilanz für das Geschäftsjahr ergibt, in dem die Kapitalherabsetzung beschlossen wurde bzw bei Erstellung der beiden nachfolgenden Jahresbilanzen, greift die Vorschrift ein. Wertminderungen oder sonstige Verluste rechtfertigen einen vereinfachten Kapitalherabsetzungsbeschluss mithin nur, wenn diese innerhalb von drei Jahren in voller Höhe eintreten. Das ist der Fall, wenn der Verlust als solcher bilanziell erfasst werden kann (MünchKomm AktG/*Oechsler* Rn 9). Soweit sich der Differenzbetrag erst im zweiten oder dritten Geschäftsjahr ergibt, ist er in die jeweilige Jahresbilanz einzustellen; vorausgegangene Jahresabschlüsse bleiben unverändert (*Hüffer* AktG Rn 6). 6

III. Analoge Anwendung

§ 232 ist entspr anzuwenden, wenn der Kapitalherabsetzungsbeschluss gegen die Anforderungen des § 229 Abs 1 S 1 verstößt, weil der Herabsetzungsbetrag nicht ordnungsgemäß prognostiziert (s hierzu § 229 Rn 6 f), sondern bewusst zu hoch angesetzt wurde, eine Anfechtung des Beschlusses unterbleibt und der Beschluss, da kein Drittinteresse betroffen ist, eingetragen wird (*Hüffer* AktG Rn 8). 7

Verstößt der Herabsetzungsbeschluss gegen § 231 S 1, weil der Herabsetzungsbetrag zwecks Einstellung in die Kapitalrücklage zu hoch angesetzt wurde, kommt die Regelung ebenfalls zu analoger Anwendung (MünchKomm AktG/*Oechsler* Rn 11). Gleiches gilt, wenn Rückstellungen, die aus Mitteln der Kapitalherabsetzung stammen, aufgelöst werden, die jedoch – da die erwarteten Verluste nicht eintreten – nicht mehr benötigt werden; auch die daraus resultierenden Beträge sind analog § 232 in die Kapitalrücklage einzustellen (*BGHZ* 119, 305, 321 f). 8

IV. Rechtsfolgen

Sind die Voraussetzungen des § 232 erfüllt, so ist der Unterschiedsbetrag in die Kapitalrücklage (§ 266 Abs 3 A II HGB) einzustellen. Die in § 272 Abs 2 Nr 1–4 HGB genannten Gruppen passen indes alle nicht, daher sollte der Unterschiedsbetrag als außerordentlicher Ertrag aus vereinfachter Kapitalherabsetzung ausgewiesen werden (*Hüffer* AktG Rn 6). Ferner ist der Unterschiedsbetrag in der GuV als „Einstellung in die Kapitalrücklage nach den Vorschriften über die vereinfachte Kapitalherabsetzung" gesondert auszuweisen (vgl § 240). 9

Zur Einstellung in die Kapitalrücklage ist jeweils das Gesellschaftsorgan verpflichtet, welches zur Feststellung des Jahresabschlusses berufen ist, also Vorstand und AR nach § 172 bzw die HV nach § 173. Auch der Abschlussprüfer hat die fraglichen drei Jahresabschlüsse auf die Einhaltung des § 232 hin zu kontrollieren (so unter Verweis auf §§ 316, 317 HGB zutr KölnKomm AktG/*Lutter* Rn 11). 10

V. Verstöße

Erfolgt keine Einstellung in den Jahresabschluss, so ist dieser gem § 256 Abs 1 Nr 1 und Nr 4 nichtig (*Hüffer* AktG Rn 7; K. Schmidt/Lutter AktG/*Veil* Rn 8). Erfolgt die Feststellung des Jahresabschlusses in diesem Fall durch die HV, ergibt sich die Nichtigkeit aus § 241 Nr 3 (MünchKomm AktG/*Oechsler* Rn 14; KölnKomm AktG/*Lutter* Rn 13). Ein Gewinnverwendungsbeschluss, der auf einem nichtigen Jahresabschluss 11 beruht, ist ebenfalls nichtig und zwar gem § 253 Abs 1 S 1 (*Hüffer* AktG Rn 7; Köln-Komm AktG/*Lutter* Rn 13).

12 Erhalten Aktionäre eine Ausschüttung aufgrund des nichtigen Jahresabschlusses, so haften sie gem § 62 auf Rückgewähr. Mitglieder von Vorstand und AR haften nach §§ 93, 116 für Schäden, die der Gesellschaft aus einem Verstoß gegen § 232 erwachsen (KölnKomm AktG/*Lutter* Rn 13).

§ 233 Gewinnausschüttung. Gläubigerschutz

(1) ¹Gewinn darf nicht ausgeschüttet werden, bevor die gesetzliche Rücklage und die Kapitalrücklage zusammen zehn vom Hundert des Grundkapitals erreicht haben. ²Als Grundkapital gilt dabei der Nennbetrag, der sich durch die Herabsetzung ergibt, mindestens aber der in § 7 bestimmte Mindestnennbetrag.

(2) ¹Die Zahlung eines Gewinnanteils von mehr als vier vom Hundert ist erst für ein Geschäftsjahr zulässig, das später als zwei Jahre nach der Beschlussfassung über die Kapitalherabsetzung beginnt. ²Dies gilt nicht, wenn die Gläubiger, deren Forderungen vor der Bekanntmachung der Eintragung des Beschlusses begründet worden waren, befriedigt oder sichergestellt sind, soweit sie sich binnen sechs Monaten nach der Bekanntmachung des Jahresabschlusses, auf Grund dessen die Gewinnverteilung beschlossen ist, zu diesem Zweck gemeldet haben. ³Einer Sicherstellung der Gläubiger bedarf es nicht, die im Fall des Insolvenzverfahrens ein Recht auf vorzugsweise Befriedigung aus einer Deckungsmasse haben, die nach gesetzlicher Vorschrift zu ihrem Schutz errichtet und staatlich überwacht ist. ⁴Die Gläubiger sind in der Bekanntmachung nach § 325 Abs. 2 des Handelsgesetzbuchs auf die Befriedigung oder Sicherstellung hinzuweisen.

(3) Die Beträge, die aus der Auflösung von Kapital- und Gewinnrücklagen und aus der Kapitalherabsetzung gewonnen sind, dürfen auch nach diesen Vorschriften nicht als Gewinn ausgeschüttet werden.

Übersicht

	Rn		Rn
A. **Allgemeines**	1	C. **Beschränkung der Gewinnaus-**	
B. **Verbot der Gewinnausschüttung**		**schüttung § 233 Abs 2**	8
§ 233 Abs 1	2	I. Voraussetzungen und zeitliche	
I. Voraussetzungen	2	Grenzen	11
II. Rechtsfolgen	3	II. Abwendungsmöglichkeit	12
1. Allgemeines	3	D. **Ausschüttungsverbot § 233 Abs 3**	14
2. Beginn und Dauer	6	E. **Rechtsfolgen bei Verstößen**	15

Literatur: Vgl die Angaben zu § 229.

A. Allgemeines

1 § 233 dient dem Gläubigerschutz und beschränkt die Zulässigkeit von Gewinnausschüttungen im Anschluss an eine vereinfachte Kapitalherabsetzung. Die Gewinnausschüttung bleibt verboten, solange die Summe aus gesetzlicher Rücklage und Kapitalrücklage nicht 10 % des herabgesetzten Grundkapitals erreicht. Für die auf den Kapitalherabsetzungsbeschluss folgenden zwei Geschäftsjahre sind darüber hinaus Gewinnausschüttungen von mehr als 4 % des Grundkapitals untersagt. Damit ergänzt die Vorschrift die gesetzlichen Schutzmechanismen der §§ 230–232, die bereits die Ausschüttung des aus der vereinfachten Kapitalherabsetzung resultierenden Buchgewinns bzw die zu hoch angenommenen Verluste beschränken. Denn wäre das Grundkapital nicht herabgesetzt worden, hätten die späteren Gewinne in entsprechender Höhe zum Verlustausgleich verwendet werden können (KölnKomm AktG/*Lutter* Rn 3).

B. Verbot der Gewinnausschüttung § 233 Abs 1

I. Voraussetzungen

Zum Schutz der Gl sind nach § 233 Abs 1 Gewinnausschüttungen untersagt, solange die Summe aus gesetzlicher Rücklage und Kapitalrücklage nicht 10 % des herabgesetzten Grundkapitals erreicht. Der gesetzliche Reservefonds muss also bis zur Mindestgrenze nach § 150 Abs 2 gefüllt sein. Bemessungsgröße ist dabei der Nennbetrag des Grundkapitals, der sich aus der Herabsetzung ergibt, wobei die Untergrenze durch den Mindestnennbetrag aus § 7 gebildet wird (*Hüffer* AktG Rn 4; GroßKomm AktG/*Sethe* Rn 12). Obwohl der Begriff der Kapitalrücklage nach § 233 Abs 1 alle vier Kategorien des § 272 Abs 2 HGB umfasst, sind nach Sinn und Zweck der Vorschrift – eine Abstimmung mit der allg Reservebildung bei der AG herzustellen – nur die § 272 Abs 2 Nr 1–3 HGB gemeint (MünchKomm AktG/*Oechsler* Rn 7). 2

II. Rechtsfolgen

1. Allgemeines. § 233 Abs 1 sperrt allein die Gewinnausschüttung. Eine Pflicht, Gewinne im Anschluss an eine vereinfachte Kapitalherabsetzung in die gesetzliche Rücklage oder Kapitalrücklage einzustellen, folgt hieraus jedoch nicht; insoweit gilt nur § 150 Abs 2 (KölnKomm AktG/*Lutter* Rn 6; *Geßler* AktG, Loseblatt, §§ 231–233 Rn 11). Der Gesellschaft ist es iÜ gestattet, Gewinne frei zu verwenden. Das Verbot der Gewinnausschüttung ist zwingend und kann auch nicht durch eine etwaige Befriedigung der Gläubiger oder entspr Sicherheitsleistung abgewendet werden (*Hüffer* AktG Rn 2). 3

Andere Zahlungen als Gewinnausschüttungen bleiben sowohl an Aktionäre als auch an Dritte zulässig. Dies gilt selbst dann, wenn diese der Höhe nach am Gewinn der Gesellschaft auszurichten sind (KölnKomm AktG/*Lutter* Rn 8; MünchKomm AktG/ *Oechsler* Rn 5). Inhaber von Genussrechten oder Gewinnschuldverschreibungen gem § 221 sind vom Ausschüttungsverbot nicht betroffen, solange sich ihr Anspruch nicht nach dem ausgeschütteten Gewinn berechnet, sondern am Jahresüberschuss oder dem Bilanzgewinn orientiert (KölnKomm AktG/*Lutter* Rn 8; MünchHdb AG/*Krieger* § 61 Rn 30). Auch Zahlungen aufgrund von Gewinngemeinschaften sowie Teilgewinnabführungsverträge (§ 292 Abs 1 Nr 1, 2) bleiben zulässig, da der Gesellschaft aus diesen Verträgen eine Gegenleistung zufließt. Zahlungen aus Dividendengarantien (insb nach § 304 Abs 2 S 2) sind gleichfalls nicht untersagt (*Hüffer* AktG Rn 3). 4

Ob auch Ausschüttungen auf Grund von Gewinnabführungsverträgen vom Verbot des § 233 Abs 1 umfasst sind, ist umstr (dafür etwa *Hüffer* AktG Rn 3; KölnKomm AktG/ *Lutter* Rn 9). Eine solche Erstreckung der Vorschrift erscheint vor dem Hintergrund des Normzwecks zweifelhaft (MünchKomm AktG/*Oechsler* Rn 6). Auch die in diesem Fall bestehende Verlustübernahmepflicht (§ 302) sowie die gegenüber § 150 Abs 2 vor- 5 rangige Regelung des § 300 Nr 1 sprechen dagegen (MünchHdb AG/*Krieger* § 61 Rn 30). Führt man sich vor Augen, dass die Herstellung der gesetzlichen Rücklage durch § 300 Nr 1 einerseits beschleunigt wird, nämlich innerhalb von fünf Jahren erfolgen soll, und sich der Gläubigerschutz bei Bestehen eines Gewinnabführungsvertrages andererseits vor allem durch die Verlustübernahmepflicht nach § 302 realisiert, wird man die Anwendung des § 233 Abs 1 hier ablehnen können: Des von § 233 Abs 1 verfolgten Schutzzwecks, die nach der Kapitalherabsetzung entstehenden künftigen Gewinne jedenfalls zunächst zugunsten der Gläubiger in die gesetzliche Rücklage einzustellen, bedarf es insb wegen der Verlustübernahmepflicht nicht mehr (aA K. Schmidt/Lutter AktG/*Veil* Rn 3; Spindler/Stilz AktG/*Marsch-Barner* Rn 3; Hölters AktG/*Haberstock/Greitemann* Rn 4).

6 **2. Beginn und Dauer.** Das Verbot der Gewinnausschüttung beginnt mit der Wirksamkeit der Kapitalherabsetzung, die gem §§ 224, 229 Abs 3 mit Eintragung des Herabsetzungsbeschlusses eintritt. Vor diesem Zeitpunkt beschlossene Gewinnausschüttungen sind vom Verbot des § 233 Abs 1 nicht betroffen. Das gilt auch, soweit die Zahlungen erst nach dem Wirksamkeitszeitpunkt erfolgen sollen (*Hüffer* AktG Rn 5; MünchHdb AG/*Krieger* § 61 Rn 31). Wenn zwischen der Beschlussfassung über die Kapitalherabsetzung und deren Wirksamwerden Gewinnausschüttungen beschlossen werden, um den Schutzzweck des § 233 Abs 1 zu umgehen, kann dies indes nicht gelten; bei bewussten Umgehungen bleibt § 233 anwendbar (KölnKomm AktG/*Lutter* Rn 7; *Hüffer* AktG Rn 5; MünchHdb AG/*Krieger* § 61 Rn 31; iE ebenso MünchKomm AktG/*Oechsler* Rn 10).

7 Haben gesetzliche Rücklage und Kapitalrücklage die erforderliche Quote von 10 % des herabgesetzten Grundkapitals erreicht, endet das Gewinnausschüttungsverbot. Durch ein nachträgliches Absinken der Quote unter die erforderlichen 10 % tritt keine Änderung ein, da der Erhalt der Reserven allein über § 150 Abs 2 bis 4 sichergestellt wird; das Ausschüttungsverbot lebt nicht wieder auf (*Hüffer* AktG Rn 5; KölnKomm AktG/*Lutter* Rn 5; MünchKomm AktG/*Oechsler* Rn 11).

C. Beschränkung der Gewinnausschüttung § 233 Abs 2

8 Wurde der gesetzliche Reservefonds auf die 10 %-Quote gem § 233 Abs 1 aufgefüllt, ist eine Gewinnausschüttung nicht mehr verboten, sondern unterliegt den Beschränkungen aus § 233 Abs 2. Hiernach darf ein Gewinnanteil von mehr als 4 % des Grundkapitals erst in dem Geschäftsjahr gezahlt werden, welches später als zwei Jahre nach der Beschlussfassung über die Kapitalherabsetzung beginnt.

9 Der Dividendenhöchstbetrag von 4 % ist ein Durchschnittswert und kann sich unterschiedlich auf verschiedene Aktiengattungen (etwa Vorzugs- und Stammaktien) verteilen (*Hüffer* AktG Rn 6).

10 Bemessungsgrundlage für die 4 %ige Dividende ist das Grundkapital im Zeitpunkt des Gewinnverwendungsbeschlusses. Damit ist im Gegensatz zu § 233 Abs 1 nicht das herabgesetzte Kapital maßgebend; eine eventuelle Kapitalerhöhung oder weitere Kapitalherabsetzungen sind ebenfalls zu berücksichtigen (KölnKomm AktG/*Lutter* Rn 11; MünchKomm AktG/*Oechsler* Rn 13; *Hüffer* AktG Rn 6).

I. Voraussetzungen und zeitliche Grenzen

Die Begrenzung der Gewinnausschüttung nach § 233 Abs 2 setzt das Wirksamwerden 11 der vereinfachten Kapitalherabsetzung und damit deren Eintragung im HR voraus. Ein zuvor gefasster Gewinnverwendungsbeschluss, der mehr als 4 % zur Auszahlung an die Aktionäre vorsieht, bleibt bis dahin von der Begrenzung unberührt (Köln-Komm AktG/*Lutter* Rn 13; MünchKomm AktG/*Oechsler* Rn 15; *Hüffer* AktG Rn 7). Mit Wirksamwerden der Kapitalherabsetzung ist die Ausschüttung höherer Gewinnanteile untersagt. Im Gegensatz zu § 233 Abs 1 beschneidet der Abs 2 damit bereits begründete Gewinnansprüche. Die Begrenzung der Gewinnausschüttung gilt – vorbehaltlich des Wirksamwerdens der Kapitalherabsetzung – für das im Zeitpunkt der Beschlussfassung über die vereinfachte Kapitalherabsetzung laufende Geschäftsjahr sowie für die beiden folgenden Jahre. Von der Rückwirkung der Kapitalherabsetzung nach § 235 bleibt dieser Zeitraum unberührt.

II. Abwendungsmöglichkeit

Die Ausschüttungsbegrenzung des § 233 Abs 2 S 1 kann unter den Voraussetzungen 12 des § 233 Abs 2 S 2–4 abgewendet werden. Die Gesellschaft kann sich von der gesetzlichen Begrenzung der Gewinnverteilung befreien, indem sie die Gl, deren Forderungen vor der Bek der Eintragung des Beschl begründet waren, in der Bek des zugrunde liegenden Jahresabschlusses darauf hinweist, dass sie sich zum Zwecke der Sicherstellung bzw Befriedigung ihrer Forderungen melden sollen. Vor Umsetzung des Gewinnverwendungsbeschlusses sind dann die Forderungen der Gläubiger zu befriedigen oder sicherzustellen, die der Aufforderung innerhalb von sechs Monaten nach Bek nachgekommen sind. Einer Besicherung der Gläubigerforderungen bedarf es nicht, soweit den Gläubigern im Falle der Insolvenz der Gesellschaft ein Recht auf vorzugsweise Befriedigung aus einer Deckungsmasse zusteht, die nach gesetzlicher Vorschrift zu ihrem Schutz errichtet und staatlich überwacht ist. Diese Regelungen entsprechen im Wesentlichen § 225, weshalb bzgl der tatbestandlichen Einzelheiten auf die dortigen Ausführungen verwiesen wird (s § 225 Rn 14).

Der Hinweis an die Gläubiger auf die Möglichkeit der Befriedigung oder Besicherung hat allerdings in zeitlicher Abweichung von § 225 Abs 1 zu erfolgen, da die 13 Eintragungsbekanntmachung bereits vorgenommen wurde. Die Gesellschaft muss den Hinweis im Zusammenhang mit der Bek des Jahresabschlusses in den Gesellschaftsblättern gem §§ 325 Abs 2 HGB iVm §§ 25, 233 Abs 2 S 4 veröffentlichen; dementsprechend beginnt der Lauf der sechsmonatigen Meldefrist erst mit dieser Veröffentlichung (*Hüffer* AktG Rn 8).

D. Ausschüttungsverbot § 233 Abs 3

§ 233 Abs 3 verdeutlicht, dass das Ausschüttungsverbot des § 230 S 1 uneingeschränkt 14 gilt (*Hüffer* AktG Rn 9). Daher darf nach § 233 Abs 1 S 1 und Abs 2 S 1 nur der Gewinn ausgeschüttet werden, der nicht dem Verbot des § 230 S 1 unterliegt. Der aus der Kapitalherabsetzung resultierende Ertrag darf mithin auch dann nicht ausgeschüttet werden, wenn die Reserven gem § 233 Abs 1 aufgefüllt und die Dividendenbegrenzung des § 233 Abs 2 S 1 beachtet wird.

E. Rechtsfolgen bei Verstößen

15 Ein gegen § 233 verstoßender Jahresabschluss ist nach § 241 Nr 3 und ein unter Verstoß gegen die Vorschrift gefasster Gewinnverwendungsbeschluss nach §§ 253 Abs 1, 241 Nr 3 nichtig. Die Regelung des § 233 dient in allen Teilen dem Gläubigerschutz (KölnKomm AktG/*Lutter* Rn 17; MünchKomm AktG/*Oechsler* Rn 16; *Hüffer* AktG Rn 10).

16 Die Verwaltung haftet gem §§ 93, 116 für Schäden, die der Gesellschaft aus einem Verstoß gegen § 233 entstehen (KölnKomm AktG/*Lutter* Rn 17). Aktionäre haften gem § 62 Abs 1 S 1 für Zahlungen die unter Missachtung des § 233 an sie geleistet wurden (MünchKomm AktG/*Oechsler* Rn 16; *Hüffer* AktG Rn 10).

§ 234 Rückwirkung der Kapitalherabsetzung

(1) Im Jahresabschluss für das letzte vor der Beschlussfassung über die Kapitalherabsetzung abgelaufene Geschäftsjahr können das gezeichnete Kapital sowie die Kapital- und Gewinnrücklagen in der Höhe ausgewiesen werden, in der sie nach der Kapitalherabsetzung bestehen sollen.

(2) ¹In diesem Fall beschließt die Hauptversammlung über die Feststellung des Jahresabschlusses. ²Der Beschluss soll zugleich mit dem Beschluss über die Kapitalherabsetzung gefasst werden.

(3) ¹Die Beschlüsse sind nichtig, wenn der Beschluss über die Kapitalherabsetzung nicht binnen drei Monaten nach der Beschlussfassung in das Handelsregister eingetragen worden ist. ²Der Lauf der Frist ist gehemmt, solange eine Anfechtungs- oder Nichtigkeitsklage rechtshängig ist.

Übersicht

	Rn		Rn
I. Regelungszweck	1	IV. Eintragungsverfahren	13
II. Rückwirkung § 234 Abs 1	4	1. Allgemeines	13
III. Beschlussverfahren	6	2. Fristbeginn § 234 Abs 3 S 1	14
1. Beschlusskompetenz § 234 Abs 2 S 1	7	3. Fristablauf § 234 Abs 3 S 1	16
2. Gleichzeitigkeit der Besch § 234 Abs 2 S 2	12	4. Hemmung § 234 Abs 3 S 2	18

Literatur: *Lutter/Hommelhoff/Timm* Finanzierungsmaßnahmen zur Krisenabwehr in der Aktiengesellschaft, BB 1980, 737; *K. Schmidt* Die Umwandlung einer AG in eine GmbH zu Kapitaländerungszwecken, AG 1985, 150; vgl auch die Angaben zu § 229.

I. Regelungszweck

1 § 234 ermöglicht die **Rückwirkung** (Rückbeziehung) der vereinfachten Kapitalherabsetzung auf den Jahresabschluss des vorangegangenen Geschäftsjahres, um so die Sanierungsbemühungen der Gesellschaft zu erleichtern (*Lutter/Hommelhoff/Timm* BB 1980, 737, 741; *K. Schmidt* AG 1985, 150, 156 f). Entgegen dem handelsrechtlichen Stichtagsprinzip aus § 252 S 1 Nr 3 HGB wird es der Gesellschaft ermöglicht, die aus der Kapitalherabsetzung resultierenden Eigenkapitalposten bereits im Jahresabschluss für das vorhergehende Geschäftsjahr auszuweisen. Hierdurch wird eine Buchsanierung bereits für die Vergangenheit bewerkstelligt, um zu verhindern, dass die Kreditwürdigkeit der Gesellschaft durch Verlustabschlüsse Schaden nimmt (MünchKomm AktG/*Oechsler* Rn 1; *Hüffer* AktG Rn 1). Die Regelung bezieht sich allein auf den Jahresabschluss des der Herabsetzung vorangegangenen Geschäftsjahres und kann nicht auf noch davor liegende Geschäftsjahre erstreckt werden (MünchHdb AG/*Krieger* § 61 Rn 36). Die Vorschrift findet auch nur auf die vereinfachte Kapitalherabsetzung Anwendung, nicht jedoch auf die ordentliche Kapitalherabsetzung oder jene durch Einziehung von Aktien nach § 237 (MünchKomm AktG/*Oechsler* Rn 3; *Hüffer* AktG Rn 2).

Eine Offenlegung der Herabsetzung, die Auskunft über die wahre Ertragslage gibt, hat allein in der GuV nach § 158 zu erfolgen. Dort sind die Entnahmen aus den Gewinnrücklagen (§ 158 Abs 1 Nr 3) sowie der Ertrag aus der Kapitalherabsetzung (§ 240 S 1) gesondert auszuweisen (KölnKomm AktG/*Lutter* Rn 3). Für die Bek des Jahresabschlusses enthält § 236 eine von § 325 HGB abw Regelung. Die bilanzmäßige Rückwirkung hat keinen Einfluss auf die Wirksamkeit der Kapitalherabsetzung; diese tritt erst mit Eintragung des Herabsetzungsbeschlusses im HR ein (§§ 229 Abs 3, 224). 2

Tatbestandliche Voraussetzungen der Rückwirkung sind nach § 234 Abs 2 und Abs 3 die Feststellung des betr Jahresabschlusses durch die HV sowie die fristgemäße Eintragung des Kapitalherabsetzungsbeschlusses im HR. 3

II. Rückwirkung § 234 Abs 1

Die Entsch, ob von der Rückwirkungsmöglichkeit des § 234 Gebrauch gemacht wird, treffen die Gesellschaftsorgane. Für die AG besteht keine Pflicht, von dieser Möglichkeit Gebrauch zu machen. Der einzelne Aktionär kann lediglich aus der gesellschaftsrechtlichen Treupflicht gebunden sein, bei der Beschlussfassung entsprechend abzustimmen (vgl MünchKomm/*Oechsler* Rn 6). Ausgehend vom Zweck des § 234, die Kreditwürdigkeit der Gesellschaft zu wahren, findet die Norm auch dann Anwendung, wenn die Gesellschaft im abgelaufenen Geschäftsjahr noch eine GmbH war (*Hüffer* AktG Rn 2). 4

Die Rückwirkung bezieht sich auf die Bilanzposten des gezeichneten Kapitals (§ 266 Abs 3 A I HGB) sowie der Kapital- und Gewinnrücklagen (§ 266 Abs 3 A II, III HGB), welche so auszuweisen sind, als wäre die Kapitalherabsetzung bereits wirksam erfolgt. Die übrigen Bilanzposten richten sich weiterhin nach dem Stichtagsprinzip. Die Wirkung des § 234 erstreckt sich allein auf den Einzelabschluss der betreffenden Gesellschaft und nicht etwa auf den Konzernabschluss (Hölters AktG/*Haberstock/Greitemann* Rn 15). 5

III. Beschlussverfahren

Der Beschl über die Rückwirkung der Kapitalherabsetzung hat gem § 234 Abs 2 S 1 durch die HV zu erfolgen. Die Regelung ist insoweit abschließend und zwingend (*Hüffer* AktG Rn 4). Im Zuge der Rückwirkung erfolgt die Feststellung des Jahresabschlusses unter Berücksichtigung des Kapitals und der Rücklagen in der Höhe, in der sie nach der Kapitalherabsetzung bestehen sollen. 6

1. Beschlusskompetenz § 234 Abs 2 S 1. Durch § 234 Abs 2 S 1 wird der Grundsatz der Zuständigkeit der Verwaltung zur Feststellung des Jahresabschlusses aus §§ 172, 7

§ 234   Rückwirkung der Kapitalherabsetzung

173 durchbrochen. Dies basiert auf dem sachlichen Zusammenhang zwischen vereinfachter Kapitalherabsetzung und bilanzieller Rückwirkung (Spindler/Stilz AktG/ *Marsch-Barner* Rn 6).

8   Ist der Jahresabschluss bereits festgestellt, sei es nach § 172 durch den Vorstand und AR oder nach § 173 durch die HV, kann dieser nicht nach § 234 abgeändert werden; die Änderung allein zum Zwecke der Rückwirkung ist nicht zulässig (*Hüffer* AktG Rn 4; KölnKomm AktG/*Lutter* Rn 7). Aufgrund dessen besteht für die Verwaltung die bedeutsame Befugnis, die Rückwirkung des Jahresabschlusses durch Feststellung des Jahresabschlusses nach § 172 zu verhindern. Tut sie dies jedoch pflichtwidrig, kommt eine Haftung nach §§ 93, 116 in Betracht (*Hüffer* AktG Rn 5).

9   Ist der Jahresabschluss noch nicht festgestellt, kann die Verwaltung der HV die Feststellung des Jahresabschlusses nach § 173 Abs 1 überantworten. In diesem Fall können die Aktionäre frei über die Möglichkeit der Rückwirkung entscheiden. Will die HV vom vorgelegten Jahresabschlussentwurf abweichen, so wird eine Nachtragsprüfung gem § 173 Abs 3 erforderlich (s dazu § 173 Rn 7).

10   Darüber hinaus steht es dem Vorstand frei der HV einen Jahresabschluss vorzulegen, der die Rückwirkung bereits berücksichtigt. Hier kann die HV den Jahresabschluss nur feststellen oder ablehnen. Im ablehnenden Fall kann die ordentliche Feststellung des Abschlusses jedoch wegen §§ 172, 173 nicht zugleich beschlossen werden. Wegen der zwingenden Kompetenzverteilung in § 234 Abs 2 S 1 kann die Verwaltung den Jahresabschluss nicht unter Berücksichtigung der Rückwirkung feststellen; der Abschluss wäre in diesem Fall nichtig.

11   Da die Rückwirkung nur dann erfolgen kann, wenn die HV den Jahresabschluss entsprechend feststellt, und will sie von dieser Kompetenz Gebrauch machen oder bleibt der Vorstand bzgl der Vorlage des Jahresabschlusses untätig, so steht es der HV offen, die Vorlage eines rückwirkenden Jahresabschlusses auch ohne Initiative der Verwaltung nach § 173 zu verlangen (vgl § 83 Abs 1 S 1). Die Verwaltung ist an das Verlangen der HV gebunden (*Hüffer* AktG Rn 5; MünchKomm AktG/*Oechsler* Rn 12).

12   **2. Gleichzeitigkeit der Besch § 234 Abs 2 S 2.** Gem § 234 Abs 2 S 2 soll die Feststellung des Jahresabschlusses, der die Kapitalherabsetzung vorwegnimmt, zugleich mit dem Beschl über die vereinfachte Kapitalherabsetzung erfolgen. Zugleich bedeutet dabei wie bei § 228 im Rahmen derselben HV (MünchKomm AktG/*Oechsler* Rn 13). Da die Regelung als Sollvorschrift ausgestaltet ist, berührt ihre Nichtbeachtung weder die Kapitalherabsetzung noch die Feststellung des Jahresabschlusses (**hM** KölnKomm AktG/*Lutter* Rn 14; MünchKomm AktG/*Oechsler* Rn 13; Geßler AktG, Loseblatt, §§ 234–236 Rn 3). Die Gegenansicht (*Hüffer* AktG Rn 6), die bei Missachtung des § 234 Abs 2 S 2 von der Anfechtbarkeit der Feststellung des Jahresabschlusses ausgeht, ist mit dem klaren Wortlaut der Vorschrift kaum zu vereinbaren. Ferner wird dem engen zeitlichen und sachlichen Wirksamkeitszusammenhang zwischen Kapitalherabsetzung und Feststellung des Jahresabschlusses durch § 234 Abs 3 ausreichend Rechnung getragen.

IV. Eintragungsverfahren

13   **1. Allgemeines.** Gem § 234 Abs 3 S 1 sind die Beschl über die vereinfachte Kapitalherabsetzung und über die Feststellung des Jahresabschlusses nichtig, wenn der Beschl über die Kapitalherabsetzung nicht innerhalb von drei Monaten nach Beschlussfassung im HR eingetragen wird. Hierdurch soll das zeitnahe Wirksamwerden der Kapitalherabsetzung gewährleistet werden, um die bilanzielle Rückwirkung durch eine entsprechende Kapitalmaßnahme zu decken und Manipulationen zu vermeiden (MünchKomm AktG/*Oechsler* Rn 14).

2. Fristbeginn § 234 Abs 3 S 1. Fristbeginn ist der auf den Kapitalherabsetzungsbeschluss folgende Tag. Es gelten die §§ 187 Abs 1, 188 Abs 2 BGB. Werden Kapitalherabsetzung und Feststellung des Jahresabschlusses entgegen § 234 Abs 2 nicht in der gleichen HV beschlossen, so ist für den Fristbeginn auf den zuerst gefassten Beschl abzustellen (KölnKomm AktG/*Lutter* Rn 16; MünchKomm AktG/*Oechsler* Rn 14; **aA** wohl *Geßler* AktG, Loseblatt, §§ 234–236 Rn 14). Diese Auslegung steht zwar im Widerspruch zum Gesetzeswortlaut, wonach allein der Herabsetzungsbeschluss den Fristlauf auslöst. IE entspricht dies jedoch dem Gesetzeszweck, denn anderenfalls bliebe länger als drei Monate offen, ob die im Jahresabschluss festgestellte Rückwirkung durch eine entspr Kapitalherabsetzung gedeckt wird (MünchKomm AktG/*Oechsler* Rn 14; Spindler/Stilz AktG/*Marsch-Barner* Rn 12). 14

Zur Einhaltung der Frist muss der Kapitalherabsetzungsbeschluss eingetragen werden. Die Anmeldung genügt hierfür nicht. Kommt es durch Verschulden des Registergerichts zu einer verspäteten Eintragung, so können Amtshaftungsansprüche aus Art 34 GG, § 839 BGB in Betracht kommen (MünchKomm AktG/*Oechsler* Rn 15). 15

3. Fristablauf § 234 Abs 3 S 1. Mit Fristablauf sind der Kapitalherabsetzungsbeschluss sowie die Feststellung des Jahresabschlusses nichtig bzw endgültig unwirksam (vgl *Hüffer* AktG Rn 9). Dem Registergericht ist es untersagt, den nichtigen Beschl einzutragen. Um die Nichtigkeitsfolge für den Kapitalherabsetzungsbeschluss zu umgehen, kann die HV im Beschl festlegen, dass die Herabsetzung unabhängig von der Rückwirkung als isolierter Kapitalherabsetzungsbeschluss wirksam werden soll (MünchKomm AktG/*Oechsler* Rn 17; MünchHdb AG/*Krieger* § 61 Rn 39). 16

Erfolgt trotz Fristablaufs eine pflichtwidrige Eintragung und findet kein Amtslöschungsverfahren des Beschl nach §§ 395, 398 FamFG statt, so tritt gem § 242 Abs 3 die Heilung ein. Die heilende Wirkung erstreckt sich dann auch auf den Jahresabschluss (KölnKomm AktG/*Lutter* Rn 20; MünchKomm AktG/*Oechsler* Rn 18; *Hüffer* AktG Rn 10). 17

4. Hemmung § 234 Abs 3 S 2. Der Fristlauf ist gehemmt, solange eine Anfechtungs- oder Nichtigkeitsklage rechtshängig ist. 18

§ 235 Rückwirkung einer gleichzeitigen Kapitalerhöhung

(1) ¹**Wird im Fall des § 234 zugleich mit der Kapitalherabsetzung eine Erhöhung des Grundkapitals beschlossen, so kann auch die Kapitalerhöhung in dem Jahresabschluss als vollzogen berücksichtigt werden.** ²**Die Beschlussfassung ist nur zulässig, wenn die neuen Aktien gezeichnet, keine Sacheinlagen festgesetzt sind und wenn auf jede Aktie die Einzahlung geleistet ist, die nach § 188 Abs. 2 zur Zeit der Anmeldung der Durchführung der Kapitalerhöhung bewirkt sein muss.** ³**Die Zeichnung und die Einzahlung sind dem Notar nachzuweisen, der den Beschluss über die Erhöhung des Grundkapitals beurkundet.**

(2) ¹Sämtliche Beschlüsse sind nichtig, wenn die Beschlüsse über die **Kapitalherabsetzung und die Kapitalerhöhung und die Durchführung der Erhöhung nicht binnen drei Monaten nach der Beschlussfassung in das Handelsregister eingetragen worden sind.** ²**Der Lauf der Frist ist gehemmt, solange eine Anfechtungs- oder Nichtigkeitsklage rechtshängig ist.** ³Die Beschlüsse und die Durchführung der Erhöhung des Grundkapitals sollen nur zusammen in das Handelsregister eingetragen werden.

Übersicht

	Rn		Rn
A. Regelungszweck	1	3. Voreinzahlung	8
B. Bilanzielle Rückwirkung § 235 Abs 1	2	4. Nachweis § 235 Abs 1 S 3	10
I. Überblick	2	5. Rechtsfolgen bei Verstoß	11
II. Beschlussvoraussetzungen	4	C. Eintragungsfrist § 235 Abs 2	12
1. Verbindung mit Kapitalherabsetzung nach § 234	4	I. Allgemeines	12
		II. Fristbeginn, Hemmung	13
2. Kapitalerhöhung gegen Bareinlagen	6	III. Gleichzeitigkeit	15

Literatur: Vgl die Angaben zu §§ 229, 234.

A. Regelungszweck

1 Die Regelung verfolgt im Grundsatz den gleichen Zweck wie § 234 (s hierzu § 234 Rn 1). Die Gesellschaft soll nicht gezwungen werden, Verluste in einem Jahresabschluss auszuweisen, wenn diese durch eine vereinfachte Kapitalherabsetzung ausgeglichen werden. § 235 gibt zusätzlich die Möglichkeit, auch eine Kapitalerhöhung bereits in dem Jahresabschluss für das Geschäftsjahr auszuweisen, welches der Beschlussfassung über die Kapitalmaßnahmen vorausgeht. Als Folge dessen kann es die AG vermeiden, die ehemalige Sanierungsbedürftigkeit der Gesellschaft nach durchgeführter Sanierung bilanziell ausweisen zu müssen. § 235 stellt jedoch besondere Anforderungen an die Kapitalerhöhung.

B. Bilanzielle Rückwirkung § 235 Abs 1

I. Überblick

2 Nach § 235 Abs 1 S 1 kann im Falle des § 234 auch die **Rückwirkung** einer **gleichzeitigen Kapitalerhöhung** vorgesehen werden. Die Kapitalerhöhung wird hier also bereits im Jahresabschluss für das letzte, vor Beschlussfassung über die Kapitalherabsetzung abgelaufene Geschäftsjahr als vollzogen berücksichtigt. Wie in § 234 entfaltet die Kapitalerhöhung allein bilanzielle Rückwirkung. Wirksam wird die Kapitalerhöhung nach den allg Regeln mit der Eintragung ihrer Durchführung (§ 189); die neuen Aktien entstehen erst zu diesem Zeitpunkt und erst dann erhält die AG die neue Grundkapitalziffer. Die von § 235 erlaubte bilanzielle Sonderbehandlung besteht wie im Falle des § 234 in einer Durchbrechung des Stichtagsprinzips nach § 252 Abs 1 Nr 3 HGB. Die Bilanz des vorangegangen Geschäftsjahres weist insoweit etwas aus, was rechtlich damals noch gar nicht bestanden hat: So sind auf der Passivseite der Bilanz das gezeichnete Kapital (§ 266 Abs 3 A I HGB) und ggf auch die Kapitalrücklage wegen eines zu leistenden Agios (§§ 266 Abs 3 A II, 272 Abs 2 Nr 1 HGB) bereits in der Höhe auszuweisen, wie sie nach dem Wirksamwerden der Kapitalerhöhung tat-

sächlich bestehen; auf der Aktivseite sind die Einlagen bzw Einlageforderungen ebenfalls bereits zu berücksichtigen.

Wie auch bei § 234 besteht keine Pflicht zur Rückbeziehung der Kapitalerhöhung, sondern die Vorschrift eröffnet der Gesellschaft nur eine Gestaltungsmöglichkeit (K. Schmidt/Lutter AktG/*Veil* Rn 3). Beschließt die Gesellschaft gleichzeitig mit der vereinfachten Kapitalherabsetzung eine Kapitalerhöhung, bestehen für die Berücksichtigung im Jahresabschluss des vorangegangenen Geschäftsjahres insoweit drei Möglichkeiten: die Gesellschaft kann jegliche Rückwirkung ablehnen, sie kann lediglich die vereinfachte Kapitalherabsetzung zurückwirken lassen oder sie kann darüber hinaus zusätzlich die gleichzeitige Kapitalerhöhung rückwirken lassen; im letzteren Fall gilt § 235 neben den Voraussetzungen des § 234. 3

II. Beschlussvoraussetzungen

1. Verbindung mit Kapitalherabsetzung nach § 234. Die rückwirkende Kapitalerhöhung ist nur in Kombination mit einer rückwirkenden Kapitalherabsetzung möglich. Die bilanzielle Rückwirkung einer isolierten Kapitalerhöhung sieht das Gesetz nicht vor. Vor dem Hintergrund, dass die Rückwirkung allein Zwecken der Sanierung dient, besteht für die Rückwirkung einer isolierten Kapitalerhöhung auch praktisch kein Bedarf, wenn durch diese nicht nur die bestehenden Verluste gedeckt werden sollen (MünchKomm AktG/*Oechsler* Rn 4). Insoweit sind die Voraussetzungen des § 234 ebenfalls zu beachten. 4

Über die Kapitalerhöhung ist zugleich mit der Kapitalherabsetzung – in einer HV – zu beschließen (*Hüffer* AktG Rn 4; KölnKomm AktG/*Lutter* Rn 7). Die Entsch über die Rückbeziehung erfolgt durch die HV in dem nach § 234 Abs 2 zu fassenden Beschl über die Feststellung des Jahresabschlusses für das vorangegangene Geschäftsjahr (KölnKomm AktG/*Lutter* Rn 4; MünchHdb AG/*Krieger* § 61 Rn 41). Die Regelung des § 235 findet auch dann Anwendung, wenn die Gesellschaft im abgelaufenen Geschäftsjahr noch eine GmbH war (vgl § 234 Rn 4). 5

2. Kapitalerhöhung gegen Bareinlagen. Gem § 235 Abs 1 S 2 darf der Beschl nur gefasst werden, wenn die neuen Aktien gezeichnet, keine Sacheinlagen festgesetzt sind und auf jede Aktie die Einzahlung entsprechend § 188 Abs 2 geleistet worden ist. Aus dem Umstand, dass vor Beschlussfassung bereits die Zeichnung der Aktien erfolgt sein muss, ergibt sich, dass eine bedingte Kapitalerhöhung (§ 192) ebenso wie eine Kapitalerhöhung aus Gesellschaftsmitteln (§ 207) ausscheidet (MünchHdb AG/ *Krieger* § 61 Rn 41); auch eine Kapitalerhöhung aus Genehmigtem Kapital (§ 202) kommt nicht in Betracht, da § 235 Abs 1 den Beschl über die tatsächliche Erhöhung des Grundkapitals fordert (ebenso Grigoleit AktG/*Rieder* Rn 8). Die Zeichnung der Aktien setzt voraus, dass bereits Zeichnungsverträge über den gesamten Erhöhungsbetrag vorliegen. Die Zeichnung erfolgt somit praktisch unter der Bedingung, dass eine entsprechende Kapitalerhöhung bei der Gesellschaft tatsächlich beschlossen wird; falls kein entspr Beschl gefasst wird oder dieser nichtig ist, ist der Zeichnungsvertrag nach den allg Regeln rückabzuwickeln (*Hüffer* AktG Rn 5). 6

Erforderlich ist das Vorliegen einer Kapitalerhöhung gegen Bareinlagen (§ 235 Abs 1 S 2). Soll die Rückwirkung der Kapitalerhöhung erreicht werden, ist die Festsetzung von Sacheinlagen nicht möglich. So soll bei der Gesellschaft eine echte Zufuhr neuer Mittel gewährleistet werden (*OLG Düsseldorf* BB 1981, 1929); insb auch die Einbrin- 7 gung von Darlehensforderungen ist daher unzulässig (*OLG Düsseldorf* DB 1991, 220). Bei Sacheinlagen mögliche Überbewertungen sollen so vermieden werden (Spindler/Stilz AktG/*Marsch-Barner* Rn 10).

8 **3. Voreinzahlung.** Nach § 235 Abs 1 S 2 ist ferner erforderlich, dass eine Voreinzahlung als Vorschuss auf die künftige Einlageverpflichtung erbracht wird (*BGHZ* 118, 83, 88). Zweck der Regelung ist einerseits die Absicherung der Durchführung der Kapitalerhöhung und andererseits, in Anbetracht des unrichtigen Jahresabschlusses, die Gewährleistung einer gewissen Seriosität der Kapitalerhöhung gegenüber der Öffentlichkeit (MünchKomm AktG/*Oechsler* Rn 10). Was den Umfang der Voreinzahlung angeht, sind 25 % des Nennbetrags einschließlich eines etwaigen Agios (§§ 188 Abs 2, 36 Abs 2, 36a Abs 1) auf jede Aktie einzuzahlen; sofern der Vorstand auch die Restzahlung einfordert (§§ 188 Abs 2, 36 Abs 2), ist diese ebenfalls zu erbringen (*BGHZ* 118, 83, 88).

9 Gem § 36 Abs 2 muss der eingeforderte Betrag ordnungsgemäß eingezahlt worden sein (§ 54 Abs 3) und endgültig zur freien Verfügung des Vorstands stehen. Wie auch bei der regulären Kapitalerhöhung kommt es mit der jüngeren Rspr nicht mehr darauf an, ob der Betrag auch bei Anmeldung der Kapitalerhöhung wenigstens noch wertmäßig vorhanden ist, sondern allein darauf, dass er nicht an die Inferenten zurückgezahlt wurde (*BGHZ* 150, 197, 201; s dazu umfassend § 188 Rn 8). Dies gilt umso mehr als mit der Kapitalerhöhung iRd § 235 gerade Sanierungszwecke verfolgt werden, bei denen die grds gesetzliche Reihenfolge (Beschlussfassung, Zeichnung, Einzahlung) nicht den praktischen Bedürfnissen entspricht (MünchKomm AktG/*Oechsler* Rn 11; zu den zeitlichen Anforderungen an die Voreinzahlung s auch *BGHZ* 168, 201 ff – zur GmbH). Es genügt daher, wenn die erbrachte Einlage dem Vorstand einmal zur freien Verfügung stand; dies gilt nicht nur für die Mindesteinlage nach § 36a Abs 1, sondern auch für den vom Vorstand darüber hinaus eingeforderten Restbetrag (*OLG Düsseldorf* BB 1981, 1929; MünchKomm AktG/*Oechsler* Rn 11; *Hüffer* AktG Rn 7; aA *Lutter/Hommelhoff/Timm*, BB 1980, 737, 744; ebenso Hensseler/Strohn/*Galla* AktG Rn 4).

10 **4. Nachweis § 235 Abs 1 S 3.** Die Zeichnung und die Einzahlung sind dem Notar nachzuweisen, der den Beschl über die Erhöhung des Grundkapitals beurkundet (§ 235 Abs 1 S 3). Dafür genügt idR die Vorlage der Zeichnungsscheine nach § 185 und der Einzahlungsbelege. Der beurkundende Notar kann auch auf einer Bankbestätigung über die Einzahlung oder den Nachweis durch öffentliche Urkunden bestehen. Denn die Art und Weise der Nachweisführung über Zeichnung und Einzahlung steht in seinem pflichtgemäßen Ermessen (*Hüffer* AktG Rn 8; MünchHdb AG/*Krieger* § 61 Rn 41). Der Nachweis hat vor der Beurkundung der Beschlussfassung zu erfolgen, er kann vor oder in der HV erbracht werden (*Hüffer* AktG Rn 8). Der Notar hat seine Mitwirkung bei der Beschlussfassung abzulehnen, wenn ihm Zeichnung und Einzahlung nicht oder nicht ordnungsgemäß nachgewiesen wurden. Beurkundet er trotz fehlender Nachweise, ist dies eine Amtspflichtverletzung, die für die Wirksamkeit der Beschl jedoch folgenlos bleibt (MünchKomm AktG/*Oechsler* Rn 12).

11 **5. Rechtsfolgen bei Verstoß.** Liegen die Voraussetzungen des § 235 Abs 1 S 1 oder S 2 nicht vor, führt dies zur Nichtigkeit des die Kapitalerhöhung ausweisenden Jahresabschlusses nach § 256 Abs 1 Nr 1, da die von der Vorschrift aufgestellten Anforderungen insb dem Schutz der Gläubiger dienen (*Hüffer* AktG Rn 9 mwN). Berücksichtigt der entspr Jahresabschluss jedoch die Kapitalerhöhung überhaupt nicht, finden

Offenlegung § 236

die speziellen Regelungen des § 235 keine Anwendung; in diesem Fall bleibt es für die Rückwirkung der Kapitalherabsetzung bei den Voraussetzungen des § 234 und für die Kapitalerhöhung bei den allg Regeln (KölnKomm AktG/*Lutter* Rn 13).

C. Eintragungsfrist § 235 Abs 2

I. Allgemeines

Die Regelung des § 235 Abs 2 ist § 234 Abs 3 nachgebildet, hat jedoch für die Rückwirkung von Kapitalherabsetzung und Kapitalerhöhung Vorrang. Sofern der Beschl über die Kapitalherabsetzung (§§ 223, 224, 229 Abs 3) und der Beschl über die Kapitalerhöhung (§ 184) sowie deren Durchführung (§§ 188, 189) nicht binnen drei Monaten nach der Beschlussfassung in das HR eingetragen wurden, sind sämtliche Beschl nichtig. Die Nichtigkeit umfasst die Feststellung des Jahresabschlusses, sowie den Kapitalherabsetzungs- und den Kapitalerhöhungsbeschluss. **12**

II. Fristbeginn, Hemmung

Die Dreimonatsfrist beginnt mit dem Tag der Beschlussfassung; gemeint ist damit die Beschlussfassung über Kapitalherabsetzung und Kapitalerhöhung, die in einer HV zu erfolgen hat (s Rn 5). Für die Fristberechung gelten die allg Regeln (§§ 187 Abs 1, 188 Abs 2 BGB). Soweit die Beschl über die Kapitalmaßnahmen sowie über die Feststellung des Jahresabschlusses nicht in einer HV gefasst werden, ist der erste Beschl maßgeblich (vgl § 234 Rn 14). Der Fristlauf ist gehemmt, solange eine Anfechtungs- oder Nichtigkeitsklage rechtshängig ist. **13**

Wie auch iRd § 234 wird die Frist durch die rechtzeitige Eintragung gewahrt; die Anmeldung zum HR innerhalb der Frist genügt nicht (vgl § 234 Rn 15). Im Unterschied zu § 234 Abs 2 muss jedoch nicht nur der Herabsetzungs- bzw der Erhöhungsbeschluss, sondern auch die Durchführung der Kapitalerhöhung eingetragen sein (wegen der Heilungswirkung einer pflichtwidrigen Eintragung vgl schon § 234 Rn 17). **14**

III. Gleichzeitigkeit

Nach § 235 Abs 2 S 3 sollen die Beschl und die Durchführung der Kapitalerhöhung nur zusammen in das HR eingetragen werden. Ein Verstoß dagegen berührt jedoch die Wirksamkeit der Beschl nicht, da es sich um eine bloße Ordnungsvorschrift handelt, die allein das Ermessen des Registerrichters einschränkt (MünchHdb AG/*Krieger* § 61 Rn 42; *Hüffer* AktG Rn 13; MünchKomm AktG/*Oechsler* Rn 20). Der Hintergrund der Regelung entspricht jener des § 228 Abs 2 S 3 (s § 228 Rn 10). **15**

§ 236 Offenlegung

Die Offenlegung des Jahresabschlusses nach § 325 des Handelsgesetzbuchs darf im Fall des § 234 erst nach Eintragung des Beschlusses über die Kapitalherabsetzung, im Fall des § 235 erst ergehen, nachdem die Beschlüsse über die Kapitalherabsetzung und Kapitalerhöhung und die Durchführung der Kapitalerhöhung eingetragen worden sind.

Becker

§ 237 Voraussetzungen

Übersicht

	Rn
I. Regelungszweck	1
II. Offenlegung	2
III. Haftung bei Verstoß	3

Literatur: Vgl die Angaben zu § 234.

I. Regelungszweck

1 Die Vorschrift beugt einer Täuschung der Gläubiger und der künftigen Aktionäre durch eine Modifikation des § 325 HGB vor: Ein auf der bilanziellen Rückwirkung der §§ 234 Abs 1, 235 Abs 1 beruhender Jahresabschluss darf erst offen gelegt werden, nachdem die Fristen des § 234 Abs 3 S 1 bzw des § 235 Abs 2 S 1 abgelaufen sind, also die Eintragung der entspr Beschl bzw der Durchführung der Kapitalerhöhung erfolgt ist. So soll verhindert werden, dass ein bereits veröffentlichter Jahresabschluss nach kurzer Zeit wegen des Ablaufs der entspr Dreimonatsfrist nichtig wird (MünchHdb AG/*Krieger* § 61 Rn 43).

II. Offenlegung

2 Sobald die jeweiligen Eintragungen stattgefunden haben, ist der Vorstand zur unverzüglichen Bekanntmachung des Jahresabschluss nach den Vorgaben des § 325 HGB verpflichtet (K. Schmidt/Lutter AktG/*Veil* Rn 1). Die Vorschrift verschiebt mithin lediglich den maßgeblichen Zeitpunkt.

III. Haftung bei Verstoß

3 Nach **hM** ist § 236 ein Schutzgesetz iSd § 823 Abs 2 BGB. Verstößt also der Vorstand gegen die Vorschrift und veröffentlicht den Jahresabschluss bereits vor dem entspr Zeitpunkt, so kommt eine Haftung der Gesellschaft in Betracht, wenn etwa ein Anleger auf die Wirksamkeit eines nach § 234 Abs 3 S 1 bzw § 235 Abs 2 S 1 nichtigen Jahresabschlusses vertraut und einen Schaden erleidet, weil die Rückwirkung der Kapitalmaßnahme nicht gelungen ist (Spindler/Stilz AktG/*Marsch/Barner* Rn 3; Hölters AktG/*Haberstock/Greitemann* Rn 3). Bleibt die Nichtigkeit indes aus und tritt die bilanzielle Rückwirkung ein, fehlt es an dem erforderlichen Sorgfaltswidrigkeitszusammenhang. Der Anleger hat dann von der tatsächlich eingetretenen Rückwirkung nur verfrüht erfahren.

4 Der Gesellschaft gegenüber können Vorstands- und AR-Mitglieder bei Missachtung der Vorschrift gem §§ 93, 116 regresspflichtig sein.

Dritter Unterabschnitt
Kapitalherabsetzung durch Einziehung von Aktien. Ausnahme für Stückaktien

§ 237 Voraussetzungen

(1) [1]Aktien können zwangsweise oder nach Erwerb durch die Gesellschaft eingezogen werden. [2]Eine Zwangseinziehung ist nur zulässig, wenn sie in der ursprünglichen Satzung oder durch eine Satzungsänderung vor Übernahme oder Zeichnung der Aktien angeordnet oder gestattet war.

Voraussetzungen § 237

(2) ¹Bei der Einziehung sind die Vorschriften über die ordentliche Kapitalherabsetzung zu befolgen. ²In der Satzung oder in dem Beschluss der Hauptversammlung sind die Voraussetzungen für eine Zwangseinziehung und die Einzelheiten ihrer Durchführung festzulegen. ³Für die Zahlung des Entgelts, das Aktionären bei einer Zwangseinziehung oder bei einem Erwerb von Aktien zum Zwecke der Einziehung gewährt wird, und für die Befreiung dieser Aktionäre von der Verpflichtung zur Leistung von Einlagen gilt § 225 Abs. 2 sinngemäß.

(3) Die Vorschriften über die ordentliche Kapitalherabsetzung brauchen nicht befolgt zu werden, wenn Aktien, auf die der Ausgabebetrag voll geleistet ist,
1. der Gesellschaft unentgeltlich zur Verfügung gestellt oder
2. zu Lasten des Bilanzgewinns oder einer anderen Gewinnrücklage, soweit sie zu diesem Zweck verwandt werden können, eingezogen werden oder
3. Stückaktien sind und der Beschluss der Hauptversammlung bestimmt, dass sich durch die Einziehung der Anteil der übrigen Aktien am Grundkapital gemäß § 8 Abs. 3 erhöht; wird der Vorstand zur Einziehung ermächtigt, so kann er auch zur Anpassung der Angabe der Zahl in der Satzung ermächtigt werden.

(4) ¹Auch in den Fällen des Absatzes 3 kann die Kapitalherabsetzung durch Einziehung nur von der Hauptversammlung beschlossen werden. ²Für den Beschluss genügt die einfache Stimmenmehrheit. ³Die Satzung kann eine größere Mehrheit und weitere Erfordernisse bestimmen. ⁴Im Beschluss ist der Zweck der Kapitalherabsetzung festzusetzen. ⁵Der Vorstand und der Vorsitzende des Aufsichtsrats haben den Beschluss zur Eintragung in das Handelsregister anzumelden.

(5) In den Fällen des Absatzes 3 Nr. 1 und 2 ist in die Kapitalrücklage ein Betrag einzustellen, der dem auf die eingezogenen Aktien entfallenden Betrag des Grundkapitals gleichkommt.

(6) ¹Soweit es sich um eine durch die Satzung angeordnete Zwangseinziehung handelt, bedarf es eines Beschlusses der Hauptversammlung nicht. ²In diesem Fall tritt für die Anwendung der Vorschriften über die ordentliche Kapitalherabsetzung an die Stelle des Hauptversammlungsbeschlusses die Entscheidung des Vorstands über die Einziehung.

Übersicht

	Rn		Rn
A. Allgemeines	1	c) materielle Schranken	19
I. Überblick	1	d) wichtiger Grund	21
II. Regelungsgegenstand, Abgrenzung	4	3. mit Zustimmung der betroffenen Aktionäre	22
B. Einziehungsarten § 237 Abs 1	5	4. Einziehungsentgelt	23
I. Allgemeines	5	a) Allgemeines	23
II. Zwangseinziehung	6	b) Ausschluss des Einziehungsentgelts	24
1. durch Anordnung	7		
a) ursprüngliche Ermächtigung oder Satzungsänderung	8	c) Höhe	25
b) notwendiger Satzungsinhalt	10	III. Einziehung nach Erwerb	27
c) materielle Schranken	14	1. Allgemeines	27
d) Umdeutung in Gestattung	16	2. Inhaberschaft an den Aktien	28
2. durch Gestattung	17	**C. Einziehungsverfahren**	29
a) Begriff der Gestattung	17	I. Allgemeines	29
b) notwendiger Satzungsinhalt	18	II. Ordentliches Einziehungsverfahren § 237 Abs 2	30

	Rn		Rn
1. Beschlussfassung	30	c) zu Lasten des Bilanzgewinns oder anderer Gewinnrücklage	42
2. Beschlussinhalt	32	d) Stückaktien	43
a) Allgemeines	32	2. Beschlussfassung	44
b) Herabsetzungsbetrag	33	3. Beschlussinhalt	45
c) Zweckbestimmung	34	4. Anmeldung und registergerichtliche Prüfung	46
3. Anmeldung und registergerichtliche Prüfung	35	5. Gläubigerschutz (Abs 5)	47
4. Gläubigerschutz	36	IV. Einziehung durch den Vorstand § 237 Abs 6	50
III. Vereinfachtes Einziehungsverfahren § 237 Abs 3 bis 5	37	**D. Rechtsfolgen bei Fehlern**	52
1. Anwendbarkeit	38	I. Fehlen einer Ermächtigungsgrundlage	52
a) Voll geleisteter Ausgabebetrag	38	II. Verstoß gegen § 237 Abs 3	53
b) unentgeltlicher Erwerb	40	III. Weitere Fehler	54
		E. Kosten	55

Literatur: *M. Becker* Der Ausschluß aus der Aktiengesellschaft, ZGR 1986, 383; *Bley* Der Gläubigerschutz bei Einziehung von Aktien nach § 192 Abs 3 AktG 1937, ZAkDR 1942, 281; *Grunewald* Der Ausschluss aus Gesellschaft und Verein, 1987; *Reinisch* Der Ausschluss von Aktionären aus der Aktiengesellschaft, 1992; *Terbrack* Kapitalherabsetzende Maßnahmen bei Aktiengesellschaften, RNotZ 2003, 89; *ders* Kapitalherabsetzung ohne Herabsetzung des Grundkapitals? – Zur Wiedereinführung der Amortisation im Aktienrecht, DNotZ 2003, 734; *Tielmann* Die Einziehung von Stückaktien ohne Kapitalherabsetzung, DStR 2003, 1796; *Wiedemann* Übertragung und Vererbung von Mitgliedschaftsrechten bei Handelsgesellschaften, 1964; *Wieneke/Förl* Die Einziehung eigener Aktien nach § 237 Abs 3 Nr. 3 AktG – Eine Lockerung des Grundsatzes der Vermögensbindung?, AG 2005, 189; *Zöllner* Kapitalherabsetzung durch Einziehung von Aktien im vereinfachten Einziehungsverfahren und vorausgehender Erwerb, FS Doralt, 2004, S 751.

A. Allgemeines

I. Überblick

1 Die Kapitalherabsetzung durch Einziehung von Aktien, geregelt in den §§ 237–239, stellt eine eigenständige Alternative zur ordentlichen und vereinfachten Kapitalherabsetzung durch Herabsetzung des Nennbetrags (§ 222 Abs 4 S 1) oder, subsidiär, durch Zusammenlegung (§ 222 Abs 4 S 2) dar. Sie kann für die Gesellschaft vor allem dann interessant sein, wenn auch die Aktionärsstruktur beeinflusst werden soll. Wie die ordentliche Kapitalherabsetzung kann auch die Kapitalherabsetzung durch Einziehung von Aktien im Rahmen von **Liquidation** und **Insolvenz** durchgeführt werden, soweit sie nicht dem Zweck des jeweiligen Verfahrens zuwiderläuft (**hM**, s nur *Hüffer* AktG Rn 1; vgl auch § 222 Rn 33 f; zum regelmäßig mit einer Kapitalherabsetzung verbundenen sog. Debt-Equity-Swap nach §§ 225a, 254a InsO vgl § 183 Rn 6).

2 Anders als im Recht der GmbH (§ 34 GmbHG), wo die Einziehung auch ohne Veränderung der Stammkapitalziffer erfolgen kann, ist die Einziehung bei der AG nur als eine weitere Form der Kapitalherabsetzung zulässig. Die Voraussetzungen der Kapitalherabsetzung durch Einziehung sowie das Einziehungsverfahren ist in § 237 geregelt, das Wirksamwerden der Herabsetzung bestimmt sich nach § 238, während § 239 die Anmeldung der Durchführung betrifft. Der Art nach wird in § 237 Abs 1 zwischen

Voraussetzungen § 237

der sog Zwangseinziehung und der Einziehung nach Erwerb durch die Gesellschaft unterschieden. Hinsichtlich des Verfahrens kann zwischen dem ordentlichen Einziehungsverfahren, für das § 237 Abs 2 S 1 ergänzend auf die Vorschriften über die ordentliche Kapitalherabsetzung verweist, und dem vereinfachten Einziehungsverfahren nach § 237 Abs 3–5 differenziert werden.

Die Kapitalherabsetzung durch Einziehung von Aktien berührt zwei Problemfelder. 3
Zunächst ist wegen der damit verbundenen Rückzahlung des Grundkapitals der Schutz der Gläubiger zu gewährleisten. Dem trägt die Ausgestaltung als Unterfall der Kapitalherabsetzung Rechnung; auch verweist § 237 Abs 2 S 1 im ordentlichen Einziehungsverfahren auf die Gläubigerschutzvorschrift des § 225. Für das vereinfachte Einziehungsverfahren trifft § 237 Abs 5 hingegen eigene Regelungen zum Schutz der Gläubiger. Ferner bedarf es bei der Kapitalherabsetzung durch Einziehung im Gegensatz zu den anderen Formen der Kapitalherabsetzung auch eines bes Schutzes der von der Einziehung betroffenen Aktionäre. Die Zwangseinziehung ist deshalb nur möglich, wenn sie schon in der ursprünglichen Satzung oder durch eine Satzungsänderung vor Übernahme oder Zeichnung angeordnet oder gestattet war (§ 237 Abs 1 S 2).

II. Regelungsgegenstand, Abgrenzung

Mit der Kapitalherabsetzung durch Einziehung von Aktien regelt § 237 das einzige 4
gesetzlich vorgesehene Instrument zur vollständigen Beseitigung von Mitgliedschaftsrechten (vgl MünchKomm AktG/*Oechsler* Rn 2). Dies ist auch das wesentliche Kriterium für die Abgrenzung zu anderen Instituten des Aktienrechts, die das Mitgliedschaftsrecht selbst unangetastet lassen: So führt etwa die Kaduzierung (§ 64) nur zum Ausschluss des säumigen Aktionärs, das Mitgliedschaftsrecht als solches bleibt jedoch weiter bestehen (s § 64 Rn 11) und ist gemäß § 65 zu verwerten. Die Kraftloserklärung (§§ 72, 73, 226) bewirkt allein, dass die betroffene Aktienurkunde die Mitgliedschaft nicht mehr verbrieft; das Mitgliedschaftsrecht selbst besteht indes fort (vgl § 72 Rn 7 f). Auch der Erwerb eigener Aktien (§ 71) berührt die Mitgliedschaftsrechte in ihrem rechtlichen Bestand nicht, sondern führt lediglich zu einem Ruhen der aus der Beteiligung resultierenden Rechte (vgl § 71b Rn 3). Im Gegensatz zu den anderen Formen der Kapitalherabsetzung bietet die Kapitalherabsetzung durch Einziehung auch die Möglichkeit, gezielt auf einzelne Aktien zuzugreifen. Sie eignet sich daher gerade für Einwirkungen auf die Aktionärsstruktur oder die Beseitigung bestimmter Aktiengattungen (s *Terbrack* RNotZ 2003, 89, 108).

B. Einziehungsarten § 237 Abs 1

I. Allgemeines

§ 237 kennt zwei Arten der Kapitalherabsetzung durch Einziehung von Aktien: die 5
Zwangseinziehung und die Einziehung nach Erwerb durch die Gesellschaft. Werden die Aktien nicht von der Gesellschaft gehalten, handelt es sich – unabhängig vom Willen der jeweiligen Aktionäre und anders als der Begriff vermuten lässt – um eine Zwangseinziehung. Die Einziehung nach Erwerb setzt demzufolge voraus, dass die Gesellschaft selbst Inhaberin der Aktien ist. Wegen der fehlenden Schutzbedürftigkeit der Gesellschaft wird bei der Einziehung nach Erwerb auf das Erfordernis einer entspr Satzungsermächtigung verzichtet (*Hüffer* AktG Rn 5).

II. Zwangseinziehung

6 Die **Zwangseinziehung** ist gem § 237 Abs 1 S 2 nur zulässig, wenn sie in der ursprünglichen Satzung oder durch eine Satzungsänderung vor Übernahme oder Zeichnung der Aktien angeordnet oder gestattet war. Als stärkste Beeinträchtigung der Mitgliedschaft bedarf die Zwangseinziehung mithin einer entsprechenden Satzungsermächtigung. Dies kann in Form der Anordnung oder Gestattung geschehen. Die Anordnung muss die Voraussetzungen der Einziehung konkret bestimmen. Dagegen muss die Gestattung nach hM keine weiteren Angaben wie etwa bestimmte Einziehungsgründe enthalten (MünchKomm AktG/*Oechsler* Rn 42 mwN, **aA** *Grunewald* Der Ausschluss aus Gesellschaft und Verein, S 232 f); vielmehr räumt sie der HV die Einziehungsbefugnis im Einzelfall ein.

7 **1. durch Anordnung.** Eine **Anordnung** liegt vor, wenn die Satzung festlegt, dass Aktien unter bestimmten Voraussetzungen einzuziehen sind. Im Fall der angeordneten Einziehung besteht beim Aktionär schon ab Beginn seiner Mitgliedschaft Klarheit darüber, dass und unter welchen Voraussetzungen ihm die Mitgliedschaft entzogen werden kann, was ein geringeres Schutzniveau rechtfertigt. Die Satzungsanordnung muss die Fälle der Einziehung von Anfang an für die Aktionäre klar erkennbar und so detailliert bestimmen, dass der Verwaltung kein eigener Ermessensspielraum mehr verbleibt, sondern sich die Entsch über die Einziehung auf die Feststellung der satzungsmäßigen Voraussetzungen beschränkt (*Hüffer* AktG Rn 10). Ein Beschluss der HV über die Einziehung ist bei der durch die Satzung angeordneten Zwangseinziehung entbehrlich (§ 237 Abs 6 S 1); an seine Stelle tritt gem § 237 Abs 6 S 2 die Vollzugsentscheidung des Vorstandes.

8 **a) ursprüngliche Ermächtigung oder Satzungsänderung.** Im Hinblick auf die Anordnung spricht § 237 Abs 1 S 2 zunächst von der ursprünglichen Satzung. Gemeint ist damit die Gründungssatzung. Enthält diese eine Einziehungsanordnung, so entstehen alle Aktien als unter den entsprechenden Voraussetzungen einziehbar. Die Anordnung kann auch durch eine spätere Satzungsänderung festgelegt werden. In diesem Fall betrifft sie alle Aktien, die nach der Wirksamkeit der Satzungsänderung, also deren Eintragung im HR (§ 181 Abs 3), gezeichnet oder übernommen wurden. Mit dem Begriff der **Zeichnung** nimmt die Vorschrift dabei auf die Kapitalerhöhung gegen Einlagen gem § 185 Abs 1 Bezug und meint das schriftliche, auf das Zustandekommen eines Zeichnungsvertrags zum Erwerb der jungen Aktien gerichtete Angebot. Als empfangsbedürftige Willenserklärung wird dieses Angebot mit Zugang bei der AG wirksam (vgl § 185 Rn 3). Für den Fall, dass die Satzungsänderung zwischen Absendung und Zugang der Zeichnungserklärung wirksam wird, könnte fraglich sein, ob iRd § 237 Abs 1 S 2 auf den Zeitpunkt des Zugangs oder den der Absendung der Zeichnungserklärung abzustellen ist. Unter Berücksichtigung des Schutzzwecks von § 237 Abs 1 S 2 ist richtigerweise die Absendung maßgeblich, da dies der Zeitpunkt ist, in dem der Aktionär endgültig über den Aktienerwerb disponiert hat (MünchKomm AktG/*Oechsler* Rn 19). Auch im Falle von Options- und Wandelanleihen ist auf die Absendung der Bezugs- bzw Wandelungserklärung abzustellen, beim mittelbaren Bezugsrecht nach § 186 Abs 5 (s § 186 Rn 52) ist die Zeichnungserklärung des Kreditinstituts maßgeblich (*Hüffer* AktG Rn 6).

9 Auch der von § 237 Abs 1 S 2 verwendete Begriff der **Übernahme** stellt auf den originären und nicht etwa einen rechtsgeschäftlichen Erwerb der Aktien ab. Bspw bei der

Kapitalerhöhung aus Gesellschaftsmitteln handelt es sich um einen originären Erwerb, der gerade nicht durch Zeichnung erfolgt (MünchKomm AktG/*Oechsler* Rn 21; K. Schmidt/Lutter AktG/*Veil* Rn 10).

b) notwendiger Satzungsinhalt. An eine die Einziehungsanordnung regelnde Satzungsklausel sind **strengste Bestimmtheitsanforderungen** zu stellen. Dies hat zwei Funktionen: Einerseits wird ein Kernbereich der Zuständigkeit der HV (§ 119 Abs 1 Nr 6) gegenüber der Verwaltung abgegrenzt. Andererseits sollen die Aktionäre dadurch geschützt werden, dass es ihnen bereits bei Erwerb der Mitgliedschaft möglich ist, vorherzusehen, unter welchen Voraussetzungen ihnen diese wieder entzogen werden kann. Daher darf dem Vorstand bei seiner Entsch über die Einziehung kein Spielraum mehr verbleiben. Nicht nur die Voraussetzungen sondern auch die Einzelheiten der Durchführung müssen so detailliert geregelt sein, dass keine weiteren wesentlichen Entscheidungen zu treffen sind (vgl MünchHdb AG/*Krieger* § 62 Rn 7 mwN); dies umfasst insb die Höhe des Einziehungsentgelts und den Zeitpunkt der Einziehung (s Marsch-Barner/Schäfer Hdb AG/*Busch* § 46 Rn 4). 10

Dem Bestimmtheitsgebot genügt bspw die Anordnung der Einziehung aller Aktien einer bestimmten Gattung zu einem festgelegten Zeitpunkt gegen ein bestimmtes Entgelt (MünchKomm AktG/*Oechsler* Rn 29). Sofern nur eine bestimmte Anzahl von Aktien von der Anordnung betroffen sein soll, können diese auch durch Los bestimmt werden (*Hüffer* AktG Rn 12; **aA** Grigoleit AktG/*Rieder* Rn 7). Die Anordnung kann auch an die persönlichen Verhältnisse des Aktionärs, etwa die Pfändung seiner Aktien, die Eröffnung des Insolvenzverfahrens über sein Vermögen oder sein Ableben anknüpfen (vgl MünchHdb AG/*Krieger* § 62 Rn 8; zum Einziehungsentgelt su Rn 23 ff). Auch dann, wenn der die persönliche Ebene des Aktionärs betreffende Einziehungsgrund nicht jeden Aktionär treffen kann, steht § 53a dem nicht etwa entgegen (*Hüffer* AktG Rn 12 mwN). Ebenfalls zulässig ist die Anordnung der Einziehung von Aktien auf Verlangen des Aktionärs; das Bestimmtheitsgebot ist im Hinblick auf das „Ob" der Einziehung und die Anzahl der einzuziehenden Aktien hier nicht verletzt, da der Aktionär insoweit nicht schutzwürdig ist. Ein solches Verlangen liegt indes nicht vor, wenn die Verwaltung in Eigeninitiative lediglich die Zustimmung der Aktionäre zur Einziehung einholt, da ihr dann zulasten der Kompetenzen der HV wiederum ein erheblicher Entscheidungsspielraum zustünde (vgl MünchKomm AktG/ *Oechsler* Rn 33). 11

Im Hinblick auf das Bestimmtheitsgebot werden Bedenken gegen eine Satzungsregelung vorgebracht, die die Einziehung vinkulierter Namensaktien für den Fall anordnet, dass die notwendige Zustimmung zur Veräußerung verweigert wird: Da die Zustimmung nach § 68 Abs 2 S 2 vom Vorstand zu erteilen ist, wäre es der Verwaltung so möglich über die Einziehung der Aktien und damit auch über die Höhe des Herabsetzungsbetrages zu bestimmen. Außerdem würde der von § 237 bezweckte Schutz der Aktionäre eingeschränkt, da diese im Falle der Veräußerung nicht wissen würden, ob die Zustimmung verweigert und ihre Aktien eingezogen würden (so MünchKomm AktG/*Oechsler* Rn 31). Diese Bedenken dringen iE jedoch nicht durch. Zunächst stellt § 68 Abs 2 die Entsch über die Gründe für die Verweigerung der Zustimmung in die Kompetenz der HV, die eine entspr Satzungsbestimmung erlassen kann. Es steht danach nur dann, wenn es ausnahmsweise an einer solchen Bestimmung fehlt, im Ermessen der Verwaltung über die Einziehung der Aktien und damit die Herabset- 12 zung zu entscheiden. Auch das Schutzbedürfnis der Aktionäre scheint nicht unangemessen betroffen, da eine unangemessene Verschärfung der Verkehrsfähigkeit bereits unter § 68 Abs 2 unzulässig ist (vgl § 68 Rn 18); vielmehr unterstützt eine entsprechende Anordnung das Deinvestitionsinteresse des Aktionärs. In diesen Konstellationen eine Einziehungsgestattung durch die HV im Einzelfall zu verlangen, erscheint daher nicht erforderlich (iE auch *Hüffer* AktG Rn 12, KölnKomm AktG/*Lutter* Rn 36).

13 Zu **unbestimmt** ist etwa die Anordnung der Einziehung aller eigenen Aktien, weil es der Verwaltung hierdurch möglich wäre, Einfluss auf die Anzahl der einzuziehenden Aktien zu nehmen (vgl KölnKomm AktG/*Lutter* Rn 35). Ebenfalls zu unbestimmt ist es, die Anordnung der Einziehung vom Vorliegen eines wichtigen Grundes abhängig zu machen. Der Verwaltung würde durch diesen unbestimmten Rechtsbegriff ebenfalls ein unzulässiger Entscheidungsspielraum eingeräumt (MünchKomm AktG/ *Oechsler* Rn 32).

14 **c) materielle Schranken.** Da die Einziehungsanordnung entweder iRd Gründungssatzung einstimmig beschlossen wurde oder nach Änderung der Satzung nur für später entstandene Rechte gilt, haben die Aktionäre der Anordnung also entweder zugestimmt oder ihre Aktien in Kenntnis der Einziehbarkeit erworben. Ihre Rechte werden insofern durch das Bestimmtheitsgebot ausreichend geschützt; einer weiteren **sachlichen Rechtfertigung** bedarf es daher nicht (vgl KölnKomm AktG/*Lutter* Rn 38; MünchHdb AG/*Krieger* § 62 Rn 9).

15 Einschränkungen ergeben sich indes aus der Systematik des AktG und dem Wesen der AG: So kommt etwa die Einziehung wegen Nichtleistung der Einlage nicht in Betracht, da die gerade der Kapitalaufbringung dienenden §§ 63 ff insofern abschließend sind (**hM** *Baumbach/Hueck* AktG Rn 2; *Hüffer* AktG Rn 13). Auch die Nichterfüllung von möglichen Nebenverpflichtungen darf nur dann mit der Einziehung sanktioniert werden, wenn diese den Anforderungen des § 55 entsprechen (*Terbrack* RNotZ 2003, 89, 110); weitergehende Zusatzleistungen oder Verpflichtungen, die über die §§ 54, 55 hinausgehen, dürfen nicht mit der drohenden Einziehung durchgesetzt werden (*Hüffer* AktG Rn 13). Schließlich darf die Einziehung auch nicht die Stimmabgabe sanktionieren und etwa an ein bestimmtes Abstimmungsverhalten anknüpfen (MünchKomm AktG/*Oechsler* Rn 39; Hölters AktG/*Haberstock/Greitemann* Rn 20). Teilw soll die Einziehung aber dann angeordnet werden dürfen, wenn ein Aktionär die ggf bei Sanierungsbedürftigkeit ausnahmsweise aus der Treuepflicht resultierende Pflicht zur Stimmabgabe (s dazu § 222 Rn 6) verletzt (MünchKomm AktG/*Oechsler* Rn 39). Unabhängig davon, dass eine derartige Anordnung kaum dem Bestimmtheitsgebot wird genügen können, ist der Treuepflichtverstoß auch mit etwaigen Schadensersatzansprüchen bzw der Nichtigkeit der Stimmabgabe hinreichend sanktioniert (*BGHZ* 102, 172, 176 f; s auch § 53a Rn 14).

16 **d) Umdeutung in Gestattung.** Im Falle eines Verstoßes gegen das Bestimmtheitsgebot, kann die Umdeutung (§ 140 BGB) in eine Gestattung (dazu sogleich Rn 17) in Betracht kommen. Regelmäßig wird man von einem entspr Willen der Gründer bzw der satzungsändernden Mehrheit ausgehen können, dass diese die einen Beschl der HV erfordernde Gestattung dem völligen Wegfall der Möglichkeit zur Einziehung idR vorgezogen hätten, wäre ihnen die mangelnde Bestimmtheit der Anordnung bekannt gewesen (vgl MünchKomm AktG/*Oechsler* Rn 35).

2. durch Gestattung. – a) Begriff der Gestattung. Eine Gestattung der Zwangseinziehung liegt vor, wenn die Entsch, ob Aktien eingezogen werden, einem Beschl der HV im Einzelfall überlassen bleibt. Im Gegensatz zur bloßen Feststellung der Voraussetzungen durch den Vorstand im Falle der Anordnung (§ 237 Abs 6 S 2), handelt es sich um eine echte Entsch der HV über die Einziehung. 17

b) notwendiger Satzungsinhalt. Im Ausgangspunkt genügt es, wenn die Satzung die Einziehung gestattet. Besonderen Vorgaben zum Einziehungsverfahren bedarf es nicht, da die Gestattung gerade auch keine besondere Bestimmtheit verlangt; sie kann aber inhaltliche Vorgaben enthalten (MünchKomm AktG/*Oechsler* Rn 35). Umstritten ist, ob auch die Angabe von Einziehungsgründen entbehrlich ist (so die **hM** *Hüffer* AktG Rn 15; KölnKomm AktG/*Lutter* Rn 44; Münch Hdb AG/*Krieger* § 62 Rn 10; **aA** *Grunewald* Der Ausschluss aus Gesellschaft und Verein, S 232 f; krit MünchKomm AktG/*Oechsler* Rn 42). Ein gänzliches Fehlen von Einziehungsgründen erschwert es den Aktionären in der Tat einzuschätzen, in welchen Fällen sie von einer Einziehung betroffen sein können. Entstehende Schutzlücken sollten daher über erhöhte sachliche Anforderungen an den HV-Beschluss geschlossen werden (vgl MünchKomm AktG/*Oechsler* Rn 42; s auch sogleich Rn 19). 18

c) materielle Schranken. Nach **hM** erfordert der auf einer Gestattung in der Satzung basierende Einziehungsbeschluss eine **sachliche Rechtfertigung** (vgl *Hüffer* AktG Rn 16; KölnKomm AktG/*Lutter* Rn 47 f). Die sachliche Rechtfertigung ist am **Zweck der Gesellschaft** zu orientieren. Da die Einziehung einen maßgeblichen Eingriff in die Mitgliedschaft darstellt, sind dabei die Grundsätze der **Erforderlichkeit** und **Verhältnismäßigkeit** sowie der **Gleichbehandlungsgrundsatz** (§ 53a) zu beachten (MünchKomm AktG/*Oechsler* Rn 45 f mwN). Dies gilt auch dann, wenn die Gestattungsregelung in der Satzung konkrete Voraussetzungen für die Einziehung formuliert. Die HV ist folglich bei Ungleichbehandlungen zur Angabe sachlicher Diskriminierungsgründe verpflichtet. Willkürfrei ist die Auswahl der einzuziehenden Aktien **durch Los**. 19

Eine detailliertere Regelung der Einziehungsgründe in der Satzung verringert wegen der erhöhten Vorhersehbarkeit für die Aktionäre deren Schutzbedürfnis und senkt damit auch die an einen Beschl der HV zu stellenden Anforderungen (MünchKomm AktG/*Oechsler* Rn 48). Handelt es sich um eine echte Teilliquidation, ist eine sachliche Rechtfertigung sogar entbehrlich (ausf KölnKomm AktG/*Lutter* Rn 47; MünchHdb AG/*Krieger* § 62 Rn 11). Mit der gestatteten Einziehung dürfen keine Zwecke verfolgt werden, die bereits iRd angeordneten Einziehung unzulässig wären (*Hüffer* AktG Rn 16; dazu so Rn 14 f). 20

d) wichtiger Grund. Ob bei der gestatteten Zwangseinziehung auch auf das **Vorliegen eines wichtigen Grundes** in der Person des Aktionärs abgestellt werden kann, ist fraglich (dafür etwa *Hüffer* AktG Rn 15; GroßKomm AktG/*Sethe* Rn 27; KölnKomm AktG/*Lutter* Rn 50). Im älteren Schrifttum ist dies insb mit dem Hinweis auf die typische Struktur der AG als Publikumsgesellschaft verneint worden (von Godin/*Wilhelmi* § 1 Anm 3); ohne nähere Begründung auch *BGHZ* 9, 157, 163; 18, 350, 365). Für die personalistisch strukturierte AG, die einem im Rechtsverkehr begegnet, kann dieses Argument jedoch keine Geltung beanspruchen (grundlegend *Grunewald* Der Ausschluss aus Gesellschaft und Verein, S 52 ff); auch steht § 23 Abs 5 dem nicht entgegen (*M. Becker* ZGR 1986, 383, 393 f). Man wird die gestattete Einziehung aus wichtigem Grund vor dem Hintergrund der erforderlichen sachlichen Rechtfertigung jedoch nur 21 dann zulassen können, wenn (i) die AG personalistisch strukturiert ist, (ii) der betroffene Aktionär eine derart starke Stellung hat, dass er überhaupt in der Lage ist, den Gesellschaftszweck zu gefährden (dies wird man ab einer Beteiligung von mehr als 25 % annehmen können, vgl etwa *BGHZ* 129, 136, 145 f) und (iii) das Verhalten des von der Einziehung betroffenen Aktionärs die Erreichung des Gesellschaftszwecks nachhaltig stört (so richtigerweise MünchKomm AktG/*Oechsler* Rn 54). Ob eine derartige Zwangseinziehung aus wichtigem Grund auch dann möglich ist, wenn sie in der Satzung nicht ausdrücklich gestattet ist, erscheint für die AG zweifelhaft (**aA** Hölters AktG/*Haberstock/Greitemann* Rn 40).

22 **3. mit Zustimmung der betroffenen Aktionäre.** Die Aktien können über den Wortlaut des § 237 Abs 1 S 2 hinaus auch nach Zeichnung oder Übernahme mit ausdrücklicher Zustimmung der betroffenen Aktionäre nachträglich der Einziehbarkeit unterworfen werden (s bereits *von Godin/Wilhelmi* AktG Anm 8; GroßKomm AktG/*Sethe* Rn 38; *Hüffer* AktG Rn 8). Da § 237 Abs 1 S 2 dem Schutz der Aktionäre dient, steht es ihnen frei, auf diesen Schutz zu verzichten (*Reinisch* Der Ausschluß von Aktionären aus der Aktiengesellschaft, 1992, S 22; KölnKomm AktG/*Lutter* Rn 30). Eine etwaige Benachteiligung Dritter, etwa Pfandrechtsgläubiger oder Nießbrauchsberechtiger an den betroffenen Aktien, die dem entgegenstehen könnte und der durch Zustimmungserfordernisse analog §§ 1276 Abs 1 S 1, 1071 Abs 1 S 1 BGB Rechnung zu tragen wäre (so MünchKomm AktG/*Oechsler* Rn 24), ist hinzunehmen (**aA** Hölters AktG/*Haberstock/Greitemann* Rn 42). Da es dem Verpfänder eines Gesellschaftsanteils unbenommen bleibt, die Gesellschaft zu kündigen, ohne dafür die Zustimmung des Pfandgläubigers nach § 1276 Abs 1 BGB zu benötigen (Soergel BGB/*Habersack* § 1274 Rn 31 mwN), kann für den Fall der Zustimmung zur Einziehung nichts anderes gelten. Auch beim Nießbrauch an Aktien, zu deren Einziehung der Aktionär zustimmt, erscheint die Anwendung des § 1071 Abs 1 BGB entbehrlich, da sich der Nießbrauch nach hM am Einziehungsentgelt fortsetzt (vgl MünchKomm BGB/*Pohlmann* § 1068 Rn 47, 65 f).

23 **4. Einziehungsentgelt. – a) Allgemeines.** Das Gesetz enthält für den Fall der Einziehung keine Regelungen über die Zahlung einer Abfindung. Das **Einziehungsentgelt** wird aber in § 237 Abs 2 S 3 erwähnt, der im Falle einer entsprechenden Zahlung aus Gründen des Gläubigerschutzes die Anwendung von § 225 Abs 2 vorsieht. Bei der Zwangseinziehung durch Anordnung ist die Zahlung des Einziehungsentgelts wegen des Bestimmtheitsgebots so detailliert zu regeln, dass der Verwaltung kein Entscheidungsspielraum verbleibt. Bei der gestatteten Zwangseinziehung ist eine detaillierte Regelung nicht erforderlich, aber möglich. Die Entsch über das Entgelt und dessen Höhe darf wegen der damit verbundenen Unsicherheit für die Aktionäre nicht in das freie Ermessen der HV gestellt werden (MünchHdb AG/*Krieger* § 62 Rn 12 mwN). Bestimmt werden kann aber, dass die HV ein angemessenes Entgelt festzusetzen hat. Diese Pflicht besteht auch beim Fehlen einer entspr Regelung in der Satzung (zum ausdrücklichen Ausschluss eines Einziehungsentgelts su Rn 24). Richtigerweise ist dabei nach den iRd § 305 Abs 3 S 2 geltenden Grundsätzen zu verfahren (s dazu § 305 Rn 30 ff), also auf den Ertragswert abzustellen (*Hüffer* AktG Rn 18; MünchKomm AktG/*Oechsler* Rn 64; K. Schmidt/Lutter AktG/*Veil* Rn 16 f); ein etwaiger Börsenkurs wird idR nur die Untergrenze des Entgelts darstellen (vgl umfassend *BVerfGE* 100, 289).

Voraussetzungen § 237

b) Ausschluss des Einziehungsentgelts. Ein vollständiger Ausschluss des Einziehungsentgelts durch Satzungsregelung wird teilw als zulässig erachtet (iE *Terbrack* RNotZ 2003, 89, 111; in Ausnahmefällen auch MünchHdb AG/*Krieger* § 62 Rn 12; KölnKomm AktG/*Lutter* Rn 65; wohl auch Hölters AktG/*Haberstock/Greitemann* Rn 47). Die Gegenauffassung (MünchKomm AktG/*Oechsler* Rn 65; GroßKomm AktG/*Sethe* Rn 69; ablehnend wohl auch *Hüffer* AktG Rn 17), die auch der hM im Personengesellschaftsrecht sowie im Recht der GmbH entspricht (*BayObLG* DB 1983, 99; *Grunewald* Der Ausschluss aus Gesellschaft und Verein, S 174 ff), sieht derartige Klauseln mangels eines berechtigten Interesses der Gesellschaft an einer abfindungslosen Einziehung richtigerweise als Verstoß gegen § 138 BGB an (ebenso *BGH* NZG 2013, 220, 222, der in diesem Fall auch einen Verstoß gegen Art 14 GG sieht). Klauseln, die den Ausschluss der Abfindung allein für den Fall vorsehen, dass der einzuziehende Anteil gepfändet wurde oder sich der Aktionär in Insolvenz befindet, sind als unangemessene Gläubigerbenachteiligung ebenfalls unzulässig (ebenso Grigoleit AktG/*Rieder* Rn 25; wohl auch *Hüffer* AktG Rn 17; **aA** Spindler/Stilz AktG/*Marsch-Barner* Rn 17). 24

c) Höhe. Im Hinblick auf die Höhe des Einziehungsentgelts unproblematisch ist eine nach den Grundsätzen des § 305 Abs 3 S 2, also unter Anwendung der Ertragswertmethode, bestimmte **angemessene Abfindung**. Für die Wertfeststellung ist dabei der Zeitpunkt maßgeblich, in dem die Kapitalherabsetzung durch Einziehung wirksam wird (*Hüffer* AktG Rn 18; s dazu § 238). Auch ein **unterhalb** des wahren Werts der betroffenen Anteile liegendes Einziehungsentgelt kann im Einzelfall zulässig sein. Dies wird jedoch nur für nicht börsennotierte, besonders personalistisch geprägte Gesellschaften anzuerkennen sein (KölnKomm/*Lutter* Rn 67 ff; MünchKomm/*Oechsler* Rn 67), bei denen die Zahlung eines dem wahren Wert der Anteile entspr Einziehungsentgelt die Liquidierung der Gesellschaft erfordern würde. In einer solchen Situation muss der ausscheidende Aktionär auf das Interesse der übrigen Gesellschafter, das Unternehmen fortzuführen, Rücksicht nehmen. 25

Grundsätzlich ebenfalls zulässig ist ein Einziehungsentgelt, welches **oberhalb** des wahren Werts der Aktien liegt (MünchHdb AG/*Krieger* § 62 Rn 13; *Hüffer* AktG Rn 17). Beachtenswert ist hier jedoch, dass § 225 Abs 2 S 1, der über § 237 Abs 2 S 1, 3 auch bei der Kapitalherabsetzung durch Einziehung Anwendung findet (s dazu Rn 36), das Verbot der Einlagenrückgewähr aus § 57 nur in Höhe des aus der Kapitalherabsetzung durch Einziehung gewonnenen Buchertrags aufhebt (s § 225 Rn 18). Übersteigt der Abfindungsbetrag diese Grenze, greift die allgemeine Sperre ein (MünchKomm/*Oechsler* Rn 70). Eine über dem Buchgewinn liegende Abfindung ist mithin im Rahmen des ordentlichen Einziehungsverfahrens (su Rn 30 ff) nicht möglich. Eine höhere Abfindung kann allein über das vereinfachte Verfahren nach § 237 Abs 3 Nr 2 gezahlt werden, soweit entspr freie Mittel für die Abfindung und die nach Abs 5 erforderliche Zahlung in die Kapitalrücklage vorhanden sind. Bei Streitigkeiten über die Höhe des Einziehungsentgelts wäre die Anwendung des Spruchverfahrens denkbar. Zwar enthält § 1 SpruchG einen enumerativen Katalog von Anwendungsfällen, dieser ist jedoch nicht abschließend (vgl Anh zu § 306 § 1 SpruchG Rn 6). 26

III. Einziehung nach Erwerb

1. Allgemeines. Die Einziehung eigener Aktien **nach Erwerb** ist auch ohne entspr Satzungsklausel möglich (§ 237 Abs 1 S 1, 2). Im Falle des § 71c Abs 3 ist die AG sogar 27 zur Einziehung verpflichtet. Für die Einziehung bedarf es stets eines Beschlusses der HV (*arg e contrario* aus § 237 Abs 6), wobei die Satzung die Anforderungen an diesen nach § 237 Abs 2 S 1 iVm § 222 Abs 1 S 2 wg § 23 Abs 5 nur erhöhen, nicht jedoch die Einziehung gänzlich ausschließen kann (MünchKomm AktG/*Oechsler* Rn 75). Ein durch Erwerb unter pari entstehender Buchgewinn steht der AG zur freien Verfügung, während ein Aufschlag aus anderen Mitteln (bspw Gewinnvortrag oder Gewinnrücklage) zu decken ist (*Hüffer* AktG Rn 19). Für die Zahlung des Erwerbspreises gilt auch hier die Grenze des § 57, so dass eine über dem Marktpreis liegende Zahlung als unzulässige Vermögenszuwendung an den Aktionär einzuordnen ist (vgl § 57 Rn 5). Die Zahlung des Kaufpreises bei dem Erwerb zum Zwecke der Einziehung (§ 71 Abs 1 Nr 6) ist erst nach Einhaltung der Sechs-Monats-Frist und entsprechender Sicherung der dies verlangenden Gläubiger zulässig (§ 237 Abs 2 S 3 iVm § 225 Abs 2 S 1). Soweit der Erwerb der eigenen Aktien aus anderen Gründen zulässig war (insb gem § 71 Abs 1 Nr 8), jedoch nicht im Hinblick auf die Einziehung erfolgte, findet die Gläubiger schützende Sperrwirkung des § 225 indes keine Anwendung (MünchHdb AG/*Krieger* § 62 Rn 15b).

28 **2. Inhaberschaft an den Aktien.** Die erforderliche Inhaberschaft der AG setzt den wirksamen Erwerb der einzuziehenden Aktien voraus. Maßgeblich ist dabei allein die **dingliche** und nicht die schuldrechtliche Rechtslage; auf eine etwaige Nichtigkeit oder Fehlerhaftigkeit des Verpflichtungsgeschäfts kommt es mithin nicht an. Wegen § 71 Abs 4 S 1 sind deshalb auch Verstöße gegen § 71 unbeachtlich (K. Schmidt/Lutter AktG/*Veil* Rn 24). Nicht ausreichend ist mangels Anwendbarkeit des § 71b die Inhaberschaft eines verbundenen Unternehmens oder eines Dritten für Rechnung der AG (s KölnKomm AktG/*Lutter* Rn 77). Die Inhaberschaft muss iÜ erst im Zeitpunkt der Einziehungshandlung (dazu § 238 Rn 2) bestehen, womit die Durchführbarkeit eines zuvor gefassten Kapitalherabsetzungsbeschlusses, der die Einziehung noch zu erwerbende Aktien anordnet, vom Erwerb der Aktien abhängt (*Hüffer* AktG Rn 21).

C. Einziehungsverfahren

I. Allgemeines

29 § 237 sieht für die Einziehung zwei Verfahrensarten vor: das ordentliche Einziehungsverfahren, wofür § 237 Abs 2 S 1, im Hinblick auf den Gläubigerschutz ergänzt durch § 237 Abs 2 S 3, auf die Vorschriften über die ordentliche Kapitalherabsetzung verweist (s §§ 222 ff), und das vereinfachte Einziehungsverfahren nach § 237 Abs 3–5. Das vereinfachte Einziehungsverfahren kommt nur unter den Voraussetzungen des § 237 Abs 3 in Betracht. Dabei gelten geringere Anforderungen an die Beschlussfassung (§ 237 Abs 4 S 2) und der Gläubigerschutz erfordert allein eine Einstellung in die Kapitalrücklage (§ 237 Abs 5). In beiden Verfahren kann im Falle der angeordneten Zwangseinziehung an die Stelle des Beschl der HV eine Entsch des Vorstands treten (§ 237 Abs 6).

II. Ordentliches Einziehungsverfahren § 237 Abs 2

30 **1. Beschlussfassung.** IRd **ordentlichen Einziehungsverfahrens** erfordert die gestattete Einziehung und die Einziehung eigener Aktien einen Beschl der HV, der sowohl mit einer Mehrheit von drei Vierteln des bei Beschlussfassung vertretenen Grundkapitals als auch der einfachen Stimmenmehrheit (§ 133 Abs 1) zu fassen ist (§ 237 Abs 2 S 1

iVm § 222 Abs 1 S 1). Die Satzung kann höhere bzw weitere Anforderungen vorsehen (§ 222 Abs 1 iVm § 237 Abs 2 S 2; s § 222 Rn 9 f). Liegen mehrere Aktiengattungen vor, sind entspr Sonderbeschlüsse nötig (§ 237 Abs 2 S 2 iVm § 222 Abs 2; s § 222 Rn 19 f).

Soweit es sich nicht um eigene Aktien der Gesellschaft handelt, aus denen dieser kein Stimmrecht zusteht (§ 71b), sind auch die von der Einziehung betroffenen Aktien bei dem Beschl über die Einziehung stimmberechtigt. Dies gilt nach richtiger Auffassung auch für diejenigen Aktien, die ausnahmsweise von einer Einziehung aus wichtigem Grund in der Person des Aktionärs betroffen sind (GroßKomm AktG/*Sethe* Rn 87; Marsch-Barner/Schäfer Hdb AG/*Busch* § 46 Rn 14; MünchKomm AktG/*Oechsler* Rn 79). Die Gegenauffassung, die sich auf den im Recht der GmbH geltenden Grundsatz des Verbots des Richtens in eigener Sache gem § 47 Abs 4 S 2 GmbHG stützt (KölnKomm AktG/*Lutter* Rn 83; *M. Becker* ZGR 1986, 383, 405; Hölters AktG/ *Haberstock/Greitemann* Rn 58) kann iE nicht überzeugen. Soweit man überhaupt die Einziehung aus wichtigem Grund anerkennen will (zu den engen Grenzen so Rn 21), erscheint die Annahme eines entspr Stimmverbots zwar prima vista konsequent, die bewusste gesetzgeberische Entsch, die Fälle des Stimmverbots bei der AG auf die Fälle der Entlastung, Befreiung von einer Verbindlichkeit sowie Geltendmachung eines Anspruch zu beschränken, steht dem jedoch entgegen (vgl § 136 Rn 10). Den einziehungswilligen Aktionären bleibt insoweit nur die Möglichkeit, den mit den Stimmen des von der Einziehung betroffenen Aktionärs gefassten, die Einziehung ablehnenden Beschl wegen treuwidriger Stimmrechtsausübung anzufechten (§ 243 Rn 12) und zusätzlich positive Feststellungsklage zu erheben (*Hüffer* AktG Rn 23a; dem folgend Grigoleit AktG/*Rieder* Rn 31).

2. Beschlussinhalt. – a) Allgemeines. Nach § 237 Abs 2 S 2 muss der Beschl der HV die Voraussetzungen der Zwangseinziehung und die Einzelheiten ihrer Durchführung festlegen. Festzulegen sind insb der Zeitpunkt der Einziehung sowie das Einziehungsentgelt. Anzugeben ist auch, ob die Einziehung im Wege der Zwangseinziehung oder durch Einziehung eigener Aktien (§ 237 Abs 1 S 1) erfolgen soll. Bei der Zwangseinziehung sind zusätzlich die einzuziehenden Aktien genau zu bestimmen. Daneben gelten die allg Anforderungen an einen Herabsetzungsbeschluss; es sind also auch die Höhe des Herabsetzungsbetrags sowie der Zweck der Herabsetzung anzugeben. Im Rahmen der gestatteten Einziehung muss der HV-Beschluss zusätzlich eine sachliche Rechtfertigung der Einziehung enthalten (so Rn 19 f).

b) Herabsetzungsbetrag. Der Herabsetzungsbetrag muss bestimmt oder für die Verwaltung zumindest bestimmbar sein. Es genügt bspw, wenn er sich aus den Nennbeträgen der einzuziehenden Aktien errechnen lässt (KölnKomm AktG/*Lutter* Rn 84). Auch die Angabe eines Höchstbetrages ist zulässig, wenn der tatsächliche Herabsetzungsbetrag bestimmbar bleibt (*Hüffer* AktG Rn 24). Zulässig ist unter den Bedingungen des § 228 Abs 1 iVm § 237 Abs 2 S 1 auch die Herabsetzung unter den Mindestnennbetrag des Grundkapitals (§ 7). Fraglich ist, ob auch die Herabsetzung durch Einziehung auf Null zulässig ist, weil insoweit eine „Keinmann-AG" entstünde (ablehnend etwa *Hüffer* AktG Rn 24). Teilw wird der Schutz der Aktionäre und der Gläubiger durch die gesetzlichen Bestimmungen als gewahrt angesehen, da das AktG das Entstehen einer „Keinmann-AG" jedenfalls dauerhaft verhindern würde (unter Verweis auf § 228 Abs 2 S 3 etwa MünchKomm AktG/*Oechsler* Rn 81). Da es sich bei der

31

32

33

Anordnung der gleichzeitigen Eintragung von Kapitalherabsetzung und Kapitalerhöhung gem § 228 Abs 2 S 3 nur um eine Sollvorschrift handelt (vgl § 228 Rn 11), ist zwar nicht gesichert, dass die „Keinmann-AG" tatsächlich nur für eine logische Sekunde besteht, im Ergebnis wird man aber auch die (vorübergehende) Einziehung auf Null unter den Voraussetzungen des § 228 zulassen müssen (ebenso K. Schmidt/Lutter AktG/*Veil* Rn 28; Spindler/Stilz AktG/*Marsch-Barner* Rn 25).

34 c) Zweckbestimmung. Gem § 237 Abs 2 S 1 iVm § 222 Abs 3 muss der Beschl der HV den **Zweck** der Kapitalherabsetzung durch Einziehung angeben; insofern bestehen keine Einschränkungen (*Hüffer* AktG Rn 4). In Frage kommen etwa eine Einstellung in die Kapitalrücklage, die Teilliquidation oder die Sanierung. Regelmäßig liegt der Zweck aber in der Einziehung der Aktien selbst, um etwa in der personalistisch geprägten AG das Mitgliederprofil im Hinblick auf die Angehörigen einer Familie oder eines bestimmten Berufstandes aufrechtzuerhalten (vgl etwa § 11 ReitG; Spindler/Stilz AktG/*Marsch-Barner* Rn 5). Die Einziehung kann auch dazu dienen, das Grundkapital zu glätten, um etwa das angestrebte Zuteilungsverhältnis für eine geplante Kapitalerhöhung möglich zu machen (Beispiel bei MünchKomm AktG/ *Oechsler* Rn 82).

35 3. Anmeldung und registergerichtliche Prüfung. Der Beschl der HV ist nach § 237 Abs 2 S 1 iVm § 223 zur Eintragung in das HR anzumelden. Die Anmeldung erfolgt durch eine zur Vertretung berechtigte Anzahl von Vorstandsmitgliedern und den AR-Vorsitzenden (vgl auch die Erläuterungen zu § 223). Das Registergericht hat im Falle der Zwangseinziehung auch zu prüfen, ob diese von der Satzungsermächtigung gedeckt ist (*Hüffer* AktG Rn 26). Fehlt die Ermächtigung, ist die Eintragung abzulehnen (vgl KölnKomm AktG/*Lutter* Rn 54 aE). Die vom Registergericht vorzunehmende Bek muss den Hinweis an die Gläubiger nach § 225 Abs 1 S 2 enthalten (dazu so § 225 Rn 12). Für die Wirksamkeit der Herabsetzung genügt anders als bei § 224 nicht allein die Eintragung; Voraussetzung ist zusätzlich die tatsächliche Durchführung der Herabsetzung (§ 238). Anmeldung und Eintragung der Durchführung der Herabsetzung können mit der Anmeldung und Eintragung des Herabsetzungsbeschlusses verbunden werden (§ 239 Abs 2). Ist die Einziehung vor dem Beschl der HV erfolgt, wird die Herabsetzung mit dessen Eintragung wirksam und die Satzung unrichtig. In diesem Fall ist die Berichtigung des Satzungstextes mit der Anmeldung der Eintragung zu verbinden (*Hüffer* AktG Rn 26).

36 4. Gläubigerschutz. Da über § 237 Abs 2 S 1 auch § 225 Anwendung findet, haben die Gläubiger iRd Kapitalherabsetzung durch Einziehung unter den Voraussetzungen des § 225 Abs 1 S 1 ebenfalls einen Anspruch auf Sicherheitsleistung für vor der Bek der Eintragung begründete Forderungen (zu den Einzelheiten § 225 Rn 3 ff). Daneben unterliegen aufgrund der Kapitalherabsetzung vorzunehmende Zahlungen an die Aktionäre der Sechs-Monats-Sperre des § 225 Abs 2 (s § 225 Rn 17 f). Klarstellend schreibt § 237 Abs 2 S 3 vor, dass § 225 Abs 2 auch auf die Zahlung eines Einziehungsentgelts und eine mögliche Befreiung von der Einlageverpflichtung anzuwenden ist. Im Hinblick auf letzteres kann dies dazu führen, dass ein früherer Inhaber nicht voll eingezahlter Aktien über den Zeitpunkt des Erlöschens der Mitgliedschaft hinaus zur Einlageleistung verpflichtet bleiben kann (vgl KölnKomm AktG/*Lutter* Rn 90). Das Verbot der Zahlung des Einziehungsentgelts erstreckt sich im Falle des § 71 Abs 1 Nr 6 gleichfalls auf die Zahlung des Erwerbspreises (so Rn 27). Ebenso wird man die

Gläubiger schützende Vorschrift des § 92 Abs 2 S 3 auf die Auszahlung des Einziehungsentgelts an die dann ehemaligen Aktionäre entsprechend anwenden müssen (so auch *Kreklau/Schmalholz* BB 2011, 778, 780; weiterführend vgl § 92 Rn 29).

III. Vereinfachtes Einziehungsverfahren § 237 Abs 3 bis 5

§ 237 Abs 3–5 regeln das **vereinfachte Einziehungsverfahren**. Die Vorschriften über 37 die ordentliche Kapitalherabsetzung sind nicht anzuwenden (§ 237 Abs 3); damit entfällt insb der Gläubigerschutz nach § 225. Für den Beschl der HV genügt trotz seines satzungsändernden Charakters ausnahmsweise die einfache Stimmenmehrheit (§ 237 Abs 4 S 2). Das vereinfachte Einziehungsverfahren stellt eine Sonderform der Kapitalherabsetzung durch Einziehung dar, die nicht mit der vereinfachten Kapitalherabsetzung nach §§ 229 ff als Sonderform der ordentlichen Kapitalherabsetzung zu verwechseln ist. Das vereinfachte Verfahren ist sowohl bei der Zwangseinziehung als auch bei der Einziehung eigener Aktien anwendbar (GroßKomm AktG/*Sethe* Rn 100; MünchHdb AG/*Krieger* § 62 Rn 21).

1. Anwendbarkeit. – a) Voll geleisteter Ausgabebetrag. Grundvoraussetzung des ver- 38 einfachten Einziehungsverfahrens ist die volle Leistung des Ausgabebetrages, also des Betrages nach § 9 Abs 1 zuzüglich eines etwaigen Agios iSd § 272 Abs 2 Nr 1 HGB. Die Einzahlung des Ausgabebetrages muss in dem Zeitpunkt erfolgt sein, in dem der Herabsetzungsbeschluss wirksam wird (vgl MünchHdb AG/*Krieger* § 62 Rn 21a), mithin bei Eintragung des Herabsetzungsbeschlusses bzw zum Zeitpunkt der Einziehungshandlung, falls diese später erfolgt (s § 238). Das Erfordernis der Volleinzahlung verhindert, dass die Pflicht zur Leistung der Einlage mit der Mitgliedschaft erlischt und dient damit dem Gläubigerschutz. Ein dagegen verstoßender Beschl ist nach § 241 Nr 3 nichtig. Erfüllt der Beschl jedoch die Voraussetzungen des ordentlichen Einziehungsverfahrens (so Rn 30 ff), ist eine Umdeutung möglich (vgl KölnKomm AktG/*Lutter* Rn 95).

Zusätzlich zur Volleinzahlung muss eine der Voraussetzungen in § 237 Abs 3 Nr 1–3 39 erfüllt sein, damit das vereinfachte Einziehungsverfahren zur Anwendung kommen kann.

b) unentgeltlicher Erwerb. Nach § 237 Abs 3 Nr 1 müssen die Aktien der AG unent- 40 geltlich zur Verfügung gestellt worden sein. Unentgeltlichkeit liegt vor, wenn die Gesellschaft **keinerlei wirtschaftliche Gegenleistung** erbringt; dies erfasst nicht nur Zahlungen sondern auch Dienstleistungen, Lieferungen oÄ (vgl *Hüffer* AktG Rn 32; K. Schmidt/Lutter AktG/*Veil* Rn 36). Von Unentgeltlichkeit war früher auch dann auszugehen, wenn die Gesellschaft die zur Einziehung erworbenen Aktien in der Bilanz aktiviert hatte, da für eigene Anteile eine entspr Rücklage auf der Passivseite zu bilden war, welche bei Einziehung der Aktien aufgelöst wurde; die Einziehung verlief daher bilanziell neutral, so dass der AG kein die Unentgeltlichkeit beeinträchtigender Verlust entstand (so *Hüffer* AktG Rn 33; MünchHdb AG/*Krieger* § 62 Rn 22; ebenso MünchKomm AktG/*Oechsler* Rn 94). Mit der Neuregelung des § 266 HGB ist die Möglichkeit entfallen, eigene Anteile zu aktivieren. Insofern gilt nun § 272 Abs 1a HGB. Zudem fehlt es auch an einem entsprechenden Ausgleichsposten auf der Passivseite (vgl dazu Rn 47).

Die Tatbestandsvoraussetzung „zur Verfügung gestellt" ist weit auszulegen (Spindler/ 41 Stilz AktG/*Marsch-Barner* Rn 30). Auch die Zwangseinziehung unter Ausschluss eines Einziehungsentgelts soll davon umfasst sein (*Hüffer* AktG Rn 32 mwN); die Zulässigkeit dieser Konstellation erscheint vor dem zum Ausschluss des Einziehungsentgelts Gesagten (oben Rn 24) allerdings zweifelhaft (ebenso MünchKomm AktG/ *Oechsler* Rn 95). Zu welchem Zeitpunkt die Aktien unentgeltlich zur Verfügung gestellt worden sind ist unerheblich, solange die Voraussetzungen des § 237 Abs 3 Nr 1 bei Wirksamwerden der Kapitalherabsetzung (§ 238) vorliegen (vgl *Hüffer* AktG Rn 32; *Zöllner* FS Doralt, 2004, S 751, 754).

42 **c) zu Lasten des Bilanzgewinns oder anderer Gewinnrücklage.** Das vereinfachte Einziehungsverfahren ist auch möglich, wenn die voll eingezahlten Aktien zu Lasten des Bilanzgewinns (§ 158 Abs 1 Nr 5) oder einer anderen Gewinnrücklage (§ 266 Abs 3 A III Nr 4 HGB), soweit sie zu diesem Zweck verwendet werden können, eingezogen werden (§ 237 Abs 3 Nr 2). Das Entgelt für die Einziehung oder den Erwerb der eigenen Aktien muss also aus freien Gesellschaftsmitteln stammen, die auch als Bilanzgewinn oder als andere Gewinnrücklage an die Aktionäre hätten verteilt werden können. Dies gilt sowohl für die Zwangseinziehung als auch für die Einziehung nach Erwerb (wie hier KölnKomm AktG/*Lutter* Rn 105; *Hüffer* AktG Rn 34; aA *von Godin/Wilhelmi* AktG Anm 23). Der Bilanzgewinn bzw die anderen Gewinnrücklagen müssen aber zu diesem Zweck verwendbar sein. Dies erfordert zunächst, dass sie die mit der Einziehung verbundenen finanziellen Belastungen (insb Einziehungsentgelt oder Erwerbspreis) der Höhe nach abdecken. Der Vorstand muss dies nach eigenem pflichtgemäßem Ermessen beurteilen (K. Schmidt/Lutter AktG/*Veil* Rn 39). Außerdem dürfen die Mittel nicht anderweitig gebunden sein. Die Regelung beseitigt also nicht die Bindung des Bilanzgewinns, zB durch einen Gewinnverwendungsbeschluss gem § 174 oder einen Gewinnabführungsvertrag; auch die Voraussetzungen des § 58 müssen beachtet werden (KölnKomm AktG/*Lutter* Rn 101). Praktisch führt dies dazu, dass der Beschluss über die Kapitalherabsetzung im vereinfachten Einziehungsverfahren idR vor einem förmlichen Gewinnverwendungsbeschluss gefasst wird, um eine entspr Verwendungsbindung zu verhindern (*Zöllner* FS Doralt, 2004, S 751, 756).

43 **d) Stückaktien.** Gem § 237 Abs 3 Nr 3 gilt das vereinfachte Einziehungsverfahren auch dann, wenn es sich bei den einzuziehenden, voll eingezahlten Aktien um Stückaktien handelt und der Beschl der HV bestimmt, dass sich durch die Einziehung der Anteil der übrigen Aktien am Grundkapital erhöht. Die Regelung erlaubt mithin die Einziehung von Stückaktien auch ohne Kapitalherabsetzung. Dies trägt dem Umstand Rechnung, dass sich bei Stückaktien (anders als bei Nennbetragsaktien) im Zuge der Einziehung der auf jede Stückaktie entfallende Anteil automatisch erhöht (vgl § 8 Abs 3; RegBegr BT-Drucks 14/8769, 24 – die Vorschrift ist vermehrt als Wiedereinführung der Amortisation ins Aktienrecht bezeichnet worden (s *Terbrack* DNotZ 2003, 734, 735)). Da es hier also einer Kapitalherabsetzung nicht bedarf, bestehen systematische Bedenken gegen die Verortung der Vorschrift in den Abschnitt über die Kapitalherabsetzung (*Wieneke/Förl* AG 2005, 189, 191), weshalb die Überschrift des Dritten Unterabschnitts um den Zusatz „Ausnahme für Stückaktien" ergänzt wurde. Wenn auch nach dem klaren Wortlaut des § 237 Abs 3 Nr 3 die Vorschriften über ordentliche Kapitalherabsetzung nicht befolgt werden zu brauchen, setzt die Einziehung hier ebenfalls den Erwerb oder, im Falle der Zwangseinziehung, eine entsprechende Satzungsregelung voraus.

2. Beschlussfassung. Die Einziehung von Aktien im vereinfachten Verfahren bedarf gem § 237 Abs 4 S 1 immer eines HV-Beschlusses (zur Ausnahme bei Entsch des Vorstandes s Rn 50), bei dem die einfache Stimmenmehrheit ausreicht. Die Satzung kann jedoch höhere Anforderungen vorsehen (§ 237 Abs 4 S 3). Nach zutreffender Auffassung findet § 222 Abs 2 neben § 237 Abs 4 keine Anwendung, so dass auch bei mehreren Aktiengattungen keine Sonderbeschlüsse erforderlich sind (vgl nur MünchKomm AktG/*Oechsler* Rn 103 mwN; aA KölnKomm AktG/*Lutter* Rn 109). Dies folgt bereits aus § 237 Abs 3, der die Anwendung der Vorschriften über die ordentliche Kapitalherabsetzung ausschließt, zu denen § 222 Abs 2 jedoch gehört (*Zöllner* FS Doralt, 2004, S 751, 762). Unberührt bleiben von dieser Regelung indes die allg Vorschriften, so dass bei der Einziehung von Vorzugsaktien § 141 weiterhin zu beachten ist (MünchHdb AG/*Krieger* § 62 Rn 25, mit Bedenken; MünchKomm AktG/*Oechsler* Rn 104; aA *Zöllner* FS Doralt, 2004, S 751, 762). Dieselben Anforderungen an die Beschlussfassung gelten auch für die Anpassung des Satzungstextes oder eine entspr Ermächtigung des AR nach § 179 Abs 1 S 2 (ebenso *Hüffer* AktG Rn 35). **44**

3. Beschlussinhalt. Im Beschl muss bestimmt werden, dass die Einziehung im vereinfachten Verfahren erfolgen soll (s nur MünchKomm AktG/*Oechsler* Rn 106 mwN). Nach § 237 Abs 4 S 4 ist außerdem der Zweck der Herabsetzung anzugeben. Im Hinblick auf den Beschlussinhalt gelten die Ausführungen zum ordentlichen Einziehungsverfahren iÜ entspr (vgl oben Rn 32 ff). **45**

4. Anmeldung und registergerichtliche Prüfung. Wie im ordentlichen Kapitalherabsetzungsverfahren (so Rn 35) erfolgt die Anmeldung durch den Vorstand und den Vorsitzenden des AR (§ 237 Abs 4 S 5). Soweit diese schon vorliegen, prüft das Registergericht hier auch das Vorliegen der Voraussetzungen des vereinfachten Einziehungsverfahrens nach § 237 Abs 3 (zu den Rechtsfolgen bei Fehlern vgl unten Rn 52). Die Anmeldung und Eintragung des Beschl kann mit der Anmeldung und Eintragung der Durchführung verbunden werden (§ 239 Abs 2). **46**

5. Gläubigerschutz (Abs 5). Gem § 237 Abs 5 ist in den Fällen des § 237 Abs 3 Nr 1 und 2 ein Betrag in die Kapitalrücklage einzustellen (vgl §§ 266 Abs 3 A III, 272 Abs 2 HGB), der dem auf die einzuziehenden Aktien entfallenden Betrag des Grundkapitals entspricht. Dies dient dem Schutz der Gl, da der durch die Herabsetzung des Grundkapitals entstehende Buchgewinn nicht an die Aktionäre ausgeschüttet werden kann, sondern der Verwendungsbindung des § 150 Abs 3, 4 unterworfen wird. Ob auch bei der Einziehung eigener Aktien ein entspr Betrag in die Kapitalrücklage einzustellen ist oder die Neufassung des § 272 Abs 1a HGB insofern bewusst den Gläubigerschutz geschwächt hat, ist nach dem Wegfall des § 272 Abs 4 HGB aF umstritten (vgl dazu BeckBil-Komm HGB/*Förschle/Hoffmann* § 272 Rn 134, die eine entspr Anwendung des § 237 Abs 5 befürworten und insofern eine „Rücklage wegen eigener Anteile" vorschlagen). Die Einstellung ist vorzunehmen, sobald die Kapitalherabsetzung wirksam wird (s dazu § 238). Die durch die Umbuchung auf der Passivseite der Bilanz entstehende Rücklage muss in dem auf das Wirksamwerden der Kapitalherabsetzung folgenden Jahresabschluss dotiert werden. Andernfalls ist dieser nach § 256 Abs 1 Nr 1 und 4 nichtig, ebenso gem § 253 Abs 1 S 1 ein auf ihm beruhender Gewinnverwendungsbeschluss (*Hüffer* AktG Rn 38; Spindler/Stilz AktG/*Marsch-Barner* Rn 38). **47**

48 Die Verwendung der Kapitalrücklage richtet sich nach § 150 Abs 3 und 4 (s dazu § 150 Rn 7 f). Diese gestatten eine Verwendung der Rücklage zur Deckung von (auch bereits bestehenden) Verlusten. Die vereinfachte Kapitalherabsetzung durch Einziehung kann demnach ebenfalls der Sanierung dienen (vgl KölnKomm AktG/*Lutter* Rn 113), was eine frühere Gewinnausschüttung ermöglicht. Vor diesem Hintergrund wird teilw eine analoge Anwendung des § 233 gefordert, um die Gewinnausschüttungen wie bei der vereinfachten (ordentlichen) Kapitalherabsetzung zu beschränken. Argumentiert wird dabei mit einer Vergleichbarkeit der vereinfachten Kapitalherabsetzung mit dem Zweck, Beträge in die Kapitalrücklage einzustellen (§ 233 Abs 1 S 1 Alt 3), und dem vereinfachten Einziehungsverfahren, wo jeweils § 225 nicht zur Anwendung komme (MünchKomm AktG/*Oechsler* Rn 109). Dies kann jedoch nicht überzeugen. Die Vergleichbarkeit der Sachverhalte liegt gerade nicht vor: Im Gegensatz zu den von § 233 erfassten Fällen, wird beim vereinfachten Einziehungsverfahren gerade nicht nur der entstehende Buchgewinn, sondern ein späterer echter Betriebsgewinn an die Aktionäre ausgeschüttet (vgl *Hüffer* AktG Rn 39; MünchHdb AG/*Krieger* § 62 Rn 26a, jeweils mwN).

49 Da iRd § 237 Abs 3 Nr 3 mangels Herabsetzung des Grundkapitals kein Buchgewinn entsteht, wurde durch Art 1 Nr 18 des Gesetzes zur Unternehmensintegrität und Modernisierung des Anfechtungsrechts vom 22.9.2005 (BGBl I 2005, 2802) klargestellt, dass Abs 5 in diesem Fall keine Anwendung findet (eingefügt wurde der Passus „Nr 1 und 2"). Bedenklich erscheint dabei das – abgesehen vom Erfordernis der Volleinzahlung nach § 237 Abs 3 – gänzliche Fehlen gläubigerschützender Bestimmungen (wie zB §§ 71 Abs 2, 225, 233). Auch wenn den Gl im Falle des § 237 Abs 3 keine Gefahr durch die Herabsetzung des Grundkapitals selbst droht, kann bei Zahlung eines Erwerbspreises bzw Einziehungsentgelts gebundenes Kapital an die Aktionäre fließen; so etwa dann, wenn die Gesellschaft Aktien nach § 71 Abs 1 Nr 6 zur Einziehung gem § 237 Abs 3 Nr 3 erwirbt (instruktiv *Wieneke/Förl* AG 2005, 189, 192 ff). Um diese Schutzlücke zu schließen, sollten § 237 Abs 3 Nr 1 und 2 in diesem Fall entspr angewendet werden, so dass die ohne Kapitalherabsetzung einzuziehenden Stückaktien der Gesellschaft entweder unentgeltlich zur Verfügung gestellt oder von dieser unter Verwendung freier Mittel erworben worden sein müssen (*Wieneke/Förl* AG 2005, 189, 195; ebenso MünchHdB AG/*Krieger* § 62 Rn 33; **aA** *Tielmann* DStR 2003, 1796, 1797, der ohne nähere Begründung auch iRd § 71 Abs 1 Nr 6 die Schutzvorschrift des § 71 Abs 2 S 2 anwenden will).

IV. Einziehung durch den Vorstand § 237 Abs 6

50 Im Falle der angeordneten Zwangseinziehung ist ein Beschl der HV nicht erforderlich (§ 237 Abs 6 S 1). An seine Stelle tritt eine Entsch des Vorstands (§ 237 Abs 6 S 2). Allerdings kann der Vorstand einen Beschl der HV über § 119 Abs 2 erwirken. § 237 Abs 6 gilt nicht für die gestatte Zwangseinziehung oder die Einziehung nach Erwerb. Es entfällt nur das Erfordernis eines HV-Beschlusses, iÜ sind die Vorschriften über die ordentliche Kapitalherabsetzung zu beachten (§ 237 Abs 2 S 1). Mangels Vorliegen eines Beschl der HV sind die §§ 141, 179 Abs 3, 222 Abs 2 nicht anzuwenden, zumal der Vorstand in der Sache keine Entsch mehr trifft (vgl oben Rn 10 f). Liegen die Voraussetzungen des § 237 Abs 3 vor, ist Abs 6 auch im vereinfachten Verfahren anwendbar (KölnKomm AktG/*Lutter* Rn 115; MünchHdb AG/*Krieger* § 62 Rn 25; *Hüffer* AktG Rn 40). Der Wortlaut des § 237 Abs 4 S 1 steht dem nicht entgegen, da nicht erkennbar ist, warum es neben der Anordnung in der Satzung noch eines HV-Beschlusses bedürfen soll (vgl MünchKomm AktG/*Oechsler* Rn 114).

Die Entsch des Vorstandes nach § 237 Abs 6 ist identisch mit der Einziehungshandlung iSd § 238 S 3 (s dazu § 238 Rn 6 ff). Fraglich ist, ob diese Handlung – anstelle der Kapitalherabsetzung durch Beschl – gem § 223 bzw § 237 Abs 4 S 5 zum HR anzumelden ist. Nach richtiger Auffassung ist dies zu verneinen (s KölnKomm AktG/*Lutter* Rn 116; *Hüffer* AktG Rn 41; GroßKomm AktG/*Sethe* Rn 126). Dies ergibt sich schon aus § 238 S 2, wonach bei der angeordneten Zwangseinziehung die Kapitalherabsetzung bereits mit der Einziehungshandlung und nicht einer etwaigen späteren Eintragung wirksam wird. Ferner wird die Entsch des Vorstands bereits nach § 239 Abs 1 S 2 als Durchführung der Kapitalherabsetzung eingetragen (MünchKomm AktG/ *Oechsler* Rn 115). Daraus ergibt sich, dass der Hinweis an die Gläubiger nach § 225 Abs 1 S 2 erst mit der Bek der Durchführung nach § 239 erfolgen kann. Erst dann beginnt auch die Frist des § 225 Abs 2 zu laufen. 51

D. Rechtsfolgen bei Fehlern

I. Fehlen einer Ermächtigungsgrundlage

Für den Fall, dass bei der Zwangseinziehung eine Satzungsermächtigung fehlt oder die Einziehung von der Ermächtigung nicht gedeckt ist, muss bei den Rechtsfolgen für den zugrunde liegenden Beschl der HV differenziert werden: Fehlt eine entspr Ermächtigungsgrundlage in der Satzung gänzlich, hat dies die **Nichtigkeit** des Beschl zu Folge, da es für den Aktionär an jeder Vorhersehbarkeit der Einziehung fehlt. Überschreitet der Beschl lediglich die Grenzen der bestehenden Ermächtigung, führt dies zur bloßen **Anfechtbarkeit** des Beschl (zutr *Hüffer* AktG Rn 42). 52

II. Verstoß gegen § 237 Abs 3

Im vereinfachten Verfahren (§ 237 Abs 3–5) dienen sowohl die Volleinzahlung der Aktien (§ 237 Abs 3) als auch die Unentgeltlichkeit (§ 237 Abs 3 Nr 1) und die Deckung des Herabsetzungsbetrags durch Bilanzgewinn oder andere Gewinnrücklagen dem Gläubigerschutz. Ein gegen diese Erfordernisse verstoßender Beschl der HV ist daher nach **hM** gem § 241 Nr 3 Alt 2 nichtig (*Hüffer* AktG Rn 43 mwN). Die Nichtigkeit ist daher auch dann anzunehmen, wenn etwa die Aktien erst nach dem Beschl erworben werden und dabei ganz oder teilweise gegen das Erfordernis der Unentgeltlichkeit verstoßen wird. Nichtigkeit des Beschl liegt jedoch nicht vor, wenn iRd § 237 Abs 3 Nr 2 eine Gewinnrücklage entgegen ihrer Zweckbindung zur Deckung des Herabsetzungsbetrages verwendet wird oder wenn der Bilanzgewinn unter Verletzung eines Dividendenanspruchs der Aktionäre verwendet wird. Nach überwiegender Auffassung soll dies nur die Anfechtbarkeit eines entspr HV-Beschlusses nach § 243 Abs 1 zur Folge haben, weil die Zweckbindung in erster Linie dem Schutz der Aktionäre dient (vgl MünchKomm AktG/*Oechsler* Rn 102 mwN). Überzeugend ist dies in letzter Konsequenz indes nicht. In Fällen, in denen die Einziehung zu Lasten einer anderen Gewinnrücklage folgt, die für diesen Zweck nicht hätte verwendet werden dürfen, oder in denen die Verwendung des Bilanzgewinns für die Einziehung unter Verletzung des Dividendenanspruchs der Aktionäre erfolgt, liegt in dem Inhalt des Beschl der HV selbst keine Gesetzesverletzung. Diese erfolgt erst durch die gegen den 53

§ 238 Wirksamwerden der Kapitalherabsetzung

Beschl verstoßende Einziehungshandlung (ausf *Zöllner* FS Doralt, 2004, S 751, 760 f); die Rechtsfolgen sollte daher erst auf dieser Ebene einsetzen (s Rn 54, § 238 Rn 9).

III. Weitere Fehler

54 Fehlt dem Beschl der HV im Falle der gestatteten Zwangseinziehung die sachliche Rechtfertigung (vgl Rn 19), ist er anfechtbar. Fehler iRd der angeordneten Zwangseinziehung führen stets zur Unwirksamkeit der Entsch des Vorstands nach § 237 Abs 6 S 2 (*Hüffer* AktG Rn 43; MünchHdb AG/*Krieger* § 62 Rn 17). Wird die Rücklage nicht im Jahresabschluss für das Jahr, in dem die Kapitalherabsetzung wirksam wird, gem § 237 Abs 5 dotiert (dazu oben Rn 47), ist dieser nach § 256 Abs 1 Nr 1 und 4 nichtig.

E. Kosten

55 Die Kosten bestimmen sich nach § 58 GNotKG iVm Ziff 2400 der HandelsregistergebührenVO v 23.7.2013. Geschäftswert ist gem § 105 Abs 1 Nr 4b GNotKG der Herabsetzungsbetrag.

§ 238 Wirksamwerden der Kapitalherabsetzung

¹Mit der Eintragung des Beschlusses oder, wenn die Einziehung nachfolgt, mit der Einziehung ist das Grundkapital um den auf die eingezogenen Aktien entfallenden Betrag herabgesetzt. ²Handelt es sich um eine durch die Satzung angeordnete Zwangseinziehung, so ist, wenn die Hauptversammlung nicht über die Kapitalherabsetzung beschließt, das Grundkapital mit der Zwangseinziehung herabgesetzt. ³Zur Einziehung bedarf es einer Handlung der Gesellschaft, die auf Vernichtung der Rechte aus bestimmten Aktien gerichtet ist.

Übersicht

	Rn		Rn
I. Wirksamkeit bei Hauptversammlungsbeschluss § 238 S 1	1	1. Allgemeines	6
1. Allgemeines	1	2. Zuständigkeit und Zugang	7
2. Prüfungsreichweite des Registergerichts	3	3. Rechtsfolgen bei Fehler	9
II. Wirksamkeit bei Entscheidung des Vorstandes § 238 S 2	5	IV. Rechtsfolgen bei Wirksamwerden	10
III. Einziehungshandlung § 238 S 3	6	1. Auswirkungen auf Grundkapital und Mitgliedschaft	10
		2. Keine Rückwirkung	13

Literatur: *Risse* Rückwirkung der Kapitalherabsetzung einer Aktiengesellschaft, BB 1968, 1012; vgl iÜ die Angaben zu § 237.

I. Wirksamkeit bei Hauptversammlungsbeschluss § 238 S 1

1 **1. Allgemeines.** § 238 bestimmt den Zeitpunkt des **Wirksamwerdens** der Kapitalherabsetzung. Gegenüber der ordentlichen Kapitalherabsetzung besteht die Besonderheit der Kapitalherabsetzung durch Einziehung von Aktien darin, dass die Herabsetzung des Grundkapitals erst durch die Vernichtung der einzelnen Aktien erfolgt (*von Godin/Wilhelmi* AktG Anm 3). § 238 S 1 verlangt daher neben der Eintragung des Herabsetzungsbeschlusses auch die Einziehung in Form einer Handlung der Gesellschaft, die auf Vernichtung der Rechte aus bestimmten Aktien gerichtet ist (§ 238 S 3). Eine Ausnahme dazu ergibt sich gem § 238 S 2 dann, wenn der Vorstand im Falle des § 237 Abs 6 über die Einziehung entscheidet. Anders als bei § 224 wird für die Wirksamkeit der Kapitalherabsetzung nicht auf deren Durchführung verzichtet. Nicht nur die Herabsetzung des Grundkapitals sondern auch die in § 238 S 3 beschriebene **Einziehungshandlung** wird erst mit der Eintragung des Herabsetzungsbeschlusses wirksam (GroßKomm AktG/*Sethe* Rn 6). Damit ist sichergestellt, dass die Herabsetzung des Grundkapitals und die Einziehung der Aktien als Bestandteile der Kapitalherabsetzung durch Einziehung nicht unabhängig voneinander Wirksamkeit erlangen (vgl KölnKomm AktG/*Lutter* Rn 2).

Gem § 238 S 1 ist das Grundkapital mit der Eintragung oder, wenn die Einziehung nachfolgt, mit der Einziehung um den auf die eingezogenen Aktien entfallenden Betrag herabgesetzt. Die Einziehungshandlung kann der Eintragung also vorausgehen oder nachfolgen. Sind zB bei der Einziehung vorhandener und noch zu erwerbender Aktien **mehrere Einziehungshandlungen** erforderlich, können diese zum Teil vor und nach der Eintragung erfolgen (*Hüffer* AktG Rn 3). Die Wirksamkeit der Kapitalherabsetzung tritt aber erst mit der Vornahme der letzten Einziehungshandlung ein (MünchKomm AktG/*Oechsler* Rn 2).

2. Prüfungsreichweite des Registergerichts. Der Beschl über die Herabsetzung des Grundkapitals durch Einziehung ist nach § 223 iVm § 237 Abs 2 S 1 bzw nach § 237 Abs 4 S 5 zur Eintragung in das HR anzumelden. Da die Vornahme der Einziehungshandlung der Eintragung des Herabsetzungsbeschlusses auch nachfolgen kann, ist sie keine Voraussetzung für dessen Eintragung. Das Vorliegen der Einziehungshandlung ist daher bei der Anmeldung des Herabsetzungsbeschlusses vom Registergericht nicht zu prüfen (GroßKomm AktG/*Sethe* Rn 6). Ebenfalls nicht zu prüfen ist, ob die AG bei der Einziehung nach Erwerb von Aktien (§ 237 Abs 1 Alt 2) bereits Inhaberin der Aktien geworden ist (MünchKomm AktG/*Oechsler* Rn 3). § 71 Abs 1 Nr 6 sieht vor, dass die einzuziehenden Aktien auch nach der Fassung des Herabsetzungsbeschlusses erworben werden können. Der Abschluss des Erwerbs kann also keine Voraussetzung für die Fassung des Herabsetzungsbeschlusses sein (vgl *Zöllner* FS Doralt, 2004, S 751, 753). Andernfalls würde der Erwerb nach § 71 Abs 1 Nr 6 aufgrund eines unwirksamen Beschlusses erfolgen.

Im vereinfachten Verfahren müssen die Voraussetzungen des § 237 Abs 3 erst bei Wirksamwerden der Kapitalherabsetzung vorliegen (vgl § 237 Rn 38). Sie lassen sich also nur überprüfen, wenn die Einziehungshandlungen zum Zeitpunkt der Anmeldung bereits abgeschlossen sind. Kann der Herabsetzungsbeschlusses später nicht ohne Verstoß gegen § 237 Abs 3 ausgeführt werden, ist der Beschl idR nach § 241 Nr 3 Alt 2 nichtig (vgl MünchKomm AktG/*Oechsler* Rn 3, § 237 Rn 96; krit *Zöllner* FS Doralt, 2004, S 751, 759 f; zum Ganzen vgl § 237 Rn 53).

II. Wirksamkeit bei Entscheidung des Vorstandes § 238 S 2

Bei der angeordneten Zwangseinziehung tritt die Herabsetzung des Grundkapitals mit der Zwangseinziehung ein, falls ein Herabsetzungsbeschluss der HV unterbleibt (§ 238 S 2). Die Norm trägt § 237 Abs 6 Rechnung, wonach bei einer durch die Satzung angeordneten Zwangseinziehung an die Stelle des Beschlusses der HV eine Entsch des Vorstands tritt, die selbst nicht eintragungsfähig ist (vgl § 237 Rn 51). Vorstehendes gilt aber nur, falls ein Beschluss der HV tatsächlich unterbleibt. Lässt der Vorstand die HV über § 119 Abs 2 gleichwohl den Beschluss fassen, gilt auch hier § 238 S 1 (KölnKomm AktG/*Lutter* Rn 4).

III. Einziehungshandlung § 238 S 3

6 1. **Allgemeines.** Nach § 238 S 3 erfordert die Einziehung eine Handlung der Gesellschaft, die auf die Vernichtung der Rechte aus bestimmten Aktien gerichtet ist. Die Norm setzt also nicht die physische Vernichtung der Aktienurkunde voraus, sondern verlangt vielmehr, dass der Wille der Gesellschaft zum Ausdruck kommt, bestimmte Mitgliedschaftsrechte zu beseitigen. Folglich ist die Einziehungshandlung ein Rechtsgeschäft der AG gegenüber dem Inhaber der betroffenen Aktien in Form einer **empfangsbedürftigen Willenserklärung** (vgl KölnKomm AktG/*Lutter* Rn 7). Diese muss das betroffene Mitgliedsrecht **bestimmt bezeichnen**. Dafür genügt bspw die Angabe von Serie und Nummer der Aktie oder des Namens des Inhabers (*Hüffer* AktG Rn 9). Die Erklärung kann aber auch konkludent, zB durch Vernichtung oder Abstempelung von Aktien, die zum Zwecke der Einziehung übergeben wurden, erfolgen (Spindler/Stilz AktG/*Marsch-Barner* Rn 8).

7 2. **Zuständigkeit und Zugang.** § 238 S 3 spricht von einer Handlung der Gesellschaft. Zuständig für deren Vornahme ist der Vorstand der AG, nicht die HV (ebenso MünchKomm AktG/*Oechsler* Rn 5; MünchHdb AG/*Krieger* § 62 Rn 28; *Hüffer* AktG Rn 7; **aA** noch *Baumbach/Hueck* AktG Rn 3; *von Godin/Wilhelmi* AktG Anm 2). Unterbleibt ein Beschl der HV nach § 237 Abs 6 S 1 spricht schon § 237 Abs 6 S 2 für die Zuständigkeit des Vorstands. Beschließt dagegen die HV, ist zu beachten, dass das Gesetz zwischen der Fassung des Herabsetzungsbeschlusses und der Einziehungshandlung unterscheidet. Der HV obliegt nach § 119 Abs 1 Nr 6, Abs 2 nur die Beschlussfassung über die Kapitalherabsetzung. Die Einziehungshandlung als Ausführung des Beschlusses gehört jedoch nach § 83 Abs 2 zum Pflichtenkreis des Vorstands (*Hüffer* AktG Rn 7).

8 Grds muss die Einziehungserklärung als empfangsbedürftige Willenserklärung dem Inhaber des Mitgliedschaftsrechts zugehen, was sich nach den allg Vorschriften bestimmt (§§ 130 ff BGB). Soweit es sich nicht um einzelne der AG bekannte Aktionäre handelt, genügt jedoch die Veröffentlichung der Erklärung in den Gesellschaftsblättern (§ 25), soweit die Satzung keine anderweitige Regelung trifft (**hM**, vgl KölnKomm AktG/*Lutter* Rn 7; MünchKomm AktG/*Oechsler* Rn 5, jeweils mwN). Wurden Aktien zum Zwecke der Einziehung übergeben, ist von einem Verzicht auf das Zugangserfordernis (§ 151 BGB) auszugehen. Es entfällt mangels Schutzbedürftigkeit auch, wenn eigene Aktien der AG nach Erwerb eingezogen werden. In beiden Fällen genügt eine nach außen erkennbare Dokumentation des Willens der Gesellschaft zur Vernichtung der Mitgliedschaften. In Frage kommt die Vernichtung oder Abstempelung der Aktienurkunde, im Falle eigener Aktien auch deren Ausbuchung über § 272 Abs 4 S 2 HGB (s KölnKomm AktG/*Lutter* Rn 7).

9 3. **Rechtsfolgen bei Fehler.** Eine fehlerhafte Einziehungshandlung entfaltet als Maßnahme des Vorstands **keine Wirkung.** Der Fehler kann sich aus dem Fehlen oder der Nichtigkeit eines ermächtigenden Herabsetzungsbeschlusses der HV ergeben. Ein Fehler liegt aber auch vor, wenn die Einziehungshandlung nicht von der jeweiligen Ermächtigung durch die Satzung oder dem Beschluss der HV gedeckt ist (KölnKomm

AktG/*Lutter* Rn 10). In diesen Fällen ist der Vorstand weiterhin verpflichtet, die Einziehung oder bspw den Erwerb der einzuziehenden Aktien in Übereinstimmung mit § 237 Abs 3 durchzuführen (§ 83 Abs 2). Bei einer fehlerhaften Einziehungshandlung besteht die Mitgliedschaft auch bei Eintragung des Kapitalherabsetzungsbeschlusses oder dessen Durchführung in das HR fort (vgl MünchKomm AktG/*Oechsler* Rn 6). Ggf wird der Vorstand verpflichtet sein, eine entspr Berichtigung des Handelsregisters zu veranlassen. Unabhängig davon kann das Registergericht eine Löschung von Amts wegen (§ 395 FamFG) vornehmen (*Hüffer* AktG Rn 10).

IV. Rechtsfolgen bei Wirksamwerden

1. Auswirkungen auf Grundkapital und Mitgliedschaft. Mit der Kapitalherabsetzung 10 durch Einziehung sind folgende **Wirkungen** verbunden: die betroffenen Mitgliedschaftsrechte gehen unter, es tritt eine Änderung der Grundkapitalziffer ein und ein Buchertrag in Höhe der Differenz zur alten Kapitalziffer entsteht.

Ein gutgläubiger Erwerb der untergegangenen Mitgliedschaftsrechte durch Erwerb 11 der Aktienurkunden scheidet aus (vgl auch § 224 Rn 4). Zwischen der AG und dem Aktionär bestehen mit Wirksamwerden der Kapitalherabsetzung keine mitgliedschaftlichen Rechte und Pflichten mehr (*Hüffer* AktG Rn 5). Folglich stehen dem Aktionär nur solche Dividendenansprüche zu, die sich schon vor dem Untergang der Mitgliedschaft dieser gegenüber verselbstständigt haben. Das ist erst der Fall, wenn die HV auf Basis des festgestellten Jahresabschlusses über die Gewinnverwendung beschlossen hat (s § 58 Rn 27; § 174 Rn 6; *Baumbach/Hueck* AktG Rn 4; *Hüffer* AktG Rn 5; für die GmbH *BGH* NJW 1998, 3646, 3647).

Der aus der Mitgliedschaft resultierenden Anspruch auf Zahlung des Einziehungs- 12 entgelts bleibt weiterhin in der Aktienurkunde verbrieft (MünchHdb AG/*Krieger* § 62 Rn 26; *Hüffer* AktG Rn 5 mwN). Insofern behält die Aktienurkunde auch nach dem Untergang der Mitgliedschaft ihren Charakter als Wertpapier (vgl KölnKomm AktG/*Lutter* Rn 9). Auch ein selbstständig gewordener Dividendenanspruch ist in der Aktienurkunde verbrieft, soweit keine Dividendenscheine ausgegeben wurden (vgl oben § 58 Rn 33 ff). Ein einklagbarer Anspruch der AG gegen die Aktionäre auf Herausgabe der Aktienurkunde ist dem Gesetz nicht zu entnehmen (wie hier MünchHdb AG/*Krieger* § 62 Rn 29 mwN). Vielmehr sieht § 73 die Kraftloserklärung der Urkunden vor, wenn die Aktionäre einer Aufforderung zu deren Einreichung nicht nachkommen. Soweit die Aktie noch das Recht auf Zahlung der Dividende oder des Einziehungsentgelts verbrieft, ist § 797 S 1 BGB anzuwenden (vgl für den Gewinnanspruch *Terbrack* RNotZ 2003, 89, 117; für eine analoge Anwendung im Falle des Einziehungsentgelts MünchKomm AktG/*Oechsler* Rn 8; *Hüffer* AktG Rn 5). Die AG ist zur Zahlung dann nur Zug um Zug gegen Aushändigung der Aktienurkunde verpflichtet.

2. Keine Rückwirkung. Eine **Rückwirkung** der Kapitalherabsetzung durch Einzie- 13 hung von Aktien nach §§ 234, 235 ist **nicht möglich**, obgleich bei einer Sanierungszwecken dienenden Kapitalherabsetzung auch das Bedürfnis für eine Rückwirkung bestehen könnte (*Risse* BB 1968, 1012, 1013; *Hüffer* AktG Rn 6 mwN). Die direkte Anwendung der §§ 234, 235 scheidet schon deshalb aus, weil es an einer entspr Verweisung fehlt. § 237 Abs 3 befreit lediglich von den Vorschriften über die ordentliche Kapitalherabsetzung, erzwingt jedoch damit nicht die Anwendung der Vorschriften über die vereinfachte Kapitalherabsetzung (§§ 229 ff). Für eine analoge Anwendung mangelt es an einer Vergleichbarkeit der zugrunde liegenden Sachverhalte. Die §§ 234, 235 führen nur zu einer bilanziellen Rückwirkung, nicht etwa zu einer allgemeinen Rückwirkung des Herabsetzungsbeschlusses (s § 235 Rn 2). Da die Kapitalherabsetzung durch Einziehung von Aktien jedoch erst mit Vernichtung der Mitgliedschaftsrechte selbst wirksam wird, hätte eine Rückwirkung hier die paradoxe Folge, dass Mitgliedschaftsrechte im Nachhinein vernichtet würden, obwohl sie im vorangegangenen Geschäftsjahr wirksam ausgeübten worden sind (vgl MünchKomm AktG/*Oechsler* Rn 9); eine Analogie scheidet mithin aus (K. Schmidt/Lutter AktG/*Veil* Rn 4; Hölters AktG/*Haberstock/Greitemann* Rn 6).

§ 239 Anmeldung der Durchführung

(1) ¹Der Vorstand hat die Durchführung der Herabsetzung des Grundkapitals zur Eintragung in das Handelsregister anzumelden. ²Dies gilt auch dann, wenn es sich um eine durch die Satzung angeordnete Zwangseinziehung handelt.

(2) Anmeldung und Eintragung der Durchführung der Herabsetzung können mit Anmeldung und Eintragung des Beschlusses über die Herabsetzung verbunden werden.

Übersicht

	Rn		Rn
I. Allgemeines	1	3. Anmeldung bei angeordneter Zwangseinziehung (Abs 1 S 2)	5
1. Regelungsgegenstand	1		
2. Begriff der Durchführung	2	III. Verbindung mit Beschlussanmeldung § 239 Abs 2	6
II. Anmeldepflicht § 239 Abs 1	3		
1. Allgemeines	3	1. Allgemeines	6
2. Anmeldebefugnis	4	2. Noch zu erwerbende Aktien	7
		IV. Prüfung durch das Registergericht	8

Literatur: Vgl die Angaben zu § 237.

I. Allgemeines

1. Regelungsgegenstand. § 239 regelt die Anmeldung der Durchführung der Kapitalherabsetzung durch Einziehung von Aktien zur Eintragung in das HR. Wie im Fall des § 227 ist die Eintragung der Durchführung **nur deklaratorisch**. Sie kann mit der Anmeldung und Eintragung des Herabsetzungsbeschlusses verbunden werden (§ 239 Abs 2). Soweit die Anmeldung der Berichtigung des Satzungstextes (dazu oben § 237 Rn 35) nicht schon mit der Anmeldung des Herabsetzungsbeschlusses erfolgte, ist sie mit der Anmeldung der Durchführung zu verbinden (MünchKomm AktG/*Oechsler* Rn 6). Das wird meist dann der Fall sein, wenn die Kapitalherabsetzung zum Zeitpunkt der Anmeldung des Herabsetzungsbeschlusses noch nicht wirksam war (vgl § 238 S 1).

2. Begriff der Durchführung. Durchgeführt ist die Kapitalherabsetzung durch Einziehung von Aktien, wenn alle Einziehungshandlungen (§ 238 S 3) vorgenommen worden sind (KölnKomm AktG/*Lutter* Rn 3; zur Einziehungshandlung s § 238 Rn 6 f). Nicht erforderlich ist dabei die physische Vernichtung oder Kraftloserklärung der Aktienurkunden. Die Durchführung wird unmittelbar wirksam, wenn der entspr Beschl über die Kapitalherabsetzung in das HR eingetragen ist, sonst mit dessen Eintragung (*Hüffer* AktG Rn 2)

II. Anmeldepflicht § 239 Abs 1

1. Allgemeines. § 239 Abs 1 S 1 verpflichtet den Vorstand, die Durchführung der Kapitalherabsetzung zur Eintragung in das HR anzumelden. Die Anmeldung ist unverzüglich (§ 121 Abs 1 S 1 BGB) und elektronisch in öffentlich beglaubigter Form (§ 12 Abs 1 HGB) vorzunehmen. Zuständig ist das Gericht am satzungsgemäßen Sitz der Gesellschaft (§ 337 FamFG, §§ 5 Abs 1, 14 AktG). Das Registergericht kann die Anmeldung nach § 14 HGB erzwingen (KölnKomm AktG/*Lutter* Rn 2). Kommt der Vorstand seiner Pflicht zur unverzüglichen Anmeldung nicht nach, kann eine Schadenersatzpflicht nach § 93 oder im Einzelfall sogar die Abberufung nach § 84 Abs 3 in Betracht kommen. Dagegen ist § 239 Abs 1 kein Schutzgesetz iSd § 823 Abs 2 BGB (vgl *Hüffer* AktG Rn 4; MünchKomm AktG/*Oechsler* Rn 3). 3

2. Anmeldebefugnis. Die Anmeldung muss durch den **Vorstand** im Namen der AG erfolgen. Es genügt die Anmeldung durch eine zur Vertretung berechtigte Zahl von Vorstandsmitgliedern (*Baumbach/Hueck* AktG Rn 2). Dritte können in öffentlich beglaubigter Form bevollmächtigt werden (§ 12 Abs 1 S 2 HGB). Unechte Gesamtvertretung (§ 78 Abs 3 S 1 Alt 2) ist zulässig. Anders als bei der Anmeldung des Herabsetzungsbeschlusses nach § 223 iVm § 237 Abs 2 S 1 ist eine Mitwirkung des Vorsitzenden des AR nicht erforderlich. 4

3. Anmeldung bei angeordneter Zwangseinziehung (Abs 1 S 2). Die Vorschrift des § 239 Abs 1 S 2 stellt klar, dass die Durchführung der Kapitalherabsetzung auch anzumelden ist, wenn es sich um eine durch die Satzung angeordnete Zwangseinziehung handelt. In diesem Fall ist die Eintragung der Durchführung von besonderer Bedeutung, weil die Öffentlichkeit ggf erstmals von der Herabsetzung des Kapitals in Kenntnis gesetzt wird (vgl GroßKomm AktG/*Sethe* Rn 3; KölnKomm AktG/*Lutter* Rn 6). In diesem Fall bedarf es nämlich keines einzutragenden Beschl der HV (§ 237 Abs 6 S 1) und auch die Entsch des Vorstands nach § 237 Abs 6 S 2 selbst ist nicht eintragungsfähig (s dazu § 237 Rn 51; ebenso Spindler/Stilz AktG/*Marsch-Barner* Rn 5). 5

III. Verbindung mit Beschlussanmeldung § 239 Abs 2

1. Allgemeines. Die Anmeldung und Eintragung der Durchführung kann mit der Anmeldung und Eintragung des Herabsetzungsbeschlusses verbunden werden (§ 239 Abs 2). Die jeweiligen Anmelde- und Eintragungsvoraussetzungen sind bei diesem Vorgehen unverändert zu beachten (*Hüffer* AktG Rn 8). Insb erfordert die Anmeldung des Herabsetzungsbeschlusses auch hier die Mitwirkung des AR-Vorsitzenden (MünchHdb AG/*Krieger* § 62 Rn 30). Das Registergericht kann über beide Anträge getrennt entscheiden und ggf nur den Herabsetzungsbeschluss eintragen. Es kann jedoch beantragt werden, dass die Eintragungen nur gemeinsam vorgenommen werden sollen (s *Hüffer* AktG Rn 8). 6

2. Noch zu erwerbende Aktien. Umstr ist die Anwendung von § 239 Abs 2, wenn im Anschluss an den Herabsetzungsbeschluss noch Aktien zur Einziehung erworben werden sollen. Dabei geht es primär um die Frage, ob zum Erwerb eigener Aktien nach § 71 Abs 1 Nr 6 die Eintragung des Herabsetzungsbeschlusses erforderlich ist. Da der Herabsetzungsbeschluss nach **hM** mit einfacher Mehrheit aufgehoben werden kann (dazu oben § 222 Rn 17), wird teilw gefolgert, dass nur die Eintragung des Beschlusses eine ausreichende Bindung der HV gewährleisten könne. Nur so würde man dem Schutzzweck des § 71 gerecht werden (KölnKomm AktG/*Lutter* Rn 4 mwN). In die- 7 sem Fall würde eine Verbindung mit der späteren Eintragung der Durchführung ausscheiden. Ein entspr Erfordernis lässt sich dem Gesetz jedoch nicht entnehmen (*Hüffer* AktG Rn 9). § 71 Abs 1 Nr 6 verlangt nach dem klaren Wortlaut nur einen Herabsetzungsbeschluss und erwähnt weder dessen Eintragung noch eine besondere Bindung der HV (vgl § 71 Rn 27). Auch sieht das Gesetz in § 71c Abs 2, 3 eine entspr Sicherung vor, wonach zulässigerweise erworbene eigene Aktien innerhalb von drei Jahren zu veräußern bzw einzuziehen, wenn sie mehr als 10 % des Grundkapitals ausmachen. Die Eintragung des Beschl ist daher für den Erwerb eigener Aktien nach § 71 Abs 1 Nr 6 nicht erforderlich und auch bei einem späteren Erwerb eigener Aktien kann folglich die Eintragung des Herabsetzungsbeschlusses mit der Eintragung der Durchführung verbunden werden (iE ebenso MünchHdb AG/*Krieger* § 62 Rn 30; *Hüffer* AktG Rn 9; Spindler/Stilz AktG/*Marsch-Barner* Rn 2).

IV. Prüfung durch das Registergericht

8 Die registergerichtliche Prüfung erstreckt sich sowohl auf die ordnungsgemäße Anmeldung als auch die materielle Ordnungsmäßigkeit der Durchführung. Es gilt der Amtsermittlungsgrundsatz des § 26 FamFG. Zu einer ordnungsgemäßen Durchführung gehört, dass der auf die eingezogenen Aktien entfallende Betrag dem Herabsetzungsbetrag entspricht (MünchKomm AktG/*Oechsler* Rn 5). Das Registergericht muss sich auch davon überzeugen, ob die vorgenommenen Einziehungshandlungen wirksam sind. Das ist nicht der Fall, wenn sich diese außerhalb der jeweiligen Ermächtigung bewegen (s dazu § 238 Rn 3 f, 9). Der Herabsetzungsbeschluss wird bereits bei der Eintragung nach § 238 überprüft, so dass er keiner erneuten Prüfung bedarf. Dagegen ist die Entsch des Vorstandes nach § 237 Abs 6 S 2 iRd Eintragung nach § 239 zu prüfen. Eine registergerichtliche Prüfung dieses Vorgangs unterbliebe sonst, da die Entsch des Vorstands selbst nicht eingetragen wird (s Rn 5).

Vierter Unterabschnitt
Ausweis der Kapitalherabsetzung

§ 240

¹Der aus der Kapitalherabsetzung gewonnene Betrag ist in der Gewinn- und Verlustrechnung als „Ertrag aus der Kapitalherabsetzung" gesondert, und zwar hinter dem Posten „Entnahmen aus Gewinnrücklagen", auszuweisen. ²Eine Einstellung in die Kapitalrücklage nach § 229 Abs. 1 und § 232 ist als „Einstellung in die Kapitalrücklage nach den Vorschriften über die vereinfachte Kapitalherabsetzung" gesondert auszuweisen. ³Im Anhang ist zu erläutern, ob und in welcher Höhe die aus der Kapitalherabsetzung und aus der Auflösung von Gewinnrücklagen gewonnenen Beträge
1. zum Ausgleich von Wertminderungen,
2. zur Deckung von sonstigen Verlusten oder
3. zur Einstellung in die Kapitalrücklage
verwandt werden.

Übersicht

	Rn		Rn
I. Allgemeines	1	III. Einstellung in die Kapitalrücklage	4
II. Ausweis Kapitalherabsetzungsbetrag	3	IV. Erläuterungen im Anhang	6
		V. Verstöße	7

Ausweis der Kapitalherabsetzung § 240

I. Allgemeines

§ 240 ergänzt die Vorschriften der §§ 264 ff HGB sowie §§ 158, 160 und regelt den Ausweis der Kapitalherabsetzung in der GuV und im Anh. Ziel der Vorschrift ist eine erhöhte Publizität. Insb bei den bilanziellen Rückwirkungen gem §§ 234, 235 aber auch darüber hinaus soll die Information von Aktionären und Gläubigern über die tatsächliche Ertragslage der Gesellschaft und die Verwendung des Buchertrags aus der Kapitalherabsetzung gewährleistet sein (MünchKomm AktG/*Oechsler* Rn 1). Nicht geregelt wird der Ausweis von Erträgen aus der Auflösung von Gewinn- und Kapitalrücklagen, einschließlich der gesetzlichen Rücklage, nach § 229 Abs 2; dieser bestimmt sich allein nach § 158 Abs 1 Nr 2, 3 (KölnKomm AktG/*Lutter* Rn 4). 1

Durch die systematische Stellung im eigens geschaffenen vierten Unterabschnitt kommt zum Ausdruck, dass die Vorschrift für sämtliche Formen der Kapitalherabsetzung gilt (K. Schmidt/Lutter AktG/*Kleindiek* Rn 2). Die Regelung bezieht sich grds auf den Jahresabschluss für das Geschäftsjahr in dem die Kapitalherabsetzung wirksam wird (vgl dazu §§ 224, 229 Abs 3, 238). Im Falle der Rückwirkung nach § 234 ist die Norm jedoch bereits auf den Jahresabschluss des Geschäftsjahres anzuwenden, in dem die Maßnahme rückwirkend Berücksichtigung findet (*Hüffer* AktG Rn 2). 2

II. Ausweis Kapitalherabsetzungsbetrag

Durch die Verringerung der Grundkapitalziffer auf der Passivseite führt die Kapitalherabsetzung zu einem entspr Buchgewinn. Gem § 240 S 1 ist dieser als gesonderter Posten „Ertrag aus der Kapitalherabsetzung" hinter dem Posten „Entnahmen aus Gewinnrücklagen" (§ 158 Abs 1 S 1 Nr 3) in der GuV auszuweisen. Wegen des eindeutigen Wortlauts der Vorschrift findet § 158 Abs 1 S 2 keine Anwendung; die Angaben nach § 158 Abs 1 S 1 können also nicht wahlweise auch im Anh gemacht werden (*Hüffer* AktG Rn 3; MünchKomm AktG/*Oechsler* Rn 3; Spindler/Stilz AktG/*Marsch-Barner* Rn 3; aA *Adler/Düring/Schmaltz* Rechnungslegung § 158 AktG Rn 24 mwN). 3

III. Einstellung in die Kapitalrücklage

Eine besondere Regelung für Einstellungen in die Kapitalrücklagen bei der vereinfachten Kapitalherabsetzung enthält § 240 S 2: Wird der durch die vereinfachte Kapitalherabsetzung entstehende Buchgewinn gem § 229 Abs 1 S 1 oder § 232 in die Kapitalrücklage eingestellt, ist dies als „Einstellung in die Kapitalrücklage nach den Vorschriften über die vereinfachte Kapitalherabsetzung" gesondert auszuweisen. Die Regelung des § 240 S 1 wird dadurch nicht ersetzt, sondern lediglich ergänzt. § 240 S 2 schafft einen Gegenposten, der als Ausgleich zur Ausweisung des Buchertrags nötig wird und die Erfolgsneutralität der Kapitalherabsetzung in der GuV sicherstellt. Der Posten ist zweckmäßigerweise vor § 158 Abs 1 S 1 Nr 4 anzuführen; MünchKomm AktG/*Oechsler* Rn 5; *Adler/Düring/Schmaltz* Rechnungslegung § 158 Rn 26). Auch wenn § 232 wegen zu hoch angenommener Verluste analoge Anwendung findet (s § 232 Rn 7), greift § 240 S 2 ein. 4

In § 240 S 2 nicht ausdrücklich erwähnt wird die Regelung des § 237 Abs 5, die für die Kapitalherabsetzung durch Einziehung im Wege des vereinfachten Verfahrens nach § 237 Abs 3 Nr 1 und 2 eine Einstellung in die Kapitalrücklage anordnet (s hierzu § 237 Rn 47 f). Um den Zweck des § 240 S 2 zu erreichen, einen Gegenposten in der GuV zu bilden, findet die Vorschrift im Falle des § 237 Abs 5 entspr Anwendung 5

Becker 1833

(*Hüffer* AktG Rn 5; MünchKomm AktG/*Oechsler* Rn 6; GroßKomm AktG/*Sethe* Rn 8). Die Benennung des Postens ist allerdings sinngemäß abzuwandeln, zB „Einstellung in die Kapitalrücklage nach § 237 Abs 5 AktG" (vgl *Hüffer* AktG Rn 5; MünchKomm AktG/*Oechsler* Rn 6; ähnlich Spindler/Stilz AktG/*Marsch-Barner* Rn 4).

IV. Erläuterungen im Anhang

6 § 240 S 3 verlangt eine Erläuterung der Verwendung des Buchertrages aus der Kapitalherabsetzung im Anh. Zu erläutern ist, ob und in welcher Höhe der Buchertrag zum Ausgleich von Wertminderungen, zur Deckung sonstiger Verluste oder zur Einstellung in die Kapitalrücklage verwendet worden ist. Die drei Tatbestände des § 240 S 3 entsprechen zwar den zulässigen Zwecken der vereinfachten Kapitalherabsetzung (§ 229 Abs 1 S 1), die Vorschrift findet darüber hinaus aber bei allen Formen der Kapitalherabsetzung Anwendung (MünchKomm AktG/*Oechsler* Rn 7). Auch dient S 3 über § 240 S 1 hinaus der Information der Gläubiger und Aktionäre, da die konkrete Verwendung des Buchertrags aus der GuV selbst nicht hervorgeht (KölnKomm AktG/*Lutter* Rn 8). Der Bericht sollte zumindest in groben Zügen über die Herkunft der Verluste und Wertminderungen aufklären. Zu erläutern sind daneben auch Beträge, die aus der Auflösung von Gewinnrücklagen im Zusammenhang mit der Kapitalherabsetzung gewonnen werden (MünchHdb AG/*Krieger* § 60 Rn 2).

V. Verstöße

7 Die Vorschrift des § 240 ist zwingend. Liegt ein Verstoß gegen die Norm vor, sind die Abschlussprüfer verpflichtet, den Bestätigungsvermerk nach § 322 HGB zu versagen (*Hüffer* AktG Rn 7; K. Schmidt/Lutter AktG/*Kleindiek* Rn 9). Die Nichtigkeit des Jahresabschlusses kann gem § 256 Abs 4 nur dann angenommen werden, wenn Klarheit und Übersichtlichkeit wesentlich beeinträchtigt werden, was regelmäßig jedoch nicht der Fall sein wird (**hM**, vgl MünchKomm AktG/*Oechsler* Rn 8; Spindler/Stilz AktG/*Marsch-Barner* Rn 6). Wird jedoch direkt gegen die dem Gläubigerschutz dienenden Vorschriften der §§ 232, 237 Abs 5 verstoßen, ist der Jahresabschluss nach § 256 Abs 1 Nr 4 nichtig (vgl § 232 Rn 11, § 237 Rn 47).

Siebenter Teil
Nichtigkeit von Hauptversammlungsbeschlüssen und des festgestellten Jahresabschlusses. Sonderprüfung wegen unzulässiger Unterbewertung

Erster Abschnitt
Nichtigkeit von Hauptversammlungsbeschlüssen

Erster Unterabschnitt
Allgemeines

§ 241 Nichtigkeitsgründe

Ein Beschluss der Hauptversammlung ist außer in den Fällen des § 192 Abs. 4, §§ 212, 217 Abs. 2, § 228 Abs. 2, § 234 Abs. 3 und § 235 Abs. 2 nur dann nichtig, wenn er
1. in einer Hauptversammlung gefasst worden ist, die unter Verstoß gegen § 121 Abs. 2 und 3 Satz 1 oder Abs. 4 einberufen war,

2. nicht nach § 130 Abs. 1 und 2 Satz 1 und Abs. 4 beurkundet ist,
3. mit dem Wesen der Aktiengesellschaft nicht zu vereinbaren ist oder durch seinen Inhalt Vorschriften verletzt, die ausschließlich oder überwiegend zum Schutz der Gläubiger der Gesellschaft oder sonst im öffentlichen Interesse gegeben sind,
4. durch seinen Inhalt gegen die guten Sitten verstößt,
5. auf Anfechtungsklage durch Urteil rechtskräftig für nichtig erklärt worden ist,
6. nach § 398 des Gesetzes über das Verfahren in Familiensachen und in den Angelegenheiten der freiwilligen Gerichtsbarkeit auf Grund rechtskräftiger Entscheidung als nichtig gelöscht worden ist.

Übersicht

	Rn		Rn
I. Normzweck	1	6. Nichtigkeit nach Amtslöschungsverfahren – Nr 6	20
II. Hauptversammlungsbeschluss als Gegenstand der Nichtigkeit	2	a) Anwendungsbereich	21
III. Unwirksame Beschlüsse	4	b) Voraussetzungen für die Einleitung des Amtslöschungsverfahrens	22
IV. Nichtigkeitsgründe der Nr 1–6	6		
1. Einberufungsmängel – Nr 1	7		
2. Beurkundungsmängel – Nr 2	12	c) Verhältnis zu § 395 FamFG	24
3. Unvereinbarkeit mit Wesen oder mit im öffentlichen Interesse stehenden Normen – Nr 3	13	d) Verfahren	25
		e) Verhältnis zum streitigen Verfahren	26
4. Sittenwidrigkeit – Nr 4	18	7. Anwendung der §§ 241 ff auf andere Beschlüsse	27
5. Nichtigkeit nach rechtskräftigem Anfechtungsurteil – Nr 5	19		

Literatur: *Butzke* Die Abwahl des Versammlungsleiters – ein neues Betätigungsfeld für „kritische" Aktionäre?, ZIP 2005, 1164; *Casper* Die Heilung nichtiger Beschlüsse im Kapitalgesellschaftsrecht, 1998; *Gessler* Nichtigkeit von Hauptversammlungsbeschlüssen und Satzungsbestimmungen ZGR 1980, 427; *Huber* Zur Entstehung und aktuellen Auslegung des § 241 Nr 3 AktG, FS Coing, Bd II, 1981, S 167; *Krieger* Abwahl des satzungsmäßigen Versammlungsleiters?, AG 2006, 355; *Priester* Neue Entwicklungen im Recht der Hauptversammlung – UMAG und jüngste Rechtsprechung, DNotZ 2006, 403; *Rose* Anträge auf Abwahl des durch die Satzung bestimmten Versammlungsleiters, NZG 2007, 241; *Semler/Asmus* Der stimmlose Beschluss, NZG 2004, 881.

I. Normzweck

§ 241 führt verschiedene Gründe auf, bei deren Vorliegen ein Beschl der HV nichtig **1** ist, dh also ohne Rechtswirkung bleibt, sofern nicht ausnahmsweise eine Heilung nach § 242 eintritt. Das aktienrechtliche Beschlussmängelrecht unterscheidet in den §§ 241–255 die Nichtigkeit, bei der Rechtswirkungen des HV-Beschl von vornherein ausbleiben, von der Anfechtbarkeit, bei der der HV-Beschl zunächst wirksam, aber durch Klage vernichtbar ist. Für die Geltendmachung der Nichtigkeit und der Anfechtbarkeit bestehen zT unterschiedliche Voraussetzungen; so gilt die einmonatige Ausschlussfrist nach § 246, binnen der ein Beschlussmangel klageweise geltend gemacht werden muss, nur für die Anfechtbarkeit. § 241 kommt im Beschlussmängelrecht die Aufgabe zu, durch eine Aufzählung von Nichtigkeitsgründen, die in den §§ 250, 253 und, sofern die HV den Jahresabschluss feststellt, in § 256 noch ergänzt werden, die Nichtigkeit von der Anfechtbarkeit abzugrenzen. Lediglich wenn dem HV-Beschluss die dort aufgeführten gravierenden Mängel anhaften, hat dies die Nichtigkeit zur

Folge; sonstige Beschlussmängel führen dagegen lediglich zur Anfechtbarkeit. § 241 dient daher in doppelter Hinsicht der **Rechtssicherheit**: Zum einen wird die Nichtigkeitsfolge auf die aufgeführten Fälle beschränkt und zum anderen wird innerhalb des Beschlussmängelrechts die Nichtigkeit von der Anfechtbarkeit abgegrenzt.

II. Hauptversammlungsbeschluss als Gegenstand der Nichtigkeit

2 § 241 ordnet die Nichtigkeit von Beschl der **HV** als Rechtsfolge an. Der HV-Beschl selbst ist im Gesetz nicht definiert. Hierunter wird nach allg Ansicht die kollektive, aus den Willenserklärungen der an der Abstimmung teilnehmenden Aktionäre zusammengefasste Willensäußerung der HV verstanden, die der Gesellschaft zugerechnet wird (MünchKomm AktG/*Volhard* § 133 Rn 3). Der HV-Beschl ist ein Rechtsgeschäft eigener Art. Die allg Vorschriften des BGB über Willenserklärungen finden vielfach (zB §§ 119 ff, 125, 134, 138, 181 BGB; anders jedoch § 139 BGB, s hierzu § 248 Rn 13 f) keine Anwendung. Die §§ 241–255 sind sowohl auf **positive Beschlüsse**, in denen ein Antrag angenommen wird, als auch auf **negative Beschlüsse**, bei denen ein Antrag abgelehnt wird, anwendbar. Bei einer Klage gegen letztere bedarf es zur Wahrung des Rechtsschutzbedürfnisses allerdings regelmäßig zusätzlich einer sog positiven Beschlussfeststellungsklage (GroßKomm AktG/*K. Schmidt* Rn 10). **Keine Hauptversammlungsbeschlüsse** sind dagegen das bloße Verlangen einer Minderheit von Aktionären nach den §§ 120 Abs 1, 137, 147 Abs 1–3 oder das Übergehen eines Antrags (MünchKomm AktG/*Hüffer* Rn 12 ff). Auch **Sonderbeschlüsse einzelner Aktionärsgruppen** (zB der Vorzugsaktionäre oder außenstehender Aktionäre) sind keine HV-Beschlüsse. Sie sind lediglich ein zusätzliches Erfordernis für das Wirksamwerden des HV-Beschlusses, der bis dahin schwebend unwirksam bleibt (*Volhard* aaO Rn 68). Auf Sonderbeschlüsse sind die §§ 241–255 wg der Verweisung in § 138 S 2 jedoch entspr anwendbar (*K. Schmidt* aaO Rn 31).

3 Nicht eindeutig geklärt ist die Behandlung sog **Scheinbeschlüsse**, bei denen lediglich der Anschein, nicht aber der Tatbestand eines Beschl vorliegt (Beispiel nach *BGHZ* 11, 231, 236: Mann auf der Strasse beruft Versammlung von Leuten ein, die mit Gesellschaft nichts zu tun haben). Derartige Fälle sind praktisch wenig relevant und lassen sich unter Anwendung allg Grundsätze befriedigend lösen. Liegt, wie im Beispielsfall *BGH* aaO, ein Beschl überhaupt nicht vor, so kann hiergegen bei Vorliegen eines Rechtsschutzinteresses eine allg Feststellungsklage erhoben werden. Bei ordnungsgemäßer Protokollierung eines Beschl sind dagegen die Vorschriften zur Nichtigkeit und Anfechtbarkeit anzuwenden (MünchHdb AG/*Semler* § 41 Rn 4; *Hüffer* AktG Rn 3; ausf GroßKomm/*K. Schmidt* Rn 15 f). Kein Scheinbeschluss, sondern lediglich Anfechtbarkeit liegt auch bei einem allein auf unwirksamen Stimmen beruhenden HV-Beschl (stimmloser HV-Beschl) vor (*BGHZ* 167, 204; **aA** *Semler/Asmus* NZG 2004, 881, 889 f).

III. Unwirksame Beschlüsse

4 Von den Kategorien der Nichtigkeit und Anfechtbarkeit zu unterscheiden sind die Fälle der Unwirksamkeit. Unwirksame Beschl sind nicht rechtswidrig, sondern unvollständig. Dies ist der Fall, wenn ein (rechtmäßiger) HV-Beschl zu seiner Wirksamkeit zusätzlicher Tatbestandsmerkmale bedarf, wie zB der Eintragung in das HR bei einer Satzungsänderung (§ 181 Abs 3), der Fassung eines Sonderbeschlusses bei Bestehen verschiedener Aktiengattungen (§§ 179 Abs 3, 182 Abs 2, 222 Abs 2) oder der Zustim-

§ 241

mung betroffener Aktionäre, wenn diesen Nebenverpflichtungen auferlegt werden, § 180 Abs 1 (MünchKomm AktG/*Hüffer* Rn 17; MünchHdb AG/*Semler* § 41 Rn 3). Der HV-Beschluss ist **schwebend unwirksam**, solange das fehlende Tatbestandsmerkmal noch eintreten kann, und wird **endgültig unwirksam**, wenn feststeht, dass das zusätzlich zur Wirksamkeit erforderliche Tatbestandsmerkmal nicht mehr eintritt (KölnKomm AktG/*Zöllner* Rn 8). Die Unwirksamkeit eines HV-Beschl kann grds mit der allg Feststellungsklage (§ 256 ZPO) geltend gemacht werden (GroßKomm AktG/ *K. Schmidt* Rn 18).

Von den in der Eingangsformel des § 241 genannten weiteren Nichtigkeitsfällen handelt es sich lediglich bei **§ 192 Abs 4** (Beschl, der einem eingetragenen Beschl über die bedingte KapErhöhung entgegensteht) und bei **§ 212** (Beschl, der dem Grundsatz entgegensteht, dass bei KapErhöhung aus Gesellschaftsmitteln die neuen Aktien den Altaktionären im Verhältnis ihrer Anteile am bisherigen Grundkapital zustehen) um **Fälle der Nichtigkeit**. Die weiteren Fälle der **§§ 217 Abs 2** (keine fristgerechte Eintragung des KapErhöhungsbeschlusses aus Gesellschaftsmitteln), **§ 228 Abs 2** (keine fristgerechte Eintragung eines kombinierten Kapitalherabsetzungs- und KapErhöhungsbeschluss bei Kapitalherabsetzung unter den Mindestnennbetrag), **§ 234 Abs 3** (keine fristgerechte Eintragung des Kapitalherabsetzungsbeschlusses bei Rückerstattung der Kapitalherabsetzung) und **§ 235 Abs 2** (keine fristgerechte Eintragung des Kapitalherabsetzungs- und erhöhungsbeschlusses und Durchführung der Erhöhung bei Rückwirkung einer gleichzeitigen Kapitalerhöhung) sind dagegen trotz des abw Gesetzeswortlauts **Fälle der Unwirksamkeit**. Die den §§ 217 Abs 2, 228 Abs 2, 234 Abs 3, 235 Abs 2 unterfallenden Beschl sind erst bei Vorliegen des weiteren Tatbestandsmerkmals der Eintragung wirksam; die vom Gesetz angeordnete Nichtigkeitsfolge tritt ein, wenn die vom Gesetz vorgesehene Eintragungsfrist fruchtlos abläuft; damit wird die zunächst schwebende Unwirksamkeit endgültig (KölnKomm AktG/ *Zöllner* Rn 14).

IV. Nichtigkeitsgründe der Nr 1–6

Die **Aufzählung der Nichtigkeitsgründe** in § 241 Nr 1–6, der Eingangsformel in § 241 sowie der speziellen Nichtigkeitsgründe in § 250 für die Wahl von AR-Mitgliedern, in § 253 für die Verwendung des Bilanzgewinns und in § 256 für die Feststellung des Jahresabschlusses hat abschließenden Charakter (Semler/Volhard/Reichert ArbHdB HV/ *Leuering* § 44 Rn 10). Dies legt sowohl der Wortlaut („nur dann nichtig") als auch der Gesetzeszweck nahe. Nur die im Einzelnen als bes gravierende Mängel aufgeführten Beschlussmängel sollen unter Berücksichtigung des Gesichtspunkts der Rechtssicherheit zur Nichtigkeit führen, wogegen sonstige Beschlussmängel lediglich zur Anfechtbarkeit führen (K. Schmidt/Lutter AktG/*Schwab* Rn 4). Wg der sehr offenen Formulierung der Tatbestände in § 241 Nr 3, 4 erscheint eine Rechtsfortbildung auch ggf innerhalb des gesetzlichen Rahmens möglich, so dass ein praktisches Bedürfnis für die Ausdehnung des Normtextes nicht erkennbar ist (GroßKomm AktG/*K. Schmidt* Rn 111, der allerdings in Abweichung zur hM eine mögliche Rechtsfortbildung außerhalb des Normtextes befürwortet). Der **abschließende und zwingende** Charakter der im AktienR aufgeführten Nichtigkeitsgründe hat zur Folge, dass durch die Satzung weder weitere Nichtigkeitsgründe aufgenommen noch die gesetzlich vorgesehenen Nichtigkeitsgründe abbedungen werden können (*Hüffer* AktG Rn 1).

Göz

§ 241

1. Einberufungsmängel – Nr 1. Ein zur Nichtigkeit führender Einberufungsmangel 7
liegt vor, wenn die HV nicht nach § 121 Abs 2 durch hierzu Befugte einberufen wurde,
nach § 121 Abs 3 nicht ordnungsgemäß bekannt gemacht wurde oder nach § 121
Abs 4, wenn bei namentlicher Kenntnis der Aktionäre nicht ordnungsgemäß durch
eingeschriebenen Brief einberufen wurde.

Ein zur Nichtigkeit führender **Verstoß gegen § 121 Abs 2** liegt in dem insb bei der AG 8
eher seltenen Fall einer überhaupt fehlenden Einberufung (Spontanversammlung)
vor, sofern auch die Voraussetzungen einer Vollversammlung nach § 121 Abs 6 nicht
gegeben sind. Von größerer praktischer Bedeutung ist der Fall der fehlenden Einberufungsbefugnis, der ebenfalls eine Nichtigkeit nach Nr 1 begründen kann (*BGHZ* 11,
231, 237; 87, 1, 3). Befugt zur Einberufung einer HV sind im Regelfall der Vorstand,
§ 121 Abs 2, sowie unter bestimmten Voraussetzungen der AR, wenn es das Wohl der
Gesellschaft erfordert (§ 111 Abs 3) sowie eine Aktionärsminderheit aufgrund gerichtlicher Ermächtigung (§ 122). Nichtigkeit tritt demnach bei einer Einberufung durch
den Vorstand ein, wenn sämtliche Mitglieder des Vorstands unwirksam bestellt und
auch nicht in das HR eingetragen sind (KölnKomm AktG/*Zöllner* Rn 77) oder überhaupt kein Vorstandsbeschluss der Einberufung zugrunde liegt (*Österreichischer
OGH* AG 2002, 575, 576; *Hüffer* AktG Rn 10; **aA** GroßKomm AktG/*K. Schmidt*
Rn 44). Allenfalls anfechtbar ist der Beschl, wenn nur einzelne Mitglieder nichtig
bestellt wurden (**aA** *K. Schmidt* aaO: keine Anfechtbarkeit; *K. Schmidt/Lutter* AktG/
Schwab Rn 7: Nichtigkeit) oder der zuständige Vorstand einen nichtigen Beschl
gefasst hat (MünchKomm AktG/*Hüffer* Rn 28; *K. Schmidt* aaO). Ebenfalls zur Nichtigkeit führt bei einer **durch den AR nach § 111 Abs 3 einberufenen** HV, wenn kein
AR-Beschl vorliegt; liegt dagegen kein das Wohl der Gesellschaft erfordernder Fall
vor, kann dies allenfalls zur Anfechtbarkeit führen. Eine **Einberufung durch die Aktionärsminderheit** führt zur Nichtigkeit, wenn eine gerichtliche Ermächtigung entweder
überhaupt fehlt, diese aufgehoben wurde oder nicht auf diese hingewiesen wurde
(Hölters AktG/*Englisch* Rn 23; **aA** bei fehlendem Hinweis zur Anfechtbarkeit
MünchKomm AktG/*Hüffer* Rn 29; Spindler/Stilz AktG/*Würthwein* Rn 137). Liegt
eine gerichtliche Ermächtigung vor, wird jedoch das Quorum nicht erreicht, so ist der
Beschl lediglich anfechtbar (*Zöllner* aaO Rn 79; **aA** keine Anfechtbarkeit; *K. Schmidt*
aaO Rn 45).

Zur Nichtigkeit führende **Einberufungsmängel nach Nr 1 iVm § 121 Abs 3 S 1** liegen 9
vor, wenn die Einberufung nicht in allen Gesellschaftsblättern bekannt gemacht
wurde oder die Bekanntmachung nicht gem § 121 Abs 3 die Firma, den Sitz der
Gesellschaft, Zeit und Ort der HV angibt. Durch die Neufassung und Aufnahme
lediglich von § 121 Abs 3 S 1 als Nichtigkeitsgrund ist klargestellt, dass die in § 121
Abs 3 S 3 für börsennotierte Gesellschaften zusätzlich erforderlichen Angaben bei
Fehlerhaftigkeit lediglich zur Anfechtbarkeit, nicht aber zur Nichtigkeit führen. Auch
fehlerhafte Angaben zur Voraussetzung für die Teilnahme an der HV wie zB die Ausübung des Stimmrechts durch bevollmächtigte Kreditinstitute sind kein Fall der Nichtigkeit (zur Rechtslage vor Inkrafttreten des ARUG vgl *BGH* AG 2011, 750 mwN.).
Keine Nichtigkeit begründen die Fortsetzung einer HV nach Mitternacht (Spindler/
Stilz AktG/*Würthwein* Rn 147) oder die fehlende Angabe des Einberufungsorgans,
anders aber bei fehlendem Hinweis auf den Ermächtigungsbeschl bei Einberufung
durch Aktionärsminderheit (GroßKomm AktG/*K. Schmidt* Rn 47). Wg des nach hM
zugrunde zu legenden formalen Verständnisses führt jegliches Nichtvorliegen der

Nichtigkeitsgründe § 241

gesetzlich nach § 121 Abs 3 S 1 geforderten Einberufungsformalitäten zur Nichtigkeit (MünchKomm AktG/*Hüffer* Rn 33; KölnKomm AktG/*Zöllner* Rn 84; Bagatellverstöße können nach § 242 BGB (so *Hüffer* AktG Rn 11) oder durch teleologische Reduktion des § 241 (so *K. Schmidt* aaO Rn 46) korrigiert werden (vgl auch *RGZ* 34, 110, 113; *OLG Hamburg* AG 1981, 193, 195; *OLG München* AG 2000, 134, 135). Fehlt bei der Einberufung zur HV die Angabe einer von mehreren Hinterlegungsstellen, so ist Beschl nicht nichtig, sondern nur anfechtbar (*OLG Frankfurt* AG 1991, 208, 209).

Ein zur Nichtigkeit führender **Verstoß gegen § 121 Abs 4** liegt vor, wenn bei namentlicher Kenntnis der Aktionäre von der Einberufungsmöglichkeit durch eingeschriebenen Brief anstelle öffentlicher Bekanntmachung Gebrauch gemacht wird, die Form des Einschreibens jedoch nicht eingehalten wird oder nicht alle Aktionäre eine Einladung erhalten haben (MünchKomm AktG/*Hüffer* Rn 32), sofern nicht ein nicht geladener Aktionär den Beschl gem § 242 Abs 2 genehmigt hat. Ist der Zugang dagegen aufgrund eines nicht von der Gesellschaft zu vertretenden Irrtums unterblieben, so tritt keine Nichtigkeit ein (GroßKomm AktG/*K. Schmidt* Rn 48; **aA** Spindler/Stilz AktG/*Würthwein* Rn 161). Bei Namensaktien ist zur Bestimmung der Person des einzuladenden Aktionärs das Aktienbuch abzustellen. Bei Inhaberaktien sind an die Darlegungslast der Gesellschaft über die Kenntnis ihrer Aktionäre strenge Anforderungen zu stellen, weshalb regelmäßig eine Einberufung durch öffentliche Bekanntmachung nach § 121 Abs 3 vorzuziehen sein dürfte (zutr *Hüffer* aaO). Auch bei einer schriftlichen Einladung führen fehlerhafte Angaben nach § 123 Abs 3 S 1 zur Nichtigkeit, fehlerhafte Angaben nach §§ 121 Abs 3 S 2 ff, 125–127 dagegen lediglich zur Anfechtbarkeit bei Vorliegen der Relevanz. **10**

Trotz Vorliegens eines Einberufungsmangels nach § 121 Abs 2-4 tritt **keine Nichtigkeit** ein, wenn auf der HV dennoch sämtliche Aktionäre erschienen sind und kein Aktionär der Beschlussfassung widersprochen hat (**Vollversammlung, § 121 Abs 6**). § 121 Abs 6 befreit jedoch nur von der Einhaltung der §§ 121–128, so dass es bei Vorliegen anderer Nichtigkeitsgründe bei der Nichtigkeit bleibt. Die Anwesenheit sämtlicher Aktionäre setzt auch eine Teilnahme der vom Stimmrecht ausgeschlossenen Vorzugsaktionäre oder der einem Stimmverbot unterliegenden Aktionären voraus (Spindler/Stilz AktG/*Würthwein* Rn 166). **11**

2. Beurkundungsmängel – Nr 2. Nichtig wg eines **Beurkundungsmangels nach Nr 2 iVm § 130 Abs 1** ist ein HV-Beschl, wenn überhaupt keine notarielle Beurkundung vorliegt oder bei den in gewissen Fällen für nicht börsennotierte Gesellschaften zulässigen privatschriftlichen Protokollen die Voraussetzungen nach § 130 Abs 1 S 3 nicht vorliegen. Hat in letzterem Fall allerdings die Satzung oder die HV einen anderen Versammlungsleiter statt des AR-Vorsitzenden bestimmt, so ist dann dessen Unterzeichnung erforderlich (MünchKomm AktG/*Hüffer* Rn 40; **aA** Spindler/Stilz AktG/ *Würthwein* Rn 192: immer AR-Vorsitzender). **§ 241 iVm § 130 Abs 2 S 1** führt zur Nichtigkeit, wenn die Niederschrift nicht den Ort und den Tag der Verhandlung, den Namen des Notars bzw bei privatschriftlichen Protokollen den Namen des Versammlungsleiters sowie die Art und das Ergebnis der Abstimmung und die Feststellung des Vorsitzenden über die Beschlussfassung vollständig enthalten. Erforderlich sind dabei regelmäßig das ziffernmäßig festgehaltene Abstimmungsergebnis (*BGH* NJW-RR 1994, 1250) sowie die inhaltliche Feststellung der gefassten Beschl (GroßKomm AktG/*K. Schmidt* Rn 52). Eine Nichtigkeit nach § 241 iVm § 130 Abs 2 liegt nicht vor, **12**

Göz

wenn nach einem Antrag auf Abwahl des Versammlungsleiters keine Abstimmung über diesen Antrag stattfindet (*Butzke* ZIP 2005, 1164; *Priester* DNotZ 2006, 403, 413; *Hüffer* AktG Rn 7; *OLG Bremen* AG 2009, 256, 257; **aA** *LG Frankfurt/Main* AG 2005, 892, 893 f; *LG Köln* AG 2005, 696, 701); in Betracht kommt allenfalls eine Anfechtbarkeit, wenn ein bei Antragstellung schlüssig dargelegter Grund auch tatsächlich vorliegt (*Rose* NZG 2007, 241, 244; s auch *Krieger* AG 2006, 355). Sind die für börsennotierte Gesellschaften nach § 130 Abs 2 S 2 zusätzlich erforderlichen Feststellungen fehlerhaft, so führt dies ebenfalls nicht zur Nichtigkeit. Nach **Nr 2 iVm § 130 Abs 4** ist auch eine fehlende Unterschrift des Notars bzw bei einem privatschriftlichen Protokoll eine fehlende Unterschrift des Versammlungsleiters ein Nichtigkeitsgrund. Ein Mangel der weiteren in § 130 genannten Voraussetzungen (Abs 3 Beifügung von Belegen über Einberufung der Versammlung, Abs 5 Einreichung einer unterzeichneten Abschrift des Protokolls und der Anlagen zum HR) führt weder zur Nichtigkeit noch (mangels Relevanz) zur Anfechtbarkeit (MünchKomm AktG/*Hüffer* Rn 45; KölnKomm AktG/*Zöllner* § 130 Rn 95). Nicht zur Nichtigkeit führt es, wenn der Notar nach Erstellung eines ersten und auch von ihm unterzeichneten Entwurf in der HV danach noch Korrekturen an diesem Entwurf vornimmt, solange sich das Protokoll noch in Gewahrsam des Notars befindet (*BGHZ* 180, 9, 13 ff).

13 **3. Unvereinbarkeit mit Wesen oder mit im öffentlichen Interesse stehenden Normen – Nr 3.** Ein Verstoß gegen Nr 3 setzt voraus, dass ein **Inhaltsverstoß und nicht ein bloßer Verfahrensverstoß** gegen eine Rechtsvorschrift iSd Art 2 EGBGB (und damit nicht nur gegen die Satzung) vorliegt (KölnKomm AktG/*Zöllner* Rn 100 ff). Der Tatbestand des Nr 3 führt drei Alternativen auf. Er ordnet eine Nichtigkeit an, wenn ein HV-Beschl entweder mit dem Wesen der AG nicht zu vereinbaren ist (Var 1) oder durch seinen Inhalt Vorschriften verletzt, die ausschließlich oder überwiegend zum Schutz der Gläubiger der Gesellschaft (Var 2) oder sonst im öffentlichen Interesse gegeben sind (Var 3). Die zweite Variante stellt einen Spezialfall der dritten Variante dar. Umstr ist insb der Anwendungsbereich und die Abgrenzung zwischen der ersten und der dritten Tatbestandsvariante.

14 Der in Var 1 sehr unbestimmt formulierte Tatbestand einer Unvereinbarkeit mit dem Wesen der AG ist grds **restriktiv zu interpretieren**. Nicht sämtliche zwingende Vorschriften des AktG stellen einen Wesensverstoß dar, da andernfalls die übrigen Tatbestandsvarianten überflüssig wären. Andererseits beschränkt sich diese Variante aber auch nicht lediglich auf den unverbrüchlichen Normenbestand aus den letzten 100 Jahren (so KölnKomm AktG/*Zöllner* Rn 96), da es der Definition des Gesetzgebers unterliegt, das Wesen zu definieren und diese Auffassung auch einem Wandel unterliegen kann (zutr *Gessler* ZGR 1980, 434). Ein Verstoß gegen das Wesen der AG liegt also dann vor, wenn gegen einen fundamentalen Grundsatz des aktuell geltenden Aktienrechts verstoßen wird, der nicht bereits durch eine speziellere Regelung geschützt bzw sanktioniert wird und dieser Verstoß auch unter Berücksichtigung der Wertung des Gesetzgebers, wonach die Nichtigkeit die Ausnahme eines Rechtsverstoßes darstellt, die Nichtigkeit nach sich ziehen soll. Die als Beispiele für diese Tatbestandsvarianten genannten Fälle der **Perplexität** und des **Eingriffs in das Gläubigerrecht** eines Dritten (MünchKomm AktG/*Hüffer* Rn 67) stellen allerdings weniger einen Verstoß gegen spezifisch aktienrechtliche Grundsätze als vielmehr einen Verstoß gegen allg geltende Grundsätze dar. Darum sind solche Beschl bereits aus allg Erwägungen heraus nichtig (GroßKomm AktG/*K. Schmidt* Rn 64).

Der praktisch bedeutsamste Streitpunkt bei der Frage des Verhältnisses der verschiedenen Tatbestandsvarianten ist, wie ein die Satzung ändernder HV-Beschl, der unter **Verstoß gegen § 23 Abs 5** gegen zwingende Vorschriften des Aktienrechts verstößt, zu behandeln ist. Hierbei geht es um die Frage, ob ein solcher Beschl in jedem Fall nichtig ist (so zutr die **hM** *OLG Düsseldorf* AG 1968, 19, 22; GroßKomm AktG/*Röhricht* § 23 Rn 202 f; GroßKomm/*K. Schmidt* Rn 56; *Gessler* ZGR 1980, 444; *Huber* FS Coing, Bd 2, 178, 184) oder ob zusätzlich zu prüfen ist, ob die Norm, gegen die der satzungsändernde HV-Beschl verstößt, entspr der zweiten und dritten Variante des § 241 Nr 3 entweder Gläubiger schützt oder ein öffentliches Interesse gegeben ist (Münch-Komm AktG/*Hüffer* Rn 61; *Hüffer* AktG Rn 19) bzw in unverzichtbare Aktionärspositionen eingreift (KölnKomm AktG/*Zöllner* Rn 116). Sinn und Zweck von § 23 Abs 5 ist die Satzungsautonomie, und zwar nicht nur bis zum Zeitpunkt der Eintragung der AG, zu beschränken. Bei der auf einen großen Aktionärskreis ausgerichteten AG soll sich jeder Anleger im Hinblick auf die Fungibilität der Aktien auf die Einhaltung des zwingenden AktienR in der Satzung verlassen können. Unerheblich ist es, ob die Satzung bereits anfänglich gegen zwingendes AktienR verstößt oder erst durch einen nachträglichen satzungsändernden HV-Beschluss (*Gessler* aaO, 443; Münch-Komm AktG/*Pentz* § 23 Rn 15; *Huber* aaO, S 184 f). Sowohl historische Gründe, da § 23 Abs 5 die frühere reichsgerichtliche Rspr kodifiziert, die bei einem Verstoß gegen zwingendes AktienR ebenfalls eine Unvereinbarkeit mit dem Wesen der AG annahm (*Huber* aaO, S 185 ff), als auch systematische Gründe, da die Anwendung des § 23 Abs 5 ausschließlich auf anfängliche Satzungsbestimmungen nicht zu überzeugen vermag (*Röhricht* aaO Rn 203), als auch teleologische Gründe, da das Abstellen auf das zusätzliche Merkmal insb einer im öffentlichen Interesse gegebenen aktienrechtlichen Norm zusätzliche Auslegungsschwierigkeiten begründet, sprechen dafür, bei einem Verstoß gegen zwingendes Recht in jedem Fall von der Nichtigkeit der Satzungsbestimmung bzw des entspr satzungsändernden HV-Beschl auszugehen. Die Rechtsfolge der Nichtigkeit ist bei anfänglichen, mit zwingendem Aktienrecht nicht zu vereinbarenden Satzungsbestimmungen direkt aus § 23 Abs 5 zu entnehmen (ua *Röhricht* aaO). HV-Beschlüsse, die nachträglich zu mit zwingenden aktienrechtlichen Normen nicht zu vereinbarenden Satzungsänderungen führen, sind nach Nr 3 nichtig. Es kann dabei dahinstehen, ob dies unmittelbar aus dem Wesen der AG abgeleitet wird (so ua *K. Schmidt* aaO) oder ob die Vereinbarkeit mit dem Wesen der AG als stets im öffentlichen Interesse liegend erachtet wird und Var 1 damit stets von Var 3 erfasst ist (so Spindler/Stilz AktG/*Würthwein* Rn 204 ff, der dann folgerichtig eine eigenständige Bedeutung der Var 1 ablehnt, so auch *Zöllner* aaO Rn 97). Sinn und Zweck des § 23 Abs 5, der aus Gründen der Rechtssicherheit die unbedingte Einhaltung des zwingenden Aktienrechts für die Satzung fordert, begründen hier einen (auch im öffentlichen Interesse liegenden) Wesensverstoß (zur Möglichkeit einer Heilung bei auch anfänglichen Satzungsverstößen su § 242 Rn 6). 15

Ein Verstoß gegen gläubigerschützende Vorschriften und damit eine Nichtigkeit gem Nr 3 Var 2 setzt voraus, dass die betr Vorschriften **ausschließlich oder überwiegend dem Gläubigerschutz** dienen. Überwiegend in diesem Sinne ist, wenn der Gläubigerschutz oder das öffentliche Interesse eine wesentliche Komponente dieser Vorschrift darstellen (*Zöllner* aaO Rn 103 f; MünchKomm AktG/*Hüffer* Rn 54 ff). Nicht ausreichend ist, dass dem Gläubigerschutz nur reflexartige Nebenwirkung zukommt. Gläubigerschützende Vorschriften iSd zweiten Tatbestandsvariante des Nr 3 sind die 16

§§ 225, 233, 272, 303, 321 sowie außerhalb des AktG die §§ 22, 133, 134, 204, 224, 249 UmwG (*Hüffer* aaO Rn 54). Eine wesentliche Komponente stellt der Gläubigerschutz auch bei den die Kapitalerhaltung schützenden Normen dar (§§ 57, 71 ff, 207 Abs 3, vgl *BayObLG* AG 2002, 397, 398; *BGH* WM 2012, 1689, 1690; *Hüffer* aaO Rn 55; *Zöllner* aaO Rn 104).

17 Ein Verstoß gegen die im **öffentlichen Interesse** liegenden Vorschriften (Var 3) ist nach allg Ansicht **weit auszulegen** (KölnKomm AktG/*Zöllner* Rn 106) und setzt wie bei der Var 2 voraus, dass die Vorschriften jedenfalls überwiegend dem öffentlichen Interesse dienen. Hierunter fallen, sofern man dies nicht bereits als mit dem Wesen der AG als unvereinbar ansieht (so GroßKomm AktG/*K. Schmidt* 4. Aufl Rn 57 ff) die Normen, die die zwingende rechtliche Struktur der AG und damit auch die Kompetenzen der verschiedenen Organe festlegen (*Gessler* ZGR 1980, 438; MünchKomm AktG/*Hüffer* Rn 58; *OLG München* AG 2007, 173, 174: Verstoß gegen § 327a Abs 1 S 1). Im öffentlichen Interesse liegende Vorschriften sind auch die §§ 25 ff MitbestG (*BGHZ* 83, 106, 110; 83, 151, 153; 89, 48, 50). Nichtig nach der dritten Tatbestandsvariante sind ferner HV-Beschl, die den Grundsatz der individuellen gleichen Berechtigung und Verantwortung der AR-Mitglieder missachten (*BGH* NJW 1988, 260, 261; 1988, 1214). Auch Beschl, in denen die HV ihre Kompetenzen überschreitet wie zB außerhalb von § 119 liegende HV-Beschl unterfallen der dritten Tatbestandsvariante (*Zöllner* aaO Rn 117; *Hüffer* aaO Rn 62).

18 **4. Sittenwidrigkeit – Nr 4.** Tatbestandlich fordert Nr 4 nicht lediglich einen Fall der Sittenwidrigkeit, sondern darüber hinausgehend, dass der Beschl **seinem Inhalt nach** gegen die guten Sitten verstößt. Nr 4 erfasst somit nicht jeden Fall der Sittenwidrigkeit nach § 138 BGB (*RGZ* 166, 129, 131). Der praktische Anwendungsbereich dieser Norm für die AG ist gering. Zu unterscheiden sind im Wesentlichen zwei Fallkonstellationen. Grds ist ein HV-Beschl nach Nr 4 nur dann nichtig, wenn er seinem Inhalt nach gegen die guten Sitten verstößt, der Beschl also „für sich allein betrachtet" einen Sittenverstoß begründet. Liegt die Sittenwidrigkeit dagegen lediglich im Zustandekommen des Beschl oder dessen Beweggrund oder Zweck, so führt dies nur zur Nichtigkeit nach Nr 4 (*BGHZ* 8, 348, 356; *OLG München* NZG 2001, 616). Derartige Beschl sind lediglich anfechtbar (*BGHZ* 101, 113, 116; GroßKomm AktG/*K. Schmidt* Rn 67). Auch ein Machtmissbrauch oder Einschüchterungen führen lediglich zur Anfechtbarkeit eines HV-Beschl (*OLG München* aaO, 617; *BGHZ* 8, 348, 355). Eine Nichtigkeit nach § 241 Nr 4 kommt jedoch auch dann in Betracht, wenn allein der Beschl in einer mit dem Anstandsgefühl aller billig und gerecht Denkenden nicht vereinbaren Weise **auf die Schädigung Dritter**, nicht anfechtungsberechtigter Personen wie etwa Gläubigern der Gesellschaft **abzielt** – selbst wenn dies dem Wortlaut des Beschl noch nicht zu entnehmen ist – und die geschädigten Dritten den in Frage stehenden Beschl nicht durch eine Anfechtungsklage beseitigen können (*BGHZ* 15, 382, 386; *OLG Dresden* NZG 1999, 1109; MünchHdb AG/*Semler* Rn 20).

19 **5. Nichtigkeit nach rechtskräftigem Anfechtungsurteil – Nr 5.** Nach Nr 5 sind HV-Beschl, die auf Anfechtungsklage durch Urteil rechtskräftig für nichtig erklärt worden sind, nichtig. Umstr ist hierbei, ob die Gestaltungswirkung eines Anfechtungsurteils bereits aus allg Grundsätzen hervorgeht und Nr 5 daher nur klarstellende Funktion hat (so KölnKomm/*Zöllner* Rn 127) oder die Gestaltungswirkung erst durch Nr 5 angeordnet wird (so GroßKomm AktG/*K. Schmidt* Rn 69 ff).

Nichtigkeitsgründe § 241

6. Nichtigkeit nach Amtslöschungsverfahren – Nr 6. Nr 6 verweist auf § 398 FamFG, der folgenden Wortlaut hat: 20

§ 398
[Löschung nichtiger Beschlüsse]
Ein in das Handelsregister eingetragener Beschluss der Hauptversammlung oder Versammlung der Gesellschafter einer der in § 397 bezeichneten Gesellschaften sowie ein in das Genossenschaftsregister eingetragener Beschluss der Generalversammlung einer Genossenschaft kann nach § 395 als nichtig gelöscht werden, wenn er durch seinen Inhalt zwingende gesetzliche Vorschriften des Gesetzes verletzt und seine Beseitigung im öffentlichen Interesse erforderlich erscheint.

§ 398 FamFG hat mit Inkrafttreten am 1.9.2009 § 144 Abs 2 FGG abgelöst, entspricht diesem aber inhaltlich.

a) Anwendungsbereich. Die im Wesentlichen deklaratorische Bestimmung des Nr 6 verweist für die Voraussetzungen des Eintritts der Nichtigkeit auf das FamFG. Die wesentlichen Verfahrensregelungen für das **Amtslöschungsverfahren**, das vom Registergericht eingeleitet werden kann (die ehemals nach dem FGG daneben bestehende Möglichkeit für das LG wurde vom FamFG nicht übernommen), finden sich in den **§§ 393–395 FamFG (vor Inkrafttreten des FamFG in §§ 141-143, 144 Abs 2 FGG)**. Nr 6 iVm § 398 FamFG ist auf HV-Beschlüsse anwendbar, die in das HR eingetragen werden. Dies sind insb HV-Beschlüsse, bei denen die Eintragung konstitutiv wirkt wie zB bei Satzungsänderungen inklusive Kapitaländerungen, der Zustimmung zu Unternehmensverträgen oder Eingliederungen; auf solche konstitutiv wirkende HV-Beschl beschränkt sich Nr 6 iVm § 398 FamFG jedoch nicht (MünchKomm AktG/*Hüffer* Rn 75; *OLG Karlsruhe* AG 1986, 167; *OLG Hamm* AG 1994, 376). Da nach den §§ 20 Abs 2, 125, 202 Abs 3 UmwG Mängel von Verschmelzungs-, Spaltungs- und Umwandlungsbeschlüssen deren Wirksamkeit nach Eintragung nicht berühren, kommt in diesen Fällen eine Amtslöschung nicht in Betracht, da der Beschlussmangel nicht zur Unrichtigkeit des HR führt (GroßKomm AktG/*K. Schmidt* Rn 87). Gleiches gilt nach Durchführung eines Freigabeverfahrens nach den §§ 246a, 319 Abs 2, 16 Abs 3 UmwG (Spindler/Stilz AktG/*Würthwein* Rn 256 f). 21

b) Voraussetzungen für die Einleitung des Amtslöschungsverfahrens. Nach § 398 FamFG kann das zuständige Registergericht die Löschung solcher Beschl verfügen, die durch ihren Inhalt zwingende Vorschriften des Gesetzes verletzen und deren Beseitigung im öffentlichen Interesse erforderlich erscheint. Voraussetzung ist damit zunächst ein **inhaltlicher Verstoß**. Auch auf gravierenden Verfahrensverstößen beruhende HV-Beschl können jedenfalls nicht nach § 398 FamFG gelöscht werden. Ein **Verstoß gegen zwingende Vorschriften des Gesetzes** ist bei solchen HV-Beschl anzunehmen, die der Nichtigkeit nach § 241 Nr 3, 4 unterliegen (Keidel FamFG/*Heinemann* § 398 Rn 12; K. Schmidt/Lutter AktG/*Schwab* Rn 32; *OLG Hamm* AG 1994, 376). Wie bei Nr 3 unterfallen somit nicht nur Verstöße gegen das AktG selbst, sondern zB auch gegen das MitbestG einem möglichen Amtslöschungsverfahren. Bei dem zusätzlich erforderlichen **öffentlichen Interesse** hat das Gericht im Rahmen einer Einzelfallabwägung das Interesse an der Beseitigung des gegen Nr 3, 4 verstoßenden Beschl mit dem Bestandsinteresse der Gesellschaft abzuwägen (*Schwab* aaO Rn 34 ff; Spindler/Stilz AktG/*Würthwein* Rn 266 ff). Einem Amtslöschungsverfahren steht nicht 22

Göz 1843

entgegen, dass seit Eintragung des Beschl mehr als drei Jahre verstrichen sind, § 242 Abs 2 S 3 (beachte aber unten § 242 Rn 9). Die Vermutung für das Vorliegen eines öffentlichen Interesses kann analog § 246a dann widerlegt werden, wenn ein überwiegendes Interesse der Gesellschaft am Fortbestehen trotz eines Nichtigkeitsgrundes anzunehmen ist.

23 Kein Verstoß gegen zwingende Vorschriften iSd § 398 FamFG ist bei lediglich anfechtbaren HV-Beschl anzunehmen (*OLG Hamm* AG 1994, 376; Keidel FamFG/*Heinemann* § 398 Rn 10; aA MünchKomm AktG/*Hüffer* Rn 77, der allerdings in diesen Fällen im Regelfall das öffentliche Interesse verneint, Rn 79). Liegen die Voraussetzungen des § 398 FamFG vor, ist das Registergericht zur Einleitung des Amtslöschungsverfahrens verpflichtet (GroßKomm AktG/*K. Schmidt* Rn 89; aA K. Schmidt/Lutter AktG/*Schwab* Rn 36: pflichtgemäßes Ermessen; *Heinemann* aaO Rn 20).

24 **c) Verhältnis zu § 395 FamFG.** § 398 FamFG **schränkt die allgemeine Amtslöschungsvorschrift des** § 395 FamFG **ein** und verdrängt diese als abschließende Regelung (*OLG Karlsruhe* AG 1986, 167; *OLG Hamm* AG 1994, 36; Keidel FamFG/*Heinemann* § 398 Rn 4). Auch bei Vorliegen ggf schwerwiegender Verfahrensverstöße (zB nach § 241 Nr 1) scheidet daher eine Löschung von Amts wegen aus (**aA** MünchKomm AktG/*Hüffer* Rn 81; die von ihm als Begründung angeführte Entscheidung *RGZ* 85, 205, die die unrichtige Anmeldung eines mit anderem Inhalt gefassten Beschl betraf, dient jedoch lediglich der Zerstörung eines unzutr gesetzten Rechtsscheins nach § 15 HGB und fällt damit nicht in den Anwendungsbereich von § 398 FamFG, so dass das *RG* im Ergebnis zutreffend eine Amtslöschung nach § 142 FGG aF (= § 395 FamFG) annahm).

25 **d) Verfahren.** Das Amtslöschungsverfahren kann auf Antrag eines berufsständischen Organs gem § 380 Abs 1 FamFG oder von Amts wegen eingeleitet werden. Es beginnt nach § 398 FamFG iVm § 395 Abs 2 FamFG mit einer Nachricht an die Gesellschaft von der beabsichtigten Löschung unter Einräumung einer mindestens einmonatigen, auf Antrag verlängerbaren, Frist zur Geltendmachung eines Widerspruchs. Zuständig ist das Registergericht. Die nach § 143 FGG aF daneben bestehende Zuständigkeit des diesem im Instanzenzug vorgehenden *LG* wurde im FamFG nicht übernommen (Keidel FamFG/*Heinemann* § 398 Rn 25). Widerspruchsberechtigt sind in jedem Fall die betroffene Gesellschaft sowie, was vom jeweiligen Beschlussgegenstand abhängt, ausnahmsweise weitere Beteiligte, wenn in deren Rechte eingegriffen wird (*OLG Karlsruhe* AG 1986, 167; Spindler/Stilz AktG/*Würthwein* Rn 249). Wird dem Widerspruch nicht abgeholfen, kann hiergegen die sofortige Beschwerde erhoben werden. Nach Eintreten der formellen Rechtskraft, dh wenn entweder nicht fristgerecht Widerspruch erhoben oder dieser rechtskräftig zurückgewiesen wird, ergeht anschließend die Löschungsverfügung (*Würthwein* aaO Rn 250). Dies geschieht durch Eintragung eines entspr Vermerks im HR, § 395 Abs 1 S 2 FamFG. Allein diese formelle Voraussetzung führt unabhängig von ihrer materiellen Richtigkeit zur Nichtigkeit des HV-Beschl nach Nr 6 (KölnKomm AktG/*Zöllner* § 241 Rn 135). Die **Löschung erfolgt nach ganz hM mit Wirkung ex tunc** wobei Dritte in ihrem Vertrauen auf den eingetragenen HV-Beschl durch § 15 HGB geschützt werden sollen (*Zöllner* aaO Rn 139; MünchKomm AktG/*Hüffer* Rn 86). Entgegen der hM sprechen jedoch gute Gründe dafür, jedenfalls nach Ablauf der 3-Jahresfrist einer Amtslöschung nur ex-nunc-Wirkung zu verleihen, was sich lediglich bei (mindestens schon teilweise) umgesetzten Beschl auswirkt (Spindler/Stilz AktG/*Casper* § 242 Rn 23, ausf *ders* S 244 ff)

e) **Verhältnis zum streitigen Verfahren.** Das **Amtslöschungsverfahren** und ein **streitiges Verfahren** schließen sich gegenseitig nicht aus, so dass beide Verfahren nebeneinander betrieben werden können. Möglich ist in diesem Fall sowohl eine Aussetzung des streitigen Verfahrens nach § 148 ZPO als auch die **Aussetzung des Amtslöschungsverfahrens** nach § 381 FamFG. Letztere ist vorzugswürdig, da häufig insb bei gleichzeitiger Geltendmachung von Nichtigkeits- und Anfechtungsklage das streitige Verfahren einen umfasseneren Streitgegenstand hat (MünchKomm AktG/*Hüffer* Rn 87). Führt das streitige Verfahren zur Nichtigkeit des HV-Beschlusses, so erledigt sich damit das Amtslöschungsverfahren. Ebenso führt die Nichtigkeit im Amtslöschungsverfahren regelmäßig zur Erledigung eines streitigen Verfahrens (K. Schmidt/Lutter AktG/*Schwab* Rn 31). Bei Ablehnung der Nichtigkeit eines HV-Beschlusses im streitigen Verfahren ist das das Amtslöschungsverfahren betreibende Gericht hieran nicht gebunden; es wird diese Entscheidung aber bei seiner eigenen Entscheidung berücksichtigen (GroßKomm AktG/*K. Schmidt* Rn 107). 26

7. Anwendung der §§ 241 ff auf andere Beschlüsse. Für die Anwendung der §§ 241 ff auf Beschl anderer Organe der AG gilt folgendes: Die §§ 241 ff sind aufgrund der Verweisung in § 138 S 2 auf Sonderbeschl gewisser Aktionäre anwendbar (GroßKomm AktG/*K. Schmidt* Rn 31). Nicht anwendbar sind die §§ 241 ff dagegen auf Beschl des AR (*BGHZ* 122, 342, 347; 124, 111, 115) und auf Beschl des Vorstandes (*BGHZ* 164, 249). In diesen Fällen sind Beschlussmängel mit der allg Feststellungsklage gem § 256 ZPO gegen die Gesellschaft geltend zu machen. Diese wird im Falle mangelhafter AR-Beschlüsse durch den Vorstand und bei mangelhaften Vorstandsbeschlüssen durch den AR vertreten. 27

§ 242 Heilung der Nichtigkeit

(1) Die Nichtigkeit eines Hauptversammlungsbeschlusses, der entgegen § 130 Abs. 1 und 2 Satz 1 und Abs. 4 nicht oder nicht gehörig beurkundet worden ist, kann nicht mehr geltend gemacht werden, wenn der Beschluss in das Handelsregister eingetragen worden ist.

(2) ¹Ist ein Hauptversammlungsbeschluss nach § 241 Nr. 1, 3 oder 4 nichtig, so kann die Nichtigkeit nicht mehr geltend gemacht werden, wenn der Beschluss in das Handelsregister eingetragen worden ist und seitdem drei Jahre verstrichen sind. ²Ist bei Ablauf der Frist eine Klage auf Feststellung der Nichtigkeit des Hauptversammlungsbeschlusses rechtshängig, so verlängert sich die Frist, bis über die Klage rechtskräftig entschieden ist oder sie sich auf andere Weise endgültig erledigt hat. ³Eine Löschung des Beschlusses von Amts wegen nach § 398 des Gesetzes über das Verfahren in Familiensachen und in den Angelegenheiten der freiwilligen Gerichtsbarkeit wird durch den Zeitablauf nicht ausgeschlossen. ⁴Ist ein Hauptversammlungsbeschluss wegen Verstoßes gegen § 121 Abs. 4 Satz 2 nach § 241 Nr. 1 nichtig, so kann die Nichtigkeit auch dann nicht mehr geltend gemacht werden, wenn der nicht geladene Aktionär den Beschluss genehmigt. ⁵Ist ein Hauptversammlungsbeschluss nach § 241 Nr. 5 oder § 249 nichtig, so kann das Urteil nach § 248 Abs. 1 Satz 3 nicht mehr eingetragen werden, wenn gemäß § 246a Abs. 1 rechtskräftig festgestellt wurde, dass Mängel des Hauptversammlungsbeschlusses die Wirkung der Eintragung unberührt lassen; § 398 des Gesetzes über das Verfahren in Familiensachen und in den Angelegenheiten der freiwilligen Gerichtsbarkeit findet keine Anwendung.

§ 242

(3) **Absatz 2 gilt entsprechend, wenn in den Fällen des § 217 Abs. 2, § 228 Abs. 2, § 234 Abs. 3 und § 235 Abs. 2 die erforderlichen Eintragungen nicht fristgemäß vorgenommen worden sind.**

Übersicht

	Rn		Rn
I. Normzweck	1	4. Heilung durch Genehmigung bei der kleinen AG – Abs 2 S 4	7
II. Voraussetzungen einer Heilung	2		
1. Heilung durch Eintragung – Abs 1	3	5. Keine Eintragung des Urteils nach Freigabebeschluss – Abs 2 S 5	7a
2. Heilung durch Eintragung und Fristablauf – Abs 2	4	6. Von der Heilung ausgenommene Nichtigkeitsfälle	8
3. Entsprechende Anwendung der Heilung nach Abs 2 Unwirksamkeit – Abs 3	6	III. Rechtsfolgen der Heilung	9

Literatur: *Casper* Die Heilung nichtiger Beschlüsse im Kapitalgesellschaftsrecht, 1998.

I. Normzweck

1 § 242 schränkt bei im HR eingetragenen HV-Beschl über § 241 hinaus die Nichtigkeit ein und dient damit der Rechtssicherheit (*BGHZ* 144, 365, 368; Spindler/Stilz AktG/*Casper* Rn 1 ff). Grundlage für die Einschränkung der Nichtigkeit in § 242 ist die der Eintragung vorausgehende Prüfung durch des Registergericht und die mit der Eintragung verbundene Publizität (GroßKomm AktG/*K. Schmidt* Rn 1). Bei der später durch Einfügung hinzugekommenen Heilungsmöglichkeit nach Abs 2 S 4, der bei einer kleinen AG in Fällen nicht ordnungsgemäßer Einladungen eine Heilung nach einer Genehmigung der in ihren Rechten betroffenen Aktionäre ermöglicht, steht dagegen der Verzicht durch die von der Rechtsverletzung Betroffenen im Vordergrund. § 242 wird analog auch auf die GmbH angewandt (*BGHZ* 80, 212; 144, 365, 368).

II. Voraussetzungen einer Heilung

2 § 242 unterscheidet folgende Fälle: Nichtigkeitsfälle, bei denen die bloße Eintragung bereits zur Heilung führt (Abs 1), Nichtigkeitsfälle, bei denen zusätzlich zu der Eintragung der Mangel innerhalb der Drei-Jahres-Frist nicht gerichtlich gemacht wurde (Abs 2, 3), die Heilung infolge einer Genehmigung (Abs 2 S 4) und die Fälle, in denen keine Heilung möglich ist.

3 **1. Heilung durch Eintragung – Abs 1.** In den Nichtigkeitsfällen nach § 241 Nr 2 wg **Beurkundungsmängeln gemäß § 130 Abs 1, 2 oder 4 tritt die Heilung** des nichtigen Beschl **bereits mit Eintragung in das HR ein.** Maßgeblich ist dabei die Eintragung als solche, nicht die Einreichung zum HR oder die Bekanntmachung (KölnKomm AktG/*Zöllner* Rn 4). Die Eintragung muss in das zuständige HR beim Gericht der Hauptniederlassung der Ges erfolgen. In den Fällen der Heilung nach Abs 1 scheidet eine Amtslöschung (ebenso wie bei Abs 2 S 4 und 5) aus; Abs 2 S 3 gilt nicht. Die Heilung durch Eintragung in das HR wird auch durch die Erhebung einer Nichtigkeitsklage nicht verhindert (*Zöllner* aaO Rn 19). Geheilt werden nach Abs 1 allerdings nur Mängel der Beurkundung, nicht aber evtl weitere dem HV-Beschl anhaftende Mängel (GroßKomm AktG/*K. Schmidt* Rn 7; **aA** Spindler/Stilz AktG/*Casper* Rn 6, der hier eine Heilung nach Abs 2 S 1 in Erwägung zieht).

Heilung der Nichtigkeit § 242

2. Heilung durch Eintragung und Fristablauf – Abs 2. In den Nichtigkeitsfällen nach 4
§ 241 Nr 1 (Einberufungsmängel), Nr 3 (schwere inhaltliche Verstöße) und Nr 4 (Sittenwidrigkeit) muss zusätzlich zu der Eintragung der Ablauf einer Frist von drei Jahren erfolgen, in denen der HV-Beschluss nicht durch Klage angegriffen wird. Bzgl der Eintragung gelten die vorstehend zu Abs 1 dargestellten Grundsätze. Die Drei-Jahres-Frist beginnt mit Eintragung in das HR (§ 15 HRV, MünchKomm AktG/*Hüffer* Rn 7). Für ihre Berechnung gelten die §§ 187 Abs 1, 188 Abs 2 BGB. Somit beginnt zB bei einer Eintragung am 15.1.2006 die Frist am 16.1.2006 und endet mit Ablauf des 15.1.2009. § 193 BGB, nach dem bei einem Fristablauf am Samstag oder Sonntag der darauffolgende Werktag maßgeblich ist, ist nicht anwendbar, da es bei der Drei-Jahres-Frist nicht um die Vornahme einer Handlung, sondern um den Eintritt einer Rechtswirkung geht (*OLG Düsseldorf* AG 2003, 45; KölnKomm AktG/*Zöllner* Rn 33; aA GroßKomm AktG/*K. Schmidt* Rn 11; K. Schmidt/Lutter AktG/*Schwab* Rn 6; Spindler/Stilz AktG/*Casper* Rn 7). Erforderlich ist grds die Rechtshängigkeit der Klage vor Ablauf der Drei-Jahres-Frist, jedoch ist § 167 ZPO anwendbar, so dass eine demnächst erfolgende Zustellung zur Fristwahrung ausreicht (*BGH* NJW 1989, 904). Nicht möglich ist eine Wiedereinsetzung in den vorigen Stand (*Zöllner* aaO Rn 31).

Soll der **Eintritt einer Heilung nach § 242 Abs 2 verhindert** werden, muss somit **Klage** 5
erhoben werden (KölnKomm AktG/*Zöllner* Rn 3). Ausreichend ist dabei sowohl die Erhebung einer Nichtigkeitsfeststellungsklage nach § 249 als auch einer Anfechtungsklage nach § 248 (MünchKomm AktG/*Hüffer* Rn 8). Nicht ausreichend ist dagegen, wenn die Nichtigkeit nur als Einrede oder als zu klärende Vorfrage geltend gemacht wird. Strittig ist, ob die allg Feststellungsklage nach § 256 ZPO eine Heilung nach § 242 verhindern kann. Die höheren Publizitätsanforderungen und damit erzielte größere Rechtssicherheit eines Urteils im Vergleich zu aktienrechtlichen Beschlussmängelverfahren nach den §§ 241 ff gem § 249 sprechen dagegen, bereits bei Erhebung einer allg Feststellungsklage nach § 256 ZPO eine Fristverlängerung nach § 242 Abs 2 S 2 anzunehmen (so **hM** ua GroßKomm AktG/*K. Schmidt* Rn 12; *Hüffer* aaO; **aA** K. Schmidt/Lutter AktG/*Schwab* Rn 7 und *Zöllner* aaO Rn 52, dem zuzugeben ist, dass allein die bloße inter partes-Wirkung der Feststellungsklage kein überzeugendes Gegenargument ist, da die bloße Feststellungsklage jedenfalls in den Fällen nach § 242 Abs 3 eine Heilung verhindern kann). Die Erhebung einer Nichtigkeitsklage führt nicht zur Hemmung oder Verjährungsunterbrechung und verlängert die Heilungsfrist somit nur insoweit, als die endgültige Erledigung der Klage die Drei-Jahres-Frist überschreitet (und das Ergebnis der Klage nicht die Nichtigkeit des HV-Beschl ist, *Zöllner* aaO Rn 40, 43; *Schwab* aaO Rn 9).

3. Entsprechende Anwendung der Heilung nach Abs 2 Unwirksamkeit – Abs 3. In 6
den in Abs 3 aufgeführten Fällen der §§ 217 Abs 2, 228 Abs 2, 234 Abs 3 und 235 Abs 2 sind die dort gefassten Beschl zu Kapitalveränderungen unwirksam bis zu der Eintragung in das HR, die binnen einer bestimmten Frist zu erfolgen hat. Die in § 242 Abs 3 angeordnete entspr Anwendung von Abs 2 auf die in Abs 3 aufgeführten Fälle der Unwirksamkeit führt dazu, dass eine verspätet vorgenommene Eintragung, die zunächst den Beschl endgültig unwirksam werden lässt, nach Ablauf von drei Jahren seit der (verspäteten) Eintragung zur Heilung und damit zur Wirksamkeit des HV-Beschlusses führt (KölnKomm AktG/*Zöllner* Rn 26). Über die in Abs 3 aufgeführten Fälle der Unwirksamkeit hinaus ist **Abs 2 analog auch auf andere Fälle der Unwirksamkeit anwendbar** (*OLG Schleswig* NZG 2000, 895, 896; GroßKomm AktG/ *K. Schmidt* Rn 16).

Göz

Abs 2 gilt ferner entspr, wenn wie in den Fällen der Auflösung (§ 263 S 1), dem Abschluss und der Änderung eines Unternehmensvertrages (§§ 294 Abs 1, 295) und der Eingliederung (§ 319 Abs 4) nicht der Beschl der HV, sondern die Maßnahme selbst im HR eingetragen wird (K. Schmidt/Lutter AktG/*Schwab* Rn 22; Spindler/Stilz AktG/*Casper* Rn 30). Eine entspr Wirkung von Abs 2 wird auch bei Mängeln der Ursprungssatzung bejaht, die dann ebenfalls 3 Jahre nach Eintragung als geheilt anzusehen sind (*BGHZ* 144, 365, 367 f (für die GmbH); *Casper* aaO Rn 29; *Schwab* aaO Rn 24).

7 **4. Heilung durch Genehmigung bei der kleinen AG – Abs 2 S 4.** Diese nachträglich mit der Gesetzgebung zur kleinen AG eingeführte Heilungsvorschrift sieht vor, dass im Falle einer Einladung zur HV nach § 121 Nr 4 die Nichtigkeit des HV-Beschl infolge von Einladungsmängeln dadurch geheilt werden kann, dass der von dem Einladungsmangel betroffene Aktionär den HV-Beschl genehmigt. Anders als die übrigen Heilungsmöglichkeiten nach § 242 **stellt** diese Heilungsmöglichkeit somit **nicht auf eine Registereintragung ab**. Unerheblich ist, welcher Mangel im Einzelnen zu einem Verstoß gegen die in § 121 Abs 4 aufgeführten gesetzlichen Erfordernisse führt (Groß-Komm AktG/*K. Schmidt* Rn 18). Die zur Heilung führende **Genehmigung ist weder form- noch fristgebunden.** Sie ist dem Vorstand der Ges gegenüber zu erklären, ausreichend ist der Zugang bei einem Mitglied des Vorstands (MünchKomm AktG/*Hüffer* Rn 16; K. Schmidt/Lutter AktG/*Schwab* Rn 11). Die Heilung kann auch auf einzelne auf der HV gefasste Beschl beschränkt werden und andere davon ausnehmen (*K. Schmidt* aaO Rn 20).

7a **5. Keine Eintragung des Urteils nach Freigabebeschluss – Abs 2 S 5.** Keine Heilung, sondern die Absicherung der in § 246a Abs 4 S 2 (sowie entspr der §§ 319 Abs 6 S 11, 16 Abs 3 S 9 UmwG) geregelten Bestandskraft regelt Abs 2 S 5, indem er die Eintragung eines der Wirksamkeit des Beschl widersprechendes Urteils ausschließt. Wie der in diesen Fällen dennoch mögliche Schadenersatzanspruch und auch der Wortlaut des § 246a Abs 4 S 2 zeigen, bewirkt der Freigabebeschl keine Heilung, sondern verhindert lediglich widersprüchliche Eintragungen im HR (K. Schmidt/Lutter AktG/*Schwab* Rn 19).

8 **6. Von der Heilung ausgenommene Nichtigkeitsfälle.** Keine Heilung ist möglich, wenn der HV-Beschl nach **§ 241 Nr 5 oder § 241 Nr 6** nichtig ist. Ebenfalls scheidet eine Heilung aus in den Fällen der Unwirksamkeit nach **§§ 192 Abs 4, 212** (Groß-Komm AktG/*K. Schmidt* Rn 3). Auch Verschmelzungsbeschl werden nicht geheilt und bleiben daher nichtig; da die Verschmelzung jedoch unabhängig von der Wirksamkeit des HV-Beschl nach Eintragung wirksam ist, hat eine Heilung dort keine praktische Bedeutung (Spindler/Stilz AktG/*Casper* Rn 12).

III. Rechtsfolgen der Heilung

9 In Betracht kommt die Heilung nur bei eintragungsfähigen und tatsächlich eingetragenen HV-Beschlüssen. Liegen die Voraussetzungen der Abs 1–3 vor, so wird der hiervon erfasste HV-Beschl **ex tunc wirksam** und ändert damit die materielle Rechtslage (hM MünchHdb AG/*Semler* § 41 Rn 39; K. Schmidt/Lutter AktG/*Schwab* Rn 14; jeweils mwN zur Gegenauffassung; nach dieser bleibt der „geheilte" Beschl nichtig, niemand darf sich aber mehr auf die Nichtigkeit berufen). Relativiert wird eine Heilung insoweit, als in den Fällen der Heilung nach Abs 2, 3 die Durchführung eines Amtslöschungsverfahrens nach § 398 FamFG möglich bleibt, Abs 2 S 3. Zu einer Prü-

Anfechtungsgründe § 243

fung, ob ein öffentliches Interesse gem § 398 FamFG an der Löschung besteht, ist allerdings die in § 242 enthaltene Wertung zu berücksichtigen, dass der Ablauf der Drei-Jahresfrist nach Eintragung im Regelfall die Heilung nichtiger HV-Beschl herbeiführt (MünchKomm AktG/*Hüffer* Rn 24); zu berücksichtigen sind bei dieser Abwägung entgegen der hM auch die Interessen der Aktionäre (zutr Spindler/Stilz AktG/*Casper* Rn 23; ausf *ders* S 241).

Die Heilung hat zur Folge, dass der geheilte Beschl auch von Vorstand und AR als den Organen der Gesellschaft zu befolgen ist. Eine Haftung entfällt insoweit ebenfalls und kann sich nur noch darauf stützen, dass Vorstand und AR es unterlassen haben, Schritte gegen die Heilung des nichtigen Beschl zu unternehmen (GroßKomm AktG/ *K. Schmidt* Rn 13); enger zur Schadenersatzpflicht des Vorstandes (Spindler/Stilz AktG/*Casper* Rn 17).

§ 243 Anfechtungsgründe

(1) **Ein Beschluss der Hauptversammlung kann wegen Verletzung des Gesetzes oder der Satzung durch Klage angefochten werden.**

(2) ¹**Die Anfechtung kann auch darauf gestützt werden, dass ein Aktionär mit der Ausübung des Stimmrechts für sich oder einen Dritten Sondervorteile zum Schaden der Gesellschaft oder der anderen Aktionäre zu erlangen suchte und der Beschluss geeignet ist, diesem Zweck zu dienen.** ²**Dies gilt nicht, wenn der Beschluss den anderen Aktionären einen angemessenen Ausgleich für ihren Schaden gewährt.**

(3) **Die Anfechtung kann nicht gestützt werden:**
1. **auf die durch eine technische Störung verursachte Verletzung von Rechten, die nach § 118 Abs. 1 Satz 2, Abs. 2 und § 134 Abs. 3 auf elektronischem Wege wahrgenommen worden sind, es sei denn, der Gesellschaft ist grobe Fahrlässigkeit oder Vorsatz vorzuwerfen; in der Satzung kann ein strengerer Verschuldensmaßstab bestimmt werden,**
2. **auf eine Verletzung des § 121 Abs. 4a, des § 124a oder des § 128,**
3. **auf Gründe, die ein Verfahren nach § 318 Abs. 3 des Handelsgesetzbuchs rechtfertigen.**

(4) ¹**Wegen unrichtiger, unvollständiger oder verweigerter Erteilung von Informationen kann nur angefochten werden, wenn ein objektiv urteilender Aktionär die Erteilung der Information als wesentliche Voraussetzung für die sachgerechte Wahrnehmung seiner Teilnahme- und Mitgliedschaftsrechte angesehen hätte.** ²**Auf unrichtige, unvollständige oder unzureichende Informationen in der Hauptversammlung über die Ermittlung, Höhe oder Angemessenheit von Ausgleich, Abfindung, Zuzahlung oder über sonstige Kompensationen kann eine Anfechtungsklage nicht gestützt werden, wenn das Gesetz für Bewertungsrügen ein Spruchverfahren vorsieht.**

Übersicht

	Rn		Rn
I. Normzweck	1	b) Verletzung der Satzung	4
II. Anfechtungsgründe	2	c) Vertragsverletzungen	5
1. Anfechtung aufgrund Verletzung		2. Verfahrensfehler	6
von Gesetz oder Satzung – Abs 1	2	a) Vorliegen eines Verfahrens-	
a) Verletzung des Gesetzes	3	fehlers	7

Göz 1849

	Rn		Rn
b) Relevanz des Verfahrensfehlers	8	b) Abs 2 S 1	17
aa) Grundsätzliches	8	c) Abs 2 S 2	19
bb) Fehlen der Relevanz im		III. Ausschluss der Anfechtung nach Abs 3	20
Einzelfall	9	IV. Anfechtung bei Informations-	
3. Inhaltliche Fehler	10	pflichtverletzungen nach Abs 4	21
a) Regelfall	11	V. Rechtsfolgen der Rechtswidrigkeit	
aa) Treuepflicht	12	anfechtbarer Beschlüsse außerhalb	
bb) Gleichbehandlungsgebot	13	des Klageverfahrens	22
b) Notwendigkeit einer sachlichen Rechtfertigung	14	1. Pflichten des Hauptversammlungsvorsitzenden	23
c) Einschränkung der Inhaltskontrolle	15	2. Pflichten des Notars	24
		3. Pflichten des Vorstands	25
4. Anfechtung nach Abs 2 wegen Sondervorteil	16	4. Registergericht	26
a) Allgemeines	16	5. Fehlen einer Negativerklärung	28

Literatur: *Bachmann* Reform der Corporate Governance in Deutschland – Zum Juristengutachten 2012, AG 2012, 565; *Baums* Verhandlungen des 63. Juristentages, Bd 1, Teil F, 2000; *Ederle* Die jährliche Entsprechungserklärung und die Mär von der Selbstbindung, NZG 2010, 655; *Faßbender* Die Hauptversammlung der Aktiengesellschaft aus notarieller Sicht, RNotZ 2009, 425; *Habersack* Die Auswirkungen der Nichtigkeit des Beschlusses über die Bestellung des Abschlussprüfers auf den festgestellten Jahresabschluss, NZG 2003, 659; *Heinrich/Theusinger* Anfechtung wegen Informationsmängeln und Freigabeverfahren nach dem UMAG – ein ungeklärtes Verhältnis, BB 2006, 449; *Henze* Die Treupflicht im Aktienrecht, BB 1996, 489; *Hoffmann-Becking* Der Einfluss schuldrechtlicher Gesellschaftervereinbarungen auf die Rechtsbeziehungen in der Kapitalgesellschaft, ZGR 1994, 442; *Hüffer* Anfechtbarkeit von HV-Beschlüssen wegen Abweichung von der Entspechenserklärung, Schriftenreihe VGR, Bd 16, S 63; *Kiefner* Fehlerhafte Entsprechenserklärung und Anfechtbarkeit von Hauptversammlungsbeschlüssen, NZG 2011, 201; *Krieger* Corporate Governance und Corporate Governance Kodex in Deutschland, ZGR 2012, 202; *Lutter* Die Eintragung anfechtbarer Hauptversammlungsbeschlüsse im Handelsregister, NJW 1969, 1873; *Mülbert/Wilhelm* Grundfragen des Deutschen Corporate Governance Kodex und der Entsprechenserklärung nach § 161 AktG, ZHR 176 (2012), 286; *Müller* Der befangene Abschlussprüfer im Unternehmensverbund, NZG 2004, 1037; *Röhricht* Von Wissenschaft und Rechtsprechung, ZGR 1999, 445; *Spindler* Die Reform der Hauptversammlung und der Anfechtungsklage durch das UMAG, NZG 2005, 825; *Schwichtenberg/Krenek* BB-Rechtsprechungsreport zum Aktienrecht im OLG-Bezirk München im Jahr 2009; *Ulmer* Verletzung schuldrechtlicher Nebenabreden als Anfechtungsgrund im GmbH-Recht, NJW 1987, 1849; *Veil* Klagemöglichkeiten bei Beschlussmängeln der Hauptversammlung nach dem UMAG, AG 2005, 567; *Weißhaupt* Informationsmängel in der Hauptversammlung – Die Neuregelungen durch das UMAG, ZIP 2005, 1766; *Wilhelmi* Der Notar in der Hauptversammlung der Aktiengesellschaft, BB 1987, 1331; *M. Winter* Die Anfechtung eintragungsbedürftiger Strukturbeschlüsse de lege lata und de lege ferenda, FS Ulmer, 2003, S 699.

I. Normzweck

1 § 243 regelt im Verbund mit anderen Normen die Anfechtung von rechtswidrigen HV-Beschl. Die Anfechtung ist ein Gestaltungsrecht, da Ziel der Anfechtungsklage die Nichtigkeitserklärung des HV-Beschl und damit eine unmittelbare Veränderung der Rechtslage durch gerichtliches Urteil ist. Der fehlerhafte, jedoch nicht nichtige HV-

Beschl ist, bis er durch ein rechtskräftiges Urteil für nichtig erklärt wird, zunächst wirksam (*BGH* NJW 2006, 472, 474; MünchKomm AktG/*Hüffer* Rn 5). Bis zum Ablauf der Möglichkeit der Geltendmachung einer Anfechtungsklage oder deren endgültiger Beendigung besteht somit eine Schwebelage. § 243 regelt die Anfechtungsgründe. Zentraler Normbestandteil ist dabei Abs 1, der durch das Gebot der Einhaltung von Gesetz und Satzung in formeller Hinsicht den Maßstab vorgibt, den jeder HV-Beschluss einzuhalten hat. Aus Abs 1 iVm § 23 Abs 5 ergibt sich dabei eine Normenhierarchie Gesetz-Satzung-HV-Beschl (GroßKomm AktG/*K. Schmidt* Rn 8). Abs 2 sieht ein Anfechtungsrecht in einem Sonderfall der materiellen Beschlusskontrolle von HV-Beschl vor. Abs 3 nimmt klarstellend einen möglichen Verfahrensverstoß vom Anfechtungsrecht aus. Abs 4 schränkt entspr der bisherigen Rspr das Anfechtungsrecht für Verfahrensverstöße ein, indem klargestellt wird, dass nicht aufgrund jeden Verfahrensverstoßes eine Anfechtungsklage erhoben werden kann. Das in § 243 anerkannte Anfechtungsrecht von HV-Beschl verfolgt einen **doppelten Normzweck**. Durch die Möglichkeit der Anfechtung dient es zunächst der Kontrolle fehlerhafter HV-Beschlüsse (*BGHZ* 153, 32, 45: „Instrument der **Rechtskontrolle**"). Dieses durch das Anfechtungsrecht eingeräumte Kontrollrecht wird aber in Zusammenschau insb mit den §§ 245, 246 kanalisiert und damit beschränkt. § 243 dient damit auch der **Rechtssicherheit**, indem klargestellt wird, dass Beschlussmängel nicht unbeschränkt, sondern nur in dem vom Recht vorgegebenen Rahmen geltend gemacht werden können (Spindler/Stilz AktG/*Würthwein* Rn 30).

II. Anfechtungsgründe

1. Anfechtung aufgrund Verletzung von Gesetz oder Satzung – Abs 1. Abs 1 fasst in formeller Hinsicht die Anforderungen zusammen, die rechtmäßige HV-Beschl erfüllen müssen. Anfechtbar ist danach ein HV-Beschl, der entweder das Gesetz oder die Satzung verletzt. Bei der Frage des Vorliegens eines zur Anfechtung führenden Beschlussmangels wird neben den in Abs 1 ausdrücklich geregelten formellen Kriterien weiterhin häufig nach der Art des Beschlussmangels unterschieden zwischen **Verfahrensverstößen**, die das Zustandekommen von HV-Beschl betreffen und **Inhaltsverstößen**, bei denen der konkrete Beschlussinhalt nicht im Einklang mit der Rechtsordnung steht (hierzu su Rn 6 ff). Für den HV-Beschl als Anfechtungsgegenstand gelten dieselben Grundsätze wie für die Nichtigkeit (s.o. § 241 Rn 2), so dass insb auch negative Beschl, bei denen eine Beschlussfassung abgelehnt wurde, der Anfechtung unterliegen (ggf iVm einer positiven Beschlussfeststellungsklage, s hierzu unten § 246 Rn 45). 2

a) Verletzung des Gesetzes. Verletztes „Gesetz" iSd §Abs 1 können entspr dem **materiellen Gesetzesbegriff des Art 2 EGBGB** jedes Gesetz im formellen Sinne (sowohl innerhalb als auch, insofern für die AG maßgeblich, außerhalb des AktG), Gewohnheitsrechtsnormen, Rechtsverordnungen und Satzungen öffentlich-rechtlicher Körperschaften (praktisch wenig bedeutsam) sein. Da nicht nur geschriebene, sondern auch ungeschriebene Rechtsnormen dem materiellen Gesetzesbegriff unterfallen, fällt hierunter auch die Verletzung der gesellschaftsrechtlichen Treuepflicht (Spindler/Stilz AktG/*Würthwein* Rn 58). Die nicht endgültig geklärte Frage, ob auch die Verletzung von Sollvorschriften zur Anfechtbarkeit führt, ist in erster Linie unter Heranziehung der verletzten Norm selbst zu überprüfen. Nach deren Auslegung kann ein „Soll" ein „Muss" oder auch ein „Kann" bedeuten (GroßKomm AktG/*K. Schmidt* Rn 12). Dies 3

wird im Ergebnis häufig zur Anfechtbarkeit führen, so ua bei einem Verstoß gegen
§ 113 Abs 1 S 3, 121 Abs 5 S 1, 143 Abs 1, 176 Abs 1 S 2 und 3, 182 Abs 4 S 1, (sehr
str, vgl *Hüffer* AktG § 182 Rn 29), 234 Abs 2 S 2, nicht aber in den Fällen der §§ 118
Abs 2, 120 Abs 3, 121 Abs 3 S 1, 175 Abs 3 S 2, 234 Abs 2 S 3 (MünchKomm AktG/
Hüffer Rn 19; *Würthwein* aaO Rn 63). Keine Gesetzesqualität (und auch keine Satzungsqualität) kommt dem DCGK zu (*BGHZ* 180, 9, 23). Dennoch kann aber eine
unrichtig abgegebene Entsprechenserklärung des Vorstands und des AR nach § 161
die Anfechtbarkeit des Entlastungsbeschlusses von Vorstand und AR begründen,
wenn dieser Verstoß gegen den DCGK relevant iSd Abs 4 S 1 ist. (*BGH* AG 2009,
824, 826). Ebenso, wenn Vorstand und AR erklären, überhaupt keine Entsprechenserklärung iSd § 161 abzugeben (*OLG München* AG 2009, 450, 451 f). Zu weit dagegen,
wenn bei einem Beschlussvorschlag des AR, der im Widerspruch zu der Entsprechenserklärung steht, die Nichtigkeit des AR-Beschl angenommen und hieraus
Anfechtbarkeit des HV-Beschl begründet wird (zu Recht krit *Ederle* NZG 2010, 655,
659; *Kiefner* NZG 2011, 201, 207; *Hüffer* Schriftenreihe VGR Bd 16, S 63, 76; *Mülbert/
Wilhelm* ZHR 176 (2012), 286, 295 ff gegen *OLG München* AG 2009, 294, 295; *LG
Hannover* AG 2010, 459; grds krit zur Anfechtbarkeit als Sanktion im Falle eines Verstoßes gegen den DCGK: DAV-Handelsrechtsausschuss 2012, 380, 383; *Krieger* ZGR
2012 202, 221ff; *Bachmann* AG 2012, 565,570 f).

4 b) Verletzung der Satzung. Ein Verstoß gegen die Satzung setzt zunächst voraus, dass
die entspr Satzungsbestimmung formell und materiell wirksam und somit auch schriftlich niedergelegt ist. Ausnahmsweise kein Anfechtungsgrund liegt bei einem Satzungsverstoß vor, wenn die entspr Satzungsbestimmung keinen korporativen Satzungsbestandteil darstellt und damit nicht Bestandteil des Organisationsstatuts der Gesellschaft
ist, sondern lediglich schuldrechtlich wirkt und nur aus formalen Gründen in die Satzung aufgenommen wurde (GroßKomm AktG/*K. Schmidt* Rn 14 f). Bei Satzungsdurchbrechungen ist zu unterscheiden. Die zustandsbegründende **Satzungsdurchbrechung**
verlangt für ihre Wirksamkeit die notarielle Beurkundung sowie die Eintragung im HR
und ist ohne Vorliegen dieser Voraussetzungen unwirksam (*BGHZ* 123, 15, 19 f). In diesem Fall scheidet auch eine Anfechtung aus. Bei der punktuellen Satzungsdurchbrechung ist dagegen der Weg der Anfechtung eröffnet, da dieser Beschl nach Ablauf der
Anfechtungsfrist andernfalls endgültig rechtswirksam wird, sofern nicht bereits bei
Beschlussfassung auf die Abweichung von der Satzung hingewiesen, der Beschl mit satzungsändernder Mehrheit gefasst und im HR eingetragen wird (K. Schmidt/Lutter
AktG/*Schwab* Rn 18; s auch oben § 179 Rn 9 ff).

5 c) Vertragsverletzungen. Anerkannt ist der Grundsatz, dass eine Verletzung vertraglicher Verpflichtungen einer Gesetzes- oder Satzungsverletzung nicht gleichsteht und
daher nicht zur Anfechtbarkeit führt (GroßKomm AktG/*K. Schmidt* Rn 18). Umstr ist
die Frage allerdings für **Stimmbindungsverträge/Konsortialverträge**. In zwei die
GmbH betreffenden Fällen hat der *BGH* eine Anfechtung des unter Verstoß gegen
den Stimmbindungsvertrag gefassten Gesellschaftsrechtsbeschlusses bejaht, wenn alle
Gesellschafter Partei des Stimmbindungsvertrags sind (*BGH* NJW 1983, 1910; 1987,
890). Da bei entspr Fassung des Stimmbindungsvertrags die Verbindlichkeit und auch
Durchsetzbarkeit eines Stimmbindungsvertrags anerkannt ist, sprechen ungeachtet
dogmatischer Schwierigkeiten gute Gründe dafür, bei einer Bindung sämtlicher
Gesellschafter dann auch die Anfechtbarkeit zu bejahen (iE zust *K. Schmidt* aaO
Rn 19; K. Schmidt/Lutter AktG/*Schwab* Rn 19; Baumbach/Hueck GmbHG/*Zöllner*

§ 47 Rn 118; abl MünchKomm AktG/*Hüffer* Rn 24; Spindler/Stilz AktG/*Würthwein* Rn 74 ff; Lutter/Hommelhoff GmbHG/*Bayer* Anh § 47 Rn 44 mit Einschränkung ebenso *Hoffmann-Becking* ZGR 1994, 442, 450; *Ulmer* NJW 1987, 1849 f).

2. Verfahrensfehler. Bei der Prüfung der Anfechtbarkeit von Verfahrensfehlern sind folgende zwei Prüfungsschritte zu durchlaufen: Auf einer ersten Stufe ist zunächst zu prüfen, ob überhaupt ein Verfahrensfehler vorliegt. Anschließend ist zu prüfen, ob dieser Verfahrensfehler auch zur Anfechtbarkeit führt. Dies bestimmt sich entspr der neuen Rspr nach der Relevanz des Verfahrensfehlers für die Beschlussfassung. **6**

a) Vorliegen eines Verfahrensfehlers. Ein Verfahrensfehler liegt vor, wenn der HV-Beschl unabhängig von seinem Inhalt hinsichtlich seines Zustandekommens Gesetz oder Satzung verletzt. Ein solcher Verfahrensverstoß kann sich auf die Vorbereitung der HV beziehen, wenn etwa die Einladung oder Bekanntmachung fehlerhaft und weder ein Fall der Nichtigkeit (§ 241 Nr 1) noch eine solche Mängel heilende Vollversammlung (§ 121 Abs 6) vorliegt. Sie kann sich ferner auf die Durchführung der HV erstrecken, wenn das Teilnahmerecht, Rederecht oder, praktisch häufig, das Informationsrecht des Aktionärs verletzt werden. Ein Verfahrensfehler kann auch in einer unrichtigen Feststellung des Beschlussergebnisses bestehen, wenn etwa beim Feststellen des Abstimmungsergebnisses Fehler unterlaufen sind oder Stimmen zu Unrecht berücksichtigt oder nicht berücksichtigt wurden. **Weitere Beispiele** für Verfahrensfehler sind: Vorbereitungsfehler liegen vor bei Verstößen gegen § 121 Abs 5 (Ort der HV, *BGH* AG 1985, 188, 198), gegen § 124 Abs 1 (Bekanntmachung Tagesordnung, *OLG Köln* AG 2003, 448), bei Verstößen gegen § 124 Abs 3 (Beschlussvorschlag eines unterbesetzten Vorstands, *OLG Dresden* AG 2000, 43, 44 f). Durchführungsfehler können vorliegen bei Vornahme unberechtigter Ordnungsmaßnahmen wie zB dem unberechtigten Ausschluss einzelner Aktionäre von der HV (*BGHZ* 44, 245, 251 ff), bei Informationspflichtverletzungen, wenn Auskünfte verweigert werden (*BGHZ* 119, 1, 18 f; 122, 211, 238 ff), bei Verletzung von Berichtspflichten (*BGHZ* 62, 193, 194 f; bei Fehlen eines nach § 312 erforderlichen Abhängigkeitsberichts für Entlastung – bei Verletzung der Berichtspflicht bei Ausschluss des Bezugsrechts) (*BGHZ* 83, 319, 325 f); bei fehlerhaftem Verschmelzungsbericht, § 8 UmwG (*BGHZ* 107, 226, 306 f; *BGH* AG 1990, 259, 262). Eine unrichtige Beschlussfeststellung kann vorliegen bei der Nichtbeachtung eines Stimmverbots durch Versammlungsleiter (*BGH* NJW 1973, 2039; *BGHZ* 97, 28, 30 ff; 104, 66, 69) oder der Verkennung der erforderlichen Mehrheit durch den Versammlungsleiter (*BGHZ* 76, 191, 197). **7**

b) Relevanz des Verfahrensfehlers. – aa) Grundsätzliches. Der Wortlaut des Abs 1, nach dem jeder Verfahrensverstoß zur Anfechtbarkeit eines HV-Beschl führen würde, bedarf der Einschränkung (*BGHZ* 160, 385, 391). Die Rspr stellte daher lange Zeit das weitere Erfordernis auf, dass das Beschlussergebnis auf dem Verstoß gegen den Verfahrensfehler beruhen müsse (*RGZ* 119, 243, 246; *BGHZ* 36, 121, 139). Die ältere Rspr verlangte eine tatsächliche Kausalität und prüfte, ob der Verfahrensverstoß ursächlich für den gefassten Beschl war (KölnKomm AktG/*Zöllner* Rn 90 mit weiteren Hinweisen). Von dieser strengen Kausalitätsbetrachtung hat sich die Rspr dann schrittweise entfernt, indem zunächst klar gestellt wurde, dass zwar grundsätzlich die Ursächlichkeit des Verstoßes für den Beschl nicht erforderlich sei, die Anfechtbarkeit aber dann ausscheide, wenn klar zu Tage läge, dass die beanstandeten Beschl nicht auf dem Verfahrensverstoß beruhen können (*RGZ* 110, 194, 198; 119, 243, 246). Problem **8**

Göz

der (auch eingeschränkten) Kausalität ist jedoch, dass die Einhaltung auch zwingender Verfahrensvorschriften letztlich in das Belieben der Hauptversammlungsmehrheit gestellt wird, wenn diese klar stellt, dass der Verfahrensverstoß keine Bedeutung für ihre Stimmabgabe hat. Die Rspr hat daher den Grundsatz aufgestellt, dass eine solche Erklärung der Mehrheit nicht für den von der Gesellschaft zu führenden Beweis ausreiche, dass die Verletzung des Auskunftsrechts ohne Einfluss auf den angefochtenen HV-Beschl geblieben sei (*BGHZ* 36, 121, 139). Mit dieser Feststellung, die danach in dem zwischenzeitlich aufgehobenen, der Sache nach aber weiter geltenden § 243 Abs 4 aF kodifiziert war (§ 243 Abs 4 aF wurde durch das am 1.11.2005 in Kraft getretene UMAG aufgehoben. Zur Fortgeltung des dort ausdrücklich geregelten Grundsatzes BT-Drucks 15/5092, 26) hat die Rspr klar gestellt, dass letzten Endes **Kausalitätsüberlegungen nicht entscheidend** sein können. Die Rspr stellte in der Folgezeit darauf ab, ob ein objektiv urteilender Aktionär trotz des Verfahrensverstoßes ebenso abgestimmt haben würde (*BGHZ* 36, 121, 140; 107, 296, 307; 119, 1, 19 – „potentielle Kausalität", vgl GroßKomm AktG/*K. Schmidt* Rn 23; *Zöllner* aaO Rn 80). Bei dem objektiv urteilenden Aktionär stellte die Rspr dann vorrangig auf die Unverzichtbarkeit der Verfahrensvorschrift und weniger auf die hypothetische Stimmabgabe im Falle der Beachtung der Verfahrensvorschrift ab (*BGHZ* 107, 296, 307 ff; 119, 1, 19 f). Nachdem das Abstellen auf die potentielle Kausalität wg der von der Rspr aufgestellten Beweishürden für das alternative Stimmverhalten des objektiv urteilenden Aktionärs bereits weitgehend der von der neueren Lehre entwickelten **Relevanztheorie** und somit der Anerkennung einer **wertenden Betrachtungsweise** entsprach (grundlegend *Zöllner* aaO Rn 81 ff; ihm folgend ua *K. Schmidt* aaO Rn 24; MünchKomm AktG/*Hüffer* Rn 29 ff.), hat die Rspr mittlerweile auch terminologisch den Wechsel zur Relevanztheorie vollzogen (*BGHZ* 149, 158, 164 ff; m Anm *Goette* DStR 2002, 1314; *BGHZ* 160, 385). Maßgebend ist nach der aktuellen Rspr des *BGH* nun die Relevanz des Verfahrensverstoßes für das Mitgliedschafts- bzw Mitwirkungsrecht des Aktionärs. Die Rechtsfolge der Anfechtbarkeit rechtfertigt sich auf der Grundlage einer wertenden, am Schutzzweck der verletzten Norm orientierten Betrachtung. Der *BGH* hat sich von der Kausalität verabschiedet, indem er das Vorliegen eines relevanten und zur Anfechtbarkeit berechtigenden Verstoßes gegen Verfahrensvorschriften nicht davon abhängig macht, ob bei einer Beachtung der Verfahrensvorschrift ein objektiv urteilender Aktionär dann tatsächlich anders abgestimmt hätte (*BGHZ* 160, 385, 392; ebenso die **hL** *Zöllner* aaO Rn 94 ff; *K. Schmidt* aaO Rn 24 ff; *Hüffer* aaO Rn 30; MünchHdb AG/*Semler* § 41 Rn 29). Ursache der Anfechtbarkeit im Fall des Vorliegens eines Verfahrensverstoßes ist somit der Grundgedanke, dass dem verfahrensfehlerhaft zustande gekommenen Beschl ein Legitimationsdefizit anhaftet, das die Anfechtbarkeit begründet (*K. Schmidt* aaO Rn 24; Spindler/Stilz AktG/*Würthwein* Rn 85; *BGHZ* 160, 385, 392). Der Gesetzgeber hat die in der neueren Lehre und Rspr vertretene Relevanztheorie in Abs 4 S 1 für den Fall von Informationspflichtverletzungen „aufgegriffen und verdichtet" (BT-Drucks 15/5092, 26). Da nach Abs 4 S 1 eine Anfechtbarkeit aber nur vorliegt, wenn ein objektiv urteilender Aktionär die Erteilung der Information als wesentliche Voraussetzung für die sachgerechte Wahrnehmung der Teilnahme- und Mitgliedschaftsrechte angesehen hätte, werden die Anforderungen für eine Anfechtbarkeit im Vergleich zur bisherigen Rspr erhöht, die in jeder mangelhaften Auskunft, die aus Sicht eines objektiv urteilenden Aktionärs zur sachgerechten Beurteilung erforderlich war, einen relevanten Verstoß sah (*Weißhaupt* ZIP 2005, 1766, 1771) und lediglich bei marginalen Verfahrensverstößen ausnahmsweise die für die Anfechtbarkeit erforderliche Relevanz absprach (*BGHZ* 153, 32, 37). Dem vom Gesetzgeber im Vergleich zur Rspr zusätzlich eingeführten Kriterium der Wesentlichkeit (krit hierzu *Veil* AG 2005, 567, 569; *Spindler* NZG 2005, 825, 829) liegt der zutreffende Gedanke zugrunde, dass die aktuelle Rspr bei Verwendung der zutreffenden Kriterien der Relevanztheorie in entscheidenden Einzelfällen zT zu großzügig eine Anfechtbarkeit bejaht hatte. So nahm die Rspr einen relevanten Verstoß gegen das Teilnahme- und Mitwirkungsrecht der Aktionäre an, wenn der vom Vorstand bei der Ankündigung der Tagesordnung unterbreitete Beschlussvorschlag durch einen nicht ordnungsgemäß besetzten Vorstand vorgenommen wurde (*BGHZ* 149, 158, 164 f) oder wenn bei der Bekanntmachung der Tagesordnung zur HV ein Vorschlag zur Wahl des Abschlussprüfers vom (unzuständigen) Vorstand und dem (zuständigen) AR unterbreitet wurde, der Vorstand vor Beginn der Abstimmung aber erklärt hat, dass der Wahlvorschlag nur vom AR, nicht aber vom Vorstand unterbreitet werde und der Versammlungsleiter auch anschließend nur über den Vorschlag des AR abstimmen ließ (*BGHZ* 153, 32). In diesen Fällen ist der **Grundgedanke der Relevanztheorie, die Teilnahme- und Mitwirkungsrechte der Aktionäre zu schützen**, nicht in relevanter Weise beeinträchtigt, da bei wertender Betrachtung der Meinungsbildungsprozess und das Stimmverhalten der Aktionäre nicht dadurch beeinflusst wird, ob der zutreffend wiedergegebene (und die Aktionäre ohnehin nicht bindende) Verwaltungsvorschlag von einer ausreichenden Zahl von Mitgliedern des Vorstands unterbreitet wird (*BGHZ* 149, 158) oder ob bei dem vom AR zu machenden Beschlussvorschlag auch noch ein zudem vor Abstimmung der HV wieder zurückgezogener zusätzlicher Vorschlag des Vorstands aufgeführt wird (*BGHZ* 153, 32). Auch der in *BGHZ* 153, 32 aufgestellte Grundsatz, dass regelmäßig jeder gesetzwidrig und damit nicht ordnungsgemäß bekannt gemachte Tagesordnungspunkt einen Beschl anfechtbar macht, ist zu weit. Zutreffenderweise begründen Beschlussmängel anderer Organe im Vorfeld von HV-Beschl nicht ohne Weiteres deren Anfechtbarkeit. Über die in Abs 4 S 1 vom Gesetzgeber ausdrücklich geregelte Informationspflicht hinaus lässt sich der Grundsatz verallgemeinern, dass bei der nach der Relevanztheorie vorzunehmenden Wertung der Verfahrensverstöße nicht bloß theoretisch denkbare, sondern lediglich „wesentliche" und für die Teilnahme- und Mitwirkungsrechte bedeutsame Verstöße gegen Verfahrensvorschriften zur Anfechtbarkeit führen können. Ein relevanter Verstoß liegt danach zB dann vor, wenn Vorschläge der Verwaltung sachlich unzutreffend wiedergegeben werden oder Angaben in der Einladung wie zB Ergebnisse eines Wertgutachtens falsch sind (*OLG Köln* AG 2003, 448).

bb) Fehlen der Relevanz im Einzelfall. Berechtigtes **Ziel der Relevanztheorie** ist es, 9 zur Sicherung der Legitimation eines HV-Beschl zu verhindern, dass den ggf auch nur geringfügig beteiligten Aktionären deren Informations- oder Teilhaberrechte entzogen werden. Nach der Relevanztheorie sind somit die einzelnen Verfahrensvorschriften darauf zu untersuchen, ob ein Verstoß gegen die Verfahrensvorschriften zu einer relevanten Beeinträchtigung der nicht entziehbaren Informations- oder Teilhaberrechte führt. Haben Verfahrensfehler keine Auswirkung auf den Meinungsbildungsprozess des einzelnen Aktionärs (wie zB bei fehlerhafter Beschlussfeststellung), so führen sie nur dann zur Anfechtbarkeit, wenn sie sich (kausal) auf die Beschlussfassung auswirken. **Relevante Verfahrensverstöße** sind danach grundsätzlich, sofern sie nicht sogar zur Nichtigkeit führen, Vorbereitungsfehler wie zB Einberufungsmängel oder Durchführungsmängel wie zB Verstöße gegen das Teilnahmerecht (s.o. Rn 8).

Eine relevante Verletzung von Teilnahmerechten kann auch in der Verweigerung von Informationsrechten der Aktionäre vorliegen. Erforderlich ist hierbei jedoch, dass die vorenthaltene Information wesentliche Voraussetzung für die sachgerechte Wahrnehmung der Teilnahme- und Mitgliedschaftsrechte ist. Ein **relevanter Verfahrensverstoß ist dagegen abzulehnen** bei reinen Formfehlern wie zB offenbaren Schreibfehler der Bekanntgabe der HV (Spindler/Stilz AktG/*Würthwein* Rn 114). Auch die Unvollständigkeit oder Unrichtigkeit eines Teilnehmerverzeichnisses nach § 129 führt zu keiner relevanten Verletzung von Teilnahme- und Mitwirkungsrechten der Aktionäre, sofern hierdurch nicht ein abw Abstimmungsergebnis entsteht (*Würthwein* aaO Rn 119). Nicht verletzt werden die Teilnahme- und Mitwirkungsrechte auch dann, wenn zwar die Beschlussergebnisfeststellung unzutreffend ist, etwa bei Zulassung nicht berechtigter Aktionäre oder unzutreffender Nicht-Berücksichtigung von Stimmverboten, diese Verstöße aber keine Auswirkungen haben, dh also nicht kausal für die Annahme oder Ablehnung des Beschlusses sind. Eine Anfechtbarkeit entfällt ferner dann, wenn alle Aktionäre in Kenntnis des Verstoßes gegen Gesetz oder Satzung dem Beschlussvorschlag zustimmen (*Würthwein* aaO Rn 46, 252). Auch die Leitung der HV durch einen unzuständigen Versammlungsleiter kommt nur dann in Betracht, wenn sich konkrete Maßnahmen eines solchen Versammlungsleiters iSd Relevanz auf den angefochtenen Abschluss inhaltlich ausgewirkt haben (*OLG Frankfurt* NZG 2012, 942).

10 3. **Inhaltliche Fehler.** Der HV-Beschl leidet an einem inhaltlichen Fehler, wenn der Mangel eines HV-Beschl nicht auf seinem Zustandekommen, sondern auf der Regelung als Ergebnis der Beschlussfassung beruht (*Hüffer* AktG Rn 20). Hierbei kann ein Verstoß gegen das Gesetz, die Satzung oder auch gegen einen alle Aktionäre bindenden Konsortialvertrag vorliegen. Verstöße gegen Gesetze können zum einen gegen Einzelvorschriften vorliegen oder, praktisch bedeutsamer, gegen Generalklauseln wie die gesellschaftsrechtliche Treuepflicht oder das Gleichbehandlungsgebot (§ 53a). Liegt ein solcher Verstoß vor, so ist ein HV-Beschl, sofern kein Fall der Nichtigkeit gem § 241 gegeben ist, anfechtbar, ohne dass es hierbei auf eine Relevanz oder Kausalität ankommt (GroßKomm AktG/*K. Schmidt* Rn 40). Die Überprüfung von HV-Beschlüssen an inhaltlichen Vorgaben wird als **materielle Beschlusskontrolle** bezeichnet. Ausgangspunkt der materiellen Beschlusskontrolle ist, dass die Ausübung der Mehrheitsmacht über die Einhaltung der Verfahrensvorschriften hinaus einer Kontrolle bedarf. Die grundsätzliche Anerkennung dieses Instituts (*Hüffer* aaO Rn 22) darf aber nicht durch die Dichte rechtlicher Vorgaben zu einer Entmündigung der HV zugunsten der staatlichen Gerichtsbarkeit führen (BGHZ 71, 40, 49; *Röhricht* ZGR 1999, 445, 471). Bei der materiellen Beschlusskontrolle lassen sich drei Kategorien unterscheiden: (1) – Regelfall: Beschl der HV dürfen den allg geltenden Generalklauseln, der Treuepflicht und dem Gleichbehandlungsgebot nicht widersprechen (2) – Erfordernis einer sachlichen Rechtfertigung: In einzelnen Fallgruppen hat die Rspr weitergehende Vorgaben aufgestellt und eine sachliche Rechtfertigung für bestimmte HV-Beschlüsse gefordert (3) – Vorliegen einer gesetzlichen Rechtfertigung: Umgekehrt hat das Gesetz in anderen Fallgruppen die Zulassung bestimmter Beschl diese inhaltlich insoweit anerkannt oder durch bestimmte Verfahrensvorschriften geschützt, so dass dort nur noch eine eingeschränkte Willkür- und Missbrauchskontrolle stattfindet.

11 a) **Regelfall.** HV-Beschl dürfen nicht im Widerspruch zu der gesellschaftsrechtlichen Treuepflicht und dem Gleichbehandlungsgebot stehen.

aa) Treuepflicht. Während die frühere Rspr eine Treuepflicht der Aktionäre bei der 12
AG ablehnte (*BGH* WM 1976, 449), ist diese mittlerweile auch für die AG völlig anerkannt (*BGHZ* 103, 184 – Linotype; *BGHZ* 129, 136 – Girmes; *BGHZ* 142, 167). Treuepflichten existieren sowohl zwischen der Ges und ihren Aktionären als auch zwischen den Aktionären untereinander (*BGH* aaO). Aus der Anerkennung einer Treuepflicht zwischen den Aktionären untereinander folgt eine grundsätzliche Pflicht insb der Mehrheitsaktionäre, bei Eingriffen in Rechte anderer (Minderheits-) Aktionäre das Gebot der Verhältnismäßigkeit zu beachten und insb willkürliche und unverhältnismäßige Eingriffe zu unterlassen (*OLG Stuttgart* NZG 2000, 159, 161 (zur GmbH); zu den Fällen gesetzlich normierter Grundlagenbeschlüsse su (c)). Der Schutzbereich der Treuepflicht gegenüber den Minderheitsaktionären beschränkt sich allerdings auf den von der Satzung erfassten, durch den Gesellschaftszweck umschriebenen mitgliedschaftsrechtlichen Bereich, so dass außergesellschaftliche und private Interessen der Mitaktionäre grundsätzlich unberücksichtigt bleiben. Ausnahmen hiervon können allenfalls in einer personalistischen AG in Betracht kommen (*BGH* NJW 1992, 3167, 3171). Für die Anfechtbarkeit von HV-Beschlüssen unter dem Aspekt der Treuepflicht ist weiterhin die **Unterscheidung von eigennützigen und gesellschaftsbezogenen**, dh im Gesellschaftsinteresse liegenden **Rechten der Aktionäre** von Bedeutung (*Henze* BB 1996, 489, 492). Bei den eigennützigen Mitgliedschaftsrechten (zB Auskunfts- und Rederechte auf der HV) erlegt die Treuepflicht als Schrankenfunktion nur äußerst weitgestreckte Beschränkungen auf, wogegen bei gesellschaftsbezogenen Rechten (zB Zustimmungsrecht der HV nach § 119) die Aktionäre bei Wahrnehmung ihrer Rechte die Interessen der Ges zu berücksichtigen haben, woraus sich die Pflicht einer negativen oder positiven Stimmabgabe ergeben kann (MünchHdb AG/*Wiesner* § 17 Rn 17 ff). Das Stimmrecht der Aktionäre lässt sich nicht pauschal als eigennütziges oder uneigennütziges Mitgliedschaftsrecht qualifizieren, sondern hängt vielmehr von dem jeweiligen Beschlussgegenstand ab (*Wiesner* aaO Rn 6). Danach berührt zB ein Gewinnverwendungsbeschluss der Aktionäre regelmäßig nicht den Gesellschaftszweck, sondern liegt primär im (eigennützigen) Interesse der Aktionäre, so dass das Stimmverhalten von Aktionären weitgehend unberührt von der gesellschaftsrechtlichen Treuepflicht ausgeübt werden kann. Auch Strukturmaßnahmen wie die Verschmelzung, Umwandlung, Kapitalerhöhung oder Kapitalherabsetzung stehen nicht in unmittelbarem Zusammenhang mit dem in der Satzung definierten Gesellschaftszweck, so dass die Aktionäre ihr Stimmverhalten grundsätzlich an ihrem eigenen Interesse ausrichten können. Umgekehrt ist bei einer Abstimmung der HV auf Verlangen des Vorstands nach § 119 Abs 2 die Beschlussfassung als eine die Geschäftsführung betreffende Maßnahme an der Verfolgung des Gesellschaftszwecks zu orientieren. Dies gilt ebenso bei einer Abstimmung der HV nach § 111 Abs 4 S 4 (*Henze* aaO 493). Auch in den der Treuepflicht unterliegenden Fällen kann das Gericht jedoch nicht sein eigenes Ermessen an die Stelle desjenigen der für die Entscheidung zuständigen Aktionäre setzen. Diesen verbleibt vielmehr ein unternehmerisches Ermessen, das lediglich auf seine gesellschaftszweckkonforme und ggf verhältnismäßige Ausübung überprüft werden kann (*Wiesner* aaO Rn 19; GroßKomm AktG/*K. Schmidt* Rn 45).

Beispiel: Der BGH hat in der Linotype-Entscheidung eine Treuepflichtverletzung des Mehrheitsaktionärs darin gesehen, dass dieser schon vor Auflösung der Ges mit dem Vorstand eine Vereinbarung über die Verwertung des wertvollsten Teils des Vermögens getroffen hat (*BGHZ* 103, 184, 194 f). In der Girmes-Entscheidung sah der *BGH* eine Treuepflichtverletzung von Minderheitsaktionären darin, dass diese eine sinnvolle und mehrheitlich angestrebte

Sanierung der Ges aus eigennützigen Gründen verhinderten (*BGHZ* 129, 136, 152). In der Entscheidung *BGHZ* 142, 167 sah der *BGH* darin einen Treuepflichtverstoß, dass die Mehrheitsaktionärin keine ausreichende Rücksicht auf die berechtigten Interessen der Mitgesellschafter nahm, da bei einer Kapitalherabsetzung mit anschließender Kapitalerhöhung durch den hohen Nennwert der Aktien unverhältnismäßig hohe Spitzenbeträge entstanden mit der Folge des Ausscheidens einer großen Anzahl von Kleinaktionären. Auch die Entlastungsentscheidung von Vorstand und AR kann unter dem Gesichtspunkt eines Verstoßes gegen die Treuepflicht anfechtbar sein, wenn schwerwiegende und eindeutige Rechtsverstöße des zu Entlastenden vorliegen und der HV-Mehrheit dies bekannt oder sie erkennbar waren (*BGHZ* 153, 47, 51; *OLG Köln* AG 2010, 219; *OLG Stuttgart* AG 2011, 93, 94).

Liegt bei einem HV-Beschluss ein **Treuepflichtverstoß** vor, so ist der HV-Beschl bereits wg dieses **inhaltlichen Fehlers** anfechtbar. Da die treuepflichtwidrig abgegebenen Stimmen zudem nichtig sind (*Wiesner* aaO Rn 22; Spindler/Stilz AktG/*Würthwein* Rn 158 ff, 162; **aA** K. Schmidt/Lutter AktG/*Schwab* Rn 5: wirksam), ist der auf den treuepflichtwidrigen Stimmen beruhende Beschl auch wg dieses **Verfahrensfehlers** anfechtbar.

13 **bb) Gleichbehandlungsgebot.** Ein Verstoß gegen das in § 53a kodifizierte Gleichbehandlungsgebot macht einen Beschl gleichfalls anfechtbar. Adressat des Gleichbehandlungsgebots ist die Ges und nicht die Aktionäre untereinander (MünchHdb AG/*Wiesner* § 17 Rn 11) Das Gleichbehandlungsgebot ist jedoch richtigerweise als **Verbot einer willkürlichen Ungleichbehandlung** zu verstehen. Eine Ungleichbehandlung der Aktionäre kann deshalb zulässig sein (und ist dann nicht anfechtbar), wenn sie sachlich berechtigt ist und damit nicht den Charakter der Willkür trägt (*BGHZ* 120, 141, 150; zur Annahme einer sachlichen Berechtigung, s aaO 151). Eine sachlich berechtigte Differenzierung kann etwa bei einer Umwandlung von Vorzugs- in Stammaktien vorliegen, auch wenn die umwandlungsberechtigten Vorzugsaktionäre für eine Umwandlung nicht die gesamte Kursdifferenz entrichten müssten. Der sachliche Grund für eine Differenzierung besteht in der Vereinheitlichung der Aktiengattungen und der hierdurch gestärkten Position einer Aktienindexzugehörigkeit. Auch die bisherigen Stammaktionäre als potentiell benachteiligte Gruppe haben eine in der geringfügigen Verwässerung liegende Ungleichbehandlung hinzunehmen (*OLG Köln* NZG 2002, 966, 968). Auch im Fall einer Ungleichbehandlung scheidet eine Anfechtbarkeit aus, wenn der Aktionär in seine Benachteiligung eingewilligt hat (K. Schmidt/Lutter AktG/*Schwab* Rn 6).

14 **b) Notwendigkeit einer sachlichen Rechtfertigung.** In der Entscheidung Kali+Salz hat der *BGH* im Fall einer **Sachkapitalerhöhung unter Bezugsrechtsausschluss** erstmals ausgesprochen, dass in bestimmten Konstellationen über die Erfüllung der förmlichen Voraussetzungen hinaus ein Beschl auch bestimmten sachlichen Anforderungen genügen muss. Ein solches Erfordernis nahm der *BGH* bei einem Bezugsrechtsausschluss an. Wg des mit dieser Maßnahme für die übrigen Aktionäre verbundenen schweren Eingriffs in ihre Mitgliedschaft sei eine bes sachliche Begründung notwendig. Eine solche sachliche Begründung liege vor, wenn die Erhöhung des Grundkapitals dem Gesellschaftszweck dient und das Gesellschaftsinteresse auch einen Bezugsrechtsausschluss begründen kann. Die materielle Beschlusskontrolle einer in Rechtspositionen der Aktionäre eingreifenden Maßnahme schließt eine **Interessenabwägung** und eine Prüfung der Verhältnismäßigkeit ein (*BGHZ* 71, 40, 43 ff). Nachdem der *BGH* zunächst in der Holzmann-Entschei-

dung (*BGHZ* 83, 319) die in der Kali und Salz-Entscheidung aufgestellten Erfordernisse (Darlegung der sachlichen Rechtfertigung für den Bezugsrechtsausschluss) auch auf eine Kapitalbeschaffung durch genehmigtes Kapital unter Bezugsrechtsausschluss ausdehnte (*BGHZ* 83, 319, 322), rückte der *BGH* hiervon in der Siemens/Nold-Entscheidung von diesen Grundsätzen wg ihrer fehlenden Praktikabilität wieder ab und ließ es für eine sachliche Rechtfertigung ausreichen, wenn der Kapitalbeschaffungsbeschluss im Interesse der Gesellschaft liegt und der Vorstand iÜ von der Ermächtigung nur dann Gebrauch macht, wenn die Durchführung nach Prüfung des von ihm vorzunehmenden Unternehmensermessens im wohlverstandenen Interesse der Gesellschaft liegt (*BGHZ* 136, 133, 139 f; zu den Hintergründen dieses Rechtsprechungswechsels vgl *Röhricht* ZGR 1999, 445, 469 ff). Grds kein Erfordernis einer sachlichen Rechtfertigung besteht auch bei Ausgabe von Genussrechten unter Bezugsrechtsausschluss (*BGHZ* 120, 141, 149). Umstr ist dagegen, ob HV-Beschlüsse, die zur Abhängigkeit der Ges führen können, wie dies zB der Fall sein kann bei der Zustimmung zur Übertragung vinkulierter Namensaktien, der Aufhebung der Vinkulierung oder einer abhängigkeitsbegründenden Verschmelzung, einer sachlichen Rechtfertigung bedürfen (s.o. MünchHdb AG/*Krieger* § 69 Rn 19; *Emmerich/Habersack* Aktien- und GmbH-KonzernR vor § 311 Rn 6; K. Schmidt/Lutter AktG/*Schwab* Rn 11; aA mit Hinweis auf Konzernoffenheit der AG: Spindler/Stilz AktG/*Würthwein* Rn 174; MünchKomm AktG/*Hüffer* Rn 65). Auch Befreiungen von einem Wettbewerbsverbot, sofern ein solches bei der personalistischen AG bejaht ist, bedürfen einer sachlichen Rechtfertigung (*Habersack* aaO 7 f; MünchHdb AG/*Krieger* § 69 Rn 20). Einer Ausdehnung des Gebots der von der Ges auch darzulegenden sachlichen Rechtfertigung auf weitere Fallgruppen ist wg der mit der Einschränkung des unternehmerischen Ermessens verbundenen Verrechtlichung unternehmerischer Entscheidungsprozesse mit äußerster Vorsicht zu begegnen (so iE auch *Röhricht* aaO).

c) Einschränkung der Inhaltskontrolle. Die Rspr hat die Überprüfung einer sachlichen Rechtfertigung zurückgewiesen in Fällen, in denen der Beschl „**seine Rechtfertigung in sich trage**" (*BGHZ* 76, 352, 353; 103, 184, 190). Da das Gesetz selbst etwa die Möglichkeit einer Auflösung (*BGH* aaO), einer Kapitalherabsetzung (*BGHZ* 138, 71 – Sachsenmilch) oder eines Squeeze-out (*BGH* AG 2009, 441, 443) vorsieht oder bei einer Umwandlung von Stamm- in Vorzugsaktien den Schutz der Minderheit durch das zusätzliche Beschlusserfordernis in § 179 Abs 3 gewährleisten will (MünchKomm AktG/*Heider* § 11 Rn 45, 48), findet hier eine inhaltliche Überprüfung grds nicht statt, da die mit diesen Maßnahmen verbundenen Auswirkungen auf die Treuepflicht unter den Gesellschaftern sowie das Gleichbehandlungsgebot vom Gesetzgeber selbst sanktioniert sind. Dies sollte auch für andere gesetzlich vorgesehene **Grundlagenbeschlüsse** wie Beschl über Unternehmensverträge, Verschmelzungen, Formwechsel (*OLG Düsseldorf* AG 2003, 578, 579) und Abspaltungen gelten (GroßKomm AktG/*K. Schmidt* Rn 46; MünchHdb AG/*Semler* § 41 Rn 35). Die mit diesen Maßnahmen verbundenen Eingriffe in Rechte der Aktionäre sind grds auch unter dem Aspekt der Treuepflicht von den (Minderheits-) Aktionären hinzunehmen. Eine (eingeschränkte) Überprüfung anhand der aktienrechtlichen Generalklauseln ist lediglich insoweit vorzunehmen, als im Einzelfall missbräuchlich verfahren wurde oder die konkrete Umsetzung ungeachtet ihrer grds Zulässigkeit der Treuepflicht oder dem Gleichbehandlungsgebot widerspricht.

16 4. Anfechtung nach Abs 2 wegen Sondervorteil. – a) Allgemeines. Abs 2 stellt einen **Sonderfall der materiellen Beschlusskontrolle** dar. Die praktische Bedeutung ist gering. Bei Bestehen eines Anfechtungsgrundes nach Abs 2 liegt im Regelfall auch ein Verstoß gegen die von Abs 1 schon erfasste Treuepflicht oder das Gleichbehandlungsgebot vor; ein Rückgriff auf Abs 2 ist daher meist entbehrlich (MünchKomm AktG/ *Hüffer* Rn 72; GroßKomm AktG/*K. Schmidt* Rn 52). Abs 2 stellt somit einen Sonderfall der allg Tatbestände der Treuewidrigkeit und der Ungleichbehandlung dar. Abs 2 unterscheidet sich von diesen von Abs 1 erfassten Generalklauseln insb dadurch, dass zum einen weitergehende subjektive Tatbestandsmerkmale bestehen, zum anderen sieht Abs 2 S 2 die (rechtspolitisch umstr) Möglichkeit einer Ausgleichsleistung für den Aktionär, der sich den Sondervorteil verschafft hat, vor mit der Folge, dass bei Gewährung eines Ausgleichs die Anfechtbarkeit entfällt. Die vielfach kritisierte Möglichkeit der Ausgleichszahlung in Abs 2 S 2 führt auch zu einer restriktiven Anwendung dieser Norm. Daher beseitigt eine Ausgleichszahlung lediglich eine nach Abs 2 S 1 gegebene Anfechtungsmöglichkeit, nicht aber eine Treuewidrigkeit oder Ungleichbehandlung nach Abs 1 (*K. Schmidt* aaO Rn 52, 59; *Hüffer* aaO Rn 92 ff). Abs 2 kommt somit keine Sperrwirkung im Verhältnis zu Abs 1 zu. Möglich ist vielmehr, dass ein Beschl sowohl nach Abs 1 als (daneben) auch nach Abs 2 anfechtbar ist (*K. Schmidt* aaO Rn 53; Spindler/Stilz AktG/*Würthwein* Rn 190).

17 b) Abs 2 S 1. Das **zentrale Tatbestandsmerkmal** für das Vorliegen einer Anfechtbarkeit nach Abs 2 ist die Ausübung des Stimmrechts durch einen Aktionär in einer Weise, die geeignet ist, einen **Sondervorteil** entweder bei dem Aktionär oder einem Dritten entstehen zu lassen. Die Stimmabgabe muss das Mittel zur Erlangung des Sondervorteils sein (Spindler/Stilz AktG/*Würthwein* Rn 195). Regelmäßig ist dieser Sondervorteil vermögensrechtlicher Natur. Dies kann etwa der Fall sein, wenn ein Aktionär Zuwendungen der Ges erhält (GroßKomm AktG/*K. Schmidt* Rn 54), der Aktionär mit der Ges ein ihn begünstigendes Rechtsgeschäft abschließt wie etwa bei Abschluss eines Betriebspachtvertrags mit sich selbst, obwohl unter Marktbedingungen für die Ges eine bessere Alternative vorliegt (*OLG Frankfurt* AG 1973, 136) oder wenn die Ges auf Geschäftschancen zugunsten eines Aktionärs oder Dritten verzichtet (KölnKomm AktG/*Zöllner* Rn 216). Kein Sondervorteil sind steuerliche Vorteile des Mehrheitsgesellschafters bei einer Umwandlung der AG in eine GmbH & Co. KG, da es sich hierbei um eine vom Gesetz tolerierte und von der Minderheit hinzunehmende Rechtsfolge handelt, die nicht im Verhältnis des einzelnen Gesellschafters zur Ges, sondern in der individuellen steuerlichen Situation jedes Gesellschafters begründet sind (*BGH* AG 2005, 613, 614). Neben einem vermögensrechtlichen Vorteil ist aber auch ein korporationsrechtlicher Vorteil denkbar, der einen Aktionär sachwidrig bevorzugt (*Zöllner* aaO Rn 215; MünchKomm AktG/*Hüffer* Rn 76). Ob ein Sondervorteil vorliegt, kann im Regelfall nach dem Vergleichsmarktkonzept überprüft werden, das darauf abstellt, dass der Vorteil nicht allen zufließt, die sich gegenüber der AG in vergleichbarer Lage befinden (*K. Schmidt/Lutter* AktG/*Schwab* Rn 21). Mangels in gleicher Lage befindlicher Personen ist dieses Konzept dahingehend zu modifizieren, dass anstatt realer Verhältnisse auf die fiktive Gegenleistung abzustellen ist, die ein vernünftiger außenstehender Dritter erbringen würde (Hölters AktG/*Englisch* Rn 59). In einem einen Sondervorteil gewährenden Rechtsgeschäft kann auch eine gegen §§ 57, 58 verstoßende verdeckte Gewinnausschüttung liegen (*Hüffer* aaO Rn 79). Erforderlich ist, dass der durch den Beschl erzielte Sondervorteil eine sachwidrige Bevorzugung darstellt (*BGHZ* 138, 71, 80; *Würthwein* aaO Rn 199). An einer solchen fehlt es, wenn bei einer Kapitalherabsetzung aufgrund des Herabsetzungsverhältnisses zwar viele Kleinaktionäre, nicht aber ein Großaktionär durch die Bildung von Spitzen im Zuge der Zusammenlegung von Aktien ihre Mitgliedschaftsrechte verlieren (*BGHZ* 138, 71, 80 – Sachsenmilch). Der Beschl muss ferner zur Erzielung eines Sondervorteils geeignet sein. Wg der geringen Anforderung an das Tatbestandsmerkmal der Eignung entfällt eine Anfechtbarkeit aber deshalb nur dann, wenn es sich insoweit um eine untaugliche Maßnahme handelt (*Hüffer* aaO Rn 84).

Vorteilsempfänger kann nach dem Tatbestand des Abs 2 S 1 entweder die Ges selbst **18** oder auch ein Dritter sein (*OLG München* AG 2012, 260, 262). Der **Schaden** kann umgekehrt entweder bei der Ges oder den anderen Aktionären in Betracht kommen. Zwischen dem Vorteil (bei dem Aktionär) und dem Schaden (bei der Ges oder deren Aktionären) ist zwar ein Kausalzusammenhang, nicht aber die Unmittelbarkeit des Zusammenhangs oder die Stoffgleichheit von Vorteil und Schaden erforderlich (MünchKomm AktG/*Hüffer* Rn 83). Auch die Gesellschaftsnützigkeit des erstrebten Sondervorteils beseitigt die Anfechtbarkeit nicht (GroßKomm AktG/*K. Schmidt* Rn 56; *Hüffer* aaO Rn 80; **aA** KölnKomm AktG/*Zöllner* Rn 218). In **subjektiver Hinsicht** ist bedingter Vorsatz hinsichtlich des Sondervorteils, nicht aber des damit zusammenhängenden Schadens erforderlich (*Zöllner* aaO Rn 223 f; *Hüffer* aaO Rn 85 f; **aA** K. Schmidt/Lutter AktG/*Schwab* Rn 24, der weitergehend Absicht verlangt).

c) Abs 2 S 2. Abs 2 S 2 schließt die wg Gewährung eines Sondervorteils mögliche **19** Anfechtung nach S 1 aus, wenn der den Vorteil gewährende Beschl den anderen Aktionären einen **angemessenen Ausgleich** für ihren Schaden gewährt. Diese Regelung ist rechtspolitisch äußerst umstr, da sie die Rechtmäßigkeitskontrolle von HV-Beschlüssen auf den Vermögensschutz reduziert (MünchKomm AktG/*Hüffer* Rn 88; GroßKomm AktG/*K. Schmidt* Rn 59). Aufgrund dieser Bedenken wird Abs 2 S 2 einschränkend interpretiert. Rechtsfolge des Vorliegens der Voraussetzungen nach Abs 2 S 2 ist daher lediglich ein Ausschluss der Anfechtung nach Abs 2 S 1, wogegen die Ausgleichsgewährung nach Abs 2 S 2 eine Anfechtung nach Abs 1 unberührt lässt (KölnKomm AktG/*Zöllner* Rn 240 f; *Hüffer* aaO Rn 87, 100). Die **Voraussetzung** für einen Anfechtungsausschluss nach Abs 2 S 2 ist zum einen in **formeller Hinsicht**, dass der Ausgleich durch den Beschl selbst gewährt wird. Die Ausgleichsregelung muss jedoch nicht in dem Beschl selbst enthalten sein; ausreichend ist insoweit, wenn der Beschl Bezug nimmt auf eine schuldrechtliche Regelung, die einen angemessenen Ausgleich gewährt (*Zöllner* aaO Rn 245; *Hüffer* aaO Rn 97). Nicht ausreichend ist dagegen die Gewährung eines nachträglichen Ausgleichs (*K. Schmidt* aaO Rn 60). Der Ausgleich kann in materieller Hinsicht auch durch einen schuldrechtlichen Ausgleichsanspruch gewährt werden. Besteht allerdings ein Nachteil sowohl für Ges als auch für die Aktionäre, so reicht ein Nachteilsausgleich für die Aktionäre nicht aus; auch der Gesellschaftsnachteil muss in einem solchen Fall zusätzlich ausgeglichen werden (*K. Schmidt* aaO). Verpflichtet zum Ausgleich ist regelmäßig der durch den Beschl nach Abs 2 S 1 bevorzugte Aktionär; ein Ausgleich durch die Ges wird regelmäßig bereits aufgrund von § 57 ausgeschlossen sein (*Hüffer* aaO Rn 98; MünchHbd AG/*Semler* § 41 Rn 36).

III. Ausschluss der Anfechtung nach Abs 3

Abs 3 führt Fälle auf, in denen trotz grds Vorliegens der Anfechtungsvoraussetzungen **20** **eine Anfechtung ausgeschlossen** wird. **Nach Abs 3 Nr 1** ist die Anfechtbarkeit bei

§ 243

Auftreten technischer Störungen ausgeschlossen, wenn Aktionäre von der Möglichkeit Gebrauch machen, in der versammlungsgebundene Aktionärsrechte, wie zB das Stimmrecht, vor oder während der HV online auszuüben. Diese in § 118 Abs 1 S 2, Abs 2 durch das ARUG eingeräumte Möglichkeit sowie der online-Nachweis für eine Bevollmächtigung nach § 134 Abs 3 sollen nur in den Ausnahmefällen eine Anfechtbarkeit begründen können, wenn der Ges bei Auftreten von technischen Störungen grobe Fahrlässigkeit oder Vorsatz zur Last fällt. Die Beweislast für das Vorliegen von Vorsatz oder grober Fahrlässigkeit liegt beim Anfechtungskläger („es sei denn") (RegBegr BT-Drucks 16/11642, 40; krit Spindler/Stilz AktG/*Würthwein* Rn 235). Die Ges kann sich allerdings durch eine entspr Regelung in der Satzung einem schärferen Verschuldensmaßstab unterwerfen, um die Möglichkeit der Online-Teilnahme und -Stimmausübung (sowie eines online-Nachweises der Bevollmächtigung gem § 134 Abs 3 S 4) aufzuwerten.

Nach Abs 3 Nr 2 kann die Anfechtung nicht auf eine **Verletzung der §§ 121 Abs 4a, 124a oder 128** gestützt werden. Verstöße gegen die für börsennotierte Gesellschaften bestehenden Pflichten nach §§ 121 Abs 4a (Zuleitung der Einberufung an EU-weit verbreitete Medien) und 124a (Veröffentlichung der Einberufung auf der Internetseite der Ges) ziehen keine Anfechtbarkeit nach sich, sondern werden nur als Ordnungswidrigkeit gem § 405 Abs 3a sanktioniert. Nach § 128 sind die Kreditinstitute sowie diesen gleichgestellte Finanzdienstleistungsinstitute den Aktionären zur Weitergabe von Mitteilungen verpflichtet. Obwohl im Falle einer Verletzung dieser Weitergabepflicht die Aktionäre grds in ihren Mitwirkungsrechten beeinträchtigt sind, ist eine Anfechtung deshalb ausgeschlossen, da deren Fehlverhalten dem Gefahrenbereich der Aktionäre, die diese beauftragt haben, zuzurechnen ist. Die Ges selbst kann umgehend die Beachtung dieser Weitergabepflicht nicht beeinflussen (MünchKomm AktG/*Hüffer* Rn 110). Nach **Abs 3 Nr 2–3** scheidet die Anfechtung eines HV-Beschlusses aus solchen Gründen aus, die ein **Ersetzungsverfahren eines Abschlussprüfers** wg dessen Befangenheit **nach § 318 Abs 3 HGB** rechtfertigen (*OLG München* AG 2009, 121, 124: „strikter Vorrang"). Diese Bestimmung ist durch das am 10.12.2004 in Kraft getretene BiRiLiG eingeführt worden. Der Gesetzgeber hat damit auf die Rspr des *BGH* reagiert. In *BGHZ* 153, 32 hatte der *BGH* entschieden, dass das Ersetzungsverfahren des § 318 Abs 3 HGB eine Anfechtung des HV-Beschlusses, mit dem der Abschlussprüfer gewählt wird, nicht ausschließt. Eine solche Spezialität des Ersetzungsverfahrens sei aufgrund der unterschiedlichen Zielrichtung von Ersetzungsverfahren einerseits und Anfechtungsklage andererseits ohne ausdrückliche gesetzliche Anordnung nicht hinreichend begründet (*BGHZ* 153, 32, 44 ff). Das Ersetzungsverfahren nach § 318 Abs 3 HGB stellt insoweit engere Voraussetzungen auf, als es ein bestimmtes Quorum (5 % des Grundkapitals oder einen Börsenwert von 500 000 EUR) verlangt und in zeitlicher Hinsicht einen Antrag nur binnen zwei Wochen zulässt. Mit der nunmehr durch das BiRiLiG erfolgten Ausschließung der Anfechtung in diesen Fällen werden nach § 318 Abs 3 HGB die Rechtsfolgen einer Befangenheit bei der Wahl des Abschlussprüfers auf das Ersetzungsverfahren kanalisiert. Bei anderweitigen Beschlussmängeln kann die Wahl des Abschlussprüfers jedoch angefochten werden (Spindler/Stilz AktG/*Würthwein* Rn 243). Weitere, nicht in Abs 3 geregelte Ausschlussgründe für eine Anfechtung finden sich in § 120 Abs 4 (Billigung Vergütungssystem beim Vorstand) und in § 30g WpHG (Verstoß gegen die in §§ 30a–f WpHG geregelten kapitalmarktrechtlichen Informationspflichten).

IV. Anfechtung bei Informationspflichtverletzungen nach Abs 4

Abs 4 wurde durch das UMAG eingeführt und schränkt unter Aufgreifung auch bisher bereits von der Rspr verwandter Kriterien das Anfechtungsrecht bei Informationspflichtverletzungen ein. **Abs 4 S 1** macht das Anfechtungsrecht bei Informationspflichtverletzung, die Unterfall eines Verfahrensfehlers ist, von der Relevanz des Informationspflichtverstoßes abhängig (zur Relevanztheorie s.o. Rn 8). Nach Abs 4 S 1 liegt ein zur Anfechtung berechtigter Informationsverstoß vor, wenn ein objektiv urteilender Aktionär die Erteilung der Information als wesentliche Voraussetzung sowie sachgerechte Wahrnehmung seiner Teilnahme- und Mitgliedschaftsrechte angesehen hätte.

21

Abs 4 S 1 schützt das Partizipationsinteresse als solches; unerheblich ist daher, ob im Fall einer ordnungsgemäßen Erteilung der Information das Abstimmungsverhalten eines objektiv urteilenden Aktionärs (s hierzu auch *Heinrich/Theusinger* BB 2006, 449 f) anders ausgefallen wäre (Spindler/Stilz AktG/*Würthwein* Rn 246). Umst ist, ob der in Abs 4 S 1 aufgestellten Anforderung der „wesentlichen" Voraussetzungen eine eigenständige Bedeutung zukommt (abl K. Schmidt/Lutter AktG/*Schwab* Rn 31; *Würthwein* aaO Rn 250) oder ob dieser, wofür der Wortlaut des Gesetzes spricht, für die Auslegung insoweit Bedeutung zukommt, als der Gesetzgeber hierdurch die Aufstellung eines strengen Maßstabes zum Ausdruck bringt (so zutr *OLG Frankfurt* AG 2009, 542, 544 f; 2011, 36, 42). Beweisbelastet für das Vorliegen eines Informationsfehlers ist der eine Informationspflichtverletzung rügende Kläger (*BGHZ* 180, 9, 28). Hat ein Kläger zu einer Anfechtungsklage parallel auch ein Auskunftsverweigerungsverfahren nach § 132 eingeleitet, so ist das Gericht im Anfechtungsverfahren nicht an die Entscheidung im Auskunftserzwingungsverfahren gebunden (*BGHZ* 180, 9, 27). **Abs 4 S 2** schließt das Anfechtungsrecht von Informationspflichtverletzungen im Zusammenhang mit Bewertungsfragen aus. Die Anfechtung kann demnach nicht auf Pflichtverletzungen gestützt werden, bei denen die verlangte Information lediglich Ermittlung, Höhe und Angemessenheit von Ausgleich, Abfindung, Zuzahlung oder eine sonstige Kompensation betrifft und das Gesetz für hieraus folgende Bewertungsrügen ein Spruchverfahren vorsieht (bereits vor Inkrafttreten des UMAG insoweit *BGHZ* 146, 179; *BGH* NJW 2001, 1428). Der Ausschluss nach Abs 4 S 2 greift nur bei unrichtigen, unvollständigen oder unzureichenden Informationen. Wird dagegen jegliche Auskunft verweigert, ist der Beschl weiterhin anfechtbar. Nicht eindeutig ist die Behandlung abfindungswertbezogener Informationsmängel in Berichten außerhalb der HV. Der *BGH* hatte bereits vor Inkrafttreten des UMAG solche Informationsmängel von der Anfechtbarkeit ausgenommen, unabhängig ob diese in oder vor der HV auftraten (*BGHZ* 146, 179; *BGH* NJW 2001, 1428). Mit der Einschränkung in Abs 4 S 2 auf Mängel in der HV sollte jedoch die bisherige Rspr des BGH nicht eingeschränkt werden, so dass unverändert anzunehmen ist, dass Informationsfehler zu Fragen der Bewertung von der Anfechtbarkeit ausgenommen sind (*OLG Frankfurt* Urt v 20.10.2009, Az. 5 U 22/09, der in § 243 Abs 4 S 2 eine bloße Klarstellung sieht; ebenso *Würthwein* aaO Rn 258; etwas enger zum Teil die Rspr einzelner Instanzgerichte, vgl *Schwichtenberg/Krenek* BB 2010, 1227, 1230: „modifizierte Fortführung der Rspr des *BGH* in Sachen MEZ und Aqua Butzke"; gegen die Erstreckung des Anfechtungsausschlusses auf diesen Fall *Schwab* aaO Rn 38; *Weißhaupt*, ZIP 2005, 1766, 1771 f; *Heinrich/Theusinger* 451).

V. Rechtsfolgen der Rechtswidrigkeit anfechtbarer Beschlüsse außerhalb des Klageverfahrens

22 Die **Anfechtbarkeit führt zu einer Schwebelage.** Während der Schwebelage können anfechtbare Beschlüsse durch Klage angegriffen und (bei erfolgreicher Klage) ex tunc für nichtig erklärt werden. Die Schwebelage endet, wenn innerhalb der Anfechtungsfrist (§ 246 Abs 1) keine Anfechtung erfolgt oder der anfechtbare Beschl bestätigt wird (§ 244). Aber auch der (noch) nicht angefochtene, jedoch anfechtbare HV-Beschluss ist formell oder materiell rechtswidrig. Die Folgen der Rechtswidrigkeit erschöpfen sich nicht in der Möglichkeit der klageweisen Geltendmachung durch den anfechtungsberechtigten Personenkreis.

23 1. **Pflichten des Hauptversammlungsvorsitzenden.** Der HV-Vorsitzende hat die Pflicht, das Zustandekommen rechtswidriger Beschlüsse zu verhindern. Er darf daher rechtlich unzulässige Anträge nicht zur Abstimmung stellen (KölnKomm AktG/*Zöllner* Rn 28). Folge dieser Pflicht ist auch, dass der HV-Vorsitzende, dem die Feststellung des Abstimmungsergebnisses obliegt (§ 130 Abs 2), treuwidrige Stimmen nicht berücksichtigen darf (GroßKomm AktG/*K. Schmidt* Rn 50). Stellt der HV-Vorsitzende nach Feststellung des Abstimmungsergebnisses einen (Auszählungs-)Fehler fest, kann er diesen nicht von sich aus korrigieren, sondern muss den Antrag erneut zur Abstimmung stellen (MünchKomm AktG/*Hüffer* Rn 41; *Zöllner* aaO Rn 30).

24 2. **Pflichten des Notars.** Folgende **drei Stufen** sind zu unterscheiden: Eine Pflicht des Notars, die Beurkundung von HV-Beschlüssen abzulehnen, besteht nur in **erkennbar unerlaubten und unredlichen Fällen** (zB Verstoß gegen ein Strafgesetz), die den Beschl meist schon nichtig machen (*Wilhelmi* BB 1987, 1331, 1333). **Bei evident fehlerhaften HV-Beschlüssen** wird eine Berechtigung, nicht aber eine Verpflichtung zur Verweigerung der Protokollierung der anfechtbaren Beschlüsse angenommen (MünchHdb AG/*Semler* § 40 Rn 16 ff; **aA** *Faßbender* RNotZ 2009, 425, 431; Spindler/Stilz AktG/*Würthwein* § 241 Rn 109: Pflicht zur Beurkundung). Im **Regelfall** beschränkt sich bei anfechtbaren Beschlüssen die Rolle des Notars aber auf Hinweise an den Versammlungsleiter, da diesen und nicht den Notar die Verantwortung für die Feststellung des Abstimmungsergebnisses trifft (*OLG Düsseldorf* AG 2003, 510, 512).

25 3. **Pflichten des Vorstands.** Vor Ablauf der Anfechtungsfrist ist der zur Anfechtung nach § 245 Nr 4 berechtigte Vorstand (nur) bei gesellschaftsschädlichen Beschlüssen zur Anfechtung verpflichtet (MünchKomm AktG/*Hüffer* Rn 131). Für die den Vorstand nach § 83 Abs 2 treffende **Pflicht zur Ausführung von HV-Beschlüssen** ist zu unterscheiden: Vor Ablauf der Anfechtungsfrist fehlt es mangels eines rechtmäßigen Beschl damit auch an einer Pflicht zur Ausführung (zB Antrag auf Eintragung) (GroßKomm AktG/*K. Schmidt* Rn 71). Nach Ablauf der Anfechtungsfrist ist dagegen grds vom Bestehen einer Ausführungspflicht auszugehen; eine Einschränkung dieser Pflicht scheint aber jedenfalls in Fällen evident gesellschaftsschädlicher, rechtswidriger Beschlüsse angezeigt (KölnKomm AktG/*Mertens* § 93 Rn 119; GroßKomm AktG/*Hopt* § 93 Rn 322 f).

26 4. **Registergericht.** Anders als in den Fällen der Nichtigkeit ist die **Anfechtbarkeit grds kein Eintragungshindernis** (GroßKomm AktG/*K. Schmidt* Rn 72). Das Registergericht ist jedoch bei eintragungspflichtigen HV-Beschlüssen berechtigt und verpflichtet, die Eintragungsanmeldung in formeller und materieller Hinsicht zu prüfen (MünchKomm AktG/*Hüffer* Rn 133). **Vor Ablauf der Anfechtungsfrist** soll der Regis-

Bestätigung anfechtbarer Hauptversammlungsbeschlüsse § 244

terrichter bei anfechtbaren Beschlüssen zunächst den Ablauf der Anfechtungsfrist abwarten; hierzu wird es im Regelfall nicht einmal einer (möglichen) Aussetzung nach § 381 FamFG bedürfen (KölnKomm AktG/*Zöllner* Rn 37). **Nach Ablauf der Anfechtungsfrist** ist das Gericht berechtigt und verpflichtet die Eintragung zurückzuweisen, wenn der Beschl im öffentlichen Interesse liegende Normen (§§ 182 Abs 1 S 4, 182 Abs 4, 192 Abs 2, 208 Abs 2 S 3, 222 Abs 3, 229 Abs 2, 237 Abs 1 S 2) verletzt, da das Registergericht originär zur Prüfung verpflichtet ist und der Verzicht auf die Anfechtung durch die gegenwärtigen Aktionäre nicht die Rechtstellung künftiger Aktionäre beeinträchtigen darf (*Lutter* NJW 1969, 1873, 1879; *Zöllner* aaO Rn 38; *Hüffer* aaO Rn 138; Spindler/Stilz AktG/*Würthwein* § 241 Rn 114 f, der zutr darauf hinweist, dass bloße Verfahrensfehler lediglich die Interessen der Aktionäre, nicht aber öffentliche Interessen betreffen; **aA** dagegen *OLG Köln* WM 1981, 1263, 1264; *OLG Köln* BB 1982, 579;zu § 127 FGG: *Jansen* FGG § 127 Rn 20).

Ist gegen den HV-Beschluss Anfechtungsklage erhoben, so ist wie folgt zu unterscheiden: **Während der Anfechtungsklage** hat das Registergericht nach pflichtgemäßem Ermessen zu prüfen, ob es von der Möglichkeit Gebrauch macht, die Entsch über die Eintragung auszusetzen (§§ 21, 381 FamFG). Bei offensichtlich unzulässigen oder unbegründeten Anfechtungsklagen scheidet demnach eine **Aussetzung** aus; bei den in der Praxis häufig unklaren Fällen setzen die Registergerichte jedoch meist die Eintragung aus (*Baums* F 160, *Winter* FS Ulmer, S 689, 701). Wird die **Anfechtungsklage abgewiesen**, so ist das Registergericht zwar an diese Entsch nicht gebunden; der Registerrichter soll jedoch nur bei Bestehen triftiger Gründe von der Entscheidung des über die Anfechtungsklage befugten Gerichts abweichen. Bei **erfolgreicher Anfechtungsklage** ist wg der daraus folgenden Nichtigkeit des HV-Beschlusses das Registergericht zur Zurückweisung des Antrags verpflichtet. Ist der Beschl bereits eingetragen, muss nicht die Eintragung gelöscht, sondern das Urteil nach § 248 Abs 1 S 3 ebenfalls in das HR eingetragen werden. Um die Eintragung eines anfechtbaren HV-Beschlusses zu verhindern, kann ein Anfechtungskläger im Wege der einstweiligen Verfügung dem Vorstand die Anmeldung des Beschlusses untersagen (Groß-Komm AktG/*K. Schmidt* Rn 72). Umgekehrt kann dagegen die beklagte Ges nicht durch **einstweilige Verfügung** die Eintragung erzwingen; ihr steht lediglich die Möglichkeit offen, gegen den Beschl der Aussetzung Beschwerde einzulegen (KölnKomm AktG/*Zöllner* Rn 46; *Baums* aaO). 27

5. Fehlen einer Negativerklärung. Verlangt das Gesetz, dem Antrag auf Eintragung eine sog Negativerklärung über das Fehlen einer Anfechtung beizufügen und ist an das Fehlen einer Negativerklärung eine sog Registersperre geknüpft (§§ 16 Abs 2, 319 Abs 5 UmwG), so fehlt es bis zur Vorlage der Negativerklärung an einer Eintragungsvoraussetzung, deren Beseitigung das Gericht der Ges bei einem gestellten Eintragungsantrag durch Zwischenverfügung aufgeben kann. Die von einer Anfechtung betroffene Ges kann ihrerseits dieses Eintragungshindernis durch ein Freigabeverfahren (§ 16 Abs 3 UmwG) beseitigen (vgl hierzu auch §§ 246a, 319). 28

§ 244 Bestätigung anfechtbarer Hauptversammlungsbeschlüsse

¹Die Anfechtung kann nicht mehr geltend gemacht werden, wenn die Hauptversammlung den anfechtbaren Beschluss durch einen neuen Beschluss bestätigt hat und dieser Beschluss innerhalb der Anfechtungsfrist nicht angefochten oder die Anfech-

§ 244 Bestätigung anfechtbarer Hauptversammlungsbeschlüsse

tung rechtskräftig zurückgewiesen worden ist. [2]Hat der Kläger ein rechtliches Interesse, dass der anfechtbare Beschluss für die Zeit bis zum Bestätigungsbeschluss für nichtig erklärt wird, so kann er die Anfechtung weiterhin mit dem Ziel geltend machen, den anfechtbaren Beschluss für diese Zeit für nichtig zu erklären.

Übersicht

	Rn		Rn
I. Normzweck	1	4. Wirkung des Bestätigungsbeschlusses	6
II. Anwendungsbereich	2		
III. Heilung durch Bestätigungsbeschluss	3	IV. Nichtigkeitserklärung für die Vergangenheit (S 2)	7
1. Inhaltliche Identität	3	V. Prozessuale Fragen	9
2. Bestandskraft des Bestätigungsbeschlusses	4	1. Anfechtung des Bestätigungsbeschlusses	9
3. Voraussetzungen für den Bestätigungsbeschluss	5	2. Folgen eines bestandskräftigen Bestätigungsbeschlusses	11

Literatur: *Bokern* Die Anfechtung von Bestätigungsbeschlüssen und deren Einfluss auf gerichtliche Verfahren, AG 2005, 285; *Bungert* Verlust der Klagebefugnis für anhängige Anfechtungsklagen nach Wirksamwerden eines Squeeze Out, BB 2005, 1345; *Grobecker/Kuhlmann* Der Bestätigungsbeschluss nach § 244 AktG in der Praxis, NZG 2007, 1; *Habersack/Schürnbrand* Die Bestätigung fehlerhafter Beschlüsse, FS Hadding, 2004, S 391; *Hüffer* Die Bestätigung fehlerhafter Beschlüsse der Hauptversammlung, ZGR 2012, 730; *Kocher* Der Bestätigungsbeschluss nach § 244, NZG 2006, 1; *Zöllner* Die Bestätigung von Hauptversammlungsbeschlüssen – ein problematisches Rechtsinstitut, AG 2004, 397.

I. Normzweck

1 § 244 wurde durch das AktG 1965 eingeführt. Mit der dort vorgesehenen Möglichkeit, einen anfechtbaren (Ausgangs-)Beschl durch einen zweiten (Bestätigungs-)Beschl zu bestätigen, soll die Ungewissheit über die Gültigkeit des HV-Beschlusses beseitigt werden können (*Kropff* 331). Der Bestätigungsbeschluss kann zwar den Verfahrensmangel des Ausgangsbeschlusses nicht ungeschehen machen. Allerdings gibt er den Aktionären die Möglichkeit zu erklären, dass sie trotz des Fehlers am Inhalt des Ausgangsbeschlusses festhalten wollen und deshalb der Anfechtungsgrund nicht mehr geltend gemacht werden soll (*BGH* AG 2006, 158). § 244 dient damit der Rechtssicherheit (*Habersack/Schürnbrand* FS Hadding, S 398). Die vom Gesetzgeber betonte enge Anlehnung an die im BGB geregelte Bestätigung anfechtbarer Rechtsgeschäfte in § 144 BGB (*Kropff* aaO) trifft lediglich insoweit zu, als auch durch einen Bestätigungsbeschluss in der Sache wie bei § 144 BGB auf das Anfechtungsrecht verzichtet wird. Ein maßgeblicher Unterschied besteht jedoch darin, dass dieser Verzicht nicht, wie im Fall des § 144 BGB, von dem Betroffenen selbst ausgesprochen wird, sondern vielmehr unter Umständen wiederum gegen die Stimmen der Anfechtungsberechtigten durch einen mit Mehrheit gefassten neuen Beschl (GroßKomm AktG/*K. Schmidt* Rn 3; *Habersack/Schürnbrand* aaO 397). Das vom Gesetzgeber betonte praktische Bedürfnis der Möglichkeit einer Bestätigung insb bei in das HR eingetragenen Beschlüssen wie zB einer Kapitalerhöhung hat sich durch Einführung des § 246a etwas relativiert (sehr krit und eine Aufhebung von § 244 erwägend *Zöllner* AG 2004, 397, 404; ähnlich *Bokern* AG 2005, 285; **aA** dagegen *Kocher* NZG 2006, 1, 6 f; *Hüffer* ZGR 2012, 730, 752).

II. Anwendungsbereich

Ein Bestätigungsbeschluss kommt **nur bei anfechtbaren**, nicht aber bei nichtigen **HV-** **2**
Beschlüssen in Betracht (*Kropff* 331; *BGH* AG 2006, 158, 159; WM 2012, 1689, 1690).
Bei nichtigen HV-Beschlüssen besteht nur die Möglichkeit einer Neuvornahme. **In zeitlicher Hinsicht** ergeben sich aus § 244 grds keine Beschränkungen, so dass ein Bestätigungsbeschluss zulässigerweise auch erst Jahre nach dem Ausgangsbeschluss gefasst werden kann (*OLG München* AG 1997, 516, 517). Erforderlich ist lediglich, dass der Ausgangsbeschluss nicht bereits rechtskräftig für nichtig erklärt wurde (GroßKomm AktG/*K. Schmidt* Rn 11). Ein Bestätigungsbeschluss kann auch noch während des Revisionsverfahrens über den Ausgangsbeschluss gefasst werden (*Zöllner* FS Beusch, S 973, 981; MünchKomm AktG/*Hüffer* Rn 24; *BGH* AG 2009, 446, 447). Da auch die Bestätigung eines Bestätigungsbeschlusses möglich ist, kann sich an einen Ausgangsbeschluss eine ganze Kaskade von Bestätigungsbeschlüssen anschließen (*Zöllner* AG 2004, 399). Bestätigungsbeschlüsse kommen **sinnvollerweise nur bei aufgrund von Verfahrensfehlern anfechtbaren Ausgangsbeschlüssen** in Betracht (*Habersack/Schürnbrand* FS Hadding, S 394; *Hüffer* aaO Rn 5; **aA** *Grobecker/Kuhlmann* NZG 2007, 1, 5). Bei einem materiellen Fehler wäre der inhaltlich identische (su Rn 3) Bestätigungsbeschluss erneut anfechtbar. Da allerdings die bloße Anfechtbarkeit des Bestätigungsbeschlusses die Heilung des Ausgangsbeschlusses nicht hindert, muss der Anfechtungskläger des Ausgangsbeschlusses auch bei einem identischen Mangel des Bestätigungsbeschlusses diesen ebenfalls anfechten, um die Bestandskraft des Bestätigungsbeschlusses und damit den Eintritt der Heilung des Ausgangsbeschlusses zu verhindern (*K. Schmidt* aaO Rn 17; Spindler/Stilz AktG/*Würthwein* Rn 20: „Erfordernis der Doppelanfechtung"; *Hüffer* ZGR 2012, 730, 738; **aA** MünchKomm ZPO/*Lüke* vor § 253 Rn 44). Ein durch einen Bestätigungsbeschluss heilbarer Verfahrensfehler liegt auch vor, wenn der Ausgangsbeschluss wg einer fehlerhaften Feststellung des Abstimmungsergebnisses anfechtbar ist (*BGH* AG 2006, 158; *Kocher* NZG 2006, 1, 5). Auch eine gemeinsam mit der Anfechtungsklage gegen den Ausgangsbeschluss erhobene Beschlussfeststellungsklage steht einem Bestätigungsbeschluss nicht entgegen (*BGH* aaO).

III. Heilung durch Bestätigungsbeschluss

1. Inhaltliche Identität. Abzugrenzen ist der die Anfechtbarkeit des Ausgangsbe- **3**
schlusses beseitigende Bestätigungsbeschluss von einer Neuvornahme (*Grobecker/
Kuhlmann* NZG 2007, 1). Lediglich eine Neuvornahme kommt in Betracht, wenn der zweite Beschl inhaltlich verschieden vom Ausgangsbeschluss ist oder in dem zweiten Beschl der Ausgangsbeschluss aufgehoben wird. Liegt dagegen ein inhaltlich identischer Beschl vor (was nicht notwendigerweise einen identischen Wortlaut verlangt, sondern lediglich eine sachliche Identität voraussetzt), so ist durch Auslegung zu ermitteln, ob der Ausgangsbeschluss bestätigt werden soll oder der Fall einer Neuvornahme vorliegt (MünchKomm AktG/*Hüffer* Rn 4, im Zweifel für die Annahme eines Bestätigungsbeschlusses KölnKomm AktG/*Zöllner* Rn 3; GroßKomm AktG/
K. Schmidt Rn 6; für eine Neuvornahme bei wiederholter Wahl eines AR-Mitglieds allerdings *OLG Hamm* ZIP 2005, 214). Fraglich ist, ob ein Bestätigungsbeschluss dann, wenn der Ausgangsbeschluss sich letztlich als nichtig und nicht nur anfechtbar erweisen sollte, und nicht aus diesem Grund bereits von vornherein ein Neuvornahmebeschluss gewollt sein sollte, in einen Neuvornahmebeschluss umgedeutet werden

kann (zurecht bejahend *K. Schmidt* aaO Rn 6, 28). Um Zweifel zu vermeiden, kann sich ggf eine Klarstellung empfehlen, die für den Fall der Nichtigkeit des Ausgangsbeschlusses hilfsweise eine Umdeutung in einen Neuvornahmebeschluss ergibt (Spindler/Stilz AktG/*Würthwein* Rn 24); eine Umdeutung in eine Neuvornahme kommt nur in Betracht, wenn deren Voraussetzungen dann erfüllt sind (vgl hierzu *Habersack/Schürnbrand* FS Hadding, S 398).

4 **2. Bestandskraft des Bestätigungsbeschlusses.** Die **Bestätigungswirkung** tritt nach S 1 **erst mit Wirksamkeit und Bestandskraft des Bestätigungsbeschlusses** ein. Wird somit gegen den Bestätigungsbeschluss Anfechtungsklage erhoben oder ist dieser nichtig, so tritt die Bestätigungswirkung (noch) nicht ein. Dies gilt auch dann, wenn der Kläger gegen den Bestätigungsbeschluss nicht identisch mit dem Kläger gegen den Ausgangsbeschluss ist (MünchKomm AktG/*Hüffer* Rn 7). War für die Wirksamkeit des Ausgangsbeschlusses die Einholung bestimmter Zustimmungen erforderlich (zB §§ 141 Abs 1, 179 Abs 3), so muss diese Zustimmung auch für den Bestätigungsbeschluss eingeholt werden (*Hüffer* aaO; GroßKomm AktG/*K. Schmidt* Rn 7; **aA** *Grobecker/Kuhlmann* NZG 2007, 1, 6).

5 **3. Voraussetzungen für den Bestätigungsbeschluss.** Zweck des Bestätigungsbeschlusses ist nicht die Schaffung einer eigenen Rechtsgrundlage wie bei einer Neuvornahme, sondern lediglich die **Beseitigung der Anfechtbarkeit**. Zum Zeitpunkt der Bestätigung müssen daher auch nicht mehr die materiellen Voraussetzungen für den Ausgangsbeschluss erfüllt sein (*BGHZ* 157, 206). Der Vorteil kann bei einem Bestätigungsbeschluss somit darin liegen, dass die in dem Ausgangsbeschluss beschlossene Maßnahme weiterhin nach dem seinerzeit geltenden Gesetzes- und Satzungsrecht beurteilt wird (*BGHZ* 157, 206, 210). Wird ein an einem Verfahrensfehler leidender Beschl über den Abschluss eines Unternehmensvertrags bestätigt, so bedarf es nicht der neuerlichen Vorlage eines aktualisierten Berichts (*OLG München* AG 1997, 516, 519; *OLG Karlsruhe* AG 1999, 470; *OLG Frankfurt* AG 2011, 36, 42; *Kocher* NZG 2006, 1, 3 f; **aA** *K. Schmidt/Lutter* AktG/*Schwab* Rn 12). Grds ist somit lediglich erforderlich, den die Anfechtbarkeit begründenden Verfahrensfehler zu beseitigen (*BGHZ* 157, 206, 210 f). Unter Berücksichtigung dieses Regelungszwecks ist auch das den Aktionären zustehende **Auskunftsrecht eingeschränkt**, da der Bestätigungsbeschluss keinen Anspruch auf eine doppelte Information verleiht (*OLG München* aaO; *Habersack/Schürnbrand* FS Hadding, S 405; **aA** *Grobecker/Kuhlmann* NZG 2007, 1, 5). Unmaßgeblich ist insoweit auch, ob die über den Bestätigungsbeschluss beschließenden Aktionäre schon zum Zeitpunkt des Ausgangsbeschlusses Aktionäre waren und ihnen bereits zu diesem Zeitpunkt die Möglichkeit offen stand, entspr Fragen zu stellen (*Habersack/Schürnbrand* aaO). Nicht erforderlich zur Fassung eines Bestätigungsbeschlusses ist die Zustimmung der ehemaligen und inzwischen ausgeschiedenen Aktionäre, auch sofern diese Klage gegen den Ausgangsbeschluss erhoben haben (*Bungert*, BB 2005, 1345, 1347; MünchKomm AktG/*Hüffer* Rn 8; **aA** GroßKomm AktG/*K. Schmidt* Rn 8 für den Fall der Abfindung). Bei erforderlichen Sonderbeschlüssen gilt als Grundregel, dass ein (angefochtener) Beschlussmangel allein dort zu korrigieren ist, wo er auftrat. Ist der Sonderbeschluss daher ebenfalls anfechtbar, muss auch er bestätigt werden; anders, wenn er fehlerfrei ist (*Schwab* aaO Rn 13; **aA** *Hüffer* aaO Rn 7).

Bestätigung anfechtbarer Hauptversammlungsbeschlüsse § 244

4. Wirkung des Bestätigungsbeschlusses. Der wirksame und bestandskräftige Bestätigungsbeschluss macht die gegen den Ausgangsbeschluss gerichtete Anfechtungsklage unbegründet (*BGHZ* 157, 206, 210; *OLG Stuttgart* AG 2005, 125, 131). Der Bestätigungsbeschluss hat damit eine **materiell-rechtliche Heilungswirkung** und beseitigt nicht lediglich das Rechtsschutzinteresse wie dies bei einer Neuvornahme der Fall ist (*OLG Hamm* ZIP 2005, 214; MünchKomm AktG/*Hüffer* Rn 11). Die materiell-rechtliche Heilungswirkung tritt jedoch erst mit Bestandskraft des Bestätigungsbeschluss **ex nunc** (bezogen auf die Beschlussfassung des Bestätigungsbeschluss) ein und beseitigt nicht die Anfechtbarkeit ex tunc (*BGHZ* 157, 206, 211; K. Schmidt/Lutter AktG/*Schwab* Rn 15; GroßKomm AktG/*K. Schmidt* Rn 16). 6

IV. Nichtigkeitserklärung für die Vergangenheit (S 2)

S 2 räumt die Möglichkeit ein, den Ausgangsbeschluss für die Zeit bis zum Bestätigungsbeschluss für nichtig zu erklären. Voraussetzung hierfür ist ein rechtliches Interesse des Anfechtungsklägers an der Nichtigerklärung für die Zeit bis zum Bestätigungsbeschluss. Erforderlich hierfür ist, dass sich die Rechtsfolgen aus dem Zeitpunkt der Nichtigerklärung des Ausgangsbeschlusses für die Ges oder ihre Aktionäre verschieden gestalten (*Zöllner* AG 2004, 397, 403). Nicht ausreichend ist insb das bloße Interesse an einer Klärung der Rechtslage oder einer Bestätigung der Rechtsauffassung des Anfechtungsklägers (*OLG Stuttgart* AG 2005, 125, 131). Kein **erforderliches rechtliches Interesse** besteht etwa bei der Wahl eines AR-Mitglieds, da auch bei einer Nichtigkeit der Wahl die zwischenzeitlich gefassten AR-Beschlüsse bestehen bleiben (*OLG Stuttgart* aaO; *Zöllner* aaO). Bejaht wurde ein rechtliches Interesse im Falle einer GmbH bei einem ursprünglich anfechtbaren Beschl über die Abberufung als Geschäftsführer und die fristlose Kündigung des Anstellungsvertrages (*OLG Düsseldorf* NZG 2003, 975, 978). Die praktische Bedeutung von S 2 ist gering (*Zöllner* aaO). 7

Geht ein Anfechtungskläger vom Anfechtungsantrag über zu einem Antrag auf Nichtigkeitserklärung für die Vergangenheit, so beschränkt er hierdurch seinen Klageantrag iSv § 264 Nr 2 ZPO (GroßKomm AktG/*K. Schmidt* Rn 24). Auch wenn das Gericht eine Nichtigkeitserklärung für die Vergangenheit auch ohne einen Antrag des Klägers erlassen kann, empfiehlt sich für einen Kläger bei einem entspr Interesse, das von ihm auch darzulegen ist, einen entspr Antrag zu stellen (*K. Schmidt* aaO; K. Schmidt/Lutter AktG/*Schwab* Rn 24; enger Spindler/Stilz AktG/*Würthwein* Rn 53: Antragstellung erforderlich). Durch Urteil ist bei Vorliegen der Voraussetzungen nach S 2 vom Gericht auszusprechen, dass der Bestätigungsbeschluss bis zu einem genauen Zeitpunkt (regelmäßig Zustandekommen des Bestätigungsbeschlusses; bedarf dieser allerdings zu seiner Wirksamkeit einer Eintragung oder weiterer Zustimmungserfordernisse, dann ggf erst mit deren Vorliegen) für nichtig erklärt wird (KölnKomm AktG/*Zöllner* Rn 26). 8

V. Prozessuale Fragen

1. Anfechtung des Bestätigungsbeschlusses. Will der Anfechtungskläger des Ausgangsbeschlusses auch den Bestätigungsbeschluss anfechten, so kann er durch **Klageerweiterung** in dem bereits anhängigen Verfahren auch den Bestätigungsbeschluss anfechten. Die Zulässigkeit der Klageerweiterung beurteilt sich nach § 263 ZPO (*OLG Stuttgart* AG 2005, 125, 126; *Hüffer* ZGR 2012, 730, 743; **aA** GroßKomm AktG/*K. Schmidt* Rn 17 und Spindler/Stilz AktG/*Würthwein* Rn 37: Anwendung von § 264 9

Göz 1869

Nr 2 ZPO; iE dürfte allerdings die Sachdienlichkeit der Klageänderung regelmäßig zu bejahen sein). Die Anfechtung des Bestätigungsbeschlusses kann auch erst in der Berufungsinstanz im Anfechtungsverfahren über den Ausgangsbeschluss anhängig gemacht werden (§ 533 ZPO, *OLG Stuttgart* aaO). Erfolgt die Anfechtung des Bestätigungsbeschlusses in einem **besonderen Verfahren**, so kann dieses auch bei verschiedenen Anfechtungsklägern mit der Anfechtungsklage gegen den Ausgangsbeschluss nach § 147 ZPO durch das Gericht verbunden werden (KölnKomm AktG/*Zöllner* Rn 17, 18).

10 Wird die Anfechtungsklage nicht in dem Verfahren über die Anfechtung des Ausgangsbeschlusses geltend gemacht und scheidet auch eine Prozessverbindung aus, so kann die Anfechtungsklage gegen den Ausgangsbeschluss nach § 148 ZPO ausgesetzt werden. Richtig im Hinblick auf den vom Gesetz gewollten Beschleunigungszweck ist aber weder eine generelle Aussetzung (so wohl auch *Zöllner* AG 2004, 397, 403) noch das generelle Unterbleiben einer Aussetzung (so *Bokern* AG 2005, 285). Zutreffenderweise sollte der Richter des Anfechtungsverfahrens über den Ausgangsbeschluss bei deren Unzulässigkeit oder Unbegründetheit die Anfechtungsklage nicht aussetzen, sondern die Klage abweisen. Dies führt dann zur Erledigung der Anfechtungsklage über den Bestätigungsbeschluss (*Hüffer* ZGR 2012, 730, 746 f). Umgekehrt ist allerdings, wenn der Anfechtungsklage über den Ausgangsbeschluss stattzugeben wäre, das Ausgangsverfahren auszusetzen, da andernfalls bei Rechtskraft der Anfechtungsklage der Ausgangsbeschluss gem § 241 Nr 5 nichtig wäre und der Bestätigungsbeschluss damit ins Leere ginge (ähnlich MünchKomm AktG/*Hüffer* Rn 21). Dies kann auch bedeuten, dass das Verfahren zunächst fortzuführen ist, bis eine Beurteilung hierüber möglich ist.

Trotz des Wortlauts von S 1 kann bei einer Anfechtung sowohl des Bestätigungsbeschlusses als auch des Ausgangsbeschlusses bei Abweisung der Klage gegen den Bestätigungsbeschluss statt einer Aussetzung auch gleichzeitig über den Ausgangsbeschluss entschieden werden. Zwar tritt die Heilungswirkung erst mit Rechtskraft und nicht bereits mit Verkündung des Urteils über den Bestätigungsbeschluss ein; da insoweit jedoch lediglich eine innerprozessuale Bedingung vorliegt, ist die sofortige Entsch auch über den Ausgangsbeschluss im Ergebnis unschädlich (*OLG Stuttgart* AG 2005, 125, 131; *OLG Düsseldorf* NZG 2003, 975, 978; *Hüffer* aaO Rn 20; K. Schmidt/Lutter AktG/*Schwab* Rn 21: Das Urteil über den Ausgangsbeschluss ist dann auflösend bedingt durch Wegfall des klageabweisenden Urteil über den Bestätigungsbeschluss).

Während eines anhängigen Freigabeverfahrens über die Eintragungsfähigkeit des Ausgangsbeschlusses ist der Bestätigungsbeschluss vom Antragsteller als zusätzlicher Gesichtspunkt einzuführen, aus dem sich die offensichtliche Unbegründetheit der Klage ergeben kann (*Kocher* NZG 2006, 1, 6; *Hüffer* ZGR 2012, 730, 750).

11 **2. Folgen eines bestandskräftigen Bestätigungsbeschlusses.** Da der wirksame Bestätigungsbeschluss die Anfechtbarkeit eines Ausgangsbeschlusses entfallen lässt, muss der Kläger, will er eine Klageabweisung verhindern, die **Klage gegen den Ausgangsbeschluss für erledigt erklären.** Stimmt die beklagte AG zu, ist nach § 91a ZPO aufgrund des bisherigen Sach- und Streitgegenstands über die Kosten nach billigem Ermessen zu entscheiden. Hält die AG jedoch die Anfechtungsklage auch ohne Bestätigungsbeschluss für unbegründet, kann sie der Erledigungserklärung widersprechen und ihren

Antrag auf Klageabweisung aufrechterhalten mit der Folge, dass das Gericht über die Sache zu entscheiden hat (GroßKomm AktG/*K. Schmidt* Rn 19). Eine Anfechtung des Bestätigungsbeschlusses führt auch bei Geltendmachung im selben Verfahren wie der Anfechtungsklage gegen den Ausgangsbeschluss wg des Vorliegens eines zusätzlichen Streitgegenstands zu einer grds eigenen Kostenlast; in Betracht kommt jedoch, in diesem Fall die bloße Klageerweiterung in derselben Angelegenheit dadurch zu berücksichtigen, dass der Höchstbetrag des § 247 Abs 1 S 2 lediglich einmal angesetzt wird (MünchKomm AktG/*Hüffer* § 247 Rn 22; K. Schmidt/Lutter AktG/*Schwab* Rn 21; Grigoleit AktG/*Ehmann* Rn 8 **aA** Spindler/Stilz AktG/*Würthwein* Rn 50; nun auch *Hüffer* ZGR 2012, 730, 749).

§ 245 Anfechtungsbefugnis

Zur Anfechtung ist befugt

1. **jeder in der Hauptversammlung erschienene Aktionär, wenn er die Aktien schon vor der Bekanntmachung der Tagesordnung erworben hatte und gegen den Beschluss Widerspruch zur Niederschrift erklärt hat;**
2. **jeder in der Hauptversammlung nicht erschienene Aktionär, wenn er zu der Hauptversammlung zu Unrecht nicht zugelassen worden ist oder die Versammlung nicht ordnungsgemäß einberufen oder der Gegenstand der Beschlussfassung nicht ordnungsgemäß bekannt gemacht worden ist;**
3. **im Fall des § 243 Abs. 2 jeder Aktionär, wenn er die Aktien schon vor der Bekanntmachung der Tagesordnung erworben hatte;**
4. **der Vorstand;**
5. **jedes Mitglied des Vorstands und des Aufsichtsrats, wenn durch die Ausführung des Beschlusses Mitglieder des Vorstands oder des Aufsichtsrats eine strafbare Handlung oder eine Ordnungswidrigkeit begehen oder wenn sie ersatzpflichtig werden würden.**

Übersicht

	Rn		Rn
I. Normzweck	1	c) Einschränkungen von Nr 1	12
II. Rechtsfolgen bei fehlender Anfechtungsbefugnis	3	3. Anfechtungsbefugnis des nicht erschienenen Aktionärs – Nr 2, 3	13
III. Anfechtungsbefugnis der Aktionäre	4	4. Anfechtungsrecht des Vorstands – Nr 4	15
1. Aktionärseigenschaft	4	a) Vorstand als Partei	16
a) Regelfall	5	b) Voraussetzungen der Anfechtungsbefugnis des Vorstands	17
b) Aktionärseigenschaft in zeitlicher Hinsicht	6	5. Anfechtungsbefugnis eines einzelnen Organmitglieds – Nr 5	18
c) Sonderfälle der Inhaberschaft	7	6. Missbrauch des Anfechtungsrechts	19
d) Nachweis der Aktionärseigenschaft	8	a) Vorliegen eines Missbrauchs	19
2. Anfechtungsbefugnis des erschienenen Aktionärs – Nr 1	9	b) Gesetzliche Regelung der Missbrauchsfälle	21
a) Erscheinen auf der Hauptversammlung	10	c) Rechtsfolgen	22
b) Widerspruch	11		

Göz

Literatur: *Baums* Empfiehlt sich eine Neuregelung des aktienrechtlichen Anfechtungs- und Organhaftungsrechts, insbesondere der Klagemöglichkeiten von Aktionären?, Verhandlungen des 63. Dt Juristentages, Bd I, Teil F, 2000; *Baums/Drinhausen/Keinath* Anfechtungsklagen und Freigabeverfahren. Eine empirische Studie, ZIP 2011, 2329; *Baums/Keinath/Gajek* Fortschritte bei Klagen gegen Hauptversammlungsbeschlüsse? Eine empirische Studie, Institut for law and finances working paper series no 65 (2007); *Bayer/Hoffmann/Sawada* Beschlussmängelklagen, Freigabeverfahren und Berufskläger, ZIP 2012, 897; *Bosse* Grünes Licht für das ARUG: das Aktienrecht geht online, NZG 2009, 807; *Boujong* Rechtsmissbräuchliche Aktionärsklagen vor dem Bundesgerichtshof, FS Kellermann, 1991, S 1; *Heise/Dreier* Wegfall der Klagebefugnis bei Verlust der Aktionärseigenschaft im Anfechtungsprozess, BB 2004, 1126; *Jahn* UMAG: Das Aus für „räuberische Aktionäre" oder neues Erpressungspotenzial?, BB 2005, 5; *Lutter* Die entgeltliche Ablösung von Anfechtungsrechten – Gedanken zur aktiven Gleichbehandlung im Aktienrecht, ZGR 1978, 347; *Noack* Der Widerspruch des Aktionärs in der Hauptversammlung, AG 1989, 78; *Priester* Neue Entwicklungen im Recht der Hauptversammlung – UMAG und jüngste Rechtsprechung, DNotZ 2006, 403; *Timm (Hrsg)* Missbräuchliches Aktionärsverhalten, 1990; *Waclawik* Zur Fortsetzung der Reform des aktienrechtlichen Anfechtungsprozesses, DStR 2006, 2177.

I. Normzweck

1 Während § 243 regelt, welche rechtlichen Mängel zur Anfechtbarkeit eines Beschlusses führen, **bestimmt § 245 den berechtigten Personenkreis**, der durch Anfechtungsklage den rechtlichen Mangel geltend machen kann (KölnKomm AktG/*Zöllner* Rn 2). Die Regelung der Anfechtungsbefugnis zeigt den **doppelten Charakter der Anfechtungsklage**. Der individualrechtliche Charakter zeigt sich darin, dass zunächst grds den einzelnen Aktionären – allerdings unter bestimmten Voraussetzungen – die Anfechtungsbefugnis zuerkannt wird und damit die Möglichkeit gegeben wird, eine Verletzung ihrer Rechte gerichtlich geltend zu machen. Dieser individualrechtliche Kern wird jedoch relativiert und ergänzt. Indem den Aktionären über die Aktionärseigenschaft hinaus bestimmte Bedingungen auferlegt werden, um anfechtungsbefugt zu sein, dient die Anfechtungsbefugnis dem **Ausschluss von Popularklagen** (GroßKomm AktG/*K. Schmidt* Rn 2). Aus dem Fehlen der Darlegung einer individuellen Betroffenheit (anders zT die Lösung ausländischer Rechtsordnungen, vgl *Baums* F 99 Fn 224 mwN) sowie der Zuerkennung der Anfechtungsbefugnis auch an den Vorstand und unter gewissen Voraussetzungen an einzelne Organmitglieder wird ferner deutlich, dass Zweck der Anfechtungsklage nicht nur die Verfolgung individueller Interessen, sondern auch eine Rechtmäßigkeitskontrolle der Willensbildung der AG ist (MünchKomm AktG/*Hüffer* Rn 8).

2 Die Regelung der Anfechtungsbefugnis der Aktionäre ist nicht unumstritten; vereinzelten Forderungen nach einer Aufhebung sämtlicher Beschränkungen für Klagen der Aktionäre steht andererseits der Ruf nach zusätzlichen Beschränkungen entgegen, um die Erhebung missbräuchlicher Anfechtungsklagen zu unterbinden. Als zusätzliche Anforderungen werden insb das Vorliegen eines Aktionärsquorums sowie einer Mindestbesitzzeit diskutiert (*Baums* F 72 ff zur Aufhebung von Beschränkungen sowie F 102 ff zu weitergehenden Anforderungen mwN; MünchKomm AktG/*Hüffer* Rn 10 ff). Das am 1.11.2005 in Kraft getretene UMAG hatte die bisherige Regelung jedoch weitgehend beibehalten und lediglich die Anforderungen an die Aktionärseigenschaft in zeitlicher Hinsicht geringfügig angehoben durch die in § 245 Nr 1, 3 auf-

genommene Voraussetzung eines Erwerbs der Aktien bereits vor Bekanntmachung der Tagesordnung. Die Regelung der Anfechtungsbefugnis ist auf den Grundtypus der Publikumsgesellschaft zugeschnitten. Trotz grundsätzlicher Anwendung der §§ 241 ff auf die GmbH gelten daher für die Anfechtungsbefugnis eines **GmbH**-Gesellschafters **abweichende Regeln** (zB kein Widerspruchserfordernis sowie Verlust der Anfechtungsbefugnis bei Zustimmung zu einem Beschlussvorschlag). § 245 ist zwingend, so dass die Anfechtungsbefugnis durch die Satzung weder eingeschränkt noch erweitert werden kann (KölnKomm AktG/*Zöllner* Rn 4).

II. Rechtsfolgen bei fehlender Anfechtungsbefugnis

Das Vorliegen der Anfechtungsbefugnis des Anfechtungsklägers ist **materiell-rechtliche Voraussetzung** der Anfechtungsklage (KölnKomm AktG/*Zöllner* Rn 2). Ihr **Fehlen führt zur Unbegründetheit der Anfechtungsklage** (*BGH* AG 1992, 448, 449; 2006, 501; *BGHZ* 180, 154). 3

III. Anfechtungsbefugnis der Aktionäre

1. Aktionärseigenschaft. Nr 1–3 regeln die Anfechtungsbefugnis der Aktionäre. Nr 4 und 5 dehnen die bei den Aktionären grds vorausgesetzte Anfechtungsbefugnis auch auf den Vorstand und einzelne Verwaltungsratsmitglieder aus. Nr 1 verlangt für die Anfechtungsbefugnis der Aktionäre grds die Teilnahme an der HV und die Erklärung eines Widerspruchs gegen den angefochtenen HV-Beschluss. Nr 2 und 3 sehen Ausnahmen von diesen über die Aktionärseigenschaft hinausgehenden Voraussetzungen vor. 4

a) Regelfall. Voraussetzung für die Anfechtungsbefugnis nach Nr 1 ist zunächst die Inhaberschaft an mindestens einer Aktie. Nicht erforderlich ist ein mit der Aktie verbundenes Stimmrecht, so dass auch Inhaber von Vorzugsaktien oder vom Stimmrecht ausgeschlossene Aktionäre die nach Nr 1 erforderliche Aktionärseigenschaft aufweisen (GroßKomm AktG/*K. Schmidt* Rn 13; MünchHdb AG/*Semler* § 41 Rn 48). Die Anfechtungsbefugnis nach Nr 1 und 2 fehlt jedoch bei Aktionären, die aufgrund unterbliebener Mitteilungspflicht nach §§ 20 Abs 7, 21 Abs 4, 28 WpHG nicht zur Ausübung ihrer Aktionärsrechte berechtigt sind; der dort geregelte Verlust der Aktionärsrechte schließt die Anfechtungsbefugnis ein (MünchKomm AktG/*Hüffer* Rn 21; *BGHZ* 167, 204). Holt der Aktionär jedoch noch innerhalb der Anfechtungsfrist eine gem § 20 WpHG erforderliche Mitteilung nach, so bleibt ihm die Anfechtungsbefugnis nach Nr 3 erhalten (*BGH* NJW 2009, 2458). Auch das Halten eigener Aktien verleiht nach § 71b keine Anfechtungsbefugnis. 5

b) Aktionärseigenschaft in zeitlicher Hinsicht. Nach früherer Rechtslage musste die Aktionärseigenschaft bei Beschlussfassung vorliegen; seit Inkrafttreten des UMAG zum 1.11.2005 ist nun erforderlich, dass die Aktionärseigenschaft in den Fällen der Anfechtungsbefugnis nach Nr 1, 3 schon **vor Bekanntmachung der Tagesordnung** besteht. Mit dieser zeitlichen Vorverlegung sollen Fehlanreize vermieden werden, dass nach Bekanntmachung der Tagesordnung gezielt einzelne Aktien gekauft werden, um damit Anfechtungsklagen zu betreiben. Dem dadurch verhinderten Missbrauch des Anfechtungsrechts steht umgekehrt keine Schutzbedürftigkeit des Aktionärs entgegen, der nach Bekanntmachung der Tagesordnung weiß, welche Beschlüsse zu erwarten sind (RegBegr BT-Drucks 15/5092, 27; krit zur Erreichung dieses Normzwecks 6

Göz

und für eine Vorverlegung optierend der Handelsrechtsausschuss des *DAV NZG* 2004, 555, 563 mit dem Hinweis, dass die Gegenstände der Beschlussfassung bei Publikumsgesellschaften regelmäßig schon erhebliche Zeit vor der förmlichen Einladung publiziert werden). Ein **Verlust der Aktionärseigenschaft** sowohl in den Fällen einer freiwilligen Veräußerung als auch bei einem unfreiwilligen Rechtsverlust wie im Fall eines Squeeze-out in einem laufenden Anfechtungsverfahren führt grds unter Anwendung des in § 265 ZPO enthaltenen Rechtsgedankens nicht zum Verlust der Anfechtungsbefugnis (*BGHZ* 169, 221; *OLG Stuttgart* AG 2006, 340; MünchKomm AktG/*Hüffer* Rn 27 f; GroßKomm AktG/*K. Schmidt* Rn 17; ebenso die Rspr zur GmbH *BGHZ* 43, 261, 267 f; *BGH* NJW 1969, 133; **aA** MünchHdb AG/Semler § 41 Rn 95); und zwar auch, wenn ein Squeeze-out vor Klagezustellung bereits eingetragen ist (*BGH* Urt v 22.3.2011 Az II ZR 229/09). Erforderlich ist ein schützenswertes Interesse der Kläger auch noch nach dem Verlust der Mitgliedschaft (Spindler/Stilz AktG/*Dörr* Rn 21; **aA** kein rechtliches Interesse erforderlich bei Squeeze-out K. Schmidt/Lutter AktG/ *Schwab* Rn 27).

7 **c) Sonderfälle der Inhaberschaft.** Steht eine Aktie **mehreren Berechtigten** zu, so sieht § 69 Abs 1 vor, dass die Rechte aus der Aktie nur durch einen gemeinschaftlichen Vertreter ausgeübt werden können. Bei einer Bruchteilsgemeinschaft oder einer ehelichen Gütergemeinschaft kann das Anfechtungsrecht somit nur durch einen gemeinschaftlichen Vertreter ausgeübt werden. Bei der Erbengemeinschaft kann jedenfalls dann, wenn sich die Anfechtungsklage als notwendige Erhaltungsmaßnahme darstellt, jeder Miterbe nach § 2038 Abs 1 S 2 BGB Anfechtungsklage erheben (*BGHZ* 108, 21, 25; MünchKomm AktG/*Hüffer* Rn 22). Nicht erforderlich ist die Bestellung eines gemeinschaftlichen Vertreters bei der Erbengemeinschaft ferner, wenn ein Testamentsvollstrecker eingesetzt wurde, dem dann die Anfechtungsbefugnis zusteht. Bei der **Treuhand** ist die zivilrechtliche Stellung als Rechtsinhaber maßgeblich, so dass nur der Treuhänder, nicht aber der Treugeber anfechtungsbefugt ist (MünchHdb AG/*Semler* § 41 Rn 49). Die GbR ist, sofern es sich um eine Außen- und nicht bloß um eine Innengesellschaft handelt, rechtsfähig und daher selbst alleinige Berechtigte an den Aktien (K. Schmidt/Lutter AktG/*Schwab* Rn 4). Bei der **Legitimationsübertragung** räumt der Aktionär entspr § 185 BGB einem Dritten das Recht ein, für ihn im eigenen Namen das Stimmrecht auf der HV auszuüben. Inhaber bleibt aber der ursprüngliche Aktionär, wogegen der sog Legitimationsaktionär nur berechtigt ist, die Aktionärsrechte als Fremdbesitzer auszuüben (GroßKomm AktG/*K. Schmidt* Rn 15). Nach mittlerweile hA bleibt grds der Aktionär anfechtungsbefugt; die Legitimationsübertragung kann jedoch dahingehend auszulegen sein, dass der Aktionär damit den Legitimationsaktionär auch ermächtigt, das Anfechtungsrecht im eigenen Namen auszuüben (*OLG Stuttgart* AG 2002, 353, 355; *BayObLGZ* 1996, 234, 237; *Hüffer* aaO Rn 33 mwN auch zu der überholten Gegenauffassung, nach immer der Legitimationsaktionär anfechtungsbefugt ist). Schließt die Ermächtigung (ausnahmsweise) auch das Recht des Legitimationsaktionärs zur Klageerhebung im eigenen Namen ein, so soll es wg des bei der Anfechtungsklage nicht erforderlichen eigenen Interesses abw von allg für die Prozessstandschaft geltenden Grundsätzen nicht des Nachweises eines schutzwürdigen Eigeninteresses des Legitimationsaktionärs bedürfen (*OLG Stuttgart* AG 2003, 588, 589). Räumt der Aktionär einem Dritten ein **Pfandrecht** oder einen **Nießbrauch** an Aktien ein, so ist der Aktionär und nicht der Pfandgläubiger oder Nießbraucher anfechtungsbefugt (KölnKomm AktG/*Zöllner* Rn 13). Umstr ist dies im

Fall des Nießbrauchs; die dort ungeklärte Frage nach der Ausübung des Stimmrechts wirkt konsequenterweise dann auch auf das Anfechtungsrecht fort (MünchKomm BGB/*Pohlmann* § 1068 Rn 68 ff). Soll dem Nießbraucher das Anfechtungsrecht übertragen werden, so erscheint die Einräumung einer Treuhand vorzugswürdig (*Hüffer* aaO Rn 32).

d) Nachweis der Aktionärseigenschaft. Der für den Nachweis seiner Aktionärseigenschaft beweispflichtige Aktionär kann diesen Nachweis durch die Vorlage der Aktien oder, was regelmäßig der praktikablere Weg ist, durch eine **Hinterlegungsbescheinigung seiner Depotbank** erbringen (GroßKomm AktG/*K. Schmidt* Rn 14). Bei Namensaktien ist grds die Eintragung im Aktienregister entscheidend. War die Eintragung im Aktienregister ordnungsgemäß, gilt nach der in § 67 Abs 2 angeordneten unwiderlegbaren Vermutung der Eintragende als Aktionär und damit iRd § 245 als anfechtungsbefugt (vgl im Einzelnen MünchKomm AktG/*Hüffer* Rn 29). 8

2. Anfechtungsbefugnis des erschienenen Aktionärs – Nr 1. Nr 1 regelt den Regelfall der Anfechtungsbefugnis des Aktionärs und stellt klar, dass der Aktionär über die Aktionärseigenschaft hinaus grds zum einen auf der HV erscheinen und zum anderen auf der HV Widerspruch gegen den anzufechtenden Beschl einlegen muss, um anfechtungsbefugt zu sein. Das tatsächliche Stimmverhalten des Aktionärs lässt jedoch die Anfechtungsbefugnis unberührt, so dass ein Aktionär einen Beschl grds auch dann anfechten kann, wenn er diesem auf der HV zugestimmt hat (*Hüffer* AktG Rn 13). 9

a) Erscheinen auf der Hauptversammlung. Der Aktionär auf der HV ist erschienen, wenn er entweder selbst die HV wahrgenommen hat oder auf dieser durch einen Vertreter entweder in offener Stellvertretung, die auf Rechtsgeschäft, Gesetz oder organschaftliche Befugnis beruhen kann oder im Fall der verdeckten Stellvertretung durch ein Kreditinstitut (§ 135 Abs 4 S 2) oder eine Aktionärsvereinigung (§ 135 Abs 9) vertreten war. Zwar ist im Fall der verdeckten Stellvertretung nicht erkennbar, wer auf der HV erschienen ist bzw gegen einen Beschl Widerspruch eingelegt hat; dies ist jedoch für das Bestehen der Anfechtungsbefugnis nicht erforderlich (MünchKomm AktG/*Hüffer* Rn 35). Ausreichend ist auch das Erscheinen eines Legitimationsaktionärs (s.o. Rn 7). Im Fall der Rechtsnachfolge ist bei einer Universalsukzession der Nachfolger anfechtungsbefugt. Ein Einzelrechtsnachfolger ist dagegen auch dann, wenn sein Rechtsvorgänger auf der HV anwesend war und gegen den Beschl Widerspruch eingelegt hat, nicht anfechtungsbefugt, da sich ein Dritter nicht in ein Anfechtungsverfahren einkaufen können soll (*Heise/Dreier* BB 2004, 1126, 1127; *OLG Celle* AG 1984, 266, 271; **aA** KölnKomm AktG/*Zöllner* Rn 20 f und wohl auch GroßKomm AktG/*K. Schmidt* Rn 18). Nimmt ein Aktionär nach der durch § 118 Abs 1 S 2 neu getroffenen Möglichkeit an der HV online teil, so ist er nur anfechtungsbefugt, wenn die Satzung oder durch deren Ermächtigung der Vorstand die Einlegung eines Widerspruchs auf elektronischem Wege gestatten (BT-Drucks 16/11642, 39). Bereits nicht erschienene und somit aus diesem Grund kein Anfechtungsrecht haben Aktionäre, die von der Möglichkeit der Briefwahl gem § 118 Abs 2 Gebrauch machen (*Bosse* NZG 2009, 807, 809; K. Schmidt/Lutter AktG/*Spindler* § 118 Rn 58). 10

b) Widerspruch. Die Notwendigkeit des Widerspruchs soll auf dem Verbot widersprüchlichen Verhaltens beruhen mit der Folge, dass derjenige, der schweigt, seine Anfechtungsbefugnis verliert (MünchKomm AktG/*Hüffer* Rn 32; bedenklich, su Rn 12). Wie im Falle des Erscheinens muss auch der Widerspruch nicht persönlich, son- 11 dern kann auch durch einen Vertreter erklärt werden (s.o. Rn 10). Unterbleibt der erforderliche Widerspruch, so wird die Klage unbegründet (s.o. Rn 3). Inhaltlich muss der Widerspruch das Wort „Widerspruch" nicht enthalten. Ausreichend ist, dass aus der Erklärung des Aktionärs objektiv hervorgeht, gegen welche Beschlüsse sich der Aktionär wendet, wenn der Aktionär diesen Beschl etwa als ungültig, unwirksam oder rechtswidrig bezeichnet. Nicht ausreichend ist dagegen, dass sich der Aktionär bloß einer bestimmten Verfahrensmaßnahme widersetzt (zB einen Stimmentzug für unberechtigt hält). Der Widerspruch muss somit gegen das Beschlussergebnis und nicht lediglich gegen eine Verfahrensmaßnahme gerichtet sein (GroßKomm AktG/ *K. Schmidt* Rn 20; MünchHdb AG/*Semler* § 41 Rn 50 f). Der Widerspruch muss durch den Aktionär nicht begründet werden; auch eine tatsächlich gegebene Begründung bindet den Aktionär nicht, so dass die Anfechtung auch auf andere Gründe gestützt werden kann (*Noack* AG 1989, 78, 81; K. Schmidt/Lutter AktG/*Schwab* Rn 13). Formell muss der Widerspruch zur Niederschrift erklärt werden. Diese gesetzliche Anforderung bedeutet jedoch nicht, dass der Aktionär ausdrücklich auf Protokollierung bestehen muss. Ausreichend ist auch insoweit, dass objektiv ein Widerspruch erkennbar ist (*Hüffer* aaO Rn 39). Adressat des Widerspruchs ist der Versammlungsleiter (und damit nicht der Notar oder der AR-Vorsitzende) (*K. Schmidt* aaO Rn 21). Protokolliert ein Notar oder ein Versammlungsleiter den tatsächlich erklärten Widerspruch nicht, so hindert dies den Aktionär nicht an der Erhebung einer Anfechtungsklage, wenn er den Beweis über den tatsächlich erklärten Widerspruch auf andere Weise führen kann (*K. Schmidt* aaO Rn 21). **In zeitlicher Hinsicht** kann der Aktionär gegen jeden Beschlussgegenstand **auf der HV** Widerspruch erklären. Der Widerspruch kann sich auf bereits gefasste und/oder auch künftige Beschlüsse erstrecken (*Hüffer* aaO Rn 40). Dies kann sowohl vor als auch nach der Beschlussfassung geschehen (*BGH* AG 2007, 863; 865; *BGHZ* 180, 9, 18 f; *Priester* DNotZ 2006, 403, 415 f). Ein vor Beginn (*LG Frankfurt/Main* AG 2005, 51, 52) oder nach Ende der HV erklärter Widerspruch ist dagegen grds unerheblich (*LG Köln* AG 1996, 37); wurde die HV jedoch überstürzt beendet und dem Aktionär nicht mehr Gelegenheit zur Erklärung eines Widerspruchs gegeben, so ist der Aktionär in diesem Fall dann auch ohne Niederschrift seines Widerspruchs anfechtungsbefugt, wenn er seinen Widerspruch zeitnah nach der HV der Gesellschaft, vertreten durch den Vorstand, erklärt (*Noack* aaO).

12 **c) Einschränkungen von Nr 1.** Umstr ist, ob über den Fall der überstürzten Beendigung der HV sowie die gesetzlich geregelten Fälle der Nr 2 und 3 hinaus in bestimmten Fallkonstellationen auch bei einem Erscheinen des Aktionärs auf der HV der zusätzlich nach Nr 1 erforderliche **Widerspruch entbehrlich** ist. Nach hM bedarf es sowohl bei der fehlenden Erkennbarkeit eines Anfechtungsgrundes als auch bei einem Irrtum des Aktionärs über das Vorliegen eines Anfechtungsgrundes keines Widerspruchs des Aktionärs zur Wahrung seiner Anfechtungsbefugnis (GroßKomm AktG/*K. Schmidt* Rn 19; MünchKomm AktG/*Hüffer* Rn 37; KölnKomm AktG/*Zöllner* Rn 42 f, 57; K. Schmidt/Lutter AktG/*Schwab* Rn 16; Spindler/Stilz AktG/*Dörr* Rn 30; **aA** MünchHdb AG/*Semler* 2. Aufl § 41 Rn 52). Begründet wird diese Einschränkung zum einen damit, dass der Nr 1 zugrunde liegende Grundsatz des venire contra factum proprium in den Fällen der fehlenden Erkennbarkeit bzw des Irrtums nicht tangiert werde sowie systematisch mit dem Hinweis auf Nr 3, der einen Hauptfall der fehlenden Erkennbarkeit vom Widerspruchserfordernis positiv regle. Beide Gründe vermögen nicht zu überzeugen (so auch Grigoleit

AktG/*Ehmann* Rn 13). Dem Grundsatz des venire contra factum proprium kommt bei der Regelung der Anfechtungsbefugnis nur eine äußerst eingeschränkte Bedeutung zu, was sich insb daran zeigt, dass ein Aktionär grds selbst dann anfechtungsbefugt ist, wenn er dem HV zugestimmt hat. Nr 3, der vom Erscheinen und dem Einlegen eines Widerspruchs bei einer auf § 243 Abs 2 gestützten Anfechtung befreit, stellt auf einen materiellen Anfechtungsgrund und nicht auf die subjektive Wahrnehmung durch den Aktionär ab. Im Hinblick auf das in Nr 1 einerseits und Nr 2 und 3 andererseits geregelte Regel – Ausnahmeverhältnis sowie den ebenfalls in Nr 1 enthaltenen Gedanken der Rechtssicherheit verbleibt es daher grds bei dem in Nr 1 vorgesehenen Erfordernis der Einlegung eines Widerspruchs; lediglich in den Fällen einer der Ges zurechenbaren arglistigen Täuschung ist dieser der Einwand eines evtl fehlenden Widerspruchs zu versagen; hat nicht der Vorstand, sondern ein Aktionär die Täuschung verursacht, so liegt regelmäßig ein Fall des § 243 Nr 2 mit der Folge der Anwendbarkeit von Nr 3 vor.

3. Anfechtungsbefugnis des nicht erschienenen Aktionärs – Nr 2, 3. Durch Nr 2 wird **13** derjenige Aktionär geschützt, der aus in der Sphäre der Gesellschaft liegenden Gründen nicht auf der HV erschienen ist und deshalb auch keinen Widerspruch zu Protokoll erklärt hat. Nr 2 setzt voraus, dass der Aktionär zum einen nicht erschienen ist und zum anderen ein in Nr 2 geregelter **Verfahrensfehler** vorliegt (GroßKomm AktG/ *K. Schmidt* Rn 23). Ist der Aktionär dagegen trotz eines der in Nr 2 aufgeführten Verfahrensfehler erschienen, so liegt kein Fall des Nr 2, sondern ein Fall des Nr 1 vor mit der Folge, dass der Aktionär, um seine Anfechtungsbefugnis nicht zu verlieren, Widerspruch einlegen muss (MünchKomm AktG/*Hüffer* Rn 41). **Kein Fall des Nichterscheinens** liegt vor, wenn der Aktionär teilw auf der HV anwesend war, da er auch in diesem Fall sowohl Widerspruch gegen die bereits beschlossenen Beschlüsse als auch gegen künftige, noch nicht beschlossene Beschlüsse einlegen kann. Unerheblich ist dabei, ob die lediglich teilw Präsenz auf der Entscheidung des Aktionärs oder auf dem gleich zu behandelnden Fall eines berechtigten Ausschlusses durch die Gesellschaft beruht (*Hüffer* aaO Rn 43; K. Schmidt/Lutter AktG/*Schwab* Rn 21; zum Fall des unberechtigten Ausschlusses s sogleich).

Ist der Aktionär dagegen weder selbst noch durch einen von ihm bestimmten Vertreter **14** erschienen, so ist er in folgenden drei Fällen **trotz Nichterscheinens und fehlenden Widerspruchs anfechtungsbefugt**: Ein Fall der **unberechtigten Nichtzulassung** liegt vor, wenn der Aktionär bzw der von ihm bestimmte Vertreter zwar die Teilnahmevoraussetzungen erfüllt, ihm von der Ges jedoch die Teilnahme an der HV verweigert wird (so *OLG Frankfurt* AG 2007, 357: auch bei unzumutbarer Eintrittskontrolle). Dem steht der Fall eines unberechtigten Ausschlusses eines Aktionärs von der HV gleich (*BGHZ* 44, 245, 250; GroßKomm AktG/*K. Schmidt* Rn 26). Ein **Einberufungsfehler** liegt vor, wenn ein Verstoß gegen die §§ 121–123 , 125–127 vorliegt (*K. Schmidt* aaO Rn 27; MünchKomm AktG/*Hüffer* Rn 48; **aA** bei § 125 Abs 1, 3–4; GroßKomm AktG/*Werner* § 125 Rn 91 ff). Beruht die fehlende Weitergabe von Einberufungsunterlagen zur HV allerdings auf einem Fehlverhalten des von dem Aktionär eingeschalteten Kreditinstituts (§ 128), so ist dieser Fehler dem Aktionär, nicht aber der Ges zuzurechnen (KölnKomm AktG/*Zöllner* Rn 54). Ein **Bekanntmachungsfehler** liegt bei einem Verstoß gegen § 124 Abs 1–3 vor (*K. Schmidt* aaO Rn 28; *Zöllner* aaO Rn 55). In diesem Fall verleiht Nr 2 jedoch eine Anfechtungsbefugnis nur für den vom Bekanntmachungsfehler betroffenen Beschl und nicht für die ordnungsgemäß bekannt gemachten Beschlussgegenstände (K. Schmidt/Lutter AktG/*Schwab* Rn 23). Bei einer auf § 243 Abs 2 gestützten Anfechtungsklage muss der Aktionär zur Wahrung seiner Anfechtungsbefugnis weder zur HV erscheinen noch im Falle seines Erscheinens Widerspruch einlegen. **Nr 3 verleiht die Anfechtungsbefugnis jedoch nur für Anfechtungsgründe nach § 243 Nr 2**, so dass für die Anfechtungsbefugnis einer auf weitere Anfechtungsgründe gestützten Klage die allg Regeln gelten, deren Nichtbeachtung zur Unbegründetheit der Klage führen (*K. Schmidt* aaO Rn 29). Eine analoge Anwendung von Nr 3 bei einer auf einen Verstoß gegen den Gleichbehandlungsgrundsatz oder gegen die Treuepflicht gestützten Anfechtungsklage (so *K. Schmidt* aaO Rn 30; *Zöllner* aaO Rn 57) ist dagegen abzulehnen, da ansonsten Nr 1 durch diese weitere Relativierung in seiner Bedeutung zu weit eingeschränkt würde (*Hüffer* aaO Rn 51; Spindler/Stilz AktG/*Dörr* Rn 40; Grigoleit AktG/*Ehmann* Rn 18).

15 **4. Anfechtungsrecht des Vorstands – Nr 4.** Die Verleihung der Anfechtungsbefugnis an den Vorstand dient dazu, dem Vorstand die Kontrolle der Rechtmäßigkeit von HV-Beschlüssen zu ermöglichen, nicht aber zur Verfolgung eigennütziger Interessen des Vorstands (MünchKomm AktG/*Hüffer* Rn 64; GroßKomm AktG/*K. Schmidt* Rn 32). Kein Fall unzulässiger eigennütziger Interessen ist das Vorliegen eines Falls nach Nr 5. Bei gesellschaftsschädlichen Beschlüssen muss der Vorstand Anfechtungsklage erheben (MünchHdb AG/*Semler* § 41 Rn 58).

16 **a) Vorstand als Partei.** Erhebt der Vorstand Anfechtungsklage, so ist er selbst in seiner jeweiligen Zusammensetzung **Partei des Rechtsstreits**. Der Vorstand tritt in diesem Fall also nicht lediglich als Organ der hier durch den AR vertretenen beklagten Ges auf (MünchHdb AG/*Semler* § 41 Rn 58; GroßKomm AktG/*K. Schmidt* Rn 33 f; **aA** KölnKomm AktG/*Zöllner* Rn 59, der hier einen In-Sich-Prozess der dann sowohl klagenden als auch beklagten Gesellschaft annimmt). Im Rubrum der Klage taucht somit der Vorstand der Ges auf; ein Wechsel in der Zusammensetzung des Vorstands hat keine Auswirkungen und stellt insb auch keinen Parteiwechsel dar, da Kläger der Vorstand in seiner jeweiligen Zusammensetzung ist (MünchKomm AktG/*Hüffer* Rn 68). Unterliegt der Vorstand mit seiner Anfechtungsklage, so ist er Kostenschuldner, kann jedoch nach § 670 BGB Ersatz seiner Aufwendungen verlangen (MünchKomm AktG/*Hüffer* Rn 69; **aA** K. Schmidt/Lutter AktG/*Schwab* Rn 32: Ges ist Kostenschuldnerin analog § 99 Abs 6 S 7). Im Fall der Abwicklung treten die Abwickler an die Stelle des Vorstands und sind dann nach Nr 4 anfechtungsbefugt. Bei der Insolvenz ist der Verwalter nur dann anfechtungsbefugt, wenn der Beschl Auswirkungen auf die Masse hat; andernfalls, wie zB bei der Wahl zum AR, bleibt der Vorstand anfechtungsbefugt (*Zöllner* aaO Rn 65 f; *Hüffer* AktG Rn 29). Zur analogen Anwendung von Nr 4 auf einen von der HV bestellten besonderen Vertreter vgl *OLG München* AG 2009, 119, 120.

17 **b) Voraussetzungen der Anfechtungsbefugnis des Vorstands.** Der Vorstand muss nicht, wie dies Nr 1 grds für die Aktionäre fordert, auf der HV anwesend sein und/oder gegen den HV-Beschluss Widerspruch einlegen (KölnKomm AktG/*Zöllner* Rn 64). Der Anfechtungsbefugnis des Vorstands steht auch nicht entgegen, dass ein HV-Beschluss vom Vorstand vorgeschlagen wurde und ggf Mitglieder des Vorstands als Aktionäre diesem zugestimmt haben (*Zöllner* aaO Rn 63; GroßKomm AktG/ *K. Schmidt* Rn 32). Der Vorstand handelt, sofern er nicht nur aus einer Person besteht, bei einer Klage als Kollegialorgan. Vor Erhebung der Klage ist daher ein **Beschl** des

Vorstands erforderlich, ohne den die Klage abzuweisen ist (str, ob als unzulässig oder als unbegründet, MünchKomm AktG/*Hüffer* Rn 61).

5. Anfechtungsbefugnis eines einzelnen Organmitglieds – Nr 5. Nach dieser Vorschrift sind die einzelnen Organmitglieder auch ohne Erfordernis eines vorherigen Beschl anfechtungsbefugt. Die hierdurch den einzelnen Organmitgliedern verliehene Kontrollmöglichkeit dient der Kontrolle der Rechtmäßigkeit der HV-Beschlüsse sowie dem **Schutz der Organmitglieder** (GroßKomm AktG/*K. Schmidt* Rn 38; MünchKomm AktG/*Hüffer* Rn 72). Anfechtungsbefugt sind sowohl die **einzelnen Mitglieder des AR als auch des Vorstands**, wobei gem § 94 auch stellvertretende Vorstandsmitglieder anfechtungsbefugt sind. Partei ist auch hier das einzelne klagende Organmitglied; klagen mehrere, so sind diese einfache Streitgenossen (*K. Schmidt* aaO Rn 44). Erforderlich ist die **Organmitgliedschaft zum Zeitpunkt der Klageerhebung**; nicht erforderlich ist eine Organmitgliedschaft bereits bei Beschlussfassung (K. Schmidt/Lutter AktG/ *Schwab* Rn 34); ein späterer Wegfall der Organmitgliedschaft lässt die Anfechtungsbefugnis nicht nachträglich entfallen (KölnKomm AktG/*Zöllner* Rn 74). Unterliegt das klagende Organmitglied, so sind ihm die Kosten aufzuerlegen; das unterlegene Organmitglied kann allerdings Aufwendungsersatz nach § 670 BGB verlangen (MünchHdb AG/*Semler* § 41 Rn 60). Die Anfechtungsbefugnis einzelner Organmitglieder besteht **lediglich bei ausführungsbedürftigen Beschlüssen**. Diese liegen insb auch bei eintragungsbedürftigen Beschlüssen vor, da die HR-Anmeldung eine Ausführungshandlung iSd Nr 5 darstellt (*Zöllner* aaO Rn 75; *K. Schmidt* aaO Rn 40). Die Anfechtungsbefugnis wird nicht dadurch berührt, dass die Ausführungshandlung bereits vorgenommen wurde. Nicht erforderlich ist die individuelle Verantwortlichkeit des klagenden Organmitglieds, so dass zB auch ein einzelnes AR-Mitglied klagen kann, wenn lediglich die Strafrechtsverantwortlichkeit eines Vorstandsmitglieds in Frage steht (*Hüffer* aaO Rn 75). Auf die Klage eines einzelnen Organmitglieds findet eine vollständige und nicht eine lediglich auf die Verantwortlichkeit des Organmitglieds beschränkte Überprüfung statt (*Hüffer* aaO Rn 75).

6. Missbrauch des Anfechtungsrechts. – a) Vorliegen eines Missbrauchs. Auch wenn der Aktionär bei der Erhebung der Anfechtungsklage kein besonderes Rechtsschutzinteresse darlegen muss, kann der Aktionär dennoch seine ihm durch das Anfechtungsrecht verliehene Kontrollbefugnis individuell missbrauchen, wenn er das ihm verliehene Anfechtungsrecht zur Verfolgung unangemessener eigener Vorteile nutzt („**individueller Rechtsmissbrauch**") (*BGHZ* 107, 296, 308 ff). Ein Missbrauch des Anfechtungsrechts liegt nach der Rspr dann vor, wenn der Kläger die Anfechtungsklage mit dem Ziel erhebt, die verklagte Ges in grob eigennütziger Weise zu einer Leistung zu veranlassen, auf die er keinen Anspruch hat und billigerweise auch nicht erheben kann (*BGHZ* 107, 296, 311; *BGH AG* 1990, 259; *NJW* 1990, 322; 1992, 569, 570). Da das Vorliegen eines Missbrauchs einzelfallabhängig ist, lässt sich der Tatbestand nicht durch eine allg gültige und ausdifferenzierte Formel fest umreißen (*Timm/ Windbichler* S 40). Das Erpressungspotential der Anfechtungsklage beruht darauf, dass das Registergericht nach Erhebung einer Anfechtungsklage entweder aus zwingenden Gründen (gem § 16 Abs 2 UmwG muss dem Eintragungseintrag ein sog Negativattest beigefügt werden, dass keine Anfechtungsklage vorliegt) oder aus faktischen Gründen (nach § 381 FamFG, was in rechtlich ungeklärten Fällen regelmäßig auch erfolgt, *Baums* F 159) die Eintragung bis zur Erledigung der Anfechtungsklage aussetzen (sog „Hebelwirkung" der Anfechtungsklage, vgl *Boujong* FS Kellermann, S 4;

Göz

Baums F 155 ff, 160). Ein Missbrauch liegt vor, wenn der Anfechtungskläger dieses Erpressungspotential nutzt, um unangemessene persönliche Vorteile zu erzielen. Nicht erforderlich ist für das Vorliegen eines Missbrauchs, dass der Kläger hierbei den Straftatbestand einer Nötigung oder Erpressung erfüllt (*BGHZ* 107, 396, 309). Ein Missbrauch liegt regelmäßig vor, wenn der Kläger einen deutlich überhöhten Vermögensvorteil für die Beendigung der Anfechtungsklage fordert oder sich gewähren lässt (*Boujong* aaO, S 9; *OLG Frankfurt* AG 1991, 208). Ein Missbrauch kann unabhängig davon vorliegen, wie die Zahlung deklariert wird, so dass auch eine Kostenerstattung oder ein Beratungshonorar oder eine Gebührenteilung des Anfechtungsklägers mit seinem Anwalt den Missbrauchstatbestand erfüllen (MünchKomm AktG/*Hüffer* Rn 59). Ein Missbrauch kann aber auch vorliegen, wenn der Aktionär in selbstsüchtiger Weise der Ges seinen Willen aufzwingen will (*RGZ* 146, 385, 395), wenn die Anfechtungsklage als Druckmittel in den weiteren Prozessen eingesetzt wird (*OLG Frankfurt* AG 1996, 135, 136 f) oder der Aktionär eine in sonstiger Weise unangemessene Gegenleistung verlangt.

20 Häufig kann auf den Missbrauch lediglich durch verschiedene Indizien geschlossen werden. Von Bedeutung sind hier ua das Verhalten des Anfechtungsklägers im laufenden Verfahren sowie in eventuellen sonstigen, ggf auch bereits abgeschlossenen Parallelverfahren, der Umfang und Zeitpunkt des Aktienerwerbs des Klägers oder Drohungen mit einer weit reichenden Wahrnehmung des Anfechtungsrechts bei Nichteingehen auf eigensüchtige Forderungen des Klägers (*Boujong* FS Kellermann, S 8 f; MünchKomm AktG/*Hüffer* Rn 62; *OLG Stuttgart* AG 2001, 315, 317; 2003, 456). Ein Missbrauch wird auch nicht dadurch ausgeschlossen, dass die Ges und nicht der Anfechtungskläger die Initiative für einen Vergleich ergreift (*BGH* AG 1990, 259). Auch ein zwar nicht bei Klageerhebung, jedoch im Laufe des Verfahrens nachträglich vorliegender Missbrauch begründet den Missbrauchseinwand (*BGH* NJW 1992, 569). Die Beweislast für das Vorliegen eines Missbrauchsfalls trägt die sich darauf berufende Ges (*RGZ* 146, 385, 396; *OLG Stuttgart* AG 2003, 456; die Ges sieht sich insoweit regelmäßig erheblichen Beweisproblemen ausgesetzt, *Boujong* aaO, S 7).

21 **b) Gesetzliche Regelung der Missbrauchsfälle.** Die Behandlung von Missbrauchsfällen durch den Gesetzgeber war verschiedenen Schwankungen unterworfen. Bei unbegründeten Anfechtungsklagen hatte bereits der Gesetzgeber 1884 eine Schadenersatzpflicht solcher Kläger vorgesehen, denen eine „bösliche Handlungsweise zur Last fällt" (Art 190b, 222 ADHBG). Diese Schadenersatzpflicht wurde durch das AktG 1937 noch verschärft, da eine unbegründete Anfechtungsklage bereits dann zum Schadenersatz führte, wenn dem Kläger Vorsatz oder grobe Fahrlässigkeit zur Last fiel (s ausf *Baums* F 144 ff). Das AktG 1965 hat dann von einer Schadenersatzpflicht und von sonstigen Sanktionen abgesehen unter dem Eindruck, dass „missbräuchliche Anfechtungsklagen in den letzten Jahren nicht bekannt geworden sind" (*Kropff* S 332 f). Der vom Gesetzgeber 1965 festgestellte Befund fehlender Missbrauchsfälle trifft für die Gegenwart nicht zu (ausf *Timm* S 9 ff; *Baums* F 53 ff, 147 ff; *Jahn* BB 2005, 5 ff). Missbräuchliche Anfechtungskläger haben mittlerweile ihr Verhalten an die Vorgaben der Rspr angepasst und gehen subtiler vor. Auch wg der im Hinblick auf die Beweissituation sehr restriktiven Rspr, die lediglich in Ausnahmefällen einen Missbrauch bejaht (*BGHZ* 107, 296, 310; *OLG Stuttgart* AG 2003, 456), wurde daher die Grundproblematik als solche nicht beseitigt (*Boujong* aaO, S 13; *Baums* F 149; *Jahn*, aaO 5, 6 f). Daher hat nunmehr auch der Gesetzgeber reagiert, indem er in bestimmten Fällen bei eintragungsbedürftigen HV-Beschlüssen das mit der Anfechtungsklage verbundene Erpressungspotential verringert hat. Die Einführung von Freigabeverfahren (§ 16 Abs. 3 UmwG, §§ 246a, 319 VI) hat die zeitliche Hebelwirkung dadurch verringert, dass in diesen Verfahren durch rechtskräftigen gerichtlichen Beschl die durch die Anfechtungsklage bewirkten Eintragungshindernisse beseitigt werden können. Nachdem das UMAG das Erpressungspotential missbräuchlicher Anfechtungsklagen im Hinblick auf die unter erheblichem zeitlichen Druck stehenden Strukturmaßnahmen wg der nach wie vor nicht unerheblichen Verfahrensdauer der Freigabeverfahren einerseits und der vielfach sehr restriktiven Handhabung und den damit verbundenen ungewissen Erfolgsaussichten andererseits allenfalls reduziert, nicht jedoch beseitigt hatte (*Waclawik* DStR 2006, 2177; ausf *Baums/Keinath/Gajek*, ZIP 2007, 1629, 1649), wurde das Freigabeverfahren durch das ARUG effektiver ausgestaltet (zur Evaluierung der Auswirkungen des ARUG auf Anfechtungsklagen vgl, *Baums/Drinhausen/ Keinath* ZIP 2011, 2329; *Bayer/Hoffmann/Sawada* ZIP 2012, 897). Auch wenn zur Bekämpfung von Missbrauchsfällen mittlerweile dem vom Gesetzgeber geschaffenen und reformierten Freigabeverfahren größere praktische Bedeutung zukommt als dem von der Rspr geschaffenen Missbrauchseinwand, ist letzterer sowohl wg des anderen Tatbestands als auch der weitergehenden Rechtsfolgen nicht obsolet.

c) Rechtsfolgen. Übt ein Aktionär sein **Anfechtungsrecht missbräuchlich** aus, führt dies 22 zum Verlust der Anfechtungsbefugnis und damit zur **Unbegründetheit der Klage** (*BGH* AG 1992, 448, 449; **aA** K. Schmidt/Lutter AktG/*Schwab* Rn 50: Unzulässigkeit). Dies gilt insb auch dann, wenn tatsächliche Anfechtungsgründe vorliegen (*BGH* NJW 1990, 322, 323). Anders als im Fall der Anfechtungsklage führt dagegen eine **missbräuchlich erhobene Nichtigkeitsklage zur Unzulässigkeit** und nicht zur Unbegründetheit der Klage (*OLG Frankfurt* AG 1991, 208; *OLG Stuttgart* AG 2001, 315, 316). Die an den Aktionär infolge der missbräuchlichen Anfechtungsklage erbrachten Leistungen können ua unter folgenden Gesichtspunkten Rückzahlungs- und Schadenersatzansprüche auslösen: Erbringt die AG selbst an den Aktionär eine unangemessene Leistung, auf die dieser keinen Anspruch hat, so liegt regelmäßig ein Fall der verbotenen Einlagenrückgewähr (§ 57) vor, die einen Rückzahlungsanspruch nach § 62 begründet (*Lutter* ZGR 1978, 347, 353 ff; *Timm/Windbichler* S 38 ff; *BGH* NJW 1992, 2821). In Betracht kommen ferner Rückzahlungsansprüche nach Bereicherungsrecht, da die der Leistung an den Aktionär zugrunde liegende Vereinbarung regelmäßig sittenwidrig ist (GroßKomm AktG/*K. Schmidt* Rn 83) sowie deliktische Ansprüche nach § 826 BGB sowie 823 Abs 2 BGB iVm § 253 StGB (*BGH* NJW 1992, 2821 bei einem Rechtsanwalt, der als Rechtsberater von Anfechtungsklägern an dem Abschluss eines Vertrages zur Erledigung einer missbräuchlichen Anfechtungsklage mitgewirkt hat). Für das Vorliegen einer verwerflichen Gesinnung gem § 826 BGB können kumulativ als Indizien herangezogen werden die Bereitwilligkeit des Klägers zum Abschluss eines Vergleichs, die geltend gemachten Klagegründe, das Verhalten des Klägers in früheren Anfechtungsverfahren und der Umfang des Aktienbesitzes des Klägers (*OLG Frankfurt* AG 2009, 200, 203). Letztlich stellt eine missbräuchliche Anfechtungsklage, auch wenn die Rspr betont, dass der Missbrauchseinwand nach § 242 BGB auch ohne Heranziehung der Treuepflicht begründet ist, gleichzeitig auch einen Verstoß gegen die gesellschaftsrechtliche Treuepflicht dar (MünchKomm AktG/ *Hüffer* Rn 57; *Henze* BB 1996, 489, 494). Nach allerdings umstr Ansicht kann ein Schadenersatzanspruch daher auch auf die gesellschaftsrechtliche Treuepflicht gestützt werden (*Timm* S 29; *K. Schmidt* aaO Rn 85; **aA** KölnKomm AktG/*Zöllner* § 243 Rn 50).

§ 246 Anfechtungsklage

(1) Die Klage muss innerhalb eines Monats nach der Beschlussfassung erhoben werden.

(2) ¹Die Klage ist gegen die Gesellschaft zu richten. ²Die Gesellschaft wird durch Vorstand und Aufsichtsrat vertreten. ³Klagt der Vorstand oder ein Vorstandsmitglied, wird die Gesellschaft durch den Aufsichtsrat, klagt ein Aufsichtsratsmitglied, wird sie durch den Vorstand vertreten.

(3) ¹Zuständig für die Klage ist ausschließlich das Landgericht, in dessen Bezirk die Gesellschaft ihren Sitz hat. ²Ist bei dem Landgericht eine Kammer für Handelssachen gebildet, so entscheidet diese an Stelle der Zivilkammer. ³§ 148 Abs. 2 Satz 3 und 4 gilt entsprechend. ⁴Die mündliche Verhandlung findet nicht vor Ablauf der Monatsfrist des Absatzes 1 statt. ⁵Die Gesellschaft kann unmittelbar nach Ablauf der Monatsfrist des Absatzes 1 eine eingereichte Klage bereits vor Zustellung einsehen und sich von der Geschäftsstelle Auszüge und Abschriften erteilen lassen. ⁶Mehrere Anfechtungsprozesse sind zur gleichzeitigen Verhandlung und Entscheidung zu verbinden.

(4) ¹Der Vorstand hat die Erhebung der Klage und den Termin zur mündlichen Verhandlung unverzüglich in den Gesellschaftsblättern bekannt zu machen. ²Ein Aktionär kann sich als Nebenintervenient nur innerhalb eines Monats nach der Bekanntmachung an der Klage beteiligen.

Übersicht

	Rn
I. Normzweck	1
II. Streitgegenstand und Verhältnis der Anfechtungs- zur Nichtigkeitsklage	2
1. Streitgegenstand der Anfechtungsklage	2
2. Verhältnis Anfechtungs- und Nichtigkeitsklage	3
3. Anwendbarkeit der §§ 241 ff auf andere Gesellschaftsformen	4a – 6
a) SE und ausländische Kapitalgesellschaften	4a
b) GmbH	5
c) Personengesellschaftsrecht	6
III. Anfechtungsfrist Abs 1	7
1. Charakter der Anfechtungsfrist	7
2. Fristberechnung	8
3. Fristwahrung	9
4. Rechtzeitiger Eingang des Antrags	10
5. Klageeinreichung bei unzuständigem Gericht	11
6. Antrag auf Prozesskostenhilfe	12
7. Kein Nachschieben von Gründen	13
IV. Beklagtenpartei und deren Vertretung – Abs 2	14

	Rn
1. Die Gesellschaft als Beklagte	14
a) Beklagtenpartei nach Umwandlungsmaßnahmen	15
b) Abwicklung und Insolvenz	16
c) Insolvenz	17
2. Vertretung und Zustellung	18
V. Zuständigkeit und Prozessverbindung – Abs 3	22
1. Zuständigkeit	22
2. Bestimmung des ersten Verhandlungstermins und Akteneinsicht	23
3. Prozessverbindung	24
a) Zwingende Prozessverbindung	24
b) Notwendige Streitgenossenschaft zwischen mehreren Klägern	26
4. Schiedsfähigkeit von Beschlussmängelstreitigkeiten	27
VI. Bekanntmachungspflicht und Nebenintervention – Abs 4	31
1. Bekanntmachungspflicht	31
2. Nebenintervention	32
a) Allgemeine prozessuale Voraussetzungen	32
b) Interventionsgrund	33

	Rn		Rn
c) Rechtsstellung des Nebenintervenienten	34	VIII. Positive Beschlussfeststellungsklage	45
VII. Geltung allgemeiner Prozessrechtsgrundsätze	35	1. Anwendungsbereich	45
1. Dispositionsmaxime	36	2. Voraussetzungen	46
a) Klägerseite	37	IX. Einstweiliger Rechtsschutz	47
b) Beklagtenseite	38	1. Allgemeines	47
c) Abkaufsfälle und Vergleich	39	2. Eingriff in die Beschlussfassung	48
2. Rechtsschutzbedürfnis	41	3. Einwirkung auf die Stimmabgabe	49
3. Darlegungs- und Beweislast	42	4. Einstweilige Verfügung gegen Ausführungshandlung	50
a) Allgemeines	42		
b) Verfahrensmängel	43		
c) Inhaltsmängel	44		

Literatur: *Austmann* Rechtsfragen der Nebenintervention im aktienrechtlichen Anfechtungsprozess, ZHR 158 (1994), 495; *Baums* Empfiehlt sich eine Neuregelung des aktienrechtlichen Anfechtungs- und Organhaftungsrechts, insbesondere der Klagemöglichkeiten von Aktionären?, Verhandlungen des 63. Dt Juristentages, Bd I, Teil F, 2000; *Bayer/Hoffmann/Sawada* Beschlussmängelklagen, Freigabeverfahren und Berufskläger, ZIP 2012, 897; *Bork* Das Anerkenntnis im aktienrechtlichen Beschlussanfechtungsverfahren, ZIP 1992, 1205; *ders* Streitgegenstand der Beschlussmängelklage im Gesellschaftsrecht, NZG 2002, 1094; *Borries* Die Schiedsfähigkeit gesellschaftsrechtlicher Streitigkeiten in der Aktiengesellschaft, NZG 2010, 481; *Borsch* Doppelvertretung und Zustellung bei der Anfechtungsklage, AG 2005, 606; *Buchta* Einstweiliger Rechtsschutz gegen Fassung und Ausführung von Gesellschafterbeschlüssen, DB 2008, 913; *von Falkenhausen/Kocher* Zulässigkeitsbeschränkungen für die Nebenintervention bei der aktienrechtlichen Anfechtungsklage, ZIP 2004, 1179; *Goette* Neue Entscheidung des Bundesgerichtshofes: Beschlussmängelstreitigkeiten im GmbH-Recht sind schiedsfähig, GWR 2009, 103; *Göz* Beschlussmängelklagen bei der Societas Europaea (SE), ZGR 2008, 593; *Göz/Peitsmeyer* Schiedsfähigkeit von Beschlussmängelklagen bei der GmbH, DB 2009, 1815; *Goslar/von der Linden* Interventionsfrist, Interventionsbefugnis und Kostenlastverteilung bei der Nebenintervention zur aktienrechtlichen Anfechtungsklage, WM 2009, 492; *Heer* Die positive Beschlussfeststellungsklage im Aktienrecht – Voraussetzungen und besondere Problemstellungen, ZIP 2012, 803; *Henn* Erhebung der Anfechtungsklage vor dem unzuständigen Gericht, AG 1989, 230; *Henze* Aspekte und Entwicklungstendenzen der aktienrechtlichen Anfechtungsklage in der Rechtsprechung des BGH, ZIP 2002, 97; *Heuer* Die rechtsmißbräuchliche Erhebung der aktienrechtlichen Anfechtungsklage beim örtlich unzuständigen Gericht, AG 1989, 234; *Kort* Einstweiliger Rechtsschutz bei eintragungspflichtigen Hauptversammlungsbeschlüssen, NZG 2007, 169; *ders* Die Registereintragung gesellschaftsrechtlicher Strukturänderungen nach dem Umwandlungsgesetz und nach dem Gesetz zur Unternehmensintegrität und Modernisierung des Anfechtungsrechts (UMAG), BB 2005, 1577; *Kröll* Das deutsche Schiedsrecht vor staatlichen Gerichten – Entwicklungslinien und Tendenzen 1998-2000, NJW 2001, 1173; *Lachmann* Handbuch für die Schiedsgerichtspraxis, 3. Aufl 2008; *Markwardt* „Holzmüller" im vorläufigen Rechtsschutz, WM 2004, 211; *Reichert* Beschlussmängelstreitigkeiten und Schiedsgerichtsbarkeit – Gestaltungs- und Reaktionsmöglichkeiten, FS Ulmer, 2003, S 511; *Reichert/Harbarth* Statutarische Schiedsklauseln, NZG 2003, 379; *Rieger/Wilske* Auf dem Weg zu einer allgemeinen Schiedsfähigkeit von Beschlussmängelstreitigkeiten?, ZGR 2010, 733; *Saenger/Splittgerber* Gesellschaftstätigkeiten im Kapitalgesellschaftsrecht – Zur Perspektive der schiedsgerichtlichen Streitbeilegung, DZWIR 2010, 177; *Schlitt/Seiler* Einstweiliger Rechtsschutz im Recht der börsennotierten Aktiengesellschaften, ZHR 166 (2002), 544; *K. Schmidt* Schiedsklauseln und Schiedsverfahren im Gesellschaftsrecht als prozessuale Legitimationsprobleme – Ein Beitrag zur Verzahnung von Gesellschafts- und Prozessrecht, BB 2001, 1857; *ders* Gesellschafterstreitigkeiten vor Schiedsgerichten, Schriftenreihe, VGR, Bd 15; *Schwab/Walter* Schiedsgerichtsbarkeit, 7. Aufl 2005; *Stilz* Zum Nachschieben von Gründen im Beschlussmängelstreit, Liber Amicorum für Martin Winter (2011), S 671; *Tielmann* Die Zustellung der aktienrechtlichen Anfechtungsklage nach dem Zustellungsreformgesetz, ZIP 2002, 1879; *Volhard* Eigenverantwortlichkeit und Folgepflicht, ZGR 1996, 55; *Waclawik* Hilfe zur Selbsthilfe? – Der Beitritt von Aktionären als Nebenintervenienten im aktienrechtlichen Anfechtungsprozess, WM 2004, 1361; *ders* Die höchstrichterliche Geometrie des Kostenrechts bei der streitgenössischen Nebenintervention, DStR 2007, 1257; *Werner* Einstweiliger Rechtsschutz im Gesellschafterstreit in der GmbH, NZG 2006, 761; *Zöllner* Problematik der aktienrechtlichen Anfechtungsklage, AG 2000, 145.

I. Normzweck

1 § 246 enthält wesentliche Verfahrensvorschriften für die Anfechtungsklage. Abs 1 stellt klar, dass die Anfechtungsklage innerhalb eines Monats nach Beschlussfassung erhoben werden muss. Abs 2 betrifft die beklagte Partei und regelt, durch wen die beklagte Gesellschaft vertreten wird. Abs 3 bestimmt das zuständige Gericht und verhindert durch die Anordnung der Prozessverbindung bei mehreren Anfechtungsklagen widersprüchliche Entscheidungen. Abs 4 sieht Veröffentlichungspflichten der Gesellschaft nach Erhebung der Anfechtungsklage vor, die die Nebenintervention ermöglichen, die dann aber in zeitlicher Hinsicht beschränkt wird. Entspr der verschiedenen Regelungsgegenstände dient § 246 zum einen der Rechtssicherheit, die durch die Anfechtungsfrist in Abs 1 und die zur Vermeidung widersprüchlicher Entscheidungen etablierte Verfahrensverbindung gefördert wird, zum zweiten der effektiven Ausgestaltung des Verfahrens, die durch die Zuständigkeitsregelungen in Abs 3 gefördert wird und zuletzt der verfahrensrechtlichen Legitimation der Prozessergebnisse, die durch die in Abs 2 getroffene Vertretungsregelung und die in Abs 4 vorgesehene Veröffentlichungspflicht gefördert werden soll (GroßKomm AktG/*K. Schmidt* Rn 3).

II. Streitgegenstand und Verhältnis der Anfechtungs- zur Nichtigkeitsklage

2 **1. Streitgegenstand der Anfechtungsklage.** Grds gilt nach der Rspr der sog **zweigliedrige Streitgegenstandsbegriff**. Der Streitgegenstand wird danach zum einen durch den Klageantrag, in dem sich die vom Kläger in Anspruch genommene Rechtsfolge konkretisiert und zum anderen durch den Lebenssachverhalt (Anspruchsgrund), aus dem der Kläger die begehrte Rechtsfolge herleitet, bestimmt (*BGH* NJW 1992, 1172, 1173; 2001, 157, 158; 2003, 2317, 2318; 2004, 1252, 1253). Von diesem allg Grundsatz wich der BGH in der Entscheidung *BGHZ* 152, 1, 5 ab. Danach ist der Streitgegenstand bei der aktienrechtlichen Beschlussmängelklage allein das mit der Klage verfolgte prozessuale Ziel, die richterliche Klärung der Nichtigkeit eines HV-Beschlusses in Bezug auf seine fehlende Übereinstimmung mit Gesetz oder Satzung hinsichtlich seines Gegenstands und Inhalts sowie des zur Beschlussfassung führenden Verfahrens herbeizuführen. Hierbei stellen nach dem *BGH* die gesamten, der Entstehung des Beschl zugrunde liegenden Umstände einen einheitlichen Lebenssachverhalt dar (zu Recht den Streitgegenstandsbegriff nach *BGHZ* 152, 1 abl *Bork* NZG 2002, 1094). Diese Aussage zum Streitgegenstand hat der BGH dann in der Entsch *BGH* AG 2005, 395, 397 erheblich relativiert. Nach neueren Entsch soll sich der Streitgegenstand aktien-

rechtlicher Anfechtungsklagen wiederum in Anlehnung an den zweigliedrigen Streitgegenstandsbegriff durch die jeweils geltend gemachten Beschlussmängelgründe als Teil des zu Grunde liegenden Lebenssachverhaltes bestimmen, *BGH* AG 2010, 748; zutr zu der fehlenden Eindeutigkeit dieser Abgrenzungskriterien *Stilz* liber amicorum für Martin Winter, S 671, 680). Praktische Auswirkungen hat die Bestimmung des Streitgegenstands auf die Antragstellung bei Nichtigkeits- und Anfechtungsklage (s hierzu unten Rn 3 ff), auf das Erfordernis einer Erweiterung des Klageantrags nachdem die beklagte Ges einen anfechtbaren Beschl bestätigt hat (s.o. § 244 Rn 2) sowie auf die Anforderungen an eine nach Abs 1 fristgerechte Begründung der Anfechtungsklage (Näheres hierzu su Rn 7 ff).

2. Verhältnis Anfechtungs- und Nichtigkeitsklage. Ein dem Normtext zu entnehmender Unterschied zwischen der Anfechtungsklage (§ 248) und der Nichtigkeitsklage (§ 249) besteht zunächst darin, dass die **Anfechtungsklage als Gestaltungsklage** dazu dient, einen ursprünglich wirksamen Beschl durch Geltendmachung von Anfechtungsmängeln durch gerichtliches Urteil – konstitutiv – für nichtig erklären zu lassen. Bei **der Nichtigkeitsklage** wird dagegen im Wege der **Feststellungsklage** die Nichtigkeit eines mit den gesetzlich abschließend aufgeführten Nichtigkeitsgründen behafteten HV-Beschlusses durch das Gericht – deklaratorisch – festgestellt (**hM**, ua MünchKomm AktG/*Hüffer* Rn 13 mwN; abw hiervon geht *K. Schmidt* auch bei der Nichtigkeitsklage von einer Gestaltungsklage aus, GroßKomm AktG/*K. Schmidt* § 241 Rn 70, § 249 Rn 31). Ein praktisch wesentlicher Unterschied ist zum einen, dass die Anfechtungsklage nur innerhalb der Anfechtungsfrist des Abs 1 geltend gemacht werden kann, der für die Nichtigkeitsklage nicht gilt. Ferner kann die Nichtigkeit eines Beschl nach § 249 Abs 1 S 2 auch auf andere Weise als durch Erhebung der Klage geltend gemacht werden. 3

Trotz dieser Unterschiede sowohl in verfahrensrechtlicher Hinsicht als auch bezüglich der Urteilswirkung verfolgte die Anfechtungsklage und die Nichtigkeitsklage jedoch beide das materiell identische Ziel der Nichtigkeit eines HV-Beschlusses mit Wirkung für und gegen jedermann richterlich zu klären (*BGH* NJW 1999, 1638). Während daher die frühere Rspr aufgrund der unterschiedlichen Tenorierung bei der Gestaltungsklage (Anfechtung) und der Feststellungsklage (Nichtigkeit) von unterschiedlichen Klagearten ausging mit der Folge, dass Anfechtungs- und Nichtigkeitsklage jeweils eines eigenständigen Antrags bedurften (*BGHZ* 32, 318, 322), ist nach neuerer Rspr davon auszugehen, dass Anfechtungs- und Nichtigkeitsklage **derselbe Streitgegenstand** zugrunde liegt (*BGHZ* 134, 364, 366; *BGH* NJW 1999, 1638). Ob der vom Kläger vorgetragene Sachverhalt zur Anfechtbarkeit oder zur Nichtigkeit eines HV-Beschlusses führt, stellt lediglich eine vom Gericht durch Subsumtion zu beantwortende Rechtsfrage dar (*BGHZ* 134, 364, 367; *BGH* NJW 1999, 1638). Dies hat folgende praktische Auswirkungen: Unabhängig von der Antragstellung, den Beschl durch das Gericht für nichtig zu erklären (Anfechtungsklage) oder die Nichtigkeit des Beschlusses feststellen zu lassen (Nichtigkeitsklage), muss das Gericht den zugrunde gelegten Sachverhalt sowohl auf Nichtigkeits- als auch auf Anfechtungsgründe prüfen, wenn die Voraussetzungen dieser Verfahren iÜ vorliegen (Anfechtungsfrist!). Ein Kläger muss daher nicht, wie es früherer Auffassung entsprach, sowohl einen Anfechtungs- als auch einen Nichtigkeitsantrag stellen; ausreichend ist vielmehr, einen dieser Anträge zu stellen (wobei selbstverständlich die Stellung eines Anfechtungsantrags neben dem Nichtigkeitsantrag oder umgekehrt unschädlich ist). Ein Nichtigkeitsan- 4 trag nach einer bereits eingereichten Anfechtungsklage ist daher als weitere Klage unzulässig, wenn sie von denselben Personen erhoben und auf denselben Lebenssachverhalt gestützt wird, da ihr der Einwand der Rechtshängigkeit entgegensteht. Ebenso ist nach erhobener Anfechtungsklage der auf denselben Lebenssachverhalt gestützte Nichtigkeitsantrag keine Klageänderung oder Klageerweiterung. Für die objektiven Grenzen der Rechtskraft hat dies zur Folge, dass nach Klageabweisung dieselben Parteien nicht auf denselben Lebenssachverhalt gestützt nach Abweisung der Anfechtungsklage noch eine Nichtigkeitsklage erheben können (der umgekehrte Fall scheitert praktisch bereits an der Anfechtungsfrist gem Abs 1) (Spindler/Stilz AktG/*Dörr* Rn 5; K. Schmidt/Lutter AktG/*Schwab* Rn 2 f).

4a **3. Anwendbarkeit der §§ 241 ff auf andere Gesellschaftsformen. – a) SE und ausländische Kapitalgesellschaften.** Die Societas Europaea (SE) ist eine supranationale Rechtsform, die nach Art 10 Verordnung (EG) Nr 2157/2001 v 8.10.2001 ("SE-VO") in jedem Mitgliedstaat wie eine AG behandelt wird, die nach dem Recht des Rechtsstaates der SE gegründet wurde. Die SE-VO sieht keine eigenständige Regelung zu Beschlussmängelklagen vor. Art 9 Abs 1 lit. c) ii) SE-VO verweist auf die Rechtsvorschriften der Mitgliedstaaten, die auf eine nach dem Recht des Sitzstaates gegründete AG Anwendung finden. Dies hat zur Folge, dass bei einer SE mit Sitz in Deutschland aufgrund dieser Verweisung die §§ 241 ff grds Anwendung finden (*BGH* NZG 2012, 1064; *OLG Stuttgart* 2012, 298). In Einzelheiten sind die §§ 241 ff jedoch an die sich aus der SE-VO ergebenden abw Vorgaben anzupassen. Während bei einer SE mit dualistischer Verfassung im Wesentlichen die gleichen Grundsätze wie bei einer AG und daher die §§ 241 ff weitgehend unverändert gelten, bedarf es bei einer SE mit monistischer Verfassung einer Anpassung der §§ 241 ff an die in diesem Fall von einer AG stärker abw Unternehmensverfassung. Trotz gewisser Unterschiede zwischen dualistischer und monistischer Unternehmensverfassung überwiegen in beiden Formen der Unternehmensverfassung deutlich die Parallelen sowohl in verfahrensrechtlicher (Zuständigkeit der Gerichte, Urteilswirkungen) als auch in materieller (Vorliegen von Anfechtungs- oder Nichtigkeitsgründen als Voraussetzung einer erfolgreichen Beschlussmängelklage) Hinsicht (vgl ausf *Göz* ZGR 2008, 593 ff). Keine analoge Anwendung finden die §§ 241 ff dagegen auf ausländische Kapitalgesellschaften, selbst wenn deren Verwaltungssitz in Deutschland ist. Bei Gesellschaften mit einem Satzungssitz in der EU sind dann für Beschlussmängelstreitigkeiten nach Art 22 EuGVVO die nationalen Gerichte im Land des Satzungssitzes der ausländischen Gesellschaft zuständig (*EuGH* NZG 2011, 674; *BGH* NJW 2011, 3372, 3373).

5 **b) GmbH.** Im GmbH-Recht ist das Beschlussmängelrecht nicht ausdrücklich geregelt. Die analoge Anwendbarkeit der §§ 241 ff hängt davon ab, ob (wie im Regelfall) die Beschlüsse der Gesellschafterversammlung festgestellt worden sind; in diesem Fall sind nach stRspr **die §§ 241 ff sinngemäß anwendbar**, sofern nicht Besonderheiten der GmbH eine Abweichung erfordern (*BGHZ* 11, 231, 235; 15, 382, 384; 36, 207, 210 f; *BGH* NJW 1999, 2115, 2116; WM 2008, 593, 595). Ohne Beschlussfeststellung sind Beschlussmängel iRd allg Feststellungsklage gem § 256 ZPO geltend zu machen (*BGHZ* 51, 209; 104, 66). Auch wenn die analoge Anwendung der §§ 241 ff im Falle eines festgestellten Beschl zur grds Anwendbarkeit der aktienrechtlichen Grundsätze auch auf die GmbH führt, bestehen dennoch bedeutsame Unterschiede. Zwar gilt Abs 1 und damit die einmonatige Anfechtungsfrist von eng begrenzten Ausnahmen abgesehen auch bei der GmbH als Maßstab (*BGHZ* 137, 378, 386; *BGH* NZG 2005,

551, 553; AG 2009, 789). Die Satzung kann eine abw Regelung treffen, wobei jedoch eine Unterschreitung der Monatsfrist ausscheidet (Baumbach/Hueck GmbHG/*Zöllner* Anh § 47 Rn 152; *OLG Düsseldorf* NZG 2005, 980). Umstr ist der Beginn der Monatsfrist bei der GmbH; die Rspr tendiert, statt auf die Beschlussfassung auf die Kenntnis des Gesellschafters von dem anzufechtenden Beschl abzustellen (*OLG Hamm* NZG 2003, 630). Ferner hat anstelle der in Abs 4 geforderten öffentlichen Bekanntmachung der Geschäftsführer den übrigen Gesellschaftern die Klageerhebung mitzuteilen (*BGHZ* 97, 28, 30). Abw gilt auch für die Anfechtungsbefugnis. Anfechtungsbefugt ist im GmbH-Recht jeder Gesellschafter unabhängig von seiner Teilnahme an der Gesellschafterversammlung. Die Anfechtungsbefugnis verlangt nicht, dass der Gesellschafter einem Beschl widerspricht; hat der Gesellschafter jedoch dem Beschl zugestimmt, so verliert er damit ebenso wie im Falle eines Verzichts oder einer nachträglichen Zustimmung seine Anfechtungsbefugnis (Lutter/Hommelhoff GmbHG/*Bayer* Anh § 47 Rn 71; *Zöllner* aaO Rn 136 ff; *Göz/Peitsmeyer* DB 2009, 1915, 1916).

c) Personengesellschaftsrecht. Im Personengesellschaftsrecht (GbR, OHG, KG unter Einschluss der Publikums-KG) gelten die §§ 241 ff nicht, so dass vorbehaltlich möglicher einzelner abw Regelung (ein Gesamtverweis mit dem Ziel der Übernahme des aktienrechtlichen Beschlussmängelrechts auf Personenges ist unzulässig, *BGH* NJW-RR 1990, 474, 475) im Gesellschaftsvertrag die §§ 241 ff nicht anwendbar sind. Die fehlende Anwendbarkeit der §§ 241 ff führt dazu, dass bei Beschlussmängelklagen im Personengesellschaftsrecht nicht zwischen Anfechtungs- und Nichtigkeitsgründen unterschieden wird. Liegt ein Beschlussmangel vor, so ist der Beschl nichtig. Beschlussmängelstreitigkeiten werden somit im Wege der **allgemeinen Feststellungsklage nach § 256 ZPO** unter den Gesellschaftern ausgetragen (*BGH* NJW 1995, 1218; 1999, 3113, 3115), sofern nicht der Gesellschaftsvertrag die Ges als Klagegegner bestimmt (*BGH* NJW 2009, 2300, 2302; NZG 2011, 544, 545); dies gilt auch für die Publikums-Gesellschaft, wenngleich die Rspr bei der Frage, ob der Gesellschaftsvertrag eine entspr Anwendung der §§ 241 ff anordnet, zT sehr großzügig verfährt (*OLG München* NZG 2001, 558, 559). Da (vorbehaltlich einer möglichen gesellschaftsvertraglichen Regelung, vgl *BGHZ* 68, 212, 216) die Regelung in Abs 1 über die Anfechtungsfrist nicht gilt, kommt als zeitlicher Ausschlussgrund entspr allg Rechtsgrundsätze lediglich eine Verwirkung in Betracht (*BGH* NJW 1999, 3113, 3114).

III. Anfechtungsfrist Abs 1

1. Charakter der Anfechtungsfrist. Bei der in Abs 1 geregelten Monatsfrist handelt es sich um eine **materiell-rechtliche Ausschlussfrist** (*BGH* NJW 1998, 3344, 3345; *KG* AG 2006, 200, 201; *Stilz* aaO S 678). Daher finden die prozessrechtlichen Fristenregelungen keine Anwendung. Die Monatsfrist kann somit nicht nach § 224 ZPO verlängert werden; ebenso scheidet eine Wiedereinsetzung in den vorigen Stand nach § 233 ZPO aus (MünchAnwaltshdb AktR/*Meller* § 38 Rn 103). Da es sich um eine Ausschluss- und keine Verjährungsfrist handelt, kann die Frist auch weder gehemmt werden noch neu beginnen (MünchHdb AG/*Semler* § 41 Rn 72). Wg des zwingenden Charakters der Ausschlussfrist nach Abs 1 kann diese Frist weder durch die Satzung noch durch Vereinbarung der Parteien noch durch eine gerichtliche Verfügung verlängert oder verkürzt werden (KölnKomm AktG/*Zöllner* Rn 9; GroßKomm AktG/*K. Schmidt* Rn 13). Ein Fristversäumnis der Ausschlussfrist nach Abs 1 führt, auch ohne dass sich der Beklagte hierauf berufen muss, zur Abweisung der Anfechtungsklage als unbegründet (Spindler/Stilz AktG/*Dörr* Rn 12; **aA** K. Schmidt/Lutter AktG/*Schwab* Rn 4: unzulässig). Die Einhaltung der Anfechtungsfrist ist von Amts wegen zu überprüfen (*BGH* NJW 1998, 3343, 3345; MünchKomm AktG/*Hüffer* Rn 37).

8 **2. Fristberechnung.** Die Monatsfrist beginnt mit dem Tag der HV, an dem der Beschl gefasst wurde. Bei einer mehrtägigen HV ist der letzte Tag der HV maßgeblich (Groß-Komm AktG/*K. Schmidt* Rn 16). Die Frist beginnt unabhängig davon zu laufen, ob ein Kläger tatsächlich Kenntnis von der Beschlussfassung hat (KölnKomm AktG/*Zöllner* Rn 16; MünchKomm AktG/*Hüffer* Rn 39). **Für die Fristberechnung gelten die §§ 187 ff BGB.** Somit wird für den Fristbeginn nach § 187 Abs 1 BGB der Tag der HV nicht mitgerechnet. Das Fristende bestimmte sich nach § 188 Abs 2 BGB. Findet somit eine HV am 27. eines Monats statt, so endet die Anfechtungsfrist grds am 27. des folgenden Monats. Bei einer HV am 31.1. endet die Anfechtungsfrist dagegen (ohne Schaltjahr) am 28.2., § 188 Abs 3 BGB (Palandt BGB/*Heinrichs* § 188 Rn 2). Wäre nach dem vorstehenden Beispiel der 28.2. jedoch ein Samstag, Sonntag oder Feiertag, so läuft die Frist nach § 193 BGB erst am darauf folgenden Werktag ab (*K. Schmidt* aaO Rn 16).

9 **3. Fristwahrung.** Die Klage muss nach Abs 1 **innerhalb eines Monats** nach der Beschlussfassung erhoben werden. Dies bedeutet, dass zunächst eine Klage mit einem entspr Antrag (s.o. Rn 4) unter genauer Bezeichnung des angefochtenen Beschl und der Schilderung des die Anfechtbarkeit begründeten Lebenssachverhalts eingereicht werden muss. Eine Klage auf Feststellung der Unwirksamkeit wahrt dagegen die Anfechtungsfrist nach Abs 1 nicht (MünchKomm AktG/*Hüffer* Rn 83). Nach § 253 Abs 1 ZPO wird die Klage mit Zustellung eines Schriftsatzes bei der Beklagten erhoben. Da nach Abs 2 die Gesellschaft bei einer Klage durch einen Aktionär durch Vorstand und AR vertreten wird, liegt eine Klageerhebung erst nach Zustellung sowohl an den Vorstand als auch den AR vor (s im Einzelnen hierzu unten Rn 18 ff).

10 **4. Rechtzeitiger Eingang des Antrags.** Ausreichend zur **Fristwahrung** ist nach § 167 ZPO, wenn die Klage innerhalb der Monatsfrist des § 246 bei Gericht eingeht und, wenn auch nicht innerhalb der Monatsfrist, so doch jedenfalls demnächst zugestellt wird (*BGH* NJW 1974, 1557; *OLG Stuttgart* AG 1998, 529; *OLG Hamburg* AG 2004, 619, 620). Eine **demnächst erfolgte Zustellung** kann auch bei einer Zustellung erst mehrere Monate nach Einreichung der Klage vorliegen, wenn die Verzögerung nicht auf einer Nachlässigkeit des Klägers, sondern ausschließlich auf Umständen beruht, die im Geschäftsbereich des zuständigen Gerichts begründet liegen (*BGH* NJW 1974, 1557). Auch geringfügige Verzögerungen von ca 2 bis 3 Wochen sind unschädlich, so dass jedenfalls innerhalb dieser Zeitspanne ein Kläger auch berechtigt ist, die Anforderung des Gebührenvorschusses durch das Gericht abzuwarten (*BGH* NJW 1993, 2811; Thomas/Putzo ZPO/*Hüßtege* § 167 Rn 12). Während somit eine Zustellung auch bei Ausschöpfung der Frist durch den Kläger dann noch rechtzeitig ist, wenn der Kläger alles ihm zumutbare für eine alsbaldige Zustellung getan hat (*BGH* NJW 1995, 2230, 2231), liegt eine demnächst erfolgte Zustellung iSd 167 ZPO nicht mehr vor, wenn die Zustellungsverzögerung auf durch ihn verschuldete Nachlässigkeiten beruht, wie etwa eine nicht rechtzeitige Bezahlung des (angeforderten) Gebührenvorschusses oder der unrichtigen oder unvollständigen Angabe von Zustellungsanschriften (Groß-Komm AktG/*K. Schmidt* Rn 17; *BGH* NJW 1989, 1958, 1959; *OLG Stuttgart* AG 2004, 678, 679). Eine nur an den Vorstand, aber nicht an den AR veranlasste Zustellung

Anfechtungsklage § 246

reicht somit auch bei rechtzeitiger Einreichung der Klage nicht aus (Schüppen/Schaub MünchAnwHdb AktR/*Meller* § 38 Rn 105).

5. Klageeinreichung bei unzuständigem Gericht. Auch die Einreichung bei einem 11
unzuständigem Gericht reicht nach hM zur Wahrung der Klagefrist aus (*OLG Dresden* AG 1999, 274, 275; MünchKomm AG/*Semler* § 41 Rn 73; MünchKomm AktG/ *Hüffer* Rn 41; aA *Henn* AG 1989, 230, 232; *Heuer* AG 1989, 234, 236 f), sofern der Rechtstreit dann auf Antrag des Klägers gem § 281 ZPO an das zuständige Gericht verwiesen wird. Nicht fristwahrend ist dagegen, wenn die an das LG adressierte Klageschrift bei der Postannahmestelle des Amtsgerichts eingereicht wird (*LG Hannover* AG 1993, 187).

6. Antrag auf Prozesskostenhilfe. Umstr ist, ob bereits ein rechtzeitig eingereichter 12
Antrag auf Prozesskostenhilfe zur Wahrung der Anfechtungsfrist ausreicht (abl KölnKomm AktG/*Zöllner* Rn 15; MünchHdb AG/*Semler* § 41 Rn 74; für eine Fristhemmung *OLG Frankfurt* NJW 1966, 838, 839; iE ähnlich, aber mit abw Begr GroßKomm AktG/*K. Schmidt* Rn 21; MünchKomm AktG/*Hüffer* Rn 42 f). Im Hinblick auf die jedenfalls ungesicherte Rechtslage ist von einer bloßen PKH-Antragstellung innerhalb der Anfechtungsfrist zu deren Wahrung jedenfalls abzuraten (Schüppen/Schaub MünchAnwHdb AktR/*Meller* § 38 Rn 107).

7. Kein Nachschieben von Gründen. Erforderlich ist für eine fristwahrende Erhebung 13
der Anfechtungsklage, dass der Kläger zusätzlich zu seinem Klageantrag den maßgeblichen Lebenssachverhalt vorträgt, aus dem er die Anfechtbarkeit des Beschlusses herleiten will (*BGH* AG 2005, 395, 397; 613, 614). Diese Schilderung betrifft den zugrunde liegenden Sachverhalt. Rechtsausführungen müssen vom Kläger nicht vorgetragen werden, weder innerhalb der Anfechtungsfrist noch im späteren Vortrag (GroßKomm AktG/*K. Schmidt* Rn 23 ff). Der Kläger muss jedoch den maßgeblichen Anfechtungsgrund in tatsächlicher Hinsicht jedenfalls im Kern ansprechen (*BGHZ* 120, 151, 157; 180, 9, 26; *OLG Stuttgart* AG 2011, 93; 2012, 298). Ist dies erfolgt, so ist es dem Kläger nicht verwehrt, auch nach Ablauf der Monatsfrist diesen im Kern vorgetragenen Lebenssachverhalt nachträglich noch zu substantiieren (MünchKomm AktG/*Hüffer* Rn 44). Dem Kläger ist es dagegen verwehrt, nach Ablauf der Anfechtungsfrist die Anfechtungsklage durch einen neuen, bisher auch im Kern noch nicht vorgetragenen Lebenssachverhalt zu ergänzen (**kein Nachschieben von Gründen**). In diesem Fall ist die Klage als unbegründet abzuweisen, sofern nicht ein der Anfechtungsfrist nicht unterliegender Nichtigkeitsgrund vorgetragen wird (*Hüffer* aaO Rn 18 ff; *K. Schmidt* aaO Rn 24 ff; **aA** dagegen KölnKomm AktG/*Zöllner* Rn 18 ff, der lediglich eine fristgerechte Klageerhebung, nicht jedoch eine fristgerechte volle Klagebegründung verlangt).

IV. Beklagtenpartei und deren Vertretung – Abs 2

1. Die Gesellschaft als Beklagte. Die Anfechtungsklage ist nach Abs 2 S 1 gegen die 14
Ges zu richten, die den angefochtenen Beschl gefasst hat.

a) Beklagtenpartei nach Umwandlungsmaßnahmen. Wg der einmonatigen Anfechtungsfrist 15
ist die Durchführung einer Umwandlungsmaßnahme nach Beschlussfassung und vor Klageerhebung weniger bei der Anfechtungs- als bei der Nichtigkeitsklage von Bedeutung. Bei beiden Klagearten ist von Folgendem auszugehen: Zunächst ist zu prüfen, ob die Ges, die den streitigen Beschl gefasst hat, in ihrer Rechtspersönlichkeit

Göz 1889

durch die Umwandlungsmaßnahme berührt wird. Demnach bleibt die Beklagtenpartei unverändert im Fall der Verschmelzung, wenn ein Beschl der aufnehmenden Ges angefochten wird; gleiches gilt grds auch bei der Abspaltung zur Aufnahme oder zur Neugründung (§ 123 Abs 1 UmwG). Auch bei einem Formwechsel ist die den Beschl fassende Ges, nunmehr in neuer Rechtsform, zu verklagen (GroßKomm AktG/ *K. Schmidt* Rn 36; MünchKomm AktG/*Hüffer* Rn 50 ff). Besteht die Ges, die den Beschl gefasst hat, infolge der Umwandlungsmaßnahme nicht fort, so gilt Folgendes: Im Falle der Verschmelzung ist bei einer Anfechtung eines Beschlusses der übertragenden Ges nun, sofern hierfür nach Wirksamkeit der Verschmelzung noch ein Rechtsschutzbedürfnis bestehen sollte, die aufnehmende Ges am Gerichtsstand des Sitzes der aufnehmenden Ges zu verklagen (*Hüffer* aaO Rn 51; zum Gerichtsstand **aA** *ders* AktG Rn 28). Im Falle der Aufspaltung auf mehrere Rechtsträger (§ 123 Abs 4 UmwG) ist die Klage gegen die übernehmenden Rechtsträger als notwendige Streitgenossen (§ 62 ZPO) zu richten (*K. Schmidt* aaO). Die vorstehenden Grundsätze gelten entspr im Falle der Wirksamkeit der Umwandlungsmaßnahme erst während des Prozessverlaufs. Entfällt infolge des Erlöschens der beklagten Ges das Rechtsschutzbedürfnis, so hat der Kläger den Rechtsstreit für erledigt zu erklären. Umstr ist, ob bei einem Erlöschen der beklagten Ges während des Rechtsstreits der Prozess nach § 239 ZPO (*Hüffer* aaO Rn 51) oder nach § 241 ZPO (so Thomas/Putzo ZPO/*Hüßtege* § 241 Rn 2) unterbrochen wird. Mit der Anwendbarkeit von § 246 ZPO wird der Prozess grds jedoch fortgeführt und lediglich auf Antrag des Prozessbevollmächtigten ausgesetzt.

16 **b) Abwicklung und Insolvenz.** Da die Auflösung der Ges nach den §§ 262 ff deren rechtliche Identität unberührt lässt, ist die Klage bis zum Abschluss der Abwicklung weiterhin gegen die dann aufgelöste Ges zu richten. Diese wird im Falle der Abwicklung dann durch die Abwickler gemeinsam mit dem AR vertreten (*BGHZ* 32, 114, 117; KölnKomm AktG/*Zöllner* Rn 40).

17 **c) Insolvenz.** Im Falle der Insolvenz ist die Klage nach hA gegen den **Insolvenzverwalter als Partei kraft Amtes** zu richten, wenn der angefochtene Beschl **zu einer Vergrößerung der Insolvenzmasse** führt (*BGH* AG 2011, 786). Eine gegen den Insolvenzverwalter gerichtete Klage muss nicht an den AR der Ges zugestellt werden, da das Prinzip der Doppelvertretung nicht für die Prozessführung des Insolvenzverwalters gilt (MünchKomm AktG/*Hüffer* Rn 57). Lässt der angefochtene Beschl dagegen **die Masse unberührt**, oder hat der angefochtene Beschluss sogar negative Auswirkungen auf die Insolvenzmasse, führt die Eröffnung des Insolvenzverfahrens nicht zu einer Unterbrechung; die Klage ist dann weiterhin gegen die von Vorstand und AR vertretene **Gesellschaft** zu richten (MünchHbd AG/*Semler* § 41 Rn 67; *Hüffer* aaO Rn 49; *BGHZ* 32, 114, 121; AG 2011, 786; **aA** *K. Schmidt/Lutter* AktG/*Schwab* Rn 15: immer gegen Verwalter). Ist unklar, ob der Rechtsstreit zu einer vermögensmäßigen Beeinträchtigung der Masse führt, bietet sich zur Wahrung der Anfechtungsfrist nach Abs 2 S 2 an, die Klage sowohl gegen die Ges vertreten durch AR und Vorstand als auch gegen den Insolvenzverwalter zu richten und diesen zuzustellen (*Hüffer* aaO Rn 57; Spindler/Stilz AktG/*Dörr* Rn 32). Wird das Insolvenzverfahren erst während des Verfahrens eröffnet, so wird dieses nach § 240 ZPO unterbrochen.

18 **2. Vertretung und Zustellung.** In dem praktisch häufigsten Fall einer durch die Aktionäre erhobenen Anfechtungsklage wird die Ges nach Abs 2 S 2 durch den Vorstand

Anfechtungsklage § 246

und den AR gemeinsam vertreten (**„Doppelvertretung")**. Das Prinzip der Doppelvertretung führt bei der beklagten Gesellschaft dazu, dass eine Prozessvollmacht sowohl vom Vorstand als auch vom AR zu erteilen ist (MünchKomm AktG/*Hüffer* Rn 55). Die Klage ist dann sowohl dem Vorstand als auch dem AR zuzustellen. Nach § 170 Abs 3 ZPO reicht aber bei mehreren Vorstandsmitgliedern bzw mehreren AR-Mitgliedern die Zustellung jeweils an ein Mitglied des Vorstands sowie ein Mitglied des AR aus (Stein/Jonas ZPO/*Roth* § 170 Rn 8 f). Eine **Zustellung an den Vorstand** ist nach § 177 ZPO eine Zustellung an jedem Ort möglich, an dem ein Mitglied des Vorstands angetroffen wird. Praktisch die größte Bedeutung hat allerdings **die Zustellung in den Geschäftsräumen der Gesellschaft**. Nach § 178 Abs 1 Nr 2 ZPO muss die Klage nicht dem Vorstandsmitglied persönlich, sondern kann auch einer dort beschäftigten Person im Wege der Ersatzzustellung ausgehändigt werden. Neben einer Zustellung in den Geschäftsräumen ist nach § 178 Abs 1 Nr 1 ZPO auch eine Ersatzzustellung in der Wohnung des Vorstandsmitglieds an den dort genannten Personenkreis möglich. Eine Zustellung ist ferner auch in jedem weiteren Geschäftslokal eines Vorstandsmitglieds möglich, von dem aus dieser einer Erwerbstätigkeit nachgeht (*Tielmann* ZIP 2002, 1879, 1882 f).

Die **Zustellung an den AR** kann nach hM **nicht in den Geschäftsräumen der Gesell- 19 schaft** bewirkt werden (Stein/Jonas ZPO/*Roth* § 170 Rn 8; Zöller ZPO/*Stöber* § 170 Rn 6; *Tielmann* ZIP 2002, 1879, 1883; aA K. Schmidt/Lutter AktG/*Schwab* Rn 18 und *Borsch* AG 2005, 606, 607, mit dem Hinweis, dass im Verhältnis zum Kläger es in den Risikobereich der Ges fällt, dass die dort zugestellte Klage auch die Mitglieder des AR erreicht). Auch wenn gute Gründe dafür sprechen, dass eine Ersatzzustellung in den Geschäftsräumen der beklagten Ges jedenfalls dann an ein AR-Mitglied erfolgen kann, wenn dieses dort ein besonderes Büro unterhält (*Borsch* aaO gegen *Hüffer* AktG Rn 61), sollte im Hinblick auf die von der hM dem Prinzip der Doppelvertretung zuerkannten Bedeutung die Zustellung an den AR außerhalb der Geschäftsräume der beklagten Gesellschaft vorgenommen werden (so wohl auch BGHZ 107, 296, 299). Neben einer Zustellung nach § 177 ZPO am Ort, wo das AR-Mitglied angetroffen wird, kommt insb eine (Ersatz-)Zustellung unter der Privatadresse des AR-Mitglieds oder in dessen Geschäftsräumen in Betracht. Somit kann einem AR-Mitglied, das Vorstandsmitglied einer anderen Ges ist, die Klage auch in den Geschäftsräumen dieser anderen Gesellschaft zugestellt werden (*Tielmann* aaO). Ebenso kann einem AR-Mitglied, das Mitglied einer Rechtsanwalts- oder Notarkanzlei ist, die Klage unter der Kanzleiadresse zugestellt werden (*Hüffer* aaO).

Eine **Heilung** kommt bei Verletzung der Zustellungsvorschriften nach § 189 ZPO in 20 Betracht, wenn die Klage dem Zustellungsadressaten **tatsächlich zugegangen** ist (so bei Zustellung an den gemeinsamen vom Vorstand und AR bevollmächtigten Prozessvertreter, *OLG München* AG 2008, 460; anders aber, wenn die Klage fälschlicherweise nur an den Vorstand oder nur an den AR adressiert wird, *OLG Karlsruhe* AG 2008, 718). Die Zustellung kann nach § 295 ZPO durch Rügeverzicht auch infolge eines rügelosen Einlassens geheilt werden (**aA** *OLG Karlsruhe* aaO). Da jedoch die Heilung nur ex nunc eintritt, muss ein anderweitiger Zugang grds innerhalb der Monatsfrist erfolgen. Wg der Unverzichtbarkeit der Anfechtungsfrist ist dann erforderlich, dass die rügelose Einlassung, was praktisch regelmäßig ausscheiden wird, ebenfalls **innerhalb der Anfechtungsfrist** vorgenommen wird (GroßKomm AktG/*K. Schmidt* Rn 59; *OLG Naumburg* NZG 2001, 1043; *OLG München* NZG 2004, 422, 423 f).

21 **Klagt nicht der Aktionär**, sondern der Vorstand oder ein Vorstandsmitglied, wird die beklagte Ges durch den AR vertreten; bei einer Klage durch ein AR-Mitglied wird die Ges dagegen durch den Vorstand vertreten, Abs 2 S 3. Ausreichend ist auch insoweit jeweils die Zustellung an ein Mitglied des anderen Organs. Wird die Klage sowohl von einem Vorstandsmitglied als auch einem Aktionär bzw einem Vorstandsmitglied, das gleichzeitig Aktionär ist, erhoben, so wird die Gesellschaft **abweichend vom Grundsatz der Doppelvertretung** hier lediglich vom AR vertreten, da sich der beklagte Vorstand im Hinblick auf den klagenden Vorstand in einem Interessenkonflikt befindet (KölnKomm AktG/*Zöllner* Rn 38). Gleiches gilt im umgekehrten Fall bei der Klage eines Aktionärs und eines AR. Bei einer Klage sowohl durch Vorstand als auch AR ist vorübergehend ein Prozessvertreter zu bestellen (*OLG Hamburg* AG 2003, 519). Eine Legitimation durch die HV kann diese dadurch erreichen, wenn sie in entspr Anwendung von § 142 Abs 2 S 1 einen besonderen Vertreter bestellt (MünchKomm AktG/*Hüffer* Rn 67).

V. Zuständigkeit und Prozessverbindung – Abs 3

22 **1. Zuständigkeit.** Nach Abs 3 S 1 ist für Anfechtungsklagen ausschließlich das **Landgericht** zuständig, in dessen Bezirk die **Gesellschaft ihren Sitz** hat. Ausschließlich funktionell zuständig ist die Kammer für Handelssachen (*OLG München* AG 2007, 912). Maßgeblich für die **örtliche Zuständigkeit** ist der sich **aus der Satzung ergebende Sitz** (§ 5 Abs 1), auch wenn dieser nicht dem tatsächlichen Verwaltungssitz entspricht (MünchKomm AktG/*Hüffer* Rn 71). Zu beachten ist hierbei jedoch die **Möglichkeit der Zuständigkeitskonzentration**. Durch die Verweisung in Abs 3 S 3 auf § 142 Abs 5 S 5 und 6 wird der Landesregierung, die dies auch an die Landesjustizverwaltung übertragen kann, die Möglichkeit eingeräumt, die Zuständigkeit für die Bezirke mehrerer LG einem LG zu übertragen. Von dieser durch das UMAG mit Wirkung zum 1.11.2005 eingeführten Möglichkeit haben mittlerweile die Mehrzahl der Bundesländer Gebrauch gemacht (vgl *Bayer/Hoffmann/Sawada* ZIP 2012, 897, 904). Im Falle eines Doppelsitzes ist zur Vermeidung divergierender Entscheidungen verschiedener Gerichte auf den tatsächlichen Verwaltungssitz abzustellen (Spindler/Stilz AktG/*Dörr* Rn 40; K. Schmidt/Lutter AktG/*Schwab* Rn 23; **aA** *KG* AG 1996, 421). Die Anordnung der ausschließlichen örtlichen und sachlichen Zuständigkeit in Abs 3 S 1 hat zur Folge, dass eine anderweitige Zuständigkeit weder durch Vereinbarung der Parteien noch durch rügelose Einlassung begründet werden kann (§ 40 Abs 2 S 1 Nr 2, S 2 ZPO). Die beim örtlich unzuständigen LG eingereichte Klage wirkt zwar zunächst fristwahrend iSd Abs 1, führt aber zur Abweisung der Klage als unzulässig, wenn der Kläger nicht Verweisungsantrag nach § 281 ZPO stellt (GroßKomm AktG/*K. Schmidt* Rn 63). Nach Abs 3 S 2 ist zwingend die Kammer für Handelssachen zuständig. Wird die Klage bei der Zivilkammer eingereicht, verweist diese ggf von Amts wegen an die Kammer für Handelssachen (*OLG München* AG 2007, 912; *Dörr* aaO Rn 39).

23 **2. Bestimmung des ersten Verhandlungstermins und Akteneinsicht.** Abs 3 S 4 verfolgt mit der Anordnung, die **mündliche Verhandlung nicht vor Ablauf der Monatsfrist** des Abs 1 stattfinden zu lassen den Zweck, dass die in Abs 3 S 5 angeordnete Verfahrensverbindung bereits vor dem ersten Verhandlungstermin vorgenommen werden kann (KölnKomm AktG/*Zöllner* Rn 78). In **Abs 3 S 5** hat das am 1.9.2009 in Kraft getretene ARUG der beklagten Gesellschaft das **Recht** eingeräumt, **nach Ablauf der Anfechtungsfrist eingereichte Klagen einsehen** zu können bzw sich von

der Geschäftsstelle Auszüge und Abschriften erteilen zu lassen. Hierdurch kann die Ges ohne weiteren Zeitverlust insb auch einen Freigabeantrag vorbereiten und muss nicht mehr eine Zustellung der Klage abwarten, die nach Einreichung der Klage über die Anforderung der Gerichtskosten, deren Einzahlung und anschließender Verfügung der Zustellung häufig mehrere Wochen in Anspruch nimmt (vgl BT Drucks 16/11642, 41).

3. Prozessverbindung. – a) Zwingende Prozessverbindung. Nach **Abs 3 S 6** sind mehrere Anfechtungsprozesse zur gleichzeitigen Verhandlung und Entscheidung zu verbinden. Während nach allg zivilprozessualen Regeln eine Prozessverbindung nach § 147 ZPO im Ermessen des Gerichts steht, ordnet Abs 3 S 6 **zwingend eine Prozessverbindung bei mehreren Anfechtungsklagen gegen denselben Beschluss** an (bei gegen denselben Beschl erhobene Anfechtung- und Nichtigkeitsklagen su § 249 Rn 11). Da nach § 248 ein der Anfechtungsklage stattgebendes Urteil für alle Aktionäre wirkt, soll durch die Anordnung der Verfahrensverbindung verhindert werden, dass verschiedene jeweils mit dem HV-Beschluss befasste Gerichte oder verschiedener Spruchkörper eines Gerichts unterschiedliche Urteile fällen. Aus diesem Gesetzeszweck ergibt sich auch der Anwendungsbereich des Abs 3 S 6. Eine Prozessverbindung ist zwingend immer dann vorzunehmen, wenn sich verschiedene Klagen gegen denselben Beschl richten. Dies gilt auch dann, wenn die Anfechtung von verschiedenen Klägern auf jeweils verschiedene Anfechtungsgründe gestützt wird (so **hM**, ua KölnKomm AktG/*Zöllner* Rn 79; MünchKomm AktG/*Hüffer* Rn 75; **aA** GroßKomm AktG/*K. Schmidt* Rn 66 – fakultative Prozessverbindung gem § 147 ZPO). Nicht anwendbar ist Abs 3 S 6 bei einer Anfechtung verschiedener Beschlüsse, so dass in diesen Fällen eine Prozessverbindung nach § 147 ZPO im Ermessen des Gerichts steht. Ebenso steht eine Prozessverbindung im Ermessen des Gerichts, wenn neben einem Anfechtungs- und Nichtigkeitsprozess eine Feststellungsklage nach § 256 ZPO (auf Unwirksamkeit eines Beschl) erhoben wird (*Hüffer* aaO § 249 Rn 33; *K. Schmidt* aaO Rn 65). 24

(zz nicht belegt) 25

b) Notwendige Streitgenossenschaft zwischen mehreren Klägern. Erheben mehrere Kläger gegen denselben HV-Beschl eine Beschlussmängelklage, so sind diese **notwendige Streitgenossen nach § 62 Abs 1 Alt 1 ZPO**. § 248 ordnet für den Fall, dass der Anfechtungsklage stattgegeben wird, eine (einseitige) Rechtskrafterstreckung für und gegen alle Aktionäre an (Stein/Jonas ZPO/*Bork* § 62 Rn 6; *BGH* NJW 1999, 1638, 1639; *BGHZ* 122, 211, 240). Da nach § 248 Abs 1 ein Urteil, durch das ein HV-Beschluss für nichtig erklärt wird, in der Sache gegenüber den verschiedenen Klägern einheitlich ergehen muss, handelt es sich hierbei um eine prozessrechtlich notwendige Streitgenossenschaft nach § 62 Abs 1 Alt 1 ZPO (*BGHZ* 122, 211, 240). Eine Streitgenossenschaft besteht dann und insoweit, als mehrere Kläger denselben Beschlussgegenstand angreifen, unabhängig davon, ob die Klagen auf unterschiedliche Anfechtungsgründe gestützt werden (GroßKomm AktG/*K. Schmidt* Rn 29). Trotz Vorliegen einer prozessrechtlich notwendigen Streitgenossenschaft müssen bei jedem Kläger die Voraussetzungen der Anfechtungsbefugnis nach § 245 und der Einhaltung der Anfechtungsfrist nach Abs 1 vorliegen; bei deren Fehlen wird die Klage der betreffenden Kläger auch dann abgewiesen, wenn die übrigen Kläger, die diese Voraussetzung erfüllen, mit ihrer Klage obsiegen (*BGHZ* 180, 9, 38; KölnKomm AktG/*Zöllner* Rn 88; MünchKomm AktG/*Hüffer* Rn 7). 26

Eine notwendige Streitgenossenschaft liegt auch nicht nur bei einer Klage verschiedener Aktionäre, sondern ebenso bei einer Klage von Aktionär und Vorstand und/oder AR-Mitglied vor (*K. Schmidt* aaO). **Rechtsfolge der notwendigen Streitgenossenschaft** ist nach § 62 ZPO, dass bei der Wahrnehmung eines Termins lediglich durch einzelne Aktionäre die nicht erschienenen, säumigen Streitgenossen als durch die nicht säumigen vertreten angesehen werden und auch in dem späteren Verfahren sind zuzuziehen sind. Ferner entfalten Prozesshandlungen zT nur dann Wirkung, wenn sie einheitlich von allen Streitgenossen erklärt werden. Daher führt der Verzicht lediglich eines Klägers nicht zur Verfahrensbeendigung. Ebenso führt die Berufungseinlegung lediglich eines Klägers dazu, dass auch das Urteil gegen die anderen Kläger noch nicht in Rechtskraft erwächst, da dann auch alle Streitgenossen die volle Parteistellung im Berufungsverfahren erhalten (*BGH* NJW 1985, 385; 1996, 1060, 1062; Zöller ZPO/*Vollkommer* § 62 Rn 31 f; *Bork* aaO Rn 26).

27   4. Schiedsfähigkeit von Beschlussmängelstreitigkeiten. Die früher hM, die Beschlussmängelstreitigkeiten generell für nicht schiedsfähig erklärt hat, ist mittlerweile überholt. Die damals gegen die Schiedsfähigkeit von Beschlussmängelstreitigkeiten vorgebrachten Gründe - eine ausschließliche Zuständigkeitsregelung des LG nach Abs 3, eine fehlende Vergleichsfähigkeit bei Beschlussmängelstreitigkeiten sowie die fehlende Anerkennung einer rechtsgestaltenden Wirkung von Schiedssprüchen – hatte der BGH in der Entsch v 19.3.1996 zurückgewiesen (*BGHZ* 132, 278, 281 f – Schiedsfähigkeit I). In § 1030 Abs 1 S 1 ZPO idF des am 1.1.1998 in Kraft getretenen Schiedsverfahrens-Neuregelungsgesetzes wird geregelt, dass jeder vermögensrechtliche Anspruch Gegenstand einer Schiedsvereinbarkeit sein kann. Dies umfasst auch gesellschaftsrechtliche Beschlussmängelstreitigkeiten (*K. Schmidt* BB 2001, 1857, 1858; *Kröll* NJW 2001, 1173, 1177). In der Entsch (*BGHZ* 132, 278), die die Schiedsfähigkeit von Beschlussmängelstreitigkeiten bei einer GmbH betraf, hatte der BGH die Schiedsfähigkeit (noch) verneint mit Hinweis darauf, dass ein Schiedsspruch keine inter omnes Wirkung hatte; die Verleihung einer inter omnes Wirkung sah der BGH als Aufgabe des Gesetzgebers an (*BGH* aaO S 289 f). Nachdem der Gesetzgeber im Schiedsverfahrens-Neuregelungsgesetz jedoch die Lösung der Frage der Schiedsfähigkeit von Beschlussmängelstreitigkeiten an die Rspr zurückgewiesen hatte, griff der BGH in dem Urteil v 6.4.2009 (*BGHZ* 180, 221 – Schiedsfähigkeit II) die ihm vom Gesetzgeber überantwortete Aufgabe auf und bejaht die Schiedsfähigkeit von Beschlussmängelstreitigkeiten, unter der Voraussetzung einer dem Rechtsschutz durch staatliche Gerichte gleichwertigen Ausgestaltung des schiedsrichterlichen Verfahrens (*BGHZ* 180, 221, 226). Hierzu müssen folgende vier Kriterien erfüllt sein (*BGH* aaO S 228 f): (1) Die Schiedsvereinbarung muss unter Zustimmung sämtlicher Gesellschafter entweder einstimmig in die Satzung aufgenommen oder in einer Vereinbarung außerhalb der Satzung unter Mitwirkung sämtlicher Gesellschafter und der Ges vereinbart werden; eine solche Vereinbarung kann entweder in einer satzungsbegleitenden Nebenabrede oder einer Schiedsabrede ad hoc liegen (*K. Schmidt* Gesellschaft in der Diskussion, 97, 110). (2) Die Ges muss sicherstellen, dass sämtliche Gesellschafter von der Einleitung und dem Verlauf eines Schiedsverfahrens informiert werden und auf diese Weise die Möglichkeit erhalten, dem Schiedsverfahren als Partei oder Nebenintervenient beizutreten. (3) Die Gesellschafter müssen, sofern die Auswahl der Schiedsrichter nicht durch eine neutrale Stelle erfolgt, die Möglichkeit haben, an der Auswahl der Schiedsrichter mitwirken zu können. (4) Die Schiedsvereinbarung muss sicherstellen, dass alle denselben Beschlussgegenstand betreffenden Beschlussmängelverfahren bei demselben Schiedsgericht konzentriert werden (Zuständigkeitskonzentration entspr Abs 3); s hierzu auch *Göz/Peitsmeyer* DB 2009, 1915, 1918). Schiedsklauseln, die diese materiellen Gültigkeitsgrenzen nicht erfüllen, sind nichtig gem § 138 BGB (*BGHZ* 180, 221, 226 f; krit hierzu *K. Schmidt* in Gesellschaftsrecht in der Diskussion, 1997, S 114 f).

Offen geblieben ist (in der Entsch *BGHZ* 180, 221 – Schiedsfähigkeit II) die Schiedsfähigkeit von Beschlussmängelstreitigkeiten bei der AG. Die bisher hM lehnte eine Schiedsfähigkeit von Beschlussmängelstreitigkeiten bei der AG mit Hinweis darauf ab, dass der Grundsatz der Satzungsstrenge in § 23 Abs 5 jedenfalls der Aufnahme einer Schiedsklausel in die Satzung entgegensteht, da das AktG mit § 246 auch eine satzungsfeste Gewährleistung staatlichen Rechtsschutzes für Aktionäre enthielte (*K. Schmidt* Schriftenreihe VGR, S 97, 128 f mwN). Mit der im Vordringen befindlichen Auffassung ist jedoch davon auszugehen, dass bei Erfüllung der von der Rspr aufgestellten Erfordernisse **grds** eine **Schiedsfähigkeit von Beschlussmängelstreitigkeiten auch bei der AG** in Betracht kommt. Wenngleich die von der Rspr aufgestellten Erfordernisse für börsennotierte AG praktisch kaum lösbare Anforderungen stellt, dürfte jedenfalls bei **kleinen, nicht börsennotierten AGs** mit Erfüllung der von der Rspr aufgestellten Anforderung auch von der Schiedsfähigkeit von Beschlussmängelstreitigkeiten bei der AG auszugehen sein (*Goette* GWR 2009, 103; *Riegger/Wilske* ZGR 2010, 137 f; *Saenger/Splittgerber* DZWIR 2010, 177, 182). **28**

Für Beschlussmängelstreitigkeiten bei der GmbH existieren mittlerweile erste Vorschläge für Schiedsklauseln, die den Anforderungen der Rspr genügen. Von institutioneller Seite hat die Deutsche Institution für Schiedsgerichtsbarkeit (DIS) einen Vorschlag unterbreitet (DIS-ERGeS, NZG 2009, 1281 - alternativer Klauselvorschlag, vgl *Göz/Peitsmeyer* DB 2009, 1915, 1920 f). Die Praxis steht, wenn grds eine Schiedsklausel für gesellschaftsinterne Streitigkeiten vorgesehen wird, nun vor folgender Alternative: (1) Die unverändert nicht eindeutige Rechtslage kann zum Anlass genommen werden, Beschlussmängelstreitigkeiten von einer Schiedsklausel ausdrücklich auszunehmen. (2) Sollen auch Beschlussmängelstreitigkeiten durch ein Schiedsgericht entschieden werden, kann entweder unter Bezugnahme auf die von der institutionellen Schiedsgerichtsbarkeit der DIS veröffentlichten Regeln gewählt werden (die Vorteile der institutionellen Schiedsgerichtsbarkeit insoweit betonen *Riegger/Wilske* ZGR 2010, 137, 151; gegen eine automatische Verweisung auf die DIS-ERGeS ohne Anpassung an die ggf bes Situation bei AG zu Recht hinweisend *Borris* NZG 2010, 481, 485) oder eine individuelle Satzungsklausel bzw. Vereinbarung entworfen werden. Problematisch ist eine Regelung, die sämtliche Streitigkeiten aus und im Zusammenhang mit dem Gesellschaftsverhältnis einem Schiedsgericht unterwirft. Dies genügt nicht den Vorgaben der Rspr (*BGHZ* 180, 221; *OLG Bremen* NZG 2010, 230 und führt, da der BGH einer Heilung durch ergänzende Vertragsauslegung eine klare Absage erteilt hat (*BGHZ* 180, 221, 234; vgl auch *Göz/Peitsmeyer* aaO 1918 f; krit zur Rspr des BGH insoweit *K. Schmidt* Gesellschaft in der Diskussion, 97, 120), zur Nichtigkeit der Schiedsklausel im Hinblick auf Beschlussmängelstreitigkeiten. Dann stellt sich die Frage, inwieweit diese Nichtigkeit die gesamte Schiedsklausel erfasst (zutr insoweit für eine Beschränkung der Nichtigkeit auf Beschlussmängelstreitigkeiten und Wirksamkeit iÜ *Riegger/Wilske* aaO 150). **29**

(zz nicht belegt) **30**

§ 246 Anfechtungsklage

VI. Bekanntmachungspflicht und Nebenintervention – Abs 4

31 **1. Bekanntmachungspflicht.** Die **Pflicht des Vorstands**, die **Erhebung der Klage** und den Termin zur mündlichen Verhandlung unverzüglich **in den Gesellschaftsblättern bekannt zu machen**, verfolgt zum einen den Zweck, dem betroffenen Personenkreis und somit insb weiteren Aktionären die Gelegenheit zu geben, als Nebenintervenienten dem Rechtsstreit beizutreten und zum anderen die Öffentlichkeit davon zu informieren, dass gegen den HV-Beschluss Klage erhoben und dessen Wirksamkeit somit in Frage gestellt worden ist (GroßKomm AktG/*K. Schmidt* Rn 48). Die Pflicht zur Veröffentlichung besteht sowohl bei Anfechtungs- als auch infolge der Verweisung in § 249 Abs 1 bei Nichtigkeitsklagen. Sie gilt entspr bei positiven Beschlussfeststellungsklagen (Spindler/Stilz AktG/*Dörr* Rn 52). Abs 4 ist dagegen nicht anwendbar bei Feststellungsklagen nach § 256 ZPO (*K. Schmidt* aaO Rn 49). Die Pflicht zur Bekanntmachung der Klage entsteht, sobald die Klage erhoben, dh der Ges zugestellt worden ist und das Gericht eine Verfügung nach den §§ 275f ZPO getroffen hat, dh entweder frühen ersten Termin bestimmt oder das schriftliche Vorverfahren angeordnet hat (MünchKomm AktG/*Hüffer* Rn 78). Verpflichtet zur Bekanntmachung ist der Vorstand. Er hat hierbei in vertretungsberechtigter Zahl die Bekanntmachung zu veranlassen (*Hüffer* aaO). Die Bekanntmachung selbst hat in den Gesellschaftsblättern und somit zumindest im eBanz zu erfolgen (§ 25). **Inhaltlich** ist vom Vorstand der angefochtene Beschl bekannt zu geben. Werden in einer Klage mehrere Beschlüsse angefochten, sind sämtliche Beschlüsse anzugeben, bei mehreren Klagen gegen mehrere Beschlüsse sind alle angefochtenen Beschlüsse bekannt zu geben, was, sofern zeitlich möglich, allerdings auch in einer Bekanntmachung geschehen kann (*Hüffer* aaO Rn 77). Ist vom Gericht ein früher erster Termin bestimmt worden, so ist auch dieser bekannt zu geben. Hat das Gericht dagegen zunächst das schriftliche Vorverfahren angeordnet, so sprechen zwar gute Gründe dafür, dass nach erfolgter Bekanntmachung die Bekanntmachungspflicht erfüllt ist; um im Hinblick auf den Wortlaut von Abs 4 jedoch die Erfüllung der Bekanntmachungspflicht sicherzustellen, empfiehlt es sich, den festgesetzten Termin zur mündlichen Verhandlung in einer weiteren Bekanntmachung zu veröffentlichen (*K. Schmidt* aaO Rn 50). Der Name des Klägers kann zwar, muss aber nicht bekannt gemacht werden. Werden mehrere Anfechtungsklagen gegen einen Beschl erhoben, bedarf es keines gesonderten Hinweises hierauf. Noch aufgenommen werden sollten neben dem Beschl unter Nennung der HV das Gericht, bei dem das Verfahren anhängig ist sowie das Aktenzeichen des Verfahrens. Ist der erste mündliche Termin bekannt gemacht worden, so bedarf es keiner weiteren Bekanntmachung im Falle von Folgeterminen (KölnKomm AktG/*Zöllner* Rn 101). Kommt der Vorstand seiner Bekanntmachungspflicht nicht nach, ist die Bekanntmachungspflicht im Zwangsgeldverfahren gegen die einzelnen Vorstandsmitglieder durchzusetzen, § 407 Abs 1. Theoretisch denkbar, jedoch von geringer praktischer Bedeutung ist ferner eine Schadensersatzpflicht der Vorstandsmitglieder gegenüber der Ges (*Hüffer* aaO Rn 79).

32 **2. Nebenintervention. – a) Allgemeine prozessuale Voraussetzungen.** Nach § 66 Abs 1 ZPO kann derjenige einem Rechtsstreit als Nebenintervenient beitreten, der ein **rechtliches Interesse** daran hat, dass in einem zwischen anderen Personen anhängigen Rechtsstreit eine Partei obsiegt. Bei Vorliegen dieser Voraussetzungen tritt der Nebenintervenient nach § 70 Abs 1 ZPO dem Rechtsstreit dadurch bei, dass er einen Schriftsatz bei dem Gericht einreicht, bei dem der Rechtsstreit anhängig ist, unter

Anfechtungsklage § 246

Angabe der im einzelnen nach § 70 Abs 1 ZPO erforderlichen Angaben. Ob die Voraussetzungen für eine Nebenintervention vorliegen, wird nicht von Amts wg, sondern nur dann im Rahmen eines Zwischenstreits entschieden, wenn eine Partei einen Antrag auf Zurückweisung der Nebenintervention stellt (§ 71 Abs 1 ZPO).

b) Interventionsgrund. Rechtliches Interesse kann bei einem Beitritt auf Klägerseite 33 am Obsiegen des Anfechtungsklägers oder bei einem Beitritt auf Seiten der beklagten Ges an deren Obsiegen bestehen. Ein solches rechtliches Interesse hat insb jeder Aktionär, da im Falle des Stattgebens der Anfechtungsklage ein Urteil nach § 248 allen Aktionären gegenüber wirkt (*BGHZ* 172, 136, 140; *BGH* AG 2008, 630, 631). Dies begründet sowohl das rechtliche Interesse im Falle eines Beitritts zum Anfechtungskläger wie auch zu der beklagten Ges (*Austmann* ZHR 158 (1994) 495, 497). Auch die Mitglieder des Vorstands und des ARs können als Nebenintervenient dem Rechtsstreit beitreten (MünchKomm AktG/*Hüffer* Rn 9; KölnKomm AktG/*Zöllner* Rn 89). Da für einen Beitritt als Nebenintervenient grds die Parteifähigkeit erforderlich ist, kann der AR dem Rechtsstreit nicht beitreten. Aus der dem Vorstand nach § 245 Nr 4 zuerkannten Anfechtungsbefugnis ergibt sich dagegen, dass der Vorstand jedenfalls dem Kläger als Nebenintervenient beitreten kann (*BGHZ* 76, 191, 200 f; *Hüffer* aaO Rn 9; weitergehend *Austmann* aaO 495, der auch einen Beitritt auf Beklagtenseite zulassen will). Ein Beitritt dritter Personen kommt nur ausnahmsweise in Betracht, wenn etwa der HV-Beschluss unmittelbare Wirksamkeit entfaltet für die Rechtsbeziehungen mit dem Dritten wie dies zB für eine Vertragspartei bei Ergebnisabführungsverträgen oder bei Verträgen über das gesamte Vermögen der Fall sein kann (GroßKomm AktG/*K. Schmidt* Rn 43). Stützt sich der Beitretende auf die Aktionärseigenschaft als Interventionsgrund, ist zur Aufrechterhaltung seines rechtlichen Interesses erforderlich, dass er vom Zeitpunkt des Beitritts bis zur Beendigung des Prozesses die Aktionärseigenschaft behält (*Waclawik* WM 2004, 1361, 1364 f; *K. Schmidt* aaO; *OLG Düsseldorf* AG 2004, 677 f). Durch das am 1.11.2005 in Kraft getretene UMAG ist in Abs 4 S 2 aufgenommen worden, dass ein Aktionär sich als Nebenintervenient nur innerhalb eines Monats nach der Bekanntmachung an der Klage beteiligen kann. Die allg Regel in § 66 Abs 2 ZPO, wonach die Nebenintervention bis zur rechtskräftigen Entscheidung erfolgen kann, wird hierdurch zeitlich eingeschränkt. Die Frist des Abs 2 S 2 gilt nicht für einen auf Seiten der beklagten Gesellschaft beitretenden Aktionär (*BGH* AG 2009, 624). Die Voraussetzungen des § 245 sind nach Auffassung des BGH trotz teilw abw Gesetzesbegründung (BT-Drucks 15/5092 S 27) auf Seiten eines beitretenden Aktionärs nicht erforderlich (*BGHZ* 172, 136, 142 ff; *BGH* AG 2008, 630, 631 f). Eine Nebenintervention auch auf Seiten der Kläger ist somit innerhalb der nach Abs 2 S 2 auch möglich für einen Aktionär, der seine Aktien erst nach der Monatsfrist des § 245 Nr 1 erworben hat, der nicht an der HV teilgenommen hat oder der trotz Teilnahme keinen Widerspruch eingelegt hat (zu Recht krit zur Rspr des BGH *Goslar/von der Linden* WM 2009, 492, 501).

c) Rechtsstellung des Nebenintervenienten. Diese hängt maßgeblich davon ab, ob die 34 Voraussetzungen für **eine streitgenössische Nebenintervention** nach § 69 ZPO vorliegen. Dies ist der Fall bei Aktionären, die einem Rechtsstreit als Nebenintervenienten beitreten (*BGH* NZG 1999, 68; AG 1999, 267; Stein/Jonas ZPO/*Bork* § 69 Rn 8). Auch der Vorstand und die Organmitglieder der Beklagten, soweit sie von der erweiterten Rechtskraftwirkung des Anfechtungsurteils gem § 248 Abs 1 S 1 erfasst werden, erfüllen diese Voraussetzungen (MünchKomm AktG/*Hüffer* Rn 11). Anders als der nor-

Göz

male Nebenintervenient, der nach § 67 ZPO keine Erklärung abgeben und Prozesshandlungen vornehmen darf, die mit Erklärungen und Handlungen der Hauptpartei in Widerspruch stehen, ist die Position des streitgenössischen Nebenintervenienten unabhängiger. Die streitgenössischen Nebenintervenienten können einem Geständnis, einem Anerkenntnis oder auch einer Versäumnis entgegenwirken (*OLG Köln* AG 2003, 522, 523; *OLG Schleswig* NJW-RR 1993, 930). Folglich kann bei Säumnis der Hauptpartei kein Versäumnisurteil ergehen, wenn der Nebenintervenient den Termin wahrnimmt. Ebenso kann trotz eines Anerkenntnisses der Hauptpartei kein Anerkenntnisurteil ergehen, sofern der Nebenintervenient Klageabweisung beantragt (*LG Hannover* WM 1992, 1239, 1243; *OLG Schleswig* NJW-RR 1993, 930). Der Nebenintervenient kann auch gegen den Willen der Hauptpartei ein Rechtsmittel gegen die Entscheidung des Gerichts einlegen (*Zöller* ZPO/*Vollkommer* § 69 Rn 7; Thomas/Putzo ZPO/*Hüßtege* § 70 Rn 7). Die Rechtsmittelfrist eines beigetretenen streitgenössischen Nebenintervententen beginnt mit Zustellung des Urteils an ihn; andernfalls, dh wenn er noch nicht beigetreten ist, ist die Zustellung an die Hauptpartei maßgeblich (*BGH* AG 2005, 89; Spindler/Stilz AktG/*Dörr* Rn 37). Der Nebenintervenient wird jedoch nicht Partei, sondern bleibt lediglich Beteiligter an einem fremden Rechtsprozess. Daher kann er sich einem Klageverzicht nach § 306 ZPO, einer Klagerücknahme nach § 269 ZPO (*OLG Köln* AG 2003, 522, 523) oder einer übereinstimmenden Erledigungserklärung nach § 91a ZPO (*Hüßtege* aaO § 91a Rn 18; *OLG München* GmbHR 2000, 486) nicht widersetzen (GroßKomm AktG/*K. Schmidt* Rn 46; *Hüffer* aaO Rn 8; zu den Kostenansprüchen der Nebenintervenienten vgl *BGH* AG 2007, 547; 2009, 624, 625; *Waclawik* DStR 2007, 1257; *Goslar/von der Linden* WM 2009, 492, 500).

VII. Geltung allgemeiner Prozessrechtsgrundsätze

35 Die allg Prozessrechtsgrundsätze gelten grds auch im Anfechtungsprozess; bei deren Anwendung sind jedoch Besonderheiten zu beachten, die der Organstruktur der AG Rechnung tragen.

36 **1. Dispositionsmaxime.** Nach der Dispositionsmaxime können die Parteien über den Streitgegenstand und damit über Gang und Inhalt des Verfahrens verfügen. Ausfluss der Dispositionsmaxime sind daher insb auch die Klagerücknahme, das Anerkenntnis, der Klageverzicht, die Versäumnis und der Vergleich (Thomas/Putzo ZPO/*Reichhold* Einl I Rn 5). Für die Geltung der Dispositionsmaxime ist zu unterscheiden zwischen der Klägerseite und der Beklagtenseite.

37 **a) Klägerseite.** Gründe für eine Einschränkung der Dispositionsmaxime bestehen auf Klägerseite nicht. Daher kann jeder Kläger die von ihm erhobene Klage ebenso wie ein von ihm eingelegtes Rechtsmittel zurücknehmen (§§ 269, 516, 565 ZPO). Ebenso kann jeder Kläger auf den geltend gemachten Anspruch sowie auf die Einlegung eines Rechtsmittels verzichten (§§ 306, 515, 565 ZPO) oder im Termin zur mündlichen Verhandlung nicht erscheinen und Versäumnisurteil gegen sich ergehen lassen (§ 330 ZPO) (zu den Besonderheiten bei mehreren, in notwendiger Streitgenossenschaft verbundenen Klägern s.o. Rn 26). Da ein Kläger nicht Klage erheben muss, kann er auch selbst bei einer Erfolg versprechenden Klage das Verfahren einseitig beenden. Andere potentielle Kläger, die der Prozessführung eines Klägers misstrauen, können sich davor schützen, indem sie selbst Klage erheben (GroßKomm AktG/*K. Schmidt* Rn 68; MünchKomm AktG/*Hüffer* Rn 26).

b) Beklagtenseite. Die grundsätzliche Geltung der Dispositionsmaxime auch auf 38 Beklagtenseite hat zur Folge, dass die beklagte Ges sowohl Tatsachen zugestehen (§ 288 ZPO) als auch von einem Bestreiten absehen kann (§ 138 Abs 3 ZPO). Die beklagte Ges ist ferner berechtigt, einen anberaumten Termin nicht wahrzunehmen und Versäumnisurteil gegen sich ergehen zu lassen (§ 331 ZPO; Spindler/Stilz AktG/*Dörr* Rn 49). Ebenso kann die beklagte Ges ein eingelegtes Rechtsmittel zurücknehmen oder einen Rechtsmittelverzicht erklären (MünchKomm AktG/*Hüffer* Rn 28; KölnKomm AktG/*Zöllner* § 26 Rn 71 ff). Umstr ist, ob die beklagte Gesellschaft den gegen sie geltend gemachten Anspruch anerkennen kann (§ 307 ZPO). Dies wird zT mit dem Hinweis abgelehnt, dass Anfechtungsklagen ihren Ursprung in einer Auseinandersetzung zwischen der beschlussfassenden Mehrheit und der anfechtenden Minderheit haben. Damit sei der Ges, vertreten durch Vorstand und AR, jedenfalls ohne Zustimmung der HV die Befugnis entzogen, über den Willen der Aktionärsmehrheit zu disponieren (GroßKomm AktG/*K. Schmidt* Rn 78; *Volhard* ZGR 1996, 55, 69 ff; K. Schmidt/Lutter AktG/*Schwab* Rn 20; *Dörr* aaO Rn 51). Die hM geht dagegen von der Zulässigkeit eines Anerkenntnisses der Ges aus. Die den Beschl verteidigende Aktionärsmehrheit ist nach dieser Auffassung vor einem Missbrauch durch die Gesellschaft zum einen ausreichend durch die Doppelvertretung unter Einschluss des AR geschützt und zum anderen durch die jedem Aktionär offen stehende Möglichkeit, dem Rechtsstreit als Nebenintervenient beizutreten (*Bork* ZIP 1992, 1205, 1210; *Zöllner* aaO Rn 43; *Hüffer* aaO Rn 29; *LG Hannover* WM 1992, 1239, 1243). So führt ein Widerspruch des auf Seiten der AG streitgenössisch beigetretenen Aktionärs dazu, dass das Gericht nicht durch Anerkenntnisurteil entscheiden darf (*OLG Schleswig* AG 1993, 421). Zuzustimmen ist der hM: die Mehrheitsaktionäre können auch durch sonstige Maßnahmen, die von der Mindermeinung ebenfalls akzeptiert werden wie zB einem Geständnis oder einem Nichtbestreiten, in ihrer Rechtsposition belastet werden.

c) Abkaufsfälle und Vergleich. Bei den sog Abkaufsfällen, bei denen Aktionäre sich 39 bes Leistungen dafür gewähren lassen, dass sie auf eine Fortführung des Klageverfahrens verzichten, ist wie folgt zu unterscheiden: Die Wirksamkeit der zwischen den Klägern und der beklagten Ges getroffenen Absprachen hängt von der Einhaltung der allg Vorschriften ab. In Betracht zu ziehen sind hierbei insb die Grundsätze der Einlagenrückgewähr (§§ 57, 62), der Vorschriften zum Erwerb eigener Aktien (§§ 71 ff) sowie der allg Grundsätze (§§ 138, 242 BGB) (*Baums* S 180). Die von den Klägern abgegebenen Prozesserklärungen (zB Klagerücknahme oder Klageverzicht) sind dagegen unabhängig von der Wirksamkeit des schuldrechtlichen Grundverhältnisses wirksam (GroßKomm AktG/*K. Schmidt* Rn 70).

Dem **Abschluss eines Vergleichs** zwischen den Parteien sind auf Seiten der beklagten 40 Ges folgende Grenzen gesetzt: Die beklagte Ges, vertreten durch den Vorstand und AR, kann nicht über einen von der HV gefassten Beschl verfügen und diesen ohne Zustimmung der insoweit schutzlosen Aktionäre abändern oder aufheben. Anders als im Fall des Anerkenntnisses können dem Rechtsstreit beitretende Aktionäre einen Vergleichsabschluss auch nicht verhindern. Der Abschluss eines Vergleichs, der zur Beendigung des Verfahrens führt, den HV-Beschluss jedoch unberührt lässt, ist der beklagten Ges dagegen grds nicht verwehrt. Die in dem Vergleich getroffenen Regelungen müssen ferner in Einklang mit den allg Vorschriften stehen (KölnKomm AktG/*Zöllner* Rn 76 ff; GroßKomm AktG/*K. Schmidt* Rn 74; MünchKomm AktG/ *Hüffer* Rn 30).

Göz

§ 246 Anfechtungsklage

41 **2. Rechtsschutzbedürfnis.** Dem Rechtsschutzbedürfnis kommt bei der Anfechtungsklage nur **geringe Bedeutung** zu; insb muss ein Kläger nicht darlegen, durch den angefochtenen Beschl in seinen Rechten persönlich betroffen zu sein (*BGH* AG 2004, 670, 671). Auch der Missbrauch des Anfechtungsrechts durch einen Aktionär betrifft nicht das Rechtsschutzbedürfnis, sondern führt bereits zum Verlust der materiell-rechtlichen Anfechtungsbefugnis und damit zur Abweisung der Klage als unbegründet (*BGH* AG 1992, 448). Das Rechtsschutzbedürfnis kann jedoch ausnahmsweise fehlen, wenn etwa ein von der HV bereits aufgehobener Beschl angefochten wird (MünchKomm AktG/*Hüffer* Rn 17; *BGH* AG 2011, 875, 876), nach einer Neuvornahme (*BGHZ* 157, 206, 210) oder nach Ausscheiden des Anfechtungsklägers als Aktionär (*BGHZ* 169, 221); zu den Auswirkungen einer Anfechtung des Wahlbeschlusses auf das AR-Amt su § 250 Rn 14). Das fehlende Rechtsschutzbedürfnis bei der Anfechtung eines negativen, dh ablehnenden Beschl, kann der Kläger dadurch beseitigen, dass er gleichzeitig Klage auf Feststellung eines positiven Beschl erhebt (positive Beschlussfeststellungsklage).

42 **3. Darlegungs- und Beweislast. – a) Allgemeines.** Nach **allgemeinen prozessrechtlichen Grundsätzen** muss jede Partei die erforderlichen Tatsachen behaupten und im Streitfall beweisen, die zur Begründung ihres Anspruchs erforderlich sind. Diese allg Grundregel gilt auch für Anfechtungs- und Nichtigkeitsklagen. Nach diesem allg Grundsatz hat somit der Kläger insb die Tatsachen darzulegen und zu beweisen, aus denen sich seine Anfechtungsbefugnis (KölnKomm AktG/*Zöllner* Rn 106) sowie eine fristwahrende Klageeinreichung (MünchKomm AktG/*Hüffer* § 286 Rn 145) ergeben (*BGHZ* 167, 204, 212). Modifikationen dieses allg Grundsatzes können sich daraus ergeben, dass dem **Prinzip der Tatsachennähe** Rechnung zu tragen ist und deshalb Erleichterungen der Substantiierungs- und Beweislast im Einzelfall vorzunehmen sind (GroßKomm AktG/*K. Schmidt* Rn 80 f; *Hüffer* aaO § 243 Rn 148).

43 **b) Verfahrensmängel.** Macht der Kläger einen Verfahrensmangel geltend, muss er substantiiert die Tatsachen vortragen und ggf Beweis dafür erbringen, aus denen sich dessen Vorliegen ergibt. Dies gilt etwa für die Verweigerung der Teilnahme an der HV, das Begehren einer Auskunft, deren Verweigerung und deren Erforderlichkeit für die Beurteilung des Gegenstands der Tagesordnung (KölnKomm AktG/*Zöllner* § 243 Rn 110) oder für die Behauptung eines Stimmrechtsausschlusses wegen Verstoßes gegen die aktien- oder kapitalmarktrechtlichen Meldepflichten (*OLG Stuttgart* AG 2007, 124, 127; *OLG Düsseldorf* NZG 2009, 260, 262). Nach dem Prinzip der Tatsachennähe muss jedoch nach einem substantiierten Vortrag über Mängel in der Vorbereitung sowie sonstigen allg, nicht nur auf die Behandlung einzelner Personen beruhender Mängel in der Durchführung der HV die Ges aufgrund der dann sie treffenden sekundären Darlegungslast substantiiert den Vortrag des Klägers bestreiten (Spindler/Stilz AktG/*Würthwein* § 243 Rn 268). Kommt sie dem nicht nach, ist der Vortrag des primär darlegungspflichtigen Klägers als zugestanden anzusehen (*OLG Stuttgart* AG 2008, 124, 127). Die Frage der Auswirkungen eines Verfahrensfehlers auf das Beschlussergebnis ist nach zutreffender Auffassung entspr der Relevanztheorie regelmäßig kein tatsächliches Problem, sondern aufgrund einer rechtlichen Wertung zu entscheiden (s.o. § 243 Rn 8 ff). Kommt es im Einzelfall jedoch auf die Kausalität eines Verfahrensfehlers an, so ist der Verfahrensfehler von dem Kläger darzulegen und zu beweisen. Demnach muss etwa ein Kläger, der seine Anfechtung auf eine fehlerhafte Feststellung des Beschlussergebnisses gründet, darlegen und

Anfechtungsklage § 246

beweisen, welcher Beschl gefasst wurde und welche Stimmen aus welchem Grund nicht oder unzutreffend festgestellt wurden. Beruft sich dann die Ges darauf, dass dieser Beschl auch bei zutreffender Feststellung der verfahrensfehlerhaft festgestellten Stimmen gefasst worden wäre, hat sie dies zu beweisen (MünchKomm AktG/*Hüffer* § 243 Rn 147; *Würthwein* aaO Rn 272).

c) Inhaltsmängel. Die Darlegungs- und Beweislast spielt bei Inhaltsmängeln häufig 44 eine untergeordnete Rolle, da es sich in vielen Fällen um die Beurteilung einer reinen Rechtsfrage handeln wird (KölnKomm AktG/*Zöllner* § 243 Rn 107). IÜ gilt aber auch insoweit die vorstehend unter Rn 42 dargestellte Grundregel (Spindler/Stilz AktG/*Würthwein* § 243 Rn 273). Bei einer auf die Verletzung des aktienrechtlichen Gleichbehandlungsgebots nach § 53a gestützten Klage muss demnach der Kläger darlegen und beweisen, woraus sich die Ungleichbehandlung ergibt. Umgekehrt muss dann die Ges, sofern sie eine Rechtfertigung für die Ungleichbehandlung einwendet, die Gründe hierfür darlegen und beweisen (GroßKomm AktG/*K. Schmidt* Rn 82). Ebenso muss bei einer auf § 243 Abs 2 gestützten Anfechtungsklage der Kläger das Vorliegen eines Sondervorteils zum Schaden der Ges oder der anderen Aktionäre darlegen, die Ges dagegen die sachliche Rechtfertigung für einen solchen Sondervorteil (MünchKomm AktG/*Hüffer* § 243 Rn 152). Soweit die Notwendigkeit einer materiellen Beschlusskontrolle angenommen wird, treffen die beklagte Ges erhöhte Pflichten für das Vorliegen sachlicher Gründe ihrer Entscheidung. Bei einem Bezugsrechtsausschluss hat daher die beklagte Gesellschaft die Tatsachen darzulegen, aus denen sich die sachliche Rechtfertigung hierfür ergibt; umstr ist, ob die Widerlegung der dargelegten Gründe dann von dem Kläger zu beweisen ist (so wohl *BGHZ* 71, 40, 48 f) oder die Ges Beweis für die den Ausschluss des Bezugsrechts rechtfertigenden Gründe erbringen muss (so *Hüffer* aaO Rn 150).

VIII. Positive Beschlussfeststellungsklage

1. Anwendungsbereich. Anfechtbar sind nicht nur sog positive Beschlüsse, mit denen 45 ein bestimmter Beschlussvorschlag angenommen wird, sondern ebenso auch ablehnende oder **negative Beschlüsse**, in denen die HV einen bestimmten Beschlussvorschlag abgelehnt hat (*BGHZ* 76, 191, 197). Erforderlich ist jedoch, dass in der HV tatsächlich über den (abgelehnten) Beschl entschieden worden ist (*OLG Köln* AG 2012, 599, 602; *Heer* ZIP 2012, 803, 808). Hält der Kläger die Ablehnung jedoch für rechtswidrig, so ist seinem Rechtsschutzziel mit der lediglich kassatorischen Anfechtung nicht gedient. Diese beseitigt zwar den ablehnenden Beschl, verhilft dem Kläger aber noch nicht zu seinem eigentlichen Ziel der Wirksamkeit des Beschl. Einer bloßen Anfechtung des negativen Beschl fehlt somit auch **das Rechtsschutzbedürfnis** des Klägers. Der Abdeckung dieses Rechtsschutzbedürfnisses dient die positive Beschlussfeststellungsklage. Bei dieser verbindet der Kläger die Beseitigung des negativen Beschl durch Anfechtung oder Nichtigkeit mit einem Antrag auf Feststellung des von der HV abgelehnten Beschl (MünchKomm AktG/*Hüffer* Rn 84). Als Rechtsgrundlage zieht die Rspr § 248 analog heran (*BGHZ* 76, 191, 199; *BGH* AG 2003, 383). Unzulässig ist eine positive Beschlussfeststellungsklage gegen einen positiven Beschl (*BGH* AG 2003, 383).

2. Voraussetzungen. Klassischer Anwendungsfall der positiven Beschlussfeststel- 46 lungsklage ist die Klage gegen einen Beschl, der aufgrund entweder der Nichtberücksichtigung eines Stimmverbots oder umgekehrt der Berücksichtigung von Stimmen, die wg Verstoßes gegen die Treuepflicht unwirksam sind, fehlerhaft als abgelehnt festgestellt wurde (GroßKomm AktG/*K. Schmidt* Rn 102). Auf die positive Beschlussfeststellungsklage sind **die Vorschriften des Anfechtungsrechts sinngemäß anzuwenden** (MünchKomm AktG/*Hüffer* Rn 87). Zur Wahrung der Anfechtungsbefugnis muss der bei der HV anwesende Kläger daher Widerspruch zur Niederschrift erklären. Nicht erforderlich ist jedoch, dass in diesem Widerspruch bereits ein positiver Beschlussfeststellungsantrag angekündigt wird. Die positive Beschlussfeststellungsklage setzt ferner voraus, dass ein Anfechtungs- oder Nichtigkeitsantrag ebenfalls erhoben wird, da der Antrag auf (positive) Beschlussfeststellung den Anfechtungs- oder Nichtigkeitsantrag nicht ersetzt, sondern nur ergänzt (*OLG Hamburg* AG 2003, 46, 48; *Hüffer* aaO Rn 86). Zur Wahrung der Anfechtungsfrist ist ferner erforderlich, dass der Kläger nicht nur den Anfechtungs- und/oder Nichtigkeitsantrag, sondern auch den Antrag auf positive Beschlussfeststellung innerhalb der Monatsfrist erhebt (*Hüffer* aaO Rn 87; Spindler/Stilz AktG/*Dörr* Rn 60). Die Gesellschaft muss gem § 246 Abs 4 die Erhebung der positiven Beschlussfeststellungsklage in den Gesellschaftsblättern bekannt machen. Die die Ablehnung des Beschlusses tragenden Aktionäre können, wenn sie der positiven Beschlussfeststellungsklage entgegentreten wollen, dem Rechtsstreit auf Seiten der beklagten Gesellschaft als streitgenössische Nebenintervenienten beitreten (*BGHZ* 76, 191, 201; 97, 28, 31). Gibt das Gericht der positiven Beschlussfeststellungsklage statt, so wirkt das Urteil analog § 248 ebenfalls für und gegen alle übrigen Aktionäre (*Hüffer* aaO Rn 88). Das einer positiven Beschlussfeststellungsklage stattgebende Urteil gestaltet den vom Versammlungsleiter festgestellten Beschl rückwirkend und mit Wirkung auch für die übrigen Aktionäre um (K. Schmidt/Lutter AktG/*Schwab* Rn 39; *Dörr* aaO).

IX. Einstweiliger Rechtsschutz

47 **1. Allgemeines.** Die Grundsätze zum einstweiligen Rechtsschutz finden auch im Zusammenhang mit HV-Beschlüssen Anwendung. Die von Gesetz und Rspr vorgenommene Unterscheidung zwischen der Sicherungsverfügung, bei der ein subjektives Recht des Antragstellers gesichert werden soll, von der Regelungsverfügung, bei der ein streitiges Rechtsverhältnis geregelt werden soll und als Unterfall hiervon der von der Rspr entwickelten Leistungsverfügung, bei der ein Antragsteller vorläufige Befriedigung erhält (Zöller ZPO/*Vollkommer* § 940 Rn 1; Stein/Jonas ZPO/*Grunsky* vor § 935 Rn 29), fällt in der Praxis jedoch oft schwer (*Vollkommer* aaO) und ist ohne größere Bedeutung, da ein Antragsteller nicht angeben muss, ob er seinen Antrag auf Erlass einer einstweiligen Verfügung auf § 935 ZPO oder auf § 940 ZPO stützt (*Grunsky* aaO Rn 10). Ein Antragsteller muss das Vorliegen eines **Verfügungsanspruchs**, dh eines materiellen Anspruchs sowie eines **Verfügungsgrundes**, dh einer bes Dringlichkeit, glaubhaft machen (*Grunsky* aaO Rn 2). Ein solcher Antrag ist bei dem **Gericht der Hauptsache** einzureichen (§ 937 Abs 1 ZPO) und kann von diesem in dringenden Fällen auch ohne mündliche Verhandlung gewährt werden (§ 937 Abs 2 ZPO). Vor Beantragung einer einstweiligen Verfügung ist durch den Verfügungskläger das häufig nicht unbeträchtliche Risiko einer Schadenersatzpflicht nach § 945 ZPO zu bedenken, wenn sich die antragsgemäß erlassene einstweilige Verfügung später als unbegründet erweisen sollte (*Schlitt/Seiler* ZHR 166 (2002), 544, 589; MünchKomm AktG/*Hüffer* §243 Rn 155). Will sich die Ges oder ein Gesellschafter vor einer befürchteten einstweiligen Verfügung schützen, so kann er bei dem für den Erlass der einstweiligen Verfügung zuständigen

Gericht eine Schutzschrift hinterlegen (*Schlitt/Seiler* aaO 544, 581 ff). Bes Bedeutung kommt im einstweiligen Verfügungsverfahren, das ein Rechtsverhältnis grds nur vorläufig regeln will, dem in § 938 Abs 1 ZPO zum Ausdruck kommenden **Verhältnismäßigkeitsgrundsatz** zu. Das Gericht muss iRd durch den Antrag zum Ausdruck kommenden Rechtsschutzziel des Antragstellers die mildeste Maßnahme anordnen, die zur Erreichung des Zwecks erforderlich ist (*Grunsky* aaO § 938 Rn 1, 17). Im Hinblick auf die Verhältnismäßigkeit ist daher zwischen einstweiligen Verfügungen, die in die Beschlussfassung selbst oder in die Stimmabgabe der Aktionäre eingreifen, und solchen, die lediglich Ausführungshandlungen von HV-Beschlüssen betreffen, zu unterscheiden (zum vollständigen Rechtsschutz gegen Geschäftsführungsmaßnahmen ohne (erforderliche) Beschlussfassung, vgl *Markwardt* WM 2004, 211).

2. Eingriff in die Beschlussfassung. Ausgeschlossen ist, Beschlüsse durch einstweilige Verfügung für unwirksam zu erklären; dies bleibt der im ordentlichen Verfahren geltend zu machenden Anfechtungs-/Nichtigkeitsklage vorbehalten (*Littbarski* Einstweiliger Rechtsschutz im GesR, 1996, S 54). **Umstritten** ist dagegen, ob eine **einstweilige Verfügung auf Unterlassung der Abhaltung einer Hauptversammlung oder** zumindest einer **Beschlussfassung über einzelne Tagesordnungspunkte** möglich ist (abl MünchKomm AktG/*Hüffer* § 243 Rn 153; MünchKomm ZPO/*Heinze* § 935 Rn 138 f; **aA** (für die GmbH) Zöller ZPO/*Vollkommer* § 940 Rn 8; *Beyer* GmbHR 2001, 467, 470). Unter Verhältnismäßigkeitsgesichtspunkten wird eine auf Unterlassung der HV selbst (oder einzelner Tagesordnungspunkte) gerichtete einstweilige Verfügung regelmäßig ausscheiden. Die zT befürwortete Möglichkeit einer einstweiligen Verfügung, wenn die HV wie im Falle einer Einberufung durch einen Nichtbefugten oder von Ladungsverstößen nichtig wäre (*Beyer* aaO; *Werner* NZG 2006, 761, 763), sollte, wenn überhaupt, dann nur mit äußerster Zurückhaltung gewährt werden (Spindler/Stilz AktG/*Würthwein* § 243 Rn 275; *Buchta* DB 2008, 913, 915). Insb Meinungsverschiedenheiten über die Befugnis einer HV-Einberufung oder die zutreffende Ladung sollten grds nicht durch vorbeugende Unterlassung, sondern vielmehr endgültig im Rahmen einer Nichtigkeitsklage ausgetragen werden. Dem Rechtschutzziel des Antragstellers kann regelmäßig mit dem milderen Mittel einer auf **Unterlassung der Ausführungshandlung** gerichteten einstweiligen Verfügung entsprochen werden (*Kort* NZG 2007, 169, 170).

3. Einwirkung auf die Stimmabgabe. Eine einstweilige Verfügung auf Unterlassung einer HV ist gegen die Gesellschaft, eine einstweilige Verfügung auf eine bestimmte Stimmabgabe dagegen gegen den jeweiligen Aktionär zu richten (Spindler/Stilz AktG/*Würthwein* § 243 Rn 278). Die frühere Rspr sah eine auf eine bestimmte Stimmabgabe gerichtete einstweilige Verfügung bereits als unzulässig an, da durch den Eingriff in die Willensbildung gegen das Verbot der Vorwegnahme der Hauptsache verstoßen würde (*OLG Celle* GmbHR 1991, 264, 265; *OLG Frankfurt* BB 1982, 274; MünchKomm ZPO/*Heinze* § 935 Rn 138 f). Demgegenüber hält die mittlerweile herrschende Rspr zur GmbH, die auf die AG übertragbar ist, eine einstweilige Verfügung zur Untersagung eines bestimmten Abstimmungsverhaltens bei **einer völlig klaren Sachlage oder bei einer besonders schweren Beeinträchtigung der Interessen des Verfügungsklägers** für möglich, wenn auch das Gebot des geringstmöglichen Eingriffs eingehalten wird (*OLG Stuttgart* GmbHR 1997, 312, 313; *OLG München* NZG 1999, 407, 408; 2007, 152; *OLG Düsseldorf* NZG 2005, 633, 634). Nach der neuen Rspr kann auch der Grundsatz der Vorwegnahme in der Hauptsache nicht dazu führen, dem Verfügungskläger den rechtsstaatlich zugesicherten Anspruch auf effektiven Rechtsschutz

48

49

zu verwehren (*OLG München* NZG 1999, 407). Zutreffenderweise stellt die Rspr jedoch in derartigen Fällen an den Verfügungsgrund und den Verfügungsanspruch besonders hohe Anforderungen (*OLG Düsseldorf* NZG 2005, 633, 634; *OLG München* NZG 2007, 152, 153). In Betracht kommt eine **auf eine bestimmte Stimmabgabe gerichtete einstweilige Verfügung** insb zur Durchsetzung der Rechte aus einem Stimmbindungsvertrag (so bereits *OLG Koblenz* NJW 1986, 1692; ebenso *Heinze* aaO § 935 Rn 140 f; *Würthwein* aaO Rn 277; vgl insb eingehend § 136 Rn 27). Eine einstweilige Verfügung kann aber auch ohne Stimmbindungsvertrag, etwa gestützt auf die gesellschaftsrechtliche Treuepflicht, in Betracht kommen (*OLG Hamburg* NJW 1992, 186, 187). Allerdings werden dann die von der Rspr verlangten hohen Anforderungen von dem Verfügungskläger nur schwer glaubhaft gemacht werden können.

50 **4. Einstweilige Verfügung gegen Ausführungshandlung.** Die Anwendung des **Verhältnismäßigkeitsgrundsatzes** führt häufig dazu, dass die **Untersagung der Beschlussausführung gegenüber der Untersagung der Beschlussfassung** iRd einstweiligen Rechtsschutzes Vorrang hat (*OLG Hamm* DB 1992, 2129; *OLG München* NZG 2007, 152, 154; *Schlitt/Seiler* ZHR 166 (2002), 544, 573; *Buchta* DB 2008, 913, 917). Die einstweilige Verfügung ist in diesen Fällen gegen die Gesellschaft zu richten. Zuständig für die einstweilige Verfügung ist regelmäßig die Kammer für Handelssachen des LG am Sitz der Gesellschaft (*Schlitt/Seiler* aaO 577).

51 Bei **nicht eintragungsbedürftigen Beschlüssen** ist die einstweilige Verfügung gegen die jeweilige Maßnahme zu richten, die zu einer Beeinträchtigung der Rechte des Verfügungsklägers führt (MünchKomm AktG/*Hüffer* § 243 Rn 154). Bei eintragungsbedürftigen HV-Beschlüssen kann der Verfügungskläger dagegen grds gegen die Gesellschaft eine einstweilige Verfügung mit dem Verbot erwirken, den Beschl zur Eintragung in das HR anzumelden (*OLG Hamm* DB 1992, 2129; *Littbarski* Einstweiliger Rechtsschutz im GesR, 1996, S 57). Will ein Antragsteller das Registergericht an einer Eintragung hindern, ist Voraussetzung hierfür der Erlass einer einstweiligen Verfügung, die die Vornahme einer Eintragung für unzulässig erklärt (Röhricht/Graf von Westphalen HGB/*Ammon* § 16 Rn 15; MünchKomm HGB/*Krafka* § 16 Rn 12). Für die in § 16 Abs 2 HGB weiterhin geforderte Erklärung eines Widerspruchs reicht es aus, dass dieser konkludent dadurch erklärt wird, dass die einstweilige Verfügung beim HR eingereicht wird (*Krafka* aaO § 16 Rn 13). Bei Vorliegen dieser Voraussetzung ist das Registergericht an die einstweilige Entscheidung gebunden und darf nach § 16 Abs 2 HGB nicht eintragen (*Ebenroth/Boujong/Joost/Schaub* HGB § 16 Rn 30). Während somit eine Eintragung durch einstweilige Verfügung verhindert werden kann, ist es umgekehrt nicht möglich, wenn etwa das Registergericht nach §§ 21, 381 FamFG die Eintragung ausgesetzt hat, durch einstweilige Verfügung eine Eintragung zu erwirken (*Hüffer* aaO § 243 Rn 156). Eine **Ausnahme** von der Möglichkeit einstweiliger Verfügung gegen eintragungsbedürftige HV-Beschlüsse gilt für solche **strukturändernden Beschlüsse**, bei denen das Gesetz bereits eine sog **Negativerklärung**, dass gegen den HV-Beschluss nicht Klage erhoben worden ist, verlangt und das bereits bei Fehlen eine Registersperre knüpft wie im Fall der §§ 16 Abs 1 S 1 UmwG, 319 Abs 5 S 1; diese stellen eine abschließende Sonderregelung für die Verhinderung einer Eintragung dar und schließen somit die Möglichkeit einer einstweiligen Verfügung aus (*Kort* BB 2005, 1577, 1581; *Baums* S 208; abw jedoch *BVerfG* BB 2005, 1585, 1586; zur Möglichkeit einer einstweiligen Verfügung im Anwendungsgebiet des § 246a s dort Rn 3).

§ 246a Freigabeverfahren

(1) ¹Wird gegen einen Hauptversammlungsbeschluss über eine Maßnahme der Kapitalbeschaffung, der Kapitalherabsetzung (§§ 182 bis 240) oder einen Unternehmensvertrag (§§ 291 bis 307) Klage erhoben, so kann das Gericht auf Antrag der Gesellschaft durch Beschluss feststellen, dass die Erhebung der Klage der Eintragung nicht entgegensteht und Mängel des Hauptversammlungsbeschlusses die Wirkung der Eintragung unberührt lassen. ²Auf das Verfahren sind § 247, die §§ 82, 83 Abs. 1 und § 84 der Zivilprozessordnung sowie die im ersten Rechtszug für das Verfahren vor den Landgerichten geltenden Vorschriften der Zivilprozessordnung entsprechend anzuwenden, soweit nichts Abweichendes bestimmt ist. ³Über den Antrag entscheidet ein Senat des Oberlandesgerichts, in dessen Bezirk die Gesellschaft ihren Sitz hat.

(2) Ein Beschluss nach Absatz 1 ergeht, wenn
1. die Klage unzulässig oder offensichtlich unbegründet ist,
2. der Kläger nicht binnen einer Woche nach Zustellung des Antrags durch Urkunden nachgewiesen hat, dass er seit Bekanntmachung der Einberufung einen anteiligen Betrag von mindestens 1 000 Euro hält oder
3. das alsbaldige Wirksamwerden des Hauptversammlungsbeschlusses vorrangig erscheint, weil die vom Antragsteller dargelegten wesentlichen Nachteile für die Gesellschaft und ihre Aktionäre nach freier Überzeugung des Gerichts die Nachteile für den Antragsgegner überwiegen, es sei denn, es liegt eine besondere Schwere des Rechtsverstoßes vor.

(3) ¹Eine Übertragung auf den Einzelrichter ist ausgeschlossen; einer Güteverhandlung bedarf es nicht. ²In dringenden Fällen kann auf eine mündliche Verhandlung verzichtet werden. ³Die vorgebrachten Tatsachen, auf Grund deren der Beschluss ergehen kann, sind glaubhaft zu machen. ⁴Der Beschluss ist unanfechtbar. ⁵Er ist für das Registergericht bindend; die Feststellung der Bestandskraft der Eintragung wirkt für und gegen jedermann. ⁶Der Beschluss soll spätestens drei Monate nach Antragstellung ergehen; Verzögerungen der Entscheidung sind durch unanfechtbaren Beschluss zu begründen.

(4) ¹Erweist sich die Klage als begründet, so ist die Gesellschaft, die den Beschluss erwirkt hat, verpflichtet, dem Antragsgegner den Schaden zu ersetzen, der ihm aus einer auf dem Beschluss beruhenden Eintragung des Hauptversammlungsbeschlusses entstanden ist. ²Nach der Eintragung lassen Mängel des Beschlusses seine Durchführung unberührt; die Beseitigung dieser Wirkung der Eintragung kann auch nicht als Schadensersatz verlangt werden.

Übersicht

	Rn		Rn
I. Normzweck	1	IV. Voraussetzungen für Freigabeentscheidungen	4
II. Anwendungsbereich	2		
III. Verfahren	3	V. Rechtsfolgen einer Freigabeentscheidung	5

Literatur: *Arbeitskreis Beschlussmängelrecht* Vorschlag zur Neufassung der Vorschriften des Aktiengesetzes über Beschlussmängel, AG 2008, 617; *Baums/Keinath/Gajek* Fortschritte bei Klagen gegen Hauptversammlungsbeschlüsse? Eine empirische Studie, ZIP 2007, 1629; *Bayer/Lieder* Das aktienrechtliche Freigabeverfahren für die GmbH, NZG 2011, 1170; *Flei-*

scher Zur (Nicht-) Anwendbarkeit des Freigabeverfahrens nach § 246a AktG im GmbH-Recht, DB 2011, 2132; *Florstedt* Die Reform des Beschlussmängelrechts durch das ARUG, AG 2009, 465; *Göz* Beschlussmängelklagen bei der Societas Europaea (SE), ZGR 2008, 593; *Habersack/Stilz* Zur Reform des Beschlussmängelrechts, ZGR 2010, 710; *Ihrig/Erwin* Zur Anwendung des Freigabeverfahrens nach § 246a AktG auf „Altbeschlüsse" und bereits eingetragene Beschlüsse, BB 2005, 1973; *Kläsener/Wasse* Erste Freigabebeschlüsse nach dem ARUG – Erkenntnisse, Probleme und Konsequenzen für die Praxis, AG 2010, 202; *Kort* Einstweiliger Rechtsschutz bei eintragungspflichtigen Hauptversammlungsbeschlüssen, NZG 2007, 169; *Kösters* Das Unbedenklichkeitsverfahren nach § 16 Abs 3 UmwG, WM 2000, 1921; *Leuering* Das neue „Bagatellquorum" im Freigabeverfahren, NJW Spezial 2009, 543; *Lorenz/Pospiech* Ein Jahr Freigabeverfahren nach dem ARUG – Zeit für einen Blick auf Entscheidungen, Entwicklungstrends und ungeklärte Rechtsfragen, BB 2010, 2515; *Schütz* Neuerungen im Anfechtungsrecht durch den Referentenentwurf des Gesetzes zur Unternehmensintegrität und Modernisierung des Anfechtungsrechts (UMAG), DB 2004, 422; *ders* UMAG Reloaded, NZG 2005, 8; *Seibert* Der Referentenentwurf eines Gesetzes zur Umsetzung der Aktionärsrechterichtlinie (ARUG), ZIP 2008, 906; *Stohlmeier* Freud und Leid des reformierten Freigabeverfahrens – eine Bestandsaufnahme mit Verbesserungsvorschlägen, NZG 2010, 2011; *Veil* Klagemöglichkeiten bei Beschlussmängeln der Hauptversammlung nach dem UMAG, AG 2005, 571; *Verse* Das Beschlussmängelrecht nach dem ARUG, NZG 2009, 1127; *Volhard* Ist die Rechtsbeschwerde im Verfahren nach § 16 III UmwG statthaft?, NZG 2006, 297.

I. Normzweck

1   Das in § 246a geregelte Freigabeverfahren wurde durch das UMAG mit Wirkung zum 1.11.2005 eingefügt. Damit sind entspr Forderungen des 63. Deutschen Juristentages und der Regierungskommission Corporate Governance umgesetzt worden. Das Freigabeverfahren dient zum einen der Durchsetzung der Eintragung der in § 246a aufgeführten HV-Beschlüsse und zum anderen der Gewährung von Bestandsschutz einer erfolgten Eintragung (Spindler/Stilz AktG/*Dörr* Rn 4). § 246a lehnt sich an die Regelungen der bereits zuvor bestehenden Freigabeverfahren für Umwandlungsmaßnahmen (§ 16 Abs 3 UmwG) und der Eingliederung (§ 319 Abs 6) an. Durch das Freigabeverfahren sollen Missbräuche von Aktionärsrechten bei der Ausübung des Anfechtungsrechts zurückgedrängt werden (BT-Drucks 15/5092, 29). Durch das UMAG wurde das Ziel einer Eindämmung der Zahl der Anfechtungsklagen nicht erreicht (*Baums/Keinath/Gajek* ZIP 2007, 1629, 1649). Um das gesetzgeberische Ziel, das Freigabeverfahren als Eilverfahren auszuformen, umzusetzen, wurde durch das am 1.9.2009 in Kraft getretene ARUG das Freigabeverfahren effektiver ausgestaltet (RegBegr BT-Drucks 16/11642, 40; vgl auch *Habersack/Stilz* ZGR 2010, 710, 716, 720). Die bisherige Regelung wurde sowohl in verfahrensrechtlicher Hinsicht insb durch die Beschränkung auf eine Instanz als auch in materieller Hinsicht durch die Präzisierung und Erweiterung der Gründe für den Erlass eines Freigabebeschlusses geändert. Indem das ARUG den Wortlaut der verschiedenen Freigabeverfahren in §§ 246a, 319 Abs 6 AktG und § 16 Abs 3 UmwG vereinheitlicht hat, wurden bisher bestehende Unterschiede bezüglich Voraussetzungen und Rechtsfolgen der verschiedenen Freigabeverfahren nunmehr zu Gunsten eines Gleichlaufs sämtlicher Freigabeverfahren aufgehoben (RegBegr BT-Drucks 16/11642, 40, 43, zu alternativen Konzeptionen der Eindämmung des Berufsklägerunwesens: *Arbeitskreis Beschlussmängelrecht* AG 2008, 617).

II. Anwendungsbereich

Anwendbar ist das Freigabeverfahren nur bei auf die Nichtigkeit gerichtete Anfechtungs-, Nichtigkeits- oder auch allg Feststellungsklagen nach § 256 ZPO bei in den § 246a abschließend aufgeführten strukturverändernden eintragungsbedürftigen HV-Beschlüssen (*Schütz* DB 2004, 422; Spindler/Stilz AktG/*Dörr* Rn 7). Dies sind die in den §§ 182–240 aufgeführten Formen der Kapitalerhöhung und der Kapitalherabsetzung sowie die nach §§ 291–307 erforderlichen Beschlüsse bei Unternehmensverträgen. Bei Abschluss eines Unternehmensvertrages kann auch die herrschende Ges einen Freigabeantrag stellen, auch wenn bei dieser die Eintragungsbedürftigkeit umstr ist (*OLG Hamburg* AG 2010, 214). **Nicht anwendbar** dagegen, und zwar weder unmittelbar noch analog, ist das Freigabeverfahren nach § 246a auf andere eintragungsbedürftige HV-Beschlüsse wie zB sonstige Satzungsänderungen (*Veil* AG 2005, 575) sowie ferner in den Fällen der dann vorrangig anwendbaren Freigabeverfahren nach § 319 Abs 6 oder § 16 Abs 3 UmwG (BT-Drucks 15/5092, 27; *Dörr* aaO Rn 13). Anwendbar ist das Freigabeverfahren auch bei der SE (*OLG Frankfurt* NZG 2012, 351, 352; *Göz* ZGR 2008, 593, 599); gegen die Anwendbarkeit auch bei der GmbH sprechen dagegen gewichtige Gründe (*KG* NZG 2011, 1068; *Fleischer* DB 2011, 2132; Grigoleit AktG/*Ehmann* Rn 2 **aA** aber *Bayer/Lieder* NZG 2011, 1170). Nach § 20 Abs 3 S 4 SchVG ist § 246a auf Beschlüsse der Gläubigerversammlung bei Schuldverschreibungen, die entweder nach dem 5.8.2005 ausgegeben wurden oder bei denen die Gläubiger entsprechende Änderungen der Anleihebedingungen beschlossen haben, entsprechend anwendbar (Grigoleit AktG/*Ehmann* Rn 2, s auch *OLG Frankfurt* NZG 2012, 593).

III. Verfahren

Das Freigabeverfahren wird **auf Antrag der Gesellschaft** eingeleitet. Voraussetzung ist die Erhebung einer Beschlussmängel- oder allg Feststellungsklage durch einen oder mehrerer Aktionäre gegen einen in den Anwendungsbereich fallenden HV-Beschluss (s.o. Rn 2). Der Antrag der Gesellschaft im Freigabeverfahren lautet darauf, dass die erhobene Klage der Eintragung des HV-Beschluss nicht entgegensteht und Mängel des HV-Beschlusses die Wirkung der Eintragung unberührt lassen, § 246a S 1. Sind mehrere Anfechtungsklagen anhängig, ist ein sich auf alle anhängigen Anfechtungsklagen beziehender einheitlicher Antrag erforderlich (zutr *OLG Jena* AG 2007, 31, 32; Spindler/Stilz AktG/*Dörr* Rn 10; abw hiervon hält Schwab auch einen Antrag gegen eventuelle Nebenintervention erforderlich, aaO Rn 29). Das Freigabeverfahren ist als **spezielles Eilverfahren** konzipiert, für das die Regeln der ZPO und nicht die des FamFG gelten (BT-Drucks 15/5092, 28). Die im Freigabeverfahren vorzutragenden Tatsachen sind glaubhaft zu machen. Die antragstellende Gesellschaft und der Antragsgegner können sich damit aller präsenten zivilprozessualen Beweismittel sowie der eidesstattlichen Versicherung bedienen (BT-Drucks 15/5092, 28; *Dörr* aaO Rn 16). In § 246a Abs 1 S 2 wurde durch das ARUG nun klargestellt, dass sich eine Prozessvollmacht im Hauptsacheverfahren nach §§ 82, 83 Abs 1, 84 ZPO auch auf das Freigabeverfahren erstreckt (Locher Beck'sches Prozessformularbuch II/*Anschütz/Rück.* 25.). Damit kann auch im Ausland ansässigen Anfechtungsklägern der Freigabeantrag an deren inländischen Prozessbevollmächtigten zugestellt werden. Ebenfalls der Verfahrensbeschleunigung dient die durch das ARUG in § 246 Abs 3 S 5 aufgenommene Möglichkeit einer Akteneinsicht nach Ablauf der Anfechtungsfrist. Ein

Antrag sollte unter Berücksichtigung der vom Gesetzgeber gewollten Verfahrensbeschleunigung bereits bei Anhängigkeit (so *Widmann/Mayer/Frönhöfer* UmwG § 16 Rn 126; *Stohlmeier* NZG 2010, 1011, 1012) und nicht erst bei Rechtshängigkeit (so *Kösters* WM 2000, 1921, 1923; K. Schmidt/Lutter AktG/*Schwab* Rn 26; *Hüffer* AktG Rn 6; *Dörr* aaO Rn 14) als zulässig bejaht werden; andernfalls könnten die Kläger durch Verzögerung der nach § 167 ZPO rechtzeitig eingereichten Klage und deren Mitteilung an das Registergericht die Eintragung blockieren, ohne dass der beklagten Gesellschaft bereits die vom Gesetz gewollte Reaktionsmöglichkeit nach § 246a offen stünde. Nach Auffassung des *OLG München* (NZG 2013, 622) ist es für die Zulässigkeit eines Freigabeantrags ausreichend, wenn dieser vor Zustellung der Klage eingereicht wird, sfern die Zustellung der Anfechtungsklage dann zum Zeitpunkt der Entsch des Gerichts vorliegt. Der Antrag ist von der Gesellschaft, vertreten (allein) durch den Vorstand (*OLG Karlsruhe* AG 2007, 284; *OLG Frankfurt* AG 2009, 203; 2012, 414; *OLG Bremen* AG 2009, 412, 413; *Dörr* aaO Rn 11; *Schwab* aaO Rn 25; Grigoleit AktG/*Ehmann* Rn 10) bei dem *OLG*, in dessen Besitz die Gesellschaft ihren Sitz hat, einzureichen (Abs 1 S 3). Das zuständige *OLG* soll spätestens drei Monate nach Antragsstellung durch Beschl entscheiden, kann aber, um besonderen, verfahrensverzögernden Umständen Rechnung zu tragen, durch begründeten Beschl die Dreimonatsfrist überschreiten (§ 246a Abs 3 S 6). Der Beschl des *OLG* ist unanfechtbar, eine Rechtsbeschwerde vor dem *BGH* (§ 574 ZPO) ist ausgeschlossen, (Abs 3 S 4; auch schon bereits vor Inkrafttreten von Abs 3 S 4, selbst wenn die Rechtsbeschwerde vom OLG zugelassen wird, *BGH* NJW 2006, 2924; *Volhard* NZG 2006, 297). Da bei den in den Anwendungsbereich des § 246a fallenden HV-Beschlüssen anders als bei den in den Anwendungsbereich der §§ 16 Abs 3 UmwG, 319 Abs 6 fallenden HV-Beschlüssen eine Erklärung der Gesellschaft über das Nichtvorliegen von Klagen gegen den HV-Beschluss nicht Eintragungsvoraussetzung ist (sog Negativattest), obliegt es der nach pflichtgemäßem Ermessen zu treffenden Entscheidung des Registergerichts gem §§ 21, 381 FamFG, ob es nach Erhebung einer Klage das Eintragungsverfahren aussetzt (*Bumiller/Harders* FamFG § 381 Rn 11). Die Möglichkeit einer einstweiligen Verfügung wird, da eine Eintragung des HV-Beschlusses auch nach Einreichung einer Klage möglich ist, durch ein ggf auch anhängiges Freigabeverfahren nicht ausgeschlossen (*Schwab* aaO Rn 52; **aA** *Kort* NZG 2007, 169, 171). Da ein trotz anhängiger Anfechtungsklage eingetragener HV-Beschluss keinen Bestandsschutz nach § 246a genießt, kann die Gesellschaft ein Freigabeverfahren auch noch nach Eintragung des HV-Beschlusses einleiten (*OLG Düsseldorf* AG 2009, 538, 539; *OLG München* ZIP 2010, 986, 987; BT-Drucks 15/5092, 27; *Veil* AG 2005, 571; **aA** *Schütz* NZG 2005, 8).

IV. Voraussetzungen für Freigabeentscheidungen

4   Das OLG gibt einem Antrag auf Erlass einer Freigabeentscheidung statt, wenn (1) die Klage unzulässig oder offensichtlich unbegründet ist, (2) der Kläger nicht binnen einer Woche nach Zustellung des Antrags durch Urkunden nachgewiesen hat, dass er seit Bekanntmachung der Einberufung einen anteiligen Betrag von mindestens 1 000,00 Euro hält oder (3) das alsbaldige Wirksamwerden des HV-Beschlusses vorrangig erscheint, weil die vom Antragsteller dargelegten wesentlichen Nachteile für die Ges und ihre Aktionäre nach freier Überzeugung des Gerichts die Nachteile für den Antragsgegner überwiegen, es sei denn, es liegt eine bes Schwere des Rechtsverstoßes

vor. Ausreichend ist hierbei, dass eine der drei vorgenannten Alternativen vorliegt (*Seibert* ZIP 2008, 906, 910). Der Fall der **unzulässigen Klage** hat nur geringe praktische Bedeutung (Spindler/Stilz AktG/*Dörr* Rn 20) und setzt voraus, dass die Klage im Zeitpunkt der gerichtlichen Entscheidung über den Freigabeantrag unzulässig ist (K. Schmidt/Lutter AktG/*Schwab* Rn 2). Eine **offensichtlich unbegründete Klage** liegt nicht nur vor, wenn sich mit geringem Prüfungsaufwand und damit leicht erkennbar die Unbegründetheit ergibt (so aber *OLG Stuttgart* AG 1997, 138, 139; *OLG Düsseldorf* DB 1999, 1153; *OLG Frankfurt* ZIP 2000, 1928, 1930; ähnlich K. Schmidt/Lutter AktG/*Schwab* Rn 3). Maßgeblich ist vielmehr allein das Maß an Sicherheit, mit der sich die Unbegründetheit der Anfechtungsklage unter den Bedingungen des Eilverfahrens prognostizieren lässt, ohne dass für diese Prognose auf den hierfür erforderlichen Prüfungsaufwand abzustellen ist (BT-Drucks 15/5092, 29). Die obergerichtliche Rspr formuliert bei grds Übereinstimmung die Voraussetzungen hierfür im Einzelnen etwas uneinheitlich. Nach engerer Auffassung ist eine Klage nur dann offensichtlich unbegründet, wenn das Gericht bei umfassender rechtlicher Würdigung des gesamten Sachverhalts und der glaubhaft gemachten Tatsachen eine andere Beurteilung für nicht oder kaum vertretbar hält (*OLG München* AG 2010, 170; AG 2012, 260, 261; NZG 2013, 622, 623; *OLG Frankfurt* AG 2012, 414; ähnlich *KG* AG 2009, 30, 32; *Dörr* aaO Rn 25). Der für diese Prognose erforderliche Prüfungsaufwand des Prozessgerichts ist dabei nicht entscheidend (*OLG Frankfurt* AG 2008, 745; ähnlich *OLG Stuttgart* AG 2008, 464; **aA** *Schwab* aaO Rn 3). Sind entscheidungserhebliche Tatsachen streitig, kann eine Klage auch dann offensichtlich unbegründet sein, wenn sich auch ohne Beweiserhebung das Vorbringen der Ges mit überwiegender Wahrscheinlichkeit als zutreffend darstellt (*Dörr* aaO Rn 25). Die Prüfungstiefe ist somit nicht durch das Merkmal der Offensichtlichkeit der Unbegründetheit eingeschränkt. Auch abw Auffassungen zu einer Streitfrage schließen die offensichtliche Unbegründetheit nicht aus (*OLG Karlsruhe* AG 2007, 284, 285; *OLG Stuttgart* AG 2008, 464; 2009, 204). Durch das ARUG wurde in **Abs 2 Nr 2** ein weiterer Freigabegrund neu eingeführt. Danach ergeht ein Beschl, wenn der Kläger nicht einen anteiligen Aktienbesitz in Höhe von 1 000 EUR seit Bekanntmachung der Einberufung bis zur Einleitung des Freigabeverfahrens nachweist **(Bagatellquorum)**. Das Bagatellquorum eines **anteiligen Betrages von mindestens 1 000 EUR** bezieht sich hierbei auf das Grundkapital und nicht den Börsenwert (*Verse* NZG 2009, 1127, 1129; *OLG Hamburg* AG 2010, 214). Erforderlich ist, dass ein Kläger individuell fristgemäß (eine Wiedereinsetzung scheidet aus, *OLG Nürnberg* AG 2011, 179) einen entspr Beteiligungsbesitz für den Zeitraum von der HV-Einladung bis mindestens zur HV bzw zum Freigabeverfahren nachweist (*KG* AG 2011, 170, 171; *OLG Nürnberg* AG 2012, 758 unter Aufgabe der noch zuvor in *OLG Nürnberg* AG 2011, 179 vertretenen Auffassung; *OLG Hamm* AG 2011, 826; *Reinhard* NZG 2011, 292, 293; Grigoleit AktG/ *Ehmann* Rn 7; nach **aA** ist kein Nachweis erforderlich, wenn Aktienbesitz unstr ist, *OLG Frankfurt* AG 2010, 508; 2012, 414; *Hüffer* AktG Rn 23); dieser Nachweis soll auch dann möglich sein, wenn noch keine Eintragung in das Aktienregister vorliegt (*OLG München* NZG 2013, 622, 623). Umstr ist, ob der Nachweis bei Namensaktien auch gem § 421 ZPO durch den binnen Wochenfrist vorgelegten Nachweis eines Antrags auf Erteilung aktueller Aktienregisterauszüge geführt werden kann, so *OLG Nürnberg* aaO gegen *OLG Hamm* AG 2011, 826, 828. Eine Addition des Beteiligungsbesitzes mehrerer Kläger findet insoweit nicht statt (*OLG Stuttgart* NZG 2010, 27, 28; *OLG Frankfurt* ZIP 2010, 986, 989; *OLG Hamburg* AG 2010, 215; *Verse* aaO).

Ebenfalls unberücksichtigt bleiben bei Berechnung des Bagatellquorums die Beteiligung eventueller Nebenintervenienten (*Florstedt* AG 2009, 465, 472 f). Erreicht ein Kläger das Bagatellquorum nicht, so hat für das *OLG* lediglich der in Bezug auf die das Bagatellquorum erreichenden Kläger weiter zu prüfen, ob ein Freigabegrund nach Nr 1 oder Nr 3 vorliegt, wogegen die vom Kläger vorgetragenen Anfechtungs- und Nichtigkeitsgründe, die unterhalb des Bagatellquorums liegen, im Freigabeverfahren unberücksichtigt bleiben (*Verse* aaO; *OLG Nürnberg* aaO; Hölters AktG/*Englisch* Rn 27; offen gelassen in *OLG München* AG 2012, 45). Das Erreichen des Bagatellquorums hat auch für die Interessenabwägung Bedeutung, da dort nur der **Vortrag der Aktionäre berücksichtigungsfähig** ist, die das Bagatellquorum erreicht haben (*Kläsener/Wasse* AG 2010, 202, 204; *Hüffer* AktG Rn 20). Der Einführung des Bagatellquorums stehen keine verfassungsrechtlichen Bedenken entgegen (*OLG Stuttgart* AG 2010, 89, 90; *Lorenz/Pospiech* BB 2010, 2515, 2516; **aA** *Schwab* aaO Rn 4 ff, dessen hieraus gezogenen Schlussfolgerungen ebenfalls abzulehnen sind. Die **Interessenabwägungsklausel** in **Abs 2 Nr 3**, wonach eine Freigabe bei einem **vorrangigen Vollzugsinteresse der Gesellschaft** erlassen wird, erfolgt seit Geltung des ARUG im Rahmen einer **zweistufigen Prüfung**: Auf der **ersten Stufe** ist das wirtschaftliche Interesse des bzw der klagenden Aktionäre – und damit nicht der Aktionärsgesamtheit – mit denjenigen der Gesellschaft abzuwägen. Rechtliche Gesichtspunkte bleiben bei dieser **wirtschaftlichen Abwägung** auf der ersten Stufe unberücksichtigt (BT-Drucks 16/13098, 42; *KG* AG 2011, 1070, 172; *OLG Hamm* AG 2011, 136). Als berücksichtigungsfähige Nachteile auf Seiten der Gesellschaft sind alle nicht vernachlässigbaren wirtschaftlichen Nachteile einzubeziehen. Dies können zB die Kosten der Wiederholung einer HV oder Zinseffekte sein (BT-Drucks 16/13098, 42; *OLG Hamm* AG 2011, 136). In Betracht kommen weiterhin Synergieeffekte (*OLG Düsseldorf* AG 2009, 538), steuerliche Aspekte (*Dörr* aaO Rn 31) oder auch im Fall einer Erhöhung des genehmigten Kapitals, die erforderliche Bewegungsfreiheit zur Ausnutzung sich auf dem Kapitalmarkt bietender Gelegenheiten, selbst wenn kein konkreter Finanzierungsbedarf besteht (*OLG Frankfurt* ZIP 2010, 986, 989). In der gesetzlichen Begründung wird ausdrücklich klargestellt, dass nicht nur extreme Szenarien wie eine Insolvenzgefahr einen berücksichtigungsfähigen Nachteil darstellen (BT-Drucks aaO). Bei dieser Gewichtung der Nachteile der Kläger einerseits und der Gesellschaft andererseits hat der Gesetzgeber bewusst vorgesehen, dass regelmäßig die Abwägung zu Gunsten der Gesellschaft ausfallen wird (BT-Drucks aaO; *Florstedt* AG 2009, 465, 469; *OLG Saarbrücken* NZG 2011, 358, 360). Die der Ges und ihren Aktionären drohenden Nachteile sind von der Gesellschaft, dagegen die aus Sicht der Kläger drohenden Nachteile im Fall einer Eintragung des Beschlusses von diesen jeweils substantiiert darzulegen und glaubhaft zu machen (*Dörr* aaO Rn 32 f). Auf der **zweiten Stufe** ist dann zu prüfen, ob die Schwere des Rechtsverstoßes trotz vorrangiger Nachteile für die Gesellschaft dem Erlass eines Beschlusses im Freigabeverfahren entgegensteht. Bei dieser **rechtlichen Prüfung** trägt der Antragsgegner die Darlegungslast für die bes Schwere des Rechtsverstoßes („es sei denn") (RegBegr BT-Drucks 16/11642, 41, *Dörr* aaO Rn 29). Erforderlich ist das Vorliegen eines ganz gravierenden Rechtsverstoßes, der ein Wirksamwerden des Beschlusses für die Rechtsordnung unerträglich werden ließe. Beispielhaft nennt der Rechtsausschuss hierfür die Beschlussfassung einer Geheimversammlung, die bewusst nicht ordnungsgemäß einberufen wurde oder absichtliche Verstöße gegen das Gleichbehandlungsgebot und die Treuepflicht mit schweren Folgen oder das völlige Fehlen der notariellen Beurkundung bei einer börsennotierten Gesellschaft oder die Unvereinbarkeit mit besonders grundlegenden Strukturprinzipien des AktienR wie bei einer Herabsetzung des Grundkapitals der AG endgültig auf einen Nennbetrag unter 50 000 EUR. Insb bloß formale Fehler reichen nicht aus (BT-Drucks 14/13098, 42). Die bes Schwere eines Rechtsverstoßes kann auch abzulehnen sein, wenn ein Nichtigkeitsgrund nach § 241 AktG vorliegt (RegBegr BT-Drucks 16/11642, 41; *Dörr* aaO Rn 28; *KG* AG 2011, 170, 172; *OLG Saarbrücken* NZG 2011, 358, 360; **aA** *Schwab* aaO Rn 16). Erforderlich ist daher, um einen besonders schweren Rechtsverstoß feststellen zu können, in jedem Fall die Bewertung der Bedeutung der Norm und die im konkreten Einzelfall zu prüfende Art und den Umfang des Verstoßes (BT-Drucks 16/13098, 42). Umstr ist, ob der sich auf ein vorrangiges Vollzugsinteresse berufende Antragsteller zeitlichen Vorgaben unterliegt. Grds bestehen für die Einreichung eines Freigabeantrags keine zwingenden zeitlichen Vorgaben. Aus dem Wortlaut von Abs 2 Nr 3 wird jedoch teilw abgeleitet, dass ein vorrangiges Interesse an einem „alsbaldigen Wirksamwerden" die Einreichung eines Freigabeantrages innerhalb eines Zeitraumes von ca drei Monaten grds nach Zustellung der Klagen erfordert (*OLG München* AG 2010, 170, 172 f; zust *Schwab* aaO Rn 18; **aA** aber *OLG Frankfurt* ZIP 2010, 986, 990; *KG* Beschl v 12.3.2010, Az 14 AktG 1/09). Vorzugswürdig dürfte das Absehen von zeitlichen Vorgaben sein, da sachliche Gründe für eine Differenzierung der keinen zeitlichen Vorgaben unterliegenden Fälle des Abs 2 Nr 1 und 2 einerseits und Abs 2 Nr 3 andererseits nicht ersichtlich sind. Um Zweifel am Vorliegen eines vorrangigen Vollzugsinteresses zu vermeiden, sollte der Antrag aufgrund der uneinheitlichen Praxis zeitnah innerhalb der Drei-Monatsfrist nach Zustellung der Klagen eingereicht werden.

V. Rechtsfolgen einer Freigabeentscheidung

Eine Freigabeentscheidung bindet das Registergericht und entfaltet Rechtwirkungen für und gegen jedermann (Abs 3 S 5). Bei einem späteren Erfolg der Beschlussmängelklage ist der Beschl dann zwar nichtig, seine Wirkungen haben aber Bestand (BT-Drucks 15/5092, 28). Die **Bindungswirkung der Freigabeentscheidung** besteht aber nur insoweit, als eine Prüfung durch das Prozessgericht stattgefunden hat. IÜ bleibt die Prüfungskompetenz des Registergerichts unberührt. Daher kann das Registergericht aus sonstigen Gründen wie zB wg formaler Mängel, mangelhafter Beglaubigung des Eintragungsantrags oder nicht nachgewiesener Vertretungsberechtigung des Antragstellers den Eintragungsantrag ablehnen. Auch im Falle der Freigabe der Eintragung wg Unzulässigkeit der Anfechtungsklage verbleibt dem Registergericht iÜ der volle Prüfungsumfang, da die dem Schutz öffentlicher Interessen dienenden Normen vom Prozessgericht nicht geprüft werden (BT-Drucks 15/5092, 27; Spindler/Stilz AktG/ *Dörr* Rn 36; iE ebenso K. Schmidt/Lutter AktG/*Schwab* Rn 41). Ein Freigabeantrag sollte daher in einer solche Mängel rügenden Anfechtungsklage nicht lediglich auf die Unzulässigkeit der Klage gestützt werden, sondern auch auf die offensichtliche Unbegründetheit oder ein überwiegendes Vollzugsinteresse der Ges. Die Bestandskraft der Eintragung und die Bindung des Registergerichts an die Freigabeentscheidung des Prozessgerichts werden dadurch abgesichert, dass ein der Beschlussmängelklage stattgebendes Urteil im HR nicht mehr eingetragen werden kann und auch die in § 398 FamFG vorgesehene Amtslöschung ausscheidet, § 242 Abs 2 S 5. Auch eine zugunsten der Ges ergehende rechtskräftige Freigabeentscheidung **macht die anhängige Beschlussmängelklage weder unbegründet noch führt sie zu deren Erledigung**

(*Dörr* aaO Rn 40; *Schwab* aaO Rn 50, der darauf hinweist, dass der Anfechtungskläger die Möglichkeit hat, einen Schadenersatzantrag nach § 264 Nr 3 ZPO mit der bereits rechtshängigen Anfechtungsklage zu verbinden). Bei einem Erfolg der Beschlussmängelklage ist die Gesellschaft zum Ersatz des Schadens verpflichtet, der dem Kläger aus der Eintragung und damit der fortbestehenden Wirkung des HV-Beschlusses entstanden ist. Insoweit gelten die §§ 249 ff BGB jedoch mit der Besonderheit, dass eine Naturalrestitution (Beseitigung der Wirksamkeit der Eintragung) nicht verlangt werden kann, Abs 4. In vielen Fällen wird der Schadenersatz nur aus dem Ausgleich der vergeblich aufgewendeten Prozesskosten bestehen. Denkbar ist darüber hinausgehend etwa auch in den Fällen des § 255 Abs 2, insb bei wesentlich beteiligten Aktionären, ein durch den rechtswidrigen, als Folge der Handelsregistereintragung jedoch bestandskräftigen Kapitalerhöhungsbeschluss verursachter zusätzlicher Verwässerungsschaden (vgl DAV-Stellungnahme zum *UMAG* ZIP 2004, 1236).

§ 247 Streitwert

(1) ¹Den Streitwert bestimmt das Prozessgericht unter Berücksichtigung aller Umstände des einzelnen Falles, insbesondere der Bedeutung der Sache für die Parteien, nach billigem Ermessen. ²Er darf jedoch ein Zehntel des Grundkapitals oder, wenn dieses Zehntel mehr als 500 000 Euro beträgt, 500 000 Euro nur insoweit übersteigen, als die Bedeutung der Sache für den Kläger höher zu bewerten ist.

(2) ¹Macht eine Partei glaubhaft, dass die Belastung mit den Prozesskosten nach dem gemäß Absatz 1 bestimmten Streitwert ihre wirtschaftliche Lage erheblich gefährden würde, so kann das Prozessgericht auf ihren Antrag anordnen, dass ihre Verpflichtung zur Zahlung von Gerichtskosten sich nach einem ihrer Wirtschaftslage angepassten Teil des Streitwerts bemisst. ²Die Anordnung hat zur Folge, dass die begünstigte Partei die Gebühren ihres Rechtsanwalts ebenfalls nur nach diesem Teil des Streitwerts zu entrichten hat. ³Soweit ihr Kosten des Rechtsstreits auferlegt werden oder soweit sie diese übernimmt, hat sie die von dem Gegner entrichteten Gerichtsgebühren und die Gebühren seines Rechtsanwalts nur nach dem Teil des Streitwerts zu erstatten. ⁴Soweit die außergerichtlichen Kosten dem Gegner auferlegt oder von ihm übernommen werden, kann der Rechtsanwalt der begünstigten Partei seine Gebühren von dem Gegner nach dem für diesen geltenden Streitwert beitreiben.

(3) ¹Der Antrag nach Absatz 2 kann vor der Geschäftsstelle des Prozessgerichts zur Niederschrift erklärt werden. ²Er ist vor der Verhandlung zur Hauptsache anzubringen. ³Später ist er nur zulässig, wenn der angenommene oder festgesetzte Streitwert durch das Prozessgericht heraufgesetzt wird. ⁴Vor der Entscheidung über den Antrag ist der Gegner zu hören.

Übersicht

	Rn		Rn
I. Normzweck	1	b) Verfassungsrechtliche Schranke	5
II. Anwendungsbereich	2	c) Beispiele	6
III. Regelstreitwert (Abs 1)	3	3. Höchstgrenze (S 2)	7
1. Begriff	3	IV. Streitwertspaltung (Abs 2 und 3)	8
2. Billiges Ermessen	4	1. Voraussetzungen	8
a) Ermittlung	4		

Streitwert § 247

	Rn		Rn
a) Erhebliche Gefährdung der wirtschaftlichen Lage	8	c) Keine Rechtsmissbräuchlichkeit	10
b) Glaubhaftmachung und Antrag	9	2. Wirkungen	11
		3. Konkurrenz mit Prozesskostenhilfe	12

Literatur: *Baums* Die Prozesskosten der aktienrechtlichen Anfechtungsklage, FS Lutter, 2000, S 283; *Ekkenga/Sittmann* Kriterien für die Bemessung des Streitwerts der aktienrechtlichen Anfechtungsklage, AG 1989, 213; *Emde* Der Streitwert bei Anfechtung von GmbH-Beschlüssen und Feststellung der Nichtigkeit von KG-Beschlüssen in der GmbH & Co KG, DB 1996, 1557; *Happ/Pfeifer* Der Streitwert gesellschaftsrechtlicher Klagen und Gerichtsverfahren, ZGR 1991, 103.

I. Normzweck

§ 247 regelt den Streitwert abw vom allg Prozessrecht. Während nach § 3 ZPO allein 1 das mit der Klage geltend gemachte Interesse des Klägers für den Streitwert maßgeblich ist (Zöller ZPO/*Herget* § 3 Rn 2), weitet Abs 1 die Grundlage der Streitwertbemessung auf beide Prozessparteien aus. Ziel ist ein Ausgleich zwischen dem oftmals wg des mit der Klage verbundenen Kostenrisikos an einem geringeren Wert orientierten Klägerinteresse und dem Interesse der Ges an einem das Geschäftsinteresse ausdrückenden Streitwert, der durch das damit verbundene Kostenrisiko mutwillige Klagen ausschließen soll. Damit liegt eine bedeutende Funktion des Abs 1 darin, das Beklagteninteresse in adäquatem Umfang in die Streitwertbemessung zu integrieren.

II. Anwendungsbereich

§ 247 gilt unmittelbar für die Streitwertbestimmung bei Anfechtungsklagen sowie 2 durch Verweisung auch für Nichtigkeitsklagen (§ 249 Abs 1 S 1) sowie für Klagen auf Feststellung der Nichtigkeit eines Jahresabschlusses (§ 256 Abs 7) und auf Nichtigerklärung der Ges (§ 275 Abs 4 S 1). Ebenfalls anwendbar ist § 247 auf positive Beschlussfeststellungsklagen (*BGH* Beschl v 12.10.1992 – II ZR 41/92 DB 1992, 2336). Weiterhin findet § 247 analog Anwendung auf Klagen, mit denen die Unzulässigkeit einer Maßnahme mangels Beteiligung der HV iSd „Holzmüller"-Rspr geltend gemacht wird, ebenso auf Klagen auf Unterlassung des Vollzugs einer solchen Maßnahme und Beseitigung, sofern die Klage in ihrer weiteren Folge, etwa durch eine durch den Erfolg der Klage bedingte Beschlussfassung der HV, mittelbar einen Akt mit Drittwirkung zu veranlassen imstande ist (*OLG Düsseldorf* NJW-RR 2001, 250, 251). Ferner ist Abs 1 S 1 auch für die **GmbH** analog anzuwenden (*BGH* NZG 2009, 1438; *BGH* NJW-RR 1999, 1485; *OLG Stuttgart* AG 2004, 271, 272; *Happ/Pfeifer* ZGR 1991, 103, 114 f), ebenso auf die SE (*von Hulle/Maul/Drinhausen* Handbuch zur Europäischen Gesellschaft (SE), Kap 5 § 4 Rn 74), und auf die **Genossenschaft** (*OLG Schleswig* Beschl v 6.10.2008, NZG 2009, 434, 435; *OLG Naumburg* Beschl v 14.9.1998, JurBüro 1999, 310), **nicht** jedoch auf **Personengesellschaften** (MünchKomm AktG/*Hüffer* Rn 7; **aA** *Happ/Pfeifer* aaO, 118 ff), insb nicht auf eine zweigliedrige Kommanditgesellschaft (*BGH* NJW-RR 2002, 823) und auch nicht auf den **Verein** (*BGH* NJW-RR 1992, 1209 f). Abs 1 S 2 ist bei einer GmbH und Genossenschaft grds nicht anwendbar (str, *OLG Karlsruhe* GmbHR 1995, 302; *OLG Bamberg* JurBüro 1980, 759; Spindler/Stilz AktG/*Dörr* Rn 4 mwN; **aA** die GmbH betreffend: Baumbach/Hueck GmbHG/*Zöllner* Anh § 47 GmbHG Rn 171 mwN), anderes kann bei einer GmbH gelten, wenn sie atypischerweise in ihrer wirtschaftlichen Bedeutung, ihrer Stammkapitalgröße und ihrer gesellschaftlichen Struktur einer AG gleichkommt (offen lassend *OLG Celle* Rpfleger 1974, 233). Nicht übertragbar ist die Norm auf das übernahmerechtliche Squeeze Out-Verfahren nach §§ 39a ff WpÜG (*OLG Frankfurt* ZIP 2012, 1602, 1604).

III. Regelstreitwert (Abs 1)

3   **1. Begriff.** § 3 Abs 1 GKG definiert den Streitwert als Wert des Streitgegenstands. Vom Streitwert hängen Gerichtsgebühren (§ 34 Abs 1 GKG), Anwaltsgebühren (§ 2, 23 Abs 1 RVG) und der Wert des Beschwerdegegenstandes für die Berufung und die Nichtzulassungsbeschwerde bei der Revision (§ 26 Nr 8 EGZPO) ab (vgl GroßKomm AktG/*K. Schmidt* Rn 9; *BGH* AG 1982, 19, 20). Bei mehreren angefochtenen Beschlüssen gem § 39 Abs 1 GKG werden die (Teil-)Streitwerte für jeden Beschl gesondert festgestellt und dann zu einem **Gesamtstreitwert** addiert (*BGH* NJW-RR 1992, 1122 f; *OLG Stuttgart* NZG 2003, 1170, 1172). Bei Haupt- und Hilfsantrag gilt § 45 Abs 1 S 2 und 3 GKG (Zusammenrechnung, wenn Ansprüche denselben Streitgegenstand betreffen), bei einem Nichtigkeits- und hilfsweise erhobenen Anfechtungsantrag kommt es nie zur Zusammenrechnung (MünchKomm AktG/*Hüffer* Rn 14). Klagen mehrere gegen denselben Beschl, liegt aufgrund des identischen Streitgegenstandes eine notwendige **Streitgenossenschaft** vor; es muss ein einheitlicher Streitwert bestimmt werden, dieser beläuft sich aufgrund des Rechtsgedankens des § 45 Abs 1 S 3 GKG (identischer Streitgegenstand) auf den Betrag des höchsten Einzelstreitwertes (*OLG Stuttgart* Beschl v 14.2.2001 – 20 W 1/01 AG 2002, 296, wg desselben Streitgegenstandes erfolgt keine Addition), die bis zur Verbindung in den einzelnen Verfahren nach dem jeweiligen Streitwert allg Gebühren bleiben jedoch unberührt (*OLG Koblenz* AG 2005, 661 f; *OLG Hamm* JurBüro 2005, 598). Regelstreitwert meint vollen Streitwert, die in Abs 2 ermöglichte Streitwertherabsetzung entspricht dem Teilstreitwert (dazu s Rn 8 ff).

4   **2. Billiges Ermessen. – a) Ermittlung.** Für die Entscheidung nach billigem Ermessen ist in Abweichung zu § 3 ZPO nicht allein auf das Interesse des Klägers, sondern auf die **Bedeutung der Sache für beide Parteien** abzustellen; ferner sind auch die Interessen der übrigen Aktionäre, auf die sich die Rechtskraft des Urteils erstreckt, als Teil des Gesellschaftsinteresses einzubeziehen (*BGH* NJW-RR 1999, 910; AG 1982, 19, 20). Das Interesse des Klägers zielt auf die Nichtigerklärung des angegriffenen Beschlusses, der Wert seines Interesses bemisst sich somit nach dem vom Kläger mit seiner Klage angestrebten wirtschaftlichen Vorteil bzw des durch die angegriffene Maßnahme befürchteten Nachteils (**hM**, MünchKomm AktG/*Hüffer* Rn 12; *LG Berlin* AG 2001, 543; diesen Rahmen verlassend und daher zu weitgehend *OLG Stuttgart* AG 1995, 237). Bei börsennotierten Aktien bildet daher der Kurswert idR die **Obergrenze** seines Interesses (*OLG Düsseldorf* NJW-RR 2001, 250, 251), allerdings kann diese Obergrenze nur angesetzt werden, wenn durch die Klage ein vollständiger Wertverlust verhindert werden soll (*OLG Frankfurt* AG 2005, 122). Auf den Aktienbesitz als Obergrenze kommt es nicht an, wenn die Anfechtungsklage der Durchführung einer Leistungsklage dient, in diesem Fall ist der (Teil-)Wert des Streitgegenstands der Leistungsklage maßgebend (*OLG Frankfurt* AG 1984, 154 f). Persönliche Verhältnisse finden ebenso wie die Möglichkeit der Streitwertspaltung in Abs 1 keinen Eingang (Groß-

Komm AktG/*K. Schmidt* Rn 15). Beim Kläger nicht zu berücksichtigen sind die Interessen anderer Aktionäre (*OLG Frankfurt* AG 2005, 122). Das Interesse der Beklagten hingegen ist auf die Aufrechterhaltung des Beschlusses gerichtet. Maßgebend ist folglich der damit verbundene Wert für die Gesellschaft. Dieser ist entweder anhand der Maßnahme oder subsidiär anhand des Grundkapitals oder der Bilanzsumme festzustellen (*Hüffer* aaO; Spindler/Stilz AktG/*Dörr* Rn 9; *BGH* NJW-RR 1992, 1122, 1123). Ermessensrelevant sind entgegen des Wortlautes nicht sämtliche Umstände, sondern nur wirtschaftliche Auswirkungen auf die Parteien und auf die Aktionäre der Beklagten (§ 248 Abs 1 S 1), also nur Umstände, die mit Inhalt und Gegenstand der angefochtenen Beschlüsse in Zusammenhang stehen. Keine Bedeutung für den Streitwert haben dagegen Art und Zahl der geltend gemachten Anfechtungsgründe (*BGH* NJW-RR 1995, 225 f). Für die Gewichtung des Kläger- und Beklagteninteresses untereinander wird mitunter das arithmetische (die Hälfte aus der Summe; so *OLG Frankfurt* AG 1984, 154, 155; *Baums* FS Lutter, S 294) oder multiplikatorische Mittel (Klägerinteresse mal Quadrat-Wurzel aus Quotient von Beklagten- und Klägerinteresse bzw Beklagteninteresse geteilt durch diesen Wurzelbetrag, so *LG Berlin* AG 2001, 543 mwN; *Happ/Pfeifer* ZGR 1991, 103, 107; K. Schmidt/Lutter AktG/*Schwab* Rn 6 mwN; von den Gerichten wohl vorwiegend benutzt; **Bsp**: Klägerinteresse 10 000 EUR, Beklagteninteresse 1 Mio EUR; rechnerischer Streitwert: 10 000 EUR mal Wurzel aus 100 (Quotient aus 1 Mio EUR/10 000 EUR) = 100 000 EUR); andere präferieren eine strikte Einzelfallabwägung ohne Heranziehung mathematischer Ansätze (*Dörr* aaO Rn 10; im Grundsatz auch *Emde* DB 1996, 1557, 1559). Das Gericht verfügt über ein weites Ermessen (KölnKomm AktG/*Zöllner* Rn 5) und übt dieses häufig auch ohne detaillierte rechnerische Hilfsüberlegungen aus.

b) Verfassungsrechtliche Schranke. Das Kostenrisiko des Rechtssuchenden darf nicht zu dem mit dem Verfahren angestrebten wirtschaftlichen Erfolg derart außer Verhältnis stehen, dass die Anrufung des Gerichts nicht mehr sinnvoll erscheint, selbst wenn die möglichen Kosten innerhalb der wirtschaftlichen Leistungsfähigkeit des Rechtssuchenden liegen (*BVerfGE* 85, 337, 347; NJW 1997, 311, 312). Andererseits müssen die Gerichte aber auch bei geringen wirtschaftlichen Interessen nicht praktisch kostenlos agieren (*BVerfGE* 85, 337, 348). 5

c) Beispiele. Bei umstr Abschreibungen iHv ca 61 Mio DM und Erwerb eigener Aktien, die sich nach Klägervortrag im Milliardenbereich bewegten, wobei neben dem durch die Nichtigerklärung bedingten geschäftlichen Schaden auch die hiermit verbundene Beeinträchtigung des geschäftlichen Ansehens für den Streitwert von Bedeutung war: **Entlastung** von Vorstand und AR: 200 000 DM, **Wahl des Jahresabschlussprüfers**: 75 000 DM, **Wahl der Aktionärsvertreter in den AR**: 125 000 DM (*BGH* NJW-RR 1992, 1122, 1123). Kapitalherabsetzung und anschließende Barkapitalerhöhung zwecks Sanierung einer Gesellschaft unter **Ausschluss des Bezugsrechts** zugunsten des Großaktionärs bei einem Beklagteninteresse von max 28,6 Mio EUR und einem Aktienbesitz des Klägers von 272 EUR: ca 50 000 EUR (*OLG Frankfurt* AG 2005, 122). Bezugsrechtsausschluss bei einem Aktienbesitz des Klägers iHv 22 000 DM, Grundkapital 750 Mio DM, geplante Erhöhung bis zu 200 Mio DM, Bezugsrechtsausschluss für Aktien im Nennwert von bis zu 35 Mio DM zwecks Umtausch Aktien gegen Genussrechte: 500 000 DM (*OLG München* AG 1989, 212; krit *Ekkenga/Sittmann* AG 1989, 213 f). Kapitalerhöhungsbeschluss mit Bezugsrechtsausschluss bei Grundkapital 2,8 Mio DM, geplante Erhöhung 17,2 Mio DM, Kapital- 6 erhöhung durch Einbringung von Beteiligungen von Großaktionären, nur geringer Anteilsbesitz der Kläger: 100 000 DM (*LG Aachen* AG 1995, 45). Ermächtigungsbeschlusses für den **Erwerb eigener Aktien** durch die Gesellschaft bis zu 10 % des Grundkapitals zwecks Verwendung für ein Mitarbeiteraktienoptionsprogramm, Kläger hält 800 Aktien zum Kurswert von ca 31 DM (Jahreshoch 36 DM), Erwerb eigener Aktien max bis zum Betrag von 109 Mio DM möglich: 100 000 DM (*LG Berlin* AG 2001, 543). **Entlastung** von Vorstand und AR: je 5 000 EUR bei geringer Bedeutung (*OLG Stuttgart* NZG 2003, 1170, 1172) bzw 15 000 EUR (Entlastung AR, unter Berücksichtigung von Anzahl der gehaltenen Aktien sowie Grundkapital und Bilanzsumme der Gesellschaft, *OLG Stuttgart* NZG 2006, 472). **Ausgliederung** (GmbH) bei Verlust des Unternehmenswertes iHv 137 Mio EUR, bezogen auf Anteil des Klägers 1 000 EUR, Verbesserung der Ertragssituation des gesamten neuen Unternehmens ca 12,5 Mio EUR pa: 75 000 EUR (*OLG Stuttgart* AG 2004, 271, 272). **Verschmelzung**: 1 Mio DM im Hinblick auf künftige Kapitalerhöhungen und Kurssteigerungen (*LG Stuttgart* ZIP 1994, 631, 633 – Daimler Benz AG/MHA).

7 **3. Höchstgrenze (S 2).** Abs 1 S 2 setzt eine überwindbare Höchstgrenze, bewirkt jedoch keineswegs, dass dieser Wert typischerweise anzusetzen ist (*OLG Frankfurt* AG 2002, 562). Sie ist bspw nicht einschlägig, wenn der Kläger gewichtige Interessen an dem mit der Klage verfolgten Ziel hat, was sich dann auch auf der Kostenseite ausdrücken muss (Spindler/Stilz AktG/*Dörr* Rn 14; K. Schmidt/Lutter AktG/*Schwab* Rn 14 f). Maßgeblich ist das bei Klageerhebung oder bei Einlegung eines Rechtsmittels im HR eingetragene Grundkapital inklusive eigener Aktien (MünchKomm AktG/ *Hüffer* Rn 16). Die Höchstgrenze gilt bei einer Klage gegen mehrere Beschlüsse für den Teilstreitwert jedes einzelnen Antrags, so dass der Gesamtstreitwert die Grenze überschreiten kann (*OLG Frankfurt* AG 1984, 154, 155). Eine Addition findet wg Sinn und Zweck dieser Höchstgrenze nicht bei kumulativer Anfechtung des Erst- und Bestätigungsbeschlusses statt (*Hüffer* aaO Rn 18; GroßKomm AktG/*K. Schmidt* Rn 19). Beispielsfall ist ein sehr hoher Aktienbesitz des Klägers (*Dörr* aaO).

IV. Streitwertspaltung (Abs 2 und 3)

8 **1. Voraussetzungen. – a) Erhebliche Gefährdung der wirtschaftlichen Lage.** Die wirtschaftliche Lage der den Antrag stellenden Partei müsste im Unterliegensfalle durch die Prozesskosten, die er dann nach § 91 ZPO zu tragen hätte, erheblich gefährdet sein. Der zur Beurteilung erforderliche Prozesskostenansatz richtet sich nach dem Regelstreitwert iSd Abs 1. Dieser ist daher vom Gericht zuvor zu beziffern (und nicht bloß zu schätzen). Die prognostizierten Prozesskosten müssten eine wesentliche Beeinträchtigung der Lebensführung durch starke Minderung des Einkommens verursachen oder einen erheblichen Teil des Vermögens aufbrauchen (*OLG Celle* DB 1992, 466). Den Vorteil, welchen ein erfolgreich durchgeführtes **Prozesskostenhilfeverfahren** mit sich bringen kann, fließt zu Lasten des Antragstellers in die Beurteilung ein (*OLG Frankfurt* AG 1990, 393). Eine Gefährdung der wirtschaftlichen Lage besteht nicht, wenn der Kläger durch Veräußerung (*OLG Frankfurt* WM 1984, 1471, 1472) oder Besicherung (*OLG Düsseldorf* WM 1994, 337, 347, zust K.Schmidt/Lutter AktG/ *Schwab* Rn 19) von Vermögenswerten zum Tragen der Prozesskosten in der Lage ist und ihm danach noch ein angemessener Teil verbleibt. Für eine Gesellschaft, deren Tätigkeit im Wesentlichen in der Führung aktienrechtlicher Streitigkeiten liegt, kommt Abs 2 nicht in Betracht (*OLG Karlsruhe* AG 1992, 33 f).

Streitwert § 247

b) Glaubhaftmachung und Antrag. Der Antrag muss gem Abs 3 **für jede Instanz** 9
gesondert gestellt werden. Andernfalls darf das Gericht in der betreffenden Instanz,
in der ein solcher Antrag unterlassen wurde, den Streitwert nicht herabsetzen (*BGH*
NJW-RR 1993, 222 mwN). Abs 3 S 1 erlaubt die Antragsabgabe zu Protokoll vor der
Geschäftsstelle eines jeden Amtsgerichts (§ 129a ZPO). Ein Anwaltszwang besteht
nicht (§ 78 Abs 3 ZPO). Die Darlegungslast liegt beim Antragsteller. Die Glaubhaftmachung richtet sich nach § 294 ZPO, sie kann zB durch Einkommenssteuerbescheide
oder auch durch eidesstattliche Versicherung erfolgen.

c) Keine Rechtsmissbräuchlichkeit. Das Gericht kann den Antrag auf Festsetzung 10
eines Teilstreitwertes ablehnen, wenn die Prozessführung mutwillig oder völlig aussichtslos ist, ferner auch bei Rechtsmissbräuchlichkeit der Anfechtungsklage (*BGH*
NJW-RR 1992, 484, 485; Spindler/Stilz AktG/*Dörr* Rn 19 mwN; vgl auch oben § 245
Rn 19 ff). Aussichtslosigkeit liegt vor, wenn die entscheidungserheblichen Rechtsfragen ohne weiteres, also ohne Verfahrensverzögerung, beantwortet werden können
und keiner grundsätzlichen Klärung bedürfen und auch keine Beweisaufnahme erforderlich ist (*OLG Hamm* AG 1993, 93).

2. Wirkungen. Gibt das Gericht dem Antrag (teil) statt, so setzt es durch Beschl 11
den Teilstreitwert als Betrag (nicht als Quote) gem § 63 GKG fest. Die Streitwertherabsetzung wirkt nur für eine Instanz (*BGH NJW-RR* 1993, 222 mwN; *OLG Karls-*
ruhe AG 1992, 33). Das gilt selbst dann, wenn in höherer Instanz keine Festsetzung
bezüglich des Teilstreitwerts erfolgt, in diesem Fall gilt der Regelstreitwert, was
namentlich relevant wird, wenn in höherer Instanz nicht erneut ein Antrag gestellt
wird (so *BGH* aaO; s auch Rn 9; ausf K. Schmidt/Lutter AktG/*Schwab* Rn 23 mwN;
Spindler/Stilz AktG/*Dörr* Rn 16; **aA** AnwK-AktR/*Heidel* Rn 16 mwN; KölnKomm
AktG/*Zöllner* Rn 31). Die Herabsetzung des Regelstreitwerts beeinflusst allein den
Gebührenstreitwert, nicht dagegen den Rechtsmittelzulässigkeitswert (*BGH* AG
1982, 19). Für den Fall, dass nur eine Partei den Antrag (erfolgreich) stellt, muss
noch der Regelstreitwert festgesetzt werden (GroßKomm AktG/*K. Schmidt* Rn 25).
Begünstigt wird **nur** die Partei, die (erfolgreich) den Antrag gestellt hat. **Verliert** diese
Partei den Prozess oder übernimmt sie die Kosten des Rechtsstreits (zB Vergleich,
übereinstimmende Erledigung), schuldet sie Gerichtsgebühren, Anwaltsgebühren
ihres und des Gegners Anwalts nur nach dem Teilstreitwert. Der darüber hinausgehende Gebührenteil des gegnerischen Anwalts wird dem Gegner nicht erstattet, belastet also diesen (dasselbe gilt für vom Gegner entrichtete Gerichtskosten). **Gewinnt** die
begünstigte Partei den Prozess, berechnen sich die Gebühren ihres Anwalts nach dem
Regelstreitwert, die Gegenseite muss ungeschmälert erstatten (Abs 2 S 4). Ferner
bestimmen sich in diesem Fall die Gerichtskosten nicht nach dem Teil-, sondern nach
dem Regelstreitwert, weil weder S 1 noch S 3 anwendbar sind (*Baums* FS Lutter
S 297; *Dörr* aaO Rn 23; *Heidel* aaO; (anders noch Voraufl) MünchKomm AktG/*Hüffer* Rn 30).

3. Konkurrenz mit Prozesskostenhilfe. Zwar schließt die Gewährung von Prozesskos- 12
tenhilfe den Teilstreitwert nicht notwendig aus (GroßKomm AktG/*K. Schmidt,*
Rn 11). Dass die Prozesskostenhilfe nur vorläufige Hilfe schafft (so *OLG Celle* DB
1992, 466), ist nur zT richtig, sie kann auch teilw eine endgültige Entlastung erwirken
(*OLG Frankfurt* AG 1990, 393). Fehlt die für die Bewilligung der Prozesskostenhilfe
notwendige Erfolgsaussicht (§ 114 S 1 ZPO), ist auch Abs 2 in Fällen ausgeschlossen,

in denen die Erfolglosigkeit oder Mutwilligkeit der Klage ohne Verfahrensverzögerung festgestellt werden kann (Spindler/Stilz AktG/*Dörr* Rn 19 mwN; MünchKomm AktG/*Hüffer* Rn 26; *BGH* AG 1992, 59; *OLG Hamm* AG 1993, 470). Besteht jedoch eine Erfolgsaussicht, kann die durch die Prozesskostenhilfe bewirkte Vergünstigung gegen eine erhebliche Gefährdung sprechen (*OLG Frankfurt* aaO; s.o. Rn 8; **aA** K. Schmidt/Lutter AktG/*Schwab* Rn 27). Trotz des grundsätzlichen Nebeneinanders kommt der Prozesskostenhilfe daher teilw eine gewisse Vorrangstellung zu (*OLG Frankfurt* aaO; **aA** *OLG Celle* aaO).

§ 248 Urteilswirkung

(1) ¹Soweit der Beschluss durch rechtskräftiges Urteil für nichtig erklärt ist, wirkt das Urteil für und gegen alle Aktionäre sowie die Mitglieder des Vorstands und des Aufsichtsrats, auch wenn sie nicht Partei sind. ²Der Vorstand hat das Urteil unverzüglich zum Handelsregister einzureichen. ³War der Beschluss in das Handelsregister eingetragen, so ist auch das Urteil einzutragen. ⁴Die Eintragung des Urteils ist in gleicher Weise wie die des Beschlusses bekannt zu machen.

(2) Hatte der Beschluss eine Satzungsänderung zum Inhalt, so ist mit dem Urteil der vollständige Wortlaut der Satzung, wie er sich unter Berücksichtigung des Urteils und aller bisherigen Satzungsänderungen ergibt, mit der Bescheinigung eines Notars über diese Tatsache zum Handelsregister einzureichen.

Übersicht

	Rn		Rn
I. Normzweck	1	c) Teilnichtigkeit	13
II. Wirkungen des kassatorischen Urteils – Abs 1 S 1	2	III. Registerverfahren bei kassatorischem Urteil	15
1. Anwendungsbereich und Voraussetzung	3	1. Registerverfahren – Abs 1 S 2, Abs 2	16
2. Erstreckung der materiellen Rechtskraft	4	2. Eintragung und Bekanntmachung – Abs 1 S 3, 4	18
3. Gestaltungswirkungen	5	IV. Das klageabweisende Urteil	20
a) Unmittelbare Gestaltungswirkungen	5	1. Prozessurteil	21
b) Mittelbare Gestaltungswirkungen	7	2. Sachurteil	22

Literatur: *Hommelhoff* Zum vorläufigen Bestand fehlerhafter Strukturänderungen in Kapitalgesellschaften, ZHR 158 (1994), 11; *Kort* Aktien aus vernichteten Kapitalerhöhungen, ZGR 1994, 291; *Winter* Die Anfechtung eintragungsbedürftiger Strukturbeschlüsse de lege lata und de lege ferenda, FS Ulmer, 2002, S 699; *Zöllner* Folgen der Nichtigerklärung durchgeführter Kapitalerhöhungsbeschlüsse, AG 1993, 68; *Zöllner/Winter* Folgen der Nichtigerklärung durchgeführter Kapitalerhöhungsbeschlüsse, ZHR 58 (1994), 59.

I. Normzweck

1 Die zentrale Bestimmung des § 248 in Abs 1 S 1 enthält eine prozessuale Regelung über die subjektive Reichweite eines der Anfechtungsklage stattgebenden Urteils. Klargestellt wird, dass die materielle Rechtskraft nicht, wie im Regelfall, lediglich die Parteien des Rechtsstreits umfasst (KölnKomm AktG/*Zöllner* Rn 2). Das kassatorische Urteil

erstreckt sich demgegenüber auf alle Aktionäre sowie die Mitglieder der Verwaltung. Hierdurch wird eine einheitliche Behandlung sämtlicher Aktionäre und Verwaltungsmitglieder im Hinblick auf einen aufgrund einer Anfechtungsklage nichtig erklärten Beschl gewährleistet. Dies fördert zum einen den für die Aktionäre geltenden **Gleichbehandlungsgrundsatz und** zum anderen die **Rechtsklarheit**, indem verhindert wird, dass durch eine Wahrnehmung prozessualer Rechte durch einzelne anfechtungsbefugte Personen unterschiedliche Rechtsverhältnisse der Aktionäre bzw einzelner Verwaltungsratsmitglieder zu der Ges begründet werden. Der weitere Regelungsgehalt des § 248 in Abs 1 S 2 und Abs 2 stellt Pflichten für den Vorstand auf, die gewährleisten sollen, dass der durch den angefochtenen Beschl geschaffene Rechtsschein beseitigt wird und über die unmittelbaren Prozessbeteiligten hinaus auch Dritte Kenntnis von der Kassation des angegriffenen Beschlusses erhalten (MünchKomm AktG/*Hüffer* Rn 3).

II. Wirkungen des kassatorischen Urteils – Abs 1 S 1

Zu unterscheiden ist bei der Wirkung eines kassatorischen Urteils zwischen der materiell-rechtsändernden Gestaltungswirkung, die sich aus § 241 Nr 5 ergibt, sowie der prozessuale Bindungswirkung entfaltenden materiellen Rechtskraft; allein letztere ist Regelungsgegenstand von Abs 1 S 1 (GroßKomm AktG/*K. Schmidt* Rn 12; MünchKomm AktG/*Hüffer* Rn 8).

1. Anwendungsbereich und Voraussetzung. **Abs 1 S 1 regelt ausschließlich** die Urteilswirkungen des der Anfechtungsklage **stattgebenden Urteils** (zu der Urteilswirkung eines klageabweisenden Urteils su Rn 20 ff). Voraussetzung für die in Abs 1 S 1 angeordnete Rechtsfolge eines kassatorischen Urteils ist dessen formelle Rechtskraft. Sind ein oder mehrere – streitgenössische – Nebenintervenienten dem Rechtsstreit auf Seiten der beklagten Ges beigetreten, ist erforderlich, dass auch ihnen gegenüber das kassatorische Urteil rechtskräftig ist (MünchKomm AktG/*Hüffer* Rn 11). Keine Bedeutung hat es dagegen für die in Abs 1 S 1 angeordnete Rechtsfolge, ob dem Urteil ein streitiges Verfahren vorausging. Auch ein Versäumnisurteil nach § 331 ZPO oder ein Anerkennungsurteil nach § 307 ZPO sind vom Anwendungsbereich des Abs 1 S 1 erfasst (GroßKomm AktG/*K. Schmidt* Rn 3).

2. Erstreckung der materiellen Rechtskraft. Regelmäßig entfaltet ein Urteil materielle Rechtskraft lediglich zwischen den Prozessparteien. Demgegenüber ordnet Abs 1 S 1 an, dass das kassatorische Urteil für und gegen alle Aktionäre sowie die Mitglieder von Vorstand und AR wirkt, auch wenn diese nicht Partei der Anfechtungsklage sind. Innerhalb der objektiven Grenzen des Streitgegenstands der erhobenen Klage hat die in Abs 1 S 1 angeordnete **Erstreckung der materiellen Rechtskraft über die Prozessparteien hinaus** zur Folge, dass der in Abs 1 S 1 genannte Personenkreis aufgrund der durch die materielle Rechtskraft bewirkten prozessualen Bindungswirkung daran gehindert ist, erneut Klage zu erheben (GroßKomm AktG/*K. Schmidt* Rn 12). Erhebt nach einem kassatorischen Urteil dennoch eine in Abs 1 S 1 genannte Person Anfechtungs- oder Nichtigkeitsklage, so ist diese unzulässig; erhebt dagegen eine dritte, in Abs 1 S 1 nicht genannte Person Klage, so ist diese aufgrund der (in Abs 1 S 1 nicht geregelten) Gestaltungswirkung ggf unbegründet (MünchKomm AktG/*Hüffer* Rn 26). Andere Anfechtungs- oder Nichtigkeitsklagen mit identischem Streitgegenstand, die entgegen § 246 Abs 3 S 5 nicht mit dem durch das kassatorische Urteil entschiedenen Rechtsstreit verbunden wurden, sind mit Rechtskraft des kassatorischen Urteils in der Hauptsache erledigt (KölnKomm AktG/*Zöllner* Rn 15).

§ 248

5 **3. Gestaltungswirkungen. – a) Unmittelbare Gestaltungswirkungen.** Durch das kassatorische Urteil tritt eine Änderung der Rechtslage ein. Die **Gestaltungswirkung** des kassatorischen Urteils besteht darin, dass erst durch das (formell rechtskräftige) Urteil der zuvor lediglich mangelhafte, aber wirksame Beschl nichtig wird (MünchKomm AktG/*Hüffer* Rn 12). Die in § 241 Nr 5 angeordnete Gestaltungswirkung gilt mit Wirkung für und gegen jedermann. Die Gestaltungswirkung ist insb nicht auf den in Abs 1 S 1 genannten Personenkreis beschränkt und gilt daher auch gegenüber Dritten (**"Drittwirkung"**) (GroßKomm AktG/*K. Schmidt* Rn 5). Die Gestaltungswirkung des Urteils wirkt auf den Zeitpunkt des Beschl zurück und damit ex tunc (**"Rückwirkung"**) (*Hüffer* aaO Rn 14; *OLG Köln* AG 1999, 471, 472). Der Beschl gilt somit von Anfang an als nichtig. Dieser Grundsatz erfährt weder in persönlicher Hinsicht (zB gegenüber gewählten AR-Mitgliedern) noch in sachlicher Hinsicht (zB als Grundlage für empfangene Leistungen) eine Einschränkung. Daher ist zB die aufgrund eines anfechtbaren und später aufgrund kassatorischen Urteils für nichtig erklärten Beschl ausbezahlte Dividende rechtsgrundlos erfolgt mit der grundsätzlichen Pflicht zur Rückzahlung (vgl im Einzelnen § 62 Abs 1; *Hüffer* aaO Rn 15).

6 Die analoge Anwendung der Grundsätze zur Anfechtungsklage auf die positive Beschlussfeststellungsklage hat zur Folge, dass die Gestaltungswirkung sich über die Nichtigkeit des ablehnenden Beschlusses hinaus auch auf den durch das Urteil positiv festgestellten Beschlussinhalt erstreckt (MünchKomm AktG/*Hüffer* Rn 28; aA KölnKomm AktG/*Zöllner* Rn 25, der dem Urteil bzgl des positiven Beschlusses lediglich Feststellungswirkung beimisst).

7 **b) Mittelbare Gestaltungswirkungen.** Eine vom Gesetz nicht beantwortete Frage (zur Ausnahme im UmwG su Rn 12) ist, welche **Auswirkungen** die ex tunc wirkende Nichtigkeit des kassatorischen Urteils **auf Durchführungsmaßnahmen** hat, die zwischen Beschlussfassung und formeller Rechtskraft des kassatorischen Urteils vorgenommen wurden. Mangels einer ausdrücklichen Regelung ergibt sich dies aus der Anwendung allg Grundsätze (MünchKomm AktG/*Hüffer* Rn 17 f; GroßKomm AktG/*K. Schmidt* Rn 6). Praktische Probleme bei eintragungspflichtigen HV-Beschlüssen können vermieden werden, wenn die Ges einen positiven Freigabebeschluss nach §§ 246a, 319 Abs 6, § 16 Abs 3 UmwG erwirkt (zutr Spindler/Stilz AktG/*Dörr* Rn 17).

8 Ist der HV-Beschluss Wirksamkeitserfordernis eines Rechtsgeschäfts wie zB bei der Verpflichtung zur Übertragung des ganzen Gesellschaftsvermögens nach § 179a, so ist das Rechtsgeschäft insgesamt und ex tunc unwirksam (*Hüffer* AktG § 179a Rn 14; ähnlich bei den Nachgründungsregeln nach § 52 unterliegenden Rechtsgeschäften, die dann schwebend oder endgültig unwirksam sind, *Hüffer* aaO § 52 Rn 8). Hat der HV-Beschluss dagegen lediglich interne Wirkung wie etwa im Fall des § 119 Abs 2, so lässt das kassatorische Urteil die Wirkung des Rechtsgeschäfts unberührt, sofern nicht aufgrund ausdrücklicher vertraglicher Regelung das Rechtsgeschäft unter der Bedingung der Wirksamkeit des HV-Beschlusses steht (GroßKomm AktG/*K. Schmidt* Rn 6; Spindler/Stilz AktG/*Dörr* Rn 10 f).

9 Probleme werfen insb strukturändernde oder -bestimmende Beschlüsse auf, wie zB bei einer auf der Grundlage eines anfechtbaren Beschlusses eingetragenen Kapitalerhöhung. Ausgangspunkt ist auch hier die ex tunc wirkende **Nichtigkeit des Kapitalerhöhungsbeschlusses** (*BGHZ* 139, 225, 231). Nach neuerer und zutreffender Lehre sind jedoch in diesem Fall die **Grundsätze der fehlerhaften Gesellschaft** heranzuziehen, die nicht nur für die Gründung, sondern auch für strukturändernde und strukturbildende Maßnahmen gelten (grundlegend *Zöllner* AG 1993, 68, 72 ff; *Kort* ZGR 1994, 291, 306 ff, dem folgend die mittlerweile **hM**, ua Spindler/Stilz AktG/*Dörr* Rn 14; *Hüffer* AktG Rn 7a, *OLG Stuttgart* NZG 2001, 40, 44 zur GmbH).

Folge der Anwendung der Grundsätze der fehlerhaften Gesellschaft ist, dass bis zur Rechtskraft des kassatorischen Urteils die Neuaktionäre sowohl die Verwaltungs- und Vermögensrechte wie auch die Pflichten von Aktionären haben (*Kort* ZGR 1994, 291, 312; *Winter*, FS Ulmer, S 699, 702). Mit Rechtskraft des kassatorischen Urteils endet dann (ex nunc) die Mitgliedschaft; das Grundkapital ist dann wieder mit der ursprünglichen Ziffer zu bilanzieren und die Neuaktionäre erhalten einen Abfindungsanspruch, der sich grds nach dem anteiligen Verkehrswert bemisst (für die Ableitung dieses Ergebnisses aus allg Grundsätzen *Zöllner/Winter* ZHR 158 (1994), 59, 61 ff; für eine analoge Anwendung des § 237: *Kort* aaO 314 ff). Der Grundsatz der anteiligen Abfindung gilt jedoch nicht bei einer Anfechtung nach § 255 Abs 2 (*Zöllner/Winter* aaO 66). Die mit einer Rückabwicklung verbundenen gravierenden Probleme können durch eine Sachkapitalerhöhung vermindert werden, bei der die Neuaktionäre ihren Abfindungsanspruch als Sacheinlage einbringen (*Zöllner/Winter* aaO 79 ff). **10**

Ob die Grundsätze der fehlerhaften Gesellschaft auch bei erfolgreicher Anfechtung eines Zustimmungsbeschlusses zu einem **Unternehmensvertrag** gelten, ist umstr (bejahend MünchHdb AG/*Krieger* § 70 Rn 53; MünchKomm AktG/*Altmeppen* § 291 Rn 207 ff; Spindler/Stilz AktG/*Dörr* Rn 16 f; verneinend *OLG Zweibrücken* AG 2005, 256; *Hüffer* AktG § 291 Rn 21; offen lassend *OLG Hamburg* NZG 2005, 604, 605). Vorzugswürdig erscheint nach Vollziehung grds deren Anwendung. Die von der Gegenauffassung herangezogene Begründung, dass es wg der Nichtigkeit des HV-Beschlusses an einem rechtlich beachtlichen Einverständnis fehle, vermag eine unterschiedliche Behandlung zum Fall der fehlerhaften Kapitalerhöhung nicht erklären, da es dort ebenfalls an einem solchen Einverständnis fehlt (für eine Anwendung der Grundsätze der fehlerhaften Gesellschaft auch der BGH im Fall der GmbH: *BGHZ* 103, 1; 116, 39; *BGH* NJW 2002, 822). **11**

Eine **spezielle Regelung** zu den Rechtsfolgen eines für nichtig erklärten Zustimmungsbeschlusses zu einer Verschmelzung, Spaltung oder einem Formwechsel enthält das **Umwandlungsgesetz**. Nach den §§ 20, 131, 202 UmwG lassen Mängel der Umwandlungsmaßnahmen (und damit auch ein aufgrund kassatorischen Urteils nichtiger HV-Beschluss) die Wirkung der Eintragung unberührt (MünchKomm AktG/ *Hüffer* Rn 24). **12**

c) Teilnichtigkeit. Die Problematik der Teilnichtigkeit stellt sich, wenn bei einheitlicher Beschlussfassung lediglich ein sachlich abgrenzbarer Teil, nicht jedoch der ganze Beschl anfechtbar ist. Dies kann zB der Fall sein bei der Neufassung einer Satzung, bei der in einem einheitlichen Beschl mehrere Regelungen in der Satzung zusammengefasst werden oder etwa bei einem Kapitalerhöhungsbeschluss bzw der Schaffung eines genehmigten Kapitals mit Bezugsrechtsausschluss (MünchKomm AktG/*Hüffer* § 241 Rn 90, 92). Kein Problem der Teilnichtigkeit ist es daher, wenn der Mangel den gesamten Beschl erfasst wie zB ein Verfahrensfehler. Ist der Mangel auf einen bestimmten Beschlussteil beschränkt, so ist für die Frage der Auswirkung auf den Gesamtbeschluss die in **§ 139 BGB** enthaltene Grundregel **sinngemäß anwendbar** (*BGH* NJW 1988, 1214; *OLG Hamburg* AG 2003, 441). Danach ist im Wege der Aus- **13**

legung zu prüfen, ob der mangelfreie Beschlussteil auch ohne den mangelhaften Beschlussteil gewollt worden wäre; im Zweifel ist Gesamtnichtigkeit anzunehmen (Spindler/Stilz AktG/*Würthwein* § 241 Rn 76; *Hüffer* aaO § 241 Rn 91). Bei einem Kapitalerhöhungsbeschluss mit Bezugsrechtsausschluss führt die Nichtigkeit des Bezugsrechtsausschlusses häufig auch zur Nichtigkeit der Kapitalerhöhung (*OLG München* AG 1993, 283; *OLG Oldenburg* AG 1994, 415, 416 f) wogegen bei der Schaffung eines genehmigten Kapitals mit Bezugsrechtsausschluss die Nichtigkeit des Bezugsrechtausschlusses das genehmigte Kapital vielfach nicht berührt (*OLG München* AG 1991, 212; WM 1991, 201, 205; K. Schmidt/Lutter AktG/*Schwab* § 241 Rn 42, zu aufeinander aufbauenden Kapitalerhöhungen vgl *ders* aaO Rn 40). Bei einer unwirksamen Satzungsbestimmung wird regelmäßig lediglich diese nichtig sein bei Wirksamkeit der übrigen Satzungsbestimmungen.

14 Die vorstehenden Grundsätze sind auch bei der **Antragstellung** zu berücksichtigen. Ist nach **Heranziehung des Grundsatzes des § 139 BGB** der nichtige Teil eines Beschlusses von dem Gesamtbeschluss nicht trennbar, so führt ein lediglich auf Nichtigkeitserklärung des untrennbaren Teils gerichteter Antrag (zB Nichtigkeit des Bezugsrechtausschlusses unter Aufrechterhaltung der Kapitalerhöhung iÜ) zur Unbegründetheit der Klage (*OLG München* AG 1993, 283, 284). In diesem Fall ist die Klage darauf zu richten, den gesamten Beschl für nichtig zu erklären. Die Gestaltungswirkung des kassatorischen Urteils erstreckt sich dann nicht nur auf den nichtigen Teil, sondern den gesamten Beschl (MünchKomm AktG/*Hüffer* Rn 37; **aA** KölnKomm AktG/*Zöllner* Rn 43, wonach die Nichtigkeit des nicht trennbaren rechtmäßigen Teils lediglich festgestellt wird). Bei eventuellen Unklarheiten über die Trennbarkeit des nichtigen Beschlussteils ist, sofern dies dem Anliegen des Klägers entspricht, zur Vermeidung des Risikos einer Klageabweichung ein entspr Hilfsantrag zu stellen. Ist die Klage umgekehrt auf Nichtigkeit des gesamten Beschlusses gerichtet, ist jedoch lediglich ein abtrennbarer Teil nichtig, so ist die Klage nur teilw begründet und iÜ abzuweisen (GroßKomm AktG/*K. Schmidt* § 243 Rn 9). Eine von der Teilnichtigkeit zu unterscheidende Frage ist, ob die Nichtigkeit eines HV-Beschlusses aufgrund des sachlichen Zusammenhangs auch zur Nichtigkeit eines anderen selbstständigen HV-Beschlusses führen kann (gegen die Anwendbarkeit des § 139 BGB in diesem Fall *OLG Frankfurt* AG 2009, 631; *K. Schmidt* aaO § 241 Rn 28; Spindler/Stilz AktG/*Würthwein* § 241 Rn 84 ff; **aA** jedenfalls für AR-Beschlüsse *BGHZ* 124, 111, 115; für die Frage aufeinander folgender Jahresabschlüsse vgl § 256 Rn 24). Dies kann der Fall sein, wenn der nichtige Beschl den für sich genommen fehlerfreien Folgebeschluss logisch bedingt.

III. Registerverfahren bei kassatorischem Urteil

15 Zum Schutz und zur Information des Rechtsverkehrs bestehen im Fall eines kassatorischen Urteils zusätzliche Pflichten. Vom Vorstand der unterlegenen AG ist das Urteil beim Registergericht einzureichen (Abs 1 S 2); wurde ein satzungsändernder HV-Beschluss durch das Gericht für nichtig erklärt, ist beim Registergericht ergänzend auch noch eine aktuelle Fassung der Satzung mit einzureichen (Abs 2). Vom Registergericht ist das Urteil in das HR einzutragen und die Eintragung bekannt zu machen, sofern der angefochtene Beschl ebenfalls eingetragen und bekannt wurde (Abs 1 S 3, 4).

Urteilswirkung § 248

1. Registerverfahren – Abs 1 S 2, Abs 2. Ein kassatorisches Urteil muss vom **Vorstand,** handelnd in vertretungsberechtigter Zahl unverzüglich **zum HR** eingereicht werden (KölnKomm AktG/*Zöllner* Rn 48). Das Urteil ist im vollständigen Wortlaut und nicht nur mit Rubrum und Tenor einzureichen. Es kann dann nach Einreichung von jedermann eingesehen werden (§ 9 HGB). Die Pflicht zur Einreichung besteht nach Eintritt der formellen Rechtskraft. Einzureichen ist bei einem in mehreren Instanzen geführten Rechtsstreit lediglich das letztinstanzliche Urteil (GroßKomm AktG/*K. Schmidt* Rn 21). Nicht einzureichen sind daher sowohl klageabweisende Urteile als auch nicht rechtskräftige Urteile vorhergehender Instanzen (MünchKomm AktG/*Hüffer* Rn 29). Wird gegen die Pflicht zur Einreichung verstoßen, so kann diese Pflicht durch die Festsetzung von Zwangsgeld gegen den Vorstand durchgesetzt werden, § 14 HGB. **16**

Hatte der angefochtene Beschl eine **Satzungsänderung** zum Gegenstand, so ist über eine Urteilseinreichung hinaus nach Abs 2 weiterhin erforderlich, dass der **vollständige Wortlaut der Satzung** mit dem Inhalt, wie sich dieser unter Berücksichtigung des kassatorischen Urteils ergibt, mit einer Notarbescheinigung eingereicht wird. Abs 2 ergänzt die in § 181 Abs 1 S 2 enthaltene Pflicht über die bei einer Satzungsänderung beizufügenden Unterlagen und soll gewährleisten, dass beim HR die letzte und aktuelle Fassung der Satzung eingesehen werden kann (GroßKomm AktG/*K. Schmidt* Rn 22). Aus Sinn und Zweck des Abs 2 folgt, dass eine Einreichung des aktuellen Satzungswortlauts dann nicht erforderlich ist, wenn die durch den angefochtenen Beschl beabsichtigte Satzungsänderung noch nicht zum HR angemeldet worden ist. In diesem Fall liegt dem HR der aktuelle Wortlaut der Satzung vor; die Einreichung einer weiteren Fassung führte nur zu einer möglicherweise Verwirrung schaffenden Verdoppelung. Unberührt bleibt die Pflicht nach Abs 2 dagegen, wenn eine HR-Anmeldung bereits erfolgt ist und lediglich die Eintragung der Satzungsänderung noch aussteht (KölnKomm AktG/*Zöllner* Rn 53; MünchKomm AktG/*Hüffer* Rn 33; K. Schmidt/Lutter AktG/*Schwab* Rn 9). **17**

2. Eintragung und Bekanntmachung – Abs 1 S 3, 4. Ist der angefochtene Beschl in das HR eingetragen worden, so ist nach **Abs 1 S 3** auch das Urteil einzutragen. Wie in § 44 HRV vorgesehen, geschieht dies durch einen Vermerk des Registergerichts, der den angefochtenen Beschl als nichtig bezeichnet. Das Registergericht wird hierbei von Amts wg tätig (§ 19 Abs 2 HRV; GroßKomm AktG/*K. Schmidt* Rn 23). **18**

Die ebenfalls das Registergericht treffende Pflicht zur Bekanntmachung des nach **Abs 1 S 4** Urteils hängt wie im Fall der Eintragung nach Abs 1 S 3 davon ab, dass auch der ursprünglich angefochtene Beschl bekannt zu machen war (KölnKomm AktG/ *Zöllner* Rn 51; Spindler/Stilz AktG/*Dörr* Rn 33). Da die Bekanntmachungspflicht als solche bereits in § 10 HGB geregelt ist, wird durch Abs 1 S 4 die Art und Weise der Bekanntmachung klar gestellt; danach sind in der Satzung vorgesehene Regeln über die Bekanntmachung (zB in weiteren Gesellschaftsblättern außer dem BAnz) auch bei der Bekanntmachung des kassatorischen Urteils zu beachten (MünchKomm AktG/*Hüffer* Rn 31). **19**

IV. Das klageabweisende Urteil

Da § 248 lediglich kassatorische Urteil erfasst und das AktienR auch iÜ keine Regelung zu dem eine Anfechtungsklage abweisenden Urteil enthält, gelten hierfür die allg Grundsätze (MünchKomm AktG/*Hüffer* Rn 34). **20**

Göz

21 1. Prozessurteil. Wird die Klage lediglich wg fehlender Prozessvoraussetzungen als unzulässig abgewiesen, so steht ein solches Prozessurteil grds einer neuen Klage desselben Klägers, wenn die bisher fehlende Prozessvoraussetzung dann vorliegt, nicht entgegen (KölnKomm AktG/*Zöllner* Rn 32; *Zöllner/Vollkommer* ZPO § 322 Rn 1). Wg der regelmäßig abgelaufenen Anfechtungsfrist gem § 246 Abs 1 hat in diesem Fall jedoch lediglich die Erhebung einer Nichtigkeitsklage noch praktische Bedeutung.

22 2. Sachurteil. Das klageabweisende Urteil hat anders als das kassatorische Urteil weder Gestaltungswirkung noch wirkt es gegenüber Dritten, sondern gilt entspr der allg Grundsätze lediglich zwischen den Parteien (inter partes) (GroßKomm AktG/*K. Schmidt* Rn 1). Die Bindungswirkung eines klageabweisenden Sachurteils führt dazu, dass eine von demselben Kläger auf denselben Lebenssachverhalt gestützte Anfechtungsklage als unzulässig abzuweisen wäre; eine auf denselben Lebenssachverhalt gestützte Anfechtungsklage eines anderen Klägers bzw eine auf einen anderen Lebenssachverhalt gestützte Klage des selben Klägers sind zwar rechtlich möglich, wg § 246 Abs 1 jedoch praktisch bedeutungslos (MünchKomm AktG/*Hüffer* Rn 35). Erhebt der durch Sachurteil abgewiesene Anfechtungskläger nach rechtskräftiger Abweisung der Anfechtungsklage nun Nichtigkeitsklage, so gilt Folgendes: Stützt sich der Kläger bei seiner Nichtigkeitsklage auf denselben Lebenssachverhalt, so ist die Klage aufgrund des einheitlichen Streitgegenstands von Anfechtungs- und Nichtigkeitsklage (s.o. § 246 Rn 2 ff) als unzulässig abzuweisen. Zulässig ist dagegen eine auf einen anderen Lebenssachverhalt gestützte Nichtigkeitsklage (*Hüffer* aaO Rn 36; *K. Schmidt* aaO Rn 15; **aA** KölnKomm AktG/*Zöllner* Rn 34, der konsequenterweise aufgrund des von ihm (ebenso *BGHZ* 152, 1) zugrunde gelegten weiten Streitgegenstandsbegriffs auch in diesem Fall von der Unzulässigkeit der Klage ausgeht;iE ebenso Grigoleit AktG/*Ehmann* Rn 8).

§ 248a Bekanntmachungen zur Anfechtungsklage

¹Wird der Anfechtungsprozess beendet, hat die börsennotierte Gesellschaft die Verfahrensbeendigung unverzüglich in den Gesellschaftsblättern bekannt zu machen. ²§ 149 Abs. 2 und 3 ist entsprechend anzuwenden.

Übersicht

	Rn		Rn
I. Normzweck	1	IV. Bekanntmachungspflicht	4
II. Anwendungsbereich	2	V. Wirkung der Bekanntmachung	5
III. Umfang der Bekanntgabe	3		

Literatur: *Baums* Empfiehlt sich eine Neuregelung des aktienrechtlichen Anfechtungs- und Organhaftungsrechts, insbesondere der Klagemöglichkeiten von Aktionären?, Verhandlungen des 63. Dt Juristentages, Bd I, Teil F, 2000; *Meyer/Ulbrich* Die Bekanntmachungspflicht nach § 248a AktG bei teilweiser Verfahrensbeendigung, NZG 2010, 246; *Schütz* Neuerungen im Anfechtungsrecht durch den Referentenentwurf des Gesetzes zur Unternehmensintegrität und Modernisierung des Anfechtungsrechts (UMAG), DB 2004, 425.

Bekanntmachungen zur Anfechtungsklage § 248a

I. Normzweck

Die durch das UMAG mit Wirkung zum 1.11.2005 eingefügte Pflicht zur Publizität von Abfindungsvergleichen soll **präventiv einem Missbrauch vorbeugen**. Dieser kann sowohl auf Aktionärsseite bei Erstrebung von Sondervorteilen liegen als auch auf Verwaltungsseite, wenn diese ein persönliches Interesse an der möglichst geräuschlosen Beendigung von Beschlussmängelklagen hat (*Baums* S 183 f). § 248a erweitert damit die dem Vorstand nach § 246 Abs 4 obliegende Pflicht zur Bekanntmachung der Klageerhebung sowie die Publizitätspflichten nach § 148 Abs 1 S 2, 3. 1

II. Anwendungsbereich

Die in § 248a geregelte Pflicht zur Bekanntmachung der Verfahrensbeendigung von Beschlussmängelklagen gilt **nur für börsennotierte Gesellschaften** (vgl § 3 Abs 2). Gem § 248a iVm § 149 Abs 3 werden **alle Arten der Verfahrensbeendigung** von Beschlussmängelklagen erfasst. Dies sind insb gerichtliche und außergerichtliche Vergleiche, verfahrensbeendende Prozesshandlungen wie zB Klagerücknahmen oder Erledigungserklärungen. Auch Vereinbarungen, die im Vorfeld eines Anfechtungsprozesses, insb nach Einlegung eines Widerspruchs durch Aktionäre mit Aktionären oder ihnen nahe stehenden Dritten zur Vermeidung eines Anfechtungsprozesses geschlossen werden, sind danach anzugeben (BT-Drucks 15/5092, 30). Auch eine Verfahrensbeendigung nur im Verhältnis zu einzelnen Klägern ist unter Berücksichtigung des Schutzzwecks der Norm bekanntzumachen (*Meyer/Ulbrich* NZG 2010, 246, 247 f). Erfasst werden sollen jedoch trotz des insoweit missverständlichen Wortlauts lediglich Erledigungen in anderer Weise als durch Urteil des Prozessgerichts (**aA** die **hM**, vgl K. Schmidt/Lutter AktG/*Schwab* Rn 2; Spindler/Stilz AktG/*Dörr* Rn 2; *Hüffer* AktG § 149 Rn 3). Beruht die Verfahrensbeendigung ausschließlich auf einer gerichtlichen Entscheidung, bedarf es nicht der vom Gesetzgeber durch die Veröffentlichung bezweckten Missbrauchskontrolle. Dieses Verständnis legt auch die vom Gesetzgeber angeordnete Sanktionierung der Missachtung der Veröffentlichungspflicht nahe. Eine Unwirksamkeit von Leistungen, die lediglich auf der gerichtlichen Entscheidung beruhen, ist weder gewollt noch sinnvoll. In diesem Fall verbleibt es somit bei den in den §§ 248, 249 geregelten Pflichten zur Einreichung des rechtskräftigen Urteils beim HR. 2

III. Umfang der Bekanntgabe

In der Bekanntmachung ist die **Verfahrensbeendigung in allen Einzelheiten** darzustellen. Dies bezieht sich auf die Art und Weise der Beendigung des Anfechtungsprozesses sowie den Wortlaut aller Vereinbarungen und sonstiger Verträge zwischen der Ges und dem Anfechtungskläger sowie Dritten, die im Interesse der Gesellschaft oder im Interesse der Anfechtungskläger handeln, ohne dass es auf die Form der Vereinbarung ankommt. Anzugeben sind unter Nennung des Begünstigten sämtliche im Zusammenhang mit der Verfahrensbeendigung gewährten vermögenswerten Leistungen jedweder Art nach Art und Höhe wie zB Prozesskosten, Aufwandserstattungen, Vergleichswert, Schadenersatzzahlungen, Honorare oder sonstige Zuwendungen, unabhängig davon, ob diese dem Anfechtungskläger direkt oder nur indirekt zukommen. Erfasst wird somit jede vermögenswerte Leistung, welche die Ges im Zusammenhang mit der Verfahrensbeendigung erbringt (*Schütz* DB 2004, 425; Spindler/Stilz AktG/*Dörr* Rn 4 ff). 3

Göz

IV. Bekanntmachungspflicht

4 Die Verfahrensbeendigung muss von dem Vorstand **ohne schuldhaftes Zögern** in den Gesellschaftsblättern bekannt gemacht werden. Dieser Pflicht des Vorstands korrespondiert im Hinblick auf die Rechtswirkungen der Bekanntmachungen (su Rn 5) ein Anspruch der klagenden Aktionäre gegen die Gesellschaft auf vollständige Bekanntmachung (BT-Drucks 15/5092, 30 iVm 25).

V. Wirkung der Bekanntmachung

5 Die vollständige Bekanntmachung ist **Wirksamkeitsvoraussetzung für** alle mit der Vertragsbeendigung geregelten **Leistungspflichten**. Bis zur Bekanntmachung kann somit keine Leistung verlangt werden, § 248a iVm § 149 Abs 2 S 3. Von der Ges bereits erbrachte Leistungen sind vom Vorstand als ungerechtfertigte Bereicherung zurückzufordern. Die Wirksamkeit von Prozesshandlungen (zB Klagerücknahme) wird allerdings von einem Verstoß gegen die Bekanntmachungspflicht nicht berührt (BT-Drucks 15/5092, 30).

§ 249 Nichtigkeitsklage

(1) ¹**Erhebt ein Aktionär, der Vorstand oder ein Mitglied des Vorstands oder des Aufsichtsrats Klage auf Feststellung der Nichtigkeit eines Hauptversammlungsbeschlusses gegen die Gesellschaft, so finden § 246 Abs. 2, Abs. 3 Satz 1 bis 5, Abs. 4, §§ 246a, 247, 248 und 248a entsprechende Anwendung.** ²**Es ist nicht ausgeschlossen, die Nichtigkeit auf andere Weise als durch Erhebung der Klage geltend zu machen.** ³**Schafft der Hauptversammlungsbeschluss Voraussetzungen für eine Umwandlung nach § 1 des Umwandlungsgesetzes und ist der Umwandlungsbeschluss eingetragen, so gilt § 20 Abs. 2 des Umwandlungsgesetzes für den Hauptversammlungsbeschluss entsprechend.**

(2) ¹**Mehrere Nichtigkeitsprozesse sind zur gleichzeitigen Verhandlung und Entscheidung zu verbinden.** ²**Nichtigkeits- und Anfechtungsprozesse können verbunden werden.**

Übersicht

	Rn		Rn
I. Normzweck	1	3. Prozessverbindung (Abs 2)	11
II. Voraussetzungen der aktienrechtlichen Nichtigkeitsklage	2	IV. Urteilswirkungen	12
1. Klagebefugter Personenkreis	3	V. Anderweitige Geltendmachung der Nichtigkeit und Abgrenzung zur allgemeinen Feststellungsklage	13
a) Aktionärsklage	4		
b) Klage des Vorstands oder einzelner Verwaltungsmitglieder	6	1. Anderweitige Geltendmachung der Nichtigkeit (Abs 1 S 2)	13
2. Beklagte	7	2. Allgemeine Feststellungsklage nach § 256 ZPO	14
3. Rechtsschutzziel und Feststellungsinteresse	8	a) Verhältnis Nichtigkeitsklage zur allgemeinen Feststellungsklage	14
III. Verfahrensrechtliche Ausgestaltung	9	b) Unterschiede zur allgemeinen Feststellungsklage	15
1. Verweis auf Verfahrensregelung der Anfechtungsklage (Abs 1)	9	VI. Entsprechende Anwendung	16
2. Anwendbarkeit der umwandlungsrechtlichen Klagefrist bei Nichtigkeitsklage (Abs 1 S 3)	10		

Nichtigkeitsklage § 249

I. Normzweck

§ 249 gestaltet in Ergänzung zu § 241 die aktienrechtliche Nichtigkeitsklage aus. Während § 241 die Nichtigkeitsgründe durch eine abschließende Aufzählung eingrenzt, ist **Regelungsgegenstand des § 249 das Verfahren und die Urteilswirkung der aktienrechtlichen Nichtigkeitsklage.** Abs 1 verweist in wesentlichen Teilen auf die für die Anfechtungsklage geltenden Regeln und erstreckt damit deren Normzwecke (s.o. § 246 Rn 1, § 248 Rn 1) auch auf die aktienrechtliche Nichtigkeitsklage. Durch die weitgehende Verweisung auf die Vorschriften zur Anfechtungsklage hat sich die aktienrechtliche Nichtigkeitsklage weit von der ursprünglich auch im AktienR geltenden allg Feststellungsklage nach § 256 ZPO (*BGH* NJW 1952, 98) entfernt und der Anfechtungsklage angeglichen. Rechtstheoretisch besteht zu dieser der sich auch im Wortlaut niederschlagende Unterschied, dass der anfechtbare Beschl zunächst wirksam ist (§ 243 Rn 1; § 248 Rn 5); erst durch das Gericht kann der Kläger bei Stattgeben der Klage erreichen, dass die materiell zutreffende Rechtslage durch das Gestaltungsurteil hergestellt wird. Bei der Nichtigkeitsklage dagegen ist der angegriffene Beschl von Beginn an nichtig; das Gericht stellt durch Feststellungsurteil klar, dass der Beschl nichtig ist. Die Anfechtungsklage dient damit der Herstellung materieller Richtigkeit, die Nichtigkeitsklage dagegen der Rechtsklarheit. Praktisch relativiert sich dieser rechtstheoretische Unterschied allerdings dadurch, dass auch eine die Nichtigkeit nicht erkennende Gesellschaft den nichtigen Beschl ausführen wird, wogegen bei Stattgeben der Anfechtungsklage rückwirkend eine der Nichtigkeit vergleichbare Situation geschaffen wird (vgl § 248 Rn 5 ff). Praktisch bedeutsamer sind die zT höheren Anforderungen der Nichtigkeitsklage zum Nichtigkeitsgrund, da nach § 241 anders als nach § 243 nicht jede Verletzung von Gesetz und Satzung zur Begründetheit der Klage führt, und die geringeren Anforderungen zur Klagefrist, da die Pflicht zur Klageerhebung innerhalb der einmonatigen Anfechtungsfrist nach § 246 Abs 1 de lege lata für die Nichtigkeitsklage nicht gilt (*BGHZ* 70, 384, 387). Abs 1 enthält zudem noch positiv geregelte Abweichungen zu dem Kreis der klagebefugten Personen und der Möglichkeit der Geltendmachung der Nichtigkeit auch auf andere Weise als durch eine Klage.

II. Voraussetzungen der aktienrechtlichen Nichtigkeitsklage

§ 249 verlangt als Voraussetzung für das Vorliegen einer aktienrechtlichen Nichtigkeitsklage auf der Aktivseite die Klage eines Aktionärs, des Vorstands oder eines einzelnen Verwaltungsmitglieds, auf der Passivseite eine Klage gegen die Gesellschaft und als Rechtsschutzziel die Nichtigkeit von HV-Beschlüssen. Fehlt es bereits an diesen Voraussetzungen wie zB bei einer Klage einer nicht in § 249 genannten Person, so wird die Klage hierdurch nicht unzulässig. In diesem Fall liegt jedoch keine aktienrechtliche Nichtigkeitsklage iSd § 249, sondern allenfalls eine allg Feststellungsklage nach § 256 ZPO vor (KölnKomm AktG/*Zöllner* Rn 10).

1. Klagebefugter Personenkreis. § 249 verweist nicht auf § 245, sondern nennt, insoweit darüber hinausgehend, **Aktionäre**, den **Vorstand** sowie **Mitglieder des Vorstands oder AR** als **mögliche Kläger** einer Nichtigkeitsklage. Ein klagender Aktionär muss daher anders als bei einer Anfechtungsklage insb nicht auf der HV erscheinen oder gegen den HV-Beschluss, gegen den sich die Nichtigkeitsklage wendet, Widerspruch einlegen. Ebenso ist im Falle einer Klage durch Verwaltungsmitglieder nicht erforderlich, dass diese durch die Ausführung des Beschlusses eine Straftat oder Ordnungswidrigkeit begehen bzw schadenersatzpflichtig würden (K. Schmidt/Lutter AktG/ *Schwab* Rn 3).

4 a) Aktionärsklage. Entscheidender **Zeitpunkt für das Vorliegen der Aktionärseigenschaft** ist die letzte mündliche Verhandlung; unerheblich ist dagegen, ob der Kläger bereits zum Zeitpunkt der Beschlussfassung Aktionär war (GroßKomm AktG/ *K. Schmidt* Rn 13). Die Aktionärseigenschaft ist vom Gericht von Amts wegen zu prüfen. Ein Geständnis oder das bloße Nichtbestreiten durch die Beklagte reichen nicht aus, auch wenn das zuständige Gericht in diesen Fällen ohne konkreten Anlass auf eigene Nachforschungen verzichten wird (MünchKomm AktG/*Hüffer* Rn 10).

5 Ein **nachträglicher Erwerb oder Verlust der Aktionärseigenschaft** während des Prozesses hat folgende Auswirkungen: Wird ein Kläger nach Erhebung einer allg Feststellungsklage nach § 256 ZPO Aktionär, so wird diese von diesem Zeitpunkt an kraft Gesetzes eine Nichtigkeitsklage nach § 249 (Spindler/Stilz AktG/*Dörr* Rn 9; MünchKomm AktG/*Hüffer* Rn 12; KölnKomm AktG/*Zöllner* Rn 14; aA GroßKomm AktG/ *K. Schmidt* Rn 14 und K. Schmidt/Lutter AktG/*Schwab* Rn 4, die eine allerdings regelmäßig sachdienliche Klageänderung annehmen). Bisher noch nicht vorgenommene Prozesshandlungen wie etwa die Zustellung der Klage auch an den AR sind nachzuholen; ist die Klage bei einem anderen als dem nach § 246 Abs 3 iVm § 249 Abs 1 S 1 zuständigen Gericht anhängig, so ist an das zuständige Gericht gem § 281 ZPO zu verweisen (*Hüffer* aaO Rn 11 f). Im Fall des Verlusts der Aktionärseigenschaft etwa nach einer Veräußerung ist umstr, ob die Nichtigkeitsklage hierdurch unzulässig wird (*BGHZ* 43, 261, 266), als einfache Feststellungsklage nach § 256 ZPO fortgeführt wird (*BGH* AG 1999, 180, 181 (bei LPG); *Hüffer* aaO Rn 13) oder entspr § 265 ZPO als aktienrechtliche Nichtigkeitsklage fortgesetzt wird (*Zöllner* aaO Rn 13; *K. Schmidt* aaO Rn 15; *Dörr* aaO Rn 10). Vorzugswürdig ist letztere, auch bei der Anfechtungsklage geltende Lösung (vgl § 245 Rn 6). Gründe für eine unterschiedliche Behandlung des Verlusts der Aktionärseigenschaft bei Anfechtungs- und Nichtigkeitsklage sind nicht ersichtlich. Der Unterschied zur Auffassung einer automatischen Fortsetzung als Feststellungsklage gem § 256 ZPO relativiert sich allerdings dadurch, dass nach einem Verlust der Aktionärseigenschaft das zuvor regelmäßig vorausgesetzte Feststellungsinteresse der Überprüfung bedarf (*Zöllner* aaO; *BGHZ* 43, 261, 268 f).

6 b) Klage des Vorstands oder einzelner Verwaltungsmitglieder. Erhebt der Vorstand Nichtigkeitsklage, so ist wie im Fall der Anfechtungsklage der **Vorstand selbst Partei des Rechtsstreits** (vgl § 245 Rn 16). Nicht zulässig ist dagegen eine Klage des in § 249 nicht genannten AR. Möglich ist dagegen eine Klage einzelner Mitglieder des Vorstands oder des ARs, ohne dass bei diesen die weiteren, in § 245 Nr 5 genannten Voraussetzungen vorliegen müssen (MünchKomm AktG/*Hüffer* Rn 15). Ein Wegfall der Organmitgliedschaft hat wie im Fall der Anfechtungsklage (vgl § 245 Rn 18) keine Auswirkungen auf die Klagebefugnis, sofern auch nach Wegfall der Organstellung noch ein Feststellungsinteresse des Klägers vorliegt (**aA** GroßKomm AktG/*K. Schmidt* Rn 16; *Hüffer* aaO geht dagegen konsequent von Fortsetzung als einfacher Feststellungsklage aus).

7 2. Beklagte. Die Nichtigkeitsklage nach § 249 muss gegen die Gesellschaft gerichtet sein. Eine auf Feststellung eines HV-Beschlusses gerichtete Klage gegen eine andere Person ist (bei Vorliegen der entspr Voraussetzungen) nur als allg Feststellungsklage gem § 256 ZPO zulässig. Die Gesellschaft wird nach Abs 1 iVm § 246 Abs 2 wie im Fall der Anfechtungsklage bei der Klage eines Aktionärs gemeinsam durch Vorstand und AR vertreten (**Doppelvertretung**). Die Zustellung einer Nichtigkeitsklage lediglich an den Vorstand führt in diesem Fall zur Unzulässigkeit der Klage, die auch durch eine bloße Kenntnis und/oder rügelose Einlassung nicht beseitigt wird (*BGHZ* 70, 384, 387f). Bei der Klage des Vorstands oder einzelner Vorstandsmitglieder vertritt der AR, bei Klage einzelner AR-Mitglieder der Vorstand die Gesellschaft (vgl § 246 Rn 14ff, 18ff).

3. Rechtsschutzziel und Feststellungsinteresse. Die Nichtigkeitsklage nach § 249 muss auf Feststellung der Nichtigkeit eines HV-Beschlusses gerichtet sein. Unter Berücksichtigung des Wortlauts von § 249 ist mit der hM daran festzuhalten, dass es sich bei der Nichtigkeitsklage nach § 249 um eine **Feststellungsklage** handelt (Spindler/Stilz AktG/*Dörr* Rn 2ff, 19 sowie *Hüffer* AktG Rn 10 mit dem zutr Hinweis, dass sich auch auf dieser, den Gesetzeswortlaut berücksichtigenden Grundlage die wesentlichen Sachfragen lösen lassen; aA GroßKomm AktG/*K. Schmidt* Rn 4ff, der die Nichtigkeitsklage als Gestaltungsklage einordnet). Gibt das Gericht der Nichtigkeitsklage statt, so tenoriert es regelmäßig dahingehend, dass es die Nichtigkeit des HV-Beschlusses feststellt (und nicht, wie bei der Anfechtungsklage, den Beschl für nichtig erklärt). Wg des identischen Rechtsschutzziels von Anfechtungs- und Nichtigkeitsklage hat das zuständige Gericht eine Klage, deren Antrag lediglich darauf lautet, den Beschl für nichtig zu erklären (Anfechtungsklage), rechtlich auch auf das Vorliegen von Nichtigkeitsgründen zu überprüfen und bei deren Vorliegen entspr zu tenorieren (vgl § 246 Rn 3f). Ausreichend für die Erhebung einer Nichtigkeitsklage ist somit eine materiell auf Nichtigkeit eines HV-Beschlusses gerichtete Klage. Ein Feststellungsinteresse ist auch bei der aktienrechtlichen Nichtigkeitsklage nach § 249 erforderlich. Bei einer Klage des in Abs 1 aufgeführten Personenkreises liegt dieses grds vor (Köln-Komm AktG/*Zöllner* Rn 20). Bei einem nachträglichen Wegfall der Zugehörigkeit zu dem in § 249 genannten Personenkreis bedarf es dagegen einer Überprüfung, ob das Feststellungsinteresse fortbesteht (s.o. Rn 5). Auch bei einer Klage des in Abs 1 genannten Personenkreises kann das Feststellungsinteresse fehlen, wenn etwa der nichtige Beschl wiederholt wurde und ein nachträglicher Klärungsbedarf nicht besteht. Am allg Rechtsschutzinteresse fehlt es bereits bei einer missbräuchlich erhobenen Klage (*K. Schmidt* aaO Rn 29; s.o. § 245 Rn 19ff). Fehlt das Feststellungs- oder Rechtsschutzinteresse, ist die Nichtigkeitsklage unzulässig (und nicht unbegründet wie die Anfechtungsklage, vgl § 246 Rn 41; *OLG Stuttgart* AG 2001, 315, 316; 2003, 165).

III. Verfahrensrechtliche Ausgestaltung

1. Verweis auf Verfahrensregelung der Anfechtungsklage (Abs 1). Der Verweis in Abs 1 auf die für die Anfechtungsklage geltenden Regelungen führt zu einer **weitgehend parallelen Verfahrensausgestaltung bei Anfechtungs- und Nichtigkeitsklagen**. Dies erstreckt sich auf folgende Punkte: Zuständigkeit des Gerichts (§ 246 Abs 3): Ausschließlich zuständig ist das *LG*, in dessen Bezirk die Gesellschaft ihren (Satzungs-) Sitz hat. Zu beachten ist die Möglichkeit einer durch die Landesregierung angeordneten Zuständigkeitskonzentration eines *LG* für die Bezirke mehrerer *LG* (vgl § 246 Rn 22). Bekanntmachung der Klage (§ 246 Abs 4): Der Vorstand hat die Klageerhebung und den vom Gericht angesetzten Termin zur mündlichen Verhandlung unverzüglich in den Gesellschaftsblättern und damit zumindest im elektronischen Bundesanzeiger bekannt zu machen (vgl § 246 Rn 31). Die für die Anfechtungsklage

Göz

geltenden Grundsätze zur Schiedsfähigkeit (vgl § 246 Rn 27 ff) und zu Streitgenossenschaft und Nebenintervention gelten ebenso bei der Nichtigkeitsklage (KölnKomm AktG/*Zöllner* Rn 36, vgl § 246 Rn 26, 31 ff). Auch bei einer Nichtigkeitsklage kann sich ein Nebenintervenient nur innerhalb eines Monats nach der Bekanntmachung an der Klage beteiligen (*OLG Frankfurt* NZG 2010, 785). Freigabeverfahren (§ 246a): Im Falle der Erhebung einer Nichtigkeitsklage kann ebenso wie nach Erhebung einer Anfechtungsklage im Freigabeverfahren nach § 246a die Feststellung bei Gericht beantragt werden, dass die Klageerhebung der Eintragung nicht entgegensteht (BT-Drucks 15/5092, 30). Der Streitwert bemisst sich auch bei der Nichtigkeitsklage nach § 247. Subsidiarität zum Ersetzungsverfahren nach § 318 Abs 3 HGB (§ 243 Abs 3 Nr 2): Obwohl Abs 1 nicht ausdrücklich auf § 243 Abs 3 Nr 2 verweist, ist auch die Klage auf Nichtigkeit eines Wahlbeschlusses der HV bezüglich des Abschlussprüfers wg Befangenheit zu dem Ersetzungsverfahren nach § 318 Abs 3 HGB subsidiär. Andernfalls ließe sich der § 243 Abs 3 Nr 2 zugrunde liegende Gesetzeszweck eines Vorrangs des Ersetzungsverfahrens nicht verwirklichen (*Hüffer* AktG Rn 12a, vgl § 243 Rn 20).

10 **2. Anwendbarkeit der umwandlungsrechtlichen Klagefrist bei Nichtigkeitsklage (Abs 1 S 3).** Abs 1 verweist nicht auf § 246 Abs 1; die einmonatige Anfechtungsfrist gilt de lege lata daher grds nicht für die Nichtigkeitsklage (KölnKomm AktG/*Zöllner* Rn 2, 31). Anderes gilt bei HV-Beschlüssen, die dem UmwG unterliegen: Nach § 14 Abs 1 UmwG muss auch eine auf die Nichtigkeit eines Verschmelzungsbeschlusses gestützte Klage binnen eines Monats nach Beschlussfassung erhoben werden. § 14 UmwG räumt somit, um die mit einer Rückgängigmachung einer Verschmelzung verbundenen erheblichen praktischen Probleme zu vermeiden, der Rechtssicherheit den Vorrang vor der materiellen Richtigkeit ein. In dem durch das UMAG eingefügten Abs 1 S 3 wird klargestellt, dass die im UmwG geltende Klagefrist auch für die Nichtigkeitsklage gegen einen HV-Beschl wie zB eine Kapitalerhöhung oder eine Satzungsänderung gilt, der Voraussetzung einer Umwandlungsmaßnahme ist. Die vom Gesetzgeber bezweckte Rechtssicherheit soll nicht dadurch umgangen werden können, dass nach Ablauf der Klagefrist des § 14 Abs 1 UmwG Klage gegen notwendige Vorbereitungsmaßnahmen der Umwandlung erhoben wird. Nach der Gesetzesbegründung ist der insoweit etwas missverständliche Normtext von Abs 1 S 3 dahingehend zu verstehen, dass bereits der Ablauf der Monatsfrist des § 14 Abs 1 UmwG (und nicht erst die Eintragung des Beschlusses) eine entspr Klage unzulässig macht (BT-Drucks 15/5092, 30).

11 **3. Prozessverbindung (Abs 2).** Abs 2 S 1 ordnet entspr dem bei der Anfechtungsklage geltenden § 246 Abs 3 S 6 an, dass mehrere Nichtigkeitsprozesse zur gleichzeitigen Verhandlung und Entscheidung durch das Gericht durch Beschl zu verbinden sind. Voraussetzung ist wie im Fall von § 246 Abs 3 S 6, dass es sich um aktienrechtliche Nichtigkeitsklagen iSd § 249 handelt, die sich gegen denselben HV-Beschluss richten. Nicht erforderlich ist dagegen, dass die Klagen auf dieselben Nichtigkeitsgründe gestützt werden (GroßKomm AktG/*K. Schmidt* Rn 27). Im Verhältnis zu der allg Feststellungsklage nach § 256 ZPO gilt dagegen § 147 ZPO, eine Prozessverbindung im Ermessen des Gerichts steht (MünchKomm AktG/*Hüffer* Rn 32). Werden gegen denselben HV-Beschluss nebeneinander eine Nichtigkeits- und Anfechtungsklage geltend gemacht, so besteht nach dem Wortlaut des Abs 2 S 2 keine Pflicht des Gerichts zur Verbindung. Wg des identischen Rechtsschutzziels von Anfechtungs- und Nichtigkeitsklage ist aber eine innerhalb der Anfechtungsfrist erhobene Nichtigkeits-

klage von Amts wg zugleich auch auf Anfechtungsgründe zu überprüfen. Ist die Nichtigkeitsklage nicht innerhalb der Anfechtungsfrist erhoben worden, so liegen jedenfalls mehrere Nichtigkeitsprozesse vor, da die Anfechtungsklage ihrerseits auch auf Nichtigkeitsgründe zu überprüfen ist, so dass dann jedenfalls nach Abs 2 S 1 zu verbinden wäre (GroßKomm AktG/*K. Schmidt* § 246 Rn 65). Auf der Grundlage der neueren Rspr, die von einem einheitlichen Streitgegenstand bei Anfechtungs- und Nichtigkeitsklage ausgeht, ist für Abs 2 S 2, nach dem Nichtigkeits- und Anfechtungsprozesse lediglich verbunden werden können, nicht aber müssen, ein sinnvoller Anwendungsbereich nicht ersichtlich. Nach hM liegt jedenfalls die allein richtige Ermessensausübung in diesem Fall in einer Verbindung von Anfechtungs- und Nichtigkeitsprozess (ie übereinstimmend *Hüffer* aaO Rn 33; *K. Schmidt* aaO Rn 27; Spindler/Stilz AktG/*Dörr* Rn 24).

IV. Urteilswirkungen

Abs 1 verweist zu den Urteilswirkungen der Nichtigkeitsklage auf § 248. Wie bei der Anfechtungsklage wird zur Förderung der Rechtsklarheit die materielle Rechtskraft eines der Nichtigkeitsklage stattgebenden Urteils über die an dem Rechtsstreit beteiligten Parteien hinaus auf alle Aktionäre sowie Mitglieder von Vorstand und AR erstreckt (GroßKomm AktG/*K. Schmidt* Rn 32). Aufgrund der dadurch bewirkten prozessualen Bindungswirkung sind auch diejenigen Aktionäre und Verwaltungsmitglieder, die nicht an dem Prozess beteiligt waren, daran gehindert, erneut Klage zu erheben. Eine dennoch erhobene Klage ist unzulässig. Wie bei der Anfechtungsklage ist zwischen der in § 248 Abs 1 geregelten **Erstreckung der materiellen Rechtskraft** und der Gestaltungswirkung des Urteils zu unterscheiden. es nach § 241 Nr 1–4 wäre es jedoch wertungswidersprüchlich, die Urteilswirkungen des im Verhältnis Letztere folgt bei der Anfechtungsklage aus § 241 Nr 5. Bei Vorliegen eines Nichtigkeitsgrund zur Anfechtungsklage noch gravierenderen Rechtsverstoßes lediglich auf den in § 248 genannten Personenkreis (Aktionäre und Verwaltungsmitglieder) zu beschränken. Wie das Anfechtungsurteil wirkt daher auch das der Klage stattgebende Nichtigkeitsurteil gegenüber Dritten (**inter omnes Wirkung**) (MünchKomm AktG/*Hüffer* Rn 25; *K. Schmidt* aaO Rn 31), während ein die Klage abweisendes Urteil lediglich Wirkungen inter partes entfaltet (*Hüffer* aaO Rn 26, vgl § 248 Rn 20 ff). Die für die Anfechtungsklage geltenden Grundsätze zur Teilnichtigkeit sind ebenfalls auf die Nichtigkeitsklage übertragbar (KölnKomm AktG/*Zöllner* Rn 46, vgl § 248 Rn 13 f). Aufgrund der Verweisung in Abs 1 auf § 248 besteht auch im Fall der Nichtigkeitsklage die Pflicht des Vorstands, das der Klage stattgebende Nichtigkeitsurteil unverzüglich zum HR einzureichen (§ 248 Abs 1 S 2, vgl § 248 Rn 16). War der mit der Nichtigkeitsklage angegriffene Beschl ins HR eingetragen, so ist auch das stattgebende Nichtigkeitsurteil in das HR einzutragen (§ 248 Abs 1 S 3). Die Eintragung des stattgebenden Nichtigkeitsurteils ist in gleicher Weise wie die des Beschlusses bekannt zu machen (§ 248 Abs 1 S 4, vgl zur Eintragung und Bekanntmachung § 248 Rn 18 f). Bei einem Beschl, der eine Satzungsänderung zum Inhalt hatte, ist zusätzlich zu der Einreichung des Urteils der vollständige Satzungswortlaut nach Berücksichtigung des Nichtigkeitsurteils mit einer Notarbescheinigung einzureichen (§ 248 Abs 2, vgl § 248 Rn 17). Wird das Verfahren durch andere Weise als durch ein gerichtliches Urteil beendet, etwa durch einen Vergleich zwischen den Parteien, ist die Verfahrensbeendigung bei börsennotierten Gesellschaften gem Abs 1 iVm § 248a bekannt zu machen.

Göz

V. Anderweitige Geltendmachung der Nichtigkeit und Abgrenzung zur allgemeinen Feststellungsklage

13 **1. Anderweitige Geltendmachung der Nichtigkeit (Abs 1 S 2).** Die Nichtigkeit eines HV-Beschlusses kann nach Abs 1 S 2 auch auf andere Weise als durch eine Nichtigkeitsklage geltend gemacht werden. Die Nichtigkeit unterscheidet sich damit von der Anfechtung, die gem § 243 Abs 1 nur durch Anfechtungsklage geltend gemacht werden kann (GroßKomm AktG/*K. Schmidt* Rn 7). Insoweit wirkt sich bei Vorliegen von Nichtigkeitsgründen aus, dass die Nichtigkeit von HV-Beschlüssen nicht wie bei der Anfechtungsklage erst durch ein fristgebundenes rückwirkendes Urteil hergestellt werden muss (s.o. Rn 1). Die Nichtigkeit kann sowohl von Aktionären als auch von der Ges geltend gemacht werden. **Bsp:** Ein Zeichner neuer Aktien, der von der Ges aus einer Kapitalerhöhung auf Zahlung in Anspruch genommen wird, kann einredeweise die Nichtigkeit des Erhöhungsbeschlusses geltend machen. Die Ges kann, wenn sie von einem Aktionär auf Auszahlung von Gewinn in Anspruch genommen wird, die Einrede der Nichtigkeit des Gewinnverwendungsbeschlusses erheben. Ebenso kann sie unter Berufung auf die Nichtigkeit des Gewinnverwendungsbeschlusses Rückzahlung eines bereits an die Aktionäre ausbezahlten Gewinns fordern (KölnKomm AktG/*Zöllner* Rn 5).

14 **2. Allgemeine Feststellungsklage nach § 256 ZPO. – a) Verhältnis Nichtigkeitsklage zur allgemeinen Feststellungsklage.** Ob auch die Geltendmachung einer allg Feststellungsklage nach § 256 ZPO einen Anwendungsfall von Abs 1 S 2 darstellt, ist umstr (GroßKomm AktG/*Schmidt* Rn 7 ff mwN). Die **aktienrechtliche Nichtigkeitsklage verdrängt** jedoch innerhalb ihres Anwendungsbereichs die **allgemeine Feststellungsklage.** Der in Abs 1 aufgeführte Personenkreis kann daher nicht gegen die Gesellschaft im Wege der allg Feststellungsklage nach § 256 ZPO auf Feststellung der Nichtigkeit eines HV-Beschlusses klagen (BGHZ 70, 384, 388; *OLG Hamburg* NJW-RR 1996, 1065). Nicht als allg Feststellungsklage zulässig, sondern wg Unzulässigkeit abzuweisen, ist eine Klage des in Abs 1 genannten Personenkreises, wenn sie zwar dem Vorstand, nicht aber dem AR zugestellt wird oder wenn sie bei dem allg Gerichtsstand, nicht aber dem besonderen Gerichtsstand des § 246 Abs 3 eingereicht wird. Möglich ist dagegen die Klage eines Dritten gegen die Gesellschaft auf Feststellung der Nichtigkeit eines HV-Beschlusses nach § 256 ZPO, wenn ein entspr Feststellungsinteresse vorliegt (MünchKomm AktG/*Hüffer* Rn 6).

15 **b) Unterschiede zur allgemeinen Feststellungsklage.** Die allg Feststellungsklage nach § 256 ZPO unterscheidet sich von der aktienrechtlichen Nichtigkeitsklage sowohl bezüglich der **möglichen Kläger**, da sie nicht lediglich von dem in Abs 1 genannten Personenkreis geltend gemacht werden kann, als auch der **möglichen Beklagten**, da sie nicht zwangsläufig gegen die Gesellschaft gerichtet sein muss. Sie kann von jedem geltend gemacht werden, der über ein entspr Feststellungsinteresse verfügt (GroßKomm AktG/*K. Schmidt* Rn 36). Für die allg Feststellungsklage gelten andere **Verfahrensregeln.** Die örtliche Zuständigkeit bestimmt sich nach den allg Regeln und nicht nach § 246 Abs 3. Mehrere Kläger sind einfache Streitgenossen, die Verbindung mehrerer Klagen steht nach § 147 ZPO im bloßen Ermessen des Gerichts. Die einfache Feststellungsklage unterliegt nicht der Veröffentlichungspflicht nach § 246 Abs 4 (*K. Schmidt* aaO Rn 36 ff). Auch die **Urteilswirkungen** der allg Feststellungsklage nach § 256 ZPO unterscheiden sich von denen der aktienrechtlichen Nichtigkeitsklage; ein

VI. Entsprechende Anwendung

Unwirksame Beschlüsse sind grds unvollständig und nicht nichtig (vgl § 241 Rn 4 ff). Ist eine Vervollständigung noch möglich, kann während dieser Schwebelage die Unwirksamkeit lediglich durch Feststellungsklage nach § 256 ZPO geltend gemacht werden. Ist die Unwirksamkeit dagegen endgültig, so ist wie folgt zu unterscheiden: Bei Vorliegen der in § 241 aufgeführten Fälle der Unwirksamkeit ist wie bei den weiteren, in § 241 Nr 1–4 aufgeführten Fällen der Nichtigkeit aufgrund der vom Gesetzgeber angeordneten Gleichstellung die aktienrechtliche Nichtigkeitsklage zu erheben. In anderen Fällen endgültiger Unwirksamkeit scheidet wg des abschließenden Charakters des § 241 jedoch eine entspr Anwendung aus, so dass lediglich die allg Feststellungsklage nach § 256 ZPO offen steht (Spindler/Stilz AktG/*Dörr* Rn 5; MünchKomm AktG/*Hüffer* Rn 34; **aA** GroßKomm AktG/*K. Schmidt* Rn 9; KölnKomm AktG/*Zöllner* Rn 51; K. Schmidt/Lutter AktG/*Schwab* Rn 14). Auch in den Fällen von **Schein- oder Nichtbeschlüssen** (vgl § 241 Rn 3) ist eine entspr Anwendung nicht geboten. Liegt tatsächlich ein Nichtigkeitsgrund vor, sind die §§ 241, 249 bereits unmittelbar anwendbar (*Hüffer* aaO Rn 35). 16

Zweiter Unterabschnitt
Nichtigkeit bestimmter Hauptversammlungsbeschlüsse

§ 250 Nichtigkeit der Wahl von Aufsichtsratsmitgliedern

(1) Die Wahl eines Aufsichtsratsmitglieds durch die Hauptversammlung ist außer im Falle des § 241 Nr. 1, 2 und 5 nur dann nichtig, wenn
1. der Aufsichtsrat unter Verstoß gegen § 96 Abs. 2, § 97 Abs. 2 Satz 1 oder § 98 Abs. 4 zusammengesetzt wird;
2. die Hauptversammlung, obwohl sie an Wahlvorschläge gebunden ist (§§ 6 und 8 des Montan-Mitbestimmungsgesetzes), eine nicht vorgeschlagene Person wählt;
3. durch die Wahl die gesetzliche Höchstzahl der Aufsichtsratsmitglieder überschritten wird (§ 95);
4. die gewählte Person nach § 100 Abs. 1 und 2 bei Beginn ihrer Amtszeit nicht Aufsichtsratsmitglied sein kann.

(2) Für die Klage auf Feststellung, dass die Wahl eines Aufsichtsratsmitglieds nichtig ist, sind parteifähig
1. der Gesamtbetriebsrat der Gesellschaft oder, wenn in der Gesellschaft nur ein Betriebsrat besteht, der Betriebsrat, sowie, wenn die Gesellschaft herrschendes Unternehmen eines Konzerns ist, der Konzernbetriebsrat,
2. der Gesamt- oder Unternehmenssprecherausschuss der Gesellschaft oder, wenn in der Gesellschaft nur ein Sprecherausschuss besteht, der Sprecherausschuss sowie, wenn die Gesellschaft herrschendes Unternehmen eines Konzerns ist, der Konzernsprecherausschuss,

3. der Gesamtbetriebsrat eines anderen Unternehmens, dessen Arbeitnehmer selbst oder durch Delegierte an der Wahl von Aufsichtsratsmitgliedern der Gesellschaft teilnehmen, oder, wenn in dem anderen Unternehmen nur ein Betriebsrat besteht, der Betriebsrat,
4. der Gesamt- oder Unternehmenssprecherausschuss eines anderen Unternehmens, dessen Arbeitnehmer selbst oder durch Delegierte an der Wahl von Aufsichtsratsmitgliedern der Gesellschaft teilnehmen, oder, wenn in dem anderen Unternehmen nur ein Sprecherausschuss besteht, der Sprecherausschuss,
5. jede in der Gesellschaft oder in einem Unternehmen, dessen Arbeitnehmer selbst oder durch Delegierte an der Wahl von Aufsichtsratsmitgliedern der Gesellschaft teilnehmen, vertretene Gewerkschaft sowie deren Spitzenorganisation.

(3) ¹Erhebt ein Aktionär, der Vorstand, ein Mitglied des Vorstands oder des Aufsichtsrats oder eine in Absatz 2 bezeichnete Organisation oder Vertretung der Arbeitnehmer gegen die Gesellschaft Klage auf Feststellung, dass die Wahl eines Aufsichtsratsmitglieds nichtig ist, so gelten § 246 Abs. 2, Abs. 3 Satz 1 bis 4, Abs. 4, §§ 247, 248 Abs. 1 Satz 2, §§ 248a und 249 Abs. 2 sinngemäß. ²Es ist nicht ausgeschlossen, die Nichtigkeit auf andere Weise als durch Erhebung der Klage geltend zu machen.

Übersicht

	Rn		Rn
I. Normzweck	1	4. Rechtsfolgen der Nichtigkeit	10
II. Nichtigkeitsgründe für die Wahl eines Aufsichtsratsmitglieds (Abs 1)	2	III. Parteifähigkeit für die Nichtigkeitsklage (Abs 2)	12
1. Wahl durch die Hauptversammlung	2	IV. Erhebung der Nichtigkeitsklage (Abs 3)	13
2. Allgemeine Nichtigkeitsgründe nach § 241 Nr 1, 2 und 5	3	1. Verweis auf die allgemeinen Vorschriften	13
3. Besondere Nichtigkeitsgründe nach Abs 1 Nr 1–4	4	2. Feststellungsinteresse	14

Literatur: *Rummel* Die Mangelhaftigkeit von Aufsichtsratswahlen der Hauptversammlung nach dem neuen Aktiengesetz, Diss Köln 1969; *Schröder* Mängel und Heilbarkeit der Wählbarkeit bei Aufsichtsrats- und Betriebsratswahlen, 1979; *Stein* Das faktische Organ, 1989; *Tielmann/Struck* Empfehlungen zur Sicherung der Handlungsfähigkeit des Aufsichtsrats bei der Anfechtung der Wahl von Aufsichtsratsmitgliedern, BB 2013, 1548.

I. Normzweck

1 Die §§ 250–252 treffen für die Nichtigkeit und Anfechtung von HV-Beschlüssen, die die Wahl eines AR-Mitglieds zum Gegenstand haben, eine die allg Regeln der §§ 241 ff (sofern auf diese nicht ausdrücklich verwiesen wird) grds **verdrängende Sonderregelung** (s aber unten Rn 6). Die Regelungen der einzelnen und in Abs 1 abschließend aufgeführten Nichtigkeitsgründe unterscheiden sich von den allg Regelungen in § 241 darin, dass neben der Verweisung auf die § 241 Nr 1, 2 und 5 statt den in § 241 Nr 3, 4 aufgeführten generalklauselartigen Nichtigkeitsgründen die enumerativ in Abs 1 Nr 1–4 aufgeführten Nichtigkeitsgründe gelten. **Abs 1 dient damit der Rechtsklarheit.** Abs 2 regelt die von den allg Regeln zur Nichtigkeit abw aktive Parteifähigkeit, die auch bestimmten Arbeitnehmervertretungen zuerkannt wird und **dient insoweit der Verstärkung des Rechtsschutzes der Arbeitnehmer und ihrer Organisation** (GroßKomm AktG/*K. Schmidt* § 250 Rn 3; Spindler/Stilz AktG/*Stilz* Rn 4).

Nichtigkeit der Wahl von Aufsichtsratsmitgliedern § 250

II. Nichtigkeitsgründe für die Wahl eines Aufsichtsratsmitglieds (Abs 1)

1. Wahl durch die Hauptversammlung. Die Nichtigkeit nach § 250 tritt **nur bei Wahl** 2 **eines AR-Mitglieds durch Beschluss der HV** ein. Unerheblich ist dabei, ob die HV an Wahlvorschläge wie im Fall der §§ 6, 8 MontanMitbestG gebunden ist. Hingegen ist die Norm nicht anwendbar, wenn das AR-Mitglied gem § 101 Abs 2 entsandt wurde (*BGH* NZG 2006, 138, 139) oder wenn ein anderes Organ für die Wahl zuständig war, wie bei der unmittelbaren Wahl durch Arbeitnehmer oder der mittelbaren Wahl durch Wahlmänner nach den mitbestimmungsrechtlichen Vorschriften der § 9 MitbestG, § 7 Abs 1, 2 MontanMitbestErgG und § 5 DrittelbG (vgl § 96 Rn 4 ff).

2. Allgemeine Nichtigkeitsgründe nach § 241 Nr 1, 2 und 5. Die Verweisung in Abs 1 3 auf die allg Nichtigkeitsgründe beschränkt sich auf die in § 241 Nr 1, 2 und 5 genannten Nichtigkeitsgründe (Einzelheiten zu diesen allg Nichtigkeitsgründen vgl § 241 Rn 6 ff,). Die weiterhin in § 241 Nr 3 und Nr 4 aufgezählten **Nichtigkeitsgründe werden bei Wahlen zum AR durch die speziellen Regelungen in Abs 1 Nr 1–4 verdrängt**. § 241 Nr 6 ist ohnehin nicht anwendbar, da HV-Beschlüsse über die Wahl von AR-Mitgliedern nicht in das HR eingetragen werden.

3. Besondere Nichtigkeitsgründe nach Abs 1 Nr 1–4. Ein zur Nichtigkeit nach Abs 1 4 Nr 1 führender Verstoß gegen die §§ 96 ff liegt vor, wenn entgegen des in § 96 Abs 2 geregelten Kontinuitätsgrundsatzes die Wahl ohne vorherige Durchführung des Statusverfahrens nach anderen Rechtsgrundlagen als bei der letzten Wahl durchgeführt wird. Ebenso führen die gegen eine anders lautende Bekanntmachung des Vorstandes über die Zusammensetzung des AR (§ 97 Abs 2 S 1) oder gegen eine gerichtliche Entscheidung über die Zusammensetzung des AR (§ 98 Abs 4) verstoßende Wahl zur Nichtigkeit. Die Nichtigkeitssanktion des **Abs 1 Nr 1** unterstreicht die Bedeutung der auf die Klarheit über die Zusammensetzung des AR abzielenden formellen Regeln und damit den dort geregelten **verfahrensrechtlichen Ansatz des Statusverfahrens**. Unerheblich ist dagegen, **ob die materiellen Vorschriften der Zusammensetzung verletzt wurden** (GroßKomm AktG/*K. Schmidt* Rn 11; KölnKomm AktG/*Zöllner* Rn 23). Ist daher zB nach einem Anstieg der Arbeitnehmerzahl auf den ursprünglich nach dem DrittelbG zusammengesetzten AR nun materiellrechtlich das MitbestG anwendbar, so ist ein ohne vorherige Durchführung des Statusverfahrens unter Anwendung des MitbestG gefasster Wahlbeschluss trotz materiellrechtlicher Richtigkeit nichtig nach Abs 1 Nr 1.

Eine Bindung der HV an Wahlvorschläge iSd **Abs 1 Nr 2** besteht in den Fällen der 5 §§ 6, 8 MontanMitbestG sowie des § 5 MontanMitbestErgG, der wiederum auf § 8 MontanMitbestG verweist.

Wird durch einen Wahlbeschluss die **gesetzlich normierte Höchstzahl der AR-Mitglie-** 6 **der überschritten**, ist dieser **nach Abs 1 Nr 3 nichtig**. Die gesetzliche Höchstzahl hängt grds gem § 95 S 4 vom Grundkapital ab. Unterliegt die Gesellschaft dem MitbestG oder dem MontanMitbestG, ergibt sich die gesetzliche Höchstzahl aus den §§ 7 Abs 1 MitbestG, §§ 4 Abs 1, 9 MontanMitbestG und § 5 Abs 1 MontanMitbestErgG. Bei einer dem MitbestG unterliegenden AG beträgt wg § 7 Abs 1 S 2 MitbestG die gesetzliche Höchstzahl auch bei einer Gesellschaft von weniger als 20 000 Arbeitnehmern 20 AR-Mitglieder. Die **Überschreitung einer satzungsmäßig festgesetzten Zahl** führt dagegen **nur zur Anfechtbarkeit** (§ 251 Abs 1). Maßgebend ist somit die gesetzlich zulässige Höchstzahl (*LG Flensburg* AG 2004, 623, 624), und nicht die Regelzahl von

Göz 1935

drei AR-Mitgliedern gem § 95 Abs 1 S 1. Bestimmt die Satzung eine höhere Zahl als gesetzlich zugelassen, so ist diese Satzungsbestimmung nichtig (KölnKomm AktG/*Zöllner* Rn 28) aber heilbar nach § 242. Ein auf Grundlage einer nichtigen Satzungsbestimmung gefasster Wahlbeschluss führt bei Übersteigen der gesetzlichen Höchstzahl ebenfalls zur Nichtigkeit. Die auf Grundlage einer zwar ursprünglich nichtigen, dann aber gem § 242 geheilten Satzungsbestimmung gefassten Wahlbeschlüsse sind jedoch wirksam; aA die ganz hM (Großkommentar AktG/*K. Schmidt* Rn 17; Großkommentar AktG/*Hopt/Roth* § 95 Rn 77; MünchKomm AktG/*Hüffer* § 250 Rn 11, 13; MünchKomm AktG/*Habersack* § 95 Rn 23; KölnerKomm AktG/*Mertens/Cahn*, 3. Aufl § 95 Rn 21), die jedoch verkennt, dass der Vorrang der §§ 250–252 sich nicht auf abw Satzungsregelungen bezieht und die insoweit unverändert geltenden allg Grundsätze dann konsequenterweise die Wirksamkeit auf dieser Grundlage gefasster Wahlbeschlüsse unberührt lassen.

7 Im Einzelfall ist bei der Nichtigkeitsfolge nach dem angewandten Wahlverfahren zu unterscheiden. Bei einem AR, der nicht dem Mitbestimmungsrecht unterliegt und durch **Einzelwahl** gewählt wurde, sind alle Wahlbeschlüsse **gültig, bis die gesetzliche Höchstzahl erreicht wurde**. Die Wahl weiterer AR-Mitglieder, durch die die Höchstzahl nun überschritten wird, ist dagegen nichtig. Erfolgt die Wahl dagegen durch **Listen- oder Globalwahl**, so ist **die Wahl aller AR-Mitglieder nichtig**, da nicht festgestellt werden kann, durch welchen Kandidaten die Höchstzahl überschritten wurde. Unterliegt die Zusammensetzung des AR dem Mitbestimmungsrecht, so tritt (unter Geltung der vorstehenden Grundsätze) die Nichtigkeit zum Schutz der Arbeitnehmer auf Vertretung im AR bereits dann ein, wenn die Höchstzahl der anteilig der Aktionärsseite zugehörigen AR-Mitglieder überschritten wird (*LG Flensburg* AG 2004, 623, 624).

8 **Abs 1 Nr 4 regelt personenbezogene Nichtigkeitsgründe** (GroßKomm AktG/*K. Schmidt* Rn 20). Ein nach Abs 1 Nr 4 zur Nichtigkeit führendes Wahlhindernis liegt vor, wenn ein AR-Mitglied nicht, wie von § 100 Abs 1 verlangt, eine natürliche, unbeschränkt geschäftsfähige Person ist (vgl § 100 Rn 2). Zur Nichtigkeit führt ferner, wenn das AR-Mitglied unter Verstoß gegen § 100 Abs 2 gewählt wurde: Nach § 100 Abs 2 S 1 Nr 1 darf ein AR-Mitglied grds (für AR von beherrschten Gesellschaften besteht in § 100 Abs 2 S 2 eine Sonderregelung) nur in zehn Handelsgesellschaften dem AR angehören, wobei gem § 100 Abs 2 S 3 die Stellung als AR-Vorsitzender doppelt zählt. Das AR-Mitglied darf ferner nicht gesetzlicher Vertreter eines von der Gesellschaft abhängigen Unternehmens (§ 17) sein, § 100 Abs 2 S 1 Nr 2. Ebenso führt eine mit § 100 Abs 2 S 1 Nr 3 nicht vereinbare Position als gesetzlicher Vertreter einer anderen Kapitalgesellschaft, deren AR ein Vorstandsmitglied der Gesellschaft angehört zur Nichtigkeit (vgl § 100 Rn 6). Schließlich führt auch die Nichtbeachtung der „Cooling-off-Periode" des § 100 Abs 2 S 1 Nr 4, wonach Vorstandsmitglieder unter Umständen nicht unmittelbar im Anschluss an ihre Tätigkeit als Vorstand in den AR wechseln können, zur Nichtigkeit (näher § 100 Rn 6a). Obwohl Abs 1 Nr 4 nicht auf § 105 verweist, wonach ein AR-Mitglied nicht zugleich dem Vorstand angehören oder andere leitende Positionen in der AG innehaben darf, führt ein solcher Verstoß in analoger Anwendung des Abs 1 ebenfalls zur Nichtigkeit des Wahlbeschlusses (*LG München I* NZG 2004, 626, 627; KölnKomm AktG/*Zöllner* Rn 37; *K. Schmidt* aaO Rn 25; K. Schmidt/Lutter AktG/*Schwab* Rn 5).

Maßgeblicher Zeitpunkt für das Vorliegen der vorstehenden personenbezogenen **9**
Nichtigkeitsgründe ist der **Amtsbeginn** und nicht der Tag der HV, an dem die Wahl
stattfand. Somit können zwischen Wahl und Amtsantritt zunächst bestehende Hindernisse beseitigt werden, sodass die Wahl wirksam ist. Umgekehrt können jedoch auch
nach der Wahl Hinderungsgründe eintreten, die zur Nichtigkeit führen. Die Nichtigkeit ist nach Amtsbeginn nicht heilbar. Ein Wahlbeschluss bleibt deshalb auch dann
nichtig, wenn nach Amtsantritt das Hindernis wieder ausgeräumt wird, bspw durch
Aufgabe überzähliger AR-Mandate, da sich die in Abs 3 S 1 geregelte Verweisung auf
die allg Vorschriften nicht auf die Heilungsvorschrift des § 242 erstreckt (*Hüffer* AktG
Rn 9; *K. Schmidt/Lutter* AktG/*Schwab* Rn 5; **aA** *Schröder*, S 31). In der Satzung geregelte persönliche Voraussetzungen führen dagegen nur zur Anfechtbarkeit gem § 251.

4. Rechtsfolgen der Nichtigkeit. Die Nichtigkeit des Wahlbeschlusses hat zur **Folge**, **10**
dass die gewählte Person nicht AR-Mitglied wird, also **keine Organstellung** erlangt.
Soweit das AR-Mitglied jedoch als solches handelt, haftet es auch nach § 116 (*RGZ*
152, 273, 278 f; Spindler/Stilz AktG/*Stilz* Rn 20; *K. Schmidt/Lutter* AktG/*Schwab*
Rn 6, GroßKomm AktG/*K. Schmidt* Rn 29; *Stein*, S 6 ff; **aA** KölnKomm AktG/*Zöllner*
Rn 41) und ist nach §§ 399 ff auch strafrechtlich verantwortlich (*Stilz* aaO; *Schwab*
aaO; *K. Schmidt* aaO Rn 28; *Stein* Das faktische Organ 22 ff; **aA** *Zöllner* aaO Rn 41).
Die Nichtigkeit des Wahlbeschlusses führt nicht automatisch zur Nichtigkeit des
schuldrechtlichen Anstellungsvertrags (*K. Schmidt* aaO Rn 30; *Stilz* aaO; **aA** KölnKomm AktG/*Mertens* § 101 Rn 5 ff). Regelmäßig erstreckt sich jedoch die Nichtigkeit
wg Fehleridentität auch auf das Anstellungsverhältnis. Dies führt zur Anwendung der
Grundsätze über das fehlerhafte Dienstverhältnis (*BGHZ* 41, 282, 286 f; 65, 190, 194
hinsichtlich Vorstandsmitgliedern; *K. Schmidt* aaO). Danach kann das AR-Mitglied
insb die während seiner AR-Tätigkeit gewährte Vergütung behalten (*BGHZ* 41, 282,
288; *K. Schmidt* aaO Rn 30).

Die Nichtigkeit des Wahlbeschlusses hat auf die **Wirksamkeit von AR-Beschlüssen** **11**
folgende **Auswirkungen**: Ist der gesamte AR durch nichtige Wahlbeschlüsse bestellt
worden, sind mangels eines wirksam bestellten AR alle Beschlüsse nichtig. Ist hingegen nur die Wahl einzelner AR-Mitglieder nichtig, so ist nur die Stimmabgabe dieser
Personen nichtig. Die Wirksamkeit des AR-Beschlusses selbst hängt davon ab, ob der
AR auch ohne die betroffene Person beschlussfähig war und die notwendige Mehrheit
bei der Beschlussfassung erreicht worden ist. Das AR-Mitglied, dessen Wahl nichtig
ist oder für nichtig erklärt wird, ist für die Stimmabgabe wie ein Nichtmitglied zu
behandeln (*BGH* NZG 2013, 456, 457 f, der damit die von einem Teil der Literatur
befürwortete Anwendung der Lehre vom faktischen Organ ablehnt, mwN; gegen den
BGH Priester GWR 2013, 175; *Schürmbrand* NZG 2013, 481). **Beruht der Beschluss
auf dieser nichtigen Stimmabgabe**, weil die Teilnahme erforderlich oder die Stimme
des nicht gewählten AR-Mitglieds entscheidend war, so ist der **Beschluss nichtig**
(GroßKomm AktG/*K. Schmidt* Rn 31; Spindler/Stilz AktG/*Stilz* Rn 21) (vgl § 108
Rn 17 ff; weiterführend zu den praktischen Folgen *Tielmann/Struck* BB 2013, 1548).

III. Parteifähigkeit für die Nichtigkeitsklage (Abs 2)

Abs 2 trifft eine über § 249 Abs 1 hinausgehende **Regelung zur aktiven Parteifähig-** **12**
keit. Während nach § 249 Abs 1 bei der allg Nichtigkeitsklage lediglich Aktionäre, der
Vorstand sowie die einzelnen Mitglieder des Vorstands und ARs zur Klageerhebung
berechtigt sind, spricht Abs 2 darüber hinaus bei der Nichtigkeitsklage bezüglich einer

Wahl zum AR-Mitglied bestimmten die Arbeitnehmer vertretenden Personenvereinigungen die Parteifähigkeit zu, die grds gem § 50 ZPO mangels Rechtsfähigkeit parteiunfähig wären und **verstärkt** hierdurch **den Rechtsschutz der Arbeitnehmer**. Die Parteifähigkeit erfasst dabei auch die Befugnis, dem Rechtsstreit als Nebenintervenient beizutreten (*Kropff* S 337).

IV. Erhebung der Nichtigkeitsklage (Abs 3)

13 **1. Verweis auf die allgemeinen Vorschriften.** Abs 3 verweist für die Erhebung der Nichtigkeitsklage bezüglich der Wahl von AR-Mitgliedern auf die Vorschriften der **allgemeinen aktienrechtlichen Nichtigkeitsklage** nach §§ 241 ff. Wie bei der **allgemeinen aktienrechtlichen Nichtigkeitsklage** nach § 249 gelten die §§ 246 Abs 2, Abs 3 S 1– 4, Abs 4, 247, 248 Abs 1 S 2, 248a und 249 Abs 2 sinngemäß (vgl zu § 249 Rn 9 ff). Die Möglichkeit zur Erhebung der Nichtigkeitsklage schließt nicht aus, die Nichtigkeit der Wahl auch auf andere Weise geltend zu machen, bindet dann aber nur die jeweiligen Parteien des Rechtsstreits (ebenso § 249 Abs 1 S 2). Infolge des Verweises auf § 246 Abs 2 S 2 gilt insbesondere das Prinzip der Doppelvertretung durch Vorstand und AR. Die Klageerhebung erfolgt somit durch Zustellung an ein Vorstands- und ein AR-Mitglied, § 170 Abs 3 ZPO. Die Vertretung auch durch den AR gilt selbst für den Fall, dass die Nichtigkeitsklage den gesamten AR betrifft. Die Behauptung des Klägers, dass ein AR gar nicht existiert, ist durch die Klage erst noch zu klären, sodass nach dem Gesetzeswortlaut diese Konstellation hinzunehmen ist (GroßKomm AktG/ *K. Schmidt* Rn 39; KölnKomm AktG/*Zöllner* Rn 55). Wird lediglich die Wahl eines einzelnen AR-Mitglieds angegriffen, sollte zur Vermeidung von Unstimmigkeiten nicht an das betroffene AR-Mitglied zugestellt werden, dessen Organstellung Gegenstand der Klage ist. Auch eine solche Zustellung würde aber nicht zu einem Zustellungsmangel führen (*Zöllner* aaO Rn 55; Spindler/Stilz AktG/*Stilz* Rn 24).

14 **2. Feststellungsinteresse.** Aktionäre, der **Vorstand** als Organ sowie die **einzelnen Mitglieder von Vorstand und AR** haben **regelmäßig** (zur Ausnahme wg Rechtsmissbrauchs bei treuwidrigen Klagen vgl GroßKomm AktG/*K. Schmidt* § 249 Rn 29; KölnKomm/*Zöllner* Rn 50, § 249 Rn 20 ff) ein **Feststellungsinteresse** bereits aufgrund ihrer Mitgliedschaft oder ihrer Organstellung (K. Schmidt/Lutter AktG/*Schwab* Rn 8; *K. Schmidt* aaO Rn 36; *Zöllner* aaO Rn 50). Legt ein AR-Mitglied, dessen Wahlbeschluss angefochten wird, sein Mandat nieder, so entfällt ein Rechtsschutzinteresse unter Berücksichtigung der ex tunc Wirkung des stattgebenden Urteils nur, wenn die Nichtigerklärung keinen Einfluss auf die Rechtsbeziehungen der Gesellschaft der Aktionärin sowie der Mitglieder des Vorstands und des ARs haben kann; hierfür trägt die Gesellschaft nach den Grundsätzen der sekundären Darlegungslast die Darlegungslast (*BGH* BB 2013, 1166, 1167 f). Bei den in **Abs 2 für parteifähig erklärten Organisationen** ist danach **zu differenzieren**, ob dem AR nach den mitbestimmungsrechtlichen Regelungen Arbeitnehmer angehören oder nicht. Im ersten Fall besteht ein Feststellungsinteresse unabhängig davon, ob die Klage die Wahl eines AR-Mitglieds von Aktionärs- oder von Arbeitnehmerseite betrifft (*Schwab* aaO; *K. Schmidt* aaO Rn 37; MünchKomm AktG/*Hüffer* Rn 27). Sind dagegen mangels Anwendbarkeit mitbestimmungsrechtlicher Vorschriften im AR keine Arbeitnehmer vertreten, so werden Belange der Arbeitnehmerorganisationen iSv Abs 2 nicht berührt, mit der Folge, dass es dann an dem Feststellungsinteresse fehlt. Abzulehnen sind daher zT vertretene Extrempositionen, wonach einerseits die in Abs 2 genannten Arbeitneh-

merorganisationen nur dann zweifellos ein Feststellungsinteresse besitzen, wenn die Klage ein AR-Mitglied von der Arbeitnehmerseite betrifft (*Rummel* S 43 ff) bzw die andererseits stets von einem Feststellungsinteresse für diese Organisationen ausgehen (*Zöllner* aaO Rn 52).

§ 251 Anfechtung der Wahl von Aufsichtsratsmitgliedern

(1) ¹Die Wahl eines Aufsichtsratsmitglieds durch die Hauptversammlung kann wegen Verletzung des Gesetzes oder der Satzung durch Klage angefochten werden. ²Ist die Hauptversammlung an Wahlvorschläge gebunden, so kann die Anfechtung auch darauf gestützt werden, dass der Wahlvorschlag gesetzwidrig zustande gekommen ist. ³§ 243 Abs. 4 und § 244 gelten.

(2) ¹Für die Anfechtungsbefugnis gilt § 245 Nr. 1, 2 und 4. ²Die Wahl eines Aufsichtsratsmitglieds, das nach dem Montan-Mitbestimmungsgesetz auf Vorschlag der Betriebsräte gewählt worden ist, kann auch von jedem Betriebsrat eines Betriebs der Gesellschaft, jeder in den Betrieben der Gesellschaft vertretenen Gewerkschaft oder deren Spitzenorganisation angefochten werden. ³Die Wahl eines weiteren Mitglieds, das nach dem Montan-Mitbestimmungsgesetz oder dem Mitbestimmungsergänzungsgesetz auf Vorschlag der übrigen Aufsichtsratsmitglieder gewählt worden ist, kann auch von jedem Aufsichtsratsmitglied angefochten werden.

(3) Für das Anfechtungsverfahren gelten die §§ 246, 247, 248 Abs. 1 Satz 2 und § 248a.

Übersicht

	Rn		Rn
I. Normzweck	1	3. Verweis auf die allgemeinen Vorschriften (Abs 1 S 3)	4
II. Anfechtungsgründe (Abs 1)	2	III. Anfechtungsbefugnis (Abs 2)	8
1. Verletzung des Gesetzes oder der Satzung	2	IV. Anfechtungsverfahren (Abs 3)	11
2. Verletzung des Gesetzes beim Zustandekommen von bindenden Wahlvorschlägen	3		

Literatur: *Claussen* Das Recht der Aufsichtsratswahl im Schnittpunkt der Fraktionen, AG 1971, 385; *Fabricius* Erweiterung der Arbeitnehmer-Beteiligung im Aufsichtsrat einer Aktiengesellschaft gem § 76 BetrVG 1952 auf rechtsgeschäftlicher Grundlage, FS Hilger und Stumpf, 1983, S 155; *Fuhrmann* Die Blockabstimmung in der Hauptversammlung, ZIP 2004, 2081; *Hommelhoff* Vereinbarte Mitbestimmung, ZHR 148 (1984), 118; *Ihrig/Schlitt* Vereinbarungen über eine freiwillige Einführung oder Erweiterung der Mitbestimmung, NZG 1999, 333; *Linnerz* Unzulässige Blockwahl des Aufsichtsrats bei Antrag auf Einzelwahl eines in der Hauptversammlung anwesenden Aktionärs, BB 2004, 963; *Seibt* Unzulässige Blockwahl des Aufsichtsrats bei Antrag eines Aktionärs auf Einzelwahl, NJW-Spezial 2004, 78; *Timm* Grundfragen des „qualifizierten" faktischen Konzerns im Aktienrecht, NJW 1987, 977.

I. Normzweck

§ 251 regelt parallel zur Nichtigkeitsregelung in § 250 abschließend die Anfechtung **1** einer rechtswidrigen Wahl eines AR-Mitglieds durch die HV und stellt eine **Spezialregelung zu** §§ 243 ff dar. Diese allg Vorschriften sind nur insoweit anwendbar, als in

§ 251 Anfechtung der Wahl von Aufsichtsratsmitgliedern

§ 251 auf sie verwiesen wird (GroßKomm AktG/*K. Schmidt* Rn 1). Die abschließende Sonderregelung in § 251 soll zum einen den **Besonderheiten der AR-Wahl Rechnung tragen**: Im Gegensatz zu den allg Anfechtungsregelungen stellt die Verfolgung von Sondervorteilen (§ 243 Abs 2) bei der Wahl von AR-Mitgliedern keinen Anfechtungsgrund dar. Ferner ist die Anfechtungsbefugnis zunächst auf die Aktionäre und den Vorstand als Organ gem § 245 Nr 1, 2 und 4 beschränkt und umfasst nicht die einzelnen Mitglieder von Vorstand und AR. Des Weiteren bezweckt § 251 den **Schutz der Arbeitnehmerrechte**, indem gem Abs 1 S 2 die Verletzung von mitbestimmungsrechtlichen Regelungen für bindende Wahlvorschläge einen Anfechtungsgrund darstellt und die Anfechtungsbefugnis gem Abs 2 S 2 und S 3 auf bestimmte Arbeitnehmerorganisationen erweitert wird.

II. Anfechtungsgründe (Abs 1)

2 **1. Verletzung des Gesetzes oder der Satzung.** § 251 setzt ebenso wie die Nichtigkeitsregelung des § 250 einen **Wahlbeschluss durch die HV** voraus (vgl § 250 Rn 21). Wie nach § 243 Abs 1 kann gem Abs 1 S 1 ein Wahlbeschluss bei einem Verstoß gegen Gesetz oder Satzung angefochten werden (vgl § 243 Rn 2 ff für mögliche Gesetzes- und Satzungsverletzungen). Bes praktische Bedeutung können hier §§ 126, 127 (Mitteilung der Wahlvorschläge von Aktionären) und § 137 (Abstimmungsreihenfolge) haben. Nach Auffassung des *LG München* (NZG 2004, 626) soll auch die Beschlussfassung durch **Blockwahl** einen Anfechtungsgrund begründen, wenn ein Aktionär zuvor die Einzelwahl beantragt hat. Das Gericht begründet dies damit, dass im Umkehrschluss zu § 120 Abs 1 die Einzelwahl den gesetzlichen Regelfall darstelle, von dem nur abgewichen werden könne, wenn der Versammlungsleiter vor Beschlussfassung darauf hinweist, dass durch mehrheitliche Ablehnung der Beschlussfassung eine Einzelwahl herbeigeführt werden kann und zusätzlich kein Aktionär der Blockwahl widerspricht. Die damit bereits einem einzelnen Aktionär gewährte Einwirkung eines derart weitgehenden Einflusses auf die Tagesordnung, die de facto zum Ausschluss der zulässigen Blockwahl führt, erscheint jedoch äußerst problematisch (ebenso *Fuhrmann* ZIP 2004, 2081, 2083; *Hüffer* AktG § 101 Rn 6; K. Schmidt/Lutter AktG/*Drygala* § 101 Rn 11; iE auch Spindler/Stilz AktG/*Spindler* § 101 Rn 36; vgl § 134 Rn 31; dem *LG München* dagegen zust, wenn auch krit *Linnerz* BB 2004, 963). Der Praxis ist jedoch bis zu einer anderweitigen Klärung durch die Rspr zu empfehlen, unter Berücksichtigung der Entscheidung des *LG München* (aaO) jedenfalls bei Widerspruch eines Aktionärs (und damit bei Publikumsgesellschaften aus Praktikabilitätsgründen von vornherein) eine Einzelwahl vorzunehmen (*Seibt* NJW-Spezial 2004, 78). **Wählt die HV freiwillig mehr Arbeitnehmervertreter** in den AR, als die im Einzelfall anwendbaren zwingenden mitbestimmungsrechtlichen Vorschriften verlangen, um hierdurch einen mitbestimmungsähnlichen Zustand herbeizuführen oder um bei drittelparitätischer Zusammensetzung nach § 4 Abs 1 DrittelbG die Mitbestimmung der Arbeitnehmer zu verstärken, so ist dieser Wahlbeschluss, mit dem faktisch eine Zuwahl von Arbeitnehmervertretern erreicht wird, mangels Gesetzesverletzung nicht anfechtbar (**hM** BGH AG 1975, 242, 244; KölnKomm AktG/*Mertens* § 96 Rn 15; ausf K.Schmidt/Lutter AktG/*Schwab* Rn 2 mwN; Spindler/Stilz AktG/*Stilz* Rn 5; *Hommelhoff* ZHR 148 [1984], 136; **aA** MünchKomm AktG/*Hüffer* Rn 9; *Claussen* AG 1971, 385, 387). Nicht möglich ist dagegen durch Satzung (*OLG Hamburg* AG 1972, 183, 184; *Ihrig/Schlitt* NZG 1999, 333, 334) oder durch schuldrechtliche Vereinbarung

(*Hommelhoff* aaO 133 f) mitbestimmungsrechtliche Regelungen für die Wahl von Arbeitnehmervertretern und ein auf mitbestimmungsrechtlichen Vorschriften beruhendes Wahlverfahren einzuführen, da dies gegen § 23 Abs 5 verstößt (**hM** *OLG Hamburg* aaO; *Ihrig/Schlitt* aaO mwN; **aA** *Fabricius* FS Hilger und Stumpf, S 158 ff). Umstr ist, ob ein Wahlbeschluss auch anfechtbar ist, wenn hierdurch die Anteilseignerseite des **AR in einer abhängigen, faktisch konzernierten Gesellschaft** ausschließlich mit Repräsentanten des herrschenden Unternehmens besetzt wird (so *OLG Hamm* NJW 1987, 1030, 1031, das in diesem Fall einen Verstoß gegen die Treuepflicht des Gesellschafters bzw einen Stimmrechtsmissbrauch annimmt). Die besseren Gründe sprechen für die grundsätzliche Zulässigkeit einer solchen Wahl. Der Schutz der Minderheit wird nicht durch eine sowohl hinsichtlich ihrer Anwendungsvoraussetzungen als auch ihres Umfangs völlig unklare Einschränkung des in § 133 positiv geregelten Mehrheitsprinzips erreicht, zumal auch die von dem Mehrheitsaktionär gewählten Mitglieder des AR der Pflicht unterliegen, das Amt zum Wohl des gesamten Unternehmens (und nicht lediglich des Mehrheitsaktionärs) auszuüben (vgl *LG Mannheim* WM 1990, 760, 764; iE ebenso *Timm* NJW 1987, 977, 986; GroßKomm AktG/*K. Schmidt* Rn 8; *Stilz* aaO; *Schwab* aaO Rn 3). Auch zur Anfechtung soll nach teilw vertretener Ansicht die fehlende oder unzureichende Berufsangabe, zB die fehlende Angabe des Arbeitgebers, beim Wahlvorschlag des Vorstands zur Wahl des AR gem § 124 Abs 3 S 4 führen (so *LG Hannover* ZIP 2010, 833, 838 f: fehlende Angabe der Kanzlei, für die ein AR-Kandidat tätig ist; *LG München I* Der Konzern 2007, 448, 452 f; *Hüffer* AktG § 124 Rn 16; MünchKomm AktG/*Kubis* § 124 Rn 57; **aA** zutr krit K. Schmidt/Lutter AktG/*Ziemons* § 124 Rn 27; großzügiger auch *OLG Frankfurt* ZIP 2007, 232: keine Anfechtbarkeit bei nur marginalen Abweichungen des tatsächlichen Berufs vom bekanntgemachten). Ein zur Anfechtung berechtigender Verstoß gegen die Satzung liegt vor, wenn diese weitere persönliche Voraussetzungen in den Grenzen des § 100 Abs 4 aufstellt, die der Kandidat nicht erfüllt. Für weitere Fälle von Satzungsverstößen vgl § 243 Rn 4. Ein Anfechtungsgrund liegt dagegen nicht vor, wenn der Gesetzesverstoß schon einen Nichtigkeitsgrund nach § 250 Abs 1 begründet (vgl § 250 Rn 4 ff).

2. Verletzung des Gesetzes beim Zustandekommen von bindenden Wahlvorschlägen

Ist die HV an Wahlvorschläge gebunden, stellt die Verletzung der gesetzlichen Regelungen für das **Zustandekommen von Wahlvorschlägen** gem Abs 1 S 2 einen Anfechtungsgrund dar. Eine Bindung an Wahlvorschläge besteht gem § 101 Abs 1 S 2 nur bei der Wahl von Arbeitnehmervertretern und von weiteren Mitgliedern durch die HV nach §§ 6 und 8 des MontanMitbestG sowie bei der Wahl eines weiteren Mitglieds nach § 5 Abs 3 MontanMitbestErgG iVm § 8 MontanMitbestG (GroßKomm AktG/*K. Schmidt* Rn 9). Ein Verstoß gegen einen in einem Stimmbindungsvertrag vereinbarte AR-Wahl unterfällt dagegen nicht Abs 1 S 2, kann aber im Einzelfall nach Abs 1 S 1 anfechtbar sein (vgl § 243 Rn 5). Das gesetzmäßige Zustandekommen der Wahlvorschläge richtet sich nach dem einschlägigen Mitbestimmungsrecht und nach der Wahlordnung (Dritte WOMitbestG idF v 10.10.2005, BGBl I S 2927). In Anlehnung an § 10l Abs 1 MontanMitbestErgG, § 22 Abs 1 MitbestG ist die Anfechtbarkeit jedoch auf Verstöße gegen wesentliche Vorschriften beschränkt (*K. Schmidt* aaO). Die Gesetzesverletzung muss nicht kausal für den Wahlvorschlag gewesen sein (*K. Schmidt* aaO; Spindler/Stilz AktG/*Stilz* Rn 8; iE auch *Hüffer* AktG Rn 3; vielmehr kommt es auf die **Relevanz** eines korrekten Wahlvorschlages für die Beschlussfassung in (hierzu näher 3

§ 243 Rn 8) an (K. Schmidt/Lutter AktG/*Schwab* Rn 4; *Stilz* aaO). Wählt die HV dagegen trotz Bindung an Wahlvorschläge einen Nichtvorgeschlagenen, so führt dies gem § 250 Abs 1 Nr 2 bereits zur Nichtigkeit.

4   3. **Verweis auf die allgemeinen Vorschriften (Abs 1 S 3).** Aus der Verweisung des Abs 1 S 3 auf § 243 Abs 4 S 1 folgt, dass ein Wahlbeschluss auch **wegen unrichtiger, unvollständiger oder verweigerter Erteilung von Informationen** angefochten werden kann, wenn ein objektiv urteilender Aktionär die Erteilung der begehrten Information als wesentliche Voraussetzung für die sachgerechte Wahrnehmung seiner Teilnahme- und Mitgliedschaftsrechte angesehen hätte. Eine solche **Informationspflichtverletzung** kann insbesondere in einer Verweigerung von Informationen zur Beurteilung der Eignung oder von Interessenkonflikten bei dem AR-Kandidaten liegen, § 131 (*Hüffer* AktG § 243 Rn 47; vgl § 243 Rn 8 f).

5   Der fehlende Hinweis auf die Regelung des § 243 Abs 3 beruht auf einem Redaktionsversehen, so dass ein Verstoß gegen § 128 (Weiterleitungspflicht für Kreditinstitute und Aktionärsvereinigungen) nicht zur Anfechtung des Wahlbeschlusses berechtigt (**allgM** *Kropff* S 330; MünchKomm AktG/*Hüffer* Rn 9 mwN).

6   Abs 1 S 3 verweist nicht auf § 243 Abs 2, wonach ein HV-Beschluss auch deshalb angefochten werden kann, wenn mit der Ausübung des Stimmrechts Sondervorteile verfolgt werden. Die Anfechtung eines Wahlbeschlusses kann daher **nicht auf die Verfolgung von Sondervorteilen** gestützt werden (**hM** *OLG Hamburg* AG 1972, 183, 187; GroßKomm AktG/*K. Schmidt* Rn 2; Spindler/Stilz AktG/*Stilz* Rn 2; ausf K. Schmidt/ Lutter AktG/*Schwab* Rn 5 mwN). Wird jedoch durch die Ausübung von Sondervorteilen die Treuepflicht verletzt, liegt eine Gesetzesverletzung iSd Abs 1 S 1 vor (*K. Schmidt* aaO, *Stilz* aaO).

7   Wird der wg Gesetzesverletzung **anfechtbare Wahlbeschluss** durch einen neuen Beschl **bestätigt**, so ist gem § 244 iVm § 251 Abs 1 S 3 die **Anfechtbarkeit ausgeschlossen** (zu den Einzelheiten bzgl des Bestätigungsbeschlusses vgl § 244 sowie *Hüffer* AktG Rn 7; Spindler/Stilz AktG/*Stilz* Rn 12; *OLG Stuttgart* AG 2005, 125, 130).

III. Anfechtungsbefugnis (Abs 2)

8   Anfechtungsbefugt sind aufgrund der Verweisung in Abs 2 S 1 **Aktionäre und der Vorstand als Organ**, bei Vorliegen der im einzelnen (§ 245 Nr 1, Nr 2, Nr 4) geregelten Voraussetzungen (s.o. § 245 Rn 9 ff). Keine Anfechtungsbefugnis bei der Wahl von AR-Mitgliedern liegt dagegen in den Fällen des § 245 Nr 3, 5 vor.

9   Abs 2 S 2 und S 3 regeln über § 245 hinausgehend weiterer Fälle der Anfechtungsbefugnis bei der Wahl von AR-Mitgliedern. Bei der Anfechtung eines Wahlbeschlusses, durch den ein Arbeitnehmervertreter oder ein weiteres Mitglied aufgrund eines Wahlvorschlags der Betriebsräte nach § 4 Abs 1 S 2 lit b MontanMitbestG iVm § 6 Abs 1 MontanMitbestG zum AR-Mitglied gewählt wurde, sind außerdem jeder **Betriebsrat** der AG sowie jede in den Betrieben vertretene **Gewerkschaft** und ihre jeweilige **Spitzenorganisation** anfechtungsbefugt; analog § 250 Abs 2 AktG, § 22 MitbestG ist auch zusätzlich der Gesamtbetriebsrat anfechtungsbefugt (**hM** GroßKomm AktG/ *K. Schmidt* Rn 17; MünchKomm AktG/*Hüffer* Rn 14; **aA** Spindler/Stilz AktG/*Stilz* Rn 15).

Betrifft der Beschl die Wahl eines weiteren, „neutralen" Mitglieds nach § 4 Abs 1 S 2 **10** lit c MontanMitbestG oder nach § 5 Abs 3 S 2 MontanMitbestErgG, so kann der Wahlbeschluss auch von jedem **AR-Mitglied** angefochten werden. Nach nunmehr hA bezieht sich das Wort „auch" auf Abs 2 S 1 und S 2. Deshalb sind neben den generell Anfechtungsbefugten iSv § 245 Nr 1, 2 und 4 sowie einzelnen AR-Mitgliedern auch die Betriebsräte, Gewerkschaften und deren Spitzenorganisationen anfechtungsbefugt (Spindler/Stilz AktG/*Stilz* Rn 16 mwN; GroßKomm AktG/*K. Schmidt* Rn 18).

IV. Anfechtungsverfahren (Abs 3)

Für das Anfechtungsverfahren verweist Abs 3 auf die §§ 246, 247, 248 Abs 1 S 2 und **11** 248a. Die **nach Abs 2 anfechtungsbefugten Vereinigungen und Organisationen** sind in Erweiterung des § 50 ZPO auch **partei- und prozessfähig**, da ansonsten die Anfechtungsbefugnis leer laufen würde (**allgM** GroßKomm AktG/*K. Schmidt* Rn 20). Wg der rückwirkenden Gestaltungswirkung des Anfechtungsurteils hat das betroffene AR-Mitglied die Organstellung dann rückwirkend von Anfang an nicht erlangt. Bis zu einer rechtskräftigen Entscheidung ist jedoch auch das betroffene AR-Mitglied vertretungsberechtigt und klagebefugt iSd § 246 Abs 2 S 3. Die Urteilswirkungen regeln sich nach der Spezialvorschrift des § 252 (Umkehrschluss aus der beschränkten Verweisung nur auf § 248 Abs 1 S 2).

§ 252 Urteilswirkung

(1) Erhebt ein Aktionär, der Vorstand, ein Mitglied des Vorstands oder des Aufsichtsrats oder eine in § 250 Abs. 2 bezeichnete Organisation oder Vertretung der Arbeitnehmer gegen die Gesellschaft Klage auf Feststellung, dass die Wahl eines Aufsichtsratsmitglieds durch die Hauptversammlung nichtig ist, so wirkt ein Urteil, das die Nichtigkeit der Wahl rechtskräftig feststellt, für und gegen alle Aktionäre und Arbeitnehmer der Gesellschaft, alle Arbeitnehmer von anderen Unternehmen, deren Arbeitnehmer selbst oder durch Delegierte an der Wahl von Aufsichtsratsmitgliedern der Gesellschaft teilnehmen, die Mitglieder des Vorstands und des Aufsichtsrats sowie die in § 250 Abs. 2 bezeichneten Organisationen und Vertretungen der Arbeitnehmer, auch wenn sie nicht Partei sind.

(2) ¹Wird die Wahl eines Aufsichtsratsmitglieds durch die Hauptversammlung durch rechtskräftiges Urteil für nichtig erklärt, so wirkt das Urteil für und gegen alle Aktionäre sowie die Mitglieder des Vorstands und Aufsichtsrats, auch wenn sie nicht Partei sind. ²Im Fall des § 251 Abs. 2 Satz 2 wirkt das Urteil auch für und gegen die nach dieser Vorschrift anfechtungsberechtigten Betriebsräte, Gewerkschaften und Spitzenorganisationen, auch wenn sie nicht Partei sind.

Übersicht

	Rn		Rn
I. Normzweck	1	III. Drittwirkung bei Anfechtungsklage (Abs 2)	4
II. Drittwirkung bei Nichtigkeitsklage (Abs 1)	2	1. Voraussetzungen der Drittwirkung	4
1. Voraussetzungen der Drittwirkung	2	2. Drittwirkung	5
2. Einzelheiten zur Drittwirkung	3		

§ 252

I. Normzweck

1 § 252 regelt im Wesentlichen identisch zu den §§ 248, 249 die **Drittwirkung von Nichtigkeits- und Anfechtungsurteilen**, die auf Klagen gem §§ 250, 251 hin ergehen. Inhaltliche Abweichungen bestehen darin, dass die Rechtskraftwirkung über die §§ 248, 249 hinaus auch für und gegen Arbeitnehmer, Organisationen und Vereinigungen der Arbeitnehmer sowie Betriebsräten, Gewerkschaften und deren Spitzenorganisationen geregelt wird. § 252 setzt stets ein der Klage stattgebendes Urteil voraus und gilt wie im Fall der §§ 248, 249 nicht bei klageabweisenden Urteilen. § 252 dient ebenso wie die §§ 248, 249 der **Rechtsklarheit und der Rechtssicherheit**.

II. Drittwirkung bei Nichtigkeitsklage (Abs 1)

2 **1. Voraussetzungen der Drittwirkung.** Abs 1 regelt die Drittwirkung eines **Nichtigkeitsfeststellungsurteils** bezüglich der Wahl von AR-Mitgliedern **gem § 250** (vgl weitergehend § 249 Rn 8, 12). Die Rechtskrafterstreckung setzt voraus, dass ein Aktionär, der Vorstand, ein Mitglied des Vorstands oder des AR oder eine in § 250 Abs 2 als parteifähig erklärte Organisation oder Vereinigung der Arbeitnehmerseite Klage auf Feststellung der Nichtigkeit eines Wahlbeschlusses gem § 250 Abs 1 gegen die Gesellschaft **als Beklagte** erhoben hat. § 252 ist nicht anwendbar, wenn die Nichtigkeit der AR-Wahl auf andere Weise iSd § 250 Abs 3 S 2 festgestellt worden ist, auch wenn eine der in Abs 1 S 1 aufgeführten Personen bzw Vereinigungen Partei des Rechtsstreits ist; in diesem Fall verbleibt es bei der inter partes Wirkung des Urteils.

3 **2. Einzelheiten zur Drittwirkung.** Wird durch Urteil die Nichtigkeit des Wahlbeschlusses festgestellt, **erstreckt Abs 1 die materielle Rechtskraftwirkung** auf alle Aktionäre und Arbeitnehmer der beklagten Gesellschaft, auf alle Arbeitnehmer von anderen Unternehmen, deren Arbeitnehmer selbst oder durch Delegierte an der Wahl von AR-Mitgliedern der beklagten Gesellschaft teilnehmen (vgl § 9 MitbestG, § 7 Montan-MitbestErgG), auf alle **Mitglieder des Vorstands und des AR** und auf **die in § 250 Abs 2 genannten** Arbeitnehmerorganisationen und -vereinigungen. Auf Grund der Erstreckung der materiellen Rechtskraft sind weitere Nichtigkeitsklagen gem § 250 unzulässig. Das der Klage stattgebende Nichtigkeitsfeststellungsurteil entfaltet materielle Bindungswirkung für und gegen jedermann, (hM inter omnes Wirkung, anders dagegen das nur inter partes geltende klageabweisende Urteil, vgl nur Spindler/Stilz AktG/*Stilz* 4 mwN; **aA** stets inter partes Wirkung K. Schmidt/Lutter AktG/*Schwab* Rn 2).

III. Drittwirkung bei Anfechtungsklage (Abs 2)

4 **1. Voraussetzungen der Drittwirkung.** Abs 2 regelt die **materielle Rechtskraft der Anfechtungsklage gem § 251**. Wie bei der allg Anfechtungsklage ist zu unterscheiden zwischen der in § 252 geregelten materiellen Rechtskraft und der sich bereits aus allg Grundsätzen ergebenden Gestaltungswirkung (s.o. § 248 Rn 2 ff). Abs 2 regelt ebenso wie Abs 1 die Drittwirkung nur für das der Klage stattgebende und den Wahlbeschluss für nichtig erklärende (Gestaltungs-) Urteil. Wg der bloßen inter partes Wirkung eines klageabweisenden Urteils bleibt es deshalb Dritten unbenommen, Klage gegen den Wahlbeschluss zu erheben (wg der einmonatigen Anfechtungsfrist hat lediglich die Nichtigkeitsklage praktische Bedeutung).

2. Drittwirkung. Aufgrund der **Gestaltungswirkung** ist der Wahlbeschluss für und 5 gegenüber jedermann von Anfang an nichtig, so dass das AR-Mitglied seine Stellung von Beginn an verliert (**hM** GroßKomm AktG/*K. Schmidt* Rn 12; Spindler/Stilz AktG/ *Stilz* Rn 6 mwN). Zu den daraus resultierenden Rückabwicklungsproblemen oder Gültigkeitsproblemen hinsichtlich gefasster AR-Beschlüsse, wenn das betroffene AR-Mitglied zwischenzeitlich seine Tätigkeit für den AR aufgenommen hat vgl § 250 Rn 10 f. Hat ein danach aufgrund eines nichtigen AR-Beschl bestelltes Vorstandsmitglied für die Gesellschaft gehandelt, so sind Dritte nach den allg Rechtsscheinregeln (§ 15 HGB) geschützt (*Hüffer* AktG Rn 8). **Abs 2** regelt wie § 248 die **subjektive Reichweite der materiellen Rechtskraft**. Danach ist eine weitere Anfechtungsklage des in § 252 aufgeführten Personenkreises mit demselben objektiven Streitgegenstand schon wg Unzulässigkeit abzuweisen.

§ 253 Nichtigkeit des Beschlusses über die Verwendung des Bilanzgewinns

(1) ¹**Der Beschluss über die Verwendung des Bilanzgewinns ist außer in den Fällen des § 173 Abs. 3, des § 217 Abs. 2 und des § 241 nur dann nichtig, wenn die Feststellung des Jahresabschlusses, auf dem er beruht, nichtig ist.** ²**Die Nichtigkeit des Beschlusses aus diesem Grund kann nicht mehr geltend gemacht werden, wenn die Nichtigkeit der Feststellung des Jahresabschlusses nicht mehr geltend gemacht werden kann.**

(2) Für die Klage auf Feststellung der Nichtigkeit gegen die Gesellschaft gilt § 249.

Übersicht

	Rn		Rn
I. Regelungszweck	1	IV. Heilung	4
II. Nichtigkeit aufgrund §§ 173 Abs 3, 217 Abs 2, 241	2	V. Folge der Nichtigkeit	5
		VI. Klage	6
III. Nichtigkeit der Feststellung des Jahresabschlusses	3		

Literatur: *Fabis* Vereinfachte Kapitalherabsetzung bei AG und GmbH, MittRhNotK 1999, 170; *Grumann/Gillmann* Aktienrechtliche Hauptversammlungsniederschriften und Auswirkungen von formalen Mängeln, NZG 2004, 839; *Hense* Rechtsfolgen nichtiger Jahresabschlüsse und Konsequenzen für Folgeabschlüsse, WPg 1993, 716; *Terbrack* Kapitalherabsetzende Maßnahmen bei Aktiengesellschaften, RNotZ 2003, 89; *Volhard/Weber* Entlastung, wie oft?, NZG 2003, 351; *Weilep/Weilep* Nichtigkeit von Jahresabschlüssen, BB 2006, 147.

I. Regelungszweck

§ 253 hat die Funktion, abschließend die Nichtigkeitsgründe eines Gewinnverwen- 1 dungsbeschlusses zusammenzufassen (MünchKomm AktG/*Hüffer* Rn 2). § 253 begründet neben der bloß deklaratorischen Verweisung auf die §§ 173 Abs 3, 217 Abs 2, 241 einen eigenständigen Nichtigkeitsgrund, indem die Nichtigkeit des Jahresabschluss und insoweit auch deren Heilung auf den Gewinnverwendungsbeschluss übertragen werden. Durch § 253 wird damit eine **Akzessorität zwischen Gewinnfeststellung und Gewinnverwendungsbeschluss** begründet (GroßKomm AktG/*K. Schmidt* Rn 1).

Göz

§ 253   Nichtigkeit des Beschlusses über die Verwendung des Bilanzgewinns

II. Nichtigkeit aufgrund §§ 173 Abs 3, 217 Abs 2, 241

2   § 253 verweist neben §§ 173 Abs 3, 217 Abs 2 auf den allg Katalog der Nichtigkeitsgründe des § 241. Von Bedeutung ist insoweit insbesondere ein (Akzessoritäts-)Verstoß gegen § 179 Abs 1 S 2, wenn der Gewinnverwendungsbeschluss nicht auf der Grundlage des festgestellten Jahresabschlusses ergeht, sondern etwa einen höheren oder niedrigeren Bilanzgewinn zugrunde legt. Über § 241 führt ein Verstoß gegen die Bindung des Jahresabschlusses zur Nichtigkeit (§ 174 Abs 1 S 2 und Abs 3; § 241 Nr 3, Var 3 Kompetenzverstoß), ein Verstoß gegen die formellen Anforderungen des § 174 Abs 2 führt dagegen lediglich zur Anfechtbarkeit (*Hüffer* AktG Rn 3; Spindler/Stilz AktG/*Stilz* Rn 7). Ebenfalls zur Nichtigkeit führt ein Verstoß gegen die §§ 225, 230, 233 (Ausschüttungssperre) (§ 241 Nr 3 Var 2, *Terbrack* RNotZ 2003, 90, 114; *Fabis* MittRhNotK 1999, 170, 182).

III. Nichtigkeit der Feststellung des Jahresabschlusses

3   Der Gewinnverwendungsbeschluss ist wg der Akzessorität von Jahresabschluss und Gewinnverwendung insbesondere auch dann nichtig, wenn der Jahresabschluss, bzw seine Feststellung nichtig ist. Nichtigkeit des Jahresabschlusses liegt vor, wenn ein Nichtigkeitsgrund nach § 256 vorliegt oder wenn die HV den Jahresabschluss festgestellt hat und der Feststellungsbeschluss vom Gericht aufgrund der Anfechtung gem § 257 für nichtig erklärt worden ist. Um die (akzessorische) Nichtigkeit des Gewinnverwendungsbeschlusses geltend zu machen, bedarf es nicht eines vorherigen Urteils zur Feststellung der Nichtigkeit des Jahresabschlusses nach § 256. Die Beweislast eines Nichtigkeitsgrundes nach § 256 liegt bei demjenigen, welcher die Nichtigkeit des Gewinnverwendungsbeschlusses geltend macht (GroßKomm AktG/*K. Schmidt* Rn 14). Wird nach Nichtigkeit der Jahresabschluss neu festgestellt, bedarf es in jedem Fall und damit auch bei Ausweis eines identischen Bilanzgewinns auch eines neuen Gewinnverwendungsbeschlusses (MünchKomm AktG/*Hüffer* Rn 8; *K. Schmidt* aaO Rn 7).

IV. Heilung

4   Eine Heilung nach § 242 kommt für den Gewinnverwendungsbeschluss mangels Eintragung nicht in Betracht (*Grumann/Gillmann* NZG 2004, 839, 843). Ist aber ein wg § 217 Abs 2 S 4 nichtiger Kapitalerhöhungsbeschluss nach § 242 Abs 3 geheilt, dann wird auch der ebenfalls nach § 217 Abs 2 S 4 nichtige Gewinnverwendungsbeschluss insoweit geheilt (Spindler/Stilz AktG/*Stilz* Rn 16 mwN; MünchKomm AktG/*Hüffer* Rn 9; KölnKomm AktG/*Zöllner* Rn 21). Eine Heilung des Jahresabschlusses bedeutet auch eine Heilung des Gewinnverwendungsbeschlusses, allerdings nur im Hinblick auf den Mangel des nichtigen Jahresabschlusses als Grundlage. **Neuaufstellung eines nichtigen Jahresabschlusses** heilt auch bei Ausweis desselben Bilanzgewinns den Gewinnverwendungsbeschluss **nicht** (s. o. Rn 3). Die nur gegen den Gewinnverwendungsbeschluss gerichtete Klage bewirkt keine Verlängerung der Heilungsfrist des festgestellten Jahresabschlusses nach § 256 Abs 6 S 2 (**unstr** *OLG Stuttgart* WM 2006, 292, 295).

V. Folge der Nichtigkeit

5   Ein nichtiger Gewinnverwendungsbeschluss entfaltet keine Rechtswirkungen (*Grumann/Gillmann* NZG 2004, 839, 843). Soweit der (nicht nichtige) Gewinnverwen-

dungsbeschluss eine Ausschüttung vorsieht, verfestigt sich der mitgliedschaftsrechtliche Gewinnanspruch zu einem der Höhe nach bestimmbaren und unentziehbaren Zahlungsanspruch (*BGHZ* 65, 230, 235; 23, 150, 154). Die Nichtigkeit **hindert** das Entstehen dieses **Zahlungsanspruchs** (*Volhard/Weber* NZG 2003, 351, 352), eine **Ausschüttung** darf nicht erfolgen (§ 62, dazu *Weilep/Weilep* BB 2006, 147, 151 und *Grumann/Gillmann* aaO 843 f; zu den diesbzgl Folgen für den Jahresabschluss *Hense* WPg 1993, 716, 720 f). Sind trotz eines nichtigen Gewinnverwendungsbeschlusses Dividendenzahlungen vorgenommen worden, besteht ein Rückgewähranspruch der Gesellschaft nach § 62 Abs 1. Ein nichtiger Gewinnverwendungsbeschluss darf im nächsten Jahresabschluss nicht berücksichtigt werden, vielmehr ist der Bilanzgewinn zu passivieren (*Grumann/Gillmann* aaO 844).

VI. Klage

Die Nichtigkeit des Gewinnverwendungsbeschlusses kann grds **in jeder Weise**, nicht 6
nur durch eine Klage geltend gemacht werden (MünchKomm AktG/*Hüffer* Rn 12). § 249 gilt entspr (Abs 2).

§ 254 Anfechtung des Beschlusses über die Verwendung des Bilanzgewinns

(1) Der Beschluss über die Verwendung des Bilanzgewinns kann außer nach § 243 auch angefochten werden, wenn die Hauptversammlung aus dem Bilanzgewinn Beträge in Gewinnrücklagen einstellt oder als Gewinn vorträgt, die nicht nach Gesetz oder Satzung von der Verteilung unter die Aktionäre ausgeschlossen sind, obwohl die Einstellung oder der Gewinnvortrag bei vernünftiger kaufmännischer Beurteilung nicht notwendig ist, um die Lebens- und Widerstandsfähigkeit der Gesellschaft für einen hinsichtlich der wirtschaftlichen und finanziellen Notwendigkeiten übersehbaren Zeitraum zu sichern und dadurch unter die Aktionäre kein Gewinn in Höhe von mindestens vier vom Hundert des Grundkapitals abzüglich von noch nicht eingeforderten Einlagen verteilt werden kann.

(2) ¹Für die Anfechtung gelten die §§ 244 bis 246, 247 bis 248a. ²Die Anfechtungsfrist beginnt auch dann mit der Beschlussfassung, wenn der Jahresabschluss nach § 316 Abs. 3 des Handelsgesetzbuchs erneut zu prüfen ist. ³Zu einer Anfechtung nach Absatz 1 sind Aktionäre nur befugt, wenn ihre Anteile zusammen den zwanzigsten Teil des Grundkapitals oder den anteiligen Betrag von 500 000 Euro erreichen.

Übersicht

	Rn		Rn
I. Regelungszweck	1	4. Verteilungsfähigkeit des eingestellten oder vorgetragenen Betrags	6
II. Besondere Anfechtungsvoraussetzungen des § 254	2	5. Lebens- und Widerstandsfähigkeit der Aktiengesellschaft	7
1. Beschluss der Hauptversammlung über die Gewinnverwendung	3	III. Verfahren (Abs 2)	8
2. Mindestausschüttung	4	1. Allgemeine Voraussetzung	8
3. Gewinnrücklage/Gewinnvortrag	5	2. Anfechtungsbefugnis nur bei Quorum	9

Göz

§ 254 Anfechtung des Beschlusses über die Verwendung des Bilanzgewinns

I. Regelungszweck

1 § 254 betrifft die Anfechtbarkeit des Gewinnverwendungsbeschlusses. Die Norm bezweckt den **Schutz der Minderheitsaktionäre vor einer „Aushungerung"** durch eine nicht mehr rechtfertigbare Einstellung der Erträge in die Rücklagen (*Kropff* S 340) bzw durch nicht mehr rechtfertigbaren Gewinnvortrag.

II. Besondere Anfechtungsvoraussetzungen des § 254

2 Für die bes Anfechtung gem § 254 ist kumulativ erforderlich, dass ein **Beschluss der HV** (und nicht lediglich von AR und Vorstand) über die Gewinnverwendung vorliegt und die **Mindestausschüttung von 4 %** des Grundkapitals aufgrund einer Einstellung in die Gewinnrücklage oder aufgrund Gewinnvortrags **unterschritten** wird. Da eine Anfechtung nach § 254 bezüglich der Anfechtungsbefugnis bes Anforderungen stellt (Quorum von 5 % bzw Nennwert/anteiliger Betrag von 500 000 EUR), **bleibt** die von § 254 nicht ausgeschlossene Anfechtung aufgrund allg Gründe **gem § 243 praktisch bedeutsam**. Anfechtbarkeit nach § 243 kann daher insbesondere vorliegen bei einer anderen und von der Satzung nicht gedeckten Gewinnverwendung als der Einstellung in die Gewinnrücklage oder als Gewinnvortrag (Verstoß gegen § 58 Abs 3 S 2) oder bei Missachtung des in § 174 Abs 2 vorgegebenen Beschlussinhalts über Gewinnverwendung (näher Spindler/Stilz AktG/*Stilz* Rn 5 f; *Hüffer* AktG Rn 2).

3 **1. Beschluss der Hauptversammlung über die Gewinnverwendung.** Der bes Anfechtungsgrund des Abs 1 setzt voraus, dass die HV (§ 58 Abs 3) im Gewinnverwendungsbeschluss den Gewinn (§ 174) in die Gewinnrücklage eingestellt (vgl § 152 Abs 3 Nr 1) oder vorgetragen hat; nicht erfasst wird der Fall des § 58 Abs 2, wenn Vorstand und AR eine übermäßige Einstellung in die Gewinnrücklage oder einen übermäßigen Gewinnvortrag vornehmen, § 254 hat für § 58 Abs 2 keine Bedeutung (*BGHZ* 55, 359, 364 f; GroßKomm AktG/*K. Schmidt* Rn 4). § 254 gilt nicht für Satzungsbestimmungen, die eine Gewinnverteilung teilw oder gänzlich ausschließen (*BGH* aaO 365). Ein Beschl der HV über die Feststellung des Jahresabschlusses (§ 173) ist auf keinen Fall Gegenstand einer Anfechtung nach § 254. § 254 gilt ferner nicht für grds zulässige Satzungsbestimmungen, die eine Gewinnverteilung teilw oder gänzlich ausschließen (*BGH* aaO).

4 **2. Mindestausschüttung.** Abzustellen ist bei der Mindestausschüttung von 4 % des Grundkapitals (Eintragung HR; *Hüffer* AktG Rn 3) auf die Gesamtausschüttung und nicht auf die Dividende eines einzelnen Aktionärs (str, MünchKomm AktG/*Hüffer* Rn 10; MünchHdb AG/*Semler* § 41 Rn 124; Spindler/Stilz AktG/*Stilz* Rn 13; **aA** GroßKomm AktG/*K. Schmidt* Rn 7; K. Schmidt/Lutter AktG/*Schwab* Rn 1; Grigoleit AktG/*Ehmann* Rn 3). Liegt die Gesamtausschüttung über 4 %, erhalten jedoch einzelne Aktionäre oder Aktiengattungen weniger als 4 %, ist der bes Anfechtungsgrund des Abs 1 nicht gegeben. Auf der anderen Seite nimmt die Dividende eines einzelnen Aktionärs von über 4 % ihm nicht die Anfechtungsbefugnis (MünchKomm AktG/ *Hüffer* Rn 11; *Stilz* aaO Rn 14; **aA** KölnKomm AktG/*Zöllner* Rn 13). Dann kann aber das Rechtsschutzinteresse fehlen (vgl *Hüffer* AktG Rn 3).

5 **3. Gewinnrücklage/Gewinnvortrag.** Erfasst wird nur der Fall, dass die Mindestausschüttung **aufgrund** Einstellung in die Gewinnrücklage (§§ 266 Abs 3 A III Nr 1, 3 und 4, 272 Abs 3 HGB) oder Gewinnvortrages (§ 266 Abs 3 A IV HGB) nicht erreicht wird. Mitursächlichkeit genügt. Nicht erfasst ist der Fall des Unterschreitens der Min-

destausschüttung nur aufgrund der anderen Verwendung iSd § 58 Abs 3 S 2 (Groß-Komm AktG/*K. Schmidt* Rn 8; KölnKomm AktG/*Zöllner* Rn 14). Ein Verstoß gegen § 58 Abs 3 S 2 kann nur eine Anfechtung des Gewinnverwendungsbeschlusses nach § 243 begründen.

4. Verteilungsfähigkeit des eingestellten oder vorgetragenen Betrags. Eine Einstellung in die Gewinnrücklage oder ein Gewinnvortrag kann insoweit die Anfechtung nach § 254 nicht begründen, als die Rücklage oder der Gewinnvortrag gesetzlich oder satzungsmäßig vorgeschrieben ist (zB § 233 Abs 2, KölnKomm AktG/*Zöllner* Rn 15). Ein solcher Fall liegt bspw (hinsichtlich des Gewinnvortrags) bei einem unverteilbaren Spitzenbetrag vor (*Hüffer* AktG Rn 5). 6

5. Lebens- und Widerstandsfähigkeit der Aktiengesellschaft. Eine Einstellung in die Gewinnrücklage oder ein Gewinnvortrag kann ferner auch insoweit die Anfechtung nach § 254 nicht begründen, als die Rücklage oder der Gewinnvortrag bei vernünftiger kaufmännischer Beurteilung notwendig ist, um die Lebens- und Widerstandsfähigkeit der Gesellschaft für einen hinsichtlich der wirtschaftlichen und finanziellen Notwendigkeit übersehbaren Zeitraum zu sichern. Gemeint ist **Bestand** und **dauerhafte Rentabilität** inklusive Wettbewerbsfähigkeit und Wachstum (MünchKomm AktG/*Hüffer* Rn 15; Spindler/Stilz AktG/*Stilz* Rn 11). Zu berücksichtigen ist dabei, inwieweit bereits verfügbares Eigenkapital (namentlich verwendbare Rücklagen) vorhanden ist (GroßKomm AktG/*K. Schmidt* Rn 10). Unter notwendig ist eine **wirtschaftliche Dringlichkeit** zu verstehen. Als übersehbaren Zeitraum kommt eine Dauer **bis zu ca fünf Jahren** in Betracht (*K Schmidt* aaO). 7

III. Verfahren (Abs 2)

1. Allgemeine Voraussetzung. Es gelten §§ 244–246, 247–248a. Diese Fristregelung des S 2 gilt sowohl bei einer Anfechtung aufgrund § 243 als auch aufgrund der zu geringen Ausschüttung nach § 254 (MünchKomm AktG/*Hüffer* Rn 6 und 18). 8

2. Anfechtungsbefugnis nur bei Quorum. Abs 2 S 3 verlangt zur **Anfechtungsbefugnis** ein **Quorum** von 5 % des Grundkapitals oder 500 000 EUR. Das Quorum gilt nur bei einer Anfechtung wg zu geringer Ausschüttung nach § 254 (KölnKomm AktG/*Zöllner* Rn 23). Das Quorum muss von Klageerhebung bis zur letzten mündlichen Tatsachenverhandlung bestehen (GroßKomm AktG/*K. Schmidt* Rn 13). Relevant ist das Grundkapital, welches zur Zeit der HV im HR eingetragen ist. Auch Aktien, für welche das Stimmrecht nicht ausgeübt werden kann, zählen beim Quorum mit, nicht aber Aktien, die keinerlei Rechte gewähren. Sämtliche am Quorum beteiligten Aktionäre müssen die Voraussetzungen des § 245 Nr 1 oder Nr 2 erfüllen (*K. Schmidt* aaO Rn 12; Spindler/Stilz AktG/*Stilz* Rn 17; **aA** MünchKomm AktG/*Hüffer* Rn 20; Grigoleit AktG/*Ehmann* Rn 9). 9

§ 255 Anfechtung der Kapitalerhöhung gegen Einlagen

(1) Der Beschluss über eine Kapitalerhöhung gegen Einlagen kann nach § 243 angefochten werden.

(2) ¹Die Anfechtung kann, wenn das Bezugsrecht der Aktionäre ganz oder zum Teil ausgeschlossen worden ist, auch darauf gestützt werden, dass der sich aus dem Erhöhungsbeschluss ergebende Ausgabebetrag oder der Mindestbetrag, unter dem die neuen Aktien nicht ausgegeben werden sollen, unangemessen niedrig ist. [2]Dies gilt nicht, wenn die neuen Aktien von einem Dritten mit der Verpflichtung übernommen werden sollen, sie den Aktionären zum Bezug anzubieten.

(3) Für die Anfechtung gelten die §§ 244 bis 248a.

Übersicht

	Rn		Rn
I. Regelungswerk	1	3. Unangemessen niedriger Ausgabe- oder Mindestbetrag	5
II. Anfechtung nach § 243 (§ 255 Abs 1)	2	a) Maßgebender Wert	5
III. Anfechtung wegen vermögensmäßiger Verwässerung (Abs 2)	3	b) Weitere Kriterien	6
1. Mögliche Gegenstände	3	c) Fehlende Betragsfestsetzung im Erhöhungsbeschluss	7
2. Bezugsrechtsausschluss	4	IV. Verfahren (Abs 3)	8

Literatur: *Bayer* Kapitalerhöhung mit Bezugsrechtsausschluß und Vermögensschutz der Aktionäre nach § 255 Abs 2 AktG, ZHR 163 (1999), 505; *Bezzenberger* Der Greenschoe und die Angemessenheit des Aktienausgabebetrags beim Börsengang, AG 2010, 765; *Groß* Das Ende des so genannten „Greenshoe", ZIP 2002, 160; *Hermanns* Gestaltungsmöglichkeiten bei der Kapitalerhöhung mit Agio, ZIP 2003, 788; *Hoffmann-Becking* Neue Formen der Aktienemission, FS Lieberknecht, 1997, S 25; *Lappe* Gemischte Kapitalerhöhungen und Bezugsrechtsausschluß in Restrukturierungsfällen, BB 2000, 313; *Martens* Bewertungsspielräume bei Fusionen und fusionsähnlichen Strukturveränderungen, FS Röhricht, 2005, S 987; *Münch* Der gekreuzte Bezugsrechtsausschluß im Recht der Aktiengesellschaft, DB 1993, 769; *Rodewald* Die Angemessenheit des Ausgabenbetrags für neue Aktien bei börsennotierten Gesellschaften, BB 2004, 613; *Schaefer/Grützediek* Haftung der Gesellschaft für „mangelhafte" Gesellschaftsanteile bei Kapitalerhöhungen, NZG 2006, 204.

I. Regelungswerk

1 § 255 regelt die Anfechtbarkeit von Beschlüssen über eine Kapitalerhöhung gegen Einlagen (effektive Kapitalerhöhung, nicht Kapitalerhöhung aus Gesellschaftsmitteln), indem neben dem allgemein geltenden Anfechtungsrecht über § 243 hinausgehend in Abs 2 ein zusätzlicher Anfechtungsgrund geschaffen wird. Danach kann die Anfechtung im Fall des Bezugsrechtsausschlusses auch auf einen unangemessenen Ausgabe- oder Mindestbetrag gestützt werden. Dieser Anfechtungsgrund soll die vom Bezugsrecht ausgeschlossenen Aktionäre vor Wertverlust ihrer Aktie schützen, der Schutz bezieht sich nur auf den vermögensrechtlichen Teil der Mitgliedschaft (**Schutz vor vermögensmäßiger Verwässerung**, *Lappe* BB 2000, 313, 315; *OLG München* WM 2006, 1530).

II. Anfechtung nach § 243 (§ 255 Abs 1)

2 Abs 1 enthält keine eigenständige Regelung, sondern stellt durch die **allgemeine Verweisung auf § 243** lediglich die selbstverständliche Anwendbarkeit des § 243 für Beschlüsse über Kapitalerhöhungen klar (KölnKomm AktG/*Zöllner* Rn 2 und 4). Für Beschl über eine Kapitalerhöhung aus Gesellschaftsmitteln gilt § 243 (anders als § 255 Abs 2, su Rn 3) ebenfalls. §§ 243 Abs 2, 255 Abs 1 und Abs 2 verdrängen einander nicht (*Hüffer* AktG Rn 3 mwN). Das gilt insbesondere auch bei einer Ausnutzung einer Zwangslage der Gesellschaft durch den Großaktionär (vgl *BGHZ* 71, 40, 52).

§ 255 Anfechtung der Kapitalerhöhung gegen Einlagen

III. Anfechtung wegen vermögensmäßiger Verwässerung (Abs 2)

1. Mögliche Gegenstände. Der zusätzliche spezielle Anfechtungsgrund des Abs 2 gilt nur für **Kapitalerhöhungen gegen Einlagen** (§§ 182 ff), also auch für die bedingte Kapitalerhöhungen (§§ 192 ff) und das genehmigte Kapital (§§ 202 ff), nicht aber für Kapitalerhöhungen aus Gesellschaftsmitteln (*Hüffer* AktG Rn 1). Abs 2 ist **analog auf die Sachkapitalerhöhung** (*BGHZ* 71, 40, 50) sowie die Ausgabe von Wandelschuldverschreibungen, Gewinnschuldverschreibungen und Genussrechten (GroßKomm AktG/ *K. Schmidt* Rn 6 mwN; *LG München* AG 2006, 169 f) anwendbar. 3

2. Bezugsrechtsausschluss. Das Bezugsrecht muss **gültig** ausgeschlossen sein (*Hüffer* AktG Rn 4). Ein Bezugsrechtsausschluss iSd Abs 2 liegt nicht vor, wenn die nicht zur Übernahme neuer Anteile zugelassenen Aktionäre auf ihr Bezugsrecht ausdrücklich verzichtet haben (*Hermanns* ZIP 2003, 788, 790). Auch wenn bei einer **bedingten Kapitalerhöhung** wg des von vornherein nicht bestehenden Bezugsrechts kein Bezugsrechtsausschluss vorliegt, ist Abs 2 im Hinblick auf § 193 Abs 2 Nr 3 analog anzuwenden (MünchKomm AktG/*Hüffer* Rn 9 und 11; *Bayer* ZHR 163 (1999), 505, 515 f). Bei einer gemischten Bar- und Sacheinlage gilt Folgendes: Wird jeweils für die an der Sachkapitalerhöhung zugelassenen Aktionäre das Bezugsrecht an der Barkapitalerhöhung und für die an der Barkapitalerhöhung zugelassenen Aktionäre das Bezugsrecht an der Sachkapitalerhöhung ausgeschlossen, liegt ein **gekreuzter Bezugsrechtsausschluss** vor, auf den Abs 2 analog anwendbar ist (*Münch* DB 1993, 769, 773). Werden dagegen ohne Ausschluss eines Bezugsrechts manche Aktionäre zu einer Sachkapital- und andere Aktionäre zu einer Barkapitalerhöhung zugelassen (**einheitliche gemischte Bar- und Sachkapitalerhöhung**), so findet in diesem Fall der von Abs 2 tatbestandlich vorausgesetzte Bezugsrechtsausschluss nicht statt (*Schaefer/Grützediek* NZG 2006, 204, 207 mwN; aA Grigoleit AktG/*Ehmann* Rn 5). Ein **mittelbares Bezugsrecht** ist kein Bezugsrechtsausschluss, wenn ein Kreditinstitut (§§ 1 Abs 1, 2 Abs 1 KWG) oder ein Unternehmen iSd §§ 53 Abs 1 S 1, 53b Abs 1 S 1, Abs 7 KWG die jungen Aktien mit der Verpflichtung übernehmen, sie den Aktionären zum Bezug anzubieten (§ 186 Abs 5 S 1; *LG Hamburg* AG 1999, 239, 240). Bei mittelbarem Bezugsrecht durch einen Dritten (zB Mehrheitsaktionär) liegt zwar ein Bezugsrechtsausschluss vor, jedoch kommt in diesem Fall eine Anfechtung nach Abs 2 wg der ausdrücklichen Regelung in S 2 nicht in Betracht. 4

3. Unangemessen niedriger Ausgabe- oder Mindestbetrag. – a) Maßgebender Wert. Eine Anfechtung nach Abs 2 setzt voraus, dass der sich aus dem Erhöhungsbeschluss ergebende Ausgabebetrag oder der Mindestbetrag, unter dem die neuen Aktien nicht ausgegeben werden sollen, unangemessen niedrig ist. Die Festsetzung eines unangemessenen Mindestbetrags ist jedoch ausnahmsweise dann unschädlich, wenn der Vorstand einen angemessenen Ausgabebetrag festgesetzt hat und an diesen gebunden ist (MünchKomm AktG/*Hüffer* Rn 18; GroßKomm AktG/*K. Schmidt* Rn 13). Der angemessene Betrag bestimmt sich nicht nach dem Börsenkurs, sondern nach **dem wirklichen Wert** (*BGHZ* 71, 40, 51; *OLG Stuttgart* NZG 2000, 156, 157; **aA** *Rodewald* BB 2004, 613 ff; ausf K. Schmidt/Lutter AktG/*Schwab* Rn 4 mwN; Spindler/Stilz AktG/ *Stilz* Rn 21 ff). Nicht erforderlich ist eine vorherige Unternehmensbewertung (*Hüffer* AktG Rn 6), jedoch muss die Ermittlung des Betrags von der AG plausibel bzw nachvollziehbar dargestellt sein. Im Fall des § 186 Abs 3 S 4 (zulässiger Bezugsrechtsausschluss bei Kapitalerhöhung gegen Bareinlage bis 10 % des Grundkapitals und keine 5

Göz 1951

wesentliche Unterschreitung des Börsenpreises durch den Ausgabebetrag) reicht ausnahmsweise aus, dass der Ausgabebetrag den Börsenpreis nicht wesentlich unterschreitet (str, *Hoffmann-Becking* FS Lieberknecht, S 28 f mwN; **aA** *OLG München* NJW-RR 2006, 1473, 1477). Der wirkliche Wert bleibt jedoch stets genügend (aA Grigoleit AktG/*Ehmann* Rn 6).

6 **b) Weitere Kriterien.** Ein angemessener Abschlag vom wirklichen Wert, um die Kapitalerhöhung zu platzieren, ist gerechtfertigt (Nirk/Ziemons/Binnewies Hdb AG/ *Herchen* Rn 10.1271; GroßKomm AktG/*K. Schmidt* Rn 12; Spindler/Stilz AktG/*Stilz* Rn 19 mwN). Interessen der neuen Aktionäre und Interessen der Gesellschaft an deren Beteiligung und Einlage dürfen einfließen (*K. Schmidt* aaO; *OLG Jena* WM 2006, 2258, 2264; offen lassend *BGHZ* 71, 40, 52). Die Möglichkeit eines Großaktionärs, eine Zwangslage der Gesellschaft auszunutzen, darf jedoch keine Berücksichtigung finden (*BGH* aaO). Beurteilungs- und Bewertungsspielräume sind anzuerkennen (*OLG Jena* AG 2007, 31, 35). Bei Aktienoptionsprogrammen ist auch dessen Sinn und Zweck zu berücksichtigen, was den Ausgabepreis reduzieren kann (*OLG Koblenz* NZG 2003, 182, 184). Die Übernahme einer Gewährleistung für den Wert des Gesellschaftsanteils bei Ausgabe der Aktien kann unter Umständen eine Anfechtung nach Abs 2 ausschließen (*Schaefer/Grützediek* NZG 2006, 204, 206 f).

7 **c) Fehlende Betragsfestsetzung im Erhöhungsbeschluss.** Eine Anfechtung nach Abs 2 setzt **grds** voraus, dass **im Erhöhungsbeschluss selbst der Mindest- oder Ausgabebetrag festgesetzt** wird (*Bayer* ZHR 163 (1999), 505, 516 f). Auch bei fehlender Nennung des Ausgabebetrags im Beschl ist zur Sicherung des Schutzzwecks des § 255 (vor vermögensmäßiger Verwässerung) **§ 255 analog anwendbar**, wenn der Nennwert bzw der anteilige Betrag iSd § 9 (als Ausgabebetrag) unter dem wirklichen Wert liegt (GroßKomm AktG/*K. Schmidt* Rn 4). Dies gilt unabhängig davon, ob in diesem Fall eine Emission zu pari (so *BGHZ* 33, 175, 178) oder zum bestmöglichen Kurs angenommen wird (so MünchKomm AktG/*Hüffer* Rn 13), da auch letztere Auffassung für die Frage des unangemessenen Mindestbetrags insoweit ebenfalls auf den Nennwert bzw den anteiligen Betrag iSd § 9 abstellt (*Hüffer* aaO). Werden gem **§ 193 Abs 2 Nr 3** die **Grundlagen**, nach denen der Ausgabebetrag errechnet wird, statt des Ausgabebetrags angegeben, muss geprüft werden, ob der sich auf Basis dieser Berechnungsgrundlage ergebende Ausgabebetrag unangemessen niedrig ist. Ist das der Fall, ergibt sich die Anfechtbarkeit aus Abs 2 analog (*K. Schmidt* aaO; Spindler/Stilz AktG/*Stilz* Rn 9). Ist in der **Ermächtigung nach § 202** ein Ausgabe- oder Mindestbetrag genannt, kommt es auf diesen für die Anfechtung nach Abs 2 analog an. Fehlt es hingegen an solchen Vorgaben und bleibt die Festsetzung des Emissionskurses dem Vorstand überlassen, kommt keine Anfechtung nach Abs 2 in Betracht (*OLG Karlsruhe* AG 2003, 444, 447 f). Der Beschl des Vorstands ist bei fehlerhafter Festsetzung zwar unwirksam und darf nicht umgesetzt werden. Die zu seiner Ausführung vorgenommenen Maßnahmen bleiben im Außenverhältnis jedoch wirksam (KölnKomm AktG/*Lutter* § 204 Rn 23 ff). Als Sanktion kommt nur ein Schadensersatzanspruch gegen den Vorstand in Frage. Da der Schaden primär bei der AG entstanden ist, können die Aktionäre in diesem Fall nur auf Leistung an die AG klagen (*Lutter* aaO Rn 28 ff). Die Angabe von Kriterien, nach welchen sich der Mindest- oder Ausgabebetrag nicht bestimmen lässt, genügt für eine analoge Anwendung des Abs 2 nicht (*Groß* ZIP 2002, 160, 164). Der Ermächtigungsbeschluss im Rahmen eines sog **Greenshoe** ist nicht anfechtbar, wenn die Festlegung der Ausgabebedingungen vollständig dem Vorstand übertragen wurden.

(*BGH* Beschl v 21.7.2008, AG 2009, 446 f, ebenso die Vorinstanz *KG* NZG 2008, 29, 30; anders noch *KG* AG 2002, 243, 244; *Bezzenberger* AG 2010, 765, 773). Bei **Sacheinlagen** tritt an Stelle des Ausgabebetrags der Wert der Sacheinlage; dieser ist im Verhältnis zum wirklichen Wert der dafür auszugebenden neuen Aktien zu setzen (*BGHZ* 71, 40, 50; dazu *Martens* FS Röhricht, S 992 ff, *OLG Jena* AG 2007, 31, 34).

IV. Verfahren (Abs 3)

Ebenso wie Abs 1 enthält Abs 3 keine eigenständige Regelung, sondern **verweist** 8 lediglich **auf die allgemeinen Regelungen** (§§ 244–248a) zum Anfechtungsverfahren (KölnKomm AktG/*Zöllner* Rn 2). Die Beweislast für das Vorliegen eines unangemessen niedrigen Ausgabebetrags liegt beim Anfechtungskläger (*LG Frankfurt/Main* WM 1990, 592, 595). Zu den Auswirkungen eines Verstoßes iSd Abs 2 im Freigabeverfahren nach § 246a s *OLG Jena* AG 2007, 31 ff.

Zweiter Abschnitt
Nichtigkeit des festgestellten Jahresabschlusses

§ 256 Nichtigkeit

(1) Ein festgestellter Jahresabschluss ist außer in den Fällen des § 173 Abs. 3, § 234 Abs. 3 und § 235 Abs. 2 nichtig, wenn
1. er durch seinen Inhalt Vorschriften verletzt, die ausschließlich oder überwiegend zum Schutz der Gläubiger der Gesellschaft gegeben sind,
2. er im Falle einer gesetzlichen Prüfungspflicht nicht nach § 316 Abs. 1 und 3 des Handelsgesetzbuchs geprüft worden ist,
3. er im Falle einer gesetzlichen Prüfungspflicht von Personen geprüft worden ist, die nach § 319 Abs. 1 des Handelsgesetzbuchs oder nach Artikel 25 des Einführungsgesetzes zum Handelsgesetzbuch nicht Abschlussprüfer sind oder aus anderen Gründen als einem Verstoß gegen § 319 Abs. 2, 3 oder Abs. 4, § 319a Abs. 1 oder § 319b Abs. 1 des Handelsgesetzbuchs nicht zum Abschlussprüfer bestellt sind,
4. bei seiner Feststellung die Bestimmungen des Gesetzes oder der Satzung über die Einstellung von Beträgen in Kapital- oder Gewinnrücklagen oder über die Entnahme von Beträgen aus Kapital- oder Gewinnrücklagen verletzt worden sind.

(2) Ein von Vorstand und Aufsichtsrat festgestellter Jahresabschluss ist außer nach Absatz 1 nur nichtig, wenn der Vorstand oder der Aufsichtsrat bei seiner Feststellung nicht ordnungsgemäß mitgewirkt hat.

(3) Ein von der Hauptversammlung festgestellter Jahresabschluss ist außer nach Absatz 1 nur nichtig, wenn die Feststellung
1. in einer Hauptversammlung beschlossen worden ist, die unter Verstoß gegen § 121 Abs. 2 und 3 Satz 1 oder Abs. 4 einberufen war,
2. nicht nach § 130 Abs. 1 und 2 Satz 1 und Abs. 4 beurkundet ist,
3. auf Anfechtungsklage durch Urteil rechtskräftig für nichtig erklärt worden ist.

(4) Wegen Verstoßes gegen die Vorschriften über die Gliederung des Jahresabschlusses sowie wegen der Nichtbeachtung von Formblättern, nach denen der Jahresabschluss zu gliedern ist, ist der Jahresabschluss nur nichtig, wenn seine Klarheit und Übersichtlichkeit dadurch wesentlich beeinträchtigt sind.

(5) ¹Wegen Verstoßes gegen die Bewertungsvorschriften ist der Jahresabschluss nur nichtig, wenn
1. Posten überbewertet oder
2. Posten unterbewertet sind und dadurch die Vermögens- und Ertragslage der Gesellschaft vorsätzlich unrichtig wiedergegeben oder verschleiert wird.

²Überbewertet sind Aktivposten, wenn sie mit einem höheren Wert, Passivposten, wenn sie mit einem niedrigeren Betrag angesetzt sind, als nach §§ 253 bis 256 des Handelsgesetzbuchs zulässig ist. ³Unterbewertet sind Aktivposten, wenn sie mit einem niedrigeren Wert, Passivposten, wenn sie mit einem höheren Betrag angesetzt sind, als nach §§ 253 bis 256 des Handelsgesetzbuchs zulässig ist. ⁴Bei Kreditinstituten oder Finanzdienstleistungsinstituten sowie bei Kapitalverwaltungsgesellschaften im Sinn des § 17 Kapitalanlagegesetzbuchs liegt ein Verstoß gegen die Bewertungsvorschriften nicht vor, soweit die Abweichung nach den für sie geltenden Vorschriften, insbesondere den §§ 340e bis 340g des Handelsgesetzbuchs, zulässig ist; dies gilt entsprechend für Versicherungsunternehmen nach Maßgabe der für sie geltenden Vorschriften, insbesondere der §§ 341b bis 341h des Handelsgesetzbuchs.

(6) ¹Die Nichtigkeit nach Absatz 1 Nr. 1, 3 und 4, Absatz 2, Absatz 3 Nr. 1 und 2, Absatz 4 und 5 kann nicht mehr geltend gemacht werden, wenn seit der Bekanntmachung nach § 325 Abs. 2 des Handelsgesetzbuchs im Bundesanzeiger in den Fällen des Absatzes 1 Nr. 3 und 4, des Absatzes 2 und des Absatzes 3 Nr. 1 und 2 sechs Monate, in den anderen Fällen drei Jahre verstrichen sind. ²Ist bei Ablauf der Frist eine Klage auf Feststellung der Nichtigkeit des Jahresabschlusses rechtshängig, so verlängert sich die Frist, bis über die Klage rechtskräftig entschieden ist oder sie sich auf andere Weise endgültig erledigt hat.

(7) ¹Für die Klage auf Feststellung der Nichtigkeit gegen die Gesellschaft gilt § 249 sinngemäß. ²Hat die Gesellschaft Wertpapiere im Sinne des § 2 Abs. 1 Satz 1 des Wertpapierhandelsgesetzes ausgegeben, die an einer inländischen Börse zum Handel im regulierten Markt zugelassen sind, so hat das Gericht der Bundesanstalt für Finanzdienstleistungsaufsicht den Eingang einer Klage auf Feststellung der Nichtigkeit sowie jede rechtskräftige Entscheidung über diese Klage mitzuteilen.

Übersicht

	Rn		Rn
I. Allgemeines	1	b) Fehlende Bestellung des Abschlussprüfers	8
II. Gemeinsame Nichtigkeitsgründe nach (Abs 1)	3	4. Verstöße bzgl Rücklagen bei der Feststellung (Nr 4)	9
1. Gläubigerschutz (Nr 1)	3	III. Zusätzliche Gründe bei vom Vorstand und Aufsichtsrat festgestellte Abschlüssen (Abs 2)	10
a) Gläubigerschutznormen	3	1. Überblick	10
b) Inhaltsfehler	4	2. Nichtordnungsgemäße Mitwirkung des Vorstandes	11
2. Fehlende Prüfung nach § 316 Abs 1 und 3 HGB, (Nr 2)	5	3. Nichtordnungsgemäße Mitwirkung des Aufsichtsrats	12
a) Allgemeines, Abgrenzung zu Nr 3	5	IV. Zusätzliche Gründe bei von der Hauptversammlung festgestellten Abschlüssen (Abs 3)	13
b) Mindestumfang	6		
3. Prüfung durch nicht zulässige Prüfer (Nr 3)	7		
a) Ausgeschlossener Prüfer	7		

	Rn		Rn
V. Nichtigkeit wegen mangelhafter Gliederung (Abs 4)	14	VII. Heilung (Abs 6)	19
1. Gliederungsfehler	14	VIII. Klage auf Feststellung der Nichtigkeit (Abs 7 S 1)	20
2. Beeinträchtigung der Klarheit und Übersichtlichkeit	15	IX. Enforcement	21
		X. Mitteilungspflicht (Abs 7 S 2)	22
VI. Nichtigkeit wegen mangelhafter Bewertung (Abs 5)	16	XI. Wirkungen der Nichtigkeit	23
1. Allgemeines	16	1. Betroffener Jahresabschluss	23
2. Überwertung (S 1 Nr 1, S 2)	17	2. Nachfolgende Jahresabschlüsse	24
3. Unterbewertung (S 1 Nr 2, S 3)	18		

Literatur: *Bormann* Zusammenspiel von Abschlussprüfung und Prüfung durch den Aufsichtsrat, DStR 2011, 368; *Bormann/Gucht* Übermittlung des Prüfungsberichts an den Aufsichtsrat – ein Beitrag zu § 170 Abs 3 S 2 AktG, BB 2003, 1887; *Fey/Deubert* Befreiender IFRS-Einzelabschluss nach § 325 Abs 2a HGB für Zwecke der Offenlegung, KoR 2006, 92; *Gahlen/Schäfer* Bekanntmachung von fehlerhaften Rechnungslegungen im Rahmen des Enforcementverfahrens: Ritterschlag oder Pranger?, BB 2006, 1619; *Gelhausen/Heinz* Der befangene Abschlussprüfer, seine Ersetzung und sein Honoraranspruch, WPg 2005, 693; *Gelhausen/Hönsch* Das neue Enforcement-Verfahren für Jahres- und Konzernabschlüsse, AG 2005, 511; *Groh* Der Fall Tomberger - Nachlese und Ausblick, DStR 1998, 813; *Grumann/Gillmann* Aktienrechtliche Hauptversammlungsniederschriften und Auswirkungen von formalen Mängeln, NZG 2004, 839; *Haase* Zur Klage auf Feststellung der Nichtigkeit des Jahresabschlusses im Konkurs der Aktiengesellschaft, DB 1977, 241; *Habersack* Die Auswirkungen der Nichtigkeit des Beschlusses über die Bestellung des Abschlussprüfers auf den festgestellten Jahresabschluss, NZG 2003, 659; *Hennrichs* Fehlerbegriff und Fehlerbeurteilung im Enforcementverfahren, DStR 2009, 1446; *ders* Fehlerhafte Bilanzen, Enforcement und Aktienrecht, ZHR 168 (2004), 383; *Hense* Rechtsfolgen nichtiger Jahresabschlüsse und Konsequenzen für Folgeabschlüsse, WPg 1993, 716; *Hild* Zum Prüfungsbericht nach § 166 AktG, DB 1972, 1445; *Himmelreich* Auswirkungen des Bilanzrichtlinien-Gesetzes auf die Rechnungslegung der Kreditinstitute (Teil I bzw II), WPg 1988, 365 bzw 389; *Hülsmann* Stärkung der Abschlussprüfung durch das Bilanzreformgesetz, DStR 2005, 166; *IDW* IDW Prüfungsstandard: Grundsätze ordnungsmäßiger Berichterstattung bei Abschlussprüfungen (IDW PS 450), WPg 2006, 113; *Kowalski* Der nichtige Jahresabschluß – was nun?, AG 1993, 502; *Kropff* Die Beschlüsse des Aufsichtsrats zum Jahresabschluß und zum Abhängigkeitsbericht, ZGR 1994, 628; *Küting/Kaiser* Aufstellung oder Feststellung - Wann endet der Wertaufhellungszeitraum? – Implikationen für die Anwendung des Wertaufhellungsprinzips bei Berichtigung, Änderung und Nichtigkeit des handelsrechtlichen Jahresabschlusses, WPg 2000, 577; *Laaß* Die neuen Rechnungslegungsvorschriften für Versicherungsunternehmen, WPg 1988, 353; *Marx* Beratungsleistungen des Abschlussprüfers erneut auf dem Prüfstand, DB 2003, 431; *Mock* Bindung einer Aktiengesellschaft an einen in Enforcement-Verfahren festgestellten Fehler in nachfolgenden aktienrechtlichen Verfahren?, DB 2005, 987; *Müller* Prüfverfahren und Jahresabschlussnichtigkeit nach dem Bilanzkontrollgesetz, ZHR 168 (2004), 414; *Priester* Aufstellung und Feststellung des Jahresabschlusses durch den unterbesetzten Vorstand, FS Kropff, 1997, S 591; *Richter/Geib* Auswirkungen des Bilanzrichtlinien-Gesetzes auf die Rechnungslegung von Versicherungsunternehmen, WPg 1987, 181; *Schedlbauer* Die Gefährdung der Bestandskraft von Jahresabschlüssen durch Bewertungsfehler, DB 1992, 2097; *Schulze-Osterloh* Nichtigkeit des Jahresabschlusses einer AG wegen Überbewertung, ZIP 2008, 2241; *Sünner* Folgen der Verletzung von Rechnungslegungs- und Berichtspflichten durch eine Aktiengesellschaft, AG 1984, 16; *Timm* Rechtsfragen zur Konzernumbildung, ZIP 1993, 114; *Wälzholz* Erfüllung der Bareinlagepflicht bei der GmbH, DStR 2004, 1972; *Weilep/Weilep* Nichtigkeit von Jahresabschlüssen: Tatbestandsvoraussetzungen sowie Konsequenzen für die Unternehmensleitung,

BB 2006, 147; *Westermann* Ein Aktienrechtsprozess mit Haken und Ösen, AG 1981, 85; *Wichmann* Die Gefährdung der Bestandskraft von Jahresabschlüssen nur durch wesentliche Überbewertung?, DB 1993, 340.

I. Allgemeines

1 § 256 bestimmt, wann ein festgestellter Jahresabschluss nichtig ist. § 256 ist **abschließend**, eine Nichtigkeit nach anderen Vorschriften, ob in unmittelbarer oder in entsprechender Anwendung, ist ausgeschlossen (*BGHZ* 124, 111, 116 f mwN; *KG* AG 2005, 583, 584). Die eingangs in Abs 1 genannten Normen (§§ 173 Abs 3, 234 Abs 3, 235 Abs 2) regeln zwar auch die Nichtigkeit des Jahresabschlusses, stehen jedoch als Sondervorschriften neben der Nichtigkeitsvorschrift des § 256.

2 Die Nichtigkeit bezieht sich auf die Feststellung des Abschlusses (*Hennrichs* ZHR 168 (2004), 383, 387; vgl *OLG Frankfurt* ZIP 2007, 72, 73). Betroffen ist folglich nur der **festgestellte** Jahresabschluss. Nur Mängel aus der Bilanz, der GuV (s § 242 Abs 3 HGB) und dem Anhang (§ 264 Abs 1 S 1 HGB), wenn eine Pflicht zur Aufstellung besteht, können die Nichtigkeit begründen. Hingegen führt selbst das gänzliche Fehlen **des Lageberichts** (§ 289 HGB) oder des **Abhängigkeitsberichts** (§ 312) nicht zur Nichtigkeit des Jahresabschlusses, erst recht nicht Mängel in diesen Berichten (*OLG Köln* AG 1993, 86, 87). Ebenso wenig ist der Einzelabschluss der Obergesellschaft nichtig, weil eine Konzernrechnungslegung entgegen dem Gesetz unterblieben ist (*OLG Karlsruhe* AG 1989, 35, 36). Ob andere Abschlüsse nach § 256 nichtig sein können, hängt davon ab, ob der Abschluss feststellbar ist. Auf **Konzernabschlüsse** ist § 256 daher nicht anwendbar (*BGH* AG 2008, 325; *OLG Frankfurt* ZIP 2007, 72, 73; *Hüffer* AktG Rn 3 mwN; **aA** K. Schmidt/Lutter AktG/*Schwab* Rn 3 mwN). Dasselbe gilt für einen gem § 325 Abs 2a HGB aufgestellten Einzelabschluss nach IFRS (RegBegr BT-Drucks 15/3419, 54; *Gahlen/Schäfer* BB 2006, 1619, 1622). **Relevanter Zeitpunkt** für die Beurteilung, ob zur Nichtigkeit führende Mängel vorliegen, ist der Zeitpunkt der Feststellung des Jahresabschlusses und nicht der Zeitpunkt der mündlichen Verhandlung vor Gericht (vgl hierzu *OLG Hamm* AG 1992, 274).

II. Gemeinsame Nichtigkeitsgründe nach (Abs 1)

3 **1. Gläubigerschutz (Nr 1). – a) Gläubigerschutznormen.** Es müssen Vorschriften verletzt werden, die ausschließlich oder überwiegend dem Schutz der Gläubiger der AG dienen. Hierzu gehören zum einen Normen, die bereits vom Wortlaut dem Gläubigerschutz dienen (MünchKomm AktG/*Hüffer* § 241 Rn 54). Weiterhin fallen auch Vorschriften, bei denen der Schutz der Gläubiger überwiegt, insbesondere Kapitalerhaltungsvorschriften, unter Nr 1 (Weitere Beispiele überwiegend gläubigerschützender Normen: §§ 150, 300, 301, 302). **Geringfügige Verstöße** vermögen eine Nichtigkeit nicht zu begründen. Hierbei ist nicht nur auf die Gewichtigkeit der verletzten Vorschrift, sondern auch auf die Wirkungen des Verstoßes abzustellen (KölnKomm AktG/*Zöllner* Rn 25). Erfasst werden nur Verstöße gegen **gesetzliche Vorschriften**, nicht Verstöße gegen bloße Satzungsbestimmungen (**hM** WP-Handbuch Bd I, 2012, U Rn 186; Spindler/Stilz AktG/*Rölike* Rn 21 mwN; **aA** KölnKomm AktG/*Zöllner* Rn 24). Zu den umfassten gesetzlichen Vorschriften gehören auch die **Grundsätze ordnungsgemäßer Buchführung** (*BGHZ* 124, 111, 117, notwendig ist allerdings eine **wesentliche Beeinträchtigung,** MünchHdb AG/*Hoffmann-Becking* § 47 Rn 5. Fehlt der **Anhang** oder ist er inhaltlich derart unvollständig, dass Gläubigerinteressen wesent-

lich beeinträchtigt werden, ist der Jahresabschluss nach Nr 1 nichtig (*OLG Stuttgart* NZG 2004, 675; *Wälzholz* DStR 2004, 1972, 1973). Bei Unvollständigkeit erfordert die Wesentlichkeit zB die Unterlassung der Angabe für Haftungsverhältnisse nach §§ 251, 268 Abs 7 HGB, wenn die Haftungsverhältnisse auch nicht in der Bilanz ersichtlich sind und die Angabe der Haftungsverhältnisse für den Jahresabschluss wesentlich ist (*Adler/Düring/Schmaltz* Rechnungslegung Tb 4 Rn 13).

b) Inhaltsfehler. Das Zustandekommen des Jahresabschlusses, namentlich Mängel der Buchhaltung, die sich nicht auf den Jahresabschluss auswirken, wird hingegen von Nr 1 nicht erfasst. Unerheblich sind Inhaltsfehler im Lagebericht und im Abhängigkeitsbericht, nicht zur Nichtigkeit führt sogar deren gänzliches Fehlen (*OLG Köln* AG 1993, 86, 87). Ein Inhaltsfehler liegt nur vor, wenn der Inhalt unrichtig ist, dh wenn der Jahresabschluss Auszuweisendes verschweigt oder falsche Angaben macht. Geht ein gesetzeswidriges Rechtsgeschäft in die Bücher der Gesellschaft ein und findet damit seinen Niederschlag im Jahresabschluss, so liegt kein Inhaltsfehler vor (*BGHZ* 124, 111, 117 und 119). Dasselbe gilt, wenn der Jahresabschluss Ausgaben berücksichtigt, die zwar mangels wirksamer Verpflichtung nicht hätten getätigt werden müssen, jedoch tatsächlich getätigt worden sind (*LG Heilbronn* AG 1971, 94, 95). Jedoch kann dann eventuell die Aktivierung des Rückzahlungsanspruchs fehlen, soweit er in dem betreffenden Jahresabschluss aktiviert werden muss; nach Abs 5 S 1 Nr 2 kann allerdings die gänzliche Nichtaktivierung nur bei Vorsatz zur Nichtigkeit führen (*BGH* aaO 120 f). Zu Inhaltsfehlern gehören auch Verstöße gegen Aufbau- und Gliederungsvorschriften. Diese führen jedoch nur unter den Voraussetzungen des Abs 4 zur Nichtigkeit, Verstöße gegen Bewertungsvorschriften nur unter den Voraussetzungen des Abs 5 (*BGH* aaO 117 f mwN). 4

2. Fehlende Prüfung nach § 316 Abs 1 und 3 HGB, (Nr 2). – a) Allgemeines, Abgrenzung zu Nr 3. Der Fall des Ausbleibens der Prüfung ist abzugrenzen von dem in Abs 1 Nr 3 behandelten Fall, dass jemand geprüft hat, der nicht zum Abschlussprüfer bestellt war oder nach § 319 Abs 1 HGB oder nach Art 25 EGHGB nicht Abschlussprüfer ist. Denn Nichtigkeit aufgrund einer Prüfung durch einen nicht bestellten oder unzulässigen Prüfer ist im Gegensatz zur Nichtigkeit wegen fehlender Prüfung heilbar (Abs 6). Die Nichtbestellung kann nur dann zu einem Fall des Abs 1 Nr 2 führen, wenn es wegen der fehlenden Bestellung zu keiner prüfenden Tätigkeit gekommen ist (*Habersack* NZG 2003, 659, 662; *LG München* 2005, 623, 626). Die Nichtigkeit tritt nur bei einer **gesetzlichen** Prüfungspflicht (nicht bloß aufgrund Satzung) ein (WP-Handbuch Bd I, 2012, U Rn 191 und 194). Erfüllt der AR seine Pflicht, den Jahresabschluss zu prüfen (vgl § 171 Rn 2), nicht oder unvollständig, hat dies auf die Wirksamkeit des Jahresabschlusses keine Auswirkungen (MünchKomm AktG/*Hüffer* Rn 18). Auch Verstöße gegen die Berichtspflicht gem § 171 Abs 2 führen nicht zur Nichtigkeit (*OLG Stuttgart* DB 2009, 1521, 1523 ff; *Bormann* DStR). 5

b) Mindestumfang. Für die Nichtigkeit genügt nach Nr 2 ein Verstoß gegen § 317 HGB nicht; Fehlerhaftigkeit und Unvollständigkeiten der Prüfung begründen keine Nichtigkeit, solange der **Mindestumfang der Prüfung gewahrt** ist und ein Bestätigungsvermerk erteilt oder versagt wurde. Als Grundsatz gilt, dass der Mindestumfang nicht mehr gewahrt ist, wenn Verstöße gegen grundlegende, die zwingende öffentlich-rechtliche Bedeutung der Pflichtprüfung berührende Bestimmungen vorliegen. In diesem Fall stehen Mängel dem gänzlichen Absehen einer Pflichtprüfung gleich (*RG* WPg 1970, 421, 6

424). Weiterhin ist mangels Heilungsmöglichkeit noch eine objektive **Evidenz** zu fordern, die dann vorliegt, wenn sich einem mit dem Sachverhalt Vertrauten die Unzulänglichkeit der Prüfung oder des Prüfungsberichts für ein Gesamturteil im Sinne einer Bestätigung oder Versagung aufdrängt (MünchKomm AktG/*Hüffer* Rn 21). Als Richtschnur dürfte gelten, dass Verstöße gegen § 321 Abs 1, 3 und 5 HGB nicht zur Nichtigkeit führen. Ein Verstoß gegen die mit dem BilMoG vom 25.5.2009 (BGBl I S 1102) neu eingeführte Pflicht des Abschlussprüfers zur Bestätigung seiner Unabhängigkeit (§ 321 Abs 4a HGB) führt aufgrund des Wortlauts von Abs 1 Nr 1 und des Gebots der restriktiven Auslegung von zur Nichtigkeit führenden Normen nicht zur Nichtigkeit des Jahresabschlusses. Unvollkommenheiten des Prüfungsberichts, die diesen zur Erfüllung seiner Aufgabe, den AR über die Einzelheiten der Geschäftsführung zu unterrichten, ungeeignet machen, können allerdings noch nicht zur Nichtigkeit führen (*RG* WPg 1970, 421, 425). Fehlt der Prüfungsbericht jedoch ganz, ist der Jahresabschluss nichtig, denn die Prüfung kann dem AR nur dann eine ausreichende Grundlage verschaffen, wenn ein Bericht vorgelegt wird (*Hild* DB 1972, 1445, 1450). Der Mindestumfang wird ferner unterschritten, wenn ganze Bilanzposten, die für den Jahresabschluss wesentlich sind, (zB Anlage- oder Umlaufvermögen) nicht geprüft worden sind. Das gilt jedoch nicht schon dann, wenn für den Jahresabschluss als wesentlich einzustufende Pensionsrückstellungen vor Vorliegen eines versicherungsmathematischen Gutachtens geprüft worden sind und sich der Abschlussprüfer bei der Prüfung dieser Rückstellungen sich auf die mitgeteilten Zahlen des Versicherungsmathematikers verlässt (*OLG Hamburg* AG 2002, 460, 461). Hingegen führt das vollständige Unterlassen der Prüfung von Buchführung und Inventur oder der Prüfung des Anhangs zur Nichtigkeit (MünchKomm AktG/*Hüffer* Rn 22). Die Verletzung der Grundsätze ordnungsgemäßer Prüfungsdurchführung hat keinerlei Auswirkungen auf die Gültigkeit des Jahresabschlusses (KölnKomm AktG/*Zöllner* Rn 55). Weiterhin muss über das Ergebnis der Prüfung **schriftlich** berichtet worden sein (*RG* WPg 1970, 421, 423), Briefform schadet nicht (vgl § 321 Abs 1 S 1 HGB; *Adler/Düring/Schmaltz* Rechnungslegung Tb 4 Rn 17). Ein schriftlicher und unterzeichneter Kurzbericht des Abschlussprüfers genügt, wenn dem AR dadurch eine Grundlage bei der Feststellung gegeben wird (*OLG Celle* AG 1961, 105); sogar die für den Bestätigungsvermerk erforderlichen Feststellungen können ausreichen. Das gilt jeweils selbst dann, wenn der Bericht den nach dem Prüfungsauftrag zu stellenden Anforderungen an einen ordnungsgemäßen Prüfungsbericht nicht entspricht (*RG* WPg 1970, 421, 425; *Zöllner* aaO Rn 60). Der Bestätigungsvermerk allein reicht jedoch nicht. Ferner ist notwendig, dass der Abschlussprüfer seinen Bericht als **abgeschlossen ansieht** (dazu *OLG Stuttgart* DB 2009, 1521, 1525), diesen ordnungsgemäß unterzeichnet und dem AR ausgehändigt hat (zu den Formalien vgl *IDW* PS 450, WPg 2006, 113, 124), die Bezeichnung als „vorläufiger Bericht" schadet nicht (*RG* WPg 1970, 421, 424 f). Die fehlende Vorlage des Prüfungsberichts an den AR führt damit zur Nichtigkeit des Jahresabschlusses. Fehlt hingegen der Bestätigungs- oder Versagungsvermerk, liegt keine abgeschlossene Prüfung vor, so dass Nichtigkeit nach Abs 1 Nr 2 eintritt. Keine Rolle spielt, aus welchem Grund der Vermerk unterblieben ist. Die Einschränkung des Bestätigungsvermerkes führt, abgesehen von dem Fall des § 173 Abs 3 S 2, nicht zur Nichtigkeit der Feststellung. Allerdings kann mit der Einschränkung des Bestätigungsvermerks zugrunde liegende Mangel die Nichtigkeit begründen. Unbeachtlich ist, ob der **Lagebericht** oder der **Abhängigkeitsbericht** geprüft worden ist. Abs 1 Nr 2 stellt bloß auf die Prüfung des Jahresabschlusses ab (*OLG Köln* AG 1993, 86, 87; MünchKomm AktG/*Hüffer* Rn 27; **aA** *Timm* ZIP 1993, 114, 116).

Nichtigkeit § 256

3. Prüfung durch nicht zulässige Prüfer (Nr 3). – a) Ausgeschlossener Prüfer. Prüft 7
eine Person den Jahresabschluss, die nach § 319 Abs 1 HGB oder nach Art 25
EGHGB nicht Abschlussprüfer ist, so ist dieser Jahresabschluss gem Abs 1 Nr 3 Alt
1 nichtig. § 319 Abs 1 S 1 HGB lässt nur Wirtschaftsprüfer und Wirtschaftsprüfungsgesellschaften zu, § 319 Abs 1 S 2 HGB gilt für AGs nicht (Baumbach/Hopt HGB/*Hopt/ Merkt* § 319 Rn 1). § 319 Abs 1 S 1 HGB gilt auch bei gerichtlicher Bestellung (*Adler/ Düring/Schmaltz* Rechnungslegung Tb 4 Rn 31). Zu jedem Zeitpunkt der Prüfung, von Bestellung bis Erteilung des Bestätigungsvermerks, muss der Abschlussprüfer iSd § 319 Abs 1 HGB und ggf Art 25 EGHGB zulässiger Prüfer sein, ansonsten ist der Jahresabschluss gem Abs 1 Nr 3 Alt 1 nichtig (WP-Handbuch Bd I, 2012, U Rn 195). Bei einer Bestellung einer Wirtschaftsprüfungsgesellschaft ist die Prüfereigenschaft bereits durch die Anerkennung (§§ 27 ff WPO) gegeben. Auf die einzelnen natürlichen Personen, die die Prüfungshandlungen vornehmen, ist in diesem Fall nicht abzustellen (WP-Handbuch Bd I, 2012, U Rn 197). Eine fehlende Teilnahmebescheinigung (§ 319 Abs 1 S 3 HGB) führt zur Nichtigkeit (*Hülsmann* DStR 2005, 166, 168). Ein Verstoß gegen § 319 führt zur Nichtigkeit des erteilten Prüfungsauftrages nach § 134 BGB, der Abschlussprüfer hat keinen Anspruch auf Vergütung (*Förschle/Schmidt* aaO Rn 93; eingehend *Gelhausen/Heinz* WPg 2005, 693, 699 ff). Auf § 318 Abs 3 HGB kann die Nichtigkeit des Jahresabschlusses in keinem Fall gestützt werden (*Gelhausen/Heinz* aaO 702).

b) Fehlende Bestellung des Abschlussprüfers. Ist der Jahresabschluss einer AG, die 8
gesetzlich zur Prüfung verpflichtet ist, durch eine Person geprüft worden, die hierzu
nicht bestellt war, so ist der Jahresabschluss nach Abs 1 Nr 3 Alt 2 nichtig. Die Bestellung ist abzugrenzen von der Erteilung des Prüfungsauftrages gem § 111 Abs 2 S 3. Für letzteren ist der AR zuständig, während die Bestellung in die Zuständigkeit der HV nach § 119 Abs 1 Nr 4 fällt. Nur dieser Bestellungsakt ist mit Bestellung in Abs 1 Nr 3 Alt 2 gemeint. Auf die Erteilung des Prüfungsauftrages durch den AR kommt es hierbei nicht an (Spindler/Stilz AktG/*Rölike* Rn 37 mwN; **aA** WP-Handbuch Bd I, 2012, U Rn 199). § 139 BGB gilt nicht (*Hüffer* AktG Rn 13). Die Bestellung wird geregelt in § 318 HGB. Die **Zuständigkeit** der HV als Normalfall ergibt sich aus § 119 Abs 1 Nr 4. Ausnahmsweise erfolgt eine gerichtliche Bestellung gem § 318 Abs 3 und 4 HGB. Relevanter **Zeitpunkt** ist die Beendigung der Abschlussprüfung, diese liegt bei Erteilung des Vermerkes und Vorlage des Prüfungsberichts an den AR vor. Bis zur Vorlage muss folglich die Bestellung erfolgt sein, ansonsten ist der Jahresabschluss nichtig (*Adler/Düring/Schmaltz* Rechnungslegung Tb 4 Rn 20). Die Bestellung kann zum einen fehlen, wenn überhaupt kein Bestellungsakt vorgenommen worden ist, ferner, wenn die Bestellung als nicht wirksam anzusehen ist, oder wenn die HV einen Abschlussprüfer bestellt, der AR jedoch einem anderen den Prüfungsauftrag erteilt und somit nur der nicht bestellte prüft. Erfolgt die Bestellung durch einen Unzuständigen, ist der Jahresabschluss nach Abs 1 Nr 3 Alt 2 nichtig. Die erfolgreiche **Anfechtung** (rechtskräftiges Urteil) oder die **Nichtigkeit** des Bestellungsbeschlusses des Abschlussprüfers bewirkt grds rückwirkend die Nichtigkeit der Bestellung des Prüfers durch die HV (*AG Wolfsburg* AG 1992, 205), so dass auch rückwirkend keine Bestellung vorliegt und der Jahresabschluss nichtig ist (**hM** Habersack NZG 2003, 659, 663 mwN). Anderes gilt nur, wenn der Bestellungsbeschluss der HV wegen §§ 319 Abs 2, 3 oder 4, 319a Abs 1 oder 319b Abs 1 HGB angefochten wird. Dass §§ 319 Abs 2, 3 und 4, 319a Abs 1 HGB nicht als Nichtigkeitsgrund für den Jahresabschluss, auch

nicht mittelbar durch Anfechtung der Bestellung wegen Verstoßes einer der genannten Vorschriften, in Frage kommen können, wurde durch das BilReG (v 4.12.2004, BGBl I S 3166) geklärt (RegBegr BT-Drucks 15/3419, 55; BeckBilKomm/*Förschle/ Schmidt* § 319 HGB Rn 92). Ferner führt seit Geltung des BilMoG ein Verstoß gegen § 319b Abs 1 HGB nicht zur Nichtigkeit. Ein in der Person des Abschlussprüfers liegender Grund soll nicht mehr die Nichtigkeit des Jahresabschlusses begründen (so bereits zutr *Habersack* NZG 2003, 659, 664 ff; vgl *Marx* DB 2003, 431, 434 f). Die bloße Anfechtbarkeit des nicht nichtigen Bestellungsbeschlusses berührt die Gültigkeit des Jahresabschlusses nicht, solange die Anfechtungsklage nicht zu einem erfolgreichen rechtskräftigen Urteil geführt hat. Ist der Mangel nach Abs 6 geheilt, kann auch ein rechtskräftiges Anfechtungsurteil bzgl des Bestellungsbeschlusses nicht die Heilung beeinträchtigen. Die Heilung wird nur durch eine Klage auf Feststellung der Nichtigkeit des Jahresabschlusses gehemmt (Abs 6), nicht jedoch durch Nichtigkeits- oder Anfechtungsklage gegen den Bestellungsbeschluss und auch nicht durch eine Beschwerde gegen die gerichtliche Entscheidung nach § 318 HGB (KölnKomm AktG/ *Zöllner* Rn 71). Eine **Bestellung durch das Gericht** erfolgt durch eine Verfügung, welche gem § 40 Abs 1 FamFG durch Bekanntgabe wirksam wird, auf den Eintritt der Rechtskraft kommt es hingegen nicht an (Keidel FamFG/*Meyer-Holz* § 40 Rn 17). Die Wirksamkeit der Bestellung hängt von der Wirksamkeit der Verfügung ab, welche ungeachtet ihrer materiellen Richtigkeit besteht, auch ein fehlender Widerruf des zuvor erteilten Prüfungsauftrages beeinträchtigt die Wirksamkeit nicht (*OLG Düsseldorf* NJW-RR 1996, 1318). Anderes gilt nur, wenn eine Anordnung des Beschwerdegerichts nach § 64 Abs 3 FamFG, die zur aufschiebenden Wirkung führt, erwirkt worden ist (*OLG Düsseldorf* aaO 1318 f zu § 24 Abs 2 und 3 FGG aF). Dieses kann mit seiner Beschwerdeentscheidung auch die gerichtliche Bestellung aufheben. Ist bei Aufhebung die Prüfungstätigkeit – mit Vorlage des Prüfungsberichts an den AR – allerdings beendet, ist der Abschluss nicht nichtig; die nachträgliche Aufhebung durch das Beschwerdegericht wirkt nicht zurück (*Zöllner* aaO Rn 74). Möglich ist die Bestellung eines weiteren Abschlussprüfers gem § 318 Abs 4 HGB analog, um trotz laufenden Anfechtungsverfahrens die Wirksamkeit der Feststellung des Jahresabschlusses sicherzustellen. Prüft der von der HV bestellte Prüfer, obwohl ein anderer Prüfer vom Gericht bestellt ist, so hängt die Wirksamkeit des Jahresabschlusses des ersteren von der letzten gerichtlichen Entscheidung ab. Nicht möglich ist die **Bestellung für mehrere Geschäftsjahre**. Eine Bestellung läge dann nur für den ersten Jahresabschluss vor, für die folgenden hingegen nicht, so dass diese mangels Bestellung nichtig wären (*Zöllner* aaO Rn 72).

9 **4. Verstöße bzgl Rücklagen bei der Feststellung (Nr 4).** Nr 4 ist lex specialis zu Nr 1, so dass nach Abs 6 eine Heilungsfrist von sechs Monaten und nicht von drei Jahren läuft (*Adler/Düring/Schmaltz* Rechnungslegung Tb 4 Rn 34). Dieser Nichtigkeitsgrund erfasst nicht Regelungen, die bloß den Ausweis der Einstellung oder der Entnahme im Jahresabschluss betreffen. Gliederungsverstöße werden durch Abs 4 geregelt (WP-Handbuch Bd I, 2012, U Rn 206). Mit Rücklagen sind nur offene Rücklagen gemeint, nicht stille Reserven, letztere sind von Abs 5 erfasst. Eine zentrale Norm in diesem Zusammenhang ist § 58, weitere zu nennende Normen sind § 272 Abs 2–4 HGB, §§ 71 Abs 2 S 2, 150, 173 Abs 2 S 2, 230, 231, 232, 237 Abs 5, 300, 301 S 2. Nichtigkeit tritt daher etwa infolge des Unterlassens der Einstellung einer Rücklage für den eigenen Anteilen gleich zu achtenden Anteil eines herrschenden oder eines mit

Mehrheit beteiligten Unternehmens (§ 272 Abs 4 S 4 HGB aF) ein (*LG Mainz* AG 1991, 30, 31 f). Eine Satzungsregelung ist auch dann relevant iSd Nr 4, wenn ihre Nichtigkeit nach § 242 Abs 2 geheilt ist (*OLG Stuttgart* AG 2003, 527, 528).

III. Zusätzliche Gründe bei vom Vorstand und Aufsichtsrat festgestellte Abschlüssen (Abs 2)

1. Überblick. Ausgangspunkt des Abs 2 ist das korporationsrechtliche Rechtsgeschäft, das der Feststellung durch Vorstand und AR zugrunde liegt (vgl *BGHZ* 124, 111, 116; *Kropff* ZGR 1994, 628, 633 f). Da die Nichtigkeit eines Rechtsgeschäftes voraussetzt, dass es zustande gekommen ist, werden davon solche Fälle nicht erfasst, bei denen mangels Mitwirkens eines Organs noch gar keine Feststellung vorliegt (*Westermann* AG 1981, 85, 88 f). Abs 6 ist in diesen Fällen nicht anwendbar, insb tritt keine Heilung ein. Eine Unterlassung einer essentiellen Feststellungshandlung liegt bereits dann vor, wenn ein unzuständiges Organ, ein Ausschuss oder ein Dritter anstelle des Zuständigen tätig geworden ist, mangels Befugnis ist das korporationsrechtliche Rechtsgeschäft nicht zustande gekommen. Wenn daher der Vorstand oder der AR eine Handlung unzulässig delegiert, liegt keine Feststellung vor, sondern ein rechtliches Nullum, zB wenn der AR nicht nur die Vorbereitung der Billigung, sondern die Entscheidung über die Billigung selbst einem Ausschuss überlässt (str, MünchKomm AktG/*Hüffer* Rn 45; **aA** Spindler/Stilz AktG/*Rölike* Rn 45; KölnKomm AktG/*Zöllner* Rn 80). Nicht anders zu behandeln ist die Konstellation, dass der AR den Jahresabschluss billigt, obwohl die HV zuständig ist. Eine solche Billigung ist mangels Zuständigkeit nichtig und bewirkt nicht die Feststellung (K. Schmidt/Lutter AktG/*Schwab* Rn 30 mwN; *Adler/Düring/Schmaltz* Rechnungslegung Tb 4 Rn 56; **aA** *Zöllner* aaO Rn 85 f). Wenn der AR anstatt des Vorstandes den Jahresabschluss aufstellt, kann dieser nicht festgestellt werden. Relevant für § 256 Abs 2 ist **allein die formelle Ordnungsmäßigkeit**, nicht inhaltliche Fehler (*Adler/Düring/Schmaltz* aaO).

2. Nichtordnungsgemäße Mitwirkung des Vorstandes. Hierher gehören nur Fälle, bei denen der Vorstand die notwendigen Handlungen zwar vorgenommen hat (ansonsten keine Feststellung, s.o.), eine Handlung jedoch nicht ordnungsgemäß ist. Der Vorstand muss den Jahresabschluss aufstellen (§ 91 Abs 1) und diesen dem AR vorlegen (§ 170 Abs 1 S 1). Die Aufstellung des Jahresabschlusses muss durch den gesamten Vorstand als Kollegialorgan durch Beschluss erfolgen (*OLG Karlsruhe* AG 1989, 35, 37). Das Beteiligungsrecht jedes Mitglieds muss beachtet werden, auch wenn mehrheitliche Beschlussfassung vorgesehen ist (MünchKomm AktG/*Hüffer* Rn 36). Bei einer Verhinderung eines Vorstandsmitgliedes, wie schwerer Krankheit, schadet dessen Fehlen nicht (*Adler/Düring/Schmaltz* Rechnungslegung Tb 4 Rn 62). Die Ausführung der Vorlage wird durch den Vorstandsvorsitzenden bzw durch den für das Ressort Zuständigen veranlasst (s § 170 Rn 3), die Entscheidung über die Vorlage liegt im Aufstellungsbeschluss des Vorstandes. Nehmen der Vorsitzende oder sonstige einzelne Mitglieder des Vorstandes die Aufstellung allein vor, ist der Jahresabschluss nichtig (*Hüffer* AktG Rn 18). Eine **Unterbesetzung** liegt vor, wenn die in § 76 Abs 2 oder die in der Satzung bestimmte Mindestzahl an Mitgliedern unterschritten wird. Die Unterbesetzung führt zur Nichtigkeit des Jahresabschlusses (vgl *KG* NZG 2011, 146, 147 f), das gilt auch dann, wenn die Satzung eine höhere Mitgliederzahl bestimmt und hiergegen verstoßen wird (MünchKomm AktG/*Hüffer* Rn 38; **aA** *Priester* FS Kropff S 604). Eine **nichtige Bestellung** von Vorstandsmitgliedern führt dann zur Nichtigkeit des Jahresabschlusses, wenn ohne die nichtig bestellten Vorstandsmitglieder entweder eine Unterbesetzung vorliegt oder wenn die erforderliche Mehrheit auf den Stimmen nichtig bestellter Mitglieder beruht (Köln-Komm AktG/*Zöllner* Rn 82). Jedoch ist ein Mitglied nicht als nichtig bestellt anzusehen, wenn seine Bestellung in Vollzug gesetzt wurde (MünchKomm AktG/*Hüffer* Rn 39). Ferner tritt nach sechs Monaten Heilung ein (§ 256 Abs 6). Die **Unterschrift** ist erst auf dem festgestellten Jahresabschluss zu leisten (**hM** Spindler/Stilz AktG/*Rölike* Rn 49; *BGH* WM 1985, 567, 569 mwN; **aA** *Küting/Kaiser* WPg 2000, 577, 585 ff). Somit kann die Unterschrift keinerlei Auswirkungen auf die Gültigkeit des Jahresabschlusses haben, insbesondere tritt deswegen keine Nichtigkeit ein (**hM** MünchKomm AktG/*Hüffer* Rn 39). Der Bestand des Jahresabschlusses ist von deren Erfüllung der Unterzeichnungspflicht unabhängig (*OLG Karlsruhe* aaO; *RGZ* 112, 19, 25). Der Jahresabschluss ist dann nicht vom Vorstand aufgestellt, wenn er sich ohne eigene Prüfung dem **Diktat eines herrschenden Unternehmens** beugt. In diesem Fall ist der Jahresabschluss nichtig (*OLG Karlsruhe* aaO 36; K. Schmidt/Lutter AktG/*Schwab* Rn 29; **aA** Grigoleit AktG/ *Ehmann* Rn 11; MünchKomm AktG/*Hüffer* Rn 37). Ein solches zur Nichtigkeit führendes Diktat liegt aber erst dann vor, wenn der Vorstand ohne jegliche Prüfung und ohne jede Übernahme von Verantwortung für die Rechnungslegung den Abschluss vom herrschenden Unternehmen entgegennimmt und weiterreicht. Hier fehlt es an einer Willensbildung und an einem relevanten Handeln des Vorstands, somit am Aufstellen des Jahresabschlusses durch den Vorstand (insoweit dürften *OLG Karlsruhe* aaO und MünchKomm AktG/*Hüffer* Rn 37 nicht voneinander abweichen). Keine Nichtigkeit tritt hingegen ein, wenn der Vorstand zwar die Verantwortung für die bilanzpolitische Entscheidung übernommen hat, damit aber zugleich seine Pflicht als Organ des abhängigen Unternehmens verletzt hat (*OLG Karlsruhe* aaO; iE auch MünchKomm AktG/ *Hüffer* Rn 37). Grds unproblematisch ist die einheitliche Ausrichtung durch Entsendung von Personen aus dem herrschenden in den Vorstand des abhängigen Unternehmens, anderes gilt aber etwa dann, wenn der Vorstand mit Strohmännern beschickt wird (*OLG Karlsruhe* aaO).

12 **3. Nichtordnungsgemäße Mitwirkung des Aufsichtsrats.** Zur Unzuständigkeit des AR für die Feststellung und Feststellung durch einen Ausschuss s.o. Rn 10. Erfasst von § 256 Abs 2 sind nur diejenigen Fälle, bei denen der AR die notwendigen Handlungen zwar vorgenommen hat (ansonsten keine Feststellung, s.o.), eine Handlung jedoch nicht ordnungsgemäß ist. Die Mitwirkungshandlungen des AR sind die Billigung des Jahresabschlusses (§§ 171 Abs 2 S 4, 172 Abs 1 S 1) und die Zuleitung seines Berichtes gem § 171 Abs 3. Der AR billigt den Jahresabschluss durch Beschluss. Beschlussmängel können sich somit auf die Wirksamkeit des Jahresabschlusses auswirken. Der Jahresabschluss ist jedoch aufgrund eines solchen Mangels erst dann nichtig, wenn der Beschluss des AR selbst wegen des Mangels nichtig ist (MünchKomm AktG/*Hüffer* Rn 41), wobei §§ 241 ff keine sinnentsprechende Anwendung finden (*BGHZ* 164, 249 – Mangusta/Commerzbank II; 122, 342, 347 ff; 135, 244, 247; *BGH* AG 2008, 325 sowie Vorinstanz *OLG Frankfurt* ZIP 2007, 72, 74). Zu den zur Nichtigkeit des Beschlusses des AR führenden Mängeln des Beschlusses gehört das Fehlen einer ausdrücklichen Beschlussfassung (*BGHZ* 41, 282, 285 f; *BGH* NJW 1989, 1928 f) und die Beschlussunfähigkeit des AR nach § 108 Abs 2 S 3 1 (*LG Karlsruhe* AG 1994, 87). Ferner gehören hierzu Verfahrensfehler, die das Beteiligungsrecht der Mitglieder tatsächlich beeinträchtigt haben (näher *Bormann/Gucht* BB 2003, 1887, 1891 f). Wirken sich die Verstöße schlussendlich nicht **auf die Teilnahme** des betroffenen Mitgliedes aus, berührt der Verstoß den Jahresabschluss nicht, was namentlich bei Fristverstößen oder fehlerhaften Einladungen relevant wird (Rechtsgedanke des § 121 Abs 6, *Adler/ Düring/Schmaltz* Rechnungslegung Tb 4 Rn 58). Stimmt ein nicht erschienenes Mitglied nachträglich zu, scheidet ein Verstoß wegen mangelhafter Ladung etc aus (Köln-Komm AktG/*Zöllner* Rn 81; vgl *RGZ* 66, 369, 372 f). Nichtig sind der Beschluss und damit der Jahresabschluss, wenn einem Mitglied nicht die Möglichkeit der Mitwirkung gegeben wurde, etwa mangels Ladung. Unerheblich ist dabei, ob dem Übergangenen bestimmender Einfluss auf die Entscheidung zukam (*RG* aaO 371). Die **Teilnahme Unbefugter** schadet nicht, wenn feststeht oder von der AG bewiesen werden kann, dass der gefasste Beschluss nicht auf dessen Stimmabgabe beruht; der Beschluss ist nicht etwa deswegen nichtig, weil der Unbefugte Einfluss ausgeübt hat (*BGHZ* 47, 341, 346; anders noch *BGHZ* 12, 327). **Fehlende Protokollierung** berührt die Wirksamkeit nicht. Zu § 108 Abs 4 vgl dort. Die **Nichtigkeit einer Bestellung** schadet nicht, wenn der AR beschlussfähig und die Stimme des nichtig Bestellten für die Mehrheit nicht notwendig ist (**hM**, vgl *OLG Karlsruhe* AG 1989, 35, 37). Die Unterbesetzung führt im Falle der Beschlussunfähigkeit zur Nichtigkeit des Jahresabschlusses (Münch-Komm AktG/*Hüffer* Rn 43).

IV. Zusätzliche Gründe bei von der Hauptversammlung festgestellten Abschlüssen (Abs 3)

Stellt die HV den Jahresabschluss fest (§§ 173 Abs 1 S 1, 286 Abs 1), so bestimmt sich die Nichtigkeit zum einen nach den gemeinsamen Nichtigkeitsgründen nach § 256 Abs 1 Nr 1–4, Abs 4 und 5, zum anderen nach den für die Feststellung durch die HV zusätzlichen Nichtigkeitsgründen des § 256 Abs 1 HS 1 und Abs 3. Die Feststellung durch eine hierfür **unzuständige HV** ist anders als bei dem Fall der unzuständigen Verwaltung zwar existent, jedoch nichtig, wobei sich die Heilung nach der für § 256 Abs 1 Nr 1 geltenden Frist von drei Jahren bemisst (KölnKomm AktG/*Zöllner* Rn 88). § 256 Abs 3 Nr 1–3 entsprechen § 241 Nr 1, 2 und 5, auch nach den Änderungen des BilMoG (Einzelheiten s dort). Für § 256 Abs 3 Nr 3 gilt jedoch primär § 257, der insbesondere Inhaltsmängel als Anfechtungsgründe nicht zulässt. Die Heilung richtet sich ausschließlich nach § 256 Abs 6, nicht nach § 242. Für Mängel nach § 256 Abs 3 Nr 1 und 2 gilt die kurze sechsmonatige Heilungsfrist. Problematisch ist das Verhältnis zu § 241. Nr 3, 4 und 6 des § 241 haben in § 256 Abs 3 keine Entsprechung, so dass solche Mängel zumindest nicht zur Nichtigkeit des Jahresabschlusses führen können (unstr). Da jedoch die Wirksamkeit des Jahresabschlusses auf der Gültigkeit des Feststellungsaktes aufbaut, muss auch für den Feststellungsbeschluss der HV allein § 256 maßgebend sein (MünchKomm AktG/*Hüffer* Rn 49). Bei dem **Klageantrag** nach § 257 ist die Formulierung jedoch auf die Nichtigkeit des Jahresabschlusses und nicht auf die Nichtigkeit des Feststellungsbeschlusses zu richten (vgl *Westermann* AG 1981, 85, 87, näher zum Klageantrag Rn 20).

V. Nichtigkeit wegen mangelhafter Gliederung (Abs 4)

1. Gliederungsfehler. Zum Verhältnis zu § 256 Abs 1 Nr 1 s Rn 4. Gliederungsvorschriften sind namentlich §§ 265, 266, 268–277 HGB, §§ 152, 158, 240, 261, 286. Ein Gliederungsverstoß liegt vor, wenn die Bilanz oder die GuV nicht genügend tief gegliedert sind, wenn Vermögensgegenstände oder Kapitalbestandteile unzutreffenden Posten zugeordnet oder wenn Posten an falscher Stelle ausgewiesen werden (*LG*

München I DB 2008, 343 f; WP-Handbuch Bd I, 2012, U Rn 221) zB, wenn der Betrag mit Materialaufwand saldiert wird anstatt diesen in „außerordentliche Erträge" einzustellen, denn zum einen wird der Betrag nicht in dem zutreffenden Posten eingestellt, zum anderen wird gegen das Saldierungsverbot verstoßen (*LG Stuttgart* AG 1994, 473 f). Der Ausweis eines schwebend unwirksamen Beteiligungserwerbs im Anlagevermögen ist hingegen kein Gliederungsfehler (*OLG Düsseldorf* AG 1977, 195, 196; **aA** *LG Düsseldorf* AG 1976, 162). Übersicht erlassener Formblattverordnungen bei BeckBil-Komm/*Förschle/Lawall* § 330 HGB Rn 20. Näher bzgl Versicherungsunternehmen *Laaß* WPg 1988, 353 und *Richter/Geib* WPg 1987, 181, bzgl Kreditinstitute *Himmelreich* WPg 1988, 365 und 389. Die unterlassene Aktivierung oder Passivierung wird als Bewertungsfehler behandelt, nicht als Gliederungsfehler (*BGHZ* 83, 341, 347 ff; *OLG Hamm* AG 1992, 233, 234).

15 **2. Beeinträchtigung der Klarheit und Übersichtlichkeit.** Nur bei **wesentlicher** Beeinträchtigung der Klarheit und Übersichtlichkeit durch den Gliederungsverstoß ist der Jahresabschluss nichtig. Die Wesentlichkeit bestimmt sich zum einen an der Bedeutung der verletzten Norm. Soweit diese nicht wesentlich ist, muss auf den Umfang des Verstoßes abgestellt werden, namentlich auf die Höhe des Betrages in Relation zu den übrigen Bilanzposten (*Adler/Düring/Schmaltz* Rechnungslegung Tb 4 Rn 37). Der früher in § 256 Abs 4 S 2 aF enthaltene Katalog vermag hierfür Anhaltspunkte zu liefern (WP-Handbuch Bd I, 2012, U Rn 223). Wesentlichkeit liegt auf keinen Fall vor, wenn der Verstoß für die Gesamtstruktur der Bilanz unbeachtlich ist (unstr, *Sünner* AG 1984, 16, 18). Der Gliederungsverstoß muss den Leser zu einem wesentlich anderen Bild über die Vermögens-, Finanz- und Ertragslage der AG führen (WP-Handbuch, Bd I, 2012 aaO mwN). Das ist nicht der Fall, wenn der Mangel durch Erläuterungen im Anhang ausgeglichen wird (*Adler/Düring/Schmaltz* aaO). Wesentlich ist der Verstoß zB dann, wenn eine falsche Ertragslage vorgespiegelt wird (*LG Stuttgart* AG 1994, 473 f). Ein wesentlicher Verstoß liegt weder bei einem fehlenden Ausweis einer Konzernstruktur noch bei einer fehlerhaften Trennung von Rechts- und Prozesskosten vor (*KG* AG 2005, 583, 584).

VI. Nichtigkeit wegen mangelhafter Bewertung (Abs 5)

16 **1. Allgemeines.** Zum Verhältnis zu § 256 Abs 1 Nr 1 s Rn 4. Gem § 256 Abs 5 S 2 und 3 sind die §§ 253–256 HGB maßgeblich für die Bestimmung, ob eine Fehlbewertung vorliegt. Jedoch werden auch Verstöße gegen allgemeine Bewertungsvorschriften (§ 252 HGB, Grundsätze ordnungsgemäße Buchführung, vgl WP-Handbuch Bd I, 2012, U Rn 226), ferner erst recht Verstöße gegen **Ansatzvorschriften** (zB Aktivierung nicht vorhandener Vermögensgegenstände und Unterlassen einer gebotenen Passivierung, namentlich das Unterlassen der Bildung von Rückstellungen, *BGHZ* 83, 341, 347 ff; *OLG Hamm* AG 1992, 233, 234) erfasst. Soweit ein **Beurteilungsspielraum** besteht, kommt eine fehlerhafte Bewertung erst dann in Betracht, wenn seine Entscheidung unter Beachtung der gebotenen kaufmännischen Sorgfalt und Vorsicht nach dem Erkenntnisstand ex ante, also zum Zeitpunkt der Bewertung, unvertretbar war (*Schedlbauer* DB 1992, 2097, 2098; *KG* AG 2005, 583, 584). Gegenstand der Fehlbewertung ist der einzelne Bilanzposten iSd § 266 HGB. Das bedeutet einerseits, dass ein Ausgleich von über- und unterbewerteten Vermögensgegenständen oder Verbindlichkeiten bzw Kapitalbestandteilen innerhalb eines Postens zulässig ist, andererseits ein Ausgleich mehrerer falsch bewerteter Posten nicht erfolgen darf (unstr, *OLG*

Celle BB 1983, 2229, 2233; eingehend zum Ausgleich bei der Fehlbewertung: *Weilep/ Weilep* BB 2006, 147, 148 f). In den Ausgleich dürfen zulässig bewertete, jedoch anders bewertbare (zB aufgrund eines Beurteilungsspielraumes) Posten nicht einfließen, anderes gilt nur bei einer Änderung des Jahresabschlusses (WP-Handbuch Bd I, 2006, U Rn 226). Ferner entscheidet der Saldo der Fehlbewertungen innerhalb eines Postens, ob eine Über- oder Unterbewertung des Postens vorliegt. Zusammenfassungen nach § 265 Abs 7 HGB oder weitergehende Aufgliederungen im Anhang ändern am Ausgangspunkt Posten für die Fehlbewertung nichts (*Adler/Düring/Schmaltz* Rechnungslegung Tb 4 Rn 42). Für Kredit- und Finanzdienstleistungsinstitute, Versicherungsunternehmen sowie nun auch für Kapitalverwaltungsgesellschaften iSd § 17 KAGB (2013 geändert durch das AIFM-UmsG) verweist § 256 Abs 5 S 4 auf die hierfür speziellen Bewertungsvorschriften im HGB. Dies hat jedoch nur klarstellende Funktion (WP-Handbuch Bd I, 2012, U Rn 229).

2. Überwertung (S 1 Nr 1, S 2). Eine Überbewertung liegt vor, wenn ein Aktivposten 17 mit einem zu hohen oder wenn ein Passivposten mit einem zu niedrigen Betrag angesetzt ist, ferner wenn ein nicht aufzuführender Aktivposten aufgeführt wird (zB *LG Düsseldorf* AG 1989, 140, 141 f: Verstoß gegen das Stichtagsprinzip) oder wenn ein aufzuführender Passivposten fehlt (zB eine gebotene Rückstellung fehlt, *BGHZ* 83, 341, 347 f; *OLG Frankfurt* AG 2007, 401, 402; *OLG Dresden* AG 2006, 672). Für die Unterscheidung Über- und Unterbewertung ist die Auswirkung auf das Eigenkapital entscheidend (*Weilep/Weilep* BB 2006, 147). Eine rechtlich relevante Überbewertung liegt erst dann vor, wenn der Umfang der Überbewertung **wesentlich** ist (*BGH* aaO; *OLG Frankfurt* AG 2008, 417, 419; *OLG München* WM 2008, 876, 878; *LG Frankfurt/ Main* NZG 2009, 149, 150 – Kirch/Deutsche Bank; *Hüffer* AktG Rn 25 mwN; ähnlich *Schulze-Osterloh* ZIP 2008, 2241, 2245). Ein absolute Grenze taugt hierfür nicht, vielmehr ist die Relevanz der Überbewertung zum einen durch Vergleich des Bilanzposten ohne Überbewertung (*LG Frankfurt/Main* AG 2002, 297, 298: Abweichung von 22 % ist noch nicht relevant), weiterhin durch Vergleich mit der Bilanzsumme zu ermitteln, es bedarf der **signifikanten Beeinflussung der Bilanzsumme** (eingehend *Weilep/Weilep* aaO 148 f; *LG Frankfurt* AG 2002, 297, 298: unter 1 % ebenfalls irrelevant; vgl auch *OLG Hamm* AG 1992, 233, 234 mwN: ein schwerwiegender Verstoß, der das Betriebsergebnis maßgeblich beeinflusst; ferner *LG Stuttgart* DB 2001, 1025: abzustellen auf Verhältnis zu Gesamtvolumen; *OLG Hamburg* ZIP 2006, 895, 900 f: Verhältnis zur Bilanzsumme, keine Wesentlichkeit bei Frage, ob Wahlrecht oder Passivierungspflicht, Erteilung eines Bestätigungsvermerks als Indiz gegen Wesentlichkeit; *OLG Frankfurt* AG 2008, 417, 419; **aA** K. Schmidt/Lutter AktG/*Schwab* Rn 16: ausschüttbarer Gewinn als Vergleichsgröße). Je geringer die Überbewertung ausfällt, desto eher kann sie durch einen Beurteilungsspielraum gedeckt sein.

3. Unterbewertung (S 1 Nr 2, S 3). Eine Unterbewertung liegt vor, wenn ein Aktiv- 18 posten mit einem zu niedrigen oder wenn ein Passivposten mit einem zu hohen Betrag angesetzt ist, ferner wenn ein nicht aufzuführender Passivposten aufgeführt wird oder wenn ein aufzuführender Aktivposten fehlt (*BGHZ* 137, 378, 384 mwN). Jenes kann insbesondere im Zusammenhang mit der **Aktivierung von Beteiligungserträgen** Bedeutung erlangen (dazu *Groh* DStR 1998, 813; *BGH* aaO, anders für die Steuerbilanz *BFHE* 192, 339). Ggf gegen Dritte bestehende Ansprüche können erst dann aktiviert werden, wenn sie hinreichend sicher und konkret sind (*OLG München* WM 2008, 876, 878). Eine Unterbewertung führt allein noch nicht zur Nichtigkeit des Jahresabschlusses, es bedarf vielmehr noch der unrichtigen Wiedergabe der Vermögens- **oder** Ertragslage der AG oder deren Verschleierung, weiterhin muss noch Vorsatz des Bewertenden hinzukommen. Das „und" ist als „oder" zu lesen (unstr, WP-Handbuch Bd I, 2012, U Rn 234). **Unrichtige Wiedergabe** meint greifbar falsche Angaben (*KG* AG 2005, 583, 584). Eine **Verschleierung** liegt vor, wenn sich für Dritte kein klares Bild von der wahren Lage ergibt (MünchKomm AktG/*Hüffer* Rn 61). Der **Vorsatz** muss sich auf die unrichtige Wiedergabe oder Verschleierung der bilanziellen Lage beziehen (*Kropff* ZGR 1994, 628, 636; *OLG Düsseldorf* AG 1977, 195, 196 f), und zwar im Zeitpunkt der Bewertung, eine nachträgliche Rechtsprechungsänderung führt nicht nachträglich zum Vorsatz (*BGH* aaO 384 f). Bedingter Vorsatz genügt (*BGHZ* 124, 111, 120). Einer Täuschungsabsicht bedarf es nicht. Es genügt der Vorsatz derjenigen Verwaltungsmitglieder, deren Stimmen für den Beschluss maßgeblich oder deren Handlungen sonst irgendwie kausal waren (vgl KölnKomm AktG/*Zöllner* Rn 48 und 89). Die Beweislast bzgl des Vorsatzes folgt den allgemeinen Regeln, sie liegt daher bei demjenigen, der die Nichtigkeit geltend macht (*OLG Düsseldorf* aaO).

VII. Heilung (Abs 6)

19 Die Heilung bewirkt eine nachträgliche Veränderung der materiellen Rechtslage, indem das Feststellungsrechtsgeschäft bzw der -beschluss **rückwirkend** Gültigkeit erlangt (**hM**, MünchKomm AktG/*Hüffer* Rn 64 mwN; *Weilep/Weilep* BB 2006, 147, 149 f). Die Heilung erfasst auch den Gewinnverwendungsbeschluss. Nur die in § 256 Abs 6 genannten Mängel sind einer Heilung zugänglich, folglich nicht die Verstöße nach §§ 256 Abs 1 Nr 2, Abs 3 Nr 3, 173 Abs 3. Bei einer Nichtigkeit aufgrund §§ 234 Abs 3, 235 Abs 2 kommt es zu einer Heilung des Jahresabschlusses, wenn nach § 242 Abs 3 der Kapitalherabsetzungs- und der Kapitalerhöhungsbeschluss geheilt werden (**str**, *Adler/Düring/Schmaltz* Rechnungslegung Tb 4 Rn 85). Die Feststellung einer unzuständigen HV richtet sich nach § 256 Abs 1 Nr 1 (s Rn 13). Voraussetzung der Heilung ist erstens, dass ein heilbarer Mangel vorliegt, ferner der Ablauf der jeweiligen Frist. Die längere Frist gilt bei gläubigerschützenden Normen. Die Frist beginnt mit Offenlegung des Jahresabschlusses im Bundesanzeiger, die Veröffentlichung anderswo lässt die Frist nicht beginnen. Der Fristbeginn wird nicht durch eine Satzungsbestimmung nach § 25 S 2 hinausgeschoben. Gem § 256 Abs 6 S 2 hemmt eine rechtshängige Klage auf Feststellung der Nichtigkeit des Jahresabschlusses den Eintritt der Heilung bis zur endgültigen Entscheidung oder Erledigung der Klage. Gemeint ist allein die Klage nach § 256 Abs 7 (*OLG Schleswig* v 30.4.2009 – 5 U 100/08, *Kowalski* AG 1993, 502, 504). Es gelten die §§ 187 ff BGB, ferner § 167 ZPO (*LG Düsseldorf* AG 1989, 140), **nicht** aber die §§ 233 ff ZPO, ebenfalls **nicht** § 193 BGB (*Hüffer* AktG Rn 30; Spindler/Stilz AktG/*Rölike* Rn 78; **aA** K. Schmidt/Lutter AktG/*Schwab* Rn 35). Die Heilung hindert ein Enforcement-Verfahren nicht (*Mock* DB 2005, 987, 990 mwN). Streitig ist schließlich, inwieweit den Gesellschaftsorganen ein Ermessen eingeräumt wird, trotz Kenntnis der Fehlerhaftigkeit die Heilung durch Fristablauf herbeizuführen, anstatt den Fehler zu beseitigen (näher mwN). Teilweise wird dies undifferenziert bejaht bzw verneint (vgl *Schwab* aaO Rn 36 mwN). Richtig ist, dass die Verwaltung die Rechtmäßigkeit überwachen muss und, wenn der Fehler innerhalb angemessener Zeit (dh vor Eintritt der Heilung) behoben werden kann, korrigiert werden muss (*Balthasar* S 219 ff; ähnlich *Rölike* aaO Rn 90).

Nichtigkeit § 256

VIII. Klage auf Feststellung der Nichtigkeit (Abs 7 S 1)

Für die Klage auf Feststellung der Nichtigkeit gegen die AG gilt § 249 (zu den Einzelheiten vgl dort) sinngemäß (§ 256 Abs 7). Der Klageantrag lautet auf Nichtigkeit des (festgestellten) Jahresabschlusses, nicht auf Nichtigkeit einer zugrunde liegenden Feststellungshandlung (*Westermann* AG 1981, 85, insb 88). Eine eigenständige Klage auf Feststellung der Nichtigkeit der Feststellungshandlung ist nicht statthaft (*OLG Stuttgart* AG 2003, 527, 529). Ebenso ist eine Anfechtungsklage gegen den Feststellungsbeschluss als Nichtigkeitsklage nach § 256 zu verstehen (*OLG Stuttgart* aaO). Anders als bei nachgeschobenen Anfechtungsgründen sind auch erst nach der Frist des Abs 6 (aber innerhalb der rechtshängigen Nichtigkeitsklage § 256) dargelegte Nichtigkeitsgründe relevant (*OLG Dresden* AG 2006, 672, 674). Das Urteil wirkt inter omnes, die allgemeine Feststellungsklage (§ 256 ZPO) hingegen nur inter partes (*Kowalski* aaO, **aA** KölnKomm AktG/*Zöllner* Rn 111). Aus der Rechtskrafterstreckung ergibt sich das für eine Nebenintervention nach § 66 ZPO notwendige rechtliche Interesse der intervenierenden Mitaktionäre bei der Klage eines Aktionärs nach § 256 Abs 7 (*OLG Frankfurt* AG 2002, 88 f). Der intervenierende Aktionär hat die Rechtsstellung eines streitgenössischen Nebenintervenienten iSd § 69 ZPO (*OLG Schleswig* AG 1993, 431, 432 f). Der Kläger muss nicht zum Zeitpunkt der HV Aktionär gewesen sein, sondern zum Zeitpunkt der letzten mündlichen Verhandlung (*OLG Celle* AG 1984, 266 267 f). Im Insolvenzfall ist der Insolvenzverwalter zuständig (näher *Haase* DB 1977, 241, 243 f). Die Nichtigkeit des Konzernabschlusses kann mangels Feststellung (vgl *OLG Frankfurt* ZIP 2007, 72, 73; *OLG Köln* NZG 1998, 553), die Unrichtigkeit mangels Feststellungsinteresses nicht gerichtlich via Feststellungsklage geltend gemacht werden (WP-Handbuch Bd I, 2012, U Rn 175). Dasselbe hat auch im Hinblick auf einen gem § 325 Abs 2a HGB aufgestellten Einzelabschluss nach IFRS zu gelten (vgl Reg-Begr BT-Drucks 15/3419, 54).

20

IX. Enforcement

Eine Prüfung des Jahresabschlusses und des zugehörigen Lageberichts (Enforcement) findet nach § 37o Abs 2 WpHG, § 342b Abs 3 S 1 HGB nicht statt, solange eine Klage auf Nichtigkeit gem § 256 Abs 7 **anhängig** ist. Die Prüfung ist insgesamt auszusetzen, also nicht nur gegenständlich begrenzt (BeckBilKomm/*Ellrott/Grottel* § 342b HGB Rn 34), eine angefangene und ausgesetzte Prüfung wird nach Abschluss des Gerichtsverfahrens weiterverfolgt, sie muss nicht von neuem begonnen werden (*Müller* ZHR 168 (2004), 414, 415 f; BR-Drucks 325/04, 27). Stellt das Gericht die Nichtigkeit rechtskräftig fest, hat sich das Enforcement-Verfahren erledigt (BR-Drucks aaO), ein rechtskräftiges Nichtigkeitsurteil bindet auch die Prüfstelle (*Ellrott/Aicher* aaO Rn 31). Weist es die Nichtigkeitsklage mangels Nichtigkeitsgrundes ab, kann das Enforcement-Verfahren nur noch auf Fehler unterhalb der Nichtigkeitsschwelle prüfen (*Hennrichs* ZHR 168 (2004), 383, 406; **aA** *Ellrott/Aicher* aaO). Das Ergebnis eines Enforcement-Verfahrens führt nicht zu einer Bindung des Gerichts (*Mock* DB 2005, 987, 988; *Hennrichs* ZHR 168 (2004), 383, 407). Auch nach Abschluss des Enforcement-Verfahrens kann Nichtigkeitsklage erhoben werden (*Ellrott/Aicher* aaO). Beim Enforcement-Verfahren können auch mehrere, isoliert betrachtet nicht wesentliche Mängel Fehlerhaftigkeit iSd § 39q WpHG führen (*OLG Frankfurt* AG 2009, 328 f, dem zust *Hennrichs* DStR 2009, 1446, 1449). Ein IFRS-Einzelabschluss unterliegt nicht der Überprüfung nach § 342b Abs 2 S 1 HGB (*Fey/Deubert* KoR 2006, 92, 100).

21

Die Heilungsfristen nach § 256 Abs 6 werden von einem Enforcement-Verfahren nicht beeinflusst (vgl *Müller* aaO 419).

X. Mitteilungspflicht (Abs 7 S 2)

22 Die neue Mitteilungspflicht steht im Zusammenhang mit dem durch dieses Gesetz ebenfalls eingefügten Enforcement-Verfahrens gem §§ 37n ff WpHG, § 342b Abs 3 HGB. Die Mitteilungspflicht stellt sicher, dass die BaFin frühzeitig von der Nichtigkeitsklage und der Entscheidung über die Nichtigkeit des Jahresabschlusses Kenntnis erlangt (RegBegr BT-Drucks 15/3421, 21). Erfasst wird nur die Nichtigkeitsklage nach § 256 AktG, nicht sonstige Klagen, insb nicht die Feststellungsklage nach § 256 ZPO (*Hüffer* AktG Rn 31a).

XI. Wirkungen der Nichtigkeit

23 **1. Betroffener Jahresabschluss.** Die Nichtigkeit des festgestellten Jahresabschlusses hat zur Folge, dass den Rechnungslegungspflichten nicht nachgekommen wurde, dass mangels relevanten Jahresabschlusses kein Bilanzgewinn vorliegt und somit mangels Bilanzgewinn kein Verwendungsbeschluss hierüber ergehen kann (*Hennrichs* ZHR 168 (2004), 383, 390; zu weiteren Wirkungen *Weilep/Weilep* BB 2006, 147, 150 ff; zur Verlustausgleichspflicht *BGHZ* 142, 382; dazu auch *OLG Dresden* AG 2006, 672 f mwN). Nichtigkeit bedeutet, dass die Rechtswirkungen der Feststellung nicht eintreten (vgl *OLG Frankfurt* ZIP 2007, 72, 73). Die Nichtigkeit umfasst die Vorlage des Jahresabschlusses durch den Vorstand, den Billigungsbeschluss des AR sowie seine zu dem Prüfungsbericht abgegebene Schlusserklärung (*BGH* aaO 116). Bei Feststellung durch die HV ist deren Feststellungsbeschluss betroffen. **Teilnichtigkeit** des Jahresabschlusses **gibt es nicht**. Eine Nichtigkeit des Lageberichts, des Abhängigkeitsberichts oder des Berichts des Abschlussprüfers kann sich aus § 139 BGB ergeben, namentlich, wenn ein Mangel sich auch auf andere Berichte dort – etwa durch fehlerhafte Angabe – auswirkt (*BGHZ* 124, 111, 121 f). Der Abschlussprüfer muss nicht über eine mögliche Nichtigkeit berichten (WP-Handbuch Bd I, 2012, Q Rn 529; **aA** Münch-Komm AktG/*Hüffer* Rn 77). Die Nichtigkeit des Jahresabschlusses zwingt nicht zur Versagung des Bestätigungsvermerks durch den Abschlussprüfer (**str**, WP-Handbuch Bd I, 2012, Q Rn 527 f; abw IDW FG 3/1988 WPg 1989, 27, 32: grds Versagung). Gem § 253 Abs 1 S 1 strahlt die Nichtigkeit auch auf den Gewinnverwendungsbeschluss aus (zum umgekehrten Fall vgl *Grumann/Gillmann* NZG 2004, 839, 844 f); gleiches gilt für den Fall der Heilung des fehlerhaften Jahresabschlusses. Da sich die Nichtigkeit auf die Feststellung bezieht, beseitigen Korrekturen am Jahresabschluss per se nicht die Nichtigkeit (**aA** bei unbedeutenden Fehlern *Hüffer* AktG Rn 33). Erforderlich ist vielmehr eine **Neuaufstellung** sowie eine erneute Feststellung, der allerdings keine Rückwirkung zukommt; vgl hierzu § 172 Rn 14; die Neuaufstellung des Jahresabschlusses führt nicht zur Heilung des Gewinnverwendungsbeschlusses.

24 **2. Nachfolgende Jahresabschlüsse.** Die Nichtigkeit eines Jahresabschlusses allein begründet nicht die Nichtigkeit von Folgeabschlüssen. Diese sind nur nichtig, wenn ihnen ein Mangel nach § 256 anhaftet (*Gelhausen/Hönsch* AG 2005, 511, 526). Das folgt aus dem abschließenden Charakter des § 256 (*BGH* NJW 1997, 196 f). Problematisch ist aber in diesem Zusammenhang der Grundsatz der **Bilanzkontinuität**, denn der Bewertungs- oder Gliederungsfehler darf im Folgeabschluss nicht übernommen werden. Jedoch liegt in der dadurch bedingten Diskontinuität kein Nichtigkeitsgrund des Folgeabschlusses (*Mock* DB 2005, 987, 989). Der Leser des Jahresabschlusses wird dadurch genügend geschützt, dass Übergangsbuchungen durchgeführt werden und die Diskontinuität ausreichend erläutert wird (*Schedlbauer* DB 1992, 2097, 2103).

§ 257 Anfechtung der Feststellung des Jahresabschlusses durch die Hauptversammlung

(1) ¹**Die Feststellung des Jahresabschlusses durch die Hauptversammlung kann nach § 243 angefochten werden.** ²**Die Anfechtung kann jedoch nicht darauf gestützt werden, dass der Inhalt des Jahresabschlusses gegen Gesetz oder Satzung verstößt.**

(2) ¹**Für die Anfechtung gelten die §§ 244 bis 246, 247 bis 248a.** ²**Die Anfechtungsfrist beginnt auch dann mit der Beschlussfassung, wenn der Jahresabschluss nach § 316 Abs. 3 des Handelsgesetzbuchs erneut zu prüfen ist.**

Übersicht

	Rn		Rn
I. Allgemeines	1	1. Allgemeines	2
II. Mögliche Anfechtungsgründe	2	2. Feststellungsspezifische Verfahrensmängel	3

I. Allgemeines

§ 257 regelt die Anfechtung des **Feststellungsbeschlusses** der HV. Inhaltliche Mängel, die nicht schon allgemein die Nichtigkeit des Jahresabschlusses nach § 256 Abs 1, 4 und 5 begründen, können daher nicht über § 256 Abs 3 Nr 3 zur Nichtigkeit des Jahresabschlusses führen (Spindler/Stilz AktG/*Rölike* Rn 3). Die Folge einer erfolgreichen Anfechtungsklage ist Nichtigkeit nach § 256 Abs 3 Nr 3. Eine Anfechtungsklage kann mit einer Nichtigkeitsklage verbunden werden (unstr, *Adler/Düring/Schmaltz* Rechnungslegung Tb 4 Rn 10 mwN). 1

II. Mögliche Anfechtungsgründe

1. Allgemeines. Reine Inhaltsmängel des Jahresabschlusses sind gem § 257 Abs 1 S 2 keine zulässigen Anfechtungsgründe, somit verbleiben nur **Verfahrensfehler**, daneben noch die Anfechtbarkeit wegen **rechtswidriger Zielsetzung**. Diese liegt vor, wenn der mit dem Feststellungsbeschluss verfolgte Zweck gegen § 243 Abs 1 oder 2 verstößt, einer Anfechtung deswegen steht § 257 Abs 1 S 2 nicht entgegen (**hM** MünchKomm AktG/*Hüffer* Rn 10 mwN). Verfahrensfehler können zum einen solche sein, die auch bei anderen als Feststellungsbeschlüssen auftreten, ferner aber auch durch das spezielle Feststellungsverfahren bedingte. 2

2. Feststellungsspezifische Verfahrensmängel. Anfechtungsgründe sind Verstöße gegen die Pflicht, die in § 175 Abs 2 S 1, Abs 3 genannten Dokumente zugänglich zu machen, die Pflicht, eine Abschrift zu erteilen (§ 175 Abs 2 S 2, Abs 3; KölnKomm AktG/*Zöllner* Rn 9) sowie die Vorlagepflicht (§ 176 Abs 1). Gleiches gilt für die Verletzung der Teilnahmepflicht des Prüfers (§ 176 Abs 2), die stets die notwendige Relevanz beinhaltet, selbst wenn Auskünfte in der HV nicht erwünscht waren (MünchKomm AktG/*Hüffer* Rn 9). Verstöße gegen § 176 Abs 1 S 2 und 3 begründen hingegen nicht die Anfechtbarkeit (**hM** *Adler/Düring/Schmaltz* Rechnungslegung Tb 4 Rn 8). Fehler und Unvollständigkeiten des Anhanges führen wegen § 257 Abs 1 S 2 iVm 3

§ 264 Abs 1 HGB nicht zur Anfechtbarkeit. Anders verhält es sich jedoch beim Lagebericht, bei dem entscheidend ist, ob dadurch eine relevante Information unterdrückt wird bzw eine für die Entscheidung relevante Irreführung hervorgerufen werden kann (*Hüffer* AktG Rn 6).

Dritter Abschnitt
Sonderprüfung wegen unzulässiger Unterbewertung

§ 258 Bestellung der Sonderprüfer

(1) ¹Besteht Anlass für die Annahme, dass
1. in einem festgestellten Jahresabschluss bestimmte Posten nicht unwesentlich unterbewertet sind (§ 256 Abs. 5 Satz 3) oder
2. der Anhang die vorgeschriebenen Angaben nicht oder nicht vollständig enthält und der Vorstand in der Hauptversammlung die fehlenden Angaben, obwohl nach ihnen gefragt worden ist, nicht gemacht hat und die Aufnahme der Frage in die Niederschrift verlangt worden ist,

so hat das Gericht auf Antrag Sonderprüfer zu bestellen. ²Die Sonderprüfer haben die bemängelten Posten darauf zu prüfen, ob sie nicht unwesentlich unterbewertet sind. ³Sie haben den Anhang darauf zu prüfen, ob die vorgeschriebenen Angaben nicht oder nicht vollständig gemacht worden sind und der Vorstand in der Hauptversammlung die fehlenden Angaben, obwohl nach ihnen gefragt worden ist, nicht gemacht hat und die Aufnahme der Frage in die Niederschrift verlangt worden ist.

(1a) Bei Kreditinstituten oder Finanzdienstleistungsinstituten sowie bei Kapitalverwaltungsgesellschaften im Sinn des § 17 des Kapitalanlagegesetzbuchs kann ein Sonderprüfer nach Absatz 1 nicht bestellt werden, soweit die Unterbewertung oder die fehlenden Angaben im Anhang auf der Anwendung des § 340f des Handelsgesetzbuchs beruhen.

(2) ¹Der Antrag muss innerhalb eines Monats nach der Hauptversammlung über den Jahresabschluss gestellt werden. ²Dies gilt auch, wenn der Jahresabschluss nach § 316 Abs. 3 des Handelsgesetzbuchs erneut zu prüfen ist. ³Er kann nur von Aktionären gestellt werden, deren Anteile zusammen den Schwellenwert des § 142 Abs. 2 erreichen. ⁴Die Antragsteller haben die Aktien bis zur Entscheidung über den Antrag zu hinterlegen oder eine Versicherung des depotführenden Instituts vorzulegen, dass die Aktien so lange nicht veräußert werden, und glaubhaft zu machen, dass sie seit mindestens drei Monaten vor dem Tag der Hauptversammlung Inhaber der Aktien sind. ⁵Zur Glaubhaftmachung genügt eine eidesstattliche Versicherung vor einem Notar.

(3) ¹Vor der Bestellung hat das Gericht den Vorstand, den Aufsichtsrat und den Abschlussprüfer zu hören. ²Gegen die Entscheidung ist die Beschwerde zulässig. ³Über den Antrag gemäß Absatz 1 entscheidet das Landgericht, in dessen Bezirk die Gesellschaft ihren Sitz hat.

(4) ¹Sonderprüfer nach Absatz 1 können nur Wirtschaftsprüfer und Wirtschaftsprüfungsgesellschaften sein. ²Für die Auswahl gelten § 319 Abs. 2 bis 4, § 319a Abs. 1 und § 319b Abs. 1 des Handelsgesetzbuchs sinngemäß. ³Der Abschlussprüfer der Gesell-

schaft und Personen, die in den letzten drei Jahren vor der Bestellung Abschlussprüfer der Gesellschaft waren, können nicht Sonderprüfer nach Absatz 1 sein.

(5) ¹§ 142 Abs. 6 über den Ersatz angemessener barer Auslagen und die Vergütung gerichtlich bestellter Sonderprüfer, § 145 Abs. 1 bis 3 über die Rechte der Sonderprüfer, § 146 über die Kosten der Sonderprüfung und § 323 des Handelsgesetzbuchs über die Verantwortlichkeit des Abschlussprüfers gelten sinngemäß. ²Die Sonderprüfer nach Absatz 1 haben die Rechte nach § 145 Abs. 2 auch gegenüber dem Abschlussprüfer der Gesellschaft.

Übersicht

	Rn			Rn
I. Allgemeines	1	III. Prüfungsumfang (Abs 1 S 2 und 3)		13
1. Regelungszweck	1	1. Unterbewertung (S 2)		13
2. Gesetzesgeschichte	2	2. Fehlerhafter Anhang (S 3)		14
3. Konkurrenzen	3	IV. Kreditinstitute und Finanzdienstleistungsinstitute (Abs 1a)		15
a) Nichtigkeit des Jahresabschlusses	3	V. Antrag auf Bestellung (Abs 2)		16
b) Allgemeine Sonderprüfung	4	1. Antrag		16
c) Enforcement-Verfahren	5	2. Frist (S 1 und 2)		17
II. Voraussetzungen (Abs 1 S 1 und 2)	6	3. Quorum (S 3)		18
1. Übersicht	6	4. Haltefrist (S 4)		19
2. Unterbewertung	7	5. Mindestbesitzzeit und Glaubhaftmachung (S 4 u 5)		20
a) Posten	7	VI. Bestellungsverfahren (Abs 3)		21
b) Wesentlichkeit („nicht unwesentlich")	8	1. Amtsermittlung		21
c) Vortrag der Antragsteller („Anlass für die Annahme")	9	2. Anhörung (S 1)		22
		3. Entscheidung		23
		4. Rechtsmittel (S 2)		24
		5. Verfahrenskosten		25
3. Fehlerhafter Anhang	10	VII. Auswahl des Sonderprüfers (Abs 4)		26
a) Unvollständigkeit/Fehler	10	1. Wirtschaftsprüfer/Wirtschaftsprüfungsgesellschaft (S 1)		26
b) Ergänzung der Angaben in der Hauptversammlung	11	2. Ausschlussgründe (S 2 u 3)		27
c) Vortrag der Antragsteller („Anlass für die Annahme")	12	VIII. Rechtsstellung des Sonderprüfers (Abs 5)		28

Literatur: *Gelhausen/Hönsch* Das neue Enforcement-Verfahren für Jahres- und Konzernabschlüsse, AG 2005, 511; *Hennrichs* Fehlerhafte Bilanzen, Enforcement und Aktienrecht, ZHR 168 (2004), 383; *Jänig* Die aktienrechtliche Sonderprüfung, 2005; *ders* Bilanzrechtliche Sonderprüfung NZG 2008, 257; *Jänig/Leißring* FamFG: Neues Verfahrensrecht für Streitigkeiten in AG und GmbH, ZIP 2010, 110; *Krag/Hullermann* Quantitative Voraussetzungen für eine Antragstellung auf eine Sonderprüfung wegen unzulässiger Unterbewertung nach § 258 Abs 1 Nr 1 AktG, DB 1980, 457; *Kupsch* Die Sonderprüfung wegen unzulässiger Unterbewertung (§ 248 Abs 1 Nr 1 AktG) und der Grundsatz der Bewertungsstetigkeit, WPg 1989, 517; *Mock* Bindung einer Aktiengesellschaft an einen im Enforcement-Verfahren festgestellten Fehler in nachfolgenden aktienrechtlichen Verfahren?, DB 2005, 987; *H.-P. Müller* Bilanzrecht und Organverantwortung, FS Quack, 1991, S 345; *W. Müller* Prüfverfahren und Jahresabschlussnichtigkeit nach dem Bilanzkontrollgesetz, ZHR 168 (2004), 414; *Voß* Die Sonderprüfung wegen unzulässiger Unterbewertung gemäß §§ 258 ff AktG, FS Münstermann, 1969, 443; *Wilsing/Neumann* Die Neuregelung der aktienrechtlichen Sonderprüfungen nach dem UMAG, DB 2006, 31.

§ 258 Bestellung der Sonderprüfer

I. Allgemeines

1 **1. Regelungszweck.** §§ 258–261a regeln laut Abschnittsüberschrift die Sonderprüfung wegen unzulässiger Unterbewertung. Die Überschrift beschreibt damit allerdings nur teilweise den Regelungskomplex, weil die Sonderprüfung auch die Vollständigkeit des Anhangs erfasst (MünchKomm AktG/*Hüffer* Rn 4). **§ 258** regelt in diesem Normenkomplex die Bestellung des Sonderprüfers. Nach Auffassung der Rechtsprechung sind die §§ 258 ff in Hinblick auf die GmbH nicht analogiefähig (*OLGR Brandenburg* 1997, 283, 284).

2 **2. Gesetzesgeschichte.** Die Sonderprüfung wegen unzulässiger Unterbewertung und fehlerhaftem Anhang sind eine Neuerung gegenüber dem AktG 1937 (KölnKomm AktG/*Claussen* Rn 1). Das **UMAG** v 22.9.2005 (BGBl I S 2802) passte Abs 2 S 3 an § 142 Abs 2 S 1 an, um Wertungswidersprüche zu vermeiden (RegBegr BT-Drucks 15/5092, 30). Weiterhin ergänzte das UMAG § 258 Abs 2 S 4 das Hinterlegungserfordernis um eine weitere Alternative, der Versicherung des depotführenden Instituts über die „Sperrung" der Aktien (RegBegr BT-Drucks 15/5092, 30 f). Weitere Änderungen betrafen: § 258 Abs 4 S 2 (Art 4 Nr 10 BilReG, 04.12.2004, BGBl I S 3166); § 258 Abs 3 S 2 und Abs 3 S 3 (Art 74 Nr 18 FGG-ReformG, 17.12.2008, BGBl I S 2586); § 258 Abs 1a, 4 S 2 (Art 5 Nr 14 BilMoG, 25.5.2009, BGBl I S 1102).

3 **3. Konkurrenzen. – a) Nichtigkeit des Jahresabschlusses.** Anders als die **Nichtigkeits-** (§ 256) **und Anfechtungsklage** (§ 257) berührt die Sonderprüfung nicht den rechtsgeschäftlichen Feststellungsakt, sondern beeinflusst nur das Zahlenwerk des (in einem dem fehlerhaften Jahresabschlusses folgenden) Jahresabschlusses (KölnKomm AktG/*Claussen* Rn 9; *Hennrichs* ZHR 168 (2004), 383, 392). Bereits wegen der verschiedenen Rechtsfolge schließt das eine das andere nicht aus, vielmehr ist **beides nebeneinander möglich** (allgM K. Schmidt/Lutter AktG/*Kleindieck* Rn 4). Wird während eines Verfahrens nach § 256 oder § 257 der Jahresabschluss (insb anlässlich der Sonderprüfung) geändert, erledigt dies das Nichtigkeits- oder Anfechtungsverfahrens, weil der Feststellungsakt nach Änderung des Jahresabschlusses ins Leere zielt und gegenstandslos wird (für eine Fortsetzung des Verfahrens fehlt das Rechtsschutzbedürfnis). Das gilt jedoch nur, wenn der angegriffene Jahresabschluss vom Vorstand geändert wird, nicht aber wenn gem § 260 in laufender Rechnung korrigiert wird. Umgekehrt erledigt eine Neuaufstellung eines (insb nichtigen) Jahresabschlusses wegen Fortfalls des Prüfungsgegenstands ein Sonderprüfungsverfahren (KölnKomm AktG/*Claussen* Rn 7).

4 **b) Allgemeine Sonderprüfung.** Liegt ein Fall des § 258 vor, werden die §§ 142 ff gem § 142 Abs 3 verdrängt, auch wenn keine Sonderprüfung nach §§ 258 ff beantragt wird (*BayObLG* FGPrax 2004, 301, 302; *Jänig* S. 226; aA Heidel AktG/*Wilsing/Lamers* § 142 Rn 28). §§ 142 ff werden über den Wortlaut des § 142 Abs 3 auch dann verdrängt, wenn ein Fall des § 258 Abs 1a vorliegt und deswegen keine Sonderprüfung nach §§ 258 ff durchgeführt werden kann (zutr MünchKomm AktG/*Hüffer* Rn 35). Die Sperre gilt auch nach Ablauf der Frist nach § 258 Abs 2 S 1 (**hM** MünchKomm AktG/*Schröer* § 142 Rn 29; *Hüffer* § 142 Rn 26; **aA** *Wilsing/Neumann* DB 2006, 31).

5 **c) Enforcement-Verfahren.** Wenn nach § 258 Abs 1 ein Sonderprüfer bestellt worden ist, findet ein **Enforcement-Verfahren** (§§ 342b ff HGB, §§ 37n ff WpHG) nicht statt, soweit der Gegenstand der Sonderprüfung, der Prüfungsbericht oder eine gerichtliche Entscheidung über die abschließenden Feststellungen der Sonderprüfer nach § 260 rei-

Bestellung der Sonderprüfer § 258

chen (§ 342b Abs 3 S 2 HGB, § 37o Abs 2 S 2 WpHG). Das Enforcement-Verfahren wird jedoch **nur im Rahmen des zulässigen Sonderprüfungsgegenstand gesperrt** (K. Schmidt/Lutter AktG/*Kleindieck* Rn 4; *Mock* DB 2005, 987, 990; *Gelhausen/ Hönsch* AG 2005, 511, 517). § 259 Abs 1 S 2 erweitert die Sperrwirkung nicht, weil § 259 Abs 1 S 2 nur die Berichtspflicht, nicht aber den Prüfungsauftrag des Sonderprüfers erweitert (MünchKomm AktG/*Hüffer* Rn 30).

II. Voraussetzungen (Abs 1 S 1 und 2)

1. Übersicht. Notwendig ist ein **Antrag** auf Bestellung eines Sonderprüfers durch eine qualifizierte Aktionärsminderheit. Zu den Einzelheiten des Antrags s näher Rn 16. Die Aktionäre müssen **substantiiert** vortragen, weshalb Anlass für die Annahme besteht, dass in einem festgestellten Jahresabschluss bestimmte Posten nicht unwesentlich unterbewertet sind (§§ 258 Abs 1 S 1 Nr 1, 256 Abs 5 S 3) oder der Anhang unvollständig bzw unrichtig ist (§ 258 Abs 1 S 1 Nr 2). Bei der Darlegung des fehlerhaften Anhangs bedarf es noch der Darstellung, dass nach den fehlenden Angaben in der HV gefragt, diese Frage nicht beantwortet und die Aufnahme der Frage in die Niederschrift verlangt worden ist (Abs 1 S 3 und 4). Eine negative Voraussetzung normiert Abs 1a, wonach bei Kreditinstituten und Finanzdienstleistungsinstituten eine Sonderprüfung nicht auf § 340f HGB gestützt werden kann (Rn 15).   6

2. Unterbewertung. – a) Posten. Der Antragsteller muss in Alt 1 das Vorliegen einer Unterbewertung vortragen. Von maßgeblicher Bedeutung bei der Frage, ob eine Unterbewertung vorliegt und wieweit der Sonderprüfer zu prüfen hat, ist der Bezugspunkt des **Postens iSd § 266 HGB** (zB „technische Anlagen und Maschinen", § 226 Abs 2 A. II. Nr 2 HGB, oder „Verbindlichkeiten aus Lieferungen und Leistungen", Abs 3 C Nr 4). Eine Unterbewertung liegt demnach vor, wenn ein Aktivposten mit einem zu niedrigen oder wenn ein Passivposten mit einem zu hohen Betrag angesetzt ist; ferner wenn ein nicht aufzuführender Passivposten aufgeführt wird oder wenn ein aufzuführender Aktivposten fehlt (*BGHZ* 137, 378, 384 mwN; *Kupsch* WPg 1989, 517, 518 f). Die Unterbewertung nur eines Vermögensgegenstands/einer Verbindlichkeit (§ 253 HGB) oder einer Zusammenfassung von mehreren Posten, etwa Umlaufvermögen, bedingt für sich noch keine Unterbewertung iSd § 258 Abs 1 S 1 Nr 1 (KölnKomm AktG/*Claussen* Rn 16). Ist ein Vermögensgegenstand unterbewertet, ein anderer **desselben Postens** überbewertet, kann sich dies dahingehend **ausgleichen**, dass keine Unterbewertung des Postens mehr vorliegt. Eine Verrechnung ist allerdings nur innerhalb eines Postens möglich, nicht aber zwischen mehreren Posten (*Adler/Düring/ Schmaltz* Rechnungslegung Rn 71). Der **Jahresabschluss** muss **festgestellt** sein (§§ 172, 173). Dass die Feststellung (ggf) nichtig ist, schadet nicht (unstr). Wenn Gesetz oder Satzung eine **Abschlussprüfung** vorschreiben, muss diese vor der Sonderprüfung erfolgt sein; darauf, ob der Bestätigungsvermerk erteilt wurde, kommt es nicht an (MünchKomm AktG/*Hüffer* Rn 16). Weder ein **Konzernabschluss** noch ein **Abschluss nach IFRS** (vgl § 325 Abs 2a HGB) kann Gegenstand einer Sonderprüfung sein.   7

b) Wesentlichkeit(„nicht unwesentlich"). Eine Prüfung kann nur dann initiiert werden, wenn bestimmte Posten „nicht unwesentlich" unterbewertet sind. Die für die Wesentlichkeit **maßgebliche Vergleichsgröße ist umstritten**. Nach einer Ansicht ist an den bilanziellen Gesamtverhältnissen, namentlich am Jahresergebnis, an der Bilanzsumme und am Grundkapital, Maß zu nehmen (ausf KölnKomm AktG/*Claussen* Rn 16 ff; ADS § 258 AktG Rz. 86; *Frey*, WPg 1966, 633, 634; *Jänig* NZG 2008, 257,   8

§ 258 Bestellung der Sonderprüfer

260). Nach **aA** ist allein auf den beanstandeten Bilanzposten abzustellen (K. Schmidt/ Lutter AktG/*Kleindieck* Rn 9; *Hüffer* AktG Rn 7; Wachter AktG/*Früchtl* Rn 5; Spindler/Stilz AktG/*Euler/Wirth* Rn 13; *Krag/Hullermann* DB 1980, 457, 459). Die **Rspr** hat die Frage bislang bewusst offengelassen (*OLG München* ZIP 2009, 1524 (Juris Rn 26); *OLG München* AG 2006, 801, 803: nicht unwesentlich, wenn zu untersuchende außerplanmäßige Abschreibung 1 626 T EUR bei Grundkapital von 2 492 T EUR und Umsatzerlöse von 3 795 T EUR beträgt). Zwar sprechen rechtsökonomische und je nach Normverständnis auch teleologische Gesichtspunkte sowie der Vergleich mit § 142 Abs 2 für eine Orientierung an den Gesamtverhältnissen. Gleichwohl ist am Wortlaut der Norm, der von der Unterbewertung bestimmter Posten spricht, festzuhalten und auf den beanstandeten Posten Bezug zu nehmen. Ob die Unterbewertung unwesentlich ist, bestimmt sich anhand des konkreten Einzelfalls. Ein **absolutes oder relatives Maß** lässt sich kaum präzisieren (MünchKomm AktG/*Hüffer* Rn 22; *Krag/ Hullermann* DB 1980, 457, 459 benennen konkrete absolute und relative Maßstäbe). Davon unabhängig liegt eine nicht unwesentliche Unterbewertung nicht vor, wenn ein Fall des **§ 256 Abs 5 S 4** (**§§ 340e ff, 341b ff HGB**) gegeben ist (MünchKomm AktG/ *Hüffer* Rn 18).

9 c) **Vortrag der Antragsteller („Anlass für die Annahme")**. Hinsichtlich der nicht unwesentlichen Unterbewertung bestimmter Posten obliegt den Antragsteller **trotz des geltenden Amtsermittlungsgrundsatzes eine begrenzte Darlegungs- und Beweislast** (§ 27 FamFG (Mitwirkungspflicht), hierzu allg *Jänig/Leißring* ZIP 2010, 110, 114; MünchKomm AktG/*Hüffer* Rn 11: begrenzte Darlegungslast). Sie müssen daher entsprechende **konkrete Tatsachen** darlegen (*OLG München* AG 2006, 801, 802; *Kupsch* WPg 1989, 517, 521). Der angegriffene Posten bzw. der angegriffene Vermögensgegenstand/die angegriffene Verbindlichkeit muss benannt sein (KölnKomm AktG/*Claussen* Rn 12; vgl *Hüffer* AktG Rn 6). Was das **Beweismaß** angeht so müssen die Tatsachen ein nicht unwesentliche Unterbewertung nahe legen (*OLG München* AG 2006, 801, 802: Maßstabe ist der verständige und objektiv Beurteilende; MünchKomm AktG/*Hüffer* § 258 Rn 11). Der entsprechende Wahrscheinlichkeitsgrad soll dem des strafprozessualen **Anfangsverdachts** gleichen (*OLG München* AG 2006, 801, 802; ähnl KölnKomm AktG/*Claussen* Rn 14: weniger als Glaubhaftmachung; **aA** hinreichender Tatverdacht *Jänig* NZG 2006, 258, 260 und Grigoleit/*Ehmann* AktG Rn 2). Einer überwiegenden oder auch gleichmäßigen Wahrscheinlichkeit bedarf es daher nicht.

9a **Beispiele für Vortrag**: Änderungen in wesentlichen Punkten nach Erteilung des uneingeschränkten Bestätigungsvermerks (*OLG München* AG 2006, 801, 802 f: nachträgliche Aufgliederung des Quellgrundstücks in Grundstück und Quellrecht); Korrektur für nur ein Geschäftsjahr, obwohl Korrekturen für mehrere Geschäftsjahre nahelagen (*OLG München* AG 2006, 801, 803), eingeschränkter Bestätigungsvermerk, mangelhafte Darstellung der Bewertungsmethoden im Anhang (§ 284 Abs 2 Nr 1 HGB; *Adler/Düring/Schmaltz* Rechnungslegung § 258 Rn 18).

10 **3. Fehlerhafter Anhang. – a) Unvollständigkeit/Fehler.** Jede Unvollständigkeit ist erfasst. Fehlende Fehlanzeige ist keine Unvollständigkeit. Erfasst sind ferner unrichtige Angaben, auch eine unrichtige Fehlanzeige gehört hierzu (*Hüffer* AktG Rn 9). Problematisch ist der Fall, wenn ein Wahlrecht besteht, die Angabe im Anhang oder in der Bilanz bzw GuV zu machen (vgl §§ 152, 158) und die Angabe nirgends gemacht wird. Die Vorschrift gilt nur für den Anhang zum Jahresabschluss, **nicht** für den Kon-

§ 258 Bestellung der Sonderprüfer

zernanhang (MünchKomm AktG/*Hüffer* Rn 4) oder dem Anhang (notes) für den Abschluss nach **IFRS**.

b) Ergänzung der Angaben in der Hauptversammlung. Eine Unvollständigkeit liegt **11** nicht vor, wenn die im Anhang fehlende Angabe vom Vorstand in der HV mitgeteilt wird, unabhängig davon, ob nachgefragt wurde oder nicht (KölnKomm AktG/*Claussen* Rn 22; MünchKomm AktG/*Hüffer* Rn 28). Das ergibt sich aus dem Antragserfordernis, dass nach der fehlenden Angabe **während der HV** (KölnKomm AktG/ *Claussen* Rn 22) gefragt worden ist (Abs 1 S 3 aE): Eine mündliche (oder schriftliche) Antwort (an die gesamte HV) ersetzt hinsichtlich der Sonderprüfung die Lücke im Anhang. Die Frage muss präzise erkennen lassen, welche Angabe fehlt, unvollständig oder unrichtig sein soll. Frage- und Antragsteller können auseinander fallen (*Hüffer* AktG Rn 10). Neben dem Erfordernis, dass nach der fehlenden Angabe gefragt worden ist, muss noch die Aufnahme der Frage in die Niederschrift verlangt worden sein (Abs 1 S 3 aE). Nicht notwendig hingegen ist, dass die Frage in die Niederschrift aufgenommen worden ist, das Verlangen genügt.

c) Vortrag der Antragsteller („Anlass für die Annahme"). Der Antragsteller muss im **12** Antrag präzise angeben, welche Angabe im Anhang fehlt, unvollständig oder unrichtig ist, und darlegen, weshalb die Angabe hätte gemacht werden müssen bzw weshalb die Angabe unvollständig oder unrichtig ist. Weiterhin muss dargelegt werden, dass in der HV nach der betreffenden Angabe deutlich nachgefragt worden ist, diese unbeantwortet blieb (vgl § 131 Abs 3 Nr 4) und dass die Aufnahme der Frage in die Niederschrift verlangt worden ist. Im Übrigen gilt das unter Rn 9 Gesagte.

III. Prüfungsumfang (Abs 1 S 2 und 3)

1. Unterbewertung (S 2). Die Sonderprüfer prüfen, ob die bemängelten Posten nicht **13** unwesentlich unterbewertet sind. Die zu prüfenden Posten werden durch den gerichtlichen Prüfungsauftrag festgelegt. § 259 Abs 1 S 2 erweitert den Prüfungsumfang nicht, sondern meint nur Zufallsfunde (MünchKomm AktG/*Hüffer* Rn 30; *Adler/Düring/ Schmaltz* Rechnungslegung Rn 62). Erweist sich ein bemängelter Posten als nicht unwesentlich unterbewertet, müssen die Sonderprüfer noch § 259 Abs 2 den Mindestwert des Aktivpostens bzw den Höchstwert des Passivpostens wie auch die Auswirkungen dieses Wertes auf das Jahresergebnis erklären. Wenn der Antrag anstatt eines Postens nur einen **Vermögensgegenstand** bzw eine Verbindlichkeit bemängelt, ist trotzdem der **Posten** Prüfungsgegenstand und nicht nur der einzelne Bewertungsgegenstand (MünchKomm AktG/*Hüffer* Rn 15; aA KölnKomm AktG/*Claussen* Rn 16). Das ist bedeutsam vor allem in Hinblick auf die Verrechnung innerhalb eines Postens (s Rn 7), ferner zwingt auch § 259 Abs 2 S 1 Nr 1 zu diesem Ergebnis. Das Gericht nennt daher im Prüfungsauftrag Posten, selbst wenn der Antrag Vermögensgegenstände bzw Verbindlichkeiten aufführt.

2. Fehlerhafter Anhang (S 3). Der Sonderprüfer muss feststellen, ob der im gerichtli- **14** chen Prüfungsauftrag bezeichnete Fehler vorliegt, ferner ob nach dieser fehlenden oder fehlerhaften Angabe **in der HV** gefragt worden ist, ob die Frage unbeantwortet blieb und ob die Aufnahme dieser Frage in die Niederschrift verlangt worden ist. Da das Ergebnis dasselbe unabhängig davon ist, welches Erfordernis fehlt, kann der Sonderprüfer frei wählen, welches Erfordernis er zuerst prüft (*Adler/Düring/Schmaltz* Rechnungslegung Rn 72). Stellt er zB fest, dass nicht nach der betreffenden Angabe nachgefragt worden ist, kann er die Prüfung beenden und muss nicht die Angabe bzw deren Fehlen prüfen (WP-Hdb 2006 Bd I, Q Rn 1004 empfiehlt generell die Prüfung der Fragestellung zuerst und die Anhangsprüfung zuletzt).

IV. Kreditinstitute und Finanzdienstleistungsinstitute (Abs 1a)

15 Eine Ausnahme besteht für **Kreditinstitute** und **Finanzdienstleistungsinstituten** sowie für Kapitalverwaltungsgesellschaften iSd § 17 des Kapitalanlagegesetzes, soweit die Unterbewertung oder der Anhangsmangel auf der Anwendung des **§ 340f HGB (Vorsorge für allgemeine Bankrisiken**, ggf iVm § 340 Abs 4 HGB) beruht (dazu eingehend *Adler/Düring/Schmaltz* Rechnungslegung Rn 94 ff), wenn also die Abweichung von § **340f gerechtfertigt** ist. Abs 1a sperrt nicht nur § 258 ff, sondern auch die §§ 142 ff (s Rn 4). Eine Sonderprüfung nach §§ 258 ff ist allerdings wieder insoweit eröffnet, soweit die 4 %-Grenze überschritten ist oder sonst § 340f HGB verletzt wurde (MünchKomm AktG/*Hüffer* Rn 36). Der Antrag auf Bestellung eines Sonderprüfers muss dann die Verletzung des § 340f HGB klar beschreiben. Bzgl §§ 340e, 340g und 340h HGB gilt § 256 Abs 5 S 4 analog (Rn 8). Für **Versicherungsunternehmen** gilt **keine** Abs 1a **vergleichbare** Regelung, jedoch gilt bzgl §§ 341–341h HGB § 256 Abs 5 S 4 analog (Rn 8).

V. Antrag auf Bestellung (Abs 2)

16 **1. Antrag.** Das Verfahren auf Bestellung eines Sonderprüfers ist ein **streitiges Antragsverfahren** nach dem **FamFG** (§ 71 Abs 2 Nr 4 GVG). Die Einzelheiten des Verfahrens entsprechen denen der Bestellung eines Sonderprüfer nach § 142 (dazu § 142 Rn 19).

17 **2. Frist (S 1 und 2).** Der Antrag muss innerhalb eines Monats nach der HV über den Jahresabschluss gestellt werden (S 1). HV über den Jahresabschluss meint die HV zur Entgegennahme (§ 175 Abs 1) oder zur Feststellung (§ 175 Abs 3) des Jahresabschlusses (ordentliche Hauptversammlung) durch die HV. Ein vor der HV gestellter Antrag wird mit einer solchen HV wirksam, soweit er vom Antragsteller weiterverfolgt wird (*OLG München* AG 2006, 801, 802). Wann über die Gewinnverwendung beschlossen wird, ist unerheblich (KölnKomm AktG/*Claussen* Rn 24; *ADS* Rn 29). Ebenfalls für den Fristbeginn unerheblich ist eine Nachtragsprüfung gem § 316 Abs 3 HGB, § 173 Abs 3 (§ 258 Abs 2 S 2). Die Frist ist nicht verfahrensrechtlich, sondern **materiell-rechtlich**, ein Versäumnis führt zur Unbegründetheit (Ausschlussfrist, *Hüffer* AktG Rn 14; KölnKomm AktG/*Claussen* Rn 24). Die Frist ist zwingend, weder die Satzung noch Verfahrensbeteiligten noch das Gericht kann die Frist ändern oder außerachtlassen, die Regelungen der ZPO über die Fristen gelten nicht (MünchKomm AktG/*Hüffer* Rn 40). Eine Wiedereinsetzung kommt nicht in Betracht (KölnKomm AktG/*Claussen* Rn 24). Die Frist berechnet sich nach §§ 187 Abs 1, 188 Abs 2 und 3, 193 AktG. Wird der Antrag **vor Fristablauf beim unzuständigen Gericht** eingereicht und erfolgt der Eingang beim zuständigen Gericht nach Fristeingang, so ist die Frist gewahrt (str *BGH* ZIP 2006, 826, 827 f zu §§ 306, 327f AktG aF; *BGHZ* 139, 305, 307 für § 23 Abs 4 WEG; MünchKomm AktG/*Hüffer* Rn 42; aA *OLG Frankfurt* ZIP 2006, 443 f zu § 4 SpruchG; *KG* AG 2000, 364 f für §§ 305 ff UmwG aF). Es sind keine durchschlagenden Gründe gegen eine analoge Anwendung des § 281 Abs 2 S 3 ZPO ersichtlich (vgl *BGH* ZIP 2006, 826, 827 f zu §§ 306, 327f AktG aF). Das Nachschieben von Prüfungsgründen nach Ablauf der Frist soll unzulässig sein (Grigoleit AktG/*Ehmann* Rn 7).

3. Quorum (S 3). Die Antragsteller müssen zusammen 1 % des Grundkapitals oder 18
einen anteiligen Betrag von 100 000 EUR erreichen (S 3 iVm § 142 Abs 2 S 1). Es gilt
dasselbe wie bei § 142 (dort Rn 16). Es kann auch nur ein Aktionär den Antrag stellen, wenn er einen entsprechenden Anteil innehat (*Krag/Hullermann* 1980, 457 Fn 5;
Hüffer AktG Rn 16; *Adler/Düring/Schmaltz* Rechnungslegung Rn 33; undeutlich
v *Godin/Wilhelmi* Anm 5). Auch Aktien, für welche das Stimmrecht nicht ausgeübt
werden kann, (zB § 139) zählen beim Quorum mit, nicht aber Aktien, die keinerlei
Rechte gewähren (zB §§ 21, 28 WpHG; §§ 35, 59 WpÜG; § 20 Abs 7 AktG). Relevant
ist das Grundkapital, welches zur Zeit der HV im HR eingetragen ist (KölnKomm
AktG/*Claussen* Rn 25). Eigene Aktien und Aktien, welche keine Rechte gewähren,
sind aus dem Grundkapital **nicht** herauszurechnen (Spindler/Stilz AktG/*Euler/Wirth*
Rn 17; MünchKomm AktG/*Hüffer* Rn 44).

4. Haltefrist (S 4). Die Antragsteller haben ausweislich des Gesetzes die Aktien bis 19
zur Entscheidung über den Antrag zu **hinterlegen** oder eine **Versicherung** des depotführenden Instituts vorzulegen, dass die Aktien bis zu dieser Entscheidung nicht veräußert werden. Mögliche Hinterlegungsstellen sind nach allgA die AG selbst, das
zuständige Gericht oder ein Notar (KölnKomm AktG/*Claussen* Rn 25; vgl *Bay-ObLGZ* 2004, 260 = ZIP 2004, 2285; OLG *Hamm* NZG 2000, 1235). Versicherung
meint Depotbescheinigung und Verpflichtungserklärung gegenüber dem Gericht oder
der Gesellschaft, Veränderungen des Aktienbestands mitzuteilen (*OLG München* AG
2006, 801, 802; *Hüffer* AktG Rn 17; problematisierend *Jänig* NZG 2008, 258, 259).
Hinterlegung soll entbehrlich, wenn bei einem kleinen Aktionärskreis vinkulierte
Namensaktien betroffen sind (*OLG München* ZIP 2009, 1524 (Juris Rn 16). Die
Antragsteller müssen nicht **über die Entscheidung hinaus** Anteilsinhaber sein, sie können also ihre Aktionärsstellung **während der Sonderprüfung verlieren** (unstr; *OLG
München* ZIP 2009, 1524 (Juris Rn 27) *Adler/Düring/Schmaltz* Rechnungslegung
Rn 32; *Hüffer* AktG Rn 17).

5. Mindestbesitzzeit und Glaubhaftmachung (S 4 u 5). Die Antragsteller müssen 20
glaubhaft machen, dass sie seit **mindestens drei Monaten vor dem Tag der HV** Inhaber der Aktien sind (S 4, § 122 Abs 7). Die Glaubhaftmachung (§ 31 FamFG) kann ua
durch eidesstattliche Versicherung vor dem Notar (S 5) oder einem Gericht oder
durch Vorlage von **Depotauszügen** oder durch privatschriftliche eidesstattliche Versicherung erfolgen (*OLG München* ZIP 2009, 1524 (Juris Rn 13 f); *Hüffer* AktG
Rn 17).

VI. Bestellungsverfahren (Abs 3)

1. Amtsermittlung. Das Gericht prüft zuerst **Verfahrensvoraussetzungen**, deren Fehlen zur Unzulässigkeit führen: Zuständigkeit, Unterschrift bzw Urheberschaft und 21
Authentizität, ausreichendes Quorum, Haltefrist, Mindestbesitzzeit und Glaubhaftmachung. Die **Begründetheitsprüfung** erstreckt sich auf die Frist und die Schlüssigkeit
(Vorliegen eines Anlasses – „Anfangsverdacht" – nach Abs 1 nebst ausreichender
Substantiierung, *OLG München* AG 2006, 801, 802). Trotz Amtsermittlung (§ 26
FamFG) bestehen Verfahrensförderungspflichten der Beteiligten (§ 27 FamFG).
Zugängliche Beweismittel sind zu benennen und beizubringen (KölnKomm AktG/
Claussen Rn 26; ausf *Jänig* S 300 ff). Die Amtsermittlung entbindet den Antragsteller
ferner nicht von der Begründungs- und Substantiierungspflicht. Die Beweiserhebung
kann sich jedoch nur auf die Zulässigkeit und auf den Anlass iSd § 258 Abs 1 bezie-

hen. Das Gericht kann diejenigen **Dokumente** (insb Abschluss, Berichte und Handelsregisterakten), welche es für die Beurteilung der Zulässigkeit und des Anlasses iSd § 258 Abs 1 bedarf, **anfordern** (str einschränkend zB MünchKomm AktG/*Hüffer* Rn 53 mwN: nur Prüfungsbericht; eine solche Beschränkung der Befugnisse des Gerichts ist jedoch weder gesetzlich verankert noch veranlasst). Problematisch ist die Hinzuziehung von **Sachverständigen** (dagegen deswegen KölnKomm AktG/*Claussen* Rn 28; *Adler/Düring/Schmaltz* Rechnungslegung Rn 37). Auf keinen Fall darf die **Sonderprüfung** im Bestellungsverfahren **vorweggenommen** werden (unstr *OLG München* ZIP 2009, 1524 (Juris Rn 20); *OLG München* AG 2006, 801, 802). Teilweise wird eine Hinzuziehung eines Sachverständigen für die Frage nach dem Anlass iSd § 258 Abs 1 befürwortet (so MünchKomm AktG/*Hüffer* Rn 50). Auch dies erscheint zweifelhaft, weil mit Ausnahme des Anlasses die Tatsachen vom Antragsteller grds nur behauptet sein müssen (jedoch ausreichend schlüssig). Der Nachweis erfolgt erst in der Sonderprüfung. Für den Beweis des Anlasses iSd § 258 Abs 1 kommen Dokumente, Auskünfte und ggf Zeugen in Betracht, jedoch nicht Sachverständige. Rechtsfragen, auch bzgl der Bilanzierung, hat das Gericht von sich aus zu klären. Ein Bedarf nach einem Sachverständigen ist nicht erkennbar.

22 **2. Anhörung (S 1).** Eine **Anhörung von Vorstand, Aufsichtsrat und Abschlussprüfer durch das Gericht** ist nach dem Gesetzeswortlaut zwingend, wenn dem Antrag stattgegeben werden soll. Das Gericht kann eine Frist setzen (MünchKomm AktG/*Hüffer* Rn 51) und den Modus (schriftlich, mündlich) bestimmen. Die Verwaltungsorgane müssen den Inhalt ihrer Stellungnahme nach §§ 77 bzw 108 beschließen. Bei mehreren Abschlussprüfern sind Einzelerklärungen nötig. Sie können aber aufeinander (auch vollumfänglich) Bezug nehmen. Der Abschlussprüfer ist insoweit von seiner **Verschwiegenheit entbunden** (*Adler/Düring/Schmaltz* Rechnungslegung Rn 44). Abschlussprüfer iSv Abs 3 S 1 ist der Prüfer des betroffenen Jahresabschlusses (*OLG München* ZIP 2009, 1524 (Juris Rn 21). Soweit keine Prüfung des betroffenen Jahresabschlusses erfolgt, ist Anhörung des Abschlussprüfers daher entbehrlich (*OLG München* ZIP 2009, 1524 (Juris Rn 27).

23 **3. Entscheidung.** Der Beschluss muss in jedem Fall **begründet** werden. Ist der Antrag zulässig und begründet, muss der Beschluss den **Sonderprüfer** (zustellbar) und die **Prüfungsgegenstände** (bei Unterbewertung die **Posten**, bei Anhangsfehler die fehlerhaften oder fehlenden Angaben) präzise **bezeichnen** (*Hüffer* AktG Rn 22). Das Gericht nennt **Posten** selbst dann, wenn der Antrag nur Vermögensgegenstände oder Verbindlichkeiten bemängelt (vgl Rn 13), das Gericht muss dann diese dem zugehörigen Posten zuordnen. Im Tenor steht der Name oder die Firma des Sonderprüfers (MünchKomm AktG/*Hüffer* Rn 55).

24 **4. Rechtsmittel (S 2).** Gegen die Entscheidung findet die **Beschwerde statt** (§ 258 Abs 3 S 2; §§ 58 ff FamFG). Über sie befindet das *OLG*. Die Beschwerde ist binnen eines Monats beim *LG* einzulegen (§ 63 Abs 1, 64 Abs 1 FamFG) Beschwerdeberechtigt ist bei Bestellung die AG, ansonsten der **Antragsteller** (MünchKomm AktG/*Hüffer* Rn 57). Gegen Entscheidungen des Beschwerdegerichts ist eine **zulassungsbedingte Rechtsbeschwerde** zum *BGH* statthaft (§§ 70 ff FamFG, § 133 GVG).

25 **5. Verfahrenskosten.** Für die Frage der Kosten verweist § 258 Abs 5 S 1 auf § 146. Dessen Regelungen gelten sinngemäß; zu den **Einzelheiten s § 146 Rn 1 ff,** Die Regelung des § 260 Abs 4 findet im Bestellungsverfahren keine Anwendung (MünchKomm

VII. Auswahl des Sonderprüfers (Abs 4)

1. Wirtschaftsprüfer/Wirtschaftsprüfungsgesellschaft (S 1). Nur Wirtschaftsprüfer iSd 26
§ 1 Abs 1 WPO und Wirtschaftsprüfungsgesellschaft iSd § 1 Abs 3 WPO können Sonderprüfer, nicht bspw vereidigte Buchprüfer oder Buchprüfungsgesellschaft iSd § 128 WPO (*Adler/Düring/Schmaltz* Rechnungslegung Rn 46). Auswahl erfolgt durch das Gericht. Die Qualifikation als WP oder WP-Gesellschaft muss **von Bestellung bis zur Abgabe des schriftlichen Prüfungsberichts** gem § 259 Abs 1 S 1 vorliegen (*Adler/Düring/ Schmaltz* Rechnungslegung Rn 46). Das Gericht sollte vor Bestellung die Wirtschaftsprüferkammer konsultieren (*Adler/Düring/Schmaltz* Rechnungslegung Rn 52).

2. Ausschlussgründe (S 2 u 3). Für die Auswahl gelten §§ 319 Abs 2–4, 319a Abs 1 27
HGB und § 319b Abs 1 (Befangenheit der Abschlussprüfer). Zu weitergehenden Besonderheiten im Rahmen der Sonderprüfung s § 143 Rn 12 (*Adler/Düring/Schmaltz* Rechnungslegung Rn 47: keine Besonderheiten). Das Gericht soll den intendierten Sonderprüfer auffordern, sich bzgl §§ 319 Abs 2–4, 319a Abs 1 HGB und § 319b Abs 1 zu erklären (MünchKomm AktG/*Hüffer* Rn 60). Einen eigenständigen Ausschlussgrund enthält § 258 Abs 4 S 3, wonach Personen, die den betroffenen Jahresabschluss oder in den letzten drei Jahren (Kalenderjahre, nicht Geschäftsjahre, gerechnet ab HV – hM KölnKomm AktG/*Claussen* Rn 34; *Hüffer* AktG Rn 26; aA *Adler/ Düring/Schmaltz* Rechnungslegung Rn 50) seit Bestellung als **Abschlussprüfer** Jahresabschlüsse der betroffenen AG geprüft haben, ausscheiden. Über den Wortlaut hinaus werden auch Personen, die im **laufenden oder späteren Jahr** als Abschlussprüfer Jahresabschlüsse der AG geprüft haben oder gerade prüfen, ausgeschlossen (KölnKomm AktG/*Claussen* Rn 34; *Hüffer* AktG Rn 26). Das gilt auch im Fall des § 318 Abs 4 HGB (MünchKomm AktG/*Hüffer* Rn 61). Nur derjenige ist nach Abs 4 S 3 ausgeschlossen, welcher **tatsächlich geprüft** hat und nicht nur gewählt/bestellt wurde (str *ADS* Rn 51; aA MünchKomm AktG/*Hüffer* Rn 61).

VIII. Rechtsstellung des Sonderprüfers (Abs 5)

Ausweislich des Gesetzes gelten die Regelungen der allgemeinen Sonderprüfung über 28
den Ersatz angemessener barer Auslagen und die Vergütung gerichtlich bestellter Sonderprüfer (§ 142 Abs 6), über die Rechte der Sonderprüfer (§ 145 Abs 1–3) sinngemäß. Zu den Einzelfragen der Rechtsstellung des Sonderprüfers siehe daher §§ 142 Rn 25 f, §§ 144, 145). Im Gegensatz zur Sonderprüfung nach §§ 142 ff können die Sonderprüfer über § 145 Abs 2 hinaus Auskunft und Nachweise auch vom Abschlussprüfer verlangen (§ 258 Abs 5 S 2; dazu KölnKomm AktG/*Claussen* Rn 36). Hinsichtlich der Verantwortlichkeit des Sonderprüfers gilt § 323 HGB sinngemäß (Abs 5 S 1); zu den entsprechenden Einzelheiten siehe § 144 Rn 1 ff.

§ 259 Prüfungsbericht. Abschließende Feststellungen

(1) ¹Die Sonderprüfer haben über das Ergebnis der Prüfung schriftlich zu berichten. ²Stellen die Sonderprüfer bei Wahrnehmung ihrer Aufgaben fest, dass Posten überbewertet sind (§ 256 Abs. 5 Satz 2), oder dass gegen die Vorschriften über die Gliederung des Jahresabschlusses verstoßen ist oder Formblätter nicht beachtet sind, so haben sie auch darüber zu berichten. ³Für den Bericht gilt § 145 Abs. 4 bis 6 sinngemäß.

§ 259 Prüfungsbericht. Abschließende Feststellungen

(2) ¹Sind nach dem Ergebnis der Prüfung die bemängelten Posten nicht unwesentlich unterbewertet (§ 256 Abs. 5 Satz 3), so haben die Sonderprüfer am Schluss ihres Berichts in einer abschließenden Feststellung zu erklären,
1. zu welchem Wert die einzelnen Aktivposten mindestens und mit welchem Betrag die einzelnen Passivposten höchstens anzusetzen waren;
2. um welchen Betrag der Jahresüberschuss sich beim Ansatz dieser Werte oder Beträge erhöht oder der Jahresfehlbetrag sich ermäßigt hätte.

²Die Sonderprüfer haben ihrer Beurteilung die Verhältnisse am Stichtag des Jahresabschlusses zugrunde zu legen. ³Sie haben für den Ansatz der Werte und Beträge nach Nummer 1 diejenige Bewertungs- und Abschreibungsmethode zugrunde zu legen, nach der die Gesellschaft die zu bewertenden Gegenstände oder vergleichbare Gegenstände zuletzt in zulässiger Weise bewertet hat.

(3) Sind nach dem Ergebnis der Prüfung die bemängelten Posten nicht oder nur unwesentlich unterbewertet (§ 256 Abs. 5 Satz 3), so haben die Sonderprüfer am Schluss ihres Berichts in einer abschließenden Feststellung zu erklären, dass nach ihrer pflichtmäßigen Prüfung und Beurteilung die bemängelten Posten nicht unzulässig unterbewertet sind.

(4) ¹Hat nach dem Ergebnis der Prüfung der Anhang die vorgeschriebenen Angaben nicht oder nicht vollständig enthalten und der Vorstand in der Hauptversammlung die fehlenden Angaben, obwohl nach ihnen gefragt worden ist, nicht gemacht und ist die Aufnahme der Frage in die Niederschrift verlangt worden, so haben die Sonderprüfer am Schluss ihres Berichts in einer abschließenden Feststellung die fehlenden Angaben zu machen. ²Ist die Angabe von Abweichungen von Bewertungs- oder Abschreibungsmethoden unterlassen worden, so ist in der abschließenden Feststellung auch der Betrag anzugeben, um den der Jahresüberschuss oder Jahresfehlbetrag ohne die Abweichung, deren Angabe unterlassen wurde, höher oder niedriger gewesen wäre. ³Sind nach dem Ergebnis der Prüfung keine Angaben nach Satz 1 unterlassen worden, so haben die Sonderprüfer in einer abschließenden Feststellung zu erklären, dass nach ihrer pflichtmäßigen Prüfung und Beurteilung im Anhang keine der vorgeschriebenen Angaben unterlassen worden ist.

(5) Der Vorstand hat die abschließenden Feststellungen der Sonderprüfer nach den Absätzen 2 bis 4 unverzüglich in den Gesellschaftsblättern bekannt zu machen.

Übersicht

	Rn		Rn
I. Allgemeines	1	2. Feststellung bei fehlender oder unwesentlicher Unterbewertung	6
II. Prüfungsbericht (Abs 1)	2	3. Beurteilungsregeln (Abs 2 S 2 und 3)	7
1. Inhalt und Umfang	2		
a) Berichtsgrundsätze	2	IV. Abschließende Feststellung bei behaupteten Anhangsfehlern (Abs 4)	8
b) Zufallsfunde	3		
2. Einschränkungen	3a	1. Feststellung bei Anhangsfehlern	8
3. Weitere Behandlung des Berichts	4	2. Feststellung bei korrektem Anhang	9
III. Abschließende Feststellung bei behaupteter Unterbewertung	5	3. Fehlende Voraussetzungen	10
1. Feststellung bei nicht unwesentlicher Unterbewertung (Abs 2 S 1)	5	V. Bekanntmachung (Abs 5)	11

Prüfungsbericht. Abschließende Feststellungen **§ 259**

I. Allgemeines

§ 259 regelt die Berichterstattung durch den Sonderprüfer. Bei einer Unterbewertung **1** muss der Sonderprüfer den richtigen Wert und die hypothetischen Auswirkungen dieses neuen Wertes auf das Jahresergebnis nennen. Diese Werte dienen vorbehaltlich einer etwaigen gerichtlichen Überprüfung (§ 260) der Korrektur in laufender Rechnung und machen uU einen Beschluss der HV über den Ertrag aus höherer Bewertung notwendig (§ 261). Bei fehlenden oder fehlerhaften Anhangsangaben ersetzen die in der abschließenden Feststellung gemachten Angaben die fehlenden oder fehlerhaften Anhangsangaben (MünchKomm AktG/*Hüffer* Rn 2). Wurden im Anhang Angaben von Abweichungen von Bewertungsmethoden unterlassen, sind auch insoweit die hypothetischen Auswirkungen auf das Jahresergebnis darzustellen, jedoch in Abweichung zu dem Fall der Unterbewertung ohne Einwirkung auf die Rechnungslegung und folgerichtig ohne Möglichkeit der gerichtlichen Nachprüfung.

II. Prüfungsbericht (Abs 1)

1. Inhalt und Umfang. – a) Berichtsgrundsätze. Das Gesetz verweist hinsichtlich des **2** Berichts in § 259 Abs 1 S 3 auf die **Regelungen der allgemeinen Sonderprüfung** (§ 145 Abs 4–6). Auf deren Kommentierung kann verwiesen werden. Grundsätzlich gilt: Der Sonderprüfer hat über das Ergebnis seiner Prüfung **den Aktionären schriftlich** zu berichten. Erforderlich ist ein **Erläuterungsbericht**, dessen notwendiger Inhalt sich aus dem Prüfungsauftrag ergibt. Der Bericht muss über die **abschließenden Feststellungen** (s hierzu Rn 5 ff) hinaus verständlich erläutern, ob und weshalb eine nicht unwesentliche Unterbewertung bzw eine fehlende oder fehlerhafte Anhangsangabe vorliegt oder nicht vorliegt (MünchKomm AktG/*Hüffer* Rn 3; Wachter AktG/*Früchtl* Rn 4). Hinsichtlich der weiteren Ausgestaltung des Berichts kann an die Grundsätze ordnungsgemäßer Berichterstattung des **IDW Prüfungsstandards 450** angeknüpft werden. Hierzu zählen die Grundsätze der Klarheit, Vollständigkeit, Berichtswahrheit und Unparteilichkeit. Die Prüfer haben den Bericht zu unterzeichnen.

b) Zufallsfunde. Zufallsfunde sind nach dem Gesetzeswortlaut berichtspflichtig **3** soweit sie eine Überbewertung (§ 256 Abs 5 S 1 Nr 1), die Gliederung des Jahresabschlusses oder Formblätter (vgl § 256 Abs 3) betreffen. Das Gesetz erweitert nur die Berichtspflicht, **nicht die Prüfungspflicht**. Bzgl anderer Fehler ist nicht zu berichten; selbst dann nicht, wenn sie zur Nichtigkeit des Jahresabschlusses geführt haben (unstr, KölnKomm AktG/*Claussen* Rn 9). Fehler des Konzernabschlusses oder eines Abschlusses nach IFRS, auf die der Sonderprüfer aufmerksam wird, scheiden von vornherein aus (*Adler/Düring/Schmaltz* Rechnungslegung Rn 8). Zur Frage der Berichtspflicht von Zufallsfunden schwerwiegender Pflichtverletzungen vgl § 145 Rn 10.

2. Einschränkungen. Der Bericht unterliegt denselben inhaltlichen Einschränkungen **3a** wie der Bericht über eine Sonderprüfung nach § 142 (ausf dazu § 145 Rn 11 f). Es sind daher Tatsachen in den Prüfungsbericht nicht aufzunehmen, deren Bekanntwerden der Gesellschaft oder einem verbundenen Unternehmen einen **nicht unerheblichen Nachteil** zufügen kann (§§ 259 Abs 1 S 3, 145 Abs 3). Dies gilt nicht, wenn die Kenntnis dieser Tatsachen für die Beurteilung des untersuchten Sachverhaltes erforderlich ist. Das Merkmal der Erforderlichkeit ist eng, dh im Sinne der Unerlässlichkeit des § 145 Abs 4 auszulegen. Daneben hat der Vorstand der Gesellschaft durch Antrag bei

Holzborn/Jänig 1981

Gericht die Möglichkeit, die Aufnahme von bestimmten Tatsachen in den Prüfungsbericht mit Hilfe des Gerichts zu verhindern. Voraussetzung hierfür sind **überwiegende Belange der Gesellschaft** sowie die **Erlässlichkeit** der Tatsachen zur Erläuterung der abschließenden Feststellungen. Zu den Einzelheiten § 145 Rn 12.

4 **3. Weitere Behandlung des Berichts.** Der Prüfer hat den Bericht unverzüglich (§ 121 Abs 1 S 1 BGB) zum Vorstand und zum zuständigen Registergericht einzureichen. Das Registergericht gewährt jedermann Einsicht und fertigt Abschriften des Berichts (§ 9 Abs 1, 2 HGB). Auf Verlangen hat der Vorstand jedem Aktionär eine Abschrift des Berichts zu erteilen (§ 145 Abs 6 S 4), und zwar auf Kosten der Gesellschaft (so für § 145 die **allgM**, siehe § 145 Rn 13). Der Vorstand muss den Bericht ferner dem AR vorlegen und den Bericht bei der nächsten HV als Tagesordnungspunkt bekannt machen (§ 145 Abs 6 S 5). Die HV ist im Umgang mit dem Bericht frei (*Hüffer* AktG Rn 9). Beachte darüber hinaus die Bekanntmachungspflicht nach § 259 Abs 5 (Rn 11).

III. Abschließende Feststellung bei behaupteter Unterbewertung

5 **1. Feststellung bei nicht unwesentlicher Unterbewertung (Abs 2 S 1).** Kommt der Sonderprüfer zu dem Schluss, dass ein im Prüfungsauftrag bezeichneter Posten nicht unwesentlich unterbewertet ist, muss er den Wert, mit dem der Posten anzusetzen wäre (Nr 1), und den Betrag, um den sich das Jahresergebnis beim Ansatz des vom Sonderprüfer ermittelten Wertes geändert hätte (Nr 2), angeben. Die Worte „mindestens" und „höchstens" haben keine eigenständige Bedeutung (MünchKomm AktG/*Hüffer* Rn 12; *Adler/Düring/Schmaltz* Rechnungslegung Rn 21). Bei der Darstellung der Unterbewertung sind steuerliche Auswirkungen nicht zu berücksichtigen (MünchKomm AktG/*Hüffer* Rn 13; aA *Adler/Düring/Schmaltz* Rechnungslegung Rn 23, auch für gewinnabhängige Tantiemen und Gewinnabführungsverpflichtung). Hat der Sonderprüfer als Zufallsfund (Rn 3) eine Überbewertung festgestellt, ist diese ebenfalls in den abschließenden Feststellungen festzuhalten (MünchKomm AktG/*Hüffer* Rn 7). Der Betrag der Überbewertung ist aufzuführen (WP-Hdb 2006, Bd I, Q Rn 1048). Die Unterbewertung darf aber auch dann **nicht** in den abschließenden Feststellungen mit der Überbewertung **verrechnet** werden (*Hüffer* AktG Rn 5; *Adler/Düring/Schmaltz* Rechnungslegung Rn 23). Der fehlerhafte Wert des Jahresabschlusses sollte, muss aber nicht genannt werden (WP-Hdb 2006 Bd I, Q Rn 1051). **Bsp** (*Adler/Düring/Schmaltz* Rechnungslegung Rn 21): „Der Posten „Beteiligungen", welcher im Jahresabschluss zum 31.12. [Jahr] mit 1 Mio EUR angesetzt war, war mit 1,7 Mio EUR anzusetzen."

6 **2. Feststellung bei fehlender oder unwesentlicher Unterbewertung.** Kommt der Sonderprüfer zu dem Schluss, dass kein im Prüfungsauftrag bezeichneter Posten unwesentlich unterbewertet ist, genügt eine **allgemeine Formulierung**. Eine Bezeichnung der prüfenden Posten ist nicht erforderlich (*Hüffer* AktG Rn 6). **Formulierungsvorschlag** (*Adler/Düring/Schmaltz* Rechnungslegung Rn 24; WP-Hdb 2006 Bd I, Q Rn 1052): „Nach meiner pflichtgemäßen Prüfung und Beurteilung sind die bemängelten Posten im Jahresabschluss zum 31.12.[Jahr] nicht unzulässig unterbewertet."

7 **3. Beurteilungsregeln (Abs 2 S 2 und 3).** Bei der Beurteilung sind die Verhältnisse am **Stichtag des Jahresabschlusses** zugrunde zu legen (S 2). Das ist insb für Rückstellungen von Bedeutung; diese sind nach Kenntnisstand bei Stichtag zu beurteilen (MünchKomm AktG/*Hüffer* Rn 10). Nachträgliche Erkenntnisse fließen nicht ein.

Prüfungsbericht. Abschließende Feststellungen § 259

Wertaufhellungen, die bis zur Feststellung (§§ 172, 173) vorgefallen sind, muss der Sonderprüfer jedoch berücksichtigen (allgM; *Hüffer* AktG Rn 4 mwN). Die Sonderprüfer haben diejenige **Bewertungsmethode** anzuwenden, welche die Gesellschaft für den (neu) zu bewertenden Gegenstand oder vergleichbare Gegenstände zuletzt **zulässig** angewandt hat (S 3). War eine Bewertungsmethode unzulässig, ist **die davor benutzte** Bewertungsmethode zu prüfen, bis eine Methode gefunden ist, die von der Gesellschaft zulässig auf den zu bewertenden oder einen vergleichbaren Gegenstand angewandt worden ist. Findet sich keine zulässige Bewertungsmethode für den zu bewertenden oder einen vergleichbaren Gegenstand, so ist die Methode anzuwenden, deren Anwendung zu einem Wert führt, welcher dem Wertansatz der AG **am nächsten** kommt (*Adler/Düring/Schmaltz* Rechnungslegung Tb 4 Rn 80).

IV. Abschließende Feststellung bei behaupteten Anhangsfehlern (Abs 4)

1. Feststellung bei Anhangsfehlern. Der Sonderprüfer muss die fehlenden oder fehlerhaften Angaben in der Weise korrigiert in der abschließenden Feststellung aufführen, **wie sie im Anhang hätten stehen sollen** (WP-Hdb 2006 Bd I, Q Rn 1053). Ist die Angabe von Abweichungen von Bewertungs- oder Abschreibungsmethoden unterlassen worden, so ist neben der Nachholung dieser fehlenden Angabe in der abschließenden Feststellung noch in dieser auch der Betrag anzugeben, um den das Jahresergebnis ohne die Abweichung, deren Angabe unterlassen wurde, höher oder niedriger wäre (S 3). Quantitative Grenzen für die Abweichung bestehen nicht, jedoch muss sie wesentlich (Maßstab § 264 Abs 2 HGB) sein (MünchKomm AktG/*Hüffer* Rn 16). Mangels gerichtlicher Nachprüfung sind die Angaben des Sonderprüfers **endgültig**. 8

2. Feststellung bei korrektem Anhang. Konnte der Sonderprüfer nicht feststellen, dass eine im Prüfungsauftrag genannte Angabe weder fehlt noch fehlerhaft war, empfiehlt sich folgende **Formulierung** (*Adler/Düring/Schmaltz* Rechnungslegung Rn 30; WP-Hdb 2006 Bd I, Q Rn 1057): „Nach meiner pflichtgemäßen Prüfung und Beurteilung sind im Anhang für das Geschäftsjahr [...] die in dem mir erteilten Auftrag als fehlend oder unvollständig bezeichneten Angaben in der vorgeschriebenen Form gemacht und nicht unterlassen worden." Auch diese Angabe ist **endgültig**. 9

3. Fehlende Voraussetzungen. Wurde die bemängelte Angabe bereits in der HV nachgeholt oder nicht nach der Angabe gefragt oder die Aufnahme der Frage nicht verlangt, muss der Sonderprüfer bei Gericht Aufhebung oder Änderung der Sonderprüfung beantragen, notfalls in abschließender Formulierung das Fehlen der Voraussetzung bezeichnen (zutr MünchKomm AktG/*Hüffer* Rn 15). Eine abschließende Feststellung zum Anhangsinhalt erfolgt dann nicht. Auch gegen diese Feststellung findet eine gerichtliche Prüfung nicht statt. 10

V. Bekanntmachung (Abs 5)

Der Vorstand hat die abschließenden Feststellungen der Sonderprüfer nach den Abs 2–4 unverzüglich (§ 121 BGB) in den Gesellschaftsblättern (§ 25: elektronischer Bundesanzeiger, ggf weitere Gesellschaftsblätter) bekannt zu machen mit dem **Hinweis**, dass dies das Ergebnis einer Sonderprüfung nach § 258 sei (KölnKomm AktG/*Claussen* Rn 18). Die Befolgung kann durch **Zwangsgeld** durchgesetzt werden (§ 407 Abs 1). Die Bekanntmachung im elektronischen Bundesanzeiger lässt die Frist nach § 260 (gerichtliche Überprüfung) beginnen. 11

Holzborn/Jänig

§ 260 Gerichtliche Entscheidung über die abschließenden Feststellungen der Sonderprüfer

(1) ¹Gegen abschließende Feststellungen der Sonderprüfer nach § 259 Abs. 2 und 3 können die Gesellschaft oder Aktionäre, deren Anteile zusammen den zwanzigsten Teil des Grundkapitals oder den anteiligen Betrag von 500 000 Euro erreichen, innerhalb eines Monats nach der Veröffentlichung im Bundesanzeiger den Antrag auf Entscheidung durch das nach § 132 Abs. 1 zuständige Gericht stellen. ²§ 258 Abs. 2 Satz 4 und 5 gilt sinngemäß. ³Der Antrag muss auf Feststellung des Betrags gerichtet sein, mit dem die im Antrag zu bezeichnenden Aktivposten mindestens oder die im Antrag zu bezeichnenden Passivposten höchstens anzusetzen waren. ⁴Der Antrag der Gesellschaft kann auch auf Feststellung gerichtet sein, dass der Jahresabschluss die in der abschließenden Feststellung der Sonderprüfer festgestellten Unterbewertungen nicht enthielt.

(2) ¹Über den Antrag entscheidet das Gericht unter Würdigung aller Umstände nach freier Überzeugung. ²§ 259 Abs. 2 Satz 2 und 3 ist anzuwenden. ³Soweit die volle Aufklärung aller maßgebenden Umstände mit erheblichen Schwierigkeiten verbunden ist, hat das Gericht die anzusetzenden Werte oder Beträge zu schätzen.

(3) ¹§ 99 Abs. 1, Abs. 2 Satz 1, Abs. 3 und 5 gilt sinngemäß. ²Das Gericht hat seine Entscheidung der Gesellschaft und, wenn Aktionäre den Antrag nach Absatz 1 gestellt haben, auch diesen zuzustellen. ³Es hat sie ferner ohne Gründe in den Gesellschaftsblättern bekannt zu machen. ⁴Die Beschwerde steht der Gesellschaft und Aktionären zu, deren Anteile zusammen den zwanzigsten Teil des Grundkapitals oder den anteiligen Betrag von 500 000 Euro erreichen. ⁵§ 258 Abs. 2 Satz 4 und 5 gilt sinngemäß. ⁶Die Beschwerdefrist beginnt mit der Bekanntmachung der Entscheidung im Bundesanzeiger, jedoch für die Gesellschaft und, wenn Aktionäre den Antrag nach Absatz 1 gestellt haben, auch für diese nicht vor der Zustellung der Entscheidung.

(4) ¹Die Kosten sind, wenn dem Antrag stattgegeben wird, der Gesellschaft, sonst dem Antragsteller aufzuerlegen. ²§ 247 gilt sinngemäß.

Übersicht

	Rn		Rn
I. Allgemeines	1	4. Feststellungsantrag	5
II. Antrag auf gerichtliche Entscheidung (Abs 1)	2	III. Gerichtliche Würdigung (Abs 2)	6
1. Antragsberechtigung	2	IV. Gerichtliche Entscheidung (Abs 3)	7
2. Zuständiges Gericht und Frist	3	1. Beschluss	7
3. Haltefrist/Mindestbesitzzeit und Glaubhaftmachung	4	2. Rechtsmittel	8
		V. Verfahrenskosten (Abs 4)	9

I. Allgemeines

1 § 260 regelt die gerichtliche Entscheidung über die abschließenden Feststellungen des Sonderprüfers **hinsichtlich der Unterbewertung** und das dazugehörige Verfahren. Die Gerichtsentscheidung ersetzt die in der Entscheidung beanstandeten abschließende Feststellungen. Keine Möglichkeit der gerichtlichen Überprüfung gibt es hingegen für die abschließenden Feststellungen des Sonderprüfers hinsichtlich Anhangfehler. Auch eine Feststellungsklage nach § 256 ZPO kommt wegen des abschließenden Charakters des § 260 nicht in Betracht (MünchKomm AktG/*Hüffer* Rn 3).

Gerichtliche Entscheidung über die abschließenden Feststellungen § 260

II. Antrag auf gerichtliche Entscheidung (Abs 1)

1. Antragsberechtigung. Das Verfahren setzt einen **Antrag der Gesellschaft oder einer Aktionärsminderheit** voraus. Weder Vorstand und Aufsichtsrat als Organ, noch deren Mitglieder, noch Abschlussprüfer haben ein Antragsrecht (unstr). Antragstellende Aktionäre müssen zusammen 5 % des Grundkapitals oder einen anteiligen Betrag von 500 000 EUR erreichen. Im Übrigen gilt bzgl des Quorums das zu § 142 (Rn 16) und § 258 (Rn 18) Gesagte. Nicht notwendig ist, dass sich im Quorum diejenigen, welche den Antrag nach § 258 gestellt haben, wiederfinden (Wachter AktG/ *Früchtl* Rn 2).

2. Zuständiges Gericht und Frist. Ausschließlich zuständig ist das **Landgericht**, in dessen Bezirk die Gesellschaft ihren Sitz hat (ggf sind landesrechtliche Konzentrationsnormen zu beachten (§§ 260 Abs 1 S 1, 132 Abs 1 AktG, § 71 Abs 4 GVG). Der Antrag muss bei Gericht **innerhalb eines Monats** (Ausschlussfrist, KölnKomm AktG/ *Claussen* Rn 5) nach Veröffentlichung im elektronischen Bundesanzeiger eingehen. Eine Veröffentlichung in sonstigen Gesellschaftsblättern ist für den Fristbeginn unerheblich (*Hüffer* AktG Rn 4). Zum fristgerechten Eingang beim unzuständigen Gericht vgl § 258 Rn 17. Ein vor Ende der Sonderprüfung eingehender Antrag soll unzulässig sein (MünchKomm AktG/*Hüffer* Rn 3, vgl aber *OLG München* AG 2006, 801, 802 wonach Antrag nach § 258 zulässig, wenn dieser nach Ablauf der Frist nach § 258 Abs 2 S 1 weiterverfolgt wird).

3. Haltefrist/Mindestbesitzzeit und Glaubhaftmachung. Das zu § 258 Abs 2 S 4 und 5 Gesagte (**§ 258 Rn 19 f**) gilt auch hier mit folgenden **Besonderheiten:** Die Haltefrist bezieht sich immer auf die Entscheidung der jeweiligen Instanz (MünchKomm AktG/ *Hüffer* Rn 7). Die Mindestbesitzzeit bezieht sich wie bei § 258 auf die HV (KölnKomm AktG/*Claussen* Rn 5).

4. Feststellungsantrag. Der **Antrag der Gesellschaft oder der Aktionärsminderheit** muss nach dem Gesetzeswortlaut auf Feststellung des Betrags gerichtet sein, mit dem die im Antrag zu bezeichnenden Aktivposten mindestens oder die im Antrag zu bezeichnenden Passivposten höchstens anzusetzen waren (S 3, dh Benennung von Posten und dessen Mindest-/Höchstwert). Die **Gesellschaft kann zudem beantragen festzustellen**, dass der Jahresabschluss die in der abschließenden Feststellung der Sonderprüfer festgestellten Unterbewertungen nicht enthielt (S 4, dh Benennung nur es Postens). Eine Einschränkung des Antragsrecht nach S 3 dahingehend, dass Gesellschaft nur Feststellung einer niedrigeren Unterbewertung und Aktionärsminderheit nur Feststellung einer höheren Unterbewertung ist angesichts des Wortlautes fraglich (gegen Einschränkung: *Adler/Düring/Schmaltz* Rechnungslegung Rn 13 und K. Schmidt/Lutter AktG/*Kleindieck* Rn 8; für Einschränkung: MünchKomm AktG/ *Hüffer* Rn 9 mwN und Spindler/Stilz AktG/*Euler/Wirth* Rn 3). Teleologisch ist diese Einschränkung jedenfalls nicht geboten. Das Gericht macht den Antrag in den Gesellschaftsblättern (§ 25) bekannt. Zu den Formalien des Antrags allgemein s § 258 Rn 16.

III. Gerichtliche Würdigung (Abs 2)

Das Verfahren ist ein **streitiges Antragsverfahren** nach dem **FamFG** (§§ 99 Abs 1, 260 Abs 3 S 1; *Kollhosser* Probleme konkurrierender aktienrechtlicher Gerichtsverfahren, AG 1977, 117, 118). Es gilt der durch die Mitwirkungspflichten der Beteiligten stark eingeschränkte Amtsermittlungsgrundsatz (§§ 26, 27 FamFG, vgl dazu *Jänig/Leißring*

ZIP 2010, 110, 114). Das „nach freier Überzeugung" räumt **kein Ermessen** ein. Ein solches besteht nicht. Es bezieht sich vielmehr nur auf die Beweisaufnahme (zutr MünchKomm AktG/*Hüffer* Rn 13; **aA** KölnKomm AktG/*Claussen* Rn 12). Das Gericht kann Sachverständige hinzuziehen und den Abschlussprüfer und den Sonderprüfer als Zeugen verhören (KölnKomm AktG/*Claussen* Rn 3 und 10). Es kommt auch ein **Obergutachter** in Frage, eine „Zeitgerechtigkeit" reduziert die Befugnis des Gerichts, Beweise zu erheben, nicht (**hM** *Adler/Düring/Schmaltz* Rechnungslegung Rn 17; MünchKomm AktG/*Hüffer* Rn 12; **aA** KölnKomm AktG/*Claussen* Rn 10). Das Gericht ist an den Antrag gebunden, es kann nicht darüber hinausgehen (**ne ultra petita**) (MünchKomm AktG/*Hüffer* Rn 13; *Adler/Düring/Schmaltz* Rechnungslegung Rn 20; **aA** KölnKomm AktG/*Claussen* Rn 12). Bzgl des **Stichtags** und der Bindung an den von der AG gewählten **Bewertungsmethoden** gilt für das Gericht dasselbe wie für den Sonderprüfer (S 2 iVm § 259 Abs 2 S 2 und 3, vgl dazu § 258 Rn 7). Als Ultima ratio (erhebliche Schwierigkeiten bei voller Aufklärung aller maßgebenden Umstände) kann das Gericht den Wert des Postens schätzen (S 3). Über den Antrag kann es aber auch dann nicht hinausgehen.

IV. Gerichtliche Entscheidung (Abs 3)

7 **1. Beschluss.** Das LG entscheidet durch einen mit Gründen versehenen **Beschluss** (§§ 99 Abs 3 S 1, 260 Abs 3 S 1). Ist der Antrag (teilweise) begründet, steht im Beschlusstenor der Posten und dessen vom Gericht angesetzten Mindest- bzw Höchstwert (S 3) oder dass der Jahresabschluss die in der Sonderprüfung festgestellten Überbewertungen nicht enthielt (S 4). Die Auswirkung auf den Jahresüberschuss ist nicht Verfahrensgegenstand und darf vom Gericht nicht im Tenor aufgenommen werden (MünchKomm AktG/*Hüffer* Rn 17). Der Beschluss wird wirksam für und gegen jedermann (§§ 99 Abs 5 S 1 und 2, 260 Abs 3 S 1). Zu der Bedeutung des Beschluss für die Rechnungslegung s § 261 Rn 2: Korrektur in laufender Rechnung. Der Beschluss wird der AG und den Antragstellern (iSd § 260) zugestellt (§ 260 Abs 3 S 2). Das Gericht **veröffentlicht den Beschlusstenor in den Gesellschaftsblättern** (§ 260 Abs 3 S 3). Der Vorstand muss den Beschluss (inklusive Gründe) nach Eintritt der Rechtskraft unverzüglich (§ 121 BGB) zum **HR einreichen** (§§ 99 Abs 5 S 3; 260 Abs 3 S 1).

8 **2. Rechtsmittel.** Rechtsmittel ist die **Beschwerde** (§§ 58 ff FamFG). Die Frist beginnt mit Veröffentlichung im elektronischen Bundesanzeiger, jedoch frühestens mit Zustellung an die Gesellschaft bzw an die Aktionäre (§ 260 Abs 3 S 6). Für Aktionäre, welche nicht Antragsteller iSd § 260 sind, richtet sich der Fristbeginn ausschließlich nach der Veröffentlichung im Bundesanzeiger (KölnKomm AktG/*Claussen* Rn 16). **Beschwerdeberechtigt** ist die AG, wenn das Gericht eine höhere Unterbewertung als von ihr beantragt feststellt (MünchKomm AktG/*Hüffer* Rn 21 f). Für Aktionäre gelten die Erfordernisse des Quorums (s Rn 2), der Haltefrist, der Mindestbesitzzeit (maßgeblicher Zeitpunkt: HV), und der diesbezüglichen Glaubhaftmachung für die Beschwerde entsprechend (§ 260 Abs 3 S 4 und 5). Beschwerdeführer müssen mit den erstinstanzlichen Antragstellern nicht identisch sein (*Hüffer* AktG Rn 9). Gegen Entscheidung des Beschwerdegerichts ist eine **zulassungsbedingte Rechtsbeschwerde** zum BGH statthaft (§§ 70 ff FamFG, § 133 GVG; K. Schmidt/Lutter AktG/*Kleindieck* Rn 12).

V. Verfahrenskosten (Abs 4)

Es gilt grundsätzlich das **GNotKG** (vgl § 1 Abs 2 Nr 1 GNotKG, § 34 GNotKG iVm Tabelle (Nr. 13500)). Der Geschäftswert ist von Amts wegen festzusetzen. Für dessen nähere Bestimmung gelten § 72 GNotKG sowie **§ 247 sinngemäß** (S 7). Die Kosten sind, wenn dem Antrag (auch teilweise) stattgegeben wird (KölnKomm AktG/*Claussen* Rn 19), der Gesellschaft aufzuerlegen. Der antragstellenden Aktionärsminderheit sind die Kosten nur aufzuerlegen, wenn der Antrag vollumfänglich (wenn das Gericht die Werte des Sonderprüfers also überhaupt nicht ändert; KölnKomm AktG/*Claussen* Rn 19). Eine Kostenerstattung ist möglich, § 99 Abs 6 S 10 gilt nicht (MünchKomm AktG/*Hüffer* Rn 24; KölnKomm AktG/*Claussen* Rn 19). 9

§ 261 Entscheidung über den Ertrag auf Grund höherer Bewertung

(1) ¹Haben die Sonderprüfer in ihrer abschließenden Feststellung erklärt, dass Posten unterbewertet sind, und ist gegen diese Feststellung nicht innerhalb der in § 260 Abs. 1 bestimmten Frist der Antrag auf gerichtliche Entscheidung gestellt worden, so sind die Posten in dem ersten Jahresabschluss, der nach Ablauf dieser Frist aufgestellt wird, mit den von den Sonderprüfern festgestellten Werten oder Beträgen anzusetzen. ²Dies gilt nicht, soweit auf Grund veränderter Verhältnisse, namentlich bei Gegenständen, die der Abnutzung unterliegen, auf Grund der Abnutzung, nach §§ 253 bis 256 des Handelsgesetzbuchs oder nach den Grundsätzen ordnungsmäßiger Buchführung für Aktivposten ein niedrigerer Wert oder für Passivposten ein höherer Betrag anzusetzen ist. ³In diesem Fall sind im Anhang die Gründe anzugeben und in einer Sonderrechnung die Entwicklung des von den Sonderprüfern festgestellten Wertes oder Betrags auf den nach Satz 2 angesetzten Wert oder Betrag darzustellen. ⁴Sind die Gegenstände nicht mehr vorhanden, so ist darüber und über die Verwendung des Ertrags aus dem Abgang der Gegenstände im Anhang zu berichten. ⁵Bei den einzelnen Posten der Jahresbilanz sind die Unterschiedsbeträge zu vermerken, um die auf Grund von Satz 1 und 2 Aktivposten zu einem höheren Wert oder Passivposten mit einem niedrigeren Betrag angesetzt worden sind. ⁶Die Summe der Unterschiedsbeträge ist auf der Passivseite der Bilanz und in der Gewinn- und Verlustrechnung als „Ertrag auf Grund höherer Bewertung gemäß dem Ergebnis der Sonderprüfung" gesondert auszuweisen.

(2) ¹Hat das gemäß § 260 angerufene Gericht festgestellt, dass Posten unterbewertet sind, so gilt für den Ansatz der Posten in dem ersten Jahresabschluss, der nach Rechtskraft der gerichtlichen Entscheidung aufgestellt wird, Absatz 1 sinngemäß. ²Die Summe der Unterschiedsbeträge ist als „Ertrag auf Grund höherer Bewertung gemäß gerichtlicher Entscheidung" gesondert auszuweisen.

(3) ¹Der Ertrag aus höherer Bewertung nach Absätzen 1 und 2 rechnet für die Anwendung des § 58 nicht zum Jahresüberschuss. ²Über die Verwendung des Ertrags abzüglich der auf ihn zu entrichtenden Steuern entscheidet die Hauptversammlung, soweit nicht in dem Jahresabschluss ein Bilanzverlust ausgewiesen wird, der nicht durch Kapital- oder Gewinnrücklagen gedeckt ist.

§ 261 Entscheidung über den Ertrag auf Grund höherer Bewertung

Übersicht

	Rn		Rn
I. Allgemeines	1	4. Darstellung des Unterschieds-	
II. Folgen für den Jahresabschluss (Abs 1)	2	betrags (S 5 und 6)	5
		III. Gerichtsentscheidung (Abs 2)	6
1. Korrektur in laufender Rechnung (S 1)	2	IV. Verwendungsbeschluss (Abs 3)	7
		1. Ertrag aus höherer Bewertung (S 1)	7
2. Veränderung maßgeblicher Verhältnisse (S 2 und 3)	3	2. Verwendungsbeschluss der Hauptversammlung (S 2)	8
3. Abgang eines Gegenstands (S 4)	4		

I. Allgemeines

1 § 261 regelt die Folgen der Feststellung einer Unterbewertung im Jahresabschluss bzw einer höheren Bewertung als im Jahresabschluss angegeben. Wie § 260 erfasst § 261 nur den Fall der Unterbewertung, nicht aber den des Anhangsfehlers. Anhangsfehler werden durch den Bericht des Sonderprüfers nebst Veröffentlichung abschließend kompensiert. Als Folgen einer Unterbewertung bestimmt § 261 die Korrektur in laufender Rechnung (Abs 1 und 2), also nicht im fehlerhaften Jahresabschluss, und ggf den Beschluss der HV über die Verwendung des Nettoertrags auf Grund höherer Bewertung. Der durch die Korrektur in laufender Rechnung eintretende Mangel an Bilanzkontinuität (§ 252 Abs 1 Nr 1 HGB) wird durch § 261 Abs 1 S 5 kompensiert. Voraussetzung dieser Folgen, welche sich auf die höhere Bewertung stützen, ist jedoch die **Endgültigkeit** der höheren Bewertung. Diese Endgültigkeit liegt vor, wenn entweder die abschließende Feststellung des Sonderprüfers hinsichtlich der Höherbewertung wegen Fristablaufs nicht mehr gerichtlich nach § 260 angegriffen werden kann oder wenn der Gerichtsbeschluss im Verfahren nach § 260 rechtskräftig geworden ist.

II. Folgen für den Jahresabschluss (Abs 1)

2 **1. Korrektur in laufender Rechnung (S 1).** Weder Sonderprüfung noch ein Gerichtsbeschluss nach § 260 wirken auf den fehlerhaften Jahresabschluss ein, welcher Anlass für die Sonderprüfer war. Dieser wird durch das Sonderprüfverfahren weder geändert noch für nichtig oder unwirksam erklärt. Dem Vorstand bleibt es allerdings unbenommen, den Jahresabschluss im zulässigen Rahmen (dazu § 172 Rn 12 ff) zu korrigieren. Eine Neuaufstellungspflicht besteht bei Nichtigkeit, eine Änderungspflicht iÜ besteht nur ausnahmsweise (s § 172 Rn 13). Kommt die Sonderprüfung zu einer vom Jahresabschluss abweichenden Bewertung, sind die von der Neubewertung betroffenen Posten in dem ersten Jahresabschluss, der nach Ablauf der in § 260 Abs 1 bestimmten Frist aufgestellt wird, mit den von dem Sonderprüfer **in der abschließenden Feststellung** bestimmen Werten anzusetzen. Das gilt jedoch nur, wenn die Frist nach § 260 Abs 1 ohne Stellung eines Antrags abgelaufen ist. Ansonsten ist auf den Gerichtsbeschluss nach § 260 abzustellen, sowohl in inhaltlicher als auch in zeitlicher Hinsicht (dazu Rn 6). Der Vorstand muss die neuen Werte im **nächstmöglichen** Jahresabschluss berücksichtigen. Verstreicht die Frist des § 260 Abs 1 erst nach **Fertigstellung des Abschlussentwurfes** und diesbezüglichem **Vorstandsbeschluss**, muss er den Entwurf nicht mehr ändern. Es genügt, wenn er die neuen Ansätze im darauf folgenden Jahresabschluss berücksichtigt (*Hüffer* AktG Rn 2; *ADS* Rn 3). Auf die Aufstellungsfrist (§ 264 Abs 1 HGB) kommt es hierbei nicht an (MünchKomm AktG/*Hüffer* Rn 5; **aA** KölnKomm AktG/*Claussen* Rn 4).

§ 261 Entscheidung über den Ertrag auf Grund höherer Bewertung

2. Veränderung maßgeblicher Verhältnisse (S 2 und 3). Ist nach §§ 253–256, 279– 3
283 HGB oder nach den Grundsätzen ordnungsgemäßer Buchführung ein Aktivposten niedriger bzw ein Passivposten höher als in den abschließenden Feststellungen des Sonderprüfers angegeben, so **treten insoweit die abschließenden Feststellungen zurück** (S 2). Dadurch werden Ergebnisse der Sonderprüfung oder des Gerichts nicht hinfällig. Vielmehr ergänzt diese Regelung deren Ergebnisse, da das Stichtagsprinzip (§§ 259 Abs 2 S 2, 260 Abs 2 S 2) eine vorwegnehmende Berücksichtigung verbietet. Soweit die **Unterbewertung zwischenzeitlich beseitigt** wurde, etwa indem der Ausgleich in einem bereits aufgestellten Jahresabschluss erfolgt ist, muss der aufzustellende Jahresabschluss die Ansätze der Sonderprüfung nicht mehr berücksichtigen (*Adler/Düring/Schmaltz* Rechnungslegung Rn 9; MünchKomm AktG/*Hüffer* Rn 10). Die **Ausübung von Bewertungswahlrechten** darf nicht zur Änderung der Ansätze der Sonderprüfung in dem aufzustellenden Jahresabschluss führen (str *Adler/Düring/Schmaltz* Rechnungslegung Rn 10; aA KölnKomm AktG/*Claussen* Rn 6; vermittelnd MünchKomm AktG/*Hüffer* Rn 10: nur bei allgemeiner Ausübung). Die Ergebnisse der Sonderprüfung sind bei Veränderung der Verhältnisse **weitest möglich** zu berücksichtigen. Bei der Abschreibung muss beispielsweise von dem vom Sonderprüfer angegebenen Wert weitergerechnet werden. Gem S 3 sind im Anhang die Gründe für die Abweichung vom Wert des Sonderprüfers anzugeben; ferner ist eine Sonderrechnung anzustellen. Die Sonderrechnung besteht aus einem Dreischritt (Betrag des Sonderprüfers, betragsmäßige Veränderung, im Jahresabschluss angesetzter Wert). Bei mehreren betroffenen Posten ist pro Posten eine Sonderrechnung nötig (*Adler/Düring/ Schmaltz* Rechnungslegung Rn 11 f).

3. Abgang eines Gegenstands (S 4). Nicht mehr vorhandene Gegenstände sind ein 4
Unterfall der Veränderung maßgeblicher Verhältnisse. Einer Sonderrechnung bedarf es nicht. Die Erläuterung erfolgt im Anhang. Ferner ist darin auch über die Verwendung des Ertrags aus dem Abgang des Gegenstands zu berichten. Im Ausnahmefall kann man diesen Ertrag einer bestimmten Ausgabe zurechnen. Diese ist dann anzugeben; idR genügt jedoch die Angabe, dass der Ertrag das Jahresergebnis erhöht hat (vgl MünchKomm AktG/*Hüffer* Rn 12 und *Adler/Düring/Schmaltz* Rechnungslegung Rn 13).

4. Darstellung des Unterschiedsbetrags (S 5 und 6). Bei den **einzelnen Posten** 5
sind die Unterschiedsbeträge, die aus der Ansetzung der Werte des Sonderprüfers nebst Einbeziehung der Veränderung der Verhältnisse resultieren, zu vermerken. Der Vermerk (zB Fußnote, bei Anlagevermögen auch Klammervermerk in Zuschreibungsspalte) muss in der Bilanz sein, außer der Posten wird im Anhang dargestellt (§ 265 Abs 7 Nr 2 HGB, *Adler/Düring/Schmaltz* Rechnungslegung Rn 16). Bei Abgang eines Gegenstands erfolgt mangels Bilanzierung kein Vermerk. Die Summe der Unterschiedsbeträge ist auf der Passivseite der Bilanz und in der GuV-Rechnung als „Ertrag auf Grund höherer Bewertung gemäß dem Ergebnis der Sonderprüfung" **gesondert** auszuweisen (S 6), und zwar **brutto, vor Abzug der Ertragssteuern** (KölnKomm AktG/*Claussen* Rn 9). Der Ausweis erfolgt in der Bilanz und GuV nach dem Jahresergebnis bzw Bilanzergebnis (*Hüffer* AktG Rn 7). Eine Zusammenfassung mit anderen Posten ist unzulässig (*Adler/Düring/Schmaltz* Rechnungslegung Rn 18).

Holzborn/Jänig

§ 261a Mitteilungen an die Bundesanstalt für Finanzdienstleistungsaufsicht

III. Gerichtsentscheidung (Abs 2)

6 Entsprechendes gilt, wenn das Gericht einen Beschluss nach § 260 gefasst hat. **Inhaltlich** abzustellen ist auf den Beschluss, ggf iVm mit den abschließenden Feststellungen des Sonderprüfers, **zeitlich** auf die Rechtskraft des Beschlusses (s dazu § 260 Rn 7). Die Postenbezeichnung des Gesamtunterschiedsbetrags lautet entsprechend anders (S 2).

IV. Verwendungsbeschluss (Abs 3)

7 1. **Ertrag aus höherer Bewertung (S 1).** Der Ertrag aus höherer Bewertung fließt nicht in den Jahresüberschuss. Dies ergibt sich bereits aus Abs 1 S 6. Eine Einstellung dieses Ertrags ganz oder teilweise durch den Vorstand in Gewinnrücklagen nach §§ 58, 158 Abs Nr 4 scheidet daher aus. Eine Einstellung von Ertrag in Kapitalrücklagen kommt sowieso nicht in Betracht. §§ 58 Abs 3, 174 orientieren sich am Bilanzgewinn und werden daher von der Regelung des § 261 Abs 3 S 1 nicht betroffen. § 86 ist aufgehoben. Die Regelung § 261 Abs 3 S 1 ist dennoch dahingehend zu verstehen, dass der Ertrag keine **Gewinnbeteiligung von Vorstandsmitgliedern** begründet, ebenso keine Gewinnbeteiligung von **AR-Mitgliedern**, auch wenn diese gem § 113 Abs 3 (rein rechnerisch) an den Bilanzgewinn anknüpft (KölnKomm AktG/*Claussen* Rn 10; Wachter AktG/*Früchtl* Rn 8). Den **Steuerabzug** des Ertrags muss der Vorstand im Vorschlag zur Beschlussfassung (§§ 124 Abs 3, 170 Abs 2 analog) nennen (KölnKomm AktG/ *Claussen* Rn 13). Aus dem Ertrag sind Einstellungen nach §§ 150, 300 **(gesetzliche Rücklage)** vorzunehmen (*Adler/Düring/Schmaltz* Rechnungslegung Rn 23).

8 2. **Verwendungsbeschluss der Hauptversammlung (S 2).** Die HV entscheidet über den Nettoertrag (nach Steuern). Der Betrag muss jedoch vorrangig zum **Ausgleich des Bilanzverlusts** verwendet werden, wenn der Bilanzverlust nicht durch Kapital- oder Gewinnrücklagen gedeckt ist (S 2). Nicht erfasst ist die Rücklage für eigene Aktien. Diese kann zur Verlustdeckung nicht herangezogen werden (§ 272 Abs 4 HGB, zutr MünchKomm AktG/*Hüffer* Rn 21 f). Soweit etwas verbleibt, entscheidet die HV hierüber nach § 58 Abs 3, 174 analog.

§ 261a Mitteilungen an die Bundesanstalt für Finanzdienstleistungsaufsicht

Das Gericht hat der Bundesanstalt für Finanzdienstleistungsaufsicht den Eingang eines Antrags auf Bestellung eines Sonderprüfers, jede rechtskräftige Entscheidung über die Bestellung von Sonderprüfern, den Prüfungsbericht sowie eine rechtskräftige gerichtliche Entscheidung über abschließende Feststellungen der Sonderprüfer nach § 260 mitzuteilen, wenn die Gesellschaft Wertpapiere im Sinne des § 2 Abs. 1 Satz 1 des Wertpapierhandelsgesetzes ausgegeben hat, die an einer inländischen Börse zum Handel im regulierten Markt zugelassen sind.

1 § 261a wurde aufgrund des **BilKoG** v 15.12.2004 (BGBl 2004 I S 3408) eingefügt. Die **Norm betrifft nur Gesellschaften**, die Wertpapiere iSd § 2 Abs 1 S 1 WpHG ausgegeben haben, welche an einer inländischen Börse zum Handel im amtlichen oder geregelten Markt zugelassen sind. Soweit der Gegenstand der Sonderprüfung, der Prüfungsbericht oder eine gerichtliche Entscheidung über die abschließenden Feststellungen der Sonderprüfer nach § 260 reichen, findet ein **Enforcement-Verfahren** nicht statt (§ 342b Abs 3 S 2 HGB, § 37o Abs 2 S 2 WpHG; zum Konkurrenzverhältnis vgl

auch § 258 Rn 5). Das mit der Sonderprüfung befasste **Gericht hat daher der BaFin mitzuteilen**: Eingang eines Antrags auf Bestellung eines Sonderprüfers (§ 258 Abs 2), jede rechtskräftige Entscheidung über die Bestellung von Sonderprüfern (§ 258 Abs 3), den Prüfungsbericht (§ 259), jede rechtskräftige gerichtliche Entscheidung über abschließende Feststellungen der Sonderprüfer nach § 260. Die Mitteilungspflicht des Gerichts besteht auch dann, wenn es unzuständig ist. **Die BaFin** setzt gem § 37p Abs 3 HGB die Prüfstelle (§ 342b HGB) von Mitteilungen nach § 261a AktG in Kenntnis, wenn die Prüfstelle die Prüfung eines von der Mitteilung betroffenen Unternehmens beabsichtigt oder eingeleitet hat.

Achter Teil
Auflösung und Nichtigerklärung der Gesellschaft

Erster Abschnitt
Auflösung

Erster Unterabschnitt
Auflösungsgründe und Anmeldung

§ 262 Auflösungsgründe

(1) Die Aktiengesellschaft wird aufgelöst
1. durch Ablauf der in der Satzung bestimmten Zeit;
2. durch Beschluss der Hauptversammlung; dieser bedarf einer Mehrheit, die mindestens drei Viertel des bei der Beschlussfassung vertretenen Grundkapitals umfasst; die Satzung kann eine größere Kapitalmehrheit und weitere Erfordernisse bestimmen;
3. durch die Eröffnung des Insolvenzverfahrens über das Vermögen der Gesellschaft;
4. mit der Rechtskraft des Beschlusses, durch den die Eröffnung des Insolvenzverfahrens mangels Masse abgelehnt wird;
5. mit der Rechtskraft einer Verfügung des Registergerichts, durch welche nach § 399 des Gesetzes über das Verfahren in Familiensachen und in den Angelegenheiten der freiwilligen Gerichtsbarkeit ein Mangel der Satzung festgestellt worden ist;
6. durch Löschung der Gesellschaft wegen Vermögenslosigkeit nach § 394 des Gesetzes über das Verfahren in Familiensachen und in den Angelegenheiten der freiwilligen Gerichtsbarkeit.

(2) Dieser Abschnitt gilt auch, wenn die Aktiengesellschaft aus anderen Gründen aufgelöst wird.

Übersicht

	Rn		Rn
I. Regelungsgehalt	1	II. Die einzelnen Auflösungsgründe	
1. Dogmatische Einordnung	1	(§ 262 Abs 1)	4
2. Systematische Abgrenzung	2	1. Zeitablauf	4
3. Anwendungsbereich der Vorschrift	3	a) Zeitbestimmung	4
		b) Einführung einer Zeitbestimmung	5

Füller

	Rn		Rn
c) Aufhebung und Verlängerung einer Zeitbestimmung	6	IV. Löschung wegen Vermögenslosigkeit	25
d) Kündigung als Auflösungsgrund?	7	1. Überblick und Wortlaut des § 394 FamFG	25
2. Beschluss der HV	8	2. Löschungsvoraussetzungen	27
a) Grundlagen	8	a) Fehlen aktivierbarer Vermögensgegenstände	27
b) Sitzverlegung ins Ausland	9	b) Fehlende Aktiva nach Durchführung des Insolvenzverfahrens	28
c) Beschlussmängel	10		
3. Eröffnung des Insolvenzverfahrens	11		
4. Rechtskräftige Ablehnung der Insolvenzeröffnung	12	3. Rechtswirkungen der Löschung	29
		a) Meinungsspektrum	29
III. Auflösung und Satzungsmangel – § 262 Abs 1 Nr 5	13	b) Stellungnahme	30
1. Überblick und Wortlaut des § 399 FamFG	13	4. Verfahren	31
		a) Grundfragen des Löschungsverfahrens	31
2. Fehlerhafte, satzungsgemäße Firmierung	15	b) Löschung	32
a) Unzulässige Firmierung	16	c) Rechtsmittel	33
b) Nachträgliche Änderungen	17	V. Auflösung aus anderen Gründen (§ 262 Abs 2)	34
3. Gesellschaftssitz und Satzungsmangel	18	1. Normzweck	34
4. Höhe des Grundkapitals	19	2. Keinmann-Aktiengesellschaft	35
5. Zerlegung des Grundkapitals	20	3. Auflösung kraft besonderen Wirtschaftsaufsichtsrechts	36
6. Zahl der Vorstandsmitglieder	21	a) Bankenaufsicht	36
7. Verfahrensfragen	22	b) Versicherungsaufsicht	37
a) Aufforderung zur Mängelbeseitigung	22	4. Vereinsverbot	38
b) Feststellende Verfügung	23	5. Auflösung wegen Gemeinwohlgefährdung	39
c) Rechtsmittel	24		

Literatur: *Buchner* Amtslöschung, Nachtragsliquidation und masselose Insolvenz von Kapitalgesellschaften, 1988; *Ensthaler/Füller/B. Schmidt* GmbHG Kommentar; *Grziwotz* Die Liquidation von Kapitalgesellschaften, Genossenschaften und Vereinen, DStR 1992, 1404; *Hönn* Die konstitutive Wirkung der Löschung von Kapitalgesellschaften, ZHR 138 (1974), 50; *Hüffer* Das Ende der Rechtspersönlichkeit von Kapitalgesellschaften, Gedächtnisschrift für Schultz, 1987, S 99; *Kreutz* Von der Einmann- zur „Keinmann"-GmbH?, FS Stimpel, 1985, S 379; *Lindacher* Die Nachgesellschaft – Prozessuale Fragen bei gelöschten Kapitalgesellschaften, FS Henckel, 1995, S 509; *H. Schmidt* Zur Vollbeendigung juristischer Personen, 1989; *K. Schmidt* Die stille Liquidation: Stiefkind des Insolvenzrechts, ZIP 1982, 9; *Vallender* Auflösung und Löschung der GmbH – Veränderungen aufgrund des neuen Insolvenzrechts, NZG 1998, 249.

I. Regelungsgehalt

1 1. Dogmatische Einordnung. Die Vorschrift regelt abschließend (Arg ex § 23 Abs 5) die Gründe, aus denen eine AG aufgelöst werden kann. Durch die Auflösung ändert sich der Gesellschaftszweck der AG dergestalt, indem an die Stelle der Gewinnerzielung der Zweck der Gesellschaft tritt, in einem rechtlich geordneten Verfahren aus dem Rechtsverkehr auszuscheiden. Der Abwicklungszweck verdrängt die bisher werbende Tätigkeit, wobei die Identität der AG als solche unverändert fortbesteht, um das Vermögen zu verwerten, die Gläubiger zu befriedigen und einen etwaigen verbleibenden Überschuss unter den Aktionären zu verteilen (*BGHZ* 14, 163, 168; 24, 279, 286; *BGH* NJW 2007, 99; Spindler/Stilz AktG/*Bachmann* Rn 5). Da die Auflösung eine identitätswahrende Zweckänderung ist, bleiben die Rechtsnatur der AG (§ 1), die Eigenschaft als Kaufmann kraft Rechtsform (§ 3 Abs 1 iVm § 6 HGB) und die Firma (§ 4) bestehen, wobei letztere allerdings mit einem Liquidationszusatz zu versehen ist (§ 269 Abs 6). Namentlich ist die AG uneingeschränkt rechtsfähig.

2. Systematische Abgrenzung. Mit der Auflösung beginnt regelmäßig die Abwicklung der AG (§§ 264 ff), die mit der Beendigung der juristischen Person und deren Löschung abschließt (§ 273 Abs 1). Die Auflösung tritt dabei **ipso iure** ein und bedarf keines Publizitätsakts. Anlässlich der Auflösung erforderliche Anmeldungen und Eintragungen in das HR haben grundsätzlich nur deklaratorische Bedeutung. Die Beendigung knüpft ihrerseits an eine abgeschlossene Abwicklung der Gesellschaft an wie § 273 Abs 1 verdeutlicht. Nur in Ausnahmefällen koinzidieren Auflösung und Beendigung. Dies ist der Fall bei einer Amtslöschung nach § 394 FamFG, da kraft der Löschung die AG nach der **hM** untergeht und § 262 Abs 1 Nr 6 zugleich eine Auflösung fingiert. Allerdings ist das Gesetz hier systematisch unglücklich (*Vallender* NZG 1998, 249, 250): Die Löschung wegen Vermögenslosigkeit zieht allenfalls eine Restabwicklung gem § 264 Abs 2 nach sich.

3. Anwendungsbereich der Vorschrift. Anwendbar ist die Vorschrift auf eine kraft Eintragung entstandene AG (§ 41 Abs 1). **Analog anzuwenden** ist § 262 auf eine Vor-AG (*BGHZ* 169, 270; Spindler/Stilz AktG/*Bachmann* Rn 2 mwN). Dies folgt schon daraus, dass auf eine Vor-AG das Recht der eingetragenen AG anzuwenden ist, soweit die Vorschriften des AktG nicht ausdrücklich eine eingetragene AG voraussetzen. Allerdings ist das Spektrum dieser Analogie eng: Der Auflösungsgrund des § 262 Abs 1 Nr 1 dürfte obsolet sein. Ist eine Frist derart kurz bemessen, dass sie bereits vor der Eintragung der AG in das HR abläuft, lässt sich daran zweifeln, ob die Anmelder überhaupt den ernsthaften Willen haben, eine AG zu gründen. Eine Analogie zu den Auflösungsgründen nach § 262 Abs 1 Nr 5, 6 scheidet aus, da hier eine Löschung vorausgesetzt wird, die ihrerseits nur eine eingetragene AG anknüpfen kann. Auf eine Vor-AG analog anwendbar sind daher im Ergebnis nur die Auflösungsgründe nach § 262 Abs 1 Nr 2–4 (MünchKomm AktG/*Hüffer* Rn 24).

II. Die einzelnen Auflösungsgründe (§ 262 Abs 1)

1. Zeitablauf. – a) Zeitbestimmung. Die Satzung kann den Zeitraum für die werbende Tätigkeit der AG bestimmen. Der **Satzungsinhalt** ist entscheidend dafür, **ob** die werbende Tätigkeit der AG zeitlich begrenzt ist. Wirksam ist die Zeitbestimmung auch, wenn ihre Eintragung in das HR entgegen § 39 Abs 2 unterbleibt. Eine satzungsgemäße Zeitbestimmung iSd § 262 Abs 1 Nr 1 ist nur eine **Höchstdauer** und keine Mindestdauer, da letztere ab in die Beschlusskompetenz der HV aus § 262 Abs 1 Nr 2 eingreift. Der Auflösungszeitpunkt muss bestimmbar sein. Dafür genügt die satzungsgemäße Fixierung eines zeitgebundenen Ereignisses wie der Ablauf eines gewerblichen Schutzrechts, die Angabe eines Kalendertages ist nach der **hM** nicht zwingend erforderlich (KölnKomm AktG/*Kraft* Rn 8). Ist die Tätigkeit der AG kalendermäßig befristet, so ändert daran eine Verlängerungs-Klausel nichts, da auch in diesem Fall der Zeitablauf der AG bestimmbar ist.

Füller

5 **b) Einführung einer Zeitbestimmung.** Eine Zeitbestimmung kann jederzeit eingeführt oder aufgehoben werden. Nachträglich kann eine zeitliche Schranke für die werbende Tätigkeit der AG nur durch eine Satzungsänderung vorgesehen werden. Erforderlich ist dafür ein Beschluss der HV mit qualifizierter Mehrheit (§ 179 Abs 1, 2), der erst mit der Eintragung im HR wirksam wird (§ 181 Abs 3). Lässt die Satzung der AG eine geringere Mehrheit für Satzungsänderungen zu (§ 179 Abs 2 S 2), ist für den Beschluss gleichwohl eine drei Viertel Mehrheit erforderlich. Dies folgt daraus, dass der nachträglich beschlossene Zeitablauf ist zugleich ein Beschluss über eine künftige Auflösung iSd § 262 Abs 1 Nr 2 ist, für den das Gesetz zwingend eine drei Viertel-Mehrheit vorsieht (*RGZ* 136, 185, 187 zur GmbH; K. Schmidt/Lutter AktG/*Riesenhuber* Rn 5).

6 **c) Aufhebung und Verlängerung einer Zeitbestimmung.** Soll umgekehrt eine zeitliche Befristung der AG aufgehoben oder herausgeschoben werden, so handelt es sich dabei ebenfalls um eine Satzungsänderung. Dieser Verlängerungsbeschluss verlangt eine Drei-Viertel-Mehrheit und eine konstitutive Eintragung in das HR (§§ 179 Abs 2 S 1, 181 Abs 3). § 179 Abs 2 S 2 ist anwendbar, so dass die werbende Tätigkeit der AG auch mit einfacher Beschlussmehrheit verlängert werden kann, wenn die Satzung dies vorsieht. Ein derartiger Beschluss greift in das Recht der Aktionäre auf den Abwicklungsüberschuss (§ 271 Abs 1) ein, verlangt aber keine Einstimmigkeit, da er nicht den Kernbereich der Mitgliedschaft betrifft (KölnKomm AktG/*Kraft* Rn 12; Ulmer GmbHG/*Casper* § 60 Rn 27). Anders ist es zu beurteilen, wenn der Beschluss Nebenleistungspflichten (§ 55) verlängert oder in ein eingeräumtes Sonderrecht auf Abwicklung (§ 11) eingreift. Im letzten Fall ist wegen § 35 BGB eine Zustimmung des betroffenen Aktionärs nötig. Verlängern sich Nebenleistungspflichten, so bedarf dies gem § 180 Abs 1 der Zustimmung der betroffenen Aktionäre. Die Verlängerung der werbenden Tätigkeit wirkt sich hier faktisch wie eine neu begründete Nebenverpflichtung aus (KölnKomm AktG/*Kraft* Rn 13; MünchKomm AktG/*Hüffer* Rn 31; Ulmer GmbHG/*Casper* § 60 Rn. 28).

7 **d) Kündigung als Auflösungsgrund?** Die Kündigung eines oder mehrerer Gesellschafter ist die Ausübung eines Gestaltungsrechts und fällt nicht unter § 262 Abs 1 Nr 1 (KölnKomm AktG/*Kraft* Rn 17 ff; K. Schmidt/Lutter AktG/*Riesenhuber* Rn 13). Ein Kündigungsrecht lässt sich auch nicht unter § 262 Abs 2 subsumieren, da diese Vorschrift nur gesetzliche Auflösungsgründe erfasst. Es wäre widersprüchlich, wenn ein Einzelner die Auflösung der AG erreichen könnte, obwohl das Gesetz für einen Auflösungsbeschluss eine Drei-Viertel-Mehrheit verlangt (§ 262 Abs 1 Nr 2).

8 **2. Beschluss der HV. – a) Grundlagen.** Die HV hat das subjektive Recht, jederzeit die Auflösung der AG zu beschließen. Dieses Recht ist unentziehbar und unübertragbar. Es ist damit satzungsfest (§ 23 Abs 5) und kann weder ausgeschlossen noch an andere Organe (*RGZ* 169, 65, 81 zur GmbH) oder gar Dritte delegiert werden. Auch eine Mitwirkung Anderer widerspricht dem Grundgedanken des § 262 Abs 1 Nr 2. Aus dem Beschluss der HV muss sich der gemeinsame Wille ergeben, die AG von einer werbenden Gesellschaft in das Abwicklungsstadium zu überführen. Für den Beschluss ist eine **doppelte Mehrheit** gem §§ 133, 262 Abs 1 Nr 2 erforderlich. Die Satzung kann eine größere Stimmen- und/oder Kapitalmehrheit sowie weitere Erfordernisse vorsehen. Nach dem Gesetzeswortlaut ist deswegen ein Einstimmigkeitserfordernis möglich (KölnKomm AktG/*Kraft* Rn 28). Sofern in der Satzung oder durch die

HV nichts anderes bestimmt ist, wird der Auflösungsbeschluss mit seinem Zustandekommen wirksam. Die Eintragung des Beschlusses in das HR ist deklaratorisch. „Weitere" Erfordernisse sind statutarisch festzulegen und können den Auflösungsbeschluss nur erschweren, nicht erleichtern. Die Satzung kann für die Auflösung einen zusätzlichen Vorstandsbericht oder eine Mehrfachabstimmung vorsehen. Eine rückwirkende Auflösung kann nicht beschlossen werden. Nach der hM soll es jedoch möglich sein, den Auflösungsbeschluss befristet zu fassen oder unter eine Bedingung zu stellen (MünchKomm AktG/*Hüffer* Rn 39). Das geht zu weit. Die Frist muss zeitlich absehbar sein und der Bedingungseintritt erkennbar. Anderenfalls leistet man der Rechtsunsicherheit Vorschub (*RGZ* 145, 110 f – zur GmbH; Spindler/Stilz AktG/*Bachmann* Rn 28).

b) Sitzverlegung ins Ausland. Verlegt die AG nur ihren **satzungsgemäßen Sitz** (§ 5) in das Ausland, soll sie gerade werbend weiter geführt werden. Deswegen handelt es sich entgegen einer verbreiteten Ansicht (*OLG Hamm* ZIP 1997, 1696; *OLG Zweibrücken* NJW 1990, 3092) um keinen Auflösungsbeschluss. Allerdings ist der Beschluss gem § 241 Nr 3 nichtig, da sich die Gesellschaft dadurch deutschen Schutzvorschriften entzieht (s auch § 45 Rn 12; wie hier KölnKomm AktG/*Kraft* Rn 36; MünchKomm AktG/ *Hüffer* Rn 36; Spindler/Stilz AktG/*Bachmann* Rn. 74). Unerheblich ist für diese Betrachtung, ob im Ausland vergleichbare Schutzvorschriften existieren. Verbleibt der Satzungssitz im Inland, soll aber der **effektive Verwaltungssitz** in das Ausland verlegt werden, so ist zu unterscheiden: Sieht der Zuzugsstaat die Sitztheorie als Gesellschaftsstatut vor, gilt dessen Rechtsordnung. Da eine AG nicht zwei Rechtsordnungen gleichzeitig unterliegen kann, lässt sich die überlagernde ausländische Rechtsordnung durchaus als sonstiger Auflösungsgrund gem § 262 Abs 2 auffassen (MünchKomm AktG/*Hüffer* Rn 36; Spindler/Stilz AktG/*Bachmann* Rn 74). Zu den Folgen s § 45 Rn 13. Allerdings ist hier nach der neueren Rspr des *EuGH* zu untersuchen, ob das Recht des Zuzugsstaates nicht die Niederlassungsfreiheit beschränkt (*EuGH* Slg 2003, 10155 Rn 103 ff – Inspire Art). Gilt im Zuzugsstaat die Gründungstheorie, so verbleibt es bei der Anwendbarkeit des deutschen Gesellschaftsrechts. Seit der Liberalisierung der Vorschriften über die grenzüberschreitende Sitzverlegung durch das **MoMiG** sollte man in diesem Fall eine AG mit inländischem Satzungssitz aber ausländischem Verwaltungssitz anerkennen (vgl § 45 Rn 13; MünchKomm AktG/*Hüffer* Rn 37; *Ensthaler/Füller/Schmidt* GmbHG § 4a Rn 11 ff mwN).

c) Beschlussmängel. Der Auflösungsbeschluss kann nichtig (§ 241) oder anfechtbar (§ 243) sein. Ein nichtiger Auflösungsbeschluss kann **analog § 242 Abs 2 geheilt** werden. Da nach § 263 nicht der Beschluss, sondern nur die Auflösung in das HR einzutragen ist, beginnt mit deren Eintragung die drei Jahres-Frist des § 242 Abs 2 (KölnKomm AktG/*Kraft* Rn 30). Die Anfechtungs- oder Nichtigkeitsklage ist gegen die AG zu richten, die hierbei durch die Abwickler vertreten wird. Bei der Nichtigkeitsklage ergibt sich daraus ein im Gesetz angelegter Widerspruch, da der klagende Aktionär die Vertretungsbefugnis der Abwickler hinzunehmen hat, obwohl er den Eintritt in die Abwicklungsphase bestreitet. Bei geborenen Abwicklern (§ 265 Abs 1) mag dies nicht entscheidend ins Gewicht fallen, in den übrigen Fällen ist der Widerspruch unvermeidbar und hinzunehmen (MünchKomm AktG/*Hüffer* Rn 46). Eine Nichtigkeitsklage kann auch erhoben werden, wenn mit der Vermögensverteilung bereits begonnen wurde (KölnKomm AktG/*Kraft* Rn 33 aA GroßKomm AktG/*Wiedemann* Anm 20). Ist die AG bereits gelöscht, ist die Klage mangels Beklagten unzulässig

(MünchKomm AktG/*Hüffer* Rn 45). Daneben unterliegt der Auflösungsbeschluss keiner materiellen Beschlusskontrolle (*BGHZ* 129, 136, 151).

11 **3. Eröffnung des Insolvenzverfahrens.** Gem § 262 Abs 1 Nr 3 ist die AG mit der Eröffnung des Insolvenzverfahrens über das Vermögen der Gesellschaft aufgelöst. Der Wortlaut der Norm ungenau. Die Auflösung der AG beginnt mit der im gerichtlichen Eröffnungsbeschluss angegebenen Stunde (§ 27 Abs 2 Nr 3 InsO) bzw um 12 Uhr des Beschlusstages, wenn der Beschluss keine Stunde angibt (§ 27 Abs 3 InsO). Unerheblich ist, ob der Beschluss rechtskräftig oder inhaltlich richtig ist. § 262 Abs 1 Nr 3 erfasst nur das **Insolvenzverfahren** über das **Gesellschaftsvermögen**. Die Insolvenz eines Aktionärs, sei es auch des Alleinaktionärs, ist kein Auflösungsgrund (MünchKomm AktG/*Hüffer* Rn 48). Wird der Eröffnungsbeschluss auf eine sofortige Beschwerde gem § 34 Abs 2 InsO aufgehoben, ist die Auflösung rückwirkend hinfällig (KölnKomm AktG/*Kraft* Rn 38). Gleiches gilt im Falle der §§ 212, 213 InsO.

12 **4. Rechtskräftige Ablehnung der Insolvenzeröffnung.** Ein weiterer Auflösungsgrund ist gem § 262 Abs 1 Nr 4 ein rechtskräftiger Beschluss, in dem die Eröffnung des Insolvenzverfahrens mangels Masse abgelehnt wird. Dieser Auflösungsgrund dient dem öffentlichen Interesse daran, dass eine AG möglichst rasch beendet wird, wenn sie nicht mehr über die finanziellen Mittel verfügt, um das Insolvenzverfahren durchzuführen (*BGHZ* 75, 178, 180). Hier endet das Insolvenzverfahren (§ 217 Abs 1 InsO) und die Gesellschaft ist abzuwickeln. Erfasst ist wie bei § 262 Abs 1 Nr 4 nur das Insolvenzverfahren über das Gesellschaftsvermögen. Der Ablehnungsgrund des Beschlusses ergibt sich aus § 26 Abs 1 InsO. In Rechtskraft erwächst der Ablehungsbeschluss, wenn die Rechtsmittelfristen (§§ 6, 34 InsO) versäumt wurden oder die Rechtsmittel ausgeschöpft sind.

III. Auflösung und Satzungsmangel – § 262 Abs 1 Nr 5

13 **1. Überblick und Wortlaut des § 399 FamFG.** Ein weiterer Auflösungsgrund ist die **rechtskräftige Verfügung** des Registergerichts, durch die ein Satzungsmangel nach § 399 FamFG festgestellt wird, § 262 Abs 1 Nr 5. § 399 FamFG regelt die Amtsauflösung. Im Gegensatz zur Amtslöschung nach § 394 FamFG ist bei einer Amtsauflösung eine Fortsetzung der AG möglich. Die Amtsauflösung erfasst Satzungsmängel iSd § 23 Abs 3 Nr 1, 4–6. Sie schließt damit eine Sanktionslücke, da die Nichtigkeitsgründe des § 275 auf drei Fälle beschränkt sind (§ 275 Rn 4). Bestehen die Satzungsmängel nach § 23 Abs 3 Nr 1, 4–6 bereits vor der ersten Anmeldung, so hat das Registergericht die Anmeldung zurückzuweisen und eine Eintragung von Amts wegen zu löschen, § 395 FamFG. Gegenüber dieser Amtslöschung ist die Amtsauflösung nach § 399 FamFG **lex specialis** (*BayObLG* NJW-RR 1989, 867). Die Amtslöschung nach § 395 FamFG beschränkt sich ausweislich des Wortlauts auf wesentliche Verfahrensfehler. Die für die AG relevanten Bestimmungen des § 399 FamFG lauten:

§ 399 FamFG
[Auflösung wegen Mangels der Satzung]

14 **(1) Enthält die Satzung einer in das Handelsregister eingetragenen Aktiengesellschaft ... eine der nach § 23 Abs. 3 Nr. 1, 4, 5 oder 6 des Aktiengesetzes wesentlichen Bestimmungen nicht oder ist eine dieser Bestimmungen oder die Bestimmung nach § 23 Abs. 3 Nr. 3 des Aktiengesetzes nichtig, so hat das Registergericht die Gesellschaft von Amts wegen oder auf Antrag der berufsständischen Organe aufzufordern, inner-**

halb einer bestimmten Frist eine Satzungsänderung, die den Mangel der Satzung behebt, zur Eintragung im Handelsregister anzumelden oder die Unterlassung durch Widerspruch gegen die Verfügung zu rechtfertigen. Das Gericht hat in der Verfügung darauf hinzuweisen, dass anderenfalls ein nicht behobener Mangel nach Absatz 2 festzustellen ist und dass die Gesellschaft dadurch nach § 262 Abs. 1 Nr. 5, 289 Abs. 2 Nr. 2 des Aktiengesetzes aufgelöst wird.

(2) Wird innerhalb der nach Absatz 1 bestimmten Frist weder der Aufforderung genügt noch Widerspruch erhoben oder ist ein Widerspruch zurückgewiesen worden, so hat das Gericht den Mangel der Satzung festzustellen. Die Feststellung kann mit der Zurückweisung des Widerspruchs verbunden werden. Mit der Zurückweisung sind der Gesellschaft zugleich die Kosten des Widerspruchsverfahrens aufzuerlegen, soweit dies nicht unbillig ist.

(3) Der Beschluss, durch den eine Feststellung nach Absatz 2 getroffen, ein Antrag oder ein Widerspruch zurückgewiesen wird, ist mit der Beschwerde anfechtbar.

2. Fehlerhafte, satzungsgemäße Firmierung. Die Angabe der Firma (§ 17 HGB) ist zwingender Satzungsbestandteil, § 23 Abs 3 Nr 1. § 399 FamFG erlaubt eine Löschung der AG, wenn eine Firma überhaupt fehlt oder die Firmierung der AG unzulässig ist. Wegen der gerichtlichen Prüfung nach § 38 Abs 1 S 1 dürfte der erste Fall eher theoretisch sein. Zu einem Satzungsmangel führt die gewählte Firma, wenn sie den zwingenden Vorschriften der §§ 18 ff HGB über die Firmenbildung zuwiderläuft. 15

a) Unzulässige Firmierung. Umstritten ist, ob auch der Verstoß gegen den Grundsatz der Firmenunterscheidbarkeit nach § 30 Abs 1 HGB eine Amtsauflösung nach § 399 FamFG rechtfertigt. Die wohl **hM** nimmt dies an und stellt dabei auf einerseits den zwingenden Charakter des § 30 Abs 1 HGB ab und andererseits auf das öffentliche Interesse an einer ordnungsgemäßen Firmierung (*BayObLGZ* 1989, 44, 48; *KG* OLGZ 1991, 396, 400 f; MünchKomm AktG/*Hüffer* Rn 60). Mit der im GmbH-Recht vorherrschenden Gegenansicht ist dies abzulehnen (Ulmer GmbHG/*Casper* § 60 Rn 63; Scholz GmbHG/*K. Schmidt* § 60 Rn 25). Unterscheidet sich die Firma nicht deutlich von allen an demselben Ort eingetragenen Firmen, so ist das Firmenmissbrauchsverfahren nach § 37 Abs 1 HGB einschlägig. Dies gilt umso mehr, da es seit der Liberalisierung des Firmenrechts oft nur eine graduelle Frage ist, ob sich eine Firma hinreichend deutlich von einer anderen unterscheidet. Darauf ist § 399 FamFG mit seiner rigorosen Sanktion nicht abgestimmt. Sieht man in einer Firmierung entgegen § 30 Abs 1 HGB einen Auflösungsgrund, so stellt sich die Frage, wie sich das Firmenmissbrauchsverfahren zur Amtsauflösung verhält. Die spärliche Praxis räumt dem Registergericht ein Wahlrecht ein (*KG* NJW 1965, 254). Einige befürworten den Vorrang der Amtsauflösung (Ulmer GmbHG/*Casper* § 60 Rn 64). Nach dem Verhältnismäßigkeitsprinzip sollte man dem Firmenmissbrauchsverfahren den Vorrang einräumen (MünchKomm AktG/*Hüffer* Rn 63; Spindler/Stilz AktG/*Bachmann* Rn 50). 16

b) Nachträgliche Änderungen. Die Firma der AG kann auch nachträglich unzulässig werden. Zum einen können sich die tatsächlichen Verhältnisse nachträglich ändern. Denkbar ist hier, dass eine Sachfirma geeignet ist, die angesprochenen Verkehrskreise irrezuführen, da sich der Unternehmensgegenstand nachträglich geändert hat (§ 18 Abs 2 S 1). Eine vereinzelt gebliebene Entscheidung lehnt die Nichtigkeit der ursprünglichen Satzungsbestimmung für diesen Fall ab (*BayObLG* GmbHR 1980, 11; zust Scholz GmbH/*K. Schmidt* § 60 Rn 25). Dies überzeugt nicht, da nach dem Wort- 17 laut des § 399 FamFG der Gesetzesverstoß auch nachträglich eintreten kann (Köln-Komm AktG/*Kraft* Rn 74; MünchKomm AktG/*Hüffer* Rn 62 jeweils zu § 144a FGG). Zum anderen kann die Satzung die Firma nachträglich ändern oder neu bilden. Ist diese Firma mit firmenrechtlichen Vorschriften unvereinbar, ist der satzungsändernde Beschluss gem § 241 Nr 3 Var 3 nichtig. Aus diesem Grund ist die beschlossene Neufirmierung gegenstandslos, so dass die alte Firma weiter besteht. Der Änderungsbeschluss ist gem § 398 FamFG zu löschen. § 399 FamFG ist auf diese Konstellation unanwendbar (KölnKomm AktG/*Kraft* Rn 75; MünchKomm AktG/*Hüffer* Rn 61).

18 **3. Gesellschaftssitz und Satzungsmangel.** Fehlt die in § 23 Abs 3 Nr 1 vorgeschriebene Angabe des Gesellschaftssitzes oder ist die entsprechende Satzungsbestimmung nichtig, so ist die Gesellschaft nach § 399 FamFG von Amts wegen aufzulösen. Dieser Auflösungsgrund hat eher theoretische Bedeutung. Bereits bei der Eintragung der AG prüft das Registergericht, ob die Satzung einen Gesellschaftssitz angibt. Fallen der tatsächliche und der statutarische Sitz auseinander, rechtfertigt dies keine Amtsauflösung.

19 **4. Höhe des Grundkapitals.** Fehlt in der Satzung eine Bestimmung über die Höhe des Grundkapitals (§ 23 Abs 3 Nr 3), rechtfertigt dies eine Nichtigkeitsklage nach § 275 Abs 1. Da diese Vorschrift einer Amtsauflösung nach § 399 FamFG vorgeht, beschränkt sich der Anwendungsbereich dieser Norm auf gesetzwidrige und damit nichtige Angaben über die Höhe des Grundkapitals (vgl KölnKomm AktG/*Kraft* Rn 78). Ein offenbares Beispiel hierfür ist die Unterschreitung des Mindestnennkapitals iSd § 7. Einen Satzungsmangel stellt es auch dar, wenn die Aktien nicht das Grundkapital widerspiegeln.

20 **5. Zerlegung des Grundkapitals.** Nach § 23 Abs 3 Nr 4 muss das Grundkapital entweder in Nennbetrags- oder Stückaktien zerlegt sein. Zusätzlich müssen die Nennbeträge und die Zahl der Aktien jeden Nennbetrags angegeben werden. Bei Stückaktien ist die Zahl anzugeben. Es dürfte kaum vorstellbar sein, dass derartige Angaben von Anfang an in der Satzung fehlen (vgl MünchKomm AktG/*Hüffer* Rn 66). Der Hauptanwendungsfall des § 399 FamFG dürfte insoweit darin liegen, dass die Satzungsbestimmung nicht den Anforderungen nach § 8 genügt.

21 **6. Zahl der Vorstandsmitglieder.** Ein weiterer Auflösungsgrund ist es, wenn die Satzung nicht gem § 23 Abs 3 Nr 6 die Zahl der Vorstandsmitglieder oder Regeln für deren Anzahl benennt. Eine satzungsgemäße Angabe der Mindest- oder Höchstzahl genügt für § 23 Abs 3 Nr 6 (*LG Köln* AG 1999, 137 f). Keinen Satzungsmangel stellt es dar, wenn die Satzung die Zahl der Vorstandsmitglieder benennt, der Vorstand aber unterbesetzt ist (MünchKomm AktG/*Hüffer* Rn 67).

22 **7. Verfahrensfragen. – a) Aufforderung zur Mängelbeseitigung.** Das RegGericht (*AG*, §§ 376 Abs 1, 377 Abs 1 FamFG) prüft ua von Amts wegen, ob die Satzung den Voraussetzungen des § 23 Abs 3 Nr 1, 4–6 genügt. Es hat daneben auf Antrag der berufsständischen Organe (§ 380 FamFG) tätig zu werden. Gelangt es zur Überzeugung, dass ein derartiger Satzungsmangel vorliegt, so bestimmt § 399 FamFG ein gestuftes Verfahren: Zunächst hat das Registergericht die AG dazu aufzufordern, innerhalb einer bestimmten Frist den genau bezeichneten Satzungsmangel zu beseitigen oder im Wege eines Widerspruches zu rechtfertigen, warum die AG es unterlässt, den Satzungsmangel zu beseitigen. Die Aufforderung ist nicht rechtsmittelfähig, da das Gesetz nur einen Widerspruch der AG vorsieht. Um den Satzungsmangel zu beseitigen, ist ein Beschluss der HV nötig (§§ 179 ff),

der zur Eintragung in das HR anzumelden ist. Auch dazu hat der gerichtliche Beschluss aufzufordern (§ 399 Abs 1 S 1 FamFG). Die im Beschluss festzusetzende Frist muss nur bestimmt sein und darüber hinaus keinen weiteren Voraussetzungen genügen. Richtigerweise darf die Aufforderung aber keine kürzere Frist verlangen, als für die Einberufung der HV erforderlich ist, da anderenfalls rechtlich Unmögliches verlangt würde. Dies gilt nicht für Frist, innerhalb derer die AG zu widersprechen hat, so dass der Beschluss zwei unterschiedliche Fristen setzen kann. Allerdings kann die gesetzte Frist jederzeit verlängert werden (MünchKomm AktG/*Hüffer* Rn 69). Schließlich hat die Aufforderung nach § 399 Abs 1 S 2 FamFG auf die Folge einer Verfügung nach § 399 Abs 2 FamFG hinzuweisen.

b) Feststellende Verfügung. Der ungeschickt formulierte § 399 Abs 2 FamFG regelt die Voraussetzungen, unter denen eine feststellende Verfügung ergehen kann, die die zweite Verfahrensstufe darstellt. Verstreicht die in der Aufforderung gesetzte Frist, ohne dass der gerügte Satzungsmangel behoben oder ein Widerspruch erhoben wurde, hat das Gericht eine Feststellungsverfügung gem § 399 Abs 2 S 1 FamFG zu erlassen. Eine solche Verfügung ist auch zu erlassen, wenn ein Widerspruch der AG zurückgewiesen wurde. Allerdings hat das Gericht vor seiner Entscheidung einen verspäteten Widerspruch oder eine Beseitigung des Mangels nach Fristablauf zu beachten. Nach § 399 Abs 2 S 2 FamFG kann die Zurückweisung mit der Feststellung in der Verfügung verbunden werden. In diesem Fall handelt es sich um eine einheitliche Entscheidung, die nur insgesamt in Rechtskraft erwächst (MünchKomm AktG/*Hüffer* Rn 70). 23

c) Rechtsmittel. Als Rechtsmittel sieht § 399 Abs 3 FamFG die Beschwerde gem §§ 58 ff FamFG vor. Beschwerdebefugt ist dabei ausschließlich die AG (*BGH* NZG 2009, 876). Die Beschwerdefrist beträgt einen Monat, § 63 Abs 1 FamFG. Wird die Beschwerde zurückgewiesen, ist dagegen eine Rechtsbeschwerde gem §§ 70 ff FamFG eröffnet. Ist eine Satzungsänderung in das HR eingetragen, nachdem der Beschluss des Beschwerdegerichts wirksam wurde, so kann dies das Beschwerdegericht berücksichtigen (*BayObLG* NJW-RR 2001, 1047). 24

IV. Löschung wegen Vermögenslosigkeit

1. Überblick und Wortlaut des § 394 FamFG. § 262 Abs 1 Nr 6 sieht als Auflösungsgrund die Löschung der AG wegen Vermögenslosigkeit nach § 394 FamFG vor. Diese Vorschrift dient dem Gläubigerschutz, indem sie vorsieht, dass überlebensunfähige Gesellschaften aus dem Rechtsverkehr ausscheiden müssen. § 394 Abs 1 FamFG knüpft an eine eingetragene AG oder KGaA an (§ 41 Abs 1 S 1). Als objektiven Löschungsgrund nennt § 394 Abs 1 FamFG die Vermögenslosigkeit, die sich aus der aktuellen Finanzlage der werbenden Gesellschaft ergeben kann (Abs 1 S 1) oder Ergebnis eines durchgeführten Insolvenzverfahrens (Abs 1 S 2) ist. Praktisch relevanter ist der letzte Fall. Die für die AG relevanten Bestimmungen des § 394 FamFG lauten: 25

§ 394 FamFG
[Löschung vermögensloser Gesellschaften und Genossenschaften]

(1) Eine Aktiengesellschaft, …, die kein Vermögen besitzt, kann von Amts wegen oder auf Antrag der Finanzbehörde oder der berufsständischen Organe gelöscht werden. Sie ist von Amts wegen zu löschen, wenn das Insolvenzverfahren über das Vermögen der Gesellschaft durchgeführt worden ist und keine Anhaltspunkte dafür vorliegen, dass die Gesellschaft noch Vermögen besitzt. 26

§ 262 Auflösungsgründe

(2) Das Gericht hat die Absicht der Löschung den gesetzlichen Vertretern der Gesellschaft ..., soweit solche vorhanden sind und ihre Person und ihr inländischer Aufenthalt bekannt ist, bekannt zu machen und ihnen zugleich eine angemessene Frist zur Geltendmachung des Widerspruchs zu bestimmen. Auch wenn eine Pflicht zur Bekanntmachung und Fristbestimmung nach Satz 1 nicht besteht, kann das Gericht anordnen, dass die Bekanntmachung und die Bestimmung der Frist durch Bekanntmachung in dem für die Bekanntmachungen der Eintragungen in das Handelsregister bestimmten elektronischen Informations- und Kommunikationssystem nach § 10 des Handelsgesetzbuchs erfolgt; in diesem Fall ist jeder zur Erhebung des Widerspruchs berechtigt, der an der Unterlassung der Löschung ein berechtigtes Interesse hat. Vor der Löschung sind die in § 380 bezeichneten Organe,... zu hören.

(3) Für das weitere Verfahren gilt § 393 Abs. 3 bis 5 entsprechend.

2. Löschungsvoraussetzungen. – a) Fehlen aktivierbarer Vermögensgegenstände.
27 Eine AG besitzt nach § 394 Abs 1 S 1 FamFG kein Vermögen, wenn **aktivierbare Vermögensgegenstände fehlen**, die zur Gläubigerbefriedigung oder Verteilung an die Gesellschafter verwendet werden könnten (*BayObLG* NZG 1999, 399; ZIP 1985, 33 f). Dies entscheidet eine handelsbilanzrechtliche Betrachtung zum Zeitpunkt des Erlasses der Löschungsanordnung (*OLG Schleswig* GmbHR 2002, 777). Die Bilanzierung kann ein Restvermögen ergeben. Je nach dessen Umfang differenziert die **hL**: Ist ein geringes Vermögen vorhanden, darf nicht gelöscht werden. Existiert hingegen ein verschwindend geringes Vermögen, soll eine Löschung nach § 394 Abs 1 S 1 FamFG möglich sein (KölnKomm AktG/ *Kraft* Rn 61; Spindler/Stilz/*Bachmann* Rn 97). Mit der instanzgerichtlichen Praxis ist dies abzulehnen, da die Abgrenzung dieser Vermögensquoren mit operationablen Maßstäben unquantifizierbar ist (*BayObLG* GmbHR 1985, 53; *OLG Frankfurt* ZIP 1983, 309).

28 **b) Fehlende Aktiva nach Durchführung des Insolvenzverfahrens.** § 394 Abs 1 S 2 FamFG gründet sich auf den insolvenzrechtlichen Grundsatz der Vollabwicklung und geht davon aus, dass nach einer Vollabwicklung noch ein zu verteilendes Gesellschaftsvermögen bestehen kann. Sinn der Vorschrift ist es, die Löschung der Gesellschaft sicherzustellen: Dem Insolvenzverwalter fehlt nach Durchführung der Insolvenz dafür die Rechtsmacht, während die Gefahr besteht, dass die zuständigen Gesellschaftsorgane untätig bleiben und/oder unauffindbar sind (RegBegr BT-Drucks 12/3803 S 70). Das Registergericht hat deswegen die AG von Amts wegen zu löschen. Die Norm setzt ein durchgeführtes Insolvenzverfahren über das Vermögen der Gesellschaft voraus und damit eine abgeschlossene insolvenzrechtliche Schlussverteilung (§ 196 InsO). Schließlich dürfen keine Anhaltspunkte für ein Restvermögen der Gesellschaft ersichtlich sein. Ist eine Nachtragsverteilung gem § 203 InsO möglich, besteht ein Restvermögen und die AG ist nicht zu löschen. Ergibt sich hingegen nach der Schlussverteilung ein Überschuss, so ist dieser an die Aktionäre gem § 199 InsO zu verteilen. Da dadurch die AG vermögenslos wird, ist sie zu löschen (MünchKomm AktG/*Hüffer* Rn 82).

29 **3. Rechtswirkungen der Löschung. – a) Meinungsspektrum.** Umstritten sind die Rechtswirkungen der Löschung. Nach der **hL** hat die **Löschung** einer AG **konstitutive Wirkung**. Mit der Löschung geht damit die juristische Person unter (*Hönn* ZHR 138, 50, 69; *Hüffer* GS Schultz, S 99, 103 ff; KölnKomm AktG/*Kraft* vor § 262 Rn 10). Die Vermögenslosigkeit der AG ist danach nur eine Tatbestandsvoraussetzung für eine

rechtmäßige Löschung. Der *BGH* hat dieser Ansicht beachtliche Gründe zugestanden, sich aber nicht eindeutig zu ihr bekannt (*BGH* WM 1986, 145). Die **ältere Rechtsprechung** betrachtet umgekehrt die **Löschung** als **rein deklaratorisch** und sieht in der Vermögenslosigkeit den entscheidenden Löschungsgrund (*BGHZ* 74, 212, 213; 94, 105, 108; GroßKomm AktG/*Wiedemann* § 273 Anm 3). Schließlich verknüpft die **Lehre vom Doppeltatbestand** beide Ansichten: Die juristische Person geht danach nur unter, wenn sie gelöscht wurde und vermögenslos ist (Scholz GmbHG/*K. Schmidt/Bitter* Anh § 60 Rn 18 ff). Ist die Gesellschaft tatsächlich vermögenslos, so ist diese Streitigkeit bedeutungslos und reduziert sich auf ein Erklärungsmodell. Von Bedeutung ist der geschilderte Streitstand erst, wenn trotz eines Restvermögens die Gesellschaft gelöscht wurde.

b) Stellungnahme. Das beschriebene Problem steht in einem Spannungsverhältnis 30 zum System der Normativbestimmungen. Wenn eine juristische Person erst durch eine Eintragung in das HR entsteht (§ 41 Abs 1), so kann sie spiegelbildlich auch nur durch eine Löschung im HR als actus contrarius untergehen. Dies spricht entscheidend dafür, der Löschung eine konstitutive Wirkung beizumessen. Entkräften lässt sich das nicht damit, dass die Eintragung dem Interesse des Rechtsverkehrs diene und daher nur für die Entstehung, nicht aber für das Erlöschen einer juristischen Person konstitutiv sei (so MünchKomm BGB/*Reuter* § 41 Rn 4). Die Löschung ist vielmehr der formale und publizierte Tatbestand dafür, ob eine AG noch existiert (KölnKomm AKtG/ *Kraft* § 273 Rn 37 aE). Die Lehre vom Doppeltatbestand vermeidet den Konflikt mit dem System der Normativbestimmungen nur scheinbar, da sie je nach der Vermögenslage der Gesellschaft einer Löschung unterschiedliche Wirkungen beimisst. Zudem fügt sie sich nicht in die Gesetzessystematik. Die Vorschriften über die gerichtliche Bestellung von Nachtragsabwicklern (§§ 264 Abs 2 S 2, 273 Abs 4) wären nach der Lehre vom Doppeltatbestand obsolet, da die bisherigen Abwickler ja noch weiter im Amt verbleiben würden. Mit der **hL** ist deswegen die Löschung der Gesellschaft als solche als konstitutiver Akt anzusehen (grdl *Hönn* ZHR 138, 50, 69 ff; MünchKomm AktG/*Hüffer* Rn 85 f; KölnKomm AktG/*Kraft* § 273 Rn 37 jeweils mwN). Zu den Zuordnungsproblemen bei einem Restvermögen der gelöschten Gesellschaft s § 264 Rn 4; § 273 Rn 10.

4. Verfahren. – a) Grundfragen des Löschungsverfahrens. Für die Einleitung des 31 Löschungsverfahrens und die Löschung ist zu unterscheiden, ob die AG aktuell vermögenslos ist (§ 394 Abs 1 S 1 FamFG) oder nach einem durchgeführten Insolvenzverfahren (§ 394 Abs 1 S 2 FamFG). Im ersten Fall stellt die Praxis es in das **pflichtgemäße Ermessen** des Registergerichts, ob es das Löschungsverfahren einleitet und die AG löscht (*BayObLG* GmbHR 1979, 176 f; *OLG Karlsruhe* FGPrax 1999, 235). Das Gericht kann entweder von Amts wegen tätig werden oder auf einen Antrag der Steuerbehörden. Eine hauptsächlich im GmbH-Recht vertretene Ansicht deutet die Formulierung „kann" in § 394 Abs 1 S 1 FamFG als Kompetenzzuweisung und lehnt deswegen einen Ermessensspielraum sowohl für die Verfahrenseinleitung als auch für die Löschung ab. Eine aktuell vermögenslose Gesellschaft ist danach zu löschen (*Hüffer* Rn 9; *Scholz* GmbHG/*K. Schmidt/Bitter* Anh § 60 Rn 15). Diese Ansicht wird am Besten dem durch § 394 Abs 1 FamFG vermittelten Gläubigerschutz gerecht. Eine vermittelnde Position lehnt einen Ermessensspielraum des Registergerichts ab, geht aber von keiner ausnahmslosen Pflicht zur Löschung aus, da dies im Einzelfall unverhältnismäßig und unzulässig sein könne (MünchKomm AktG/*Hüffer* Rn 98). Allerdings bleibt diese Differenzierung den Nachweis schuldig, wann ein solcher Einzelfall vorliegen könnte. Der Gläubigerschutz dürfte hier vorgehen. Im Gegensatz dazu ist nach § 394 Abs 1 S 2 FamFG nach der Durchführung eines Insolvenzverfahrens eine vermögenslose GmbH stets zu löschen.

32 b) Löschung. Die Löschung unterliegt dem Richtervorbehalt (§§ 17 Nr 1 e RPflG). Beabsichtigt das Registergericht, die AG zu löschen, so hat es dies der AG, vertreten durch ihren Vorstand, bekannt zu machen, § 394 Abs 2 S 1 FamFG. Hat die fragliche AG keinen Vorstand oder sind dessen Mitglieder oder der inländische Aufenthalt unbekannt, so entfällt gem § 394 Abs 2 S 1 FamFG die Pflicht des Registergerichts, die Löschungsabsicht bekannt zu machen. In diesem Fall hat das Gericht gem § 394 Abs 2 S 2 FamFG ein Ermessen, ob es die Frist zur Geltendmachung des Widerspruchs im elektronischen Bundesanzeiger (§ 25 S 1, § 10 Abs 1 S 1 HGB) bekannt macht. Enthalten muss die Bekanntmachung die Löschungsabsicht des Registergerichts und eine angemessene Frist zur Geltendmachung des Widerspruchs, § 399 Abs 2 S 2 FamFG. Der Löschungsgrund wegen Vermögenslosigkeit muss sich aus der Bekanntmachung ergeben (MünchKomm AktG/*Hüffer* Rn 95). Vor der Löschung sind die berufsständischen Organe zu hören, §§ 394 Abs 2 S 3, 380 FamFG. Wurde kein Widerspruch erhoben oder ein Widerspruch zurückgewiesen, verfügt das Registergericht die Löschung.

33 c) Rechtsmittel. Gegen die Löschungsankündigung kann die AG, vertreten durch ihren Vorstand oder durch die Abwickler einen Widerspruch gegenüber dem Registergericht erheben. Bei einer Bekanntmachung nach § 399 Abs 2 S 2 FamFG ist jeder widerspruchsberechtigt, der ein berechtigtes Interesse daran hat, dass die Löschung unterbleibt. Dies können einzelne Gesellschafter oder Gesellschaftsgläubiger sein (*BayObLG* FGPrax 1995, 46; GmbHR 1994, 481). Der Widerspruch ist innerhalb der gesetzten Frist zu erheben. Eine Wiedereinsetzung in den vorigen Stand ist nicht möglich, wenn die Frist versäumt wurde (*KG* JW 1936, 2935). Der Widerspruch kann nur darauf gestützt werden, dass ein Gesellschaftsvermögen vorhanden ist. Dies ist glaubhaft zu machen. Vor der Löschung hat das Registergericht über den Widerspruch zu entscheiden, § 399 Abs 2 S 3, 393 Abs 3 S 1 FamFG. Weist das Gericht den Widerspruch zurück, so ist gegen diese Entscheidung gem §§ 399 Abs 2 S 3, 393 Abs 3 S 2, 58 ff FamFG die Beschwerde eröffnet. Auch wenn das Registergericht den Widerspruch rechtskräftig zurückgewiesen hat, muss es vor der Löschung beachten, dass ein Vermögen der AG glaubhaft gemacht wurde (*OLG Köln* NJW-RR 1994, 726). Gegen eine Löschung als solche sieht das Gesetz kein Rechtsmittel vor. Allerdings kann die Löschung von Amts wegen wiederum gelöscht werden, wenn sie unter der Verletzung wesentlicher Verfahrensvorschriften verfügt wurde. Dies ist etwa der Fall, wenn die Löschungsankündigung nicht zugestellt wurde oder vor Ablauf der Widerspruchsfrist gelöscht wurde. Kein wesentlicher Verfahrensfehler ist es, wenn nachträglich Vermögensgegenstände der AG festgestellt werden (*OLG Frankfurt* NJW-RR 1998, 612; *OLG Zweibrücken* GmbHR 2002, 591; **aA** GroßKomm AktG/*Wiedemann* Rn 36). In diesem Fall reicht eine Restabwicklung nach § 264 Abs 2 möglich.

V. Auflösung aus anderen Gründen (§ 262 Abs 2)

34 1. Normzweck. Die Vorschriften über die Abwicklung gelten gem § 262 Abs 2 auch, wenn die AG aus anderen Gründen aufgelöst wird. Die Vorschrift erfasst nur **andere gesetzliche Auflösungsgründe** und erlaubt darüber hinaus keine über § 262 Abs 1 Nr 1 hinausgehende Inhaltsfreiheit in der Satzung (MünchKomm AktG/*Hüffer* Rn 100 f). Keinen Auflösungsgrund normiert § 179a Abs 3, da diese Vorschrift einen Beschluss der HV verlangt. Ist die Fortführung des Unternehmensgegenstandes nicht mehr möglich, so dürfte der zustimmende Beschluss gem § 179a Abs 1 S 1 zugleich als Auflösungsbeschluss iSv § 262 Abs 1 Nr 1 aufzufassen sein (KölnKomm AktG/*Kraft* Rn 84).

2. Keinmann-Aktiengesellschaft. Eher theoretisch ist die Frage, ob eine Keinmann- 35 AG aufzulösen ist. Namentlich im Schrifttum zur GmbH hält man eine derartige Körperschaft für denkbar und betrachtet sie als werbende Gesellschaft (*Kreutz* FS Stimpel, S 379, 383 ff, 393 ff). Zu Stiftungszwecken mag eine solche Gestaltung sinnvoll sein, indes spricht die Rechtssicherheit dagegen. Wieder andere wollen analog § 397 FamFG eine Verfügung gestatten, dass die AG die Aktien veräußert (Spindler/Stilz AktG/*Bachmann* Rn 64). Die Parallele zu § 71c drängt sich auf, überzeugt aber im Ergebnis nicht. Eine Keinmann-AG ist daher gem § 262 Abs 2 aufzulösen und abzuwickeln (näher MünchKomm AktG/*Hüffer* Rn 102; Scholz GmbHG/*K. Schmidt* § 60 Rn 32 zur GmbH).

3. Auflösung kraft besonderen Wirtschaftsaufsichtsrechts. – a) Bankenaufsicht. Das 36 Betreiben von Bankgeschäften oder Finanzdienstleistungen ist gem § 32 Abs 1 KWG erlaubnispflichtig, sofern diese Tätigkeiten gewerblich oder kaufmännischen Zuschnitts betrieben werden sollen. Erlischt die Erlaubnis (§ 35 Abs 1 KWG) oder hebt die BaFin die Erlaubnis auf (vgl § 35 Abs 2 KWG), so steht es im Ermessen der BaFin, ob es die Abwicklung bestimmt, § 38 Abs 1 S 1 KWG. Erlässt die BaFin einen derartigen Verwaltungsakt, so wirkt dieser gem § 38 Abs 1 S 2 KWG wie ein Auflösungsbeschluss. Damit gelten für die Abwicklung die §§ 264 ff. Allerdings werden diese Vorschriften durch § 38 Abs 2 S 1 KWG überlagert, wonach die BaFin für die Abwicklung des Instituts allgemeine Weisungen erlassen kann.

b) Versicherungsaufsicht. Das BAV kann gem § 87 Abs 1 VAG die Erlaubnis für einzelne Versicherungssparten oder den gesamten Geschäftsbetrieb widerrufen. Nach § 87 Abs 5 S 1 VAG wirkt dieser Widerruf wie ein Auflösungsbeschluss, wenn das Versicherungsunternehmen die Rechtsform eines VVaG hat. Hat das Versicherungsunternehmen die Rechtsform einer AG, zeitigt der Widerruf keine derartige Wirkung. Die Aufsichtsbehörde kann hier aber geeignete Maßnahmen gem § 87 Abs 4 VAG ergreifen.

4. Vereinsverbot. Gem § 17 Nr 1 VereinsG sind die Vorschriften über das Vereinsverbot auf AG nur anwendbar, wenn sie sich gegen die verfassungsmäßige Ordnung oder gegen Gedanken der Völkerverständigung richten oder ihre Tätigkeit Strafgesetzen zuwiderlaufen, die aus Gründen des Staatsschutzes erlassen sind. Gleiches gilt, wenn eine AG eine Teil- oder Ersatzorganisation eines verbotenen Vereins ist (§ 17 Nr 2, 3 VereinsG). Stellt eine Verfügung der Verbotsbehörde (§ 3 Abs 2 VereinsG) fest, dass der Zweck oder die Tätigkeit einer AG den Strafgesetzen zuwiderläuft oder sich gegen die verfassungsmäßige Ordnung oder den Gedanken der Völkerverständigung richtet, ist gem § 3 Abs 1 S 1 VereinsG die Auflösung des Vereins anzuordnen. Die AG ist dann gem §§ 264 ff abzuwickeln.

5. Auflösung wegen Gemeinwohlgefährdung. Der praktisch obsolete § 396 gestattet 39 die gerichtliche Auflösung durch ein Urteil. Entgegen dem misslungenen Wortlaut ist die AG mit der Rechtskraft des Urteils aufgelöst (MünchKomm AktG/*Hüffer* Rn 103). Sind daneben auch die Voraussetzungen des § 3 Abs 1 S 1 VereinsG erfüllt, kann die Behörde die Auflösungsart wählen (KölnKomm AktG/*Kraft* Rn 87).

Füller

§ 263 Anmeldung und Eintragung der Auflösung

¹**Der Vorstand hat die Auflösung der Gesellschaft zur Eintragung in das Handelsregister anzumelden.** ²**Dies gilt nicht in den Fällen der Eröffnung und der Ablehnung der Eröffnung des Insolvenzverfahrens (§ 262 Abs. 1 Nr. 3 und 4) sowie im Falle der gerichtlichen Feststellung eines Mangels der Satzung (§ 262 Abs. 1 Nr. 5).** ³**In diesen Fällen hat das Gericht die Auflösung und ihren Grund von Amts wegen einzutragen.** ⁴**Im Falle der Löschung der Gesellschaft (§ 262 Abs. 1 Nr. 6) entfällt die Eintragung der Auflösung.**

Übersicht

	Rn		Rn
I. Regelungsgehalt	1	2. Anmeldung, Prüfung und Eintragung	4
1. Überblick	1		
2. Publizitätswirkungen	2	3. Satzungsänderungen und Fortsetzungsbeschlüsse	5
II. Anmeldepflicht des Vorstands und Eintragung der Auflösung (§ 263 S 1)	3	III. Eintragung von Amts wegen (S 2, 3)	6
		IV. Entbehrliche Eintragung (S 4)	7
1. Adressaten der Anmeldepflicht	3	V. Eintragung kraft besonderer Vorschriften	8

I. Regelungsgehalt

1. Überblick. Die Vorschrift regelt, wen die Anmeldepflicht zur Eintragung in das HR trifft, wenn ein Auflösungsgrund erfüllt ist. Nach dem Willen des Gesetzgebers muss der Übergang von der werbenden Gesellschaft zu einer Abwicklungsgesellschaft für jedermann erkennbar sein (RegBegr bei *Kropff* S 354). § 263 stellt deswegen die registerrechtliche Publizität einer Auflösung sicher. Aus § 263 S 1 folgt, dass die **Auflösung** eine **eintragungspflichtige Tatsache** ist.

2. Publizitätswirkungen. Die Eintragung nach § 263 S 1–3 erzeugt nur beschränkte Publizitätswirkungen im Rahmen des § 15 HGB. Schweigt das HR über eine einzutragende Auflösung, so gilt nach wie vor der Vorstand gegenüber Dritten vertretungsberechtigt (§ 78). Gegenüber dem Regelfall bei der Abwicklung, wonach gem §§ 265 Abs 1, 269 Abs 1 der Vorstand als Abwickler die AG vertritt, ergeben sich keine Unterschiede. Die negative Publizität des HR kommt allerdings zum Tragen, wenn die Satzung oder ein Beschluss der HV andere Personen als Abwickler vorsehen (§ 265 Abs 2) und der (nicht mehr existente) Vorstand gleichwohl im Außenverhältnis Rechtsgeschäfte abschließt. Gegenüber den Aktionären entfaltet die im Handelsregister eingetragene Auflösung keine Publizitätswirkungen, da diese nicht Dritte iSd § 15 HGB gegenüber der AG oder KGaA sind (*RGZ* 120, 363, 369).

II. Anmeldepflicht des Vorstands und Eintragung der Auflösung (§ 263 S 1)

1. Adressaten der Anmeldepflicht. Ist eine AG gem § 262 Abs 1 Nr 1, 2 aufgelöst, so ist der letzte Vorstand der werbenden AG verpflichtet, die Auflösung anzumelden (§ 263 S 1). Es handelt sich dabei um eine das Amt überdauernde, nachwirkende öffentlich-rechtliche Pflicht gegenüber dem Registergericht. Bei der Anmeldung vertritt der Vorstand als Kollegialorgan die AG. Weist der Vorstand nicht mehr die erforderliche Mitgliederzahl auf, genügt die Anmeldung durch die verbliebenen Vorstandsmitglieder, da der Vorstand mit dem Eintritt der Auflösung nicht mehr ergänzt werden kann (Groß-

Komm AktG/*Wiedemann* Anm 1). Ist die AG führungslos und hat sie mithin gar keinen Vorstand, so gilt § 78 Abs 1 S 1 sinngemäß. Die Anmeldepflicht trifft in diesem Fall den Aufsichtsrat. Keine Anmeldepflicht trifft die Abwickler.

2. Anmeldung, Prüfung und Eintragung. Beim AG des Gesellschaftssitzes (§ 14, § 377 FamFG) hat der Vorstand die Auflösung unverzüglich (§ 121 BGB) in öffentlich beglaubigter Form (§ 12 HGB) anzumelden. Die Prüfungspflicht des Registergerichts erstreckt sich dabei auf die formellen und materiellen Voraussetzungen der Anmeldung. Aus diesem Grunde ist es faktisch notwendig, dass der Vorstand nicht nur die Auflösung als solche anmeldet, sondern darüber hinaus auch den Auflösungsgrund benennt, obwohl dies das Gesetz in § 263 S 1 nicht vorschreibt. Es empfiehlt sich deswegen, bei einer Auflösung wegen Zeitablaufs (§ 262 Abs 1 Nr 1) in der Anmeldung auf den Satzungswortlaut zu verweisen. Bei einer Auflösung durch einen Beschluss der HV (§ 262 Abs 1 Nr 2) ist es tunlich, der Anmeldung den Auflösungsbeschluss beizufügen. Da in den Fällen des § 262 Abs 1, 2 die Auflösung ipso iure eintritt, hat der Vorstand die Anmeldung nach § 263 S 1 mit der Anmeldung der Abwickler gem § 266 zu verbinden. 4

3. Satzungsänderungen und Fortsetzungsbeschlüsse. Stellt sich ein Auflösungsbeschluss als eine Satzungsänderung dar (§ 262 Rn 8), so ist deren Eintragung ins HR konstitutiv (§ 181 Abs 3). Da die Auflösung in diesem Fall an eine wirksame Satzungsänderung anknüpft, sind in der Anmeldung die Satzungsänderung und die Auflösung zu verbinden. Der AR hat hier gem § 112 die Anmeldepflicht des Vorstands durchsetzen, ein Zwangsgeld (§ 407 Abs 2 S 1) kommt nicht in Betracht (MünchKomm AktG/*Hüffer* Rn 8). Fasst die AG einen Fortsetzungsbeschluss, bevor die Auflösung angemeldet wurde, bleibt die Anmeldepflicht nach § 263 S 1 bestehen. Da die Eintragung des Fortsetzungsbeschlusses in das HR konstitutiv ist (§ 274 Abs 4 S 1), kann dieser nur an eine im HR eingetragene Auflösung anknüpfen (MünchKomm AktG/*Hüffer* Rn 6). 5

III. Eintragung von Amts wegen (S 2, 3)

Hat das Registergericht von Amts wegen die Auflösung einzutragen, trifft den Vorstand keine Anmeldepflicht (§ 263 S 2). In den Fällen des § 262 Abs 1 Nr 3, 4, auf die § 263 S 2 verweist, wird das Registergericht nach § 31 InsO durch das Insolvenzgericht informiert. Eine Anmeldepflicht des Vorstands ist deswegen überflüssig. Schließlich entfällt die Anmeldepflicht auch, wenn das Registergericht einen Satzungsmangel feststellt (§§ 263 S 2, 262 Abs 1 Nr 5). Das Gericht hat hier wegen § 37 Abs 4 Nr 1 selbst Kenntnis von den auflösungsrelevanten Tatsachen. In den Auflösungsfällen nach § 262 Abs 1 Nr 3–5 ist auch der Auflösungsgrund in das HR einzutragen wie § 263 S 3 hervorhebt. 6

IV. Entbehrliche Eintragung (S 4)

Nach § 263 S 4 ist es entbehrlich, die Auflösung in das HR einzutragen, wenn das Registergericht nach § 394 FamFG die Löschung der AG oder KGaA verfügt hat. Die Löschung selbst erfüllt in diesem Fall die Warnfunktion des HR (*RegBegr* BT-Drucks 12/3803 S 82). Das Gesetz löst hier ein selbst geschaffenes Problem: Die Löschung nach § 394 FamFG ist zugleich ein Auflösungsgrund gem § 262 Abs 1 Nr 6. Die für die Auflösung an sich nötige Anmeldepflicht musste das Gesetz in § 263 S 4 wieder beseitigen. 7

Füller

V. Eintragung kraft besonderer Vorschriften

8 § 263 regelt nicht, ob eine Anmeldepflicht für andere Auflösungsgründe gem § 262 Abs 2 besteht. Die einschlägigen Spezialvorschriften regeln dies insoweit abschließend. Bei der gerichtlichen Auflösung wegen Gemeinwohlgefährdung (§ 396 Abs 1) teilt das Prozessgericht von Amts wegen die Entscheidung dem Registergericht mit (§ 398 S 1). Hebt das BAFin eine Erlaubnis nach § 32 KWG auf, so teilt es diesen Beschluss dem Registergericht mit, § 38 Abs 1 S 3 KWG. Beruht die Auflösung der AG auf einem Vereinsverbot (§ 3 Abs 1 S 1 VereinsG), so zeigt die Behörde gem § 7 Abs 2 VereinsG die Auflösung des Vereins und die Bestellung oder Abberufung von Abwicklern dem Registergericht an.

Zweiter Unterabschnitt
Abwicklung

§ 264 Notwendigkeit der Abwicklung

(1) Nach der Auflösung der Gesellschaft findet die Abwicklung statt, wenn nicht über das Vermögen der Gesellschaft das Insolvenzverfahren eröffnet worden ist.

(2) ¹Ist die Gesellschaft durch Löschung wegen Vermögenslosigkeit aufgelöst, so findet eine Abwicklung nur statt, wenn sich nach der Löschung herausstellt, dass Vermögen vorhanden ist, das der Verteilung unterliegt. ²Die Abwickler sind auf Antrag eines Beteiligten durch das Gericht zu ernennen.

(3) Soweit sich aus diesem Unterabschnitt oder aus dem Zweck der Abwicklung nichts anderes ergibt, sind auf die Gesellschaft bis zum Schluss der Abwicklung die Vorschriften weiterhin anzuwenden, die für nicht aufgelöste Gesellschaften gelten.

Übersicht

	Rn		Rn
I. Regelungsgehalt	1	III. Auf die Abwicklung anwendbare Vorschriften (§ 264 Abs 3)	10
1. Rechtsrahmen für die Abwicklung	1	1. Grundstruktur der AG	11
2. Abwicklungsnormen als zwingendes Recht	2	2. Organe	12
II. Restabwicklung (§ 264 Abs 2)	3	a) Hauptversammlung	12
1. Systematische Einordnung	3	aa) Beschlusskompetenzen	13
2. Zuordnung des Restvermögens	4	bb) Beschlussmängel	14
3. Voraussetzungen	5	b) Abwickler	15
a) Löschung der Gesellschaft	5	c) Aufsichtsrat	16
b) Verteilungsfähiges Vermögen	6	3. Finanzverfassung der Abwicklungsgesellschaft	17
4. Gerichtlich bestellte Abwickler	7	a) Kapitalerhaltung und -aufbringung	17
5. Rechtsrahmen für die Restabwicklung	8	b) Kapitaländerungen	18
a) Methodischer Ausgangspunkt	8	4. Rechnungslegung	19
b) Einzelfragen	9	5. Unternehmensverträge	20

Literatur: *Buchner* Amtslöschung, Nachtragsliquidation und masselose Insolvenz von Kapitalgesellschaften, 1988; *Galla* Fortsetzung einer GmbH in Nachtragsliquidation,

GmbHR 2006, 635; *Grziwotz,* Sonderfälle der Liquidation von Gesellschaften, DStR 1992, 1813; *Hüffer* Das Ende der Rechtspersönlichkeit von Kapitalgesellschaften, Gedächtnisschrift für Schultz, 1987, S 99; *Lindacher* Die Nachgesellschaft – Prozessuale Fragen gelöschter Kapitalgesellschaften, FS Henckel, 1995, S 549.

I. Regelungsgehalt

1. Rechtsrahmen für die Abwicklung. § 264 steckt den Rechtsrahmen für die Abwicklung der AG/KGaA ab. Die Vorschrift regelt hierfür **drei Grundsätze**: (1) Nach Abs 1 HS 1 folgt auf die Auflösung der AG regelmäßig deren Abwicklung. (2) Dabei unterliegt die Abwicklungsgesellschaft im Grundsatz den Vorschriften, die für die werbende Gesellschaft gelten. Verdrängt werden diese Vorschriften nur, wenn die §§ 264 ff eine speziellere Aussage treffen oder sich aus dem Abwicklungszweck etwas anderes ergibt (Abs 3). Die letzte Variante enthält ein Gebot, die Vorschriften, die für die werbende Gesellschaft gelten, teleologisch zu reduzieren. (3) Das Insolvenzverfahren geht der aktienrechtlichen Abwicklung grundsätzlich vor, wenn sein Anwendungsbereich eröffnet ist. Eine aktienrechtliche Abwicklung kommt nur in Betracht, sofern nach einer Löschung wegen Vermögenslosigkeit noch verteilungsfähiges Vermögen existiert (Abs 1 HS 2, Abs 2). Diese Nachtragsabwicklung kommt zum Tragen, wenn eine AG unberechtigt nach § 394 FamFG gelöscht wurde.

2. Abwicklungsnormen als zwingendes Recht. Die Abwicklungsvorschriften sind zwingendes Recht. Dies folgt zum einen aus einem systematischen Abgleich des § 264 Abs 1 mit § 145 Abs 1 HGB: Während diese Vorschrift es gestattet, vertraglich eine Auseinandersetzung zu vereinbaren, fehlt in § 264 Abs 1 eine solche Gestattung (MünchKomm AktG/*Hüffer* Rn 4; Spindler/Stilz AktG/*Bachmann* Rn 2). Zum anderen gelten für die Abwicklungsgesellschaft grundsätzlich die Vorschriften für die werbende Gesellschaft (§ 264 Abs 3), welche ihrerseits zwingenden Charakters sind. Eine Gestaltungsfreiheit besteht nur insoweit, wie das Gesetz sie selbst einräumt (vgl § 265 Abs 2 für die Bestellung der Abwickler). Weder die Satzung noch ein Beschluss der HV dürfen von dem gesetzlich vorgesehenen Abwicklungsverfahren abweichen. Eine dem zwingenden Charakter der Abwicklungsvorschriften widersprechende Satzungsbestimmung ist unbeachtlich (§ 23 Abs 5).

II. Restabwicklung (§ 264 Abs 2)

1. Systematische Einordnung. § 264 Abs 2 regelt eine besondere Form der Abwicklung. Kraft der Löschung nach § 394 FamFG geht die AG als juristische Person unter. Wurde eine AG irrtümlich als vermögenslos eingestuft, muss das verbliebene Vermögen zur Befriedigung der Gesellschaftsgläubiger verwendet und abschließend an die Gesellschafter verteilt werden. Daran knüpft die Restabwicklung nach § 264 Abs 2 an und unterscheidet sich dadurch von der Nachtragsabwicklung des § 273 Abs 4, die eine vorangegangene, wenn auch unvollständige Abwicklung voraussetzt (MünchKomm AktG/*Hüffer* Rn 9; Spindler/Stilz AktG/*Bachmann* Rn 2).

2. Zuordnung des Restvermögens. Mit der Löschung wegen Vermögenslosigkeit geht die AG nach der zutr **hL** unter (§ 262 Rn 29). Dies gilt auch, wenn nach der Löschung noch ein Restvermögen vorhanden ist. Es besteht Einigkeit darüber, dass dieses Vermögen im Wege der **Gesamtrechtsnachfolge** von der gelöschten AG auf die Abwicklungsgesellschaft übergeht. Dogmatisch begründet wird dies von vielen mit der Rechtsfigur der **Nach-AG**. Die Nachgesellschaft stellt danach das Spiegelbild einer

Vorgesellschaft dar (*Buchner* S 115 f; *Lindacher* FS Henckel, S 549, 554; – sog Identitätstheorie). Eine derartige Wiedergeburt der juristischen Person ist indes dogmatisch unbegründbar. Wenn die AG konstitutiv durch die Eintragung in das HR entsteht und umgekehrt konstitutiv durch eine Löschung im HR untergeht, lässt sich eine Nachexistenz ohne Registerpublizität nicht rechtfertigen. Die gelöschte AG ist auch nicht erneut in das HR einzutragen (**aA** zB *KG* JW 1937, 1739). Dies umginge zwingende Gründungsvorschriften. Eine Wiedereintragung kommt ausnahmsweise nur in Betracht, wenn die Löschung wesentliche Verfahrensvorschriften verletzt. In diesem Fall ist der Löschungsvermerk von Amts wegen zu löschen (KölnKomm AktG/*Kraft* § 273 Rn 34; MünchKomm AktG/*Hüffer* Rn 42). Vorzugswürdig ist es deswegen, die Abwicklungsgesellschaft als teilrechtsfähige Gesamthandsgesellschaft aufzufassen, die Rechtsnachfolgerin der gelöschten AG ist (grdl *Hüffer* GS Schultz, S 99, 108 ff; Hachenburg GmbHG/*Ulmer* Anh § 60 Rn 47). Dabei tritt ein Parteiwechsel kraft Gesetzes ein (§§ 239, 246 ZPO).

5 **3. Voraussetzungen. – a) Löschung der Gesellschaft.** § 264 Abs 2 S 1 setzt eine Löschung der AG gem § 394 Abs 1 S 1 FamFG voraus. Die Löschung muss daher auf einer **anfänglichen Vermögenslosigkeit** der Gesellschaft beruhen. Auf die Löschung nach der Durchführung eines Insolvenzverfahrens gem § 394 Abs 1 S 2 FamFG ist § 264 Abs 2 **un**anwendbar. Werden nach dem Schlusstermin (§ 197 InsO) Gegenstände der Masse ermittelt, so ist die insolvenzrechtliche Nachtragsverteilung nach § 203 InsO vorrangig (MünchKomm AktG/*Hüffer* Rn 10, 88).

6 **b) Verteilungsfähiges Vermögen.** Verteilungsfähiges Vermögen nach der Löschung der AG/KGaA sind durchsetzbare Ansprüche gegen die ehemaligen Aktionäre oder Organmitglieder. Dies können Schadensersatzansprüche gegenüber Mitgliedern des Vorstands oder des AR (§§ 93 Abs 2, 116) sowie Rückgewähransprüche gem § 62 Abs 1 gegenüber den ehemaligen Aktionären sein. Ungedeckte Verbindlichkeiten und damit Ansprüche der ehemaligen Gläubiger rechtfertigen keine Restabwicklung nach § 264 Abs 2. Diese Ansprüche erlöschen mit dem Wegfall des Anspruchsgegners (*BGHZ* 74, 212, 215 zum rechtsfähigen Verein). Die Praxis stellt hohe Anforderungen an den Nachweis, dass ein verteilungsfähiges Vermögen existiert. Dies muss konkret vorgetragen werden, wobei tunlichst Anspruchsgrund, -höhe und die Person des Schuldners zu nennen sind (*KG* DB 2007, 851 f; *BayObLG* ZIP 1985, 33, 34). Es geht aber zu weit, wenn man verlangt, dass zusätzlich die Realisierbarkeit der Forderung darzutun und zu beweisen ist (so jedoch *OLG Frankfurt/M* GmbHR 2005, 1137).

7 **4. Gerichtlich bestellte Abwickler.** Das Gericht hat auf Antrag eines der Beteiligten einen oder mehrere Abwickler zu bestellen, § 264 Abs 2 S 2. Beteiligte und damit antragsberechtigt sind ehemalige Aktionäre sowie die ehemaligen Mitglieder des AR oder des Vorstands. Das Gericht ist bei der Bestellung der Abwickler nicht an die Anträge der Beteiligten gebunden (*BGHZ* 53, 264, 269). Gegenüber dem Beschluss des Gerichts ist eine Beschwerde **analog** § 273 Abs 5, § 58 Abs 1 FamFG eröffnet (MünchKomm AktG/*Hüffer* Rn 15). Nach allgemeinen Grundsätzen ist beschwerdebefugt, wessen Antrag zurückgewiesen wurde. Die **hM** nimmt außerdem eine Beschwerdebefugnis des einzelnen Gesellschafters an (*BayObLG* FGPrax 1995, 244). Da der einzelne Gesellschafter nicht für die AG handeln kann, ist dies zweifelhaft (MünchKomm AktG/*Hüffer* Rn 15).

§ 264 Notwendigkeit der Abwicklung

5. Rechtsrahmen für die Restabwicklung. – a) Methodischer Ausgangspunkt. Der **8** rechtliche Rahmen für die Restabwicklung ergibt sich aus einer **Analogie** zu den §§ 264 Abs 3, 265 ff. Gesetzessystematisch wäre § 264 Abs 2 daher besser hinter dem derzeitigen Abs 3 aufgehoben. Die Analogie hat dabei zu beachten, dass die §§ 264 ff auf die Abwicklung einer AG mit vielfältigen Rechtsverhältnissen und uU einem größeren Vermögen zugeschnitten ist. Im Gegensatz erfasst die Abwicklung nach § 264 Abs 2 typischerweise Fälle, in denen ein punktuelles Restvermögen übersehen wurde (vgl MünchKomm AktG/*Hüffer* Rn 16).

b) Einzelfragen. Da die Abwickler gerichtlich bestellt sind, ist § 265 Abs 1, 2, und 5 **9** unanwendbar. Ein Minderheitenschutz nach § 265 Abs 3 dürfte nicht erforderlich sein, da jeder Beteiligte gegen die Bestellung eine sofortige Beschwerde erheben kann (Rn 7). Indes ist die Vergütungsregelung nach § 265 Abs 4 auf den nach § 264 Abs 2 S 2 bestellten Abwickler anwendbar. Grundsätzlich ist der Abwickler gem § 266 Abs 1 in das HR einzutragen. Wie für § 273 Abs 4 ist dies jedoch entbehrlich, wenn der Abwickler pflegerähnliche Aufgaben hat und deshalb nur bestimmte Einzelmaßnahmen zu erledigen (§ 273 Rn 13). Die Vertretungsmacht des gerichtlich bestellten Abwicklers ist gem § 269 Abs 1 umfassend, wenn das Gericht die Befugnisse nicht näher umrissen hat (*OLG Stuttgart* ZIP 1986, 647, 648). Eine Analogie zu den §§ 267, 270, 271, 272 scheidet aus, da sie die Restabwicklung unnötig erschwert (Spindler/Stilz AktG/*Bachmann* Rn 33). Ist die Restabwicklung erledigt, ist analog § 273 Abs 1 eine Schlussrechung zu erstellen. Einzutragen ist das Abwicklungsende nur, wenn die Abwickler voreingetragen wurden. Zur Fortsetzungsfähigkeit der gelöschten AG s § 274 Rn 2.

III. Auf die Abwicklung anwendbare Vorschriften (§ 264 Abs 3)

Als leges speciales regeln die §§ 264 ff nicht alle Rechtsfragen, die sich bei der **10** Abwicklungsgesellschaft stellen. Sonderregeln sieht das Gesetz für die Abwickler vor (§§ 265–269), für die Rechnungslegung (§ 270) sowie für die Verteilung des Vermögens (§§ 271 ff). Den Vorschriften über die werbende Gesellschaft eröffnet sich damit ein großer Anwendungsbereich. Umso wichtiger ist der in § 264 Abs 3 betonte Abwicklungszweck als Anwendungsgrenze. Leitbildhaft lässt sich diese Grenze durch die in § 268 Abs 1 abgesteckten Pflichten der Abwickler konkretisieren. Dem Abwicklungszweck widersprechen die Vorschriften über die werbende Gesellschaft immer, wenn sie der Befriedigung der Gläubiger entgegenstehen oder dem Ziel, das Vermögen in Geld umzusetzen und an die Gesellschafter zu verteilen.

1. Grundstruktur der AG. Da die Auflösung eine identitätswahrende Zweckände- **11** rung der AG ist (§ 262 Rn 1), ändert sich die grundlegende Ausgestaltung der AG nicht. Eine aufgelöste AG hat ein in Aktien zerlegtes Grundkapital. Im Abwicklungsstadium ist die AG nach wie vor eine juristische Person (§ 1 Abs 1 S 1) und damit rechtsfähig sowie gem § 50 ZPO parteifähig. Sie führt die Prozesse der werbenden AG fort. Eine Ausnahme gilt nur, wenn gekorene Abwickler (§ 265 Abs 2) ihr Amt nicht annehmen. In diesem Fall fehlt der gesetzliche Vertreter der AG, so dass das Verfahren gem § 241 Abs 1 ZPO zu unterbrechen ist. Hat die AG einen Prozessbevollmächtigten, so tritt keine Unterbrechung des Verfahrens ein. Das Gericht kann jedoch auf Antrag des Bevollmächtigten das Verfahren aussetzen, § 246 Abs 1 ZPO.

Füller

§ 264 Notwendigkeit der Abwicklung

12 **2. Organe. – a) Hauptversammlung.** Die HV bleibt auch während der Auflösung bestehen, so dass auf deren Einberufung und Beschlussfassung die allgemeinen Vorschriften der §§ 118 ff anwendbar sind. Zuständig ist die HV nach wie vor für satzungsändernde Beschlüsse, sofern diese während der Abwicklung zulässig sind. Das Stimmrecht der Aktionäre bleibt unverändert bestehen (KölnKomm AktG/*Kraft* Rn 18).

13 **aa) Beschlusskompetenzen.** Die Beschlusskompetenzen aus § 119 Abs 1 gelten, sofern sie nicht durch den Abwicklungszweck eingeschränkt sind (*OLG Hamburg* AG 2003, 643). Auch während der Abwicklung beschließt die HV über die Bestellung der Mitglieder des AR gem §§ 264 Abs 2, 119 Abs 1 Nr 1. Da die HV auch die Abwickler bestellt (§ 265 Abs 2), hat sie während der Liquidation die umfassende Personalkompetenz. Mit dem Zweck der Abwicklung ist allerdings ein Beschluss über die (teilweise) Verwendung des Bilanzgewinns gem § 119 Abs 1 Nr 2 unvereinbar. Grund: Der Gewinn geht nach den §§ 271, 272 in die Verteilungsmasse ein (MünchKomm AktG/*Hüffer* Rn 27). Die übrigen Beschlusskompetenzen des § 119 Abs 1 Nr 3–8 gelten. Zur Kapitalbeschaffung und Kapitalherabsetzung s Rn 18. Uneingeschränkt anwendbar ist insbesondere § 119 Abs 2. Die Abwickler können damit einen Beschluss der HV über Fragen der Abwicklung verlangen. Auch die ungeschriebenen Beschlusskompetenzen der HV bleiben während der Abwicklung bestehen. Mit dem Abwicklungszweck vereinbar ist der Ausschluss eines Minderheitsaktionärs gem §§ 327a ff (*BGH* ZIP 2006, 1080, 1081; krit Spindler/Stilz AktG/*Bachmann* Rn. 39 f).

14 **bb) Beschlussmängel.** Beschlüsse der HV können nach den allgemeinen Grundsätzen nichtig (§ 241) oder anfechtbar (§ 243) sein. Läuft ein Beschluss der HV den Abwicklungsvorschriften zuwider, so ist er richtigerweise nichtig und nicht bloß anfechtbar. Dies folgt daraus, dass die Vorschriften über die Abwicklung auch dem Schutz der Gläubiger iSv § 241 Nr 3 Var 2 dienen. Ein Beschluss, der eine Vermögensverteilung entgegen § 272 Abs 1 vorsieht, ist nichtig. Gleiches gilt für einen Gewinnverwendungsbeschluss während der Abwicklung (MünchKomm AktG/*Hüffer* Rn 27).

15 **b) Abwickler.** Mit der Auflösung der AG geht der Vorstand als Organ unter. An seine Stelle treten die Abwickler, deren Rechte und Pflichten sich gem § 268 Abs 2 S 1 nach denen eines Vorstandsmitglieds richten. Dies gilt allerdings nur insoweit, wie die §§ 264 ff keine besonderen Regeln treffen, näher dazu § 268 Rn 7–9. Probleme werfen Tantiemen auf, die den nunmehr geborenen Abwicklern noch in ihrer Funktion als Vorstand zugestanden wurden. Während der Abwicklung wird kein Jahresgewinn festgestellt, so dass auch Tantiemen wegfallen. Während über diesen Ausgangspunkt Einigkeit besteht, ist ungeklärt, ob den (geborenen) Abwicklern in diesem Fall ein Ausgleichsbetrag zu gewähren ist. Dies ist im Wege der ergänzenden Vertragsauslegung nur dann zu bejahen, wenn durch diese Ausgleichszahlung die Gesamtbezüge wieder eine angemessene Höhe erreichen (KölnKomm AktG/*Kraft* Rn 15; MünchKomm AktG/*Hüffer* Rn 24).

16 **c) Aufsichtsrat.** Während der Auflösung verbleibt der AR im Amt. Seine Überwachungsaufgabe gegenüber den Abwicklern ergibt sich aus § 268 Abs 2 S 2. Die Vorschrift des § 111 gilt ergänzend. Allerdings hat der AR keine Personalkompetenz mehr, da diese in der Abwicklung auf die HV übergeht (§ 265 Rn 7). Während der Abwicklung vertritt der AR die Gesellschaft gegenüber ausgeschiedenen Vorstandsmitgliedern oder Abwicklern, §§ 264 Abs 2, 112. Ebenso vertritt der AR die AG in Auflösung neben den Abwicklern bei Beschlussmängelstreitigkeiten nach § 246 Abs 2

(*BGHZ* 32, 114, 118; Spindler/Stilz AktG/*Bachmann* Rn 36). Für die Feststellung des Jahresabschlusses ist in der Abwicklung die HV zuständig (§ 270 Abs 2). Die Kompetenz aus § 172 entfällt. Umstritten ist, wie sich die Vergütungsansprüche der Mitglieder des AR berechnen. Die wohl **hM** stellt hier auf § 612 Abs 1, 2 BGB ab, da der AR während der Abwicklung nur noch einen beschränkten Aufgabenbereich habe (Groß-Komm AktG/*Wiedemann* Rn 3; KölnKomm AktG/*Kraft* Rn 13). Die Gegenansicht wendet § 113 Abs 1 S 2 an, so dass die satzungsgemäß festgesetzte oder durch die HV bewilligte Vergütung weiter gilt (MünchKomm AktG/*Hüffer* Rn 26; Spindler/Stilz AktG/*Bachmann* Rn 36a; K. Schmidt/Lutter AktG/*Riesenhuber* Rn 8). Diese Lösung dürfte sachgerecht sein, da es der HV unbenommen bleibt, die Vergütung auf ein angemessenes Maß zu reduzieren.

3. Finanzverfassung der Abwicklungsgesellschaft. – a) Kapitalerhaltung und -aufbringung. Der Gleichbehandlungsgrundsatz gem § 53a gilt (siehe jedoch § 271 Rn 9). Die **Einlagepflicht** der Aktionäre (§ 54) und ihrer Vormänner (§ 65) besteht mit der Einschränkung nach § 271 Abs 3 und aus dem Abwicklungszweck fort. Rückständige Einlagen sind deswegen insoweit zu leisten, wie sie zur Befriedigung der Gesellschaftsgläubiger nötig (§ 268 Abs 1 S 1) oder nach § 271 Abs 3 zur Erstattung von Einlagen erforderlich sind (*RGZ* 45, 153, 155; MünchKomm AktG/*Hüffer* Rn 22). Wendet der Aktionär ein, er sei nicht mehr zur Leistung der Einlage verpflichtet, so trägt er dafür die Darlegungs- und Beweislast (*RG* 45, 153, 155). Sieht die Satzung der AG besondere Voraussetzungen dafür vor, wie die Einlage eingefordert werden kann, so gelten diese während der Abwicklung nicht. Insbesondere bedarf es dafür keines Beschlusses der HV (*RGZ* 138, 106, 111). **Nebenleistungsverpflichtungen** (§ 55) bleiben bestehen und können von den Abwicklern eingefordert werden, wenn diese für die Fortführung der AG im Rahmen des Abwicklungszwecks erforderlich sind (KölnKomm AktG/*Kraft* Rn 19). Der Grundsatz der **Kapitalerhaltung** gilt nicht während der Abwicklung, da es deren Ziel ist, nach der Befriedigung der Gläubiger das restliche Vermögen an die Aktionäre zu verteilen (MünchKomm AktG/*Hüffer* Rn 23). Allerdings sind vorrangig die Gläubiger zu befriedigen. Aus den §§ 271, 272 lässt sich daher ein Rückgewährverbot bis zur vollständigen Befriedigung der Gläubiger ableiten. Da die Gläubiger vorrangig zu befriedigen sind, entfällt auch ein Anspruch auf die Dividende iSv § 58 (MünchKomm AktG/*Hüffer* § 270 Rn 13).

b) Kapitaländerungen. Mit dem Abwicklungszweck vereinbar und einem Beschluss der HV zugänglich ist eine Kapitalerhöhung gegen Einlagen (§§ 182 ff, 119 Abs 1 Nr 6), da das Gesellschaftsvermögen ungeschmälert erhalten bleibt (*BGHZ* 24, 279, 286). Entsprechendes gilt für das genehmigte Kapital (§§ 202 ff). Unvereinbar mit dem Abwicklungszweck ist eine Kapitalerhöhung aus Gesellschaftsmitteln iSv §§ 207 ff. Die daraus folgende Umbuchung von Gesellschaftskapital in Haftungskapital beeinflusst die Vermögensverteilung nach den §§ 271 ff (MünchKomm AktG/*Hüffer* Rn 29). **Umstritten** ist, ob während der Abwicklung eine **Kapitalherabsetzung** möglich ist. Sie führt zu einem Buchertrag (§ 240) und nimmt damit den Zeitpunkt der Vermögensverteilung vorweg. Deswegen betrachtet man die Kapitalherabsetzung als unvereinbar mit dem Abwicklungszweck (KölnKomm AktG/*Kraft* Vor § 262 Rn 17). Diese Bedenken lassen sich allerdings ausräumen, wenn das Kapital nach Ablauf des Sperrjahres (§ 272 Abs 1) herabgesetzt wird, da dann die Gläubiger das Risiko tragen, dass ihre Forderungen nicht mehr realisierbar sind (vgl MünchKomm AktG/*Hüffer* Rn 30; MünchHdb AG/*Krieger* § 60 Rn 13; s auch *OLG Frankfurt* OLGZ 1974, 129, 130 f zur

GmbH). Auch vor diesem Zeitpunkt sollte eine Kapitalherabsetzung möglich sein, wenn sie zu Sanierungszwecken dient und eine anschließende Kapitalerhöhung vorbereitet (MünchKomm AktG/*Hüffer* Rn 30).

19 **4. Rechnungslegung.** Die Rechnungslegung der Abwicklungsgesellschaft richtet sich nach § 270. Abgesehen von der besonderen Bewertungsregel in § 270 Abs 2 S 3 ergeben sich jedoch wenige Unterschiede zur werbenden Gesellschaft. § 270 Abs 2 S 3 ordnet insoweit die entsprechende Anwendung der Vorschriften über den Jahresabschluss an.

20 **5. Unternehmensverträge.** Ist der Zweck der Gesellschaft auf die Abwicklung gerichtet, entfällt zugleich die Grundlage der Konzernleitungsmacht. Eine Abwicklungsgesellschaft ist nicht mehr in der Lage, eine auf Gewinnerzielung ausgerichtete Unternehmenspolitik für den Konzern zu betreiben (*BGHZ* 103, 1, 6 f). Im Wege der ergänzenden Vertragsauslegung ist deshalb eine Beendigung von Beherrschungs- und Gewinnabführungsverträgen anzunehmen, wenn eine der Vertragsparteien aufgelöst wird. Die Unternehmensleitung kraft eines Beherrschungsvertrages erübrigt sich, wenn die beherrschte AG aufgelöst wird, während umgekehrt bei der Auflösung des herrschenden Unternehmens absehbar ist, dass die herrschende Gesellschaft ihre Leitungsmacht nicht mehr wahrnehmen kann. Ist die aus einem Gewinnabführungsvertrag verpflichtete AG aufgelöst, so verträgt sich der Abwicklungszweck nicht mit dem Vertragszweck. Dies gilt auch, wenn die berechtigte Gesellschaft aufgelöst ist (*BGHZ* 103, 1, 6 f). Diese Gesichtspunkte lassen sich auch auf Gewinngemeinschaften oder Teilgewinnabführungsverträge iSv § 292 Abs 1 Nr 1, 2 übertragen. Ist die Pächter-AG bei einem Betriebspachtvertrag (§ 292 Abs 1 Nr 3) aufgelöst, so wird dieser Vertrag als Instrument zur Gewinnerzielung hinfällig. Wenn umgekehrt die verpachtende AG aufgelöst ist, ist auch der Pachtgegenstand zu versilbern, so dass eine Fortführung des Pachtvertrags der Abwicklung zuwiderläuft.

§ 265 Abwickler

(1) Die Abwicklung besorgen die Vorstandsmitglieder als Abwickler.

(2) [1]Die Satzung oder ein Beschluss der Hauptversammlung kann andere Personen als Abwickler bestellen. [2]Für die Auswahl der Abwickler gilt § 76 Abs. 3 Satz 2 und 3 sinngemäß. [3]Auch eine juristische Person kann Abwickler sein.

(3) [1]Auf Antrag des Aufsichtsrats oder einer Minderheit von Aktionären, deren Anteile zusammen den zwanzigsten Teil des Grundkapitals oder den anteiligen Betrag von 500 000 Euro erreichen, hat das Gericht bei Vorliegen eines wichtigen Grundes die Abwickler zu bestellen und abzuberufen. [2]Die Aktionäre haben glaubhaft zu machen, dass sie seit mindestens drei Monaten Inhaber der Aktien sind. [3]Zur Glaubhaftmachung genügt eine eidesstattliche Versicherung vor einem Gericht oder Notar. [4]Gegen die Entscheidung ist die Beschwerde zulässig.

(4) [1]Die gerichtlich bestellten Abwickler haben Anspruch auf Ersatz angemessener barer Auslagen und auf Vergütung für ihre Tätigkeit. [2]Einigen sich der gerichtlich bestellte Abwickler und die Gesellschaft nicht, so setzt das Gericht die Auslagen und die Vergütung fest. [3]Gegen die Entscheidung ist die Beschwerde zulässig; die Rechtsbeschwerde ist ausgeschlossen. ⁴Aus der rechtskräftigen Entscheidung findet die Zwangsvollstreckung nach der Zivilprozessordnung statt.

(5) ¹Abwickler, die nicht vom Gericht bestellt sind, kann die Hauptversammlung jederzeit abberufen. ²Für die Ansprüche aus dem Anstellungsvertrag gelten die allgemeinen Vorschriften.

(6) Die Absätze 2 bis 5 gelten nicht für den Arbeitsdirektor, soweit sich seine Bestellung und Abberufung nach den Vorschriften des Montan-Mitbestimmungsgesetzes bestimmen.

Übersicht

	Rn		Rn
I. Regelungsgehalt	1	IV. Bestellung befohlener Abwickler	10
1. Zweck	1	1. Antragsberechtigung	10
2. Anwendungsbereich	2	2. Wichtiger Grund	11
II. Geborene Abwickler	3	3. Gerichtliche Bestellung	12
1. Rechtstellung kraft Gesetzes	3	4. Rechtsmittel	13
2. Anstellungsvertrag	4	5. Anstellungsverhältnis und Vergütung	14
III. Bestellung gekorener Abwickler (§ 265 Abs 2)	5	V. Beendigung der Rechtstellung	16
1. Bestellung durch Satzung	5	1. Zeitliche Beschränkung durch die Abwicklungsaufgabe	16
2. Beschluss der Hauptversammlung	6	2. Abberufung durch Beschluss der Hauptversammlung	17
3. Persönliche Anforderungen an die Abwickler	7	3. Abberufung durch das Gericht	18
4. Juristische Personen als gekorene Abwickler	8	4. Amtsniederlegung	19
5. Anstellungsvertrag	9	VI. Arbeitsdirektor (§ 265 Abs 6) und besondere Wirtschaftsbereiche	20

I. Regelungsgehalt

1. Zweck. Die Vorschrift regelt die Art und Weise, in der die Abwickler in ihr Amt 1 gelangen und deren Abberufung. Da die HV während der Abwicklung die Personalkompetenz innehat, ist ein **Minderheitenschutz** nötig, dem die Vorschriften über den **befohlenen Abwickler** (§ 265 Abs 3, 4) dienen. Eine Aktionärsmehrheit könnte anderenfalls durch die Auswahl eines ihr genehmen Abwicklers die Minderheit benachteiligen. Dadurch bestünde die Gefahr, dass der Abwickler im Interesse der Mehrheit handelt, indem er dieser Vermögensgegenstände unter Wert veräußert und damit das Verteilungsergebnis schmälert (MünchKomm AktG/*Hüffer* Rn 13). Auch in der mitbestimmten AG in Abwicklung gilt die umfassende Personalkompetenz der HV. Der Gesetzgeber räumt einem optimalen Verteilungsergebnis den Vorrang vor Mitbestimmungsinteressen ein (MünchKomm AktG/*Hüffer* Rn 2; Spindler/Stilz AktG/*Bachmann* Rn 1).

2. Anwendungsbereich. Die Vorschrift ist auch anwendbar, wenn die Gesellschaft vor 2 der Eintragung aufgelöst wird. Die in dieser Phase existierende Vor-AG ist eine Gesellschaft sui generis, auf die das Recht der eingetragenen AG (§ 41 Abs 1 S 1) anwendbar ist, sofern die Rechtsvorschriften des AktG nicht ausdrücklich an die Eintragung der AG anknüpfen (*BGHZ* 169, 270; *Ensthaler/Füller/Schmidt* GmbHG § 11 Rn 23; MünchKomm AktG/*Hüffer* Rn 4; KölnKomm AktG/*Kraft* Rn 16; Spindler/Stilz AktG/*Bachmann* Rn 1; K. Schmidt/Lutter AktG/*Riesenhuber* Rn 1). Die ältere

Rechtsprechung wollte Vorgesellschaften nach den §§ 730 ff BGB abwickeln (*BGHZ* 51, 30, 34; 86, 122, 127; *OLG Frankfurt* AG 1996, 88). Diese Rechtsprechung ist nunmehr überholt und vermochte auch nicht zu überzeugen.

II. Geborene Abwickler

3 **1. Rechtstellung kraft Gesetzes.** Die bisherigen Vorstandsmitglieder sind nach § 265 Abs 1 Abwickler kraft Gesetzes. Der gesetzliche Regelfall trägt dem Umstand Rechnung, dass die Vorstandsmitglieder regelmäßig eine besondere Sachkunde über die geschäftlichen Verhältnisse der AG aufweisen und deswegen auch geeignet sind, die Abwicklung durchzuführen. Mit dem bisherigen Vorstand sind die Abwickler rechtlich nicht identisch, vielmehr kommen den einzelnen Mitgliedern die Abwicklungsaufgaben zu. In diese Rechtstellung treten die geborenen Abwickler kraft Gesetzes. Ein Bestellungsakt und dessen Annahmeerklärung durch die Abwickler sind nicht erforderlich. Ist der Anstellungsvertrag unwirksam, berührt dies grundsätzlich nicht die Bestellung und hat damit auch keinen Einfluss auf die Rechtstellung als geborener Abwickler. Anders ist die Rechtslage nur, wenn der Anstellungsvertrag auf einem besonders schwer wiegenden Mangel beruht, der auf den Bestellungsakt durchschlägt (*BGHZ* 79, 38, 41).

4 **2. Anstellungsvertrag.** Die Auflösung der AG lässt den Anstellungsvertrag der ehemaligen Vorstandsmitglieder unberührt. Auch nach der Auflösung der AG sind die Abwickler kraft des Anstellungsvertrages zum Tätigwerden für die Gesellschaft verpflichtet. Weder für die Gesellschaft noch für das ehemalige Vorstandsmitglied stellt die Auflösung einen wichtigen Grund für eine außerordentliche Kündigung dar. Abweichendes kann jedoch im Anstellungsvertrag vereinbart werden, indem etwa die Abwicklertätigkeit von vornherein vom Pflichtenkreis des Vorstandsmitglieds ausgenommen wird. Endet der Anstellungsvertrag während der Tätigkeit als Abwickler, so ist in der fortgesetzten Tätigkeit des Abwicklers eine stillschweigende Vertragsverlängerung zu sehen (KölnKomm AktG/*Kraft* Rn 31). Bei der Vergütung ist zu differenzieren: Das im ursprünglichen Anstellungsvertrag für die Tätigkeit als solche vereinbarte Entgelt ist weiter zu entrichten und nicht zu kürzen. Erfolgsabhängige und variable Vergütungsbestandteile mit Anreizwirkung wie Aktienoptionen sind unangemessen, da deren Anreizwirkung in der Liquidation hinfällig wird.

III. Bestellung gekorener Abwickler (§ 265 Abs 2)

5 **1. Bestellung durch Satzung.** Die Satzung kann jederzeit bestimmen, wer im Falle der Auflösung Abwickler sein soll. Eine nachträgliche Aufnahme einer solchen Satzungsbestimmung oder die Änderung einer bestehenden Bestimmung ist eine Satzungsänderung, für die die §§ 179 ff gelten (KölnKomm AktG/*Kraft* Rn 6). Inhaltlich muss die Satzung den oder die Abwickler genau identifizieren. Ungenügend ist es, den „jeweiligen" Inhaber des Amtes zu benennen (Münch-Komm AktG/*Hüffer* Rn 9; aA *Sethe* ZiP 1998, 770, 771). An Dritte darf das Bestimmungsrecht in der Satzung nicht delegiert werden, auch nicht an den AR (RGZ 145, 99, 104).

6 **2. Beschluss der Hauptversammlung.** Die HV kann mit einfacher Mehrheit durch Beschluss einen oder mehrere Abwickler bestellen. Diese Mehrheit ist auch ausreichend, wenn die HV einer etwaigen Satzungsbestimmung zuwider einen Abwickler bestellt. Nach § 265 Abs 5 S 1 können satzungsgemäß bestellte Vertreter jederzeit mit einfacher Mehrheit abberufen werden, so dass auch für einen von der Satzung abweichenden Beschluss nichts anderes gelten kann (KölnKomm AktG/*Kraft* Rn 7). Zudem wird ein derartiger Beschluss zugleich als Abberufung des bisher bestellten Abwicklers zu verstehen sein. Die Bestellung durch den Beschluss der HV ist wirksam, wenn das Beschlussergebnis dem Benannten zugeht und dieser die Bestellung annimmt. Diese Annahme ist auch schlüssig möglich (MünchKomm AktG/*Hüffer* Rn 12). Eine Verpflichtung zur Annahme besteht nach allgemeinen Grundsätzen nicht.

3. Persönliche Anforderungen an die Abwickler. Für die durch die Satzung und durch die HV bestellten Abwickler gelten gem § 265 Abs 2 S 2 die Bestellungshindernisse nach § 76 Abs 3 S 2, 3. Wer mit einem Berufsverbot belegt ist oder wegen einer Insolvenzstraftat verurteilt wurde, kann nicht Abwickler werden. Zum Abwickler kann außerdem nicht eingesetzt werden, wer Mitglied des AR ist (§§ 105, 264 Abs 3). Anderenfalls ist die Satzungsbestimmung oder der Beschluss der HV gem § 241 Nr 3 Var 3 nichtig. Dies folgt daraus, dass die Bestimmungen über den Abwickler auch dem öffentlichen Interesse dienen (MünchKomm AktG/*Hüffer* Rn 9). Eine fachliche Qualifikation verlangt das Gesetz nicht, wohl aber kann die Satzung besondere Anforderungen bestimmen. 7

4. Juristische Personen als gekorene Abwickler. § 265 Abs 2 S 3 gestattet es, durch Satzung oder einen Beschluss der HV juristische Personen als Abwickler einzusetzen (abweichend von § 76 Abs 3 S 1). Die Bestimmung soll Treuhandgesellschaften oder Körperschaften des öffentlichen Rechts die Tätigkeit als Abwickler eröffnen, wenn ihnen eine besondere Sachkunde zukommt. Nach der **hL** können entgegen dem Gesetzeswortlaut auch eine OHG, KG oder Außengesellschaft bürgerlichen Rechts als Abwickler bestellt werden können (GroßKomm AktG/*Wiedemann* Rn 6; MünchKomm AktG/*Hüffer* Rn 11; Spindler/Stilz AktG/*Bachmann* Rn 6). Indes: So uneinsichtig die Regel des § 265 Abs 2 S 3 auch sein mag, ihr Wortlaut ist klar und nicht als Redaktionsversehen abzutun. Möglich ist es allenfalls, die geschäftsführenden Gesellschafter personalistischer Treuhandgesellschaften selbst als Abwickler zu bestellen (so KölnKomm AktG/*Kraft* Rn 10, 12). 8

5. Anstellungsvertrag. Kraft des Anstellungsvertrages sind die gekorenen Abwickler der AG verpflichtet, die Gesellschaft abzuwickeln. Für den Abschluss des Anstellungsvertrages ist die HV zuständig, da diese in der Abwicklung die umfassende Personalkompetenz besitzt und die gekorenen Abwickler bestellt. Der AR ist dafür unzuständig, da er während der Abwicklung keine Personalkompetenz besitzt (KölnKomm AktG/*Kraft* Rn 32; **aA** MünchKomm AktG/*Hüffer* Rn 12 aE). 9

IV. Bestellung befohlener Abwickler

1. Antragsberechtigung. Das Registergericht bestellt nur auf Antrag einen Abwickler. Antragsberechtigt ist zum einen der AR als Organ, der durch Mehrheitsbeschluss über den Antrag entscheidet (§§ 264 Abs 2, 108 Abs 1). Dafür genügt es, wenn alle Mitglieder des AR den Antrag unterzeichnen (KölnKomm AktG/*Kraft* Rn 17 f; **aA** MünchKomm AktG/*Hüffer* Rn 14). Zum anderen ist antragsberechtigt eine qualifizierte Minderheit von Aktionären, deren Anteile zusammen 5 % des Grundkapitals oder den anteiligen Betrag von 500 000 EUR erreichen. Eine qualifizierte Minderheit in diesem Sinne kann auch ein einzelner Aktionär sein. Dies gebietet der Minderheitenschutz, so dass der Plural in der Gesetzesfassung ungenau ist. Um Manipulationen 10 mit dem Minderheitenrecht zu verhindern, müssen die Minderheitsaktionäre nach § 265 Abs 3 S 2 gegenüber dem Registergericht glaubhaft machen, dass sie seit mindestens drei Monaten Inhaber der Aktien sind. Entscheidend dafür ist der Zeitpunkt, zu dem der Antrag beim Registergericht eingeht. Für die Glaubhaftmachung genügt eine eidesstattliche Versicherung vor einem Gericht oder Notar, § 265 Abs 3 S 3; § 31 Abs 1 FamFG.

11 **2. Wichtiger Grund.** Der Antrag ist begründet, wenn ein wichtiger Grund für die gerichtliche Bestellung besteht. Ein wichtiger Grund kann auf subjektiven oder objektiven Umständen beruhen. Objektiv besteht ein wichtiger Grund, wenn Abwickler für eine unabsehbare Zeit fehlen (MünchKomm AktG/*Hüffer* Rn 18). Fällt nur vorübergehend ein Abwickler aus, so kann das Gericht gem §§ 268 Abs 2 S 1, 264 Abs 2, 85 Abs 1 auf Antrag in dringenden Fällen eine Notbestellung verfügen. Subjektiv besteht ein wichtiger Grund, wenn die Gefahr besteht, dass bisherigen Abwickler ungeeignet bzw unfähig sind oder das Vertrauensverhältnis zur AG gestört ist. Auf ein Verschulden kommt es dabei nicht an. Allerdings ist hier zu beachten, dass die HV jederzeit einen Abwickler abberufen und bestellen kann. Für eine gerichtliche Bestellung ist daher nur Raum, um die Interessen der Minderheit zu schützen, wenn mithin zu befürchten ist, dass die HV nicht tätig werden wird. Ein wichtiger Grund ist deswegen bspw erfüllt, wenn die Abwickler zu Gunsten der Mehrheit parteiisch sind oder besondere Interessen der Minderheit missachten (KölnKomm AktG/*Kraft* Rn 27). Daneben wird man analog auf § 84 Abs 3 abstellen können.

12 **3. Gerichtliche Bestellung.** Das Registergericht prüft von Amts wegen (§ 26 FamFG), ob ein wichtiger Grund besteht. An Anträge oder personelle Vorschläge der Beteiligten ist es dabei nicht gebunden (KölnKomm AktG/*Kraft* Rn 22; *BayObLG* JFG 2, 183, 186 zur OHG/KG). Gleichwohl dürfte es regelmäßig sinnvoll sein, den Anregungen der Antragsteller zu folgen. Das Gericht kann die Anzahl der Abwickler und deren Vertretungsmacht gem § 269 Abs 2 bestimmen. Es kann auch (antragsgemäß) eine juristische Person als Abwickler bestellen (§ 265 Abs 2 S 3). Über den Antrag entscheidet das Gericht durch einen begründeten Beschluss. Bestellt ist der Abwickler, wenn er gem dem Beschluss sein Amt annimmt, keine Bestellungshindernisse bestehen und wenn der Abwickler auf Auslagenersatz verzichtet. Nach der bisher geltenden hM scheidet eine Bestellung von Abwicklern im Wege der einstweiligen Verfügung scheidet aus (*OLG Dresden* OLGR 16, 196; MünchKomm AktG/*Hüffer* Rn 26). Dies war zutreffend unter der Geltung des alten FGG, das kein einstweiliges Verfahren kannte. Die §§ 49 ff FamFG sehen nunmehr eine einstweilige Anordnung vor, so dass nichts mehr dagegen spricht, Abwickler auf im Wege des Eilverfahrens zu bestellen (Spindler/Stilz/*Bachmann* Rn 14a). Befohlene Abwickler müssen die persönlichen Anforderungen nach §§ 265 Abs 2 S 2 erfüllen.

13 **4. Rechtsmittel.** Gegen die Entscheidung des Registergerichts ist gem § 265 Abs 3 S 4 die Beschwerde eröffnet. Sachlich zuständiges Gericht ist gem §§ 375 Nr 3, 376 Abs 1 FamFG das LG. Die **Beschwerdebefugnis** bestimmt sich nach § 59 FamFG, die Beschwerdefrist nach § 63 FamFG. Bei einer antragsgemäßen Verfügung des Registergerichts ist beschwerdebefugt, wer durch die Verfügung beeinträchtigt wird. Nicht beschwerdebefugt ist der AR (*KG* OLGR 8, 235 f). Gleiches gilt für die bestellten Abwickler, da sie nicht dazu verpflichtet sind, das Amt anzunehmen. Als Antragsgegnerin ist die AG in jedem Fall beschwerdebefugt. Da der Beschluss auch in die

Rechtsstellung der vorhandenen Abwickler eingreift, sind auch diese Beschwerdebefugt (KölnKomm AktG/*Kraft* Rn 24; aA *Hüffer* AktG Rn 9). Wird der Antrag abgewiesen, ist der Antragsteller beschwerdebefugt. War dies eine Aktionärsminderheit, so muss die erforderliche Anzahl auch bei der Beschwerde erreicht sein. Gegenüber der Beschwerdeentscheidung ist eine Rechtsbeschwerde (§§ 70 ff FamFG) gem § 265 Abs 3 S 3 letzter HS ausgeschlossen.

5. Anstellungsverhältnis und Vergütung. Von einem dogmatischen Grundlagenstreit 14
begleitet ist die Vergütungsregelung des § 265 Abs 4. Nach der **Lehre vom Zwangsdienstvertrag** komme ein Dienstvertrag zwischen der AG und dem befohlenen Abwickler zustande, wenn dieser sein Amt annehme (GroßKomm AktG/*Wiedemann* Anm 9; (KölnKomm AktG/*Kraft* Rn 33 „besonderes Schuldverhältnis"). Ein derartiges Vertragsverhältnis mag durchaus konstruierbar sein, indem man das Gericht als gesetzlichen Vertreter der AG ansieht (*OLG Hamburg* MDR 1971, 298). Indes bedarf es solcher Konstruktionen nicht. Gem § 265 Abs 4 S 1 hat der Abwickler dem Grunde nach einen Anspruch auf den Ersatz barer Auslagen und Vergütung für die Tätigkeit gegenüber der AG. Wie sich aus § 265 Abs 4 S 2 ergibt, handelt es sich dabei um einen Anspruch auf Vertragsverhandlungen und damit einen Unterfall eines Kontrahierungszwangs. Sinnvollerweise sollten die Parteien neben der Vergütung auch die Anstellungsmodalitäten regeln. Wegen der umfassenden Personalkompetenz ist auch hier die HV für den Abschluss des Vertrages zuständig (Rn 9).

Scheitert eine Einigung der Parteien, so setzt das Gericht gem § 265 Abs 4 S 2 die Auslagen 15
und die Vergütung fest. Gegen diese Entscheidung können die Abwickler oder die Gesellschaft die Beschwerde erheben, § 265 Abs 4 S 3, § 58 ff FamFG. Eine Rechtsbeschwerde (§§ 70 ff FamFG) ist jedoch gem § 265 Abs 4 S 4 ausgeschlossen. § 265 Abs 4 S 5 ist eine Klarstellung: Aus der rechtskräftigen Entscheidung kann vollstreckt werden (vgl § 794 Abs 1 Nr 3 ZPO). Der Tenor der Entscheidung muss deswegen auf einen bestimmten Betrag lauten, der sich an der bisher gewährten Vergütung für die ehemaligen Vorstandsmitglieder orientieren kann (MünchKomm AktG/*Hüffer* Rn 29).

V. Beendigung der Rechtstellung

1. Zeitliche Beschränkung durch die Abwicklungsaufgabe. Die Tätigkeit der 16
Abwickler ist zeitlich durch ihre Abwicklungsaufgabe beschränkt. Sie endet damit, wenn die AG gelöscht wurde (§ 273 Abs 1 S 2). Die Satzung kann bestimmen, dass diese Rechtstellung früher endet. Da die Abwickler nicht mit dem Vorstand rechtlich identisch sind, bleiben sie weiter im Amt, auch wenn in der Zwischenzeit das Vorstandsmandat erloschen wäre.

2. Abberufung durch Beschluss der Hauptversammlung. Nach § 265 Abs 5 S 1 kann 17
die HV durch einen einfachen Mehrheitsbeschluss (§ 133 Abs 1) jederzeit den oder die Abwickler abberufen. Diese Vorschrift ist satzungsfest und lex specialis gegenüber § 84 Abs 3. Wirksam wird die Abberufung, wenn der Beschluss der HV dem Abwickler zugeht (KölnKomm AktG/*Kraft* Rn 28). Für den Anstellungsvertrag gelten gem § 265 Abs 5 S 1 die allgemeinen Vorschriften. Der Anstellungsvertrag endet damit nicht automatisch mit der Abberufung des Vorstands. Dafür ist eine Kündigung erforderlich. Allein die Abberufung ist nach der **hM** jedoch kein Grund für eine außerordentliche Kündigung (KölnKomm AktG/*Kraft* Rn 35). Bei der Kündigung wird die AG durch den AR vertreten, §§ 112, 264 Abs 3 (MünchKomm AktG/*Hüffer* Rn 33).

18   3. Abberufung durch das Gericht. Das Registergericht kann gem § 265 Abs 3 auf Antrag geborene, gekorene oder befohlene Abwickler abberufen. Geht diese Entscheidung dem Abwickler zu, verliert er seine Rechtsstellung. Die Antragsvoraussetzungen entsprechen der Berufung befohlener Abwickler. Wegen der Einzelheiten und der Rechtsmittel siehe daher Rn 10, 11, 13. Die gerichtliche Abberufung wirkt sich nicht auf den Anstellungsvertrag aus. Bei geborenen und gekorenen Abwicklern hat der AR den Anstellungsvertrag zu kündigen. Es kommt dabei auf den Einzelfall an, ob der wichtige Grund für die Abberufung zugleich eine außerordentliche Kündigung rechtfertigt. Diese Grundsätze gelten für befohlene Abwickler nur, sofern diese ausnahmsweise mit der AG einen Anstellungsvertrag abgeschlossen haben (Rn 14). Ansonsten erlischt mit der gerichtlichen Abberufung der Anspruch aus § 265 Abs 4 S 1 (MünchKomm AktG/*Hüffer* Rn 35).

19   4. Amtsniederlegung. Die Abwickler haben wie die Vorstandsmitglieder das Recht, jederzeit ihr Amt niederzulegen. Ein wichtiger Grund ist dafür nicht erforderlich (*BGHZ* 121, 257, 261 f; *BGH* NJW 1995, 2850 jeweils zur GmbH). Geborene oder gekorene Abwickler legen ihr Amt durch eine Erklärung gegenüber der AG nieder, die dabei durch den AR vertreten wird (§§ 264 Abs 3, 112). Befohlene Abwickler müssen die Amtsniederlegung gegenüber dem Gericht erklären (KölnKomm AktG/ *Kraft* Rn 29).

VI. Arbeitsdirektor (§ 265 Abs 6) und besondere Wirtschaftsbereiche

20   § 265 Abs 6 stellt sicher, dass auch im Abwicklungsstadium der Einfluss des Arbeitsdirektors gewahrt bleibt. Obwohl der Vorstand als Organ untergeht, wird daher im Anwendungsbereich der Montanmitbestimmung der Arbeitsdirektor (§§ 12 f MontanMitBestG) zum Abwickler. Gem § 12 MontanMitBestG iVm § 84 Abs 3 kann nur der AR den Arbeitsdirektor aus wichtigem Grund abberufen. Für die Bankenaufsicht regelt § 38 Abs 2 S 2 KWG eine besonderes Antragsrecht des BAFin. Auf dessen Antrag hat das Gericht einen besonderen Abwickler zu bestellen, wenn die bisherigen Abwickler keine Gewähr für eine ordnungsgemäße Abwicklung bieten. Die Vorschrift setzt eine Verfügung nach § 38 Abs 1 KWG voraus. Bei der Versicherungsaufsicht gewährt § 81 Abs 2a VAG dem BAV die Befugnis, einen Sonderbeauftragten einzusetzen. Dieser kann die Aufgaben eines Abwicklers wahrnehmen (MünchKomm AktG/ *Hüffer* Rn 39).

§ 266 Anmeldung der Abwickler

(1) Die ersten Abwickler sowie ihre Vertretungsbefugnis hat der Vorstand, jeden Wechsel der Abwickler und jede Änderung ihrer Vertretungsbefugnis haben die Abwickler zur Eintragung in das Handelsregister anzumelden.

(2) Der Anmeldung sind die Urkunden über die Bestellung oder Abberufung sowie über die Vertretungsbefugnis in Urschrift oder öffentlich beglaubigter Abschrift für das Gericht des Sitzes der Gesellschaft beizufügen.

(3) ¹In der Anmeldung haben die Abwickler zu versichern, dass keine Umstände vorliegen, die ihrer Bestellung nach § 265 Abs. 2 Satz 2 entgegenstehen, und dass sie über ihre unbeschränkte Auskunftspflicht gegenüber dem Gericht belehrt worden sind. ²§ 37 Abs. 2 Satz 2 ist anzuwenden.

(4) Die Bestellung oder Abberufung von Abwicklern durch das Gericht wird von Amts wegen eingetragen.

(5) *(aufgehoben)*

Übersicht

	Rn		Rn
I. Regelungsgehalt	1	1. Beifügung von Urkunden	5
II. Anmeldung der Abwickler und deren Vertretungsbefugnis	2	2. Versicherung der Abwickler	6
1. Inhalt der Abwicklung	2	IV. Prüfung und Eintragung durch das Registergericht	7
2. Anmeldepflichtige Personen	4	1. Eintragung befohlener Abwickler (§ 266 Abs 4)	7
III. Beizufügende Urkunden und Versicherungen (Abs 2, 3)	5	2. Prüfung und deklaratorische Eintragung	8

I. Regelungsgehalt

Die Vertretungsverhältnisse der Abwicklungsgesellschaft müssen erkennbar sein. Dies gewährleistet § 266 und dient damit der Publizität. Es handelt sich bei den Vertretungsverhältnissen um eintragungspflichtige Tatsachen, deren Eintragung in das HR deklaratorisch ist. Nach § 266 Abs 1 sind vier Tatsachen eintragungspflichtig: (1) Die Personen der ersten Abwickler und (2) deren Vertretungsmacht sowie (3) jeder Wechsel der Abwickler und (4) jede Änderung ihrer Vertretungsbefugnis. **1**

II. Anmeldung der Abwickler und deren Vertretungsbefugnis

1. Inhalt der Abwicklung. Die Anmeldung der ersten Abwickler muss derart gehalten sein, dass dem Registergericht die Eintragung nach § 43 Nr 4 HRV möglich ist. Nötig ist folglich die Angabe des Vor- und Familiennamens, das Geburtsdatum und der Wohnsitz. Jede Vertretungsbefugnis ist unabhängig davon anzumelden und einzutragen, ob sie aus dem Gesetz folgt oder vom gesetzlichen Regelfall abweicht (*EuGH* Slg 1974, 1201, 1207; *BGHZ* 63, 261, 263 ff). Die Alleinvertretungsmacht eines geborenen Abwicklers ist ebenso zu Eintragung anzumelden (*BGHZ* 87, 59, 63) wie die Vertretungsmacht des einzigen Abwicklers (*OLG Köln* BB 1970, 594). Allerdings genügt es, in der Anmeldung die Vertretungsbefugnis für alle Abwickler **abstrakt** zu fassen. Konkret zu benennen ist sie nur, wenn für einen oder mehrere Abwickler von der gesetzlichen Regel abgewichen wird (*BGH* ZIP 2007, 1367). **2**

Einen **Wechsel der Abwickler** erfasst den Fall, wenn ein Abwickler durch einen neuen Abwickler abgelöst wird. Dabei muss die Anmeldung den abzulösenden Abwickler identifizieren und den ersetzenden Abwickler so genau benennen wie einen ersten Abwickler (Rn 2). Entgegen dem missverständlichen Gesetzeswortlaut erfasst die Anmeldepflicht nicht nur einen personenbezogenen Wechsel, sondern **jede personelle Änderung** der Abwickler wie ein ersatzloses Ausscheiden oder den Hinzutritt eines neuen Abwicklers (MünchKomm AktG/*Hüffer* Rn 4). Anmeldepflichtig ist außerdem jede Namensänderung. Ist der Abwickler eine juristische Person (§ 265 Abs 2 S 3) ist eine etwaige Firmenänderung anzumelden. **3**

2. Anmeldepflichtige Personen. Die ersten Abwickler hat der Vorstand anzumelden (§ 266 Abs 1). Da mit der Auflösung der Vorstand als Organ der AG untergeht, handelt es sich um eine nachwirkende öffentlich-rechtliche Pflicht der Vorstandsmitglie- **4**

Füller

der (KölnKomm AktG/*Kraft* Rn 2). Die Vorstandsmitglieder müssen mindestens in vertretungsberechtigter Zahl handeln. Ist dies nicht möglich, genügt die Anmeldung durch die verbliebenen Vorstandsmitglieder. Alle nachfolgenden Anmeldungen obliegen den Abwicklern. Sie müssen dabei in vertretungsberechtigter Anzahl handeln. Ein ausgeschiedener Abwickler hat keine Anmeldepflicht und kann auch nicht an der Anmeldung mitwirken (*KG* OLGR 34, 348 f).

III. Beizufügende Urkunden und Versicherungen (Abs 2, 3)

5 **1. Beifügung von Urkunden.** Die Anmeldepflichtigen (Rn 4) haben der Anmeldung die Urkunden über die Bestellung oder Abberufung sowie über die Vertretungsbefugnis vorzulegen, § 266 Abs 2. Sinn dieser Vorlagepflicht ist es, dem Registergericht die der Anmeldung nachfolgende Prüfung zu erleichtern. Die Vorlagepflicht entfällt, wenn dem Gericht bereits geeignete Urkunden vorliegen, wie etwa eine Niederschrift oder ein Protokoll über die HV, §§ 37 Abs 4 Nr 1, 181, 130 Abs 5 (MünchKomm AktG/*Hüffer* Rn 10). Nach § 266 Abs 2 müssen die Urkunden in Urschrift oder notariell beglaubigter Abschrift beigefügt werden. Letzteres ist auch erforderlich, wenn für einen Beschluss der HV eine durch den Vorsitzenden des AR unterzeichnete Niederschrift ausreicht (§ 130 Abs 1 S 3).

6 **2. Versicherung der Abwickler.** Die Abwickler müssen in der Anmeldung zweierlei versichern. Zum einen haben sie gegenüber dem Registergericht zu versichern, dass keine Bestellungshindernisse in ihrer Person erfüllt sind (§ 266 Abs 3 S 1 HS 1 iVm §§ 265 Abs 2 S 2, 76 Abs 3 S 2, 3). Zum anderen müssen die Abwickler versichern, dass sie über ihre unbeschränkte Auskunftspflicht gegenüber dem Registergericht belehrt worden sind. Diese Pflicht ist im Zusammenhang mit § 53 BZRG zu sehen. Nach dessen Abs 2 darf sich der Verurteilte nicht als unbestraft gem § 53 Abs 1 Nr 1 BZRG bezeichnen, wenn er über eine unbeschränkte Auskunftspflicht gegenüber dem Gericht oder einer Behörde aufgeklärt wurde. Gem § 266 Abs 3 S 1 ist § 37 Abs 2 S 2 anzuwenden, so dass auch eine Belehrung durch einen Notar möglich ist.

IV. Prüfung und Eintragung durch das Registergericht

7 **1. Eintragung befohlener Abwickler (§ 266 Abs 4).** Nach § 265 Abs 3 bestellte Abwickler hat das Registergericht von Amts wegen einzutragen, § 266 Abs 4. Hierbei entfallen die Vorlagepflichten und die Versicherungspflicht aus § 266 Abs 2, 3. Ist eine Gesellschaft wegen Vermögenslosigkeit gelöscht, so sind von Amts wegen die nach § 264 Abs 2 S 2 gerichtlich ernannten Abwickler einzutragen. Das Gericht nimmt hier eine Notkompetenz wahr, da die gelöschte juristische Person nicht mehr vertreten werden könnte (MünchKomm AktG/*Hüffer* Rn 15). Die Publizität der gerichtlich veranlassten Eintragung gleicht der auf eine Anmeldung folgenden Eintragung. Daraus folgt, dass die befohlenen Abwickler zu individualisieren und deren Vertretungsbefugnis einzutragen sind.

8 **2. Prüfung und deklaratorische Eintragung.** Die nach § 266 Abs 1 erforderlichen Anmeldungen des Vorstands oder der Abwickler hat das Gericht formell und materiell zu prüfen. Insbesondere darf die Anmeldung nur anmeldepflichtige Tatsachen enthalten. Eine Anmeldung des Inhalts, dass das Vorstandsmandat durch die Auflösung erloschen sei, ist deswegen zurückzuweisen (*KG* LZ 1930, 734 f). Materiell prüft das Registergericht, ob ein Abwickler bestellt werden darf (§ 266 Abs 3) und ob die in der

Anmeldung angegebenen eintragungspflichtigen Tatsachen der Wahrheit entsprechen. Abschließend verfügt das Registergericht die Eintragung, die deklaratorischen Charakters ist (KölnKomm AktG/*Kraft* Rn 11).

§ 267 Aufruf der Gläubiger

¹Die Abwickler haben unter Hinweis auf die Auflösung der Gesellschaft die Gläubiger der Gesellschaft aufzufordern, ihre Ansprüche anzumelden. ²Die Aufforderung ist in den Gesellschaftsblättern bekannt zu machen.

Übersicht

	Rn		Rn
I. Regelungsgehalt der Norm	1	1. Anforderungen	2
II. Inhalt des Gläubigeraufrufs	2	2. Zeitpunkt des Aufrufs	3
		III. Rechtswirkungen	4

I. Regelungsgehalt der Norm

Die Vorschrift dient im Zusammenspiel mit § 272 dem Gläubigerschutz. Erforderlich ist dieser Schutz, da die Verteilung des Gesellschaftsvermögens den Gläubigern die Haftungsmasse entzieht und mit der Löschung die Gesellschaft als Schuldner wegfällt. Erst ein Jahr nach dem Aufruf gem § 267 darf das Gesellschaftsvermögen an die Aktionäre verteilt werden (§ 272 Abs 1). Zum Gläubigeraufruf sind die Abwickler gegenüber der AG verpflichtet. 1

II. Inhalt des Gläubigeraufrufs

1. Anforderungen. Der Aufruf muss **drei** inhaltliche **Mindestkriterien** erfüllen: (1) Er muss auf die Auflösung der Gesellschaft hinweisen. Der Auflösungsgrund kann, aber muss nicht angegeben werden. (2) In dem Aufruf sind die Gesellschaftsgläubiger aufzufordern, ihre Ansprüche gegenüber der Gesellschaft anzumelden. (3) Die aufgelöste Gesellschaft und die aufrufenden Abwickler müssen genannt werden. Da der Gläubigeraufruf eine Verpflichtung gegenüber der AG ist, muss er in den Gesellschaftsblättern bekannt gemacht werden (§ 267 S 2). Dies ist in jedem Fall der elektronische Bundesanzeiger, § 25. An die einzelnen Gläubiger gerichtete Aufforderungen sind möglich, erfüllen aber nicht die Pflicht zum Gläubigeraufruf. Da der Aufruf in elektronischer Form einsehbar ist, muss er nur einmal bekannt gemacht werden. Eine dreimalige Bekanntmachung, wie dies die alte Rechtslage vorsah, ist obsolet und nicht mehr erforderlich. 2

2. Zeitpunkt des Aufrufs. Der frühest mögliche Zeitpunkt für den Aufruf ist der Beginn der Auflösung. Ihrer Pflicht genügen die Abwickler jedoch auch, wenn sie unverzüglich (§ 121 Abs 1 S 1 BGB) nach der Auflösung die Gläubiger zum ersten Mal aufrufen. Die Eintragung der Auflösung ist nicht abzuwarten, da diese nur deklaratorischer Natur ist. 3

III. Rechtswirkungen

Der Aufruf setzt den Lauf des Sperrjahres nach § 272 Abs 1 in Gang. Darüber hinaus kommen dem Aufruf keine Rechtswirkungen zu, insbesondere hat er keine aufgebotsähnlichen Wirkungen. Allerdings tragen die Gläubiger Gefahr, dass sie ihre Forderun- 4

Füller

gen mangels Haftungsmasse nicht mehr realisieren können, wenn nach Ablauf des Sperrjahres das Vermögen an die Aktionäre verteilt wird. Ein verspäteter Gläubigeraufruf schiebt den Beginn des Sperrjahres nach § 272 Abs 1 hinaus. Entsteht daraus der Abwicklungsgesellschaft ein Schaden, so erwachsen ihr Ansprüche gegen die Abwickler und die Mitglieder des AR (§§ 264 Abs 3, 116, 93 Abs 2). Zu den Rechtsfolgen einer Verteilung vor Ablauf des Sperrjahres s § 272 Rn 9.

§ 268 Pflichten der Abwickler

(1) ¹Die Abwickler haben die laufenden Geschäfte zu beenden, die Forderungen einzuziehen, das übrige Vermögen in Geld umzusetzen und die Gläubiger zu befriedigen. ²Soweit es die Abwicklung erfordert, dürfen sie auch neue Geschäfte eingehen.

(2) ¹Im Übrigen haben die Abwickler innerhalb ihres Geschäftskreises die Rechte und Pflichten des Vorstands. ²Sie unterliegen wie dieser der Überwachung durch den Aufsichtsrat.

(3) Das Wettbewerbsverbot des § 88 gilt für sie nicht.

(4) ¹Auf allen Geschäftsbriefen, die an einen bestimmten Empfänger gerichtet werden, müssen die Rechtsform und der Sitz der Gesellschaft, die Tatsache, dass die Gesellschaft sich in Abwicklung befindet, das Registergericht des Sitzes der Gesellschaft und die Nummer, unter der die Gesellschaft in das Handelsregister eingetragen ist, sowie alle Abwickler und der Vorsitzende des Aufsichtsrats mit dem Familiennamen und mindestens einem ausgeschriebenen Vornamen angegeben werden. ²Werden Angaben über das Kapital der Gesellschaft gemacht, so müssen in jedem Fall das Grundkapital sowie, wenn auf die Aktien der Ausgabebetrag nicht vollständig eingezahlt ist, der Gesamtbetrag der ausstehenden Einlagen angegeben werden. ³Der Angaben nach Satz 1 bedarf es nicht bei Mitteilungen oder Berichten, die im Rahmen einer bestehenden Geschäftsverbindung ergehen und für die üblicherweise Vordrucke verwendet werden, in denen lediglich die im Einzelfall erforderlichen besonderen Angaben eingefügt zu werden brauchen. ⁴Bestellscheine gelten als Geschäftsbriefe im Sinne des Satzes 1; Satz 3 ist auf sie nicht anzuwenden.

Übersicht

	Rn		Rn
I. Regelungsgehalt der Norm	1	3. Die Rechtsgeschäfte gem § 268 Abs 1 S 1	6
1. Zweck der Vorschrift	1	III. Rechte und Pflichten als Vorstand – Abs 2 S 1	7
2. Unternehmerisches Ermessen der Abwickler	2	1. Reichweite der Verweisung	7
II. Der Geschäftskreis der Abwickler	3	2. Sondervorschriften für die Rechtsstellung der Abwickler	9
1. Geschäftskreis und Abwicklungszweck	3	3. Kein Wettbewerbsverbot – Abs 3	10
2. Durch den Abwicklungszweck bestimmte Rechtsgeschäfte	4	IV. Überwachungsaufgabe des Aufsichtsrats	11
a) Umwandlungen	4	V. Angaben auf Geschäftsbriefen	12
b) Veräußerung des Unternehmens	5		

I. Regelungsgehalt der Norm

1. Zweck der Vorschrift. § 268 bezweckt, die Aufgaben der Abwickler (Geschäftskreis) festzulegen sowie deren Rechte und Pflichten im Innenverhältnis gegenüber der AG. Der Gesetzgeber scheint in § 268 Abs 1 S 1 davon auszugehen, dass die Abwickler das Unternehmen in kurzer Zeit zu zerschlagen haben, indem sie laufende Geschäfte beenden und das Vermögen in Geld umsetzen. Dieses überkommene Verständnis ist jedoch zu eng. Der Geschäftskreis ist zwar durch den Abwicklungszweck begrenzt aber nicht notwendig auf die Vernichtung der Unternehmenssubstanz (KölnKomm AktG/*Kraft* Rn 3; MünchKomm AktG/*Hüffer* Rn 3). Dies deutet § 268 Abs 1 S 2 an, der es im Rahmen des Abwicklungszwecks erlaubt, neue Geschäfte abzuschließen. Der Sache nach hat dies bereits das RG anerkannt, wonach auch eine jahrelange Liquidation einem pflichtgemäßen kaufmännischen Ermessen entsprechen könne (*RGZ* 143, 301, 303). Der Begriff „Geschäftskreis" ist damit durch eine wirtschaftliche Betrachtung zu konkretisieren. Es kommt nicht darauf an, in kurzer Zeit eine Verteilungsmasse zu schaffen, sondern in absehbarer Zeit das **Verteilungsergebnis zu maximieren**. 1

2. Unternehmerisches Ermessen der Abwickler. Die Abwicklung ist Unternehmensleitung. Ausgerichtet ist diese an der in Rn 1 beschriebenen Maximierung des Verteilungserlöses. Während der Liquidation haben die Abwickler ein **unternehmerisches Ermessen**. Ein Weisungsrecht der HV ist damit unvereinbar. Allerdings nimmt man bisweilen ein solches Recht an, da in der Liquidation die Aktionärsinteressen an Gewicht zunähmen und die Unternehmensleitung in eigener Verantwortung bedeutungsloser werde (GroßKomm AktG/ *Wiedemann* Rn 5). Dies überzeugt nicht. Die HV hat in der Abwicklung klar umrissene Kompetenzen (§§ 264 Abs 2, 119, 265 Abs 2 S 1, 270 Abs 2). Deswegen gilt auch hier § 119 Abs 2: In Fragen der Geschäftsführung, verstanden als Abwicklungstätigkeit, kann die HV **nur** auf Verlangen des Vorstands entscheiden (KölnKomm AktG/*Kraft* Rn 21; MünchKomm AktG/*Hüffer* Rn 28 f). 2

II. Der Geschäftskreis der Abwickler

1. Geschäftskreis und Abwicklungszweck. Der Geschäftskreis der Abwickler lässt sich zunächst durch die Gattung der Tätigkeit umschreiben. Er umfasst nicht nur Rechtsgeschäfte, sondern alle Rechtshandlungen, die mit dem Abwicklungszweck zusammenhängen. Dies können etwa die Fortführung oder die Einleitung von Prozessen sein. Nach Art und Umfang der Rechtsgeschäfte erfasst der Geschäftskreis sowohl Geschäfte über einzelne Vermögensgegenstände sowie mit umwandlungsrechtlichen Einschränkungen (Rn 4) auch die Übertragung des gesamten Vermögens. Zeitlich betrachtet, geht das Gesetz von der Beendigung der laufenden Geschäfte aus (§ 268 Abs 1 S 1). **Neue Geschäfte** dürfen die Abwickler gem § 268 Abs 1 S 2 eingehen, wenn dies der Abwicklungszweck erfordert. Die Beurteilung dessen erfordert eine unternehmerische Einschätzung. Der Abwicklungszweck kann den Abschluss neuer Geschäfte gebieten, wenn sich dadurch der Verteilungserlös erhöhen wird oder sonstige Vorteile für die AG entstehen. Insbesondere bei der Veräußerung des Unternehmens kann dies der Fall sein (Rn 5). 3

2. Durch den Abwicklungszweck bestimmte Rechtsgeschäfte. – a) Umwandlungen Eine aufgelöste AG kann als **übertragender Rechtsträger** an einer Verschmelzung 4

Füller

beteiligt sein, wenn die Fortsetzung der AG beschlossen werden könnte (§ 3 Abs 3 UmwG). Es kommt damit auf die Fortsetzungsfähigkeit der AG an, insbesondere darf die Vermögensverteilung noch nicht begonnen haben (so bereits *RGZ* 124, 279, 300). Eine aufgelöste AG kann nicht als übernehmender oder neuer Rechtsträger an einer Verschmelzung beteiligt sein. Möglich ist dies erst, wenn die aufgelöste AG tatsächlich einen Fortsetzungsbeschluss iSv § 274 gefasst hat (*OLG Naumburg* NJW-RR 1998, 178 f; MünchKomm AktG/*Hüffer* Rn 13; **aA** *Bayer* ZIP 1997, 1613, 1614). Für die Spaltung gelten diese Grundsätze sinngemäß (§§ 124 Abs 2, 3 Abs 3 UmwG). Ein Formwechsel gem § 190 UmwG bewegt sich innerhalb des Abwicklungszwecks, sofern die Gesellschaft in der neuen Rechtsform ebenfalls als Abwicklungsgesellschaft betrieben wird (*LG Berlin* AG 1993, 433).

5 **b) Veräußerung des Unternehmens.** Die Veräußerung der aufgelösten AG ist mit dem Liquidationszweck vereinbar (*BGHZ* 76, 352, 356; 103, 184, 192). An der Zerschlagung des Unternehmens haben weder die Gesellschaftsgläubiger noch die Aktionäre ein Interesse. Im Einzelfall können die Abwickler nicht nur befugt, sondern auch dazu verpflichtet sein, das Unternehmen zu veräußern, wenn nur so das verteilungsfähige Vermögen maximiert werden kann. Umgekehrt üben die Abwickler ihr Ermessen fehlerhaft aus, wenn sie das Unternehmen unter dem Marktwert veräußern. Liegt der Veräußerung eine Verpflichtung der AG zugrunde, ihr gesamtes Vermögen zu übertragen, ohne dass das UmwG einschlägig ist, so ist § 179a anzuwenden. Die HV muss daher dieser Verpflichtung nach § 179a Abs 1 S 1 mit qualifizierter Mehrheit zustimmen (KölnKomm AktG/*Kraft* Rn 12).

6 **3. Die Rechtsgeschäfte gem § 268 Abs 1 S 1.** § 268 Abs 1 S 1 ist eine Klarstellung ohne abschließenden Charakter. Die Abwickler haben danach die laufenden Geschäfte zu beenden, die Forderungen einzuziehen, das übrige Vermögen in Geld umzusetzen und die Gläubiger zu befriedigen. Die **Beendigung laufender Geschäfte** muss vertragsgemäß sein und verlangt eine Erfüllung oder Kündigung. Erfasst sind darüber hinaus alle Rechtshandlungen, die durch die unternehmerische Tätigkeit der AG bedingt sind. Prozesse sind ebenso fortzuführen wie Verfahren über die Erteilung gewerblicher Schutzrechte (MünchKomm AktG/*Hüffer* Rn 16). Der **Forderungseinzug** erfasst die gerichtliche oder außergerichtliche Geltendmachung aller Ansprüche der AG unabhängig von deren Anspruchsziel oder Rechtsgrund (vgl *RGZ* 44, 80, 84). Entgegen dem zu engen Wortlaut fällt hierunter auch jede Verwertung der Forderung, etwa durch ein echtes Factoring (KölnKomm AktG/*Kraft* Rn 10). Wie die Abwickler das **übrige Vermögen in Geld umsetzen**, steht in deren Ermessen. Das Umsetzungsergebnis hingegen, die „Vermögensversilberung", steht nicht im Ermessen der Abwickler. Nach dem Gesetz muss Geld erlöst werden, sei es auch Buchgeld (MünchKomm AktG/*Hüffer* Rn 19 f). Die **Befriedigung der Gesellschaftsgläubiger** meint die Erfüllung derer Ansprüche (§ 362 BGB).

III. Rechte und Pflichten als Vorstand – Abs 2 S 1

7 **1. Reichweite der Verweisung.** Innerhalb des Geschäftskreises haben die Abwickler die Rechte und Pflichten eines Vorstands, § 268 Abs 2 S 1. Gem §§ 268 Abs 2 S 1, 77 gilt der Grundsatz der **Gesamtgeschäftsführung** für die Abwickler. Beschränkt werden kann die Geschäftsführungsbefugnis im Innenverhältnis, §§ 268 Abs 2 S 1, 82 Abs 2. Die Abwickler haben gem § 268 Abs 2 S 1, 83 Abs 1 die HV einzuberufen und deren zuständigkeitsgemäß beschlossenen Maßnahmen umzusetzen, § 83 Abs 2. Bei gebore-

nen Abwicklern richtet sich die Vergütung nach wie vor nach dem weiter geltenden Anstellungsvertrag als Vorstandsmitglied (MünchKomm AktG/*Hüffer* Rn 24). Die Gesamtbezüge können gem § 87 Abs 2 herabgesetzt werden, wenn deren unveränderte Gewährung einen schweren Nachteil für die Gesellschaft bedeuten würde. Zuständig für die Festsetzung und die Herabsetzung der Vergütung ist nach § 87 Abs 1, 2 der AR. Dies verträgt sich allerdings nicht mit der umfassenden Personalkompetenz der HV während der Abwicklung. Um Wertungswidersprüche zu vermeiden, ist deswegen die HV für die Herabsetzung zuständig, zumal sie jederzeit die Abwickler abberufen könnte. Gem § 268 Abs 2 S 1 sind die Vorschriften über die Kreditgewährung (§ 89), die Berichtspflicht (§ 90) und die Buchführungspflicht (§ 91) auf die Abwickler anwendbar. Für § 92 ist zu unterscheiden: Anwendbar sind nur Abs 2 und 3 der Vorschrift. Abs 1 gilt nicht, da die Abwickler die Bilanz ohnehin gem § 270 Abs 2 der HV vorlegen müssen.

Die Abwickler unterliegen auch der Sorgfaltspflicht nach § 93. Allerdings kann die **8** HV vor dem Ablauf der drei Jahres-Frist nach § 93 Abs 4 S 3 einem Verzicht auf oder einem Vergleich über Ersatzansprüche gegen die Abwickler zustimmen (KölnKomm AktG/*Kraft* Rn 20; MünchKomm/*Hüffer* Rn 26). Eine Gegenansicht hält § 93 Abs 4 insgesamt für unanwendbar, da die Norm die Abwicklung unangemessen verzögere (GroßKomm AktG/*Wiedemann* Rn 9). Das ist unzutreffend. Nicht die gesamte Vorschrift, sondern nur deren Frist ist mit dem Abwicklungszweck unvereinbar. Nach der Gegenansicht könnte allein der AR auf Ersatzansprüche gegen die Liquidatoren verzichten, was mit der umfassenden Personalkompetenz der HV während der Abwicklung unvereinbar ist. Schließlich gelten kraft des Verweises in § 268 Abs 2 S 1 auch die Vorschriften der §§ 121 Abs 2, 245 Nr 4, 246 Abs 2 für die Abwickler.

2. Sondervorschriften für die Rechtsstellung der Abwickler. Der Verweis des § 268 **9** Abs 2 S 1 auf die §§ 76–94 gilt nicht, wenn und soweit die §§ 264 ff Sonderregelungen treffen (KölnKomm AktG/*Kraft* Rn 23). Für die Vertretungsmacht ist § 269 lex specialis ggü § 78. Die Zeichnung und die Angaben auf Geschäftsbriefen (§§ 79, 80) sind besonders in den §§ 269 Abs 6, 268 Abs 4 geregelt. Änderungen der Vertretungsbefugnis regelt § 266 und verdrängt damit § 81. Die unbeschränkte Vertretungsbefugnis der Abwickler ergibt sich aus § 269 Abs 5, so dass insoweit § 82 Abs 1 nicht gilt. Besonders regelt schließlich § 265 die Bestellung der Abwickler, § 84 ist unanwendbar.

3. Kein Wettbewerbsverbot – Abs 3. Gem § 268 Abs 3 unterliegen die Abwickler nicht **10** dem Wettbewerbsverbot des § 88. Offenbar geht § 268 Abs 3 davon aus, dass die unternehmerische Tätigkeit in einer werbenden Gesellschaft keine Wettbewerbshandlung gegenüber der Abwicklung darstellen kann. Versteht man den Geschäftskreis der Abwickler im Einklang mit der **hM** weit, so ist § 268 Abs 3 rechtspolitisch zweifelhaft. Zum einen ist die Arbeitskraft der Abwickler nicht minder wertvoll für die AG als die der Vorstandsmitglieder. Zum anderen können die Abwickler durch den Abschluss neuer Geschäfte durchaus in einen Interessenkonflikt mit der Vorstandstätigkeit in einer anderen werbenden Gesellschaft geraten. Für derartige Geschäfte ist eine teleologische Reduktion des § 268 Abs 3 zu erwägen (krit auch Spindler/Stilz AktG/*Bachmann* Rn 24). Ein Wettbewerbsverbot kann bei gekorenen Abwicklern im Anstellungsvertrag vereinbart werden. Bei befohlenen Abwicklern sollte man dem Gericht die Möglichkeit einräumen, ein solches festzusetzen. Zweifelhaft ist die Rechtslage bei geborenen Abwicklern: Enthält der Anstellungsvertrag ein Wettbewerbsverbot, so gilt dies im

Zweifel fort (*OLG Brandenburg* AG 2009, 513, 515). Eine entgegen gesetzte Zweifelsregelung lässt sich aus § 268 Abs 3 nicht ableiten, da diese Vorschrift nur das gesetzliche Wettbewerbsverbot erfasst (**aA** insoweit MünchKomm AktG/*Hüffer* Rn 31).

IV. Überwachungsaufgabe des Aufsichtsrats

11 Der AR hat nach § 268 Abs 2 S 2 die Abwickler zu überwachen. Ihm stehen dafür die Rechte aus §§ 264 Abs 2, 111 Abs 2 zur Verfügung. Insbesondere hat der AR auch das Zustimmungsrecht aus § 111 Abs 4 S 2. Inhaltlich ist die Überwachungsaufgabe durch den Abwicklungszweck determiniert. Dabei ist allerdings zu beachten, dass die Abwickler ein unternehmerisches Ermessen haben. Der AR kann nur überprüfen, ob die Abwickler die Grenzen dieses unternehmerischen Ermessens eingehalten haben. Er darf nicht seine Ermessensentscheidung an die Stelle der Abwickler setzen.

V. Angaben auf Geschäftsbriefen

12 § 268 Abs 4 entspricht weitgehend § 80. Da es keinen Vorsitzenden der Abwickler gibt, bestimmt § 268 Abs 4 keine parallele Regelung zu § 80 Abs 1 S 2. Wegen der Einzelheiten ist auf die Erläuterung zu § 80 Abs 4 zu verweisen.

§ 269 Vertretung durch die Abwickler

(1) **Die Abwickler vertreten die Gesellschaft gerichtlich und außergerichtlich.**

(2) ¹**Sind mehrere Abwickler bestellt, so sind, wenn die Satzung oder die sonst zuständige Stelle nichts anderes bestimmt, sämtliche Abwickler nur gemeinschaftlich zur Vertretung der Gesellschaft befugt.** ²**Ist eine Willenserklärung gegenüber der Gesellschaft abzugeben, so genügt die Abgabe gegenüber einem Abwickler.**

(3) ¹**Die Satzung oder die sonst zuständige Stelle kann auch bestimmen, dass einzelne Abwickler allein oder in Gemeinschaft mit einem Prokuristen zur Vertretung der Gesellschaft befugt sind.** ²**Dasselbe kann der Aufsichtsrat bestimmen, wenn die Satzung oder ein Beschluss der Hauptversammlung ihn hierzu ermächtigt hat.** ³**Absatz 2 Satz 2 gilt in diesen Fällen sinngemäß.**

(4) ¹**Zur Gesamtvertretung befugte Abwickler können einzelne von ihnen zur Vornahme bestimmter Geschäfte oder bestimmter Arten von Geschäften ermächtigen.** ²**Dies gilt sinngemäß, wenn ein einzelner Abwickler in Gemeinschaft mit einem Prokuristen zur Vertretung der Gesellschaft befugt ist.**

(5) **Die Vertretungsbefugnis der Abwickler kann nicht beschränkt werden.**

(6) **Abwickler zeichnen für die Gesellschaft, indem sie der Firma einen die Abwicklung andeutenden Zusatz und ihre Namensunterschrift hinzufügen.**

Übersicht

	Rn		Rn
I. Normzweck	1	1. Gesetzlicher Regelfall	4
II. Umfassende Vertretungsmacht der Abwickler	2	2. Abweichende Ausgestaltungen	5
1. Grundsatz	2	3. Ermächtigung für bestimmte Geschäfte (§ 269 Abs 4)	7
2. Grenzen der Vertretungsmacht	3	IV. Zeichnung der Abwickler	8
III. Aktive Gesamtvertretung	4		

Füller

§ 269 Vertretung durch die Abwickler

Literatur: *K. Schmidt* Liquidationszweck und Vertretungsmacht der Liquidatoren, AcP 174 (1974), 55; *M. Schwab* Die Vertretung der AG gegenüber ausgeschiedenen Vorstandsmitgliedern, ZIP 2006, 1478; *Sethe* Die Satzungsautonomie in Bezug auf die Liquidation einer AG, ZIP 1998, 770.

I. Normzweck

§ 269 regelt das rechtliche Können der Abwickler im Außenverhältnis. Die Vorschrift bezweckt zweierlei: Zum einen schützt sie den Rechtsverkehr, indem sie die Vertretungsbefugnis der Abwickler als unbeschränkbar ausgestaltet (§ 269 Abs 5). Die Vertretungsmacht der Abwickler ist gesetzlich vertypt. Abweichen kann die Satzung davon nur, wenn das Gesetz dies ausdrücklich erlaubt (§ 269 Abs 2, 3). Zum anderen stellt die Norm die Handlungsfähigkeit der Abwicklungsgesellschaft sicher. 1

II. Umfassende Vertretungsmacht der Abwickler

1. Grundsatz. Die Abwickler vertreten die Gesellschaft gem § 269 Abs 1 gerichtlich und außergerichtlich. Inhaltlich ist die **Vertretungsmacht** der Abwickler wie des Vorstandes **unbeschränkt**. Dies dient dem Verkehrsschutz. Das Gesetz mutet dem Geschäftspartner keine Prüfungsobliegenheit zu, ob der Abwickler das fragliche Rechtsgeschäft auch abschließen durfte. Die Vertretungsmacht der Abwickler ist damit nicht durch den Abwicklungszweck beschränkt (*K. Schmidt* AcP 174 (1974), 55, 64 f). Darüber hinaus ist sie auch **nicht** durch die Gesellschaft **beschränkbar** (§ 269 Abs 5). Die außergerichtliche Vertretungsmacht umfasst alle Arten von Rechtsgeschäften unabhängig von deren Inhalt oder Umfang. Kraft der gerichtlichen Vertretungsmacht vertreten die Abwickler die rechts- und prozessfähige Abwicklungsgesellschaft in Prozessen. Klagen gegen die Abwicklungsgesellschaft sind deswegen den Abwicklern zuzustellen (§ 171 Abs 1, 3 ZPO). Die Abwickler sind nach §§ 130 Nr 1, 253 Abs 4, 313 Abs 1 Nr 1 ZPO bei der Parteibezeichnung und in das Rubrum aufzunehmen. Keine Vertretungsbefugnis haben die Abwickler in der Insolvenz der Gesellschaft (MünchKomm AktG/*Hüffer* Rn 12). 2

2. Grenzen der Vertretungsmacht. Die Vertretungsmacht der Abwickler ist wie die des Vorstands nur in Ausnahmefällen begrenzt. Sie erfasst keine Grundlagengeschäfte oder solche Rechtsgeschäfte, die das Gesetz ausdrücklich einem anderen Organ zuweist. In diesen Fällen fehlt bereits das rechtliche Können der Abwickler. Auch während der Abwicklung vertritt der AR die AG gegenüber den ausgeschiedenen Vorstandsmitgliedern, §§ 112, 264 Abs 3 (§ 264 Rn 16). Zu Insichgeschäften ist der Abwickler nicht befugt. Wurde dem Vorstand ein Dispens von § 181 BGB erteilt, so gilt dieser nicht automatisch für den Abwickler (MünchKomm AktG/*Hüffer* Rn 11; aA Spindler/Stilz AktG/*Bachmann* Rn 5). Gekorene oder gerichtlich bestellte Abwickler sind nach einigen Literaturstimmen zur Vertretung der Gesellschaft gegenüber den ausgeschiedenen Vorstandsmitgliedern befugt, da bei jenen Abwicklern keine Gefahr von Interessenkollisionen und Loyalitätskonflikten bestehe (*OLG Brandenburg* AG 2003, 44; *OLG Köln* NZG 2002, 1062 f). Dies ist dogmatisch unstimmig. Der AR behält auch während der Abwicklung seine Zuständigkeit nach § 112. Es geht zudem nicht an, die Vertretungsmacht der gekorenen und befohlenen Abwickler weiter auszulegen als die der geborenen Abwickler (näher *M. Schwab* ZIP 2006, 1478, 1480 f). 3

III. Aktive Gesamtvertretung

1. Gesetzlicher Regelfall. Der gesetzliche Regelfall ist die Gesamtvertretungsmacht aller Abwickler, § 269 Abs 2 S 1. Diese Gesamtvertretungsmacht gilt jedoch nur für 4 die aktive Stellvertretung. Bei der passiven Stellvertretung besteht kraft Gesetzes nach § 269 Abs 2 S 2 eine Einzelvertretungsmacht, so dass es ausreicht, wenn eine empfangsbedürftige Willenserklärung gegenüber einem Abwickler abgegeben wird. Auch gekorene Abwickler sind nach § 269 Abs 2 S 1 gesamtvertretungsberechtigt, selbst wenn sie als Vorstandsmitglied Einzelvertretungsmacht hatten (KölnKomm AktG/*Kraft* Rn 10). Dies folgt daraus, dass der Vorstand als Organ und damit auch die organschaftliche Vertretungsmacht mit der Auflösung erlischt. Nach der Rspr erstarkt die Gesamtvertretungsmacht eines Abwicklers nicht zur Einzelvertretungsmacht, wenn die übrigen Abwickler aus dem Amt scheiden (*BGHZ* 121, 263, 264 f; *BGH* WM 1975, 157 f). Damit die Abwicklungsgesellschaft wieder handlungsfähig wird, muss die HV dem verbliebenen Abwickler entweder eine Einzelvertretungsmacht erteilen oder weitere Abwickler berufen.

5 **2. Abweichende Ausgestaltungen.** § 269 Abs 3 S 1 erlaubt zwei abweichende Ausgestaltungen der Vertretungsmacht. Dies ist zum einen die (zweckmäßige) Einzelvertretungsmacht eines, mehrerer oder aller Abwickler. Zum anderen kann vorgesehen werden, dass einzelne Abwickler nur in Gemeinschaft mit einem Prokuristen vertretungsberechtigt sind (unechte Gesamtvertretung). Nach § 269 Abs 3 S 2 gilt Abs 2 S 2 sinngemäß, so dass der Prokurist zur Empfangsvertretung einzeln berechtigt ist. Nach dem Wortlaut des § 269 Abs 3 S 1 ist es nicht möglich, alle Abwickler an eine gemeinsame Vertretung mit einem Prokuristen zu binden. Dies würde die Abwickler faktisch ihrer Handlungsfähigkeit berauben. Die passive Einzelvertretungsmacht der Abwickler ist zwingend und keiner Ausgestaltung fähig (KölnKomm AktG/*Kraft* Rn 10). Dies gilt auch für die unechte Gesamtvertretung.

6 Die Vertretungsbefugnis ausgestalten kann nach dem Wortlaut des § 269 Abs 2 S 1, Abs 3 S 1 die „Satzung oder die sonst zuständige Stelle". Da die HV die Personalkompetenz gem §§ 265 Abs 2, 5 hat, ist sie die zuständige Stelle und entscheidet durch einen Beschluss über den Inhalt und die Reichweite der Vertretungsbefugnis. Gegenüber einer abweichenden Ausgestaltung in der Satzung setzt sich dieser Beschluss durch: Wenn die HV einen satzungsgemäßen Abwickler jederzeit abberufen kann oder entgegen der Satzung bestellen kann, so muss sie maiore ad minus auch dessen Vertretungsbefugnis abweichend von der Satzung ausgestalten können (*Sethe* ZIP 1998, 770, 771). Nach § 269 Abs 3 S 2 kann auch der AR eine Vertretungsregelung treffen, sofern dies die Satzung vorsieht oder ihn die HV durch einen Beschluss dazu ermächtigt hat. Bei gerichtlich bestellten Abwicklern kann das Gericht keinen Prokuristen bestellen, sondern allenfalls bestimmen, dass ein Abwickler zusammen mit einem existierenden Prokuristen zu handeln hat.

7 **3. Ermächtigung für bestimmte Geschäfte (§ 269 Abs 4).** § 269 Abs 4 übernimmt die Vorschrift des § 78 Abs 4 für die Abwickler. Für § 269 Abs 4 S 1 gilt: Die Ermächtigung darf nicht darauf hinauslaufen, dass sich die Abwickler selbst eine Einzelvertretungsbefugnis erteilen. Deswegen können nur einzelne und nicht alle Abwickler ermächtigt werden. Die Ermächtigung muss zudem bestimmt sein. Sie ist nichtig, wenn sie auf eine unbestimmte Vielzahl von Geschäften gerichtet ist. Nach § 269 Abs 4 S 2 gilt dies sinngemäß für die unechte Gesamtvertretung. Sowohl der Abwickler als auch der Prokurist können daher für Einzelgeschäfte ermächtigt werden (KölnKomm AktG/*Mertens* § 78 Rn 59; **aA** Spindler/Stilz AktG/*Bachmann* Rn 10).

Eröffnungsbilanz. Jahresabschluss und Lagebericht § **270**

IV. Zeichnung der Abwickler

Die Abwickler zeichnen nach § 269 Abs 6 mit der Firma, dem Abwicklungszusatz und 8
der Namensunterschrift. Im Gegensatz zu § 268 Abs 4 genügen auch Abkürzungen.
Der Abwicklungszusatz kann durch die Worte „in Liquidation" oder durch die Abkürzung „i.L." ausgedrückt werden. Eine Erklärung, die unter Missachtung dieser Norm gezeichnet wurde, ist wirksam, da § 269 Abs 4 nur eine Ordnungsvorschrift ist (KölnKomm AktG/*Kraft* Rn 13).

§ 270 Eröffnungsbilanz. Jahresabschluss und Lagebericht

(1) Die Abwickler haben für den Beginn der Abwicklung eine Bilanz (Eröffnungsbilanz) und einen die Eröffnungsbilanz erläuternden Bericht sowie für den Schluss eines jeden Jahres einen Jahresabschluss und einen Lagebericht aufzustellen.

(2) ¹**Die Hauptversammlung beschließt über die Feststellung der Eröffnungsbilanz und des Jahresabschlusses sowie über die Entlastung der Abwickler und der Mitglieder des Aufsichtsrats.** ²**Auf die Eröffnungsbilanz und den erläuternden Bericht sind die Vorschriften über den Jahresabschluss entsprechend anzuwenden.** ³**Vermögensgegenstände des Anlagevermögens sind jedoch wie Umlaufvermögen zu bewerten, soweit ihre Veräußerung innerhalb eines übersehbaren Zeitraums beabsichtigt ist oder diese Vermögensgegenstände nicht mehr dem Geschäftsbetrieb dienen; dies gilt auch für den Jahresabschluss.**

(3) ¹**Das Gericht kann von der Prüfung des Jahresabschlusses und des Lageberichts durch einen Abschlussprüfer befreien, wenn die Verhältnisse der Gesellschaft so überschaubar sind, dass eine Prüfung im Interesse der Gläubiger und Aktionäre nicht geboten erscheint.** ²**Gegen die Entscheidung ist die Beschwerde zulässig.**

Übersicht

	Rn		Rn
I. Regelungsgehalt	1	3. Bilanzgliederung	13
1. Normzweck	1	a) Aktivseite	14
2. Systematischer Überblick	2	b) Passivseite	15
3. Anwendungsbereich	3	4. Der Erläuterungsbericht	16
II. Abschlussrechnungslegung der werbenden Aktiengesellschaft	4	5. Prüfung	17
1. Notwendigkeit	4	a) Externe Prüfung und gerichtliche Befreiung	17
2. Rechtsrahmen	5	b) Interne Prüfung	19
3. Gewinnverwendungsbeschluss	6	6. Feststellung	20
III. Eröffnungsbilanz und Erläuterungsbericht	7	7. Offenlegung	21
1. Begriff und Bilanzstichtag	7	IV. Abwicklungsjahresabschluss und Lagebericht	22
2. Bilanzierungsgrundsätze	8	1. Zweck	22
a) Bilanzidentität und Bewertungsstetigkeit	8	2. Abwicklungsjahresbilanz	23
b) Fortführungsprinzip	9	3. Gewinn- und Verlustrechnung (GuV)	24
c) Prinzip der Einzelbewertung	10	4. Anhang	25
d) Vorsichtsprinzip	11	5. Lagebericht	26
e) Die Bewertungsregel gem § 270 Abs 2 S 3	12	6. Prüfung, Offenlegung und Entlastung	27

Füller

§ 270 Eröffnungsbilanz. Jahresabschluss und Lagebericht

Literatur: *Budde/Förschle/Winkeljohann* Sonderbilanzen, 4. Aufl 2008; *Förschle/Deubert* Entsprechende Anwendung allgemeiner Vorschriften über den Jahresabschluss in der Liquidations-Eröffnungsbilanz, DStR 1996, 1743; *Förschle/Deubert/Horn* „Schlussbilanz der werbenden Gesellschaft" kein Pflichtbestandteil der Rechnungslegung von Kapitalgesellschaften in Liquidation, DB 1994, 998; *dies* Bilanzierungsprobleme im Rahmen der Liquidation, BuW 1996, 38; *Förster/Döring* Liquidationsbilanzen, 4. Aufl 2005; *Moxter* Anschaffungswertprinzip für Abwicklungsbilanzen?, Eine Stellungnahme zu § 270 AktG, WPg 1982, 473; *Olfert/Körner/Langenbeck* Sonderbilanzen, 4. Aufl 1994; *Sarx* Zur Abwicklungsrechnungslegung einer Kapitalgesellschaft, FS Forster, 1992, S 547; *Scherrer/Heni* Liquidationsrechnungslegung, 3. Aufl 2009; *dies* Externe Rechnungslegung bei der Liquidation, DStR 1992, 797; *dies* Offene Fragen zur Liquidationsbilanz, WPg 1996, 681; *dies* Liquidations-Rechnungslegung, 2. Aufl 1996.

I. Regelungsgehalt

1 1. Normzweck. Zweck der Vorschrift ist es, die für die Rechnungslegung einer werbenden Gesellschaft geltenden Regeln sachgerecht dem Abwicklungsziel anzupassen. Zugleich dient § 270 dem öffentlichen Interesse. Deswegen ist § 270 **zwingendes Recht** und damit satzungsfest. Für das Verständnis der Norm ist § 270 Abs 2 S 2 wesentlich, wonach auf die Rechnungslegung der Abwicklungsgesellschaft die Vorschriften über den Jahresabschluss entsprechend anzuwenden sind. Hinter dieser Norm steht die Ansicht des Gesetzgebers, dass die Auflösung die geschäftlichen Verhältnisse nicht spontan unterbreche und die Abwicklung nur ausnahmsweise die sofortige Einstellung des Geschäftsbetriebs nach sich ziehe (RegBegr BT-Drucks 10/312 S 107).

2 2. Systematischer Überblick. Die gesetzliche Systematik ist misslungen und das Gesetz unvollständig. Ungeregelt ist die der Liquidations-Eröffnungsbilanz vorgelagerte abschließende Rechnungslegung der werbenden AG (Rn 3). Das Gesetz fasst die Eröffnungsbilanz und den Jahresabschluss der Abwicklungsgesellschaft im Übrigen unglücklich zusammen (krit auch MünchKomm AktG/*Hüffer* Rn 14). Zeitlich endet die Abwicklung mit einer Schlussrechnung, die § 273 Abs 1 S 1 voraussetzt. Allerdings stellen weder diese Vorschrift noch § 270 nähere Voraussetzungen für die Schlussrechnung auf (Einzelheiten dazu § 273 Rn 3).

3 3. Anwendungsbereich. Wurde eine AG gem § 262 Abs 1 Nr 3 durch die Eröffnung des Insolvenzverfahrens aufgelöst, so richten sich die Rechnungslegungspflichten zunächst nach der InsO. Der Insolvenzverwalter hat auf den Zeitpunkt der Eröffnung des Verfahrens eine geordnete Übersicht aufzustellen, § 153 Abs 1 InsO. Nach § 155 Abs 1 InsO bleiben die Rechnungslegungspflichten bestehen. In diesem Rahmen ist § 270 anwendbar (MünchKomm AktG/*Hüffer* Rn 5; Spindler/Stilz AktG/*Euler/Binger* Rn 4).

II. Abschlussrechnungslegung der werbenden Aktiengesellschaft

4 1. Notwendigkeit. Bei der abschließenden Rechnungslegung der werbenden AG ist zu unterscheiden, ob die Auflösung mit dem Ende des Geschäftsjahres zusammenfällt oder ob die Auflösung im Laufe eines Geschäftsjahres eintritt. Im ersten Fall gelten die allgemeinen Vorschriften über die Rechnungslegung. Es sind ein Jahresabschluss sowie ein Anhang zu erstellen (§§ 264 ff, 284 ff HGB) und mit einem Lagebericht zu versehen (§ 289 HGB). Im zweiten Fall ist umstritten, ob ein Rumpfgeschäftsjahr zu bilden und dafür ein Jahresabschluss (§ 242 Abs 2 HGB) zu erstellen ist. Eine Minderheit hält dies für entbehrlich, da die Wertansätze in der Schlussbilanz wegen des Grundsatzes der Bilanzidentität (§ 252 Abs 1 Nr 1 HGB) mit denen der Liquidations-Eröffnungsbilanz übereinstimmen (*Budde/Förschle/Winkeljohann* T Rn 22; *Förschle/Kropp/Deubert* DB 1994, 998, 999 f; MünchHdb AG/*Hoffman-Becking* § 66 Rn 13). Indes trifft dies nicht zu und beruht auf einem Missverständnis über § 270 Abs 2 S 2. Die Liquidations-Eröffnungsbilanz und der Jahresabschluss für das Rumpfgeschäftsjahr sind keineswegs identisch. Letzterer ist erforderlich, da anderenfalls eine Entlastung des Vorstandes unmöglich wäre (*BayObLG* DB 1994, 523, 524; *Sarx* FS Forster, S 547, 551 f; Spindler/Stilz AktG/*Euler/Binger* Rn 16).

2. Rechtsrahmen. Bilanzstichtag für die Abschlussrechnungslegung ist der Tag, der 5 der Auflösung vorangeht (*BFHE* 113, 112, 114; *BayObLG* DB 1994, 523, 524). Ein davon abweichender, aber zeitnaher Stichtag kann nur ausnahmsweise gewählt werden, wenn etwa die Inventur unmöglich ist (MünchKomm AktG/*Hüffer* Rn 9). Aufzustellen ist ein Jahresabschluss iSv § 242 Abs 3 HGB, der um einen Anhang und einen Lagebericht zu erweitern ist, §§ 264 Abs 1 S 1, 284 ff, 289 HGB). Gem §§ 264 Abs 1 S 3, 267 Abs 1 müssen kleine AG keinen Lagebericht aufstellen. Zur Aufstellung verpflichtet sind analog § 270 Abs 1 die Abwickler. Für die externe und die interne Prüfung gelten keine Besonderheiten. Da die abschließende Rechnungslegung der werbenden AG erst nach ihrer Auflösung aufgestellt ist, ist die HV analog § 270 Abs 2 S 1 für die Feststellung des Jahresabschlusses zuständig (KölnKomm AktG/*Kraft* Rn 27). Unanwendbar ist § 270 Abs 3. Das Gericht kann nicht von der externen Prüfung der Abschlussrechnungslegung befreien (Scholz GmbHG/*K. Schmidt* § 71 Rn 8; Ulmer GmbHG/*Paura* § 71 Rn 11).

3. Gewinnverwendungsbeschluss. Umstritten ist, ob und unter welchen Vorausset- 6 zungen ein Gewinnverwendungsbeschluss gefasst werden kann. Vereinzelt hält man einen Gewinnverwendungsbeschluss gem § 174 für möglich, da der Anspruch auf die Dividende in der werbenden Tätigkeit der AG begründet sei (GroßKomm AktG/*Wiedemann* Rn 1; nur für das abgelaufen Geschäftsjahr *von Godin/Wilhelmi* Anm 3). Indes erfasst die Ausschüttungssperre des § 272 Abs 1 das gesamte Vermögen der AG und damit auch einen Gewinn, der während der werbenden Tätigkeit erzielt wurde. Mit Grundsatz der vorrangigen Gläubigerbefriedigung nach § 271 ist eine (teilweise) Gewinnausschüttung daher unvereinbar. Ein Gewinnverwendungsbeschluss ist folglich **un**zulässig (**hM** BFHE 110, 353, 356; KölnKomm AktG/*Kraft* Rn 17; MünchKomm AktG/*Hüffer* Rn 13 mwN).

III. Eröffnungsbilanz und Erläuterungsbericht

1. Begriff und Bilanzstichtag. Die Eröffnungsbilanz ist die zum Beginn der Abwick- 7 lung zu erstellende Bilanz. Sie lässt sich am ehesten als Gewinnermittlungsbilanz sui generis kennzeichnen (MünchHdb AG/*Hoffmann-Becking* § 66 Rn 12; MünchKomm AktG/*Hüffer* Rn 15 mwN). Entsprechend anwendbar sind (vorbehaltlich des Abwicklungszwecks) die Vorschriften über den Jahresabschluss. Auszustellen ist die Eröffnungsbilanz auf den Tag, an dem der Auflösungstatbestand erfüllt ist. **Bilanzstichtag** im Falle des § 262 Abs 1 Nr 1 ist der Tag, an dem der Zeitablauf eintritt. Ist die Gesellschaft durch einen Beschluss der HV gem § 262 Abs 1 Nr 2 aufgelöst, entscheidet der Tag der Beschlussfassung. Erhebliche Schwierigkeiten, die eine Verschiebung des Bilanzstichtags zur Folge haben könnten, sind nicht anzuerkennen. Auch Vereinfachungsgründe sprechen nicht dafür, da die Inventurerleichterungen

§ 270 Eröffnungsbilanz. Jahresabschluss und Lagebericht

nach § 241 HGB ausreichen (Scholz GmbHG/*K. Schmidt* § 71 Rn 12; **aA** Münch-Komm AktG/*Hüffer* Rn 16). Die Abwickler sind gem § 271 Abs 1 verpflichtet, die Eröffnungsbilanz auszustellen. Frist: Gem Nach §§ 270 Abs 2 S 2, 264 Abs 1 S 2 HGB drei Monate nach Eintritt der Auflösung. Für kleine AG ist die Fristerleichterung des § 267 Abs 1 S 3 HGB anwendbar. Es dürfte aber kaum dem ordnungsgemäßen Geschäftsgang einer Abwicklungsgesellschaft entsprechen, den Jahresabschluss nach der Drei-Monats-Frist aufzustellen (*Budde/Förschle* Rn U 106; Münch-Komm AktG/*Hüffer* Rn 17). Bei einer Fristüberschreitung kann das Registergericht ein Zwangsgeld verhängen, § 407 Abs 1 S 1.

8 **2. Bilanzierungsgrundsätze. – a) Bilanzidentität und Bewertungsstetigkeit.** Nach § 252 Abs 1 Nr 1 HGB gilt der Grundsatz der **formellen Bilanzkontinuität** (Bilanzidentität). Dieser Grundsatz beschreibt das Verhältnis zwischen der Abschlussbilanz der werbenden Gesellschaft (Rn 4) und der Eröffnungsbilanz (Spindler/Stilz AktG/*Euler/Binger* Rn 74). Allerdings gilt die Bilanzkontinuität nach § 270 Abs 2 S 2 nur entsprechend und wird deshalb durch abwicklungstypische Besonderheiten überlagert (vgl. § 252 Abs 2 HGB). Ein anderer Wertansatz kann sich deswegen insbesondere ergeben, wenn sich die voraussichtliche Nutzungsdauer von Sachanlagen verkürzt und sich damit der periodische Abschreibungssatz ändert (MünchKomm AktG/*Hüffer* Rn 34). Nur eine Sollvorschrift ist der Grundsatz der Bewertungsstetigkeit, § 252 Abs 1 Nr 6 HGB. Ausnahmen davon gestattet § 252 Abs 2 HGB. Bei einer durch eine verkürzte Restnutzung geänderten Abschreibung dürfte ein solcher Ausnahmefall erfüllt sein. Eine Ausnahme von beiden Prinzipien enthält § 270 Abs 2 S 3, s dazu Rn 12.

9 **b) Fortführungsprinzip.** Nach einer verbreiteten Ansicht gilt das Fortführungsprinzip nach § 252 Abs 1 Nr 2 HGB nicht für die Eröffnungsbilanz, da sich der Abwicklungszweck nicht mit einer Unternehmensfortführung vertrage (KölnKomm AktG/*Kraft* Rn 7). In dieser Allgemeinheit ist dem nicht zu folgen. Im Einzelfall sind Abwicklung und Unternehmensfortführung keine widersprechenden Ziele wie die Auslegung des § 268 Abs 2 S 1 beweist (§ 268 Rn 3). Auch die Regierungsbegründung ging davon aus, dass eine aufgelöste AG zunächst fortgeführt wird (Rn 1). Vielmehr ist zwischen den einzelnen Auflösungstatbeständen zu differenzieren und danach zu fragen, ob im Einzelfall das Fortführungsprinzip unanwendbar ist. Einen normativen Anhaltspunkt dafür bietet § 274 Abs 1 S 1. Das Fortführungsprinzip ist danach anwendbar, wenn die AG fortgesetzt werden könnte. Mit dem Beginn der Vermögensverteilung ist damit das Fortführungsprinzip ausgeschlossen. Zusätzlich kommt es darauf an, ob eine AG unabhängig von einer Vermögensverteilung fortsetzungsfähig wäre, s dazu § 274 Rn 2. Dies trifft nur auf die Fälle zu, in denen eine AG durch Zeitablauf (§ 262 Abs 1 Nr 1), einen Beschluss der HV (§ 262 Abs 1 Nr 2) oder wegen eines Satzungsmangels aufgelöst ist. Entscheidend ist hier eine Fortführungsprognose: Überschreitet die Abwicklung voraussichtlich ein Jahr, so ist § 252 Abs 1 Nr 2 HGB einschlägig, wenn sich der Unternehmensgegenstand nur unwesentlich ändert. Bei wesentlichen Änderungen ist hingegen das Fortführungsprinzip unanwendbar (MünchKomm AktG/*Hüffer* Rn 32).

10 **c) Prinzip der Einzelbewertung.** In der Eröffnungsbilanz sind Vermögensgegenstände und Verbindlichkeiten zum Abschlussstichtag einzeln zu bewerten, § 270 Abs 2 S 2, § 252 Abs 1 Nr 3 HGB. Vom Prinzip der Einzelbewertung kann gem §§ 270 Abs 2 S 2, 256 S 2 HGB nur in bestimmten Fällen abgewichen werden. Neben den in § 240 Abs 3, 4 HGB genannten Fällen kann gem § 252 Abs 2 HGB in begründeten

Eröffnungsbilanz. Jahresabschluss und Lagebericht § 270

Fällen von dem Prinzip der Einzelbewertung abgewichen werden. Ein solcher Ausnahmefall ist erfüllt, wenn die Einzelbewertung die Vermögens-, Finanz- oder Ertragslage der Gesellschaft unrichtig widerspiegelt. Außerdem scheidet eine Einzelbewertung aus, wenn sie unmöglich ist oder mit einem unangemessenen Zeit bzw Kostenaufwand verbunden ist).

d) Vorsichtsprinzip. Gem § 270 Abs 2 S 2, § 252 Abs 1 Nr 4 HGB ist vorsichtig zu bewerten. Gewinne dürfen nur berücksichtigt werden, wenn sie am Stichtag realisiert sind. Nach § 253 Abs 3 S 1 HGB ist auf den niedrigeren Börsen- oder Marktpreis abzuschreiben. Ist ein solcher Preis nicht feststellbar, so entscheidet der beizulegende Wert iSv § 253 Abs 2 S 3 HGB. Diese Abschreibung gilt insbesondere für die gem § 270 Abs 2 S 3 wie Umlaufvermögen zu bewertende Gegenstände des Anlagevermögens. Anzusetzen ist deswegen der Veräußerungswert abzüglich der Veräußerungskosten, wie er sich zum Bilanzstichtag ergibt (MünchKomm AktG/*Hüffer* Rn 42). **11**

e) Die Bewertungsregel gem § 270 Abs 2 S 3. Die Vorschrift bezweckt, die Bewertung des Umlaufsvermögens der Abwicklung anzupassen. Es handelt sich bei dieser Vorschrift um eine Bewertungs- und keine Gliederungsregel. Die Bilanz ist nach wie vor gem § 266 Abs 2 A HGB zu gliedern (Rn 14). Nach § 270 Abs 2 S 3 Var 1 ist das Anlagevermögen wie Umlaufvermögen zu bewerten, sofern die Veräußerung der fraglichen Gegenstände innerhalb eines übersehbaren Zeitraums beabsichtigt ist. Übersehbar ist ein Zeitraum von einem Jahr nach dem Bilanzstichtag (MünchKomm AktG/*Hüffer* Rn 40; weitergehend Scholz GmbHG/*K. Schmidt* § 71 Rn 24: 4 Jahre). Das Anlagevermögen ist außerdem wie Umlaufvermögen zu bewerten, wenn die Vermögensgegenstände nicht mehr dem Geschäftsbetrieb dienen. Die Vorschrift entspricht sachlich § 247 Abs 2 HGB. Nicht mehr dem Geschäftsbetrieb dienen etwa stillgelegte Anlagen, brachliegende Betriebsgrundstücke oder sonstige Gegenstände, die für den Betrieb der Abwicklungsgesellschaft unerheblich sind (vgl MünchKomm AktG/*Hüffer* Rn 41). **12**

3. Bilanzgliederung. Die Bilanz ist gem § 270 Abs 2 S 2, §§ 266–274a HGB zu gliedern. Allerdings muss die Gliederung den Abwicklungszweck widerspiegeln. Nicht sinngemäß anwendbar ist deswegen § 265 Abs 2 S 1 HGB, so dass die Vorjahresbeträge nicht anzugeben sind (*Budde/Förschle/Winkeljohann* U Rn 226; Spindler/Stilz AktG/*Euler/Binger* Rn 36). **13**

a) Aktivseite. Die **Aktivseite** ist gem § 270 Abs 2 S 2, § 266 Abs 2 A HGB zu gliedern. Eigene Aktien sind nicht zu aktivieren, da sie bei der Verteilung des Liquidationsüberschuss nicht berücksichtigt werden. Ausstehende Einlageansprüche gegen die Aktionäre sind zu aktivieren. Dies gilt nicht, wenn feststeht, dass ihre Leistung zur Befriedigung der Gläubiger nicht mehr benötigt wird (§ 264 Rn 17; aA Scholz GmbHG/*K. Schmidt* § 71 Rn 21). Bei Vermögensgegenständen ist zu unterscheiden: Nicht mehr betriebsnotwendige Vermögensgegenstände sind gem § 247 Abs 2 HGB iVm § 270 Abs 2 S 3 nicht umzugliedern und **wie** Umlaufvermögen zu **bewerten** (*Adler/Düring/Schmaltz* Rechnungslegung Rn 63; Spindler/Stilz AktG/*Euler/Binger* Rn 38). Dienen die Vermögensgegenstände dazu, den Geschäftsbetrieb zeitweise fortzuführen und aufrecht zu erhalten, sind sie als Anlagevermögen auszuweisen und zu bewerten (*Budde/Förschle/Winkeljohann* T Rn 231). **14**

b) Passivseite. Für die Gliederung der Passivseite gilt § 266 Abs 3 HGB. Umstritten ist, ob und wie das Eigenkapital auszuweisen ist. Eine verbreitete Ansicht schlägt hier **15**

Füller

die **Nettomethode** vor. Die einzelnen Posten in § 266 Abs 3 A HGB seien als „Abwicklungs- oder Liquidationskapital" zusammen zu fassen (*Förschle/Deubert* DStR 1996, 1748). Das überzeugt kaum, da die Nettomethode die Ermittlung des anteiligen Liquidationsüberschusses erschwert. Zu bilanzieren ist daher nach der **Bruttomethode.** Das Eigenkapital ist gesondert auszuweisen, wobei § 272 HGB zu beachten ist (*Jurowsky* DStR 1997, 797, 802; MünchKomm AktG/*Hüffer* Rn 25 f; Spindler/Stilz AktG/*Euler/Binger* Rn 43 ff). Ausstehende Einlagen sind daher gem § 272 Abs 1 S 2 HGB auf der Aktivseite vor dem gezeichneten Kapital auszuweisen und zu bezeichnen. Sie dürfen nach § 272 Abs 1 S 3 HGB vor dem Posten „gezeichnetes Kapital" (§ 266 Abs 3 A I HGB) offen abgesetzt werden, wobei dann der geforderte, aber nicht eingezahlte Betrag besonders auszuweisen ist. **Rückstellungen** sind gem § 249 Abs 1 S 1 HGB für ungewisse Verbindlichkeiten und für drohende Verluste aus schwebenden Geschäften zu bilden. Sie sind gem § 266 Abs 3 B HGB zu passivieren, auch wenn es sich um Pensionen und ähnliche Verpflichtungen handelt. Für die Liquidationskosten gilt das Saldierungsverbot des § 246 Abs 2 HGB.

16 **4. Der Erläuterungsbericht.** Nach HGB sind die Abwickler dazu verpflichtet, einen die Eröffnungsbilanz erläuternden Bericht aufzustellen, sog Zweck dieser Berichtspflicht ist es, Bewertungsunterschiede zwischen den bisherigen Jahresabschlüssen und der Eröffnungsbilanz zu verdeutlichen (MünchKomm AktG/*Hüffer* Rn 43). Anwendbar sind gem § 270 Abs 2 S 2 die Vorschriften über den Jahresabschluss. Verwiesen ist damit auf § 160 und die §§ 284–288 HGB über den Anhang. Ein Lagebericht gem § 289 HGB ist nicht zu erstellen, da dieser nicht Bestandteil des Jahresabschlusses ist (KölnKomm AktG/*Kraft* Rn 10; aA MünchKomm AktG/*Hüffer* Rn 43). Dies schließt es allerdings nicht aus, dass der Erläuterungsbericht bereits Elemente des Lageberichts in sich aufnimmt, zumal dieser beim Abwicklungsjahresabschluss erforderlich ist (Rn 27). Inhaltlich hat der Erläuterungsbericht insbesondere die Angaben gem § 284 Abs 2 HGB zu enthalten. Die Umbewertung nach § 270 Abs 2 S 3 ist gem § 284 Abs 2 Nr 3 HGB anzugeben und zu begründen, wobei sich die Begründung in einem Verweis auf § 270 Abs 2 S 3 erschöpfen dürfte. Der Liquidation zurechenbare künftige Kosten sind zu nennen. Anzugeben sind die Liquidationserlöse, wobei jedoch auch pauschale Angaben genügen, um den künftigen Veräußerungspreis nicht vorweg zu nehmen (*Sarx* FS Forster, S 547, 559). Zu berichten ist auch über den voraussichtlichen Verlauf der Liquidation und deren Aussichten.

17 **5. Prüfung. – a) Externe Prüfung und gerichtliche Befreiung.** Aus § 270 Abs 2 S 2 folgt, dass die Eröffnungsbilanz und der Lagebericht der externen Prüfung durch einen Abschlussprüfer gem § 316 Abs 1 S 1 HGB unterliegen. Ausgenommen davon sind nur kleine AG iSv § 267 HGB. Darüber hinaus kann das Gericht (§§ 14, 376, 377 FamFG) von der **externen Prüfung befreien**, wenn die Vermögensverhältnisse der AG so überschaubar sind, dass eine Prüfung weder im Interesse der Gläubiger noch der Aktionäre geboten ist. Dies ergibt sich aus § 270 Abs 3 S 1, der kraft des (gesetzessystematisch misslungenen) Verweises in § 270 Abs 2 S 2 auch für die Eröffnungsbilanz gilt. Die Dispensvoraussetzungen sind vage und noch nicht abschließend geklärt. Unerheblich für den Dispens ist die Größe der AG, da es nach dem Gesetz nur auf die Vermögensverhältnisse ankommt (GroßKomm AktG/*Wiedemann* Anm 6). Unüberschaubar sind die Vermögensverhältnisse, wenn während der Abwicklung eine wesentliche Geschäftstätigkeit zu erwarten ist. Ausgeschlossen ist der gerichtliche Dispens auch, wenn die ordnungsgemäße Abwicklung deswegen zweifelhaft ist, weil die

Eröffnungsbilanz. Jahresabschluss und Lagebericht § **270**

bisherige Rechungslegung mangelhaft war oder die Abwickler persönlich unzuverlässig sind (MünchKomm AktG/*Hüffer* Rn 48).

Das Gericht wird nur auf Antrag tätig (*Budde/Förschle* Rn U 318). Es entscheidet 18 durch einen begründeten Beschluss, wobei die Befreiung auch nach dem Beginn der Prüfung möglich ist, jedoch nicht mehr nach ihrem Abschluss (KölnKomm AktG/ *Kraft* Rn 21). Sind die Dispensvoraussetzungen erfüllt, muss das Gericht von der externen Prüfung befreien. Ein Ermessensspielraum besteht nicht. Gegen den Beschluss des Gerichts ist gem § 270 Abs 3 S 2 die Beschwerde (§ 58 ff FamFG) eröffnet. Beschwerdeberechtigt sind die Betroffenen (§ 59 FamFG) und damit im Falle einer Befreiung die Gesellschaftsgläubiger und Aktionäre. Gem § 63 Abs 2 Nr 2 FamFG beträgt die Frist 2 Wochen. Die AG ist nur beschwerdebefugt, wenn das Gericht die Befreiung ablehnt (KölnKomm AktG/*Kraft* Rn 22).

b) Interne Prüfung. Die Abwickler sind dazu verpflichtet, die Eröffnungsbilanz und 19 den Erläuterungsbericht unverzüglich (§ 121 BGB) nach der Aufstellung dem AR vorzulegen (§§ 270 Abs 2 S 2, 170 Abs 1 S 1). Diese Verpflichtung besteht auch, wenn das Gericht von der externen Prüfung befreit hat (MünchKomm AktG/*Hüffer* Rn 20). Für die Prüfung durch den AR gilt § 171. Den Prüfungsbericht hat der Abschlussprüfer dem AR direkt zuzuleiten (§ 321 Abs 5 S 2 HGB iVm §§ 270 Abs 2 S 2, 111 Abs 2 S 3). Gem §§ 270 Abs 2 S 2, 171 Abs 2 hat der AR das Ergebnis seiner Prüfung schriftlich an die HV zu berichten. Ist eine externe Prüfung erforderlich, muss der Abschlussprüfer an den Verhandlungen des AR oder eines Ausschusses teilnehmen und über das Ergebnis seiner Prüfung berichten. Die ohnehin zweifelhafte Regelung des § 171 Abs 2 S 2 passt hingegen für die Prüfung des AR nicht (MünchKomm AktG/ *Hüffer* Rn 20).

6. Feststellung. Die HV beschließt gem § 270 Abs 2 S 1 über die Feststellung der 20 Eröffnungsbilanz und des Erläuterungsberichts. Während der Abwicklung verliert daher der AR seine Kompetenz aus § 172. Gem §§ 175 Abs 1, 264 Abs 3, 270 Abs 2 S 2 haben die Abwickler unverzüglich (§ 121 BGB), nachdem der Prüfungsbericht des AR eingegangen ist, die HV einzuberufen. Während der HV treffen die Abwickler und den Vorsitzenden des AR die Erläuterungspflichten aus § 176 Abs 2 S 2. Unterliegen die Eröffnungsbilanz und der Erläuterungsbericht der externen Prüfung, so kann die HV beide nicht feststellen, wenn eine externe Prüfung unterblieb (§§ 316 Abs 1 S 2 HGB, 270 Abs 2 S 2).

7. Offenlegung. Gem § 270 Abs 2 S 2 iVm §§ 325–329 HGB sind die Eröffnungsbilanz 21 und der Erläuterungsbericht offen zu legen. Die Abwickler haben den Jahresabschluss grundsätzlich unverzüglich (§ 121 BGB) nach seiner Vorlage an die HV zum HR einzureichen (§ 325 Abs 1 S 1 HGB). Ein etwaiger Dispens von der Prüfungspflicht gem § 270 Abs 3 sollte dabei vermerkt werden (MünchKomm AktG/*Hüffer* Rn 51).

IV. Abwicklungsjahresabschluss und Lagebericht

1. Zweck. Die Abwickler haben gem § 270 Abs 1 HS 2 den Abwicklungsjahresab- 22 schluss und einen Lagebericht zu erstellen. Zweck dieser Rechnungslegung ist es, einen periodischen Überblick über Vermögen der AG und den Abwicklungsfortschritt zu geben. Anwendbar sind auf diese Rechnungslegung gem § 264 Abs 3 die allgemeinen Vorschriften. Das Gesetz ist auch hier systematisch unglücklich: Während für die Eröffnungsbilanz die Vorschriften über den Jahresabschluss entsprechend gelten

Füller

(§ 270 Abs 2 S 2), gelten diese Vorschriften für den Abwicklungsjahresabschluss gem § 264 Abs 3 nur unter dem Vorbehalt, dass sie mit dem Abwicklungszweck vereinbar sind. Am ehesten lassen sich beide Rechnungslegungen harmonisieren, indem man nicht nur den Abwicklungsjahresabschluss sondern auch die Eröffnungsbilanz mit den Zwecken der Abwicklung abgleicht (Rn 7). Wie die Eröffnungsbilanz, so ist auch die Abwicklungsjahresbilanz eine Bilanz sui generis. Sie bezweckt, einen Überblick über den Abwicklungsstand und die Vermögenslage der Abwicklungsgesellschaft zu geben (KölnKomm AktG/*Kraft* Rn 13; MünchKomm AktG/*Hüffer* Rn 52 f).

23 **2. Abwicklungsjahresbilanz.** Diese Bilanz haben die Abwickler gem § 270 Abs 1 HS 2 für den „Schluss eines jeden Jahres" aufzustellen. Das Gesetz ist hier ungenau formuliert, es kommt auf das Abwicklungsjahr an. Der Bilanzstichtag ist vom Tag und Monat der Eröffnungsbilanz weiter zu rechnen (MünchKomm AktG/*Hüffer* Rn 54). Das bisherige Geschäftsjahr kann beibehalten werden. Allerdings verlangt dies einen Beschluss der HV, der § 240 Abs 2 S 2 HGB zu beachten hat. Da der Beschluss vom gesetzlichen Regelfall abweicht und auf eine Satzungsänderung nach §§ 179 ff hinausläuft, ist eine Drei-Viertel-Mehrheit erforderlich (MünchKomm AktG/*Hüffer* Rn 54; aA wohl KölnKomm AktG/*Kraft* Rn 12). Im Übrigen gelten für den Inhalt der Abwicklungsjahresbilanz die zur Eröffnungsbilanz geschilderten Grundsätze (Rn 8–15).

24 **3. Gewinn- und Verlustrechnung (GuV).** Die GuV ist Bestandteil des Abwicklungsjahresabschlusses, §§ 264 Abs 3, 158, §§ 242 Abs 2, 275–278 HGB. Sie soll die Ursachen für einen Überschuss oder Fehlbetrag im Verhältnis zur letzten Rechungslegung verdeutlichen (KölnKomm AktG/*Kraft* Rn 14). Die Vorschriften der §§ 275 ff HGB sind damit unter dem Vorbehalt anwendbar, dass sie mit dem Abwicklungszweck vereinbar sind.

25 **4. Anhang.** Gem § 270 Abs 1 HS 2 sind die Abwickler verpflichtet, einen Anhang zum Jahresabschluss zu erstellen. Der Inhalt des Anhangs richtet sich nach §§ 264 Abs 3, 160, §§ 284 ff HGB. Je nach dem Fortschritt der Liquidation werden sich einige Angaben erübrigen. Hat bereits der Erläuterungsbericht angegeben und begründet, warum von Bilanzierungs- und Bewertungsmethoden gegenüber der letzten Rechnungslegung der werbenden Gesellschaft abgewichen wurde (§ 284 Abs 2 Nr 3 HGB), so muss der Anhang darüber nicht nochmals berichten (MünchKomm AktG/*Hüffer* Rn 58).

26 **5. Lagebericht.** Die Abwickler sind gem §§ 270 Abs 1 HS 2, 264 Abs 3, § 289 HGB verpflichtet, einen Lagebericht zu erstellen und dem Jahresabschluss beizufügen. Allerdings gelten §§ 264 Abs 1 S 3, 267 Abs 1 HGB. Kleine AG iSv § 267 Abs 1 HGB brauchen keinen Lagebericht aufzustellen. Der Verweis in § 270 Abs 1 HS 2 ist insoweit ungenau (KölnKomm AktG/*Kraft* Rn 11; aA *Scherrer/Heni* S 32 f). Für den Inhalt des Lageberichts gilt § 289 HGB. Er hat deswegen insbesondere über den Fortgang der Liquidation sowie über zu erwartende Überschüsse oder entstandene Fehlbeträge zu berichten. Mit dem Fortschreiten der Liquidation werden sich bestimmte Angaben erübrigen. Dies gilt etwa für die Forschung und Entwicklung (§ 289 Abs 2 Nr 3) und bestehende Zweigniederlassungen (§ 289 Abs 2 Nr 4), wenn diese im Rahmen der Liquidation aufgegeben wurden.

27 **6. Prüfung, Offenlegung und Entlastung.** Für die Prüfung des Abwicklungsjahresabschlusses gelten die Vorschriften über die werbende Gesellschaft (§§ 270 Abs 1, 264 Abs 3). Im Einzelnen kann hierzu auf die Darstellung zur Eröffnungsbilanz verwiesen

werden (Rn 17–19). Insbesondere kann auf Antrag gem § 270 Abs 3 von der Prüfung des Abwicklungsjahresabschlusses befreit werden. Zur Feststellung s Rn 20. Der Abwicklungsjahresabschluss ist offen zu legen, s Rn 21. Gem § 270 Abs 1 S 1 HS 2 beschließt die HV über die Entlastung der Abwickler und der Mitglieder des AR. Wie auch im Rahmen des § 120 bedeutet hier die Entlastung, dass die HV die Verwaltung der AG durch die Abwickler und die Mitglieder des AR billigt. Ein Verzicht auf Ersatzansprüche ist darin nicht zu sehen (KölnKomm AktG/*Kraft* Rn 28). Eine gleichzeitige Verhandlung über die Verwendung des Bilanzgewinns (vgl § 120 Abs 3) scheidet aus, da während der Abwicklung kein Gewinn ausgeschüttet wird (MünchKomm AktG/ *Hüffer* Rn 61).

§ 271 Verteilung des Vermögens

(1) Das nach der Berichtigung der Verbindlichkeiten verbleibende Vermögen der Gesellschaft wird unter die Aktionäre verteilt.

(2) Das Vermögen ist nach den Anteilen am Grundkapital zu verteilen, wenn nicht Aktien mit verschiedenen Rechten bei der Verteilung des Gesellschaftsvermögens vorhanden sind.

(3) ¹**Sind die Einlagen auf das Grundkapital nicht auf alle Aktien in demselben Verhältnis geleistet, so werden die geleisteten Einlagen erstattet und ein Überschuss nach den Anteilen am Grundkapital verteilt.** ²**Reicht das Vermögen zur Erstattung der Einlagen nicht aus, so haben die Aktionäre den Verlust nach ihren Anteilen am Grundkapital zu tragen; die noch ausstehenden Einlagen sind, soweit nötig, einzuziehen.**

Übersicht

	Rn		Rn
I. Gegenstand der Regelung	1	2. Unterschiedliche Einlageleistungen	6
II. Abwicklungsüberschuss	2	3. Aktien mit verschiedenen Rechten	7
1. Begriff	2	V. Erfüllung	8
2. Ermittlung des Abwicklungsüberschusses	3	1. Subjektives Recht auf den Abwicklungsüberschuss	8
III. Durchführung	4	2. Erfüllung in Natura	9
IV. Verteilungsmaßstab	5		
1. Verteilung nach dem Anteil am Grundkapital	5		

Literatur: *Sethe* Aktien ohne Vermögensbeteiligung?, ZHR 162, (1998), 474; *ders* Satzungsautonomie in Bezug auf die Liquidation einer AG, ZIP 1998, 770.

I. Gegenstand der Regelung

Die Vorschrift stellt die Grundregeln für das „ob" und das „wie" der Vermögensverteilung auf. § 271 Abs 1 normiert dabei den zeitlichen Vorrang der Gläubigerbefriedigung. Aus der Vorschrift lässt sich zudem ein subj Recht der Aktionäre auf den Abwicklungsüberschuss ableiten (Rn 9). Ergänzt wird die Vorschrift durch § 272, der zeitliche Schranken für die Vermögensverteilung bestimmt. Die Verteilung durchzuführen, ist Aufgabe der Abwickler.

II. Abwicklungsüberschuss

2 1. Begriff. An die Aktionäre zu verteilen ist der Abwicklungsüberschuss, den § 271 Abs 1 als das nach Berichtigung der Gesellschaftsverbindlichkeiten verbleibende Vermögen beschreibt. Zunächst sind sämtliche Rücklagen aufzulösen. Diese fließen in die Haftungsmasse ein, aus der die Gläubiger vorrangig zu befriedigen sind. Verteilungsvermögen ist damit das Vermögen, das nach der Erfüllung von Ansprüchen der Gesellschaftsgläubiger, Steuerschulden und Abgaben sowie von Vergütungsansprüchen der Abwickler verbleibt. Auch sonstige Abwicklungskosten sind von der Verteilungsmasse abzuziehen.

3 2. Ermittlung des Abwicklungsüberschusses. Die Abwickler haben den Liquidationsüberschuss zu ermitteln. Kaufmännischer Übung und damit der Sorgfalt eines ordentlichen Abwicklers entspricht es, dass sie eine **Schlussbilanz** und einen **Verteilungsplan** aufstellen. Ein die Schlussbilanz feststellender Beschluss ist unnötig (MünchKomm AktG/*Hüffer* Rn 10; Spindler/Stilz AktG/*Bachmann* Rn 7).

III. Durchführung

4 Die Abwickler haben mit der Sorgfalt eines ordentlichen und gewissenhaften Geschäftsleiters die Verteilung durchzuführen (§§ 268 Abs 2 S 1, 93). Sie müssen alle Berechtigten vollständig ermitteln und deren Anspruchserfüllung kontrollieren. Bei der Erfüllung des Zahlungsanspruches ist die Aktie (oder der Hinterlegungsbescheinigung) vorzulegen. Jedoch haben die Abwickler keinen Anspruch auf die Aushändigung der Urkunde (KölnKomm AktG/*Kraft* Rn 20; **aA** MünchKomm AktG/*Hüffer* Rn 15). Die Zahlung ist gem § 368 BGB zu quittieren.

IV. Verteilungsmaßstab

5 1. Verteilung nach dem Anteil am Grundkapital. Nach § 271 Abs 2 HS 1 ist das Vermögen nach den Anteilen am Grundkapital zu verteilen. Die Vorschrift ist das liquidationsrechtliche Spiegelbild zu § 53a (MünchKomm AktG/*Hüffer* Rn 21). Eigene Aktien sind hierbei gem § 71b nicht zu berücksichtigen. Bei Stückaktien ermittelt sich der Anteil am Grundkapital gem § 8 Abs 4 HS 2 nach der Zahl der Stückaktien. Bei Nennbetragsaktien kommt es auf das Verhältnis ihres Nennbetrags zum Grundkapital an (§ 8 Abs 4 HS 1).

6 2. Unterschiedliche Einlageleistungen. § 271 Abs 3 dient der Gleichbehandlung der Aktionäre bei der Auskehrung des Verteilungserlöses (MünchKomm AktG/*Hüffer* Rn 23). Sind bei einem ausgeglichenen Ergebnis die Einlagen auf das Grundkapital nicht auf alle Aktien in demselben Verhältnis geleistet, so sind gem § 271 Abs 3 S 1 die geleisteten Einlagen zu erstatten und ein Überschuss nach dem Verhältnis der Aktiennennbeträge zu verteilen. Nicht zu erstatten sind Leistungen iSv § 272 Abs 2 HGB (MünchKomm AktG/*Hüffer* Rn 25). Ist das verteilungsfähige Vermögen für die Erstattung der Einlagen unzureichend, ist der Verlust von den Aktionären gem § 271 Abs 3 S 2 nach ihrem Anteil am Grundkapital zu tragen. Ausstehende Einlagen sind gem § 271 Abs 3 S 2 HS 2 soweit nötig einzuziehen (Spindler/Stilz AktG/*Bachmann* Rn 13).

7 3. Aktien mit verschiedenen Rechten. Der Verteilungsmaßstab nach § 271 Abs 2 HS 1 gilt gem HS 2 nur, wenn keine Aktien mit verschiedenen Rechten bei der Verteilung des Gesellschaftsvermögens vorhanden sind. Bevorrechtigte Aktien iSv § 11 S 1 sind bei der Verteilung vorrangig zu berücksichtigen. Erst nach der Bedienung dieser Aktien ist ein verbleibender Überschuss an die übrigen Aktionäre zu verteilen. Reicht das verteilungsfähige Vermögen nicht dazu aus, um die Aktien mit Vorzugsrechten zu bedienen, sind keine Einlagen mehr zu leisten (KölnKomm AktG/*Kraft* Rn 16 f).

V. Erfüllung

1. Subjektives Recht auf den Abwicklungsüberschuss. Aus der Mitgliedschaft folgt das 8
Recht auf den Abwicklungsüberschuss. Es handelt sich dabei um ein unselbstständiges, nicht durchsetzbares Vermögensrecht. Sind die Voraussetzungen für die Vermögensverteilung erfüllt (Rn 2, 3 sowie § 272 Abs 1), so erstarkt das bisherige Vermögensrecht des Aktionärs in einen durchsetzbaren Anspruch gegen die AG auf Zahlung des Überschusses (KölnKomm AktG/*Kraft* Rn 2). Das unselbstständige Vermögensrecht ist disponibel, da das Gesetz insoweit keine abschließende, sondern gar keine Regelung trifft, § 23 Abs 5 S 2 (*Sethe* ZHR 162 (1998), 474, 483 ff; **aA** *Hüffer* AktG Rn 2). Folgerichtig kann auch auf den Gleichbehandlungsgrundsatz verzichtet werden, so dass Aktiengattungen mit und ohne Anspruch auf den Verteilungserlös emittiert werden dürfen (KölnKomm AktG/*Kraft* Rn 4). Ändert ein Beschluss der HV das Vermögensrecht, müssen die betroffenen Aktionäre zustimmen, anderenfalls ist er schwebend unwirksam (*Sethe* ZHR 162 (1998), 474, 483 ff). Auf den durchsetzbaren Anspruch auf den Liquidationserlös kann nur gem § 397 BGB (auch antizipiert) verzichtet werden.

2. Erfüllung in Natura. Der Anspruch auf den Liquidationserlös ist ein Zahlungsanspruch. 9
Er kann nicht durch eine Naturalteilung erfüllt werden. Da die Abwicklungsaufgabe nach § 268 Abs 1 S 1 die „Versilberung" des Gesellschaftsvermögens einschließt, richtet sich der Anspruch des Aktionärs auf Geld. Dieser Grundsatz ist satzungsfest (MünchKomm AktG/*Hüffer* Rn 4, § 268 Rn 20).

§ 272 Gläubigerschutz

(1) Das Vermögen darf nur verteilt werden, wenn ein Jahr seit dem Tag verstrichen ist, an dem der Aufruf der Gläubiger bekannt gemacht worden ist.

(2) Meldet sich ein bekannter Gläubiger nicht, so ist der geschuldete Betrag für ihn zu hinterlegen, wenn ein Recht zur Hinterlegung besteht.

(3) Kann eine Verbindlichkeit zur Zeit nicht berichtigt werden oder ist sie streitig, so darf das Vermögen nur verteilt werden, wenn dem Gläubiger Sicherheit geleistet ist.

Übersicht

	Rn		Rn
I. Regelungsgehalt	1	b) Abgrenzungsfragen	5
1. Gläubigerschutz	1	III. Recht zur Hinterlegung	6
2. Zwingendes Recht	2	IV. Sicherheitsleistung (§ 272 Abs 3)	7
II. Sperrjahr (§ 272 Abs 1)	3	V. Haftungsfragen	8
1. Fristberechnung	3	1. Ordnungsgemäße Verteilung	8
2. Vermögensverteilung	4	2. Verbotswidrige Verteilung	9
a) Begriffsbestimmung	4	3. Vorbeugender Rechtsschutz	10

§ 272 Gläubigerschutz

Literatur: *Erle* Die Funktion des Sperrjahres in der Liquidation der GmbH, GmbHR 1998, 216; *K. Schmidt* Zur Gläubigersicherung im Liquidationsrecht der Kapitalgesellschaften, Genossenschaften und Vereine, ZIP 1981, 1; *ders* Vorfinanzierung der Liquidationsquote im Einklang mit dem Ausschüttungssperrjahr?, DB 1994, 2013; *ders* Das Liquidations-Sperrjahr als Liquiditätssicherung vor und nach MoMiG, DB 2009, 1971.

I. Regelungsgehalt

1. Gläubigerschutz. Die Vorschrift dient vorrangig dem Schutz der (un)bekannten Gesellschaftsgläubiger. Ihnen soll das Gesellschaftsvermögen innerhalb der einjährigen Sperrfrist ungeschmälert als Haftungsmasse zur Verfügung stehen. Die Norm bestimmt daher ein **Thesaurierungsgebot** (*BGH* NZG 2009, 659, 662; Spindler/Stilz AktG/*Bachmann* Rn 1). § 272 ist im Zusammenhang mit § 271 zu lesen. Die Befriedigung der Gesellschaftsgläubiger ist auch nach Ablauf des Sperrjahres vorrangig. Eine eigenständige Regelaussage trifft § 272 Abs 1 nur, wenn alle Gesellschaftsgläubiger vor Ablauf des Sperrjahres befriedigt wurden. Das Gesetz beruht damit auf einer **doppelten Gläubigersicherung** (*K. Schmidt* ZIP 1981, 1).

2. Zwingendes Recht. § 272 ist als zwingendes Recht satzungsfest. Auch die Gesellschaftsgläubiger können über den Schutz nach dieser Vorschrift nicht disponieren. § 272 gilt deswegen, wenn alle Gesellschaftsgläubiger einer Vermögensverteilung an die Aktionäre vor dem Ablauf des Sperrjahres zustimmen (KölnKomm AktG/*Kraft* Rn 12). Allerdings entfällt dann ein Schadensersatzanspruch der zustimmenden Gläubiger, wenn vor Ablauf des Sperrjahres das Vermögen verteilt wurde und die Gläubiger deshalb ausgefallen sind.

II. Sperrjahr (§ 272 Abs 1)

1. Fristberechnung. Das Sperrjahr beginnt gem § 187 Abs 1 BGB mit dem Tag, der auf die Bekanntmachung des ordnungsgemäßen Gläubigeraufrufs gem § 267 folgt. Es endet nach § 188 Abs 2 HS 1 BGB mit dem Ablauf des letzten Tages im zwölften Monat. Das Sperrjahr begründet keine Präklusionsfrist (*RGZ* 124, 210, 213). Sein Ablauf kann weder gehemmt noch unterbrochen werden, da es sich um keine Verjährungsfrist handelt (MünchKomm AktG/*Hüffer* Rn 4).

2. Vermögensverteilung. – a) Begriffsbestimmung. Das Sperrjahr gem § 272 Abs 1 begründet ein **befristetes Verteilungsverbot** und gleichzeitig ein Theasurierungsgebot. Der Begriff „Vermögensverteilung" ist weit auszulegen ist und erfasst alle Maßnahmen, die die Haftungsmasse der AG zu Gunsten der Aktionäre schmälern (MünchKomm AktG/*Hüffer* Rn 5). Die Vorfinanzierung der Liquidationsquote durch ein Darlehen an einen Gesellschafter, das nach Ablauf des Sperrjahres mit der Liquidationsquote verrechnet werden soll, ist deswegen unzulässig (*K. Schmidt* DB 1994, 2013, 2015). Gesellschafterdarlehen sind hingegen wie Ansprüche von Drittgläubigern zu behandeln. Dies gilt wegen § 39 Abs 1 Nr 5 InsO außerhalb des Insolvenzverfahrens, selbst wenn das Darlehen funktional das Eigenkapital der AG ersetzt (Spindler/Stilz AktG/*Bachmann* Rn 5; *K. Schmidt* DB 2009, 1971, 1972). Bei **Vorabausschüttungen** auf einen zu erwartenden Liquidationserlös geht der *BGH* von dem stillschweigenden Vorbehalt aus, dass auf die Empfänger auch ein derartiger Erlös entfällt. Anderenfalls sind diese aus einer konkludenten Rückzahlungsabrede der AG zu Erstattung verpflichtet (*BGH* NZG 2009, 659, 660).

Gläubigerschutz § 272

b) Abgrenzungsfragen. Problematisch ist die Abgrenzung zwischen zulässiger Gläubigerbefriedigung und Vermögensverteilung, wenn die Aktionäre als Gläubiger der Gesellschaft auftreten. Individualansprüche der Aktionäre aus Verkehrsgeschäften mit der AG dürfen vor Ablauf des Sperrjahres befriedigt werden. Es handelt sich hierbei um keine Vermögensverteilung (MünchKomm AktG/*Hüffer* Rn 7). Wurde vor der Auflösung ein Gewinnverwendungsbeschluss gem § 174 gefasst, ist zweifelhaft ist, wie die Zahlungsansprüche der Aktionäre gegenüber der AG zu behandeln sind. wurde. Eine Erfüllung dieser Ansprüche ist nur möglich ist, wenn weder das Grundkapital der AG noch die gesetzliche Rücklage nach § 150 angetastet werden (MünchKomm AktG/*Hüffer* Rn 10). Zum Schutz der Gesellschaftsgläubiger ist hier die Sperrfrist des § 272 Abs 1 anwendbar (*K. Schmidt* ZIP 1981, 1, 2 li Sp). 5

III. Recht zur Hinterlegung

§ 272 Abs 2 ist schief formuliert. Entgegen dem Wortlaut ist entscheidend, dass die **Forderung bekannt** ist (*K. Schmidt* ZIP 1981, 1, 3). Zusätzlich knüpft die Vorschrift an die Hinterlegungsvoraussetzungen der § 372 BGB, § 373 HGB an. Meldet sich der bekannte Gläubiger nicht, dessen Forderung den Abwicklern bekannt ist, so befindet sich der Gläubiger nach dem Gläubigeraufruf im Annahmeverzug. Ein hinterlegungsfähiger Gegenstand kann damit hinterlegt werden. Dies gilt auch, wenn zwar die Forderung bekannt ist, aber der Gläubiger unbekannt ist (MünchKomm AktG/*Hüffer* Rn 18). § 272 Abs 2 normiert nur ein Recht der Abwickler zur Hinterlegung, aber keinen damit korrespondierenden Anspruch der Gläubiger. 6

IV. Sicherheitsleistung (§ 272 Abs 3)

Kann eine Verbindlichkeit zur Zeit nicht berichtigt werden oder ist sie streitig, so ist eine Vermögensverteilung erst zulässig, wenn dem Gläubiger zuvor Sicherheit geleistet wurde. § 272 Abs 3 normiert ein Recht, aber keine Pflicht zur Sicherheitsleistung gegenüber den Gläubigern. Auch bei bevorstehender Vermögensverteilung scheidet daher eine Geltendmachung im Wege einer einstweiligen Verfügung aus (grdl *K. Schmidt* ZIP 1981, 1, 4; MünchKomm AktG/*Hüffer* Rn 22; **aA** RGZ 143, 301, 303; GroßKomm AktG/*Wiedemann* Rn 5). Eine Verbindlichkeit kann zeitweilig nicht berichtigt werden, wenn sie weder durch Erfüllung noch durch ein Erfüllungssurrogat derzeit erlöschen kann. Dies sind **bedingte** oder **befristete** Forderungen des Gesellschaftsgläubigers sowie wiederkehrende Leistungen. Das tatsächliche Angebot der AG (§ 294 BGB) führt bei solchen Verbindlichkeiten nicht zum Annahmeverzug, so dass kein Recht zur Hinterlegung nach § 272 Abs 2 besteht. Streitig ist eine Verbindlichkeit, wenn die Abwickler eine gegenüber der AG erhobene Forderung dem Grund und/oder der Höhe nach in Frage stellen. Vom Wortlaut erfasst aber nicht vom Schutzzweck der Norm sind offensichtlich unbegründete Forderungen. Berühmt sich ein Gläubiger missbräuchlich einer unbegründeten Forderung, ist ihm daher keine Sicherheit zu leisten (KölnKomm AktG/*Kraft* Rn 10; MünchKomm AktG/*Hüffer* Rn 21). 7

V. Haftungsfragen

1. Ordnungsgemäße Verteilung. Ist das Gesellschaftsvermögen in Übereinstimmung mit § 272 Abs 1 verteilt worden, trägt die Leistungen an die Gesellschafter ein Rechtsgrund. Unbekannte Gläubiger einer unbekannten Forderung, haben daher nach dem 8

Füller 2041

Ablauf des Sperrjahres gegenüber den Gesellschaftern keinen Rückforderungsanspruch (*RGZ* 124, 210, 214 zur GmbH; *K. Schmidt* ZIP 1981, 1, 6). Jene können allenfalls eine Nachtragsabwicklung beantragen, sofern die AG noch nicht gelöscht ist und ein verteilungsfähiges Vermögen noch vorhanden ist (KölnKomm AktG/*Kraft* Rn 14). Den unbekannten Gläubigern steht auch kein Schadensersatzanspruch gegenüber den Liquidatoren zu, da diese ihre Pflichten aus § 272 Abs 1 nicht verletzt haben.

9 **2. Verbotswidrige Verteilung.** Nach der hM ist bei einem Verstoß gegen § 272 nur das schuldrechtliche Rechtsgeschäft unwirksam, das der Verteilung an die Gesellschafter zugrunde liegt. Eine Ausnahme davon soll nur gelten, wenn die Liquidatoren und die Gesellschafter kollusiv zusammen wirken (*BGH* AG 1974, 22 zur GmbH; KölnKomm AktG/*Kraft* Rn 16). Dies überzeugt nicht. Erst das Verfügungsgeschäft entzieht der Abwicklungsgesellschaft die Haftungsmasse, so dass sich das Verbot im dinglichen Vollzug verwirklicht. Wird an die Gesellschafter im Widerspruch zu den §§ 271, 272 ausgekehrt, so steht der AG ein Rückgewähranspruch gegen die Aktionäre gem §§ 264 Abs 3, 62 Abs 1 S 1 zu. Diese Vorschriften verdrängen Bereicherungsansprüche nach § 812 Abs 1 BGB (MünchKomm AktG/*Hüffer* Rn 31; aA *K. Schmidt* ZIP 1981, 1, 6). Ein Entreicherungseinwand oder ein Gutglaubensschutz der Aktionäre scheidet aus, da weder § 818 Abs 3 BGB noch § 62 Abs 1 S 2 anwendbar ist (KölnKomm AktG/*Kraft* § 271 Rn 28) Nach § 62 Abs 2 S 1 können die Gesellschaftsgläubiger den Rückgewähranspruch geltend machen, soweit sie von der AG keine Befriedigung erlangen können. Der Gläubiger darf dabei nur die Zahlung an die AG bzw an die Nachtragsabwickler verlangen (zutr MünchKomm AktG/*Hüffer* Rn 33; aA KölnKomm AktG/*Kraft* Rn 18). Verletzen die Abwickler schuldhaft ihre Pflicht aus §§ 271, 272 Abs 1, so haften sie gegenüber der Gesellschaft auf Schadensersatz (§§ 268 Abs 2, 93, 264 Abs 2, 116). Können die Gesellschaftsgläubiger von der Gesellschaft keine Befriedigung erlangen, so können sie selbst gegenüber den Abwicklern oder den Mitgliedern des AR den Schadensersatzanspruch der AG geltend machen (§§ 264 Abs 3, 93 Abs 5, 116).

10 **3. Vorbeugender Rechtsschutz.** Seinen Zahlungsanspruch gegenüber der AG kann der Gesellschaftsgläubiger im Wege des Arrestverfahrens sichern, wenn die Vermögensverteilung in Kürze bevorsteht oder mit ihr bereits begonnen wurde (MünchKomm AktG/*Hüffer* Rn 26). Die in § 272 Abs 1 geregelte Unterlassungspflicht der Liquidatoren können die Gläubiger im Wege der einstweiligen Verfügung gegenüber jenen geltend machen, wenn die Vermögensverteilung droht oder bereits begonnen hat. Der Gesellschaftsgläubiger hat nach der **hM** ein Wahlrecht, welchen der Wege er beschreiten will (*K. Schmidt* ZIP 1981, 1, 5).

§ 273 Schluss der Abwicklung

(1) ¹Ist die Abwicklung beendet und die Schlussrechnung gelegt, so haben die Abwickler den Schluss der Abwicklung zur Eintragung in das Handelsregister anzumelden. ²Die Gesellschaft ist zu löschen.

(2) Die Bücher und Schriften der Gesellschaft sind an einem vom Gericht bestimmten sicheren Ort zur Aufbewahrung auf zehn Jahre zu hinterlegen.

(3) Das Gericht kann den Aktionären und den Gläubigern die Einsicht der Bücher und Schriften gestatten.

(4) ¹Stellt sich nachträglich heraus, dass weitere Abwicklungsmaßnahmen nötig sind, so hat auf Antrag eines Beteiligten das Gericht die bisherigen Abwickler neu zu bestellen oder andere Abwickler zu berufen. ²§ 265 Abs. 4 gilt.

(5) Gegen die Entscheidungen nach den Absätzen 2, 3 und 4 Satz 1 ist die Beschwerde zulässig.

Übersicht

	Rn		Rn
I. Regelungsgehalt	1	2. Gerichtliche Gestattung (Abs 3)	7
II. Abwicklungsende und Schlussrechnung	2	a) Einsichtsrecht	7
		b) Durchsetzung	8
1. Abwicklungsende	2	c) Einsichtsrecht aus § 810 BGB	9
2. Schlussrechnung	3	V. Nachtragsabwicklung – § 273 Abs 4	10
III. Anmeldung und Eintragung	4	1. Dogmatische Grundfragen	10
1. Anmeldepflicht der Abwickler	4	2. Notwendigkeit weiterer Abwicklungsmaßnahmen	11
2. Eintragung	5	3. Neubestellung von Abwicklern	12
IV. Hinterlegung von Büchern und Schriften	6	4. Rechtsrahmen für die Nachtragsabwicklung	13
1. Hinterlegungspflicht der Abwickler (Abs 2)	6	VI. Rechtsmittel	14

Literatur: *Hönn* Die konstitutive Wirkung der Löschung von Kapitalgesellschaften, ZHR 138 (1974), 50; *K. Schmidt* Entlastung, Entlastungsrecht und Entlastungsklage des Geschäftsführers einer GmbH – Versuch einer Neuorientierung, ZGR 1978, 425. Vgl iÜ die Nachweise zu § 264.

I. Regelungsgehalt

Die Vorschrift stellt sicher, dass das Ende der Abwicklung in das HR eingetragen wird, um damit die Löschung vorzubereiten. Das Gesetz geht damit von der konstitutiven Wirkung der Löschung aus (*Hönn* ZHR 138 (1974) 50, 60 f). Außerdem regelt die Norm die Hinterlegungspflicht der Abwickler (§ 273 Abs 2, 3) und ergänzt insoweit § 257 HGB. Schließlich gewährleistet die Norm, dass nur vollabgewickelte Gesellschaften ohne verteilungsfähiges Vermögen aus dem Rechtsverkehr ausscheiden. Deswegen gestattet § 273 Abs 4, 5 eine Nachtragsabwicklung. Diese ergänzt damit die vorangegangene Abwicklung und führt zur endgültigen Verteilung des restlichen Vermögens (MünchKomm AktG/*Hüffer* Rn 29).   1

II. Abwicklungsende und Schlussrechnung

1. Abwicklungsende. Beendet ist die Abwicklung, wenn die Gesellschaftsgläubiger befriedigt sind und das vorhandene Restvermögen der Gesellschaft an die Gesellschafter verteilt wurde. Verteilungsfähiges Vermögen existiert, wenn durchsetzbare Ansprüche der Gesellschaft gegen die Abwickler, Mitglieder des AR oder Aktionäre bestehen. Laufende Prozesse müssen beendet, etwaige Anfechtungsklagen gegen Beschlüsse der HV müssen erledigt sein (KölnKomm AktG/*Kraft* Rn 25; MünchKomm AktG/*Hüffer* Rn 32).   2

2. Schlussrechnung. Ist die Vermögensverteilung unter die Aktionäre beendet, sind die Abwickler gegenüber der AG verpflichtet, eine Schlussrechnung aufzustellen, § 273 Abs 1 S 1 HS 1. Die Schlussrechnung ist eine **Rechenschaft iSv § 259 BGB**. Die   3

HV muss die Schlussrechnung durch einen Mehrheitsbeschluss billigen, den die **hM** als Anspruchsverzicht deutet (MünchKomm AktG/*Hüffer* Rn 8 mwN, aA KölnKomm AktG/*Kraft* Rn 9 f). Auf den Beschluss haben die Abwickler aus ihrem organschaftsrechtlichen Rechtsverhältnis und dem Dienstvertrag mit der AG einen Anspruch (MünchKomm AktG/*Hüffer* Rn 7). Durchzusetzen ist der Anspruch nach zutr Ansicht durch eine negative Feststellungsklage, da es keine Entlastungsklage mit dem Ziel eines Anspruchsverzichts geben kann (grdl *K. Schmidt* ZGR 1978, 425, 442 ff; KölnKomm AktG/*Kraft* Rn 9).

III. Anmeldung und Eintragung

4 **1. Anmeldepflicht der Abwickler.** Die Abwickler sind verpflichtet, den Schluss der Abwicklung zur Eintragung in das HR anzumelden. Diese Anmeldepflicht setzt ihrerseits den Abschluss der Abwicklung voraus (Rn 2 f). Die Abwickler müssen bei der Anmeldung in vertretungsberechtigter Zahl handeln.

5 **2. Eintragung.** Das Registergericht ermittelt bei Zweifeln von Amts wegen (§ 26 FamFG), ob die Abwicklung beendet ist. Die Anmeldung ist zurückzuweisen, wenn bspw das Sperrjahr noch läuft, Restvermögen vorhanden ist, die Schlussrechnung und/ oder die „Entlastung" fehlt (*KG* JW 1932, 2623 f). Gelangt das Gericht zu der Überzeugung, dass die Abwicklung beendet ist, so trägt es auf die Anmeldung zunächst den Schluss der Abwicklung ein (vgl § 273 Abs 1) und danach die Löschung der Gesellschaft gem § 273 Abs 1 S 2.

IV. Hinterlegung von Büchern und Schriften

6 **1. Hinterlegungspflicht der Abwickler (Abs 2).** Normadressaten der Hinterlegungspflicht aus § 273 Abs 3 sind die Abwickler (vgl § 407 Abs 1 S 1). Auch im Falle einer Amtslöschung (§ 394 FamFG, 262 Abs 1 Nr 6) trifft die Hinterlegungspflicht die Abwickler (MünchKomm AktG/*Hüffer* Rn 17). **Hinterlegungsobjekte** sind **Bücher und Schriften.** Darunter fallen das Aktienbuch (§ 67) oder Globalurkunden iSd §§ 9a, 10 DepG, die Schlussrechnung gem § 259 BGB sowie die Gläubigeraufrufe. Das Gericht bestimmt von Amts wegen den **Ort der Aufbewahrung.** In Betracht kommen etwa Banken oder auf die Aufbewahrung spezialisierte Gesellschaften. Die **Aufbewahrungsfrist** beträgt **10 Jahre.** Aufbewahrungsfristen nach anderen Vorschriften (§ 147 AO) bleiben davon unberührt.

7 **2. Gerichtliche Gestattung (Abs 3). – a) Einsichtsrecht.** Wer die Einsicht begehrt, muss dafür ein berechtigtes Interesse vorweisen, da eine gerichtliche Gestattung ohne materielle Voraussetzungen sinnlos ist (MünchKomm AktG/ *Hüffer* Rn 22; aA Spindler/Stilz AktG/*Bachmann* Rn 18). Einsichtsberechtigt sind nach der **hM** frühere Aktionäre sowie die Gläubiger und ihre Rechtsnachfolger, die bei der Gläubigerbefriedigung ausgefallen sind (KölnKomm AktG/*Kraft* Rn 21). Das berechtigte Interesse an der Einsicht ist glaubhaft zu machen (GroßKomm AktG/*Wiedemann* Anm 4b). Das Einsichtsrecht gewährt weder einen Anspruch auf Aushändigung der Hinterlegungsobjekte noch auf Erteilung einer Abschrift. Mit dem Fortschreiten digitaler Dokumentationen wird man die Kopie eines Datenträgers gestatten müssen (**aA** MünchKomm AktG/*Hüffer* Rn 25). Das Risiko, dass solche Daten verfälscht oder unkontrolliert vervielfältigt werden können, besteht auch bei (zulässigen) Kopien, da diese digital einlesbar sind. Bei der

Einsichtnahme kann ein Sachverständiger hinzugezogen werden, wie dies zu §§ 118, 166 HGB anerkannt ist (*BGHZ* 25, 115, 123).

b) Durchsetzung. Unter den Rn 7 geschilderten Voraussetzungen hat das Gericht 8
dem Antrag stattzugeben. Die Formulierung „kann" in Abs 3 weist eine Kompetenz zu, begründet aber kein Ermessen (KölnKomm AktG/*Kraft* Rn 21). Nach der **hM** ist das Recht auf Einsichtnahme durch ein Zwangsgeld gem § 35 FamFG ggü dem Verwahrer durchzusetzen (*OLG Oldenburg* BB 1983, 1434).

c) Einsichtsrecht aus § 810 BGB. Zusätzlich anwendbar ist das Einsichtsrecht aus 9
§ 810 BGB, das keine gerichtliche Gestattung verlangt, da es ein gesetzlicher Anspruch ist. Es ist deswegen auch nicht durch ein Zwangsgeld, sondern durch eine Klage durchzusetzen. Sind sowohl die Voraussetzungen des Einsichtsrechts aus § 273 Abs 3 als auch die des § 810 BGB erfüllt, so hat der Einsichtsbegehrende ein Wahlrecht (MünchKomm AktG/*Hüffer* Rn 28).

V. Nachtragsabwicklung – § 273 Abs 4

1. Dogmatische Grundfragen. Eine Nachtragsabwicklung setzt voraus, dass nach der 10
Löschung der AG noch verteilungsfähiges Vermögen existiert. Sieht man mit der zutr **hL** in der Löschung einen konstitutiven Akt, so ist die AG untergegangen (§ 262 Rn 29 f). Aus diesem Grund scheidet eine Wiedereintragung der gelöschten AG in das HR aus (§ 264 Rn 4; KölnKomm AktG/*Kraft* Rn 34; MünchKomm AktG/*Hüffer* Rn 42). Träger von Rechten und Pflichten bei der Nachtragsabwicklung ist damit die Gesamthand der Aktionäre als nachträgliche, teilrechtsfähige Abwicklungsgesellschaft (grdl *Hüffer* GS Schultz, S 99, 103 ff).

2. Notwendigkeit weiterer Abwicklungsmaßnahmen. Eine Nachtragsabwicklung setzt 11
voraus, dass **nach der Löschung** noch ein **Restvermögen** der gelöschten AG vorhanden ist (*BayObLG* ZIP 1985, 33 f). Unerheblich ist, ob dieses Restvermögen vor oder nach der Löschung bekannt wurde (KölnKomm AktG/*Kraft* Rn 24). Restvermögen können Schadensersatzansprüche der gelöschten AG gegen ihre (ehemaligen) Organe sein oder Rückgewähransprüche gegen die ehemaligen Aktionäre gem § 62. Ungedeckte Verbindlichkeiten gestatten keine Nachtragsabwicklung (§ 264 Rn 6). Nach der **hM** können weitere Abwicklungsmaßnahmen auch dann notwendig sein, wenn kein verteilungsfähiges Vermögen existiert, aber noch Erklärungen für die Gesellschaft abzugeben sind. Als Hauptfälle hierfür werden Erklärungen im Hinterlegungsverfahren oder die Löschung von Buchpositionen angegeben (*BayObLG* ZIP 1985, 33 f zur GmbH; KölnKomm AktG/*Kraft* Rn 26). Dagegen spricht, dass kein verteilungsfähiges Vermögen mehr existiert und nur die Bestellung eines Pflegers analog § 1913 BGB in Betracht kommt (MünchKomm AktG/*Hüffer* Rn 34 f). Allerdings kann das Registergericht auch den Abwickler dazu ermächtigen, nur einzelne Geschäfte vorzunehmen.

3. Neubestellung von Abwicklern. Gem § 273 Abs 4 S 1 hat das Gericht auf Antrag 12
eines Beteiligten die bisherigen Abwickler neu zu bestellen oder andere zu berufen. Das Gericht ist nicht an den Antrag gebunden, sondern kann nach pflichtgemäßem Ermessen entscheiden (*BGHZ* 53, 264, 266 f). Antragsberechtigt sind die Beteiligten. Dies sind die ehemaligen Aktionäre, Gesellschaftsgläubiger oder Organe der AG sowie nach der **hM** haben auch die Finanzbehörden (*BayObLG* AG 1984, 23 zur GmbH). Die Voraussetzungen für die Nachtragsabwicklung (Rn 11) sind dem Gericht glaubhaft zu machen. Wer Abwickler wird, entscheidet das Gericht nach pflichtgemä-

ßem Ermessen. Bei einer zu befürchtenden Interessenkollision ist die Entscheidung ermessensfehlerhaft. Dies ist etwa der Fall, wenn ein Nachtragsabwickler bestellt wird, der auf Schadensersatz in Anspruch genommen werden soll (*OLG Hamm* FGPrax 1997, 33 f). Die Nachtragsabwickler haben einen Anspruch auf Vergütung und Auslagenersatz gem §§ 273 Abs 4 S 2, 265 Abs 4 S 1. Ist die Erfüllung dieses Anspruches ungesichert, hat der Antragsteller einen Vorschuss zu leisten (KölnKomm AktG/*Kraft* Rn 28). Die Nachtragsabwickler sind gem § 266 Abs 4 von Amts wegen in das HR eintragen, die Zeichnungspflicht gem § 266 Abs 5 gilt. Hat der Abwickler nur einzelne Maßnahmen auszuführen, ist die Legitimation durch Bestallungsurkunde ausreichend und eine Eintragung in das HR entbehrlich (MünchKomm AktG/*Hüffer* Rn 40).

13 **4. Rechtsrahmen für die Nachtragsabwicklung.** Für die Durchführung gelten die §§ 264 ff nur insoweit, wie dies mit dem eingeschränkten Zweck der Nachtragsabwicklung im Einklang steht (KölnKomm AktG/*Kraft* Rn 35). Den **Geschäftskreis** der Nachtragsabwickler sollte das Gericht festlegen und dabei gleichzeitig die Art der Stellvertretung für die teilrechtsfähige Abwicklungsgesellschaft (vgl *KG* AG 1999, 123, 125). **Unanwendbar** sind die Vorschriften über das Sperrjahr (§§ 267, 272) und die Eröffnungsbilanz (§ 270). **Anwendbar** ist § 273 Abs 1. Die Nachtragsabwickler haben dem Gericht den Abschluss der Nachtragsabwicklung anzuzeigen. Wurde ihre Bestellung in das HR eingetragen, muss auch der Abschluss der Abwicklung eingetragen werden. War eine Eintragung in das HR entbehrlich (Rn 12 aE), ist nur die Bestallungsurkunde zurückzugeben (MünchKomm AktG/*Hüffer* Rn 44).

VI. Rechtsmittel

14 Gegen die gerichtlichen Maßnahmen nach § 273 Abs 2, 3, 4 S 1 ist gem § 273 Abs 5 die Beschwerde gem § 58 ff FamFG eröffnet. Die gerichtlich festgesetzte Vergütung des Nachtragsabwicklers gem §§ 273 Abs 4 S 2, 265 Abs 4 ist nach § 265 Abs 4 S 3 mit sofortiger Beschwerde angreifbar. Bei einer Entscheidung nach § 273 Abs 2 richtet sich die sofortige Beschwerde nur gegen die Bestimmung des **Aufbewahrungsortes**. Richtigerweise können nicht nur die Abwickler beschwerdeberechtigt sein, sondern auch einzelne Aktionäre (Spindler/Stilz AktG/*Bachmann* Rn 32; s auch *KG* NZG 2005, 934, 935).

§ 274 Fortsetzung einer aufgelösten Gesellschaft

(1) ¹Ist eine Aktiengesellschaft durch Zeitablauf oder durch Beschluss der Hauptversammlung aufgelöst worden, so kann die Hauptversammlung, solange noch nicht mit der Verteilung des Vermögens unter die Aktionäre begonnen ist, die Fortsetzung der Gesellschaft beschließen. ²Der Beschluss bedarf einer Mehrheit, die mindestens drei Viertel des bei der Beschlussfassung vertretenen Grundkapitals umfasst. ³Die Satzung kann eine größere Kapitalmehrheit und weitere Erfordernisse bestimmen.

(2) Gleiches gilt, wenn die Gesellschaft
1. durch die Eröffnung des Insolvenzverfahrens aufgelöst, das Verfahren aber auf Antrag des Schuldners eingestellt oder nach der Bestätigung eines Insolvenzplans, der den Fortbestand der Gesellschaft vorsieht, aufgehoben worden ist;
2. durch die gerichtliche Feststellung eines Mangels der Satzung nach § 262 Abs. 1 Nr. 5 aufgelöst worden ist, eine den Mangel behebende Satzungsänderung aber spätestens zugleich mit der Fortsetzung der Gesellschaft beschlossen wird.

Fortsetzung einer aufgelösten Gesellschaft § 274

(3) ¹Die Abwickler haben die Fortsetzung der Gesellschaft zur Eintragung in das Handelsregister anzumelden. ²Sie haben bei der Anmeldung nachzuweisen, dass noch nicht mit der Verteilung des Vermögens der Gesellschaft unter die Aktionäre begonnen worden ist.

(4) ¹Der Fortsetzungsbeschluss wird erst wirksam, wenn er in das Handelsregister des Sitzes der Gesellschaft eingetragen worden ist. ²Im Falle des Absatzes 2 Nr. 2 hat der Fortsetzungsbeschluss keine Wirkung, solange er und der Beschluss über die Satzungsänderung nicht in das Handelsregister des Sitzes der Gesellschaft eingetragen worden sind; die beiden Beschlüsse sollen nur zusammen in das Handelsregister eingetragen werden.

Übersicht

	Rn		Rn
I. Regelungsgegenstand	1	3. Beschluss der Hauptversammlung	7
1. Erneute Zweckänderung	1	III. Anmeldung und Eintragung	8
2. Abschließender Charakter	2	1. Anmeldepflicht der Abwickler (§ 274 Abs 3 S 1)	8
II. Voraussetzungen für die Fortsetzung	3	2. Nachweispflicht (§ 274 Abs 3 S 2)	9
1. Keine Vermögensverteilung	3	3. Konstitutive Eintragung in das HR (§ 274 Abs 4)	10
2. Die einzelnen Fortsetzungsfälle	4	IV. Verfassung und Organisation der fortgesetzten Gesellschaft	11
a) Auflösung durch Zeitablauf oder Beschluss (§ 274 Abs 1 S 1)	4	V. Anwendung auf für nichtig erklärte Gesellschaften	12
b) Fortsetzung und Gesellschaftsinsolvenz (§ 274 Abs 2 Nr 1)	5		
c) Fortsetzung durch Behebung eines Satzungsmangels (§ 274 Abs 2 Nr 2)	6		

Literatur: *Galla* Fortsetzung einer GmbH in Nachtragsliquidation, GmbHR 2006, 635; *Hennrichs* Fortsetzung einer mangels Masse aufgelösten GmbH, ZHR 159 (1995), 593; *F. Scholz* Die Fortsetzung der Liquidations-GmbH, GmbHR 1982, 228; *Vallender* Auflösung und Löschung der GmbH – Veränderungen aufgrund des neuen Insolvenzrechts, NZG 1998, 249.

I. Regelungsgegenstand

1. Erneute Zweckänderung. Unter bestimmten Voraussetzungen gestattet § 274 den Gesellschaftern, durch einen Fortsetzungsbeschluss die Abwicklungsgesellschaft wieder in eine werbende Gesellschaft zurückzuverwandeln. Es handelt sich dabei um eine erneute Zweckänderung. Die fortgesetzte Gesellschaft ist mit der Abwicklungsgesellschaft ebenso identisch, wie es diese mit der ursprünglich werbenden Gesellschaft war (§ 262 Rn 1). 1

2. Abschließender Charakter. Die in § 274 Abs 1, 2 genannten fortsetzungsfähigen Auflösungsfälle sind abschließend. Beruht die Auflösung auf einer bestandskräftigen Verfügung und stellt sie eine Auflösung gesetzlichen Gründen iSv § 262 Abs 2 dar, bedarf es keines Fortsetzungsbeschlusses, wenn die Verfügung mit Wirkung für die Vergangenheit zurückgenommen worden, (§ 48 Abs 1 VwVfG): Ex tunc ist in diesem Fall auch die Auflösung weggefallen. Die Fortsetzung einer gem § 396 Abs 1 aufgelösten Gesellschaft scheidet aus, da nach § 396 Abs 2 S 1 zwingend eine Abwicklung vorgesehen ist. 2

Füller 2047

II. Voraussetzungen für die Fortsetzung

3 1. Keine Vermögensverteilung. Zum Schutz der Gläubiger ist die Fortsetzung einer aufgelösten AG nur möglich, wenn noch nicht mit der Verteilung des Gesellschaftsvermögens an die Aktionäre begonnen wurde, § 274 Abs 1 S 1. Der Begriff „Vermögensverteilung" ist wie in den §§ 271 Abs 1, 272 Abs 1 auszulegen. Bereits eine geringfügige Leistung an die Aktionäre schließt einen Fortsetzungsbeschluss aus. Ein Restvermögen in bestimmter Höhe ist hingegen nicht erforderlich (KölnKomm AktG/*Kraft* Rn 14).

4 2. Die einzelnen Fortsetzungsfälle. – a) Auflösung durch Zeitablauf oder Beschluss (§ 274 Abs 1 S 1). Die HV kann eine Zeitbestimmung nach § 262 Abs 1 Nr 1 vor oder nach deren Ablauf aufheben. Geht man mit der **hM** aber entgegen der hier vertretenen Ansicht davon aus, dass unter § 262 Abs 1 Nr 1 auch ein satzungsgemäßes Kündigungsrecht des Gesellschafters fällt (§ 262 Rn 7), so muss auch bei einer Kündigung des Gesellschafters ein Fortsetzungsbeschluss möglich sein. Erforderlich soll aber hier die Zustimmung des Kündigungsberechtigten sein (GroßKomm AktG/*Wiedemann* Rn 4). Ist die Gesellschaft durch einen Beschluss der HV aufgelöst worden (§ 262 Abs 1 Nr 2), so gestattet § 274 Abs 1 S 1 der HV, durch einen actus contrarius diese Auflösung wieder rückgängig zu machen.

5 b) Fortsetzung und Gesellschaftsinsolvenz (§ 274 Abs 2 Nr 1). Mit der Eröffnung des Insolvenzverfahrens (§ 27 InsO) kann keine Fortsetzung der Gesellschaft beschlossen werden. § 274 Abs 2 Nr 1 gestattet dies nur in zwei Fällen: Ist das Insolvenzverfahren auf Antrag des Schuldners eingestellt worden (§§ 212 Abs 1, 213 Abs 1 InsO), kann die Fortsetzung der Gesellschaft beschlossen werden (Var 1). § 274 Abs 2 Nr 1 Var 2 erlaubt außerdem einen Fortsetzungsbeschluss, wenn das Insolvenzverfahren aufgehoben wurde, nachdem ein Insolvenzplan rechtskräftig bestätigt ist, der den Fortbestand der Gesellschaft vorsieht. In diesem Fall hat das Insolvenzgericht die Aufhebung des Insolvenzverfahrens gem § 258 Abs 1 InsO zu beschließen. Gemeint sind **sanierende Insolvenzpläne**. In allen übrigen Fällen, in denen das Insolvenzverfahren beendet ist, scheidet eine Fortsetzung aus. So ist kein Fortsetzungsbeschluss möglich, wenn die AG gem § 262 Abs 1 Nr 4 aufgelöst wurde (*BGHZ* 75, 178, 180; *BayObLG* NJW-RR 1996, 417; *KG* NJW-RR 1999, 475, 476). Wurde das Insolvenzverfahren nach dem Schlusstermin gem § 200 InsO aufgehoben oder nach § 207 InsO eingestellt, scheidet ein Fortsetzungsbeschluss aus (*BGH* AG 2003, 424, 426).

6 c) Fortsetzung durch Behebung eines Satzungsmangels (§ 274 Abs 2 Nr 2). § 274 Abs 2 Nr 2 gestattet es der Gesellschaft, einen Satzungsmangel während der Abwicklung zu beheben und ermöglicht damit die Wiederaufnahme der werbenden Tätigkeit. Die Vorschrift setzt einen rechtskräftigen Beschluss nach § 399 Abs 3 FamFG voraus, der zu einer Auflösung gem § 262 Abs 1 Nr 5 führte. Die Fortsetzung der Gesellschaft ist hier nur möglich, wenn ein ordnungsgemäßer Beschluss über die Satzungsänderung gefasst wird, der den im gerichtlichen Beschluss festgestellten Mangel beseitigt. Zeitlich kann der satzungsändernde Beschluss vor dem Fortsetzungsbeschluss liegen, muss aber nach § 274 Abs 2 Nr 2 spätestens mit dem Fortsetzungsbeschluss gefasst werden.

7 3. Beschluss der Hauptversammlung. Der Fortsetzungsbeschluss der HV bedarf einer **doppelten Mehrheit:** § 274 Abs 1 S 2 verlangt eine Mehrheit von drei Vierteln des vertretenen Grundkapitals, ergänzend ist mindestens eine einfache Stimmenmehrheit erforderlich (§§ 133 iVm 264 Abs 3). Die Vorschrift ist **halbzwingend**, so dass die Satzung nur eine größere Kapitalmehrheit oder zusätzliche Erschwerungen vorsehen kann (§ 274 Abs 1 S 3). Sowohl eine Erleichterung als auch ein völliger Ausschluss eines Fortsetzungsbeschlusses sind unzulässig (KölnKomm AktG/*Kraft* Rn 18).

III. Anmeldung und Eintragung

1. Anmeldepflicht der Abwickler (§ 274 Abs 3 S 1). Die Abwickler sind gegenüber der Abwicklungsgesellschaft verpflichtet, den gesetzlich zulässigen Fortsetzungsbeschluss (Rn 3–7) in öffentlich beglaubigter Form zur Eintragung beim AG des Gesellschaftssitzes unverzüglich (§ 121 BGB) anzumelden. Verletzen die Abwickler ihre Anmeldpflicht, so entstehen Regressansprüche der Gesellschaft, die der AR gegenüber den Abwicklern geltend zu machen hat (§§ 264 Abs 2, 268 Abs 2 iVm 112, 93 Abs 2).   8

2. Nachweispflicht (§ 274 Abs 3 S 2). Die Abwickler sind verpflichtet, bei der Anmeldung nachzuweisen, dass mit der Vermögensverteilung noch nicht begonnen wurde. Eine einfache Versicherung genügt nicht. Auch eine eidesstattliche Erklärung scheidet aus, da sie nach § 31 Abs 1 FamFG nur der Glaubhaftmachung dient (MünchKomm AktG/*Hüffer* Rn 30; **aA** KölnKomm AktG/*Kraft* Rn 25). In jedem Falle genügt dem Nachweis eine Auskunft oder Bescheinigung von Wirtschaftsprüfern. Ist die Abwicklungsgesellschaft nach § 270 Abs 3 von der Prüfungspflicht befreit, ist der Nachweis durch die Wirtschaftsprüfer nur unter dem Vorbehalt korrekter Buchführung möglich.   9

3. Konstitutive Eintragung in das HR (§ 274 Abs 4). Nach § 274 Abs 4 S 1 ist die Eintragung in das HR eine Wirksamkeitsvoraussetzung für den Fortsetzungsbeschluss. Diese Eintragung hat konstitutive Wirkung für die Gesellschaften, deren Fortsetzung im Einklang mit § 274 Abs 2 Nr 1 beschlossen wurde. Die übrigen Fortsetzungsfälle nach § 274 Abs 1 S 1 und § 274 Abs 1 Nr 2 setzen einen satzungsändernden Beschluss voraus. Dies stellt § 274 Abs 4 S 2 HS 1 nur für den Auflösungsfall gem nach § 262 Abs 1 Nr 5 klar, gilt jedoch auch für die Fälle des § 262 Abs 1 Nr 1, 2, da die Fortsetzung der Gesellschaft auch hier eine Satzungsänderung darstellt. Der satzungsändernde Beschluss wird gem § 181 Abs 3 erst mit seiner Eintragung in das HR wirksam. Die **Sollvorschrift** des § 274 Abs 4 S 2 HS 2 bestimmt, dass der satzungsändernde Beschluss und der Fortsetzungsbeschluss gleichzeitig in das HR eingetragen werden.   10

IV. Verfassung und Organisation der fortgesetzten Gesellschaft

Der AR und die HV bestehen während der Abwicklung als Organe fort, so dass sie auch in der fortgesetzten AG unverändert weiter bestehen. Die erweiterten Zuständigkeiten der HV fallen dann wieder dem AR zu. Kraft der konstitutiven Eintragung in das HR erlischt das Amt der Abwickler. Allerdings lässt sich der gesetzliche Regelfall, wonach die Vorstandsmitglieder geborene Abwickler sind (§ 265 Abs 1), für die fortgesetzte AG umkehren. Geborene Abwickler werden damit ohne eine erneute Bestellung wieder zu Vorstandsmitgliedern. Keine personelle Kontinuität gegenüber der ursprünglichen AG besteht bei gekorenen oder befohlenen Abwicklern. Hier müssen die Vorstandsmitglieder durch den AR erneut bestellt werden (§ 84). Der AR kann diesen Beschluss auch aufschiebend bedingt fassen (KölnKomm AktG/*Kraft* Rn 32). Gegenüber der AG trifft die ehemaligen Abwickler eine Rechnungslegungspflicht analog § 273 Abs 1.   11

Füller

§ 275 Klage auf Nichtigerklärung

V. Anwendung auf für nichtig erklärte Gesellschaften

12 Eine nach § 277 Abs 1 durch ein rechtskräftiges Urteil für nichtig erklärte Gesellschaft ist abzuwickeln (näher § 277 Rn 2). Die Vorschrift verweist auch auf den Fortsetzungsbeschluss nach § 274 (MünchKomm AktG/*Hüffer* Rn 12). Allerdings ist ein Fortsetzungsbeschluss hier nur möglich, wenn der Satzungsmangel gem § 276 geheilt werden kann. Da gem § 276 die Heilung einen satzungsändernden Beschluss voraussetzt, wird dieser erst mit der Eintragung in das HR wirksam (§ 181 Abs 3). Der Fortsetzungsbeschluss setzt diese Eintragung voraus, allerdings kann die Gesellschaft in dem satzungsändernden Beschluss auch ihren Willen ausdrücken, die Gesellschaft fortzusetzen. Der klagende Gesellschafter muss dem Fortsetzungsbeschluss nicht zustimmen, die satzungsändernde Mehrheit genügt (MünchKomm AktG/*Hüffer* Rn 12).

Zweiter Abschnitt
Nichtigerklärung der Gesellschaft

§ 275 Klage auf Nichtigerklärung

(1) ¹Enthält die Satzung keine Bestimmungen über die Höhe des Grundkapitals oder über den Gegenstand des Unternehmens oder sind die Bestimmungen der Satzung über den Gegenstand des Unternehmens nichtig, so kann jeder Aktionär und jedes Mitglied des Vorstands und des Aufsichtsrats darauf klagen, dass die Gesellschaft für nichtig erklärt werde. ²Auf andere Gründe kann die Klage nicht gestützt werden.

(2) Kann der Mangel nach § 276 geheilt werden, so kann die Klage erst erhoben werden, nachdem ein Klageberechtigter die Gesellschaft aufgefordert hat, den Mangel zu beseitigen, und sie binnen drei Monaten dieser Aufforderung nicht nachgekommen ist.

(3) ¹Die Klage muss binnen drei Jahren nach Eintragung der Gesellschaft erhoben werden. ²Eine Löschung der Gesellschaft von Amts wegen nach § 397 Abs. 1 des Gesetzes über das Verfahren in Familiensachen und in den Angelegenheiten der freiwilligen Gerichtsbarkeit wird durch den Zeitablauf nicht ausgeschlossen.

(4) ¹Für die Anfechtung gelten § 246 Abs. 2 bis 4, §§ 247, 248 Abs. 1 Satz 1, §§ 248a, 249 Abs. 2 sinngemäß. ²Der Vorstand hat eine beglaubigte Abschrift der Klage und das rechtskräftige Urteil zum Handelsregister einzureichen. ³Die Nichtigkeit der Gesellschaft auf Grund rechtskräftigen Urteils ist einzutragen.

Übersicht

	Rn		Rn
I. Regelungsgehalt	1	1. Abschließende Aufzählung	
1. Dogmatische Grundlagen	1	(Abs 1 S 2)	5
2. Zweck der Vorschrift	2	2. Fehlende Bestimmung über die	
3. Anwendungsbereich	3	Höhe des Grundkapitals	6
a) Eingetragene Aktiengesellschaft	3	3. Keine Bestimmung über den Unternehmensgegenstand	7
b) Umwandlungsfälle	4	4. Nichtige Bestimmung über den	
II. Nichtigkeitsgründe	5	Unternehmensgegenstand	8

	Rn		Rn
a) Nichtigkeitsbegründende Umstände	9	IV. Die materielle Praeklusionsfrist des § 275 Abs 3	20
b) Nachträgliche Änderungen	10	1. Allgemeine Grundsätze	20
c) Vorratsgründungen	11	2. Verhältnis zur Frist nach § 275 Abs 2	21
III. Nichtigkeitsklage	12	V. Einreichungspflicht und Eintragung in das Handelsregister	22
1. Gestaltungsurteil	12		
a) Urteilswirkungen	12		
b) Kläger	13	1. Pflichten des Vorstands	22
2. Erfolgloser Ablauf der Beseitigungsfrist (Abs 2)	14	2. Eintragung	23
		VI. Löschungsverfahren	24
a) Aufforderung	15	1. Übersicht	24
b) Erfolgloser Fristablauf	16	2. Materielle Voraussetzungen	26
3. Sinngemäße Geltung der Vorschriften über die Anfechtungsklage (Abs 4 S 1)	17	3. Verfahren	27
		4. Löschung	28
		5. Rechtsmittel	29
4. Sonstige Prozessvoraussetzungen	18	6. Verhältnis zur Nichtigkeitsklage	30
5. Verhältnis zu anderen Rechtsschutzformen	19		

Literatur: *Kort* Der Bestandsschutz fehlerhafter Strukturänderungen im Gesellschaftsrecht, 1998; *Paschke* Die fehlerhafte Korporation, ZHR 155 (1991), 1; *K. Schmidt* „Fehlerhafte Gesellschaft" und allgemeines Verbandsrecht, AcP 186 (1986), 421.

I. Regelungsgehalt

1. Dogmatische Grundlagen. Nach der heutigen Ansicht ist § 275 eine gesetzliche **1** Ausprägung der Lehre von der fehlerhaften Gesellschaft. Die dogmatische Grundlage für diese Lehre findet sich in der **Doppelnatur** des Gesellschaftsvertrages als Schuld- und Organisationsvertrag (*Paschke* ZHR 155, 1, 5; *K. Schmidt* AcP 186, 421, 424 ff). Die errichtete Organisation ist tatsächlich und rechtlich von Mängeln des Gesellschaftsvertrags unberührt. Ein fehlerhafter Verband ist damit rechtlich anzuerkennen, aber dafür abzuwickeln. Für diesen Befund ist die Eintragung der AG in das HR zwar ein Anhaltspunkt, aber keine ausschließliche Begründung, da der Bestand einer fehlerhaften AG bereits kraft des Organisationsvertrages anzuerkennen ist (*Paschke* ZHR 155, 1, 5; **aA** *Kort* S 31). Eine für nichtig erklärte Gesellschaft wandelt sich in eine Abwicklungsgesellschaft um und ändert damit ihren Gesellschaftszweck. Diese Rechtsfolge ordnet § 277 Abs 1 an. Der Sache nach sind die Nichtigkeitsgründe des § 275 Abs 1 daher Auflösungsgründe (KölnKomm AktG/*Kraft* Rn 30). Eine für nichtig erklärte Gesellschaft geht unter, wenn sie nach den §§ 393 ff FamFG gelöscht ist.

2. Zweck der Vorschrift. § 275 dient dem Bestands- und Verkehrsschutz. Der **2** Bestandsschutz drückt sich darin aus, dass im Interesse der Aktionäre die fehlerhafte AG zunächst anzuerkennen ist, damit in einem geordneten Abwicklungsverfahren deren Ansprüche gegen die Gesellschaft erfüllt werden können (MünchKomm AktG/*Hüffer* Rn 5). Den Gesellschaftsgläubigern kommt ein Verkehrsschutz zugute, da sie beim Abschluss eines Vertrages mit der AG darauf vertrauen durften, dass zur Erfüllung ihrer Ansprüche ein Haftkapital zu Verfügung steht. Damit es ist unvereinbar, die Gläubiger auf Rückabwicklungsansprüche zu verweisen (*Paschke* ZHR 155 (1991), 1, 4). Der Bestands- und Verkehrsschutz liegt auch der sog Publizitätsrichtlinie zugrunde (Richtlinie 68/151/EWG v 9.3.1968, ABlEG v 14.3.1968 Nr L 65 S 8). § 275 Abs 1 setzt Art 11 Nr 1, Nr 2 b, c dieser Richtlinie um.

3. Anwendungsbereich. – a) Eingetragene Aktiengesellschaft. Die Nichtigkeitsklage gem § 275 ist nur auf kraft Eintragung entstandene AG anwendbar. Eine eingetragene AG setzt § 275 Abs 3 S 1, 4 S 2 voraus. Auf die Vor-AG ist § 275 unanwendbar (MünchKomm AktG/*Hüffer* Rn 14). Vielmehr gelten in diesem Stadium die Grundsätze über die fehlerhafte Gesellschaft. Nichtigkeitsgründe können deswegen bis zum Eintragungszeitpunkt uneingeschränkt geltend gemacht werden.

b) Umwandlungsfälle. Bei Umwandlungen ist zu unterscheiden: Mängel der Umwandlung (§ 1 Abs 1 UmwG) als solcher erfasst § 275 nicht. Solche Mängel lassen die Wirkungen der Eintragung unberührt (§§ 20 Abs 2, 135 Abs 1, 202 Abs 3 UmwG). Auf die neu entstandene AG im Falle einer Verschmelzung sind die aktienrechtlichen Gründungsvorschriften anzuwenden (§ 36 Abs 2 S 1 UmwG), zu denen auch § 275 gehört. Entsprechendes gilt für die Spaltung zur Neugründung (§ 135 Abs 2 UmwG) und den Formenwechsel in eine AG (vgl § 202 Abs 1 Nr 1 UmwG); siehe dazu KölnKomm AktG/*Kraft* Rn 13.

II. Nichtigkeitsgründe

1. Abschließende Aufzählung (Abs 1 S 2). Die in § 275 Abs 1 S 1 aufgeführten Nichtigkeitsgründe sind abschließend wie sich aus § 275 Abs 1 S 2 ergibt. Andere Satzungsmängel rechtfertigen eine Amtsauflösung nach § 399 Abs 1 FamFG (§ 262 Rn 12). Sog „mittelbare Nichtigkeitsgründe", unter denen man Mängel beim Gründungsverfahren verstand (*RGZ* 114, 77, 80), erfasst § 275 Abs 1 nicht (MünchKomm AktG/*Hüffer* Rn 34). Mängel des Eintragungsverfahrens fallen nicht unter § 275 Abs 1, sondern nur unter § 395 FamFG.

2. Fehlende Bestimmung über die Höhe des Grundkapitals. Einen Mangel der Satzung stellt es dar, wenn die gem § 23 Abs 3 Nr 3 erforderliche Bestimmung über die Höhe des Grundkapitals fehlt. Ein solcher Fall dürfte theoretisch sein, da kaum ein Registergericht die Eintragung der AG in das HR verfügen wird, wenn die Satzung über die Höhe des Grundkapitals schweigt. Enthält die Satzung eine Bestimmung über das Grundkapital, die nichtig ist, so kommt eine Amtsauflösung gem § 399 FamFG, § 262 Abs 1 Nr 5 in Betracht. § 275 ist auf diesen Fall unanwendbar (KölnKomm AktG/*Kraft* Rn 28).

3. Keine Bestimmung über den Unternehmensgegenstand. Einen Nichtigkeitsgrund stellt es dar, wenn die Satzung überhaupt keinen Unternehmensgegenstand nennt. Nur dieser Satzungsmangel fällt unter § 275 Abs 1 Var 2. Ist die Satzung unklar, unbestimmt oder ist der Unternehmensgegenstand unvollständig individualisiert, stellt dies keinen Nichtigkeitsgrund dar (KölnKomm AktG/*Kraft* Rn 16).

4. Nichtige Bestimmung über den Unternehmensgegenstand. Eine Nichtigkeitsklage kann schließlich auch darauf gestützt werden, dass Bestimmungen der Satzung über den Unternehmensgegenstand nichtig sind, § 275 Abs 1 S 1 Var 3. Die Vorschrift beruht auf Art 11 Nr 2b der Publizitätsrichtlinie (Rn 2). Der Richtlinientext lautet: „Die Nichtigkeit kann nur in folgenden Fällen ausgesprochen werden: wenn der tatsächliche Gegenstand des Unternehmens rechtswidrig ist oder gegen die öffentliche Ordnung verstößt." Beurteilungsgrundlage dafür ist ausschließlich der Errichtungsakt oder der in der Satzung umschriebene Gegenstand. Aufgrund der tatsächlich ausgeübten Tätigkeit kann eine Gesellschaft danach nicht für nichtig erklärt werden (*EuGH* Slg 1990, I-4135 Rn 11 f – Marleasing). Man hat diese Entscheidung als formalistisch kritisiert (vgl MünchKomm AktG/*Hüffer* Rn 23 mwN). Für die Auslegung des *EuGH* spricht, dass weder der englische noch der französische Text der Richtlinie das Adjektiv „tatsächlich" verwenden. Im praktischen Ergebnis legt der Gerichtshof erklärtermaßen die Nichtigkeitsgründe eng aus.

a) Nichtigkeitsbegründende Umstände. Nichtig ist eine Bestimmung über den Unternehmensgegenstand, wenn sie iSv § 241 Nr 3, 4 entweder gesetzes- oder sittenwidrig ist (*Kort S* 39). Da es für diese Beurteilung auf den Satzungstext ankommt (Rn 9), sind die Anwendungsfälle beschränkt. Gesetzeswidrig ist die Bestimmung etwa, wenn der Unternehmensgegenstand ein strafrechtlich verbotenes Verhalten darstellt. Typische Beispiele hierfür sind Hehlerei oder verbotenes Glücksspiel (vgl *RGZ* 96, 282). Nichtig ist der Unternehmensgegenstand außerdem, wenn seine Tätigkeit einer nach Art 101 AEUV, § 1 GWB verbotenen Wettbewerbsbeschränkung entspricht (näher *Paschke* ZHR 155 (1991), 1, 18 f). Fehlt eine gewerberechtliche Genehmigung, ist dies kein Nichtigkeitsgrund (KölnKomm AktG/*Kraft* Rn 18). Ein sittenwidrigen Unternehmensgegenstand ist etwa der organisierte Austausch von Finanzwechseln (vgl *BGHZ* 27, 172) oder die Organisation von Steuerhinterziehung (*OLG Koblenz* WM 1979, 1435 f). 9

b) Nachträgliche Änderungen. Ändert sich der Unternehmensgegenstand nachträglich, sei es durch eine Änderung der Satzungsbestimmung oder durch einen tatsächlichen Wechsel, scheidet eine Nichtigkeitsklage aus. Ist der Unternehmensgegenstand durch eine nachträgliche Satzungsänderung nichtig, kann dieser mit der Nichtigkeitsklage gem § 249 beseitigt werden, so dass die ursprüngliche Bestimmung wieder auflebt. Auch eine Amtslöschung gem § 397, 398 FamFG eröffnet diesen Weg. § 275 ist deswegen unanwendbar (KölnKomm AktG/*Kraft* Rn 26; MünchKomm AktG/*Hüffer* Rn 24). Weicht der wirkliche Unternehmensgegenstand von dem satzungsgemäßen ab, scheidet eine Nichtigkeitsklage aus. Dies folgt aus den Grundsätzen der *Marleasing*-Entscheidung (Rn 8). Mit dem Bestandsschutz nach § 275 ist es vereinbar, wenn nachträglich der satzungsgemäße und der tatsächliche Unternehmensgegenstand auseinander fallen (KölnKomm AktG/*Kraft* Rn 27; MünchKomm AktG/*Hüffer* Rn 25 f; aA noch GroßKomm AktG/*Wiedemann* Rn 3). 10

c) Vorratsgründungen. Vorratsgründungen rechtfertigen keine Nichtigkeitsklage. Dies ist für die **offene Vorratsgründung** geklärt: Hier ergibt sich aus der Satzung, dass die Gesellschaft gegründet wurde, damit sie später für einen bestimmten und noch zu ändernden Unternehmensgegenstand eingesetzt wird. Unbedenklich ist die übliche Formulierung, wonach die Gesellschaft die Verwaltung des eigenen Vermögens zum Gegenstand hat (*BGHZ* 117, 323, 331 ff). Nach den Grundsätzen der *Marleasing*-Entscheidung (Rn 8) fällt auch eine **verdeckte Vorratsgründung** nicht unter § 275 Abs 1, da es nur darauf ankommt, ob der fiktive Unternehmensgegenstand in der Satzung gesetzes- oder sittenwidrig ist. Ist dies nicht der Fall, ist § 275 Abs 1 nicht einschlägig (so zutr MünchKomm AktG/*Hüffer* Rn 30). 11

III. Nichtigkeitsklage

1. Gestaltungsurteil. – a) Urteilswirkungen. Die Nichtigkeitsklage ist nach dem Wortlaut des § 275 Abs 1 S 1 eine Gestaltungsklage. Das stattgebende Urteil ist folglich ein 12

Gestaltungsurteil. Kraft des rechtskräftigen Urteils ist die AG aufgelöst und wandelt sich in eine Abwicklungsgesellschaft (näher Rn 27). Gem **§ 275 Abs 4 S 1 iVm § 248 Abs 1 S 1** wirkt das rechtskräftige Gestaltungsurteil für und gegen alle Aktionäre sowie die Mitglieder des Vorstands und des AR. Bereits nach allgemeinen prozessrechtlichen Grundsätzen tritt die Gestaltungswirkung des rechtskräftigen Urteils (Auflösung) erga omnes ein. Der Verweis auf § 248 Abs 1 S 1 ist deshalb dahin gehend zu deuten, dass die materielle Rechtskraft des Urteils sich auf den in dieser Vorschrift genannten Personenkreis erstreckt. An die sachlichen Feststellungen des Urteils sind deswegen alle Aktionäre sowie die Mitglieder des Vorstands und AR gebunden.

Unzulässig ist deswegen eine weitere Nichtigkeitsklage, die auf einen identischen Nichtigkeitsgrund wie eine frühere abstellt (MünchKomm AktG/*Hüffer* Rn 58).

13 **b) Kläger.** Wer Kläger der Anfechtungsklage sein kann, regelt § 275 Abs 1 S 1 abschließend. Jeder Aktionär ist klagebefugt unabhängig von der Art oder dem Umfang seiner Beteiligung. Die Aktionärseigenschaft muss vom Zeitpunkt der Klageerhebung bis zum Tag der letzten mündlichen Verhandlung erfüllt sein. Klagen mehrere Aktionäre, bilden sie gem § 62 Abs 1 ZPO eine notwendige Streitgenossenschaft, da die Rechtskraft des Gestaltungsurteils gem §§ 275 Abs 4 S 1, 248 Abs 1 S 1 für und gegen alle Aktionäre wirkt. Jeder Aktionär kann gem § 66 Abs 1 ZPO nebenintervenieren. Klagebefugt sind auch Mitglieder des Vorstands oder des AR, aber nicht das jeweilige Organ (KölnKomm AktG/*Kraft* Rn 34). Nicht zu Erhebung einer Nichtigkeitsklage befugt sind die Abwickler, da eine Nichtigkeitsklage nicht zum Abwicklungszweck rechnet (vgl §§ 264 Abs 3, 268 Abs 2 S 1).

14 **2. Erfolgloser Ablauf der Beseitigungsfrist (Abs 2).** Ist der Satzungsmangel gem § 276 heilbar, so ist die Nichtigkeitsklage erst **zulässig**, wenn der Klageberechtigte die AG dazu aufgefordert hat, den Satzungsmangel zu beseitigen. Zusätzlich darf die AG dieser Aufforderung nicht binnen drei Monaten nachgekommen sein, § 275 Abs 2. Sowohl die **Aufforderung** als auch der **erfolglose Fristablauf** sind Prozessvoraussetzungen.

15 **a) Aufforderung.** Eine Aufforderung iSv § 275 Abs 2 ist jede an die AG gerichtete Erklärung, einen Mangel über den Gegenstand des Unternehmens zu beseitigen. Der heilbare Mangel muss derart bezeichnet werden, dass die AG ihn erkennen und beheben kann. Allenfalls als Anregung zu begreifen ist die Aufforderung, einen unheilbaren Mangel zu beheben. Für die Klageerhebung nach § 275 Abs 1 ist diese Anregung unerheblich. Auffordern muss ein **Klageberechtigter** (Rn 13). Auffordernder und späterer Kläger müssen jedoch nicht die gleichen Personen sein (MünchKomm AktG/ *Hüffer* Rn 42).

16 **b) Erfolgloser Fristablauf.** Die Drei-Monats-Frist beginnt gem § 187 Abs 1 BGB mit dem Tag, der auf den Zugang der Aufforderung beim Vorstand folgt. Erfolglos abgelaufen ist diese Frist, wenn die AG in der Zwischenzeit den gerügten Mangel nicht beseitigt hat. Der Aufforderung ist die AG damit nur nachgekommen, wenn sie binnen drei Monaten den Unternehmensgegenstand durch einen satzungsändernden Beschluss eingeführt oder berichtigt hat und dieser Beschluss durch die Eintragung in das HR gem § 181 Abs 3 wirksam geworden ist. Die bloße Anmeldung eines satzungsändernden Beschlusses zur Eintragung in das HR genügt nicht, da sie jederzeit wieder zurückgezogen werden könnte. Allerdings erledigt sich die Hauptsache (§ 91a ZPO), wenn die Satzungsänderung nach der Klageerhebung wirksam wird (MünchKomm

Klage auf Nichtigerklärung § 275

AktG/*Hüffer* Rn 43). Die Verfahrenskosten trägt in diesem Fall die AG, da sie die Klage veranlasst hat.

3. Sinngemäße Geltung der Vorschriften über die Anfechtungsklage (Abs 4 S 1) Ausschließlich zuständig für die Nichtigkeitsklage ist das *LG* des Gesellschaftssitzes, §§ 275 Abs 4 S 1, 246 Abs 3 S 1. Funktional zuständig ist die KfH (§§ 275 Abs 4 S 1, 246 Abs 3 S 2). Unanwendbar ist § 246 Abs 3 S 4 über den ersten Verhandlungstermin. Die hier genannte Monatsfrist verträgt sich nicht mit der materiellen Ausschlussfrist nach § 275 Abs 3 (MünchKomm AktG/*Hüffer* Rn 55). **Beklagter** der Nichtigkeitsklage ist die AG, §§ 275 Abs 4 S 1, 246 Abs 2 S 1. Klagt ein Aktionär, wird die Gesellschaft durch den Vorstand und den AR vertreten – Grundsatz der Doppelvertretung, § 246 Abs 2 S 2. Klagen Gesellschaftsorgane, so wird die AG durch das jeweils andere Organ vertreten, § 246 Abs 2 S 3. Mehrere Nichtigkeitsklagen sind gem §§ 275 Abs 4 S 1, 246 Abs 3 S 5 zu verbinden. Die Prozessverbindung nach §§ 275 Abs 4 S 1, 249 Abs 2 S 2 erfasst den Fall, wenn neben einer Nichtigkeitsklage gem § 275 Abs 1 zugleich eine Anfechtungsklage gem § 246 und/oder eine Feststellungsklage über die Nichtigkeit eines Hauptversammlungsbeschlusses erhoben wurde. Das Gericht kann die Klagen verbinden, wenn dies zweckmäßig ist. Den Streitwert der Nichtigkeitsklage bestimmt das Prozessgericht nach billigem Ermessen, §§ 275 Abs 4 S 1, 247.

17

4. Sonstige Prozessvoraussetzungen. Soweit § 275 keine besondere Aussage trifft, gelten die allgemeinen Voraussetzungen der ZPO. Ist die Gesellschaft bereits aufgelöst, so entfällt das **Rechtsschutzinteresse** für eine Nichtigkeitsklage nur, wenn eine Fortsetzung der AG nach § 274 ausgeschlossen ist. In den übrigen Fällen ist die Nichtigkeitsklage zulässig (MünchKomm AktG/*Hüffer* Rn 40). Auch die Einleitung eines Löschungsverfahrens gem § 397 FamFG hindert nicht die Erhebung einer Nichtigkeitsklage (Rn 30).

18

5. Verhältnis zu anderen Rechtsschutzformen. Das Schiedsverfahren kommt für die Nichtigkeitsklage nicht in Betracht. Eine Schiedsklausel in der Satzung ist mit § 23 Abs 5 unvereinbar (MünchKomm AktG/*Hüffer* Rn 38). Auch im Wege einer einstweiligen Verfügung kann die Nichtigkeit der AG nicht ausgesprochen werden. Zulässig sind aber einstweilige Verfügungen, die den Eintritt der AG in das Abwicklungsstadium sichern. Denkbar ist hier ein an den Vorstand gerichtetes Verbot, den Abwicklungsvorschriften zuwiderlaufende Geschäfte zu tätigen (KölnKomm AktG/*Kraft* Rn 49).

19

IV. Die materielle Präklusionsfrist des § 275 Abs 3

1. Allgemeine Grundsätze. Gem § 275 Abs 3 S 1 ist die Nichtigkeitsklage nur innerhalb einer **materiellen Präklusionsfrist** von drei Jahren möglich. Eine nach dem Fristablauf erhobene Klage ist **unbegründet**. Die Frist beginnt gem § 187 BGB mit dem Tag, der auf die Eintragung in das HR folgt. Die Frist ist gewahrt, wenn spätestens am letzten Tage die Klage erhoben ist (§§ 253, 270 Abs 3 ZPO). Gewahrt ist die Frist auch durch die Einreichung eines Antrags auf Prozesskostenhilfe, wenn die Antragstellung früher nicht möglich war und die Klage ohne schuldhaftes Zögern nach der Entscheidung über diesen Antrag erhoben wird (*BVerfG* NJW 1967, 1267). Da die Frist des § 275 Abs 3 eine materielle Präklusionsfrist ist, gelten die §§ 194 ff BGB nicht, eine Wiedereinsetzung in den vorigen Stand scheidet aus (MünchKomm AktG/*Hüffer* Rn 50). Eine Amtslöschung gem § 397 FamFG ist auch nach dem Ablauf der Präklusionsfrist möglich, § 275 Abs 3 S 2.

20

§ 275 Klage auf Nichtigerklärung

21 **2. Verhältnis zur Frist nach § 275 Abs 2.** Die Drei-Monats-Frist des § 275 Abs 2 tritt hinter der Praeklusionsfrist zurück. Daraus folgt, dass die Klage auch vor dem Ablauf der Frist aus § 275 Abs 2 erhoben werden kann, wenn sie anderenfalls verfristet wäre. Dies ist sachgerecht, wenn der Satzungsmangel erst in den letzten drei Monaten der Praeklusionsfrist entdeckt wurde (KölnKomm AktG/*Kraft* Rn 39). In diesem Fall ist es gem § 91a ZPO billig, dem Kläger die Kosten aufzuerlegen (MünchKomm AktG/*Hüffer* Rn 44).

V. Einreichungspflicht und Eintragung in das Handelsregister

22 **1. Pflichten des Vorstands.** Aus §§ 275 Abs 4 S 1, 246 Abs 1 S 1 folgt, dass der Vorstand die Klageerhebung und den Termin zur mündlichen Verhandlung unverzüglich (§ 121 BGB) in den Gesellschaftsblättern (§ 25) bekannt zu machen hat. Bei börsennotierten AG gilt zusätzlich die Bekanntmachungspflicht gem §§ 275 Abs 4 S 1, 248a, wenn das Nichtigkeitsverfahren beendet ist. Der Vorstand ist gem § 275 Abs 4 S 2 gegenüber der AG verpflichtet, eine beglaubigte Abschrift der Klage und das rechtskräftige Urteil zum HR einzureichen. Das Registergericht kann diese Pflicht gem § 14 HGB durch Zwangsgeld durchsetzen.

23 **2. Eintragung.** Das Registergericht hat gem § 275 Abs 4 S 2 die Nichtigkeit der Gesellschaft wegen des rechtskräftigen Urteils einzutragen. Unter Berufung auf den Wortlaut des § 277 Abs 1 betrachtet die **hM** die Eintragung als **konstitutiv**, so dass erst mit der Eintragung der Nichtigkeit in das HR die Abwicklungsgesellschaft entsteht (GroßKomm AktG/*Wiedemann* § 277 Rn 1; KölnKomm AktG/*Kraft* Rn 46, § 277 Rn 2). Das rechtskräftige Gestaltungsurteil oder die Entscheidung des Registergerichts sind aus dieser Perspektive nur Eintragungsvoraussetzungen. Allerdings sprechen die überwiegenden Gründe dafür, sich nicht am Wortlaut des § 277 Abs 1 festzuhalten. Das formell rechtskräftige Gestaltungsurteil wirkt erga omnes, so dass die AG bereits dadurch aufgelöst ist, ohne dass es hierfür auf eine Eintragung im HR ankäme. Stellt man hingegen auf den Eintragungszeitpunkt ab, könnte der Vorstand den Auflösungszeitpunkt beeinflussen, indem er seiner Einreichungspflicht nach § 275 Abs 4 S 2 zögerlich nachkommt. Mit der hM im GmbH-Recht und einer Minderheit im Aktienrecht ist daher zu differenzieren: Die Abwicklungsgesellschaft entsteht mit der Rechtskraft des Gestaltungsurteils, das die AG für nichtig erklärt. Die Eintragung in das HR ist hier deklaratorisch. Konstitutive Wirkung hat die Eintragung nur bei einer Amtslöschung nach § 399 FamFG (MünchKomm AktG/*Hüffer* Rn 61, § 277 Rn 5 f).

VI. Löschungsverfahren

24 **1. Übersicht.** § 397 S 1 FamFG gestattet eine Amtslöschung, wenn eine Nichtigkeitsklage nach § 275 erhoben werden könnte. Die Amtslöschung dient dem öffentlichen Interesse ist allerdings nur auf Ausnahmefälle beschränkt. Wie bei § 275 soll daher auch im Amtslöschungsverfahren dem Bestandsschutz Rechung getragen werden (*OLG Frankfurt* FGPrax 2002, 78). Weder bei der Einleitung des Verfahrens noch bei der Löschung hat das Gericht nach **hM** ein Ermessen (KölnKomm AktG/*Kraft* Rn 52). § 397 FamFG lautet:

2056 *Füller*

§ 397 FamFG
[Löschung nichtiger Gesellschaften und Genossenschaften]
Eine in das Handelsregister eingetragene Aktiengesellschaft oder Kommanditgesellschaft auf Aktien kann nach § 395 als nichtig gelöscht werden, wenn die Voraussetzungen vorliegen, unter denen nach den §§ 275, 276 des Aktiengesetzes Klage auf Nichtigerklärung erhoben werden könnte. [...]. 25

2. Materielle Voraussetzungen. Die Amtslöschung setzt einen Nichtigkeitsgrund iSv § 275 Abs 1 voraus. Sie scheidet aus, wenn ein heilbarer Mangel der Satzung (§ 276) wirksam geheilt wurde, was eine Eintragung des Beschlusses in das HR voraussetzt (§ 181 Abs 3). Eine Heilung nach § 276 ist auch möglich ist, wenn die Widerspruchsfrist nach § 395 Abs 2 FamFG abgelaufen ist oder der Widerspruch rechtskräftig zurückgewiesen ist (*KG* JW 1934, 1125; MünchKomm AktG/*Hüffer* Rn 65). Die Amtslöschung ist nicht an die materielle Praeklusionsfrist gebunden, wie sich aus § 275 Abs 3 S 2 ergibt. Nach der bisherigen hM soll die Löschung als ungeschriebenes Tatbestandsmerkmal ein **öffentliches Interesse** voraussetzen (KölnKomm AktG/*Kraft* Rn 52). Dies mag für § 144 FGG zugetroffen haben, ist indes nicht mehr schlüssig für § 397 FamFG. Wie sich aus dem Vergleich zu § 398 FamFG ergibt, setzt § 397 FamFG gerade kein öffentliches Interesse aus und dieses lässt sich auch nicht aus den §§ 395, 394 Abs 2 FamFG ableiten. 26

3. Verfahren. §§ 397 S 1, 395 Abs 2 FamFG bestimmen ein gestuftes Verfahren: Das Gericht hat die AG vor der beabsichtigten Löschung zu benachrichtigen und zugleich eine angemessene Frist zur Geltendmachung eines Widerspruchs zu bestimmen. Das FamFG bestimmt keine bestimmte Frist hierfür. Das weitere Verfahren richtet sich danach, ob die AG gegen die Löschungsbenachrichtigung Widerspruch eingelegt hat. Ist dies der Fall, hat das Gericht vor der Löschung über den Widerspruch zu entscheiden, §§ 397 S 1, 395 Abs 3, 393 Abs 3 S 1 FamFG. 27

4. Löschung. Das Gericht verfügt die Löschung (§ 393 Abs 5 FamFG), wenn ein Auflösungsgrund erfüllt ist folgende Verfahrensvoraussetzung eingehalten wurden: Die Löschung darf nur verfügt werden, wenn kein Widerspruch erhoben wurde oder wenn die den Widerspruch zurückweisende Verfügung rechtskräftig geworden ist, § 393 Abs 5 FamFG . Das Gericht verfügt dann die Eintragung des Löschungsvermerks in das HR, der die Gesellschaft für nichtig erklärt. Diese Eintragung ist konstitutiv (§§ 397 S 1, 395 Abs 1 S 2 FamFG, § 277 Abs 1). Die AG wandelt sich dadurch in eine Abwicklungsgesellschaft um. 28

5. Rechtsmittel. Gegen die Löschungsbenachrichtigung (§§ 397 S 1, 395 Abs 2 S 1 FamFG) ist nur ein Widerspruch eröffnet. Weist das Gericht den Widerspruch zurück, so ist dagegen die Beschwerde eröffnet (§§ 397 S 1, 395 Abs 3, 393 Abs 3 S 2 FamFG). Die Löschung darf erst verfügt werden, wenn kein Widerspruch erhoben oder der den Widerspruch zurückweisende Beschluss rechtskräftig geworden ist, § 393 Abs 5 FamFG. Da die Löschungsverfügung eine Eintragungsverfügung ist, ist sie nicht beschwerdefähig (MünchKomm AktG/*Hüffer* Rn 72). 29

6. Verhältnis zur Nichtigkeitsklage. Weder schließt die Erhebung einer Nichtigkeitsklage die Eröffnung des Amtslöschungsverfahrens aus noch umgekehrt. Jeweils aussetzen können sowohl das Registergericht (§ 381 FamFG) als auch das Prozessgericht (§ 148 ZPO). Ein rechtskräftiges Urteil nach § 275 Abs 1 bindet das Registergericht. 30

§ 276 Heilung von Mängeln

Es muss die Nichtigkeit in diesem Fall eintragen. Im Gegensatz dazu darf das Registergericht das Amtslöschungsverfahren durchführen, wenn eine Nichtigkeitsklage rechtskräftig als unbegründet abgewiesen wurde (MünchKomm AktG/*Hüffer* Rn 74; aA KölnKomm AktG/*Kraft* Rn 54).

§ 276 Heilung von Mängeln

Ein Mangel, der die Bestimmungen über den Gegenstand des Unternehmens betrifft, kann unter Beachtung der Bestimmungen des Gesetzes und der Satzung über Satzungsänderungen geheilt werden.

Übersicht

	Rn		Rn
I. Regelungsgegenstand	1	2. Zeitpunkt der Beschlussfassung	4
II. Heilbare Mängel	2	3. Anmeldung und Eintragung	5
III. Satzungsändernder Beschluss	3	IV. Rechtswirkungen	6
1. Beschlussvoraussetzungen	3		

I. Regelungsgegenstand

1 Die Vorschrift führt den Normzweck des § 275 fort und dient dem **Bestandsschutz** (MünchKomm AktG/*Hüffer* Rn 2. Ein Satzungsmangel über den Unternehmensgegenstand ist nach § 276 heilbar. § 276 gestattet der fehlerhaften Organisation, den Satzungsmangel zu beseitigen und damit die AG fehlerfrei zu gestalten.

II. Heilbare Mängel

2 Die heilbaren Mängel sind in § 276 **abschließend** aufgeführt (KölnKomm AktG/*Kraft* Rn 4). Heilbar ist nur ein Mangel, der die Bestimmungen über den Gegenstand des Unternehmens iSv § 23 Abs 3 Nr 2 betrifft. § 276 verweist damit auf die Nichtigkeitsgründe nach § 275 Abs 1 Var 2, 3. Unheilbar ist eine fehlende Bestimmung über die Höhe des Grundkapitals.

III. Satzungsändernder Beschluss

3 **1. Beschlussvoraussetzungen.** Heilbare Mängel können nur im Wege der Satzungsänderung beseitigt werden. Die Aktionäre trifft im Grundsatz keine Pflicht, der Satzungsänderung zuzustimmen, die den Mangel heilen soll. Sie könnten jederzeit gem § 262 Abs 1 Nr 2 durch einen Beschluss die AG auflösen und damit die Rechtsfolgen herbeiführen, die § 277 Abs 1 vorsieht. Auch für die Gründer sollte man keine Pflicht zur Stimmabgabe verlangen. Zu erwägen ist nur, ob der eine Heilung ablehnende Beschluss nach den §§ 243 ff anfechtbar ist. Dies kommt in Betracht, wenn ein Aktionär durch seine Stimmabgabe schädigende Sondervorteile iSv § 243 Abs 2 erlangen will (MünchKomm AktG/*Hüffer* Rn 11). Nach § 179 Abs 1 S 1 ist für den Beschluss eine drei Viertel-Mehrheit erforderlich. Bei der Satzungsautonomie der Gesellschaft nach § 179 Abs 2 S 2 ist zu differenzieren: **Fehlt** in der Satzung der **Unternehmensgegenstand**, so gilt § 179 Abs 2 S 2 HS 1, da die Satzung ergänzt, aber nicht geändert wird. Die Satzung kann damit eine größere oder geringere Kapitalmehrheit vorsehen. Kann eine nichtige Bestimmung über den Unternehmensgegenstand nur dadurch korrigiert werden, indem der Unternehmensgegenstand selbst geändert wird, gilt hingegen § 179 Abs 2 S 2 HS 2. Die Satzung kann für den Beschluss nur eine größere, aber keine geringere Kapitalmehrheit vorsehen (MünchKomm AktG/*Hüffer* Rn 8).

2. Zeitpunkt der Beschlussfassung. Der Heilungsbeschluss ist an keine Frist gebunden. Die Frist nach § 275 Abs 2, 3 gilt nicht. Eine Heilung kann noch beschlossen werden, wenn bereits eine Nichtigkeitsklage erhoben wurde, die sich dann mit dem Wirksamwerden des Heilungsbeschlusses erledigt. Ist die AG aufgelöst, sei es durch das rechtskräftige Gestaltungsurteil oder die eingetragene Löschungsverfügung des Registergerichts, kann noch ein Heilungsbeschluss gefasst werden. Soll die Gesellschaft wieder als werbende Gesellschaft fortgeführt werden, empfiehlt es sich, die Fortsetzung der Gesellschaft gem § 274 zu beschließen (KölnKomm AktG/*Kraft* Rn 9; MünchKomm AktG/*Hüffer* Rn 16). 4

3. Anmeldung und Eintragung. Der Vorstand hat in öffentlich beglaubigter Form die beschlossene Satzungsänderung oder Satzungsergänzung zur Eintragung in das Handelsregister anzumelden, §§ 181 Abs 1 S 1, 276. Versäumt dies der Vorstand, kommen Schadensersatzansprüche der Gesellschaft in Betracht (§§ 112, 83 Abs 2, 93 Abs 2). Das Registergericht prüft die Anmeldungsvoraussetzungen materiell und formell und verfügt nach einer positiven Prüfung die konstitutive Eintragung in das HR. Es handelt sich dabei um eine ausdrückliche Eintragung (§ 39), so dass der Wortlaut des Heilungsbeschlusses einzutragen ist, § 181 Abs 2 S 2. 5

IV. Rechtswirkungen

Mit der Eintragung der Satzungsänderung in das HR ist der Mangel ex nunc geheilt. Damit entfällt die Möglichkeit, die AG aufzulösen, so dass sich niemand auf den früheren Mangel berufen kann. Eine Amtslöschung ist ausgeschlossen. Ist hingegen die Gesellschaft bereits aufgelöst und der Beschluss erst im Abwicklungsstadium gefasst worden, so ist zusätzlich ein Fortsetzungsbeschluss erforderlich, wenn die Gesellschaft als werbende weitergeführt werden soll (Rn 4). 6

§ 277 Wirkung der Eintragung der Nichtigkeit

(1) Ist die Nichtigkeit einer Gesellschaft auf Grund rechtskräftigen Urteils oder einer Entscheidung des Registergerichts in das Handelsregister eingetragen, so findet die Abwicklung nach den Vorschriften über die Abwicklung bei Auflösung statt.

(2) Die Wirksamkeit der im Namen der Gesellschaft vorgenommenen Rechtsgeschäfte wird durch die Nichtigkeit nicht berührt.

(3) Die Gesellschafter haben die Einlagen zu leisten, soweit es zur Erfüllung der eingegangenen Verbindlichkeiten nötig ist.

Übersicht

	Rn		Rn
I. Regelungsgehalt	1	III. Wirksamkeit abgeschlossener Rechtsgeschäfte	3
II. Entstehungsvoraussetzungen der Abwicklungsgesellschaft	2	IV. Einlagepflicht	4

I. Regelungsgehalt

1 Die Vorschrift regelt das rechtliche Schicksal einer AG, deren Nichtigkeit aufgrund eines rechtskräftigen Urteils in das HR eingetragen ist. Die für nichtig erklärte Gesellschaft besteht als Abwicklungsgesellschaft fort. Kraft des Verweises in § 277 Abs 1 gelten damit die Vorschriften über die aufgelöste Gesellschaft (§§ 264–274). Dies verdeutlicht den Zweck des § 277. Die Vorschrift soll sicherstellen, dass die für nichtig erklärte Gesellschaft in einem rechtlich geordneten Verfahren aus dem Rechtsverkehr ausscheidet. Geschützt werden dadurch die Gesellschaftsgläubiger, deren vorrangiger Befriedigung die Abwicklung dient. Daneben schützt die Norm die Gesellschafter, indem sie eine Verteilung des Restvermögens gem §§ 271–273 eröffnet.

II. Entstehungsvoraussetzungen der Abwicklungsgesellschaft

2 Die Abwicklungsgesellschaft entsteht mit der Rechtskraft des Gestaltungsurteils, das die AG für nichtig erklärt. Die Eintragung ist in das HR ist deklaratorisch. Konstitutive Wirkung hat die Eintragung bei einer Amtslöschung (näher § 275 Rn 23).

III. Wirksamkeit abgeschlossener Rechtsgeschäfte

3 § 277 Abs 2 stellt klar, dass die Nichtigkeit der Gesellschaft die Wirksamkeit der namens der Gesellschaft abgeschlossenen Rechtsgeschäfte nicht berührt. Die Norm ist überflüssig. Eine für nichtig erklärte Gesellschaft besteht als Abwicklungsgesellschaft fort, ohne dass sich ihre Identität ändert. Unerheblich ist deswegen, ob die Geschäftspartner den nichtigkeitsbegründenden Mangel oder das Gestaltungsurteil kannte. Die AG kann sich ihrerseits ebenso auf § 277 Abs 2 berufen. Dies gilt auch für die Einmann-AG (*RG* HRR 1935 Nr 1677).

IV. Einlagepflicht

4 Den Charakter als Abwicklungsgesellschaft unterstreicht schließlich § 277 Abs 3: Die Einlagepflicht nach § 54 Abs 1 gilt während der Abwicklung nur eingeschränkt. Einlagen sind nur zur leisten, wenn die Gesellschaft diese Mittel benötigt, um die Gläubiger zu befriedigen. Die Vorschrift normiert damit einen allgemeinen Grundsatz, der für Abwicklungsgesellschaften anerkannt ist. Deckt das Vermögen der AG nicht die Höhe ihrer Verbindlichkeiten, so gilt für die Einlagepflicht der Aktionäre § 53a. Der Fehlbetrag ist damit gleichmäßig auf alle Aktien umzulegen. Analog anzuwenden ist § 277 Abs 3 auf eine zu Unrecht in das HR eingetragene Kapitalerhöhung (*RGZ* 144, 138, 141).

Zweites Buch
Kommanditgesellschaft auf Aktien

§ 278 Wesen der Kommanditgesellschaft auf Aktien

(1) Die Kommanditgesellschaft auf Aktien ist eine Gesellschaft mit eigener Rechtspersönlichkeit, bei der mindestens ein Gesellschafter den Gesellschaftsgläubigern unbeschränkt haftet (persönlich haftender Gesellschafter) und die übrigen an dem in

Aktien zerlegten Grundkapital beteiligt sind, ohne persönlich für die Verbindlichkeiten der Gesellschaft zu haften (Kommanditaktionäre).

(2) Das Rechtsverhältnis der persönlich haftenden Gesellschafter untereinander und gegenüber der Gesamtheit der Kommanditaktionäre sowie gegenüber Dritten, namentlich die Befugnis der persönlich haftenden Gesellschafter zur Geschäftsführung und zur Vertretung der Gesellschaft, bestimmt sich nach den Vorschriften des Handelsgesetzbuchs über die Kommanditgesellschaft.

(3) Im Übrigen gelten für die Kommanditgesellschaft auf Aktien, soweit sich aus den folgenden Vorschriften oder aus dem Fehlen eines Vorstands nichts anderes ergibt, die Vorschriften des Ersten Buchs über die Aktiengesellschaft sinngemäß.

Übersicht

	Rn		Rn
I. Wesen der Kommanditgesellschaft auf Aktien, Abs 1	1	IV. Die Kommanditaktionäre	33
II. Das auf die Kommanditgesellschaft auf Aktien anwendbare Recht, Abs 2 und 3	4	V. Sonderrecht der „atypischen KGaA" oder „Publikums-KGaA"?	37a
1. Verweisungstechnik, Prüfungsabfolge	4	VI. Geschäftsführung und Vertretung	38
		1. Geschäftsführung	38
2. Die in Abs 2 angesprochenen Rechtsverhältnisse	6	2. Vertretung	41
		3. Satzungsgestaltung	44
3. Die Verweisung in Abs 3	9	4. Grenzen bestehender Geschäftsführungsbefugnisse	47
4. Entsprechende Anwendung von aktienrechtlichen Normen	10	5. Entziehung und Niederlegung	49
5. Bereiche von Gestaltungsfreiheit und von Satzungsstrenge	11	VII. Die Kommanditgesellschaft auf Aktien als verbundenes Unternehmen	52
III. Die Komplementäre	12	1. Anwendung konzernrechtlicher Normen	52
1. Personelle Anforderungen	12		
2. Begründung und Beendigung der Komplementärstellung	17	2. Beherrschender Einfluss auf die Kommanditgesellschaft auf Aktien	53
3. Haftung	20		
4. Einlageleistung	24	3. Rechtsfolgen des herrschenden Einflusses auf die Kommanditgesellschaft auf Aktien	56
5. Verhältnis innerhalb der Gruppe der Komplementäre	26		
6. Tätigkeitsvereinbarungen	31		

Literatur: *Ammenwerth* Die Kommanditgesellschaft auf Aktien (KGaA) – Eine Rechtsformalternative für personenbezogene Unternehmen?, Diss Münster, 1996; *Arnold* Die GmbH & Co KGaA, Diss Bonn, 2000; *Bachmann* Die Änderung personengesellschaftsrechtlicher Satzungsbestandteile bei der KGaA, FS K. Schmidt, 2009, S 41; *Cahn* Die Änderung der Satzungsbestimmungen nach § 281 AktG bei der Kommanditgesellschaft auf Aktien, AG 2001, 579; *Dirksen/Möhrle* Die kapitalistische KGaA, ZIP 1998, 1377; *Drüen/van Heek* Die Kommanditgesellschaft auf Aktien zwischen Trennungs- und Tranparenzprinzip – Eine steuersystematische Bestandsaufnahme, DStR 2012, 541; *Fett* Die Kapitalgesellschaft & Co KGaA, INF 2005, 872; *Fett/Förl* Die Mitwirkung der Hauptversammlung einer KGaA an der Veräußerung wesentlicher Unternehmensteile, NZG 2004, 210; *Förl* Die GmbH & Co KGaA als abhängiges Unternehmen, Diss Düsseldorf, 2003; *Graf* Die Kapitalgesellschaft & Co KG auf Aktien, Diss Augsburg, 1993; *Heermann* Unentziehbare Mitwirkungsrechte der Minderheitsaktionäre bei außergewöhnlichen Geschäften in der GmbH & Co KGaA, ZGR 2000, 61; *Heinze* Die Gesellschaft bürgerlichen Rechts als Komplementärin bei der Kommanditgesellschaft auf Aktien, DNotZ 2012, 426; *Hennerkes/Lorz* Roma locuta causa finita: Die GmbH & Co KGaA ist zulässig, DB 1997, 1388; *Herfs* Vereinbarungen zwischen der KGaA und ihren Komplementären, AG 2005, 589; *Hoffmann-Becking/Herfs* Struktur und Satzung der Familien-KGaA, FS Sigle, 2000, S 273; *Hommelhoff* Anlegerschutz in der GmbH & Co KGaA, ZHR Beiheft 67, 1998, 9; *Ihrig/Schlitt* Die KGaA nach dem Beschluss des BGH vom 24.2.1997, ZHR Beiheft 67, 1998, 33; *Kallmeyer* Rechte und Pflichten des Aufsichtsrats in der Kommanditgesellschaft auf Aktien, ZGR 1983, 57; *Kessler* Die Entwicklung des Binnenrechts der KGaA seit BGHZ 134, S 392 = NJW 1997, 1923, NZG 2005, 145; *Kölling* Gestaltungsspielräume und Anlegerschutz in der kapitalistischen KGaA, Diss Bielefeld, 2005; *Kornblum* Bundesweite Rechtstatsachen zum Unternehmens- und Gesellschaftsrecht, GmbHR 2011, 692; *Otte* Die AG & Co. KGaA, Diss Bonn, 2010; *Overlack* Der Komplementär in der GmbH & Co KGaA, RWS-Forum 10 Gesellschaftsrecht 1997, 237; *Philbert* Die Kommanditgesellschaft auf Aktien zwischen Personengesellschaftsrecht und Aktienrecht, Diss Regensburg, 2005; *Röhricht* Das Gesellschaftsrecht in der jüngsten Rechtssprechung des Bundesgerichtshofs, RWS-Forum 10 Gesellschaftsrecht 1997, 191; *Schlitt* Die Satzung der Kommanditgesellschaft auf Aktien, 1999; *Semler/Volhard/Reichert* Arbeitshandbuch für die Hauptversammlung § 48; *Sethe* Die personalistische Kapitalgesellschaft mit Börsenzugang, 1996; *Wichert* Die Finanzen der Kommanditgesellschaft auf Aktien, Diss Frankfurt, 1999; *ders* Die GmbH & Co KGaA nach dem Beschluss BGHZ 134, 392, AG 2000, 268; *ders* Satzungsänderungen in der Kommanditgesellschaft auf Aktien, AG 1999, 362; *Wiesner* Die Enthaftung ausgeschiedener persönlich haftender Gesellschafter einer KGaA, ZHR 148 (1984), 56.

I. Wesen der Kommanditgesellschaft auf Aktien, Abs 1

1 Eine Kommanditgesellschaft auf Aktien ist eine Gesellschaft mit eigener Rechtspersönlichkeit **(juristische Person)**, Abs 1 HS 1. Diese das zweite Buch des AktG einleitende Feststellung wurde durch das Aktiengesetz 1937 eingeführt und beendete den bis dahin geführten Streit um die Rechtsfähigkeit der KGaA (vgl dazu *Sethe* S 52, 70 und 78). Seit der Anerkennung der Kapitalgesellschaft & Co. KGaA durch den *BGH* im Jahre 1997 (*BGHZ* 134, 392) hat sich die Zahl der KGaA deutlich erhöht (vgl Schütz/Bürgers/Riotte KGaA/*Fett* § 1 Rn 11); sie ist aber im Vergleich zur AG nach wie vor recht klein. Wg der herausgehobenen Stellung des Komplementärs und der für die KGaA in zentralen Fragen bestehenden Satzungsfreiheit bietet diese Rechtsform dem Unternehmer eine attraktive börsenfähige Alternative zur AG, was der Rechtsform der KGaA auch ihre eigenständige Berechtigung in der Reihe der Gesellschaftsformen verschafft. Beispiele aus jüngerer Zeit, wie der Rechtsformwechsel eines DAX-30 Unternehmens in die Rechtsform der AG & Co. KGaA, belegen die Attraktivität der Rechtsform (s auch *Drüen/van Heek* DStR 2012, 541). Die in den letzten Jahren ergangenen Urteile und die veröffentlichte Literatur zur KGaA haben weiter zur Rechtssicherheit beigetragen.

2 Die KGaA hat **zwei Gesellschaftergruppen**, und zwar einerseits mindestens einen persönlich haftenden Gesellschafter (auch **Komplementär**) und andererseits die am Grundkapital beteiligten **Kommanditaktionäre**. Komplementäre können auch gleichzeitig Kommanditaktionäre sein (§ 285 Abs 1), zudem kann die Gesellschaft auch bereits im Gründungsstadium einen Alleingesellschafter haben (vgl § 280 Rn 2).

3 Als **hybride Rechtsform** weist die KGaA Merkmale sowohl der **Kommanditgesellschaft** als auch der **Aktiengesellschaft** auf (GroßKomm AktG/*Assmann/Sethe* Rn 3 ff). Da für die Rechtsauslegung praktisch nicht relevant, kann iE dahinstehen, ob die

KGaA eher eine Abart von AG oder KG ist (KölnKomm AktG/*Mertens/Cahn* Rn 2; Schütz/Bürgers/Riotte KGaA/*Fett* § 3 Rn 2). Entscheidend ist allein die korrekte Anwendung der Verweisungstechnik in Abs 2 und 3.

II. Das auf die Kommanditgesellschaft auf Aktien anwendbare Recht, Abs 2 und 3

1. Verweisungstechnik, Prüfungsabfolge. Das Recht der KGaA ist in den §§ 278–290 nicht abschließend geregelt, sondern ergibt sich im Wesentlichen aus der **Verweisung der Abs 2 und 3** entweder auf das Recht über die Kommanditgesellschaft (Abs 2 iVm §§ 161 HGB ff) oder auf das Recht des ersten Buches über die Aktiengesellschaft (Abs 3 iVm §§ 1–277). Als **Spezialnormen** treffen die §§ 279–290 Regelungen, die in ihrem Anwendungsbereich Vorrang vor der Verweisung nach Abs 2 und 3 haben; insoweit hat die Einordnung unter die Verweisungsnormen jedoch maßgeblichen Einfluss bei der Frage, ob die betroffenen Bereiche durch die Satzung ausgestaltet werden können (vgl dazu Rn 11).   4

Welche gesetzliche Regelung hinsichtlich eines Sachverhalts anzuwenden ist, ergibt sich grds nach folgendem **Prüfungsschema**: Zuerst ist zu untersuchen, ob eine der **Spezialnormen der §§ 279–290** Anwendung findet. Soweit dies nicht der Fall ist, muss weiter gefragt werden, ob **eines der in Abs 2 genannten Rechtsverhältnisse** angesprochen und damit der Sachverhalt nach den Regelungen über die KG (§§ 161 ff HGB) zu bewerten ist. Sollte dies nicht der Fall sein (und nur dann), verweist **Abs 3 „im Übrigen"** auf die Regelungen über die Aktiengesellschaft (vgl zur Verweisungstechnik ferner *Herfs* AG 2005, 589 ff; Schütz/Bürgers/Riotte KGaA/*Fett* § 3 Rn 3 ff).   5

2. Die in Abs 2 angesprochenen Rechtsverhältnisse. Maßgeblich für die Frage des anwendbaren Rechts ist daher, ob nach Abs 2 das Rechtsverhältnis der **Komplementäre untereinander**, der **Komplementäre zu der Gesamtheit der Kommanditaktionäre** oder der **Komplementäre zu Dritten** angesprochen ist. Als Beispiel nennt das Gesetz an dieser Stelle ausdrücklich die Befugnis der Komplementäre zur Führung der Geschäfte und zur Vertretung der Gesellschaft. Ist eines dieser Rechtsverhältnisse betroffen, verweist Abs 2 auf das Recht der Kommanditgesellschaft in §§ 161 ff HGB.   6

In der Praxis treten vereinzelt Fragestellungen auf, die sowohl einen Bezug zu einem in Abs 2 genannten als auch zu einem dort nicht genannten Rechtsverhältnis haben. Das trifft zunächst auf die Kompetenzen des AR zu, sofern sich diese auf die Geschäftsführungsbefugnisse der Komplementäre auswirken (hierzu Rn 10). Zudem haben die Änderung von Satzungsbestandteilen, die eines der in Abs 2 genannten Rechtsverhältnisse betreffen (dazu unter § 281 Rn 11 f), und der Abschluss von Rechtsgeschäften, durch welche die Struktur der Gesellschaft betroffen ist (dazu unter Rn 47), auch Auswirkungen auf in Abs 2 nicht angesprochene Rechtsverhältnisse. Nach dem hier vertretenen **„abstrakt-systematischen Ansatz"** (Bezeichnung von Spindler/Stilz AktG/*Bachmann* § 278 Rn 23) ist vom Gesetzgeber ein **Vorrang der Verweisung auf das Personengesellschaftsrecht** normiert, weil die Verweisung des Abs 3 auf das Aktienrecht wg der dortigen Formulierung „im Übrigen" nicht zur Anwendung kommt, wenn ein Sachverhalt bereits ein Rechtsverhältnis nach Abs 2 betrifft (Schütz/Bürgers/Riotte KGaA/*Fett* § 3 Rn 25 ff, so auch Henn/Frodermann/Jannott/Hbd AktR/*Nicolas* Kap 17 Rn 13). Damit sind die genannten Abgrenzungsfälle klar dem Regelungsbereich des Personengesellschaftsrechts zuzuordnen. Eine **aA** verfolgt einen **„konkret-teleologische Ansatz"** und lässt durch Anerkennung eines Nebenei-   7 nanders der Verweisungsnormen Überschneidungsfälle entstehen, bei denen die Frage der Anwendbarkeit des Handels- oder Aktienrechts nach Wertungsgesichtspunkten zu entscheiden sei (*Cahn* AG 2001, 579, 581 f; KölnKomm AktG/*Mertens/Cahn* Vor § 278 Rn 13; Spindler/Stilz AktG/*Bachmann* § 278 Rn 22 ff, *Bachmann* FS K. Schmidt S 41, 43). Für die Rechtspraxis führen die beiden Ansätze zu einem unterschiedlichen **Maß an Satzungsautonomie** (dazu Rn 11), deren Anwendungsbereiche bei der hier vertretenen Auffassung weiter sind. Die mit wertenden Betrachtungen stets verbundene **Rechtsunsicherheit** spricht gegen deren Heranziehung bereits auf der Ebene der grundsätzlichen Rechtsanwendung; ist nach wertenden Gesichtspunkten eine Anwendung aktienrechtlicher Grundsätze in Einzelfällen erforderlich, so sollte diese durch vorsichtige Rechtsfortbildung ermöglicht werden (dazu Rn 10).

8 Das Rechtsverhältnis zwischen **Komplementären und der KGaA** findet in Abs 2 keine Erwähnung, wogegen das Rechtsverhältnis zu der „Gesamtheit der Kommanditaktionäre" ausdrücklich angesprochen ist. Mit dem Verweis, dass die gesetzliche Formulierung „Gesamtheit der Kommanditaktionäre" ein Überbleibsel des ADHGB sei, wird vorgeschlagen, den Gesetzestext so zu lesen, dass damit das Rechtsverhältnis zwischen Komplementären und der Gesellschaft gemeint sei (*Kessler* NZG 2005, 145, 146; *Bachmann* FS K. Schmidt S 41, 47; Spindler/Stilz AktG/*Bachmann* § 278 Rn 18 u 25). Nach aA soll wg der fehlenden ausdrücklichen Nennung in Abs 2 die Verweisung des Abs 3 Anwendung finden und damit das Rechtsverhältnis der Komplementäre zur KGaA dem Recht der AG unterfallen (so *Cahn* AG 2001, 579, 581). Da in vielen Fällen, die der Verweisung des Abs 2 unterliegen, auch das Rechtsverhältnis zwischen Komplementären und der KGaA tangiert sein wird, hat diese Frage bei einer Abweichung vom hier vertretenen „abstrakt-systematischen Ansatz" erhebliche Auswirkungen auf die Frage der Rechtanwendbarkeit, denn bei der zuletzt genannten Auffassung entstehen zwangsläufig viele **Überschneidungsfälle**, die dann anhand des „konkret-teleologischen Ansatzes" durch **wertende Betrachtung nach der Bedeutung der betroffenen Rechtsverhältnisse** abzugrenzen wären (so die Forderung von *Cahn* AG 2001, 579, 581 f; KölnKomm AktG/*Mertens/Cahn* Vor § 278 Rn 13). Faktisch wäre damit die durch den „konkret-teleologischen Ansatz" geforderte und mit Rechtsunsicherheit verbundene wertende Betrachtung auf die meisten Rechtsfragen der KGaA erstreckt und damit die von der Verweisungstechnik des § 278 Abs 2 und 3 beabsichtigte Abgrenzung negiert. Daher wurde bereits vorgeschlagen, das Rechtsverhältnis zwischen Komplementär und KGaA bei der Anwendung der Verweisungsnormen zu ignorieren (Schütz/Bürgers/Riotte KGaA/*Fett* § 3 Rn 25 ff; dagegen wiederum KölnKomm AktG/ *Mertens/Cahn* Vor § 278 Rn 13).

8a Tatsächlich ist das Rechtsverhältnis zwischen Komplementären und der KGaA überhaupt nicht von der Verweisungsmechanik der Abs 2 und 3 erfasst, da bei Schaffung dieser Normen im Jahr 1897 (als § 320 Abs 2 und 3 HGB) die Rechtsfähigkeit der KGaA noch umstr, jedenfalls aber nicht gesetzlich anerkannt war (iE auch Henn/Frodermann/Jannott Hdb AktR/*Nicolas* Kap 17 Rn 13; vgl zum damaligen Streitstand *Sethe* S 70). Allein aus der Nichterwähnung des Rechtsverhältnisses in Abs 2 die Anwendbarkeit des Abs 3 zu folgern, ist jedenfalls angesichts des historischen Hintergrunds der Norm verfehlt, ebenso wenig kann die pauschale Anwendung des Abs 2 überzeugen. Vorzugswürdig erscheint es daher, die nicht erfolgte Zuweisung des Gesetzgebers in eine der beiden Regelungsmaterien hinzunehmen und wie folgt zu verfahren: Das Rechtsverhältnis zwischen Komplementären und KGaA begründet keine eigenständige Verweisung nach Abs 2, es kann aber auch **nicht die Aufhebung** einer bereits nach Abs 2 erfolgten Verweisung durch Anwendung des Abs 3 bewirken. Sollte tatsächlich das Rechtsverhältnis zwischen Komplementären und KGaA ohne Berührung entweder des Abs 2 oder aber der Spezialnormen §§ 279–290 betroffen sein, so mag der Weg zur Anwendung des Aktienrechts über Abs 3 offen stehen, praktische Anwendungsfälle sind hier aber nicht ersichtlich.

3. Die Verweisung in Abs 3. Abs 3 ist immer (und nur dann) anwendbar, wenn kein in Abs 2 genanntes Rechtsverhältnis tangiert ist. Die Verweisung des Abs 3 gilt jedoch nur sinngemäß, soweit sich aus dem Fehlen eines Vorstands und den Spezialnormen §§ 279–290 nichts anderes ergibt. In Abs 3 wird auf das Erste Buch des AktG verwiesen, nicht jedoch auf das Dritte Buch (Verbundene Unternehmen) und das Vierte Buch (Sonder-, Straf- und Schlussvorschriften). Dessen ungeachtet ist die KGaA auch von den Regelungen dieser beiden Bücher grds erfasst (vgl §§ 291, 311, 408, ferner KölnKomm AktG/*Mertens/Cahn* Rn 6; zu den Besonderheiten vgl die jeweiligen Kommentierungen, zur Eingliederung bspw § 319 Rn 3). 9

4. Entsprechende Anwendung von aktienrechtlichen Normen. Das System der Verweisungen führt zu einer **klaren Abgrenzung** der anwendbaren Rechtsmaterien untereinander, durch welche ein **rechtssicherer Umgang** mit der Rechtsform KGaA erst ermöglicht wird. Vor diesem Hintergrund ist grds **Zurückhaltung bei der Annahme von Ausnahmen** geboten. Der *BGH* hat gleichwohl eine auf § 112 AktG gestützte **Vertretungsbefugnis des AR der KGaA gegenüber den Komplementären** angenommen, um dadurch eine von Interessenkollisionen freibleibende Vertretung der Gesellschaft sicher zu stellen (*BGH* AG 2005, 239 f; dazu unter § 287 Rn 4 mwN). Dieser Entscheidung legte der *BGH* die Annahme zu Grunde, dass über § 278 Abs 3 die Regelungen des Aktienrechts insoweit ergänzend neben die Regelungen des (hinsichtlich der Vertretung der KGaA eigentlich anwendbaren) Personenhandelsgesellschaftsrechts treten, wenn dies erforderlich sei (zust insoweit *Herfs* AG 2005, 589, 592). Als **dogmatischer Anknüpfungspunkt** sollte hier aber nicht eine (in ihren Grenzen unbestimmte) Erweiterung des Anwendungsbereichs des § 278 Abs 3 dienen, sondern eine auf Regelungslücken beschränkte **Analogie** gewählt werden. Mit diesen Maßgaben verdient die Entscheidung des *BGH* Zustimmung, denn eine Vertretung nach § 112 analog stärkt die faktischen Kontrollmöglichkeiten des AR, dessen Kontrollrechte und -pflichten in der KGaA denen des AR einer Aktiengesellschaft entsprechen. Zu den Möglichkeiten abw Satzungsgestaltung vgl § 287 Rn 4. Die Vertretung der KGaA durch den AR ist auch bzgl der **Auftragserteilung an den Abschlussprüfer** angebracht, insoweit ist § 111 Abs 2 S 3 entspr anwendbar (vgl dazu § 283 Rn 16). 10

5. Bereiche von Gestaltungsfreiheit und von Satzungsstrenge. Die Frage, welches Recht auf die KGaA anwendbar ist, hat entscheidenden Einfluss darauf, ob der betr Sachverhalt durch die Satzung abw von den gesetzlichen Bestimmungen geregelt werden kann (Schütz/Bürgers/Riotte KGaA/*Fett* § 3 Rn 7 ff mwN). Grds gilt, dass die von Abs 2 angesprochenen Rechtsverhältnisse aufgrund der im Personengesellschaftsrecht bestehenden **Gestaltungsfreiheit** durch die Satzung abw geregelt werden können (vgl nur *Hüffer* AktG Rn 18). Dabei sind die Gestaltungsgrenzen des Personengesellschaftsrechts zu beachten (vgl dazu eingehend Schütz/Bürgers/Riotte KGaA/*Schütz/Reger* § 5 Rn 7 ff). Die von Abs 3 angesprochenen Rechtsverhältnisse unterliegen dagegen wg des enthaltenen Verweises auf § 23 Abs 5 der **aktienrechtlichen Satzungs-** 11 strenge; die Möglichkeiten der Satzungsgestaltung sind insoweit gem § 23 Abs 5 beschränkt. Diese Abgrenzung zwischen Bereichen der Satzungsautonomie und der Satzungsstrenge gilt grds auch für solche Fragen, die durch die Spezialnormen der §§ 279–290 geregelt sind (so auch MünchKomm AktG/*Perlitt* Vor § 278 Rn 41; aA Spindler/Stilz AktG/*Bachmann* § 278 Rn 21), was va im Bereich der Wettbewerbsverbote nach § 284 Satzungsgestaltungen ermöglicht (vgl § 284 Rn 7).

III. Die Komplementäre

12   **1. Personelle Anforderungen.** Das Gesetz enthält anders als beim Vorstand (vgl § 76 Abs 3) keine Aussage dazu, ob die Komplementärseigenschaft an die Erfüllung bestimmter Anforderungen gebunden ist. Als Komplementäre kommen zunächst **natürliche Personen** in Betracht, wobei str ist, welche Anforderungen an deren **Geschäftsfähigkeit** zu stellen sind. Nach einer Auffassung sollen die vertretungsberechtigten Komplementäre den Anforderungen des § 76 Abs 3 genügen müssen, also insb unbeschränkt geschäftsfähig sein (KölnKomm AktG/*Mertens/Cahn* Rn 12, 16). Nach anderer, zutr Ansicht ist § 76 Abs 3 nicht auf die Komplementäre einer KGaA anzuwenden, da es sich um eine spezifische Norm über Vorstandsmitglieder handelt und mangels eines Verweises in § 283 die Stellung der Komplementäre insoweit nicht der eines Vorstands entspricht (GroßKomm AktG/*Assmann/Sethe* Rn 24 f; Schütz/Bürgers/Riotte KGaA/*Bürgers/Schütz* § 4 Rn 7; MünchHdb AG/*Herfs* § 76 Rn 14; differenzierend hinsichtlich börsennotierter Gesellschaften MünchKomm AktG/*Perlitt* Rn 24 f). Die Wahrnehmung der organschaftlichen Belange des geschäftsunfähigen Komplementärs erfolgen in diesem Fall durch dessen **gesetzlichen Vertreter**; dies mag umständlich erscheinen (vgl GroßKomm AktG/*Assmann/Sethe* Rn 26), ist aber gerade bei Familien-KGaA mit minderjährigen Erben von praktischer Relevanz. Auch das von § 76 Abs 3 S 2 und 3 erfasste **Tätigkeitsverbot** hat keine Auswirkungen auf die Komplementärfähigkeit; gleichwohl kann im Vorliegen solcher Umstände ein wichtiger Grund zur Entziehung der Geschäftsführungs- und Vertretungsbefugnis liegen (vgl zur Entziehung Rn 49).

13   Nach der Entscheidung des *BGH* zur Zulassung der **GmbH & Co. KGaA** (*BGHZ* 134, 392 ff) und der Bestätigung des Gesetzgebers in § 279 Abs 2 ist nunmehr geklärt, dass sowohl **Kapitalgesellschaften** als auch **Personenhandelsgesellschaften** Komplementäre einer KGaA sein können. Dies entspricht mittlerweile auch der einhelligen Auffassung in der Literatur (vgl MünchKomm AktG/*Perlitt* Rn 268 mwN), die „atypische KGaA" ist inzwischen auch die am häufigsten anzutreffende Gestaltung (vgl *Kornblum* GmbHR 2011, 692, 699; zur Frage eines hierauf anzuwendenden „Sonderrechts" vgl Rn 37a). Die **Unternehmergesellschaft mit beschränkter Haftung** ist als Kapitalgesellschaft grds taugliche Komplementärin, in der Praxis würde eine solche Gestaltung aber erhebliche Akzeptanzprobleme mit sich bringen, wie sich bei der UG & Co. KG zeigt, die schon rechtsformbedingt stets im Verdacht der Unterfinanzierung steht. Rechtsfähige **ausländische Gesellschaften** sind als Komplementäre anzuerkennen (vgl K. Schmidt/Lutter/*K. Schmidt* Rn 22; MünchKomm AktG/*Perlitt* Rn 35 mit Nennung von Beispielen in der Registerpraxis).

14   Nachdem der *BGH* die Rechtsfähigkeit der GbR (*BGHZ* 146, 341 ff) und deren Kommanditistenfähigkeit (*BGHZ* 148, 291 ff) anerkannt hat, ist nach nunmehr **hA** auch eine **Außengesellschaft bürgerlichen Rechts** taugliche Komplementärin (so zuletzt Spindler/Stilz AktG/*Bachmann* Rn 40; MünchKomm AktG/*Perlitt* Rn 37). Die not-

wendige Publizität des HR soll dadurch erreicht werden, dass die GbR-Gesellschafter namentlich in die KGaA-Satzung aufzunehmen und in das Handelsregister einzutragen sind; entspr Änderungen der Gesellschafterstellung seien ebenfalls zum HR anzumelden (Schütz/Bürgers/Riotte KGaA/*Bürgers/Schütz* § 4 Rn 9; KölnKomm AktG/ *Mertens/Cahn* Rn 13). Allein durch diese, an § 161 Abs 1 S 2 HGB angelehnte (natürlich nur deklaratorisch wirkende) Eintragung der Gesellschafter wird aber über § 15 HGB kein Gutglaubensschutz an die Vertretungsverhältnisse der GbR (und damit mittelbar an die der KGaA) geschaffen, denn Vertretungsverhältnisse der Gesellschafter sind nicht eintragungsfähig (vgl Baumbach/Hopt HGB/*Hopt* § 106 Rn 2; *Krafka/Willer/Kühn* RegisterR Rn 707; **aA** *Heinze* DNotZ 2012, 426, 431 ff). Angesichts des Umstandes, dass die Beteiligungs- und Vertretungsverhältnisse einer GbR sich jeglicher Registrierung entziehen und auch nach geltendem Recht keinerlei Rechtsscheinstatbestände diesbezüglich geschaffen werden können (vgl zur Frage der Grundbuchfähigkeit der GbR zuletzt nur *Krüger* NZG 2010, 801), ist die GbR in der Praxis zumindest als vertretungsberechtigte Komplementärin ungeeignet. Schließlich könnte eine solche KGaA bereits an ihrer ersten Registeranmeldung scheitern, weil das Bestehen der organschaftlichen Vertretungsmacht des Anmeldenden durch das Registergericht von Amts wegen zu überprüfen ist und streng genommen geeignete Nachweismittel hierfür bei der GbR nicht zur Verfügung stehen (die von *Krafka/Willer/Kühn* RegisterR Rn 118 angedachte Vorlage eines notariell beglaubigten Gesellschaftsvertrages ist hierfür ungeeignet, vgl zur parallelen Lage bei der Grundstücks-GbR *Krüger* NZG 2010, 801, 803). Die GbR sollte als Komplementärin der KGaA daher besser nur ein theoretischer Fall bleiben, ein Bedürfnis für eine solche Gestaltung ist nicht zu erkennen, notfalls bietet sich die Registrierung als oHG an (so auch K. Schmidt/Lutter/*K. Schmidt* Rn 22).

Andere Verbände, wie zum Beispiel die **Erbengemeinschaft** oder die **ehelichen Gütergemeinschaft**, können mangels Rechtsfähigkeit nicht Komplementäre einer KGaA sein (GroßKomm AktG/*Assmann/Sethe* Rn 42). 15

Die **Satzung** kann **besondere persönliche Anforderungen** an die Komplementäre stellen, so zB hinsichtlich der Familienangehörigkeit sowie der Verpflichtung zur Erbringung einer Sondereinlage oder hinsichtlich interner Strukturen und Kapitalausstattung einer Komplementärgesellschaft. Denkbar ist es ebenso, die Komplementärfähigkeit einer Komplementärgesellschaft von einer Mindestbeteiligung ihrer Gesellschafter am Grundkapital der KGaA abhängig zu machen, um eine Verknüpfung zwischen den Möglichkeiten der Einflussnahme und dem Kapitaleinsatz zu erreichen (vgl GroßKomm AktG/*Assmann/Sethe* Rn 28 f). 16

2. Begründung und Beendigung der Komplementärstellung. Die Komplementärstellung beruht bei den an der Gründung oder einem Rechtsformwechsel beteiligten Komplementären auf der Ursprungssatzung der KGaA (vgl § 281 Abs 1). **Aufnahme** oder **Ausscheiden** von Komplementären sind – sofern die Satzung keine andere Regelung vorsieht – **Satzungsänderungen**, die sich wg der von § 278 Abs 2 betroffenen Regelungsmaterien in materieller Hinsicht nach dem Recht der Kommanditgesellschaft vollziehen, also der **Zustimmung aller Komplementäre und der Gesamtheit der Kommanditaktionäre** bedürfen. Die Zustimmung der gesamten Kommanditaktionäre ist in diesem Fall durch HV-Beschluss mit einfacher Mehrheit zu erteilen (vgl dazu § 281 Rn 10; aA GroßKomm AktG/*Assmann/Sethe* Rn 49; wiederum anders Spindler/ 17

Stilz AktG/*Bachmann* § 281 Rn 6, der mit beachtlichen Gründen § 281 AktG lediglich als Gründungsvorschrift sieht und daher eine Änderung bei Austausch des Komplementärs stets für entbehrlich hält; dagegen K. Schmidt/Lutter AktG/*K. Schmidt* Rn 28).

18 Die **Satzung** kann **abw Regelungen** zur Aufnahme von neuen Komplementären enthalten, insb die Entscheidung über die Aufnahme einzelnen oder mehreren Gesellschaftsorganen oder Dritten übertragen, bestimmten Personen ein Eintrittsrecht gewähren oder die Stellung als Komplementär veräußerbar ausgestalten (vgl Schütz/ Bürgers/Riotte KGaA/*Schütz/Reger* § 5 Rn 313; GroßKomm AktG/*Assmann/Sethe* Rn 46 f). Vollzieht sich der Eintritt eines Komplementärs auf Grundlage einer entspr Satzungsbestimmung, so stellt dies **keine Satzungsänderung** dar (GroßKomm AktG/ *Assmann/Sethe* Rn 46; MüchKomm AktG/*Perlitt* § 281 Rn 15). Vielmehr ist die Satzung nach Eintritt des Komplementärs unrichtig geworden und bedarf damit einer **Fassungsänderung** (vgl dazu § 281 Rn 3). Die Satzung kann als Minus zu den vorgenannten Kompetenzverlagerungen auch **Mehrheitsentscheidungen** der Komplementäre und **Beschl der HV mit lediglich einfacher Mehrheit** vorsehen (Schütz/Bürgers/ Riotte KGaA/*Schütz/Reger* § 5 Rn 313; GroßKomm AktG/*Assmann/Sethe* Rn 46; aA Cahn AG 2001, 579, 584; K. Schmidt/Lutter AktG/*K. Schmidt* § 281 Rn 15: stets Verfahren nach §§ 179 ff; s auch die überzeugende dogmatische Herleitung bei Spindler/ Stilz AktG/*Bachmann* § 281 Rn 21 f: die Frage entscheide sich allein nach dispositivem Personengesellschaftsrecht; dagegen *K. Schmidt* aaO). Auch wenn durch die Satzung die Mitwirkung einzelner oder aller Komplementäre bei der Aufnahme eines neuen Komplementärs ausgeschlossen ist, können diese der Aufnahme bei Vorliegen eines **wichtigen Grundes** iSd §§ 133, 140 HGB widersprechen. Die Aufnahme muss dann bis zur **gerichtlichen Klärung** unterbleiben (GroßKomm AktG/*Assmann/Sethe* Rn 50).

19 Die Satzung kann auch im Bezug auf das **Ausscheiden** von persönlich haftenden Gesellschaftern detaillierte Regelungen enthalten (vgl dazu § 289 Rn 18). Insb kommen Verknüpfungen mit evtl durch die Satzung festgelegten bes persönlichen Anforderungen an die Komplementärstellung in Betracht.

20 **3. Haftung.** Die Komplementäre haften gem §§ 161 Abs 2, 128–130, 159, 160 HGB **persönlich und unbeschränkt**, dh alle Komplementäre unterliegen der unabdingbaren akzessorischen, unmittelbaren und im Umfang unbeschränkten persönlichen Haftung für sämtliche Verbindlichkeiten der KGaA. Im **Außenverhältnis** steht es dem Gläubiger nach den insoweit anwendbaren §§ 421–425 BGB frei, ob er die KGaA selbst oder einen oder mehrere ihrer Komplementäre in Anspruch nimmt (vgl GroßKomm AktG/ *Assmann/Sethe* Rn 67). Ein eintretender Komplementär haftet gem § 130 HGB für die bestehenden Verbindlichkeiten der KGaA; die **Nachhaftung** ausgeschiedener Komplementäre besteht für die Dauer von fünf Jahren, § 160 HGB. Dies mag wg des darüber hinaus zur Befriedigung der Gläubiger zur Verfügung stehenden Grundkapitals nicht unproblematisch sein (vgl *Wiesner* ZHR 148 (1984), 56, 67 ff), ist aber unmittelbarer Ausfluss der gesetzgeberischen Entscheidung in § 278 Abs 1 (Schütz/Bürgers/ Riotte KGaA/*Schütz/Reger* § 5 Rn 226).

21 Hat ein Komplementär nach Inanspruchnahme einen Gläubiger befriedigt, steht ihm im **Innenverhältnis** gegenüber der KGaA ein **Aufwendungsersatzanspruch** gem § 278 Abs 2 AktG, §§ 164 Abs 2, 110 HGB in Höhe der Leistung zu. Aufgrund der vorrangigen Leistungspflicht der KGaA aus **§ 110 HGB** besteht zwischen dieser und dem leistenden Komplementär **kein echtes Gesamtschuldverhältnis**, weshalb zwischen beiden weder ein Ausgleich nach § 426 Abs 1 BGB erfolgt noch die Forderung nach § 426 Abs 2 BGB übergeht (vgl MünchKomm AktG/*Perlitt* Rn 161; *Hüffer* AktG Rn 10). Soweit eine Inanspruchnahme iRd Nachhaftung erfolgt, besteht ein Aufwendungsersatzanspruch gegenüber der KGaA aus **§ 670 BGB** (vgl GroßKomm AktG/*Assmann/Sethe* Rn 68); nach Stimmen in der Literatur soll in diesem Fall der Anspruch des Gläubigers nach § 426 Abs 2 BGB auf den leistenden Komplementär übergehen (Schütz/Bürgers/Riotte KGaA/*Schütz/Reger* in § 5 Rn 223; MünchKomm AktG/*Perlitt* Rn 161). Da wg der auch in diesem Fall bestehenden primären Leistungspflicht der KGaA hier ebenfalls kein Gesamtschuldverhältnis besteht, erscheint es jedoch vorzugswürdig, in beiden vorgenannten Fällen (§ 110 HGB, § 670 BGB) die Forderung und damit **evtl akzessorische Sicherheiten entspr § 774 Abs 1 BGB** auf den leistenden Komplementär übergehen zu lassen (vgl zu § 110 HGB GroßKomm HGB/*Habersack* § 128 Rn 43; aA MünchKomm AktG/*Perlitt* Rn 161 mwN).

Falls bei einer KGaA **mit mehreren Komplementären** der Aufwendungsersatzanspruch gegenüber der KGaA nicht realisiert werden kann, ist dem betroffenen Komplementär nach § 426 Abs 1 BGB ein **Rückgriff** gegen die übrigen Komplementäre entspr der satzungsmäßig bestimmten Verlustbeteiligung oder, mangels einer solchen, *pro rata* möglich (vgl Schütz/Bürgers/Riotte KGaA/*Schütz/Reger* § 5 Rn 224); hier erfolgt wg des bestehenden Gesamtschuldverhältnisses zwischen den Komplementären ein Forderungsübergang nach § 426 Abs 2 BGB. 22

Schuldrechtliche Freistellungsvereinbarungen zwischen Komplementären einerseits und Komplementären, einzelnen Aktionären oder Dritten andererseits sind möglich. Eine **satzungsmäßige Haftungsfreistellung** durch alle Kommanditaktionäre gegenüber den Komplementären ist jedoch unzulässig, da dies iE einer über die Einlageverpflichtung hinausgehenden Nachschusspflicht gleichkäme (vgl GroßKomm AktG/*Assmann/Sethe* Rn 69). 23

4. Einlageleistung. Gem § 281 Abs 2 kann die Satzung vorsehen, dass Komplementäre zur Leistung von **Einlagen außerhalb des Grundkapitals (Sondereinlagen)** verpflichtet oder berechtigt sind. Mit der Leistung von solchen Sondereinlagen ist eine sich nach dem Recht der Kommanditgesellschaft richtende Ergebnisbeteiligung verbunden, die typischerweise durch die Satzung ausgestaltet wird (vgl im Einzelnen zur Leistung von Sondereinlagen § 281 Rn 5 ff und zur Ergebnisbeteiligung § 288 Rn 2 ff). 24

Komplementäre können sich darüber hinaus an der KGaA auch mit **Einlagen auf das Grundkapital** beteiligen; in diesem Fall sind sie (auch) Kommanditaktionäre der Gesellschaft und insoweit gelten für sie die allg aktienrechtlichen Regelungen. Zusätzlich kommen die in § 285 Abs 1 geregelten Stimmverbote zur Anwendung (vgl dazu § 285 Rn 2 ff). Daneben gelten die personengesellschaftsrechtlichen Stimmverbote der Komplementäre (vgl dazu Rn 27) auch für deren Mitwirkung an Beschlussfassungen der HV (GroßKomm AktG/*Assmann/Sethe* § 285 Rn 42). 25

5. Verhältnis innerhalb der Gruppe der Komplementäre. Sind mehrere Komplementäre vorhanden, so richtet sich das **Verhältnis der Komplementäre untereinander** gem Abs 2 nach dem Recht der Kommanditgesellschaft, also mangels abw Satzungsregelungen nach §§ 164 Abs 2, 110–122 HGB. Daneben sind in §§ 283 und 284 für die Komplementäre der KGaA abschließende Sonderregelungen getroffen, die sich auf das Rechtsverhältnis zwischen den Komplementären auswirken. 26

27 Die Komplementäre untereinander unterliegen den intensiven **personengesellschaftsrechtlichen Treuebindungen** (vgl GroßKomm AktG/*Assmann/Sethe* Rn 58; Schütz/Bürgers/Riotte KGaA/*Fett* § 3 Rn 22, zu den Auswirkungen der Treuepflichten auf den Umfang der Geschäftsführungsbefugnis vgl Rn 40, 47). Daneben gelten bei Beschlussfassungen der Komplementäre innerhalb ihrer Gruppe die **personengesellschaftsrechtlichen Stimmverbote**, so zB bei Beschl über die Geltendmachung eines Anspruchs gegen den betr Komplementär, über die Einleitung oder Erledigung eines Rechtsstreits zwischen der Gesellschaft und dem Komplementär, über die Entlastung oder Befreiung des Komplementärs von einer Verbindlichkeit gegenüber der Gesellschaft sowie hinsichtlich der Vornahme eines Rechtsgeschäfts mit dem betr Komplementär (vgl GroßKomm AktG/*Assmann/Sethe* § 285 Rn 60). Diese Stimmverbote erstrecken sich auch auf ein evtl Widerspruchsrecht des Komplementärs nach § 115 Abs 1 HS 2 HGB (GroßKomm AktG/*Assmann/Sethe* § 285 Rn 41; Schütz/Bürgers/Riotte KGaA/ *Schütz/Reger* § 5 Rn 62).

28 Die Willensbildung innerhalb der Gruppe der Komplementäre erfordert eine **Beschlussfassung aller Komplementäre**, die nach § 119 Abs 1 HGB der Zustimmung aller zur Mitwirkung bei der Beschlussfassung berufenen Komplementäre bedarf. Die Satzung kann nach § 119 Abs 2 HGB auch **Mehrheitsbeschlüsse der Komplementäre** erlauben. Zudem kann sie die Stimmverteilung abw von § 119 Abs 2 HGB gewichten, zB entspr der jeweiligen Sondereinlage (vgl MünchKomm AktG/*Perlitt* Rn 75). Die Satzung kann auch vorsehen, dass Beschl der Komplementäre in einer bes **Komplementärversammlung** gefasst werden müssen (vgl Schütz/Bürgers/Riotte KGaA/ *Schütz/Reger* § 5 Rn 45).

29 Neben dem Stimmrecht steht jedem Komplementär nach § 118 Abs 1 HGB ein umfassendes **Informations- und Kontrollrecht** zu, dies gilt insb für die von der Geschäftsführung ausgeschlossenen Komplementäre (vgl dazu Schütz/Bürgers/Riotte KGaA/ *Schütz/Reger* § 5 Rn 64).

30 Komplementäre können mit der *actio pro socio* Sozialansprüche der KGaA gegen andere Komplementäre im Rahmen einer gesetzlichen Prozessstandschaft geltend machen (dazu GroßKomm AktG/*Assmann/Sethe* Rn 62; KölnKomm AktG/*Mertens/ Cahn* Rn 27).

31 **6. Tätigkeitsvereinbarungen.** Regelmäßig wird zwischen der KGaA und ihren geschäftsführungsbefugten Komplementären eine Tätigkeitsvereinbarung abgeschlossen, die **Fragen der Geschäftsführung** durch den betr Komplementär und dessen **Vergütung** eingehend regelt. Da die Gewährung einer Tätigkeitsvergütung einen **Sondervorteil** des begünstigten Komplementärs iSd § 26 darstellt, bedarf es hierfür einer Ermächtigung in der Satzung (vgl GroßKomm AktG/*Assmann/Sethe* Rn 75; KölnKomm AktG/*Mertens/Cahn* Rn 36). Die KGaA wird beim Abschluss einer solchen Tätigkeitsvereinbarung vom AR vertreten, falls nicht durch die Satzung eine abw von Interessenkonflikten freie Regelung getroffen ist (vgl dazu § 287 Rn 4).

32 **Inhalt der Tätigkeitsvereinbarung** können neben den Einzelheiten der Geschäftsführung und der Vergütung evtl Versorgungszusagen, Beschränkungen hinsichtlich des Erwerbs von Aktien und der Ausübung damit verbundener Stimmrechte sowie Wettbewerbsverbote nach Ausscheiden aus der Gesellschaft sein. Bei entspr Satzungsermächtigung können auch Regelungen über die Entziehung der Geschäftsführungsbefugnis, über Wettbewerbsverbote der amtierenden Komplementäre oder über das

Wesen der Kommanditgesellschaft auf Aktien § 278

Ausscheiden dieser aus der Gesellschaft getroffen werden (vgl dazu GroßKomm AktG/*Assmann/Sethe* Rn 77 ff).

IV. Die Kommanditaktionäre

Nach Abs 2 bestimmen sich die **kollektiven Rechte** der Gesamtheit der Kommanditaktionäre gegenüber den Komplementären nach den Regeln über die Kommanditgesellschaft, dagegen richten sich die **individuellen Rechte** der Kommanditaktionäre untereinander und gegenüber der Gesellschaft über die Verweisung des § 278 Abs 3 nach dem Recht der Aktiengesellschaft. Beides gilt jedoch nur vorbehaltlich der Anwendung der Sonderregelungen der §§ 279–290. 33

Den Kommanditaktionären in ihrer Gesamtheit, also nicht dem einzelnen Kommanditaktionär, ist die **Rechtsstellung eines Kommanditisten einer KG** gegenüber den Komplementären zugewiesen (GroßKomm AktG/*Assmann/Sethe* Rn 93). Dies bedeutet, dass die Rechte nur über die HV ausgeübt werden können, deren interne Organisation der einer Aktiengesellschaft entspricht (vgl GroßKomm AktG/*Assmann/Sethe* Rn 95). Die HV entscheidet insoweit über alle Beschlussgegenstände, welche bei einer Kommanditgesellschaft grds der Zustimmung aller Gesellschafter bedürfen, also über alle **Grundlagengeschäfte** und die Zustimmung zu **außergewöhnlichen Geschäftsführungsmaßnahmen** (§§ 164 S 1 HS 2, 116 Abs 2 HGB, zu den Möglichkeiten abw Satzungsgestaltung vgl Rn 44 ff). Weiterhin entscheidet die HV über personengesellschaftsrechtliche **organisationsbezogene Maßnahmen**, so zB den Antrag auf Entziehung der Geschäftsführungs- und Vertretungsbefugnis (§§ 117, 127 HGB) und den Antrag auf gerichtliche Ausschließung eines Komplementärs (§ 289 Abs 1 iVm § 140 Abs 1 HGB). Durch die Sonderregelungen der §§ 279–290 AktG sind zudem weitere Befugnisse auf die HV übertragen, so zB das Recht zur Feststellung das **Jahresabschlusses** (§ 286 Abs 1), die Beschlussfassung über die **Entlastung** der Komplementäre (§ 285 Abs 1 S 2 Nr 2) sowie die Beschlussfassung über die **Auflösung** der Gesellschaft (§ 289 Abs 1, der insoweit nur klarstellende Funktion hat). 34

Die **Kommanditaktionäre untereinander** unterliegen derselben Treuebindung wie Aktionäre einer AG; der Umfang hängt grds vom Maß der personalistischen Bindung der Kommanditaktionäre untereinander ab (vgl Schütz/Bürgers/Riotte KGaA/*Fett* § 3 Rn 21). Zwischen der **Gesamtheit der Kommanditaktionäre** einerseits und den **Komplementären** andererseits besteht die Treuebindung wie zwischen Kommanditisten und Komplementären einer KG (vgl MünchKomm AktG/*Perlitt* Rn 91). Ausfluss dieser Treuebindung können Beschränkungen bei der Auswahl von Geschäftsführern einer Komplementärgesellschaft (vgl GroßKomm AktG/*Assmann/Sethe* Rn 59) und bei der Ausübung von Geschäftsführungsmaßnahmen (dazu Rn 47 f) sein. 35

Die **individuellen Rechte** und Pflichten der Kommanditaktionäre entsprechen weitgehend denen eines Aktionärs einer Aktiengesellschaft. Die **Auskunftsrechte** der Kommanditaktionäre übersteigen jedoch die eines Aktionärs einer AG, da mit der Kompetenz der HV zur **Feststellung des Jahresabschlusses** auch ein hierauf bezogenes **umfassendes Auskunftsrecht** einhergeht und die Komplementäre insoweit abw von § 131 Abs 3 Nr 3 und 4 kein Auskunftsverweigerungsrecht haben (KölnKomm AktG/*Mertens/Cahn* § 286 Rn 23). 36

Obwohl das Gesetz von Rechten der Gesamtheit der Kommanditaktionäre spricht, handelt es sich dabei im Verhältnis zu den Komplementären oder der Gesellschaft 37

Förl/Fett

nicht um einen parteifähigen Verband, es existiert mithin auch kein Gesellschaftsverhältnis zwischen der Gesamtheit der Kommanditaktionäre und den Komplementären (Schütz/Bürgers/Riotte KGaA/*Fett* § 3 Rn 6 mwN).

V. Sonderrecht der „atypischen KGaA" oder „Publikums-KGaA"?

37a In seinem Urteil zur Zulässigkeit der Kapitalgesellschaft & Co. KGaA hat der *BGH* angedeutet, dass uU die Bestellung einer Kapitalgesellschaft als alleinige Komplementärin zu einer **spezifischen Inhaltskontrolle der Satzung** hinsichtlich des Schutzes der Kommanditaktionäre führen könne (*BGHZ* 134, 392, 399 f). Im Ergebnis haben die danach in der Literatur veröffentlichten Überlegungen aber gezeigt, dass ein solches **Sonderrecht** der Kapitalgesellschaft & Co. KGaA weder erforderlich noch angebracht ist (**hM** GroßKomm AktG/*Assmann/Sethe* Rn 7; KölnKomm AktG/*Mertens/Cahn* Vor § 278 Rn 15; MünchKomm/*Perlitt* Rn 338; *Wichert* AG 2000, 268, 269 ff; Schütz/Bürgers/Riotte KGaA/*Schütz/Reger* § 5 Rn 26 ff; *Fett* INF 2005, 872, 874 ff; **aA** *Hommelhoff* ZHR Beiheft 67, 1998, 9, 11 ff, 29 ff; *Ihrig/Schlitt* ZHR Beiheft 67, (1998), 33, 81 f; *Schlitt* S 16 f; *Raiser/Veil* Kapitalgesellschaftsrecht § 23 Rn 44; *Otte* S 120 ff). Der Umstand einer „echten" persönlichen Haftung einer natürlichen Person als Komplementär rechtfertigt nicht die Schlussfolgerung, sie werde bei der Geschäftsführung kompetenter handeln als ein Fremdgeschäftsführer (so auch Schütz/Bürgers/Riotte KGaA/*Schütz/Reger* § 5 Rn 100; *Röhricht* RWS-Forum 10 Gesellschaftsrecht 1997, 191, 213; GroßKomm AktG/*Assmann/Sethe* Rn 121). Dem bei der Kapitalgesellschaft & Co. KGaA bestehenden Risiko einer **Beherrschung der KGaA** durch Gesellschafter einer Komplementärgesellschaft, die aufgrund fehlender persönlicher Haftung die Folgen einer schädigenden Einflussnahme auf die KGaA nur in begrenztem Umfang tragen, kann durch konsequente Anwendung der konzernrechtlichen Regelungen auf die KGaA begegnet werden (vgl Rn 52 ff). Der fehlende Einfluss der Kommanditaktionäre auf die Auswahl der Geschäftsführer der Komplementärgesellschaft mag eine **erhöhte Treuepflicht** der Komplementärin bei der Auswahl der Geschäftsführer begründen (vgl Schütz/Bürgers/Riotte KGaA/*Schütz/Reger* § 5 Rn 101), nicht jedoch ein eigenes „Sonderrecht".

37b Eine andere Frage ist es, ob **Aspekte des Anlegerschutzes** der bestehenden Gestaltungsfreiheit bei der KGaA Grenzen setzen. Ein diesbezügliches Sonderrecht wird in der Literatur mit Hinweis auf die Rspr des *BGH* zur **Publikums-KG** befürwortet (zuletzt Spindler/Stilz AktG/*Bachmann* Rn 30; mit dieser Erwartung auch MünchKomm/*Perlitt* Rn 339). Hiergegen ist zu Recht eingewandt worden, dass der KGaA anders als einer KG die **Kapitalsammelfunktion** bereits in die Wiege gelegt ist, ihre gesetzliche Struktur also bereits zur Aufnahme einer Vielzahl von Kommanditaktionären angelegt ist (Schütz/Bürgers/Riotte KGaA/*Wieneke/Fett* § 11 Rn 36; Schütz/Bürgers/Riotte KGaA/*Schütz/Reger* § 5 Rn 29). Der Schutz der Kommanditaktionäre und damit der Anlegerschutz wird dadurch bewirkt, dass mit den erhöhten Kompetenzen auch verstärkte Haftungsrisiken und **Treuepflichten** der Komplementärgesellschaft einhergehen (vgl GroßKomm AktG/*Assmann/Sethe* Rn 119 f; *Heidel/Wichert* § 278 Rn 12 f). Zudem können die Kommanditaktionäre – anders als Kommanditisten – ihre Aktien jederzeit verkaufen und sich damit **vom Investment lösen**. Erfahrungen mit börsennotierten Kapitalgesellschaften & Co. KGaA zeigen schließlich, dass die Unternehmen bei der Strukturierung ihrer **Corporate Governance** im eigenen Interesse darauf achten, gegenüber Aktiengesellschaften wettbewerbsfähig zu sein; es ist zudem zu erwarten, dass der Kapitalmarkt missbräuchliche Gestaltungen unmittelbar mit Kursabschlägen abstraft (vgl hierzu auch Schütz/Bürgers/Riotte KGaA/*Wieneke/Fett* § 11 Rn 29). Bes Relevanz haben die hier angesprochenen Fragen des Anlegerschutzes beim satzungsmäßigem Ausschluss des Zustimmungsrechtes der Gesamtheit der Kommanditaktionäre zu außergewöhnlichen Geschäftsführungsmaßnahmen (hierzu Rn 45).

VI. Geschäftsführung und Vertretung

1. Geschäftsführung. Den **Komplementären** steht die Befugnis zur **Führung der Geschäfte** der KGaA nach Abs 2 in Verbindung mit §§ 161 Abs 2, 114–118 HGB zu. Dabei sind, sofern nicht die Satzung etwas anderes bestimmt, alle Komplementäre geschäftsführungsbefugt und dürfen auch einzeln handeln, so lange nicht ein anderer geschäftsführungsbefugter Komplementär der entspr Handlung widerspricht (§§ 114 Abs 1, 115 Abs 1 HGB).

38

Der **Umfang** der Geschäftsführungsbefugnis erstreckt sich nach § 116 Abs 1 HGB auf alle Handlungen, die der gewöhnliche Betrieb des Handelsgewerbes der Gesellschaft mit sich bringt. **Gewöhnliche Geschäftsführungsmaßnahmen** sind alle Maßnahmen, die nach ihrem **Inhalt**, ihrer **Art** und nach den mit ihnen **verbundenen Risiken** im Hinblick auf den üblichen Geschäftsbetrieb der jeweiligen Gesellschaft **von Zeit zu Zeit zu erwarten** sind (zur Abgrenzung eingehend GroßKomm AktG/*Assmann/Sethe* Rn 109, 112). Zur Vornahme von Handlungen, die darüber hinaus gehen („**außergewöhnliche Geschäftsführungsmaßnahmen**"), ist nach § 116 Abs 2 HGB ein Beschl sämtlicher Komplementäre, also auch der von der Geschäftsführung ausgeschlossenen, erforderlich. Solchen außergewöhnlichen Geschäften muss zudem die HV nach § 164 Abs 1 S 2 HGB zustimmen, insoweit besteht ein **positives Zustimmungserfordernis** und nicht nur ein Widerspruchsrecht der Kommanditaktionäre (MünchHdb AG/ *Herfs* § 77 Rn 13; KölnKomm AktG/*Mertens/Cahn* Rn 61).

39

Nicht zu den Maßnahmen der Geschäftsführung gehören die sog „**Grundlagengeschäfte**", welche regelmäßig der Entscheidung aller Komplementäre und der Gesamtheit der Kommanditaktionäre überantwortet sind. Bei der Abgrenzung zwischen Geschäftsführungsmaßnahmen einerseits und Grundlagengeschäften andererseits kommt es darauf an, ob es sich entweder um ein Geschäft der Gesellschaft handelt oder aber Rechtsbeziehungen zwischen den Gesellschaftern in Frage stehen und damit die Gesellschaft selbst Objekt der Maßnahme ist (*Fett/Förl* NZG 2004, 210, 212; zur KG GroßKomm HGB/*Ulmer* § 114 Rn 16). Aufgrund der Regelungen der Rechtsbeziehungen zwischen den Gesellschaftern durch den Gesellschaftsvertrag sind **Grundlagengeschäfte** zumeist solche, die den **Gesellschaftsvertrag unmittelbar oder mittelbar ändern**, zudem sind auch Maßnahmen umfasst, welche die **personenrechtliche Verbundenheit der Gesellschafter untereinander** berühren (GroßKomm AktG/ *Assmann/Sethe* Rn 123; *Fett/Förl* NZG 2004, 210, 212 f; zur KG GroßKomm HGB/ *Habersack* § 126 Rn 13 ff). Zu den Grundlagengeschäften gehören neben jeder Änderung der Satzung (unabhängig davon, ob personengesellschaftsrechtliche oder aktienrechtliche Bestandteile betroffen sind) ua die Entziehung der Geschäftsführungs- und Vertretungsbefugnis, die Aufnahme und Ausschließung von Komplementären und die Übertragung des gesamten Vermögens der Gesellschaft (vgl GroßKomm AktG/*Assmann/Sethe* Rn 123 iVm Fn 243; Schütz/Bürgers/Riotte KGaA/*Schütz/Reger* § 5 Rn 89; MünchKomm AktG/*Perlitt* Rn 180, jeweils mit ausf Aufzählungen). Die **Veräußerung**

40

wesentlicher Unternehmensteile iSd *„Holzmüller-Doktrin"* gehört nicht zu den Grundlagengeschäften und ist damit eine Geschäftsführungsmaßnahme, die jedoch aufgrund der bestehenden **Treuebindungen** ggf der **internen Zustimmung** aller anderen Komplementäre und der HV bedarf (s dazu Rn 47 f).

41 **2. Vertretung.** Die Vertretung der KGaA obliegt nach Abs 2 iVm §§ 161 Abs 2, 125 HGB jedem Komplementär einzeln, solange die Satzung keine abw Regelung trifft. Die Vertretungsmacht erstreckt sich nach § 126 Abs 1 HGB auf alle gerichtlichen und außergerichtlichen Rechtshandlungen einschließlich der Grundstücksgeschäfte sowie auf die Erteilung und den Widerruf von Prokuren. Für die Vertretungsmacht ist es ohne Bedeutung, ob die jeweilige Vertretungshandlung die Geschäftsführungsbefugnisse im Innenverhältnis überschreitet, insb, ob eventuelle Zustimmungserfordernisse beachtet worden sind. Gleichwohl gilt die organschaftliche Vertretungsmacht nur im Bezug auf rechtsgeschäftliche Handlungen der Gesellschaft; ist ein sog **„Grundlagengeschäft"** betroffen, besteht die Vertretungsmacht nicht (vgl *Fett/Förl* NZG 2004, 210, 213; vgl zur OHG/KG *Baumbach/Hopt* HGB § 126 Rn 3; GroßKomm HGB/*Habersack* § 126 Rn 4). Die Gesamtheit der Kommanditaktionäre ist von der Vertretung der Gesellschaft ausgeschlossen (vgl § 170 HGB); ebenso bestehen keine Vertretungsbefugnisse einzelner Kommanditaktionäre.

42 **Abweichungen** von der grds Vertretungsmacht der Komplementäre ergeben sich insb dort, wo im Falle alleinigen Handelns Interessenkonflikte drohen; dies gilt für den Fall der Kreditgewährung an Komplementäre aus § 283 Nr 5 iVm § 89 sowie aus § 32 MitbestG für bestimmte Geschäftsführungsmaßnahmen einer Konzernobergesellschaft; insoweit ist der **AR allein für die KGaA vertretungsberechtigt** (GroßKomm AktG/*Assmann/Sethe* Rn 164; KölnKom AktG/*Mertens* Anh 117 B § 32 MitbestG Rn 14). Zur Vertretungsbefugnis des AR aufgrund analoger Anwendung des § 112 vgl Rn 10.

43 Eine **gemeinsame Vertretungsberechtigung der Komplementäre und des AR** besteht im Rahmen von Anfechtungsklagen gegen die Gesellschaft nach § 283 Nr 13 iVm § 246 Abs 2 S 2. Schließlich hängt die **Vertretungsmacht von einem Beschl der HV ab** bei dem Verzicht auf Ersatzansprüche nach §§ 50, 53, 283 Nr 8 iVm §§ 93 Abs 4, 117 Abs 4, bei Nachgründungsvorgängen (§ 52) und bei der Verpflichtung zur Übertragung des Gesellschaftsvermögens nach § 179a (vgl *Schütz/Bürgers/Riotte* KGaA/ *Schütz/Reger* § 5 Rn 171 mit weiteren Beispielen).

44 **3. Satzungsgestaltung.** Die Satzung kann die Geschäftsführungs- und Vertretungsbefugnisse der Komplementäre **abw regeln**. Zunächst können aufgrund der Satzung einzelne Komplementäre ohne Geschäftsführungs- und Vertretungsbefugnis ausgestattet sein. Auch können die gesetzlichen internen Zustimmungserfordernisse abbedungen werden, so zB das Erfordernis der Zustimmung der anderen Komplementäre zu außerordentlichen Geschäftsführungsmaßnahmen nach § 116 Abs 2 HGB und das Widerspruchsrecht anderer geschäftsführungsbefugter Komplementäre nach § 115 Abs 1 HS 2 HGB.

45 Durch Satzungsgestaltung kann das Erfordernis der Zustimmung der HV zu **außergewöhnlichen Geschäftsführungsmaßnahmen** nach § 164 S 1 HS 2 HGB ausgeschlossen werden. Dies entspricht bei KGaA mit natürlichen Personen als Komplementären der allg Auffassung (vgl nur GroßKomm AktG/*Assmann/Sethe* Rn 113 mwN). Bei einer **Kapitalgesellschaft & Co. KGaA** ist dies ebenfalls zulässig (GroßKomm AktG/*Assmann/Sethe* Rn 114 ff; MünchKomm AktG/*Perlitt* Rn 359 f; *Heermann* ZGR 2000, 61,

76 ff; Schütz/Bürgers/Riotte KGaA/*Schütz/Reger* § 5 Rn 100 ff), denn auch insoweit besteht kein Sonderrecht für die Kapitalgesellschaft & Co. KGaA (vgl dazu bereits Rn 37a). Gleiches gilt für die **Publikums-KGaA** (vgl dazu bereits Rn 37b; Münch-Komm AktG/*Perlitt* Rn 359 f mit dem Hinweis, dass den Anlegern bei der Anlageentscheidung der Emissionsprospekt zur Verfügung stehe), denn selbst nach den Rechtsprechungsgrundsätzen zur Publikums-KG wäre ein solcher ersatzloser Ausschluss zulässig (vgl Schütz/Bürgers/Riotte KGaA/*Schütz/Reger* § 5 Rn 100 und Spindler/Stilz AktG/*Bachmann* Rn 63; K. Schmidt/Lutter AktG/*K. Schmidt* Rn 38, diese jedoch mit der vorsorglichen Empfehlung, zur Vermeidung einer Rechtsunsicherheit die Entscheidungsbefugnisse auf ein anderes Gremium zu verlagern). In der Praxis wird das Zustimmungsrecht der HV regelmäßig ausgeschlossen, wenn die Gesellschaft auf eine breite Streuung der Kommanditaktien ausgerichtet ist.

Wg des im Personengesellschaftsrecht geltenden Prinzips der **Selbstorganschaft** muss die organschaftliche Geschäftsführungs- und Vertretungsbefugnis den Gesellschaftern vorbehalten bleiben, eine Übertragung auf gesellschaftsfremde Dritte ist daher nicht zulässig (vgl zur Personenhandelsgesellschaft *BGHZ* 36, 292, 293 f; GroßKomm HGB/*Ulmer* § 109 Rn 34 f und § 114 Rn 9 f). Die Möglichkeit, die Geschäftsführungsaufgaben angestellten Geschäftsführern zu übertragen, besteht daher nur bei einer Kapitalgesellschaft als Komplementär. Zudem ist der Ausschluss aller Komplementäre von der Geschäftsführung unzulässig (vgl Schütz/Bürgers/Riotte KGaA/*Schütz/Reger* § 5 Rn 96). **46**

4. Grenzen bestehender Geschäftsführungsbefugnisse. Eine Begrenzung der Geschäftsführungsbefugnisse durch Heranziehung der sog „*Holzmüller-Doktrin*" wurde für die KGaA wg der Unanwendbarkeit des § 119 Abs 2 überwiegend abgelehnt (vgl dazu Schütz/Bürgers/Riotte KGaA/*Fett* § 3 Rn 15 ff und MünchKomm AktG/*Perlitt* Rn 181 ff, jeweils mwN). Auch nach der Anpassung der Rspr durch die Gelatine-Entscheidung (*BGHZ* 159, 130 – Gelatine), die das Fundament von § 119 Abs 2 im Wege „offener Rechtsfortbildung" zu einer ungeschriebenen Kompetenz der HV bei „satzungsnahen" Ausnahmesachverhalten verlagert hat (vgl Spindler/Stilz AktG/*Bachmann* Rn 71; K. Schmidt/Lutter AktG/*K. Schmidt* Rn 39), müssen die Besonderheiten der KGaA im Vergleich zur AG Berücksichtigung finden: Bei der Ausübung der Geschäftsführung unterliegen die Komplementäre den personengesellschaftsrechtlichen **Treuebindungen**, wonach die Interessen der übrigen Komplementäre und der Kommanditaktionäre angemessen zu berücksichtigen sind. In **Extremfällen**, wie der geplanten **Veräußerung wesentlicher Unternehmensteile**, begründet diese Treuepflicht ein Recht der HV und der anderen Komplementäre auf Beteiligung an der **internen Beschlussfassung** über die Geschäftsführungsmaßnahme (vgl *Fett/Förl* NZG 2004, 210, 215; so nun auch MünchKomm AktG/*Perlitt* Rn 183). Diese Lösung über die **allein intern wirkenden Treuepflichten** führt zu interessengerechten Ergebnissen, die ohne Systembruch auf der Rechtsfolgenseite umgesetzt werden können. Nach anderer, wohl **hM** sind solche Maßnahmen **Grundlagengeschäfte** und damit nicht Bestandteil der Geschäftsführung der Komplementäre (GroßKomm AktG/*Assmann/Sethe* Rn 123; *OLG Stuttgart* AG 2003, 527, 530 ff; Spindler/Stilz AktG/*Bachmann* Rn 72). Durch den Ansatz der **hM**, ein **Verkehrsgeschäft der Gesellschaft mit Dritten** zum Grundlagengeschäft zu erklären, verlieren bei konsequenter Anwendung der mit dem Topos „Grundlagengeschäft" allg verbundenen Rechtsgrundsätze die Komplementäre auch ihre **Vertretungsbefugnis**, weshalb dieser Ansatz dem Rechts- **47**

verkehr Abgrenzungsprobleme und die damit verbundene Rechtsunsicherheit aufbürdet (so auch MünchKomm AktG/*Perlitt* Rn 183; teilw wird daher systemwidrig ein Grundlagengeschäft mit dennoch bestehenden Vertretungsbefugnissen im Außenverhältnis angenommen, so *Philbert* S 190; für die KG MünchKomm HGB/*Grunewald* § 164 Rn 18). Zur Begründung eines Rechts der HV und der anderen Komplementäre auf Mitwirkung an der **internen Beschlussfassung** ist die Annahme von Grundlagengeschäften jedenfalls nicht erforderlich.

48 Gleiches gilt für den Sonderfall, dass durch die Veräußerung eines Unternehmensteils die Gesellschaft ihren **Gesellschaftsgegenstand nicht mehr voll ausfüllt** und voraussichtlich dauerhaft unterschreiten wird (*Fett/Förl* NZG 2004, 210, 214 f). Auch in solchen Fällen der „**faktischen Satzungsänderung**" liegt kein Grundlagengeschäft vor. Es besteht vielmehr die Pflicht der geschäftsführenden Komplementäre, die interne Kompetenz aller Komplementäre und der HV zur Entscheidung über den Gegenstand der Gesellschaft zu respektieren und daher solche Maßnahmen nur nach **interner Zustimmung** vorzunehmen (vgl *Fett/Förl* NZG 2004, 210, 214 f).

49 **5. Entziehung und Niederlegung.** Durch gerichtliche Entscheidung kann einem Komplementär bei **Vorliegen eines wichtigen Grundes** die Geschäftsführungs- oder Vertretungsbefugnis entzogen werden, Abs 2 iVm §§ 161 Abs 2, 117, 127 HGB. Voraussetzung dafür ist ein Antrag der anderen Komplementäre und die Zustimmung der Gesamtheit der Kommanditaktionäre durch HV-Beschluss. Eine solche Entziehung der Geschäftsführungs- oder Vertretungsbefugnis ist auch dann zulässig, wenn es sich um den einzigen geschäftsführungs- und vertretungsbefugten Komplementär der Gesellschaft handelt, in diesem Fall muss jedoch entspr § 29 BGB sofort ein Notvertreter der Gesellschaft bestellt werden (vgl Schütz/Bürgers/Riotte KGaA/*Schütz/Reger* § 5 Rn 179). Typische Beispiele für das Vorliegen eines wichtigen Grundes sind **grobe Pflichtverletzungen** durch den betr Komplementär sowie die **Unfähigkeit zur ordnungsgemäßen Geschäftsführung** (vgl MünchKomm AktG/*Perlitt* Rn 187, 254; Schütz/Bürgers/Riotte KGaA/*Schütz/Reger* § 5 Rn 180). Der bloße **Entzug des Vertrauens durch die HV** ist jedoch – anders als gelegentlich angenommen – kein solcher „wichtiger Grund" (so aber Schütz/Bürgers/Riotte KGaA/*Schütz/Reger* § 5 Rn 180; MünchHdb AG/*Herfs* § 77 Rn 7). Diese Auffassung verkennt die strukturelle Machtverteilung in der KGaA, nach der die Komplementäre generell vom Wohlwollen der HV unabhängig sind. Nach § 285 Abs 1 S 2 Nr 2 entscheiden die Kommanditaktionäre zwar über die Entlastung der Komplementäre (bzw deren Verweigerung); der Entzug der Geschäftsbeführungsbefugnis ist aber vom Katalog des § 285 ausgenommen und kann damit auch nicht durch die Hintertür der zwangsläufigen Annahme eines wichtigen Grundes eingeführt werden. Die Satzung kann Regeln über die Entziehung der Geschäftsführungs- und Vertretungsmacht enthalten (GroßKomm AktG/*Assmann/Sethe* Rn 178; Schütz/Bürgers/Riotte KGaA/*Schütz/Reger* § 5 Rn 198 ff).

50 Umstr ist, ob bei Pflichtverletzungen von Geschäftsführungsorganen einer Komplementärgesellschaft im Wege eines so genannten „**Abberufungsdurchgriffs**" das betr Mitglied des Geschäftsführungsorgans der Komplementärgesellschaft direkt durch die HV und die anderen Komplementäre abberufen werden kann (so *Hennerkes/Lorz* DB 1997, 1388, 1391; *Overlack* S 237, 254 f; *Sethe* S 170 f). Bei dieser Frage sollte zunächst Berücksichtigung finden, dass es bei den Komplementärgesellschaften nicht einmal möglich wäre, durch Ausgestaltung des Gesellschaftsvertrages eine **Fremdbe-**

stimmung über die Abberufung durch Gesellschaftsfremde zuzulassen (zur GmbH vgl Scholz/K. Schmidt GmbHG § 46 Rn 72 mwN; zur AG vgl § 84 Rn 25); somit kann erst Recht kein Abberufungsdurchgriff ohne jegliche gesellschaftsvertragliche Regelung und allein aufgrund der Stellung der Gesellschaft als Komplementärin der KGaA möglich sein. Die Zulässigkeit eines Abberufungsdurchgriffs wird daher von der **hM** zu Recht verneint (vgl Spindler/Stilz AktG/*Bachmann* Rn 78; MünchKomm AktG/*Perlitt* Rn 372; GroßKomm AktG/*Assmann/Sethe* Rn 172). Zulässig sind jedoch **schuldrechtlich vereinbarte Abberufungspflichten** zwischen den hinter der Komplementärgesellschaft stehenden Gesellschaftern einerseits und der KGaA oder einzelnen ihrer Gesellschafter andererseits (GroßKomm AktG/*Assmann/Sethe* Rn 177, mit Hinweis auf die begrenzte Wirkung). Unabhängig von eventuellen Abberufungspflichten wird den Gesellschaftern der Komplementärgesellschaft ein Festhalten an solchen Geschäftsführern, in deren Person ein „wichtiger Grund" für den Entzug der Geschäftsführungs- und Vertretungsbefugnis vorliegt, in der Praxis bereits deshalb schwer fallen, weil aus dem selben Grund auch der Komplementärgesellschaft der Entzug dieser Befugnisse droht und damit die mittelbare Einflussposition der Gesellschafter der Komplementärgesellschaft gefährdet ist.

Jeder Komplementär hat das Recht, sein Geschäftsführungsmandat mit Zustimmung der übrigen Komplementäre und der Gesamtheit der Kommanditaktionäre niederzulegen. Ohne eine solche Zustimmung ist diese **Niederlegung** dann möglich, wenn hierfür ein wichtiger Grund vorliegt, vorausgesetzt, die Niederlegung erfolgt nicht zur Unzeit (GroßKomm AktG/*Assmann/Sethe* § 278 Rn 179). In der Satzung können die Voraussetzungen der Niederlegung geregelt werden (vgl MünchKomm AktG/*Perlitt* Rn 256). 51

VII. Die Kommanditgesellschaft auf Aktien als verbundenes Unternehmen

1. Anwendung konzernrechtlicher Normen. Die rechtsformunabhängigen Vorschriften der §§ 15 ff über verbundene Unternehmen gelten auch für die KGaA. Zudem finden die Vorschriften des Dritten Buchs (§§ 291–328) auf die KGaA grundsätzlich Anwendung. Die KGaA ist in § 319 Abs 1 weder als eingliedernder noch als einzugliedernder Rechtsträger genannt, entgegen dem Wortlaut der Norm ist die KGaA nach einer im Vordringen befindlichen Ansicht jedoch als **eingliedernder** Rechtsträger zuzulassen (s etwa Spindler/Stilz AktG/*Bachmann* Rn 89; K. Schmidt/Lutter AktG/ *K. Schmidt* Rn 47); zudem kommt eine Eingliederung der KGaA dann in Betracht, wenn diese keine natürliche Person als Komplementär hat (vgl hierzu § 319 Rn 3 mwN; anders die **hM** vgl nur KölnKomm AktG/*Mertens/Cahn* Vor § 278 Rn 21). 52

2. Beherrschender Einfluss auf die Kommanditgesellschaft auf Aktien. Aufgrund der Struktur der KGaA kann ein **Mehrheitsaktionär** ohne bes Einflussnahmemöglichkeiten auf die Komplementäre keinen herrschenden Einfluss iSd § 17 Abs 1 auf die KGaA nehmen, es sei denn, die Satzung räumt der HV eine atypisch starke Stellung ein (vgl Schütz/Bürgers/Riotte KGaA/*Fett* § 12 Rn 27). Mithin gilt die Vermutung des § 17 Abs 2 für die KGaA grds nicht (vgl KölnKomm AktG/*Mertens/Cahn* Vor § 278 Rn 21; GroßKomm AktG/*Assmann/Sethe* Vor § 278 Rn 79; Förl S 62). Die KGaA kann daher, sieht man vom praktisch seltenen Fall der „hauptversammlungsdominierten" KGaA ab, ausschließlich durch oder (bei Komplementärgesellschaften) über deren Komplementäre beherrscht werden; daneben sind Beherrschungen über entspr abgeschlossene Beherrschungsverträge (§ 291 Abs 1) denkbar. 53

54 Ob den **Komplementären** ein beherrschender Einfluss auf die KGaA zusteht, richtet sich vornehmlich nach der **Ausgestaltung ihrer Stellung** durch die Satzung. Hat die KGaA nur einen Komplementär, so steht diesem jedenfalls dann ein beherrschender Einfluss auf die KGaA zu, wenn die Mitwirkungsrechte der HV bei außerordentlichen Geschäftsführungsmaßnahmen nach § 164 Abs 2 HGB ausgeschlossen sind (vgl Groß-Komm AktG/*Assmann/Sethe* Vor § 278 Rn 79 ff; MünchKomm AktG/*Perlitt* Vor § 278 Rn 107; *Förl* S 71; AnwKomm AktG/*Wichert* Rn 68). Darüber hinaus kann aber bereits ohne eine solche Satzungsgestaltung ein beherrschender Einfluss eines Komplementärs vorliegen, wenn die „**einheitliche Leitung**" bereits durch die Ausführung der Tagesgeschäfte herbeigeführt werden kann (vgl dazu Schütz/Bürgers/Riotte KGaA/*Fett* § 12 Rn 28; Spindler/Stilz/*Bachmann* Rn 93). Hat die KGaA dagegen **mehrere geschäftsführungsbefugte Komplementäre**, so kommt wg des bestehenden Widerspruchsrechts nach § 115 Abs 1 HS 2 HGB ein beherrschender Einfluss eines Komplementärs idR nicht in Betracht (MünchKomm AktG/*Perlitt* Vor § 278 Rn 108; Schütz/ Bürgers/Riotte KGaA/*Fett* § 12 Rn 28).

55 Bei **Komplementärgesellschaften** können deren Gesellschafter die Einflussnahmemöglichkeiten mittelbar nutzen, so dass einem beherrschenden Gesellschafter einer Komplementärgesellschaft **mittelbar herrschender Einfluss** auf die KGaA zustehen kann. Denkbar ist es auch, dass dieser Gesellschafter erst durch **Kumulation von Einflussnahmemöglichkeiten** auf die Komplementärgesellschaft und (über Aktienbesitz) auf der HV die KGaA beherrscht (vgl *Förl* S 74). Entscheidend ist also – wie in allen Fällen, in denen die Vermutung des § 17 Abs 2 nicht greift – die **Bewertung des Einzelfalls**.

56 3. **Rechtsfolgen des herrschenden Einflusses auf die Kommanditgesellschaft auf Aktien.** Ist ein Komplementär bzw eine Komplementärgesellschaft oder der hinter dieser stehende Gesellschafter „**herrschendes Unternehmen**" gegenüber der KGaA, so sind die Regeln über den faktischen Konzern einschließlich der Berichtspflicht nach § 312 anzuwenden (Schütz/Bürgers/Riotte KGaA/*Fett* § 12 Rn 29 ff und 40 ff; vgl ferner § 312 Rn 4).

57 Die Satzung, welche dem Komplementär oder der Komplementärgesellschaft erst einen herrschenden Einfluss einräumt, hat ähnliche Wirkungen wie ein **Beherrschungsvertrag**; dementsprechend wird gelegentlich eine solche Einordnung befürwortet (GroßKomm AktG/*Assmann/Sethe* Vor § 278 Rn 83, 85; grds abl KölnKomm AktG/*Mertens/Cahn* Vor § 278 Rn 26 und MünchKomm AktG/Perlitt Vor § 278 Rn 118: wg des Einzelfallbezugs drohe Rechtsunsicherheit). In der Praxis hat diese Frage für **Gläubiger der KGaA** kaum Bedeutung, verschafft doch eine Anwendung des § 303 den Gläubigern kaum mehr Rechte, als sie wg der persönlichen Haftung der Komplementäre ohnehin schon hätten. Anders kann es sich mit Blick auf den **Verlustausgleichsanspruch nach § 302** verhalten, der auch die Investition der **Kommanditaktionäre** schützen kann (vgl Schütz/Bürgers/Riotte KGaA/*Fett* § 12 Rn 42; *Förl* S 102 f). Erfolgt die den herrschenden Einfluss vermittelnde Satzungsänderung erst nachträglich, ließe sich schließlich sogar an einen Abfindungsanspruch der außenstehenden Kommanditaktionäre nach §§ 304 f denken.

58 Der **Gesellschafter der Komplementärgesellschaft** fällt in den unter Rn 57 geschilderten Fallgestaltungen jedenfalls nicht unter die Regelungen des Vertragskonzernrechts, da zwischen ihm und der KGaA keine vertragliche Bindung besteht; hier bleibt es vielmehr bei den Regeln zum faktischen Konzern, soweit die Voraussetzung des § 17 iÜ erfüllt sind (GroßKomm AktG/*Assmann/Sethe* Vor § 278 Rn 84; vgl auch Rn 53 f).

Die vorstehend beschriebenen Rechtsfolgen des Aktienkonzernrechts treten nur dann ein, wenn der herrschende Gesellschafter „**Unternehmer**" isd konzernrechtlichen Unternehmensbegriffs ist, also der sog **Konzernkonflikt** vorliegt (vgl dazu § 15 Rn 6 ff). Bei Komplementären, die außerhalb ihrer Komplementärstellung keine anderweitigen unternehmerischen Interessen verfolgen, liegt ein Konzernkonflikt nicht vor. Auf nur in der betreffenden KGaA tätige Komplementärgesellschaften sind die Rechtsfolgen des Aktienkonzernrechts daher regelmäßig nicht anwendbar; möglich bleibt aber die Anwendbarkeit des Konzernrechts auf die **hinter der Komplementärgesellschaft stehenden Gesellschafter**. 59

Außerhalb des AktG ergeben sich aus dem Vorliegen eines herrschenden Einflusses iSd § 17 Abs 1 bzw einer einheitlichen Leitung iSd § 18 Abs 1 weitere Rechtsfolgen, so zB ggf die Pflicht zur **Konzernrechnungslegung** nach § 290 HGB (hierzu Spindler/Stilz AktG/*Bachmann* § 286 Rn 13; *Förl* S 166 ff; MünchKomm AktG/*Perlitt* Rn 113 ff), jedoch *de lege lata* **keine Mitbestimmung** auf der Ebene der Komplementärgesellschaft (zur Konzernmitbestimmung § 287 Rn 14). 60

§ 279 Firma

(1) Die Firma der Kommanditgesellschaft auf Aktien muss, auch wenn sie nach § 22 des Handelsgesetzbuchs oder nach anderen gesetzlichen Vorschriften fortgeführt wird, die Bezeichnung „Kommanditgesellschaft auf Aktien" oder eine allgemein verständliche Abkürzung dieser Bezeichnung enthalten.

(2) Wenn in der Gesellschaft keine natürliche Person persönlich haftet, muss die Firma, auch wenn sie nach § 22 des Handelsgesetzbuchs oder nach anderen gesetzlichen Vorschriften fortgeführt wird, eine Bezeichnung enthalten, welche die Haftungsbeschränkung kennzeichnet.

Übersicht

	Rn		Rn
I. Firmierung – Grundsätze	1	IV. Rechtsfolgen unzulässiger Firmierung	9
II. Rechtsformzusatz, Abs 1	4	V. Geschäftsbriefe der Kommanditgesellschaft auf Aktien	10
III. Haftungsbeschränkungskennzeichnung, Abs 2	5		

I. Firmierung – Grundsätze

Die Norm betrifft allein die Bildung des **Rechtsformzusatzes**, die Ausgestaltung des **Firmenkerns** wird durch §§ 6 Abs 1, 18 und 30 HGB geregelt. 1

Mit Blick auf den Grundsatz der **Firmenunterscheidbarkeit** ist bei der Kapitalgesellschaft & Co. KGaA va auf Unterscheidbarkeit zur Firmierung ihrer Komplementärgesellschaft zu achten, insb ist die in § 30 Abs 1 HGB geforderte „deutliche Unterscheidbarkeit" bei der Firmierung von Gesellschaften am selben Ort zu berücksichtigen. In der Praxis werden bei der Firmierung der Komplementärgesellschaft häufig Zusätze zB „Geschäftsführungs-GmbH" oder „Verwaltungs-AG" verwendet. 2

3   Für die KGaA gelten hinsichtlich des **Irreführungsverbots** keine Besonderheiten. Problematisch ist die Aufnahme einer Personenbezeichnung in die Firma dann, wenn es sich bei der bezeichneten Person nicht um einen Komplementär der KGaA handelt. Hat die Verkehrsauffassung in diesem Fall die Erwartung, dass die bezeichnete Person tatsächlich Komplementär der KGaA ist, so liegt in der Bezeichnung eine verbotene Irreführung iSd § 18 Abs 2 HGB (KölnKomm AktG/*Mertens/Cahn* Rn 3; **aA** MünchKomm AktG/*Perlitt* Rn 3). Ob eine solche Erwartungshaltung in der Praxis tatsächlich besteht, ist jedoch zweifelhaft (vgl Schütz/Bürgers/Riotte KGaA/*Göz* § 4 Rn 60; K. Schmidt/Lutter AktG/*K. Schmidt* Rn 2; *Schlitt* S 92 mwN).

II. Rechtsformzusatz, Abs 1

4   Abs 1 gleicht der Regelung des § 4 zur Firma der AG. **Zwingender Rechtsformzusatz** ist „Kommanditgesellschaft auf Aktien" oder eine allg verständliche Abkürzung davon. Zulässige Abkürzungen sind zB „KGaA", „KG aA", „Kommanditgesellschaft aA" oder „KG auf Aktien". Unzulässig sind zunächst andere Rechtsformzusätze, wie zB „Kommanditaktiengesellschaft" oder „Aktienkommanditgesellschaft". Ebenfalls unzulässig sind Abkürzungen wie „KommAG", „KAG" (Verwechslungsgefahr mit Kapitalanlagegesellschaft), „KoAG", da diese weder Abkürzungen des zulässigen Rechtsformzusatzes noch „allgemein verständlich" sind (vgl MünchKomm AktG/*Perlitt* Rn 4).

III. Haftungsbeschränkungskennzeichnung, Abs 2

5   Entspr § 19 Abs 2 HGB verlangt Abs 2 einen Haftungsbeschränkungszusatz, wenn in der Gesellschaft keine natürliche Person persönlich haftet, also wenn die Komplementärgesellschaft eine **Kapitalgesellschaft oder Stiftung** ist. Ist die Komplementärgesellschaft eine **ein- oder mehrstufige Personengesellschaft**, so ist die Haftungsbeschränkungskennzeichnung nur dann entbehrlich, wenn auf **beliebiger Stufe** eine natürliche Person persönlich haftet (KölnKomm AktG/*Mertens/Cahn* Rn 7).

6   Die Haftungsbeschränkungskennzeichnung muss dem Gebot der **Firmenklarheit** genügen und darf **nicht irreführend** sein. Zulässig sind zB die Firmierungen „Name GmbH & Co. KGaA" oder „Name AG & Co. KGaA"; dabei sind verschiedene Schreibweisen des Zusatzes „& Co." möglich (vgl zur KG BGH NJW 1980, 2084). Grds muss die Haftungsbeschränkungskennzeichnung **vor dem Rechtsformzusatz** stehen, um eine Irreführung über die Rechtsform zu vermeiden (vgl GroßKomm AktG/*Assmann/Sethe* Rn 18; *Schlitt* S 92).

7   Primäres Ziel der Haftungsbeschränkungskennzeichnung ist es, die fehlende Haftung einer natürlichen Person offen zu legen, dagegen nicht, über die Rechtsform der Komplementärgesellschaft zu informieren. Daher ist auch bei Komplementärgesellschaften in der Rechtsform der Personenhandelsgesellschaft ohne haftende natürliche Personen (zB GmbH & Co. KG) der in der Firma der Komplementärgesellschaft enthaltene Haftungsbeschränkungszusatz (hier: „& Co.") und der Rechtsformzusatz (hier: „KG") nicht zusätzlich in die Firmierung der KGaA aufzunehmen. Vielmehr wäre eine **Verdoppelung der Haftungsbeschränkungskennzeichnung** bei KGaA aufgrund der Irreführungsgefahr unzulässig (vgl GroßKomm AktG/*Assmann/Sethe* Rn 21; *Schlitt* S 93; zur KG BGH NJW 1981, 342 f).

Wegen Irreführungsgefahr ist zudem eine schlichte **Aneinanderreihung von Rechtsformzusätzen** (zB GmbH KGaA oder AG KGaA) unzulässig (GroßKomm AktG/*Assmann/Sethe* Rn 19; zur KG *BGH* NJW 1980, 2084), ebenso das Zwischenschieben eines Zusatzes zwischen Haftungsbeschränkungskennzeichnung und Rechtsformzusatz (Schütz/Bürgers/Riotte KGaA/*Göz* § 4 Rn 65). 8

IV. Rechtsfolgen unzulässiger Firmierung

Im Falle der unzulässigen Firmierung kommt ein **Einschreiten des Registergerichts** nach § 37 Abs 1 HGB in Betracht, im äußersten Fall ein Verfahren nach § 289 Abs 2 Nr 2 AktG iVm § 399 FamFG (Amtsauflösung). Möglich ist die Klage eines durch den Gebrauch der rechtswidrigen Firma Verletzten auf **Unterlassung** und die Geltendmachung von Ansprüchen auf **Schadensersatz** (Schütz/Bürgers/Riotte KGaA/*Göz* § 4 Rn 67 ff). Wird in der Firma der **Kapitalgesellschaft & Co. KGaA** kein zulässiger Haftungsbeschränkungszusatz verwendet, kann dies zu einer persönlichen **Rechtsscheinhaftung** der für die KGaA Handelnden führen (*Dirksen/Möhrle* ZIP 1998, 1377, 1382 f; MünchKomm AktG/*Perlitt* Rn 8). 9

V. Geschäftsbriefe der Kommanditgesellschaft auf Aktien

Über § 278 Abs 3 gilt § 80 sinngemäß auch für die KGaA. Daher müssen Geschäftsbriefe (bzw elektronische Signaturen) der KGaA folgende Angaben enthalten: die Rechtsform, den Sitz der Gesellschaft, das Registergericht des Sitzes der Gesellschaft, die Handelsregisternummer sowie die Namen der vertretungsbefugten persönlich haftenden Gesellschafter und des Aufsichtsratsvorsitzenden (GroßKomm AktG/*Assmann/Sethe* Rn 28). Bei der Kapitalgesellschaft & Co. KGaA müssen die Geschäftsbriefe entspr Angaben auch hinsichtlich der Komplementärgesellschaft enthalten (KölnKomm AktG/*Mertens/Cahn* Rn 10; Schütz/Bürgers/Riotte KGaA/*Göz* § 4 Rn 65; *Dirksen/Möhrle* ZIP 1998, 1377, 1380). 10

§ 280 Feststellung der Satzung. Gründer

(1) ¹**Die Satzung muss durch notarielle Beurkundung festgestellt werden.** ²**In der Urkunde sind bei Nennbetragsaktien der Nennbetrag, bei Stückaktien die Zahl, der Ausgabebetrag und, wenn mehrere Gattungen bestehen, die Gattung der Aktien anzugeben, die jeder Beteiligte übernimmt.** ³**Bevollmächtigte bedürfen einer notariell beglaubigten Vollmacht.**

(2) ¹**Alle persönlich haftenden Gesellschafter müssen sich bei der Feststellung der Satzung beteiligen.** ²**Außer ihnen müssen die Personen mitwirken, die als Kommanditaktionäre Aktien gegen Einlagen übernehmen.**

(3) Die Gesellschafter, die die Satzung festgestellt haben, sind die Gründer der Gesellschaft.

Übersicht

	Rn		Rn
I. Feststellung der Satzung	1	III. Anwendung der Gründungsvorschriften, Nachgründung	4
II. An der Gründung Beteiligte/ Gründer	3		

Literatur: Vgl auch die Nachweise bei § 278.

§ 280 Feststellung der Satzung. Gründer

I. Feststellung der Satzung

1 Nach Abs 1 S 1 muss die Satzung von den Gründern durch notarielle Beurkundung festgestellt werden. Der in S 2 genannte Mindestinhalt der notariellen Urkunde entspricht im Wesentlichen der Regelung des § 23 Abs 2 Nr 2; nicht als Mindestinhalt der Satzung der KGaA genannt sind zwar die Namen der Gründer (§ 23 Abs 2 Nr 1) und der eingezahlte Betrag des Grundkapitals (§ 23 Abs 2 Nr 3), diese Angaben sind jedoch aufgrund der Verweisung des § 278 Abs 3 zwingend (vgl nur MünchKomm AktG/*Perlitt* Rn 2).

2 Durch das am 1.11.2005 in Kraft getretene „Gesetz zur Unternehmensintegrität und Modernisierung des Anfechtungsrechts" (UMAG) ist Abs 1 S 1 insoweit geändert worden, dass bei Gründung **nicht mehr die Mitwirkung von mindestens fünf Personen erforderlich** ist. Spätestens dadurch ist eine Einmanngründung bei der KGaA möglich geworden.

II. An der Gründung Beteiligte/Gründer

3 Alle **die Satzung feststellenden Gesellschafter** sind deren **Gründer** (Abs 3). An der **Feststellung der Satzung** müssen alle Komplementäre und die Personen, die als Kommanditaktionäre Aktien übernehmen, mitwirken (Abs 2). Das Vorhandensein von Vertretern beider Gesellschaftergruppen bereits zum Zeitpunkt der Gründung wird vom Wortlaut der Norm vorausgesetzt. Dessen ungeachtet ist es denkbar, dass Gründer gleichzeitig in beiden Rollen handeln, bspw alle Aktien durch Komplementäre übernommen werden; in diesem Fall greifen die Stimmverbote des § 285 Abs 1 S 2 Nr 1, 6 bei der ersten Bestellung des AR bzw des Abschlussprüfers nicht ein (KölnKomm AktG/*Mertens/Cahn* Rn 6; MünchKomm AktG/*Perlitt* Rn 17).

III. Anwendung der Gründungsvorschriften, Nachgründung

4 Aufgrund der Verweisung in § 278 Abs 3 sind für die Gründung der KGaA die Vorschriften über die Gründung der AG anzuwenden, soweit in §§ 280–282 nichts **Abw** geregelt ist.

5 Die **Bestellung des ersten AR** erfolgt nur durch die Kommanditaktionäre. Für den Fall, dass Komplementäre gleichzeitig Kommanditaktionäre sind, sind sie von der Mitwirkung bei der Bestellung des ersten AR ausgeschlossen, falls nicht sämtliche Aktien durch Komplementäre übernommen werden und damit die Stimmverbote des § 285 Abs 1 S 2 nicht greifen.

6 Der **Gründungsbericht** nach § 32 wird von allen Gründern erstellt. Nach § 33 Abs 1 iVm § 283 Nr 2 haben der AR und die Komplementäre den Hergang der Gründung zu prüfen. Wg der Stellung mindestens eines Komplementärs als Gründer einerseits (Abs 2) und als Geschäftsführungsorgan andererseits (Grundsatz der Selbstorganschaft) ist in entspr Anwendung des § 33 Abs 2 Nr 1 stets eine **externe Gründungsprüfung** durchzuführen (vgl nur GroßKomm AktG/*Assmann/Sethe* § 283 Rn 16), die insoweit gem § 33 Abs 3 S 1 auch durch den die Gründung beurkundenden Notar vorgenommen werden kann. Die Gründungsprüfung umfasst nicht Sachleistungen der Komplementäre als **Sondereinlagen** außerhalb des Grundkapitals, da sich Rechtsfragen der Sondereinlage allein nach Personengesellschaftsrecht bestimmen (mittlerweile **hM** MünchKomm AktG/*Perlitt* § 278 Rn 47 ff; *Wichert* S 112 f; *Schütz*/

Bürgers/Riotte KGaA/*Bürgers/Schütz* § 4 Rn 35 ff; Spindler/Stilz AktG/*Bachmann* Rn 12 f; K. Schmidt/Lutter AktG/*K. Schmidt* Rn 7; **aA** GroßKomm AktG/*Assmann/Sethe* § 281 Rn 24; KölnKomm AktG/*Mertens/Cahn* Rn 10).

Bei der Anwendung der **Nachgründungsvorschriften** ist fraglich, wie die Begrenzung 7 der Vergütung auf 10 % des Grundkapitals gem § 52 Abs 1 S 1 zu verstehen ist. Umstr ist, ob das gesamte Kapital der KGaA, also sowohl das Grundkapital als auch evtl Sondereinlagen der Komplementäre, als Berechnungsgrundlage heranzuziehen ist (befürwortend: KölnKomm AktG/*Mertens/Cahn* Rn 14; *Wichert* S 113 ff; abl Groß-Komm AktG/*Assmann/Sethe* Rn 3). Nach richtigem Verständnis sind die Nachgründungsvorschriften allein auf Geschäfte der KGaA mit ihren Kommanditaktionären (als Gründer oder mit einer Beteiligung von mehr als 10 % des Grundkapitals) anzuwenden, nicht dagegen auf Geschäfte mit Komplementären, die lediglich Komplementäre und nicht auch Kommanditaktionäre sind. Denn die Komplementäre umgehen durch Geschäfte mit der KGaA nicht die Sachgründungsvorschriften, da die von ihnen erbrachten Sondereinlagen ohnehin nicht der externen Gründungsprüfung und damit den verschärften Kapitalaufbringungsregeln unterliegen (s.o. Rn 6). Weil sich der Kapitalaufbringungsschutz nur auf das **Grundkapital** bezieht, ist bei Geschäften der KGaA (mit Kommanditaktionären) auch allein dieses als **Berechnungsgrundlage** heranzuziehen (ebenso Schütz/Bürgers/Riotte KGaA/*Bürgers/Schütz* § 4 Rn 55; Spindler/Stilz AktG/*Bachmann* Rn 15; K. Schmidt/Lutter AktG/*K. Schmidt* Rn 10).

§ 281 Inhalt der Satzung

(1) Die Satzung muss außer den Festsetzungen nach § 23 Abs. 3 und 4 den Namen, Vornamen und Wohnort jedes persönlich haftenden Gesellschafters enthalten.

(2) Vermögenseinlagen der persönlich haftenden Gesellschafter müssen, wenn sie nicht auf das Grundkapital geleistet werden, nach Höhe und Art in der Satzung festgesetzt werden.

(3) *(aufgehoben)*

Übersicht

	Rn
I. Inhalt der Satzung, Abs 1	1
II. Vermögenseinlagen der persönlich haftenden Gesellschafter, Abs 2	5
III. Satzungsänderung	9

Literatur: Vgl auch die Nachweise bei § 278.

I. Inhalt der Satzung, Abs 1

Nach Abs 1 sind **Name, Vorname und Wohnort** der persönlich haftenden Gesellschafter in die Satzung aufzunehmen. Die Norm betrifft natürliche Personen als Komplementäre, bei KGaA mit jur Personen oder Personenhandelsgesellschaften in der Komplementärstellung sind stattdessen **Firma und Sitz** aufzunehmen, bei Gesellschaften bürgerlichen Rechts deren Gesellschafter (Schütz/Bürgers/Riotte KGaA/*Bürgers/Schütz* § 4 Rn 9; zur KG *LG Berlin* DB 2003, 1380 f). 1

2 Weitere **zwingende Bestandteile** der Satzung sind nach § 23 Abs 3 Nr 1–5 Firma und Sitz der Gesellschaft, Gegenstand des Unternehmens, Höhe des Grundkapitals, Zerlegung des Grundkapitals in Nennbetrags- oder Stückaktien, Angaben über Aktiengattungen sowie die Angabe, ob Inhaber- oder Namensaktien ausgegeben werden. Angaben nach § 23 Abs 3 Nr 6 sind mangels eines Vorstands nicht aufzunehmen.

3 Fraglich ist, ob die in Abs 1 gemachten Angaben auch noch nach dem Gründungsstadium zwingend in der Satzung enthalten sein müssen und daher eine Änderung der insoweit bestehenden Sachlage einer Satzungsänderung bzw -anpassung bedarf (so das zutr herrschende Verständnis, vgl Schütz/Bürgers/Riotte KGaA/*Fett* § 3 Rn 25; *Cahn* AG 2001, 579, 579; MünchKomm AktG/*Perlitt* Rn 5; K. Schmidt/Lutter AktG/ *K. Schmidt* § 278 Rn 28), oder aber, ob es sich um zwingende Bestandteile nur der **Gründungssatzung** handelt, die später nicht zwingend aktuell gehalten werden müssen und ggf sogar entfallen können (so mit beachtlichen Gründen *Bachmann* FS K. Schmidt S 41, 50; Spindler/Stilz AktG/*Bachmann* Rn 2f und Rn 5f; mit der Ansicht von *Bachmann* ließe sich das Problem des Wechsels in der Komplementärstellung in der Praxis freilich elegant außerhalb der Satzung lösen, s § 278 Rn 17ff).

4 **Fakultative Bestandteile** der Satzung sind Regelungen über die **Stellung der Komplementäre**; soweit eine Ausgestaltung durch die Satzung nicht erfolgt, gelten über § 278 Abs 2 die Bestimmungen über die KG. In der Praxis enthält jede Satzung Regelungen zur **Geschäftsführungs- und Vertretungsbefugnis** (vgl dazu § 278 Rn 44f) der Komplementäre. Je nach Kapitalbeteiligung der Komplementäre und deren Anzahl enthalten die Satzungen zudem regelmäßig Bestimmungen zur **Ergebnisverteilung** (vgl dazu § 288 Rn 1 ff), zur **Entnahme** durch die Komplementäre (vgl zu Entnahmesperren § 288 Rn 5) und zum **Rechtsverhältnis der Komplementäre untereinander** (vgl dazu § 278 Rn 26ff).

II. Vermögenseinlagen der persönlich haftenden Gesellschafter, Abs 2

5 Abs 2 stellt klar, dass die Komplementäre Vermögenseinlagen in das Vermögen der KGaA sowohl auf das Grundkapital (**Kommanditaktien**) als auch außerhalb des Grundkapitals (**Sondereinlagen**) leisten können. Soweit Vermögenseinlagen auf das Grundkapital geleistet werden, gelten gem § 278 Abs 3 die allg aktienrechtlichen Vorschriften. Dagegen unterliegt eine Leistung von Sondereinlagen aufgrund der Verweisung in § 278 Abs 2 den personengesellschaftsrechtlichen Bestimmungen (§§ 161 Abs 2, 105 Abs 3 HGB, §§ 706f BGB). **Einlagefähig** sind daher nach zutr **hM** alle nach Personengesellschaftsrecht einlagefähigen Vermögenswerte, insb auch **Dienstleistungen** (vgl GroßKomm AktG/*Assmann/Sethe* Rn 15; MünchKomm AktG/*Perlitt* Rn 21; Schütz/Bürgers/Riotte KGaA/*Schütz/Reger* § 5 Rn 235; MünchHdb AG/*Herfs* § 75 Rn 23; eine hiervon zu unterscheidende Frage ist, ob sie auch im Kapitalanteil Ausdruck finden, was richtigerweise nicht der Fall ist, vgl nur *Hüffer* AktG § 286 Rn 2). Nach **aA** können (entspr § 27 Abs 2) nur solche Leistungen Gegenstand der Vermögenseinlage sein, die einen feststellbaren (bilanzierbaren) Vermögenswert haben, was insb auf die Verpflichtung zur Leistung von Diensten nicht zutrifft (*Ammenwerth* S 43; *Wichert* S 99 f; KölnKomm AktG/*Mertens/Cahn* Rn 10; Spindler/Stilz AktG/*Bachmann* Rn 7; K. Schmidt/Lutter AktG/*K. Schmidt* Rn 7).

6 Die Erfassung der Sondereinlage iSd bilanziellen Kapitalanteils unterliegt den aktien- und handelsrechtlichen Bewertungsvorschriften, insoweit können nur konkret bilanzierungsfähige Einlagen berücksichtigt werden (vgl Schütz/Bürgers/Riotte KGaA/*Schütz/Reger* § 5 Rn 236). Die Frage der **Einlagefähigkeit** ist also von der Frage der **Bilanzierungsfähigkeit** zu unterscheiden (so auch *Hüffer* AktG Rn 1; MünchKomm AktG/*Perlitt* Rn 23; krit zur Differenzierung AnwKomm AktG/*Wichert* Rn 10; KölnKomm AktG/*Mertens/Cahn* Rn 10). **Dienstleistungen** sind erst dann bilanzierungsfähig, wenn sie bereits erbracht sind und daher ersparte Aufwendungen darstellen (vgl Schütz/Bürgers/Riotte KGaA/*Schütz/Reger* § 5 Rn 236 f; MünchKomm AktG/*Perlitt* Rn 24).

Abs 2 verlangt die **Festsetzung der Sondereinlagen** nach Höhe und Art in der Satzung. Der Gegenstand der Sondereinlage muss derart konkret bezeichnet sein, dass die Leistung der Einlage eingefordert werden kann (KölnKomm AktG/*Mertens/Cahn* Rn 11). Die Änderung einer konkret bezeichneten Sondereinlage ist eine Satzungsänderung (Schütz/Bürgers/Riotte KGaA/*Schütz/Reger* § 5 Rn 242; MünchKomm AktG/*Perlitt* Rn 27; **aA** Spindler/Stilz AktG/*Bachmann* Rn 10: Angabe nur in der Gründungssatzung erforderlich). 7

Dem Bestimmtheitsgebot genügt auch eine Satzungsregelung, die anstatt einer konkreten Festlegung der Sondereinlage nur deren Rahmen angibt und die **konkrete Höhe der Sondereinlage** der Geschäftsführung oder dem einlegenden Komplementär überlässt (GroßKomm AktG/*Assmann/Sethe* Rn 16; Schütz/Bürgers/Riotte KGaA/*Schütz/Reger* § 5 Rn 242; MünchHdb AG/*Herfs* § 75 Rn 5 und 22; MünchKomm AktG/*Perlitt* Rn 22; einschränkend KölnKomm AktG/*Mertens/Cahn* Rn 14 ff: Erhöhung auf maximal das Doppelte). Zudem kann die Satzung vorsehen, dass Komplementäre ihre Sondereinlagen proportional zu einer erfolgten Grundkapitalerhöhung erhöhen können (zu den Einzelheiten, insb dem zur Ausgabebetrag ferner Schütz/Bürgers/Riotte KGaA/*Fett* § 7 Rn 15). Ebenfalls zulässig ist eine Satzungsregelung, die es einem Komplementär ermöglicht, seine **Sondereinlage in Kommanditaktien umzuwandeln**, und zwar im Wege der Kapitalerhöhung durch Sacheinlage des aufgrund der Herabsetzung der Einlage entstehenden Abfindungsanspruchs des Komplementärs gegen die KGaA (GroßKomm AktG/*Assmann/Sethe* Rn 189; *Fett* INF 2005, 872, 876 mwN). Die Satzung kann dem Komplementär einen Anspruch auf die dafür erforderliche Beschlussfassungen der übrigen Komplementäre bzw Kommanditaktionäre einräumen (so auch GroßKomm AktG/*Assmann/Sethe* Rn 189; MünchHdb AG/*Herfs* § 78 Rn 12; *Hoffmann-Becking/Herfs* FS Sigle, S 273, 296; **aA** KölnKomm AktG/*Mertens/Cahn* Rn 28; *Wichert* S 193 ff). Denkbar ist ferner eine Regelung zur **Umwandlung von Kommanditaktien in Sondereinlagen**; hier bedarf es vor der Erhöhung der Sondereinlagen einer Herabsetzung des Grundkapitals, bspw durch Einziehung von Aktien nach §§ 278 Abs 3, 237 Abs 2 Nr 3 (vgl GroßKomm AktG/*Assmann/Sethe* Rn 193; Schütz/Bürgers/Riotte KGaA/*Fett* § 7 Rn 31 ff). 8

III. Satzungsänderung

Die Satzung der KGaA enthält stets Regelungspunkte, die nach § 278 Abs 2 dem Bereich des Personengesellschaftsrechts unterworfen sind (etwa Benennung, Geschäftsführungs- und Vertretungsbefugnisse sowie Gewinnbeteiligung der Komplementäre) und solche Bestandteile, die nach § 278 Abs 3 dem Aktienrecht unterliegen (so zB Bestimmungen zur HV, AR sowie Grundkapital). Nach den allg Grundsätzen ist dementsprechend hierauf entweder das satzungsdispositive Personengesellschaftsrecht oder aber das zwingende Aktienrecht anzuwenden (vgl § 278 Rn 6 f). 9

10 Angesichts der Tatsache, dass die KGaA nach außen eine **einheitliche Satzung** hat, stellt sich die – umstr – Frage, ob (auch) die Änderung von Satzungsregelungen des dem Personengesellschaftsrecht unterfallenden Bereichs nach aktienrechtlichen Regeln oder nach den für die KG geltenden Regeln erfolgt (zum Streitstand Spindler/Stilz AktG/ *Bachmann* Rn 19 ff; MünchKomm AktG/*Perlitt* Rn 60 ff). Vorzugswürdig ist die letztere Auffassung, denn nur diese entspricht der Dogmatik der Verweisungsnormen des § 278 (vgl Spindler/Stilz AktG/*Bachmann* Rn 22; AnwK-AktR/*Heidel/Wichert* Rn 23; **aA** zB K. Schmidt/Lutter AktG/*K. Schmidt* Rn 15; MünchKomm AktG/*Perlitt* Rn 60 f mwN). Änderungen der personengesellschaftrechtlichen Satzungsbestandteile sind daher nach § **119 HGB** unter Mitwirkung aller Komplementäre und der (Gesamtheit der) Kommanditaktionäre möglich und die nachfolgende Handelsregistereintragung hat rein **deklaratorische Wirkung** (Schütz/Bürgers/Riotte KGaA/*Fett* § 3 Rn 32 ff). Der Zustimmungsbeschluss der HV bedarf lediglich einer einfachen Mehrheit (vgl Schütz/Bürgers/Riotte KGaA/*Fett* § 3 Rn 24 ff; Spindler/Stilz AktG/*Bachmann* Rn 22; *Bachmann* FS K. Schmidt S 41, 48, der es aber aufgrund der bestehenden Satzungsfreiheit auch hinnimmt, hier mit der hA entspr § 179 Abs 2 eine – freilich dispositive – qualifizierte Mehrheit zu fordern). Angesichts der ungeklärten Rechtslage empfiehlt sich stets eine **Regelung der Satzung**, mit der auch die Mehrheitserfordernisse entspr klargestellt werden können (zu den Regelungsmöglichkeiten und den Grenzen, die die Kernbereichslehre zieht, MünchKomm AktG/*Perlitt* Rn 63 f mwN). Dies gilt insb für den Eintritt **und das Ausscheiden von Komplementären,** (vgl hierzu § 278 Rn 17 ff).

11 Ob es zur Satzungsänderung hinsichtlich personengesellschaftsrechtlicher Bestandteile auch bei einer nicht börsennotierten KGaA einer notariellen Mitwirkung am HV-Beschluss bedarf, ist zweifelhaft, weil für diesen Beschl nach der hier vertretenen Auffassung § 179 Abs 2 nicht gilt (s Rn 10) und damit nach § 130 Abs 1 S 3 keine Beurkundungspflicht bestünde. Nur eine solche notarielle Mitwirkung am HV-Beschluss kann aber Basis einer (nach Spindler/Stilz AktG/*Bachmann* Rn 23 einzureichenden) Notarbescheinigung nach § 181 Abs 1 S 2 sein, so dass eine ausgebliebene Beurkundung (trotz materieller Wirksamkeit der Satzungsänderung) zu Komplikationen im nachfolgenden Registerverfahren führen könnte.

§ 282 Eintragung der persönlich haftenden Gesellschafter

¹Bei der Eintragung der Gesellschaft in das Handelsregister sind statt der Vorstandsmitglieder die persönlich haftenden Gesellschafter anzugeben. ²Ferner ist einzutragen, welche Vertretungsbefugnis die persönlich haftenden Gesellschafter haben.

Übersicht

	Rn		Rn
I. Anmeldung und Eintragung der Kommanditgesellschaft auf Aktien und der Komplementäre	1	II. Eintragung der Vertretungsbefugnis	5

I. Anmeldung und Eintragung der Kommanditgesellschaft auf Aktien und der Komplementäre

1 Für die Anmeldung und Eintragung der KGaA gelten gem § 278 Abs 3 die Bestimmungen der §§ 36 bis 40. Die persönlich haftenden Gesellschafter haben insoweit im Wesentlichen die gleichen Pflichten wie Vorstandsmitglieder einer AG (vgl § 283 Nr 1).

Da die Eignungsvoraussetzungen des § 76 Abs 3 S 2 und 3 auf die Komplementäre **2** nicht anwendbar sind (vgl dazu § 278 Rn 12), ist bei der Anmeldung keine Versicherung gem § 37 Abs 2 erforderlich. Hält man das in § 76 Abs 3 S 2 und 3 aufgestellte Anforderungsprofil auf die geschäftsführenden Komplementäre für anwendbar (so KölnKomm AktG/*Mertens/Cahn* § 278 Rn 12 und 16), so muss auch eine Versicherung dieser Komplementäre entspr **§ 37 Abs 2** verlangt werden; in der Praxis wird sich eine solche **Versicherung** unabhängig von der vertretenen Auffassung **zur Vermeidung von Verzögerungen** empfehlen (*Krafka/Willer/Kühn* RegisterR 8. Aufl 2010 Rn 1773).

Abw von der Eintragung der Vorstandsmitglieder nach § 39 Abs 1 S 1 sieht § 282 S 1 **3** die Eintragung der persönlich haftenden Gesellschafter vor. Dabei sind bei natürlichen Personen **Familienname, Vorname, Geburtsdatum und Wohnort** anzugeben, bei **Komplementärgesellschaften** Firma und Sitz sowie Registerangaben, nicht jedoch die Namen der Mitglieder ihrer Geschäftsführungsorgane (vgl zur GmbH & Co. KG *Krafka/Willer/Kühn* RegisterR Rn 707, 727). Bei einer **Außen-GbR** als Komplementär wären entspr § 162 Abs 1 S 2 HGB deren sämtliche Gesellschafter samt Personalien zur Eintragung anzumelden (*Krafka/Willer/Kühn* RegisterR Rn 707), zu den Zweifeln an deren Tauglichkeit als Komplementärin vgl § 278 Rn 14.

Angaben zu **Sondereinlagen** der Komplementäre werden nicht ins HR eingetragen **3a** (KölnKomm AktG/*Mertens/Cahn* Rn 2). Ebenso wenig ist die Erstanmeldung der KGaA von der vorherigen Leistung der Sondereinlagen abhängig (*Krafka/Willer/Kühn* RegisterR Rn 1773).

Der Ein- oder Austritt von Komplementären muss auch dann in das HR eingetragen **4** werden, wenn die Eintragung lediglich deklaratorischen Charakter hat, die ggf erforderliche Anpassung der Satzung ist dann separat anzumelden (*Krafka/Willer/Kühn* RegisterR Rn 1781).

II. Eintragung der Vertretungsbefugnis

S 2 verlangt zwingend die Eintragung der Vertretungsbefugnis der Komplementäre, **5** auch wenn diese nicht von der gesetzlich vorgesehenen Einzelvertretungsbefugnis (§ 278 Abs 2 iVm §§ 161 Abs 2, 125 Abs 1 HGB) abweicht. Die Rechtslage entspricht (nunmehr) der bei Personenhandelsgesellschaften (§ 106 Abs 2 Nr 4 HGB). Änderungen der Vertretungsbefugnis müssen ebenfalls eingetragen werden; die Eintragung wirkt nur deklaratorisch (GroßKomm AktG/*Assmann/Sethe* Rn 13), für den Rechtsverkehr besteht in der Zwischenzeit der Schutz des § 15 Abs 1 HGB.

§ 283 Persönlich haftende Gesellschafter

Für die persönlich haftenden Gesellschafter gelten sinngemäß die für den Vorstand der Aktiengesellschaft geltenden Vorschriften über
1. die Anmeldungen, Einreichungen, Erklärungen und Nachweise zum Handelsregister sowie über Bekanntmachungen;
2. die Gründungsprüfung;
3. die Sorgfaltspflicht und Verantwortlichkeit;
4. die Pflichten gegenüber dem Aufsichtsrat;
5. die Zulässigkeit einer Kreditgewährung;
6. die Einberufung der Hauptversammlung;

7. die Sonderprüfung;
8. die Geltendmachung von Ersatzansprüchen wegen der Geschäftsführung;
9. die Aufstellung, Vorlegung und Prüfung des Jahresabschlusses und des Vorschlags für die Verwendung des Bilanzgewinns;
10. die Vorlegung und Prüfung des Lageberichts sowie eines Konzernabschlusses und eines Konzernlageberichts;
11. die Vorlegung, Prüfung und Offenlegung eines Einzelabschlusses nach § 325 Abs. 2a des Handelsgesetzbuchs;
12. die Ausgabe von Aktien bei bedingter Kapitalerhöhung, bei genehmigtem Kapital und bei Kapitalerhöhung aus Gesellschaftsmitteln;
13. die Nichtigkeit und Anfechtung von Hauptversammlungsbeschlüssen;
14. den Antrag auf Eröffnung des Insolvenzverfahrens.

Übersicht

	Rn
I. Allgemeines	1
II. Katalog der auf Komplementäre sinngemäß anwendbaren Vorschriften	3

Literatur: Vgl auch die Nachweise bei § 278.

I. Allgemeines

1 Die sich nach Personengesellschaftsrecht richtenden Aufgaben und Pflichten der Komplementäre (vgl § 278 Abs 2) werden durch die Spezialregelungen des § 283 ergänzt. Die Zuweisung von Vorstandsaufgaben und -pflichten ist wg ihres Charakters als Ausnahmeregelung **abschließend** (*BGHZ* 134, 392, 394; MünchKomm AktG/*Perlitt* Rn 6; KölnKomm AktG/*Mertens/Cahn* Rn 4; K. Schmidt/Lutter AktG/*K. Schmidt* Rn 2; wohl aA Spindler/Stilz AktG/*Bachmann* Rn 2), sie ist innerhalb ihres Anwendungsbereichs **zwingend**, kann also – trotz der hinsichtlich der Kompetenzen der Komplementäre grds gegebenen Gestaltungsfreiheit – nicht abw durch die Satzung geregelt werden (KölnKomm AktG/*Mertens/Cahn* Rn 3; GroßKomm AktG/*Assmann/Sethe* Rn 5; K. Schmidt/Lutter AktG/*K. Schmidt* Rn 2).

2 Soweit die Erfüllung der durch § 283 zugewiesenen Aufgaben und Pflichten **Geschäftsführungsbefugnis oder Vertretungsmacht** erfordert, richtet sich die Zuweisung allein an geschäftsführungsbefugte bzw vertretungsberechtigte Komplementäre. Alleinige **Normadressaten** der Nr 4, 6 (str, dazu Rn 11), 9–12 und 14 sind die **geschäftsführenden Komplementäre**. Auf die **nicht geschäftsführenden Komplementäre** sind die Nr 1, 3, 7 und 8 (zu Nr 8 vgl Rn 13) nur insoweit anwendbar, als dass es um die **Mitwirkung an der Gründung** geht (KölnKomm AktG/*Mertens/Cahn* Rn 6; MünchKomm AktG/*Perlitt* Rn 12). Schließlich sind die Nr 2, 5 und 13 auf **alle Komplementäre** anwendbar.

II. Katalog der auf Komplementäre sinngemäß anwendbaren Vorschriften

3 **Nr 1 – Handelsregister und Bekanntmachungen:** Nr 1 verweist zunächst für den **Registerverkehr** auf die Vorstandspflichten innerhalb der AG. Die insoweit zur Eintragung im HR anzumeldenden oder diesem gegenüber mitzuteilenden Tatsachen werden von den geschäftsführungs- und vertretungsberechtigten Komplementären in vertretungsberechtigter Anzahl erklärt. Abw davon müssen alle Komplementäre an der **erstmali-**

gen **Anmeldung** der KGaA (vgl § 36 Abs 1) sowie bei der Anmeldung der **Auflösung** der KGaA und des **Ausscheidens** eines Komplementärs (vgl § 289 Abs 6 S 1) mitwirken. Soweit bei der AG die Mitwirkung des AR-Vorsitzenden verlangt wird (§ 184 Abs 1), ist diese auch bei der KGaA erforderlich. Die Pflichten zu **Bekanntmachungen** außerhalb des HR obliegen den geschäftsführungs- und vertretungsberechtigten Komplementären.

Nr 2 – Gründungsprüfung: Die Vorstandspflichten im Zusammenhang mit der Gründungsprüfung (§§ 33 und 34) sind auf die Komplementäre anzuwenden (vgl dazu, insb zur stets notwendigen **externen Gründungsprüfung,** § 280 Rn 6). 4

Nr 3 – Sorgfaltspflicht und Verantwortlichkeit: Die **geschäftsführungs- und vertretungsberechtigten Komplementäre** treffen die Verantwortlichkeiten und die Sorgfaltspflicht eines Vorstands einer AG bei Ausübung der Geschäftsführung der KGaA (§ 93 Abs 2), bei der Nachgründung (§ 53) und bei konzernrechtlichen Sachverhalten (§§ 309, 311, 312, 317 und 318). Bei der Gründung der KGaA (§ 48) gilt dies unabhängig von der Geschäftsführungs- und Vertretungsbefugnis für alle daran beteiligte Komplementäre (GroßKomm AktG/*Assmann/Sethe* Rn 17). Die Haftungserleichterung des § 708 BGB gilt für die Komplementäre nicht (MünchKomm AktG/*Perlitt* § 278 Rn 62). 5

Eine **Komplementärgesellschaft** unterliegt ebenfalls den vorgenannten Sorgfaltspflichten und Verantwortlichkeiten und muss sich das Handeln der Mitglieder ihrer Geschäftsführungsorgane zurechnen lassen (§ 31 BGB). **Mangels Organbeziehung** zwischen der KGaA und den Geschäftsführungsorganen der Komplementärgesellschaft erstrecken sich die Sorgfaltspflichten und Verantwortlichkeiten jedoch nicht direkt auf Letztere. Zur Begründung eines **eigenen Anspruchs der KGaA** wird in der Literatur teilw die bestehende Pflichtbindung auf Ebene der Komplementärgesellschaft auf die KGaA erstreckt (entweder durch Ausweitung des Schutzbereichs des Anstellungsvertrages, *Sethe* S 166 f; GroßKomm AktG/*Assmann/Sethe* Rn 19; oder durch Ausweitung der Organhaftung, *Arnold* S 94; MünchKomm AktG/*Perlitt* § 278 Rn 62); teilw wird in entspr Anwendung des § 283 Nr 3 eine direkte Verpflichtung gegenüber der KGaA angenommen (*Graf* S 246; *Overlack* S 237, 254; vgl zum Meinungsstand Schütz/Bürgers/Riotte KGaA/*Schütz/Reger* § 5 Rn 152 ff). Gemeinsamer Ausgangspunkt dieser Erwägungen ist, dass idR **einziger Zweck der Komplementärgesellschaft die Geschäftsführung der KGaA** und dementsprechend diese Geschäftsführung zumeist alleiniger Inhalt des Anstellungs- und Organverhältnisses der Geschäftsführungsorgane zur Komplementärgesellschaft ist. Als Anknüpfungspunkt für eine systemgerechte Begründung eines eigenen Anspruchs der KGaA kann allein eine **Erstreckung der Schutzwirkungen des Anstellungsvertrages** des Geschäftsführungsmitglieds (Vertrag mit Schutzwirkung zugunsten der KGaA) überzeugen. Denn die Lösungsansätze der entspr Anwendung des § 283 Nr 3 oder einer Ausdehnung des Schutzbereichs der Organhaftungsnormen (§ 43 Abs 2 GmbHG und § 93 Abs 2 AktG) von der Komplementärgesellschaft auf die KGaA verkennen die mit der Selbstständigkeit der Komplementärgesellschaft verbundene alleinige Organbeziehung zwischen dieser und ihren Geschäftsführungsorganen und gehen vom unzutreffenden Bild der Kapitalgesellschaft & Co. KGaA als „einheitlicher Gesellschaft" aus. Ausfluss der **Selbstständigkeit der Komplementärgesellschaft** ist es jedoch, dass die jeweiligen Pflichtbindungen zwischen Komplementärgesellschaft und den Mitgliedern ihrer 6

Geschäftsführung einerseits und zwischen der KGaA und deren Komplementärgesellschaft andererseits nicht zwingend identisch sind, insb wenn die Komplementärgesellschaft neben ihrer Stellung als Komplementärin noch **anderweitige Interessenbindungen** hat, so zB bei „sternförmigen" Konstruktionen. Auch die Umsetzung zulässiger **Weisungen der Gesellschafter** an die Geschäftsführer der Komplementärgesellschaft kann zu einer Enthaftung auf dieser Ebene unter gleichzeitiger Haftungsbegründung zwischen Komplementärgesellschaft und KGaA führen (zur Problematik *Arnold* S 92 ff; Schütz/Bürgers/Riotte KGaA/*Schütz/Reger* § 5 Rn 155, 159). Die alleinige Haftung der Komplementärgesellschaft gegenüber der KGaA ist insoweit hinzunehmen; über die Anwendung konzernrechtlicher Haftungsnormen ist die KGaA auch in solchen Fällen hinreichend geschützt (vgl dazu § 278 Rn 52 ff).

7 § **408** verweist hinsichtlich der persönlich haftenden Gesellschafter auf die straf- und ordnungswidrigkeitsrechtlichen Vorschriften der §§ 399–407. Diese gelten über § 14 StGB, § 9 OWiG auch direkt für die Mitglieder der Geschäftsführungsorgane von **Komplementärgesellschaften** (GroßKomm AktG/*Assmann/Sethe* Rn 23).

8 **Nr 4 – Pflichten gegenüber dem AR:** Soweit in der AG dem Vorstand Pflichten gegenüber dem AR auferlegt sind, gelten diese auch für die geschäftsführungsbefugten Komplementäre der KGaA, bspw die Berichtspflicht nach § 90 und die Bilanzierungspflicht nach § 170 iVm §§ 242, 264 HGB. Zudem ist die Ausübung der Einsichts- und Prüfungsrechte des ARs (§ 111 Abs 2) zu dulden; eine abw Satzungsgestaltung ist nicht zulässig (KölnKomm AktG/*Mertens/Cahn* Rn 11).

9 **Nr 5 – Zulässigkeit einer Kreditgewährung:** Wg des Verweises auf § 89 darf die KGaA ihren Komplementären **nur aufgrund eines Beschl des AR Kredite** gewähren. Die Zuständigkeit des ARs ist dabei **zwingend**, kann also nicht durch die Satzung abw geregelt werden (**hM** *OLG Stuttgart* AG 2004, 678, 680; GroßKomm AktG/*Assmann/Sethe* Rn 10 und 25; KölnKomm AktG/*Mertens/Cahn* Rn 12; **aA** *Kallmeyer* ZGR 1983, 57, 74 f). Für den Beschl gelten die Anforderungen des § 89 Abs 1 S 2 und 3. Für Kreditgewährungen an Mitglieder der Geschäftsführungsorgane von Komplementärgesellschaften und deren nicht nur unmaßgeblich beteiligte Gesellschafter gelten die Bestimmungen aufgrund der gleichen Gefährdungslage entspr (vgl MünchKomm AktG/*Perlitt* § 278 Rn 330 f). Auch eine Abschlagszahlung auf die Tätigkeitsvergütung des Komplementärs kann als Kreditgewährung nach Nr 5 einzuordnen sein (dazu *OLG Stuttgart* AG 2004, 678, 680).

10 **Nr 6 – Einberufung der HV:** In den Fällen der §§ 121 f, 175 und 92 Abs 1 haben die Komplementäre das Recht bzw die Pflicht, die HV einzuberufen. Da die Einberufung Akt der Geschäftsführung ist, obliegt diese allein den **geschäftsführungs- und vertretungsberechtigten Komplementären** (KölnKomm AktG/*Mertens/Cahn* Rn 13). Die Rechte des AR (§ 111 Abs 3) und der Aktionärsminderheit (§ 122) zur Einberufung werden hiervon nicht berührt.

11 Str ist, ob auch die von der Geschäftsführung ausgeschlossenen Komplementäre ein Recht zur Einberufung haben, wenn ihre Rechtsstellung bedroht ist (dafür GroßKomm AktG/*Assmann/Sethe* Rn 27; MünchKomm AktG/*Perlitt* Rn 28; eher abl KölnKomm AktG/*Mertens/Cahn* Rn 6). Erkennt man im Einberufungsrecht eine **Ausprägung des Minderheitenschutzes** (so GroßKomm AktG/*Assmann/Sethe* aaO), wäre ein solches Einberufungsrecht durch entspr Anwendung des § 122 zu begründen. Ein autonomes Einberufungsrecht entstünde dann erst nach Entscheidung des Gerichts

nach § 122 Abs 3, wobei unklar ist, welche quantitativen Schranken (vgl § 122 Abs 1) für den betroffenen Komplementär anzusetzen wären. Vorzugswürdig erscheint es daher, in diesen Situationen den nicht geschäftsführungsbefugten Komplementären lediglich einen Anspruch gegenüber den geschäftsführenden Komplementären auf **Einberufung durch diese** zuzugestehen, dessen Grundlage die **Treuepflicht** zwischen den Komplementären ist.

Nr 7 – Sonderprüfung: Wie bei der AG können bei der KGaA Sonderprüfungen hinsichtlich der Gründungsvorgänge und der Geschäftsführung beschlossen und durchgeführt werden (§§ 142 ff, 258 ff), die Pflichten des § 145 gelten auch für die geschäftsführungsbefugten Komplementäre. **12**

Nr 8 – Geltendmachung von Ersatzansprüchen wegen der Geschäftsführung: Hinsichtlich der Geltendmachung von Ersatzansprüchen aus der **laufenden Geschäftsführung** gilt für die Kommanditaktionäre § 147 (vgl dort). Darüber hinaus können Komplementäre Ersatzansprüche der Gesellschaft gegenüber anderen Komplementären im Wege der *actio pro socio* geltend machen (Schütz/Bürgers/Riotte KGaA/*Schütz/Reger* § 5 Rn 144 ff, 663 ff; GroßKomm AktG/*Assmann/Sethe* Rn 30). Fraglich ist, ob § 147 entgegen dem Wortlaut des § 283 Nr 8 auch für eventuelle Ersatzansprüche aus dem **Gründungsvorgang** gilt (so ohne Begründung KölnKomm AktG/*Mertens/Cahn* Rn 15; MünchKomm AktG/*Perlitt* Rn 32). Für eine solche Erstreckung spricht der § 147 entspr Regelungsgehalt. Die Anwendung ist aus gleichen Gründen auch auf die Haftung nach § 117 sowie das Klagezulassungsverfahren nach § 148 zu erstrecken. Ob daneben jetzt noch Raum für eine aktionärsgeführte *actio pro socio* bleibt (vgl etwa Schütz/Bürgers/Riotte KGaA/*Schütz/Reger* § 5 Rn 151 zur alten Rechtslage), ist angesichts der im Zuge des UMAG erfolgten Regelung in § 148 zu bezweifeln. **13**

Nr 9 – Jahresabschluss, Lagebericht, Verwendung des Bilanzgewinns: Jahresabschluss und Lagebericht (wenn nach § 264 Abs 1 S 3 HGB erforderlich) sind von den geschäftsführenden Komplementären aufzustellen und dem AR mitsamt eines Vorschlags zur Verwendung des Bilanzgewinns vorzulegen (§ 170 Abs 1 und 2). Die Feststellung des Jahresabschlusses erfolgt anders als bei der Aktiengesellschaft stets durch die HV mit Zustimmung der Komplementäre (§ 286 Abs 1). **14**

Nr 10 – Prüfung des Jahresabschlusses: Die Prüfung des Jahresabschlusses erfolgt nach § 316 Abs 1 S 1 HGB durch externe Prüfer, soweit es sich nicht um eine „kleine Kapitalgesellschaft" handelt. Die geschäftsführenden Komplementäre unterliegen gegenüber den Prüfern den Vorlage-, Nachweis- und Auskunftspflichten des § 320 HGB. **15**

Zur Frage, wer den **Prüfungsauftrag** an die Abschlussprüfer erteilt, enthält Nr 10 keine Regelung. Bei der Aktiengesellschaft ist nach § 111 Abs 2 S 3 der AR zuständig, diese Norm ist aber wg der durch § 278 Abs 2 begründeten Vertretungskompetenz der Komplementäre nicht anwendbar (anders offenbar GroßKomm AktG/*Assmann/Sethe* Rn 32). Sinn und Zweck des durch das KonTraG 1998 geschaffenen § 111 Abs 2 S 3 ist es, die Unabhängigkeit des Prüfers vom Vorstand zu gewährleisten, dieser Gedanke besteht auch bei der KGaA, wie der Blick auf das Stimmverbot in § 285 Abs 1 S 2 Nr 6 zeigt. Vor dem Hintergrund der vom *BGH* angenommenen Vertretungszuständigkeit des AR gegenüber den Komplementären (vgl § 278 Rn 10) sprechen auch hier gute Gründe dafür, **die Zuständigkeit des AR** zur Auftragserteilung in analoger Anwendung des § 111 Abs 2 S 3 anzunehmen (so iE auch *Adler/Düring/Schmaltz* Rechnungslegung § 318 HGB Rn 150). **16**

Förl/Fett

17 **Nr 11 – Rechnungslegung im Konzern:** Die geschäftsführungsbefugten Komplementäre einer Konzernobergesellschaft müssen den Konzernabschluss und -lagebericht nach § 290 HGB aufstellen und diesen nach § 316 Abs 2 HGB dem Abschlussprüfer vorlegen. Der Abschlussprüfer ist entspr der unter Rn 16 erörterten Rechtslage **vom AR zu beauftragen.** Ist die KGaA ein abhängiges Unternehmen, stellen die geschäftsführungsbefugten Komplementäre den Abhängigkeitsbericht nach § 312 auf (Groß-Komm AktG/*Assmann/Sethe* Rn 34; s ferner § 312 Rn 4, 9).

18 **Nr 12 – Ausgabe von Aktien:** Die geschäftsführenden Komplementäre sind an die den Vorstand einer AG betr Vorschriften hinsichtlich der genannten Kapitalmaßnahmen (§§ 199, 203 ff, 214 ff) gebunden.

19 **Nr 13 – Nichtigkeit und Anfechtung von Hauptversammlungsbeschlüssen:** Die Komplementäre haben im Anfechtungs- und Nichtigkeitsprozess die gleiche Stellung wie der Vorstand einer Aktiengesellschaft, also insb die **Klagebefugnis** nach § 245 Nr 4 u 5; Letzteres gilt auch für nicht geschäftsführungs- bzw vertretungsbefugte Komplementäre (KölnKomm AktG/*Mertens/Cahn* Rn 20; MünchKomm AktG/*Perlitt* Rn 39). Die geschäftsführungs- und vertretungsberechtigten Komplementäre vertreten im Prozess die KGaA neben dem AR (§ 246 Abs 2 S 2 mit der Ausnahme des Abs 2 S 3).

20 **Nr 14 – Antrag auf Eröffnung des Insolvenzverfahrens:** Die geschäftsführungs- und vertretungsberechtigten Komplementäre treffen die Pflichten des Vorstands nach § 92 Abs 2 und 3 bei Überschuldung oder Zahlungsunfähigkeit der KGaA.

§ 284 Wettbewerbsverbot

(1) ¹Ein persönlich haftender Gesellschafter darf ohne ausdrückliche Einwilligung der übrigen persönlich haftenden Gesellschafter und des Aufsichtsrats weder im Geschäftszweig der Gesellschaft für eigene oder fremde Rechnung Geschäfte machen noch Mitglied des Vorstands oder Geschäftsführer oder persönlich haftender Gesellschafter einer anderen gleichartigen Handelsgesellschaft sein. ²Die Einwilligung kann nur für bestimmte Arten von Geschäften oder für bestimmte Handelsgesellschaften erteilt werden.

(2) ¹Verstößt ein persönlich haftender Gesellschafter gegen dieses Verbot, so kann die Gesellschaft Schadenersatz fordern. ²Sie kann stattdessen von dem Gesellschafter verlangen, dass er die für eigene Rechnung gemachten Geschäfte als für Rechnung der Gesellschaft eingegangen gelten lässt und die aus Geschäften für fremde Rechnung bezogene Vergütung herausgibt oder seinen Anspruch auf die Vergütung abtritt.

(3) ¹Die Ansprüche der Gesellschaft verjähren in drei Monaten seit dem Zeitpunkt, in dem die übrigen persönlich haftenden Gesellschafter und die Aufsichtsratsmitglieder von der zum Schadensersatz verpflichtenden Handlung Kenntnis erlangen oder ohne grobe Fahrlässigkeit erlangen müssten. ²Sie verjähren ohne Rücksicht auf diese Kenntnis oder grob fahrlässige Unkenntnis in fünf Jahren von ihrer Entstehung an.

Übersicht

	Rn		Rn
I. Wettbewerbsverbot, Abs 1	1	4. Befreiungsmöglichkeit, Satzungsregelung	6
1. Regelungszweck	1		
2. Regelungsadressaten	2	II. Sanktionen, Verjährung, Abs 2 und 3	8
3. Inhalt	5		

Wettbewerbsverbot § 284

Literatur: Vgl Aufstellung bei § 278 und *Armbrüster* Wettbewerbsverbote im Kapitalgesellschaftsrecht, ZIP 1997, 1269; *Halasz/Kloster/Kloster* Die GmbH & Co KGaA, GmbHR 2002, 77; *Hoffmann-Becking* Das Wettbewerbsverbot des Geschäftsleiters der Kapitalgesellschaft & Co., ZHR 175 (2011), 597.

I. Wettbewerbsverbot, Abs 1

1. Regelungszweck. Komplementären ist nach § 284 der **Wettbewerb mit der Gesellschaft** und die **Übernahme von Mandaten bei Konkurrenzunternehmen** untersagt. Die Norm ist Ausfluss der gesellschafterlichen Treuepflicht und soll Beachtung gesellschaftsfremder Interessen bei der Geschäftsführung weitgehend verhindern und dem Missbrauch von Unternehmensinterna vorbeugen (KölnKomm AktG/*Mertens/Cahn* Rn 2). 1

2. Regelungsadressaten. Das Wettbewerbsverbot ist dem Wortlaut nach unabhängig von Geschäftsführungsbefugnissen auf **alle Komplementäre** anwendbar. Bei den nicht geschäftsführungsbefugten Komplementären beruht das Wettbewerbsverbot allein auf der Gefahr des Informationsmissbrauchs; insoweit wird unter Verweis auf § 1 GWB mit guten Gründen vorgebracht, dass eine **konkrete Gefahr** des Informationsmissbrauchs durch die betroffenen Komplementäre gegeben sein müsse, um die Anwendung des Wettbewerbsverbotes auf diese zu rechtfertigen (KölnKomm AktG/ *Mertens/Cahn* Rn 4; *Armbrüster* ZIP 1997, 1269, 1271). Tatsächlich kann die bloße abstrakte Gefahr eines Informationsmissbrauchs iE ein Wettbewerbsverbot angesichts der damit verbundenen Rechtsfolgen nicht rechtfertigen. Dem **präventiven Charakter der Norm** entspricht jedoch zunächst eine **umfassende Anwendung auf alle Komplementäre**, durch die Abgrenzungs- und Beweisschwierigkeiten vermieden werden (iE ebenfalls für Anwendung auf alle Komplementäre: GroßKomm AktG/ *Assmann/Sethe* Rn 5; MünchKomm AktG/*Perlitt* Rn 4; **aA** MünchHdb AG/*Herfs* § 76 Rn 24). Im Interesse der nicht geschäftsführungsbefugten Komplementäre ist dann aber eine **Pflicht der anderen Komplementäre und des AR zur Befreiung** nach Abs 1 anzunehmen, wenn ein Informationsmissbrauch nicht zu besorgen ist (Schütz/ Bürgers/Riotte KGaA/*Schütz/Reger* § 5 Rn 278; wohl auch GroßKomm AktG/*Assmann/Sethe* Rn 5 aE). 2

Bei **Komplementärgesellschaften** erstreckt sich das Wettbewerbsverbot nach herrschender Auffassung sowohl auf die **Mitglieder der Geschäftsführungsorgane** als auch auf **beherrschende Gesellschafter** (vgl GroßKomm AktG/*Assmann/Sethe* Rn 10 f; *Hoffmann-Becking* ZHR 175 (2011), 597 f), wobei zur dogmatischen Herleitung verschiedene Auffassungen vertreten werden. Zumeist wird bzgl der **Geschäftsführungsorgane** auf den drittschützenden Charakter der Anstellungsverträge abgestellt (vgl GroßKomm AktG/*Assmann/Sethe* Rn 10; *Arnold* S 95 f; *Kölling* S 186; zur GmbH & Co. KG: *BGHZ* 89, 162 ff); bzgl der **beherrschenden Gesellschafter der Komplementärgesellschaft** wird eine entspr Anwendung des § 284 (vgl allein GroßKomm AktG/ *Assmann/Sethe* Rn 12) oder eine „erhöhte Treuepflicht" als dogmatische Grundlage herangezogen (so zur GmbH & Co. KG: *BGHZ* 89, 162, 166). Mit der Herleitung des Wettbewerbsverbotes aus **vertraglichen Verhältnissen auf der Ebene der Komplementärgesellschaft** ist verbunden, dass dafür die Komplementärgesellschaft als wesentlichen Unternehmensgegenstand die Geschäftsführung der KGaA haben muss (vgl GroßKomm AktG/*Assmann/Sethe* Rn 10; *BGHZ* 75, 321, 322 ff bzgl des Geschäftsführer einer GmbH & Co. KG); auch der Gedanke von der **erhöhten Treuepflicht** basiert 3

Förl/Fett

hierauf (*BGHZ* 89, 162, 166 bzgl der Geschäftsführer einer GmbH & Co. KG). Bei anders gelagerten Fällen, so bei einer anderweitigen unternehmerischen Tätigkeit der Komplementärgesellschaft oder abw Vereinbarungen mit den Geschäftsführern, greift ein so verstandenes Wettbewerbsverbot trotz gleicher Gefahrenlage nicht. Daher ist zur Begründung des Wettbewerbsverbots für die Mitglieder der Geschäftsführungsorgane und die beherrschenden Gesellschafter einheitlich die **analoge Anwendung** des § 284 geboten. Diese entspr Anwendung des § 284 setzt mit Hinblick auf Sinn und Zweck der Norm entweder die konkrete Gefahr eines Informationsmissbrauchs oder aber einen direkten Einfluss auf die Geschäftsführung der KGaA voraus. Vom Wettbewerbsverbot umfasst sind somit alle **Gesellschafter der Komplementärgesellschaft**, von denen **die konkrete Gefahr des Informationsmissbrauchs** ausgeht, sowie die Personen, die als **Geschäftsführer** oder durch **Weisungen an die Geschäftsführer** Einfluss auf die Geschäftsführung durch die Komplementärgesellschaft nehmen können. Wegen der Weisungsfreiheit des Vorstands (§ 76) ist der beherrschende Gesellschafter einer Komplementär-AG nicht vom Wettbewerbsverbot umfasst, solange keine konkrete Gefahr des Informationsmissbrauchs gegeben ist. Eine **Ausdehnung des Wettbewerbsverbots** auf alle Gesellschafter oder auf Mitglieder nicht geschäftsführender Organe der **Komplementärgesellschaft** kommt hingegen nicht in Betracht (**aA** *Halasz/Kloster/Kloster* GmbHR 2002, 77, 85).

4   Auf **Aufsichtsratsmitglieder und Kommanditaktionäre** der KGaA findet das Wettbewerbsverbot keine Anwendung, selbst wenn durch diese ähnliche Gefährdungen der KGaA-Interessen auftreten können (vgl nur GroßKomm AktG/*Assmann/Sethe* Rn 13 f).

5   **3. Inhalt.** Das Wettbewerbsverbot untersagt zunächst den Regelungsadressaten **Geschäfte im Geschäftszweig der Gesellschaft**. Maßgeblich dafür ist die **tatsächliche Tätigkeit der Gesellschaft**, nicht dagegen der satzungsmäßige Unternehmensgegenstand. Füllt die Geschäftstätigkeit der Gesellschaft nicht den **satzungsmäßigen Unternehmensgegenstand** aus, so besteht das Wettbewerbsverbot in den betroffenen Bereichen nur insoweit, als mit einer entspr **Tätigkeitsaufnahme konkret zu rechnen** ist. Erweitert die Gesellschaft ihre Tätigkeit **über den satzungsmäßigen Unternehmensgegenstand hinaus**, so gilt das Wettbewerbsverbot ab der Erweiterung (vgl GroßKomm AktG/*Assmann/Sethe* Rn 16). Neben Konkurrenztätigkeiten verbietet Abs 1 die **Übernahme von geschäftsleitenden Positionen** bei gleichartigen Handelsgesellschaften **(Konkurrenzmandate)**. Das Merkmal der **Gleichartigkeit** bezieht sich dabei auf sachliche Überschneidungen der ausgeübten Geschäftsfelder der betreffenden Gesellschaft, wobei auch Überschneidungen in bloßen **Teilbereichen** genügen (Schütz/Bürgers/Riotte KGaA/*Schütz/Reger* § 5 Rn 287). **Räumlich** ist das Wettbewerbsverbot dem Sinn und Zweck der Norm nach auf die Fälle zu begrenzen, bei denen eine Konkurrenzsituation mit der KGaA entstehen kann (KölnKomm AktG/*Mertens/Cahn* Rn 7).

6   **4. Befreiungsmöglichkeit, Satzungsregelung.** Abs 1 sieht die Möglichkeit der Befreiung vom Wettbewerbsverbot durch **ausdrückliche Einwilligung** der übrigen Komplementäre und des AR vor. **Einwilligung** meint allein die vorherige Zustimmung iSd § 183 S 1 BGB; eine nachträgliche Genehmigung beseitigt den evtl entstandenen Schadensersatzanspruch der Gesellschaft nicht (vgl MünchKomm AktG/*Perlitt* Rn 23). Nach Abs 1 S 2 kann die Einwilligung nur für **bestimmte Arten von Geschäften** bzw für **bestimmte Konkurrenzmandate** erteilt werden, eine pauschale Befreiung ist somit

nicht möglich. Ist die Einwilligung erteilt, so kann diese bei Vorliegen eines **wichtigen Grundes** oder eines **Widerrufsvorbehalts** widerrufen werden (vgl GroßKomm AktG/ *Assmann/Sethe* Rn 35).

§ 284 betrifft das Verhältnis der Komplementäre untereinander und zur Gesamtheit der Kommanditaktionäre, weshalb nach § 278 Abs 2 das **dispositive Recht der Kommanditgesellschaft** anwendbar ist (**hM** vgl GroßKomm AktG/*Assmann/Sethe* Rn 25; MünchKomm AktG/*Perlitt* Rn 26; KölnKomm AktG/*Mertens/Cahn* Rn 20; Schütz/ Bürgers/Riotte KGaA/*Schütz/Reger* § 5 Rn 281; **aA** MünchHdb AG/*Herfs* § 76 Rn 25; *Armbrüster* ZIP 1997, 1269, 1272; Spindler/Stilz AktG/*Bachmann* Rn 8, Letzterer mit Hinweis auf den grds zwingenden Charakter der §§ 279–290). Die **Satzung** kann daher das Wettbewerbsverbot sowohl **verschärfen** (zB ohne Beschränkung auf Konkurrenztätigkeit bzw -mandate) als auch **vollständig abbedingen** (**hM** wie vorstehend, **aA** K. Schmidt/Lutter AktG/*K. Schmidt* Rn 22 f; Spindler/Stilz AktG/*Bachmann* Rn 8 mit zusätzlichem Hinweis auf Kernbereichslehre und AnwKomm AktG/*Wichert* Rn 3, die allein Möglichkeit der Verschärfung zulassen). Ist eine **Komplementärgesellschaft** vom Wettbewerbsverbot befreit, gilt dies auch für deren Geschäftsführungsorgane und Gesellschafter. 7

II. Sanktionen, Verjährung, Abs 2 und 3

Bei Verstößen gegen das Wettbewerbsverbot kann die Gesellschaft entweder **Schadensersatz** verlangen (Abs 2 S 1) oder von ihrem **Eintrittsrecht** Gebrauch machen (Abs 2 S 2). Die dreimonatige Verjährungsfrist beginnt ab Kenntnis aller übrigen Komplementäre und Mitglieder des ARs von dem Verstoß (Abs 3 S 1). Die Rechtsfolgen entsprechen denen des § 88 Abs 2, ebenso die Verjährung. Zusätzlich kann ein Wettbewerbsverstoß auch einen Ausschluss des Komplementärs aus der Gesellschaft rechtfertigen (vgl GroßKomm AktG/*Assmann/Sethe* Rn 39). 8

Der Anwendung des Abs 2 auf Wettbewerbsverstöße durch Geschäftsführer bzw weisungsbefugte beherrschende Gesellschafter der **Komplementärgesellschaft** steht bei Herleitung des Wettbewerbsverbotes aus einer **entspr Anwendung** des § 284 (vgl Rn 3) nichts im Wege. Die Komplementärgesellschaft haftet nach § 31 BGB für Wettbewerbsverstöße ihrer **Geschäftsführungsorgane** (aber nur beschränkt auf Schadensersatz gem Abs 2 S 1). Bei Wettbewerbsverstößen der **beherrschenden Gesellschafter** besteht dagegen keine Grundlage für eine (Mit-)Haftung der Komplementärgesellschaft. 9

§ 285 Hauptversammlung

(1) ¹In der Hauptversammlung haben die persönlich haftenden Gesellschafter nur ein Stimmrecht für ihre Aktien. ²Sie können das Stimmrecht weder für sich noch für einen anderen ausüben bei Beschlussfassungen über
1. die Wahl und Abberufung des Aufsichtsrats;
2. die Entlastung der persönlich haftenden Gesellschafter und der Mitglieder des Aufsichtsrats;
3. die Bestellung von Sonderprüfern;
4. die Geltendmachung von Ersatzansprüchen;
5. den Verzicht auf Ersatzansprüche;
6. die Wahl von Abschlussprüfern.

³Bei diesen Beschlussfassungen kann ihr Stimmrecht auch nicht durch einen anderen ausgeübt werden.

(2) ¹Die Beschlüsse der Hauptversammlung bedürfen der Zustimmung der persönlich haftenden Gesellschafter, soweit sie Angelegenheiten betreffen, für die bei einer Kommanditgesellschaft das Einverständnis der persönlich haftenden Gesellschafter und der Kommanditisten erforderlich ist. ²Die Ausübung der Befugnisse, die der Hauptversammlung oder einer Minderheit von Kommanditaktionären bei der Bestellung von Prüfern und der Geltendmachung von Ansprüchen der Gesellschaft aus der Gründung oder der Geschäftsführung zustehen, bedarf nicht der Zustimmung der persönlich haftenden Gesellschafter.

(3) ¹Beschlüsse der Hauptversammlung, die der Zustimmung der persönlich haftenden Gesellschafter bedürfen, sind zum Handelsregister erst einzureichen, wenn die Zustimmung vorliegt. ²Bei Beschlüssen, die in das Handelsregister einzutragen sind, ist die Zustimmung in der Verhandlungsniederschrift oder in einem Anhang zur Niederschrift zu beurkunden.

Übersicht

	Rn		Rn
I. Teilnahme der Komplementäre an der Hauptversammlung	1	III. Erfordernis der Zustimmung durch die Komplementäre, Abs 2	8
II. Stimmrecht der Komplementäre, Abs 1	2	IV. Einreichung zum Handelsregister, Abs 3	13

Literatur: Vgl auch die Nachweise bei § 278.

I. Teilnahme der Komplementäre an der Hauptversammlung

1 Die geschäftsführenden Komplementäre haben gem §§ 278 Abs 3, 118 Abs 2 eine **Pflicht** zur Teilnahme an der HV, da ohne die Mitglieder der Geschäftsführung eine ordnungsgemäße Durchführung der HV gefährdet wäre (vgl GroßKomm AktG/*Assmann/Sethe* Rn 7 und 8). Nach einer Ansicht darf jedoch die HV Komplementäre von der Teilnahme an der HV **ausschließen** (GroßKomm AktG/*Assmann/Sethe* Rn 9; AnwKomm AktG/*Wichert* Rn 3, einschränkend MünchKomm AktG/*Perlitt* Rn 8). Da als Folge der Nichtteilnahme die Auskunftsansprüche jedes einzelnen Kommanditaktionärs nach § 131 leer laufen würden und solche Auskunftsansprüche mehrheitsfest sind, muss es bei der Teilnahmepflicht und dem unentziehbaren Teilnahmerecht der geschäftsführenden Komplementäre bleiben (iE ebenso KölnKomm AktG/*Mertens/Cahn* Rn 4). Auf nicht geschäftsführende Komplementäre ist § 118 Abs 2 nicht anzuwenden; eine Teilnahmepflicht besteht daher nicht (KölnKomm AktG/*Mertens/Cahn* Rn 5; K. Schmidt/Lutter AktG/*K. Schmidt* Rn 5). Soweit Komplementäre mit Aktien an der Gesellschaft beteiligt sind, steht ihnen bereits aufgrund ihrer Aktionärsstellung ein **unentziehbares Recht auf Teilnahme** an der HV zu.

II. Stimmrecht der Komplementäre, Abs 1

2 Komplementäre, die zugleich mit Kommanditaktien an der Gesellschaft beteiligt sind, können grds über das durch diese Aktien vermittelte Stimmrecht verfügen. Davon abw bestimmen Abs 1 S 2 Nr 1–6 für Fälle typischer Interessenkollisionen **Stimmverbote**. Die Stimmverbote gelten nach zutr **hM** auch für nicht geschäftsführungsbefugte

Komplementäre (Schütz/Bürgers/Riotte KGaA/*Schütz/Reger* § 5 Rn 410; Münch-Komm AktG/*Perlitt* Rn 20; differenzierend KölnKomm AktG/*Mertens/Cahn* Rn 7, 18, 20 und 22 zu Abs 1 S 2 Nr 3, 4, 5 und 6).

Bei **Komplementärgesellschaften** erstrecken sich die Stimmverbote sowohl auf deren **Vertretungsorgane** als auch auf deren **beherrschende Gesellschafter** (vgl *Hoffmann-Becking/Herfs* FS Sigle, S 273, 289; GroßKomm AktG/*Assmann/Sethe* Rn 25; aA KölnKomm AktG/*Mertens/Cahn* Rn 8). Bei einer Komplementär-GmbH wird wg des Weisungsrechts (vgl § 37 Abs 1 GmbHG) auch eine Erstreckung auf alle Gesellschafter mit nicht nur „unwesentlicher" Beteiligung an der Komplementär-GmbH befürwortet (GroßKomm AktG/*Assmann/Sethe* Rn 25; *Ihrig/Schlitt* ZHR Beiheft 67, 1998, 33); da das Weisungsrecht letztlich die Stimmmehrheit in der Gesellschafterversammlung der Komplementär-GmbH voraussetzt, überzeugt diese Differenzierung nicht. Bei Komplementär-Personengesellschaften ist dagegen von einem Stimmverbot aller geschäftsführungs- und vertretungsbefugten Komplementäre auszugehen; auf einen beherrschenden Einfluss auf die Personengesellschaft kommt es wg der faktischen Einflussmöglichkeit dabei nicht an (iE auch GroßKomm AktG/*Assmann/Sethe* Rn 25). 3

Sind **alle Kommanditaktionäre zugleich Komplementäre**, so liegt der beschriebene Interessenkonflikt jedenfalls in den Fällen der Nr 1–3 und 6 des Abs 1 S 2 nicht vor; folgerichtig wird hier eine teleologische Reduktion des Tatbestandes angenommen (vgl nur KölnKomm AktG/*Mertens/Cahn* Rn 24). Dagegen wird man die Stimmverbote der Nr 4 und 5 auch auf diejenigen Komplementäre anzuwenden haben, die als Schuldner der Ersatzansprüche in Betracht kommen; denn insoweit ist der Interessenkonflikt von dem Zusammenfallen der Komplementärs- und Kommanditaktionärsstellung unabhängig (so zu Recht GroßKomm AktG/*Assmann/Sethe* Rn 35; KölnKomm AktG/*Mertens/Cahn* Rn 24; aA MünchKomm AktG/*Perlitt* Rn 21). 4

Mit dem Stimmverbot bei der Wahl des AR geht das Verbot zur Ausübung eines ggf mit einer Kommanditaktie verbundenen **Entsenderechts** einher (vgl nur *Hoffmann-Becking/Herfs* FS Sigle, S 273, 289). Nach einer Entscheidung des *BGH* soll das Entsenderecht jedoch durch eine dem Komplementär **nahe stehende Person** ausgeübt werden können, wenn diese Person frei von Weisungen des Komplementärs entscheiden kann (*BGH* AG 2006, 117, 118 (Spaten) mit Anm *Fett* BGHReport 2006, 375 f). 5

Die Stimmverbote des Abs 1 S 2 betreffen auch **Verfahrensfragen** mit Bezug auf die vom Katalog erfassten Beschlussgegenstände (KölnKomm AktG/*Mertens/Cahn* Rn 9). Außerhalb des § 285 Abs 1 S 2 kommen Stimmverbote aus § 136 Abs 1 und **die personengesellschaftsrechtlichen Stimmverbote** in Betracht (vgl dazu GroßKomm AktG/*Assmann/Sethe* Rn 36ff; vgl ferner § 278 Rn 25, 27). 6

Durch die **Satzung** können die Stimmverbote des § 285 weder eingeschränkt noch beseitigt werden, denn diese sind nach § 278 Abs 3 dem Bereich der aktienrechtlichen Satzungsstrenge unterworfen (vgl MünchKomm AktG/*Perlitt* Rn 23 mit dem ergänzenden Hinweis, dass die Stimmverbote unter anderem auch im öffentlichen Interesse bestehen). 7

Förl/Fett

III. Erfordernis der Zustimmung durch die Komplementäre, Abs 2

8 Abs 2 S 1 stellt klar, dass die **Mitwirkungsbefugnisse der Komplementäre** nach Personengesellschaftsrecht unberührt bleiben. Grds bedarf es für Satzungsänderungen (einschließlich Kapitalmaßnahmen), Grundlagenbeschlüsse und außerordentliche Geschäftsführungsmaßnahmen der **Zustimmung der HV und aller Komplementäre** (vgl *OLG Stuttgart* NZG 2003, 293; KölnKomm AktG/*Mertens/Cahn* Rn 34 ff). Dabei ist es unerheblich, von welcher Gesellschaftergruppe die Initiative zu der jeweiligen Maßnahme ausgeht.

9 Die **Satzung** kann **weitere Zustimmungsrechte der Komplementäre** schaffen, soweit sich diese auf das Rechtsverhältnis der Komplementäre zu den Kommanditaktionären beziehen und damit über den Verweis des § 278 Abs 2 die Gestaltungsfreiheit eröffnet ist. Voraussetzung ist jedoch, dass nicht Beschlussgegenstände betroffen sind, bei denen die Komplementäre mit von ihnen gehaltenen Aktien vom Stimmrecht ausgeschlossen wären (KölnKomm AktG/*Mertens/Cahn* Rn 40; *Hoffmann-Becking/Herfs* FS Sigle, S 273, 285 f). Diskutiert wird eine solche Ausweitung der Zustimmungsrechte insb im Hinblick auf Beschl der HV über die **Gewinnverwendung** (für die Möglichkeit eines solchen Zustimmungsrechts MünchKomm AktG/*Perlitt* Rn 45; KölnKomm AktG/*Mertens/Cahn* Rn 39). Da die HV jedoch ausschließlich über die Verwendung des den Kommanditaktionären zustehenden Gewinnanteils entscheidet, steht dieser nach zutr Auffassung die Entscheidungskompetenz nach §§ 278 Abs 3, 174 allein zu. Der Bereich der Gestaltungsfreiheit ist nicht eröffnet, weshalb ein Zustimmungsrecht der Komplementäre **zum Gewinnverwendungsbeschluss der HV** nicht geschaffen werden kann (iE auch Schütz/Bürgers/Riotte KGaA/*Riotte/Hansen* § 6 Rn 36 f; GroßKomm AktG/*Assmann/Sethe* Rn 82; *Wichert* AG 2000, 268, 270). Dies gilt unabhängig davon, ob es sich bei dem Komplementär um eine jur oder um eine natürliche Person handelt. Soweit über § 278 Abs 2 weitere Zustimmungsrechte der Komplementäre durch die Satzung geschaffen werden könnten und tatsächlich praktische Anwendungsfälle bestehen, sind Beschränkungen der Gestaltungsfreiheit im Sinne eines Sonderrechts der Kapitalgesellschaft & Co. KGaA oder der Publikums-KGaA nicht anzuerkennen (GroßKomm AktG/*Assmann/Sethe* Rn 80 f; KölnKomm AktG/*Mertens/Cahn* Rn 39; **aA** *Ihrig/Schlitt* ZHR Beiheft 67 (1998), 69; vgl dazu auch § 278 Rn 37a und 37b mwN).

10 Durch Satzungsänderung ist es möglich, die **Zustimmungsrechte der Komplementäre einzuschränken**. So wäre es bspw denkbar, dass die Komplementäre durch Mehrheitsbeschluss (also nicht einstimmig) über die Zustimmung zu einem HV-Beschluss entscheiden oder dass einzelne Komplementäre vom Zustimmungsrecht ausgeschlossen werden. Die Grenzen solcher Gestaltungen sind durch den personengesellschaftsrechtlichen **Bestimmtheitsgrundsatz** und die **Kernbereichslehre** gesetzt (im Einzelnen GroßKomm AktG/*Assmann/Sethe* Rn 69 ff; Schütz/Bürgers/Riotte KGaA/*Schütz/Reger* § 5 Rn 12 ff).

11 § 285 Abs 2 S 2 nennt die Entscheidungen, die **zwingend** von der **HV** allein getroffen werden. Es bedarf naturgemäß auch keiner Zustimmung der Komplementäre bei Maßnahmen, bei denen diese nach Abs 1 S 2 einem Stimmverbot unterlägen (GroßKomm AktG/*Assmann/Sethe* Rn 67).

12 Ist eine Zustimmung der Komplementäre erforderlich, so ist bis zu dieser der getroffene Beschl der HV **schwebend unwirksam** (vgl nur MünchKomm AktG/*Perlitt*

Rn 52); wird die Zustimmung versagt, ist er endgültig unwirksam. Erfolgt gleichwohl eine Eintragung des (schwebend) unwirksamen Beschl in das HR, besteht die Möglichkeit einer Heilung in entspr Anwendung der Anforderungen des § 242 Abs 2 (vgl GroßKomm AktG/*Assmann/Sethe* Rn 64; KölnKomm AktG/*Mertens/Cahn* Rn 48; nun auch MünchKomm AktG/*Perlitt* Rn 66).

IV. Einreichung zum Handelsregister, Abs 3

Abw von § 130 Abs 5 ist die Niederschrift eines HV-Beschlusses, welcher der Zustimmung der Komplementäre bedarf, erst nach Zustimmungserteilung beim HR einzureichen. Die Zustimmungserklärung bedarf (abgesehen von den Fällen des Abs 3 S 2) keiner besonderen Form; in der Mitwirkung bei der Einreichung der Niederschrift zum HR kann die Zustimmung des betr Komplementärs gesehen werden (KölnKomm AktG/*Mertens/Cahn* Rn 46). Die bei Einreichung fehlende Zustimmung kann auch nachgereicht werden (GroßKomm AktG/*Assmann/Sethe* Rn 91). **13**

Soweit die getroffenen **Beschlüsse der HV eintragungspflichtig** sind, ist der Zustimmungsbeschluss in die Verhandlungsniederschrift aufzunehmen oder zum Anhang dieser Niederschrift zu machen (Abs 3 S 2); eine konkludente Zustimmung – wie etwa durch Einreichung der Beschl zur Eintragung zum HR – genügt in diesen Fällen nicht (*OLG Stuttgart* NZG 2003, 293 f). Ist die Zustimmungserklärung gesondert beurkundet worden, so muss diese Urkunde nachträglich zum Anhang der Niederschrift gemacht werden (KölnKomm AktG/*Mertens/Cahn* Rn 47). **14**

§ 286 Jahresabschluss. Lagebericht

(1) ¹Die Hauptversammlung beschließt über die Feststellung des Jahresabschlusses. ²Der Beschluss bedarf der Zustimmung der persönlich haftenden Gesellschafter.

(2) ¹In der Jahresbilanz sind die Kapitalanteile der persönlich haftenden Gesellschafter nach dem Posten „Gezeichnetes Kapital" gesondert auszuweisen. ²Der auf den Kapitalanteil eines persönlich haftenden Gesellschafters für das Geschäftsjahr entfallende Verlust ist von dem Kapitalanteil abzuschreiben. ³Soweit der Verlust den Kapitalanteil übersteigt, ist er auf der Aktivseite unter der Bezeichnung „Einzahlungsverpflichtungen persönlich haftender Gesellschafter" unter den Forderungen gesondert auszuweisen, soweit eine Zahlungsverpflichtung besteht; besteht keine Zahlungsverpflichtung, so ist der Betrag als „Nicht durch Vermögenseinlagen gedeckter Verlustanteil persönlich haftender Gesellschafter" zu bezeichnen und gemäß § 268 Abs. 3 des Handelsgesetzbuchs auszuweisen. ⁴Unter § 89 fallende Kredite, die die Gesellschaft persönlich haftenden Gesellschaftern, deren Ehegatten, Lebenspartnern oder minderjährigen Kindern oder Dritten, die für Rechnung dieser Personen handeln, gewährt hat, sind auf der Aktivseite bei den entsprechenden Posten unter der Bezeichnung „davon an persönlich haftende Gesellschafter und deren Angehörige" zu vermerken.

(3) In der Gewinn- und Verlustrechnung braucht der auf die Kapitalanteile der persönlich haftenden Gesellschafter entfallende Gewinn oder Verlust nicht gesondert ausgewiesen zu werden.

(4) § 285 Nr. 9 Buchstabe a und b des Handelsgesetzbuchs gilt für die persönlich haftenden Gesellschafter mit der Maßgabe, dass der auf den Kapitalanteil eines persönlich haftenden Gesellschafters entfallende Gewinn nicht angegeben zu werden braucht.

§ 286 Jahresabschluss. Lagebericht

Übersicht

	Rn		Rn
I. Aufstellung und Feststellung des Jahresabschlusses, Abs 1	1	1. Bilanz, Abs 2	5
1. Aufstellung	1	2. Gewinn- und Verlustrechnung, Abs 3	8
2. Feststellung	3	3. Anhang, Abs 4	9
II. Besonderheiten des Jahresabschlusses, Abs 2–4	5		

Literatur: Vgl auch die Nachweise bei § 278 und *Fett/Nohe* Zur Offenlegung von Vorstandsvergütungen nach dem VorstOG, INF 2006, 232; *Leuering/Simon* Offene Fragen zur Offenlegung der Vorstandsvergütung, NZG 2005, 945; *Sethe* Die Besonderheiten bei der Rechnungslegung der KGaA, DB 1998, 1044.

I. Aufstellung und Feststellung des Jahresabschlusses, Abs 1

1. Aufstellung. Nach § 283 Nr 9 haben die geschäftsführenden Komplementäre den Jahresabschluss aufzustellen. Bereits vorab sind die Gewinn- und Verlustanteile der Komplementäre zu ermitteln und in der Bilanz und der Gewinn- und Verlustrechnung zu berücksichtigen. Dabei ist nach einer Auffassung vorab ein gesonderter interner Abschluss nach personengesellschaftsrechtlichen Grundsätzen aufzustellen, weil die Frage der Ermittlung des Ergebnisses der Gesellschaft ebenso wie die Frage der Ergebnisverteilung dem Recht der Personengesellschaft unterliege (sog **„Dualistischer Ansatz"**, vgl MünchKomm AktG/*Perlitt* Rn 22 ff; GroßKomm AktG/*Assmann/Sethe* § 288 Rn 6 ff; *Sethe* DB 1998, 1044, 1045). Nach zustimmungswürdiger anderer Auffassung ist dagegen ein gemeinsamer Abschluss nach kapitalgesellschaftsrechtlichen Grundsätzen aufzustellen, weil sich die Pflicht der KGaA zur Rechnungslegung und damit zur Ermittlung des Bilanzgewinns aus deren Eigenschaft als jur Person ergibt und dementsprechend nicht der Verweis des § 278 Abs 2 auf das Personengesellschaftsrecht zum Tragen kommt (sog **„Monistischer Ansatz"**, vgl KölnKomm AktG/*Mertens/Cahn* Rn 5 ff; Schütz/Bürgers/Riotte KGaA/*Riotte/Hansen* § 6 Rn 42 ff; *Ammenwerth* S 51 ff; *Adler/Düring/Schmaltz* Rechnungslegung Rn 55, 57; *Wichert* S 119, 141 ff; Spindler/Stilz AktG/*Bachmann* Rn 5; *Drüen/van Heek* DStR 2012, 541, 543 f).

Bei der Aufstellung des Jahresabschlusses kann der Jahresüberschuss bis zur Hälfte in die Gewinnrücklage eingestellt werden, insoweit ist § 58 Abs 2 entspr anzuwenden (KölnKomm AktG/*Mertens/Cahn* Rn 19).

2. Feststellung. Die Feststellung des Jahresabschlusses erfolgt durch Beschl der HV unter Zustimmung aller Komplementäre. Die Kompetenz der HV ist insoweit zwingend; dagegen kann das Zustimmungserfordernis aller Komplementäre durch die Satzung zu einer Mehrheitsentscheidung verändert oder bzgl einzelner Komplementäre ganz abedungen werden (KölnKomm AktG/*Mertens/Cahn* Rn 27). Die Zustimmung der geschäftsführenden Komplementäre ist idR bereits darin zu sehen, dass diese den von ihnen aufgestellten Jahresabschluss vorlegen (MünchKomm AktG/*Perlitt* Rn 46). Die Kommanditaktionäre können in der HV Auskunft bzgl des Jahresabschlusses verlangen, insb gelten die **Auskunftsverweigerungsrechte** des § 131 Abs 3 S 1 Nr 3 und 4 insoweit nicht (KölnKomm AktG/*Mertens/Cahn* Rn 23 ff).

Billigt die HV den vorgelegten Jahresabschluss nicht, sondern nimmt daran Änderungen vor, so bedarf es neben dem erneuten Bestätigungsvermerk des Abschlussprüfers (MünchKomm AktG/*Perlitt* Rn 62) der Zustimmung aller Komplementäre. Für den Fall, dass die Beteiligten sich nicht auf einen Jahresabschluss einigen können, kann die Feststellung auf dem **Klageweg** durchgesetzt werden (ganz **hM**, vgl nur KölnKomm AktG/*Mertens/Cahn* Rn 29). Parteien dieses Rechtsstreits sind die Komplementäre einerseits und die Gesellschaft andererseits, wobei die Gesellschaft nur deshalb Prozesspartei ist, weil der Gesamtheit der Kommanditaktionäre die Parteifähigkeit fehlt (GroßKomm AktG/*Assmann/Sethe* Rn 21; Schütz/Bürgers/Riotte KGaA/*Reger* § 5 Rn 632; mit anderer Begründung KölnKomm AktG/*Mertens/Cahn* Rn 31 f). Die Klage hat Erfolg, wenn die Zustimmung zum Jahresabschluss aufgrund sachfremder Motive verweigert worden ist. In den Fällen, in denen die Differenzen auf sachlichen Gründen beruhen, ist in Ermangelung einer abw Regelung durch die Satzung den geschäftsführenden Komplementären eine **Entscheidungsprärogative** zuzugestehen (vgl GroßKomm AktG/*Assmann/Sethe* Rn 22; Schütz/Bürgers/Riotte KGaA/*Reger* § 5 Rn 632). 4

II. Besonderheiten des Jahresabschlusses, Abs 2–4

1. Bilanz, Abs 2. Für den Fall, dass sich Komplementäre mit **Sondereinlagen** an der KGaA beteiligen, ist deren Kapitalanteil (Einlageleistung zzgl zugeschriebener Gewinnanteil abzgl Entnahmen abzgl abgeschriebener Verlustanteil) in der Bilanz hinter dem Posten „Gezeichnetes Kapital" auszuweisen (S 1). Dabei können die Kapitalanteile aller Komplementäre zusammengefasst werden, soweit diese jeweils positiv sind (Verbot der Saldierung, vgl GroßKomm AktG/*Assmann/Sethe* Rn 33). 5

Entgegen dem dispositiven § 120 Abs 2 HS 2 HGB sind nach Abs 2 S 2 die Verlustanteile der Komplementäre **zwingend** von deren Kapitalanteil abzuschreiben (vgl nur KölnKomm AktG/*Mertens/Cahn* Rn 38). Eine Abschreibung der Verluste erfolgt soweit, bis der Kapitalanteil aufgebraucht ist. Ein darüber hinaus gehender Verlust ist auf der Aktivseite bei bestehender Nachzahlungspflicht nach S 3 HS 1 auszuweisen, bei fehlender Nachzahlungsverpflichtung erfolgt der Ausweis nach S 3 HS 2. 6

Die **Kredite** an die in S 4 aufgeführten Personen müssen, wenn sie ein Monatsgehalt übersteigen (§ 89 Abs 1 S 5), auf der Aktivseite ausgewiesen werden; eine Aufgliederung nach einzelnen Empfängern ist insoweit nicht erforderlich (*Sethe* DB 1998, 1044, 1048). 7

2. Gewinn- und Verlustrechnung, Abs 3. Der auf die **einzelnen** Komplementäre entfallende Gewinn bzw Verlust braucht nicht angegeben zu werden, es genügt die Angabe einer **Gesamtsumme** (*Hüffer* AktG Rn 3, 6). Davon unberührt bleibt dagegen das Recht der Kommanditaktionäre, auf der HV **Auskunft** über die entspr Gewinn- und Verlustanteile der einzelnen Komplementäre zu verlangen (KölnKomm AktG/ *Mertens/Cahn* Rn 25). 8

3. Anhang, Abs 4. Nach § 285 Nr 9 lit a und b HGB muss der Anhang die Gesamtbezüge der Organmitglieder angeben, also einschließlich etwaiger Gewinnbeteiligungen. Abs 4 stellt insoweit klar, dass die auf den Kapitalanteil der Komplementäre entfallenden Gewinne nicht Bestandteil dieser Gesamtbezüge sind. Dieser **Gewinnanteil ist nicht Tätigkeitsvergütung**, sondern Teil der mitgliedschaftlichen Rechtsstellung (vgl Schütz/Bürgers/Riotte KGaA/*Riotte/Hansen* § 6 Rn 120). Werden Tätigkeitsvergütun- 9 gen gezahlt, sind sie anzugeben, bei **börsennotierten KGaA** anders als bei börsennotierten Aktiengesellschaften jedoch **nicht individualisiert** für einzelne Komplementäre (vgl hierzu *Fett/Nohe* INF 2006, 232, 233; *Leuering/Simon* NZG 2005, 945, 946). Erst recht erfordert das Gesetz keine individualisierte Offenlegung der Vergütungen von Organen einer Komplementärgesellschaft einer börsennotierten KGaA (Schütz/Bürgers/Riotte KGaA/*Wieneke/Fett* § 10 Rn 109; *Fett/Nohe* INF 2006, 232, 233; Spindler/ Stilz AktG/*Bachmann* Rn 12; aA *Leuering/Simon* NZG 2005, 945, 946).

§ 287 Aufsichtsrat

(1) **Die Beschlüsse der Kommanditaktionäre führt der Aufsichtsrat aus, wenn die Satzung nichts anderes bestimmt.**

(2) ¹In Rechtsstreitigkeiten, die die Gesamtheit der Kommanditaktionäre gegen die persönlich haftenden Gesellschafter oder diese gegen die Gesamtheit der Kommanditaktionäre führen, vertritt der Aufsichtsrat die Kommanditaktionäre, wenn die Hauptversammlung keine besonderen Vertreter gewählt hat. ²Für die Kosten des Rechtsstreits, die den Kommanditaktionären zur Last fallen, haftet die Gesellschaft unbeschadet ihres **Rückgriffs gegen die Kommanditaktionäre.**

(3) **Persönlich haftende Gesellschafter können nicht Aufsichtsratsmitglieder sein.**

Übersicht

	Rn		Rn
I. Allgemeines	1	IV. Inkompatibilität, Abs 3	9
II. Ausführungskompetenz, Abs 1	5	V. Mitbestimmung in der Kommand-	
III. Vertretungskompetenz, Abs 2	7	ditgesellschaft auf Aktien	11

Literatur: Vgl auch Nachweise bei § 278 und *Bayer* Der Anwendungsbereich des Mitbestimmungsgesetzes, ZGR 1977, 173; *Fett* Die Entsendung von Aufsichtsratsmitgliedern bei einer KGaA, BGHReport 2006, 375; *Haase* Die Vorteile der GmbH & Co KGaA in gesellschaftsrechtlicher Sicht, GmbHR 1997, 917; *Herfs* Vereinbarungen zwischen der KGaA und ihren Komplementären, AG 2005, 589; *Joost* Mitbestimmung in der kapitalistischen Kommanditgesellschaft auf Aktien, ZGR 1998, 334; *Kessler* Die Entwicklung des Binnenrechts der KGaA seit BGHZ 134, 392 = NJW 1997, 1923, NZG 2005, 145; *Mertens* Zur Reichweite der Inkompatibilitätsregelung des § 287 Abs 3 AktG, FS Ulmer, 2003, S 419; *Sethe* Aufsichtsratsreform mit Lücken, AG 1996, 289.

I. Allgemeines

1 Die **Stellung** und die **Kompetenzen des AR** werden nach § 278 Abs 3 durch die §§ 95 ff definiert, soweit sich aus dem Fehlen eines Vorstandes und den Spezialregelungen des Zweiten Buches nichts anderes ergibt. § 287 enthält solche Spezialregelungen, indem **Vertretungs- und Ausführungskompetenzen** (Abs 1 u 2) und bes **Inkompatibilitätsregelungen** (Abs 3) statuiert werden. Der AR ist nach heute **hM** auch bei Ausführung der in § 287 Abs 1 und 2 genannten Kompetenzen allein in seiner Eigenschaft als **Organ der Gesellschaft** tätig, nicht dagegen als Organ der Gesamtheit der Kommanditaktionäre (vgl nur KölnKomm AktG/*Mertens/Cahn* Rn 2 mwN zum älteren Schrifttum).

Anders als der AR einer Aktiengesellschaft hat der AR einer KGaA **keine Möglich-** 2
keit, auf die **Besetzung der Geschäftsleitung der KGaA** Einfluss zu nehmen; die Komplementäre sind vielmehr geborene Geschäftsleiter der KGaA. Wegen der fehlenden Personalkompetenz sind die Einflussmöglichkeiten des AR einer KGaA im Vergleich zum AR einer Aktiengesellschaft geringer. Damit verbunden ist, dass auch die HV keinen (über die Besetzung des AR gemittelten) Einfluss auf die Besetzung der Geschäftsführung nehmen kann. Zudem kann der AR weder **Zustimmungsvorbehalte** nach § 111 Abs 4 S 2 einrichten noch eine **Geschäftsordnung** für die Komplementäre aufstellen (Schütz/Bürgers/Riotte KGaA/*Bürgers* § 5 Rn 479 f; KölnKomm AktG/*Mertens/Cahn* Rn 15).

Der AR überwacht die Geschäftsführung der KGaA, §§ 278 Abs 3, 111 Abs 1. Dazu 3
stehen ihm die gleichen **Informationsrechte** wie dem AR einer AG zu (vgl § 283 Rn 8). Der AR kann jederzeit eine HV einberufen, wenn dies zum Wohl der Gesellschaft erforderlich ist, §§ 278 Abs 3, 111 Abs 3 (vgl zum beschränkten Anwendungsbereich der Norm in der Praxis Schütz/Bürgers/Riotte KGaA/*Bürgers* § 5 Rn 487).

Nach iE zutr Ansicht des *BGH* (*BGH* AG 2005, 239 ff) vertritt der **AR die KGaA** 4
rechtsgeschäftlich gegenüber ihren Komplementären. Diese Zuständigkeit gilt auch gegenüber ausgeschiedenen Komplementären. Im Vorfeld der Entsch des *BGH* leitete die **hM** im Schrifttum die Kompetenz des AR zur Vertretung der KGaA gegenüber den Komplementären aus § 278 Abs 3 iVm § 112 ab (GroßKomm AktG/*Assmann/Sethe* Rn 67; *Schlitt* S 178 f; *Kölling* S 178), teilw wurden jedoch abw Satzungsregelungen für zulässig erachtet (*OLG München* AG 1996, 86; MünchHdb AG/*Herfs* § 77 Rn 52) oder ein Nebeneinander der Vertretungskompetenzen des ARes und der Komplementäre angenommen (KölnKomm AktG/*Mertens/Cahn* Rn 19). Nach dogmatisch richtiger Auffassung stünde – aufgrund des auf die Fragen der Vertretung der KGaA anwendbaren Rechts der Kommanditgesellschaft (§ 278 Abs 2) – den Komplementären die Vertretungsbefugnis auch gegenüber Komplementären zu, soweit diese wie Dritte mit der KGaA Geschäfte tätigen (Schütz/Bürgers/Riotte KGaA/*Bürgers* § 5 Rn 496 ff; *Philbert* S 160). Der Auffassung des *BGH* ist jedoch unter der Maßgabe zuzustimmen, dass im Wege einer entspr Anwendung des § 112 aufgrund bestehender Interessenkonflikte von der grds Vertretungsbefugnis der Komplementäre abgewichen wird (vgl § 278 Rn 10; diesen dogmatischen Ansatz befürwortet auch Bachmann FS K. Schmidt 2009, S 41, 54). Ob **abw Regelungen durch die Satzung** möglich sein sollen, insb wenn durch diese die aufgezeigten Interessenkollisionen vermieden werden können, erörtert der *BGH* nicht (befürwortend *Herfs* AG 2005, 589, 592 f und MünchKomm AktG/*Perlitt* Rn 69; abl Spindler/Stilz AktG/*Bachmann* Rn 16). Für die Möglichkeit abw Satzungsregelungen bei gleichzeitiger Interessenwahrung spricht, dass in diesem Fall nicht mehr von einer für eine entspr Anwendung des § 112 erforderlichen Regelungslücke gesprochen werden könnte. Denkbar wäre daher bspw, einen Beirat einzurichten und diesem durch Satzungsbestimmung die Vertretungskompetenz gegenüber den Komplementären zu übertragen (vgl *Herfs* AG 2005, 589, 593; MünchKomm AktG/*Perlitt* Rn 69).

II. Ausführungskompetenz, Abs 1

Beschl der HV werden – soweit die Satzung nichts anderes bestimmt – vom AR aus- 5
geführt (**Abs 1**). Entgegen des weiten Wortlauts bezieht sich die Ausführungskompetenz nur auf Beschl der HV in Angelegenheiten, in denen das **Rechtsverhältnis der**

Kommanditaktionäre zu den Komplementären betroffen wird (vgl KölnKomm AktG/ *Mertens/Cahn* Rn 16). Davon umfasst sind die personengesellschaftsrechtlichen Befugnisse der HV, soweit diesbezüglich eine Umsetzung erforderlich ist. Dies gilt unter anderem für Beschl über den **Antrag auf Entziehung der Geschäftsführungs- und Vertretungsmacht** (§§ 117, 127 HGB), über die **Erhebung einer Ausschließungsklage** (§ 140 HGB), über die **Klage auf Zustimmung zum Jahresabschluss** oder über eine **Klage auf Auflösung** (§ 133 HGB). Demgegenüber ist der AR nicht zuständig für die Ausführung von auf aktienrechtlichen Zuständigkeiten basierenden Beschl der HV (GroßKomm AktG/*Assmann/Sethe* Rn 49).

6   Die Satzung kann **andere Personen** als Ausführungsorgane für die Beschl der HV benennen (Abs 1 S 1). In Betracht kommen zB ein fakultativer **Beirat** oder auch **einzelne Personen** (vgl MünchHdb AG/*Herfs* § 77 Rn 61 ff). Ebenso ist eine Satzungsgestaltung zulässig, die der HV die **Bestimmung** eines Ausführungsorgans für den jeweiligen **Einzelfall** überlässt (GroßKomm AktG/*Assmann/Sethe* Rn 55; KölnKomm AktG/*Mertens/Cahn* Rn 16).

III. Vertretungskompetenz, Abs 2

7   Abs 2 S 1 geht nach seinem Wortlaut von Rechtsstreitigkeiten zwischen der **Gesamtheit der Kommanditaktionäre** einerseits und den **Komplementären** andererseits aus. Entgegen dem historischen Vorstellungsbild des Gesetzgebers, dem die fehlende Rechtsfähigkeit der KGaA zugrunde lag, nimmt die zutr **hM** nunmehr an, dass der Gesamtheit der Kommanditaktionäre die **Parteifähigkeit fehlt** und daher Prozesse nur zwischen der (rechtsfähigen) KGaA einerseits und den Komplementären andererseits möglich sind (KölnKomm AktG/*Mertens/Cahn* Rn 20; GroßKomm AktG/*Assmann/ Sethe* Rn 57 und 62; *Herfs* AG 2005, 589, 591 f; *Kesseler* NZG 2005, 145, 146; K. Schmidt/Lutter AktG/*K. Schmidt* Rn 20; nun auch MünchKomm AktG/*Perlitt* Rn 74 f). Bei Abs 2 S 1 handelt es sich somit allein um eine **Kompetenznorm**, wonach die HV den Beschl über die Klageerhebung fasst und anschließend die KGaA (handelnd **in Prozessstandschaft** für die Gesamtheit der Kommanditaktionäre) **vertreten durch den AR** oder den **gewählten Vertreter** die Klage erhebt (Schütz/Bürgers/Riotte KGaA/*Reger* § 5 Rn 613 ff). Im Prozess bietet sich die **Parteibezeichnung** „Kommanditaktionäre der X-KGaA vertreten durch den AR" an (*Hüffer* AktG Rn 2).

8   Legt man zu Grunde, dass die KGaA **selbst Prozessbeteiligte** ist, so ist die Feststellung ihrer Kostentragungspflicht durch **Abs 2 S 2** deklaratorisch. Dagegen ist der im zweiten HS vorbehaltene Rückgriff gegen die Kommanditaktionäre konstitutiver Natur, freilich sind dessen **Umfang und Voraussetzungen** umstr. In diesem Rückgriffsrecht ist nach zutr Ansicht eine Statuierung der Haftung für eine nicht im Interesse der Gesellschaft liegende Prozessführung zu sehen; damit verbunden ist eine Beschränkung des Rückgriffs auf die Kommanditaktionäre, die durch ihre Stimmabgabe entspr § 826 BGB pflichtwidrig die Interessen der Gesellschaft verletzt haben (KölnKomm AktG/ *Mertens/Cahn* Rn 21; *Sethe* AG 1996, 289, 300; iE nun auch MünchKomm AktG/*Perlitt* Rn 76 f, mit Hinweis auf die damit verbundenen Rechtsunsicherheiten).

IV. Inkompatibilität, Abs 3

9   Komplementäre können nach Abs 3 (unabhängig von den jeweiligen Geschäftsführungs- und Vertretungsbefugnissen) nicht **Mitglieder des AR** sein. Diese Inkompatibi-

lität ist unabhängig von der Art der Bestellung (**Wahl oder Entsendung**) des Aufsichtsratsmitglieds (vgl *BGH* AG 2006, 117, 118). Neben den in Abs 3 genannten bestehen auch die Beschränkungen des § 105 Abs 1 (für **Prokuristen und Handlungsbevollmächtigte**) sowie die Ausschlussgründe des § 100 Abs 1 und 2 (vgl KölnKomm AktG/*Mertens/Cahn* Rn 9).

Bei **Komplementärgesellschaften** erstreckt sich die Inkompatibilität durch analoge Anwendung des Abs 3 auf deren **gesetzliche Vertreter** (Geschäftsführer, Vorstand) und zudem auf die **Gesellschafter**, die auf die Willensbildung der Komplementärgesellschaft **lenkenden Einfluss** im Sinne einer **organähnlichen Leitungsfunktion** nehmen können (*BGH* AG 2006, 117, 118 (Spaten) mit Anm *Fett* BGHReport 2006, 375 f; *OLG München* AG 2004, 151, 153 f; MünchHdb AG/*Herfs* § 77 Rn 45; aA *Mertens* FS Ulmer, S 419, 421 ff; KölnKomm AktG/*Mertens/Cahn* Rn 8; *Hüffer* AktG Rn 4). Eine weitergehende Auffassung erstreckt die Inkompatibilität auf **alle Gesellschafter der Komplementärgesellschaft**, ausgenommen seien nur Bagatellbeteiligungen (GroßKomm AktG/*Assmann/Sethe* Rn 10; Schütz/Bürgers/Riotte KGaA/*Bürgers* § 5 Rn 452 ff). Ausgehend vom **Schutzzweck** des Abs 3, **personelle Trennung zwischen Geschäftsführung und Aufsicht** zu gewährleisten, bedarf es einer Erstreckung auf Personen ohne Einfluss auf die Geschäftsführung jedoch nicht (*BGH* AG 2006, 117, 118 f). Bei konsequenter Anwendung der vom *BGH* aufgestellten Grundsätze ist wg des bestehenden **Weisungsrechts** allenfalls ein **herrschender Gesellschafter** einer Komplementär-GmbH von der Inkompatibilität erfasst, aufgrund der **Weisungsfreiheit** eines Vorstands einer Komplementär-AG (§ 76 Abs 1) jedoch nicht deren (lediglich faktisch) herrschender Aktionär (*Fett* BGHReport 2006, 375, 376; weiter Spindler/Stilz AktG/*Bachmann* Rn 5: bestimmender Einfluss dann, wenn die Voraussetzungen des § 17 erfüllt sind).

10

V. Mitbestimmung in der Kommanditgesellschaft auf Aktien

Eine Mitbestimmung in der KGaA kann sich entweder aus § 1 Abs 1 **Mitbestimmungsgesetz 1976** (bei mehr als 2 000 AN) oder aus § 1 Abs 1 Nr 2 **Drittelbeteiligungsgesetz** (bei weniger als 2 000 aber mehr als 500 AN) ergeben. Da die Rechtsform KGaA weder vom Montanmitbestimmungsgesetz noch vom Montanmitbestimmungsergänzungsgesetz erfasst ist, scheidet eine Mitbestimmung nach diesen Gesetzen aus (KölnKomm AktG/*Mertens/Cahn* Rn 6).

11

Aufgrund der Stellung der Komplementäre als geborene Geschäftsführungsorgane modifiziert das **Mitbestimmungsgesetz** die Regelungen für die KGaA. Zum einen sind nach § 31 Abs 1 S 2 MitbestG die Sonderregeln über die Besetzung der Geschäftsführungsorgane nicht zu beachten; ferner ist nach § 33 Abs 1 S 2 MitbestG **kein Arbeitsdirektor** zu bestellen. Hinsichtlich der Mitbestimmung nach dem **Drittelbeteiligungsgesetz** gelten keine Besonderheiten.

12

Wg der fehlenden Personalkompetenz wirkt sich die Mitbestimmung in der KGaA weit geringer aus als in der Aktiengesellschaft, weshalb in diesem Zusammenhang häufig vom „**Mitbestimmungsprivileg**" der KGaA gesprochen wird (vgl *Haase* GmbHR 1997, 917, 921; *Hennerkes/Lorz* DB 1997, 1388, 1389). Durch **Ausgestaltung der Satzung** ist es iRd Gestaltungsfreiheit allerdings möglich, dem AR zusätzliche Kompetenzen zu übertragen (zB Zustimmung zu außergewöhnlichen Geschäftsfüh-

13

rungsmaßnahmen) oder aber bestimmte Kompetenzen zu entziehen (so zB nach hier vertretener Auffassung die Vertretungskompetenz gegenüber den Komplementären durch Verlagerung auf ein anderes Organ, wie einen Beirat, vgl Rn 4), wodurch mittelbar auch der Umfang der Mitbestimmung verändert werden kann.

14 Für die **Mitbestimmung der Kapitalgesellschaft & Co. Kommanditgesellschaft auf Aktien** gelten dieselben Regeln wie bei KGaA mit natürlichen Personen als Komplementäre. Von der Mitbestimmung auf der Ebene der KGaA zu unterscheiden ist jedoch die **Mitbestimmungspflichtigkeit ihrer Komplementär-Gesellschaft**, insb also die Frage, ob diese der AN der KGaA zugerechnet werden können (Überblick zur Fragestellung: *Otte* S 68 ff). Als solche **Zurechnungsnorm** kommt zunächst der für beteiligungsidentische Kapitalgesellschaft & Co. KG geltende **§ 4 Abs 1 MitbestG** in Betracht (so *Arnold* S 113 ff; *Joost* ZGR 1998, 334, 344 f); die **hM** lehnt wg des Ausnahmecharakters der Norm eine entspr Anwendung auf die KGaA jedoch zu Recht ab (vgl MünchHdb AG/*Herfs* § 77 Rn 59; Schütz/Bürgers/Riotte KGaA/*Hecht* § 5 Rn 532; GroßKomm AktG *Assmann/Sethe* Vor § 287 Rn 14 mwN). Andere wollen **§ 5 Abs 1 MitbestG**, der dem „herrschenden Unternehmen" im Konzern die AN abhängiger Unternehmen zurechnet, auf diesen Fall anwenden (*Bayer* ZGR 1977, 173, 192 f; *Schlitt* S 164). Dagegen wird von der **hM** vorgebracht, dass § 4 Abs 1 MitbestG für derartige Fallkonstellationen eine abschließende Spezialregelung enthalte (so etwa GroßKomm AktG *Assmann/Sethe* Vor § 287 Rn 11; MünchHdb AG/*Herfs* § 77 Rn 59; Schütz/Bürgers/Riotte KGaA/*Hecht* § 5 Rn 532; *Graf* S 225 f; MünchKomm AktG/*Perlitt* § 278 Rn 306). Tatsächlich muss der Gedanke eines mitbestimmten ARs auf der Ebene der Komplementärgesellschaft befremden, da dadurch die Arbeitnehmervertreter höheren Einfluss auf die Geschäftsführung hätten, als die Gesamtheit der Aktionäre (so auch MünchKomm AktG/*Perlitt* § 278 Rn 304). Richtig ist jedenfalls, dass der Gesetzgeber des MitbestG den Fall der Kapitalgesellschaft & Co. KGaA nicht im Blick gehabt hat, da diese Gestaltung erst mit der Entscheidung des *BGH* im Jahre 1997 (*BGHZ* 134, 392 ff) erstmals höchstrichterlich anerkannt wurde. Anders als etwa bei der Einfügung des § 279 Abs 2 hat der Gesetzgeber jedoch auf die neue Gestaltung **nicht reagiert** und dementsprechend bislang auch keine dem § 4 Abs 1 MitbestG vergleichbare Regelung für die KGaA in das MitbestG aufgenommen. Es sprechen daher die besseren Argumente dafür, die mit einer Ausweitung der Mitbestimmung auf die Komplementärgesellschaft einhergehenden weitreichenden Folgen nicht mit vermeintlichen Regelungslücken zu begründen, sondern hier eine **Entscheidung des Gesetzgebers** abzuwarten (so grundsätzlich auch *BGHZ* 134, 392, 400).

§ 288 Entnahmen der persönlich haftenden Gesellschafter. Kreditgewährung

(1) ¹**Entfällt auf einen persönlich haftenden Gesellschafter ein Verlust, der seinen Kapitalanteil übersteigt, so darf er keinen Gewinn auf seinen Kapitalanteil entnehmen.** ²**Er darf ferner keinen solchen Gewinnanteil und kein Geld auf seinen Kapitalanteil entnehmen, solange die Summe aus Bilanzverlust, Einzahlungsverpflichtungen, Verlustanteilen persönlich haftender Gesellschafter und Forderungen aus Krediten an persönlich haftende Gesellschafter und deren Angehörige die Summe aus Gewinnvortrag, Kapital- und Gewinnrücklagen sowie Kapitalanteilen der persönlich haftenden Gesellschafter übersteigt.**

Entnahmen der persönlich haftenden Gesellschafter. Kreditgewährung § 288

(2) ¹Solange die Voraussetzung von Absatz 1 Satz 2 vorliegt, darf die Gesellschaft keinen unter § 286 Abs. 2 Satz 4 fallenden Kredit gewähren. ²Ein trotzdem gewährter Kredit ist ohne Rücksicht auf entgegenstehende Vereinbarungen sofort zurückzugewähren.

(3) ¹Ansprüche persönlich haftender Gesellschafter auf nicht vom Gewinn abhängige Tätigkeitsvergütungen werden durch diese Vorschriften nicht berührt. ²Für eine Herabsetzung solcher Vergütungen gilt § 87 Abs. 2 Satz 1 und 2 sinngemäß.

Übersicht

	Rn		Rn
I. Ergebnisverteilung	1	II. Entnahmesperre	5
1. Allgemeines	1	III. Kreditgewährung, Abs 2	9
2. Gesetzliche Gewinnverteilung	2	IV. Tätigkeitsvergütung, Abs 3	10
3. Verlustverteilung	4		

Literatur: Vgl auch die Nachweise bei § 278.

I. Ergebnisverteilung

1. Allgemeines. Der für die KGaA nach dem herrschenden „**monistischen Ansatz**" 1
aufgestellte Jahresabschluss nach kapitalgesellschaftsrechtlichen Grundsätzen (vgl dazu § 286 Rn 1) bildet die Basis für die Ergebnisverteilung zwischen den Gesellschaftern. Die Ergebnisaufteilung zwischen der Gesamtheit der Kommanditaktionäre und den Komplementären unterliegt dem Recht der KG (§§ 168, 121 Abs 1 und 2 HGB) und ist damit dispositiv. Entspr **Satzungsgestaltungen** sind in der Praxis die Regel.

2. Gesetzliche Gewinnverteilung. Fehlt eine Satzungsregelung hinsichtlich der 2
Gewinnverteilung, so werden aus dem verteilungsfähigen Gewinn zunächst vorab nach §§ 168, 121 Abs 1 HGB die **Kapitalanteile der jeweiligen Komplementäre** (geleistete Sondereinlagen zzgl nicht entnommener Gewinnanteile abzgl abgeschriebener Verlustanteile) einerseits und das **Grundkapital** andererseits mit **jeweils 4% verzinst**, unterjährige Kapitalveränderungen sind dabei nach § 121 Abs 2 HGB zeitanteilig zu berücksichtigen. Der Zinssatz verringert sich entspr, falls der verteilbare Gewinn nicht zur Bedienung der Grundverzinsung ausreicht (KölnKomm AktG/*Mertens/Cahn* Rn 8; *Wichert* S 144 f). Die auf das Grundkapital entfallende Grundverzinsung ist dabei nur ein **Rechnungsposten** zur Ermittlung des auf die Komplementäre entfallenden Gewinnanteils, eine Ausschüttung erfolgt insoweit nicht (GroßKomm AktG/*Assmann/Sethe* Rn 31). Ein die Grundverzinsung übersteigender verteilbarer Gewinn ist nach § 168 Abs 2 HGB in einem „**den Umständen nach angemessenen Verhältnis**" zwischen den jeweiligen Komplementären und der Gesamtheit der Kommanditaktionäre zu verteilen. Bei Bemessung dieses Verhältnisses sind auf Seiten der einzelnen Komplementäre unter anderem die Übernahme der persönlichen Haftung, die Geschäftsführungstätigkeit und der Kapitaleinsatz zu berücksichtigen, wobei eine gewährte Tätigkeits- oder Risikovergütung ebenfalls anzusetzen ist (Schütz/Bürgers/Riotte KGaA/*Riotte/Hansen* § 6 Rn 68). Auf Seiten der Gesamtheit der Kommanditaktionäre fließt allein deren Finanzierungsbeteiligung in die Bemessung ein (KölnKomm AktG/*Mertens/Cahn* Rn 12; MünchKomm AktG/*Perlitt* Rn 15).

Der nach der vorstehenden Bemessung auf die **Gesamtheit der Kommanditaktionäre** 3
entfallende Gewinnanteil ist unter diesen nach aktienrechtlichen Vorschriften zu ver-

Förl/Fett

§ 288 Entnahmen der persönlich haftenden Gesellschafter. Kreditgewährung

teilen (vgl Schütz/Bürgers/Riotte KGaA/*Riotte/Hansen* § 6 Rn 69). Die Verteilung des auf die „**Gruppe der Komplementäre**" entfallenden Gewinnanteils wird im Schrifttum kontrovers diskutiert; vertreten wird dabei eine Pro-Kopf-Aufteilung nach § 722 Abs 1 BGB (*Wichert* S 145 in Fn 86), eine angemessene Verteilung nach § 168 Abs 2 HGB (KölnKomm AktG/*Mertens/Cahn* Rn 13) oder eine Grundverzinsung nach § 168 Abs 1 HGB und anschließende Verteilung nach Angemessenheit nach § 164 Abs 2 HGB (MünchKomm AktG/*Perlitt* Rn 9 und 17 f). IE ist der letzteren Auffassung zuzustimmen, wenn auch mit anderem Ansatz: Denn einen auf die „Gruppe der Komplementäre" entfallenden Gewinn gibt es nicht, vielmehr bezieht sich die Gewinnverteilung nach den oben dargestellten Grundsätzen immer auf die **einzelnen Komplementäre**. Andernfalls wäre es auch schwerlich möglich, das nach § 168 Abs 2 HGB „angemessene Verhältnis" zwischen der Gruppe der Komplementäre und jener der Kommanditaktionäre zu ermitteln, so zB bei negativen Kapitalanteilen einzelner Komplementäre (Saldierung?). Der in der nach § 288 Abs 3 in der Gewinn- und Verlustrechnung anzugebende Gesamtgewinn aller Komplementäre ergibt sich somit durch Addition der einzeln zu ermittelnden Gewinnanteile der Komplementäre.

4 **3. Verlustverteilung.** Die Verteilung des angefallenen Verlustes richtet sich nach § 168 Abs 2 HGB und damit allein nach dem genannten Maßstab der Angemessenheit. **Satzungsbestimmungen**, die die Verlustbeteiligung der Komplementäre begrenzen oder ausschließen, sind zulässig (KölnKomm AktG/*Mertens/Cahn* Rn 17).

II. Entnahmesperre

5 Nach dem dispositiven § 122 Abs 1 HGB ist jeder Komplementär berechtigt, bis zu **4 %** seines für das letzte Geschäftsjahr festgestellten Kapitalanteils unabhängig von der Gewinnsituation der Gesellschaft **zu entnehmen** (HS 1), zudem darf er Auszahlung seines diesen Betrag übersteigenden Gewinnanteils verlangen, soweit dies nicht zum offensichtlichen Schaden der Gesellschaft führt (HS 2). Das Entnahmerecht ist durch die gesellschafterliche Treuepflicht begrenzt (vgl KölnKomm AktG/*Mertens/ Cahn* Rn 27).

6 Der zwingende Abs 1 S 1 untersagt hingegen die Entnahme von Gewinn durch einen Komplementär, dessen Kapitalanteil durch abgeschriebene **Verluste negativ** ist. Dies gilt auch dann, wenn der Kapitalanteil erst durch die Entnahme negativ werden würde (KölnKomm AktG/*Mertens/Cahn* Rn 29). Die Entnahmesperre gilt ihrem Wortlaut nach nicht für die Verzinsung des Kapitalanteils, welche aber bei negativem Kapitalanteil nicht in Betracht kommt. Falls durch die Satzung jedoch Entnahmerechte an Zinsen auf feste Kapitalkonten statuiert werden, gelten für diese die für Gewinnentnahmen bestehenden Entnahmebeschränkungen entspr.

7 Nach Abs 1 S 2 ist unabhängig vom Kapitalanteil des einzelnen Komplementärs die Entnahme auch dann untersagt, wenn die dort beschriebene Bilanzsituation auftritt. In dieser Bilanzsituation sieht der Gesetzgeber eine **Gefährdung der Kapitalbasis** der Gesellschaft, in der die Entnahmesperre eine weitere Kapitalaufzehrung bei der KGaA verhindern soll (vgl Schütz/Bürgers/Riotte KGaA/*Riotte/Hansen* § 6 Rn 102 f).

8 Eine Entnahme unter Missachtung der vorstehenden Grundsätze **begründet eine Rückerstattungspflicht** des betr Komplementärs; die Berufung auf guten Glauben entspr § 62 Abs 1 S 2 ist ihm verwehrt (GroßKomm AktG/*Assmann/Sethe* Rn 55). Zudem können Schadensersatzverpflichtungen nach § 823 Abs 2 BGB bestehen.

III. Kreditgewährung, Abs 2

Für den Fall, dass die in Abs 1 S 2 beschriebene Gefährdung der Kapitalgrundlagen der Gesellschaft vorliegt, untersagt Abs 2 eine Kreditgewährung an Komplementäre oder an diesen nahe stehende Personen (vgl hierzu § 286 Abs 2 S 4), soweit die Kreditgewährung ein Monatsgehalt übersteigen würde (§ 89 Abs 1 S 5). Die **Bagatellgrenze** des § 89 Abs 1 S 5 bezieht sich auf eine evtl Geschäftsführungs- und Haftungsvergütung des betr Komplementärs (KölnKomm AktG/*Mertens/Cahn* § 286 Rn 41), nicht aber auf Gewinnbeteiligungen. **Maßgeblicher Zeitpunkt** ist die Auszahlung der Kreditvaluta (KölnKomm AktG/*Mertens/Cahn* Rn 36). Nach Abs 2 S 2 sind verbotswidrig gewährte Kredite sofort zurückzuzahlen; darüber hinaus kommen Schadensersatzansprüche gegen die handelnden Organmitglieder in Betracht (vgl *Hüffer* AktG Rn 5). Die Beschränkungen des Abs 2 können nicht durch die Satzung abgemildert, wohl aber verschärft werden (GroßKomm AktG/*Assmann/Sethe* Rn 71).

9

IV. Tätigkeitsvergütung, Abs 3

Nicht gewinnabhängige Tätigkeitsvergütungen sind keine Entnahmen iSd Abs 1 und können daher unabhängig von der Gewinn- und Bilanzsituation von der Gesellschaft gezahlt werden (Abs 3 S 1). Jedoch hat der AR nach Abs 3 S 2 iVm § 87 Abs 2 S 1 und 2 das Recht, diese Tätigkeitsvergütungen **angemessen herabzusetzen** (vgl dazu § 87 Rn 13 ff); eine abw Satzungsregelung ist unzulässig (**hM** KölnKomm AktG/*Mertens/Cahn* Rn 41; GroßKomm AktG/*Assmann/Sethe* Rn 92; **aA** *Kallmeyer* ZGR 1983, 57, 74). Wie die Aktiengesellschaft muss auch die KGaA die zurückgehaltenen gewinnunabhängigen Tätigkeitsvergütungen **nicht nachzahlen**, wenn sich die Verhältnisse der KGaA gebessert haben (KölnKomm AktG/*Mertens/Cahn* Rn 43).

10

Von Abs 3 S 2 nicht erfasst werden dagegen nach dem klaren Wortlaut gewinnabhängige Vergütungen (**Tantiemen**) und andere Vergütungen, die nicht für die Tätigkeit des Komplementärs gezahlt werden (zB **Haftungsvergütungen**). Eine Herabsetzung dieser Vergütungen ist dem AR nicht gestattet, eine Ausweitung des Abs 3 S 2 über dessen Wortlaut hinaus ist nach dem Sinn und Zweck der Norm auch nicht geboten (KölnKomm AktG/*Mertens/Cahn* Rn 42; Spindler/Stilz AktG/*Bachmann* Rn 14; **aA** GroßKomm AktG/*Assmann/Sethe* Rn 90).

11

§ 289 Auflösung

(1) Die Gründe für die Auflösung der Kommanditgesellschaft auf Aktien und das Ausscheiden eines von mehreren persönlich haftenden Gesellschaftern aus der Gesellschaft richten sich, soweit in den Absätzen 2 bis 6 nichts anderes bestimmt ist, nach den Vorschriften des Handelsgesetzbuchs über die Kommanditgesellschaft.

(2) Die Kommanditgesellschaft auf Aktien wird auch aufgelöst
1. **mit der Rechtskraft des Beschlusses, durch den die Eröffnung des Insolvenzverfahrens mangels Masse abgelehnt wird;**
2. **mit der Rechtskraft einer Verfügung des Registergerichts, durch welche nach § 399 des Gesetzes über das Verfahren in Familiensachen und in den Angelegenheiten der freiwilligen Gerichtsbarkeit ein Mangel der Satzung festgestellt worden ist;**
3. **durch die Löschung der Gesellschaft wegen Vermögenslosigkeit nach § 394 des Gesetzes über das Verfahren in Familiensachen und in den Angelegenheiten der freiwilligen Gerichtsbarkeit.**

§ 289

(3) ¹Durch die Eröffnung des Insolvenzverfahrens über das Vermögen eines Kommanditaktionärs wird die Gesellschaft nicht aufgelöst. ²Die Gläubiger eines Kommanditaktionärs sind nicht berechtigt, die Gesellschaft zu kündigen.

(4) ¹Für die Kündigung der Gesellschaft durch die Kommanditaktionäre und für ihre Zustimmung zur Auflösung der Gesellschaft ist ein Beschluss der Hauptversammlung nötig. ²Gleiches gilt für den Antrag auf Auflösung der Gesellschaft durch gerichtliche Entscheidung. ³Der Beschluss bedarf einer Mehrheit, die mindestens drei Viertel des bei der Beschlussfassung vertretenen Grundkapitals umfasst. ⁴Die Satzung kann eine größere Kapitalmehrheit und weitere Erfordernisse bestimmen.

(5) Persönlich haftende Gesellschafter können außer durch Ausschließung nur ausscheiden, wenn es die Satzung für zulässig erklärt.

(6) ¹Die Auflösung der Gesellschaft und das Ausscheiden eines persönlich haftenden Gesellschafters ist von allen persönlich haftenden Gesellschaftern zur Eintragung in das Handelsregister anzumelden. ²§ 143 Abs. 3 des Handelsgesetzbuchs gilt sinngemäß. ³In den Fällen des Absatzes 2 hat das Gericht die Auflösung und ihren Grund von Amts wegen einzutragen. ⁴Im Falle des Absatzes 2 Nr. 3 entfällt die Eintragung der Auflösung.

Übersicht

	Rn		Rn
I. Überblick	1	6. Insolvenz eines Kommanditaktionärs, Abs 3	11
II. Auflösung der Kommanditgesellschaft auf Aktien	3	7. Satzungsgestaltung	12
1. Auflösungsgründe des Handelsgesetzbuch	3	III. Ausscheiden eines Komplementärs, Abs 1 und 5	13
2. Auflösungsgründe nach dem AktG, Abs 2	7	1. Allgemeines	13
		2. Gründe für das Ausscheiden	14
3. Auflösung durch Ausscheiden des einzigen Komplementärs	8	3. Auseinandersetzung, Nachhaftung	21
4. Keine Auflösung durch Kündigung der Kommanditaktionäre	9	4. Satzungsgestaltungen	23
5. Beschlussanforderungen, Abs 4	10	IV. Handelsregistererfordernisse, Abs 6	25

Literatur: Vgl auch die Nachweise bei § 278 und *Kallmeyer* Das neue Umwandlungsgesetz, ZIP 1994, 1746; *Mertens* Die Auflösung der KGaA durch Kündigung der Kommanditaktionäre, AG 2004, 333; *Veil* Die Kündigung der KGaA durch persönlich haftende Gesellschafter und Kommanditaktionäre, NZG 2000, 72.

I. Überblick

1 Die Norm betrifft sowohl die **Auflösung der Gesellschaft** (Abs 1–4 und 6) als auch das **Ausscheiden ihrer Komplementäre** (Abs 1, 5 und 6), wobei zunächst in Abs 1 auf die diesbezüglichen Regelungen über die Kommanditgesellschaft (§§ 161 Abs 2, 131 ff HGB) verwiesen wird. Die Regelungen des HGB über die Auflösung der KG und das Ausscheiden der Komplementäre sind durch das HRefG 1998 weitgehend geändert worden; eine entspr Anpassung des § 289 ist jedoch versäumt worden (vgl *Veil* NZG 2000, 72, 73 und unten Rn 13).

2 Die Norm regelt nicht das **Ausscheiden der Kommanditaktionäre**; dieses richtet sich über § 278 Abs 3 allein nach dem Aktienrecht. Wie einem Aktionär einer Aktienge-

sellschaft ist es einem Kommanditaktionär nur durch Veräußerung oder aufgrund Einziehung seiner Aktien (§ 237) möglich, aus der Gesellschaft auszuscheiden.

II. Auflösung der Kommanditgesellschaft auf Aktien

1. Auflösungsgründe des Handelsgesetzbuch. Nach § 131 Abs 1 Nr 1 HGB wird die Gesellschaft zunächst durch Ablauf der in der Satzung vorgesehenen Zeit aufgelöst. Tritt dieser Fall ein, so kann die Gesellschaft nur noch aufgrund eines Fortsetzungsbeschlusses der HV nach § 274 unter Zustimmung der Komplementäre nach § 285 Abs 2 fortgeführt werden (Schütz/Bürgers/Riotte KGaA/*Schulz* § 8 Rn 6). 3

§ 131 Abs 1 Nr 2 HGB sieht eine Auflösung der Gesellschaft durch Beschl der Gesellschafter vor. Erforderlich ist hierfür zunächst ein Beschl der HV mit der durch Abs 4 S 3 und 4 vorgesehenen Mehrheit. Dieser Beschl bedarf der Zustimmung aller Komplementäre (§ 119 Abs 1 HGB), soweit nicht durch die Satzung ein Mehrheitsbeschluss der Komplementäre vorgesehen ist (Schütz/Bürgers/Riotte KGaA/*Schulz* § 8 Rn 13 ff; KölnKomm AktG/*Mertens/Cahn* Rn 14; Spindler/Stilz AktG/*Bachmann* Rn 3; aA GroßKomm AktG/*Assmann/Sethe* Rn 21 ff, die insoweit den Kernbereich der Mitgliedschaft betroffen sehen und demzufolge die Zustimmung aller Komplementäre fordern). 4

Die Eröffnung des Insolvenzverfahrens ist bei der KGaA nach § 131 Abs 1 Nr 3 HGB Auflösungsgrund, dies entspricht § 262 Abs 1 Nr 3. 5

Nach § 131 Abs 1 Nr 4 HGB wird die Gesellschaft durch gerichtliche Entscheidung aufgelöst. Eine solche Entscheidung ergeht aufgrund einer erfolgreichen Auflösungsklage nach § 133 HGB, die das Vorliegen eines **„wichtigen Grundes"** voraussetzt (vgl dazu *Baumbach/Hopt* HGB § 133 Rn 5 ff). Problematisch ist die Beteiligung der **„Gesamtheit der Kommanditaktionäre"** an der Auflösungsklage, da diese nach zutr hM (vgl § 287 Rn 7) keine Parteifähigkeit besitzt. Auch hier ist die Problematik der fehlenden Parteifähigkeit der Gesamtheit der Kommanditaktionäre durch eine Beteiligung der **KGaA, vertreten durch den AR,** zu lösen (K. Schmidt/Lutter AktG/*K. Schmidt* Rn 10; iE ebenfalls für eine Klagemöglichkeit nach § 133 HGB GroßKomm AktG/*Assmann/Sethe* Rn 47 f; MünchHdb AG/*Herfs* § 75 Rn 43; Schütz/Bürgers/Riotte KGaA/*Schulz* § 8 Rn 23; MünchKomm AktG/*Perlitt* Rn 27 f). Nach **aA** kann wg der fehlenden Parteifähigkeit der Gesamtheit der Kommanditaktionäre die Auflösungsklage nach § 133 HGB nur von den Komplementären erhoben werden; der Gesamtheit der Kommanditaktionäre stehe dagegen allein die Möglichkeit offen, einen Auflösungsbeschluss zu fassen und anschließend bei Vorliegen eines wichtigen Grundes die Komplementäre auf Zustimmung zu verklagen (KölnKomm AktG/*Mertens/Cahn* Rn 17; AnwKomm AktG/*Wichert* Rn 7). Insoweit ist jedoch nicht zu erkennen, warum in Bezug auf die Parteifähigkeit die Klage auf Zustimmung qualitativ etwas anderes sein soll als die Klage auf Auflösung. Die hier vertretene Lösung hat zudem den Vorzug, dass sie mit dem Wortlaut des § 289 Abs 4 S 2 vereinbar ist. **Parteien** einer Auflösungsklage nach § 133 HGB sind (unabhängig von der Parteistellung) alle Komplementäre und die KGaA in Prozessstandschaft für die Gesamtheit der Kommanditaktionäre (so auch GroßKomm AktG/*Assmann/Sethe* Rn 46; MünchHdb AG/*Herfs* § 75 Rn 43, **aA** AnwKomm AktG/*Wichert* Rn 6). 6

2. Auflösungsgründe nach dem AktG, Abs 2. Zusätzlich zu den Auflösungsgründen des § 131 Abs 1 HGB nennt Abs 2 weitere Auflösungsgründe, welche § 262 Abs 1 7

Förl/Fett

Nr 4–6 entsprechen. Der Auflösungsgrund des Abs 2 Nr 2 (festgestellter Mangel der Satzung) bezieht sich allein auf **Satzungsmängel nach Aktienrecht**, da das Verfahren nach § **399 FamFG** nur solche Satzungsmängel betrifft. Sind Klauseln der Satzung, die dem Personengesellschaftsrecht unterliegen, fehlerhaft, führt dies nicht zur Auflösung der Gesellschaft (Schütz/Bürgers/Riotte KGaA/*Schulz* § 8 Rn 25).

8 **3. Auflösung durch Ausscheiden des einzigen Komplementärs.** Scheidet der einzige Komplementär ersatzlos aus der Gesellschaft aus, wird diese nach zutr **hM** aufgelöst (MünchKomm AktG/*Perlitt* Rn 143, 177 und 184; KölnKomm AktG/*Mertens/Cahn* Rn 61; Schütz/Bürgers/Riotte KGaA/*Schulz* § 8 Rn 28 ff; aA GroßKomm AktG/*Assmann/Sethe* Rn 147; *Kallmeyer* ZIP 1994, 1746, 1751, die eine automatische Umwandlung in eine AG vorsehen). Enthält die Satzung eine Fortsetzungsklausel, kann die Gesellschaft unter Bestellung eines **Notvertreters** entspr § 29 BGB für eine begrenzte Übergangszeit bis zur Aufnahme eines neuen Komplementärs fortgeführt werden (Schütz/Bürgers/Riotte KGaA/*Schulz* § 8 Rn 28).

9 **4. Keine Auflösung durch Kündigung der Kommanditaktionäre.** In Abs 4 S 1 wird vorausgesetzt, dass den Kommanditaktionären das Recht zusteht, die Gesellschaft zu kündigen. Diese Norm basiert auf § 131 Nr 6 Alt 1 HGB in der Fassung vor dem HRefG 1998. Abw davon führt nunmehr nach § 131 Abs 3 Nr 3 HGB die Kündigung eines Gesellschafters nicht mehr zur Auflösung der Gesellschaft, sondern zu dessen Ausscheiden. Aus Abs 4 ergibt sich, dass das (damalige) Recht zur Kündigung nicht dem einzelnen Kommanditaktionär, sondern allein der Gesamtheit der Kommanditaktionäre zustehen sollte. Bestünde ein Kündigungsrecht der Kommanditaktionäre, so würden nach der neuen Rechtslage mit der Kündigung alle Kommanditaktionäre aus der Gesellschaft ausscheiden, was der in § 278 Abs 1 vorgesehenen Struktur der KGaA widerspräche. Nach zustimmungswürdiger Auffassung ist in der Beibehaltung des Abs 4 S 1 allein ein **Redaktionsversehen** zu sehen und mithin ein **Kündigungsrecht der Gesamtheit der Kommanditaktionäre zu verneinen** (*Veil* NZG 2000, 72, 77; Schütz/Bürgers/Riotte KGaA/*Schulz* § 8 Rn 52; Spindler/Stilz AktG/*Bachmann* Rn 13 f). Hierin ist auch keine unbillige Beeinträchtigung der Rechte der Kommanditaktionäre zu sehen, weil diesen jeweils einzeln die Möglichkeit der Veräußerung der Kommanditaktien zusteht und sie als Gesamtheit bei Vorliegen eines wichtigen Grundes durch Auflösungsklage die Beendigung der Gesellschafterstellung erreichen können (vgl Rn 6). Nach **aA** ist eine Kündigung der Gesamtheit der Kommanditaktionäre mit der Rechtsfolge der Auflösung (*Schlitt* S 232 f; KölnKomm AktG/*Mertens/Cahn* Rn 20; *Mertens* AG 2004, 333, 337 f) bzw der Gesamtrechtsnachfolge der Komplementäre (GroßKomm AktG/*Assmann/Sethe* Rn 75; MünchHdb AG/*Herfs* § 75 Rn 40) möglich. Wg der insoweit ungeklärten Rechtslage ist eine **Satzungsregelung** dringend zu empfehlen. Der Ausgestaltung durch die Satzung kann nicht entgegnet werden, dass es sich bei § 284 Abs 4 S 1 um einen aktienrechtsspezifischen Kündigungsgrund handele (so aber *Mertens* AG 2004, 233, 237 f), denn die Norm betrifft allein die **Abstimmungsmodalitäten innerhalb der HV** (und damit insoweit zwingendes Aktienrecht), nicht aber die Kündigung und Auflösung der Gesellschaft, die sich nach dem dispositiven Recht der Kommanditgesellschaft richten (§ 289 Abs 1, iE ebenso GroßKomm AktG/*Assmann/Sethe* Rn 74).

10 **5. Beschlussanforderungen, Abs 4.** Für den **Beschl der HV** über die Zustimmung zur Auflösung der Gesellschaft und über die Stellung des Antrags auf gerichtliche Auflösung sieht Abs 4 ein Mehrheitserfordernis von mindestens drei Vierteln des vertretenen Grundkapitals vor. Die Satzung kann nach Abs 4 S 4 diese Anforderungen nur verschärfen, nicht aber abschwächen. Da § 285 Abs 1 S 2 für diese Beschlussfassungen keine Stimmverbote aufstellt, sind aktienbesitzende Komplementäre insoweit stimmberechtigt (*Hüffer* AktG Rn 6 aE). Evtl personengesellschaftrechtliche Stimmverbote, so zB des Komplementärs, in dessen Person der wichtige Grund für die Auflösung der Gesellschaft gesehen wird, bleiben jedoch unberührt (GroßKomm AktG/*Assmann/ Sethe* § 285 Rn 42).

6. Insolvenz eines Kommanditaktionärs, Abs 3. Abs 3 S 1 stellt klar, dass die Gesellschaft nicht durch Eröffnung des Insolvenzverfahrens über das Vermögen eines Kommanditaktionärs aufgelöst wird. Abs 3 S 2 schließt die Kündigung durch einen Gläubiger eines Kommanditaktionärs nach § 135 HGB aus. **11**

7. Satzungsgestaltung. Grds unterliegt die Frage der Auflösung der Gesellschaft entspr der Klarstellung in § 289 Abs 1 dem Recht der Kommanditgesellschaft und damit der diesbezüglichen **Gestaltungsfreiheit**. Diese Gestaltungsfreiheit ist jedoch nach § 133 Abs 3 HGB dadurch eingeschränkt, dass die Auflösungsbefugnis aus wichtigem Grund nicht beeinträchtigt werden darf. Zudem darf nach § 289 Abs 4 S 3 und 4 die gesetzliche Kapitalmehrheit für den Beschl der HV nicht durch Satzungsregelung unterschritten werden. Dagegen kann die Satzung weitere **Auflösungsgründe** vorsehen und einzelne Tatbestände als „**wichtige Gründe**" für eine Auflösungsklage festlegen (vgl GroßKomm AktG/*Assmann/Sethe* Rn 52 f). **12**

III. Ausscheiden eines Komplementärs, Abs 1 und 5

1. Allgemeines. Nach dem Wortlaut des Abs 5 ist das Ausscheiden eines Komplementärs nur durch Ausschließung oder aufgrund einer Satzungsregelung möglich. Auch insoweit beruht der Wortlaut auf § 131 HGB aF, wonach mangels abw Satzungsregelung das Ausscheiden eines Komplementärs stets zur Auflösung der Gesellschaft führte, mit Ausnahme der Ausschließung nach § 140 HGB. Abs 5 stellte diesbezüglich klar, dass abw Satzungsregeln möglich sind, die den Fortbestand der Gesellschaft bewirken (dazu KölnKomm AktG/*Mertens/Cahn* Rn 33). Die Änderung der gesetzlichen Ausscheidensgründe nach § 131 Abs 2 HGB ist in Abs 5 nicht nachvollzogen worden. Entgegen seinem missverständlichen Wortlaut ist er nach zutr **hM** derart auszulegen, dass ein Komplementär außer aus den **gesetzlichen Gründen** nur aufgrund einer **Satzungsregelung** ausscheiden kann (GroßKomm AktG/*Assmann/Sethe* Rn 78 ff; Spindler/Stilz AktG/*Bachmann* Rn 20; Schütz/Bürgers/Riotte KGaA/*Schütz/Reger* § 5 Rn 301; *Veil* NZG 2000, 72, 74 ff). **13**

2. Gründe für das Ausscheiden. Nach § 131 Abs 3 Nr 1 HGB scheidet ein Komplementär durch **Tod** aus der Gesellschaft aus. Sein Anteil wächst den übrigen Komplementären an und die Erben erhalten einen (durch die Satzung ausgestaltbaren) Abfindungsanspruch gegen die Gesellschaft (Schütz/Bürgers/Riotte KGaA/*Schütz/Reger* § 5 Rn 302). Auch die **Vollbeendigung** einer Komplementärgesellschaft führt in entspr Anwendung der Norm zu deren Ausscheiden als Komplementärin (KölnKomm AktG/ *Mertens/Cahn* Rn 44). **14**

Nach § 131 Abs 3 Nr 2 HGB führt die **Eröffnung des Insolvenzverfahrens** über das Vermögen eines Komplementärs zu dessen Ausscheiden, der Insolvenzverwalter kann dann den entstehenden Abfindungsanspruch geltend machen. Wird die Eröffnung **15**

Förl/Fett 2113

mangels Masse abgelehnt, können die Gläubiger des Komplementärs die Gesellschaft unter den Voraussetzungen des § 135 HGB mit der Folge des Ausscheidens des betr Komplementärs kündigen (dazu unter Rn 17).

16 Ein Komplementär kann auch aufgrund **eigener Kündigung** nach § 131 Abs 3 Nr 4 HGB aus der Gesellschaft ausscheiden. Diese Kündigung setzt voraus, dass die Gesellschaft für unbestimmte Zeit eingegangen ist, und kann mit einer Frist von 6 Monaten zum Ende eines Geschäftsjahres erfolgen (§ 132 HGB). Dieses ordentliche Kündigungsrecht besteht trotz des Wortlauts des Abs 5 **auch ohne** eine entspr Satzungsregelung (GroßKomm AktG/*Assmann/Sethe* Rn 85).

17 Auch die **Kündigung durch einen Privatgläubiger** des Komplementärs führt zu dessen Ausscheiden (§ 131 Abs 3 Nr 5 HGB). Da die Kündigung die Zwangsvollstreckung in den **Abfindungsanspruch des Komplementärs** ermöglichen soll, setzt die Kündigung voraus, dass ein solcher auch tatsächlich besteht. Bei nicht kapitalistisch beteiligten Komplementären ist dies in der Regel nicht der Fall.

18 Die **Satzung** kann weitere Fälle bestimmen, in denen Komplementäre aus der Gesellschaft ausscheiden (§ 131 Abs 3 Nr 6 HGB). Denkbar ist insoweit eine Befristung oder auflösende Bedingung für die Stellung von Komplementären, insb wenn deren Position der von Fremdgeschäftsführern angenähert ist (vgl Schütz/Bürgers/Riotte KGaA/ *Schütz/Reger* § 5 Rn 318 f). Dabei darf aber das Ausscheiden der Komplementäre nicht in das Belieben der anderen Gesellschafter gestellt werden, insoweit gelten die Grenzen, die hinsichtlich von **„Hinauskündigungsklauseln"** entwickelt worden sind (vgl KölnKomm AktG/*Mertens/Cahn* Rn 55; zu den Kriterien nach Personengesellschaftsrecht etwa *Baumbach/Hopt* HGB § 140 Rn 30 ff).

19 Nach § 131 Abs 3 Nr 6 HGB kann auch ein entspr **Beschl der Gesellschafter** zum Ausscheiden eines Komplementärs führen. Dieser Beschl muss von allen Komplementären **einstimmig**, also unter Zustimmung des ausscheidenden Komplementärs, und der HV gefasst werden (GroßKomm AktG/*Assmann/Sethe* Rn 113). Anders als sich Abs 5 ggf entnehmen ließe, bedarf es keiner ausdrücklichen Satzungsbestimmung, um nach § 131 Abs 3 Nr 6 HGB verfahren zu können (GroßKomm AktG/*Assmann/Sethe* Rn 113; KölnKomm AktG/*Mertens/Cahn* Rn 56; MünchKomm AktG/*Perlitt* Rn 107; **aA** *Krafka/Kühn/Willer* Registerrecht Rn 1781).

20 Eine erfolgreiche **Ausschließungsklage** nach § 140 HGB führt ebenfalls zum Ausscheiden des unterlegenen Komplementärs. Voraussetzung ist, dass in der Person des Komplementärs ein **wichtiger Grund** vorliegt, der die anderen Gesellschafter auch zur Auflösungsklage ermächtigen würde (zu den einzelnen Gründen vgl Schütz/Bürgers/Riotte KGaA/*Schütz/Reger* § 5 Rn 329 f). Eine **Komplementärgesellschaft** muss sich dabei das Verhalten ihrer Geschäftsführungsorgane zurechnen lassen, und kann auch deshalb ausgeschlossen werden (KölnKomm AktG/*Mertens/Cahn* Rn 58; Schütz/Bürgers/Riotte KGaA/*Schütz/Reger* § 5 Rn 329), ein sog „Abberufungsdurchgriff" kommt hingegen nicht in Betracht (vgl dazu § 278 Rn 50). **Parteien** der Ausschließungsklage sind der beklagte Komplementär einerseits und die anderen Komplementäre sowie die KGaA in Prozessstandschaft für die Gesamtheit der Kommanditaktionäre andererseits.

21 **3. Auseinandersetzung, Nachhaftung.** Nach § 278 Abs 2 iVm §§ 161 Abs 2, 105 Abs 3 HGB gelten mangels abw Satzungsregelung für die Auseinandersetzung mit dem ausscheidenden Komplementär die §§ 738–740 BGB (vgl MünchKomm AktG/*Perlitt*

Rn 189 ff; Schütz/Bürgers/Riotte KGaA/*Schütz/Reger* § 5 Rn 333 ff); Anspruchsgegner ist die KGaA selbst (KölnKomm AktG/*Mertens/Cahn* Rn 67).

Der ausscheidende Komplementär haftet für die bis zu seinem Ausscheiden begründeten Verbindlichkeiten nach § 160 HGB begrenzt auf die Dauer von 5 Jahren (vgl zur persönlichen Haftung § 278 Rn 20 ff). 22

4. Satzungsgestaltungen. Neben der Möglichkeit, in der Satzung weitere **Gründe für das Ausscheiden** eines Komplementärs (vgl Rn 18) und dessen **Modalitäten und Voraussetzungen** (vgl dazu und zu den Gestaltungsgrenzen GroßKomm AktG/*Assmann/Sethe* Rn 94 ff) festzusetzen, können durch die Satzung insb Regelungen über die **Rechtsfolgen des Todes eines Komplementärs** (vgl dazu Rn 24 f), über die **Auseinandersetzung** (vgl Schütz/Bürgers/Riotte KGaA/*Schütz/Reger* § 5 Rn 343) sowie über die **Übertragung der Komplementärbeteiligung** (vgl GroßKomm AktG/*Assmann/Sethe* Rn 114 ff; Schütz/Bürgers/Riotte KGaA/*Schütz/Reger* § 5 Rn 324 f) getroffen werden. 23

Enthält die Satzung eine entspr Regelung, können die **Erben** (jeweils einzeln, einfache Nachfolgeklausel) oder kann ein Erbe (qualifizierte Nachfolgeklausel) im Wege der **Sondererbfolge** direkt in die Komplementärstellung einrücken, ohne dass der Anteil in den Nachlass fällt; die Situation entspricht der des Personengesellschaftsrechts (vgl nur KölnKomm AktG/*Mertens/Cahn* Rn 37). Die Erben können auch das Recht aus § 139 HGB (über § 278 Abs 2 iVm § 161 Abs 2 HGB) ausüben, also von den übrigen Gesellschaftern erbitten, dass sie im Wege der Sachkapitalerhöhung unter Ausschluss des Bezugsrechts der übrigen Kommanditaktionäre gegen Einlage des Abfindungsanspruchs Kommanditaktien erhalten (GroßKomm AktG/*Assmann/Sethe* Rn 123); ein Anspruch auf die Aktiengewährung besteht allerdings nicht (KölnKomm AktG/*Mertens/Cahn* Rn 39; *Wichert* S 201). Lehnen die HV bzw die übrigen Komplementäre das Ansinnen der Erben ab, können diese fristlos aus der Gesellschaft ausscheiden und ihren jeweiligen Auseinandersetzungsanspruch geltend machen (GroßKomm AktG/*Assmann/Sethe* Rn 126), soweit der verstorbene Komplementär eine Sondereinlage geleistet hat (auch nur insoweit kommt eine Umwandlung in Kommanditaktien in Betracht, vgl nur KölnKomm AktG/*Mertens/Cahn* Rn 40). 24

IV. Handelsregistererfordernisse, Abs 6

Nach Abs 6 sind die **Auflösung** der Gesellschaft sowie das **Ausscheiden** eines Komplementärs von allen Komplementären (also auch dem ausscheidenden) **zur Eintragung im HR anzumelden**, einer Mitwirkung der Erben eines verstorbenen Komplementärs bedarf es unter den Voraussetzungen des § 143 Abs 3 HGB nicht. Ist die Zustimmung der Komplementäre zu einem HV-Beschluss im Zusammenhang mit der Auflösung oder dem Ausscheiden eines Komplementärs erforderlich, so ist diese in der Verhandlungsniederschrift oder einem Anhang zur Niederschrift zu beurkunden (§ 285 Abs 3, vgl dazu § 285 Rn 14). 25

Die Auflösung der Gesellschaft und das Ausscheiden von Komplementären sind bereits mit dem durch Gesetz oder Satzung vorgesehenen Zeitpunkt und **nicht** erst mit Eintragung im HR wirksam; eine unterbliebene Eintragung kann jedoch den Publizitätswirkungen des § 15 Abs 1 HGB unterliegen (MünchKomm AktG/*Perlitt* Rn 111, 187; GroßKomm AktG/*Assmann/Sethe* Rn 180 f; Spindler/Stilz AktG/*Bach-* 26 *mann* Rn 33; **aA** KölnKomm AktG/*Mertens/Cahn* Rn 65; *Cahn* AG 2001, 579, 583 ff; dagegen wiederum Schütz/Bürgers/Riotte KGaA/*Fett* § 3 Rn 24 ff).

27 Bei der Auflösung nach Abs 2 erfolgt in den Fällen Nr 1 und 2 die Eintragung **von Amts wegen**, im Fall der Nr 3 ist diese gegenstandslos.

§ 290 Abwicklung

(1) **Die Abwicklung besorgen alle persönlich haftenden Gesellschafter und eine oder mehrere von der Hauptversammlung gewählte Personen als Abwickler, wenn die Satzung nichts anderes bestimmt.**

(2) **Die Bestellung oder Abberufung von Abwicklern durch das Gericht kann auch jeder persönlich haftende Gesellschafter beantragen.**

(3) ¹**Ist die Gesellschaft durch Löschung wegen Vermögenslosigkeit aufgelöst, so findet eine Abwicklung nur statt, wenn sich nach der Löschung herausstellt, dass Vermögen vorhanden ist, das der Verteilung unterliegt.** ²**Die Abwickler sind auf Antrag eines Beteiligten durch das Gericht zu ernennen.**

Übersicht

	Rn		Rn
I. Abwicklung und Vermögensverteilung	1	II. Abwickler, Abs 1 und 2	3
		III. Nachtragsliquidation, Abs 3	5

Literatur: Vgl auch die Nachweise bei § 278 und *Sethe* Die Satzungsautonomie in Bezug auf die Liquidation einer KGaA, ZIP 1998, 1138.

I. Abwicklung und Vermögensverteilung

1 Die KGaA wird nach Auflösung gem §§ 278 Abs 3, 264 abgewickelt; § 290 enthält die **Sonderbestimmungen** hierzu. Abw vom Recht der Aktiengesellschaft erfolgt die **Verteilung des Vermögens** der KGaA zwischen den Gesellschaftergruppen nicht nach § 271, sondern über § 278 Abs 2 nach den Bestimmungen über die Kommanditgesellschaft (§ 155 HGB) bzw entspr einer evtl Regelung durch die Satzung (zu den Möglichkeiten der Satzungsgestaltung *Sethe* ZIP 1998, 1138 ff). Aus diesem Grund und wg der ohnehin bestehenden persönlichen Haftung des Komplementärs ist auch die Jahresfrist des § 272 nicht auf die **Verteilung des Auseinandersetzungsguthabens der Komplementäre** anzuwenden (wie hier MünchKomm AktG/*Perlitt* Rn 8; *Schlitt* S 234 f; Schütz/Bürgers/Riotte KGaA/*Schulz* § 8 Rn 67; Spindler/Stilz AktG/*Bachmann* Rn 8; **aA** GroßKomm AktG/*Assmann/Sethe* Rn 27 ff; KölnKomm AktG/*Mertens/Cahn* Rn 3). Mit dem vorgebrachten Argument, die persönliche Haftung der Komplementäre sei wg der Konkurrenz der Gläubiger der KGaA mit den persönlichen Gläubigern der Komplementäre kein Ausgleich (so etwa KölnKomm AktG/ *Mertens/Cahn* Rn 3), wird die Sondereinlage quasi durch die Hintertür den Kapitalerhaltungsvorschriften unterworfen; anders als das von den Kommanditaktionären aufgebrachte Grundkapital unterliegt die von den Komplementären (freiwillig) erbrachte Sondereinlage aber gerade nicht dem strengen Kapitalerhaltungsregime des AktG (so auch Schütz/Bürgers/Riotte KGaA/*Schulz* § 8 Rn 67). Die **Verteilung zwischen den Kommanditaktionären** richtet sich demgegenüber allein nach § 271 (vgl dazu KölnKomm AktG/*Mertens/Cahn* Rn 2).

Eine aufgelöste KGaA kann nach §§ 278 Abs 3, 274 fortgesetzt werden, wenn mit der Verteilung des Gesellschaftsvermögens **an die Kommanditaktionäre** noch nicht begonnen wurde; eine Verteilung **an die Komplementäre** ist hingegen unproblematisch (so iE wohl auch KölnKomm AktG/*Mertens/Cahn* Rn 4), da die Sondereinlage nicht den Kapitalerhaltungsvorschriften unterliegt. Der Fortsetzungsbeschluss bedarf nach § 285 Abs 2 der Zustimmung der Komplementäre. 2

II. Abwickler, Abs 1 und 2

Abs 1 bestimmt als Abwickler mangels abw Satzungsregelung **alle Komplementäre** und einen oder mehrere **von der HV gewählte Personen**. Ein HV-Beschluss zur Bestellung weiterer Abwickler bedarf nicht der Zustimmung der Komplementäre, weil dieser allein der Wahrnehmung von **Aktionärsinteressen** dienen soll. Die Satzung kann die Abwicklung auch einseitig den persönlich haftenden Gesellschaftern oder allein einem Vertreter der Kommanditaktionäre zuweisen (*Sethe* ZIP 1998, 1138, 1140). 3

Nach § 265 Abs 3 können auf Antrag des AR oder einer qualifizierten Minderheit der Kommanditaktionäre Abwickler **gerichtlich bestellt oder abberufen** werden. Dieses Recht wird durch Abs 2 unabdingbar auch den Komplementären eingeräumt, wobei § 265 Abs 3 S 2 keine Anwendung findet (MünchKomm AktG/*Perlitt* Rn 21). Jeweils erforderlich ist ein wichtiger Grund für die Bestellung oder Abberufung (§ 265 Abs 3 S 1). Das Amtsgericht des Gesellschaftssitzes entscheidet im Verfahren nach § 375 Nr 1 FamFG iVm §§ 146, 147 HGB. 4

III. Nachtragsliquidation, Abs 3

Wird die Gesellschaft wg Vermögenslosigkeit nach § 289 Abs 3 Nr 3 aufgelöst, so findet mangels verteilbaren Vermögens keine Abwicklung statt (GroßKomm AktG/*Assmann/Sethe* Rn 47). Stellt sich jedoch nachträglich heraus, dass verteilbares Vermögen vorliegt, wird die Nachtragsliquidation nach Abs 3 durchgeführt, die Norm entspricht § 264 Abs 2 S 1. 5

Drittes Buch
Verbundene Unternehmen

Erster Teil
Unternehmensverträge

Erster Abschnitt
Arten von Unternehmensverträgen

§ 291 Beherrschungsvertrag. Gewinnabführungsvertrag

(1) [1]Unternehmensverträge sind Verträge, durch die eine Aktiengesellschaft oder Kommanditgesellschaft auf Aktien die Leitung ihrer Gesellschaft einem anderen Unternehmen unterstellt (Beherrschungsvertrag) oder sich verpflichtet, ihren ganzen Gewinn an ein anderes Unternehmen abzuführen (Gewinnabführungsvertrag). [2]Als Vertrag über die Abführung des ganzen Gewinns gilt auch ein Vertrag, durch den eine

§ 291 Beherrschungsvertrag. Gewinnabführungsvertrag

Aktiengesellschaft oder Kommanditgesellschaft auf Aktien es übernimmt, ihr Unternehmen für Rechnung eines anderen Unternehmens zu führen.

(2) Stellen sich Unternehmen, die voneinander nicht abhängig sind, durch Vertrag unter einheitliche Leitung, ohne dass dadurch eines von ihnen von einem anderen vertragschließenden Unternehmen abhängig wird, so ist dieser Vertrag kein Beherrschungsvertrag.

(3) Leistungen der Gesellschaft bei Bestehen eines Beherrschungs- oder eines Gewinnabführungsvertrags gelten nicht als Verstoß gegen die §§ 57, 58 und 60.

Übersicht

	Rn
I. Systematische Stellung, Gegenstand der Regelung	
1. Systematische Stellung der Vorschrift	1
2. Gegenstand der Regelung	2
II. Vertragsparteien bei den Verträgen nach Abs 1	3
1. Untergesellschaft	3
a) Aktiengesellschaft oder Kommanditgesellschaft auf Aktien mit Sitz im Inland	3
b) Gesellschaften anderer Rechtsform	4
2. Obergesellschaft	5
III. Beherrschungsvertrag, Abs 1 S 1 Alt 1	6
1. Begriff, Inhalt, Anwendungsbereich	6
a) Mindestinhalt	6
b) Ausschluss des Weisungsrechts als Vertragsinhalt?	7
c) Weitere Vertragsbestandteile	8
d) Anwendungsbereich	9
2. Rechtsnatur	10
a) Organisationsverträge	10
b) Folgerungen	11
3. Atypische Beherrschungsverträge?	12
4. Sonderformen	13
a) Teilbeherrschungsvertrag	13
b) Mehrmütter-Beherrschungsvertrag	14
5. Fehlerhafte Beherrschungsverträge	15
IV. Gewinnabführungsvertrag, Abs 1 S 1 Alt 2	16
1. Begriff	16

	Rn
2. „Ganzer Gewinn"; Zeitpunkt	17
3. Isolierter Gewinnabführungsvertrag	18
4. Verlustübernahmevertrag	19
5. Gewinnabführungsvertrag zugunsten Dritter	20
6. Verdeckte Gewinnabführungsverträge	21
7. Gewinnabführung zugunsten mehrerer	22
V. Geschäftsführungsvertrag, Abs 1 S 2	23
1. Allgemeines	23
2. Vertragsinhalt	24
a) „Ganzes Unternehmen"	24
b) Unentgeltlichkeit	25
3. Abgrenzungsfragen	26
4. Rechtsfolgen	27
a) Allgemeines	27
b) Anzuwendende Vorschriften	28
VI. Gleichordnungskonzernvertrag, Abs 2	29
1. Allgemeines	29
2. Voraussetzungen und Rechtsfolgen	30
3. Nachteilige Weisungen	31
VII. Kein Verstoß gegen die Vermögensbindung, Abs 3	32
1. Allgemeines	32
2. Kein Ausschluss von § 76 Abs 1	33
VIII. Steuerliche Hinweise	34
1. Allgemeines	34
2. Organgesellschaft	35
3. Organträger	36
4. Finanzielle Eingliederung	37
5. Gewinnabführungsvertrag	38

Beherrschungsvertrag. Gewinnabführungsvertrag § 291

Literatur: *Burwitz* Organschaft – Fallstricke in der Praxis, NZG 2012, 934; *Cahn/Simon* Isolierte Gewinnabführungsverträge, Der Konzern 2003, 1; *Däubler* Ausklammerung sozialer und personeller Angelegenheiten aus einem Beherrschungsvertrag?, NZG 2005, 617; *Götz* Der Entherrschungsvertrag im Aktienrecht, 1991; *Ederle* Verdeckte Beherrschungsverträge, Diss Tübingen, 2009; *Grewer* Rückwirkung von Ergebnisabführungsverträgen, DStR 1997, 745; *Grunewald* Auslegung von Unternehmens- und Umwandlungsverträgen, ZGR 2009, 647; *Hennrichs* Gewinnabführung und Verlustausgleich im Vertragskonzern, ZHR 174 (2010), 683; *Hirte/Schall* Zum faktischen Beherrschungsvertrag, Der Konzern 2006, 243; *Huber* Betriebsführungsverträge zwischen selbstständigen Unternehmen, ZHR 152 (1988), 1; *ders* Betriebsführungsverträge zwischen konzernverbundenen Unternehmen, ZHR 152 (1988), 123; *Kort* Anwendung der Grundsätze der fehlerhaften Gesellschaft auf einen „verdeckten" Beherrschungsvertrag?, NZG 2009, 364; *Lieder* Zustimmungsvorbehalte des Aufsichtsrats nach neuer Rechtslage, DB 2004, 2251; *Lutter/Drygala* Grenzen der Personalverflechtung und Haftung im Gleichordnungskonzern, ZGR 1995, 557; *Luttermann* Angemessene Entschädigung von außenstehenden Aktionären bei faktischem Vollzug eines angefochtenen Unternehmensvertrages, JZ 2005, 201; *H.-P. Müller* Zur Gewinn- und Verlustermittlung bei aktienrechtlichen Gewinnabführungsverträgen, FS Goerdeler, 1987, S 100; *Neumayer/Imschweiler* Aktuelle Rechtsfragen zur Gestaltung und Durchführung von Gewinnabführungsverträgen, GmbHR 2011, 57; *Prinz* Droht in Deutschland ein zigfaches Scheitern steuerlicher Organschaften?, Update zum Beitrag von Rödder in DStR 2010, 1218, DStR 2010, 1512; *Pyszka* Organschaft: Verlängerung der Mindestlaufzeit eines Gewinnabführungsvertrages durch Rumpfwirtschaftsjahre, GmbHR 2011, 1030; *Rödder* Droht in Deutschland ein zigfaches Scheitern von steuerlichen Organschaften?, DStR 2010, 1218; *Schaber/Hertstein* Zur Rückwirkung eines Gewinnabführungsvertrages aus gesellschaftsrechtlicher und handelsbilanzieller Sicht, Der Konzern 2004, 6; *Scheifele/Hörner* Neue formale Anforderungen an die Regelung der Verlustübernahmepflicht in Gewinnabführungsverträgen, DStR 2013, 553; *Schürnbrand* „Verdeckte" und „atypische" Beherrschungsverträge im Aktien- und GmbH-Recht, ZHR 169 (2005), 35; *van Venrooy* Weisungen im Rahmen von Geschäftsführungs- und Gewinnabführungsverträgen, DB 1981, 675.

I. Systematische Stellung, Gegenstand der Regelung

1. Systematische Stellung der Vorschrift. Das mit § 291 beginnende Dritte Buch regelt das Recht der verbundenen Unternehmen (zur Terminologie *Hüffer* AktG § 15 Rn 2), wobei der 1. Teil (§§ 291–307) und der 1. Abschnitt des 2. Teils (§§ 308–310) dem Vertragskonzern gewidmet sind. Hierin behandeln §§ 291–299 allg die Unternehmensverträge, §§ 300–310 die Vertragskonzerne. Der 2. Abschnitt des 2. Teils (§§ 311–18) befasst sich mit dem vertragslosen Konzern, der 3. Teil (§§ 319–327) mit der Eingliederung, der 4. Teil (§§ 327a–327f) mit dem Squeeze-out (Ausschluss von Minderheitsaktionären) und der 5. Teil (§ 328) mit wechselseitig beteiligten Unternehmen. Zusammen mit den Regelungen der §§ 15–22 ergibt sich ein im Wesentlichen geschlossenes Regelungsgeflecht für Konzerne unter Beteiligung von AG.

Die Bezeichnung „Unternehmensvertrag" ist ein Oberbegriff. § 291 definiert die beiden organisationsrechtlichen Formen von Unternehmensverträgen, nämlich den Beherrschungs- und den Gewinnabführungsvertrag (Abs 1 S 1) sowie den Geschäftsführungsvertrag (Abs 1 S 2), während § 292 die „anderen Unternehmensverträge" mit eher schuldrechtlichem Charakter, nämlich Gewinngemeinschafts-, Teilgewinnabführungs-, Betriebspacht- und Betriebsüberlassungsverträge definiert. Abs 3 und § 292 Abs 3 regeln jeweils das Verhältnis der Verträge zu den Vermögensbindungsregeln der §§ 57, 58 und 60. Abschluss, Änderung und Aufhebung der Unternehmensverträge

§ 291 Beherrschungsvertrag. Gewinnabführungsvertrag

sind in §§ 293–299, Sicherungen für Gesellschaft und Gläubiger in §§ 300–303 und für außenstehende Aktionäre in §§ 304–307 enthalten.

2. Gegenstand der Regelung. In Abs 1 S 1 werden Beherrschungsvertrag und Gewinnabführungsvertrag definiert, in Abs 1 S 2 wird fingiert, dass auch ein Geschäftsführungsvertrag als Gewinnabführungsvertrag anzusehen ist. Abs 2 stellt klar, dass die vertragliche Unterstellung zweier Unternehmen unter die einheitliche Leitung eines Dritten *per se* keinen Beherrschungsvertrag darstellt, wenn durch diesen Vertrag keine Abhängigkeit entsteht. Abs 3 schließt die Anwendbarkeit der Regeln über die verbotene Einlagenrückgewähr (§ 57), die Verwendung des Jahresüberschusses (§ 58) und die sonst geltenden Gewinnverteilungsgrundsätze (§ 60) für die Unternehmensverträge des § 291 aus und hebt damit die aktienrechtliche Vermögensbindung auf. Abs 3 wurde durch das MoMiG vom 23.10.2008 mit Wirkung zum 1.11.2008 geringfügig geändert.

II. Vertragsparteien bei den Verträgen nach Abs 1

1. Untergesellschaft. – a) Aktiengesellschaft oder Kommanditgesellschaft auf Aktien mit Sitz im Inland. Die Bestimmung ist anzuwenden auf eine AG oder eine KGaA als beherrschter oder abführungsverpflichteter (zur Erbringung der vertragstypischen Leistung verpflichteter) Gesellschaft („Untergesellschaft") mit Sitz im Inland (*BGH* NZG 2005, 214, 215 lSp; *Emmerich/Habersack* Aktien- und GmbH-KonzernR Rn 34 ff).

b) Gesellschaften anderer Rechtsform. Für die **GmbH** als Untergesellschaft werden die Vorschriften des Aktienkonzernrechts im Wesentlichen analog herangezogen (*BGHZ* 105, 324, 330 f; *Emmerich/Habersack* Aktien- und GmbH-KonzernR Rn 41 ff, 66 und vor § 291 Rn 6 ff). **Personengesellschaften** als vertraglich beherrschte Unternehmen kommen eher selten, Gewinnabführungsverträge mit diesen gar nicht vor, weil §§ 14, 17 KStG (steuerliche Organschaft, s Rn 34 ff) nur für Kapitalgesellschaften Bedeutung haben; die analoge Anwendung der Konzernvorschriften ist hier höchst streitig (vgl zum Meinungsstand MünchKomm AktG/*Altmeppen* Rn 18, 19; *Emmerich* aaO Rn 10 ff). Jedenfalls können Gewinnabführungsverträge mit einer GmbH & Co. KG als Untergesellschaft nicht ins HR eingetragen werden (*OLG München* GmbHR 2011, 376). Zur **Unternehmergesellschaft** (haftungsbeschränkt) vgl *Rübel* GmbHR 2010, 470.

2. Obergesellschaft. Das Gesetz spricht in § 291 von einem **„anderen Unternehmen"**, während § 292 Abs 1 Nr 2 und 3 (Teilgewinnabführungs-, Betriebspacht- und Betriebsüberlassungsvertrag) als Obergesellschaft **nicht** ein „Unternehmen" verlangen („ein anderer"). Der Begriff des Unternehmens entspricht dem in § 15 (**allgM**), s dort Rn 6 ff. Sog „Privataktionäre" sind daher vom Anwendungsbereich der Vorschrift ausgeschlossen (KölnKomm AktG/*Koppensteiner* Rn 8; krit hierzu MünchKomm AktG/ *Altmeppen* Rn 4–10). Unternehmensverträge mit Nicht-Unternehmen sind zwar nichtig, aber es sind die Regeln über die fehlerhafte Gesellschaft anzuwenden (*Emmerich/ Habersack* Aktien- und GmbH-KonzernR Rn 9a f; *Altmeppen* aaO Rn 11–14). Für **Genossenschaften**, **Vereine** und **Stiftungen** vgl *Emmerich* aaO vor § 291 Rn 13 ff, für **Anstalten des öffentlichen Rechts** vgl *Hüffer* AktG Rn 7 jeweils mwN.

Ausländische Unternehmen sind uneingeschränkt taugliche Obergesellschaften bei Unternehmensverträgen (**hM** vgl *Koppensteiner* aaO vor § 291 Rn 183 f mwN).

III. Beherrschungsvertrag, Abs 1 S 1 Alt 1

1. Begriff, Inhalt, Anwendungsbereich. – a) Mindestinhalt. Als Mindestinhalt muss 6
die Gesellschaft unter die Leitung eines anderen Unternehmens gestellt werden.
„**Leitung**" umfasst nach Maßgabe von § 76 im Wesentlichen die Vorstandsfunktionen, die aufgrund des Beherrschungsvertrags überlagert werden, während die Zuständigkeiten von HV und AR nur in geringem Umfang modifiziert werden (hM vgl zB *Emmerich/Habersack* Aktien- und GmbH-KonzernR Rn 11 ff). Da §§ 76, 77 zwischen „Leitung" und „Geschäftsführung" differenzieren und Abs 1 S 1 nur von „Leitung" spricht, werden nur die **herausgehobenen Leitungsfunktionen** (andere Formulierung: „wesentliche unternehmerische Bereiche") wie Unternehmensplanung, -koordination, -kontrolle und Besetzung von Führungskräften als Mindestinhalte eines Beherrschungsvertrags angesehen, die auch nicht sämtlich erfasst sein müssen *(OLG Schleswig* NZG 2008, 868, 869; *Hüffer* AktG Rn 10; *Emmerich* aaO Rn 13; *Schürnbrand* ZHR 169 (2005), 35, 42). Der Beherrschungsvertrag begründet für das herrschende Unternehmen das Recht, eine das Konzernganze umfassende unternehmerische Zielkonzeption zu entwickeln, zu verfolgen und ggf durch Ausübung von (auch für das Unternehmen nachteiligen) Weisungen durchzusetzen (*BGHZ* 103, 1, 6 = NJW 1988, 1326, 1327; *Hirte/Schall* Der Konzern 2006, 243, 244; s auch *Däubler* NZG 2005, 617; zum Weisungsrecht s § 308 Rn 1 ff). Bei mehrstufigen Unternehmensverbindungen erlauben Beherrschungsverträge, die zwischen Mutter und Tochter und zwischen Mutter und Enkelgesellschaft bestehen, unmittelbare Weisungen der Mutter an den Vorstand der Enkelgesellschaft (*Spindler/Stilz* AktG/*Veil* Rn 29 f). Solange und soweit das herrschende Unternehmen von seiner Herrschaftsbefugnis nicht Gebrauch macht, verbleiben die Vorstandsrechte und -pflichten unvermindert bei der Untergesellschaft erhalten (MünchKomm AktG/*Altmeppen* Rn 77); sie ist bei deren Ausübung jedoch zu konzernfreundlichem Verhalten verpflichtet (K. Schmidt/Lutter AktG/*Langenbucher* § 308 Rn 42).

b) Ausschluss des Weisungsrechts als Vertragsinhalt? Von einem Teil der Literatur 7
wird vertreten, dass es auch Beherrschungsverträge geben könne, bei denen das Weisungsrecht oder die Bindungswirkung von Weisungen ausgeschlossen oder auf für die Obergesellschaft existenzielle Fragen beschränkt werden (MünchKomm AktG/*Altmeppen* Rn 94 ff; *Ederle* S 164 ff). Es gebe keine schutzwürdigen Interessen, die dagegen sprächen; die Vertragsfreiheit könne es daher nicht verbieten (*Altmeppen* aaO Fn 98 f). Ziel eines solchen „konsensualen Beherrschungsvertrags" soll der Ausschluss der Geltung der §§ 311 ff und der Kapitalbindungsregeln gem Abs 3 sein. Allerdings ist kein Bedürfnis hierfür erkennbar, da das herrschende Unternehmen auch bei bestehendem Leitungsrecht **nicht verpflichtet ist, Weisungen zu erteilen**, und es ihm ferner nicht verwehrt ist, jeweils die Zustimmung des Vorstands der Untergesellschaft einzuholen. Es besteht daher kein ausreichendes praktisches Bedürfnis, vom Gesetzeswortlaut abzuweichen und entgegen dem *numerus clausus* der Unternehmensverträge (den auch *Altmeppen* bejaht, vgl aaO Rn 40 ff) einen gänzlich weisungslosen Beherrschungsvertrag zuzulassen (Weisungsrecht des § 308 ein unverzichtbares Merkmal eines Beherrschungsvertrags, *OLG München* AG 2012, 802, 803) und so die Abgrenzung zu anderen Verträgen zu erschweren; soweit allerdings Weisungen – auch wesentlich – beschränkt werden, bleibt es ein Beherrschungsvertrag (für die **hM** zB KölnKomm AktG/*Koppensteiner* Rn 21 ff; *Emmerich/Habersack* Aktien- und GmbH-KonzernR Rn 23; differenzierend Spindler/Stilz AktG/*Veil* Rn 25).

§ 291 Beherrschungsvertrag. Gewinnabführungsvertrag

8 c) Weitere Vertragsbestandteile. Die **Bezeichnung** als Beherrschungsvertrag ist nicht erforderlich, da das Gesetz auf den Kerninhalt, nicht auf die Bezeichnung abstellt (*OLG Schleswig* NZG 2008, 868, 869; *Hirte/Schall* Der Konzern 2006, 243, 245). Eine **Ausgleichsregelung** nach § 304 ist zwingender Vertragsbestandteil, ansonsten der Vertrag nichtig wäre (§ 304 Abs 3 S 1). Eine **Abfindungsregelung** nach § 305 ist hingegen entbehrlich, da Abs 5 S 2 für diesen Fall die Zuständigkeit des Gerichts im Spruchstellenverfahren zur Bestimmung der Abfindung festlegt (Spindler/Stilz AktG/*Veil* Rn 20). Auch ansonsten brauchen Beherrschungsverträge nicht weiter ausgestaltet zu werden, und zwar weder hinsichtlich der Einzelheiten zum Weisungsrecht noch zu einer Vorsorge für die Überlebensfähigkeit der beherrschten Gesellschaft nach Vertragsende. Die Gegenmeinung (*Hommelhoff* Konzernleitungspflicht S 309 ff; *Wilhelm* Beendigung des Beherrschungs- und Gewinnabführungsvertrages, S 116) verlangt die vertragliche Vereinbarung zT sog „**Wiederaufbauhilfen**", damit die Überlebensfähigkeit der beherrschten Gesellschaft nach Vertragsende sichergestellt werde. Die **hM** weist auf den Gesetzeswortlaut und die Regelungen des § 303 hin, ferner die Verlustausgleichsverpflichtung, der möglicherweise bei Vertragsende eine andere Qualität zukommt als während der Vertragslaufzeit (MünchKomm AktG/*Altmeppen* Rn 63 ff).

9 d) Anwendungsbereich. Der isolierte Beherrschungsvertrag kommt in der Praxis nur in Ausnahmefällen vor; oft wird er mit einem Gewinnabführungsvertrag verbunden, was bis zum Veranlagungszeitrum 2001 erforderlich war, um die körperschaftssteuerliche Organschaft zu begründen (MünchKomm AktG/*Altmeppen* Rn 51); s Rn 34.

10 2. Rechtsnatur. – a) Organisationsverträge. Beherrschungs- (ebenso Gewinnabführungs-)verträge werden als **Organisationsverträge** qualifiziert, im Unterschied zu den anderen Unternehmensverträgen des § 292 Abs 1, die eher schuldrechtlichen Charakter haben (*BGHZ* 103, 1, 4 f = NJW 1988, 1326 – Familienheim; *BGH* NZG 2005, 261; MünchKomm AktG/*Altmeppen* Rn 25 ff und *Emmerich/Habersack* Aktien- und GmbH-KonzernR Rn 25 je mwN, krit Spindler/Stilz AktG/*Veil* § 292 Rn 1). Bei den Organisationsverträgen werden zentrale rechtliche (Weisungsfreiheit des Vorstandes) und/oder wirtschaftliche (Erzielung von Gewinn für die Gesellschaft) Strukturgrundsätze der AG bzw KGaA aufgegeben und primär gesellschaftsrechtliche Beziehungen zwischen den Vertragsparteien geschaffen (*Emmerich* aaO Rn 25 f). Die Verträge des § 291 bewirken materiell (unbeschadet des § 293 Abs 1 S 4) eine zeitlich befristete Satzungsänderung.

11 b) Folgerungen. Die **Vertragsfreiheit** ist jedenfalls insoweit eingeschränkt, als Rechte außenstehender Aktionäre und Gläubiger im Vergleich zur gesetzlichen Regelung nicht eingeschränkt werden dürfen (MünchKomm AktG/*Altmeppen* Rn 31). Die **Auslegung** ist wie bei der Satzung objektiviert vorzunehmen (ausf zur Auslegung von Unternehmensverträgen *Grunewald* ZGR 2009, 647 ff), dh kann nur auf alg zugängliche Unterlagen – vor allem Wortlaut, Sinnzusammenhang und Systematik – gestützt werden und nicht auf Dritten nicht erkennbare Absichten und Erwägungen der Vertragsparteien (*BGH* NJW 1994, 51 ff; *BFH* Der Konzern 2008, 381, 383 f; *Altmeppen* aaO Rn 33 f). Organisationsverträge können auch **schuldrechtliche Bestimmungen** beinhalten. Ferner wird allg ein Leistungsverweigerungsrecht der abhängigen Gesellschaft entspr § 320 BGB bzw § 273 Abs 1 BGB bejaht, wenn die Obergesellschaft ihre Vertragspflichten nicht erfüllt (*Emmerich/Habersack* Aktien- und GmbH-KonzernR Rn 27). Umgekehrt wird aber dem herrschenden Unternehmen kein Leistungsverweigerungsrecht (für Verlustausgleich und für die Ansprüche außenstehender Aktionäre nach §§ 304, 305) gewährt, weil seine Pflichten gläubiger- bzw aktionärsschützenden Charakter haben (*Altmeppen* aaO Rn 37).

3. Atypische Beherrschungsverträge? Als solche werden verschiedene Sonderformen verstanden, zT die oben (Rn 7) behandelten Beherrschungsverträge unter Ausschluss des Weisungsrechts, ferner Teilbeherrschungsverträge (s dazu unten Rn 13) und weitere hybride Formen, bei denen dem anderen Teil anstelle eines Weisungsrechts **Vetorechte (Zustimmungsvorbehalte)** eingeräumt sind. Soweit letztere Leitentscheidungen des Vorstands betreffen, können sie nach **hM** die Intensität der Einflussnahme typischer Beherrschungsverträge erreichen (KölnKomm AktG/*Koppensteiner* Rn 24 ff; *Emmerich/Habersack* Aktien- und GmbH-KonzernR Rn 24; *Schürnbrand* ZHR 169 (2005), 35, 45). Als Beispiele hierfür werden atypisch stille Gesellschaftsverträge mit einer AG, Kreditvereinbarungen mit Banken bzgl der dortigen Covenants, und Vetorechte der öffentlichen Hand bei Subventionen genannt. Da zur Typisierung von Verträgen auf ihren Kerninhalt abzustellen ist (Rn 8), muss der Vertrag bei einem Bündel von Vetorechten, die aufgrund ihrer Intensität faktisch einem Weisungsrecht gleichkommen, als Beherrschungsvertrag qualifiziert werden. Dieser wird idR aufgrund Nichteinhaltung der §§ 293, 294 nichtig sein (sog „verdeckter Beherrschungsvertrag"; *OLG Schleswig* NZG 2008, 868, 872). Soweit die Intensität der Einflussnahme nicht zur Qualifikation als Beherrschungsvertrag ausreicht, ist seine Behandlung str. Eine Meinung will insb bestimmte Rechtsfolgen der Beherrschungsverträge durch die Qualifizierung solcher Verträge als „atypische" Beherrschungsverträge erreichen. Im Ergebnis ist das aber abzulehnen, da die Leitungsfunktion, die Abs 1 verlangt, zwingend auf das Initiativrecht des Vorstands abhebt; Zustimmungsvorbehalte sind demgegenüber typische Instrumente des AR. Auch dieser übt durch Zustimmungsvorbehalte keine Leitung iSd § 76 Abs 1 aus, soweit sich der nach § 111 Abs 4 S 2 aufzustellende Zustimmungskatalog in gewissen Grenzen bewegt (hierzu vgl oben § 111 Rn 21; MünchKomm AktG/*Habersack* § 111 Rn 106; K. Schmidt/Lutter AktG/*Drygala* § 111 Rn 47; *Lutter/Krieger* Rechte und Pflichten des AR, 4. Aufl 2002, Rn 112; *Lieder* DB 2004, 2251, 2254). Sinnvoll erscheint daher ein Gleichlauf: Solange nicht der oben genannte Zustimmungskatalog bei einem AR überschritten wäre, gilt entspr für den Beherrschungsvertrag mit Vetorechten, dass auch die Einflussnahme Dritter hierdurch nicht in den Anwendungsbereich der Beherrschungsverträge gelangt (*KG* AG 2001, 186 f; *Emmerich* aaO Rn 24a). Solche Verträge werden also nur an allg Vorschriften gemessen, insb § 138 BGB, §§ 76, 311 (GroßKomm AktG/*Würdinger* Rn 14 und § 292 Rn 21, 25).

4. Sonderformen. – a) Teilbeherrschungsvertrag. Als **Teilbeherrschungsvertrag** qualifiziert wird ein Vertrag, bei dem das Weisungsrecht auf einzelne Leitungsfunktionen beschränkt ist; auf ihn sind die Regeln des Beherrschungsvertrages anwendbar, wenn ein Kernbereich an Leitungsmacht vertraglich möglich bleibt (s auch oben Rn 6).

b) Mehrmütter-Beherrschungsvertrag. Bei **Mehrmütter-Beherrschungsverträgen** sind mehrere andere Unternehmen Vertragspartner der AG oder KGaA. Nach **hM** sind nur die einzelnen Mutterunternehmen Vertragspartner (MünchHdb AG/*Krieger* § 70 Rn 11 mwN), nach **aA** auch oder nur eine aus den Müttern gebildete GbR (die **hM** erkennt dieser nicht den erforderlichen Charakter als Unternehmen zu), vgl MünchKomm AktG/*Altmeppen* Rn 112 ff.

15 **5. Fehlerhafte Beherrschungsverträge.** Die Grundsätze über die fehlerhafte Gesellschaft regeln diejenigen Fälle, in denen der Vertrag unwirksam ist (wg Nichtigkeit nach §§ 134, 138 BGB, angefochten nach §§ 119, 123 BGB, oder aus aktienrechtlichen Gründen fehlerhaft, zB wg Verstoßes gegen § 304 Abs 3 S 1), aber „durchgeführt" worden ist (seit *BGHZ* 103, 1, 4 ff = NJW 1988, 1326 – Familienheim). Nach bislang **hM** wurde hierfür mindestens auch die Eintragung im HR verlangt (*Hüffer* AktG Rn 21; MünchKomm AktG/*Altmeppen* Rn 202); seit der Entscheidung des *BGH* vom 29.11.2004 (NZG 2005, 261) über die Anwendung der Grundsätze der fehlerhaften Gesellschaft auf eine stille Gesellschaft mit einer AG, bei der die Gesellschafter ihre Einlage erbracht hatten (damit „durchgeführt"), ohne dass aber der Vertrag im HR eingetragen war, lässt sich die hiervon abw Behandlung der Verträge des § 291 nur mit der unterschiedlichen Rechtsnatur (s.o. Rn 10) erklären. Aber auch bei diesen sprechen die besseren Gründe für die Anwendung der Grundsätze über die fehlerhafte Gesellschaft, wenn der Beherrschungsvertrag durchgeführt, dh Weisungen erteilt und befolgt worden sind (*Hirte/Schall* Der Konzern 2006, 243, 246 ff). Das ist auch ganz **hM** bei der GmbH (*Lutter/Hommelhoff* GmbHG Anh § 13 Rn 82 ff; *Roth/Altmeppen* GmbHG Anh § 13 Rn 104). Streitig ist auch, ob die Grundsätze der fehlerhaften Gesellschaft anzuwenden sind auch den Fall der Nichtigerklärung eines angefochtenen HV-Beschlusses (MünchKomm AktG/*Altmeppen* Rn 199 ff, 207 ff; *Luttermann* JZ 2005, 201; *OLG Saarbrücken* ZIP 2004, 559 = JZ 2005, 198). Rechtsfolge der Anwendung der Grundsätze über die fehlerhafte Gesellschaft ist jeweils ein beiderseitiges Recht zur fristlosen Kündigung aus wichtigem Grunde (*BGHZ* 103, 1, 5 – Familienheim; *Hirte/Schall* aaO 243, 247 ff).

IV. Gewinnabführungsvertrag, Abs 1 S 1 Alt 2

16 **1. Begriff.** Durch den Gewinnabführungsvertrag verpflichtet sich eine AG oder KGaA, ihren **ganzen Gewinn** an den anderen Vertragsteil abzuführen. Wegen der zwingenden Verpflichtung zur Verlustübernahme (§ 302) hat sich auch die Bezeichnung „**Ergebnisabführungsvertrag**" eingebürgert. Mit dem „ganzen Gewinn" ist der Bilanzgewinn gemeint, der sich ergäbe, wenn kein Gewinnabführungsvertrag bestünde, da in der eigentlichen Handelsbilanz definitionsgemäß ein Gewinn von 0 ausgewiesen wird; der abzuführende Gewinn (entspr: der nach § 302 zu übernehmende Verlust) wird in einer Vorzeile nach den handelsrechtlichen Vorschriften ermittelt und sodann in ebendieser Höhe als Verbindlichkeit gem § 266 Abs 3 Nr C Zeile 6 HGB (bei Verlust als Forderung gem § 266 Abs 2 Nr B II Zeile 2 HGB) ausgewiesen (KölnKomm AktG/*Koppensteiner* Rn 77). Bezeichnung als „Gewinnabführungs"- oder „Ergebnisabführungsvertrag" ist nicht erforderlich (zur **Rechtsnatur** vgl Rn 10; zu **fehlerhaften Gewinnabführungsverträgen** vgl Rn 15).

17 **2. „Ganzer Gewinn"; Zeitpunkt.** Das Gesetz definiert den „ganzen Gewinn" nicht; jedoch sieht § 292 Abs 1 Nr 2 für die Abführung „eines Teils ihres Gewinns" gesonderte Regelungen für den Teilgewinnabführungsvertrag vor. Ferner regeln § 300 Nr 1 die Einstellung von Teilen des Gewinns in die gesetzliche Rücklage, § 301 S 1 die Begrenzung des abzuführenden Gewinns und § 301 S 2 die Erhöhung des abzuführenden Gewinns (im Einzelnen vgl die Anmerkungen zu diesen Vorschriften). Zum Begriff des „ganzen Gewinns" zur Begründung einer ertragsteuerlichen Organschaft vgl *BFH* vom 31.3.2011 AG 2011, 683. IÜ verbleibt die **Bilanzierungspflicht** und daher auch zB die Frage der Ausübung von Bilanzierungswahlrechten **beim Vorstand der**

abhängigen Gesellschaft; jedoch kann das im Gewinnabführungsvertrag abw geregelt werden (*H.-P. Müller* FS Goerdeler, S 375; MünchKomm AktG/*Altmeppen* Rn 146). Der Anspruch auf Gewinnabführung **entsteht** mit dem Bilanzstichtag der verpflichteten Gesellschaft (*LG Frankfurt/Main* AG 2007, 48).

3. Isolierter Gewinnabführungsvertrag. In der Praxis werden häufig Beherrschungs- und Gewinnabführungsvertrag aus steuerlichen Gründen (dazu unten Rn 34) zum sog **Organschaftsvertrag** verbunden. Nach **hM** ist aber auch der isolierte Gewinnabführungsvertrag zulässig (MünchKomm AktG/*Altmeppen* Rn 148). Praktisch bedeutsam ist diese Frage, weil der Gewinnabführungsvertrag – anders als der Beherrschungsvertrag – mit **Rückwirkung** vereinbart werden kann. Das gilt jedenfalls auf den Beginn des bei Vertragsabschluss laufenden Geschäftsjahrs (unstr, vgl *BGH* ZIP 2003, 1933, 1935; *Grewer* DStR 1997, 745; *Schaber/Hertstein* Der Konzern 2004, 6 mwN). Für abgelaufene Geschäftsjahre wird jedenfalls vor Feststellung des Jahresabschlusses noch ein Gewinnabführungsvertrag mit Wirkung für dieses möglich sein (*LG Kassel* AG 1997, 239), nach einer weitergehenden Ansicht noch solange kein Gewinnverwendungsbeschluss gefasst ist, der den Aktionären einen unentziehbaren Anspruch auf die Auszahlung der Dividende gewährt (*OLG Frankfurt* GmbHR 1996, 859). Maßgebender Zeitpunkt ist jeweils nicht nur der Vertragsschluss, sondern die Eintragung des Vertrags im HR (*Schaber/Hertstein* aaO). 18

Der isolierte Gewinnabführungsvertrag begründet keine Leitungsmacht iSd § 308 und macht *per se* die Gesellschaft nicht zu einer abhängigen Gesellschaft oder zu einem Konzernunternehmen (*Altmeppen* aaO Rn 165). Eine auf dem Vertrag beruhende Gewinnabführung löst grds keine Pflicht zum Nachteilsausgleich aus. Der Tatbestand des § 311 kann jedoch bei der Abführung überhöhter Gewinne erfüllt sein (*Emmerich/Habersack* Aktien- und GmbH-KonzernR Rn 61).

4. Verlustübernahmevertrag. Die Zusage der Übernahme des Verlustes einer anderen Gesellschaft – auch Verlustdeckungszusage genannt – ist **kein Unternehmensvertrag**. Für ihre Wirksamkeit sind nach heute ganz **hM** nicht mehr die Voraussetzungen aktienrechtlicher Gewinnabführungsverträge einzuhalten, da die typischen Gefährdungen von Gewinnabführungsverträgen für Gläubiger und Minderheitsaktionäre nicht vorliegen (*OLG Celle* AG 1984, 266, 268 f; MünchKomm AktG/*Altmeppen* Rn 162 f und § 292 Rn 72 ff). 19

5. Gewinnabführungsvertrag zugunsten Dritter. Nach dem Wortlaut von §§ 291 und 302 brauchen der **Berechtigte des Gewinnabführungsanspruchs und der Verlustübernahmeverpflichtete nicht identisch** zu sein. Im Konzernverbund legitimieren §§ 302, 308 Abs 1 die Gewinnverlagerung. (Spindler/Stilz AktG/*Veil* Rn 44; K. Schmidt/Lutter AktG/*Langenbucher* Rn 56; **aA** *Emmerich/Habersack* Aktien- und GmbH-KonzernR Rn 57 f; *Hüffer* AktG Rn 25). Praktisch relevant sind vor allem Gewinnabführungsverträge zwischen Tochter- und Enkelgesellschaft, deren Gewinn direkt an die Muttergesellschaft abgeführt wird. ZT wird eine solche Gestaltung davon abhängig gemacht, dass auch zwischen Mutter und Tochter ein Vertrag des § 291 bestehe, da dann zwischen Berechtigtem und Verpflichtetem die Vermögensinteressen verschmolzen seien (MünchKomm AktG/*Altmeppen* Rn 153 ff, 157). 20

6. Verdeckte Gewinnabführungsverträge. Da nicht die Bezeichnung, sondern der Inhalt für die Qualifizierung maßgeblich ist (s.o. Rn 8), sind Verträge nach § 292 Abs 2, wenn nach der vertraglichen Vereinbarung der gesamte Bilanzgewinn an den 21

Vertragspartner abzuführen ist, als Verträge nach § 291 zu qualifizieren (s § 292 Rn 9); entspr gilt für solche stillen Gesellschaftsverträge, bei denen die Gewinnbeteiligung der AG/KGaA ausgeschlossen ist (MünchKomm AktG/*Altmeppen* Rn 160 mwN). Die Verträge werden vergleichbar verdeckten Beherrschungsverträgen (Rn 12) idR aufgrund Nichteinhaltung der §§ 293, 294 nichtig sein. Wenn der Vertrag nur faktisch („praktisch") jede Gewinnentstehung bei der Gesellschaft ausschließt soll Gleiches gelten (*Altmeppen* aaO Rn 161; *Hüffer* AktG Rn 29); wg der Abgrenzungsschwierigkeiten ist dieses Ergebnis aber abzulehnen (iE so wohl auch KölnKomm AktG/*Koppensteiner* Rn 92). Sobald nur ein Bruchteil des Gewinns bei der Gesellschaft verbleibt, handelt es sich um einen Teilgewinnabführungsvertrag nach § 292 Abs 1 Nr 2 (s § 292 Rn 9).

22 **7. Gewinnabführung zugunsten mehrerer.** Hierfür gelten die gleichen Grundsätze wie beim Beherrschungsvertrag (dazu s.o. Rn 14). Der Vertrag muss die Quote der Gewinnverteilung zwischen den mehreren Müttern enthalten (KölnKomm AktG/ *Koppensteiner* Rn 94).

V. Geschäftsführungsvertrag, Abs 1 S 2

23 **1. Allgemeines.** Durch einen Geschäftsführungsvertrag verpflichtet sich eine AG oder KGaA, ihr **ganzes Unternehmen** im eigenen Namen, aber für Rechnung eines anderen Unternehmens zu führen, und zwar **unentgeltlich** (Rn 25). Dadurch steht einem anderen Unternehmen das gesamte wirtschaftliche Ergebnis der verpflichteten AG/KGaA zu, wodurch die wirtschaftlich gleichen Konsequenzen wie bei einem Gewinnabführungsvertrag eintreten. Wird durch die Geschäftsführung ein Verlust erwirtschaftet, trifft dieser das andere Unternehmen unmittelbar („Gewinnabführungsvertrag mit Verlustübernahme", MünchKomm AktG/*Altmeppen* Rn 176).

24 **2. Vertragsinhalt. – a) „Ganzes Unternehmen".** Die Führung einzelner Betriebe oder gar nur einzelner Geschäfte unterfällt nicht dieser Regelung, sondern richtet sich nach allg Grundsätzen (§§ 662, 675 Abs 1 BGB, vgl *Emmerich/Habersack* Aktien- und GmbH-KonzernR Rn 68).

25 **b) Unentgeltlichkeit.** Zwar wird dieses Tatbestandsmerkmal im Gesetz nicht ausdrücklich erwähnt; eine entgeltliche Führung des eigenen Unternehmens für fremde Rechnung schließt aber nicht die Gewinnentstehung aus, so dass nicht in vergleichbarer Weise in die Finanzstruktur eingegriffen wird. Die entgeltliche Führung des eigenen Unternehmens für fremde Rechnung ist also kein Fall des Abs 1 (MünchKomm AktG/*Altmeppen* Rn 184; *van Veenrooy* DB 1981, 675, 678). Allerdings kann es sich hierbei um einen „Holzmüller-Fall" handeln (s § 119 Rn 12 ff; *Emmerich/Habersack* Aktien- und GmbH-KonzernR Rn 68); nach **aA** soll hierauf §§ 292 Abs 1 Nr 3, 302 Abs 2 analog anzuwenden sein (*Altmeppen* aaO Rn 185 f).

26 **3. Abgrenzungsfragen.** Beim **Betriebsführungsvertrag** wird ein Dritter (Betriebsführer) verpflichtet, die Geschäfte des Auftraggebers für des Auftraggebers (eigene) Rechnung zu führen; das wirtschaftliche Ergebnis fällt daher weiterhin beim Auftraggeber selbst an, der sich nur fremder Managementkapazitäten bedient. Es handelt sich daher nicht um einen Fall des Geschäftsführungsvertrags (*Emmerich/Habersack* Aktien- und GmbH-KonzernR Rn 69). Beim **Betriebsüberlassungsvertrag** kann es sich ebenfalls um die Führung des ganzen Unternehmens für Rechnung eines Dritten

Beherrschungsvertrag. Gewinnabführungsvertrag § 291

handeln, wobei hier aber ein Entgelt vereinbart ist; es handelt sich dann stets um einen Fall des § 292 Abs 1 Nr 3 (MünchKomm AktG/*Altmeppen* Rn 190).

4. Rechtsfolgen. – a) Allgemeines. Streitig ist die Frage, ob ähnlich dem Gewinnabführungsvertrag erst das Jahresergebnis der AG/KGaA ermittelt und dann dem anderen Unternehmen zugewiesen wird (**hM**, zB *Hüffer* AktG Rn 30; *Emmerich/ Habersack* Aktien- und GmbH-KonzernR Rn 71; *van Veenrooy* DB 1981, 675, 676), oder ob jeder einzelne Geschäftsvorfall sogleich für Rechnung des anderen Unternehmens zu behandeln ist (MünchKomm AktG/*Altmeppen* Rn 178 ff). § 59, der in Abs 3 nicht ausgeschlossen wird, stützt das Ergebnis der **hM**. Allerdings ist fraglich, welcher Unterschied noch zwischen einem Gewinnabführungsvertrag und einem Geschäftsführungsvertrag bestehen soll, wenn auch bei Letzterem nur der Saldo (also das Jahresergebnis) dem anderen Unternehmen zugewiesen wird; mit diesem Verständnis werden mit anderen Worten auch beim Gewinnabführungsvertrag die Geschäfte für Rechnung des anderen Unternehmens geführt. 27

b) Anzuwendende Vorschriften. Zivilrechtlich handelt es sich beim Geschäftsführungsvertrag um einen Auftrag, so dass §§ 662–674 BGB ergänzend anzuwenden sind (*Emmerich/Habersack* Aktien- und GmbH-KonzernR Rn 72), allerdings **mit Ausnahme des Weisungsrechts** des anderen Unternehmens, da sonst die spezifisch für Beherrschungsverträge geltenden Voraussetzungen und Rechtsfolgen vermieden werden könnten; Weisungsrechte entstehen daher nur bei gleichzeitigem Abschluss eines Beherrschungsvertrags (KölnKomm AktG/*Koppensteiner* Rn 87 f; *Hüffer* AktG Rn 32). 28

VI. Gleichordnungskonzernvertrag, Abs 2

1. Allgemeines. § 18 Abs 2 definiert den **Gleichordnungskonzern**, der entweder faktisch (oft durch Personenidentität der Leitungsorgane) oder vertraglich entstehen kann. Beim Vertrag zur Bildung eines Gleichordnungskonzerns wird eine einheitliche Leitung mehrerer Unternehmen ohne Beherrschung und ohne Abhängigkeit errichtet. Abs 2 stellt klar, dass ein solcher Vertrag kein Beherrschungsvertrag, nach **hM** überhaupt **kein Unternehmensvertrag** ist (*Milde* Der Gleichordnungskonzern im Gesellschaftsrecht, 1996, S 229 f; KölnKomm AktG/*Koppensteiner* Rn 104 f mwN; *Lutter/Drygala* ZGR 1995, 557), weil auch sonst kein den §§ 291, 292 ähnlicher Typ vorliegt. Es handelt sich um einen Vertrag nach §§ 705 ff BGB, der formfrei geschlossen werden kann (MünchKomm AktG/*Altmeppen* Rn 212 f). 29

2. Voraussetzungen und Rechtsfolgen. Für den Abschluss des Vertrages ist der Vorstand zuständig, nicht die HV (KölnKomm AktG/*Koppensteiner* Rn 105; MünchKomm AktG/*Altmeppen* Rn 214, je mwN; **aA** *Emmerich/Habersack* Aktien- und GmbH-KonzernR Rn 73 und § 18 Rn 34 ff mwN), so dass nach **hM** die HV wiederum nur in „Holzmüller-Fällen" zuständig sein kann (*Altmeppen* aaO Rn 215). Soweit **GmbHs** oder **Personengesellschaften** an Gleichordnungskonzernen beteiligt werden, ist allerdings wohl wg des Eingriffs in die Weisungsbefugnis der Gesellschafterversammlung (GmbH) bzw als außergewöhnliche Geschäftsführungsmaßnahme (§§ 116 Abs 2, 119 Abs 1 HGB) ein Gesellschafterbeschluss erforderlich. 30

3. Nachteilige Weisungen. Die oben genannte Definition schließt die (vertragliche) Möglichkeit zu Weisungen aus; andernfalls wären die Voraussetzungen und Rechtsfolgen eines Beherrschungsvertrags zu beachten (*Lutter/Drygala* ZGR 1995, 557, 561; MünchKomm AktG/*Altmeppen* Rn 221 f; Nachweise zur **aA** bei *Altmeppen* aaO Rn 218 f). 31

Schenk

VII. Kein Verstoß gegen die Vermögensbindung, Abs 3

32 **1. Allgemeines.** Nach Abs 3 gelten Leistungen bei Bestehen eines Beherrschungs- oder Gewinnabführungsvertrages nicht als Verstoß gegen §§ 57, 58 und 60. Beim Gewinnabführungsvertrag gilt dies also für den abzuführenden Gewinn; beim Beherrschungsvertrag für alle Leistungen, welche iRd Leitungsmacht zulässigerweise gefordert werden konnten (MünchKomm AktG/*Altmeppen* Rn 229). Da der Wortlaut seit MoMiG nicht mehr „auf Grund" sondern „bei Bestehen" ist, sind auch Leistungen auf Veranlassung des herrschenden Unternehmens an Dritte (zB andere Konzernunternehmen) von der aktienrechtlichen Vermögensbindung befreit (BT-Drucks 16/9737, 57 iVm 56).

33 **2. Kein Ausschluss von § 76 Abs 1.** Der Vorstand bleibt zur eigenverantwortlichen Leitung verpflichtet, soweit nicht zulässige Weisungen erfolgen (iE vgl § 308 Rn 13).

VIII. Steuerliche Hinweise

34 **1. Allgemeines.** Wesentliche Veranlassung von Gewinnabführungs- und Beherrschungsverträgen ist die Herstellung der **steuerlichen Organschaft**, bei der die wirtschaftliche Abhängigkeit zweier selbstständiger Steuersubjekte zu einer Zusammenrechnung ihrer Betriebsergebnisse führt, so dass (a) insb Gewinne des einen mit Verlusten des anderen Unternehmens verrechnet werden (ansonsten wird dieses Ergebnis nur bei Verrechnung von Dividenden aus der Tochtergesellschaft mit Verlusten der Muttergesellschaft erreicht, also nicht zwischen Verlusten der Tochtergesellschaft und Gewinnen der Mutter), (b) dies „phasengleich" geschieht (während die Dividende des Tochterunternehmens sonst idR erst im Folgejahr ausgeschüttet und dann mit eventuellen Verlusten der Muttergesellschaft verrechnet werden kann), und (c) bei natürlichen Personen – auch als Gesellschafter einer Personengesellschaft – als „Obergesellschaft" (steuerlich: „Organträger") Doppelbelastung mit Einkommen- und Körperschaftssteuer vermieden wird. Die **Voraussetzungen** der körper- und der gewerbesteuerlichen Organschaft sind in Rn 35–38 genannt:

35 **2. Organgesellschaft.** Die Untergesellschaft (steuerlich: Organgesellschaft) muss eine AG, KGaA oder GmbH (§§ 14 Abs 1 S 1, 17 S 1 KStG) mit Geschäftsleitung im Inland (§ 14 Abs 1 S 1, 17 S 1 KStG) sein, um eine körperschaftsteuerliche Organschaft zu begründen; gleiches gilt für die gewerbesteuerliche Organschaft (§ 2 Abs 2 S 2 GewStG).

36 **3. Organträger.** Organträger kann eine Kapitalgesellschaft und uU auch eine Personengesellschaft sein (§ 14 Abs 1 S 1 Nr 2 KStG), ferner der beschränkt steuerpflichtige Träger eines ausländischen gewerblichen Unternehmens (§ 18 S 1 KStG), solange diese jeweils nicht steuerbefreit sind, sowie unbeschränkt einkommensteuerpflichtige natürliche Personen (§ 14 Abs 1 S 1 Nr 2 S 1 KStG). Jeder Organträger muss Inhaber eines gewerblichen Unternehmens sein (§ 14 Abs 1 S 1 KStG), also zB nicht Freiberufler.

37 **4. Finanzielle Eingliederung.** Der Organträger muss an der Organgesellschaft die **Mehrheit der Stimmrechte** besitzen (§ 14 Abs 1 S 1 Nr 1 S 1 KStG), wobei diese Zurechnung steuerlichen Kriterien folgt. Die Voraussetzung der finanziellen Eingliederung muss vom Beginn des ersten Wirtschaftsjahres, für das die Zurechnung erstmals erfolgen soll **ununterbrochen** gelten, und zwar bis zum maßgeblichen Ende des Wirtschaftsjahres der Organgesellschaft (Abschnitt 59 Abs 1 S 2 KStR).

5. Gewinnabführungsvertrag. Die Organschaft verlangt einen Gewinnabführungsver- 38
trag (mit oder ohne Beherrschungsvertrag). Während die finanzielle Eingliederung
(Stimmrechtsmehrheit) ab Beginn des Wirtschaftsjahres der Organgesellschaft bestehen muss, genügt der Abschluss des Gewinnabführungsvertrages vor Ende des Wirtschaftsjahres der Organgesellschaft, für das erstmals das Einkommen zugerechnet
werden soll. Steuerlich anerkannt wird nur ein **wirksamer** Gewinnabführungsvertrag
(*Schmidt/Müller/Stöcker* Die Organschaft, Rn 206 ff); ferner muss dieser **tatsächlich
durchgeführt** werden, dh die vertraglichen Regeln sind zu vollziehen, zB hinsichtlich
der Abführung des Gewinns. Der Vertrag muss ausdrücklich auf **mindestens fünf
Jahre** abgeschlossen werden (§ 14 Abs 1 S 1 Nr 3 S 1 KStG), beginnend mit dem
Anfang des Wirtschaftsjahres, für das die Wirksamkeit erstmals eintritt (Abschn 59
Abs 1 KStR). Maßgeblich sind fünf Zeitjahre, nicht nur Wirtschaftsjahre (*BFHE* 232,
426 = DStR 2011, 717 m Anm *Olbing* NZG 2011, 773; dazu auch *Pyszka* GmbHR
2011, 1030). Schon ein um einen Tag kürzerer Zeitraum sei schädlich (*FG Baden-
Württemberg* DStRE 2012, 1521; nrk). Wird ein Gewinnabführungsvertrag **mit einer
GmbH** abgeschlossen, so ist nach jüngster *BFH*-Rspr ausdrücklich eine Verlustübernahmepflicht entspr § 302 zu vereinbaren, widrigenfalls die steuerliche Organschaft
scheitere (*BFH* DStR 2010, 858, 859 f, mit Verweis auf § 17 S 2 Nr 2 KStG, und DStR
2010, 1777). Gegen diese Ansicht bestehen jedoch durchgreifende zivilrechtliche wie
verfassungsrechtliche Bedenken (vgl *Rödder* DStR 2010, 1218; zum aktuellen Sach-
stand und zu „Heilungsmöglichkeiten" bei steuerlich nicht anerkennungsfähigen Verträgen vgl jüngst *Wulf* AG 2011, 23). Soweit Unklarheiten über die Vertragsdauer
bestehen, ist der Gewinnabführungsvertrag objektiv auszulegen; Vorstellungen der am
Vertragsschluss beteiligten Personen werden nicht berücksichtigt (*BFH* Der Konzern 2008, 381, 383 f).

§ 292 Andere Unternehmensverträge

(1) Unternehmensverträge sind ferner Verträge, durch die eine Aktiengesellschaft
oder Kommanditgesellschaft auf Aktien
1. sich verpflichtet, ihren Gewinn oder den Gewinn einzelner ihrer Betriebe ganz
   oder zum Teil mit dem Gewinn anderer Unternehmen oder einzelner Betriebe
   anderer Unternehmen zur Aufteilung eines gemeinschaftlichen Gewinns zusammenzulegen (Gewinngemeinschaft),
2. sich verpflichtet, einen Teil ihres Gewinns oder den Gewinn einzelner ihrer
   Betriebe ganz oder zum Teil an einen anderen abzuführen (Teilgewinnabführungsvertrag),
3. den Betrieb ihres Unternehmens einem anderen verpachtet oder sonst überlässt
   (Betriebspachtvertrag, Betriebsüberlassungsvertrag).

(2) Ein Vertrag über eine Gewinnbeteiligung mit Mitgliedern von Vorstand und
Aufsichtsrat oder mit einzelnen Arbeitnehmern der Gesellschaft sowie eine Abrede
über eine Gewinnbeteiligung im Rahmen von Verträgen des laufenden Geschäftsverkehrs oder Lizenzverträgen ist kein Teilgewinnabführungsvertrag.

(3) ¹Ein Betriebspacht- oder Betriebsüberlassungsvertrag und der Beschluss, durch
den die Hauptversammlung dem Vertrag zugestimmt hat, sind nicht deshalb nichtig,
weil der Vertrag gegen die §§ 57, 58 und 60 verstößt. ²Satz 1 schließt die Anfechtung
des Beschlusses wegen dieses Verstoßes nicht aus.

§ 292 Andere Unternehmensverträge

Übersicht

	Rn		Rn
I. Gegenstand und Zweck der Regelung	1	aa) Personenbezogene Ausnahmen	16
II. Typen der anderen Unternehmensverträge, Abs 1 und 2	2	bb) Gegenstandsbezogene Ausnahmen	17
1. Gewinngemeinschaft, Abs 1 Nr 1	2	3. Betriebspacht und Betriebsüberlassung, Abs 1 Nr 3	18
a) Vertragsparteien	2	a) Vertragsparteien	18
b) Vertragsinhalt	3	b) Betriebspachtvertrag	19
c) Gewinn	4	c) Betriebsüberlassungsvertrag	20
d) Abgrenzung	5	d) Betriebsführungsvertrag	21
e) Angemessene Aufteilung des Gewinns	6	e) Fehlende oder unangemessene Gegenleistung	22
2. Teilgewinnabführungsvertrag, Abs 1 Nr 2 und Abs 2	7	aa) Ertragswert	22
a) Allgemeines	7	bb) Rechtsfolge unangemessener Gegenleistung	23
b) Vertragspartner	8	4. Abgrenzungs- und Umgehungsfragen	24
c) Gewinn	9	III. Verletzung der Kapitalbindungsregeln bei Betriebspacht- und Betriebsüberlassungsverträgen, Abs 3	25
aa) Teilgewinn des gesamten Unternehmens	9	1. Keine Nichtigkeit des Vertrages und des Zustimmungsbeschlusses, Abs 3 S 1	25
bb) Gewinn einzelner Betriebe	10	2. Jedoch Anfechtbarkeit des Zustimmungsbeschlusses der HV, Abs 3 S 2	26
d) Sonderformen	11	3. Weitere Rechtsfolgen	27
aa) Stille Beteiligung an Aktiengesellschaft/Kommanditgesellschaft auf Aktien	11	IV. GmbH	28
bb) Partiarische Darlehen (Partiarische Austauschverträge)	12	1. Gewinngemeinschaft	28
cc) Genussrechte	13	2. Teilgewinnabführungsvertrag	29
e) Fehlende oder unangemessene Gegenleistung	14	3. Betriebspacht- und Überlassungsvertrag	30
f) Ausnahmen nach Abs 2	15		

Literatur: *Armbrüster/Joos* Zur Abwicklung fehlerhafter stiller Beteiligungen, ZIP 2004, 189; *W. Bayer/Riedel* Kapitalbeteiligungen an Personengesellschaften und Anlegerschutz, NJW 2003, 2567; *Berninger* Errichtung einer stillen Gesellschaft an einer Tochter-AG bei bestehendem Beherrschungs- und Gewinnabführungsvertrag zwischen Mutter- und Tochter-AG, DB 2004, 297; *Blaurock* Die stille Beteiligung an einer Kapitalgesellschaft als Unternehmensvertrag, FS Großfeld, 1999, S 83; *Busch* Aktienrechtliche Probleme der Begebung von Genußrechten zwecks Eigenkapitalverbreiterung, AG 1994, 93; *Emmerich* Konzernrecht: Stellung der Genussrechtsinhaber, JuS 2012, 1038; *Fenzl* Betriebspachtvertrag und Betriebsführungsvertrag – Verträge im Grenzbereich zwischen gesellschaftsrechtlichen Organisations- und schuldrechtlichen Austauschverträgen, Der Konzern 2006, 18; *Hey* Keine Anwendung der Grundsätze über die fehlerhafte Gesellschaft auf die stille Gesellschaft?, NZG 2004, 1097; *Huber* Betriebsführungsverträge zwischen konzernverbundenen Unternehmen, ZHR 152 (1988), 123; *ders* Betriebsführungsverträge zwischen selbständigen Unternehmen, ZHR 152 (1988), 1; *Jebens* Die stille Beteiligung an einer Kapitalgesellschaft, BB 1996, 701; *Köhn* Der Betriebsführungsvertrag – Rechtliche Qualifikation und gesellschaftsrechtliche Wirksamkeitsvoraussetzungen, Der Konzern 2011, 530; *Loritz* Ein neuer Sonderweg bei Rückabwicklung stiller Gesellschaften, DB 2004, 2459; *Maser* Betriebspacht-

und Betriebsüberlassungsverhältnisse in Konzernen, 1985; *Morshäuser/Dietz-Vellmer* Formelle und inhaltliche Anforderungen bei stiller Beteiligung an einer GmbH, NZG 2011, 1135; *Priester* Innenbereichsrelevante Zustimmungsvorbehalte stiller Gesellschafter im GmbH- und Aktienrecht, FS Raiser, 2005, S 293; *ders* Betriebsführungsverträge im Aktienkonzern – organisationsrechtliche Instrumente, FS Hommelhoff, 2012, S 875; *Rieble* Betriebsführungsvertrag als Gestaltungsinstrument, NZA 2010, 1145; *K. Schmidt* Konzernrechtliche Wirksamkeitsvoraussetzungen für typische stille Beteiligungen an Kapitalgesellschaften?, ZGR 1984, 295; *Schulze-Osterloh* Das Recht der Unternehmensverträge und die stille Beteiligung an einer Aktiengesellschaft, ZGR 1974, 427; *Veil* Unternehmensverträge, 2003; *Wagner* Zur aktuellen Rechtsprechung des II. Zivilsenates des BGH betreffend stille Beteiligungen im Kapitalanlagemodell, NZG 2005, 499; *Winter/Theisen* Betriebsführungsverträge in der Konzernpraxis, AG 2011, 662.

I. Gegenstand und Zweck der Regelung

Neben den organisationsrechtlichen Verträgen des § 291 – Beherrschungsvertrag und Gewinnabführungsvertrag – und dem diesen gleichgestellten Geschäftsführungsvertrag regelt § 292 „andere Unternehmensverträge", bei denen insb der **Zustimmungsvorbehalt der HV** nach § 293 und die anderen Rechtsfolgen der §§ 293a–299 angeordnet werden; anders als für die Verträge nach § 291 aber die meisten der Regelungen nach §§ 300 ff nicht anwendbar sind. Abs 1 definiert die Gewinngemeinschaft, den Teilgewinnabführungsvertrag, den Betriebspacht- und den Betriebsüberlassungsvertrag. Abs 2 nimmt bestimmte gewinnabhängige Vereinbarungen (zB Vorstandstantiemen) vom Begriff und damit den Rechtsfolgen des Teilgewinnabführungsvertrags aus. Abs 3 behandelt – insoweit anders als § 291 Abs 3 – die Kapitalbindungsregeln der §§ 57, 58 und 60 bei den anderen Unternehmensverträgen. 1

Der **Normzweck** ist nicht eindeutig zu ermitteln (dazu vgl MünchKomm AktG/*Altmeppen* Rn 2 mwN), insb weil nicht zwischen entgeltlichen und unentgeltlichen Verträgen unterschieden wird. Gemeinsam ist den enumerativ genannten Verträgen jedoch dieselbe Gefahrensituation. Da durch sie die Gesellschaft strukturell Veränderungen erfahren kann, die in hohem Maße in das Mitgliedschaftsrecht der Aktionäre – insb ihr Gewinnverwendungsrecht – eingreifen können, erscheint die alleinige Zuständigkeit des Vorstands zur Sicherung dieser Rechte nicht ausreichend. Die Abgrenzung zu Nicht-Unternehmensverträgen ist daher oft kontrovers.

II. Typen der anderen Unternehmensverträge, Abs 1 und 2

1. Gewinngemeinschaft, Abs 1 Nr 1. – a) Vertragsparteien. Verpflichtet muss einerseits eine AG oder KGaA deutschen Rechts sein, andererseits ein (oder mehrere) Unternehmen – auch ausländischen Rechts – (hierzu vgl § 291 Rn 5, § 292 Rn 8 und *Emmerich/Habersack* Aktien- und GmbH-KonzernR Rn 8). 2

b) Vertragsinhalt. Die Vertragsparteien verpflichten sich, den Gewinn zu vergemeinschaften und anschließend nach einem bestimmten Schlüssel aufzuteilen und bilden so eine **BGB-Gesellschaft**, **§ 705 BGB** (*Emmerich/Habersack* Aktien- und GmbH-KonzernR Rn 14 f). Die Kündigung aus wichtigem Grunde nach § 723 Abs 1 S 2, 3 BGB ist daher möglich, wenn eine der beteiligten Gesellschaften aufgelöst wird; die BGB-Gesellschaft endet nach § 726 BGB von selbst, wenn die Erreichung des gemeinsamen Zwecks dauernd unmöglich wird (*OLG Frankfurt* AG 1987, 43, 45). 3

4 c) Gewinn. Darunter wird der gesamte oder ein – wenn auch geringer – Teil des Gewinns der AG/KGaA oder eines oder mehrerer ihrer Betriebe verstanden. Gewinn iSv Abs 1 Nr 1 ist nur der **periodisch ermittelte Gewinn** (als Bilanzgewinn oder Jahresüberschuss; nicht andere Positionen der GuV, zB Umsatzerlöse oder Rohertrag, im Einzelnen **str**, vgl *Hüffer* AktG Rn 8; KölnKomm AktG/*Koppensteiner* Rn 42), nicht der Gewinn aus einzelnen Geschäften oder Arbeitsgemeinschaften (MünchKomm AktG/*Altmeppen* Rn 16). Werden neben den Gewinnen auch die Verluste vergemeinschaftet, ist Abs 1 anwendbar („**Ergebnisgemeinschaft**"); die ausschließliche Vergemeinschaftung von Verlusten („**Verlustgemeinschaft**") fällt hingegen nicht in den Anwendungsbereich des § 292 (*Altmeppen* aaO Rn 15), s auch oben § 291 Rn 19. Der Gewinngemeinschaft wesensmäßig ist die Verteilung des gemeinschaftlich erzielten Gewinns auf die Vertragspartner **zu deren freier Verwendung**; wird der gemeinschaftlich erzielte Gewinn **anderweitig verwendet**, zB für ein gemeinsames Forschungsprojekt, so liegt kein Fall des § 292 vor, da das Vermögen ohne den Vertrag nicht als Bilanzgewinn dem Verfügungsrecht der Aktionäre unterläge (*Altmeppen* aaO Rn 21 f; *Hüffer* aaO Rn 9; **aA** *Emmerich/Habersack* Aktien- und GmbH-KonzernR Rn 13; Spindler/Stilz AktG/*Veil* Rn 9; K. Schmidt/Lutter AktG/*Langenbucher* Rn 8).

5 d) Abgrenzung. „**Fusionsähnliche Verbindungen**" diverser Erscheinungsformen werden als der Gewinngemeinschaft nahe stehend diskutiert mit der Folge analoger Anwendung. Beispiel ist die Einbringung eines oder mehrerer Betriebe in eine Zwischenholding, an der die Vertragsparteien quotal beteiligt sind. Zutr ist hier, dass der Gewinn des betr Betriebs nicht mehr unmittelbar bei der AG anfällt und somit dem Gewinnverteilungsrecht ihrer Aktionäre entzogen ist, weil der Vorstand den bei der Holding anfallenden Gewinn etwa thesaurieren kann (daher für – jedenfalls analoge – Anwendung von Abs 1 *Emmerich/Habersack* Aktien- und GmbH-KonzernR Rn 16 mwN). Dennoch handelt es sich um einen Fall der Veränderung der Unternehmensentstehung, nicht aber der Gewinnverwendung, so dass § 292 nicht anwendbar ist. Diese Fälle der Strukturveränderung durch „Mediatisierung" sind stattdessen – soweit in den Anwendungsbereich fallend - mit der Holzmüller-Gelatine-Doktrin zu lösen, vgl § 119 Rn 12 f (so auch MünchKomm AktG/*Altmeppen* Rn 23 ff mwN; *Hüffer* AktG Rn 6).

6 e) Angemessene Aufteilung des Gewinns. Der erforderliche **Verteilungsschlüssel** verlangt idR – jedenfalls neben Sockelbeträgen oder Ähnlichem – eine quotale Aufteilung des gemeinsamen Gewinns zwischen den Vertragsparteien, nicht nur einen Ausgleichsbetrag für die außenstehenden Aktionäre; sonst wäre es ggf ein Gewinnabführungs-, kein Gewinngemeinschaftsvertrag (*Emmerich/Habersack* Aktien- und GmbH-KonzernR Rn 12; KölnKomm AktG/*Koppensteiner* Rn 37). Bei **voneinander nicht abhängigen** Vertragspartnern obliegt die Angemessenheitsprüfung Vorstand und AR; durch das Zustimmungserfordernis der HV wird ebenfalls die Gewähr für die Angemessenheit erhöht, so dass eine weitere gerichtliche Überprüfung der Angemessenheit nicht stattfindet. Anders bei **Abhängigkeitsverhältnissen** zwischen Vertragsparteien: Bei nicht angemessener Aufteilung ist wg Abs 3 § 57 anwendbar (s dazu unten Rn 26). **Streitig** ist die Rechtsfolge hierbei: Nach wohl **hM** sind sowohl der Gewinngemeinschaftsvertrag wie auch der Zustimmungsbeschluss der HV **nichtig** (*OLG Düsseldorf* AG 1996, 473, 474; *Koppensteiner* aaO Rn 53). Als Rechtsfolge für die Rückabwicklung wird zT § 812 BGB befürwortet, überwiegend aber die Anwendung der Grundsätze über die fehlerhafte Gesellschaft vertreten (*Hüffer* AktG Rn 11; vgl auch

MünchKomm AktG/*Altmeppen* Rn 40 f), wobei jedenfalls der bes aktienrechtliche Rückgewähranspruch nach § 62 vorrangig eingreift. Nach **aA** wird dem von § 57 intendierten Kapitalschutz durch Anpassung der Vertragsbedingungen iSd § 62 ausreichend Rechnung getragen (*Altmeppen* aaO Rn 29 ff mwN). Allerdings dürfte die praktische Durchführung schwierig sein, weil Anpassung wohl nur einvernehmlich erreicht werden kann (*Altmeppen* aaO Rn 30 f), dann aber der HV-Beschluss den Vertrag zu den geänderten Konditionen nicht trägt.

2. Teilgewinnabführungsvertrag, Abs 1 Nr 2 und Abs 2. – a) Allgemeines. Durch den   7
Teilgewinnabführungsvertrag verpflichtet sich eine AG oder KGaA, **einen Teil ihres Gewinns** oder den Gewinn einzelner ihrer Betriebe ganz oder teilw an einen anderen abzuführen; ausgenommen von den für ihn geltenden Rechtsfolgen sind bestimmte Fälle des Abs 2. Abzugrenzen ist dieser Vertragstypus insb vom Gewinnabführungsvertrag nach § 291 Abs 1. Praktische Bedeutung hat der Teilgewinnabführungsvertrag vor allem in Form der stillen Beteiligung an der AG bzw KGaA (hierzu nachfolgend Rn 11).

b) Vertragspartner. Verpflichtet ist eine AG oder KGaA deutschen Rechts. Der   8
andere Vertragspartner muss nicht Unternehmenseigenschaft haben, wie durch die unterschiedliche Fassung von Abs 1 Nr 1 einerseits und Nr 2 und 3 andererseits sowie durch die sonst nicht sinnvolle Bestimmung des Abs 2 deutlich wird (MünchKomm AktG/*Altmeppen* Rn 46).

c) Gewinn. – aa) Teilgewinn des gesamten Unternehmens. Maßgeblich ist die Abführung   9
eines **Teils des Gewinns des gesamten Unternehmens**. Auch ein kleiner Teil genügt; Abs 2 grenzt nach anderen Kriterien als nach Betrag oder Quote die nicht der Vorschrift unterworfenen Fälle ab, es gibt also keine „Bagatellgrenze" (*KG* AG 2000, 183, 184 = NZG 1999, 1102; *Emmerich/Habersack* Aktien- und GmbH-KonzernR Rn 24). Umgekehrt darf nicht der ganze Gewinn des Unternehmens erfasst sein, weil es sich sonst um einen Gewinnabführungsvertrag nach § 291 Abs 1 handeln würde, es sei denn, für die Abführung des ganzen Gewinn würde ein Entgelt geleistet (hierzu s nachfolgend Rn 14); auch hierbei liegt ein Fall des Abs 1 Nr 2, nicht des § 291 Abs 1 vor (§ 291 Rn 17 und MünchKomm AktG/*Altmeppen* Rn 52, 53, der diese Fälle jedoch nach Abs 1 Nr 3 behandelt). Aber auch die Abführung **nahezu** des gesamten Gewinns ist Teilgewinnabführung (Spindler/Stilz AktG/*Veil* Rn 17). Es werden nur solche Verträge erfasst, die den aufgrund einer **periodischen Abrechnung** ermittelten Gewinn betreffen (*Altmeppen* aaO Rn 58 ff), wobei es sich wie bei der Gewinngemeinschaft (s.o. Rn 4) um den Jahresüberschuss oder den Bilanzgewinn handeln kann, nicht um die Umsatzerlöse und auch nicht um den Rohertrag, andererseits auch nicht nur das Ergebnis aus einzelnen Geschäftsvorfällen (KölnKomm AktG/*Koppensteiner* Rn 55; *Emmerich* aaO Rn 25).

bb) Gewinn einzelner Betriebe. Die zweite Variante der Nr 2 bezieht sich auf den   10
ganzen oder teilw Gewinn eines oder einzelner, aber nicht aller Betriebe (das wäre ein Fall von § 291 Abs 1 bei Abführung des gesamten Gewinns und ein Fall des Abs 1 Nr 2 Var 1 bei Abführung eines Teils des Gewinns aller Betriebe), differenzierend MünchKomm AktG/*Altmeppen* Rn 54.

d) Sonderformen. – aa) Stille Beteiligung an Aktiengesellschaft/Kommanditgesell-   11
schaft auf Aktien. Nach heute ganz **hM** werden **stille Beteiligungen** an der AG oder KGaA als Teilgewinnabführungsverträge angesehen, da der Gewinn nicht bei der

(stillen) Personengesellschaft selbst, sondern direkt bei der AG/KGaA anfällt. Das gilt auch für die **atypisch stille Beteiligung** (*BGH* AG 2006, 546 = NZG 2006, 540, 541 – Securenta; *Wagner* NZG 2005, 499; *Emmerich/Habersack* Aktien- und GmbH-KonzernR Rn 29 ff; *K. Schmidt* ZGR 1984, 295, 298 ff zur typisch stillen Gesellschaft; *Schulze-Osterloh* ZGR 1974, 427; je mwN). Im Einzelfall kann bei sehr weit gehenden Einflussrechten des (vor allem atypisch) stillen Gesellschafters die Grenze zum Beherrschungsvertrag erreicht werden (*Priester* FS Raiser, S 293). Bei einer **Vielzahl** von (oft gleichartigen) **stillen Gesellschaftsverträgen** mit Anlegern ergeben sich Sonderfragen beim HV-Beschluss nach § 293 (Sammelbeschlussverfahren), bei der Auslegung nach § 293f Abs 1 Nr 1 (Vertragsmuster und Listen mit Namen, Adressen und Zeichnungssummen statt gesonderter Auslegung aller Verträge) und bei der Eintragung im HR (§ 294 Abs 1 S 1 HS 2, s dort Rn 5). Stille Beteiligungen an AG oder KGaA können **fehlerhaft** sein aus **aktienrechtlichen** Gründen (fehlende oder übermäßig verzögerte HV-Zustimmung oder HR-Eintragung) oder aus **allgemeinem Recht,** zB Anfechtung wg Irrtums nach § 119 BGB bei mangelhafter Aufklärung, bei Haustürgeschäften nach §§ 312 ff BGB und Ähnlichem. Die Regeln über die fehlerhafte Gesellschaft gewähren nur ein Kündigungsrecht aus wichtigem Grund (§§ 234 Abs 1 S 2 HGB iVm 723 Abs 1 S 2 und 3 BGB) mit der Folge oft wertloser Ansprüche aufgrund einer Abschichtungsbilanz (§ 235 HGB iVm § 738 BGB); jedenfalls bei Verschulden bei Vertragsschluss oder nach Prospekthaftungsgrundsätzen sowie bei Verstoß gegen §§ 293, 294 können Anleger gegen die AG/KGaA ihre gesamte Einlage nach § 812 BGB zurückverlangen, unbeschadet weitergehender Schadensersatzansprüche gegen die Gesellschaft und ggf den Vorstand (*Emmerich* aaO Rn 29 f, 29g; *Wagner* NZG 2005, 499). Wird ein Widerrufs- oder Kündigungsrecht nach § 178 BGB oder nach § 323 BGB geltend gemacht, muss die Erklärung diesen Grund erkennen lassen; ein Widerruf nach dem Haustürwiderrufsgesetz (aF, nun §§ 312 ff BGB) kann insoweit nicht umgedeutet werden (*BGH* NZG 2006, 540, 541; *Armbrüster/Joos* ZIP 2004, 189, 192, 194; *W. Bayer/Riedel* NJW 2003, 2567, 2571; *Hey* NZG 2004, 1097; *Loritz* DB 2004, 2459). Besteht zwischen der AG/KGaA bereits ein Gewinnabführungsvertrag mit ihrer Muttergesellschaft, kann sie keine stille Gesellschaft mehr errichten, da der gesamte Gewinn an die Muttergesellschaft abgeführt werden muss; ggf muss der bestehende Gewinnabführungsvertrag durch einen Teilgewinnabführungsvertrag ersetzt werden. Jedenfalls bedarf es der Zustimmung der HV der Muttergesellschaft (*Berninger* DB 2004, 297).

12 **bb) Partiarische Darlehen (Partiarische Austauschverträge).** Soweit die Gegenleistung (zB die Zinsen) ganz oder (zB neben einem festen Sockelbetrag) teilw vom Gewinn im Sinne dieser Vorschrift abhängt, liegt wesensmäßig ein Teilgewinnabführungsvertrag vor (*MünchKomm* AktG/*Altmeppen* Rn 69; *Emmerich/Habersack* Aktien- und GmbH-KonzernR Rn 26); idR wird allerdings der Ausnahmetatbestand des Abs 2 – Vertrag des laufenden Geschäftsverkehrs – vorliegen, und zwar auch dann, wenn das partiarische Darlehen die wesentliche Finanzierung der Gesellschaft darstellt.

13 **cc) Genussrechte.** Für diese gehen die Sonderregeln des § 221 vor (**hM** *BGHZ* 156, 38, 42 = AG 2003, 625; *Busch* AG 1994, 93, 97; *K. Schmidt/Lutter* AktG/*Langenbucher* Rn 26; unten § 221 Rn 93; **aA** *Emmerich/Habersack* Aktien- und GmbH-KonzernR Rn 31 f), allein schon wg der Verbriefungsmöglichkeit, die weder mit der Registerpublizität noch mit der Beschränkung der Vertretungsbefugnis im Außenverhältnis vereinbar wäre.

e) Fehlende oder unangemessene Gegenleistung. Beim Teilgewinnabführungsvertrag 14
wird eine Gegenleistung vorausgesetzt (anders als beim Gewinnabführungsvertrag),
die angemessen sein muss, jedenfalls wenn der andere Vertragspartner Aktionär ist
oder wenn die AG/KGaA von dem Aktionär abhängig ist (*BGHZ* 156, 38, 43 f = AG
2003, 625; *Emmerich/Habersack* Aktien- und GmbH-KonzernR Rn 27 ff). Ist die
Gegenleistung unangemessen, ist der mit einem Aktionär geschlossene Vertrag nichtig
(§ 134 BGB iVm §§ 57 ff AktG; s Spindler/Stilz AktG/*Veil* Rn 20). Verträge mit Dritten sind grds wirksam, können jedoch den Vorstand aus § 93 Abs 2 AktG, § 823
Abs 2 BGB iVm § 266 StGB schadenersatzpflichtig machen (K. Schmidt/Lutter AktG/
Langenbucher Rn 19).

f) Ausnahmen nach Abs 2. Nicht die für Teilgewinnabführungsverträge angeordneten Rechtsfolgen sollen bei bestimmten personenbezogenen (nachfolgend Rn 16) und 15
gegenstandsbezogenen Ausnahmen (nachfolgend Rn 17) gelten. Darüber hinaus wird
Abs 2 nicht analog angewendet (MünchKomm AktG/*Altmeppen* Rn 83).

aa) Personenbezogene Ausnahmen. Vereinbarungen über Gewinnbeteiligungen mit 16
Mitgliedern des Vorstands, des AR und **einzelnen** Arbeitnehmern sind ausgenommen.
„Einzelne" bedeutet „individuell bestimmt", nicht nur bestimmbar; die Definition
über die Zugehörigkeit zu einer bestimmten Gruppe – wie es etwa bei einer Betriebsvereinbarung der Fall sein könnte – ist von Abs 2 nicht erfasst, eine solche Vereinbarung bedarf daher eines HV-Beschlusses etc (*Emmerich/Habersack* Aktien- und
GmbH-KonzernR Rn 34; MünchKomm AktG/*Altmeppen* Rn 79). Inhaltlich sind nicht
nur übliche Tantiemevereinbarungen in Dienstverträgen freigestellt, sondern etwa
auch stille Gesellschaftsverträge mit den genannten Personen (*OLG Stuttgart* AG
2011, 93 ff; *Emmerich* aaO).

bb) Gegenstandsbezogene Ausnahmen. Ausgenommen sind ferner **Gewinnbeteili-** 17
gungen iRd laufenden Geschäftsverkehrs. Hier wird allg § 116 Abs 2 HGB entspr
angewendet, so dass es insb auch auf den Gegenstand der AG oder KGaA ankommt.
Beispiele sind **partiarische Darlehen** oder partiarische Mietverhältnisse; stille Beteiligungen stellen generell keine Ausnahme dar und bedürfen daher der Zustimmung der
HV (*Emmerich/Habersack* Aktien- und GmbH-KonzernR Rn 35; MünchKomm
AktG/*Altmeppen* Rn 80 f). Weiter ausgenommen sind **Lizenzverträge** über Patente
und Know-how (*Emmerich* aaO Rn 36).

3. Betriebspacht und Betriebsüberlassung, Abs 1 Nr 3. – a) Vertragsparteien. Eine 18
AG oder KGaA verpachtet bzw überlässt ihren Betrieb einem anderen; die Vorschrift
gilt also zB nicht für die Verpachtung des als selbstständige Tochtergesellschaft einer
AG/KGaA geführten Betriebs. Vertragsparteien können konzernverbundene Unternehmen sein („konzerninterne Pacht-/Betriebsüberlassungsverträge"), müssen es aber
nicht („konzernexterne Verträge", vgl MünchKomm AktG/*Altmeppen* Rn 101 ff); im
ersteren Falle gelten Sondernormen (§ 302 Abs 2).

b) Betriebspachtvertrag. Durch einen Pachtvertrag iSd §§ 581 ff BGB verpachtet die 19
AG/KGaA ihren Betrieb – und, wenn sie mehrere Betriebe hat, **alle** ihre Betriebe.
Die Gesellschaft übt dann selbst keine operative Tätigkeit mehr aus und wird zur
„Rentnergesellschaft" (MünchKomm AktG/*Altmeppen* Rn 97f). Die Herausnahme
einzelner, ganz unbedeutender Betriebe aus den Pachtgegenständen ist ggf als Umgehungsfall zu qualifizieren, wenn kein sachlicher Grund hierfür besteht (KölnKomm
AktG/*Koppensteiner* Rn 76 mwN). Der **Pächter** führt den Betrieb **im eigenen Namen**

und **für eigene Rechnung** und zahlt der AG/KGaA dafür einen Pachtzins; Betriebspachtverträge sind also stets entgeltliche Verträge; unentgeltliche Überlassungsverträge können mithin nicht als Betriebspachtverträge zu qualifizieren sein, ggf als Geschäftsführungsvertrag iSd § 291 Abs 1 S 2 (*Emmerich/Habersack* Aktien- und GmbH-KonzernR Rn 40a) oder auch als Betriebsüberlassungsvertrag (str *Koppensteiner* aaO Rn 77 verlangt auch für diese stets Entgeltlichkeit, s dazu unten Rn 20).

20 c) **Betriebsüberlassungsvertrag.** Der Übernehmer führt den ihm von der AG oder KGaA überlassenen Betrieb wie beim Betriebspachtvertrag **auf eigene** (seine, des Übernehmers) **Rechnung**, aber im Unterschied zum Betriebspachtvertrag nicht im eigenen Namen, sondern **im Namen der überlassenden AG/KGaA**. Deswegen bedarf der Übernehmer für sein Handeln im Außenverhältnis einer Vollmacht. Ferner erwirbt er gegen die überlassende AG/KGaA einen Anspruch auf Abführung des Geschäftsergebnisses (§ 667 BGB) und schuldet ihr die Freistellung von den eingegangenen Verbindlichkeiten und Aufwendungsersatz (§ 670 BGB). Wie bei Betriebspacht muss der Vertrag den gesamten (bzw alle) Betrieb(e) der AG/KGaA erfassen (MünchKomm AktG/*Altmeppen* Rn 105 iVm Rn 97 f).

21 d) **Betriebsführungsvertrag.** Der Betriebsführungsvertrag (grundlegend *Huber* ZHR 152 (1988), 1, 123) ist dadurch gekennzeichnet, dass der Betriebsführer den Betrieb **für Rechnung der AG/KGaA** und auch **in deren Namen** führt, weshalb er – wie beim Betriebsüberlassungsvertrag – eine Vollmacht benötigt. Weitergehend werden als „unechte Betriebsführungsverträge" solche bezeichnet, bei denen zwar auch auf Rechnung der AG/KGaA, aber nicht in deren Namen, sondern im Namen des Betriebsführers gehandelt wird (MünchKomm AktG/*Altmeppen* Rn 143 f mwN). Nach **hM** wird der Betriebsführungsvertrag, obwohl nicht wörtlich im Katalog von Abs 1 genannt, als Fall von Abs 1 Nr 3 angesehen (*Oesterreich* Die Betriebsüberlassung, 1979, S 53 f) oder jedenfalls analog dieser Regelung behandelt (*Emmerich/ Habersack* Aktien- und GmbH-KonzernR Rn 58 f; **aA** *Winter/Theisen* AG 2011, 662, 665; zum Diskussionsstand s auch *Priester* FS Hommelhoff, 2012, S 875, 880 ff). Zu beachten ist wiederum, dass der gesamte Betrieb bzw alle Betriebe der AG erfasst sein müssen, um die (analoge) Anwendung der Rechtsfolgen für die anderen Unternehmensverträge iSv § 292 zu rechtfertigen.

22 e) **Fehlende oder unangemessene Gegenleistung. – aa) Ertragswert.** Der Betriebspachtvertrag verlangt eine **Gegenleistung**, der Betriebsüberlassungsvertrag nach **hM** ebenfalls (MünchKomm AktG/*Altmeppen* Rn 110 ff; Spindler/Stilz AktG/*Veil* Rn 41 ff; **aA** *Hüffer* AktG Rn 19; K. Schmidt/Lutter AktG/*Langenbucher* Rn 33). Die Gegenleistung muss **angemessen** sein, wie aus Abs 3 und weiterhin aus § 302 Abs 2 ersichtlich ist. Maßstab für die Angemessenheit ist der **Ertragswert** des dem Vertrag unterfallenden Betriebs, wie die **hM** aus § 304 Abs 2 folgert (*Altmeppen* aaO Rn 114).

23 bb) **Rechtsfolge unangemessener Gegenleistung.** Die Rechtsfolge eines niedrigeren Entgelts als des angemessenen für Betriebspacht- und Betriebsüberlassungsvertrag wird danach unterschieden, ob der Vertragspartner Aktionär ist. Ist der **Vertragspartner nicht Aktionär,** greifen bei unangemessen niedriger Gegenleistung ggf nur die allg Regeln ein (§ 138 BGB; Missbrauch der Vertretungsmacht, §§ 77, 82 AktG, 177, 242 BGB; Schadensersatzansprüche gegen die Verwaltungsmitglieder nach §§ 93, 116 AktG bzw 823, 826 BGB, vgl MünchKomm AktG/*Altmeppen* Rn 127; *Emmerich/ Habersack* Aktien- und GmbH-KonzernR Rn 50). Ist hingegen der **Vertragspartner**

Aktionär, so folgt aus Abs 3 S 1, dass ein Verstoß gegen die §§ 57, 58 und 60 **nicht zur Nichtigkeit** des Vertrages und des Zustimmungsbeschlusses der HV führt, wohl aber die Anfechtbarkeit unberührt lässt, vgl unten Rn 26.

4. Abgrenzungs- und Umgehungsfragen. Da die Rechtsfolgen der Verträge des § 292 24 hinter denen für die Unternehmensverträge nach § 291 zurückbleiben, ist jeweils zu prüfen, ob nicht insb ein Beherrschungsvertrag in einem der Verträge des § 292 enthalten ist, zB wenn der Pächter ein Weisungsrecht auch hinsichtlich der pachtfreien Unternehmenssphäre der Verpächterin erhält und dadurch auch über die Verwendung des Pachtzinses bestimmt (*Emmerich/Habersack* Aktien- und GmbH-KonzernR Rn 60; *Maser* S 71 f); dann sind die Regelungen des „wirklich gewollten" Vertrags nach §§ 137, 157 BGB anzuwenden.

III. Verletzung der Kapitalbindungsregeln bei Betriebspacht- und Betriebsüberlassungsverträgen, Abs 3

1. Keine Nichtigkeit des Vertrages und des Zustimmungsbeschlusses, Abs 3 S 1. Ist 25 der andere Vertragsteil Aktionär, so ist im Falle eines Verstoßes gegen die Kapitalbindungsregeln der §§ 57, 58 und 60 **weder der Vertrag noch der Zustimmungsbeschluss der HV nichtig**; das ordnet Abs 3 S 1 an (*Kropff* S 379; *Hüffer* AktG Rn 29). Abs 3 S 1 gilt nach **hM** auch für **Betriebsführungsverträge** (*Emmerich/Habersack* Aktien- und GmbH-KonzernR Rn 59; K. Schmidt/Lutter AktG/*Langenbucher* Rn 51; **aA** *Veil* Unternehmensverträge, S 292).

2. Jedoch Anfechtbarkeit des Zustimmungsbeschlusses der HV, Abs 3 S 2. Der 26 Zustimmungsbeschluss der HV kann aber **nach § 243 angefochten** werden. Dabei ist die **Monatsfrist** des § 246 Abs 1 zu beachten. **Anfechtungsbefugt** sind Vorstand, AR und Aktionäre; Vorstand und AR sind ggf zur Anfechtung verpflichtet, §§ 93, 116 (MünchKomm AktG/*Altmeppen* Rn 120). Ein unangemessen niedriges Entgelt stellt sowohl eine **Gesetzesverletzung** dar (§ 243 Abs 1), wie auch einen **Sondervorteil** iSd § 243 Abs 2 (*Emmerich/Habersack* Aktien- und GmbH-KonzernR Rn 51 f). Ein Sondervorteil kann sich bei angemessener Gegenleistung auch ergeben, wenn ein Minderheitsaktionär oder ein Dritter ein höheres Entgelt angeboten hat als der andere Vertragsteil (*Altmeppen* aaO Rn 121; *OLG Frankfurt* AG 1973, 136 = WM 1973, 348). Ist den anderen Aktionären ein **angemessener Ausgleich für ihren Schaden** gewährt worden, ist die **Anfechtung ausgeschlossen** und zwar sowohl für § 243 Abs 2 (wg S 2), als auch bei § 243 Abs 1 – in den also praktisch § 243 Abs 2 S 2 hineinzulesen ist – weil sonst kein Anwendungsbereich für den Anfechtungsausschluss bei angemessenem Ausgleich für die anderen Aktionäre verbliebe (**hM** *OLG Frankfurt* AG 1973, 136 = WM 1973, 348; *Emmerich* aaO mwN; **aA** *Altmeppen* aaO Rn 121 f mit beachtlichen Argumenten; Spindler/Stilz AktG/*Veil* Rn 44; K. Schmidt/Lutter AktG/*Langenbucher* Rn 55).

3. Weitere Rechtsfolgen. Mangels Anfechtung, va nach Ablauf der Anfechtungsfrist, 27 bleiben Ansprüche nach § 62, sowie in Abhängigkeitsverhältnissen §§ 311, 317 (iE MünchKomm AktG/*Altmeppen* Rn 123 ff; *Hüffer* AktG Rn 31). Umgekehrt schließt die Beachtung der §§ 311 ff die Anfechtungsbefugnis nach Abs 3 S 2 nicht aus (*Altmeppen* aaO Rn 126).

IV. GmbH

28 **1. Gewinngemeinschaft.** Nach **hM** bedarf auch die Vereinbarung einer Gewinngemeinschaft durch eine GmbH der **Zustimmung der Gesellschafterversammlung** nach §§ 53, 54 GmbHG und der Eintragung des Vertrages ins HR (*Emmerich/Habersack* Aktien- und GmbH-KonzernR Rn 21; Ulmer GmbHG/*Casper* § 77 Anh Rn 184; *Michalski/Zeidler* GmbHG I Syst Darst 4 Rn 185), wobei die erforderliche Mehrheit **streitig** ist (vgl *Emmerich* aaO Rn 22).

29 **2. Teilgewinnabführungsvertrag.** Nach wohl **hM** ist der Abschluss von Teilgewinnabführungsverträgen durch die Vertretungsmacht der Geschäftsführer gedeckt und bedarf daher keiner Zustimmung der Gesellschafterversammlung (*BayObLGZ* 2003, 21, 23 = GmbHR 2003, 534; *LG Darmstadt* ZIP 2005, 402, 404; *Roth/Altmeppen* GmbHG § 13 Anh Rn 112 ff; *K. Schmidt* ZGR 1984, 295, 309 ff; *Jebens* BB 1996, 701, 703; *Morshäuser/Dietz-Vellmer* NZG 2011, 135, 1136; **aA** *Emmerich/Habersack* Aktien- und GmbH-KonzernR Rn 37 mwN; differenzierend je nach typisch/atypisch stiller Gesellschaft *Blaurock* FS Großfeld, S 83, 91 ff). Ein solcher Vertrag kann aber nicht ins HR eingetragen werden (*OLG München* ZIP 2011, 811).

30 **3. Betriebspacht- und Überlassungsvertrag.** Auch insoweit herrscht Streit, ob die Vertretungsmacht der Geschäftsführer genügt (so *Roth/Altmeppen* GmbHG § 13 Anh Rn 112 ff) oder die Zustimmung der Gesellschafterversammlung erforderlich ist (*LG Berlin* AG 1992, 92 = ZIP 1991, 1180; *LG Darmstadt* ZIP 2005, 402, 404), und welche Mehrheit hierfür ggf erforderlich ist (vgl die Nachweise bei *Emmerich/Habersack* Aktien- und GmbH-KonzernR Rn 54).

Zweiter Abschnitt
Abschluss, Änderung und Beendigung von Unternehmensverträgen

§ 293 Zustimmung der Hauptversammlung

(1) ¹**Ein Unternehmensvertrag wird nur mit Zustimmung der Hauptversammlung wirksam.** ²**Der Beschluss bedarf einer Mehrheit, die mindestens drei Viertel des bei der Beschlussfassung vertretenen Grundkapitals umfasst.** ³**Die Satzung kann eine größere Kapitalmehrheit und weitere Erfordernisse bestimmen.** ⁴**Auf den Beschluss sind die Bestimmungen des Gesetzes und der Satzung über Satzungsänderungen nicht anzuwenden.**

(2) ¹**Ein Beherrschungs- oder ein Gewinnabführungsvertrag wird, wenn der andere Vertragsteil eine Aktiengesellschaft oder Kommanditgesellschaft auf Aktien ist, nur wirksam, wenn auch die Hauptversammlung dieser Gesellschaft zustimmt.** ²**Für den Beschluss gilt Absatz 1 Satz 2 bis 4 sinngemäß.**

(3) **Der Vertrag bedarf der schriftlichen Form.**

Übersicht

	Rn		Rn
I. Gegenstand und Zweck der Regelung	1	1. Hauptversammlung der verpflichteten Gesellschaft	2
II. Zustimmungsbeschluss der Hauptversammlung der Untergesellschaft, Abs 1	2	a) Aktiengesellschaft und Kommanditgesellschaft auf Aktien	2

§ 293 Zustimmung der Hauptversammlung

	Rn		Rn
b) GmbH	3	III. Zustimmungsbeschluss der Hauptversammlung der Obergesellschaft, Abs 2	20
2. Reichweite des Beschlusserfordernisses	4	1. Allgemeines	20
3. Formelle Voraussetzungen	5	2. Anwendungsbereich	21
a) Form	5	a) Analoge Anwendung auf andere Gesellschaftsformen	21
b) Mehrheitserfordernisse (Abs 1 S 2 und 3)	6	b) Ausländische Gesellschaften	22
aa) Gesetzliche Regelung	6	c) Gemeinschaftsunternehmen	23
bb) Satzung	7	d) Mehrstufige Unternehmensverbindungen	24
c) Keine Satzungsänderung	8	3. Voraussetzungen und Inhalt des Beschlusses; sinngemäße Geltung von Abs 1 S 2–4	25
d) Stimmrecht	9	4. Wirkung des Beschlusses	26
aa) Stimmrecht des anderen Vertragsteils	9	IV. Beschlussmängel	27
bb) Beteiligung des Aufsichtsrates	10	1. Nichtigkeits- und Anfechtungsgründe	27
cc) Positive Stimmpflicht	12	2. Verhältnis von Zustimmungsbeschluss und Vertrag bei Mängeln	29
4. Materielle Voraussetzungen	13	V. Vertragsschluss und Schriftform, Abs 3	30
a) Inhalt des Zustimmungsbeschlusses	13	1. Allgemeines	30
aa) Gesamtheit der Vertragsvereinbarungen	13	2. Kompetenzen des Vorstands und Initiativrecht	31
bb) Detailfragen	14	3. Schriftform	34
cc) Bezeichnung des Vertragstyps	15	4. Abschlusswirkungen des Vertrages	36
b) Materielle Beschlusskontrolle	16	5. Bedingung und Befristung	37
5. Beschlussfassung als Einwilligung oder Genehmigung	17	6. Vertragsmängel	38
6. Keine Änderung des Vertragsentwurfs durch die Hauptversammlung	18		
7. Wirkung erteilter Zustimmung	19		

Literatur: *Altmeppen* Ausgliederung zwecks Organschaftsbildung gegen die Sperrminorität?, DB 1998, 49; *Bärwaldt/Schabacker* Wirksamkeitserfordernisse grenzüberschreitender Unternehmensverträge iSd § 291 AktG, AG 1998, 182; *Barz* Beherrschungs- oder Gewinnabführungsvertrag mit ausländischer Aktiengesellschaft, BB 1966, 1168; *Canaris* Hauptversammlungsbeschlüsse und Haftung der Verwaltungsmitglieder im Vertragskonzern, ZGR 1978, 207; *Emmerich* Konzernbildungskontrolle, AG 1991, 303; *Flume* Die Rechtsprechung des II. Zivilsenats des BGH zur Treupflicht des GmbH-Gesellschafters und des Aktionärs, ZIP 1996, 161; *Gäbelein* Unternehmensverträge bei der Einpersonen-GmbH, GmbHR 1992, 786; *Geßler* Bestandsschutz der beherrschten Gesellschaft im Vertragskonzern?, ZHR 140 (1976), 433; *Hirte* Informationsmängel und Spruchverfahren, ZHR 167 (2003), 8; *Kort* Urteilsanmerkung, DZWIR 1993, 292; *Krieger* Inhalt und Zustandekommen von Beherrschungs- und Gewinnabführungsverträgen im Aktien- und GmbH-Recht, DStR 1992, 432; *Kropff* Zur Konzernleitungspflicht, ZGR 1984, 112; *Lutter* Zur inhaltlichen Begründung von Mehrheitsentscheidungen – Besprechung der Entscheidung „BGH WM 1980, 378" –, ZGR 1981, 171; *Martens* Die Entscheidungsautonomie des Vorstands und die „Basisdemokratie" in der Aktiengesellschaft, ZHR 147 (1983), 377; *ders* Der Ausschluss des Bezugsrechts: *BGHZ* 33, S 175, FS Rob. Fischer 1979, S 437; *Pentz* Zustimmungserfordernisse beim Stufen übergreifenden Unternehmensvertrag in Mehrstufigkeitsverhältnissen, DB 2004, 1543; *Rehbinder* Gesellschaftsrechtliche Probleme mehrstufiger Unternehmensverbindun-

§ 293 Zustimmung der Hauptversammlung

gen, ZGR 1977, 581; *Sonnenschein* Die Eingliederung im mehrstufigen Konzern, BB 1975, 1088; *Timm* Die Mitwirkung des Aufsichtsrates bei unternehmensstrukturellen Entscheidungen, DB 1980, 1655; *Veith/Schmid* Abschluss und Beendigung von Beherrschungs- und Gewinnabführungsverträgen im GmbH-Konzern, DB 2012, 727; *Vetter* Abfindungswertbezogene Informationsmängel und Rechtsschutz, FS Wiedemann 2002, S 1323; *Windbichler* Die Rechte der Hauptversammlung bei Unternehmenszusammenschlüssen durch Vermögensübertragung, AG 1981, 169; *Winter* Mitgliedschaftliche Treubindungen im GmbH-Recht, 1988.

I. Gegenstand und Zweck der Regelung

1 § 293 statuiert **Wirksamkeitserfordernisse** für den Abschluss von Unternehmensverträgen. Zweck des Abs 1 ist, die Aktionäre der Untergesellschaft in den Vertragsschluss mittels HV-Beschluss einzubeziehen (*Kropff* S 380). Der Zustimmung der HV der Obergesellschaft bedarf es in den Fällen des Abs 2. Die Vorschrift bringt zum Ausdruck, dass der Abschluss von Beherrschungs- und Gewinnabführungsverträgen wg der damit verbundenen Konsequenzen (insb Pflicht zur Verlustübernahme und zur Leistung von Ausgleichs- und Abfindungszahlungen) nicht in die alleinige Kompetenz der Verwaltung fällt (*Kropff* S 381). Abs 1 S 2 und 3 benennen **Mindestanforderungen** im Hinblick auf die für den Beschl erforderliche Mehrheit. Zusammen mit der Eintragungspflicht nach § 294 gelten für den Abschluss von Unternehmensverträgen damit praktisch dieselben Voraussetzungen wie für eine Satzungsänderung (vgl §§ 179, 180). Abs 1 S 4 hat folglich keinen selbstständigen materiellen Regelungsgehalt, soweit er die gesetzlichen Vorschriften über die Satzungsänderung abbedingt. Das Schriftformerfordernis des Abs 3 dient der Publizität (*Kropff* aaO; *Hüffer* AktG Rn 1). Auf die **Änderungen von Unternehmensverträgen** finden die Bestimmungen der §§ 293 ff entspr Anwendung, § 295 Abs 1 S 2.

II. Zustimmungsbeschluss der Hauptversammlung der Untergesellschaft, Abs 1

2 1. **Hauptversammlung der verpflichteten Gesellschaft.** – a) **Aktiengesellschaft und Kommanditgesellschaft auf Aktien.** Gem Abs 1 ist ein HV-Beschluss Wirksamkeitserfordernis für den Abschluss eines Unternehmensvertrages. Den §§ 291, 292, welche stets die Untergesellschaft als „Gesellschaft" bezeichnen, ist zu entnehmen, dass Abs 1 die **HV der zur Erbringung der vertragstypischen Leistung verpflichteten Gesellschaft** meint (MünchKomm AktG/*Altmeppen* Rn 30; *Hüffer* AktG Rn 3). Verträge, die auf die Herstellung einer **Gewinngemeinschaft** gerichtet sind, verpflichten alle beteiligten Gesellschaften. Es bedarf daher auf allen Seiten einer Zustimmung der HV (*Emmerich/Habersack* Aktien- und GmbH-KonzernR Rn 5). Für die **KGaA** folgt aus § 285 Abs 2, dass der Komplementär dem HV-Beschluss zustimmen muss.

3 b) **GmbH.** Die Rspr hat das Zustimmungserfordernis mittlerweile auch auf Beherrschungs- und/oder Gewinnabführungsverträge erstreckt, bei denen eine **GmbH verpflichtete Gesellschaft** ist (*BGHZ* 105, 324; *Ulmer* GmbHG/*Ulmer* § 53 Rn 154 ff), auch bei der Einpersonen-GmbH (*BGH* GmbHR 1992, 253; hierzu *Gäbelein* GmbHR 1992, 786, 788). Der *BGH* begründet den Zustimmungsvorbehalt der Gesellschafterversammlung im Wege einer analogen Anwendung der Vorschriften über die Satzungsänderung (§§ 53, 54 GmbHG). Ob die §§ 53, 54 GmbHG auch für **andere Unternehmensverträge der GmbH** Anwendung finden, ist noch nicht abschließend geklärt (für eine Anwendung bei strukturändernder Wirkung des Vertrags *Ulmer* aaO Rn 160 ff; vgl zur Rspr *LG Berlin* ZIP 1991, 1180, 182 f).

2. Reichweite des Beschlusserfordernisses. Das Zustimmungserfordernis des Abs 1 S 1 betrifft jegliche Unternehmensverträge. Es ist folglich nicht auf Beherrschungs- und Gewinnabführungsverträge beschränkt. Ausgenommen sind allein die vor 1965 abgeschlossenen Altverträge (*KG* AG 2001, 186, 187; *LG Berlin* AG 1999, 188 f).

3. Formelle Voraussetzungen. – a) Form. Gem § 130 ist der HV-Beschluss notariell zu beurkunden. Das Schriftformerfordernis des Abs 3 betrifft nur den Unternehmensvertrag selbst (Spindler/Stilz AktG/*Veil* Rn 17).

b) Mehrheitserfordernisse (Abs 1 S 2 und 3). – aa) Gesetzliche Regelung. Ist eine AG die zur Erbringung der vertragstypischen Leistung verpflichtete Gesellschaft, so entscheidet deren HV durch Beschl. Für das Verfahren gelten die §§ 121 ff. Der Beschl bedarf der einfachen Stimmenmehrheit nach § 133 Abs 1 und der Zustimmung von drei Viertel des bei der Beschlussfassung vertretenen Grundkapitals, Abs 1 S 2.

bb) Satzung. Die **Satzung** kann gem Abs 1 S 3 im Hinblick auf die erforderliche qualifizierte Kapitalmehrheit **Verschärfungen** vorsehen. Für Stimmenmehrheit ergibt sich die Möglichkeit der Verschärfung bereits aus § 133 Abs 1. Zu möglichen zusätzlichen Erfordernissen wie dem Quorum oder der doppelten HV vgl § 133 Rn 15 f.

Ein **Verbot von Unternehmensverträgen** in der Satzung ermöglicht Abs 1 S 3 nicht, da dies nicht den Anforderungen des § 23 Abs 5 S 1 genügen würde (*Hüffer* AktG Rn 8; MünchHdb AG/*Krieger* § 70 Rn 49; Spindler/Stilz AktG/*Veil* Rn 18; **aA** KölnKomm AktG/*Koppensteiner* Rn 30). Es kann allerdings Einstimmigkeit beim Zustimmungsbeschluss verlangt werden, weshalb für ein solches Verbot in der Praxis auch kein Bedarf bestehen dürfte (MünchKomm AktG/*Altmeppen* Rn 39).

c) Keine Satzungsänderung. Gem Abs 1 S 4 finden Bestimmungen des Gesetzes oder der Satzung über Satzungsänderungen auf den Zustimmungsbeschluss **keine Anwendung**.

d) Stimmrecht. – aa) Stimmrecht des anderen Vertragsteils. Stimmberechtigt ist jeder auch sonst stimmberechtigte Aktionär. Der Unternehmensvertrag kann also auch dann alleine auf den Stimmen des Mehrheitsaktionärs beruhen, wenn dieser selbst Partei des Unternehmensvertrages ist (*Hüffer* AktG Rn 9; *Emmerich/Habersack* Aktien- und GmbH-KonzernR Rn 30a). Ein Fall des Stimmrechtsausschlusses nach § 136 Abs 1 liegt nicht vor.

bb) Beteiligung des Aufsichtsrates. Die Regelung des § 111 Abs 4 S 2 ermöglicht es, durch Satzung oder AR-Beschluss für den Abschluss von Unternehmensverträgen die Zustimmung des AR vorauszusetzen (**hM** vgl *Martens* ZHR 147 (1983), 377, 386; *Emmerich/Habersack* Aktien- und GmbH-KonzernR Rn 34). IdR wird ein Unternehmensvertrag so bedeutsam sein, dass für ihn § 111 Abs 4 S 2 gilt.

Ersetzung des Zustimmungsbeschlusses des AR durch die HV. Umstr ist allerdings, mit welcher Mehrheit die vom Vorstand im Falle der Verweigerung der Zustimmung gem § 111 Abs 4 S 3 angerufene **HV den Zustimmungsbeschluss des AR ersetzen** kann. Während manche Literaturstimmen hier auf § 83 Abs 1 S 3 iVm § 293 Abs 1 S 2 abstellen, so dass es auf die für den Zustimmungsbeschluss der HV auch bei zust AR-Beschluss erforderliche Mehrheit ankommt (KölnKomm AktG/*Koppensteiner*

§ 293 Zustimmung der Hauptversammlung

Rn 8; MünchKomm AktG/*Altmeppen* Rn 12 ff), leiten andere aus § 111 Abs 4 S 4 das zusätzliche Erfordernis einer qualifizierten Stimmenmehrheit ab (so *Hüffer* AktG Rn 25). Es ist aber nicht zu erkennen, wieso die HV zur Überstimmung eines ablehnenden AR-Beschlusses einer größeren Mehrheit bedürfen soll als für einen Beschl, mit dem sie den Vorstand zur Vorbereitung desselben Unternehmensvertrages anweisen könnte. Für die **Überstimmung des AR** muss daher eine qualifizierte Kapital- iVm einfacher Stimmenmehrheit genügen. Ferner kann sich aus **§ 32 MitbestG** die Pflicht zur Beteiligung des AR des anderen Vertragsteils ergeben, wenn dessen Beteiligung mindestens 25 % beträgt und beide Vertragspartner dem MitbestG unterliegen.

12 **cc) Positive Stimmpflicht.** Wenn ein Vertragskonzern (§ 291) im dringenden Interesse der AG und ihrer Aktionäre geboten ist und der Gesellschaft durch die Verweigerung der Zustimmung Schaden zugefügt würde, kann im Einzelfall eine **Zustimmungspflicht der Aktionäre** bestehen, zB zur Herstellung der körperschaftssteuerlichen Organschaft (§§ 14, 17 KStG), vgl MünchKomm AktG/*Altmeppen* Rn 43 ff und *ders* DB 1998, 49, 53; krit Spindler/Stilz AktG/*Veil* Rn 22.

4. Materielle Voraussetzungen. – a) Inhalt des Zustimmungsbeschlusses
13 **aa) Gesamtheit der Vertragsvereinbarungen.** Gegenstand der Beschlussfassung sind die getroffenen **Vertragsvereinbarungen in ihrer Gesamtheit**, soweit sie nach dem Willen der vertragsschließenden Gesellschaften ein einheitliches Rechtsgeschäft iSv § 139 BGB bilden (*BGHZ* 82, 188, 196 ff; *Hüffer* AktG Rn 5; *Timm* BB 1980, 1655). Diese Voraussetzung kann auch mittels Aufspaltung des Vertrages in mehrere Einzelverträge oder Abfassung in mehreren Urkunden nicht umgangen werden. Was der HV nicht vorgelegen hat, kann nicht Vertragsinhalt werden. Ob dies zur Unwirksamkeit des gesamten Vertrags führt, bestimmt sich nach § 139 BGB.

14 **bb) Detailfragen.** Auch die **Regelung von Detailfragen** des Unternehmensvertrags kann die HV nicht an die Verwaltung delegieren, da sich aus §§ 83 Abs 1 S 2, 293 Abs 1 ergibt, dass nicht der Vorstand, sondern gerade die HV über den Inhalt und damit auch die Einzelheiten des zustimmungspflichtigen Geschäfts entscheidet (so auch *Hüffer* AktG Rn 5; KölnKomm Akt/*Koppensteiner* Rn 33; MünchHdb AG/*Krieger* § 70 Rn 24). Etwas anderes gilt auch nicht für sog **konkretisierende Ausführungsbestimmungen** zu Vertragsbestandteilen. Sind diese nicht vom Zustimmungsbeschluss umfasst, können sie weder Vertragsbestandteil (**hM** *Hüffer* aaO; *Koppensteiner* aaO Rn 34; **aA** MünchKomm AktG/*Altmeppen* Rn 59 ff), noch Auslegungshilfe sein (so *von Godin/Wilhelmi* AktG Rn 3).

15 **cc) Bezeichnung des Vertragstyps.** Verschiedentlich wird die **Bezeichnung des Vertragstyps** als zwingender Inhalt des Zustimmungsbeschlusses angesehen (KölnKomm AktG/*Koppensteiner* Rn 14, 37). Ein solches Erfordernis ist jedoch im Gesetz nicht angelegt (*Hüffer* AktG Rn 14; *Emmerich/Habersack* Aktien- und GmbH-KonzernR Rn 17) und auch aus praktischen Gründen nicht erforderlich, da § 293a ohnehin eine umfassende Information der Aktionäre durch den Vorstand voraussetzt, deren Gegenstand auch die rechtliche Einordnung des Vertrages ist, die ohne zutreffende Bezeichnung aber kaum möglich sein dürfte (*Emmerich* aaO).

16 **b) Materielle Beschlusskontrolle.** Die Frage, ob der Zustimmungsbeschluss der HV stets einer materiellen Beschlusskontrolle untersteht, bei welcher der Unternehmensvertrag sich als im Gesellschaftsinteresse sachlich gerechtfertigt, erforderlich und verhältnismäßig zu erweisen hat, ist Gegenstand einer umfangreichen Kontroverse.

In Anknüpfung an *BGHZ* 71, 40 = NJW 1978, 1316 -Kali und Salz – wird eine derart weit reichende Inhaltskontrolle von einem Teil des Schrifttums für alle Zustimmungsbeschlüsse iSd Abs 1 befürwortet (*Wiedemann* GesR Bd I § 8 III 2 a; *Martens* FS R. Fischer, S 437, 446; *Emmerich* AG 1991, 303, 307). Dogmatisch kann dabei auch mit der **Treuepflicht** argumentiert werden, die in der höchstrichterlichen Rspr inzwischen auch für das Verhältnis der Aktionäre untereinander anerkannt ist (*BGHZ* 129, 136). Andere Stimmen befürworten ein allg Rechtfertigungserfordernis nur für Austauschverträge iSd § 292 (KölnKomm AktG/*Koppensteiner* Rn 63). Die Forderung nach einer **sachlichen Rechtfertigung für alle HV-Beschlüsse** iSd Abs 1 – sowohl für die Verträge nach § 291 wie auch für die des § 292 – ist aber mit der **hM zurückzuweisen**. Zum einen ist zu berücksichtigen, dass die §§ 291 ff iVm §§ 300 ff ein geschlossenes Regelungssystem konstituieren. Die darin zum Ausdruck kommende gesetzgeberische Entscheidung, Unternehmensverträge unter den in den Vorschriften genannten Voraussetzungen grds zuzulassen, würde in ihr Gegenteil verkehrt, wenn es stets zusätzlich des außergesetzlichen Erfordernisses einer Rechtfertigung bedürfte (so iE auch *OLG Frankfurt* GWR 2009, 113; Spindler/Stilz AktG/*Veil* Rn 23 ff; *Hüffer* AktG Rn 6 f; MünchKomm AktG/*Altmeppen* Rn 51 ff; MünchHdb AG/*Krieger* Rn 50; *Lutter* ZGR 1981, 171, 180; *M. Winter* Mitgliedschaftliche Treuebindungen, S 135 ff). Die Vertragsprüfung durch sachverständige Prüfer lässt auch in praktischer Hinsicht für eine weitere Inhaltskontrolle durch die Gerichte keinen Platz (*Emmerich/Habersack* Aktien- und GmbH-KonzenR Rn 35). Auch die höchstrichterliche Rspr, die zu § 293 bislang noch nicht entschieden hat, vertritt sonst einen differenzierenden Standpunkt, wonach nicht für sämtliche Grundlagenbeschlüsse eine sachliche Rechtfertigung zu verlangen ist (vgl etwa *BGHZ* 70, 117, 121 f = NJW 1978, 540; *BGHZ* 103, 184, 190 = NJW 1988, 579). Der hier befürwortete Ansatz schließt freilich nicht aus, dass ein Zustimmungsbeschluss in bes Fällen wg eines Verstoßes gegen den **Gleichbehandlungsgrundsatz** oder die §§ 53a, 243 Abs 2 anfechtbar ist; nur insoweit kann er – wie jeder HV-Beschluss – auch Gegenstand materieller Beschlusskontrolle sein.

5. Beschlussfassung als Einwilligung oder Genehmigung. Dem Zustimmungserfordernis des Abs 1 S 1 genügt sowohl eine dem Vertragsschluss vorangehende Einwilligung iSd § 183 BGB, als auch eine dem Vertragsschluss nachfolgende Genehmigung iSd § 184 BGB (*BGHZ* 82, 188, 193 f; *Hüffer* AktG Rn 4). Es bedarf eines erneuten HV-Beschlusses, wenn von dem Entwurf, in den eingewilligt wurde, im später geschlossenen Vertrag abgewichen wird. 17

6. Keine Änderung des Vertragsentwurfs durch die Hauptversammlung. Die HV kann dem Vertrag oder Vertragsentwurf ihre Zustimmung erteilen oder verweigern. Da die Festlegung des Vertragsinhalts in die Kompetenz der Verwaltung der AG fällt, ist eine **Zustimmung unter Änderung** als **Ablehnung** der Beschlussvorlage anzusehen. Ein geschlossener Vertrag ist endgültig unwirksam. Gelingt es dem Vorstand, einen Vertrag zu den von der HV verlangten Änderungen abzuschließen, so bedarf es dennoch eines erneuten Zustimmungsbeschlusses (*Hüffer* AktG Rn 13). Der Vorstand ist im Falle der Zustimmung unter Änderung zu einem Vertragsabschluss zu den geänderten Bedingungen nach § 83 Abs 1 S 1 und 2 **nicht verpflichtet** (aA KölnKomm AktG/*Koppensteiner* Rn 38; s auch *Hüffer* aaO). 18

7. Wirkung erteilter Zustimmung. Mit der Zustimmung der HV nach Abs 1 S 1 ist der Vertrag noch nicht wirksam. Weiter erforderlich sind die Eintragung ins HR (§ 294 19

Abs 2) und ggf die Zustimmung der HV der Obergesellschaft nach § 293 Abs 2. Gem § 83 Abs 2 besteht **gegenüber der Gesellschaft** eine Verpflichtung des Vorstands, die dazu erforderlichen Maßnahmen zu ergreifen. **Streitig** ist, inwieweit die Gesellschaft durch den Zustimmungsbeschluss der HV **gegenüber dem anderen Vertragsteil** verpflichtet ist, den Vertrag durch Anmeldung zum HR wirksam werden zu lassen. Die Pflicht der Gesellschaft zur Anmeldung des Vertrages zum HR ist als Folge des Vertragsschlusses anzusehen. Der Vorstand der abhängigen Gesellschaft handelt folglich pflichtwidrig, wenn er trotz erfolgter Zustimmung der HV den Vertrag nicht zur Eintragung anmeldet (iE auch MünchHdb AG/*Krieger* § 70 Rn 52; KölnKomm AktG/ *Koppensteiner* Rn 38; *Hüffer* AktG Rn 15; aA MünchKomm AktG/*Altmeppen* Rn 67 ff; *Emmerich/Habersack* Aktien- und GmbH-KonzernR Rn 31). Es kommt dann ein Anspruch auf **Schadensersatz** in Betracht. Darüber hinaus kann der andere Vertragsteil gegen die abhängige Gesellschaft **Leistungsklage auf Eintragung** erheben (*Koppensteiner* aaO). Der *BGH* hat sich zu der Problematik bislang nicht eindeutig geäußert (*BGHZ* 122, 211, 221). Die Verpflichtung der Gesellschaft zur Anmeldung des Unternehmensvertrages stellt jedoch kein Hindernis für eine einseitige Rücknahme der Zustimmung durch die HV dar.

III. Zustimmungsbeschluss der Hauptversammlung der Obergesellschaft, Abs 2

20 **1. Allgemeines.** Abs 2 sieht vor, dass auch die HV der Obergesellschaft dem Unternehmensvertrag zustimmen muss, wenn es sich bei diesem um einen Beherrschungs- und/oder Gewinnabführungsvertrag handelt und die Obergesellschaft in der Rechtsform der AG oder KGaA verfasst ist. Mit dem Zustimmungserfordernis soll sichergestellt werden, dass die Aktionäre der Obergesellschaft, für die der Vertrag zu weit reichenden Folgen führt, beim Vertragsschluss mitwirken (vgl *Kropff* S 381). In diesem Zusammenhang sind bes die Pflicht zur Verlustübernahme (§ 302) und zur Leistung von Sicherheiten bei Beendigung des Vertrages (§ 303) sowie der Anspruch außenstehender Aktionäre auf Ausgleichszahlungen (§ 304) und Abfindung in Aktien der beherrschenden Gesellschaft (§ 305) zu nennen (so auch KölnKomm AktG/*Koppensteiner* Rn 40; im Einzelnen ist die genaue **Schutzrichtung** der Norm umstr: *BGHZ* 105, 324, 335 f; *Kropff* ZGR 1984, 112, 120; *Emmerich/Habersack* Aktien- und GmbH-KonzernR Rn 2 stellen vor allem auf die Ausgleichspflicht ab, während *Sonnenschein* BB 1975, 1088, 1092; *Rehbinder* ZGR 1977, 581, 612 f das Zustimmungserfordernis allein durch die Abfindungspflicht gerechtfertigt sehen). Bedeutsam wird dieser Streit ua bei der Frage, ob die Norm auch dann anzuwenden ist, wenn die Obergesellschaft keine außenstehenden Aktionäre hat. Die Frage ist mit der **hM** (*Hüffer* AktG Rn 17 mwN; *BGH* aaO) zu bejahen.

21 **2. Anwendungsbereich. – a) Analoge Anwendung auf andere Gesellschaftsformen.** Handelt es sich bei der Obergesellschaft um eine **GmbH**, findet Abs 2 analoge Anwendung (**hM** *BGH* NJW 1992, 1452, 1453; *Hüffer* AktG Rn 17; Ulmer GmbHG/ *Ulmer* Anh § 77 Rn 194; *Emmerich/Habersack* Aktien- und GmbH-KonzernR Rn 9, 36). Insb die Pflicht zur Verlustübernahme hat die Rspr dazu bewogen, Abs 2 auch für **Obergesellschaften in der Rechtsform der KG** anzuwenden (*LG Mannheim* AG 1995, 142, 143).

22 **b) Ausländische Gesellschaften.** Der Schutz der Aktionäre ausländischer Obergesellschaften ist nicht Zweck des deutschen Konzernrechts. Abs 2 findet daher gegenüber **Obergesellschaften mit Sitz im Ausland** keine Anwendung (ganz **hM** *Hüffer* AktG

Zustimmung der Hauptversammlung § 293

Rn 18; KölnKomm AktG/*Koppensteiner* Rn 43; *Staudinger/Großfeld* IntGesR Rn 576; *Wiedemann* GesR Bd I, S 807 f; *Bärwaldt/Schabacker* AG 1998, 182, 187; **aA** *Barz* BB 1966, 1168). Überdies ist die Vorschrift regelmäßig auch dann nicht anzuwenden, wenn eine deutsche AG einen **Beherrschungs- und/oder Gewinnabführungsvertrag mit einer ausländischen Untergesellschaft** abschließt. Nachdem die für die Obergesellschaft mit dem Vertrag verbundenen Pflichten aus den §§ 300 ff Grund für das Zustimmungserfordernis sind (vgl oben Rn 20), diese Pflichten jedoch gegenüber ausländischen Untergesellschaften nicht bestehen, kommt auch eine **analoge Anwendung von Abs 2** nur dann in Betracht, wenn das ausländische Recht Vertragsfolgen oder -inhalte vorsieht, die mit den deutschen Regeln vergleichbar sind (*Koppensteiner* aaO).

c) **Gemeinschaftsunternehmen.** Schließen mehrere Muttergesellschaften einen Beherrschungsvertrag mit ihrem **Gemeinschaftsunternehmen** ab, so ist jede Muttergesellschaft den vertragstypischen Risiken ausgesetzt. Es bedarf folglich der Zustimmung der HV jeder Muttergesellschaft (*Hüffer* AktG Rn 19; *Emmerich/Habersack* Aktien- und GmbH-KonzernR Rn 7 mwN); auch dann, wenn sich die Muttergesellschaften zunächst als GbR zusammenschließen und die GbR Vertragspartnerin wird (**hM** *Emmerich* aaO; differenzierend MünchKomm AktG/*Altmeppen* Rn 116 f). 23

d) **Mehrstufige Unternehmensverbindungen.** Bei **mehrstufigen Unternehmensverbindungen** ist für die Frage nach dem Zustimmungserfordernis nach dem zeitlichen Ablauf ihres Zustandekommens zu differenzieren. Wird ein Beherrschungs- und/oder Gewinnabführungsvertrag zwischen Mutter- und Tochtergesellschaft geschlossen, nachdem solche Verträge zwischen Tochter- und Enkelgesellschaft schon geschlossen worden waren, erfasst die Zustimmung der HV der Muttergesellschaft alle Verträge (KölnKomm AktG/*Koppensteiner* Rn 45 mwN). Wenn die Verträge zunächst zwischen Mutter- und Tochtergesellschaft und erst dann zwischen Tochter- und Enkelgesellschaft geschlossen werden, wird hingegen vertreten, dass nicht nur die HV der Tochtergesellschaft, sondern in analoger Anwendung von Abs 2 auch diejenige der Muttergesellschaft zustimmen müsse (*Rehbinder* ZGR 1977, 581, 613; *Timm* Die Aktiengesellschaft als Konzernspitze (1980), S 171 f). Diese Betrachtung übersieht jedoch, dass die Tochtergesellschaft selbst weiter zur Eingehung rechtlicher Verpflichtungen fähig bleibt. Ferner sind die entstehenden Verlustrisiken durch die Zustimmung der HV der Muttergesellschaft zu dem zwischen dieser und der Tochtergesellschaft geschlossenen Vertrag gedeckt: Die Muttergesellschaft treffen nicht unmittelbar bzw nicht ungewollt (die Abfindung in Anteilen an der Muttergesellschaft nach Abs 2 Nr 2 setzt deren Beteiligung als Vertragspartei voraus, s auch § 305 Rn 17) die spezifischen Risiken, deretwegen die Beteiligung der HV vom Gesetz vorgesehen ist (*Hüffer* AktG Rn 20; MünchHdb AG/*Krieger* § 70 Rn 23; MünchKomm AktG/*Altmeppen* Rn 113). 24

3. Voraussetzungen und Inhalt des Beschlusses; sinngemäße Geltung von Abs 1 S 2–4
Gem Abs 2 S 2 gelten auch für den Zustimmungsbeschluss auf Seiten der Obergesellschaft die Vorschriften des Abs 1 S 2–4. Daraus ergibt sich nicht nur, dass die erforderlichen Mehrheiten dieselben sind, sondern auch, dass auch die HV des anderen Vertragspartners dem gesamten Vertrag mit allen Nebenabreden zustimmen muss. 25

4. Wirkung des Beschlusses. Mit dem zust Beschl ihrer HV ist auch die Obergesellschaft vorbehaltlich der Eintragung des Vertrags ins HR gebunden. Der Vorstand der Untergesellschaft muss gem § 294 Abs 1 S 2 das Beschlussprotokoll (§ 130 Abs 5) zu seinem HR einreichen. 26

Schenk

IV. Beschlussmängel

27 1. Nichtigkeits- und Anfechtungsgründe. Für die Zustimmungsbeschlüsse iSv § 293 finden zunächst die allg Vorschriften der §§ 241 ff über die Nichtigkeit und Anfechtbarkeit von HV-Beschlüssen Anwendung (KölnKomm AktG/*Koppensteiner* Rn 53 mwN); das betrifft auch das Freigabeverfahren des § 246a (*KG* AG 2011, 170, 171; *OLG Hamburg* NZG 2010, 666, 667). Aus den §§ 291 f ergeben sich dabei jedoch Modifikationen. Der Beschl ist allerdings nicht schon wg **Fehlens einer ausdrücklichen Bezeichnung** des Vertragstyps anfechtbar oder nichtig (*Hüffer* AktG Rn 16; MünchKomm AktG/*Altmeppen* Rn 76; **aA** *Koppensteiner* aaO Rn 57 ff). Sieht ein Beherrschungs- und/oder Gewinnabführungsvertrag **keine Ausgleichsregelung** vor, so ist der Vertrag nach § 134 BGB iVm § 304 Abs 3 AktG, der ihm zust Beschl nach § 241 Nr 3 nichtig. Ist die **Ausgleichsregelung** hingegen bloß **unangemessen**, so begründet dies auch nach § 243 Abs 2 keine Anfechtbarkeit. Gem § 304 Abs 3 S 3 ist stattdessen das Verfahren nach dem SpruchG einschlägig. Es findet auch statt, falls **keine oder keine angemessene Abfindungsregelung** vorliegt (Abs 5 S 2).

28 Die **Verletzung von Informations- und Auskunftspflichten** aus §§ 293f, 293g führt nicht zur Anfechtbarkeit des Zustimmungsbeschlusses (Analogie zu Abs 5 S 1 in Bezug auf die Barabfindung bei *BGHZ* 146, 179, 188 f; **aA** *Hüffer* AktG Rn 16; MünchKomm AktG/*Altmeppen* Rn 80; differenzierend Spindler/Stilz AktG/*Veil* Rn 31 ff), jedenfalls soweit die vertragliche Regelung selbst keine Anfechtbarkeit begründen kann, sondern iRd SpruchG überprüft wird.

29 2. Verhältnis von Zustimmungsbeschluss und Vertrag bei Mängeln. Unternehmensverträge, die trotz Nichtigkeit des Zustimmungsbeschlusses eingetragen worden sind, können nicht wirksam werden, auch wenn der Unternehmensvertrag seinerseits mangelfrei zustande gekommen ist. Es kommt jedoch bei den einzutragenden Zustimmungsbeschlüssen des Abs 1 eine Beschlussheilung nach § 242 in Betracht (KölnKomm AktG/*Koppensteiner* Rn 65, 67 mwN). Der andere Vertragsteil kann darüber hinaus einen **nicht angefochtenen, aber anfechtbaren Zustimmungsbeschluss** ggf nach allg Regeln als Grund für die Mangelhaftigkeit des Vertrags geltend machen. Allerdings scheidet ein Vorgehen im Wege der Anfechtungs- oder Nichtigkeitsklage aus, soweit diese Rechtsmittel nach den §§ 241 ff präkludiert sind.

Durch wirksame Zustimmungsbeschlüsse können **zivilrechtliche Mängel** des Unternehmensvertrags nicht geheilt werden (*OLG Celle* AG 2000, 280, 281; *Emmerich/Habersack* Aktien- und GmbH-KonzernR Rn 19; *Koppensteiner* aaO Rn 68).

V. Vertragsschluss und Schriftform, Abs 3

30 1. Allgemeines. Gem Abs 3, 294 bedürfen Unternehmensverträge der Schriftform und der Eintragung ins HR. Weitere aktienrechtliche Vorschriften zum eigentlichen Vertragsschluss gibt es nicht. Es greifen insofern die allg Regeln der **§§ 145 ff BGB** ein. Allerdings ergeben sich aus dem organisationsrechtlichen Charakter der Verträge verschiedene Besonderheiten.

31 2. Kompetenzen des Vorstands und Initiativrecht. Der Abschluss eines Unternehmensvertrags betrifft den Vorstand zum einen in seiner **Funktion als Leitungs- (§ 76 Abs 1) und Geschäftsführungsorgan** (§ 77) der Gesellschaft. Der Vorstand kann in Ausübung seiner Leitungsaufgabe entscheiden, ob es überhaupt zum Abschluss eines solchen Vertrags kommen und welchen Inhalt eine etwaige Vereinbarung haben soll (*Hüffer* AktG Rn 23). Aus dem Zustimmungserfordernis des Abs 1 folgt iVm § 83 Abs 1 S 2, 3, dass die HV mit der für den Zustimmungsbeschluss erforderlichen Mehrheit vom Vorstand die Vorbereitung und den Abschluss eines Unternehmensvertrags selbst dann verlangen kann, wenn dieser von sich aus einen solchen Vertrag nicht abschließen will (*BGHZ* 122, 211, 217; *Emmerich/Habersack* Aktien- und GmbH-KonzernR Rn 16; *Windbichler* AG 1981, 169, 172). Kein Initiativrecht aus § 83 Abs 1 S 2 hat hingegen die HV der Obergesellschaft, da dies nicht Zweck des Abs 2 ist (KölnKomm AktG/ *Koppensteiner* Rn 9; **aA** MünchKomm AktG/*Altmeppen* Rn 7).

Bei Vorbereitung und Abschluss des Kaufvertrages muss der Vorstand die **Sorgfalt** **32** **eines ordentlichen und gewissenhaften Geschäftsleiters** walten lassen (§ 93 Abs 1 S 1, vgl § 93 Rn 3). Ein Haftungsausschluss nach § 93 Abs 4 S 1 kommt nur in Betracht, wenn die Initiative zum Vertragsabschluss von der HV ausgegangen ist (*Hüffer* AktG Rn 23; *Geßler* ZHR 140 (1976), 433, 434; **aA** *Canaris* ZGR 1978, 207, 215).

Der Abschluss des Unternehmensvertrages fällt in die **Vertretungskompetenz** des Vor- **33** stands aus § 78. Seine Vertretungsmacht wird durch Abs 1 und 2 jedoch beschränkt, da der Vertrag ohne die erforderlichen Zustimmungsbeschlüsse schwebend unwirksam ist. Man kann insoweit auch von einer **Außenwirkung des Zustimmungserfordernisses** sprechen (*Emmerich/Habersack* Aktien- und GmbH-KonzernR Rn 15; Spindler/Stilz AktG/*Veil* Rn 5).

3. Schriftform. Gem Abs 3 bedarf ein Unternehmensvertrag der Schriftform. Nach **34** § 126 Abs 1 BGB ist die Vertragsurkunde von beiden Parteien zu unterzeichnen. Wird dagegen verstoßen, so ist der Vertrag gem § 125 BGB nichtig (*OLG München* AG 1991, 358, 360). Die Schriftform kann gem § 126 Abs 4 durch notarielle Beurkundung und gem Abs 3 auch durch die elektronische Form nach § 126a BGB ersetzt werden, da Abs 3 insoweit keine Einschränkungen macht. In Anbetracht der Pflichten aus §§ 293f, 293g ist die elektronische Form allerdings kaum von praktischer Bedeutung.

Die Vertragsurkunde und alle Anlagen sind gem § 126 BGB zu einer **einheitlichen** **35** **Urkunde zu verbinden** (*BGHZ* 136, 357, 365). Das Schriftformerfordernis betrifft **jegliche Vertragsvereinbarung** (*OLG Celle* AG 2000, 280 f). Mündliche Abreden bleiben nichtig und können nach § 139 BGB die Nichtigkeit des gesamten Vertrages zur Folge haben.

4. Abschlusswirkungen des Vertrages. Wird der Vertrag vom Vorstand abgeschlos- **36** sen, so ist er bis zur Zustimmung der HV gem § 177 Abs 1 BGB zunächst schwebend unwirksam. Umstr ist, welche Verpflichtungen der abgeschlossene Vertrag zeitigt, bevor die erforderlichen Zustimmungsbeschlüsse gefasst worden sind. Diese Frage ist nicht mit derjenigen nach der Verpflichtung des Vorstands zur Anmeldung des Vertrags zum HR infolge des Zustimmungsbeschlusses zu verwechseln (s hierzu Rn 19). Von der **hM** wird angenommen, die Gesellschaften seien noch in keiner Weise gebunden, da die Parteien noch keinen beiderseitigen Bindungswillen bekundet hätten (*OLG München* WM 1991, 1843, 1845; *Emmerich/Habersack* Aktien- und GmbH-KonzernR Rn 29; *von Godin/Wilhelmi* § 294 Anm 6; MünchKomm AktG/*Altmeppen* Rn 19; Spindler/Stilz AktG/*Veil* Rn 10 ff; K. Schmidt/Lutter AktG/*Langenbucher* Rn 18). Richtigerweise besteht jedoch infolge des Vertragsschlusses eine **Verpflichtung der beteiligten Gesellschaften, die Entscheidung ihrer HV herbeizuführen** und auch sonst alle zum Wirksamwerden des Vertrages erforderlichen Handlungen zu unternehmen (MünchHdb AG/*Krieger* § 70 Rn 52; *Kort* DZWiR 1993, 292, 293; Köln-Komm AktG/*Koppensteiner* Rn 24; offen gelassen bei *KG* NZG 1999, 1102, 1107), da der Vorstand trotz seiner im Hinblick auf den Unternehmensvertrag beschränkten Vertretungsmacht in der Lage ist, sich zu einer Befassung der HV zu verpflichten. Die mit dem Vertragsschluss entstehenden Pflichten, auf das Wirksamwerden des Unternehmensvertrags hinzuwirken, enden, wenn die HV die nach Abs 1 erforderliche Zustimmung verweigert, herauszögert oder zurücknimmt. Der andere Vertragsteil kann dann von dem Unternehmensvertrag Abstand nehmen, ohne sich schadensersatzpflichtig zu machen.

37 **5. Bedingung und Befristung.** Der Unternehmensvertrag kann **aufschiebend bedingt** werden, soweit die Bedingung inhaltlich klar bestimmt ist und innerhalb eines überschaubaren Zeitraums Gewissheit über ihren Eintritt besteht (*BGHZ* 1222, 211, 219 f = NJW 1993, 1976; MünchHdb AG/*Krieger* § 70 Rn 16 mwN). Jedoch ist eine Eintragung des Vertrags ins HR erst nach Bedingungseintritt möglich. Eine **auflösende Bedingung** kommt hingegen aus Gründen der Rechtssicherheit nicht in Betracht (MünchKomm AktG/*Altmeppen* Rn 26; **aA** *Krieger* aaO). An ihre Stelle tritt – ggf im Wege der Umdeutung – die Möglichkeit zur Kündigung des Vertrages (*Emmerich/Habersack* Aktien- und GmbH-KonzernR Rn 18).

Befristungen des Unternehmensvertrags sind zulässig (*BGHZ* 122, 211, 219; *Krieger* aaO). Dabei kann sowohl ein Anfangs- als auch ein Endzeitpunkt vereinbart werden. Diese müssen jedoch ebenfalls deutlich erkennbar sein.

38 **6. Vertragsmängel.** Ein Unternehmensvertrag kann zunächst wie jeder zivilrechtliche Vertrag infolge der §§ 117, 119, 123, 125, 134, 138 BGB nichtig oder anfechtbar sein. Eine Heilung kommt dann weder durch die Zustimmung einer oder beider HV gem § 293 noch durch die Eintragung ins HR nach § 294 in Betracht (*OLG Hamburg* ZIP 2011, 430, 434; *OLG Celle* AG 2000, 280, 281; *Emmerich/Habersack* Aktien- und GmbH-KonzernR Rn 19). Das Aktienrecht sieht bei fehlender Zustimmung iSd § 293 oder bei Fehlen einer Ausgleichsregelung in einem Beherrschungs- oder Gewinnabführungsvertrag (§ 304 Abs 3 S 1) die Nichtigkeit vor. Inwieweit die Teilnichtigkeit eine Gesamtnichtigkeit zur Folge hat, beurteilt sich nach § 139 BGB (für eine Einschränkung jedoch *OLG Hamburg* NJW 1990, 3024, 3025).

§ 293a Bericht über den Unternehmensvertrag

(1) ¹**Der Vorstand jeder an einem Unternehmensvertrag beteiligten Aktiengesellschaft oder Kommanditgesellschaft auf Aktien hat, soweit die Zustimmung der Hauptversammlung nach § 293 erforderlich ist, einen ausführlichen schriftlichen Bericht zu erstatten, in dem der Abschluss des Unternehmensvertrags, der Vertrag im Einzelnen und insbesondere Art und Höhe des Ausgleichs nach § 304 und der Abfindung nach § 305 rechtlich und wirtschaftlich erläutert und begründet werden; der Bericht kann von den Vorständen auch gemeinsam erstattet werden.** ²**Auf besondere Schwierigkeiten bei der Bewertung der vertragschließenden Unternehmen sowie auf die Folgen für die Beteiligung der Aktionäre ist hinzuweisen.**

(2) ¹**In den Bericht brauchen Tatsachen nicht aufgenommen zu werden, deren Bekanntwerden geeignet ist, einem der vertragschließenden Unternehmen oder einem verbundenen Unternehmen einen nicht unerheblichen Nachteil zuzufügen.** ²**In diesem**

Fälle sind in dem Bericht die Gründe, aus denen die Tatsachen nicht aufgenommen worden sind, darzulegen.

(3) Der Bericht ist nicht erforderlich, wenn alle Anteilsinhaber aller beteiligter Unternehmen auf seine Erstattung durch öffentlich beglaubigte Erklärung verzichten.

Übersicht

	Rn			Rn
I. Grundlagen	1		aa) Vertragsschluss	14
1. Gegenstand und Zweck der Regelung	1		bb) Inhalt des Vertrags	15
2. Anwendungsbereich	5		cc) Ausgleich und Abfindung	16
a) Aktiengesellschaft und Kommanditgesellschaft auf Aktien	5	III.	Ausnahmen von der Berichtspflicht, Abs 2	19
b) GmbH als Untergesellschaft	6		1. Allgemeines	19
c) GmbH als Obergesellschaft	7		2. Voraussetzungen	20
d) Andere Rechtsformen	7a		3. Begründungspflicht	22
3. Übergangsrecht	8	IV.	Verzicht auf die Berichterstattung, Abs 3	23
II. Berichtspflicht, Abs 1	9	V.	Rechtsfolgen fehlender oder fehlerhafter Berichte	26
1. Voraussetzungen	9			
2. Adressat der Berichtspflicht	10		1. Fehlender oder fehlerhafter Bericht	26
3. Form	12			
4. Inhalt	13		2. Heilung des Berichts	27
a) Allgemeines	13		3. Weitere Rechtsfolgen	28
b) Berichtsgegenstände	14			

Literatur: *Altmeppen* Zum richtigen Verständnis der neuen §§ 293a–293g AktG zu Bericht und Prüfung beim Unternehmensvertrag, ZIP 1998, 1853; *Bungert* Unternehmensvertragsbericht und Unternehmensvertragsprüfung gemäß §§ 293a ff AktG, DB 1995, 1384, 1449; *Hüffer* Die gesetzliche Schriftform bei Berichten des Vorstands gegenüber der Hauptversammlung, FS Claussen 1997, S 171; *Mertens* Die Gestaltung von Verschmelzungs- und Verschmelzungsprüfungsbericht, AG 1990, 20; *Messer* Die Kausalität von Mängeln des Verschmelzungsberichts als Voraussetzung für die Anfechtbarkeit des Verschmelzungsbeschlusses, FS Quack 1991, S 321; *Nirk* Der Verschmelzungsbericht nach § 340a AktG, FS Steindorff, 1990, S 187; *Rodewald* Zur Ausgestaltung von Verschmelzungs- und Verschmelzungsprüfungsbericht, BB 1992, 237; *Schilling* Entwicklungstendenzen im Konzernrecht, ZHR 140 (1976), 535; *Siebel/Gebauer* Prognosen im Aktien- und Kapitalmarktrecht, WM 2001, 173; *H. P. Westermann* Die Zweckmäßigkeit der Verschmelzung als Gegenstand des Verschmelzungsberichts, der Aktionärsentscheidung und der Anfechtungsklage, FS Semler 1993, S 651; *Zeidler* Ausgewählte Probleme des GmbH-Vertragskonzernrechts, NZG 1999, 692.

I. Grundlagen

1. Gegenstand und Zweck der Regelung. Die Vorschrift statuiert eine **Berichtspflicht des Vorstands über Unternehmensverträge**, die gem § 293 der Zustimmung der HV bedürfen (Abs 1). Sie nimmt dabei Berichtsgegenstände aus, bei deren Veröffentlichung Nachteile drohen würden (Abs 2). Ferner enthält sie einen Verzichtstatbestand (Abs 3). 1

Die Vorschrift bezweckt nach dem Vorbild des UmwG einen **Schutz der Aktionäre durch Information**. Dabei geht es in erster Linie um die Information außenstehender Aktionäre bei Ausübung des Zustimmungserfordernisses: Die Aktionäre sollen im 2

Vorhinein über alle Umstände des Unternehmensvertrages unterrichtet werden, so dass sie sich eine fundierte Meinung bilden können (*Kropff* S 381 [zu § 293 Abs 3 und 4]; vgl auch *BGHZ* 146, 179, 183). Außerdem ermöglicht der Bericht den Aktionären, das erweiterte Auskunftsrecht aus § 293g in der HV sinnvoll nutzen zu können.

3   Der Bericht ist gem §§ 293b ff durch einen sachverständigen Prüfer zu prüfen. **Vorbild dieser Regelung sind Vorschriften des Verschmelzungsrechts** (§§ 8–12 UmwG). § 293a dient allein den Interessen der Anteilseigner und steht daher gem Abs 3 zu deren Disposition (KölnKomm AktG/*Koppensteiner* Rn 3). Die Vorschrift soll auch helfen, Spruchstellenverfahren zu vermeiden; ihr liegt die Vorstellung zugrunde, dass Aktionäre, die annehmen können, umfassend und objektiv informiert worden zu sein, sich weniger häufig veranlasst sehen werden, gegen Mehrheitsentscheidungen vorzugehen. In der Praxis zeigt sich jedoch eine solche Auswirkung nicht.

4   Die **rechtspolitischen Erwägungen**, die der Vorschrift zugrunde liegen, werden mehrheitlich kritisch betrachtet. Dabei wird insb die vom Gesetzgeber angenommene wesentliche Austauschbarkeit von Verschmelzung und Unternehmensvertrag (BT-Drucks 12/6699, 179 f) angegriffen, die jedenfalls für den Fall der von § 293a ebenfalls erfassten Unternehmensverträge nach § 292 nicht haltbar ist. Bei diesen handelt es sich um schuldrechtliche Austauschverträge (vgl insoweit § 291 Rn 10), die sich bei wirtschaftlicher Betrachtung gerade nicht als Fusionstatbestände darstellen (MünchKomm AktG/*Altmeppen* Rn 5; krit Spindler/Stilz AktG/*Veil* Rn 2 f).

5   **2. Anwendungsbereich. – a) Aktiengesellschaft und Kommanditgesellschaft auf Aktien.** Seinem Wortlaut nach betrifft § 293a die von § 293 geregelten Fälle von Unternehmensverträgen zwischen AG oder KGaA. Die Verweisung („*soweit*") umfasst dabei alle Unternehmensverträge. Nach der klaren Fassung des Wortlauts von §§ 293 und 293a ist also nicht nach dem Gegenstand des Unternehmensvertrags zu differenzieren. Die Gesetzesbegründung bezieht sich jedoch vornehmlich auf Besonderheiten der Beherrschungs- und Gewinnabführungsverträge und die gesamte Regelung der §§ 293a ff verweist wiederholt auf die auf Beherrschungs- und Gewinnabführungsverträge zugeschnittenen §§ 304, 305. Daher ist eine **teleologische Reduktion** des Anwendungsbereichs der Vorschrift entgegen der **hM** angezeigt (so auch MünchKomm AktG/*Altmeppen* Rn 5 ff, 22; *ders* ZIP 1998, 1853 ff; *Bungert* DB 1995, 1384, 1386; aA *LG München I* ZIP 2010, 522, 523; *Hüffer* AktG Rn 4; *Emmerich/Habersack* Aktien- und GmbH-KonzernR Rn 8; K. Schmidt/Lutter AktG/*Langenbucher* Rn 2; Spindler/Stilz AktG/*Veil* Rn 4). Die Vorschrift kommt daher **allein für Beherrschungs- und Gewinnabführungsverträge** zur Anwendung.

Folglich müssen bei Abschluss und Änderung (vgl § 295) von Unternehmensverträgen iSd § 291 Abs 1 die Vorstände beider Gesellschaften einen Bericht vorlegen.

6   **b) GmbH als Untergesellschaft.** Ist eine GmbH Untergesellschaft des Beherrschungs- und Gewinnabführungsvertrags, so findet § 293a keine analoge Anwendung (*K. Schmidt* GesR S 1188, 1213; *Schilling* ZHR 140 (1976), 535; *Altmeppen* ZIP 1998, 1853, 1858). Auch Gesellschafterminderheiten oder gar einzelne Gesellschafter verfügen somit über die Macht, diejenigen Berichte einzufordern, die sie für erforderlich erachten (*Hüffer* AktG Rn 6; *Bungert* DB 1995, 1449, 1455; *Zeidler* NZG 1999, 692, 694). Handelt es sich bei der **Obergesellschaft, mit der die GmbH den Unternehmensvertrag schließt,** um eine **AG**, so bleibt diese bei Abschluss eines Beherrschungs- und/oder Gewinnabführungsvertrags berichtspflichtig. Dies folgt aus der weiter bestehen-

den Verlustausgleichspflicht nach § 302. Hier ist kein Grund ersichtlich, der wg der Rechtsform der abhängigen Gesellschaft eine abw Behandlung rechtfertigen würde (*Hüffer* aaO; *LG Frankfurt* ZIP 2013, 119).

c) GmbH als Obergesellschaft. Ist eine GmbH Obergesellschaft eines Beherrschungs- und/oder Gewinnabführungsvertrags, so ist nach **hM** § 293 Abs 2 anwendbar, so dass es nur konsequent ist, dass § 293a auf diese Gesellschaft ebenfalls Anwendung findet (*Hüffer* AktG Rn 6 aE; *Emmerich/Habersack* Aktien- und GmbH-KonzernR Rn 13; **aA** MünchKomm AktG/*Altmeppen* Rn 17ff und *ders* in ZIP 1998, 1853, 1860). Dies gilt auch dann, wenn die abhängige Gesellschaft ebenfalls als GmbH verfasst ist. Insoweit greifen ebenso die Überlegungen zur Verlustausgleichspflicht durch, denn auch für eine GmbH als Obergesellschaft ist eine solche nach dem Rechtsgedanken des § 302 anerkannt (*BGH* GmbHR 1999, 1299, 1300). 7

d) Andere Rechtsformen. Bei Unternehmensverträgen zwischen Gesellschaften anderer Rechtsform ist im Hinblick auf eine analoge Anwendung des § 293a stets danach zu fragen, ob ein mit der geregelten Situation vergleichbares berechtigtes Informationsbedürfnis besteht. Eine Analogie dürfte somit in erster Linie bei Unternehmensverträgen iSd § 291 zu bejahen sein, an denen **Genossenschaften und Vereine** beteiligt sind (*Emmerich/Habersack* Aktien- und GmbH-Konzernrecht Rn 14). 7a

3. Übergangsrecht. Die §§ 293a ff sind gem Art 20 UmwBerG 1994 am 1.1.1995 in Kraft getreten. Für bis zum 31.12.1994 nicht ins HR eingetragene Unternehmensverträge fehlt eine Übergangsvorschrift. Hier kommt es in Analogie zu § 318 UmwG entscheidend darauf an, zu welchem Zeitpunkt der schriftliche Unternehmensvertrag oder wenigstens eine Vertragserklärung vorliegt oder die HV einberufen worden ist (MünchKomm AktG/*Altmeppen* Rn 26). 8

II. Berichtspflicht, Abs 1

1. Voraussetzungen. Abs 1 S 1 HS 1 sieht eine Berichtspflicht vor, wenn ein nach § 293 zustimmungspflichtiger Unternehmensvertrag abgeschlossen wird. Wie dargelegt, sind damit jedoch nur Beherrschungs- und Gewinnabführungsverträge gemeint (Rn 5). 9

2. Adressat der Berichtspflicht. Die Berichtspflicht stellt eine interne Maßnahme dar und trifft gem Abs 1 S 1 den **Vorstand als Kollegialorgan.** Jedes Mitglied des Vorstands ist daher zur Mitwirkung verpflichtet und berechtigt; der Bericht muss von jedem Vorstandsmitglied unterzeichnet werden. Eine abw Regelung durch in der **Geschäftsordnung des Vorstandes** (§ 77 Abs 2) geregelte Kompetenzzuweisungen ist nicht möglich, da § 293a insoweit eine zwingende Regelung enthält (*Emmerich/Habersack* Aktien- und GmbH-KonzernR Rn 16; Spindler/Stilz AktG/*Veil* Rn 6; **aA** MünchKomm AktG/*Altmeppen* Rn 29). Bei der **KGaA** ist der Komplementär berichtspflichtig. Abs 1 S 1 HS 2 lässt nach dem Vorbild des UmwG eine **gemeinsame Berichterstattung** mittels eines einzigen Berichts zu. 10

Die Berichtspflicht kann nicht im Wege der **Zwangsvollstreckung** (§ 888 Abs 2 ZPO) durchgesetzt werden; insoweit fehlt es schon an der Rechtsfähigkeit der Organe der AG. Der Vorstand verletzt jedoch seine Amtspflichten, wenn er keinen oder einen fehlerhaften Bericht erstellt. Unter den Voraussetzungen des § 84 Abs 3 kann der Vorstand folglich **abberufen** werden (*Hüffer* AktG Rn 8; MünchKomm AktG/*Altmeppen* 11

Rn 31). Ein mangelhafter oder fehlender Bericht stellt darüber hinaus einen Verfahrensfehler dar, der zur Anfechtung des zust HV-Beschlusses führen und der Eintragung entgegenstehen kann (vgl im Einzelnen unten Rn 26).

12 **3. Form.** Gem Abs 1 S 1 HS 1 bedarf der Bericht über den Unternehmensvertrag der **Schriftform**. Um den Erfordernissen des § 126 BGB zu genügen muss der Bericht **von allen Vorstandsmitgliedern unterzeichnet** werden. Das Formerfordernis hat zur Folge, dass an der Erstattung des Berichts vielfach eine größere Zahl von Vorstandsmitgliedern mitwirken muss als beim Abschluss des Unternehmensvertrags selbst, der regelmäßig durch Vorstandsmitglieder in vertretungsberechtigter Zahl (vgl § 78 Rn 15 ff) erfolgen kann. Die Schriftform kann aufgrund der Auslegungspflichten der §§ 293f Abs 1 Nr 1 und 293g Abs 1 nicht durch die elektronische Form ersetzt werden (Spindler/Stilz AktG/*Veil* Rn 8; *Emmerich/Habersack* Aktien- und GmbH-KonzernR Rn 18; aA K. Schmidt/Lutter AktG/*Langenbucher* Rn 9 f).

13 **4. Inhalt. – a) Allgemeines.** Die Regelung des Abs 1 S 1 HS 1 erfordert einen Bericht, der die **drei Hauptkomplexe Vertragsschluss, Vertragsinhalt** sowie **Art und Höhe des Ausgleichs und der Abfindung** in rechtlicher und wirtschaftlicher Hinsicht ausführlich erläutert und begründet. Die Berichtspflicht wird durch Abs 1 S 2 auch auf Bewertungsschwierigkeiten und auf Folgen des Unternehmensvertrags für die Beteiligungen der Aktionäre erstreckt. Der Bericht muss es den Aktionären ermöglichen, sich über die Eignung des Vertrags ein Urteil zu bilden, um daran ihr Abstimmungsverhalten zu orientieren (zu den sich aus diesem Normzweck ergebenden Beschränkungen der Berichtsintensität vgl KölnKomm AktG/*Koppensteiner* Rn 22 und Rn 24; *OLG Frankfurt* AG 2010, 368, 373).

14 **b) Berichtsgegenstände. – aa) Vertragsschluss.** Im Wege einer Übertragung der in den Gesetzgebungsmaterialien zur Parallelvorschrift in § 8 UmwG vorgenommenen Konkretisierungen der Zwecksetzung (vgl BT-Drucks 12/6699, 83 ff) ergibt sich, dass der Bericht die **für und gegen den Vertragsschluss sprechenden Aspekte** gegeneinander abzuwägen, die mit der Maßnahme verfolgten **Ziele** darzulegen und auf denkbare **Alternativen** zum Abschluss des Vertrages einzugehen hat (zur Frage, inwieweit dabei auf Gesichtspunkte der Zweckmäßigkeit einzugehen ist, vgl *H. P. Westermann* FS Semler, S 651, 654). Die Berichtspflicht wird regelmäßig insb auch die Darstellung der wirtschaftlichen Situation der am Vertrag beteiligten Unternehmen umfassen (vgl *Lutter* UmwG § 8 Rn 16; *OLG München* AG 2009, 450, 453); ein Verweis auf die nach § 293f vorzulegenden Jahresabschlüsse genügt nicht (*OLG München* aaO). Dabei hat sich die Darstellung jeweils am Zweck zu orientieren; so wird die Darstellung der wirtschaftlichen Situation des anderen Unternehmens vor allem dessen Bonität im Fokus haben müssen, damit beurteilt werden kann, ob es seinen vertraglichen Verpflichtungen nachzukommen in der Lage sein kann (*OLG München* aaO). Bei einem Beherrschungsvertrag wird es weitergehend um die vom anderen Vertragsteil zu verfolgenden Umstände gehen (MünchKomm AktG/*Altmeppen* Rn 39). Kündigung oder Anfechtung eines stillen Beteiligungsvertrags sind berichtspflichtig (*LG München I* NZG 2010, 466; *Jäger* NZG 2011, 210).

15 **bb) Inhalt des Vertrags.** Die Erläuterungen des Berichts, die den Vertragsinhalt betreffen, müssen es auch dem juristisch nicht versierten Aktionär ermöglichen, die rechtliche und wirtschaftliche Bedeutung der nicht aus sich heraus ohne weiteres verständlichen und der ungewöhnlichen Vertragsbestandteile zu erkennen. Der Bericht ist daher allg verständlich und in deutscher Sprache abzufassen (auch der Jahresabschluss bedarf der deutschen Sprache, *OLG München* NZG 2009, 592). Der Bericht muss auf die mit den jeweiligen Regelungen verbundenen **Vor- und Nachteile** eingehen, soweit nicht bereits die Ausführungen zum Komplex des Vertragsschlusses hierüber ausreichend Aufschluss geben. Bes muss der Bericht auf außergewöhnliche Regelungen eingehen (KölnKomm AktG/*Koppensteiner* Rn 29). Der Zweck der Plausibilitätskontrolle für den Aktionär (s hierzu Rn 16) bestimmt und begrenzt die Erläuterung des Vertragsinhalts (Münch-Komm AktG/*Altmeppen* Rn 41). Um der erforderlichen Darstellungsintensität gerecht zu werden, wird bei der Darlegung des Vertragsinhalts ferner der **Vertragstyp** zu bezeichnen sein (*Emmerich/Habersack* Aktien- und GmbH-KonzernR Rn 22), obwohl dieser nach zutr Ansicht nicht in den Vertrag selbst aufgenommen werden muss (vgl § 293 Rn 15).

cc) Ausgleich und Abfindung. Wenn Abs 1 S 1 anordnet, der Bericht müsse auch Erläuterungen über Art und Höhe von Ausgleich und Abfindung enthalten, so betrifft dies naturgemäß allein Beherrschungs- und/oder Gewinnabführungsverträge, denn nur für solche sieht das Gesetz in den §§ 304, 305 die entspr Ausgleichs- und Abfindungspflichten vor. Wie dargelegt beschränkt sich der Anwendungsbereich der Vorschrift auf diese Verträge (s.o. Rn 5). Der Bericht muss sowohl zu den **Bewertungsmethoden, der Bewertungsgrundlage als auch zu den damit gewonnenen Ergebnissen Stellung** nehmen; die bloße Darlegung der Bewertungsgrundsätze ist nicht ausreichend (*BGHZ* 107, 296, 302 ff = NJW 1989, 2689; *BGH* AG 1990, 259 f; *Emmerich/Habersack* Aktien- und GmbH-KonzernR Rn 25 ff; K. Schmidt/Lutter AktG/*Langenbucher* Rn 16; Spindler/Stilz AktG/*Veil* Rn 16; **aA** *LG Mannheim* AG 1988, 248, 249; *Nirk* FS Steindorff, S 187, 190 ff). Auch bei diesem Komplex des Berichtsgegenstands richtet sich die erforderliche Darstellungsdichte iÜ nach dem Ziel, den Aktionären eine Urteilsbildung über die Plausibilität der Leistungen zu ermöglichen (*OLG Düsseldorf* NZG 2004, 622, 624). Da die Überprüfung von Ausgleich und Abfindung Aufgabe der Vertragsprüfer ist (§ 293e), ist es **nicht** notwendig, dass den Aktionären auf Grundlage des Berichtsinhalts **selbst eine Bewertung** ermöglicht wird; genügend ist eine Plausibilitätskontrolle (*OLG Frankfurt* AG 2010, 368, 373; *OLG Düsseldorf* NZG 2004, 622, 624; *Emmerich* aaO Rn 27). 16

Aus Abs 1 S 2 folgt, dass der Bericht auf **bes Bewertungsschwierigkeiten** hinweisen muss. Diese betreffen sowohl die Prognosen, deren es zur Bewertung der Unternehmen für die Ertragswertmethode bedarf, als auch die Anwendung dieser Methode selbst. Schließlich sind auch Fälle denkbar, in denen das mit der Ertragswertmethode (Anh § 305 Rn 21) erzielte Ergebnis angesichts außerordentlicher Entwicklungen oder Effekte einer weiteren Korrektur bedarf (zB Ertragseinbrüche; *BGH* AG 1991, 102, 103; *Hüffer* AktG Rn 16). Der Bericht muss insoweit sowohl auf das konkrete Bewertungsproblem als auch die dazu jeweils wahrgenommene Lösungsmöglichkeit hinweisen. 17

Die Einordnung des ebenfalls in Abs 1 S 2 statuierten Erfordernisses, auf die **Folgen des Unternehmensvertrages für die Beteiligungen der Aktionäre** hinzuweisen, wird mehrheitlich als gesetzgeberischer „Fehlgriff" (*Hüffer* AktG Rn 17) betrachtet, da anders als bei Verschmelzung und Formwechsel keine rechtliche Veränderung der Gesellschaft selbst stattfindet. Es ist also nicht erforderlich, auf die rechtlichen Veränderungen für die Mitgliedschaft der Aktionäre hinzuweisen (*Hüffer* aaO; Münch- 18

Komm AktG/*Altmeppen* Rn 46; Spindler/Stilz AktG/*Veil* Rn 17; K. Schmidt/Lutter AktG/*Langenbucher* Rn 19; **aA** noch die 1. Aufl und *Emmerich/Habersack* Aktien- und GmbH-KonzernR Rn 29).

III. Ausnahmen von der Berichtspflicht, Abs 2

19 **1. Allgemeines.** Nach dem Vorbild des § 131 Abs 3 Nr 1 enthält Abs 2 eine **Schutzklausel** für den Fall, dass die Berichterstattung zu einer **Schädigung eines Vertragsteils oder eines mit ihm verbundenen Unternehmens** führen würde. Die Regelung stellt so einen Ausgleich zwischen dem Geheimhaltungsinteresse der Gesellschaft und dem Informationsinteresse der Aktionäre dar und wertet ersteres höher. Ist der Vorstand gem Abs 2 berechtigt, bestimmte Berichtsgegenstände nicht oder nicht in der ansonsten gebotenen Darstellungstiefe darzulegen, trifft ihn eine Begründungspflicht hinsichtlich der entstehenden Berichtslücken; auch deren Grenzen werden naturgemäß durch das Geheimhaltungsinteresse gezogen. Abs 2 entspricht weitgehend den Ergebnissen der durch Rspr und Literatur zur Vorgängervorschrift des § 340a aF entwickelten Rechtsfortbildung (vgl etwa *BGHZ* 107, 296, 302 ff = NJW 1989, 2689; *Lutter* UmwG § 8 Rn 44 mwN).

20 **2. Voraussetzungen.** Die Ausnahme von der Berichtspflicht ist im Rahmen einer **Abwägung** der mit der Offenlegung verbundenen Vor- und Nachteile für die Gesellschaft zu ermitteln. Außer Betracht bleiben die Vorteile, die eine Veröffentlichung für die Aktionäre hätte (MünchKomm AktG/*Altmeppen* Rn 60), da Abs 2 für den Fall der Bejahung einer Schadensgefahr eine Entscheidung zugunsten des Geheimhaltungsinteresses beinhaltet. Bei der Auslegung der Tatbestandsvoraussetzungen sind iÜ die zu § 131 Abs 3 S 1 Nr 1 entwickelten Grundsätze anwendbar (§ 131 Rn 19f); das Bekanntwerden der Information muss also **nach vernünftiger kaufmännischer Beurteilung zur Nachteilszufügung geeignet sein;** eines Nachweises zwingender hypothetischer Verursachung bedarf es insoweit nicht.

21 Aus § 131 Abs 3 S 1 Nr 3 ergibt sich im Umkehrschluss, dass eine Ausnahme von der Berichtspflicht jedenfalls immer schon dann bejaht werden kann, wenn **stille Reserven** beziffert werden müssten. Ferner ist die Eignung zur Nachteilszufügung auch bei Offenlegung von Einzelheiten der **Ertragsprognose** oder hinsichtlich künftigen **Ausschüttungsverhaltens** zumeist ohne weiteres anzunehmen (**hM** MünchKomm AktG/*Altmeppen* Rn 61; *Hüffer* AktG Rn 19; *Bungert* DB 1995, 1384, 1389).

22 **3. Begründungspflicht.** Gem Abs 2 S 2 muss der Vorstand eine **schriftliche Begründung** zur Nichtaufnahme derjenigen Tatsachen in den Bericht aufnehmen, deren Nennung es nach Abs 2 S 1 nicht bedarf. Der Auseinandersetzung über die Begründungspflicht bei § 131 Abs 3 (§ 131 Rn 19) kommt für die Ausnahmen nach Abs 2 mithin keine Bedeutung zu. Im Einzelnen fordert die Begründungspflicht, dass überhaupt **auf die Unvollständigkeiten** des Berichts und die davon betroffenen Berichtsgegenstände **hingewiesen** und auf die bei Veröffentlichung zu befürchtenden **Nachteile** eingegangen wird. In Anbetracht des Regelungszwecks, die Geheimhaltung sensibler Informationen sicherzustellen, kann für die Begründung allerdings nur eine Darstellungstiefe verlangt werden, die eine Nachteilszufügung ihrerseits nicht befürchten lässt (*Hüffer* AktG Rn 20). Es genügt daher, wenn der Bericht den Aktionären die Berichtslücken plausibel machen kann (*Emmerich/Habersack* Aktien- und GmbH-KonzernR Rn 33). Daraus folgt, dass in den oben genannten Fällen der Bezifferung stiller Reserven und der Offenlegung von Ertragsprognosen eine gesonderte Begründung regelmäßig nicht erforderlich ist (vgl *Bungert* DB 1995, 1384, 1385).

IV. Verzicht auf die Berichterstattung, Abs 3

Ein Bericht ist gem Abs 3 nicht zu erstatten, wenn **alle Anteilsinhaber aller am jeweiligen Unternehmensvertrag beteiligten Unternehmen** durch öffentlich beglaubigte (§ 129 Abs 1 S 1 BGB) Erklärung darauf verzichten. Erklärungsempfänger ist die Gesellschaft. Der Verzicht kann **nicht allg im voraus** oder durch Satzung, sondern stets nur für einen konkreten Vertrag oder Vertragsentwurf erklärt werden (*Emmerich/Habersack* Aktien- und GmbH-KonzernR Rn 37). Aus § 293 Abs 2 iVm § 293a Abs 1 S 1 HS 1 folgt, dass es bei Beherrschungs- und Gewinnabführungsverträgen einer Verzichtserklärung aller Gesellschafter von Ober- und Untergesellschaft bedarf. 23

Aus Abs 3 iVm § 129 Abs 1 BGB folgt, dass die Anteilseigner den Verzicht gesondert schriftlich erklären müssen und ihre Unterschrift notariell zu beglaubigen ist. Mit dieser Regelung kann jedoch ein erheblicher Aufwand verbunden sein. Nachdem Zweck des § 293a auch Kostenersparnis ist (*Emmerich/Habersack* Aktien- und GmbH-KonzernR Rn 35), ist in dem Umstand, dass eine **Verzichtserklärung im Wege eines notariell beurkundeten Beschlusses** (§§ 129 Abs 2 BGB, 130 Abs 1 S 1) **aller Anteilsinhaber** nicht in die Regelung aufgenommen wurde, ein Redaktionsversehen zu erblicken (*Hüffer* AktG Rn 21; *Altmeppen* ZIP 1998, 1853, 1862 f; MünchKomm AktG/*Altmeppen* Rn 57). Mithin kann ein Verzicht auch auf diese Weise wirksam erfolgen. 24

An Abs 3 wird zu Recht Kritik geübt, da die Vorschrift auch dann keine Ausnahmeregelung enthält, wenn sich **alle Anteile in einer Hand** befinden (vgl *Bungert* DB 1995, 1384, 1388). 25

V. Rechtsfolgen fehlender oder fehlerhafter Berichte

1. Fehlender oder fehlerhafter Bericht. Fehlt der Vertragsbericht oder erfüllt er nicht die inhaltlichen Anforderungen, so besteht darin ein Verfahrensfehler, der nach § 243 Abs 1 zur **Anfechtung des Zustimmungsbeschlusses** berechtigen kann. Voraussetzung dafür ist, dass zwischen der Mangelhaftigkeit des Berichts und der Zustimmung der HV eine **Kausalitätsbeziehung** besteht. Für den Fall der Verschmelzung macht die **Rspr** die Anfechtungsberechtigung davon abhängig, ob ein objektiv urteilender Aktionär, nachdem er über den Informationsmangel in Kenntnis gesetzt wurde, zu dem Ergebnis kommt, die Zustimmung zum Vertrag wäre ungerechtfertigt gewesen (vgl *BGHZ* 107, 296, 306 ff = NJW 1989, 2689). In der **Literatur** besteht hingegen die Tendenz, die zur Anfechtung erforderliche **Relevanz des Mangels** im Zweifel zu bejahen (*Emmerich/Habersack* Aktien- und GmbH-KonzernR Rn 40; KölnKomm AktG/*Koppensteiner* Rn 48). Angesichts der häufig missbräuchlichen Anfechtung ist eher eine restriktive Anwendung angezeigt, so dass **der Rspr zu folgen** ist. Für eine Verschärfung der Anforderungen besteht keine Veranlassung. Da die §§ 293a ff dem Minderheitenschutz dienen, ist allerdings allein der Umstand, dass der Beschl schon aufgrund der gegebenen Mehrheitsverhältnisse auch sonst nicht anders gefasst worden wäre, nicht ausreichend, um in diesem Sinne die Kausalität zu verneinen. 26

2. Heilung des Berichts. Eine **Heilung** des Berichts durch Nachreichen der Informationen während der HV, auf der der Zustimmungsbeschluss gefasst werden soll oder zu einem anderen Zeitpunkt ist nach **hM** nicht möglich, da der Bericht gerade auch der 27

Vorbereitung der Ausübung des Fragerechts aus § 293g Abs 3 dient (K. Schmidt/Lutter AktG/*Langenbucher* Rn 29 mwN).

28 **3. Weitere Rechtsfolgen.** Nicht fristgemäß mittels Anfechtung geltend gemachte Mängel berechtigen das **Registergericht** nicht zur Ablehnung der Eintragung (Köln-Komm AktG/*Koppensteiner* Rn 50; K. Schmidt/Lutter AktG/*Langenbucher* Rn 31; **aA** MünchKomm AktG/*Altmeppen* Rn 69). Entsteht einer der beteiligten Gesellschaftern oder deren Anteilinhabern oder Gläubigern infolge der Mangelhaftigkeit des Berichts ein Schaden, so kommen **Ersatzansprüche** aus § 93 AktG sowie § 823 Abs 2 BGB iVm §§ 293a, 400 AktG in Frage (vgl zur Haftung für Prognosedefizite im Verschmelzungsbericht *Siebel/Gebauer* WM 2001, 173, 185 ff, 189).

§ 293b Prüfung des Unternehmensvertrags

(1) Der Unternehmensvertrag ist für jede vertragschließende Aktiengesellschaft oder Kommanditgesellschaft auf Aktien durch einen oder mehrere sachverständige Prüfer (Vertragsprüfer) zu prüfen, es sei denn, dass sich alle Aktien der abhängigen Gesellschaft in der Hand des herrschenden Unternehmens befinden.

(2) § 293a Abs. 3 ist entsprechend anzuwenden.

Übersicht

	Rn		Rn
I. Grundlagen	1	a) Prüfung der Angemessenheit von Ausgleich und Abfindung	5
1. Normzweck	1		
2. Anwendungsbereich	2	b) Keine Überprüfung der Zweckmäßigkeit des Vertrages	6
a) Allgemeines	2		
b) Ausnahme	3		
II. Prüfungspflicht	4	c) Vertragsprüfer	7
1. Gegenstand der Prüfung	4	III. Verzicht auf die Prüfung, Abs 2	8
2. Inhalt der Prüfung	5	IV. Rechtsfolgen unzureichender Prüfung	9

Literatur: *Bayer* 1000 Tage neues Umwandlungsrecht – eine Zwischenbilanz, ZIP 1997, 1613; *Büchel* Neuordnung des Spruchverfahrens, NZG 2003, 793; *Bungert* Unternehmensvertragsbericht und Unternehmensvertragsprüfung gemäß §§ 293a ff AktG, DB 1995, 1384, 1449; *Dirrigl* Die Angemessenheit des Umtauschverhältnisses bei einer Verschmelzung als Problem der Verschmelzungsprüfung und der gerichtlichen Überprüfung, WPg 1989, 413; *ders* Neue Rechtsprechung zur Verschmelzung und die Verschmelzungsprüfung, WPg 1989, 617; *Emmerich* Das neue Spruchverfahrensgesetz, FS Tilmann, 2003, S 925; *Hoffmann-Becking* Das neue Verschmelzungsrecht in der Praxis, FS Fleck, 1988, S 105; *Humbeck* Die Prüfung der Unternehmensverträge nach neuem Recht, BB 1995, 1893; *Leuering* Die parallele Angemessenheitsprüfung durch den gerichtlich bestellten Prüfer, NZG 2004, 606; *Mertens* Die Gestaltung von Verschmelzungs- und Verschmelzungsprüfungsbericht, AG 1990, 20; vgl auch die Nachweise zu § 293a.

I. Grundlagen

1 **1. Normzweck.** Zusammen mit §§ 293c–293e, welche die inhaltlichen Anforderungen an den Prüfungsbericht und die Bestellung der Prüfer regeln, behandelt § 293b die Prüfung des Unternehmensvertrags. Die Vorschrift statuiert eine allg Prüfungspflicht durch einen unabhängigen Sachverständigen und nennt Ausnahmen. Zweck der Norm ist, die Überprüfung der Angemessenheit von Ausgleich und Abfindung im Spruchstellenverfahren (§ 306) zu vermeiden und so die Gerichte zu entlasten (BT-Drucks 12/6699, 178).

2. Anwendungsbereich. – a) Allgemeines. Nach dem Wortlaut des § 293b betrifft die Vorschrift alle Unternehmensverträge. Auch hier ist indes eine restriktive Auslegung angezeigt (so § 293a Rn 5). Es sind folglich wie bei § 293a allein Verträge iSd § 291 gemeint (MünchKomm AktG/*Altmeppen* Rn 5; KölnKommAktG/*Koppensteiner* Rn 6; **aA** *Hüffer* AktG Rn 2; *Emmerich/Habersack* Aktien- und GmbH-KonzernR Rn 11; Spindler/Stilz AktG/*Veil* Rn 2), so dass der Anwendungsbereich des § 293b dem des § 293a entspricht. Verträge, die nicht der Zustimmung der HV bedürfen, wären zwar vom Wortlaut erfasst, begründen allerdings unter Berücksichtigung des Regelungskontextes keine Prüfungspflicht (*Emmerich* aaO Rn 10 f; *Hüffer* aaO Rn 7; *Veil* aaO Rn 9). Die Anwendbarkeit der Norm auf **Gesellschaften anderer Rechtsform** bestimmen sich nach denselben Grundsätzen wie bei § 293a (vgl dort Rn 6–7a).

b) Ausnahme. Gem Abs 1 HS 2 besteht keine Prüfungspflicht, wenn der Unternehmensvertrag mit einer Gesellschaft geschlossen wird, bei der sich **alle Anteile in der Hand des anderen Vertragsteils** befinden, und zwar unmittelbar, nicht erst durch Zurechnung gem § 16 Abs 4 (*Bungert* DB 1995, 1384, 1392; *Humbeck* BB 1995, 1893, 1895; *Emmerich/Habersack* Aktien- und GmbH-KonzernR Rn 12). Die Ausnahmevorschrift wird analog angewendet, wenn sich alle Anteile eines **Gemeinschaftsunternehmens** in der Hand der gemeinsam herrschenden Mütter befinden (MünchHdb AG/*Krieger* § 70 Rn 39).

II. Prüfungspflicht

1. Gegenstand der Prüfung. Gegenstand der Prüfung sind die in den Anwendungsbereich fallenden Unternehmensverträge (s. o. Rn 2). Die Frage, ob auch der über den Unternehmensvertrag zu erstattende **Vorstandsbericht** der Prüfungspflicht unterfällt, ist streitbefangen. Ausgehend von der entspr umwandlungsrechtlichen Fragestellung, inwieweit der Verschmelzungsbericht nach § 8 UmwG der Prüfung unterliegt (dafür zB *Bayer* ZIP 1997, 1613, 1621; *Hoffmann-Becking* FS Fleck, S 105, 122; dagegen *Humbeck* BB 1995, 1893, 1896; *Mertens* AG 1990, 20, 31), muss der Vorstandsbericht bei der Vertragsprüfung zumindest ergänzend berücksichtigt werden können (so *Emmerich/Habersack* Aktien- und GmbH-KonzernR Rn 15; **aA** Geßler/Hefermehl/Eckardt/Kropff AktG/*Grunewald* § 340b aF Rn 10; Spindler/Stilz AktG/*Veil* Rn 3). Inwieweit von der Möglichkeit der Einbeziehung des Berichts Gebrauch zu machen ist, unterliegt dem pflichtgemäßen Ermessen des Prüfers (MünchKomm AktG/*Altmeppen* Rn 10 f).

2. Inhalt der Prüfung. – a) Prüfung der Angemessenheit von Ausgleich und Abfindung. Was Gegenstand der Prüfung ist, bestimmt sich unter Berücksichtigung der Prüfungszwecke. Daraus ist zu folgern, dass sich die Prüfung hauptsächlich mit einer Plausibilitätskontrolle der **Angemessenheit von Abfindung und Ausgleich** zu befassen hat (KölnKomm AktG/*Koppensteiner* Rn 17; *Emmerich/Habersack* Aktien- und GmbH-KonzernR Rn 17; Spindler/Stilz AktG/*Veil* Rn 5; *LG Frankfurt/Main* BB 2007, 1069). Der Vertragsprüfer braucht die Bewertungsergebnisse, die dem Abfindungs- oder Ausgleichsvorschlag zugrunde liegen, nicht zu überprüfen. Seine Aufgabe besteht vielmehr darin, zu untersuchen, ob die der Bewertung zugrunde liegenden

§ 293b

Methoden im Einzelfall adäquat sind (*Emmerich* aaO Rn 18) – so ja ausdrücklich § 293e Abs 1 S 3 Nr 2 – und den Interessen der Aktionäre beider beteiligten Gesellschaften entsprechen (*Koppensteiner* aaO Rn 18). Nachdem das Gesetz für den Inhalt von Unternehmensverträgen anders als für Verschmelzungsverträge (für diese gilt der Katalog des § 5 Abs 1 UmwG) keine Mindeststandards vorschreibt, die gleichsam zum Maßstab einer Überprüfung von Vollständigkeit und Richtigkeit der im Vertrag gemachten Angaben zu erheben wäre, können die umwandlungsrechtlichen Vorgaben hier allenfalls als unverbindliche Anhaltspunkte der Prüfung dienen (vgl *Hüffer* AktG Rn 5). Eine Überprüfung des Vertrags im Hinblick auf seine **rechtliche Zulässigkeit** ist nicht Aufgabe des Vertragsprüfers, sondern obliegt im Streitfall den Gerichten (*Emmerich* aaO Rn 19).

6   **b) Keine Überprüfung der Zweckmäßigkeit des Vertrages.** Wie bei der Verschmelzung so ist auch bei Unternehmensverträgen die wirtschaftliche Zweckmäßigkeit nicht Prüfungsgegenstand (KölnKomm AktG/*Koppensteiner* Rn 17; MünchHdb AG/*Krieger* § 70 Rn 38), obwohl sie von der Berichtspflicht des Vorstands umfasst ist (vgl § 293a Rn 13, 15).

7   **c) Vertragsprüfer.** Abs 1 S 1 enthält eine Legaldefinition des Vertragsprüfers. Aus § 319 Abs 1 HGB iVm § 293d Abs 1 ergibt sich, dass nur Wirtschaftsprüfer und Wirtschaftsprüfungsgesellschaften Vertragsprüfer der AG sein können. Mit Umsetzung des Art 1 Nr 29 KonTraG steht ferner fest, dass die Bestellung eines einzigen Prüfers auch dann genügt, wenn für mehrere der Unternehmen eine Prüfungspflicht besteht.

III. Verzicht auf die Prüfung, Abs 2

8   Der Verweis des Abs 2 auf § 293a Abs 3 führt dazu, dass die Verzichtsmöglichkeit der Aktionäre über den Vorstandsbericht hinaus auch auf die Vertragsprüfung ausgedehnt wird. Zu den formellen Voraussetzungen des Verzichts vgl § 293a Rn 23 ff.

IV. Rechtsfolgen unzureichender Prüfung

9   Hat trotz bestehender Prüfungspflicht keine Vertragsprüfung stattgefunden oder führt die Prüfung zu dem Ergebnis, dass Ausgleich und/oder Abfindung nicht angemessen sind, so kann eine Eintragung des Vertrags ins HR nicht stattfinden (§ 294 AktG; § 26 FamFG). Zwar scheint § 293e Abs 1 S 2 auch einen Prüfungsbericht für formal ordnungsgemäß zu halten, der den vorgeschlagenen Ausgleich und/oder die vorgeschlagene Abfindung nicht für angemessen befindet („ob"); § 293e S 3 Nr 2 lässt jedoch nicht die Anwendung unangemessener Methoden zur Ermittlung von Ausgleich und Abfindung zu, so dass sinnvollerweise auch hinsichtlich der Anwendung der Methoden ein „positives" Schlussergebnis Voraussetzung für einen formal ordnungsgemäßen Prüfungsbericht ist. Darüber hinaus führen die vorstehend genannten Mängel zu einer Anfechtbarkeit des Zustimmungsbeschlusses nach § 243 Abs 1 (*LG Berlin* AG 1996, 230, 232 f). Bei Klageerhebung vor Eintragung des Vertrags ins HR bestimmt sich das Verfahren nach § 381 FamFG (vgl *Emmerich/Habersack* Aktien- und GmbH-KonzernR Rn 21).

§ 293c Bestellung der Vertragsprüfer

(1) ¹Die Vertragsprüfer werden jeweils auf Antrag der Vorstände der vertragschließenden Gesellschaften vom Gericht ausgewählt und bestellt. ²Sie können auf gemeinsamen Antrag der Vorstände für alle vertragschließenden Gesellschaften gemeinsam bestellt werden. ³Zuständig ist das Landgericht, in dessen Bezirk die abhängige Gesellschaft ihren Sitz hat. ⁴Ist bei dem Landgericht eine Kammer für Handelssachen gebildet, so entscheidet deren Vorsitzender an Stelle der Zivilkammer. ⁵Für den Ersatz von Auslagen und für die Vergütung der vom Gericht bestellten Prüfer gilt § 318 Abs. 5 des Handelsgesetzbuchs.

(2) § 10 Abs. 3 bis 5 des Umwandlungsgesetzes gilt entsprechend.

Übersicht

	Rn		Rn
I. Gegenstand und Zweck der Regelung	1	c) Zuständigkeit	5
II. Bestellung der Vertragsprüfer	3	2. Verfahrenskonzentration bei einem Landgericht	6
1. Gerichtliche Bestellung	3	3. Verfahren	7
a) Allgemeines	3	4. Vergütung und Auslagenersatz	8
b) Antrag	4		

Literatur: *Bungert* Zuständigkeit des Landgerichts bei Bestellung des Verschmelzungsprüfers im neuen Umwandlungsrecht, DB 1995, 1399; *Leuering* Die parallele Angemessenheitsprüfung durch den gerichtlich bestellten Prüfer, NZG 2004, 606.

I. Gegenstand und Zweck der Regelung

Die Vorschrift regelt die Zuständigkeit für die Bestellung der Vertragsprüfer nach dem Vorbild der §§ 10, 60 UmwG (RegBegr BT-Drucks 12/6699, 178). Seit der Änderung der Vorschrift durch Art 2 SpruchG im Jahre 2003 werden die Vertragsprüfer nunmehr nicht mehr bloß fakultativ, sondern ausnahmslos durch das Gericht bestellt; die Möglichkeit einer Bestellung durch den Vorstand (Abs 1 S 1 aF) besteht nicht mehr. Mit dem FGG-RG vom 17.12.2008 wurde Abs 2 mit Wirkung zum 1.9.2009 an die Änderung des § 10 UmwG angepasst. Die Ermächtigung zur Verfahrenskonzentration ergibt sich nunmehr aus § 71 Abs 2 Nr 4 b GVG.

Der **Zweck der Vorschrift** besteht in erster Linie in einer **Entlastung des Spruchverfahrens**. Die Regelung wird von der Vorstellung getragen, dass gerichtlich bestellten Vertragsprüfern insb seitens außenstehender Aktionäre ein größeres Vertrauen als von der Verwaltung eingesetzten Prüfern entgegengebracht wird. Diese Zielsetzung liegt auch der oben genannten Verlagerung der Kompetenzen zulasten der Verwaltung zugrunde. Ferner wurde mit der Gesetzesänderung auch eine Beschleunigung des Spruchverfahrens angestrebt, da eine Vertragsprüfung von einem gerichtlich bestellten Gutachter, welcher von neutraler Stelle bestellt wurde, die spätere Begutachtung durch Sachverständige vermeiden oder zumindest gegenständlich beschränken könne (RegBegr BT-Drucks 15/371, 18).

II. Bestellung der Vertragsprüfer

1. Gerichtliche Bestellung. – a) Allgemeines. Mit der Änderung des Abs 1 durch das SpruchG 2003 ist die gerichtliche Bestellung der Vertragsprüfer auf Antrag des Vorstands nunmehr zwingend. Es liegt an den Gerichten des Spruchverfahrens, der gesetzgeberischen Intention der gerichtlichen Bestellung Rechnung zu tragen **und daher idR keine anderen Sachverständigen für das Spruchverfahren zu beauftragen.** Über die **Anzahl der zu bestellenden Prüfer** trifft Abs 1 keine Aussagen. Aus der Formulierung der Vorschrift im Plural folgt nicht, dass für jede Gesellschaft eine Mehrzahl von Prüfern zu bestellen ist.

4 **b) Antrag.** Die Bestellung der Vertragsprüfer erfolgt gem Abs 1 S 1 auf Antrag der Vorstände der vertragschließenden Gesellschaften. **Jede der beteiligten Gesellschaften** kann durch ihren Vorstand die Bestellung von Vertragsprüfern beantragen. Der Vorstand kann bei der Antragstellung einen Vorschlag über die Person des Prüfers unterbreiten (vgl BT-Drucks 15/371, 18); es empfiehlt sich, dabei verschiedene Alternativen aufzuzeigen. Das Gericht ist an die **Vorschläge** nicht gebunden. Für die **gemeinsame Prüferbestellung** nach Abs 1 S 2 ist ein gemeinsamer oder gleichlautender Antrag beider Vorstände erforderlich.

5 **c) Zuständigkeit.** Nach Abs 1 S 3 und § 71 Abs 2 Nr 4b GVG liegt die **sachliche und örtliche Zuständigkeit** bei dem Landgericht, in dessen Bezirk die abhängige Gesellschaft ihren Sitz hat. Die **funktionelle Zuständigkeit** liegt gem Abs 1 S 4 bei der Kammer für Handelssachen. In diesem Fall entscheidet deren Vorsitzender. Besteht eine Kammer für Handelssachen nicht, ist die Zivilkammer zuständig. Diese Zuständigkeitsregelung entspricht im Wesentlichen derjenigen des Spruchverfahrens (§ 2 SpruchG), so dass regelmäßig dasselbe Gericht mit allen Fragen, welche die Ausgleichs- und Abfindungsansprüche der abhängigen Gesellschaft betreffen, befasst ist.

6 **2. Verfahrenskonzentration bei einem Landgericht.** § 71 Abs 4 GVG ermöglicht eine Zuständigkeitskonzentration bei einem jeweils örtlich zuständigen *LG*. Hiervon haben mehrere Bundesländer Gebrauch gemacht.

7 **3. Verfahren.** Gem Abs 2 iVm § 10 Abs 3 UmwG richtet sich das Verfahren nach den Regeln des FamFG (nichtstreitiges Antragsverfahren).

8 **4. Vergütung und Auslagenersatz.** Auch bei Bestellung des Vertragsprüfers durch das Gericht kommt der Prüfungsvertrag zwischen Antragsteller und Vertragsprüfern zustande (K. Schmidt/Lutter AktG/*Langenbucher* Rn 5). Soweit das einschlägige Honorarrecht berücksichtigt wird, unterliegen Auslagenersatz und Vergütung daher der Vereinbarung durch die Parteien (MünchKomm AktG/*Altmeppen* Rn 12). Nur für den Fall, dass keine vertragliche Verpflichtung besteht, greift die Regelung des Abs 1 S 5 ein, der auf § 318 Abs 5 HGB verweist. Gem dieser Bestimmung können die gerichtlich bestellten Prüfer von der Gesellschaft, auf deren Antrag hin sie bestellt worden sind, Ersatz angemessener barer Auslagen und Vergütung ihrer Tätigkeit verlangen (§ 318 Abs 5 S 1 HGB). Gegen die Festsetzungsentscheidung des Gerichts, die einen Vollstreckungstitel bildet (§ 318 Abs 5 S 4 HGB), ist die sofortige Beschwerde zulässiger Rechtsbehelf (§ 318 Abs 5 S 3 HGB).

§ 293d Auswahl, Stellung und Verantwortlichkeit der Vertragsprüfer

(1) [1]Für die Auswahl und das Auskunftsrecht der Vertragsprüfer gelten § 319 Abs. 1 bis 4, § 319a Abs. 1, § 319b Abs. 1, § 320 Abs. 1 Satz 2 und Abs. 2 Satz 1 und 2 des Handelsgesetzbuchs entsprechend. [2]Das Auskunftsrecht besteht gegenüber den vertrag-

schließenden Unternehmen und gegenüber einem Konzernunternehmen sowie einem abhängigen und einem herrschenden Unternehmen.

(2) ¹Für die **Verantwortlichkeit der Vertragsprüfer**, ihrer Gehilfen und der bei der Prüfung mitwirkenden gesetzlichen Vertreter einer Prüfungsgesellschaft gilt § 323 des Handelsgesetzbuchs entsprechend. ²Die Verantwortlichkeit besteht gegenüber den vertragschließenden Unternehmen und deren Anteilsinhabern.

Übersicht

	Rn		Rn
I. Gegenstand und Zweck der Regelung	1	3. Rechtsfolgen bei Verstoß gegen Bestellungsverbot	4
II. Auswahl und Auskunftsrecht der Vertragsprüfer	2	4. Prüfungs- und Auskunftsrecht der Vertragsprüfer	5
1. Auswahl	2	III. Verantwortlichkeit der Vertragsprüfer	6
2. Ausschlussgründe	3		

Literatur: *Hoffmann-Becking* Das neue Verschmelzungsrecht in der Praxis, FS Fleck, 1988, S 105; *Hülsmann* Stärkung der Abschlussprüfung durch das Bilanzrechtsreformgesetz – Neue Bestimmungen zur Trennung von Beratung und Prüfung, DB 2005, 166; *Ring* Gesetzliche Neuregelungen der Unabhängigkeit des Abschlussprüfers, WPg 2005, 197; *Veltins* Verschärfte Unabhängigkeitsanforderungen an Abschlussprüfer, DB 2004, 445.

I. Gegenstand und Zweck der Regelung

§ 293d enthält Regelungen zur **Auswahl der Vertragsprüfer** und zu deren **Auskunftsrecht** (Abs 1). Darüber hinaus trifft die Vorschrift Bestimmungen über die **Haftung** des Vertragsprüfers (Abs 2). § 293d ist weitgehend identisch mit § 11 Abs 1 S 1 und 4, Abs 2 UmwG, da der Gesetzgeber eine parallele Regelung beider Komplexe für sachgerecht erachtete (vgl BT-Drucks 12/6699, 178). Die Vorschriften zur zivilrechtlichen Haftung gehen auf Art 21 der Verschmelzungsrichtlinie v 2.10.1978 (78/855/EWG) zurück. **1**

Abs 1 S 1 wurde zuletzt aufgrund der weit reichenden Neuordnung des § 319 HGB, der Einfügung des § 319a HGB durch das Bilanzrechtsreformgesetz vom 4.12.2004 (BGBl I S 3166) und des § 319b HGB durch das BilMoG v 25.5.2009 (BGBl I S 1102) geändert.

II. Auswahl und Auskunftsrecht der Vertragsprüfer

1. Auswahl. Welcher Personenkreis als Vertragsprüfer in Betracht kommt, ergibt sich aus dem Verweis auf die Vorschriften über Prüferbefähigung und Ausschlussgründe bei der Abschlussprüfung. Für die AG können gem § 319 Abs 1 S 1 allein **Wirtschaftsprüfer und Wirtschaftsprüfungsgesellschaften** Vertragsprüfer sein. Die Regelungen über die Sonderprüfung in § 143 finden keine Anwendung (*Hüffer* AktG Rn 2). **2**

2. Ausschlussgründe. Aus dem Verweis auf §§ 319 Abs 1–4, 319a Abs 1, 319b Abs 1 HGB ergeben sich vielfältige **Bestellungsverbote**. Gegenüber der Regelung des § 319 aF HGB beinhalten diese Vorschriften insb für Unternehmen, die den organisierten Kapitalmarkt iSv § 2 Abs 5 WpHG in Anspruch nehmen, eine erhebliche Verschärfung der Unabhängigkeitsregelung (vgl zu den Einzelheiten *Veltins* DB 2004, 445, 447 ff; *Hülsmann* DStR 2005, 166, 167 ff; *Ring* WPg 2005, 197 ff). Greift ein **3**

Bestellungsverbot in Ansehung einer der beteiligten Gesellschaften ein, kommt auch eine Bestellung für die jeweils andere Gesellschaft nicht in Betracht, ungeachtet der Frage, ob es sich bei dieser um den verpflichteten oder den anderen Vertragsteil handelt. Dies folgt aus dem gegenüber beiden Gesellschaften geltenden Gebot der Unbefangenheit (RegBegr BT-Drucks 9/1065, 16; MünchKomm AktG/*Altmeppen* Rn 4; *Hüffer* AktG Rn 3). Eine **Tätigkeit als Abschlussprüfer** einer der beteiligten Gesellschaften steht der Einsetzung als **Vertragsprüfer nicht entgegen**, da für beide Fälle dieselben Voraussetzungen gelten. Schon für die alte Rechtslage wurde vertreten, dass eine Befangenheit im Einzelfall aufgrund der bereits bestehenden Nähebeziehung zwischen Prüfer und Vertragspartei nicht stets ausgeschlossen werden könne (*Altmeppen* aaO Rn 5). Die **Vereinbarkeit** beider Aufgaben wird aber regelmäßig zu **bejahen** sein (so schon der Ausschussbericht zur entspr Frage im Verschmelzungsrecht, BT-Drucks 9/1785, 23; *Hoffmann-Becking* FS Fleck, S 105, 121; *Emmerich/Habersack* Aktien- und GmbH-KonzernR Rn 3; KölnKomm AktG/*Koppensteiner* Rn 5). Das Vorliegen eines Bestellungsverbots kann allerdings nicht generell ausgeschlossen werden, zumal Abs 1 S 1 iVm § 319 Abs 2 HGB schon die **Besorgnis der Befangenheit** des Vertragsprüfers ausreichen lässt. Für eine solche kann eine umfangreiche Tätigkeit für eine oder mehrere der vertragsschließenden Gesellschaften über die Tätigkeit als Abschlussprüfer hinaus sprechen.

4 **3. Rechtsfolgen bei Verstoß gegen Bestellungsverbot.** Verletzt der Bestellungsbeschluss des Gerichts (§ 293c Abs 1) ein Bestellungsverbot, so führt dies nicht zur Nichtigkeit, sondern lediglich zur **Rechtsfehlerhaftigkeit** der Bestellung (*Hüffer* AktG Rn 3; KölnKomm AktG/*Koppensteiner* Rn 10; K. Schmidt/Lutter AktG/*Langenbucher* Rn 4 aA MünchKomm AktG/*Altmeppen* Rn 10; Spindler/Stilz AktG/*Veil* Rn 3). Der Beschl kann dann mit der Beschwerde nach dem FamFG angegriffen werden.

5 **4. Prüfungs- und Auskunftsrecht der Vertragsprüfer.** Das Prüfungsrecht des Vertragsprüfers selbst ergibt sich aus Abs 1 S 1 AktG iVm § 320 Abs 1 S 2 HGB. Das Auskunftsrecht folgt aus Abs 1 S 1 AktG iVm § 320 Abs 2 S 1 und 2 HGB; es ist durch das Erfordernis der Notwendigkeit der Auskunft für eine sorgfältige Vertragsprüfung beschränkt (KölnKomm AktG/*Koppensteiner* Rn 14). Der Verweis auf § 320 Abs 2 S 2 HGB ist dabei für die Vertragsprüfung praktisch bedeutungslos. Das **Auskunftsrecht** besteht gem Abs 1 S 2 **gegenüber allen vertragschließenden Unternehmen** und auch gegenüber deren Konzernunternehmen und Unternehmen, die von einem der Vertragsteile beherrscht oder abhängig sind. Die Regelungen entsprechen im Wesentlichen § 145 Abs 1 und 2 (vgl zu diesen § 145 Rn 3ff), jedoch ist dort auch die AR auskunftspflichtig.

III. Verantwortlichkeit der Vertragsprüfer

6 Abs 2 S 1 verweist bzgl der Verantwortlichkeit der Vertragsprüfer auf § 323 HGB. Diese Vorschrift entspricht ungeachtet bestehender Wortlautunterschiede § 144 AktG (*Hüffer* AktG Rn 5; MünchKomm AktG/*Altmeppen* Rn 16; vgl auch § 144 Rn 3). Die Vertragsprüfer sind folglich zur **gewissenhaften und unparteiischen Prüfung** verpflichtet. Darüber hinaus ist ihnen die unbefugte Weitergabe und Verwertung von Geschäftsgeheimnissen verboten. Verstöße gegen diese Pflichten sind durch die §§ 403, 404 strafbewehrt (vgl *Hüffer* aaO) und führen gem § 323 Abs 1 S 3 HGB zur **Ersatzpflicht**. Diese besteht gem Abs 2 S 2 auch gegenüber beiden Parteien des Unternehmensvertrags und deren **Anteilsinhabern**. Hieraus folgt, dass die Prüfung nicht nur zu niedrig, sondern auch zu hoch bemessene Ausgleichs- und Abfindungsbeträge vermeiden helfen soll (KölnKomm AktG/*Koppensteiner* Rn 20; anders aber *Emmerich/ Habersack* Aktien- und GmbH-KonzernR § 293e Rn 4). Die Prüferhaftung stellt insoweit eine Ergänzung der Ausgleichs- und Abfindungsregeln der §§ 304, 305 dar.

§ 293e Prüfungsbericht

(1) ¹**Die Vertragsprüfer haben über das Ergebnis der Prüfung schriftlich zu berichten.** ²**Der Prüfungsbericht ist mit einer Erklärung darüber abzuschließen, ob der vorgeschlagene Ausgleich oder die vorgeschlagene Abfindung angemessen ist.** ³**Dabei ist anzugeben,**
1. **nach welchen Methoden Ausgleich und Abfindung ermittelt worden sind;**
2. **aus welchen Gründen die Anwendung dieser Methoden angemessen ist;**
3. **welcher Ausgleich oder welche Abfindung sich bei der Anwendung verschiedener Methoden, sofern mehrere angewandt worden sind, jeweils ergeben würde; zugleich ist darzulegen, welches Gewicht den verschiedenen Methoden bei der Bestimmung des vorgeschlagenen Ausgleichs oder der vorgeschlagenen Abfindung und der ihnen zugrunde liegenden Werte beigemessen worden ist und welche besonderen Schwierigkeiten bei der Bewertung der vertragschließenden Unternehmen aufgetreten sind.**

(2) **§ 293a Abs. 2 und 3 ist entsprechend anzuwenden.**

Übersicht

	Rn		Rn
I. Gegenstand und Zweck der Regelung	1	d) Schlusserklärung	10
II. Berichtspflicht	2	2. Andere Unternehmensverträge	11
III. Form der Berichterstattung; Adressat der Berichtspflicht	3	V. Ausnahme- und Verzichtsregelungen	12
IV. Inhalt des Berichts	4	1. Geheimhaltungsbedürftige Tatsachen	12
1. Beherrschungs- und Gewinnabführungsverträge	4	2. Verzicht auf den Prüfungsbericht	13
a) Allgemeines	4	3. 100%-ige Tochtergesellschaften	14
b) Bewertungsmethoden	5	VI. Rechtsfolgen	15
c) Begründung der Angemessenheit der Bewertungsmethode und Vergleichsrechnungen	6		

Literatur: *Bayer* Verschmelzung und Minderheitenschutz, WM 1989, 121; *Dirrigl* Die Angemessenheit des Umtauschverhältnisses bei einer Verschmelzung als Problem der Verschmelzungsprüfung und der gerichtlichen Überprüfung, WPg 1989, 413; *ders* Neue Rechtsprechung zur Verschmelzungsprüfung und der Verschmelzungsprüfung, WPg 1989, 617; *Hoffmann-Becking* Das neue Verschmelzungsrecht in der Praxis, FS Fleck, 1988, S 105; *Humbeck* Die Prüfung der Unternehmensverträge nach neuem Recht, BB 1995, 1893; *Meyer zu Lösebeck* Zur Verschmelzungsprüfung, WPg 1989, 499; *Ossadnik* Die Verschmelzungsprüfung nach § 340b AktG, BFuP 1985, 153; *Rodewald* Zur Ausgestaltung von Verschmelzungs- und Verschmelzungsprüfungsbericht, BB 1992, 237.

§ 293e — Prüfungsbericht

I. Gegenstand und Zweck der Regelung

1   § 293e sieht eine **Berichtspflicht** der Vertragsprüfer vor und trifft Anordnungen bzgl des **Mindestinhalts des Prüfungsberichts**. Insofern sieht die Regelung die Abgabe einer Schlusserklärung vor (Abs 1 S 2). Diesem **Testat** haben Einzelaussagen zur Erörterung der im Katalog des Abs 1 S 3 enthaltenen Fragen vorauszugehen. Der Normzweck der Vorschrift ergibt sich aus der Gesamtschau der die Prüfung betr Vorschriften; er besteht folglich wie bei § 293b darin, die gerichtliche Überprüfung von Ausgleich und Abfindung (§§ 304, 305) im Verfahren nach dem SpruchG weitestgehend zu vermeiden (Spindler/Stilz AktG/*Veil* Rn 1). Abs 2 verweist auf die Ausnahme- und Verzichtsvorschriften des § 293a (vgl dort Rn 19).

II. Berichtspflicht

2   Gem Abs 1 S 1 haben die Vertragsprüfer einen Prüfungsbericht zu erstatten. Die Berichtspflicht entfällt gem Abs 2 iVm § 293a Abs 2 und 3, wenn sich alle Aktien der abhängigen Gesellschaft in der Hand der herrschenden Gesellschaft befinden; insofern entspricht der **Anwendungsbereich** der Vorschrift dem des § 293b. Verstöße gegen die Berichtspflicht führen zur Anfechtbarkeit des Zustimmungsbeschlusses der Aktionäre und können Schadensersatzpflichten der Prüfer begründen.

III. Form der Berichterstattung; Adressat der Berichtspflicht

3   Abs 1 S 1 sieht vor, dass der Bericht schriftlich zu erstatten ist. Gem § 126 BGB muss der Bericht von den Vertragsprüfern unterzeichnet werden. Analog § 12 Abs 1 S 2 UmwG besteht die Möglichkeit einer **gemeinsamen Berichterstattung durch mehrere Prüfer** (MünchKomm AktG/*Altmeppen* Rn 3; *Emmerich/Habersack* Aktien- und GmbH-KonzernR Rn 7). § 293e macht keine ausdrücklichen Angaben darüber, wem der Bericht vorzulegen ist. Nach der Neufassung des § 239c Abs 1 kann jede der beteiligten Gesellschaften gerichtlich einen Vertragsprüfer bestellen lassen. Die Prüfer haben den Bericht derjenigen Gesellschaft zuzuleiten, von der sie beauftragt worden sind. Wird der Vertrag zwischen zwei Parteien geschlossen, so kann folglich eine der beteiligten Gesellschaften oder können auch beide Adressat der Berichtspflicht sein (KölnKomm AktG/*Koppensteiner* Rn 6; **aA** *Emmerich* aaO; *Hüffer* AktG Rn 2: Berichtspflicht gegenüber der abhängigen Gesellschaft). Der Bericht ist dem Vorstand zuzuleiten, denn dieser ist für die Erfüllung der Auslegungspflichten aus §§ 293f Abs 1, 293g Abs 1 verantwortlich.

IV. Inhalt des Berichts

4   **1. Beherrschungs- und Gewinnabführungsverträge. – a) Allgemeines.** Die Vorschriften des Abs 1 S 1, 2 implizieren, dass es sich beim Prüfungsgegenstand um Verträge handelt, bei denen Regelungen über Ausgleich und Abfindung nach §§ 304, 305 bestehen. Nach hiesiger Ansicht ist der Anwendungsbereich auf die durch solche Regelungen gekennzeichneten **Beherrschungs- und Gewinnabführungsverträge** beschränkt (so § 293a Rn 5).

Die Norm gibt keinen Aufschluss darüber, wie die in ihr genannten Mindestangaben in den Gesamtbericht zu integrieren sind. **Aufbau und Gliederung** des Berichts unterstehen folglich dem pflichtgemäßen Ermessen des jeweiligen Prüfers (Muster für einen Prüfungsbericht finden sich bei MünchVertragsHdb Bd I/*Hoffmann-Becking*

S 1196; *Humbeck* BB 1995, 1893, 1897). Darüber hinaus kann auf die zum Verschmelzungsrecht entwickelten Grundsätze zurückgegriffen werden (vgl *Hüffer* AktG Rn 3 mwN). Indem die Norm davon spricht, dass der Bericht mit den in Abs 1 S 2 und 3 genannten Angaben abzuschließen ist, verdeutlicht sie, dass sich der Berichtsinhalt nicht in den aufgezählten Punkten erschöpft (KölnKomm AktG/*Koppensteiner* Rn 7). Gleichwohl bringt die Bestimmung damit auch zum Ausdruck, dass es in dem Bericht um die Darlegung der **Ergebnisse der Prüfung** geht; es braucht daher nicht der gesamte Prüfungsvorgang als solcher dokumentiert zu werden.

b) Bewertungsmethoden. Der Bericht hat über die Methoden Aufschluss zu geben, mittels derer Ausgleich und Abfindung ermittelt worden sind (§ 293 Abs 1 S 3 Nr 1). In den Fällen der §§ 304 Abs 2 S 2 (variabler Ausgleich) und 305 Abs 2 Nr 1, 2 (Abfindung in Aktien) bedarf es Angaben zur Ermittlung der Wertrelation; bei Barabfindung nach § 305 Abs 2 Nr 2, 3 kommt es allein auf die Bewertung des Unternehmens an, das von der Gesellschaft, deren außenstehende Aktionäre abzufinden sind, getragen wird. Diese Ausgleichsformen sind zwar dem Verschmelzungsrecht, dem die Vorschrift nachgebildet ist, unbekannt, aber schon deshalb als Ausgleich iSd Abs 1 anzusehen, weil ansonsten dem Normzweck einer Entlastung des Spruchverfahrens nicht entsprochen werden könnte (*Hüffer* AktG Rn 4; MünchKomm AktG/*Altmeppen* Rn 8). 5

c) Begründung der Angemessenheit der Bewertungsmethode und Vergleichsrechnungen. Gem Abs 1 S 3 Nr 2, 3 hat der Bericht die Angemessenheit der angewandten Bewertungsmethode zu begründen und bei Anwendung verschiedener Methoden eine Vergleichsrechnung durchzuführen. Findet hier das heute gängige **Ertragswertverfahren** Anwendung, so ist der Hinweis ausreichend, dass es sich dabei um eine standardisierte und allg anerkannte Methode zur Wertbestimmung handelt (*Neun* Berichts- und Prüfungspflichten bei Abschluss von Unternehmensverträgen, S 179; Lutter UmwG/*Lutter* § 12 Rn 7). Ausführlichere Begründungen hinsichtlich der Angemessenheit bedarf es indes, wenn ein anderes Verfahren zur Wertermittlung Anwendung findet (KölnKomm AktG/*Koppensteiner* Rn 13). Der Bericht braucht allerdings nicht ausführlich auf die Behandlung der bei Anwendung der jeweiligen Vorgehensweise zur Wertermittlung eingetretenen Zweifelsfragen eingehen; insofern genügt die Dokumentation der letztlich eingeschlagenen Vorgehensweise (vgl *Hüffer* AktG Rn 5; **aA** *Emmerich/Habersack* Aktien- und GmbH-KonzernR Rn 10; differenzierend Spindler/Stilz AktG/*Veil* Rn 7 ff). 6

Bes Begründung bedarf ferner der Fall, dass für die Frage der Angemessenheit ausnahmsweise der **Liquidationswert** als maßgeblich erachtet wird (MünchKomm AktG/*Altmeppen* Rn 9): Der Ertragswert ist bei einem *going concern* regelmäßig größer als der Liquidationswert. Ist dies jedoch nicht der Fall (etwa bei substanzstarken und zugleich ertragsschwachen Unternehmen), so muss plausibel gemacht werden, dass der Ertragswert niedriger ist. Kommen Börsenkurse als Ausgangspunkt der Wertbestimmung in Betracht, so sind Art und Grund ihrer Berücksichtigung bzw Nichtberücksichtigung zu erörtern (*Emmerich/Habersack* Aktien- und GmbH-KonzernR Rn 11). 7

Für den Sonderfall, dass bei der Berechnung von Ausgleich und Abfindung **mehrere Methoden kombiniert** werden, sieht Abs 1 S 3 Nr 3 vor, dass der Bericht darauf eingehen muss, welche Werte sich ergeben hätten, wenn die einzelnen Methoden jeweils 8

Schenk 2165

ausschließlich angewendet worden wären und weitere Angaben enthalten, welche die Auswirkungen der einzelnen Methoden für die Wertfindung verdeutlichen.

9 Ausgehend von der im Verschmelzungsrecht geführten Kontroverse, ob der Prüfungsbericht auch die **Tatsachen, aufgrund derer das Angemessenheitsurteil gefällt wurde,** im Einzelnen darzulegen hat (so etwa *OLG Karlsruhe* AG 1990, 35, 37 – SEN; *Emmerich/Habersack* Aktien- und GmbH-KonzernR Rn 16; *Bayer* WM 1989, 121, 123; *Dirrigl* WPg 1989, 617, 618; **anders** die **hM** *OLG Hamm* AG 1989, 31, 33 – Kochs Adler; *LG Frankfurt/Main* WM 1990, 592, 594; *Hoffmann-Becking* FS Fleck, S 105, 123; *Möller* Der aktienrechtliche Verschmelzungsbeschluss, S 141 f; *Rodewald* BB 1992, 237, 240 f), stellt sich die entspr Frage auch für den Prüfungsbericht nach § 293e. Nachdem es sich bei beiden Prüfungsberichten um **Ergebnisberichte** handelt, kann sich die erforderliche Darstellungsdichte nicht auf die einzelnen Tatsachen erstrecken (so auch *Hüffer* AktG Rn 6 mwN; **aA** *Emmerich* aaO Rn 10). Den Aktionären soll zwar ein eigenes Plausibilitätsurteil ermöglicht werden, Grundlage dafür ist jedoch der Vorstandsbericht nach § 293a, während der Prüfungsbericht die Rechtmäßigkeit zu bestätigen hat.

10 **d) Schlusserklärung.** Das stets zu erstattende **Schlusstestat** gem Abs 1 S 2 führt nur dann zu Problemen, wenn das Angemessenheitsurteil der Vertragsprüfer bzgl Ausgleich und/oder Abfindung ganz oder teilw negativ ausfällt. Die Schlusserklärung muss dann mit entspr Einschränkungen versehen werden, deren Formulierung im pflichtgemäßen Ermessen der Prüfer steht.

11 **2. Andere Unternehmensverträge.** Andere Unternehmensverträge (§ 292) sind – wie bereits dargelegt – entgegen einer verschiedentlich (*Hüffer* AktG Rn 8) vertretenen Auffassung von § 293e nicht erfasst (s hierzu auch § 293a Rn 5).

V. Ausnahme- und Verzichtsregelungen

12 **1. Geheimhaltungsbedürftige Tatsachen.** Gem Abs 2 iVm § 293a Abs 2 braucht der Prüfungsbericht keine Angaben über **geheimhaltungsbedürftige Tatsachen** zu enthalten; im Falle des Weglassens solcher Angaben müssen jedoch die Gründe hierfür dargelegt werden. Angesichts des Umstands, dass es ohnehin keiner detaillierten Darstellung der zugrunde gelegten Tatsachen bedarf (vgl Rn 9), ist die praktische Bedeutung dieser **Schutzklausel** nicht bes groß (vgl *Neun* Berichts- und Prüfungspflichten bei Abschluss von Unternehmensverträgen, S 187 f).

13 **2. Verzicht auf den Prüfungsbericht.** Der Verweis auf § 293a Abs 3 in Abs 2 ermöglicht einen **Verzicht auf Erstattung des schriftlichen Prüfungsberichts.** Der Verzicht hat in öffentlich beglaubigter Form durch sämtliche Anteilsinhaber aller beteiligten Gesellschaften zu erfolgen (vgl § 293a Rn 23 ff). Ein Verzicht auf die Erstattung des schriftlichen Prüfungsberichts ist nur dann sinnvoll, wenn nicht bereits unter den Voraussetzungen des § 293b Abs 2 insgesamt auf die Prüfung verzichtet wurde. Es können dann die mit der Berichtserstellung verbundenen Kosten gespart werden. Im Falle des Verzichts auf die Erstattung des schriftlichen Prüfungsberichts findet ein mündlicher Bericht der Vertragsprüfer in der HV statt (KölnKomm AktG/*Koppensteiner* Rn 19).

14 **3. 100 %-ige Tochtergesellschaften.** Mangels Prüfungspflicht (§ 293b Abs 1 HS 2) entfällt bei Unternehmensverträgen mit diesen auch die Berichtspflicht.

VI. Rechtsfolgen

Bestätigen die Vertragsprüfer die Angemessenheit nicht, können die HV dennoch 15
zustimmen; alle Aktionäre, insb die überstimmten Minderheitsaktionäre, können
jedoch ein Spruchverfahren beantragen. Der Zustimmungsbeschluss der HV ist (nur
dann) anfechtbar, wenn der Prüfungsbericht fehlt oder die gesetzlichen Anforderungen nicht erfüllt (*LG Berlin* AG 1996, 230, 232 – Brau & Brunnen; *Emmerich/Habersack* Aktien- und GmbH-KonzernR Rn 21). Die Anfechtung kann nicht darauf
gestützt werden, dass der Vorstandsbericht nach § 293a und der Bericht des Vertragsprüfers parallel erstellt wurden (*OLG Frankfurt* WM 2009, 177).

§ 293f Vorbereitung der Hauptversammlung

(1) Von der Einberufung der Hauptversammlung an, die über die Zustimmung zu dem Unternehmensvertrag beschließen soll, sind in dem Geschäftsraum jeder der beteiligten Aktiengesellschaften oder Kommanditgesellschaften auf Aktien zur Einsicht der Aktionäre auszulegen
1. der Unternehmensvertrag;
2. die Jahresabschlüsse und die Lageberichte der vertragschließenden Unternehmen für die letzten drei Geschäftsjahre;
3. die nach § 293a erstatteten Berichte der Vorstände und die nach § 293e erstatteten Berichte der Vertragsprüfer.

(2) Auf Verlangen ist jedem Aktionär unverzüglich und kostenlos eine Abschrift der in Absatz 1 bezeichneten Unterlagen zu erteilen.

(3) Die Verpflichtungen nach den Absätzen 1 und 2 entfallen, wenn die in Absatz 1 bezeichneten Unterlagen für denselben Zeitraum über die Internetseite der Gesellschaft zugänglich sind.

Übersicht

	Rn		Rn
I. Gegenstand und Zweck der Regelung	1	III. Kostenlose Erteilung von Abschriften, Abs 2	5
II. Pflicht zur Auslegung	2	IV. Veröffentlichung auf der Internetseite, Abs 3	5a
1. Auslegung der Unterlagen	2	V. Rechtsfolgen	6
2. Verpflichtete	3		
3. Auszulegende Unterlagen	4		

Literatur: *Bungert* Zuständigkeit des Landgerichts bei Bestellung des Verschmelzungsprüfers im neuen Umwandlungsrecht, DB 1995, 1449; *Deilmann/Messerschmidt* Vorlage von Verträgen an die Hauptversammlung, NZG 2004, 977; *Leuering* Die Erteilung von Abschriften an Aktionäre, ZIP 2000, 2053; *Vetter* Auslegung der Jahresabschlüsse für das letzte Geschäftsjahr zur Vorbereitung von Strukturbeschlüssen der Gesellschafter, NZG 1999, 925.

I. Gegenstand und Zweck der Regelung

Um den vom Vertragsschluss betroffenen Aktionären schon vor der HV eine **umfas-** 1
sende Information über den Beschlussgegenstand zu ermöglichen, statuiert § 293f die
Pflicht zur Auslegung der Unternehmensverträge und anderer für die Bewertung des

§ 293f   Vorbereitung der Hauptversammlung

Vertrages relevanter Unterlagen. Neu angefügt wurde durch das ARUG vom 30.7.2009 mit Wirkung zum 1.9.2009 Abs 3, der auch eine Veröffentlichung der Unterlagen auf der Internetseite der Gesellschaft genügen lässt. Der **Anwendungsbereich** der Vorschrift ist durch diejenigen Fälle gekennzeichnet, in denen es zur Wirksamkeit des Unternehmensvertrags der Zustimmung der HV der Untergesellschaft (§ 293 Abs 1) und ggf auch der Obergesellschaft (§ 293 Abs 2) bedarf.

II. Pflicht zur Auslegung

2   **1. Auslegung der Unterlagen.** Nach dem Vorbild des § 175 Abs 2 sieht Abs 1 eine **Auslegung der genannten Unterlagen** vor. Die Einberufung unterliegt den §§ 121 ff, wobei insb auf die Bekanntmachungspflichten nach § 124 Abs 2 S 2 zu achten ist, wonach in der Einberufung mit der Tagesordnung auch der wesentliche Inhalt des Vertrags bekannt zu machen ist (*LG Hanau* AG 1996, 184, 185; *LG Nürnberg-Fürth* AG 1995, 141). Es ist üblich und zweckmäßig, rechtlich aber nicht geboten, schon bei der Einberufung auf die Auslegung hinzuweisen (MünchHdb AG/*Krieger* § 70 Rn 39). Die Auslegung hat in einem „**Geschäftsraum**" der Gesellschaft stattzufinden; die Auslegung kann am Hauptverwaltungssitz oder dem Sitz der Gesellschaft erfolgen (**hM** *Krieger* aaO Rn 44). Der Ort der Auslegung muss den Aktionären während üblicher Geschäftszeiten zugänglich sein.

3   **2. Verpflichtete.** Verpflichtete sind die Gesellschaften, deren HVen von den Zustimmungserfordernissen des § 293 betroffen sind (vgl oben Rn 1). Die Auslegungspflicht ist durch den Vorstand, im Falle der KGaA durch den persönlich haftenden Gesellschafter zu erfüllen. Das Registergericht kann die Auslegung gem § 407 Abs 1 S 1 zwangsweise durchsetzen.

4   **3. Auszulegende Unterlagen.** Die **auszulegenden Unterlagen** werden von Abs 1 Nr 1–3 enumerativ aufgezählt; die Auslegung einfacher Abschriften ist ausreichend (*Hüffer* AktG Rn 3); die Dokumente sind in deutscher Sprache abzufassen (K. Schmidt/Lutter AktG/*Langenbucher* Rn 5; *LG München I* NZG 2008, 350). Der **Unternehmensvertrag** (Abs 1 Nr 1) muss mit allen Nebenabreden ausgelegt werden. Die in § 293b Abs 1 Nr 2 und 3 genannten **Berichte** sind nur dann Gegenstand der Auslegungspflicht, wenn die entspr Prüfungs- und Berichtspflichten bzw die Pflicht zur Erstellung eines Jahresabschlusses überhaupt bestehen (*Emmerich/Habersack* Aktien- und GmbH-KonzernR Rn 7), was zB bei einem eV oder einer Stiftung nicht der Fall ist. Als **letzte Geschäftsjahre** iSd Abs 1 Nr 2 werden diejenigen bezeichnet, für die Jahresabschluss und Lagebericht bereits vorliegen oder wenigstens hätten vorliegen müssen (MünchHdb AG/*Krieger* § 70 Rn 45; *Vetter* NZG 1999, 925, 929). Besteht eines der Unternehmen noch nicht für drei Geschäftsjahre, so beschränkt sich die Auslegungspflicht auf die Zeit des Bestehens. Abs 1 Nr 2 gebietet grds nur die Vorlage von Jahresabschlüssen, nicht auch von Konzernabschlüssen im Falle des Vertragsschlusses durch eine Konzernmutter (*KG* AG 2009, 30 ff; *Langenbucher* aaO Rn 7).

III. Kostenlose Erteilung von Abschriften, Abs 2

5   Gem Abs 2 sind jedem Aktionär auf Verlangen einfache Abschriften der in Abs 1 genannten Unterlagen zu erteilen und auf Wunsch zu versenden (**allgM**, ausf *Leue-*

ring ZIP 2000, 2053). Zwar hat die Gesellschaft eine schuldhafte Verzögerung der Aushändigung zu vertreten (vgl § 121 BGB), es ist jedoch nicht zu verlangen, dass sie für alle Aktionäre Ausfertigungen der Unterlagen bevorratet; insofern genügt die Aushändigung im üblichen Geschäftsgang (MünchKomm AktG/*Altmeppen* Rn 9). Die Verpflichtung ist als Schickschuld zu qualifizieren; ab Übergabe an eine geeignete Transportperson trägt daher der Aktionär das Risiko des nicht rechtzeitigen Zugangs (*LG Frankfurt/Main* ZIP 2008, 1180 ff). Der Pflicht aus Abs 2 kann die Gesellschaft auch durch Beifügung der jeweiligen Unterlagen zur Einladung zur HV entsprechen (*Bungert* DB 1995, 1449, 1450). Der Anspruch ist im Wege der Klage durchsetzbar. Darüber hinaus kann auch hier ein Zwangsgeld nach § 407 Abs 1 S 1 verhängt werden.

IV. Veröffentlichung auf der Internetseite, Abs 3

Abs 3 ermöglicht es, die Verpflichtung zur physischen Bereitstellung aus Abs 1 und 2 durch den elektronischen Weg zu ersetzen. Ratio der Regelung ist eine Verringerung des Bürokratieaufwands bei Vereinfachung des Informationszugangs (BT-Drucks 16/11642, 34 f). Das Ersetzen ist dann möglich, wenn alle relevanten Unterlagen gem Abs 1 im Internet zur Verfügung stehen. Es genügt Abs 1 folgend die Einsehbarkeit für Aktionäre, entspr Abs 2 muss dabei der Download der Dokumente möglich sein. Börsennotierte Gesellschaften sind gem § 124a S 1 Nr 3 zur elektronischen Bereitstellung (neben der physischen) verpflichtet. 5a

V. Rechtsfolgen

Ein Verstoß gegen Abs 1, 2 macht den Zustimmungsbeschluss der HV der betr Gesellschaft anfechtbar (*OLG München* AG 1996, 327; *Emmerich/Habersack* Aktien- und GmbH-KonzernR Rn 11), es sei denn, dass die Kausalität dieses Verstoßes praktisch ausgeschlossen werden kann (Kallmeyer UmwG/*Marsch-Barner* § 63 Rn 9; KölnKomm AktG/*Koppensteiner* Rn 16; aA *Leuering* ZIP 2000, 2053, 2058 f, der aber jedenfalls den Aktionär zur Nachfrage verpflichtet hält, damit er die Anfechtungsbefugnis nicht verliert). Eine Verletzung der elektronischen Veröffentlichungspflicht iSd § 124a berechtigt gem § 243 Abs 3 nicht zur Anfechtung. Anzunehmen ist jedoch, dass eine fehlerhafte elektronische Veröffentlichung nach Abs 3 nicht zu einem Wegfall der Auslegungspflicht nach Abs 1 führen kann. Soweit die Dokumente in diesem Fall nicht tatsächlich ausgelegt wurden, liegt ein zur Anfechtung berechtigender Verstoß gegen Abs 1 vor. 6

---

§ 293g Durchführung der Hauptversammlung

(1) In der Hauptversammlung sind die in § 293f Abs. 1 bezeichneten Unterlagen zugänglich zu machen.

(2) ¹Der Vorstand hat den Unternehmensvertrag zu Beginn der Verhandlung mündlich zu erläutern. ²Er ist der Niederschrift als Anlage beizufügen.

(3) Jedem Aktionär ist auf Verlangen in der Hauptversammlung Auskunft auch über alle für den Vertragsschluss wesentlichen Angelegenheiten des anderen Vertragsteils zu geben.

§ 293g   Durchführung der Hauptversammlung

Übersicht

	Rn		Rn
I. Gegenstand und Zweck der Regelung	1	IV. Auskunftsrecht, Abs 3	5
II. Bereitstellungspflicht, Abs 1	2	1. Allgemeines	5
III. Erläuterungspflicht; Anlage zur Niederschrift, Abs 2	3	2. Wesentlichkeit der Auskunft	6
1. Erläuterung	3	3. Verpflichteter	7
2. Anlage zur Niederschrift	4	4. Auskunftsverweigerung	8
		5. Rechtsfolge	9

Literatur: *Altmeppen* Zum richtigen Verständnis der neuen §§ 293a–293g AktG zu Bericht und Prüfung beim Unternehmensvertrag, ZIP 1998, 1853; *Deilmann/Messerschmidt* Vorlage von Verträgen an die Hauptversammlung, NZG 2004, 977; *Kort* Das Informationsrecht des Gesellschafters der Konzernobergesellschaft, ZGR 1987, 46; *Kossmann* Schriftform des Vorstandsberichts nach Ausnutzung eines genehmigten Kapitals mit Ausschluss des Bezugsrechts, NZG 2012, 1129; *Spitze/Diekmann* Verbundene Unternehmen als Gegenstand des Interesses von Aktionären, ZHR 158 (1994), 447; *Weißhaupt* Informationspflichten bei Ausgleichs- und Abfindungsangeboten in der börsennotierten Aktiengesellschaft, Der Konzern 2004, 474.

I. Gegenstand und Zweck der Regelung

1 Die Vorschrift betrifft die Durchführung der HV der Untergesellschaft, bei Beherrschungs- und/oder Gewinnabführungsverträgen auch diejenige der Obergesellschaft (vgl § 293 Abs 2), auf der über die Zustimmung zu einem Unternehmensvertrag iSd §§ 291, 292 entschieden wird. Die Regelung bezweckt wie § 293f eine möglichst **umfassende Information** der Aktionäre. Sie enthält neben einer Bereitstellungs- und Erläuterungspflicht (Abs 1 und 2) eine Erweiterung des Auskunftsrechts der Aktionäre aus § 131 auf **Angelegenheiten des anderen Vertragsteils** (Abs 3). Durch das ARUG vom 30.7.2009 wurde mit Wirkung zum 1.9.2009 Abs 1 an den neu eingeführten § 293f Abs 3 angepasst.

II. Bereitstellungspflicht, Abs 1

2 Die in Abs 1 vorgesehene Pflicht zur Bereitstellung entspricht § 176 Abs 1 (vgl dort Rn 2f). **Gegenstand** der Bereitstellungspflicht sind die in § 293f Abs 1 Nr 1–3 genannten Unterlagen. Soweit dabei der Unternehmensvertrag zugänglich zu machen ist (§ 293 Abs 1 iVm § 293f Abs 1 Nr. 1), sind sämtliche Vertragsbestandteile, also auch Nebenabreden betroffen. Der Gesetzgeber greift mit der Formulierung „zugänglich zu machen" sowohl die Möglichkeit der physischen als auch der elektronischen Bereitstellung nach § 293f Abs 1 und 3 auf. Die Unterlagen sind **„zugänglich gemacht"**, wenn sie für alle Teilnehmer während der HV ohne weiteres physisch oder elektronisch einsehbar sind. Das kann bei Auslegung der Unterlagen unabhängig von § 293f Abs 2 dazu führen, dass bei HV mit großer Teilnehmerzahl Abschriften vorzuhalten sind (MünchKomm AktG/*Altmeppen* Rn 3). Die **Bereitstellungspflicht endet** mit der Beschlussfassung über den Unternehmensvertrag (Spindler/Stilz AktG/*Veil* Rn 3; K. Schmidt/Lutter AktG/*Langenbucher* Rn 4; **aA** *Emmerich/Habersack* Aktien- und GmbH-KonzernR Rn 5: erst am Ende der HV, weil bis dahin noch Widerspruch zu Protokoll gegeben werden kann). Den Pflichten nach Abs 1 kann dadurch nicht genügt werden, dass die Unterlagen erst auf Verlangen der Aktionäre von einem sie verwahrenden Mitarbeiter herausgegeben werden (*OLG Frankfurt* AG 1993, 185 =

NJW-RR 1993, 298). Nicht in deutscher Sprache verfasste Unternehmensverträge sind auch in deutscher Übersetzung zugänglich zu machen (*Deilmann/Messerschmidt* NZG 2004, 977, 980).

III. Erläuterungspflicht; Anlage zur Niederschrift, Abs 2

1. Erläuterung. Gegenstand der Erläuterungspflicht nach Abs 2 ist allein der Unternehmensvertrag. Die **Erläuterung** erfordert einen zusammenhängenden mündlichen Vortrag über die wesentlichen Vertragsinhalte (Spindler/Stilz AktG/*Veil* Rn 5). Dabei sind sowohl die Beweggründe für den Abschluss des Vertrags als auch die zu erwartenden rechtlichen und wirtschaftlichen Folgen darzulegen. IRd Erläuterungen ist insb auf Abfindung und Ausgleich (bei Verträgen iSd § 291) sowie Gewinnverteilung und Gegenleistung (bei Verträgen iSd § 292) einzugehen (KölnKomm AktG/*Koppensteiner* Rn 8). Die Erläuterungen haben in einer für die Aktionäre verständlichen Form zu erfolgen. 3

2. Anlage zur Niederschrift. Der Unternehmensvertrag muss der Sitzungsniederschrift (§ 130 Abs 1) als **Anlage** beigefügt und zum HR eingereicht werden. Damit soll urkundlich dokumentiert werden, welchem Vertragstext die HV zugestimmt hat (*Kropff* S 381; vgl auch *BGH* NJW 1992, 1452 [Siemens] zur Vorgängervorschrift des § 293 Abs 3 S 6 aF). Weiterhin wird so jedermann die Möglichkeit zur Einsichtnahme und zu Anforderung von Abschriften (§ 9 Abs 1, 2 HGB) eröffnet. Nachdem § 293 Abs 1 S 2 für die Beschlussfassung eine Mehrheit von drei Vierteln des vertretenen Grundkapitals vorschreibt, greift die Formerleichterung des § 130 Abs 1 S 3 nicht ein; es bedarf also stets einer **notariellen Sitzungsniederschrift**. Ist die Niederschrift gem § 130 Abs 5 zum HR eingereicht worden, so genügt zur Erfüllung der Einreichungspflicht aus § 294 Abs 1 S 2 Bezugnahme (MünchKomm AktG/*Altmeppen* Rn 8). 4

IV. Auskunftsrecht, Abs 3

1. Allgemeines. Das allg Auskunftsrecht aus § 131 wird durch Abs 3 erweitert. Nicht nur in Fällen des Beherrschungs- und/oder Gewinnabführungsvertrags (so aber MünchKomm AktG/*Altmeppen* Rn 13 ff; *ders* ZIP 1998, 1853, 1865), sondern bei allen Unternehmensverträgen (**hM**, vgl nur *Hüffer* AktG Rn 3) kann danach jeder Aktionär in der über den Vertrag beschließenden HV Auskunft über alle für den Vertragsschluss wesentlichen Angelegenheiten verlangen. Insoweit ist der Anwendungsbereich der nach dem Vorbild des § 64 Abs 2 UmwG neu gefassten Regelung gegenüber der noch auf die Fälle des § 293 Abs 2 beschränkten Vorgängervorschrift erweitert (*Emmerich/Habersack* Aktien- und GmbH-KonzernR Rn 9). 5

2. Wesentlichkeit der Auskunft. Die **Wesentlichkeit** der von der begehrten Auskunft betroffenen Angelegenheiten bestimmt sich nach den Umständen des Einzelfalls; sie ist jedenfalls für sämtliche Umstände gegeben, die Aufschluss über die Angemessenheit von Ausgleich und Abfindung (§§ 304, 305) geben. Ein Auskunftsrecht wurde bislang in folgenden Fällen anerkannt: Angaben über Vermögenssituation, Liquidität, Kapitalverhältnisse sowie die Bewertung von Sacheinlagen (*BGHZ* 119, 1, 15 f), Buchwert von Beteiligungen (*BGHZ* 122, 211, 237 f), über den bilanzierten Wertansatz der Beteiligung des herrschenden Unternehmens, insb Fortführung von Anschaffungskosten trotz fehlenden Ertragswerts (*BGH* ZIP 1995, 1256, 1258 – SSI –), über die in den letzten fünf Jahren erwirtschafteten Überschüsse sowie Art und Höhe des 6 nicht betriebsnotwendigen Vermögens (*OLG Koblenz* ZIP 2001, 1093, 1094), über die Ertragsentwicklung (*LG Heilbronn* AG 1971, 372, 373). Ein Auskunftsrecht ist ferner bzgl der Zusammensetzung des Aktionärskreises und rechtlicher und geschäftlicher Beziehungen zu anderen verbundenen Unternehmen zu bejahen (MünchKomm Akt/*Altmeppen* Rn 11, 16). Die begehrte Auskunft muss stets für die sachgemäße Beurteilung des Unternehmensvertrags erforderlich sein und zwar ungeachtet des Abfindungs- und Ausgleichsmodus (KölnKomm AktG/*Koppensteiner* Rn 21). Dies wurde für den Wert betriebsnotwendiger und nicht betriebsnotwendiger Grundstücke verneint, da diese nicht unmittelbar den Unternehmenswert beträfen (*OLG Düsseldorf* ZIP 1999, 793, 796).

7 **3. Verpflichteter.** Die **Auskunftspflicht** trifft jeweils den **Vorstand der eigenen Gesellschaft.** Er hat die zur Erteilung der Auskunft erforderlichen Informationen zu beschaffen und muss sich daher ggf beim Vertragspartner unterrichten (**allgM**, vgl nur *BayObLGZ* 1975, 239, 242 f; *OLG Koblenz* ZIP 2001, 1093, 1094; *Emmerich/Habersack* Aktien- und GmbH-KonzernR Rn 14; *Hüffer* AktG Rn 4). Kann sich der Vorstand die benötigten Informationen (insb der anderen Gesellschaft) trotz pflichtgemäßen Bemühens nicht beschaffen, so kann die Auskunftspflicht nach § 275 BGB entfallen (*Emmerich* aaO Rn 18; *Hüffer* AktG Rn 4). Der Vorstand kann dann jedoch die Billigung des Vertrags nur empfehlen, wenn im Einzelfall zumindest die Informationen zu Erstellung eines ordnungsgemäßen Vertragsberichts vorliegen (MünchKomm AktG/*Altmeppen* Rn 17). Eine Auskunftspflicht des anderen Vertragsteils besteht nicht (*Emmerich* aaO Rn 16).

8 **4. Auskunftsverweigerung.** Ob auch in den Fällen des Abs 3 ein **Auskunftsverweigerungsrecht** nach § 131 Abs 3 besteht, ist umstr. Für § 293 Abs 4 aF wurde dies vielfach bejaht (*BayObLG* NJW 1974, 2094; *Ebenroth* Das Auskunftsrecht des Aktionärs, 1970, S 26 f; *Spitze/Diekmann* ZHR 158 (1994), 447, 450 f; MünchHdb AG/*Krieger* § 70 Rn 48). Auf jeden Fall wird man jedoch eine Begrenzung nach Maßgabe des § 293a Abs 2 annehmen müssen (so auch KölnKomm AktG/*Koppensteiner* Rn 22; MünchKomm AktG/*Altmeppen* Rn 21; *Emmerich/Habersack* Aktien- und GmbH-KonzernR Rn 8). IÜ spricht mehr dafür, dass die Schranken nach § 131 Abs 3 anwendbar sind, da Abs 3 nur die Erweiterung auf den anderen Vertragsteil bezweckt (Spindler/Stilz AktG/*Veil* Rn 13). Die generelle Abbedingung von § 131 Abs 3 für beide betroffenen Unternehmen ist wg der spezifischen Formulierung („auch") nicht anzunehmen. Die Abbedingung von § 131 Abs 3 nur für den anderen Vertragsteil brächte ein sachlich nicht zu rechtfertigendes Missverhältnis mit sich, mit der bei Verträgen nach § 291 absurden Konsequenz, dass in den beiden HV unterschiedlich weitreichende Auskunftsrechte für ein und dasselbe Unternehmen bestünden.

9 **5. Rechtsfolge.** Die **Verletzung des Auskunftsanspruchs** führt zur Anfechtbarkeit nach § 243, es sei denn die begehrten Auskünfte betrafen allein Ausgleich und Abfindung (vgl §§ 304 Rn 54, 305 Rn 56), vgl § 243 Abs 4. Ferner kann der Aktionär nach § 132 vorgehen.

§ 294 Eintragung. Wirksamwerden

(1) ¹Der Vorstand der Gesellschaft hat das Bestehen und die Art des Unternehmensvertrages sowie den Namen des anderen Vertragsteils zur Eintragung in das Handelsregister anzumelden; beim Bestehen einer Vielzahl von Teilgewinnabführungsverträgen kann anstelle des Namens des anderen Vertragsteils auch eine andere Bezeichnung eingetragen werden, die den jeweiligen Teilgewinnabführungsvertrag konkret bestimmt. ²Der Anmeldung sind der Vertrag sowie, wenn er nur mit Zustimmung der Hauptversammlung des anderen Vertragsteils wirksam wird, die Niederschrift dieses Beschlusses und ihre Anlagen in Urschrift, Ausfertigung oder öffentlich beglaubigter Abschrift beizufügen.

(2) Der Vertrag wird erst wirksam, wenn sein Bestehen in das Handelsregister des Sitzes der Gesellschaft eingetragen worden ist.

Übersicht

	Rn		Rn
I. Gegenstand und Zweck der Regelung; Anwendungsbereich	1	1. Wirksamkeit des Unternehmensvertrags	11
1. Gegenstand und Zweck der Vorschrift	1	2. Keine Unwirksamkeit oder Nichtigkeit des Zustimmungsbeschlusses	12
2. Anwendungsbereich	2		
II. Anmeldung	3	3. Registerverfahren bei Anfechtbarkeit	13
1. Anmeldung	3		
2. Inhalt der Anmeldung	4	4. Einstweiliger Rechtsschutz	14
a) Allgemein	4	5. Eintragung und Bekanntmachung	15
b) Inhalt der Anmeldung insbesondere bei Teilgewinnabführungsverträgen	5	IV. Wirkung der Anmeldung	16
		1. Allgemeines	16
3. Form der Anmeldung	6	2. Eintritt der Wirksamkeit	17
4. Anlagen	7	3. Folgen unrichtiger Eintragung	18
III. Eintragungsvoraussetzungen	10		

Literatur: *Grewer* Rückwirkung von Ergebnisabführungsverträgen, DStR 1997, 745; *Hirte* Grenzen der Vertragsfreiheit bei aktienrechtlichen Unternehmensverträgen, ZGR 1994, 644; *Lüke* Das Verhältnis von Auskunfts-, Anfechtungs- und Registerverfahren im Aktienrecht, ZGR 1990, 657; *Lutter* Die Eintragung anfechtbarer Hauptversammlungsbeschlüsse im Handelsregister, NJW 1969, 1873; *Mertens* Die Gestaltung von Verschmelzungs- und Verschmelzungsprüfungsbericht, AG 1990, 20; *Schlitt/Seiler* Einstweiliger Rechtsschutz im Recht der börsennotierten Aktiengesellschaften, ZHR 166 (2002), 544; *Timm/Schick* Zwingende „Verschmelzungssperre" nach § 345 Abs 2 Satz 1 AktG bei anhängigen Anfechtungsverfahren?, DB 1990, 1221; *Vetter* Eintragung des Unternehmensvertrages im Handelsregister des herrschenden Unternehmens?, AG 1994, 110; *Weißhaupt* Modernisierung des Informationsmängelrechts in der Aktiengesellschaft nach dem UMAG-Regierungsentwurf, WM 2004, 705; *Wilsing* Neuerungen des UMAG für die aktienrechtliche Beratungspraxis, ZIP 2004, 1082; *Zilles* Handelsregisteranmeldung von Unternehmensverträgen bei Verschmelzung der herrschenden Gesellschaft, GmbHR 2001, 21.

I. Gegenstand und Zweck der Regelung; Anwendungsbereich

1. Gegenstand und Zweck der Vorschrift. Unternehmensverträge müssen zu ihrer 1
Wirksamkeit angemeldet und eingetragen werden. Die Eintragung ins HR hat **konstitutive Wirkung** (Abs 2). Dadurch werden die Öffentlichkeit, gegenwärtige und

§ 294 Eintragung. Wirksamwerden

zukünftige Aktionäre sowie Gläubiger der Gesellschaft über den Inhalt des Unternehmensvertrags und die mit diesem verbundenen Konsequenzen informiert (*Kropff* S 382). Neben der **Publizität** bezweckt die Vorschrift jedoch auch eine Verbesserung der **Rechtssicherheit** (*Kropff* S 384): Aufgrund der konstitutiven Wirkung der Eintragung nach Prüfung durch das Registergericht steht fest, wann der Vertrag wirksam wurde, was infolge der bis zur Zustimmung der HV bestehenden Unwirksamkeit ansonsten zweifelhaft sein könnte.

2 **2. Anwendungsbereich.** § 294 setzt einen **Unternehmensvertrag** mit einer **AG** oder **KGaA** als abhängiger oder vertragstypisch verpflichteter Gesellschaft voraus (MünchKomm AktG/*Altmeppen* Rn 3); zur **GmbH** vgl Ulmer GmbHG/*Casper* § 77 Anh Rn 194, zur mangelnden Eintragungsfähigkeit bei Personengesellschaften vgl *OLG München* BB 2011, 724 mit abl Anm *Wachter*. Nach **hM** gibt es keine Pflicht zur Anmeldung durch die Obergesellschaft, auch wenn es sich dabei um eine AG oder KGaA handelt und deren HV nach § 293 Abs 2 zustimmen muss (*Altmeppen* aaO Rn 12 mN zur Gegenansicht; Spindler/Stilz AktG/*Veil* Rn 2).

II. Anmeldung

3 **1. Anmeldung.** Die Eintragung erfolgt durch den Vorstand der verpflichteten Gesellschaft, der dabei im Namen der Gesellschaft handelt. Die Anmeldung kann nur durch eine zur Vertretung der Gesellschaft berechtigte Anzahl von Vorstandsmitgliedern erfolgen, unechte Gesamtvertretung (§ 78 Abs 3 S 1) und die Ermächtigung eines einzelnen Gesamtvertreters nach § 78 Abs 4 S 1, auch eine Bevollmächtigung ist möglich (MünchKomm AktG/*Altmeppen* Rn 8; *Hüffer* AktG Rn 2). Die Pflicht zur Anmeldung ist nicht öffentlich-rechtlicher Natur (*Hüffer* aaO), und kann nicht durch das Registergericht nach § 14 HGB erzwungen werden (KölnKomm AktG/*Koppensteiner* Rn 6; K. Schmidt/Lutter AktG/*Langenbucher* Rn 11). Sie besteht allerdings kraft Organstellung gegenüber der Gesellschaft und darüber hinaus trotz der schwebenden Unwirksamkeit des Unternehmensvertrages auch gegenüber dem anderen Vertragsteil (insgesamt str, **aA** *Altmeppen* aaO Rn 10; s § 293 Rn 19).

4 **2. Inhalt der Anmeldung. – a) Allgemein.** Gem Abs 1 sind sowohl das Bestehen und die Art des Unternehmensvertrags als auch der Name des anderen Vertragsteils anzumelden. Diese Voraussetzungen sind erfüllt, wenn sich die Anmeldung ausdrücklich auf einen bestimmten Unternehmensvertrag bezieht, der abgesehen von Abs 2 bereits alle Wirksamkeitsvoraussetzungen erfüllt (*Emmerich/Habersack* Aktien- und GmbH-KonzernR Rn 9). Ungeachtet seiner konkreten Bezeichnung durch die Parteien muss der Vertrag dabei zumindest auch einer der durch §§ 291 Abs 1, 292 Abs 1 konstituierten **Vertragstypen** zugeordnet sein, denn nur deren Bezeichnung ist eintragungsfähig. Die Terminologie der §§ 291 Abs 1, 292 Abs 1 ist daher unbedingt einzuhalten (MünchKomm AktG/*Altmeppen* Rn 19). Über die **Angabe des Namens (der Firma) des Vertragspartners** hinaus erfordert Abs 1 S 1 die Benennung von Wohnort, Gesellschaftssitz oder Hauptniederlassung des anderen Vertragsteils (*Hüffer* AktG Rn 3). Bei **Mehrmütter-Unternehmensverträgen** sind alle Mütter als solche und nicht die zwischen ihnen ggf bestehende BGB-Gesellschaft Vertragspartner, so dass Abs 1 S 1 die Angabe der Namen der Mütter erforder (s auch § 291 Rn 14).

5 **b) Inhalt der Anmeldung insbesondere bei Teilgewinnabführungsverträgen.** Gem Abs 1 aE gelten für die **Bezeichnungspflicht bei Teilgewinnabführungsverträgen** (§ 292

Rn 7 ff) nunmehr Besonderheiten. Anstelle einer Nennung des jeweiligen Vertragspartners kann die Individualisierung hier auch durch Eintragung einer anderen Bezeichnung des Vertragsverhältnisses erfolgen. Die dazu erforderliche „Vielzahl" von Vertragsbezeichnungen liegt vor, wenn die Darstellung aller Namen im Registerblatt einen unverhältnismäßigen Aufwand bedeutete (*Hüffer* AktG Rn 6). Eine Sammelbezeichnung kommt danach vor allem für die Fälle der **stillen Beteiligung** an einer AG in Betracht, bei der in jeder Beteiligung ein gesondertes Gesellschaftsverhältnis besteht. Über die Anforderungen an die dann erlaubte Sammelbezeichnung trifft die Vorschrift keine weitere Aussage; jedoch muss im Interesse des Rechtsverkehrs eine hinreichende Unterscheidungskraft sichergestellt werden (vgl *Hüffer* aaO mit Bsp). Das früher für Teilgewinnabführungsverträge bestehende Erfordernis der zusätzlichen Anmeldung der Vereinbarung über die Höhe des abzuführenden Gewinns ist nach der Neufassung des Abs 1 entfallen.

3. Form der Anmeldung. Gem § 12 Abs 1 HGB bedarf die Anmeldung der öffentlich beglaubigten Form. 6

4. Anlagen. Nach Abs 1 S 2 ist der Anmeldung **der Vertrag in vollem Umfang** beizufügen. Da dem HR die Niederschrift über den Zustimmungsbeschluss schon aufgrund der Einreichungspflicht nach § 130 Abs 5 vorliegt, ist diese nicht erneut einzureichen (KölnKomm AktG/*Koppensteiner* Rn 11). Weil der Vertrag der Niederschrift gem § 293g Abs 2 S 2 als Anlage beizufügen ist, genügt regelmäßig Bezugnahme. 7

Liegt ein Fall des § 293 Abs 2 vor und ist daher auch die Zustimmung des **anderen Vertragsteils** erforderlich, so ist gem § 293 Abs 1 S 2 Fall 2 auch eine Niederschrift von dessen HV in Urschrift, Ausfertigung oder öffentlich beglaubigter Abschrift beizufügen. Bezugnahme genügt hier nur, wenn für beide Vertragspartner dasselbe Registergericht zuständig ist und beide ihre Pflicht aus § 130 Abs 5 schon erfüllt haben (*Hüffer* AktG Rn 8). 8

Erfordert ein Unternehmensvertrag eine staatliche Genehmigung, wird zT die analoge Anwendung von § 181 Abs 1 S 2 befürwortet (KölnKomm AktG/*Koppensteiner* Rn 12). 9

III. Eintragungsvoraussetzungen

Eine Eintragung kann nur erfolgen, wenn das mit ihr befasste Gericht sachlich (§ 8 HGB, § 376 Abs 1 FamFG) und örtlich (AG des Sitzes der Gesellschaft) zuständig ist. Die funktionale Zuständigkeit liegt gem § 17 Abs 1 Nr 1 lit d RPflG ausschließlich beim Richter. Weitere **formelle Voraussetzung** ist eine den Anforderungen des Abs 1 genügende ordnungsgemäße Anmeldung. Fehlt es an dieser oder ist sie unvollständig, so liegt ein Eintragungshindernis vor. 10

1. Wirksamkeit des Unternehmensvertrags. Sie ist, wie sich bereits im Umkehrschluss aus Abs 2 ergibt, der vom „Bestehen" des Vertrags spricht, ebenfalls Eintragungsvoraussetzung. Das Registergericht prüft neben den genannten formellen daher auch die materiellen Wirksamkeitsvoraussetzungen einschließlich der für die Wirksamkeit vorausgesetzten HV-Beschlüsse (§ 293 Abs 1, Abs 2). Ist der Vertrag selbst oder ist der bzw sind die Zustimmungsbeschlüsse nichtig, so führt dies zur Nichtigkeit des Vertrages. Die **Unwirksamkeit des Vertrags** selbst kann sich insb aus einer Verletzung des Formerfordernisses aus § 293 Abs 3, dem Fehlen einer Ausgleichregelung (§ 304 Abs 3 11

S 1) oder dem Bestehen eines Vollzugsverbots nach § 41 Abs 1 GWB ergeben. Bei Vertragsschluss unter aufschiebender Bedingung kann eine Eintragung erst nach deren Eintritt erfolgen. Ist eine Gemeinde am Abschluss des Vertrags beteiligt so stellt das Fehlen einer erforderlichen aufsichtsbehördlichen Genehmigung ein Eintragungshindernis dar (*OLG München* NZG 2009, 1031 f).

12 2. Keine Unwirksamkeit oder Nichtigkeit des Zustimmungsbeschlusses. Mängel des Zustimmungsbeschlusses können sich daraus ergeben, dass dieser gänzlich fehlt (insb in Fällen des § 293 Abs 2), unwirksam ist (hier kommen insb Erfordernisse iSv § 293 Abs 1 S 3 in Betracht) oder nach Anfechtungsklage für unwirksam erklärt wurde (§ 241 Nr 5). Die bloße **Anfechtbarkeit** stellt nach einer Auffassung ein Eintragungshindernis dar, wenn der zur Anfechtung berechtigende Mangel andere Drittinteressen als die in den §§ 300 ff geschützten betrifft (*Lutter* NJW 1969, 1873, 1879; *Hüffer* AktG Rn 12). Dieser Auffassung ist nicht zu folgen, da auf diese Weise durch das Registerverfahren ein nie angefochtener Vertrag – wie ein nichtiger – nie wirksam würde und damit die gesetzliche Differenzierung zwischen Anfechtbarkeit und Nichtigkeit missachtet würde (so iE auch MünchKomm AktG/*Altmeppen* Rn 28).

13 3. Registerverfahren bei Anfechtbarkeit. Obwohl noch der Regierungsentwurf zu § 294 AktG 1965 vorgesehen hatte, dass ein Unternehmensvertrag erst nach Unanfechtbarkeit des zust HV-Beschlusses oder Abweisung einer rechtshängigen Anfechtungsklage zur Eintragung hätte angemeldet werden können, ist eine Registersperre später nicht aufgenommen worden. Das Nichtbestehen einer Registersperre bestätigt auch ein Umkehrschluss zu § 319 Abs 5 sowie § 16 Abs 2 UmwG, die eine ausdrückliche Regelung treffen, welche in den meisten Fällen zu einer Registersperre führt. Entscheidend kommt es also auf die Aussetzungsbefugnis des Richters nach § 381 FamFG an. Die **Eintragung kann bereits vor Ablauf der Anfechtungsfrist und auch bei bereits erhobener Anfechtungsklage erfolgen**, wenn nach Einschätzung des Registergerichts die bei Aussetzung der Eintragung zu befürchtenden Nachteile die Erfolgsaussichten der Klage überwiegen (*BHGZ* 112, 9, 22 f = NJW 1990, 2747 – Hypothekenbankschwestern –; *Mertens* AG 1990, 49, 55; MünchKomm AktG/*Altmeppen* Rn 31). Der Richter wird die Eintragung folglich auch dann verfügen, wenn die Klage unzulässig, unschlüssig oder offensichtlich unbegründet ist (insb bei Rechtsmissbrauch, vgl *BGH* aaO). Im **Zweifel** hat das Interesse der Antrag stellenden Gesellschaft an der Eintragung Vorrang (*Altmeppen* aaO Rn 32 mit Verweis auf die Gesetzesmaterialien), auch weil die Gesellschaft im Falle der Aussetzung oft auf uneinbringliche Schadensersatzforderungen gegen den opponierenden Aktionär angewiesen wäre. Der Registerrichter wird dabei die Höhe der Zustimmungsquote zum HV-Beschluss (zu den Beschl) gegen die Zahl und den Beteiligungsbesitz der anfechtenden Aktionäre abzuwägen wissen. Auch steuerliche Vorteile der herrschenden Gesellschaft können ein vorrangiges Vollzugsinteresse an der Eintragung eines Unternehmensvertrages begründen (*OLG Frankfurt* AG 2009, 203).

14 4. Einstweiliger Rechtsschutz. Der **Anfechtungskläger** kann im Wege einer **einstweiligen Verfügung** ein Eintragungsverbot beantragen, um den mit der Anfechtungsklage verfolgten Anspruch zu sichern. Nachdem auch eine einstweilige Verfügung eine vollstreckbare Entscheidung iSd § 16 Abs 2 HGB darstellt, ist das Registergericht durch diese gebunden (*Lüke* ZGR 1990, 657, 675 f; MünchKomm AktG/*Altmeppen* Rn 35; *LG Heilbronn* AG 1971, 372). Sobald aber die AG einen Antrag nach § 246a gestellt

Änderung **§ 295**

hat, sind (bzw werden) einstweilige Verfügungsverfahren unzulässig. Die AG kann die Eintragung im vorläufigen Rechtsschutz nur noch außerhalb des Anwendungsbereichs des § 246a erwirken; ansonsten ist § 246a *lex specialis* (*Hüffer* AktG § 246a Rn 28; Spindler/Stilz AktG/*Veil* Rn 22).

5. Eintragung und Bekanntmachung. Erkennt das Registergericht nach formeller und 15 materieller Prüfung keine Eintragungshindernisse, so verfügt es die Eintragung. Neben dem Bestehen werden der durch die Anmeldung konkretisierte Inhalt und die Art des Unternehmensvertrags sowie die Firma des anderen Vertragsteils eingetragen. Die Bekanntmachung wird durch das Registergericht veranlasst.

IV. Wirkung der Anmeldung

1. Allgemeines. Gem Abs 2 ist die Eintragung **konstitutive Voraussetzung** für die 16 Wirksamkeit des Unternehmensvertrags. Die Eintragung führt indes **nicht zur Heilung von Mängeln**, die zur Unwirksamkeit oder Nichtigkeit des Vertrages führen (*Emmerich/Habersack* Aktien- und GmbH-KonzernR Rn 25; Spindler/Stilz AktG/*Veil* Rn 28).

2. Eintritt der Wirksamkeit. Grds wird der Vertrag mit dem Datum, zu dem die Ein- 17 tragung in das HR stattfindet, wirksam. Ein späterer Zeitpunkt kann nach allgM vereinbart werden (*Hüffer* AktG Rn 18; MünchKomm AktG/*Altmeppen* Rn 63 mwN). Genauso ist im Grundsatz auch eine **Rückbeziehung** möglich (*Altmeppen* aaO Rn 51 ff). Umstr ist dies indes für Beherrschungs- und Gewinnabführungsverträge. **Beherrschungsverträge** können nach überwiegender Auffassung nicht rückwirkend in Kraft treten (*OLG Karlsruhe* AG 1994, 283; MünchHdb AG/*Krieger* § 70 Rn 58; *Hirte* ZGR 1994, 644, 663; so § 291 Rn 6). Für **Gewinnabführungsverträge** ist mit der **hM** eine Rückwirkung handelsrechtlich nur zuzulassen, soweit für den Rückwirkungszeitraum noch kein festgestellter Jahresabschluss vorliegt (vgl nur *LG Kassel* AG 1997, 239; *Hüffer* aaO Rn 20; KölnKomm AktG/*Koppensteiner* Rn 22; MünchHdb AktG/ *Krieger* § 71 Rn 11a; ähnlich *BGHZ* 122, 211, 223 f = NJW 1993, 1976 – SSI, anders wohl *OLG Frankfurt* GmbHR 1996, 859; aA *OLG München* AG 1991, 358, 359). Eine weitergehende Rückwirkung wird von Teilen der Literatur befürwortet (*Altmeppen* aaO Rn 62; *Grewer* DStR 1997, 745, 746; so § 291 Rn 18).

3. Folgen unrichtiger Eintragung. Nachdem die Eintragung des Vertrages nicht zur 18 Heilung von Vertragsmängeln führt, fehlen bei Unwirksamkeit oder Nichtigkeit des Vertrages wichtige Eintragungsvoraussetzungen. Es liegt dann ein Fall des § 395 FamFG vor. Auf den fehlerhaften Unternehmensvertrag können die Grundsätze der fehlerhaften Gesellschaft zur Anwendung kommen; er wird dann in deren Grenzen als wirksam behandelt. Das Bestehen eines Unternehmensvertrags ist keine im HR eintragungspflichtige Tatsache; ein Fall der positiven Publizität nach § 15 Abs 3 HGB liegt somit nicht vor (*Hüffer* AktG Rn 21 mwN; zum Streitstand im Einzelnen MünchKomm AktG/*Altmeppen* Rn 40 ff; *OLG Hamm* NZG 2009, 1117).

§ 295 Änderung

(1) ¹Ein Unternehmensvertrag kann nur mit Zustimmung der Hauptversammlung geändert werden. ²§§ 293 bis 294 gelten sinngemäß.

(2) ¹Die Zustimmung der Hauptversammlung der Gesellschaft zu einer Änderung der Bestimmungen des Vertrags, die zur Leistung eines Ausgleichs an die außen stehenden Aktionäre der Gesellschaft oder zum Erwerb ihrer Aktien verpflichten, bedarf, um wirksam zu werden, eines Sonderbeschlusses der außen stehenden Aktionäre. ²Für den Sonderbeschluss gilt § 293 Abs. 1 Satz 2 und 3. ³Jedem außen stehenden Aktionär ist auf Verlangen in der Versammlung, die über die Zustimmung beschließt, Auskunft auch über alle für die Änderung wesentlichen Angelegenheiten des anderen Vertragsteils zu geben.

Übersicht

	Rn		Rn
I. Gegenstand und Zweck der Regelung	1	1. Hauptversammlungszustimmung	8
II. Die Änderung des Unternehmensvertrags, Abs 1	2	2. Schriftform	9
		3. Bericht, Prüfung, Information, Auskunft	10
1. Vertragsänderung; Anwendungsbereich	2	4. Registeranmeldung	11
2. „Faktische Vertragsänderung"	3	IV. Sonderbeschlüsse außenstehender Aktionäre, Abs 2	12
3. Parteiwechsel, Vertragsbeitritt	4	1. Voraussetzungen	12
4. Wechsel der Art des Unternehmensvertrages	5	a) Änderung der Ausgleichs- und Abfindungsregelungen	12
5. Änderung der Vertragslaufzeit	6	b) Außenstehende Aktionäre	13
6. Gesamtrechtsnachfolge	7	c) Zeitpunkt	15
III. Rechtsfolge: Sinngemäße Geltung der §§ 293–294	8	2. Verfahren	16
		3. Rechtsfolgen des Sonderbeschlusses	17

Literatur: *Bayer* Herrschaftsveränderungen im Vertragskonzern, ZGR 1993, 599; *Hirte* Grenzen der Vertragsfreiheit bei aktienrechtlichen Unternehmensverträgen, ZGR 1994, 644; *Krieger* Änderung und Beendigung von Beherrschungs- und Gewinnabführungsverträgen in: U. H. Schneider (Hrsg), Beherrschungs- und Gewinnabführungsverträge in der Praxis der GmbH, 1989, S 99; *ders/Jannott* Änderung und Beendigung von Beherrschungs- und Gewinnabführungsverträgen im Aktien- und GmbH-Recht, DStR 1995, 1473; *ders* Der Konzern in Fusion und Umwandlung, ZGR 1990, 517; *Neun* Berichts- und Prüfungspflichten bei Abschluss und Änderung von Unternehmensverträgen, 2000; *Pentz* Mitwirkungsrechte und Sicherung außenstehender Aktionäre im Falle der Änderung eines Unternehmensvertrages durch Beitritt eines weiteren Unternehmens, FS Kropff, 1997, S 225; *Priester* Herrschaftswechsel beim Unternehmensvertrag, ZIP 1992, 293; *Röhricht* Die Rechtsstellung der außenstehenden Aktionäre beim Beitritt zum Beherrschungsvertrag, ZHR 162 (1998), 249; *Säcker* Die Rechte der Aktionäre bei konzerninternen Umstrukturierungen gemäß §§ 304f AktG, DB 1988, 271; *Schwarz* Änderung und Beendigung von Unternehmensverträgen – insbesondere in handelsregisterlicher Sicht –, MittRhNotK 1994, 49; *Schwenn* Der Ausgleichs- und Abfindungsanspruch der außenstehenden Aktionäre im Unternehmensvertrag bei Eintritt neuer Umstände, 1998; *Timm* Rechtsfragen der Änderung und Beendigung von Unternehmensverträgen, FS Kellermann, 1991, S 461.

I. Gegenstand und Zweck der Regelung

1 § 295 regelt die Änderung von Unternehmensverträgen. Die Vorschrift stellt sicher, dass für die Änderung eines Unternehmensvertrages nicht geringere Voraussetzungen bestehen als für dessen Abschluss und somit die **Mitwirkungsbefugnisse**, die **der HV** bei Abschluss des Vertrages zukommen, nicht im Nachhinein unterlaufen werden können (KölnKomm AktG/*Koppensteiner* Rn 1; *Hüffer* AktG Rn 1). Die Norm stellt klar, dass auch die Änderung eines Unternehmensvertrages – wie sein Abschluss –

Änderung § 295

keine Geschäftsführungsmaßnahme ist (MünchKomm AktG/*Altmeppen* Rn 1). Darüber hinaus müssen bei einer Änderung eines Unternehmensvertrages auch die Anforderungen der §§ 293–294 erfüllt werden. Die Vorschrift ist nicht nur auf die Unternehmensverträge des § 291, sondern auch auf die des § 292 anwendbar (*Altmeppen* aaO Rn 29).

Abs 2 kommt eine ausgleichende Funktion im Interessenwiderspruch der Vertragsparteien zu, die auf eine **praktikable Möglichkeit zur Vertragsänderung** angewiesen sind, einerseits, und der außenstehenden Aktionäre andererseits, zu deren Schutz das Erfordernis eines Sonderbeschlusses aufgestellt wird (*Kropff* S 384 ff). Gäbe es die Sondervorschrift des Abs 2 nicht, so bedürfte es der Zustimmung aller außenstehender Aktionäre, da in deren bereits bestehende Rechtsposition eingegriffen wird (§ 35 BGB, § 311 Abs 1, § 328 BGB). Eine solche würde jedoch praktisch oft unmöglich sein. Durch den **Sonderbeschluss mit qualifizierter Mehrheit** (Abs 2 S 2) wird ein sinnvoller Mittelweg gegangen.

II. Die Änderung des Unternehmensvertrags, Abs 1

1. Vertragsänderung; Anwendungsbereich. Als Vertragsänderung iSd Vorschrift kommen nur **zweiseitige rechtsgeschäftliche Vereinbarungen** in Betracht, **die noch vor Ablauf der Vertragslaufzeit in Kraft treten sollen** (*BGH* NJW 1979, 2103; *Emmerich/Habersack* Aktien- und GmbH-KonzernR Rn 6). Der Qualifizierung als Vertragsänderung steht nicht entgegen, dass eine Partei von einer vom Unternehmensvertrag getrennten Vereinbarung ausgegangen ist, wenn sich das neu Vereinbarte materiell auf den bestehenden Unternehmensvertrag bezieht (vgl zu einem „Sonderzahlungsversprechen" zu Gunsten stiller Gesellschafter *BGH* II ZR 129/11). Eine **Änderungskündigung** erfüllt diese Voraussetzungen nicht, da sie einseitig erfolgt; sie richtet sich daher nach § 297 (*BGH* NJW 1979, 2103; *OLG Düsseldorf* AG 1990, 490, 491; *Timm* FS Kellermann, S 461, 462 f). Auch nur **redaktionelle Modifikationen des Vertragstextes** unterfallen § 295, und ebenso gleich ob wesentliche oder unwesentliche Änderungen (*BGH* NZG 2013, 53; *Kropff* S 384; *Hüffer* AktG Rn 3; MünchKomm AktG/*Altmeppen* Rn 3). 2

2. „Faktische Vertragsänderung". Kommt es zu einer **vom Vertragswortlaut abw Praxis**, ist zu unterscheiden: Handeln die Parteien **einverständlich**, so ist ein Fall des § 295 gegeben, dessen Voraussetzungen folglich erfüllt werden müssen (*Emmerich/Habersack* Aktien- und GmbH-KonzernR Rn 9). Ist die Abweichung indes auf **vertragsverletzendes Verhalten** zurückzuführen, so greifen die allg Regeln über die Vertragsverletzung ein. Als Folgen kommen Schadensersatzansprüche und die Versagung von Testaten in Frage (MünchKomm AktG/*Altmeppen* Rn 15; MünchHdb AG/*Krieger* § 70 Rn 179). 3

3. Parteiwechsel, Vertragsbeitritt. Kommt es unter Berücksichtigung der allg Vorschriften zur Vertragsübernahme (insb §§ 398 f, 414 BGB) und folglich zu einem **Parteiwechsel** (eingehend *Emmerich/Habersack* Aktien- und GmbH-KonzernR Rn 13 ff), besteht darin ungeachtet der konkreten vertraglichen Gestaltung eine Vertragsänderung (vgl etwa *BGHZ* 72, 394, 398 f = NJW 1979, 369). Im Hinblick zumindest auf Abs 1 sind diese Fälle, wie auch der **Vertragsbeitritt** (*BGHZ* 119, 1, 6 f, 15 ff – ASEA/BBC) folglich als vom Tatbestand erfasst anzusehen (KölnKomm AktG/*Koppensteiner* Rn 5; *Priester* ZIP 1992, 293, 300; **aA** *Wilhelm* Beendigung des Unternehmensver- 4 trags, 1975, S 23; differenzierend für Vertragsbeitritt: Spindler/Stilz AktG/*Veil* Rn 4ff). Ein Wechsel im Bestand der Mitglieder einer GbR, die infolge einer **Mehrmütterherrschaft** (s dazu auch oben § 291 Rn 14) entstanden ist, wird angesichts der neueren Rspr des *BGH* zum Charakter der BGB-Gesellschaft (NJW 2009, 594) nicht mehr als Vertragsübernahme oder Vertragsbeitritt zu qualifizieren sein, so dass die in Abs 1 statuierten Voraussetzungen nicht zu beachten sind (MünchKommAktG/*Altmeppen* Rn 6 und nun ganz **hM**; **aA** 1. Aufl und *Hüffer* AktG Rn 5).

5 **4. Wechsel der Art des Unternehmensvertrages.** Keine Änderung iSd Vorschrift ist der Wechsel der Art des Unternehmensvertrags. Es handelt sich dabei um die Aufhebung des bestehenden Unternehmensvertrages (nach § 296), verbunden mit dem Neuabschluss (nach § 293) eines weiteren Vertrages (**hM** MünchKomm AktG/*Altmeppen* Rn 7 ff; K. Schmidt/Lutter AktG/*Langenbucher* Rn 15).

6 **5. Änderung der Vertragslaufzeit.** Ebenfalls keine tatbestandsmäßige Änderung besteht in der **Verlängerung** eines zuvor nur befristet abgeschlossenen Vertrags. Diese gilt als ein erneuter Abschluss (MünchHdb AG/*Krieger* § 70 Rn 176; *Hüffer* AktG Rn 7; Spindler/Stilz AktG/*Veil* Rn 9; **aA** *Emmerich/Sonnenschein/Habersack* KonzernR § 18 Abs 2 S 3). Eine **Verkürzung** der Vertragslaufzeit ist nach hM auch keine Änderung iSd § 295; sie ist vielmehr an § 296 zu messen (K. Schmidt/Lutter AktG/*Langenbucher* Rn 11; *Veil* aaO Rn 8; *Emmerich/Habersack* Aktien- und GmbH-KonzernR Rn 10; **aA** MünchKomm AktG/*Altmeppen* Rn 9).

7 **6. Gesamtrechtsnachfolge.** Ebenfalls nicht in den Anwendungsbereich der Vorschrift fällt die **Gesamtrechtsnachfolge**, etwa bei **Verschmelzung**. Da hier eine Rechtsnachfolge kraft Gesetzes eintritt (§ 20 Abs 1 Nr 1 UmwG), finden keine rechtsgeschäftlichen Vereinbarungen zwischen den Parteien statt (*LG Bonn* GmbHR 1996, 774 f; *Hüffer* AktG Rn 6; *Krieger* ZGR 1990, 517, 540; **aA** *Bayer* ZGR 1993, 599, 603 ff). Gleiches gilt für die **Eingliederung** (MünchHdb AG/*Krieger* § 70 Rn 21). Findet die Verschmelzung zwischen der abhängigen und einer dritten Gesellschaft statt, kommt es zum Erlöschen des Unternehmensvertrags (**hM** *LG Mannheim* AG 1995, 89; MünchKomm AktG/*Altmeppen* § 297 Rn 130). Während der Laufzeit des Vertrages fehlt es folglich ebenso an einer Änderung (*Hüffer* aaO).

III. Rechtsfolge: Sinngemäße Geltung der §§ 293–294

8 **1. Hauptversammlungszustimmung.** Aufgrund der Anwendung der §§ 293 ff muss der Änderung des Vertrags von der HV der Untergesellschaft, unter den Voraussetzungen des § 293 Abs 2 auch von der HV der Obergesellschaft zugestimmt werden (im Einzelnen vgl § 293 Rn 1 ff).

9 **2. Schriftform.** Darüber hinaus ergibt sich aus Abs 1 iVm § 293 Abs 3 ein **Schriftformerfordernis** für die Vertragsänderung.

10 **3. Bericht, Prüfung, Information, Auskunft.** Die von der Verweisung umfasste **Berichts- und Prüfungspflicht (§§ 293a, 293b)** ist insb bei redaktionellen Änderungen als verfehlt zu betrachten und daher restriktiv auszulegen. Es genügt dann eine Dokumentation der Fassungsänderung ggf iVm einer Bestätigung durch den Vertragsprüfer (*Hüffer* AktG Rn 8). Schließlich ist der Verweis auf die **Informations- und Auskunftsvorschriften der §§ 293f, 293g** von praktischer Bedeutung. Die Information muss den Aktionären ermöglichen, sich mit den Veränderungen des Vertrages im Einzelnen ver-

§ 295 Änderung

traut zu machen. Zumeist wird es einer **Auslegung und Erörterung des gesamten Vertrags bedürfen,** jedenfalls wenn sonst die Änderungen nicht verständlich sind (Münch-Komm AktG/*Altmeppen* Rn 22).

4. Registeranmeldung. Der Verweis auf § 294 begründet eine Pflicht zu Anmeldung der Änderung zum HR. Liegt nach oben genannten Grundsätzen keine Änderung vor, besteht ebenfalls, in direkter Anwendung des § 294, eine Anmeldepflicht bei Vertragsübernahme hinsichtlich des neuen Vertragspartners und, in den Fällen der Gesamtrechtsnachfolge, in entspr Anwendung des § 294, damit das HR nicht unrichtig wird (MünchKomm AktG/*Altmeppen* Rn 26). Anzumelden ist dabei grds allein der Umstand, dass eine Vertragsänderung stattgefunden hat, denn der Inhalt der Änderung ist dem beizufügenden Änderungsvertrag (§ 294 Abs 1 S 2) zu entnehmen. Die Verweisung umfasst auch die Ausnahmeregelung (§ 294 Abs 1 S 1) zum Teilgewinnabführungsvertrag (*Hüffer* AktG Rn 9 und oben § 294 Rn 5). **11**

IV. Sonderbeschlüsse außenstehender Aktionäre, Abs 2

1. Voraussetzungen. – a) Änderung der Ausgleichs- und Abfindungsregelungen
Eines Sonderbeschlusses bedarf es allein bei **Änderung der Ausgleichs- und Abfindungsregelungen des Unternehmensvertrags.** Dass die Änderung zum Nachteil der außenstehenden Aktionäre erfolgt, ist nicht erforderlich (*Hüffer* AktG Rn 10; *Priester* ZIP 1992, 293, 296; Spindler/Stilz AktG/*Veil* Rn 20; **aA** *Säcker* DB 1988, 271, 272). Die Vorschrift umfasst auch Änderungen solcher **Vertragsregelungen, die nicht auf gesetzlich gebotene, sondern darüber hinausgehende (freiwillige) Ausgleichs- und Abfindungsgebote (§§ 304, 305) zurückgehen** (*Hüffer* aaO; KölnKomm AktG/*Koppensteiner* Rn 12; MünchKomm AktG/*Altmeppen* Rn 29). Die Änderung muss sich auf die Abfindungs- und Ausgleichsregelungen beziehen (*BGH* AG 1974, 320, 323; *BGHZ* 119, 1, 8 f – ASEA/BBC; *Röhricht* ZHR 162 (1998), 249, 250 f). Ein Fall des Abs 2 ist auch dann anzunehmen, wenn sich der Schuldner der Abfindungs- und Ausgleichsleistungen ändert. Dies ist anzunehmen bei einer **Vertragsübernahme** (*Bayer* ZGR 1993, 599, 608); nach Sinn und Zweck **nicht** jedoch beim **Vertragsbeitritt** (*BGHZ* 119, 1, 8 f – ASEA/BBC); *Altmeppen* aaO Rn 37; *Röhricht* ZHR aaO; *Hüffer* aaO Rn 11 mwN; **aA** *Hirte* ZGR 1994, 644, 658). **12**

b) Außenstehende Aktionäre. Wer **außenstehender Aktionär** und damit zur Mitwirkung beim Sonderbeschluss berufen ist, ist hier wie auch bei §§ 304 f nicht gesetzlich geregelt. Es muss im Ausgangspunkt auf die Regelung der §§ 304 f zurückgegriffen werden (MünchKomm AktG/*Altmeppen* Rn 44; s dazu unten § 304 Rn 11 ff), jedoch mit Abweichungen. Von der **Fassung des Sonderbeschlusses** nach Abs 2 **ausgeschlossen** sind hier weitergehend aber auch diejenigen (iSd §§ 304 f außenstehenden) Aktionäre, die **vom anderen Vertragsteil abhängig** sind (§ 17). Dies entspricht dem Zweck der Norm, die Interessen der betroffenen Aktionäre auch gegen eine Stimmenmehrheit des anderen Vertragsteils sicherzustellen (*LG Essen* AG 1995, 189, 191; *Altmeppen* aaO Rn 45 f). **13**

Eine **Umgehung** dieser Beschränkung durch Übertragung an einen nicht abhängigen aber anderweitig eingebundenen Dritten, dessen Stimmen dann die für den Sonderbeschluss erforderliche Mehrheit zustande bringen, ist nicht möglich (*LG Essen* AG 1995, 189 ff). **14**

15 **c) Zeitpunkt.** Die **Beschlussfassung** ist entscheidender **Zeitpunkt** für die Bestimmung der **Eigenschaft als außenstehender Aktionär.** Dies gilt auch bei vorangegangener Übertragung von Aktien gegen Abfindung nach § 305 (MünchKomm AktG/*Altmeppen* Rn 51 ff).

16 **2. Verfahren.** Für das Verfahren gilt § 138. In der Zusammenschau mit § 293 Abs 1 S 2 und 3 sowie § 295 Abs 2 S 2 bedarf der Beschl sowohl der einfachen Stimmenmehrheit der außenstehenden Aktionäre als auch einer Mehrheit von mindestens drei Vierteln des von ihnen vertretenen Grundkapitals (MünchKomm AktG/*Altmeppen* Rn 56), vorbehaltlich einer höheren Kapital- oder Stimmenmehrheit in der Satzung (Abs 1 S 2 iVm § 293 Abs 1 S 3). Der Sonderbeschluss kann auf einer HV in gesonderter Abstimmung oder auf einer gesonderten Versammlung gefasst werden, § 138. Das Auskunftsrecht der außenstehenden Aktionäre richtet sich nach Abs 2 S 3 und entspricht § 293g Abs 3 (vgl dazu § 293g Rn 5 f).

17 **3. Rechtsfolgen des Sonderbeschlusses.** Vermittelt durch den HV-Beschluss, der ohne den Sonderbeschluss unwirksam ist, wird der Sonderbeschluss auch zur **Wirksamkeitsvoraussetzung** der Vertragsänderung als solcher. Bis zur Fassung des Sonderbeschlusses ist die Änderung des Unternehmensvertrags schwebend, im Falle der Ablehnung endgültig unwirksam. Analog § 294 Abs 1 S 2 ist die Niederschrift des Sonderbeschlusses der Anmeldung beizufügen. Es ist ferner § 138 S 2 zu beachten, demzufolge zust HV- und Sonderbeschlusses denselben erheblichen Anfechtungsbeschränkungen (insb §§ 304 Abs 3 S 2, 305 Abs 5 S 1) unterliegen. Für das Wirksamwerden der Vertragsänderung gilt § 294 sinngemäß (*Emmerich/Habersack* Aktien- und GmbH-KonzernR Rn 35).

§ 296 Aufhebung

(1) ¹Ein Unternehmensvertrag kann nur zum Ende des Geschäftsjahrs oder des sonst vertraglich bestimmten Abrechnungszeitraums aufgehoben werden. ²Eine rückwirkende Aufhebung ist unzulässig. ³Die Aufhebung bedarf der schriftlichen Form.

(2) ¹Ein Vertrag, der zur Leistung eines Ausgleichs an die außen stehenden Aktionäre oder zum Erwerb ihrer Aktien verpflichtet, kann nur aufgehoben werden, wenn die außen stehenden Aktionäre durch Sonderbeschluss zustimmen. ²Für den Sonderbeschluss gilt § 293 Abs. 1 Satz 2 und 3, § 295 Abs. 2 Satz 3 sinngemäß.

Übersicht

	Rn		Rn
I. Gegenstand und Zweck der Regelung	1	4. Form und Eintragung	7
II. Aufhebungsvertrag	2	III. Sonderbeschluss der außenstehenden Aktionäre, Abs 2	8
1. Anwendungsbereich	2	1. Allgemeines	8
2. Abschluss des Aufhebungsvertrages: Zuständigkeit	3	2. Schwebende Unwirksamkeit	9
		a) Sonderbeschluss folgt dem Vertragsabschluss nach	9
3. Zeitliche Beschränkungen der Wirkung des Aufhebungsvertrages		b) Insbesondere: Sonderbeschluss nach dem vertraglichen Beendigungszeitpunkt	10
a) Beschränkung auf das Ende eines Geschäftsjahres oder Abrechnungszeitraums	4	3. Beschlussfassung	11
b) Rückwirkungsverbot	5	IV. Wirkungen der Vertragsaufhebung	12
c) Vereinbarung eines unzulässigen Beendigungszeitpunktes	6	V. Steuerliche Hinweise	14

Aufhebung § 296

Literatur: *Ehlke* Aufhebung von Beherrschungsverträgen – eine schlichte Geschäftsführungsmaßnahme?, ZIP 1995, 355; *Khonsari* Aufhebung von Beherrschungs- und Gewinnabführungsverträgen mit einer abhängigen GmbH, BB 2010, 2714; *Kley* Die Rechtsstellung der außenstehenden Aktionäre bei der vorzeitigen Beendigung von Unternehmensverträgen, 1986; *Knott/Rodewald* Beendigung der handels- und steuerrechtlichen Organschaften bei unterjähriger Anteilsveräußerung, BB 1996, 472; *Koppensteiner* Nachvertragliche Abfindungsansprüche bei Unternehmensverträgen, DStR 2006, 1603; *Krieger/Jannott* Änderung und Beendigung von Beherrschungs- und Gewinnabführungsverträgen im Aktien- und GmbH-Recht, DStR 1995, 1473; *Link/Greven* Beendigung von Beherrschungs- und Ergebnisabführungsverträgen im Rahmen von M&A-Transaktionen, M&A Review 2010, 285, 350; *Meilicke* Beendigung des Spruchstellenverfahrens durch Beendigung des Unternehmensvertrages?, AG 1995, 181; *Priester* Die Aufhebung des Unternehmensvertrages, ZGR 1996, 189; *ders* Unterjährige Aufhebung des Unternehmensvertrags im GmbH-Konzern, NZG 2012, 641; *Schwarz* Änderung und Beendigung von Unternehmensverträgen – insbesondere in handelsregisterlicher Sicht, MittRhNotK 1986, 29; *Werth* Auswirkungen und Möglichkeiten bei der Aufhebung eines Ergebnisabführungsvertrages, DB 1975, 1140.

I. Gegenstand und Zweck der Regelung

Mit der in § 296 geregelten **vertraglichen Aufhebung** wird ein Fall der Beendigung 1 eines Unternehmensvertrages erfasst; daneben regelt § 297 die Kündigung und § 307 den Sonderfall der Vertragsbeendigung, wenn bei Beschlussfassung kein außenstehender Aktionär existiert, danach aber ein solcher hinzutritt. Weitere, nicht bes geregelte **Beendigungsgründe** sind Zeitablauf beim befristeten Vertrag, Eintritt einer auflösenden Bedingung, Rücktritt und Anfechtung des Vertrages, Nichtigkeit und Anfechtung des Zustimmungsbeschlusses, Eingliederung einer Vertragspartei in die andere und ggf andere Formen der Strukturänderung (*Emmerich/Habersack* Aktien- und GmbH-KonzernR Rn 2 mwN). Die an sich unbeschränkte einvernehmliche Vertragsaufhebung erfährt in § 296 gewisse Restriktionen zum Schutz der außenstehenden Aktionäre, der Gläubiger und der Gesellschaft selbst (KölnKomm AktG/*Koppensteiner* Rn 3) hinsichtlich des Beendigungszeitpunkts (Abs 1 S 1). Die Rückwirkung wird in Abs 1 S 2 ausgeschlossen, um die bereits entstandenen Ansprüche aus dem Unternehmensvertrag zu erhalten (MünchKomm AktG/*Altmeppen* Rn 2). Mit dem Schriftformerfordernis (Abs 1 S 3) und dem Sonderbeschluss der außenstehenden Aktionäre (Abs 2) werden die entspr Schutzmechanismen der Vertragsänderung auch auf die einverständliche Vertragsaufhebung ausgedehnt, wenn der Vertrag eine Ausgleichs- oder Abfindungsregelung enthält. Dieser Schutz der außenstehenden Aktionäre ist angesichts der anderen Formen der Vertragsbeendigung, die keinen Sonderbeschluss verlangen, allerdings lückenhaft (*Emmerich* aaO Rn 5, 17). HV-Zustimmung ist für die Aufhebung nicht erforderlich (Rn 3).

II. Aufhebungsvertrag

1. Anwendungsbereich. Ein Aufhebungsvertrag liegt vor, wenn die unternehmensver- 2 tragliche Bindung nach §§ 291, 292 – mit einer AG oder KGaA als der die vertragstypische Leistung erbringendem Vertragspartner – im Ganzen durch übereinstimmende Erklärung der Vertragsparteien iSd § 311 Abs 1 BGB aufgehoben wird (*Emmerich/Habersack* Aktien- und GmbH-KonzernR Rn 5; *Hüffer* AktG Rn 2). Abzugrenzen ist der Aufhebungsvertrag, der keiner HV-Zustimmung bedarf, von der **Vertragsänderung** (§ 295), bei der die HV-Zustimmung wie bei einem Neuabschluss eines Unternehmensvertrages erforderlich ist. Ein Aufhebungsvertrag liegt auch vor bei einer **Änderung des Vertragstypus** (verbunden mit einem Neuabschluss, so dass für diesen die HV-Zustimmung nötig ist); **aA** *Emmerich* aaO. Auch ein Fall des § 296 ist die Vertragsaufhebung bei gleichzeitigem Abschluss eines neuen Vertrages mit demselben oder einem anderen Unternehmen, während die – abgesehen von den Parteien unveränderte – Vertragsübernahme dem § 295 unterfällt (s.o. § 295 Rn 4). Die Aufhebung einzelner Vertragsbestimmungen ist ebenfalls Vertragsänderung iSd § 295. **Gesetzliche** Fälle der Vertragsbeendigung (Umwandlung, Verschmelzung) unterfallen nicht dem § 296 und daher auch nicht dessen Restriktionen (*BGH* AG 1974, 320, 323; MünchKomm AktG/*Altmeppen* Rn 6 mwN).

3 **2. Abschluss des Aufhebungsvertrages: Zuständigkeit.** Zuständig ist der Vorstand bzw – bei der KGaA – der persönlich haftende Gesellschafter, da die Aufhebung eines Unternehmensvertrags Geschäftsführungsmaßnahme ist, bei der die Vertretungsmacht nur im Umfang des erforderlichen Sonderbeschlusses nach Abs 2 beschränkt ist. Zustimmungsbeschluss der HV ist nicht erforderlich (**hM** MünchKomm AktG/*Altmeppen* Rn 8 ff; *Emmerich/Habersack* Aktien- und GmbH-KonzernR Rn 9; krit aber iE ebenso Spindler/Stilz AktG/*Veil* Rn 9). Daher kann die HV den Vorstand auch nicht iSd § 83 zum Abschluss eines Aufhebungsvertrages verpflichten; jedoch kann der Vorstand von sich aus die HV gem § 119 Abs 2 befassen. Für die Anwendung der Holzmüller/Gelatine-Doktrin ist angesichts der gesetzlichen Wertung des § 296 kein Raum (*Altmeppen* aaO Rn 18). Ob der Vorstand im Rahmen eines Beherrschungsvertrages angewiesen werden kann, die HV mit dem Vorschlag eines Aufhebungsvertrages zu befassen, ist **streitig** (*Altmeppen* aaO Rn 20 mwN). Die Frage der Zustimmung des AR richtet sich nach § 111 Abs 4 S 2; auch der AR kann aber den Vorstand nicht zum Abschluss eines Aufhebungsvertrages verpflichten. Verweigert er dem Vorstand die Zustimmung, wenn diese erforderlich ist, kann der Vorstand nach § 111 Abs 4 S 3 die HV anrufen.

4 **3. Zeitliche Beschränkungen der Wirkung des Aufhebungsvertrages. – a) Beschränkung auf das Ende eines Geschäftsjahres oder Abrechnungszeitraums.** Zur Vermeidung von Abrechnungsschwierigkeiten und Manipulationen bei der unterjährigen Ergebnisermittlung muss der Beendigungszeitpunkt mit einem Geschäftsjahresende derjenigen vertragsbeteiligten Gesellschaft korrespondieren, die die vertragstypische Leistung erbringt (für die GmbH so *OLG München* NZG 2012, 590; **aA** *Priester* NZG 2012, 641). Bestimmt der Vertrag einen anderen Abrechnungszeitraum, kann auch dieser gewählt werden (was wohl bei einem Beherrschungs- oder Gewinnabführungsvertrag ausscheidet, da sich abzuführender Gewinn bzw zu ersetzender Verlust gerade aus dem Jahresabschluss ergeben, vgl MünchKomm AktG/*Altmeppen* Fn 37 bei Rn 21). Es muss nicht der dem Vertragsabschluss unmittelbar nachfolgende Schluss eines Geschäftsjahres oder Abrechnungszeitraums gewählt werden; der Gesetzeszweck wird auch durch Vereinbarung eines späteren erreicht (*Emmerich/Habersack* Aktien- und GmbH-KonzernR Rn 14).

5 **b) Rückwirkungsverbot.** Abs 1 S 2 verbietet die rückwirkende Aufhebung, dh auf einen Wirkungszeitpunkt vor dem Vertragsschluss des Aufhebungsvertrags, um die rückwirkende Beseitigung der Ansprüche der Gesellschaft, der Aktionäre und der Gläubiger aus dem Unternehmensvertrag zu verhindern (*OLG München* AG 1991, 358; *Kropff* S 385; *Emmerich/Habersack* Aktien- und GmbH-KonzernR Rn 15); das

Rückwirkungsverbot gilt angesichts des klaren Gesetzeswortlauts auch in Fällen, in denen derartige Ansprüche nicht bestehen (können), zB bei den Verträgen nach § 292 (KölnKomm Akt/*Koppensteiner* Rn 15).

c) Vereinbarung eines unzulässigen Beendigungszeitpunkts. Gegen Abs 1 S 1 oder S 2 verstoßende Klauseln des Aufhebungsvertrags sind nach § 134 BGB nichtig; der Vertrag iÜ richtet sich nach § 139 BGB. IdR werden die Parteien die Beendigung zum frühest zulässigen Zeitpunkt gewollt haben (MünchHdb AG/*Krieger* § 70 Rn 190, mwN). **6**

4. Form und Eintragung. Der Aufhebungsvertrag bedarf der **Schriftform**, Abs 1 S 3. Die **Eintragung ins HR** nach § 298 hat bei der Aufhebung von Unternehmensverträgen nur **deklaratorischen Charakter** (s § 298 Rn 6). **7**

III. Sonderbeschluss der außenstehenden Aktionäre, Abs 2

1. Allgemeines. Wie bei Vertragsänderung (§ 295) bedarf der Aufhebungsvertrag zu seiner Wirksamkeit eines Sonderbeschlusses der außenstehenden Aktionäre, wenn der aufzuhebende Vertrag zu Ausgleichs- oder Abfindungsleistungen verpflichtet, Abs 2 S 1, und zwar nicht nur wenn dies – wie bei § 291 – gesetzlich zwingend ist, sondern auch bei nur auf Vertragspflichten beruhenden Leistungen dieser Art (MünchKomm AktG/*Altmeppen* Rn 30). Der Anwendungsbereich der Vorschrift entspricht demjenigen von § 295 Abs 2 (s dort Rn 12). Liegt keine Vertragsänderung im obigen Sinne vor, insb also auch bei gesetzlichen Änderungstatbeständen (Eingliederung, Verschmelzung), bedarf es folgerichtig auch keines Sonderbeschlusses (*BGH* AG 1974, 320, 323; KölnKomm AktG/*Koppensteiner* Rn 20). **8**

2. Schwebende Unwirksamkeit. – a) Sonderbeschluss folgt dem Vertragsabschluss nach. Solange kein Sonderbeschluss gefasst ist, ist der Aufhebungsvertrag schwebend unwirksam (*Emmerich/Habersack* Aktien- und GmbH-KonzernR Rn 19). Die Gesellschaft ist an den schwebend unwirksamen Aufhebungsvertrag nicht gebunden (entspr oben § 293 Rn 19). Der andere Vertragsteil kann die Fassung eines Sonderbeschlusses nicht verlangen; die außenstehenden Aktionäre können aber die Einberufung einer Sonderversammlung verlangen, §§ 138 S 2, 3 iVm 122 Abs 3 (MünchKomm AktG/*Altmeppen* Rn 33). **9**

b) Insbesondere: Sonderbeschluss nach dem vertraglichen Beendigungszeitpunkt. Streitig ist die Frage, ob ein nach dem Wirkungszeitpunkt des Aufhebungsvertrages gefasster Sonderbeschluss **zulässig** ist, va weil das Rückwirkungsverbot nur für den Vertrag, nicht für den Sonderbeschluss gelte (so *LG Essen* AG 1995, 189, 191; KölnKomm Akt/*Koppensteiner* Rn 21) oder im Hinblick auf das Rückwirkungsverbot **unzulässig**, weil auch durch den Schwebezustand nach dem vorgesehenen Wirkungszeitpunkt in bereits entstandene Ansprüche ebenso eingegriffen würde wie durch einen nachfolgenden Aufhebungsvertrag (MünchHdb AG/ *Krieger* § 70 Rn 191). Erstere Meinung erscheint schlüssiger, vor allem weil es die außenstehenden Aktionäre, zu deren Schutz der Sonderbeschluss erforderlich ist, in der Hand haben, ihn zu fassen oder abzulehnen (*Koppensteiner* aaO). Soweit die Vertreter der zweitgenannten Meinung allerdings bei einem Sonderbeschluss nach dem vertraglich vereinbarten Wirkungszeitpunkt die vertragliche Regelung dahin umdeuten wollen, dass dann der Vertrag zum nächst zulässigen Zeitpunkt enden soll (MünchKomm AktG/*Altmeppen* Rn 25; Spindler/Stilz AktG/*Veil* Rn 19 f), dürfte dem schon die Schriftformklausel des Abs 1 S 3 entgegenstehen. **10**

11 **3. Beschlussfassung.** Nach der Verweisung in Abs 2 S 2 auf §§ 293 Abs 1 S 2 und 3, 295 Abs 2 S 3 muss die zustimmende Mehrheit der außenstehenden Aktionäre drei Viertel des beim Sonderbeschluss vertretenen und stimmberechtigten Kapitals umfassen, vorbehaltlich einer höheren Kapital- oder Stimmenmehrheit in der Satzung (Abs 2 S 2 iVm § 293 Abs 1 S 3). Der Sonderbeschluss kann auf einer HV in gesonderter Abstimmung oder auf einer gesonderten Versammlung gefasst werden, § 138. Das Auskunftsrecht der außenstehenden Aktionäre richtet sich nach § 295 Abs 2 S 3.

IV. Wirkungen der Vertragsaufhebung

12 Mit dem Aufhebungszeitpunkt enden die Verpflichtungen aus dem Unternehmensvertrag; die **Eintragung der Aufhebung im HR hat nur deklaratorische Bedeutung** (s § 298). Für die Zukunft entstehen keine Verpflichtungen aus §§ 302, 304, 305 mehr. Es entsteht eine Verpflichtung zur Sicherheitsleistung bei Aufhebung von Beherrschungs- oder Gewinnabführungsverträgen nach § 303.

13 In Folge des Rückwirkungsverbots bleiben bis zum Vertragsende entstandene **Ausgleichsansprüche** (§ 304) unberührt; ebenso **Abfindungsansprüche nach § 305**, da Rechtsgrundlage für diese nicht der – nun beendete – Unternehmensvertrag, sondern der Kauf- oder Tauschvertrag zwischen dem außenstehenden Aktionär und dem anderen Vertragsteil ist. Allerdings müssen die **Abfindungsansprüche vor Vertragsende geltend gemacht worden sein** (MünchKomm AktG/*Altmeppen* Rn 41; KölnKomm Akt/*Koppensteiner* Rn 17; Spindler/Stilz AktG/*Veil* Rn 14; aA *Meilicke* AG 1995, 181, 187). Falls aber hierüber ein Spruchstellenverfahren anhängig ist, kann auch nach Vertragsende bis zur Beendigung des Spruchstellenverfahrens noch der Anspruch auf Abfindung geltend gemacht werden (*BGHZ* 135, 374 = NJW 1997, 2242 – Guano). Im Falle der Veräußerung der Aktie nach Vertragsende, aber vor Beendigung des Spruchverfahrens erwirbt der neue Aktionär die Aktie **ohne** Abfindungsanspruch (*BGH* AG 2006, 543 – Jenoptik; *Koppensteiner* DStR 2006, 1603).

V. Steuerliche Hinweise

14 Eine **vorzeitige Beendigung** vor Ablauf der fünfjährigen Mindestlaufzeit eines Organschaftsvertrages (§ 291 Rn 38) ist grds **steuerschädlich**; das gilt gleich für Kündigung und Aufhebung (Abschnitt 55 Abs 7 S 1 KStR). Das gilt nur jeweils nicht bei **Vorliegen eines wichtigen Grundes**, wobei die Finanzverwaltung zT anders entscheidet als das Gesellschaftsrecht (*Herrmann/Heuer/Raupach* § 14 KStG Rn 206). Die Veräußerung der Organbeteiligung stellt nach Auffassung der Finanzverwaltung einen wichtigen Grund zur Vertragsbeendigung dar (**aA** die **hM** im Gesellschaftsrecht, s § 297 Rn 9). Zur Vermeidung von Zweifeln sollte die Beteiligungsveräußerung daher ausdrücklich als wichtiger Grund im Vertrag vereinbart werden (§ 297 Rn 8; *Schmidt/Müller/Stöcker* Die Organschaft Rn 218).

§ 297 Kündigung

(1) ¹Ein Unternehmensvertrag kann aus wichtigem Grund ohne Einhaltung einer Kündigungsfrist gekündigt werden. ²Ein wichtiger Grund liegt namentlich vor, wenn der andere Vertragsteil voraussichtlich nicht in der Lage sein wird, seine auf Grund des Vertrags bestehenden Verpflichtungen zu erfüllen.

Kündigung § 297

(2) ¹Der Vorstand der Gesellschaft kann einen Vertrag, der zur Leistung eines Ausgleichs an die außen stehenden Aktionäre der Gesellschaft oder zum Erwerb ihrer Aktien verpflichtet, ohne wichtigen Grund nur kündigen, wenn die außen stehenden Aktionäre durch Sonderbeschluss zustimmen. ²Für den Sonderbeschluss gilt § 293 Abs. 1 Satz 2 und 3, § 295 Abs. 2 Satz 3 sinngemäß.

(3) Die Kündigung bedarf der schriftlichen Form.

Übersicht

	Rn		Rn
I. Gegenstand und Zweck der Regelung	1	2. Ordentliche Kündigung	12
II. Außerordentliche Kündigung (Abs 1) und ordentliche Kündigung	6	a) Vertragliches Kündigungsrecht	13
		b) Fehlen vertraglicher Vereinbarungen	14
1. Kündigung aus wichtigem Grund	6	c) Teilkündigungen	15
a) Kündigungsgrund	7	d) Kündigungsfrist und -termin	16
aa) Voraussichtliche Leistungsunfähigkeit	7	3. Folgen der Kündigung	17
bb) Andere Gründe für die außerordentliche Kündigung	8	III. Notwendigkeit eines Sonderbeschlusses bei ordentlicher Kündigung, Abs 2	18
b) Kein Kündigungsgrund	9	IV. Erklärung der Kündigung und Schriftform, Abs 3	19
c) Zur Kündigung berechtigter Vertragsteil	10	V. Weitere Beendigungstatbestände	20
d) Befristete außerordentliche Kündigung	11	1. Beendigung *ipso iure*	20
		2. Rücktritt vom Unternehmensvertrag	21
e) Frist zur außerordentlichen Kündigung	11a	VI. Steuerliche Anerkennung	22

Literatur: *Bauschatz* Beendigung eines Beherrschungs- und Gewinnabführungsvertrages bei Veräußerung der Beteiligung an der abhängigen Gesellschaft, DStZ 2005, 442; *Burwitz* Beendigung von Gewinnabführungsverträgen, NZG 2013, 91; *Gerth* Die Beendigung des Gewinnabführungs- und Beherrschungsvertrages, BB 1978, 1497; *Hengeler/Hoffmann-Becking* Insolvenz im Vertragskonzern, FS Hefermehl, 1976, S 283; *Hentzen* Atypische Risiken aus der Beendigung von Beherrschungs- und Gewinnabführungsverträgen, NZG 2008, 201; *Heurung/Engel/Müller-Thomczik* Der „wichtige Grund" zur Beendigung des Gewinnabführungsvertrags, GmbHR 2012, 1227; *Joussen* Die Kündigung von Beherrschungsverträgen bei Anteilsveräußerung, GmbHR 2000, 221; *Kallmeyer* Beendigung von Beherrschungs- und Gewinnabführungsverträgen, GmbHR 1995, 578; *Knott/Rodewald* Beendigung der handels- und steuerrechtlichen Organschaften bei unterjähriger Anteilsveräußerung, BB 1996, 472; *Krieger* Änderung und Beendigung von Beherrschungs- und Gewinnabführungsverträgen in U.H. Schneider (Hrsg), Beherrschungs- und Gewinnabführungsverträge in der Praxis der GmbH, Beiträge zum Wirtschafts- und Bankrecht, Bd I, 1989, S 99; *Laule* Die Beendigung eines Beherrschungsvertrages aus wichtigem Grund (§ 297 Abs 1 AktG) und korrespondierende Handlungspflichten der Verwaltung einer beherrschten Aktiengesellschaft, AG 1990, 145; *Lutter* Der Konzern in der Insolvenz, ZfB 1984, 781; *Peters* Die Kündigung von Beherrschungs- und Gewinnabführungsverträgen im GmbH-Konzern, DStR 2012, 86; *Riegger/Mutter* Wann muss der Vorstand einer beherrschten AG den Beherrschungsvertrag kündigen?, DB 1997, 1603; *Samer* Beherrschungs- und Gewinnabführungsverträge gemäß § 291 Abs 1 AktG in Konkurs und Vergleich der Untergesellschaft, 1990; *K. Schmidt* Die konzernrechtliche Verlustübernahmepflicht als gesetzliches Dauerschuldverhältnis, ZGR 1983, 513; *Timm* Rechtsfragen der Änderung und Beendigung von Unternehmensverträgen, FS Kellermann, 1991, S 461; *Trendelenburg* Der Gewinnabführungs- und Beherrschungsvertrag in der Krise der Obergesellschaft, NJW 2002, 647; *Ulrich* Gewinnabführungsverträge im GmbH-Konzern, GmbHR 2004, 1000; *Veith/Schmid* Abschluss und Beendigung von Beherrschungs- und Gewinnabführungsverträgen im GmbH-Konzern, DB 2012, 727; *Wilken/Ziems* Beendigung von Unternehmensverträgen in der Krise und Insolvenz, FS Metzeler, 2003, S 153; *Windbichler* Unternehmensverträge und Zusammenschlusskontrolle, 1977; vgl auch die Nachweise zu § 296.

I. Gegenstand und Zweck der Regelung

1 Die Vorschrift regelt Einzelfragen der Kündigung von Unternehmensverträgen; ergänzend gilt daher für die Kündigung von Unternehmensverträgen das allg Recht (MünchKommAktG/*Altmeppen* Rn 1). Die Norm bestimmt die Voraussetzungen einer **Kündigung aus wichtigem Grund**. Abs 1 konkretisiert den für alle Dauerschuldverhältnisse bestehenden Grundsatz, dass eine Kündigung aus wichtigem Grund stets möglich sein muss; Abs 1 S 2 regelt einen Sonderfall, ohne andere Kündigungsgründe auszuschließen. Insb für die Verträge des § 291 ist diese Klarstellung nicht selbstverständlich. Der Unternehmensvertrag kann die Kündigung aus wichtigem Grunde nicht ausschließen (*Kropff* S 386).

2 Abs 2 S 1 sieht für die Fälle der §§ **304, 305 einen Sonderbeschluss** vor, sofern der Vertrag **ordentlich gekündigt** wird. Auf die Zulässigkeit und näheren Voraussetzungen einer ordentlichen Kündigung geht die Bestimmung nicht ein, sie werden vielmehr vom Gesetz vorausgesetzt. Die grds Zulässigkeit ergibt sich bereits aus der Vertragsfreiheit (*Hüffer* AktG Rn 2). Ein Sonderbeschluss ist notwendig, damit der „mehr oder minder unter dem Einfluss des anderen Vertragsteils stehende Vorstand der abhängigen Gesellschaft nicht allein über die ordentliche Kündigung entscheiden" kann (MünchKomm AktG/*Altmeppen* Rn 3, 10). Das Erfordernis des Sonderbeschlusses bringt die schutzwürdigen Belange der außenstehenden Aktionäre mit dem praktischen Bedürfnis nach einer Kündigungsmöglichkeit in Ausgleich. Der Zweck dieser Vorschrift entspricht daher demjenigen der §§ 295 Abs 2, 296 Abs 2. Die Notwendigkeit eines Sonderbeschlusses gilt nicht bei außerordentlicher Kündigung.

3 Das AktG kennt **weitere Kündigungstatbestände** (zB §§ 304 Abs 4, 305 Abs 5 S 4); § 297 regelt die Kündigung folglich **nicht abschließend**.

4 Die **Beteiligung des AR** bestimmt sich nach § 111 Abs 4 S 2. Eine **Beteiligung der HV** ist vom Gesetz nicht vorgesehen (MünchKomm AktG/*Altmeppen* Rn 13).

5 Abs 3 ordnet für Kündigungserklärungen die **Schriftform** an, was der Rechtsklarheit und Rechtssicherheit dient.

II. Außerordentliche Kündigung (Abs 1) und ordentliche Kündigung

6 **1. Kündigung aus wichtigem Grund.** Abs 1 sieht ein Recht zur Kündigung aus wichtigem Grund vor. Die Kündigung erfolgt durch Abgabe einer einseitigen empfangsbedürftigen Willenserklärung des zur Kündigung berechtigten Vertragsteils (su Rn 19). Auf die Notwendigkeit eines Sonderbeschlusses wurde bei der außerordentlichen Kündigung vor allem aufgrund deren bes Eilbedürftigkeit verzichtet (*Kropff* S 386).

Kündigung § 297

a) Kündigungsgrund. – aa) Voraussichtliche Leistungsunfähigkeit. Notwendige 7
Voraussetzung zur Ausübung des außerordentlichen Kündigungsrechts ist das Bestehen eines wichtigen Grundes. Das Gesetz nennt beispielhaft den Fall der **voraussichtlichen Leistungsunfähigkeit** des herrschenden Vertragsteils (Abs 1 S 2). Ein solcher Fall kann sowohl hinsichtlich Pflichten gegenüber der Gesellschaft (etwa nach § 302) als auch hinsichtlich Pflichten gegenüber den Aktionären (etwa nach §§ 304, 305) oder den Gläubigern (§ 303 für die Sicherheitsleistung) gegeben sein. Der Kündigungsgrund ist schon dann zu bejahen, wenn bei einer **Prognoseentscheidung** nach den konkreten Umständen eine nicht nur vorübergehende, unzumutbare Störung der Erfüllungsfähigkeit zu erwarten ist (MünchKomm AktG/*Altmeppen* Rn 20; MünchHdb AG/*Krieger* § 70 Rn 196). Es braucht mithin nicht zum tatsächlichen Eintritt von Leistungsausfällen gekommen zu sein (*Hüffer* AktG Rn 4). Bloß kurzfristige Schwierigkeiten rechtfertigen nicht die Annahme eines wichtigen Grundes (*Altmeppen* aaO). Ein wichtiger Grund nach Abs 1 S 2 ist auch dann gegeben, wenn der andere Vertragsteil die Leistungsunfähigkeit nicht zu vertreten hat; es genügt insofern das **objektive Bestehen des Kündigungsgrundes** (*Hüffer* aaO).

bb) Andere Gründe für die außerordentliche Kündigung. Über den Fall des Abs 1 8
S 2 hinaus ist ein **wichtiger Grund auch dann** anzunehmen, wenn in der Vergangenheit schwerwiegende **Vertragsverletzungen** stattgefunden haben, die ein Festhalten am Vertrag unzumutbar erscheinen lassen (*LG Frankenthal* AG 1989, 253, 254; MünchKomm AktG/*Altmeppen* Rn 22; *Laule* AG 1990, 145) oder wenn dauerhaft nach § 308 **unzulässige Weisungen** erteilt werden (*Hüffer* AktG Rn 6). Auch die anfängliche **Erfüllungsverweigerung** stellt einen wichtigen Grund dar (*Hüffer* aaO). Ein wichtiger Grund kann darüber hinaus auch **kraft Vertrages** vereinbart werden; dann ist allerdings ein Sonderbeschluss notwendig (*BGHZ* 122, 211, 227 = NJW 1993, 1976 – SSI; *Altmeppen* aaO Rn 49; *Hüffer* aaO Rn 8; Spindler/Stilz AktG/*Veil* Rn 6). Die **verpflichtete Gesellschaft** kann auch außerordentlich kündigen, wenn **der andere Vertragsteil seine Beteiligung veräußert** (*Altmeppen* aaO Rn 30 mwN).

b) Kein Kündigungsgrund. Kein wichtiger Grund iSd Abs 1 ist anzunehmen bei nur 9
kurzfristigen Leistungsverzögerungen und –schwierigkeiten oder bei der Verschlechterung oder Verbesserung der eigenen Ertragslage (MünchKomm AktG/*Altmeppen* Rn 24; *Riegger/Mutter* DB 1997, 1603; **aA** GroßKomm AktG/*Würdinger* Rn 10). Für den anderen Vertragsteil besteht auch kein Grund für eine außerordentliche Kündigung, wenn **er seine Beteiligung** an der verpflichteten Gesellschaft **veräußert** (*OLG Düsseldorf* AG 1995, 137, 138; *Hüffer* AktG Rn 7; *Bauschatz* DStZ 2005, 442; *Altmeppen* aaO Rn 39 f; Spindler/Stilz AktG/*Veil* Rn 11; **aA** *Knott/Rodewald* BB 1996, 472, 473; *Krieger* Beiträge zum Wirtschafts- und Bankrecht, Bd I, 1989, S 99, 107). Eine außerordentliche Kündigung scheidet auch dann aus, wenn der Unternehmensvertrag von Rechts wegen endet, insb bei Auflösung eines Vertragspartners durch **Insolvenzeröffnung** (*BGHZ* 103, 1, 6 = NJW 1988, 1326 – Familienheim – mwN bei *Altmeppen* aaO Rn 103 Fn 179; *Hengeler/Hoffmann-Becking* FS Hefermehl, S 283, 304; **aA** nur Recht zur außerordentlichen Kündigung, zB *Trendelenburg* NJW 2002, 647; für die Fälle der **Umwandlung** vgl *OLG Düsseldorf* NZG 2005, 280 und iE *Altmeppen* aaO Rn 125 ff, und die **Eingliederung** aaO Rn 139 ff) oder bei Auflösung der beherrschten Gesellschaft durch Beschl des Alleingesellschafters ohne objektiven Grund (*OLG München* NZG 2011, 867). Ein Kündigungsgrund des anderen Vertragsteils besteht

insb nicht schon deshalb, weil dessen wirtschaftliche Erwartungen an den Vertrag sich nicht erfüllen (*Hüffer* aaO Rn 5).

10 **c) Zur Kündigung berechtigter Vertragsteil.** Sind für einen der Vertragspartner die Voraussetzungen eines wichtigen Grundes gegeben, so kann er fristlos kündigen; **kündigungsberechtigt ist im Grundsatz jeder Vertragsteil.** Das Kündigungsrecht des herrschenden Vertragsteils wird trotz des Wortlauts von Abs 1 S 2 zu Recht bejaht (**hM** KölnKomm AktG/*Koppensteiner* Rn 16; differenzierend Spindler/Stilz AktG/*Veil* Rn 16). Andernfalls müsste der andere Vertragsteil den Vertrag auch dann erfüllen, wenn dies zur Vernichtung der eigenen Existenz führte.

11 **d) Befristete außerordentliche Kündigung.** Die außerordentliche Kündigung muß nicht zwingend fristlos, sondern kann befristet sein (*Hüffer* AktG Rn 9; differenzierend Spindler/Stilz AktG/*Veil* Rn 18). Bei Betriebspacht- und -überlassungsverträgen ist auch an §§ 569, 581 Abs 2, 584a Abs 2 BGB für eine befristete außerordentliche Kündigung zu denken.

11a **e) Frist zur außerordentlichen Kündigung.** § 314 Abs 3 BGB ist anwendbar; 10 Monate sind jedenfalls nicht mehr angemessen (*OLG München* NZG 2011, 1183).

12 **2. Ordentliche Kündigung.** Die ordentliche Kündigung wird in § 297 nicht ausdrücklich geregelt, sondern von diesem vorausgesetzt. Unter den Voraussetzungen des Abs 2 bedarf es eines Sonderbeschlusses der außenstehenden Aktionäre (dazu sogleich Rn 18).

13 **a) Vertragliches Kündigungsrecht.** Eine ordentliche Kündigung kommt in Betracht bei vertraglicher Vereinbarung eines Kündigungsrechts. Die Dauer der Laufzeit des Unternehmensvertrags steht ebenso wie das Kündigungsrecht zur Disposition der Vertragsparteien. Diese können den Vertrag auf bestimmte oder unbestimmte Dauer abschließen und ein Kündigungsrecht vorsehen, für einen bestimmten Vertragsteil ausschließen oder erst nach Ablauf einer bestimmten Vertragslaufzeit einräumen. Ebenso sind Verlängerungsklauseln zulässig. Ferner kann auch die Dauer der Kündigungsfrist vertraglich vereinbart werden (MünchKomm AktG/*Altmeppen* Rn 52 ff, 74 ff). Schließlich kann die Kündigung auch an weitere Voraussetzungen wie die Zustimmung der Aktionäre gebunden werden. Für die Vertragspraxis bietet sich insb die Vereinbarung eines Kündigungsrechts für den Fall der Veräußerung der Beteiligung an (die Wirksamkeit bestätigend: *LG Berlin* NZG 2007, 800), da hier nach **hM** keine außerordentliche Kündigung zulässig ist (Rn 9), aber die Vertragsbeendigung in einem solchen Fall die steuerliche Anerkennung des Gewinnabführungsvertrags nicht beeinträchtigt (§ 296 Rn 14; *Ulrich* GmbHR 2004, 1000).

14 **b) Fehlen vertraglicher Vereinbarungen.** Fehlen Vertragsklauseln zur ordentlichen Kündigung ist zu differenzieren: Bei **Beherrschungs- und Gewinnabführungsverträgen** ist, sofern nicht ausnahmsweise bes Anhaltspunkte für die konkludente Vereinbarung eines ordentlichen Kündigungsrechts sprechen, ein solches nicht anzunehmen (MünchKomm AktG/*Altmeppen* Rn 67 ff; GroßKomm AktG/*Würdinger* Rn 2; **aA** *Baumbach/Hueck* AktG Rn 5; *Timm* FS Kellermann, S 461, 470 f). Jedes andere Ergebnis der Auslegung nach §§ 133, 157 BGB würde einen Grundsatz implizieren, demzufolge Dauerschuldverhältnisse stets auch ordentlich kündbar sein müssten. Ein solches Prinzip ist jedoch unbekannt. Bei **Verträgen iSv § 292** ist bei Fehlen der Kündigungsklausel auf die gesetzlichen Vorschriften abzustellen: Die Kündigung von

Kündigung § 297

Betriebsführungsverträgen bestimmt sich nach § 627 BGB bzw § 671 BGB, die Kündigung von Betriebspacht- und -überlassungsverträgen nach §§ 595, 584 BGB. Für Gewinngemeinschaften gilt § 723 BGB (vgl *Hüffer* AktG Rn 14).

c) Teilkündigungen. Teilkündigungen sind grds unzulässig, weil mit ihnen die Regelung des § 295 umgangen würde (MünchKomm AktG/*Altmeppen* Rn 73 mwN). 15

d) Kündigungsfrist und -termin. Gesetzliche Regelungen zur Kündigungsfrist trifft 16 Abs 2 nicht. Die Kündigungsfrist bestimmt sich folglich nach der **im Unternehmensvertrag getroffenen Regelung**. Sieht der Vertrag eine ordentliche Kündigung vor, ohne eine Frist zu benennen, so ist auf die **Vorschriften des BGB** zurückzugreifen, insb §§ 584, 723 BGB. Für **Beherrschungs- und Gewinnabführungsverträge** kommt allerdings nicht die Kündigungsvorschrift des § 723 BGB, sondern diejenige des § 132 HGB analog zur Anwendung. Die Kündigungsfrist beträgt daher in diesem Fall mindestens 6 Monate (*Hüffer* AktG Rn 15; Spindler/Stilz AktG/*Veil* Rn 24 f). Die Vertragsfreiheit erstreckt sich darüber hinaus auch auf den Kündigungstermin. Dies entspricht dem gesetzgeberischen Willen (vgl *Kropff* S 386). Eine analoge Anwendung des § 296 Abs 1 S 1 kommt daher nicht in Frage (so iE auch BGHZ 122, 211, 228 ff = NJW 1993, 1976 – SSI –, *Hüffer* aaO Rn 16; MünchKomm AktG/*Altmeppen* Rn 78 f; aA *Windbichler* Unternehmensverträge und Zusammenschlusskontrolle, S 74 f; KölnKomm AktG/*Koppensteiner* Rn 25).

3. Folgen der Kündigung. Die außerordentliche Kündigung beendet den Unternehmensvertrag *ex nunc*. Die **Eintragung der Kündigung ins HR** ist allein **deklaratorischer Natur**, die Anmeldepflicht ist Rechtsfolge der Kündigung (§ 298). Für die ordentliche Kündigung ist nach der **Notwendigkeit eines Sonderbeschlusses** nach Abs 2 zu unterscheiden. Bedarf es eines solchen Beschl und liegt dieser schon vor, ist die Kündigung mit Zugang bei der anderen Partei wirksam. Ist der Beschl noch nicht gefasst, so tritt Wirksamkeit erst mit einer nachfolgenden Beschlussfassung ein (*Hüffer* AktG Rn 17). Mit Ende des Beherrschungsvertrags entfällt die Leitungsmacht der Obergesellschaft. Für die Verlustausgleichspflicht nach § 302 vgl § 302 Rn 14 f. Vom anderen Vertragsteil kann darüber hinaus gem § 303 Sicherheit verlangt werden (*Emmerich/Habersack* Aktien- und GmbH-KonzernR Rn 54). 17

III. Notwendigkeit eines Sonderbeschlusses bei ordentlicher Kündigung, Abs 2

Beinhaltet der Vertrag Ausgleichs- oder Abfindungsregelungen zugunsten außenstehender Aktionäre, bedarf die ordentliche Kündigung eines von diesen gefassten Sonderbeschlusses. Zu den erfassten gesetzlich vorgeschriebenen und darüber hinaus gehenden Abfindungs- und Ausgleichsleistungen und den Besonderheiten zur Bestimmung der außenstehenden Aktionäre iSd Vorschrift s § 295 Rn 12 ff. Zum Verfahren der Sonderbeschlussfassung, das sich grds nach § 138 richtet, der jedoch durch Abs 2 S 2 iVm §§ 293 Abs 1 S 2 und 3, 295 Abs 2 S 3 modifiziert wird, s. o. § 293 Rn 6, § 295 Rn 16. 18

IV. Erklärung der Kündigung und Schriftform, Abs 3

Die **Kündigungserklärung**, nach allg Grundsätzen eine einseitig empfangsbedürftige Willenserklärung (§ 130 BGB), wird vom Vorstand als gesetzlichem Vertreter der Gesellschaft abgegeben (§ 78). **Erklärungsempfänger** ist der zuständige Vertreter der anderen Vertragspartei. Die Missachtung eines Zustimmungserfordernisses nach § 111 19

Schenk 2191

Abs 4 S 2 hat keine Auswirkungen auf die Wirksamkeit der Kündigungserklärung, denn ein solcher Verstoß betrifft nicht das Außenverhältnis. Missachtung des Schriftformerfordernisses (§ 126 BGB) führt gem § 125 BGB zur Nichtigkeit. Das Formerfordernis kann durch Vertragsparteien nicht abgeschwächt werden; sie können indes Verschärfungen vereinbaren (*Hüffer* AktG Rn 20).

V. Weitere Beendigungstatbestände

20 **1. Beendigung *ipso iure*.** Außer durch Aufhebung (§ 296) oder Kündigung (§§ 297, 304 Abs 4, 305 Abs 5 S 4) kann der Unternehmensvertrag auch von Rechts wegen enden. Dies ist der Fall, wenn die Vertragslaufzeit eines befristeten Unternehmensvertrags abläuft, oder wenn außenstehende Aktionäre nachträglich beteiligt werden (§ 307), oder wenn eine der Vertragsparteien aufgelöst wird (§ 262). Letzteres ist insb bei Eröffnung des Insolvenzverfahrens der Fall (oben Rn 9; Spindler/Stilz AktG/*Veil* Rn 36 ff) oder wenn ein Insolvenzplan mit Liquidationsregelung gerichtlich bestätigt wird (*K. Schmidt* ZGR 1983, 513, 527 ff). Ebenso zur Beendigung des Vertrags führt die Verschmelzung oder Eingliederung eines Vertragsteils (KölnKomm AktG/*Koppensteiner* Rn 40; *Hüffer* AktG Rn 22; ausf *Veil* aaO Rn 41 ff), oder der Wegfall der Unternehmereigenschaft eines Vertragsteils, wenn der Vertrag diese voraussetzt.

21 **2. Rücktritt vom Unternehmensvertrag.** Gesetzliche Bestimmungen, die den Rücktritt vom Unternehmensvertrag zum Gegenstand haben, fehlen. Angesichts der Möglichkeit zur Kündigung aus wichtigem Grund wird man ein **gesetzliches Rücktrittsrecht** nur bejahen können, solange noch keine Invollzugsetzung des Unternehmensvertrags stattgefunden hat. Bei Beherrschungs- und Gewinnabführungsverträgen kann der Rücktritt damit bis spätestens zum Eintragungszeitpunkt stattfinden (MünchKomm AktG/*Altmeppen* Rn 92; Spindler/Stilz AktG/*Veil* Rn 33). Für sonstige Unternehmensverträge ist auf den tatsächlichen Vollzug abzustellen (*Hüffer* AktG Rn 23; aA *Emmerich/Sonnenschein/Habersack* KonzernR § 19 V 3 b). Aus dem Gesagten ergibt sich, dass auch ein vertraglicher Rücktrittsvorbehalt nur zulässig ist, wenn er sich auf den Zeitraum bis zur Eintragung des Vertrags bezieht (*BGHZ* 122, 211, 225 = NJW 1993, 1976 – SSI –). Ein vertraglicher Rücktrittsvorbehalt kann jedoch in ein Kündigungsrecht umgedeutet werden (*Emmerich/Sonnenschein/Habersack* aaO). Ein vorbehaltener Rücktritt kommt dabei als vertraglich vereinbarter wichtiger Grund in Betracht (*Hüffer* aaO), so dass eine außerordentliche Kündigung möglich sein kann.

VI. Steuerliche Anerkennung

22 Trotz der fünfjährigen Mindestvertragslaufzeit ist eine außerordentliche Kündigung, die eine kürzere Laufzeit verursacht, steuerrechtlich unschädlich (§ 14 Abs 1 S 1 Nr 3 S 2 KStG). Steuerlich berechtigen wirtschaftliche Schwierigkeiten (Rn 7) erst ab der Grenze der Bedrohung der Lebensfähigkeit des ganzen Konzerns zur außerordentlichen Kündigung (*FG Berlin-Brandenburg* DStR 2012, 1327).

§ 298 Anmeldung und Eintragung

Der Vorstand der Gesellschaft hat die Beendigung eines Unternehmensvertrags, den Grund und den Zeitpunkt der Beendigung unverzüglich zur Eintragung in das Handelsregister anzumelden.

Anmeldung und Eintragung §298

Übersicht

	Rn		Rn
I. Gegenstand und Zweck der Regelung	1	2. Gegenstand	4
II. Anmeldepflicht	2	3. Beizufügende Unterlagen	5
1. Unverzügliche Anmeldung	2	III. Eintragung und Bekanntmachung der Beendigung; Rechtsfolgen	6

Literatur: Vgl die Nachweise zu §§ 296, 297.

I. Gegenstand und Zweck der Regelung

Der Zweck der Norm besteht in der Sicherstellung der Richtigkeit des HR. Die Vorschrift steht im Zusammenhang mit § 294 Abs 1; sie dient der Publizitätsfunktion des HR. Dessen Richtigkeit kann nur bei **korrespondierenden Ein- und Austragungspflichten** über veränderte Umstände gewährleistet werden. Darüber hinaus dient die Pflicht auch der Unterrichtung derjenigen, für die der betroffene Vertrag von Bedeutung ist (*Kropff* S 387). 1

II. Anmeldepflicht

1. Unverzügliche Anmeldung. Der Vorstand der zur vertragstypischen Leistung verpflichteten Gesellschaft hat die Beendigung im Namen der Gesellschaft und unter Wahrung der in § 12 HGB angeordneten **Form unverzüglich** (§ 121 Abs 1 S 1 BGB) anzumelden. Da der Beendigungszeitpunkt anzugeben ist, wird die Anmelde**verpflichtung** erst durch den Eintritt der Vertragsbeendigung ausgelöst, nicht bereits vorher durch den Abschluss des Aufhebungsvertrages oder den Ausspruch der Kündigung (*Emmerich/Habersack* Aktien- und GmbH-KonzernR Rn 5 f); jedoch spricht nichts gegen die **Berechtigung** einer Anmeldung vor dem Beendigungszeitpunkt, wenn alle Voraussetzungen außer dem Zeitablauf hierfür eingetreten sind (vgl aber den Sonderfall in § 303 Rn 7). Sinnvoll kann eine solche frühere Anmeldung (und Eintragung) im Hinblick auf den Fristenlauf sein, vgl unten Rn 6. 2

Verstößen kann mit dem Zwangsgeldverfahren nach § 14 Abs 1 HGB begegnet werden. Wenn der Vertrag **nichtig** ist und das erkannt wird, handelt es sich nicht um eine Beendigung, sondern um ein Nichtzustandekommen. Die **hM** bejaht auch für diesen Fall eine Anmeldepflicht analog § 298 (Spindler/Stilz AktG/*Veil* Rn 2; *Emmerich/ Habersack* Aktien- und GmbH-KonzernR Rn 2; MünchKomm AktG/*Altmeppen* Rn 5). Die Gegenansicht sieht in der Nichtigkeit eines Unternehmensvertrags hingegen keine im HR eintragungsfähige Tatsache (*OLG Hamm* NZG 2009, 1117; zw auch *Hüffer* AktG Rn 2); insb bestehe kein erhebliches Interesse des Rechtsverkehrs an einer Eintragung. Die **hM** sorgt für größere Rechtssicherheit. Nach beiden Ansichten kommt jedoch grds eine Amtslöschung nach § 395 FamFG in Betracht. 3

2. Gegenstand. Als **Gegenstand der Anmeldepflicht** bezeichnet die Norm die Beendigung des Unternehmensvertrags als solche, sowie deren Grund und Zeitpunkt. Im Grundsatz ist **jede Beendigung eintragungspflichtig** (unstr, *Hüffer* AktG Rn 3 mwN). Bei einer **Verschmelzung**, die ebenfalls zur Beendigung des Vertrages führen kann, nachdem die übertragende Gesellschaft mit Eintragung der Verschmelzung gem § 20 Abs 1 Nr 2 UmwG erlischt, fällt indes ob dieses Erlöschens der Adressat der Anmeldepflicht des § 298 weg. Hier genügt folglich die Anmeldung der Verschmelzung, umfasst sie doch notwendig die Anmeldung der Beendigung (MünchHdb AG/*Krieger* 4

Schenk 2193

§ 70 Rn 212; Spindler/Stilz AktG/*Veil* Rn 2; **aA** *Emmerich/Habersack* Aktien- und GmbH-KonzernR Rn 3). Es bedarf einer **konkreten Bezeichnung des Unternehmensvertrags**; eine hinreichend bestimmte Benennung ist im Hinblick auf § 43 Nr 6 HRV notwendig; auch ist der konkrete Beendigungstatbestand anzugeben (*Veil* aaO Rn 4). Da die Eintragung als solche nicht zur Beendigung führt, bedarf es der Benennung des entspr Zeitpunkts.

5   **3. Beizufügende Unterlagen.** Der Vorschrift ist nicht zu entnehmen, **welche Unterlagen der Anmeldung beizufügen sind**. Das Gericht ist nach § 26 FamFG zur Anforderung von Unterlagen berechtigt, soweit sie für die Überprüfung der Anmeldung von Belang sind. Darüber hinaus wird verschiedentlich vertreten, dass in entspr Anwendung von § 294 Abs 1 S 2 solche Dokumente (in Urschrift, Ausfertigung oder öffentlich beglaubigter Abschrift) beizufügen sind, aus denen sich die Beendigung, deren Grund und deren Zeitpunkt ergeben. Nachdem eine planwidrige Auslassung des Gesetzgebers anzunehmen ist, sind die Voraussetzungen einer Analogie zu bejahen (so iE auch KölnKomm AktG/*Koppensteiner* Rn 3; *Hüffer* AktG Rn 4). Niederschriften über Sonderbeschlüsse (§§ 296 Abs 2, 297 Abs 2) brauchen hingegen nicht vorgelegt zu werden. Insoweit genügt ein Verweis auf die Niederschrift (§§ 130 Abs 5, 138) in den Registerakten (*Hüffer* aaO).

III. Eintragung und Bekanntmachung der Beendigung; Rechtsfolgen

6   Wenn nach formeller und materieller Prüfung keine Beanstandungen festzustellen sind, trägt das Registergericht die Beendigung mit dem Inhalt der Anmeldung ein. Das Gericht ist nur dann zur Überprüfung der Frage, ob ein wichtiger Grund zur Kündigung vorgelegen hat, gehalten, wenn Anhaltspunkte für die Unrichtigkeit der Anmeldung bestehen (*OLG München* WM 2009, 1038; *OLG Düsseldorf* AG 1995, 137; *Emmerich/Habersack* Aktien- und GmbH-KonzernR Rn 8). Die Eintragung ist nicht konstitutiver Natur (*Kropff* S 387). Der Vertrag wird folglich auch bei unterlassener Eintragung beendet, sofern die dafür erforderlichen Voraussetzungen vorliegen. Die Bekanntmachung der Beendigung (gem § 10 HGB) **setzt die Fristen nach §§ 302 Abs 3, 303 Abs 1 in Lauf.**

§ 299 Ausschluss von Weisungen

Aufgrund eines Unternehmensvertrags kann der Gesellschaft nicht die Weisung erteilt werden, den Vertrag zu ändern, aufrechtzuerhalten oder zu beenden.

Übersicht

	Rn		Rn
I. Gegenstand und Zweck der Regelung	1	III. Rechtsfolgen von Verstößen gegen das Weisungsverbot	4
II. Voraussetzungen der Unzulässigkeit von Weisungen	2	IV. Weisungsähnliche Konstellationen innerhalb der beherrschten Gesellschaft	5
1. Sachlicher Anwendungsbereich	2	1. Aufsichtsrat	6
2. Persönlicher Anwendungsbereich	3	2. Hauptversammlung	7

Literatur: *Ballerstedt* Schranken der Weisungsbefugnis aufgrund eines Beherrschungsvertrages, ZHR 137 (1973), 388; *Clemm* Die Grenzen der Weisungsfolgepflicht des Vorstandes der beherrschten AG bei bestehendem Beherrschungsvertrag, ZHR 141 (1977), 197; *Immenga* Schutz abhängiger Gesellschaften durch Bindung oder Unterbindung beherrschenden Einflusses?, ZGR 1978, 269; *Kantzas* Das Weisungsrecht im Vertragskonzern, 1988; *Preußner/Fett* Hypothekenbanken als abhängige Konzernunternehmen, AG 2001, 337; *Säcker* Die Rechte der Aktionäre bei konzerninternen Umstrukturierungen gemäß §§ 304 f AktG, DB 1988, 271; *Sina* Grenzen des Konzern-Weisungsrechts nach § 308 AktG, AG 1991, 1.

I. Gegenstand und Zweck der Regelung

Die Vorschrift enthält ein Weisungsverbot für die Änderung, Aufrechterhaltung und Beendigung von Unternehmensverträgen. Die Vorschrift, welche auf die in §§ 295 ff geregelten Tatbestände Bezug nimmt, bezweckt die Sicherung einer **eigenverantwortlichen Entscheidung des Vorstands der abhängigen Gesellschaft** darüber, ob und in welcher Weise geschlossene Verträge fortbestehen sollen. Dieser Zweck ist in Anbetracht der weit reichenden tatsächlichen Einwirkungsmöglichkeiten der Obergesellschaft als verfehlt anzusehen. IRd §§ 308 f kommt der Vorschrift jedoch weiterhin in begrenztem Maße Bedeutung zu (MünchKomm AktG/*Altmeppen* Rn 2). 1

II. Voraussetzungen der Unzulässigkeit von Weisungen

1. Sachlicher Anwendungsbereich. Nachdem allein ein **Beherrschungsvertrag** (§ 308) das von der Vorschrift vorausgesetzte Weisungsrecht vermittelt, kann sich auch nur aus einem solchen Vertrag ein Weisungsverbot ergeben. Die Norm ist daher entgegen dem zu weit gefassten Wortlaut nur anwendbar insofern ein Beherrschungsvertrag besteht (**allgM** *Hüffer* AktG Rn 2; *Emmerich/Habersack* Aktien- und GmbH-KonzernR Rn 2). Vom Verbotstatbestand erfasst sind alle Weisungen zur Änderung, Beendigung oder Fortführung dieses Beherrschungsvertrags. Das Weisungsverbot kann sich indes auch auf Gewinnabführungs- und andere Unternehmensverträge erstrecken, wenn diese neben einem Beherrschungsvertrag bestehen (MünchKomm AktG/*Altmeppen* Rn 5). Es kommt dabei nicht darauf an, ob diese Verträge mit dem Beherrschungsvertrag eine rechtsgeschäftliche Einheit bilden. 2

2. Persönlicher Anwendungsbereich. Die Verbote des § 299 beschränken sich auf die jeweiligen **Vertragsparteien**, so dass eine Muttergesellschaft ihre Tochtergesellschaft zur Änderung, Beendigung und Fortführung der zwischen dieser und der Enkelgesellschaft bestehenden Unternehmensverträge anweisen kann (ganz **hM** *Hüffer* AktG Rn 3 mwN; *Säcker* DB 1988, 271, 273; *Emmerich/Habersack* Aktien- und GmbH-KonzernR Rn 3). 3

III. Rechtsfolgen von Verstößen gegen das Weisungsverbot

Eine verbotene Weisung ist nach § 134 BGB **nichtig**. Der angewiesene Vorstand darf der Weisung daher nicht Folge leisten. Die Vertreter der herrschenden Gesellschaft und diese Gesellschaft selbst sind unter den Voraussetzungen des § 309 (dazu § 309 Rn 14 ff) schadensersatzpflichtig. Kommt der Vorstand der abhängigen Gesellschaft einer unzulässigen Weisung nach, so entstehen auch für ihn Schadensersatzpflichten, da dies eine Pflichtverletzung iSd § 310 Abs 1 darstellt (Spindler/Stilz AktG/*Veil* Rn 6). 4

IV. Weisungsähnliche Konstellationen innerhalb der beherrschten Gesellschaft

Da die Weisungen im Rahmen eines Beherrschungsvertrags nur dem **Vorstand** der beherrschten Gesellschaft gegeben werden können (§ 308 Abs 1 S 1), ergeben sich für den Weisungsausschluss Fragen bei der Befassung von AR und HV: 5

Schenk

6 1. Aufsichtsrat. Weigert sich der **AR** der abhängigen Gesellschaft, einer vom Vorstand geplanten Änderung oder Beendigung des Beherrschungsvertrages zuzustimmen, so kann sich dies in der Sache wie eine Weisung an den Vorstand der abhängigen Gesellschaft darstellen. Dennoch ist diese Konstellation alleine nach den Vorschriften über den AR zu behandeln (insb § 111 Abs 4 S 3 und 4 sowie ggf §§ 116, 93; MünchKomm AktG/*Altmeppen* Rn 16; K. Schmidt/Lutter AktG/*Langenbucher* Rn 3).

7 2. Hauptversammlung. Auch die **Einflussnahmemöglichkeiten der HV** bestimmen sich nach den allg Vorschriften. Eine in die Zuständigkeit der HV (§ 295) fallende **Änderung** des Unternehmensvertrags muss der Vorstand gem § 83 Abs 1 S 2 ausführen. Jedoch kann in den Fällen des § 243 Abs 1 und 2 für den Vorstand die Pflicht zur Anfechtung (§ 245 Nr 4) des Beschl bestehen, wenn dies aufgrund gesellschaftsschädlichen Inhalts der Änderung veranlasst ist (KölnKomm AktG/*Koppensteiner* Rn 4). Dagegen sind **Fortführung und Aufhebung** einschließlich **Kündigung** von Unternehmensverträgen als Geschäftsführungsmaßnahmen der Kompetenz der HV entzogen. Eine Vorlage auf Wunsch des Vorstandes nach § 119 Abs 2 bleibt allerdings möglich (*Hüffer* AktG Rn 6); der Vorstand ist anschließend an den Beschl der HV gebunden, § 83 Abs 2 (MünchKomm AktG/*Altmeppen* Rn 18). Eine Weisung an den Vorstand zur Vorlage an die HV gem § 308 unterfiele allerdings bereits dem Verbotstatbestand des § 299 (*Koppensteiner* aaO § 308 Rn 22; *Altmeppen* aaO; MünchHdb AG/*Krieger* § 70 Rn 189; K. Schmidt/Lutter AktG/*Langenbucher* Rn 9).

Dritter Abschnitt
Sicherung der Gesellschaft und der Gläubiger

§ 300 Gesetzliche Rücklage

In die gesetzliche Rücklage sind an Stelle des in § 150 Abs. 2 bestimmten Betrags einzustellen,
1. wenn ein Gewinnabführungsvertrag besteht, aus dem ohne die Gewinnabführung entstehenden, um einen Verlustvortrag aus dem Vorjahr geminderten Jahresüberschuss der Betrag, der erforderlich ist, um die gesetzliche Rücklage unter Hinzurechnung einer Kapitalrücklage innerhalb der ersten fünf Geschäftsjahre, die während des Bestehens des Vertrags oder nach Durchführung einer Kapitalerhöhung beginnen, gleichmäßig auf den zehnten oder den in der Satzung bestimmten höheren Teil des Grundkapitals aufzufüllen, mindestens aber der in Nummer 2 bestimmte;
2. wenn ein Teilgewinnabführungsvertrag besteht, der Betrag, der nach § 150 Abs. 2 aus dem ohne die Gewinnabführung entstehenden, um einen Verlustvortrag aus dem Vorjahr geminderten Jahresüberschuss in die gesetzliche Rücklage einzustellen wäre;
3. wenn ein Beherrschungsvertrag besteht, ohne dass die Gesellschaft auch zur Abführung ihres ganzen Gewinns verpflichtet ist, der zur Auffüllung der gesetzlichen Rücklage nach Nummer 1 erforderliche Betrag, mindestens aber der in § 150 Abs. 2 oder, wenn die Gesellschaft verpflichtet ist, ihren Gewinn zum Teil abzuführen, der in Nummer 2 bestimmte Betrag.

Gesetzliche Rücklage § 300

Übersicht

	Rn		Rn
I. Kontext, Inhalt und Zweck der Norm	1	c) Satzungsänderungen	10
1. Kontext der Regelung	1	d) Kapitalherabsetzungen	11
2. Regelungsinhalt	2	III. Teilgewinnabführungsverträge, Nr 2	12
3. Zweck der Norm	3	1. Anwendungsbereich	12
II. Gewinnabführungsvertrag, Nr 1	4	2. Umfang der Zuweisung zu den Rücklagen	13
1. Allgemeines	4	IV. Beherrschungsvertrag, Nr 3	14
a) Untergrenze nach § 150 Abs 2	5	1. Allgemeines, Anwendungsbereich	14
b) Untergrenze nach Nr 1	6	2. Isolierter Beherrschungsvertrag	15
2. Fünfjahresfrist	7	3. Mit Gewinnabführungsvertrag verbundener Beherrschungsvertrag	16
3. Kapitalerhöhung, Satzungsänderungen, Kapitalherabsetzungen	8	4. Mit Teilgewinnabführungsvertrag verbundener Beherrschungsvertrag	17
a) Kapitalerhöhungen nach Ablauf der ersten fünf Jahre	8		
b) Kapitalerhöhungen während des ersten Fünfjahreszeitraums	9		

Literatur: *Clausen* Verbundene Unternehmen im Bilanz- und Gesellschaftsrecht, 1992; *Havermann* Die verbundenen Unternehmen und ihre Pflichten nach dem AktG 1965, WPg 1966, 90; *Kohl* Die Kompetenz zur Bildung von Gewinnrücklagen im Aktienkonzern, 1991; *Veit* Die obligatorische Rücklagenbildung einer gewinnabführenden im Vergleich zu einer selbstständigen Aktiengesellschaft, DB 1974, 1245.

I. Kontext, Inhalt und Zweck der Norm

1. Kontext der Regelung. Mit § 300 beginnt der Dritte Abschnitt, der bei Bestehen bestimmter Unternehmensverträge der Sicherung der Gesellschaft (§§ 300–302) und der Gläubiger (§ 303) gewidmet ist. Bei Beherrschungs-, Teilgewinnabführungs- und Gewinnabführungsverträgen wird das **bilanzielle Vermögen** der Gesellschaft zu Vertragsbeginn auf die Vertragsdauer durch bestimmte Maßnahmen gesichert (§ 301 S 2: keine Auflösung vorvertraglicher Rücklagen; § 302: Ausgleich entstehender Jahresfehlbeträge) und ein Höchstbetrag für die Gewinnabführung bestimmt (§ 301), ferner eine schnellere Rücklagendotierung als bei der vertragslosen AG oder KGaA angeordnet (§ 300). Die Gesellschaft wird aber weder davor geschützt, dass bei Vertragsbeginn bestehende **stille Reserven** aufgelöst werden und dem anderen Vertragsteil zugute kommen, noch wird die Lebensfähigkeit, va auch die **Liquidität zum Vertragsende** ausreichend gesichert (MünchKomm AktG/*Altmeppen* Rn 5 ff Vorb § 300; KölnKomm AktG/*Koppensteiner* Rn 3 ff Vorb § 300).

2. Regelungsinhalt. Bei Gewinnabführungsverträgen entsteht definitionsgemäß bei der Gesellschaft kein Gewinn (Jahresüberschuss), aus dem die gesetzliche Rücklage und die Kapitalrücklagen nach § 150 Abs 2 dotiert werden könnten. Daher muss bei solchen Verträgen der abzuführende Gewinn zur Rücklagenberechnung wieder hinzugerechnet werden. Für Teilgewinnabführungsverträge wird entspr vorgegangen. Ferner soll bei Gewinnabführungsverträgen eine raschere Auffüllung der gesetzlichen und der Kapitalrücklagen erreicht werden als im Normalfall der nicht vertragsgebundenen Gesellschaft bei § 150 Abs 2, nämlich innerhalb von fünf Jahren. Für den Beherrschungsvertrag sind die Rücklagen jeweils mit dem höheren Betrag aus § 150

Abs 2 oder § 300 Nr 2 zu dotieren. Der **Anwendungsbereich** der Vorschrift beschränkt sich auf Gewinnabführungs-, Geschäftsführungs-, Teilgewinnabführungs- und Beherrschungsverträge mit einer deutschen AG oder KGaA als Untergesellschaft, wobei Rechtsform und Nationalität des anderen Vertragsteils beliebig sind (*Emmerich/ Habersack* Aktien- und GmbH-KonzernR Rn 5). Angeknüpft wird an den HGB-Abschluß, nicht etwa an den IAS/IFRS-Abschluss nach § 325 Abs 2a HGB (Groß-Komm AktG/*Hirte* Rn 31).

3 **3. Zweck der Norm.** Die Regelung bezweckt den **Schutz der Gesellschaft** und damit mittelbar ihrer Gläubiger und außenstehenden Aktionäre gegen eine Aushöhlung der bilanziellen Substanz. Sie setzt allerdings das Entstehen eines Jahresüberschusses bei der abhängigen Gesellschaft voraus; im Falle eines Beherrschungsvertrags hat der andere Vertragsteil aufgrund seines Weisungsrechts jedoch beachtliche Möglichkeiten, einen sonst entstehenden Jahresüberschuss zu vermeiden oder zu vermindern, wodurch die gesetzliche Regelung leer liefe (*Emmerich/Habersack* Aktien- und GmbH-KonzernR Rn 3). Die Regelung des § 300 ist **zwingend**; entgegenstehende (zum Nachteil der abhängigen Gesellschaft wirkende) **Satzungsbestimmungen** oder ein unter Verstoß dieser Vorschrift aufgestellter **Jahresabschluss** sind **nichtig** (*Adler/ Düring/Schmaltz* Rechnungslegung Rn 6; MünchKomm AktG/*Altmeppen* Rn 3).

II. Gewinnabführungsvertrag, Nr 1

4 **1. Allgemeines.** Unter die Vorschrift fallen sowohl isolierte Gewinnabführungsverträge wie auch kombinierte Gewinnabführungs- und Beherrschungsverträge, ferner die Geschäftsführungsverträge (§ 291 Abs 1 S 2; hierzu im Einzelnen MünchKomm AktG/*Altmeppen* Rn 39 ff). Die Norm bestimmt zwei Untergrenzen für die Rücklagendotierung; **maßgebend** ist der im konkreten Fall jeweils **höhere Betrag:**

5 **a) Untergrenze nach § 150 Abs 2.** In die gesetzliche Rücklage ist im Prinzip der in § 150 Abs 2 genannte Betrag einzustellen, also der zwanzigste Teil (dh 5 %) des um einen Verlustvortrag aus dem Vorjahr geminderten Jahresüberschusses, solange nicht gesetzliche Rücklage und Kapitalrücklage nach § 272 Abs 2 Nr 1–3 HGB (diese nachfolgend gemeinsam kurz „die Rücklagen" genannt) 10 % des Grundkapitals (oder mehr, wenn die Satzung das bestimmt) – „Zielbetrag der Rücklagen" – erreicht haben. Allerdings ist hier unter dem Jahresüberschuss der sog **berichtigte Jahresüberschuss** iSd § 275 Abs 2 Nr 20, Abs 3 Nr 19 HGB zu verstehen, also der ohne Bestehen eines Gewinnabführungsvertrags auszuweisende Jahresüberschuss. Ist der berichtigte Jahresüberschuss im Verhältnis zum Grundkapital sehr gering, kann es lange dauern, bis der Zielbetrag der Rücklagen von 10 % des Grundkapitals erreicht ist. Bsp: Grundkapital 1 Mio, daher Zielbetrag der Rücklagen 10 % hieraus = 100 000; bei einem gleich bleibenden Jahresüberschuss von 100 000 wären jährlich hieraus 5 % = 5 000 den Rücklagen zuzuführen, so dass der Zielbetrag erst nach 20 Jahren erreicht werden würde.

6 **b) Untergrenze nach Nr 1.** Auch diese knüpft in gewisser Weise an den berichtigten Jahresüberschuss an, jedoch nur als **Obergrenze** der Rücklagenzuführung, dh mehr als der berichtigte Jahresüberschuss braucht nicht den Rücklagen zugeführt zu werden. Die eigentliche Bemessung des Zuführungsbetrags errechnet sich danach, was an Dotierung erforderlich ist, um bei jährlich gleich bleibender Rücklagenzuführung innerhalb von fünf Jahren den Zielbetrag der Rücklagen (Rn 5) zu erreichen. Besteht

Gesetzliche Rücklage § 300

zu Fristbeginn gar kein Rücklagenbetrag, muss jedes Jahr ein Fünftel (20 %) des Zielbetrags der Rücklagen aus dem berichtigten Jahresüberschuss zugeführt werden, wenn nur der berichtigte Jahresüberschuss dafür ausreicht; ggf daher der gesamte berichtigte Jahresüberschuss, wenn er niedriger als der vorgesehene Zuführungsbetrag ist. Bsp (wie oben a) in Rn 5), falls zu Fristbeginn keine Rücklagen vorhanden sind: Jährlicher Zuführungsbetrag entspricht 20 % des Zielbetrags der Rücklagen, also 20 % von 100 000 = 20 000. Beträgt der berichtigte Jahresüberschuss im ersten Jahr zB nur 15 000, ist dieser in vollem Umfang den Rücklagen zuzuführen. In diesem Falle muss auch eine **Nachholung** dergestalt stattfinden, dass der Fehlbetrag (hier von 5 000) in jedem der (hier 4) Folgejahre mit einem gleich hohen Teilbetrag (5 000 : 4 = 1 250) **zusätzlich zugeführt** wird, so dass vom 2. bis zum 5. Jahr jeweils 21 250 zuzuführen sind. Reicht der berichtigte Jahresüberschuss in einem der Folgejahre wiederum nicht für die Rücklagendotierung aus, wiederholt sich entsprechend das Nachholungsgebot (MünchKomm AktG/*Altmeppen* Rn 13 f, 21 f). Ist zum Ablauf der Fünfjahresfrist der Zielbetrag der Rücklagen nicht vollständig dotiert, weil die berichtigten Jahresüberschüsse nicht ausgereicht haben, ist ab dem Folgejahr (6. Jahr) ggf der gesamte berichtigte Jahresüberschuss – auch der weiteren Folgejahre – ohne Quotierung den Rücklagen zuzuführen, bis der Zielbetrag der Rücklagen erreicht ist (*Altmeppen* aaO Rn 22 mwN).

2. Fünfjahresfrist. Sie beginnt mit dem Wirksamwerden des Gewinnabführungsvertrages, wenn dieser mit einem Geschäftsjahresbeginn zusammenfällt. Beginnt der Gewinnabführungsvertrag während eines laufenden Geschäftsjahres, gilt für dieses nur § 150 Abs 2, § 300 (und die hier vorgesehenen fünf Jahre) erst ab Beginn des folgenden Geschäftsjahres (*Adler/Düring/Schmaltz* Rechnungslegung Rn 34; GroßKomm AktG/*Hirte* Rn 38; K. Schmidt/Lutter AktG/*Stephan* Rn 12). Da die Norm von „Geschäftsjahren" spricht, ist bei **Rumpfwirtschaftsjahren** keine zeitanteilig quotale Kürzung der Zuführungsbeträge zulässig; sie sind wie (volle) Geschäftsjahre zu behandeln. 7

3. Kapitalerhöhung, Satzungsänderungen, Kapitalherabsetzungen. – a) Kapitalerhöhungen nach Ablauf der ersten fünf Jahre. In diesem Falle erhöht sich der Zielbetrag der Rücklagen, der 10 % des erhöhten Kapitals beträgt. Zur Auffüllung der Differenz stehen wiederum fünf Geschäftsjahre zur Verfügung; sie beginnen mit dem ersten Geschäftsjahr nach Durchführung der Kapitalerhöhung (MünchKomm AktG/*Altmeppen* Rn 17). 8

b) Kapitalerhöhungen während des ersten Fünfjahreszeitraums. Nach einer Meinung beginnt durch eine Kapitalerhöhung ein **neuer** Fünfjahreszeitraum, innerhalb dessen auf der Basis des erhöhten Kapitals und dementsprechend des erhöhten Zielbetrags der Rücklagen die Zuführung wiederum gleichmäßig vorzunehmen ist (KölnKomm AktG/*Koppensteiner* Rn 11; MünchHdb AG/*Krieger* § 70 Rn 62). Nach **aA** wird nur für die **Differenz** eine neue Fünfjahresfrist in Lauf gesetzt (hierzu tendieren *Hüffer* AktG Rn 8 und MünchKomm AktG/*Altmeppen* Rn 19, die beide aber auch beide Berechnungsweisen für zulässig halten; ferner GroßKomm AktG/*Hirte* Rn 41). 9

c) Satzungsänderungen. Satzungsänderungen, die eine höhere Verpflichtung zur Rücklagenbildung beinhalten, sind wie Kapitalerhöhungen zu behandeln (GroßKomm AktG/*Hirte* Rn 42). 10

11 d) Kapitalherabsetzungen. Bei Kapitalherabsetzungen ist das verringerte Grundkapital maßgeblich. Ist der Zielbetrag der Rücklagen noch nicht erreicht, verringern sich die jährlichen Zuführungsbeträge entspr.

III. Teilgewinnabführungsverträge, Nr 2

12 1. Anwendungsbereich. Während die RegBegr diese Norm nur auf Teilgewinnabführungsverträge anwenden will, die zur Abführung eines Teils des Gewinns der Gesellschaft verpflichten („unternehmensgewinnbezogen", *Kropff* S 389), wendet die **hM** sie zutr Weise auch auf Verträge an, die zur Abführung des ganzen oder eines Teil des Gewinns einzelner Betriebe („betriebsgewinnbezogen") verpflichten (MünchKomm AktG/*Altmeppen* Rn 24; *Adler/Düring/Schmaltz* Rechnungslegung Rn 40). Ferner gilt die Norm auch für Teilgewinnabführungsverträge, die auf den Bilanzgewinn abstellen (ganz **hM**).

13 2. Umfang der Zuweisung zu den Rücklagen. Hier wird anders als beim Gewinnführungsvertrag keine zusätzliche Mindestgrenze und daher keine Frist für die Erreichung des Zielbetrags der Rücklagen statuiert, sondern nur bestimmt, dass § 150 Abs 2 so anzuwenden ist, als ob der Teilgewinn nicht abzuführen wäre. **Streitig** ist die Behandlung des Entgelts: Nach **hM** erhöht das geschuldete Entgelt den fiktiven Jahresüberschuss, aus dem die Zuführung zu den Rücklagen berechnet wird (*Emmerich/Habersack* Aktien- und GmbH-KonzernR Rn 17; **aA** MünchKomm AktG/*Altmeppen* Rn 10).

IV. Beherrschungsvertrag, Nr 3

14 1. Allgemeines, Anwendungsbereich. Für Beherrschungsverträge (§ 291 Abs 1 S 1 HS 1) soll der Gefahr begegnet werden, dass durch Weisungen Gewinne der beherrschten Gesellschaft dem anderen Unternehmen zukommen und so die bilanzielle Substanz der beherrschten Gesellschaft geschmälert wird. Zu unterscheiden ist, ob der Beherrschungsvertrag isoliert besteht (Nr 3 Fall 1) oder mit einem Gewinnabführungsvertrag (ein in Nr 3 nicht ausdrücklich geregelter Fall) oder mit einem Teilgewinnabführungsvertrag (Nr 3 Fall 2) verbunden ist.

15 2. Isolierter Beherrschungsvertrag. Der erste in Nr 3 beschriebene Fall des Beherrschungsvertrags **ohne** Verbindung mit einem Gewinnabführungsvertrag verweist auf die entspr Regelung wie Nr 1 beim Gewinnabführungsvertrag, dh die jeweils höhere Rücklagendotierung im Vergleich zwischen Nr 1 und § 150 Abs 2. Da bei Nr 3 – anders als bei Nr 1 – aber nicht ausdrücklich auf einen (fiktiven) Jahresüberschuss als Bemessungsgrundlage abgestellt wird, geht eine Ansicht davon aus, dass hier die Rücklagenzuführung auch ohne (ausreichenden) Jahresüberschuss vorzunehmen ist mit der Folge, dass mangels während der Vertragslaufzeit gebildeter Rücklagen ein Bilanzverlust entsteht, zu dessen Übernahme das herrschende Unternehmen nach § 302 (ob im gleichen oder im Folgejahr, das ist **str**) verpflichtet ist (MünchKomm AktG/*Altmeppen* Rn 29 ff; *Adler/Düring/Schmaltz* Rechnungslegung Rn 53; GroßKomm AktG/*Hirte* Rn 52 f). Nach **aA** (KölnKomm AktG/*Koppensteiner* Rn 20) bezieht sich der Verweis in Nr 3 auf Nr 1 auch auf den dort vorausgesetzten (fiktiven) Jahresüberschuss.

16 3. Mit Gewinnabführungsvertrag verbundener Beherrschungsvertrag. Hier findet nach allg Ansicht ausschließlich Nr 1 Anwendung, dh dass nur aus einem tatsächlich vorhandenen (nur insoweit fiktiven, als ohne Gewinnabführung entstehenden, also berichtigten, vgl Rn 5) Jahresüberschuss die Rücklagen zu dotieren sind (MünchKomm AktG/*Altmeppen* Rn 27 mwN; *Hüffer* AktG Rn 14).

4. Mit Teilgewinnabführungsvertrag verbundener Beherrschungsvertrag. Der Gesetzeswortlaut lässt keine klare Erkenntnis zu, ob die Verweisung in Nr 3 HS 2 (ab „oder...") abschließend zu verstehen ist, so dass in diesem Fall nur Nr 2, also wie im Falle eines isolierten Teilgewinnabführungsvertrages und daher ie nur § 150 Abs 2 – lediglich mit der Korrektur der Hinzurechnung des abgeführten Gewinns – gilt (*Adler/Düring/Schmaltz* Rechnungslegung Rn 55; MünchKomm AktG/*Altmeppen* Rn 36; Spindler/Stilz AktG/*Euler/Wirth* Rn 26), oder ob dies nur als Mindestregelung aufzufassen ist, aber auch auf Nr 1 Bezug genommen wird, so dass die jeweils höhere Zuführung aus Nr 1 und Nr 2 iVm § 150 Abs 2 maßgeblich ist (*Emmerich/Habersack* Aktien- und GmbH-KonzernR Rn 21; GroßKomm AktG/*Hirte* Rn 54; K. Schmidt/Lutter AktG/*Stephan* Rn 32 f). 17

§ 301 Höchstbetrag der Gewinnabführung

¹**Eine Gesellschaft kann, gleichgültig welche Vereinbarungen über die Berechnung des abzuführenden Gewinns getroffen worden sind, als ihren Gewinn höchstens den ohne die Gewinnabführung entstehenden Jahresüberschuss, vermindert um einen Verlustvortrag aus dem Vorjahr, um den Betrag, der nach § 300 in die gesetzlichen Rücklagen einzustellen ist, und den nach § 268 Abs. 8 des Handelsgesetzbuchs ausschüttungsgesperrten Betrag, abführen.** ²**Sind während der Dauer des Vertrags Beträge in andere Gewinnrücklagen eingestellt worden, so können diese Beträge den anderen Gewinnrücklagen entnommen und als Gewinn abgeführt werden.**

Übersicht

	Rn		Rn
I. Gegenstand und Zweck der Regelung	1	b) Berechnung	7
		c) Nicht einzubeziehen	8
II. Anwendungsbereich		IV. Erhöhung durch während der Vertragslaufzeit gebildete Gewinnrücklagen, S 2	
1. Gewinnabführungsverträge, § 291 Abs 1 S 1	2		9
2. Teilgewinnabführungsverträge, § 292 Abs 1 Nr 2	3	1. Keine Einbeziehung vorvertraglich gebildeter anderer Gewinnrücklagen	9
3. Isolierte Beherrschungsverträge	4		
III. Höchstbetrag der Gewinnabführung, S 1	5	2. Während der Vertragsdauer gebildete andere Gewinnrücklagen	10
1. „Gewinn"	5		
2. Höchstbetrag	6	V. Rechtsfolgen von Verstößen	11
a) Jahresüberschuss	6	VI. Steuerliche Hinweise	12

Literatur: *Apfelbacher* Zur Frage der Anwendbarkeit der gesetzlichen Ausschüttungssperre des § 268 Abs. 8 HGB auf die gesetzlichen Abführungssperre des § 301 Satz 1 AktG auf Hybridkapital von Aktiengesellschaften, FS Hoffmann-Becking 2013, S 13; *Berger* Durchführung eines Ergebnisabführungsvertrages bei vorvertraglichem Verlustvortrag in der Organgesellschaft, DB 2005, 903; *Cahn/Simon* Isolierte Gewinnabführungsverträge, Der Konzern 2003, 1; *Geßler* Rücklagenbildung bei Gewinnabführungsverträgen, FS Meilicke, 1985, S 18; *ders* Rücklagenbildung im Konzern, AG 1985, 257; *H.-P. Müller* Zur Gewinn-

und Verlustermittlung bei aktienrechtlichen Gewinnabführungsverträgen, FS Goerdeler, 1987, S 375; *Priester* Rücklagenauskehrung beim Gewinnabführungsvertrag, ZIP 2001, 725; *Rust* Die Vereinbarkeit einer gewinnunabhängigen Festvergütung zugunsten eines stillen Gesellschafters mit § 301 AktG, AG 2006, 563; *Simon* Ausschüttungs- und Abführungssperre als gläubigerschützendes Institut in der reformierten HGB-Bilanzierung, NZG 2009, 1081; *Zwirner* Bestimmung des Verlustübernahmebetrags nach § 302 AktG, DStR 2011, 783.

I. Gegenstand und Zweck der Regelung

1 Die Vorschrift betrifft die vertraglich vereinbarte Gewinnabführung. Für diese bestätigt die Norm zwar grds die Vertragsfreiheit – zB zur Ausübung von Bilanzierungswahlrechten –, beschränkt aber die Zulässigkeit der Gewinnabführung an die Obergesellschaft der Höhe nach, um das **bilanzielle Anfangsvermögen** zu erhalten: Der fiktive (dh ohne die Gewinnabführung vorhandene) Jahresüberschuss bildet idR die Obergrenze. Mit Wirkung vom 29.5.2009 ist darüber hinaus durch das BilMoG v 25.5.2009 auch die Ausschüttungssperre des neuen § 268 Abs 8 HGB zu berücksichtigen. Hinzu kommen Gewinnrücklagen, die während der Vertragslaufzeit gebildet wurden; vor Vertragsbeginn gebildete Gewinnrücklagen sollen daher auch beim bilanziellen Anfangsvermögen verbleiben und dürfen nicht qua Gewinnabführung der anderen Gesellschaft zukommen. Sonst entstünde ein Jahresfehlbetrag, der nach § 302 Abs 1 wiederum auszugleichen wäre. Die Vorschrift ist dennoch nicht überflüssig, weil durch sie vor allem Verlustvorträge aus der Zeit vor Vertragsabschluss, die nicht nach § 302 Abs 1 auszugleichen sind, den nach § 301 höchstens abzuführenden Jahresüberschuss mindern (MünchKomm AktG/*Altmeppen* Rn 3; KölnKomm AktG/*Koppensteiner* Rn 3). Die Regelung schützt **nicht** vor der Auflösung und Abführung der bei Vertragsbeginn bestehenden **stillen Reserven** (Rn 6).

II. Anwendungsbereich

2 1. **Gewinnabführungsverträge, § 291 Abs 1 S 1.** Diese sind der Hauptanwendungsfall der Vorschrift. Bei **Geschäftsführungsverträgen, § 291 Abs 1 S 2** ist die Anwendbarkeit der Vorschrift **str**: Da hier das Geschäft für Rechnung des anderen Unternehmens geführt wird, entsteht ein eventueller Jahresüberschuss direkt bei diesem und muss von der abhängigen Gesellschaft nicht abgeführt werden; daher ist nach **zT** vertretener Ansicht § 301 auf Geschäftsführungsverträge nicht anwendbar (GroßKomm AktG/*Hirte* Rn 31; *Hüffer* AktG Rn 2). Die inzwischen wohl **hM** verweist auf die gesetzliche Fiktion des § 291 Abs 1 S 2 und schlägt vor, den fiktiv durch die Geschäftsführung beim herrschenden Unternehmen entstehenden Jahresüberschuss zu ermitteln und ggf im Hinblick auf S 1 der Vorschrift zu begrenzen (MünchKomm AktG/*Altmeppen* Rn 5; K. Schmidt/Lutter AktG/*Stephan* Rn 13; Spindler/Stilz AktG/*Veil* Rn 5; *Emmerich/Habersack* Aktien- und GmbH-KonzernR Rn 8). Das erscheint aber nicht erforderlich, weil beim Geschäftsführungsvertrag beim herrschenden Unternehmen gerade (automatisch) dasjenige Ergebnis entsteht, das erwirtschaftet wird, es sei denn dass eine der Vertragsparteien der anderen ein Entgelt verspricht; nur in letzterem Fall wäre der Schutz des S 1 nötig. **Vorvertragliche Verluste** hingegen mindern beim Gewinnabführungsvertrag den abführungsfähigen Jahresüberschuss, so dass es iE zu einer Verbesserung der bilanziellen Kapitalsituation der AG oder KGaA kommt – sofern positive Jahresergebnisse erwirtschaftet werden –, würde sich dieser Mechanismus beim Geschäftsführungsvertrag nicht ergeben, so dass hier die vorvertraglichen Verluste bis zum Vertragsende unverändert „fortgeschleppt" würden. Da diese unter-

Höchstbetrag der Gewinnabführung § 301

schiedliche Behandlung nicht sinnvoll erscheint, sollte § 301 iSd **hM** zur Anwendung kommen – es müsste also das durch den Geschäftsführungsvertrag erzielte Jahresergebnis festgestellt und auf den hypothetisch abzuführenden Gewinn begrenzt werden –, wobei darüber hinaus ein solcher fiktiver Jahresgewinn durch einen Aufwandsposten zulasten der Obergesellschaft vermindert wird in dem Umfang und solange als bei der verpflichteten Gesellschaft noch vorvertragliche Verluste bestehen (eine Art zwangsweise und gewinnabhängige Geschäftsführungsvergütung; ähnlich KölnKomm AktG/*Koppensteiner* Rn 4, der aber den Aufwandsposten nicht auf den fiktiven Jahresüberschuss begrenzt, daher zurecht einen Widerspruch zu § 302 feststellt und deshalb seinen Vorschlag verwirft). Dann wird das Ziel des § 301 auch beim Abbau vorvertraglicher Verluste **aus positiven Jahresergebnissen der Vertragszeit** auch beim Geschäftsführungsvertrag erreicht und die unterschiedliche Behandlung von Gewinnabführungs- und Geschäftsführungsverträgen vermieden.

2. Teilgewinnabführungsverträge, § 292 Abs 1 Nr 2. Diese werden von der **hM** dem Anwendungsbereich der Vorschrift unterstellt, jedenfalls wenn sie sich auf den **Unternehmensgewinn** beziehen (*Emmerich/Habersack* Aktien- und GmbH-KonzernR Rn 5; *Hüffer* AktG Rn 2). Dagegen wendet sich *Altmeppen* (in MünchKomm AktG Rn 8) mit Überlegungen, die die Berücksichtigung der Gegenleistung (s. o. § 292 Rn 9) zum Inhalt haben. Ihm ist im Ergebnis zu folgen, da es bei einer **angemessenen** Gegenleistung (die für einen zulässigen Teilgewinnabführungsvertrag vorausgesetzt wird, vgl oben § 292 Rn 14) keine Veranlassung gibt, einen bes Schutz für das bilanzielle Kapital vorzusehen. Wer allerdings auch **unentgeltliche** Teilgewinnabführungsverträge zulässt, wird § 301 auf solche anwenden müssen. Die **hM** lehnt demgegenüber die Anwendung der Vorschrift auf **betriebsgewinnbezogene** Teilgewinnabführungsverträge mit unterschiedlichen Begründungen ab (KölnKomm AktG/*Koppensteiner* Rn 6). 3

3. Isolierte Beherrschungsverträge. Isolierte Beherrschungsverträge fallen nicht in den Anwendungsbereich der Vorschrift, da diese auf eine explizite vertragliche Gewinnabführungspflicht abstellt. 4

III. Höchstbetrag der Gewinnabführung, S 1

1. „Gewinn". Vorrangig bestimmt sich die Ermittlung des abzuführenden Gewinns nach dem Vertrag. Schweigt er, ist anzunehmen, dass die Parteien den nach S 1 höchst zulässigen Gewinn abführen wollen (MünchKomm AktG/*Altmeppen* Rn 13). 5

2. Höchstbetrag. – a) Jahresüberschuss. Ausgangspunkt ist der Jahresüberschuss, wie er sich ohne den abgeführten Betrag (§ 277 Abs 3 S 2 HGB) ergibt. In diesen kann die Auflösung – auch vorvertraglicher – Rückstellungen (§ 249 HGB) eingeflossen sein (KölnKomm AktG/*Koppensteiner* Rn 20, 21). Auch vorvertraglich entstandene, nach Vertragsbeginn aufgelöste stille Reserven erhöhen den Jahresüberschuss (und können daher iE an das andere Unternehmen abgeführt werden), weil **nur der Bilanzwert** zu Vertragsbeginn geschützt wird, nicht der diese übersteigende höhere Wert aus stillen Reserven (**hM** *BGHZ* 135, 374, 378; *H.-P. Müller* FS Goerdeler, S 375; MünchKomm AktG/*Altmeppen* Rn 32 ff). 6

b) Berechnung. Vom fiktiven Jahresüberschuss ist ein evtl Verlustvortrag aus dem Vorjahr abzuziehen (§ 158 Abs 1 S 1 Nr 1) – wobei es sich beim Gewinnabführungsvertrag zwingend um vorvertragliche Verluste handeln muss; während der Vertrags- 7 laufzeit können aufgrund von § 302 keine Verluste beim verpflichteten Unternehmen entstehen, allerdings nur bis zur Höhe des fiktiven Jahresüberschusses; übersteigt der Verlustvortrag den fiktiven Jahresüberschuss, ist der abzuführende Gewinn Null, und der überschießende Teil des Verlustvortrags wird auf das Folgejahr vorgetragen. Soweit demgegenüber der fiktive Jahresüberschuss nicht durch einen Verlustvortrag aufgezehrt ist, wird sodann hiervon der nach § 300 in die gesetzliche Rücklage einzustellende Betrag abgezogen, wiederum höchstens bis Null. Zusätzlich ist bei Ausübung der durch das BilMoG neu geschaffenen Aktivierungswahlrechte die Ausschüttungssperre des § 268 Abs 8 HGB zu berücksichtigen (dazu *Simon* NZG 2009, 1081, 1085 ff; *Neumayer/Imschweiler* GmbHR 2011, 57, 58; *Zwirner* DStR 2011, 783). Der so ermittelte Betrag erhöht sich um die während der Vertragslaufzeit gebildeten Gewinnrücklagen, S 2 (dazu unten Rn 9 f).

8 **c) Nicht einzubeziehen.** Nicht in die Berechnung des Höchstbetrags einzubeziehen sind Beträge aus der Auflösung der gesetzlichen Rücklage oder Kapitalrücklage, ebenso wenig wie ein vorvertraglich entstandener Gewinnvortrag (vgl MünchKomm AktG/*Altmeppen* Rn 18–21).

IV. Erhöhung durch während der Vertragslaufzeit gebildete Gewinnrücklagen, S 2

9 **1. Keine Einbeziehung vorvertraglich gebildeter anderer Gewinnrücklagen.** Die Bewahrung des bilanziellen Kapitals, wie es sich bei Vertragsbeginn darstellt, schließt die Auflösung **vorvertraglich gebildeter** anderer Rücklagen aus. Das gilt auch für einen zu Vertragsbeginn vorhandenen Gewinnvortrag, § 158 Abs 1 S 1 Nr 1 (GroßKomm AktG/*Hirte* Rn 19).

10 **2. Während der Vertragsdauer gebildete andere Gewinnrücklagen.** Um die im Gesellschaftsinteresse wünschenswerte Bildung von anderen Gewinnrücklagen (§ 272 Abs 3 S 2 HGB) zu fördern, ermöglicht S 2 umgekehrt auch wieder deren Entnahme und Abführung unter entspr Erhöhung des Höchstbetrages. Die Zulässigkeit der Rücklagenbildung durch die HV der Tochtergesellschaft (§ 58 Abs 3) wird im Hinblick auf die Zuständigkeit der HV der Muttergesellschaft nach der „Holzmüller"-Doktrin diskutiert (*Geßler* FS Meilicke, S 18, 26; im Einzelnen vgl § 58 Rn 16). Ob die nach S 2 gesetzlich zulässige Auflösung und Abführung jedoch durch die Obergesellschaft von der verpflichteten Gesellschaft, bei der die Auflösung von Rücklagen iRd Bilanzaufstellung eine **Geschäftsführungsmaßnahme** ist, verlangt werden kann, richtet sich nach der vertraglichen Vereinbarung; ist der Gewinnabführungsvertrag mit einem Beherrschungsvertrag kombiniert, kann das herrschende Unternehmen jedenfalls eine darauf gerichtete Weisung geben (GroßKomm AktG/*Hirte* Rn 15).

V. Rechtsfolgen von Verstößen

11 S 1 ist zwingend, entgegenstehende Abreden oder Weisungen sind nach § 134 BGB nichtig (GroßKomm AktG/*Hirte* Rn 24 mwN). Der Vollzug gesetzwidriger Zahlungen kann die beteiligten Organe schadensersatzpflichtig machen. Zur Rückforderung übermäßig abgeführter Gewinne vgl *Brandes* in: Liber Amicorum für Martin Winter, 2011, 43.

VI. Steuerliche Hinweise

Während die Vorschrift gesellschaftsrechtlich eine **Obergrenze** für die Gewinnabführung aufstellt – die auch steuerlich maßgeblich ist, vgl § 17 S 2 Nr 1 KStG –, ist ferner steuerlich eine **Untergrenze** in § 14 Abs 1 S 1 KStG statuiert („ganzer Gewinn"). Ferner ist die (gesellschaftsrechtlich nicht begrenzte) Einstellung von Beträgen aus dem Jahresüberschuss in die Gewinnrücklagen nach § 272 Abs 3 HGB auf das „bei vernünftiger kaufmännischer Betrachtung wirtschaftlich Begründete" begrenzt, § 14 Abs 1 S 1 Nr 4 KStG (*BFHE* 132, 230). Die Auflösung vorvertraglicher Rücklagen ist (auch) steuerrechtlich unzulässig, § 17 Abs 3 S 1 KStG. 12

§ 302 Verlustübernahme

(1) Besteht ein Beherrschungs- oder ein Gewinnabführungsvertrag, so hat der andere Vertragsteil jeden während der Vertragsdauer sonst entstehenden Jahresfehlbetrag auszugleichen, soweit dieser nicht dadurch ausgeglichen wird, dass den anderen Gewinnrücklagen Beträge entnommen werden, die während der Vertragsdauer in sie eingestellt worden sind.

(2) Hat eine abhängige Gesellschaft den Betrieb ihres Unternehmens dem herrschenden Unternehmen verpachtet oder sonst überlassen, so hat das herrschende Unternehmen jeden während der Vertragsdauer sonst entstehenden Jahresfehlbetrag auszugleichen, soweit die vereinbarte Gegenleistung das angemessene Entgelt nicht erreicht.

(3) ¹Die Gesellschaft kann auf den Anspruch auf Ausgleich erst drei Jahre nach dem Tag, an dem die Eintragung der Beendigung des Vertrags in das Handelsregister nach § 10 des Handelsgesetzbuchs bekannt gemacht worden ist, verzichten oder sich über ihn vergleichen. ²Dies gilt nicht, wenn der Ausgleichspflichtige zahlungsunfähig ist und sich zur Abwendung des Insolvenzverfahrens mit seinen Gläubigern vergleicht oder wenn die Ersatzpflicht in einem Insolvenzplan geregelt wird. ³Der Verzicht oder Vergleich wird nur wirksam, wenn die außen stehenden Aktionäre durch Sonderbeschluss zustimmen und nicht eine Minderheit, deren Anteile zusammen den zehnten Teil des bei der Beschlussfassung vertretenen Grundkapitals erreichen, zur Niederschrift Widerspruch erhebt.

(4) Die Ansprüche aus diesen Vorschriften verjähren in zehn Jahren seit dem Tag, an dem die Eintragung der Beendigung des Vertrags in das Handelsregister nach § 10 des Handelsgesetzbuchs bekannt gemacht worden ist.

Übersicht

	Rn		Rn
I. Inhalt und Zweck der Norm	1	a) Beherrschungs- oder Gewinnabführungsvertrag	5
1. Regelungsinhalt	1	b) Jahresfehlbetrag	6
2. Gesetzeszweck	2	aa) Begriff	6
3. Abdingbarkeit	4	bb) Verursachung des Jahresfehlbetrags	7
II. Verlustausgleichspflicht bei Beherrschungs- und Gewinnabführungsverträgen, Abs 1	5	cc) Höhe des Jahresfehlbetrages	8
1. Voraussetzungen	5		

	Rn		Rn
c) Ausgleich durch Entnahme aus in der Vertragszeit gebildeten Rücklagen	9	III. Verlustübernahme bei Betriebspacht- und Betriebsüberlassungsverträgen, Abs 2	23
aa) Gegenstand des Ausgleichs, Abs 1 HS 2	9	1. Voraussetzungen	23
bb) Verwendung von Rücklagen für die Minderung des Verlustausgleichsanspruchs	11	a) Betriebspachtvertrag, Betriebsüberlassungsvertrag	23
		b) Abhängigkeit	24
		c) Gegenleistung geringer als das angemessene Entgelt	25
d) Entstehen des Jahresfehlbetrages während der Vertragsdauer	12	2. Rechtsfolgen	26
		a) Höhe des Ausgleichsanspruchs	26
aa) Beginn der Verpflichtung zur Verlustübernahme	13	b) Sonstige Rechtsfolgen	27
		IV. Verzicht und Vergleich, Abs 3	28
		1. Beschränkung von Verzicht und Vergleich, Abs 3 S 1	28
bb) Ende der Verpflichtung zur Verlustübernahme	14	2. Ausnahme bei zahlungsunfähigem Ausgleichspflichtigen, Abs 3 S 2	29
cc) Verluste nach Vertragsende („Abwicklungsverluste")	16	
2. Rechtsfolgen	17	3. Sonderbeschluss der außenstehenden Aktionäre; kein Widerspruch, Abs 3 S 3	30
a) Gegenstand, Entstehung und Fälligkeit des Anspruchs	17	a) Sonderbeschluss	30
b) Anspruchsberechtigter	21	b) Widerspruch durch 10 % des Kapitals	31
c) Anspruchsverpflichteter	22	V. Verjährung, Abs 4	32

Literatur: *Acher* Vertragskonzern und Insolvenz, 1987; *Altmeppen* Zur Entstehung, Fälligkeit und Höhe des Verlustausgleichsanspruchs nach § 302 AktG, DB 1999, 2453; *ders* Der Verlustausgleichsanspruch nach § 302 AktG, DB 2002, 879; *Brandes* Rückforderung übermäßig abgeführter Gewinne nach Beendigung eines Ergebnisabführungsvertrages, in: Hoffmann-Becking/Hüffer/Reichert, Liber amicorum für Martin Winter 2011, 43; *Cahn/Simon* Isolierte Gewinnabführungsverträge, Der Konzern 2003, 1; *Eberl-Borges* Die Haftung des herrschenden Unternehmens für Schulden einer konzernabhängigen Personengesellschaft, WM 2003, 105; *Goldschmidt/Laeger* Risiken aus der Beendigung von Unternehmensverträgen beim Verkauf der Untergesellschaft, NZG 2012, 1201; *Grüner* Die Beendigung von Gewinnabführungs- und Beherrschungsverträgen, 2003; *Grunewald* Verlustausgleich nach § 302 AktG und reale Kapitalaufbringung, NZG 2005, 781; *Hennrichs* Gewinnabführung und Verlustausgleich im Vertragskonzern, ZHR 174 (2010), 683; *Hentzen* Zulässigkeit der Verrechnung des Verlustausgleichsanspruchs aus § 302 Abs 1 AktG im Cash Pool, AG 2006, 133; *Hohage/Willkommen* Der Gewinnabführungsvertrag und die ertragsteuerliche Organschaft im GmbH-Konzern, BB 2011, 224; *Kleindiek* Entstehung und Fälligkeit des Verlustausgleichsanspruchs im Vertragskonzern, ZGR 2001, 479; *Krieger* Verlustausgleich und Jahresabschluss, NZG 2005, 787; *Lutter* Verfassungsrechtliche Grenzen der Mehrheitsherrschaft nach dem Recht der Kapitalgesellschaften, AG 1968, 73; *K. Müller* Die Haftung der Muttergesellschaft für die Verbindlichkeiten der Tochtergesellschaft im Aktienrecht, ZGR 1977, 1; *W. Müller* Bilanzierungsfragen bei der Beendigung von Unternehmensverträgen, FS Kropff, 1997, S 517; *Nolting* Verjährung des Verlustausgleichsanspruchs gemäß § 302 AktG nach der Schuldrechtsreform, BB 2002, 1765; *Peltzer* Die Haftung der Konzernmutter für die Schulden ihrer Tochter, AG 1975, 309; *Priester* Verlustausgleich nach § 302 AktG – zwingend in Geld?, BB 2005, 2483; *K. Schmidt* Die konzernrechtliche Verlustübernahmepflicht als gesetzliches Dauerschuldverhältnis, ZGR 1983, 513; *ders* Zwingend gesamtschuldnerischer Verlustausgleich bei der Mehrmütterorganschaft?, DB 1984, 1181; *Spindler/Klöhn* Verlustausgleichspflicht und Jahresfehlbetrag (§ 302 AktG), NZG 2005, 584; *Thoß* Verzinsung des Verlustausgleichs- und Gewinnabführungsanspruchs im Vertragskonzern?, DB 2007, 206; *Ulmer* Verlustübernahmepflicht des herrschenden Unternehmens als konzernspezifischer Kapitalerhaltungsschutz, AG 1986, 123; *Verse* Aufrechnung gegen Verlustausgleichsansprüche im Vertragskonzern, ZIP 2005, 1627; *Wernicke/Scheunemann* Verzinsung des Anspruchs auf Verlustübernahme nach § 302 AktG aus gesellschaftsrechtlicher und steuerrechtlicher Sicht, DStR 2006, 1399; *Zwirner* Bestimmung des Verlustübernahmebetrags nach § 302 AktG, DStR 2011, 783.

I. Inhalt und Zweck der Norm

1. Regelungsinhalt. Die Bestimmung ordnet den Verlustausgleich des herrschenden Unternehmens bei Bestehen eines Beherrschungs- oder Gewinnabführungsvertrages (Abs 1) bzw eines Betriebspacht- oder Betriebsüberlassungsvertrages (Abs 2) an. Im ersteren Fall sind keine weiteren Voraussetzungen aufgestellt, im letzteren hängt die Verlustausgleichspflicht davon ab, inwieweit die vereinbarte Gegenleistung unangemessen ist. Die Ausgleichspflicht nach Abs 1 vermindert sich nur um diejenigen Beträge, die während der Laufzeit des Beherrschungs- bzw Gewinnabführungsvertrages in die anderen Gewinnrücklagen (iSv § 272 Abs 3 S 2 HGB) der Gesellschaft eingestellt worden waren und die mit entstehenden Verlusten verrechnet werden. Abs 3 beschränkt die Möglichkeiten von Verzichten und Vergleichen. 1

Die Regelung macht in Zusammenschau mit dem Sonderfall bei der Eingliederung (§ 322 Abs 1) deutlich, dass im Vertragskonzern grds keine generelle Einstandspflicht von Konzernunternehmen untereinander besteht, soweit nicht (wie etwa hier) ausdrücklich normiert (**„Trennungsprinzip"**, *Emmerich/Habersack* Aktien- und GmbH-KonzernR Rn 5).

2. Gesetzeszweck. Nach **hM** ist Rechtsgrund für **Abs 1** der Ausgleich für die durch § 291 Abs 3 außer Kraft gesetzten oder weitgehend gelockerten Kapitalerhaltungsregeln (*BGHZ* 103, 1, 10 = NJW 1988, 1326 – Familienheim; *Hüffer* AktG Rn 3; *Ulmer* AG 1986, 123, 126; **aA** MünchKomm AktG/*Altmeppen* Rn 9, der in der Vorschrift ein auftragsrechtliches Prinzip der zwingenden Übernahme von Aufwendungen und Verlusten des Geschäftsbesorgers durch den Geschäftsherrn sieht; ähnlich *Emmerich/Habersack* Aktien- und GmbH-KonzernR Rn 16; differenzierend Spindler/Stilz AktG/ *Veil* Rn 4 f). Entstehen jedoch Verluste aus anderen Gründen als durch Verletzung der Kapitalerhaltungsregeln der §§ 57, 58 und 60, nämlich auf Grund externer Ursachen, wird Verlustausgleichspflicht nicht beschränkt; sie gilt nämlich auch als Korrelat für die Chance einer günstigen Entwicklung der Gesellschaft, die sich in der Gewinnabführung manifestiert (KölnKomm AktG/*Koppensteiner* Rn 9, 18). 2

Abs 2 regelt den Spezialfall, in dem bei einem Betriebspacht- oder -überlassungsvertrag zwischen abhängigen Unternehmen die Gegenleistung unangemessen ist und ein Jahresfehlbetrag entsteht; diese Bestimmung gilt zT insb im Hinblick auf §§ 311, 317 praktisch als überflüssig (KölnKomm AktG/*Koppensteiner* Rn 67). 3

3. Abdingbarkeit. Die Regelung ist in allen Teilen zwingendes Recht (KölnKomm AktG/*Koppensteiner* Rn 15). Ob es gesetzliche oder vertragliche Ansprüche sind (nach **hM** letztere; vgl *Koppensteiner* aaO zum Meinungsstand; s auch *Hüffer* AktG Rn 4ff), hat iE keine praktischen Auswirkungen. 4

II. Verlustausgleichspflicht bei Beherrschungs- und Gewinnabführungsverträgen, Abs 1

5 **1. Voraussetzungen. – a) Beherrschungs- oder Gewinnabführungsvertrag.** Es kann sich jeweils um einen isolierten Gewinnabführungs- oder einen isolierten Beherrschungs- oder einen Organschaftsvertrag (kombinierter Gewinnabführungs- und Beherrschungsvertrag) handeln. Die zur vertragstypischen Leistung verpflichtete Gesellschaft muss eine deutsche AG oder KGaA sein, das herrschende Unternehmen kann jegliche Rechtsform haben und auch ein ausländisches Unternehmen sein (hierzu § 291 Rn 3). Beim **Gemeinschaftsunternehmen** entsteht gesamtschuldnerische Haftung der Muttergesellschaften (*Emmerich/Habersack* Aktien- und GmbH-KonzernR Rn 19; s auch § 291 Rn 14). Andere als Beherrschungs- oder Gewinnabführungsverträge (außer im Falle von Abs 2) führen nicht zu einer Verlustausgleichspflicht, auch nicht **Geschäftsführungsverträge** nach § 291 Abs 1 S 2, weil Verluste hierbei schon qua Vertrag den anderen Vertragsteil treffen, so dass für Abs 1 kein Raum bleibt (**hM** MünchKomm AktG/*Altmeppen* Rn 14; K. Schmidt/Lutter AktG/*Stephan* Rn 15; jeweils mwN; **aA** *Emmerich* aaO Rn 20), jedenfalls soweit zwischen den Vertragsparteien keine anderweite Entgeltregelung besteht, die zugunsten des anderen Unternehmens wirkt (s.o. § 301 Rn 2). Auch unterfallen dieser Bestimmung nicht **Teilgewinnabführungsverträge,** bei denen auf Grund von § 301 kein Jahresverlust entstehen kann (**hM,** vgl *Altmeppen* aaO Rn 15 iVm § 301 Rn 7f; oben § 301 Rn 3).

6 **b) Jahresfehlbetrag. – aa) Begriff.** „Jeder sonst entstehende Jahresfehlbetrag" ist auszugleichen. Da der Anspruch auf Verlustausgleich in der Gewinn- und Verlustrechnung der Gesellschaft als Ertrag zu berücksichtigen ist (§ 277 Abs 3 S 2 HGB), weist die Gesellschaft während der Vertragsdauer zwingend stets ein ausgeglichenes Jahresergebnis auf. Ein Jahresfehlbetrag im eigentlichen Sinne kann daher gar nicht entstehen. Die Formulierung des Gesetzes „...sonst entstehenden Jahresfehlbetrag..." meint daher denjenigen fiktiven Jahresfehlbetrag, der ohne Berücksichtigung des Anspruchs auf Verlustausgleich entstünde und in der Gewinn – und Verlustrechnung nach § 275 Abs 2 Nr 20 oder Abs 3 Nr 19 HGB ohne § 302 AktG auszuweisen wäre (**allgM,** vgl KölnKomm AktG/*Koppensteiner* Rn 18). Dieser fiktive („berichtigte") Jahresfehlbetrag ist in einer Vorbilanz zu ermitteln (**hM** *Emmerich/Habersack* Aktien- und GmbH-KonzernR Rn 28; Spindler/Stilz AktG/*Veil* Rn 15; **aA** K. Schmidt/Lutter AktG/*Stephan* Rn 19), s auch § 300 Rn 5.

7 **bb) Verursachung des Jahresfehlbetrags.** Aufgrund der eindeutigen gesetzlichen Formulierung ist die Ursache für dessen Entstehung gleichgültig. Insb muss bei einem Beherrschungsvertrag der Jahresfehlbetrag nicht aus Maßnahmen (Weisungen) des herrschenden Unternehmens resultieren. Der andere Vertragsteil trägt daher das volle unternehmerische Risiko der Gesellschaft auch dann, wenn er – im Falle des Beherrschungsvertrags – die Verluste nicht (mit-)verursacht hat oder – wie im Falle des Gewinnabführungsvertrags – gar nicht verursachen konnte (*BGHZ* 116, 37, 41 f; *BAG* ZIP 2009, 2166, 2169; MünchHdb AG/*Krieger* § 70 Rn 63). Im mehrstufigen Vertragskonzern (Beherrschungs- und/oder Gewinnabführungsverträge zwischen Mutterunternehmen M und Tochtergesellschaft T und zwischen T und Enkelgesellschaft E) erhöht ein Verlustausgleichsanspruch von E gegenüber T einen eventuellen Verlustausgleichsanspruch von T gegenüber M, bei gleichem Geschäftsjahr von T und E auch in den Bilanzen zum gleichen Zeitpunkt (iE vgl MünchKomm AktG/*Altmeppen* Rn 107 ff).

§ 302 Verlustübernahme

cc) Höhe des Jahresfehlbetrages. Maßgebend für die Bestimmung der Höhe des Jahresfehlbetrages ist die **ordnungsgemäß aufgestellte Bilanz** des abhängigen Unternehmens. Zulässige Maßnahmen mit bilanziellen Auswirkungen, zB die Auflösung von stillen Reserven, sind auch mit dem Ziel der Verminderung des Verlustausgleichsanspruchs zulässig. Beim Beherrschungsvertrag kann das auch vom herrschenden Unternehmen veranlasst werden (Weisungsrecht). Werden die zulässigen Grenzen überschritten (Verstoß gegen zwingende gesetzliche Vorschriften oder Grundsätze ordnungsgemäßer Buchführung), so entsteht der Verlustausgleichsanspruch in derjenigen Höhe, die sich **bei zutreffender ordnungsmäßiger Bilanzierung** ergeben hätte, unabhängig von der Wirksamkeit der Bilanzfeststellung; insoweit hat § 302 aus Gründen des Gläubigerschutzes für Zwecke der Berechnung des Verlustausgleichsanspruchs Vorrang vor § 256 (*BGH* GmbHR 2005, 628, 630; *BGHZ* 142, 382; *Emmerich/Habersack* Aktien- und GmbH-KonzernR Rn 29; aA *Krieger* NZG 2005, 787). Umgekehrt muss das dann aber auch für die Eröffnungsbilanz zu Vertragsbeginn gelten: Schäden – etwa Altlasten –, die vor Vertragsbeginn entstanden sind, dürfen den übernahmepflichtigen Verlust auch dann nicht erhöhen, wenn sie zu Vertragsbeginn bilanziell noch nicht erfasst waren (*LG Dortmund* DB 1993, 1916; GroßKomm AktG/*Hirte* Rn 16). Zur Frage der Auswirkung eines nach § 268 Abs 8 HGB ausschüttungsgesperrten Betrags auf die Höhe der Verlustausgleichspflicht vgl *Neumayer/Imschweiler* GmbHR 2011, 57, 60; *Zwirner* DStR 2011, 783. Praktische Auswirkungen hat die hM zur Berechnung des Verlustausgleichsanspruchs oft beim Verkauf der Untergesellschaft, wenn der neue Gesellschafter festgestellte Bilanzen in Frage stellt (*Goldschmidt/Laeger* NZG 2012, 1201). 8

c) Ausgleich durch Entnahme aus in der Vertragszeit gebildeten Rücklagen
aa) Gegenstand des Ausgleichs, Abs 1 HS 2. Die Verlustausgleichspflicht soll gerade das zu Vertragsbeginn vorhandene bilanzielle Eigenkapital erhalten. Soweit es daher **während der Vertragslaufzeit** durch die Bildung oder Erhöhung **anderer Gewinnrücklagen** (§ 158 S 1 Abs 1 Nr 3) erhöht worden ist, kann auf diese im Verlustfall zurückgegriffen werden: Sie können ganz oder teilw mit dem Jahresfehlbetrag verrechnet werden, wodurch der Verlustausgleichsanspruch vermindert wird. So soll die Dotierung anderer Gewinnrücklagen in Überschussjahren gefördert werden, indem ihre Verwendung in Verlustjahren zugelassen wird. Zur Bildung anderer Gewinnrücklagen während der Vertragszeit vgl oben § 301 Rn 10. **Nicht** zur Verminderung der Verlustausgleichsverpflichtung herangezogen werden dürfen daher **bei Vertragsbeginn vorhandene Rücklagen** (GroßKomm AktG/*Hirte* Rn 26 ff, 30). 9

Gewinnvorträge sind wie andere Gewinnrücklagen zu behandeln, sind also verrechenbar bei Bildung während der Vertragszeit, nicht verrechenbar soweit sie bei Vertragsbeginn schon bestanden (**allgM**, vgl zB MünchKomm AktG/*Altmeppen* Rn 47). Anders die **gesetzliche Rücklage** (§ 150) und die **Kapitalrücklage** (§ 272 Abs 2 HGB), die zur Verminderung des Verlustausgleichsanspruchs auch dann nicht herangezogen werden dürfen, wenn und soweit sie während der Vertragszeit gebildet wurden; die gesetzliche Rücklage kann zur Auflösung eines vorvertraglichen Verlustvortrages verwendet werden, § 150 Abs 3 Nr 2 (GroßKomm AktG/*Hirte* Rn 28 mwN). 10

bb) Verwendung von Rücklagen für die Minderung des Verlustausgleichsanspruchs
Bei Bestehen eines **Gewinnabführungsvertrages** ist in erster Linie der Vertragsinhalt maßgebend für die Frage der Bildung und Auflösung anderer Gewinnrücklagen und 11

eines Gewinnvortrages. IÜ gelten die allg Regeln für die Auf- und Feststellung des Jahresabschlusses der Gesellschaft, also primär das Ermessen des Vorstands bei der Aufstellung des Jahresabschlusses (§ 272 Abs 1 HGB, § 170 Abs 1 AktG). Schließt sich der AR der Entscheidung des Vorstands nicht an (insb wenn der AR weitergehend als der Vorstand während der Vertragslaufzeit gebildete Gewinnrücklagen auflösen will), und billigt er demgemäß den Jahresabschluss nicht, so ist die HV zu dessen Feststellung zuständig (§ 173 Abs 1 S 1 Alt 2). Der AR hat für seine Entscheidung kein geringeres Ermessen als der Vorstand (MünchHdb AG/*Krieger* § 70 Rn 69; *Semler* Leitung und Überwachung der Aktiengesellschaft, 2. Aufl 1996, Rn 209; K. Schmidt/Lutter AktG/*Stephan* Rn 29 aA MünchKomm AktG/*Altmeppen* Rn 48). Beim **Beherrschungsvertrag** umfasst das Weisungsrecht die Verwendung von während der Vertragszeit gebildeten anderen Gewinnrücklagen und -vorträgen zur Minderung des Verlustausgleichsanspruchs (**hM** *Emmerich/Habersack* Aktien- und GmbH-KonzernR Rn 34).

12 **d) Entstehen des Jahresfehlbetrages während der Vertragsdauer.** Auszugleichen sind die Jahresfehlbeträge während der Vertragsdauer, dh dass der Bilanzstichtag, in dem der Jahresfehlbetrag auszuweisen wäre, in die Vertragslaufzeit fällt. Die Entstehungsursachen können vor Vertragsbeginn liegen (MünchKomm AktG/*Altmeppen* Rn 20 mwN) Das Gesetz stellt eine bilanzielle Betrachtung an, keine kausale: Solange sich daher die Ursachen noch nicht bilanziell niederschlagen, sind sie iE unbeachtlich.

13 **aa) Beginn der Verpflichtung zur Verlustübernahme.** Maßgebend ist der im Vertrag vereinbarte Beginn, der früher (Rückwirkung) oder später als der Zeitpunkt des Wirksamwerdens des Vertrags (Eintragung im HR nach § 294 Abs 2) liegen kann. Zweifelsfragen entstehen, wenn der Vertragsbeginn nicht mit dem Beginn eines Geschäftsjahres der Gesellschaft korrespondiert. Nach inzwischen ganz **hM** soll mit Hilfe einer Zwischenbilanz der auf die Vertragslaufzeit entfallende Verlust abgegrenzt werden können (*K. Schmidt* ZGR 1983, 513, 523 f; MünchKomm AktG/*Altmeppen* Rn 21) und daher auch in diesem Falle genau auf die Vertragslaufzeit beschränkt werden. Dem widerspricht jedoch der Gesetzeswortlaut „**Jahres**fehlbetrag"; ferner bestehen bei einer Zwischenbilanz nicht die Pflichten zur Bildung gesetzlicher Rücklagen und Kapitalrücklagen. Wird nicht durch Bildung eines Rumpfgeschäftsjahres der Bilanzstichtag geändert, kann für die unterjährige Zeit bis zur Zwischenbilanz auch kein Verlustvortrag im bilanziellen Sinne entstehen, so dass etwa der Mechanismus der §§ 300, 301 nicht planmäßig greifen kann. Schließlich fehlt das praktische Bedürfnis: Bei der Gesellschaft kann ggf ein Rumpfwirtschaftsjahr mit einem Jahresabschluss eingeführt werden und der Vertragsbeginn hierauf abgestellt werden. **Vorvertragliche Verluste**, die in einem vor Vertragsbeginn liegenden Jahresabschluss als Bilanzverlust ausgewiesen werden, brauchen nicht übernommen zu werden (anderes kann vertraglich geregelt werden).

14 **bb) Ende der Verpflichtung zur Verlustübernahme.** Wenn **Vertragsende und Geschäftsjahresende korrespondieren,** endet die Verpflichtung zur Verlustübernahme mit dem zu diesem Stichtag festgestellten Jahresabschluss. Der dabei ermittelte Verlust ist trotz der Tatsache, dass er erst nach dem Bilanzstichtag festgestellt wird, noch zu übernehmen, da er zum Jahresabschluss-Stichtag entsteht (KölnKomm AktG/*Koppensteiner* Rn 30, 52).

Vertragsbeendigung zu einem anderen Zeitpunkt als zum Ende des Geschäftsjahres **15**
der Gesellschaft: Endet der Vertrag wg Verschmelzung oder Eingliederung der Gesellschaft mit dem bzw in den anderen Vertragsteil, übernimmt der andere Vertragsteil ohnedies die Verluste (aufgrund Gesamtrechtsnachfolge bzw nach § 322), und eine Aufspaltung in die Perioden vor und nach Vertragsbeendigung hat keine praktische Auswirkung. In allen anderen Fällen (die Kündigung aus wichtigem Grund wird der praktisch häufigste Fall sein) hat der andere Vertragsteil **jedenfalls** die bis zum Vertragsende aufgelaufenen Verluste zu übernehmen (*BGHZ* 105, 168, 182; *Emmerich/Habersack* Aktien- und GmbH-KonzernR Rn 38; MünchKomm AktG/*Altmeppen* Rn 24 Fn 42; **aA** *Peltzer* AG 1975, 309, 311). Die **hM** beschränkt die Verlustausgleichspflicht auf die Zeit bis zur Vertragsbeendigung und verlangt, die Höhe des Verlustes durch einen Zwischenabschluss zu ermitteln (*BGHZ* 103, 1, 9 f; *Altmeppen* aaO Rn 24–26; *Cahn/Simon* Der Konzern 2003, 1; KölnKomm AktG/*Koppensteiner* Rn 18), wobei für die Bewältigung der Interpretation des gesetzlichen Terminus „Jahresfehlbetrag" und die Grundlage für die Pflicht zur Aufstellung einer Zwischenbilanz unterschiedliche Ansätze vertreten werden.

cc) Verluste nach Vertragsende ("Abwicklungsverluste"). Ein mit dem Vorstehenden **16** idR nicht identisches Problem ist die Frage, ob nach Vertragsende entstehende sog **Abwicklungsverluste** nach einer Auflösung der Gesellschaft noch zu übernehmen sind. *Altmeppen* (in MünchKomm AktG Rn 27 ff) hat hier nachgewiesen, dass in der Praxis die Frage nicht zu stellen sein wird, wenn der letzte Verlustausgleichsanspruch auf der Basis von Liquidationswerten berechnet wird (s auch *W. Müller* FS Kropff, S 518).

2. Rechtsfolgen. – a) Gegenstand, Entstehung und Fälligkeit des Anspruchs. Der **17** Anspruch ist auf Geldzahlung gerichtet (s aber *Priester* BB 2005, 2483) und daher nach §§ 803 ff ZPO vollstreckbar. Jedenfalls soweit der Jahresfehlbetrag die liquiden Mittel aufgezehrt hat (dh soweit der Finanzmittelbestand am Periodenende den Finanzmittelbestand am Periodenanfang unterschreitet), sind solche (liquiditätswirksam) zu ersetzen, weil die herrschende Gesellschaft auf die Vertragsdauer die Überlebens- und damit auch die Zahlungsfähigkeit der abhängigen Gesellschaft gewährleistet (MünchKomm AktG/*Altmeppen* Rn 36, 84).

Nach dieser Maßgabe ist auch die **Aufrechnung** (mit einem werthaltigen Gegenan- **18** spruch) zulässig (*BGH* AG 2006, 629).

Der Anspruch **entsteht** am Bilanzstichtag, nicht erst bei Auf- oder Feststellung des **19** betr Jahresabschlusses (*BGH* NZG 2005, 481, 482; *Kleindiek* ZGR 2001, 479, 485 ff; MünchHdb AG/*Krieger* § 70 Rn 74) und wird nach inzwischen **hM** auch bereits zu diesem Zeitpunkt **fällig**, obwohl er noch nicht sofort beziffert werden kann (*BGH* AG 2006, 629, 631; *Wernicke/Scheunemann* DStR 2006, 1399; GroßKomm AktG/*Hirte* Rn 36, 62; **aA** KölnKomm AktG/*Koppensteiner* Rn 53; ebenso *Krieger* aaO: bei Feststellung des Jahresabschlusses). Vertraglich kann der Fälligkeitszeitpunkt nicht bestimmt, insb nicht hinausgeschoben werden. Ab Fälligkeit (nach **hM** also ab dem maßgeblichen Bilanzstichtag) werden **Fälligkeitszinsen** (§§ 352, 353 HGB) geschuldet (*BGHZ* 142, 382, 386 = NJW 2000, 210, 211).

Abschlagszahlungen schon vor Entstehung und Fälligkeit des Anspruchs sind geschul- **20** det, soweit dies zur Sicherung der Lebensfähigkeit (insb Zahlungsfähigkeit) der abhängigen Gesellschaft erforderlich ist (*Altmeppen* DB 1999, 2453, 2455 f). Die Leistungsbestimmung (ob für einen bereits im Vorjahr entstandenen oder einen künftigen Verlustausgleich) ist erforderlich (*BGH* AG 2006, 629, 631).

21 b) Anspruchsberechtigter. Der Anspruch steht der **abhängigen Gesellschaft** zu und ist von ihrem Vorstand unverzüglich geltend zu machen, andernfalls macht er sich schadensersatzpflichtig; ferner können die außenstehenden **Aktionäre** den Anspruch auf Leistung an die Gesellschaft in entspr Anwendung der §§ 317 Abs 4, 309 Abs 4 als *actio pro socio* geltend machen (*Emmerich/Habersack* Aktien- und GmbH-KonzernR Rn 44; GroßKomm AktG/*Hirte* Rn 58; *Lutter* AG 1968, 73, 74; **aA** MünchHdb AG/*Krieger* § 70 Rn 73; *Hüffer* AktG Rn 20; K. Schmidt/Lutter AktG/*Stephan* Rn 58; Spindler/Stilz AktG/*Veil* Rn 26). Der Vorstand unterliegt bei der Geltendmachung des Anspruchs keinem Weisungsrecht nach dem Beherrschungsvertrag, §§ 308, 310. **Gläubiger der abhängigen Gesellschaft** haben kein eigenes Recht zur Geltendmachung; sie können den Anspruch der abhängigen Gesellschaft nach allg Recht **pfänden und sich überweisen lassen** (MünchKomm AktG/*Altmeppen* Rn 75) oder ihn sich von der abhängigen Gesellschaft **nach § 398 BGB abtreten** lassen (*Emmerich* aaO Rn 44).

22 c) Anspruchsverpflichteter. Zur Leistung des Verlustausgleichs verpflichtet ist der andere Vertragsteil. Bei mehreren (insb im Fall der Mehrmütterherrschaft) haften diese **gesamtschuldnerisch** (**hM** MünchHdb AG/*Krieger* § 70 Rn 72; **aA** *K. Schmidt* DB 1984, 1181).

III. Verlustübernahme bei Betriebspacht- und Betriebsüberlassungsverträgen, Abs 2

23 1. Voraussetzungen. – a) Betriebspachtvertrag, Betriebsüberlassungsvertrag. Abs 2 ist anzuwenden auf die Verträge des § 292 Abs 1 Nr 3, s dort Rn 18 ff. Nicht anwendbar ist Abs 2 auf Betriebsführungsverträge (MünchKomm AktG/*Altmeppen* Rn 52). Falls neben einem Betriebspacht- oder Betriebsüberlassungsvertrag mit derselben Vertragspartei ein Beherrschungs- oder Gewinnabführungsvertrag besteht, richten sich die Rechtsfolgen ausschließlich nach Abs 1 (*Emmerich/Habersack* Aktien- und GmbH-KonzernR Rn 23).

24 b) Abhängigkeit. Abs 2 setzt voraus, dass die Verpachtung bzw Betriebsüberlassung an ein zu diesem Zeitpunkt bereits beherrschendes Unternehmen iSd § 17 erfolgt ist, weil das die abstrakte Gefahr der Vereinbarung einer nicht angemessenen Gegenleistung im Zeitpunkt des Vertragsabschlusses eröffnet (MünchKomm AktG/*Altmeppen* Rn 56).

25 c) Gegenleistung geringer als das angemessene Entgelt. Bei Abs 2 hängt die Haftung vom Entstehen eines Fehlbetrags (nachfolgend Rn 26) **und** vom Vorliegen eines unangemessen niedrigen Entgelts ab. Als angemessenes Entgelt wird allg angesehen, was **langfristig den Ertragswert des verpachteten bzw überlassenen Unternehmens erhält** (MünchKomm AktG/*Altmeppen* Rn 60; *Hüffer* AktG Rn 24). Verpflichtungen des herrschenden Unternehmens gegenüber außenstehenden Aktionären in Form einer Dividendengarantie sind allerdings nicht zu berücksichtigen, da nur der Gesellschaft selbst, nicht Dritten geschuldete Leistungen anzurechnen sind (*K. Müller* ZGR 1977, 1, 11; GroßKomm AktG/*Hirte* Rn 47; K. Schmidt/Lutter AktG/*Stephan* Rn 63).

26 2. Rechtsfolgen. – a) Höhe des Ausgleichsanspruchs. Der Ausgleichsanspruch nach dieser Vorschrift besteht in Höhe des Jahresfehlbetrags, jedoch begrenzt auf die Höhe der Differenz zwischen vereinbartem und angemessenem Entgelt. Für den Jahresfehlbetrag kann auf die Erläuterungen oben Rn 6 ff verwiesen werden; eine Abweichung besteht lediglich darin, dass diese Ausgleichsverpflichtung nicht durch Entnahmen aus den anderen Gewinnrücklagen reduziert oder vermieden werden kann, wie der dezidiert abw Wortlaut von Abs 2 gegenüber Abs 1 zeigt (GroßKomm AktG/*Hirte* Rn 49). Da aber andererseits kein Verbot besteht, freie Rücklagen zum Ausgleich des Jahresfehlbetrages aufzulösen, folgert die **hM**, dass in diesem Fall auf die Differenz zwischen vereinbartem und angemessenem Entgelt auch dann gehaftet wird, wenn und soweit der Jahresfehlbetrag durch Auflösung anderer Gewinnrücklagen vermindert oder beseitigt wird (MünchKomm AktG/*Altmeppen* Rn 66).

b) Sonstige Rechtsfolgen. Für die **sonstigen Rechtsfolgen** (Parteien des Anspruchs, Entstehen und Fälligkeit, Geltendmachung, Klagerechte der Aktionäre) vgl die Erläuterungen zu Abs 1 (oben Rn 17 ff). 27

IV. Verzicht und Vergleich, Abs 3

1. Beschränkung von Verzicht und Vergleich, Abs 3 S 1. Im Hinblick auf den Schutzcharakter der Abs 1 und 2 auch für Gläubiger und außenstehende Aktionäre ist die Gesellschaft beim Abschluss von Vergleichen über diese Ansprüche (Erlassverträgen iSd § 397 BGB) bzw Verzichten (nach § 306 ZPO) beschränkt. Diese sind erst nach Ablauf von drei Jahren seit Eintragung der Beendigung des jeweiligen Unternehmensvertrags ins HR nach § 10 HGB zulässig, vorher nach § 134 BGB nichtig (GroßKomm AktG/*Hirte* Rn 70). Gleichgestellt sind alle anderen Vereinbarungen, die iE eine Verkürzung der Rechtsposition der Gläubiger beinhalten, wie etwa eine befreiende Schuldübernahme (MünchKomm AktG/*Altmeppen* Rn 92; *Hirte* aaO; *Emmerich/Habersack* Aktien- und GmbH-KonzernR Rn 50). 28

2. Ausnahme bei zahlungsunfähigem Ausgleichspflichtigen, Abs 3 S 2. Abw von der Beschränkung des Abs 3 S 1 kann eine **Vergleichsregelung** getroffen werden, wenn der andere Vertragsteil zahlungsunfähig ist und sich zur Abwendung eines Insolvenzverfahrens mit seinen Gläubigern (GroßKomm AktG/*Hirte* Rn 76–82) vergleicht. Im Falle der Regelung in einem Insolvenzplan kommt Vergleich oder (aber sicher selten) Verzicht in Frage (MünchKomm AktG/*Altmeppen* Rn 93). Die Regelung dient der Vermeidung der Zerschlagung der verpflichteten Partei, die für die Anspruchsteller idR wirtschaftlich nachteiliger wäre. Im Hinblick darauf kann ein Vergleich oder Verzicht auch schon vor Beendigung des Unternehmensvertrages geschlossen werden (KölnKomm AktG/*Koppensteiner* Rn 72; *Hüffer* AktG Rn 28). 29

3. Sonderbeschluss der außenstehenden Aktionäre; kein Widerspruch, Abs 3 S 3
a) Sonderbeschluss. Der Vorstand bedarf eines **Sonderbeschlusses der außenstehenden Aktionäre mit einfacher Stimmenmehrheit** der an der Beschlussfassung teilnehmenden Aktionäre. 30

b) Widerspruch durch 10 % des Kapitals. Verzicht oder Vergleich werden nicht wirksam, wenn Aktionäre mit gesamt mindestens 10 % des Kapitals **Widerspruch zur Niederschrift** erheben, auch wenn der Zustimmungsbeschluss nachfolgend nicht angefochten wird (MünchKomm AktG/*Altmeppen* Rn 97). 31

V. Verjährung, Abs 4

32 Durch das Gesetz zur Modernisierung des Schuldrechts v 9.12.2004, in Kraft seit 15.12.2004 (BGBl I S 3216) gilt nun eine zehnjährige, kenntnisunabhängige Verjährungsfrist ab Eintragung der Beendigung des Vertrags im HR nach § 10 HGB. Für zu diesem Zeitpunkt bereits laufende Verjährungsfristen nach altem Recht vgl die Überleitungsvorschriften der §§ 6, 11 des Art 229 EGBGB idF des Anpassungsgesetzes (GroßKomm AktG/*Hirte* Rn 86 f).

§ 303 Gläubigerschutz

(1) ¹Endet ein Beherrschungs- oder ein Gewinnabführungsvertrag, so hat der andere Vertragsteil den Gläubigern der Gesellschaft, deren Forderungen begründet worden sind, bevor die Eintragung der Beendigung des Vertrags in das Handelsregister nach § 10 des Handelsgesetzbuchs bekannt gemacht worden ist, Sicherheit zu leisten, wenn sie sich binnen sechs Monaten nach der Bekanntmachung der Eintragung zu diesem Zweck bei ihm melden. ²Die Gläubiger sind in der Bekanntmachung der Eintragung auf dieses Recht hinzuweisen.

(2) Das Recht, Sicherheitsleistung zu verlangen, steht Gläubigern nicht zu, die im Fall des Insolvenzverfahrens ein Recht auf vorzugsweise Befriedigung aus einer Deckungsmasse haben, die nach gesetzlicher Vorschrift zu ihrem Schutz errichtet und staatlich überwacht ist.

(3) ¹Statt Sicherheit zu leisten, kann der andere Vertragsteil sich für die Forderung verbürgen. ²§ 349 des Handelsgesetzbuchs über den Ausschluss der Einrede der Vorausklage ist nicht anzuwenden.

Übersicht

	Rn		Rn
I. Inhalt und Zweck der Norm	1	f) Kenntnis des Gläubigers von der Vertragsbeendigung/Bekanntmachung	12
1. Regelungsinhalt und Gesetzeszweck	1	2. Anmeldung des Anspruchs durch den Gläubiger	13
2. Abdingbarkeit	3	3. Sicherheitsleistung	14
II. Pflicht zur Sicherheitsleistung, Abs 1	4	III. Keine Sicherheitsleistung bei Recht auf vorzugsweise Befriedigung, Abs 2	15
1. Voraussetzungen	4	IV. Sicherheitsleistung durch Bürgschaft des herrschenden Unternehmens, Abs 3	16
a) Beherrschungs- oder Gewinnabführungsvertrag	4	V. Vermögenslosigkeit der Gesellschaft	17
b) Vertragsbeendigung gleich aus welchem Grunde	5	VI. Mehrstufiger Konzern	18
c) Stichtag der zu sichernden Forderungen	6		
d) Forderungen	8		
e) Forderung in dem in Abs 1 S 1 genannten Zeitpunkt begründet	9		

Literatur: *Bork* Die Wirkung des § 93 InsO auf Ansprüche aus § 303 AktG, ZIP 2012, 1001; *Brandes* Rückforderung übermäßig abgeführter Gewinne nach Beendigung eines Ergebnisabführungsvertrages, in: Hoffmann-Becking/Hüffer/Reichert, Liber amicorum für Martin Winter 2011, 43; *Habersack* Der persönliche Schutzbereich des § 303 AktG, FS Koppensteiner, 2001, S 31; *Klöckner* Ausfallhaftung der Obergesellschaft bei Beendigung eines Beherrschungs- oder Gewinnabführungsvertrags, ZIP 2011, 1454; *Krieger* Sicherheitsleistung für Versorgungsrechte?, FS Nirk, 1992, S 551; *Leinekugel/Winstel* Sicherheitsleistung nach § 303 AktG (analog) bei der Beendigung von Unternehmensverträgen im mehrstufigen Konzern, AG 2012, 389; *Lwowski/Groeschke* Die Konzernhaftung der §§ 302, 303 AktG als atypische Sicherheit?, WM 1994, 613; *Oetker* Zur Ausstattungspflicht des herrschenden Unternehmens bei Beendigung des Beherrschungsvertrages, EWiR 2010, 7; *Reichert* Die Treuepflicht zwischen Organgesellschaft und Organträger – Auswirkungen auf Bilanzänderungen, Rücklagenbildung und Rücklagenauflösung nach Beendigung der Organschaft, in: Hoffmann-Becking/Hüffer/Reichert, Liber amicorum für Martin Winter 2011, 541; *Schröer* Sicherheitsleistung für Ansprüche aus Dauerschuldverhältnissen bei Unternehmensumwandlungen, DB 1999, 317; *Ströhmann* Haftungsfalle §§ 302, 303 AktG? – Kein Ende mit der Endloshaftung?, NZG 1999, 1030; *van Venrooy* Probleme der Gläubigersicherung nach § 303 AktG, BB 1981, 1003.

I. Inhalt und Zweck der Norm

1. Regelungsinhalt und Gesetzeszweck. Die Verlustübernahme des § 302 endet mit 1
der Beendigung des Unternehmensvertrags. Zwar wird zu diesem Zeitpunkt (letztmals) ein evtl Verlust durch die andere Gesellschaft ausgeglichen. Dass die Gesellschaft jedoch am Markt bestehen kann, ist nicht gewährleistet. Die Gläubiger können daher in einer in dieser Vorschrift näher konkretisierten Form **Sicherheit verlangen für Ansprüche, die vor Eintragung der Beendigung des Vertrags im HR begründet** worden sind. Um die Sicherheitsverpflichtung der anderen Gesellschaft in angemessenen Schranken zu halten, schließt Abs 2 diesen Anspruch aus, soweit die Gläubiger Anspruch auf vorzugsweise Befriedigung aus einer staatlich überwachten Deckungsmasse haben. Abs 3 erweitert die Formen der Sicherheitsleistung um die Bürgschaft des herrschenden Unternehmens, welche in der Praxis den Regelfall darstellt (*Emmerich/Habersack* Aktien- und GmbH-KonzernR Rn 2 mwN).

Vergleichbare Regelungen finden sich für Kapitalherabsetzungen (§§ 225, 233), Ein- 2
gliederung (§ 321) und Umwandlungen (§§ 22, 125 und 204 UmwG). Eine konkrete Beeinträchtigung der Gesellschaft durch den Unternehmensvertrag ist nicht Voraussetzung für den Anspruch auf Sicherheitsleistung; selbst wenn etwa nur ein Ergebnisabführungsvertrag bestanden und stets Verlustausgleich (und nie Gewinnabführung) geleistet wurde, oder wenn bei einem Beherrschungsvertrag nie Weisungen ergangen sind, bestehen die Ansprüche aus § 303, da allein der Umstand, dass Gläubigern oder abhängigen Gesellschaften fortan nur noch deren Vermögen haftet, das Sicherungsbedürfnis (abstrakt) auslöst (*Kropff* S 392 f; *Emmerich/Habersack* Aktien- und GmbH-KonzernR Rn 1).

2. Abdingbarkeit. Die Regelung ist zwingende Folge der Beendigung der beiden spe- 3
zifisch genannten Unternehmensverträge (Beherrschungs- oder Gewinnabführungsvertrag). Im Verhältnis zwischen dem anderen Unternehmen und dem Gläubiger – sowie zwischen der Gesellschaft und dem Gläubiger als Vertrag zugunsten Dritter für das herrschende Unternehmen – kann die Regelung des § 303 jedoch abbedungen oder modifiziert werden.

II. Pflicht zur Sicherheitsleistung, Abs 1

1. Voraussetzungen. – a) Beherrschungs- oder Gewinnabführungsvertrag. Ein 4
Beherrschungs- oder ein Gewinnabführungsvertrag oder ein diesen nach § 291 Abs 1

S 2 gleichstehender Geschäftsführungsvertrag (also anders als bei § 302, der nach **hM** auf Geschäftsführungsverträge nicht anwendbar ist; als Grund wird die Gleichartigkeit der Gläubigergefährdung angesehen; s auch KölnKomm AktG/*Koppensteiner* Rn 6; *Hüffer* AktG Rn 2) muss beendet worden sein. Auf die anderen Unternehmensverträge des § 292 ist § 303 nicht anwendbar, weil dort die Gesellschaft eine angemessene Gegenleistung erhalten muss, die als ausreichende Sicherung gilt.

5 **b) Vertragsbeendigung gleich aus welchem Grunde.** Die Norm erfasst **alle denkbaren Beendigungsgründe**, nicht nur §§ 296, 297 (GroßKomm AktG/*Hirte* Rn 10). Auswirkungen auf die Anwendbarkeit hat daher die Streitfrage, ob der Unternehmensvertrag durch die Auflösung einer Vertragspartei, insb im Falle der Eröffnung des Insolvenzverfahrens über ihr Vermögen, endet (so *Emmerich/Habersack* Aktien- und GmbH-KonzernR Rn 5, 7 und § 297 Rn 52 ff). Nur eine **wirksame Beendigung** löst die Rechtsfolge des § 303 aus, nicht bspw eine formunwirksame oder unbegründete Kündigung; dann bleibt der Vertrag in Kraft und die Sicherung der Gläubiger durch § 302 Abs 1 bestehen (*Ströhmann* NZG 1999, 1030; *Emmerich* aaO Rn 7).

6 **c) Stichtag der zu sichernden Forderungen.** Sicherungsberechtigte Forderungen müssen **vor Bekanntmachung der Eintragung** begründet worden sein. Durch die Einführung des elektronischen HR ist § 10 HGB und entspr § 303 mit Wirkung ab 1.1.2007 geändert worden („bekannt gemacht worden" statt „als bekanntgemacht gilt").

7 Wenn die **Bekanntmachung** des Beendigungszeitpunktes des Unternehmensvertrages **vor dem Beendigungszeitpunkt dieses Vertrages** liegt, wird als Stichtag, der die 6-Monats-Frist in Lauf setzt, der Tag der Bekanntmachung anzusehen sein. Problematisch ist dies allerdings, wenn der Tag der Bekanntmachung mehr als 6 Monate vor dem Beendigungszeitpunkt liegt (vgl § 298 Rn 2) und daher die Frist zur Geltendmachung der Sicherheitsleistung vor dem Zeitpunkt der Vertragsbeendigung enden würde (praktisches Bsp: Bei befristeten Unternehmensverträgen wird der Beendigungszeitpunkt bereits gemeinsam mit dem Abschluss des Unternehmensvertrages bekannt gemacht.). Ansprüche, die später als 6 Monate vor dem Beendigungszeitpunkt des Vertrages begründet wurden, könnten so gar nicht fristgemäß geltend gemacht werden. Daher muss in solchen Fällen nach dem Sinn und Zweck der Regelung die Geltendmachung jedenfalls bis zum Zeitpunkt der Vertragsbeendigung möglich sein bzw sogar noch unverzüglich danach, wenn anders der Zweck nicht erreicht werden kann (zB Entstehung eines deliktischen Anspruchs gegen die Gesellschaft am Tag der Beendigung des Unternehmensvertrages).

8 **d) Forderungen.** Jeder schuldrechtliche Anspruch, gleichgültig welchen Rechtsgrundes, daher sowohl vertragliche wie gesetzliche Ansprüche. Nicht aber dingliche Ansprüche, die keines bes Schutzes bedürfen (MünchKomm AktG/*Altmeppen* Rn 13). Bei fälligen Forderungen ist der Gläubiger nicht darauf angewiesen, sich (nur oder zunächst) an die Gesellschaft zu halten (*Habersack* FS Koppensteiner, S 31, 35; zw KölnKomm AktG/*Koppensteiner* Rn 17). Das gilt auch, wenn aufgrund dieser Forderung ein Verlustausgleich im letzten Jahresabschluss höher gewesen war, weil Verlustausgleichspflicht und Sicherheitsleistung selbstständig nebeneinander stehen (*Altmeppen* aaO Rn 14; hierzu aber vgl Rn 16). Nicht zu den berechtigten Forderungen zählen die Ansprüche der abhängigen Gesellschaft selbst, insb aus § 302 (GroßKomm AktG/ *Hirte* Rn 17).

e) Forderung in dem in Abs 1 S 1 genannten Zeitpunkt begründet. Befristete, aufschiebend bedingte und auflösend bedingte Ansprüche sind vor Eintritt der Frist bzw der Bedingung bereits begründet (*BGHZ* 115, 187, 202; *Krieger* FS Nirk, S 551, 555; *BAG* AG 2009, 829, 830). Der Gläubiger muss die Gegenleistung noch nicht erbracht haben. Als begründet ist weiterhin ein Anspruch anzusehen, wenn alle zu seiner Entstehung erforderlichen Tatsachen vorliegen und **es keiner weiteren Handlung des Gläubigers mehr bedarf;** Fälligkeit des Anspruchs ist daher erst recht nicht erforderlich (*BGHZ* 116, 37, 46 f; *BAGE* 83, 356, 362; *Schröer* DB 1999, 317, 318 ff; *Emmerich/Habersack* Aktien- und GmbH-KonzernR Rn 11). 9

Begründung der Forderung **vor Beginn des Unternehmensvertrages** schließt den Anspruch auf Sicherheitsleistung auch nicht aus (GroßKomm AktG/*Hirte* Rn 15). 10

Nach hM und Rspr werden auch Ansprüche aus **Dauerschuldverhältnissen** erfasst, auch wenn der einzelne Anspruch noch nicht entstanden ist (*BGHZ* 116, 37, 46 f; *BAG* AG 1997, 268). Zweifelhaft ist, ob noch nicht konkretisierte Einzelansprüche (abw zu § 225) ebenfalls einen Sicherungsanspruch auslösen (befürwortend MünchKomm AktG/*Altmeppen* Rn 17; abl die **hM**, zB *Hüffer* AktG Rn 3; zu einem Altersteilzeitvertrag *OLG Zweibrücken* NZG 2004, 670). Ferner wird über die „Endloshaftung" diskutiert und eine „sinnvolle Begrenzung der Nachhaftung" gefordert (*Altmeppen* aaO Rn 17, 26 ff, 31 ff; *Emmerich/Habersack* Aktien- und GmbH-KonzernR Rn 13a ff mwN; *OLG Hamm* AG 2008, 898, 899). Dauerschuldverhältnisse, die vom Gläubiger nach dem Ablauf der Frist des Abs 1 S 1 (ordentlich) gekündigt werden können, verdienen einen Sicherungsanspruch für den Zeitraum bis zur Beendigung durch die erste mögliche Kündigung nach Ablauf der Frist von Abs 1. Soweit eine Kündigung ausscheidet, ist die Art der Begrenzung strittig. Die überwiegende Literatur befürwortet eine analoge Anwendung der fünfjährigen Nachhaftungsfrist nach §§ 26, 160 HGB (GroßKomm AktG/*Hirte* Rn 17 mwN; *Habersack* FS Koppensteiner, S 31, 38; *Emmerich* aaO Rn 13c; Spindler/Stilz AktG/*Veil* Rn 16). Die Rspr stellt dagegen zur Bestimmung der zeitlichen Grenze auf das konkrete Sicherungsinteresse des Gläubigers im Einzelfall ab (*OLG Hamm* aaO; *OLG Frankfurt* AG 2001, 139 f; zu ähnl Rechtsfrage in § 26 Abs 1 S 1 KapErhG: *BGH* AG 1996, 321 f). 11

f) Kenntnis des Gläubigers von der Vertragsbeendigung/Bekanntmachung. Der maßgebende Zeitpunkt für die Begründetheit des Anspruchs ist die Bekanntmachung nach Abs 1 S 1 und hängt nicht von der Kenntnis des Gläubigers ab, und zwar in beiderlei Richtung: Fehlende Kenntnis von der Bekanntmachung setzt die Frist in Lauf; (frühere) Kenntnis von der Vertragsbeendigung setzt die Frist ebenfalls erst mit Bekanntmachung in Lauf (MünchKomm AktG/*Altmeppen* Rn 19; GroßKomm AktG/*Hirte* Rn 15). Wird ein Anspruch erst nach Kenntnis des Gläubigers von der Vertragsbeendigung (aber vor Bekanntmachung nach Abs 1) begründet, dürfte einem Sicherungsanspruch § 242 BGB entgegen stehen. 12

2. Anmeldung des Anspruchs durch den Gläubiger. Die Gläubiger müssen sich nach dem Gesetzeswortlaut „zu diesem Zweck" – Geltendmachung der Sicherheitsleistung – beim anderen Vertragsteil melden. Die „Meldung" ist formlos möglich, muss aber erkennbar machen, dass es sich um eine Forderung gegen die Gesellschaft handelt und dem herrschenden Unternehmen jedenfalls im Wesentlichen eine Prüfung der Begründetheit des Anspruchs, nicht notwendigerweise der Höhe erlauben (*Emmerich/Habersack* Aktien- und GmbH-KonzernR Rn 17; GroßKomm AktG/*Hirte* 13

Rn 19 ff). Die Frist ist auch gewahrt, wenn die Meldung schon vor der Bekanntmachung beim herrschenden Unternehmen zugeht. Bei Fristversäumnis ist der Anspruch erloschen (Kallmeyer UmwG/*Marsch-Barner* § 22 Rn 5). Die Frist läuft auch ab, wenn der Hinweis nach Abs 1 S 2 unterblieben ist, weil dieser Hinweis nicht Teil der Anmeldung ist, sondern von Amts wegen erfolgt (hier kommen Amtshaftungsansprüche in Frage, *Hüffer* AktG Rn 5).

14 **3. Sicherheitsleistung.** Die Regelung baut auf den §§ 232 ff BGB auf. Die Höhe der Sicherheitsleistung bemisst sich nach dem sicherungsbedürftigen Anspruch, grds also in dessen voller Höhe. Für Dauerschuldverhältnisse, die durch den Gläubiger gekündigt werden können, und zur „Endloshaftung" vgl oben Rn 11. Der Anspruch umfasst auch Sicherheit für etwaige Zinsen (MünchKomm AktG/*Altmeppen* Rn 25). Die Notwendigkeit einer angemessenen Interessenausgleichung wird entgegen *Altmeppen* (aaO Rn 32) auch nicht dadurch obsolet, dass das herrschende Unternehmen von Recht zur Verbürgung nach Abs 3 Gebrauch macht. Der Anspruch auf Sicherheitsleistung kann im Verweigerungsfall im Zivilverfahren geltend gemacht werden (*OLG Düsseldorf* AG 1996, 426).

III. Keine Sicherheitsleistung bei Recht auf vorzugsweise Befriedigung, Abs 2

15 Keinen Anspruch auf Sicherheitsleistung haben solche Gläubiger, die im Insolvenzfall einen Anspruch auf Befriedigung aus einer **besonderen Deckungsmasse** haben, dh in den Fällen der §§ 35 HypBG, 36 SchiffsBG, 77, 79 VAG. Gleich behandelt werden Gläubiger, die sonst **schon zureichend gesichert** sind, zB durch ein Vorrecht in der Insolvenz, eine Sicherungsübereignung oder ein Absonderungsrecht, soweit die vorhandenen Sicherungen ausreichen (KölnKomm AktG/*Koppensteiner* Rn 20). Nach *BAG* AG 1997, 268, 269 f gilt das auch für Rechte, die **nach § 7 BetrAVG insolvenzgesichert** sind; auch der PSVaG hat – auch aus übergegangenem Recht – keinen Sicherungsanspruch (GroßKomm AktG/*Hirte* Rn 28). Wer sich durch **Aufrechnung** befriedigen kann, bedarf ebenfalls keines Sicherungsanspruches (*Koppensteiner* aaO).

IV. Sicherheitsleistung durch Bürgschaft des herrschenden Unternehmens, Abs 3

16 In Ergänzung zu §§ 232 ff BGB kann nach Abs 3 das herrschende Unternehmen Sicherheit durch Bürgschaft leisten, und zwar – gem S 2 – so, dass dem Bürgen die Einrede der Vorausklage verbleibt (§ 771 BGB). Insb wenn das andere Unternehmen bei einem Gewinnabführungsvertrag die Drittforderung bereits iRd Verlustausgleichs gegenüber dem abführungspflichtigen Unternehmen wirtschaftlich getragen hat, wird so eine doppelte Inanspruchnahme vermieden. Die Entscheidung zwischen den verschiedenen Formen der Sicherheitsleistung ist Wahlschuld des (ehemals) herrschenden Unternehmens iSd §§ 262 ff BGB (*Emmerich/Habersack* Aktien- und GmbH-KonzernR Rn 21). In der Praxis stellt Abs 3 den Regelfall dar (*Emmerich* aaO Rn 2 mwN).

V. Vermögenslosigkeit der Gesellschaft

17 Steht der Ausfall des Anspruchs gegen die Gesellschaft fest, wandelt sich der Anspruch auf Sicherheitsleistung in einen solchen auf Zahlung gegen die herrschende Gesellschaft (*BGHZ* 116, 37, 42; *Emmerich/Habersack* Aktien- und GmbH-KonzernR Rn 24; *K. Schmidt/Lutter* AktG/*Stephan* Rn 28; *Klöckner* ZIP 2011, 1454). Streitig ist die Rechtslage aber ansonsten nach Eröffnung des Insolvenzverfahrens der Gesellschaft

(ausf MünchKomm AktG/*Altmeppen* Rn 38 ff; *Bork* ZIP 2012, 1001). Mit der **hM** ist der Zahlungsanspruch gegen das herrschende Unternehmen bei Eröffnung des Insolvenzverfahrens gegen die Gesellschaft zu bejahen, da hier auch die Einrede der Vorausklage versagt (§ 773 Abs 1 Nr 3 BGB), so dass im praktisch häufigen Fall der Bürgschaft nach Abs 3 ein Zahlungsanspruch entsteht (*BGHZ* aaO; GroßKomm AktG/*Hirte* Rn 12 f).

VI. Mehrstufiger Konzern

Endet ein nach Abs 1 sicherungspflichtiger Unternehmensvertrag zwischen Mutter (M) **18** und Tochter (T), so haben nur die Gläubiger der T Anspruch auf Sicherheitsleistung, nicht die Gläubiger der – mit der T weiterhin über einen solchen Unternehmensvertrag verbundenen – Enkelin (E). Obwohl die Beendigung des Unternehmensvertrages zwischen M und T die wirtschaftliche Position der E berühren kann, ist aufgrund der formalen Kriterien der Ansprüche nach § 303 eine analoge Anwendung abzulehnen (MünchKomm AktG/*Altmeppen* Rn 36; KölnKomm AktG/*Koppensteiner* Rn 7). Enden Unternehmensverträge, die jeweils im Grunde Anspruch auf Sicherheitsleistung geben, zwischen M und T sowie zwischen T und E gleichzeitig oder annähernd gleichzeitig, kann es aufgrund der formalen Regelung allerdings zu wenig überzeugenden Konsequenzen kommen: Wird die Beendigung des „unteren" Vertrags vor der Beendigung des „oberen" Vertrags bekannt gemacht, entsteht durch erste Bekanntmachung zunächst ein entspr Anspruch eines Gläubigers der E gegen T; da ein solcher Gläubiger damit auch innerhalb der für die Beendigung des „oberen" Unternehmensvertrags maßgeblichen Frist zu einem Gläubiger der T geworden ist, hat er einen entspr Anspruch gegen M auf Sicherheitsleistung. Ist hingegen die Bekanntmachung der Beendigung des „oberen" Vertrags früher erfolgt als die des „unteren", kann sich ein Gläubiger der E nur an die T halten; da er bei Bekanntmachung der Beendigung des „oberen" Unternehmensvertrages noch keinen Anspruch auf Sicherheitsleistung gegen T hatte, erwächst ihm kein entspr Anspruch gegen M. Vor allem bei gleichzeitiger Beendigung der beiden Verträge (ein nicht seltener Fall) würden daher die Zufälligkeiten der Bekanntmachungsreihenfolge unterschiedliche Rechtsfolgen auslösen. Wird ein Unternehmensvertrag iSv Abs 1 S 1 zwischen M und T beendet, so stellt sich die Frage, ob E aus ihrem Unternehmensvertrag gegen T Sicherungsansprüche gegen M anmelden kann. Die Frage wird von *Altmeppen* im Grunde zu Recht bejaht (aaO Rn 37), wobei aber hier auf jeden Fall auch die Beschränkung auf diejenige Zeit zu beachten ist, auf die der Gläubiger (hier E) bei Fristablauf den Unternehmensvertrag (mit T) ordentlich kündigen kann (so Rn 11). Vgl ausf *Leinekugel/Winstel* AG 2012, 389.

Vierter Abschnitt
Sicherung der außen stehenden Aktionäre bei Beherrschungs- und Gewinnabführungsverträgen

§ 304 Angemessener Ausgleich

(1) ¹Ein Gewinnabführungsvertrag muss einen angemessenen Ausgleich für die außen stehenden Aktionäre durch eine auf die Anteile am Grundkapital bezogene wiederkehrende Geldleistung (Ausgleichszahlung) vorsehen. ²Ein Beherrschungsvertrag muss, wenn die Gesellschaft nicht auch zur Abführung ihres ganzen Gewinns ver-

§ 304

pflichtet ist, den außen stehenden Aktionären als angemessenen Ausgleich einen bestimmten jährlichen Gewinnanteil nach der für die Ausgleichszahlung bestimmten Höhe garantieren. ³Von der Bestimmung eines angemessenen Ausgleichs kann nur abgesehen werden, wenn die Gesellschaft im Zeitpunkt der Beschlussfassung ihrer Hauptversammlung über den Vertrag keinen außen stehenden Aktionär hat.

(2) ¹Als Ausgleichszahlung ist mindestens die jährliche Zahlung des Betrags zuzusichern, der nach der bisherigen Ertragslage der Gesellschaft und ihren künftigen Ertragsaussichten unter Berücksichtigung angemessener Abschreibungen und Wertberichtigungen, jedoch ohne Bildung anderer Gewinnrücklagen, voraussichtlich als durchschnittlicher Gewinnanteil auf die einzelne Aktie verteilt werden könnte. ²Ist der andere Vertragsteil eine Aktiengesellschaft oder Kommanditgesellschaft auf Aktien, so kann als Ausgleichszahlung auch die Zahlung des Betrags zugesichert werden, der unter Herstellung eines angemessenen Umrechnungsverhältnisses auf Aktien der anderen Gesellschaft jeweils als Gewinnanteil entfällt. ³Die Angemessenheit der Umrechnung bestimmt sich nach dem Verhältnis, in dem bei einer Verschmelzung auf eine Aktie der Gesellschaft Aktien der anderen Gesellschaft zu gewähren wären.

(3) ¹Ein Vertrag, der entgegen Absatz 1 überhaupt keinen Ausgleich vorsieht, ist nichtig. ²Die Anfechtung des Beschlusses, durch den die Hauptversammlung der Gesellschaft dem Vertrag oder einer unter § 295 Abs. 2 fallenden Änderung des Vertrags zugestimmt hat, kann nicht auf § 243 Abs. 2 oder darauf gestützt werden, dass der im Vertrag bestimmte Ausgleich nicht angemessen ist. ³Ist der im Vertrag bestimmte Ausgleich nicht angemessen, so hat das in § 2 des Spruchverfahrensgesetzes bestimmte Gericht auf Antrag den vertraglich geschuldeten Ausgleich zu bestimmen, wobei es, wenn der Vertrag einen nach Absatz 2 Satz 2 berechneten Ausgleich vorsieht, den Ausgleich nach dieser Vorschrift zu bestimmen hat.

(4) Bestimmt das Gericht den Ausgleich, so kann der andere Vertragsteil den Vertrag binnen zwei Monaten nach Rechtskraft der Entscheidung ohne Einhaltung einer Kündigungsfrist kündigen.

Übersicht

	Rn		Rn
I. Inhalt und Zweck der Norm	1	b) Nicht außenstehender Aktionär	12
1. Regelungsinhalt	1		
2. Gesetzeszweck	2	c) Nicht 100 % beteiligt	13
3. Abdingbarkeit	3	d) Nur Aktieninhaber als außenstehender Aktionär	14
II. Ausgleichspflicht, Abs 1	4		
1. Voraussetzungen für die Entstehung des Anspruchs	4	e) Maßgeblicher Zeitpunkt	15
		3. Schuldner der Ansprüche	17
a) Beherrschungs- und/oder Gewinnabführungsvertrag	4	4. Abdingbarkeit, Anrechnung	18
b) Wirksamer Vertrag	6	III. Art und Höhe des Ausgleichs, Abs 1 S 1, 2; Abs 2	19
c) Fehlen außenstehender Aktionäre	7	1. Fester Ausgleich	19
d) Entstehung und Fälligkeit	8	a) Berechnung nach den Ertragsaussichten der Gesellschaft	20
e) Verzinsung	10		
2. Außenstehende Aktionäre	11	b) Die Schätzung der künftigen Erträge	24
a) Gläubiger der Ansprüche	11		

	Rn		Rn
c) Vollausschüttung	27	b) Kapitalveränderungen	46
d) Neutrales Vermögen	28	aa) Bei der abhängigen	
e) Steuerbelastung	29	Gesellschaft	46
aa) Besteuerung beim		bb) Kapitalveränderungen	
Unternehmen	30	beim herrschenden	
bb) Besteuerung auf Aktio-		Unternehmen	47
närsebene	31	c) Andere Veränderungen	48
f) „Nullausgleich"	32	aa) Rechtsformwechsel beim	
g) Unterschiedliche Aktiengat-		anderen Vertragsteil	48
tungen	33	bb) Sonstige Veränderungen	49
h) Maßgeblicher Zeitpunkt für		7. Beendigung der Ansprüche der	
die Angemessenheit der		außenstehenden Aktionäre	50
Ausgleichszahlung	34	a) Beendigung des Unterneh-	
2. Verhältnis des festen Ausgleichs		mensvertrags	50
zu § 305	35	b) Veräußerung der Beteiligung	51
3. Variabler Ausgleich	36	c) Auflösung, Eingliederung,	
a) Anwendungsbereich	36	Verschmelzung	52
b) Gewinnanteil	37	IV. Rechtsfolgen bei fehlendem oder	
c) Umrechnungsverhältnis	38	unangemessenem Ausgleich, Abs 3	53
4. Mindestgarantie/"Mindestens"	39	1. Anfechtungsklagen vs Spruch-	
5. Mehrstufige Konzerne	40	verfahren	53
a) Koordinierte und/oder		2. „Überhaupt kein Ausgleich",	
gleichzeitige Verträge auf		S 1	54
beiden Stufen	41	3. Keine Nichtigkeit oder Anfech-	
b) Konzernaufbau von oben		tung	55
nach unten	42	4. Gerichtliche Bestimmung des	
c) Konzernaufbau von unten		Ausgleichs, S 3	56
nach oben	43	V. Sonderkündigungsrecht des ande-	
d) Weitere Sonderfragen	44	ren Vertragsteils, Abs 4	57
6. Anpassung	45	VI. Steuerliche Hinweise	58
a) Vertragliche Anpassungs-			
klauseln	45		

Literatur: *Altmeppen* Zeitliche und sachliche Begrenzung von Abfindungsansprüchen gegen das herrschende Unternehmen im Spruchstellenverfahren, FS Ulmer 2003, S 3; *Baldamus* Der Einfluss der Körperschaftssteuer auf den sog festen Ausgleich nach § 304 Abs 2 Satz 1 AktG, AG 2005, 77; *ders* An wen ist beim Gewinnabführungsvertrag Ausgleich zu zahlen?, ZGR 2007, 819; *Bilda* Abfindungsansprüche bei vertragsüberlebendem Spruchverfahren, NZG 2005, 375; *Bungert* Zur Frage der Wirksamkeit der Festsetzung eines Nullausgleichs in einem Gewinnabführungsvertrag bei dauerhaft negativer Ertragsprognose, BB 2006, 1129; *Dötsch* Ausgleichszahlungen einer Organgesellschaft an ihre außenstehenden Gesellschafter, Der Konzern 2004, 716; *Ebenroth/Parche* Konzernrechtliche Beschränkungen der Umstrukturierung des Vertragskonzerns, BB 1989, 637; *Geng* Ausgleich und Abfindung der Minderheitsaktionäre der beherrschten Aktiengesellschaft bei Verschmelzung und Spaltung, 2003; *Goette* Aktuelle Rechtsprechung des II. Zivilsenats zum Aktienrecht, DStR 2006, 2132; *Großfeld* Unternehmens- und Anteilsbewertung im Gesellschaftsrecht, 4. Aufl 2002; *ders* Barabfindung und Ausgleich nach §§ 304, 305 AktG, NZG 2004, 74; *Gude* Strukturänderungen und Unternehmensbewertung zum Börsenkurs, 2004; *Habersack* Abfindung für vom herrschenden Unternehmen oder von der beherrschten Gesellschaft erworbene Aktien?, AG 2005, 709; *Hirte/Wittgens* Zur Überprüfung der Angemessenheit eines Null-Ausgleichs, EWiR 2006, 291; *Hüffer* Zulässigkeit eines Nullausgleichs bei andauernder Ertraglosigkeit einer Aktiengesellschaft, JZ 2007, 151; *Hüffer/Schmidt-Aßmann/M. Weber*

Anteilseigentum, Unternehmenswert und Börsenkurs, 2005; *Knoll* Unternehmensverträge und der BGH: Volle Entschädigung der außenstehenden Aktionäre?, ZIP 2003, 2329; *ders* Gesetzliche Verzinsung von Spruchverfahrensansprüchen, BB 2004, 1727; *Koppensteiner* Ordentliche Kapitalerhöhungen und dividendenabhängige Ansprüche Dritter, ZHR 139 (1975), 191; *Lutter/Drygala* Wie fest ist der feste Ausgleich nach § 304 Abs 2 S 1 AktG?, AG 1995, 49; *Meilicke* Die Berechnung der Ausgleichszahlung nach § 304 II 1 AktG, DB 1974, 417; *ders* Das Verhältnis von Ausgleichs- und Abfindungsansprüchen nach §§ 304, 305 AktG, AG 1999, 103; *Pentz* Die verbundene Aktiengesellschaft als außenstehender Aktionär, AG 1996, 97; *Prühs* Gesellschaftsrechtliche Probleme internationaler Unternehmen, AG 1973, 395; *Roth* Die Berechnung der Garantiedividende von Vorzugsaktien im Rahmen von Unternehmensverträgen, Der Konzern 2005, 685; *Sauter/Heurung* Ausgleichszahlungen und vororganschaftliche Gewinnausschüttungen nach dem Systemwechsel, GmbHR 2001, 754; *Spindler/Klöhn* Ausgleich gem § 304 AktG, Unternehmensbewertung und Art 14 GG, Der Konzern 2003, 511; *Stimpel* Zum Verhältnis von Ausgleichs- und Barabfindungsansprüchen nach §§ 304, 305 AktG, AG 1998, 259; *Tebben* Ausgleichszahlungen bei Aktienübergang, AG 2003, 600; *Wasmann* Endlich Neuigkeiten zum Börsenkurs, ZGR 2011, 83; *Weber* Kursmanipulationen am Wertpapiermarkt, NZG 2000, 113; *Weiss* Die Berücksichtigung des nicht betriebsnotwendigen Vermögens bei der Bestimmung von Abfindung und Ausgleich im aktienrechtlichen Spruchstellenverfahren, FS Semler 1993, S 631; *Wilm* Abfindung zum Börsenkurs, NZG 2000, 234.

I. Inhalt und Zweck der Norm

1 **1. Regelungsinhalt.** § 304 verlangt für Gewinnabführungs- und für Beherrschungsverträge (sowie für Verträge, die beides beinhalten), nicht aber für andere Unternehmensverträge, Bestimmungen über einen „angemessenen Ausgleich" für die außenstehenden Aktionäre. Bei Gewinnabführungsverträgen wird dadurch der Dividendenanspruch ersetzt, der aufgrund des Vertrages entfällt, weil der Gewinn vollständig dem anderen (herrschenden) Unternehmen zugeführt wird. Bei Beherrschungsverträgen ist zwar keineswegs zwingend, dass aufgrund des Vertrages die ansonsten mögliche Dividende ausfällt oder gemindert ist. Der Gesetzgeber sieht jedoch aufgrund der Möglichkeiten, die der Beherrschungsvertrag dem anderen Unternehmen bietet, dessen Garantie für eine Zahlung an den außenstehenden Aktionär vor, die sich an der Ausgleichszahlung bei einem Gewinnabführungsvertrag zu orientieren hat. Sie setzt sich aus der evtl von der Gesellschaft geleisteten Dividende und einer ergänzenden Zahlung des anderen Unternehmens zusammen. Die Regelung dient dem Schutz der außenstehenden Aktionäre; mangels solcher findet § 304 (und § 305) keine Anwendung. Treten später außenstehende Aktionäre hinzu, endet der Unternehmensvertrag automatisch und zwingend, so dass seine „Fortsetzung" wieder die Rechte nach §§ 304, 305 eröffnet, vgl § 307.

2 **2. Gesetzeszweck.** Die Norm dient im Zusammenspiel mit § 305 dem Schutz der wirtschaftlichen Interessen außenstehender Aktionäre, welchen durch Abschluss eines Beherrschungs- und Gewinnabführungsvertrags Herrschafts- und Mitgliedsrechte entzogen werden (s § 305 Rn 1). Verfassungsrechtlich ist der Normkomplex eine zulässige Inhalts- und Schrankenbestimmung des Art 14 Abs 1 GG (*BVerfG* NJW 2007, 3265 f und ZIP 2013, 260; MünchKomm AktG/*Paulsen* Rn 9 f). Die Aktionäre haben die Wahl, in der Gesellschaft zu verbleiben (mit der Rechtsfolge des § 304) oder auszuscheiden (mit der Rechtsfolge des § 305). Ist das **andere Unternehmen keine AG oder KGaA**, ist jeweils ein fester jährlicher Zahlungsbetrag nach Maßgabe der bei

Abschluss des Unternehmensvertrags erwarteten künftigen Erträge zu ermitteln. Dieser ist iE für beide Vertragsformen (Gewinnabführungs- und Beherrschungsvertrag) gleich hoch, bezieht bei Letzterem eine etwa bezahlte Dividende der Gesellschaft jedoch in die Berechnung mit ein. Wenn der **andere Vertragsteil eine AG oder KGaA** ist, kann statt einer solchen festen jährlichen Zahlung auch ein Anteil an der Dividende der herrschenden Gesellschaft versprochen werden, wobei sich dieses Verhältnis nach den Grundsätzen der Verschmelzungswertrelation zwischen der Gesellschaft und dem anderen Unternehmen bemisst. Die Prüfung der Angemessenheit der Leistungen nach §§ 304, 305 erfolgt im Rahmen eines Verfahrens der freiwilligen Gerichtsbarkeit (Spruchverfahren) va nach den Regeln des SpruchG. Unangemessen festgesetzte Leistungen lassen die Wirksamkeit der betreffenden Verträge als solche unberührt; die HV-Beschlüsse über die Zustimmung zu solchen Verträgen sind daher nicht wg (angeblich) fehlender Angemessenheit anfechtbar. Das Gesetz zur Neuordnung des gesellschaftsrechtlichen Spruchverfahrens vom 12.6.2003 (BGBl I S 838) hat Abs 3 S 3 geändert und **Abs 4 aufgehoben** (und inhaltlich durch §§ 3, 4 SpruchG ersetzt), wodurch auch der bisherige Abs 5 zu Abs 4 wurde.

3. Abdingbarkeit. Zwischen den Parteien des Unternehmensvertrags ist die Bestimmung des § 304 nicht abdingbar, wenn außenstehende Aktionäre vorhanden sind. Stimmen alle außenstehenden Aktionäre einer entspr Regelung zu, sind §§ 304, 305 abdingbar, weil der Schutzzweck nicht weiter reicht (K. Schmidt/Lutter AktG/*Stephan* Rn 73 f). 3

II. Ausgleichspflicht, Abs 1

1. Voraussetzungen für die Entstehung des Anspruchs. – a) Beherrschungs- und/oder 4
Gewinnabführungsvertrag. Es muss sich um einen Vertrag iSv § 291 Abs 1 S 1 oder S 2 (Geschäftsführungsvertrag) handeln. Die Regelung ist daher nur anwendbar bei einer abhängigen deutschen AG oder KGaA und im Falle von § 291 Abs 1 S 2 (MünchKomm AktG/*Paulsen* Rn 20). Auf andere Unternehmensverträge, auch Teilgewinnabführungsverträge, ist die Vorschrift nicht anwendbar (GroßKomm AktG/ *Hasselbach/Hirte* Rn 141).

„Anderer Vertragsteil" (ist gleich herrschendes Unternehmen) braucht keine deutsche AG oder KGaA zu sein, dh dass auch ausländische Unternehmen (GroßKomm AktG/*Hasselbach/Hirte* Rn 37) entspr Verpflichtungen treffen (s. o. § 291 Rn 5). Bei **Mehrmütterorganschaft** richtet sich der Anspruch gegen die mehreren beteiligten herrschenden Unternehmen als Gesamtschuldner (s. o. § 291 Rn 14). 5

b) Wirksamer Vertrag. Nur wirksame Verträge begründen den Anspruch; nicht ausreichend ist ein sog „verdeckter Beherrschungsvertrag" (*OLG Schleswig* NZG 2008, 868, 872 f; MünchKomm AktG/*Paulsen* Rn 16; zum Begriff s § 291 Rn 12). Verstößt der Vertrag dem Grunde nach gegen Abs 1 und sieht also keine Ausgleichszahlung vor, ist er nichtig. Davon zu unterscheiden ist der Fall, dass dem Grunde nach die **Ausgleichszahlung** vorgesehen, sie der Höhe nach jedoch „**Null**" beträgt (su Rn 32). In diesem Fall ist der Vertrag wirksam. Um in der Praxis die beiden Fälle unterscheiden zu können, empfiehlt es sich dann daher, ausdrücklich eine Ausgleichszahlung von Null festzusetzen. 6

c) Fehlen außenstehender Aktionäre. Mangels außenstehender Aktionäre bei 7
Beschlussfassung der HV bedarf es nicht der Festsetzung eines angemessenen Aus-

gleichs nach Abs 1 (Abs 1 S 3). Dies wird ergänzt durch § 307, wonach in einem derartigen Fall der Unternehmensvertrag (vorzeitig) endet, wenn außenstehende Aktionäre neu hinzutreten, so dass nun der Vertrag neu abgeschlossen werden kann und §§ 304, 305 beachtet werden müssen.

8 d) Entstehung und Fälligkeit. Der Anspruch **entsteht** dem Grunde nach mit Wirksamwerden des Vertrags, also mit seiner Eintragung in das HR (§ 294 Abs 2; *LG Hamburg* AG 1991, 365, 366), soweit nicht vertraglich ein späteres Inkrafttreten oder eine zulässige Rückwirkung vereinbart sind (dazu vgl § 294 Rn 17). Der Anspruch auf die jeweilige jährliche konkrete Ausgleichszahlung entsteht aber erst bei der Fälligkeit der einzelnen Zahlung, und in der Person desjenigen, der dann außenstehender Aktionär ist (*BGH* AG 2011, 514, 515; s auch Rn 15 f).

9 Die **Fälligkeit** der einzelnen Zahlungsansprüche ist nach den beiden betroffenen Vertragsarten zu differenzieren: Der „**feste Ausgleich**" nach **Abs 2 S 1** ist im Zeitpunkt der **ordentlichen HV** fällig, in dem der Jahresabschluss festgestellt wird (weil idR ein Gewinnverwendungsbeschluss nicht mehr gefasst wird, da die Gesellschaft ihren ganzen Gewinn abführen muss; hM *BGH* AG 2011, 514, 515; *Hüffer* AktG Rn 13; GroßKomm AktG/*Hasselbach/Hirte* Rn 42; differenzierend MünchKomm AktG/*Paulsen* Rn 108), wenn der Vertrag keine den außen stehenden Aktionären günstigere Bestimmung enthält (*BGH* aaO). Der **variable Ausgleich** hängt von der Feststellung des Jahresabschlusses (und dort auch: vom Gewinnverwendungsbeschluss) ab, da erst dann die Differenz zum möglicherweise geschuldeten gesamten angemessenen Ausgleich bestimmt werden kann (*Paulsen* aaO Rn 110; MünchHdb AG/*Krieger* § 70 Rn 85). Eine vertragliche Hinausschiebung des Fälligkeitszeitpunkts ist mit dem Normzweck nicht zu vereinbaren und daher unwirksam (**aA** *OLG Düsseldorf* 18.12.2008 – 6 U 139/07, das eine Hinausschiebung um einen Tag nicht beanstandet, offen gelassen in dem Beschl des *BGH* v 31.5.2010, in dem die Nichtzulassungsbeschwerde gegen *OLG Düsseldorf* zurückgewiesen wird, AG 2010, 589). Eine frühere Zahlung des festen Ausgleichs, also bspw zum Geschäftsjahresschluss der Gesellschaft, ist hingegen zulässig.

10 e) Verzinsung. Hier gelten die allg Regeln des Schuldrechts. Da nach **hM** der Eintritt der Fälligkeit nicht nach dem Kalender zu bestimmen ist, sind Verzugszinsen erst nach Mahnung geschuldet (GroßKomm AktG/*Hasselbach/Hirte* Rn 46). Fälligkeitszinsen sind mangels Voraussetzungen nicht geschuldet (MünchKomm AktG/*Paulsen* Rn 112f mwN; Spindler/Stilz AktG/*Veil* Rn 35; **aA** *Hasselbach/Hirte* aaO Rn 47); vgl auch *OLG Hamm* AG 2012, 598; *BVerfG* ZIP 2013, 260.

11 2. Außenstehende Aktionäre. – a) Gläubiger der Ansprüche. Gläubiger der Ansprüche nach §§ 304 und 305 sind die „außenstehenden Aktionäre". Begrifflich scheint dies alle diejenigen Aktionäre zu erfassen, die **nicht in Person der „andere Vertragsteil"** sind. Jedoch sieht nur eine Mindermeinung dies als abschließende Kategorisierung der „außenstehenden Aktionäre" an (*Pentz* AG 1996, 97, 104). Aus dem Sinn und Zweck der § 304 und § 305 wird hergeleitet, dass bestimmte weitere rechtlich und/oder wirtschaftlich mit dem anderen Vertragsteil verbundene Aktionäre nicht des Schutzes der §§ 304, 305 bedürfen, ja sogar umgekehrt über die an den anderen Vertragsteil abgeführten Gewinne bzw die sonstigen Vorteile aus einem Beherrschungsvertrag bereits profitieren (*BGH* AG 2006, 543 – Jenoptik).

b) Nicht außenstehender Aktionär. Daher ist **nicht** „**außenstehender Aktionär**" 12
aa) wer am anderen Vertragsteil zu 100 % beteiligt ist,
bb) an wem der andere Vertragsteil zu 100 % beteiligt ist, oder
cc) wer mit dem anderen Vertragsteil unmittelbar oder mittelbar durch einen Beherrschungs- oder Gewinnabführungsvertrag verbunden ist (*KG* AG 1971, 158; *OLG Nürnberg* AG 1996, 228 f; MünchHdb AG/*Krieger* § 70 Rn 79; Groß-Komm AktG/*Hasselbach/Hirte* Rn 28; *Baldamus* ZGR 2007, 822 ff).

c) Nicht 100 % beteiligt. Soweit die Beteiligungen nach b) aa) oder bb) geringer als 13
100 % sind und nicht ein Fall von cc) (Verbindung über einen Gewinnabführungs- oder Beherrschungsvertrag) vorliegt, handelt es sich hingegen um außenstehende Aktionäre, weil ihnen die entspr Vorteile aus dem maßgeblichen Beherrschungs- bzw Gewinnabführungsvertrag jedenfalls nicht in vollem Umfang zufließen. Formal gilt als wichtiges Kriterium eine gute Abgrenzbarkeit des Kreises der außenstehenden Aktionäre auch im Hinblick auf deren Antragsbefugnis nach dem SpruchG (**hM** *Emmerich/Habersack* Aktien- und GmbH-KonzernR Rn 18; iE Spindler/Stilz AktG/*Veil* Rn 23).

d) Nur Aktieninhaber als außenstehender Aktionär. Außenstehender Aktionär 14
kann nur ein Aktionär sein; wobei Zahl (auch eine Aktie reicht aus) und Gattung (Stamm- oder Vorzugsaktien) keine Rolle spielen. Inhaber anderer gewinnabhängiger Ansprüche gegen die Gesellschaft, bei denen eine wirtschaftlich vergleichbare Situation vorliegt, die jedoch nicht Aktionäre sind, haben keinen Anspruch nach § 304 (und § 305). Dies betrifft etwa Inhaber von Schuldverschreibungen oder Genussrechten der Gesellschaft oder Mitarbeiter mit Tantiemeansprüchen (*BGHZ* 119, 305, 309 ff; MünchKomm AktG/*Paulsen* Rn 31; KölnKomm AktG/*Koppensteiner* Rn 18; MünchHdb AG/*Krieger* § 70 Rn 78; **aA** *Emmerich/Habersack* Aktien- und GmbH-KonzernR Rn 14a). Soweit genannte gewinnabhängige Ansprüche durch Beherrschungs- oder Gewinnabführungsverträge beseitigt oder potentiell vermindert werden, ist eine Anpassung nur auf vertraglicher Grundlage möglich, insb als außerordentliches Kündigungsrecht oder Schadensersatzanspruch, nicht über eine analoge Anwendung der §§ 304, 305 (K. Schmidt/Lutter AktG/*Stephan* Rn 68; zu Genussscheinen nunmehr **aA** für § 304 *OLG Frankfurt* ZIP 2012, 79: nach Maßgabe einer fiktiven Ergebnisprognose des beherrschten Unternehmens im Zeitpunkt des Vertragsabschlusses; hierzu vgl *Emmerich* JuS 2012, 1038; *Pluskat/Wiegand* DB 2012, 1081; *Casper* ZIP 2012, 497).

e) Maßgeblicher Zeitpunkt. Maßgeblicher Zeitpunkt ist die Fälligkeit der jeweiligen 15
Ausgleichsrate (vgl oben Rn 9). Anspruchsberechtigt ist, wer die Aktien vorher erworben hat; ausreichend ist ein Erwerb auch erst nach Abschluss des Beherrschungs- oder Gewinnabführungsvertrags und in Kenntnis dessen (*Kropff* S 395; *OLG Nürnberg* AG 1996, 228, 229; MünchKomm AktG/*Paulsen* Rn 35). Ebenso ist das Kriterium des „Außenstehens" (oben Rn 12) zeitlich mit der Fälligkeit der jeweiligen Rate verknüpft.

Dementsprechend **erlischt** der Ausgleichsanspruch, sobald der außenstehende Akti- 16
onär seine Aktien veräußert oder das Kriterium des „Außenstehens" durch Änderung oder Beendigung der entspr Beziehung zum anderen Vertragsteil endet (MünchKomm AktG/*Paulsen* Rn 35). Bei Veräußerung geht der Aktien geht der Ausgleichsanspruch auf den Erwerber über (*Emmerich/Habersack* Aktien- und GmbH-KonzernR Rn 22). Der Ausgleichsanspruch entfällt mit **Beendigung des Ver-**

trages, gleichviel auf welche Weise, also auch bei einer Eingliederung der Gesellschaft in das herrschende Unternehmen, einer Verschmelzung dieser Gesellschaften, einem Ausschluss der außenstehenden Aktionäre nach § 327a ff (*BGH* AG 2011, 514, 515; *OLG Stuttgart* AG 2011, 599).

17 **3. Schuldner der Ansprüche.** Der andere Vertragsteil ist Schuldner der Ansprüche nach § 304 (**hM** *OLG Frankfurt* AG 2010, 368, 374; *OLG Düsseldorf* AG 1992, 200, 201; *Hüffer* AktG Rn 4; MünchHdb AG/*Krieger* § 70 Rn 81; GroßKomm AktG/*Hasselbach/Hirte* Rn 36). Grund hierfür ist nach **hM** der Sicherungszweck des § 304; ferner dürfe die abhängige Gesellschaft den Ausgleich wg § 57 nicht zahlen. Letzteres ist zwar nur zutr im Falle eines Gewinnabführungsvertrages, und bei Beherrschungsverträgen nur dann und insoweit, als kein ausreichender Bilanzgewinn für die Leistung der Ausgleichszahlung zur Verfügung steht. Die Schwierigkeiten der Differenzierung in diesen Fällen sprechen aber ebenfalls dafür, (nur) den anderen Vertragsteil als Zahlungsverpflichteten – insgesamt und einheitlich – anzusehen. Nicht Schuldner der Ausgleichszahlung ist der Hauptaktionär bei einer Übertragung nach §§ 327a ff, auch nicht zeitanteilig (*BGH* AG 2011, 514, 516).

18 **4. Abdingbarkeit, Anrechnung.** § 304 ist **zwingendes Recht** und kann von den Parteien des Unternehmensvertrags nicht abw geregelt werden; ausgenommen die Vereinbarung der abhängigen Gesellschaft als Zahlstelle, die weder deren Rückgriffsanspruch gegen den anderen Vertragsteil noch die direkte Schuldnerstellung des Letzteren gegenüber den anspruchsberechtigten außenstehenden Aktionären beschränkt (Spindler/Stilz AktG/*Veil* Rn 33). Nur in dem Umfang, wie im Falle eines Beherrschungsvertrages die abhängige Gesellschaft Dividende auch tatsächlich ausschüttet, wird der Schuldner von seiner Garantieverpflichtung frei. Übersteigt die von der abhängigen Gesellschaft gezahlte Dividende den Garantiebetrag nach § 304, so hat es dabei sein Bewenden; eine Rückzahlung des überschießenden Betrages (oder eine Anrechnung auf künftige Jahre) ist vom Gesetz nicht vorgesehen (*Emmerich/Habersack* Aktien- und GmbH-KonzernR Rn 27).

III. Art und Höhe des Ausgleichs, Abs 1 S 1, 2; Abs 2

19 **1. Fester Ausgleich.** Gewinnabführungsverträge sowie die ihnen gleich gestellten Geschäftsführungsverträge (oben Rn 4) sowie Organschaftsverträge, also kombinierte Gewinnabführungs- und Beherrschungsverträge müssen nach Abs 1 S 1 einen **festen Ausgleich** vorsehen. Abs 1 S 2 stellt die isolierten Beherrschungsverträge insoweit den Gewinnabführungsverträgen gleich. Die Ausgleichszahlung ist gewinnunabhängig.

20 **a) Berechnung nach den Ertragsaussichten der Gesellschaft.** Das Gesetz verlangt eine Prognoseentscheidung über die voraussichtlichen künftigen durchschnittlichen Gewinnanteile je Aktie, wobei die bisherige Ertragslage der Gesellschaft und die künftigen Ertragsaussichten zugrunde zu legen sind (hierzu insb die Ertragswertmethode, s Anh § 305 Rn 21 ff) und das Gesetz selbst die Berücksichtigung bzw Außerachtlassung bestimmter weiterer Einflussfaktoren ausdrücklich anordnet.

21 Für die **Vergangenheitsbetrachtung** ist der ausgewiesene (nicht der ausgeschüttete) Jahresüberschuss iSv § 275 Abs 2 Nr 20 und Abs 3 Nr 19 HGB (aA GroßKomm AktG/*Hasselbach/Hirte* Rn 73, die einen „nach internationalen Grundsätzen ermittelten Jahresüberschuss" favorisieren) maßgebend, abzgl außerordentlicher Erträge und zzgl außerordentlicher Aufwendungen.

Aus dem Ertrag gebildete stille Rücklagen (stille Reserven), auch wenn diese durch aktives Tun gebildet worden sind und nicht auf bloßen Wertsteigerungen beruhen, sind nicht ertragserhöhend zu berücksichtigen, da sie mit dem Dividendenersatzcharakter des Ausgleichsanspruchs nicht korrespondieren (*OLG Düsseldorf* AG 2000, 323, 325; MünchKomm AktG/*Paulsen* Rn 78; Spindler/Stilz AktG/*Veil* Rn 56). Als **Referenzperiode** der Vergangenheit werden üblicherweise drei bis fünf Jahre herangezogen, auch abhängig von der Stetigkeit der Entwicklung des Unternehmens (*OLG Frankfurt* AG 2002, 404; AG 2003, 581, 582; *Paulsen* aaO Rn 77 mwN; Anh § 305 Rn 25). 22

Soweit das Gesetz (für die Vergangenheit und die zukünftige Schätzung) die Berücksichtigung „angemessener Abschreibungen und Wertberichtigungen" verlangt, ist dies zum einen eine weitere Bestätigung, dass der Ertrag, nicht der Cash-Flow für die Ertragsberechnung zu Grunde zu legen ist. Steuerlich induzierte Sonderabschreibungen sind daher weder für die Vergangenheit noch bei der Zukunftsprognose ertragsmindernd zu beachten, sondern stattdessen die handelsrechtlich gebotenen Abschreibungen (*LG Berlin* AG 2000, 284, 287). 23

b) Die Schätzung der künftigen Erträge. Die Schätzung der künftigen Erträge hat auf der Basis der Vergangenheitsergebnisse, also unter plausibler Ermittlung der fortzuschreibenden bzw der zu ändernden Parameter zu erfolgen. Bes Bedeutung kommt dabei den Unternehmensplanungen zu, wobei im Rahmen einer Plausibilisierung die in solchen Planungen regelmäßig enthaltenen Zielvorgaben kritisch zu würdigen sind. Hierbei kann es sinnvoll sein, ein optimistisches und ein pessimistisches Szenario zu erstellen, entspr der geschätzten Eintrittswahrscheinlichkeit zu gewichten und dann einen Mittelwert zu bilden (*OLG Düsseldorf* AG 2009, 907, 910; ausf Anh § 305 Rn 24 ff). 24

Für die Prognose des Zukunftsertrags wird nach unterschiedlichen Methoden vorgegangen: Die **Pauschalmethode** erwartet einen tendenziell gleich bleibenden Ertrag pro Zeiteinheit (Jahr), was dementsprechend auch mittel- oder langfristig keine oder eine sich im wesentlichen ausgleichende Änderung der internen wie auch externen Einflussfaktoren für den Unternehmensertrag unterstellt (*OLG Düsseldorf* AG 1991, 106, 107 f; *OLG Frankfurt* AG 1989, 444, 445). Bei der sog **Phasenmethode** werden einzelne Phasen mit jeweils überwiegend gleich bleibenden Parametern zusammengefasst, iE aber für jede Phase ein anderes Jahresergebnis ermittelt (*Großfeld* S 49 mwN; ausf Anh § 305 Rn 29). 25

Praktische Auswirkung hat die für einzelne Phasen unterschiedliche Prognose der künftigen Ergebnisse jedoch vor allen Dingen für die Frage, ob man für die einzelnen Phasen **unterschiedlich hohe Ausgleichszahlungen** zulässt oder diese letztlich doch wieder nivelliert. Eine nach Phasen gestaffelte Höhe der Ausgleichszahlungen würde sich also anbieten, wenn unterschiedlich hohe Erträge zu erwarten sind. Im Hinblick auf die Formulierung „durchschnittlicher Gewinnanteil" geht die überwiegende Literatur und Rspr jedoch davon aus, dass auch in solchen Fällen ein einheitlicher, aus den unterschiedlichen Ertragserwartungen je Phase gemittelter Ertrag Basis für den über die Laufzeit gleich hohen Ausgleich sein soll (KölnKomm AktG/*Koppensteiner* Rn 65). Mit guten Gründen spricht sich ein Teil der Rspr und der Literatur allerdings für unterschiedlich hohe Ausgleichszahlungen je Phase aus (*BayObLG* AG 2002, 388, 389; *OLG Frankfurt* AG 2002, 404; GroßKomm AktG/*Hasselbach/Hirte* Rn 82). 26

27 c) Vollausschüttung. Bei der Ermittlung der zukünftigen Erträge ist Vollausschüttung zu unterstellen (*Kropff* S 395; *OLG Stuttgart* AG 2000, 428, 432; GroßKomm AktG/*Hasselbach/Hirte* Rn 83; ausf Anh § 305 Rn 35). Die **gesetzliche Rücklage** ist in der in § 300 Nr 1 bzw Nr 3 verlangten Höhe zu berücksichtigen, andere (freie) Gewinnrücklagen hingegen nicht (*BayObLG* AG 1995, 509, 511; MünchKomm AktG/*Paulsen* Rn 88). Die Frage der Berücksichtigung eines **Inflationsausgleichs** wird kontrovers diskutiert (*Emmerich/Habersack* Aktien- und GmbH-KonzernR Rn 33; KölnKomm AktG/*Koppensteiner* Rn 59) und hängt entscheidend mit der Auffassung zur Frage der Gleichwertigkeit von Ausgleich und Abfindung zusammen (*Emmerich* aaO Rn 33, 67 ff; unten Rn 35).

28 d) Neutrales Vermögen. Das **neutrale** („nicht betriebsnotwendige") **Vermögen** ist nach **herrschender Rspr** bislang für die Bewertung des zu erwartenden laufenden Ertrags der Gesellschaft unberücksichtigt geblieben, wenn nicht konkrete Anhaltspunkte für eine Realisierung (Veräußerung) bestanden (*BGHZ* 156, 57, 63; *BayObLG* AG 2002, 390, 391; K. Schmidt/Lutter AktG/*Stephan* Rn 82; aA *Emmerich/Habersack* Aktien- und GmbH-KonzernR Rn 34, auch mwN der Rspr; KölnKomm AktG/*Koppensteiner* Rn 61 f; GroßKomm AktG/*Hasselbach/Hirte* Rn 74), vgl Anh § 305 Rn 36.

29 e) Steuerbelastung. Bei der **Steuerbelastung** ist zwischen der Besteuerung des Unternehmens und der Besteuerung beim Aktionär zu differenzieren.

30 aa) Besteuerung beim Unternehmen. Für die **Besteuerung beim Unternehmen** ist seit *BGHZ* 156, 57, 61 ff der **Bruttoertrag der Gesellschaft abzgl der tatsächlichen individuellen Körperschaftsteuerlast** maßgeblich, was sowohl eine Berücksichtigung (also für die Zukunftsprognose: Schätzung, soweit noch nicht bekannt) der **Steuersätze** wie aber auch eine individuelle **Berücksichtigung spezifischer Besonderheiten** (zB Verlustvortrag) bedeutet (s auch IdW ES 1 Tz 34 ff WPg 2005, 28, 32; *OLG Frankfurt* AG 2002, 404; *Großfeld* NZG 2004, 74; GroßKomm AktG/*Hasselbach/Hirte* Rn 85; aA K. Schmidt/Lutter AktG/*Stephan* Rn 88 ff).

31 bb) Besteuerung auf Aktionärsebene. Auf **Aktionärsebene** vertritt der *BGH* nunmehr die sog Separationstheorie, wonach steuerliche Vorteile des Aktionärs (hier: Körperschaftsteuergutschrift des früheren Rechts) nicht auf Ausgleich und Abfindung anzurechnen waren (*BGHZ* 155, 110, 119), was auch für den umgekehrten Fall (dh steuerliche Belastungen) gelten muss, so dass insgesamt die individuelle steuerliche Situation des Aktionärs auf die Höhe des Ausgleichs außer Betracht bleiben muss.

32 f) „Nullausgleich". Die Ertragsprognose kann dazu führen, dass kein Ausgleich festzusetzen ist („Nullausgleich"). Das ist zwar keineswegs immer dann anzunehmen, wenn die Gesellschaft im maßgeblichen Vergangenheitszeitraum keinen positiven Ertrag (auch unter Berücksichtigung der nach Rn 21 f vorzunehmenden Modifikationen) aufzuweisen hatte; die Ertragsprognose kann von der historischen Ertragsentwicklung (nach oben oder unten) abweichen. Der Mindermeinung, die stets eine Mindestdividende (in Form der marktüblichen Verzinsung des zum Liquidationswert berechneten Gesellschaftsvermögens) verlangt (*OLG Hamburg* AG 2001, 479, 480 f; Geßler/Hefermehl/Eckardt/Kropff AktG/*Geßler* Rn 86; *Meilicke* DB 1974, 417, 418 f), ist nicht zuzustimmen. Mit der **hM** ist nach Wortlaut und gesetzgeberischem Ziel die zu erwartende Dividende unter der Annahme, dass der betr Unternehmensvertrag nicht geschlossen wäre, maßgebend, und diese kann „0" betragen (*BGH* NJW 2006, 768 = NZG 2006, 347; *OLG Düsseldorf* AG 2009, 667, 670; *Bungert* BB 2006, 1129;

Goette DStR 2006, 2132, 2133; *Hüffer* JZ 2007, 151; MünchKomm AktG/*Paulsen* Rn 93). Abzulehnen ist die Meinung, bei einem „Nullausgleich" sei eine regelmäßige Überprüfung veranlasst, va wenn sich in der Zukunft die Ertragsaussichten der Gesellschaft wieder deutlich bessern (*Emmerich/Habersack* Aktien- und GmbH-KonzernR Rn 35 mwN; *Hirte/Wittgens* EWiR 2006, 291).

g) Unterschiedliche Aktiengattungen. Bestehen neben Stammaktien auch Aktien mit Dividendenvorzug, so sind unterschiedliche Ausgleichszahlungen festzusetzen (*BVerfG* AG 2000, 40, 41; GroßKomm AktG/*Hasselbach/Hirte* Rn 86 ff; *Roth* Der Konzern 2005, 685). Hierzu ist der ausschüttungsfähige Betrag auf die vorhandene Zahl der Stamm- und Vorzugsaktien unter Berücksichtigung des Dividendenvorzugs zu verteilen. 33

h) Maßgeblicher Zeitpunkt für die Angemessenheit der Ausgleichszahlung. Nach hM ist **maßgeblicher Zeitpunkt für die Bemessung der Angemessenheit der Ausgleichszahlung** der **Zeitpunkt der Beschlussfassung der HV** (*BGHZ* 138, 136, 139 f = NJW 1998, 1866; BayObLG AG 2002, 390, 391; *OLG Stuttgart* AG 1994, 564; MünchHdb AG/*Krieger* § 70 Rn 91; KölnKomm AktG/*Koppensteiner* Rn 47). Die Begründung mit Abs 1 S 3 überzeugt nicht, weil der maßgebliche Zeitpunkt im Hinblick auf das **Vorhandensein außenstehender Aktionäre** nicht zwingend den maßgeblichen **Wertzeitpunkt** impliziert. Schon aus praktischen Gründen können nach dieser Meinung Änderungen nicht später als im Zeitpunkt der Einladung zur HV berücksichtigt werden, und das auch nur bei einem entspr Vorbehalt im Vertrag. Vorzugswürdig ist die Ansicht, dass es für die Bewertungsfrage auf den Zeitpunkt des **Vertragsabschlusses** ankommt (*OLG Frankfurt* ZIP 1990, 588, 590; Geßler/Hefermehl/Eckardt/Kropff AktG/*Geßler* Rn 74), jedenfalls solange nicht unangemessen lange Zeit zwischen Vertragsabschluss und HV-Beschluss liegt. Eine **Vorverlegung** des für die Bewertung maßgeblichen Zeitpunkts wird sonst nur für eine vorangehende faktische Konzernierung diskutiert (GroßKomm AktG/*Hasselbach/Hirte* Rn 96; krit MünchKomm AktG/ *Paulsen* Rn 73). Die **hM** berücksichtigt (iRd Spruchverfahrens) auch **spätere Entwicklungen**, soweit sie in den am Stichtag bestehenden Verhältnissen bereits angelegt sind („Wurzeltheorie"), vgl *BGH* NJW 1973, 509, 511; *OLG Düsseldorf* AG 1998, 236, 237 *Paulsen* aaO Rn 90; s auch Anh § 305 Rn 9 ff). 34

2. Verhältnis des festen Ausgleichs zu § 305. Die Frage einer Gleichwertigkeit von §§ 304 und 305, dementsprechend iE die Frage, ob eine einfache Umrechnung von Ausgleich in Abfindung und umgekehrt durch Anwendung eines bestimmten Zinsfußes möglich sein muss, wird unterschiedlich beantwortet. Während das Bundesverfassungsgericht die Gleichwertigkeit von Ausgleich und Abfindung postuliert (*BVerfGE* 100, 289, 305, 310; AG 2000, 40, 41; zuletzt *OLG Frankfurt* AG 2012, 513, 517 und *OLG Stuttgart* AG 2012, 49), wird durch die **hM** eine solche „Umrechnung" überwiegend abgelehnt (*BGHZ* 156, 57, 63; MünchKomm AktG/*Paulsen* Rn 76; *Lutter/Drygala* AG 1995, 49, 50; *Hüffer* AktG Rn 11a). IE wird wohl nur ein etwaiger positiver Liquidationswert trotz negativer Ertragsaussichten eine unterschiedliche Behandlung von § 304 und § 305 zwingend verlangen (*Emmerich/Habersack* Aktien- und GmbH-KonzernR Rn 39). Da beide Vorschriften unterschiedliche Vorgehensweisen regeln – die Beibehaltung der Aktionärsstellung und der Fiktion des Nichtabschlusses des jeweiligen Unternehmensvertrages bei § 304, das Ausscheiden gegen Wertentschädigung bei § 305 –, ist eine nur vom Kapitalisierungszinsfuß abhängende 35 zwingende Umrechnungsmöglichkeit nicht veranlasst. Dies umso mehr, als die Wahl zwischen Verbleib und Ausscheiden beim außenstehenden Aktionär liegt, der bei § 304 auch Risiko und Chance einer Beendigung des Unternehmensvertrages hat. Weiter spricht für diese Meinung, dass das Gesetz in Abs 2 S 2 den variablen Ausgleich zur Verfügung stellt, bei dem eine „Umrechnung" in die Abfindung nach § 305 vollends nicht mehr möglich ist. Wenn hierbei das herrschende Unternehmen eine gegenüber den zu diesem Zeitpunkt geschätzten Ertragswerten der beiden Gesellschaften und daher eine gegenüber der Ertragswertrelation schlechtere Entwicklung nimmt, erhält der außenstehende Aktionär keine volle Kompensation – dem steht aber die Chance einer umgekehrt günstigeren Entwicklung des herrschenden Unternehmens als prognostiziert gegenüber. Wenn im Einzelfall § 305 eine höhere Abfindungszahlung ausweist als ein kapitalisierter fester Ausgleich nach § 304, so ist durch die Wahlmöglichkeit des außenstehenden Aktionärs auch verfassungsrechtlichen Anforderungen genüge getan.

36 **3. Variabler Ausgleich. – a) Anwendungsbereich.** Im Unternehmensvertrag kann statt des festen der **variable Ausgleich** gewählt werden (dh also keine Wahlmöglichkeit des außenstehenden Aktionärs), wenn das herrschende Unternehmen AG oder KGaA ist, Abs 2 S 2. Im Umkehrschluss zur Regelung in § 305 Abs 2 Nr 1 und Nr 2 kann es sich auch um eine **AG oder KGaA mit Sitz im Ausland**, insb auch außerhalb der EU oder des EWR handeln (MünchKomm AktG/*Paulsen* Rn 38, 95; MünchHdb AG/*Krieger* § 70 Rn 94; aA *Prühs* AG 1973, 395, 398; KölnKomm AktG/*Koppensteiner* Rn 42). Nach Sinn und Zweck muss es sich beim herrschenden Unternehmen um eine **Korporation** handeln, die turnusmäßige Ausschüttungen ähnlich einer Dividende an ihre Anteilseigner bezahlt. Börsenfähigkeit, tatsächlicher Börsenhandel oder ein Mindestanteil liquider Aktien sind nicht erforderlich.

Der variable Ausgleich ist nicht möglich, wenn mehrfache Abhängigkeit besteht, insb also in Fällen der **Mehrmütterorganschaft** (**hM**, vgl zB *Emmerich/Habersack* Aktien- und GmbH-KonzernR Rn 45; K. Schmidt/Lutter AktG/*Stephan* Rn 32; aA GroßKomm AktG/*Hasselbach/Hirte* Rn 68).

37 **b) Gewinnanteil.** „**Gewinnanteil**" wird als (tatsächlich ausgeschüttete) Dividende der herrschenden Gesellschaft verstanden (**hM** GroßKomm AktG/*Hasselbach/Hirte* Rn 101; *OLG Düsseldorf* AG 1978, 238, 239). Der außenstehende Aktionär wird dadurch von der Dividenden**politik**, daher vom Maß der gebildeten freien Rücklagen abhängig. Daher wird als „Gewinnanteil" in Abs 2 S 2 zT nicht die ausgeschüttete Dividende, sondern der anteilige Jahresüberschuss, der anteilige Bilanzgewinn oder die durchschnittliche Dividende der herrschenden Gesellschaft verstanden (vgl *Emmerich/Habersack* Aktien- und GmbH-KonzernR Rn 47; MünchKomm AktG/*Paulsen* Rn 70 f). Das *BVerfG* geht mit der **hM** von der **ausgeschütteten Dividende** aus, verlangt allerdings bei **missbräuchlicher Dividendenpolitik** der herrschenden Gesellschaft eine Anpassung des Ausgleichs (*BVerfG* AG 2000, 40, 41; *Paulsen* aaO Rn 69; *Hasselbach/Hirte* aaO Rn 102 ff). Wenn die Dividendenpolitik (Verhältnis der Dividende zum ausschüttungsfähigen Jahresüberschuss) der Gesellschaft und des anderen Vertragsteils in der Vergangenheit gleichartig waren, ergeben sich für den außenstehenden Aktionär insoweit keine Nachteile. Eine nicht zu rechtfertigende nachteilige Änderung der Dividendenpolitik könnte dann mit dem *BVerfG* eine Anpassung erfordern; von dieser Möglichkeit ist aber zurückhaltend Gebrauch

zu machen, da dem außenstehenden Aktionär auch die Chancen einer ausschüttungsfreundlicheren Handhabung zugute kommen. Jedenfalls bei börsennotierten Gesellschaften als herrschenden Unternehmen wird man idR eine primär die außenstehenden Aktionäre schädigende Änderung der Dividendenpolitik nicht unterstellen können.

c) Umrechnungsverhältnis. Der variable Ausgleich wird „unter Herstellung eines angemessenen Umrechnungsverhältnisses" ermittelt. Abs 2 S 3 verweist hierfür auf die sog **Verschmelzungswertrelation** zwischen den Aktien zu verschmelzender Gesellschaften, hier also zwischen den Aktien der Gesellschaft und des anderen Vertragsteils (MünchKomm AktG/*Paulsen* Rn 96). Dies setzt eine **Bewertung beider betroffener Unternehmen** voraus (*OLG Düsseldorf* WM 1992, 986, 993; GroßKomm AktG/*Hasselbach/Hirte* Rn 100). Bei der Unternehmensbewertung ist der Börsenkurs mit zu berücksichtigen; bei der Ermittlung des Werts der abhängigen Gesellschaft ist der Börsenkurs idR als Wertuntergrenze zu beachten (*BGHZ* 147, 108, 114 ff; *OLG Hamburg* AG 2002, 406, 408). Nach zutr Ansicht muss dies unter den gleichen Voraussetzungen (ausreichende Liquidität, Eliminierung von Zufallskursen in zu engen Märkten etc) auch für den Börsenwert der herrschenden Gesellschaft gelten, da dessen Aktionäre nicht weniger den Schutz des Art 14 GG genießen als die Aktionäre der abhängigen Gesellschaft (vgl auch Anh § 305 Rn 21 ff). 38

4. Mindestgarantie/"Mindestens". Wg der oben unter Rn 36 genannten Probleme eines variablen Ausgleichs wird zT für die Wahl des variablen Ausgleichs im Unternehmensvertrag zwingend (zusätzlich) ein fester Ausgleich iSv Abs 2 S 1 als Untergrenze verlangt, was jedoch mit dem Wortlaut und auch mit den unterschiedlichen Chancen/Risiken der beiden Vorgehensweisen nicht zu vereinbaren ist. IE sind diese Überlegungen eine Fortentwicklung der – hier abgelehnten – „Gleichwertigkeitslehre" zwischen § 304 und § 305. Eine davon zu trennende Frage ist die Interpretation des Wortes „mindestens" in Abs 2 S 1. Sie bedeutet nur das Recht der Vertragsparteien, auch eine höhere Ausgleichszahlung als in Abs 2 S 1 (freiwillig) zu vereinbaren. Dies kann für die Vertragsparteien sinnvoll sein, wenn sie diese Wahlmöglichkeit zugunsten eines Ausgleiches für den außenstehenden Aktionär attraktiver machen wollen als die Abfindung nach § 305 (MünchKomm AktG/*Paulsen* Rn 63 f). 39

5. Mehrstufige Konzerne. Hier ergeben sich Sonderfragen je nachdem, auf welcher Ebene (Mutter-Tochter; Tochter-Enkel; Mutter-Enkel) Unternehmensverträge geschlossen werden, und, wenn mehr als ein Unternehmensvertrag abgeschlossen wird, in welcher Reihenfolge dies jeweils geschieht. 40

a) Koordinierte und/oder gleichzeitige Verträge auf beiden Stufen. Wenn von vornherein Vertragsabschlüsse auf mehreren Stufen geplant oder solche gar gleichzeitig vorgenommen werden, kann jedenfalls für die außenstehenden Aktionäre der Enkelgesellschaft (E) kein variabler Ausgleich an den Gewinnen der Tochtergesellschaft (T) vorgesehen werden, da diese im Falle eines Gewinnabführungsvertrages zwischen Muttergesellschaft (M) und T gar keine Gewinne mehr ausweist und im Falle eines isolierten Beherrschungsvertrages T ihre Ergebnisse nicht mehr beherrschungsfrei erwirtschaftet. Stattdessen kann den außenstehenden Aktionären der E ein variabler Ausgleich an den Gewinnen der M angeboten werden (*OLG Düsseldorf* AG 1992, 200, 204 f; GroßKomm AktG/*Hasselbach/Hirte* Rn 116 f). 41

Schenk

42 b) Konzernaufbau von oben nach unten. Wird der Unternehmensvertrag zwischen T und E geschlossen, nachdem bereits ein Unternehmensvertrag zwischen M und T besteht, gilt das voranstehende Ergebnis für die außenstehenden Aktionäre der E entspr (anders die **hM**, vgl KölnKomm AktG/*Koppensteiner* Rn 36; MünchHdb AG/*Krieger* § 70 Rn 99: variabler Ausgleich zulässig, an Ausschüttung der M koppeln; *Ebenroth/Parche* BB 1989, 637, 640: nur fester Ausgleich zulässig). Der gänzliche Ausschluss des variablen Ausgleichs ist bei der Argumentation der **hM** ebenso nur teleologisch zu gewinnen wie die Anknüpfung des variablen Ausgleichs an der Dividende der M, die mit dem Gesetzeswortlaut allein ebenfalls nicht zu begründen ist, sondern der Analogie bedarf. Die praktischen Schwierigkeiten der Bewertung eines weiteren Unternehmens liegen auf der Hand, und mögen im Einzelfall die Parteien von der Wahl des variablen Ausgleichs abhalten.

43 c) Konzernaufbau von unten nach oben. Auch hier ergeben sich keine Probleme für einen festen Ausgleich im Verhältnis T-E, wenn später die T mit M einen Unternehmensvertrag abschließt; er bleibt unberührt. Der variable Ausgleich, der sich hingegen an der Dividende der (ursprünglich nicht gebundenen) T orientieren sollte, wird nunmehr durch einen Unternehmensvertrag zwischen T und M beeinflusst. Unter den angebotenen Lösungen (*Emmerich/Habersack* Aktien- und GmbH-KonzernR Rn 59; MünchKomm AktG/*Paulsen* Rn 171) dürfte die Analogie zu § 307 mit der Folge eines neuen Ausgleichs- und Abfindungsangebots der T an deren außenstehende Aktionäre am sachgerechtesten sein (*Emmerich* aaO).

44 d) Weitere Sonderfragen. Weitere Sonderfragen ergeben sich, wenn der Unternehmensvertrag nur zwischen M und E geschlossen wird, sowie bei Verträgen nur auf einer Stufe und einem faktischen Konzernverhältnis auf der jeweils anderen (hierzu vgl *Emmerich/Habersack* Aktien- und GmbH-KonzernR Rn 60–66; MünchKomm AktG/*Paulsen* Rn 59).

45 6. Anpassung. – a) Vertragliche Anpassungsklauseln. Vertragliche Anpassungsklauseln sind im Rahmen zwingenden Rechts auf der Grundlage der Vertragsfreiheit zulässig, wobei eine hinreichend genaue Regelung erforderlich ist, damit der Zustimmungsbeschluss nach § 293 eine ausreichend sichere Grundlage hat (*BGHZ* 122, 211, 217 ff; MünchKomm AktG/*Paulsen* Rn 138 ff; GroßKomm AktG/*Hasselbach/Hirte* Rn 152). Bei nachfolgenden Veränderungen können, müssen aber nicht entspr vertragliche Regelungen vorgesehen sein.

46 b) Kapitalveränderungen. – aa) Bei der abhängigen Gesellschaft. Kapitalerhöhung gegen Einlagen führt dazu, dass die jungen Aktien ebenso ausgleichsberechtigt werden wie die alten (GroßKomm AktG/*Hasselbach/Hirte* Rn 107). Bei **Kapitalerhöhung aus Gesellschaftsmitteln** müssen die Ausgleichszahlungen insgesamt unverändert bleiben; die Ausgleichszahlung je Aktie wird daher im Verhältnis der Gesamtzahl der neuen Aktien zu den alten Aktien herabgesetzt werden (MünchHdb AG/*Krieger* § 70 Rn 102; *Koppensteiner* ZHR 139 (1975), 191; differenzierend MünchKomm AktG/*Paulsen* Rn 166).

47 bb) Kapitalveränderungen beim herrschenden Unternehmen. Kapitalerhöhungen haben grds keine Auswirkungen auf die feste Ausgleichszahlung (*Emmerich/Habersack* Aktien- und GmbH-KonzernR Rn 70; *OLG Frankfurt* AG 1989, 442, 443). Entspr gilt für die Kapitalherabsetzung bei der herrschenden Gesellschaft, außer wenn der Nennbetrag der Aktien herabgesetzt wird oder bei einem Aktiensplit

(*Emmerich* aaO Rn 73). Der variable Ausgleich wird hingegen bei einer Kapitalerhöhung aus Gesellschaftsmitteln bei der herrschenden Gesellschaft verwässert, so dass eine proportionale Erhöhung des variablen Ausgleichs geboten ist (*BVerfG AG* 2000, 40, 41; *Hüffer* AktG Rn 19; *Henze* Konzernrecht, Tz 372–374).

c) Andere Veränderungen. – aa) Rechtsformwechsel beim anderen Vertragsteil. Ein **48** **Rechtsformwechsel beim anderen Vertragsteil**, der dazu führt, dass dieser nicht mehr AG oder KGaA (gleich mit welchem Sitz) iSv Abs 2 S 2 ist, beschränkt für den Fall des variablen Ausgleichs die vereinbarte Rechtsfolge. Dabei geht es allerdings (entgegen KölnKommAktG/*Koppensteiner* Rn 94) nicht um die Frage, ob in der neuen Rechtsform die Gewinnermittlungs- und Ausschüttungsregeln derjenigen Gesellschaft noch vergleichbar sind, an der der außenstehende Aktionär beteiligt ist, da dies schon bei der „ausländischen AG" völlig anders sein kann. Maßstab ist also generell die Dividendenausschüttung nach vergleichbaren, nicht nach gleichen Kriterien. Die Rechtsfolge wird allerdings unterschiedlich gesehen (*Koppensteiner* aaO: Nur noch fester Ausgleich möglich, der wohl dann neu ermittelt werden muss).

bb) Sonstige Veränderungen. Entspr der Lehre vom Wegfall der Geschäftsgrundlage **49** sind andere Veränderungen keine Veranlassung, den Vertrag zu beenden oder zu ändern oder andere Rechtsfolgen herbeizuführen (*Emmerich/Habersack* Aktien- und GmbH-KonzernR Rn 69).

7. Beendigung der Ansprüche der außenstehenden Aktionäre. – a) Beendigung des **50** **Unternehmensvertrags.** Bei Beendigung des Unternehmensvertrags endet der Ausgleichsanspruch. Da nach hiesiger Ansicht der feste Ausgleich im Zeitpunkt der ordentlichen HV der Gesellschaft – und sachlich für das vorangegangene Geschäftsjahr – fällig wird, ist auch zu diesem Zeitpunkt ein gegebenenfalls während des vergangenen Geschäftsjahres beendeter Unternehmensvertrag noch *pro rata temporis* ausgleichspflichtig. Ein zeitanteiliger Anspruch ergibt sich nach **hM** auch für den variablen Anspruch (MünchKomm AktG/*Paulsen* Rn 135).

b) Veräußerung der Beteiligung. Die Veräußerung der Beteiligung führt beim Veräu- **51** ßerer zum Verlust des Anspruchs, schafft jedoch die Anspruchsberechtigung beim Erwerber, es sei denn, dass es sich bei diesem nicht um einen außenstehenden Aktionär handelt (KölnKomm AktG/*Koppensteiner* Rn 13; so Rn 16). Die Abgrenzung zwischen Veräußerer und Erwerber ist allerdings deren zivilrechtliche Sache; vor allen Dingen bei Inhaberaktien muss die Gesellschaft davon ausgehen, dass demjenigen, der im Zeitpunkt der Fälligkeit Aktionär ist, der Anspruch für das gesamte vorangegangene Geschäftsjahr zusteht.

c) Auflösung, Eingliederung, Verschmelzung. Zu den Fällen der **Auflösung** einer der **52** Vertragsparteien, der **Eingliederung** und der **Verschmelzung** vgl *Emmerich/Habersack* Aktien- und GmbH-KonzernR Rn 75a und KölnKomm AktG/*Koppensteiner* Rn 14, 15).

IV. Rechtsfolgen bei fehlendem oder unangemessenem Ausgleich, Abs 3

1. Anfechtungsklagen vs Spruchverfahren. Für die gerichtliche Überprüfung diffe- **53** renziert Abs 3 danach, ob der Vertrag überhaupt keinen Ausgleich vorsieht oder ob der im Vertrag bestimmte Ausgleich nicht angemessen ist. Zusammen mit der Neuregelung in Abs 4 durch das UMAG kommt der gesetzgeberische Wille zum Ausdruck, die Eintragung des Unternehmensvertrages durch Anfechtungsklagen möglichst nicht verhindern zu lassen, sondern Bedenken gegen die Unangemessenheit des Ausgleichs in einem gesonderten Spruchverfahren zu überprüfen. Diesem Anliegen muss auch bei der Auslegung des Gesetzes Rechnung getragen werden (GroßKomm AktG/*Hasselbach/Hirte* Rn 123 f).

54 **2. „Überhaupt kein Ausgleich", S 1.** Das ist der Fall, wenn der Vertrag keine Verpflichtung des anderen Vertragsteils enthält, die Nachteile der außenstehenden Aktionäre auszugleichen. Nicht zur Nichtigkeit führt daher ein der Höhe nach unzureichender oder ein der Art nach unzulässiger Ausgleich (zB ein variabler Ausgleich nach Abs 2 S 2, wenn die Voraussetzungen hierfür nicht vorliegen, MünchKomm AktG/ *Paulsen* Rn 176; Spindler/Stilz AktG/*Veil* Rn 85; aA *Emmerich/Habersack* Aktien- und GmbH-KonzernR Rn 79). Für diese Sichtweise spricht, dass zB die Prüfung, ob eine ausländische Gesellschaft die Kriterien von Abs 2 S 2 erfüllt, nicht dem Registerrichter übertragen werden und zur Behinderung der Eintragung führen darf. Wenn nicht der andere Vertragsteil, sondern nur die Gesellschaft selbst Ausgleichsverpflichtete ist – und der Vertragsauslegung über diesen Mangel auch nicht hinweg zu helfen vermag – ist der Vertrag nichtig (*Paulsen* aaO Rn 175). Der „Nullausgleich" (oben Rn 32) ist dem Grunde nach ein Ausgleich und führt daher nicht zur Nichtigkeit des Vertrages, sondern eröffnet nach Abs 3 S 3 das Spruchstellenverfahren, wenn er unangemessen ist.

55 **3. Keine Nichtigkeit oder Anfechtung.** Weder ein zu niedriger Ausgleich noch eine gesetzlich nicht vorgesehene Form der Ausgleichsgewährung noch die Versagung oder die Fehlerhaftigkeit oder Unvollständigkeit von Informationen in der HV im Zusammenhang mit Grund und/oder Höhe der Ausgleichsleistung (einschließlich der Grundlagen für deren Ermittlung, vgl § 243 Abs 4 S 2; **aA** noch *BGHZ* 122, 211, 238 f zur Rechtslage vor dem UMAG; dazu vgl *Hüffer* AktG Rn 21) begründen daher die Nichtigkeit oder Anfechtbarkeit der unternehmensvertraglichen Bindung (KölnKomm AktG/*Koppensteiner* Rn 107). Der HV-Beschluss, der die Zustimmung zum Unternehmensvertrag beinhaltet, kann bei der Gesellschaft selbst nicht auf Verletzung des § 243 Abs 1 oder Abs 2 gestützt werden. Für den Zustimmungsbeschluss der HV des anderen Vertragsteils gibt es zwar keine vergleichbare Privilegierung (MünchKomm AktG/ *Paulsen* Rn 182); jedoch können die Aktionäre des anderen Vertragsteils iE (entgegen *Paulsen* aaO) den Beschl dennoch nicht wg behaupteter Unangemessenheit anfechten: Die Behauptung, der Ausgleich sei zu hoch (begünstige daher die abhängige Gesellschaft und benachteilige den anderen Vertragsteil) kann nicht auf eine Verletzung von § 304 gestützt werden, weil Abs 2 eine gesetzliche Untergrenze darstellt („mindestens"); mehr darf vereinbart werden. Ein angeblich zu hoher Ausgleich kann die Aktionäre des anderen Vertragsteils – wenn es sich um eine Aktiengesellschaft handelt – allenfalls zu Schadensersatzansprüchen gegen die Verwaltung berechtigen. Den Aktionären des anderen Vertragsteils fehlt für die Behauptung, der Ausgleich sei unangemessen niedrig, das Rechtsschutzbedürfnis.

56 **4. Gerichtliche Bestimmung des Ausgleichs, S 3.** Im Verfahren nach dem SpruchG hat das Gericht den vertraglich festgesetzten Ausgleich eines Beherrschungs- oder Gewinnabführungsvertrags auf seine Angemessenheit zu überprüfen und, soweit er nicht angemessen ist, den angemessenen Ausgleich festzusetzen. Das Spruchverfahren ist bei Fehlen oder Nichtigkeit eines Vertrags unstatthaft (*OLG München* AG 2008, 672, 673). Wurde der gerichtlich festzusetzende Betrag evident übertroffen, unterbleibt eine Festsetzung (*OLG München* OLGR München 2008, 450 ff). Entspr gilt für die Art des Ausgleichs, der in § 304 vorgeschrieben ist. Das Gericht darf allerdings, soweit die Parteien des Unternehmensvertrags eine zulässige Ausgleichsart vereinbart haben, hiervon nicht abweichen (*LG Dortmund* AG 1977, 234, 235; GroßKomm AktG/*Hasselbach/Hirte* Rn 134). Stellt das Gericht auch die Unangemessenheit *ex nunc* fest, sind die entspr höheren Ausgleichszahlungen dennoch auch für die zurückliegende Zeit zu leisten. Der Ausgleichsergänzungsanspruch wird mit Rechtskraft der gerichtlichen Entscheidung fällig (MünchKomm AktG/*Paulsen* Rn 191).

V. Sonderkündigungsrecht des anderen Vertragsteils, Abs 4

Bestimmt das Gericht den Ausgleich (gemeint ist: anders oder höher als im Vertrag vereinbart), so kann der andere Vertragsteil den Vertrag binnen zwei Monaten nach Rechtskraft der gerichtlichen Entscheidung mit sofortiger Wirkung kündigen. Das erlaubt es ihm, ungeplante Belastungen für die Zukunft zu vermeiden. Die Kündigung wirkt *ex nunc*, so dass es für die Vergangenheit bei dem gerichtlich festgesetzten Ausgleich bleibt (GroßKomm AktG/*Hasselbach/Hirte* Rn 139; *Emmerich/Habersack* Aktien- und GmbH-KonzernR Rn 83). 57

VI. Steuerliche Hinweise

1. Ausgleichszahlungen hindern nicht die steuerliche Anerkennung einer Organschaft, obwohl § 14 KStG die Abführung des gesamten Gewinns verlangt (*BMF* v 16.4.1991, BB 1991, 1108; *BFH* AG 2009, 694, 695), soweit aus wirtschaftlicher Sicht die Wirkung der Gewinnabführung nicht aufgehoben wird (*BFH* aaO). Ist der Vertrag wg Verstoßes gegen das Gebot von Ausgleichszahlungen nichtig, wird er auch steuerlich nicht anerkannt. 58

2. Ausgleichszahlungen einer abhängigen Gesellschaft an ihre außenstehenden Aktionäre werden als **Gewinnverwendung** angesehen und mindern daher weder den Gewinn der Organgesellschaft noch den Gewinn des Organträgers (der herrschenden Gesellschaft). Die Organgesellschaft hat ihr Einkommen in Höhe von 4/3 der Ausgleichszahlungen zu versteuern; dem Organträger ist das um diese verminderte Einkommen zuzurechnen, § 16 KStG. Das gilt auch dann, wenn die Verpflichtung zur Ausgleichszahlung vom Organträger erfüllt worden ist (GroßKomm AktG/*Hasselbach/Hirte* Rn 162).

§ 305 Abfindung

(1) Außer der Verpflichtung zum Ausgleich nach § 304 muss ein Beherrschungs- oder ein Gewinnabführungsvertrag die Verpflichtung des anderen Vertragsteils enthalten, auf Verlangen eines außen stehenden Aktionärs dessen Aktien gegen eine im Vertrag bestimmte angemessene Abfindung zu erwerben.

(2) Als Abfindung muss der Vertrag,
1. wenn der andere Vertragsteil eine nicht abhängige und nicht in Mehrheitsbesitz stehende Aktiengesellschaft oder Kommanditgesellschaft auf Aktien mit Sitz in einem Mitgliedstaat der Europäischen Union oder in einem anderen Vertragsstaat des Abkommens über den Europäischen Wirtschaftsraum ist, die Gewährung eigener Aktien dieser Gesellschaft,

2. wenn der andere Vertragsteil eine abhängige oder in Mehrheitsbesitz stehende Aktiengesellschaft oder Kommanditgesellschaft auf Aktien und das herrschende Unternehmen eine Aktiengesellschaft oder Kommanditgesellschaft auf Aktien mit Sitz in einem Mitgliedstaat der Europäischen Union oder in einem anderen Vertragsstaat des Abkommens über den Europäischen Wirtschaftsraum ist, entweder die Gewährung von Aktien der herrschenden oder mit Mehrheit beteiligten Gesellschaft oder eine Barabfindung,
3. in allen anderen Fällen eine Barabfindung

vorsehen.

(3) ¹Werden als Abfindung Aktien einer anderen Gesellschaft gewährt, so ist die Abfindung als angemessen anzusehen, wenn die Aktien in dem Verhältnis gewährt werden, in dem bei einer Verschmelzung auf eine Aktie der Gesellschaft Aktien der anderen Gesellschaft zu gewähren wären, wobei Spitzenbeträge durch bare Zuzahlungen ausgeglichen werden können. ²Die angemessene Barabfindung muss die Verhältnisse der Gesellschaft im Zeitpunkt der Beschlussfassung ihrer Hauptversammlung über den Vertrag berücksichtigen. ³Sie ist nach Ablauf des Tages, an dem der Beherrschungs- oder Gewinnabführungsvertrag wirksam geworden ist, mit jährlich 5 Prozentpunkten über dem jeweiligen Basiszinssatz nach § 247 des Bürgerlichen Gesetzbuchs zu verzinsen; die Geltendmachung eines weiteren Schadens ist nicht ausgeschlossen.

(4) ¹Die Verpflichtung zum Erwerb der Aktien kann befristet werden. ²Die Frist endet frühestens zwei Monate nach dem Tag, an dem die Eintragung des Bestehens des Vertrags im Handelsregister nach § 10 des Handelsgesetzbuchs bekannt gemacht worden ist. ³Ist ein Antrag auf Bestimmung des Ausgleichs oder der Abfindung durch das in § 2 des Spruchverfahrensgesetzes bestimmte Gericht gestellt worden, so endet die Frist frühestens zwei Monate nach dem Tag, an dem die Entscheidung über den zuletzt beschiedenen Antrag im Bundesanzeiger bekannt gemacht worden ist.

(5) ¹Die Anfechtung des Beschlusses, durch den die Hauptversammlung der Gesellschaft dem Vertrag oder einer unter § 295 Abs. 2 fallenden Änderung des Vertrags zugestimmt hat, kann nicht darauf gestützt werden, dass der Vertrag keine angemessene Abfindung vorsieht. ²Sieht der Vertrag überhaupt keine oder eine den Absätzen 1 bis 3 nicht entsprechende Abfindung vor, so hat das in § 2 des Spruchverfahrensgesetzes bestimmte Gericht auf Antrag die vertraglich zu gewährende Abfindung zu bestimmen. ³Dabei hat es in den Fällen des Absatzes 2 Nr. 2, wenn der Vertrag die Gewährung von Aktien der herrschenden oder mit Mehrheit beteiligten Gesellschaft vorsieht, das Verhältnis, in dem diese Aktien zu gewähren sind, wenn der Vertrag nicht die Gewährung von Aktien der herrschenden oder mit Mehrheit beteiligten Gesellschaft vorsieht, die angemessene Barabfindung zu bestimmen. ⁴§ 304 Abs. 4 gilt sinngemäß.

Übersicht

	Rn		Rn
I. Regelungsgegenstand und -zweck	1	1. Anwendungsbereich	4
1. Zusammenhang mit § 304	1	a) Entsprechend § 304	4
2. Abfindung in Aktien oder bar	2	b) Delisting	5
3. Rechtsfolgen	3	2. Rechtsnatur	6
II. Verpflichtung zur Abfindung, Abs 1	4	3. Entstehen, Fälligkeit	7

Abfindung § 305

	Rn		Rn
a) Entstehen des Anspruchs	7	2. Wahl zwischen beiden Formen, Abs 2 Nr 2	16
b) Fälligkeit	8	3. Ausschließliche Barabfindung, Nr 3	18
4. Gläubiger des Abfindungsanspruchs	9	IV. Angemessenheit der Abfindung, Abs 3	19
5. Schuldner des Abfindungsanspruchs	10	V. Befristung der Erwerbspflicht, Abs 4	55
6. Verzinsung des Anspruchs	11	VI. Rechtsfolgen fehlender oder unangemessener Abfindungsregelung, Abs 5	56
a) Allgemeines	11	1. Keine Anfechtung	56
b) Verrechnung der Zinsen mit empfangenen Ausgleichsbeträgen	12	2. Abfindungsergänzungsanspruch	57
III. Formen der Abfindung, Abs 2	13	3. Kündigungsmöglichkeit des anderen Vertragsteils, Abs 5 S 4	58
1. Abfindung zwingend in Aktien, Abs 2 Nr 1	14		

Literatur: *Altmeppen* Zeitliche und sachliche Begrenzung von Abfindungsansprüchen gegen das herrschende Unternehmen im Spruchstellenverfahren, FS Ulmer, 2003, S 3; *Baldamus* Der Einfluss der Körperschaftssteuer auf den sog festen Ausgleich nach § 304 AktG, 2 Satz 1 AktG, AG 2005, 77; *Ballwieser* Eine neue Lehre der Unternehmensbewertung?, DB 1997, 185; *Barthel* Unternehmenswert: Der systematische Fehler in der Nach-Steuer-Rechnung, DStR 2007, 83; *ders* Unternehmenswert: Prognosen, Phasen und Probleme, DStR 2010, 1198; *Bayer* Die Geltendmachung des Abfindungsanspruchs nach beendetem Beherrschungsvertrag, ZIP 2005, 1053; *Bilda* Abfindungsansprüche bei vertragsüberlebenden Spruchverfahren, NZG 2005, 375; *ders* Erwerb der Ausgleichs- und Abfindungsrechte außenstehender Aktionäre, AG 2008, 641; *Brandi/Wilhelm* Gesellschaftsrechtliche Strukturmaßnahmen und Börsenkursrechtliche Rechtsprechung - Aktuelle Tendenzen in der Rechtsprechung, NZG 2009, 1408; *Bücker* Die Berücksichtigung des Börsenkurses bei Strukturmaßnahmen – BGH revidiert DAT/Altana, NZG 2010, 967; *Bundert/Wettich* Neues zur Ermittlung des Börsenwerts bei Strukturmaßnahmen, ZIP 2012, 449; *Bungert* DAT/Altana: Der BGH gibt der Praxis Rätsel auf, BB 2001, 1163; *Busse von Colbe* Der Vernunft eine Gasse: Abfindung von Minderheitsaktionären nicht unter dem Börsenkurs ihrer Aktien, FS Lutter, 2000, S 1053; *Decher* Bedeutung und Grenzen des Börsenkurses bei Zusammenschlüssen zwischen unabhängigen Unternehmen, FS Wiedemann, 2002, S 787; *Fleischer* Die Barabfindung der außenstehenden Aktionäre: Stand-alone-Prinzip oder Verbundberücksichtigungsprinzip, ZGR 1997, 368; *Großfeld* Unternehmens- und Anteilsbewertung im Gesellschaftsrecht, 4. Aufl 2002; *ders* Barabfindung und Ausgleich nach §§ 304, 305 AktG, NZG 2004, 74; *Habersack* Mitwirkungsrechte der Aktionäre nach Macrotron und Gelatine, AG 2005, 137; *ders* Abfindung für vom herrschenden Unternehmen oder von der beherrschten Gesellschaft erworbene Aktien?, AG 2005, 709; *Hachmeister/Ruthardt/Gebhardt* Berücksichtigung von Synergieeffekten bei der Unternehmensbewertung, Der Konzern 2011, 600; *Henze* Die Berücksichtigung des Börsenkurses bei der Bemessung von Abfindung und variablem Ausgleich im Unternehmensvertragsrecht, FS Lutter, 2000, S 1101; *Hirte* „Vermischung und Vermengung" von nach § 305 AktG abfindungsberechtigten und nicht abfindungsberechtigten Aktien nach Beendigung eines Unternehmensvertrages, FS Hadding, 2004, S 427; *Hüffer* Bewertungsgegenstand und Bewertungsmethode – Überlegungen zur Berücksichtigung von Börsenkursen bei der Ermittlung von Abfindung und Ausgleich, FS Hadding, 2004, S 461; *ders/Schmidt-Aßmann/Weber* Anteilseigentum, Unternehmenswert und Börsenkurs, 2005; *IdW* Prüfungsstandard 1: Grundsätze zur Durchführung von Unternehmensbewertungen, WPg 2000, 825; IdW-Standard 2004, Tz 144, WPg 2005, 28, 30; *Kamanabrou* Die Anrechnung von Ausgleichszahlungen bei Barabfindung nach § 305 AktG, BB 2005, 449; *Karrer* Die Angemessenheit der Leistung im Konzern- Übernahme-

und Ausschlussrecht, 2003; *Kiem* Die Stellung der Vorzugsaktionäre bei Umwandlungsmaßnahmen, ZIP 1997, 1627; *Klöhn* Das System der aktien- und umwandllungsrechtlichen Abfindungsansprüche, 2009; *Knoll* Unternehmensverträge und der BGH: Volle Entschädigung der außenstehenden Aktionäre?, ZIP 2003, 2329; *ders* Gesetzliche Verzinsung von Spruchverfahrensansprüchen: Legislativer Wille und verfassungswidrige Wirklichkeit, BB 2004, 1727; *ders* Der Risikozuschlag in der Unternehmensbewertung: Was erscheint plausibel?, DStR 2007, 1053; *Koppensteiner* Nachvertragliche Abfindungsansprüche bei Unternehmensverträgen, DStR 2006, 1603; *Kort* Das Verhältnis von Ausgleich und Abfindung beim Abschluss aktienkonzernrechtlicher Beherrschungs- und Gewinnabführungsverträge, NZG 2002, 1139; *Kruschwitz/Löffler* Unternehmensbewertung und Einkommensteuer aus der Sicht von Theoretikern und Praktikern, WPg 2005, 73; *Lutter* Aktienerwerb von Rechts wegen: Aber welche Aktien?, FS Mestmäcker, 1996, S 943; *ders* Zur Treuepflicht des Großaktionärs, JZ 1976, 225; *Luttermann* Rechtsnatur und Praxis des Abfindungsanspruchs (§ 305 AktG) als gesetzliches Schuldverhältnis, NZG 2006, 816; *Maier-Reimer/Kolb* Abfindung und Börsenkurs, FS W. Müller, 2001, S 93; *Martens* Die Unternehmensbewertung nach dem Grundsatz der Methodengleichheit oder dem Grundsatz der Meistbegünstigung, AG 2003, 593; *Maul* Zur Verrechnung von Ausgleichszahlungen und Zinsen auf Abfindungen, DB 2002, 1423; *Meilicke* Zum Verhältnis von Ausgleichs- und Abfindungsansprüchen nach §§ 304, 305 AktG, AG 1999, 103; *W. Müller* Die Unternehmensbewertung in der Rechtsprechung – Zustandsbeschreibung und Ausblick, FS Bezzenberger, 2000, S 705; *ders* Anteilswert oder anteiliger Unternehmenswert? FS Röhricht, 2005, S 1015; *Piltz* Unternehmensbewertung und Börsenkurs im aktienrechtlichen Spruchstellenverfahren, ZGR 2001, 185; *Pluskat* Endlich Klärung hinsichtlich der Lage des Referenzzeitraums bei Relevanz des Durchschnittsbörsenkurses für die Abfindungshöhe?, NZG 2008, 365; *Puszkajler* Verschmelzungen zum Börsenkurs? Verwirklichung der BVerfG-Rechtsprechung, BB 2003, 1692; *Reuter* Börsenkurs und Unternehmenswertvergleich, DB 2001, 2483; *Riegger/Roßkopf* Die Anrechnung erhaltener Ausgleichszahlungen auf Abfindung und Zinsen beim Unternehmensvertrag, BB 2003, 1026; *Ruthardt/Hachmeister* Das Stichtagsprinzip in der Unternehmensbewertung, Wpg 2012, 451; *Sinewe* Verrechnung von Ausgleichs- und Zinszahlungen bei Unternehmensverträgen, NJW 2003, 270; *Steinhauer* Der Börsenpreis als Bewertungsgrundlage für den Abfindungsanspruch von Aktionären, AG 1999, 299; *Stilz* Börsenkurs und Verkehrswert, ZIP 2001, 875; *Vetter* Die Verzinsung der Barabfindung nach § 305 Abs 3 Satz 3 AktG und die Ausgleichszahlung nach § 304 AktG, AG 2002, 383; *M. Weber* Börsenkursbestimmung aus ökonomischer Perspektive, ZGR 2004, 280; *Weiler/Meyer* Berücksichtigung des Börsenkurses bei Ermittlung der Verschmelzungswertrelation, NZG 2003, 669; *Weißhaupt* Informationspflichten bei Ausgleichs- und Abfindungsangeboten in der börsennotierten Aktiengesellschaft, Der Konzern 2004, 474; *H. P. Westermann* Zum Verhalten des Großaktionärs bei Umtauschangeboten gemäß § 305 AktG, AG 1976, 309.

I. Regelungsgegenstand und -zweck

1 **1. Zusammenhang mit § 304.** § 305 ist zusammen mit § 304 (s hierzu § 304 Rn 2) eine Schutzvorschrift für außenstehende Aktionäre. Die Regelung eröffnet beim Abschluss eines Beherrschungs- oder Gewinnabführungsvertrags neben der Verpflichtung zum Ausgleich nach § 304 zusätzlich die **Verpflichtung zur Abfindung**. Zwischen beiden Möglichkeiten soll der außenstehende Aktionär wählen können, weil er durch den Abschluss eines Beherrschungs- oder Gewinnabführungsvertrags nicht nur in seinen wirtschaftlichen Interessen – möglicherweise – beeinträchtigt wird, sondern auch seine Mitverwaltungsrechte beschränkt werden oder verloren gehen. Daher soll er auch die Wahl haben, seine Investitionsentscheidung rückgängig zu machen.

Abfindung § 305

2. Abfindung in Aktien oder bar. Abs 2 sieht insgesamt **drei Varianten** vor, die je 2
nach der Situation des anderen Vertragsteils dem außenstehenden Aktionär der
Gesellschaft als Abfindung Aktien des anderen Vertragsteils oder eine Barabfindung
zuspricht. Soweit dies dem außenstehenden Aktionär der Gesellschaft Aktien an
einer nicht abhängigen und nicht im Mehrheitsbesitz stehenden AG oder KGaA verschaffen kann, soll (nur) diese Form der Abfindung zwingend vorgeschrieben sein
(freiwillig kann nach Wahl des außenstehenden Aktionärs zusätzlich eine Barabfindung angeboten werden); die **vorrangige Kompensation** soll also wiederum **in Aktien**
erfolgen. Andernfalls muss jedenfalls eine **Barabfindung als Alternative** angeboten
werden. Die Abfindung in Aktien oder bar muss **angemessen** sein, dh dem wirklichen
Wert des Anteils entsprechen und eine volle Entschädigung für die Aufgabe der Stellung als Aktionär der Gesellschaft darstellen (hierzu ausf Anh § 305). Die **Frist** zur
Wahl der Abfindung nach § 305 statt des Ausgleichs nach § 304 kann zwar auf zwei
Monate seit Eintragung des Unternehmensvertrags im HR beschränkt werden; wenn
jedoch in diesem Zeitpunkt ein Spruchverfahren anhängig ist, endet die Frist nicht vor
Ablauf von zwei Monaten seit Bekanntmachung der rechtskräftigen Spruchentscheidung.

3. Rechtsfolgen. Entspr der Regelung in § 304 stellt die Frage der Angemessenheit 3
der Abfindung keinen Anfechtungsgrund im Hinblick auf den Zustimmungsbeschluss
dar und soll nur iRd Spruchverfahrens überprüft werden, Abs 5.

II. Verpflichtung zur Abfindung, Abs 1

1. Anwendungsbereich. – a) Entsprechend § 304. Der Anwendungsbereich des § 305 4
entspricht dem des § 304 (§ 304 Rn 4 ff). Voraussetzung ist also der wirksame (*OLG
Zweibrücken* FGPrax 2004, 246, 248) Abschluss eines Beherrschungs-, Gewinnabführungs- oder Geschäftsführungsvertrags (MünchKomm AktG/*Paulsen* Rn 15). Der Vertrag muss die Verpflichtung zur Abfindung enthalten; widrigenfalls ist er aber nicht –
wie bei fehlender Ausgleichsregelung (§ 304 Rn 54) – nichtig, sondern wird insoweit
iRd Spruchverfahrens ergänzt, Abs 5 S 2.

b) Delisting. § 305 ist über seinen Wortlaut hinaus auch anwendbar auf den Widerruf 5
der Börsenzulassung auf Antrag der Gesellschaft nach § 39 Abs 2 S 1 BörsG („**Delisting**", *BGHZ* 153, 47; *BayObLG* ZIP 2004, 1952; *Habersack* AG 2005, 137).

2. Rechtsnatur. Der Beherrschungs- oder Gewinnabführungsvertrag wird als **Vertrag** 6
zugunsten Dritter angesehen, da er dem außenstehenden Aktionär die Ansprüche
nach § 305 verschafft (**hM** *BGHZ* 135, 374, 380; KölnKomm AktG/*Koppensteiner*
Rn 12 mwN), wobei der Vertrag selbst den Abfindungsanspruch so definieren muss,
dass es nur noch der Erklärung des außenstehenden Aktionärs bedarf, Abfindung
statt Ausgleich zu wählen, um den Kauf- (im Falle einer Barabfindung) oder Tauschvertrag (bei Abfindung in Aktien) zustande zu bringen (MünchKomm AktG/*Paulsen*
Rn 11, 22). Der Inhalt des Vertrags (dh die Gegenleistung) wird ggf erst in einem
nachfolgenden Spruchverfahren bestimmt (wenn der Vertrag keine Bestimmung der
Abfindung enthält) oder aber dort geändert (wenn eine andere als die vertraglich
angebotene Abfindung rechtskräftig zugesprochen wird). Hat allerdings einmal ein
wirksamer Unternehmensvertrag iSd § 291 Abs 1 bestanden, bestehen die Abfindungsansprüche der außenstehenden Aktionäre auch dann fort, wenn der Unternehmensvertrag (während eines Spruchstellenverfahrens) endet; er schafft daher auch ein

Schenk

gesetzliches Schuldverhältnis (*BGHZ* 147, 108, 111 f; *BayObLGZ* 2004, 200, 206; *Altmeppen* FS Ulmer, S 3, 7; *Luttermann* NZG 2006, 816; *Paulsen* aaO Rn 12 f; zum Fall der Veräußerung der Aktien nach Ende des Unternehmensvertrages vgl Rn 9).

7 **3. Entstehen, Fälligkeit. – a) Entstehen des Anspruchs.** Der Abfindungsanspruch entsteht mit dem „Verlangen" nach Abfindung, dh dem Zugang der Willenserklärung (§ 130 Abs 1 BGB), wonach das im Unternehmensvertrag enthaltene Angebot auf Abfindung angenommen wird (*BGHZ* 135, 374, 380; *Emmerich/Habersack* Aktien- und GmbH-KonzernR Rn 29). Aus praktischen Gründen – vor allen Dingen der Beweisführung – kann für die Annahmeerklärung eine angemessene Form vorgesehen werden, wie sie bspw für die Zeichnung junger Aktien üblich ist (**aA** die **hM** auch eine mündliche Annahmeerklärung müsse wirksam sein, zB *Emmerich* aaO Rn 25). Das Angebot ist jederzeit während der Frist des Abs 4 S 1 annahmefähig, auch wenn der Unternehmensvertrag inzwischen geendet hat. Die Entgegennahme von Ausgleichszahlungen nach § 304 steht der Annahme des Abfindungsangebots nicht entgegen (*Emmerich* aaO Rn 19); zur Anrechnung geleisteter Ausgleichszahlungen bei Annahme des Abfindungsangebots vgl unten Rn 12. Je nach Art der Abfindung in bar oder Aktien (Abs 2) kommt durch die Annahmeerklärung ein Kauf- oder Tauschvertrag zustande (*Emmerich* aaO Rn 25).

8 **b) Fälligkeit.** Der Anspruch wird fällig, sobald der Aktionär seine Aktien beim herrschenden Unternehmen oder der sonst im Unternehmensvertrag bezeichneten Stelle einreicht, §§ 433 Abs 2, 480, 320 BGB (*BGHZ* 155, 110, 120; KölnKomm AktG/*Koppensteiner* Rn 17 ff). Zeitgleich erlischt der Ausgleichsanspruch.

9 **4. Gläubiger des Abfindungsanspruchs.** Gläubiger des **Abfindungsanspruchs** sind die „außenstehenden Aktionäre"; der Begriff ist grds wie in § 304 zu verstehen (s § 304 Rn 11 ff); Modifikationen ergeben sich hinsichtlich der zeitlichen Komponente. Maßgeblicher Zeitpunkt ist die Eintragung des Unternehmensvertrags im HR; aber auch wer danach innerhalb der Laufzeit des Unternehmensvertrages Aktionär wird, ist anspruchsberechtigt. Veräußert ein solcher Aktionär seine Aktien **vor** Ende des Unternehmensvertrages, erwirbt der Erwerber der Aktien auch den Abfindungsanspruch; gleiches gilt etwa für den Zeichner junger Aktien (*BGH* AG 2006, 543, 544; *Bayer* ZIP 2005, 1058; *Hirte* FS Hadding, S 427, 429; *Habersack* AG 2005, 709; ausf *Bilda* AG 2008, 641, 642 ff). **Nach** Ende des Unternehmensvertrages – also bei einem „vertragsüberlebenden Spruchverfahren" – erwirbt ein Dritter die Aktien ohne den (ursprünglichen) Abfindungsanspruch, weil er bei seiner Investitionsentscheidung keine Beteiligung an einem durch einen Unternehmensvertrag gebundenen, sondern an einem „freien" Unternehmen erwirbt. Daher werden iE die am Spruchverfahren beteiligten oder von ihm begünstigten Aktionäre hinsichtlich ihrer Abfindungsansprüche bis zum Abschluss des Spruchverfahrens als außenstehend behandelt (*BGH* AG 2006, 543, 544 mit Anm *Koppensteiner* DStR 2006, 1603, gegen die bis dahin hM vgl *Bayer* ZIP 2005, 1053; KölnKomm AktG/*Koppensteiner* Rn 32). Das *BVerfG* hat diese Rspr als verfassungsgemäß beurteilt (*BVerfG* NJW 2007, 3265). Der Verlust der Aktionärsstellung durch Eingliederung, Verschmelzung oder Squeeze-Out beseitigt die Gläubigerstellung auch nach Ende des Unternehmensvertrages **nicht** (*OLG Düsseldorf* NZG 2007, 36, 38).

10 **5. Schuldner des Abfindungsanspruchs.** Die Abfindungsverpflichtung trifft „den anderen Vertragsteil". Falls im Vertrag im Widerspruch hierzu die abhängige Gesellschaft als Schuldner bezeichnet ist, gilt Abs 5 S 2, dh der Vertrag enthält keine (zulässige) Abfindungsregelung (MünchKomm AktG/*Paulsen* Rn 175). Wie sich der andere Vertragsteil in Fällen von Abs 2 Nr 1 und Nr 2 die erforderlichen Aktien verschafft, ist seine Sache; gelingt es ihm in Fällen der Ziff 2 nicht, kann er nur ein Barabfindungsangebot abgeben. Wird ein neuer Unternehmensvertrag mit einem anderen herrschenden Unternehmen geschlossen, so erlischt nicht ohne weiteres die Verpflichtung im Zusammenhang mit dem ersten Vertrag. Vielmehr können grds beide Abfindungsschuldnerinnen alternativ nach Wahl des Gläubigers in Anspruch genommen werden (*BGH* NZG 2008, 391, 395).

6. Verzinsung des Anspruchs. – a) Allgemeines. Die **Barabfindung** ist nach Abs 3 S 3 HS 1 mit **5 % über dem Basiszinssatz** nach § 247 BGB **zu verzinsen**, und zwar ab dem Wirksamwerden des Unternehmensvertrags nach § 294 Abs 2 (KölnKomm AktG/*Koppensteiner* Rn 118). Der Zinssatz wurde durch das ARUG v 30.7.2009 mit Wirkung zum 1.9.2009 um 3 Prozentpunkte angehoben. Wg der Beschränkung der Zinsregelung auf die Barabfindung (*OLG Hamm* AG 2012, 598) sind bei einem Umtausch der Aktien **Spitzenbeträge** in bar, die zusätzlich geschuldet sind, **nicht zu verzinsen** (MünchHdb AG/*Krieger* § 70 Rn 114; *Emmerich/Habersack* Aktien- und GmbH-KonzernR Rn 31). Vorbehalten bleibt nach Abs 3 S 3 die Geltendmachung eines weiteren Verzugsschadens; Zinseszins fällt nicht an (§§ 286, 288 BGB). Da der Zinsanspruch aus dem Gesetz, nicht aufgrund der spruchgerichtlichen Gestaltung folgt, ist der Zinsanspruch nicht in den Beschl über die angemessene Abfindung aufzunehmen (*OLG Hamburg* AG 2002, 89; *Hüffer* AktG Rn 26a); notfalls ist eine Zahlungsklage erforderlich. **11**

b) Verrechnung der Zinsen mit empfangenen Ausgleichsbeträgen. Nach allgM sind Ausgleich und Abfindungszinsen nicht zu kumulieren. Empfangene Ausgleichsbeträge sind nach nun ganz **hM** der Rspr (unverzinst) mit den Zinsen des Abfindungsanspruchs, und nur mit diesen – also nicht mit dem Abfindungskapital – zu verrechnen; soweit daher Ausgleichsbeträge die Abfindungszinsen übersteigen, verbleiben diese beim außenstehenden Aktionär, während umgekehrt höhere Abfindungszinsen als Ausgleichszahlungen zu Ansprüchen der Aktionäre führen (*BGHZ* 174, 378, 380; 156, 57, 60 f; MünchKomm AktG/*Paulsen* Rn 149 ff). **12**

III. Formen der Abfindung, Abs 2

Die Art der Abfindung richtet sich nach der Rechtsform des anderen Vertragsteils und der Frage, ob es sich bei diesem um ein wirtschaftlich unabhängiges oder aber um ein iSd §§ 16 oder 17 abhängiges bzw ein in Mehrheitsbesitz stehendes Unternehmen handelt. Primärer Gegenstand der Abfindung sind Aktien am anderen Vertragsteil, aber nur, wenn er in diesem Sinne wirtschaftlich unabhängig ist. Daher ist folgende Differenzierung zu beachten: **13**

1. Abfindung zwingend in Aktien, Abs 2 Nr 1. Die Abfindung muss **zwingend in Aktien des anderen Vertragsteils** stattfinden, wenn der **andere Vertragsteil eine nicht abhängige und nicht im Mehrheitsbesitz stehende AG oder KGaA mit Sitz in der EU oder im EWR** ist (Abs 2 Nr 1). In einem solchen Fall kann neben der Abfindung in Aktien auch eine Barabfindung (oder eine gemischte Abfindung) – und zwar nach Wahl des außenstehenden Aktionärs – angeboten werden; die Abfindung in Aktien darf aber nicht ausgeschlossen sein (bzw Aktien plus bare Zuzahlung für Spitzenbeträge, Abs 3 **14**

S 1; *Emmerich/Habersack* Aktien- und GmbH-KonzernR Rn 12). Es sind Aktien gleicher Gattung anzubieten, soweit solche existieren, also Stamm- für Stammaktien und Vorzugs- für Vorzugsaktien (MünchKomm AktG/*Paulsen* Rn 51); Wertunterschiede sind bei der Bemessung der Abfindung zu berücksichtigen (*OLG Düsseldorf* AG 2002, 398, 402; *Lutter* FS Mestmäcker, S 943, 949). Gibt es bei der herrschenden Gesellschaft nur Stammaktien, sind den Vorzugsaktionären der abhängigen Gesellschaft solche anzubieten (*OLG Düsseldorf* AG 2003, 329); es gibt keine Verpflichtung zur Neuschaffung von Vorzugsaktien (*Kiem* ZIP 1997, 1632; *Paulsen* aaO Rn 52; differenzierend KölnKomm AktG/*Koppensteiner* Rn 40).

15 Abhängigkeit und Mehrheitsbesitz regeln sich nach §§ 16, 17 AktG bzw entspr für ausländische Gesellschaften (aus der EU oder dem EWR). Hat der andere Vertragsteil seinen Sitz weder in der EU noch in einem EWR-Staat, ist Nr 1 nicht anwendbar, und es kommt zur Barabfindung nach Nr 3. Die Gleichstellung der EU- und EWR-Gesellschaften mit den inländischen ist durch das UMAG eingeführt worden. Der andere Vertragsteil muss sich die anzubietenden Aktien beschaffen; handelt es sich um eine deutsche AG, so kann er nach § 71 Abs 1 Nr 3 vorgehen oder bedingtes Kapital schaffen, § 192 Abs 2 Nr 2.

16 **2. Wahl zwischen beiden Formen, Abs 2 Nr 2.** Anderer Vertragsteil ist eine abhängige oder in Mehrheitsbesitz stehende AG oder KGaA und/oder liegt sein **Sitz nicht in der EU oder im EWR**, so hat **er** die Wahlfreiheit, als Abfindung die Gewährung von Aktien der herrschenden oder mit Mehrheit beteiligten Gesellschaft **oder** eine bare Abfindung anzubieten (Abs 2 Nr 2). Der Sitz der herrschenden oder mit Mehrheit beteiligten Gesellschaft kann hier sogar außerhalb der EU oder des EWR liegen; es muss sich aber um eine Gesellschaft handeln, die Aktien ausgegeben hat oder ausgeben kann. Merkwürdigerweise wird die Börsenzulassung der anzubietenden Aktien (ebenso wie bei Nr 1) vom Gesetz nicht vorausgesetzt; mangelnde Liquidität dieser Beteiligungen kann dann nur über den Wert der hinzugebenden Aktien berücksichtigt werden.

17 **Bei** drei- oder **mehrstufigen Konzernen** kann nach Nr 2 jeweils das Angebot die Aktien der Obergesellschaft betreffen, wobei Abfindungsschuldner stets der andere Vertragsteil bleibt (MünchHdb AG/*Krieger* § 70 Rn 119; *Hüffer* AktG Rn 13). Er muss sich diese Aktien seiner Obergesellschaft ggf beschaffen; gelingt ihm dies nicht, kann er die Abfindungsverpflichtung nur über die ihm alternativ zur Verfügung stehende Möglichkeit einer Barabfindung erfüllen. Das Wahlrecht steht den Vertragsparteien zu, nicht den außenstehenden Aktionären (ganz **hM** MünchKomm AktG/*Paulsen* Rn 58; *Hüffer* aaO Rn 15).

18 **3. Ausschließliche Barabfindung, Nr 3.** Sie ist die verbleibende Variante, wenn nicht die zwingende Abfindung in Aktien der Obergesellschaft oder die Wahlmöglichkeit nach Nr 2 gegeben ist, also (1) wenn der andere Vertragsteil nicht abhängig ist oder in Mehrheitsbesitz steht, aber er seinen Sitz außerhalb von EU und EWR hat, oder (2) wenn der andere Vertragsteil abhängig ist oder in Mehrheitsbesitz steht und die ihn (letztlich) beherrschende oder mehrheitlich besitzende Gesellschafterin aber weder AG noch KGaA noch eine diesen gleichgestellte ausländische (innerhalb EU und EWR) Korporation ist, zB wenn eine GmbH oder eine Personengesellschaft oder eine Körperschaft des öffentlichen Recht als herrschendes Unternehmen fungiert (*BGHZ* 69, 334, 335 = NJW 1978, 104 – Veba/Gelsenberg). Nach **hM** ist auch wie-

Abfindung § 305

derum die **Mehrmütteroganschaft** kein Fall einer Abfindung in Aktien, so dass hier wiederum nur die Abfindung in bar angeboten werden darf (MünchKomm AktG/ *Paulsen* Rn 61; KölnKomm AktG/*Koppensteiner* Rn 43).

IV. Angemessenheit der Abfindung, Abs 3

Die Angemessenheit der Abfindung ist im Rahmen des Anhangs zu § 305 „Unternehmensbewertung" zusammenfassend kommentiert. 19

(zz nicht besetzt) 20–54

V. Befristung der Erwerbspflicht, Abs 4

Die Verpflichtung des anderen Vertragsteils zum Erwerb der Aktien der außenstehenden Aktionäre kann befristet werden, wobei die Mindestfrist von 2 Monaten an sich mit der Bekanntmachung der Eintragung des Unternehmensvertrags nach § 10 Abs 2 HGB beginnt, im Falle eines zulässiger Weise eingeleiteten Spruchverfahrens aber erst mit der Bekanntmachung der rechtskräftigen Entscheidung des Spruchverfahrens, Abs 4 S 3. 55

VI. Rechtsfolgen fehlender oder unangemessener Abfindungsregelung, Abs 5

1. Keine Anfechtung. Unternehmensverträge der unter § 305 fallenden Art sind auch wirksam und unanfechtbar, wenn der Vertrag **keine oder keine angemessene Abfindungsregelung** enthält; ebenso ist der HV-Zustimmungsbeschluss nicht aus diesen Gründen anfechtbar (*Emmerich/Habersack* Aktien- und GmbH-KonzernR Rn 82). Gleiches gilt für eine Rüge des Verfahrens zur Abfindungsermittlung (zur Festsetzung des Referenzzeitraums: *LG München* AG 2009, 918, 920) und, jedenfalls nach der gesetzlichen Änderung durch das UMAG, für die behauptete Verletzung von Informationspflichten, die für die angemessene Abfindung von Bedeutung sind oder sein können (§ 243 Abs 4 S 2). Einzig zulässige Vorgehensweise ist die Einleitung eines Spruchverfahrens. In diesem kann nur das Umtauschverhältnis erhöht oder, wenn Barabfindung gewählt worden ist, diese heraufgesetzt, nicht aber herabgesetzt, werden (MünchKomm AktG/*Paulsen* Rn 178). 56

2. Abfindungsergänzungsanspruch. Außenstehende Aktionäre können auch dann eine Nachbesserung auf den (spruch-)gerichtlichen Entscheid geltend machen können, wenn sie bereits vom Abfindungsangebot Gebrauch gemacht haben (§ 13 S 2 SpruchG). Der Anspruch ist allerdings nicht im Spruchverfahren, sondern durch Klage zu verfolgen (§ 16 SpruchG, vgl *Emmerich/Habersack* Aktien- und GmbH-KonzernR Rn 86). 57

3. Kündigungsmöglichkeit des anderen Vertragsteils, Abs 5 S 4. Entspr § 304 Abs 4 kann der andere Vertragsteil bei Erhöhung der Abfindung die unvorhergesehene Belastung durch außerordentliche Kündigung des Unternehmensvertrages verhindern, allerdings nach **hM** nur *ex nunc*, so dass die bereits entstandenen Abfindungs- und Abfindungsergänzungsansprüche unberührt bleiben, was die Bedeutung der Regelung stark einschränkt (*BGHZ* 135, 374; *BayObLG* 1996, 127, 130; MünchKomm AktG/*Paulsen* Rn 185 ff). 58

Schenk

Anhang zu § 305
Unternehmensbewertung

Übersicht

	Rn
A. Rechtliche und betriebswirtschaftliche Grundlagen der Unternehmensbewertung	1
I. Angemessenheit der Abfindung	1
II. Wertkonzeption für die Bemessung der Abfindung	4
III. Güte der Schätzung der Abfindungshöhe	6
IV. Überprüfbarkeitsgrundsatz – Unternehmensbewertung als Rechtsfrage	7
V. Bewertungsstichtag	9
B. Bewertungsmethoden	12
I. Überblick	12
1. Überschussorientierte Verfahren	13
2. Marktwertorientierte Verfahren	14
3. Einzelwertorientierte Verfahren	15
II. Grundsätze zur Methodenauswahl	16
1. „Gebräuchliche" und „anerkannte" Bewertungsmethoden	16
2. Bandbreite angemessener Werte und Bagatellgrenze	18
3. Rückwirkende Anwendbarkeit von Methodenänderungen – maßgeblicher Bewertungsstandard	19
C. Ertragswertmethode	21
I. Wertkonzept	21
II. Bedeutung	23
III. Prognose der künftigen bewertungsrelevanten Überschüsse	24
1. Planungsgrundsätze	24
a) Vertretbarkeitspostulat der Unternehmensplanung	24
b) Verwendung zutreffender Ausgangsinformationen (Lage- und Vergangenheitsanalyse)	25
c) Verwendung von Erwartungswerten	26
d) Planungsgrundlagen	27

	Rn
e) Verwendung widerspruchsfreier Annahmen	28
2. Phasenmethode	29
a) Zwei- und Drei-Phasenmodell	29
b) Ansätze zur Ermittlung des Werts der ewigen Rente (Terminal Value)	30
3. Stand-alone-Prinzip, Ansatz von Synergien (Verbundvorteile), Minderheitsabschlag und Paketzuschlag	31
4. Rechnungslegung	33
5. Berücksichtigung von persönlichen Steuern und Ausschüttungsprämissen	34
6. Ansatz und Bewertung des nicht betriebsnotwendigen Vermögens	36
IV. Kapitalisierung der bewertungsrelevanten Überschüsse	37
1. Äquivalenzprinzipien	37
2. Komponenten des Kapitalisierungszinssatzes	38
a) Methoden zur Ermittlung des Kapitalisierungszinssatzes	38
b) Basiszinssatz	41
c) Marktrisikoprämie	42
d) Betafaktor	45
e) Wachstumsabschlag	48
D. Börsenwertmethode	49
I. Wertkonzept	49
II. Bedeutung	50
III. Ermittlung des Börsenwerts	51
IV. Korrekturen bzw Unmaßgeblichkeit des Börsenwertes	54
E. Liquidationswertmethode	56
I. Wertkonzept	56
II. Bedeutung	57
III. Ermittlung des Liquidationswerts	62

Unternehmensbewertung Anh § 305

Literatur: *Adolff* Unternehmensbewertung im Recht der börsennotierten Aktiengesellschaft, 2007; *Ballwieser* in FS Loitsberger, 1991, S 215; *Ballwieser* Unternehmensbewertung: Prozess, Methoden und Probleme, 3. Aufl 2011; *Blume* Journal of Finance, 3/1971, 1; *Breuer* Investition II: Entscheidungen bei Risiko, 2001; *Bungert* WPg 2008, 811; *Dempsey* Abacus 2013, 7; *Dörschell/Franken* DB 2005, 2257; *Dörschell/Franken/Schulte* Kapitalisierungszinssatz in der Unternehmensbewertung, 2. Aufl 2012; *dies.* Kapitalkosten für die Unternehmensbewertung, Branchenanalysen für Betafaktoren, Fremdkapitalkosten und Verschuldungsgrade 2012/2013, 2. Aufl 2012; *Drukarczyk* AG 1973, S 457; *Drukarczyk/Schüler* Unternehmensbewertung, 6. Aufl 2009; *Elton/Gruber/Brown/Goetzmann* Modern Portfolio Theory and Investment Analysis, 8. Aufl 2010; *Emmerich/Habersack* Aktien- und GmbH-Konzernrecht, Kommentar zu den §§ 15–22 und 291–328 AktG, 6. Aufl 2010; *Ernst/Schneider/Thielen* Unternehmensbewertung erstellen und verstehen: Ein Praxisleitfaden, 5. Aufl 2012; *Fleischer* GmbHR 1999, S 752; *Franken/Schulte* BewP 3/2012, 92; *Gebhardt/Daske* WPg 2005, S 655; *Gebhardt/Gerke* Handbuch des Finanzmanagements, 1993; *Graumann* Controlling: Begriffe, Elemente, Methoden und Schnittstellen, 3. Aufl 2011; *Großfeld* JZ 1981, 644; *Großfeld* Recht der Unternehmensbewertung, 7. Aufl 2012; *Hachmeister/Ruthardt/Lampenius* WPg 2011, 519; *Hölters* Handbuch Unternehmenskauf, 7. Aufl 2010; *Holthausen/Zmijewski* Journal of Applied Corporate Finance, 2012, 26; *Hüffer* Aktiengesetz, 10. Aufl 2012; *Hüffer/Schmidt-Aßmann/Weber* Anteilseigentum, Unternehmenswert und Börsenkurs, 2005; *Hüttemann* WPg 2008, 822; *Hüttemann* in: FS Huber, 2006, 757; *IDW* HFA 2/1983 Stellungnahme HFA 2/1983: Grundsätze zur Durchführung von Unternehmensbewertungen, WPg, S 468; *IDW* S1 (2000): Grundsätze zur Durchführung von Unternehmensbewertungen IDW S 1, WPg, S 825; *IDW* S1 (2008): IDW Standard: Grundsätze zur Durchführung von Unternehmensbewertungen (IDW S1 idF 2008), IDW-FN, S 271-292; *IDW* S1 (2005): Grundsätze zur Durchführung von Unternehmensbewertungen IDW S 1, WPg, S 1303; *IDW-FN* 12/2009, 696; *IDW*-FN 12/2012, 569; *IDW*-FN 2/2012, 122; *Jonas/Wieland-Böse/Schiffarth* FB 2005, S 647; *Jung/Wachtler* AG 2001, 513; *Klöhn/Verse* AG 2013, 2; *Kniest* BewP Nr.1 2005, S 9; *Koller/Goedhardt/Wessels* Valuation, 5. Aufl 2010; *Komp* Zweifelsfragen des aktienrechtlichen Abfindungsanspruchs nach §§ 305, 320 b AktG, 2002; *Kreyer* Strategieorientierte Restwertbestimmung in der Unternehmensbewertung, 2009; *Krolle/Schmitt/Schwetzler* Multiplikatorverfahren in der Unternehmensbewertung, 2005; *Kruschwitz* Investitionsrechnung, 13. Aufl 2011; *Kruschwitz/Husmann* Finanzierung und Investition, 7. Aufl 2012; *Kruschwitz/Löffler/Essler* Unternehmensbewertung für die Praxis: Fragen und Antworten, 2009; *Kuhner* AG 2006, 713; *Land/Hennings* AG 2005, 380; *Levin* Essays in Company Valuation, 1998; *Levy* The Capital Asset Pricing Model in the 21st Century: Analytical, Empirical and Behavioural Perspectives, 2012; *Levy* European Financial Management 2010, 43; *Lobe* Unternehmensbewertung und Terminal Value 2006; *Martens* Die Unternehmensbewertung nach dem Grundsatz der Methodengleichheit oder dem Grundsatz der Meistbegünstigung, AG 2003, S 593 ff; *Matschke/Brösel* Unternehmensbewertung: Funktionen-Methoden-Grundsätze, 4. Aufl 2012; *Mehrbrey* Handbuch Gesellschaftsrechtliche Streitigkeiten, 2013; *Moxter* Grundsätze ordnungsmäßiger Unternehmensbewertung, 2. Aufl 1983; *Müller* in FS Bezzenberger, 2000, S 705; *Peemöller* (Hrsg.) Praxishandbuch der Unternehmensbewertung: Grundlagen und Methoden, Bewertungsverfahren, Besonderheiten der Bewertung, 5. Aufl 2012; *Perridon/Steiner/Rathgeber* Finanzwirtschaft der Unternehmung, 15. Aufl 2009; *Priester* in FS Nirk, 1992, S 892; *Puszkajler* BB 2003, 1692; *ders* ZIP 2010, 2275; *Reuter* Börsenkurs und Unternehmenswertvergleich aus Eignersicht, DB 2001, 2483; *Rudolph* Unternehmensfinanzierung und Kapitalmarkt 2006; *Ruiz de Vargas* DB 2012, 813; *Ruiz de Vargas/Zollner* BewP 2/2010, 2; *dies.* BewP 4/2010, 2; *Ruthardt/Hachmeister* WPg 2011, 351; *Schüler/Lampenius* BFuP 2007, 232; *Schulte/Franken* BewP 4/2012, 13; *Schwichtenberg/Krenek* BB 2010, 1227; *dies.* BB 2012, 2127; *Seetzen* WM 1999, 565; *Seicht* Jahrbuch für Controlling und Rechnungswesen 2013; *Simon* Spruchverfahrensgesetz Kommentar, 2007; *Stein/Jonas* Kommentar zur Zivilprozessordnung, Band 4, 22. Aufl 2008; *Stell-*

brink Der Restwert in der Unternehmensbewertung, 2005; *Tinz* Die Abbildung von Wachstum in der Unternehmensbewertung, 2010; *Wagner/Jonas/Ballwieser/Tschöpl* WPg 204, 889; *dies* WPg 2006, 1005; *Wagner/Sauer/Willershausen* WPg 2008, 731; *Weber* ZGR 2004, 280; *Weiler* Verbesserung der Prognosegüte bei der Unternehmensbewertung: Konvergenzprozesse in der Restwertperiode, 2005; *Wenger* AG Sonderheft 2005, 9; *Wilts/Schaldt/Nottmeier* FB 2002, 621; *dies* FB 2004, 508; *IDW* Wirtschaftsprüfer-Handbuch Band II, 2002, 12. Aufl 2002; *ders* Wirtschaftsprüfer-Handbuch Band II, 2008, 13. Aufl 2007.

A. Rechtliche und betriebswirtschaftliche Grundlagen der Unternehmensbewertung

I. Angemessenheit der Abfindung

1 Die Höhe der Abfindung muss **angemessen** sein (Abs 1). Das bedeutet, dass der abzufindende Aktionär Anspruch auf eine **volle Entschädigung für den Verlust** an Vermögens- und Mitverwaltungsrechten hat (*BVerfG* ZIP 2012, 1656, Juris-Rn 21; *BVerfGE* 100, 289 „DAT/Altana", Juris-Rn 47 ff; *BVerfGE* 14, 263 „Feldmühle", Juris-Rn 68; *OLG Frankfurt* AG 2012, 417, Juris-Rn 13; GroßKomm AktG/*Hirte/Hasselbach* Rn 67 f; MünchKomm AktG/*Paulsen* Rn 9); dabei ist das **Gleichbehandlungsgebot** zu beachten (s Vor § 53a Rn 1; *Hirte/Hasselbach*, aaO Rn 69; *Großfeld* Unternehmensbewertung, Rn 188).

2 Die Gestaltung von Kompensationsansprüchen kann in Form von **Abfindung**, **Zuzahlung** und **Ausgleichsleistung** erfolgen. In Abs 2 werden zwei unterschiedliche **Abfindungsarten** – in **Aktien** oder als **Barzahlung** – in Abhängigkeit von den rechtlichen Verhältnissen des herrschenden Unternehmens geregelt. In Abs 3 S 1 wird die Abfindung in Aktien näher konkretisiert, während Abs 3 S 2 für die Angemessenheit der Barabfindung nur den für die Verhältnisse maßgeblichen Stichtag (mit dem Tag der Beschlussfassung der HV der Gesellschaft) festlegt (s Rn 9). Abs 3 S 1 stellt für die Abfindung in Aktien auf die (hypothetische) **Verschmelzungswertrelation** ab (Groß-Komm AktG/*Hirte/Hasselbach* Rn 55; MünchKomm AktG/*Paulsen* Rn 72 f). Danach müssen den außenstehenden Aktionären so viele Aktien des anderen Vertragsteils (bzw im Falle von Abs 2 Nr 2 Aktien der Konzernspitze) gewährt werden, wie ihnen zukämen, wenn beide Gesellschaften miteinander verschmolzen werden würden. Die Abfindung in bar und die Abfindung in Aktien müssen sich im Wert entsprechen (*Paulsen* aaO Rn 72; *Hüffer* AktG, Rn 18; KölnKomm AktG/*Koppensteiner* Rn 50 mwN).

3 Inhaltlich wird die „**Angemessenheit**" weder für die Abfindung in Aktien noch für die Abfindung in bar im Gesetz näher definiert. Die Entschädigung hat den „**wirklichen**" oder „**wahren**" **Wert der Beteiligung in Geld** abzubilden, damit der ausscheidende Aktionär für den Verlust seiner Rechtsposition **voll wirtschaftlich entschädigt** wird (*BVerfG* ZIP 2012, 1656, Juris-Rn 21; *BVerfGE* 100, 289 „DAT/Altana", Juris-Rn 47 ff; *BVerfGE* 14, 263 „Feldmühle", Juris-Rn 68; GroßKomm AktG/*Hirte/Hasselbach* Rn 66 ff). Sie ist gegeben, wenn die Abfindung dem **Verkehrswert** des Aktieneigentums entspricht (*OLG Stuttgart* 5.6.2013 – 20 W 6/10, Juris-Rn 137; *OLG Stuttgart* NZG 2012, 750, Juris-Rn 110; *OLG Stuttgart* AG 2011, 560, Juris-Rn 67). Die Abfindung soll dem ausscheidenden Aktionär eine **Anlage zu finanziell äquivalenten Bedingungen** ermöglichen (*OLG Düsseldorf* AG 2012, 797, Juris-Rn 37). Die Abfindung muss demnach eine **Vermögenseinbuße verhindern** und ist daher dem Recht des Scha-

denersatzes entlehnt (**Kompensationsebene**; allerdings nicht als „schädigende" Maßnahme *BVerfG* ZIP 2007, 175, Juris-Rn 16). Eine darüber hinausgehende Beteiligung des abzufindenden Aktionärs am Mehrwert der Strukturmaßnahme (**Partizipationsebene**), die dem Konzept des Bereicherungsrechts folgen würde (*Adolff* Unternehmensbewertung, 291, 388), ist verfassungsrechtlich nicht geboten (*BVerfGE* 100, 289 „DAT/Altana", Juris-Rn 58 f; KölnKomm AktG/*Koppensteiner* Rn 64 f). Auch besteht kein Anspruch auf Ersatz des „denkbar höchsten plausiblen" Werts (*OLG Frankfurt* AG 2012, 417, Juris-Rn 46; *BVerfG* ZIP 2012, 1408, Juris-Rn 18).

II. Wertkonzeption für die Bemessung der Abfindung

Einen **objektiven Wert**, der einen Wert des Bewertungsobjekts aus sich selbst heraus darstellt und sich losgelöst vom subjektiven Nutzen bestimmt, **gibt es nicht** (*OLG Stuttgart* ZIP 2012, 133, Juris-Rn 177; GroßKomm AktG/*Hirte/Hasselbach* Rn 103). Für die Beurteilung der Angemessenheit ist auf ökonomische Überlegungen zur Bewertung von Unternehmen zurückzugreifen. In der Ökonomie wird ein auf den Anteilseigner **subjektbezogenes investitionstheoretisches Wertkonzept** zur Ermittlung des Anteilswerts verwendet (*Drukarczyk/Schüler* Unternehmensbewertung, S 3 ff; *Adolff* Unternehmensbewertung, S 159; *OLG Köln* FamRZ 2012, 1713, Juris-Rn 25). Dabei kommen marktorientierte Wertparameter zum Einsatz (*Drukarczyk/Schüler* aaO S 73 ff; *OLG Stuttgart* ZIP 2012, 133, Juris-Rn 294). Der so ermittelte Wert ist vom **Bewertungszweck** und **-anlass** abhängig (KölnKomm AktG/*Koppensteiner* Rn 63). In diesem **subjektbezogenen entscheidungswertorientierten Kalkül** wird der wirtschaftliche Vorteil des Entscheidungsträgers als Käufer oder Verkäufer des Unternehmens bzw des Anteils im Hinblick auf den zu erwartenden finanziellen Nutzen gegenüber einer **äquivalenten Alternativanlage bzw Desinvestition am Kapitalmarkt** bemessen. Unter Berücksichtigung der Erwartungen und der Risikoneigung des Entscheidungsträgers, stellt nach der hM der ermittelte Wert daher den stichtagsbezogenen Grenzwert dar, den ein Käufer höchstens zu zahlen bereit wäre bzw ein Verkäufer mindestens verlangen würde (**subjektiver potentieller Grenzpreis**; *Drukarczyk/Schüler* aaO S 87; Spindler/Stilz AktG/*Veil* Rn 46; *Hüffer* AktG Rn 18; WP-Hdb 2008, Tz A 19 f; *Großfeld* JZ 1981, 644; *BGHZ* 138, 136, Juris-Rn 12; *OLG Frankfurt* GWR 2012, 490, Juris-Rn 21; *OLG München* ZIP 2009, 2339, Juris-Rn 8; *OLG Stuttgart* AG 2007, 128, Juris-Rn 23). Aus beiden Grenzpreisen kann sich ein Einigungsbereich ableiten lassen. Bei einer von einer Partei beherrschten Konfliktsituation (**dominierte Bewertungssituation**), wie es die Abfindung von Minderheitsaktionären darstellt, liegt aber kein (freiwilliger) Einigungsbereich vor, denn der Unternehmensvertrag wird ohne Mitwirkungsmöglichkeit der Minderheitsaktionäre geschlossen (*OLG Düsseldorf* ZIP 2009, 2003, Juris-Rn 103; MünchKomm AktG/*Paulsen* Rn 79; *Komp* Zweifelsfragen, S 41 f; *Drukarczyk/Schüler* aaO S 83 ff; Hölters Hdb Unternehmenskauf/*Widmann* Teil II, Rn 20; WP-Hdb 2008, Tz A 27; *Matschke/Brösel* Unternehmensbewertung, S 465 ff; *Moxter* Unternehmensbewertung, S 16 ff). Das Abstellen auf die Kompensationsebene (s Rn 3) bedingt die Ermittlung des **Grenzpreises aus der Verkäuferperspektive**, weil dieser gerade noch eine Vermögenseinbuße, die durch den Verlust an Vermögens- und Mitverwaltungsrechten entsteht, verhindert. Es handelt sich um den Kompensationswert des abzufindenden Aktionärs – als **Grenzwert** –, zu dem dieser (gerade noch) ohne wirtschaftlichen Nachteil ausscheiden kann. Der zu ermittelnde Anteilswert hat demnach den Wert abzubilden, der (quotal) bei einer Veräußerung des Unternehmens als Einheit mindestens erzielt werden würde (*BGHZ* 129, 136 „Girmes", Juris-Rn 64; *Hüffer/Schmidt-Aßmann/Weber* Anteilseigentum, S 24). Die **Einnahme einer Käuferperspektive** („**Kaufrechts**"-**Ansatz**) wird vom *BGH* abgelehnt, da die zu gewährende Abfindung eine Entschädigungsleistung und **keine Gegenleistung** für die Durchführung der Strukturmaßnahme darstellt (*BGHZ* 138, 136, Juris-Rn 9). Der Barwert der Ausgleichszahlungen nach § 304, Rn 20, stellt auch nicht die Untergrenze der Abfindung dar (*OLG Düsseldorf* Konzern 2010, 73, Juris-Rn 49 ff; *OLG München* ZIP 2007, 375, Juris-Rn 13). Ein etwaiger **Schiedswert** (**Schiedspreis** oder **Arbitriumwert**) ist aufgrund der Abweichung vom Grenzpreis unbeachtlich (*Paulsen* aaO Rn 72; *Veil* aaO Rn 46; *Schwichtenberg/Krenek* BB 2010, 1227, 1233 f mwN).

5   Die Bewertungskonzeption muss zur **Ermittlung des Grenzpreises aus der Verkäuferperspektive** grds auf den **inneren Wert** der Gesellschaft abstellen, der idR über die Ertragswertmethode ermittelt wird (s Rn 21). Marktwerte in Form von eigenen Börsenkursen stehen nur für verhältnismäßig wenige AGs zur Verfügung und können daher nicht als allgemein gültiges Wertkonzept herangezogen werden (*Hüffer/ Schmidt-Aßmann/Weber* Anteilseigentum, S 19 f). Ob für **börsennotierte Gesellschaften** nur der „**innere**" **Wert** maßgebend ist oder aber auch – oder nur – der **Marktwert**, dh der **Börsenwert** (s Rn 49) heranzuziehen ist, ist seit dem Beschluss in Sachen „DAT/Altana" des BVerfG (*BVerfGE* 100, 289, Juris-Rn 53 ff) für die Praxis entschieden. Aufgrund der bes Verkehrsfähigkeit von Aktien auf einem funktionierenden Kapitalmarkt (GroßKomm AktG/*Hirte/Hasselbach* Rn 139) darf die Abfindung bei börsennotierten Gesellschaften nicht den Betrag des Verkaufspreises unterschreiten, den der Aktionär bei einer **freien Desinvestitionsentscheidung als Börsenwert** erhielte, auch wenn der innere Wert darunter läge (**Untergrenze des Abfindungsanspruchs**; s Rn 49). In bestimmten Fällen ist ein **Liquidationswert** als (weitere) Untergrenze heranzuziehen (s Rn 56).

III. Güte der Schätzung der Abfindungshöhe

6   Nach der Rspr ist die angemessene Abfindungshöhe für die Anteile am Unternehmen **im Wege der Schätzung** gem § 287 Abs 2 ZPO auf der Grundlage **anerkannter betriebswirtschaftlicher Methoden** (s Rn 16) zu ermitteln (*BGHZ* 147, 108, Juris-Rn 20; *BGH* NJW 1978, 1316 „Kali + Salz", Juris-Rn 31; *OLG München* BB 2012, 2062, Juris-Rn 23; *OLG Stuttgart* 24.7.2013 – 20 W 2/12, Juris-Rn 102, *OLG Stuttgart* 5.6.2013 – 20 W 6/10, Juris-Rn 141; *OLG Stuttgart* ZIP 2012, 133, Juris-Rn 185; *OLG Düsseldorf* 6.4.2011 – I-26 W 2/06; Juris-Rn 23; *OLG Düsseldorf* ZIP 2009, 2003, Juris-Rn 103; *OLG Karlsruhe* AG 2013, 353, Juris-Rn 49; *Hüffer* AktG Rn 17a; Simon SpruchG/*Simon/Leverkus* Anh § 11, Rn 8). Für die Schätzung des Unternehmenswerts wird eine gewisse Herabsetzung des Beweismaßes akzeptiert (*OLG Stuttgart* ZIP 2012, 133, Juris-Rn 202; *BayObLG* AG 2006, 41, Juris-Rn 17). Die Schätzung muss aber trotzdem auf einer fundierten Grundlage im Sinne des § 287 Abs 2 ZPO aufbauen, um überprüfbar zu bleiben (*BGH* 4.7.2013 – III ZR 52/12, Juris-Rn 69; *OLG Düsseldorf* ZIP 2009, 2003, Juris-Rn 103 mwN; *OLG Stuttgart* 24.7.2013 – 20 W 2/12, Juris-Rn 102, 121; *OLG Stuttgart* 5.6.2013 – 20 W 6/10, Juris-Rn 140; *OLG Stuttgart* ZIP 2012, 133, Juris-Rn 205, 310; *BayObLG* AG 2002, 388, Juris-Rn 26).

IV. Überprüfbarkeitsgrundsatz – Unternehmensbewertung als Rechtsfrage

Die grundrechtlich geschützte Aktionärsstellung im Abfindungsfall ist bezüglich der Höhe über das SpruchG verfahrensmäßig abgesichert. Die Ermittlung der Abfindungshöhe muss daher gerichtlich überprüfbar bleiben (**Grundsatz der Überprüfbarkeit**, BVerfG ZIP 2012, 1656, Juris-Rn 22; BVerfG ZIP 2012, 1408, Juris-Rn 18; OLG Stuttgart ZIP 2012, 133, Juris-Rn 208), was **Objektivierung** und **Willkürfreiheit** bei der Wertermittlung voraussetzt. Dies soll auch Missbrauchsgefahren vorbeugen (BVerfG ZIP 2007, 175, Juris-Rn 12, 17). Beim Ertragswert und beim Liquidationswert sind daher Typisierungen und Objektivierungen vorzunehmen, um einen „**objektivierten Unternehmenswert**" zu ermitteln (s Rn 22, 56). Nur dann ist eine Überprüfung der Angemessenheit überhaupt möglich. Die Beurteilung der Angemessenheit der Höhe nach stellt sich als eine **Rechtsfrage** und nicht als eine **ökonomische Tatfrage** dar, weil die Anwendung von Normen auf den konkreten Bewertungsanlass eine rechtliche Aufgabe darstellt (**Primat des Rechts**; Simon SpruchG/*Simon/Leverkus* Anh § 11, Rn 10; GroßKomm AktG/*Hirte/Hasselbach* Rn 62 ff; MünchKomm AktG/*Paulsen* Rn 76; Spindler/Stilz AktG/*Veil* Rn 48; *Hüffer* AktG Rn 17; BayObLG AG 2002, 390, Juris-Rn 19). Dies gilt auch für die **Auswahl der Prognose-** bzw **Bewertungsmethode** (*OLG Stuttgart* ZIP 2012, 133, Juris-Rn 212, 306; *OLG Frankfurt* AG 2010, 751, Juris-Rn 34 ff; KölnKomm AktG/*Koppensteiner* Rn 70 f). Die **betriebswirtschaftliche Unternehmensbewertung** legt die Art und Weise der konsistenten Verknüpfung und Berechnung einzelner wertbestimmender Faktoren der Prognose- und Bewertungsmethoden im Rahmen dieser rechtlichen Vorgaben fest, um das **Rechtsziel der Abbildung der vollen Entschädigung** zu erreichen (BVerfG NJW 2007, 3266, Juris-Rn 23; *Hirte/Hasselbach* aaO Rn 64; *Paulsen* aaO Rn 77). Eine eingeschränkte Überprüfung des ermittelten Werts auf eine Ordnungsmäßigkeit des Ablaufs des Bewertungsprozesses ist nicht ausreichend (analog zur Ablehnung des **Verhandlungsmodells** in BVerfG ZIP 2012, 1656, Juris-Rn 25 ff; OLG Stuttgart AG 2006, 421, Juris-Rn 43 ff; *Klöhn/Verse* AG 2013, 2). Die gerichtliche Kontrolle bedarf einer **eingehenden Auseinandersetzung** mit den die **Abfindungshöhe** bestimmenden **Planungs- und Bewertungselementen** (**Prüfung in der Sache**; BVerfG ZIP 2012, 1656, Juris-Rn 28; BGH NZG 2007, 714, Juris-Rn 8; OLG Stuttgart ZIP 2012, 133, Juris-Rn 176, 220; OLG Frankfurt AG 2012, 919, Juris-Rn 34 ff; BayObLG AG 2002, 390, Juris-Rn 19; *Hirte/Hasselbach* aaO Rn 64; *Kuhner* AG 2006, 713, 718). Die Überprüfung der Zweckmäßigkeit von Geschäftsführungsmaßnahmen ist nicht geboten (OLG Stuttgart 5.6.2013 – 20 W 6/10, Juris-Rn 171).

7

Die Rspr geht davon aus, dass der „**richtige**", „**mathematisch**" genaue oder „**naturwissenschaftlich**" gegebene **Unternehmenswert** nicht existiert (BVerfG ZIP 2012, 1656, Juris-Rn 30; BGH DB 2013, 334, Juris-Rn 28; OLG Stuttgart ZIP 2012, 133, Juris-Rn 177; OLG Karlsruhe 30.4.2013 – 12 W 5/12, Juris-Rn 20; OLG Düsseldorf ZIP 2009, 2003, Juris-Rn 103; OLG München BB 2012, 2062, Juris-Rn 23). Die Wertermittlung ist daher aufgrund zahlreicher prognostischer Elemente nicht einem Richtigkeitsurteil, sondern lediglich einem **Vertretbarkeitspostulat** zugänglich (s Rn 24; BVerfG ZIP 2012, 1656, Juris-Rn 30; BGH NJW 2011, 1947, Juris-Rn 17; BGH NJW 1978, 1316 „Kali + Salz", Juris-Rn 35 f; OLG Stuttgart 24.7.2013 – 20 W 2/12, Juris-Rn 121; OLG Stuttgart NZG 2012, 750, Juris-Rn 110, 131; OLG Stuttgart ZIP 2012, 133, Juris-Rn 179 f; OLG Frankfurt 17.12.2012 – 21 W 39/11, Juris-Rn 29; Spindler/Stilz AktG/ *Veil* Rn 48; *Komp* Zweifelsfragen, S 143; *Spindler* AG 2006, 677, 679 f; krit *Klöhn/*

8

Verse AG 2013, 2, 4). Der Wahl geeigneter betriebswirtschaftlicher Methoden (s Rn 16) kommt daher eine entscheidende Bedeutung zu (*OLG Düsseldorf* ZIP 2009, 2003, Juris-Rn 103).

V. Bewertungsstichtag

9 Unternehmenswerte sind **zeitpunktbezogene Wertaussagen** (*BGHZ* 138, 136, Juris-Rn 11; KölnKomm AktG/*Koppensteiner* Rn 60; WP-Hdb 2008, Tz A 51). **Maßgeblicher Bewertungsstichtag** ist nach Abs 3 S 2 der **Zeitpunkt der Hauptversammlung**, die über den Unternehmensvertrag beschließt (**rechtlicher Bewertungsstichtag**). Hiervon ist der **technische Bewertungsstichtag** zu unterscheiden (*Kuhner* AG 2006, 713, 717), der aus Praktikabilitätsgründen auf einen früheren Zeitpunkt gelegt wird, um den für die Strukturmaßnahme erforderlichen Informationspflichten rechtzeitig nachzukommen. In der Praxis wird daher als **Aufsatzpunkt der Planung** der dem rechtlichen Bewertungsstichtag **vorangehende Bilanzstichtag des Jahresabschlusses oder Quartalsabschlusses der beherrschten Gesellschaft** gewählt und mittels finanzmathematischer Aufzinsung auf den Bewertungsstichtag angepasst (SpruchG/*Simon/Leverkus* Anh § 11, Rn 33; GroßKomm AktG/*Hirte/Hasselbach* Rn 100). Dieses Vorgehen wird in der Rspr auch anerkannt (*OLG Stuttgart* AG 2012, 49, Juris-Rn 88 ff; *OLG Karlsruhe* AG 2013, 353, Juris-Rn 63). Die **Wiedergabe zutreffender Wertverhältnisse zum Bewertungsstichtag** wird üblicherweise durch eine Überprüfung der tragenden Planungs- und Bewertungselemente am Stichtag sichergestellt und durch eine **Stichtagserklärung** dokumentiert (WP-Hdb 2008, Tz A 469; *Simon/Leverkus* aaO Rn 33).

10 Aufgrund des **Stichtagsprinzips** sind Wertänderungen bzw wertbeeinflussende Ereignisse (**Prinzip der Wertbegründung**), die nach dem Bewertungsstichtag eingetreten sind, nicht zu berücksichtigen (**Wertabgrenzungsfunktion**; *OLG Stuttgart* AG 2004, 43, Juris-Rn 21). Der Bewertungsstichtag separiert zudem die Nettozuflüsse, die den abzufindenden Aktionären zustehen, von den (künftigen) Überschüssen, die an den übernehmenden Mehrheitsaktionär übertragen werden und für die die Entschädigung ermittelt wird (**Überschussabgrenzungsfunktion**). Der Bewertungsstichtag grenzt zusätzlich den Erkenntnishorizont ab (**Informationsabgrenzungsfunktion**), der der Unternehmensbewertung zugrunde zu legen ist (*OLG Düsseldorf* AG 2000, 323; Juris-Rn 31; *OLG Frankfurt* GWR 2012, 490, Juris-Rn 105; WP-Hdb 2008, Tz A 51). Tatsächliche Umstände und Informationen über die Verhältnisse der Gesellschaft (**Erkenntnisstand**), die zum Stichtag bei Anwendung angemessener Sorgfalt der Wertermittlung hätten zugrunde gelegt werden können, sind bei einer späteren Überprüfung der Planung und Bewertung zu berücksichtigen (*OLG Stuttgart* AG 2012, 221, Juris-Rn 89; *OLG Karlsruhe* 6.2.2012 – 12 W 69/08, S 24; *Komp* Zweifelsfragen, S 143; Emmerich/Habersack, Aktien- und GmbH-KonzernR/*Emmerich* Rn 57). Entwicklungen, deren „Wurzeln" vor oder am Bewertungsstichtag angelegt sind, sind in die Bewertung einzubeziehen („**Wurzeltheorie**": *BGH* NJW 1973, 509, Juris-Rn 17; *BGHZ* 138, 371, Juris-Rn 25; *BGHZ* 138, 136, Juris-Rn 11; *BGHZ* 156, 57 „Ytong", Juris-Rn 13; *OLG Karlsruhe* AG 2013, 373, Juris-Rn 48; *OLG Frankfurt* AG 2012, 513, Juris-Rn 96 ff; *OLG München* AG 2005, 486, Juris-Rn 34; *OLG Stuttgart* NZG 2012, 750, Juris-Rn 131; *OLG Düsseldorf* 06.04.2011 – I-26 W 2/06, Juris-Rn 47; *Komp* Zweifelsfragen, S 144 mwN; WP-Hdb 2008, Tz A 53; für eine lockere Anwendung *Emmerich* aaO Rn 59). Die konkret **anzusetzenden Kausalitätszusammenhänge** blei-

ben im Einzelfall umstritten (KölnKomm AktG/*Koppensteiner* Rn 61; *Komp* Zweifelsfragen, S 143 ff), denn die Vergangenheit stellt idR die Quelle für jede künftige Entwicklung dar und somit hat fast jede künftige Entwicklung auch dort ihren Ursprung (*OLG Stuttgart* ZIP 2012, 133, Juris-Rn 242; *OLG Stuttgart* AG 2012, 221, Juris-Rn 89, 106; *OLG Frankfurt* AG 2012, 513, Juris-Rn 96 ff; *Komp* Zweifelsfragen, S 145 f). Daher kommt es auf die **Erkennbarkeit der zukünftigen Entwicklung** aus den Verhältnissen am Bewertungsstichtag heraus an; dabei ist die Erkennbarkeit aus Sicht und Kenntnis eines „**sorgfältig arbeitenden**" **Bewerters** zu beantworten (*OLG Stuttgart* AG 2012, 221, Juris-Rn 106; *OLG Düsseldorf* 06.04.2011 – I-26 W 2/06, Juris-Rn 47). Eine **allgemeine ex post-Plausibilisierung** der Planung, aus der **spätere Abweichungen zwischen Planung** und **eingetretener Entwicklung** resultieren, zB aus einer unvorhersehbaren oder einer am Bewertungsstichtag als unwahrscheinlich beurteilten Entwicklung (*Komp* Zweifelsfragen, S 147), ist nach einhelliger Meinung aufgrund des „**hindsight bias**" nur sehr eingeschränkt zulässig (**Ablehnung retrospektiver Plausibilitätsprüfung:** *Spindler* AG 2006, 677, 678; Simon SpruchG/*Simon/Leverkus* Anh § 11, Rn 34; *BGH* DB 2013, 334, Juris-Rn 28; *OLG Stuttgart* 5.6.2013 – 20 W 6/10, Juris-Rn 167; *OLG Stuttgart* AG 2011, 420, Juris-Rn 197; *OLG Stuttgart* NZG 2012, 750, Juris-Rn 131; *OLG Stuttgart* ZIP 2012, 133, Juris-Rn 180, 242; *OLG Stuttgart* AG 2012, 221, Juris-Rn 88; *OLG Stuttgart* AG 2007, 128, Juris-Rn 43; *OLG Stuttgart* AG 2004, 43, Juris-Rn 24; *OLG Karlsruhe* AG 2013 553, Juris-Rn 48; *OLG Karlsruhe* 12.4.2012 – 12 W 57/10, S 25; *OLG Frankfurt* 17.12.2012 – 21 W 39/11, Juris-Rn 33; *OLG Frankfurt* AG 2012, 513, Juris-Rn 97; *OLG Düsseldorf* 29.2.2012 – I-26 W 2/10, Juris-Rn 51; *BayObLG* AG 2002, 390, Juris-Rn 19).

Bei der Beurteilung der Planbarkeit künftiger Entwicklungen am Bewertungsstichtag muss zwischen künftigen **externen Umfeldzuständen der Volkswirtschaft und der Branche** einerseits und den künftigen **Maßnahmen der Geschäftsleitung** andererseits unterschieden werden (*OLG Frankfurt* AG 2012, 513, Juris-Rn 96; *OLG Frankfurt* AG 2012, 417, Juris-Rn 34; *Kuhner* AG 2006, 713, 717; *Ballwieser* Unternehmensbewertung, S 47 ff; Peemöller, Praxishdb/*Mandl/Rabe* S 49, 59; WP-Hdb 2008, Tz A 145 mwN; Simon SpruchG/*Simon/Leverkus* Anh § 11, Rn 61; IDW S1 idF 2008, Tz 32; WP-Hdb 2008, Tz A 80 ff). Bei der Berücksichtigung von **externen wertbeeinflussenden Entwicklungen des makro- und mikroökonomischen (branchenmäßigen) Umfelds**, die außerhalb des Einflussbereiches der Geschäftsleitung liegen, kommt es entscheidend auf deren **Erkennbarkeit am Bewertungsstichtag** an (*Komp* Zweifelsfragen, S 145 f; *OLG Stuttgart* ZIP 2012, 133, Juris-Rn 262 f; *OLG Stuttgart* AG 2011, 560, Juris-Rn 148). Für die Berücksichtigung von **Maßnahmen der Geschäftsleitung** verlangt der *BGH* ein „**tragfähiges Fundament**" für die Zukunftsschätzung (*BGHZ* 140, 35, Juris-Rn 12). Demnach hat die **künftige Ertragskraft** auf dem Ergebnis einer **Vergangenheitsanalyse** (s Rn 25) aufzubauen und von den Verhältnissen am Bewertungsstichtag (**vorhandene Ertragskraft** aus der am Bewertungsstichtag vorliegenden Substanz) auszugehen. Nur die aus der am Bewertungsstichtag vorhandenen Substanz und deren Entwicklung generierten zukünftig realistisch zu erwartenden Überschüsse sind in der Bewertung zu erfassen (*OLG Köln* FamRZ 2012, 1713, Juris-Rn 25), **Verbundvorteile** sind nach hM nicht zu berücksichtigen (s Rn 31). „**Zukünftige nachweisbare Erfolgschancen**" im Sinne des *BGH* liegen dann vor, wenn die Voraussetzungen für die **Nutzung dieser Chancen** bereits zum Bewertungsstichtag „**in ihrem Kern**" bzw „**im Ansatz**" geschaffen sind (*BGHZ* 140, 35, Juris-Rn 12; *BGHZ* 138, 136, Juris-

Rn 11; *OLG Stuttgart* AG 2011, 560, Juris-Rn 146; *OLG Stuttgart* ZIP 2012, 133, Juris-Rn 263; *OLG München* AG 2008, 28, Juris-Rn 39; *BayObLG* AG 2002, 388, Juris-Rn 19). Es ist von einem Unternehmen auszugehen, „**wie es am Stichtag steht und liegt**" (*BGHZ* 156, 57 „Ytong", Juris-Rn 13; *BGHZ* 140, 35, Juris-Rn 12; *Kuhner* aaO 713, 716), was die Fortführung des bestehenden Unternehmenskonzepts unterstellt (IDW S1 idF 2008, Tz 29). Die **geplanten Maßnahmen** (zB Investitionen) müssen zum Bewertungsstichtag **in den Ansätzen eingeleitet gewesen** (*BGHZ* 140, 35, Juris-Rn 11; *OLG Stuttgart* ZIP 2012, 133, Juris-Rn 278) oder **zumindest hinreichend konkretisiert sein** (*BGHZ* 140, 35 Juris-Rn 12; *BGH* NJW 1978, 1316 „Kali + Salz", Juris-Rn 38; *OLG Düsseldorf* 17.11.2008 – I-26 W 6/08, Juris-Rn 26; *OLG Düsseldorf* 6.4.2011 – I-26 W 2/06, Juris-Rn 47; *OLG Stuttgart* AG 2011, 560, Juris-Rn 113; *OLG München* AG 2008, 28, Juris-Rn 44; IDW S1 idF 2008, Tz 32; WP-Hdb 2008, Tz A 80 ff), denn nur dann liegen diese im Kern zum Bewertungsstichtag vor (*OLG Stuttgart* AG 2011, 560, Juris-Rn 105, 113). Die theoretische Investitionsmöglichkeit reicht nicht aus und kann dem Vorstand nicht vorgegeben werden (*OLG Stuttgart* 24.7.2013 – 20 W 2/12, Juris-Rn 133. **Geplante Änderungen des bestehenden Unternehmenskonzepts** im Detailplanungszeitraum sind hinreichend zu belegen (zB ein zum Bewertungsstichtag unterzeichneter Vertrag: *OLG Stuttgart* NZG 2012, 750, Juris-Rn 38, 140), bestehende Verträge jedoch zu beachten (*OLG Stuttgart* 24.7.2013 – 20 W 2/12, Juris-Rn 137. Auch **Änderungen der rechtlichen Rahmenbedingungen** müssen hinreichend konkretisiert sein (zur Berücksichtigung einer Steuerreform: *OLG Stuttgart* AG 2011, 560, Juris-Rn 148; *OLG Stuttgart* ZIP 2012, 133, Juris-Rn 263 ff; überwiegende Wahrscheinlichkeit verlangt *OLG Karlsruhe* 22.6.2010 – 12 W 87/07, S 16).

B. Bewertungsmethoden

I. Überblick

12 Nach der Art und Weise, wie der finanzielle Nutzen zu erfassen ist (*BGH* NJW 1982, 2441, Juris-Rn 8; *BGH* NJW 1978, 1316 „Kali + Salz", Juris-Rn 33), lassen sich grds drei Ansätze feststellen: **Überschussorientierte Verfahren**, **marktwertorientierte Verfahren** und **einzelwertorientierte Verfahren,** aus denen sich entspr Methoden ableiten lassen:

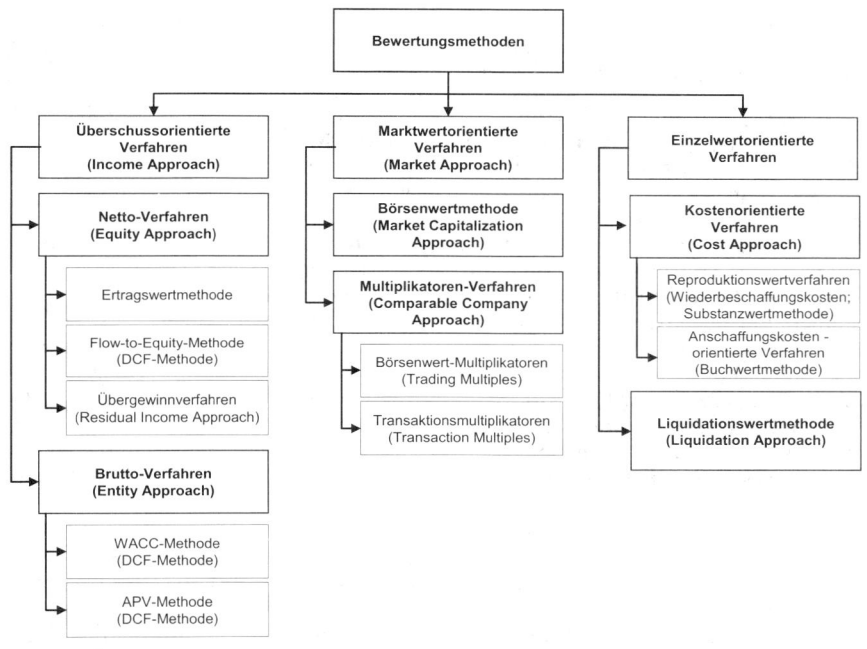

Abb. 1: Überblick Bewertungsmethoden

1. Überschussorientierte Verfahren. Die **überschussorientierten Verfahren (Income Approach)** ermitteln den **finanziellen Nutzen** im Rahmen einer **Gesamtbewertung** aus den zu **erwartenden entziehbaren Überschüssen**. Dabei werden je nach Methode unterschiedliche bewertungsrelevante Überschüsse formuliert, die in einem **investitionstheoretischen Kapitalwertkalkül** mittels eines methodenspezifischen Kapitalisierungszinssatzes zu einem **Gegenwartswert (Barwert)** abdiskontiert werden. Es wird der Nutzen abgebildet, der sich aus dem Halten der Anteile am Unternehmen ergibt (**Gebrauchswert** bzw **Value in Use**). Je weiter die Überschüsse in der Zukunft liegen und je unsicherer diese sind, desto geringer ist ihr **(Bar-)Wert**. Bei den **Netto-Verfahren (Equity Approach)**, die die Netto-Zuflüsse an die Anteilseigner unmittelbar ermitteln, wird zwischen der in Deutschland verwendeten **Ertragswertmethode** (s Rn 21) und der Eigenkapitalwertvariante der DCF-Methoden – der **Flow-to-Equity-Methode** – unterschieden (*Ballwieser* Unternehmensbewertung, S 132; *Drukarczyk/Schüler* Unternehmensbewertung, S 195). Die **Übergewinnverfahren (Residual Income Approach)**, bei denen die Überschüsse aus den Übergewinnen (Ertragsüberschüsse abzüglich der Kapitalverzinsung) ermittelt werden, sind bei Strukturmaßnahmen nicht üblich; im IDW S1 idF 2008, Tz 99, werden sie nicht als gebräuchliche Methode für den hier zu behandelnden Bewertungsanlass aufgeführt. Die **Brutto-Verfahren (Entity Approach)** basieren auf den gesamten Überschüssen an Eigen- und Fremdkapitalgeber (sog **Free Cashflows**). Von deren Barwert wird in einem zweiten Schritt das Fremdkapital abgezogen (**WACC-Methode** und **APV-Methode**). Die

13

Brutto-Verfahren stellen die übliche Domäne der **DCF-Methoden** dar (ausf *Ballwieser* aaO S 132 ff; *Drukarczyk/Schüler* aaO S 137 ff; *Kruschwitz/Löffler/Essler* Unternehmensbewertung, S 21 ff).

14 **2. Marktwertorientierte Verfahren.** Der finanzielle Nutzen lässt sich bei den **marktwertorientierten Verfahren** (**Market Approach**) aus dem Überschuss ermitteln, der durch den Handel der Anteile am Unternehmen auf dem Markt erzielt werden kann (**Handelswert, Tauschwert** bzw **Value in Exchange**). Bei diesen Verfahren wird der Nutzen aus einer realisierten zu beobachtenden Verwertung am Markt (**Börsenwertmethode** bzw **Market Capitalization Approach**, s Rn 49) oder bei den **preisvergleichsorientierten Verfahren** aus vergleichbaren (historischen) Verwertungen (**Multiplikatoren-Verfahren; Comparable Company Approach**) bestimmt. Bei den **Multiplikatoren-Verfahren** wird der Unternehmenswert aus der Multiplikation eines Multiplikators mit einer Bezugsgröße (idR ein Erfolgsfaktor wie unterschiedliche Gewinngrößen oder Umsatzerlöse) des Bewertungsobjekts ermittelt. Bezüglich der Quelle des Multiplikators wird zwischen **Börsenwert-Multiplikatoren (Trading Multiples)**, die sich aus den Börsenkursen börsennotierter Vergleichsunternehmen bestimmen lassen, und den **Transaktionsmultiplikatoren (Transaction Multiples)**, die aus vergangenen Transaktionen vergleichbarer Unternehmen abgeleitet werden, unterschieden (ausf *Krolle/Schmitt/Schwetzler* Multiplikatorenverfahren, S 5 ff; *Drukarczyk/Schüler* Unternehmensbewertung, S 453 ff; *Ballwieser* Unternehmensbewertung, S 208 ff; *Holthausen/Zmijewski* JoACF, 2012, 26 ff; *Hölters*, Hdb Unternehmenskauf/*Widmann* Teil II, Rn 119 ff). Bei Letzteren ist festzustellen, ob die Transaktionen unter hinreichend ähnlichen Bedingungen stattgefunden haben (*OLG Stuttgart* AG 2008, 510, Juris-Rn 136). Es gilt die Überlegung, dass ähnliche Unternehmen an der Börse oder in Transaktionen zu ähnlichen Preisen gehandelt werden. Im Kern stellen sich Multiplikatorverfahren aber als eine grob vereinfachte Ertragswertmethode bzw DCF-Methode dar (*Ballwieser* Unternehmensbewertung, S 213) und werden betriebswirtschaftlich sehr kritisch gesehen (*Drukarczyk/Schüler* Unternehmensbewertung, S 453 f; *Kruschwitz/Löffler/ Essler* Unternehmensbewertung, S 6; *Ballwieser* in FS Loitsberger, 1991, S 215 f; *Simon* SpruchG/*Simon/Leverkus* Anh § 11, Rn 54; *Hölters*, Hdb Unternehmenskauf/*Widmann* Teil II Rn 145; aA Peemöller Praxishdb/*Löhnert/Böckmann* S 679, 681 ff). **In der Rspr** werden sie **für Strukturmaßnahmen nicht anerkannt**, da sie über kein theoretisches Fundament verfügen bzw wenig aussagekräftige Ergebnisse liefern (*OLG Frankfurt* AG 2011, 828, Juris-Rn 83; *OLG Frankfurt* AG 2010, 798, Juris-Rn 105). Solche **vereinfachten Preisfindungen** können grds eine ordnungsgemäße Unternehmensbewertung nicht ersetzen (IDW S1 idF 2008, Tz 144) und entziehen sich dem rechtlich gebotenen Überprüfbarkeitsgrundsatz (s Rn 7), da sich die Annahmen vorwiegend im Multiplikator verbergen und daher nicht im Einzelnen nachprüfbar sind.

15 **3. Einzelwertorientierte Verfahren.** Der finanzielle Nutzen wird bei den **einzelwertorientierten Verfahren** aus der Summe der einzelnen Vermögenswerte abzüglich der Schulden des Unternehmens bestimmt. Bei den **kostenorientierten Verfahren** (Cost Approach) wird der finanzielle Nutzen aus den ersparten Ausgaben, bei der **Liquidationswertmethode** (**Liquidation Approach**) aus den Verwertungserlösen abzüglich Schulden abgeleitet (s Rn 56). Die **kostenorientierten Verfahren** stellen aus Sicht des Erwerbers auf die Einsparung von Ausgaben in Höhe der Kosten einer Reproduktion des

Unternehmens am Bewertungsstichtag ab (**Substanzwert, Wiederbeschaffungswert zu Zeitwerten**). Beim **Buchwert** des Eigenkapitals (**Bilanzwert**) wird die Ausgabeneinsparung auf der Basis (fortgeführter) historisch angefallener Ausgaben (und einbehaltener Gewinne) ermittelt. Die kostenorientierten Verfahren gehen also von den Ausgaben für einen analogen Aufbau eines vergleichbaren Unternehmens aus, die beim Erwerb des Unternehmens eingespart werden (**Ausgabenersparniswert**). Die gleichwertige Reproduktion eines Unternehmens ist aber idR nicht möglich. Der **Substanzwert** enthält auch keine Wertaussage zum finanziellen Nutzen des Anteils des abzufindenden Minderheitsaktionärs und ist daher für die Ermittlung der **vollen Kompensation grds untauglich** (IDW S1 idF 2008, Tz 6; WP-Hdb 2008, Tz A 440; *BGH* NJW-RR 1986, 1066, Juris-Rn 23; *OLG Stuttgart* AG 2011, 560, Juris-Rn 34, 231; *OLG Stuttgart* AG 2012, 49, Juris-Rn 203; *LG München* Konzern 2010, 188, Juris-Rn 46; zu den Ausnahmen s *OLG Stuttgart* AG 2012, 221, Juris-Rn 215f; Spindler/Stilz AktG/*Veil* Rn 75; *Hüffer* AktG Rn 20). Der **Buchwert** (**Bilanzwert**) des Eigenkapitals ist für die Ermittlung der Entschädigungsleistung – auch als Wertuntergrenze – **ungeeignet**, da dieser keinen Bezug zu dem Nutzen herzustellen vermag, den der Minderheitsaktionär aufgibt (*OLG Stuttgart* AG 2012, 49, Juris-Rn 195; Peemöller Praxishdb/*Hannes*, Unternehmensbewertung, S 1119, 1130; *Hüffer* aaO Rn 20; Emmerich/Habersack, Aktien- und GmbH-KonzernR/*Emmerich* Rn 38).

II. Grundsätze zur Methodenauswahl

1. „Gebräuchliche" und „anerkannte" Bewertungsmethoden. Die von der Rspr geforderten **betriebswirtschaftlichen Bewertungs- und Prognosemethoden** der Schätzung gem. § 287 Abs 2 ZPO (s Rn 6) müssen in der Praxis der Unternehmensbewertung „**gebräuchlich**" und in den Wirtschaftswissenschaften „**anerkannt**" sein (*BVerfG* NJW 2007, 3266, Juris-Rn 23; *BVerfG* ZIP 2012, 1408, Juris-Rn 18; *BGHZ* 147, 108, Juris-Rn 20; *BGH* NJW 1978, 1316 „Kali + Salz", Juris-Rn 31; *OLG Stuttgart* 24.7.2013 – 20 W 2/12, Juris-Rn 103 ff; *OLG Stuttgart* 5.6.2013 – 20 W 6/10, Juris-Rn 141; *OLG Stuttgart* ZIP 2012, 133, Juris-Rn 185; *OLG Frankfurt* AG 2010, 751, Juris-Rn 43; *OLG München* BB 2012, 2062, Juris-Rn 23). **Anerkannte** Methoden beruhen auf einem **allg akzeptierten theoretischen Fundament**, auf **plausiblen** (möglichst realitätsnahen) **Annahmen** sowie **intersubjektiv nachvollziehbaren Eingabeparametern und Modellen** (*OLG Düsseldorf* ZIP 2009, 2003, Juris-Rn 122; MünchKomm AktG/*Paulsen* Rn 126; WP-Hdb 2008, Tz A 141). Um dem Rechtsziel der vollen Entschädigung entsprechen zu können, ist von den verwendeten Methoden zu verlangen, dass diese dem **Stand der betriebswirtschaftlichen Forschung lege artis (state of the art)** zumindest zum Bewertungsstichtag (s Rn 9) entsprechen (*Paulsen* aaO Rn 77; *Hüttemann* WPg 2008, 822, 824; *BVerfG* NJW 2007, 3266, Juris-Rn 23; *OLG Düsseldorf* ZIP 2009, 2003, Juris-Rn 103, 122; *OLG Stuttgart* ZIP 2012, 133, Juris-Rn 185, 304). Eine **methodenfreie Schätzung** (ohne betriebswirtschaftliches Fundament) ist demnach grds unzulässig. Beim Vorliegen mehrerer Methoden ist unter Beachtung der Verfahrensökonomie die überlegene betriebswirtschaftliche Methode bei der Wertermittlung vorzuziehen (*OLG Düsseldorf* AG 2012, 797, Juris-Rn 46; *OLG Frankfurt* NZG 2013, 69, Juris-Rn 55; *OLG Stuttgart* ZIP 2012, 133, Juris-Rn 303 ff; *OLG Stuttgart* AG 2011, 205, Juris-Rn 173; *Paulsen* aaO Rn 126). Bei der Schätzung ist auf Methodenkonsistenz – **vergleichbare Sachverhalte sind nach gleichen Methoden zu beurteilen** – zu achten (*Paulsen* aaO Rn 95). Eine **Diskussion** einer gebräuchlichen und anerkannten Bewertungs- oder Prognosemethode **in**

Ruiz de Vargas

der **Fachwissenschaft** steht einer Anwendung nicht entgegen (*BVerfG* NJW 2007, 3266, Juris-Rn 23; *OLG Stuttgart* 5.6.2013 – 20 W 6/10, Juris-Rn 142; *OLG Stuttgart* ZIP 2012, 133, Juris-Rn 295). Indiz für die Anerkennung und Gebräuchlichkeit stellen die verlautbarten Empfehlungen zur Unternehmensbewertung des IDW dar; insbesondere der jeweils geltende Bewertungsstandard des IDW (*OLG Stuttgart* 5.6.2013 – 20 W 6/10, Juris-Rn 144; Simon SpruchG/*Simon/Leverkus* Anh § 11, Rn 36 ff; K. Schmidt/Lutter AktG/*Stephan* Rn 49).

17 Soweit die zur Auswahl stehenden Methoden in der Praxis gebräuchlich sind und in der Betriebswirtschaftslehre anerkannt werden, besteht von Rechts wegen grds **keine Vorgabe für eine bestimmte betriebswirtschaftliche Bewertungsmethode** (*BVerfG* ZIP 2012, 1408, Juris-Rn 18; *BVerfG* ZIP 2011, 1051 „Telekom", Juris-Rn 23 ff, 204; *BVerfG* NJW 2007, 3266, Juris-Rn 23; *BVerfGE* 100, 289 „DAT/Altana", Juris-Rn 61; *BGH* NZG 2006, 425, Juris-Rn 13 mwN; *OLG Stuttgart* 5.6.2013 – 20 W 6/10, Juris-Rn 138; *OLG Stuttgart* AG 2011, 49, Juris-Rn 108 ff; MünchKomm AktG/*Paulsen* Rn 81; Emmerich/Habersack, Aktien- und GmbH-KonzernR/*Emmerich* Rn 52). Die Auswahl der Methoden hängt von den Umständen des Bewertungsfalles ab (*BVerfG* ZIP 2012, 1408, Juris-Rn 18; *BVerfG* ZIP 2011, 1051 „Telekom", Juris-Rn 24) und stellt eine Rechtsfrage dar (s Rn 7). Ein **Meistbegünstigungsgebot** der Minderheitsaktionäre bei der Überprüfung von methodischen Einzelfragen wird grds abgelehnt (*BVerfG* ZIP 2012, 1408, Juris-Rn 18; *BVerfG* ZIP 2011, 1051 „Telekom", Juris-Rn 24; *OLG Stuttgart* ZIP 2012, 133, Juris-Rn 187 ff, 219 ff; *OLG Stuttgart* ZIP 2009, 1059, Juris-Rn 214 f; *OLG Frankfurt* AG 2012, 417, Juris-Rn 46; *OLG Karlsruhe* 12.4.2012 – 12 W 57/10, S 32 f). Bei der Ermittlung der Verschmelzungswertrelation nach Abs 3 S 1 gelten grundsätzlich die gleichen Bewertungsgrundsätze wie bei einer Barabfindung, auch wenn dann keine Anteilsbewertung im Vordergrund steht, sondern die Ermittlung einer Wertrelation (*OLG Frankfurt* AG 2012, 919, Juris-Rn 32 mwN). Der Überprüfung der Wertrelation über eine prozedurale Kontrolle des Verhandlungsprozesses, die zur Bestimmung der Umtauschrelation geführt hat (**Verhandlungsmodell** Klöhn/Verse AG 2013, S 2 mwN), ist vom *BVerfG* abgelehnt worden (*BVerfG* ZIP 2012, 1656, Juris-Rn 27). Auch wurde die von Verschmelzungspartnern vereinbarte Bewertungsmethode (Ertragswertmethode) zugunsten der Börsenwertmethode geändert (*OLG Frankfurt* AG 2010, 751, Juris-Rn 30, bestätigt durch *BVerfG* ZIP 2011, 1051 „Telekom", Juris-Rn 23 ff; ein Gebot der Anwendung der Börsenwertmethode ablehnend *BayObLG* BB 2003, 275, Juris-Rn 31 f). Bei der Ermittlung der angemessenen Verschmelzungswertrelation verlangt die Rspr, dass die gleiche Bewertungsmethode für die Aktien einer anderen Gesellschaft wie für die abzufindenden Aktien gewählt wird (**Grundsatz der Methodengleichheit**; *BGHZ* 147, 108, 4. Leitsatz, Juris-Rn 31; *OLG München* BB 2012, 2062, Juris-Rn 37 mwN; *OLG Stuttgart* AG 2006, 421, Juris-Rn 142; *OLG Karlsruhe* AG 2006, 463, Juris-Rn 24; *Paulsen* aaO Rn 95; K. Schmidt/Lutter AktG/*Stephan* Rn 107; *Großfeld* Unternehmensbewertung, Rn 56; aA *Reuter* DB 2001, 2483). Im Falle von nichtnotierten Gesellschaften gilt der Börsenwert (s Rn 49) der abzufindenden Aktien stets als Wertuntergrenze („Meistbegünstigungsgrundsatz": *BGHZ* 147, 108, Juris-Rn 21; aA Hüffer AktG, Rn 24g f). Dem **Meistbegünstigungsgrundsatz**, im Sinne eines Maximums aus Ertrags- und Börsenwert bei der Bildung der Verschmelzungswertrelation, hat das *BVerfG* aber eine Absage erteilt (*BVerfG* ZIP 2011, 1051 „Telekom", Juris-Rn 24; *OLG Frankfurt* AG 2010, 751, Juris-Rn 171; *OLG Stuttgart* 5.6.2013 – 20 W 6/10, Juris-Rn 164; *Martens* AG 2003,

593 ff). Auch werden in der Entscheidung die höheren Ertragswerte zugunsten niedrigerer Börsenwerte ersetzt (Vorinstanz: *OLG Frankfurt* AG 2010, 751, Juris-Rn 159). Allerdings führte der Ersatz zu einer Werteverschiebung zugunsten der Minderheitsaktionäre der abhängigen Gesellschaft. Die Bewertungsmethode der abhängigen Gesellschaft bestimmt grundsätzlich auch diejenige der herrschenden Gesellschaft (*OLG München* BB 2012, 2062, Juris-Rn 37; *OLG Frankfurt* 17.11.2009 – 20 W 412/07, Juris-Rn 43; *Paulsen* aaO Rn 95; **aA** für den jeweiligen Höchstwert *Reuter* DB 2001, 2483, 2490; KölnKomm AktG/*Riegger/Gayk* Anh § 11, Rn 79 mwN). Der Börsenkurs der herrschenden Gesellschaft stellt verfassungsrechtlich auch keine Obergrenze dar (*BVerfG* ZIP 2011, 170, Juris-Rn 10). Unter Berücksichtigung der Desinvestitionsmöglichkeiten beider Aktionärsgruppen ist mE zum Zweck der Prüfung der Angemessenheit der Verschmelzungsrelation auch aus Gründen ökonomischer Arbitrageüberlegungen die Börsenwertrelation als Wertuntergrenze maßgebend. Denn der Minderheitsaktionär darf nicht schlechter gestellt werden als die Relation, die sich daraus ergibt, dass er die Aktien der beherrschten Gesellschaft verkauft und die der herrschenden kauft (*BVerfG* ZIP 2003, 2114, Juris-Rn 12 f; *OLG Frankfurt* 17.11.2009 – 20 W 412/07, Juris-Rn 43). Daher wird in der jüngeren Rspr auf die Relation und nicht auf die absoluten Werte abgestellt (*BVerfG* ZIP 2011, 1051 „Telekom", Juris-Rn 23 f).

2. Bandbreite angemessener Werte und Bagatellgrenze. Aufgrund **zahlreicher Prognosen unter Unsicherheit und methodischer Einzelentscheidungen**, die den Unternehmenswert bestimmen (s Rn 8; *BGHZ* 156, 57 „Ytong", Juris-Rn 7; *OLG Stuttgart* NZG 2012, 750, Juris-Rn 110; *OLG Stuttgart* AG 2008, 510, Juris-Rn 56; *Müller* in FS Bezzenberger, S 705, 707; WP-Hdb 2008, Tz A 143), ist bei der gerichtlichen Überprüfung eine Bandbreite zulässiger (angemessener) Werte zugrunde zu legen (*OLG Frankfurt* AG 2012, 513, Juris-Rn 35; *OLG Stuttgart* NZG 2012, 750, Juris-Rn 110; *OLG Stuttgart* AG 2004, 43, Juris-Rn 22 f; *OLG Karlsruhe* 30.4.2013 – 12 W 5/12, Juris-Rn 20; *OLG Koblenz* AG 2007, 408, Juris-Rn 50; *BayObLG* AG 2006, 41, Juris-Rn 17; MünchKomm AktG/*Paulsen* Rn 78). Die Wertermittlung muss aber intersubjektiv nachprüfbar bleiben (s Rn 7), wobei Bewertungsunterschiede im Rahmen einer Bandbreite von +/- 5% vom angebotenen Wert allgemein nicht zur Unangemessenheit und damit zur Korrektur führen (**Bagatellgrenze**, *OLG Stuttgart* AG 2012, 135, Juris-Rn 272; *OLG Celle* AG 2007, 865, Juris-Rn 35). Teilweise wird eine Abweichungstoleranz von bis zu 10 % als geringfügig bezeichnet (*LG München* AG 2001, 99, 100, bestätigt durch *BayObLG* BB 2003, 275, Juris-Rn 50 f; *Puszkajler* BB 2003, 1692, 1694 mwN; *Puszkajler* ZIP 2010, 2275, 2279; Simon SpruchG/*Simon/Leverkus* Anh. § 11, Rn 11; Bereich zwischen 5 % und 10 % wird ausdrücklich offen gelassen: *OLG Stuttgart* AG 2011, 205, Juris-Rn 259 f). Eine Abweichung von 15% vom untersten Wert einer Bandbreite fällt jedenfalls nicht mehr unter die Bagatellgrenze (*OLG Koblenz* AG 2007, 408, Juris-Rn 50).

3. Rückwirkende Anwendbarkeit von Methodenänderungen – maßgeblicher Bewertungsstandard. Die Verlautbarungen des IDW zu Fragen der Unternehmensbewertung haben keinen **Rechtsnormcharakter** (*OLG Stuttgart* 24.7.2013 – 20 W 2/12, Juris-Rn 106; *OLG Stuttgart* 5.6.2013 – 20 W 6/10, Juris-Rn 144; *OLG Düsseldorf* 29.2.2012 – I-26 W 2/10, Juris-Rn 50; *OLG Düsseldorf* GWR 2012, 246, Juris-Rn 62; MünchKomm AktG/*Paulsen* Rn 93). Auch für den Berufsstand der Wirtschaftsprüfer haben diese im Rahmen einer ordnungsgemäßen Berufsausübung reinen **Empfeh-**

lungscharakter (IDW S1 idF 2008, Tz 1), genießen allerdings in der Rspr und in der Bewertungspraxis hohe Anerkennung, weswegen Abweichungen einer besonderen Begründung bedürfen. Aufgrund der Verfahrensdauer der Spruchverfahren ist oft die Entscheidung zu treffen, ob die **Fassung des Bewertungsstandards** zum Bewertungsstichtag oder die Fassung zum Zeitpunkt der gerichtlichen Entscheidungsfindung herangezogen werden soll (*Bungert* WPg 2008, 811; *Hüttemann* WPg 2008, 822; *LG Düsseldorf* 11.1.2012 – 33 O 137/07, Juris-Rn 12 ff), was obergerichtlich (noch) nicht einheitlich entschieden wird. Bei der Diskussion um die rückwirkende Anwendung der Bewertungsstandards des IDW geht es eigentlich um die Frage nach der **rückwirkenden Anwendbarkeit von Methodenänderungen**, also des anzuwendenden betriebswirtschaftlichen Erkenntnisstands bei einer ständig voranschreitenden Wirtschaftswissenschaft (*OLG Stuttgart* AG 2007, 128, Juris-Rn 44). Verfassungsrechtlich ist eine Aktualisierung nicht geboten, wenn die verwendete Methode am Bewertungsstichtag gebräuchlich und anerkannt war (s Rn 16; *BVerfG* NJW 2007, 3266, Juris-Rn 23). Auch wenn die Methode später als überholt gelten sollte oder bereits bei der Anwendung am Bewertungsstichtag Gegenstand von Diskussionen in der Fachwissenschaft war, ist sie aus verfassungsrechtlicher Sicht nicht zu beanstanden (*BVerfG* NJW 2007, 3266, Juris-Rn 23).

20 Das **Stichtagsprinzip** (s Rn 10) gilt nur für die Bestimmung der Verhältnisse am Bewertungsstichtag, aber nicht für die anzuwendende Prognose- bzw Bewertungsmethode (*OLG Stuttgart* AG 2012, 49, Juris-Rn 114; *OLG Karlsruhe* 12.4.2012 – 12 W 57/10, S 30; *OLG Celle* AG 2007, 865, Juris-Rn 28; KölnKomm AktG/*Riegger/Gayk*, Anh § 11, Rn 62). Bei Änderungen von Methoden, die sich zwischen dem Bewertungsstichtag und der Einleitung des Spruchverfahrens ereignen, wird zwischen Methodenanpassungen und -verbesserungen unterschieden (*Bungert* WPg 2008, 811; *Dörschell/Franken* DB 2005, 2257; MünchKomm AktG/*Paulsen* Rn 94; *OLG Düsseldorf* 29.02.2012 – I-26 W 2/10, Juris-Rn 39 ff). **Methodenanpassungen** stellen eine Fehlerkorrektur dar, die zB aus Änderungen steuerrechtlicher Rahmenbedingungen oder aus neuen verfassungsrechtlichen Vorgaben (zB Börsenwertmethode als Wertuntergrenze) resultieren können (*Bungert* aaO 811). Es hat sich noch keine einhellige Meinung zu der Frage gebildet, ob diese rückwirkende Korrektur der Bewertung bei der Prüfung der Unternehmensbewertung zu berücksichtigen ist (**dafür** *Ruthardt/Hachmeister* WPg 2011, 351 mwN; *Riegger/Gayk*, aaO Rn 56 ff; *BGHZ* 156, 57 „Ytong", Juris-Rn 12; *OLG Stuttgart* NZG 2012, 750, Juris-Rn 117 ff; *OLG Stuttgart* AG 2011, 420, Juris-Rn 259 ff; **aA** *OLG Düsseldorf* GWR 2012, 246, Juris-Rn 52; *Paulsen* aaO Rn 94; *OLG München* AG 2007, 411, Juris-Rn 25; *LG Düsseldorf* 11.1.2012 – 33 O 137/07, Juris-Rn 23; *LG München* 29.12.2011 – 5 HK O 2417/03, S 14 ff; *Schwichtenberg/Krenek* BB 2012, 2127, 2134; Simon SpruchG/*Simon/Leverkus* Anh § 11, Rn 45). Bei **Methodenverbesserungen**, die eine auch aufgrund von betriebswirtschaftlichen neueren Erkenntnissen verbesserte Bewertung ermöglichen (*Bungert* aaO 811), wird **eine Rückwirkung überwiegend befürwortet** (*Hüttemann* WPg 2008, 822, 823; *Riegger/Gayk* aaO Rn 56 ff; Spindler/Stilz AktG/*Veil* Rn 80; *OLG München* AG 2007, 411, Juris-Rn 26; *Paulsen* aaO Rn 94; **aA** *Bungert* aaO 811). Das *OLG Düsseldorf* befürwortet die Verwendung von Methodenverbesserungen, aber nicht von Methodenanpassungen (*OLG Düsseldorf* 29.02.2012 – I-26 W 2/10, Juris-Rn 38, 44; *OLG Düsseldorf* GWR 2012, 246, Juris-Rn 59, 65 ähnlich Mehrbrey, Hdb GesR Streitigkeiten/*Krenek* § 99, Rn 4). Für die Verwendung von Methodenanpassungen und Methodenverbesserungen sprechen sich OLG Karlsruhe und OLG Stuttgart aus (*OLG Karlsruhe* 30.4.2013 – 12 W 5/12, Juris-Rn 23; *OLG Stuttgart* AG 2011, 205, Juris-Rn 183, 204;

OLG Stuttgart NZG 2012, 750, Juris-Rn 121). Dem ist zuzustimmen, da nur ein bestmöglicher Einsatz betriebswirtschaftlicher Methoden unter Beachtung der Verfahrensökonomie die Erreichung des Rechtsziels einer vollen Entschädigung (s Rn 1) gewährleisten kann (so auch *OLG Karlsruhe* 30.4.2013 – 12 W 5/12, Juris-Rn 29; *OLG Celle* AG 2007, 865, Juris-Rn 28; auf die Verfahrensdauer hinweisend *OLG Karlsruhe* 12.04.2012 – 12 W 57/10, S 30; *OLG Karlsruhe* 22.6.2010 – 12 W 87/07, S 23; *BayObLG* AG 2006, 41, Juris-Rn 17; *Riegger/Gayk* aaO Rn 63). Die Minderheitsaktionäre sind vor einer Reduktion der Abfindung geschützt (**Verbot der reformatio in peius**, *Simon*, aaO Rn 5; *OLG Karlsruhe* 30.4.2013 – 12 W 5/12, Juris-Rn 51; *OLG Stuttgart* ZIP 2012, 133, Juris-Rn 155; *OLG Frankfurt* AG 2012, 513, Juris-Rn 22; *BayObLG* AG 1996, 127, Juris-Rn 41). Falls eine rückwirkende Änderung erfolgt, ist nach einhelliger Meinung ein selektives Vorgehen bei der Auswahl der zu berücksichtigenden Änderungen (**Rosinentheorie**) abzulehnen; vielmehr ist dann umfassend auf die angepasste oder verbesserte Methode umzustellen (*Paulsen* aaO Rn 95; *Bungert* aaO 811; *Hüttemann* aaO 822; *Ruthardt/Hachmeister* aaO 351, 356 mwN; *OLG Stuttgart* ZIP 2012, 133, Juris-Rn 312; *OLG Karlsruhe* 12.4.2012 – 12 W 57/10, S 32 f).

C. Ertragswertmethode

I. Wertkonzept

Die **Ertragswertmethode** ermittelt den Unternehmenswert durch **Abzinsung** der den Aktionären ab dem Bewertungsstichtag zufließenden **bewertungsrelevanten Überschüsse**; es handelt sich um ein **Barwertkalkül**. Als **Gesamtbewertungsverfahren** ermittelt die Ertragswertmethode einen Eigenkapitalwert für das gesamte Unternehmen, der quotal auf die Anteile verteilt wird (**quotaler Anteilswert**). Es liegt im Gegensatz zur Börsenwertmethode (s Rn 49) eine sog **indirekte Anteilsbewertung** über den inneren Wert vor (*BGHZ* 129, 136 „Girmes", Juris-Rn 64; IDW S1 idF 2008, Tz 13; MünchKomm AktG/*Paulsen* Rn 141). Ökonomisch stellt die Ertragswertmethode einen Vergleich dar. Es wird die erwartete und geforderte Rendite eines Vergleichsobjekts den zu erwartenden bewertungsrelevanten Überschüssen des Bewertungsobjekts, an dem der abzufindende Aktionär beteiligt ist, gegenübergestellt. Dieser Vergleich erfordert die Einhaltung von **Äquivalenzprinzipien** zwischen Bewertungs- und Vergleichsobjekt (s Rn 37). Die bewertungsrelevanten Überschüsse beschränken sich auf die dem Unternehmen entziehbaren **finanziellen Nettozuflüsse an die Anteilseigner** (IDW S1 idF 2008, Tz 4). Dabei kann es sich um Dividende, Aktienrückkäufe, Abfindungen, Übernahmeangebote oder Liquidationserlöse handeln (*Weber* ZGR 2004, S 280, 281). Eine Berücksichtigung anderer Vorteile – nicht finanzieller Art – ist bei einer Schätzung nach § 287 Abs 2 ZPO, die auf Ansprüche auf Geld oder vertretbare Sachen ausgerichtet ist, nicht vorzunehmen (Stein/Jonas, ZPO/*Leipold* § 287, Rn 26; **aA** *Müller* in FS Bezzenberger, S 705, 713 ff). 21

Aufgrund des Gleichbehandlungsgebots ist die Perspektive eines **durchschnittlichen Anteilsinhabers** maßgeblich (Simon SpruchG/*Simon/Leverkus* Anh § 11, Rn 24 f). Notwendigerweise sind daher **Typisierungen und Objektivierungen** vorzunehmen (sog „**normierter**", „**normalisierter**", „**neutraler**" Wert; GroßKomm AktG/*Hirte/Hasselbach* Rn 103; *OLG Stuttgart* NZG 2012, 750, Juris-Rn 166). Bei Abfindungsfällen ist demnach ein „**objektivierter Unternehmenswert**" zu ermitteln (WP-Hdb 2008, Tz A 76 ff, 466; Emmerich/Habersack, Aktien- und GmbH-KonzernR/*Emmerich* Rn 38; MünchKomm AktG/*Paulsen* Rn 79), der unabhängig von den individuellen 22

Wertvorstellungen betroffener Parteien ermittelt wird (**typisierter Unternehmenswert**). In der Rspr ist der objektivierte Unternehmenswert anerkannt (*OLG Düsseldorf* AG 2012, 797, Juris-Rn 41; *OLG Stuttgart* NZG 2012, 750, Juris-Rn 166; krit *Matschke/Brösel* Unternehmensbewertung, S 53 ff; *Müller* in FS Bezzenberger, S 705, 710).

II. Bedeutung

23 Die Ertragswertmethode ist bei Strukturmaßnahmen nach der ständigen Rspr und der Bewertungspraxis die **bevorzugte fundamental-analytische Methode** zur Ermittlung des Unternehmenswerts (*BGHZ* 156, 57 „Ytong", Juris-Rn 7; *OLG Stuttgart* NZG 2012, 750, Juris-Rn 117; *OLG Stuttgart* AG 2004, 43, Juris-Rn 21; *OLG Frankfurt* GWR 2012, 490, Juris-Rn 29; auch bei Immobiliengesellschaften *OLG Frankfurt* NZG 2013, 69, Juris-Rn 32; *OLG Düsseldorf* ZIP 2009, 2003, Juris-Rn 106; *OLG München* BB 2012, 2062, Juris-Rn 24; MünchKomm AktG/*Paulsen* Rn 96; Mehrbrey Hdb GesR Streitigkeiten/*Krenek* § 99, Rn 3). **DCF-Methoden** werden bei Strukturmaßnahmen eher selten verwendet. Sie sind aber ebenfalls anerkannt (Spindler/Stilz AktG/*Veil* Rn 74; Simon Spruch/*Simon/Leverkus* Anh § 11, Rn 51; *Seetzen*, WM 1999, 565, 571; *BVerfGE* 117, 1, Juris-Rn 116; *OLG München* AG 2005, 486, Juris-Rn 29; *OLG Karlsruhe* 30.4.2013 – 12 W 5/12, Juris-Rn 34; für die Flow-to-Equity-Methode: *LG München* 29.12.2011 – 5 HK O 2417/03, S 16). Wertunterschiede sind bei konsistenter Anwendung ohnehin ausgeschlossen (IDW S1 idF 2008, Tz 101). Die Flow-to-Equity-Methode entspricht auch der Ertragswertmethode (*Ballwieser* Unternehmensbewertung, S 132; *Drukarczyk/Schüler* Unternehmensbewertung, S 198).

III. Prognose der künftigen bewertungsrelevanten Überschüsse

1. Planungsgrundsätze. – a) Vertretbarkeitspostulat der Unternehmensplanung
24 **Kernproblem der Unternehmensbewertung** nach der Ertragswertmethode ist die Formulierung adäquater **Prognosen** (**Zukunftserfolgsprinzip** bzw **Prinzip der Zukunftsbezogenheit**; *OLG Stuttgart* AG 2011, 49, Juris-Rn 123; *OLG Karlsruhe* AG 2013, 353, Juris-Rn 44 ff; *OLG Stuttgart* 14.2.2008 – 20 W 10/06, Juris-Rn 20; WP-Hdb 2008, Tz A 143; Peemöller Praxishdb/*Mandl/Rabel* S 49, 59; *Müller* in FS Bezzenberger, S 705, 707). Die angesetzten Prognosen können mangels eines Vergleichsmaßstabs nicht richtig oder falsch sein (**kein Richtigkeitsurteil**), sondern allenfalls einem **Vertretbarkeitspostulat** unterzogen werden (s Rn 8). Die Rspr geht von einer **eingeschränkten Überprüfbarkeit der Planung** und der darin enthaltenen Prognosen aus. Die Planung ist das Ergebnis der unternehmerischen Entscheidungen der für die Geschäftsleitung der Gesellschaft verantwortlichen Personen (*OLG Stuttgart* NZG 2012, 750, Juris-Rn 131; *OLG Stuttgart* AG 2006, 421, Juris-Rn 58 ff; *OLG Frankfurt* 17.12.2012 – 21 W 39/11, Juris-Rn 29; *OLG Frankfurt* AG 2012, 417, Juris-Rn 22, 26 ff; *OLG Düsseldorf* 6.4.2011 – I-26 W 2/06, Juris-Rn 47; *OLG München* BB 2012, 2062, Juris-Rn 34; *OLG Karlsruhe* AG 2013, 353, Juris-Rn 66; Spindler/Stilz AktG/*Veil* Rn 48). Die Planung ist demnach von der Gesellschaft mit der **Sorgfalt eines ordentlichen und gewissenhaften Geschäftsleiters** unter Beachtung von §§ 76 Abs 1, 93 Abs 1 eigenständig im Rahmen der Vorgaben der **Business Judgement Rule** zu erstellen (*Spindler* AG 2006, 677 ff; *OLG Frankfurt* ZIP 2010, 729, Juris-Rn 21; die Ausrichtung an den Interessen der Muttergesellschaft ist, soweit dies nicht nachteilig wirkt, nicht zu beanstanden: *OLG Frankfurt* AG 2011, 832, Juris-Rn 30). Annahmen und Parame-

ter über die (künftigen) Umfeldzustände der Volkswirtschaft und der Branche unterliegen nicht dem **Grundsatz der eingeschränkten Überprüfbarkeit** (*OLG Frankfurt* GWR 2012, 490, Juris-Rn 41 ff, 44). Nach der Rspr müssen die in der Planung enthaltenen Entscheidungen auf **zutreffenden Informationen** (**Tatsachengrundlagen**; s Rn 25) und daran orientierten, **realistischen Annahmen** aufbauen (s Rn 26), die zudem nicht in sich widersprüchlich sein dürfen (s Rn 28). Die Annahmen der Planung dürfen in diesem Fall nicht durch andere – ebenfalls vertretbare – Annahmen des Gerichts oder anderer Verfahrensbeteiligter ersetzt werden (*OLG Stuttgart* NZG 2012, 750, Juris-Rn 131; *OLG Frankfurt* AG 2012, 417, Juris-Rn 47; *OLG Düsseldorf* 6.4.2011 – I-26 W 2/06, Juris-Rn 47; *OLG München* ZIP 2009, 2339, Juris-Rn 12; *OLG Frankfurt* ZIP 2010, 729, Juris-Rn 20; nunmehr bestätigt: *BVerfG* ZIP 2012, 1656, Juris-Rn 30). Die Überprüfung der Planung und Bewertung hat sich nicht auf eine reine Plausibilitätsbetrachtung, sondern auf eine Überprüfung der einzelnen Erwägungen zu stützen (**Prüfung in der Sache**, s Rn 7). Eine Berücksichtigung der tatsächlichen Ertragsentwicklung zur nachträglichen Überprüfung der Planung wird grds abgelehnt (**ex post-Betrachtung**, s Rn 10).

b) Verwendung zutreffender Ausgangsinformationen (Lage- und Vergangenheitsanalyse). Zutreffende Informationen liegen dann vor, wenn die tatsächlichen ökonomischen Grundlagen der vorhandenen Ertragskraft vor und am Bewertungsstichtag korrekt erfasst wurden (**Lage- und Vergangenheitsanalyse**; Peemöller, Praxishdb/*Popp* S 173, 182 ff). Der **Aufsatzpunkt der Planung** zum Bewertungsstichtag muss den **Tatsachen entsprechen** (*Spindler* AG 2006, 677, 685). Eine Planung, die sich von der am Bewertungsstichtag vorhandenen Ertragskraft loslöst, ist abzulehnen (WP-Hdb 2008, Tz A 151; *Kuhner* AG 2006, 713, 717; BGHZ 140, 35, Juris-Rn 11 f). Die Verwendung verlässlicher und vollständiger Informationsgrundlagen zum Bewertungsstichtag ist entspr sicherzustellen (**Belastbarkeitsgrundsatz** und **Vollständigkeitsgebot**; IDW S1 idF 2008, Tz 82). Eine entsprechende **Vollständigkeitserklärung** des planenden Vorstands ist daher erforderlich (IDW S1 idF 2008, Tz 84; *OLG Stuttgart* ZIP 2012, 133, Juris-Rn 199). Die Plausibilisierung der **vorhandenen Ertragskraft**, die aus den vorliegenden Erfolgsfaktoren am Bewertungsstichtag resultiert (IDW S1 idF 2008, Tz 32), muss anhand der **erwiesenen Ertragskraft** aus der **Vergangenheitsanalyse** ableitbar sein (*OLG Celle* AG 2007, 865, Juris-Rn 15; *OLG Stuttgart* 24.7.2013 – 20 W 2/12, Juris-Rn 142, 146; *OLG Stuttgart* ZIP 2012, 133, Juris-Rn 426; bezüglich deren Verzicht bei jungen Unternehmen: *OLG Düsseldorf* AG 2011, 823, Juris-Rn 45, 70). Die Trendfortschreibung aus der Vergangenheit stellt einen Anhaltspunkt für die Plausibilisierung der Planung dar (**Trägheitsprojektion**; Gebhardt/Gerke, Handb Finanzmanagement/*Ballwieser* S 151, 154 ff; *Kuhner* aaO 713, 716; *Moxter* Unternehmensbewertung, S 107); als Planungsmethode (sog. Pauschalmethode) ist sie jedoch grundsätzlich ungeeignet (*OLG Karlsruhe* AG 2013, 353, Juris-Rn 44). Das Umsatz- und Ertragsniveau der Vergangenheit ist zur Plausibilisierung der geplanten Ertragskraft heranzuziehen (BGHZ 156, 57 „Ytong", Juris-Rn 7; BGHZ 140, 35, Juris-Rn 12; *OLG Karlsruhe* AG 2013, 353, Juris-Rn 69 ff; *OLG München* ZIP 2009, 2339, Juris-Rn 14; *OLG Frankfurt* AG 2012, 417, Juris-Rn 39; *OLG Frankfurt* AG 2012, 513, Juris-Rn 52 ff; *OLG Stuttgart* AG 2012, 221, Juris-Rn 73 ff; *OLG Stuttgart* AG 2011, 205, Juris-Rn 100; *OLG Düsseldorf* 06.04.2011 – I-26 W 2/06, Juris-Rn 49). Die Vergangenheitsanalyse erstreckt sich idR auf drei bis fünf Jahre (*OLG München* AG 2005, 486, Juris-Rn 34; *BayObLG* AG 2002, 392, Juris-Rn 22; *OLG Düsseldorf* AG 2003, 688, Juris-Rn 58; Simon SpruchG/*Simon/Lever-*

kus Anh § 11, Rn 66). Es sind **Bereinigungen** und **Normalisierungen** vorzunehmen (WP-Hdb 2008, Tz A 151 ff; *Popp* aaO 174, 176, 202 ff); diese haben jedoch keine unmittelbare Auswirkung auf den Unternehmenswert (*OLG Karlsruhe* AG 2013, 353, Juris-Rn 67). Bei der Analyse ist zu beachten, dass **kein Bruch zwischen Vergangenheit und Planungszeitraum** bestehen darf (*OLG Stuttgart* AG 2011, 560, Juris-Rn 37, 109 ff). Die Vergangenheitsanalyse ersetzt jedoch nicht die Planung, denn es ist stets das **Zukunftserfolgsprinzip** zu beachten (*OLG Stuttgart* 14.2.2008 – 20 W 10/06, Juris-Rn 20). Eine **unplausible Planung** liegt zB dann vor, wenn bei entspr Marktkontinuität ein bisher – auch in den besten bzw schlechtesten Zeiten – **nie erreichtes Niveau** ohne nachvollziehbare Begründung geplant wird (*OLG München* ZIP 2009, 2339, Juris-Rn 14; *OLG Düsseldorf* AG 2011, 823, Juris-Rn 95).

26 c) **Verwendung von Erwartungswerten.** Die **Zukunftsbezogenheit der Unternehmensbewertung** bringt mit sich, dass die künftigen Überschüsse nicht mit Sicherheit vorgegeben werden können, sondern der Prognose zT erhebliche Unsicherheit anlastet (*OLG Stuttgart* ZIP 2012, 133, Juris-Rn 180; *Kuhner* AG 2006, 713, 718). Die für die Prognose gewählten **Annahmen** müssen nach der Rspr **realistisch** sein (*OLG Frankfurt* GWR 2012, 490, Juris-Rn 47). Die umgesetzten finanziellen Überschüsse müssen aus der Perspektive des Bewertungsstichtags mit „**genügend hoher Wahrscheinlichkeit**" voraussehbar sein (*BGH* NJW 1978, 1316 „Kali + Salz", Juris-Rn 38; s Rn 11). Der Ansatz von „**mittleren Werten**" bzw **Erwartungswerten** (**Erwartungswertprinzip**) wird daher von der Rspr und Bewertungspraxis gefordert (IDW S1 idF 2008, Tz 90; WP-Hdb 2008, Tz A 186; *OLG Stuttgart* ZIP 2012, 133, Juris-Rn 189; *OLG Stuttgart* NZG 2012, 750, Juris-Rn 134; *OLG Stuttgart* AG 2011, 205, Juris-Rn 126; *OLG Frankfurt* AG 2012, 417, Juris-Rn 26; *BGHZ* 140, 35, Juris-Rn 12; *Ballwieser* Unternehmensbewertung, S 50 ff; *Spindler* AG 2006, 677, 678; *Priester* in FS Nirk, 1992, S 892, 907 ff; *Hüttemann* in: FS Huber, 2006, S 757, 773; *Fleischer* GmbHR 1999, S 752, 757). Dem ist aus rechtlichen und ökonomischen Gründen zuzustimmen, da erst eine Kompensation in Höhe des zu erwartenden und nicht eines unwahrscheinlichen Ertragsstroms den Minderheitsaktionär voll entschädigen kann. Auch das ökonomisch begründete **Äquivalenzprinzip** (s Rn 37) zwingt zum Ansatz von Erwartungswerten, weil der Kapitalisierungszinssatz einer **erwarteten Rendite** entspricht und daher auch mit dem **erwarteten Überschuss** zu vergleichen ist (*Rudolph* Unternehmensfinanzierung, S 46; IDW S1 idF 2008, Tz 90). Das bilanzrechtliche **Vorsichtsprinzip** (§ 253 Abs 1 Nr 4 HGB) ist hingegen unbeachtlich (IDW S1 idF 2008, Tz 64; WP-Hdb 2008, Tz A 137 ff; *OLG Stuttgart* ZIP 2012, 133, Juris-Rn 189; zum Spannungsverhältnis zwischen der Ermittlung der bewertungsrelevanten Ausschüttung und der rechnungslegungsbedingten Ausschüttungsfähigkeit: *OLG Frankfurt* 17.12.2012 – 21 W 39/11, Juris-Rn 50 f). **Pessimistische, optimistische** oder **ambitionierte** Planungen, **unwahrscheinliche Zielplanungen, Spekulation** und **Euphorie** deuten auf eine Abweichung vom **erwarteten künftigen „mittleren" Wert (Erwartungswert)** hin und sind gegebenenfalls durch Erwartungswerte zu ersetzen (*OLG Stuttgart* 5.6.2013 – 20 W 6/10, Juris-Rn 162; *OLG Stuttgart* NZG 2012, 750, Juris-Rn 134; *OLG München* OLGR München 2008, 446, Juris-Rn 17; *OLG Stuttgart* AG 2011, 205, Juris-Rn 125 ff; IDW S1 idF 2008, Tz 29, 90; WP-Hdb 2008, Tz A 186; *BayObLG* AG 2006, 41, Juris-Rn 28; *Großfeld* Unternehmensbewertung, Rn 452). Es ist eine rechtmäßige Geschäftspolitik zu unterstellen (*OLG Frankfurt* 17.12.2012 – 21 W 39/11, Juris-Rn 45). Anhand einer **Benchmark-Analyse mit den Wettbewerbern** und von **Branchenkennzahlen** kann die

Realitätsnähe der Annahmen überprüft werden (*OLG Stuttgart* 24.7.2013 – 20 W 2/12, Juris-Rn 132; *OLG München* ZIP 2009, 2339, Juris-Rn 14). Eine sog „**Hockey-Stick**"-**Planung** ist grds kritisch zu sehen (*Kuhner* aaO 713, 719). Die **Planungstreue in der Vergangenheit** ist ein weiteres Indiz für die **Erwartungswerttreue der Planung** (*OLG München* AG 2007, 287, Juris-Rn. 23). Die Bildung nachvollziehbarer **Szenarien**, die mit ihrer Eintrittswahrscheinlichkeit gewichtet werden und damit Erwartungswerte abbilden, wird in der Rspr anerkannt (*OLG Düsseldorf* AG 2009, 907, Juris-Rn 108 ff).

d) Planungsgrundlagen. Als **Planungsgrundlage** ist grds die im Unternehmen verfügbare Unternehmensplanung zu verwenden (**Vorrang der unternehmenseigenen Planung**; *OLG Stuttgart* AG 2007, 596, Juris-Rn 28; *OLG Düsseldorf* 6.4.2011 – I-26 W 2/06, Juris-Rn 47). Bei den Planungsprozessen ist zwischen **Bottom-up**– und **Top-down**-Planungen zu unterscheiden (*Graumann* Controlling, S 415). Beide Ansätze sind grundsätzlich für eine Bewertung geeignet (**für Bottom-up-Planungen**: *OLG Stuttgart* ZIP 2012, 133, Juris-Rn 196; **für Top-down-Planungen**: *OLG Düsseldorf* AG 2003, 688, Juris-Rn 61 ff). Es ist eine integrierte, in ihren einzelnen Teilplanungen aufeinander abgestimmte Planung zu verwenden (**integriertes Planungsmodell** IDW S1 idF 2008, Tz 81; *BGH* 4.7.2013 – III ZR 52/12, Juris-Rn 70). Auch sind „**gebräuchliche**" und „**anerkannte**" **Prognosemethoden** zu verwenden, die aus den Wirtschaftswissenschaften als einschlägiger Fachwissenschaft abzuleiten sind (s Rn 16). Die Rspr fordert unter diesen Voraussetzungen keine Anwendung bestimmter Methoden (s Rn 17; zur Auswahl eines Prognoseverfahrens: *OLG Düsseldorf* 6.4.2011 – I-26 W 2/06, Juris-Rn 51 ff). **Sonderplanungen**, die für den Anlass außerhalb des üblichen Planungsprozesses erstellt wurden, werden besonders kritisch gesehen (Simon SpruchG/*Simon/Leverkus* Anh § 11, Rn 76; *Wilts/Schaldt/Nottmeier* FB 2004, 508, 509; *OLG Düsseldorf* AG 2003, 688, Juris-Rn 60; *OLG Frankfurt* AG 2012, 417, Juris-Rn 25; *OLG Karlsruhe* 12.04.2012 – 12 W 57/10, S 17 f). Falls die AG zugleich die Position einer Obergesellschaft eines Konzerns einnimmt, ist eine **Konzernbetrachtung** vorzunehmen und eine Bewertung des Konzerns als maßgebliche wirtschaftliche Einheit durchzuführen (IDW S1 idF 2008, Tz 4; WP-Hdb 2008, Tz A 50; *OLG Düsseldorf* AG 2003, 688, Juris-Rn 63; *OLG Stuttgart* NZG 2012, 750, Juris-Rn 40 132 ff, 141 ff; *OLG Karlsruhe* 30.4.2013 – 12 W 5/12, Juris-Rn 36; *OLG Stuttgart* AG 2011, 205, Juris-Rn 110; K. Schmidt/Lutter AktG/*Stephan* Rn 71 f). Je nach Fall sind dabei unterschiedliche Methoden einsetzbar (*Simon/Leverkus* aaO Rn 97 ff; Peemöller Praxishdb/*Meichelbeck* S 703 ff). Die für die Konzernbewertung erforderliche **Konzernplanung** muss aber unter Beachtung entspr Wesentlichkeitsüberlegungen rechtliche Einschränkungen (zB bei der Ausschüttung von Tochtergesellschaften an die Muttergesellschaft) berücksichtigen, die unterschiedliche Besteuerung von Tochtergesellschaften anhand einer Einzelbetrachtung erfassen (*OLG Stuttgart* NZG 2012, 750, Juris-Rn 149; *OLG Stuttgart AG* 2011, 560, Juris-Rn 143) und auch die Restriktionen der internen Konzernfinanzierung beachten (*Stephan* aaO Rn 71 ff). Der Bewerter ist gehalten, eine unplausible Unternehmensplanung durch den Vorstand entsprechend korrigieren zu lassen, bevor er sie seiner Bewertung zugrunde legt; nach Anpassung ist die angepasste Planung die neue maßgebliche Unternehmensplanung (*OLG Stuttgart* 24.7.2013 – 20 W 2/12, Juris-Rn 129; *OLG Stuttgart* 5.6.2013 – 20 W 6/10, Juris-Rn 162). Abweichungen von der Planung sind zu Gunsten wie auch zu Ungunsten der Minderheitsaktionäre zu berücksichtigen (*OLG Stuttgart* 24.7.2013 – 20 W 2/12, Juris-

Rn 121). Liegt **keine Unternehmensplanung** vor bzw ist die vorliegende Planung nicht von der Geschäftsleitung der AG erstellt worden oder sind die vorhandenen Planungen untauglich, so hat der Bewerter, bzw im Spruchverfahren der Sachverständige, die entspr Planungen mit der Sorgfalt eines ordentlichen und gewissenhaften Geschäftsleiters selbst zu erstellen (*OLG Karlsruhe* 12.4.2012 – 12 W 57/10, S 18, 27; *OLG Düsseldorf* AG 2008, 498, Juris-Rn 26).

28 **e) Verwendung widerspruchsfreier Annahmen.** Die **Widerspruchsfreiheit** der Prognoseannahmen ist notwendig, um eine „*konsistente Bewertung*" sicherzustellen (*OLG Stuttgart* NZG 2012, 750, Juris-Rn 131, 140; *OLG Frankfurt* AG 2012, 919, Juris-Rn 36; *LG München* 29.6.2012 – 5 HK O 16202/03, S 19 f). Bei der Beurteilung der Prognose ist auf die Konsistenz zwischen den prognostizierten künftigen **Umweltentwicklungen** – politische, ökonomische, soziale und technologische Umwelt – auf der **makroökonomischen Ebene** mit den unterstellten Markt- und Wettbewerbsbedingungen auf der **mikroökonomischen Ebene** und den von der **Geschäftsleitung geplanten Maßnahmen** (**Geschäftspolitik**) zu achten. Widerspruchsfreiheit ist gegeben, wenn die prognostizierten Umweltzustände und die geplanten Maßnahmen im Einklang geplant werden. Bei **makroökonomischen** (zB Zins-, Energiepreis- und Wechselkursentwicklung, Inflationserwartung, Konjunktur und nachhaltiges Wachstum der Volkswirtschaft) **und mikroökonomischen Parametern** (zB Preisentwicklung bei wettbewerbsintensiven Absatzmärkten bzw Rohstoffmärkten) ist zu berücksichtigen, dass die Bestimmung dieser Parameter idR außerhalb der Einflusssphäre der Geschäftsleitung liegt und der Geschäftsleitung grds kein privilegierter Informationszugang zur Schätzung dieser Parameter zur Verfügung steht. Der Ansatz in der Planung ist mit allg zugänglichen Informationen (zB Marktstudien) zu den Entwicklungen dieser Parameter unter Verwendung anerkannter Methoden auf Plausibilität zu überprüfen (*OLG Stuttgart* 24.7.2013 – 20 W 2/12, Juris-Rn 132; Marktstudien **fordernd**: *OLG Stuttgart* AG 2007, 705, Juris-Rn 30, dabei Analystenschätzungen bei Wechselkursprognosen **abl in**: Juris-Rn 37; *LG Stuttgart* NZG 2013, 342, Juris-Rn 57).

29 **2. Phasenmethode. – a) Zwei- und Drei-Phasenmodell.** Die Annahme einer unbegrenzten Lebensdauer bedeutet, dass unendlich viele Planjahre anzusetzen sind (**Planungszeitraum**). Anhand der Phasenmethode wird der Planungszeitraum in unterschiedliche Phasen aufgeteilt, um die unterschiedlichen Unsicherheitsgrade des künftigen Zeitablaufs zu erfassen (*Ballwieser* Unternehmensbewertung, S 66 f; WP-Hdb 2008, Tz A 156 ff; IDW S1 idF 2008, Tz 75 ff; Peemöller Praxishdb/*Mandl/Rabel* S 49, 59). Seit der Einführung des IDW S1 idF 2000 wird grds ein **Zweiphasenmodell** mit einer **Detailplanungsphase** und einer **Phase der ewigen Rente (ohne Trendfortschreibungsphase)** empfohlen. Das frühere **Dreiphasenmodell** mit einer zusätzlichen **Trendfortschreibungsphase** (IDW HFA 2/1983) wird damit nicht ausgeschlossen, da längerfristige Investitions- oder Produktlebenszyklen entweder eine Verlängerung der Detailplanungsphase oder die Einfügung einer Trendfortschreibungsphase (auch **Konvergenzphase** genannt) notwendig machen können (IDW S1 idF 2008, Tz 77; *OLG Stuttgart* AG 2012, 135, Juris-Rn 107). Die Einteilung des Planungszeitraums in zwei oder mehrere Phasen ist auch in der Rspr anerkannt (*OLG Stuttgart* 24.7.2013 – 20 W 2/12, Juris-Rn 117; *OLG Stuttgart* AG 2007, 596, Juris-Rn 28; *BayObLG* AG 2002, 392, Juris-Rn 22; *OLG Düsseldorf* AG 2003, 688, Juris-Rn 58). Die **Länge der Detailplanungsphase (Planungshorizont)** beträgt idR **drei bis fünf Jahre** in Abhängigkeit von dem Planungssystem des Unternehmens (IDW S1 idF 2008, Tz 77; WP-Hdb 2008,

Tz A 159; drei bis acht Jahre in *Kuhner* AG 2006, 713, 718). Auch kürzere Detailplanungsphasen von lediglich ein bis zwei Jahren hat die Rspr nicht beanstandet (*BGHZ* 156, 57 „Ytong", Juris-Rn 7; *OLG Stuttgart* AG 2007, 596, Juris-Rn 28; *BayObLG* AG 2002, 392, Juris-Rn 21 ff). Bei der Beurteilung des Planungshorizonts ist stets darauf zu achten, dass bei unbegrenzter Lebensdauer die Verkürzung des Planungszeitraums nicht die Unsicherheit abbaut, sondern dadurch uU eine (verfrühte) **pauschale Fortschreibung** bzw **Extrapolation** perpetuiert wird, die weder der realistisch zu erwartenden Ertragskraft noch der zu erwartenden Entwicklung des Marktes entspricht (*OLG München* BB 2008, 937, Juris-Rn 23; *BayObLG* AG 2002, 390, Juris-Rn 20; *BayObLG* AG 2002, 388, Juris-Rn 19 f; *BayOLG* AG 2002, 392, Juris-Rn 22; *Kuhner* aaO 713, 718; Peemöller Praxishdb/*Popp* S 173, 190 f; WP-Hdb 2008, Tz A 155). Die am Bewertungsstichtag vorhandene Ertragskraft und nicht der Planungshorizont bestimmt den Wert des Unternehmens (**Grundsatz der Wertirrelevanz der Länge des Detailplanungszeitraums**: *Koller/Goedhardt/Wessels* Valuation, S 216 f).

b) Ansätze zur Ermittlung des Werts der ewigen Rente (Terminal Value). Aufgrund 30 des erheblichen Wertanteils der Phase der (nachhaltigen) ewigen Rente am Unternehmenswert (auch **Terminal Value, Continuing Value** oder **Fortführungswert** genannt) – idR deutlich über 50 % – ist die dort unterstellte nachhaltige Ertragskraft meistens wertentscheidend (*Ballwieser* Unternehmensbewertung, S 66). Sie muss sich nachvollziehbar aus der am Bewertungsstichtag vorhandenen und der im Detailplanungszeitraum erwarteten Ertragskraft ableiten lassen (WP-Hdb 2008, Tz A 160 f; *Kuhner* AG 2006, 713, 718). Wie beim Übergang zwischen der Vergangenheitsphase und der Detailplanungsphase (s Rn 25) muss auch der Übergang von der Detailplanungsphase in die Phase der ewigen Rente konsistent und ohne Bruch geplant werden (*Ballwieser* aaO S 66; *Weiler* Prognosegüte, S 68 ff; *Levin* Valuation, S 67 ff; *Stellbrink* Restwert S 130 ff; *Tinz* Wachstum, S 181 ff; *Lobe* Unternehmensbewertung, S 65 ff; *Kreyer* Restwertbestimmung S 30 ff). Diesem Grundsatz ist auch beim Ansatz des Wachstumsabschlags Rechnung zu tragen (s Rn 48).

3. Stand-alone-Prinzip, Ansatz von Synergien (Verbundvorteile), Minderheitsabschlag 31 **und Paketzuschlag.** Die Planung hat das Unternehmen ohne Berücksichtigung der Durchführung der Strukturmaßnahme zu erfassen (**Stand-alone-Prinzip**; *OLG Düsseldorf* AG 2012, 797, Juris-Rn 36; *OLG Stuttgart* AG 2012, 135, Juris-Rn 81; *OLG Frankfurt* 2012, 513, Juris-Rn 87; Mehrbrey, Hdb GesR Streitigkeiten/*Krenek* § 99, Rn 2). Die Berücksichtigung **echter Synergien** bzw **echter Verbundvorteile** wird von der **Rspr** (*BVerfGE* 100, 289 „DAT/Altana", Juris-Rn 59; *BGHZ* 147, 108, Juris-Rn 26; *BGHZ* 138, 136, Juris-Rn 13; *OLG Stuttgart* 5.6.2013 – 20 W 6/10, Juris-Rn 169; *OLG Stuttgart* AG 2011, 420, Juris-Rn 117 mwN; *OLG Düsseldorf* AG 2010, 35, Juris-Rn 63; *OLG Frankfurt* AG 2011, 828, Juris-Rn 37) und der **Literatur abgelehnt** (Spindler/Stilz AktG/*Veil* Rn 81; Simon SpruchG/*Simon/Leverkus* Anh § 11, Rn 27; Land/Hennings AG 2005, 380; **aA** Münch Hdb AG/*Krieger* § 70, Rn 132). Sog **unechte Synergien**, die sich ohne die Strukturmaßnahme oder mit beliebigen Geschäftspartnern realisieren lassen, sind zu berücksichtigen (IDW S1 idF 2008, Tz 34; *Großfeld* Unternehmensbewertung, Rn 361; *Simon/Leverkus* aaO Rn 27; *OLG Stuttgart* 5.6.2013 – 20 W 6/10, Juris-Rn 169; *OLG Stuttgart* AG 2000, 428, Juris-Rn 21 f; *OLG Frankfurt* AG 2011, 832, Juris-Rn 32 ff). Soweit eine Integration in dem Konzern des Hauptaktionärs vorliegt, handelt es sich um unechte Synergien vor, die zu berücksichtigen wären (*OLG Stuttgart* 24.7.2013 – 20 W 2/12, Juris-Rn 137 ff, 142; *OLG Karls-*

ruhe 6.2.2012 – 12 W 69/08, S 25 f). Solange verwertbare Verlustvorträge vorliegen, sind diese zu berücksichtigen (*OLG Karlsruhe* AG 2013, 353, Juris-Rn 123).

32 Aufgrund der Bewertung des Unternehmens auf der Grundlage des bestehenden Unternehmenskonzepts und der quotalen Ableitung des Anteilswerts (s Rn 21) ist keine Beherrschung der AG und damit keine Möglichkeit der Veränderung der Geschäftspolitik einzupreisen. Daher ist beim objektivierten Unternehmenswert (s Rn 22) kein **Minderheitsabschlag** geboten (*Hüffer* AktG Rn 24; Emmerich/Habersack, Aktien- und GmbH-KonzernR/*Emmerich* Rn 75; MünchKomm AktG/*Paulsen* Rn 141; *Ernst/Schneider/Thielen* Unternehmensbewertung, 74). Nach der Rspr des *BVerfG* ist in Abfindungsfällen keine Partizipation an außerbörslichen Preisen, die entspr **Paketzuschläge** für die Kontrolle über die AG enthalten, anzusetzen (s Rn 3; *BVerfGE* 100, 289 „DAT/Altana", Juris-Rn 59; *Land/Hennings* AG 2005, 380, 386 f).

33 **4. Rechnungslegung.** Die in der Planung verwendete Rechnungslegung kann dem deutschen Bilanzrecht oder nach § 315a HGB den **IFRS** folgen. Dabei ist aber zu beachten, dass zur Bestimmung der entziehbaren Überschüsse, die dem Anteilseigner zufließen sollen (s Rn 21), nur der nach deutschem Bilanzrecht bestimmte Jahresüberschuss die ausschüttbaren Erträge nach Einstellung in etwaige gesetzliche und satzungsmäßige Rücklagen festlegt (s § 58 Rn 4 ff). Auch ist zu berücksichtigen, dass Jahresfehlbeträge und Verlustvorträge nach § 58 (Rn 7) den künftigen ausschüttungsfähigen Gewinn mindern und beim Bewertungskalkül als wertrelevante **Ausschüttungssperren** fungieren (*Drukarczyk/Schüler* Unternehmensbewertung, S 93; *OLG Frankfurt* 17.12.2012 – 21 W 39/11, Juris-Rn 45). Bei der Verwendung von Planungsrechnungen, die auf **IFRS** basieren, ist daher die Ausschüttungsfähigkeit der Überschüsse nach etwaigen Unternehmensrecht auf der Basis der handelsrechtlichen Vorschriften §§ 58, 158 iVm 268 Abs 1, 275 HGB an die Anteilseigner sicherzustellen (§ 158 Rn 1). In der obergerichtlichen Rspr werden **IFRS-Planungsrechnungen** nicht beanstandet (*OLG Hamburg* NZG 2005, 86 f; *OLG Hamm* DB 2005, 1956, Juris-Rn 14; so auch Simon, SpruchG/*Simon/Leverkus* Anh § 11, Rn 105 ff; K. Schmidt/Lutter AktG/*Stephan* Rn 96 ff; eine auf IFRS basierende bottom-up Planungsrechnung akzeptierend: *OLG Stuttgart* ZIP 2012, 133, Juris-Rn 196).

34 **5. Berücksichtigung von persönlichen Steuern und Ausschüttungsprämissen.** Die Ertragswertmethode zielt darauf ab, den vom abzufindenden Minderheitsaktionär aufzugebenden Zahlungsstrom zu ermitteln (s Rn 21). Da dieser erst nach persönlichen Steuern konsumtiv verwendet werden kann, ist die auszugleichende Vermögenseinbuße **nach persönlichen Steuern** zu ermitteln (IDW S1 idF 2008, Tz 28; WP-Hdb 2008, Bd II, Tz A 197; *Drukarczyk/Schüler* Unternehmensbewertung, S 91; *OLG Stuttgart* 5.6.2013 – 20 W 6/10, Juris-Rn 182 ff; *OLG Karlsruhe* AG 2013, 353, Juris-Rn 128; *OLG Karlsruhe* 12.4.2012 – 12 W 57/10, S 31 ff). Weil die steuerliche Situation bei jedem Anteilseigner unterschiedlich sein dürfte, ist eine **Typisierung zu einem im Durchschnitt gültigen effektiven persönlichen Steuersatz** erforderlich (s Rn 7, 22; IDW S1 idF 2008, Tz 43; WP-Hdb 2008, Bd II, Tz A 199). Bei Abfindungen von Minderheitsaktionären ist auf die Perspektive einer inländischen unbeschränkt steuerpflichtigen natürlichen Person als Anteilseigner abzustellen (**unmittelbare Typisierung**, IDW S1 idF 2008, Tz 43; WP-Hdb 2008, Bd II, Tz A 78 ff, 199 ff), was mittlerweile obergerichtlich bestätigt worden ist (*OLG Stuttgart* ZIP 2012, 133, Juris-Rn 297 ff; *OLG Frankfurt* GWR 2012, 490, Juris-Rn 41 ff). Die vereinfachende Annahme einer phasengleichen Entstehung der Überschüsse und deren Ausschüttung zum Geschäftsjahresende wirkt sich werterhöhend aus und wird daher – trotz betriebswirtschaftlicher Ungenauigkeit – nicht beanstandet (*OLG Karlsruhe* AG 2013, 353, Juris-Rn 63).

Die geplante **Ausschüttungspolitik** hat die frei entziehbaren Überschüsse unter Beachtung der künftig zu erwartenden gesellschaftsrechtlichen Restriktionen zu erfassen. Aufgrund betriebswirtschaftlicher (**Wertsteigerung durch Thesaurierung**), steuerlicher (**Begünstigung der Thesaurierung**) und empirischer (**Beobachtung von Teilausschüttungsquoten**) Überlegungen, ist eine Thesaurierung grds zu berücksichtigen (*Wagner/Jonas/Ballwieser/Tschöpl* WPg 2004, 889; *Wagner/Jonas/Ballwieser/Tschöpl* WPg 2006, 1005; *Wagner/Sauer/Willershausen* WPg 2008, 731, 732 f). Die **Teilausschüttungsprämisse** findet auch in der Rspr Akzeptanz (*OLG Stuttgart* ZIP 2012, 133, Juris-Rn 267 ff; *OLG Frankfurt* GWR 2012, 490, Juris-Rn 40 ff). In der Detailplanungsphase (s Rn 29) ist die von der Geschäftsleitung **geplante Ausschüttung als unternehmerische Entscheidung** grds beizubehalten (*OLG Frankfurt* NZG 2013, 69, Juris-Rn 40; *OLG Frankfurt* ZIP 2010, 729, Juris-Rn 21 ff; *OLG Stuttgart* AG 2011, 560, Juris-Rn 152; *LG Stuttgart* NZG 2013, 342, Juris-Rn 95), während in der Phase der ewigen Rente (s Rn 29) eine **typisierende Annahme**, nämlich die durchschnittliche **Ausschüttungsquote** des Kapitalmarkts in der Bandbreite von **40 %** bis **60 %**, zu berücksichtigen ist, soweit dem nicht Gegebenheiten des Einzelfalls bzw der Branche entgegenstehen (IDW S1 idF 2008, Tz 37; WP-Hdb 2008, Bd II, Tz A 97; *Wagner/Jonas/Ballwieser/Tschöpl*, WPg 2004, 889, 894; *Simon* SpruchG/*Simon/Leverkus* Anh § 11, Rn 92; *OLG Stuttgart* ZIP 2012, 133, Juris-Rn 272; *LG Stuttgart* NZG 2013, 342, Juris-Rn 97). Ein **pauschaler Ansatz einer Ausschüttungsquote** wird nach der jüngeren Rspr abgelehnt (*OLG Frankfurt* GWR 2012, 490, Juris-Rn 42; *OLG Stuttgart* AG 2011, 560, Juris-Rn 152). Bei der Wiederanlageprämisse der thesaurierten Beträge ist der Erwartungswertcharakter der Wiederanlagemöglichkeiten zu klären (*OLG Stuttgart* ZIP 2012, 133, Juris-Rn 280; *Simon/Leverkus* aaO Rn 93). Eine (wertmaximierende) vollständige Thesaurierung in der Phase der ewigen Rente ist aufgrund des gesetzlich geschützten Dividendenanspruchs der Aktionäre (**Mindestdividende**, §§ 58 Rn 8) fraglich (*OLG Stuttgart* ZIP 2012, 133, Juris-Rn 274; *OLG Frankfurt* AG 2012, 417, Juris-Rn 50).

6. Ansatz und Bewertung des nicht betriebsnotwendigen Vermögens. Alle für die Fortführung der Unternehmenstätigkeit im bestehenden Konzept erforderlichen Ressourcen, Betriebsmittel und Vermögenswerte stellen **betriebsnotwendiges Vermögen** dar. Nach der allg anerkannten **funktionalen Abgrenzung** stellen Vermögensteile sog **nicht betriebsnotwendiges Vermögen** dar (auch **neutrales Vermögen** genannt), das veräußert oder entnommen werden kann, ohne die Unternehmenstätigkeit zu beeinträchtigen (IDW S1 idF 2008, Tz 59 ff; WP-Hdb 2008, Bd II, Tz A 130 ff, 277 ff; *OLG Stuttgart* AG 2012, 49, Juris-Rn 96; *OLG Stuttgart* GWR 2011, 420, Juris-Rn 304; *OLG Frankfurt* GWR 2012, 490, Juris-Rn 117; *Simon* SpruchG/*Simon/Leverkus* Anh § 11, Rn 175 mwN). Dabei ist auf den **Unternehmenszweck** und die für die **Geschäftstätigkeit** notwendigen Ressourcen und Produktionsmittel abzustellen; auf die „**freie Veräußerbarkeit**" alleine kommt es nicht an (*OLG Düsseldorf* AG 2003, 688, Juris-Rn 69; *OLG Düsseldorf* AG 2002, 398, Juris-Rn 48). Unter Beachtung der funktionalen Abgrenzung ist die bestmögliche zu erwartende Verwertung unter Berücksichtigung der steuerlichen Auswirkungen (**Liquidationswert**; s Rn 56) als Wert des nicht betriebsnotwendigen Vermögens anzusetzen (*BGHZ* 156, 57 „Ytong", Juris-Rn 8; *BayObLG* AG 2006, 41, Juris-Rn 16; *BayObLG* AG 2002, 388, Juris-Rn 14; *OLG Frankfurt* 05.11.2009 – 5 W 48/09, Juris-Rn 17 ff; *OLG Frankfurt* AG 2011, 828, Juris-Rn 74; *OLG Frankfurt* GWR 2010, 138, Juris-Rn 37; *OLG Düsseldorf* AG 2004, 324, Juris-Rn 33; *Simon/Leverkus* aaO Rn 57). Allerdings stellt die **Einteilung und Verwendung des Vermögens eine unternehmerische Entscheidung** dar, die einer beschränkten Überprüfbarkeit unterliegt (s Rn 24; *OLG Stuttgart* AG 2008, 783, Juris-Rn 70; *OLG Frankfurt* AG 2012, 417, Juris-Rn 100; *OLG Düsseldorf* AG 2002, 398, Juris-Rn 36 ff). Die Bewertung von nicht betriebsnotwendigen (unwesentlichen) Beteiligungen mit dem höheren Wert aus dem bilanziellen Beteiligungswert und dem anteiligen bilanziellen Eigenkapital (s Rn 15) ist nicht zu beanstanden (*OLG Stuttgart* 5.6.2013 – 20 W 6/10, Juris-Rn 246).

IV. Kapitalisierung der bewertungsrelevanten Überschüsse

37 **1. Äquivalenzprinzipien.** Der **Kapitalisierungszinssatz**, der für die Abzinsung der künftigen finanziellen Überschüsse heranzuziehen ist, verkörpert die bestmögliche zu erwartende alternative Mittelverwendung (*Moxter* Unternehmensbewertung, S 11). Die betriebswirtschaftliche Unternehmensbewertung stellt demnach einen Vergleich zwischen den erzielbaren Überschüssen aus dem **Bewertungsobjekt** mit denjenigen einer Alternativanlage (**Vergleichsobjekt**) dar (*Moxter* aaO S 11 ff, 123 ff). Die **Funktion des Kapitalisierungszinssatzes** besteht einerseits darin, die zeitliche Differenz der periodischen Überschüsse zu einem **Barwert am Bewertungsstichtag** finanzmathematisch auszugleichen (**zeitliche Angleichungsfunktion**), und andererseits die Abgeltung des dabei übernommenen bzw zu übernehmenden Risikos (**Risikoangleichungsfunktion**) abzubilden. Der widerspruchsfreie Vergleich beider Objekte ist über sog **Äquivalenzprinzipien** sicherzustellen (ausf *Moxter*, aaO S 155 ff; *Ballwieser* Unternehmensbewertung, S 84 ff, 105 ff). Aus **Gründen der Objektivierung** (s Rn 7, 22) ist beim „objektivierten Unternehmenswert" von **Kapitalmarktrenditen für Unternehmensbeteiligungen** in Form eines **voll diversifizierten Aktienportfolios** auszugehen (WP-Hdb 2008, Tz A 174).

38 **2. Komponenten des Kapitalisierungszinssatzes. – a) Methoden zur Ermittlung des Kapitalisierungszinssatzes.** Während bei sicheren künftigen Zahlungen der Barwert durch Diskontierung mit einem **risikolosen Zinssatz (Basiszinssatz)** ermittelt werden kann, ist aufgrund der unsicheren künftigen Überschüsse und einer zu unterstellenden **Risikoaversion** entweder ein **Risikozuschlag** zum Basiszinssatz anzusetzen (**Risikozuschlagsmethode**) oder ein Abschlag vom Erwartungswert der finanziellen Überschüsse vorzunehmen (**Sicherheitsäquivalenzmethode**; IDW S1 idF 2008, Tz 89; *Ballwieser* Unternehmensbewertung, S 77 ff; *OLG Stuttgart* AG 2004, 43, Juris-Rn 38; *OLG Stuttgart* ZIP 2012, 133, Juris-Rn 292). In Rspr und Bewertungspraxis hat sich die Risikozuschlagsmethode durchgesetzt. Zur Ermittlung des Risikozuschlags ist das **Capital Asset Pricing Model (CAPM)** bzw dessen Weiterentwicklung als (Tax-)CAPM **in der Betriebswirtschaftslehre** nach wie vor **führend** (*Levy* EFM 2010, 43; *Levy* CAPM, S 186 ff; *Dempsey* Abacus 2013, 7; *Drukarczyk/Schüler* Unternehmensbewertung, S 55; *Kruschwitz* Investitionsrechnung, S 398; *Breuer* Investition, S 315; ausf zum CAPM *Kruschwitz/Husmann* Finanzierung und Investition, 161 ff). In der Bewertungspraxis hat sich diese Methode mit der Einführung im IDW S1 in 2000 auch als gebräuchliche Methode bei aktienrechtlichen Strukturmaß-

Unternehmensbewertung **Anh § 305**

nahmen etabliert. Beim CAPM handelt es sich um ein **theoretisch fundiertes** und **empirisch nachvollziehbares Verfahren**. Auch wenn einige Annahmen kritisch gesehen werden und einige empirische Studien nicht mit dem CAPM vereinbar sind (*Rudolph* Unternehmensfinanzierung, S 88 f; *Ballwieser* aaO S 98 ff), zeigen **neuere Analysen**, dass sowohl **konzeptionelle Einwendungen** wie auch **empirische Befunde** das CAPM nicht widerlegen können (*Levy* EFM 2010, 43 ff mwN; *Rudolph* aaO 88 f).

Die bei Strukturmaßnahmen zuvor angewandte „**freie**" Schätzung des Risikozuschlags wurde damit zu Recht durch das CAPM abgelöst (*OLG Karlsruhe* 22.6.2010 – 12 W 87/07, S 29 ff; *OLG Stuttgart* AG 2007, 128, Juris-Rn 48). Der Ansatz des CAPM erfüllt gegenüber der „freien" Schätzung den Überprüfbarkeitsgrundsatz der Wertermittlung (s Rn 7) und genießt im Gegensatz zu dieser die betriebswirtschaftliche Anerkennung als theoretisch fundierte Methode (*Kruschwitz* Investitionsrechnung, 398). Auch wenn der Hinweis zutrifft, dass bei der Anwendung zahlreiche Einzelentscheidungen vom Bewerter zu treffen sind, ist die Ermittlung des Risikozuschlags mit dem CAPM aufgrund der damit verbundenen besseren **intersubjektiven Nachvollziehbarkeit** der „freien" Schätzung vorzuziehen (MünchKomm AktG/*Paulsen* Rn 126; *OLG Stuttgart* ZIP 2012, 133, Juris-Rn 296; *OLG Karlsruhe* AG 2009, 47, Juris-Rn 70 ff; *Dörschell/Franken/Schulte* Kapitalisierungszinssatz, S 460). Die damit verbundene Zunahme der Komplexität des Kalküls soll die Konsistenz sicherstellen und ist nicht mit **Scheingenauigkeit** zu verwechseln. In der konkreten Umsetzung in der Praxis sind (bisher) **nicht alle Fragestellungen zufriedenstellend gelöst** (*Dörschell/Franken/Schulte* aaO S 50 ff; zu den Problemen in der Finanzkrise: *Ruiz de Vargas/Zollner* BewP 2/2010, 2). In der **Rspr** wird das CAPM ausdrücklich bevorzugt (*OLG Stuttgart* AG 2012, 221, Juris-Rn 143, 154; *OLG Stuttgart* AG 2012, 49, Juris-Rn 168) und gilt mittlerweile als **gefestigte oberlandesgerichtliche Rspr** (*OLG Frankfurt* GWR 2012, 490, Juris-Rn 67; *OLG Frankfurt* AG 2012, 417, Juris-Rn 60; *OLG Stuttgart* 24.7.2013 – 20 W 2/12, Juris-Rn 162; *OLG Düsseldorf* AG 2012, 797, Juris-Rn 46; *OLG Düsseldorf* ZIP 2009, 2003, Juris-Rn 122; *KG* AG 2011, 627, Juris-Rn 26 ff; *OLG Celle* AG 2007, 865, Juris-Rn 31; *OLG Karlsruhe* AG 2013, 353, Juris-Rn 165; *OLG Karlsruhe* AG 2009, 47, Juris-Rn 70 ff; *OLG Koblenz* OLGR 2009, 608, Juris-Rn 87; *OLG Schleswig-Holstein* ZNER 2009, 264, Juris-Rn 7). Es gilt – ungeachtet der Diskussion in der Fachwissenschaft – als anerkannt (s Rn 16; *OLG Stuttgart* NZG 2012, 750, Juris-Rn 156, 164; *OLG Stuttgart* ZIP 2012, 133, Juris-Rn 293). Die Anwendung trotz Finanzkrise wird befürwortet (*OLG Karlsruhe* 6.2.2012 – 12 W 69/08, S 27 f). Auch wird das CAPM vom *BGH* nicht beanstandet (*BGH* 4.7.2013 – III ZR 52/12, Juris-Rn 72 ff). Hingegen hat sich das *OLG München* dieser Rspr bisher nicht angeschlossen. Hier wird das CAPM lediglich als ein (weiterer) Anhaltspunkt für die Bemessung des zu berücksichtigenden Risikos im Rahmen einer empirischen Schätzung des Risikozuschlags verwendet, der einer „Gesamtwürdigung aller maßgeblichen Gesichtspunkte der konkreten Situation des zu bewertenden Unternehmens Rechnung trägt" (*OLG München* ZIP 2009, 2339, Juris-Rn 25 ff; *Mehrbrey*, Hdb GesR Streitigkeiten/*Krenek* § 99, Rn 15; *Schwichtenberg/Krenek* BB 2012, 2127, 2133; *Schwichtenberg/Krenek* BB 2010, 1227, 1233). Ein Unterschied in der Sache ist daraus im Ergebnis grundsätzlich nicht erkennbar, da die Ermittlung der einzelnen Risikoparameter auf der Grundlage historischer Zeitreihenanalysen eine Schätzung des künftigen Parameterwerts (Marktrisikoprämie bzw Betafaktor) darstellt und zT von modellunabhängigen Entscheidungen beeinflusst wird. Das *OLG München* behält sich die

Ruiz de Vargas

Beurteilung der Plausibilität der historischen Schätzung der künftigen Parameter explizit vor und lehnt eine unreflektierte Übernahme ab (ähnlich aber das CAPM ausdrücklich akzeptierend zB *OLG Karlsruhe* 22.6.2010 – 12 W 87/07, S 25). Wichtig ist es, dass im Einzelfall auf eine sachgerechte und konsistente Ermittlung der Parameterwerte geachtet wird. Für nicht börsennotierte Unternehmen verlangt der *BGH* die Berücksichtigung eines **Fungibilitätsabschlags**, um das Risiko der Verwertung abzubilden (*BGH* 4.7.2013 – III ZR 52/12, Juris-Rn 80).

40 Das CAPM geht von einer **Risikoaversion der Marktteilnehmer** aus (IDW S1 idF 2008, Tz 88; *Rudolph*, Unternehmensfinanzierung, 107). Nach dem CAPM ist für das **unsystematische Risiko** keine Risikoprämie zu erwarten, weil bei einem entspr großen Portfolio an risikobehafteten Wertpapieren gegenläufige Entwicklungen in anderen Portfoliounternehmen das Risiko kompensieren (**Diversifikationsprinzip**). Das **systematische Risiko** ist hingegen durch Diversifikation nicht zu reduzieren. Allerdings reagiert jedes Unternehmen anders auf das Risiko des Marktes (*Franken/Schulte* BewP 3/2012, 92, 96 f). Es kommt nun auf den zusätzlichen Risikobeitrag an, den das Halten dieser Anteile im Verhältnis zum gesamten Marktportfolio erzeugt (*Kruschwitz* Investitionsrechnung, 397 ff). Risiko wird dabei nicht als ein einseitiges Verlustrisiko verstanden, sondern als Abweichung vom Erwartungswert (**Erwartungswertansatz**, *Rudolph* aaO S 46). Die Methode erklärt die risikobehaftete Rendite des Wertpapiers als linearen Zusammenhang zur Rendite des Markportfolios und teilt das systematische Risiko in das **operative Risiko**, das aus dem Geschäftsmodell des Unternehmens resultiert, und das **Kapitalstrukturrisiko**, das von dem Verschuldungsgrad des Unternehmens abhängt (*Drukarczyk/Schüler* Unternehmensbewertung, S 225 ff). Das CAPM bestimmt die **risikoäquivalenten Renditeforderungen** von Investoren (k) anhand des risikolosen Zinssatzes bzw **Basiszinssatzes** (i), der **Marktrisikoprämie** als Differenz der erwarteten Marktrendite und des Basiszinssatzes ($r_M - i$) sowie des **Betafaktors** (β) wie folgt: $k = i + (r_M - i) \cdot \beta$ (ausf *Ballwieser* Unternehmensbewertung, S 98; *Drukarczyk/Schüler* aaO S 55; *Kruschwitz/Husmann* Finanzierung und Investition, 161 ff). Zur Berücksichtigung von persönlichen Ertragsteuern der Anteilseigner ist grds das **(Tax-)CAPM** zu verwenden (IDW S1 idF 2008, Tz 92, 118; WP-Hdb 2008, Tz A 199 ff; *BGH* 04.07.2013 – III ZR 52/12, Juris-Rn 72; *OLG Frankfurt* GWR 2012, 490, Juris-Rn 67; *OLG Düsseldorf* AG 2012, 797, Juris-Rn 46; *OLG Stuttgart* 5.6.2013 – 20 W 6/10, Juris-Rn 201 f; *OLG Stuttgart* NZG 2012, 750, Juris-Rn 122; *OLG Karlsruhe* 30.4.2013 – 12 W 5/12, Juris-Rn 25 ff; *OLG Karlsruhe* 12.4.2012 – 12 W 57/10, S 31; *LG Stuttgart* NZG 2013, 342, Juris-Rn 105).

41 **b) Basiszinssatz.** Der Basiszinssatz ist die zum Bewertungsstichtag bei alternativer Mittelanlage **erzielbare (quasi-)risikolose Rendite** (*Drukarczyk/Schüler* Unternehmensbewertung, S 209 ff). Eine vollkommen risikolose Anleihe ist empirisch nicht zu beobachten. Der Basiszinssatz wird daher aus **Bundesanleihen** – als vergleichsweise **risikoarme Wertpapiere** – abgeleitet (*OLG Frankfurt* NZG 2013, 69, Juris-Rn 49). Seit der Überarbeitung des Unternehmensbewertungsstandards IDW S1 in 2005 (nun in IDW S1 idF 2008, Tz.117 verankert; WP-Hdb 2008, Tz A 286 ff) wird empfohlen, den risikolosen Basiszinssatz ausgehend von der Zinsstrukturkurve, die auf der **Nelson/Siegel/Svensson-Methode** (**NSS-Methode**) basiert, zu ermitteln (*Jonas/Wieland-Böse/Schiffarth* FB 2005 S 647 ff; *Gebhardt/Daske*, WPg 2005 S 655 ff; *Kniest* BewP Nr. 1 2005 S 9-12). Die aus ihr abgeleiteten **fristadäquaten Zerobondzinssätze** gewährleisten die Einhaltung der bei einer Unternehmensbewertung geforderten **Laufzeitäquivalenz**

Unternehmensbewertung **Anh § 305**

(s Rn 37), indem explizit Spot Rates (Kassakurse) bis zu 30 Jahren formuliert werden und darüber hinaus der Zinssatz des letzten Jahres fortgeschrieben wird (*Drukarczyk/ Schüler* aaO S 209; *Ballwieser* Unternehmensbewertung, S 85 ff; *Dörschell/Franken/ Schulte*, Kapitalisierungszinssatz, S 50 ff; Seicht Jb 2013/*Ruiz de Vargas/Schüler*, S 163 ff; Simon SpruchG/*Simon/Leverkus* Anh § 11, Rn 117 ff). Diese **Methodik** hat sich mittlerweile auch in der **Rspr einhellig durchgesetzt** (*OLG Stuttgart* NZG 2012, 750, Juris-Rn 152 ff; *OLG Frankfurt* GWR 2012, 490, Juris-Rn 58; *OLG Düsseldorf* AG 2012, 797, Juris-Rn 41 mwN). Allerdings werden in Abweichung zur NSS-Methode Glättungen und Rundungen vorgeschlagen (WP-Hdb 2008, Tz A 291). Die Glättungsmaßnahmen werden in der Rspr unterschiedlich gehandhabt (**anerkennend** *OLG Frankfurt* GWR 2012, 490, Juris-Rn 58; *OLG Frankfurt* NZG 2013, 69, Juris-Rn 49 f; *OLG Düsseldorf* AG 2012, 797, Juris-Rn 42; *OLG Düsseldorf* 29.2.2012 – I-26 W 2/10, Juris-Rn 55; *OLG München* ZIP 2009, 2339, Juris-Rn 18; *OLG Karlsruhe* AG 2013, 353, Juris-Rn 149; krit *OLG Frankfurt* AG 2012, 417, Juris-Rn 59; *OLG Frankfurt* AG 2012, 513, Juris-Rn 112; *OLG Frankfurt* BB 2011, 595, Juris-Rn 34; **offen** *OLG Stuttgart* NZG 2012, 750, Juris-Rn 155). Diese Pauschalierungen sind unnötig und können zu leicht vermeidbaren Bewertungsfehlern führen (*Drukarczyk/Schüler* aaO S 218; *Ruiz de Vargas/Schüler* aaO 163 ff, 170 ff; *Ruiz de Vargas/Zollner* BewP 2/2010, S 3 f).

c) Marktrisikoprämie. Nach dem CAPM verlangen die Investoren für das **Halten 42 des (diversifizierten) risikobehafteten Marktportfolios** eine **Risikoprämie (Marktrisikoprämie)**; es handelt sich also um die Prämie, die für das **Halten von riskanten Kapitalanlagen gefordert und auch erwartet werden kann** (*Drukarczyk/Schüler* Unternehmensbewertung, S 218; *OLG Stuttgart* ZIP 2012, 133, Juris-Rn 323 ff). Die ökonomische Rechtfertigung einer Marktrisikoprämie liegt darin, dass ein Aktienportfolio einem höheren Risiko unterliegt als eine Anlage in (quasi-)risikolosen Bundeswertpapieren. Die Marktrisikoprämie muss bei Risikoaversion grds größer als Null sein (*OLG Stuttgart* ZIP 2012, 133, Juris-Rn 350; *OLG Frankfurt* GWR 2012, 490, Juris-Rn 99). Zur Ermittlung der künftigen Marktrisikoprämie sind unterschiedliche Ansätze entwickelt worden, wobei der **historische Ansatz** in Rspr und Praxis dominiert (*Drukarczyk/Schüler* aaO S 209 ff; *Ballwieser* Unternehmensbewertung, S 100; *Dörschell/Franken/Schulte* Kapitalisierungszinssatz S 91 ff; *OLG Stuttgart* ZIP 2012, 133, Juris-Rn 316; zu den dabei geltenden Annahmen: *Ruiz de Vargas* DB 2012, 813). Beim historischen Ansatz wird die zukünftige Marktrisikoprämie durch Rückgriff auf die am **Kapitalmarkt** beobachteten **historischen Renditen des Marktportfolios** unter Berücksichtigung der entspr risikolosen Zinssätze ermittelt. Die **Länge des dabei zu wählenden Erhebungszeitraums** ist umstr. Das *OLG Stuttgart* sieht weder einen „richtigen" noch einen „falschen" Erhebungszeitraum und lässt es im Ergebnis offen (*OLG Stuttgart* ZIP 2012, 133, Juris-Rn 337; für einen langen Erhebungszeitraum: *OLG Frankfurt* NZG 2013, 69, Juris-Rn 60; *OLG Frankfurt* AG 2011, 173, Juris-Rn 141 f; *OLG Karlsruhe* 22.6.2010 – 12 W 87/07, S 27 f; ausf hierzu *Ruiz de Vargas* aaO 813, 815). Bei der **Mittelwertbildung (arithmetisches oder geometrisches Mittel)** wird in der betriebswirtschaftlichen Literatur nahezu einhellig das arithmetische Mittel aus konzeptionellen Gründen für Kapitalisierungszinssätze bei Abzinsungen bevorzugt (*Drukarczyk/Schüler* aaO S 209 ff; *Ballwieser* aaO S 101; *Ruiz de Vargas* aaO 813, 819; dies **feststellend**: *OLG Düsseldorf* AG 2012, 797, Juris-Rn 54; **aA** *Wenger* AG Sonderheft 2005, 9, 13 ff). Die jüngere Rspr tendiert dazu,

Ruiz de Vargas

den Mittelwert aus dem arithmetischen und dem geometrischen Mittel zu favorisieren und legt sich damit im Ergebnis nicht fest (Mehrbrey Hdb GesR Streitigkeiten/ *Krenek* § 99, Rn 15; *Schwichtenberg/Krenek* BB 2012, 2127, 2133; *OLG Stuttgart* ZIP 2012, 133, Juris-Rn 357 ff; *OLG Frankfurt* AG 2012, 417, Juris-Rn 62; *OLG Karlsruhe* 12.4.2012 – 12 W 57/10, S 38; bis zur Klärung für einen Mittelwert plädierend: *OLG Frankfurt* NZG 2013, 69, Juris-Rn 62; *OLG Düsseldorf* AG 2012, 797, Juris-Rn 54; *OLG Düsseldorf* 29.2.2012 – I-26 W 2/10, Juris-Rn 59; so bereits: *OLG Schleswig-Holstein* ZNER 2009, 264, Juris-Rn 28). Nicht zutreffend ist es, das arithmetische Mittel als einperiodisch einzustufen, denn die Mittelwertstationarität ist eine mehrperiodische Eigenschaft (*Ruiz de Vargas*, aaO 813, 815; anders *OLG Stuttgart* 5.6.2013 – 20 W 6/10, Juris-Rn 205).

43 Das IDW empfiehlt jüngst eine Marktrisikoprämie in der Bandbreite von 5,5 % bis 7,0 % vor persönlichen Ertragsteuern bzw 5,0 % bis 6,0 % nach persönlichen Ertragsteuern (IDW-FN 12/2012, 569). Vor Oktober 2012 wurde der Ansatz der Marktrisikoprämie in der Bandbreite von 4,5 % bis 5,5 % vor persönlichen Ertragsteuern bzw 4,0 % bis 5,0 % nach persönlichen Ertragsteuern (IDW-FN 2/2012, 122) vorgeschlagen. Die Bandbreite galt seit Einführung der Abgeltungsteuer durch die Unternehmensteuerreform 2008 (*Wagner/Sauer/Willershausen*, WPg 2008, 731, 741; IDW-FN 12/2009, 696). Während der Geltung des Halbeinkünfteverfahrens (2001 bis 2008) wurde eine Bandbreite von 4,0 % bis 5,0 % vor Steuern bzw 5,0 % bis 6,0 % nach Steuern nahegelegt (*Wagner/Jonas/Ballwieser/Tschöpel* WPg 2006, 1005, 1019). Davor wurde eine Marktrisikoprämie vor Steuern zwischen 5,0 % und 6,0 % empfohlen (WP-Hdb 2002, Tz A, 213).

44 In der Rspr werden für den Zeitraum, in dem das Halbeinkünfteverfahren gegolten hat, Marktrisikoprämien nach persönlichen Steuern von **5,5 %** (*OLG Stuttgart* NZG 2012, 750, Juris-Rn 158; *OLG Stuttgart* AG 2010, 513, Juris-Rn 208, 220; *OLG Frankfurt* AG 2012, 417, Juris-Rn 61; *OLG Karlsruhe* AG 2013, 353, Juris-Rn 161; *OLG Karlsruhe* 12.4.2012 – 12 W 57/10, S 36 ff; *KG* AG 2009, 199, Juris-Rn 46) und **5,0 %** (*OLG Frankfurt* NZG 2013, 69, Juris-Rn 60; *OLG Frankfurt* 26.8.2009 – 5 W 35/09, Juris-Rn 31; *OLG Düsseldorf* AG 2012, 797, Juris-Rn 47, 54; *OLG Düsseldorf* 7.5.2008 – I-26 W 16/06, Juris-Rn 19) anerkannt. Aber auch Marktrisikoprämien von **4,0 %** (vor Steuern) wurden akzeptiert (*OLG Düsseldorf* 29.2.2012 – I-26 W 2/10, Juris-Rn 59). Für die Zeiträume davor wurde eine Marktrisikoprämie von **5,5%** gefordert – und damit eine von 5,0 % abgelehnt – (*OLG Koblenz* OLGR Koblenz 2009, 608, Juris-Rn 87) oder **5,0 %** aus der Bandbreite von 5,0% bis 6,0 % angesetzt (*OLG Celle* AG 2007, 865, Juris-Rn 31; *OLG Stuttgart* GWR 2011, 420, Juris-Rn 246) bzw **4,5 %** akzeptiert (*OLG Stuttgart* AG 2011, 420, Juris-Rn 213). Im Zeitraum nach Einführung der Abgeltungsteuer wurde eine Marktrisikoprämie von **5,0 %** nach Steuern (*OLG Frankfurt* GWR 2012, 490, Juris-Rn 68; *LG Stuttgart* NZG 2013, 342, Juris-Rn 107 ff) bzw **4,5%** nach Steuern (*OLG Frankfurt* AG 2011, 832, Juris-Rn 74) anerkannt.

45 **d) Betafaktor.** Der **Betafaktor** erfasst den **unternehmensindividuellen systematischen Risikobeitrag**, den ein **voll diversifizierter Investor beim Halten** der Anteile eingeht (*Drukarczyk/Schüler* Unternehmensbewertung, S 56 ff, 225 ff; *Kruschwitz* Investitionsrechnung, 397 ff). Für die Unternehmensbewertung sind **künftige Betafaktoren** zu ermitteln, wobei ein Betafaktor von 1 bedeutet, dass das Risiko der Aktie dem Markt-

risiko entspricht. Betafaktoren über (unter) 1 signalisieren ein über (unter) dem Marktrisiko liegendes systematisches Risiko des Unternehmens. In der Bewertungspraxis erfolgt die Ableitung des **künftigen Betafaktors** aus den **historischen Kapitalmarktdaten börsennotierter Unternehmen** (krit *OLG Karlsruhe* 6.2.2012 – 12 W 69/08, S 46). Diese **historischen Betafaktoren** liegen idR in einer Bandbreite von 0,3 bis 2,0 (*Kruschwitz* aaO S 402; eine aktuelle Übersicht über 110 deutsche börsennotierte Unternehmen liefert: *Dörschell/Franken/Schulte* Kapitalkosten, 76 ff; für eine Branchenübersicht: *Ruiz de Vargas/Zollner* BewP 4/2010, 2, 6).

In der praktischen Umsetzung sind eine Vielzahl von Einzelentscheidungen zu treffen. Bei der **Wahl des Referenzindexes** wird ein breiter Bezugsindex bevorzugt (*OLG Stuttgart* ZIP 2012, 133, Juris-Rn 411). Bezüglich der **Wahl des Intervalls** (Tag, Woche, Monat) werden monatliche Renditen bevorzugt (*Kruschwitz/Löffler/Essler* Unternehmensbewertung, S 131), aber auch wöchentliche Intervalle akzeptiert (*OLG Frankfurt* GWR 2012, 490, Juris-Rn 80). Bei der **Festlegung des Erhebungszeitraums** wird nach dem Risikoprofil während des Referenzzeitraumes differenziert (*Kruschwitz/Löffler/Essler* aaO S 130 f; für einen zweijährigen Erhebungszeitraum: *OLG Stuttgart* ZIP 2012, 133, Juris-Rn 411). Die Berücksichtigung des **unternehmensspezifischen Kapitalstrukturrisikos** beim Betafaktor wird von der Rspr gefordert (*OLG Stuttgart* NZG 2012, 750, Juris-Rn 185 ff; *OLG Düsseldorf* AG 2012, 797, Juris-Rn 58; *OLG Frankfurt* GWR 2012, 490, Juris-Rn 92; ausf *Drukarczyk/Schüler* Unternehmensbewertung, S 225 ff). Die **Berücksichtigung des Ausfallrisikos von Fremdkapital (Debt Beta)** wird befürwortet (*Schulte/Franken* BewP 4/2012, 13 ff; *Dörschell/Franken/Schulte* Kapitalisierungszinssatz, 207; *OLG Frankfurt* GWR 2012, 490, Juris-Rn 90). Bei der Ermittlung ist auf die **statistische Belastbarkeit (Signifikanz)** zu achten (*OLG Frankfurt* AG 2012, 417, Juris-Rn 64 ff, 70 ff; *OLG Karlsruhe* AG 2013, 353, Juris-Rn 167; für die notwendige Beachtung des Bestimmtheitsmaßes, sog R^2: *OLG Stuttgart* GWR 2011, 420, Juris-Rn 269; *OLG Frankfurt* AG 2011, 832, Juris-Rn 79; Ablehnung eines Bestimmtheitsmaßes von 0,01: *OLG Stuttgart* AG 2012, 49, Juris-Rn 155 ff; Ablehnung von 0,02: *OLG Stuttgart* AG 2011, 205, Juris-Rn 212; Forderung eines Bestimmtheitsmaßes von mindestens 0,1: *OLG Stuttgart* GWR 2011, 420, Juris-Rn 266 ff). **Ausreißer sind zu eliminieren** (*OLG Stuttgart* AG 2010, 513, Juris-Rn 255). Bezüglich der Anerkennung möglicher statistischer Anpassungen (**raw** vs **adjusted Beta**) ergibt sich ein uneinheitliches Bild (**anerkennend** *OLG Stuttgart* GWR 2011, 420, Juris-Rn 267; *Elton/Gruber/Brown/Goetzmann* Portfolio S 143; *Blume* Journal of Finance, 3/1971, 1, 8; **keine Korrektur** des adjusted Beta fordernd: *OLG Stuttgart* AG 2010, 510, Juris-Rn 178; *OLG Frankfurt* 20.12.2010 – 5 W 51/09, Juris-Rn 60; **abl** *Dörschell/Franken/Schulte* aaO S 190 f). Nach der hier vertretenen Auffassung ist grundsätzlich eine methodisch fundierte Anpassung unter Beachtung des Einzelfalls zur Vermeidung oder Reduktion statistischer Fehler vorzuziehen.

Nach der Rspr wird bezüglich der Ermittlung des Betafaktors die Verwendung des **eigenen Betafaktors** bei hinreichender Aussagefähigkeit anerkannt und bevorzugt (*OLG Frankfurt* NZG 2013, 69, Juris-Rn 70; *OLG Frankfurt* AG 2012, 417, Juris-Rn 63; *OLG Düsseldorf* AG 2012, 797, Juris-Rn 58; *OLG Karlsruhe* AG 2013, 353, Juris-Rn 165; *OLG Stuttgart* NZG 2012, 750, Juris-Rn 169; *OLG Stuttgart* AG 2011, 560, Juris-Rn 203 ff; *OLG Stuttgart* AG 2010, 510, Juris-Rn 163; *Dörschell/Franken/Schulte* Kapitalkosten, S 44). Das Fehlen von Kursdaten der Aktien wird als Grund für die Herleitung über eine **Peer Group** gesehen (*OLG Frankfurt* NZG 2013, 69,

Juris-Rn 70; *OLG Stuttgart* AG 2012, 49, Juris-Rn 161; *OLG Stuttgart* ZIP 2012, 133, Juris-Rn 418 ff). Allerdings ist eine Vergleichbarkeit notwendig (*OLG Karlsruhe* 6.2.2012 – 12 W 69/08, S 45). Auch die Abgabe eines Pflichtangebots führt zu einer Ablehnung des eigenen Betafaktors (*OLG Stuttgart* 5.6.2013 – 20 W 6/10, Juris-Rn 216). Bei einer **Konzernierung entkoppelt sich das tatsächliche systematische Risiko vom Aktienkurs** und ist damit nicht mehr beobachtbar, sodass die errechneten niedrigen Betafaktoren nicht angemessen das Risiko des inneren Werts widerspiegeln (*OLG Frankfurt* AG 2012, 417, Juris-Rn 75; *OLG Karlsruhe* AG 2013, 353, Juris-Rn 173 ff). Als **Ende** des **Erhebungszeitraums** ist daher bei entspr verzerrtem Kursverlauf auf den Tag der Bekanntgabe der Strukturmaßnahme bzw Bekanntgabe des Abfindungsangebots abzustellen und nicht auf den Tag der Hauptversammlung (*OLG Stuttgart* AG 2010, 510, Juris-Rn 168; bzw den Zeitraum vor dem Übernahmeangebot *OLG Karlsruhe* 22.6.2010 – 12 W 87/07, S 31). Die Berücksichtigung des Zeitraums nach Bekanntgabe der Maßnahme ist bei der empirischen Ermittlung des Betafaktors wegen der damit verbundenen Erfassung von „Abfindungserwartungen" idR abzulehnen (*OLG Stuttgart* ZIP 2012, 133, Juris-Rn 389). Die **Liquidität** der Aktie ist bei der Ermittlung zu berücksichtigen (*OLG Stuttgart* ZIP 2012, 133, Juris-Rn 394 ff; *OLG Frankfurt* AG 2012, 417, Juris-Rn 69, 71; *OLG Stuttgart* AG 2010, 510, Juris-Rn 165 ff). **Negative Betafaktoren** oder **Betafaktoren nahe Null** sind aufgrund mangelnder ökonomischer Erklärung ungeeignet (*OLG Stuttgart* ZIP 2012, 133, Juris-Rn 393; *OLG Stuttgart* GWR 2011, 420, Juris-Rn 268; *OLG Stuttgart* AG 2010, 510, Juris-Rn 177; *OLG Karlsruhe* 12.4.2012 – 12 W 57/10, S 42 ff).

48 **e) Wachstumsabschlag.** Der **Wachstumsabschlag** wird in der Rspr üblicherweise beim Kapitalisierungszinssatz abgehandelt, obwohl dieser Parameter **Teil der Modellierung der Phase der ewigen Rente** ist und damit eine Annahme zur Entwicklung der finanziellen Überschüsse darstellt (s Rn 30). Konkret handelt es sich beim Wachstumsabschlag um die jährliche **konstante** Wachstumsrate im **unendlichen Wachstumsmodell**, mit der die Überschüsse in der Phase der ewigen Rente stetig steigen (IDW S1 idF 2008, Tz 78; *Ballwieser* Unternehmensbewertung, S 63). Der **Wachstumsabschlag** ist damit **kein vom Bewertungsobjekt losgelöster Bewertungsparameter**, sondern setzt einen entspr **Gleichgewichtszustand** voraus, auf dem dieses **stetige und konstante Wachstum** aufbauen kann. Die Generierung des Wachstums resultiert einerseits aus der vom Unternehmen zu erwartenden **nachhaltigen Überwälzungsfähigkeit der künftigen Inflation** und andererseits aus dem zu erwartenden **nachhaltigen Realwachstum** des Unternehmens (*Ballwieser* aaO S 66 f; *OLG Karlsruhe* AG 2013, 353, Juris-Rn 128 f, 187 ff). Ein pauschaler Ansatz des Wachstumsabschlags verkennt, dass dieser ein Parameter der finanziellen Überschüsse darstellt und daher von einer Analyse der nachhaltigen Inflationsüberwälzungsfähigkeiten wie auch Realwachstumsmöglichkeiten des Unternehmens abhängt (*OLG Stuttgart* 5.6.2013 – 20 W 6/10, Juris-Rn 228 ff; *OLG Karlsruhe* 30.4.2013 – 12 W 5/12, Juris-Rn 54). Er ist auch nicht zwingend in Höhe der Inflationsrate anzusetzen (*OLG Stuttgart* NZG 2012, 750, Juris-Rn 192 ff; *OLG Stuttgart* ZIP 2012, 133, Juris-Rn 260, 432 ff; *OLG Frankfurt* GWR 2012, 490, Juris-Rn 101 f). Allerdings ist zu beachten, dass die Annahme einer fehlenden Inflationsüberwälzung langfristig nicht mit einer Annahme der unbegrenzten Lebensdauer vereinbar ist (*Schüler/Lampenius* BFuP 2007, 232). Dies hat nichts mit einem „schrumpfenden" Unternehmen zu tun, sondern mit der Tatsache, dass nicht überwälzte Kostensteigerungen im Zeitablauf die (steigenden) Überschüsse aufzehren (**aA**

OLG Stuttgart 5.6.2013 – 20 W 6/10, Juris-Rn 231). In der **Bewertungspraxis und Rspr** werden jährliche **Wachstumsraten** von **0,5 %** bis **2,0 %** angesetzt (WP-Hdb 2008, Tz A 479). Auch Bandbreiten von **0,5 %** bis **3,0 %** werden genannt, wobei **2,5 %** als ambitioniert beurteilt werden und der **Mittelwert** bei ca. **1,0 %** gesehen wird (*Großfeld* Unternehmensbewertung, Rn 969; *Drukarczyk/Schüler* Unternehmensbewertung, S 235; *Hachmeister/Ruthardt/Lampenius* WPg 2011, 519, 529 mwN zu der obergerichtlichen Rspr). Andere Autoren unterstellen gegenüber der Vergangenheit **künftig geringere Inflationserwartungen** und nennen daher eine Bandbreite von **0,5 %** bis **1,0 %** (Simon SpruchG/*Simon/Leverkus* Anh § 11, Rn 137). Das durchschnittliche zu erwartende Wachstum der Volkswirtschaft wird als **Obergrenze** gesehen (*OLG Frankfurt* GWR 2012, 490, Juris-Rn 103; *OLG Karlsruhe* 30.4.2013 – 12 W 5/12, Juris-Rn 55).

D. Börsenwertmethode

I. Wertkonzept

Die Heranziehung des Börsenkurses folgt der ökonomischen Überlegung, dass der abzufindende Aktionär bei einer Desinvestition mindestens diesen Preis für die jeweilige Aktie (unabhängig vom inneren Wert) unter bestimmten Bedingungen am Kapitalmarkt hätte realisieren können; es wird der **Handelswert** (auch **Tauschwert** genannt) ermittelt (s Rn 14). Die Ermittlung des Unternehmenswerts über den Börsenkurs stellt eine **direkte Anteilsbewertung** dar (**Anteilsbewertungsverfahren**). Rechnet man den Börsenkurs anhand der Anzahl der Aktien hoch, dann erhält man den **Marktkapitalisierungswert**. Die Gleichstellung des Börsenwertes mit dem **Verkehrswert** baut auf der Annahme auf, dass der Börsenkurs eine zutreffende und effiziente Informationsverarbeitung widerspiegelt (**Kapitalmarkteffizienz**) und somit die Ertragskraft des Anteils auch abbildet (*BGHZ* 147, 108, Juris-Rn 19; *OLG Frankfurt* AG 2010, 751, Juris-Rn 59). Der Börsenkurs stellt nach zutreffender Auffassung einen **Kontrollwert** für das Ertragswertverfahren dar, um die **Untergrenze** der Abfindung in den Fällen sicherzustellen, in denen die Aktien und deren Verkehrsfähigkeit einen eigenen Handelswert, über den Ertragswert hinaus, generieren können (MünchKomm AktG/*Paulsen* Rn 83; *Hüffer/Schmidt-Aßmann/Weber* Anteilseigentum, S 69 ff; *Drukarczyk* AG 1973, S 457; IDW S1 idF 2008, Tz 15). **49**

II. Bedeutung

Seit der „DAT/Altana"-Entscheidung (*BVerfGE* 100, 289) und zuletzt auch der „T-Online/Deutsche Telekom"-Entscheidung (*BVerfG* ZIP 2011, 1051) dient die **Börsenwertmethode als „marktorientiertes Verfahren"** nicht nur zur **Ermittlung der Wertuntergrenze** (KölnKomm AktG/*Koppensteiner* Rn 52; GroßKomm AktG/*Hirte/Hasselbach* Rn 153), sondern auch von **Wertrelationen bei Verschmelzungen** (s auch Rn 17; *BVerfG* ZIP 2011, 1051 „Telekom", Juris-Rn 25; *OLG München* BB 2012, 2062, Juris-Rn 30; *OLG Stuttgart* AG 2011, 49, Juris-Rn 395; *OLG Stuttgart* AG 2007, 705, Juris-Rn 14). Der Börsenwert stellt keine **Wertobergrenze** dar (*BGHZ* 147, 108, Juris-Rn 30; *OLG Düsseldorf* Konzern 2010, 519, Juris-Rn 42). Die Anwendung der Börsenwertmethode ist auf Aktiengesellschaften beschränkt, bei denen eine Börsennotierung (bis) zum Bewertungsstichtag vorliegt. Schon aus diesem Grund kann der Börsenwert nicht als allgemein gültiger Regelwert zur Abfindungsbemessung herangezogen werden (*Hüffer/Schmidt-Aßmann/Weber* Anteilseigentum, **50**

S 20). Börsenkurse stellen grundsätzlich den **Durchschnitt aller Markterwartungen** (Beurteilungsunterschiede) und des **Informationsstandes der Marktteilnehmer** dar, die sich gegenseitig bedingen (*BVerfG* ZIP 2007, 175, Juris-Rn 16; *OLG Frankfurt* AG 2010, 751, Juris-Rn 83 f). Der Börsenkurs hängt ua vom Umfang der verarbeiteten Informationen ab, also der zugrunde gelegten **Informationseffizienzhypothese** (*Perridon/Steiner/ Rathgeber* Finanzwirtschaft, S 211 f). In der Regel wird die **halb-strenge Informationseffizienz** unterstellt, in der die Marktteilnehmer **alle öffentlich verfügbaren Informationen** berücksichtigen (*OLG Frankfurt* AG 2010, 751, Juris-Rn 64 ff). Insiderinformationen, wie etwa der Umfang der stillen Reserven (hinsichtlich derer ja etwa nach § 131 Abs 3 S 1 Nr 3 dem Vorstand in der HV ein Auskunftsverweigerungsrecht zustehen kann), stellen **Informationsasymmetrien** dar, die einen Unterschied zwischen dem auf der Basis von Börsenkursen ermittelten **Marktkapitalisierungswert** und dem mittels Ertragswertmethode (s Rn 21) ermittelten **inneren Wert** erklären können (*OLG Frankfurt* AG 2010, 751, Juris-Rn 78 f). Unterschiede können aber auch auf **irrationales Handeln** der Marktteilnehmer zurückzuführen sein (sog **noise trading**), dh aus **Beurteilungsunterschieden** zwischen **irrationalen** und **rationalen (informierten) Kapitalanlegern** resultieren. In diesen Fällen sollte der innere Wert bei entsprechendem Nachweis nicht überschritten werden.

III. Ermittlung des Börsenwerts

51 Nach Abs. 3 S 2 muss die angemessene Barabfindung „die Verhältnisse der Gesellschaft **im Zeitpunkt der Beschlussfassung ihrer HV** über den Vertrag" **berücksichtigen**. **Bewertungsstichtag** ist auch für die Börsenwertermittlung der Tag der Beschlussfassung der HV der Untergesellschaft über den Unternehmensvertrag (s Rn 9; K. Schmidt/Lutter AktG/*Stephan* Rn 116; MünchKomm AktG/*Paulsen* Rn 84 ff; Köln-Komm AktG/*Koppensteiner* Rn 104; GroßKomm AktG/*Hirte/Hasselbach* Rn 140). Die Frage des maßgeblichen Zeitpunkts/Zeitraums hat bei der Wertermittlung über die Börsenkurse eine ganz andere Brisanz als bei der Ermittlung des inneren Werts eines Unternehmens über die Ertragswertmethode (s Rn 21), da Börsenkurse wesentlich volatiler sind. Im Hinblick auf diese Volatilität der Börsenkurse und zum Zwecke des Ausschlusses von nicht wertbestimmenden Kursausschlägen wird ein **tagesbezogener Börsenkurs** abgelehnt. Er wäre auch **verfassungsrechtlich nicht geboten** (*BVerfGE* 100, 289 „DAT/Altana", 306, Juris-Rn 68 f; *BGHZ* 147, 108, Juris-Rn 24; *Koppensteiner* aaO Rn 101). Vielmehr wird ein **Referenzzeitraum** gewählt, für den ein **durchschnittlicher Börsenkurs (Börsenwert)** berechnet wird. Für die Berechnung eines **Durchschnittskurses** (*BVerfGE* 100, 289 „DAT/Altana", Juris-Rn 69; *BGHZ* 147, 108, Juris-Rn 24) sind idR unterschiedliche Handelsumsätze je Zeiteinheit (Tag) und auch die Gewichtung nach den Handelsplätzen zu beachten (**Gewichtete durchschnittliche inländische Börsenkurse**, *BGHZ* 186, 229 „Stollwerck", Juris-Rn 12, 20; *Paulsen* aaO Rn 91). Bei einem gegebenen Börsenkursverlauf bilden daher die Länge des Zeitraums („**Referenzzeitraum**") und der Stichtag, ab dem der Referenzzeitraum zurückzurechnen ist („**Rückrechnungszeitpunkt**"), die wertbestimmenden Parameter.

52 Die hM in der Rspr bemisst den **Referenzzeitraum** mit **drei Monaten** vor dem Rückrechnungszeitpunkt (*BGHZ* 186, 229 „Stollwerck", Juris-Rn 12, 20; *BGHZ* 147, 108, Juris-Rn 24; *OLG Stuttgart* NZG 2012, 750, Juris-Rn 114; *OLG München* BB 2012, 2062, Juris-Rn 31; *OLG Düsseldorf* 06.04.2011 – I-26 W 2/06, Juris-Rn 100; *OLG Frankfurt* GWR 2012, 490, Juris-Rn 4, 23; K. Schmidt/Lutter AktG/*Stephan* Rn 103).

Eine allg **Verlängerung des Referenzzeitraums** ist grds abzulehnen, weil damit eine zeitliche Abweichung zu den Wertverhältnissen der Desinvestitionsentscheidung vom Bewertungsstichtag verbunden ist (MünchKomm AktG/*Paulsen* Rn 90). Eine **Abweichung** (**Verlängerung**) kann ausnahmsweise dann in Betracht kommen, wenn in der Referenzperiode Kursentwicklungen auftreten, die nicht mit allg zugänglichen Kapitalmarktinformationen über das betroffene Unternehmen, die Branche und die allg Wirtschaftslage (zB das Zinsniveau) in Einklang zu bringen sind und die Verlängerung zu einer unverzerrten Werterfassung führt (**aA** KölnKomm AktG/*Koppensteiner* Rn 106; *Hüffer/Schmidt-Aßmann/Weber* Anteilseigentum, S 38; *Hüffer* AktG Rn 24f für sechs Monate Spindler/Stilz AktG/*Veil* Rn 62).

Die früher geführte Kontroverse um den maßgeblichen Stichtag, von dem ab rückgerechnet der Referenzzeitraum gelten soll („**Rückrechnungszeitpunkt**"), ist durch die Stollwerck-Entscheidung des *BGH* für die Praxis entschieden. Abzustellen ist auf den **Tag der (erstmaligen) Bekanntmachung der Strukturmaßnahme** (so nun *BGHZ* 186, 229 „Stollwerck", Juris-Rn 12, 20; für Abfindungsfälle nach § 305 Abs 3 S 2 bestätigend *BGH* AG 2011, 590, Juris-Rn 8; *OLG Stuttgart* AG 2010, 513, Juris-Rn 97 ff; *OLG Frankfurt* GWR 2012, 490, Juris-Rn 23 f; *OLG Stuttgart* NZG 2012, 750, Juris-Rn 114; *OLG Stuttgart* AG 2007, 209, Juris-Rn 15 ff; *Hüffer* AktG Rn 24e; KölnKomm AktG/*Koppensteiner* Rn 103; Emmerich/Habersack, Aktien- und GmbH-KonzernR/ *Emmerich* Rn 46a; Spindler/Stilz AktG/*Veil* Rn 61). Dies beugt auch Missbrauchsgefahren vor und ist verfassungsrechtlich unbedenklich (*BVerfG* ZIP 2007, 175, Juris-Rn 12, 15 ff). Die früher zT von der Rspr vertretene Auffassung, die auf den **Tag der HV der Gesellschaft abstellte, an dem sie dem Unternehmensvertrag zustimmte** (*BGHZ* 147, 108, Juris-Rn 24), ist überholt. 53

IV. Korrekturen bzw Unmaßgeblichkeit des Börsenwertes

Die **Verwendung von Börsenkursen** beruht auf der Annahme, dass der außenstehende Aktionär seine **Beteiligung zu diesem Preis** hätte veräußern können (s Rn 49). Diese Annahme ist aber dann nicht realistisch, wenn durch geringe Liquidität die Veräußerung auch geringer Stückzahlen bereits sprunghafte Kursauswirkungen zeitigen würde bzw die Preisbildung durch ein sehr geringes Handelsvolumen nicht repräsentativ ist (**Marktenge**) oder die Kurse erkennbar manipuliert wurden (**Marktmanipulation**). In diesen Fällen lehnt die Rspr die rein rechnerische Heranziehung der Börsenkurse als Wertmaßstab für die Abfindung ab und verlangt angemessene Korrekturen, um zB außergewöhnliche Kursausschläge und sprunghafte Kursentwicklungen zu bereinigen (*BGHZ* 186, 229 „Stollwerck", Juris-Rn 10; *OLG Düsseldorf* AG 2003, 329, Juris-Rn 43 ff; *OLG Frankfurt* 17.11.2009 – 20 W 412/07, Juris-Rn 38; *OLG Karlsruhe* AG 2005, 45, 47; *OLG Stuttgart* OLGR 2008, 412, Juris-Rn 47 ff; KölnKomm AktG/*Koppensteiner* Rn 108). Das *BVerfG* hat eine Unterschreitung des Börsenwerts zugelassen, wenn dieser nicht den Verkehrswert wiedergibt (*BVerfGE* 100, 289 „DAT/Altana", Juris-Rn 66). **Marktenge** wird bestimmt durch das Verhältnis des Streubesitzes (free float) zur Gesamtanzahl der Aktien und das Handelsvolumen des Streubesitzes (*OLG Karlsruhe* AG 2013, 353, Juris-Rn 37 ff; *OLG Karlsruhe* 12.4.2012 – 12 W 57/10, S 14; *OLG München* AG 2007, 246, Juris-Rn 23; K. Schmidt/Lutter AktG/*Stephan* Rn 100 ff; *Wilts/Schaldt/Nottmeier* FB 2002, 621, 625; *Koppensteiner*, aaO Rn 99 mwN). Das Handeln der **Aktien im Freiverkehr oder außerbörsliches Handeln** stellt grundsätzlich **nicht die erforderliche Verkehrsfähigkeit** dar, weshalb ein abgeleiteter Durch- 54

Ruiz de Vargas

schnittkurs unbeachtlich ist (*Schwichtenberg/Krenek* BB 2012, 2127, 2133 mwN; *Stephan* aaO Rn 99; KölnKomm AktG/*Riegger/Gayk* Anh § 11, Rn 76; *OLG Stuttgart* OLGR 2008, 412, Juris-Rn 51; *OLG Düsseldorf* AG 2008, 498, Juris-Rn 33 f). Auch sind tatsächlich gezahlte **Vorerwerbspreise** des Mehrheitsaktionärs oder ein kurz zuvor festgesetzter Emissionskurs unbeachtlich (*OLG Frankfurt* AG 2012, 513, Juris-Rn 30 mwN; *OLG Stuttgart* AG 2011, 420, Juris-Rn 148; *Hüffer* AktG Rn 21; KölnKomm AktG/*Koppensteiner* Rn 73 f). Unterschiedliche Einschätzungen für den Wert je Aktie nach der Höhe des unterschiedlichen Besitzanteils drücken in ähnlicher Weise wie unterschiedliche Bewertungen für Aktien verschiedener **Gattungen** den über die Aktien möglichen unterschiedlich hohen Einfluss auf das Unternehmen aus. Die Möglichkeiten, mit entspr Mehrheiten weitergehenden Einfluss auf das Unternehmen zu gewinnen, als dies den Minderheitsaktionären möglich ist, werden von § 53a nicht verboten; die unterschiedlichen Markt- (und auch Börsen-)bewertungen der Gattungen sind daher zu berücksichtigen. Die Börse bewertet idR – aber nicht immer – **Stammaktien höher als Vorzugsaktien**, obwohl letztere aufgrund ihres Dividendenvorzugs (§ 139 Abs 1) während der Besitzzeit höhere periodische Zuflüsse verschaffen als erstere, und der Streubesitz den im Stimmrecht liegenden eigentlichen Vorteil von Stammaktien meist nicht ausnutzen kann (*Jung/Wachtler* AG 2001, 513 ff). Die unterschiedliche Marktbewertung kann aus der Erwartung eines Übernahmeangebots resultieren, aber auch aus unterschiedlicher Liquidität. Sind Stamm- und Vorzugsaktionäre abzufinden und findet in beiden Gattungen ein ausreichend liquider Handel statt, ist der **unterschiedliche Börsenkurs auch einer differenzierten Anteilsbewertung nach der Ertragswertmethode** (s Rn 21) gegenüberzustellen (*OLG Karlsruhe* 22.6.2010 – 12 W 87/07, S 37 f). Eine pauschale Handhabung ist abzulehnen, stattdessen ist die Wertdifferenz anhand der wertbestimmenden Faktoren zu ermitteln (*OLG Karlsruhe* 12.4.2012 – 12 W 57/10, S 52 ff; *OLG Karlsruhe* AG 2006, 463, Juris-Rn 24; auf eine empirische Ermittlung abstellend: *OLG Düsseldorf* AG 2002, 398, Juris-Rn 59). Ein Verstoß gegen den **Gleichbehandlungsgrundsatz** (§ 53a) wird in der unterschiedlichen Bewertung nicht gesehen (Simon SpruchG/*Simon/Leverkus* Anh § 11, Rn 267 mwN; KölnKomm AktG/*Riegger/Gayk* Anh § 11, Rn 83 f). Ein **Wertabschlag** vom Börsenkurs **für Minderheitsbesitz** ist nicht erforderlich, da der Börsenwert bereits grundsätzlich den Minderheitenwert darstellt (*Hüffer* aaO Rn 24; *Paulsen* aaO Rn 141). **Paketzuschläge** sind nach hM nicht zu berücksichtigen (*BVerfGE* 100, 289 „DAT/Altana", 310, Juris-Rn 58; *OLG Düsseldorf* AG 2003, 329, Juris-Rn 57; *OLG Hamburg* AG 2002, 406, Juris-Rn 51; Spindler/Stilz AktG/*Veil* Rn 67). Der Verkaufspreis, der aus einem **Verkauf nach dem Bewertungsstichtag** resultiert (**Nacherwerbspreis**), stellt aufgrund des Stichtagsprinzips keine Wertuntergrenze dar (*OLG Stuttgart* AG 2011, 420, Juris-Rn 154).

55 Eine Korrektur durch **Hochrechnung** auf den Tag der Hauptversammlung wird vom *BGH* befürwortet, wenn zwischen Bekanntgabe und Tag der Hauptversammlung ein „**längerer Zeitraum**" verstrichen ist (*BGHZ* 186, 229 „Stollwerck", Juris-Rn 29). Es gilt zu verhindern, dass eine frühzeitige Bekanntmachung und ein Zuwarten bei der Umsetzung die Minderheitsaktionäre benachteiligt (*OLG Stuttgart* AG 2012, 49, Juris-Rn 211). Die **Hochrechnung kann durch rechnerische Anbindung des Börsenkurses** an einen Marktindex bzw vorzugsweise an einen repräsentativen Branchenindex erfolgen (*Weber* ZGR 2004, 280, 287). Eine Korrektur ist bei einem Zeitraum zwischen Bekanntgabe und Tag der Hauptversammlung von **vier** (*OLG Stuttgart* NZG 2012,

750, Juris-Rn 115; *OLG Frankfurt* GWR 2012, 490, Juris-Rn 26), **fünf** (*OLG Frankfurt* AG 2012, 513, Juris-Rn 31) oder **sechs** Monaten (*OLG Stuttgart* ZIP 2012, 133, Juris-Rn 468; *OLG Stuttgart* AG 2011, 205, Juris-Rn 92) nicht geboten. Ein Zeitraum von **siebeneinhalb Monaten** wird aber als ein „**längerer Zeitraum**" angesehen, **bei dem eine Anpassung erforderlich wäre** (*BGHZ* 186, 229 „Stollwerck", Juris-Rn 30; *OLG Stuttgart* NZG 2012, 750, Juris-Rn 115; *OLG Stuttgart* ZIP 2012, 133, Juris-Rn 468).

E. Liquidationswertmethode

I. Wertkonzept

Die **einzelwertorientierten Verfahren** gehen nicht, wie die überschussorientierten Verfahren, von einer Bewertung des Unternehmens im Ganzen aus (s Rn 13), sondern bewerten die **einzelnen Bestandteile** und addieren diese in einem nachfolgenden Schritt zusammen (**Einzelbewertungsverfahren**). Der Liquidationswert wird aus den **abgezinsten Verwertungsüberschüssen abzüglich Schulden und Liquidationsaufwendungen** ermittelt. Wie bei dem Ertragswert (s Rn 21), wird auch hier ein Barwert ermittelt (*Adolff* Unternehmensbewertung S 247 f). Um als **Wertuntergrenze** dienen zu können, müssen die **gleichen Planungs- und Bewertungsgrundsätze gelten**, die für den **objektivierten Ertragswert** herangezogen werden (s Rn 21 ff), da ansonsten kein äquivalenter Vergleich angestellt wird (*OLG Frankfurt* 5.11.2009 – 5 W 48/09, Juris-Rn 25). Es gilt einen „**objektivierten**" **Liquidationswert** zu ermitteln (*Adolff* aaO S 248). Die Verwertung der Einzelbestandteile des Unternehmens bedingt eine Beendigung des Unternehmens in seiner Gesamtheit. Im Unterschied zum Ertragswert wird die Annahme der **unbegrenzten Lebensdauer** nicht mehr aufrechterhalten und eine **Abwicklung des Unternehmens** unterstellt. Der **Liquidationswert weicht** demnach von dem Konzept der Bewertung eines „**lebenden**" oder „**arbeitenden**" **Unternehmens** – wie es am Bewertungsstichtag vorliegt – in seiner Gesamtheit ab (*BVerfGE* 100, 289 „DAT/Altana", Juris-Rn 47; *BGHZ* 156, 57 „Ytong", Juris-Rn 7; *BGHZ* 129, 136 „Girmes", Juris-Rn 64). Die normative Verankerung des Liquidationswerts liegt daher in den Auflösungsvorschriften zur AG (§§ 262 ff; *OLG Stuttgart* AG 2008, 783, Juris-Rn 96). Es sind mögliche Liquidationsszenarien nach der **Zerschlagungsgeschwindigkeit** zu differenzieren (**sofortige oder planmäßige Liquidation**). Abweichend vom Ertragswert wird nicht (mehr) die Unternehmenseinheit als Ganzes bewertet, sondern es sind **Verwertungseinheiten** je nach **Zerschlagungsintensität** zu bilden. Die Größe der Verwertungseinheiten hängt von ihrer jeweiligen Verwertungsfähigkeit ab.

II. Bedeutung

Die Liquidationswertmethode kommt bei Strukturmaßnahmen grds in zwei Fällen zum Einsatz. Die Methode wird einerseits als Bewertungsverfahren zum Wertansatz des **nicht betriebsnotwendigen Vermögens** verwendet (s Rn 36; *OLG Düsseldorf* 6.4.2011 – I-26 W 2/06, Juris-Rn 22; *OLG Stuttgart* AG 2008, 783, Juris-Rn 70). Unter bestimmten Umständen wird sie andererseits als **Alternative zum Gesamtwert des Unternehmens** (Ertragswertmethode) herangezogen (*OLG Düsseldorf* Konzern 2010, 73, Juris-Rn 35). Der Liquidationswert stellt dann einen **Mindestwert** dar und erfüllt eine Kontrollfunktion (IDW S1 idF 2008, Tz 140; *OLG Düsseldorf* ZIP 2009, 2003, Juris-Rn 104 mwN). Befindet sich die **AG in Abwicklung oder unterhält sie kein operatives Geschäft**, ist der **Liquidationswert maßgebend** (*BGH* NZG 2006, 905, Juris-Rn 19; *OLG Frankfurt* 5.11.2009 – 5 W 48/09, Juris-Rn 17; *OLG Düsseldorf* Konzern

Ruiz de Vargas

2010, 73, Juris-Rn 37; *OLG Düsseldorf* AG 2008, 498, Juris-Rn 21 f; *OLG Düsseldorf* AG 2007, 325, Juris-Rn 30). Auf den **Liquidationswert kommt es hingegen nicht an**, wenn sich die Fortführung des Unternehmens lohnt und der Ertragswert darüber liegt (*BGH* NZG 2006, 905, Juris-Rn 19; *OLG Düsseldorf* ZIP 2009, 2003, Juris-Rn 104). IdR reicht dafür eine **überschlägige Berechnung des Liquidationswerts** aus (WP-Hdb 2008, Tz A 384; *OLG Stuttgart* AG 2012, 221, Juris-Rn 209; *OLG Stuttgart* AG 2012, 49, Juris-Rn 201).

58 Es stellt sich die Frage, ob der **Liquidationswert stets als Untergrenze für den Unternehmenswert** zu beachten ist oder dessen Verwendung von der **Liquidationsabsicht bzw -möglichkeiten** abhängt. Der *BGH* plädiert in erb- und familienrechtlichen Fällen für eine **differenzierte Betrachtung** und hält den **Liquidationswert nicht automatisch für die Untergrenze des Unternehmenswerts** (*BGH* NJW-RR 1986, 1066, Juris-Rn 20 ff; *BGH* NJW 1982, 2497, Juris-Rn 24 ff; auf gesellschaftsrechtliche Fälle erweiternd: *OLG Düsseldorf* AG 2004, 324, Juris-Rn 59 ff; *BGH* NJW 1973, 509, Juris-Rn 11 ff; *OLG Düsseldorf* Konzern 2010, 73, Juris-Rn 37; *OLG Düsseldorf* AG 2002, 398, Juris-Rn 61; **ausdrücklich offen**: *OLG Frankfurt* 5.11.2009 – 5 W 48/09, Juris-Rn 17; *OLG Stuttgart* AG 2008, 783, Juris-Rn 94; *LG München* Konzern 2010, 188, Juris-Rn 30), allerdings lässt die Rspr ausdrücklich offen, ob dies für gesellschaftsrechtliche Bewertungsanlässe gilt (*BGH* NZG 2006, 425, Juris-Rn 13; so auch *OLG Stuttgart* AG 2008, 783, Juris-Rn 94). Auch die Literatur geht überwiegend von einer differenzierten Betrachtung aus (*Großfeld* Unternehmensbewertung, Rn 1263; Emmerich/Habersack, Aktien- und GmbH-KonzernR/*Emmerich* Rn 74 f; MünchKomm AktG/*Paulsen* Rn 140; KölnKomm SpruchG/*Riegger* Anh § 11, Rn 46 ff; Spindler/Stilz AktG/*Veil* Rn 76; Mehrbrey Hdb GesR Streitigkeiten/*Krenek* § 99, Rn 21; K. Schmidt/Lutter AktG/*Stephan* Rn 80 f; MünchHdb AG/*Krieger* § 70, Rn 133; **aA** als generelle Untergrenze SpruchG/*Simon*/ *Leverkus* Anh § 11, Rn 172 ff; KölnKomm AktG/*Koppensteiner* Rn 90; GroßKomm AktG/*Hirte*/*Hasselbach* Rn 148 ff; *Komp* Zweifelsfragen, S 214 ff). Der Wertvergleich ist nur dann sinnvoll, wenn der Liquidationswert auch **tatsächlich durch Liquidation** erreichbar wäre (**objektiver Aspekt**) und der Unternehmer diesen auch **realisieren will** (**subjektiver Aspekt**).

59 Die dem *BGH* folgende gesellschaftsrechtliche Rspr prüft, ob **tatsächliche oder rechtliche Gegebenheiten** gegen eine Liquidation sprechen (*OLG Düsseldorf* Konzern 2010, 73, Juris-Rn 37; *OLG Stuttgart* AG 2011, 49, Juris-Rn 374; *OLG Frankfurt* NZG 2011, 990, Juris-Rn 90). **Tatsächliche Gegebenheiten**, die eine Liquidation verhindern, resultieren zB aus dem öffentlichen Druck zur Erhaltung von Arbeitsplätzen (*Komp* Zweifelsfragen, S 220; WP-Hdb 2008, Tz A 384). **Rechtliche Gegebenheiten** sind zB testamentarische Auflagen, steuerrechtliche Fristen (zB § 13a ErbStG), öffentlich-rechtliche Verpflichtungen oder mögliche aus einer Liquidation resultierende Haftungsansprüche gegen die Organe der AG (WP-Hdb 2008, Tz A 384). Ist die Liquidation aus tatsächlichen oder rechtlichen Gegebenheiten ausgeschlossen, dann wird idR ein Ertragswert anzusetzen sein, unabhängig davon, ob die vorliegende Ertragslosigkeit zu negativen Ertragswerten führt (bei Unternehmen, die eine Aufgabe der **öffentlichen Daseinsvorsorge** erfüllen: *OLG Düsseldorf* AG 2009, 667, Juris-Rn 33 ff).

60 Falls einer Liquidation keine Gegebenheiten im Wege stehen, erfolgt eine Differenzierung nach der **bestehenden Absicht** (*OLG Düsseldorf* Konzern 2010, 73, Juris-

Rn 37; *OLG Düsseldorf* AG 2009, 907, Juris-Rn 94 ff; *OLG Düsseldorf* AG 2009, 667, Juris-Rn 31 ff; *OLG Düsseldorf* AG 2004, 324, Juris-Rn 58; *BGH* NJW 1982, 2441, Juris-Rn 14 f). Das **Abstellen auf eine Liquidation**, die zwar möglich gewesen wäre, aber **weder beabsichtigt noch tatsächlich durchgeführt** wurde, ist abzulehnen, weil in diesem Fall für den abzufindenden Minderheitsaktionär keine Aussicht auf den Liquidationswert besteht (*OLG Düsseldorf* AG 2004, 324, Juris-Rn 58). Wird nämlich die Liquidation nicht beabsichtigt und bestehen zum Bewertungsstichtag auch keine Anhaltspunkte, dass eine Liquidation eingeleitet werden soll, stellt die **Prämisse der Fortführung des Unternehmens in seiner Gesamtheit** eine **unternehmerische Entscheidung** dar (*OLG Düsseldorf* AG 2002, 398, Juris-Rn 37; *OLG Frankfurt* 5.11.2009 – 5 W 48/09, Juris-Rn 32). Die Geschäftspolitik wird von dem **unternehmerischen Entscheidungswillen** geprägt, der maßgeblich ist (*BGH* NJW 1973, 509, Juris-Rn 14; *OLG Düsseldorf* AG 2009, 907, Juris-Rn 94 f; *OLG Düsseldorf* AG 2009, 667, Juris-Rn 33 f; **aA** GroßKomm AktG/*Hirte/Hasselbach* Rn 150; Emmerich/Habersack, Aktien- und GmbH-KonzernR/*Emmerich* Rn 74a), soweit die Fortführung vertretbar ist. Die Auflösungsentscheidung wird durch die Gesellschafter (§ 262 Rn 8) getroffen. Bis zum Beschluss einer Auflösung ist die **Geschäftsleitung grds zur Fortführung angehalten**. Analog zur eingeschränkten Überprüfbarkeit der Planung (s Rn 24) und zum fehlenden Anspruch eines Minderheitsaktionärs auf die Durchführung einer bestimmten Geschäftspolitik besteht kein Anspruch auf die Durchführung einer Liquidation und damit auf den resultierenden Liquidationswert. Soweit die Fortführung auf einem schlüssigen Unternehmenskonzept aufbaut, ist der Ertragswert maßgeblich.

Bei **nachhaltig negativen Ertragsaussichten** ist die Prämisse der Fortführung fraglich, da dies idR **nicht einem unternehmerischen Handeln** entspricht. In solchen Fällen ist die Annahme der Fortführung nicht schlüssig (s Rn 24) und eine Liquidation daher grundsätzlich zu unterstellen (*OLG Düsseldorf* Konzern 2010, 73, Juris-Rn 37; *OLG Düsseldorf* AG 2004, 324, Juris-Rn 58; Simon SpruchG/*Simon/Leverkus* Anh § 11, Rn 173). Die tatsächliche Fortführung widerlegt aber die Vermutung einer Abwicklung (*OLG Düsseldorf* AG 2009, 907, Juris-Rn 96). 61

III. Ermittlung des Liquidationswerts

Auf der Grundlage einer **vollständigen Erhebung der Vermögenswerte** (unabhängig von deren bilanziellen Erfassung) sowie der **bilanziellen und außerbilanziellen Verpflichtungen**, denen sich das Unternehmen nicht einseitig entziehen kann, ist ein **Liquidationskonzept** zu erstellen. Es sind dabei realistische Erwartungswerte anzusetzen (s Rn 26). Auf dieser Grundlage ist die bestmögliche Verwertung zu planen (**Liquidationsplan**). Das Liquidationskonzept geht von einer **hypothetischen Auflösung der Gesellschaft** aus (*LG München* Konzern 2010, 188, Juris-Rn 30; *BayObLG* AG 1995, 509, Juris-Rn 29), wobei der Abwicklungszweck den bisherigen Gesellschaftszweck der AG ersetzt (§ 262, Rn 1 ff). Der Liquidationswert einer AG entspricht rechtlich dem **hypothetischen Abwicklungsüberschuss** (§ 262, Rn 2 f), der ggf auf den **Bewertungsstichtag mit dem Kapitalisierungszinssatz abdiskontiert** wird (**Barwert des hypothetischen Abwicklungsüberschusses**). Der Abwicklungsüberschuss ermittelt sich wiederum aus den Nettoerlösen, die aus der Veräußerung der Vermögensgegenstände nach Erfüllung der Verbindlichkeiten und Liquidationskosten resultieren (*OLG Frankfurt* 5.11.2009 – 5 W 48/09, Juris-Rn 19 mwN, *OLG Stuttgart* AG 2008, 783, Juris-Rn 96; *OLG Düsseldorf* AG 2003, 688, Juris-Rn 77 ff; *Großfeld* 62

Unternehmensbewertung, S 1260 ff). Die Konzeption in § 271 Abs 1 (s dort Rn 2) geht von einer vollständigen Begleichung bestehender bilanzieller und außerbilanzieller Verpflichtungen aus, denen sich die AG nicht einseitig entziehen kann. Auf der Grundlage der dort gesetzlich verankerten Prämisse der vollständigen Vertragserfüllung basiert die **planmäßige Liquidation**, die grds durch die Vertragslaufzeit der nicht einseitig durch die AG kündbaren Verträge geprägt wird. Dabei ist die **voraussichtliche Entwicklung der Verwertungserlöse und der Liquidationsausgaben bei Erfüllung der Verpflichtungen während des Liquidationszeitraums** abzubilden. Es sind **Anlagezinsen aus Verwertungserlösen** sowie **Verwaltungs- und Abwicklungskosten** anzusetzen (*BayObLG* AG 1995, 509, Juris-Rn 54 ff). Auch ist der **Preisdruck** durch das zusätzliche Angebot am Markt zu berücksichtigen (*OLG Düsseldorf* AG 2003, 688, Juris-Rn 77 ff). Um die **Abwicklungszeit abzukürzen**, ist gegebenenfalls die Möglichkeit, sich aus den vertraglichen Verpflichtungen vorzeitig zu lösen, zu berücksichtigen, wenn diese am Bewertungsstichtag hinreichend konkretisiert werden kann. Dann sind die realistisch zu erwartenden Ablösebeträge zu ermitteln, die eine vorzeitige Entlassung aus den Verpflichtungen ermöglichen würden und somit auch zu einer deutlichen Verkürzung des Abwicklungszeitraums führen können (**sofortige Liquidation**). Der Verkehrswert (Börsenwert) stellt den Ausgangswert zur Schätzung der Verwertungserlöse dar (*OLG Frankfurt* 5.11.2009 – 5 W 48/09, Juris-Rn 36; bei Immobilien *LG München* Konzern 2010, 188, Juris-Rn 33). Aufgrund der höheren Zerschlagungsgeschwindigkeit bei einer zeitnahen Verwertung wurden Abschläge von den (planmäßig) zu erwartenden Erlösen von 25 % als zutreffend beurteilt (*OLG Düsseldorf* AG 2003, 688, Juris-Rn 77).

§ 306

(aufgehoben)

1 Die Norm betraf das nunmehr im SpruchG geregelte Spruchverfahren und wurde durch Art 2 Nr 4 des Gesetzes zur Neuordnung des gesellschaftsrechtlichen Spruchverfahrens vom 12.6.2003 (BGBl I S 838) mit Wirkung zum 31.8.2003 aufgehoben.

Anhang zu § 306
SpruchG

Literatur: *Adolff/Tieves* Über den rechten Umgang mit einem entschlusslosen Gesetzgeber: Die aktienrechtliche Lösung des BGH für den Rückzug von der Börse, BB 2003, 806 ff; *Aubel/Weber* Ausgewählte Probleme bei Eingliederung und Squeeze Out während eines laufenden Spruchverfahrens, WM 2004, 857; *Brandes* Cross Border Merger mittels der SE, AG 2005, 177; *Bumiller/Harders* Freiwillige Gerichtsbarkeit FamFG, 10. Aufl 2011; *Bungert/Mennicke* BB-Gesetzgebungsreport: Das Spruchverfahrensgesetz, BB 2003, 2021; *Büchel* Neuordnung des Spruchverfahrens, NZG 2003, 793; *Butzke* Der Abfindungsanspruch nach § 305 AktG nach Squeeze out, Formwechsel oder Verschmelzung, FS Hüffer, 2010, S 97; *DAV* Stellungnahme zum Regierungsentwurf eines Spruchverfahrensneuordnungsgesetzes, NZG 2003, 316; *ders* Stellungnahme des Deutschen Anwaltvereins zum Referentenentwurf eines Spruchverfahrensneuordnungsgesetzes, NZG 2002, 119; *Dreier/Riedel* Vorschläge zur Änderung des SpruchG und UmwG, BB 2013, 326; *Ebenroth/Parche* Konzernrechtliche Beschränkungen der Umstrukturierung des Vertragskonzerns, BB 1989, 637; *Ederle* Verdeckte Beherrschungsverträge, 2010; *Engel/Puszkajler* Bewährung des Spruchgesetzes in der Praxis? Ergebnisse einer Umfrage, BB 2012, 1687; *Fett/Theusinger* Die gerichtliche Bestellung von Aufsichtsratsmitgliedern – Einsatzmöglichkeiten und Fallstricke, AG 2010, 425; *Fritzsche/Dreier/Verfürth* Spruchverfahrensgesetz, 2004; *Günal/Kemmerer* Die Vergütung des gemeinsamen Vertreters der Minderheitsaktionäre, NZG 2013, 16; *Happ* Konzern- und Umwandlungsrecht, 2012; *Hoffmann-Becking* Der materielle Gesellschafterschutz: Abfindung und Spruchverfahren, ZGR 1990, 482; *Hölters* Aktiengesetz, 2011; *HRA des DAV* Gesetzgebungsvorschlag zum Spruchverfahren bei Umwandlung und Sachkapitalerhöhung und zur Erfüllung des Ausgleichsanspruchs durch Aktien, NZG 2007, 497; *Jannott/Frodermann* Handbuch der Europäischen Aktiengesellschaft – Societas Europaea, 2005; *van Kann/Hirschmann* Das neue Spruchverfahrensgesetz - Konzentration und Beschleunigung einer bewährten Institution, DStR 2003, 1488; *Kiefner/Kersjes* Spruchverfahren und die Fortgeltung der ausschließlichen funktionellen Zuständigkeit für KfH unter dem FGG-Reformgesetz, NZG 2012, 244, 247; *Klöcker/Frowein* Spruchverfahrensgesetz, 2004; *Kort* Zur Zulässigkeit eines Spruchstellenverfahrens bei Änderung eines Beherrschungs- und Gewinnabführungsvertrags, NZG 2004, 313; *Kubis* Verfahrensgegenstand und Amtsermittlung im Spruchverfahren, FS Hüffer, 2010, S 567; *Lamb/Schluck-Amend* Die Neuregelung des Spruchverfahrens durch das Spruchverfahrensneuordnungsgesetz, DB 2003, 1259; *Land/Hennings* Aktuelle Probleme von Spruchverfahren nach gesellschaftsrechtlichen Strukturmaßnahmen, AG 2005, 380; *Lorenz* Das Spruchverfahren – dickes Ende oder nur viel Lärm um nichts?, AG 2012, 284; *Lutter/Hommelhoff* SE-Kommentar, 2008; *Maier-Reimer* Erweiterung des Spruchverfahrens und Ausgleich in Aktien, FS K. Schmidt, 2009, S 1077; *Meilicke* Erste Probleme mit § 16 SpruchG, NZG 2004, 547; *ders/Heidel* Das neue Spruchverfahren in der gerichtlichen Praxis, DB 2003, 2267; *Mehrbrey* Handbuch Gesellschaftsrechtliche Streitigkeiten, 2013; *Meilicke/Lochner* Zuständigkeit der Spruchgerichte nach EuGVVO, AG 2010, 23; *Mock* Spruchverfahren im europäischen Zivilverfahrensrecht, IPrax 2009, 271; *Meyer* Gesellschaftsrechtliche Ausgleichs- und Abfindungsansprüche im Spruchverfahren, 2010; *Neye* Das neue Spruchverfahrensrecht, 2003; *ders* Spruchverfahrensneuordnungsgesetz, ZIP 2002, 2097; *Preuß* Auswirkungen der FGG-Reform auf das Spruchverfahren, NZG 2009, 961; *Puszkajler* Diagnose und Therapie von aktienrechtlichen Spruchverfahren, ZIP 2003, 518; *ders* Verfahrensgegenstand und Rechte des gemeinsamen Vertreters im neuen Spruchverfahren, Der Konzern 2006, 256; *Riegger/Wasmann* Kölner Kommentar zum Spruchverfahrensgesetz, 2005; *Rowedder* Der gemeinsame Vertreter gem § 306 Abs 4 AktG – Rechtsstellung, Vertretungsmacht und Aufgabe, FS Rittner, 1991, S 509; *Schmitt/Hörtnagl/Stratz* Umwandlungsgesetz, 5. Aufl 2009; *Schwarz* SE-VO, 2006; *Siemon* ZPO-Reform – Erörterungsgebühr beim Beschlussvergleich nach § 278 VI ZPO, MDR 2003, 61; *Simon* Spruchverfahrensgesetz, 2007; *Simons* Ungeklärte Zuständigkeitsfragen bei gesellschaftsrechtlichen Auseinandersetzungen, NZG 2012, 609; *Tomson/Hammerschmitt* Aus alt mach neu? Betrachtungen zum Spruchverfahrensneuordnungsgesetz, NJW 2003, 2572; *J. Vetter* Ausweitung des Spruchverfahrens, ZHR 168 (2004), 8; *Wasmann* Anforderungen an die Zulässigkeit eines Antrags nach dem Spruchverfahrensgesetz und Auswirkungen der (Un-)Zulässigkeit, WM 2004, 819; *Weber/Kersjes* Hauptversammlungsbeschlüsse vor Gericht, 2010; *J. Wilhelm* Treuepflicht und Privatautonomie im Kapitalgesellschaftsrecht, FS U. Huber, 2006, S 1019; *Wittgens* Der gerichtliche Sachverständige im Spruchverfahren, AG 2007, 106; *Zöller* ZPO, 29. Aufl 2012.

§ 1 Anwendungsbereich

Dieses Gesetz ist anzuwenden auf das gerichtliche Verfahren für die Bestimmung
1. des Ausgleichs für außen stehende Aktionäre und der Abfindung solcher Aktionäre bei Beherrschungs- und Gewinnabführungsverträgen (§§ 304 und 305 des Aktiengesetzes);
2. der Abfindung von ausgeschiedenen Aktionären bei der Eingliederung von Aktiengesellschaften (§ 320b des Aktiengesetzes);
3. der Barabfindung von Minderheitsaktionären, deren Aktien durch Beschluss der Hauptversammlung auf den Hauptaktionär übertragen worden sind (§§ 327a bis 327f des Aktiengesetzes);
4. der Zuzahlung an Anteilsinhaber oder der Barabfindung von Anteilsinhabern anlässlich der Umwandlung von Rechtsträgern (§§ 15, 34, 122h, 122i, 176 bis 181, 184, 186, 196 oder § 212 des Umwandlungsgesetzes);
5. der Zuzahlung an Anteilsinhaber oder der Barabfindung von Anteilsinhabern bei der Gründung oder Sitzverlegung einer SE (§§ 6, 7, 9, 11 und 12 des SE-Ausführungsgesetzes);
6. der Zuzahlung an Mitglieder bei der Gründung einer Europäischen Genossenschaft (§ 7 des SCE-Ausführungsgesetzes).

Übersicht

	Rn		Rn
I. Regelungsgegenstand	1	c) Grenzüberschreitende Verschmelzung, Nr 4	5
II. Genannte Anwendungsfälle	2	III. Nicht genannte Anwendungsfälle	6
1. Allgemeines	2	1. Spruchverfahren anwendbar	6
2. Grenzüberschreitende Fälle	3	2. Spruchverfahren nicht anwendbar	7
a) SE, Nr 5	3	3. Informationsmängel	8
b) SCE, Nr 6	4		

I. Regelungsgegenstand

1 Das SpruchG, ergänzt durch FamFG, ZPO und GVG (vgl § 17 Rn 1), regelt das Spruchverfahren als **Streitverfahren der freiwilligen Gerichtsbarkeit** zur gerichtlichen Festsetzung einer angemessenen Kompensation für Anteilsinhaber, die von bestimmten Strukturmaßnahmen betroffen sind. In seinem Anwendungsbereich schließt es die Anfechtung des jeweiligen HV-Beschlusses aus und **dient damit dem Schutz der Gesellschaft** vor einer Verzögerung der Umsetzung beschlossener Strukturänderungen (*Emmerich/Habersack* Aktien- und GmbH-KonzernR SpruchG Vor § 1 Rn 4 f; zur geschichtlichen Entwicklung des SpruchG knapp *Meyer* S 191 ff). Die **praktische Relevanz** des Spruchverfahrens ist aufgrund der geringen Risiken für die Antragsteller und der guten Vergleichsaussichten erheblich (MünchKomm AktG/*Kubis* Vor § 1 SpruchG Rn 6). Fast schon regelmäßig wird die Höhe der Abfindung nach Squeeze-out-Beschluss in **mehrjährigen** Spruchverfahren festgesetzt (vgl *Bayer/Stange* Aktienrecht in Zahlen, AG 2010, Sonderheft August 2010, 39 ff). Spruchverfahren dauern durchschnittlich knapp **7 Jahre** (*Lorenz* AG 2012, 284, 287 f); eine **lange Verfahrensdauer** ist vor dem Hintergrund der in tatsächlicher und rechtlicher Hinsicht komplizierten Fragestellungen, Gutachten und ergänzenden Stellungnahmen in Kauf zu nehmen, allerdings sind ab 13 Jahren Verfahrensdauer nachhaltige Beschleunigungsbemühen erforderlich (*BVerfG* WM 2012, 76). Eine 22jährige erst-

Anwendungsbereich **§ 1 SpruchG/Anh § 306**

instanzliche Verfahrensdauer wurde vom *BVerfG* aaO als Verstoß gegen Art 2 Abs 1 GG gerügt. Maßstab der Abfindungshöhe ist der **Unternehmenswert**, der durch das Gericht mittels eigener **Schätzung** in entsprechender Anwendung von § 287 Abs 2 ZPO zu ermitteln ist (*OLG Frankfurt* ZIP 2012, 124; Mehrbrey/*Krenek* § 99 Rn 2). Es wird dabei regelmäßig auf die in einem **Bewertungsgutachten** erläuterten und von einem sachverständigen Prüfer analysierten Methoden, Parameter und Planzahlen zurückgreifen, sofern diese sich im Rahmen der gerichtlichen Prüfung als vertretbar und plausibel erweisen und eine **wertende Gesamtsicht** des dergestalt ermittelten Unternehmenswertes keine andere Betrachtungsweise nahelegt (so *OLG Frankfurt* aaO; vgl zu den Bewertungsgrundsätzen auch *BGH* GWR 2011, 332 - STOLLWERCK; *OLG Düsseldorf* BeckRS 2012, 09272; BeckRS 2012, 10495; *OLG Frankfurt* GWR 2012, 181; *OLG Stuttgart* AG 2011, 795 und insb Anh zu § 305 AktG). Bei **börsennotierten Unternehmen** kommt es für die Bemessung der Barabfindung für außenstehende Aktionäre grundsätzlich auf den durchschnittlichen Börsenkurs innerhalb eines **Referenzzeitraums** von drei Monaten vor der Bekanntmachung der jeweiligen Strukturmaßnahme an; der Börsenkurs ist lediglich dann entsprechend der allgemeinen oder **branchentypischen Wertentwicklung** unter Berücksichtigung der seitherigen Kursentwicklung **hochzurechnen**, wenn zwischen der Bekanntgabe der Strukturmaßnahme und dem Tag der Beschlussfassung ein **längerer Zeitraum** verstreicht und die Entwicklung der Börsenkurse eine **Anpassung** geboten erscheinen lässt (*BGH* aaO; ZIP 2011, 1708).

Die **Zahl** der in den Jahren 2009 bis 2011 abgeschlossenen Spruchverfahren ist leicht rückläufig, korreliert damit aber mit dem Rückgang der Squeeze-Out-Verfahren, der **häufigsten** einem Spruchverfahren zugrunde liegenden **Strukturmaßnahme** (vgl *Lorenz* AG 2012, 284). Die **praktische Bedeutung ist dennoch ungebrochen**, seit September 2009 sind etwa 60 Spruchverfahren anhängig geworden (vgl *Engel/Puszkajler* BB 2012, 1687, 1692).

Das Bundesministerium der Justiz hat am 30.11.2012 **Vorschläge zur Änderungen des SpruchG** unterbreitet, die nach Ansicht der Verfasser des Entwurfs im Zusammenhang mit Änderungen im Umwandlungs- und Aktienrecht stehen. So wird vorgeschlagen, § 11 so zu ändern, dass das OLG im Spruchverfahren erste und einzige Instanz wird. Ferner wird erwogen, einen neuen § 10a einzufügen, der Gesellschaften in bestimmten Fällen das Recht gewährt, eine bare Zuzahlung durch die Gewährung von Aktien zu ersetzen. Diese Reformvorschläge sind von Verbänden (s nur Stellungnahme Nr 1/2013 der Bundesrechtsanwaltskammer) und Stimmen in der Literatur (*Dreier/Riedel* BB 2013, 326 ff) bereits kritisch kommentiert worden, der weitere Fortgang dieser Gesetzesinitiative bleibt abzuwarten.

Trotz des äußeren Anscheins enthält § 1 **keine abschließende** Regelung (vgl auch Rn 6; *BVerfG* NZG 2012, 826). Das SpruchG bestimmt nicht die materiellrechtlichen Voraussetzungen des Spruchverfahrens, diese befinden sich ua in den in Nr 1-5 genannten Normen des AktG und UmwG. Das SpruchG beschränkt sich vielmehr auf die gesetzliche Ausgestaltung der verfahrensrechtlichen Seite. § 1 ist mithin rein **deklaratorischer**, nicht regelnder **Natur** (allgM *Neye* Spruchverfahrensrecht, S 18).

Ederle/Theusinger

II. Genannte Anwendungsfälle

2 1. Allgemeines. Nr 3 meint nur den aktienrechtlichen Squeeze-out (§§ 327a–327f), **nicht den übernahmerechtlichen Squeeze-out** (§§ 39a ff WpÜG), für Letzteren gilt das Spruchverfahren nicht (RegBegr BT-Drucks 16/1003, 14; *van Kann/Just* DStR 2006, 328, 331; *DAV* NZG 2006, 217, 218; K. Schmidt/Lutter AktG/*Klöcker* § 1 SpruchG Rn 24). Auch ein sog **Nullausgleich** ist im Spruchverfahren geltend zu machen (*BGHZ* 166, 195, 202 mwN). Der Ausgleich bei Abschaffung von Mehr- oder Höchststimmrechten (§ 5 Abs 4 S 2 EGAktG) ist nicht in § 1 SpruchG, sondern im EGAktG genannt. Dieser Fall wurde nicht in § 1 aufgenommen, weil es sich um einen Sonderfall von sachlich und zeitlich begrenzter Bedeutung handelt (RegBegr BT-Drucks 15/371, 12). Die Reihenfolge der nachfolgenden Erläuterung richtet sich nach der praktischen Bedeutung der Regelungen.

3 2. Grenzüberschreitende Fälle. – a) SE, Nr 5. § 6 SEAG betrifft die Verbesserung des Umtauschverhältnisses bei der Verschmelzung, § 7 SEAG das Abfindungsgebot im Verschmelzungsplan, § 9 SEAG das Abfindungsgebot im Gründungsplan bei Gründung einer Holding-SE, § 11 SEAG die Verbesserung des Umtauschverhältnisses bei einer solchen Holding-Gründung, § 12 SEAG schließlich regelt das Abfindungsgebot im Verlegungsplan. §§ 6, 7 SEAG gelten nur für die **übertragende** Gesellschaft (Lutter/Hommelhoff SE/*Bayer* Art 24 Rn 32 und 46; *Schwarz* SE-VO Art 24 Rn 20). Das Spruchverfahren ist außerdem nur **eingeschränkt** anwendbar: Gem Art 25 Abs 3 SE-VO findet das Spruchverfahren bei der Gründung einer SE durch Verschmelzung nur dann Anwendung, wenn die anderen sich verschmelzenden Gesellschaften in Mitgliedstaaten, in denen ein entspr Verfahren nicht besteht, bei der Zustimmung zum Verschmelzungsplan gem Art 23 Abs 1 SE-VO ausdrücklich akzeptieren, dass die Aktionäre der jeweiligen sich verschmelzenden Gesellschaft auf das Spruchverfahren zurückgreifen können, wobei die Akzeptanz im Verschmelzungsplan offen zu legen ist (Lutter/Hommelhoff SE/*Bayer* Art 24 Rn 22; *Kalss* ZGR 2003, 593, 623). Ansonsten bleibt es bei der **Anfechtung** (*Jannott* in Jannott/Frodermann SE 3. Kap Rn 117, 123, 194 und 200). Dieser Vorbehalt ist in §§ 6 Abs 1 und 4 S 1 und 7 Abs 5 und 7 (ggf iVm 9 Abs 2, 11 Abs 2, 12 Abs 2) SEAG aufgenommen. §§ 6 Abs 4 S 2, 7 Abs 2 S 3 (ggf iVm 9 Abs 2, 11 Abs 2, 12 Abs 2) SEAG bestimmen, dass das Spruchverfahren **auch Anwendung** auf Aktionäre einer übertragenden Gesellschaft mit Sitz in einem anderen Vertragsstaat der EU oder des EWR findet, wenn nach dem Recht dieses Staates ein Verfahren zur Kontrolle und Änderung des Umtauschverhältnisses der Aktien bzw zur Abfindung der Minderheitsaktionäre vorgesehen ist und deutsche Gerichte für die Durchführung eines solchen Verfahrens international zuständig sind. Bei einer **Sitzverlegung** besteht dieses Problem der Einschränkung und Erweiterung nicht. Anders könnte es bei einem **Doppelsitz** liegen, aber einen solchen darf es in der SE nicht geben (*Hunger* in Jannott/Frodermann SE 9. Kap Rn 18).

4 b) SCE, Nr 6. § 7 SCEAG betrifft die Verbesserung des Umtauschverhältnisses für Mitglieder der **übertragenden** Gesellschaft bei der Gründung durch Verschmelzung (§§ 5 ff SCEAG). Das zur SE Ausgeführte gilt entspr für die Gründung der SCE durch Verschmelzung.

5 c) Grenzüberschreitende Verschmelzung, Nr 4. Auch bei der grenzüberschreitenden Verschmelzung ist das Spruchverfahren für Anteilsinhaber der **übertragenden**

Anwendungsbereich § 1 SpruchG/Anh § 306

Gesellschaft eröffnet (RegBegr BT-Drucks 16/2919, 20). Für die Einschränkungen vgl Rn 3 entspr.

III. Nicht genannte Anwendungsfälle

1. Spruchverfahren anwendbar. Inwieweit weitere Fälle durch das Spruchverfahren zu regeln sind, ist noch nicht abschließend geklärt. Jedoch soll das Spruchverfahren nach dem expliziten Willen des Gesetzgebers auch für andere Fälle entspr herangezogen werden können (RegBegr BT-Drucks 15/371, 11; BT-Drucks 15/838, 16 mit Verweis auf *BGHZ* 153, 47 – Macrotron; *OLG Zweibrücken* ZIP 2005, 948, 950; vgl jetzt auch *BVerfG* NZG 2012, 826). Zum **regulären Delisting** hat der *BGH* (*BGHZ* 153, 47, 58 f, 60 f; 177, 131, 134 f; *OLG Düsseldorf* AG 2005, 252; *LG München* AG 2004, 395 f und 480 f) entschieden, dass den Minderheitsaktionären ein **Pflichtangebot** über den Kauf der Aktien der Minderheitsaktionäre zu machen ist. Zum Schutz der Minderheitsaktionäre vor einem unzureichenden Pflichtangebot ist sodann das Spruchverfahren eröffnet (*BGHZ* 153, 47, 58; 177, 131, 135; *BVerfG* aaO). Allerdings ergibt sich damit für die Durchführung des Spruchverfahrens die Schwierigkeit, dass der **Pflichtangebotsschuldner** nach der Rspr des *BGH* nicht genau bestimmt ist, vielmehr nur ein Pflichtangebot der Aktiengesellschaft **oder** des Großaktionärs gefordert wird. Dies kann so verstanden werden, als sei das Pflichtangebot – sei es auch zu niedrig – **Wirksamkeitsvoraussetzung** für den **Börsenrückzugsbeschluss**. Die konkrete Ausgestaltung und die Bestimmung des Angebotsschuldners ergäben sich dann nur aus dem Angebot selbst. Fehlte ein solches, wäre der Börsenrückzugsbeschluss anfechtbar und das Spruchverfahren nicht eröffnet. Es spricht hingegen mehr dafür, in Analogie zu §§ 305 AktG, 207 UmwG anzunehmen, das Delisting begründe für sich einen **Pflichtangebotsanspruch** der Minderheitsaktionäre gegen die Gesellschaft **und** den Mehrheitsaktionär. Denn auch als Wirksamkeitsvoraussetzung bedarf es einer Rechtsgrundlage für einen von den Minderheitsaktionären im Spruchverfahren überprüfbaren Abfindungsanspruch. Bestünde die **Anspruchsgrundlage** nur im HV-Beschluss selbst, ließe sich eine nachträgliche Anpassung im Spruchverfahren kaum rechtfertigen. Hierfür bedarf es vielmehr eines gesetzlichen Anspruchs, der wie iRd § 207 UmwG und § 305 AktG unabhängig vom Abfindungswillen der Gesellschaft oder des Großaktionärs ist. Somit ist **auch ohne** ein Pflichtangebot im Falle des regulären Delistings das Spruchverfahren **eröffnet** (vgl zum Ganzen ausf und mwN *Adolff/Tieves* BB 2003, 797, 800 ff; ebenso *OLG Frankfurt* ZIP 2012, 124; *LG München* AG 2004, 395 f; *Habersack* AG 2005 137, 141; *Hölters* AktG/*Simons* § 1 SpruchG § 1 Rn 14; **aA** Simon SpruchG/*Simon* Rn 45 mwN). Ebenso für das **kalte Delisting** *OLG Düsseldorf* AG 2005, 252. Auch bei der **übertragenden Auflösung** muss der Mehrheitsaktionär den Minderheitsaktionären eine angemessene Abfindung anbieten (*BVerfG* NJW 2001, 279, 280 f – Moto-Meter), deren Höhe im Spruchverfahren überprüfbar ist (*J. Wilhelm* FS U. Huber, S 1028 ff; **aA** Simon SpruchG/*Simon* Rn 46 ff; je mwN). Gem § 5 Abs 5 EGAktG ist das Spruchverfahren auch bei der Abschaffung von Mehrstimmrechten anwendbar (*Meyer* S 179 ff). Ferner sollte vor außenstehenden Gesellschaftern einer beherrschungs- bzw gewinnabführungsvertragsunterworfenen GmbH das Spruchverfahren eröffnet sein (vgl *Emmerich/Habersack* Aktien- und GmbH-KonzernR SpruchG § 1 Rn 8; Simon SpruchG/*Simon* aaO Rn 39 ff). 6

2. Spruchverfahren nicht anwendbar. Das Spruchverfahren ist nicht anwendbar zur Überprüfung der Frage, ob den Minderheitsaktionären ein Anspruch auf angemes- 7 sene Barabfindung zusteht, wenn eine AG zehn Jahre nach der Übertragung ihres Vermögens an den Mehrheitsaktionär ihre **Liquidation** beschließt (*OLG Zweibrücken* ZIP 2005, 948, 949). Die HV-Beschlüsse, mit denen Vermögensgegenstände oder der gesamte Geschäftsbetrieb übertragen wird, können mit der aktienrechtlichen Anfechtungsklage angegriffen werden (*Roth* NZG 2003, 998, 1003). Für eine zusätzliche Überprüfung der Angemessenheit der Gegenleistung für die Übertragung im Rahmen einer zehn Jahre danach beschlossenen Liquidation besteht folglich kein Bedürfnis (*OLG Zweibrücken* aaO 950). Ferner nicht anwendbar ist das Spruchverfahren für Fälle des **WpÜG**; Aktionäre, die ein unangemessenes Übernahme- oder Pflichtangebot angreifen wollen, müssen den Zivilrechtsweg bestreiten (*OLG Celle* ZIP 2010, 830; *Fritzsche/Dreier/Verfürth* SpruchG Rn 133 ff, 138). Bei einer **Verschmelzung** steht den Anteilsinhabern der **übernehmenden** Gesellschaft das Spruchverfahren nicht offen (krit hierzu *Maier-Reimer* FS K. Schmidt, S 1078 f; *DAV* NZG 2007, 497). Auch im Falle einer **faktischen Konzernierung** ist das Spruchverfahren nicht eröffnet, selbst wenn diese einer vertraglichen Beherrschung nahe kommt (*OLG München* AG 2008, 672; ebenso zum unwirksamen „verdeckten" Beherrschungsvertrag *OLG Schleswig* AG 2009, 374; vgl hierzu ausf *Ederle* Verdeckte Beherrschungsverträge, 2010). Auch sind die Grundsätze zum Delisting und mithin das Spruchverfahren beim **Wechsel** einer Gesellschaft von einem **Börsensegment** in ein anderes nicht anwendbar (*OLG München* AG 2008, 674; *OLG Frankfurt* ZIP 2012, 124; aA für **Downgrading** in den unregulierten Freiverkehr Mehrbrey/*Krenek* § 97 Rn 6). Ebenfalls nicht anwendbar ist das Spruchverfahren bei einer **rein konzerninternen Umstrukturierung** wie dem Wechsel des herrschenden Gesellschafters, die keine wesentliche Änderung des Beherrschungsvertrages bedeutet (*LG München I* WM 2012, 689; vgl auch § 13 Rn 1).

8   **3. Informationsmängel.** Auch die **Verletzung von Informations-, Auskunfts- und Berichtsrechten der durch Strukturmaßnahmen betroffenen Aktionäre** führt zur Anwendung des Spruchverfahrens zwecks Überprüfung der Angemessenheit der Kompensationsleistung, wenn eine Klage gegen die Strukturmaßnahme wg eines zu niedrigen, nicht ordnungsgemäßen oder fehlenden Angebotes ausgeschlossen ist (zu den in Frage kommenden Strukturmaßnahmen s.o. Rn 6); solche die Kompensation betr abfindungswertbezogenen Informationsmängel sind dann ausschließlich im Spruchverfahren zu rügen (§ 243 Abs 4 S 2 AktG) (vgl hierzu ausf *Meyer* S 212 ff). Erfasst sind unrichtige, unvollständige und unzureichende Informationen. Gemeint sind Fehler, Mängel und Unvollständigkeiten in Teilbereichen, nicht aber Totalverweigerungen von Informationen. Im letztgenannten Fall bleibt es bei der Anfechtung. Dasselbe gilt für Berichtspflichten vor und außerhalb der HV, insb erfasst § 243 Abs 4 S 2 AktG nicht die Angaben in den in § 7 Abs 3 genannten Unterlagen (RegBegr BT-Druck 15/5092, 26; krit *Veil* AG 2005, 567, 570). Mit **Bewertungsrügen** wird auf § 4 Abs 2 Nr 4 Bezug genommen (zur Abgrenzung *Leuering/Simon* NJW-Spezial 2005 Heft 7, S 315). Mit Gesetz ist jegliches Bundesgesetz gemeint. Das bedeutet jedoch nicht, dass für Fälle, in denen die Anwendung des Spruchverfahrens nicht gesetzlich geregelt ist, § 243 Abs 4 S 2 AktG nicht gelte, vielmehr ist § 243 Abs 4 S 2 AktG dann analog anzuwenden, wenn auch das Spruchverfahren entspr eröffnet ist (vgl RegBegr BT-Drucks 15/5092, 26). Durch § 243 Abs 4 S 2 AktG wird das Spruchverfahren nicht für neue Strukturmaßnahmen eröffnet, es wird der Rechtsschutz auf Informationsmängel hin abgerundet, soweit für eine Strukturmaßnahme das SpruchG Anwendung findet (RegBegr BT-Drucks 15/5092, 26).

§ 2 Zuständigkeit

(1) ¹Zuständig ist das Landgericht, in dessen Bezirk der Rechtsträger, dessen Anteilsinhaber antragsberechtigt sind, seinen Sitz hat. ²Sind nach Satz 1 mehrere Landgerichte zuständig oder sind bei verschiedenen Landgerichten Spruchverfahren nach Satz 1 anhängig, die in einem sachlichen Zusammenhang stehen, so ist § 2 Abs. 1 des Gesetzes über das Verfahren in Familiensachen und in den Angelegenheiten der freiwilligen Gerichtsbarkeit entsprechend anzuwenden. ³Besteht Streit oder Ungewissheit über das zuständige Gericht nach Satz 2, so ist § 5 des des Gesetzes über das Verfahren in Familiensachen und in den Angelegenheiten der freiwilligen Gerichtsbarkeit entsprechend anzuwenden.

(2) ¹Der Vorsitzende einer Kammer für Handelssachen entscheidet
1. über die Abgabe von Verfahren;
2. im Zusammenhang mit öffentlichen Bekanntmachungen;
3. über Fragen, welche die Zulässigkeit des Antrags betreffen;
4. über alle vorbereitenden Maßnahmen für die Beweisaufnahme und in den Fällen des § 7;
5. in den Fällen des § 6;
6. über Geschäftswert, Kosten, Gebühren und Auslagen;
7. über die einstweilige Einstellung der Zwangsvollstreckung;
8. über die Verbindung von Verfahren.

²Im Einverständnis der Beteiligten kann der Vorsitzende auch im Übrigen an Stelle der Kammer entscheiden.

Übersicht

	Rn		Rn
I. Regelungsgegenstand	1	4. Internationale Zuständigkeit	6
II. Zuständigkeit des Gerichts (Abs 1)	2	III. Kammer für Handelssachen	
1. Sachliche Zuständigkeit	2	(Abs 2)	7
2. Örtliche Zuständigkeit	3	IV. Konzentration der Zuständigkeit	
3. Zuständigkeit mehrerer Landgerichte (Abs 1 S 2 und 3)	4	(§ 71 Abs 4 GVG)	9

I. Regelungsgegenstand

§ 2 regelt die örtliche Eingangszuständigkeit. Zur internationalen Zuständigkeit vgl Rn 6. Die sachliche Zuständigkeit ist mit Inkrafttreten des FGG-RG nun wie in den übrigen Prozessordnungen der ordentlichen Gerichtsbarkeit dem **GVG** zu entnehmen (RegBegr BT-Drucks 16/6308, 319). **1**

II. Zuständigkeit des Gerichts (Abs 1)

1. Sachliche Zuständigkeit. § 71 Abs 2 Nr 4 GVG weist die Eingangszuständigkeit für Spruchverfahren dem LG zu (zur nun unmittelbaren Anwendbarkeit des GVG s § 17 Rn 1 aE). Es handelt sich um einen **ausschließlichen** Gerichtsstand. Möglich bleibt aber die vertragliche Vereinbarung zwischen einem oder mehreren Antragsberechtigten einerseits und dem Antragsgegner andererseits, **neben dem gesetzlichen** ein **freiwilliges** Spruchverfahren vor einem Schiedsgericht durchzuführen (Simon SpruchG/ *Simon* § 1 Rn 63). **2**

3 2. Örtliche Zuständigkeit. Ebenfalls **ausschließlich** (MünchKomm AktG/*Kubis* § 2 SpruchG Rn 1, zum möglichen freiwilligen Spruchverfahren vor einem Schiedsgericht s Rn 2) bestimmt § 2 Abs 1 S 1 den örtlichen Gerichtsstand. Örtlich zuständig ist dasjenige LG, in dessen Bezirk der Rechtsträger, dessen Anteilsinhaber antragsberechtigt sind, seinen Sitz hat, sofern keine die **örtliche Zuständigkeit konzentrierende Rechtsverordnung** iSd § 71 Abs 4 GVG nF (zuvor § 2 Abs 4 SpruchG) besteht, s hierzu Rn 9. Der Begriff „Rechtsträger" ist dem Umwandlungsrecht entnommen und umfasst auch die AG (RegBegr BT-Drucks 15/371, 12), stellt aber auf der anderen Seite klar, dass das SpruchG unabhängig von der Rechtsform des betroffenen Unternehmens gilt (*Fritzsche/Dreier/Verfürth* SpruchG Rn 4). „Sitz" meint den in der Satzung oder dem Gesellschaftsvertrag bestimmten Sitz. Auf den **tatsächlichen Verwaltungssitz** kommt es hingegen nicht an (Lutter UmwG/*Krieger/Mennicke* § 2 SpruchG Rn 2). Entscheidend ist der Sitz der Gesellschaft, deren außenstehende oder ausgeschiedene Aktionäre antragsberechtigt sind (*Hüffer* AktG Anh § 305 § 2 SpruchG Rn 3), dh bei § 1 Nr 1 der Sitz der abhängigen Gesellschaft, bei Nr 2 der Sitz der eingegliederten Gesellschaft, bei Nr 4 der **Sitz des übertragenden bzw des formwechselnden Rechtsträgers**; unbeachtlich ist der Sitz des Antragsgegners (*KG* AG 2000, 364; Lutter UmwG/*Krieger/Mennicke* aaO).

4 3. Zuständigkeit mehrerer Landgerichte (Abs 1 S 2 und 3). Möglich ist zum einen, dass § 2 Abs 1 S 1 für einen Fall die örtliche Zuständigkeit **mehrerer LG** begründet (§ 2 Abs 1 S 2 Alt 1), ferner, dass bei verschiedenen LG mehrere Spruchverfahren anhängig sind, die in einem **sachlichen Zusammenhang** stehen (§ 2 Abs 1 S 2 Alt 2). Anhängigkeit entsteht bereits mit Eingang bei Gericht, auf die Mitteilung an die übrigen Verfahrensbeteiligten kommt es nicht an (*OLG Karlsruhe* AG 2005, 300, 301). Rechtsfolge solcher Konstellationen ist der Verweis auf § 2 Abs 1 FamFG, welcher bestimmt, dass demjenigen Gericht der Vorzug gebührt, welches zuerst in der Sache tätig geworden ist. Solche Konstellationen können bei **Doppel- bzw Mehrfachsitz** entstehen, ferner wenn an einer Verschmelzung mehrere übertragende Rechtsträger aus unterschiedlichen Gerichtsbezirken beteiligt sind oder wenn eine herrschende Gesellschaft gleichzeitig mit mehreren abhängigen Gesellschaften in verschiedenen Gerichtsbezirken übereinstimmende Unternehmensverträge abgeschlossen hat. Sachlicher Zusammenhang iSd Alt 2 des § 2 Abs 1 S 2 besteht, wenn in zwei Spruchverfahren die Bewertung ein und desselben Rechtsträgers in Frage steht (vgl *Emmerich/Habersack* Aktien- und GmbH-KonzernR SpruchG § 2 Rn 7a; weitere Anforderungen stellen Simon SpruchG/*Simon* Rn 9 und Lutter UmwG/*Krieger/Mennicke* § 2 SpruchG Rn 6); dies dient der Vermeidung von Doppelarbeit und der **Vermeidung widersprüchlicher Entsch** (*Bungert/Mennicke* BB 2003, 2021, 2024). Für vom abgebenden Gericht bereits vorgenommene Handlungen gilt § 2 Abs 3 FamFG. Befasst iSd § 2 Abs 1 FamFG ist ein Gericht bereits mit Eingang des Antrags (ein Tätigwerden iSd § 4 FGG, etwa durch Zustellung der Anträge, ist nicht mehr erforderlich, vgl BT-Drucks 16/6308, 175; K. Schmidt/Lutter AktG/*Klöcker* § 2 SpruchG Rn 7).

5 Sollte ausnahmsweise die gerichtliche Zuständigkeit dennoch unter den Gerichten streitig oder ungewiss sein, so ist nach § 2 Abs 1 S 3 in entspr Anwendung des § 5 FamFG das **gemeinsame OLG** bzw das OLG zuständig, in dessen Bezirk **das mit der Sache zuerst befasste LG** liegt. Streit liegt vor, wenn mindestens zwei Gerichte sich für zuständig erklärt haben oder sich für unzuständig halten, notwendig ist aber immer, dass mindestens zwei der betroffenen Gerichte von den differierenden Entsch wissen

(Keidel FamFG/*Sternal* § 5 Rn 22 mwN). Ungewissheit meint **Unklarheit der tatsächlichen Verhältnisse** (*Fritzsche/Dreier/Verfürth* SpruchG Rn 16). Unklarheit liegt etwa vor, wenn nicht festgestellt werden kann, welches Gericht zuerst tatsächlich tätig geworden ist (MünchKomm AktG/*Kubis* § 3 SpruchG Rn 4), oder wenn aus tatsächlichen Gründen der zuständigkeitsbegründende Sitz oder das Vorhandensein eines sachlichen Zusammenhangs geklärt werden muss (*Fritzsche/Dreier/Verfürth* aaO Rn 16).

4. Internationale Zuständigkeit. Grundsätzlich ist die internationale Zuständigkeit 6 der deutschen Gerichte gegeben, wenn die örtliche Zuständigkeit eines deutschen Gerichts begründet ist, weil den Vorschriften über die örtliche Zuständigkeit auch die Funktion einer internationalen Zuständigkeitsbestimmung zukommt (*BGH* NJW 1987, 1323 mwN). Dieser Grundsatz gilt auch für § 2 SpruchG, anders verhält es sich jedoch im Anwendungsbereich der VO (EG) 44/2001 (**EuGVVO**); Art 1 EuGVVO gilt auch für Spruchverfahren (zur internationalen Zuständigkeit im Spruchverfahren eingehend *Nießen* NZG 2006, 441 ff; *Mock* IPrax 2009, 271; *Meilicke/Lochner* AG 2010, 23). Manche sehen in Art 22 Nr 2 EuGVVO eine ausschließliche Gerichtsstandsbestimmung für das Spruchverfahren (KölnKomm SpruchG/*Wasmann* Rn 15 aE; *Leuering* EWiR 2003, 1165; *Meilicke/Lochner* AG 2010, 23, 28 ff; *Meyer* S 230). Andere stellen auf den bes Gerichtsstand des Art 5 Nr 1a EuGVVO ab (*Nießen* aaO 442 ff mwN; Simon SpruchG/*Simon* § 2 Rn 24). Einigkeit besteht nur in der Ablehnung einer Zuständigkeit ausländischer Gerichte (*Weber/Kersjes* Hauptversammlungsbeschlüsse vor Gericht, § 5 Rn 81 mwN). Richtigerweise ist jedenfalls der **Sitz der von der Strukturmaßnahme betroffenen Gesellschaft** maßgeblich (iE so auch Simon SpruchG/*Simon* Rn 26; *Nießen* aaO 444; *Meilicke/Lochner* AG 2010, 23, 33; vgl auch *Thüringer OLG Jena* NZI 1999, 81, 82 und *EuGH* NJW 1992, 1671 f).

III. Kammer für Handelssachen (Abs 2)

Verfügt das LG über eine **KfH**, so hat nach §§ 95 Abs 2 Nr 2, 71 Abs 2 Nr 4 lit e GVG 7 jene anstelle der Zivilkammer zu entscheiden. In § 2 Abs 2 aF wurde eine **Spezialzuweisung** an die KfH gesehen, die aber durch das FGG-Reformgesetz **weggefallen** ist. Für die Annahme einer ausschließlichen Zuständigkeit der KfH und einer Verweisung an diese von Amts wegen spricht aber weiterhin, dass die §§ 96, 98 GVG, nach denen die KfH nur auf Antrag zuständig ist, auf das Spruchverfahren keine Anwendung finden. Denn es handelt sich um keine Klage und § 95 Abs 2 Nr 2 erklärt in Verbindung mit § 94 GVG die KfH für Spruchverfahren **unmittelbar** für **zuständig** (so zu Recht Spindler/Stilz AktG/*Drescher* § 2 SpruchG Rn 19; *Kiefner/Kersjes* NZG 2012, 244, 247). Liegt ein bei einer Zivilkammer gestellter Antrag auf Durchführung eines Spruchverfahrens vor, so hat diese deshalb nicht selbst zu entscheiden, sondern **von Amts wegen an die KfH zu verweisen**, sofern eine solche eingerichtet ist (**aA** *LG München I*, BeckRS 2012, 04583; *Simons* NZG 2012, 609, 611; Hölters AktG/*Simons* § 2 SpruchG, Rn 2; *Engel/Puszkajler* BB 2012, 1687; Mehrbrey/*Krenek* § 97 Rn 17; zw auch K. Schmidt/Lutter AktG/*Klöcker* § 2 SpruchG Rn 14).

Nach § 105 Abs 1 HS 1 GVG entscheidet die KfH grds in der Besetzung mit einem 8 Mitglied des LG als Vorsitzenden und zwei ehrenamtlichen Richtern, soweit nicht nach den Vorschriften der Verfahrensgesetze an Stelle der Kammer der Vorsitzende zu entscheiden hat. Für ZPO-Sachen regelt § 349 Abs 2 ZPO die Ausnahmen, für Spruchverfahrenssachen entspr § 2 Abs 2 (entspricht § 2 Abs 3 SpruchG aF). Die

Katalogzuständigkeit des Vorsitzenden ist aus Gründen der Verfahrensbeschleunigung und -vereinfachung **zwingend** (*Klöcker/Frowein* SpruchG Rn 15; K. Schmidt/Lutter AktG/*Klöcker* § 2 SpruchG Rn 15). Entscheidet dessen ungeachtet die Kammer, berührt dies aber **nicht die Wirksamkeit** der Entsch (vgl Simon SpruchG/*Simon* Rn 17). § 2 Abs 2 S 2 lässt die Übertragung in sonstigen Fällen von der Kammer auf den Vorsitzenden zu, wenn die Beteiligten (§§ 4, 5 und 6: Antragsteller, Antragsgegner und gemeinsamer Vertreter) damit einverstanden sind. Der Vorsitzende hat dann freies Ermessen, ob er allein entscheiden will oder ob die Kammer entscheiden soll (MünchKomm AktG/*Kubis* § 2 SpruchG Rn 7). Das Einverständnis ist **Prozesshandlung**. **Nr 1** ist von Bedeutung bei örtlicher Unzuständigkeit inklusive der Unzuständigkeit wg Abs 1 S 2, unter **Nr 2** fallen die Entsch im Zusammenhang mit den öffentlichen Bekanntmachungen (§ 6 Abs 1, S 4 und 5, § 14). Wg **Nr 3** muss der Vorsitzende allein die Entsch über die Fragen bzgl der Zulässigkeit (Antragsberechtigung § 3, Antragsbegründung § 4 Abs 2, Antragsgegner § 5, Antragsfrist § 4 Abs 1, die jedoch auch materiellrechtliche Ausschlussfrist ist, vgl hierzu § 4 Rn 3) des Antrags fällen; auch die Zurückweisung mangels zulässigen Antrags ergeht durch den Vorsitzenden, nicht durch die Kammer. Gem **Nr 4** entscheidet der Vorsitzende über alle vorbereitenden Maßnahmen für die Beweisaufnahme und in den Fällen des § 7 (Vorbereitung der mündlichen Verhandlung). Der Vorsitzende alleine kann zu den zentralen Fragen des Rechtsstreits **keine Beweisaufnahme** anordnen. § 7 Abs 6 berechtigt ihn lediglich dazu, eine vorbereitende Beweisaufnahme anzuordnen, die sowohl hinsichtlich des Beweisthemas (Klärung von Vorfragen) als auch des Beweismittels (Sachverständiger) beschränkt ist. Bereits der Wortlaut der Vorschrift zeigt, dass der Vorsitzende nicht zur Anordnung einer weitergehenden Beweisaufnahme berechtigt ist (str, wie hier *Meyer* S 224; Spindler/Stilz AktG/*Drescher* § 2 SpruchG Rn 21; vgl auch *Fritzsche/Dreier/Verfürth* SpruchG Rn 25). Bzgl des gemeinsamen Vertreters (**Nr 5**, § 6) entscheidet der Vorsitzende über Auswahl, Festsetzung der Auslagen und Vergütung sowie über die Zahlung von Vorschüssen. **Nr 6** nennt die Entscheidung über Geschäftswert, Kosten, Gebühren und Auslagen. Eine Ausnahme hierzu stellt § 15 Abs 2 dar: die Kosten werden im Beschl der Kammer mit entschieden. Nach **Nr 7** entscheidet der Vorsitzende über die einstweilige Einstellung der Zwangsvollstreckung. Für diese gilt § 765a ZPO analog. Verbindung von Verfahren (**Nr 8**) meint nicht Konstellationen des Abs 1 S 2, erfasst sind hingegen Fälle, in denen mehrere Anträge verschiedener Antragsteller, die in rechtlichem Zusammenhang stehen, bei demselben örtlich zuständigen Gericht gestellt werden; der erforderliche Zusammenhang ist gegeben, wenn die geltend gemachten Ausgleichs- oder Abfindungsansprüche in derselben Maßnahme ihren Grund finden (*Klöcker/Frowein* SpruchG Rn 15). Das anwendbare Recht nach § 17 Abs 2 bestimmt hingegen das Gericht (*OLG Frankfurt* AG 2005, 2064, 2065). § 2 Abs 2 gilt nur für die KfH und nicht, wenn die Zivilkammer zuständig ist. In solchen Fällen verbleibt es bei den FamFG-Regelungen: eine Übertragung ist nur nach § 68 Abs 4 FamFG, § 526 ZPO möglich.

IV. Konzentration der Zuständigkeit (§ 71 Abs 4 GVG)

9   Die auf bereits erlassenen, auf den Vorgängervorschriften beruhenden VO gelten weiter, solange keine Neuregelung erfolgt (*Emmerich/Habersack* Aktien- und GmbH-KonzernR SpruchG § 2 Rn 12). Eine weitere vergleichbare Ermächtigung enthält § 12 (s dort). Eine Übersicht bietet K. Schmidt/Lutter AktG/*Klöcker* § 2 SpruchG Rn 18.

§ 3 Antragsberechtigung

¹**Antragsberechtigt für Verfahren nach § 1 ist in den Fällen**
1. **der Nummer 1 jeder außen stehende Aktionär;**
2. **der Nummern 2 und 3 jeder ausgeschiedene Aktionär;**
3. **der Nummer 4 jeder in den dort angeführten Vorschriften des Umwandlungsgesetzes bezeichnete Anteilsinhaber;**
4. **der Nummer 5 jeder in den dort angeführten Vorschriften des SE-Ausführungsgesetzes bezeichnete Anteilsinhaber;**
5. **der Nummer 6 jedes in der dort angeführten Vorschrift des SCE-Ausführungsgesetzes bezeichnete Mitglied.**

²**In den Fällen der Nummern 1, 3, 4 und 5 ist die Antragsberechtigung nur gegeben, wenn der Antragsteller zum Zeitpunkt der Antragstellung Anteilsinhaber ist.** ³**Die Stellung als Aktionär ist dem Gericht ausschließlich durch Urkunden nachzuweisen.**

Übersicht

	Rn		Rn
I. Regelungsgegenstand	1	b) Gründung einer Holding-SE	12
II. Antragsberechtigte	2	c) Sitzverlegung	13
1. Beherrschungs- und Gewinnabführungsverträge (Nr 1)	3	6. SCE	14
2. Eingliederung (Nr 2 Alt 1)	4	7. Nicht in § 1 genannte Fälle	15
3. Squeeze-out (Nr 2 Alt 2)	5	III. Zeitpunkt der Anteilsinnehabung (S 2)	16
4. Umwandlungen (Nr 3)	6	IV. Nachweis der Stellung als Aktionär (S 3)	17
a) Abfindungsanspruch	7	V. Missbräuchliches Verhalten	18
b) Zuzahlungsanspruch	9	1. Durch Antragsteller	18
5. SE	10	2. Durch Antragsgegner	19
a) Verschmelzung	11		

I. Regelungsgegenstand

Die Antragsberechtigung ist eine **Zulässigkeitsvoraussetzung** des Antrags (*OLG Stuttgart* AG 2005, 301, 304; *Fritzsche/Dreier/Verfürth* SpruchG Rn 3 mwN; *Lamb/Schluck-Amend* DB 2003, 1259, 1261; anders noch nach früherem Recht *OLG Stuttgart* NZG 2001, 854). Sie ist von Amts wegen zu prüfen (*Schulenberg* AG 1998, 74, 80). Weitere Zulässigkeitsvoraussetzungen sind zulässiger Antragsgegner (§ 5), ordnungsgemäße Antragsbegründung (§ 4 Abs 2, *Puszkajler* Der Konzern 2006, 256, 257) sowie Einhaltung der Antragsfrist (§ 4 Abs 1; str, vgl § 4 Rn 3). 1

II. Antragsberechtigte

Antragsberechtigt sind die Berechtigten der Abfindungen, des Ausgleichs oder der Zuzahlungen (*Klöcker/Frowein* SpruchG Rn 3). Das Antragsrecht knüpft an das **Halten von Anteilen** an der betroffenen Gesellschaft an. Ein bestimmtes Quorum ist nicht vorgesehen. Vielmehr genügt **der Besitz einer Aktie** (*KG* DB 1971, 613; Lutter UmwG/*Krieger/Mennicke* § 3 SpruchG Rn 2). Ferner kommt der **Art der Aktie** für die Antragsberechtigung keine Bedeutung zu (*Emmerich/Habersack* Aktien- und GmbH-Konzernrecht § 3 SpruchG Rn 4 mwN). Wer antragsberechtigt ist, kann nicht als **Nebenintervenient** (§§ 66 ff ZPO) auftreten, auch nicht nach Fristversäumnis (*OLG Frankfurt* ZIP 2006, 300, s auch § 6 Rn 3). Für den maßgeblichen Zeitpunkt s Rn 16. 2

3 1. Beherrschungs- und Gewinnabführungsverträge (Nr 1). Außenstehende Aktionäre können den Ausgleich oder die Abfindung im Spruchverfahren gerichtlich bestimmen lassen. Zu prüfen ist dort, ob der im Beherrschungs- oder Gewinnabführungsvertrag festgesetzte Ausgleich **angemessen** oder ein Abfindungsangebot vorgesehen und die Abfindung angemessen ist. Sieht der Beherrschungs- oder Gewinnabführungsvertrag keinen Ausgleich vor, so ist er **nichtig** (§ 304 Abs 3 S 1 AktG). Hat ein außenstehender Aktionär dem Beschl der HV über den Unternehmensvertrag (§ 293 Abs 1 AktG) oder dessen Abänderung nach § 295 zugestimmt, verliert er trotzdem nicht sein Antragsrecht (unstr KölnKomm AktG/*Koppensteiner* § 304 Rn 109 mwN; Münch-Komm AktG/*Kubis* § 3 SpruchG Rn 5). Erst recht **ist nicht erforderlich**, dass der Antragsteller **Widerspruch zu Protokoll** erklärt hat. Ebenso schadet nicht die **Entgegennahme der vertraglich bestimmten Kompensation** (KölnKomm AktG/*Koppensteiner* aaO mwN). Die Zustimmung zum Unternehmensvertrag oder zu dessen Änderung beinhaltet **keine Verzichtserklärung** auf das Recht, die Höhe des Abfindungs- oder Ausgleichsanspruchs gerichtlich bestimmen zu lassen (*Emmerich/Habersack* Aktien- und GmbH-Konzernrecht § 3 SpruchG Rn 4). Ein Recht auf gerichtliche Bestimmung des Ausgleichs nach § 304 AktG besteht jedoch nicht mehr, wenn der außenstehende Aktionär das **Abfindungsangebot angenommen** hat (*OLG Düsseldorf* AG 2001, 596 f; K. Schmidt/Lutter AktG/*Klöcker* § 3 SpruchG Rn 6). Ein Antragsrecht des anderen Vertragsteils oder seiner Aktionäre besteht nicht (*J. Vetter* ZHR 168 (2004), 8, 12, 24 ff; krit *Fritzsche/Dreier* BB 2002, 737, 739 ff; *Simmler* in 1. Aufl).

4 2. Eingliederung (Nr 2 Alt 1). Gem § 320b Abs 2 AktG kann die Anfechtung des Beschl, durch den die HV der eingegliederten Gesellschaft die Eingliederung beschlossen hat (§ 319 AktG), nicht darauf gestützt werden, dass die von der Hauptgesellschaft nach § 320 Abs 2 Nr 2 AktG angebotene Abfindung nicht angemessen ist. Ist dies der Fall, bestimmt das Gericht im Spruchverfahren auf Antrag die angemessene Abfindung. Das gleiche gilt, wenn die Hauptgesellschaft eine Abfindung nicht oder nicht ordnungsgemäß angeboten hat und eine hierauf gestützte Anfechtungsklage innerhalb der Anfechtungsfrist nicht erhoben oder zurückgenommen oder rechtskräftig abgewiesen worden ist. Das Antragsrecht besteht nach § 3 S 1 Nr 2 für jeden ausgeschiedenen Aktionär. Der Aktionär scheidet mit Eintragung der Eingliederung in das HR (§ 320a AktG) aus. Eine **Anfechtungsklage** führt zur **Registersperre**, die ihrerseits das Ausscheiden des Aktionärs und damit dessen Antragsberechtigung sperrt. Der Antrag kann erst nach Eintrag des Beschl ins HR gestellt werden, ansonsten ist der Antrag mangels Antragsberechtigung unzulässig (*LG Berlin* AG 2003, 647), wobei diese Zulässigkeitsvoraussetzung erst bei der gerichtlichen Entsch vorliegen muss. Das Gericht ist aber grds **nicht gehalten**, das Spruchverfahren bis zum Vorliegen einer rechtskräftigen Entsch über die Anfechtungsklage **auszusetzen** (*LG Berlin* AG 2003, 647). Der Erwerb von Aktien nach Eintragung ins HR führt nicht zu einer Antragsberechtigung (*Wasmann* WM 2004, 819, 822).

5 3. Squeeze-out (Nr 2 Alt 2). Antragsbefugt ist jeder ausgeschiedene Aktionär. Ausgeschieden ist der Aktionär erst mit Eintragung des Übertragungsbeschlusses in das HR (§ 327e Abs 3 S 1 AktG). Hier gilt das zur Eingliederung Gesagte entspr (s Rn 4).

6 4. Umwandlungen (Nr 3). § 3 S 1 Nr 3 verweist für die Antragsberechtigten auf die in § 1 Nr 4 aufgeführten Vorschriften des UmwG. Antragsberechtigt sind die dort (§§ 15, 34, 122h, 122i, 176–181, 184, 186, 196 oder § 212 UmwG) bezeichneten Anteilsinhaber.

Zu unterscheiden ist zwischen dem Zuzahlungsanspruch (§ 15 UmwG bei Verschmelzung, §§ 15, 122h UmwG bei der grenzüberschreitenden Verschmelzung, §§ 15, 125 UmwG bei Auf- und Abspaltung, § 196 UmwG beim Formwechsel, entspr bei der Vermögensübertragung) auf der einen Seite und dem Abfindungsanspruch (§ 34 UmwG bei der Verschmelzung, §§ 34, 122i Abs 2 UmwG bei der grenzüberschreitenden Verschmelzung, §§ 34, 125 UmwG bei der Auf- und Abspaltung, § 212 UmwG beim Formwechsel, entspr bei der Vermögensübertragung) auf der anderen Seite.

a) Abfindungsanspruch. Bei der **Verschmelzung** ist diesbezüglich danach zu unterscheiden, ob der aufnehmende Rechtsträger in anderer Rechtsform besteht als der übertragende oder ob er dieselbe Rechtsform hat. Im ersten Fall besteht ein Austrittsrecht (§ 29 Abs 1 S 1 UmwG). Ein solches Recht besteht auch dann, wenn bei einer Verschmelzung von Rechtsträgern derselben Rechtsform die Anteile oder Mitgliedschaften an dem übernehmenden Rechtsträger Verfügungsbeschränkungen unterworfen sind (§ 29 Abs 1 S 2 UmwG). Mit dem Austrittsrecht ist ein Abfindungsanspruch verbunden. Dieser **Abfindungsanspruch** besteht jedoch nur dann, wenn der Anteilsinhaber gegen den Verschmelzungsbeschluss des übertragenden Rechtsträgers Widerspruch zur Niederschrift erklärt oder dieser gem § 29 Abs 2 UmwG entbehrlich ist. Teilw wird weiter verlangt, dass der Anteilsinhaber gegen die Verschmelzung gestimmt hat (*OLG München* ZIP 2010, 326; Lutter UmwG/*Grunewald* § 29 Rn 10 mwN, auch bzgl der Ausnahmen; *Wasmann* WM 2004, 819, 822; MünchKomm AktG/*Kubis* § 3 SpruchG Rn 6 mwN; **aA** Lutter UmwG/*Decher* § 207 Rn 8 mwN; K. Schmidt/Lutter AktG/*Klöcker* § 3 SpruchG Rn 17; für Fälle des § 29 Abs 2 UmwG *OLG Stuttgart* AG 2007, 596, 597). Dem folgend setzt auch die Antragsberechtigung hinsichtlich der Bestimmung der Abfindung gem § 34 UmwG wg Unangemessenheit oder mangels (ordnungsgemäßen) Angebotes voraus, dass der Antragsteller gegen den Verschmelzungsbeschluss des übertragenden Rechtsträgers Widerspruch zur Niederschrift erklärt **und** gegen die Verschmelzung gestimmt hat oder dass der Widerspruch nach § 29 Abs 2 UmwG nicht notwendig war (**hM** MünchKomm AktG/*Kubis* Rn 6 mwN; *LG Dortmund* AG 2004, 623; s auch Lutter UmwG/*Grunewald* aaO; **aA** Lutter UmwG/*Decher* aaO). **Dasselbe gilt** für die Abfindung iRd **Spaltung** (§ 125 UmwG verweist auf § 29 UmwG), der **Vermögensübertragung** (vgl §§ 176 ff UmwG) und des **Formwechsels** (§ 212 UmwG verweist auf § 207 UmwG). Die Antragsberechtigung ist gegeben, wenn der Antragsteller gegen den Umwandlungsbeschluss gestimmt hat und Widerspruch gegen den Umwandlungsbeschluss zur Niederschrift erklärt hat. (str, s.o.). Eine Ausnahme gilt, wenn der Widerspruch entbehrlich ist. Das ist nicht schon dann der Fall, wenn eine Aufforderung zur Erklärung des Widerspruchs nicht erfolgt ist (*OLG München* Der Konzern 2010, 119). Die fristgerechte und vorbehaltlose Annahme der im Umwandlungsvertrag angebotenen Barabfindung führt zum Ausschluss der Antragsberechtigung (*OLG Düsseldorf* AG 2005, 480), nicht jedoch zum Ausschluss eines Abfindungsergänzungsanspruchs im Fall der gerichtlichen Höherfestsetzung aufgrund eines Antrags eines anderen Aktionärs, das die Abfindungsangebot nicht angenommen hatte (*Klöcker/Frowein* SpruchG Rn 24; *OLG Düsseldorf* AG 2001, 596; s § 13 Rn 2). Der Widerspruch muss durch den Antragsteller erfolgt sein. Ein Widerspruch durch Rechtsvorgänger genügt bei Gesamtrechtsnachfolge, nicht aber bei Einzelrechtsnachfolge (*LG Dortmund* AG 2004, 623). 7

Bei der **grenzüberschreitenden Verschmelzung** begründet § 122i Abs 1 UmwG einen Anspruch auf Barabfindung des Anteilsinhabers, der gegen den Verschmelzungsbe- 8 schluss der übertragenden Gesellschaft Widerspruch zur Niederschrift erklärt hat, wenn die übernehmende oder neue Gesellschaft nicht deutschem Recht unterliegt (zum Anwendungsbereich des SpruchG vgl § 1 Rn 5). So sollen die Anteilsinhaber vor einer Veränderung ihrer Rechtsstellung geschützt werden. Maßgebend ist allein die Änderung des anwendbaren Rechts, ohne dass auch tatsächlich eine Schlechterstellung des Anteilsinhabers nötig wäre (RegBegr BT-Drucks 16/2919, 16). § 29 Abs 2 UmwG gilt entspr (§ 122i Abs 1 S 3 UmwG), ebenso die obigen Ausführungen (Rn 7).

9 **b) Zuzahlungsanspruch.** Beim Zuzahlungsanspruch geht es nur um die **Verbesserung** des **Umtauschverhältnisses** oder um den **Ausgleich** für die **Wertdifferenz** der alten zur neuen Mitgliedschaft. Der Antragsteller muss anders als beim Abfindungsanspruch (s.o. Rn 7 f) nicht Widerspruch zur Niederschrift erklärt haben, ferner muss er nicht gegen den Umwandlungsbeschluss gestimmt haben; er kann auch dafür gestimmt haben, ohne dass dies seine Antragsberechtigung hindert (**allgM** Lutter UmwG/*Bork* § 15 Rn 4; MünchKomm AktG/*Kubis* § 3 SpruchG Rn 6 mwN). Denn ansonsten müsste auch derjenige allein zur Überprüfung der Angemessenheit gegen den Beschl stimmen, der die Strukturänderung befürwortet. Das gilt auch bei einer **grenzüberschreitenden Verschmelzung** (§ 122h UmwG, zum Anwendungsbereich des SpruchG vgl § 1 Rn 5). Fehlt die Angabe des Umtauschverhältnisses, ist die Verschmelzung nichtig (Lutter UmwG/*Lutter/Drygala* § 5 Rn 114).

10 **5. SE.** Ferner ist in den Fällen der Nr 5 jeder in den dort angeführten Vorschriften des SEAG bezeichnete Anteilsinhaber (§ 3 S 1 Nr 4) antragsberechtigt. Art 8 Abs 5, 24 Abs 2, 34 SE-VO sind insoweit Ermächtigungsgrundlage für das Spruchverfahren (DAV Stellungnahme Nr 35/04 zu Art 1 SEEG § 6 SEAG; ders NZG 2004, 75, 76 f) und betreffen den Schutz von Minderheitsaktionären, die sich gegen die Verschmelzung bzw die jeweiligen anderen Maßnahmen ausgesprochen haben. § 6 SEAG betrifft die Verbesserung des Umtauschverhältnisses durch Zuzahlung bei einer Verschmelzung, § 7 SEAG das Abfindungsangebot im Verschmelzungsplan, § 9 SEAG das Abfindungsangebot im Gründungsplan bei Gründung einer Holding-SE, § 11 SEAG die Verbesserung des Umtauschverhältnisses durch Zuzahlung im Falle einer Gründung einer Holding-SE. Nach § 12 SEAG hat die SE dem Aktionär bei Sitzverlegung der SE eine angemessene Abfindung anzubieten, wenn der betr Aktionär gegen den Verlegungsbeschluss Widerspruch zur Niederschrift eingelegt hat.

11 **a) Verschmelzung.** Problematisch ist hierbei, inwieweit die Grundsätze, ob ein Widerspruch erklärt und ob gegen den Beschl gestimmt werden muss (vgl Rn 7 ff), auch für die SE gelten. Denn Art 24 Abs 2 SE-VO Nr 2157/2001/EG ermächtigt zum Erlass von Vorschriften zum Schutz von Minderheitsaktionären, **die sich gegen die Verschmelzung ausgesprochen haben**. Bei Zuzahlungen wird wie in Fällen des UmwG kein Widerspruch verlangt, auch schadet nicht, dass der Antragsteller dem Beschl zugestimmt hat (vgl Rn 7; MünchKomm AktG/*C. Schäfer* Art 24 SE-VO Rn 12, 17). Bei der Abfindung gilt indes das zu § 3 S 1 Nr 3 Gesagte: Nur derjenige ist antragsberechtigt, der neben der Erklärung des Widerspruchs zu Protokoll auch gegen den Beschl gestimmt hat, soweit nicht ein Fall des § 29 Abs 2 UmwG vorliegt (vgl §§ 7 Abs 1 S 4, 9 Abs 1 S 4, 12 Abs 1 S 4 SEAG; Lutter/Hommelhoff SE/*Bayer* Art 24 SE-VO Rn 27). Ferner ist Art 25 Abs 3 SE-VO zu beachten, wonach das Spruchverfahren nur eröffnet ist, wenn die Anteilsinhaber der anderen sich verschmelzenden Gesellschaften in Mitgliedstaaten, in denen derartige Verfahren nicht vorgesehen sind, bei der Zustimmung zum Verschmelzungsplan ausdrücklich akzeptieren, dass die Aktionäre der betr sich verschmelzenden Gesellschaft auf ein solches Verfahren zurückgreifen können (sog **Unterwerfungserfordernis**, vgl Simon SpruchG/*Leuering* Rn 42). Die Entsch ist für die übernehmende Gesellschaft bindend (vgl hierzu *DAV* Stellungnahme Nr 35/04 zu Art 1 SEEG § 6 und § 7 SEAG). Können die Aktionäre des ausländischen Rechtsträgers nicht auf ein Verfahren iSd des Art 25 Abs 3 SE-VO Nr 2157/2001/EG zurückgreifen und erteilen sie nicht die Zustimmung, dass die Aktionäre des inländischen Rechtsträgers auf ein Spruchverfahren zurückgreifen dürfen, so ist die Angemessenheit des Umtauschverhältnisses und des Abfindungsangebotes im normalen Anfechtungsprozess zu prüfen (*Brandes* AG 2005, 177, 185).

b) Gründung einer Holding-SE. Bei der Gründung einer Holding-SE ist die Ermächtigungsgrundlage für das Spruchverfahren Art 34 SE-VO, wonach allg der Erlass von Vorschriften zum Schutz der die Gründung **ablehnenden** Minderheitsgesellschafter erlaubt ist. Bei der Abfindung (§ 9 SEAG) bedarf es des Widerspruches zur Niederschrift und der Antragssteller muss gegen den Gründungsbeschluss gestimmt haben, es sei denn die Ausnahmeregelung des § 29 Abs 2 UmwG greift. Antragsberechtigt für eine Verbesserung des Umtauschverhältnisses sind sowohl die Anteilsinhaber, die ihre Anteile an der Gründungsgesellschaft in die Holding-SE eingebracht haben, als auch die Anteilsinhaber, die bei der Gründungsgesellschaft verblieben sind. Hintergrund des **weiten Verständnisses** ist es, Anfechtungsklagen zu vermeiden (RegBegr BT-Drucks 15/3405, 34). IÜ ist auch hier das Unterwerfungserfordernis (Art 25 Abs 3 SE-VO, vgl Rn 11) zu beachten (BT-Drucks 15/3405, 34; *Brandes* AG 2005, 177, 184 f). 12

c) Sitzverlegung. Grundlage für § 12 SEAG ist Art 8 Abs 5 SE-VO, wonach die Mitgliedstaaten in Bezug auf die in ihrem Hoheitsgebiet eingetragenen SE Vorschriften erlassen können, um einen angemessenen Schutz der Minderheitsaktionäre, die sich gegen die Verlegung ausgesprochen haben, zu gewährleisten (RegBegr BT-Drucks 15/3405, 35). § 12 Abs 1 SEAG lehnt sich an § 207 UmwG an, da eine Sitzverlegung in einen anderen Mitgliedstaat wg der weitgehenden Anknüpfung der SE-VO an das Recht der Mitgliedstaaten das Rechtsregime wie ein Formwechsel in weiten Teilen ändert (RegBegr BT-Drucks 15/3405, 35; vgl auch *Kalss* ZGR 2003, 593, 609). Die Antragsberechtigung verlangt einen Widerspruch zur Niederschrift, der seinerseits voraussetzt, dass der Antragsteller gegen den Beschl gestimmt hat, es sei denn, die Ausnahmeregelung des § 29 Abs 2 UmwG greift (§ 12 Abs 1 S 4 SEAG; **aA** Hölters AktG/*Simons* § 3 SpruchG Rn 12). 13

6. SCE. Nach Nr 5 ist im Fall des § 1 Nr 6 auch jedes in § 7 SCEAG bezeichnete Mitglied antragsberechtigt. § 1 Nr 6 eröffnet das Spruchverfahren für die Bestimmung der Zuzahlung an Mitglieder bei Gründung der SCE gem § 7 SCEAG durch **Verschmelzung** nach § 5 ff SCEAG. Antragsberechtigt ist gem § 7 Abs 2 S 1 HS 2 SCEAG somit jedes Mitglied einer übertragenden Genossenschaft, dessen Recht, gegen die Wirksamkeit des Verschmelzungsbeschlusses Klage zu erheben, nach § 7 Abs 1 SCEAG **ausgeschlossen** ist. Nach § 7 Abs 1 kann eine Klage gegen den Verschmelzungsbeschluss nicht auf die Unangemessenheit des Umtauschverhältnisses der Anteile gestützt werden. Voraussetzung für diesen Klageausschluss ist aber gem Art 29 Abs 3 S 1 SCE-VO, dass die anderen sich verschmelzenden Genossenschaften in Mitgliedstaaten, in denen ein derartiges Verfahren nicht besteht, bei der Zustimmung zu dem Verschmelzungsplan gem Art 27 Abs 1 SCE-VO ausdrücklich akzeptieren, dass die 14

Ederle/Theusinger

Mitglieder der betr sich verschmelzenden Genossenschaft auf ein solches Verfahren zurückgreifen können (vgl das Unterwerfungserfordernis nach Art 25 Abs 3 SE-VO, s hier Rn 11). Der Anspruch auf Zuzahlung besteht gem § 7 Abs 2 S 1 HS 1 SCEAG jedoch nur, wenn bei Gründung der SCE durch Verschmelzung das Geschäftsguthaben eines Mitglieds in der SCE niedriger ist als in der übertragenden Genossenschaft. § 7 Abs 2 SCEAG lehnt sich an § 85 **Abs 1 UmwG** an. Es gilt der **genossenschaftliche Grundsatz**, dass ein Mitglied auch bei seinem Ausscheiden keinen Anspruch auf Beteiligung an dem inneren Wert der Genossenschaft unter Einbeziehung der stillen Reserven hat (RegBegr BT-Drucks 16/1025, 55). Gem § 7 Abs 4 S 2 SCEAG ist das SpruchG auch auf Mitglieder einer übertragenden Genossenschaft mit Sitz in einem anderen Mitgliedstaat der EU oder des EWR anwendbar, wenn nach dem Recht dieses Staates ein Verfahren zur Kontrolle und Änderung des Umtauschverhältnisses der Anteile vorgesehen ist und deutsche Gerichte für die Durchführung eines solchen Verfahrens international zuständig sind (vgl zB VO Nr 44/2001/EG). Ferner besteht hier wie auch iRd UmwG **kein Widerspruchserfordernis** (vgl BT-Drucks 16/1025, 55).

15 **7. Nicht in § 1 genannte Fälle.** § 3 nimmt ausweislich des Wortlauts Bezug auf § 1, letzterer ist aber deklaratorisch und nennt nur beispielhaft, aber nicht abschließend die Fälle, in denen das Spruchverfahren angewendet wird (vgl § 1 Rn 3). § 3 behandelt die nicht in § 1 genannten Fälle nicht ausdrücklich. Bei einem **regulären Delisting** ist jeder Aktionär antragsberechtigt, unabhängig davon, ob er Mehrheitsaktionär oder Minderheitsaktionär ist, ob er zugestimmt, sich enthalten oder gegen den Beschl gestimmt hat, ob er Widerspruch eingelegt hat oder nicht (*Fritzsche/Dreier/Verfürth* SpruchG Rn 49; gegen Antragsberechtigung des Großaktionärs Mehrbrey/*Krenek* § 97 Rn 21). Beim Erlöschen oder bei der Aufhebung von **Mehrstimmrechtsaktien** nach § 5 EGAktG ist jeder (ehemalige) Inhaber von Mehrstimmrechtsaktien antragsberechtigt, der gegen den Beschl Widerspruch zur Niederschrift erklärt hat (§ 5 Abs 4 EGAktG). Die Aktionärseigenschaft muss im Zeitpunkt der HV vorgelegen haben, was gem § 3 S 3 SpruchG nachzuweisen ist (*Wasmann* WM 2004, 819, 822). Antragsberechtigt im Falle einer **übertragenden Auflösung** ist, wenn man auf diese wie hier (vgl § 1 Rn 6) das Spruchverfahren für anwendbar hält, jeder Minderheitsaktionär, unabhängig davon, ob er Widerspruch zur Niederschrift eingelegt hat, ob er dafür oder dagegen gestimmt hat oder sich enthalten hat (so auch *Fritzsche/Dreier/Verfürth* SpruchG Rn 52).

III. Zeitpunkt der Anteilsinnehabung (S 2)

16 Der für die Antragsberechtigung relevante Zeitpunkt wurde ausdrücklich nur für die **Nr 1, 3 und 4** gesetzlich geregelt. Der Antragsteller muss im Zeitpunkt der Antragstellung – also im Moment des Eingangs der Antragsschrift bei Gericht – Anteilsinhaber sein. **Unzulässig** ist daher der Antrag desjenigen, der erst nach Stellung des Antrags Aktien erwirbt, auch wenn der Erwerb vor Ablauf der Antragsfrist (§ 4 Abs 1) erfolgt (*Emmerich/Habersack* Aktien- und GmbH-Konzernrecht § 3 SpruchG Rn 9). Es genügt aber, dass der Antragsteller erst bei Antragstellung Anteilsinhaber ist; auch schadet seinem Antrag nicht, wenn er seine Anteile **sogleich danach** veräußert (*Wasmann* WM 2004, 819, 822). Problematisch ist diese Regelung für Umwandlungsfälle, wenn der Antragsteller mit der Umwandlung seine Anteile verliert. In diesen Fällen muss maßgeblich sein, ob der Antragsteller im Moment der Antragstellung **nach Wirksamwerden der Umwandlung** Anteile am übernehmenden oder neuen Rechtsträger hat, welche er iRd Umwandlung **für seine bisherigen Anteile** erhalten hat (*Bungert/Mennicke* BB 2003, 2021, 2025). Bei der **Eingliederung** (§ 3 S 1 Nr 2 Alt 1) ist maßgeblich, ob der Antragsteller im Zeitpunkt des Wirksamwerdens des Eingliederungsbeschlusses durch Eintragung im HR (§ 320a AktG) Anteilsinhaber ist, dasselbe gilt beim **Squeeze-out**: Der Antragsteller muss bei Wirksamwerden des Übertragungsbeschlusses (§ 327e AktG) Anteilsinhaber sein (*OLG München* ZIP 2012, 1180; *OLG Frankfurt* ZIP 2005, 2069; *Büchel* NZG 2003, 793, 794; NZG 2006, 151, 152; *OLG Düsseldorf* ZIP 2005, 1369, 1370). Beim **kalten Delisting** muss der Antragsteller im Zeitpunkt der Antragstellung Anteilsinhaber der Gesellschaft sein, deren Aufspaltung beschlossen wurde (*OLG Düsseldorf* AG 2005, 480 ff). Der Abfindungsanspruch ist *übertragbar* (**hM** *OLG Jena* DB 2005, 658, 659 mwN: auch nach Beendigung des Spruchstellenverfahrens, **aA** *Ruoff* BB 2005, 2201 ff), damit geht auch das Recht auf gerichtliche Überprüfung im Spruchverfahren auf den **Einzel- und Gesamtrechtsnachfolger** über, wenn er ebenfalls Anteilsinhaber iSd § 3 ist (MünchKomm AktG/*Kubis* § 3 SpruchG Rn 12; *Bayer* ZIP 2005, 1053, 1057; anders für den Squeeze-out: *OLG Frankfurt* aaO und die Eingliederung *Goslar* EWiR 2006, 23, 24 mwN). Das gilt jedoch nicht, wenn die Übertragung der Anteile nach Antragstellung erfolgte. Denn gem § 265 ZPO fehlt dem Erwerber die Verfahrensführungsbefugnis (*Tomson/Hammerschmitt* NJW 2003, 2572, 2574; eingehend *Bilda* NZG 2005, 375, 378; **aA** *Schulenberg* AG 1998, 74, 81). § 265 ZPO ist in echten Streitsachen der freiwilligen Gerichtsbarkeit wie dem Spruchverfahren (*BGH* ZIP 2006, 826, 827; *OLG Düsseldorf* AG 1993, 40, 41; MünchKomm AktG/*Kubis* § 17 SpruchG Rn 1 mwN; *Winter/Nießen* NZG 2007, 13) anwendbar (Keidel FamFG/*Sternal* § 23 Rn 51 mwN; *OLG Hamm* NJW-RR 1991, 20, 21; *Meyer* S 250 ff). Die Antragsberechtigung hängt nicht von der **fortwährenden Aktionärseigenschaft** während des gesamten Verfahrens ab (§ 265 ZPO, *LG Köln* AG 1998, 538; K. Schmidt/Lutter AktG/*Klöcker* § 3 SpruchG Rn 25 f). § 265 Abs 2 S 2 ZPO sieht ferner vor, dass mit Zustimmung des Verfahrensgegners der Erwerber anstelle des Veräußerers eintreten kann. Das gilt im Spruchverfahren jedoch nur, wenn auch der Erwerber die übrigen Zulässigkeitsvoraussetzungen des Antrags, insb § 3, erfüllt. Möglich ist die gesetzliche und die gewillkürte Verfahrensstandschaft (näher *OLG Stuttgart* AG 2002, 353, 354; *LG München I* NZG 2010, 559).

IV. Nachweis der Stellung als Aktionär (S 3)

Zu beachten ist die Pflicht des Antragstellers, dem Gericht seine Stellung als Aktionär **durch Urkunden** nachzuweisen. Nur die schlüssige Darlegung, nicht aber der Nachweis, muss innerhalb der Antragsfrist erfolgen (so jetzt auch *BGHZ* 177, 131, 136 ff; zuvor bereits *OLG Stuttgart* AG 2005, 301, 302; *OLG Düsseldorf* ZIP 2005, 1369 f; *OLG Frankfurt* ZIP 2006, 290 f; **aA** *LG Frankfurt/Main* AG 2005, 544, 545; *Wasmann/Gayk* BB 2005, 955, 956; offen lassend *OLG Hamburg* AG 2005, 853; vgl ferner unten und § 4 Rn 8). Der Nachweis ist nur im Bestreitensfalle von Nöten oder wenn das Gericht ernstliche Zweifel hegt (*OLG Frankfurt* NZG 2006, 151, 152; *OLG Stuttgart* AG 2005, 301, 302; **aA** *LG Frankfurt/Main* AG 2005, 544). Eine kurzfristige Klärung kann das Gericht durch §§ 10 Abs 4, 7 Abs 4 S 2, 3 Abs 3 erreichen (*OLG Frankfurt* NZG 2006, 151, 152). Der Nachweis durch andere, insb zeitintensive Beweismittel wie die Zeugenvernehmung, ist dadurch grds ausgeschlossen (*Büchel* NZG 2003, 793, 794). Etwas anderes kann nur gelten, wenn der **Nachweis durch Urkunden unmöglich** ist (so zu Recht Hölters AktG/*Simons* § 3 SpruchG Rn 22 mwN). Einer Hinterlegung

17

bedarf es nicht (*Fritzsche/Dreier/Verfürth* SpruchG Rn 3). Erst mit der Darlegung der Antragsberechtigung gilt der Antrag als gestellt. Ein Antrag ohne urkundlichen Nachweis lässt die Frist gem § 4 Abs 1 dagegen nicht versäumen (*BGHZ* 177, 131, 136 ff mwN).

17a Bei **Namensaktien** ist der Nachweis durch Vorlage einer schriftlichen Auskunft der Gesellschaft nach § 67 Abs 6 AktG zu führen (**hM**, eingehend *OLG Frankfurt* AG 2006, 290, 292 f; *LG Frankfurt/Main* DB 2005, 1450; AG 2005, 930, 931; *OLG Hamburg* NJW-RR 2004, 125 f; *LG München I* NZG 2010, 559; *Lieder* NZG 2005, 159; **aA** *Dißars* NZG 2004, 1293, 1294 f); diese Voraussetzung ist von Amts wegen zu beachten (*LG Frankfurt/Main* AG 2005, 666). Die Regelung gilt nicht nur in den genannten Fällen des § 3 S 1 Nr 1–4, sondern **für alle Fälle** des Spruchverfahrens, in denen Ausgleichs- oder Abfindungsansprüche überprüft werden sollen (*Büchel* NZG 2003, 793, 794). Sie gilt jedoch nicht, wenn der Antragsteller an einer anderen Gesellschaft als einer AG, etwa einer GmbH, beteiligt ist (*Emmerich/Habersack* Aktien- und GmbH-Konzernrecht § 3 SpruchG Rn 13a). Zulässige Nachweismittel sind ein unterzeichneter Depotauszug oder effektive Aktienstücke (RegBegr BT-Drucks 15/371, 13; *Bungert/ Mennicke* BB 2003, 2021, 2025), ferner eine schriftliche Bestätigung der Bank (*OLG Frankfurt* NZG 2006, 151, 153; *LG Dortmund* AG 2005, 310), nicht aber Bankbestätigungen über Aktienausbuchungen (*LG Frankfurt/Main* DB 2005, 601, 602). Ungenügend ist ferner eine Kopie der Wertpapierabrechnung, die nicht unterzeichnet ist, verändernde Schwärzungen enthält und nicht erkennen lässt, ob der Antragsteller zum maßgebenden Zeitpunkt (s Rn 16) Anteilsinhaber war (*OLG Hamburg* AG 2005, 853). Ebenfalls nicht ausreichend ist eine bloße eidesstattliche Versicherung des Antragstellers (*OLG Stuttgart* NZG 2010, 388). Der Nachweis muss erkennen lassen, dass die Stellung **zum erforderlichen Zeitpunkt** (Rn 16) bestanden hat (*OLG Frankfurt* NZG 2006, 151, 153).

V. Missbräuchliches Verhalten

18 **1. Durch Antragsteller.** Ein missbräuchliches Verhalten des Antragstellers liegt vor, wenn er den Antrag gestellt hat, um das Unternehmen zur Geldzahlung gegen Antragsrücknahme oder ähnliche Verfahrensgestaltungen zu veranlassen (vgl hierzu ausf *OLG Stuttgart* BeckRS 2010, 16909). Die Antragstellung fungiert aufgrund des **Lästigkeitswertes** des Spruchverfahrens für den Antragsgegner als Druckmittel (*Simon* SpruchG/*Leuering* § 4 Rn 61 f). Ist ein anderer Zweck als derjenige, der Gesellschaft selbstsüchtig seinen Willen aufzuzwingen, nach dem objektiven Sachlage ausgeschlossen (*OLG Stuttgart* BeckRS 2010, 16909), wird hierdurch das Spruchverfahren zweckentfremdet. Richtigerweise sind rechtsmissbräuchliche Anträge mangels **Rechtsschutzbedürfnisses** als unzulässig zu verwerfen (*Emmerich/Habersack* Aktien- und GmbH-KonzernR SpruchG § 3 Rn 15; *Simon* SpruchG/*Leuering* § 4 Rn 61 f; **aA** *Hüffer* AktG Anh § 305 § 3 SpruchG Rn 9; *Simmler* in 1. Aufl; offen lassend *OLG Stuttgart* BeckRS 2010, 16909; jeweils mwN). Denn wie bei anderen Anträgen zur Durchführung gerichtlicher Verfahren bedarf es auch zur Zulässigkeit des Antrags auf Durchführung eines Spruchverfahrens eines Rechtsschutzbedürfnisses (*OLG Stuttgart* BeckRS 2011, 15935; *Simon,* SpruchG/*Leuering* § 4 Rn 61). Einer Zurückweisung als unbegründet steht die Inter Omnes-Wirkung der Sachentscheidung nach § 13 SpruchG im Spruchverfahren entgegen (iE ebenso *Weber/Kersjes* HV-Beschlüsse vor Gericht, § 5 Rn 105). Die **Kosten** sind vom Antragsteller zu tragen (s § 15 Abs 1, § 81 Abs 1 S

1, Abs 2 Nr 1 FamFG). Manche Regelungen des Spruchverfahrens wirken einer missbräuchlichen Antragstellung entgegen. So kann nach § 6 Abs 3 der gemeinsame Vertreter auch nach Rücknahme eines Antrags das Verfahren fortführen. Er steht in diesem Falle einem Antragsteller gleich (§ 6 Abs 3 S 2). Diese Vorschrift geht auf § 308 Abs 3 UmwG aF zurück, der gegen das Auskaufen der Antragsteller durch Unternehmen aufgrund eines Vergleichs eingeführt worden ist (RegBegr BT-Drucks 12/6699, 170). Eine **Beendigung** des Spruchverfahrens **als Gegenleistung** für Sonderzahlungen kann der Antragsteller somit nicht mehr in Aussicht stellen. Weiterhin wirkt die Begründungspflicht in § 4 Abs 2 einem offensichtlich unbegründeten Antrag entgegen (*Klöcker/Frowein* SpruchG Rn 26), zumindest kann das Gericht das Verfahren dann in gebotener Kürze beenden, so dass dem Antragsteller **kein Druckmittel** mehr zur Verfügung steht. Ferner kann das Gericht durch eine angemessene Verfahrensgestaltung den **Lästigkeitswert** des Verfahrens reduzieren, indem es der **Verfahrensbeschleunigung** höheres Gewicht verleiht (MünchKomm AktG/*Bilda* 2. Aufl § 306 Rn 70). Kein Rechtsschutzbedürfnis besteht auch dann, wenn **kein berechtigtes Interesse** des Antragstellers an einer gerichtlichen Bestimmung angemessener Kompensationsleistungen erkennbar ist. Also bspw dann, wenn die Angemessenheitsprüfung schon Gegenstand eines anderen Spruchverfahrens und der **Kreis der Antragsteller** in beiden Verfahren **identisch** ist (*OLG Stuttgart* ZIP 2012, 133).

2. Durch Antragsgegner. Die Initiative zum Auskaufen kann auch vom Unternehmen als Antragsgegner herrühren. Das Verhältnis des Unternehmens zu sonstigen außenstehenden Aktionären wird hierdurch nicht beeinflusst (MünchKomm AktG/*Bilda* 2. Aufl § 306 Rn 72), auch eine Gleichbehandlungspflicht ergibt keinen Anspruch für sonstige Aktionäre auf die Sonderzahlung (**hM** *BGH* AG 1976, 218; *OLG Düsseldorf* AG 1992, 200, 202 f mwN). Die Anwendung des Gleichbehandlungsgrundsatzes würde in diesem Zusammenhang zu unvertretbaren Ergebnissen führen (*Martens* in Timm (Hrsg), Missbräuchliches Aktionärsverhalten, S 52). Ferner fehlt es auch an der vergleichbaren Situation (*Martens* AG 1988, 118, 124). Bes Bedeutung kommt in diesem Zusammenhang § 6 Abs 3 zu, wonach der gemeinsame Vertreter auch nach Rücknahme eines Antrags das Verfahren fortführen kann. Er steht in diesem Falle einem Antragsteller gleich (§ 6 Abs 3 S 2, s § 6 Rn 9). Eine Beendigung des Spruchverfahrens als Gegenleistung für Sonderzahlungen kann daher nicht sicher erreicht werden.

19

§ 4 Antragsfrist und Antragsbegründung

(1) ¹Der Antrag auf gerichtliche Entscheidung in einem Verfahren nach § 1 kann nur binnen drei Monaten seit dem Tag gestellt werden, an dem in den Fällen
1. der Nummer 1 die Eintragung des Bestehens oder einer unter § 295 Abs. 2 des Aktiengesetzes fallenden Änderung des Unternehmensvertrags im Handelsregister nach § 10 des Handelsgesetzbuchs;
2. der Nummer 2 die Eintragung der Eingliederung im Handelsregister nach § 10 des Handelsgesetzbuchs;
3. der Nummer 3 die Eintragung des Übertragungsbeschlusses im Handelsregister nach § 10 des Handelsgesetzbuchs;
4. der in Nummer 4 genannten §§ 15, 34, 176 bis 181, 184, 186, 196 und 212 des Umwandlungsgesetzes die Eintragung der Umwandlung im Handelsregister nach den Vorschriften des Umwandlungsgesetzes;

5. der in Nummer 4 genannten §§ 122h und 122i des Umwandlungsgesetzes die Eintragung der grenzüberschreitenden Verschmelzung nach den Vorschriften des Staates, dessen Recht die übertragende oder neue Gesellschaft unterliegt;
6. der Nummer 5 die Eintragung der SE nach den Vorschriften des Sitzstaates;
7. der Nummer 6 die Eintragung der Europäischen Genossenschaft nach den Vorschriften des Sitzstaates

bekannt gemacht worden ist. ²Die Frist wird in den Fällen des § 2 Abs. 1 Satz 2 und 3 durch Einreichung bei jedem zunächst zuständigen Gericht gewahrt.

(2) ¹Der Antragsteller muss den Antrag innerhalb der Frist nach Absatz 1 begründen. ²Die Antragsbegründung hat zu enthalten:
1. die Bezeichnung des Antragsgegners;
2. die Darlegung der Antragsberechtigung nach § 3;
3. Angaben zur Art der Strukturmaßnahme und der vom Gericht zu bestimmenden Kompensation nach § 1;
4. Konkrete Einwendungen gegen die Angemessenheit der Kompensation nach § 1 oder gegebenenfalls gegen den als Grundlage für die Kompensation ermittelten Unternehmenswert, soweit hierzu Angaben in den in § 7 Abs. 3 genannten Unterlagen enthalten sind. ³Macht der Antragsteller glaubhaft, dass er im Zeitpunkt der Antragstellung aus Gründen, die er nicht zu vertreten hat, über diese Unterlagen nicht verfügt, so kann auf Antrag die Frist zur Begründung angemessen verlängert werden, wenn er gleichzeitig Abschrifterteilung gemäß § 7 Abs. 3 verlangt.

⁴Aus der Antragsbegründung soll sich außerdem die Zahl der von dem Antragsteller gehaltenen Anteile ergeben.

Übersicht

	Rn		Rn
I. Regelungsgegenstand	1	3. Formale Pflichtangaben	
II. Frist (Abs 1)	3	(S 2 Nr 1–3)	8
1. Allgemeines	3	4. Bewertungsrüge (S 2 Nr 4)	9
2. Fristbeginn/-ende	4	a) Bezeichnungspflicht	9
3. Fristwahrung	5	b) Begründungsfristverlängerung	10
III. Begründung (Abs 2)	6	rung	10
1. Allgemeines	6	5. Sollangabe (S 3)	11
2. Antragsbegründungsfrist (S 1)	7	6. Folge fehlender oder fehlerhafter Begründung	12

I. Regelungsgegenstand

1 Das Spruchverfahren ist ein Antragsverfahren, in dem das Gericht nur aufgrund eines wirksamen Verfahrensantrags tätig wird (Keidel FamFG/*Sternal* § 23 Rn 11). Der Antrag bestimmt den **Verfahrensgegenstand** in subjektiver wie auch in objektiver Hinsicht; relevant sind hierfür aber nicht die Normen des Spruchverfahrens, sondern die, welche es anordnen, zB §§ 15 Abs 1, 212 UmwG (*Puszkajler* Der Konzern 2006, 256). Mit einem Antrag bzgl des Ausgleichs kann bspw nicht die Unangemessenheit der Abfindung geltend gemacht werden (*Puszkajler* Der Konzern 2006, 256). Der Antrag ist nur wirksam, wenn er innerhalb der Frist des § 4 Abs 1 gestellt und ordnungsgemäß nach § 4 Abs 2 begründet ist. Wie sich aus einem Umkehrschluss zu § 12 Abs 1 S 2 ergibt (*Hüffer* AktG Anh § 305 § 4 SpruchG Rn 5), besteht kein **Anwaltszwang** (*OLG Düsseldorf* AG 1995, 85, 86). Möglich ist es gem § 17 Abs 1 iVm § 25 FamFG, Anträge

zu Protokoll der Geschäftsstelle des zuständigen Gerichts oder der Geschäftsstelle eines jeden Amtsgerichts zu stellen. Einer Unterschrift bedarf es trotz § 23 Abs 1 S 4 FamFG dann nicht, wenn feststeht, wer der Antragsteller ist, dass der Antrag tatsächlich vom Antragstellenden herrührt, dieser für seinen Inhalt die Verantwortung übernimmt und den Willen hat, das Schriftstück in den Verkehr zu bringen. Im Zweifelsfall ist dies nach § 26 FamFG von Amts wegen zu ermitteln.

In Umwandlungsfällen, in denen eine Verbesserung des Umtauschverhältnisses begehrt wird, richtet sich der Antrag auf Festsetzung eines Ausgleichs durch bare Zuzahlung (vgl Happ, Konzern- und Umwandlungsrecht/*Möhrle* Muster 13.08). Wird hingegen die Nachprüfung der Barabfindung begehrt, richtet sich der Antrag auf Festsetzung einer angemessenen Barabfindung (Lutter UmwG/*Krieger* 1. Aufl § 305 Rn 3; vgl auch Happ, Konzern- und Umwandlungsrecht/*Möhrle* Muster 13.09). Der Antrag auf Barabfindung oder bare Zuzahlung muss nicht in einer bestimmten Höhe erfolgen (Simon SpruchG/*Leuering* Rn 11). Möglich ist ein Antrag auf Festsetzung einer Barabfindung und kumulativ einer baren Zuzahlung im Spruchverfahren (*OLG Schleswig* ZIP 2004, 2433, 2434 f; *Klöcker/Frowein* EWiR 2005, 321 f). Eine **Bezifferung** ist unbeachtlich. Sie begrenzt weder den Entscheidungsumfang des Gerichts noch zwingt sie zu einer Teilabweisung, sollte die gerichtliche Bestimmung unter der Bezifferung verbleiben (*Fritzsche/Dreier/Verfürth* SpruchG Rn 15). Eine gesetzliche **Verzinsung** braucht nicht beantragt zu werden (vgl K. Schmidt/Lutter AktG/*Klöcker* § 4 SpruchG Rn 13), da Gegenstand des Spruchverfahrens nur die Angemessenheit des Ausgleichs- bzw Abfindungsanspruchs ist, während der gesetzliche Zinsanspruch als bloße Nebenleistung zwingend daraus folgt und mit dem Anspruch im Wege der Leistungsklage im ordentlichen Prozess geltend zu machen ist (vgl *OLG Hamburg* ZIP 2002, 754; su § 16 Rn 1 f; § 11 Rn 1 mwN). Der erstgenannte Antrag genügt auch, um die Verjährung der gesetzlichen Verzinsung zu hemmen (*BayObLG* WM 1983, 404 f). Ein höherer Zinssatz kann nicht im Spruchverfahren, sondern muss als Schadensersatz im ordentlichen Zivilprozess geltend gemacht werden (*Klöcker/Frowein* SpruchG Rn 17; K. Schmidt/Lutter AktG/*Klöcker* aaO; *OLG Celle* WM 1979, 1336, 1342).

II. Frist (Abs 1)

1. Allgemeines. Die Frist ist zwingende **Ausschlussfrist**, deren Verstreichen zum Verlust des Anspruchs auf Durchführung eines Spruchverfahrens und zur Unzulässigkeit des Antrags führt (Simon SpruchG/*Leuering* Rn 20 mwN; **aA** *Simmler* in 1. Aufl). Eine **Wiedereinsetzung in den vorigen Stand** (§ 17 Abs 1 FamFG) kommt wg der materiell-rechtlichen Präklusionswirkung der Frist nicht in Betracht, und zwar auch dann nicht, wenn ein weiterer zulässiger Antrag vorliegt (*OLG Düsseldorf* BeckRS 2009, 21626; *Preuß* NZG 2009, 961, 963; K. Schmidt/Lutter AktG/*Klöcker* § 4 SpruchG Rn 11; Mehrbrey/*Krenek* § 97 Rn 32; **aA** *LG Dortmund* AG 2005, 308, 309). Eine Hemmung bzw Unterbrechung der Frist in entspr Anwendung der §§ 204 ff BGB scheitert an der verfahrensrechtlichen Ausschlusswirkung der Frist (Simon SpruchG/ *Leuering* Rn 20; **aA** *OLG Düsseldorf* BeckRS 2009, 21626). Schließlich ist auch die Nebenintervention als denkbare Hintertür verschlossen (näher § 6 SpruchG Rn 3). Die strenge Ausschlusswirkung ist angesichts der ausreichend bemessenen Fristdauer und des legitimen Bedürfnisses nach Rechtssicherheit und -klarheit durch einen Gleichlauf gegenüber allen potentiellen Antragstellern gerechtfertigt.

4 2. **Fristbeginn/-ende.** Der Antrag muss binnen drei Monaten seit den in den Nr 1–7 genannten Zeitpunkten erfolgen. § 17 Abs 1 verweist auf das FamFG. Gem § 16 Abs 2 FamFG gelten für die Fristberechnung die §§ 222 und 224 Abs 2, 3 sowie § 225 ZPO entspr, mithin über § 222 Abs 1 die §§ 186 ff BGB. IRd **Nr 1–3** beginnt die Frist nach § 187 BGB mit Ablauf des Tages zu laufen, an dem die Bekanntmachung nach § 10 HGB erfolgte. Bei **Nr 4** wird nicht auf § 10 HGB Bezug genommen, doch verweisen §§ 19 Abs 3 S 2, 125 S 1, 201 S 2 UmwG ihrerseits auf § 10 HGB. **Nr 5** betrifft die grenzüberschreitende Verschmelzung (§§ 122a ff UmwG). Die übertragende oder neue Gesellschaft kann dabei dem Recht eines anderen Mitgliedstaats unterliegen, das auch die Eintragung und Bekanntmachung der grenzüberschreitenden Verschmelzung regelt. Deswegen beginnt in diesem Fall die Antragsfrist nicht mit der Bekanntmachung der Eintragung nach dem UmwG, sondern allg mit der Bekanntmachung der Eintragung gem dem anwendbaren Recht (RegBegr BT-Drucks 16/2919, 20). **Nr 6** betrifft die SE. Bei der Gründung einer SE kann die künftige SE ihren Sitz im Ausland haben; die Eintragung und deren Bekanntmachung richten sich dann nach dem dortigen Recht, so dass für die SE nur allg formuliert werden kann, dass es auf den Zeitpunkt der Bekanntmachung ankommt (vgl RegBegr BT-Drucks 15/3405, 58, allerdings noch vor dem EHUG). **Nr 7** betrifft die SCE; die für die SE bestehende Problematik gilt auch für die SCE (RegBegr BT-Drucks 16/1025, 98). Der Antrag kann nicht vor Eintragung gestellt werden (RegBegr BT-Drucks 16/1025, 98). Beim Erlöschen oder bei der Aufhebung von **Mehrstimmrechtsaktien** bestimmt § 5 Abs 4 S 3 EGAktG, dass der Antrag nur binnen **zwei** Monaten seit dem Tag gestellt werden kann, an dem die Satzungsänderung im HR nach § 10 HGB bekannt gemacht ist. Beim gesetzlichen Erlöschen lief die Frist am 31.7.2003 ab (*Fritzsche/Dreier/Verfürth* SpruchG Rn 27). Problematisch ist der Fall des **Delistings**, sofern man die Anwendbarkeit des Spruchverfahrens bejaht (s § 1 Rn 6), denn eine Anwendung des § 10 HGB scheitert mangels Eintragung des Delistings in das HR, auch erfolgt keine Veröffentlichung im Bundesanzeiger. Denkbare Zeitpunkte für den Fristbeginn sind der Tag der HV, die Bekanntmachung des Zulassungswiderrufs durch den Zulassungsausschuss der Wertpapierbörse im Börsenpflichtblatt oder das Wirksamwerden der Entsch nach Ablauf von Wartefristen (*Land/Behnke* DB 2003, 2631, 2534). Richtiger Ansicht nach beginnt die Frist mit Bekanntmachung des Zulassungswiderrufs in einem überregionalen Börsenpflichtblatt (**hM** *Emmerich/Habersack* Aktien- und GmbH-Konzernrecht § 4 SpruchG Rn 4; *Fritzsche/Dreier/Verfürth* SpruchG Rn 28; *BayObLGZ* 2004, 346, 350; OLG *Zweibrücken* AG 2005, 306, 307; K. Schmidt/Lutter AktG/*Klöcker* § 4 SpruchG Rn 4), dafür spricht der Rechtsgedanke des § 4, der an die Bekanntmachung anknüpft (vgl *Heidel* DB 2003, 551 und RegBegr BT-Drucks 15/3405, 58). Der Tag der Bekanntmachung wird nicht mitgerechnet (§ 187 Abs 1 BGB, § 222 Abs 1 ZPO, § 16 Abs 2 FamFG, § 17 Abs 1). Bei der **übertragenden Auflösung** beginnt die Frist, wenn die Eintragung der Auflösung nach § 10 HGB bekannt gemacht ist (*Fritzsche/Dreier/Verfürth* SpruchG Rn 29). Das **Fristende** bestimmt sich nach § 188 Abs 2 und 3 BGB (iVm § 222 Abs 1 ZPO, § 16 Abs 2 FamFG, § 17 Abs 1). Keine Voraussetzung des Fristbeginns ist die **Kenntnis** des Antragstellers von der Bekanntmachung. Keine Auswirkung auf den Fristlauf hat ferner die Anhängigkeit des **Anfechtungsprozesses** gegen einen Beschl, sofern dieser dessen ungeachtet eingetragen worden ist (Lutter UmwG/*Krieger/Mennicke* § 4 SpruchG Rn 6).

3. Fristwahrung. Die Frist wird nur durch den Eingang beim **zuständigen** Gericht 5
gewahrt (RegBegr BT-Drucks 15/371, 13; *OLG Düsseldorf* BeckRS 2009, 21626;
OLG Frankfurt ZIP 2006, 443 f; *BayObLGZ* 2004, 346, 353 mwN; eingehend *Mennicke* BB 2006, 1242 f mwN; *Wasmann* WM 2004, 819, 823; **aA** *BGH* ZIP 2006, 826, 827
f zu §§ 306, 327f AktG aF, offen lassend bzgl SpruchG; *OLG Karlsruhe* AG 2005, 254,
255). Auf den Zugang beim Antragsgegner kommt es nicht an (Keidel FamFG/*Sternal*
§ 23 Rn 22; *KG* WuM 1991, 369, 370). Die Einreichung bei einem unzuständigen
Gericht schadet nicht, wenn das unzuständige Gericht an das zuständige Gericht weiter verweist und die anhängige Sache **noch vor** Fristablauf beim zuständigen Gericht
eingeht (str *OLG Frankfurt* ZIP 2006, 443 f; *KG* AG 2000, 364 f für §§ 305 ff UmwG
aF; Lutter UmwG/*Krieger/Mennicke* § 4 SpruchG Rn 8 mwN; K. Schmidt/Lutter
AktG/*Klöcker* § 4 SpruchG Rn 8; **aA** *BGH* ZIP 2006, 826, 827 f zu §§ 306, 327f AktG
aF; Spindler/Stilz AktG/*Drescher* § 4 SpruchG, Rn 9 offen lassend bzgl SpruchG;
BGHZ 139, 305, 307 für § 23 Abs 4 WEG). Das gilt auch bei einer Erklärung zu Protokoll bei einem nicht zuständigen AG gem § 25 FamFG, § 17 Abs 1: die Sache muss
vor Fristablauf beim zuständigen LG eingegangen sein (*Klöcker/Frowein* SpruchG
Rn 1). Zu dieser Restriktion zwingt § 4 Abs 1 S 2, der die Wahrung der Frist von der
Einreichung bei einem grds zuständigen Gericht abhängig macht (zutr *Hüffer* AktG
Anh § 305 § 4 SpruchG Rn 5). Weiterhin wird auf diese Weise sichergestellt, dass
nach Ablauf der Antragsfrist **Rechtssicherheit** für den Antragsgegner besteht
(K. Schmidt/Lutter AktG/*Klöcker* aaO). Nach Ansicht des *BGH* zu §§ 306, 327f soll
§ 281 Abs 2 S 3 ZPO die Fristwahrung auch bei Einreichung des Antrags bei einem
unzuständigen Gericht begründen, der Verfahrensbeschleunigung würde das verweisende Gericht aufgrund der Verfahrensförderungspflicht genügen (*BGH* aaO zu
§§ 306, 327f AktG aF; dagegen *Hirte/Wittgens* EWiR 2006, 355 f). Der *BGH* lässt
offen, ob diese Erwägungen auch **auf das SpruchG** übertragbar sind. Der Wortlaut des
§ 4 streite für eine enge Auslegung, hingegen der Charakter als kontradiktorisches
Verfahren für eine entspr Anwendung des § 281 ZPO (*BGH* ZIP aaO 828). Nach richtiger Ansicht kann dieses *BGH*-Urt indes nicht auf das neue Spruchverfahrensrecht
übertragen werden (zutr *OLG München* ZIP 2010, 369; *Mennicke* BB 2006, 1242 f und
Hirte/Wittgens aaO 356). § 4 Abs 1 S 2 betrifft die Fälle der Mehrfachzuständigkeit
gem § 2 Abs 1 S 2 und 3 (s § 2 Rn 4f). Die Einreichung bei einem zunächst zuständigen LG, das also ohne die Regelung des § 2 Abs 1 FamFG, § 2 Abs 1 S 2 zuständig
wäre bzw welches sich mit anderen Gerichten im Streit iSd § 5 FamFG über die
Zuständigkeit befindet, wahrt die Frist. Auch **Einreichung vor Fristbeginn** wahrt die
Frist (*OLG Frankfurt* AG 2005, 923 mwN; differenzierend K. Schmidt/Lutter AktG/
Klöcker § 4 SpruchG Rn 9). Innerhalb der Antragsfrist ist der Antrag zu begründen.

III. Begründung (Abs 2)

1. Allgemeines. § 4 Abs 2 verpflichtet den Antragsteller, seinen Antrag zu begründen. S 1 regelt, dass die Begr **innerhalb der Antragsfrist** erfolgen muss. Antragsfrist 6
und Antragsbegründungsfrist decken sich daher grds. S 2 nennt die Pflichtangaben,
wobei Nr 1–3 zu formalen Angaben verpflichten, Nr 4 hingegen dem Antragsteller
aufgibt, konkrete Einwendungen gegen die Angemessenheit der Kompensation vorzubringen.

2. Antragsbegründungsfrist (S 1). Gem § 4 Abs 2 S 1 muss der Antragsteller den 7
Antrag innerhalb der Frist nach Abs 1 begründen. Die Begründungsfrist beginnt zeit-

gleich mit der Antragsfrist, dasselbe gilt im Regelfall auch für das Ende der Begründungsfrist, jedoch sieht § 4 Abs 2 S 2 Nr 4 S 2 die Möglichkeit der **Verlängerung der Begründungsfrist** vor, wenn der Antragsteller glaubhaft macht, dass er im Zeitpunkt der Antragstellung unverschuldet über bestimmte Unterlagen nicht verfügt (s hierzu Rn 10). Die Verlängerung betrifft aber nur die Begründungsfrist, **nicht die Antragsfrist**, in diesem Fall divergieren die Fristen. Nicht notwendig ist aber, dass die Begr bereits im Antrag erfolgt, möglich ist auch die Nachreichung der Begr innerhalb der Dreimonatsfrist (*Klöcker/Frowein* SpruchG Rn 18; K. Schmidt/Lutter AktG/*Klöcker* § 4 SpruchG Rn 14). Eine solche Vorgehensweise ist bei einer notwendigen Verlängerung der Begründungsfrist zwingend.

8 **3. Formale Pflichtangaben (S 2 Nr 1–3).** Die Nr 1–3 enthalten formale Anforderungen, Nr 1 die **Bezeichnung des Antragsgegners**, Nr 2 die **Antragsberechtigung** nach § 3 (zur Erforderlichkeit des Nachweises innerhalb der Frist s § 3 Rn 17, der Eintrag ins Aktienregister muss nicht angegeben werden, *OLG Frankfurt* AG 2006, 290, 292), Nr 3 die Art der Strukturmaßnahme und die begehrte Kompensation (zur notwendigen Konkretisierung vgl *OLG Stuttgart* AG 2005, 301, 304: es reicht aus, wenn die betroffene Strukturmaßnahme eindeutig bezeichnet ist. Vgl auch *OLG Frankfurt* AG 2006, 290, 293; krit *Wittgens* AG 2007, 106). Die Nr 1 und 2 betreffen Zulässigkeitsvoraussetzungen, die Nr 1 und 3 konkretisieren den Antrag. Zur Bezeichnung des Antragsgegners (Nr 1) sind dessen Firma und Sitz sowie dessen Anschrift zu nennen (Simon SpruchG/*Leuering* Rn 36). Die Benennung der gesetzlichen Vertreter ist nicht erforderlich (*OLG Hamburg* AG 2005, 927). Ist der Antragsteller Aktionär, muss er einen urkundlichen Nachweis (nicht notwendig innerhalb der Antragsfrist, insoweit genügt die Darlegung, s § 3 Rn 17) seiner Aktionärsstellung führen, etwa durch Depotauszug oder effektive Aktienstücke; eine urkundliche Nachweispflicht besteht jedoch nicht, wenn der Antragsteller an einer anderen Gesellschaft als einer AG, etwa einer GmbH, beteiligt ist (s § 3 Rn 17a). Ferner muss der Antragsteller noch darlegen, dass er die Anteile **zum geforderten Zeitpunkt** (s § 3 Rn 16) innehatte (näher *OLG Frankfurt* NZG 2006, 151, 153; *LG Frankfurt/Main* NJW-RR 2005, 473, 474; Köln-Komm SpruchG/*Wasmann* Rn 12). Weiterhin muss der Antragsteller die **Art der Strukturmaßnahme** darlegen, Nr 3 Alt 1. Es muss deutlich werden, welche Nr des § 1 inklusive des dort genannten Unterfalls (zB bei § 1 Nr 5) vorliegt. Bei nicht genannten Fällen muss möglichst präzise die betroffene Strukturmaßnahme, zB „reguläres Delisting", genannt sein, bei Verletzung von Informations-, Auskunfts- und Berichtspflichten sollte bereits an dieser Stelle ein Hinweis auf diese Besonderheit erfolgen. Bzgl der **Kompensation** muss die Art angegeben werden (§ 4 S 2 Nr 3 Alt 2), also ob Ausgleich, Zuzahlung oder Abfindung zu bestimmen ist, ferner, ob eine Barabfindung oder eine Abfindung in Aktien verlangt wird (Simon SpruchG/*Leuering* Rn 43). Die notwendige Konkretisierung der Angaben richtet sich nach dem Maß seiner Verfahrensförderungspflichtigkeit (*Klöcker/Frowein* SpruchG Rn 22; vgl ferner *Bungert/Mennicke* BB 2003, 2021, 2026).

9 **4. Bewertungsrüge (S 2 Nr 4). – a) Bezeichnungspflicht.** Die Einwendungen **begrenzen den Prüfungsumfang** des Gerichts (*Büchel* NZG 2003, 793, 795). Hierdurch wird das Verfahren auf die vom Antragsteller kritisierten Punkte fokussiert und folglich verkürzt (*LG Frankfurt/Main* AG 2004, 392, 393; *van Kann/Hirschmann* DStR 2003, 1488, 1491; an der Effizienz zw *Puszkajler* ZIP 2003, 518, 520). Liegt überhaupt innerhalb der Antragsbegründungsfrist keine genügende Darstellung einer Einwendung vor, begrün-

det dies einen **formalen Antragsmangel** mit der Folge, dass der Antrag als **unzulässig** zurückzuweisen ist (Simon SpruchG/*Leuering* Rn 46; RegBegr BT-Drucks 15/371, 13). Ist zwar ein Einwand erhoben, will sich der Antragsteller aber auf einen Punkt berufen, den er nicht innerhalb der Begründungsfrist geltend gemacht hat, ist er damit präkludiert; dieser Einwand bleibt unbeachtet. Das Gericht kann zwar offensichtliche Fehler berücksichtigen, ist dazu aber nicht verpflichtet (*Büchel* NZG 2003, 793, 795). Der Antragsteller kann sich folglich nicht mehr auf pauschale Behauptungen und abstrakte Formulierungen stützen (*OLG Frankfurt* DB 2006, 660, 661; *Hüffer* AktG § 305 § 4 SpruchG Rn 8), er muss vielmehr die Fehlerhaftigkeit der Bewertungsmethode **substantiiert plausibel machen** (*van Kann/Hirschmann* DStR 2003, 1488, 1491; *KG* BeckRS 2011, 03008; vgl auch *OLG Frankfurt* aaO: einzelne überprüfbare Punkte und Begr der diesbezüglichen Kritik; allerdings lässt diese Entsch eine sehr oberflächliche und nichtssagende Bewertungsrüge zu, krit daher mit Recht *Lenz* EWiR 2006, 413, 414; vgl auch *Winter/Nießen* NZG 2007, 13, 16 f). Auch **Standardbewertungsrügen**, dass etwa der Basiszinssatz 5 % betragen müsse, dass der Referenzzeitraum zur Berücksichtigung des Börsenkurses zu kurz oder im Widerspruch zu bestimmten höchstrichterlichen Urteilen stünde (vgl etwa *BGH* BeckRS 2010, 18026) oder pauschal der Kapitalisierungszinssatz zu hoch sei, **genügen nicht** (*Bungert/Mennicke* BB 2003, 2021, 2026; *OLG Frankfurt* aaO). Es sind vom Gericht vielmehr strenge Maßstäbe iRd für den Antragsteller Möglichen anzulegen (*Lamb/Schluck-Amend* DB 2003, 1259, 1262). Der Antragsteller ist idR zur konkreten Begr in der Lage (*Land/Hennings* AG 2005, 380, 382). Die Begründungspflicht besteht jedoch nur, soweit Angaben in den in § 7 Abs 3 genannten Unterlagen enthalten sind. Die Anforderungen an die Begr sind umso höher, je umfassender und detaillierter die Unterlagen die Bewertungsgrundlagen darlegen (*KG* BeckRS 2012, 18406; großzügiger Mehrbrey/*Krenek* § 97 Rn 43). Die Behauptungen müssen dem Beweis zugänglich sein und erkennen lassen, dass sich der Antragsteller mit dem Problem auseinandergesetzt hat (*Fritzsche/Dreier/Verfürth* SpruchG Rn 19). Ein Antrag, der sich auf die Mitteilung beschränkt, die angebotene Barabfindung sei unangemessen, genügt danach ebenso wenig wie die pauschale Bezugnahme auf „in dieser Sache bereits vorliegende Anträge und deren Begründungen" (*OLG München* NZG 2009, 190). Ein durch eine **unsubstantiierte Bewertungsrüge** nur unzureichend begründeter Antrag ist deshalb als **unzulässig** zurückzuweisen (*OLG München* aaO; *Hüffer* AktG Anh § 305 § 4 SpruchG Rn 9). Unzureichend konkretisiert ist auch die Einwendung, die angebotene Barabfindung sei unangemessen, weil sie geringer als der in § 9 Abs 1 AktG vorgeschriebene Mindestausgabebetrag ist. Dieser Betrag lässt keinen Rückschluss auf den Wert des Unternehmens zu (*LG München I* ZIP 2010, 1995). Für ausreichend konkretisiert hielt hingegen das *OLG Frankfurt* (NZG 2006, 674, 676) einen Antrag, welcher durch begründete Kritik hinsichtlich einzelner überprüfbarer Parameter der Unternehmensbewertung gestützt wurde. Verlangt werden muss indes auch eine Darlegung der **Erheblichkeit** der vorgebrachten Rüge für die Höhe der Kompensation (Simon SpruchG/*Leuering* Rn 50). Für weitere Einzelfälle s Simon SpruchG/*Leuering* Rn 44 ff.

b) Begründungsfristverlängerung. Der Antragsteller kann seinen Antrag nur dann begründen, wenn er über die in § 7 Abs 3 genannten Unterlagen (Bericht über den entspr Strukturbeschluss, ggf nebst Prüfungsbericht) verfügt. Verfügt er darüber nicht, mindert dies nicht etwa die Begründungspflicht, vielmehr muss er gem § 31 Abs 1 FamFG, § 17 Abs 1 glaubhaft machen, dass er diesen Umstand nicht zu vertreten hat, und beim Gericht einen Antrag stellen, die Begründungsfrist **angemessen zu verlän-** 10 gern. Weiterhin muss er mit dem Antrag verlangen, dass Abschriften nach § 7 Abs 3 erteilt werden, dieser Antrag muss förmlich gestellt sein, ein konkludenter Antrag ist nicht möglich (*OLG Frankfurt* DB 2006, 660, 661). Innerhalb der Verlängerung hat dann regulär die Antragsbegründung zu erfolgen, wobei die Anforderungen an die Begr in keiner Weise gemindert sind. Fehlendes Verschulden liegt nur **ausnahmsweise** vor. Auch an die Glaubhaftmachung sind hohe Anforderungen zu stellen. Der Antragsteller darf die Unterlagen auch nicht anderweitig erhalten haben können, etwa beim HR oder bei der HV, wo sie ausliegen müssen (zutr *LG Dortmund* AG 2005, 310 f; *Fritzsche/Dreier/Verfürth* SpruchG Rn 22). Ein Verschulden liegt auf jeden Fall dann vor, wenn der Antragsteller die Unterlagen nicht angefordert hat (K. Schmidt/Lutter AktG/*Klöcker* § 5 SpruchG Rn 30). § 4 Abs 2 S 2 Nr 4 S 2 ist **abschließend** (aA *Fritzsche/Dreier/Verfürth* aaO Rn 23).

11 **5. Sollangabe (S 3).** Weiterhin **soll** sich nach § 4 Abs 2 S 3 aus der Antragsbegründung die Zahl der von dem Antragsteller gehaltenen Anteile ergeben. Relevante Vorschrift ist insoweit § 31 RVG. Der Nachweis erfolgt wie bei § 3 S 3 (*Fritzsche/Dreier/Verfürth* SpruchG Rn 24). Da es sich lediglich um eine Soll-Vorschrift handelt, führt das Fehlen nicht zur Unzulässigkeit des Antrags (unstr, vgl auch § 31 Abs 1 S 3 RVG).

12 **6. Folge fehlender oder fehlerhafter Begründung.** Anträge, die den – von der Rspr zu konkretisierenden – zumutbaren Mindestanforderungen nicht genügen, sind als **unzulässig** abzuweisen (*LG München I* ZIP 2010, 1995; RegBegr BT-Drucks 15/371, 13; *Puszkajler* Der Konzern 2006, 256 f). Für die Zulässigkeit genügt neben den Angaben der Nr 1-3 (hierzu s Rn 8) allerdings bereits ein innerhalb der Antragsbegründungsfrist gestellter konkreter, ordnungsgemäß substantiierter Einwand. Weitere, nicht fristgerecht gestellte Einwände sind **präkludiert**, sofern sie auf Kenntnissen beruhen, die der Antragssteller bereits innerhalb der Begründungsfrist hatte oder haben musste (Lutter UmwG/*Krieger/Mennicke* § 4 SpruchG Rn 16; *Hüffer* AktG Anh § 305 § 4 SpruchG Rn 9; *Kubis* FS Hüffer, S 567, 571; aA Simon SpruchG/*Winter* § 7 Rn 29 ff; *Emmerich/Habersack* Aktien- und GmbH-KonzernR SpruchG § 4 Rn 13; je mwN). Weiterer Sachvortrag zur Untermauerung fristgerecht erhobener Einwände ist dagegen zulässig (*Hüffer* AktG Anh § 305 § 4 SpruchG Rn 9). Weitere Einzelheiten vgl Rn 9 und § 7 Rn 5. Bzgl des Fehlens der Angabe nach § 4 Abs 2 S 3 s Rn 11.

§ 5 Antragsgegner

Der Antrag auf gerichtliche Entscheidung in einem Verfahren nach § 1 ist in den Fällen
1. der Nummer 1 gegen den anderen Vertragsteil des Unternehmensvertrags;
2. der Nummer 2 gegen die Hauptgesellschaft;
3. der Nummer 3 gegen den Hauptaktionär;
4. der Nummer 4 gegen die übernehmenden oder neuen Rechtsträger oder gegen den Rechtsträger neuer Rechtsform;
5. der Nummer 5 gegen die SE, aber im Fall des § 9 des SE-Ausführungsgesetzes gegen die die Gründung anstrebende Gesellschaft;
6. der Nummer 6 gegen die Europäische Genossenschaft

zu richten.

Übersicht

	Rn		Rn
I. Regelungsgegenstand	1	2. Nr 4	3
II. Antragsgegner	2	3. Nr 5 und 6	4
1. Nr 1 bis 3	2	4. Nicht in § 5 aufgeführte Fälle	5

I. Regelungsgegenstand

§ 5 bestimmt, gegen wen der Antrag zu richten ist. Antragsgegner ist grds der **Schuldner des Kompensationsanspruches** gem der Darstellung im Antrag (*van Kann/Hirschmann* DStR 2003, 1488, 1491), bei Insolvenz der Insolvenzverwalter (*OLG Frankfurt AG* 2006, 206, 207). **1**

II. Antragsgegner

1. Nr 1 bis 3. Für den Fall des § 1 Nr 1 wird klargestellt, dass gem der bisherigen hM nicht nur in Fällen des § 305 AktG, sondern auch des § 304 AktG der Antrag gegen den **anderen Vertragsteil** zu richten ist (RegBegr BT-Drucks 15/371, 13). Der Antrag kann jedoch nicht gegen beide Parteien des Unternehmensvertrages (iSd §§ 304, 305 AktG; vgl *Hüffer* AktG Anh § 305 § 5 SpruchG Rn 2) gerichtet werden, sondern nur gegen den anderen Vertragsteil (*Büchel* NZG 793, 796). Auch die Nr 2 und 3 entsprechen größtenteils der bisher hM zum alten Spruchverfahrensrecht und bestimmen denjenigen zum Antragsgegner, der nach der Darstellung des Antragstellers Schuldner der Kompensationsleistung ist. Bei Nr 3 wurde der nach alter Rechtslage bestehende Meinungsstreit (vgl *Klöcker/Frowein* SpruchG Rn 55 mwN) dahingehend beendet, dass Antragsgegner nur der Hauptaktionär ist (*LG München I* ZIP 2010, 1995). **2**

2. Nr 4. Für Umwandlungsfälle nach dem UmwG übernimmt § 5 Nr 4 unverändert die bisherige Regelung des § 307 Abs 2 UmwG, jedoch mit der Abweichung, dass der Antrag nicht mehr gegen die Gesellschafter einer GbR, sondern gegen die **GbR** als solche zu richten ist (RegBegr BT-Drucks 15/371, 13). Kommt es zu mehreren übernehmenden oder neuen Rechtsträgern (Spaltung), muss der Antrag gegen jeden von diesen gestellt werden (MünchKomm AktG/*Kubis* § 5 SpruchG Rn 3 mwN). **3**

3. Nr 5 und 6. Bei Gründung einer SE kann Antragsgegner nur diese sein, denn der Antrag kann nicht vor Eintragung der SE gestellt werden. § 5 Nr 5 ist insoweit nur deklaratorisch und wäre bereits durch die Nr 4 abgedeckt gewesen; jedoch war eine ausdrückliche Erwähnung wg der größeren Klarheit und wg des Zusammenhangs zu den vorangehenden Vorschriften des SpruchG, die in Bezug auf die SE ausdrückliche Regelungen enthalten, notwendig (RegBegr BT-Drucks 15/3405, 58). Bei **Gründung einer Holding-SE** ist Antragsgegner die dem deutschen Recht unterliegende, eine SE-Gründung anstrebende Gesellschaft, bei Sitzverlegung die SE selbst (RegBegr BT-Drucks 15/3405, 58). Antragsgegnerin ist die SCE, es gilt dasselbe wie bei der SE (s.o., RegBegr BT-Drucks 16/1025, 98). **4**

4. Nicht in § 5 aufgeführte Fälle. Für nicht in § 5 aufgeführte Fälle gilt der Grundsatz, dass Antragsgegner derjenige ist, der gem der Darstellung des Antragstellers Schuldner der Kompensationsleistung ist (*van Kann/Hirschmann* DStR 2003, 1488, 1491; KölnKomm AktG/*Wasmann* Rn 6). Beim **Wegfall von Mehrstimmrechten** nach § 5 EGAktG ist die AG als Schuldnerin des Ausgleichsanspruches Antragsgegnerin (*Simon* SpruchG/*Leuering* Rn 12). Beim **Delisting** ist Antragsgegner derjenige, welcher ein Angebot abgegeben hat. Hat die Gesellschaft oder statt ihrer ein Gesellschaf- **5**

ter ein Angebot abgegeben, so ist das Spruchverfahren **nur** gegen die Gesellschaft bzw gegen den das Angebot abgebenden Aktionär zu richten (Simon SpruchG/*Leuering* Rn 13; aA *Fritzsche/Dreier/Verfürth* SpruchG Rn 9). Fehlt ein Angebot, so sind sowohl die Gesellschaft als auch der Mehrheitsaktionär mögliche Antragsgegner des Spruchverfahrens. Das Ausscheiden des Mehrheitsgesellschafters nach Beschlussfassung lässt weder seine Schuldnerschaft noch seine Antragsgegnerschaft entfallen (näher *Fritzsche/Dreier/Verfürth* aaO). Will man bei der **übertragenden Auflösung** richtigerweise das Spruchverfahren anwenden (vgl § 1 Rn 6), so ist der Antragsgegner wie beim Delisting (s.o.) zu bestimmen (*Fritzsche/Dreier/Verfürth* aaO Rn 10).

§ 6 Gemeinsamer Vertreter

(1) [1]**Das Gericht hat den Antragsberechtigten, die nicht selbst Antragsteller sind, zur Wahrung ihrer Rechte frühzeitig einen gemeinsamen Vertreter zu bestellen; dieser hat die Stellung eines gesetzlichen Vertreters.** [2]**Werden die Festsetzung des angemessenen Ausgleichs und die Festsetzung der angemessenen Abfindung beantragt, so hat es für jeden Antrag einen gemeinsamen Vertreter zu bestellen, wenn aufgrund der konkreten Umstände davon auszugehen ist, dass die Wahrung der Rechte aller betroffenen Antragsberechtigten durch einen einzigen gemeinsamen Vertreter nicht sichergestellt ist.** [3]**Die Bestellung eines gemeinsamen Vertreters kann vollständig unterbleiben, wenn die Wahrung der Rechte der Antragsberechtigten auf andere Weise sichergestellt ist.** [4]**Das Gericht hat die Bestellung des gemeinsamen Vertreters im Bundesanzeiger bekannt zu machen.** [5]**Wenn in den Fällen des § 1 Nr. 1 bis 3 die Satzung der Gesellschaft, deren außen stehende oder ausgeschiedene Aktionäre antragsberechtigt sind, oder in den Fällen des § 1 Nr. 4 der Gesellschaftsvertrag, der Partnerschaftsvertrag, die Satzung oder das Statut des übertragenden oder formwechselnden Rechtsträgers noch andere Blätter oder elektronische Informationsmedien für die öffentlichen Bekanntmachungen bestimmt hatte, so hat es die Bestellung auch dort bekannt zu machen.**

(2) [1]Der gemeinsame Vertreter kann von dem Antragsgegner in entsprechender Anwendung des Rechtsanwaltsvergütungsgesetzes den Ersatz seiner Auslagen und eine Vergütung für seine Tätigkeit verlangen; mehrere Antragsgegner haften als Gesamtschuldner. [2]Die Auslagen und die Vergütung setzt das Gericht fest. [3]Gegenstandswert ist der für die Gerichtsgebühren maßgebliche Geschäftswert. [4]Das Gericht kann den Zahlungsverpflichteten auf Verlangen des Vertreters die Leistung von Vorschüssen aufgeben. [5]Aus der Festsetzung findet die Zwangsvollstreckung nach der Zivilprozessordnung statt.

(3) [1]Der gemeinsame Vertreter kann das Verfahren auch nach Rücknahme eines Antrags fortführen. [2]Er steht in diesem Falle einem Antragsteller gleich.

Übersicht

	Rn		Rn
I. Allgemeines	1	5. Bekanntmachung (S 4 und 5)	6
II. Bestellung (Abs 1)	2	6. Rechtsbehelfe	7
1. Bestellungsakt (S 1 HS 1)	2	III. Auslagen und Vergütung (Abs 2)	8
2. Rechtsstellung (S 1 HS 2)	3	IV. Fortführung des Verfahrens	
3. Mehrere Antragsarten (S 2)	4	(Abs 3)	9
4. Fehlende Notwendigkeit der Bestellung (S 3)	5		

I. Allgemeines

Zwei wesentliche Änderungen sind im Vergleich zu den Vorgängervorschriften im UmwG vorgenommen worden: Zum einen der Wechsel von der Bestellung je eines Vertreters pro Antragsart zu dem Grundsatz, dass **nur ein gemeinsamer Vertreter für mehrere Antragsarten** zu bestellen ist, zum anderen der Wechsel der Bekanntmachungsform: Das Gericht hat nach § 6 Abs 1 S 4 die Bestellung des gemeinsamen Vertreters im **elektronischen Bundesanzeiger** bekannt zu machen. ISd Verfahrensbeschleunigung soll die Bestellung explizit **frühzeitig** erfolgen (RegBegr BT-Drucks 15/371, 14). 1

II. Bestellung (Abs 1)

1. Bestellungsakt (S 1 HS 1). Der gemeinsame Vertreter wird durch das zuständige Gericht bestellt. Die Bestellung erfolgt von Amts wegen, eines Antrags bedarf es hierfür nicht (Semler/Stengel UmwG/*Volhard* § 308 Rn 2 f). Die Bestellung erfolgt für das gesamte Spruchverfahren inklusive der Rechtsmittelinstanzen (*BayObLG* NJW-RR 1992, 615; *OLG Hamburg* AG 1975, 191, 192). Die Bestellung hat im Interesse der Verfahrensbeschleunigung und der frühzeitigen Wahrung der Interessen der Beteiligten **so früh wie möglich** zu erfolgen (RegBegr BT-Drucks 15/371, 14). Frühzeitig meint, dass der gemeinsame Vertreter bei Eingang der Erwiderung sogleich unter Fristsetzung nach § 7 Abs 4 zur Stellungnahme aufgefordert werden kann (*Büchel* NZG 2003, 793, 797). Grundvoraussetzung einer Bestellung ist aber immer, dass **mindestens ein zulässiger und fristgerechter Antrag** gestellt worden ist (*Wasmann/Mielke* WM 2005, 822, 825; vgl ferner *BayObLG* aaO). Werden nur unzulässige Anträge gestellt, ist von der Bestellung des gemeinsamen Vertreters abzusehen (vgl RegBegr BT-Drucks 15/371, 14; *LG Frankfurt/Main* ZIP 2005, 859, 861), weil Abweisungen als unzulässig nur zur Inter Partes-Wirkung führen und die Tätigkeit des gemeinsamen Vertreters ihre Rechtfertigung in der Inter Omnes-Wirkung nach § 13 findet (*BayObLG* aaO und *Fritzsche/Dreier/Verfürth* SpruchG Rn 2). Für einen verfrühten Antrag muss kein gemeinsamer Vertreter bestellt werden (*OLG Stuttgart* AG 2004, 109). Nicht notwendig ist aber, dass der **zulässig** gestellte Antrag **fortbesteht.** Ist einmal ein zulässiger Antrag gestellt, muss – das zeigt § 6 Abs 3 – ein gemeinsamer Vertreter bestellt werden; bspw Antragsrücknahme, gemeinsame Erledigungserklärung oder nachträgliches Entfallen von Zulässigkeitsvoraussetzungen hindern die Bestellung nicht. Zwar ließe sich einwenden, dass in solchen Fällen doch offenbar kein weiteres Interesse an einer Durchführung des Verfahrens bestehe. Der gem Vertreter dient aber vor dem Hintergrund der Inter Omnes-Wirkung der Entscheidung im Spruchverfahren gerade dem **Schutz der Antragsberechtigten**, die selbst **keinen Antrag** gestellt haben. Das Gesetz verlangt in deren **objektiviertem Interesse** die Bestellung des gem Vertreters bereits dann, wenn ein zulässiger Antrag vorliegt (str, ebenso *Klöcker/Frowein* SpruchG Rn 8; **aA** Lutter UmwG/*Krieger/Mennicke* § 6 SpruchG Rn 3 zu Ausnahmen s Rn 5). Das Gericht hat die Beteiligten gem § 26 FamFG anzuhören, um festzustellen, ob Antragsberechtigte vorhanden sind, die keinen Antrag gestellt haben. Diese Feststellung erfolgt ebenfalls von Amts wegen; weder ein Antrag eines Antragsberechtigten noch eine öffentlich bekannt gemachte Aufforderung durch das Gericht, sich binnen einer Ausschlussfrist bei Gericht zu erklären, sind notwendig (*Hüffer* AktG Anh § 305 § 6 SpruchG Rn 2; **aA** *Rowedder* FS Rittner, S 509, 512). Es kann die Vorschläge der Antragsteller oder die der nicht betei- 2 ligten Antragsberechtigten berücksichtigen, muss es aber nicht. Bestellt werden können **natürliche Personen**, die **genügend fachlich gebildet** sind, namentlich Rechtsanwälte, Wirtschaftsprüfer oder sonstige Personen aus wirtschaftsberatenden Berufen, welche vergleichbare Qualifikationen sowie Kenntnisse im Gesellschaftsrecht und in der Unternehmensbewertung nachweisen können (Lutter UmwG/*Krieger/Mennicke* § 6 SpruchG Rn 4) sowie entspr qualifizierte **juristische Personen** wie Wirtschaftsprüfungsgesellschaften und Anwaltssozietäten (so zutr KölnKomm SpruchG/*Wasmann* Rn 28; aA noch *Simmler* in 1. Aufl; Lutter UmwG/*Krieger/Mennicke* aaO).

3   **2. Rechtsstellung (S 1 HS 2).** Gem § 6 Abs 1 S 1 HS 2 hat der gemeinsame Vertreter die Stellung eines **gesetzlichen Vertreters** der selbst nicht am Verfahren beteiligten Antragsberechtigten. Zugleich wahrt er die Interessen der bereits ausgeschiedenen Anteilsinhaber, soweit der Ausgang des Spruchverfahrens gem § 13 S 2 SpruchG auch ihnen gegenüber wirkt (deshalb für analoge Anwendung des § 6 Abs 1 S 1 Simon SpruchG/*Leuering* Rn 4, 30). Der gemeinsame Vertreter ist nicht Partei kraft Amtes, er ist als Vertreter nur formell Beteiligter und hat keine eigene unabhängige verfahrensrechtliche Stellung, vgl § 7 Abs 2 Nr 2 FamFG. Die von ihm Vertretenen können sich nicht als Streithelfer am Verfahren beteiligen (*OLG Frankfurt* ZIP 2006, 300; *OLG Schleswig* NJW-RR 2000, 43, 44). Es fehlt das Bedürfnis, Aktionären, die die Antragsfrist verstreichen lassen, durch Eröffnung einer **Nebenintervention** oder anderweitig wieder das Verfahren zu eröffnen (*OLG Stuttgart* ZIP 2007, 250, 252; *OLG Frankfurt* aaO; *BayObLG* AG 2003, 42, 43). Der gemeinsame Vertreter und die von ihm vertretenen, am Verfahren nicht beteiligten Antragsberechtigten sind an den Streitgegenstand gebunden, der durch die in formeller und materieller Hinsicht am Verfahren Beteiligten bestimmt worden ist. **Er kann** folglich **keine über** den durch den Antragsteller eingebrachten **Streitgegenstand hinausgehende Anträge** formulieren, etwa bzgl einer nachträglichen Änderung der von der Gesellschaft vorgesehenen Abfindung oder des Ausgleichs (vgl *BVerfG* NJW 1992, 2076). Innerhalb des Streitgegenstandes kann er jedoch (immer im Namen der Vertretenen) Anträge stellen, Rechtsmittel einlegen (*K. Schmidt/Lutter* AktG § 6 SpruchG Rn 19) und Vergleiche schließen (auch allein mit dem Antragsgegner; vgl RegBegr BT-Drucks 12/6699, 170). Er kann allerdings nicht neue, von den Antragstellern innerhalb der Begründungsfrist nach § 4 Abs 2 nicht vorgetragene Einwendungen gegen die Unternehmensbewertung geltend machen, sofern sie auf Kenntnissen beruhen, die die Antragssteller bis zum Ablauf der Begründungsfrist hatten oder haben mussten; er ist dann auf die von den Antragstellern bereits eingeführten Fragen beschränkt und kann weiteren Sachvortrag nur vorbringen, soweit er inhaltlich zu einem bereits fristgerecht erhobenen Einwand gehört; iÜ ist er ebenso wie die Antragssteller **präkludiert** (str; ebenso *Weingärtner* Der Konzern 2005, 694; aA *Puszkajler* ZIP 2006, 256; Mehrbrey/*Krenek* § 97 Rn 54). Andernfalls würde der Zweck der §§ 4 Abs 2, 7 Abs 4 iVm § 10 (Verfahrensbeschleunigung) verfehlt, die Fristbindung zu bloßem **Formalismus** (vgl hierzu auch § 4 Rn 12) und der gemeinsame Vertreter gegenüber den tatsächlichen Antragsstellern bevorteilt. Wg der Beschränkung der Vertretungsmacht auf das Verfahren kann er keine rechtsgeschäftliche Verpflichtung für die von ihm vertretenen Aktionäre begründen, ebenfalls kann er keine **außergerichtlichen Vergleiche** schließen (*App* BB 1995, 267). Er kann nur im Verfahren einem außergerichtlichen Vergleich zwischen Antragsstellern und Antragsgegner für die vertretenen Antragsberechtigten beitreten (MünchKomm AktG/*Kubis* § 6 SpruchG Rn 13; **aA** Hölters/AktG *Simons* § 6 SpruchG

Rn 26). Jedoch darf der Vertreter keine vollendeten Tatsachen schaffen, solange noch Aktionäre Anträge stellen können, er hat hierfür also die Antragsfrist abzuwarten (*Klöcker/Frowein* SpruchG Rn 22). Die Bestellung und die Vertretungsmacht werden allein durch gerichtlichen Akt bewirkt, es besteht daher grds kein schuldrechtliches Verhältnis zwischen dem gemeinsamen Vertreter und den vertretenen Aktionären (**aA** *App* aaO). Somit ist der gemeinsame Vertreter den vertretenen Antragsberechtigten gegenüber weder rechenschaftspflichtig, noch weisungsunterworfen und auch nicht auskunftspflichtig (*OLG München* BeckRS 2010, 15542; Semler/Stengel UmwG/*Volhard* § 308 Rn 10; **aA** für die Rechenschaftspflicht *Fritzsche/Dreier/Verfürth* SpruchG Rn 20), auch nicht gegenüber dem Gericht (MünchKomm AktG/*Kubis* § 6 SpruchG Rn 15); ferner kann ein Schadensersatzanspruch mangels schuldrechtlicher Grundlage nur auf gesetzliche Tatbestände gestützt werden (§ 826 BGB), nicht aber auf § 311 Abs 2 Nr 3 BGB (Spindler/Stilz AktG/*Drescher* § 6 SpruchG Rn 3; Hölters AktG/*Simons* § 6 SpruchG Rn 28; insoweit **aA** Lutter UmwG/*Krieger/Mennicke* § 6 SpruchG Rn 11; *Meyer* S 277 ff) offen lassend *OLG München* BeckRS 2010, 15542; K. Schmidt/Lutter AktG/*Klöcker* § 6 SpruchG Rn 18).

3. Mehrere Antragsarten (S 2). Werden die Festsetzung des angemessenen Ausgleichs und der angemessenen Abfindung beantragt, so geht § 6 Abs 1 S 2 im Grundsatz davon aus, dass ein gemeinsamer Vertreter für beide Antragsarten genügt. In § 306 Abs 4 S 2 AktG aF und § 308 UmwG aF wurde noch bestimmt, dass für jeden Antrag ein gemeinsamer Vertreter bestellt werden musste. Die Neuerung, dass es in diesen Fällen grds nur eines gemeinsamen Vertreters bedarf, vereinfacht das Verfahren und senkt die Kosten (RegBegr BT-Drucks 15/371, 14). Nur dann, wenn aufgrund **konkreter Anhaltspunkte** davon auszugehen ist, dass die Wahrung der Rechte der verschiedenen Betroffenen durch einen gemeinsamen Vertreter nicht sichergestellt ist, muss ein weiterer Vertreter bestellt werden (RegBegr BT-Drucks 15/371, 14). Diese Regelung entspricht den praktischen Bedürfnissen, denn die unterschiedlichen Interessen nicht am Verfahren beteiligter Antragsteller sind angesichts des gemeinsamen Ziels, Leistungen von der Gesellschaft zu erhalten, als eher gering einzuschätzen (vgl *Fritzsche/Dreier/Verfürth* SpruchG Rn 13 mit Bsp für einen notwendigen zweiten gemeinsamen Vertreter); einen Interessengegensatz, der einen zweiten gemeinsamen Vertreter erfordert, liegt idR nicht vor (*Bungert/Mennicke* BB 2003, 2021, 2026). 4

4. Fehlende Notwendigkeit der Bestellung (S 3). Gem § 6 Abs 1 S 3 kann die Bestellung des gemeinsamen Vertreters vollständig unterbleiben, wenn die Wahrung der Rechte, insb der Anspruch auf rechtliches Gehör der nicht am Verfahren beteiligten Antragsberechtigten, auf anderer Weise sichergestellt ist. Es muss sich um einen **Ausnahmefall** handeln, an den strenge Anforderungen zu stellen sind (*OLG Düsseldorf* NJW 1971, 1569). Dafür reicht es nicht aus, dass keine gegensätzlichen Interessen antragstellender und nicht antragstellender Aktionäre bestehen oder dass die Verfahrensbevollmächtigten mit den sachlichen und rechtlichen Fragen des Verfahrens gut vertraut sind (*OLG Düsseldorf* aaO). Auch die Passivität der nicht antragstellenden Aktionäre oder die möglicherweise geringe Zahl dieser Aktionäre begründet keinen Ausnahmefall, auch darf nicht das Ergebnis eines Gutachtens abgewartet werden (*KG* WM 1972, 738, 740). Ebensowenig genügt es, dass ein Verein, der nach seiner Satzung die Aufgabe hat, die schutzbedürftigen ideellen und materiellen Interessen der Wertpapierbesitzer wahrzunehmen, unter den Antragstellern ist (Lutter UmwG/*Krieger/Mennicke* § 6 SpruchG Rn 6 mwN). Allerdings kann die Bestellung für das Verfah- 5 rensstadium unterbleiben, welches sich auf die reinen Verfahrensfragen oder auf die Frist konzentriert (*OLG Frankfurt* NJW 1972, 641, 644). Es reicht weiterhin aus, wenn **alle** nicht am Verfahren beteiligten Antragsberechtigten sowie die vom Ausgang des Spruchverfahrens betroffenen ausgeschiedenen Aktionäre (vgl Rn 3) auf die Bestellung des gemeinsamen Vertreters verzichten, sich mit dem Antragsgegner geeinigt oder den Antragsteller mit der Wahrnehmung ihrer Interessen beauftragt haben (Lutter UmwG/*Krieger/Mennicke* aaO). Entfällt die Notwendigkeit der Bestellung nachträglich, zB in zweiter Instanz, so ist der gemeinsame Vertreter von Amts wegen **abzuberufen** (*BayObLG* NJW-RR 1992, 615; *OLG Düsseldorf* NJW-RR 1988, 1121). Ein **ungeeigneter gemeinsamer Vertreter** muss von Amts wegen ersetzt werden (Abberufung und Neubestellung) (*OLG Hamburg* AG 1975, 191, 192). Für die Abberufung gelten dieselben Verfahrensvorschriften wie bei der Bestellung, insb §§ 2 Abs 2 Nr 5, 6 Abs 1 S 4 und 5 (*Klöcker/Frowein* SpruchG Rn 20).

6   **5. Bekanntmachung (S 4 und 5).** Die Bekanntmachung der Bestellung des gemeinsamen Vertreters durch das Gericht erfolgt ausschließlich im **elektronischen Bundesanzeiger** (§ 6 Abs 1 S 4). Der Gesellschaft der antragsberechtigten Aktionäre steht es allerdings frei, etwa die Printversion des Bundesanzeigers oder andere Informationsmedien in ihrer Satzung oder ihrem Statut als weitere Gesellschaftsblätter iSv § 25 S 2 AktG zu bestimmen, so dass eine Bekanntmachung gem § 6 Abs 1 S 5 auch dort erfolgen muss.

7   **6. Rechtsbehelfe.** Gegen Bestellung, Nichtbestellung und Abberufung war vor Inkrafttreten des FamFG eine isolierte Beschwerde zum OLG möglich, wobei manche die sofortige Beschwerde (*KG* WM 1972, 738, 739), die **hM** dagegen die nicht fristgebundene Beschwerde nach § 19 FGG für eröffnet hielten (*OLG Düsseldorf* NJW 1971, 1569; Simon SpruchG/*Leuering* § 6 Rn 23). Nach der Neukonzeption des Rechtsbehelfsystems im FamFG muss man dies zugunsten der **sofortigen Beschwerde** für geklärt halten, denn § 58 FamFG erlaubt nun ausdrücklich keine isolierte Anfechtung von Zwischen- und Nebenentscheidungen mehr. Zwar ist auch die sofortige Beschwerde in entspr Anwendung der §§ 567 bis 572 ZPO an sich nur in ausdrücklich normierten Fällen zugelassen (MünchKomm ZPO/*Koritz* § 58 FamFG Rn 8), doch können Zwischenentscheidungen dann angefochten werden, „wenn sie in so **einschneidender Weise** in die Rechte des Betroffenen eingreifen, dass ihre selbständige Anfechtbarkeit unbedingt geboten ist" (*BGH* NJW-RR 2003, 1369; *OLG München* AG 2009, 340). Dies ist bei der (Nicht-)**Bestellung bzw Abberufung eines gemeinsamen Vertreters** wg dessen Stellung als gesetzlicher Vertreter der nicht selbst am Verfahren beteiligten Antragsberechtigten anzunehmen, wird diesen doch die aufgrund der Inter Omnes-Wirkung der Entscheidung gebotene Vertretung im Spruchverfahren verwehrt und damit eine Rechtsposition genommen (**str**, für Anfechtbarkeit auch *Preuß* NZG 2009, 961; AnwK-AktR/*Tewes* SpruchG § 11 Rn 7; **aA** *OLG Frankfurt* AG 2012, 42; Spindler/Stilz AktG/*Drescher* Rn 12; *Engel/Puszkajler* BB 2012, 1687, 1692; *Hüffer* AktG Anh § 305 § 6 Rn 5; Hölters AktG/*Simons* § 6 SpruchG, Rn 21; Mehrbrey/*Krenek* § 97 Rn 51).

III. Auslagen und Vergütung (Abs 2)

8   Der gemeinsame Vertreter kann vom Antragsgegner Ersatz seiner Auslagen und eine Vergütung entspr dem RVG verlangen (§ 6 Abs 2 S 1 HS 1). **Auslagen** können jedoch nur ersetzt werden, wenn sie angemessen sind, dh wenn sie zur zweckentsprechenden

Erledigung der Angelegenheit notwendig sind (*OLG Düsseldorf* AG 1996, 426: Erstattung der Übersetzung einer Entsch der Europäischen Kommission ist nicht notwendig, wenn diese Entsch keine Gesichtspunkte enthält, die nicht bereits nach deutschem Recht inklusive des Grundgesetzes zu berücksichtigen wären). Der Umfang möglicher Gegenstände der Auslagen entspricht dem RVG (*OLG Düsseldorf* BeckRS 2012, 10495 aE). Die Kosten eines vom gemeinsamen Vertreter beauftragten **Privatgutachters** können **nicht** auf den Antragsgegner abgewälzt werden (*OLG Düsseldorf* BeckRS 2012, 20830; vgl auch § 15 Rn 7). Die **Vergütung** des gemeinsamen Vertreters bemisst sich unabhängig davon, ob er Rechtsanwalt ist oder nicht, nach VV 3100 RVG (im Beschwerdeverfahren nach VV 3200, vgl Vorb 3.2.1 VV RVG; im Rechtsbeschwerdeverfahren nach VV 3206, vgl Vorb 3.2.2 VV RVG; *Günal/Kemmerer* NZG 2013, 16, 17 ff: keine Erhöhung gem VV 1008 RVG). Die in § 74 S 1 GNotKG vorgesehene Beschränkung des für die Gerichtsgebühren maßgeblichen Geschäftswerts bestimmt auch die maximale Höhe der Vergütung für den gemeinsamen Vertreter (RegBegr BT-Drucks 15/371, 14), weil der Gegenstandswert der für die Gerichtsgebühren maßgebliche Geschäftswert ist (§ 6 Abs 2 S 3). Die Beschränkung des Geschäftswerts nach § 74 S 1 GNotKG verhindert somit, dass die Vergütung bei vielen zu vertretenden Anteilsinhabern unverhältnismäßig ansteigt, da zwar das Haftungsrisiko, nicht jedoch der Arbeitsumfang wesentlich ansteigt (RegBegr BT-Drucks 15/371, 14). **Schuldner** ist **unabhängig vom Verfahrensausgang** nach dem eindeutigen Wortlaut allein der Antragsgegner, bei mehreren Antragsgegnern diese gesamtschuldnerisch; Antragsteller oder Staatskasse werden in keinem Fall belastet. Das Gericht setzt gem § 6 Abs 2 S 2 iVm §§ 80, 85 FamFG, §§ 103 ff ZPO auf Antrag des gemeinsamen Vertreters Auslagen und Vergütung fest. Zuständig ist in erster Instanz das LG, auch für die Anordnung etwaiger Vorschüsse. Ist eine KfH zuständig, gilt § 2 Abs 2 S 1 Nr 5. In der Beschwerdeinstanz ist das OLG (*OLG München* ZIP 2006, 1722), in der Rechtsbeschwerdeinstanz der BGH zuständig. Gegen den Festsetzungs- bzw Anordnungsbeschluss des LG können der gemeinsame Vertreter und der Antragsgegner sofortige Beschwerde nach § 6 Abs 2 S 2, §§ 80, 85 FamFG, §§ 104 Abs 3, 567 ff ZPO einlegen (K. Schmidt/Lutter AktG/*Klöcker* § 6 SpruchG Rn 31; zur alten Rechtslage *Klöcker/Frowein* SpruchG Rn 35). Aus einer Festsetzung findet gem § 6 Abs 2 S 5 die Zwangsvollstreckung nach der ZPO statt (vgl § 794 Abs 1 Nr 2 ZPO).

IV. Fortführung des Verfahrens (Abs 3)

§ 6 Abs 3 erfasst auch den Fall der **Rücknahme aller gestellten Anträge** (*Hüffer* AktG Anh § 305 § 6 SpruchG Rn 9). Neben der Rücknahme führt der gemeinsame Vertreter das Verfahren fort, auch nach übereinstimmender Erledigung oder in vergleichbaren Konstellationen (*Klöcker/Frowein* SpruchG Rn 30). Beschwerde kann er aber nur einlegen, wenn er den Status des § 6 Abs 3 erlangt hat, also wenn er das Verfahren allein weiterführt, denn nur dann wird seine Position der eines Antragstellers gleichgestellt (str, vgl § 12 Rn 1). Dieses **Weiterführungsrecht** soll den gemeinsamen Vertreter allerdings nicht hindern, bei einem auch für die von ihm Vertretenen positiven Vergleich das Verfahren durch eine entspr Verfahrenshandlung, etwa durch (mit dem Antragsgegner übereinstimmende) Erledigungserklärung, gerichtlichen Vergleich oder Antragsrücknahme (bzw entspr Prozesserklärung) zu beenden, wofür er einem Antragsteller gleich gestellt wird (RegBegr BT-Drucks 12/6699, 170). Der gemeinsame Vertreter kann das Verfahren fortführen, muss es aber nicht. Er hat dies nach

9

pflichtgemäßem Ermessen zu entscheiden und dabei insb die Gleichbehandlung der von ihm Vertretenen mit den Antragsstellern zu gewährleisten (Simon SpruchG/*Leuering* Rn 41). Eine Verfahrensbeendigung wird bei einem für die von ihm vertretenen Anteilsinhaber vorteilhaften Vergleich einer Verfahrensfortführung vorzuziehen sein, wobei aber auf eine Absicherung der Vertretenen zu achten ist (einem gerichtlichen Vergleich kommt keine Inter Omnes-Wirkung zu, vgl § 13 Rn 2).

§ 6a Gemeinsamer Vertreter bei Gründung einer SE

[1]Wird bei der Gründung einer SE durch Verschmelzung oder bei der Gründung einer Holding-SE nach dem Verfahren der Verordnung (EG) Nr. 2157/2001 des Rates vom 8. Oktober 2001 über das Statut der Europäischen Gesellschaft (SE) (ABl. EG Nr. L 294 S. 1) gemäß den Vorschriften des SE-Ausführungsgesetzes ein Antrag auf Bestimmung einer Zuzahlung oder Barabfindung gestellt, bestellt das Gericht auf Antrag eines oder mehrerer Anteilsinhaber einer sich verschmelzenden oder die Gründung einer SE anstrebenden Gesellschaft, die selbst nicht antragsberechtigt sind, zur Wahrung ihrer Interessen einen gemeinsamen Vertreter, der am Spruchverfahren beteiligt ist. [2]§ 6 Abs. 1 Satz 4 und Abs. 2 gilt entsprechend.

Übersicht

	Rn		Rn
I. Regelungszweck	1	2. Antrag auf Bestellung eines gemeinsamen Vertreters	3
II. Voraussetzungen (S 1)	2	III. Stellung des besonderen gemeinsamen Vertreters (S 2)	4
1. Antrag auf Bestimmung der Zuzahlung oder Abfindung	2		

I. Regelungszweck

1 Gem Art 25 Abs 3 S 1 SE-VO über das Statut der Europäischen Gesellschaft (SE) findet ein Verfahren zur Kontrolle und Änderung des Umtauschverhältnisses der Aktien oder zur Abfindung von Minderheitsaktionären, welches der Eintragung der Verschmelzung nicht entgegensteht, nur dann statt, wenn die anderen sich verschmelzenden Gesellschaften in Mitgliedstaaten, in denen ein derartiges Verfahren nicht vorgesehen ist, bei der Zustimmung zu dem Verschmelzungsplan gem Art 23 Abs 1 SE-VO **ausdrücklich akzeptieren**, dass die Aktionäre der jeweiligen sich verschmelzenden Gesellschaft auf ein solches Verfahren zurückgreifen können (**Unterwerfungserfordernis**, s § 3 Rn 11). Das Zustimmungserfordernis hat folgenden Hintergrund: Die Aktionäre der Gesellschaft des anderen Mitgliedstaates, dessen Recht ein Überprüfungsverfahren wie das Spruchverfahren nicht kennt, können sich nicht unmittelbar an einem Spruchverfahren vor einem deutschen Gericht beteiligen. Dennoch sind auch deren Interessen betroffen, wenn zugunsten der Aktionäre einer deutschen Gründungsgesellschaft eine bare Zuzahlung zur Verbesserung des Umtauschverhältnisses oder eine Barabfindung gerichtlich bestimmt wird, die aus dem Vermögen der SE zu leisten ist. Die Aktionäre der Gesellschaft des anderen Mitgliedstaates werden die für die Anwendung des Spruchverfahrens notwendige Zustimmung aber eher geben, wenn ihre Interessen im Spruchverfahren ausreichend gewahrt sind (RegBegr BT-Drucks 15/3405, 58). Der gemeinsame Vertreter muss daher eine **Vermögensminderung** der Gesellschaft soweit möglich **verhindern**. Die Möglichkeit der Anteilsinhaber der Gesellschaft des anderen Mitgliedstaates, die nicht antragsberechtigt sind, zur Wah-

Gemeinsamer Vertreter bei Gründung einer SE § 6a SpruchG/Anh § 306

rung ihrer Interessen einen am Spruchverfahren beteiligten gemeinsamen Vertreter vom Gericht bestellen zu lassen, soll deren Entsch zur Zustimmung eine ausreichende Grundlage gewährleisten.

II. Voraussetzungen (S 1)

1. Antrag auf Bestimmung der Zuzahlung oder Abfindung. In der SE-VO wird in Art 17–31 die Gründung einer SE durch Verschmelzung – der Verschmelzungsplan muss das Umtauschverhältnis der Aktien und ggf die Höhe der Ausgleichsleistung bestimmen (Art 20 Abs 1 S 2 Punkt c) – geregelt, die Gründung einer Holding-SE in Art 32–34. Die Gründung einer SE durch Verschmelzung wird im SEAG (SE-Ausführungsgesetz, BGBl 2004 I S 3675) in § 5, die Verbesserung des Umtauschverhältnisses durch bare Zuzahlung in § 6 normiert, die Abfindung in § 7; die Gründung einer Holding-SE ist in den §§ 9–11 geregelt, die Verbesserung des Umtauschverhältnisses durch bare Zuzahlung in § 11, die Abfindung in § 9. Die Bestimmung der Abfindung wurde von § 6a aF nicht erfasst. Durch das Umwandlungsänderungsgesetz wurde § 6a dahingehend korrigiert, dass nicht nur die Bestimmung der baren Zuzahlung, sondern **sowohl die Zuzahlung als auch die Abfindung** erfasst sind („Redaktionsversehen", RegBegr BT-Drucks 16/2919, 20). Die Sitzverlegung bleibt weiterhin nicht erfasst. Das ist auch nicht von Nöten, insoweit genügt § 6. Anders könnte es bei einem Doppelsitz liegen, einen solchen darf es in der SE jedoch nicht geben (*Hunger* in Jannott/Frodermann SE 9. Kap Rn 18). 2

2. Antrag auf Bestellung eines gemeinsamen Vertreters. Das Gericht wird anders als bei dem gewöhnlichen gemeinsamen Vertreter nach § 6 nicht von Amts wegen tätig, sondern **nur auf Antrag**. Den Antrag auf Bestellung kann nur ein Anteilsinhaber der sich verschmelzenden oder die Gründung einer SE anstrebenden Gesellschaft, der das Spruchverfahren **nicht** beantragen kann, stellen. Es genügt ein Antrag eines solchen Anteilsinhabers. Voraussetzung ist aber weiterhin, dass ein antragsberechtigter Anteilsinhaber einen zulässigen und fristgerechten Antrag auf Einleitung eines Spruchverfahrens gestellt hat. Das folgt daraus, dass die Voraussetzungen des bes gemeinsamen Vertreters nach § 6a **enger** sind als die des allg gemeinsamen Vertreters nach § 6. Es müssen daher alle Voraussetzungen nach § 6 auch für den gemeinsamen Vertreter nach § 6a vorliegen. Weiterhin müssen die **Zulässigkeitsvoraussetzungen das gesamte Verfahren über vorliegen**, der Verfahrensantrag darf weder zurückgenommen noch darf das Verfahren durch beidseitige Erledigung oder gerichtlichen Vergleich beendet worden sein. Denn anders als § 6 kann der bes gemeinsame Vertreter nach § 6a das Verfahren nicht fortführen, § 6a S 2 verweist nicht auf § 6 Abs 3 (vgl Rn 4). Hintergrund des § 6 Abs 3 ist, zu verhindern, dass der Antragsgegner sich zu Lasten der am Verfahren nicht beteiligten Anteilsinhaber und allein zu Gunsten der Antragsteller aus dem Verfahren kaufen kann (s § 6 Rn 9), dieser Schutz wird aber schon durch den allg gemeinsamen Vertreter nach § 6 gewährleistet. Wen das Gericht bestellt, liegt in seinem Ermessen. Es kann die Vorschläge derjenigen, die einen Antrag nach § 6a auf Bestellung des bes gemeinsamen Vertreters gestellt haben oder die einen solchen zu stellen berechtigt sind, berücksichtigen, muss es aber nicht. Bestellt werden können wie bei § 6 natürliche und juristische Personen, die **hinreichend qualifiziert** sind (s dort Rn 2). 3

Ederle/Theusinger

III. Stellung des besonderen gemeinsamen Vertreters (S 2)

4 § 6a S 2 verweist auf § 6 Abs 1 S 4 und § 6 Abs 2. § 6 Abs 1 S 4 bestimmt, dass die Bestellung des gemeinsamen Vertreters im elektronischen Bundesanzeiger vom Gericht bekannt gemacht werden muss. Da hingegen nicht auf § 6 Abs 1 S 5 verwiesen wird, besteht folglich **keine weitergehende Veröffentlichungspflicht**. § 6 Abs 2 regelt den Ersatz der Auslagen und die Vergütung für die Tätigkeit des gemeinsamen Vertreters inklusive die Fragen der Haftung, des Vorschusses und der Zwangsvollstreckung aus der Festsetzung (vgl § 6 Rn 8). Nicht verwiesen wird damit auf § 6 Abs 1 S 1, diese Regelung wird durch § 6a S 1 ersetzt. Deshalb hat der gemeinsame Vertreter **nicht die Stellung eines gesetzlichen Vertreters** (str, ebenso Hölters AktG/*Simons* § 6 SpruchG Rn 8; *Hüffer* AktG Anh § 305 § 6a SpruchG Rn 3; Simon SpruchG/*Leuering* §§ 6a–6c Rn 15; K. Schmidt/Lutter/AktG *Klöcker* § 6a SpruchG Rn 9; aA noch *Simmler* in 1. Aufl). Der fehlende Verweis auf § 6 Abs 1 S 2 schließt die **Bestellung mehrerer bes gemeinsamer Vertreter** auch für unterschiedliche Auftragsarten nicht aus (Hölters AktG/*Simons* § 6b SpruchG Rn 4). Dass § 6a S 2 nicht auf § 6 Abs 1 S 3 verweist, kann nur bedeuten, dass das Gericht selbst dann, wenn es eine Bestellung des gemeinsamen Vertreters nach § 6a für offenbar nicht notwendig hält, auf Antrag eines Anteilsinhabers einer sich verschmelzenden oder die Gründung einer SE anstrebenden Gesellschaft, der selbst das Spruchverfahren nicht beantragen kann, einen solchen gemeinsamen Vertreter trotzdem bestellen muss. Das ist auch gerechtfertigt, denn die betr zu vertretenden Anteilsinhaber haben ihre Zustimmung im Vertrauen auf die Möglichkeit, einen für sie gesondert bestellten gemeinsamen Vertreter beantragen zu können, abgegeben, so dass in jedem Fall das Gericht diesen gemeinsamen Vertreter bestellen **muss**, wenn auch die übrigen Voraussetzungen vorliegen (s.o.). Weiterhin fehlt ein Verweis auf § 6 Abs 3. Der gemeinsame Vertreter nach § 6a kann folglich nicht allein das Spruchverfahren fortführen (hierzu vgl oben Rn 3). Der gemeinsame Vertreter hat die Aufgabe, die Interessen der von ihm vertretenen Anteilsinhaber wg der Bestimmung der baren Zuzahlung im Zusammenhang mit der Gründung der SE durch Verschmelzung oder der Gründung der Holding-SE nach der Verfahren der SE-VO zu wahren. Möglich ist auch die **Abberufung**, wenn diejenigen, die einen Antrag auf Bestellung des gemeinsamen Vertreters nach § 6a gestellt haben, ihren Antrag wieder zurückziehen oder wenn der bestellte Vertreter seiner Aufgabe nicht gerecht wird. Im letzt genannten Fall muss dann ein geeigneter Vertreter bestellt werden. Für die Abberufung gelten dieselben Verfahrensvorschriften wie bei der Bestellung, insb §§ 2 Abs 2 S 1 Nr 5, 6 Abs 1 S 4. Bzgl der **Rechtsbehelfe** gegen die Bestellung und Abberufung vgl § 6 Rn 7.

§ 6b Gemeinsamer Vertreter bei Gründung einer Europäischen Genossenschaft

¹Wird bei der Gründung einer Europäischen Genossenschaft durch Verschmelzung nach dem Verfahren der Verordnung (EG) Nr. 1435/2003 des Rates vom 22. Juli 2003 über das Statut der Europäischen Genossenschaft (SCE) (ABl. EU Nr. L 207 S. 1) nach den Vorschriften des SCE-Ausführungsgesetzes ein Antrag auf Bestimmung einer baren Zuzahlung gestellt, bestellt das Gericht auf Antrag eines oder mehrerer Mitglieder einer sich verschmelzenden Genossenschaft, die selbst nicht antragsberechtigt sind, zur Wahrung ihrer Interessen einen gemeinsamen Vertreter, der am Spruchverfahren beteiligt ist. ²§ 6 Abs. 1 Satz 4 und Abs. 2 gilt entsprechend.

Gem Art 29 Abs 3 S 1 VO Nr 1435/2003/EG v 22.7.2001 über das Statut der Europäischen Genossenschaft (SCE) findet ein Verfahren zur Kontrolle und Änderung des **Umtauschverhältnisses** der Geschäftsanteile, welches der Eintragung der Verschmelzung nicht entgegensteht, nur dann statt, wenn die anderen sich verschmelzenden Genossenschaften in Mitgliedstaaten, in denen ein derartiges Verfahren nicht vorgesehen ist, bei der Zustimmung zu dem Verschmelzungsplan gem Art 27 SCE-VO ausdrücklich akzeptieren, dass die Mitglieder der betr sich verschmelzenden Genossenschaft auf ein solches Verfahren zurückgreifen können. § 6b ist Parallvorschrift zu § 6a, es gilt im Wesentlichen dasselbe wie bei § 6a. Zum Hintergrund des Zustimmungsverfahrens vgl § 6a Rn 1 (vgl RegBegr BT-Drucks 16/1025, 98). Zur **Stellung** des gemeinsamen Vertreters vgl § 6a Rn 4. In der VO Nr 1435/2003/EG wird die Gründung einer SCE durch Verschmelzung in Art 19 bis 23 geregelt. Die Gründung einer SCE durch Verschmelzung wird im SCEAG in den §§ 5–9, die Verbesserung des Umtauschverhältnisses durch bare Zuzahlung in § 7 normiert. Die Sitzverlegung der SCE führt nicht zum Spruchverfahren. Für den Antrag auf Bestellung des gemeinsamen Vertreters gilt iÜ dasselbe wie bei § 6a, vgl dort Rn 3. 1

§ 6c Gemeinsamer Vertreter bei grenzüberschreitender Verschmelzung

[1]Wird bei einer grenzüberschreitenden Verschmelzung (§ 122a des Umwandlungsgesetzes) gemäß § 122h oder § 122i des Umwandlungsgesetzes ein Antrag auf Bestimmung einer Zuzahlung oder Barabfindung gestellt, bestellt das Gericht auf Antrag eines oder mehrerer Anteilsinhaber einer beteiligten Gesellschaft, die selbst nicht antragsberechtigt sind, zur Wahrung ihrer Interessen einen gemeinsamen Vertreter, der am Spruchverfahren beteiligt ist. [2]§ 6 Abs. 1 Satz 4 und Abs. 2 gilt entsprechend.

Gem Art 10 Abs 3 S 1 RL Nr 2005/56/EG v 26.19.2005 über die Verschmelzung von Kapitalgesellschaften aus verschiedenen Mitgliedstaaten findet ein Verfahren zur Kontrolle und Änderung des Umtauschverhältnisses der Anteile, welches der Eintragung der Verschmelzung nicht entgegensteht, nur dann statt, wenn die anderen sich verschmelzenden Gesellschaften in Mitgliedstaaten, in denen ein derartiges Verfahren nicht vorgesehen ist, bei der Zustimmung zum Verschmelzungsplan gem Art 9 Abs 1 ausdrücklich akzeptieren, dass die Anteilsinhaber, für die ein solches Verfahren besteht, dieses Verfahren bei dem Gericht, das für die Gesellschaft dieser Anteilsinhaber zuständig ist, beantragen können. Die Ausführungen zu § 6a gelten entspr. Die Gesellschafter einer Gesellschaft, die dem Recht eines Mitgliedstaats unterliegt, das kein dem Spruchverfahren entspr Verfahren kennt, können sich nicht unmittelbar am Spruchverfahren vor einem deutschen Gericht beteiligen; dessen ungeachtet sind ihre Interessen betroffen, weil die Entsch das Vermögen der Gesellschaft betrifft. Die nach §§ 122h Abs 1, 122i Abs 2 UmwG erforderliche Zustimmung wird daher nur dann abgegeben, wenn deren Interessen ausreichend gewahrt sind, was durch den **gemeinsamen Vertreter** nach § 6c gewährleistet ist, der eine Vermögensminderung der Gesellschaft soweit möglich verhindern soll (RegBegr BT-Drucks 16/2919, 20; krit zur Regelung aber *Bayer/Schmidt* NZG 2006, 841, 844). Zur **Stellung** des gemeinsamen Vertreters vgl § 6a Rn 4. Für den Antrag auf Bestellung des gemeinsamen Vertreters gilt iÜ dasselbe wie iRd § 6a, vgl dort Rn 3. 1

Ederle/Theusinger

§ 7 Vorbereitung der mündlichen Verhandlung

(1) Das Gericht stellt dem Antragsgegner und dem gemeinsamen Vertreter die Anträge der Antragsteller unverzüglich zu.

(2) ¹Das Gericht fordert den Antragsgegner zugleich zu einer schriftlichen Erwiderung auf. ²Darin hat der Antragsgegner insbesondere zur Höhe des Ausgleichs, der Zuzahlung oder der Barabfindung oder sonstigen Abfindung Stellung zu nehmen. ³Für die Stellungnahme setzt das Gericht eine Frist, die mindestens einen Monat beträgt und drei Monate nicht überschreiten soll.

(3) ¹Außerdem hat der Antragsgegner den Bericht über den Unternehmensvertrag, den Eingliederungsbericht, den Bericht über die Übertragung der Aktien auf den Hauptaktionär oder den Umwandlungsbericht nach Zustellung der Anträge bei Gericht einzureichen. ²In den Fällen, in denen der Beherrschungs- oder Gewinnabführungsvertrag, die Eingliederung, die Übertragung der Aktien auf den Hauptaktionär oder die Umwandlung durch sachverständige Prüfer geprüft worden ist, ist auch der jeweilige Prüfungsbericht einzureichen. ³Auf Verlangen des Antragstellers oder des gemeinsamen Vertreters gibt das Gericht dem Antragsgegner auf, dem Antragsteller oder dem gemeinsamen Vertreter unverzüglich und kostenlos eine Abschrift der genannten Unterlagen zu erteilen.

(4) ¹Die Stellungnahme nach Absatz 2 wird dem Antragsteller und dem gemeinsamen Vertreter zugeleitet. ²Sie haben Einwendungen gegen die Erwiderung und die in Absatz 3 genannten Unterlagen binnen einer vom Gericht gesetzten Frist, die mindestens einen Monat beträgt und drei Monate nicht überschreiten soll, schriftlich vorzubringen.

(5) ¹Das Gericht kann weitere vorbereitende Maßnahmen erlassen. ²Es kann den Beteiligten die Ergänzung oder Erläuterung ihres schriftlichen Vorbringens sowie die Vorlage von Aufzeichnungen aufgeben, insbesondere eine Frist zur Erklärung über bestimmte klärungsbedürftige Punkte setzen. ³In jeder Lage des Verfahrens ist darauf hinzuwirken, dass sich die Beteiligten rechtzeitig und vollständig erklären. ⁴Die Beteiligten sind von jeder Anordnung zu benachrichtigen.

(6) Das Gericht kann bereits vor dem ersten Termin eine Beweisaufnahme durch Sachverständige zur Klärung von Vorfragen, insbesondere zu Art und Umfang einer folgenden Beweisaufnahme, für die Vorbereitung der mündlichen Verhandlung anordnen oder dazu eine schriftliche Stellungnahme des sachverständigen Prüfers einholen.

(7) ¹Sonstige Unterlagen, die für die Entscheidung des Gerichts erheblich sind, hat der Antragsgegner auf Verlangen des Antragstellers oder des Vorsitzenden dem Gericht und gegebenenfalls einem vom Gericht bestellten Sachverständigen unverzüglich vorzulegen. ²Der Vorsitzende kann auf Antrag des Antragsgegners anordnen, dass solche Unterlagen den Antragstellern nicht zugänglich gemacht werden dürfen, wenn die Geheimhaltung aus wichtigen Gründen, insbesondere zur Wahrung von Fabrikations-, Betriebs- oder Geschäftsgeheimnissen, nach Abwägung mit den Interessen der Antragsteller, sich zu den Unterlagen äußern zu können, geboten ist. ³Gegen die Entscheidung des Vorsitzenden kann das Gericht angerufen werden; dessen Entscheidung ist nicht anfechtbar.

(8) Für die Durchsetzung der Verpflichtung des Antragsgegners nach Absatz 3 und 7 ist § 35 des Gesetzes über das Verfahren in Familiensachen und in den Angelegenheiten der freiwilligen Gerichtsbarkeit entsprechend anzuwenden.

Übersicht

	Rn		Rn
I. Allgemeines	1	VII. Vorgezogene Beweisaufnahmen (Abs 6)	7
II. Zustellung (Abs 1)	2	VIII. Sonstige Unterlagen (Abs 7)	8
III. Antragserwiderungsfrist (Abs 2)	3	1. Pflicht zur Vorlage sonstiger Unterlagen (S 1)	8
IV. Einzureichende Unterlagen (Abs 3)	4	2. Geheimhaltung aus wichtigen Gründen (S 2)	9
V. Replik (Abs 4)	5	IX. Durchsetzung der Verpflichtung des Antragsgegners (Abs 8)	10
VI. Weitere vorbereitende Maßnahmen (Abs 5)	6		

I. Allgemeines

Die Regelungen in § 7 sind an den Verfahrensablauf der ZPO angelehnt. **1**

II. Zustellung (Abs 1)

Die Anträge sind dem Antragsgegner und, sobald die Bestellung des gemeinsamen **2** Vertreters erfolgt ist, auch diesem zuzustellen. Die **Zustellung** der Anträge **erfolgt förmlich** wie bei einer Klageschrift, also von Amts wegen (KölnKomm SpruchG/*Puszkajler* Rn 4; RegBegr BT-Drucks 15/371, 14). Den übrigen Antragstellern sind die Anträge zwar nicht förmlich, aber zur Schaffung gleicher Kenntnisse über den Prozessstoff („Level Playing Field") zweckmäßigerweise **formlos** zur Kenntnis zu bringen (eine formlose Kenntnisgabe für obligatorisch halten MünchKomm AktG/*Kubis* § 7 SpruchG Rn 6; KölnKomm SpruchG/*Puszkajler* Rn 9; **gegen** Zustellungspflicht: Spindler/Stilz AktG/*Drescher* § 7 SpruchG Rn 3; Lutter UmwG/*Krieger/Mennicke* § 7 SpruchG Rn 3; Schmitt/Hörtnagl/Stratz UmwG/*Hörtnagel* § 7 SpruchG Rn 5). Gem §§ 7 Abs 1, 17 Abs 1 § 15 Abs 1, Abs 2 S 1 Var 1 FamFG gelten die §§ 166 ff ZPO. „Unverzüglich" orientiert sich an § 271 Abs 1 ZPO und meint in diesem Zusammenhang, dass nur notwendige Verzögerungen in Kauf genommen werden dürfen. Als notwendige Verzögerung darf gelten, wenn das Gericht in sehr kurzem Zeitraum Antragseingänge sammelt und diese einheitlich zustellt (vgl Simon SpruchG/*Winter* Rn 11; **aA** Hölters AktG/*Simons* § 7 SpruchG Rn 9), Prüfung der Zustellungsvoraussetzungen oder eine Verzögerung von wenigen Tagen sind noch angemessen (*Fritzsche/Dreier/Verfürth* SpruchG Rn 13 mwN). Antrag meint hier auch die **Antragsbegründung**. Wird Letztere gesondert oder ergänzend bei Gericht eingereicht, ist auch diese zuzustellen. Allerdings muss dann erneut eine Frist zur Erwiderung (Abs 2) gesetzt werden (*Fritzsche/Dreier/Verfürth* SpruchG Rn 3). Nach § 17 Abs 1 iVm § 7 Abs 2 Nr 1 FamFG hat das Gericht zudem all jene **hinzuzuziehen**, die durch die Entsch betroffen und nicht bereits als Antragsberechtigte nach § 6 durch einen gemeinsamen Vertreter zu vertreten sind (*Preuß* NZG 2009, 961, 962; zum bisherigen Recht schon Simon SpruchG/*Leuering* § 3 Rn 10; vgl zu § 7 FamFG auch *Fett/Theusinger* AG 2010, 425, 433).

III. Antragserwiderungsfrist (Abs 2)

3 Mit der Zustellung fordert das Gericht den Antragsgegner auf, innerhalb einer Frist schriftlich zu erwidern. Es gilt § 2 Abs 2 S 1 Nr 4, iÜ gelten die gleichen formalen Anforderungen wie bei §§ 275, 277 ZPO. Bei einem Verstoß hiergegen gilt die Frist als nicht gesetzt (*Klöcker/Frowein* SpruchG Rn 3). Einer **Belehrung** bedarf es indes **nicht** (str *Fritzsche/Dreier/Verfürth* SpruchG § 9 Rn 8; **aA** *Hüffer* AktG Anh § 305 § 7 SpruchG Rn 4). Das Gericht bestimmt die Frist nach pflichtgemäßem Ermessen. Ist sie zu kurz bemessen, ist deren Versäumung nicht schuldhaft iSd § 10. Rechnet das Gericht mit weiteren Anträgen, so soll die Frist möglichst dergestalt bemessen sein, dass der Antragsgegner zu allen Anträgen gleichzeitig Stellung nehmen kann. Das **Abwarten der Antragsfrist**, um erst danach die Erwiderungsfrist zu setzen, wäre zwar sinnvoll, kann mit § 7 Abs 2 S 1, Abs 1 jedoch nicht in Einklang gebracht werden (Simon SpruchG/*Winter* Rn 12; **aA** *Bungert/Mennicke* BB 2003, 2021, 2027; *Emmerich/Habersack* Aktien- und GmbH-KonzernR SpruchG § 7 Rn 1; je mwN). Es handelt sich um eine richterliche Frist, die **verlängert** werden kann, §§ 224, 225 ZPO iVm § 16 Abs 2 FamFG und zwar auch **über drei Monate hinaus** (*Hüffer* AktG Anh § 305 § 7 SpruchG Rn 4).

IV. Einzureichende Unterlagen (Abs 3)

4 Der Antragsgegner hat **unaufgefordert** den entspr Strukturbericht (§§ 293a, 319 Abs 3 S 1 Nr 3, 327c Abs 2 S 1 AktG, §§ 8, 122e, 127, 192 UmwG) bei Gericht einzureichen. Musste die Strukturmaßnahme durch einen sachverständigen Prüfer geprüft werden, ist auch der **Prüfungsbericht** einzureichen. Das muss auch für nicht in § 1 genannte Fälle (vgl § 1 Rn 6 ff) gelten, soweit eine Berichtspflicht besteht (*Fritzsche/Dreier/Verfürth* SpruchG Rn 28). Beim **Delisting** besteht keine solche Berichtspflicht (str *BGHZ* 153, 47, 59, der auf § 124 Abs 2 S 2 AktG analog abstellt; **aA** *Wilsing/Kruse* 2003, 1110, 1112 f mwN). Die Prüfungsberichte werden durch gerichtlich bestellte unabhängige Prüfer erstellt, so dass das Gericht diesen Berichten bei der Entscheidungsfindung hohen Stellenwert beimessen kann und idR zusätzliche Begutachtungsaufträge nur zur Klärung verbliebener Streitpunkte notwendig werden (RegBegr BT-Drucks 15/371, 14 f). Die Frist des Abs 2 gilt hier nicht (*Hüffer* AktG Anh § 305 § 7 SpruchG Rn 5; **aA** *Fritzsche/Dreier/Verfürth* aaO Rn 31). In Korrelation zu § 4 Abs 2 Nr 4 S 2 aE kann der Antragsteller durch das Gericht den Antragsgegner veranlassen, **unverzüglich** (hier wie § 121 BGB: ohne schuldhaftes Zögern) und **kostenlos** eine Abschrift der genannten Unterlagen zu erteilen. Für das Recht des Antragstellers aus § 7 Abs 3 S 3 wird man fordern müssen, dass ein zulässiger und fristgerechter Antrag vorliegt. Der gemeinsame Vertreter hat im Gegensatz zu den Aktionären noch nicht die Möglichkeit gehabt, die Unterlagen iSd § 7 Abs 3 einzusehen, so dass es sich für das Gericht empfiehlt, bereits mit Fristsetzung nach Abs 2 S 3 Abschriften an den gemeinsamen Vertreter anzufordern (vgl *Büchel* NZG 2003, 793, 797).

V. Replik (Abs 4)

5 Abs 4 S 2 bestimmt, dass die Replik der Antragsteller und gemeinsamen Vertreter innerhalb einer vom Gericht festgesetzten Frist **nach förmlicher Bekanntgabe** (§ 15 FamFG) der Antragserwiderung (Abs 2) zu erfolgen hat. Auch diese zweite Frist führt zur Verfahrensbeschleunigung (RegBegr BT-Drucks 15/371, 15). Die Replik hat die Einwendungen gegen die Erwiderung und die in Abs 3 genannten Unterlagen zu ent-

halten. Jedoch können iRd §§ 9 f unabhängig von der Klageerwiderung und den Unterlagen Tatsachen vorgetragen werden. Abs 4 verlangt nur insoweit das Vorbringen von Einwendungen, als dies noch nicht in der Antragsbegründung geschehen ist. Einwände der Antragssteller, die innerhalb der Antragsbegründungsfrist nach § 4 Abs 2 **trotz Kenntnis oder Kennenmüssens** nicht geltend gemacht wurden, sind dagegen bereits nach dieser Vorschrift präkludiert (s § 4 Rn 12; so wohl auch *Kubis* FS Hüffer, S 578; **aA** *Emmerich/Habersack* Aktien- und GmbH-KonzernR SpruchG § 7 Rn 4a mwN). §§ 4 Abs 2 S 2 Nr 4, 7 Abs 4 iVm § 10 setzt denknotwendig eine Wechselbezüglichkeit zwischen Antragsbegründung, Erwiderung und Replik voraus. Art 103 Abs 1 GG ist damit genügt, dass solche Einwände zugelassen werden, die auf neuen, den Antragsberechtigten nicht bereits innerhalb der Antragsbegründungsfrist zugänglichen Informationen beruhen. Auch der gemeinsame Vertreter ist mit nicht innerhalb der Antragsbegründungsfrist nach § 4 Abs 2 bereits von den Antragsstellern erhobenen Einwänden präkludiert, sofern diese auf Informationen beruhen, die den von ihm vertretenen Personen bis zum Ablauf dieser Frist bekannt waren oder hätten sein müssen (s § 6 Rn 3; **aA** *Spindler/Stilz* AktG/*Drescher* § 7 SpruchG Rn 5).

VI. Weitere vorbereitende Maßnahmen (Abs 5)

Das Gericht kann gem Abs 5 weitere **ihm sinnvoll erscheinende Vorbereitungshandlungen** vornehmen, insb um das Verfahren zu beschleunigen (RegBegr BT-Drucks 15/371, 15). Das Gericht hat hierbei weites Ermessen. Bei Zuständigkeit einer KfH gilt § 2 Abs 2 S 1 Nr 4. S 2 dient der Erläuterung und ist nicht abschließend. Das Gericht kann zB dazu auffordern, die Sachverhaltsdarstellung übersichtlich zu gestalten, Zusammenstellungen und Berechnungen anzufertigen (Simon SpruchG/*Winter* Rn 39), das persönliche Erscheinen nach § 33 FamFG, § 17 Abs 1 anordnen und Verfahren analog § 147 ZPO (§ 2 Abs 2 S 1 Nr 8) verbinden (*Fritzsche/Dreier/Verfürth* SpruchG Rn 53). Bei einer Fristsetzung gilt § 15 FamFG, § 17 Abs 1, sodass idR eine förmliche Bekanntgabe zu erfolgen hat. Das Gericht kann die Vorlage von Aufzeichnungen fordern, problematisch ist allerdings das Verhältnis zu § 7 Abs 7, weil § 7 Abs 5 **keine Vertraulichkeitsregelung** anbietet (*Bungert/Mennicke* BB 2003, 2021, 2027). Abs 7 verdrängt daher insoweit als lex specialis Abs 5 (Simon SpruchG/*Winter* Rn 40). Jedenfalls findet § 7 Abs 8 auf § 7 Abs 5 keine Anwendung, so dass Letzterem in der Praxis neben § 7 Abs 7 insofern keine eigenständige Bedeutung zukommen kann (*Wasmann/Roßkopf* ZIP 2003, 1776, 1779). § 7 Abs 5 S 3 entspricht verkürzt § 139 Abs 1 S 2 ZPO, dessen Teilsatz 2 auch bei § 7 Abs 5 S 3 Geltung beanspruchen darf wie auch die zu § 139 Abs 1 S 2 ZPO ergangene Rspr. **Benachrichtigt** werden müssen Antragsteller, Antragsgegner, gemeinsame Vertreter (Beteiligte), nicht aber der sachverständige Prüfer (S 4) (*Fritzsche/Dreier/Verfürth* aaO Rn 55).

VII. Vorgezogene Beweisaufnahmen (Abs 6)

§ 7 Abs 6 erlaubt die vorgezogene Beweisaufnahme durch Sachverständige **zur Klärung von Vorfragen** (vgl dazu *Wittgens* AG 2007, 106, 107). Zulässig bleibt die Ladung des Sachverständigen zur mündlichen Verhandlung, die letzte Entsch muss jedoch beim Richter bleiben (RegBegr BT-Drucks 15/371, 15). Zweck des § 7 Abs 6 ist es nicht, den **Handlungsspielraum des Gerichts** einzuengen, sondern zu erweitern. Somit sind nach § 7 Abs 5 auch vorgezogene Beweisaufnahmen für Hauptfragen zulässig. Abs 6 stellt nur klar, dass das Gericht bereits vorterminlich vorgezogene Beweisaufnahmen anordnen kann, ohne „pauschale" Gutachtenaufträge zu Hauptfragen auszuschließen (*Hüffer* AktG Anh § 305 § 7 SpruchG Rn 8). Es kann **sinnvoll** sein, als Sachverständigen **den bereits mit der Sache vertrauten sachverständigen Prüfer heranzuziehen**, (*Bungert/Mennicke* BB 2003, 2021, 2028; vgl hierzu noch § 8 Rn 3), eine Verpflichtung besteht dazu jedoch nicht (*OLG Düsseldorf* BeckRS 2013, 01940). Für die vorgezogene Beweisaufnahme sind die §§ 355–370 ZPO modifiziert anwendbar (näher Keidel FamFG/*Sternal* § 30 Rn 16 ff). Der Beweisbeschluss nach Abs 6 ist abgesehen von eng umgrenzten Ausnahmefällen wg § 355 Abs 2 ZPO nicht isoliert anfechtbar (*Fritzsche/Dreier/Verfürth* SpruchG Rn 55).

VIII. Sonstige Unterlagen (Abs 7)

8 **1. Pflicht zur Vorlage sonstiger Unterlagen (S 1).** Während Abs 3 die Vorlagepflicht des Strukturberichts und des Prüfungsberichts begründet, regelt Abs 7 die Vorlagepflicht bzgl sonstiger, für die Entsch des Gerichts erheblicher Unterlagen. Jedoch gelten für die Vorlagepflicht sonstiger Unterlagen neben der Erheblichkeit für die Gerichtsentscheidung **weitere Voraussetzungen**. Was als erheblich zu gelten hat, steht im Ermessen des Gerichts. Sonstige relevante Unterlagen idS können bspw sein: die **intern** vom Antragsgegner in Auftrag gegebenen **Bewertungsgutachten** (RegBegr BT-Drucks 15/371, 15), **Kostenplan- und Investitionsrechnungen**, **Businesspläne**, **Aufzeichnungen** nach § 7 Abs 5 (*Fritzsche/Dreier/Verfürth* SpruchG Rn 83). Problematisch ist, inwieweit **vorbereitende Arbeitspapiere der beauftragten Wirtschaftsprüfer** dazugehören können (so RegBegr BT-Drucks 15/371, 15). Denn diese befinden sich idR beim Wirtschaftsprüfer, der jedoch nicht Herausgabepflichtiger ist, so dass auch keine Zwangsmaßnahmen gegen ihn in Betracht kommen; ferner ist es nicht möglich, dem Antragsteller aufzuerlegen, vom Wirtschaftsprüfer diese Unterlagen herauszuverlangen, da ersterer keinen Anspruch hierauf hat (zum Ganzen ausf *Wasmann/Roßkopf* ZIP 2003, 1776, 1780 f). Im Gegensatz zu Unterlagen nach Abs 3 muss für die Vorlagepflicht das **Vorlageverlangen** des Vorsitzenden oder des Antragstellers hinzutreten. Die Nennung des Vorsitzenden betrifft im Unterschied zu § 2 Abs 2 Nr 4 auch Verfahren, die nicht vor einer KfH geführt werden. Ferner ist wg der nicht beabsichtigten Regelungslücke auch das Vorlageverlangen der **gemeinsamen Vertreter** nach dieser Vorschrift analog relevant (*Fritzsche/Dreier/Verfürth* SpruchG Rn 87). Grenze des Vorlageverlangens ist die Erheblichkeit der Unterlagen; das Gericht kann folglich das Verlangen der Antragsteller bzw des gemeinsamen Vertreters auf Hinweis des Antragsgegners zurückweisen, wenn es die **Erheblichkeit der Unterlagen** nicht erkennen kann (vgl *Wasmann/Roßkopf* ZIP 2003, 1776, 1779). Unverzüglich ist wie in § 121 BGB zu verstehen. Gem § 7 Abs 7 S 3 kann gegen die Entsch des Vorsitzenden das Gericht angerufen werden (Lutter UmwG/*Krieger/Mennicke* § 7 SpruchG Rn 15; Hölters AktG/*Simons* § 7 SpruchG Rn 24; **aA** Spindler/Stilz AktG/*Drescher* § 7 SpruchG Rn 10). Dessen Entsch ist **unanfechtbar**.

9 **2. Geheimhaltung aus wichtigen Gründen (S 2).** Der Vorsitzende kann gem § 7 Abs 7 S 2 anordnen, dass die Unterlagen iSd Abs 7 S 1 den Antragstellern nicht zugänglich gemacht werden. Eine solche Anordnung des Vorsitzenden hat zwei Voraussetzungen. Erstens bedarf es eines **Antrags des Antragsgegners**. Zweitens muss die **Geheimhaltung aus wichtigen Gründen** geboten sein (dazu vgl *OLG Karlsruhe* NZG 2006, 670, 671). Geboten ist die Geheimhaltungsanordnung nur dann, wenn die Abwägung des Geheimhaltungsinteresses mit dem Interesse der Antragsteller, sich zu

den Unterlagen äußern zu können, ergibt, dass ersteres überwiegt. Wg des Grundrechtsbezuges muss die Abwägung nach dem Grundsatz der **praktischen Konkordanz** erfolgen (*Lamb/Schluck-Amend* DB 2003, 1259, 1263). Überwiegt das Geheimhaltungsinteresse, dürfen die betroffenen Daten auch nicht **in den Gerichtsentscheidungen** noch **in Gutachten** des gerichtlich bestellten Sachverständigen erscheinen (Reg-Begr BT-Drucks 15/371, 15; *Wasmann/Roßkopf* ZIP 2003, 1776, 1779). Gem § 7 Abs 7 S 3 kann gegen die Entsch des Vorsitzenden das Gericht angerufen werden. Dessen Entsch ist **unanfechtbar**.

IX. Durchsetzung der Verpflichtung des Antragsgegners (Abs 8)

Für die Durchsetzung der Verpflichtungen des Antragsgegner nach Abs 3 und 7 kann das Gericht entspr § 35 FamFG **Zwangsgeld**, ersatzweise nun auch **Zwangshaft** festsetzen (§ 7 Abs 8). Dazu bedarf es allerdings einer **vorherigen Belehrung** (§ 35 Abs 2 FamFG). Die Festsetzung kann nach pflichtgemäßem Ermessen des Gerichts beliebig oft wiederholt werden, jedoch muss wohl auch nach neuem Recht jeder Festsetzung eine erneute Belehrung vorausgehen (*BayObLGZ* 1976, 112, 113 f; Keidel FamFG/*Zimmermann* § 35 Rn 16 mwN). Bzgl der Zuständigkeit findet § 2 Abs 2 S 1 Nr 4 Anwendung. Gegen den Festsetzungsbeschluss ist nach § 35 Abs 5 FamFG sofortige Beschwerde möglich.

10

§ 8 Mündliche Verhandlung

(1) ¹Das Gericht soll aufgrund mündlicher Verhandlung entscheiden. ²Sie soll so früh wie möglich stattfinden.

(2) ¹In den Fällen des § 7 Abs. 3 Satz 2 soll das Gericht das persönliche Erscheinen der sachverständigen Prüfer anordnen, wenn nicht nach seiner freien Überzeugung deren Anhörung als sachverständige Zeugen zur Aufklärung des Sachverhalts entbehrlich erscheint. ²Den sachverständigen Prüfern sind mit der Ladung die Anträge der Antragsteller, die Erwiderung des Antragsgegners sowie das weitere schriftliche Vorbringen der Beteiligten mitzuteilen. ³In geeigneten Fällen kann das Gericht die mündliche oder schriftliche Beantwortung von einzelnen Fragen durch den sachverständigen Prüfer anordnen.

(3) Die §§ 138 und 139 sowie für die Durchführung der mündlichen Verhandlung § 279 Abs. 2 und 3 und § 283 der Zivilprozessordnung gelten entsprechend.

Übersicht

	Rn		Rn
I. Mündliche Verhandlung (Abs 1)	1	3. Bestellung eines gerichtlichen Sachverständigen	4
II. Einbeziehung des sachverständigen Prüfers (Abs 2)	2	III. Beweisaufnahme	4a
1. Persönliches Erscheinen	2	IV. Entsprechende Geltung der ZPO (Abs 3)	5
2. Stellung des sachverständigen Prüfers	3		

I. Mündliche Verhandlung (Abs 1)

Die **Soll-Vorschrift** dient der **Verfahrenskonzentration** und -beschleunigung und erreicht eine Annäherung an das Streitverfahren der ZPO, weil die nach den eröffnenden Schriftsätzen aufkommende Fragen möglichst mündlich zu erörtern sind (vgl

1

Ederle/Theusinger

hierzu Spindler/Stilz AktG/*Drescher* Rn 1 f). Sie **gilt nicht für verfahrensbegleitende** Beschl, diese können ohne mündliche Verhandlung erlassen werden; für die Benachrichtigung gilt § 7 Abs 5 S 4 (K. Schmidt/Lutter AktG/*Klöcker* § 8 SpruchG Rn 1). **Auf eine mündliche Verhandlung** kann idR **verzichtet** werden, wenn der Antrag wg formaler Fehler oder Fristversäumnis **offensichtlich unzulässig** ist (vgl Simon SpruchG/*Winter* Rn 4). Wurde Beweis durch Sachverständigengutachten erhoben, so darf das Gericht einen Antrag auf Erläuterung eines Sachverständigengutachtens **weder völlig übergehen** noch ihn **allein deshalb abweisen**, weil das Gutachten ihm überzeugend und nicht weiter erörterungsbedürftig erscheint; je wichtiger ein Sachverständigengutachten für das Ergebnis eines Verfahrens ist, desto mehr Gewicht kommt dem Recht der Verfahrensbeteiligten zu, Einwendungen dagegen vorzubringen und die Sachverständigen mit diesen zu konfrontieren (vgl *BVerfG* NJW 1998, 2273 f). Ferner soll die mündliche Verhandlung **so früh wie möglich** stattfinden. Möglichst früh bedeutet in diesem Zusammenhang jedoch nicht, dass das Gericht zur Bestimmung des Termins weitere Umstände nicht berücksichtigen dürfe. Vielmehr muss der Termin den Gesamtumständen nach dem Verfahren förderlich sein und **nur in diesem Rahmen** kann das Gericht **möglichst früh** terminieren. Bei der Entsch über die Frage, ab wann ein Termin förderlich ist, steht dem Gericht **weites Ermessen** zu (vgl *Büchel* NZG 2003, 793, 798). Die mündliche Verhandlung ist grundsätzlich **nicht öffentlich** (§ 170 Abs 1 S 1 GVG idF des FGG-RG, **aA** Mehrbrey/*Krenek* § 97 Rn 64). Das Gericht kann die Öffentlichkeit zulassen, jedoch nicht gegen den Willen eines Beteiligten (krit hierzu die Praxis, vgl *Engel/Puszkajler* BB 2012, 1687, 1690).

II. Einbeziehung des sachverständigen Prüfers (Abs 2)

2 **1. Persönliches Erscheinen.** Abs 2 enthält eine weitere Soll-Vorschrift, nach der die persönliche Befragung der gerichtlich bestellten Prüfer, deren Berichte nach § 7 Abs 3 S 3 dem Gericht vorzulegen sind, in der mündlichen Verhandlung erfolgen soll. Eine Abweichung bietet sich nur ausnahmsweise an, wenn absehbar ist, dass die mündliche Anhörung keine weitere Aufklärung verspricht (vgl *OLG Düsseldorf* BeckRS 2012, 09272). Weiterhin hat das Gericht zu erwägen, ob es den sachverständigen Prüfer zuerst schriftlich und dann erst – **soweit** noch **Bedarf** besteht – **mündlich befragt** (Reg-Begr BT-Drucks 15/371, 15). Ein bestellter Sachverständiger soll im mündlichen Termin den sachverständigen Prüfer befragen dürfen, wenn nicht Letzterer auch als Sachverständiger vom Gericht bestellt ist. Diese Bestellung des sachverständigen Prüfers als Sachverständiger empfiehlt sich, weil er sich nicht in die Materie einarbeiten muss. Allerdings muss das Gericht in diesem Fall auch die **Gefahr mangelnder Darstellung** von Schwachstellen der Unternehmensbewertung berücksichtigen (RegBegr BT-Drucks 15/371, 15; *LG Frankfurt/Main* AG 2004, 392, 393; eingehend *OLG Düsseldorf* DB 2001, 190 f). Auch eine sog **Parallelprüfung** sollte die Bestellung des sachverständigen Prüfers als Sachverständigen nicht hindern (vgl *Leuering* NZG 2004, 606 ff; **aA** *Puszkajler* ZIP 2003, 518, 521). Möglich ist es indes auch, ganz von der Bestellung eines Sachverständigen abzusehen (s Rn 4). Dem sachverständigen Prüfer sind die vorgebrachten Schriftsätze der Beteiligten zu übermitteln (§ 8 Abs 2 S 2). Wenn das Gericht die Beantwortung einzelner Fragen durch den sachverständigen Prüfer anordnet (§ 8 Abs 2 S 3), müssen die Schriftstücke ihm nur insoweit mitgeteilt werden, als es die Beantwortung dieser Fragen erfordert. Von einer **Übermittlung aller Unterlagen** kann abgesehen werden.

2. Stellung des sachverständigen Prüfers. Welche **Rechtsstellung** der sachverständige 3
Prüfer im Spruchverfahren einnimmt, lässt § 8 Abs 2 ungeklärt (eingehend *Wittgens*
AG 2007, 106, 107 ff). In der bloßen Einbeziehung nach § 8 Abs 2 S 1 liegt keine
Bestellung zum Sachverständigen (*Hüffer* AktG Anh § 305 § 8 SpruchG Rn 4); möglich ist allerdings die förmliche, über § 8 Abs 2 hinausgehende Bestellung zum Sachverständigen (s.o. Rn 4). Im Übrigen hat der sachverständige Prüfer die Stellung eines
sachverständigen Zeugens iSd § 414 ZPO (str, ebenso wohl Spindler/Stilz AktG/*Drescher* § 8 SpruchG Rn 8; K. Schmidt/Lutter/AktG/*Klöcker* § 8 SpruchG Rn 6; aA
Simon SpruchG/*Winter* Rn 9 ff mwN). Möchte das Gericht den Prüfer nicht nur zu
vergangenen Tatsachen oder Zuständen vernehmen, zu deren Wahrnehmung eine bes
Sachkunde erforderlich war, sondern sich auch **dessen Fachkunde** zu Nutze zu
machen, ist es darauf verwiesen, ihn als **Hilfsperson im Wege des Freibeweises** heranzuziehen (§§ 26, 29 FamFG, § 17 Abs 1; vgl *Emmerich/Habersack* Aktien- und GmbH-
KonzernR SpruchG § 8 Rn 6 f). Einem ausbleibenden geladenen Prüfer kann **Ordnungsgeld** (§ 380 ZPO) auferlegt werden (Simon SpruchG/*Winter* aaO Rn 14; aA
Büchel NZG 2003, 793, 799).

3. Bestellung eines gerichtlichen Sachverständigen. Es ist nicht zwingend erforderlich, 4
dass eine **vollständige Neubewertung** des betroffenen Unternehmens vorgenommen
wird, es kann vielmehr auch die Überprüfung des Gutachtens, welches iRd Strukturmaßnahme vom gerichtlich bestellten Prüfer erstellt worden ist, durch einen Sachverständigen dahingehend genügen, ob das **Gutachten realistisch und plausibel begründet**
ist (*Puszkajler* Der Konzern 2006, 256, 257; *LG Stuttgart* AG 2005, 450, 451). Das Sachverständigengutachten ist nur im Hinblick auf die innerhalb der fristgerecht geltend
gemachten Einwendungen zu erheben (*LG Frankfurt/Main* AG 2004, 392, 393). Ein
umfassendes Gutachten ist nicht erforderlich (*Puszkajler* Der Konzern 2006, 256, 257).
Das Gericht kann aber auch von der Bestellung des gerichtlichen Sachverständigen
nach **pflichtgemäßem Ermessen** absehen, wenn der Sachverhalt so aufgeklärt ist, dass
von einem Sachverständigengutachten ein sachdienliches, die Entsch beeinflussendes
Beweisergebnis nicht zu erwarten ist (*OLG Stuttgart* AG 2011, 205, 206 f; AG 2011, 560,
561; *BayObLGZ* 2002, 400, 4004; *OLG Düsseldorf* AG 2002, 398, 399 mwN; nach *Land/
Hennings* AG 2005, 380, 382 f ist das Absehen die Regel). Die Sachverhaltsaufklärung
muss allerdings soweit betrieben werden, wie es die **Bedeutung des Aufzuklärenden** verlangt, iÜ gilt § 287 ZPO (eingehend *OLG Stuttgart* AG 2006, 420, 423; *BayObLG* AG
2001, 138, 139; *Großfeld* BB 2000, 261, 265). Weiterhin können prozesswirtschaftliche
Überlegungen im Falle etwa erheblicher **Verfahrensverlängerungen** oder **drohender
Insolvenz** des Schuldners weitere Beweisaufnahmen, namentlich ein Sachverständigengutachten, entbehrlich machen. Dann gilt wiederum § 287 ZPO (*Puszkajler* Der Konzern 2006, 256, 257; *OLG Hamburg* AG 2002, 406, 407). Ggf muss das Gericht zur **Verfahrensbeschleunigung** bei ansonsten überlanger Verfahrensdauer § 287 ZPO fruchtbar
machen (*BayObLG* AG 2006, 40, 41).

III. Beweisaufnahme

Nach § 29 FamFG iVm § 17 Abs 1 erhebt das Gericht erforderliche Beweise im Wege 4a
des **Freibeweises**, soweit nicht nach § 30 FamFG iVm § 17 Abs 1 eine förmliche
Beweisaufnahme (Strengbeweis) geboten ist. Das ist nach § 30 Abs 3 FamFG regelmäßig der Fall, wenn die zu beweisenden Tatsache in maßgeblicher Weise **entscheidungserheblich** ist und deren Richtigkeit von einem Beteiligten ausdrücklich bestritten wird.

Das Gericht entscheidet über die Art der Beweisaufnahme nach pflichtgemäßem Ermessen (vgl hierzu *Bumiller/Harders* FamFG, 9. Aufl 2009, § 29 Rn 2 ff und § 30 Rn 1 ff). Das SpruchG verlangt **keine Protokollierung** von Zeugenaussagen (*OLG Stuttgart* BeckRS 2011, 23677). Gegenstand der Beweisaufnahme sind ausschließlich Tatsachen, während Rechtsfragen der freien Beurteilung des Gerichts unterliegen. Eine scharfe **Trennung ist häufig schwierig**, weil Tatsachenfeststellung und Rechtsanwendung ineinander greifen (so zutr Musielak ZPO/*Ball* § 546 Rn 3). So ist zwar die Auslegung des Begriffs der „**Angemessenheit**" einer Abfindung **Rechtsfrage**, doch umstr ist, inwieweit das auch für die zugrundeliegende **Unternehmensbewertung** gilt (vgl hierzu nur Simon SpruchG/*Winter* § 9 Rn 9).

IV. Entsprechende Geltung der ZPO (Abs 3)

5 §§ 138, 139, 279 Abs 2 und 3, 283 ZPO werden für anwendbar erklärt. Dadurch, insb durch § 138 ZPO, wird der **Amtsermittlungsgrundsatz** durch den **Beibringungsgrundsatz** verdrängt (*Büchel* NZG 2003, 793, 799 f), jedoch nicht vollständig, namentlich gilt für die Beweiserhebung weiterhin §§ 26, 29 f FamFG iVm § 17 Abs 1 (*Winter/Nießen* NZG 2007, 13), wobei das Gericht aber nur konkreten Hinweisen nachgehen muss (*Klöcker/Frowein* SpruchG Rn 10). Ferner gelten die genannten ZPO-Vorschriften nur entspr. Nicht bestrittene Tatsachen muss das Gericht zwar idR **nicht von Amts wegen** ermitteln (RegBegr BT-Drucks 15/371, 15; *BGH* NJW 1988, 1839, 1840), kann es aber aufgrund des Charakters des Spruchverfahrens als Verfahren der freiwilligen Gerichtsbarkeit im Gegensatz zum ZPO-Verfahren. Soweit der Beibringungsgrundsatz den Amtsermittlungsgrundsatz verdrängt, greift in analoger Anwendung § 139 ZPO als Korrektiv ein. Die **Substantiierungspflicht** entspricht jener der ZPO. Die Amtsermittlungspflicht endet dort, wo es die Verfahrensbeteiligten in der Hand haben, die in ihrem Interesse liegenden notwendigen Erklärungen abzugeben. Die Antragsteller haben daher die **Darlegungslast** für Umstände, die für eine höhere Bemessung der Kompensation sprechen (*LG Frankfurt/Main* AG 2005, 930, 932). Das Gericht darf davon ausgehen, dass die Verfahrensbeteiligten die ihnen günstigen Umstände vollständig vorgetragen haben. Zur Amtsermittlung muss es **nur bei konkreten Anhaltspunkten** schreiten, ferner besteht bei unbestrittenem Sachvortrag keine Amtsermittlungspflicht (*OLG Stuttgart* AG 2006, 420, 423; *LG Frankfurt/Main* AG 2005, 930, 932). Die Feststellungslast bei nicht aufklärbaren Tatsachen folgt den Regeln der **Beweislast der ZPO**: Eine Tatsache muss derjenige beweisen, für den sie vorteilhaft ist; lässt sich die Unangemessenheit der Abfindung oder Angemessenheit bei Bestreiten nicht beweisen, weist das Gericht den Antrag als unbegründet ab (*Thüringer OLG Jena* DB 2005, 658, 660; *LG Frankfurt/Main* AG 2004, 392 f). §§ 279 Abs 2 und 3, 283 ZPO bestimmen den Ablauf der mündlichen Verhandlung (RegBegr BT-Drucks 15/371, 16). Sämtliche Verfahrensbeteiligte haben Anspruch auf ungekürzte Mitteilung des gerichtlichen Bewertungsgutachtens, grds **unzulässig ist daher das Schwärzen von Passagen** (*LG Düsseldorf* AG 1998, 98), soweit es sich nicht nach § 7 Abs 7 S 2 um geheim zu haltende Daten (§ 7 Rn 9) handelt, deren Kenntnisgabe der Vorsitzende auf Antrag untersagt hat. Das Gericht hat bei der Überprüfung des durch den sachverständigen Prüfers ermittelten Unternehmenswertes nur eine **Plausibilitäts-** und **Rechtskontrolle** vorzunehmen (*LG Frankfurt/Main* AG 2005, 930, 932). § 8 Abs 3 ist nicht abschließend (eingehend *Fritzsche/Dreier/Verfürth* SpruchG Rn 37 ff; bzgl des Sachverständigenbeweis und der **Befangenheit**, § 406 ZPO, vgl *OLG*

Stuttgart AG 2005, 304 und *OLG Düsseldorf* NZG 2006, 758). § 295 ZPO findet im Spruchverfahren Anwendung (*OLG Karlsruhe* AG 2005, 300, 301).

§ 9 Verfahrensförderungspflicht

(1) Jeder Beteiligte hat in der mündlichen Verhandlung und bei deren schriftlicher Vorbereitung seine Anträge sowie sein weiteres Vorbringen so zeitig vorzubringen, wie es nach der Verfahrenslage einer sorgfältigen und auf Förderung des Verfahrens bedachten Verfahrensführung entspricht.

(2) Vorbringen, auf das andere Beteiligte oder in den Fällen des § 8 Abs. 2 die in der mündlichen Verhandlung anwesenden sachverständigen Prüfer voraussichtlich ohne vorhergehende Erkundigung keine Erklärungen abgeben können, ist vor der mündlichen Verhandlung durch vorbereitenden Schriftsatz so zeitig mitzuteilen, dass die Genannten die erforderliche Erkundigung noch einziehen können.

(3) Rügen, welche die Zulässigkeit der Anträge betreffen, hat der Antragsgegner innerhalb der ihm nach § 7 Abs. 2 gesetzten Frist geltend zu machen.

Übersicht

	Rn		Rn
I. Regelungsgegenstand, Sinn und Zweck	1	2. Rechtzeitiges Vorbringen	3
II. Anträge und weiteres Vorbringen	2	III. Schriftliche Terminsvorbereitung	4
1. Umfang	2	IV. Zulässigkeitsrügen	5

I. Regelungsgegenstand, Sinn und Zweck

§ 9 verpflichtet die Beteiligten des Spruchverfahrens in weitgehender inhaltlicher Anlehnung an § 282 ZPO zur Verfahrensförderung und Verfahrensbeschleunigung (RegBegr BT-Drucks 15/371, 16). § 9 wird ergänzt durch die Rechtsfolgenanordnung des § 10 Abs 2 bis 4, wonach ein nicht **rechtzeitiges Vorbringen** oder eine **verspätete Zulässigkeitsrüge** zur **Zurückweisung** des Vorbringens bzw zur **Nichtzulassung** der Rüge führen kann. 1

II. Anträge und weiteres Vorbringen

1. Umfang. Die Norm spricht von Beteiligten, wobei der **Beteiligtenbegriff** in § 7 FamFG nun ausdrücklich normiert ist. Gemeint und folglich verfahrensförderungspflichtig sind wie bisher auch Antragsteller, Antragsgegner und gemeinsamer Vertreter (§§ 4, 5 und 6). Trotz des von § 282 ZPO abw Wortlauts erfasst § 9 folglich auch das Verteidigungsvorbringen (*Hüffer* AktG Anh § 305 § 9 SpruchG Rn 3). Der relevante Zeitraum umfasst nicht nur die mündliche Verhandlung, sondern bereits die **schriftliche Vorbereitung**. Der Begriff **Anträge** entspricht der Formulierung „Anträge und Erklärungen" des § 11 FGG (MünchKomm AktG/*Kubis* § 9 SpruchG Rn 3), nun § 23 FamFG. Erfasst sind daher alle Äußerungen, die für das Gericht bestimmt sind, tatsächlicher, rechtsgeschäftlicher und verfahrensrechtlicher Art, ferner auch Sach- und Verfahrensanträge, unabhängig davon, ob es sich um mündliche oder schriftliche Ausführungen handelt (Keidel FamFG/*Sternal* § 25 Rn 8 f). Jedoch gilt § 9 in den Fällen **nicht**, in denen §§ 4, 7, 9 Abs 3 bestimmte gesetzliche oder richterliche Fristen vorsehen (iE auch *Hüffer* AktG Anh § 305 § 9 SpruchG Rn 2: § 9 insoweit bedeutungslos). 2

Nicht erfasst werden Rechtsausführungen; die Rechtsfindung obliegt dem Gericht (**aA** Simon SpruchG/*Winter* Rn 10). Anderes gilt in Bezug auf die Unternehmensbewertung: Das Gericht muss nur die **rechtzeitig** geltend gemachten Einwendungen hiergegen prüfen (*Klöcker/Frowein* SpruchG Rn 3), in der rechtlichen Beurteilung bleibt das Gericht aber frei.

3 **2. Rechtzeitiges Vorbringen.** Rechtzeitig vorgebracht sind Anträge und Erklärungen dann, wenn nach der Verfahrenslage und einer sorgfältigen und förderungsbedachten Verfahrensführung durch den Betreffenden **ein früheres Vorbringen nicht zuzumuten** war (Zöller ZPO/*Greger* § 282 Rn 3). Für eine **Verfahrenstaktik in Form sukzessiven Vorbringens** bleibt nur insofern Raum, als ein zunächst zurückgehaltenes Vorbringen nach der Verfahrenslage noch nicht veranlasst war. Primärer Maßstab einer solchen Veranlassung ist das gegnerische Vorbringen (*BayVerfGH* NJW-RR 1992, 895, 896 mwN; vgl auch *BGH* NJW 1984, 1964, 1967 und *Leipold* ZZP 93 (1980), 237, 261), jedoch nur, soweit es innerhalb des Verfahrens vorgebracht worden ist (*BGH* NJW 1983, 2879, 2880). Die **Substantiierungspflicht** richtet sich nach der bisherigen Substantiierung durch die andere Seite (vgl *BGH* NJW 1984, 1964). Entscheidend ist, ob das zurückgehaltene Vorbringen zu einer schnelleren Entsch geführt hätte, insb ob es vorgenommene Beweiserhebungen entbehrlich gemacht hätte. Deswegen sind **Hilfserwägungen** sogleich mit den Hauptargumenten vorzubringen und nicht bis zur Beurteilung Letzterer zurückzuhalten (*Schneider* MDR 1977, 793, 795 f). Erfolgen die Ankündigung von Vorbringen und substantiierte Darstellungen erst auf Hinweis des Gerichts, sind sie regelmäßig nicht zulässig (str *Fritzsche/Dreier/Verfürth* SpruchG Rn 13; **aA** *Hüffer* AktG Anh § 305 § 9 SpruchG Rn 3).

III. Schriftliche Terminsvorbereitung

4 § 9 Abs 2 bezweckt den Schutz des Gegners, dagegen nicht die rechtzeitige Terminsvorbereitung durch das Gericht nach § 7 (*BGH* NJW 1999, 2446 f). Rechtzeitig bedeutet in diesem Zusammenhang, dass sich die jeweils andere Seite substantiiert und der Wahrheit gem (§ 138 ZPO, § 8 Abs 3) auf ein Vorbringen, namentlich auf Tatsachenbehauptungen und Ausführungen bzgl der Bewertung, erklären kann; Rückfragen des Verfahrensbevollmächtigten an den Mandanten oder an Dritte, etwa an Wirtschaftsprüfer, müssen, soweit sie hierfür erforderlich sind, in die Zeitspanne einberechnet werden, je nach Falllage kann aber auch ein **Blick in die Akte** genügen (*BGH* NJW 1989, 716, 717). Welche Zeit die Erkundigung in concreto erforderlich macht, lässt sich daher nicht abstrakt beurteilen (Musielak ZPO/*Foerste* § 282 Rn 9). Kennt die jeweils andere Seite das Vorbringen bereits, ist eine Mitteilung nicht notwendig (*BGH* NJW 1999, 2446, 2447). Bei Verstoß gegen § 9 Abs 2 kann die Einlassung ohne Folge des § 138 Abs 3 ZPO, § 8 Abs 3 verweigert werden, ferner kommt eine **Präklusion** nach § 10 Abs 2 in Betracht, soweit notwendig auch ein **Schriftsatznachlass** gem § 283 ZPO, § 8 Abs 3 bzw ein neuer Termin.

IV. Zulässigkeitsrügen

5 § 9 Abs 3 enthält eine **Sonderregelung** für Zulässigkeitsrügen. Dazu gehört die Rüge fehlender Zuständigkeit des befassten Gerichts wg unterbliebener oder unrichtiger Verweisung (*OLG Karlsruhe* AG 2005, 300, 301). Erfasst ist auch das Fristversäumnis nach § 4 (Hölters AktG/*Simons* § 9 SpruchG Rn 7; **aA** MünchKomm AktG/*Volhard* 2. Aufl § 9 SpruchG Rn 8; *Simmler* in 1. Aufl). Für **Zulässigkeitsrügen** gilt die **Antrags-**

erwiderungsfrist nach § 7 Abs 2. Wird diese Frist nachträglich verlängert, gilt die Verlängerung auch für Zulässigkeitsrügen. Der Antragsgegner kann die Frist voll ausschöpfen, für die Zulässigkeitsrügen gelten Abs 1 und 2 nicht. Er ist nicht verpflichtet, sämtliche Rügen **gleichzeitig** (Eventualmaxime) vorzubringen, sondern kann sie nach wohl überwiegender Meinung auch innerhalb der Frist des § 7 Abs 2 auf mehrere Schriftsätze verteilen (str *Hüffer* AktG Anh § 305 § 9 SpruchG Rn 6; MünchKomm AktG/*Kubis* § 9 SpruchG Rn 6; **aA** noch MünchKomm AktG/*Volhard* 2. Aufl § 9 SpruchG Rn 8). Versäumung hat für den Antragsgegner nur dann nachteilige Folgen, wenn die Zulässigkeitsvoraussetzung nicht von Amts wegen zu beachten war (*Hüffer* aaO), etwa im Falle einer fehlenden oder mangelhaften Vollmacht bei Vertretung durch einen Rechtsanwalt oder Notar, vgl § 11 FamFG. Die Folge ist dann **Unbeachtlichkeit des Zulässigkeitsmangels** (§ 10 Abs 4).

§ 10 Verletzung der Verfahrensförderungspflicht

(1) Stellungnahmen oder Einwendungen, die erst nach Ablauf einer hierfür gesetzten Frist (§ 7 Abs. 2 Satz 3, Abs. 4) vorgebracht werden, sind nur zuzulassen, wenn nach der freien Überzeugung des Gerichts ihre Zulassung die Erledigung des Rechtsstreits nicht verzögern würde oder wenn der Beteiligte die Verspätung entschuldigt.

(2) Vorbringen, das entgegen § 9 Abs. 1 oder 2 nicht rechtzeitig erfolgt, kann zurückgewiesen werden, wenn die Zulassung nach der freien Überzeugung des Gerichts die Erledigung des Verfahrens verzögern würde und die Verspätung nicht entschuldigt wird.

(3) § 26 des Gesetzes über das Verfahren in Familiensachen und in den Angelegenheiten der freiwilligen Gerichtsbarkeit ist insoweit nicht anzuwenden.

(4) Verspätete Rügen, die die Zulässigkeit der Anträge betreffen und nicht von Amts wegen zu berücksichtigen sind, sind nur zuzulassen, wenn der Beteiligte die Verspätung genügend entschuldigt.

Übersicht

	Rn		Rn
I. Allgemeines	1	1. Voraussetzungen	4
II. Versäumung von richterlichen Fristen (Abs 1)	2	2. Ermessen des Gerichts	5
1. Fristversäumnis	2	IV. Unanwendbarkeit des Amtsermittlungsgrundsatzes (Abs 3)	6
2. Verzögerung und Verschulden	3	V. Verspätete Zulässigkeitsrügen (Abs 4)	7
III. Verstoß gegen die allgemeine Verfahrensförderungspflicht (Abs 2)	4		

I. Allgemeines

§ 10 dient wie § 9 der Verfahrensbeschleunigung, indem hiernach verspätetes Parteivorbringen vom Gericht zurückzuweisen ist bzw zurückgewiesen werden kann. § 10 Abs 1 und 4 betreffen richterlich gesetzte Fristen und führen bei Vorliegen der Voraussetzungen zwingend zur Präklusion, wohingegen Abs 2, welcher via § 9 an unbestimmte und im Einzelfall zu konkretisierende Begriffe anknüpft, dem Gericht Ermessen einräumt. Eine wesentliche Abweichung zu § 296 ZPO enthält § 10 Abs 2, wonach für einen Verstoß gegen die allg Verfahrensförderungspflicht bereits einfaches

Verschulden genügt. § 10 ist **nicht analogiefähig** (vgl *BGH* NJW 1981, 1217 f; NJW 1979, 2109, 2110 zu § 528 ZPO aF). Die Zurückweisung erfolgt nicht als eigener Beschl, sondern in der Hauptsacheentscheidung. Ein gesonderter **Rechtsbehelf** gegen die Zurückweisung bzw. gegen die Unterlassung der Zurückweisung besteht nicht, insoweit ist die Hauptsacheentscheidung anzugreifen (*Klöcker/Frowein* SpruchG Rn 9). Die Zurückweisung bedarf eines rechtlichen Hinweises (*OLG Karlsruhe* NJW 1979, 879; *OLG Nürnberg* NJW 1972, 2274 f) und ist tragfähig zu begründen (*BGH* NJW 1999, 585). Eine „Flucht in die Säumnis", wie sie aus dem Zivilprozess bekannt ist, ist im Spruchverfahren nicht möglich (*Bungert/Mennicke* BB 2003, 2021, 2028).

II. Versäumung von richterlichen Fristen (Abs 1)

2   **1. Fristversäumnis.** § 10 Abs 1 sanktioniert Verstöße gegen § 7 Abs 2 S 3 und Abs 4, somit Verstöße gegen richterlich gesetzte Fristen für die Antragserwiderung (§ 7 Abs 2) bzw für die Replik und erstes Vorbringen des gemeinsamen Vertreters (§ 7 Abs 4). § 10 Abs 1 ist **abschließend**, weitere Fristen werden nicht erfasst, auch nicht analog (KölnKomm SpruchG/*Puszkajler* Rn 7; *BGH* NJW 1981, 1217 f; NJW 1979, 2109, 2110 mwN). Die Frist kann nur dann Präklusionswirkung entfalten, wenn sie **wirksam gesetzt** worden ist. Es braucht namentlich die Unterzeichnung der Fristsetzung (nicht nur Paraphe) durch den zuständigen Richter (*BGHZ* 76, 236, 241). Entscheidet die KfH, obwohl nach § 2 Abs 2 S 1 Nr 4 deren Vorsitzender befugt gewesen wäre, schadet dies der Fristsetzung nicht (*Hüffer* AktG Anh § 305 § 10 SpruchG Rn 2; *Fritzsche/Dreier/Verfürth* SpruchG Rn 8; vgl schon § 2 Rn 8; aA *Klöcker/Frowein* SpruchG § 7 Rn 3). Die Fristsetzung muss Dauer und Anforderungen eindeutig erkennen lassen, innerhalb der gesetzlichen Grenzen vertretbar lang und nach § 15 FamFG förmlich zugestellt sein. Einer **Belehrung** bedarf es nicht (str *Fritzsche/Dreier/Verfürth* aaO; aA *Hüffer* AktG Anh § 305 § 7 SpruchG Rn 4). Die Frist ist auch dann versäumt, wenn die Darlegungspflicht lediglich formell, also ohne konkretes Eingehen auf darzulegende Punkte, erfüllt wird (Zöller ZPO/*Greger* § 296 Rn 10), allerdings nach hM nicht schon bei inhaltlichen Mängeln oder Unklarheiten (Musielak ZPO/*Huber* § 296 Rn 12).

3   **2. Verzögerung und Verschulden.** Die Fristversäumung allein führt noch nicht zur Präklusion. Es bedarf noch der durch die Fristversäumnis bedingten Verzögerung der Erledigung des Rechtsstreits und kumulativ dazu der fehlenden Entschuldigung der Verspätung durch den Beteiligten. Anders gewendet heißt dies, dass eine Präklusion nicht eintritt, wenn die Fristversäumnis nicht zu einer solchen Verzögerung führt oder alternativ hierzu der Beteiligte die Verspätung entschuldigt. Es ist der vom **absoluten Verzögerungsbegriff** ausgehende **vermittelnde Verzögerungsbegriff** des *BVerfG* (*BVerfGE* 75, 302, 315 ff) zugrunde zulegen (zutr Zöller ZPO/*Greger* § 296 Rn 22). Nach dem absoluten Verzögerungsbegriff liegt eine Verzögerung bereits dann vor, wenn das Verfahren bei einer Zulassung des verspäteten Vorbringens länger dauern würde als bei dessen Zurückweisung. Unerheblich bleibt, ob der Rechtsstreit bei rechtzeitigem Vorbringen ebenso lange gedauert hätte (*BGHZ* 86, 31, 34 mwN). Jedoch kommt eine Präklusion nicht in Betracht, wenn ohne jeden Aufwand erkennbar ist, dass die Pflichtwidrigkeit, also die Verspätung allein, nicht kausal für eine Verzögerung ist (*BVerfGE* 75, 302, 316 f; s zB *OLG Hamburg* AG 2005, 853). Weiterhin scheidet eine Präklusion aus, wenn das Gericht die Verspätung nicht durch **zumutbare Vorbereitungsmaßnahmen** so weit wie möglich ausgeglichen und dadurch die Verzö-

gerung abgewendet hat (Prozessförderungspflicht, *BGHZ* 86, 31, 34 mwN). **Entschuldigt** ist die Verspätung nur dann, wenn ein rechtzeitiges Vorbringen dem Betroffenen bei Einhaltung der für das Spruchverfahren notwendigen Sorgfalt nicht zumutbar war. Es bedarf weder eines vorwerfbaren Verhaltens noch einer Verzögerungsabsicht (Zöller ZPO/*Greger* § 296 Rn 23). **Ermittlungspflichten bestehen nur unter bes Umständen** (*BGH* NJW 2003, 200, 202). Der Betroffene muss die Entschuldigungsgründe darlegen (Zöller ZPO/*Greger* § 296 Rn 24). Die „**freie Überzeugung**" des Gerichts bezieht sich sowohl auf die Frage der Verzögerung als auch auf die Frage, ob die vom Betroffenen vorgebrachte Entschuldigung anzuerkennen ist (*Fritzsche/Dreier/Verfürth* SpruchG Rn 16).

III. Verstoß gegen die allgemeine Verfahrensförderungspflicht (Abs 2)

1. Voraussetzungen. § 10 Abs 2 knüpft an § 9 Abs 1 und 2 an. Für eine Zurückweisung muss ein Verstoß gegen die allg Verfahrensförderungspflicht gegeben sein. Diese wird in § 9 Abs 1 und 2 nicht konkret beschrieben. Die Bestimmung der Reichweite dieser Pflicht muss somit aufgrund der in § 9 enthaltenen **unbestimmten Rechtsbegriffe** der Wertung des Einzelfalles vorbehalten bleiben. Konkretisierungsbedürftig ist die Rechtzeitigkeit iSd § 9 Abs 1 und 2, also was nach der konkreten Verfahrenslage sorgfältig und verfahrensförderungsbedacht war (s § 9 Rn 3 f). Namentlich die der anderen Seite einzuräumende Zeit für die Erklärung nach § 9 Abs 2 kann nur anhand der konkreten Umstände bestimmt werden. Weiterhin bedarf es wie bei § 10 Abs 1 der Verzögerung (s dazu Rn 3) und der fehlenden Entschuldigung. Trotz Anlehnung an § 296 Abs 2 ZPO, der grobe Nachlässigkeit verlangt, genügt für § 10 Abs 2 **einfaches Verschulden** (s Rn 3). Zur Erreichung der beabsichtigten Beschleunigung erschien es dem Gesetzgeber aufgrund der Erfahrung mit erheblichen Verfahrensverzögerungen dringend geboten, bereits bei einfachem Verschulden die Präklusion wg Verstoßes gegen die allg Verfahrensförderungspflicht zuzulassen (RegBegr BT-Drucks 15/371, 16; *Neye* Spruchverfahrensrecht, S 27). Der **Anspruch auf Gewährung rechtlichen Gehörs** verlangt, dass der Betroffene ausreichend Gelegenheit hatte, sich zu äußern (*BVerfGE* 75, 302, 315); daran ist der Begriff des Verschuldens zu messen. 4

2. Ermessen des Gerichts. Anders als § 10 Abs 1 sieht Abs 2 in der Rechtsfolge **Ermessen** („kann") des Gerichts vor (*Klöcker/Frowein* SpruchG Rn 5). Trotz Vorliegens der Voraussetzungen kann deshalb von einer Zurückweisung abgesehen werden, etwa wenn die Verzögerung gering ausfällt (*Fritzsche/Dreier/Verfürth* SpruchG Rn 43). 5

IV. Unanwendbarkeit des Amtsermittlungsgrundsatzes (Abs 3)

Die Präklusionswirkungen, insb der Sanktionscharakter der Präklusion, würden durch den **Amtsermittlungsgrundsatz** konterkariert. Deshalb setzt § 10 Abs 3 diesen in § 26 FamFG verankerten Grundsatz außer Kraft. Trotz § 10 Abs 3 darf das Gericht nicht die Ermittlung zu Tatsachen unterlassen, die ein Beteiligter aus **objektiven** Gründen nicht vortragen kann (RegBegr BT-Drucks 15/371, 16; *Hüffer* AktG Anh § 305 § 10 SpruchG Rn 7). 6

V. Verspätete Zulässigkeitsrügen (Abs 4)

Gem § 10 Abs 4 werden verspätete Zulässigkeitsrügen, die nicht von Amts wegen zu berücksichtigen sind, nicht zugelassen, wenn die Verspätung vom Beteiligten **nicht** 7

Ederle/Theusinger

entschuldigt wird. Zulässigkeitsrügen, die nicht von Amts wegen zu berücksichtigen sind, lassen sich kaum vorstellen. In Betracht kommen mag der **Mangel einer Vollmacht** nach § 11 FamFG. Verspätet ist die Rüge nach Ablauf der Erwiderungsfrist (§ 7 Abs 2, vgl hierzu näher § 9 Rn 5). Für die Entschuldigung gilt das zu § 10 Abs 1 Gesagte (s Rn 3).

§ 11 Gerichtliche Entscheidung; Gütliche Einigung

(1) Das Gericht entscheidet durch einen mit Gründen versehenen Beschluss.

(2) ¹**Das Gericht soll in jeder Lage des Verfahrens auf eine gütliche Einigung bedacht sein.** ²**Kommt eine solche Einigung aller Beteiligten zustande, so ist hierüber eine Niederschrift aufzunehmen; die Vorschriften, die für die Niederschrift über einen Vergleich in bürgerlichen Rechtsstreitigkeiten gelten, sind entsprechend anzuwenden.** ³**Die Vollstreckung richtet sich nach den Vorschriften der Zivilprozessordnung.**

(3) Das Gericht hat seine Entscheidung oder die Niederschrift über einen Vergleich den Beteiligten zuzustellen.

(4) ¹**Ein gerichtlicher Vergleich kann auch dadurch geschlossen werden, dass die Beteiligten einen schriftlichen Vergleichsvorschlag des Gerichts durch Schriftsatz gegenüber dem Gericht annehmen.** ²**Das Gericht stellt das Zustandekommen und den Inhalt eines nach Satz 1 geschlossenen Vergleichs durch Beschluss fest.** ³**§ 164 der Zivilprozessordnung gilt entsprechend.** ⁴**Der Beschluss ist den Beteiligten zuzustellen.**

Übersicht

	Rn		Rn
I. Beschluss (Abs 1)	1	IV. Gerichtlicher Vergleichsvorschlag (Abs 4)	4
II. Gütliche Einigung (Abs 2)	2		
III. Zustellung (Abs 3)	3	V. Weitere Formen der Verfahrensbeendigung; Unterbrechung	5

I. Beschluss (Abs 1)

1 Die Gerichtsentscheidung ergeht gem § 11 Abs 1 durch Beschl. Ist der Antrag unzulässig, wird er **verworfen**, bei Unbegründetheit erfolgt **Zurückweisung**. Eine Verschlechterung durch das Spruchverfahren (**reformatio in peius**), indem zB der Ausgleich niedriger als angebotet bestimmt wird, ist grds nicht möglich (*BayObLG* AG 1996, 127; Simon SpruchG/*Simon* Rn 5; K. Schmidt/Lutter AktG/*Klöcker* § 11 SpruchG Rn 1). Ist der Antrag begründet, setzt das Gericht je nach Antrag die Abfindung, den Ausgleich oder die Zuzahlung fest. Es gilt der Grundsatz **ne ultra petita** (zum Antrag und Verfahrensgegenstand vgl § 4 Rn 1). Zu dem Antrag gehört jedoch nur, was der Art nach zu bestimmen ist, nicht aber dessen Betrag, so dass das Gericht ohne gegen den Grundsatz **ne ultra petita** zu verstoßen iRd Verbotes der **reformatio in peius** hinsichtlich der für die Aktionäre bereits bestehenden Lage einen anderen **Betrag** als im Antrag angegeben bestimmen kann (*Fritzsche/Dreier/Verfürth* SpruchG Rn 4). Eine Bezifferung bleibt somit iE unbeachtlich; sie zwingt auch nicht zu einer Teilabweisung, wenn die gerichtliche Bestimmung unter der Bezifferung verbleibt (s § 4 Rn 1). Die gesetzliche **Verzinsung** nach §§ 15 Abs 2, 30 Abs 1 S 2 UmwG, §§ 305 Abs 3 S 3, 320b Abs 1 S 6, 327b Abs 2 AktG bedarf keiner gesonderten Feststellung; sie wäre nur deklaratorischer Natur (str, vgl *Hüffer* AktG Anh § 305 § 11 SpruchG

Rn 2; MünchKomm AktG/*Kubis* § 11 SpruchG Rn 4; Spindler/Stilz AktG/*Drescher* § 11 SpruchG Rn 3 mwN; Schmidt/Lutter AktG/*Klöcker* § 11 SpruchG Rn 2; aA Lutter UmwG/*Krieger/Mennicke* § 11 SpruchG Rn 2; *Simmler* in 1. Aufl; vgl auch § 4 Rn 2 mwN). Der allg Antrag genügt auch, um die Verjährung der gesetzlichen Verzinsung zu hemmen (*BayObLG* WM 1983, 404 f). Ein **höherer Zinssatz** kann nicht im Spruchverfahren, sondern muss als **Schadensersatz** im ordentlichen Zivilprozess geltend gemacht werden (*OLG Celle* WM 1979, 1336, 1342, s § 4 Rn 1). **Zwischenentscheidungen** zu Verfahrensvoraussetzungen sind möglich (zB Statthaftigkeit des Spruchverfahrens, *LG München* AG 2001, 318; AG 2005, 311 zu § 17 Abs 2), Verfahrensfragen, zB über § 7 Abs 7 S 2, und bzgl des Grundes (*OLG Düsseldorf* NJW-RR 1998, 109). Ferner kann das Gericht bei teilbaren oder mehreren Verfahrensgegenständen **Teilentscheidungen** erlassen (*Fritzsche/Dreier/Verfürth* SpruchG Rn 8). Ob **einstweilige Anordnungen** bzgl des Verfahrensgegenstands zulässig sind, ist str (dafür *OLG Düsseldorf* DB 1995, 2412; K. Schmidt/Lutter AktG/*Klöcker* § 11 SpruchG Rn 26; dagegen Spindler/Stilz AktG/*Drescher* § 11 SpruchG Rn 5 mwN), ein praktischer Anwendungsbereich jedenfalls kaum denkbar. § 319 ZPO ist anwendbar (*BGHZ* 106, 370). Berichtigung, Ergänzung und Abänderung sind gem §§ 42, 43, 48 FamFG möglich, nicht aber gem § 321 Abs 1 ZPO. **Fehlende Begr** ist absoluter Beschwerdegrund, führt zur Aufhebung und Zurückweisung der Sache (K. Schmidt/Lutter AktG/*Klöcker* § 11 SpruchG Rn 4). Nach § 39 FamFG besteht nun die Notwendigkeit einer **Rechtsbehelfsbelehrung**, deren Fehlen aber nach § 17 Abs 2 FamFG eine gesetzliche Vermutung dafür begründet, dass eine auf der fehlenden Rechtsbehelfsbelehrung beruhende Fristversäumnis vom Betroffenen nicht verschuldet ist (MünchKomm ZPO/*Pabst* § 17 FamFG Rn 9; *Preuß* NZG 2009, 961, 964). Die Entsch im Spruchverfahren ist nach Maßgabe des § 14 **bekannt zu machen**. Sie ist entweder feststellenden oder gestaltenden Charakters (s § 13 Rn 1) und deshalb **nicht vollstreckbar** (MünchKomm AktG/*Kubis* § 11 SpruchG Rn 13). Leistet der Kompensationsschuldner nicht, muss der Antragsteller ggf noch Leistungsklage (§ 16) auf Zahlung der Kompensation erheben.

II. Gütliche Einigung (Abs 2)

§ 11 Abs 2 gibt fast wortgleich mit § 36 FamFG und § 278 Abs 1 ZPO dem Gericht auf, **in jeder Lage des Verfahrens** auf eine gütliche Einigung bedacht zu sein; stimmen Antragsteller, Antragsgegner und gemeinsame Vertreter einem gerichtlichen Vergleich zu, wird dadurch – nach Protokollierung – das Verfahren beendet (RegBegr BT-Drucks 15/371, 16; s für Muster eines gerichtlichen Vergleichs, Happ, Konzern- und Umwandlungsrecht/*Möhrle* Muster 13.10). Eine **Güteverhandlung** geht der gütlichen Einigung nicht voraus. Zum einen verweist weder § 8 Abs 3 auf § 278 ZPO noch nennt § 11 eine solche, zum anderen wäre eine Güteverhandlung im Spruchverfahren nicht sinnvoll (*Büchel* NZG 2003, 793, 799). Einem **Vergleich** kommt keine Inter Omnes-Wirkung zu (*Zimmer/Meese* NZG 2004, 201, 203; zw Simon SpruchG/*Simon* Rn 20). Der Vergleich kann aber vorsehen, dass er als Vertrag zugunsten Dritter iSd § 328 BGB auch für nicht am Verfahren Beteiligte gilt und diesen durch den Antragsgegner bekannt zu machen ist (Simon SpruchG/*Simon* aaO). Bzgl der **Protokollierung** wird in § 11 Abs 2 auf §§ 160 ff ZPO verwiesen (*Büchel* NZG 2003, 793, 799); Lit und Rspr zum gerichtlichen Vergleich im Zivilprozess kann daher auf das Spruchverfahren übertragen werden (näher dazu Zöller ZPO/*Stöber* § 160 Rn 5). Namentlich ist eine

2

§ 11 SpruchG/Anh § 306 Gerichtliche Entscheidung; Gütliche Einigung

ordnungsgemäße Protokollierung Wirksamkeitsvoraussetzung (*BGH* NJW 1984, 1465, 1466), ein Verzicht auf dieses Formerfordernis unbeachtlich (vgl *LG Braunschweig* MDR 1975, 322). Ein Vergleich über die Höhe der Kompensationswirkung bedeutet keine Änderung des Unternehmensvertrages (vgl Spindler/Stilz AktG/*Drescher* Rn 6 mwN; aA *Zimmer/Meese* NZG 2004, 201, 203 f krit auch *Simmler* in 1. Aufl). Nach § 11 Abs 2 S 2 richtet sich die **Vollstreckung** nach den Vorschriften der ZPO. Der Streitgegenstand im Spruchverfahren ist gerichtet auf Feststellung oder Gestaltung (s § 13 Rn 1), somit einer Zwangsvollstreckung nicht zugänglich (MünchKomm AktG/*Kubis* § 11 SpruchG Rn 13). Der Antragsteller muss ggf noch **Leistungsklage** (§ 16) auf Zahlung der Kompensation erheben, wenn der Kompensationsschuldner nicht leistet. Geht der Vergleich jedoch über den Streitgegenstand hinaus, wird etwa die **Kostentragungspflicht** geregelt oder enthält der Vergleich einen **Leistungstitel**, verweist § 11 Abs 2 S 2 für die Vollstreckung auf die Zwangsvollstreckungsvorschriften der ZPO (vgl § 794 Abs 1 Nr 1 ZPO). Der Vergleich hat prozessuale und materiellrechtliche Wirkung, wobei die prozessual verfahrensbeendigende Wirkung mit der materiellrechtlichen Wirksamkeit steht und fällt; ist der Vergleich etwa aufgrund einer Anfechtung unwirksam, kann das Spruchverfahren auf Antrag fortgesetzt werden (so zu recht Spindler/Stilz AktG/*Drescher* § 11 SpruchG Rn 11).

III. Zustellung (Abs 3)

3 Das Gericht muss seine Beschl und die Vergleichsprotokolle den Beteiligten zustellen. Beteiligte sind auf jeden Fall die **Verfahrensbeteiligten**: Antragsteller, Antragsgegner und, soweit bestellt, gemeinsame Vertreter. Die Zustellung dient aber auch der Bestimmung des individuellen Fristbeginns nach § 63 Abs 3 FamFG, §§ 17 Abs 1, 12 (vgl *K. Schmidt/Lutter* AktG/*Klöcker* § 11 SpruchG Rn 14) und somit dem Nachweis des Fristablaufs. Als Beteiligte iSd § 11 Abs 3 müssen daher auch die **sonstigen Beschwerdebefugten** (vgl § 12 Rn 1) gelten (vgl *Hüffer* AktG Anh § 305 § 11 SpruchG Rn 7). Für die Zustellung gelten die §§ 166–190 ZPO (Zustellung von Amts wegen, vgl § 15 Abs 2 Var 1 FamFG, § 17 Abs 1). Abw von §§ 41 Abs 1 S 1, 15 Abs 2 FamFG ist der Beschl nach § 11 Abs 3 auch jenen zuzustellen, die durch den Beschl nicht beschwert sind.

IV. Gerichtlicher Vergleichsvorschlag (Abs 4)

4 § 11 Abs 4 vermeidet wie § 278 Abs 6 ZPO den misslichen Umstand, dass die Verfahrensbeteiligten allein zwecks Vergleichsabschlusses zur mündlichen Verhandlung bei Gericht erscheinen müssen. Klärungen untereinander und mit dem Gericht sind bspw **fernmündlich** möglich (*Siemon* MDR 2003, 61, 63). Abw von § 278 Abs 6 ZPO fehlt in § 11 Abs 4 die Alternative, dass die Verfahrensbeteiligten dem Gericht einen Vergleichsvorschlag unterbreiten. § 278 Abs 6 ZPO wurde durch das 1. JuMoG v 24.8.2004 (BGBl 2004 I S 2198) insoweit erweitert, da er sich als zu eng erwiesen hatte (RegBegr BT-Drucks 15/3482, 16). Jedoch wurde bedauerlicherweise nicht, was folgerichtig gewesen wäre, auch § 11 Abs 4 modifiziert. Geplant war der **Gleichlauf** mit der ZPO (vgl BT-Drucks 15/838, 17), weshalb man daher in Analogie zu § 278 Abs 6 ZPO auch den Vorschlag durch die Beteiligten zulassen sollte. Kommt der Vergleich zustande, erlässt das Gericht einen Beschl, mit dem der Vergleich, soweit er vollstreckbare Zusätze enthält (s Rn 2), vollstreckbar wird (vgl Zöller ZPO/*Greger* § 278 Rn 25). Der Beschl hat daneben keine weiteren rechtlichen Wirkungen, weder Inter

Omnes-Wirkung noch Beurkundungswirkung. Eine **Anfechtung** dieses Beschl **kommt folglich nicht in Betracht** (Lutter UmwG/*Krieger/Mennicke* § 11 SpruchG Rn 13). Für Berichtigungen gilt § 164 ZPO (§ 11 Abs 4 S 3), bzgl der Zustellung (§ 11 Abs 4 S 4) vgl Rn 3.

V. Weitere Formen der Verfahrensbeendigung; Unterbrechung

Das Verfahren kann ferner im Wege der **Antragsrücknahme** durch alle Antragsteller nebst inhaltlich entspr Erklärungen der gemeinsamen Vertreter, soweit bestellt, beendet werden (vgl RegBegr BT-Drucks 12/6699, 170 zu § 308 UmwG aF; *OLG Stuttgart* AG 2004, 109). Das Verfahren wird nicht beendet, wenn **auch nur ein** Antragsteller oder nur ein gemeinsamer Vertreter das Verfahren fortführen will. § 269 ZPO ist aufgrund der §§ 17 Abs 1, 22 Abs 1 FamFG nicht entspr anwendbar, str, vgl *BayObLGZ* 1973, 106, 109 f; MünchKomm AKG/*Kubis* § 12 SpruchG Rn 16; **aA** *OLG Düsseldorf* NJW 1980, 349; *Simmler* in 1. Aufl, eine Rücknahme nach Endentscheidung bedarf allerdings der Zustimmung auch des Antragsgegners (§ 22 Abs 1 FamFG). Weiterhin wird das Verfahren durch **(allseitige) übereinstimmende Erledigungserklärung** aller Verfahrensbeteiligten beendet (*OLG Frankfurt* AG 2006, 206, 207; KölnKomm SpruchG/*Puszkajler* Rn 42). Es ist dann nur noch über die Kosten zu entscheiden (*OLG Stuttgart* AG 2001, 314). Eine **einseitige Erledigungserklärung** zwingt anders als die allseitige Erledigungserklärung zur gerichtlichen Prüfung, ob ein erledigendes Ereignis vorliegt (MünchKomm AktG/*Bilda* 2. Aufl § 306 Rn 42; *Meyer* S 399 ff; **aA** Spindler/Stilz AktG/*Drescher* § 12 SpruchG Rn 13). Die Erledigung ist, wenn keine übereinstimmende Erledigungserklärung vorliegt, von Amts wegen zu prüfen (*BayObLGZ* 2004, 200, 202). Der Beschl, der die Erledigung feststellt, kann mit der Behauptung, es läge keine Erledigung vor, angefochten werden (*OLG Hamburg* AG 2005, 299). Eine erfolgreiche Anfechtung eines **Eingliederungsbeschlusses** muss nicht notwendig das Spruchverfahren erledigen (*LG Mannheim* AG 2002, 104). Wird der Zustimmungsbeschluss zu einem Beherrschungsvertrag mit Erfolg angefochten und ist kein Vollzug gegeben, liegt wg der Rückwirkung ein erledigendes Ereignis vor (*OLG Hamburg* AG 2005, 299 f; *Bilda* NZG 2005, 375, 377; weitergehend *OLG Zweibrücken* AG 2005, 256, 257 f: Erledigung trotz Vollzugs). Im Allg gilt: Bleibt der Kompensationsanspruch bestehen, liegt kein erledigendes Ereignis vor (*BGHZ* 147, 108, 112 f mwN: Eingliederung der abhängigen Gesellschaft; *BGHZ* 135, 374, 377 und 380 f – Guano: Beendigung des Unternehmensvertrages; *OLG Karlsruhe* AG 2005, 45, 46: Verlust der Aktionärsstellung infolge Verschmelzung; vgl zu dieser Problematik auch *Butzke* FS Hüffer, 2010, S 97 ff; *Aubel/Weber* WM 2004, 857, 864: Beendigung des Unternehmensvertrages infolge Squeeze-Out; jeweils **kein** erledigendes Ereignis; zum Fall der Zulassung marktenger Aktien nach Delisting als erledigendes Ereignis: *BayObLGZ* 2004, 200). Ein **Anerkenntnis** ist mangels für das Gericht beachtlicher Bezifferung des Antrags nicht möglich, ebensowenig ein **Versäumnisurteil** (zutr *Fritzsche/Dreier/Verfürth* SpruchG Rn 33). Unter den Voraussetzungen des § 21 FamFG, § 17 Abs 1 kommt eine **Aussetzung** des Verfahrens in Betracht (so schon *OLG München* AG 2007, 452). § 251 ZPO (**Ruhen des Verfahrens**) ist analog anwendbar (*BayObLG* NJW-RR 1988, 16); das Gericht muss bei der Auslegung des Begriffes „zweckmäßig" den Beschleunigungsgedanken des Spruchverfahrens berücksichtigen. Die **Unterbrechung** des Verfahrens richtet sich nach §§ 239 ff ZPO (*Klöcker/Frowein* SpruchG Rn 31), jedoch wird das Spruchverfahren nicht durch die Eröffnung des Insolvenzverfahrens über das Vermögen der Antragsgegnerin unterbrochen (*OLG Frankfurt* AG 2006, 206 f noch zum alten Recht, jedoch tendenziell auch für das SpruchG; **aA** Köln-Komm SpruchG/*Puszkajler* Rn 57).

§ 12 Beschwerde

(1) ¹Gegen die Entscheidung nach § 11 findet die Beschwerde statt. ²Die Beschwerde kann nur durch Einreichung einer von einem Rechtsanwalt unterzeichneten Beschwerdeschrift eingelegt werden.

(2) ¹Die Landesregierung kann die Entscheidung über die Beschwerde durch Rechtsverordnung für die Bezirke mehrerer Oberlandesgerichte einem der Oberlandesgerichte oder dem Obersten Landesgericht übertragen, wenn dies zur Sicherung einer einheitlichen Rechtsprechung dient. ²Die Landesregierung kann die Ermächtigung auf die Landesjustizverwaltung übertragen.

Übersicht

	Rn		Rn
I. Beschwerde (Abs 1)		II. Zuständigkeit des OLG und	
1. Voraussetzungen	1	Rechtsbeschwerde	3
2. Verfahren	2		

I. Beschwerde (Abs 1)

1 **1. Voraussetzungen.** Das Rechtsbehelfssystem der freiwilligen Gerichtsbarkeit ist durch Art 1 des FGG-RG, das FamFG, grundlegend umstrukturiert worden. § 12 wurde daran angepasst und ist nun im Zusammenhang mit den §§ 58 ff FamFG zu lesen (vgl hierzu eingehend *Preuß* NZG 2009, 961, 964 ff). Möglicher Gegenstand der Beschwerde sind nach §§ 12 Abs 1, 17 Abs 1 iVm § 58 Abs 1 FamFG – wie bislang auch – nur abschließende Entsch (s auch jüngst *OLG Düsseldorf* BeckRS 2013, 01940). **Zwischenentscheidungen** sind nur mit der sofortigen Beschwerde und nur dann anfechtbar, sofern dies gesetzlich vorgesehen ist, vgl § 58 Abs 1 aE (s auch § 6 Rn 7; *OLG Düsseldorf* BeckRS 2013, 01940; K. Schmidt/Lutter AktG/*Klöcker* § 12 SpruchG Rn 3). Dies ist der Fall in § 6 Abs 2, § 7 Abs 5, § 21 Abs 2, § 30 iVm § 380 Abs 3 ZPO, § 33 Abs 3, § 35 Abs 5, § 40 Abs 3, § 42 Abs 3, § 76 Abs 2, § 87 Abs 4 FamFG. Die sofortige Beschwerde braucht nicht durch einen Anwalt und kann deshalb auch zu Protokoll der Geschäftsstelle eingelegt werden, vgl § 25 FamFG. Bzgl der **Kostenfestsetzung** ist gem § 85 FamFG iVm § 104 Abs 3 ZPO die sofortige Beschwerde eröffnet (für die **Kostenentscheidung** vgl § 15 Rn 5 aE). Ungeachtet fehlender gesetzlicher Bestimmung können Zwischenentscheidungen aber nach ständiger Rspr auch dann angefochten werden, „wenn sie in so **einschneidender Weise** in die Rechte des Betroffenen eingreifen, dass ihre **selbständige Anfechtbarkeit** unbedingt geboten ist" (*BGH* NJW-RR 2003, 1369; *OLG München* AG 2009, 340). Statthafter Rechtsbehelf ist in diesen Fällen die **sofortige Beschwerde**, da dies der Rechtsbehelf ist, den das FamFG für die Anfechtung von Zwischenentscheidung vorsieht und bei Zwischenentscheidungen kein Bedürfnis für den Suspensiveffekt der Beschwerde besteht. Zur Frage, ob gegen die Bestellung und Abberufung des gemeinsamen Vertreters ein Rechtsbehelf gegeben ist, vgl § 6 Rn 7. Wird über Verfahrensvoraussetzungen des Spruchverfahrens in entspr Anwendung des § 280 ZPO abgesondert verhan-

delt, sind die dort ergehenden Zwischenentscheidungen mit dem Rechtsmittel der Beschwerde nach §§ 58 ff FamFG anzugreifen, vgl § 280 Abs 2 ZPO (hierzu *Preuß* NZG aaO). Die **Beschwerdebefugnis** richtet sich nach § 59 FamFG. Entscheidend ist danach, ob die Entsch ein Recht des Betreffenden beeinträchtigt. Der gemeinsame Vertreter kann nur dann Beschwerde einlegen, wenn er nach § 6 Abs 3 die **Stellung eines Antragstellers** erhalten hat; ohne Innehabung dieser bes Stellung steht ihm das Beschwerderecht nicht zu (*BayObLGZ* 1991, 235, 238 ff; *Hüffer* AktG Anh § 305 § 12 SpruchG Rn 3 mwN; aA *OLG Karlsruhe* NJW-RR 1995, 354; *Wasmann/Mielke* WM 2005, 822, 824). Auch nicht am Verfahren Beteiligte können beschwerdebefugt sein, wenn ihre Rechtsposition beeinträchtigt wird (*OLG Celle* AG 1981, 234: Beteiligung am Unternehmensvertrag). Die **Beschwerdefrist** beträgt gem § 63 Abs 1 FamFG einen Monat. Sie wird nur durch Eingang beim zuständigen Gericht gewahrt (§§ 63 Abs 1, 64 Abs 1 und 2 FamFG; Wiedereinsetzung nach §§ 17 ff FamFG ist möglich (*Preuß* NZG 2009, 961, 963; zum alten Recht: *Klöcker/Frowein* SpruchG Rn 7; KölnKomm SpruchG/*Puszkajler* Rn 24), ferner auch die **unselbstständige Anschlussbeschwerde** (§ 66 FamFG). Letztere verliert bei Rücknahme der Hauptbeschwerde ihre Wirkung (*BayObLG* NJW-RR 2002, 106, 107, wonach diese Wirkung nicht bereits einen Rechtsmissbrauch der Antragsrücknahme begründet). Nach Fristablauf ist eine unselbstständige Anschlussbeschwerde nicht mehr möglich (noch zum alten Recht: *OLG Stuttgart* ZIP 2007, 250, 252).

2. Verfahren. Die **Einlegung** erfolgt gem § 64 Abs 1 FamFG durch **Beschwerdeschrift** 2 (§ 12 Abs 1 S 2) beim LG, dessen Beschl angefochten wird. Die nach altem Recht (§ 21 Abs 1 FGG) noch bestehende Möglichkeit, die Beschwerde direkt beim Beschwerdegericht einzulegen, wurde abgeschafft (*Bumiller/Harders* FamFG § 64 Rn 1; krit hierzu *Engel/Puszkajler* BB 2012, 1687, 1691). **Form und Inhalt** der Beschwerdeschrift werden in § 12 Abs 1 S 2, § 64 Abs 2 FamFG **abschließend** geregelt (**aA**, wenn auch iE offenlassend *KG* ZIP 2011, 2012: **Begründungserfordernis** nach § 4 Abs 2 S 2 Nr 4 SpruchG analog). Weiteres Formerfordernis ist, dass die Beschwerdeschrift durch einen **Rechtsanwalt unterzeichnet** ist (KölnKomm SpruchG/*Wilske* Rn 34). Beschwerde zur Niederschrift der Geschäftsstelle ist im Spruchverfahren ebenso wie die Unterzeichnung alleine vom Beschwerdeführer wg § 12 Abs 1 S 2 – anders als bei der sofortigen Beschwerde gegen Zwischenentscheidungen, vgl Rn 1 – ausgeschlossen (Spindler/Stilz AktG/*Drescher* Rn 5; **aA** *Weber/Kersjes* HV-Beschlüsse vor Gericht, § 5 Rn 293). Im Beschwerdeverfahren selbst besteht **kein Anwaltszwang**, wie sich im Umkehrschluss aus § 12 Abs 1 S 2 und § 10 Abs 4 S 1 FamFG ergibt. Die Beschwerde ist keine Rechtsbeschwerde, sie kann gem § 65 Abs 3 FamFG auf **neue Tatsachen** und Beweise gestützt werden. Am Beschwerdeverfahren beteiligt sind Beschwerdeführer und Beschwerdegegner; sonstige von der Rechtskraft Betroffene (§ 13) sind nach § 7 Abs 2 Nr 1 iVm § 68 Abs 3 FamFG zu beteiligen (vgl hierzu § 7 Rn 2). Die Bestellung eines **gemeinsamen Vertreters** vom LG gilt auch für das Beschwerdeverfahren (*BayObLG* NJW-RR 1992, 615). Zur Möglichkeit der Anschlussbeschwerde vgl § 66 Abs 1 FamFG (Mehrbrey/*Krenek* § 98 Rn 15). Die **Beschwerdebefugnis** setzt Antragsberechtigung voraus, bei nachträglicher Veräußerung gilt jedoch § 265 ZPO analog (vgl hierzu *Gude* AG 2005, 233, 234; s auch § 3 Rn 16). Für die bis zum Erlass der Beschwerdeentscheidung jederzeit zulässige **Rücknahme** der Beschwerde gem § 67 Abs 4 FamFG gilt § 6 Abs 3 S 1 nicht, auch nicht analog, jedoch bei Rücknahme der Anträge im Beschwerdeverfahren. Werden alle Beschwerden zurückgenommen,

§ 13 SpruchG/Anh § 306 — Wirkung der Entscheidung

erwächst die Entsch des LG in Rechtskraft. Das OLG muss dann noch die Kostenentscheidung treffen (*Klöcker/Frowein* SpruchG Rn 13). Der **Gang des Beschwerdeverfahrens** richtet sich sodann nach § 68 FamFG. Hält das Ausgangsgericht die Beschwerde für begründet, hilft es ihr ab, anderenfalls legt es sie unverzüglich dem Beschwerdegericht vor. Das Beschwerdegericht prüft, ob die Beschwerde an sich statthaft und ob sie in der gesetzlichen Form und Frist eingelegt ist, andernfalls verwirft es sie als unzulässig. Das Beschwerdeverfahren bestimmt sich iÜ nach den Vorschriften über das Verfahren im ersten Rechtszug, vgl § 68 Abs 3 FamFG und hierzu *Bumiller/Harders* FamFG Rn 5 ff.

II. Zuständigkeit des OLG und Rechtsbeschwerde

3   Beschwerdegericht ist das OLG (§ 119 Abs 1 Nr 2 GVG). Gegen dessen Entsch ist unter den Voraussetzungen des § 70 FamFG die Rechtsbeschwerde zum BGH statthaft (vgl RegBegr BT-Drucks 16/6308, 167). In den Grenzen des § 75 FamFG kommt auch die **Sprungrechtsbeschwerde** in Betracht (hierzu *Bumiller/Harders* FamFG § 75), nach § 73 FamFG Anschlussrechtsbeschwerde. Vor dem BGH besteht nach § 10 Abs 4 S 1 FamFG **Anwaltszwang**, iÜ nicht. Das OLG muss seine Entsch begründen (§ 69 Abs 2 FamFG). Es kann die Höhe der Kompensation selbst bestimmen. Es gilt das Verbot der **reformatio in peius**, wenn nicht beide Seiten Beschwerde eingelegt haben (Hüffer AktG Anh § 305 § 12 SpruchG Rn 6). Das Gericht kann in den Grenzen des § 69 Abs 1 S 2 und 3 FamFG zurückverweisen. In der Rechtsbeschwerdeinstanz wird die Bestimmung der angemessenen Kompensation durch das Gericht der Tatsacheninstanz nur begrenzt überprüfbar sein (vgl hierzu allg *Simon* SpruchG/*Simon/Leverkus* Anh § 11 Rn 5 ff).

§ 13 Wirkung der Entscheidung

¹Die Entscheidung wird erst mit der Rechtskraft wirksam. ²Sie wirkt für und gegen alle, einschließlich derjenigen Anteilsinhaber, die bereits gegen die ursprünglich angebotene Barabfindung oder sonstige Abfindung aus dem betroffenen Rechtsträger ausgeschieden sind.

Übersicht

	Rn
I. Wirksamwerden (S 1)	1
II. Inter Omnes-Wirkung (S 2)	2

I. Wirksamwerden (S 1)

1   § 13 bestimmt den Zeitpunkt, zu welchem die Entsch im Spruchverfahren rechtliche Wirkung entfaltet (S 1), sowie die sachliche und persönliche Reichweite der Rechtskraft (S 2), um eine Gleichbehandlung aller Anteilsinhaber zu gewährleisten. Die Entsch wird in Abweichung zu § 40 Abs 1 FamFG mit **formeller Rechtskraft** (§ 45 FamFG) wirksam (Simon SpruchG/*Simon* Rn 2; Hölters AktG/*Simons* § 13 SpruchG Rn 1). Der Beschl des LG wird formell rechtskräftig nach Ablauf der Beschwerdefrist ohne Einlegung einer (Sprungrechts-)Beschwerde, mit Rechtsmittelverzicht aller Beschwerdebefugten, mit Rücknahme aller Beschwerden und mit Zurückweisung der Beschwerden durch das OLG, sofern hiergegen nicht wiederum Rechtsbeschwerde

möglich ist. Für die Beschwerdeentscheidung gilt entspr. Verfahrensbeteiligte oder sonstige, die ein **Interesse an der Erteilung** glaubhaft machen, können ein **Zeugnis über die formelle Rechtskraft** gem § 46 FamFG, § 17 Abs 1 erhalten. Die materielle Rechtskraft (zur Reichweite vgl *BayObLG* AG 2003, 631, 632 f; zum Verfahrensgegenstand vgl § 4 Rn 1) schließt sich der formellen Rechtskraft an. Grds hat die Gerichtsentscheidung im Spruchverfahren **nur feststellenden Charakter.** Nur dann, wenn die Entsch auf einen Vertrag abändernd einwirkt, kommt der Gerichtsentscheidung Gestaltungswirkung zu (*BayObLG* AG 1999, 273). Das ist der Fall bei rückwirkender Änderung durch Bestimmung des Ausgleichs und der Abfindung bei Beherrschungs- und Gewinnabführungsverträgen nach § 1 Nr 1 (*Hüffer* AktG Anh § 305 § 13 SpruchG Rn 3; *LG Hamburg* AG 2002, 100). Soweit eine Entsch nicht auf einen Vertrag einwirkt, verbleibt es bei der Feststellung der angemessenen Kompensation. Daher hat die Entsch **in keinem Fall einen vollstreckbaren Inhalt** (*OLG Frankfurt* NZG 2006, 151, 152). Der Anspruchsberechtigte muss (ggf) nach § 16 auf Leistung klagen, um einen vollstreckbaren Titel zu erhalten. Jedoch ist das Gericht des Leistungsantrags durch die Entsch nach § 13 inhaltlich gebunden, es darf sich nicht in Widerspruch zu der gerichtlichen Bestimmung der Kompensation setzen (vgl *LG Hamburg* AG 2002, 100). Die **Änderung** eines Beherrschungs- oder Gewinnabführungsvertrages erlaubt nur dann die Einleitung eines neuen Spruchstellenverfahrens, wenn die den Ausgleich oder die Abfindung betr Vertragsbestimmung geändert worden ist (*BayObLG* AG 2003, 631, 633; *OLG Hamburg* AG 2005, 659, 660; *Ebenroth/Parche* BB 1989, 637, 639). Als Kriterium kann herangezogen werden, ob eine Änderung des Unternehmensvertrags nach § 295 Abs 2 AktG vorliegt (*Kort* NZG 2004, 313, 315). Die Änderung eines Gewinnabführungsvertrages in einen Beherrschungsvertrag kann zu einem neuen Spruchverfahren führen (*BayObLGZ* 2001, 339, 343 f, offen lassend für bloße Vertragsverlängerung). **Verkürzung** wie auch **Verlängerung** eines Unternehmensvertrages erlauben ein erneutes Spruchverfahren: Verkürzung, weil sie in bestehende Ausgleichs- und Abfindungsansprüche außenstehender Aktionäre eingreift, Verlängerung, weil sie einen erneuten Abschluss des Unternehmensvertrages bedeutet (MünchKomm AktG/*Altmeppen* § 295 Rn 12). Der Abschluss eines neuen Unternehmensvertrages eröffnet immer die Möglichkeit einer erneuten Einleitung eines Spruchverfahrens (*Kort* NZG 2004, 313, 315). **Kapitalveränderungen** auf beiden Seiten eines Unternehmensvertrags zwingen uU zur Anpassung des Ausgleichsanspruchs (vgl *Emmerich/Habersack* Aktien- und GmbH-KonzernR § 304 Rn 67 ff). Dies lässt jedoch keine erneute Durchführung eines Spruchverfahrens zu (Spindler/Stilz AktG/*Drescher* § 13 SpruchG Rn 7), denn die nötige Anpassung ist ohne weiteres berechenbar. Rechtskraftwirkung entfaltet nur eine Entsch, gütliche Einigung wie auch Erledigungserklärung hindern die erneute Durchführung eines Spruchverfahrens also nicht, stünde dem nicht die regelmäßig bereits abgelaufene Antragsfrist entgegen (Spindler/Stilz AktG/*Drescher* § 13 SpruchG Rn 10).

II. Inter Omnes-Wirkung (S 2)

Die Entsch wirkt für und gegen alle, auch für Antragssteller, die Anträge in einem **Parallelverfahren** gestellt haben (*OLG Stuttgart* AG 2012, 839). § 13 S 2 stellt klar, dass auch frühere Anteilsinhaber, die gegen die ursprünglich angebotene geringere Abfindung aus der Gesellschaft ausgeschieden sind, eine Anpassung bis zur Höhe der gerichtlich bestimmten Abfindung verlangen können (KölnKomm SpruchG/*Puszkaj-*

2

ler Rn 9). Diese Regelung bestimmt ausweislich ihres Wortlauts und ihrer Stellung im Verfahrensrecht die **Weite der materiellen Rechtskraft**, hingegen nicht, wem materiellrechtlich ein Abfindungsanspruch zusteht. Insoweit knüpft sie an das materielle Recht an. Verzichtet ein Anteilsinhaber durch Erlassvertrag oder durch Vergleich auf einen Teil seines Anspruchs, kann er trotz § 13 S 2 auch dann keine zusätzliche Abfindung verlangen, wenn sie im Spruchverfahren erhöht wird (MünchKomm AktG/*Kubis* § 13 SpruchG Rn 3; zu weitgehend *Fritzsche/Dreier/Verfürth* SpruchG Rn 10 f). Hingegen verlieren Anteilsinhaber, die das Angebot zu Barabfindung vorbehaltlos annehmen, zwar die Antragsberechtigung (vgl § 3 Rn 7 f), nicht jedoch ihren Anspruch auf **Abfindungsergänzung** (*Bayer* ZIP 2005, 1053, 1056; *OLG Düsseldorf* AG 2001, 596). Ein dem Abfindungs- bzw Ausgleichergänzungsanspruch entspr **Rückerstattungsanspruch** gegen Anteilsinhaber, die bereits einen höheren Ausgleich bzw eine höhere Abfindung als vom Gericht bestimmt erhalten haben, besteht nicht (Simon SpruchG/ *Simon* Rn 10 mwN). Erfasst werden von § 13 S 2 nur solche ausgeschiedenen Aktionäre, deren Ausscheiden aufgrund des gerichtlich überprüften Abfindungsangebotes erfolgte. Wer zuvor aus einem anderen Grund, namentlich wg einer anderen Strukturmaßnahme ausgeschieden ist, wird von § 13 S 2 nicht erfasst (*Hüffer* AktG Anh § 305 § 13 SpruchG Rn 4). Einem gerichtlichen oder außergerichtlichen **Vergleich** kommt keine Inter Omnes-Wirkung zu, auch wird für jene kein Abfindungs- bzw Ausgleichergänzungsanspruch begründet, die am Vergleich nicht beteiligt sind. Nur wenn der Vergleich einen **echten Vertrag zu Gunsten Dritter** (§ 328 BGB) beinhaltet, können diese Dritten aus ihm Ansprüche herleiten.

§ 14 Bekanntmachung der Entscheidung

Die rechtskräftige Entscheidung in einem Verfahren nach § 1 ist ohne Gründe nach Maßgabe des § 6 Abs. 1 Satz 4 und 5 in den Fällen
1. der Nummer 1 durch den Vorstand der Gesellschaft, deren außen stehende Aktionäre antragsberechtigt waren;
2. der Nummer 2 durch den Vorstand der Hauptgesellschaft;
3. der Nummer 3 durch den Hauptaktionär der Gesellschaft;
4. der Nummer 4 durch die gesetzlichen Vertreter jedes übernehmenden oder neuen Rechtsträgers oder des Rechtsträgers neuer Rechtsform;
5. der Nummer 5 durch die gesetzlichen Vertreter der SE, aber im Fall des § 9 des SE-Ausführungsgesetzes durch die gesetzlichen Vertreter der die Gründung anstrebenden Gesellschaft, und
6. der Nummer 6 durch die gesetzlichen Vertreter der Europäischen Genossenschaft

bekannt zu machen.

Übersicht

	Rn
I. Bekanntzumachende Entscheidung	1
II. Bekanntmachungspflichtiger	2
III. Sanktion	3

I. Bekanntzumachende Entscheidung

Die Entsch ist erst dann bekannt zu machen, wenn sie gem § 13 **formell rechtskräftig** 1
ist. Gründe müssen nicht veröffentlicht werden, Rubrum und Tenor genügen (zur
inhaltlichen Darstellung: *OLG Hamburg* AG 2005, 659, 660). Die *OLG*-Entsch ist zu
veröffentlichen, wenn das OLG **sachlich entschieden** hat, nicht aber dann, wenn es die
Beschwerde nur zurückweist (*OLG München* BeckRS 2012, 11471; Simon SpruchG/
Leuering Rn 5; **aA** Spindler/Stilz AktG/*Drescher* Rn 2). Neben der Entsch des *OLG*
ist auch die Entsch des *LG* bekannt zu machen, außer die sachliche Entsch des LG
wurde gänzlich durch das OLG ersetzt. Die Bekanntmachung erfolgt nach Maßgabe
des § 6 Abs 1 S 4 und 5 (vgl dort). Eine Bekanntmachung ist **entbehrlich**, wenn alle
anspruchsberechtigten Anteilsinhaber am Spruchverfahren beteiligt waren (Münch-
Komm AktG/*Kubis* § 14 SpruchG Rn 6 mwN; **aA** *Fritzsche/Dreier/Verfürth* SpruchG
Rn 7). Ein Vergleich oder eine sonstige Verfahrensbeendigung muss nicht bekannt
gemacht werden (Simon SpruchG/*Leuering* Rn 10 mwN). Allerdings nehmen regelmäßig nicht alle Antragsberechtigten am Verfahren teil, so dass der gemeinsame Vertreter darauf achten wird, dass auch diese vom Vergleich Kenntnis nehmen können.
Daher enthält der gerichtliche Vergleich regelmäßig eine Pflicht zur Bekanntmachung
des Vergleichs (s hierzu ausf Happ, Konzern- und Umwandlungsrecht/*Möhrle* Muster
13.10 Anm 13.1ff). Unabhängig davon können sich Bekanntmachungspflichten auch
aus dem WpHG ergeben, insb aus § 15 WpHG.

II. Bekanntmachungspflichtiger

Zur Bekanntmachung verpflichtet ist im Falle eines Unternehmensvertrags nach Nr 1 2
iVm § 1 Nr 1 der **Vorstand** der abhängigen Gesellschaft. IÜ erfolgt die Bekanntmachung unter Anknüpfung an den Katalog des § 1 durch die jeweiligen Antragsgegner
bzw deren gesetzliche Vertreter. In den in § 1 nicht genannten Fällen ist Pflichtiger der
Vorstand, beim Delisting oder bei der übertragenden Auflösung sind **auch die Mehrheitsaktionäre** verpflichtet (vgl im Einzelnen Simon SpruchG/*Leuering* Rn 16ff). Verpflichtet sind alle Mitglieder des Vertretungsorgans (K. Schmidt/Lutter AktG/*Klöcker*
§ 14 SpruchG Rn 3). Mehrere Pflichtige können gemeinsam veröffentlichen (Münch-
Komm AktG/*Kubis* § 14 SpruchG Rn 3). Andere Mitteilungspflichten (etwa die aus
§ 15 WpHG) bleiben unberührt, sind also unabhängig von der Bekanntmachung nach
§ 14 zu beachten.

III. Sanktion

§ 407 Abs 1 AktG nF verweist nicht auf § 14. Der Gesetzgeber hat bewusst **von** einer 3
Sanktionierung der Veröffentlichungspflicht durch Zwangsgeld nach § 407 AktG
abgesehen (RegBegr BT-Drucks 15/371, 19; *Hüffer* AktG Anh § 305 § 14 SpruchG
Rn 4). Einen Anspruch auf Bekanntmachung räumt § 14 nicht ein; entspr Leistungs-
klagen sind deshalb, sofern überhaupt ein Rechtsschutzbedürfnis besteht, jedenfalls
als unbegründet abzuweisen (*Hüffer* AktG Anh § 305 § 14 SpruchG Rn 4; Spindler/
Stilz AktG/*Drescher* Rn 4; Hölters AktG/*Simons* § 15 SpruchG Rn 8; **aA** Schmitt/
Hörtnagl/Stratz UmwG/*Hörtnagel* Rn 2; MünchKomm AktG/*Kubis* § 14 SpruchG
Rn 4). Allerdings ist kein Grund ersichtlich, weshalb nicht die Antragsteller oder der
gemeinsame Vertreter die Entsch bekanntmachen dürften (str, wie hier Spindler/Stilz
AktG/*Drescher* Rn 4; Hölters AktG/*Simons* § 14 SpruchG Rn 8 je mwN).

Ederle/Theusinger

§ 15 Kosten

(1) Die Gerichtskosten können ganz oder zum Teil den Antragstellern auferlegt werden, wenn dies der Billigkeit entspricht.

(2) Das Gericht ordnet an, dass die Kosten der Antragsteller, die zur zweckentsprechenden Erledigung der Angelegenheit notwendig waren, ganz oder zum Teil vom Antragsgegner zu erstatten sind, wenn dies unter Berücksichtigung des Ausgangs des Verfahrens der Billigkeit entspricht.

Übersicht

	Rn		Rn
I. Regelungsgegenstand, Änderungen durch das 2. KostRMoG	1	4. Schuldner der Gerichtskosten (bisher Abs 2 aF, künftig § 23 Nr 14 GNotKG)	5
II. Gerichtskosten (Abs 1)	2	5. Vorschuss für Auslagen	6
1. Geschäftswert (bisher S 2–4 aF, künftig § 74 GNotKG)	2	III. Außergerichtliche Kosten (Abs 4 aF, nun Abs 2)	7
2. Gebühr (bisher S 5–7 aF, künftig KV GNotKG)	3	IV. Kostenentscheidung	8
3. Auslagen	4		

I. Regelungsgegenstand, Änderungen durch das 2. KostRMoG

1 § 15 Abs 1–3 aF wurden durch das **2. KostRMoG** (BGBl I 2013, 2586) aufgehoben und durch den inhaltlich § 15 Abs 2 S 2 HS 1 aF entsprechenden Abs 1 nF ersetzt. Die kostenrechtlichen Regelungen der Abs 1–3 wurden weitgehend in das an die Stelle der bisherigen KostO getretene neue **GNotKG** übernommen; ersatzlos entfallen sind Abs 1 S 5–7 aF und Abs 3 S 2 aF. § 15 aF findet nach wie vor in (Rechtsmittel-)Verfahren Anwendung, die vor dem Inkrafttreten des 2. KostRMoG (1.8.2013) anhängig gemacht oder eingeleitet wurden (vgl § 136 GNotKG). Abs 4 aF ist nun Abs 2 nF. Anstelle Abs 2 S 1 und S 2 HS 2 aF bestimmt jetzt **§ 23 Nr 14 GNotKG** den Kostenschuldner. Die **Gebühren** ergeben sich künftig aus § 34 GNotKG iVm Teil 1 Hauptabschnitt 3 Abschn 5 und Abschn 6 KV GNotKG, der **Wert** aus § 74 GNotKG. Dort wird wie bisher in § 15 Abs 1 S 2 aF für den für die Gebühren maßgeblichen Geschäftswert ein Mindest- und ein Höchstbetrag bestimmt, um einerseits für **Kostendeckung** zu sorgen, andererseits die **Kostenbelastung** in Grenzen zu halten (RegBegr BT-Drucks 15/371, 17). Zum Kostenschuldner wird idR der **Antragsgegner** bestimmt, um eine **Abschreckung** potentieller Antragsteller durch die Kostenbelastung zu vermeiden, wobei aus **Billigkeitsgründen** und um Rechtsmissbrauch zu begegnen die **Antragsteller belastet** werden können (RegBegr BT-Drucks 15/371 aaO). Die Höhe der Gerichtskosten ist von dem **Geschäftswert** nach § 74 GNotKG abhängig (§ 34 GNotKG; für Altfälle § 32 KostO). Bei den außergerichtlichen Kosten richtet sich der **Gegenstandswert**, wenn mehrere Antragsteller vorhanden sind, nach § 31 RVG. Die alle Antragsteller umfassende Gerichtskostenentscheidung ergeht erst mit **endgültigem Abschluss des Verfahrens**. Bei übereinstimmenden Erledigungserklärungen ist das Verfahren beendet. Es ist dann nur noch gem § 15 über die Kosten zu entscheiden (*BayObLG* AG 1997, 182).

II. Gerichtskosten (Abs 1)

1. Geschäftswert (bisher S 2–4 aF, künftig § 74 GNotKG). Der Geschäftswert ist die 2 Summe der **Differenzbeträge** (eingehend KölnKomm SpruchG/*Roßkopf* Rn 9 ff), welche die gem § 3 Antragsberechtigten fordern können. Die **Differenzmethode** ist somit gesetzlich festgeschrieben (*Neye* Spruchverfahrensrecht, S 29). Der Gesamtdifferenzbetrag ergibt sich folglich aus der Multiplikation der Differenz zwischen der angebotenen und dem gerichtlich bestimmten Betrag der Zuzahlung, der Abfindung oder des Ausgleichs mit der Gesamtzahl der betroffenen Anteile (RegBegr BT-Drucks 15/371, 17; *Büchel* NZG 2003, 793, 802). Eine ohnehin nicht notwendige Bezifferung des Antrags bleibt für den Geschäftswert gänzlich außer Betracht (*Fritzsche/Dreier/Verfürth* SpruchG Rn 9). **Relevanter Zeitpunkt** für die Bestimmung der Gesamtzahl der betroffenen Anteile ist **der Tag nach Ablauf der Antragsfrist** nach § 4 Abs 1 (künftig § 74 S 2 GNotKG, bisher § 15 Abs 1 S 3 aF), später eintretende Umstände wirken sich nicht mehr aus. Nicht in die Wertberechnung mit einzubeziehen sind diejenigen Anteilsinhaber, welche die angebotene Abfindung vor dem Stichtag bereits angenommen haben (vgl BT-Drucks 17/11471, 265). § 193 BGB findet keine Anwendung, **jeder Wochentag inklusive Feiertage** kann maßgeblich sein (*Klöcker/Frowein* SpruchG Rn 3; KölnKomm SpruchG/*Roßkopf* Rn 17 Fn 54). Der Geschäftswert beträgt maximal 7,5 Mio EUR, mindestens aber 200 000 EUR. Kommt das Gericht nicht zur Prüfung der Angemessenheit der Kompensation, etwa wg Unzulässigkeit oder Rücknahme des Antrags, ist wie bei der Unbegründetheit der Mindestwert anzusetzen. Der Mindestwert ist daher auch immer dann festzusetzen, wenn die Erhöhung der Kompensation ausbleibt (**hM**, *OLG Stuttgart* AG 2004, 109, 110 und 390 f; KölnKomm SpruchG/*Roßkopf* Rn 16; *OLG Düsseldorf* AG 2005, 298, auch eine Verfahrenstrennung senkt nicht den Mindestwert). In diesem Fall kann die Festsetzung vor Ablauf der Antragsfrist erfolgen, weil die Gesamtzahl der betroffenen Anteile nicht bestimmt werden muss, ein erneuter Antrag würde die Festsetzung unberührt lassen (*OLG Stuttgart* AG 2004, 109, 110 und 390 f). Selbst isoliert geltend gemachte **Zinsen** sind als bloße Nebenforderung dem Geschäftswert grds nicht zuzurechnen (*BayObLG AG* 1999, 273) Die **Festsetzung** des Geschäftswertes (§ 79 Abs 1 GNotKG) erfolgt von Amts wegen entweder im Beschl in der Sache oder in einem gesonderten Beschl (*Klöcker/Frowein* SpruchG Rn 5). Das festsetzende Gericht oder, falls gegen die Festsetzung Beschwerde eingelegt worden ist, auch das Rechtsmittelgericht kann die Festsetzung von Amts wegen nach § 79 Abs 2 GNotKG (bisher entspr § 31 Abs 1 S 2 und 3 KostO) ändern (vgl *BayObLGZ* 2002, 169, 172). Das erstinstanzliche Gericht **muss** seine Festsetzung und ggf die Änderung **begründen**, sofern es zum Verständnis einer Begr bedarf (*OLG Frankfurt* NJW-RR 1998, 1776; *Fritzsche/ Dreier/Verfürth* SpruchG Rn 14). Eine Begr ist nicht notwendig, wenn über die Höhe Einigkeit herrscht (MünchKomm AktG/*Kubis* § 15 SpruchG Rn 10). Gegen die Kostenentscheidung findet die **Beschwerde** nach § 83 GNotKG (bisher § 31 Abs 3 KostO) statt (§ 12 gilt hierfür nicht, vgl zum alten Recht *OLG Stuttgart* AG 2004, 109). Insoweit aktivlegitimiert sind der Kostenschuldner, der Verfahrensbevollmächtigte nach §§ 31 Abs 1 S 1, 32 Abs 1 RVG (*BayObLGZ* 2002, 169, 171), die an den Geschäftswert gem § 74 S 1 GNotKG (§ 15 Abs 1 S 2 aF) anknüpfen (*Pukall* in Mayer/Kroiß RVG § 31 Rn 3), wie auch der gemeinsame Vertreter wg § 6 Abs 2 S 3, der ebenfalls auf den Geschäftswert Bezug nimmt (*Klöcker/Frowein* SpruchG Rn 5). Das Beschwerdegericht ist an einer Herabsetzung des Geschäftswerts im Beschwerdeverfahren nicht durch das Verbot der **reformatio in peius** gehindert (*BayObLGZ* 2002, 169, 174 mwN).

3 2. **Gebühr (bisher S 5–7 aF, künftig KV GNotKG).** Für das **Verfahren des ersten Rechtszugs** wird künftig gem Nr 13500 KV GNotKG eine **doppelte Gebühr** erhoben (bisher eine einfache Gebühr, Abs 1 S 5 aF). Sie wird anhand des Geschäftswertes ermittelt (§ 34 GNotKG, für Altfälle § 32 KostO) und ermäßigt sich auf eine **halbe Gebühr**, wenn die Anträge **zurückgenommen** und der gemeinsame Vertreter, sofern ein solcher bestellt ist, das Verfahren **nicht weiterführt** (Nr 13504 KV GNotKG) bzw nach Weiterführung eine der Zurücknahme entspr Verfahrenserklärung abgibt. Nur eine **einfache Gebühr** wird erhoben, wenn das Verfahren durch einen gerichtlichen Vergleich nach § 11 Abs 4 S 2 beendet wird. § 15 Abs 1 S 6 aF wurde ersatzlos gestrichen. Bei **Abweisung wg Unzulässigkeit** wird deshalb nunmehr ebenfalls eine doppelte Gebühr fällig (s aber § 21 Abs 1 S 3 GNotKG). Für das **Beschwerdeverfahren** wird jetzt eine **dreifache Gebühr** erhoben (Nr 13610 KV GNotKG), für das **Rechtsbeschwerdeverfahren** eine **vierfache Gebühr** (Nr 13620 KV GNotKG). Die Gebühren des Beschwerdeverfahrens **ermäßigen** sich, wenn es **ohne Endentscheidung** beendet wird (vgl dazu Nr 13611 f KV GNotKG) oder - so auch im Rechtsbeschwerdeverfahren (Nr 13621 f KV GNotKG) - das Rechtsmittel rechtzeitig zurückgenommen wird. Abweichend von der bisherigen Rechtslage werden nunmehr gem § 21 Abs 1 S 1 GNotKG Kosten, die bei richtiger Behandlung der Sache nicht entstanden wären, nicht erhoben. Das Gleiche gilt gem § 21 Abs 1 S 2 GNotKG für Auslagen, die durch eine von Amts wegen veranlasste Verlegung eines Termins oder Vertagung einer Verhandlung entstanden sind. **Für Altfälle gilt:** Kommt es in der Hauptsache zu einer gerichtlichen Entsch, erhöht sich die Gebühr nach Abs 1 S 6 aF auf das **Vierfache der vollen Gebühr.** Somit bleibt es bei der einfachen Gebühr, wenn die Anträge zurückgenommen und der gemeinsame Vertreter, sofern ein solcher bestellt ist, das Verfahren nicht weiterführt (§ 6 Abs 3 S 1) bzw nach Weiterführung eine der Zurücknahme entspr Verfahrenserklärung abgibt. Ferner kommt es auch dann nicht zu einer Vervierfachung der Gebühr, wenn das Verfahren durch einen **gerichtlichen Vergleich** beendet wird, einschließlich des Vergleichs nach § 11 Abs 4; der dazu ergehende Beschl vermag nach § 15 Abs 1 S 6 aF aE keine Gebührenerhöhung auszulösen (RegBegr BT-Drucks 15/371, 17). Gleiches gilt bei einer übereinstimmenden Erledigungserklärung, nicht aber bei einem Erledigungsstreit (wenn eine Seite der Erledigung nicht zustimmt). Da Regelungszweck die Honorierung der **Entlastung des Gerichts** durch die Beteiligten ist (RegBegr BT-Drucks 15/371, 17), rechtfertigte dies an sich eine **Vervierfachung** der Gebühr **auch bei Abweisung wg Unzulässigkeit.** Ferner ist der Arbeitsaufwand des Gerichts bei einer Abweisung wg Unzulässigkeit vergleichbar gering wie bei einer verfahrensbeendenden Antragsrücknahme. Dagegen spricht jedoch der Wortlaut (die Abweisung als unzulässig ist keine Entsch zur Sache). Für das **Rechtsmittelverfahren** wird die gleiche Gebühr erhoben (Abs 1 S 7 HS 1 aF). Die vierfache Gebühr wird daher erhoben, wenn das Beschwerdegericht der Beschwerde stattgibt oder sie abweist, nicht jedoch bei Zurückverweisung, nicht bei Verwerfung wg Unzulässigkeit der Beschwerde, nicht bei verfahrensbeendender Beschwerde- oder Antragsrücknahme (wg des gemeinsamen Vertreters s § 12 Rn 2), nicht bei übereinstimmender **Erledigungserklärung** und auch nicht bei einem **gerichtlichen Vergleich**, selbst dann nicht, wenn ein Beschl nach § 11 Abs 4 S 2 ergeht. Vorbereitende, Zwischen- oder verfahrensleitende Entsch führen nach altem Recht in keiner Instanz zu einer Gebührenvervierfachung (*Fritzsche/Dreier/Verfürth* SpruchG Rn 15). Der nach neuem Recht ersatzlos entfallene Abs 1 S 7 HS 2 aF, wonach die volle Gebühr auch dann erhoben wird, wenn die Beschwerde Erfolg hat, schließt § 16 Abs 1 S 1 KostO (Nichterhebung von Kosten wg unrichtiger Sachbehandlung) aus.

3. Auslagen. Zu den Gerichtskosten gehören auch Auslagen (§ 1 Abs 1 GNotKG; bisher § 1 KostO, § 15 Abs 1 S 1 aF). Was zu den Auslagen gehört, wird in Teil 3 Hauptabschnitt 1 KV GNotKG (bisher §§ 136, 137 und 139 KostO) **abschließend** definiert (*Klöcker/Frowein* SpruchG Rn 8). Namentlich zu nennen ist dort Nr 31005 (bisher § 137 Abs 1 Nr 5 KostO), wonach zu den Auslagen auch Beträge gehören, die nach dem (ebenfalls durch das 2. KostRMoG reformierten) JVEG – mit bestimmten Ausnahmen und Erweiterungen – zu zahlen sind. § 1 Abs 2 S 2 JVEG **hindert** dabei den **Auslagencharakter** und die Erhebung **nicht** (Nr 31005 Abs 1 S 2 KV GNotKG; bisher § 137 Abs 1 Nr 5 aE KostO). Die Sachverständigenvergütung richtet sich nach §§ 8 ff JVEG, das Honorar wird nach Honorargruppen (§ 9 JVEG und Anlage 1 zum JVEG) bestimmt, wobei die Unternehmensbewertung nunmehr in die Gruppe 11 (Stundenhonorar: 115 EUR; bisher Gr 10 zu 95 EUR) fällt. Eine bes Vergütung für den Sachverständigen erlaubt weiterhin § 13 JVEG. Gem § 13 Abs 2 S 1 JVEG genügt die Erklärung einer Partei, soweit sie sich auf den Stundensatz nach § 9 JVEG bezieht und das Gericht zustimmt. Die Zustimmung **soll** nur erteilt werden, wenn das Doppelte (nach aF das Eineinhalbfache) des nach den §§ 9–11 JVEG zulässigen Honorars nicht überschritten wird und - insoweit abweichend vom bisherigen Recht - wenn sich zu dem gesetzlich bestimmten Honorar keine geeignete Person zur Übernahme der Tätigkeit bereit erklärt. Das „soll" eröffnet dem Gericht Ermessen (*OLG Stuttgart* NJW-RR 2002, 462; *LG Dortmund* AG 2005, 664, 665), um zu verhindern, dass die die Feststellungslast tragende Partei allein wg der verweigerten Zustimmung des Verfahrensgegners beweisfällig bleibt (RegBegr BT-Drucks 15/1971, 184). Abweichend zum bisherigen Recht (§ 13 Abs 6 und 7 JVEG aF) ist die Zustimmung des Gerichts nunmehr auch dann erforderlich, wenn ein Beteiligter, der sich dem Gericht gegenüber mit einem bestimmten Stundensatz nach § 9 einverstanden erklärt, zugleich erklärt, die entstehenden Mehrkosten zu übernehmen (RegBegr BT-Drucks 17/11471, 408). Eine Antragsabweisung wg **fehlender Zustimmung des Antragsgegners** ist auf jeden Fall ausgeschlossen (*OLG Düsseldorf* AG 1998, 37, 38; *OLG Stuttgart* NJW-RR 2002, 462, 463; vgl zum Ganzen auch KölnKomm SpruchG/*Roßkopf* Rn 31). Notfalls ist der Sachverständige über §§ 407, 409 ZPO, § 30 Abs 1 FamFG, § 17 Abs 1 zur Gutachtenerstellung zu verpflichten (*Seetzen* WM 1999, 565, 568; **aA** *OLG Stuttgart* NJW-RR 2002, 462, 463).

4. Schuldner der Gerichtskosten (bisher Abs 2 aF, künftig § 23 Nr 14 GNotKG). Schuldner der Gerichtskosten ist grds nur der Antragsgegner iSd § 5 (§ 23 Nr 14 GNotKG; § 15 Abs 4 aF). Im Falle des § 1 Nr 1 trifft es nur den Antragsgegner, nicht auch den Vertragspartner (*Hüffer* AktG Anh § 305 § 15 SpruchG Rn 4; **aA** MünchKomm AktG/*Kubis* § 15 SpruchG Rn 15). Zu den vom Antragsgegner zu tragenden Kosten gehören auch die **Kosten der gemeinsamen Vertreter** nach §§ 6, 6a (RegBegr BT-Drucks 15/371, 17). Einer Kostenentscheidung bedarf es nicht, außer das Gericht legt die Kosten aus **Billigkeitsgesichtspunkten** ganz oder zT einem anderen Beteiligten auf (*Klöcker/Frowein* SpruchG Rn 10; dann von Amts wegen). Die Fälle möglicher Billigkeitsentscheidungen sind der bisherigen Rspr zu entnehmen (RegBegr BT-Drucks 15/371, 17), aber nun bietet auch § 81 Abs 2 FamFG Anhaltspunkte (so zu recht *Weber/Kersjes* Hauptversammlungsbeschlüsse vor Gericht, § 5 Rn 280). Eine **vollständige Kostenbelastung** des Antragstellers ist möglich bei einem **offensichtlich**

unbegründeten (*BayObLGZ* 1975, 305, 310 mwN; *BayObLGZ* 2004, 200, 208 f: man kann nicht darauf vertrauen, der Antragsgegner gäbe ein Abfindungsgebot ab) oder leicht erkennbar **unzulässigen** (*OLG München* BeckRS 2012, 11471; *OLG Düsseldorf* NJW-RR 1996, 682 f: verfristeter Antrag; *LG Dortmund* AG 1995, 468; *BayObLGZ* 1975, 305, 310; 2004, 200, 208 f; *OLG Zweibrücken* ZIP 2005, 948, 951: unstatthafter Antrag), insb bei einem **mutwilligen** (*OLG Düsseldorf* AG 1998, 236: unbegründete Beschwerde ohne Darlegung von Einwendungen; *OLG Karlsruhe* AG 1998, 288, 289: kein Argument in der Beschwerde, welches nicht bereits im Urt des LG und im Sachverständigengutachten abgehandelt wird) oder **rechtsmissbräuchlichen** Antrag. Ist der Antrag unbegründet, hat sich der Antragsteller nicht ernsthaft mit einem Bewertungsgutachten auseinandergesetzt und will er im Grunde lediglich dessen kostenlose Überprüfung erreichen, trägt er die Kosten (*LG Dortmund* 2002, 343, 345). Ferner kann Unzulässigkeit oder Unbegründetheit wg **Verletzung einer Verfahrensförderungspflicht** zur Kostenbelastung des Antragstellers führen (vgl *LG Frankfurt/Main* NJW-RR 2005, 473, 474). Ferner soll der Antragsteller die Gerichtskosten der Beschwerde gem des Rechtsgedankens des § 97 Abs 2 ZPO tragen, wenn die Beschwerde nur wg **neuen Vorbringens** obsiegt (*OLG Hamburg* AG 2005, 853 f). Der Antragsgegner haftet in diesen Fällen gem §§ 23 Nr 14 aE, 32 GNotKG (bisher § 5 Abs 1 S 1 KostO, § 15 Abs 2 S 2 aF aE) mit dem Antragsteller gesamtschuldnerisch; eine Rückzahlung eines vom Antragsgegner gezahlten Gerichtskostenvorschusses durch die Landeskasse ist daher nicht möglich, der Antragsgegner muss vielmehr seinen gezahlten Kostenvorschuss via Kostenfestsetzung bei dem Antragsteller einfordern (RegBegr BT-Drucks 15/371, 17). Da der **gemeinsame Vertreter** kein Antragsteller ist, können ihm grds keine Kosten auferlegt werden, auch nicht aufgrund Billigkeit (K. Schmidt/Lutter AktG/*Klöcker* § 15 SpruchG Rn 10). Zu erwägen ist allerdings, ob ihm die Kosten dort ausnahmsweise nach **Billigkeitsgesichtspunkten** auferlegt werden können, wo er wie ein Antragsteller Kosten verursacht, etwa bei Einlegung eines Rechtsbehelfs (so Spindler/Stilz AktG/*Drescher* Rn 17) oder bei Fortführung eines Verfahrens gem § 6 Abs 3 (**aA** die hM, vgl MünchKomm AktG/*Kubis* § 15 SpruchG Rn 16 mwN). Die **isolierte Kostenentscheidung** kann gem § 17 Abs 1 SpruchG, § 85 FamFG, § 104 Abs 3 ZPO mit der **sofortigen Beschwerde** (§§ 567–572 ZPO) angefochten werden (K. Schmidt/Lutter AktG/*Klöcker* § 15 SpruchG Rn 25), die mit der Hauptsacheentscheidung ergehende Kostenentscheidung nur zusammen mit dieser (*Emmerich/ Habersack* Aktien- und GmbH-KonzernR SpruchG § 15 Rn 26).

6 **5. Vorschuss für Auslagen.** Da § 23 Nr 14 GNotKG vom Antragsgegner als Schuldner der Gerichtskosten ausgeht (s Rn 5), ist dieser auch gem § 14 Abs 3 S 2 zur Zahlung eines **hinreichenden Vorschusses** zur Deckung der Auslagen (vgl Rn 4) verpflichtet, namentlich für den Sachverständigen (RegBegr BT-Drucks 15/371, 17). Bei einer Zahlungsweigerung können die Grundsätze der Beweisvereitelung herangezogen werden (*OLG Stuttgart* NJW-RR 2002, 463), wobei das Gericht dann aber die Kompensationshöhe für die Entsch annähernd ermitteln können muss, was nicht immer unproblematisch ist (vgl *OLG Düsseldorf* AG 1998, 37, 38 f). Denkbar ist, dass sich das Gericht auf ein **Privatgutachten** des Antragstellers stützt. Die Entschädigung darf dem Sachverständigen erst nach Zufluss eines ausreichenden Betrages in die Staatskasse ausgezahlt werden (RegBegr BT-Drucks 15/371, 17). Gegen den Vorauszahlungsbeschluss und wegen der Höhe des im Voraus zu zahlenden Betrags ist nunmehr die Beschwerde statthaft (§ 82 GNotKG). Nach **altem Recht** entsteht die Zahlungspflicht

erst mit Aufforderung durch das Gericht (*Fritzsche/Dreier/Verfürth* SpruchG Rn 29). Durch den Ausschluss von § 8 KostO gem § 15 Abs 3 S 2 aF wird verhindert, dass das Beauftragen eines Sachverständigen und damit die Durchführung des Verfahrens von der Zahlung des Vorschusses abhängt (vgl § 8 Abs 2 S 2 KostO). Der Antragsgegner kann daher durch **Weigerung der Zahlung** des Vorschusses das Verfahren **nicht vereiteln**. Weiterhin wird durch den Ausschluss des § 8 KostO nach altem Recht die Beschwerde gegen die Anordnung der Vorschussleistung ausgeschlossen, selbst wenn diese unangemessen hoch ausfällt (*OLG Düsseldorf* AG 2004, 390). Diese Bestimmung ist durch das 2. KostRMoG ersatzlos entfallen.

III. Außergerichtliche Kosten (Abs 4 aF, nun Abs 2)

§ 15 Abs 2 ermöglicht hinsichtlich der Tragungslast außergerichtlicher Kosten eine **Differenzierung nach Billigkeitsgesichtspunkten**. Außergerichtlich sind die neben den Gerichtskosten anfallenden Kosten des Rechtsstreits wie etwa die Gebühren und Auslagen der Anwälte. **Grds tragen die Antragsteller ihre Kosten selbst**. Das dadurch bedingte Kostenrisiko verhindert übereilte und mutwillige Anträge (RegBegr BT-Drucks 15/371, 17). Jedoch ist es aus Billigkeitsgesichtspunkten unter Berücksichtigung des Ausgangs des Verfahrens möglich, die Antragsgegner mit diesen Kosten zu belasten (vgl *BGH* AG 2011, 591). Wesentlicher Gesichtspunkt ist der Verfahrensausgang. Der Antragsteller trägt demnach seine Kosten vollständig selbst, wenn das Verfahren zu keiner Erhöhung der Kompensationsleistung führt (*Tomson/Hammerschmitt* NJW 2003, 2572, 2575). Die Kosten eines von den Antragstellern beauftragten **Privatgutachters** können **nicht** auf den Antragsgegner abgewälzt werden (*OLG Düsseldorf* BeckRS 2012, 20830). Anderes gilt aber, wenn durch das Privatgutachten das gerichtliche Gutachten **erschüttert** wurde (*OLG Düsseldorf* AG 1992, 234 f) oder wenn der Antragsgegner seinerseits ein Privatgutachten eingeholt und dem Gericht vorgelegt hat (*OLG Zweibrücken* NJW-RR 1997, 613). Der Rechtsgedanke des § 97 Abs 2 ZPO gilt auch für die außergerichtlichen Kosten (*OLG Hamburg* AG 2005, 853 f, s auch oben Rn 6). Ersetzt werden jedoch nur die **angemessenen Kosten** (näher *OLG Zweibrücken* NJW-RR 1997, 613 mwN). Weiterhin muss das Privatgutachten die Entscheidungsfindung des Gerichts erkennbar beeinflusst haben (*OLG Bamberg* JurBüro 1987, 1403; aA *OLG Düsseldorf* NJW-RR 1996, 572 f). Bei einer erheblichen Erhöhung der Leistung muss der Antragsgegner die außergerichtlichen Kosten der Antragsteller tragen. Im **Grenzbereich** bietet es sich an, die Kosten der Antragsteller **teilw dem Antragsgegner aufzuerlegen** (RegBegr BT-Drucks 15/371, 17). § 15 Abs. 2 SpruchG und § 23 Nr 14 GNotKG regeln die Kostentragung im Spruchverfahren **abschließend**, dem Antragsteller können die außergerichtlichen **Kosten des Antragsgegners** also selbst bei **mutwilligen und rechtsmissbräuchlichen Anträgen** nicht auferlegt werden (entgegen der bisher hM zu § 15 Abs 2 und 4 aF *BGH* NZG 2012, 191 mwN; *OLG Stuttgart* WM 2009, 1416; *BayObLG München* NZG 2004, 1111; **aA** Voraufl; *OLG Hamburg* AG 2005, 853; *OLG München* WM 2010, 1126; *OLGR Düsseldorf* 2009, 438; *OLG Zweibrücken* ZIP 2005, 948; MünchKomm AktG/*Kubis* § 15 SpruchG Rn 21 und 16 mwN). Der **Gegenstandswert für Anwaltsgebühren** bemisst sich nach §§ 31, 32 RVG. Wurde nur ein Antrag gestellt, so bleibt es für die Antragsgegnervertreter und Antragstellervertreter bei § 32 RVG, maßgeblich ist der **Geschäftswert** iSd § 74 S 1 GNotKG. Sind jedoch mehrere Anträge gestellt worden, so mindert sich der Gegenstandswert für den Antragstellervertreter (nicht für den

7

Antragsgegnervertreter) nach Maßgabe des § 31 RVG: Der **Gegenstandswert** beläuft sich auf den Bruchteil des Geschäftswerts, der sich aus dem Verhältnis der Anzahl der Anteile des Auftraggebers zu der Gesamtzahl der Anteile aller Antragsteller ergibt (§ 31 Abs 1 S 1 RVG). Maßgeblicher Zeitpunkt für die Bestimmung dieses Bruchteils ist der jeweilige Zeitpunkt der Antragstellung (§ 31 Abs 1 S 2 RVG). Sind die vom Antragsteller gehaltenen Anteile nicht gerichtsbekannt, wird vermutet, dass er nur einen Anteil hält (§ 31 Abs 1 S 3 RVG). Der Mindestwert beträgt nach § 31 Abs 1 S 4 RVG 5 000 Euro. Wird ein Rechtsanwalt von **mehreren Antragstellern** beauftragt, sind die auf die einzelnen Antragsteller entfallenden Werte zusammenzurechnen, eine Erhöhung pro Person nach Nummer 1008 (30 %) findet aber nicht statt (§ 31 Abs 2 RVG). Zur Anfechtbarkeit der Kostenentscheidung s Rn 5 aE.

IV. Kostenentscheidung

8 Die Kostenentscheidung trifft das Gericht zusammen mit der Hauptsacheentscheidung, soweit eine solche ergeht (§ 82 FamFG). Ansonsten trifft es (bei Zuständigkeit einer KfH deren Vorsitzender, vgl § 2 Abs 2 Nr 6) eine **isolierte Kostenentscheidung** gem § 83 FamFG. Zur Anfechtbarkeit der Kostenentscheidung s Rn 5 aE. Die Kostenfestsetzung richtet sich gem § 85 FamFG nach § 104 ZPO und erfolgt durch den **Rechtspfleger**.

§ 16 Zuständigkeit bei Leistungsklage

Für Klagen auf Leistung des Ausgleichs, der Zuzahlung oder der Abfindung, die im Spruchverfahren bestimmt worden sind, ist das Gericht des ersten Rechtszuges und der gleiche Spruchkörper ausschließlich zuständig, der gemäß § 2 mit dem Verfahren zuletzt inhaltlich befasst war.

1 **Hintergrund** dieser Regelung ist die **fehlende Vollstreckbarkeit** der Spruchgerichtsentscheidung nach § 11, die entweder feststellend oder gestaltend ist, ohne den Antragstellern einen Leistungstitel gegen den Antragsgegner zu vermitteln (s § 13 Rn 1). Sollte der Antragsgegner nicht leisten wollen, müssen die Antragsteller Leistungsklage **außerhalb des Spruchverfahrens** erheben, um ihren Kompensationsanspruch durchsetzen zu können (RegBegr BT-Drucks 15/371, 18; krit *OLG Hamburg* AG 2005, 659, 660). Eine Leistungsklage ist ferner auch bei einem gerichtlichen **Vergleich** von Nöten, wenn nicht speziell ein vollstreckbarer Leistungstitel iSd § 794 Abs 1 Nr 1 ZPO aufgenommen wurde (vgl § 11 Rn 2). Für die Leistungsklage findet die ZPO Anwendung – § 17 Abs 1 hat für § 16 keine Bedeutung – , mit „Leistungsklage" ist allerdings nicht nur die Klage auf Leistung gemeint, sondern jegliche Klage im Anschluss an das Spruchverfahren, also auch (Zwischen-) Feststellungs- und Stufenklage (KölnKomm SpruchG/*Roßkopf* Rn 6; *Meilicke* NZG 2004, 547, 548 f). Die Rechtsbehelfe richten sich nach der ZPO, wobei bzgl der **funktionellen Zuständigkeit** des Berufungsgerichts eine analoge Anwendung des § 16 dergestalt überlegenswert ist, dass beim Berufungsgericht derjenige Spruchkörper zuständig ist, der über eine Beschwerde nach § 12 entschieden hat.

2 § 16 gibt die **Zuständigkeit des Gerichts** in örtlicher und sachlicher Hinsicht vor, ferner auch, welcher Spruchkörper zuständig ist. Über die Klage soll genau derjenige Spruchkörper entscheiden, der die Sachentscheidung nach § 11 getroffen hat bzw des-

sen Verfahren durch einen **Vergleich** abgeschlossen wurde (RegBegr BT-Drucks 15/ 371 S 18), und zwar auch dann, wenn die **Besetzung** des Spruchkörpers zwischenzeitlich **wechselte** (*OLG Frankfurt* NZG 2011, 1307). Dasselbe gilt, wenn nach einem außergerichtlichen Vergleich alle Anträge zurückgenommen worden sind. Erfasst von der Zuständigkeit ist der gesamte Kompensationsanspruch, ferner auch die Nebenforderungen (*Meilicke* NZG 2004, 547, 548). Das Gericht der Leistungsklage ist an eine Sachentscheidung gem § 11 **gebunden** (KölnKomm SpruchG/*Roßkopf* Rn 22). Jedoch steht nur die Höhe fest. Wegen möglicher Einwendungen gegen den Anspruch, die im Spruchverfahren nicht geltend gemacht werden konnten, besteht **keine Bindungswirkung** dahingehend, ob überhaupt ein Anspruch besteht (vgl RegBegr BT-Drucks 15/ 371, 18; offen lassend *OLG Zweibrücken* ZIP 2005, 948, 949). § 16 setzt voraus, dass die verlangte Leistung **durch das Spruchverfahren bestimmt** wurde, das Spruchverfahren also abgeschlossen ist (Simon SpruchG/*Winter* Rn 6; aA *Meilicke* NZG 2004, 547, 550; KölnKomm SpruchG/*Rosskopf* Rn 11) und rechtsgestaltend die Höhe der Kompensation bestimmt. § 16 findet deshalb auch dann **keine (analoge) Anwendung**, wenn die Höhe des verlangten Anspruchs im Spruchverfahren nicht mehr in Frage gestellt wurde, es also etwa **bei** der **unternehmensvertraglich** angebotenen **Kompensation** bleibt (*LG München* AG 2006, 551, 552; *Winter* EWiR 2006, 417, 418). Die Leistungsklage können auch diejenigen erheben, die nicht am Spruchverfahren beteiligt waren (K. Schmidt/Lutter AktG/*Klöcker* § 16 SpruchG Rn 4). Die Zuständigkeit ist **ausschließlich** (KölnKomm SpruchG/*Roßkopf* Rn 17). Bzgl Art 22 Abs II EugVVO vgl *Meilicke* NZG 2004, 547, 548. § 16 ist auch **anwendbar**, wenn das der Leistungsklage zugrundeliegende Spruchverfahren noch nach **altem Recht** durchgeführt wurde (*OLG Frankfurt* NZG 2011, 1307).

§ 17a Abs bis 5 GVG finden gemäß § 17a Abs 6 GVG entsprechende Anwendung. Bei einem Zuständigkeitskonflikt ist § 36 Abs. 1 Nr. 6 ZPO entsprechend anwendbar (vgl *OLG Frankfurt* NZG 2011, 1307). 3

§ 17 Allgemeine Bestimmungen; Übergangsvorschrift

(1) Sofern in diesem Gesetz nichts anderes bestimmt ist, finden auf das Verfahren die Vorschriften des Gesetzes über das Verfahren in Familiensachen und in den Angelegenheiten der freiwilligen Gerichtsbarkeit Anwendung.

(2) ¹Für Verfahren, in denen ein Antrag auf gerichtliche Entscheidung vor dem 1. September 2003 gestellt worden ist, sind weiter die entsprechenden bis zu diesem Tag geltenden Vorschriften des Aktiengesetzes und des Umwandlungsgesetzes anzuwenden. ²Auf Beschwerdeverfahren, in denen die Beschwerde nach dem 1. September 2003 eingelegt wird, sind die Vorschriften dieses Gesetzes anzuwenden.

Übersicht

	Rn
I. Anwendbarkeit des FamFG	1
II. Zeitliche Anwendbarkeit	2

I. Anwendbarkeit des FamFG

Das Spruchverfahren ist ein Verfahren der freiwilligen Gerichtsbarkeit (RegBegr BT-Drucks 15/371, 18) und gehört zu den **echten Streitsachen** (*BGH* ZIP 2006, 826, 827; 1

Ederle/Theusinger

OLG Düsseldorf AG 1993, 40, 41; *Winter/Nießen* NZG 2007, 13). Mit Einführung des FamFG wurde § 17 Abs 1 entspr angepasst. Für das Spruchverfahren kommt nur **der erste Abschnitt des FamFG**, („Allgemeine Vorschriften", §§ 1–110 FamFG), in Betracht. Vereinzelt wird explizit auf bestimmte Normen des FamFG verwiesen (in § 2 Abs 1 auf §§ 2 Abs 1, 5 FamFG, in § 7 Abs 6 auf § 35 FamFG); iÜ kommt das FamFG **nur subsidiär** über § 17 Abs 1 zum Zuge, also dort, wo das SpruchG unter Berücksichtigung der Verweise namentlich auf die ZPO Regelungslücken lässt. Zu beachten sind **Überlagerungen** insb im Bereich der Zuständigkeits-, Bekanntmachungs- und Kostenregelungen. Der **Amtsermittlungsgrundsatz** des § 26 FamFG gilt im SpruchG nur sehr eingeschränkt, dazu eingehend *Winter/Nießen* NZG 2007, 13 ff. Er wird beschränkt durch § 4 Abs 2 (vgl § 4 Rn 9 und 12), § 8 Abs 3 (vgl § 8 Rn 5) und §§ 9 f iVm §§ 7 f, namentlich durch § 10 Abs 3 (vgl § 10 Rn 6). Im Übrigen ist das **GVG** nun unmittelbar anwendbar (vgl § 2 EGGVG, §§ 12, 13 GVG; RegBegr BT-Drucks 16/6308, 165). Auf Verfahren, die bis zum Inkrafttreten des FGG-RG am 1.9.2009 eingeleitet worden sind oder deren Einleitung bis zum Inkrafttreten des FGG-RG beantragt wurde, sind gem Art 111 Abs 1 S 1 FGG-RG weiter die vor Inkrafttreten des FGG-RG geltenden Vorschriften, also insb auch die §§ 2, 7, 10, 12 und 17 SpruchG aF, anzuwenden, und zwar auch für das Rechtsmittelverfahren (*OLG München* NZG 2010, 477). S für Altfälle *Simmler* in der 1. Aufl.

II. Zeitliche Anwendbarkeit

2 Die Übergangsregelungen des § 17 Abs 2 dürften heute wg **Zeitablaufs** kaum noch eine Rolle spielen. Vgl hierzu *Simmler* in der 1. Aufl Rn 2.

§ 307 Vertragsbeendigung zur Sicherung außen stehender Aktionäre

Hat die Gesellschaft im Zeitpunkt der Beschlussfassung ihrer Hauptversammlung über einen Beherrschungs- oder Gewinnabführungsvertrag keinen außen stehenden Aktionär, so endet der Vertrag spätestens zum Ende des Geschäftsjahrs, in dem ein außen stehender Aktionär beteiligt ist.

Übersicht

	Rn		Rn
I. Regelungsinhalt	1	2. Nachträgliche Beteiligung eines	
II. Voraussetzungen	2	außenstehenden Aktionärs	3
1. Wirksam bestehender Vertrag		III. Rechtsfolge	4
ohne außenstehenden Aktionär	2		

Literatur: Vgl die Nachweise zu §§ 296, 297; ferner *Katschinski* Die analoge Anwendung des § 307 AktG im GmbH-Vertragskonzern-Steuerfalle oder Scheinproblem, FS Reuter, S 1043.

I. Regelungsinhalt

1 Die Bestimmung regelt den (Sonder-)Fall, dass bei Beschlussfassung der HV über einen Beherrschungs- oder Gewinnabführungsvertrag kein außenstehender Aktionär existierte, später aber mindestens ein außenstehender Aktionär beteiligt ist. Hierfür besteht Regelungsbedarf, weil der Abschluss eines Beherrschungs- oder Gewinnabführungsvertrages auch ohne einen Ausgleich dann nicht nichtig (§ 304 Abs 1 S 3,

Abs 3 S 1) ist, wenn zu diesem Zeitpunkt kein außenstehender Aktionär vorhanden war. Entsprechendes gilt für eine Abfindungsregelung. Zweck des § 307 ist es daher, den Abschluss eines neuen Vertrages zu veranlassen und für diesen ein Spruchverfahren zu ermöglichen. Eine vergleichbare Regelung besteht für die Eingliederung in § 327 Abs 1 Nr 3.

II. Voraussetzungen

1. Wirksam bestehender Vertrag ohne außenstehenden Aktionär. Die Vorschrift ist 2 auf Gewinnabführungs-, Beherrschungs- und Geschäftsführungsverträge anzuwenden. Der Vertrag muss wirksam, insb also auch in das HR eingetragen worden sein. Ferner darf kein außenstehender Aktionär an der verpflichteten Gesellschaft (im Zeitpunkt der Beschlussfassung der HV) beteiligt sein; die Bestimmung der außenstehenden Aktionäre erfolgt identisch wie bei §§ 304, 305 (hierzu § 304 Rn 11 ff). Auch wenn der Vertrag – „freiwillig" – Ausgleichs- und Abfindungsregelungen enthält, ist § 307 anwendbar, da sonst aufgrund der Antragsfrist des § 4 SpruchG eine gerichtliche Überprüfung idR generell ausgeschlossen wäre (*Kropff* S 402; MünchKomm AktG/*Paulsen* Rn 2).

2. Nachträgliche Beteiligung eines außenstehenden Aktionärs. Unerheblich ist, wie 3 die Gesellschaft zu einem außenstehenden Aktionär gekommen ist; insb ist auch die Veränderung von Rechtsbeziehungen eines Aktionärs, der bislang nicht als außenstehend angesehen wurde, möglich, wenn bspw die in § 304 Rn 12 genannten Rechtsbeziehungen enden und dadurch der Aktionär „außenstehend" iSd Gesetzes wird (GroßKomm AktG/*Hirte/Hasselbach* Rn 12 ff). Weil zB der Verkauf einer einzigen Aktie an einen außenstehenden Aktionär den Unternehmensvertrag außerhalb der Regeln der §§ 296, 297 beendet (MünchHdb AG/*Krieger* § 70 Rn 199), wird zum Teil eine teleologische Reduktion der Vorschrift für Grenzfälle erwogen (KölnKomm AktG/*Koppensteiner* Rn 5). *De lege lata* ist das aber abzulehnen, auch weil nicht erkennbar ist, wer von einem solchen Vorgehen Nachteile hätte.

III. Rechtsfolge

Der Vertrag endet kraft Gesetzes in dem im Gesetz genannten Zeitpunkt. Diese 4 Regelung ist zwingend und kann nicht abbedungen werden (MünchKomm AktG/*Paulsen* Rn 2). „Spätestens" ist als Hinweis auf die aus anderen Gründen mögliche frühere Beendigung zu verstehen (GroßKomm AktG/*Hirte/Hasselbach* Rn 18). Ein nachträgliches Entfallen des Bedingungsgrundes ändert an der Rechtsfolge nichts (K. Schmidt/Lutter AktG/*Stephan* Rn 7, der aber eine Fortsetzungsmöglichkeit einräumen will).

Zweiter Teil
Leitungsmacht und Verantwortlichkeit bei Abhängigkeit von Unternehmen

Erster Abschnitt
Leitungsmacht und Verantwortlichkeit bei Bestehen eines Beherrschungsvertrags

§ 308 Leitungsmacht

(1) ¹Besteht ein Beherrschungsvertrag, so ist das herrschende Unternehmen berechtigt, dem Vorstand der Gesellschaft hinsichtlich der Leitung der Gesellschaft Weisungen zu erteilen. ²Bestimmt der Vertrag nichts anderes, so können auch Weisungen erteilt werden, die für die Gesellschaft nachteilig sind, wenn sie den Belangen des herrschenden Unternehmens oder der mit ihm und der Gesellschaft konzernverbundenen Unternehmen dienen.

(2) ¹Der Vorstand ist verpflichtet, die Weisungen des herrschenden Unternehmens zu befolgen. ²Er ist nicht berechtigt, die Befolgung einer Weisung zu verweigern, weil sie nach seiner Ansicht nicht den Belangen des herrschenden Unternehmens oder der mit ihm und der Gesellschaft konzernverbundenen Unternehmen dient, es sei denn, dass sie offensichtlich nicht diesen Belangen dient.

(3) ¹Wird der Vorstand angewiesen, ein Geschäft vorzunehmen, das nur mit Zustimmung des Aufsichtsrats der Gesellschaft vorgenommen werden darf, und wird diese Zustimmung nicht innerhalb einer angemessenen Frist erteilt, so hat der Vorstand dies dem herrschenden Unternehmen mitzuteilen. ²Wiederholt das herrschende Unternehmen nach dieser Mitteilung die Weisung, so ist die Zustimmung des Aufsichtsrats nicht mehr erforderlich; die Weisung darf, wenn das herrschende Unternehmen einen Aufsichtsrat hat, nur mit dessen Zustimmung wiederholt werden.

Übersicht

	Rn		Rn
A. Weisungsrecht (Abs 1)	1	2. Erscheinungsformen	13
I. Beherrschungsvertrag	1	3. Umfang und Schranken des Weisungsrechts	15
1. Mehrstufige Unternehmensverbindungen	2	a) Grundlagen	15
2. Mehrmütterherrschaft	3	b) Innergesellschaftlicher Bereich	18
II. Weisungsberechtigter	4	c) Gewinnabführung	20
1. Grundsatz	4	d) Nachteilige Weisungen	21
2. Delegation und Übertragung	5	e) Existenzgefährdende Weisungen	24
III. Weisungsempfänger	8	**B. Folge- und Prüfungspflicht (Abs 2)**	25
1. Vorstand	8	**C. Zustimmungspflichtige Geschäfte (Abs 3)**	28
2. Mitarbeiter	9		
IV. Umfang des Weisungsrechts	10		
1. Weisung	10		

Literatur: *Altmeppen* Die Haftung des Managers im Konzern, 1998; *ders* Zur Delegation des Weisungsrechts im mehrstufigen Konzern, FS Lutter, 2000, S 975; *ders* Interessenkonflikte im Konzern, ZHR 171 (2007), 320; *Bachmann/Veil* Grenzen atypischer stiller Beteiligung an einer Aktiengesellschaft, ZIP 1999, 348; *Burg/Hützen* Existenzvernichtungshaftung im Vertragskonzern, Der Konzern 2010, 20; *Cahn* Zur Anwendbarkeit der §§ 311 ff AktG im mehrstufigen Vertragskonzern, BB 2000, 1477; *Casper* Genussscheine von Banken nach einer Konzernierung des Emittenten ZIP 2002, 497; *Geßler* Bestandsschutz der beherrschten Gesellschaft im Vertragskonzern?, ZHR 140 (1976), 433; *Henze/Lübke* „Virtuelle Reorganisation" im mehrstufigen GmbH-Vertragskonzern, Der Konzern 2009, 159; *Hirte/Schall* Zum faktischen Beherrschungsvertrag, Der Konzern 2006, 243; *Hoffmann-Becking* Gibt es das Konzerninteresse?, FS Hommelhoff, 2012, S 433; *Immenga* Bestandsschutz der beherrschten Gesellschaft im Vertragkonzern?, ZHR 140 (1976), 301; *Kantzas* Das Weisungsrecht im Vertragskonzern, Diss München, 1988; *Lutter* Mitbestimmung im Konzern, 1975; *Mertens* Die Haftung wegen Missbrauchs der Leitungsmacht nach § 309 AktG aus schadensrechtlicher Sicht, AcP 168 (1968), 225; *Preußner/Fett* Hypothekenbanken als abhängige Konzernunternehmen, AG 2001, 337; *Rehbinder* Gesellschaftsrechtliche Probleme mehrstufiger Unternehmensverbindungen, ZGR 1977, 581; *Rowedder* Die Rechte des Aufsichtsrats in der beherrschten Gesellschaft, FS Duden, 1977, S 501; *U. H. Schneider* Der Aufsichtsrat des abhängigen Unternehmens im Konzern, FS Raiser, 2005, S 341; *Semler* Doppelmandats-Verbund im Konzern – sachgerechte Organisationsform oder unzulässige Verflechtung, FS Stiefel, 1987, S 719; *Sina* Grenzen des Konzern-Weisungsrechts nach § 308 AktG, AG 1991, 1; *Sonnenschein* Organschaft und Konzerngesellschaftsrecht, 1976; *Streyl* Zur konzernrechtlichen Problematik von Vorstands-Doppelmandaten, Diss Bonn, 1992; *Verse* Compliance im Konzern, ZHR 175 (2011), 401; *Wellkamp* Die Haftung von Geschäftsleitern im Konzern, WM 1993, 2155; *Wieneke* Leistungsstrukturen bei Integration in internationale Konzerne, VGR (Hrsg), Bd 16, 91.

A. Weisungsrecht (Abs 1)

I. Beherrschungsvertrag

Die Weisungsbefugnis nach Abs 1 setzt einen wirksamen Beherrschungsvertrag voraus (zu sog „faktischen" oder „verdeckten" Beherrschungsverträgen § 311 Rn 11). Im Falle bloßer Abhängigkeit (§ 17 Abs 2) besteht das Weisungsrecht des Abs 1 folglich nicht; weil es in solchen faktischen Beherrschungssituationen gleichwohl zu Einflussnahmen kommt, enthalten die §§ 311 ff Schutzbestimmungen für das abhängige Unternehmen. **1**

1. Mehrstufige Unternehmensverbindungen. Bei mehrstufigen Unternehmensverbindungen ist die Regelung des § 308 grds nur im Verhältnis zwischen den am Vertrag beteiligten Parteien anzuwenden. Damit scheidet eine Anwendung etwa zwischen Enkel- und Muttergesellschaft aus, wenn in einer mehrstufigen Unternehmensverbindung lediglich zwischen den unmittelbar nachfolgenden Unternehmen ein Beherrschungsvertrag besteht (*BGH* AG 1990, 459, 460; *Altmeppen* S 110; *Emmerich/Habersack* Aktien- und GmbH-KonzernR Rn 6; K. Schmidt/Lutter AktG/*Langenbucher* Rn 19; *Rehbinder* ZGR 1977, 581, 609 ff; anders noch GroßKomm AktG/*Würdinger* 3. Aufl § 291 Anm 30). Für ein unmittelbares Weisungsrecht wäre daher ein (weiterer) Beherrschungsvertrag zwischen Mutter- und Enkelgesellschaft erforderlich. Wg der Möglichkeit der Delegation des Weisungsrechts v der Tochter- auf die Muttergesellschaft ist dies freilich v eher theoretischem Interesse (vgl Rn 6). **2**

2. Mehrmütterherrschaft. Besteht ein Beherrschungsvertrag zwischen einer Tochtergesellschaft und mehreren Muttergesellschaften, kommt jeder der Mütter das Weisungsrecht zu. Die Unternehmen können sich auch dahingehend einigen, das Weisungsrecht nicht gemeinsam, sondern durch eines der beteiligten Unternehmen allein **3**

auszuüben. Ausreichend für die Zulässigkeit einer nachteiligen Weisung (dazu unten Rn 21 ff) ist, dass sie dem Interesse einer der Mütter dient, was wiederum aus der hierfür erforderlichen Absprache folgt (KölnKomm AktG/*Koppensteiner* Rn 7, 43). Sofern sich die Weisungen nicht widersprechen, ist jede Weisung der Mütter zu befolgen (vgl *Emmerich/Habersack* Aktien- und GmbH-KonzernR Rn 8); bei Widerspruch gelten sie als nicht erteilt (K. Schmidt/Lutter AktG/*Langenbucher* Rn 14).

II. Weisungsberechtigter

4 1. Grundsatz. Das Weisungsrecht des herrschenden Unternehmens wird durch dessen Vertretungsorgan ausgeübt; beim einzelkaufmännischen Unternehmen ist dies als anderer Vertragsteil der Inhaber (vgl § 309 Abs 1; MünchKomm AktG/*Altmeppen* Rn 31).

5 2. Delegation und Übertragung. Anerkannt ist die **Delegation** jedenfalls für Mitarbeiter des herrschenden Unternehmens aus der **zweiten Führungsebene** (Münch-Komm AktG/*Altmeppen* Rn 38 ff, 41; Heidel AktG/*Peres* Rn 27). Dazu zählen etwa Prokuristen oder sonstige leitende Angestellte (vgl §§ 48, 54 HGB). Daneben ist auch eine Delegation an Personen außerhalb des herrschenden Unternehmens grds möglich (GroßKomm AktG/*Hirte* Rn 25), wenn und soweit das Weisungsrecht beim herrschenden Unternehmen verbleibt. Denkbar ist danach der Abschluss eines Geschäftsbesorgungsvertrages, mit Hilfe dessen der Dritte bevollmächtigt oder ermächtigt wird, das Weisungsrecht auszuüben; in diesem Fall ist der Dritte aus dem Auftragsverhältnis selbst wiederum verpflichtet, den Weisungen des herrschenden Unternehmens Folge zu leisten (vgl KölnKomm AktG/*Koppensteiner* Rn 13). Für evtl „Weisungsfehler" des Beauftragten haftet das herrschende Unternehmen (§ 278 BGB, *Hüffer* AktG Rn 5).

6 Umstr ist, ob bei **mehrstufigen Beherrschungsverträgen** die Tochtergesellschaft ihr Weisungsrecht gegenüber der Enkelin auf die Mutter delegieren darf. Dies wird gelegentlich mit dem Hinweis bestritten, hierfür bedürfe es stets eines Beherrschungsvertrages auch zwischen Mutter und Enkelin; andernfalls würde der HV-Beschluss der Tochter, der eine solche **Delegation auf die Mutter** gerade nicht enthält, konterkariert (*Cahn* BB 2000, 1477, 1482 f). Des Weiteren wird darauf verwiesen, dass bei einer solchen Konstruktion die Haftungsrisiken der Enkelin bei der Mutter kumulierten (KölnKomm AktG/*Koppensteiner* Rn 14). Dies hat iE zur Konsequenz, dass die Organe der Mutter immer zunächst die Organe der Tochter anweisen müssten, deren Weisungsrecht in einer bestimmten Form gegenüber der Enkelin auszuüben. Die gegenteilige Auffassung verweist demgegenüber zu Recht darauf, dass, wenn schon eine Delegation an Dritte möglich ist, diese erst recht auch innerhalb eines Konzerns möglich sein muss (K. Schmidt/Lutter AktG/*Langenbucher* Rn 15; Spindler/Stilz AktG/*Veil* Rn 12; *Henze/Lübke* Der Konzern 2009, 159, 161: *Wieneke* S 109 f). Für den Fall der bloß faktischen Beherrschung im Verhältnis v Mutter und Tochter fehlt es in diesem Verhältnis an einem ausdrücklichen Weisungsrecht. Auch hier ist aus dem gleichen Grund eine Delegation an die Mutter möglich. Ob es einer Aufnahme nachteiliger Weisungen der Mutter in den Abhängigkeitsbericht der Enkelin bedarf (dafür *Altmeppen* FS Lutter, S 975, 989 ff), erscheint hingegen fraglich; die Mutter wird in diesen Fällen für die Tochter tätig und agiert nicht als herrschendes Unternehmen gegenüber der Enkelin. Dass hierdurch die Haftungsrisiken auf der Ebene der Muttergesellschaft kumulieren, dürfte bei einer lenkenden Konzernspitze wg der Haftungsregeln in §§ 302 f, §§ 311 ff auch keinen bewertungsrelevanten Umstand darstellen. Teilw wird bei einem durchlaufenden Beherrschungsvertrag weitergehend ein *eigenes* Weisungsrecht v Mutter gegenüber Enkelin auf Grund ihrer Stellung als „Geschäftsherrin" der gesamten Konzerngeschäftsführung angenommen, das mit dem fortbestehenden Weisungsrecht der Tochter koordiniert werden müsse (MünchKomm AktG/*Altmeppen* Rn 58 ff, § 309 Rn 37a).

Anders liegt es hingegen bei der vollständigen oder verdrängenden **Übertragung der Leitungsmacht**. Deren Verbot wird daraus geschlussfolgert, dass es sich beim Weisungsrecht um kein selbstständig übertragbares Recht iSv §§ 398, 413 BGB handle (vgl *Emmerich/Habersack* Aktien- und GmbH-KonzernR Rn 16; *Sina* AG 1991, 1, 4) und die Identität des Inhabers der Leitungsmacht und die des Schuldners nach §§ 302, 303, 309 AktG gewahrt werden müsse (Heidel AktG/*Peres* Rn 6). Unabhängig davon wird man in der Übertragung des Weisungsrechts eine Änderung des bestehenden Unternehmensvertrages sehen müssen, wofür es nach § 295 der Beteiligung der HV des abhängigen Unternehmens bedarf (GroßKomm AktG/*Hirte* Rn 24; K. Schmidt/Lutter AktG/*Langenbucher* Rn 17; Spindler/Stilz AktG/*Veil* Rn 13). Daneben ist auch die Zustimmung der HV des (neuen) herrschenden Unternehmens zu fordern (§ 293 Abs 2). Die Unterscheidung, ob es sich um Übertragung oder lediglich um Delegation handelt, ist anhand der allg Auslegungskriterien zu ermitteln; verbleibt die Leitungsmacht beim herrschenden Unternehmen, liegt Delegation und nicht Übertragung vor; dies gilt auch bei mehrstufigen Unternehmensverbindungen (vgl Rn 6). 7

III. Weisungsempfänger

1. Vorstand. Adressat der Weisung ist nicht die abhängige Gesellschaft als Vertragspartner, sondern nach dem Gesetzeswortlaut deren Vorstand. Mit der Norm wird die organisationsrechtliche Überlagerung der Leitungsmacht des Vorstands der abhängigen Gesellschaft (§ 76) verdeutlicht, ohne die Verantwortlichkeit des Vorstands der abhängigen Gesellschaft zu beseitigen, wie sich an Abs 2 S 2 ablesen lässt (vgl *Emmerich/Habersack* Aktien- und GmbH-KonzernR Rn 17). 8

2. Mitarbeiter. Fraglich ist, ob das herrschende Unternehmen auch Mitarbeiter der abhängigen Gesellschaft anweisen kann. Abzulehnen ist ein direktes Weisungsrecht am Vorstand der abhängigen Gesellschaft vorbei, da dieser sonst seiner Prüfungspflicht nach Abs 2 S 2 nicht nachkommen kann (*Kropff* S 403; *Hüffer* AktG Rn 7; *Henze/Lübke* Der Konzern 2009, 159, 162). Denkbar ist aber, dass der Vorstand im Rahmen seines Direktionsrechts die Anweisung erteilt, Weisungen des herrschenden Unternehmens zu befolgen, *Wieneke* S 109 f. Eine solche Anweisung kann nach den Umständen des Einzelfalls auch konkludent erfolgen, etwa indem der Vorstand gegen eine solche Praxis nicht einschreitet. Voraussetzung ist aber in allen Fällen, dass der Vorstand im Rahmen seiner Prüfungspflicht die Möglichkeit behält, die Befolgung v unzulässigen Weisungen des herrschenden Unternehmens zu verhindern; ist dies nicht durch die internen Prozessabläufe sichergestellt, dürfen die Mitarbeiter den Weisungen des herrschenden Unternehmens nicht nachkommen (KölnKomm AktG/*Koppensteiner* Rn 18 f; weitergehend etwa MünchKomm AktG/*Altmeppen* Rn 79 f und *Verse* ZHR 175 (2011), 401, 418, die auch eine Delegation der Prüfpflicht des Vorstands auf untere Führungsebenen des abhängigen Unternehmens befürworten). 9

Fett

IV. Umfang des Weisungsrechts

10 1. Weisung. Ob es sich bei Weisungen der Rechtsnatur nach um Willenserklärungen handelt (KölnKomm AktG/*Koppensteiner* Rn 20) oder diese Regeln nur entspr anwendbar sind (GroßKomm AktG/*Hirte* Rn 17; *Hüffer* AktG Rn 11), bedarf keiner Entsch, da jedenfalls Einigkeit darüber besteht, dass die §§ 116 ff, 164 ff BGB auf Weisungen anzuwenden sind (nicht aber § 142 BGB wg des sonst ggf rückwirkend wegfallenden Anspruchs aus § 309 Abs 2, vgl *Emmerich/Habersack* Aktien- und GmbH-KonzernR Rn 26; *Hirte/Schall* Der Konzern 2006, 243, 248).

11 Das äußere Erscheinungsbild der Weisung ist für ihre rechtliche Einordnung nicht entscheidend. Eine Weisung kann sich daher auch hinter scheinbar bloßen „Anregungen" oder „Empfehlungen" verbergen (MünchKomm AktG/*Altmeppen* Rn 14; KölnKomm AktG/*Koppensteiner* Rn 22; K. Schmidt/Lutter AktG/*Langenbucher* Rn 4; Spindler/Stilz AktG/*Veil* Rn 5). Aus Sicht des Weisungsempfängers (Empfängerhorizont) muss die Erwartung des Vorstands der herrschenden Gesellschaft erkennbar sein, dass dessen Vorstellungen befolgt werden (*Hüffer* AktG Rn 10). Sieht der Vorstand seine Wiederbestellung als gefährdet an, wenn er einem „Ratschlag" nicht Folge leistet, liegt eine Weisung vor (GroßKomm AktG/*Hirte* Rn 18).

12 Eine Weisung kann auch in der Ausübung eines vereinbarten **Zustimmungsvorbehalts** liegen; denn auch hier muss der Vorstand bei Nichtbefolgen Sanktionen des herrschenden Unternehmens befürchten (*Bachmann/Veil* ZIP 1999, 348, 354; *Emmerich/Habersack* Aktien- und GmbH-KonzernR Rn 25; GroßKomm AktG/*Hirte* Rn 18; anders *Hüffer* AktG Rn 10 und KölnKomm AktG/*Koppensteiner* Rn 23: ohne Anfrage des Vorstands des abhängigen Unternehmens bestehe noch keine Einflussmöglichkeit; an der Wirkung der am Ende vorgenommenen Einflussnahme ändert dies freilich nichts; vgl auch Spindler/Stilz AktG/*Veil* Rn 7).

13 2. Erscheinungsformen. Bei **Vorstands-Doppelmandaten** (Besetzung einer Vorstandsposition mit gleichen Personen im herrschendem wie im abhängigen Unternehmen) kann die generelle Weisung des herrschenden Unternehmens unterstellt werden, den „Vorschlägen" des in den Vorstand des abhängigen Unternehmens entsandten Vorstandsmitglieds zu folgen; die §§ 308–310 finden mithin auf diese „Vorschläge" Anwendung (*U. H. Schneider* FS Raiser, S 341, 346; *Streyl* S 26 ff, 64 ff; **aA** K. Schmidt/Lutter AktG/*Langenbucher* Rn 7; Hölters AktG/*Leuering/Goertz* Rn 17).

14 Eine Ersetzung des Weisungsrechts durch unmittelbare **Bevollmächtigung des herrschenden Unternehmens** scheidet grds aus, da andernfalls das Prüfungsrecht (Abs 2 S 2) des Vorstands der abhängigen Gesellschaft umgangen würde. Eine Bevollmächtigung ist damit nur bei Erhalt des Prüfungsrechtes zulässig, dh das Geschäft muss entspr begrenzt und überschaubar sein (vgl bereits oben Rn 11 f; *Hüffer* AktG Rn 9; KölnKomm AktG/*Koppensteiner* Rn 24; *OLG München* AG 1980, 272; noch strenger GroßKomm AktG/*Hirte* Rn 28: Bevollmächtigung stets ausgeschlossen). Dies müsste in der Konsequenz eigentlich zur Folge haben, dass vollmachtloses Handeln des herrschenden Unternehmens durch Weisung zur Nachgenehmigung (§ 177 BGB) zulässig wäre (so *OLG München* aaO 272, 273; MünchHdb AG/*Krieger* § 70 Rn 154; K. Schmidt/Lutter AktG/*Langenbucher* Rn 6); denn in diesem Fall – so ließe sich argumentieren – bestünde die Möglichkeit für den Vorstand, vor der Nachgenehmigung die Weisung entspr zu prüfen. Gleichwohl bleibt ein gewisses Unbehagen, weil das herrschende Unternehmen auf diese Weise das abhängige nach außen berechtigen

Leitungsmacht § 308

und verpflichten und damit vollendete Tatsachen schaffen könnte (*Koppensteiner* aaO Rn 25). Richtigerweise wird man daher die vollmachtlose Vertretung mit Nachgenehmigung als unzulässige Überschreitung des nach § 308 Abs 1 auf bloße Innenwirkung ausgerichteten Weisungsrechts auffassen müssen (*Koppensteiner* aaO Rn 25; *Hirte* aaO Rn 28; iE auch *Hüffer* aaO Rn 9).

3. Umfang und Schranken des Weisungsrechts. – a) Grundlagen. Gegenstand des Weisungsrechts ist die **Leitung** der abhängigen Gesellschaft. Die Leitung bezieht sich auf alle Tätigkeitsbereiche der Gesellschaft, die durch den Vorstand nach § 76 wahrgenommen werden (*Kropff* S 403). Dabei kommt es lediglich zu einer Modifizierung v § 76 und nicht zu dessen Aufhebung, so dass § 76 dort weiter gilt, wo die herrschende Gesellschaft v ihrem Weisungsrecht keinen Gebrauch macht und damit dem Vorstand die Leitung überlässt (*Emmerich/Habersack* Aktien- und GmbH-KonzernR Rn 54). 15

Zu den Leitungsaufgaben des Vorstands zählen zunächst alle Bereiche der eigentlichen **Betriebsführung,** wie tägliche Geschäfte in den Bereichen Beschaffung, Produktion, Absatz. Sie ist aber nicht beschränkt auf das Alltagsgeschäft, sondern bezieht sich auch auf grundlegende Entsch zur Erreichung der erwünschten Geschäftspolitik, etwa die Konzentration auf einzelne Geschäftsbereiche. Erfasst sind auch Geschäftsbeziehungen zum herrschenden Unternehmen, so dass das abhängige Unternehmen etwa zur Abnahme oder zur Lieferung v Produkten oder Dienstleistungen angewiesen werden kann (GroßKomm AktG/*Hirte* Rn 31). Das herrschende Unternehmen kann auch zur Erteilung v **Auskünften** anweisen (MünchHdb AG/*Krieger* § 70 Rn 151). Dies gilt selbst dann, wenn die Auskunft nicht unmittelbar zu Zwecken der Geschäftsführung erfolgt, sondern der Vorbereitung einer Veräußerung der abhängigen Gesellschaft dienen soll (so zu Recht KölnKomm AktG/*Koppensteiner* Rn 29; krit *Hirte* aaO Rn 29). 16

Nicht gedeckt sind Weisungen, die gegen gesetzliche Bestimmungen verstoßen (§ 134 BGB), sittenwidrig sind (§ 138 BGB) oder mit evtl Beschränkungen des Weisungsrechts im Beherrschungsvertrag konfligieren. Ebenso ausgeschlossen sind Anweisungen zu rechtswidrigem Verhalten (KölnKomm AktG/*Koppensteiner* Rn 30). Dies gilt insb auch bei Verstößen gegen Bestimmungen des AktG (vgl die Auflistung bei GroßKomm AktG/*Hirte* Rn 37, s aber § 291 Abs 3). Daneben können sich **Schranken** aus dem Bankaufsichtsrecht (§ 1 Abs 2 KWG, *Preußner/Fett* AG 2001, 337) und dem Versicherungsaufsichtsrecht (§ 8 VAG) ergeben, vgl auch *Krauel/Klie* WM 2010, 1735). Die Existenz v Genussscheinen im abhängigen Unternehmen schränkt die Möglichkeit, nachteilige Weisungen zu erteilen, nicht ein (so zu Recht *OLG Frankfurt* AG 2012, 217, 218; zust *Casper* ZIP 2012, 497, 501). Sorgfaltswidrige Weisungen können, auch wenn sie ansonsten zulässig sind, die Haftungsfolgen des § 309 Abs 1 auslösen (wie hier *Hirte* aaO § 309 Rn 22; weitergehend *Emmerich/Habersack* Aktien- und GmbH-KonzernR Rn 55). 17

b) Innergesellschaftlicher Bereich. Im innergesellschaftlichen Bereich ist zu unterscheiden. Möglich sind Weisungen, die der Zuständigkeit des Vorstands unterliegen. Das betrifft etwa die Entsch zur Ausübung eines genehmigten Kapitals, wobei die Weisung in diesen Fällen die Pflichten des § 204 Abs 1 S 2 zu beachten hat. Bei weitergehenden Maßnahmen, die eine Entsch der HV verlangen, beschränkt sich die Weisungsmöglichkeit auf Maßnahmen in deren Vorfeld; dazu zählt vor allem die Einberufung einer solchen HV oder die Vorbereitung v Beschl einschließlich der Gestaltung 18

Fett 2359

v Beschlussvorschlägen. Problematisch ist dies vor allem bei Beschl nach §§ 111 Abs 4 S 3, 119 Abs 2; der Vorstand des herrschenden Unternehmens könnte durch Herbeiführung v Beschlussfassungen nach § 119 Abs 2 versuchen, seiner Verantwortung nach § 309 zu entgehen (insgesamt abl daher KölnKomm AktG/*Koppensteiner* Rn 34; MünchKomm AktG/*Altmeppen* Rn 90; K. Schmidt/Lutter AktG/*Langenbucher* Rn 23; Wachter AktG/*Rothley* Rn 9; Spindler/Stilz AktG/*Veil* Rn 21; *Emmerich*/*Habersack* Aktien- und GmbH-KonzernR Rn 41). Richtigerweise ist auch die Vorbereitung solcher Beschl zuzulassen (*Baumbach/Hueck* AktG Rn 2; Grigoleit AktG/*Servatius* Rn 5; *Hüffer* AktG Rn 12 mit § 309 Rn 12; *Lutter* S 47; *Sonnenschein* 211 f). Die andernfalls vermeintlich nicht mehr zuzuordnende Verantwortlichkeit im Unternehmen übergeht die klare Zuständigkeitsverlagerung durch den Beherrschungsvertrag. Im Gegenzug hierzu besteht die Haftung der gesetzlichen Vertreter für derartige Weisungen zur Beschlussvorbereitung nach § 309. Gleiches gilt bei der Ausübung v Bilanzierungswahlrechten (GroßKomm AktG/*Hirte* Rn 32; *Koppensteiner* aaO Rn 33; so auch BGHZ 135, 374, 378 – Guano; anders Geßler/Hefermehl/Eckardt/Kropff AktG/*Geßler* Rn 41 ff).

19 Anders liegt es bei zwingenden Zuständigkeiten wie etwa §§ 179, 182, 222, 293, 295 f, 319 f, 327a (*OLG Karlsruhe* AG 1991, 144, 146 – ASEA/BBC; *Hüffer* AktG Rn 12) oder bei den ausschließlichen Zuständigkeiten des AR, wie etwa iRd Kontrollaufgabe (zu Zustimmungsvorbehalten s Rn 28 f).

20 **c) Gewinnabführung.** Die Weisung kann auch **Vermögensdispositionen** der abhängigen Gesellschaft veranlassen und geht dabei über die Grenzen der §§ 57 ff hinaus (vgl § 291 Abs 3); der Schutz der abhängigen Gesellschaft wird hier über die §§ 300 ff gewährleistet (vgl § 291 Rn 32; ein darüber hinausgehender Bestandsschutz der abhängigen Gesellschaft, etwa nach den Grundsätzen der Existenzvernichtungshaftung, besteht nicht, vgl *Burg/Hützen* Der Konzern 2010, 20, 22 ff). Möglich sind etwa die Anweisung zu Darlehensgewährungen oder der Abzug liquider Mittel durch Umlagen oder Konzernverrechnungspreise (*Emmerich*/*Habersack* Aktien- und GmbH-KonzernR Rn 44). Eine Gewinnabführung der abhängigen Gesellschaft ohne den Abschluss eines eigenständigen Gewinnabführungsvertrages ist unzulässig, da andernfalls die gesetzgeberische Unterscheidung und die hieran geknüpften Folgen hinfällig wären (MünchKomm AktG/*Altmeppen* Rn 98; *Emmerich* aaO Rn 43 f; GroßKomm AktG/*Hirte* Rn 34 ff; KölnKomm AktG/*Koppensteiner* Rn 36; unentschieden LG *Frankfurt/Main* DB 1992, 2336, 2337; anders noch GroßKomm AktG/*Würdinger* 3. Aufl Anm 10).

21 **d) Nachteilige Weisungen.** Nachteilige Weisungen sind nach Abs 1 S 2 zulässig, wenn sie im Interesse des herrschenden Unternehmens oder des Gesamtkonzerns liegen. Weil der Wortlaut allg auf „konzernverbundene Unternehmen" abstellt, genügt nach zutr Ansicht ein faktischer Konzernverbund zwischen dem herrschenden Unternehmen und weiteren Konzernunternehmen, in deren Interessen die Weisung liegen soll (MünchKomm AktG/*Altmeppen* Rn 109; *Hüffer* AktG Rn 18; K. Schmidt/Lutter AktG/*Langenbucher* Rn 28; MünchHdb AG/*Krieger* § 70 Rn 148; enger insb mit Blick auf faktisch herrschende Unternehmen *Emmerich*/*Habersack* Aktien- und GmbH-KonzernR Rn 47 f; KölnKomm AktG/*Koppensteiner* Rn 45). Als Zusammenfassung hierfür wird gelegentlich der Begriff des „**Konzerninteresses**" verwandt (*Altmeppen* aaO Rn 111 f; *Geßler* ZHR 140 (1976), 433, 434 ff; krit *Koppensteiner* aaO Rn 39 unter

Hinweis darauf, dass der Konzern kein mögliches Zuordnungsobjekt eigener Interessen darstellt; abl auch *Hoffmann-Becking* FS Hommelhoff, 433, 438 ff: Begriffsbildung im vorstehenden Sinne ja, Organe sind aber nur dem Interesse der einzelnen Konzerngesellschaften verpflichtet). Gegenstand der Regelung ist letztlich die Verlagerung des Beurteilungsmaßstabs. Während für den Vorstand der unverbundenen Gesellschaft nach §§ 76, 93 das Interesse der Gesellschaft maßgeblich ist („Wohl der Gesellschaft", § 93 Abs 1 S 2), tritt an dessen Stelle das Interesse des herrschenden Unternehmens bzw eines verbundenen Unternehmens. Die Nachteiligkeit für die abhängige Gesellschaft wird durch den an anderer Stelle auftretenden Vorteil im Konzern kompensiert. Der Nachteilsbegriff entspricht dabei §§ 311 ff (vgl § 311 Rn 23 ff; Heidel AktG/*Peres* Rn 13); wie dort ist Maßstab für die Beurteilung die Sicht des Vorstands einer nicht verbundenen Gesellschaft.

Für ein Interesse des herrschenden Unternehmens bzw eines verbundenen Unternehmens können sprechen: Absatzsteigerungen oder sonstige Verbesserungen wirtschaftlicher Kennzahlen, die Freistellung v Ressourcen wie deren bessere Auslastung, ebenso wie Steigerungen der Liquidität, auch wenn die Auswirkungen erst auf die Zukunft gerichtet sind. Eine Grenze zieht zum einen der Unternehmensgegenstand des abhängigen Unternehmens; eine Änderung bleibt der HV vorbehalten. Zum anderen muss die Weisung verhältnismäßig im Sinne einer Nachteil-Nutzen-Relation sein (**hM** GroßKomm AktG/*Hirte* Rn 51; *Hüffer* AktG Rn 17; K. Schmidt/Lutter AktG/*Langenbucher* Rn 31; anders MünchKomm AktG/*Altmeppen* Rn 112 ff). **22**

Für Konzernunternehmen der öffentlichen Hand ist Verfolgung **öffentlicher Interessen** als „Konzerninteresse" ausreichend und zulässig (KölnKomm AktG/*Koppensteiner* Rn 41). Dies wird v der wohl **hM** dahingehend eingeschränkt, dass eine Verfolgung öffentlicher Interessen nur dann zulässig sein könne, wenn das herrschende Unternehmen die öffentliche Hand selbst sei; andernfalls handle es sich nur um Gesellschafterinteressen, die gerade nicht v § 308 Abs 1 S 2 umfasst seien (GroßKomm AktG/*Hirte* Rn 51). Die praktische Relevanz dieses Streits ist freilich gering, wenn man in der öffentlichen Hand als Mehrheitsgesellschafter des herrschenden Unternehmens zutreffenderweise stets auch ein (faktisch) herrschendes Unternehmen erblickt und zwar unabhängig davon, ob die öffentliche Hand über mehrere Beteiligungen an Unternehmen verfügt (vgl § 15 Rn 13 f). **23**

e) Existenzgefährdende Weisungen. Umstr sind Weisungen, die dem abhängigen Unternehmen nicht nur einen Nachteil zufügen, sondern es in seiner Existenz bedrohen oder gar vernichten können. Die **hM** lehnt die Zulässigkeit zu Recht ab (*OLG Düsseldorf* AG 1990, 490, 492 – DAB Hansa; *Emmerich/Habersack* Aktien- und GmbHKonzernR Rn 60 ff; *Hüffer* AktG Rn 19; *Immenga* ZHR 140 (1976), 301, 303 ff; MünchHdb AG/*Krieger* § 70 Rn 148; *Semler* FS Stiefel, S 719, 750 f; mit anderer Begr MünchKomm AktG/*Altmeppen* Rn 118 ff; *ders* ZHR 171 (2007), 320, 327 ff, 340: existenzgefährdende Weisungen wg Pflicht zur Verhinderung der Insolvenz „gar nicht möglich", **für** eine Zulässigkeit hingegen KölnKomm AktG/*Koppensteiner* Rn 50 ff; Spindler/Stilz AktG/*Veil* Rn 31; *Wellkamp* WM 1993, 2155, 2156 ff). Die Unzulässigkeit folgt dabei nicht bereits aus dem Begriff der Weisung; aus dem Wortlaut des Abs 1 S 2 lässt sich nichts ablesen, was einer „Beseitigung" des abhängigen Unternehmens für den Fall eines aufwiegenden Konzerninteresses entgegenstünde. Der Bestand des abhängigen Unternehmens wird aber in den Vorschriften über den **24**

§ 308

Schutz der außenstehenden Aktionäre und insb der Gläubiger in den §§ 302–305 vorausgesetzt (GroßKomm AktG/*Hirte* Rn 42; *Hüffer* aaO Rn 19).

B. Folge- und Prüfungspflicht (Abs 2)

25 Die **Folgepflicht** in Abs 2 ist das Korrelat zum Weisungsrecht. Die Pflicht des Vorstands besteht dabei allein gegenüber der eigenen (abhängigen) Gesellschaft (Groß-Komm AktG/*Hirte* Rn 52). Eine Folgepflicht des Vorstands auch gegenüber dem herrschenden Unternehmen kann dem hingegen nicht angenommen werden (GroßKomm AktG/*Hirte* Rn 52; Wachter AktG/*Rothley* Rn 19; *Altmeppen* S 28 f; **aA** *Emmerich/Habersack* Aktien- und GmbH-KonzernR Rn 67; *Kantzas* S 146 f; KölnKomm AktG/*Koppensteiner* Rn 62). Bedeutung hat diese Frage für evtl Sekundäransprüche (vgl Rn 27).

26 Grds hat der Vorstand der abhängigen Gesellschaft kein Recht, die Weisung zurückzuweisen oder nicht zu befolgen. Eine Ausnahme besteht zunächst bei rechtswidrigen oder nichtigen Weisungen, da hier bereits (im Rechtssinne) keine zu befolgende Weisung vorliegt (vgl Rn 20). Des Weiteren muss bzw darf eine Weisung nicht befolgt werden, die **offensichtlich** nicht dem „Konzerninteresse" (zum Begriff oben Rn 23) dient. V „Offensichtlichkeit" wird ausgegangen, wenn der Verstoß einem verständigen Betrachter ohne weitergehende Prüfung erkennbar ist (MünchKomm AktG/*Altmeppen* Rn 148). Die **Beweislast** hierfür trägt der Vorstand der abhängigen Gesellschaft (GroßKomm AktG/*Hirte* Rn 56; *Hüffer* AktG Rn 22; Spindler/Stilz AktG/*Veil* Rn 34; anders *Emmerich/Habersack* Aktien- und GmbH-KonzernR Rn 53c). Kann er den Nachweis nicht führen, handelt er bei Befolgung einer am Ende objektiv offensichtlich nicht im „Konzerninteresse" liegenden Weisung jedenfalls nicht pflichtwidrig iSd § 310 (KölnKomm AktG/*Koppensteiner* Rn 70).

27 Werden Weisungen nicht befolgt, kann sich die abhängige Gesellschaft **Schadensersatzansprüchen** wg der Verletzung der schuldrechtlichen Verpflichtung aus dem Beherrschungsvertrag ausgesetzt sehen (§ 280 Abs 1 BGB). Ob daneben eine Haftung des Vorstands der abhängigen Gesellschaft in Betracht kommen kann, ist umstr, muss aber wg eines fehlenden Weisungsrechts des herrschenden Unternehmens unmittelbar gegenüber dem *Vorstand* des abhängigen Unternehmens abgelehnt werden (vgl dazu bereits Rn 25; wie hier MünchKomm AktG/*Altmeppen* Rn 64 ff; GroßKomm AktG/ *Hirte* Rn 52; *Mertens* AcP 168 (1968), 225, 228).

C. Zustimmungspflichtige Geschäfte (Abs 3)

28 Abs 3 modifiziert das Weisungsrecht, soweit der Gegenstand der Weisung einem **Zustimmungsvorbehalt** nach § 111 Abs 4 S 2 unterliegt. Die Regelung stellt klar, dass bestehende Zustimmungsvorbehalte durch Abschluss eines Beherrschungsvertrages nicht suspendiert werden. Mit dem zweigestuften Weisungserfordernis soll gewährleistet werden, dass der **AR** der abhängigen Gesellschaft in jedem Fall vor einer entspr Maßnahme, die seiner Zustimmung unterliegt, informiert wird (*Kropff* S 403 f; zu Recht krit wg der komplizierten Gestaltung *Rowedder* FS Duden, S 501, 505; *Hüffer* AktG Rn 23: Ruhen des Zustimmungsvorbehalts während Dauer des Beherrschungsvertrags besser).

29 Versagt der AR der abhängigen Gesellschaft seine Zustimmung oder erteilt er sie nicht innerhalb einer angemessenen Frist, ist der Vorstand an der sofortigen Umset-

zung der Weisung gehindert. Er muss in diesem Fall das herrschende Unternehmen v der unterbliebenen Zustimmung unterrichten; diese Unterrichtung muss unverzüglich erfolgen, damit das herrschende Unternehmen seine berechtigten Interessen wahren kann (so zu Recht GroßKomm AktG/*Hirte* Rn 61; K. Schmidt/Lutter AktG/*Langenbucher* Rn 43; großzügiger KölnKomm AktG/*Koppensteiner* Rn 76: in „angemessener" Frist). Das herrschende Unternehmen hat dann die Möglichkeit, die **Weisung** zu **wiederholen** und damit sein Weisungsrecht durchzusetzen; der Vorstand der abhängigen Gesellschaft muss ohne weitere Befassung seines AR diese Weisung umsetzen. Hat das herrschende Unternehmen selbst einen AR, bedarf es nach Abs 3 S 2, HS 2 für die Wiederholung **dessen ausdrücklicher Zustimmung.** Die Weisung ist im Verhältnis zum abhängigen Unternehmen rechtlich auch dann wirksam, wenn diese Zustimmung fehlt (Spindler/Stilz AktG/*Veil* Rn 39; *Hüffer* AktG Rn 24; *Emmerich/ Habersack* Aktien- und GmbH-KonzernR Rn 73). Nach Auffassung v *Hirte* darf der Vorstand des abhängigen Unternehmens diese aber gleichwohl nicht befolgen, wenn er v der fehlenden Zustimmung weiß (*Hirte* aaO Rn 63). Hierdurch wird das Risiko der Beurteilung, ob es sich um eine wirksame Weisung handelt oder nicht, letztlich auf den Vorstand des abhängigen Unternehmens verlagert. Richtiger dürfte sein, die Verantwortung für ein Handeln ohne Zustimmung des AR beim Vorstand des herrschenden Unternehmens zu belassen und damit den Vorstand des abhängigen Unternehmens in jedem Fall für verpflichtet zu halten, die Weisung auszuführen.

§ 309 Verantwortlichkeit der gesetzlichen Vertreter des herrschenden Unternehmens

(1) Besteht ein Beherrschungsvertrag, so haben die gesetzlichen Vertreter (beim Einzelkaufmann der Inhaber) des herrschenden Unternehmens gegenüber der Gesellschaft bei der Erteilung von Weisungen an diese die Sorgfalt eines ordentlichen und gewissenhaften Geschäftsleiters anzuwenden.

(2) ¹Verletzen sie ihre Pflichten, so sind sie der Gesellschaft zum Ersatz des daraus entstehenden Schadens als Gesamtschuldner verpflichtet. ²Ist streitig, ob sie die Sorgfalt eines ordentlichen und gewissenhaften Geschäftsleiters angewandt haben, so trifft sie die Beweislast.

(3) ¹Die Gesellschaft kann erst drei Jahre nach der Entstehung des Anspruchs und nur dann auf Ersatzansprüche verzichten oder sich über sie vergleichen, wenn die außen stehenden Aktionäre durch Sonderbeschluss zustimmen und nicht eine Minderheit, deren Anteile zusammen den zehnten Teil des bei der Beschlussfassung vertretenen Grundkapitals erreichen, zur Niederschrift Widerspruch erhebt. ²Die zeitliche Beschränkung gilt nicht, wenn der Ersatzpflichtige zahlungsunfähig ist und sich zur Abwendung des Insolvenzverfahrens mit seinen Gläubigern vergleicht oder wenn die Ersatzpflicht in einem Insolvenzplan geregelt wird.

(4) ¹Der Ersatzanspruch der Gesellschaft kann auch von jedem Aktionär geltend gemacht werden. ²Der Aktionär kann jedoch nur Leistung an die Gesellschaft fordern. ³Der Ersatzanspruch kann ferner von den Gläubigern der Gesellschaft geltend gemacht werden, soweit sie von dieser keine Befriedigung erlangen können. ⁴Den Gläubigern gegenüber wird die Ersatzpflicht durch einen Verzicht oder Vergleich der Gesellschaft nicht ausgeschlossen. ⁵Ist über das Vermögen der Gesellschaft das Insol-

Fett

venzverfahren eröffnet, so übt während dessen Dauer der Insolvenzverwalter oder der Sachwalter das Recht der Aktionäre und Gläubiger, den Ersatzanspruch der Gesellschaft geltend zu machen, aus.

(5) Die Ansprüche aus diesen Vorschriften verjähren in fünf Jahren.

Übersicht

	Rn		Rn
I. Sorgfaltspflicht (Abs 1)	1	III. Verzicht, Vergleich (Abs 3)	21
1. Verpflichtete	1	IV. Geltendmachung (Abs 4)	22
2. Weisungen, Unterlassen und Maßnahmen gleicher Wirkung	11	1. Aktionär	22
		2. Gläubiger	24
II. Schadensersatzpflicht (Abs 2)	14	V. Verjährung, Konkurrenzen	26
1. Grundsatz	14	VI. Haftung des herrschenden Unternehmens	28
2. Pflichtenverständnis und Haftungsgrund	15	1. Anspruchsgrundlage	28
3. Schadensberechnung	17	2. Erfasste Fälle	29
4. Beweislast (§ 309 Abs 2 S 2 AktG)	19		

Literatur: *Emmerich* Zur Organhaftung im Vertragskonzern, GS Sonnenschein, 2003, S 651; *Fett/Gebauer* Compliance Strukturen im faktischen Bankkonzern, FS Schwark, 2009, S 375 ff; *Fett/Theusinger* Compliance im Konzern, BB Spezial 2010, S 6; *Happ/Pfeifer* Der Streitwert gesellschaftsrechtlicher Klagen und Gerichtsverfahren, ZGR 1991, 103; *Hoffmann-Becking* Vorstands-Doppelmandate im Konzern, ZHR 150 (1986), 570; *Hommelhoff* Die Konzernleitungspflicht, 1982; *Kantzas* Das Weisungsrecht im Vertragskonzern, Diss München, 1988; *Kling* Der besondere Vertreter im Aktienrecht, ZGR 2009, 190; *Kropff* Der konzernrechtliche Ersatzanspruch – ein zahnloser Tiger?, FS Bezzenberger, 2000, S 233; *Lutter* Das unvollendete Konzernrecht, FS K. Schmidt, 2009, 1065; *ders* Konzernphilosophie vs konzernweite Compliance, FS Goette, 2011, S 289; *Mertens* Die Haftung wegen Missbrauchs der Leitungsmacht nach § 309 AktG aus schadensersatzrechtlicher Sicht, AcP 168 (1968), 225; *ders* Die gesetzliche Einschränkung der Disposition über Ersatzansprüche der Gesellschaft durch Verzicht oder Vergleich in der aktien- und konzernrechtlichen Organhaftung, FS Fleck, 1988, S 209; *Mock* Die Entdeckung des besonderen Vertreters, DB 2008, 393; *Möhring* Zur Systematik der §§ 311, 317 AktG, FS Schilling, 1973, S 253; *H.F. Müller* Die Durchsetzung konzernrechtlicher Ansprüche nach dem UMAG, Der Konzern 2006, 725; *S. H. Schneider/U. H. Schneider* Vorstandshaftung im Konzern, AG 2005, 57; *Ulmer* Zur Haftung der abordnenden Körperschaft nach § 31 BGB für Sorgfaltspflichtverstöße des von ihr benannten Aufsichtsratsmitglieds, FS Stimpel, 1985, S 705; *Verse* Compliance im Konzern, ZHR 175 (2011), 401; *Westermann* Der besondere Vertreter im Aktienrecht, AG 2009, 237.

I. Sorgfaltspflicht (Abs 1)

1 **1. Verpflichtete.** Die Norm ist **rechtsformneutral** formuliert. Gesetzliche Vertreter können daher neben den Vorstandsmitgliedern einer AG auch vergleichbare Personen anderer Gesellschaftsformen sein (vgl bereits *Kropff* S 404). Erfasst werden etwa GmbH-Geschäftsführer sowie die geschäftsführenden Gesellschafter einer KGaA, KG, OHG oder GbR (MünchKomm AktG/*Altmeppen* Rn 12 f). Bei ausländischen Unternehmen betrifft die Verantwortlichkeit die nach dem jeweiligen Gesellschaftsstatut geschäftsführende Person (GroßKomm AktG/*Hirte* Rn 12).

Nimmt eine **jur Person die Stellung als gesetzlicher Vertreter** des herrschenden Unternehmens ein (etwa in der GmbH & Co. KG oder KGaA), gilt die Norm in entspr Anwendung auch für die gesetzlichen Vertreter der jur Person (*Kantzas* S 157 ff; KölnKomm AktG/*Koppensteiner* Rn 28). 2

Bei der **Delegation** des Weisungsrechts auf Mitarbeiter unterhalb der Ebene der gesetzlichen Vertreter oder auf andere Dritte (s hierzu § 308 Rn 9) haften die zur Ausübung des Weisungsrechts bevollmächtigten Mitarbeiter nicht aus § 309 (hM *Emmerich/Habersack* Aktien- und GmbH-KonzernR Rn 26; *Hüffer* AktG Rn 4; Grigoleit AktG/*Servatius* Rn 5; **aA** Spindler/Stilz AktG/*Veil* Rn 8). Eine Haftungslücke entsteht wg der weiterhin bestehenden Verantwortlichkeit der gesetzlichen Vertreter gleichwohl nicht (anders MünchKomm AktG/*Altmeppen* Rn 150 f). Je nach Schwere der persönlichen Verfehlung des Beauftragten kommt schließlich eine Haftung aus § 117 Abs 3 AktG bzw § 823 Abs 2 BGB iVm § 266 StGB, §§ 826, 830 Abs 2 BGB in Betracht (vgl nur KölnKomm AktG/*Koppensteiner* Rn 36). 3

Die Pflichtenbindung des **Einzelkaufmanns** ist in Abs 1 ausdrücklich genannt. Dies wird gelegentlich als überflüssig angesehen (*Emmerich/Habersack* Aktien- und GmbH-KonzernR Rn 19); der Erwähnung kommt aber eigenständige Bedeutung zu, weil sie nicht nur den Kreis der Ersatzpflichtigen festlegt, sondern auch einen Pflichtenmaßstab setzt (*Hüffer* AktG Rn 5; vgl zum Doppelcharakter der Norm ferner Rn 17 f). 4

Der **AR** des herrschenden Unternehmens ist **nicht** der Träger des Weisungsrechts und kann daher auch nicht nach Abs 1, 2 zur Verantwortung gezogen werden. Dies gilt auch dann, wenn der AR im Falle des § 308 Abs 3 S 2 seine Zustimmung erteilt. Denn auch in diesen Fällen wird die Leitungsaufgabe allein v den gesetzlichen Vertretern wahrgenommen (ganz hM, vgl nur MünchKomm AktG/*Altmeppen* Rn 19; **aA** *Kantzas* S 171). Davon unberührt bleibt freilich im Falle einer schuldhaften Pflichtverletzung die Haftung gegenüber der eigenen Gesellschaft (§§ 116, 93). 5

Die **Anwendbarkeit** der Norm auf Personen, die **für Gebietskörperschaften des öffentlichen Rechts** tätig werden, wird v der hM **abgelehnt**; die spezielleren Regeln der §§ 31, 89, 278, 839 BGB, Art 34 GG gingen bei der Frage der Verantwortlichkeit v Angestellten und Beamten der öffentlichen Hand vor (vgl KölnKomm AktG/*Koppensteiner* Rn 32; K. Schmidt/Lutter AktG/*Langenbucher* Rn 10). Die Richtigkeit dieser Auffassung wird v einer im Vordringen befindlichen Ansicht mit dem Hinweis angezweifelt, dass gerade die öffentliche Hand (aufgrund der öffentlich-rechtlichen Ingerenzpflichten) in bes Maße auf ihre Unternehmen Einfluss nehme und daher eine Verantwortlichkeit der handelnden Personen sichergestellt sein müsse (so etwa GroßKomm AktG/*Hirte* Rn 17). Die praktische Relevanz dieser Frage ist nicht nur deshalb gering, weil die öffentliche Hand als Gesellschafter solvent genug ist, evtl Schäden zur Vermeidung einer solchen Haftung auszugleichen (MünchKomm AktG/*Altmeppen* Rn 21; zur Bedeutung des Haftungsausgleichs für die Haftung nach § 309 vgl unten Rn 19); sie dürfte auch deshalb v theoretischem Interesse bleiben, weil die öffentliche Hand nach den Regeln des Haushaltsrechts aufgrund der drohenden Verlustausgleichspflicht kaum berechtigt sein wird, Beherrschungsverträge abzuschließen (vgl etwa § 65 Abs 1 Nr 2 BHO; ferner *Hüffer* AktG § 15 Rn 13a). 6

Die **Konzernierung auf mehreren Stufen** (vgl dazu § 18 Rn 9, 20) bedarf bes Betrachtung, da die Regelung in § 309 auf einfache Zweierkonstellationen ausgelegt ist. Beste- 7 hen nur zwischen Mutter und Tochter sowie zwischen Tochter und Enkelin Beherrschungsverträge sollen die Verantwortlichen des Tochterunternehmens wg ihrer Weisungsgebundenheit gegenüber der Mutter nicht haften müssen (teleologische Reduktion, vgl zB KölnKomm AktG/*Koppensteiner* Rn 30). Um die auf diese Weise geschaffene Regelungslücke wieder zu schließen, wird sodann die Haftung der Mutter in entspr Anwendung v Abs 1, 2 auch gegenüber der Enkelin befürwortet (s die Vorgenannten). Dies wird man jedenfalls für die Fälle bezweifeln müssen, in denen die Weisung gegenüber der Tochter für deren Organe offensichtlich und beweisbar pflichtwidrig war; denn in diesem Fall bestand keine Folgepflicht für die gesetzlichen Vertreter des Tochterunternehmens (vgl § 308 Rn 17, 26; so zu Recht K. Schmidt/Lutter AktG/*Langenbucher* Rn 13; **aA** *Emmerich/Habersack* Aktien- und GmbH-KonzernR Rn 10).

8 Liegt nur zwischen Tochter und Enkelin ein Beherrschungsvertrag vor, gilt nach zutr **hM** dasselbe: Die gesetzlichen Vertreter der Tochter können v der Haftung freigestellt sein, während die der Mutter entspr § 309 Abs 1, 2 haftet. Die Anwendung des § 309 in dieser Konstellation ist sachgerecht, da die Mutter den zwischen Tochter und Enkelin bestehenden Beherrschungsvertrag für ihre Zwecke nutzt (KölnKomm AktG/*Koppensteiner* Rn 31; *Hüffer* AktG Rn 7; MünchKomm AktG/*Kropff* 2. Aufl Anh § 311 Rn 82; MünchKomm AktG/*Altmeppen* Rn 43; anders *Emmerich/Habersack* Aktien- und GmbH-KonzernR Rn 11; Spindler/Stilz AktG/*Veil* Rn 15; Wachter AktG/*Rothley* Rn 4, die entgegen der **hM** allein die §§ 311, 317 anwenden wollen, vgl hierzu § 311 Rn 14); dass die Mutter gegenüber der Tochter nicht über ein vertraglich gesichertes Weisungsrecht verfügt, kann keinen Unterschied machen, wie sich letztlich auch aus der Wertung des § 317 Abs 3 ergibt.

9 Im Falle der Mehrmütterherrschaft (dazu § 308 Rn 3) sind diejenigen gesetzlichen Vertreter der herrschenden Unternehmen nach Abs 1, 2 verantwortlich, die gegenüber dem **Gemeinschaftsunternehmen** handeln, dh alle an einer Weisung Beteiligten (*Hüffer* AktG Rn 7).

10 Wird die Leitungsmacht durch personengleiche Besetzung der Positionen in herrschender und abhängiger Gesellschaft ausgeübt (**Vorstandsdoppelmandate**, vgl § 308 Rn 13), bleibt die Geltung der Norm nach zutr **hM** auch dann unberührt, wenn keine ausdrückliche Weisung ausgesprochen wird (GroßKomm AktG/*Hirte* Rn 13; KölnKomm AktG/*Koppensteiner* Rn 9; **aA** MünchKomm AktG/*Altmeppen* Rn 145; zur Haftung des herrschenden Unternehmens unten Rn 28).

11 **2. Weisungen, Unterlassen und Maßnahmen gleicher Wirkung.** Mit jeder vorgenommenen **Weisung** kann eine Verletzung der Verhaltenspflichten einhergehen. Weisung ist dabei wie in § 308 zu verstehen, also jedes Verhalten, das den Wunsch des herrschenden Unternehmens sowie die drohenden Folgen der Nichtbeachtung erkennen lässt (vgl dort Rn 10 ff).

12 Diskutiert wird, ob eine Sorgfaltspflichtverletzung auch in einem **Unterlassen** des Vorstands der herrschenden Gesellschaft liegen kann. Dies wird bisweilen mit dem Argument befürwortet, die Übernahme der Leitungsmacht begründe die Pflicht zu deren sorgfältiger Wahrnehmung, weshalb auch mangelhafte Leitung oder Untätigkeit v den Sanktionen des § 309 erfasst werden müssten (*Emmerich/Habersack* Aktien- und GmbH-KonzernR Rn 35 f; *ders* GS Sonnenschein, S 651, 653 ff; GroßKomm AktG/*Hirte* Rn 26). Dagegen geht die hM zu Recht davon aus, dass die gesetzlichen Vertre-

ter des herrschenden Unternehmens nicht verpflichtet sind, v dem ihnen zustehenden Weisungsrecht Gebrauch zu machen. Anderenfalls liefe es für das herrschende Unternehmen auf eine Konzernleitungspflicht hinaus; eine solche Leitungspflicht lässt sich den §§ 308 ff allerdings nicht entnehmen (MünchKomm AktG/*Altmeppen* Rn 51 f; *S. H. Schneider/U. H. Schneider* AG 2005, 57, 61, grds für Konzernleitungspflicht vor allem *Hommelhoff* S 109 ff; s auch *Lutter* FS K. Schmidt, S 1065, 1069). Anders ist dies in Fällen zu beurteilen, in denen deren Vorstand durch eine vorangegangene Weisung blockiert ist oder, wenn nur mehrere Weisungen zusammen Sinn machen (*Hüffer* AktG Rn 10; K. Schmidt/Lutter AktG/*Langenbucher* Rn 17; Spindler/Stilz AktG/*Veil* Rn 17). Mit der Nichterteilung einer diesser Weisungen liegt eine Verletzung der Sorgfaltspflicht vor. Maßstab ist freilich auch hier das Interesse des Gesamtkonzerns, weshalb bei Vorliegen eines v Interesse des abhängigen Unternehmen abw „Konzerninteresses" auch eine solche unterlassene Weisung vertretbar sein kann (vgl KölnKomm AktG/*Koppensteiner* Rn 6). In jüngerer Zeit wird unter den Schlagwörtern **„Compliance im Konzern"** die Frage diskutiert, ob der Vorstand des herrschenden Unternehmens verpflichtet sein kann, mittels Weisungen die Rechtmäßigkeit des Handelns auch in den Tochtergesellschaften sicherzustellen. Für das Finanzmarktaufsichtsrecht ist dieser Gedanke gesetzlich fixiert (vgl § 25a Abs 1a KWG; zu den Einzelheiten *Fett/Gebauer* FS Schwark, S 375 ff); richtigerweise wird man dies mit der Wertung in 4.1.3 DCGK auch für sonstige Unternehmen verlangen müssen, jedenfalls dann, wenn das herrschende Unternehmen aufgrund eines Beherrschungsvertrages auch das rechtliche Instrumentarium zur Durchsetzung besitzt (vgl zum Ganzen etwa *Lutter* FS Goette, S 289, 293 ff; *Verse* ZHR 175 (2011), 414, 418; *Fett/Theusinger* BB Spezial 2010, S 6, 9).

Schließlich wird eine analoge Anwendung der Norm für sog **„Maßnahmen gleicher** **13** **Wirkung"** verlangt (*Hüffer* AktG Rn 11). Hierher gehören einerseits die Fälle, in denen das herrschende Unternehmen unzulässigerweise als Bevollmächtigter des abhängigen Unternehmens tätig wird (KölnKomm AktG/*Koppensteiner* Rn 8) wie auch solche, in denen das herrschende Unternehmen durch Anweisung zur Beschlussfassung nach § 119 Abs 2 versucht, die Haftung aus § 309 zu umgehen (s hierzu § 308 Rn 21).

II. Schadensersatzpflicht (Abs 2)

1. Grundsatz. Nach Abs 2 S 1 ist es erforderlich, dass die abhängige Gesellschaft **14** **durch** die jeweilige **Weisung einen Schaden** erlitten hat. Der Schaden bestimmt sich dabei nach den allg Vorschriften (§§ 249 ff BGB). Grundsatz der Schadensbestimmung ist die Differenzmethode, nach der ein Schaden dann vorliegt, wenn die aktuelle Vermögenslage der Gesellschaft v der hypothetischen Vermögenslage ohne die fragliche Weisung zum Nachteil der Gesellschaft abweicht. Daneben muss die Weisung **kausal** gewesen sein für den Schaden, was zu verneinen ist, wenn die Maßnahme in jedem Fall umgesetzt worden wäre (GroßKomm AktG/*Hirte* Rn 25).

2. Pflichtenverständnis und Haftungsgrund. Eine der meist diskutierten Fragen des **15** § 309 ist, ob die Norm allein einen Verschuldensmaßstab für Weisungen regelt, die gegen § 308 verstoßen oder daneben auch einen eigenen Haftungstatbestand aufstellt. Letzteres führte dazu, dass auch eine **nicht** gegen § 308 verstoßende Weisung einen Schadensersatzanspruch auslösen kann, wenn die gesetzlichen Vertreter dabei die nach Abs 1 gebotene Sorgfalt außer Acht lassen. Nach einer Auffassung soll allein eine gegen § 308 verstoßende rechtswidrige Weisung zu einer Schadensersatzpflicht führen können, wenn und soweit in diesen Fällen die nach Abs 1 erforderliche Sorgfalt nicht beachtet worden ist (KölnKomm AktG/*Koppensteiner* Rn 11; iE wohl auch MünchKomm AktG/*Altmeppen* Rn 68 ff). Neben dieser Verantwortlichkeit für wg Verstoßes gegen § 308 unzulässige Weisungen nimmt die wohl überwiegende Ansicht zu Recht eine **Doppelfunktion** (Verschuldensmaßstab und Haftungstatbestand) der Norm an; mit der Verlagerung des Leitungsrechts v abhängigen auf das herrschende Unternehmen bedarf es einer § 93 entspr Regelung für die gesetzlichen Vertreter des herrschenden Unternehmens (vgl *Emmerich/Habersack* Aktien- und GmbH-KonzernR Rn 28 ff; *ders* GS Sonnenschein, S 651, 656 f; GroßKomm AktG/*Hirte* Rn 21 f; *Hüffer* AktG Rn 13 f; K. Schmidt/Lutter AktG/*Langenbucher* Rn 5; Spindler/Stilz AktG/*Veil* Rn 23; *Mertens* AcP 168 (1968), 225, 229 f). Diese Eigenständigkeit der Norm als Haftungstatbestand neben § 308 ergibt sich nicht zuletzt auch aus dem Wortlaut des Abs 2 S 1, der die Verletzung „ihrer Pflichten" und nicht „dieser Pflichten" (scil: nach Abs 1) ausreichen lässt (*Emmerich* aaO Rn 30; *Hirte* aaO Rn 22).

16 Damit greift eine Haftung auch, wenn eine zulässige Weisung iRd § 308 erteilt worden ist, die gesetzlichen Vertreter hierbei aber gegen ihre Pflicht, die Sorgfalt eines ordentlichen und gewissenhaften Geschäftsleiters anzuwenden, verstoßen haben. Die Grenze der Verantwortlichkeit zieht dabei insoweit parallel zu § 93 das unternehmerische Ermessen (sog *business judgement rule*, s § 93 Abs 1 S 2: Handeln zum „Wohle der Gesellschaft", s hierzu § 93 Rn 1 ff; richtungsweisend vor Inkrafttreten der gesetzlichen Regelung *BGHZ* 135, 244, 253 ff – ARAG/Garmenbeck). Zu weit geht hingegen eine auf Abs 2 S 1 gestützte Haftung für Verstöße gegen die sog „Grundsätze ordnungsgemäßer Konzerngeschäftsführung" (so *Emmerich* GS Sonnenschein, S 651, 653 ff; ähnlich GroßKomm AktG/*Hirte* Rn 26), weil diese letztlich eine rechtlich nicht existente Konzernleitungspflicht voraussetzt (s hierzu Rn 14).

17 **3. Schadensberechnung.** Gelegentlich wird unter Hinweis auf § 302 AktG argumentiert, der abhängigen Gesellschaft könne im Falle einer schädigenden Weisung aufgrund des Verlustausgleichanspruchs kein Schaden entstehen. Dasselbe gelte bei einem kombinierten Beherrschungs- und Gewinnabführungsvertrag wg der Gewinnabführungspflicht; diese vermindere sich zwar um den entstandenen Nachteil, für die abhängige Gesellschaft komme es aber wg der Gewinnabführungspflicht nicht zu einem Schaden (vgl *Kantzas* S 202; KölnKomm AktG/*Koppensteiner* Rn 14; MünchHdb AG/*Krieger* § 70 Rn 159). Die Kritiker dieser Ansicht sehen die Gefahr, dass die gesetzlich vorgesehene Haftung der Unternehmensleiter des herrschenden Unternehmens damit praktisch wegfalle und fordern daher, dass Verlustausgleichspflicht und Verringerung der Gewinnabführungspflicht keine Berücksichtigung finden dürften (MünchKomm AktG/*Altmeppen* Rn 84 ff; Wachter AktG/*Rothley* Rn 8; Spindler/Stilz AktG/*Veil* Rn 27; *Mertens* AcP 168 (1968), 225, 231). Richtigerweise wird man mit der im Vordringen befindlichen Ansicht unterscheiden müssen. Eine Haftung ist dort nicht erforderlich, wo es **tatsächlich zu einem Ausgleich** nach § 302 bzw zu einer Verringerung der Gewinnabführungspflicht gekommen ist. Hier fehlt es an einem Schaden (iE ebenso K. Schmidt/Lutter AktG/*Langenbucher* Rn 26). Eine eigenständige Bedeutung behält Abs 2 aber für die Insolvenz des herrschenden Unternehmens sowie für den Zeitraum zwischen Entstehung und Ausgleich des Schadens (*Emmerich/Habersack* Aktien- und GmbH-KonzernR Rn 40; GroßKomm AktG/*Hirte* Rn 23; *Hüffer* AktG Rn 18); Letzteres ist beachtlich, da die angesprochenen Aus-

gleichsansprüche immer erst am Ende des Geschäftsjahres zum Tragen kommen. Ohne Berücksichtigung bleiben schließlich mögliche Vorteile, die sich aus der schädigenden Handlung für das herrschende Unternehmen oder ein anderes konzernverbundenes Unternehmen ergeben; diese finden bereits bei der Beurteilung Berücksichtigung, ob eine rechtmäßige Weisung vorliegt (dazu § 308 Rn 15 ff; *Emmerich* aaO Rn 41).

Ein Anspruch kommt ferner in Betracht, wenn die Ausgleichspflicht nach § 302 **wg** **Beendigung** des Beherrschungsvertrages entfallen ist (KölnKomm AktG/*Koppensteiner* Rn 17). Erfasst werden hier erst nach Beendigung auftretende Nachteile, die sich zu der Zeit, als der Beherrschungsvertrag bestand, (noch) nicht zu Lasten der abhängigen Gesellschaft ausgewirkt haben. 18

4. Beweislast (§ 309 Abs 2 S 2 AktG). Abs 2 S 2 trifft für die Verantwortlichkeit eine eigenständige Regelung und **Umkehr der Darlegungs- und Beweislast.** Danach müssen die gesetzlichen Vertreter des herrschenden Unternehmens entspr § 93 Abs 2 S 2 die Einhaltung der erforderlichen Sorgfalt beweisen. Dies betrifft richtigerweise sowohl die Frage, ob die Weisung dem „Konzerninteresse" gedient hat, als auch, dass bei gewissenhafter Beurteilung ein Fehlschlag der Weisung nicht vorhersehbar war (MünchKomm AktG/*Altmeppen* Rn 115 f; *Emmerich/Habersack* Aktien- und GmbH-KonzernR Rn 44; GroßKomm AktG/*Hirte* Rn 24; krit KölnKomm AktG/*Koppensteiner* Rn 12; anders *Hüffer* AktG Rn 16 unter Hinweis auf die Doppelfunktion des Tatbestandes). Zwar spricht Abs 2 S 2 lediglich den Sorgfaltsmaßstab an; Außenstehenden wird es aber anders als den verantwortlichen Konzernleitern kaum möglich sein, die Konzernverhältnisse im Einzelnen zu überblicken (*Altmeppen* aaO Rn 116). 19

Hinsichtlich der übrigen Tatbestandsmerkmale bleibt es bei den allg Voraussetzungen der Darlegungs- und Beweislast. Nach einer Auffassung soll dies auch hinsichtlich der **Kausalität** des Schadens gelten (*Hüffer* AktG Rn 16). Eine solche klare Beweislastverteilung erschwert jedoch die Anspruchsdurchsetzung unverhältnismäßig; die gesetzliche Beweislastverteilung v Abs 2 S 2 droht faktisch aufgehoben zu werden. Zutreffenderweise wird daher hier v der **hM** eine Kausalitätsvermutung zugunsten des Anspruchsstellers angenommen (MünchKomm AktG/*Altmeppen* Rn 114; GroßKomm AktG/*Hirte* Rn 25; KölnKomm AktG/*Koppensteiner* Rn 21: „prima facie"). Folglich ist es etwa ausreichend, wenn der Kläger Umstände dartut, die bei gewöhnlichem Geschehensablauf einen entstandenen Schaden der Gesellschaft auf eine erteilte Weisung ausgleichen. 20

III. Verzicht, Vergleich (Abs 3)

Eingeschränkt werden durch Abs 3 die Möglichkeiten der abhängigen Gesellschaft, über die bestehenden Ersatzansprüche einen Verzicht zu vereinbaren oder einen Vergleich zu schließen. Abs 3 S 1 erlaubt der abhängigen Gesellschaft erst nach Ablauf v drei Jahren nach Entstehung des Anspruchs Verzicht oder Vergleich; bei Insolvenz des Ersatzpflichtigen gilt diese zeitliche Schranke nicht (Abs 3 S 2). Hinzutreten muss in jedem Fall ein Sonderbeschl (§ 138) der außenstehenden Aktionäre, dem nicht eine Minderheit v wenigstens 10 % des vertretenden Grundkapitals zur Niederschrift widersprochen haben darf (vgl *Mertens* FS Fleck, S 209, 210 ff). 21

Fett

IV. Geltendmachung (Abs 4)

22 1. Aktionär. Um die Befolgung der Norm trotz der Abhängigkeitssituation zu erreichen, räumt Abs 4 den Aktionären der abhängigen Gesellschaft ein eigenes Klagerecht gegen die herrschende Gesellschaft und deren gesetzliche Vertreter ein. Anders als in der Parallelnorm § 93 werden die Aktionäre in die Lage versetzt, einen Anspruch ihrer Gesellschaft auf Zahlung an die Gesellschaft in deren Namen geltend zu machen. Ob das Klagerecht an die Stelle des Verfahrens nach § 147 Abs 1 tritt, ist umstr (zu Recht dafür *Hüffer* AktG Rn 21 unter zutr Hinweis darauf, dass § 147 stets auf die Ansprüche gegen die Organe der *eigenen* Gesellschaft zielt; ferner KölnKomm AktG/*Koppensteiner* Rn 45; aA die **hM** *Kropff* FS Bezzenberger, S 233, 240 ff; *Müller* Der Konzern 2006, 725, 728 ff; Spindler/Stilz AktG/*Veil* Rn 34; K. Schmidt/Lutter AktG/*Langenbucher* Rn 33 sowie jüngerer Zeit im Zusammenhang mit den Verfahren zum „besonderen Vertreter" nach § 147 Abs 2 *OLG München* WM 2008, 215, 218 ff und WM 2008, 1971, 1983; *Westermann* AG 2009, 237, 242 f; *Mock* DB 2008, 393, 394 f; krit *Kling* ZGR 2009, 190, 202 f). Hierbei handelt es sich um einem Fall der gesetzlichen **Prozessstandschaft** (hM *KG* WM 2012, 694, 697; GroßKomm AktG/*Hirte* Rn 43; *Hüffer* aaO Rn 21a; *Langenbucher* aaO Rn 35; für actio pro socio MünchKomm AktG/*Altmeppen* Rn 123 f; Spindler/Stilz AktG/*Veil* Rn 34; für beides zugleich *Emmerich/Habersack* Aktien- und GmbH-KonzernR Rn 49; für Klage aus eigenem Recht *Mertens* FS Fleck, S 209, 218).

23 Die Norm führt dazu, dass der klagende Aktionär, obwohl er allein Leistung an die Gesellschaft verlangen kann, das Kostenrisiko tragen muss. Dies wird wg der strukturellen Notwendigkeit einer effektiven Verfolgung v Pflichtverletzungen weithin bedauert und dementspr vordringend die entspr Anwendung der Kostenerleichterungsvorschrift v § 247 Abs 2 AktG auf die vorliegende Konstellation gefordert (vgl etwa MünchKomm AktG/*Altmeppen* Rn 127 f; *Emmerich/Habersack* Aktien- und GmbH-KonzernR Rn 49a; Spindler/Stilz AktG/*Veil* Rn 35). Ob es angesichts der Möglichkeit der Streitwertbestimmung nach § 3 ZPO, die auch den Rechtsgedanken des § 247 berücksichtigen kann, tatsächlich der analogen Anwendung der Vorschrift zur Streitwertspaltung bedarf, ist allerdings äußerst fraglich (so zB auch *Happ/Pfeifer* ZGR 1991, 103, 123 f; *Hüffer* AktG Rn 22). Denn über § 3 ZPO kann das angerufene Gericht den v Gesetzgeber intendierten Schutz vor rechtsmissbräuchlichen Klagen (vgl *Kropff* S 405) – anders als bei einer strikten Streitwertspaltung – in gebotener Form umsetzen (Heidel AktG/*Peres* Rn 31).

24 2. Gläubiger. Aus den gleichen funktionalen Gründen, die auch die Möglichkeit der Geltendmachung durch die Aktionäre bedingen, räumt Abs 4 S 3 dem Gläubiger die Möglichkeit ein, den Ersatzanspruch einzufordern (vgl Rn 25). Nach Abs 4 S 3 können die **Gläubiger** der abhängigen Gesellschaft v der Geschäftsleitung der abhängigen Gesellschaft **Zahlung** aus dem Ersatzanspruch **an sich selbst** verlangen. Voraussetzung ist, dass die Gläubiger v der Gesellschaft keine Befriedigung erlangen können; anders als bei der Klage v Aktionären bleiben Vergleich oder Verzicht mit Blick auf den Ersatzanspruch unberücksichtigt (Abs 4 S 4). Die Haftung und Geltendmachung entspricht grds der Regelung v § 93 Abs 5 S 1 (vgl dort Rn 43 ff). Allerdings fehlt eine § 93 Abs 5 S 2 entspr Regelung, so dass die Geltendmachung nicht auf gröbliche Pflichtverletzungen beschränkt ist, sondern bereits bei einfacher Fahrlässigkeit in Betracht kommt (*Hüffer* AktG Rn 23). Nach richtiger Auffassung bleibt es aber bei der

Beweislastverteilung des Abs 2 S 2, auch wenn es an dieser Stelle an einer § 93 Abs 5 S 2, zweiter Satzteil, entspr Regelung fehlt (MünchKomm AktG/*Altmeppen* Rn 133). Die praktische Relevanz der Norm ist wg der Möglichkeit der Gläubiger, in den Verlustausgleichsanspruch (§ 302) zu vollstrecken oder ggf die Rechte aus § 303 geltend zu machen, gering (so auch KölnKomm AktG/*Koppensteiner* Rn 53; K. Schmidt/Lutter AktG/*Langenbucher* Rn 36).

Im Fall der **Insolvenz** der abhängigen Gesellschaft sind die Gläubiger nicht mehr aktivlegitimiert, den Ersatzanspruch geltend zu machen (Abs 4 S 5); der Insolvenzverwalter (oder Sachwalter) ist zur Geltendmachung allein berechtigt. Anhängige Verfahren werden unterbrochen (vgl § 240 ZPO), können aber v Insolvenzverwalter wieder aufgenommen werden (*Emmerich/Habersack* Aktien- und GmbH-KonzernR Rn 51). 25

V. Verjährung, Konkurrenzen

Die **Verjährung** des Anspruchs beträgt nach Abs 5 fünf Jahre. Dies entspricht der allg Haftungsregel nach § 93 Abs 6 (vgl zu den Einzelheiten des Fristablaufs § 93 Rn 54) und gilt für alle Ansprüche aus der Norm. Eine Anwendung auf andere Anspruchsgrundlagen scheidet hingegen aus (GroßKomm AktG/*Hirte* Rn 48; *Hüffer* AktG Rn 25; anders KölnKomm AktG/*Koppensteiner* Rn 60: gilt auch für Ansprüche gegen das herrschende Unternehmen selbst, vgl dazu unter Rn 30). 26

Neben der Haftung aus § 309 kann das Verhalten auch **Ansprüche** aus anderen Normen begründen, die jedoch die Haftung aus § 309 nicht verdrängen (*Emmerich/Habersack* Aktien- und GmbH-KonzernR Rn 53). In Betracht kommt hier va § 117. Die dort in § 117 Abs 7 S 2 getroffene Einschränkung hinsichtlich des Bestehens eines Beherrschungsvertrages gilt nur für die Fälle der rechtmäßigen Ausübung solcher Verträge; die Haftung in den auch hier relevanten Fällen bleibt unberührt (KölnKomm AktG/*Koppensteiner* Rn 61). Zu denken ist ferner an eine deliktische Haftung nach § 826 oder § 823 Abs 2 BGB iVm § 266 StGB. 27

VI. Haftung des herrschenden Unternehmens

1. Anspruchsgrundlage. Die Haftung des herrschenden Unternehmens regelt § 309 nicht; sie ist v RegE angesichts der bestehenden Haftung „nach allg Rechtsgrundlagen auf Grund des Vertrags" für entbehrlich gehalten worden (*Kropff* S 404 f). Die Lit hat unterschiedliche konstruktive Wege zur Erreichung einer solchen Haftung beschritten. Die wohl hM sieht in der Haftung für pflichtwidrige Weisungen der Geschäftsleitung zutreffenderweise **eine Verletzung des Beherrschungsvertrages nach § 280 Abs 1 BGB**, wobei das Verhalten des Vorstands dem herrschenden Unternehmen **nach § 31 BGB zugerechnet** wird (MünchKomm AktG/*Altmeppen* Rn 137 f; *Emmerich/Habersack* Aktien- und GmbH-KonzernR Rn 21; KölnKomm AktG/*Koppensteiner* Rn 37; Spindler/Stilz AktG/*Veil* Rn 39). Während einige stattdessen § 309 direkt oder analog heranziehen wollen (*Hüffer* AktG Rn 27; *Mertens* AcP 168 (1968), 225, 229; *Ulmer* FS Stimpel, S 705, 712, ebenfalls unter Zurechnung nach § 31 BGB), leiten andere die Haftung unmittelbar aus § 31 BGB (GroßKomm AktG/*Hirte* Rn 30 f; *Möhring* FS Schilling, S 253, 257 f). Eine analoge Anwendung des § 309 krankt an der bereits v Gesetzgeber vermissten Regelungslücke (*Hirte* aaO Rn 30); die Anwendung des § 31 BGB setzt nach allg Verständnis einen Schadensersatzanspruch gerade voraus (vgl nur 28

MünchKomm BGB/*Reuter* § 31 Rn 29 ff; **abl** auch *Hüffer* aaO Rn 27). Für die Praxis ist dieser Meinungsstreit freilich unerheblich: V Vertretern sämtlicher der vorstehend genannten Auffassungen ist jedenfalls die Haftung des herrschenden Unternehmens ebenso anerkannt wie die entspr Anwendung der Abs 3–5 (vgl nur *Hüffer* aaO Rn 27; K. Schmidt/Lutter AktG/*Langenbucher* Rn 41 ff). Damit ergibt sich ein Haftungsgleichlauf v herrschendem Unternehmen und dessen Vertretern.

29 **2. Erfasste Fälle.** Relevant wird die Frage nach einer Haftung des herrschenden Unternehmens vor allem in zwei Konstellationen. Dies betrifft zum einen den Fall der sog **Vorstands-Doppelmandate**, also (teilw) Personenidentität zwischen den gesetzlichen Vertretern v herrschendem und abhängigem Unternehmen (zur grds Zulässigkeit zuletzt *BGHZ* 180, 105). Bereits die Teilnahme des betr Vorstands an einem Diskussionsprozess kann die Annahme v Weisungen iSd Norm rechtfertigen (vgl § 308 Rn 16), was zu einer Haftung des jeweiligen Vorstandsmitglieds als gesetzlichem Vertreter des herrschenden Unternehmens aus § 309 führen kann (*Emmerich/Habersack* Aktien- und GmbH-KonzernR Rn 23; KölnKomm AktG/*Koppensteiner* Rn 9; MünchHdb AG/*Krieger* § 70 Rn 160; anders *Hoffmann-Becking* ZHR 150 (1986), 570, 577; zurückhaltend *Hüffer* AktG Rn 29; auf § 93 allein gestützt auch MünchKomm AktG/*Altmeppen* Rn 61 ff; Spindler/Stilz AktG/*Veil* Rn 18; Hölters AktG/*Leuering/Goertz* Rn 23). Die Haftung des herrschenden Unternehmens ergibt sich nach dem eben Gesagten aus § 280 Abs 1 BGB (vgl Rn 30), wobei das Verhalten des Vorstands nach § 31 BGB zuzurechnen ist. Der *BGH* hat sich zwar nicht generell gegen eine Haftung des herrschenden Unternehmens ausgesprochen, dafür aber eine Zurechnung im Wege v § 31 BGB verneint, da den Vorstands- bzw AR-Mitgliedern eine Organstellung gerade in der abhängigen Gesellschaft zukomme und so eine Zurechnung zum herrschenden Unternehmen ausscheide (vgl *BGHZ* 36, 296, 309 ff; 90, 381, 396 – BuM/WestLB). Das überzeugt nicht, intendiert es letztlich doch die Vorstellung, die Betroffenen agierten innerhalb des Konzerns als gespaltene Persönlichkeiten: Einmal ist das Interesse des herrschenden, einmal des abhängigen Unternehmens maßgeblich. Die Konzernwirklichkeit spricht vielmehr dafür, dass der Vertreter des herrschenden Unternehmens auch in den Organen des abhängigen Unternehmens allein das Konzerninteresse verfolgt – genau aus diesem Grund wird er dort auch regelmäßig diese weitere (häufig nicht zusätzlich bezahlte) Funktion ausüben (so auch *Koppensteiner* aaO Rn 41).

30 Der andere, häufig diskutierte Fall betrifft die Haftung bei der Einschaltung eines rechtsgeschäftlichen Vertreters, der sog **Delegation des Weisungsrechts** (vgl § 308 Rn 5 ff). Das herrschende Unternehmen haftet hier aus §§ 280 Abs 1, 278 BGB; die Haftung der gesetzlichen Vertreter aus § 309 bleibt unberührt.

§ 310 Verantwortlichkeit der Verwaltungsmitglieder der Gesellschaft

(1) ¹**Die Mitglieder des Vorstands und des Aufsichtsrats der Gesellschaft haften neben dem Ersatzpflichtigen nach § 309 als Gesamtschuldner, wenn sie unter Verletzung ihrer Pflichten gehandelt haben.** ²Ist streitig, ob sie die Sorgfalt eines ordentlichen und gewissenhaften Geschäftsleiters angewandt haben, so trifft sie die Beweislast.

(2) Dadurch, dass der Aufsichtsrat die Handlung gebilligt hat, wird die Ersatzpflicht nicht ausgeschlossen.
(3) Eine Ersatzpflicht der Verwaltungsmitglieder der Gesellschaft besteht nicht, wenn die schädigende Handlung auf einer Weisung beruht, die nach § 308 Abs. 2 zu befolgen war.
(4) § 309 Abs. 3 bis 5 ist anzuwenden.

Übersicht

	Rn		Rn
I. Einleitung/Überblick	1	3. Keine Entlastung durch Aufsichtsrat und Hauptversammlung	5
II. Haftung der Verwaltungsmitglieder	2	4. Rechtsfolge	6
1. Pflichtverletzung der Verwaltungsmitglieder	2	III. Haftung nach § 93 Abs 2 in den übrigen Fällen	7
2. Beweislast	4		

Literatur: *Canaris* Hauptversammlungsbeschlüsse und Haftung der Verwaltungsmitglieder im Vertragskonzern, ZGR 1978, 207; *Kantzas* Das Weisungsrecht im Vertragskonzern, Diss München, 1988.

I. Einleitung/Überblick

Die Norm regelt in Ergänzung zu § 309 die Haftung der Mitglieder v Vorstand und **1** AR der abhängigen Gesellschaft; mit der Androhung persönlicher Haftung erschwert § 310 den nachgiebigen Umgang mit Weisungen des herrschenden Unternehmens. Sie geht als *lex specialis* dem ähnlich gelagerten § 117 Abs 2 vor (vgl nur MünchKomm AktG/*Altmeppen* Rn 40). Die Regelung greift im Wesentlichen auf den objektiven Tatbestand v § 309 zurück. Es bedarf also einer rechtswidrigen Weisung, die zu einer Schädigung der Gesellschaft führt (vgl dazu § 309 Rn 14 ff). Die eigene Bedeutung der Norm im Verhältnis zu §§ 93, 116, aus denen sich die hier geregelte Haftung bereits ableiten lässt, liegt in der gesamtschuldnerischen Haftung mit dem herrschenden Unternehmen sowie in den Erweiterungen, die sich nach Abs 4 aus der Anwendbarkeit v § 309 Abs 3-5 ergeben (statt vieler KölnKomm AktG/*Koppensteiner* Rn 11).

II. Haftung der Verwaltungsmitglieder

1. Pflichtverletzung der Verwaltungsmitglieder. Verwaltungsmitglieder, also Mitglie- **2** der des Vorstands bzw des AR der abhängigen Gesellschaft (Abs 1, 3; nicht aber: Mitarbeiter, an die das Weisungsrecht delegiert wurde, s nur *Emmerich/Habersack* Aktien- und GmbH-KonzernR Rn 20; ferner zur Delegation § 308 Rn 5 f), haften, wenn sie „unter Verletzung ihrer Pflichten" gehandelt haben. Aus dem Kontext ergibt sich, dass die Norm Pflichtverletzungen im Zusammenhang mit der **Befolgung v Weisungen** durch die herrschende Gesellschaft zum Gegenstand hat (MünchKomm AktG/*Altmeppen* Rn 20; *Hüffer* AktG Rn 3).

Zur Begr der Haftung muss der Vorstand der abhängigen Gesellschaft eine unzuläs- **3** sige und für sein Unternehmen schädigende Weisung sorgfaltswidrig befolgt haben. Um der potentiellen Haftung zu entgehen, muss er daher jede einzelne Weisung prüfen und ggf v ihr Abstand nehmen (KölnKomm AktG/*Koppensteiner* Rn 5). Dementspr stellt die Befolgung zulässiger Weisungen keine Pflichtverletzung iSd Norm dar (*Kantzas* S 196; GroßKomm AktG/*Hirte* Rn 10; Spindler/Stilz AktG/*Veil* Rn 3; anders

Fett

Emmerich/Habersack Aktien- und GmbH-KonzernR Rn 8, der eine Parallele zu § 309 zieht, vgl dazu dort Rn 14 f); dies gilt selbst dann, wenn das ausführende Vorstandsmitglied v der Unzulässigkeit der Weisung überzeugt ist, dies aber nicht nachweisen kann. Denn um v einer Weisung absehen zu dürfen, muss das Vorstandsmitglied nachweisen können, dass die Weisung „offensichtlich" nicht dem Konzerninteresse entspricht (vgl § 308 Rn 26). Eine Pflichtverletzung der Mitglieder des AR kann in der unzureichenden Wahrnehmung der Überwachungsaufgabe im Zusammenhang mit der Befolgung „offensichtlich" unzulässiger Weisungen oder in einer Pflichtverletzung bei der sorgfaltswidrigen Zustimmung zur Durchführung einer solchen Weisung liegen (§ 111 Abs 4 S 2; *Hüffer* aaO Rn 2). Im weisungsfreien Bereich bzw bei zulässigen Weisungen gilt für den AR der allg Sorgfaltsmaßstab nach §§ 93, 116 (*Hirte* aaO Rn 26 f; *Koppensteiner* aaO Rn 5; anders *Emmerich* aaO Rn 22, der auch diesen Fall v § 310 erfasst wissen will).

4 **2. Beweislast.** Die Regelung zur Beweislastverteilung entspricht der Regelung bei § 309 (vgl dort Rn 19 f). Nach Abs 1 S 2 trifft die Vorstandsmitglieder die Darlegungs- und Beweislast für pflichtgemäßes Handeln und ein fehlendes Verschulden. Gleiches muss nach zutr Ansicht auch für die Kausalität des Schadens gelten (vgl § 309 Rn 20).

5 **3. Keine Entlastung durch Aufsichtsrat und Hauptversammlung.** Die Haftung der Vorstandsmitglieder wird nach Abs 2 nicht durch einen entspr **Beschl des AR** der eigenen Gesellschaft verhindert (entspr § 93 Abs 4 S 2, § 117 Abs 2 S 4). Andernfalls könnte der AR seiner eigenen Haftung für Verletzungen der Aufsichtspflicht im Zusammenhang mit Weisungen durch nachträgliche Billigung entgehen (KölnKomm AktG/*Koppensteiner* Rn 8). Ferner kann auch ein billigender **Beschl der HV** die Haftung nicht ausschließen. Andernfalls könnte das herrschende Unternehmen mit seiner regelmäßig bestehenden HV-Mehrheit entscheiden, wann der Vorstand des abhängigen Unternehmens für v ihm erteilte rechtswidrige Weisungen nach § 310 haften soll und wann nicht; dies wiederum würde den Sinn und Zweck des § 310 konterkarieren (hM GroßKomm AktG/*Hirte* Rn 23; K. Schmidt AktG/*Langenbucher* Rn 10; *Kropff* S 406; anders *Canaris* ZGR 1978, 207, 211 ff).

6 **4. Rechtsfolge.** Unmittelbare Rechtsfolge eines Verstoßes gegen Abs 1 und 3 ist ein Anspruch der abhängigen Gesellschaft auf Ersatz des entstandenen Schadens. Dieser tritt im Wege der gesamtschuldnerischen Haftung nach Abs 1 S 1 neben den gegen die gesetzlichen Vertreter des herrschenden Unternehmens nach § 309. Gem Abs 4 sind darüber hinaus die §§ 309 Abs 3–5 anzuwenden. Das betrifft die Regelungen zu Verzicht und Vergleich über die Ersatzansprüche (§ 309 Abs 3), zu den Möglichkeiten der Geltendmachung v Ansprüchen durch Aktionäre und Gläubiger (§ 309 Abs 4) sowie zur Verjährung v Ersatzansprüchen (§ 309 Abs 5, vgl zum Ganzen § 309 Rn 21 ff).

III. Haftung nach § 93 Abs 2 in den übrigen Fällen

7 Es bleibt schließlich bei einer Haftung nach § 93 Abs 2, wenn § 310 nicht einschlägig ist, es sich also nicht um eine „offensichtlich" unzulässige Weisung handelt. Eine Pflichtverletzung iSv § 93 besteht bspw dort, wo eine grds zulässige Weisung sorgfaltswidrig umgesetzt wird (MünchKomm AktG/*Altmeppen* Rn 31; GroßKomm AktG/*Hirte* Rn 10; *Hüffer* AktG Rn 1, 3; KölnKomm AktG/*Koppensteiner* Rn 12; MünchHdb AG/*Krieger* § 70 Rn 168; aA *Emmerich/Habersack* Aktien- und GmbH-KonzernR Rn 8, der auch hier § 310 zu Anwendung bringen möchte, vgl auch oben Rn 3).

Zweiter Abschnitt
Verantwortlichkeit bei Fehlen eines Beherrschungsvertrags

§ 311 Schranken des Einflusses

(1) Besteht kein Beherrschungsvertrag, so darf ein herrschendes Unternehmen seinen Einfluss nicht dazu benutzen, eine abhängige Aktiengesellschaft oder Kommanditgesellschaft auf Aktien zu veranlassen, ein für sie nachteiliges Rechtsgeschäft vorzunehmen oder Maßnahmen zu ihrem Nachteil zu treffen oder zu unterlassen, es sei denn, dass die Nachteile ausgeglichen werden.

(2) [1]Ist der Ausgleich nicht während des Geschäftsjahrs tatsächlich erfolgt, so muss spätestens am Ende des Geschäftsjahrs, in dem der abhängigen Gesellschaft der Nachteil zugefügt worden ist, bestimmt werden, wann und durch welche Vorteile der Nachteil ausgeglichen werden soll. [2]Auf die zum Ausgleich bestimmten Vorteile ist der abhängigen Gesellschaft ein Rechtsanspruch zu gewähren.

Übersicht

	Rn		Rn
A. Einleitung/Überblick	1	V. Folge der Veranlassung: Rechtsgeschäft oder Maßnahme	22
B. Überblick über bestehendes Schutzsystem	3	VI. Nachteil	23
I. Vertragskonzern und faktischer Konzern	3	VII. Fehlende Isolierbarkeit des Nachteils – „qualifiziert faktischer Konzern"	27
II. Schutzsystem im faktischen Konzern	4	D. Einzelheiten	34
C. Faktischer Konzern (Abs 1)	5	I. Passiver Konzerneffekt	34
I. Abhängigkeitsverhältnis	5	II. Konzernfinanzierung	35
1. Beteiligte Unternehmen	5	III. Konzernumlagen	38
2. Besonderheiten bei Mehrstufigkeit/Gleichordnung	6	E. Nachteilsausgleich	39
II. Kein Beherrschungsvertrag, keine Eingliederung	10	I. Nachteilsfeststellung	39
III. Veranlassung	12	II. Nachteilsausgleichspflicht	47
1. Weiter Begriff	12	1. Rechtsnatur	47
2. Durch das herrschende Unternehmen	13	2. Vorteil	48
3. Gegenüber „jedem" Empfänger	14	III. Einflussnahme im „Konzerninteresse"	57
4. Vermutung der Veranlassung	15	F. Auswirkungen auf die abhängige (Aktien-)Gesellschaft	58
IV. Besondere Formen der Veranlassung	16	I. Kapitalerhaltung	58
		II. Beschlussfassung	59
		III. Organpflichten	60
		IV. Schadensersatz	62

Literatur: *Adler/Düring/Schmaltz* Rechnungslegung, Bd 4, 6. Aufl 1994 ff; *Altmeppen* Zur Vermögensbindung in der faktisch abhängigen AG, ZIP 1996, 693; *ders* Interessenkonflikte im Konzern, ZHR 171 (2007), 320; *ders* Zur immer noch geheimnisvollen Regelung des faktisch abhängigen AG, FS Hans-Joachim Priester, 2007; *ders* Wirklich keine Haftung der Bundesrepublik Deutschland im Fall Telekom?, (UMTS), NJW 2008, 1553; *ders* „Upstream-loans", Cash Pooling und Kapitalerhaltung nach neuem Recht, ZIP 2009, 49; *ders* Cash Pooling und Kapitalerhaltung im faktischen Konzern, NZG 2010, 401; *Aschenbeck* Personenidentität bei Vorständen in Konzerngesellschaften, NZG 2000, 1015; *Bälz* Einheit und Vielheit im Konzern, FS Ludwig Raiser, 1974, S 287; *Balthasar* Zum Austrittsrecht nach § 305 AktG bei „faktischer Beherrschung", NZG 2008, 858; *W. F. Bayer* Mehrstufige Unternehmensverträge, FS Ballerstedt, 1975, S 157; *W. Bayer/Lieder* Darlehen der GmbH an Gesellschafter und Sicherheiten aus dem GmbH-Vermögen für die Gesellschaftsverbindlichkeiten, ZGR 2005, 133; *ders* Upstream-Darlehen und Aufsichtsrathaftung, AG 2010, 885; *Brezing* Konzernverrechnungspreise in betriebswirtschaftlicher, aktienrechtlicher und steuerrechtlicher Sicht, AG 1975, 225; *Brüggemeier* Die Einflussnahme auf die Verwaltung einer AG, AG 1988, 93; *Bruns* Das „TBB"-Urteil und die Folgen, WM 2001, 1497; *Bürgers/Schilha* Die Unabhängigkeit des Vertreters des Mutterunternehmens im Aufsichtsrat der Tochtergesellschaft, AG 2010, 221; *Burgard* Rechtsfragen der Konzernfinanzierung, AG 2006, 527; *Cahn* Kapitalerhaltung im Konzern, 1998; *ders* Verlustübernahme und Einzelausgleich im qualifizierten faktischen Konzern, ZIP 2001, 2159; *ders* Zur Anwendbarkeit der §§ 311 ff AktG im mehrstufigen Konzern, BB 2000, 1477; *ders* Kredite an Gesellschafter –zugleich Anmerkung zur MPS-Entscheidung des BGH, Der Konzern 2009, 67; *Decher* Personelle Verflechtungen im Aktienkonzern, Diss Köln, 1990; *ders* Das Konzernrecht des Aktiengesetzes: Bestand und Bewährung, ZHR 171 (2007), 126; *ders* Das Business Combination Agreement – ein verdeckter Beherrschungsvertrag oder sonstiger strukturändernder Vertrag?, FS Hüffer, 2010, S 145; *Drygala/Kremer* Alles neu macht der Mai – Zur Neuregelung der Kapitalerhaltungsvorschriften im Regierungsentwurf zum MoMiG, ZIP 2007, 1289; *Ederle* Der verdeckte Beherrschungsvertrag als konzernrechtliches Haftungsinstrument, AG 2010, 273; *Ekkenga/Weinbrenner/Schütz* Einflusswege und Einflussfolgen im faktischen Unternehmensverbund – Ergebnisse einer empirischen Untersuchung, Der Konzern 2005, 261; *Emmerich* Über atypische und verdeckte Beherrschungsverträge, FS Hüffer, 2010, S 179; *Fleischer* Finanzielle Unterstützung des Aktienerwerbs und Leveraged Buyout, AG 1996, 494; *ders* Umplatzierung von Aktien durch öffentliches Angebot (Secondary Public Offering) und verdeckte Einlagenrückgewähr nach § 57 Abs 1 AktG, ZIP 2007, 1969; *ders* Haftung des herrschenden Unternehmens im faktischen Konzern und unternehmerisches Ermessen (§§ 317 II, 93 I AktG) – UMTS, NZG 2008, 371; *ders* Klumpenrisiken im Bankaufsichts-, Investment- und Aktienrecht, ZHR 173 (2009), 649; *Freitag* Finanzverfassung und Finanzierung vom GmbH und AG nach dem Regierungsentwurf des MoMiG, WM 2007, 1681; *Gehrlein* Der aktuelle Stand des neuen GmbH-Rechts, Der Konzern 2007, 771; *Geßler* Leitungsmacht und Verantwortlichkeit im faktischen Konzern, FS H. Westermann, 1974, S 145; *Götz* Corporate Governance multinationaler Konzerne und deutsches Unternehmensrecht, ZGR 2003, 1; *Goslar* Verdeckte Beherrschungsverträge, DB 2008, 800; *Gromann* Die Gleichordnungskonzerne im Konzern- und Wettbewerbsrecht, Diss Bielefeld, 1979; *Habersack* Die UMTS-Auktion – Ein Lehrstück des Aktienkonzernrechts, ZIP 2006, 1327; *ders* Aufsteigende Darlehen im Lichte des MoMiG und des „Dezember"-Urteils des BGH, ZGR 2009, 347; *ders* Aufsteigende Kredite nach MoMiG, FS Schaumburg, 2009, S 1291; *ders/Schürnbrand* Cash Management und Sicherheitenbestellung bei AG und GmbH im Lichte des richterrechtlichen Verbots der Kreditvergabe an Gesellschafter, NZG 2004, 689; *Haesen* Der Abhängigkeitsbericht im faktischen Konzern, Diss Köln, 1970; *Heidel* §§ 311 Abs. 2 AktG – wider die vollständige Entwertung einer gut gemeinten Norm, FS Meilicke, 2010, S 125; *Hentzen* Konzernfinanzierung nach BGHZ 157, 72, ZGR 2005, 480; *Henze* Konzernfinanzierung und Besicherung – Das Upstreamrisiko aus Gesellschafter- und Bankensicht, WM 2005, 717; *ders* Reichweite und Grenzen des aktienrechtlichen Grundsatzes der Vermögensbindung – Ergänzung durch die Rspr zum Existenz vernichtenden Eingriff?, AG 2004, 405; *Hirte* Neuregelungen mit Bezug zum gesellschaftsrechtlichen Gläubigerschutz und im Insolvenzrecht durch das Gesetz zur Modernisierung des GmbH-Rechts und zur Bekämpfung von Missbräuchen, ZInsO 2008, 689; *Hirte/Schall* Zum faktischen Beherrschungsvertrag, Der Konzern 2006, 243; *Hölzle* Gesellschafterfremdfinanzierung und Kapitalerhaltung im Regierungsentwurf des MoMiG, GmbHR 2007, 729; *Hüffer* Probleme des Cash Management im faktischen Aktienkonzern, AG 2004, 416; *ders* Qualifiziert faktisch konzernierte Aktiengesellschaften nach dem Übergang zur Existenzhaftung bei der GmbH, FS Goette, 2011, S 191;

§ 311

Kellmann Zum „faktischen Konzern", ZGR 1974, 220; *Kiefner/Theusinger* Aufsteigende Darlehen und Sicherheitenbegebung im Aktienrecht nach dem MoMiG, NZG 2008, 801; *Kiehne* Konzernwirkungen und aktienrechtlicher Minderheitenschutz im faktischen Konzern, DB 1974, 321; *Kleindiek* Steuerumlagen im gewerbesteuerlichen Organkreis – Anmerkungen aus aktienrechtlicher Perspektive, DStR 2000, 559; *Kort* Anwendung der Grundsätze der fehlerhaften Gesellschaft auf einen „verdeckten" Beherrschungsvertrag?, NZG 2009, 364; *Krag* Konzepte für die Durchführung von Sonderprüfungen gem § 315 AktG, BB 1988, 1850; *Kronstein* Die Anwendbarkeit der §§ 311 ff über die Verantwortlichkeit im „faktischen" Konzern bei mehrstufigen Unternehmensverbindungen, BB 1967, 637; *Kropff* Ausgleichspflichten bei passiven Konzernwirkungen?, FS Lutter, 2000, S 1133; *ders* Benachteiligungsverbot und Nachteilsausgleich im faktischen Konzern, FS Kastner, 1992, S 279; *ders* Einlagenrückgewähr und Nachteilsausgleich im faktischen Konzern, NJW 2009, 814; *Leo* Die Einmann-AG und das neue Konzernrecht, AG 1965, 352; *Lieb* Abfindungsansprüche im (qualifizierten?) faktischen Konzern, FS Lutter, S 1151; *Lutter* Der qualifiziert faktische Konzern, AG 1990, 179; *ders* Grenzen zulässigen Einflusses im faktischen Konzern – Nachbetrachtung zum Mannesmann/Vodafone-Takeover, FS Peltzer, 2001, S 241; *ders/Drygala* Grenzen der Personalverflechtung und Haftung im Gleichordnungskonzern, ZGR 1995, 557; *Milde* Der Gleichordnungskonzern im Gesellschaftsrecht, Diss Mainz, 1996; *Möhring* Zur Systematik der §§ 311, 317 AktG, FS Schilling, 1973, S 253; *Mülbert* Aktiengesellschaft, Unternehmensgruppe und Kapitalmarkt, 1996; *ders/Leuschner* Aufsteigende Darlehen im Kapitalerhaltungs- und Konzernrecht – Gesetzgeber und BGH haben gesprochen, NZG 2009, 281; *Paefgen* Existenzvernichtungshaftung nach Gesellschaftsdeliktsrecht, DB 2007, 1907; *Paschke* Rechtsfragen der Durchgriffsproblematik im mehrstufigen Unternehmensverbund, AG 1988, 196; *Pentz* Die Rechtsstellung der Enkel-AG in einer mehrstufigen Unternehmensverbindung, Diss Heidelberg, 1994; *ders* Schutz der AG und der außenstehenden Aktionäre in mehrstufigen faktischen und unternehmensvertraglichen Unternehmensverbindungen, NZG 2000, 1103; *Rehbinder* Gesellschaftsrechtliche Probleme mehrstufiger Unternehmensverbindungen, ZGR 1977, 581; *Reidenbach* Cash Pooling und Kapitalerhalt nach neuerer höchstrichterlicher Rspr, WM 2004, 1421; *Reiner* Unternehmerisches Gesellschaftsinteresse und Fremdsteuerung – Eine rechtsvergleichende Studie zum Schutz der Kapitalgesellschaft vor dem Missbrauch organschaftlicher Leitungsmacht, Diss Konstanz, 1995; *Reuter* Die Personengesellschaft als abhängiges Unternehmen, ZHR 146 (1982), 1; *ders* Die aktienrechtliche Zulässigkeit von Konzernanstellungsverträgen, AG 2011, 274; *Risse* Die verdeckte Gewinnausschüttung und ihre Folgen – unter Berücksichtigung des faktischen Konzerns, DStR 1984, 711; *Rohde/Schmidt* Das Cash-Pooling auf dem Prüfstand, NWB 2008, 4777; *Rubner/Leuering* Verdeckte Beherrschungsverträge, NJW-Spezial 2010, 143; *Säcker* Zur Problematik von Mehrfachfunktionen im Konzern, ZHR 151 (1987), 59; *Seulen* Anmerkung zu BGH, Urt v 26.6.2012 – II ZR 30/11, EWiR 2012, 683; *U. H. Schneider* Der AR des abhängigen Unternehmens im Konzern, FS Raiser, 2005, S 341; *Schäfer/Fischbach* Vorstandspflichten bei der Vergabe von Krediten an die Muttergesellschaft im faktischen Aktienkonzern nach „MPS", FS Hellwig, 2010, S 293; *Schön* Kreditbesicherung durch abhängige Kapitalgesellschaften, ZHR 159 (1995), 351; *Schürnbrand* „Verdeckte" und „atypische" Beherrschungsverträge im Aktien- und GmbH-Recht, ZHR 169 (2005), 35; *Schwörer* Kein Austrittsrecht nach § 305 AktG im qualifiziert faktischen Aktienkonzern, NZG 2001, 550; *Simon* Zulässigkeit von Gewerbesteuerumlagen nach der Belastungsmethode im Lichte der zivilrechtlichen Rspr, DStR 2009, 431; *ders* Steuerumlagen im Konzern, ZGR 2007, 71; *Spindler* Konzernfinanzierung, ZHR 171 (2007), 245; *Stein* Konzernherrschaft durch EDV?, ZGR 1988, 163; *Stöcklhuber* Dogmatik der Haftung im faktischen AG-Konzern, Der Konzern 2011, 253; *Strohn* Die Verfassung der Aktiengesellschaft im faktischen Konzern, Diss Köln, 1977; *Theiselmann* Die Existenzvernichtungshaftung im Wandel, GmbHR 2007, 904; *Theisen* Der Konzern, 2. Aufl 2001; *Tillmann* Upstream-Sicherheiten der GmbH im Lichte der Kapitalerhaltung – Ausblick auf das MoMiG, NZG 2008, 401; *Timmann* Die Durchsetzung von Konzerninteressen in der Satzung der abhängigen Aktiengesellschaft, Diss Heidelberg, 2001; *Tröger* Treupflicht im Konzernrecht, Diss Tübingen, 2000; *Vetter* Interessenkonflikte im Konzern, ZHR 171 (2005), 342; *Tröger/Dangelmayer* Eigenhaftung der Organe für die Veranlassung existenzvernichtender Leitungsmaßnahmen im Konzern, ZGR 2011, 558; *Wackerbarth* Der Vorstand der abhängigen AG und die §§ 311 ff AktG in der jüngeren Rechtsprechung des II. Senats, Der Konzern 2010, 261 und Der Konzern 2010, 337; *Wand/Tillmann/Heckenthaler* Aufsteigende Darlehen und Sicherheiten bei Aktiengesellschaften und der MPS-Entscheidung des BGH, AG 2009, 148; *Weinbrenner* Moderne Kommunikationsmittel und Konzerncontrolling, Der Konzern 2006, 583; *Wessels* Aufsteigende Finanzhilfen in GmbH und AG, ZIP 2004, 793; *Wieneke* Anmerkung zu OLG Frankfurt v 17.8.2011 – 13 U 100/10, CCZ 2012, 236; *Winter* Upstream-Finanzierung nach dem MoMiG-Regierungsentwurf – Rückkehr zum bilanziellen Denken, DStR 2007, 1484, *Wirsch* Die Vollwertigkeit des Rückgewähranspruchs – Kapitalaufbringung und Kapitalerhaltung im Cash Pool –, Der Konzern 2009, 443; *Wilhelm* Zur Gestaltung des Nachteilsausgleichs bei Unternehmensveräußerungen im faktischen Konzern, NZG 2012, 1287; *Wirth* Unbezifferte Nachteilsausgleichsvereinbarung im faktischen Konzern, GS Winter, 2011, S 775.

A. Einleitung/Überblick

1 Die §§ 311 ff treffen Regelungen für den Fall der Abhängigkeit einer AG, SE oder KGaA, ohne dass diese mit dem herrschenden Unternehmen durch einen Beherrschungsvertrag verbunden sind und schließen damit unmittelbar an die Regelungen über die Abhängigkeit des allg Konzernrechts in §§ 15 und 17 an. Ausgangspunkt ist das **Verbot der Nachteilszufügung**, das für das herrschende Unternehmen gilt, unabhängig v der Art und Weise der Zufügung sowie der Person des Veranlassers, es sei denn, der Nachteil wird entspr den gesetzlichen Regelungen ausgeglichen. Vorrangiges Ziel ist der **Schutz der außenstehenden Gesellschafter und der Gläubiger** des abhängigen Unternehmens, die beide einer abstrakten Gefährdung durch das Einflusspotential des herrschenden Gesellschafters ausgesetzt werden (vgl *Kropff* S 373 ff, 406 ff, 408). Erfolgt der Ausgleich nicht, kann dies sowohl die Haftung des herrschenden Unternehmens (§ 317 Abs 1 S 1) als auch dessen gesetzlicher Vertreter (§ 317 Abs 3) sowie der gesetzlichen Vertreter des abhängigen Unternehmens (§ 318 Abs 1, 2) begründen. Anders als im Vertragskonzern führt die Errichtung eines faktischen Konzerns nicht zu einem Abfindungsrecht der außenstehenden Aktionäre; das herrschende Unternehmen ist auch nicht zur Verlustübernahme verpflichtet.

2 Die Ablösung des **„qualifiziert faktischen GmbH-Konzerns"** und der damit verbundenen analogen Anwendung des § 302 AktG für Fälle, die sich nicht mit der Anwendung der §§ 311 ff lösen lassen, durch die Rechtsfigur des sog **„existenzvernichtenden Eingriffs"** (vgl *BGHZ* 149, 10 – Bremer Vulkan; 150, 61 – L-Kosmetik; 151, 181 – KBV; *BGH* NZG 2005, 177; *BGHZ* 173, 246 – TRIHOTEL), führt auch zu Diskussionen im AktienR. Die Übertragbarkeit der Rechtsfigur auf die AG bzw KGaA wird mit Blick auf deren strengere Kapitalerhaltungsregeln v einigen angenommen, während teilw auf die unterschiedliche tatbestandliche Anknüpfung qualifizierter Nachteilszufügung gänzlich verzichtet wird (vgl Rn 27 ff).

B. Überblick über bestehendes Schutzsystem

I. Vertragskonzern und faktischer Konzern

3 Ein Konzern lässt sich auf zweierlei Weisen aufbauen. Entweder werden die Gesellschaften durch Unternehmensverträge miteinander verbunden; korrespondierend zur

Pflicht der Verlustübernahme nach § 302 wird dem herrschenden Unternehmen im typischen Vertragskonzern die Leitungsmacht über das abhängige Unternehmen eingeräumt (vgl § 308). Oder es bleibt bei der Verbindung über den Anteilsbesitz ohne gesetzlich bestimmten Leitungsmacht und damit bei einer bloß „faktischen" Einheit v niederer Intensität (zur **Zulässigkeit des faktischen Konzerns**, explizit *BGH* NZG 2008, 831, 833; implizit *BGHZ* 179, 71 ff – MPS; *OLG Köln* ZIP 2009, 1469, 1471 f; bereits zuvor **hM** *Emmerich/Habersack* Aktien- und GmbH-KonzernR Rn 8; K. Schmidt/Lutter AktG/*Vetter* Rn 6; Spindler/Stilz AktG/*Müller* Vor § 311 Rn 5; MünchKomm AktG/*Kropff* 2. Aufl Rn 28; MünchKomm AktG/*Altmeppen* Rn 31; *Lutter* AG 1990, 179; **aA** *Lieb* FS Lutter, S 1151, 1156 f, 1163 f; *Reuter* ZHR 146 (1982), 1, 10). Daneben wird in jüngerer Zeit – inspiriert v Beherrschungsverträgen ähnlichen Absprachen zwischen Unternehmen – vertreten, dass auch ein faktischer Beherrschungsvertrag denkbar sei (vgl *Hirte/Schall* Der Konzern 2006, 243 ff), bei dem über die Anwendung der Grundsätze der fehlerhaften Gesellschaft auf die Regelungen zum Beherrschungsvertrag zurückgegriffen werden müsse (vgl dazu Rn 11).

II. Schutzsystem im faktischen Konzern

Ausgangspunkt der §§ 311 ff AktG ist die Ausgleichspflicht für entstandene Nachteile. **4** Neben dem tatsächlichen, sofort wirkenden Ausgleich ist auch die Einräumung eines (vollwertigen) Rechtsanspruchs auf einen solchen Ausgleich möglich (vgl § 311 Abs 2, gestreckter Nachteilsausgleich). Damit das Schutzsystem effektiv funktionieren kann, muss der entstandene Schaden auf ein einzelnes Rechtsgeschäft oder eine einzelne Maßnahme rückführbar sein. Für nicht isolierbare Nachteilszufügungen wurde die Rechtsfigur des „qualifiziert faktischen Konzerns" entwickelt, die im GmbH-Recht durch den sog „existenzvernichtenden Eingriff" ersetzt und aus dem konzernrechtlichen Zusammenhang herausgelöst worden ist (vgl dazu Rn 27 ff).

C. Faktischer Konzern (Abs 1)

I. Abhängigkeitsverhältnis

1. Beteiligte Unternehmen. Für die Anwendung v §§ 311 ff bedarf es zunächst eines **5** **Abhängigkeitsverhältnisses** zwischen einem herrschenden Unternehmen und einer abhängigen AG oder KGaA (§ 17). Ob zugleich ein Konzernverhältnis nach § 18 besteht, ist unbeachtlich. Abhängigkeit bestimmt sich nach den Regeln des allg Konzernrechts, kann also über § 16 sowohl durch eine Anteils- oder Stimmenmehrheit, als auch unabhängig davon durch gesellschaftsrechtlich vermittelten Einfluss auf das abhängige Unternehmen begründet sein (vgl § 17 Rn 3 ff). Nach dem teleologischen Unternehmensbegriff des Konzernrechts kommt dabei grds jeder handelnde Rechtsträger – unabhängig v seiner Rechtsform – als herrschendes Unternehmen in Betracht (historisch bedingte Ausnahme in § 28a EGAktG: Treuhandanstalt; aus jüngerer Zeit § 7d FMStBG). Entscheidend ist die **Verfolgung anderer unternehmerischer Interessen** außerhalb der Gesellschaft (vgl § 15 Rn 6 ff). Ausländische Gesellschaften, die eine deutsche AG oder KGaA beherrschen, unterliegen dem deutschen Konzernrecht unabhängig v ihrem Gesellschaftsstatut (MünchHdb AG/*Krieger* § 69 Rn 68). Eine abhängige Gesellschaft hingegen muss ihren Verwaltungssitz im Inland haben, damit das deutsche Konzernrecht einschlägig ist (*Hüffer* AktG Rn 12).

Fett

6 **2. Besonderheiten bei Mehrstufigkeit/Gleichordnung.** Bei **mehrstufiger Abhängigkeit** sind die Regelungen über den faktischen Konzern ausgeschlossen, soweit Beherrschungsverträge vorliegen, Abs 1; hier gelten die vorrangigen §§ 291 ff AktG. Dies gilt nicht nur dann, wenn zwischen Mutter-, Tochter- und Enkelgesellschaft jeweils Beherrschungsverträge abgeschlossen worden sind, sondern nach zutr hM auch, wenn zwischen Mutter und Enkelin eine durchgehende Kette v Beherrschungsverträgen besteht (*OLG Frankfurt* AG 2001, 53, 54; Spindler/Stilz AktG/*Müller* Rn 10; MünchKomm AktG/*Kropff* 2. Aufl Anh § 311 Rn 21 ff; *Rehbinder* ZGR 1977, 581, 601 f; **aA** *Cahn* BB 2000, 1477, 1481 ff; noch anders *Pentz* NZG 2000, 1103; nach Ansicht v MünchKomm AktG/*Altmeppen* Anh § 311 Rn 20 steht der Muttergesellschaft aufgrund ihrer Konzernleitungsbefugnis unabhängig v einer Delegation ein eigenes Weisungsrecht gegenüber der Enkelgesellschaft zu).

7 Besteht lediglich zwischen der Mutter- und der Tochtergesellschaft ein Beherrschungsvertrag, nicht aber zwischen Mutter und Enkelin und Tochter und Enkelin, bleiben die §§ 311 ff sowohl für die Mutter gegenüber der Enkelin als auch für die Tochter gegenüber der Enkelin anwendbar (KölnKomm AktG/*Koppensteiner* Vor § 311 Rn 29; MünchHdb AG/*Krieger* § 69 Rn 70). Die Sperrwirkung gilt mithin nur im Verhältnis der Vertragsparteien untereinander, was sich aus dem Vorrang des Schutzzwecks der Regelung vor der Geltung des Unternehmensvertrages gegenüber jedermann und insb übergeordneten Unternehmen ergibt (*LG Frankfurt/Main* AG 1999, 238, 239). Ist ein Beherrschungsvertrag lediglich v Mutter und Enkelin geschlossen, wirkt sich die Anwendungssperre wg der vermittelten Beherrschungsmöglichkeit auch auf das Verhältnis Tochter- und Enkelgesellschaft aus, nicht jedoch auf Mutter und Tochter. Hier bleiben die §§ 311 ff v Bedeutung (MünchKomm AktG/*Altmeppen* Anh § 311 Rn 40 ff; *Krieger* aaO § 69 Rn 70). Umstr ist, wie sich eine vertragliche Bindung zwischen Enkel- und Tochtergesellschaft auf das Verhältnis zwischen Mutter und Enkelin auswirkt. Hier sollen die §§ 311 ff wg der Gefahr der Schlechterstellung v Gläubigern der Enkelgesellschaft im Fall der Insolvenz der Tochtergesellschaft anwendbar bleiben (*Emmerich/Habersack* Aktien- und GmbH-KonzernR Rn 19; *Kronstein* BB 1967, 637, 640; *Pentz* S 201, 208 ff). Selbst wenn die Gläubiger der Enkelgesellschaft ihre Ansprüche nach §§ 300 ff gegen die Tochtergesellschaft nicht durchsetzen können, bleibt ihnen im Fall einer nachteiligen Einflussnahme der Mutter auf die Tochter mit Blick auf die Enkelin der Rückgriff nach §§ 311, 317; einer darüber hinaus gehenden Anwendbarkeit der §§ 311 ff zwischen Mutter und Enkelin bedarf es daher nicht (**hM** *OLG Frankfurt* AG 2001, 53; *LG Frankfurt/Main* AG 1999, 238, 239; *Koppensteiner* aaO Vor § 311 Rn 31; K. Schmidt/Lutter AktG/*Vetter* Rn 19; Spindler/Stilz AktG/*Müller* Rn 10; *W. F. Bayer* FS Ballerstedt, S 157, 181 f; *Paschke* AG 1988, 196, 201 f; **aA** *Altmeppen* aaO § 311 Anh Rn 15). Bei Bestehen eines **Gewinnabführungsvertrages** gelten die Feststellungen für das Verhältnis Mutter/Enkelin entspr (§ 316 Rn 5).

8 Sind mehrere Unternehmen (etwa bei einem **Gemeinschaftsunternehmen**) als herrschend einzustufen, sind die §§ 311 ff auf die jeweilige Einzelbeziehung anzuwenden, wobei sich die herrschenden Unternehmen nachteilige Weisungen grds gegenseitig zurechnen lassen müssen (vgl Rn 21; *Emmerich/Habersack* Aktien- und GmbH-KonzernR Rn 26). Sollte sich eines der beteiligten Unternehmen erkennbar über das bestehende Weisungssystem des Gemeinschaftsunternehmens hinweggesetzt haben, scheidet hingegen eine Zurechnung aus (MünchKomm AktG/*Kropff* 2. Aufl Rn 131).

Ferner wird diskutiert, ob die Regelungen der §§ 311 ff auch auf den **Gleichordnungs-** 9
konzern zu übertragen sind, also einem Unternehmensgeflecht, bei dem keines der
beteiligten Unternehmen v anderen abhängig ist (vgl § 18 Rn 16 ff). Ob es zum Schutz
der außenstehenden Aktionäre jedenfalls in Fällen einer kapitalmäßig ungleichen
(gegenseitigen) Beteiligung einer entspr Anwendung der §§ 311 ff bedarf (dafür
MünchKomm AktG/*Kropff* 2. Aufl Vor § 311 Rn 113 f; wohl auch *Emmerich/Habersack* Aktien- und GmbH-KonzernR § 18 Rn 36; vgl auch *Lutter/Drygala* ZGR 1995,
557, 563 ff: Treuepflicht; Raiser/*Veil* KapGesR § 57 Rn 35 ff für den Fall der qualifiziert
faktischen Verbindung), erscheint angesichts der nicht mit einer Abhängigkeitssituation gleichzusetzenden Ausgangslage für die beteiligten Vorstände fraglich (abl auch
MünchKomm AktG/*Altmeppen* Vor § 311 Rn 82 ff; *Gromann* S 59 ff; KölnKomm
AktG/*Koppensteiner* Vorb § 311 Rn 33; *Milde* S 146 ff, 173 f).

II. Kein Beherrschungsvertrag, keine Eingliederung

Weiterhin setzt § 311 Abs 1 das Fehlen eines wirksamen (dh eingetragenen) Beherr- 10
schungsvertrages nach § 291 Abs 1 S 1, 1 Alt voraus. Gleichermaßen nicht anwendbar
sind die §§ 311 ff im Falle der **Eingliederung**, vgl § 323 Abs 1 S 3. Liegt lediglich ein
Gewinnabführungsvertrag zwischen Ober- und Untergesellschaft vor, findet sich in
§ 316 eine Spezialregelung, welche §§ 312–315, 318, nicht aber §§ 311, 317 für unanwendbar erklärt. Bei allen anderen **Unternehmensverträgen** iSv § 292 gelten die
§§ 311 ff uneingeschränkt (*Emmerich/Habersack* Aktien- und GmbH-KonzernR
Rn 16).

Folgt man einer jüngst vertretenen Auffassung zur Möglichkeit **faktischer Beherr-** 11
schungsverträge in Anwendung der Grundsätze der fehlerhaften Gesellschaft (*Hirte/
Schall* Der Konzern 2006, 243 ff), könnte dies der Anwendung der Regeln des faktischen Konzerns entgegenstehen. Mit dieser Rechtsfigur soll dem Problem begegnet
werden, dass zur Vermeidung der strengen Regelungsfolgen in §§ 302 ff Vereinbarungen informeller Art ohne die Einhaltung der nach §§ 291 ff erforderlichen Voraussetzungen abgeschlossen werden. Fehlte die Zustimmung der HV und/oder die erforderliche Handelsregistereintragung, wären bereits die tatbestandlichen Voraussetzungen
wie sie im vergleichbaren Fall von fehlerhaften Unternehmensverträgen aufgestellt
werden, nicht erfüllt (*OLG München* WM 2008, 1932; *OLG Schleswig* WM 2008,
2253; zust *Balthasar* NZG 2008, 858 ff; *Kort* NZG 2009, 364, 367; *Goslar* EWiR 2008,
482 f; schon zuvor *Schürnbrand* ZHR 169 (2005) 35, 50 f; zur Verschmelzung *BGH*
NJW 1996, 659 f; anders *LG München I* ZIP 2008, 555); zudem fehlt typischerweise
die erforderliche Bestimmung einer Ausgleichsregelung nach § 304 Abs 3 (*Schürnbrand* aaO 53). Darüber hinaus besteht auch die für eine generelle analoge Anwendung der §§ 302 ff erforderliche planwidrige Regelungslücke nicht, da das Aktienkonzernrecht in §§ 311 ff eine ausdrückliche und abschließende Regelung zur Verfügung
stellt (*Hüffer* AktG § 291 Rn 14; *Decher* FS Hüffer, S 145, 151 f; *Rubner/Leuering*
NJW-Spezial 2010, 143, 144; *Ederle* AG 2010, 273, 277 ff; *Goslar* DB 2008, 800, 805;
OLG München aaO; *OLG Schleswig* aaO). Damit sind die Rechtsfolgen dieser Vereinbarungen nach den §§ 311, 317 zu beurteilen; im Falle der qualifizierten Nachteilszufügung bleibt Raum für eine analoge Anwendung bestimmter Regelungen des Vertragskonzernrechts (vgl Rn 27 ff).

Fett

III. Veranlassung

12 1. Weiter Begriff. Ausgangspunkt für die Gewährung eines Anspruchs auf Einzelausgleich ist die Veranlassung des abhängigen Unternehmens durch das herrschende zu einem bestimmten Handeln oder Unterlassen. Erfasst ist grds jedes Handeln, das für die abhängige Gesellschaft den Wunsch zu einer bestimmten Handlung oder einem bestimmten Unterlassen erkennen lässt (Bsp bei *Vetter* ZHR 171 (2007), 342, 351 f). Damit sind auch „weiche" Möglichkeiten der Veranlassung, wie etwa Ratschläge oder Empfehlungen zu berücksichtigen, die aufgrund ihres Charakters den Aufforderungsgehalt der Aussage erkennen lassen (KölnKomm AktG/*Koppensteiner* Rn 3; MünchHdb AG/*Krieger* § 69 Rn 74). Eines wie auch immer ausgestalteten „Veranlassungsbewusstseins" der Handelnden auf Seiten des herrschenden Unternehmen bedarf es wg des Schutzzwecks der §§ 311, 317 nicht (**hM** *Koppensteiner* aaO Rn 5; *Henn/Frodermann/Jannott* Hdb AktR 14. Kap Rn 79; Hölters AktG/*Leuering/Goertz* Rn 40; **iE** konsequent auch MünchKomm AktG/*Altmeppen* Rn 80 ff; *ders* FS Priester, S 1, 7, der die Haftung nach §§ 311, 317 als Verschuldenshaftung und die Veranlassung lediglich als Beschreibung der haftungsbegründenden Kausalität versteht; **aA** *Brüggemeier* AG 1988, 93, 100). Die Relevanz des Streits ist letztlich gering, da eine privilegierende „fahrlässige" Veranlassung bei Vorliegen der objektiven Voraussetzungen kaum vorstellbar scheint. Der **Rechtsnatur** nach handelt es sich bei der Veranlassung nicht um eine Willenserklärung. Daher ist eine Aufhebung etwa bei Willensmängeln nur durch Rückgängigmachung (*actus contrarius*) möglich (*Koppensteiner* aaO Rn 8). In der Konsequenz entspricht die Veranlassung der Weisung im Vertragskonzern (vgl § 308 Rn 10 ff). Im faktischen Konzern verfügt das herrschende Unternehmen demgegenüber jedoch nicht über ein Recht zur Einflussnahme; die §§ 311 ff regeln allein die Voraussetzung des Nachteilsausgleichs (*Koppensteiner* aaO Rn 4). Ob es sich um eine Veranlassung handelt, wird aus der **Perspektive des abhängigen Unternehmens** beurteilt (*Habersack* aaO Rn 24; *Hüffer* AktG Rn 16; **aA** K. Schmidt/Lutter AktG/*Vetter* Rn 27, 37; *Altmeppen* aaO Rn 145).

13 2. Durch das herrschende Unternehmen. Als Veranlassender kommen zunächst der Inhaber oder das zuständige Geschäftsführungsorgan des herrschenden Unternehmens in Betracht. Um Umgehungen zu vermeiden, werden auch Veranlassungen durch Vertreter, Angestellte oder auch außenstehende Dritte erfasst, wobei auch hier entscheidend auf den Eindruck der abhängigen Gesellschaft hinsichtlich der Verbindung zum herrschenden Unternehmen abzustellen ist (vgl Rn 12; KölnKomm AktG/ *Koppensteiner* Rn 17). Nach einer Studie entspricht es der Realität in faktischen Konzernen, dass Veranlassungen vor allem v Konzerncontrollingeinheiten unterhalb des Vorstands vorgenommen werden (*Ekkenga/Weinbrenner/Schütz* Der Konzern 2005, 261, 268; ferner *Weinbrenner* Der Konzern 2006, 583, 587 ff).

14 3. Gegenüber „jedem" Empfänger. Empfänger der Veranlassung kann im abhängigen Unternehmen jeder sein. Es ist insb unerheblich, ob der Vorstand der abhängigen AG zu einem Handeln oder Unterlassen veranlasst wird oder ob es sich bei dem Empfänger „lediglich" um eine untergeordnete Stelle handelt (*Götz* ZGR 2003, 1, 6; KölnKomm AktG/*Koppensteiner* Rn 21; anders *Reiner* S 181).

15 4. Vermutung der Veranlassung. Die abhängige Gesellschaft wird den aufgrund der Veranlassung bestehenden Ausgleichsanspruch gegen das herrschende Unternehmen (bzw deren Organe) regelmäßig nicht geltend machen, so dass dies funktional nur

§ 311 Schranken des Einflusses

durch die außenstehenden Aktionäre und Gläubiger zu erwarten ist. Diese sehen sich aber regelmäßig der Hürde der Darlegungs- und Beweislast ausgesetzt, wenn sie Ansprüche aus §§ 311, 317 geltend machen wollen. Da dies ein effektives System des Nachteilsausgleichs zu verhindern droht, gewährt die hM mit Blick auf die Veranlassung zu Recht **Beweiserleichterungen** (*BGH* NZG 2011, 829, 833 – Telekom III; Köln-Komm AktG/*Koppensteiner* Rn 9 ff; MünchKomm AktG/*Kropff* 2. Aufl Rn 81; **aA** *Säcker* ZHR 151 (1987), 59, 63). Die näheren Einzelheiten dieser Erleichterung sind freilich umstr (offenlassend *BGH* NZG 2011, 829, 833 – Telekom III). Nach der strengeren Auffassung soll lediglich **prima facie** v einer Veranlassung auszugehen sein (so vor allem *Koppensteiner* aaO Rn 10; K. Schmidt/Lutter AktG/*Vetter* Rn 30; Spindler/Stilz AktG/*Müller* Rn 25) während sich die **hM** bei Vorliegen eines faktischen Konzerns für die **Vermutung** einer Veranlassung ausspricht (*Altmeppen* ZHR 171 (2007), 320, 331 f; MünchHdb AG/*Krieger* § 69 Rn 76). Letzteres überzeugt, da eine sinnvolle Begrenzung dieser faktischen Beweislastumkehr dadurch erreicht wird, dass sie nur in Fällen zu gewähren ist, in denen sich die Abhängigkeit zum Konzern verdichtet hat (so zu Recht *Hüffer* AktG Rn 21; *Krieger* aaO § 69 Rn 76; MünchKomm AktG/*Altmeppen* Rn 92), dh das herrschende Unternehmen die **Konzernvermutung** des § 18 Abs 1 S 3 **nicht zu widerlegen** vermag (enger Grigoleit AktG/*Grigoleit* Rn 23: notwendig sei Berührung sowohl der Sphäre des herrschenden wie des abhängigen Unternehmens). Ob das herrschende Unternehmen durch die Veranlassung einen Vorteil hat, ist für die Beweiserleichterung nicht erheblich (*Hüffer* aaO Rn 21; *Krieger* aaO § 69 Rn 76; *Altmeppen* aaO Rn 92 f: Abstellen auf einzelne oder Gesamtumstände führe in „unentrinnbaren kasuistischen Sumpf"; **aA** *Henn/Frodermann/Jannott* Hdb AktR 14. Kap Rn 81); wollte man dies v den außenstehenden Aktionären darlegen und beweisen lassen, drohte der Vorteil der Beweiserleichterung leer zu laufen.

IV. Besondere Formen der Veranlassung

Von großer praktischer Bedeutung sind die Formen der Veranlassung, die über eine unmittelbare und direkte Einflussnahme hinausgehen und strukturell im Verhältnis zwischen herrschendem und abhängigem Unternehmen angelegt sind. **16**

Zu nennen sind va **personelle Verflechtungen**, wobei Vorstandsdoppelmandate v Verflechtungen über die Mitgliedschaft im AR zu unterscheiden sind. **Doppelmandate** sowohl im Vorstand der abhängigen als auch der herrschenden Gesellschaft sind grds zulässig (*BGHZ* 180, 105; s auch § 76 Rn 28; *Reuter* AG 2011, 274). Greift das Vorstandsmitglied zum Nachteil des abhängigen Unternehmens ein, geht die ganz **hM** zu Recht v der Anwendbarkeit des § 311 AktG aus (*LG Köln* AG 1992, 238, 240; *Aschenbeck* NZG 2000, 1015, 1022; *Emmerich/Habersack* Aktien- und GmbH-KonzernR Rn 28; **aA** *Decher* S 174). Eine konkrete Handlung bzw Veranlassung durch das Vorstandsmitglied muss nicht vorgetragen werden; es genügt vielmehr die Doppelmitgliedschaft, um v einer **Veranlassungsvermutung** ausgehen zu können (*Emmerich/Habersack* Aktien- und GmbH-KonzernR Rn 35; K. Schmidt/Lutter AktG/*Vetter* Rn 32; Spindler/Stilz AktG/*Müller* Rn 26; MünchKomm AktG/*Altmeppen* Anh § 317 Rn 42; *Henn/Frodermann/Jannott* Hdb AktR 14. Kap Rn 83; weitergehend *Bayer/Lieder* AG 2010, 885, 886; *Hüffer* AktG Rn 22: unwiderlegbare Vermutung). **17**

Anders stellt es sich dar, wenn ein Vorstand oder ein Angestellter des herrschenden Unternehmens **Mitglied im AR** der abhängigen Gesellschaft ist (zu den konzernrechtlichen Besonderheiten der Unabhängigkeit von Aufsichtsräten *Bürgers/Schilha* AG **18**

2010, 221 ff; vgl auch *LG Hannover* ZIP 2009, 761). Die Position im AR verschafft dem Vertreter des herrschenden Unternehmens nicht die Möglichkeit, ohne Veranlassung nachteilig auf die abhängige Gesellschaft einzuwirken (KölnKomm AktG/*Koppensteiner* Rn 33). Es bleibt hier vielmehr bei den allg Grundsätzen der Veranlassungsvermutung bei Vorliegen eines Konzerns (s. o. Rn 15).

19 Wird das abhängige Unternehmen durch das herrschende Unternehmen vertreten, besteht die **unwiderlegbare** Vermutung einer Veranlassung für jeden Fall der Vornahme eines für die abhängige Gesellschaft nachteiligen Rechtsgeschäfts, unabhängig davon, ob in der Bevollmächtigung selbst eine Veranlassung zu sehen war (so zu Recht bspw *Emmerich/Habersack* Aktien- und GmbH-KonzernR Rn 31).

20 Eine Veranlassung des abhängigen Unternehmens ist darüber hinaus auch mittelbar über einen **Beschl der HV** der abhängigen Gesellschaft möglich. Dies gilt zunächst für Beschl nach § 119 Abs 2, die einer bestimmten Geschäftsführungsmaßnahme gelten (*BGH* NZG 2012, 1030,1031; KölnKomm AktG/*Koppensteiner* Rn 25). Hinsichtlich der übrigen Beschlüsse ist zu unterscheiden. Stellt der Beschl die Gleichbehandlung aller (auch außenstehender) Aktionäre sicher und werden Gläubiger hierdurch nicht unzulässig beeinträchtigt, liegt keine Veranlassung der abhängigen Gesellschaft vor (*Koppensteiner* aaO Rn 26; MünchKomm AktG/*Kropff* 2. Aufl Rn 115 f). Ob eine (mittelbare) Veranlassung zu einem Nachteil auch in der **Änderung des Unternehmensgegenstandes** liegen kann, ist umstr (**dafür** MünchKomm AktG/*Altmeppen* Rn 127; Spindler/Stilz AktG/*Müller* Rn 21; **dagegen** *Koppensteiner* aaO Rn 28; *Timmann* S 156 ff). Eine solche Auslegung dürfte den Begriff der Veranlassung unnötig ausdehnen; denn erst bei den auf die Änderung folgenden Rechtsgeschäften (etwa bei der Veräußerung eines nicht mehr zum Unternehmensgegenstand gehörenden Betriebsteils) bedürfen die außenstehenden Aktionäre und die Gläubiger des Schutzes des Konzernrechts (vgl *Koppensteiner* aaO Rn 28). Bis dahin steht den außenstehenden Aktionären mit der Anfechtungsklage ein geeignetes Schutzinstrument zur Verhinderung rechtsmissbräuchlicher Änderung des Unternehmensgegenstandes zur Verfügung. Dasselbe gilt für Maßnahmen nach dem UmwG (K. Schmidt/Lutter AktG/*Vetter* Rn 68; differenzierend *Emmerich/Habersack* aaO Rn 30).

21 Im Falle eines **Gemeinschaftsunternehmens** mit mehreren herrschenden Unternehmen wird die jeweilige Veranlassung allen Muttergesellschaften zugerechnet, es sei denn, es liegt für die abhängige Gesellschaft erkennbar eigenmächtiges Handeln einer Muttergesellschaft vor; dann geht die Veranlassung nur v diesem Mutterunternehmen aus (KölnKomm AktG/*Koppensteiner* Rn 20; iE auch MünchKomm AktG/*Altmeppen* Rn 145 f; **aA** Grigoleit AktG/*Grigoleit* Rn 26: keine automatische Zurechnung). Bei mehrstufigen Unternehmensverbindungen entspricht es Erfahrungswerten aus der Praxis, widerlegbar zu vermuten, dass die Veranlassung nicht nur v dem direkten Anteilsinhaber, sondern auch v dem dahinter stehenden Unternehmen ausgegangen ist (*Altmeppen* aaO Rn 149; dafür iE auch *Hüffer* AktG Rn 18, wenn sich dies aus der Sicht des Veranlassungsempfängers so dargestellt habe; **aA** *Koppensteiner* aaO Rn 19; K. Schmidt/Lutter AktG/*Vetter* Rn 38).

V. Folge der Veranlassung: Rechtsgeschäft oder Maßnahme

22 Das Gesetz fordert, dass das abhängige Unternehmen in Folge der Veranlassung ein Rechtsgeschäft eingeht oder eine Maßnahme durchführt bzw unterlässt. „Maßnahme"

ist ein denkbar weit gefasster Oberbegriff, so dass auch das Nichteingehen eines vorteilhaften Rechtsgeschäfts für die Veranlassungswirkung ausreicht (vgl nur Köln-Komm AktG/*Koppensteiner* Rn 14). Nach allem muss die Veranlassung jedenfalls mitursächlich für die Vornahme oder das Unterlassen v Rechtsgeschäft bzw Maßnahme sein, was man nur dann ausschließen kann, wenn sich die abhängige Gesellschaft ohne die Veranlassung genauso verhalten hätte (statt vieler *Hüffer* AktG Rn 24). Richtigerweise ist auch hinsichtlich dieses Tatbestandsmerkmals bei Vorliegen eines Konzerns (s. o. Rn 15) die Kausalität (widerlegbar) zu vermuten.

VI. Nachteil

Für die Anwendbarkeit des § 311 ist weiter maßgeblich, ob die Maßnahme bzw das Rechtsgeschäft für die abhängige Gesellschaft nachteilig ist. Vor dem Hintergrund des Schutzzwecks v § 311 ist Nachteil nicht nur die direkte Minderung, sondern bereits die **konkrete Gefährdung der Vermögens- oder Ertragslage** der abhängigen Gesellschaft, und zwar unabhängig v der Quantifizierbarkeit des Nachteils (*BGHZ* 141, 79, 84; *Emmerich/Habersack* Aktien- und GmbH-KonzernR Rn 39, 43). Maßstab für die Frage der Nachteilszufügung ist, ob ein **pflichtgemäß handelnder Geschäftsleiter** einer **nicht iSd § 17** abhängigen Gesellschaft das betr Rechtsgeschäft oder die Maßnahme unterlassen hätte; in diesem Fall liegt eine **nachteilige** Veranlassung vor (*BGHZ* 141, 79, 84; *BGH* WM 2008, 787, 788 – UMTS; *BGHZ* 179, 71, 75 – MPS; KölnKomm AktG/*Koppensteiner* Rn 36 ff; Spindler/Stilz AktG/*Müller* Rn 28; mit Bsp *Vetter* ZHR 171 (2007), 342, 354 ff; anders *Wackerbarth* Der Konzern 2010, 261 ff, 337, 341 ff, der auch bei Veranlassungen im faktischen Konzern den Maßstab des § 93 Abs 1 für den Vorstand der abhängigen AG gelten lassen will). Dabei ist zu beachten, dass bloße wirtschaftliche Abhängigkeit für die Vergleichsbetrachtung nicht genügt, es sei denn, sie beruht auf der rechtlichen Abhängigkeit (*Kleindiek* DStR 2000, 559, 561 f). Schließlich ist der nicht justiziable Einschätzungsspielraum des Vorstandes zu berücksichtigen, der für alle besonderen Geschäftsführungsmaßnahmen gilt (*business judgement rule*, vgl *BGH* WM 2008, 787, 788 – UMTS; *OLG Stuttgart* AG 2007, 633, 637; § 93 Abs 1 S 2).

Ausschlaggebender **Zeitpunkt der Beurteilung** eines Nachteils ist die Vornahme des Rechtsgeschäftes oder der Maßnahme (MünchHdb AG/*Krieger* § 69 Rn 79; Münch-Komm AktG/*Kropff* 2. Aufl Rn 141; *BGHZ* 175, 365 – UMTS; *BGHZ* 179, 71 – MPS; *Fleischer* NZG 2008, 371, 372). Danach sind erst im Nachhinein eintretende oder erkennbare Nachteile v der Regelung ausgenommen; gleichsam führen positive Entwicklungen nicht zum Wegfall der Einschätzung einer nachteiligen Veranlassung (vgl auch Rn 25). Dies wird zu Recht aus §§ 312 Abs 3 S 1, 313 Abs 1 S 2 Nr 2 geschlossen, die sich für die Erstellung des Abhängigkeitsberichts bzw seine Prüfung ausdrücklich auf eine ex ante Prognose beschränken (**hM** *Emmerich/Habersack* Aktien- und GmbH-KonzernR Rn 44; *Kropff* aaO Rn 141; **aA** *Kellmann* ZGR 1974, 220, 221; *Haesen* S 102 ff, 109 f; MünchKomm AktG/*Altmeppen* Rn 177).

IRd Bestimmung des zugefügten Nachteils ist zwischen diesem und einem eingetretenen **Schaden** zu unterscheiden. Eine Ausgleichspflicht bzw ein Anspruch nach § 317 Abs 1 besteht nur in den Fällen, in denen eine nachteilige Veranlassung vorliegt. Während der Nachteil aus einer vergleichenden ex ante Prognose ermittelt wird (vgl Rn 24), kann der Schadenseintritt nur ex post ermittelt werden. Ein ausgleichsfähiger Nachteil kann daher auch bestehen, wenn sich kein Schaden einstellt und die Gesellschaft stattdessen noch einen Gewinn erzielt (*Emmerich/Habersack* Aktien- und GmbH-KonzernR Rn 45; KölnKomm AktG/*Koppensteiner* Rn 53; MünchKomm AktG/*Kropff* 2. Aufl Rn 143 ff, 146; *Henn/Frodermann/Jannott* Hdb AktR 14. Kap Rn 87; vgl auch § 317 Rn 4). Umgekehrt kann die ex ante Prognose ergeben, dass die Veranlassung nicht nachteilig war, obgleich in der Nachbetrachtung ein Schaden der Gesellschaft eingetreten ist (**aA** MünchKomm AktG/*Altmeppen* Rn 174 ff).

26 Exemplarisch für die Bestimmung des Nachteilsbegriffs sind die Entsch zur Versteigerung der **UMTS-Lizenzen**, bei denen der Bund sowohl als herrschendes Unternehmen eines beteiligten Bieters als auch als Veräußerer in Erscheinung getreten ist. Die Gerichte haben zu Recht entschieden, dass die Teilnahme an dem öffentlichen Auktionsverfahren, an dem auch Dritte beteiligt waren, selbst bei extrem hohen Zahlungen dann keinen Nachteil darstellt, wenn aus der ex ante Perspektive der Zahlung entspr wirtschaftliche Chancen gegenüberstanden (*BGH* WM 2008, 787 – UMTS, sowie die Berufungsinstanz *OLG Köln* ZIP 2006, 997 ff und das erstinstanzliche Urt des *LG Bonn* AG 2005, 542 ff; zust *Habersack* ZIP 2006, 1327 ff; *Decher* ZHR 171 (2007), 126, 135), wobei der BGH die vorgelagerte Frage der Nachteiligkeit iE offen gelassen und zur Begr maßgeblich auf die Einhaltung des Geschäftsleiterermessens abgestellt hat (iE zust *Altmeppen* NJW 2008, 1553 ff; *Fleischer* NZG 2008, 371 ff; krit dagegen *Schneider* WuB II A 1.08, 643 ff).

VII. Fehlende Isolierbarkeit des Nachteils – „qualifiziert faktischer Konzern"

27 Die Notwendigkeit, einzelne Nachteilszufügungen festzustellen oder zu isolieren, ist die immanente Schwäche des bestehenden Schutzsystems der §§ 311 ff. Ist keine Einzelmaßnahme zu ermitteln, aus der sich der Nachteil der abhängigen Gesellschaft ergibt, scheitert der Nachteilsausgleich über § 311 (**aA** insb MünchKomm AktG/*Altmeppen* Anh § 317 Rn 16 ff, dazu Rn 30). Aus diesem Grund hat insb die Rspr für Fälle des GmbH-Konzerns, bei denen sich der Einfluss des herrschenden Unternehmens auf ein weitreichendes und **nicht isolierbares Maß** verdichtet (in dem zB das abhängige Unternehmen wie eine Betriebsabteilung geführt wird), die Figur des **qualifiziert faktischen Konzerns** entwickelt, wobei die ursprünglich befürwortete Zustandshaftung durch das abschließende TBB-Urt zugunsten einer Verhaltenshaftung aufgegeben worden ist (*BGHZ* 95, 330, 340, 345 – Autokran; 107, 7, 17 ff – Tiefbau; 115, 187, 197 f – Video; 122, 123, 126 ff – TBB).

28 Nach der jüngeren Rspr des *BGH* zur GmbH sollen die bisherigen Fälle nunmehr unter das (konzernfremde) Institut des **„existenzvernichtenden Eingriffs"** zu subsumieren sein (*BHGZ* 149, 10 – Bremer Vulkan; 150, 61 – L-Kosmetik; 151, 181 – KBV; *BGH* NZG 2004, 1107 – ITZ; NZG 2005, 177; NZG 2005, 214). Neben dem Schutz des Stammkapitals nach den Grundsätzen der Kapitalerhaltung gewährt dieser Anspruch auch der Einmann-GmbH einen Bestandsschutz, indem der Gesellschafter auf das Gesellschaftsvermögen und die Geschäftschancen der Gesellschaft angemessen Rücksicht nehmen muss. Rechtsfolge des **„existenzvernichtenden Eingriffs"** war eine unmittelbare Außenhaftung nach den Grundsätzen einer Durchgriffshaftung (vgl bspw die instruktive Zusammenfassung bei Roth/*Altmeppen* GmbHG Anh § 13 Rn 145 ff und § 13 Rn 72 mwN). Mit seiner jüngsten Entsch hat der BGH das Konzept der eigenständigen Außenhaftung zugunsten einer auf § 826 BGB fußenden Innenhaftung aufgegeben (*BGHZ* 173, 246 – TRIHOTEL; vgl dazu etwa *Paefgen* DB 2007, 1907; *Theiselmann* GmbHR 2007, 904). Aus konzernrechtlicher Sicht ist der entschei-

dende Unterschied zur Rechtsfigur des „qualifiziert faktischen Konzerns", dass für die Annahme der Existenzvernichtungshaftung **kein Konzernverhältnis** iSd §§ 15 ff bestehen muss (dh insb kein Konzernkonflikt).

Umstr und bislang nicht geklärt ist, ob die Rspr des *BGH* zum „existenzvernichtenden Eingriff", die bislang ausschließlich zur GmbH ergangen ist (vgl die Urt bei Rn 28), auch **auf die AG zu übertragen** ist. Die Rechtsfrage ist angesichts der unterschiedlichen Aspekte einer Haftung nach §§ 302 ff (vgl Rn 30) keineswegs nur v theoretischem Interesse. Für eine Übertragbarkeit der Rspr zum existenzvernichtenden Eingriff wird angeführt, dass wg der noch strengeren Regeln zur Kapitalerhaltung der Schutz der AG nicht hinter dem Schutzniveau der GmbH zurückbleiben dürfe (Köln-Komm AktG/*Koppensteiner* Anh § 318 Rn 63 ff; Lutter Holding-Hdb/*Trölitzsch* § 7 Rn 60). Dogmatischer Ausgangspunkt nach Aufgabe der Figur des qualifiziert faktischen GmbH-Konzerns war die Feststellung, dass in der Notwendigkeit, existenzvernichtende Eingriffe zu verhindern, ein allg Grundsatz des Kapitalgesellschaftsrechts zur Erhaltung des für die Gläubiger zur Befriedigung erforderlichen Haftkapitals zu sehen sei. Daraus ergäbe sich auch für die Haftung der AG eine teleologische Reduktion des Grundsatzes v § 1 Abs 1 S 2, also die Notwendigkeit einer Durchgriffshaftung (*Koppensteiner* aaO Anh § 318 Rn 75; wohl auch *Henze* AG 2004, 405, 414 f; iE auch *Liebscher* Beck'sches Handbuch der AG (2004) § 14 Rn 97; *Decher* ZHR 171 (2007), 126, 137; *ders* FS Hüffer, S 160; für ein Nebeneinander dieser beiden Haftungskonzepte in Einzelfällen GroßKomm AktG/*Hirte* § 302 Rn 101; für eine Fortentwicklung der Treupflichthaftung Grigoleit AktG/*Grigoleit* § 1 Rn 107). Der Übergang zu einer deliktischen Innenhaftung ist auch für die AG auf Zustimmung gestoßen (*Gehrlein* WM 2008, 761; *Habersack* ZGR 2008, 533; *Hüffer* AktG § 1 Rn 25 f; und § 311 Rn 11; *ders* FS Goette, S 191, 201 ff; *Tröger/Dangelmayer* ZGR 2011, 558, 586 f, s auch § 1 Rn 32). Teilw wird auch vertreten, dass nach Aufgabe der Figur des „qualifiziert faktischen Konzerns" im GmbH-Recht auf eine tatbestandliche Anknüpfung an eine qualifizierte Nachteilszufügung gänzlich verzichtet werden könne, und der Außenseiterschutz auch bei nicht quantifizierbaren Nachteilszufügungen durch Heranziehung des auch sonst im Falle faktischer Konzernierung zur Verfügung stehenden Schadensersatzanspruchs nach §§ 311, 317 zu bewerkstelligen sei (MünchKomm AktG/*Altmeppen* Anh § 317 Rn 14 ff; Wachter AktG/*Rothley* Rn 2; vgl auch *OLG Stuttgart* AG 2007, 633, 636; nachgehend *BGH* NJW-RR 2008, 1722 (offengelassen); *OLG Stuttgart* NZG 2007, 549 f; *OLG Schleswig* WM 2008 2253, 2262; krit *Kort* NZG 2009, 364, 368). Zur Durchsetzung des Anspruchs soll eine Beweislastverschiebung zu Lasten des herrschenden Unternehmens stattfinden (*Altmeppen* aaO § 317 Rn 34; § 311 Rn 22 ff).

Der Hinweis, der Schutz der AG dürfe nicht hinter dem der GmbH zurückbleiben, verstellt den Blick auf die Strukturunterschiede zwischen AG und GmbH und kann daher nicht den Ausschlag geben. Es wurde bereits darauf hingewiesen, dass die Einmann-AG, anders als die Einmann-GmbH, auch ohne die Begr einer Existenzvernichtungshaftung aufgrund ihres **eigenständigen Bestandsinteresses** v AktienR geschützt wird; hierher gehört auch die Feststellung, dass der Vorstand der AG anders als der Geschäftsführer der GmbH im faktischen Konzern gerade **keinem Weisungsrecht** der Gesellschafter unterliegt (*Emmerich/Habersack* Aktien- und GmbH-KonzernR § 317 Anh Rn 5 f; *Kübler/Assmann* GesR § 31 II; *OLG Schleswig* WM 2008, 2253, 2262). Ferner will nicht einleuchten, warum angesichts der Regelungslücke für qualifizierte Nachteilszufügungen nicht analog auf das kodifizierte Recht des AG-Vertragskon-

29

30

Fett

zerns zurückgegriffen wird (vgl *K. Schmidt* GesR § 31 IV 4a, S 965), sondern die an den Rändern (noch) unscharfen Erkenntnisse richterlicher Rechtsfortbildung maßgeblich sein sollen. Daher muss es für die AG im Falle der fehlenden Isolierbarkeit des Eingriffs bei der vor der Rechtsprechungsänderung praktizierten Haftung in **entspr Anwendung v §§ 302 ff** weiterhin sein Bewenden haben (*Emmerich/Habersack* Aktien- und GmbH-KonzernR Anh § 317 Rn 5; *ders* ZGR 2008, 533, 552 ff; Spindler/ Stilz AktG/*Müller* Vor § 311 Rn 25 ff; *Raiser/Veil* KapGesR § 53 Rn 63; vgl auch *OLG Köln* ZIP 2009, 1469, 1471 f; iE auch *Cahn* ZIP 2001, 2159, 2160; *Kübler/Assmann* GesR § 31 II; *K. Schmidt* GesR § 31 IV 4a; *Schürnbrand* ZHR 169 (2005), 35, 58; K. Schmidt/Lutter AktG/*Vetter* § 317 Rn 51 ff; Hölters/ AktG/*Leuering/Goertz* Rn 97). Da die nicht nach § 311 ausgleichsfähige qualifizierte Nachteilszufügung unzulässig ist, begründet sie ferner einen Anspruch der abhängigen Gesellschaft auf **Beseitigung und Unterlassung** des zur Annahme des qualifiziert faktischen Konzerns führenden Verhaltens, der im Namen der Gesellschaft **v jedem Aktionär** geltend gemacht werden kann (vgl nur MünchKomm AktG/*Kropff* 2. Aufl Anh § 317 Rn 107; *K. Schmidt* aaO § 31 IV 4a; darüber hinaus für ein Klagerecht der Aktionäre im eigenen Namen *Habersack* aaO § 317 Anh Rn 28 mwN).

31 Die **Gläubiger** der qualifiziert faktisch konzernierten AG können zunächst den Anspruch der Gesellschaft aus **§ 302 analog** entweder im Namen der Gesellschaft geltend machen (MünchKomm AktG/*Kropff* 2. Aufl Anh § 317 Rn 117; dasselbe Recht steht den **Aktionären** zu) oder **pfänden** (*Emmerich/Habersack* Aktien- und GmbH-KonzernR § 317 Anh Rn 24). Zu einem eigenen Verfolgungsrecht direkt aus § 317 Abs 4 gelangen auch diejenigen, die eine Lösung über die Rechtsfolgen nach §§ 311, 317 suchen (MünchKomm AktG/*Altmeppen* § 317 Anh Rn 57; vgl auch K. Schmidt/ Lutter AktG/*Vetter* § 317 Rn 54). Ferner können die Gläubiger bei Wegfall der Beherrschung **Sicherheitsleistung entspr § 303 Abs 1** verlangen (MünchHdb AG/*Krieger* § 69 Rn 146; abl *Altmeppen* aaO § 317 Anh Rn 57). Von bes Bedeutung ist, dass die Gläubiger nach der für die GmbH entwickelten Rspr (*BGHZ* 95, 330, 347 – Autokran; 115, 187, 202 f – Video) für den Fall, dass ihr Ausfall der Höhe nach feststeht (mithin nicht vor Abschluss eines evtl Insolvenzverfahrens), unmittelbar Ausgleich v herrschenden Unternehmen verlangen können (**Ausfallhaftung**, *Habersack* aaO § 317 Anh Rn 24; *Krieger* aaO § 69 Rn 146; Spindler/Stilz AktG/*Müller* Vor § 311 Rn 32).

32 Nach zutr Auffassung führt die Beherrschungssituation daneben auch zu einem **Abfindungsanspruch und Austrittsrecht** der außenstehenden Gesellschafter **entspr § 305** (hM *Emmerich/Habersack* Aktien- und GmbH-KonzernR § 317 Anh Rn 29; MünchHdb AG/*Krieger* § 69 Rn 147; Spindler/Stilz AktG/*Müller* Vor § 311 Rn 34; K. Schmidt/Lutter AktG/*Vetter* § 317 Rn 64; *Lieb* FS Lutter, S 1151, 1155 f; *Lutter* AG 1990, 179, 181; *Raiser/Veil* KapGesR § 53 Rn 62; iE auch KölnKomm AktG/*Koppensteiner* Anh § 318 Rn 105 ff, 109: Austrittsrecht bei Vorliegen eines wichtigen Grundes; mit anderer Begr ferner *Mülbert* S 494 ff: Ansprüche nur aus Treuepflicht; aA *Schwörer* NZG 2001, 550, 551 f; MünchKomm AktG/*Altmeppen* § 317 Anh Rn 59; *OLG München* WM 2008, 1932, 1933 f, das das für eine Analogie notwendige Vorliegen einer Regelungslücke im Falle faktischer Beherrschungsverträge ablehnt; zw auch im Falle qualifizierter Nachteilszufügung: *OLG Schleswig* WM 2008, 2253, 2262; zust *Balthasar* NZG 2008, 858, 860; krit *Kort* NZG 2009, 364, 368; vgl ferner zu dem gesondert gelagerten Fall eines angefochtenen Beherrschungsvertrages *OLG Zweibrücken* NZG 2004, 382 ff). Umstr ist, ob die außenstehenden Aktionäre im qualifiziert faktischen

Konzern darüber hinaus einen Anspruch auf Ausgleichszahlung entspr § 304 Abs 1 S 2, Abs 2 geltend machen können (dafür *Müller* aaO Vor § 311 Rn 35; *Habersack* aaO § 317 Anh Rn 30; MünchKomm AktG/*Kropff* 2. Aufl Anh § 317 Rn 124 ff; *Lieb* FS Lutter, S 1151, 1161; dagegen *Koppensteiner* aaO Anh § 318 Rn 111; *Krieger* aaO § 69 Rn 147; *Mülbert* S 500 f). Der Hinweis, ein Beherrschungsvertrag ohne Abfindungsregel lasse sich angesichts v § 304 Abs 3 nicht abschließen, weshalb ein Abfindungsanspruch bei einer gleichartig wirkenden qualifiziert faktischen Konzernierung bestehen müsse (so *Habersack* aaO § 317 Anh Rn 30), verfängt nur zum Teil. Denn anders als der Vertragskonzern ist der qualifiziert faktische Konzern gerade kein v Gesetz unter bestimmten Umständen (Ausgleichszahlung) geduldeter Zustand, der bestimmte Anforderungen erfüllen muss. Aus diesem Grund fehlt es auch an einer für die Annahme analogen Anwendung v § 304 erforderlichen planwidrigen Regelungslücke (vgl *Koppensteiner* aaO Anh § 318 Rn 111; s. auch *Vetter* aaO § 317 Rn 68: die Minderheitsaktionäre sollen nicht v einem Recht zum „dulde und liquidiere" profitieren, das den Gläubigern nicht zu Gute käme).

Die **Darlegungs- und Beweislast** liegt auch bei Ansprüchen wg qualifiziert faktischer 33 Konzernierung grds beim jeweiligen Kläger. Die hM erkennt jedoch zu Recht Substantiierungserleichterungen an. Danach genügt es, dass der Kläger Umstände darlegt und ggf beweist, **die die Annahme zumindest nahe legen**, bei der Unternehmensführung seien eigene Belange der AG über bestimmte, konkret ausgleichsfähige Einzeleingriffe hinaus beeinträchtigt worden, was zur Insolvenz der AG geführt habe (vgl nur *OLG Stuttgart* WM 2007, 633, 637 f; MünchKomm AktG/*Kropff* 2. Aufl Anh § 317 Rn 56 ff; MünchHdb AG/*Krieger* § 69 Rn 140; für die GmbH *BGHZ* 122, 131 ff – TBB). Dies bedeutet nicht, dass der Kläger „ins Blaue hinein" behaupten darf und damit quasi eine Beweislastumkehr stattfindet; es ist aber zu berücksichtigen, dass der Beklagte das Unternehmen aufgrund seiner Stellung genau kennen dürfte und ihm daher grds zugemutet werden kann, Aufklärung zu Fragen des Tatbestands zu leisten (KölnKomm AktG/*Koppensteiner* Anh § 318 Rn 100).

D. Einzelheiten

I. Passiver Konzerneffekt

Ein Nachteil kann in einer Vielzahl v Konstellationen gegeben sein, die über eine 34 bloße vermögensmindernde Verfügung über das Gesellschaftsvermögen hinausgehen. Ein Nachteil kann etwa auch in der **Änderung der Zusammensetzung des Gesellschaftsvermögens** (*Adler/Düring/Schmaltz* Rechnungslegung Rn 37) oder der **Ausübung v Bilanzierungswahlrechten** (*Hüffer* AktG Rn 26) liegen. Allein der Umstand, dass das abhängige Unternehmen einem Unternehmensverbund angehört und damit (potentiellen) Gefahren ausgesetzt ist, begründet hingegen keinen Nachteil (sog **passiver Konzerneffekt**, vgl *Emmerich/Habersack* Aktien- und GmbH-KonzernR Rn 52; K. Schmidt/Lutter AktG/*Vetter* Rn 24; *Kiehne* DB 1974, 321, 323).

II. Konzernfinanzierung

Im Mittelpunkt der Diskussion um die Nachteilszufügung im Konzern steht die Konzernfinanzierung, nicht zuletzt ausgelöst durch die Entsch *BGHZ* 157, 72 ff (Novemberentscheidung), welche die Abführung v Liquidität zu Lasten des gebundenen Vermögens selbst bei Werthaltigkeit des Rückgewähranspruchs für unzulässig hielt und 35 dadurch zu großer Rechtsunsicherheit in der Praxis, insb im Hinblick auf die in Konzernen verbreitete Finanzierungspraxis eines zentralen Cash Managements führte (s dazu Rn 36). Dem ist der Gesetzgeber durch Neufassung des § 57 Abs 1 S 3 idF des MoMiG entgegengetreten, bei der die Privilegierung des Cash Poolings ausweislich der Gesetzesbegr wesentliche Motivation war. Danach sind Leistungen, die aus gebundenem Vermögen erfolgen, aber durch einen **vollwertigen Gegenleistungs- oder Rückgewähranspruch** gegen den Aktionär bzw GmbH-Gesellschafter gedeckt sind, **keine verbotene Einlagenrückgewähr** (bilanzielle Betrachtungsweise, krit MünchKomm AktG/*Altmeppen* Rn 240; *ders* ZIP 2009, 49, 50). Dieser Betrachtungsweise hat sich der BGH unter Bezugnahme auf die Gesetzesmaterialien des MoMiG auch für Altfälle angeschlossen (*BGHZ* 179, 71 ff – MPS). Wg der gleichlautenden Neufassung des § 30 Abs 1 S 2 GmbHG ist davon auszugehen, dass die Grundsätze des zu einer abhängigen AG ergangenen Urt auf eine abhängige GmbH zu übertragen sind (*Altmeppen* ZIP 2009, 49, 53; *von Falkenhausen/Kocher* BB 2009, 118, 121). Mit der MPS-Entsch hat der *BGH* klargestellt, dass die „Gewährung eines unbesicherten, kurzfristig rückforderbaren ‚upstream-Darlehens‚ durch eine abhängige AG an ihre Mehrheitsaktionärin kein per se nachteiliges Rechtsgeschäft darstellt, wenn die Rückzahlungsforderung im Zeitpunkt der Darlehensausreichung vollwertig ist" und sich damit der bisher schon **hM** angeschlossen (*Emmerich/Habersack* Aktien- und GmbH-KonzernR Rn 47; Schmidt/Lutter AktG/*Vetter* Rn 56; KölnKomm AktG/*Koppensteiner* Rn 79; *Henze* WM 2005, 717, 723; MünchHdb AG/*Krieger* § 69 Rn 61 f; 1. Aufl Rn 35; Spindler/Stilz AktG/*Müller* Rn 42; **aA** MünchKomm AktG/*Bayer* § 57 Rn 100; *Bayer/Lieder* ZGR 2005, 133, 148 f). Gleichzeitig hat die Entsch neue Fragen aufgeworfen, die sich insb auf den Begriff der Vollwertigkeit, die Reichweite des Konzernprivilegs und die konkreten Anforderungen an die nach Darlehensausreichung bestehenden Sorgfaltspflichten zur laufenden Überprüfung der fortbestehenden Bonität der herrschenden Gesellschaft ergeben.

35a Maßstab für die **Vollwertigkeit** ist eine vernünftige kaufmännische Beurteilung (*BGHZ* 179, 71, 78; Schmidt/Lutter AktG/*Vetter* Rn 58; *Kiefner/Theusinger* NZG 2008, 801, 806; Schmidt/Lutter AktG/*Fleischer* § 57 Rn 24; *Freitag* WM 2007, 1681, 1685; *Gehrlein* Der Konzern 2007, 771, 785; *Habersack* FS Schaumburg, S 1291, 1301; **aA** *Hirte* ZInsO 2008, 689, 692; *Hölzle* GmbHR 2007, 729, 734, die auch über das Deckungsgebot hinaus weiterhin einen Drittvergleich für maßgebend halten). Nicht erforderlich ist damit eine an Sicherheit grenzende Wahrscheinlichkeit der Darlehensrückzahlung (*Bayer/Lieder* AG 2010, 885, 887). Vielmehr reicht es aus, dass unter Berücksichtigung des individuellen Kreditrisikos des Darlehensnehmers die Rückführung des Darlehens hinreichend wahrscheinlich ist, also keine auch noch so geringen Zweifel an der Bonität bestehen (*Bayer/Lieder* AG 2010, 885, 887; s auch *Hüffer* AktG § 57 Rn 20: Ausschluss jedweder vernünftiger Zweifel). Bei Beurteilung der Vollwertigkeit wird dem Vorstand ebenso wie bei den in der Folge notwendigen Kontrollmaßnahmen ein eigenständiger Beurteilungsspielraum zugestanden (*Kiefner/Theusinger* NZG 2008, 801, 805 f; *von Falkenhausen/Kocher* BB 2009, 118, 122; *Rohde/Schmidt* NWB 2008, 4777, 4784; vgl auch *BGH* WM 2008, 787, 788 – UMTS).

35b Im Grundsatz ist eine angemessene, einem Drittvergleich standhaltende **Verzinsung** erforderlich (*Emmerich/Habersack* Aktien- und GmbH-KonzernR Rn 47a; *Winter* DStR 2007, 1484, 1487 f; *von Falkenhausen/Kocher* BB 2009, 118, 121; *Mülbert/Leuschner* NZG 2009, 281, 284; **aA** wohl *Rohde/Schmidt* NWB 2008, 4777, 4784), wobei ein unangemessener Zins als gesonderter Nachteil erfasst werden kann, der nicht bereits zur Nachteilhaftigkeit der Darlehensgewährung an sich führen muss (*BGHZ* 179, 71, 80; **zust** *Kiefner/Theusinger* NZG 2008, 801, 804; *Drygala/Kremer* ZIP 2007, 1289, 1293; *Habersack* ZGR 2009, 347, 359 f; **aA** *Winter* DStR 2007, 1484, 1487; *Wilhelmi* WM 2009, 1917, 1918, die wie iRd Kapitalerhaltung eine Abzinsung vornehmen und damit bereits die Vollwertigkeit verneinen). Die mit Blick auf die bilanzielle Betrachtungsweise vorgetragene Annahme, dass kurzfristig gewährte Darlehen v der Verzinsungspflicht ausgenommen werden können, da eine Abzinsung erst bei einer Laufzeit v mehr als einem Jahr erforderlich werde (so *Drygala/Kremer* ZIP 2007, 1289, 1293; *Kiefner/Theusinger* NZG 2008, 801, 804) dürfte die Frage des Drittvergleichs nicht abschließend beantworten (vgl Schmidt/Lutter AktG/*Vetter* Rn 60); mit *Altmeppen* aaO Rn 255 f ist auf die Umstände des Einzelfalls wie die konkrete Darlehenshöhe und den wahrscheinlichen eigenen Liquiditätsbedarf der abhängigen Gesellschaft abzustellen; insb beim täglichen Ausgleich im Rahmen eines Cash Pooling wird eine Verzinsung entbehrlich sein (s Rn 36).

Die umstr Frage, ob eine **Besicherung** des Darlehens in jedem Fall erforderlich ist, oder ob der Vorstand nach pflichtgemäßem Ermessen zu dem Ergebnis gelangen darf, dass die Rückzahlung auch so ausreichend gesichert sei, hat der BGH nun zu Recht in letztem Sinne entschieden (*BGHZ* 179, 71, 76; schon 1. Aufl Rn 35; *Habersack/Schürnbrand* NZG 2004, 689, 693 ff; MünchHdb AG/*Krieger* § 69 Rn 62; *Reidenbach* WM 2004, 1421, 1427 f; *Spindler* ZHR 171 (2007), 245, 265 f; *Wessels* ZIP 2004, 793, 796; *Winter* DStR 2007, 1484, 1489; Schmidt/Lutter AktG/*Fleischer* § 57 Rn 24; *Wirsch* Der Konzern 2009. 443, 447 f; *Schäfer/Fischbach* FS Hellwig, S 293, 300 ff; anders noch *OLG Jena* ZIP 2007, 1314 ff; *Hüffer* AG 2004, 416, 419 f; *Bayer/Lieder* ZGR 2005, 133, 148). Dies ist bereits deshalb richtig, da es keine in aller Regel dahingehend gibt, dass eine Forderung nur bei Stellung banküblicher Sicherheiten vollwertig wäre (*Drygala/Kremer* ZIP 2007, 1289, 1293; *Rohde/Schmidt* NWB 2008, 4777, 4785), ferner deshalb, weil dem abhängigen Unternehmen durch die Möglichkeit des gestreckten Nachteilsausgleichs nach § 311 Abs 2 das Insolvenzrisiko des herrschenden Unternehmens aufgebürdet wird und das Gesetz ungeachtet dessen nachteilige Einflussnahmen gestattet (*BGHZ* 179, 71, 77; *Habersack/Schürnbrand* NZG 2004, 689, 693; abl *Kropff* NJW 2009, 814, 816). Fehlt eine nach diesem Maßstab erforderliche Besicherung, kann der Nachteilsausgleich hier nur entweder in der unmittelbaren vollständigen Rückführung des Darlehens oder in einer adäquaten Besicherung bestehen (zu den erforderlichen Kontrollmaßnahmen Rn 35e).

35c

Umstr ist weiterhin, inwieweit die Verneinung einer Einlagenrückgewähr nach § 57 Abs 1 S 3 für den Ausschluss eines Nachteils präjudizierend wirkt. Grund dafür ist eine Aussage des BGH, wonach „iRd als **Privilegierung gegenüber § 57 AktG** gedachten §§ 311, 317 f keine strengeren Maßstäbe gelten" können. Dem wird mit der Behauptung entgegengetreten, die Reichweite des Konzernprivilegs sei nur durch die Möglichkeit des zeitlich gestreckten Nachteilsausgleichs bestimmt (*Kropff* NJW 2009, 814, 816; *Mülbert/Leuschner* NZG 2009, 281, 285). Jedenfalls auf Grund der unterschiedlichen Schutzwecke der Sicherung eines Haftungsfonds für die Gläubiger iRd Kapitalerhaltung und des zumindest gleichberechtigten konzernrechtlichen Schutzes der außenstehenden Aktionäre aber kann das zu § 57 Abs 1 S 3 gefundene Ergebnis zur Bestimmung eines Nachteils nicht abschließend sein (ebenso *Wilhelmi* WM 2009, 1917, 1918; *Schaefer/Steinmetz* WuB II A.109; ähnlich *Habersack* ZGR 2009, 347,

35d

Fett

359 f; aA *Winter* DStR 2007, 1484, 1489; *Kiefner/Theusinger* NZG 2008, 801, 806; *Blasche* EWiR 2009, 129, 130). Dies zeigt sich bes deutlich in Fällen mangelnder Risikostreuung **(Klumpenrisiken)**, was sich durchaus als nachteilig erweisen kann (insoweit krit zur MPS-Entsch *Kropff* NJW 2009, 814, 815 ff; *von Falkenhausen/Kocher* BB 2009, 118, 121; anders *Fleischer* ZHR 173 (2009), 649, 685, wonach der Gesetzgeber mit der intendierten Privilegierung des Cash Poolings mögliche Klumpenrisiken als nicht relevante Restrisiken in Kauf genommen habe). Gleiches gilt im Hinblick auf Darlehensgewährungen, die in der abhängigen Gesellschaft selbst benötigte **Liquidität** abziehen (in den Einzelheiten umstr, vgl *Bayer/Lieder* AG 2010, 885, 888 f mit Übersicht zum Meinungsstand), was sich insb in zentralen Cash Management Systemen auswirken kann und dort entspr Sorgfaltspflichten zur Folge hat. Umgekehrt soll im Einzelfall eine Nachteilszufügung trotz fehlender Vollwertigkeit entfallen, wenn das erhöhte Ausfallrisiko durch eine (nicht bilanzwirksame) **Risikoprämie** abgegolten werden könne (so wohl *Mülbert/Leuschner* NZG 2009, 281, 284 f; aA *Wilhelmi* WM 2009, 1917, 1919; *Altmeppen* NZG 2010, 401, 403); richtigerweise wird man das Ausfallrisiko mit Hilfe verschiedener Zinssätze aber nur bis zur Grenze der Vollwertigkeit absichern können (*Cahn* Der Konzern 2009, 67, 70).

35e Die Verneinung eines konkreten Ausfall- oder Liquiditätsrisikos aus der allein maßgeblichen **ex-ante Perspektive** führt auch dann nicht zu einem Nachteil, wenn es später doch zu unerwarteten Forderungsausfällen oder Liquiditätsengpässen kommt. Der weiterhin maßgebliche allg Sorgfaltsmaßstab des § 93 Abs 1 aber fordert vom Vorstand der abhängigen Gesellschaft **Kontrollmaßnahmen** in Form einer laufenden Überprüfung des Kreditrisikos und zwingt zur Kreditkündigung oder Anforderung v Sicherheiten im Falle sich abzeichnender Bonitätsverschlechterung der Obergesellschaft (*Schäfer/Fischbach* FS Hellwig, S 293, 301 f). Fehlen hinreichende vertragliche Informationsrechte in der Vereinbarung mit dem herrschenden Unternehmen, kann dies bereits einen Nachteil darstellen und eine entspr Schadensersatzverpflichtung auslösen (*BGHZ* 179, 71, 79 – MPS; *Habersack* ZGR 2009, 347, 362 f; *Wilhelmi* WM 2009, 1917, 1919 f; *Mülbert/Leuschner* NZG 2009, 281, 286; *Schäfer/Fischbach* FS Hellwig, S 293, 306); Gleiches gilt für zu lange Laufzeiten und Kündigungsfristen (vgl *Wilhelmi* WM 2009, 1917, 1919). Umfangreiche langfristige Darlehen und zentrale Cash Management Systeme erfordern zudem die Einrichtung eines geeigneten Informations- oder **„Frühwarnsystems"** zwischen Mutter und Tochter (*BGHZ* 179, 71, 79; *Henze* WM 2005, 717, 726; Schmidt/Lutter AktG/*Vetter* Rn 65; aA *Wackerbarth* Der Konzern 2010, 261, 270 ff), dessen konkrete Ausgestaltung zu den umstr, durch die MPS-Entsch aufgeworfenen Fragen gehört. Dem AR obliegt die Pflicht, die ausreichende Informationsversorgung der Gesellschaft durch das herrschende Unternehmen zu überprüfen, eine eigenen Bonitätsprüfung muss er jedoch nicht durchführen (*Habersack* ZGR 2009, 347, 363 f; detailliert zu den Pflichten des Aufsichtsrats *Bayer/Lieder* AG 2010, 885).

36 Ein **zentrales Cash-Management** (Cash-Pooling) ist aus Sicht der abhängigen Gesellschaft formal betrachtet eine Darlehensgewährung bzw ein Darlehensempfang, weshalb die vorstehenden Überlegungen entspr heranzuziehen sind (strenger noch *Bayer/Lieder* ZGR 2005, 133, 149: systematischer und vollständiger Entzug aller liquider Mittel erfordere präventiven Schutz). Auch wenn die beschriebenen Probleme beim zentralen Cash-Management in bes Maße kumulieren, stellt dieses nicht per se eine nachteilige Maßnahme dar, sondern ist im Lichte der vorstehenden Maßstäbe zur

Darlehensgewährung an die Muttergesellschaft zu untersuchen (*Emmerich/Habersack* Aktien- und GmbH-KonzernR Rn 48; KölnKomm AktG/*Koppensteiner* Rn 81; MünchHdb AG/*Krieger* § 69 Rn 65; MünchKomm AktG/*Kropff* 2. Aufl Rn 184 ff; Schmidt/Lutter AktG/*Vetter* Rn 58; wohl auch *Burgard* AG 2006, 527, 533; anders etwa *Bayer/Lieder* ZGR 2005, 133, 149). Die Nachteiligkeit ergibt sich im Grundsatz aus den zuvor genannten Gesichtspunkten, wobei die im Cash Pool typischerweise nur kurze Darlehensgewährung eine Verzinsung entbehrlich machen kann (oben Rn 35b; **aA** *Wirsch* Der Konzern 2009, 443, 449). Aus dem gleichen Grund kann ein Nachteil durch anderweitige Vorteile, wie die potentielle eigene Inanspruchnahme kurzfristiger zinsgünstiger Darlehen oder ersparte Kosten für ein eigenes Finanzmanagement der abhängigen AG ausgeglichen werden, soweit ein betriebswirtschaftlich angemessenes System betrieben wird (K. Schmidt/Lutter AktG/*Vetter* Rn 60; *Altmeppen* ZIP 2009, 49, 52; *Wand/Tillmann/Heckenthaler* AG 2009, 148, 157; **aA** *Wirsch* Der Konzern 2009, 443, 449 f). Umgekehrt kann sich ein Nachteil schon dann ergeben, wenn die abhängige Gesellschaft v eigenen Bankverbindungen und Kreditlinien vollkommen abgeschnitten wird (*Emmerich/Habersack* Aktien- und GmbH-KonzernR Rn 48; Spindler/Stilz AktG/*Müller* § 311 Rn 43). Der hier in bes Maße bestehenden Gefahr qualifizierter Nachteilszufügung (vgl oben Rn 27 ff) ist durch ordnungsgemäße Dokumentation der einzelnen Geschäfte zu begegnen. Im Hinblick auf das erforderliche „Frühwarnsystem" (vgl Rn 35e) wird dem Vorstand jedenfalls ein unternehmerischer Ermessensspielraum zuzubilligen sein, der erst dann als überschritten anzusehen ist, wenn das System als „unverantwortliche Organisationsstruktur" zu bewerten ist (vgl *OLG Frankfurt* AG 2008, 453, 455 mit Anm *Sieg* PHI 2008, 42, 43, für den vergleichbaren Fall des Risikomanagements zur frühzeitigen Aufdeckung v Kreditausfallrisiken). Da die Bonität der Obergesellschaft für das abhängige Unternehmen oftmals nur schwierig zu beurteilen ist und angesichts des in § 311 enthaltenen Verbots der Nachteilszufügung (vgl Rn 1) wird vereinzelt eine auch den Vorstand des herrschenden Unternehmens treffende entspr Informationspflicht ggü der abhängigen Gesellschaft und eine korrespondierende Haftung der Konzerngeschäftsleitung für mangelnde Gewährleistung der Werthaltigkeit des Rückzahlungsanspruchs angenommen (MünchKomm AktG/*Altmeppen* Rn 246 f; *ders* NZG 2010, 401, 405).

Sicherheiten, die das abhängige Unternehmen für die Verbindlichkeiten des herrschenden Unternehmens stellt, können nicht nur nachteilig sein bei nicht zu erwartender Inanspruchnahme oder vollwertigem Rückgewähranspruch (so etwa *Kiefner/Theusinger* NZG 2008, 801, 805); der Nachteil kann bereits in der mangelnden Freiheit bestehen, eigene Sicherheiten für sich zu bestellen (MünchKomm AktG/*Kropff* 2. Aufl Rn 190 ff) oder in der Besicherung eines Gegenstandes oder Grundstücks, das für die Wahrnehmung der satzungsmäßigen Aufgaben der Gesellschaft unverzichtbar ist (vgl KölnKomm AktG/*Koppensteiner* Rn 79). Parallel zur Konstellation des Abzugs erforderlicher Liquidität im Falle der Darlehensausreichung können die Wertungen des Konzernrechts hier v der allein maßgeblichen bilanziellen Betrachtungsweise iRd Kapitalerhaltung abweichen. Maßgeblicher, der Auszahlung entspr Zeitpunkt ist richtigerweise bereits die Sicherheitenbestellung, nicht erst die Verwertung (*Kiefner/Theusinger* NZG 2008, 801, 805; **aA** *Tillmann* NZG 2008, 401, 404). Entspr der grds Verzinsungspflicht, ist zudem die Vereinbarung eines marktkonformen Entgelts (**Avalprovision**) zu fordern (*Kiefner/Theusinger* NZG 2008, 801, 806; *Altmeppen* ZIP 2009, 49, 52; *Wand/Tillmann/Heckenthaler* AG 2009, 148, 157). Die Kontrollpflicht 37 der Organmitglieder bezieht sich auf die Verhinderung der Verwertung der Sicherheit, wobei eine Rückforderungsmöglichkeit nicht nur für die Fälle der Beseitigung des Insolvenzrisikos der Zahlungsunfähigkeit vorzusehen ist, sondern stets wenn die abhängige Gesellschaft zur Vermeidung v Vermögenseinbußen entspr Liquidität bedarf (*Altmeppen* ZIP 2009, 49, 53).

III. Konzernumlagen

38 **Konzernumlagen** sind an den vorstehend beschriebenen Grundsätzen zu messen, dh die Vergütungshöhe (für eine tatsächliche Leistung des herrschenden Unternehmens) muss einem Drittvergleich standhalten (*BGHZ* 141, 79, 85; MünchKomm AktG/*Altmeppen* Rn 198 ff). Nachdem auch die gewerbesteuerliche Organschaft einen Gewinnabführungsvertrag erfordert und somit jegliche steuerliche Organschaft der Verlustausgleichspflicht nach § 302 unterliegt, hat die Frage der Nachteiligkeit ihre praktische Bedeutung verloren (*Altmeppen* aaO Rn 282; *Emmerich/Habersack* Aktien- und GmbH-KonzernR Rn 50; K. Schmidt/Lutter AktG/*Vetter* Rn 68 f). Für Altfälle gilt weiterhin, dass **Steuerumlagen**, die als Folge einer steuerlichen Organschaft v herrschenden Unternehmen geltend gemacht werden, nur bis zu dem tatsächlichen Steuermehraufwand des herrschenden Unternehmens als nachteilsfrei anzusehen sind, darüber hinausgehende Beträge nach hM einen ausgleichspflichtigen Nachteil darstellen (*BGHZ* 141, 79, 85 ff; KölnKomm AktG/*Koppensteiner* Rn 86; abl *Simon* DStR 2000, 431 ff; *ders* ZGR 2007, 71, 96 ff mwN; *Altmeppen* aaO Rn 287 ff).

E. Nachteilsausgleich

I. Nachteilsfeststellung

39 Ausgangspunkt für die Ermittlung des zugefügten Nachteils ist der Vergleich mit einem Unternehmen in entspr wirtschaftlicher und rechtlicher Lage, jedoch ohne ein bestehendes Abhängigkeitsverhältnis (vgl Rn 23). Dabei ist der ordentliche und gewissenhafte Geschäftsleiter eines Vergleichsunternehmens bei pflichtgemäßem Handeln nicht auf eine bestimmte Alternativhandlung festgelegt, vielmehr stehen ihm im Rahmen seines Ermessensspielraums mehrere Handlungsoptionen zu (*BGHZ* 135, 244, 253 – ARAG/Garmenbeck, „business judgment rule", kodifiziert in § 93 Abs 1 S 2). Dieser Spielraum muss auch dem Geschäftsleiter einer abhängigen Gesellschaft zugesprochen werden (allgM, vgl *BGH* WM 2008, 787, 788 – UMTS; *OLG Stuttgart* AG 2007, 633, 637; *Hüffer* AktG Rn 29; KölnKomm AktG/*Koppensteiner* Rn 57; *Reuter* ZHR 146 (1982), 1, 13), so dass dieser auch veranlasst durch das herrschende Unternehmen in begrenztem Umfang Risiken eingehen darf.

40 Rechtsgeschäfte des abhängigen Unternehmens müssen einem **Drittvergleich mit einem unabhängigen Unternehmen** standhalten (zum Begriff des Rechtsgeschäfts vgl § 312 Rn 14). Der Pflichtenmaßstab des Geschäftsleiters bestimmt sich nach diesem Drittvergleich (KölnKomm AktG/*Koppensteiner* Rn 61). Zur näheren Erläuterung des Drittvergleichs wird regelmäßig auf die Erkenntnisse zur verdeckten Gewinnausschüttung verwiesen (*Brezing* AG 1975, 225, 231; MünchHdb AG/*Krieger* § 69 Rn 81; K. Schmidt/Lutter AktG/*Vetter* Rn 49; Spindler/Stilz AktG/*Müller* Rn 32). Hier wie dort ist es erheblich, ob das zu Grunde liegende Rechtsgeschäft zu gleichen Konditionen mit Dritten abgeschlossen worden wäre bzw ob ein objektives Missverhältnis zwischen Leistung und Gegenleistung (iSv § 57) besteht (vgl *BGHZ* 141, 79, 85 ff; *Emme-*

rich/Habersack Aktien- und GmbH-KonzernR Rn 54; *Koppensteiner* Rn 61; MünchKomm AktG/*Altmeppen* Rn 203 ff; abl *Adler/Düring/Schmaltz* Rechnungslegung Rn 47; *Leo* AG 1965, 352, 358).

Daneben sind auch **strukturverändernde Geschäfte** denkbar, die wg ihrer Intensität einen Nachteil für das abhängige Unternehmen bedeuten, wie etwa langfristige Bindungen des gesamten Potentials der abhängigen Gesellschaft zugunsten des Unternehmensverbundes oder die Veräußerung wesentlicher Betriebsteile an diesen (KölnKomm AktG/*Koppensteiner* Rn 71; *Strohn* S 78 ff; *Henn/Frodermann/Jannott* Hdb AktR 14. Kap Rn 100). **41**

Für den Geschäftsleiter einer rechtlich unabhängigen Gesellschaft kann es v Interesse sein, im Rahmen einer langfristigen Geschäftsbeziehung ein im Einzelfall nachteiliges Geschäft abzuschließen, entweder um eine Geschäftsbeziehung zu festigen oder in der Erwartung, bei anderer Gelegenheit einen Ausgleich zu erhalten. Solche **auf Kompensation** ausgerichteten Geschäfte stellen selbst dann einen Nachteil dar, wenn die Kompensation im maßgeblichen Betrachtungszeitraum bereits erfolgt ist; hier kann im Interesse der Transparenz ein Kompensationsgeschäft nicht die Annahme eines Nachteils verhindern, sondern allein als Nachteilsausgleich anerkannt werden (KölnKomm AktG/*Koppensteiner* Rn 70, *Kropff* FS Lutter, S 1133, 1140; *Strohn* S 82 f; K. Schmidt/ Lutter AktG/*Vetter* Rn 51). **42**

Ausgangskriterium für den notwendigen Drittvergleich sind – soweit vorhanden – **Marktpreise** für das zu beurteilende Rechtsgeschäft. Werden diese über- oder unterschritten kann dies ein Anzeichen für eine Nachteilszufügung sein (MünchKomm AktG/*Altmeppen* Rn 207 ff; Spindler/Stilz AktG/*Müller* Rn 34). Dabei darf dieses Kriterium bei unvollkommenen, insb intransparenten Märkten nicht überschätzt werden (KölnKomm AktG/*Koppensteiner* Rn 62). Fehlt ein aussagekräftiger Marktpreis, kann ein alternatives Angebot durch einen Dritten ggf einen Anhaltspunkt bieten, wobei evtl vorhandene margenbedingte Abschläge zu berücksichtigen sind (*Emmerich/ Habersack* Aktien- und GmbH-KonzernR Rn 55). In beiden Fällen sind sämtliche preisbildenden Faktoren wie etwa Lieferbedingungen, Gewährleistungsrechte, Zahlungsziele oder Vertragstrafen in den (hypothetischen) Vergleich mit einzubeziehen (*Hüffer* AktG Rn 31; K. Schmidt/Lutter AktG/*Vetter* Rn 52). **43**

Kann ein Marktpreis auch anhand alternativer Angebote nicht bestimmt werden, ist der „pflichtgemäße Preis" über **Hilfsrechnungen** zu ermitteln. Wg der bilanziellen Bewertungsspielräume und den daraus resultierenden Unsicherheiten ist der **Buchwert** bei der Bemessung des Drittgeschäfts regelmäßig kein Anhaltspunkt (KölnKomm AktG/*Koppensteiner* Rn 69; *Risse* DStR 1984, 711, 712); anders soll es liegen, wenn das Anlagevermögen nicht marktgängig ist und damit der Verkaufswert errechnet werden kann (so *Hüffer* AktG Rn 32). Diesen Fall wird man indes wohl schon in die Kategorie „Marktpreis" einordnen können (s. o. Rn 43). Überwiegend wird daher für Fälle eines fehlenden Marktpreises zur Ermittlung einer Vergleichsgröße eine **Gewinnaufschlagsmethode** verwandt. Danach sind zunächst die Selbstkosten der Gesellschaft zu ermitteln und diese um einen branchenüblichen Gewinnaufschlag zu erhöhen (*Adler/Düring/Schmaltz* Rechnungslegung Rn 50; *Emmerich/Habersack* Aktien- und GmbH-KonzernR Rn 56; *Theisen* S 471 f). Auch bei diesem Ansatz bestehen jedoch Schwierigkeiten, einerseits bei der Einbeziehung v Gemeinkosten auf einzelne Stückkosten, andererseits bei der Feststellung der üblichen Gewinnmarge (vgl **44**

Fett

etwa *Krag* BB 1988, 1850, 1852 f). Im Einzelnen kann auf diese Weise jedenfalls eine Bandbreite eines Preises bestimmt werden (*Koppensteiner* aaO Rn 66). Nach der sog **Absatzpreismethode** wird der Preis für die Leistung zu Grunde gelegt, den ein außenstehender Dritter für das Produkt bezahlt, wenn es den Unternehmensverbund verlässt (*Adler/Düring/Schmalz* aaO Rn 51; MünchKomm AktG/*Altmeppen* Rn 217; *Theisen* S 470 f). Im Falle intensiver Verarbeitungsprozesse über mehrere Stufen und hoher verbundsinterner Wertschöpfung entstehen auch nach dieser Methode Bewertungsschwierigkeiten, so dass die Absatzpreismethode auf nur wenig v der Endleistung entfernte Nachteile beschränkt werden sollte (*Hüffer* aaO Rn 33).

45 Der Begriff der **Maßnahme** ist denkbar weit zu verstehen (vgl § 312 Rn 17). Erfasst werden alle Handlungen, die geeignet sind, für das Unternehmen eine vermögens- oder ertragsverändernde Wirkung zu entfalten, ohne dabei als Rechtsgeschäft eingestuft werden zu können. Dazu zählen insb die Überlassung fähiger Mitarbeiter an das herrschende Unternehmen (für ein Vorstandsmitglied *OLG Stuttgart* AG 1979, 200, 202), positive oder negative Einwirkung auf Investitionsentsch, Aufgabe eines erfolgversprechenden (Teil-)Marktes zugunsten v Unternehmen der Gruppe bzw Aufgabe v Teilfunktionen, jedenfalls dann, wenn sie den Gesamterfolg des Unternehmens gefährdet (vgl *Stein* ZGR 1988, 163, 189 f), Übernahme der Prospekthaftung für die Platzierung von Altaktien iR eines Börsengangs (*BGH* NZG 2011, 829 – Telekom III), Beteiligung an Finanzierungsmaßnahmen (vgl in diesem Zusammenhang auch *OLG Düsseldorf* AG 1980, 273 f einerseits und *LG Düsseldorf* AG 1979, 290, 291 zur Verpfändung v Aktien der abhängigen Gesellschaft andererseits), Umstrukturierungen mit Übertragung v Aufgaben in den Bereichen Einkauf und Verkauf (*Bruns* WM 2001, 1497, 1500 f; *Emmerich/Habersack* Aktien- und GmbH-KonzernR Rn 57 f).

46 Grds lassen sich die **Methoden zur Feststellung eines Nachteils** bzw einer Pflichtverletzung der Geschäftsleitung bei Rechtsgeschäften auch auf die **Veranlassung zu einer bloßen Maßnahme** entspr anwenden (MünchKomm AktG/*Altmeppen* Rn 218). Wg der Weite des Begriffs der Maßnahme ist jedoch eine Eingrenzung der Pflichten des Geschäftsleiters schwieriger als bei den relativ konkreten Rechtsgeschäften; dies gilt insb vor dem Hintergrund des weiten Ermessensspielraums der Geschäftsleitung (§ 93 Abs 1 S 2, vgl *Emmerich/Habersack* Aktien- und GmbH-KonzernR Rn 57; *Altmeppen* aaO Rn 218 ff; K. Schmidt/Lutter AktG/*Vetter* Rn 55). Angesichts dessen behilft sich das Schrifttum wie bei § 76 Abs 1 mit dem Topos der „**Ermessensüberschreitung**" und nimmt einen Nachteil an, wenn entweder in den Bestand des Unternehmens selbst oder dessen langfristige Rentabilität eingegriffen wird, die Maßnahme also nicht mehr dem wohlverstandenen Unternehmensinteresse des abhängigen Unternehmens entspricht (*Adler/Düring/Schmaltz* Rechnungslegung Rn 56; *Hüffer* AktG Rn 34). Ein Nachteil besteht danach auch dann, wenn die Gesellschaft ein insgesamt unkalkulierbares Risiko auf sich nimmt oder das Risiko ohne entspr Kompensation durch Gewinnchancen eingegangen wird (KölnKomm AktG/*Koppensteiner* Rn 74; *Tröger* S 183 ff; Spindler/Stilz AktG/*Müller* Rn 38), wobei bei Investitionen die Zusage Kredit gebender Banken und ein gleichgerichtetes Verhalten v Wettbewerbern gegen die Annahme eines derartigen Risikos sprechen wird (*BGH* WM 2008, 787, 788 f – UMTS).

II. Nachteilsausgleichspflicht

1. Rechtsnatur. Zur Vermeidung der Ansprüche aus §§ 317 f muss das herrschende **47** Unternehmen im Fall einer Nachteilszufügung den Nachteil ausgleichen (§ 311 Abs 1 S 2, Abs 2). Bei dieser Ausgleichspflicht handelt es sich um eine **Kompensationspflicht eigener Art** (heute hM *Emmerich/Habersack* Aktien- und GmbH-KonzernR Rn 61 mwN). Die Kompensationspflicht des herrschenden Unternehmens ist vor dem Hintergrund der v § 311 eingeräumten Dispositionsbefugnis des herrschenden Unternehmens **nicht gleichbedeutend** mit einem durchsetzbaren (pfändbaren) Anspruch des abhängigen Unternehmens (KölnKomm AktG/*Koppensteiner* Rn 122; MünchHdb AG/*Krieger* § 69 Rn 85; *Henn/Frodermann/Jannott* Hdb AktR 14. Kap Rn 99). Erst bei Nichterfüllung der „Rechtspflicht minderer Zwangsintensität" (*Hüffer* AktG Rn 38) mit Ablauf des Geschäftsjahres endet die Privilegierungsfunktion des § 311, und an die Stelle der Kompensationspflicht tritt der Schadensersatzanspruch nach § 317.

2. Vorteil. Ist der abhängigen Gesellschaft ein Nachteil zugefügt und dieser festgestellt worden, ergibt sich die Verpflichtung zum **Ausgleich dieses Nachteils**. Dazu ist **48** **durch** das herrschende Unternehmen ein **Vermögensvorteil** zu gewähren, der sich mit dem Nachteil wenigstens die Waage hält (*Hüffer* AktG Rn 40). Für die Frage der Geeignetheit der Kompensation ist wie bei der Ermittlung des Nachteils auf ein unabhängiges Unternehmen abzustellen (vgl Rn 23). Kompensationsmaßnahme kann daher sein, was eine unabhängige Gesellschaft als Gegenleistung für das nachteilige Rechtsgeschäft oder die nachteilige Maßnahme akzeptiert hätte (MünchKomm AktG/*Altmeppen* Rn 336). Möglich ist ein tatsächlicher Ausgleich innerhalb des Geschäftsjahres oder die Einräumung eines Rechtsanspruchs, der auch auf eine spätere Leistung gerichtet sein kann, § 311 Abs 2 (*Altmeppen* aaO Rn 337). Notwendig ist, dass es sich um einen **konkreten Vorteil** handelt, der dem abhängigen Unternehmen gewährt wird. Nicht ausreichend sind danach die mittelbaren Vorteile, die diesem aus der Einbeziehung in den Unternehmensverbund erwachsen (vgl *LG Bonn* ZIP 2007, 1267, 1270; *Fleischer* ZIP 2007, 1968, 1975; zum umgekehrten Fall eines „passiven Konzerneffekts" vgl Rn 34).

Der Vorteil kann in der Gewährung v Sachwerten, sonstigen Rechten oder auch **49** Dienstleistungen bestehen; der Vorteil kann auch v einem Dritten an das abhängige Unternehmen gewährt werden (*Adler/Düring/Schmaltz* Rechnungslegung Rn 63). Insb auch die Darlehensvergabe oder das Stellen v Sicherheiten kann für das abhängige Unternehmen einen Vorteil darstellen, ebenso der Verzicht auf eine rechtmäßige (das heißt angemessene) Konzernumlage. Der maßgebende **Zeitpunkt** für die Bewertung des Vorteils ist die eigentliche Vorteilsgewährung; Entwicklungen zwischen Nachteilszufügung und Ausgleich sind daher zu berücksichtigen (MünchKomm AktG/ *Altmeppen* Rn 322 f).

Es können auch frühere Vorteile mit späteren Nachteilen **verrechnet** werden (Köln- **50** Komm AktG/*Koppensteiner* Rn 127), auch in **kontokorrentartig** zusammengefasster Form (*Hüffer* AktG Rn 45). Grds hat der Vorteil die bilanziellen Folgen eines Nachteils im nächsten Jahresabschluss (also nicht erst nach Feststellung des Nachteils im Abhängigkeitsbericht, vgl § 312) auszugleichen, wozu der Vorteil jedenfalls **bewertbar** sein muss (*Adler/Düring/Schmaltz* Rechnungslegung Rn 66 f; abw MünchKomm AktG/*Altmeppen* Rn 348 ff: Neutralisierung auch in späteren Jahresabschlüssen).

Fett

51 Besonderheiten ergeben sich bei einem Nachteil im Rahmen v konzerninternen **Finanzierungsmaßnahmen** (vgl dazu Rn 35). Liegt der Nachteil in einem Ausfallrisiko für ein gewährtes Darlehen, muss dieses durch Rückführung oder Stellen v Sicherheiten beseitigt werden, ein bloßer Rechtsanspruch ist nicht ausreichend (*Habersack/ Schürnbrand* NZG 2004, 689, 694; *Habersack* ZGR 2009, 347, 357 ff). Die Unterlassung der fortwährenden Bonitätsprüfung der Darlehensnehmerin, schon die Nichteinräumung hierzu erforderlicher Informationsrechte kann ihrerseits einen Nachteil begründen (*BGHZ* 179, 71, 79 – MPS; *Habersack* aaO 347, 362 f; *Wilhelmi* WM 2009, 1917, 1919 f; *Mülbert/Leuschner* NZG 2009, 281, 286). Hat die abhängige Gesellschaft eine Sicherheit gestellt, reicht es als Nachteilsausgleich nicht, eine Avalprovision zu gewähren; entweder führt das herrschende Unternehmen das Darlehen zurück oder besichert seinerseits den Rückzahlungsanspruch in ausreichender Weise (*Emmerich/ Habersack* Aktien- und GmbH-KonzernR Rn 62a; *Henn/Frodermann/Jannott* Hdb AktR 14. Kap Rn 107; *Schön* ZHR 159 (1995), 351, 367).

52 Daneben sollen auch **nicht quantifizierbare Vorteile** als Ausgleich für nicht quantifizierbare Nachteile in Betracht kommen (Beispiel: Ablehnung eines gewinnträchtigen Geschäfts zugunsten eines anderen mit entspr Gewinnchance, MünchHdb AG/*Krieger* § 69 Rn 87). Dies soll unabhängig davon gelten, dass grds ein Ausgleich v nicht quantifizierbaren Nachteilen über §§ 311, 317 ausgeschlossen ist und eine solche Maßnahme zu unterbleiben hat (**hM** KölnKomm AktG/*Koppensteiner* Rn 110, 134 ff; *Krieger* aaO § 69 Rn 87; MünchKomm AktG/*Altmeppen* Rn 345 f). In einem solchen Fall dürfte bei notwendiger ex ante Betrachtung bereits regelmäßig kein Nachteil vorliegen (K. Schmidt/Lutter AktG/*Vetter* Rn 75; Spindler/Stilz AktG/*Müller* Rn 52; *Emmerich/ Habersack* Aktien- und GmbH-KonzernR Rn 64; *Lutter* FS Peltzer, S 241, 254 f). Sollte sich dennoch ein Nachteil der abhängigen Gesellschaft ergeben, hat dieser mangels Bestimmbarkeit entweder zu unterbleiben oder ist durch einen tatsächlich ermittelbaren Vorteil auszugleichen.

53 Umstr ist, inwieweit die Festlegung des **tatsächlichen Ausgleichs** einvernehmlich zwischen herrschendem und abhängigem Unternehmen zu erfolgen hat (zum einvernehmlichen Ausgleichsanspruch s Rn 54). Die Notwendigkeit der einvernehmlichen Lösung soll sich aus der Natur des Ausgleichs als Gegenleistung für eine erbrachte Vorleistung der Gesellschaft ergeben (*Geßler* FS Westermann, S 145, 161; MünchKomm AktG/*Altmeppen* Rn 357 ff; anders KölnKomm AktG/*Koppensteiner* Rn 123 f: nur hinsichtlich Art des Ausgleichs). Dafür spricht, dass der Vorstand des abhängigen Unternehmens im faktischen Konzern eigenverantwortlich handelt und daher bestimmen können muss, ob ein Ausgleich jedenfalls der Sache nach geeignet ist, den Nachteil auszugleichen (vgl *Koppensteiner* aaO Rn 124). Der Wortlaut jedoch deutet in die entgegengesetzte Richtung; danach genügt der (tatsächliche) Ausgleich der Nachteile, also die rein faktische Vornahme der Kompensation; dies entspricht dem Privilegierungsgedanken des § 311 (vgl Rn 58). Die **hM** geht daher zu Recht davon aus, dass die Festlegung des Ausgleichs **einseitig durch das herrschende Unternehmen** erfolgen kann (K. Schmidt/Lutter AktG/*Vetter* Rn 90; Spindler/Stilz AktG/*Müller* Rn 56; *Emmerich/Habersack* Aktien- und GmbH-KonzernR Rn 71; *Hüffer* AktG Rn 41; MünchHdb AG/*Krieger* § 69 Rn 88a; *Henn/Frodermann/Jannott* Hdb AktR 14. Kap Rn 104; *Möhring* FS Schilling, S 253, 265; **aA** insb *Altmeppen* aaO Rn 357 ff; *ders* NZG 2010, 401, 402; Grigoleit AktG/*Grigoleit* Rn 52).

Wird der Nachteil nicht tatsächlich ausgeglichen, können sich herrschendes und abhängiges Unternehmen nach **Abs 2** auch auf einen **Ausgleichsanspruch einigen**. Dies setzt voraus, dass beide **durch Vertrag** einen originären Anspruch des abhängigen Unternehmens begründen. Diese Nachteilsausgleichsvereinbarung genügt den Anforderungen des Abs 2 nur dann, wenn sie die zu gewährenden Vorteile konkret bezeichnet (*Wirth* GS Winter S 775, 780). **Art und Umfang** des Ausgleichs sowie der Zeitpunkt der Gewährung müssen feststehen (*BGH* NZG 2012, 1030, 1031). Ist der Nachteil im laufenden Geschäft noch nicht bezifferbar, steht dessen Quantifizierbarkeit aber grds außer Zweifel, ist auch eine Regelung möglich, die den Anspruch der Höhe nach v dem späterhin festgestellten tatsächlichen Nachteil abhängig macht (K. Schmidt/Lutter AktG/*Vetter* Rn 88). Für die Übernahme eines Prospekthaftungsrisikos durch die abhängige Gesellschaft kann der konkrete Nachteil daher auch durch bloße Zusage eines Ausgleichsanspruchs oder einer Freistellungsvereinbarung ausgeglichen werden kann (vgl *BGH* NZG 2011, 829, 823 – Telekom III). Entscheidet die Hauptversammlung z B im Rahmen einer Beschlussfassung nach § 119 Abs 2 über eine nachteilige Veranlassung, muss bereits der Hauptversammlungsbeschluss den Nachteilsausgleich regeln; ein gestreckter Nachteilsausgleich etwa durch eine spätere Vereinbarung zwischen den Gesellschaften kommt nicht mehr in Betracht (*BGH* NZG 2012, 1030, 1032; zust *Wilhelm* NZG 2012, 1287, 1289 ff, s auch unten Rn 59). Ist der zugefügte Nachteil bezifferbar, muss eine Ausgleichsvereinbarung, die einen Zahlungsanspruch begründet, den Ausgleichsanspruch auch beziffern und darf ihn nicht von einer späteren Feststellung des Nachteils abhängig machen (*BGH* NZG 2012, 1030, 1032, für eine Erledigungswirkung eines während einer Anfechtungs- bzw Nichtigkeitsklage erfolgten Nachteilsausgleichs *Derlin* BB 2012, 2395). Von besonderem Interesse ist hier die Frage, ob der Ausgleichanspruch auch dann zu beziffern ist, wenn es in der Sache um konzerninterne Unternehmensveräußerungen geht (so iE *BGH* NZG 2012, 1030, 1032; *Seulen* EWiR 2012, 683 f). Problematisch ist hierbei, dass der Wert eines Unternehmens aufgrund der Vielfältigkeit der Bewertungsverfahren nie mit absoluter Sicherheit ermittelt werden kann, so dass eine spätere abweichende Bezifferung etwa durch ein Gericht immer mit der Gefahr einer verdeckten Einlagerückgewähr verbunden wäre (*Wirth* GS Winter S 775, 781 f; *Wilhelm* NZG 2012, 1287, 1291). Es liegt daher durchaus nahe, diese Bezifferung vorläufig vorzunehmen und die konkrete Bestimmung – wie bei einem Spruchverfahren bei vergleichbaren Sachverhalten – einem Gericht zu überlassen (dafür *Wirth* GS Winter S 775, 779 ff). Dies überzeugt am Ende aber nicht (so zu Recht *BGH* NZG 2012, 1030, 1032; *Heidel* FS Meilicke S 125, 136 ff). Der Minderheitsaktionär darf nicht darauf verwiesen werden, in der Hoffnung auf einen ungewissen Nachteilsausgleich Klage zu erheben. Unklar wäre in Ermangelung eines entsprechenden gesetzlich vorgesehen Verfahrens überdies, wie der Minderheitsaktionär in einer dem herrschenden Unternehmen gegenüber bindenden Entscheidung eine solche gerichtliche Feststellung überhaupt herbeiführen soll (vgl *BGH* NZG 2012, 1030, 1032; iE abl auch Grigoleit AktG/*Grigoleit* Rn 51). Alternative Gestaltungen wie eine Earn-Out Klausel zugunsten des abhängigen Unternehmens könnten Abhilfe schaffen (vgl *Wilhelm* NZG 2012, 1287, 1292); angesichts der engen Maßstäbe, die der BGH gesetzt hat (NZG 2012, 1030, 1032), ist von solchen Vertragsgestaltungen allerdings abzuraten. In der Beratung sollten Organe auf das daher bei konzerninternen Veräußerungen bestehende erhöhte Haftungsrisiko nach §§ 317, 318 hingewiesen werden (vgl auch *Seulen* EWiR 2012, 683 f). Die Festlegung einer **Wahlschuld** (§ 262 BGB) ist möglich, wobei diskutiert wird, ob

54

eine Wahlschuld auch allein zugunsten des herrschenden Unternehmens eingeräumt werden kann oder eine solche allenfalls im Einvernehmen mit dem abhängigen Unternehmen zulässig ist. Wie bei der Festlegung des tatsächlichen Ausgleichs wird man auch hier dem herrschenden Unternehmen eine entspr Wahlmöglichkeit einräumen müssen (vgl oben Rn 53; wie hier MünchHdb AG/*Krieger* § 69 Rn 88a; *Habersack* aaO Rn 74; wohl auch *Hüffer* aaO Rn 47, der sich auf seine Position zur freien Bestimmbarkeit beim tatsächlichen Ausgleich beruft, **aA** Spindler/Stilz AktG/*Müller* Rn 60; anders auch aufgrund abw Prämisse KölnKomm AktG/*Koppensteiner* Rn 132: nur gemeinsam mit abhängigem Unternehmen).

55 Diese in § 311 Abs 2 S 2 zum Ausdruck kommende Möglichkeit des **„gestreckten" Nachteilsausgleichs** ist ein weiteres Bsp für die **Privilegierungsfunktion** des § 311 (krit *Kropff* FS Kastner, S 279, 286 ff). Die zeitliche Verzögerung des Nachteilsausgleichs muss freilich ihrerseits durch eine entspr Regelung im Vertrag kompensiert werden (Zinsen oder gleichwertige Abgeltung). Erfolgt weder ein tatsächlicher Ausgleich noch die Anspruchseinräumung innerhalb des Geschäftsjahres, in dem der Nachteil entstanden ist, muss das herrschende Unternehmen nach § 317 Ausgleich leisten (MünchHdb AG/*Krieger* § 69 Rn 88a). Es ist also nicht möglich, bis zum Abhängigkeitsbericht des AR oder bis zum Prüfbericht des Abschlussprüfers zuzuwarten (vgl auch § 313 Rn 6 und zu den Besonderheiten bei HV-Beschluss Rn 54).

56 Kommt es zu **Leistungsstörungen im Rahmen eines gewährten Ausgleichanspruchs**, darf nach Sinn und Zweck des Nachteilsausgleichs das Risiko nicht auf die abhängige Gesellschaft abgewälzt werden. Dieses Ergebnis lässt sich mit den Regeln des allg Schuldrechts erreichen (vgl *Emmerich/Habersack* Aktien- und GmbH-KonzernR Rn 76; K. Schmidt/Lutter AktG/*Vetter* Rn 94; MünchKomm AktG/*Altmeppen* Rn 378 f: §§ 280, 283 BGB, ferner bei Unmöglichkeit Rücktrittsrecht des abhängigen Unternehmens mit Folge des Anspruchs aus § 317). Führt man sich die Prämisse der Privilegierung vor Augen, nämlich die Gleichwertigkeit v tatsächlichem Ausgleich und Anspruch, erschließt sich das konzernrechtlich angemessene Ergebnis auch direkt aus §§ 311 Abs 2, 317: Gelingt der Ausgleich aufgrund des gewährten Anspruchs nicht, trägt hierfür allein das herrschende Unternehmen das Risiko und muss nach § 317 haften; wg dieser spezialgesetzlichen Regelung kommt es auf die allg zivilrechtlichen Grundsätze letztlich nicht an (so zu Recht KölnKomm AktG/*Koppensteiner* Rn 115; Spindler/Stilz AktG/*Müller* Rn 61).

III. Einflussnahme im „Konzerninteresse"

57 Schließlich ist es dem herrschenden Unternehmen zwar möglich, nachteilige Maßnahmen bei der abhängigen Gesellschaft zu veranlassen. Dabei muss eine solche Maßnahme aber wie bei § 308 insgesamt dem herrschenden Unternehmen oder einem mit diesem verbundenen Unternehmen dienen (**„Konzerninteresse"**, zum Begriff § 308 Rn 21; **hM**, vgl nur MünchKomm AktG/*Altmeppen* Rn 306, 334; Spindler/Stilz AktG/ *Müller* Rn 53; anders noch GroßKomm AktG/*Würdinger* Anm 2e).

F. Auswirkungen auf die abhängige (Aktien-)Gesellschaft

I. Kapitalerhaltung

58 Geht mit der Nachteilszufügung ein Vorteil des herrschenden Aktionärs einher, ist regelmäßig der Tatbestand der **verbotenen Einlagenrückgewähr** erfüllt, §§ 57, 60, 62.

Die danach bestehende Rückgewährverpflichtung würde jedoch die in § 311 Abs 2 vorgesehene Möglichkeit des gestreckten Nachteilsausgleichs vereiteln, so dass nach ganz überwiegender, zutr Ansicht ein Vorrang v § 311 gegenüber §§ 57, 62 besteht (*BGH* NZG 2011, 829 – Telekom III; *BGHZ* 179, 71, 77 – MPS, *OLG Stuttgart* AG 1994, 411, 412; *LG Düsseldorf* AG 1979, 290, 291 f; KölnKomm AktG/*Koppensteiner* Rn 161 f; MünchHdb AG/*Krieger* § 69 Rn 52, 63; Spindler/Stilz AktG/*Müller* Rn 63; Grigoleit AktG/*Grigoleit* Rn 56; **aA** krit *Cahn* S 64 ff; *Spindler* ZHR 171 (2007), 245, 264; Spindler/Stilz AktG/*Cahn/Senger* § 57 Rn 121; für eine „umgekehrte" Spezialität *Winter* DStR 2007, 1484, 1489; *Wilhelmi* WM 2009, 1917, 1918). Wird der Nachteil gem § 311 Abs 2 innerhalb des Geschäftsjahres nicht ausgeglichen, entfällt der Grund für die Privilegierung und die Rückgewährverpflichtung nach §§ 57, 62 lebt wieder auf; die §§ 57, 62 stehen dann neben der Haftung nach §§ 311, 317 (s § 317 Rn 20). Noch nicht abschließend geklärt ist, ob § 311 auch § 71a vorgeht (dafür *Emmerich/Habersack* Aktien- und GmbH-KonzernR Rn 82; Wachter AktG/*Rothley* Rn 34; vorsichtig auch *Fleischer* AG 1996, 494, 507; eher abl *Koppensteiner* aaO Rn 163; K. Schmidt/Lutter AktG/*Vetter* Rn 105). Die Frage kann v Interesse sein, wenn das abhängige Unternehmen das herrschende bei dem Erwerb eines Aktienpakets unterstützt und erhält bes Brisanz, wenn dieses Aktienpaket die Abhängigkeit erst begründet. Letzteres wird an § 53a scheitern; besteht bereits Abhängigkeit, sprechen hingegen die besseren Gründe dafür, den hinausgeschobenen Nachteilsausgleich nach § 311 Abs 2 zuzulassen.

II. Beschlussfassung

Bedeutung erfährt § 311 auch im Verhältnis zu auf der HV getroffenen Beschl (vgl Rn 20). Nach § 243 Abs 2 ist ein die Anfechtbarkeit eines Beschl beseitigender Ausgleich bereits im betr Beschl selbst festzusetzen, während nach § 311 ein nachträglicher Ausgleich möglich ist. Da der Schutz nach §§ 311, 317 (lediglich Schadensersatz bei fehlendem Nachteilsausgleich) hinter dem die Bestandskraft des Beschl verhindernden § 243 Abs 2 zurückbleibt, geht die hM zu Recht davon aus, dass beide Regelungen kumulativ nebeneinander anzuwenden sind (*BGH* NZG 2012, 1030, 1032; *OLG Frankfurt* WM 1973, 348, 350 f; *LG München I* AG 2010, 173, 178 f; NZG 2002, 826, 827; Spindler/Stilz AktG/*Müller* Rn 65; *Emmerich/Habersack* Aktien- und GmbH-KonzernR Rn 85; **aA** *Mülbert* S 288 ff, s auch Rn 54).

59

III. Organpflichten

Der **Vorstand** der abhängigen Gesellschaft leitet die Gesellschaft in eigener Verantwortung, § 76 Abs 1. Mangels Einräumung einer ausdrücklichen Leitungsmacht im faktischen Konzern wird diese Verantwortlichkeit nicht v § 311 verdrängt. Allerdings **kann** der Vorstand unter den Voraussetzungen v § 311 eine für das abhängige Unternehmen nachteilige Weisung befolgen. Der Vorstand hat daher das Vorliegen eines „Konzerninteresses" sowie die Ausgleichsfähigkeit des Nachteils und die Ausgleichsbereitschaft und -fähigkeit des herrschenden Unternehmens **zu prüfen** (**hM** vgl nur MünchHdb AG/*Krieger* § 69 Rn 28; abw *Wackerbarth* Der Konzern 2010, 261, 269 f: es bedürfe eines rationalen Grundes, dem Vorschlag der Mutter zu folgen, ein weitergehendes Folgerecht bestehe nicht; anders *Wieneke* CCZ 2012, 236, 240: im Einzelfall könne Pflicht des Vorstands bestehen, dem Konzerninteresse zu folgen; eine solche Pflicht dürfte allenfalls dann bestehen, wenn sich das Konzerninteresse und das Interesse des abhän-

60

gigen Unternehmens zum einen decken und zum anderen jede andere Entscheidung des Vorstands vor dem Hintergrund dieser deckungsgleichen Interessen pflichtwidrig wäre). Die **Gewährung v Krediten** oder der **Besicherung v Forderungen** gegenüber dem herrschenden Unternehmen hat zu unterbleiben, wenn sich aus der maßgeblichen ex ante Perspektive konkrete Ausfall- oder Liquiditätsrisiken ergeben; ein gestreckter Nachteilsausgleich nach § 311 Abs 2 verbietet sich in diesen Fällen, gleichzeitig treffen den Vorstand in der Folgezeit insb bei langfristigen Darlehensgewährungen und zentralen Cash Management Systemen fortwährende Überwachungspflichten hinsichtlich der Bonitäts- und Liquiditätslage des herrschenden Unternehmens (*BGHZ* 179, 71, 78 ff – MPS; s Rn 35 ff). Erklärt sich das herrschende Unternehmen glaubhaft zum Ausgleich bereit, geht § 311 als speziellere Regelung einer Ersatzpflicht des Vorstands nach § 93 vor (*Geßler* FS Westermann, S 145, 156 f; *Emmerich/Habersack* Aktien- und GmbH-KonzernR Rn 78). Eine Ersatzpflicht nach dieser Norm besteht jedoch, wenn der Vorstand eine nachteilige Maßnahme trotz Zweifel am Ausgleich des Nachteils durchführt (*OLG Hamm* AG 1995, 512, 516; *Schäfer/Fischbach* FS Hellwig, S 293, 304 f ; KölnKomm AktG/*Koppensteiner* Rn 140 ff; aA *Bälz* FS Raiser, S 287, 316). Der Vorstand ist ferner **berechtigt** (jedoch nicht verpflichtet), das herrschende Unternehmen über **Geschäftsinterna zu informieren**, sofern dieses die Information zur einheitlichen Leitung des faktischen Konzerns benötigt; § 93 Abs 1 S 3 wird entspr v den privilegierenden §§ 311 ff überlagert (instruktiv MünchKomm AktG/*Altmeppen* Rn 422 ff mwN). Zur Wahrung der Interessen der abhängigen Gesellschaft obliegen dem Vorstand bes **Organisations- und Dokumentationspflichten** auch hinsichtlich nachgeordneter Stellen (*Habersack* aaO Rn 80; K. Schmidt/Lutter AktG/*Vetter* Rn 103).

61 Für den AR gelten vergleichbare Maßstäbe. So hat er insb im Rahmen seiner Überwachungsaufgabe darauf zu achten, dass der Vorstand nachteilige Maßnahmen nur im rechtmäßigen Umfang bzw Rahmen zulässt (*Schneider* FS Raiser, S 341 ff). Macht er in diesem Zusammenhang bspw v Zustimmungsvorbehalten gem § 111 Abs 4 S 2 Gebrauch, wird seine Haftung nach §§ 93, 116 v § 311 verdrängt, wenn er sich davon überzeugt hat, dass das Handeln des Vorstands den vorstehend beschriebenen Maßstäben entspricht (vgl Rn 60; MünchKomm AktG/*Altmeppen* Rn 471, 413 ff). Bei der Gewährung v Krediten oder der Stellung v Sicherheiten für das herrschende Unternehmen hat der AR eine entspr Informationsversorgung der Gesellschaft zu hinterfragen, eine eigene Bonitätsprüfung obliegt ihm aufgrund des § 111 Abs 1 S 4 jedoch nicht (*Bayer/Lieder* AG 2010, 885, 893 f; *Habersack* ZGR 2009, 347, 363 f).

IV. Schadensersatz

62 Zunächst ist für den Fall des unterbliebenen Nachteilsausgleichs auf die Schadensersatzregeln in §§ 317 f zu verweisen. Regelmäßig erfüllt die nachteilige Veranlassung nach § 311 darüber hinaus auch den Tatbestand der schädlichen Einflussnahme iSv § 117. Um die Möglichkeit eines nachträglichen Nachteilsausgleichs zu gewährleisten, tritt ein (sofort fälliger) Schadensersatzanspruch jedoch hinter der speziellen Regelung v § 311 zurück (*Hüffer* AktG Rn 50; vgl § 117 Rn 8; zum Verhältnis v § 317 und § 117 vgl § 317 Rn 20). Im Fall der Insolvenz des abhängigen Unternehmens werden elektronische Aufzeichnungen (E-Mail-Verkehr, Intranet-Archiv usw) für den Insolvenzverwalter v bes Interesse sein, wenn es um den Nachweis einer nachteiligen Einflussnahme geht (dazu *Weinbrenner* Der Konzern 2006, 583, 593 f).

§ 312 Bericht des Vorstands über Beziehungen zu verbundenen Unternehmen

(1) ¹Besteht kein Beherrschungsvertrag, so hat der Vorstand einer abhängigen Gesellschaft in den ersten drei Monaten des Geschäftsjahrs einen Bericht über die Beziehungen der Gesellschaft zu verbundenen Unternehmen aufzustellen. ²In dem Bericht sind alle Rechtsgeschäfte, welche die Gesellschaft im vergangenen Geschäftsjahr mit dem herrschenden Unternehmen oder einem mit ihm verbundenen Unternehmen oder auf Veranlassung oder im Interesse dieser Unternehmen vorgenommen hat, und alle anderen Maßnahmen, die sie auf Veranlassung oder im Interesse dieser Unternehmen im vergangenen Geschäftsjahr getroffen oder unterlassen hat, aufzuführen. ³Bei den Rechtsgeschäften sind Leistung und Gegenleistung, bei den Maßnahmen die Gründe der Maßnahme und deren Vorteile und Nachteile für die Gesellschaft anzugeben. ⁴Bei einem Ausgleich von Nachteilen ist im Einzelnen anzugeben, wie der Ausgleich während des Geschäftsjahrs tatsächlich erfolgt ist, oder auf welche Vorteile der Gesellschaft ein Rechtsanspruch gewährt worden ist.

(2) Der Bericht hat den Grundsätzen einer gewissenhaften und getreuen Rechenschaft zu entsprechen.

(3) ¹Am Schluss des Berichts hat der Vorstand zu erklären, ob die Gesellschaft nach den Umständen, die ihm in dem Zeitpunkt bekannt waren, in dem das Rechtsgeschäft vorgenommen oder die Maßnahme getroffen oder unterlassen wurde, bei jedem Rechtsgeschäft eine angemessene Gegenleistung erhielt und dadurch, dass die Maßnahme getroffen oder unterlassen wurde, nicht benachteiligt wurde. ²Wurde die Gesellschaft benachteiligt, so hat er außerdem zu erklären, ob die Nachteile ausgeglichen worden sind. ³Die Erklärung ist auch in den Lagebericht aufzunehmen.

Übersicht

	Rn		Rn
I. Einleitung/Überblick	1	b) „mit herrschendem Unternehmen / verbundenem Unternehmen"	20
1. Bedeutung des Abhängigkeitsberichts	2		
2. Keine Publizität, keine Sperrwirkung	3	c) „auf Veranlassung oder im Interesse dieser Unternehmen"	21
II. Voraussetzungen der Berichtspflicht	4	d) Abgelaufenes Geschäftsjahr	23
1. Erfasste Unternehmen	4	4. Einzelangaben	24
2. Änderungen im laufenden Geschäftsjahr	5	a) Rechtsgeschäft	24
3. Negativbericht	7	b) Maßnahme	26
III. Verfahren	8	c) Angaben bei Nachteilsausgleich	27
1. Aufstellung durch Vorstand	8	VI. Besondere Fälle des Abhängigkeitsberichts	28
2. Frist	9		
3. Kosten	10	1. Gebietskörperschaft/öffentliche Hand	28
IV. Durchsetzung der Berichtspflicht	11		
1. Zwangsgeld	11	2. Gemeinschaftsunternehmen / mehrstufige Abhängigkeit	30
2. Sonstige Rechtsfolgen	12	VII. Allgemeine Berichtsgrundsätze	31
V. Inhalt des Abhängigkeitsberichts	14	VIII. Schlusserklärung	34
1. Rechtsgeschäfte	14	1. Gegenstand	34
2. Maßnahmen	17	2. Inhalt	35
3. Einzelheiten	18	3. Aufnahme in den Lagebericht	36
a) „durch abhängige Gesellschaft"	18		

Fett

Literatur: *Bode* Abhängigkeitsbericht und Kostenlast im einstufigen faktischen Konzern, AG 1995, 261; *Böttcher* Der Abhängigkeitsbericht im faktischen Konzern – kostspielig, unpraktikabel und wirkungslos?, FS Maier-Reimer, 2010, S 29; *Friedl* Abhängigkeitsbericht und Nachteilsausgleich zwischen erfolgreicher Übernahme und Abschluss eines Beherrschungsvertrages, NZG 2005, 875; *Gail* Auswirkungen des Aktiengesetzes 1965 auf die Kommanditgesellschaft auf Aktien, WPg 1966, 425; *J. Götz* Der Abhängigkeitsbericht der 100 %igen Tochtergesellschaft, AG 2000, 498; *ders* Zeitliche Begrenzung der Verpflichtung zur Erstellung eines Abhängigkeitsberichts, NZG 2001, 68; *Habersack/Verse* Zum Auskunftsrecht des Aktionärs im faktischen Konzern, AG 2003, 300; *Haesen* Der Abhängigkeitsbericht im faktischen Konzern, Diss Köln, 1970; *Hüffer* Probleme des Cash Managements im faktischen Aktienkonzern, AG 2004, 416; *Klussmann* Einzelfragen zu Inhalt und Gliederung des Abhängigkeitsberichts nach § 312 AktG 1965, DB 1967, 1487; *Kropff* Ausgleichspflichten bei passiven Konzernwirkungen, FS Lutter, 2000, S 1133; *Lutter/Timm* Zum VEBA/Gelsenberg-Urteil des Bundesgerichtshofes, BB 1978, 836; *Meier* Inhalt und Prüfung des Abhängigkeitsberichts, WPg 1968, 64; *Mertens* Verpflichtung der Volkswagen AG, einen Bericht gemäß § 312 AktG über ihre Beziehungen zum Land Niedersachsen zu erstatten?, AG 1996, 241; *Mutter/Frick* Die „Sperrwirkung" des Abhängigkeitsberichts, AG-Report 2005, 270; *Rasner* Der Abhängigkeitsbericht des § 312 des Aktiengesetzes, BB 1966, 1043; *Sparfeld* Der Abhängigkeitsbericht nach tschechischem und nach deutschem Recht, RIW 2002, 754; *Strieder* Der aktienrechtliche Abhängigkeitsbericht bei der kapitalistischen Kommanditgesellschaft auf Aktien, DB 2004, 799; *Ulmer* Begriffsvielfalt im Recht der verbundenen Unternehmen als Folge des Bilanzrichtlinien-Gesetzes, FS Goerdeler, 1987, S 623; *van Venrooy* Erfüllungsgeschäfte im Abhängigkeitsbericht der Aktiengesellschaft, DB 1980, 385.

I. Einleitung/Überblick

1 Nach Abs 1 ist der Vorstand einer abhängigen Gesellschaft verpflichtet, innerhalb der ersten drei Monate des Geschäftsjahres einen Abhängigkeitsbericht zu erstellen, der insb auf die durch das herrschende Unternehmen veranlassten Rechtsgeschäfte einzugehen hat. Der Bericht muss mit einer verbindlichen Schlusserklärung enden (Abs 3), die auch in den Lagebericht aufzunehmen ist. Abs 2 konkretisiert die dabei einzuhaltenden Sorgaltsanforderungen.

2 **1. Bedeutung des Abhängigkeitsberichts.** Mit dem Abhängigkeitsbericht soll außenstehenden Aktionären und Gläubigern die **Anspruchsdurchsetzung** nach §§ 311, 317, die auf Einzelausgleich schädigender Maßnahmen gerichtet ist, **erleichtert werden** (vgl *Kropff* S 410 f; s auch die kritische Bestandsaufnahme bei *Böttcher* FS Maier-Reimer, S 29, 35 ff). Dies geschieht mangels Publizität des Berichts (vgl dazu Rn 3) zwar nicht auf direktem Wege. Da in die Erstellung und Kontrolle des Abhängigkeitsberichts neben Vorstand und AR auch die Abschlussprüfer einbezogen sind (§§ 312–314, 318) und der Aktionär die Möglichkeit zur Beantragung einer Sonderprüfung (§ 315) hat, wenn sich aus der Schlusserklärung des Vorstands, dem Bericht der Prüfer (§ 313) oder des AR (§ 314) die Nichtbeachtung v § 311 ergibt, besteht jedenfalls eine mittelbare Schutzwirkung. Der Bericht wirkt zudem **präventiv**.

3 **2. Keine Publizität, keine Sperrwirkung.** Der Abhängigkeitsbericht selbst muss **nicht veröffentlicht** werden; das Geheimhaltungsinteresse der beteiligten Unternehmen geht vor (vgl nur *Sparfeld* RIW 2002, 754, 756). Dies gilt auch für Aktionäre oder Gläubiger, die einen Anspruch aus § 317 verfolgen (*Hüffer* AktG Rn 38). Was an Transparenz verbleibt, ist eine mittelbare Kenntnisnahme über den Bericht des AR

(§ 314) oder des Sonderprüfers (§§ 315, 145 Abs 4). Wenn die Aktionäre danach v dem Inhalt des Berichts grds keine Kenntnis erlangen, kann der Abhängigkeitsbericht für das Auskunftsrecht der Aktionäre nach § 131 Abs 1 auch keine Sperrwirkung entfalten (**hM** *OLG Stuttgart* AG 2004, 94, 95; *Habersack/Verse* AG 2003, 300, 303; Köln-Komm AktG/*Koppensteiner* Rn 6; K. Schmidt/Lutter AktG/*Vetter* Rn 8; *Henn/Frodermann/Jannott* Hdb AktR 14. Kap Rn 110; anders *OLG Frankfurt* AG 2003, 335, 336; *KG* AG 1973, 25, 27 f; *Mutter/Frick* AG-Report 2005, 270, 272; Wachter AktG/*Rothley* Rn 28). Bei Insolvenz der abhängigen Gesellschaft besteht ein Einsichtsrecht des Insolvenzverwalters (K. Schmidt/Lutter AktG/*Vetter* Rn 7; Spindler/Stilz AktG/*Müller* Rn 2).

II. Voraussetzungen der Berichtspflicht

1. Erfasste Unternehmen. Für § 312 gelten die gleichen Voraussetzungen wie für die Anwendbarkeit des § 311, so dass Abhängigkeit, das Fehlen eines Beherrschungsvertrages und die Unternehmenseigenschaft des herrschenden Unternehmens zwingend sind (vgl § 311 Rn 5 ff). Trotz des Wortlauts („Vorstand") ist auch die abhängige **KGaA** erfasst. Dies folgt aus § 311, der bereits dem Wortlaut nach für die KGaA gilt und dessen Durchsetzung § 312 dienen soll (*OLG Stuttgart* AG 2003, 527 ff; Köln-Komm AktG/*Koppensteiner* Rn 10; anders noch *Gail* WPg 1966, 425, 429). Auch in der **Einmann-AG** ohne außenstehende Aktionäre ist zum Schutz der Gläubiger ein Abhängigkeitsbericht zu erstellen (**hM** *Emmerich/Habersack* Aktien- und GmbH-KonzernR Rn 6; MünchKomm AktG/*Altmeppen* Rn 27; **aA** *J. Götz* AG 2000, 498 ff). 4

2. Änderungen im laufenden Geschäftsjahr. Kommt es im laufenden Geschäfts- und Berichtsjahr zu Änderungen der tatbestandlichen Voraussetzungen, etwa weil das Unternehmen in **Abhängigkeit** gerät oder **diese beendet** wird, ist ab diesem Zeitpunkt bzw für den verbliebenen (Rumpf-)Zeitraum ein Abhängigkeitsbericht zu erstellen (*OLG Düsseldorf* AG 1994, 36; *Hüffer* AktG Rn 6). Gleiches gilt auch, wenn die Gesellschaft in eine GmbH oder in eine andere Rechtsform mit Ausnahme der KGaA (s dazu Rn 4) **formgewechselt** wird (anders für einen Wegfall bzw die Entstehung der Berichtspflicht für den gesamten Zeitraum MünchKomm AktG/*Altmeppen* Rn 43 ff; K. Schmidt/Lutter AktG/*Vetter* Rn 15). 5

Zu einem Erlöschen der Berichtspflicht für das gesamte Geschäftsjahr führt der Abschluss eines **Gewinnabführungs- oder Beherrschungsvertrages**, unabhängig davon, zu welchem Zeitpunkt innerhalb des Geschäftsjahres dieser wirksam wird (Köln-Komm AktG/*Koppensteiner* Rn 18; MünchKomm AktG/*Altmeppen* Rn 47 f; *Henn/Frodermann/Jannott* Hdb AktR 14. Kap Rn 114; *Friedl* NZG 2005, 875, 877 f; anders *Haesen* S 65 f). Das herrschende Unternehmen unterliegt auch für vor Wirksamwerden des Vertrages begründeten Verbindlichkeiten der Nachteilsausgleichspflicht aus § 302, so dass die Berichtspflicht entbehrlich ist. Entspr gilt nach §§ 322 Abs 1, 324 Abs 3 auch für die **Eingliederung** (§§ 319 ff). Wird ein bestehender Beherrschungs- und Gewinnführungsvertrag oder eine Eingliederung **beendet** und liegen ansonsten die Voraussetzungen des § 312 vor, besteht die Berichtspflicht v diesem Zeitpunkt an (*Emmerich/Habersack* Aktien- und GmbH-KonzernR Rn 12; Spindler/Stilz AktG/ *Müller* Rn 12). Zur parallelen Thematik bei § 316 vgl dort Rn 3 f. 6

3. Negativbericht. Haben in dem Berichtsjahr keine berichtspflichtigen Geschäfte oder Maßnahmen stattgefunden, muss ein Abhängigkeitsbericht mit eben dieser Fest- 7 stellung verfasst werden (**Negativbericht**), damit auch die entspr Negativerklärung Prüfungsgegenstand sein kann (§§ 313, 314, vgl etwa KölnKomm AktG/*Koppensteiner* Rn 13).

III. Verfahren

8 **1. Aufstellung durch Vorstand.** Träger der **Berichtspflicht** ist nach Abs 1 S 1 der Vorstand der abhängigen Gesellschaft bzw bei der abhängigen KGaA der Komplementär (vgl Rn 4). Die Berichtspflicht obliegt dem Vorstand als Gesamtorgan. Dies schließt nicht die Delegation einzelner Aufgaben etwa an Angestellte oder Dritte, wohl aber die Delegation der Verantwortung aus (*Emmerich/Habersack* Aktien- und GmbH-KonzernR Rn 14). Die Unterzeichnung des Berichts hat durch den gesamten Vorstand in Besetzung zum Zeitpunkt der Berichterstellung zu erfolgen; bei einem Vorstandswechsel zeichnet mithin der neue Vorstand und nicht das ausgeschiedene Mitglied (*BGHZ* 135, 107, 110 – VW).

9 **2. Frist.** Die Erstellung des Abhängigkeitsberichts für das abgelaufene Geschäftsjahr hat nach Abs 1 S 1 innerhalb der ersten **drei Monate** des Geschäftsjahres zu erfolgen. Abw davon ist für die kleine AG die nach § 264 Abs 1 S 3 HGB geltende Höchstfrist v sechs Monaten für den Jahresabschluss auch auf den Abhängigkeitsbericht anzuwenden (*Adler/Düring/Schmaltz* Rechnungslegung Rn 5; K. Schmidt/Lutter AktG/*Vetter* Rn 19), was sich aus dem engen Zusammenhang beider Erklärungen (vgl §§ 313, 314) wie aus der Tatsache der gemeinsamen Aufnahme in den Lagebericht ergibt (vgl Abs 3 S 3). Eine Anpassung findet danach auch für Versicherungsunternehmen (vier Monate) und Rückversicherer (mit Kalenderjahr als Geschäftsjahr: 10 Monate) statt, für die nach § 341a Abs 1 und 5 HGB gleichfalls eine verlängerte Frist zur Erstellung des Jahresabschlusses gilt.

10 **3. Kosten.** Die Erstellung des Berichts und dessen Prüfung (§ 313) verursacht für die erstellende abhängige Gesellschaft Kosten. Da durch die Abhängigkeit veranlasst, ließe sich an eine Pflicht des herrschenden Unternehmens zum Ausgleich in entspr Anwendung v §§ 311, 317 denken (so *Bode* AG 1995, 261, 269 ff; *Hüffer* AktG Rn 40; Heidel AktG/*Walchner* Rn 36). Ob es für diese analoge Anwendung tatsächlich eine Regelungslücke im Gesetz gibt, ist zweifelhaft. Denn mit der Regelung in § 312 hat der Gesetzgeber die Verpflichtung dem abhängigen Unternehmen ohne jede Kompensation auferlegt, die Kosten als passiven Konzerneffekt also dem abhängigen Unternehmen zugewiesen (*Emmerich/Habersack* Aktien- und GmbH-KonzernR Rn 17; Spindler/Stilz AktG/*Müller* Rn 18; K. Schmidt/Lutter AktG/*Vetter* Rn 21; KölnKomm AktG/*Koppensteiner* Rn 35; *Kropff* FS Lutter, S 1133, 1141 ff).

IV. Durchsetzung der Berichtspflicht

11 **1. Zwangsgeld.** Die Möglichkeit der Zwangsgeldfestsetzung bleibt **bis zur Verjährung** v Ansprüchen aus §§ 317, 318 erhalten (**hM** *BGHZ* 135, 107, 112 f – VW; *OLG Düsseldorf* AG 2000, 365; *OLG Braunschweig* AG 1996, 271 f; *LG Traunstein* AG 1993, 521; KölnKomm AktG/*Koppensteiner* Rn 32) und ist damit nicht auf den Zeitraum bis zur Feststellung des Jahresabschlusses beschränkt (so aber *AG Bremen* DB 1976, 1760; *Adler/Düring/Schmalz* Rechnungslegung Rn 103; *Mertens* AG 1996, 241, 247 ff; vgl auch *OLG Köln* AG 1978, 171 f; vermittelnd *J. Götz* NZG 2001, 68, 69 f: § 256 Abs 6).

Bericht des Vorstands § 312

2. Sonstige Rechtsfolgen. Die Nichtbeachtung der Berichtspflicht kann daneben **Schadensersatzansprüche** gegen die Organe auslösen. Dies gilt zunächst für die berichtspflichtigen **Vorstandsmitglieder** nach §§ 93, 318 Abs 1, 3, 4 (vgl § 318 Rn 2 ff). Dabei ist unerheblich, ob der Bericht insgesamt nicht erstellt wird oder unvollständig ist (*Hüffer* AktG Rn 10). Zur Pflicht des **AR** im Rahmen seiner Überwachungstätigkeit gehört der Hinweis auf einen fehlenden Abhängigkeitsbericht iRd Berichts über die Prüfung des Jahresabschlusses nach § 171 Abs 2; eine Haftung der AR-Mitglieder kommt hier nach §§ 116, 93, 318 Abs 2 in Betracht. Die **Prüfer** des Jahresabschlusses haben das Testat bei Fehlen des Abhängigkeitsberichts einzuschränken (§ 322 Abs 3 HGB). 12

Ein etwaiger **Entlastungsbeschl** der HV ist bei fehlendem Abhängigkeitsbericht nach § 243 Abs 1 anfechtbar (*BGHZ* 62, 193, 194 f – *Seitz; OLG Stuttgart* AG 2003, 527, 530 ff; *OLG Frankfurt* AG 2001, 53 f; *OLG Karlsruhe* AG 2000, 79 f; *LG Karlsruhe* AG 2001, 204, 205; *Henn/Frodermann/Jannott* Hdb AktR 14. Kap Rn 115; ferner MünchKomm AktG/*Altmeppen* Rn 74). Die Möglichkeit des registergerichtlichen Zwangsgeldverfahrens (vgl Rn 11) beseitigt nicht das Rechtsschutzinteresse (*OLG Düsseldorf* AG 2000, 365). Weiterhin ist auch die Nichtigkeit des **Jahresabschlusses** denkbar (vgl *BGHZ* 124, 111, 119 ff; *Emmerich/Habersack* Aktien- und GmbH-KonzernR Rn 20; K. Schmidt/Lutter AktG/*Vetter* Rn 26). 13

V. Inhalt des Abhängigkeitsberichts

1. Rechtsgeschäfte. ISd Schutzzwecks der Norm ist der Begriff „**Rechtsgeschäft**" weit auszulegen. Ein Rechtsgeschäft ist danach jeder Tatbestand aus einer oder mehreren Willenserklärungen, an den die Rechtsordnung gewollter Erfolg anknüpft (*Adler/Düring/Schmaltz* Rechnungslegung Rn 41a; KölnKomm AktG/*Koppensteiner* Rn 45; MünchKomm AktG/*Altmeppen* Rn 84). Dementspr liegt nicht nur bei zweiseitigen Verträgen ein Rechtsgeschäft vor. **Auch einseitige Rechtsgeschäfte** in Ausübung eines Gestaltungsrechts (Anfechtung, Kündigung, Rücktritt, Aufrechnung) sind erfasst (heute **hM**, s die eben genannten; anders noch *Rasner* BB 1966, 1043 f; *Meier* WPg 1968, 64 f). Gleiches gilt für einseitig verpflichtende oder unvollkommen zweiseitig verpflichtende Verträge (*Emmerich/Habersack* Aktien- und GmbH-KonzernR Rn 25; Spindler/Stilz AktG/*Müller* Rn 27). 14

Kein Rechtsgeschäft ist das bloße **Angebot** – relevant wird dieses erst, wenn es zu einem Vertragsschluss kommt. Solange ist das bloße Vorliegen eines Angebots auch als Bestandteil eines mehrseitigen Rechtsgeschäfts nicht berichtspflichtig (*Emmerich/Habersack* Aktien- und GmbH-KonzernR Rn 23; aA K. Schmidt/Lutter AktG/*Vetter* Rn 31); dies gilt auch für den Fall der Abgabe an einen unbestimmten Personenkreis wie etwa bei einem Übernahmeangebot (MünchKomm AktG/*Altmeppen* Rn 85). **Verfügungsgeschäfte** bzw **Erfüllungsgeschäfte** sind zwar nach dem Wortlaut Rechtsgeschäfte. Bei ihnen handelt es sich aber nur um die Ausübung einer bereits anderweitig entstandenen Verpflichtung; deren Erfüllung durch die Verfügung selbst ist daher nicht mehr berichtspflichtig (**hM** *Habersack* aaO Rn 26; *Vetter* aaO Rn 33; Spindler/Stilz AktG/*Müller* Rn 28; MünchKomm AktG/*Kropff* 2. Aufl Rn 86; aA *Haesen* S 68; *van Venrooy* DB 1980, 385 ff; vgl ferner zu den in diesem Zusammenhang erörterten Rahmenverträgen KölnKomm AktG/*Koppensteiner* Rn 62). 15

Fett

16 Auch über ein **unterlassenes Rechtsgeschäft** (bspw unterbliebene Kündigung, keine Geltendmachung v Gewährleistungsrechten) ist zu berichten. Die Gefährdungslage für das abhängige Unternehmen unterscheidet sich hier nicht v der bei der Vornahme v Rechtsgeschäften. Richtigerweise wird man dies jedoch als berichtspflichtige Maßnahme und nicht als Rechtsgeschäft einzuordnen haben (vgl nur *Hüffer* AktG Rn 16).

17 **2. Maßnahmen.** Aufgrund des Ziels der möglichst lückenlosen Erfassung der Benachteiligungsgefahren für das abhängige Unternehmen ist der Begriff „**Maßnahme**" weit zu verstehen. Danach kann jede tatsächliche oder rechtliche Handlung Maßnahme sein, wenn die Möglichkeit einer (negativen) Auswirkung auf **die Ertrags- oder Vermögenslage** des abhängigen Unternehmens besteht und es sich nicht um ein Rechtsgeschäft handelt (*Adler/Düring/Schmaltz* Rechnungslegung Rn 42; MünchHdb AG/*Krieger* § 69 Rn 98; MünchKomm AktG/*Altmeppen* Rn 89; weitergehend KölnKomm AktG/*Koppensteiner* Rn 47). Dies betrifft Handlungen, die sich unternehmensintern wie auch außerhalb des Unternehmens auswirken (Entsch über Aufnahme oder Aufgabe einer Produktion, Ausrichtung der Forschung, Investitionsvorhaben, Stilllegung v Betrieben oder Betriebsteilen, Erschließung v Märkten, Art der Finanzierung, Werbe- und Marketingaktivitäten, Informationspolitik, vgl *IdW* HFA WPg 1992, 91). Keine Berichtspflicht besteht somit dort, wo die Handlung eindeutig keinen Vermögensbezug aufweist (**aA** wg drohender Abgrenzungsschwierigkeiten *Koppensteiner* aaO Rn 47). Anders als über Rechtsgeschäfte ist über „alle sonstigen Maßnahmen" nur zu berichten, wenn die abhängige Gesellschaft sie auf Veranlassung oder im Interesse des herrschenden Unternehmens oder eines mit ihm verbundenen Unternehmens getroffen oder unterlassen hat (vgl dazu Rn 21 f).

18 **3. Einzelheiten. – a) „durch abhängige Gesellschaft".** Grundlage der Berichtspflicht sind Rechtsgeschäfte oder Maßnahmen, deren Vornahme durch die abhängige Gesellschaft erfolgt ist. Dazu ist bei Rechtsgeschäften die Abgabe einer **eigenen Willenserklärung** erforderlich (*Hüffer* AktG Rn 15; KölnKomm AktG/*Koppensteiner* Rn 47; MünchKomm AktG/*Altmeppen* Rn 81).

19 Im **mehrstufigen Konzern** muss das abhängige Unternehmen über Rechtsgeschäfte zwischen dem herrschenden Unternehmen und Tochterunternehmen des abhängigen Unternehmens grds nicht berichten, es sei denn, dass die berichtspflichtige Gesellschaft an dem Geschäft zwischen ihrer Tochter und der Mutter beteiligt ist (*Emmerich/Habersack* Aktien- und GmbH-KonzernR Rn 27; MünchKomm AktG/*Altmeppen* Rn 97). Eine berichtspflichtige Maßnahme kommt zudem in Betracht, wenn die (berichtspflichtige) Gesellschaft das Rechtsgeschäft zwischen Enkel- und Muttergesellschaft veranlasst hat, etwa durch Ausnutzung ihrer Einflussmöglichkeiten im AR der Enkelgesellschaft (*Hüffer* AktG Rn 15; Spindler/Stilz AktG/*Müller* Rn 29).

20 **b) „mit herrschendem Unternehmen/verbundenem Unternehmen".** Erfasst werden alle **Rechtsgeschäfte** mit **herrschenden Unternehmen**. Dabei ist es im Interesse einer umfassenden Erfassung potentieller nachteiliger Geschäfte unerheblich, ob das Geschäft auf Veranlassung oder im Interesse des herrschenden Unternehmens erfolgt; herrschende Unternehmen sind neben der Muttergesellschaft auch weitere, in direkter Linie übergeordnete Unternehmen (MünchKomm AktG/*Altmeppen* Rn 98). Wg des weiten Verständnisses ist für die Bestimmung des Unternehmensbegriffs auf die konzernrechtlichen Regeln zurückzugreifen (vgl § 15 Rn 6 ff) und nicht auf die bilanziellen Bestimmungen in § 271 Abs 2 HGB (*Ulmer* FS Goerdeler, S 623, 637 f). Ist das herrschende Unternehmen Teil eines Gleichordnungskonzerns, sind auch die gleichgeordneten Gesellschaften des herrschenden Unternehmens verbundene Unternehmen, nicht zwangsläufig aber auch deren Töchter (*Altmeppen* aaO Rn 100). Daneben werden auch Rechtsgeschäfte erfasst, die nicht mit dem herrschenden Unternehmen selbst, sondern mit einem **mit diesem verbundenen Unternehmen** abgeschlossen werden. Dazu zählen neben den Schwestergesellschaften auch die Töchter der berichtspflichtigen Gesellschaft (*Emmerich/Habersack* Aktien- und GmbH-KonzernR Rn 30; *Hüffer* AktG Rn 19; KölnKomm AktG/*Koppensteiner* Rn 56; *Altmeppen* aaO Rn 99; anders *Klussmann* DB 1967, 1487). Handelt es sich bei der abhängigen Gesellschaft um ein **Gemeinschaftsunternehmen** (vgl § 17 Rn 24), muss über Rechtsgeschäfte mit allen herrschenden Unternehmen und deren verbundenen Unternehmen berichtet werden (vgl Rn 30; *Hüffer* aaO Rn 19).

c) „auf Veranlassung oder im Interesse dieser Unternehmen". Der Kreis der berichtspflichtigen Rechtsgeschäfte und Maßnahmen ist nicht auf Geschäfte mit dem herrschenden Unternehmen oder mit diesem verbundene Unternehmen beschränkt (dazu Rn 20). Zu berichten ist darüber hinaus auch über Rechtsgeschäfte und Maßnahmen, die auf **Veranlassung** oder im Interesse der mit dem herrschenden Unternehmen verbundenen Unternehmen mit Dritten erfolgen bzw im Hinblick auf Dritte vorgenommen werden. Für das Vorliegen einer Veranlassung gilt das weite Verständnis des § 311 (vgl § 311 Rn 12 ff; KölnKomm AktG/*Koppensteiner* Rn 40; anders für auf Veranlassung vorgenommene HV-Beschlüsse MünchKomm AktG/*Altmeppen* Rn 111 f). 21

Zur Bestimmung der Vornahme im **Interesse** des Unternehmensverbundes wird teilw allein auf subjektive Kriterien im Sinne einer Vorteilsabsicht (*Adler/Düring/Schmaltz* Rechnungslegung Rn 47), teilw allein auf die objektive Interessenlage (KölnKomm AktG/*Koppensteiner* Rn 50) abgestellt. Angesichts des Normzwecks v § 312, möglichen Ansprüchen aus §§ 311, 317 präventiv zu begegnen, überzeugt ein alternatives Nebeneinander nicht. Stattdessen wird man in beiden Fällen die Vornahme im Interesse des Unternehmensverbundes annehmen müssen (so auch *Emmerich/Habersack* Aktien- und GmbH-KonzernR Rn 31; MünchHdb AG/*Krieger* § 69 Rn 102; K. Schmidt/Lutter AktG/*Vetter* Rn 39; Spindler/Stilz AktG/*Müller* Rn 36). Lässt sich nicht bereits aufgrund objektiver Kriterien ermitteln, dass das Handeln im Interesse des Unternehmensverbundes erfolgte, kann das Handeln des abhängigen Unternehmens Indizien dafür liefern, dass mit der Handlung dieser Erfolg jedenfalls beabsichtigt war; vor allem durch Erfassung auch des letzteren Falls wird dem Präventionsgedanken des § 312 entsprochen. Für **Unternehmen der öffentlichen Hand** wird der Begriff des Interesses gemeinhin modifiziert (vgl Rn 28). 22

d) **Abgelaufenes Geschäftsjahr.** Von der Pflicht zur Aufnahme in den Abhängigkeitsbericht sind Rechtsgeschäfte und Maßnahmen des abgelaufenen Geschäftsjahres erfasst. Bei **Rechtsgeschäften** ist auf den **Zeitpunkt** des Eintritts der gewollten Rechtsfolge abzustellen, also bei Verträgen auf die Bindungswirkung (nicht: Erfüllung, vgl auch Rn 15) und bei einseitigen Rechtsgeschäften auf die Abgabe der Willenserklärung (MünchKomm AktG/*Altmeppen* Rn 113). Auf die bilanzielle Erfassung kommt es nicht an (*Adler/Düring/Schmaltz* Rechnungslegung Rn 55; Spindler/Stilz AktG/ *Müller* Rn 38). Eine **Maßnahme** ist bereits dann zu berichten, wenn es zu einer abschließenden Entsch des jeweils zuständigen Gesellschaftsorgans gekommen ist, die Maßnahme umzusetzen; erfolgt eine solche Willensbildung nicht, tritt die Berichts- 23

§ 312

pflicht spätestens mit dem Beginn der Maßnahme ein (*Altmeppen* aaO Rn 113). Bei **unterlassenen Rechtsgeschäften** ist auf den Zeitpunkt abzustellen, zu dem ein ordentlicher Geschäftsleiter gehandelt hätte (MünchHdb AG/*Krieger* § 69 Rn 103). Wurde die Aufnahme im Berichtszeitraum versäumt, muss sie im nächsten Bericht nachgeholt werden, wie richtigerweise aus der allg Sorgfaltspflicht nach §§ 76 Abs 1, 93 Abs 1 geschlussfolgert wird (*Hüffer* AktG Rn 17; K. Schmidt/Lutter AktG/*Vetter* Rn 45).

24 **4. Einzelangaben. – a) Rechtsgeschäft.** Nach Abs 1 S 3 sind bei berichtspflichtigen Rechtsgeschäften Leistung und Gegenleistung anzugeben (**gegenseitige Verträge**). Ziel ist die Feststellung auf Grundlage des Berichts zu ermöglichen, ob das Rechtsgeschäft **v einer unabhängigen Gesellschaft** so getätigt worden wäre. Daraus ergibt sich die Notwendigkeit, in den Bericht die **Details** aufzunehmen, die Abschlussprüfer (vgl § 313) und AR (vgl § 314) zur Beurteilung dieser Frage benötigen. Dazu zählen regelmäßig quantitative Angaben über Menge und Preis, über Zahlungsmodalitäten (insb Fristen und Verzinsung), (Vor-)Kosten und Nachlässe. Darüber hinaus sind unübliche Nebenabreden (Zahlungsziele, Gewährleistungen, Verzicht auf Sicherungsleistungen) anzugeben. Schließlich hat der Vorstand – soweit einschlägig – anzugeben, warum er ein Rechtsgeschäft für angemessen bzw für nachteilig hält (vgl Adler/*Düring*/*Schmaltz* Rechnungslegung Rn 66 f; KölnKomm AktG/*Koppensteiner* Rn 71 f; zu den Angaben bei einem zentralen **Cash-Management** *Hüffer* AG 2004, 416, 421 f).

25 Neben gegenseitigen Verträgen ist auch über **andere Rechtsgeschäfte** zu berichten (s Rn 14). Dabei ist zunächst die Tatsache der fehlenden Gegenleistung berichtspflichtig; je nachdem ist insb anzugeben, warum der Vorstand das Rechtsgeschäft gleichwohl für angemessen hält (bzw nicht). Orientierung bietet dabei das gesetzliche Leitbild v Leistung und Gegenleistung (KölnKomm AktG/*Koppensteiner* Rn 73). Bei Kündigungen und anderen Gestaltungserklärungen sind die Gründe anzugeben (*Hüffer* AktG Rn 28).

26 **b) Maßnahme.** Der Bericht muss nach Abs 1 S 3 **Art und Gegenstand der Maßnahme** charakterisieren, ihre Gründe enthalten sowie **Vor- und Nachteile** für die Gesellschaft aufführen (Prognose zum Zeitpunkt ihrer Vornahme, MünchKomm AktG/*Altmeppen* Rn 119). Auch hier sollen die Angaben Prüfer und AR als Bewertungsgrundlage dienen, so dass im Zweifel eine umfangreiche Berichterstattung über „alle wesentlichen Gesichtspunkte" erforderlich ist (*Kropff* S 415; Adler/*Düring*/*Schmaltz* Rechnungslegung Rn 74 f). Vor- und Nachteile dürfen nicht zusammengefasst als Überschussrechnung, sondern müssen einzeln als Preise angegeben werden. Dies betrifft einerseits sämtliche Nachteile (zum Begriff vgl die gleich lautende Bestimmung in § 311 Abs 1 und 2, dort Rn 39 ff) und andererseits Kosteneinsparungen, Produktivitätssteigerungen oder auch einzelne Preis- oder Abnahmegarantien (*Altmeppen* aaO Rn 120). Sollte eine Darstellung in Zahlen nicht möglich sein, müssen Vor- und Nachteile so detailliert in Worten beschrieben werden, dass dem Abschlussprüfer eine Beurteilung möglich ist.

27 **c) Angaben bei Nachteilsausgleich.** Die erforderlichen Einzelangaben zu einem Nachteilsausgleich richten sich nach Abs 1 S 4. Bedeutung erlangen sie, wenn es zu einem Fall eines zeitlich nachfolgenden Nachteilsausgleichs kommt (vgl § 311 Rn 54 f), mithin ein Nachteil **nicht innerhalb des Berichtszeitraumes** ausgeglichen wurde und damit eine Ausgleichspflicht nach § 311 entsteht. Haben sich Leistung und Gegenleis-

tung (Rechtsgeschäft) oder Vor- und Nachteil hingegen (bereits) neutralisiert, fließt dies in die Bewertung v Rechtsgeschäft oder Maßnahme mit ein; eine Ausgleichspflicht besteht dann nicht (mehr). Der Pflicht kommt damit nur geringe praktische Bedeutung zu (so auch MünchKomm AktG/*Altmeppen* Rn 121). Ist der Ausgleich hingegen in den Bericht aufzunehmen, müssen neben der Angabe über die Art des Ausgleichs (tatsächlicher Ausgleich, § 311 Abs 1, oder Gewährung eines Rechtsanspruchs, § 311 Abs 2) Ausführungen gemacht werden, die den Abschlussprüfer beurteilen lassen, ob das herrschende Unternehmen seiner Ausgleichspflicht nachgekommen ist (*Hüffer* AktG Rn 21).

VI. Besondere Fälle des Abhängigkeitsberichts

1. Gebietskörperschaft/öffentliche Hand. Wg der Unternehmenseigenschaft der öffentlichen Hand (vgl § 15 Rn 13) müssen deren Unternehmen ebenfalls nach § 312 berichten. Wenn das v der öffentlichen Hand abhängige Unternehmen über jede Maßnahme berichten müsste, die es **im öffentlichen Interesse** ausführt, wird gemeinhin eine Überfrachtung des Berichts befürchtet (vgl nur KölnKomm AktG/*Koppensteiner* Rn 52). Daher soll für Unternehmen der öffentlichen Hand in dieser Hinsicht **eine Ausnahme v der Berichtspflicht** gemacht werden (*BGHZ* 69, 334, 343 – VEBA/Gelsenberg – bestätigt durch *BGHZ* 135, 107, 113 f – VW). Über Maßnahmen im öffentlichen Interesse soll nur dann berichtet werden müssen, wenn nach dem Maßstab v § 93 Abs 1 S 1 begründete Zweifel daran bestehen, dass die Maßnahme auch v einem unabhängigen Unternehmen durchgeführt worden wäre (*Emmerich/Habersack* Aktien- und GmbH-KonzernR Rn 32; Spindler/Stilz AktG/*Müller* Rn 37; K. Schmidt/Lutter AktG/*Vetter* Rn 46; *Koppensteiner* aaO Rn 52; *Lutter/Timm* BB 1978, 836, 841). Eine solche Differenzierung unterstellt ein unabhängiges Unternehmen, das eigenständig öffentlichen Interessen nachgeht. Dies scheint aber nicht zuletzt vor dem Hintergrund der Annahme, die öffentliche Hand sei bereits dann Unternehmen iSd Konzernrechts, wenn sie nur über eine Beteiligung verfüge, da die neben der Beteiligung gezwungenermaßen zu verfolgenden öffentlichen Interessen den Schutz des Konzernrechts erforderten (vgl § 15 Rn 14), nicht unproblematisch (Bedenken auch bei *Koppensteiner* aaO Rn 52). Will man den mit § 312 verfolgten Zweck auch vor diesem Hintergrund aufrechterhalten, lässt sich eine Beschränkung des Abhängigkeitsberichts nach geltendem Recht kaum rechtfertigen. Klarer ist die Rechtslage bei **Veranlassungen** durch die öffentliche Hand; hier ist jede veranlasste Maßnahme aufzunehmen (vgl nur *Hüffer* AktG Rn 22).

Eine weitere Einschränkung soll die **Reichweite des Verbundes** selbst betreffen. Angesichts der Vielzahl v Unternehmen, die der öffentlichen Hand zugerechnet werden könnten, lasse sich abschließend kaum klären, welche Unternehmen in den Bericht aufgenommen werden müssten (vgl *Mertens* AG 1996, 241, 246 f). Daher hat die Rspr eine teleologische Reduktion v § 312 auf die insoweit erforderlichen Unternehmen erwogen (*BGHZ* 69, 334, 343 – VEBA/Gelsenberg). Die damit aufgeworfene Frage, welche Unternehmen als „verbundene Unternehmen" der öffentlichen Hand in den Bericht mit aufgenommen werden müssen, wird ganz zu Recht als äußerst schwierig und „noch nicht zureichend geklärt" bezeichnet (KölnKomm AktG/*Koppensteiner* Rn 58). Geht man auch hier davon aus, dass die Verbindung zur öffentlichen Hand aufgrund der damit einhergehenden stereotypen Bevorzugung öffentlicher Interessen vor anderen Belangen des abhängigen Unternehmens gerade der Grund für die

Fett

Berichtpflicht in § 312 ist, wirkt jede „teleologische Reduktion" wie eine Kapitulation vor den tatsächlichen Gegebenheiten. Letztlich ist der Gesetzgeber aufgerufen, für die öffentlichen Hände ausgewogene Sonderregeln zu schaffen.

30 **2. Gemeinschaftsunternehmen / mehrstufige Abhängigkeit.** Der Abhängigkeitsbericht bei **Gemeinschaftsunternehmen** als herrschende Unternehmen ist über die Beziehungen zu allen beteiligten Unternehmen zu erstellen (vgl Rn 20). Ob dabei ein einheitlicher Bericht oder für jedes der beteiligten Unternehmen ein getrennter Bericht erstellt werden muss, ist gesetzlich nicht geregelt und steht damit grds im Ermessen des berichtenden Vorstands (MünchKomm AktG/*Altmeppen* Rn 127). Dabei hat sich die Entsch an den Berichtsgrundsätzen insb v Klarheit und Übersichtlichkeit zu orientieren (vgl Rn 32 f). Auch im Falle einer **mehrstufigen Abhängigkeit** (vgl Rn 19) besteht eine entspr Wahlfreiheit zur Darstellung in einem einheitlichen Bericht; aus diesem muss das jeweilig handelnde Unternehmen erkennbar sein (MünchHdb AG/*Krieger* § 69 Rn 92; *Henn/Frodermann/Jannott* Hdb AktR 14. Kap Rn 113).

VII. Allgemeine Berichtsgrundsätze

31 Nach Abs 2 hat der Bericht den Grundsätzen einer „gewissenhaften und getreuen Rechenschaft" zu entsprechen. Es handelt sich dabei um eine **Generalklausel**, die den handelsrechtlichen Grundsätzen einer ordentlichen Buchführung (und Berichterstattung) entspricht (vgl § 90 Abs 4 AktG, §§ 238 Abs 1 S 1, 243 Abs 1 und 2 HGB). Der Bericht muss daher sowohl dem Gebot der wahrheitsgemäßen und vollständigen Berichterstattung nachkommen als auch klar und übersichtlich gefasst sein (*Adler/Düring/Schmaltz* Rechnungslegung Rn 82; MünchKomm AktG/*Altmeppen* Rn 132 ff).

32 Das Gebot zur **Vollständigkeit** verlangt zunächst, alle berichtspflichtigen Angaben aufzuführen. Daneben kann auch die Angabe zusätzlicher erläuternder Informationen erforderlich sein, wenn dies zur Verständlichkeit nötig ist (*Hüffer* AktG Rn 32). Von bes Bedeutung für die Vollständigkeit und mit entspr Aufwand verbunden ist auch die Pflicht zur **Dokumentation und Organisation der Aufzeichnungspflicht**. Die im Bericht enthaltenen Angaben müssen für Dritte nachvollziehbar sein. Um eine lückenlose Dokumentation zu ermöglichen, ist ein entspr System zur Erfassung und Aufzeichnung einzurichten, dessen Umfang sich an den zu erwartenden Vorfällen orientieren muss (*Adler/Düring/Schmaltz* Rechnungslegung Rn 101 f; *Emmerich/Habersack* Aktien- und GmbH-KonzernR Rn 42). Denkt man hier an die Berichtspflicht bzgl noch nicht bezifferbarer Auswirkungen v Maßnahmen, versteht es sich v selbst, dass die **bloße Bezugnahme auf Buchführungsunterlagen** jedenfalls in diesen Fällen **unzureichend** ist (*Hüffer* aaO Rn 32).

33 Der Bericht hat ferner dem Grundsatz v **Klarheit und Übersichtlichkeit** zu genügen, dh eine bloße Auflistung der Berichtstatsachen genügt nicht. Vielmehr ist der Bericht so zu strukturieren, dass ein klares Bild der Verbundsituation entsteht. Dabei hat sich der Aufbau nach Zahl und Umfang der berichtspflichtigen Vorgänge zu richten. Dies kann bedingen, dass dem Bericht neben der Angabe v herrschendem und beherrschtem Unternehmen eine **Übersicht** über den Verbund insgesamt voranzustellen ist. Jedenfalls sind an den Rechtsgeschäften und Maßnahmen beteiligte Unternehmen namentlich zu erwähnen. Die Berichtsklarheit kann es zudem erfordern, einzelne Sachverhalte in Gruppen zusammenzufassen, insb bei umfangreichen Einzelangaben, wenn diese bei wirtschaftlicher Betrachtung gleichartig sind (*OLG München* AG 2003, 452, 453; *Adler/Düring/Schmaltz* Rechnungslegung Rn 69).

VIII. Schlusserklärung

1. Gegenstand. Am Ende des Abhängigkeitsberichts hat der Vorstand nach Abs 3 34
eine Schlusserklärung abzugeben. Die Schlusserklärung bezieht sich auf **Bewertungen**,
die der Vorstand aufgrund ihm im **Zeitpunkt** der Abgabe bekannter Umstände getroffen hat. Wie die Feststellung des Nachteils hat das Urt hinsichtlich der Vornahme oder
des Unterlassens eines Rechtsgeschäfts oder einer Maßnahme auf eben diese
Momente abzustellen (Abs 3 S 1); hierauf ist in der Erklärung hinzuweisen (*Hüffer*
AktG Rn 36). Werden Umstände, die der Vorstand bei pflichtgemäßem Handeln
hätte erkennen müssen (§ 93 Abs 1 S 1), diesem erst **nachträglich bekannt**, müssen
diese – wie die Tatsache des Versäumnisses – nicht bekannt gegeben werden. Dies
stellt einen Unterschied zur Feststellung eines Nachteils dar, weil hier auch Tatsachen
erheblich sind, die dem Vorstand bei sorgfältiger Sachverhaltsaufklärung bekannt
geworden wären (vgl § 311 Rn 23), ergibt sich jedoch aus dem insoweit klaren Gesetzeswortlaut und dem Willen des Gesetzgebers (krit Spindler/Stilz AktG/*Müller*
Rn 50). Auch ist mit der Norm nicht beabsichtigt, den Vorstand einer Pflicht zur
Selbstanzeige zu unterwerfen, die iÜ ohnehin wenig Aussicht auf Erfolg hätte (so zu
Recht die **hM,** *Haesen* S 102; MünchHdb AG/*Krieger* § 69 Rn 105; Wachter AktG/
Rothley Rn 25; Schmidt/Lutter AktG/*Vetter* Rn 60; **aA** KölnKomm AktG/*Koppensteiner* Rn 80: Redaktionsversehen; MünchKomm AktG/*Altmeppen* aaO Rn 145 f: „Irrtum der Ministerialbürokratie", der den Rechtsanwender nicht binde).

2. Inhalt. Für den Inhalt der Schlusserklärung sind **vier Fälle denkbar**, die eindeutig 35
zu formulieren sind. Zunächst können (1) berichtspflichtige Vorgänge gänzlich ausgeblieben sein. Sind berichtspflichtige Vorgänge aufgetreten, können diese (2) ohne
Nachteil für das abhängige Unternehmen geblieben sein. Ist dem abhängigen Unternehmen ein Nachteil entstanden, ist darzustellen, ob dieser (3) durch einen tatsächlichen Ausgleich oder die Einräumung eines Ausgleichsanspruchs beseitigt worden ist
oder (4) ein Ausgleich unterblieben ist, sog negative Schlusserklärung (Formulierungsvorschläge bei *Adler/Düring/Schmaltz* Rechnungslegung Rn 91 ff).

3. Aufnahme in den Lagebericht. Nach § 312 Abs 3 S 3 ergibt sich auch eine Pflicht 36
zur Aufnahme der Erklärung in den **Lagebericht**. Hierdurch wird dem Publizitätsbedürfnis v Aktionären und Gläubigern Rechnung getragen (*Kropff* S 412). Die fehlende Aufnahme kommt dem **Fehlen** des Berichts insgesamt gleich (*Adler/Düring/
Schmaltz* Rechnungslegung Rn 88; KölnKomm AktG/*Koppensteiner* Rn 86;
MünchHdb AG/*Krieger* § 69 Rn 105; zur KGaA *Strieder* DB 2004, 799, 801). Zu den
möglichen Rechtsfolgen vgl oben Rn 12 f.

§ 313 Prüfung durch den Abschlussprüfer

(1) ¹Ist der Jahresabschluss durch einen Abschlussprüfer zu prüfen, so ist gleichzeitig mit dem Jahresabschluss und dem Lagebericht auch der Bericht über die Beziehungen zu verbundenen Unternehmen dem Abschlussprüfer vorzulegen. ²Er hat zu prüfen, ob

1. die tatsächlichen Angaben des Berichts richtig sind,
2. bei den im Bericht aufgeführten Rechtsgeschäften nach den Umständen, die im Zeitpunkt ihrer Vornahme bekannt waren, die Leistung der Gesellschaft nicht unangemessen hoch war; soweit sie dies war, ob die Nachteile ausgeglichen worden sind,

§ 313

3. bei den im Bericht aufgeführten Maßnahmen keine Umstände für eine wesentlich andere Beurteilung als die durch den Vorstand sprechen.
³§ 320 Abs. 1 Satz 2 und Abs. 2 Satz 1 und 2 des Handelsgesetzbuchs gilt sinngemäß. ⁴Die Rechte nach dieser Vorschrift hat der Abschlussprüfer auch gegenüber einem Konzernunternehmen sowie gegenüber einem abhängigen oder herrschenden Unternehmen.

(2) ¹Der Abschlussprüfer hat über das Ergebnis der Prüfung schriftlich zu berichten. ²Stellt er bei der Prüfung des Jahresabschlusses, des Lageberichts und des Berichts über die Beziehungen zu verbundenen Unternehmen fest, dass dieser Bericht unvollständig ist, so hat er auch hierüber zu berichten. ³Der Abschlussprüfer hat seinen Bericht zu unterzeichnen und dem Aufsichtsrat vorzulegen; dem Vorstand ist vor der Zuleitung Gelegenheit zur Stellungnahme zu geben.

(3) ¹Sind nach dem abschließenden Ergebnis der Prüfung keine Einwendungen zu erheben, so hat der Abschlussprüfer dies durch folgenden Vermerk zum Bericht über die Beziehungen zu verbundenen Unternehmen zu bestätigen:
Nach meiner/unserer pflichtmäßigen Prüfung und Beurteilung bestätige ich/bestätigen wir, dass
1. die tatsächlichen Angaben des Berichts richtig sind,
2. bei den im Bericht aufgeführten Rechtsgeschäften die Leistung der Gesellschaft nicht unangemessen hoch war oder Nachteile ausgeglichen worden sind,
3. bei den im Bericht aufgeführten Maßnahmen keine Umstände für eine wesentlich andere Beurteilung als die durch den Vorstand sprechen.
²Führt der Bericht kein Rechtsgeschäft auf, so ist Nummer 2, führt er keine Maßnahme auf, so ist Nummer 3 des Vermerks fortzulassen. ³Hat der Abschlussprüfer bei keinem im Bericht aufgeführten Rechtsgeschäft festgestellt, dass die Leistung der Gesellschaft unangemessen hoch war, so ist Nummer 2 des Vermerks auf diese Bestätigung zu beschränken.

(4) ¹Sind Einwendungen zu erheben oder hat der Abschlussprüfer festgestellt, dass der Bericht über die Beziehungen zu verbundenen Unternehmen unvollständig ist, so hat er die Bestätigung einzuschränken oder zu versagen. ²Hat der Vorstand selbst erklärt, dass die Gesellschaft durch bestimmte Rechtsgeschäfte oder Maßnahmen benachteiligt worden ist, ohne dass die Nachteile ausgeglichen worden sind, so ist dies in dem Vermerk anzugeben und der Vermerk auf die übrigen Rechtsgeschäfte oder Maßnahmen zu beschränken.

(5) ¹Der Abschlussprüfer hat den Bestätigungsvermerk mit Angabe von Ort und Tag zu unterzeichnen. ²Der Bestätigungsvermerk ist auch in den Prüfungsbericht aufzunehmen.

Übersicht

	Rn		Rn
I. Einleitung/Überblick	1	c) Maßnahmen	5
II. Prüfungspflicht	2	d) Nachteilsausgleich	6
1. Anwendungsbereich	2	3. Umfang und Verfahren der Prüfung	9
2. Gegenstand der Prüfung	3	a) Verfahren	9
a) Richtigkeit der Angaben	3	b) Umfang	15
b) Rechtsgeschäfte	4		

	Rn		Rn
III. Bestätigungsvermerk	17	3. Eingeschränkter Vermerk	21
1. Grundlagen und Verfahren	17	4. Versagung	23
2. Uneingeschränkter Vermerk	19		

Literatur: *Deilmann* Die Entstehung des qualifiziert faktischen Konzerns, Diss Münster, 1990; *Haesen* Der Abhängigkeitsbericht im faktischen Konzern, Diss Köln, 1970; *Hommelhoff* Empfiehlt es sich, das Recht faktischer Unternehmensverbindungen – auch im Hinblick auf das Recht anderer EG-Staaten – neu zu regeln?, Gutachten zum 59. DJT 1992, G 11; *Kropff* Außenseiterschutz in der faktisch abhängigen „kleinen" Aktiengesellschaft, ZGR 1988, 558; *Meier* Inhalt und Prüfung des Abhängigkeitsberichts, WPg 1968, 64; *Röhricht* Beratung und Abschlußprüfung, WPg 1998, 153; *Velte* Die Prüfung des Abhängigkeitsberichts durch Aufsichtsrat und Abschlussprüfer sowie ihre Berichterstattung, Der Konzern 2010, 49.

I. Einleitung/Überblick

Die Norm regelt die Prüfung des Abhängigkeitsberichts der Gesellschaft durch deren Abschlussprüfer. Danach sind sowohl Tatsachen (Abs 1 S 2 Nr 1) als auch Urteile Gegenstand der Prüfung (Abs 1 S 2 Nr 2 und 3), jedoch nicht die Gesamtbewertung der Schlusserklärung. Hierzu erhält der Prüfer Einsichts- und Auskunftsrechte (Abs 1 S 3 und 4). Nach Abs 2 sind das Ergebnis der Prüfung und Unvollständigkeiten schriftlich mitzuteilen. In Abs 3–5 sind Formalien hinsichtlich der Erteilung, Einschränkung und Versagung geregelt. 1

II. Prüfungspflicht

1. Anwendungsbereich. Dem Normzweck entspr sollte die Prüfungspflicht die Unternehmen betreffen, die dem Anwendungsbereich v § 312 unterliegen (vgl dort Rn 4). Nach Abs 1 S 1 ist die Prüfung jedoch Bestandteil der gesetzlichen Verpflichtung zur Prüfung des Jahresabschlusses und erfasst damit **nur große und mittlere Gesellschaften** (§§ 316 Abs 1 S 1, 267 Abs 2 und 3 HGB). Ausgenommen sind damit kleine Aktiengesellschaften und kleine KGaA. Diese Regelung ist angesichts des Normzwecks rechtspolitisch verfehlt, da nicht ersichtlich ist, weshalb Gläubiger und Minderheitsgesellschafter kleinerer Aktiengesellschaften nicht unter die durch den Regelungskomplex der §§ 312 ff zu schützenden Personen fallen sollten (**allgM**, vgl etwa *Hommelhoff* DJT-Gutachten G 55 f; MünchHdb AG/*Krieger* § 69 Rn 107; *Kropff* ZGR 1988, 558, 560 ff). Für eine entspr Anwendung v § 313 auf kleine Aktiengesellschaften jenseits einer Satzungsbestimmung, welche die kleine AG der Prüfpflicht unterlegt, ist mangels fehlender Regelungslücke indes kein Raum (**hM** KölnKomm AktG/*Koppensteiner* Rn 9; *Krieger* aaO § 69 Rn 107; MünchKomm AktG/*Altmeppen* Rn 20; K. Schmidt AktG/*Vetter* Rn 4; Spindler/Stilz AktG/*Müller* Rn 4; **aA** *Emmerich/Habersack* Aktien- und GmbH-KonzernR Rn 7). Entgegen der früheren Rechtslage sind daneben auch Gesellschaften im Stadium der Abwicklung v der Prüfungspflicht erfasst, solange keine gerichtliche Befreiung erfolgt (vgl § 270 Rn 17). 2

2. Gegenstand der Prüfung. – a) Richtigkeit der Angaben. Zunächst ist die **tatsächliche Richtigkeit** der im Abhängigkeitsbericht gemachten Angaben, ob Rechtsgeschäfte getätigt und Maßnahmen vorgenommen oder unterlassen wurden, zu überprüfen. Weiterhin sind Angaben zu den konkreten Bedingungen, insb Leistungen und Gegenleistungen entspr der tatsächlichen Lage zu bestimmen. Dabei hat der Prüfer nach 3

Abs 2 S 2 **nicht** die **Vollständigkeit** des Berichtes selbst zu überprüfen (vgl *Emmerich/ Habersack* Aktien- und GmbH-KonzernR Rn 14; Spindler/Stilz AktG/*Müller* Rn 13); ergibt sich die Unvollständigkeit aber aus den anderweitig gemachten Angaben, ist diese zu beanstanden. Er soll dabei auch **Hinweisen auf Unregelmäßigkeiten nachgehen** (*Adler/Düring/Schmaltz* Rechnungslegung Rn 46 ff; MünchKomm AktG/*Altmeppen* Rn 57 ff).

4 **b) Rechtsgeschäfte.** Bei Rechtsgeschäften ist nach Abs 1 S 2 Nr 2 die **Angemessenheit v Leistung und Gegenleistung** zu prüfen. Der Begriff des Rechtsgeschäfts entspricht hier demnach § 312 (vgl § 312 Rn 14 ff), allerdings betreffen den Prüfauftrag nur die im Bericht erfassten Geschäfte (vgl Rn 3). Über unterlassene Rechtsgeschäfte ist iRd Maßnahmen zu berichten, so dass sich auch deren Prüfung danach richtet (Rn 5; § 312 Rn 17). Die Beurteilung der Prüfer darüber, ob auch ein gewissenhaft und sorgfältig handelnder Vorstand einer unabhängigen AG das Rechtsgeschäft so vorgenommen hätte (vgl § 311 Rn 23), richtet sich dabei nach den Umständen, die im **Zeitpunkt der Vornahme** des Rechtsgeschäfts bekannt waren. Entscheidend ist dabei nicht allein der tatsächliche Kenntnisstand des Vorstands, sondern darüber hinaus auch solche, die diesem bei pflichtgemäßem Handeln hätten bekannt sein müssen (§ 93 Abs 1 S 1); andererseits sind damit nachträgliche (nicht absehbare) Entwicklungen nicht zu berücksichtigen (*Adler/Düring/Schmaltz* Rechnungslegung Rn 21 f; MünchHdb AG/*Krieger* § 69 Rn 108). Die Prüfung richtet sich danach, ob die erfolgte Leistung der Gesellschaft nicht unangemessen hoch war, so dass die Prüfer hier einen eigenen **Beurteilungsspielraum** erhalten (*Kropff* S 414; K. Schmidt/Lutter AktG/*Vetter* Rn 17; *Velte* Der Konzern 2010, 49, 52). Geringfügige Abweichungen in der Bewertung zwischen Vorstand und Prüfern sind unbeachtlich (*Hüffer* AktG Rn 6; *Meier* WPg 1968, 64, 67). Bewertet der Vorstand sein Handeln selbst als nachteilig, muss eine eigene Feststellung durch den Prüfer nicht erfolgen, dieser kann sich dann vielmehr auf die Prüfung des Nachteilsausgleichs beschränken (MünchKomm AktG/*Altmeppen* Rn 40).

5 **c) Maßnahmen.** Nach Abs 1 S 2 Nr 3 ist im Falle einer Maßnahme (lediglich) zu prüfen, ob nicht Umstände für eine **wesentlich andere Beurteilung** als die durch den Vorstand erfolgte sprechen. Die Regelung soll der erkannten Schwierigkeit bei der Beurteilung v Maßnahmen Rechnung tragen (*Kropff* S 414 f). Die wirtschaftliche Entsch und damit die Ermessensausübung sollen weiter allein in den Händen des Vorstands liegen (*Emmerich/Habersack* Aktien- und GmbH-KonzernR Rn 18; Spindler/Stilz AktG/*Müller* Rn 12; *Henn/Frodermann/Jannott* Hdb AktR 14. Kap Rn 125). Die eigentliche Prüfung erfolgt **zweistufig**. Zunächst sind die v Vorstand berichteten Angaben zu den Maßnahmen (vgl § 312 Abs 1 S 3, dort Rn 17) auf ihre Schlüssigkeit und Nachvollziehbarkeit zu untersuchen (KölnKomm AktG/*Koppensteiner* Rn 22). Auch hier ist der Beurteilungszeitraum der Moment der Vornahme oder des Unterlassens (vgl Rn 4). Erst in einem nächsten Schritt sind nicht berichtete, dem Prüfer bekannt gewordene Erkenntnisse in die Bewertung einzubeziehen. Es genügt, dass der Prüfer seine vorausgesetzte Sachkunde und Vertrautheit mit den Verhältnissen der Gesellschaft einsetzt; eine vertiefte Nachforschungspflicht besteht nicht (MünchKomm AktG/*Altmeppen* Rn 47). Erklärt der Vorstand selbst die Nachteiligkeit, kann insoweit eine Prüfung unterbleiben (vgl Rn 4). Ist der Prüfer im Gegensatz zu der Einschätzung des Vorstands v der Nachteiligkeit einer Maßnahme überzeugt, muss er hierfür keinen Beweis antreten, um dies in den Bericht aufnehmen zu können (*Koppensteiner* aaO Rn 22; *Altmeppen* aaO Rn 47).

d) Nachteilsausgleich. Sowohl bei Rechtsgeschäften (Abs 1 S 2 Nr 2) als auch bei Maßnahmen ist bei Feststellung der Nachteiligkeit eine **gesonderte Prüfung** des Nachteilsausgleichs erforderlich. Für Maßnahmen folgt dies zwar nicht aus dem Wortlaut der Norm, sachlogisch aber daraus, dass andernfalls eine Entsch des Prüfers darüber, ob das Testat zu erteilen oder zu versagen ist, nicht getroffen werden könnte (statt vieler KölnKomm AktG/*Koppensteiner* Rn 23). Möglich ist der Ausgleich des Nachteils nach § 311 Abs 2 sowohl durch einen tatsächlichen Ausgleich als auch durch die Begr eines Rechtsanspruches (vgl § 311 Rn 54 f; *Adler/Düring/Schmaltz* Rechnungslegung Rn 25; MünchKomm AktG/*Altmeppen* Rn 49 ff). Für die Bewertung des Nachteilsausgleichs kommt dem Prüfer wie bei der Frage, ob überhaupt ein Nachteil vorliegt (vgl Rn 4 f), auch für die Bestimmung des Vorteils ein Ermessensspielraum zu (*Emmerich/Habersack* Aktien- und GmbH-KonzernR Rn 17). 6

Bei einem Rechtsgeschäft sind erst nach Abschluss des Geschäftsjahres eingeräumte Vorteile nicht zu berücksichtigen, auch wenn diese auf Veranlassung des Prüfers vorgenommen werden (*Emmerich/Habersack* Aktien- und GmbH-KonzernR Rn 17; *Haesen* S 137). Von einigen wird jedoch eine durch den Prüfer selbst erfolgende **Konkretisierung** im Rahmen eines Nachteilsausgleichsvertrags für ausreichend erachtet (*Adler/Düring/Schmaltz* Rechnungslegung § 311 Rn 71). Gegen eine solche nachträgliche Konkretisierung spricht jedoch die fehlende rechtliche Verbindlichkeit des gewährten „Ausgleichs" zum Zeitpunkt der Gewährung (*Habersack* aaO Rn 17; KölnKomm AktG/*Koppensteiner* Rn 21). Dafür kann der Ansatz *Hüffers* in der Praxis weiterhelfen, wonach ein konkret beziffertes Nachteilsausgleich unter der auflösenden Bedingung gewährt wird, dass der Prüfer das Rechtsgeschäft bzw die Maßnahme für beanstandungsfrei hält (*Hüffer* AktG Rn 8). Dies führt zwar dann nicht weiter, wenn der Nachteilsausgleich zu hoch oder zu niedrig festgesetzt wurde, kann aber jedenfalls bei grundlegenden Zweifeln weiterhelfen. 7

Möglich sind daneben Beeinträchtigungen, die einem Nachteilsausgleich nicht zugänglich sind. Kann der einzelne Nachteil nicht ausgeglichen werden, liegt regelmäßig eine **qualifizierte Nachteilszufügung** vor (vgl § 311 Rn 27 ff). Diese Tatsache ist durch den Prüfer gesondert zu berichten (*Deilmann* S 113 ff; *Emmerich/Habersack* Aktien- und GmbH-KonzernR Rn 19). 8

3. Umfang und Verfahren der Prüfung. – a) Verfahren. Die Abhängigkeitsprüfung ist bei den prüfpflichtigen Gesellschaften **Bestandteil des Jahresabschlusses** (vgl §§ 313 Abs 1 AktG, 316 ff HGB). Somit ist in der **Bestellung zum Abschlussprüfer** auch die Bestellung zur Prüfung des Abhängigkeitsberichts zu sehen (*Emmerich/Habersack* Aktien- und GmbH-KonzernR Rn 6; *Hüffer* AktG Rn 4; MünchKomm AktG/*Altmeppen* Rn 27; K. Schmidt/Lutter AktG/*Vetter* Rn 6); eine anderweitige Vergabe des Prüfauftrages ist **ausgeschlossen** (*Adler/Düring/Schmaltz* Rechnungslegung Rn 4 ff). Als Prüfer des Abhängigkeitsberichts dürfen sie den Bericht nicht selbst aufstellen (entspr § 319 Abs 3 Nr 3 lit a HGB; vgl *Hüffer* aaO Rn 4). In diesem Sinne ist auch jede gestalterische Einflussnahme auf den Prüfbericht abzulehnen, wenn sie über die Setzung v (zusätzlichen) Prüfungsschwerpunkten hinaus den Inhalt des Berichts verändert (*Habersack* aaO Rn 10; *Röhricht* WPg 1998, 153). Dieselben Grundsätze gelten, wenn die Prüfung aufgrund Satzungsbestimmung durchgeführt wird (vgl Rn 2). 9

Fett

10 Die **Erteilung des Prüfungsauftrags** erfolgt wg der bei Rn 9 beschriebenen Erwägungen grds **mit dem Prüfauftrag für den Jahresabschluss** und nicht gesondert; zuständig ist der AR (vgl § 111 Abs 2 S 3).

11 Der berichtspflichtige Vorstand legt den Abhängigkeitsbericht gleichzeitig mit Jahresabschluss und Lagebericht der Gesellschaft **unverzüglich** (vgl § 320 Abs 1 S 1 HGB) dem **Abschlussprüfer vor**. Nach §§ 312 Abs 1 S 1 AktG, 264 Abs 1 S 2 HGB hat der Vorstand dies in den ersten drei Monaten des Geschäftsjahres zu erledigen (vgl auch zu den Ausnahmen § 312 Rn 9). Rechtsfolge einer Verweigerung der Zusammenarbeit durch den Vorstand ist neben drohenden Ersatzansprüchen die Möglichkeit der Festsetzung eines Zwangsgeldes (vgl § 312 Rn 11). Bestehen Streitigkeiten zwischen Vorstand und Prüfer über die **Notwendigkeit** der Erstellung eines Abhängigkeitsberichts, können die Beteiligten nach § 324 HGB ein gerichtliches Verfahren zur Klärung einleiten (nicht aber bei Fragen über den **Inhalt** des Prüfungsberichts, hM *Adler/Düring/Schmaltz* Rechnungslegung Rn 59, 104; *Hüffer* AktG Rn 3; *Spindler/Stilz* AktG/*Müller* Rn 7; für bloße entspr Anwendung KölnKomm AktG/*Koppensteiner* Rn 13; anders noch GroßKomm AktG/*Würdinger* 3. Aufl, Anm 2).

12 Dem Vorstand ist die **Gelegenheit zur Stellungnahme** zum Bericht des Prüfers zu geben, Abs 2 S 3. Gibt der Vorstand eine solche Stellungnahme ab, ist auch dies dem AR entspr § 314 Abs 1 S 1 zuzuleiten (vgl *Emmerich/Habersack* Aktien- und GmbH-KonzernR Rn 27; MünchKomm AktG/*Altmeppen* § 314 Rn 13; **anders zu** § 170 *Hüffer* AktG § 170 Rn 2: Vorlagerecht).

13 Die Prüfer haben den schriftlichen Bericht nach Unterzeichnung unverzüglich dem AR als Adressaten und Auftraggeber der Abschlussprüfung wie des Abhängigkeitsberichts vorzulegen (Abs 2 S 3). Nach § 314 Abs 4 ist der Prüfer zur **Teilnahme an den Verhandlungen** des AR über die Berichte verpflichtet.

14 Eine unmittelbare Publizität des Prüfungsberichts **besteht ebenso wenig** wie beim Abhängigkeitsbericht (zu den Ausnahmen nach § 321a HGB *Velte* Der Konzern 2010, 49, 54). Mittelbar ergibt sich jedoch eine gewisse HV-Publizität über den Prüfbericht des AR nach § 314. Der Prüfbericht des AR ist der HV vorzulegen und in ihm ist nach § 314 Abs 2 S 3 auch über den erteilten Bestätigungsvermerk zu berichten. Fehlt ein solcher, hat eine ausdrückliche Mitteilung zu erfolgen (vgl § 314 Rn 6).

15 b) Umfang. Die Prüfung selbst ist nicht auf die Vollständigkeit des Berichts oder die Erfüllung v § 312 gerichtet (vgl Rn 3). Sie bezieht sich vielmehr auf der Basis des Abhängigkeitsberichts und der darin dargestellten Unternehmensbeziehungen auf den Bericht selbst (*Hüffer* AktG Rn 10; MünchKomm AktG/*Altmeppen* Rn 64); Gegenstand sind aber nicht die Beziehungen als solche. Für die Prüfung ist ein **stichprobenartiges** Vorgehen nach anerkannten mathematischen Methoden grds ausreichend. Treten hierbei jedoch Unregelmäßigkeiten zu Tage oder handelt es sich um Vorfälle v außergewöhnlicher Bedeutung, ist eine **Einzelprüfung** vorzunehmen (*Emmerich/Habersack* Aktien- und GmbH-KonzernR Rn 20; Heidel AktG/*Walchner* Rn 15; *Velte* Der Konzern 2010, 49, 51). Dabei kommt auch der Prüfungsbereitschaft der Gesellschaft selbst wie der Erfüllung der erforderlichen Dokumentationspflichten (vgl § 312 Rn 32) Bedeutung zu. Deren Nichtbeachtung lässt insb bei festgestellten weiteren Unvollständigkeiten Rückschlüsse auf die Einhaltung der Berichtspflicht und die Berichtsqualität zu und kann insgesamt die **Annahme der Unvollständigkeit** rechtfertigen (*Adler/Düring/Schmaltz* Rechnungslegung Rn 49 f; *Hüffer* aaO Rn 11);

umgekehrt liefert die Einhaltung Hinweise für die Vollständigkeit des Berichts. Auch bei einem Negativbericht des Vorstands (vgl § 312 Rn 7) ist Hinweisen auf eine unvollständige Erteilung der Angaben nachzugehen.

Der Prüfer hat nach § 313 Abs 1 S 3 die Rechte aus § 320 Abs 1 S 2, Abs 2 S 1 und 2 HGB. Danach muss der Vorstand dem Prüfer die für die Prüfung erforderliche Unterstützung zukommen lassen, dh dem **Prüfer ist Zugang** zu sämtlichen prüfungserheblichen Unterlagen der Gesellschaft zu gewähren; nötigenfalls ist auch eine Übersicht über die Konzernunternehmen zu erstellen. Nach Abs 1 S 4 erstrecken sich die Rechte des Prüfers auf sämtliche Unternehmen des Konzerns sowie (unabhängig v dem Vorliegen einer Konzernierung) auf abhängige und herrschende Unternehmen. **16**

III. Bestätigungsvermerk

1. Grundlagen und Verfahren. Der Abschlussprüfer hat das Ergebnis der Prüfung mit einem **eindeutigen** Vermerk festzuhalten. Dies kann entweder in der Erteilung eines Bestätigungsvermerks, dessen Versagung oder einer eingeschränkten Erteilung liegen. Der Vermerk muss dabei die **Unterschrift** des Prüfers unter **Angabe v Tag und Ort** enthalten; handelt es sich um mehrere Prüfer, haben alle zu unterzeichnen (Abs 5 S 1). Beim nachträglichen Bekanntwerden v prüfungserheblichen Tatsachen kann der Bericht auch **widerrufen** werden (MünchKomm AktG/*Altmeppen* Rn 103; Spindler/Stilz AktG/*Müller* Rn 22). **17**

Ob der Vermerk auch Ergänzungen enthalten muss, die sich aus einer Ausweitung der Prüfung im Vergleich zum Wortlaut des Abs 1 ergeben (etwa hinsichtlich eines erfolgten Nachteilsausgleichs bei Maßnahmen, vgl Rn 6), wird angesichts der klaren Orientierung v Abs 3 am Wortlaut v Abs 1 S 2 zu Recht verneint (**hM** *Adler/Düring/ Schmaltz* Rechnungslegung Rn 83; *Emmerich/Habersack* Aktien- und GmbH-KonzernR Rn 31; Grigoleit AktG/*Grigoleit* Rn 15; **aA** KölnKomm AktG/*Koppensteiner* Rn 32). In Betracht kommen aber **Zusätze**, die in Einzelfällen zur Erläuterung einer bes Situation beitragen; diese müssen aber erkennbar v einer Einschränkung der Erteilung zu unterscheiden sein, wobei teilw eine ausdrückliche Bezeichnung als Einschränkung verlangt wird (MünchKomm AktG/*Altmeppen* Rn 98). Ein Zusatz ist dort zulässig, wo er den Positivbefund des Vermerks nicht in Frage stellt (zur Abgrenzung auch *OLG Köln* AG 1999, 519 – Webac Holding AG). **18**

2. Uneingeschränkter Vermerk. Entsprechen die Angaben des Abhängigkeitsberichts ohne Beanstandung der Prüfung durch den Abschlussprüfer, ist ein **ungeschränkter Bestätigungsvermerk** zu erteilen (*Hüffer* AktG Rn 17; K. Schmidt/Lutter AktG/*Vetter* Rn 40 f); die unrechtmäßige Versagung kann den Prüfer ersatzpflichtig machen (*Adler/Düring/Schmaltz* Rechnungslegung Rn 101). Der Wortlaut des Bestätigungsvermerks ergibt sich aus Abs 3 S 2. Der jeweilige **Inhalt des Vermerks** richtet sich nach dem geprüften Bericht und der resultierenden Prüfpflicht, wobei die Prüfung der tatsächlichen Richtigkeit der gemachten Angaben stets erforderlich ist (Abs 3 S 1 Nr 1); entfallen im Bericht Rechtsgeschäfte oder Maßnahmen, ist der Text entspr zu begrenzen (Abs 3 S 1 Nr 2 oder 3). Ist nach Feststellung des Prüfers keine unangemessen hohe Leistung bei Rechtsgeschäften v der Gesellschaft abgeflossen, entfällt die Bestätigung über den Ausgleich v Nachteilen (Abs 3 S 3). **19**

Handelt es sich bei der Schlusserklärung des Vorstands um einen **Negativbericht** (vgl § 312 Rn 7), beschränkt sich das Testat auf die tatsächliche Richtigkeit dieser Angaben **20**

Fett

§ 314 Prüfung durch den Aufsichtsrat

(Abs 3 S 1 Nr 1). Hat der Vorstand hingegen selbst erklärt, erlittene Nachteile seien nicht hinreichend ausgeglichen worden (sog **negative Schlusserklärung**, vgl § 312 Rn 35), muss der Prüfer dies in seinen Vermerk aufnehmen (Abs 4 S 2); dieser Hinweis stellt einen eigenständigen Grund für eine Sonderprüfung dar (§ 315 S 1 Nr 3).

21 **3. Eingeschränkter Vermerk.** Nach Abs 4 S 1 ist der Bestätigungsvermerk einzuschränken oder zu versagen, wenn entweder Einwendungen gegen den Bericht zu erheben sind oder dieser unvollständig ist. Die Abgrenzung zwischen Einschränkung und Versagung wird gemeinhin so gezogen, dass die Einschränkung genügt, wenn lediglich einzelne abgrenzbare Teilbereiche oder Sachverhalte beanstandungswürdig sind (*Adler/Düring/Schmaltz* Rechnungslegung Rn 88, 95). Die Formulierung zur Einschränkung des Testats muss bestätigenden Charakter haben (Abs 3 S 2, vgl Rn 18), um sich so v der Versagung zu unterscheiden (*Adler/Düring/Schmaltz* aaO Rn 90; *Emmerich/Habersack* Aktien- und GmbH-KonzernR Rn 34; KölnKomm AktG/*Koppensteiner* Rn 38; Spindler/Stilz AktG/*Müller* Rn 25).

22 Das eingeschränkte Testat ist entspr § 322 Abs 4 S 3 HGB **zu begründen** (*Emmerich/Habersack* Aktien- und GmbH-KonzernR Rn 34; KölnKomm AktG/*Koppensteiner* Rn 36; Spindler/Stilz AktG/*Müller* Rn 25; einschränkend *Hüffer* AktG Rn 19), um dem AR die Prüfung zu erleichtern. Wird ein einschränkender Vermerk erteilt, besteht für die **HV** ein **Grund zur Sonderprüfung**, § 315 S 1 Nr 1. Zur Abgrenzung zwischen Zusatz und Einschränkung s Rn 18.

23 **4. Versagung.** Werden die angetroffenen Umstände einer bloßen Einschränkung des Bestätigungsvermerks nicht mehr gerecht, weil sie sich nicht mehr lediglich auf einzelne Teilbereiche oder Sachverhalte beschränken lassen, ist dieser **insgesamt zu versagen** (Abs 4 S 1). Auch hier ist wg deren Bedeutung und zur Information des AR eine Begr erforderlich (vgl Rn 22). Die Versagung ist **Grund für eine Sonderprüfung**, § 315 S 1 Nr 1, und der HV ausdrücklich mitzuteilen.

§ 314 Prüfung durch den Aufsichtsrat

(1) ¹Der Vorstand hat den Bericht über die Beziehungen zu verbundenen Unternehmen unverzüglich nach dessen Aufstellung dem Aufsichtsrat vorzulegen. ²Dieser Bericht und, wenn der Jahresabschluss durch einen Abschlussprüfer zu prüfen ist, der Prüfungsbericht des Abschlussprüfers sind auch jedem Aufsichtsratsmitglied oder, wenn der Aufsichtsrat dies beschlossen hat, den Mitgliedern eines Ausschusses zu übermitteln.

(2) ¹Der Aufsichtsrat hat den Bericht über die Beziehungen zu verbundenen Unternehmen zu prüfen und in seinem Bericht an die Hauptversammlung (§ 171 Abs. 2) über das Ergebnis der Prüfung zu berichten. ²Ist der Jahresabschluss durch einen Abschlussprüfer zu prüfen, so hat der Aufsichtsrat in diesem Bericht ferner zu dem Ergebnis der Prüfung des Berichts über die Beziehungen zu verbundenen Unternehmen durch den Abschlussprüfer Stellung zu nehmen. ³Ein von dem Abschlussprüfer erteilter Bestätigungsvermerk ist in den Bericht aufzunehmen, eine Versagung des Bestätigungsvermerks ausdrücklich mitzuteilen.

(3) Am Schluss des Berichts hat der Aufsichtsrat zu erklären, ob nach dem abschließenden Ergebnis seiner Prüfung Einwendungen gegen die Erklärung des Vorstands am Schluss des Berichts über die Beziehungen zu verbundenen Unternehmen zu erheben sind.

§ 314

(4) Ist der Jahresabschluss durch einen Abschlussprüfer zu prüfen, so hat dieser an den Verhandlungen des Aufsichtsrats oder eines Ausschusses über den Bericht über die Beziehungen zu verbundenen Unternehmen teilzunehmen und über die wesentlichen Ergebnisse seiner Prüfung zu berichten.

Übersicht

	Rn		Rn
I. Verfahren	1	III. Bericht an die Hauptversammlung	
II. Prüfung	5	und Schlusserklärung	6

Literatur: *Haesen* Der Abhängigkeitsbericht im faktischen Konzern, Diss Köln, 1970; *Hommelhoff* Die neue Position des Abschlußprüfers im Kraftfeld der aktienrechtlichen Organisationsverfassung (Teil I), BB 1998, 2567; *Lutter* Der Bericht des Aufsichtsrats an die Hauptversammlung, AG 2008, 1; *Maser/Bäumker* Steigende Anforderungen an die Berichtspflicht des Aufsichtsrats?, AG 2005, 906; *Semler* Leitung und Überwachung der AG, 2. Aufl 1996; *Vetter* Die Berichtspflicht des Aufsichtsrates an die Hauptversammlung, ZIP 2006, 257.

I. Verfahren

Der Vorstand hat den v ihm erstellten Abhängigkeitsbericht (§ 312 Abs 1) dem AR der abhängigen Gesellschaft (zu Händen des AR-Vorsitzenden) vorzulegen. Dies hat **unverzüglich** (vgl § 121 Abs 1 BGB) nach dessen Aufstellung und nicht erst nach Prüfung durch den Abschlussprüfer zu erfolgen. Der AR-Vorsitzende reicht die Unterlagen nach Abs 1 S 2 an die übrigen Mitglieder des AR bzw des dafür zuständigen Ausschusses (s hierzu auch Rn 2). Der Abhängigkeitsbericht ist gemeinsam mit den nach § 170 vorzulegenden Unterlagen (Jahresabschluss, Lagebericht und Gewinnverwendungsvorschlag) zu übermitteln (*Emmerich/Habersack* Aktien- und GmbH-KonzernR Rn 4). Die Vorlagepflicht betrifft den Vorstand als Organ (MünchKomm AktG/*Altmeppen* Rn 13); sie kann nach § 407 Abs 1 durch das Registergericht mit Hilfe v Zwangsgeld durchgesetzt werden (vgl § 312 Rn 11). Der Prüfungsbericht des Abschlussprüfers wird nicht v Vorstand, sondern v Abschlussprüfer selbst vorgelegt (§ 313 Abs 2 S 3).

Abs 1 S 2 setzt für jedes Mitglied des AR ein eigenständiges **Recht zur Kenntnisnahme** sowohl des Abhängigkeits- als auch des Prüfungsberichts voraus; Vorlagen können „übermittelt" werden, was die elektronische Zuleitung mit einschließt (*Hüffer* AktG Rn 3). Zwar kann ein für die Prüfung zuständiger Ausschuss eingerichtet werden, um den Geheimhaltungsinteressen der Gesellschaft verstärkt Rechnung zu tragen. Indes verbleibt auch in diesem Fall ein **Informations- und Einsichtsrecht** jedes AR-Mitgliedes (entspr § 170 Abs 3 S 1, *Emmerich/Habersack* Aktien- und GmbH-KonzernR Rn 7; K. Schmidt/Lutter AktG/*Vetter* Rn 7). Denn wg § 107 Abs 3 S 2 darf der eingerichtete Ausschuss nicht anstelle des AR entscheiden, so dass stets das Gesamtorgan Beschl zu fassen hat (vgl Rn 4); dementspr steht jedes einzelne AR-Mitglied nach §§ 116 S 1, 93 für eine **sorgfältige Prüfung** ein. Ferner ist die **Vertraulichkeit** nach §§ 116 S 2, 93 zu wahren.

Die **zwingende Teilnahme der Abschlussprüfer** an der Erörterung des AR über den (prüfpflichtigen) Abhängigkeitsbericht folgt aus § 314 Abs 4 (s zu nicht prüfpflichtigen Gesellschaften § 312 Rn 4). Lädt der AR den Prüfer gar nicht erst ein oder nimmt dieser dem AR zurechenbar an der Sitzung nicht teil, ist ein ohne Anwesenheit des

Fett

Abschlussprüfers gefasster Beschl gleichwohl wirksam (KölnKomm AktG/*Koppensteiner* Rn 7; anders *Emmerich/Habersack* Aktien- und GmbH-KonzernR Rn 10). Den Mitgliedern des AR (bzw des Ausschusses) liegt jedenfalls der Bericht der Abschlussprüfer bei ihrer Entsch vor (vgl Rn 2). Der Prüfer ist ferner bei Bedarf des AR zu weiteren mündlichen Erläuterungen **auch außerhalb der Sitzung** verpflichtet (*Hüffer* AktG Rn 7).

4 Den Beschl über die Prüfung des Abhängigkeitsberichts hat der AR als Organ **mit einfacher Mehrheit** zu fassen. Die Entsch obliegt dem AR in seiner Gesamtheit und kann einem Ausschuss nur zur Vorbereitung und nicht insgesamt übertragen werden (§ 107 Abs 3 S 2, *Hommelhoff* BB 1998, 2567, 2570; vgl bereits oben Rn 2). Auf Fehler bei der Beschlussfassung sind die allg Regeln anzuwenden; die §§ 243 ff finden auf Beschl des AR keine Anwendung (s dazu § 108 Rn 20). Zur unterbliebenen Beteiligung des Prüfers vgl Rn 3.

II. Prüfung

5 Der Inhalt der Prüfung durch den AR richtet sich im Unterschied zur externen Prüfung nach § 313 auf **Vollständigkeit und Richtigkeit** des Berichts (vgl § 313 Rn 3, 15). Der erweiterte Prüfungsumfang trägt nach dem Willen des Gesetzgebers der Kontroll- und Überwachungsaufgabe des Organs AR Rechnung. Daneben sollen die besseren Einschätzungsmöglichkeiten der Repräsentanten des herrschenden Unternehmens in die Prüfung der Berichte einfließen (*Kropff* S 416). Die Prüfung basiert auf dem Abhängigkeitsbericht (§ 312 Abs 1) und dessen Prüfbericht (§ 313) und hat ausschließlich **im Interesse der abhängigen Gesellschaft** statt zu finden. **Eigene Untersuchungen** sind regelmäßig nicht anzustrengen. Nicht ausreichend ist jedoch die bloß formelhafte Wiedergabe des Prüfberichts; es muss vielmehr eine tatsächliche Prüfung der Inhalte stattgefunden haben und dokumentiert sein (*LG Berlin* DB 2005, 1320; zu § 171 Abs 2 S 2 *LG München* AG 2005, 408 f; *Maser/Bäumker* AG 2005, 906, 110; *Lutter* AG 2008, 1, 7). Liegen konkrete Anhaltspunkte vor, wonach der Bericht unvollständig oder unrichtig sein könnte, muss der AR eigene Prüfungsmaßnahmen vornehmen (Spindler/Stilz AktG/*Müller* Rn 7; MünchHdb AG/*Krieger* § 69 Rn 112; *Semler* S 278). Erkenntnisse eines Mitglieds genügen, so auch die eines Repräsentanten des herrschenden Unternehmens. Ob ein Repräsentant des herrschenden Unternehmens tatsächlich in diesen Fällen im Interesse des abhängigen Unternehmens das eigene Handeln aufdeckt und ankreidet, wird häufig trotz der drohenden persönlichen Haftung als wenig realistisch angesehen (vgl *Haesen* S 142; KölnKomm AktG/*Koppensteiner* Rn 6).

III. Bericht an die Hauptversammlung und Schlusserklärung

6 Der AR hat die Ergebnisse seiner Prüfung in seinem Bericht nach § 171 Abs 2 an die HV darzustellen, Abs 2 S 1 (*LG Hamburg* AG 2002, 525, 527). Der Bericht muss innerhalb eines Monats, nachdem Abhängigkeitsbericht und Prüfbericht zugegangen sind, an den Vorstand übermittelt werden (§ 171 Abs 3); auf Verlangen sind den Aktionären nach Einberufung der HV Abschriften des Berichts zu erteilen (§ 175 Abs 2 AktG). Zum **Inhalt** des Berichts zählen ferner neben der Schlusserklärung des AR (vgl Rn 7) der Bestätigungsvermerk des Abschlussprüfers respektive die Mitteilung über dessen Versagung (Abs 3) oder über die unrechtmäßige Nichterstellung eines Abhängigkeitsberichts. Ferner muss der AR zum Bericht des Prüfers Stellung nehmen

(Abs 2 S 2). Zuletzt verstärkt erhobene Forderungen nach detaillierterer Berichterstattung des AR (vgl nur *Lutter* AG 2008, 1 ff) sind wg der Ergebnisorientierung auf die Prüfung des seinerseits vertraulichen Abhängigkeitsberichts nicht übertragbar (so auch K. Schmidt/Lutter AktG/*Vetter* Rn 19). Somit wird das Ergebnis der Prüfung des Berichts trotz dessen fehlender Publizität bekannt und kann für eine Sonderprüfung verwendet werden (vgl § 315 Rn 2; *Hüffer* AktG Rn 5; KölnKomm AktG/*Koppensteiner* Rn 8). **Fehler** des Berichts des AR wie das Fehlen der Wiedergabe des Prüfungstestats (oder seiner Versagung) oder bloß formelhafte Angaben zur Prüfungstätigkeit trotz Krise des Unternehmens können zur Anfechtbarkeit eines Entlastungsbeschlusses führen (*BGHZ* 153, 47 ff; *OLG Dresden* AG 2003, 433, 435 f; *OLG Düsseldorf* NZG 2013, 178; *OLG Stuttgart* ZIP 2006, 756 mit zust Anm *Wilsing/Goslar* EWiR 2006, 259 f; *LG Berlin* DB 2005, 1320; *LG München I* AG 2006, 170 mit krit Anm *Theusinger/Liese* EWiR 2006, 357 f; zur KGaA *OLG Stuttgart* AG 2003, 527, 530; zu den Rechtsfolgen im Einzelnen *Vetter* ZIP 2006, 257, 264).

Wie bei § 171 Abs 2 S 4 hat der AR eine eindeutige **Schlusserklärung** zum Ergebnis seiner Prüfung abzugeben, Abs 3. Daraus hat hervorzugehen, ob gegen die Schlusserklärung des Vorstands v Seiten des AR Einwendungen zu erheben sind. Diese Erklärung kann Grundlage und Gegenstand für eine Sonderprüfung nach § 315 S 1 Nr 2 sein. Geringfügige Mängel sind zu berichten, stellen aber keine die positive Bewertung hindernden Umstände dar (s schon zu § 313 Rn 4; ferner KölnKomm AktG/*Koppensteiner* Rn 10; K. Schmidt/Lutter AktG/*Vetter* Rn 18). 7

§ 315 Sonderprüfung

¹**Auf Antrag eines Aktionärs hat das Gericht Sonderprüfer zur Prüfung der geschäftlichen Beziehungen der Gesellschaft zu dem herrschenden Unternehmen oder einem mit ihm verbundenen Unternehmen zu bestellen, wenn**

1. **der Abschlussprüfer den Bestätigungsvermerk zum Bericht über die Beziehungen zu verbundenen Unternehmen eingeschränkt oder versagt hat,**
2. **der Aufsichtsrat erklärt hat, dass Einwendungen gegen die Erklärung des Vorstands am Schluss des Berichts über die Beziehungen zu verbundenen Unternehmen zu erheben sind,**
3. **der Vorstand selbst erklärt hat, dass die Gesellschaft durch bestimmte Rechtsgeschäfte oder Maßnahmen benachteiligt worden ist, ohne dass die Nachteile ausgeglichen worden sind.**

²Liegen sonstige Tatsachen vor, die den Verdacht einer pflichtwidrigen Nachteilszufügung rechtfertigen, kann der Antrag auch von Aktionären gestellt werden, deren Anteile zusammen den Schwellenwert des § 142 Abs. 2 erreichen, wenn sie glaubhaft machen, dass sie seit mindestens drei Monaten vor dem Tage der Antragstellung Inhaber der Aktien sind. ³Über den Antrag entscheidet das Landgericht, in dessen Bezirk die Gesellschaft ihren Sitz hat. ⁴§ 142 Abs. 8 gilt entsprechend. ⁶Gegen die Entscheidung ist die Beschwerde zulässig. ⁷Hat die Hauptversammlung zur Prüfung derselben Vorgänge Sonderprüfer bestellt, so kann jeder Aktionär den Antrag nach § 142 Abs. 4 stellen.

Fett

§ 315

Sonderprüfung

Übersicht

	Rn		Rn
I. Einleitung/Überblick	1	III. Verfahren und Entscheidung	9
II. Voraussetzungen der Sonderprüfung	2	IV. Gegenstand und Durchführung	11
1. Formalisierte Gründe nach S 1	2	V. Anderweitige gerichtliche Bestellung eines Sonderprüfers, S 6	14
2. Quorum nach S 2	5		

Literatur: *Bode* Abhängigkeitsbericht und Kostenlast im einstufigen faktischen Konzern, AG 1995, 261; *Habersack* Zweck und Gegenstand der Sonderprüfung nach § 142 AktG, FS Wiedemann, 2002, S 889; *Maul* Aktienrechtliches Konzernrecht und Gemeinschaftsunternehmen, NZG 2000, 470; *Noack* Die konzernrechtliche Sonderprüfung nach § 315 AktG, WPg 1994, 225; *Schneider* Die aktienrechtliche Sonderprüfung im Konzern, AG 2008, 305; *Weinbrenner* Moderne Kommunikationsmittel und Konzerncontrolling, Der Konzern 2006, 583.

I. Einleitung/Überblick

1 Die Norm ist ein bes ausgestalteter Unterfall der Sonderprüfung nach §§ 142 ff (MünchKomm AktG/*Altmeppen* Rn 8 f). Das Ergebnis der Sonderprüfung wird – anders als der Abhängigkeitsbericht nach § 312 selbst (s dort Rn 3) – offen gelegt (Einreichung zum HR, Abschriften, Gegenstand der nächsten HV § 145 Abs 6 S 3–5); auf diese Weise soll die Durchsetzung v Ansprüchen nach §§ 317, 318 erleichtert werden (*BGHZ* 135, 107, 109 f – VW; *Altmeppen* aaO Rn 1 ff). Daneben ist § 315 ein weiterer Bestandteil des durch §§ 312 ff bezweckten Präventivschutzes vor ungebührlicher Einflussnahme durch das herrschende Unternehmen (*Hüffer* AktG Rn 1).

II. Voraussetzungen der Sonderprüfung

2 **1. Formalisierte Gründe nach S 1.** Eine Sonderprüfung kann bei Vorliegen eines der in S 1 Nr 1–3 genannten **formalisierten Gründen** auf Antrag eines Aktionärs durchgeführt werden. Die Gründe nehmen Bezug auf die nach §§ 312–314 zu erstellenden Berichte und Erklärungen. Die Entscheidungskompetenz des Gerichts ist in diesen Fällen **darauf reduziert**, ob einer der angeführten Sachverhalte vorliegt. Darüber hinausgehende Bewertungen hinsichtlich der Entsch v Vorstand, Abschlussprüfern oder AR kommen dem Gericht **nicht zu**; insb ist nicht zu prüfen, ob die Berichte materiell richtig sind (*Emmerich/Habersack* Aktien- und GmbH-KonzernR Rn 5; K. Schmidt/Lutter AktG/*Vetter* Rn 7). Auch die Frage, ob ein Abhängigkeitsbericht hätte erstellt werden müssen, ist nicht Gegenstand des Verfahrens nach S 1 (KölnKomm AktG/*Koppensteiner* Rn 9). Damit sind die Voraussetzungen zwar leicht feststellbar, die praktische Relevanz v Sonderprüfungen auf dieser Grundlage ist gleichwohl gering (*Noack* WPg 1994, 225; Spindler/Stilz AktG/*Müller* Rn 1).

3 Eingeleitet wird das Verfahren durch einen Antrag zur Durchführung einer Sonderprüfung. Antragsberechtigt ist dabei jeder **Aktionär, nicht aber Gläubiger** der Gesellschaft. Letzteres wird bei Einmann-AGs als misslich angesehen, weil dann mangels außenstehender Aktionäre niemand für eine Antragstellung bereit steht (KölnKomm AktG/*Koppensteiner* Rn 7; *Weinbrenner* Der Konzern 2006, 583, 591; anders MünchKomm AktG/*Altmeppen* Rn 10); jedenfalls im praktisch bes relevanten Fall der Insolvenz wird der Insolvenzverwalter über genügend Einsichtsmöglichkeiten verfügen, so dass ein Verfahren nach § 315 entbehrlich ist (so zu Recht *Emmerich/Habersack* Aktien- und GmbH-KonzernR Rn 7). Für den Antrag nach S 1 ist im Gegensatz zu

Sonderprüfung § 315

S 2 kein Mindestanteil erforderlich, so dass der Besitz **einer Aktie** genügt (vgl Rn 7). Das Gleiche gilt für die Mindestbesitzdauer, die im Gegensatz zu den anderen Prüfungen nach S 2 oder § 142 Abs 2 S 3 entfällt (**allgM** vgl nur *Koppensteiner* aaO Rn 3; MünchHdb AG/*Krieger* § 69 Rn 115; Spindler/Stilz AktG/*Müller* Rn 4; *Altmeppen* aaO Rn 9). Ferner bedarf es – anders als bei S 2 – auch keiner Hinterlegung der Aktien; ungeachtet dessen muss der Antragsteller aber bis zum Schluss des Verfahrens **im Besitz der Aktie sein**, um nicht die Antragsbefugnis zu verlieren (*Koppensteiner* aaO Rn 3). Grund für die vereinfachten Voraussetzungen sind die formalisierten Tatbestände nach S 1. Bei deren Erfüllung ist wg der Bedeutung der bereits festgestellten oder testierten Unregelmäßigkeiten ein hinreichender Grund für die Prüfung gegeben, der keine Missbrauchskontrolle gegenüber den Aktionären erfordert (anders kann es liegen, wenn der Aktionär zuvor dem Vorstand „angeboten" hat, er könne den Antrag unter bestimmten Voraussetzungen auch nicht stellen, vgl *Noack* WPg 1994, 225, 235 mit Fn 92; dies hat die beklagte AG vorzutragen).

Eine ausdrückliche **Frist** zur Stellung des Antrags besteht nicht. Da die Sonderprüfung der Anspruchsdurchsetzung nach §§ 317 f (vgl Rn 1) dient, kann ein Antrag nicht mehr gestellt werden, wenn diese Ansprüche verjährt sind (KölnKomm AktG/*Koppensteiner* Rn 8). **4**

2. Quorum nach S 2. Neben den formalisierten Prüfungsanlässen nach S 1 kann eine **qualifizierte Minderheit v Aktionären** nach S 2 eine Sonderprüfung verlangen, wenn Tatsachen vorliegen, die den Verdacht **einer pflichtwidrigen Nachteilszufügung rechtfertigen**. Die durch die Norm bezweckte Erweiterung der Prüfanlässe über S 1 hinaus soll zu einer Erweiterung der Sonderprüfungen in der Praxis führen und deren Effektivität erhöhen (RegBegr BT-Drucks 13/9712, 25). Wie bei dem in Bezug genommenen § 142 Abs 2 S 1 sind auch hier Tatsachen zu behaupten, die einen hinreichenden Verdacht rechtfertigen bzw das Gericht zur Amtsermittlung nach § 26 FamFG veranlassen. Dem Antrag wird also nur dann stattgegeben, wenn das Gericht nach Anhörung der Gesellschaft und des Aufsichtsrats zu der Überzeugung gelangt, dass hinreichende Tatsachen vorliegen, die den Verdacht einer pflichtwidrigen Nachteilszufügung begründen (*OLG München* AG 2011, 720 f). Entbehrlich ist hingegen deren Beweis oder Glaubhaftmachung (*OLG München* AG 2011, 720 f; vgl auch § 142 Rn 15; MünchKomm AktG/*Altmeppen* Rn 18). Anders als der Gesetzeswortlaut suggeriert, ist der Anfangsverdacht nicht (formelle) Voraussetzung für das Recht zur Antragsstellung, sondern (materielle) Voraussetzung für die Prüferbestellung (*Hüffer* AktG Rn 3a). **5**

Der Vortrag muss sich auf die Nachteilszufügung durch eine Veranlassung des herrschenden Unternehmens beziehen. Darüber hinaus wird aus dem Merkmal der „Pflichtwidrigkeit" des unterbliebenen Ausgleichs geschlossen, dass der Nichtausgleich des Nachteils ebenfalls durch Vorbringen v Tatsachen behauptet werden müsse (*Emmerich/Habersack* Aktien- und GmbH-KonzernR Rn 10 mit Fn 19; K. Schmidt/Lutter AktG/*Vetter* Rn 10; wohl auch *Hüffer* AktG Rn 3c). *Koppensteiner* hat hiergegen zu Recht vorgebracht, dass dieses Verständnis der Norm nicht zu der grds anders gelagerten Beweispflicht in einem Schadensersatzprozess nach § 317 passe; bei § 317 muss das herrschende Unternehmen bzw dessen in Anspruch genommenes Organ darlegen und beweisen, dass der Nachteil ausgeglichen worden ist (KölnKomm AktG/*Koppensteiner* Rn 6; vgl ferner § 317 Rn 10). Schließlich können trotz der Formulie- **6**

Fett

rung „sonstige Tatsachen" auch in einem Antrag nach S 2 Gründe nach S 1 Nr 1 vorgetragen werden (*Hüffer* aaO Rn 3c).

7 Im Gegensatz zum Verfahren nach S 1 ist nach S 2 ein **Mindestbesitz** v Anteilen erforderlich. Nach Absenkung durch das UMAG ist gem des in Bezug genommenen § 142 Abs 2 S 1 der Antrag v einem oder mehreren Aktionären erforderlich, deren Anteile bei Antragstellung zusammen **ein Prozent** des Grundkapitals oder den anteiligen Betrag v **nominal 100 000 EUR** erreichen. Letzteres gilt für börsen- wie für nichtbörsennotierte Gesellschaften gleichermaßen, nachdem die ursprüngliche Anknüpfung an den Börsenwert iRd UMAG-Gesetzgebung aufgegeben worden ist. Stimmrechtlose Vorzugsaktien sind wie bei § 142 Abs 2 ebenso zu berücksichtigen wie v Stimmrecht ausgeschlossene Aktien (*Hüffer* AktG Rn 3b). Angesichts der neuen Informationsmöglichkeiten nach § 127a (Aktionärsforum) im elektronischen Bundesanzeiger hat die Quorumsbildung – jedenfalls theoretisch – eine nicht unwesentliche Erleichterung erfahren (vgl § 127a Rn 1).

8 Erforderlich ist ferner, dass die Antragssteller **eine Vorbesitzzeit** v drei Monaten glaubhaft machen. Die Glaubhaftmachung kann durch Hinterlegung und entspr Bescheinigung oder, was in der Praxis der Regelfall sein wird, durch eine entspr Versicherung des depotführenden Instituts geschehen; der Antragsteller muss ferner im Besitz der Aktie bleiben, um nicht die Antragsbefugnis im Nachhinein zu verlieren (vgl Rn 3). Die Berechung erfolgt rückwärts v Tag der Antragstellung und richtet sich nach den allg zivilrechtlichen Regeln (§§ 187 Abs 1, 188 Abs 2 BGB). Auch wenn für das Verfahren keine Frist gilt, scheidet die Antragstellung **bei Verjährung** der Ansprüche nach §§ 317 f aus (vgl Rn 4).

III. Verfahren und Entscheidung

9 **Zuständig** ist nach S 3 das Landgericht am Gesellschaftssitz, wobei eine bestehende KfH anstelle der Zivilkammer entscheidet (§ 71 Abs 2 Nr 4b, 95 Abs 2 Nr 2 GVG. Das Verfahren richtet sich nach dem **FamFG** (S 4 iVm § 142 Abs 8), die Entsch ergeht als Beschl, gegen den die Beschwerde möglich ist (S 5). Vor der Entsch ist neben Antragsteller und Gesellschaft auch der AR der Gesellschaft zu hören (**hM** MünchKomm AktG/*Altmeppen* Rn 21, 23; Spindler/Stilz AktG/*Müller* Rn 9; gegen eine Beteiligung des AR noch GroßKomm AktG/*Würdinger* 3. Aufl Anm 3).

10 Liegen die Voraussetzungen v S 1 (vgl Rn 2 ff) oder S 2 (vgl Rn 5 ff) vor, hat das Gericht einen oder mehrere Sonderprüfer zu bestellen, andernfalls ist der Antrag zurückzuweisen. Ein Ermessensspielraum besteht insoweit nicht. Das Gericht hat jedoch wie bei § 143 (vgl dort Rn 9) **hinsichtlich der Auswahl des Prüfers** einen **Ermessensspielraum**. Die Bestellten sind im Beschl namentlich zu bezeichnen. In Betracht kommen neben Wirtschaftsprüfern und Prüfungsgesellschaften auch Rechtsanwälte. Ausgenommen ist hingegen der Abschlussprüfer der Gesellschaft, der auch den Abhängigkeitsbericht des Vorstands geprüft hat. Ferner gelten die Bestellungshindernisse nach §§ 143 Abs 2 AktG, 319 Abs 2–4, 319a Abs 1 HGB (*Emmerich/ Habersack* Aktien- und GmbH-KonzernR Rn 14).

IV. Gegenstand und Durchführung

11 Gegenstand der Sonderprüfung sind nach S 1 die Beziehungen der abhängigen Gesellschaft zum herrschenden Unternehmen oder mit diesem verbundenen Unternehmen

Sonderprüfung § 315

und zwar in dem v Gericht ausgesprochenen Prüfauftrag (*Noack* WPg 1994, 225, 235). Dies bedeutet insb, dass der gesamte Unternehmensverbund auch nur dann zu prüfen ist, wenn das Gericht nach dem Maßstab v § 315 hinsichtlich der geschäftlichen Beziehungen im gesamten Unternehmensverbund einen Anlass dafür sieht (KölnKomm AktG/*Koppensteiner* Rn 12; MünchHdb AG/*Krieger* § 69 Rn 119; für eine umfassende Prüfung aller Beziehungen MünchKomm AktG/*Altmeppen* Rn 31). Denkbar ist dies bspw dann, wenn ein Gemeinschaftsunternehmen Gegenstand eines Abhängigkeitsberichts ist (*Maul* NZG 2000, 470, 471 f). **Zu prüfen** sind alle Vorgänge im Geschäftsjahr des Abhängigkeitsberichts, die als Verstoß gegen § 311 in Betracht kommen können (*Habersack* FS Wiedemann, S 889, 899 ff; *Koppensteiner* aaO Rn 15). Soweit Maßnahmen aus vorangegangenen Geschäftsjahren fortwirken, sind auch diese zu erfassen (*Altmeppen* aaO Rn 32). Für die zu prüfenden geschäftlichen Beziehungen ist somit – anders als bei § 313 Abs 1 S 2 – die **Vollständigkeit** und **Richtigkeit** des Abhängigkeitsberichts Prüfungsgegenstand (*Emmerich/Habersack* Aktien- und GmbH-KonzernR Rn 17). Der Prüfer hat damit einen eigenen Beurteilungsspielraum bei der Frage, ob eine Maßnahme nachteilig war und ob sie durch das herrschende Unternehmen ausgeglichen worden ist (*Adler/Düring/Schmaltz* Rechnungslegung § 313 Rn 108).

Der Prüfer kann v den in § 145 Abs 3 bezeichneten Unternehmen sowie nach § 142 Abs 2 v **Vorstand und AR** dieser Unternehmen und des abhängigen Unternehmens **Auskünfte und Informationen** verlangen; das Informationsrecht geht damit über das des Abschlussprüfers nach §§ 313 Abs 1 S 3, 320 Abs 2 S 1 hinaus (MünchKomm AktG/*Altmeppen* Rn 33). Nach überwiegender Ansicht besteht ein darüber hinausgehendes **Einsichtsrecht** bei den anderen Konzernunternehmen nicht (*Hüffer* AktG Rn 6; krit *Schneider* AG 2008, 305, 309 f). Die **Kosten** der Prüfung hat nach § 146 die Gesellschaft zu tragen; ggf kann sie bei den Organen der abhängigen Gesellschaft (§§ 318, 93) oder beim herrschenden Unternehmen bzw dessen Organen (§ 317) Regress nehmen (vgl K. Schmidt/Lutter AktG/*Vetter* Rn 20; *Bode* AG 1995, 261, 264 f); liegt ein Fall des § 146 S 2 vor, trägt der Antragsteller die Kosten (vgl § 146 Rn 6). Das Prüfungsergebnis selbst ist in einem **schriftlichen Bericht** festzuhalten (§ 145 Abs 6 S 1). Dieser muss so ausf gehalten sein, dass er insb bei Verstößen eine hinreichend genaue Dokumentation bietet, um dem Zweck der erleichterten Anspruchsdurchsetzung nach §§ 317 f gerecht zu werden (KölnKomm AktG/*Koppensteiner* Rn 16; *Henn/Frodermann/Jannott* Hdb AktR 14. Kap Rn 133) und umfasst damit potentiell auch Tatsachen, deren Bekanntwerden geeignet ist, der Gesellschaft oder einem verbundenen Unternehmen einen nicht unerheblichen Nachteil zuzufügen (§ 146 Abs 6 S 2). Der Vorstand hat gleichwohl die Möglichkeit, unter den engen Voraussetzungen des § 145 Abs 4 bei Gericht zu **beantragen**, dass bestimmte Tatsachen **nicht in den Bericht** aufgenommen werden.

Der Bericht ist nach § 145 Abs 6 S 3 unverzüglich dem Vorstand zu übermitteln sowie beim *HR* der Gesellschaft einzureichen. Auf diese Weise und durch die Pflichten der Gesellschaft, jedem Aktionär auf Verlangen eine Abschrift zu erteilen sowie den Bericht zum Gegenstand der Tagesordnung der nächsten HV zu machen (§ 145 Abs 6 S 4 und 5), wird eine umfassende Publizität des Berichts erreicht.

V. Anderweitige gerichtliche Bestellung eines Sonderprüfers, S 6

Denkbar ist, dass auch hinsichtlich der nach § 312 berichtspflichtigen Vorgänge ein Sonderprüfer gem § 142 Abs 1 durch die HV bestellt wird. Eine solche Bestellung

Fett

durch die HV wird angesichts der HV-Mehrheit des herrschenden Unternehmens regelmäßig den Verdacht nahe legen, dass ein dem herrschenden Unternehmen genehmer Abschlussprüfer gewählt werden soll, um „Schlimmeres" zu verhindern (vgl KölnKomm AktG/*Koppensteiner* Rn 13). Um einer solchen Aushöhlung des Sonderprüfungsrechts entgegenzutreten, besteht nach § 315 S 6 iVm § 142 Abs 4 unabhängig v einem Quorum für **jeden einzelnen Aktionär** die Möglichkeit, einen Antrag auf Auswechselung des durch die HV gewählten Sonderprüfers zu stellen (zum Verfahren vgl § 142 Rn 23). In Betracht kommt daneben auch eine Ausweitung des v der HV beschlossenen Prüfauftrags durch das entscheidende Gericht, soweit die Voraussetzungen v S 1 bzw S 2 vorliegen (MünchKomm AktG/*Altmeppen* Rn 38).

§ 316 Kein Bericht über Beziehungen zu verbundenen Unternehmen bei Gewinnabführungsvertrag

§§ 312 bis 315 gelten nicht, wenn zwischen der abhängigen Gesellschaft und dem herrschenden Unternehmen ein Gewinnabführungsvertrag besteht.

Übersicht

	Rn		Rn
I. Einleitung/Überblick	1	3. Mehrstufige Unternehmensverbindung	5
II. Gewinnabführungsvertrag	2	III. Rechtsfolgen	6
1. Vorliegen eines Vertrages	2		
2. Zeitliche Voraussetzungen	3		

Literatur: *Bachmayr* Der reine Verlustübernahmevertrag, ein Unternehmensvertrag iSd Aktiengesetzes 1965, BB 1967, 135; *Cahn/Simon* Isolierte Gewinnabführungsverträge, Der Konzern 2003, 1; *Habersack* Alte und neue Ungereimtheiten im Rahmen der §§ 311 ff AktG, FS Peltzer, 2001, S 139; *Haesen* Der Abhängigkeitsbericht im faktischen Konzern, Diss Köln, 1970; *Kronstein* Die Anwendbarkeit der §§ 311 ff über die Verantwortlichkeit im „faktischen" Konzern bei mehrstufigen Unternehmensverbindungen, BB 1967, 637.

I. Einleitung/Überblick

1 Die Norm erklärt die Regelungen v §§ 312–315 für unanwendbar, falls zwischen herrschendem Unternehmen und abhängiger Gesellschaft ein Gewinnabführungsvertrag besteht; die §§ 311, 317 (formal auch § 318, s aber Rn 8) bleiben hingegen anwendbar. Der mit den §§ 312–315 bezweckte Schutz ist über die §§ 300–307 in ausreichendem Maße gewährleistet (*Kropff* S 418).

II. Gewinnabführungsvertrag

2 **1. Vorliegen eines Vertrages.** Damit die §§ 312–315 nicht eingreifen, muss ein (isolierter) Gewinnabführungsvertrag vorliegen (vgl hierzu § 291 Rn 16). Nicht ausreichend sind hingegen dem Gewinnabführungsvertrag ähnliche Unternehmensverträge wie Teilgewinnabführungsverträge oder Verträge über eine Gewinngemeinschaft (vgl hierzu § 292 Rn 17). Eine Anwendung auf einen Verlustübernahmevertrag scheidet bereits aus, da es sich hierbei nicht um einen Unternehmensvertrag handelt (dazu vgl § 291 Rn 19); aufgrund fehlender Registerpublizität und damit Kenntnis der Gläubiger über das Unterbleiben des Abhängigkeitsberichts kommt auch eine analoge Anwendung v § 316 nicht in Betracht (heute **allgM**, vgl nur KölnKomm AktG/*Koppensteiner*

Rn 4; **anders noch** *Bachmayr* BB 1967, 135, 138). Unanwendbar ist die Norm auch für den Fall der freiwilligen Verlustübernahme und entspr Offenlegung nach §§ 264 Abs 3, 325 HGB (zu den Einzelheiten *Emmerich/Habersack* Aktien- und GmbH-KonzernR Rn 4). Dafür sind auf einen fehlerhaften aber durchgeführten Gewinnabführungsvertrag (dazu vgl § 291 Rn 16 ff) die Regeln über den Abhängigkeitsbericht anzuwenden (MünchKomm AktG/*Altmeppen* Rn 7; Spindler/Stilz AktG/*Müller* Rn 2).

2. Zeitliche Voraussetzungen. Bei der Frage, wann ein isolierter Gewinnabführungs- 3 vertrag geschlossen werden muss, damit § 316 greift, ist der Schutz der außenstehenden Aktionäre nach §§ 300 ff maßgeblich. Fällt der **Abschluss** des Vertrages in das laufende Geschäftsjahr, besteht die Verlustübernahmepflicht (bzw die Pflicht zur Stellung v Sicherheiten, §§ 302 f) auch für vor Vertragsschluss begründete Verluste, sofern der Gewinnabführungsvertrag vor Ablauf des Geschäftsjahres in das HR eingetragen worden ist (vgl § 302 Rn 12 ff). Aus diesem Grund besteht kein Bedürfnis für einen Abhängigkeitsbericht hinsichtlich des Zeitraums vor Abschluss des Gewinnabführungsvertrages; § 316 ist mithin auf das gesamte Geschäftsjahr anzuwenden (**hM** *Adler/Düring/ Schmaltz* Rechnungslegung § 312 Rn 27; KölnKomm AktG/*Koppensteiner* § 312 Rn 18, s aber auch *ders* § 316 Rn 2; **aA** *Haesen* S 65 f). Entspr gilt für einen mit Rückwirkung für das abgelaufene Geschäftsjahr geschlossenen Gewinnabführungsvertrag (*Emmerich/ Habersack* Aktien- und GmbH-KonzernR Rn 5; Spindler/Stilz AktG/*Müller* Rn 5; K. Schmidt/Lutter AktG/*Vetter* Rn 5; zu den Grenzen einer solchen Rückwirkung § 294 Rn 17).

Endet der Vertrag **unterjährig** (vgl § 297 Rn 16), lebt bereits nach dem Wortlaut die 4 Berichtspflicht mit dem Ende des Vertrages wieder auf. Bis zum Stichtag würde danach wg § 316 keine Berichtspflicht bestehen. Letzteres überzeugt aber nur dann, wenn durch einen geprüften Abschluss zum Stichtag sichergestellt ist, dass die Verluste auch tatsächlich übernommen worden sind, also ein „Rumpfgeschäftsjahr" eingezogen worden ist. In diesem Fall besteht kein Bedürfnis für eine Berichtspflicht für das gesamte Geschäftsjahr, weshalb die Berichtspflicht ex nunc mit Ende des Gewinnabführungsvertrages für das verbleibende Rumpfgeschäftsjahr beginnt (*Emmerich/ Habersack* Aktien- und GmbH-KonzernR Rn 6; in diesem Sinne auch *Hüffer* AktG Rn 5).

3. Mehrstufige Unternehmensverbindung. Bei mehrstufigen Unternehmensverbin- 5 dungen kommt § 316 jedenfalls dann zur Anwendung, wenn eine durchgehende Kette v Gewinnabführungsverträgen besteht. Gibt es einen solchen lediglich **zwischen Tochter und Enkel**, lässt die hM die Berichtspflicht im Verhältnis zwischen Mutter und Enkel (dort sind §§ 311 ff nach richtiger Ansicht nicht anwendbar) **und** im Verhältnis zwischen Mutter und Tochter entfallen (*Hüffer* AktG Rn 3; KölnKomm AktG/*Koppensteiner* Rn 3; MünchKomm AktG/*Altmeppen* Rn 15; Spindler/ Stilz AktG/*Müller* Rn 4; K. Schmidt/Lutter AktG/*Vetter* Rn 4; Grigoleit AktG/*Grigoleit* Rn 2; **aA** *Emmerich/Habersack* Aktien- und GmbH-KonzernR Rn 7; Hölters AktG/*Leuering/Goertz* Rn 9; *Kronstein* BB 1967, 637, 641; zur Diskussion bei mehrstufiger Abhängigkeit und Beherrschungsvertrag bei § 311 vgl § 311 Rn 7). Letzteres ist nicht ganz unproblematisch. Zwar steht dem Enkelunternehmen gegenüber der Tochter der Schutz nach §§ 300 ff zur Verfügung; der im Verhältnis zwischen Mutter und Tochter in diesem Fall bestehende Schutz nach §§ 311, 317 ist aber letztlich um die maßgeblich für die Durchsetzung des Anspruchs gedachten Berichte verkürzt (vgl hierzu auch Rn 7). Hält man sich den Fall vor Augen, dass die Tochter gegenüber der Enkelin nur deshalb zum Verlustausgleich verpflichtet ist, weil eine Einflussnahme der Mutter auf die Tochter diesen Verlust verursacht hat, wäre das Berichtsinstrumentarium der §§ 312 ff das wirksame Mittel, um diese Veranlassung und die Frage ihres Nachteilsausgleichs für Minderheitsaktionäre und Gläubiger der Tochter nachvollziehbar zu machen. Es sprechen daher **entgegen der** hM die besseren Gründe dafür, in diesen Fällen im Verhältnis Mutter zur Tochter § 316 für unanwendbar zu halten.

III. Rechtsfolgen

6 Ist § 316 einschlägig, sollen die §§ 312–315 keine Anwendung finden. Dies verwundert mit Blick auf das mit dem KonTraG eingeführte Antragsverfahren zur Sonderprüfung nach § 315 S 2 (bzw zur Bestellung eines anderen Sonderprüfers nach § 315 S 6), weil in diesen Fällen kein Abhängigkeitsbericht vorausgesetzt wird. Es spricht einiges dafür, darin ein redaktionelles Versehen zu vermuten (MünchKomm AktG/*Altmeppen* Rn 17; Spindler/Stilz AktG/*Müller* Rn 6) und konsequenterweise die § 315 S 2 und S 6 zur besseren Durchsetzung der Ansprüche nach §§ 311, 317 für anwendbar zu halten (*Habersack* FS Peltzer, S 139, 147 ff; Wachter AktG/*Rothley* Rn 5). Angesichts der Möglichkeit für die Aktionärsminderheit, wg ders Vorgänge eine Sonderprüfung nach §§ 142 ff zu beantragen, erscheint diese gegen den Wortlaut vorgenommene Auslegung als zu weit (so auch K. Schmidt/Lutter AktG/*Vetter* Rn 2; Grigoleit AktG/*Grigoleit* Rn 1); dass das Recht nach § 315 S 6 leer laufen kann, ist in Kauf zu nehmen.

7 § 311 und § 317 und damit **das Verbot der (kompensationslosen) Nachteilszufügung** bleiben hingegen anwendbar (krit KölnKomm AktG/*Koppensteiner* Rn 1). Die Bedeutung dürfte freilich eher gering sein (s aber *Cahn/Simon* Der Konzern 2003, 1, 17 f unter Hinweis auf die Insolvenz des herrschenden Unternehmens und die dann ggf bestehende Haftung dessen gesetzlicher Vertreter). Einerseits werden die Interessen der außenstehenden Aktionäre und der Gläubiger über §§ 302 f weitgehend gewährleistet. Andererseits fehlt es für die Anwendung v § 317 an dem für die Durchsetzung eines Anspruchs maßgeblichen Abhängigkeitsberichts, so dass an der Sinnhaftigkeit des Nebeneinanders v § 302 und § 317 zu Recht gezweifelt wird (Spindler/Stilz AktG/*Müller* Rn 1; *Cahn/Simon* aaO 1, 20 f).

8 Dem Wortlaut nach bleibt auch **die Haftung nach § 318** weiter anwendbar. Da nach § 316 ein Abhängigkeitsbericht gerade nicht erstellt werden muss und § 318 ausschließlich an eben diesen anknüpft, läuft die Vorschrift in diesen Fällen leer (**allgM**, vgl nur MünchKomm AktG/*Altmeppen* Rn 16).

§ 317 Verantwortlichkeit des herrschenden Unternehmens und seiner gesetzlichen Vertreter

(1) ¹Veranlasst ein herrschendes Unternehmen eine abhängige Gesellschaft, mit der kein Beherrschungsvertrag besteht, ein für sie nachteiliges Rechtsgeschäft vorzunehmen oder zu ihrem Nachteil eine Maßnahme zu treffen oder zu unterlassen, ohne dass es den Nachteil bis zum Ende des Geschäftsjahrs tatsächlich ausgleicht oder der abhängigen Gesellschaft einen Rechtsanspruch auf einen zum Ausgleich bestimmten Vorteil gewährt, so ist es der Gesellschaft zum Ersatz des ihr daraus entstehenden

Schadens verpflichtet. ²Es ist auch den Aktionären zum Ersatz des ihnen daraus entstehenden Schadens verpflichtet, soweit sie, abgesehen von einem Schaden, der ihnen durch Schädigung der Gesellschaft zugefügt worden ist, geschädigt worden sind.

(2) Die Ersatzpflicht tritt nicht ein, wenn auch ein ordentlicher und gewissenhafter Geschäftsleiter einer unabhängigen Gesellschaft das Rechtsgeschäft vorgenommen oder die Maßnahme getroffen oder unterlassen hätte.

(3) Neben dem herrschenden Unternehmen haften als Gesamtschuldner die gesetzlichen Vertreter des Unternehmens, die die Gesellschaft zu dem Rechtsgeschäft oder der Maßnahme veranlasst haben.

(4) § 309 Abs. 3 bis 5 gilt sinngemäß.

Übersicht

	Rn		Rn
I. Einleitung/Überblick	1	4. Beweislast	10
II. Haftung des herrschenden Unternehmens	3	5. Rechtsfolgen	11
		III. Haftung der gesetzlichen Vertreter (Abs 3)	14
1. Haftungsvoraussetzungen (Abs 1)	3	1. Haftungsvoraussetzungen	14
a) Überblick	3	2. Schuldner	15
b) Nachteil und Schaden	4	IV. Geltendmachung der Ansprüche	16
c) Haftungsgrund und Zeitpunkt der Haftung	5	1. Ansprüche der Gesellschaft	16
d) Subjektive Voraussetzungen?	7	2. Ansprüche außenstehender Aktionäre	18
2. Haftungsausschluss (Abs 2)	8	V. Verzicht, Vergleich, Verjährung (Abs 4)	19
3. Anspruchsgegner	9	VI. Verhältnis zu anderen Vorschriften	20

Literatur: *Altmeppen* Die Haftung des Managers im Konzern, 1998; *ders* Zur immer noch geheimnisvollen Regelung der faktisch abhängigen AG, FS Hans-Joachim Priester, 2007; *ders* Wirklich keine Haftung der Bundesrepublik Deutschland im Fall Telekom?, (UMTS), NJW 2008, 1553; *ders* "Upstream-loans", Cash Pooling und Kapitalerhaltung nach neuem Recht, ZIP 2009, 49; *Bernau* Konzernrechtliche Ersatzansprüche als Gegenstand des Erzwingungsrechts nach § 147 Abs. 1 Satz 1 AktG, AG 2011, 894; *Broichmann/Burmeister* Konzernvertrauenshaftung – zahnloser Tiger oder tragfähiges Haftungskonzept?, NZG 2006, 687; *Brüggemeier* Die Einflußnahme auf die Verwaltung einer Aktiengesellschaft, AG 1988, 93; *Gansweid* Gemeinsame Tochtergesellschaften im deutschen Konzern- und Wettbewerbsrecht, Diss Bielefeld, 1976; *Hommelhoff* Empfiehlt es sich, das Recht faktischer Unternehmensverbindungen neu zu regeln?, Gutachten G zum 59. DJT, 1992; *Kropff* Der konzernrechtliche Ersatzanspruch – ein zahnloser Tiger?, FS Bezzenberger, 2000, S 233; *Lutter* Grenzen zulässigen Einflusses im faktischen Konzern – Nachbetrachtung zum Mannesmann/Vodafone-Takeover, FS Peltzer, 2001, S 241; *Maul* Aktienrechtliches Konzernrecht und Gemeinschaftsunternehmen, NZG 2000, 470; *Michalski* Ungeklärte Fragen bei der Einlagenrückgewähr im Aktienrecht, AG 1980, 261; *Möhring* Zur Systematik der §§ 311, 317 AktG, FS Schilling, 1973, S 253; *Rieckers* Nochmals: Konzernvertrauenshaftung, NZG 2007, 125; *Stöcklhuber* Dogmatik der Haftung im faktischen AG-Konzern, Der Konzern 2011, S 253; *Ulmer* Das Sonderrecht der §§ 311 ff AktG und sein Verhältnis zur einer aktienrechtlichen Haftung für Schädigungen der AG, FS Hüffer, 2010, S 999; *Voigt* Haftung und Einfluss auf die Aktiengesellschaft (§§ 117, 309, 317 AktG), Diss Hamburg, 2004; *Wälde* Die Anwendbarkeit des § 31 BGB und der Begriff des „gesetzlichen Vertreters" im Rahmen konzernrechtlicher Haftungstatbestände des faktischen Konzerns, DB 1972, 2289.

§ 317 Verantwortlichkeit des herrschenden Unternehmens

I. Einleitung/Überblick

1 Die Norm bestimmt in Abs 1 eine Schadensersatzpflicht des herrschenden Unternehmens für Verletzungen des Nachteilszufügungsverbots v § 311 ohne Gewährung eines Ausgleichs. Nach Abs 3 wird die Haftung auf die an der Veranlassung beteiligten gesetzlichen Vertreter des herrschenden Unternehmens ausgeweitet, die mit diesem gesamtschuldnerisch haften. Abs 2 schränkt die Haftung für die Fälle ein, in denen auch ein ordentlich und gewissenhaft handelnder Geschäftsleiter einer unabhängigen Gesellschaft sich nicht anders verhalten hätte. Mit der Bezugnahme auf § 309 Abs 3–5 in Abs 4 gelten die dort aufgeführten Bestimmungen zu Verzicht, Vergleich, Verjährung sowie zu den Rechten v Aktionären und Gläubigern.

2 Die statuierte Haftung des herrschenden Unternehmens und seiner Organe soll die ausgleichslose Nachteilszufügung und damit einen Verstoß gegen § 311 verhindern und die Gesellschaft, ihre Minderheitsaktionäre und Gläubiger schützen (*Kropff* S 418). Indes ist die praktische Bedeutung der Vorschrift relativ gering (vgl aber *BGHZ* 141, 79, 88; *OLG Köln* AG 1978, 17; *OLG Frankfurt* AG 1977, 78 und zuletzt *BGHZ* 175, 365 ff – UMTS; ferner *Hommelhoff* S 67).

II. Haftung des herrschenden Unternehmens

3 **1. Haftungsvoraussetzungen (Abs 1). – a) Überblick.** Die Norm zeichnet in ihrem Wortlaut die Tatbestandsmerkmale des § 311 nach. Für eine Haftung ist daher zunächst Voraussetzung, dass überhaupt eine Abhängigkeit nach § 17 ohne Bestehen eines Beherrschungsvertrags vorliegt (vgl § 311 Rn 5, 10). Das herrschende Unternehmen muss das abhängige zu einem nachteiligen Rechtsgeschäft oder einer nachteiligen Maßnahme veranlasst haben (vgl § 311 Rn 12 ff, 22 ff). Darunter fällt auch die Veranlassung zu einem Unterlassen. Schließlich darf das herrschende Unternehmen den Nachteil nicht bis zum Ende des Geschäftsjahres, sei es tatsächlich oder durch Gewährung eines Rechtsanspruchs (vgl § 311 Rn 39 ff), ausgeglichen haben.

4 **b) Nachteil und Schaden.** Der Anspruch der abhängigen Gesellschaft setzt den Eintritt eines Schadens durch die (kompensationslos gebliebene) Nachteilszufügung voraus (zum Nachteilsbegriff vgl § 311 Rn 12). Schaden und Nachteil müssen sich betragsmäßig nicht decken. Übertrifft der Schaden den entstandenen Nachteil, ist er in voller Höhe zu ersetzen (KölnKomm AktG/*Koppensteiner* Rn 16; MünchHdb AG/*Krieger* § 69 Rn 122; anders *Möhring* FS Schilling, S 253, 265). Bleibt der Schaden hinter dem zugefügten Nachteil zurück – etwa durch eine zwischenzeitlich eingetretene Verbesserung der Geschäftsentwicklung – bildet der Nachteil den zu ersetzenden Mindestschaden (MünchKomm AktG/*Kropff* 2. Aufl Rn 34; Heidel AktG/*Walchner* Rn 8; Henn/Frodermann/Jannott Hdb AktR 14. Kap Rn 135; aA MünchKomm AktG/*Altmeppen* § 317 Rn 40; ders FS Priester, S 1, 18; Grigoleit AktG/*Grigoleit* Rn 6; vgl auch § 311 Rn 25). Eine **Beschränkung auf** den eingetreten **Schaden** wäre vor dem Hintergrund des Normzwecks, Schädigungen entgegen § 311 zu verhindern, eine unbillige Entlastung des Schädigers (vgl auch *Hüffer* AktG Rn 7).

5 **c) Haftungsgrund und Zeitpunkt der Haftung.** Eher v theoretischem Interesse ist die Frage nach dem **Grund der Haftung**. Nach einer Auffassung soll dieser bereits in der Veranlassung zu nachteiligem Verhalten liegen, so dass die Haftung für dieses dann „rechtswidrige" Verhalten bei Nachteilsausgleich lediglich entfällt (etwa KölnKomm AktG/*Koppensteiner* Rn 8; *Voigt* S 309 ff; GroßKomm AktG/*Würdinger* 3. Aufl

Anm 3). Nach anderer Ansicht soll v einem rechtswidrigen Verhalten erst auszugehen sein, wenn der Nachteilsausgleich am Ende des Geschäftsjahres unterbleibt (dafür zB *Emmerich/Habersack* Aktien- und GmbH-KonzernR Rn 9; *Hüffer* AktG Rn 6; *K. Schmidt/Lutter* AktG/*Vetter* Rn 6; nach MünchKomm AktG/*Altmeppen* Rn 25 auch schon, wenn sich der Vorstand auf die Maßnahme nicht hätte einlassen dürfen). Folgt man der Überlegung, dass die faktische Konzernierung eine v Gesetzgeber zugelassene Form der Unternehmensverbindung ist (vgl dazu § 311 Rn 3), und ordnet man die Privilegierungsfunktion des nachträglichen Nachteilsausgleichs (dazu § 311 Rn 55) entspr ein, überzeugt allein die letztgenannte Ansicht.

Kann ein Nachteil nicht ausgeglichen werden, bspw weil das abhängige Unternehmen zur Aufgabe einzelner unternehmerischer Funktionen oder zur Aufnahme neuer Aktivitäten veranlasst wurde und damit ein Einzelausgleich nicht möglich ist (vgl § 311 Rn 27 ff), oder die Veranlassung nicht dem Konzerninteresse dient (vgl § 311 Rn 57) und auf diese Weise der privilegierte Bereich der §§ 311, 317 verlassen wurde, oder das herrschende Unternehmen v Anfang an nicht gewillt war, den Nachteil auszugleichen, ist bereits die Veranlassung selbst rechtswidrig und Anknüpfungspunkt für die Haftung; in diesen Fällen muss das **Ende des Geschäftsjahres** für die Inanspruchnahme **nicht abgewartet werden** (*Emmerich/Habersack* Aktien- und GmbH-KonzernR Rn 10; MünchKomm AktG/*Kropff* 2. Aufl Rn 20 f). 6

d) Subjektive Voraussetzungen? Nach teilw vertretener Ansicht soll eine Haftung nur in Betracht kommen, wenn der Veranlassende v der Wirkung seines Verhaltens auf das abhängige Unternehmen wusste oder hätte wissen können (so MünchKomm AktG/*Kropff* 2. Aufl Rn 25); dies entspricht der v einigen zu § 311 vertretenen Position, wonach eine Veranlassung stets ein entspr Bewusstsein des Veranlassenden voraussetze. Richtigerweise ist aber v einer Veranlassung bereits dann auszugehen, wenn sie v dem Veranlassenden nicht bewusst vorgenommen worden ist (vgl § 311 Rn 12), so dass vorsätzliches Handeln des Veranlassenden keine Haftungsvoraussetzung sein kann (KölnKomm AktG/*Koppensteiner* Rn 11); auch auf ein anderweitiges Verschulden des Veranlassenden kommt es nicht an (anders GroßKomm AktG/*Würdinger* 3. Aufl Anm 5; *Brüggemeier* AG 1988, 93, 100; MünchKomm AktG/*Altmeppen* § 317 Rn 29 ff), wie sich insb aus dem allein objektiven Haftungsausschluss in Abs 2 ergibt (**hM**, vgl nur *Hüffer* AktG Rn 5). 7

2. Haftungsausschluss (Abs 2). Die Haftung ist nach Abs 2 ausgeschlossen, wenn ein ordentlicher und gewissenhafter Geschäftsleiter einer unabhängigen Gesellschaft die Handlung in gleicher Weise vorgenommen hätte (vgl nur *BGHZ* 175, 365, 368 – UMTS). Der Maßstab ist ein **rein normativ-objektiver** (*BGHZ* 141, 79, 88). Die Regelung enthält keine bes Exkulpationsmöglichkeit für die Organe des herrschenden Unternehmens (so aber insb MünchKomm AktG/*Altmeppen* § 311 Rn 80 ff; *ders* FS Priester, passim; *ders* NJW 2008, 1553, 1554 ff; *ders* ZIP 2009, 49, 51; *Brüggemeier* AG 1988, 93, 100; GroßKomm AktG/*Würdinger* 3. Aufl Anm 5), sondern wiederholt vielmehr **die nach § 311 geltende Rechtslage** (vgl dort Rn 23), wonach in einem solchen Fall kein Nachteil besteht und der Tatbestand des Abs 1 bereits deshalb nicht erfüllt ist (*Emmerich/Habersack* Aktien- und GmbH-KonzernR Rn 7; Spindler/Stilz AktG/*Müller* Rn 5; *K. Schmidt/Lutter* AktG/*Vetter* Rn 7; iE auch *Hüffer* AktG Rn 11; Heidel AktG/*Walchner* Rn 10, beide mit Verweis auf das in diesen Fällen regelmäßig nicht überschrittene Ermessen des Vorstands des abhängigen Unternehmens nach §§ 76 Abs 1, 93 Abs 2). 8

Fett

9 3. Anspruchsgegner. Anspruchsgegner der Schadensersatzforderung ist das herrschende Unternehmen. In **mehrstufigen** Unternehmensverbindungen ist aus der Perspektive der abhängigen Gesellschaft darauf abzustellen, v welchem Unternehmen die Veranlassung ausgegangen ist; bei beiderseitiger Veranlassung durch Mutter und Tochter zu Lasten der Enkelgesellschaft sind beide Gesamtschuldner nach §§ 421 ff BGB (MünchHdb AG/*Krieger* § 69 Rn 124). Bei **Gemeinschaftsunternehmen** gelten dieselben Grundsätze, dh zunächst ist v der Haftung des primär veranlassenden Unternehmens auszugehen. Die beteiligten Unternehmen haften daneben als Gesamtschuldner, wenn ihnen das Verhalten des handelnden Unternehmens zugerechnet werden kann, bspw, weil auf der Grundlage v gemeinsamen Beschlüssen oder Verträgen gehandelt wird (vgl *Maul* NZG 2000, 470, 472 f). Weicht das handelnde Unternehmen v derartigen Vereinbarungen ab, scheidet eine Zurechnung und damit eine gesamtschuldnerische Mithaftung der anderen Mutterunternehmen aus (weiter nur *Gansweid* S 174 f: Mithaftung auch in diesen Fällen).

10 4. Beweislast. Für die anspruchsbegründenden Tatsachen nach Abs 1 trägt der Kläger die Beweislast, wobei ihm hinsichtlich der Abhängigkeit die Erleichterung v § 17 Abs 2 zugute kommt. Für das Vorliegen einer Veranlassung wird der Vortrag erleichtert; ausreichend ist es, **plausible Umstände einer Nachteilszufügung** vorzutragen (vgl § 311 Rn 15; KölnKomm AktG/*Koppensteiner* Rn 30; zu den Anforderungen an die Substantiierung des Vortrags *BGH* AG 2008, 779, 780 f). Beruft sich das herrschende Unternehmen auf die Widerlegung des nachteiligen Charakters nach Abs 2, hat es hierfür den Beweis zu erbringen (*Emmerich/Habersack* Aktien- und GmbH-KonzernR Rn 21); Gleiches gilt im Fall des Abs 3 für den gesetzlichen Vertreter (vgl Rn 14). Trägt das herrschende Unternehmen zu seiner Entlastung vor, der Nachteilsausgleich nach § 311 Abs 2 sei erfolgt, ist es auch hierfür beweispflichtig (*Habersack* aaO Rn 21). Für die Höhe des eingetretenen Schadens steht dem Kläger ggf § 287 ZPO zur Seite (*Koppensteiner* aaO Rn 34); dies beinhaltet, dass der Kläger grds den Eintritt des Schadens zu beweisen hat (*BGH* NZG 2008, 831; *Hüffer* AktG Rn 12). Klagt nicht das abhängige Unternehmen selbst, sondern ein Aktionär oder Gläubiger, gelten für diesen **Substantiierungserleichterungen** nach der TBB-Entsch (*Kropff* FS Bezzenberger, S 233, 238 ff; vgl ferner *BGHZ* 122, 123 – TBB und § 311 Rn 33).

11 5. Rechtsfolgen. Nach Abs 1 S 1 und 2 haftet das herrschende Unternehmen auf **Schadensersatz** (§§ 249 ff BGB: Wiederherstellung des Integritätsinteresses der abhängigen Gesellschaft vorrangig durch Naturalrestitution (*Emmerich/Habersack* Aktien- und GmbH-KonzernR Rn 15; K. Schmidt/Lutter AktG/*Vetter* Rn 18), etwa durch die Rückabwicklung geschlossener Verträge oder die Wiederaufnahme einzelner Geschäftstätigkeiten (vgl KölnKomm AktG/*Koppensteiner* Rn 20)). Ist die Wiederherstellung nicht möglich, ist Geldersatz zu leisten, § 251 Abs 1 BGB, wobei hinsichtlich des konkreten Betrages eine Schätzung nach § 287 ZPO möglich ist (MünchHdb AG/*Krieger* § 69 Rn 122; MünchKomm AktG/*Kropff* 2. Aufl Rn 28; s. o. Rn 10).

12 Der Schadensersatzanspruch selbst ist **aktivierungspflichtig**, wenn mit der Durchsetzung des Anspruchs gerechnet werden kann (vgl MünchHdb AG/*Krieger* § 69 Rn 125). Geschieht dies nicht, kann der Jahresabschlusses nichtig sein, da die unterbliebene aber gebotene Aktivierung der Unterbewertung v Aktivposten nach § 256 Abs 5 S 1 Nr 2, S 3 gleichgestellt wird (vgl *BGHZ* 124, 111, 119 f; *Hüffer* AktG Rn 9; ferner § 256 Rn 18; Spindler/Stilz AktG/*Müller* Rn 12).

Für Fälle, die entweder einem Ausgleich mangels Quantifizierbarkeit des Nachteils **13**
nicht zugänglich sind oder bei denen die Nachteilszufügung nicht im „Konzerninteresse" liegt, kommt anstelle des Schadensersatzanspruchs ein Anspruch des abhängigen Unternehmens auf **Unterlassen** in Betracht. Gleiches gilt, wenn das herrschende Unternehmen zum Ausgleich nicht bereit oder imstande ist (KölnKomm AktG/*Koppensteiner* Rn 26 ff). Im Ergebnis kann dahinstehen, ob sich der Anspruch auf die Verletzung v Treuepflichten (*Hüffer* AktG Rn 10; ähnlich K. Schmidt/Lutter AktG/*Vetter* § 317 Rn 22) aus § 317 unmittelbar (*Emmerich/Habersack* Aktien- und GmbH-KonzernR Rn 19; *Lutter* FS Peltzer, S 241, 257) oder auf den deliktischer Grundlage aus §§ 1004, 823 Abs 2 BGB iVm § 311 AktG als Schutzgesetz (*Koppensteiner* aaO Rn 29; MünchKomm AktG/*Kropff* 2. Aufl Rn 41) herleiten lässt. Praktisch v Interesse ist der Unterlassungsanspruch vor allem im Zusammenhang mit Abs 4, wonach auch Minderheitsaktionäre diesen für die Gesellschaft einfordern können (vgl unten Rn 16).

III. Haftung der gesetzlichen Vertreter (Abs 3)

1. Haftungsvoraussetzungen. Nach Abs 3 haften die gesetzlichen Vertreter des herr- **14**
schenden Unternehmens als Gesamtschuldner neben den herrschenden Unternehmen, die die Gesellschaft zu dem Rechtsgeschäft oder der Maßnahme veranlasst haben, wobei nur die an der Veranlassung beteiligten Organmitglieder haften (KölnKomm AktG/*Koppensteiner* Rn 42). Neben unmittelbaren Veranlassungen etwa in Gestalt einer Anweisung sind auch mittelbar wirkende Formen erfasst. Zu diesen **mittelbaren Einflussnahmen** zählen neben Organverflechtungen auch das Anweisen oder Gewährenlassen v Angestellten, hinter deren Veranlassung sich die Organmitglieder ansonsten verstecken könnten (*Emmerich/Habersack* Aktien- und GmbH-KonzernR Rn 24). Darüber hinaus wird v einigen eine Haftung auch für bloßes Überwachungsverschulden angenommen (Grigoleit AktG/*Grigoleit* Rn 13; *Altmeppen* S 65; *Koppensteiner* aaO Rn 44). Angesichts des klaren Wortlauts, der eine Veranlassung der Organmitglieder verlangt, wird man § 317 Abs 3 hierfür nicht als Anspruchsgrundlage heranziehen können (so zu Recht die **hM** Adler/Düring/Schmaltz Rechnungslegung § 311 Rn 20; *Habersack* aaO Rn 24; *Hüffer* AktG Rn 14; Spindler/Stilz AktG/*Müller* Rn 16). Die Organmitglieder des herrschenden Unternehmens werden sich aber ihrer Gesellschaft gegenüber für den in diesen Fällen nach § 317 Abs 1 bestehenden Anspruch verantworten müssen (§§ 93, 116, vgl *Habersack* aaO Rn 24).

2. Schuldner. Erfasst v der Haftung sind ausschließlich **die gesetzlichen Vertreter des** **15**
herrschenden Unternehmens. Sollte die Veranlassung v einem dritten Unternehmen ausgehen, sind dessen gesetzliche Vertreter v der Haftung des § 317 Abs 3 nicht erfasst (*Kropff* S 419; **allgM** *Hüffer* AktG Rn 13). Gesetzliche Vertreter nach Abs 3 sind die **geschäftsführenden Organe** v AG und GmbH, also Vorstand bzw Geschäftsführer, nicht hingegen der AR (MünchHdb AG/*Krieger* § 69 Rn 127; Heidel AktG/*Walchner* Rn 17; anders *Wälde* DB 1972, 2289, 2292). In der KGaA oder bei Personengesellschaften trifft die Haftung den **geschäftsführenden Gesellschafter**; ist dieser eine jur Person, sind deren gesetzliche Vertreter angesprochen (*Emmerich/Habersack* Aktien- und GmbH-KonzernR Rn 23). Mangels organschaftlicher Stellung haften diejenigen Vertreter nicht, die allein rechtsgeschäftlich bestellt wurden (etwa Prokuristen oder Handlungsbevollmächtigte, vgl nur *Hüffer* aaO Rn 13; zu deren möglicher Haftung nach § 117 vgl dort Rn 8).

Fett

IV. Geltendmachung der Ansprüche

16 **1. Ansprüche der Gesellschaft.** Inhaber des Anspruchs nach Abs 1 ist die abhängige Gesellschaft, so dass dieser durch den zuständigen **Vorstand** geltend zu machen ist. Abs 4 gewährt über § 309 Abs 4 die Aktivlegitimation auch **Aktionären** der abhängigen Gesellschaft (vgl dort Rn 22 f). Dabei tritt Abs 4 iVm § 309 Abs 4 an die Stelle eines möglichen Verfahrens nach §§ 147 f (*Kropff* S 405; *Hüffer* AktG Rn 16; Köln-Komm AktG/*Koppensteiner* Rn 35; Grigoleit AktG/*Grigoleit* Rn 10; **aA** *OLG München* AG 2008, 864, 866 f; K. Schmidt/Lutter AktG/*Vetter* Rn 26; Spindler/Stilz AktG/*Müller* Rn 19; *Emmerich/Habersack* Aktien- und GmbH-KonzernR Rn 27; Münch-Komm AktG/*Kropff* 2. Aufl Rn 57 ff; *ders* FS Bezzenberger, S 233, 240 ff; Münch-Komm AktG/*Altmeppen* Rn 64 ff; *Bernau* AG 2011, 894, 897 ff). Anders als bei § 148 kommt es auf eine Mindestbesitzzeit, in der die Aktionäre die Anteile gehalten haben müssen, nicht an. Die Leistung des Ersatzes kann ausschließlich an die abhängige Gesellschaft verlangt werden (gesetzliche Prozessstandschaft, vgl § 309 Rn 22 mwN). Wie bereits zu § 309 Abs 4 ausgeführt, ist § 247 (**Streitwertspaltung**) nicht analog anwendbar (wie hier *Hüffer* AktG Rn 16; Grigoleit AktG/*Grigoleit* Rn 10; dagegen *Habersack* aaO; vgl § 309 Rn 23). Die Aktionäre können über Abs 4 auch Unterlassungsansprüche der Gesellschaft (vgl oben Rn 13) geltend machen (MünchKomm AktG/*Kropff* 2. Aufl Rn 44).

17 **Gläubiger** der abhängigen Gesellschaft können den Anspruch nach Abs 1 ebenfalls geltend machen und auch Leistung an sich selbst verlangen, sofern sie v der Gesellschaft keine Befriedigung erlangen können (vgl § 309 Rn 24). Für den faktischen GmbH-Konzern wird gelegentlich ein eigenständiger Anspruch v Gläubigern gegen das herrschende Unternehmen aus einem Grundsatz der **„Konzernvertrauenshaftung"** befürwortet (*Broichmann/Burmeister* NZG 2006, 687, 689 ff; dagegen *Riecker* NZG 2007, 125 ff). Für den faktischen Aktienkonzern kommt eine solche „Konzernvertrauenshaftung" nicht in Betracht, da der Gesetzgeber die damit angesprochenen Haftungsfragen durch die in §§ 311, 317 kodifizierte Innenhaftung mit der beschriebenen Möglichkeit zur Geltendmachung des Anspruches durch die Gläubiger abschließend geregelt hat.

18 **2. Ansprüche außenstehender Aktionäre.** Nach Abs 1 S 2 haben außenstehende Aktionäre die Möglichkeit, eigene Ansprüche geltend zu machen, soweit die Schädigung über die der abhängigen Gesellschaft hinausgeht. Ausgenommen ist mithin der sog Reflexschaden, der die relative Minderung des jeweiligen Anteilswertes beschreibt, welche sich aus der Schädigung des Gesellschaftsvermögens ergibt (*Emmerich/Habersack* Aktien- und GmbH-KonzernR Rn 13; vgl ferner § 117 Rn 3). Bei der Geltendmachung der Ansprüche handelt es sich um Fälle gesetzlicher Prozessstandschaft und nicht um solche der actio pro socio (**hM** *KG* WM 2012, 694, 697, s auch § 309 Rn 22).

Der Beitritt als Streithelfer bei Ansprüchen nach §§ 317, 309 AktG (Nebenintervention) ist mangels rechtlichen Interesses (§ 66 Abs 1 ZPO) grds nicht möglich (so zu Recht *BGH* AG 2006, 550 f; K. Schmidt/Lutter AktG/*Vetter* Rn 31).

V. Verzicht, Vergleich, Verjährung (Abs 4)

19 Abs 4 verweist hinsichtlich der Regeln für Verzicht, Vergleich und Verjährung auf die Regelungen v § 309 Abs 3 und 5 (vgl dort § 309 Rn 21, 26).

VI. Verhältnis zu anderen Vorschriften

Die Haftung nach § 317 setzt eine Verletzung v § 311 voraus, dh der dort vorgesehene verspätete Nachteilsausgleich ist nicht mehr möglich. Aus diesem Grund entfällt die ansonsten v § 311 ausgehende Privilegierungswirkung gegenüber anderen Vorschriften (*Emmerich/Habersack* Aktien- und GmbH-KonzernR Rn 33 f; vgl dazu § 311 Rn 58). Das gilt vor allem für das Verbot der Einlagenrückgewähr nach §§ 57, 60, 62 (*OLG Frankfurt* AG 1996, 324, 327; *Hüffer* AktG Rn 17; anders *Michalski* AG 1980, 261, 264), ferner für die Anfechtung nach § 243, die trotz geringer praktischer Bedeutung neben § 317 anwendbar bleibt (vgl § 311 Rn 59; KölnKomm AktG/*Koppensteiner* Rn 53; Spindler/Stilz AktG/*Müller* Rn 24). Andere Haftungsvorschriften bleiben neben § 317 konkurrierend anwendbar. Das gilt sowohl für § 117 als auch für zivilrechtliche Haftungsgrundlagen (etwa §§ 823 ff BGB) und für eine Haftung aus der Verletzung v Treuepflichten (MünchKomm AktG/*Kropff* 2. Aufl Rn 106 ff, 111 ff; zu § 117 auch *Ulmer* FS Hüffer, S 999, 1009 ff). **20**

§ 318 Verantwortlichkeit der Verwaltungsmitglieder der Gesellschaft

(1) ¹Die Mitglieder des Vorstands der Gesellschaft haften neben den nach § 317 Ersatzpflichtigen als Gesamtschuldner, wenn sie es unter Verletzung ihrer Pflichten unterlassen haben, das nachteilige Rechtsgeschäft oder die nachteilige Maßnahme in dem Bericht über die Beziehungen der Gesellschaft zu verbundenen Unternehmen aufzuführen oder anzugeben, dass die Gesellschaft durch das Rechtsgeschäft oder die Maßnahme benachteiligt wurde und der Nachteil nicht ausgeglichen worden war. ²Ist streitig, ob sie die Sorgfalt eines ordentlichen und gewissenhaften Geschäftsleiters angewandt haben, so trifft sie die Beweislast.

(2) Die Mitglieder des Aufsichtsrats der Gesellschaft haften neben den nach § 317 Ersatzpflichtigen als Gesamtschuldner, wenn sie hinsichtlich des nachteiligen Rechtsgeschäfts oder der nachteiligen Maßnahme ihre Pflicht, den Bericht über die Beziehungen zu verbundenen Unternehmen zu prüfen und über das Ergebnis der Prüfung an die Hauptversammlung zu berichten (§ 314), verletzt haben; Absatz 1 Satz 2 gilt sinngemäß.

(3) Der Gesellschaft und auch den Aktionären gegenüber tritt die Ersatzpflicht nicht ein, wenn die Handlung auf einem gesetzmäßigen Beschluss der Hauptversammlung beruht.

(4) § 309 Abs. 3 bis 5 gilt sinngemäß.

Übersicht

	Rn		Rn
I. Einleitung/Überblick	1	3. Gläubiger und Schuldner	6
II. Haftung der Vorstandsmitglieder		4. Verzicht, Vergleich, Verjährung	8
(Abs 1)	2	III. Haftung der Aufsichtsratsmitglieder (Abs 2)	9
1. Haftungsvoraussetzungen	2		
2. Haftungsausschluss durch Hauptversammlungsbeschluss?	5	IV. Verhältnis zu §§ 93, 116	10

Literatur: *Geßler* Leitungsmacht und Verantwortlichkeit im faktischen Konzern, FS Westermann, 1974, S 145; *Luchterhandt* Leitungsmacht und Verantwortlichkeit im faktischen

Konzern, ZHR 133 (1970), 1; *S. H. Schneider/U. H. Schneider* Vorstandshaftung im Konzern, AG 2005, 57; *Ulmer* Das Sonderrecht der §§ 311 ff AktG und sein Verhältnis zur allgemeinen aktienrechtlichen Haftung für Schädigungen der AG, FS Hüffer, 2010, S 999.

I. Einleitung/Überblick

1 Die Norm regelt die Haftung der Verwaltungsmitglieder der abhängigen Gesellschaft für den Fall, dass die Berichts- und Prüfungspflichten nach §§ 312 und 314 nicht oder nicht ordnungsgemäß erfüllt werden. Hierdurch soll das Berichtswesen gestärkt werden, dem bei der Durchsetzung v Ansprüchen nach §§ 311, 317 bes Bedeutung zukommt (vgl § 312 Rn 2). Da der Norm angesichts der allg geltenden §§ 93, 116 ein nur begrenzter Spielraum zukommt (vgl Rn 11), wird sie gemeinhin als verfehlt angesehen (vgl nur *Emmerich/Habersack* Aktien- und GmbH-KonzernR Rn 2).

II. Haftung der Vorstandsmitglieder (Abs 1)

2 **1. Haftungsvoraussetzungen.** Nach Abs 1 haften die Mitglieder des Vorstands der Gesellschaft neben den nach § 317 Ersatzpflichtigen als Gesamtschuldner. Voraussetzung einer Haftung nach Abs 1 ist mithin, dass ein Anspruch nach § 317 Abs 1 S 1 oder 2 gegen das herrschende Unternehmen bzw dessen gesetzlichen Vertreter besteht. Hieraus ergibt sich auch, dass ein Nachteilsausgleich iSv § 311 Abs 2 unterblieben sein muss (KölnKomm AktG/*Koppensteiner* Rn 4). Der Anspruch nach § 317 muss nicht geltend gemacht worden sein (*Hüffer* AktG Rn 3).

3 Weitere Anspruchsvoraussetzung ist eine **Verletzung der Berichtspflicht** nach § 312 (dazu vgl § 312 Rn 4ff, 14ff). Eine solche Verletzung liegt entweder in der Unvollständigkeit des Berichts, dh Angaben zu Maßnahmen oder Rechtsgeschäften fehlen oder sind falsch, bzw es ist die Angabe zu einem Nachteilsausgleich unvollständig oder der Nachteilsausgleich wird verschwiegen. Eine Verletzungshandlung ist auch anzunehmen, wenn der Bericht unrichtig ist oder vollständig fehlt (KölnKomm AktG/*Koppensteiner* Rn 5; MünchKomm AktG/*Altmeppen* Rn 5; K. Schmidt/Lutter AktG/*Vetter* Rn 5; anders bzgl Fehlen und Unrichtigkeit GroßKomm AktG/*Würdinger* 3. Aufl Anm 4).

4 Anders als bei § 317 Abs 1 und 3 (vgl dort Rn 7) setzt Abs 1 S 2 ein **Verschulden der handelnden Organmitglieder** voraus; Fahrlässigkeit ist ausreichend (Spindler/Stilz AktG/*Müller* Rn 8; MünchHdb AG/*Krieger* § 69 Rn 131). Den Vorstand trifft die Beweislast, dass die Verletzung auch bei Erbringung der nach Abs 1 S 1, § 93 Abs 1 S 1 erforderlichen Sorgfalt nicht erkennbar war, was faktisch eine Pflicht zur umfassenden Dokumentation impliziert, um den Nachweis der erforderlichen Sorgfalt führen zu können (Heidel AktG/*Walchner* Rn 4).

5 **2. Haftungsausschluss durch Hauptversammlungsbeschluss?** Nach Abs 3 soll die Haftung ausgeschlossen sein, wenn der Verstoß gegen die Berichtspflicht auf einem gesetzmäßigen HV-Beschluss beruht. Ähnliche Regelungen finden sich in §§ 93 Abs 4 S 1, 117 Abs 2 S 3. Die Vorschrift geht fehl, da ein gesetzmäßiger HV-Beschluss, der v der in § 312 verankerten Pflicht zur Aufstellung eines Abhängigkeitsberichts dispensieren soll, nicht denkbar ist; die auch im Interesse der Gläubiger normierte Berichtspflicht ist nicht disponibel (*Hüffer* AktG Rn 7; MünchKomm AktG/*Altmeppen* Rn 21; Wachter AktG/*Rothley* Rn 7). Ansonsten könnte das herrschende Unternehmen durch entspr Beschlussfassung in der v ihm dominierten HV das System der §§ 312 ff

konterkarieren (s hierzu etwa *Emmerich/Habersack* Aktien- und GmbH-KonzernR Rn 8; K. Schmidt/Lutter AktG/*Vetter* Rn 15; Spindler/Stilz AktG/*Müller* Rn 9).

3. Gläubiger und Schuldner. Die abhängige Gesellschaft ist als Inhaberin des Ersatzanspruches nach Abs 1 aktivlegitimiert. Der Anspruch kann aber nach Abs 4 iVm 309 Abs 4 auch durch jeden (Einzel-) Aktionär oder Gläubiger der Gesellschaft geltend gemacht werden (vgl § 309 Rn 22 ff; § 317 Rn 16 f); damit antizipiert das Gesetz, dass eine Anspruchsdurchsetzung durch die Verwaltung eines abhängigen Unternehmens nicht zu erwarten ist. 6

Davon zu unterscheiden ist der eigenständige Ersatzanspruch des Aktionärs auf einen eigenen unmittelbaren Schaden, der sich nicht durch die Vermögensminderung der abhängigen Gesellschaft ausdrückt (vgl § 317 Rn 18); dieser folgt auch ohne ausdrücklich Wiederholung des Wortlauts v § 317 Abs 1 S 2 aus der gesamtschuldnerischen Haftung mit dem herrschenden Unternehmen (so bereits *Kropff* S 420; ferner *Hüffer* AktG Rn 2). 7

4. Verzicht, Vergleich, Verjährung. Abs 4 verweist hinsichtlich der Möglichkeiten eines Verzichts oder Vergleichs auf § 309 Abs 3. Der Schutz der Minderheitsaktionäre entspricht damit dem bei § 317 (vgl dort Rn 19; vgl auch § 309 Rn 23). Die fünfjährige Verjährungsfrist folgt aus Abs 4 iVm § 309 Abs 5 (vgl § 317 Rn 19; § 309 Rn 28). 8

III. Haftung der Aufsichtsratsmitglieder (Abs 2)

Nach Abs 2 haften die Aufsichtratsmitglieder neben den nach Abs 1 und § 317 Verantwortlichen als Gesamtschuldner. Auch hier müssen zunächst die Voraussetzungen v § 317 erfüllt sein; daneben muss eine Verletzung der Prüfungs- oder Berichtspflichten nach § 314 vorliegen (s Rn 2 ff). Dies wird für die AR-Mitglieder bejaht, wenn der Abhängigkeitsbericht des Vorstands nicht mit der erforderlichen Sorgfalt geprüft worden ist (insb mit Blick auf eine Nachteilszufügung, vgl § 314 Rn 5) oder der Bericht an die HV unvollständig oder unrichtig ist (vgl § 314 Rn 6), etwa, wenn über das Fehlen eines erforderlichen Abhängigkeitsberichts nicht an die HV berichtet wurde (MünchKomm AktG/*Altmeppen* Rn 10). 9

IV. Verhältnis zu §§ 93, 116

Im Verhältnis v §§ 93, 116 zu § 318 käme eine **Verdrängung** der allg Regel nur in Betracht, wenn § 318 eine umfassende Verantwortlichkeit für Organe im abhängigen Unternehmen regeln würde. Dies ist ersichtlich nicht der Fall, beschränkt sich § 318 doch auf Verletzungen der Berichtspflicht nach § 312 (bzw für den AR auf die Pflichten nach § 314). Diejenigen, die dem herrschenden Unternehmen im faktischen Konzern eine Konzernleitungsmacht zubilligen, können in ihrem System einen Vorrang v § 318 befürworten (*Luchterhandt* ZHR 133 (1970), 1, 42 ff; die **hM** teilt diese Ansicht zu Recht nicht, sondern geht mangels Weisungsrechts des herrschenden Unternehmens auch im faktischen Konzern v einer Eigenverantwortlichkeit v Vorstand (§ 76 Abs 1) und AR aus, weshalb auch die Haftung nach §§ 93, 116 unverändert besteht (vgl etwa *Geßler* FS Westermann, S 145, 158 ff; *Hüffer* AktG Rn 9; *U. H. Schneider/ S. H. Schneider* AG 2005, 57, 63 f; iE auch *Ulmer* FS Hüffer, S 999, 1014). 10

An eine **Modifikation** der allg Regeln v §§ 93, 116 lässt sich denken, wenn die Organmitglieder einer abhängigen Gesellschaft wg Pflichtverletzung haften, die sich aus dem 11

Fett

Abhängigkeitsverhältnis ergeben und zugleich § 317 Abs 1 erfüllt ist. In diesen Fällen ist dem v Gesetzgeber intendierten umfassenden Schutz durch Rückgriff auf die in § 318 enthaltenen Sonderregeln Geltung zu verschaffen (*Emmerich/Habersack* Aktien- und GmbH-KonzernR Rn 11; KölnKomm AktG/*Koppensteiner* Rn 11; Spindler/Stilz AktG/*Müller* Rn 14; K. Schmidt/Lutter AktG/*Vetter* Rn 14; anders *Baumbach/Hueck* AktG Rn 7). Dies bedeutet, dass die Organmitglieder neben dem herrschenden Unternehmen als Gesamtschuldner haften und die Aktionäre ihren nicht über das Gesellschaftsvermögen ausgleichbaren Schaden direkt gegen die Organmitglieder geltend machen können (§§ 93, 116; §§ 317 Abs 1 S 2, 318 Abs 1 S 1, Abs 4, 309 Abs 3–5 analog). Denkbar ist, dass die HV nach § 93 Abs 4 S 1 (vgl § 318 Abs 3) das Verhalten der Organe durch Beschl billigt; hier ist danach zu fragen, ob ein solcher Beschl tatsächlich „gesetzmäßig" sein kann, wenn er die Rechte v Gläubigern oder Minderheitsaktionären verkürzt (vgl *Habersack* aaO Rn 13; *Koppensteiner* aaO Rn 11 mit dem Hinweis, dass der Vorstand ggf verpflichtet sein kann, den HV-Beschluss nach § 245 Nr 5 anzufechten).

Dritter Teil
Eingegliederte Gesellschaften

§ 319 Eingliederung

(1) ¹Die Hauptversammlung einer Aktiengesellschaft kann die Eingliederung der Gesellschaft in eine andere Aktiengesellschaft mit Sitz im Inland (Hauptgesellschaft) beschließen, wenn sich alle Aktien der Gesellschaft in der Hand der zukünftigen Hauptgesellschaft befinden. ²Auf den Beschluss sind die Bestimmungen des Gesetzes und der Satzung über Satzungsänderungen nicht anzuwenden.

(2) ¹Der Beschluss über die Eingliederung wird nur wirksam, wenn die Hauptversammlung der zukünftigen Hauptgesellschaft zustimmt. ²Der Beschluss über die Zustimmung bedarf einer Mehrheit, die mindestens drei Viertel des bei der Beschlussfassung vertretenen Grundkapitals umfasst. ³Die Satzung kann eine größere Kapitalmehrheit und weitere Erfordernisse bestimmen. ⁴Absatz 1 Satz 2 ist anzuwenden.

(3) ¹Von der Einberufung der Hauptversammlung der zukünftigen Hauptgesellschaft an, die über die Zustimmung zur Eingliederung beschließen soll, sind in dem Geschäftsraum dieser Gesellschaft zur Einsicht der Aktionäre auszulegen
1. der Entwurf des Eingliederungsbeschlusses;
2. die Jahresabschlüsse und die Lageberichte der beteiligten Gesellschaften für die letzten drei Geschäftsjahre;
3. ein ausführlicher schriftlicher Bericht des Vorstands der zukünftigen Hauptgesellschaft, in dem die Eingliederung rechtlich und wirtschaftlich erläutert und begründet wird (Eingliederungsbericht).

²Auf Verlangen ist jedem Aktionär der zukünftigen Hauptgesellschaft unverzüglich und kostenlos eine Abschrift der in Satz 1 bezeichneten Unterlagen zu erteilen. ³Die Verpflichtungen nach den Sätzen 1 und 2 entfallen, wenn die in Satz 1 bezeichneten Unterlagen für denselben Zeitraum über die Internetseite der zukünftigen Hauptgesellschaft zugänglich sind. ⁴In der Hauptversammlung sind diese Unterlagen zugäng-

Eingliederung § 319

lich zu machen. ⁵Jedem Aktionär ist in der Hauptversammlung auf Verlangen Auskunft auch über alle im Zusammenhang mit der Eingliederung wesentlichen Angelegenheiten der einzugliedernden Gesellschaft zu geben.

(4) ¹Der Vorstand der einzugliedernden Gesellschaft hat die Eingliederung und die Firma der Hauptgesellschaft zur Eintragung in das Handelsregister anzumelden. ²Der Anmeldung sind die Niederschriften der Hauptversammlungsbeschlüsse und ihre Anlagen in Ausfertigung oder öffentlich beglaubigter Abschrift beizufügen.

(5) ¹Bei der Anmeldung nach Absatz 4 hat der Vorstand zu erklären, dass eine Klage gegen die Wirksamkeit eines Hauptversammlungsbeschlusses nicht oder nicht fristgemäß erhoben oder eine solche Klage rechtskräftig abgewiesen oder zurückgenommen worden ist; hierüber hat der Vorstand dem Registergericht auch nach der Anmeldung Mitteilung zu machen. ²Liegt die Erklärung nicht vor, so darf die Eingliederung nicht eingetragen werden, es sei denn, dass die klageberechtigten Aktionäre durch notariell beurkundete Verzichtserklärung auf die Klage gegen die Wirksamkeit des Hauptversammlungsbeschlusses verzichten.

(6) ¹Der Erklärung nach Absatz 5 Satz 1 steht es gleich, wenn nach Erhebung einer Klage gegen die Wirksamkeit eines Hauptversammlungsbeschlusses das Gericht auf Antrag der Gesellschaft, gegen deren Hauptversammlungsbeschluss sich die Klage richtet, durch Beschluss festgestellt hat, dass die Erhebung der Klage der Eintragung nicht entgegensteht. ²Auf das Verfahren sind § 247, die §§ 82, 83 Abs. 1 und § 84 der Zivilprozessordnung sowie die im ersten Rechtszug für das Verfahren vor den Landgerichten geltenden Vorschriften der Zivilprozessordnung entsprechend anzuwenden, soweit nichts Abweichendes bestimmt ist. ³Ein Beschluss nach Satz 1 ergeht, wenn

1. die Klage unzulässig oder offensichtlich unbegründet ist,
2. der Kläger nicht binnen einer Woche nach Zustellung des Antrags durch Urkunden nachgewiesen hat, dass er seit Bekanntmachung der Einberufung einen anteiligen Betrag von mindestens 1 000 Euro hält oder
3. das alsbaldige Wirksamwerden des Hauptversammlungsbeschlusses vorrangig erscheint, weil die vom Antragsteller dargelegten wesentlichen Nachteile für die Gesellschaft und ihre Aktionäre nach freier Überzeugung des Gerichts die Nachteile für den Antragsgegner überwiegen, es sei denn, es liegt eine besondere Schwere des Rechtsverstoßes vor.

⁴Der Beschluss kann in dringenden Fällen ohne mündliche Verhandlung ergehen. ⁵Der Beschluss soll spätestens drei Monate nach Antragstellung ergehen; Verzögerungen der Entscheidung sind durch unanfechtbaren Beschluss zu begründen. ⁶Die vorgebrachten Tatsachen, aufgrund derer der Beschluss nach Satz 3 ergehen kann, sind glaubhaft zu machen. ⁷Über den Antrag entscheidet ein Senat des Oberlandesgerichts, in dessen Bezirk die Gesellschaft ihren Sitz hat. ⁸Eine Übertragung auf den Einzelrichter ist ausgeschlossen; einer Güteverhandlung bedarf es nicht. ⁹Der Beschluss ist unanfechtbar. ¹⁰Erweist sich die Klage als begründet, so ist die Gesellschaft, die den Beschluss erwirkt hat, verpflichtet, dem Antragsgegner den Schaden zu ersetzen, der ihm aus einer auf dem Beschluss beruhenden Eintragung der Eingliederung entstanden ist. ¹¹Nach der Eintragung lassen Mängel des Beschlusses seine Durchführung unberührt; die Beseitigung dieser Wirkung der Eintragung kann auch nicht als Schadenersatz verlangt werden.

Fett

(7) Mit der Eintragung der Eingliederung in das Handelsregister des Sitzes der Gesellschaft wird die Gesellschaft in die Hauptgesellschaft eingegliedert.

Übersicht

	Rn			Rn
I. Einleitung/Überblick	1		4. Erläuterungspflicht für den	
II. Allgemeine Erfordernisse	3		Vorstand	14
III. Beschluss über die Eingliederung		VI.	Anmeldung zur Eintragung	
(§ 319 Abs 1)	5		(§ 319 Abs 4)	15
IV. Beschluss der Hauptgesellschaft		VII.	Registerverfahren und Eintragung	16
(§ 319 Abs 2)	6		1. Negativerklärung (§ 319 Abs 5)	16
1. Bedeutung für Eingliederung	6		2. Registersperre	18
2. Beschlusserfordernisse und			3. Freigabeverfahren (§ 319	
Verfahren	7		Abs 6)	19
3. Mehrstufige Unternehmensver-			a) Grundsatz	19
bindungen	8		b) Unbedenklichkeit	20
V. Pflichten zur Information der			c) Zuständigkeit, Verfahren	23
Aktionäre der zukünftigen Haupt-			d) Schadensersatz	25
gesellschaft (§ 319 Abs 3)	9		e) Eintragung (§ 319 Abs 7)	
1. Allgemein	9		und Rechtsfolgen fehlerhaf-	
2. Eingliederungsbericht	10		ter Beschlüsse	26
3. Auskunftsrecht	13			

Literatur: *Bayer/Schmidt* Der Regierungsentwurf zur Änderung des Umwandlungsgesetzes- Eine kritische Stellungnahme, NZG 2006, 841; *Bork* Beschlussverfahren und Beschlusskontrolle nach dem Referentenentwurf eines Gesetzes zur Bereinigung des Umwandlungsrechts, ZGR 1993, 343; *Brandner/Bergmann* Anfechtungsklage und Registersperre, FS Bezzenberger, 2000, S 59; *Decher* Die Überwindung der Registersperre nach § 16 Abs 3 UmwG, AG 1997, 388; *Drinhausen/Keinath* Referentenentwurf eines Gesetzes zur Umsetzung der Aktionärsrichtlinie (ARUG) – Weitere Schritte zur Modernisierung des Aktienrechts, BB 2008, 2078; *Ebenroth* Die Erweiterung des Auskunftsgegenstandes im Recht der verbundenen Unternehmen, AG 1970, 104; *Florstedt* Die Reform des Beschlussmängelrechts durch das ARUG, AG 2009, 465; *Fuhrmann/Linnerz* Das überwiegende Vollzugsinteresse im aktien- und umwandlungsrechtlichen Freigabeverfahren, ZIP 2004, 2306; *Herrler/Reymann* Die Neuerungen im Aktienrecht durch das ARUG, DNotZ 2009, 815; *Hommelhoff* Die Konzernleitungspflicht, 1982; *Ihrig/Erwin* Zur Anwendung des Freigabeverfahrens nach § 246a AktG auf "Altbeschlüsse" und bereits eingetragene Beschlüsse, BB 2005, 1973; *Kläsener/Wasse* Erste Freigabebeschlüsse nach dem ARUG – Erkenntnisse, Probleme und Konsequenzen für die Praxis, AG 2010, 202; *Koch/Wackerbeck* Der Schutz vor räuberischen Aktionären durch die Neuregelungen des ARUG, ZIP 2009, 1603; *Nicoleyczik/Butenschön* Mindestquorum im Freigabeverfahren verfassungsmäßig, NZG 2010, 218; *Noack* Das Freigabeverfahren bei Umwandlungsbeschlüssen – Bewährung und Modell, ZHR 164 (2000), 274; *ders* ARUG: das nächste Stück der Aktienrechtsreform in Permanenz, NZG 2008, 441; *Pfeiffer* Eingegliederte Gesellschaften, DZWIR 2005, 452; *ders* Die KGaA als Beteiligte eines Beherrschungsvertrages und einer Eingliederung, 2005; *ders* Die KGaA im Eingliederungskonzern, Der Konzern 2006, 122; *Reichard* Der Nachweis des Mindestaktienbesitzes im Freigabeverfahren, NZG 2011, 292; *Rehbinder* Gesellschaftsrechtliche Probleme mehrstufiger Unternehmensverbindungen, ZGR 1977, 581; *Rieckers* Einfluss angefochtener Bestätigungsbeschlüsse auf anhängige und abgeschlossene Unbedenklichkeitsverfahren, BB 2005, 1348; *Riegger/Schockenhoff* Das Unbedenklichkeitsverfahren zur Eintragung der Umwandlung ins Handelsregister, ZIP 1997, 2105; *Rubel* Neues zur Kapitalerhaltung im faktischen Konzern – MPS, NJW-Spezial 2009, 47; *Ruoff/*

Marhewka Kommenar zu BGH Wertpapierdarlehen, BB 2009, 1318; *Saß/Ogorek* Verfassungsmäßigkeit der Neuregelungen des Freigabeverfahrens durch das ARUG, NZG 2010, 337; *Schäfer* Die Lehre vom fehlerhaften Verband, 2002; *K. Schmidt* Reflexionen über das Beschlussmängelrecht, AG 2009, 248; *Sonnenschein* Die Eingliederung im mehrstufigen Konzern, BB 1975, 1088; *Sosnitza* Das Unbedenklichkeitsverfahren nach § 16 III UmwG, NZG 1999, 965; *Stilz* Freigabeverfahren und Beschlussmängelrecht, FS Hommelhoff, 2012, S 1181; *Volhard* „Siemens/Nold": Die Quittung, AG 1998, 397; *Wardenbach* OLG Nürnberg: Nachweis des Mindest-Aktienbesitzes im Freigabeverfahren, GWR 2010, 498.

I. Einleitung/Überblick

§ 319 ist Eingangsnorm zur Eingliederung als Form des Unternehmensverbundes für hundertprozentige Tochterunternehmen. Daneben besteht die Möglichkeit der Eingliederung v mindestens 95 %igen Mehrheitsbeteiligungen, geregelt in §§ 320–320b. Die Eingliederung gewährt der Obergesellschaft ein Weisungsrecht unter teilw Aufhebung der Grundsätze der Kapitalerhaltung und -aufbringung; im Gegenzug haftet die Obergesellschaft für Verbindlichkeiten der Untergesellschaft. Die Eingliederung ist in der Einbindungsintensität zwischen Beherrschungsvertrag und Verschmelzung anzusiedeln; iE wird die eingegliederte Gesellschaft trotz weiter bestehender jur Eigenständigkeit wirtschaftlich wie eine Betriebsabteilung der Obergesellschaft eingeordnet (*Kropff* S 429, 431). **1**

Voraussetzung der Eingliederung sind ein Eingliederungsbeschluss der einzugliedernden Gesellschaft, der Zustimmungsbeschluss der Hauptgesellschaft sowie die Durchführung eines Registerverfahrens mit Anmeldung und Eintragung. Die Norm regelt in Abs 1 die einzelnen Erfordernisse der Eingliederung auf Seiten der Tochtergesellschaft. Abs 2 begründet eine ausdrückliche Zuständigkeit der HV der späteren Hauptgesellschaft für den Zustimmungsbeschluss, wobei sich die hierfür nötigen Informationsrechte der Aktionäre nach Abs 3 auf die eingegliederte Gesellschaft erstrecken. Abs 4–7 befassen sich mit dem erforderlichen Registerverfahren. Erforderlich sind Anmeldung (Abs 4) und eine Negativerklärung (Abs 5). Diese Erklärung kann durch ein gerichtliches Freigabeverfahren nach Abs 6 ersetzt werden. Nach Abs 7 entfaltet die Eintragung konstitutive Wirkung. **2**

II. Allgemeine Erfordernisse

Als **einzugliedernde Gesellschaft** kommt jedenfalls eine **AG** in Betracht. Die Eingliederung einer **KGaA** soll nach hM wg der fortbestehenden persönlichen Haftung der Komplementäre ausscheiden (MünchKomm AktG/*Grunewald* Rn 9; *Hüffer* AktG Rn 4; KölnKomm AktG/*Koppensteiner* Vor § 319 Rn 11; GroßKomm AktG/ *Würdinger* 3. Aufl Anm 2; K. Schmidt/Lutter AktG/*Ziemons* Rn 6; Spindler/Stilz AktG/*Singhof* Rn 3; Grigoleit AktG/*Grigoleit/Rachlitz* Rn 5). Letzteres vermag nicht zu überzeugen, wenn eine jur Person alleiniger Komplementär ist; hier kommt vielmehr angesichts der offenkundigen Regelungslücke (zur Zeit des Inkrafttretens des AktG war die Kapitalgesellschaft & Co. KGaA noch nicht anerkannt) und Interessenidentität eine analoge Anwendung in Betracht (Schütz/Bürgers/Riotte KGaA/ Fett § 12 Rn 37; *Pfeiffer* Der Konzern 2006, 122, 123 ff; *ders* Die KGaA als Beteiligte eines Beherrschungsvertrages und einer Eingliederung, passim; *Emmerich/Habersack* Aktien- und GmbH-KonzernR Rn 5). Auch die Rechtsform der späteren **Hauptgesellschaft** soll nach überwiegender Meinung auf die AG beschränkt sein **3**

(*Ebenroth* AG 1970, 104, 108; *Hüffer* AktG Rn 4; *Koppensteiner* aaO Vor § 319 Rn 10). Nach zutr Ansicht ist auch die Eingliederung in eine KGaA möglich (*Habersack* aaO Rn 6; Schütz/Bürgers/Riotte KGaA/*Fett* § 12 Rn 38; im Falle der Eingliederung einer 100 %igen Tochtergesellschaft nun auch *Grunewald* aaO Rn 5; *Pfeiffer* DZWIR 2005, 452, 456 f; *ders* Der Konzern 2006, 122, 129 f). Grund für eine Begrenzung soll das im Verhältnis zur KGaA strengere Kapitalerhaltungsregime der AG sein. Indes unterliegt die KGaA hinsichtlich ihres Grundkapitals demselben Eigenkapitalschutz wie die AG (vgl § 278 Abs 3, 57); auf die das Grundkapital übersteigende persönliche Haftung des Komplementärs kann es dann nicht mehr ankommen. Allein der Hinweis auf eine „sorgfältige Redaktion" durch den Gesetzgeber (vgl *Koppensteiner* aaO Vor § 319 Rn 10 mit Fn 19: Erwähnung der KGaA in §§ 291 Abs 1, 311 Abs 1 und 327a) überzeugt nicht, da die Regelungslücke wg des Gleichlaufs der (Grund-)Kapitalerhaltungsregeln als planwidrig einzustufen ist. Die SE kann sowohl Hauptgesellschaft als auch eingegliederte Gesellschaft sein (*Ziemons* aaO Rn 7; *Grigoleit/Rachlitz* aaO Rn 6).

4 Die (zukünftige) Hauptgesellschaft muss **Eigentümerin der Aktien** der einzugliedernden Gesellschaft sein. Davon erfasst sind alle Mitgliedsrechte; nicht ausreichend ist eine Zurechnung über § 16 Abs 4 v Anteilen, die Tochtergesellschaften oder Dritte für die Hauptgesellschaft halten (KölnKomm AktG/*Koppensteiner* Vor § 319 Rn 14; *Kropff* S 422 f; anders beim Squeeze-out, vgl § 327a Rn 7). Ausgeschlossen ist die Anwendung v § 319 danach auch bei eigenen Aktien der einzugliedernden Gesellschaft (MünchKomm AktG/*Grunewald* Rn 12). Für die Eigentümerstellung der Hauptgesellschaft ist auch treuhänderisches Sicherungseigentum ausreichend, ebenso hindert eine schuldrechtliche Verpflichtung zur Übertragung etwa durch Kaufvertrag nicht; gleiches gilt für eine Verpfändung oder Pfändung der Aktien (vgl zum Sqeeze-Out *LG München I* AG 2008, 904, 906), Wandelschuldverschreibungen und Optionen, die zu einem späteren Zeitpunkt zu bedienen sind (*Emmerich/Habersack* Aktien- und GmbH-KonzernR Rn 8; *Hüffer* AktG Rn 4; anders wg des dann drohenden Endes der Eingliederung *Koppensteiner* aaO Vor § 319 Rn 15). Für die Bestimmung des Eigentums entscheidend ist der Zeitpunkt der Beschlussfassung über die Eingliederung; liegt zu diesem kein vollständiges Eigentum vor, ist der Eingliederungsbeschl nichtig (§ 241 Nr 3). Ist die Beteiligungsvoraussetzung bei Handelsregisteranmeldung nicht mehr erfüllt, wird das Registergericht die Eintragung der Eingliederung zurückweisen (arg § 327 Abs 1 Nr 3 AktG; iE auch Grigoleit AktG/*Grigoleit/Rachlitz* Rn 9 mwN).

III. Beschluss über die Eingliederung (§ 319 Abs 1)

5 Nach Abs 1 S 2 kommt es nicht zur Anwendung des Verfahrens über Satzungsänderungen (sei es nach §§ 179 ff oder aufgrund bes Quorums in der Satzung selbst), was der Rechtslage bei Unternehmensverträgen entspricht (§ 293 Abs 1 S 4). Das Fehlen eines bes Mehrheitserfordernisses ergibt sich aus der Tatsache, dass sich die Aktien alle in einer Hand befinden. Daraus ergibt sich auch die Verfahrenserleichterung durch eine Vollversammlung, § 121 Abs 6 ; notarielle Niederschrift der Zustimmungserklärung ist nicht erforderlich. Das Teilnehmerverzeichnis nach § 129 braucht der Niederschrift nicht beigefügt zu werden (vgl § 130 Rn 42). Für Beschlussmängel gelten grds die §§ 241 ff, insb bei fehlendem Eigentum an allen Anteilen (vgl Rn 4).

Eingliederung **§ 319**

IV. Beschluss der Hauptgesellschaft (§ 319 Abs 2)

1. Bedeutung für Eingliederung. Für die wirksame Eingliederung ist nach Abs 2 ein **Zustimmungsbeschl** der Hauptgesellschaft erforderlich, was der Regelung v § 293 Abs 2 entspricht (vgl dort Rn 20 ff). Während der Eingliederungsbeschl der einzugliedernden Gesellschaft den gesellschaftsrechtlichen Organisationsakt darstellt, ist der Zustimmungsbeschl der Hauptgesellschaft (lediglich) Wirksamkeitsvoraussetzung. 6

2. Beschlusserfordernisse und Verfahren. Die Beschlusserfordernisse des Zustimmungsbeschl der Hauptgesellschaft richten sich nach Abs 2 S 2–4. Insgesamt entsprechen die Erfordernisse dem Verfahren über die Zustimmung zu Beherrschungs- oder Gewinnabführungsverträgen nach § 293 Abs 1 S 2–4, Abs 2 S 2 (vgl dazu § 293 Rn 6 ff, 25). Erforderlich ist vorbehaltlich einer Erweiterung des Quorums durch die Satzung die Zustimmung v mindestens 3/4 des bei der Beschlussfassung vertretenen Grundkapitals. Der Inhalt des Beschl kann auf die Billigung des Eingliederungsvorhabens beschränkt sein (MünchKomm AktG/*Grunewald* Rn 19) und muss sich nicht zur genauen organisatorischen Ausgestaltung äußern (so aber *Hommelhoff* S 354 ff). Hinsichtlich der Reihenfolge der Beschlüsse nach Abs 1 und 2 besteht keine notwendige zeitliche Abfolge (*OLG München* AG 1993, 430; *Emmerich/Habersack* Aktien- und GmbH-KonzernR Rn 15; Spindler/Stilz AktG/*Singhof* Rn 8). Die Folgen v Mängeln des Beschl richten sich mangels abw Regelung nach den allg Grundsätzen (vgl auch zum Eingliederungsbeschl Rn 5). 7

3. Mehrstufige Unternehmensverbindungen. Besonderheiten können in **mehrstufigen Unternehmensverbindungen** bestehen. Hinsichtlich der Eingliederung einer Enkelgesellschaft in die Tochter ergeben sich keine Unterschiede, solange die Tochter nicht ihrerseits bereits eingegliedert ist; ein Zustimmungsbeschl der Muttergesellschaft ist nicht erforderlich (MünchHdb AG/*Krieger* § 73 Rn 15). Ist die Tochter hingegen in die Muttergesellschaft eingegliedert, wird zutr ein Zustimmungsbeschl der Anteilseigner der Muttergesellschaft verlangt (KölnKomm AktG/*Koppensteiner* Rn 7; *Rehbinder* ZGR 1977, 581, 617 f; nur bei erheblicher Bedeutung für Gesamtkonzern MünchKomm AktG/*Grunewald* Rn 13; gegen ein Zustimmungserfordernis *Krieger* aaO § 73 Rn 15; K. Schmidt/Lutter AktG/*Ziemons* Rn 28). Dabei handelt es sich nicht um ein dem Zustimmungsbeschl gleichgestelltes Wirksamkeitserfordernis (so aber *Sonnenschein* BB 1975, 1088, 1091 f), sondern um eine gesellschaftsinterne Pflicht des Vorstands, weshalb in diesem Zusammenhang auch auf die Parallele zur „Holzmüller"-Entsch des *BGH* (*BGHZ* 83, 122) verwiesen wird (vgl *Emmerich/Habersack* Aktien- und GmbH-KonzernR Rn 16; Spindler/Stilz AktG/*Singhof* Rn 10; abl *Grunewald* aaO Rn 21). 8

V. Pflichten zur Information der Aktionäre der zukünftigen Hauptgesellschaft (§ 319 Abs 3)

1. Allgemein. Nach Abs 3 bestehen für die Aktionäre der Hauptgesellschaft neben dem Auskunftsrecht entspr den Regelungen über Unternehmensverträge nach §§ 293f, 293g weitere Informationsmöglichkeiten im Vorfeld der beschließenden HV. Hierzu zählt einerseits der Eingliederungsbericht nach dem genannten Vorbild sowie die Auslegung dieses Berichts, des Beschlussentwurfs sowie der Jahresabschlüsse und Lageberichte beider Gesellschaften für die letzten drei Geschäftsjahre vor der HV in den Geschäftsräumen der Hauptgesellschaft und dann auf der Versammlung selbst. Dane- 9

Fett 2445

ben ist den Aktionären auf Verlangen eine kostenlose Abschrift der Unterlagen zur Verfügung zu stellen. Diese Verpflichtungen entfallen, wenn die in S 1 bezeichneten Unterlagen im Vorfeld der HV über die Internetseite der zukünftigen Hauptgesellschaft zugänglich gemacht werden. Die Zugänglichmachung in der HV kann ebenfalls auf elektronischem Wege, etwa über bereitgestellte Monitore erfolgen (vgl insgesamt die Ausführungen bei §§ 293f, 293g).

10 **2. Eingliederungsbericht.** Nach Abs 3 S 1 Nr 3 besteht die Verpflichtung zur Auslegung und damit implizit auch zur Erstellung eines **Eingliederungsberichts**. Dabei ist der **Vorstand** der Hauptgesellschaft berichtspflichtig; die Pflicht betrifft ihn als Kollegialorgan (vgl zur entspr Lage bei § 293a Rn 10; *Emmerich/Habersack* Aktien- und GmbH-KonzernR Rn 19); zu beachten ist, dass alle Vorstände den schriftlich abgefassten Bericht unterzeichnen müssen (zu § 293a Rn 12). Hingegen besteht keine Berichtspflicht des Vorstands der einzugliedernden Gesellschaft (*Hüffer* AktG Rn 10); dies gilt auch bei Mehrheitseingliederung, wie aus § 320 Abs 4 S 1 geschlussfolgert werden kann.

11 **Der Berichtsinhalt** lehnt sich an § 293a Abs 1 an (vgl dort Rn 13); das gilt auch hinsichtlich der erforderlichen Intensität und Berichtstiefe (vgl auch zur Verschmelzung *OLG Düsseldorf* AG 1999, 418 ff). Ausgangspunkt ist die Erläuterung der rechtlichen und wirtschaftlichen Bedeutung des Beschl. Relevant sind insb die Haftung nach § 322 sowie die Verlustausgleichspflicht nach § 324 Abs 3 (*Hüffer* AktG Rn 11; Heidel AktG/*Knöfler* Rn 12). Daneben sind der Zweck der Eingliederung, Vor- und Nachteile sowie andere Handlungsoptionen, die ggf an die Stelle der Eingliederung treten könnten, darzustellen. Einzubeziehen sind alle abwägungsrelevanten wirtschaftlichen Größen, auch mit Blick auf die zukünftige Entwicklung.

12 Keine Regelung findet sich in § 319 hinsichtlich einer **Schutzklausel** und einer **Verzichtsmöglichkeit** auf den Vorstandsbericht (vgl §§ 293a Abs 2 und 3 AktG, 8 Abs 2 und 3 UmwG), was gemeinhin als Redaktionsversehen eingestuft wird (vgl nur *Emmerich/Habersack* Aktien- und GmbH-KonzernR Rn 20). Nach richtiger Ansicht sind daher § 293a Abs 2 und 3 entspr anzuwenden (MünchKomm AktG/*Grunewald* Rn 23 f; MünchHdb AG/*Krieger* § 73 Rn 13; Spindler/Stilz AktG/*Singhof* Rn 12; iE auch K. Schmidt/Lutter AktG/*Ziemons* Rn 19; vgl hierzu die Erläuterungen bei § 293a Rn 19 ff, 23 ff).

13 **3. Auskunftsrecht.** Abs 3 S 4 räumt dem einzelnen Aktionär der Hauptgesellschaft der wirtschaftlichen Bedeutung der Eingliederung entspr auf der HV ein **Auskunftsrecht** in Bezug auf alle in diesem Zusammenhang wesentlichen Angelegenheiten der einzugliedernden Gesellschaft ein. Dabei handelt es sich um einen Unterfall des allg Auskunftsrechts nach §§ 131 f, weshalb auf Grundlage v § 131 Abs 3 insb wg eines drohenden Nachteils die Auskunft verweigert werden kann (*Emmerich/Habersack* Aktien- und GmbH-KonzernR Rn 23). Mit einigem Recht wird man Fragen hinsichtlich der ausgelegten und zur Verfügung gestellten Informationen zurückweisen können (vgl Rn 9 ff; KölnKomm AktG/*Koppensteiner* Rn 15). Ob sich dies empfiehlt und insoweit nur Fragen beantworten werden sollten, die über bereits gegebene Informationen hinausgehen, scheint angesichts der drohenden Anfechtungsrisiken eher zweifelhaft. Im Gegensatz zu dem Auskunftsrecht nach Abs 3 S 4 ist das nach § 326 auf die Angelegenheiten der bereits eingegliederten Gesellschaft in den laufendem Betrieb der Hauptgesellschaft gerichtet (vgl dort Rn 2).

Eingliederung § 319

4. Erläuterungspflicht für den Vorstand. Anders als in §§ 293g Abs 2 S 1 AktG, 64 **14** Abs 1 UmwG findet sich in § 319 keine Regelung, nach der eine Pflicht zur mündlichen Erläuterung durch den Vorstand der Hauptgesellschaft besteht. Heute wird jedoch zutr die analoge Anwendbarkeit der genannten Bestimmungen angenommen (MünchKomm AktG/*Grunewald* Rn 30; KölnKomm AktG/*Koppensteiner* Rn 15; Spindler/Stilz AktG/*Singhof* Rn 14; K. Schmidt/Lutter AktG/*Ziemons* Rn 22; anders noch GroßKomm AktG/*Würdinger* 3. Aufl Anm 14). Fehlen solche Ausführungen, ist der Beschl grds anfechtbar (*Grunewald* aaO Rn 31).

VI. Anmeldung zur Eintragung (§ 319 Abs 4)

Die **Anmeldung der Eingliederung** erfolgt nach Abs 4 S 1 durch den Vorstand der ein- **15** zugliedernden Gesellschaft, nicht hingegen beim HR der Hauptgesellschaft (**hM**, vgl KölnKomm AktG/*Koppensteiner* Rn 20; anders *Hommelhoff* S 359). Hier wird Publizität über die Einreichung einer öffentlich beglaubigten Niederschrift des Zustimmungsbeschl nach Abs 2 erreicht, vgl § 130 Abs 5. Zur Anmeldung der Eintragung sind nach Abs 4 S 2 die Niederschriften des Eingliederungsbeschl und des Zustimmungsbeschl (vgl Rn 7) nebst Anlagen (§ 130 Abs 3) in Ausfertigung oder beglaubigter Abschrift beizufügen.

VII. Registerverfahren und Eintragung

1. Negativerklärung (§ 319 Abs 5). Zur Anmeldung der Eintragung ist nach Abs 5 **16** eine **Negativerklärung** des Vorstands der einzugliedernden Gesellschaft über das Nichtvorliegen einer Klage gegen die Wirksamkeit der Beschl nach Abs 1 und 2 abzugeben. Dem Nichtvorliegen einer Klage steht die nicht fristgemäße Einreichung einer solchen Klage und deren Abweisung bzw Rücknahme gleich. Wird nach Abgabe der Erklärung Klage erhoben, ist dies dem Registergericht mitzuteilen. Mit der Negativerklärung sollen die Kläger geschützt werden (vgl RegBegr BT-Drucks 12/6699, 88).

Der Inhalt der Negativerklärung bezieht sich auf Angriffe gegen die beiden notwendi- **17** gen HV-Beschlüsse und betrifft damit einzugliedernde Gesellschaft und zukünftige Hauptgesellschaft. In Betracht kommen neben Anfechtungs- (§§ 243, 248) und Nichtigkeitsklagen (§ 249) auch allg Feststellungsklagen nach § 256 ZPO, die auf Feststellung der Unwirksamkeit des jeweiligen HV-Beschlusses gerichtet sind (MünchKomm AktG/*Grunewald* Rn 37; MünchHdb AG/*Krieger* § 73 Rn 18; nun auch *Emmerich/ Habersack* Aktien- und GmbH-KonzernR Rn 27). Die Negativerklärung kann auch bei nicht fristgemäßen Klagen abgegeben werden. Dies betrifft vorrangig Anfechtungsklagen nach Verstreichen der Monatsfrist v § 246 Abs 1; die Dreijahresfrist v § 242 Abs 2 beginnt hingegen gerade erst ab Eintragung des angegriffenen Beschl zu laufen (*Habersack* aaO Rn 27). Die Registergerichte akzeptieren eine Negativerklärung regelmäßig erst nach Ablauf der Anfechtungsfrist (zur parallelen Situation der Umwandlung *BGH* NJW 2007, 224), wobei zu beachten ist, dass die Monatsfrist auch dann gewahrt bleibt, wenn eine eingereichte Klage „demnächst" zugestellt wird oder sie bei einem unzuständigen Gericht eingereicht wurde (vgl § 246 Rn 10 f und unten Rn 26; nach K. Schmidt/Lutter AktG/*Ziemons* Rn 32 soll das Registergericht in diesen Fällen jedoch eine Aktualisierung der Negativerklärung verlangen können).

2. Registersperre. Nach Abs 5 S 2 HS 1 darf eine Eintragung dann nicht erfolgen, **18** wenn es an der Negativerklärung des Vorstands fehlt (so auch § 16 Abs 2 S 2 UmwG;

Fett 2447

zur nicht ausdrücklichen Regelung nach § 345 Abs 2 aF schon *BGHZ* 112, 9, 12 ff). Das Registergericht darf also nicht aufgrund eigener Beurteilung eine Eintragung verfügen (MünchKomm AktG/*Grunewald* Rn 39), weshalb ein durch Anfechtungsklage angegriffener Eingliederungsbeschl nicht durch Eintragung vollzogen werden kann. Es kommt vielmehr nach §§ 21 Abs 1, 381 FamFG zur Aussetzung des Verfahrens. Die Negativerklärung ist Eintragungsvoraussetzung, die nur durch Freigabeverfahren (vgl Rn 19 ff) oder Klageverzicht ersetzt werden kann. Eine fehlende Erklärung hat nicht die (nachträgliche) Amtslöschung nach § 398 FamFG zur Folge (*OLG Hamm* ZIP 2001, 569, 571; *Hüffer* AktG Rn 15; zu § 16 Abs 2 S 2 UmwG auch *OLG Karlsruhe* AG 2002, 523, 524), sondern nach § 26 S 2 HRV Aufforderung zur Nachreichung (Spindler/Stilz AktG/*Singhof* Rn 19). Ein **Klageverzicht** der Anfechtungsberechtigten in notarieller Form ermöglicht ausnahmsweise Eintragung trotz Fehlens der Negativerklärung (Abs 5 S 2 HS 2). Ein solcher Verzicht muss vor erfolgter Klageerhebung erklärt werden, da sonst nur Klagerücknahme und Negativerklärung möglich sind. Von praktischer Bedeutung ist Verzicht in AG mit bekanntem Aktionärskreis, die darüber eine Eintragung vor Ablauf der Anfechtungsfrist erreichen können, die ansonsten nicht möglich ist (vgl Rn 26; *Emmerich/Habersack* Aktien- und GmbH-KonzernR Rn 30).

19 **3. Freigabeverfahren (§ 319 Abs 6). – a) Grundsatz.** Im Falle einer die Negativerklärung der Gesellschaft hindernden Klage gegen die Wirksamkeit des Beschl nach Abs 1 oder 2 kommt ein **Freigabeverfahren** nach Abs 6 in Betracht. Erforderlich ist zunächst ein entspr Antrag der Gesellschaft, deren Beschl angegriffen wurde, vor dem seit Inkrafttreten des ARUG nunmehr zuständigen Oberlandesgericht (s Rn 23; s zur Evaluation des Freigabeverfahrens *Stilz* FS Hommelhoff, 2012, S 1181). Daneben muss ein sog **Unbedenklichkeitstatbestand** erfüllt sein. Das Verfahren ist an dem entspr umwandlungsrechtlichen Verfahren nach **§ 16 Abs 3 S 2 UmwG** orientiert, so dass die hierzu verfügbare Lit herangezogen werden kann (KölnKomm AktG/*Koppensteiner* Rn 28). Der mit dem UMAG neu eingeführte und durch das ARUG ebenfalls reformierte § 246a regelt das Freigabeverfahren für das Anfechtungsrecht gegen bestimmte Kapitalmaßnahmen ebenfalls auf dieser Grundlage (vgl § 246a Rn 1).

20 **b) Unbedenklichkeit.** Ein Freigabebeschl kann bei **Unzulässigkeit der Klage** gefasst werden. Liegt ein unbehebbarer Zulässigkeitsmangel vor, ist danach ein Beschl möglich (*Brandner/Bergmann* FS Bezzenberger, S 59, 63; *Fuhrmann/Linnerz* ZIP 2004, 2306 f).

21 Ein Beschl nach Abs 6 S 1 und 3 kann auch in der zweiten Fallgruppe einer **offensichtlich unbegründeten** Klage gefällt werden. Dies gilt im Bes in den Fällen rechtsmissbräuchlich erhobener Klagen zur Erstrebung v Sondervorteilen (*OLG Frankfurt* AG 1996, 135 ff; *Decher* AG 1997, 388, 390). Umstr ist hingegen der zur Bestimmung der Offensichtlichkeit erforderliche Prüfungsmaßstab. Einige halten hierfür eine leichte Erkennbarkeit bei kursorischer Prüfung ohne die Klärung v Rechtsfragen für ausreichend (*OLG Stuttgart* AG 1997, 138, 139; *LG Frankfurt/Main* NZG 2003, 731, 732; *LG Duisburg* NZG 1999, 564 f; *LG Freiburg* AG 1998, 536, 537; *LG Hanau* AG 1996, 90, 91). Demgegenüber verlangt die überwiegende Meinung zutr eine Entsch nach der tatsächlichen Rechtslage (**hM** *OLG Saarbrücken* AG 2005, 366 – Kaufhalle AG; *OLG Hamburg* AG 2005, 253 f – RWE/SEA AG; *OLG Düsseldorf* AG 2004, 207 ff; *OLG Köln* AG 2004, 39 ff; *OLG Frankfurt* AG 2003, 573, 574; *OLG Stuttgart* AG 2003, 456;

Eingliederung § 319

OLG Hamm AG 1999, 422; *OLG Frankfurt* AG 1999, 428, 429; *OLG München* AG 2006, 296; *OLG Frankfurt* NZG 2009, 1183, 1184; *OLG Frankfurt* AG 2008, 826; *KG* ZIP 2009, 1223, 1226; *OLG München* AG 2010, 170; *Emmerich/Habersack* Aktien- und GmbH-KonzernR Rn 35; Spindler/Stilz AktG/*Singhof* Rn 23). Die Klage ist danach offensichtlich unbegründet, wenn nach Prüfung der Rechtslage eine andere rechtliche Bewertung nicht vertretbar ist, die Anfechtungsklage also sicher erfolglos bleibt. Während die rechtliche Bewertung danach umfassend zu erfolgen hat, bestehen iRd vorgebrachten Tatsachen Erleichterungen. Zu berücksichtigen sind dabei unstr und auch glaubhaft gemachte Gründe.

Neu eingefügt wurde das Erfordernis des Nachweises einer Mindestbeteiligung am Grundkapital, welche der Kläger innerhalb einer Woche durch Urkunden nachzuweisen hat (zur Verfassungsmäßigkeit *OLG Stuttgart* AG 2010, 89 ff, zust *Nikoleyczik/ Butenschön* NZG 2010, 218 ff; iE auch *von der Linden/Ogorek* EWiR 2010, 5 f; vgl auch *OLG Hamburg* AG 2010, 214, 215; *OLG Frankfurt* AG 2010, 596). Die auf das Grundkapital bezogene Schwelle v 1 000 Euro ergibt bei üblichen Börsenwerten im Mittel ein Anlagevolumen v etwa 10 000 bis 20 000 Euro und berechtigt Aktionäre mit einem ökonomisch nachvollziehbaren Investment und einem auf dieser Grundlage vermuteten Interesse an einer nachhaltigen Entwicklung des Unternehmens weiterhin zu einer Opposition des Freigabebegehrens (in diesem Sinne der Bericht des Rechtsausschusses BT-Drucks 16/13098, 60). Der Nachweis eines anteiligen Aktienbesitzes soll nicht erforderlich sein, wenn und soweit die Erreichung des Aktienquorums im Freigabeverfahren unstreitig ist (*OLG Nürnberg* AG 2011, 179 ff; dagegen zu Recht *Reichard* NZG 2011, 292 f; unstreitiges Vorbringen im Hauptsacheverfahren genügt auch nach Ansicht des *OLG Nürnberg* aaO nicht). Wird das Erreichen des Quorums bestritten, so ist es nicht ausreichend, dieses allein zu einem bestimmten Stichtag nachzuweisen. Vielmehr muss der Anfechtungskläger beweisen, dass er das erforderliche Quorum zum Zeitpunkt der Bekanntmachung der Einberufung der Hauptversammlung erfüllte und bei Einleitung des Freigabeverfahrens noch erfüllt (für Ersteres *OLG Nürnberg* AG 2011, 179; wie hier weitergehend *Wardenbach* GWR 2010, 498 f; *Reichard* NZG 2011, 293) Die Zulässigkeit der Zusammenrechnung der Anteile mehrerer Aktionäre zur Erreichung des Mindestquorums ist richtiger Ansicht nach zu verneinen (vgl *OLG München* AG 2010, 170, 171 ff; *OLG Hamburg* AG 2010, 214, 215; ausdrücklich nun auch *OLG Frankfurt* 2010, 508; *Herrler/Reymann* DNotZ 2009, 815, 824; s auch § 246a Rn 4). Erklärte Zielsetzung des Gesetzes ist weniger die Einschränkung der Anfechtungsbefugnis v Kleinaktionären an sich als die Beschränkung der Möglichkeit, eine Freigabe zu verhindern (zust *K. Schmidt* AG 2009, 248, 256), ebenso wie den Anschluss v „Trittbrettfahrern", die ohne eigenen substantiellen Vortrag in unnötiger Weise die Gerichte belasten (RegBegr BT-Drucks 16/11642, 42). Die Umgehung durch eine Anteilspoolung widerspräche dem Zweck des Gesetzes ebenso wie der bisherigen Praxis, Zulässigkeit und Begründetheit im Hinblick auf jede einzelne erhobene Klage zu überprüfen (ebenso *Leuering* NJW-Spezial 2009, 543 f; *Kläsener/Wasse* AG 2010, 202, 203; *Verse* NZG 2009, 1127, 1129).

21a

Schließlich besteht die Möglichkeit, einen Unbedenklichkeitsbeschl bei **vorrangigem Vollzugsinteresse zu erreichen**. Ein solches besteht, wenn das Interesse der beteiligten Gesellschaften und deren Aktionären an der Eintragung höher zu bewerten ist als das Interesse des beschlussanfechtenden Klägers an der Aussetzung (*LG Wiesbaden* AG 1997, 274; *Bork* ZGR 1993, 343, 363). Dies gilt auch dann, wenn die Beschlussanfech-

22

tung erfolgreich möglich ist. Zur Bestimmung erfolgt eine Abwägungsentsch des Gerichts (*Noack* ZHR 164 (2000), 274, 282 ff), wobei die durch das ARUG vorgenommene inhaltliche Präzisierung und Verschärfung der Interessenabwägungsklausel eine Entsch des Abwägungsvorgangs zu Gunsten der Gesellschaft vorzeichnet: Die zu berücksichtigenden Nachteile und Rechtsverstöße stellen nunmehr nicht mehr bloß „lose Orientierungspunkte" in einem richterlichen Abwägungsprozess dar (*Florstedt* AG 2009, 465, 469). Die Abgrenzung der Interessenabwägung v der Schwere des Rechtsverstoßes verdeutlicht vielmehr, dass nur wirtschaftliche Interessen des klagenden Aktionärs – nicht der Aktionärsgesamtheit – zu berücksichtigen sind (Spindler/Stilz AktG/*Singhof* Rn 24). Andererseits handelt es sich um wesentliche Nachteile der Gesellschaft nicht nur bei bestehender Insolvenzgefahr oder ähnlich extremen Szenarien, sondern um alle nicht zu vernachlässigenden wirtschaftlichen Nachteile wie die Kosten für die Wiederholung einer HV oder Zinseffekte (Bericht Rechtsausschuss BT-Drucks 16/13098, 60 f; *OLG Hamm* AG 2011, 136). Zuvor war die Abwägung nicht allein auf Behauptung des Klägers beschränkt (vgl Materialien RegBegr BT-Drucks 12/6699, 89 f), sondern hatte insb Erfolgsaussichten der geltend gemachten Klage einzubeziehen (*OLG Frankfurt* AG 2003, 573, 574; *OLG Düsseldorf* AG 1999, 418 ff; KölnKomm AktG/*Koppensteiner* Rn 31). Ausweislich der RegBegr zum UMAG sollte eine Freigabe nach Abwägung der wirtschaftlichen Interessen allerdings selbst bei voraussichtlicher oder gar zweifelsfreier Begründetheit der Anfechtungsklage erfolgen können (RegBegr BT-Drucks 15/5092, 29). Das Gewicht der geltend gemachten Anfechtungsgründe war bereits zuvor in die Abwägung einzustellen. Dies betraf die Intensität auch bloßer Inhaltsfehler, etwa bei Nichtigkeit nach § 241 (*Rieger/Schockenhoff* ZIP 1997, 2105, 2109 f; vgl auch RegBegr BT-Drucks 12/6699, 89 f). Nach neuem Recht kann der Kläger dem im Regelfall zugunsten der Gesellschaft vorgezeichneten Ausgang des Abwägungsvorgangs nur durch Darlegung und Glaubhaftmachung („es sei denn") eines bes schweren Verstoßes begegnen, der mithin außerhalb der Interessensabwägung festzustellen ist. Ein solcher liegt nicht bereits mit jedem Fall v Beschlussnichtigkeit vor, die Eintragung des Beschl muss für die Rechtsordnung vielmehr „unerträglich" sein, insb formale Fehler waren hier schon zuvor keineswegs ausreichend (so bereits die RegBegr zum UMAG BT-Drucks 15/5092, 29; ferner zum neuen Recht etwa Spindler/Stilz AktG/*Singhof* Rn 24).

23 **c) Zuständigkeit, Verfahren.** Für das Freigabeverfahren ist das OLG des Gesellschaftssitzes zuständig, wobei der Senat selbst zu entscheiden hat, eine Übertragung auf den Einzelrichter ist nach S 8 ausgeschlossen. Einer Güteverhandlung bedarf es wg der erwarteten Komplexität der Sache nicht. Während die RegBegr die erklärte Zielsetzung der Beschleunigung des Freigabeverfahrens noch durch eine Beschränkung der Beschwerdemöglichkeit auf eine grundsätzliche Bedeutung der Sache zu erreichen suchte (BT-Drucks 16/11642, 42), folgt die jetzige Regelung den Empfehlungen des Rechtsausschusses, wonach die Freigabeentsch schlechthin unanfechtbar gestellt wird, da die Inanspruchnahme v Rechtsmitteln im Anfechtungsverfahren zu einer abschließenden Entsch über die Kassationsmacht des Anfechtungsklägers führen soll (BT-Drucks 16/13098, 59 f; zust *Bosse* NZG 2009, 807, 811; krit, auch was die beabsichtigte Beschleunigung betrifft *Florstedt* AG 2009, 465, 468 f; dagegen *Nicoleyczik/Butenschön* NZG 2010, 218, 219, zur Verfassungsmäßigkeit *KG* NZG 2010, 224 f; zust *Saß/Ogorek* NZG 2010, 337). Ob sich diese neue Eingangszuständigkeit bewährt, soll eine v BMJ bis Ende 2011 durchzuführende rechtstatsächliche Untersuchung

Eingliederung § 319

ergeben (BT-Drucks 16/12098, 60). Die intendierte Beschleunigung des Verfahrens wird schließlich durch prozessuale Begleitregelungen flankiert. Zum einen stellt Abs 6 S 2 die Anwendbarkeit der v einigen Gerichten (*LG Münster* NZG 2006, 833) bereits zuvor herangezogenen §§ 82 ZPO ff klar, die eine Zustellung an den Prozessvertreter des Hauptsacheverfahrens ermöglichen, so dass gerade professionelle Kläger das Freigabeverfahren durch die Übertragung ihrer Anteile an im Ausland sitzende – oft nur zu diesem Zweck gegründete – Gesellschaften nicht mehr verzögern können (RegBegr BT-Drucks 16/11642, 40 f). Zum anderen wird allen Gesellschaften nun zur zügigeren Rechtsverteidigung schon nach Ablauf der Anfechtungsfrist Akteneinsicht in die Klageschriften gewährt. Schließlich wird für die Festsetzung des Regelstreitwerts und die Streitwertspaltung die entspr Anwendung des § 247 angeordnet (RegBegr BT-Drucks 16/11642, 41). Die daraus resultierende volle Kostengebühr ist nicht zu unterschätzen (*Florstedt* aaO 465, 472).

Durch den – nunmehr unanfechtbaren und damit mit Erlass rechtskräftigen – Beschl nach Abs 6 S 1 wird die ansonsten erforderliche Negativerklärung nach Abs 5 S 1 ersetzt. In diesem Fall hat sich das Registergericht so zu verhalten, als läge die entspr Erklärung vor. Darauf bezieht sich auch die verbleibende Prüfungspflicht; hinsichtlich der im Freigabeverfahren herangezogenen Gründe kommt der Entsch dieses Verfahrens eine Bindungswirkung zu (KölnKomm AktG/*Koppensteiner* Rn 35; MünchHdb AG/*Krieger* § 73 Rn 28; *Sosnitza* NZG 1999, 965, 972 f; anders hingegen *Volhard* AG 1998, 397, 401). Daraus ergibt sich umgekehrt auch, dass andere Erwägungen iRd normalen registergerichtlichen Prüfung wie sonst auch zu berücksichtigen sind. Mit dem am 25.4.2007 in Kraft getretenen Zweiten Gesetz zur Änderung des Umwandlungsgesetzes wurde aufgenommen, dass der Beschl **spätestens drei Monate nach Antragstellung** ergehen soll und Verzögerungen der Entsch durch unanfechtbaren Beschl zu begründen sind; diese zeitliche Vorgabe wurde v BRat mit Hinweis auf einen möglichen Eingriff in die Rechte der dritten Staatsgewalt kritisiert (vgl BR-Drucks 95/07; zust hingegen *Bayer/Schmidt* NZG 2006, 841, 844 f). 23a

Zutreffenderweise wird man ein Freigabeverfahren auch für einen angefochtenen Bestätigungsbeschl (§ 244) zulassen müssen und dies selbst dann, wenn für den Ursprungsbeschl ebenfalls ein Freigabeverfahren angestrengt worden ist und die Gesellschaft hierbei unterlegen war (für die parallele Situation in § 16 Abs 3 UmwG: *Riegger/Schockenhoff* ZIP 1997, 2105, 2110; Lutter UmwG/*Bork* § 16 Rn 34; *Rieckers* BB 2005, 1348, 1351; *Ihrig/Erwin* BB 2005, 1973, 1978). Entscheidend ist, dass mit dem Bestätigungsbeschluss neue Tatsachen vorliegen, weshalb der Einwand der materiellen Rechtskraft gegen ein erneutes Freigabeverfahren für den Bestätigungsbeschl ins Leere geht. 24

d) Schadensersatz. Auch bei für die Gesellschaft positivem Ausgang des Freigabeverfahrens kann eine Klage im Hauptsacheverfahren erfolgreich sein. Für diesen Fall kommt dem Kläger nach Abs 6 S 10 ein Anspruch gegen die Gesellschaft auf Ersatz der aus der Eingliederung entstandenen Schäden zu. Dieser ist verschuldensunabhängig. Für die Schadensberechnung gelten die allg Regeln nach §§ 249 ff BGB. Damit wäre die Ersatzleistung nicht auf Geldersatz allein beschränkt. Vorrangig ist Ersatz durch Naturalrestitution zu leisten, so dass die Folgen der Eingliederung weitestgehend rückgängig zu machen wären. Mit dem durch das ARUG eingefügten Abs 6 S 11 genießt die Eingliederung mit Eintragung jedoch nun Bestandsschutz, so dass eine Beendigung des Eingliederungsverhältnisses mit Wirkung ex nunc oder gar eine 25

Fett 2451

Rückabwicklung der Eingliederung als Schadensersatz nach Eintragung infolge ergangenem Freigabebeschluss nicht mehr verlangt werden kann (*Emmerich/Habersack* Aktien- und GmbH-KonzernR Rn 43).

26 e) Eintragung (§ 319 Abs 7) und Rechtsfolgen fehlerhafter Beschlüsse. Liegen die iRd Anmeldung erforderlichen Unterlagen vor, erfolgt nach Abs 7 die Eintragung der Anmeldung. Dabei kommt der Norm konstitutive Wirkung zu. Vor Ablauf der Anfechtungsfrist nach § 246 Abs 1 sollte die Eintragung jedenfalls bei vorliegenden Widersprüchen nicht möglich sein (*Emmerich/Habersack* Aktien- und GmbH-KonzernR Rn 28 mit Verweis auf Abs 5 S 2 HS 2; anders MünchKomm AktG/*Grunewald* Rn 43; s auch Rn 17). Wie bei § 246a Abs 4 S 2 (und §§ 16 Abs 3 S 6, 20 Abs 2 UmwG) können Mängel seit Inkrafttreten des ARUG bei **erfolgtem Freigabebeschl** nun **durch Eintragung geheilt** werden (vgl *Emmerich/Habersack* Aktien- und GmbH-KonzernR Rn 44; Grigoleit AktG/*Grigoleit/Rachlitz* Rn 15; anders MünchKomm AktG/*Grunewald* Rn 45, freilich ohne auf Abs 6 S 11 einzugehen). Fehlt es an einem entspr Freigabebeschl und ist die Eingliederung gleichwohl eingetragen (und damit durchgeführt), werden die im Hauptsacheverfahren erfolgreichen Aktionäre im Falle der Mehrheitseingliederung ipso iure Aktionäre der eingegliederten Gesellschaft, die Eintragung in das Handelsregister wird von Amts wegen gelöscht (Aktionärsstellung folgt aus umgekehrter Wirkung des § 320a S 1; für den Eintritt der Rechtsfolge ex tunc iE auch *OLG Karlsruhe* AG 2011, 673, 674 f mit zust Anm *Rubner* GWR 2011, 236; *Hüffer* AktG § 320 Rn 5; aA *Emmerich/Habersack* Aktien- und GmbH-KonzernR § 320b Rn 22: Grundsätze über die fehlerhafte Gesellschaft sind anwendbar, es besteht ggf Schadensersatzanspruch auf Wiedereinräumung der Mitgliedschaft; Spindler/Stilz AktG/*Singhof* § 320 Rn 19; s auch § 320 Rn 3); die Minderheitsaktionäre haben einen Herausgabeanspruch gegen die eingliedernde Gesellschaft auf Herausgabe der Aktienurkunden (bzw Umbuchung der Aktien in ihre Wertpapierdepots); die Herausgabe ist für die Aktionärsstellung nicht konstitutiv (vgl für § 320a dort Rn 1). Die Eingliederung wird mit dem vollen Wortlaut, der sich aus der Anmeldung ergibt, in dem jeweiligen elektronischen Informations- und Kommunikationssystem durch das Registergericht (§ 10 HGB) unter Hinweis auf das Recht der Sicherheitsleistung (§ 321 Abs 1 S 2) bekannt gemacht.

§ 320 Eingliederung durch Mehrheitsbeschluss

(1) ¹Die Hauptversammlung einer Aktiengesellschaft kann die Eingliederung der Gesellschaft in eine andere Aktiengesellschaft mit Sitz im Inland auch dann beschließen, wenn sich Aktien der Gesellschaft, auf die zusammen fünfundneunzig vom Hundert des Grundkapitals entfallen, in der Hand der zukünftigen Hauptgesellschaft befinden. ²Eigene Aktien und Aktien, die einem anderen für Rechnung der Gesellschaft gehören, sind vom Grundkapital abzusetzen. ³Für die Eingliederung gelten außer § 319 Abs. 1 Satz 2, Abs. 2 bis 7 die Absätze 2 bis 4.

(2) ¹Die Bekanntmachung der Eingliederung als Gegenstand der Tagesordnung ist nur ordnungsgemäß, wenn
1. sie die Firma und den Sitz der zukünftigen Hauptgesellschaft enthält,
2. ihr eine Erklärung der zukünftigen Hauptgesellschaft beigefügt ist, in der diese den ausscheidenden Aktionären als Abfindung für ihre Aktien eigene Aktien, im Falle des § 320b Abs. 1 Satz 3 außerdem eine Barabfindung anbietet.

²Satz 1 Nr. 2 gilt auch für die Bekanntmachung der zukünftigen Hauptgesellschaft.

§ 320

(3) ¹Die Eingliederung ist durch einen oder mehrere sachverständige Prüfer (Eingliederungsprüfer) zu prüfen. ²Diese werden auf Antrag des Vorstands der zukünftigen Hauptgesellschaft vom Gericht ausgewählt und bestellt. ³§ 293a Abs. 3, §§ 293c bis 293e sind sinngemäß anzuwenden.

(4) ¹Die in § 319 Abs. 3 Satz 1 bezeichneten Unterlagen sowie der Prüfungsbericht nach Absatz 3 sind jeweils von der Einberufung der Hauptversammlung an, die über die Zustimmung zur Eingliederung beschließen soll, in dem Geschäftsraum der einzugliedernden Gesellschaft und der Hauptgesellschaft zur Einsicht der Aktionäre auszulegen. ²In dem Eingliederungsbericht sind auch Art und Höhe der Abfindung nach § 320b rechtlich und wirtschaftlich zu erläutern und zu begründen; auf besondere Schwierigkeiten bei der Bewertung der beteiligten Gesellschaften sowie auf die Folgen für die Beteiligungen der Aktionäre ist hinzuweisen. ³§ 319 Abs. 3 Satz 2 bis 5 gilt sinngemäß für die Aktionäre beider Gesellschaften.

(5) *(aufgehoben)*

(6) *(aufgehoben)*

(7) *(aufgehoben)*

Übersicht

	Rn		Rn
I. Einleitung/Überblick	1	2. Eingliederungsbericht	8
II. Mehrheitseingliederung	2	3. Auslegung von Unterlagen	9
1. Grundlagen	2	4. Erläuterungen des jeweiligen	
2. Mehrheitserfordernisse (Abs 1)	4	Vorstands	10
a) Kapitalmehrheit	4	5. Auskunftsrecht	11
b) Stimmenanteil von 95 %?	5	IV. Eingliederungsprüfung (Abs 3)	12
III. Informationspflichten	6	1. Prüfungsgegenstand	12
1. Bekanntmachung der Tagesordnung (Abs 2)	6	2. Verfahren der Prüfung	13

Literatur: *Kallmeyer* Umwandlungsgesetz, 4. Aufl 2010; *Rubner* OLG Karlsruhe: Keine Abfindung bei erfolgreich angefochtener Eingliederung, GWR 2011, 236.

I. Einleitung/Überblick

Die Norm regelt Zulässigkeit und Verfahren der Mehrheitseingliederung. Sie trägt 1
damit dem Bedürfnis Rechnung, eine Eingliederung auch dann zu ermöglichen, wenn sich „eine kleine Minderheit v Aktien in den Händen bekannter oder unbekannter Aktionäre befindet" (*Kropff* S 424); mit Inkrafttreten der §§ 327a ff (Squeeze-Out) dürfte die Mehrheitseingliederung noch weiter an Bedeutung verloren haben. Mit Wirksamwerden der Eingliederung gehen die außenstehenden Aktien auf die Hauptgesellschaft über (vgl § 320a). Den damit zwangsläufig ausscheidenden Aktionären der einzugliedernden Gesellschaft ist nach § 320b ein Ausgleich zu gewähren, weshalb **keine Bedenken hinsichtlich der Verfassungsmäßigkeit** eines solchen Ausschlusses bestehen (vgl *BVerfGE* 14, 263, 273 ff; 100, 289, 302 ff; *BVerfG* NJW 2001, 279, 280 f; *BGH* WM 1974, 713, 716; *OLG Düsseldorf* AG 2004, 212, 213; *OLG Celle* WM 1972, 1004, 1010 f; MünchKomm AktG/*Grunewald* Rn 2).

II. Mehrheitseingliederung

2 1. Grundlagen. Die Mehrheitseingliederung betrifft einen bes Fall der in § 319 Abs 1 S 1 geregelten Eingliederung, so dass auch grds das dort niedergelegte Verfahren anwendbar ist (*Emmerich/Habersack* Aktien- und GmbH-KonzernR Rn 3; K. Schmidt/Lutter AktG/*Ziemons* Rn 1). Damit erfolgt auch die Mehrheitseingliederung nicht per Vertrag, sondern durch Eingliederungs- und Zustimmungsbeschluss des eingliedernden und des einzugliedernden Rechtsträgers. Weder der Eingliederungsbeschluss der einzugliedernden Gesellschaft noch der Zustimmungsbeschluss der Hauptgesellschaft bedürfen einer sachlichen Rechtfertigung (zu Letzterem *OLG München* AG 1993, 430, 431).

3 Auch das übrige Verfahren entspricht den Regelungen des § 319, wie sich aus der Verweisung v § 320 Abs 1 S 3 ergibt. So erfolgt die Anmeldung der Eintragung ins HR durch den Vorstand der einzugliedernden Gesellschaft (§ 319 Abs 4, vgl dort Rn 15). Dabei ist eine entspr **Negativerklärung** hinsichtlich des Vorliegens v Aktionärsklagen abzugeben (§ 319 Abs 5 S 1, vgl dort Rn 16 f), deren Nichtvorliegen regelmäßig eine **Registersperre** zur Folge hat (§ 319 Abs 5 S 2, vgl dort Rn 18). Die Registersperre kann auch im Bereich der Mehrheitseingliederung durch die Durchführung eines Unbedenklichkeitsverfahrens überwunden werden (§ 319 Abs 6 vgl dort Rn 19 ff). Wirksam wird die Eingliederung erst **mit Eintragung ins HR** (§ 319 Abs 7 vgl dort Rn 26). Wird der Eingliederungsbeschluss erfolgreich angefochten, so ist umstr, ob die Wirkungen der Eingliederung (bei Eintragung) ex tunc oder ex nunc (bis zum rechtskräftigen Urteil gilt die Eingliederung als wirksam; Grundsätze der fehlerhaften Gesellschaft seien anwendbar) beseitigt sind (vgl *Hüffer* AktG Rn 5; Grigoleit AktG/*Grigoleit/Rachlitz* Rn 15: ex nunc; *OLG Karlsruhe* AG 2011, 673, 674f mit zust Anm *Rubner* GWR 2011, 236: ex tunc). Unabhängig davon haben die Minderheitsaktionäre in einem solchen Fall keinen Abfindungsanspruch gem § 320b, da sie nach keiner Betrachtungsweise aus der Gesellschaft ausgeschieden sind. Richtigerweise bedarf es dann aber auch keines Schadensersatzanspruches auf Wiedereinräumung der Mitgliedschaft (so aber konsequent aufgr der Anwendung der Lehre von der fehlerhaften Gesellschaft *Emmerich/Habersack* Aktien- und GmbH-KonzernR § 320b Rn 22; *Grigoleit/Rachlitz* aaO); dieser Zustand tritt vielmehr von Rechts wegen ein (so iE auch *Hüffer* aaO). Erfolgt die Eintragung aufgrund eines Freigabebeschlusses, kommt es zur Heilung des Mangels nach § 319 Abs 6 S 11 (vgl dort Rn 25 f, iE auch Grigoleit/ AktG *Grigoleit/Rachlitz* Rn 15).

4 2. Mehrheitserfordernisse (Abs 1). – a) Kapitalmehrheit. Die Mehrheitsseingliederung setzt voraus, dass sich 95 % des Grundkapitals der einzugliedernden Gesellschaft in der Hand der Hauptgesellschaft befinden. Teilw wird hierin eine unabhängig v **HV-Beschluss** stehende Wirksamkeitsanforderung gesehen (KölnKomm AktG/*Koppensteiner* Rn 8), während nach richtiger Ansicht das Fehlen der notwendigen Mehrheit einen Nichtigkeitsgrund liefert (Spindler/Stilz AktG/*Singhof* Rn 7). Eine Zurechnung nach § 16 Abs 4 findet nicht statt; die Gesellschaft muss selbst Inhaber der Aktien sein (vgl § 319 Rn 4; *Emmerich/Habersack* Aktien- und GmbH-KonzernR Rn 9; MünchHdb AG/*Krieger* § 73 Rn 31; *Singhof* aaO Rn 5; K. Schmidt/Lutter AktG/*Ziemons* Rn 4). Für die Berechung der Mehrheit ist bei Nennbetragsaktien nach § 8 Abs 2 der Gesamtnennbetrag und bei Stückaktien nach § 8 Abs 3 die Gesamtzahl der gehaltenen Aktien ausschlaggebend (*Hüffer* AktG Rn 3; Heidel AktG/*Knöfler* Rn 3).

Eigene Anteile der einzugliedernden Gesellschaft und solche, die ein anderer für Rechnung der Gesellschaft hält, sind bei der Berechnung v Grundkapital bzw v der Gesamtzahl der Aktien nach Abs 1 S 2 abzusetzen. Dies bedeutet im Umkehrschluss, dass Aktien, die etwa ein v der einzugliedernden Gesellschaft abhängiges Unternehmen auf eigene Rechnung oder die ein Dritter für dessen Rechnung hält, bei der Berechnung zu berücksichtigen sind. Dies wird bisweilen mit dem Argument bestritten, dass – da auch aus diesen Anteilen nach § 71b keine Rechte bestünden – Abs 1 S 2 auf alle **Fälle des** § **71d** ausgedehnt werden müsse (*Koppensteiner* aaO Rn 4 f). Angesichts der dann ebenfalls geltenden Rechtsfolge des § 320a dürfte eine solche Maßnahme gegen ein (selbständiges) Tochterunternehmen der einzugliedernden Gesellschaft einer ausdrücklichen rechtlichen Grundlage bedürfen, weshalb diese Ausdehnung des Abs 1 S 2 zu Recht v der hM abgelehnt wird (MünchKomm AktG/ *Grunewald* Rn 3; *Emmerich/Habersack* Aktien- und GmbH-KonzernR Rn 9; *Hüffer* aaO Rn 4; *Ziemons* aaO Rn 4; *Singhof* aaO Rn 6). Hingegen bleiben ggf v der einzugliedernden Gesellschaft gehaltene (erst zu einem späteren Zeitpunkt Wirkung entfaltende) Bezugsrechte wie Options- oder Wandlungsrechte ohne Berücksichtigung (*Habersack* aaO Rn 9).

b) Stimmenanteil von 95 %? Gelegentlich wird gefordert, neben der Kapitalmehrheit 5 müsse wg der nachhaltigen Wirkungen der Eingliederung auch eine Stimmenmehrheit vorliegen, die Hauptgesellschaft also über 95 % der Stimmanteile verfügen (Köln-Komm AktG/*Koppensteiner* Rn 7). Praktische Bedeutung kommt dem insb dann zu, wenn auch **Vorzugsaktien ohne Stimmrecht** ausgegeben worden sind oder ein **Höchststimmrecht** besteht. Die hM lässt demgegenüber zu Recht die Kapitalmehrheit v 95 % als Voraussetzung für den Beschl genügen (MünchKomm AktG/*Grunewald* Rn 8; *Emmerich/Habersack* Aktien- und GmbH-KonzernR Rn 11; *Hüffer* AktG Rn 4; K. Schmidt/Lutter AktG/*Ziemons* Rn 3; Spindler/Stilz AktG/*Singhof* Rn 5; Henn/Frodermann/Jannott Hdb AktR 14. Kap Rn 223; offen gelassen v *OLG Hamm* AG 1994, 376, 377). Ein bes Schutzbedürfnis der Aktionäre bereits dann anzunehmen, wenn das Grundkapital in verschiedene Aktiengattungen aufgeteilt ist, wirkt konstruiert und führte am Ende zu einer insoweit **gesetzlich nicht ableitbaren Schlechterstellung** der Vorzugsaktien.

III. Informationspflichten

1. Bekanntmachung der Tagesordnung (Abs 2). Abs 2 S 1 stellt über § 124 hinausge- 6 hend Anforderungen an die Bekanntmachung der Tagesordnung auf. Enthalten sein müssen demnach **Firma und Sitz der Hauptgesellschaft**, § 320 Abs 2 S 1 Nr 1 sowie eine **Erklärung über das Angebot auf Abfindung** in eigenen Aktien oder für den Fall v § 320b Abs 1 S 3 in eigenen Aktien oder als Barabfindung (§ 320 Abs 2 S 1 Nr 2). Das Abfindungsangebot muss **umfassend und hinreichend konkret** beschrieben sein, dh sowohl das Umtauschverhältnis als auch die konkrete Höhe der Barabfindung sowie eine ggf zum Ausgleich v Spitzen erforderliche bare Zusatzzahlung enthalten (*LG Berlin* AG 1996, 230, 232; MünchKomm AktG/*Grunewald* Rn 6). Fehlt es daran, ist die Bekanntmachung nicht vollständig und ein dennoch getroffener Beschl anfechtbar (*BGH* WM 1974, 713, 714; *LG Mosbach* AG 2001, 206, 209; *Hüffer* AktG Rn 8; K. Schmidt/Lutter AktG/*Ziemons* Rn 9). Möglich ist auch die **nachträgliche Erhöhung des Angebots** in der HV; dies gilt jedenfalls dann, wenn bei der HV eine Kapitalerhöhung geplant ist und damit die einhergehende Verwässerung für die Aktionäre der

Fett

einzugliedernden Gesellschaft auf der Grundlage der angenommenen Verschmelzwertrelation aufgefangen werden soll (*BGH* WM 1974, 713, 714 f; *OLG Celle* WM 1972, 1004, 1009 f; vgl auch KölnKomm AktG/*Koppensteiner* Rn 9). Ob dies darüber hinaus trotz § 124 Abs 4 S 1 auch für eine Erhöhung aus anderen Gründen gelten soll, weil eine Erhöhung des Angebots eine Benachteiligung gegenüber dem ursprünglichen niedrigeren Angebot ausschließe (so insb MünchKomm AktG/*Grunewald* Rn 5; ferner MünchHdb AG/*Krieger* § 73 Rn 36; Spindler/Stilz AktG/*Singhof* Rn 11), lässt sich angesichts des formal gehaltenen Zwecks v § 124 (rechtzeitige Information der Aktionäre) jedenfalls bezweifeln. Soweit dies aber aufgrund direkt aufeinander folgender HV auch Auswirkungen auf den Beschl der Hauptgesellschaft hat, passt die Argumentation zumindest für diesen Beschl nicht mehr (vgl Rn 7).

7 Bestandteil des nach § 319 Abs 2 zu fassenden **Zustimmungsbeschl der Hauptgesellschaft** ist auch das Abfindungsangebot an die Aktionäre der einzugliedernden Gesellschaft, weshalb die erforderlichen Informationen auch hier zur Verfügung zu stellen sind; die Bekanntmachung der Tagesordnung muss auch das Abfindungsangebot enthalten (Abs 2 S 2). Soweit das Abfindungsangebot in der HV der einzugliedernden Gesellschaft erhöht worden ist (s Rn 6), bedarf es für die **Beschlussfassung** in der HV **der Hauptgesellschaft** jedenfalls einer dies beinhaltenden Bekanntmachung; darüber hinaus müssen die der HV vorgelegten Informationen (s Rn 9) diese Veränderung behandeln. Denn die Aktionäre sollen die Möglichkeit erhalten, sich über mögliche Belastungen zu informieren und auf dieser Grundlage ihre Entsch treffen zu können (*Kropff* S 425). Angesichts dessen sollte man mit kurzfristigen Erhöhungen des Abfindungsangebots auf der HV der einzugliedernden Gesellschaft eher zurückhaltend umgehen.

8 **2. Eingliederungsbericht.** Der erweiterte **Eingliederungsbericht** für die Mehrheitseingliederung baut auf den Bestimmungen v § 319 Abs 3 S 1 Nr 3 auf, so dass auch hier nur der Vorstand der späteren Hauptgesellschaft berichtspflichtig ist (vgl § 319 Rn 10). Nach Abs 4 S 2 ist der Bericht um die spezifischen Informationen der Mehrheitseingliederung zu ergänzen.

9 **3. Auslegung von Unterlagen.** Nach Abs 4 iVm § 319 Abs 3 S 1 sind ab Einberufung der jeweiligen HV der vorgesehene Eingliederungsbeschl, die Jahresabschlüsse und Lageberichte der beteiligten Gesellschaften für die letzten drei Geschäftsjahre sowie der Eingliederungsbericht und der Prüfungsbericht in den Geschäftsräumen der beiden Gesellschaften zur Ansicht der Aktionäre auszulegen. Neben dem Einsichtsrecht können die Aktionäre beider Gesellschaften nach Abs 4 S 3 auch Abschriften der genannten Unterlagen verlangen.

10 **4. Erläuterungen des jeweiligen Vorstands.** Wie bei der Eingliederung nach § 319 besteht eine (ungeschriebene) Pflicht zu deren Erläuterung gegenüber den Aktionären (vgl § 319 Rn 14), hier beider Gesellschaften, dh **beide Vorstände müssen ihren jeweiligen Aktionären berichten** (MünchKomm AktG/*Grunewald* Rn 14).

11 **5. Auskunftsrecht.** Den Aktionären beider Gesellschaft kommt nach Abs 4 S 3 iVm § 319 Abs 3 S 5 ein **Auskunftsanspruch** für alle im Zusammenhang mit der Eingliederung wesentlichen Angelegenheiten zu (zum Inhalt vgl § 319 Rn 13; MünchHdb AG/*Krieger* § 73 Rn 38). Insb für die Aktionäre der einzugliedernden Gesellschaft sind dabei nicht nur die Angelegenheiten ihrer Gesellschaft v Bedeutung, sondern auch solche der potentiellen Hauptgesellschaft (etwa deren weitere wirtschaftliche Ent-

wicklung); dies ergibt sich schon aus der Relevanz dieser Informationen für die Beurteilung des Abfindungsangebots (*Emmerich/Habersack* Aktien- und GmbH-KonzernR Rn 17).

IV. Eingliederungsprüfung (Abs 3)

1. Prüfungsgegenstand. Die nach Abs 3 notwendige **Prüfung der Eingliederung** 12 erstreckt sich auf die Rechtmäßigkeit der Mehrheitseingliederung nach §§ 319, 320, va aber auf die Angemessenheit der Abfindung (Abs 3 S 3 iVm § 293e Abs 1 S 2 und 3). Die Zweckmäßigkeit hingegen ist nicht Gegenstand der Prüfung; hier steht die eigene wirtschaftliche Entsch der Beteiligten im Vordergrund (vgl § 293b Rn 6). Fraglich ist, ob der Eingliederungsbericht Gegenstand der Prüfung ist. Für die vergleichbare Frage der Verschmelzung wird dies mit Hinweis auf den eindeutigen Wortlaut v § 9 Abs 1 UmwG regelmäßig verneint (vgl nur Kallmeyer UmwG/*Müller* § 9 Rn 10 mwN). Bei der anders formulierten Regelung zur Eingliederung hingegen (Prüfungsgegenstand: „die Eingliederung", nicht aber: „der Eingliederungsbeschluss" oÄ) wird insb wg der Bedeutung des Berichts für die Bestimmung der Abfindung zu Recht **auch der Eingliederungsbericht** als Gegenstand der Prüfung angesehen (*LG Berlin* AG 1996, 230, 232; *Hüffer* AktG Rn 12; KölnKomm AktG/*Koppensteiner* Rn 15; vgl § 293b Rn 4; Spindler/Stilz AktG/*Singhof* Rn 15; *Henn/Frodermann/Jannott* Hdb AktR 14. Kap Rn 225; zw K. Schmidt/Lutter AktG/*Ziemons* Rn 14). Über das Prüfungsergebnis ist nach Abs 3 S 3 iVm § 293e ein schriftlicher Bericht durch die Prüfer zu verfassen. Inhalt und Einzelheiten ergeben sich aus § 293e (vgl dort Rn 4ff).

2. Verfahren der Prüfung. Die Prüfer der Eingliederung werden auf Antrag des Vor- 13 stands der (zukünftigen) Hauptgesellschaft **gerichtlich ausgewählt und bestellt** (Abs 3 S 2). IÜ verweist Abs 3 S 3 auf die Regelungen v §§ 293a Abs 3, 293c–293e hinsichtlich Bestellung und Auswahl sowie Rechte und Verantwortlichkeit der Prüfer. Damit kann auf die Prüfung auch verzichtet werden (vgl § 293a Rn 23 f; § 293e Rn 13).

§ 320a Wirkungen der Eingliederung

¹**Mit der Eintragung der Eingliederung in das Handelsregister gehen alle Aktien, die sich nicht in der Hand der Hauptgesellschaft befinden, auf diese über.** ²**Sind über diese Aktien Aktienurkunden ausgegeben, so verbriefen sie bis zu ihrer Aushändigung an die Hauptgesellschaft nur den Anspruch auf Abfindung.**

Übersicht

	Rn
I. Übergang der Aktien	1
II. Aktienurkunden	3

Literatur: *König* Kraftloserklärung nicht eingereichter Aktien von Minderheitsaktionären nach einem Squeeze-out, NZG 2006, 606; *Tebben* Ausgleichszahlungen bei Aktienübergang, AG 2003, 600; *Timm/Schick* Die Auswirkungen der routinemäßigen Geltendmachung der Abfindung durch die Depotbanken auf die Rechte der außenstehenden Aktionäre bei der Mehrheitseingliederung, WM 1994, 185.

I. Übergang der Aktien

1 Mit der nach §§ 320 Abs 1 S 3, 319 Abs 7 konstitutiven Eintragung der Eingliederung in das HR (der eingegliederten Gesellschaft, vgl §§ 320 Abs 1 S 3, 319 Abs 7) **gehen** nach S 1 **die Aktien** der außenstehenden Minderheitsaktionäre auf die Hauptgesellschaft **über**. Dies geschieht ohne einen weiteren Übertragungsakt und gilt auch für eigene Aktien der (einzugliedernden) Gesellschaft oder solche, die v einem Dritten für diese gehalten werden (MünchKomm AktG/*Grunewald* Rn 2; KölnKomm AktG/*Koppensteiner* Rn 3). Der Übergang der Aktien erfolgt auch dann, wenn die Eintragung (versehentlich) trotz Vorliegens einer Anfechtungsklage erfolgt ist; hat die Anfechtungsklage am Ende Erfolg, besteht für die ehemaligen außenstehenden Aktionäre ggf ein Anspruch auf Rückübertragung gegen den Mehrheitsaktionär (vgl § 319 Rn 26).

2 Verliert ein Aktionär auf diesem Wege seine Mitgliedschaftsrechte, führt dies nicht zu einem Verlust seiner **Sachbefugnis** in einem **Spruchverfahren**, sondern schafft erst eine der Zulässigkeitsvoraussetzungen dieses Verfahrens, vgl §§ 3 S 1 Nr 2, 1 Nr 2 SpruchG (noch zur alten Rechtslage *Hüffer* AktG Rn 2; mit anderem Ansatz *Tebben* AG 2003, 600, 604 ff).

II. Aktienurkunden

3 Der angeordnete Übergang der Aktien nach S 1 bezieht sich nach S 2 nicht auf das Eigentum an der Urkunde selbst. Sind Aktienurkunden ausgegeben, verbleibt das Eigentum hieran bei den ehemaligen Aktionären (KölnKomm AktG/*Koppensteiner* Rn 6); sie verbriefen nunmehr den **Anspruch auf Abfindung**. Eine Verpflichtung zur Herausgabe der Urkunden besteht nur **Zug um Zug gegen Gewährung der Abfindung** (vgl §§ 273, 274 BGB); der Eigentumserwerb der Hauptgesellschaft erfolgt dann nach § 797 S 2 BGB analog (*Timm/Schick* WM 1994, 185 ff). Nach Eigentumserwerb verbrieft die Urkunde in der Hand der Hauptgesellschaft wieder die gesamte Mitgliedschaft bzw die entspr Rechte. Die Regeln gelten auch für Zwischenscheine iSv § 8 Abs 6 entspr (*Hüffer* AktG Rn 3). Nicht eingereichte Aktienurkunden können nicht durch Kraftloserklärung beseitigt werden (so aber MünchKomm AktG/*Grunewald* Rn 5; *König* NZG 2006, 606, 607 ff). Dagegen spricht bereits der Unterschied v Unrichtigkeit der Urkunde einerseits und zeitweiligem Austausch des verbrieften Rechts andererseits. Der Hauptgesellschaft bleibt aber die Möglichkeit auf Klage zur Aushändigung gegen Zahlung der Abfindung, soweit die Aktionäre namentlich bekannt sind (vgl *Emmerich/Habersack* Aktien- und GmbH-KonzernR Rn 6); ansonsten kann unter den Voraussetzungen der §§ 372 ff BGB eine Hinterlegung der Abfindung in Betracht kommen (Spindler/Stilz AktG/*Singhof* Rn 7). Bei girosammelverwahrten Globalurkunden erfolgen die notwendigen Änderungen durch Umbuchungen auf den Konten der Berechtigten, der v der Hauptgesellschaft angewiesene Abfindungsbetrag wird über die Wertpapiersammelbank und den angeschlossenen Depotbanken den Konten der Berechtigten Zug um Zug gegen Rückbuchung des Miteigentums am Sammelbestand gutgeschrieben.

4 Werden die Aktien in Unkenntnis der erfolgten Eintragung durch außenstehende Aktionäre auf einen **gutgläubigen Dritten** übertragen, erlangt dieser nicht das Vollrecht, sondern lediglich das Abfindungsrecht (**hM** vgl nur *Emmerich/Habersack* Aktien- und GmbH-KonzernR Rn 4; Spindler/Stilz AktG/*Singhof* Rn 5). Etwas ande-

res wird man auch dann nicht zulasten des Hauptaktionärs annehmen können, wenn die Eintragung der Eingliederung noch nicht bekannt gemacht ist, vgl § 15 Abs 3 HGB (so aber KölnKomm AktG/*Koppensteiner* Rn 7). Denn die Aktienurkunde ist **kein Rechtsscheinträger** dahingehend, dass ihr Inhaber Aktionär und nicht lediglich Inhaber eines Abfindungsanspruch ist, wie sich gerade aus § 320a S 2 selbst und der Parallelnorm zum Squeeze-Out § 327e Abs 3 ergibt (abl auch MünchKomm AktG/*Grunewald* Rn 5).

§ 320b Abfindung der ausgeschiedenen Aktionäre

(1) ¹Die ausgeschiedenen Aktionäre der eingegliederten Gesellschaft haben Anspruch auf angemessene Abfindung. ²Als Abfindung sind ihnen eigene Aktien der Hauptgesellschaft zu gewähren. ³Ist die Hauptgesellschaft eine abhängige Gesellschaft, so sind den ausgeschiedenen Aktionären nach deren Wahl eigene Aktien der Hauptgesellschaft oder eine angemessene Barabfindung zu gewähren. ⁴Werden als Abfindung Aktien der Hauptgesellschaft gewährt, so ist die Abfindung als angemessen anzusehen, wenn die Aktien in dem Verhältnis gewährt werden, in dem bei einer Verschmelzung auf eine Aktie der Gesellschaft Aktien der Hauptgesellschaft zu gewähren wären, wobei Spitzenbeträge durch bare Zuzahlungen ausgeglichen werden können. ⁵Die Barabfindung muss die Verhältnisse der Gesellschaft im Zeitpunkt der Beschlussfassung ihrer Hauptversammlung über die Eingliederung berücksichtigen. ⁶Die Barabfindung sowie bare Zuzahlungen sind von der Bekanntmachung der Eintragung der Eingliederung an mit jährlich 5 Prozentpunkten über dem jeweiligen Basiszinssatz nach § 247 des Bürgerlichen Gesetzbuchs zu verzinsen; die Geltendmachung eines weiteren Schadens ist nicht ausgeschlossen.

(2) ¹Die Anfechtung des Beschlusses, durch den die Hauptversammlung der eingegliederten Gesellschaft die Eingliederung der Gesellschaft beschlossen hat, kann nicht auf § 243 Abs. 2 oder darauf gestützt werden, dass die von der Hauptgesellschaft nach § 320 Abs. 2 Nr. 2 angebotene Abfindung nicht angemessen ist. ²Ist die angebotene Abfindung nicht angemessen, so hat das in § 2 des Spruchverfahrensgesetzes bestimmte Gericht auf Antrag die angemessene Abfindung zu bestimmen. ³Das Gleiche gilt, wenn die Hauptgesellschaft eine Abfindung nicht oder nicht ordnungsgemäß angeboten hat und eine hierauf gestützte Anfechtungsklage innerhalb der Anfechtungsfrist nicht erhoben oder zurückgenommen oder rechtskräftig abgewiesen worden ist.

(3) *(aufgehoben)*

Übersicht

	Rn		Rn
I. Abfindungsanspruch	1	4. Verzinsung	9
1. Grundlagen	1	5. Verjährung	10
2. Aktienabfindung	3	II. Beschlussmängel	11
3. Wahlrecht: Barabfindung	7	III. Spruchverfahren	13

Literatur: *Bernhardt* Die Abfindung von Aktionären nach neuem Recht, BB 1966, 257; *Frisinger* Wahlrechte bei der Abfindung nach § 320 Abs 6 AktG, § 15 Abs 1 UmwG und Beendigung des Schwebezustands, BB 1972, 819; *Grunewald* Die Auswirkungen der Macrotron-Entscheidung auf das kalte Delisting, ZIP 2004, 542; *Henze* Aktuelle Rechtsprechung

Fett

des BGH zum Aktienrecht, BB 2000, 2053; *Kamprad/Römer* Die Abfindung der außenstehenden Aktionäre bei der Eingliederung durch Mehrheitsbeschluß nach § 320 AktG, AG 1990, 486; *Kowalski* Eingliederung: Abfindung durch Ausnutzung genehmigten Kapitals, AG 2000, 555; *Martens* Die rechtliche Behandlung von Options- und Wandlungsrechten anlässlich der Eingliederung der verpflichteten Gesellschaft, AG 1992, 209; *Meckner/Schmidt-Bendun* Drum prüfe, wer sich ewig bindet – zur Bindungswirkung einer Wahl zwischen Aktientausch und (erschlichener) Barabfindung, NZG 2011, 10; *Rehbinder* Gesellschaftsrechtliche Probleme mehrstufiger Unternehmensverbindungen, ZGR 1977, 581; *Steck* „Going Private" über das UmwG, AG 1998, 460; *Timm/Schöne* Abfindung in Aktien: Das Gebot der Gattungsgleichheit, FS Kropff, 1997, S 315; *Wilsing/Kruse* Anfechtbarkeit von Squeeze-out und Eingliederungsbeschlüssen wegen abfindungswertbezogener Informationsmängel?, DB 2002, 1539.

I. Abfindungsanspruch

1. Grundlagen. Der Anspruch der ausgeschiedenen Aktionäre der eingegliederten Gesellschaft steht diesen mit Eintragung der Eingliederung in das HR zu. Anders als bei einem Beherrschungsvertrag nach § 305 entsteht der Anspruch nicht durch den Abschluss eines Abfindungsvertrages, sondern es handelt sich um einen sochen **kraft Gesetzes** (*OLG Düsseldorf* AG 2004, 212, 213; KölnKomm AktG/*Koppensteiner* Rn 3). Anspruchsgegner ist dabei die Hauptgesellschaft; Inhaber des Anspruchs sind die ausgeschiedenen Aktionäre. Damit steht der Anspruch bei **eigenen Aktien der eingegliederten Gesellschaft** selbst zu (**hM** *Emmerich/Habersack* Aktien- und GmbH-KonzernR Rn 4; KölnKomm AktG/*Koppensteiner* Rn 3; *Hüffer* AktG Rn 2; Wachter AktG/*Rothley* Rn 1; **aA** MünchHdb AG/*Krieger* § 73 Rn 43; GroßKomm AktG/*Würdinger* 3. Aufl § 320 aF Anm 12; K. Schmidt/Lutter AktG/*Ziemons* Rn 4; Spindler/Stilz AktG/*Singhof* Rn 3).

Die **Angemessenheit** der Abfindung richtet sich nach Abs 1 S 4 und 5. Ausschlaggebend ist die sog **Verschmelzungswertrelation**. Dabei handelt es sich um das Umtauschverhältnis, das im Falle einer Verschmelzung der beiden Gesellschaften angemessen wäre, mithin den Ausdruck des Wertes der eingegliederten Gesellschaft in Anteilen der Hauptgesellschaft (*OLG Düsseldorf* AG 1995, 84 f; AG 2003, 507 ff; 2004, 614 ff). Insgesamt ist die Regelung § 305 Abs 3 nachgebildet (vgl dort Rn 19 ff).

2. Aktienabfindung. Regelfall ist nach Abs 1 S 2 eine Abfindung in Aktien der Hauptgesellschaft; eine Barabfindung steht den Aktionären mit Ausnahme der Fälle v Abs 1 S 3 nicht zu (vgl Rn 7). Dies entspricht der Regelung v § 305 Abs 2 Nr 1, ist verfassungsrechtlich unbedenklich (*BGH* WM 1974, 713, 717) und auch nicht durch eine zusätzliche Barabfindung zu ergänzen (*OLG Hamm* AG 1993, 93, 94 – Siemens/Nixdorf). Gegen die **Regelabfindung** in Aktien wird in Fällen, in denen eine börsennotierte in eine nicht börsennotierte Gesellschaft eingegliedert wird, seit der Entsch des *BGH* zum regulären Delisting (*BGHZ* 153, 47, 53 – Macrotron) ein (Wahl-)Recht der Aktionäre auf Barabfindung gefordert; begründet wird dies bei anderen Fällen des sog „kalten Delisting" mit einer entspr Anwendung v § 29 Abs 1 UmwG (vgl *Emmerich/Habersack* Aktien- und GmbH-KonzernR Rn 5; ferner *Grunewald* ZIP 2004, 542, 543 f; *Hüffer* AktG § 119 Rn 26; MünchKomm AktG/*Kubis* § 119 Rn 89; K. Schmidt/Lutter AktG/*Ziemons* Rn 6; Spindler/Stilz AktG/*Singhof* Rn 7). Eine Übertragung auf das Recht der Mehrheitseingliederung übersieht, dass in diesen Fällen zwangsläufig ein Streubesitz v weniger als fünf Prozent besteht und damit ein

Handel zu marktgerechten Preisen in diesen Aktien kaum noch stattfindet. Bei einem Tausch einer illiquiden, wenn auch börsennotierten Aktie gegen eine nicht börsennotierte Aktie kann auch kaum mit der Verletzung des Eigentumsrechts argumentiert werden (vgl auch *BVerfG* NZG 2012, 826 zum Delisting, freilich in einem anderen Kontext) Angesichts des klaren Gesetzeswortlauts in Abs 1 ist es **zu weitgehend**, der Hauptgesellschaft mit dem Hinweis auf § 29 Abs 1 UmwG eine Verpflichtung zur Barabfindung aufzuzwängen.

Die Hauptgesellschaft kann die erforderlichen Aktien für die Erfüllung der Abfindungsverpflichtung auf verschiedenen Wegen erlangen. Möglich ist sowohl der Erwerb eigener Aktien (§ 71 Abs 1 Nr 3 und 8), eine bedingte Kapitalerhöhung (§ 192 Abs 2 Nr 2) als auch bei Kenntnis des erforderlichen Erhöhungsbetrages die Ausnutzung genehmigten Kapitals nach §§ 202 ff (*Emmerich/Habersack* Aktien- und GmbH-KonzernR Rn 5a; *Kowalski* AG 2000, 555 ff). 4

Hat die eingegliederte Gesellschaft eigene Anteile gehalten und soll sie nun hierfür Aktien der Hauptgesellschaft erhalten, steht dem Erwerb grds § 71d S 2 entgegen (MünchHdb AG/*Krieger* § 73 Rn 43). Dass dieses v Gesetzgeber offensichtlich nicht berücksichtigte, obgleich mit § 320 Abs 1 S 2 angesprochene Problem allein durch Barabfindung gelöst werden kann (so MünchKomm AktG/*Grunewald* Rn 2), überzeugt nicht. Die Wertungswidersprüche lassen sich auch auflösen, indem der privilegierende § 71 Abs 1 Nr 3 auf die Weitergabe an das (einzugliedernde) Tochterunternehmen erweiternd ausgelegt wird (so iE auch *Emmerich/Habersack* Aktien- und GmbH-KonzernR Rn 5a; *Hüffer* AktG Rn 3). 5

Für den Fall **unterschiedlicher Gattungen** besteht Uneinigkeit über die den ausscheidenden Aktionären zustehende Abfindung. Mangels ausdrücklicher Regelung ist hier, wie bei § 305 Abs 2 Nr 1 und 2, dann eine Abfindung in Aktien der gleichen Gattung vorzunehmen, wenn die Hauptgesellschaft über solche verfügt (*Emmerich/Habersack* Aktien- und GmbH-KonzernR Rn 6; *Hüffer* AktG Rn 4; KölnKomm AktG/*Koppensteiner* Rn 9; teilw anders MünchKomm AktG/*Grunewald* Rn 4 f; *Timm/Schöne* FS Kropff, S 315, 328 ff). Die Behandlung v **Optionsrechten und anderen Umtausch- oder Bezugsrechten** erfolgt wie bei den gleich gelagerten Fällen der Verschmelzung (§§ 23, 36 Abs 1 UmwG), so dass deren Inhabern ein äquivalenter Abfindungsanspruch gegen die Hauptgesellschaft, etwa auf Leistung v deren Aktien, einzuräumen ist (*BGH* NJW 1998, 2146; MünchKomm AktG/*Grunewald* Rn 13; *Martens* AG 1992, 209, 211 ff; Spindler/Stilz AktG/*Singhof* Rn 6; anders *OLG Hamm* AG 1994, 376, 378; K. Schmidt/Lutter AktG/*Ziemons* Rn 7, § 320a Rn 6 ff). 6

3. Wahlrecht: Barabfindung. Ist die Hauptgesellschaft selbst abhängig (§ 17), können die Aktionäre der eingegliederten Gesellschaft nach Abs 1 S 3 wahlweise auch eine Barabfindung verlangen. Regelungsziel ist, ihnen den Gang in die erneute Abhängigkeit zu ersparen (*Kropff* S 425). Obwohl der Gegenstand dem v § 305 Abs 2 Nr 2 entspricht, unterscheiden sich die beiden Regelungen. So muss die Hauptgesellschaft beide Formen der Abfindung anbieten, es besteht kein Wahlrecht der Aktionäre bei bloßem Mehrheitsbesitz iSv § 16 (nicht jeder Mehrheitsbesitz führt zur Abhängigkeit, vgl § 17 Rn 28 ff zur Möglichkeit der Widerlegung), und es ist keine Abfindung in Aktien der die Hauptgesellschaft beherrschenden oder in deren Mehrheitsbesitz stehenden Gesellschaft vorgesehen. Auch wenn mangels einer inhaltlichen Begr für diese Differenzierung allg v einem Redaktionsversehen des Gesetzgebers ausgegangen wird 7 (vgl *Bernhardt* BB 1966, 257, 259 f; MünchKomm AktG/*Grunewald* Rn 6; KölnKomm AktG/*Koppensteiner* Rn 5), ist die Regelung wg des eindeutigen Wortlauts zu beachten (anders *Kamprad/Römer* AG 1990, 486, 487 f). Bei dem Abfindungsanspruch nach Abs 1 S 3 handelt es sich um eine **Wahlschuld**, auf die §§ 262 ff BGB anzuwenden sind (*Grunewald* aaO Rn 8; *Koppensteiner* aaO Rn 15). Die Ausübungsfrist beträgt in Anlehnung an § 305 Abs 4 mindestens zwei Monate; im Falle eines gerichtlichen Verfahrens zur Überprüfung der Abfindung beginnt die Frist frühestens mit dessen Ende (*Frisinger* BB 1972, 819, 820 f).

8 Für den Fall einer **mehrstufigen Unternehmensverbindung** ist zu unterscheiden, ob eine Eingliederung „von oben nach unten", dh der Enkelgesellschaft in eine bereits in die Mutter eingegliederte Tochter, erfolgt oder eine Eingliederung „von unten nach oben" vorliegt, bei der die Tochtergesellschaft selbst noch nicht in die Mutter eingegliedert ist (vgl auch § 319 Rn 8). Bei Letzterem stellen sich für die Eingliederung keine Probleme, Abs 1 S 3 findet Anwendung. Schwierigkeiten bestehen jedoch bei der ersten Alternative. Sollte hier ein Aktionär der Enkelgesellschaft Aktien der Tochter verlangen, endete deren Eingliederung in die Mutter v Gesetzes wg (§ 327 Abs 1 Nr 3); eine neue Eingliederung müsste aufwendig durchgeführt werden. Deshalb wird nach heute allgM den Aktionären der Enkelgesellschaft zu Recht ein Anspruch auf Abfindung in Aktien der Muttergesellschaft, der „Hauptgesellschaft auf der obersten Konzernstufe", zugebilligt (*BGHZ* 138, 224, 225 ff – Veba/Stinnes/Rhenus/Bayerischer Lloyd; *OLG Nürnberg* AG 1996, 229, 230; *LG Dortmund* AG 1996, 426, 427; MünchKomm AktG/*Grunewald* Rn 7; *Henze* BB 2000, 2053, 2059; *Rehbinder* ZGR 1977, 581, 614 f; K. Schmidt/Lutter AktG/*Ziemons* Rn 11; jetzt auch KölnKomm AktG/*Koppensteiner* Rn 7).

9 **4. Verzinsung.** Die Verzinsung einer Barabfindung erfolgt gem Abs 1 S 6 mit **5 Prozentpunkten über dem jeweils geltenden Basiszinssatz** nach § 247 BGB. Gleiches gilt für evtl bare Zahlungen zum Ausgleich v Spitzen. Für Fälle vor dem Inkrafttreten des ARUG zum 1.9.2009 bleibt es nach § 20 Abs 5 EGAktG bei der vorherigen Regelung (dh 2 % über dem Basiszins). Die Bezugnahme auf den Basiszinssatz tritt an die Stelle der früher geltenden festen Verzinsung v 5 % (vgl § 320 Abs 5 S 6 aF; für Übergangsfälle vgl *KG* AG 2005, 398 ff). Abfindung und Verzinsung gelten bereits **ab dem Verlust auch vor Ausübung des Wahlrechts** (vgl insb *Frisinger* BB 1972, 819, 822; ferner *OLG Düsseldorf* WM 1988, 1052, 1058). Neben dem Anspruch auf Verzinsung können die Aktionäre auch weitere, insb aus dem Verzug der Abfindung resultierende Schäden geltend machen. Dieser **Schadensersatzanspruch** folgt aus den allg Regeln (§§ 280, 288 BGB) und setzt somit auch **Verzug der Hauptgesellschaft** nach § 286 BGB voraus (MünchKomm AktG/*Grunewald* Rn 13; jetzt auch KölnKomm AktG/*Koppensteiner* Rn 12; Spindler/Stilz AktG/*Singhof* Rn 11).

10 **5. Verjährung.** Der **Abfindungsanspruch** verjährt nach den allg Regeln (§§ 195, 199 Abs 1 BGB) innerhalb v 3 Jahren mit dem Schluss des Jahres, in dem der Anspruch entstanden ist. Die Frist beginnt dabei nicht mit der Bekanntmachung der Eingliederung sondern bereits mit deren Eintragung, da hier die Aktien übergehen und der Anspruch entsteht (*Emmerich/Habersack* Aktien- und GmbH-KonzernR Rn 14; anders noch GroßKomm AktG/*Würdinger* 3. Aufl § 320 Anm 15).

II. Beschlussmängel

Grds gelten für die **Anfechtung des Eingliederungsbeschl** die allg Regeln, wobei **11**
Abs 2 S 1 die Anfechtbarkeit des Eingliederungsbeschluss der eingegliederten Gesellschaft **einschränkt** (vergleichbar § 327f Abs 1 S 3, § 14 Abs 2 UmwG). Wg § 243 Abs 2 (Sondervorteil) oder wg einer behaupteten Unangemessenheit des Abfindungsangebots kann nicht angefochten werden. Hier hat das zuständige Gericht die Möglichkeit einer eigenständigen Festsetzung der Abfindung im Spruchverfahren (vgl Rn 13). Ohne Auswirkungen ist diese Beschränkung jedoch auf den **Zustimmungsbeschl** der Hauptgesellschaft; dieser bleibt nach §§ 243 ff anfechtbar (ähnlich in § 14 Abs 2 UmwG für den Beschl der aufnehmenden Gesellschaft).

Etwas anderes gilt für den Beschl der eingliedernden Gesellschaft dann, wenn **überhaupt keine Abfindung** durch die Gesellschaft festgesetzt wird oder das Angebot **nicht ordnungsgemäß** erfolgt (vgl Abs 2 S 3). Nicht ordnungsgemäß ist das Angebot etwa **12** bei Unterbleiben eines zwingenden Barabfindungsangebotes (*LG Mosbach* AG 2001, 206, 209) oder uU bei Beschränkung auf das Barangebot (vgl *BGH* WM 1974, 713, 717). Gleiches galt bis zum Inkrafttreten des UMAG für **abfindungsbezogene Informationsmängel** (zum UmwG *BGHZ* 146, 179, 182 ff; vgl auch *Emmerich/Habersack* Aktien- und GmbH-KonzernR Rn 19; anders bereits nach alter Rechtslage *Wilsing/Kruse* DB 2002, 1539, 1540 f; vgl nunmehr § 243 Abs 4 S 2). Einer **sachlichen Rechtfertigung** bedarf der Eingliederungsbeschluss hingegen **nicht**; in der Regelung der Mehrheitseingliederung ist eine vorweggenommene Abwägungsentscheidung zu sehen (*LG Mosbach* AG 2001, 206, 209 f; Spindler/Stilz AktG/*Singhof* Rn 12; MünchHdb AG/*Krieger* § 73 Rn 39). Eine Anfechtungsklage hat wg ihrer Auswirkung auf die Negativerklärung eine Registersperre zur Folge (vgl § 319 Rn 18).

III. Spruchverfahren

Für den Aktionär der eingegliederten Gesellschaft besteht die Möglichkeit in Fällen, **13** in denen die Anfechtung nach Abs 2 S 1 ausgeschlossen ist, die Festsetzung einer angemessenen Abfindung im **Spruchverfahren** anzustreben. Zuständig ist das in § 2 SpruchG bestimmte Gericht. Dieses kann mit Wirkung *inter omnes* zugunsten aller Aktionäre die Abfindung heraufsetzen, so dass den übrigen Aktionären auch nach Aushändigung ihrer Aktien an die Hauptgesellschaft ein sog. **Abfindungsergänzungsanspruch** zusteht (zum Ganzen *Merkner/Schmidt-Bendun* NZG 2011, 10 f; *Hüffer* AktG Rn 9). Für die Aktionäre, die vor dem Spruchverfahren die Mindestzahl von Aktien für einen Umtausch nicht erreichten und nur durch eine Zahlung entschädigt werden konnten, kann das Spruchverfahren die Art der Abfindung dahin modifizieren, dass sie aufgrund des neuen Umtauschverhältnisses nunmehr Aktien erhalten (*BGH* NZG 2010, 1344, 1345). Dies gilt nicht für einen Aktionär, der vor der Durchführung des Spruchverfahrens seine Aktien in einzelne Pakete aufgeteilt hat, um anstelle der gesetzlich vorgesehenen Abfindung in Aktien eine Barzahlung zu erschleichen, und für den nach dem Spruchverfahren eine Abfindung in Aktien günstiger wäre (*BGH* NZG 2010, 1344, 1345 f; iE zust *Merkner/Schmidt-Bendun* NZG 2011, 10, 12).

Fett

§ 321 Gläubigerschutz

(1) ¹Den Gläubigern der eingegliederten Gesellschaft, deren Forderungen begründet worden sind, bevor die Eintragung der Eingliederung in das Handelsregister bekannt gemacht worden ist, ist, wenn sie sich binnen sechs Monaten nach der Bekanntmachung zu diesem Zweck melden, Sicherheit zu leisten, soweit sie nicht Befriedigung verlangen können. ²Die Gläubiger sind in der Bekanntmachung der Eintragung auf dieses Recht hinzuweisen.

(2) Das Recht, Sicherheitsleistung zu verlangen, steht Gläubigern nicht zu, die im Falle des Insolvenzverfahrens ein Recht auf vorzugsweise Befriedigung aus einer Deckungsmasse haben, die nach gesetzlicher Vorschrift zu ihrem Schutz errichtet und staatlich überwacht ist.

Übersicht

	Rn		Rn
I. Einleitung/Überblick	1	III. Frist	4
II. Gläubiger und Schuldner	2	IV. Anspruch auf Sicherheitsleistung	5

Literatur: *Singhof* Haftung und Rückgriff der Hauptgesellschaft nach Beendigung der Eingliederung, FS Hadding, 2004, S 655.

I. Einleitung/Überblick

1 Nach Abs 1 haben die Altgläubiger der einzugliedernden Gesellschaft die Möglichkeit, v der Hauptgesellschaft **die Stellung v Sicherheiten** zu verlangen. Die Norm steht neben der Haftung der Hauptgesellschaft (§ 322) und soll bereits vor der Eingliederung deren Solvenzrisiko zugunsten der Altgläubiger absichern (vgl *Kropff* S 425 f; vergleichbare Regelungen finden sich in § 303 Abs 1 und 2, § 225 Abs 1 sowie in den §§ 22, 125, 204 UmwG). Die zwingende Norm ist kein Schutzgesetz iSv § 823 Abs 2 BGB (MünchKomm AktG/*Grunewald* Rn 1; Spindler/Stilz AktG/*Singhof* Rn 1). Abs 2 regelt einen Ausschlussgrund für das Recht auf Sicherheitsleistung.

II. Gläubiger und Schuldner

2 Anspruchsinhaber nach Abs 1 S 1 sind die **Gläubiger der eingegliederten Gesellschaft**, deren Anspruch schon vor der Bekanntgabe (§ 10 HGB) der Eintragung der Eingliederung in das HR (vgl § 319 Rn 26) bestand. Unerheblich ist dabei der Entstehungsgrund der Forderung. Der Sicherungsanspruch besteht nicht, wenn die Gläubiger Befriedigung verlangen können (Abs 1 aE).

3 Schuldner des Anspruchs ist nach allg Auffassung nicht die Hauptgesellschaft, sondern die **eingegliederte Gesellschaft** als Schuldnerin der Hauptforderung (MünchKomm AktG/*Grunewald* Rn 9; KölnKomm AktG/*Koppensteiner* Rn 3; *Singhof* FS Hadding, S 655, 659). Deren Einwirkungsmöglichkeiten auf die Belange der eingegliederten Gesellschaft werden jedoch v Gesetz berücksichtigt: Die Altgläubiger können v der Hauptgesellschaft nach den Voraussetzungen des § 322 die Befriedigung des Anspruchs auf Sicherheitsleitung verlangen (vgl § 322 Rn 2 ff).

Gläubigerschutz § 321

III. Frist

Die Geltendmachung des Anspruchs auf Leistung einer Sicherheit muss **innerhalb v** **sechs Monaten** erfolgen. Hierauf ist in der Bekanntmachung hinzuweisen (Abs 1 S 2). Fehlt der Hinweis, läuft die Frist gleichwohl; soweit Gläubigern hierdurch ein Schaden entsteht, kommt Amtshaftung in Betracht (*Hüffer* AktG Rn 2). **4**

IV. Anspruch auf Sicherheitsleistung

Der Anspruch auf Sicherheitsleistung richtet sich nach §§ 232 ff BGB. Damit kommt auch eine Bürgschaft durch Dritte (§§ 232 Abs 2, 239 BGB), insb Banken, in Betracht. Ausgeschlossen ist die Bürgschaft durch die Hauptgesellschaft selbst; diese ist bereits nach § 322 den Altgläubigern verpflichtet, so dass keine über den status quo hinausgehende Sicherheit gewährt würde (vgl nur MünchKomm AktG/*Grunewald* Rn 12). Dementspr fehlt es im Recht der Eingliederung an einer § 303 Abs 3 vergleichbaren Regelung. **5**

Die **Höhe** der Sicherheitsleistung richtet sich grds nach dem Wert des Anspruchs, wobei der Anspruch auf das **konkrete Sicherungsinteresse** zu beschränken ist (MünchKomm AktG/*Grunewald* Rn 13; MünchHdb AG/*Krieger* § 73 Rn 52; zw KölnKomm AktG/*Koppensteiner* Rn 5; K. Schmidt/Lutter AktG/*Ziemons* Rn 7). Bedeutung erlangt diese Frage regelmäßig bei **Dauerschuldverhältnissen**. Hier ist es sachgerecht, entspr § 160 HGB eine Endloshaftung zu vermeiden (Spindler/Stilz AktG/*Singhof* Rn 7; *ders* FS Hadding, S 655, 660; die übrigen Voraussetzungen des § 160 HGB gelten nicht, vgl *Emmerich/Habersack* Aktien- und GmbH-KonzernR Rn 4). Darüber hinaus soll vor der Eingliederung ermittelt werden, für welche dieser Ansprüche vor dem Hintergrund etwa der Haftung der Hauptgesellschaft für fällig werdende Ansprüche (§ 322) ein „konkretes Sicherungsinteresse" besteht (*Habersack* aaO Rn 9). Für eine solche Einschränkung des Sicherungsanspruchs gibt der Wortlaut des Abs 1 zwar nichts her; auch der Normzweck spricht gegen die Einbindung des Gläubiger in die Risikogemeinschaft v eingegliederter Gesellschaft und Hauptgesellschaft (*Koppensteiner* aaO Rn 5). Gleichwohl ist es sachgerecht, wie bei § 225 Abs 1 auf diesem Wege einen Ausgleich zwischen den berechtigten Interessen der Altgläubiger an einer Absicherung ihrer Position und den Interessen der Hauptgesellschaft an einer praktisch durchführbaren Eingliederung herzustellen. **6**

Nach der Systematik der §§ 321, 322 läuft der Anspruch auf Sicherheitsleistung parallel zu dem nach § 322 bestehenden Haftungsanspruch gegen die Hauptgesellschaft. Deshalb besteht bei **Ende der Eingliederung** die Sicherheit zunächst fort; die vormals eingegliederte Gesellschaft kann aber mit Ablauf der Enthaftung der Hauptgesellschaft nach § 327 Abs 4 die **Freigabe der Sicherheit** verlangen (*Emmerich/Habersack* Aktien- und GmbH-KonzernR Rn 7; *Singhof* FS Hadding, S 655, 660; K.Schmidt/Lutter AktG/*Ziemons* § 327 Rn 20; MünchKomm AktG/*Grunewald* Rn 15). **7**

Ein **Ausschlussgrund** besteht nach Abs 2 für Gläubiger, die im Falle der Insolvenz der eingegliederten Gesellschaft vorzugsweise Befriedigung aus einer bes Deckungsmasse haben; diese Einschränkung entspricht § 225 Abs 1 S 3 (vgl dort Rn 14) und § 303 Abs 2 (vgl dort Rn 15). **8**

Fett

§ 322 Haftung der Hauptgesellschaft

(1) ¹Von der Eingliederung an haftet die Hauptgesellschaft für die vor diesem Zeitpunkt begründeten Verbindlichkeiten der eingegliederten Gesellschaft den Gläubigern dieser Gesellschaft als Gesamtschuldner. ²Die gleiche Haftung trifft sie für alle Verbindlichkeiten der eingegliederten Gesellschaft, die nach der Eingliederung begründet werden. ³Eine entgegenstehende Vereinbarung ist Dritten gegenüber unwirksam.

(2) Wird die Hauptgesellschaft wegen einer Verbindlichkeit der eingegliederten Gesellschaft in Anspruch genommen, so kann sie Einwendungen, die nicht in ihrer Person begründet sind, nur insoweit geltend machen, als sie von der eingegliederten Gesellschaft erhoben werden können.

(3) ¹Die Hauptgesellschaft kann die Befriedigung des Gläubigers verweigern, solange der eingegliederten Gesellschaft das Recht zusteht, das ihrer Verbindlichkeit zugrunde liegende Rechtsgeschäft anzufechten. ²Die gleiche Befugnis hat die Hauptgesellschaft, solange sich der Gläubiger durch Aufrechnung gegen eine fällige Forderung der eingegliederten Gesellschaft befriedigen kann.

(4) Aus einem gegen die eingegliederte Gesellschaft gerichteten vollstreckbaren Schuldtitel findet die Zwangsvollstreckung gegen die Hauptgesellschaft nicht statt.

Übersicht

	Rn		Rn
I. Haftungsinhalt (Abs 1)	1	1. Abgeleitete Einwendungen	6
1. Grundlagen	1	2. Persönliche Einwendungen	7
2. Haftungsinhalt und Umfang	2	III. Gestaltungsrechte (Abs 3)	8
3. Interner Ausgleich	4	1. Anfechtung	8
4. Bilanzierung	5	2. Aufrechnung	9
II. Einwendungen (Abs 2)	6	IV. Zwangsvollstreckung (Abs 4)	10

Literatur: *Bülow* Einrede der Aufrechenbarkeit für Personengesellschafter, Bürge und Hauptgesellschafter im Eingliederungskonzern, ZGR 1988, 192; *Geßler* Die Haftung der Hauptgesellschaft bei der Eingliederung (§ 322 AktG), ZGR 1978, 251; *Kley/Lehmann* Probleme der Eingliederungshaftung, DB 1972, 1421; *Singhof* Haftung und Rückgriff der Hauptgesellschaft nach Beendigung der Eingliederung, FS Hadding, 2004, S 655.

I. Haftungsinhalt (Abs 1)

1 1. Grundlagen. So einfach der mit Abs 1 ausgedrückte Wille des Gesetzgebers erscheint, die Hauptgesellschaft angesichts ihrer bes Stellung (vgl § 323) für die Verbindlichkeiten der eingegliederten Gesellschaft haften zu lassen, so komplex erweist sich die rechtlich zutr Begr hierfür. Ausgangspunkt dieser Schwierigkeit ist, dass sich der Gesetzgeber an Regelungen „vergleichbarer Gesamtschuldverhältnisse", namentlich an den §§ 128, 129 HGB angelehnt hat (*Kropff* S 426), obgleich nach heute hM gerade kein Gesamtschuldverhältnis zwischen dem Gesellschafter einer OHG und der Gesellschaft, sondern allein zwischen den Gesellschaftern einer OHG besteht (*BGHZ* 39, 319, 323; 47, 376, 378). Bezogen auf die Situation der Eingliederung würde aber gerade der Gesellschafter (die Hauptgesellschaft) mit der Gesellschaft (der eingegliederten Gesellschaft) ein Gesamtschuldverhältnis bilden müssen. Die Abs 2 und 3, die an § 129 HGB angelehnt sind, lassen eher auf eine akzessorische Haftung schließen

Haftung der Hauptgesellschaft § 322

(ausf *Singhof* FS Hadding, S 655, 661 ff). Die weitere Problematik folgt aus der zu § 128 HGB diskutierten Frage, ob der Gesellschafter Erfüllung schuldet oder lediglich für den Erfolg haftet (Erfüllungstheorie, Haftungs- oder Einstandstheorie, vgl zum Ganzen etwa Baumbach/Hopt HGB/*Hopt* § 128 Rn 8 ff). Die eher theoretischen Fragen lassen sich am Ende auf einige wenige praktisch relevante Aspekte reduzieren.

2. Haftungsinhalt und Umfang. Handelt es sich bei dem Anspruch des Gläubigers um einen solchen auf Geldleistung, bleibt die unter Rn 1 angerissene Unterscheidung zwischen Erfüllungs- und Haftungstheorie ohne Bedeutung. Der Gläubiger kann selbst entscheiden, gegen wen er seinen Anspruch zunächst richtet. Fraglich ist, wie verfahren werden soll, wenn die eingegliederte Gesellschaft keine Leistung in Geld schuldet. Nach zutr herrschender Auffassung muss die Hauptgesellschaft auch diesen Anspruch **erfüllen** (*Geßler* ZGR 1978, 251, 260 ff; MünchKomm AktG/*Grunewald* Rn 3 f; GroßKomm AktG/*Würdinger* 3. Aufl Anm 1; K. Schmidt/Lutter AktG/*Ziemons* Rn 9; Spindler/Stilz AktG/*Singhof* Rn 7). Die entgegenstehende Auffassung unterstellt unter Berufung auf eine teleologische Reduktion des insoweit klar entgegenstehenden Wortlauts eine bloße Einstandspflicht (KölnKomm AktG/*Koppensteiner* Rn 11). 2

Die Haftung der Hauptgesellschaft in **zeitlicher** Hinsicht gilt zunächst für alle vor und während der Eingliederung begründeten Verbindlichkeiten. Daneben kommt eine Haftung für nach Ende der Eingliederung begründete Verbindlichkeiten nur dann in Betracht, wenn die Eintragung und Bekanntmachung der nach § 327 Abs 3 eintragungsbedürftigen Tatsache **ohne Kenntnis des Gläubigers** unterblieben ist, § 15 Abs 2 S 2 HGB (vgl MünchHdb AG/*Krieger* § 73 Rn 54). 3

3. Interner Ausgleich. Kommt es zur Inanspruchnahme der Hauptgesellschaft, kann sich diese im Innenverhältnis bei der eingegliederten Gesellschaft schadlos halten. Umstr ist jedoch mangels eigenständiger gesetzlicher Regelung **die Grundlage des Regressanspruchs**. Die überwiegende Meinung sieht sie in der (wg Abs 2 und 3 modifizierten) gesamtschuldnerischen Haftung, die einen Ausgleich nach § 426 BGB bedingt. Entgegen der dortigen Regelung ist in § 322 „etwas anderes" bestimmt, so dass ein abzugsfreier, vollständiger Ausgleich erfolgt (so zu Recht etwa MünchKomm AktG/*Grunewald* Rn 18; *Kley/Lehmann* DB 1972, 1421; K. Schmidt/Lutter AktG/*Ziemons* Rn 20). Diesem Ansatz vermögen insb diejenigen Autoren nicht folgen, die eine akzessorische Haftung anstelle einer gesamtschuldnerischen annehmen wollen. IE entsprechen aber auch deren Ansätze, etwa eine Ausgleichspflicht über §§ 683 S 1, 670 BGB (*Emmerich/Habersack* Aktien- und GmbH-KonzernR Rn 7) oder über § 110 HGB (Spindler/Stilz AktG/*Singhof* Rn 18; *ders* FS Hadding, S 655, 669 f) dem der hM. Praktische Bedeutung kommt dem Ausgleichsanspruch wg der jederzeitigen Zugriffsmöglichkeit der Hauptgesellschaft auf das Vermögen der eingegliederten Gesellschaft (vgl § 323 Rn 1) lediglich bei einer Inanspruchnahme der Hauptgesellschaft **nach Beendigung der Eingliederung** zu (KölnKomm AktG/*Koppensteiner* Rn 14). Zu beachten bleibt in jedem Fall die Verlustausgleichspflicht nach § 324 Abs 3 (vgl dort Rn 3), sollte das Grundkapital der eingegliederten Gesellschaft angegriffen werden. 4

4. Bilanzierung. Die mögliche Inanspruchnahme der Hauptgesellschaft ist im Jahresabschluss zu berücksichtigen. Dies gilt zunächst für den Fall einer tatsächlich drohenden Inanspruchnahme, wobei der Ausgleichsanspruch unter Berücksichtigung des Ausfallrisikos auf der Aktivseite zu vermerken ist. Der allg drohende Anspruch aufgrund einer Verbindlichkeit der eingegliederten Gesellschaft ist weder in der Bilanz 5

Fett

selbst (bloße Bilanzverlängerung, da auch Ausgleichsanspruch einzubuchen wäre) noch unter der Bilanz (§ 251 HGB), sondern im Anhang nach § 285 Nr 3 HGB zu vermerken (*Emmerich/Habersack* Aktien- und GmbH-KonzernR Rn 9; *Spindler/Stilz* AktG/*Singhof* Rn 10).

II. Einwendungen (Abs 2)

6 **1. Abgeleitete Einwendungen.** Nach Abs 2 ist es der Hauptgesellschaft insb möglich, Einwendungen und Einreden der eingegliederten Gesellschaft selbst geltend zu machen. Dies gilt grds für alle Einreden der eingegliederten Gesellschaft wie Erfüllung (§ 362 Abs 1 BGB), Anfechtung (§ 142 Abs 1 BGB), Rücktritt (§ 346 BGB), Stundung, Verwirkung (§ 242 BGB), etc und entspricht damit der Rechtslage nach § 129 Abs 1 HGB (vgl etwa – auch zu den Ausnahmen – MünchKomm HGB/*Schmidt* § 129 Rn 4 ff). Auch ein **Erlassvertrag** (§ 397 BGB) kann eine Einrede begründen, wobei ein Erlassvertrag, der den Anspruch gegen die Hauptgesellschaft bestehen lassen will, dieser gegenüber unwirksam ist (*Hüffer* AktG Rn 9 mwN). Eine Ausnahme gilt bei **Unmöglichkeit** nach § 275 BGB, wenn die Hauptgesellschaft durch Anweisung die Unmöglichkeit auf Seiten der eingegliederten Gesellschaft verursacht hat: Diese soll nicht erst die Anspruchsbefriedigung durch wirtschaftliche Einwirkung auf die eingegliederte Gesellschaft vereiteln und sich dann auf diese selbst verursachte Vereitelung berufen können (*Emmerich/Habersack* Aktien- und GmbH-KonzernR Rn 6). Nicht berufen kann sich die Hauptgesellschaft daneben darauf, dass gegenüber der eingegliederten Gesellschaft **die** Forderung **verjährt** ist, wenn ihr gegenüber die Verjährung nur unterbrochen wurde und nach § 212 BGB wieder aufleben kann (MünchKomm AktG/*Grunewald* Rn 11; KölnKomm AktG/*Koppensteiner* Rn 17; MünchHdb AG/*Krieger* § 73 Rn 55; anders *Habersack* aaO Rn 12). Gleichlauf besteht auch bei **Wegfall** der Einrede der eingegliederten Gesellschaft, so dass auch die Haftung der Hauptgesellschaft wieder auflebt (*Koppensteiner* aaO Rn 18; anders *Geßler* ZGR 1978, 251, 267). Dementspr wirkt ein **Verzicht** der eingegliederten Gesellschaft auf ihr zustehende Einreden ebenfalls zulasten der Hauptgesellschaft (Spindler/Stilz AktG/ *Singhof* Rn 11; *Hüffer* aaO Rn 9).

7 **2. Persönliche Einwendungen.** Daneben kann die Hauptgesellschaft sämtliche Einwendungen geltend machen, die sich aus ihrem persönlichen Verhältnis zum Gläubiger der eingegliederten Gesellschaft ergeben. Dies wird zwar in Abs 2 nicht ausdrücklich erwähnt, aber wie bei § 129 Abs 1 HGB vorausgesetzt (*Geßler* ZGR 1978, 251, 267).

III. Gestaltungsrechte (Abs 3)

8 **1. Anfechtung.** Abs 3 der Norm betrifft die Ausübung v Gestaltungsrechten der eingegliederten Gesellschaft durch die Hauptgesellschaft und entspricht § 129 Abs 3 HGB. Die Möglichkeit, sich auf ein Anfechtungsrecht der eingegliederten Gesellschaft nach S 1 zu berufen, bedarf die Hauptgesellschaft freilich nicht: Sie kann – anders als der nichtvertretungsberechtigte Gesellschafter im Fall des § 129 Abs 3 HGB – die eingegliederte Gesellschaft zur Ausübung des Anfechtungsrechts anweisen. Ob es vor diesem Hintergrund einen praktischen Anwendungsfall für die Norm geben kann, wird allg bezweifelt (vgl nur K. Schmidt/Lutter AktG/*Ziemons* Rn 18; KölnKomm AktG/*Koppensteiner* Rn 20).

2. Aufrechnung. Nach Abs 3 S 2 kann die Hauptgesellschaft die Leistung auch dann verweigern, wenn für den Gläubiger die Möglichkeit einer Befriedigung im Wege der **Aufrechnung** besteht. Dies gilt zunächst nur dann, wenn beide Seiten aufrechnen können. Anderenfalls ist zu differenzieren, ob eine einseitige Aufrechnungslage mit der Möglichkeit besteht, dass eine Seite etwa wg §§ 393 f BGB oder eines vertraglichen Verbots nicht aufrechnen kann. Kann der Gläubiger danach die Aufrechnung der eingegliederten Gesellschaft ablehnen, kann der Hauptgesellschaft entgegen Abs 3 S 2 kein Leistungsverweigerungsrecht zustehen. Daher ist die Norm hier restriktiv auszulegen und v einer Leistungsverpflichtung sowohl v eingegliederter Gesellschaft wie der Hauptgesellschaft auszugehen (*Bülow* ZGR 1988, 192, 208 f; MünchKomm AktG/*Grunewald* Rn 15; einhellige Meinung auch zu § 129 HGB, vgl *BGHZ* 42, 396, 397 ff). Ist umgekehrt eine Aufrechnung gegenüber der eingegliederten Gesellschaft nicht möglich, weil diese die Aufrechnung ablehnen kann, kommt der Hauptgesellschaft entspr der Rechtslage bei § 129 HGB ein Leistungsverweigerungsrecht zu, obgleich die Hauptgesellschaft grds die Möglichkeit hätte, die eingegliederte Gesellschaft zur Aufrechnung anzuweisen (*Emmerich/Habersack* Aktien- und GmbH-KonzernR Rn 14). Ob auch andere Gestaltungsrechte entspr ein Leistungsverweigerungsrecht begründen können ist umstr (dafür *Emmerich/Habersack* Aktien- und GmbH-KonzernR Rn 15; zust K. Schmidt/Lutter/*Ziemons* AktG Rn 19; Heidel/*Knöfler* Rn 8; Grigoleit AktG/*Grigoleit/Rachlitz* Rn 9; dagegen Spindler/Stilz AktG/*Singhof* Rn 15; *Grunewald* aaO Rn 14). Eine restriktive Handhabung erscheint hier angemessen: Will die Hauptgesellschaft die gesamtschuldnerische Haftung verhindern, muss sie die eingegliederte Gesellschaft zur Ausübung des Gestaltungsrechts anweisen; eines zusätzlichen Leistungsverweigerungsrechts bedarf es nicht.

IV. Zwangsvollstreckung (Abs 4)

Die Regelung v Abs 4 ist Ausdruck des auch in § 129 Abs 4 HGB enthaltenen Grundsatzes, dass eine Zwangsvollstreckung in das Vermögen nur auf Grundlage eines gegen eben diese Person gerichteten Titels möglich ist; dies gilt auch für die Vollstreckung in das Vermögen der Hauptgesellschaft wg der Haftung nach Abs 1 (MünchKomm AktG/*Grunewald* Rn 15).

§ 323 Leitungsmacht der Hauptgesellschaft und Verantwortlichkeit der Vorstandsmitglieder

(1) ¹**Die Hauptgesellschaft ist berechtigt, dem Vorstand der eingegliederten Gesellschaft hinsichtlich der Leitung der Gesellschaft Weisungen zu erteilen.** ²§ 308 Abs. 2 Satz 1, Abs. 3, §§ 309, 310 gelten sinngemäß. ³§§ 311 bis 318 sind nicht anzuwenden.

(2) **Leistungen der eingegliederten Gesellschaft an die Hauptgesellschaft gelten nicht als Verstoß gegen die §§ 57, 58 und 60.**

Übersicht

	Rn		Rn
I. Leitungsmacht der Hauptgesellschaft		II. Verantwortlichkeit	6
schaft		1. Vorstand der Hauptgesellschaft	6
1. Inhalt und Umfang des Weisungsrechts	1	2. Hauptgesellschaft	7
2. Folgepflicht	4	3. Vorstandsmitglieder der eingegliederten Gesellschaft	8
3. Weisungspflicht?/Nichterteilung von Weisungen	5		

Fett

§ 323 Leitungsmacht der Hauptgesellschaft

Literatur: *Ballerstedt* Schranken der Weisungsbefugnis eines Beherrschungsvertrages, ZHR 137 (1973), 388; *Pfeiffer* Eingegliederte Gesellschaften, DZWIR 2005, 452; *Rehbinder* Gesellschaftsrechtliche Probleme mehrstufiger Unternehmensverbindungen, ZGR 1977, 581.

I. Leitungsmacht der Hauptgesellschaft

1 **1. Inhalt und Umfang des Weisungsrechts.** In weiten Teilen entspricht das Weisungsrecht des § 323, das Ausdruck des Gedankens der eingegliederten Gesellschaft als „rechtlich selbstständige Betriebsabteilung" der Hauptgesellschaft ist (*Kropff* S 427) und das Gegenstück zu der weit reichenden Haftung der Hauptgesellschaft nach § 322 darstellt, dem des § 308 (vgl dort Rn 1 ff). Das Fehlen eines Verweises auf § 308 Abs 1 S 2 hat aber zur Folge, dass das Weisungsrecht über § 308 hinaus auch **nachteilige Weisungen** ermöglicht, wenn ein Handeln im übergeordneten Konzerninteresse nicht vorliegt (hM *Emmerich/Habersack* Aktien- und GmbH-KonzernR Rn 2; *Hüffer* AktG Rn 3; Spindler/Stilz AktG/*Singhof* Rn 2; KölnKomm AktG/*Koppensteiner* Rn 2; teilw einschränkend MünchKomm AktG/*Grunewald* Rn 2; aA *Pfeiffer* DZWIR 2005, 452, 453 f). Damit muss die Weisung weder im Interesse der Hauptgesellschaft noch des Konzerns oder einer seiner Gesellschaften liegen. Auch die Erteilung **existenzgefährdender Weisungen** ist in den engen Grenzen des § 92 Abs 2 S 3 möglich (Grigoleit AktG/*Grigoleit/Rachlitz* Rn 4; weiter *Grunewald* aaO Rn 3; *Emmerich/Habersack* aaO Rn 2; Wachter AktG/*Rothley* Rn 1, jeweils ohne Bezug zu § 92 Abs 2 S 3; generell **aA** K. Schmidt/Lutter AktG/*Ziemons* Rn 6; zw *Singhof* aaO Rn 2). Insb ist es der Hauptgesellschaft gestattet, **Gewinne** der eingegliederten Gesellschaft ohne förmlichen Gewinnverwendungsbeschluss oder Gewinnabführungsvertrag **zu entnehmen**. Dem steht auch nicht § 324 Abs 2 entgegen; dessen Bedeutung beschränkt sich auf die (erleichterte) Möglichkeit des Abschlusses eines Gewinnabführungsvertrages (vgl § 324 Rn 2; **hM** *Koppensteiner* aaO Rn 3; MünchHdb AG/*Krieger* § 73 Rn 63; anders *Ballerstedt* ZHR 137 (1973), 388, 401 f). Die Hauptgesellschaft kann darüber hinaus **in beliebiger Weise und in unbegrenztem Umfang** auf Vermögen der eingegliederten Gesellschaft zugreifen (*Koppensteiner* aaO Rn 3); nach Abs 2 gilt die Vermögensbindung der §§ 57, 58, 60 nicht. Für nachteilige Weisungen ist ferner kein Nachteilsausgleich nach §§ 311 ff vorzunehmen (Abs 1 S 3).

2 **Immanente Grenzen** des Weisungsrechts bestehen in der Bindung an zwingendes Recht, etwa bei **Verstoß gegen §§ 134, 138 BGB** oder gegen die guten Sitten (vgl § 308 Rn 17). Ferner bleibt die **Insolvenzantragspflicht** des Vorstands der eingegliederten Gesellschaft nach § 92 Abs 2 bestehen. Insoweit verbleibt dem Vorstand der eingegliederten Gesellschaft ein Rest an Kontrollkompetenz (*Hüffer* AktG Rn 2). Ob sog ungeschriebene HV-Zuständigkeiten der Hauptgesellschaft iSd „Holzmüller-Rspr" (*BGHZ* 83, 122 ff; *BGHZ* 159, 30 ff – Gelatine) eine Schranke darstellen können (*Pfeiffer* DZWIR 2005, 452, 453), erscheint hingegen zweifelhaft; hier wäre die Einholung eines HV-Beschlusses reine Förmelei. Auch der Hinweis darauf, dass ein „Organisationsvertrag", der das Verhältnis und die Organisationsstruktur der Beteiligten zueinander regelt, eine (schuldrechtliche) Grenze des Weisungsrechts bilden können soll (vgl *Pfeiffer* aaO), dürfte eher v theoretischem Interesse sein; wg des Weisungsrechts kann der Vorstand der eingegliederten Gesellschaft jederzeit zur Aufhebung dieses Vertrages angewiesen werden.

Träger des Weisungsrechts ist die Hauptgesellschaft; es wird durch deren Vorstand 3
ausgeübt. Eine **Delegation** des Weisungsrechts auf Dritte kommt damit iRd zu § 308
Gesagten in Betracht (vgl dort Rn 5 ff). Umstr ist, ob sich das Weisungsrecht gegenüber einer ebenfalls eingegliederten Enkelgesellschaft **auf die Hauptgesellschaft übertragen** lässt. Nach einer Auffassung soll hier entspr der Rechtslage beim Vertragskonzern eine Übertragung nicht möglich sein (MünchKomm AktG/*Grunewald* Rn 7; *Emmerich/Habersack* Aktien- und GmbH-KonzernR Rn 4 f; Grigoleit AktG/*Grigoleit/Rachlitz* Rn 7; zw auch *Hüffer* AktG Rn 2; K. Schmidt/Lutter AktG/*Ziemons* Rn 9). Begründet wird dies mit dem andernfalls drohenden vollständigen Verlust der Kontrolle der Tochtergesellschaft über die Geschicke der eingegliederten Enkelgesellschaft. Zutreffenderweise ist hier jedoch mangels der Verfolgung eigener, v der Hauptgesellschaft unabhängiger wirtschaftlicher Interessen der (mittleren) Tochtergesellschaft v der Möglichkeit zur Übertragbarkeit des Weisungsrechts auszugehen (KölnKomm AktG/*Koppensteiner* Rn 9; MünchHdb AG/*Krieger* § 73 Rn 57; Spindler/ Stilz AktG/*Singhof* Rn 4; *Rehbinder* ZGR 1977, 581, 616). Konsequenterweise ist deshalb auch – anders als im Vertragskonzern – eine generelle Bevollmächtigung der Hauptgesellschaft zuzulassen (*Koppensteiner* aaO Rn 11; *Krieger* aaO § 73 Rn 57; GroßKomm AktG/*Würdinger* 3. Aufl Anm 2; **aA** *Grunewald* aaO Rn 8; *Habersack* aaO Rn 5; *Hüffer* AktG Rn 2; *Singhof* aaO; *Ziemons* aaO Rn 11).

2. Folgepflicht. Das Weisungsrecht richtet sich an den Vorstand der eingegliederten 4
Gesellschaft und begründet für diesen eine korrespondierende Folgepflicht. Eingeschränkt wird die Folgepflicht nicht dadurch, dass die Weisung für die eigene (eingegliederte) Gesellschaft nachteilig ist oder ein übergeordnetes Konzerninteresse fehlt (vgl dazu Rn 1), sondern lediglich durch die gesetzlichen (immanenten) Grenzen des Weisungsrechts (vgl dazu Rn 2). Hingegen soll nach Abs 1 S 2 die bereits in der unmittelbaren Anwendung umstr Regelung v § 308 Abs 3 (s dort Rn 28 f) sinngemäße Anwendung finden. Dies ist wg der erstrebten Führung der eingegliederten Gesellschaft als Betriebsabteilung dem Zweck der Eingliederung zwar entgegenlaufend, für den ggf praktisch relevanten Fall einer mitbestimmten eingegliederten Gesellschaft aber de lege lata hinzunehmen (KölnKomm AktG/*Koppensteiner* Rn 6).

3. Weisungspflicht?/Nichterteilung von Weisungen. Eine **Pflicht** des Vorstands, der 5
Hauptgesellschaft der eingegliederten Gesellschaft Weisungen oder gar solche bestimmten Inhalts zu erteilen, **besteht nicht** (MünchKomm AktG/*Grunewald* Rn 11; MünchHdb AG/*Krieger* § 73 Rn 58). Dagegen spricht bereits der Wortlaut der Norm, der v einem Weisungs*recht* spricht. Dennoch kann sich der Vorstand der Hauptgesellschaft bei Nichterteilung ausnahmsweise erforderlicher Weisungen (etwa in den Fällen, in denen der Vorstand durch eine vorangegangene Weisung des herrschenden Unternehmens blockiert ist) schadensersatzpflichtig machen (§ 309 Rn 12 sowie unten Rn 6). **Fehlen Weisungen** der Hauptgesellschaft, hat der Vorstand der eingegliederten Gesellschaft diese in eigener Verantwortung zu leiten (Grundsatz des § 76 Abs 1) und sich hierbei zunächst am Interesse der eigenen Gesellschaft zu orientieren. Insb bei Entsch v bes Bedeutung muss sich der Vorstand aber am Interesse der übergeordneten Hauptgesellschaft ausrichten und zur Konkretisierung dieses Interesses die Verwaltung der Hauptgesellschaft konsultieren (zutr KölnKomm AktG/*Koppensteiner* Rn 8; Heidel AktG/*Knöfler* Rn 2; anders *Emmerich/Habersack* Aktien- und GmbH-KonzernR Rn 7; Spindler/Stilz AktG/*Singhof* Rn 7).

Fett

§ 324 Gesetzliche Rücklage. Gewinnabführung. Verlustübernahme

II. Verantwortlichkeit

6 1. Vorstand der Hauptgesellschaft. Nach Abs 1 S 2 iVm § 309 muss der Vorstand der Hauptgesellschaft bei der Erteilung v Weisungen die Pflichten eines ordentlichen und gewissenhaften Geschäftsleiters befolgen. Verstößt er hiergegen, kann er sich der eingegliederten Gesellschaft gegenüber schadensersatzpflichtig machen (vgl § 309 Rn 15 f), wobei zu beachten ist, dass die Grenzen des Weisungsrechts bei der Eingliederung wesentlich weiter gesteckt sind (vgl Rn 2).

7 2. Hauptgesellschaft. Daneben lässt sich auch an eine Haftung der Hauptgesellschaft für das Verhalten ihrer Vorstandsmitglieder denken. Erörtert werden als Haftungsgrundlage § 31 BGB iVm §§ 309, 323 AktG und die Verletzung der Treuepflicht (MünchKomm AktG/*Grunewald* Rn 16; *Emmerich/Habersack* Aktien- und GmbH-KonzernR Rn 10; GroßKomm AktG/*Würdinger* 3. Aufl Anm 14). Wg § 322 kommt dieser Frage freilich keine praktische Bedeutung zu (KölnKomm AktG/*Koppensteiner* Rn 15, 17).

8 3. Vorstandsmitglieder der eingegliederten Gesellschaft. Abs 1 S 2 ordnet ferner die sinngemäße Anwendung v § 310 an. Befolgt der Vorstand der eingegliederten Gesellschaft eine Weisung, die gegen eine gesetzliche Bestimmung oder die guten Sitten verstößt, kann er sich schadensersatzpflichtig machen. Er haftet neben der Hauptgesellschaft und deren Organmitgliedern als Gesamtschuldner (vgl § 310 Rn 6).

§ 324 Gesetzliche Rücklage. Gewinnabführung. Verlustübernahme

(1) Die gesetzlichen Vorschriften über die Bildung einer gesetzlichen Rücklage, über ihre Verwendung und über die Einstellung von Beträgen in die gesetzliche Rücklage sind auf eingegliederte Gesellschaften nicht anzuwenden.

(2) ¹Auf einen Gewinnabführungsvertrag, eine Gewinngemeinschaft oder einen Teilgewinnabführungsvertrag zwischen der eingegliederten Gesellschaft und der Hauptgesellschaft sind die §§ 293 bis 296, 298 bis 303 nicht anzuwenden. ²Der Vertrag, seine Änderung und seine Aufhebung bedürfen der schriftlichen Form. ³Als Gewinn kann höchstens der ohne die Gewinnabführung entstehende Bilanzgewinn abgeführt werden. ⁴Der Vertrag endet spätestens zum Ende des Geschäftsjahrs, in dem die Eingliederung endet.

(3) Die Hauptgesellschaft ist verpflichtet, jeden bei der eingegliederten Gesellschaft sonst entstehenden Bilanzverlust auszugleichen, soweit dieser den Betrag der Kapitalrücklagen und der Gewinnrücklagen übersteigt.

Übersicht

	Rn			Rn
I. Rücklagen	1		2. Höchstgrenze der Gewinnabführung	4
II. Gewinnabführung	3		3. Sonstige Unternehmensverträge	5
1. Regelungen bei Gewinnabführungsverträgen	3	III.	Verlustausgleich	6

Literatur: *Hommelhoff* Eigenkapital-Ersatz im Konzern und in Beteiligungsverhältnissen, WM 1984, 1105; *Rümker* Überlegungen zur gesellschafterlichen Finanzierungsverantwortung, ZGR 1988, 494; *Würdinger* Zur Vermögensverfügung bei der Eingliederung und beim Beherrschungsvertrag, DB 1972, 1565.

Gesetzliche Rücklage. Gewinnabführung. Verlustübernahme § 324

I. Rücklagen

Nach Abs 1 besteht eine Ausnahme v der Pflicht zur Bildung der **gesetzlichen Rücklage** nach § 150 Abs 1 und 2. Falls eine solche Rücklage nicht besteht, braucht sie v der eingegliederten Gesellschaft auch nicht gebildet zu werden. Ist eine solche hingegen vorhanden, ist die Gesellschaft bei deren Verwendung nicht auf die in § 150 Abs 3 und 4 vorgesehenen Zwecke beschränkt, insb darf sie einen Gewinn an die Hauptgesellschaft abführen. **Satzungsbestimmungen** über die Bildung einer Rücklage bleiben v Abs 1 unberührt (MünchKomm AktG/*Grunewald* Rn 2; vgl bereits *Kropff* S 428); die Hauptgesellschaft kann diese freilich durch Änderung der Satzung jederzeit problemlos beseitigen. Der Begriff der gesetzlichen Rücklage ist durch das BiRiLiG in seiner Reichweite begrenzt worden und umfasst seitdem solche Bilanzposten nicht mehr, die als **Kapitalrücklage** zu behandeln sind (§ 272 Abs 2 und 3 HGB). Eine Anwendung v Abs 1 auf diese Kapitalrücklagen wird jedoch allg verneint (*Hüffer* AktG Rn 3; KölnKomm AktG/*Koppensteiner* Rn 5). Ein dementspr Wille des Gesetzgebers zeigt sich in der gleichzeitig mit dem BiRiLiG geänderten Fassung v Abs 3. Wg der damit verbundenen Möglichkeit zur Ausschüttung ist die praktische Bedeutung der Rechtsfrage gering (so auch MünchHdb AG/*Krieger* § 73 Rn 64). 1

Die schon zuvor zu verneinende Anwendung der Regeln des **Eigenkapitalersatzes** für Darlehen der Hauptgesellschaft an die eingegliederte Gesellschaft (MünchKomm Akt/*Grunewald* 2. Aufl Rn 13; *Hommelhoff* WM 1984, 1105, 1117; *Rümker* ZGR 1988, 494, 500) hat sich nach Aufgabe des Eigenkapitalersatzrechts für Gesellschafterdarlehen durch Integration in die allg Regeln der §§ 39 Abs 1 Nr 5, 135 InsO überholt (MünchKomm Akt/*Grunewald* Rn 13). 2

II. Gewinnabführung

1. Regelungen bei Gewinnabführungsverträgen. Die Eingliederung hat zwar nicht die zwangsläufige Abführung des Gewinns der eingegliederten Gesellschaft zur Folge. Die Hauptgesellschaft kann aber auch ohne Abschluss eines Gewinnabführungsvertrages auf die Gewinne der eingegliederten Gesellschaft zugreifen (vgl § 323 Rn 1). Der Sinn des Abs 2 beschränkt sich daher vor allem darin, eine steuerliche Organschaft nach § 14 KStG in vereinfachter Form begründen zu können (MünchHdb AG/*Krieger* § 73 Rn 65; GroßKomm AktG/*Würdinger* 3. Aufl Anm 4a; Henn/Frodermann/Jannott Hdb AktR Rn 236). Abs 2 S 1 sieht v der Anwendbarkeit der Schutzvorschriften nach §§ 293–296 und 298–303 ab, für die es angesichts des vorstehend genannten Zwecks auch kein Bedürfnis gäbe. Für den **Abschluss** eines Gewinnabführungsvertrages ist daher (lediglich) die Einhaltung der Schriftform nach Abs 2 S 2 zu beachten. Ein **Ende** kann der Gewinnabführungsvertrag (eher theoretisch) durch Kündigung aus wichtigem Grund (§ 297 Abs 1) oder (praktisch relevant) durch einvernehmliche Aufhebung finden. Letzteres kann, da § 299 nicht gilt, auch durch eine Weisung der Hauptgesellschaft ausgelöst werden (*Hüffer* AktG Rn 6). Ferner endet nach Abs 2 mit dem Ende der Eingliederung auch der Gewinnabführungsvertrag und zwar spätestens zum Ende des Geschäftsjahrs, in dem die Eingliederung endet (vgl Abs 2 S 4). Die Notwendigkeit dieser zwingenden Regelung ergibt sich aus dem Wegfall der Haftung der Hauptgesellschaft und der korrespondierenden weitgehenden Gewinnabführungsmöglichkeit (vgl Rn 4). Mit Ende der Eingliederung ist wg des strukturverändernden Charakters auch ein Neuabschluss unter Berücksichtigung der dann (wieder) geltenden Vorschriften der §§ 291 ff erforderlich; aus diesem Grund ist auch eine Verlänge- 3

Fett

§ 325

rungsklausel selbst unter Beachtung der §§ 300 ff nichtig (MünchKomm AktG/*Grunewald* Rn 6; KölnKomm AktG/*Koppensteiner* Rn 11; Spindler/Stilz AktG/*Singhof* Rn 6).

4 2. Höchstgrenze der Gewinnabführung. Nach Abs 2 S 3 kann sich die eingegliederte Gesellschaft höchstens zur Abführung des ohne Bestehen des Gewinnabführungsvertrages entstehenden Bilanzgewinns (vgl § 158 Abs 1 S 1 Nr 5) verpflichten. Das übersteigt den im Rahmen eines herkömmlichen Gewinnabführungsvertrages möglichen Betrag, da anders als bei § 301 der Gewinn nicht um den Verlustvortrag zu mindern ist (**hM** Spindler/Stilz AktG/*Singhof* Rn 5; Grigoleit AktG/*Grigoleit/Rachlitz* Rn 6; **aA** K. Schmidt/Lutter AktG/*Ziemons* Rn 11) und keine Beträge in die gesetzliche Rücklage einzustellen sind; darüber hinaus können nach Abs 1 auch bestehende gesetzliche Rücklagen aufgelöst werden (s dazu Rn 1). Obgleich mangels Verweis auf § 301 nicht ausdrücklich in Bezug genommen, ist auch hier die Ausschüttungssperre des § 268 Abs 8 HGB (immaterielle Vermögensgegenstände) zu beachten (**allgM** *Hüffer* Rn 5). Das Recht der Hauptgesellschaft, auch außerhalb des Gewinnabführungsvertrages auf das Vermögen der eingegliederten Gesellschaft zugreifen zu können (vgl § 323 Rn 1), bleibt unberührt (zur Verlustausgleichspflicht Rn 6).

5 3. Sonstige Unternehmensverträge. Daneben gelten die beschriebenen Erleichterungen auch für weitere Unternehmensverträge wie die Gewinngemeinschaft (§ 292 Rn 2 ff) und den Teilgewinnabführungsvertrag (§ 292 Rn 7). Nicht aufgeführt sind Beherrschungsverträge und die in § 292 Abs 1 Nr 3 genannten Verträge. Hierfür besteht wg des Weisungsrechts der Hauptgesellschaft per se kein Bedürfnis; doch auch Gewinngemeinschaft und Teilgewinnabführungsvertrag wird man in der Praxis kaum finden (KölnKomm AktG/*Koppensteiner* Rn 8).

III. Verlustausgleich

6 Abs 3 verpflichtet die Hauptgesellschaft zum **Ausgleich eines Bilanzverlustes** der eingegliederten Gesellschaft, soweit dieser den Betrag ihrer Kapital- und Gewinnrücklagen übersteigt. Um dieses Ziel zu erreichen, kann die Gesellschaft jedwede Form v Rücklagen auflösen und zwar auch solche, die vor der Eingliederung gebildet worden sind (*Emmerich/Habersack* Aktien- und GmbH-KonzernR Rn 3). Die Norm bleibt damit hinter der Verlustausgleichspflicht nach § 302 zurück (vgl zu den Einzelheiten dort Rn 5 ff). Ferner kann die Hauptgesellschaft einen Verlustausgleich durch vereinfachte Kapitalherabsetzung nach § 229 herbeiführen (*Kropff* S 429, *Würdinger* DB 1972, 1565 f; K. Schmidt/Lutter AktG/*Ziemons* Rn 17). Im mehrstufigen Eingliederungskonzern haftet für die Erfüllung des Verlustausgleichsanspruchs der Enkelgesellschaft die Mutter nach § 322 (KölnKomm AktG/*Koppensteiner* Rn 12).

§ 325

(aufgehoben)

1 Die Vorschrift wurde durch das BiRiLiG aufgehoben. Der bisherige Regelungsgehalt findet sich in § 291 HGB.

§ 326 Auskunftsrecht der Aktionäre der Hauptgesellschaft

Jedem Aktionär der Hauptgesellschaft ist über Angelegenheiten der eingegliederten Gesellschaft ebenso Auskunft zu erteilen wie über Angelegenheiten der Hauptgesellschaft.

Übersicht

	Rn
I. Berechtigte	1
II. Inhalt des Auskunftsrechts	2

Literatur: *Kort* Das Informationsrecht des Gesellschafters der Konzernobergesellschaft, ZGR 1987, 46; *Spitze/Diekmann* Verbundene Unternehmen als Gegenstand des Interesses von Aktionären, ZHR 158 (1994), 447.

I. Berechtigte

Berechtigte des Auskunftsrechts sind die Aktionäre der Hauptgesellschaft, wie auch sonst beim Auskunftsrecht unabhängig v der Höhe ihrer Beteiligung. **Adressat** der Auskunftspflicht ist die Hauptgesellschaft, die durch ihren Vorstand vertreten wird. Dieser kann die Information auch durch einen Dritten erfüllen lassen, etwa dadurch, dass er sich die Auskunft des dahingehend angewiesenen Vorstands der eingegliederten Gesellschaft zu Eigen macht (MünchKomm AktG/*Grunewald* Rn 5; *Emmerich/ Habersack* Aktien- und GmbH-KonzernR Rn 2; *Hüffer* AktG Rn 2; Spindler/Stilz AktG/*Singhof* Rn 2; K. Schmidt/Lutter AktG/*Ziemons* Rn 4; diese Möglichkeit ist auch bei § 131 allg anerkannt, vgl § 131 Rn 5; anders KölnKomm AktG/*Koppensteiner* Rn 2: nur bei Einverständnis aller Aktionäre). 1

II. Inhalt des Auskunftsrechts

Das Auskunftsrecht nach dieser Norm geht in seinem **Inhalt** über § 131 Abs 1 S 2 hinaus und ist damit nicht auf die „rechtlichen und geschäftlichen Beziehungen" der Hauptgesellschaft zur eingegliederten Gesellschaft beschränkt. Es bezieht sich vielmehr auch auf alle Angelegenheiten der eingegliederten Gesellschaft selbst. In seiner Struktur entspricht es § 131. Insoweit findet es seine Grenze (erst) im Auskunftsverweigerungsrecht nach § 131 Abs 3 (*Spitze/Diekmann* ZHR 158 (1994), 447, 450; K. Schmidt/Lutter AktG/*Ziemons* Rn 3). In mehrstufigen Unternehmensverhältnissen ist zu differenzieren. Handelt es sich um einen Eingliederungskonzern, setzt sich das Auskunftsrecht der Aktionäre der Hauptgesellschaft über die eingegliederte Tochtergesellschaft in der wiederum eingegliederten Enkelgesellschaft fort (MünchKomm AktG/*Grunewald* Rn 3). Soweit die Enkelgesellschaft nicht über eine Eingliederung, sondern auf anderem Wege mit der eingegliederten Tochtergesellschaft verbunden ist, wird die Enkelgesellschaft hinsichtlich der Auskunftsrechte den Aktionären einer Tochtergesellschaft gleichgestellt; ein „Informationsdurchgriff" auf die Enkelgesellschaft iSd § 326 findet nicht statt (*Emmerich/Habersack* Aktien- und GmbH-KonzernR Rn 3; Spindler/Stilz AktG/*Singhof* Rn 3; *Kort* ZGR 1987, 46, 54 f). 2

Auf eine § 90 (Berichte an den AR) vergleichbare Norm im Recht der Eingliederung konnte der Gesetzgeber verzichten, da sich die Auskunftspflicht bereits aus dem Grundgedanken der Eingliederung, die eingegliederte Gesellschaft wirtschaftlich einer Betriebsabteilung gleichzusetzen, ergibt (*Hüffer* Rn 1); die Berichtspflicht des § 90 bezieht alle das eingegliederte Unternehmen betr Fragen mit ein. 3

Fett

§ 327 Ende der Eingliederung

(1) Die Eingliederung endet
1. durch Beschluss der Hauptversammlung der eingegliederten Gesellschaft,
2. wenn die Hauptgesellschaft nicht mehr eine Aktiengesellschaft mit Sitz im Inland ist,
3. wenn sich nicht mehr alle Aktien der eingegliederten Gesellschaft in der Hand der Hauptgesellschaft befinden,
4. durch Auflösung der Hauptgesellschaft.

(2) Befinden sich nicht mehr alle Aktien der eingegliederten Gesellschaft in der Hand der Hauptgesellschaft, so hat die Hauptgesellschaft dies der eingegliederten Gesellschaft unverzüglich schriftlich mitzuteilen.

(3) Der Vorstand der bisher eingegliederten Gesellschaft hat das Ende der Eingliederung, seinen Grund und seinen Zeitpunkt unverzüglich zur Eintragung in das Handelsregister des Sitzes der Gesellschaft anzumelden.

(4) [1]Endet die Eingliederung, so haftet die frühere Hauptgesellschaft für die bis dahin begründeten Verbindlichkeiten der bisher eingegliederten Gesellschaft, wenn sie vor Ablauf von fünf Jahren nach dem Ende der Eingliederung fällig und daraus Ansprüche gegen die frühere Hauptgesellschaft in einer in § 197 Abs. 1 Nr. 3 bis 5 des Bürgerlichen Gesetzbuchs bezeichneten Art festgestellt sind oder eine gerichtliche oder behördliche Vollstreckungshandlung vorgenommen oder beantragt wird; bei öffentlich-rechtlichen Verbindlichkeiten genügt der Erlass eines Verwaltungsakts. [2]Die Frist beginnt mit dem Tag, an dem die Eintragung des Endes der Eingliederung in das Handelsregister nach § 10 des Handelsgesetzbuchs bekannt gemacht worden ist. [3]Die für die Verjährung geltenden §§ 204, 206, 210, 211 und 212 Abs. 2 und 3 des Bürgerlichen Gesetzbuchs sind entsprechend anzuwenden. [4]Einer Feststellung in einer in § 197 Abs. 1 Nr. 3 bis 5 des Bürgerlichen Gesetzbuchs bezeichneten Art bedarf es nicht, soweit die frühere Hauptgesellschaft den Anspruch schriftlich anerkannt hat.

Übersicht

	Rn		Rn
I. Beendigungsgründe	1	II. Pflichten bei Beendigung	11
1. Grundlagen	1	1. Mitteilungspflicht	11
2. Normierte Einzeltatbestände	3	2. Anmeldepflicht	12
3. Sonstige Beendigungsgründe	7	III. Nachhaftung und Verjährung	13

Literatur: *Singhof* Haftung und Rückgriff der Hauptgesellschaft nach Beendigung der Eingliederung, FS Hadding, 2004, S 655; *Wagner* Neues Verjährungsrecht in der zivilrechtlichen Beratungspraxis, ZIP 2005, 558.

I. Beendigungsgründe

1 **1. Grundlagen.** Anders als bei Unternehmensverträgen ist ein **Ende der Eingliederung** jederzeit möglich. Hier wie im Fall des Wegfalls v Eingliederungsvoraussetzungen nach § 319 Abs 1 S 1 bedarf es zum Schutz Dritter keiner Fortsetzung der Eingliederung, was sich aus der Nachhaftung der Hauptgesellschaft (Abs 4) ergibt.

2 Die Norm ist **zwingendes Recht**, dh Beendigungsgründe können nicht durch Vertrag oder Satzung ausgeschlossen werden (KölnKomm AktG/*Koppensteiner* Rn 5; MünchHdb AG/

Ende der Eingliederung § 327

Krieger § 73 Rn 69). Die in der Norm aufgeführten Beendigungsgründe für die Eingliederung sind grds **abschließend** (*Hüffer* AktG Rn 1), wobei Veränderungen im Bereich der eingegliederten Gesellschaft uU zu berücksichtigen sind (vgl Rn 4).

2. Normierte Einzeltatbestände. Die Eingliederung endet nach Abs 1 Nr 1 mit **Beschl der eingegliederten Gesellschaft.** Mangels negativer Folgen besteht kein Zustimmungserfordernis der HV; häufig wird ein Zustimmungsvorbehalt des AR der Hauptgesellschaft eingerichtet sein. Wirksam wird die Beendigung ex nunc; wird die Beendigung für einen späteren Zeitpunkt beschlossen, zu diesem Termin. Eine Rückwirkung scheidet wg der organisationsrechtlichen Wirkung der Eingliederung in allen Fällen aus (MünchKomm AktG/*Grunewald* Rn 3). 3

Abs 1 Nr 2 normiert das Ende der Eingliederung, wenn die **Rechtsnatur der Hauptgesellschaft** als AG entfällt (eine Umwandlung in eine KGaA ist hingegen nach zutr Auffassung unschädlich, vgl *Emmerich/Habersack* Aktien- und GmbH-KonzernR Rn 5; ferner § 319 Rn 3; Gleiches gilt im Hinblick auf eine SE: *Henn/Frodermann/Jannott* Hdb AktR Rn 208) oder sich der **Sitz der Hauptgesellschaft** nicht mehr im Inland befindet, wobei nach § 5 AktG nF die Verlagerung des tatsächlichen Verwaltungssitzes einer deutschen AG in das Ausland unschädlich ist. Die Gläubiger sollen ihren Anspruch aus § 322 gegen eine AG (bzw KGaA) in Deutschland geltend machen können. 4

Ein Ende findet die Eingliederung nach Abs 1 Nr 3, wenn sich **nicht mehr alle Aktien in der Hand der Hauptgesellschaft** befinden. Unerheblich ist, ob der Eintritt im Wege der Anteilsveräußerung oder durch Kapitalerhöhung erfolgt (*Emmerich/Habersack* Aktien- und GmbH-KonzernR Rn 6). Dies gilt wg des klaren Wortlauts selbst für den Eintritt 100 %iger Tochtergesellschaften der Hauptgesellschaft (KölnKomm AktG/ *Koppensteiner* Rn 12). Weitere Folge ist die Mitteilungspflicht der Hauptgesellschaft nach Abs 2 (vgl Rn 11). 5

Schließlich führt die **Auflösung der Hauptgesellschaft** zum Ende der Eingliederung nach Abs 1 Nr 4. Der auf ihre Abwicklung gerichteten Gesellschaft ist eine bestimmende Tätigkeit in einer als „Betriebsabteilung" geführten (aktiven) Gesellschaft nicht mehr möglich (*Kropff* S 432). 6

3. Sonstige Beendigungsgründe. Wird die eingegliederte Gesellschaft in eine andere Rechtsform als AG, SE (oder nach hier vertretener Auffassung KGaA vgl § 319 Rn 3) durch **Formwechsel** umgewandelt, endet die Eingliederung, da diese Rechtsformen nicht Parteien einer Eingliederung sein können (MünchKomm AktG/*Grunewald* Rn 9; *Hüffer* AktG Rn 4; jetzt auch KölnKomm AktG/*Koppensteiner* Rn 11). Zur Hauptgesellschaft bereits Rn 4. 7

Erfolgt die **Verschmelzung** der eingegliederten Gesellschaft auf eine hundertprozentige Tochtergesellschaft (AG oder KGaA, vgl § 319 Rn 3) der Hauptgesellschaft, setzt sich die Eingliederung bei der aufnehmenden Gesellschaft fort (§ 20 Abs 1 Nr 1 UmwG; *Emmerich/Habersack* Aktien- und GmbH-KonzernR Rn 10; Spindler/Stilz AktG/*Singhof* Rn 6). Die Eingliederung bleibt aus demselben Rechtsgrund bestehen, wenn die Hauptgesellschaft auf eine AG oder KGaA verschmolzen wird; weil die neue Hauptgesellschaft nach §§ 13, 65 UmwG zustimmen muss, wird dem Erfordernis des § 319 Abs 2 genügt (MünchKomm AktG/*Grunewald* Rn 10; MünchHdb AG/*Krieger* § 73 Rn 74; nunmehr auch KölnKomm AktG/*Koppensteiner* Rn 15; aA K. Schmidt/Lutter AktG/ *Ziemons* Rn 9). Wird ein anderer Rechtsträger auf die eingegliederte Gesellschaft ver- 8

Fett

schmolzen, ist wg Abs 1 Nr 3 danach zu fragen, ob die Hauptgesellschaft nach Wirksamwerden der Verschmelzung noch alle Anteile an der eingegliederten Gesellschaft hält (vgl *Emmerich/Habersack* Aktien- und GmbH-KonzernR Rn 10).

9   **Abspaltung oder Ausgliederung** bei der eingegliederten Gesellschaft lassen die Eingliederung unberührt; die Eingliederung setzt sich nicht bei der neuen Gesellschaft fort (*Emmerich/Habersack* Aktien- und GmbH-KonzernR Rn 11; zur Lage beim Unternehmensvertrag § 297 Rn 6 ff). Spaltung oder Ausgliederung auf der Ebene der Hauptgesellschaft sind auf die Eingliederung ohne Auswirkung; das Eingliederungsverhältnis kann im Rahmen eines Spaltungs- und Übernahmevertrages bzw eines Ausgliederungsplans einer anderen AG (oder KGaA, vgl § 319 Rn 3) zugewiesen werden (**hM**, statt vieler MünchHdb AG/*Krieger* § 73 Rn 73; zw K. Schmidt/Lutter AktG/*Ziemons* Rn 9).

10 Schließlich endet die Eingliederung bei **Auflösung** der eingegliederten Gesellschaft (etwa bei Eröffnung des Insolvenzverfahrens nach § 262 Abs 1 Nr 3, MünchKomm AktG/*Grunewald* Rn 12).

II. Pflichten bei Beendigung

11 **1. Mitteilungspflicht.** Nach Abs 2 muss die Hauptgesellschaft der eingegliederten Gesellschaft mitteilen, dass die Eingliederung nach **Abs 1 Nr 3** endet. Anders als bei den anderen Beendigungsfällen (Registerpublizität) muss die eingegliederte Gesellschaft nicht v der Beendigung erfahren und ist daher auf die Mitteilung angewiesen. Die Meldepflicht entsteht mit dem Verlust der ersten Aktie, wobei dieser Zeitpunkt auch anzugeben ist (*Emmerich/Habersack* Aktien- und GmbH-KonzernR Rn 12; Spindler/Stilz AktG/*Singhof* Rn 7). Die Mitteilung hat unverzüglich (§ 121 Abs 1 S 1 BGB) zu erfolgen und kann sich im Falle des schuldhaften Verzögerns einen **Schadensersatzanspruch** nach sich ziehen (MünchKomm AktG/*Grunewald* Rn 7). Für **die anderen Beendigungsgründe** wird von der wohl überwiegenden Ansicht eine ungeschriebene Pflicht zur Mitteilung entspr Abs 2 angenommen (*Grunewald* aaO Rn 5, 8; K. Schmidt/Lutter AktG/*Ziemons* Rn 14; zu Recht differenzierend *Singhof* aaO Rn 7: nur Nr 2 und Nr 4, da Vorstand von Nr 1 selbst weiß; **aA** *Emmerich/Habersack* Aktien- und GmbH-KonzernR Rn 12: nur Wortlaut); wg der dann bestehenden Registerpublizität auf Seiten der Hauptgesellschaft dürfte es für die analoge Anwendung des Abs 2 an einer entspr Regelungslücke fehlen.

12 **2. Anmeldepflicht.** Nach Abs 3 besteht für den Vorstand der eingegliederten Gesellschaft die Pflicht, das **Ende der Eingliederung** beim HR anzumelden. Die Anmeldung hat unverzüglich (§ 121 Abs 1 S 1 BGB) zu erfolgen; die Festsetzung eines Zwangsgelds nach § 14 HGB ist möglich. Bei der Anmeldung ist neben der Tatsache des Eingliederungsendes und dessen Grund auch der maßgebliche Zeitpunkt anzugeben. Die Anmeldung selbst hat nur deklaratorische Wirkung (*Kropff* S 432); entscheidend ist mithin der Zeitpunkt des tatsächlichen Vorliegens der Beendigungsgründe; für die Ermittlung eines etwaigen Verlustausgleichsanspruchs ist die Aufstellung einer Zwischenbilanz auf diesen Beendigungszeitpunkt erforderlich (K. Schmidt/Lutter AktG/*Ziemons* Rn 4). Bedeutung erlangt der Zeitpunkt der Eintragung freilich über § **15 HGB** (MünchKomm AktG/*Grunewald* Rn 16). Danach besteht für die Hauptgesellschaft vor Bekanntgabe der Eintragung des Eingliederungsendes die Gefahr einer Inanspruchnahme aus § 322 durch Gläubiger der eingegliederten Gesellschaft (*Hüffer* AktG Rn 6).

III. Nachhaftung und Verjährung

Die Verjährung v Ansprüchen gegen die Hauptgesellschaft nach § 322 ist seit dem Gesetz zur Anpassung v Verjährungsvorschriften an die Modernisierung des Schuldrechts in Abs 4 entspr zu § 160 HGB geregelt. Mit der Anpassung des Abs 4 an die neue Rechtslage in § 160 HGB hat sich das bis dahin bestehende Rechtsproblem der Behandlung v **Dauerschuldverhältnissen erledigt** (vgl hierzu noch *Singhof* FS Hadding, S 655, 657 ff). Zu den Einzelheiten der Anwendung des Abs 4 kann annähernd vollumfänglich auf die Kommentierungen zu § 160 HGB verwiesen werden, wobei die Verjährung nicht mit der Eintragung des Endes der Eingliederung in das HR beginnt, sondern nach Abs 4 S 3 an dem Tag, an dem die Eintragung als nach § 10 HGB bekannt gemacht gilt. Zu beachten ist ferner die Übergangsregelung in § 26e EGAktG (dazu *Wagner* ZIP 2005, 558, 562). Eine über diese Nachhaftung hinausgehende Verpflichtung der vormaligen Hauptgesellschaft zu einer „Wiederaufbauhilfe" für die ehemals eingegliederte Gesellschaft besteht hingegen nicht (*Emmerich/Habersack* Aktien- und GmbH-KonzernR Rn 2; MünchHdb AG/*Krieger* § 73 Rn 75; krit K. Schmidt/Lutter AktG/*Ziemons* Rn 2).

13

Vierter Teil
Ausschluss von Minderheitsaktionären

§ 327a Übertragung von Aktien gegen Barabfindung

(1) ¹Die Hauptversammlung einer Aktiengesellschaft oder einer Kommanditgesellschaft auf Aktien kann auf Verlangen eines Aktionärs, dem Aktien der Gesellschaft in Höhe von 95 vom Hundert des Grundkapitals gehören (Hauptaktionär), die Übertragung der Aktien der übrigen Aktionäre (Minderheitsaktionäre) auf den Hauptaktionär gegen Gewährung einer angemessenen Barabfindung beschließen. ²§ 285 Abs. 2 Satz 1 findet keine Anwendung.

(2) Für die Feststellung, ob dem Hauptaktionär 95 vom Hundert der Aktien gehören, gilt § 16 Abs. 2 und 4.

Übersicht

	Rn		Rn
I. Allgemeines	1	1. Allgemeines	6
1. Regelungsgegenstand	1	2. Anforderungen an die Hauptaktionärseigenschaft	7
2. Regelungszweck	2	a) Hauptaktionär	7
3. Verfassungsmäßigkeit des Squeeze-Out	3	b) Feststellung der Kapitalbeteiligung	9
II. Ähnliche Ausschlussverfahren	4	c) Zeitpunkt der Kapitalbeteiligung	12
1. Mehrheitseingliederung (§ 320)	4	3. Verlangen des Hauptaktionärs	13
2. Übertragende Auflösung	5	4. Beschluss der Hauptversammlung	16
3. Verschmelzungsrechtlicher Squeeze-out	5a	a) Beschlusserfordernis	16
III. Voraussetzungen des Minderheitenausschlusses	6	b) Beschlussgegenstand	18

§ 327a Übertragung von Aktien gegen Barabfindung

Literatur: *Baums* Ausschluss von Minderheitsaktionären, 2001; *ders* Der Ausschluss von Minderheitsaktionären nach §§ 327a ff AktG nF, WM 2001, 1843; *DAV-Handelsrechtsausschuss* Stellungnahme des Handelsrechtsausschusses des Deutschen Anwaltvereins eV zur Ergänzung des AktG durch einen Titel „Aktienerwerb durch den Hauptaktionär", NZG 1999, 850; *Dißars* Anfechtungsrisiken beim Squeeze-out – zugleich Analyse der bisherigen Rechtsprechung, BKR 2004, 389; *Ehricke/Roth* Squeeze-out im geplanten deutschen Übernahmerecht, DStR 2001, 1120; *Fleischer* Das neue Recht des Squeeze out, ZGR 2002, 757; *Fuhrmann* Das Freigabeverfahren bei Squeeze-out-Beschlüssen, Der Konzern 2004, 1; *Fuhrmann/Simon* Der Ausschluss von Minderheitsaktionären, Gestaltungsüberlegungen zur neuen Squeeze-out-Gesetzgebung, WM 2002, 1211; *Gesmann-Nuissl* Die neuen Squeezeout-Regeln im Aktiengesetz, WM 2002, 1205; *Grunewald* Die neue Squeeze-out-Regelung, ZIP 2002, 18; *Habersack* Der Finanzplatz Deutschland und die Rechte der Aktionäre, ZIP 2001, 1230; *Hohl/Auerbach* BB-RR zum Squeeze out 2009, BB 2010, 902; *Kiem* Das neue Übernahmegesetz: „Squeeze-out", 2001; *Kocher/Heydel* Aktienrechtlicher Squeeze out: Zeitpunkt des Anteilsbesitzerfordernisses und Möglichkeit eines Bestätigungsbeschlusses, BB 2012, 401; *Kort* Hauptaktionär nach § 327a Abs 1 Satz 1 AktG mittels Wertpapierdarlehen, AG 2006, 557; *Kossmann* Ausschluss („Freeze-out") von Aktionären gegen Barabfindung, NZG 1999, 1198; *Krause* Das neue Übernahmerecht, NJW 2002, 705; *Krieger* Squeeze-out nach neuem Recht: Überblick und Zweifelsfragen, BB 2002, 53; *Küting* Der Ausschluss von Minderheiten nach altem und neuem Recht – unter Berücksichtigung des „Squeeze-Out", DStR 2003, 838; *Land/Hasselbach* „Going Private" und „Squeeze-out" nach deutschem Aktien-, Börsen- und Übernahmerecht, DB 2000, 557; *von der Linden* OLG Hamburg: Verfassungsmäßigkeit des verschmelzungsrechtlichen Squeeze-out, GWR 2012, 324; *Markwardt* Squeeze-out: Anfechtungsrisiken in „Mißbrauchsfällen", BB 2004, 277; *Maslo* Zurechnungstatbestände und Gestaltungsmöglichkeiten zur Bildung eines Hauptaktionärs beim Ausschluss von Minderheitsaktionären (Squeeze-out), NZG 2004, 163; *Mertens* Der Auskauf von Minderheitsaktionären in gemeinschaftlich beherrschten Unternehmen, AG 2002, 377; *Pötzsch/Möller* Das künftige Übernahmerecht – Der Diskussionsentwurf des Bundesministeriums der Finanzen zu einem Gesetz zur Regelung von Unternehmensübernahmen und der Gemeinsame Standpunkt des Rates zur europäischen Übernahmerichtlinie, WM 2000, Sonderbeil Nr 2; *Roth* Die übertragende Auflösung nach Einführung des Squeeze-out, NZG 2003, 998; *Rühland* Der squeezeout nach dem RefE zum Wertpapiererwerbs- und Übernahmegesetz vom 12.3.2001, NZG 2001, 448; *Schockenhoff/Lumpp* Der verschmelzungsrechtliche Squeeze out in der Praxis, ZIP 2013, 749; *Schüppen* Übernahmegesetz ante portas!, WPg 2001, 958; *Sieger/Hasselbach* Der Ausschluss von Minderheitsaktionären nach den neuen §§ 327a ff AktG, ZGR 2002, 120; *Stephanblome* Gestaltungsmöglichkeiten beim verschmelzungsrechtlichen Squeeze-out, AG 2012, 814; *Vetter* Squeeze-out in Deutschland, ZIP 2000, 1817; *ders* Squeeze-out nur durch Hauptversammlungsbeschluss?, DB 2001, 743; *ders* Squeeze-out – Der Ausschluss der Minderheitsaktionäre aus der Aktiengesellschaft nach den §§ 327a–327f AktG, AG 2002, 176; *Wilhelm/Dreier* Beseitigung von Minderheitsbeteiligungen auch durch übertragende Auflösung einer AG?, ZIP 2003, 1369; *Wolf* Der Minderheitenausschluss qua „übertragender Auflösung" nach Einführung des Squeeze-out gemäß §§ 327a–f AktG, ZIP 2002, 153.

I. Allgemeines

1. Regelungsgegenstand. Das in §§ 327a–f geregelte Verfahren ermöglicht den **Ausschluss von Minderheitsaktionären** auf Betreiben eines Aktionärs, der unmittelbar oder mittelbar 95 % der Aktien hält, **gegen Gewährung einer Barabfindung**. Es handelt sich um ein **rechtliches Instrument eigener Art**, das – trotz der Tatsache, dass der Hauptaktionär aufgrund seiner Kapitalbeteiligungsquote ohnehin die Entscheidungsgewalt hat – Vorstand und HV einbezieht und rein gesellschaftsrechtlich ausgestaltet ist. Die Anwendung ist nicht auf börsennotierte Gesellschaften iSd § 3 Abs 2 oder ein vorangehendes Angebot nach dem WpÜG beschränkt. Der **Squeeze-Out** ist „konzernrechtsneutral"; eine Konzernierung ist weder Voraussetzung noch Folge des Ausschlusses.

2. Regelungszweck. Das Verfahren dient dem Interesse des Hauptaktionärs an einer Stärkung der unternehmerischen Flexibilität. 2

3. Verfassungsmäßigkeit des Squeeze-Out. Die viel diskutierte Frage der Verfassungsmäßigkeit der „Zwangsübertragung" des durch Art 14 GG geschützten Anteilseigentums dürfte entschieden sein (vgl ausf die RegBegr BT-Drucks 14/7034, 32; *BVerfG* NJW 2007, 3268, 3269; *BGH* AG 2005, 921; bestätigt in *BGH* NZG 2006, 905, ebda; *Dißars* BKR 2004, 389, 390 Fn 11 mN aus Rspr und Lehre; zur Verfassungsmäßigkeit eines Squeeze-Out nach § 12 FMStBG s *LG München I* AG 2011, 211; zust *Wieneke* EWiR 2012, 621; bestätigt durch *OLG München* WM 2011, 2048, 2052). Wie das *BVerfG* bereits für ähnliche Problemstellungen entschieden hat, stellt auch die Ermöglichung des Minderheitenausschlusses eine **zulässige Inhalts- und Schrankenbestimmung** iSd Art 14 Abs 1 S 2 GG dar (*BVerfGE* NJW 2001, 279, 280 – Moto Meter; bestätigt in *BVerfG* NJW 2007, 3268, 3269). 3

II. Ähnliche Ausschlussverfahren

1. Mehrheitseingliederung (§ 320). Die verfahrensrechtlichen Ausgestaltung der §§ 327a–f lehnt sich eng an die Eingliederung (§§ 319 ff) an RegBegr BT-Drucks 14/7034, 32). Wesentlicher Unterschied ist, dass die Mehrheitseingliederung ein Akt der Konzernierung ist, während der Squeeze-Out das Verhältnis zwischen Hauptaktionär und Gesellschaft unberührt lässt. § 320b Abs 1 S 2 und 3 sehen als Abfindung das Angebot von Aktien der Hauptgesellschaft vor, so dass sich die Problematik iE auf eine andere Konzernebene verlagert. Die Mehrheitseingliederung ist nur möglich, wenn eine AG mit Sitz im Inland Hauptgesellschaft ist (§ 320 Abs 1 S 1). Weiterer Nachteil gegenüber dem Squeeze-Out ist die zweifache Unternehmensbewertung (Haupt- und einzugliedernde Gesellschaft). 4

2. Übertragende Auflösung. Nach der – verfassungsrechtlich zulässigen (*BVerfG* NJW 2001, 279 – Moto Meter) – „übertragenden Auflösung" (Sale of Assets Squeeze-Out) beschließt die HV mit der Drei-Viertel-Mehrheit (§§ 179a Abs 1, 179 Abs 2 S 1) die Übertragung des Gesellschaftsvermögens auf eine andere Gesellschaft, um die Gesellschaft sodann aufzulösen (§ 262 Abs 1 Nr 2). IE scheiden die Minderheitsaktionäre gegen eine anteilige Beteiligung am Liquidationserlös aus der AG aus. Die Einführung der §§ 327a ff (mit dem wesentlich strengeren Mehrheitserfordernis von 95 %) hat an der Zulässigkeit der übertragenden Auflösung aufgrund der erheblichen Verfahrensunterschiede nichts geändert (Geibel/Süßmann WpÜG/*Grzimek* Rn 10; AnwK-AktR/*Heidel/Lochner* Vor §§ 327a ff Rn 10; einschränkend MünchKomm AktG/*Grunewald* Vor § 327a Rn 12; *Roth* NZG 2003, 998, 999; *Wolf* ZIP 2002, 153; **aA** *Wilhelm/Dreier* ZIP 2003, 1369, 1373), macht sie aber bei solchen Fallkonstellationen bedeutungslos, da das Verfahren steuerrechtlich nachteilig und wg der Möglichkeit einer auf die Unangemessenheit des Gesamtkaufpreises gestützten Klage und der Einhaltung des Sperrjahres (§ 272 Abs 1) sehr langwierig ist (vgl *Küting* DStR 2003, 838 ff). 5

5a **3. Verschmelzungsrechtlicher Squeeze-out.** Neu eingeführt wurde mit dem 3. UmwÄndG vom 11.077.2011 (BGBl I 2011, 1338) in § 62 Abs 5 UmwG ein Squeeze-Out Verfahren bei anschließender Verschmelzung mit auf 90 % abgesenkter Schwelle (s hierzu auch *Schockenhoff/Lumpp* ZIP 2013, 749). Verfassungsrechtliche Bedenken gegen den verschmelzungsrechtlichen Ausschluss der Minderheit bestehen nicht, weil das Interesse der Muttergesellschaft, die Konzernstruktur zu vereinfachen legitim ist und das Vermögensinteresse der Minderheitsaktionäre durch die Sicherstellung des Wertersatzes für ihre Aktien gewahrt wird (*OLG Hamburg* AG 2012, 639, 641; *von der Linden* GWR 2012, 324; für weit reichende Gestaltungsfreiheit auch *Stephanblome* AG 2012, 814).

III. Voraussetzungen des Minderheitenausschlusses

6 **1. Allgemeines.** § 327a enthält die Grundvoraussetzungen des Minderheitenausschlusses. Zentrales Element ist der HV-Beschluss, der durch ein „**Verlangen**" des **Hauptaktionärs** in die Wege geleitet wird. § 327b betrifft Höhe und Sicherung der Abfindungszahlung. §§ 327c und d enthalten zur besseren Information der Minderheitsaktionäre bes Anforderungen an die Vorbereitung und Durchführung der HV. § 327e regelt die für den Aktienerwerb konstitutive Eintragung des Beschl in das HR. Zur Vermeidung von Verfahrensverzögerungen bei Bewertungsfehlern schränkt § 327f die Anfechtbarkeit des Beschl zugunsten des Spruchverfahrens ein.

7 **2. Anforderungen an die Hauptaktionärseigenschaft. – a) Hauptaktionär.** Hauptaktionär ist gem der Legaldefinition des Abs 1 S 1 jeder Aktionär einer AG oder KGaA (Börsennotierung nicht erforderlich), dem Aktien iHv 95 % des Grundkapitals gehören. Aufgrund der Sonderregelung des § 12 Abs 4 S 1 FMStBG genügen bei Squeeze Out Verfahren, die durch den Finanzmarktstabilisierungsfonds betrieben werden, bereits 90 % des Grundkapitals.

8 Gleichgültig ist, auf welche Weise die Beteiligung zustande kam (zur **Diskussion über eine rechtsmissbräuchliche Beschaffung** der 95 %-Beteiligung s *BGH* v 16.3.2009 – HZR 302/06, BB 2009, 1318; *Hohl/Auerbach* BB 2010, 902 ff); Beispiele sind der Paketerwerb, die Kapitalerhöhung mit Bezugsrechtsausschluss oder ein Angebot nach dem WpÜG (§ 39a Abs 6 WpÜG schränkt die Anwendung der §§ 327a ff nur in zeitlicher Hinsicht ein, vgl § 39a WpÜG Rn 8). Auch die Rechtsform des Hauptaktionärs spielt keine Rolle; es kann sich um eine natürliche bzw jur Person, eine rechtsfähige Gesellschaft einschließlich der GbR oder eine bloße Gütergemeinschaft handeln. Auch die Erbengemeinschaft ist nicht ausgenommen (*Emmerich/Habersack* Aktien- und GmbH-KonzernR § 327c Rn 5; *Hüffer* AktG Rn 7; **aA** AnwK-AktR/*Heidel/Lochner* Rn 3a). Beteiligungspools und Konsortien haben Aktionärseigenschaft, wenn die Aktien tatsächlich dem Gesellschaftsvermögen zugeordnet sind (MünchKomm AktG/*Grunewald* Rn 5; *Maslo* NZG 2004, 163, 165). Ein inländischer Wohn- oder Verwaltungssitz muss nicht bestehen.

9 **b) Feststellung der Kapitalbeteiligung.** Für die Berechnung der Beteiligungshöhe verweist Abs 2 auf § 16 Abs 2 und 4. Maßgeblich ist bei Nennbetragsaktien (§ 8 Abs 2) das Verhältnis des Gesamtnennbetrags der Aktien des Hauptaktionärs zum nominellen Grundkapital; bei Stückaktien (§ 8 Abs 3) das zahlenmäßige Verhältnis der Aktien (§ 16 Abs 2 S 1). Eigene und von einem Dritten für Rechnung der Gesellschaft gehaltene Aktien sind vom Grundkapital abzuziehen (§ 16 Abs 2 S 2 und 3); nicht aber die von einem abhängigen oder im Mehrheitsbesitz stehenden Unternehmen gehaltenen Aktien (anders: § 71d S 2; KölnKomm AktG/*Koppensteiner* § 16 Rn 18; **aA** Köln-Komm WpÜG/*Hasselbach* Rn 35).

Dem Hauptaktionär "gehören" zunächst die in seinem Eigentum stehenden Aktien. **10** Eine Differenzierung nach der Aktiengattung findet – anders als iRd § 39a Abs 1 WpÜG (s dort Rn 3) – nicht statt; bei der Berechnung der Kapitalbeteiligung sind daher sowohl Stimmrechtsaktien als auch stimmrechtlose Vorzugsaktien zu berücksichtigen (KölnKomm WpÜG/*Hasselbach* Rn 33; *Fuhrmann/Simon* WM 2002, 1211, 1212). Weder der Erwerbsgrund noch die Dauerhaftigkeit des Erwerbs spielen eine Rolle; Abs 1 setzt allein die formale Eigentümerstellung voraus (*BGHZ* 180, 154, 157 f – „Wertpapierdarlehen"). Daher kann der Hauptaktionär die Aktien auch als Sicherungseigentümer halten; ebenso kann dem Aktienerwerb eine Wertpapierleihe zugrunde liegen (§ 607 BGB), aufgrund derer der Hauptaktionär als Entleiher das Eigentum erwirbt und zur Rückübereignung von Wertpapieren gleicher Art und Güte nach Ablauf der Leihfrist verpflichtet ist (*BGH* aaO; *Hasselbach* aaO Rn 27; *Hüffer* AktG Rn 12; *Kort* AG 2006, 557 ff; **aA** *LG Landshut* AG 2006, 513; *Baums* WM 2001, 1843, 1846 f); auch eine Verpfändung der Aktien durch den Hauptaktionär ändert nichts an dessen Eigentümer- und damit Aktionärsstellung iSd § 327a (*OLG München* ZIP 2009, 416, 419). Schuldrechtliche Ansprüche, wie Wandelschuldverschreibungen und Optionsrechte, bleiben außer Betracht (str, s § 327b Rn 6).

Große praktische Bedeutung hat der Verweis auf § 16 Abs 4, da durch die **Zurechnung** **11** **mittelbaren Anteilsbesitzes** ein langwieriges und kostspieliges „Umhängen" von Beteiligungen in konzernintegrierten AGs vermieden wird (RegBegr BT-Drucks 14/ 7034, 72; *DAV-Handelsrechtsausschuss* NZG 1999, 850, 851). Zuzurechnen sind Aktien, die von einem **abhängigen Unternehmen** (§ 17) oder von einem für Rechnung des Hauptaktionärs handelnden Unternehmen (bspw **Treuhand-, Geschäftsbesorgungs- oder Kommissionsvertrag**) bzw für Rechnung eines von ihm abhängigen Unternehmens gehalten werden. Aktien im Privatvermögen eines Einzelkaufmanns („sonstiges Vermögen") zählen ebenfalls mit. Die Zurechnung gem § 16 Abs 4 setzt nicht voraus, dass der Hauptaktionär ein Unternehmen im konzernrechtlichen Sinne ist. Vielmehr profitiert auch ein Privataktionär, der die Voraussetzungen der konzernrechtlichen Unternehmensstellung nicht erfüllt, von der Zurechnung der von einer weiteren Gesellschaft, deren Mehrheitsgesellschafter er ist, gehaltenen Aktien (*Maslo* NZG 2004, 163, 166). Es wird immer der gesamte Anteilsbesitz zugerechnet; eine Herabsetzung, etwa pro rata im Verhältnis seiner Beteiligung, kommt nicht in Betracht (*OLG Stuttgart* AG 2009, 204, 206; *OLG Hamburg* AG 2003, 696, 697; *LG München I* AG 2009, 632, 633 mwN; *Emmerich/Habersack* Aktien- und GmbH-Konzernr Rn 17 Fn 72). § 16 Abs 4 erlaubt das Erreichen der Beteiligungsschwelle allein durch mittelbaren Anteilsbesitz; der Wortlaut des § 327a Abs 1 S 1 („Aktionär") setzt nicht voraus, dass mindestens eine Aktie unmittelbar gehalten wird (*OLG Stuttgart* aaO 207 mwN; *OLG Köln* AG 2004, 39, 41; Spindler/Stilz AktG/*Singhof* Rn 17; *Fleischer* ZGR 2002, 757, 775; *Maslo* aaO 168; *Sieger/Hasselbach* ZGR 2002, 120, 134; **aA** MünchKomm AktG/*Grunewald* Rn 7; *Habersack* aaO Rn 17). Halten aufgrund der Zurechnung nach § 16 Abs 4 mehrere Unternehmen eine Beteiligung von 95 %, ist jedes zur Einleitung des Squeeze Out berechtigt (*Grunewald* aaO; *Habersack* aaO; KölnKomm WpÜG/*Hasselbach* Rn 29: Prioritätsgrundsatz).

12 **c) Zeitpunkt der Kapitalbeteiligung.** Umstr ist, ob der Begriff des Hauptaktionärs durchgängig iSd Legaldefinition des Abs 1 S 1 gebraucht wird. Jedenfalls im Zeitpunkt der Beschlussfassung als zentralem Element des Verfahrens und Grundlage der gerichtlichen Überprüfung muss die Kapitalbeteiligung von 95 % vorliegen (unstr); ansonsten ist der Beschl anfechtbar (str, s § 327f Rn 6). Verbreitet wird das **Erreichen der Beteiligungsschwelle** bereits zur Verfahrenseinleitung vorausgesetzt (*BGH* WM 2011, 1032, 1036; *OLG Düsseldorf* AG 2009, 535, 536; *OLG Düsseldorf* NZG 2004, 328, 331; *Emmerich/Habersack* Aktien- und GmbH-KonzernR Rn 17; *Sieger/Hasselbach* ZGR 2002, 120, 138; **aA** *Kocher/Heydel* BB 2012, 401, 403; *Dißars* BKR 2004, 389, 391; MünchKomm AktG/*Grunewald* Rn 10). Dieser Auffassung ist zu folgen, da die Verpflichtung der AG zur Einberufung der HV auf dem durch die Kapitalbeteiligung vermittelten Gestaltungsrecht des Hauptaktionärs beruht (so auch *BGH* aaO). Auch ist nicht verständlich, warum die AG, die schließlich die Kosten für die Einberufung der HV trägt, mit dem Risiko der Durchführbarkeit der HV belastet werden sollte. Der Aktienübergang erfolgt mit Beschlusseintragung ohne weitere Voraussetzungen (§ 327e Abs 3 S 1), so dass ein Absinken der Kapitalbeteiligung nach Beschlussfassung folgenlos ist (*OLG München* NZG 2009, 506, 508; *LG München I* NZG 2009, 143, 145; *Grunewald* aaO Rn 9; *Sieger/Hasselbach* aaO 138 f; K. Schmidt/ Lutter AktG/*Schnorbus* Rn 15; **aA** *Fuhrmann/Simon* WM 2002, 1211, 1212; Spindler/ Stilz AktG/*Singhof* Rn 18; *Habersack* aaO Rn 18).

13 **3. Verlangen des Hauptaktionärs.** Der Minderheitenausschluss wird durch eine auf Beschlussfassung gerichtete, formlos gültige (*OLG Stuttgart* AG 2009, 204, 207; *LG München I* AG 2008, 904, 906) **Willenserklärung** des Hauptaktionärs in die Wege geleitet. Aus Beweisgründen empfiehlt sich die Schriftform. Außerdem ist es üblich, das Verlangen des Hauptaktionärs in Kopie als Anlage zum Bericht des Hauptaktionärs aufzunehmen. Erklärungsempfänger ist der Vorstand, § 78 Abs 2 S 2 ist anwendbar. Das Verlangen kann ab Eintragung der Gesellschaft im HR und bis zu ihrer Beendigung geäußert werden; die Auflösung gem § 262 steht nicht entgegen (*BVerfG* AG 2008, 27 f, m Anm *Zetzsche* EWiR 2008, 163 f; MünchKomm AktG/*Grunewald* Rn 4; *Hüffer* AktG Rn 6; **aA** KölnKomm AktG/*Koppensteiner* Rn 2). Es kann auch mit einem Widerrufsvorbehalt versehen werden (*LG Frankfurt/Main* ZIP 2008, 1183). In der Praxis ist zu beobachten, dass zunächst ein Verlangen an den Vorstand gerichtet wird, das die Höhe der Barabfindung noch nicht nennt. Diese steht erst nach Bewertung des Unternehmens und Prüfung durch den sachverständigen Prüfer fest. Nachdem die Unternehmensbewertung abgeschlossen ist und der Hauptaktionär die Höhe der Barabfindung beschlossen hat, kann der Hauptaktionär ein konkretisiertes Verlangen an den Vorstand richten.

14 Die Erklärung des Hauptaktionärs verpflichtet die Gesellschaft zur **Einberufung der HV** (§ 121 Abs 1, 2); eine selbstständige Verpflichtung des Vorstands wird nicht begründet (str, ebenso MünchKomm AktG/*Grunewald* Rn 12; **aA** KölnKomm WpÜG/*Hasselbach* Rn 45). Es reicht aus, wenn die **Aktienübertragung zum Gegenstand der Tagesordnung** (§ 121 Abs 3 S 2) der nächsten ordentlichen HV gemacht wird. Auf Verlangen des Hauptaktionärs ist die AG aber ebenso zur Einberufung einer außerordentlichen HV verpflichtet; die Einberufung kann nicht mit dem fehlenden Gesellschaftsinteresse an der sofortigen Beschlussfassung abgelehnt werden (im Grundsatz ebenso, aber bei mangelndem Interesse der Gesellschaft eine Kostentragungspflicht des Hauptaktionärs annehmend: *OLG Stuttgart* AG 2009, 204, 210;

Spindler/Stilz AktG/*Singhof* Rn 19; *Emmerich/Habersack* Aktien- und GmbH-KonzernR Rn 20; **aA** *Grunewald* aaO). Bleibt der Vorstand untätig, kann der Hauptaktionär nach § 122 vorgehen.

§ 327a befreit **Vorstand und AR** nicht von der Pflicht, gem § 124 Abs 3 S 1 einen **Vorschlag zur Beschlussfassung** zu unterbreiten (*Emmerich/Habersack* Aktien- und GmbH-KonzernR Rn 20; *Hüffer* AktG Rn 8; nach **aA** ist der Vorschlag entspr § 124 Abs 3 S 3 entbehrlich, KölnKomm AktG/*Hasselbach* WpÜG § 327c Rn 5; Spindler/Stilz AktG/*Singhof* Rn 19). Der Vorstand muss das Vorhaben des Hauptaktionärs in der Sache nicht unterstützen, er bleibt bei seiner Entsch gem § 76 Abs 1 allein dem Unternehmensinteresse verpflichtet, das dem Interesse des Hauptaktionärs an einer vereinfachten Unternehmensführung jedoch regelmäßig entsprechen wird. 15

4. Beschluss der Hauptversammlung. – a) Beschlusserfordernis. Zur Beschlussfassung genügt mangels anderweitiger Regelung die **einfache Mehrheit** (§ 133 Abs 1). Der Hauptaktionär ist selbst stimmberechtigt (unstr); da bei der Berechnung der Beteiligungsschwelle auch stimmrechtslose Aktien Berücksichtigung finden, ist ein Auseinanderfallen von **Kapitalmehrheit und Stimmmehrheit** denkbar, wenn stimmrechtslose Vorzugsaktien den wesentlichen Teil der Aktien des Hauptaktionärs ausmachen (s Rn 11). Soweit kein diesbezügliches Zustimmungserfordernis in den Gesellschaftsdokumenten niedergelegt, muss die Haupt- bzw Gesellschafterversammlung des Hauptaktionärs über das Übertragungsverlangen nicht beschließen, da es sich um eine reine Geschäftsführungsmaßnahme handelt (KölnKomm WpÜG/*Hasselbach* Rn 48; *Steinmeyer/Häger* WpÜG, 1. Aufl, Rn 18). 16

Gem Abs 1 S 2 ist in Abweichung von § 285 Abs 2 S 1 die **Zustimmung der persönlich haftenden Gesellschafter einer KGaA** zur Durchführung des Squeeze Out **nicht erforderlich**. Die Bestimmung hat nach hM nur klarstellende Bedeutung, da der Ausschluss der Kommanditaktionäre nur das Verhältnis der Gesellschafter untereinander, nicht aber die Gesellschaft an sich betrifft (RegBegr BT-Drucks 14/7034, 72; MünchKomm AktG/*Grunewald* Rn 30; Spindler/Stilz AktG/*Singhof* Rn 21; aA KölnKomm WpÜG/ *Hasselbach* Rn 60). 17

b) Beschlussgegenstand. Gegenstand des Beschl ist die Übertragung der Aktien der Minderheitsaktionäre auf den Hauptaktionär gegen Gewährung einer bestimmten Barabfindung (vgl Abs 1 S 1). Konkretisierungen ergeben sich aus § 327c Abs 1. Zweckmäßig ist die möglichst bestimmte Bezeichnung der abzufindenden Aktionäre, da der Begriff des Minderheitsaktionärs mitunter problematisch ist (s § 327b Rn 5 ff). Ein Sonderbeschluss einzelner Aktiengattungen ist nicht erforderlich (*Hüffer* AktG Rn 11; mit Bedenken LG Frankfurt/Main NZG 2004, 672, 675). 18

Eine materielle Beschlusskontrolle findet nicht statt (**hM** vgl nur *OLG Düsseldorf* AG 2004, 207, 209; *OLG Köln* AG 2004, 39, 40). 19

Anhang zu § 327a
§§ 39a – 39c WpÜG

§ 39a Ausschluss der übrigen Aktionäre

(1) ¹Nach einem Übernahme- oder Pflichtangebot sind dem Bieter, dem Aktien der Zielgesellschaft in Höhe von mindestens 95 Prozent des stimmberechtigten Grundkapitals gehören, auf seinen Antrag die übrigen stimmberechtigten Aktien gegen Gewährung einer angemessenen Abfindung durch Gerichtsbeschluss zu übertragen. ²Gehören dem Bieter zugleich Aktien in Höhe von 95 Prozent des Grundkapitals der Zielgesellschaft, sind ihm auf Antrag auch die übrigen Vorzugsaktien ohne Stimmrecht zu übertragen.

(2) Für die Feststellung der erforderlichen Beteiligungshöhe nach Absatz 1 gilt § 16 Abs. 2 und 4 des Aktiengesetzes entsprechend.

(3) ¹Die Art der Abfindung hat der Gegenleistung des Übernahme- oder Pflichtangebots zu entsprechen. ²Eine Geldleistung ist stets wahlweise anzubieten. ³Die im Rahmen des Übernahme- oder Pflichtangebots gewährte Gegenleistung ist als angemessene Abfindung anzusehen, wenn der Bieter auf Grund des Angebots Aktien in Höhe von 90 Prozent des vom Angebot betroffenen Grundkapitals erworben hat. ⁴Die Annahmequote ist für stimmberechtigte Aktien und stimmrechtslose Aktien getrennt zu ermitteln.

(4) ¹Ein Antrag auf Übertragung der Aktien nach Absatz 1 muss innerhalb von drei Monaten nach Ablauf der Annahmefrist gestellt werden. ²Der Bieter kann den Antrag stellen, wenn das Übernahme- oder Pflichtangebot in einem Umfang angenommen worden ist, dass ihm beim späteren Vollzug des Angebots Aktien in Höhe des zum Ausschluss mindestens erforderlichen Anteils am stimmberechtigten oder am gesamten Grundkapital der Zielgesellschaft gehören werden.

(5) Über den Antrag entscheidet ausschließlich das Landgericht Frankfurt am Main.

(6) Die §§ 327a bis 327f des Aktiengesetzes finden nach Stellung eines Antrags bis zum rechtskräftigen Abschluss des Ausschlussverfahrens keine Anwendung.

§ 39b Ausschlussverfahren

(1) Auf das Verfahren für den Ausschluss nach § 39a ist das Gesetz über das Verfahren in Familiensachen und in den Angelegenheiten der freiwilligen Gerichtsbarkeit anzuwenden, soweit in den nachfolgenden Absätzen nichts anderes bestimmt ist.

(2) Das Landgericht hat den Antrag auf Ausschluss nach § 39a in den Gesellschaftsblättern bekannt zu machen.

(3) ¹Das Landgericht entscheidet durch einen mit Gründen versehenen Beschluss. ²Der Beschluss darf frühestens einen Monat seit Bekanntmachung der Antragstellung im Bundesanzeiger und erst dann ergehen, wenn der Bieter glaubhaft gemacht hat, dass ihm Aktien in Höhe des zum Ausschluss mindestens erforderlichen Anteils am

stimmberechtigten oder am gesamten Grundkapital der Zielgesellschaft gehören. ³Gegen die Entscheidung des Landgerichts findet die Beschwerde statt; sie hat aufschiebende Wirkung.

(4) ¹Das Landgericht hat seine Entscheidung dem Antragsteller und der Zielgesellschaft sowie den übrigen Aktionären der Gesellschaft, sofern diese im Beschlussverfahren angehört wurden, zuzustellen. ²Es hat die Entscheidung ferner ohne Gründe in den Gesellschaftsblättern bekannt zu geben. ³Die Beschwerde steht dem Antragsteller und den übrigen Aktionären der Zielgesellschaft zu. ⁴Die Beschwerdefrist beginnt mit der Bekanntmachung im Bundesanzeiger, für den Antragsteller und für die übrigen Aktionäre, denen die Entscheidung zugestellt wurde, jedoch nicht vor Zustellung der Entscheidung.

(5) ¹Die Entscheidung ist erst mit Rechtskraft wirksam. ²Sie wirkt für und gegen alle Aktionäre. ³Mit rechtskräftiger Entscheidung gehen alle Aktien der übrigen Aktionäre auf den zum Ausschluss berechtigten Aktionär über. ⁴Sind über diese Aktien Aktienurkunden ausgegeben, so verbriefen sie bis zu ihrer Aushändigung nur den Anspruch auf eine angemessene Abfindung. ⁵Der Vorstand der Zielgesellschaft hat die rechtskräftige Entscheidung unverzüglich zum Handelsregister einzureichen.

(6) ¹Das Gericht ordnet an, dass die Kosten der Antragsgegner, die zur zweckentsprechenden Erledigung der Angelegenheit notwendig waren, ganz oder zum Teil vom Antragsteller zu erstatten sind, wenn dies der Billigkeit entspricht. ²Gerichtskosten für das Verfahren erster Instanz können dem Antragsgegner nicht auferlegt werden.

§ 39c Andienungsrecht

¹Nach einem Übernahme- oder Pflichtangebot können die Aktionäre einer Zielgesellschaft, die das Angebot nicht angenommen haben, das Angebot innerhalb von drei Monaten nach Ablauf der Annahmefrist annehmen, sofern der Bieter berechtigt ist, einen Antrag nach § 39a zu stellen. ²Erfüllt der Bieter seine Verpflichtungen nach § 23 Abs. 1 Satz 1 Nr. 4 oder Satz 2 nicht, beginnt die in Satz 1 genannte Dreimonatsfrist erst mit der Erfüllung der Verpflichtungen zu laufen.

Übersicht

	Rn		Rn
I. Normzweck und Entstehungsgeschichte	1	2. Abfindung (§ 39a Abs 3 WpÜG)	9
II. Squeeze-Out (§ 39a WpÜG)	2	a) Allgemeines	9
1. Anwendbarkeit	2	b) Angemessenheitsvermutung	10
a) Übernahme- oder Pflichtangebot	2	c) Abfindungsart	14
		III. Verfahren (§ 39b WpÜG)	15
b) Ausschlussmehrheit	3	1. Allgemeines	15
c) Verhältnis zum aktienrechtlichen Squeeze-Out (§ 39a Abs 6 WpÜG)	8	2. Verfahrenseinleitung	16
		3. Gerichtliches Verfahren	18
		4. Kosten	21
		IV. Sell-Out (§ 39c WpÜG)	22

Anh § 327a/§§ 39a – 39c WpÜG

Literatur: *Austmann/Mennicke* Übernahmerechtlicher Squeeze-out und Sell-out, NZG 2004, 846; *DAV-Handelsrechtsausschuss* Stellungnahme zum Diskussionsentwurf eines Gesetzes zur Umsetzung der Übernahmerichtlinie, NZG 2006, 177, 217; *Grunewald* Die Vereinbarkeit der Angemessenheitsvermutung von § 39a III 3 WpÜG mit höherrangigem Recht, NZG 2009, 332; *Hasselbach* Das Andienungsrecht von Minderheitsaktionären nach der EU-Übernahmerichtlinie, ZGR 2005, 387; *ders* Verfahrensfragen des übernahmerechtlichen Squeeze out, BB 2010, 2842; *Heidel/Lochner* Verfassungswidrigkeit der Squeeze-out-Regelungen der umzusetzenden Übernahmerichtlinie, DB 2005, 2564; *Hopt/Mülbert/Kumpan* Reformbedarf im Übernahmerecht, AG 2005, 109; *von Kann/Just* Der Regierungsentwurf zur Umsetzung der europäischen Übernahmerichtlinie, DStR 2006, 328; *Krause* Der Kommissionsvorschlag für die Revitalisierung der EU-Übernahmerichtlinie, BB 2002, 2341; *ders* BB-Europareport: Die EU-Übernahmerichtlinie – Anpassungsbedarf im Wertpapierwerbs- und Übernahmegesetz, BB 2004, 113; *Maul/Muffat-Jeandet* Die EU-Übernahmerichtlinie – Inhalt und Umsetzung in nationales Recht (Teil II), AG 2004, 306; *Merkner/Sustmann* BGH beendet Streit über die Berücksichtigung von Nacherwerben bei der Ermittlung des erforderlichen Aktienbesitzes für übernahmerechtlichen Squeeze-out, NZG 2013, 374; *Merkt/Binder* Änderungen im Übernahmerecht nach Umsetzung der EG-Übernahmerichtlinie: Das deutsche Umsetzungsgesetz und verbleibende Problemfelder, BB 2006, 1285; *Mülbert* Umsetzungsfragen der Übernahmerichtlinie – erheblicher Änderungsbedarf bei den heutigen Vorschriften des WpÜG, NZG 2004, 633; *Nagel* Der übernahmerechtliche Squeeze-out bei Schwellenwerterreichung durch Nacherwerbe jenseits der (weiteren) Annahmefrist, AG 2009, 393; *Ott* Der übernahmerechtliche Squeeze-out gemäß §§ 39a f WpÜG, WM 2008, 384; *Posdziech* Zur Rechtsnatur der Angemessenheitsvermutung beim übernahmerechtlichen Squeeze-Out, WM 2010, 787; *Rühland* Der übernahmerechtliche Squeeze-out im Regierungsentwurf des Übernahmerichtlinie-Umsetzungsgesetzes, NZG 2006, 401; *Schüppen* WpÜG-Reform: Alles Europa, oder was?, BB 2006, 165; *Seibt/Heiser* Der neue Vorschlag einer EU-Übernahmerichtlinie und das deutsche Übernahmerecht, ZIP 2002, 2193; *dies* Analyse der EU-Übernahmerichtlinie und Hinweise für eine Reform des deutschen Übernahmerechts, ZGR 2005, 200; vgl auch die Nachweise zu §§ 327a–f.

I. Normzweck und Entstehungsgeschichte

1 §§ 39a–c WpÜG wurden mit Wirkung zum 14.7.2006 in **Umsetzung** von Art 15 und 16 der **Übernahmerichtlinie** 2004/25/EG vom 21.4.2004 eingeführt (Übernahmerichtlinie-Umsetzungsgesetz vom 8.7.2006, BGBl I S 1426). §§ 39a, b WpÜG normieren ein kapitalmarktrechtliches Squeeze Out, das im Unterschied zu §§ 327a ff zwingend an ein Übernahme- oder Pflichtangebot anknüpft und nur in der börsennotierten AG bzw KGaA durchgeführt werden kann. Grundgedanke dieses Minderheitenausschlusses ist die Entschädigung des Bieters für die mit dem Erwerbsangebot verbundenen Kosten und Risiken (*Seibt/Heiser* ZIP 2002, 2193, 2200) sowie die Erleichterung von Unternehmensumstrukturierungen nach der Übernahme (RegBegr BT-Drucks 16/1003, 14). Die Neuregelung eröffnet dem Bieter eine weitere Möglichkeit zum Erwerb der restlichen Aktien der Zielgesellschaft und verspricht ein gegenüber den aktienrechtlichen Vorschriften (§§ 327a ff) zügigeres und kostengünstigeres Verfahren. Wesentliche Vorteile sind die Aktienübertragung auf der Grundlage einer Gerichtsentscheidung ohne aufwändige Beteiligung der HV und das Verzögerungspotential des HV-Beschlusses (s Rn 15) sowie die Orientierung der Abfindungshöhe an der im Vorfeld angebotenen Gegenleistung, die eine kostspielige Unternehmensbewertung in bestimmten Fällen (s Rn 10) entbehrlich macht. Spiegelbildlich zum Squeeze Out des Bieters sind die Minderheitsaktionäre unter den Voraussetzungen des § 39a WpÜG zur Andienung ihrer Aktien berechtigt (Sell-Out, § 39c WpÜG).

II. Squeeze-Out (§ 39a WpÜG)

1. Anwendbarkeit. – a) Übernahme- oder Pflichtangebot. Im Unterschied zu § 327a kann der übernahmerechtliche Squeeze-Out nur im Anschluss an ein Übernahme- oder Pflichtangebot (§§ 29, 35 WpÜG) durchgeführt werden (§ 39a Abs 1 S 1 WpÜG). Ein vorausgehendes Aufstockungsangebot, das aus einer bestehenden Kontrollmehrheit heraus erfolgt, genügt nicht (RegBegr BT-Drucks 16/1003, 21); die Funktion des übernahmerechtlichen Squeeze-Out als Gegenstück zum Pflichtangebot bzw als Maßnahme zur Stärkung der Attraktivität von Übernahmeangeboten ist auf derartige Erwerbsangebote nicht übertragbar (ähnlich *Seibt/Heiser* ZGR 2005, 200, 242). Der Bieter eines Aufstockungsangebots kann den Ausschluss der verbleibenden Aktionäre daher nur gem §§ 327a ff oder in einem ähnlichen Verfahren (s § 327a Rn 4 f) erreichen. In zeitlicher Hinsicht wird der Anwendungsbereich dadurch begrenzt, dass das Ausschlussrecht innerhalb von drei Monaten nach Ablauf der Annahmefrist ausgeübt werden muss (§ 39a Abs 4 S 1 WpÜG).

b) Ausschlussmehrheit. § 39a Abs 1 WpÜG geht von einem **Ausschluss der stimmberechtigten Aktien** der Zielgesellschaft aus (S 1); der Ausschluss auch der **stimmrechtslosen Aktien** ist an **zusätzliche Voraussetzungen** gebunden (S 2). Die gesetzliche Unterscheidung zwischen Stimmrechtsaktien und Vorzugsaktien beruht darauf, dass sich die Vorgaben der RL auf den Ausschluss stimmberechtigter Wertpapiere beschränken (vgl Art 2 Abs 1 lit e; *Seibt/Heiser* ZIP 2002, 2193, 2202; *Hopt/Mülbert/Kumpan* AG 2005, 109, 116). Der Ausschluss der Vorzugsaktionäre musste daher ausdrücklich geregelt werden, um dem Bieter die Stellung des Alleinaktionärs zu ermöglichen (RegBegr BT-Drucks 16/1003, 21). Ein gattungsbezogener Squeeze-Out iSv Art 15 Abs 3 S 2 der Richtlinie wurde damit nicht geschaffen (*DAV-Handelsrechtsausschuss* NZG 2006, 217, 219; aA RegBegr aaO), da der Ausschluss der Vorzugsaktionäre nicht gesondert, sondern nur bei gleichzeitigem Ausschluss der Stammaktionäre zulässig ist („auch").

Der **Ausschluss der stimmberechtigten Aktionäre** der Zielgesellschaft setzt eine Beteiligungsquote des Bieters iHv 95 % bezogen auf das stimmberechtigte Grundkapital voraus; zum relevanten Zeitpunkt su Rn 17. Aufgrund der Sonderregelung des § 12 Abs 3 Nr 1 FMStBG genügen bei Squeeze-Out-Verfahren, die durch den Finanzmarktstabilisierungsfonds betrieben werden, bereits 90 % des Grundkapitals. Die Bezugnahme auf das stimmberechtigte Kapital entspricht der Richtlinienvorgabe (Art 15 Abs 2 S 2 lit a) mit der Einschränkung, dass § 39a Abs 1 S 1 WpÜG den Anteil des Bieters an den Stimmrechten der Zielgesellschaft nicht zusätzlich berücksichtigt. Dies ist sachgerecht, da sich der Stimmrechtsanteil und der Anteil am stimmberechtigten Grundkapital aufgrund der Abschaffung der Mehrstimmrechte (§ 12 Abs 2) und Höchststimmrechte bei börsennotierten Gesellschaften (§ 134 Abs 1 S 2, § 5 Abs 7 EGAktG) idR entsprechen (vgl RegBegr BT-Drucks 16/1003, 21). Die Heranziehung des Grundkapitals als Bezugsgröße für den Ausschluss der stimmberechtigten Aktionäre war dem Gesetzgeber wg Art 15 Abs 2 S 3 der Übernahmerichtlinie versagt (*Austmann/Mennicke* NZG 2004, 846; aA *Krause* BB 2004, 113, 118).

Der **Ausschluss auch der (stimmrechtslosen) Vorzugsaktionäre** ist möglich, wenn dem Bieter sowohl 95 % des stimmberechtigten Grundkapitals als auch 95 % des gesamten Grundkapitals gehören. Die Bezugnahme auf das Grundkapital entspricht § 327a und ist mit Art 15 Abs 2 S 3 der Richtlinie vereinbar, da die Höchstgrenze von 95 % des stimmberechtigten Kapitals nicht überschritten wird (RegBegr BT-Drucks 16/1003, 21). Das Erreichen des Schwellenwerts für das stimmberechtigte Grundkapital wird von der Übernahmerichtlinie auch für den Squeeze-Out in anderen Aktiengattungen vorausgesetzt (RegBegr aaO).

6 Mit der Festlegung der **Beteiligungsquote auf 95 %** hat sich der Gesetzgeber für die Obergrenze der Übernahmerichtlinie (Art 15 Abs 2 S 3) und eine **Angleichung an § 327a** entschieden. Dies ist angesichts der höchstrichterlichen Rspr zur Verfassungsmäßigkeit des Ausschlusses einer Restbeteiligung von 5 % nur sinnvoll (*DAV-Handelsrechtsausschuss* NZG 2006, 217, 219).

7 § 39a Abs 1 WpÜG setzt nicht voraus, dass die zum Ausschluss berechtigende Beteiligung aufgrund des Angebots erworben wurde (*Ott* WM 2008, 384, 387). Der Bieter kann das übernahmerechtliche Squeeze-Out daher auch dann durchführen, wenn er die erforderliche Beteiligungsquote erst durch Individualvereinbarungen (zB Paketerwerbe) mit den Aktionären erreicht hat. Allerdings können „allenfalls" **Erwerbe bis zum Ablauf der erweiterten Annahmefrist** gem § 16 Abs 2 WpÜG **berücksichtigt** werden (*BGH* WM 2013, 303, 305 offen lassend, ob die erforderliche Beteiligungsquote bereits innerhalb der ursprünglichen Annahmefrist erreicht sein muss). Obwohl gute Gründe dafür sprechen, den Drei-Monats-Zeitraum nach Ablauf der Annahmefrist (§ 39a Abs 4 S 1 WpÜG) und vor Antragstellung ausreichen zu lassen (so die Voraufl; RegBegr BT-Drucks 16/1003, 21; ebenso *OLG Frankfurt* AG 2012, 635, 638; *LG Frankfurt/Main* ZIP 2009, 1422, 1423 mwN auch zur Gegenansicht; *Ott* aaO; ausf *Nagel* AG 2009, 393 ff; **aA** *BGH* aaO; krit hierzu *Bungert/Mayer* EWiR 2013, 189, 190; *Merkner/Sustmann* NZG 2013, 374, 376 ff). Ein enger zeitlicher Zusammenhang mit dem öffentlichen Angebot ist nicht maßgebend (so aber Steinmeyer/Häger WpÜG/ *Santelmann* Rn 15; *LG Berlin* ZIP 2010, 884, 885 m zust Anm *Merkt* EWiR 2010, 303 f mwN; nicht ausreichend ist Erreichen der Quote zweieinhalb Monate nach der Annahmefrist). Zur Berechnung der Kapitalmehrheit verweist § 39a Abs 2 WpÜG in Angleichung an § 327a Abs 2 auf § 16 Abs 2 und 4. Dies ist folgerichtig, da es um die Zurechnung von Kapitalbeteiligungen, nicht um die Zurechnung von Stimmrechten (§ 30 WpÜG) geht (RegBegr aaO S 22; *DAV-Handelsrechtsausschuss* NZG 2006, 217, 219; **aA** *Hopt/Mülbert/Kumpan* AG 2005, 109, 117).

8 **c) Verhältnis zum aktienrechtlichen Squeeze-Out (§ 39a Abs 6 WpÜG).** Durch die Einführung des übernahmerechtlichen Squeeze-Out werden die §§ 327a ff nicht obsolet (vgl Erwägungsgrund 24 S 4 der Übernahmerichtlinie). Ist der Bieter auch Hauptaktionär iSd § 327a Abs 1 S 1, steht ihm in Anschluss an ein Übernahme- oder Pflichtangebot vielmehr ein Wahlrecht zwischen beiden Ausschlussverfahren zu (RegBegr BT-Drucks 16/1003, 14; *Schüppen* BB 2006, 165, 168). § 39a Abs 6 WpÜG schließt nur die gleichzeitige Durchführung beider Verfahren aus (RegBegr aaO). Ist das übernahmerechtliche Verfahren beendet, kann der Bieter daher nach §§ 327a ff vorgehen (RegBegr aaO S 22). Ein bereits laufendes aktienrechtliches Squeeze-Out wird durch die Antragstellung gem § 39a Abs 1 S 1 WpÜG kraft Gesetzes beendet (*DAV-Handelsrechtsausschuss* NZG 2006, 217, 221; *Ott* WM 2008, 384, 385).

9 **2. Abfindung (§ 39a Abs 3 WpÜG). – a) Allgemeines.** Der übernahmerechtliche Squeeze-Out erfolgt ebenso wie der aktienrechtliche gegen Gewährung einer angemessenen Abfindung (§ 39a Abs 1 S 1 WpÜG). Aufgrund der übernahmerechtlichen Ausgestaltung der §§ 39a, b WpÜG sind jedoch Besonderheiten zu beachten: Der

Gesetzgeber geht davon aus, dass die Abfindungshöhe den am Kapitalmarkt für die Aktien der Zielgesellschaft gebildeten Preisen entspricht. Eigenständige Regeln zur Bemessung der Abfindung entspr § 327b Abs 1 S 1 fehlen. § 39a Abs 3 WpÜG beschränkt sich in Umsetzung der Richtlinienbestimmungen auf die Regelung der Abfindungsart sowie die Einführung einer Angemessenheitsvermutung und knüpft insofern an die Gegenleistung des Angebotsverfahrens an. Die Regelung ist verfassungsgemäß, weil der Verkehrswert der Aktie durch das hohe Akzeptanzquorum von 90 % des vom Angebot betroffenen Grundkapitals gesichert wird (*BVerfG* BB 2012, 2780, 2781).

b) Angemessenheitsvermutung. Nach § 39a Abs 3 S 3 WpÜG (auf Art 15 Abs 5 UAbs 2 der RL beruhend) gilt die iRd Angebotsverfahrens gewährte Gegenleistung (unwiderleglich, s noch Rn 12) als angemessen, wenn der Bieter durch das Angebot mindestens 90 % des vom Angebot betroffenen Grundkapitals erworben hat. Hierin liegt eine **wesentliche Verfahrensvereinfachung** gegenüber dem aktienrechtlichen Squeeze-Out, da zur Ermittlung der angemessenen Abfindung entgegen §§ 327b Abs 1, 327c Abs 2 S 2, 327f S 2 weder eine (erneute) Unternehmensbewertung im Ausschlussverfahren erforderlich ist, noch eine Möglichkeit zur Überprüfung der festgesetzten Abfindung besteht. Für den Nacherwerb von Aktien gilt iRd § 39a Abs 3 S 3 WpÜG ebenso wie beim Erreichen der Ausschlussmehrheit iSd § 39a Abs 1 S 1 WpÜG, dass dieser allenfalls zulässig ist, sofern der Erwerb innerhalb der erweiterten Annahmefrist gem § 16 Abs 2 WpÜG stattfindet (vgl Rn 7; ebenso *Nagel* AG 2009, 393, 398 ff). Parallelerwerbe sind bei der Berechnung der 90 %-Schwelle zu berücksichtigen, wenn die Aktien ohne das Angebot nicht erworben worden wären (*OLG Frankfurt* AG 2012, 635, 638). Vom Angebot unabhängige Erwerbsrechte schließen die für den Markttest nötige Kausalität aus (*LG Frankfurt/Main* ZIP 2013, 625, 629 nicht rechtskräftig). Der ebenfalls nötigen Unabhängigkeit steht gemeinsames Handeln iSv § 2 WpÜG entgegen (*LG Frankfurt/Main* aaO).

§ 39a Abs 3 S 3 WpÜG differenziert nicht zwischen Übernahme- und Pflichtangeboten, obwohl Art 15 Abs 5 UAbs 3 der RL für letztere formuliert, dass die Gegenleistung ohne weiteres, dh ohne Rücksicht auf die Akzeptanz der betroffenen Aktionäre, als angemessen gilt. Da die **Preisregeln** des WpÜG aber **unterschiedslos auf Übernahme- und Pflichtangebote** Anwendung finden (§§ 31 iVm 39 WpÜG), können auch die Angemessenheitskriterien iRd Vermutungstatbestandes nur einheitlich gehandhabt werden (RegBegr BT-Drucks 16/1003, 22). Die Annahmequote von 90 % ist für Stämme und Vorzüge gem § 39a Abs 3 S 4 WpÜG gesondert, dh bezogen auf das jeweilige vom Angebot betroffene Grundkapital zu berechnen.

Während es sich bei der Vorbildnorm (Art 15 Abs 5 UAbs 2 der RL) wohl um eine widerlegliche Vermutung handelt (**hM** *Maul/Muffat-Jeandet* AG 2004, 306, 317; **aA** *Austmann/Mennicke* NZG 2004, 846, 851), hat der Gesetzgeber § 39a Abs 3 S 3 WpÜG als **unwiderlegliche Vermutung** ausgestaltet (RegBegr BT-Drucks 16/1003, 21; *OLG Stuttgart* WM 2009, 1416, 1418 m zust Anm *Seiler/Wittgens* EWiR 2009, 353 f; *Grunewald* NZG 2009, 332, 335; **aA** *LG Frankfurt* WM 2008, 2021, 2022; im Grundsatz auch *Posdziech* WM 2010, 787, 794; diese Frage offen lassend *OLG Frankfurt* BeckRS 2012, 12084 = AG 2012, 635 – Passus nicht abgedruckt). Dies bedeutet, dass lediglich der Tatbestand des § 39a Abs 3 S 3 WpÜG der gerichtlichen Prüfung unterliegt; eine gerichtliche Kontrolle der Abfindungshöhe ist ausgeschlossen.

13 Wurde die Mindestannahmequote des § 39a Abs 3 S 3 WpÜG nicht erreicht, bemisst sich die Abfindungshöhe nach den allg Grundsätzen.

14 **c) Abfindungsart.** Die Abfindungsart richtet sich nach der **Gegenleistung des Übernahme- oder Pflichtangebots** (§ 39a Abs 3 S 1 WpÜG). Handelt es sich dabei um ein Tauschangebot, kann die Gegenleistung – anders als iRd §§ 327a ff – auch in Wertpapieren bestehen; jedoch ist in diesem Fall zum Schutz des überwiegend finanziellen Beteiligungsinteresses der Minderheitsaktionäre zusätzlich eine Barabfindung anzubieten (§ 39a Abs 3 S 2 WpÜG). Bewertungsschwierigkeiten bei der Festlegung der zusätzlichen Barabfindung werden durch die entspr Heranziehung der Preisregeln des WpÜG (§§ 4, 5 WpÜG-AngebotsVO) und § 31 Abs 4 WpÜG vermieden (*DAV-Handelsrechtsausschuss* NZG 2006, 217, 219).

III. Verfahren (§ 39b WpÜG)

15 **1. Allgemeines.** Die Richtlinie enthält zur Ausgestaltung des Verfahrens keine Vorgaben. Die Entsch des Gesetzgebers für einen Gerichtsbeschluss als Grundlage des Minderheitenausschlusses ist zu begrüßen, da sich der anfechtbare HV-Beschluss in der Praxis des aktienrechtlichen Squeeze-Out als Ursache erheblicher Verfahrensverzögerungen erwiesen hat (*Seibt/Heiser* ZGR 2005, 200, 247).

16 **2. Verfahrenseinleitung.** Das Ausschlussverfahren wird durch den Bieter eingeleitet. Erforderlich ist ein **Antrag** bei dem ausschließlich zuständigen **LG Frankfurt/Main** (§ 39a Abs 1, 5 WpÜG), der die Aktienübertragung gegen Gewährung einer angemessenen (und bestimmten, vgl RegBegr BT-Drucks 16/1003, 22) Abfindung zum Inhalt hat. Die betroffenen Aktionäre werden durch die gerichtliche **Bekanntmachung des Antrags** in den Gesellschaftsblättern der Zielgesellschaft (§ 25: eBanz) informiert und können auf dieser Grundlage eine Verfahrensbeteiligung erwägen (§ 39b Abs 2 WpÜG).

17 Der Antrag muss **innerhalb von drei Monaten nach Ablauf der Annahmefrist** des Angebots gestellt werden (§ 39a Abs 4 S 1 WpÜG); die Annahmefrist lässt sich der Angebotsunterlage entnehmen (RegBegr BT-Drucks 16/1003, 22). Anders als iRd § 327a muss die Beteiligungsquote nicht bereits im Zeitpunkt der Antragstellung vorliegen; gem § 39a Abs 4 S 2 WpÜG reicht es aus, wenn das spätere Erreichen der Beteiligungsschwelle aufgrund der Annahmequote voraussehbar ist. Die gerichtliche Beschlussfassung über den Antrag erfolgt allerdings erst dann, wenn der Bieter das Erreichen der Beteiligungsschwelle darlegt und glaubhaft macht (§ 39b Abs 3 S 2 WpÜG).

18 **3. Gerichtliches Verfahren.** Das LG Frankfurt/Main ist zur Entsch über den Antrag ausschließlich sachlich und örtlich zuständig (§ 39a Abs 5 WpÜG). Zuständig ist die **Kammer für Handelssachen** gem §§ 95 Abs 2 Nr 2 iVm 72 Abs 2 Nr 4 lit f GVG. Die Entsch ergeht seit Geltung des FGG-RG v 17.12.2008 (BGBl I S 2586) im Verfahren nach den Vorschriften des FamFG, ergänzt durch die Sonderregeln der § 39b Abs 2–5 WpÜG (§ 39b Abs 1 WpÜG). Somit gilt der **Amtsermittlungsgrundsatz** (§ 26 FamFG).

19 Der Gerichtsbeschluss ergeht frühestens einen Monat seit Bekanntmachung des Antrags und erst nach Vollzug des Angebots (§ 39b Abs 3 S 2 WpÜG). Das LG hat den Beschl in den Gesellschaftsblättern bekannt zu machen und den Verfahrensbeteiligten zuzustellen (§ 39b Abs 4 S 1 und 2 WpÜG). Der **Aktienübergang** erfolgt erst

mit **Rechtskraft der Entsch** (§ 39b Abs 5 S 3 WpÜG), dh frühestens mit Ablauf der Beschwerdefrist. Der Übergang erfolgt ausweislich des Wortlautes von § 39 Abs 5 S 3 WpÜG kraft Gesetzes; das Gericht darf somit nicht Zug-um-Zug zur Leistung der Abfindung und Übertragung der Aktien verurteilen (so aber *LG Frankfurt/Main* ZIP 2009, 1422, 1425). Die Entsch wirkt für und gegen alle Aktionäre der **Zielgesellschaft** (§ 39b Abs 5 S 2 WpÜG). Ausgegebene Aktienurkunden verbriefen danach bis zu ihrer Aushändigung nur den Abfindungsanspruch (§ 39a Abs 5 S 4 WpÜG). Die Anmeldung der Entsch zur Eintragung im HR gem § 39b Abs 5 S 5 WpÜG ist (anders als iRd aktienrechtlichen Squeeze-Out, § 327e Abs 3 S 1) kein Wirksamkeitserfordernis, sondern dient allein der Publizität und Rechtssicherheit (RegBegr BT-Drucks 16/1003, 23).

Gegen den Beschl steht dem Antragsteller und den übrigen Aktionären der Zielgesellschaft die **Beschwerde** zu (§ 39b Abs 3 S 3 iVm Abs 4 S 3 WpÜG), über die das **LG Frankfurt** erneut entscheidet (§ 64 Abs 1 FamFG). Nach § 61 Abs 1 FamFG ist ein Beschwerdewert von 600 EUR erforderlich; dieser beurteilt sich allein nach den vermögenswerten Interessen des Beschwerdeführers; die inter-omnes Wirkung der Ausschlussentscheidung ist hierfür unerheblich (*OLG Frankfurt* AG 2012, 635, 636). Die Beschwerdefrist beginnt grds mit der gerichtlichen Bekanntmachung der Entsch im eBanz. Wurde die (mit Gründen versehene) Entsch dem Antragsteller und den Aktionären der Zielgesellschaft in diesem Zeitpunkt noch nicht zugestellt, ist der Zustellungstermin maßgeblich (§ 39b Abs 4 S 4 WpÜG). Im Anschluss an die Beschwerde ist die Rechtsbeschwerde zum *BGH* gem §§ 70 ff FamFG möglich, wenn das Beschwerdegericht diese im Beschl zugelassen hat (§ 70 Abs 1 FamFG). 20

4. Kosten. § 39b Abs 6 WpÜG enthielt eine umfassende Kostenregelung, die sich an § 99 Abs 6 anlehnte (RegBegr BT-Drucks 16/1003, 23). Diese ist seit 1.8.2013 ins GNotKG überführt, wobei § 39b Abs 6 WpÜG vorrangig gegenüber der Verweisung ins FamFG ist. Schuldner der Gerichtskosten ist der Antragsteller (§ 22 Abs 1 GNotKG). Der Geschäftswert berechnet sich nach dem Wert der vom Ausschluss betroffenen Aktien im Zeitpunkt der Antragstellung (§§ 34, 73 GNotKG); der Mindest- und Höchstbetrag wurde entspr § 15 Abs 1 S 2 SpruchG gewählt (RegBegr aaO). Der Antragsteller ist zur Erstattung der Kosten des Antragsgegners verpflichtet, sofern dies der Billigkeit entspricht (vgl § 39b Abs 6 S 4 WpÜG). Dies gilt nicht für die Gerichtskosten des Verfahrens in erster Instanz (§ 39b Abs 6 S 2 WpÜG). 21

IV. Sell-Out (§ 39c WpÜG)

§ 39c WpÜG berechtigt die Minderheitsaktionäre der Zielgesellschaft, ihre Aktien an den zum Squeeze-Out berechtigten Bieter zu veräußern. Das sog **Sell-Out** beruht auf Art 16 der Übernahmerichtlinie. Rechtstechnisch ist die Vorschrift (anders als Art 16 der Richtlinie) **nicht als echtes Andienungsrecht**, sondern als **Verlängerung der Annahmefrist** ausgestaltet. Hinsichtlich der Funktionsweise ist § 39c WpÜG mit § 16 Abs 2 WpÜG vergleichbar. 22

Voraussetzung des Andienungsrechts ist, dass der Bieter gem § 39a WpÜG zum Squeeze-Out berechtigt ist (§ 39c S 1 WpÜG). Das Andienungsrecht besteht deshalb nur dann, wenn dem Bieter bei Ablauf der weiteren Annahmefrist gem § 16 Abs 2 WpÜG Aktien der Zielgesellschaft in Höhe von **mindestens 95 % des stimmberechtigten Grundkapitals** gehören oder die Voraussetzungen des § 39a Abs 4 S 2 WpÜG 23 erfüllt sind (*BGH* WM 2013, 303, 305). Nicht ausreichend ist, dass der Bieter die Beteiligungsschwelle nach Durchführung des Übernahme- oder Erwerbsangebots nur kurzzeitig erreicht (anders noch die Voraufl), vgl Rn 7. Die Berechtigung zum Sell-Out erlischt nach Ablauf einer Frist von drei Monaten; Fristbeginn ist jedoch in Abweichung von § 39a Abs 4 S 1 WpÜG nicht der Ablauf der Annahmefrist, sondern frühestens die Bekanntmachung der zum Squeeze-Out erforderlichen Beteiligungsschwelle gem § 23 Abs 1 S 1 Nr 4 bzw S 2 WpÜG (§ 39c S 2 WpÜG).

24 Die Ausübung des Andienungsrechts erfolgt zu den für den Squeeze-Out maßgeblichen Konditionen; eigenständige Preisregelungen enthält § 39c WpÜG daher nicht (*Seibt/Heiser* ZGR 2005, 200, 249). Die Abfindung entspricht hinsichtlich Art und Höhe grds der Gegenleistung iRd Erwerbsangebots und schließt eine Barabfindung ein. Eine gerichtliche Kontrolle der Abfindungshöhe ist nicht vorgesehen (*Austmann/Mennicke* NZG 2004, 846; *Seibt/Heiser* aaO).

§ 327b Barabfindung

(1) ¹**Der Hauptaktionär legt die Höhe der Barabfindung fest; sie muss die Verhältnisse der Gesellschaft im Zeitpunkt der Beschlussfassung ihrer Hauptversammlung berücksichtigen.** ²**Der Vorstand hat dem Hauptaktionär alle dafür notwendigen Unterlagen zur Verfügung zu stellen und Auskünfte zu erteilen.**

(2) Die Barabfindung ist von der Bekanntmachung der Eintragung des Übertragungsbeschlusses in das Handelsregister an mit jährlich 5 Prozentpunkten über dem jeweiligen Basiszinssatz nach § 247 des Bürgerlichen Gesetzbuchs zu verzinsen; die Geltendmachung eines weiteren Schadens ist nicht ausgeschlossen.

(3) Vor Einberufung der Hauptversammlung hat der Hauptaktionär dem Vorstand die Erklärung eines im Geltungsbereich dieses Gesetzes zum Geschäftsbetrieb befugten Kreditinstituts zu übermitteln, durch die das Kreditinstitut die Gewährleistung für die Erfüllung der Verpflichtung des Hauptaktionärs übernimmt, den Minderheitsaktionären nach Eintragung des Übertragungsbeschlusses unverzüglich die festgelegte Barabfindung für die übergegangenen Aktien zu zahlen.

Übersicht

	Rn		Rn
I. Regelungsgegenstand und -zweck	1	4. Mitwirkungspflicht des Vorstands (Abs 1 S 2)	11
II. Festlegung der Barabfindung (Abs 1)	2	III. Verzinsung des Abfindungsanspruchs (Abs 2)	13
1. Festlegung durch den Hauptaktionär	2	IV. Gewährleistung eines Kreditinstituts (Abs 3)	15
2. Abfindungsberechtigte	5	1. Allgemeines	15
a) Minderheitsaktionäre	5	2. Gestaltung und Deckungsumfang	16
b) Bezugsberechtigte	6	3. Form, Zeitpunkt	18
3. Höhe der Abfindung	9		

Literatur: *Altmeppen* Die unzulängliche Abfindungsregelung beim Squeeze out, ZIP 2010, 1778; *Angerer* Der Squeeze-out, BKR 2002, 260; *Bode* Berücksichtigung von Vorerwerbspreisen und Packetzuschlägen bei der Ermittlung der Barabfindung, Der Konzern 2010, 529; *Decher* Die Ermittlung des Börsenpreises für Zwecke der Barabfindung beim Squeeze out, ZIP 2010, 1673; *Dißars/Kocher* Der Deckungsumfang der Banksicherheit im Squeeze-out-

Verfahren, NZG 2004, 856; *Engelhardt* Optionen im Squeeze-out: Abfindung der Bezugsrechtsinhaber – aber wie?, BKR 2008, 45; *Fehling/Arens* Informationsrecht und Rechtsschutz von Bezugsrechtsinhabern beim aktienrechtlichen Squeeze out, AG 2010, 735; *Fuhrmann/ Simon* Der Ausschluss von Minderheitsaktionären, Gestaltungsüberlegungen zur neuen Squeeze-out-Gesetzgebung, WM 2002, 1211; *Hohl/Auermann* BB-RR zum Squeeze out 2010, BB 2010, 902; *Krieger* Squeeze-out nach neuem Recht: Überblick und Zweifelsfragen, BB 2002, 53; *Leyendecker* Irrelevanz des anteiligen Unternehmenswerts zur Ermittlung der Squeeze-out-Abfindung bei Bestehen eines fortdauernden Beherrschungs- und Gewinnabführungsvertrags, NZG 2010, 927; *Mattes/Maldeghem* Unternehmensbewertung beim Squeeze Out, BKR 2003, 531; *Riegger* Das Schicksal eigener Aktien beim Squeeze-out, DB 2003, 541; *Rühland* Die Abfindung von aus der Aktiengesellschaft ausgeschlossenen Minderheitsaktionären, WM 2000, 1884; *Sieger/Hasselbach* Der Ausschluss von Minderheitsaktionären nach den neuen §§ 327a ff AktG, ZGR 2002, 120; *Singhof/Weber* Bestätigung der Finanzierungsmaßnahmen und Barabfindungsgewährleistung nach dem Wertpapiererwerbs- und Übernahmegesetz, WM 2002, 1158; *Süßmann* Die Behandlung von Options- und Wandelrechten in den einzelnen Squeeze-out-Verfahren, AG 2013, 158; *Tebben* Ausgleichszahlungen bei Aktienübergang, AG 2003, 600; *Vater* Bewertung von Stock Options: Berücksichtigung bewertungsrelevanter Besonderheiten, DStR 2004, 1715; *Vossius* Squeeze-out-Checklisten für Beschlussfassung und Durchführung, ZIP 2002, 511; *Wassmann* Endlich Neuigkeiten zum Börsenkurs, ZGR 2011, 83; *Wilsing/Kruse* Zur Behandlung bedingter Aktienbezugsrechte beim Squeeze-out, ZIP 2002, 1465.

I. Regelungsgegenstand und -zweck

§ 327b betrifft die **Festlegung und Sicherung der Barabfindung**, die den Minderheitsaktionären als verfassungsrechtlich gebotener Ausgleich für den Verlust ihrer Rechtsposition zusteht. Abs 1 enthält Vorgaben für die Bemessung der Abfindungssumme und regelt die Verschaffung der dazu notwendigen Informationen. Abs 2 gewährt Fälligkeitszinsen. Die Zahlungsgarantie des Kreditinstituts (Abs 3) sichert die Durchsetzbarkeit des Abfindungsanspruchs und schafft einen zusätzlichen Schuldner. 1

II. Festlegung der Barabfindung (Abs 1)

1. Festlegung durch den Hauptaktionär. Die Barabfindung wird **einseitig** durch den Hauptaktionär festgelegt (Abs 1 S 1). Die Festlegung konkretisiert den Inhalt des gesetzlichen Schuldverhältnisses, das mit Eintragung und Aktienübergang (§ 327e Abs 3 S 1) zwischen Hauptaktionär und Minderheitsaktionären entsteht (*OLG München* NZG 2007, 635; *Emmerich/Habersack* Aktien- und GmbH-KonzernR Rn 4). 2

Die **Abfindung** ist zwingend auf **Geldzahlung** gerichtet; eine Abfindung in **eigenen Aktien** kann – anders als bei der Mehrheitseingliederung (§ 320b Abs 1 S 2 und 3) – nur als für die Minderheitsaktionäre **freiwillige Alternative** neben der Barabfindung angeboten werden. 3

Die Festsetzung muss so zeitig erfolgen, dass sie **bei Einberufung der HV** auf der Tagesordnung erscheinen kann (§ 327c Abs 1 Nr 2); zweckmäßig ist die Mitteilung bereits mit dem auf Beschlussfassung gerichteten Verlangen bzw falls die Höhe der Barabfindung erst später feststeht, in einem konkretisierten Verlangen (§ 327a Abs 1 S 1). 4

2. Abfindungsberechtigte. – a) Minderheitsaktionäre. Der Kreis der Abfindungsberechtigten ergibt sich aus § 327a Abs 1 S 1; eine abw Bestimmung durch den Hauptaktionär ist unzulässig (**aA** KölnKomm WpÜG/*Hasselbach* § 327e Rn 20). Abfindungsbe- 5

§ 327b

rechtigt sind die „übrigen Aktionäre" (Minderheitsaktionäre), deren Aktien nicht zum Bestand des Hauptaktionärs gehören (vgl RegBegr BT-Drucks 14/7034, 72). Keinesfalls abfindungsberechtigt sind daher Gesellschafter, deren Aktien der Zurechnung gem § 16 Abs 4 unterliegen (**allgM**). Gleiches gilt für die Gesellschaft selbst und Dritte, die Anteile für Rechnung der Gesellschaft halten (MünchKomm AktG/*Grunewald* § 327e Rn 11; *Hasselbach* aaO; *Riegger* DB 2003, 541 ff; **aA** Geibel/Süßmann WpÜG/*Grzimek* § 327e Rn 26 f); ihre Anteile sind gem § 16 Abs 2 S 2 und 3 „neutral" und weder zum Bestand des Hauptaktionärs noch der „übrigen Aktionäre" zu rechnen.

6 **b) Bezugsberechtigte.** Gesetzlich nicht geregelt und heftig umstr ist das Schicksal ausgegebener Options- und Wandelanleihen. Nach der hM, die sich teilw auf die zur Eingliederung ergangene Rspr stützt (*BGH* NZG 2004, 304 – Siemens/Nixdorf), wandeln sich die Bezugsrechte mit der Beschlusseintragung analog § 327e Abs 3 S 1 in einen Anspruch auf Barabfindung um (*LG Düsseldorf* NZG 2004, 1168, 1170; MünchKomm AktG/*Grunewald* Rn 12 mwN; *Süßmann* AG 2013, 158, 159; *Fehling/Arens* AG 2010, 735 ff; **aA** Haarmann/Schüppen WpÜG/*Schüppen/Tretter* § 327e Rn 19). Unklar ist, ob und inwieweit der Squeeze-Out der Bezugsberechtigten von ihrer anteiligen Beteiligung am Grundkapital abhängt. Der unbegrenzte Ausschluss der Bezugsberechtigten (*Wilsing/Kruse* ZIP 2002, 1465, 1469) ist bedenklich, da durch die Einbeziehung der Bezugsrechte in den Squeeze-Out lediglich eine wiederholte Beschlussfassung vermieden, die Voraussetzungen des § 327a Abs 1 (analog) aber nicht erleichtert werden sollten. Die maximale Kapitalbeteiligung der Minderheit von 5 % muss daher auch hinsichtlich des Bezugsrechtsbestandes gewahrt werden (**aA** MünchKomm AktG/*Grunewald* Rn 13; K. Schmidt/Lutter AktG/*Schnorbus* Rn 14; Spindler/Stilz AktG/*Singhof* Rn 8; *Engelhardt* BKR 2008, 45, 47 f), wobei diese Quote nicht für die Aktien und Bezugsrechte der Minderheit insgesamt (so aber *Sieger/Hasselbach* ZGR 2002, 120, 158), sondern als Höchstgrenze für den Ausschluss aller begebenen und noch nicht ausgeübten Bezugsrechte gelten sollte (*Krieger* BB 2002, 53, 61).

7 Der **Abfindungsanspruch** der Bezugsberechtigten **entsteht** analog § 327e Abs 3 S 1 **mit Beschlusseintragung** und wird sofort fällig, dh unabhängig vom Ausübungszeitpunkt (MünchKomm AktG/*Grunewald* Rn 12; K. Schmidt/Lutter AktG/*Schnorbus* Rn 13; **aA** *Krieger* BB 2002, 53, 61; Spindler/Stilz AktG/*Singhof* Rn 8). Die Barabfindung bemisst sich nach dem Optionswert im Zeitpunkt der Beschlussfassung (*Grunewald* aaO; *Singhof* aaO; *Schnorbus* aaO Rn 16; **aA** *Vossius* ZIP 2002, 511, 513) nach den üblichen Bewertungsmethoden (zur Black-Scholes-Methode s *Vater* DStR 2004, 1715). Zur Gewährung effektiven Rechtsschutzes muss die Antragsbefugnis im Spruchverfahren analog § 3 Nr 2 SpruchG gegeben sein (*Grunewald* aaO § 327f Rn 8; abl *Süßmann* AG 2013, 158, 163).

8 Angesichts der **unklaren Rechtslage** ist eine vertragliche Regelung **bei Ausgabe von Options- und Wandelanleihen** zu empfehlen (Geibel/Süßmann WpÜG/*Grzimek* § 327e Rn 34: Sonderkündigungsrecht; *Angerer* BKR 2002, 260, 267: Bedingung, dass Bezugsrechte mit Beschlussfassung als ausgeübt gelten).

9 **3. Höhe der Abfindung.** Abs 1 S 1 stellt bzgl der Angemessenheit auf die „Verhältnisse der Gesellschaft" ab und betont damit das Erfordernis einer **vollen wirtschaftlichen Entschädigung** (s § 327a Rn 3). Der Unternehmenswert ist anhand des **Ertragswertverfahrens** oder einer **anderen anerkannten Bewertungsmethode** zu ermitteln (dazu *Mattes/Maldeghem* BKR 2003, 531, 533 ff; zur Abfindung bei Bestehen eines fortdauernden

Beherrschungs- und Gewinnabführungsvertrages s *Leyendecker* NZG 2010, 927 ff); str, ob bei Bestehen eines Beherrschungs- und Gewinnabführungsvertrags unmittelbar auf den Barwert der Ausgleichszahlung abgestellt werden kann (dies bejahend *OLG Frankfurt* NZG 2010, 664 ff; **aA** *OLG Düsseldorf* NZG 2012, 1181, 1183); bei Unternehmen der Daseinsvorsorge muss der Rekonstruktionswert herangezogen werden (*LG Hamburg* NZG 2007, 680). Bei börsennotierten Gesellschaften ist **zusätzlich der Börsenkurs** innerhalb eines Referenzzeitraums von drei Monaten zu berücksichtigen; zugrunde zu legen ist der höhere Wert (*BGHZ* 147, 108, 115 = NJW 2001, 2080, 2082 – DAT/Atlanta; *ders* ZIP 2010 1487, 1488 – „Stollwerck"; s auch *Becher* ZIP 2010, 1673 ff; zur Frage nach einer Berücksichtigung von Vorerwerbspreisen und Packetzuschlägen s *Bode* Der Konzern 2010, 529 ff). Der Börsenkurs bildet grds die Untergrenze der Abfindung (s nur *BVerfG* NJW 1999, 3769, 3771 – DAT/Atlanta); bei im Freiverkehr gehandelten Aktien muss bes darauf geachtet werden, ob der Börsenkurs aufgrund des weniger liquiden Börsenhandels auch den tatsächlichen Verkehrswert widerspiegelt (*OLG Düsseldorf* AG 2008, 498, 501). Der Referenzzeitraum erstreckt sich bis zum Zeitpunkt der Bekanntmachung des Squeeze-Out (so nun auch *BGH* ZIP 2010, 1487, 1488 – „Stollwerck" unter ausdrücklicher Aufgabe seiner vorherigen Rspr, vgl *BGHZ* 147, 108, 115; vgl auch bereits *OLG Frankfurt* NZG 2010, 664 mwN zur zuvor ergangenen obergerichtlichen Rspr und der Lit sowie *Hohl/Auermann* BB 2010, 902, 903; *Wassmann* ZGR 2011, 83 ff). Dies ist bei börsennotierten Gesellschaften regelmäßig der Tag der **Ad-hoc-Mitteilung** über den geplanten Squeeze-Out, bei nicht börsennotierten Gesellschaften der Tag der **Veröffentlichung** der **Einberufung der HV** im eBanz. Dem ist zuzustimmen, da der Übertragungsbeschluss samt Höhe der Barabfindung bereits in der Tagesordnung enthalten sein muss (so auch *BGH* ZIP 2010, 1487, 1490 – „Stollwerck"), wobei der Termin auch vor Bekanntgabe des formellen Übertragungsverlangens liegen kann (*OLG Frankfurt* GWR 2011, 157). Außerdem ist vor Einberufung der HV eine **Gewährleistung eines Kreditinstituts** (zB Bankgarantie) über die Zahlung der angebotenen Barabfindung beizubringen. Banken sind in aller Regel nicht oder nur zu für den Hauptaktionär unverhältnismäßigen Kosten dazu bereit, Bankgarantien über noch unbestimmte Barabfindungen abzugeben. Liegt zwischen der Ankündigung des Squeeze-Out und dessen Durchführung ein längerer Zeitraum, kann es zum Schutz der Minderheitsaktionäre erforderlich sein, eine Anpassung des ermittelten Werts vorzunehmen, um die inzwischen eingetretene Wertentwicklung zu berücksichtigen (*BGH* ZIP 2010, 1487, 1491 – „Stollwerck"). Umgekehrt muss dem Hauptaktionär angesichts der geringen Liquidität (Festbesitz von 95 %) der Nachweis der Inkongruenz von Börsenkurs und tatsächlichem Anteilswert möglich sein (*BVerfG* NJW 1999, 3769, 3772; MünchKomm AktG/*Grunewald* Rn 10). Zur Darlegung der **Marktenge** können die Kriterien des § 5 Abs 4 WpÜG-AngVO vorsichtig herangezogen werden, eine schematische Betrachtung verbietet sich jedoch (*BGH* NJW 2001, 2080, 2083; *Angerer* BKR 2002, 260, 264). Nach der Rspr können Ausgleichs- und Dividendenansprüche, die zwischen Beschlussfassung und Eintragung im HR fällig werden, nicht von der Barabfindung abgezogen werden (*OLG Hamburg* AG 2003, 441; *Altmeppen* ZIP 2010, 1773 f; **aA** *Tebben* AG 2003, 600, 607 f). Von entspr Anrechnungsklauseln im HV-Beschluss ist daher abzuraten (vgl Happ AktienR/*Gross* 17.01 Rn 5).

Da die Barabfindung bereits in der Einladung zur HV angegeben werden muss (§ 327c Abs 1 Nr 2), Bewertungsstichtag aber der Zeitpunkt der Beschlussfassung ist (Abs 1 S 1), läuft der Hauptaktionär stets Gefahr, eine zu hohe Barabfindung festzulegen. **10**

Eine Herabsetzung der Abfindungssumme nach Einberufung der HV hat nach hM die Anfechtbarkeit des Beschl wg Verstoßes gegen §§ 124 Abs 4 S 1, 327c Abs 1 und § 327c Abs 3 zur Folge (aA *Vossius* ZIP 2002, 511, 514: zulässig). Will der Hauptaktionär das Risiko eines Spruchverfahrens (s § 327 f Rn 2) nicht in Kauf nehmen, muss er auf die Beschlussfassung verzichten und das Ausschlussverfahren erneut anstrengen (Geibel/Süßmann WpÜG/*Grzimek* Rn 7; *Emmerich/Habersack* Aktien- und GmbH-KonzernR Rn 4). Eine Erhöhung des Abfindungsbetrages ist dagegen mangels Relevanz der Verfahrensverstöße zulässig, wenn die Bankgarantie von Anfang an eine evtl Erhöhung des Abfindungsbetrages in der HV abdeckt oder eine entspr Garantie bis zur Beschlussfassung nachgereicht wird (ähnlich MünchKomm AktG/*Grunewald* Rn 7). In der Praxis wird der Hauptaktionär daher versuchen, durch Festlegung einer eher niedrigen Abfindung dem Risiko eines erneuten Verfahrens zu entgehen.

11 **4. Mitwirkungspflicht des Vorstands (Abs 1 S 2).** Die Pflicht zur **Auskunfts- und Einsichtsgewährung** trifft die Gesellschaft; der Vorstand wird als Organ iRd Erfüllung tätig (MünchKomm AktG/*Grunewald* Rn 4). Die Auskunftspflicht besteht grds unbeschränkt und bezieht sich auf alle Unterlagen, die zur Unternehmensbewertung erforderlich sind (insb Bestandsverzeichnisse, Plandaten, Risikobewertungen). § 93 Abs 1 S 3 ist unanwendbar (*Hüffer* AktG Rn 7), ebenso § 131 Abs 3 (*Fuhrmann/Simon* WM 2002, 1211, 1215). Als notwendiges Pendant besteht eine Verschwiegenheitspflicht des Hauptaktionärs (*Emmerich/Habersack* Aktien- und GmbH-KonzernR Rn 5 und *Hüffer* aaO: mitgliedschaftliche Treuepflicht). Die Reichweite dieser Pflicht ist unklar, zumindest über die in § 293a Abs 2 (iVm § 327c Abs 2 S 4) genannten Angaben muss geschwiegen werden. Ratsam ist der Abschluss einer Geheimhaltungsvereinbarung (K. Schmidt/Lutter AktG/*Schnorbus* Rn 26).

12 Abs 1 S 2 zieht **kein erweitertes Auskunftsrecht der Minderheitsaktionäre** gem § 131 Abs 4 nach sich, da die Auskunft aufgrund einer bes Beziehung zwischen Hauptaktionär und Gesellschaft erteilt wird (*OLG München* v 3.9.2008 – 7 W 1432/08; *OLG Düsseldorf* NZG 2004, 328, 333 f; MünchKomm AktG/*Grunewald* Rn 5).

III. Verzinsung des Abfindungsanspruchs (Abs 2)

13 Abs 2 gleicht Nachteile aus, die den Minderheitsaktionären aus dem zeitlichen Auseinanderfallen von Aktienübertragung und Abfindungszahlung entstehen. Dem Hauptaktionär soll die Möglichkeit eines Zinsvorteils durch Festsetzung einer unangemessen niedrigen Abfindung und anschließender Verzögerung des Spruchverfahrens genommen werden (KölnKomm WpÜG/*Hasselbach* Rn 13; *Sieger/Hasselbach* ZGR 2002, 120, 146).

14 Der Anspruch auf Fälligkeitszinsen, dessen Höhe seit Geltung des ARUG v 30.7.2009 (BGBl I S 2479) 5 % zzgl des jeweiligen Basiszinssatzes (§ 247 BGB) beträgt, entsteht mit Bekanntmachung der Eintragung des Übertragungsbeschlusses (§ 10 HGB). Grundlage der Zinsberechung ist der gem Abs 1 S 1 vom Hauptaktionär festgelegte (und ggf im Spruchverfahren erhöhte) Betrag; die Angemessenheit der Abfindungssumme ist keine Entstehungsvoraussetzung. Die Geltendmachung weitergehender Ansprüche (insb Ersatz des Verzögerungsschadens gem §§ 280 Abs 1, 3, 286 BGB) ist möglich.

IV. Gewährleistung eines Kreditinstituts (Abs 3)

1. Allgemeines. Die Gewährleistung des Kreditinstituts dient dem Schutz der Minderheitsaktionäre, die aufgrund der Besonderheiten des Verfahrens (Vollstreckungsschwierigkeiten im Ausland, Vorleistungspflicht der Minderheitsaktionäre) nicht mit dem Bonitätsrisiko belastet werden sollen (vgl RegBegr BT-Drucks 14/7034, 72). In dem Sonderfall, dass der Finanzmarktstabilisierungsfonds ein Ausschlussverfahren betreibt, muss dieser keine Gewährleistung iSd Abs 3 übernehmen (§ 12 Abs 4 S 2 FMStBG). 15

2. Gestaltung und Deckungsumfang. Die Gewährleistungserklärung kann nur von einem **Kreditinstitut** mit Geschäftserlaubnis für das Inland (§§ 1 Abs 1, 32 KWG) abgegeben werden. Hinsichtlich der Art des Zahlungsversprechens enthält das Gesetz keine Vorgaben; namentlich eine **Bankgarantie** (RegBegr BT-Drucks 14/7034, 72), ein **Schuldbeitritt** oder ein **Bürgschaftsvertrag** kommen in Betracht; die **Bestellung einer Sicherheit** ist aufgrund des eindeutigen Wortlauts **nicht ausreichend** (*Hüffer* AktG Rn 10; aA MünchKomm AktG/*Grunewald* Rn 17). Da das Versprechen auf unverzügliche Zahlung (§ 121 Abs 1 S 1 BGB) gerichtet sein muss, ist die Vereinbarung einer nachrangigen Inanspruchnahme der Bank unzulässig. Die Ausgestaltung als **Vertrag zugunsten Dritter** (§ 328 BGB) bietet sich für die Einräumung des unmittelbaren Anspruchs (RegBegr aaO; aA Pflicht zur Ausgestaltung als Vertrag zugunsten Dritter: K. Schmidt/Lutter AktG/*Schnorbus* Rn 31 mwN) gegen die Bank an. Die Zahlungspflicht muss unbedingt, unbefristet und unwiderruflich sein (*OLG Stuttgart* AG 2009, 204, 208 mwN; *Grunewald* aaO; aA *Fuhrmann/Simon* WM 2002, 1211, 1216: Befristung von drei bis sechs Monaten ab Beschlusseintragung). Zulässig ist jedoch eine Klausel, die den Zahlungsanspruch unter den Vorbehalt stellt, dass er nicht verjährt ist (*LG München I* AG 2009, 632, 633 f; Spindler/Stilz AktG/*Singhof* aaO Rn 14 mwN). Mit Erfüllung durch den Hauptaktionär erlischt auch die Zahlungspflicht der Bank (*Emmerich/Habersack* Aktien- und GmbH-KonzernR Rn 16). 16

Die Gewährleistung muss nur für die im Übertragungsbeschluss genannte und vom Hauptaktionär **zuvor festgelegte Barabfindung** abgegeben werden; sie muss weder eine Erhöhung des Abfindungsbetrages im Spruchverfahren abdecken (ganz hM *BGH* AG 2005, 921; *BGHZ* 180, 154, 167 – „Wertpapierdarlehen"; *OLG Stuttgart* AG 2009, 204, 208; *OLG Düsseldorf* WM 2005, 1948, 1951 f; *OLG Hamburg* AG 2003, 696; aA *Steinmeyer/Häger* WpÜG, 1. Aufl, § 327f Rn 15, 23: automatische Erweiterung) noch den Zinsanspruch aus Abs 2 erfassen (*OLG Düsseldorf* WM 2005, 1948, 1951 f; *OLG Hamburg* AG 2003, 696, 697; aA *Singhof/Weber* WM 2002, 1158, 1168. Die Vereinbarung einer Höchstbetragsgarantie ist zulässig; die nachträgliche Erhöhung der Abfindungssumme durch einen Aktienverkauf des Hauptaktionärs steht nicht entgegen (*Dißars/Kocher* NZG 2004, 856, 857; aA *LG Frankfurt/Main* NZG 2004, 672, 674 f). 17

3. Form, Zeitpunkt. Wenngleich für die Übermittlung an den Vorstand keine Form vorgeschrieben ist (aA KölnKomm AktG/*Koppensteiner* Rn 9), ist die schriftliche Abgabe aus Beweisgründen und im Hinblick auf die Prüfungspflicht des Registergerichts (s § 327e Rn 2) zweckmäßig. Der Hauptaktionär kann die Bank zur direkten Übermittlung an den Vorstand anweisen. Unterbleibt die Übermittlung und wird sie bis zur Beschlussfassung nicht nachgeholt, ist der Beschl gem § 243 Abs 1 anfechtbar. Die Garantie muss nicht schon zum Zeitpunkt der Einberufung zur HV vorliegen, 18 sondern kann bis zur Beschlussfassung der HV nachgereicht werden (K. Schmidt/Lutter AktG/*Schnorbus* Rn 39, 44; *Emmerich/Habersack* Aktien- und GmbH-KonzernR Rn 14; **aA** Spindler/Stilz AktG/*Singhof* Rn 16: bis zur Einberufung der HV; wieder **aA** MünchKomm AktG/*Grunewald* Rn 19: bis zur Eintragung des Beschl ins HR).

§ 327c Vorbereitung der Hauptversammlung

(1) Die Bekanntmachung der Übertragung als Gegenstand der Tagesordnung hat folgende Angaben zu enthalten:
1. **Firma und Sitz des Hauptaktionärs, bei natürlichen Personen Name und Adresse;**
2. **die vom Hauptaktionär festgelegte Barabfindung.**

(2) ¹**Der Hauptaktionär hat der Hauptversammlung einen schriftlichen Bericht zu erstatten, in dem die Voraussetzungen für die Übertragung dargelegt und die Angemessenheit der Barabfindung erläutert und begründet werden.** ²**Die Angemessenheit der Barabfindung ist durch einen oder mehrere sachverständige Prüfer zu prüfen.** ³**Diese werden auf Antrag des Hauptaktionärs vom Gericht ausgewählt und bestellt.** ⁴**§ 293a Abs. 2 und 3, § 293c Abs. 1 Satz 3 bis 5, Abs. 2 sowie die §§ 293d und 293e sind sinngemäß anzuwenden.**

(3) Von der Einberufung der Hauptversammlung an sind in dem Geschäftsraum der Gesellschaft zur Einsicht der Aktionäre auszulegen
1. **der Entwurf des Übertragungsbeschlusses;**
2. **die Jahresabschlüsse und Lageberichte für die letzten drei Geschäftsjahre;**
3. **der nach Absatz 2 Satz 1 erstattete Bericht des Hauptaktionärs;**
4. **der nach Absatz 2 Satz 2 bis 4 erstattete Prüfungsbericht.**

(4) Auf Verlangen ist jedem Aktionär unverzüglich und kostenlos eine Abschrift der in Absatz 3 bezeichneten Unterlagen zu erteilen.

(5) Die Verpflichtungen nach den Absätzen 3 und 4 entfallen, wenn die in Absatz 3 bezeichneten Unterlagen für denselben Zeitraum über die Internetseite der Gesellschaft zugänglich sind.

Übersicht

	Rn		Rn
I. Regelungsgegenstand und -zweck	1	2. Auswahl und Bestellung der Prüfer	9
II. Bekanntmachung der Tagesordnung (Abs 1)	2	V. Auslegung und Abschrift von Unterlagen (Abs 3 und 4)	11
III. Übertragungsbericht des Hauptaktionärs (Abs 2 S 1)	3	VI. Kapitalmarktrechtliche Publizitätspflichten	14
IV. Sachverständigenprüfung (Abs 2 S 2)	7	VII. Zugänglichmachen von Unterlagen im Internet	15
1. Prüfungsbericht	7		

Literatur: *BAWe* Ad-hoc-Publizität und neues Übernahmerecht, NZG 2002, 563; *Eisolt* Die Squeeze-out-Prüfung nach § 327c Abs 2 AktG, DStR 2002, 1145; *Kort* Kein Erfordernis der Aufstellung und Auslegung eines Konzernabschlusses beim Squeeze-out (§ 327c III Nr 2 AktG), NZG 2006, 604; *Leuering* Die parallele Angemessenheitsprüfung durch den gerichtlich bestellten Prüfer, NZG 2004, 606; *Marten/Müller* Squeeze-out-Prüfung, FS Röhricht, 2005, S 963; *Ott* Reichweite der Angemessenheitsprüfung beim Squeeze-out, DB 2003, 1615;

Vetter Auslegung der Jahresabschlüsse für das letzte Geschäftsjahr zur Vorbereitung von Strukturbeschlüssen der Gesellschaft, NZG 1999, 925; *Vossius* Squeeze-out-Checklisten für Beschlussfassung und Durchführung, ZIP 2002, 511; *Wartenberg* Die Auslage von Jahresabschlüssen für das letzte Geschäftsjahr beim Squeeze-out, AG 2004, 539.

I. Regelungsgegenstand und -zweck

§ 327c gewährleistet die möglichst frühzeitige Information der Minderheitsaktionäre über Einzelheiten der zu beschließenden Aktienübertragung. Abs 1 konkretisiert die Bekanntmachung des Übertragungsbeschlusses als Gegenstand der Tagesordnung (§ 121 Abs 3 S 2). Von bes Bedeutung ist der schriftliche Bericht des Hauptaktionärs zu den Übertragungsvoraussetzungen (Abs 2 S 1), der hinsichtlich der Abfindungshöhe Gegenstand einer Sachverständigenprüfung ist (Abs 2 S 2). Abs 3 sieht die Auslegung wichtiger, im Zusammenhang mit der Beschlussfassung stehender Unterlagen vor.

II. Bekanntmachung der Tagesordnung (Abs 1)

Die Beschlussfassung muss als Gegenstand der Tagesordnung (§ 121 Abs 3 S 2) Auskunft über die Identität des Hauptaktionärs und die Höhe der Barabfindung geben und dazu die in Abs 1 genannten Angaben enthalten. Der konkreten **Bezeichnung des Hauptaktionärs** wird durch die Angabe von Firma (§ 17 HGB) und Sitz der Gesellschaft bzw Name und Adresse (einschließlich Straße und Hausnummer) genüge getan (KölnKomm WpÜG/*Hasselbach* Rn 4 für die Angabe der HR-Daten). Zur Identifizierung einer GbR reicht der Gesamtname aus (MünchKomm AktG/*Grunewald* Rn 3), was jedoch keine Haftungsbeschränkung auf das Gesellschaftsvermögen zur Folge hat; führt die GbR keinen Namen, ist die Angabe aller Gesellschafter erforderlich (*Grunewald* aaO). Bei anderen Gesamthandsgemeinschaften sind stets alle Mitglieder aufzuführen. Als Barabfindung ist der vom Hauptaktionär pro Aktie gem § 327b Abs 1 S 1 festgelegte Betrag zu nennen.

III. Übertragungsbericht des Hauptaktionärs (Abs 2 S 1)

Der Hauptaktionär hat in einem schriftlichen (§ 126 BGB), an die HV gerichteten **Bericht** die **Übertragungsvoraussetzungen** und die **Angemessenheit** der Barabfindung zu erläutern (*BGH* BB 2006, 2543, 2545; *OLG Düsseldorf* GWR 2010, 64; vgl auch ausf *OLG Stuttgart* AG 2009, 204, 209 mwN; *OLG München* AG 2012, 45, 48). Die Verzichtsklausel des § 293a Abs 3 spielt in der Praxis keine Rolle. Für die Unterzeichnung gelten die allg Regeln; die Rechtslage ist nicht mit § 293a Abs 1 vergleichbar, da die Gesellschaft (nicht der Vorstand als Organ) verpflichtet ist (*OLG Stuttgart* AG 2004, 105, 106; *OLG Düsseldorf* NZG 2004, 328, 332). Der Hauptaktionär muss den Bericht nicht selbst erstellen, sondern kann sich auch einen von einem Dritten erstellten Bericht zu Eigen machen (*LG München I* AG 2009, 632, 635; vgl auch GroßKomm AktG/*Fleischer* Rn 6).

Zu den Übertragungsvoraussetzungen gehört insb die **nachvollziehbare Darlegung** der **Kapitalbeteiligung** durch **Erläuterung** der **Berechnungsgrundlage** (nominelles Grundkapital abzgl eigener Aktien gem § 16 Abs 2 S 2) und der Zusammensetzung des Aktienbestandes. Bei mittelbaren Beteiligungen gem § 16 Abs 4 müssen die Person des Aktionärs sowie der Zurechnungsgrund (zB die Unternehmensverbindung oder der Treuhandvertrag) angegeben werden; Schaubilder können das Verständnis erleichtern. In der Praxis ist zu beobachten, dass in den Anhang des Berichtes Kopien von entspr Depotauszügen beigegeben werden. Werden Aktien mittelbar über eine GmbH gehalten, empfiehlt sich die Beifügung einer Kopie der aktuellen Liste der Gesellschafter gem § 40 GmbHG.

5 Die **Höhe der Barabfindung** muss für den Minderheitsaktionär nachvollziehbar **erläutert und begründet** werden (vgl RegBegr BT-Drucks 14/7034, 72); er soll im Hinblick auf die Einleitung eines Spruchverfahrens in der Lage sein, sich ein Urt über die Angemessenheit zu bilden. Darzulegen sind die zur Unternehmensbewertung herangezogenen Informationen sowie die **angewandte Bewertungsmethode**. Bei börsennotierten Gesellschaften ist insb zu erläutern, warum bei der Berechnung der Börsenkurs zugrunde gelegt bzw warum von diesem abgewichen wurde (KölnKomm WpÜG/ *Hasselbach* Rn 14; *Hüffer* AktG Rn 3). Gesellschaftsschädigende Tatsachen brauchen nicht aufgenommen zu werden; der Bericht muss jedoch auf die Zurückhaltung hinweisen und sie begründen (§ 293a Abs 2 S 1 und 2).

6 **§ 327b Abs 2 S 1 ist abschließend**; die Minderheitsaktionäre können in der HV durch Ausübung des Auskunftsrechts gem § 131 weitere Informationen erhalten (s § 327d Rn 4). Der Übertragungsbericht muss insb keine Angaben zur Zweckmäßigkeit des Squeeze-Out enthalten, da eine materielle Beschlusskontrolle nicht stattfindet (s § 327a Rn 19). Ebenso entbehrlich sind Ausführungen zu den steuerrechtlichen und zivilrechtlichen Folgen des Squeeze-Out (*OLG Stuttgart* AG 2009, 204, 209; *Emmerich/Habersack* Aktien- und GmbH-KonzernR Rn 8).

IV. Sachverständigenprüfung (Abs 2 S 2)

7 **1. Prüfungsbericht.** Gegenstand der Sachverständigenprüfung ist nicht der gesamte Bericht des Hauptaktionärs, sondern **ausschließlich die Barabfindung**. Der Prüfer muss die Abfindung zwar prüfen, eine vollständig neue Bewertung muss dafür jedoch nicht durchgeführt werden (*OLG Stuttgart* AG 2010, 510). Das Urt der unabhängigen, objektiven Prüfer soll die Akzeptanz der Barabfindung stärken und die Zahl der Spruchverfahren verringern. Der umfangreiche Verweis in Abs 2 S 4 auf die Vorschriften über den Bericht zum Unternehmensvertrag betrifft im Wesentlichen den Inhalt des Prüfungsberichts, die Bestellung der Prüfer, ihre Verantwortlichkeit und die Vergütungspflicht.

8 Der Inhalt des schriftlichen (§ 126 BGB) Berichts richtet sich im Einzelnen nach § 293e; insb muss der Bericht mit einer Erklärung zur Angemessenheit der Barabfindung (sog Testat) enden (*OLG Stuttgart* AG 2009, 204, 210 mwN); halten die Prüfer die Abfindungshöhe nicht für angemessen, hat dies keine Auswirkungen auf die Wirksamkeit des HV-Beschlusses (MünchKomm AktG/*Grunewald* Rn 15; *Hüffer* AktG § 327f Rn 3; *Ott* DB 2003, 1615, 1616 f.). In diesem Fall wird der Hauptaktionär zur Vermeidung von Spruchverfahren die Höhe des Abfindungsbetrages korrigieren (dazu § 327b Rn 10) bzw die Beschlussfassung mit einem negativen Votum verhindern.

9 **2. Auswahl und Bestellung der Prüfer.** Die **Bestellung der Prüfer** erfolgt auf **Antrag des Hauptaktionärs durch** das **Gericht**. Zuständig ist die Kammer des *LG* am Sitz der Gesellschaft, ggf die Kammer für Handelssachen (§ 293c Abs 1 S 3 und 4). Zahlreiche Bundesländer (ua Bayern und NRW) haben mittlerweile von der Möglichkeit Gebrauch gemacht, zur Sicherung der Einheitlichkeit der Rspr durch Rechtsverordnung die örtliche Zuständigkeit für die Bestellung der Prüfer bei bestimmten *LG* zu

konzentrieren (§§ 327c Abs 2 S 4, 293c Abs 2 AktG, § 10 Abs 4 UmwG). Diese *LG* sind idR diejenigen, die auch für das Spruchverfahren zuständig sind.

Das Gericht wählt einen oder mehrere Wirtschaftsprüfer bzw Wirtschaftsprüfungsgesellschaften aus (§ 293d Abs 1 S 1 iVm § 319 Abs 1 HGB), wobei die Bestellungsverbote gem §§ 319 Abs 2–4, 319a und 319b HGB zu beachten sind. Hält der Hauptaktionär Aktien des Prüfers oder umgekehrt, kann die Bestellung – je nach Umfang der Beteiligung – ebenfalls unzulässig sein (MünchKomm AktG/*Grunewald* Rn 13; Geibel/Süßmann WpÜG/*Grzimek* Rn 17; aA wohl KölnKomm WpÜG/*Hasselbach* Rn 18). Der Bestellung steht nicht entgegen, dass die Prüfer zeitgleich zu einem im Auftrag des Hauptaktionärs bestellten Gutachter tätig werden (*OLG Düsseldorf* NZG 2004, 328, 333; *OLG Stuttgart* NZG 2004, 146, 148; *OLG Hamburg* NZG 2005, 86, 87). Diese sog Parallelprüfung stellt ein sinnvolles Vorgehen dar, das eine frühzeitige Fehlerkorrektur durch den Prüfer ermöglicht und dessen Unabhängigkeit nicht in Frage stellt (*BGH* Urt v 18.9.2006, II ZR 225/04; *BGHZ* 180, 154, 168 – „Wertpapierdarlehen"). Die Unabhängigkeit der Prüfer wird auch nicht durch einen Austausch der Ansichten und Einschätzungen beeinträchtigt; es entspricht vielmehr dem Zweck der Prüfung und dem Interesse der Minderheitsaktionäre, wenn die Ansichten der Sachverständigen die Festlegung der Barabfindung durch den Hauptaktionär beeinflussen (*OLG Stuttgart* aaO; *Leuering* NZG 2004, 606, 609). Die **Grenze zur unzulässigen Mitwirkung** gem § 319 Abs 2 Nr 5 HGB ist aber dann überschritten, wenn der Prüfer aktiv auf die Festlegung der Abfindungssumme Einfluss nimmt (Haarmann/Schüppen WpÜG/*Schüppen/Tretter* Rn 20) bzw wenn sich die Beratungstätigkeit auf unternehmerische Zweckmäßigkeitsentscheidungen erstreckt (*BGH* Urt v 18.9.2006, II ZR 225/04 unter Verweis auf *BGH* NJW 1997, 2178 ff). Auch im Hinblick auf die Neufassung des Mitwirkungsverbots in § 319 Abs 3 S 1 Nr 3 HGB durch das BilReG dürfte sich an der Zulässigkeit der Parallelprüfung nichts ändern. Das Mitwirkungsverbot wurde zwar im Hinblick auf den Grundsatz des Selbstprüfungsverbots ausgeweitet (s RegBegr BT-Drucks 15/3419, 39), jedoch ist nicht ersichtlich, dass die Parallelprüfung das Risiko einer Selbstprüfung enthält. Es handelt sich insgesamt um eine einheitliche Prüfung, so dass nicht von der Selbstprüfung einzelner Prüfungsbestandteile gesprochen werden kann. Insb liegt keine vorangehende eigenständige Bewertungsleistung vor. Diese erbringt der Hauptaktionär selbst, regelmäßig unterstützt durch einen weiteren, von ihm beauftragten Gutachter. Im Hinblick auf die Auswahlbefugnis des Gerichts ist es unbedenklich, dass der Prüfer auf Vorschlag des Hauptaktionärs bestellt wurde (*BGH* aaO; *OLG Stuttgart* AG 2010, 510; NZG 2004, 146, 148).

9a

Sowohl die Gesellschaft als auch der Hauptaktionär sind dem Prüfer auskunftspflichtig (§ 293d Abs 1 iVm § 320 Abs 1 S 2, Abs 2 S 1 und 2 HGB). Der Hauptaktionär ist zur Erstattung der Auslagen und Zahlung einer Vergütung verpflichtet (§ 293c Abs 1 S 5 iVm § 318 Abs 5 HGB). Die Verantwortlichkeit der Prüfer richtet sich nach § 293d Abs 2 iVm § 323 HGB.

10

V. Auslegung und Abschrift von Unterlagen (Abs 3 und 4)

Ab der Einberufung der HV (Bekanntmachung, § 121 Abs 4, 4a) können die Aktionäre zur besseren Information über den Beschlussinhalt Einsicht in die in Abs 3 genannten Unterlagen nehmen, die in den Geschäftsräumen der AG am Sitz der Hauptverwaltung auszulegen sind. Die **Auslegung** einfacher Abschriften genügt (Geibel/Süßmann WpÜG/*Grzimek* Rn 37). Die Pflicht besteht als Pflicht zur Zugänglich-

11

machung während der HV fort (§ 327d S 1, zu den Anforderungen s dort Rn 2) und endet mit dem Schluss der HV.

12 Neben dem Entwurf des Übertragungsbeschlusses, dem Bericht des Hauptaktionärs und dem Prüfungsbericht sind die Jahresabschlüsse und Lageberichte für die letzten drei Geschäftsjahre auszulegen (Abs 3). Konzernabschlüsse gehören nicht dazu (*BGHZ* 180, 154, 167 – „Wertpapierdarlehen"; *OLG Düsseldorf* AG 2005, 293; *OLG Hamburg* AG 2003, 696, 697 und 698, 700; **aA** *OLG Celle* AG 2004, 206, 207). Ein Geschäftsjahr iSd Vorschrift liegt vor, wenn die Fristen für die Auf- oder Feststellung des Jahresabschlusses abgelaufen sind oder der Abschluss freiwillig vor Fristablauf auf- oder festgestellt wurde (**hM** *OLG Hamburg* AG 2003, 441, 443; *Emmerich/Habersack* Aktien- und GmbH-KonzernR Rn 14 mwN). Ein nach Einberufung, aber vor Durchführung der HV festgestellter Jahresabschluss ist nicht vorzulegen; die Aktualisierung der in Abs 3 genannten Unterlagen kann allenfalls in mündlicher Form verlangt werden (*Wartenberg* AG 2004, 539, 541 f). Abs 3 ist abschließend; die zusätzliche Auslegung der Bankgarantie des § 327b Abs 3 ist im Hinblick auf § 810 BGB zweckmäßig (*Vossius* ZIP 2002, 511, 514).

13 Jedem Aktionär ist **auf Anfrage kostenlos** eine **Abschrift der Unterlagen** zu erteilen (Abs 4). Die Gesellschaft muss dem Verlangen unverzüglich (§ 121 Abs 1 S 1 BGB) nachkommen, ist aber nicht verpflichtet, Kopien in ausreichender Zahl vorzuhalten (Geibel/Süßmann WpÜG/*Gzrimek* Rn 42; KölnKomm WpÜG/*Hasselbach* Rn 34).

VI. Kapitalmarktrechtliche Publizitätspflichten

14 Die Verpflichtung zur Publizierung einer **Ad-Hoc-Mitteilung** gem § 15 WpHG kann neben den Informationspflichten aus § 327c bestehen. § 15 Abs 1 S 1 WpHG setzt seit seiner Neufassung durch das AnSVG vom 28.10.2004 (BGBl I S 2630) nicht mehr voraus, das die bekanntmachungspflichtige Tatsache im „Tätigkeitsbereich" des Emittenten liegt. Somit kann **nach neuer Rechtslage** auch die vom Squeeze-Out betroffene Gesellschaft der Ad-Hoc-Pflicht unterliegen. „Unmittelbar betreffen" wird den Emittenten das auf Beschlussfassung gerichtete Verlangen des Hauptaktionärs (*Emmerich/ Habersack* Aktien- und GmbH-KonzernR Rn 3; Spindler/Stilz AktG/*Singhof* Rn 14); auch die Festlegung der Barabfindung vor Einberufung der HV gem § 327b Abs 1 S 1 hat Kursrelevanz (*Vetter* AG 2002, 176, 187). Ebenso sind die genannten Entscheidungen grds geeignet, eine Ad-Hoc-Pflicht des Hauptaktionärs auslösen (*BAWe* NZG 2002, 563, 564).

VII. Zugänglichmachen von Unterlagen im Internet

15 Seit Geltung des ARUG v 30.7.2009 (BGBl I S 2479) kann die Pflicht zur Auslegung iSd Abs 3 und die zur Erteilung von Abschriften iSd Abs 4 dadurch substituiert werden, dass die in Abs 3 bezeichneten Unterlagen für den gleichen Zeitraum auf der Internetseite der Gesellschaft zugänglich sind; zu den Anforderungen an die Zugänglichmachung auf der **Internetseite** der Gesellschaft vgl ausf § 121 Rn 13e.

§ 327d Durchführung der Hauptversammlung

¹In der Hauptversammlung sind die in § 327c Abs. 3 bezeichneten Unterlagen zugänglich zu machen. ²Der Vorstand kann dem Hauptaktionär Gelegenheit geben, den Entwurf des Übertragungsbeschlusses und die Bemessung der Höhe der Barabfindung zu Beginn der Verhandlung mündlich zu erläutern.

Übersicht

	Rn		Rn
I. Regelungsgegenstand und -zweck	1	III. Erläuterungen des Hauptaktionärs (S 2)	3
II. Zugänglichmachen von Unterlagen (S 1)	2	IV. Auskunftsrecht (§ 131)	4

I. Regelungsgegenstand und -zweck

§ 327d tritt neben die allg Bestimmungen über die Durchführung der HV (§§ 118 ff) und gewährleistet eine umfassende Information der Minderheitsaktionäre. Hierzu sind die in § 327c Abs 3 genannten Unterlagen auch während der HV auszulegen (S 1); daneben kann der Vorstand eine mündliche Erläuterung des Übertragungsbeschlusses und der Höhe der Barabfindung durch den Hauptaktionär zulassen (S 2). **1**

II. Zugänglichmachen von Unterlagen (S 1)

S 1 entspricht §§ 293g Abs 1, 319 Abs 3 S 3, 320 Abs 1 S 3. Die Unterlagen müssen seit Geltung des ARUG v 30.7.2009 (BGBl I S 2479) zugänglich gemacht werden. Dafür ist anstatt der bisher erforderlichen Vorlage der Unterlagen in körperlicher Form durch **Auslegung einfacher Abschriften** (vgl § 327c Rn 11) auch die **Bereitstellung** der Unterlagen **in elektronischer Form** auf Monitoren möglich (RegBegr BT-Drucks 16/11642, 43, 25). **2**

III. Erläuterungen des Hauptaktionärs (S 2)

S 2 ist missverständlich formuliert; zutr ist die Einordnung unter die Organpflichten des Vorstands (*OLG Hamburg* AG 2003, 441, 443; Spindler/Stilz AktG/*Singhof* Rn 3; *Hüffer* AktG Rn 3; MünchKomm AktG/*Grunewald* Rn 3; aA K. Schmidt/Lutter AktG/*Schnorbus* Rn 6 mwN; KölnKomm WpÜG/*Hasselbach* Rn 4). Der **Vorstand muss** sowohl den **Beschlussinhalt** als auch die gem S 1 **auszulegenden Unterlagen erläutern**; Grundlage dieser Erläuterungspflicht bleibt S 2 (*OLG Hamburg* aaO; aA KölnKomm AktG/*Koppensteiner* Rn 4). Ausschließlich die Erläuterung der Übertragungsvoraussetzungen und der Angemessenheit der Barabfindung kann der Vorstand (unzutr *Hasselbach* aaO Rn 3: HV-Leiter) nach pflichtgemäßem Ermessen dem Hauptaktionär überlassen. Insb bei Aktualisierungsbedarf des Übertragungsberichts sind Ausführungen notwendig (RegBegr BR-Drucks 14/7034, 73). Der Hauptaktionär kann die Stellungnahme ablehnen (*OLG Stuttgart* AG 2004, 105, 106). Schweigt der Hauptaktionär oder sind seine Ausführungen lückenhaft, lebt die Erläuterungspflicht des Vorstands wieder auf. Die Vorschrift setzt zeitlich nach der Worterteilung durch den HV-Leiter zu Beginn der Verhandlung über den Squeeze Out an. S 2 verlangt nicht, dass der Minderheitenausschluss an der Spitze der Tagesordnung steht (MünchKomm AktG/*Grunewald* Rn 3; *Hasselbach* aaO Rn 4). **3**

IV. Auskunftsrecht (§ 131)

4 § 327d lässt das allg **Auskunftsrecht** der Aktionäre aus § 131 **unberührt**. Die Minderheitsaktionäre können daher **ergänzende Fragen** an den Vorstand richten; ein unmittelbar gegen den Hauptaktionär gerichtetes Auskunftsrecht besteht nicht (*Emmerich/ Habersack* Aktien- und GmbH-KonzernR Rn 5). Erteilt der Vorstand dem Hauptaktionär das Wort, wird seine Auskunftspflicht – anders als bei S 2 – nur dann erfüllt, wenn er sich die Ausführungen des Hauptaktionärs anschließend zu Eigen macht (Haarmann/Schüppen WpÜG/*Schüppen/Tretter* Rn 5). Eine Beantwortungspflicht des Hauptaktionärs kann sich nur im Einzelfall aus dessen mitgliedschaftlicher Treuepflicht ergeben (MünchKomm AktG/*Grunewald* Rn 5; zu weit gehend *Gesmann-Nuissl* WM 2002, 1205, 1209). Die dem Hauptaktionär gem § 327b Abs 1 S 2 erteilten Auskünfte begründen kein erweitertes Informationsrecht gem § 131 Abs 4.

§ 327e Eintragung des Übertragungsbeschlusses

(1) ¹Der Vorstand hat den Übertragungsbeschluss zur Eintragung in das Handelsregister anzumelden. ²Der Anmeldung sind die Niederschrift des Übertragungsbeschlusses und seine Anlagen in Ausfertigung oder öffentlich beglaubigter Abschrift beizufügen.

(2) § 319 Abs. 5 und 6 gilt sinngemäß.

(3) ¹Mit der Eintragung des Übertragungsbeschlusses in das Handelsregister gehen alle Aktien der Minderheitsaktionäre auf den Hauptaktionär über. ²Sind über diese Aktien Aktienurkunden ausgegeben, so verbriefen sie bis zu ihrer Aushändigung an den Hauptaktionär nur den Anspruch auf Barabfindung.

Übersicht

	Rn		Rn
I. Regelungsgegenstand und -zweck	1	1. Negativerklärung	4
II. Anmeldung zur Eintragung		2. Freigabeverfahren	5
(Abs 1)	2	a) Voraussetzungen	5
III. Sinngemäße Anwendung von § 319		b) Schadenersatz	7
Abs 5 und 6 (Abs 2)	4	IV. Wirkungen der Eintragung (Abs 3)	8

Literatur: *Bödeker/Fink* Vermögensrechte von Minderheitsaktionären – Zu den Auswirkungen eines Squeeze-Outs auf den unternehmensvertraglichen Ausgleichsanspruch, NZG 2010, 296; *dies* Unternehmensvertragliche Ausgleichsansprüche bei Zusammentreffen mit Squeeze-out – Grundsatzentscheidung des BGH; *Buchta/Sasse* Freigabeverfahren bei Anfechtungsklagen gegen Squeeze-out-Beschlüsse, DStR 2004, 958; *Diekmann/Nolting* Aktienrechtsnovelle 2011, NZG 2011, 6; *Gesmann-Nuissl* Die neuen Squeeze-out-Regeln im Aktiengesetz, WM 2002, 1205; *Keul* Anfechtungsklage und Überwindung der Registersperre im Rahmen eines Squeeze-out, ZIP 2003, 566; *Krieger* Squeeze-out nach neuem Recht: Überblick und Zweifelsfragen, BB 2002, 53; *Petersen/Habbe* Squeeze-out mit Eintragung im Handelsregister bestandskräftig, NZG 2010, 1091; *Popp* Squeeze-out-Abfindung bei Beherrschungs- und Gewinnabführungsverträgen, AG 2010, 1; *H. Schmidt* Schadenersatz nach § 327e Abs 2 iVm § 319 Abs 6 Satz 6 AktG im Wege der Naturalrestitution beim fehlerhaften Squeeze-out?, AG 2004, 299; *Schockenhoff* Rückabwicklung des Squeeze-out?, AG 2010, 436; *Weppner* Kraftloserklärung nicht eingereichter Aktienurkunden nach Durchführung eines aktienrechtlichen Squeeze-out gem §§ 327a ff AktG, BB 2012, 2196.

…

I. Regelungsgegenstand und -zweck

Abs 1 regelt die Modalitäten der Anmeldung des Übertragungsbeschlusses zur Eintragung im HR, ergänzt durch den Verweis in Abs 2 auf die sog Negativerklärung und das Freigabeverfahren. Abs 3 legt im Interesse der Rechtssicherheit die Eintragung als den Zeitpunkt des Rechtsübergangs fest und ermöglicht damit zugleich eine vorausgehende registerrechtliche Kontrolle im Interesse der Minderheitsaktionäre. **1**

II. Anmeldung zur Eintragung (Abs 1)

Abs 1 verpflichtet den Vorstand, den Übertragungsbeschluss **unverzüglich** (§ 121 Abs 1 S 1 BGB) zur Eintragung in das HR anzumelden. Ein Registerzwang gem § 14 HGB besteht nicht, da durch die Eintragung die Rechtslage gestaltet wird (Abs 3 S 1) und dies, wie in den Fällen des § 407 Abs 2, Sache der Beteiligten ist (*Emmerich/Habersack* Aktien- und GmbH-KonzernR Rn 2; Spindler/Stilz AktG/*Singhof* Rn 2; K. Schmidt/Lutter AktG/*Schnorbus* Rn 2; aA MünchKomm AktG/*Grunewald* Rn 3). Zuständig ist das AG am Sitz der Gesellschaft (§ 14), das die formellen und materiellen Voraussetzungen des Übertragungsbeschlusses, nicht aber die Angemessenheit der Barabfindung prüft. **2**

Der Anmeldung sind die **Niederschrift des Übertragungsbeschlusses samt Anlagen** in Ausfertigung **oder öffentlich beglaubigter Abschrift beizufügen** (Abs 1 S 1). Bei nichtbörsennotierten Gesellschaften reicht die Unterzeichnung der Niederschrift durch den AR-Vorsitzenden gem § 130 Abs 1 S 3 aus (*Emmerich/Habersack* Aktien- und GmbH-KonzernR Rn 3; *Hüffer* AktG Rn 2). Einzureichen sind die **Belege über die Ordnungsgemäßheit der Einberufung der HV** iSd § 130 Abs 3, nicht aber die in § 327c Abs 3 gen Unterlagen (MünchKomm AktG/*Grunewald* Rn 2 und Fn 4; Spindler/Stilz AktG/*Singhof* Rn 3; KölnKomm WpÜG/*Hasselbach* Rn 3; aA Geibel/Süßmann WpÜG/*Grzimek* Rn 3; K. Schmidt/Lutter AktG/*Schnorbus* Rn 4). Die Beifügung des Übertragungsberichts sowie der Gewährleistungserklärung gem § 327b Abs 3 ist jedoch empfehlenswert, da das Gericht diese Unterlagen zur Prüfung der Übertragungsvoraussetzungen benötigt (Haarmann/Schüppen WpÜG/*Schüppen/Tretter* Rn 4). **3**

III. Sinngemäße Anwendung von § 319 Abs 5 und 6 (Abs 2)

1. Negativerklärung. Bei der Anmeldung hat der Vorstand gegenüber dem Registergericht zu erklären, dass gegen den Übertragungsbeschluss erhobene Klagen (nicht aber lediglich dem Gericht zugestellte Klagen, dazu *OLG Köln* AG 2010, 298, 299) der Eintragung nicht entgegenstehen (sog Negativerklärung) oder eine notarielle Verzichtserklärung aller klageberechtigten Aktionäre vorzulegen (s § 319 Abs 5 S 1 und 2). Aus § 319 Abs 5 S 1 ergibt sich, dass eine Anmeldung erst dann erfolgen kann, wenn die Anfechtungsfrist des § 246 Abs 1 (1 Monat) abgelaufen ist. Eine vor Ablauf dieser Frist abgegebene Negativerklärung führt zu einer nicht vollständigen Anmeldung; eine aktualisierte Negativerklärung bezogen auf den Tag des Ablaufs der Anfechtungsfrist wird dann notwendig. Aufgrund der Existenz einer Negativerklärung ist zwar eine verfrühte Eintragung möglich, aber rechtswidrig, weshalb dann Staatshaftungsansprüche drohen (K. Schmidt/Lutter AktG/*Schnorbus* Rn 5 f). Liegt gar keine Negativerklärung vor, besteht eine sog **Registersperre**, die für das Registergericht ein Eintragungshindernis darstellt (§ 319 Abs 5 S 2 HS 1). Ausnahmsweise kann das Registergericht gem § 319 Abs 5 S 2 HS 2 den Übertragungsbeschluss auch ohne **4**

das Vorliegen einer Negativerklärung eintragen, wenn alle potentiell klageberechtigten Aktionäre einen **Verzicht auf die Klageerhebung** erklären; neben den Minderheitsaktionären müssen auch der Hauptaktionär und die zu seinem Bestand zählenden Aktionäre den Verzicht erklären (MünchKomm AktG/*Grunewald* Rn 5; *Emmerich/Habersack* Aktien- und GmbH-KonzernR Rn 5; **aA** Geibel/Süßmann WpÜG/*Grzimek* Rn 8; Spindler/Stilz AktG/*Singhof* Rn 5).

5 **2. Freigabeverfahren. – a) Voraussetzungen.** Fehlt eine Negativ- oder Verzichtserklärung entspr § 319 Abs 5, kann die Registersperre nur im Wege des gerichtlichen Freigabeverfahrens überwunden werden (§ 319 Abs 6 S 1). **Antragsberechtigt** ist die **AG**, nicht der Hauptaktionär (*Buchta/Sasse* DStR 2004, 958; MünchKomm AktG/*Grunewald* Rn 6 mwN; **aA** KölnKomm AktG/*Koppensteiner* Rn 5). Die AG kann die Einleitung von der Kostenübernahme oder Haftungsfreistellung durch den Hauptaktionär abhängig machen (*Grunewald* aaO Rn 8).

6 Das Gericht beschließt die Freigabe bei Unzulässigkeit oder offensichtlicher Unbegründetheit der Klage (§ 319 Abs 6 S 3 Nr 1, Bsp bei *Buchta/Sasse* DStR 2004, 958, 960 ff), wenn der Kläger binnen einer Woche nach Zustellung des Antrags durch Urkunden nachgewiesen hat, dass er seit Bekanntmachung der Einberufung Aktien mit einem anteiligen Wert von 1 000 EUR hält (§ 319 Abs 6 S 3 Nr 2) oder bei einem überwiegenden Interesse der Gesellschaft und ihrer Aktionäre (einschließlich des Hauptaktionärs) an der alsbaldigen Eintragung (§ 319 Abs 6 S 3 Nr 3). Das allg Interesse des Hauptaktionärs an einer Verfahrensbeschleunigung reicht nicht aus; vielmehr muss ein bes **Eilbedürfnis** glaubhaft gemacht werden (*OLG Frankfurt* NZG 2003, 731, 732). Die RegBegr nennt beispielhaft die geplante umfassende Umstrukturierung (BT-Drucks 14/7034, 73). IdR wird die Darlegung der offensichtlichen Unbegründetheit aussichtsreicher sein (*Gesmann-Nuissl* WM 2002, 1205, 1211).

7 **b) Schadenersatz.** Erweist sich die Klage gegen den Übertragungsbeschluss entgegen der Freigabeentscheidung als begründet, besteht entspr § 319 Abs 6 S 10 ein Anspruch auf Schadensersatz, der sich gegen die AG als Antragstellerin und nicht gegen den Hauptaktionär richtet (KölnKomm WpÜG/*Hasselbach* Rn 16; **aA** *Krieger* BB 2002, 53, 60). Der Schadensersatzanspruch kann nicht auf die Wiedereinräumung der Mitgliedschaft gem § 249 Abs 1 BGB gerichtet werden, da die Aktien mit der Eintragung dem Hauptaktionär zustehen und von der AG daher nicht zurückgewährt werden können (Geibel/Süßmann WpÜG/*Grzimek* Rn 22; **aA** *OLG Düsseldorf* NZG 2004, 328, 329; ausf zum Bestandsschutz des Squeeze-Out bei erfolgreichem Freigabeverfahren *Petersen/Habbe* NZG 2010, 1091 ff). Auch der Wertverlust der Aktien im Rahmen einer Schadenskompensation gem § 251 Abs 1 BGB dürfte angesichts der gewährten Barabfindung und der möglichen Erhöhung des Abfindungsbetrages im Spruchverfahren nicht ausgleichspflichtig sein (Haarmann/Schüppen WpÜG/*Schüppen/Tretter* Rn 21); der Inhalt des Anspruchs wird sich daher regelmäßig auf den Ersatz der Verfahrenskosten beschränken.

IV. Wirkungen der Eintragung (Abs 3)

8 Die Eintragung hat konstitutive Wirkung, der Aktienübergang vollzieht sich ohne weiteren Übertragungsakt (RegBegr BT-Drucks 14/7034, 73). Übertragen werden sämtliche Aktien der Minderheitsaktionäre sowie bestehende Bezugsrechte (s § 327b Rn 6). Unberührt bleiben Aktien, die dem Hauptaktionär gem § 16 Abs 4 und Abs 2

S 3 zugerechnet werden sowie eigene und gem § 16 Abs 2 S 3 gleichgestellte Aktien der Gesellschaft (str, s § 327b Rn 5). Beschränkt dingliche Rechte erlöschen mit der Eintragung und setzen sich im Wege dinglicher Surrogation entspr § 1287 S 1 BGB am Abfindungsanspruch fort (**allgM**). Ausgleichsansprüche eines Minderheitsaktionärs aufgrund eines Beherrschungs- und Gewinnabführungsvertrages aus § 304 erlöschen mit der Eintragung (*BGH* AG 2011, 514 ff; *OLG München* ZIP 2012, 1180 ff; *OLG Köln* ZIP 2010, 519, 521 f, dazu *Bödeker/Fink* NZG 2010, 296 ff; *OLG Frankfurt* AG 2010, 408; *OLG Frankfurt* DB 2009, 2200, 2205 f; *LG Essen* Der Konzern 2010, 73; allg zu dem Problem *Popp* AG 2010, 1). Insb besteht kein anteiliger Ausgleichsanspruch aus § 304, auch nicht vor dem Hintergrund der auf § 327b beruhenden sog Verzinsungslücke (*BVerfG* WM 2013, 129, 130 f; *BGH* AG 2011, 514 ff; detail hierzu auch: *Bödeker/Fink* NZG 2011, 816, 818). Wurde der Squeeze-Out Beschl **vor Ablauf der** einmonatigen **Anfechtungsfrist** (dazu *BGH* AG 2006, 934) **eingetragen**, müssen die Fachgerichte aufgrund des Justizgewährungsanspruchs effektiven Rechtsschutz gewähren (*BVerfG* ZIP 2010, 571, 573 ff; vgl dazu Anm *Kiem/Hardenberg* EWiR 2010, 307 ff); nicht ausreichend ist dafür der Verweis auf den Sekundärrechtsschutz (dazu auch *Schockenhoff* AG 2010, 436 ff).

Mit **Beschlusseintragung** wird der **Anspruch auf Abfindungszahlung** fällig (RegBegr BT-Drucks 14/7034, 73). Ausgegebene Aktienurkunden verbriefen nunmehr bis zu ihrer Aushändigung ausschließlich den Zahlungsanspruch (Abs 3 S 2); zur Zulässigkeit einer Kraftloserklärung dieser Urkunden gem § 73, s dort Rn 2; *Weppner* BB 2012, 2198 ff. Die Einleitung des Spruchverfahrens hemmt die Verjährung (§§ 195, 204 Abs 1 Nr 1 BGB analog), hat aber keine Auswirkung auf die Fälligkeit des Zahlungsanspruchs. Die praktische Abwicklung der Umbuchung der Aktien der Minderheitsaktionäre gegen Gutschrift der Barabfindung und ggf gegen Gutschrift eines Erhöhungsbetrages wird man idR einem in Deutschland zugelassenen Kreditinstitut anvertrauen. Problematisch sind vor allem Aktien in Streifbandverwahrung, sofern sich Einzelstücke im unmittelbaren Besitz von Aktionären befinden. Die Auszahlung der Barabfindung kann nicht erfolgen, solange der Aktionär die Aktien nicht abliefert. Für den Zeitraum bis zur Ablieferung ist die Barabfindung jedoch gem § 327 Abs 2 zu verzinsen. Abhilfe kann eine Hinterlegung der Barabfindung gem § 372 BGB beim Amtsgericht schaffen. Auf diese Möglichkeit sollte aus praktischen Gründen bereits im Bericht des Hauptaktionärs hingewiesen werden. Rechtlich zwingend ist Letzteres jedoch nicht, da es sich um eine Abwicklungsmodalität handelt. 9

§ 327f Gerichtliche Nachprüfung der Abfindung

[1]**Die Anfechtung des Übertragungsbeschlusses kann nicht auf § 243 Abs. 2 oder darauf gestützt werden, dass die durch den Hauptaktionär festgelegte Barabfindung nicht angemessen ist.** [2]**Ist die Barabfindung nicht angemessen, so hat das in § 2 des Spruchverfahrensgesetzes bestimmte Gericht auf Antrag die angemessene Barabfindung zu bestimmen.** [3]**Das Gleiche gilt, wenn der Hauptaktionär eine Barabfindung nicht oder nicht ordnungsgemäß angeboten hat und eine hierauf gestützte Anfechtungsklage innerhalb der Anfechtungsfrist nicht erhoben, zurückgenommen oder rechtskräftig abgewiesen worden ist.**

§ 327f Gerichtliche Nachprüfung der Abfindung

Übersicht

	Rn		Rn
I. Regelungsgegenstand und -zweck	1	b) Fehlendes oder fehlerhaftes Abfindungsangebot (§ 327f S 3)	3
II. Anfechtbarkeit	2	2. Rechtsmissbrauch	5
1. Abfindungsbezogene Mängel	2	3. Sonstige Anfechtungsgründe	6
a) Abfindungsbezogene Informationen in der Hauptversammlung (§ 243 Abs 4 S 2)	2	III. Spruchverfahren	8

Literatur: *Dißars* Anfechtungsrisiken beim Squeeze-out – zugleich eine Analyse der bisherigen Rechtsprechung, BKR 2004, 389; *ders* Antragsbefugnis von Namensaktionären im Spruchverfahren über ein Squeeze-out, BB 2004, 1293; *Fuhrmann/Simon* Der Ausschluss von Minderheitsaktionären, Gestaltungsüberlegungen zur neuen Squeeze-out-Gesetzgebung, WM 2002, 1211; *Gesmann-Nuissl* Die neuen Squeeze-out-Regeln im Aktiengesetz, WM 2002, 1205; *Grunewald* Die neue Squeeze-out-Regelung, ZIP 2002, 18; *Fleischer* Das neue Recht des Squeeze out, ZGR 2002, 757; *Hohl/Auermann* BB-RR zum Squeeze-out 2009, BB 2010, 902; *Jäger* Die Entwicklung der Judikatur zur AG im Jahr 2010, NZG 2010, 210; *Kort* Squeeze-out-Beschlüsse: Kein Erfordernis sachlicher Rechtfertigung und bloß eingeschränkte Rechtsmissbrauchskontrolle, ZIP 2006, 1519; *Kumpan/Mittermeier* Risikoentleerte Stimmrechte – Auswirkungen von Wertpapierdarlehen im Gesellschaftsrecht, ZIP 2009, 404; *Lieder* Der Namensaktionär in gesellschaftsrechtlichen Spruchverfahren, NZG 2005, 159; *Lorenz* Das Spruchverfahren – dickes Ende oder nur viel Lärm um nichts?, AG 2012, 284; *Lieder/Stange* Squeeze-out: Aktuelle Streit- und Zweifelsfragen, Der Konzern 2008, 617; *Markwardt* Squeeze-out: Anfechtungsrisiken in Missbrauchsfällen, BB 2004, 277; *Mertens* Der Auskauf von Minderheitsaktionären in gemeinschaftlich beherrschten Unternehmen, AG 2002, 377; *Rathausky* Squeeze-out in Deutschland: eine empirische Untersuchung zu Anfechtungsklagen und Spruchverfahren, AG 2004, R 24; *Schiffer/Roßmeier* Auswirkungen des Squeeze-out auf rechtshängige Spruchverfahren, DB 2002, 1359; *H. Schmidt* Ausschluss der Anfechtung des Squeeze-out-Beschlusses bei abfindungswertbezogenen Informationsmängeln, FS Ulmer, 2003, S 543; *Vetter* Squeeze-out – Der Ausschluss der Minderheitsaktionäre aus der Aktiengesellschaft nach den §§ 327a–327f AktG, AG 2002, 176.

I. Regelungsgegenstand und -zweck

1 § 327f entspricht § 320b Abs 2 und regelt die Rechtsschutzmöglichkeiten des Minderheitsaktionärs gegen den Übertragungsbeschluss der HV umfassend. Die Vorschrift geht von der grds Anfechtbarkeit gem § 243 Abs 1 aus (RegBegr BT-Drucks 14/7034, 73). S 1 stellt klar, dass Sondervorteile des Hauptaktionärs (§ 243 Abs 2) nicht zur Anfechtung berechtigten. Die Überprüfung der Abfindungshöhe wird im Interesse des Hauptaktionärs an der zügigen Durchführung des Squeeze Out ausschließlich dem Spruchverfahren zugewiesen (S 1 und 2). Dies gilt seit der Neueinführung des § 243 Abs 4 S 2 durch das UMAG vom 22.9.2005 (BGBl I S 2802) auch für bestimmte abfindungsbezogene Informationsmängel in der HV. Sonstige abfindungsbezogene Mängel können zumindest subsidiär im Spruchverfahren vorgebracht werden (S 3).

II. Anfechtbarkeit

2 **1. Abfindungsbezogene Mängel. – a) Abfindungsbezogene Informationen in der Hauptversammlung (§ 243 Abs 4 S 2).** § 327f S 1 **schließt** die **auf** eine **zu niedrige Barabfindung gestützte Anfechtungsklage** aus, um den Minderheitenausschluss nicht an bloßen Bewertungsschwierigkeiten scheitern zu lassen. Abfindungsbezogene Informationsmängel weisen ein vergleichbares Verzögerungspotential auf, so dass es nahe liegt, auch diese Beschlussmängel von § 243 Abs 1 auszunehmen. Indes kann die zu §§ 210, 212 UmwG ergangene Rspr (*BGH* NJW 2001, 1425 und 1428) nicht auf den Squeeze Out übertragen werden, da S 3 die Anfechtungsklage für das nicht ordnungsgemäße Angebot ausdrücklich zulässt (**hM** *LG Saarbrücken* NZG 2004, 1012, 1014; *Emmerich/Habersack* Aktien- und GmbH-KonzernR Rn 4 mwN). Rechtsklarheit in dieser Frage hat die Einführung von § 243 Abs 4 S 2 mit dem UMAG vom 22.9.2005 (BGBl I S 2802) gebracht. Seitdem gilt: Werden in der HV fehlerhafte Informationen in Bezug auf die Ermittlung, Höhe oder Angemessenheit der Abfindung erteilt, ist ausschließlich das Spruchverfahren eröffnet (vgl *BGHZ* 180, 154, 169 f – „Wertpapierleihe"); bspw kann sich deshalb die Anfechtung des Übertragungsbeschlusses wg Unrichtigkeit des Prüfberichts allein auf die formalen Voraussetzungen beziehen (*KG* AG 2010, 166, 169 m zust Anm bei *Holzborn/Reichard* WuB II A. § 327a AktG 2.10; *OLG Frankfurt* DB 2009, 2200, 2202; *OLG Stuttgart* AG 2009, 204, 209). Fehlt das Abfindungsangebot vollständig oder wurden fehlerhafte abfindungsbezogene Informationen im Vorfeld der HV erteilt, kann Anfechtungsklage erhoben und nachrangig das Spruchverfahren eingeleitet werden (S 3, dazu sogleich Rn 3 f).

b) Fehlendes oder fehlerhaftes Abfindungsangebot (§ 327f S 3). S 3 trägt der sachlichen Nähe abfindungsbezogener Mängel zum Spruchverfahren Rechnung. Ist die Anfechtungs- oder Nichtigkeitsklage unzulässig oder wurde sie zurückgenommen, können diese Mängel im Spruchverfahren vorgebracht werden.   3

Die Vorschrift ist in Abgrenzung zu § 243 Abs 4 S 2 zu lesen und erfasst neben dem wenig praktischen Fall des gänzlich fehlenden Abfindungsangebots insb das unkonkrete oder unvollständige Abfindungsangebot (MünchKomm AktG/*Grunewald* Rn 3; Geibel/Süßmann WpÜG/*Grzimek* Rn 6). Weitere Anwendungsfälle sind die fehlende Bankgarantie gem § 327b Abs 3 (*Emmerich/Habersack* Aktien- und GmbH-KonzernR Rn 5; *Vetter* AG 2002, 176, 189), der unzulässige Abzug nach Beschlussfassung fälliger Ausgleichs- und Dividendenzahlungen von der Abfindungssumme (*OLG Hamburg* AG 2003, 441; *Hüffer* AktG Rn 3; *Dißars* BKR 2004, 389, 392), der Verstoß gegen die Auslegungspflicht gem § 327c Abs 3 (*LG München I* AG 2009, 632, 634; *Grzimek* aaO Rn 6) sowie der fehlende oder bzgl der Abfindungshöhe unvollständige Übertragungs- oder Prüfungsbericht (*Grunewald* aaO).   4

2. Rechtsmissbrauch. Die Anfechtbarkeit des Übertragungsbeschlusses wg Rechtsmissbrauchs wird in Lehre und Praxis breit diskutiert (vgl Spindler/Stilz AktG/*Singhof* § 327a Rn 25 ff; MünchKomm AktG/*Grunewald* § 327a Rn 18 ff jeweils mwN). Fallgruppen sind insb der nur vorübergehende Erwerb der notwendigen Beteiligungsquote (vgl *BGHZ* 180, 154, 160 ff – „Wertpapierdarlehen" mit teilw abl Anm von *Grunewald* EWiR 2009, 327, 328; *dies* ZIP 2002, 18, 19; *Hohl/Auerbach* BB 2010, 902, 903; *Lieder/Stange* Der Konzern 2008, 620 ff; *Kumpan/Mittermeier* ZIP 2009, 404 ff); der Formwechsel einer GmbH in eine AG zur Durchsetzung des Squeeze Out (*Gesmann-Nuissl* WM 2002, 1205, 1210) sowie die Anfechtbarkeit wg widersprüchlichen Verhaltens nach Veranlassung der Minderheitsaktionäre zum Aktienerwerb (*Fleischer* ZGR 2002, 757, 785 f). Diese Diskussion ist vor dem Hintergrund zu sehen, dass der **Übertragungsbeschluss keiner sachlichen Rechtfertigung bedarf** (*BGH* aaO 161). Aus diesem Grunde ist aber größte Zurückhaltung geboten: Der Gesetzgeber hat mit Einführung der §§ 327a ff ein Institut geschaffen, das den Minderheitsausschluss bei   5 einer Kapitalbeteiligung von 95 % ohne wichtigen Grund und ohne weitergehende Zielsetzung erlaubt, insb ohne Rücksicht auf Grund und Dauer des Beteiligungserwerbs. Im Ergebnis wird der Rechtsmissbrauch daher **nur in extremen Ausnahmefällen** begründet werden können (ähnlich *Kort* ZIP 2006, 1519 ff; *Markwardt* BB 2004, 277, 282 ff).

6 **3. Sonstige Anfechtungsgründe.** Beschlussmängel, die ausschließlich mit der Anfechtungsklage geltend zu machen sind, sind insb das Fehlen der Kapitalbeteiligung gem § 327a Abs 1 S 1 (*Gesmann-Nuissl* WM 2002, 1205, 1209; *Mertens* AG 2002, 377, 383; die Nichtigkeit des Beschl befürworten: *OLG München* ZIP 2006, 2370, 2371; AG 2004, 455; Spindler/Stilz AktG/*Singhof* Rn 4; *Fleischer* ZGR 2002, 757, 788) sowie allg Verfahrensfehler, wie die fehlerhafte Bekanntmachung des Übertragungsbeschlusses in der Tagesordnung (Geibel/Süßmann WpÜG/*Grzimek* Rn 5).

7 **Kein Anfechtungsgrund** ist der Versuch des Hauptaktionärs, Sondervorteile zu erlangen (§ 243 Abs 2). Dies ergibt sich bereits aus der Natur des Squeeze-Out, der einseitig der Interessendurchsetzung des Hauptaktionärs dient und wird von S 1 klargestellt. Die in der Praxis häufige Anfechtung wg Verfassungswidrigkeit der §§ 327a ff (vgl *Rathausky* AG Report 2004, R 24) ist zwar zulässig, wg der mittlerweile gefestigten Rspr aber ohne Erfolgsaussicht (s § 327a Rn 3).

III. Spruchverfahren

8 Hinsichtlich der Überprüfung der **Angemessenheit der Barabfindung** verweist S 2 seit dem Gesetz zur Neuordnung des gesellschaftsrechtlichen Spruchverfahrens v 12.6.2003 (BGBl I S 838) auf § 2 SpruchG (§ 306 aF). Anfechtungsfrist und -berechtigung sind nunmehr in §§ 3, 4 SpruchG geregelt, § 327 f Abs 2 aF wurde ersatzlos gestrichen.

9 **Antragsberechtigt** ist gem § 3 Nr 2 SpruchG jeder ausgeschiedene Minderheitsaktionär und (gem der hier vertretenen Auffassung) auch der Bezugsberechtigte (s § 327b Rn 7). § 327e Abs 3 S 1 bestimmt den Zeitpunkt des Ausschlusses, so dass der Antrag frühestens nach Eintragung des Übertragungsbeschlusses gestellt werden kann (vgl *LG Berlin* NZG 2003, 930; *LG Frankfurt/Main* NZG 2004, 425), die Bekanntmachung muss nicht abgewartet werden. Die Klageerhebung vor Beschlusseintragung schiebt die Antragsberechtigung wg der damit verbundenen Registersperre zeitlich hinaus; die Klageerhebung nach Eintragung ist dagegen ohne Auswirkung. Die Anfechtungsfrist (materielle Präklusionsfrist: keine Wiedereinsetzung in den vorigen Stand) beträgt gem § 4 Abs 1 S 1 SpruchG drei Monate (§ 327 Abs 2 aF: zwei Monate) und beginnt mit Bekanntmachung (§ 10 HGB) der Eintragung.

10 Der **Nachweis der Aktionärseigenschaft** kann gem § 3 S 3 SpruchG nur durch die Vorlage von Urkunden, insb Depotauszügen, geführt werden. Inhaber von Namensaktien müssen im Aktienregister eingetragen sein (*OLG Frankfurt* ZIP 2008, 1036, 1038; *OLG Hamburg* NZG 2004, 45; **aA** *Dißars* BB 2004, 1293 ff).

11 Ein Sonderproblem stellt sich, wenn der Squeeze Out während einem laufenden Anfechtungs- oder Spruchverfahren wirksam wird („**überholender Squeeze Out**"). Für die Anfechtungsbefugnis gilt, dass diese durch den Aktienerwerb (§ 327e Abs 3 S 1) des Hauptaktionärs als Gesamtrechtsnachfolger nicht entfällt (*BGH* BB 2011, 1613 ff m Anm *Ihrig/Seibel;* auch K. Schmidt/Lutter AktG/*Schwab* 2. Aufl § 245 Rn 28;

Spindler/Stilz AktG/*Singhof* 2. Aufl § 327e Rn 10; *Hüffer* § 245 Rn 7; K. Schmidt/Lutter AktG/*Schnorbus* 2. Aufl § 327f Rn 3). Wird der Squeeze Out während eines laufenden Spruchverfahrens wirksam, bleibt der Anspruch auf Abfindungszahlung unberührt. Der Altaktionär wird sich die iRd Squeeze Out gewährte Barabfindung aber auf die Abfindungszahlung anrechnen lassen müssen; eine doppelte Abfindung kann nicht verlangt werden (*Schiffer/Roßmeier* DB 2002, 1359 ff).

Fünfter Teil
Wechselseitig beteiligte Unternehmen

§ 328 Beschränkung der Rechte

(1) ¹**Sind eine Aktiengesellschaft oder Kommanditgesellschaft auf Aktien und ein anderes Unternehmen wechselseitig beteiligte Unternehmen, so können, sobald dem einen Unternehmen das Bestehen der wechselseitigen Beteiligung bekannt geworden ist oder ihm das andere Unternehmen eine Mitteilung nach § 20 Abs. 3 oder § 21 Abs. 1 gemacht hat, Rechte aus den Anteilen, die ihm an dem anderen Unternehmen gehören, nur für höchstens den vierten Teil aller Anteile des anderen Unternehmens ausgeübt werden.** ²**Dies gilt nicht für das Recht auf neue Aktien bei einer Kapitalerhöhung aus Gesellschaftsmitteln.** ³**§ 16 Abs. 4 ist anzuwenden.**

(2) Die Beschränkung des Absatzes 1 gilt nicht, wenn das Unternehmen seinerseits dem anderen Unternehmen eine Mitteilung nach § 20 Abs. 3 oder § 21 Abs. 1 gemacht hatte, bevor es von dem anderen Unternehmen eine solche Mitteilung erhalten hat und bevor ihm das Bestehen der wechselseitigen Beteiligung bekannt geworden ist.

(3) In der Hauptversammlung einer börsennotierten Gesellschaft kann ein Unternehmen, dem die wechselseitige Beteiligung gemäß Absatz 1 bekannt ist, sein Stimmrecht zur Wahl von Mitgliedern in den Aufsichtsrat nicht ausüben.

(4) Sind eine Aktiengesellschaft oder Kommanditgesellschaft auf Aktien und ein anderes Unternehmen wechselseitig beteiligte Unternehmen, so haben die Unternehmen einander unverzüglich die Höhe ihrer Beteiligung und jede Änderung schriftlich mitzuteilen.

Übersicht

	Rn		Rn
1. Anwendungsbereich	1	e) „Beschränkung beider Unternehmen"	8
2. Voraussetzungen	3	3. Rechtsfolgen	9
a) Wechselseitige Beteiligung	3	a) Ausübungssperre	9
b) Rechtzeitige Mitteilung	5	b) Weitergehende Regelung bei börsennotierten Gesellschaften	10
c) Kenntnis/Empfang einer Mitteilung	6	c) Mitteilungspflicht	11
d) Umgehungsschutz	7		

Literatur: *Emmerich* Wechselseitige Beteiligungen bei AG und GmbH, NZG 1998, 622.

1. Anwendungsbereich. § 328 trifft für die sog „einfache" wechselseitige Beteiligung, dh eine wechselseitige Beteiligung v mehr als 25 % und weniger als 50 %, Ergänzungen zu § 19 Abs 1. Sie dient der Verhinderung einer Kapitalverwässerung und der

Fett

§ 328 Beschränkung der Rechte

Begrenzung des Verwaltungseinflusses auf das Unternehmen (*Kropff* S 433 f; vgl auch § 19 Rn 2). Gegenseitige Mehrheitsbeteiligungen sollen durch die angedrohten Sanktionen verhindert werden.

2 § 328 gilt nur für **inländische Kapitalgesellschaften** (zu den Besonderheiten bei Beteiligung einer GmbH vgl *Emmerich* NZG 1998, 622 ff). Daneben muss eine der beteiligten Gesellschaften eine AG oder KGaA sein (vgl § 19 Abs 1). Eine Ausnahme besteht für Gesellschaften, deren wechselseitige Beteiligungen schon vor Inkrafttreten des AktG bestand (vgl § 6 EGAktG).

3 **2. Voraussetzungen. – a) Wechselseitige Beteiligung.** Abs 1 verlangt das Bestehen einer wechselseitigen Beteiligung iSd **§ 19 Abs 1**, dh über 25 %. Für die Berechnung der Mehrheitsbeteiligung ist § 19 Abs 1 S 2 (und damit § 16 Abs 1 S 2, Abs 4) zu berücksichtigen, so dass auch **mittelbar gehaltene Anteile** in die Berechnung mit einfließen können (vgl dazu § 19 Rn 6). Die Anwendung der Norm ist aber auf einfache wechselseitige Beteiligungen beschränkt; sie **gilt nicht** für einseitig oder beidseitig **qualifizierte Beteiligung** iSv § 19 Abs 2 und 3 (dazu dort Rn 7 f, 9). Diese Beschränkung folgt aus § 19 Abs 4.

4 Hat **nur ein Unternehmen** am anderen einen 25 % übersteigenden Anteil, liegt keine wechselseitige Beteiligung vor. Unterbleibt hier eine Mitteilung an das zweite Unternehmen, ist das erste an der Ausübung seiner Anteile aber nach den **allg Bestimmungen** gehindert (vgl §§ 20 Abs 7, 21 Abs 4 AktG bzw für börsennotierte Unternehmen § 28 WpHG). Fehlt es an einer entspr Mitteilung, fallen nicht nur die über 25 % hinausgehenden Rechte, sondern sämtliche Rechte aus diesen Aktien weg.

5 **b) Rechtzeitige Mitteilung.** Die Erfüllung der Mitteilungspflichten nach §§ 20 Abs 3, 21 Abs 1 AktG bzw § 21 WpHG wirkt sich für das Unternehmen, welches im Falle des Eintritts einer wechselseitigen Beteiligung **zuerst meldet**, grds vorteilhaft aus. Nach Abs 2 tritt die Ausübungssperre nach Abs 1 nämlich nicht ein, wenn das erste Unternehmen die erforderliche Mitteilung gemacht hat und seinerseits **gutgläubig** hinsichtlich des Nichtbestehens einer entspr Beteiligung des anderen Unternehmens war (vgl Rn 6). Der Nachteil der Ausübungssperre betrifft als Sanktion für die unterbliebene Mitteilung somit das zweite Unternehmen (MünchKomm AktG/*Grunewald* Rn 5). Das (zuerst) mitteilende Unternehmen hat so die Möglichkeit, seinen Beteiligungsbesitz über die Beteiligung v 25 % hinaus aufzustocken, bis hin zu einer Mehrheitsbeteiligung (vgl *Emmerich/Habersack* Aktien- und GmbH-KonzernR Rn 19). Dies wird als konzeptionelle Schwäche der Norm angesehen, da sie jedenfalls eine einfach wechselseitige Beteiligung nicht verhindern könne (KölnKomm AktG/*Koppensteiner* Rn 3; K. Schmidt/Lutter AktG/*Vetter* Rn 4). Mit der Verpflichtung des abhängigen Unternehmens, seine Anteile an dem herrschenden Unternehmen zu veräußern (§§ 71d, 71c), verringert sich jedenfalls die Attraktivität einer solchen Gestaltung (ebenso Spindler/Stilz AktG/*Schall* Rn 2).

6 **c) Kenntnis/Empfang einer Mitteilung.** Die Ausübungssperre fordert die **positive Kenntnis** des jeweiligen Unternehmens v Bestehen einer wechselseitigen Beteiligung. Diese kann sich nach Abs 2 aus dem Empfang einer entspr Mitteilung (§§ 20 Abs 3, 21 Abs 1; §§ 21 f WpHG) sowie anderweitiger Kenntniserlangung ergeben. Eine Mitteilung allein nach § 20 Abs 1 genügt nicht, da diese Mitteilung wg der erweiterten Zurechnung nach § 20 Abs 2, die über § 16 Abs 4 hinausgeht, nicht die nach Abs 1 S 1 nötige Beteiligung v 25 % voraussetzt (vgl nur *Hüffer* AktG Rn 3).

Beschränkung der Rechte § 328

d) Umgehungsschutz. Nach Abs 1 S 3 ist § 16 Abs 4 entspr anzuwenden. Neben eige- 7
nen Anteilen sind auch solche zu berücksichtigen, die einem v diesem abhängigen
Unternehmen gehören oder v einem Dritten für das Unternehmen gehalten werden
(vgl § 16 Rn 13 ff). Verteilt sich der Anteilsbesitz auf mehrere Beteiligte, ist die Ausübungssperre entspr der **quotalen Aufteilung** auf eigene und zugerechnete Anteile zu
verteilen. Eine alleinige Berücksichtigung bei dem betroffenen Unternehmen oder die
„Abwälzung" der Sperre auf einen Dritten scheiden aus, wobei eine abw Vereinbarung zwischen den beteiligten Unternehmen zu berücksichtigen ist (Grigoleit AktG/
Grigoleit/Rachlitz Rn 11; MünchHdb AG/*Krieger* § 68 Rn 103; ähnlich K. Schmidt/Lut-
ter AktG/*Vetter* Rn 17; anders MünchKomm AktG/*Grunewald* Rn 13: bei fehlender
Einigung bezieht sich Ausübungssperre allein auf das unmittelbar wechselseitig beteiligte Unternehmen).

e) „Beschränkung beider Unternehmen". Vorstellbar sind Konstellationen, bei 8
denen beide Unternehmen in ihren Rechten beschränkt werden. Dazu zählen die
(theoretischen) Fälle (versehentlich) gleichzeitiger Meldungen. Sollte die gleichzeitige
Mitteilung Ergebnis eines auf die wechselseitige Beteiligung zielenden absichtlichen
gemeinsamen Vorgehens sein, fehlt es bereits an der Gutgläubigkeit nach Abs 2.
Zudem ist denkbar, dass die Mitteilung des zuerst meldenden Unternehmens erst
nach Kenntniserlangung v der einfachen wechselseitigen Beteiligung erfolgt, wobei
diese Kenntnis nicht aus einer Mitteilung des anderen Unternehmens erlangt ist.
Dann kann sich das erste Unternehmen nicht auf Abs 2 berufen; das andere Unternehmen trifft nach Abgabe der „zweiten" Mitteilung auch eine Ausübungssperre
(*Emmerich/Habersack* Aktien- und GmbH-KonzernR Rn 16). Schließlich gilt eine
Ausübungssperre nach allg Regeln (vgl §§ 20 Abs 7, 21 Abs 4 AktG bzw für börsennotierte Unternehmen § 28 WpHG) auch dann für beide Unternehmen, wenn diese einvernehmlich die Mitteilung unterlassen haben (KölnKomm AktG/*Koppensteiner*
Rn 9).

3. Rechtsfolgen. – a) Ausübungssperre. Aus Abs 1 S 1 ergibt sich die Ausübungs- 9
sperre für Rechte aus Anteilen, die die **Schwelle v 25 %** am anderen Unternehmen
übersteigen. Die Sperre betrifft grds alle aus den Anteilen erwachsenen Rechte wie
das Stimmrecht (trotzdem abgegebene Stimmen machen HV-Beschl ggf anfechtbar)
und Vermögensrechte wie Dividenden- und Bezugsrechte (MünchHdb AG/*Krieger*
§ 68 Rn 102; *Kropff* S 433). Eine Ausnahme besteht nach Abs 1 S 2 für das Bezugsrecht im Falle der Kapitalerhöhung aus Gesellschaftsmitteln. Eine Nichtbeteiligung
des wechselseitig beteiligten Unternehmens hätte sonst den Entzug v bereits bestehenden Beteiligungsrechten und damit – entgegen der Intention der Norm – auch v
bestehender Vermögenssubstanz zur Folge (MünchKomm AktG/*Grunewald* Rn 9).
Eine Ausnahme muss daher auch für den Liquidationserlös gelten (*Emmerich/Haber-
sack* Aktien- und GmbH-KonzernR Rn 21; KölnKomm AktG/*Koppensteiner* Rn 13;
Spindler/Stilz AktG/*Schall* Rn 14; **aA** K. Schmidt/Lutter AktG/*Vetter* Rn 15).

b) Weitergehende Regelung bei börsennotierten Gesellschaften. Abs 3 regelt eine 10
weitere Ausübungssperre. Ist das andere Unternehmen eine **börsennotierte Gesellschaft** (§ 3 Abs 2), kommt dem beteiligten Unternehmen bei den **Wahlen zu dessen
AR kein Stimmrecht** zu. Diese Beschränkung gilt also anders als bei Abs 1 auch für
die Rechte aus der Beteiligung **unterhalb v 25 %.** Über die Sperre v Abs 1 S 1 hinaus
soll gewährleistet werden, dass keine v der Kontrolle durch die „tatsächlichen" Eigen-

Fett 2515

tümer gelösten Verwaltungsstimmrechte entstehen (MünchKomm AktG/*Grunewald* Rn 10; KölnKomm AktG/*Koppensteiner* Rn 16). Gleichwohl eingesetzte Stimmrechte machen die Wahlen zum AR anfechtbar. Abs 3 nimmt nicht unmittelbar auf § 16 **Abs 4** Bezug. Daraus folgt aber kein Ausschluss der Zurechnung nach dieser Vorschrift (so aber *Hüffer* AktG Rn 7). Man wird annehmen müssen, dass sich Abs 3 insgesamt auf die Voraussetzungen des Abs 1 bezieht und wie dieser auf der Wertung beruht, Gefahren aus dem Verwaltungseinfluss zu verhindern (*Emmerich/Habersack* Aktien- und GmbH-KonzernR Rn 23 f; K. Schmidt/Lutter AktG/*Vetter* Rn 23; Spindler/Stilz AktG/*Schall* Rn 28). Die diesbezüglich nicht eindeutige Regelung führt auch zu der Frage, ob das Unternehmen, das gutgläubig zuerst meldet, sich auch hier auf **Abs 2** berufen kann (dafür die **hM**, *Grunewald* aaO Rn 10; *Emmerich/Habersack* Aktien- und GmbH-KonzernR Rn 22; *Koppensteiner* aaO Rn 17; *Vetter* aaO Rn 24; **aA** *Hüffer* aaO Rn 7: Zweck sei es nicht, unterbliebene Mitteilung zu sanktionieren; unter Hinweis auf den kapitalmarktrechtlichen Schutzzweck auch *Schall* aaO Rn 31; ferner Grigoleit AktG/*Grigoleit/Rachlitz* Rn 13). Hätte der Gesetzgeber das in Unkenntnis der wechselseitigen Beteiligung meldende Unternehmen anders als bei Abs 1 v allen Rechten bei der AR-Wahl ausschließen wollen, wäre hierfür angesichts der offensichtlich v Abs 1, Abs 2 abw Wertung ein ausdrücklicher Hinweis erforderlich gewesen; daher ist auch bei Abs 3 die Gutglaubensregel des Abs 2 anwendbar. Eine analoge Anwendung der Norm auf sämtliche Beschlüsse, welche die Kontrolle von Verwaltungshandeln zum Gegenstand haben (naheliegend sind Entlastungsbeschlüsse, denkbar wären aber auch Beschlüsse zur Bestätigung von durch die Verwaltung abgeschlossenen Verträgen), führt angesichts der gesetzlichen Regelung in § 136 Abs 1 (für den es in § 101 gerade kein Pendant gibt) zu weit (abl auch *Grunewald* aaO; **aA** *Grigoleit/Rachlitz* aaO).

11 **c) Mitteilungspflicht.** Abs 4 begründet für die wechselseitig beteiligten Unternehmen eine über die Mitteilung der Über- oder Unterschreitung v Schwellenwerten nach §§ 20, 21 AktG, 21 WpHG hinausgehende Mitteilungspflicht. Neben der genauen Höhe der Beteiligung sind **alle** Veränderungen unabhängig v der Größenordnung mitzuteilen. Verstöße sind (neben einer mangels Möglichkeit der konkreten Schadensdarlegung wohl eher theoretischen Schadensersatzpflicht) **sanktionslos**, weshalb die beteiligten Unternehmen das mit der Norm angestrebte höhere Informationsniveau iE auf diesem Wege wohl nur selten erreichen dürften (krit auch *Hüffer* AktG Rn 8; KölnKomm AktG/*Koppensteiner* Rn 18; K. Schmidt/Lutter AktG/*Vetter* Rn 25).

Sechster Teil
Rechnungslegung im Konzern

§§ 329 – 336

(aufgehoben)

1 Die Vorschriften betrafen die Konzernrechnungslegung. Sie wurden durch das BiRiLiG v 19.12.1985 (BGBl I 1985 S 2355) aufgehoben. Vgl jetzt §§ 290 ff HGB.

§ 337
(aufgehoben)

Die Vorschrift betraf die Vorlage des Konzernabschlusses und des Konzernlageberichts an AR und HV. Sie wurde durch das Transparenz- und Publizitätsgesetz (TransPuG) v 19.7.2002 (BGBl I 2002 S 2681) aufgehoben. Vgl jetzt Regelungen in §§ 131, 170, 175. **1**

§ 338
(aufgehoben)

Die Vorschrift betraf die Bekanntmachung des Konzernabschlusses. Sie wurde durch das BiRiLiG v 19.12.1985 (BGBl I 1985 S 2355) aufgehoben. Vgl jetzt §§ 325, 328 f HGB. **1**

§§ 339 – 393
(aufgehoben)

Die Vorschriften betrafen Verschmelzung, Vermögensübernahme und Umwandlung. Sie wurden durch das Gesetz zur Bereinigung des Umwandlungsrechts (UmwBerG) v 28.10.1994 (BGBl I 1994 S 3210) aufgehoben. Vgl jetzt das UmwG. **1**

Viertes Buch
Sonder-, Straf- und Schlussvorschriften

Erster Teil
Sondervorschriften bei Beteiligung von Gebietskörperschaften

Vorbemerkung zu §§ 394 ff

Übersicht

	Rn		Rn
I. Allgemeines	1	a) Auswahl	6
II. Beteiligung der öffentlichen Hand an Aktiengesellschaft	2	b) Rechte und Pflichten	7
		c) Weisungen	8
1. Verhältnis öffentliches Recht und AktG	2	4. Haushaltsrechtliche Prüfungsrechte der Gebietskörperschaft	9
2. Einfluss der Gebietskörperschaft durch Satzung	5	a) Voraussetzungen des Prüfungsrechts	10
3. Vertreter der Gebietskörperschaft im Aufsichtsrat	6	b) Erweiterung der Prüfung	11
		5. Unterrichtung des Rechnungshofes	14

Vor §§ 394 ff

Literatur: *Gundlach/Frenzel/N. Schmidt* Das kommunale Aufsichtsratsmitglied im Spannungsfeld zwischen öffentlichem Recht und Gesellschaftsrecht, LKV 2001, 246; *Lutter/Grunewald* Öffentliches Haushaltsrecht und privates Gesellschaftsrecht, WM 1984, 385; *Martens* Privilegiertes Informationsverhalten von Aufsichtsratsmitgliedern einer Gebietskörperschaft nach § 394 AktG, AG 1984, 29; *ders* Berichtspflicht beamteter Aufsichtsratsmitglieder aufgrund von § 55 BBG?, AG 1984, 212; *Martin* Informationszugriff auf AG-Aufsichtsratsmitglieder durch Gemeinden, VerwArch 2003, 248; *Ossenbühl* Mitbestimmung in Eigengesellschaften der öffentlichen Hand, ZGR 1996, 504; *Rottmann* Die Rückkehr des Öffentlichen in die öffentlichen Unternehmen, ZögU 2006, 259; *Schmidt-Aßmann* Die Berichterstattung von Aufsichtsratsmitgliedern einer Gebietskörperschaft nach § 394 AktG, BB 1988, Beil Nr 13; *Schwintowski* Verschwiegenheitspflicht für politisch legitimierte Mitglieder des Aufsichtsrats, NJW 1990, 1009; *ders* Gesellschaftsrechtliche Bindungen für entsandte Aufsichtsratsmitglieder in öffentlichen Unternehmen, NJW 1995, 1316; *Strobel* Verschwiegenheits- und Auskunftspflicht kommunaler Vertreter im Aufsichtsrat öffentlicher Unternehmen, 2002; *Thode* Parlamentskontrolle und Geheimnisschutz bei öffentlichen Unternehmen, AG 1997, 547; *Zieglmeier* Die Systematik der Haftung von Aufsichtsratsmitgliedern gegenüber der Gesellschaft, ZGR 2007, 144; *Zöllner* Berichtspflicht beamteter Aufsichtsratsmitglieder aufgrund von § 55 BBG?, AG 1984, 147.

I. Allgemeines

1 Die öffentliche Hand ist historisch bedingt noch heute in größerem Umfang als Alleingesellschafter oder neben privaten Anteilseignern an Industrieunternehmen beteiligt. Jedoch geht eine sehr starke Tendenz dahin, dass sich die öffentliche Hand, nicht zuletzt aus finanziellen Gründen, von ihren Beteiligungen trennt. Andererseits werden zunehmend öffentliche Aufgaben, insb der Daseinsvorsorge, nicht mehr durch Unternehmen des öffentlichen Rechts, sondern durch privatrechtlich organisierte Gesellschaften ausgeführt (Rechtsformprivatisierung). Bes bei der Zusammenarbeit zwischen der öffentlichen Hand und Privaten in gemischtwirtschaftlichen Unternehmen spielt die AG eine große Rolle. Gerade hier muss ein Ausgleich zwischen den Interessen der öffentlichen Hand an weitgehender Information und Prüfung sowie der Gesellschaft an der Geheimhaltung insb von Betriebs- und Geschäftsgeheimnissen gefunden werden.

II. Beteiligung der öffentlichen Hand an Aktiengesellschaft

2 **1. Verhältnis öffentliches Recht und AktG.** Nach öffentlich-rechtlichen Vorschriften darf sich die öffentliche Hand an Unternehmen nur dann beteiligen, wenn ein wichtiges Interesse (§ 65 Abs 1 Nr 1 BHO) besteht oder ein öffentlicher Zweck die Beteiligung erfordert bzw rechtfertigt (zB Art 87 Abs 1 S 1 Nr 1 BayGO; § 101 Abs 1 Nr 1 SHGO). Das Ingerenzprinzip fordert von der öffentlichen Hand, dass sie dieses öffentliche Interesse bei Ausübung der Beteiligung auch durchsetzt (*Raiser* ZGR 1996, 458, 475 ff; *U. H. Schneider* AG 2005, 493, 494).

3 Noch weitgehend ungeklärt ist allerdings die Frage, inwieweit die öffentlich-rechtliche Pflichtenbindung der öffentlichen Hand in das Gesellschaftsrecht einstrahlt oder dieses sogar überlagert. Nach wohl **hM** besteht auch bei Beteiligung einer Gebietskörperschaft an einer AG ein Vorrang der allg Regeln des AktG vor öffentlich-rechtlichen Bestimmungen (*BGHZ* 69, 334, 340; **hM** MünchKommAktG/*Kropff* Vor §§ 394, 395 Rn 23). Dieser Auffassung scheint sich auch die verwaltungsrechtliche Judikatur anzuschließen (*BayVGH* KommunalPraxis BY 2006, 264, 265 f). Demgegenüber geht die

Gegenansicht von einem generellen Vorrang öffentlich-rechtlicher Bindungen aus (*Ossenbühl* ZGR 1996, 504, 512 ff; *Stober* NJW 1984, 449, 455), die sich daraus ergeben soll, dass die Kommunen verfassungsrechtlich an (öffentliches) Recht und Gesetz gebunden seien (Art 1 Abs 3 GG). Eine „Indienstnahme" des privaten Gesellschaftsrechts ist aber ebenso wenig anzuerkennen wie eine Überlagerung der Vorschriften des AktG durch öffentlich-rechtliche Prinzipien oder das Demokratiegebot. Hiergegen spricht schon der Umstand, dass die §§ 394, 395 ausdrücklich als Sonderregelungen bezeichnet sind, was zur Folge hat, dass darüber hinaus die sonstigen Regelungen des AktG unmittelbar Anwendung finden sollen. Zudem wurde die Frage des Verhältnisses der beiden Rechtsmaterien im Gesetzgebungsverfahren zum AktG ausdrücklich ausgeklammert und sollte einer Reform des Haushaltsrechts vorbehalten bleiben (MünchKommAktG/*Kropff* Vor §§ 394, 395 Rn 10 ff). Die Vorschriften der BHO bzw der LHO enthalten zum einen lediglich Innenrecht, zum anderen können insb Landesvorschriften das AktG als Bundesrecht nicht ändern. Auf dieser Linie liegt auch eine jüngere Entscheidung des *BGH* zu presserechtlichen Auskunftsansprüchen gegen ein öffentliches Unternehmen. Soweit der Bund von seiner Gesetzgebungskompetenz Gebrauch gemacht und Regelungen für die Beteiligung der öffentlichen Hand aufgestellt hat, sind diese vorrangig (*BGH* NJW 2005, 1720, 1721). Bei einer vollständig fehlenden Regelung soll allerdings Raum für eine Einwirkung durch öffentlich-rechtliche Vorschriften sein. Dies erscheint jedoch zweifelhaft. Das Fehlen einer ausdrücklichen Regelung kann nämlich auch Ausdruck dessen sein, dass gerade keine Sonderregelungen für die öffentliche Hand gelten sollen.

Die Vorschriften des AktG gelten vielmehr für alle AG unabhängig davon, ob sie sich unter Kontrolle von Privaten oder der öffentlichen Hand befinden. Sondervorschriften für den Fall einer Beteiligung der öffentlichen Hand sind Ausnahmen dieses Grundsatzes. Die öffentliche Hand kann ihren Einfluss nur durch Gestaltung der Satzung (idS auch *BayVGH* KommunalPraxis BY 2006, 264, 266) und im Rahmen ihrer Aktionärsrechte geltend machen. Dem sind allerdings Grenzen gesetzt. Im konzernrechtlichen Sinne kann die öffentliche Hand durch die Beteiligung an einer AG nämlich Unternehmen iSv § 17 Abs 1 werden (*BGHZ* 135, 107, 111) und sich ggf wg verbotener Einflussnahme nach § 117 schadensersatzpflichtig machen, wenn sie nicht die wirtschaftlichen Interessen der AG, sondern öffentliche Interessen verfolgt. 4

2. Einfluss der Gebietskörperschaft durch Satzung. Durch Festlegung des Tätigkeitsfeldes sowie eines öffentlichen Zwecks in der Satzung anstelle oder neben dem der Gewinnerzielung oder durch eine Rangordnung verschiedener Zwecke kann die Gebietskörperschaft am stärksten ihren Einfluss zur Geltung bringen. Dies wird regelmäßig aber nur bei Gründung der AG möglich sein, da ein Abgehen vom Zweck der Gewinnerzielung der Zustimmung aller Aktionäre bedarf (KölnKomm AktG/*Zöllner* § 179 Rn 113 f; MünchKomm AktG/*Pentz* § 23 Rn 76). Allerdings darf die Satzung nicht so eng gefasst sein, dass dem Vorstand kein Spielraum für eine eigenverantwortliche Leitung mehr verbleibt (*Schön* ZGR 1996, 429, 443). Die Organe der AG sind bei ihrer Tätigkeit an die Beachtung der satzungsmäßigen Zwecke gebunden. Zusätzlichen Einfluss kann sich die öffentliche Hand durch das Recht, bis zu einem Drittel der AR-Mitglieder zu entsenden (§ 101 Abs 2) oder durch Erhöhung der qualifizierenden Mehrheit für bestimmte Beschlussfassungen (§ 182 Abs 1 S 2) sichern. Sonderrechte von Gebietskörperschaften stehen jedoch in einem Spannungsverhältnis mit dem Grundsatz der Kapitalverkehrsfreiheit iSv Art. 56 EGV. 5

3. Vertreter der Gebietskörperschaft im Aufsichtsrat. – a) Auswahl. Soweit kein Entsendungsrecht der Gebietskörperschaft nach § 101 Abs 2 besteht, werden diese von der HV gewählt. Bedenken gegen die Unabhängigkeit eines von der Gebietskörperschaft benannten AR-Mitglieds bestehen ebenso wenig wie gegen eines von Anteilseignern benannten. Beamtenrechtliche Vorschriften wie § 68 BBG oder kommunalrechtliche Regelungen, die vorsehen, dass Nebentätigkeiten mit Ende des Hauptamtes oder Ausscheiden aus dem Ehrenamt automatisch enden (§ 119 Abs 2 S 2 Sachs-AnhGO, § 74 Abs 3 ThürKO), finden auf die AR-Tätigkeit keine Anwendung, da die Vorschriften des AktG als lex specialis bzw als Bundesrecht vorrangig sind (*Gundlach/Frenzel/N. Schmidt* LKV 2001, 246, 249). Allerdings kann die Gebietskörperschaft ein entsandtes AR-Mitglied abberufen bzw ein auf ihren Vorschlag gewähltes iRd dienstlichen Weisungsrechte bzw getroffenen Vereinbarungen anweisen, das AR-Amt niederzulegen. Der AR muss dieser Anweisung Folge leisten; zur Unzeit darf er sein Amt nicht niederlegen.

b) Rechte und Pflichten. Das von der Gebietskörperschaft entsandte oder auf ihre Veranlassung gewählte AR-Mitglied hat die gleichen Rechte und Pflichten wie alle anderen. Es darf bei der Besetzung von Ausschüssen nicht diskriminiert werden (*BGHZ* 122, 342). Im Rahmen seiner AR-Tätigkeit hat der Vertreter einer Gebietskörperschaft ausschließlich den Unternehmensinteressen zu dienen (*Gundlach/Frenzel/N. Schmidt* LKV 2001, 246, 248). Lediglich dann, wenn bei einer Entscheidung auch andere Belange zu berücksichtigen sind, dürfen die bes Interessen der Gebietskörperschaft mit einfließen, wie sich nicht zuletzt aus § 65 Abs 6 BHO ergibt, wonach Vertreter „auch die besonderen Interessen" des Bundes zu berücksichtigen haben. IRd satzungsmäßigen Zwecke der AG können ebenfalls öffentliche Interessen zu berücksichtigen sein. Bei seiner Tätigkeit im Hauptamt ist das AR-Mitglied allerdings ausschließlich zur Wahrung der Interessen der Gebietskörperschaft verpflichtet (Semler/von Schenck AR-Hdb AR/*Marsch-Barner* § 12 Rn 95 ff; MünchHdb AG/*Hoffmann-Becking* § 33 Rn 48 ff), wenngleich auch ein von der Gebietskörperschaft entsandtes AR-Mitglied gerichtlich abberufen werden kann, sofern es durch seine politische Tätigkeit dem Wohl der Gesellschaft schadet (*LG Hamburg* ZIP 1990, 102). Im Rahmen seiner AR-Tätigkeit erlangtes Wissen darf das AR-Mitglied aber nicht gegen die AG verwenden, darüber hinaus ist er aufgrund der Treuepflicht gehalten, auf die Interessen der AG Rücksicht zu nehmen, soweit dies mit seinem Hauptamt vereinbar ist. Bestehende Interessenkonflikte sind offen zu legen, bei einem dauernden Konflikt ist das AR-Amt niederzulegen.

c) Weisungen. Heftig umstr ist, ob Vertreter einer Gebietskörperschaft ihnen erteilte beamten-, tarifvertrags- oder auftragsrechtliche Weisungen im Rahmen ihrer AR-Tätigkeit befolgen müssen. Das öffentlich-rechtliche Schrifttum geht von einem Vorrang der beamtenrechtlichen Weisung aus. Diese seien zu befolgen, solange die Grenze der Strafbarkeit nicht erreicht sei (*Stober* NJW 1984, 449, 455 ff; *Battis* § 68 BBG Rn 2 und 4), während nach anderer Auffassung Weisungen, die gegen Vorschriften des AktG verstoßen, nur dann zu befolgen sein sollen, wenn sie auf Gegenvorstellung hin von dem nächst höheren Dienstvorgesetzten bestätigt wurden (*Plog/Wiedow* § 67 BBG Rn 5). Im gesellschaftsrechtlichen Schrifttum werden beamtenrechtliche Weisungen wg eines Vorrangs des Gesellschaftsrechts entweder grds für unwirksam gehalten (*Hüffer* AktG § 394 Rn 28; *Schön* ZGR 1993, 429, 449 ff; so auch *OVG Münster* GmbHR 2010, 92, 94) oder jedenfalls dann, wenn sie dem Unternehmensinteresse widersprechen, während Weisungen befolgt werden dürfen, sofern sie sich innerhalb des Rahmens des Unternehmensinteresses halten (*Meier* NZG 2003, 54, 56; Köln-Komm AktG/*Mertens* § 101 Rn 55). Ein solch starker Konflikt zwischen Beamten- und Gesellschaftsrecht existiert tatsächlich nicht. Weisungen, die gegen die Interessen der AG verstoßen, führen zu einer Strafbarkeit wegen Untreue (§ 266 StGB) und sind daher schon nach beamtenrechtlichen Grundsätzen nicht zu befolgen (MünchKomm AktG/*Kropff* Vor §§ 394, 395 Rn 106 f). Insoweit kommt es auch weder darauf an, ob die Gebietskörperschaft die Mehrheit der Aktien hält oder ob eine Verlustausgleichspflicht nach § 311 besteht. Weisungen, die für die AG nicht nachteilig sind, sind nicht zu beanstanden. Allerdings bleibt das AR-Mitglied auch in diesem Fall verpflichtet, eigenverantwortlich zu prüfen und im Unternehmensinteresse zu entscheiden. Hingegen spricht § 111 Abs 5 AktG, wonach der AR seine Tätigkeit höchstpersönlich zu erfüllen hat, nicht zwingend gegen ein Weisungsrecht der Gebietskörperschaft.

4. Haushaltsrechtliche Prüfungsrechte der Gebietskörperschaft. Bes Rechte als Aktionär gewähren der öffentlichen Hand die §§ 53, 54 HGrG. Sie finden auch für die Beteiligung von Kommunen Anwendung. Zugehöriges verwaltungsinternes Recht enthalten die Gemeindeordnungen der Länder, in denen die Gemeinden teilw verpflichtet werden, ihre Rechte aus § 53 HGrG auszuüben. Nach § 53 Abs 1 HGrG kann eine Gebietskörperschaft verlangen, dass iRd Abschlussprüfung auch die Ordnungsmäßigkeit der Geschäftsführung geprüft wird, die Abschlussprüfer in ihrem Bericht die Entwicklung der Vermögens- und Ertragslage, der Liquidität und Rentabilität der Gesellschaft sowie verlustbringende Geschäfte und deren Ursachen darstellen und die Gesellschaft der Gebietskörperschaft den Prüfungsbericht der Abschlussprüfer unverzüglich nach Eingang übersendet. 9

a) Voraussetzungen des Prüfungsrechts. Das Recht auf erweiterte Abschlussprüfung besteht nur dann, wenn einer Gebietskörperschaft entweder die Mehrheit der Kapitalanteile (berechnet nach § 16 Abs 2) zusteht, dh sie mehr als die Hälfte der Aktien hält, oder aber sie mindestens ¼ der Anteile hält und zusammen mit anderen Gebietskörperschaften über die Mehrheit der Kapitalanteile verfügt. Eine Zurechnung des (mittelbaren) Anteilsbesitzes nach § 16 Abs 4 ist möglich. Die Prüfungsrechte können in diesem Falle aber nicht alle Gebietskörperschaften, sondern nur diejenigen wahrnehmen, die mit mindestens 25 % beteiligt sind. Das Prüfungsrecht besteht nur gegenüber inländischen Unternehmen unabhängig von ihrer Rechtsform, ausländische werden allenfalls über den Konzernabschluss einbezogen. Kein Prüfungsrecht besteht hingegen, wenn bei einer kleinen AG weder kraft Gesetzes noch aufgrund von Satzung oder tatsächlicher Durchführung der Abschluss geprüft wird. Will die Gebietskörperschaft von ihrem Recht aus § 53 Abs 1 HGrG Gebrauch machen, muss sie dies dem Unternehmen gegenüber erklären (§ 68 Abs 1 BHO/LHO). Nach § 53 Abs 2 HGrG rechnen Anteile eines Sondervermögens wie Anteile der vermögenstragenden Gebietskörperschaft. Zuzurechnen sind der Gebietskörperschaft auch die Anteile solcher Unternehmen, bei denen ihr die Rechte aus § 53 Abs 1 HGrH zustehen. 10

b) Erweiterung der Prüfung. Die Prüfung der Ordnungsmäßigkeit der Geschäftsführung (§ 53 Abs 1 Nr 1 HGrG) umfasst die Einhaltung gesetzlicher, satzungsmäßiger oder durch den AR gegebener Vorgaben sowie das Verfahren der Entscheidungsfindung aufgrund angemessener Informationen. Dies entspricht der vergangenheitsbezogenen Kontrolle durch den AR (§ 111 Abs 1). Regelmäßig werden ungewöhnliche bzw 11

Pelz

risikoreiche Geschäftsvorfälle oder Fehldispositionen geprüft. Prüfungsgegenstand sind hingegen nicht pflichtgemäße Ermessensentscheidungen der Geschäftsführung und die Wahrung der bes Belange der Gebietskörperschaft. Die Prüfung erfolgt nach den „Grundsätzen für die Prüfung von Unternehmen nach § 53 HGrG (GMinBl 2001, 950) sowie dem IDW-Prüfungsstandard PS 720 (WPg 2000, 326, 525). Praktisch wird der AR den Prüfungsauftrag an den Abschlussprüfer bzw Konzernabschlussprüfer um die Prüfung nach § 53 HGrG erweitern.

12 Ferner kann die Gebietskörperschaft aus Gründen der Finanzkontrolle die Erweiterung der Berichterstattung des Abschlussprüfers auf die in § 53 Abs 1 Nr 2 HGrG aufgezählten Gesichtspunkte verlangen. Der übliche sog Bezügebericht als Zusatzbericht gehört nicht zur Berichterstattung nach § 53 HGrG. Er wird ohne rechtliche Verpflichtung vom AR als Erweiterung des Prüfungsauftrags in Auftrag geben.

13 Die Übersendung des Prüfungsberichts, ggf auch des Konzernprüfungsberichts, nach § 53 Abs 1 Nr 3 HGrG hat durch den Vorstand zeitgleich mit der Vorlage an den AR zu erfolgen. Hierin liegt das Vorzugsrecht der Gebietskörperschaft. Außenstehende Aktionäre können hieraus keine erweiterte Auskunftspflicht nach § 131 Abs 4 herleiten.

14 **5. Unterrichtung des Rechnungshofes.** Ein Recht des Bundes- oder Landesrechnungshofs, sich bei der AG zu unterrichten oder Prüfungen vorzunehmen, besteht nach § 54 Abs 1 HGrG entgegen der früheren Rechtslage nur dann, wenn dies in der Satzung der AG vorgeschrieben ist und die Gebietskörperschaft über Kapitalanteile in Höhe der Beteiligungsschwellen des § 53 Abs 1, 2 HGrG verfügt. Eine Änderung der Satzung zur Einf eines Prüfungsrechts bedarf der nach § 179 Abs 2 der ¾-Mehrheit des vertretenen Grundkapitals. Verfügt die Gebietskörperschaft nicht allein über die entspr Mehrheit, muss sie Mitaktionäre für die Satzungsänderung gewinnen. Die Änderung wird mit der Eintragung in das HR wirksam. Die Anfechtung der Satzungsänderung wg Verstoßes gegen § 53a AktG oder als Einräumung von Sondervorteilen für die Gebietskörperschaft nach § 243 Abs 2 AktG ist ausgeschlossen. Eine derartige Satzungsbestimmung tritt bei Verlust der in § 53 Abs 1, 2 HGrG bestimmten Mehrheit außer Kraft (MünchKomm AktG/*Kropff* Vor §§ 394, 395 Rn 164 f). Alte Satzungsrechte bleiben nach § 54 Abs 2 HGrG unberührt. Bei Tochtergesellschaften ist ebenfalls eine Satzungsbestimmung erforderlich, eine Regelung in der Satzung der Beteiligungsgesellschaft genügt nicht. Ein eigenes Prüfungsrecht besitzen die Rechnungshöfe nicht, diese Befugnis steht lediglich der Gebietskörperschaft zu. Sie kann diese Befugnis allerdings durch Rechnungshöfe wahrnehmen. Der Prüfungsumfang ergibt sich aus § 44 HGrG, nämlich ausschließlich die Betätigung der Gebietskörperschaft bei der Beteiligungsgesellschaft, einschließlich des Erwerbs oder der Veräußerung der Beteiligung, unter Beachtung kaufmännischer Grundsätze, nicht hingegen die Tätigkeit der AG selbst. Unter den Prüfungsumfang fällt auch die Tätigkeit der auf Veranlassung der Gebietskörperschaft bestellten AR-Mitglieder. Eine allg Überprüfung der Geschäftsführung der AG ist nicht gestattet, lediglich eine Prüfung der Betätigung des Bundes oder Landes bzw der Kommune.

15 Die Rechnungsprüfungsbehörde hat nach § 54 Abs 1 HGrG das Recht, den Betrieb zu betreten, Bücher und Schriften des Unternehmens einzusehen sowie sich zu unterrichten. Auskunftspflichtig ist allein der Vorstand und die von ihm zu Auskünften ermächtigten Mitarbeiter. Soweit die Unterrichtung für die Betätigungsprüfung nicht erfor-

derlich und damit unverhältnismäßig ist, müssen Auskünfte nicht erteilt und Einsichtnahmen nicht geduldet werden.

§ 394 Berichte der Aufsichtsratsmitglieder

¹**Aufsichtsratsmitglieder, die auf Veranlassung einer Gebietskörperschaft in den Aufsichtsrat gewählt oder entsandt worden sind, unterliegen hinsichtlich der Berichte, die sie der Gebietskörperschaft zu erstatten haben, keiner Verschwiegenheitspflicht.** ²**Für vertrauliche Angaben und Geheimnisse der Gesellschaft, namentlich Betriebs- oder Geschäftsgeheimnisse, gilt dies nicht, wenn ihre Kenntnis für die Zwecke der Berichte nicht von Bedeutung ist.**

Übersicht

	Rn		Rn
I. Regelungsgegenstand	1	2. Bestellung auf Veranlassung der Gebietskörperschaft	3
II. Einschränkung der Verschwiegenheitspflicht	2	3. Berichtspflicht	4
1. Beteiligung der Gebietskörperschaft	2	4. Umfang der Berichtspflicht	9
		5. Verstoß gegen Verschwiegenheitspflicht	12

Literatur: *Ganzer/Tremml* Die Verschwiegenheitspflicht der Aufsichtsratsmitglieder einer kommunalen Eigengesellschaft in der Rechtsform einer mitbestimmten GmbH – dargestellt anhand der Rechtslage in Bayern, GewArch 2010, 141; *Gundlach/Frenzel/Schmidt* Das kommunale Aufsichtsratsmitglied im Spannungsfeld zwischen öffentlichem Recht und Gesellschaftsrecht, LKV 2001, 246; *von Kann/Keiluweit* Verschwiegenheitspflichten kommunaler Aufsichtsratsmitglieder in privatrechtlich organisierten Gesellschaften, DB 2009, 2251; *Martens* Privilegiertes Informationsverhalten von Aufsichtsratsmitgliedern einer Gebietskörperschaft nach § 394 AktG, AG 1984, 29; *R. Schmidt* Der Übergang öffentlicher Aufgabenerfüllung in private Rechtsformen, ZGR 1996, 345: *Schwintowski* Verschwiegenheitspflicht für politisch legitimierte Mitglieder des Aufsichtsrats, NJW 1990, 1009; *Zieglmeier* Die Systematik der Haftung von Aufsichtsratsmitgliedern gegenüber der Gesellschaft, ZGR 2007, 144.

I. Regelungsgegenstand

§ 394 enthält eine Lockerung der sich aus §§ 116 S 1, 93 Abs 1 S 2 ergebenden umfassenden Verschwiegenheitsverpflichtung insoweit als er von Gebietskörperschaften entsandte AR-Mitglieder dann davon entbindet, wenn sie der Gebietskörperschaft zu berichten haben. Als Ausgleich dieser Durchbrechung der Verschwiegenheitspflicht sind die Berichtsempfänger ihrerseits nach § 395 zur Verschwiegenheit über die erhaltenen Berichte verpflichtet. Von § 394 kann auch nicht durch Satzung der AG abgewichen werden. Die Ausnahme von der Verschwiegenheitspflicht besteht lediglich gegenüber der Gebietskörperschaft selbst, gegenüber Fraktionen und Ratsmitgliedern hat das AR-Mitglied ebenso die Verschwiegenheit zu wahren wie gegenüber sonstigen außenstehenden Dritten (*Zieglmeier* ZGR 2007, 144, 161 f). Diskutiert wird, ob bei vollständig der öffentlichen Hand gehörenden Gesellschaften das Demokratie- und das Rechtsstaatsprinzip eine Durchbrechung der strikten Verschwiegenheitspflicht deshalb rechtfertigen, weil kommunale Gesellschaften faktisch das Geld der Bürger ausgeben und diesen gegenüber daher auch rechenschaftspflichtig seien (*Zieglmeier* 1

ZGR 2007, 144, 162 f). Selbst wenn dem aber so sein sollte, wäre allenfalls die Gebietskörperschaft oder aber die Gesellschaft selbst auskunftspflichtig, nicht aber ein AR-Mitglied.

II. Einschränkung der Verschwiegenheitspflicht

1. Beteiligung der Gebietskörperschaft. § 394 setzt nach hM voraus, dass die Gebietskörperschaft unmittelbar oder mittelbar an der AG beteiligt ist. Eine bestimmte Beteiligungshöhe ist nicht erforderlich, so dass die Ausnahme von der Verschwiegenheitspflicht auch bei mehrgliedrigen AGs eingreift, bei der die öffentliche Hand nur eine Minderheitsbeteiligung hält (*Hüffer* AktG Rn 33; aA *Martens* AG 1984, 29, 36). Entscheidend ist nur die Möglichkeit, die Bestellung eines AR-Mitglieds zu veranlassen.

2. Bestellung auf Veranlassung der Gebietskörperschaft. Das AR-Mitglied muss von der Gebietskörperschaft entsandt oder auf ihre Veranlassung hin gewählt worden sein. Veranlasst ist die Bestellung bei unmittelbarer Beteiligung, wenn das AR-Mitglied von der Gebietskörperschaft vorgeschlagen wurde und dieses Interesse für die Wahl ursächlich war. Ein von der Gebietskörperschaft kommender Wahlvorschlag an die HV reicht aus. Bei einer mittelbaren Beteiligung genügt die Einflussnahme auf den Vorstand der Muttergesellschaft zur Wahl oder Berufung eines AR-Mitglieds der Untergesellschaft (MünchKomm AktG/*Kropff* Rn 19 f). Eine Veranlassung kann auch bei gerichtlicher Bestellung vorliegen, wenn die Gebietskörperschaft den Antrag gestellt oder einen Vorschlag gemacht hat. Ist der Vorstand bei mehrstufiger Beteiligung nach § 32 MitbestG an den Beschl des AR gebunden, so liegt eine Veranlassung vor, wenn die Gebietskörperschaft eine Beschlussfassung durchsetzt, nach der eine von ihr benannte Person AR-Mitglied in der Enkelgesellschaft werden soll (MünchKomm AktG/*Kropff* Rn 19; *Hüffer* AktG Rn 35; aA *Martens* AG 1984, 29, 36).

3. Berichtspflicht. § 394 schafft keine Berichtspflicht, sondern setzt das Bestehen einer solchen voraus. Strittig ist jedoch, welche Voraussetzungen an eine solche Berichtspflicht zu stellen sind.

Nach einer Auffassung muss die Berichtspflicht auf einer gesetzlichen Grundlage beruhen (*Hüffer* AktG Rn 37; *Schwintowski* NJW 1990, 1009, 1014). Regelungen in der Gemeindeordnung, wonach Vertreter der Gemeinde den Rat über alle Angelegenheiten von bes Bedeutung frühzeitig zu unterrichten und auf Verlangen Auskunft zu erteilen haben (ua Art 93 Abs 2 S 1 BayGO, § 113 Abs 5 S 1 NRWGO), genügen (*R. Schmidt* ZGR 1996, 345, 352; *Gundlach/Frenzel/Schmidt* LKV 2001, 246, 251; *Ganzer/Tremml* GewArch 2010, 141, 147). Zwar handelt es sich hierbei um Landesrecht, doch lässt § 394 eine Durchbrechung der bundesrechtlichen Verschwiegenheitspflicht gerade zu (*Zieglmeier* ZRG 2007, 144, 159 f).

Die **hM** lässt eine Berichtspflicht aufgrund beamtenrechtlicher Weisungen iSv § 55 BBG (*Semler/von Schenck* ARHdb AR/*Marsch-Barner* § 12 Rn 55; *Lutter/Krieger* Rechte und Pflichten des AR, 4. Aufl, S 113) oder Weisungen aufgrund eines Tarifvertrages (*Thode* AG 1997, 547, 549) genügen. Begründet wird dies mit der Entstehungsgeschichte sowie dem Sinn und Zweck der Vorschrift, wonach durch § 394 die aus haushalts- und finanzpolitischen Gründen seit jeher anerkannte Berichtspflicht lediglich abgesichert, nicht jedoch eingeschränkt werden sollte.

Eine weitergehende Ansicht lässt auch eine zwischen Gebietskörperschaft und entsandtem AR-Mitglied lediglich vertraglich vereinbarte Berichtspflicht ausreichen (MünchKomm AktG/*Kropff* Rn 32 f; Berufungsrichtlinien GMBl 2001, 950).

Wem gegenüber Bericht zu erstatten ist, richtet sich nach den Regelungen, die der Berichtspflicht zugrunde liegen. Regelmäßig dürfte es sich um Landes- oder Kommunalparlamente handeln. Da die Berichtspflicht eine Ausnahme von der grds bestehenden Verschwiegenheitspflicht darstellt, wird daraus abgeleitet, dass eine Berichterstattung nur zulässig sein soll, wenn die Berichtsempfänger ihrerseits einer Verschwiegenheitsverpflichtung unterliegen (*Hüffer* AktG Rn 43; *Gundlach/Frenzel/Schmidt* LKV 2001, 246, 251). § 394 anerkennt ein Informationsbedürfnis der Kommunalparlamente; die Durchbrechung der Verschwiegenheitspflicht setzt daher nicht voraus, dass eine absolute Geheimhaltung ungeachtet der Größe und Zusammensetzung des Kommunalparlaments garantiert ist (*Zieglmeier* ZGR 2007, 144, 159).

4. Umfang der Berichtspflicht. Zweck der Berichte des AR an die Gebietskörperschaft ist es, dieser die für die Beteiligungsverwaltung notwendigen Kenntnisse zu verschaffen und der Rechnungsprüfungsbehörde die haushaltsrechtliche Prüfung der wirtschaftlichen Betätigung der Gebietskörperschaft zu ermöglichen (§§ 44, 54 HGrG, § 92 Abs 1 BHO, § 65 LHO). In diesem Umfang ist die Verschwiegenheitspflicht nach S 1 suspendiert. Dies gilt für Berichte aller Art, unabhängig davon, ob sie schriftlich oder mündlich erstattet werden.

Unterlagen dürfen dem Bericht beigefügt werden. Dies setzt allerdings voraus, dass sie dem AR-Mitglied zur Verfügung stehen. Werden Unterlagen nach der AR-Sitzung wieder eingesammelt oder beschließt der AR, dass Unterlagen wieder zurückgegeben werden müssen, sind sie dem Bericht nicht beizufügen (MünchKomm AktG/*Kropff* Rn 38). Die gleichen Grundsätze gelten auch für den Prüfungsbericht des Abschlussprüfers (MünchKomm AktG/*Kropff* Rn 37 ff; aA *Hüffer* AktG Rn 45), denn wenn der AR über den Inhalt des Prüfungsberichtes berichten darf, kann er ihn auch beifügen.

Vertrauliche Angaben und Geheimnisse der Gesellschaft, insb Geschäfts- und Betriebsgeheimnisse darf das AR-Mitglied nur dann preisgeben, wenn ihre Kenntnis für den Berichtszweck von Bedeutung ist, dh der Berichtszweck es erfordert. Bei Umständen, die die persönliche Verantwortlichkeit des AR-Mitglieds betreffen, ist dies stets anzunehmen (MünchKomm AktG/*Kropff* Rn 46). Das AR-Mitglied hat dies nach pflichtmäßigem Ermessen zu beurteilen.

5. Verstoß gegen Verschwiegenheitspflicht. AR-Mitglieder, die entgegen § 394 vertrauliche Umstände in ihren Bericht mit aufnehmen, können sich nach § 404 strafbar machen und haften der AG nach §§ 116, 93 Abs 1 S 2 auf Schadensersatz. Daneben kommt auch eine Haftung der entsendenden Gebietskörperschaft nach Art 34 GG in Betracht.

§ 395 Verschwiegenheitspflicht

(1) Personen, die damit betraut sind, die Beteiligungen einer Gebietskörperschaft zu verwalten oder für eine Gebietskörperschaft die Gesellschaft, die Betätigung der Gebietskörperschaft als Aktionär oder die Tätigkeit der auf Veranlassung der Gebietskörperschaft gewählten oder entsandten Aufsichtsratsmitglieder zu prüfen,

haben über vertrauliche Angaben und Geheimnisse der Gesellschaft, namentlich Betriebs- oder Geschäftsgeheimnisse, die ihnen aus Berichten nach § 394 bekannt geworden sind, Stillschweigen zu bewahren; dies gilt nicht für Mitteilungen im dienstlichen Verkehr.

(2) Bei der Veröffentlichung von Prüfungsergebnissen dürfen vertrauliche Angaben und Geheimnisse der Gesellschaft, namentlich Betriebs- oder Geschäftsgeheimnisse, nicht veröffentlicht werden.

Übersicht

	Rn		Rn
I. Regelungsgehalt	1	3. Veröffentlichungsverbot	6
II. Verschwiegenheitspflicht	2	4. Verstoß gegen Verschwiegenheitspflicht	7
1. Normadressaten	2		
2. Umfang der Verschwiegenheitspflicht	3		

I. Regelungsgehalt

1 § 395 steht mit der Einschränkung der Verschwiegenheitspflicht in § 394 in einem notwendigen Zusammenhang. § 395 ergänzt § 394 und dient dem Schutz der Geheimhaltungsinteressen der AG. Alle Personen, denen durch die Berichterstattung nach § 394 Geheimnisse der AG unmittelbar oder mittelbar bekannt werden, sind zur vertraulichen Behandlung verpflichtet.

II. Verschwiegenheitspflicht

2 **1. Normadressaten.** Die Verpflichtung zur Verschwiegenheit besteht für alle Personen, unabhängig ob Beamte oder Angestellte, die mit der Beteiligungsverwaltung für eine Gebietskörperschaft betraut sind. Sie gilt ferner für alle Personen, die Prüfungsaufgaben iSv S 1 wahrnehmen, dh die entweder die AG, die Betätigung der Gebietskörperschaft als Aktionär oder die auf Veranlassung der Gebietskörperschaft gewählten oder entsandten AR-Mitglieder prüfen. Erfasst werden damit auch Bedienstete der Rechnungsprüfungsbehörden sowie Mitglieder parlamentarischer Kontrollgremien.

3 **2. Umfang der Verschwiegenheitspflicht.** Die Verschwiegenheitsverpflichtung bezieht sich auf alle vertraulichen Angaben und Geheimnisse der AG. Maßgebend ist das Geheimhaltungsbedürfnis der AG, nicht dasjenige der Gebietskörperschaft. Auch der Umstand eines Verlustgeschäfts oder einer unternehmerischen „Panne" kann ein Geheimnis darstellen (aA MünchKomm AktG/*Kropff* Rn 56). Entgegen dem Wortlaut der Vorschrift werden von der Verschwiegenheitsverpflichtung nicht nur Geheimnisse erfasst, die aus Berichten nach § 394 sowie diesen beigefügten Unterlagen bekannt geworden sind. Nach Sinn und Zweck der Vorschrift erstreckt sie sich auch auf vertrauliche Angaben in Prüfungsberichten und Unterrichtungen, die der Gebietskörperschaft direkt nach § 53 Abs 1 Nr 3 HGrG zugehen oder von denen sie aufgrund einer örtlichen Prüfung der Rechnungsprüfungsbehörde Kenntnis erlangt, § 54 HGrG.

4 Eine Ausnahme von der Verschwiegenheitsverpflichtung gilt nach HS 2 für Mitteilungen im dienstlichen Verkehr. Dieser Begriff ist den beamtenrechtlichen Vorschriften zum Schutz des Dienstgeheimnisses entnommen, § 61 Abs 1 S 2 BBG. Darunter fällt nur der Informationsaustausch zwischen Stellen iSd HS 1, die mit Beteiligungsverwaltung oder Prüfung befasst sind und ihrerseits der Verschwiegenheitspflicht des § 395 unterliegen (MünchKomm AktG/*Kropff* Rn 62; *Hüffer* AktG Rn 7). Die Weitergabe an andere als die og Stellen ist nicht zulässig, auch dann nicht, wenn diese ihrerseits einer Verschwiegenheitspflicht unterliegen. Verboten ist also ua auch die Weitergabe an die BaFin oder Staatsanwaltschaften.

An parlamentarische Kontrollgremien dürfen vertrauliche Informationen nur dann weitergegeben werden, wenn diesen zum einen eine Prüfungsaufgabe iSv S 1 obliegt und diese ihrerseits damit nach § 395 zur Verschwiegenheit verpflichtet sind und zum anderen die Einhaltung der Verschwiegenheit nach Zusammensetzung und Arbeitsweise des Gremiums gesichert ist. Eine Berichterstattung an den Gemeinde- oder Stadtrat selbst ist unzulässig (**hM** MünchKommAktG/*Kropff* Rn 72), eine Mitteilung an Ratsausschüsse nur dann, wenn die Vertraulichkeit nach Mitgliederzahl und Zusammensetzung gewahrt ist, insb wenn keine sonstigen Personen Zutritt haben und auch keine Wettbewerber im Ausschuss vertreten sind.

3. Veröffentlichungsverbot. Aus der Verschwiegenheitsverpflichtung folgt ohne weiteres ein Veröffentlichungsverbot, was durch Abs 2 nochmals bes betont wird. Er gilt für den gesamten Bereich der Geheimhaltungspflicht nach Abs 1. Sofern Prüfungsergebnisse der Gebietskörperschaften veröffentlicht werden, dürfen Angaben und Geheimnisse der AG nicht genannt werden; ggf sind sie so zu anonymisieren, dass keine Rückschlüsse auf die betroffene AG mehr möglich sind. Andernfalls muss die Veröffentlichung unterbleiben. Es besteht nach richtiger Ansicht kein verfassungsrechtlicher Vorrang der Berichtspflicht vor dem Geheimnisschutz (MünchKomm AktG/*Kropff* Rn 76 f; *Hüffer* AktG Rn 8).

4. Verstoß gegen Verschwiegenheitspflicht. Verletzt eine Person, die mit der Prüfung oder Verwaltung iSv § 395 betraut ist, ihre Verschwiegenheitspflicht, haftet sie der AG gegenüber wegen einer Amtspflichtverletzung nach § 839 BGB, daneben haftet auch die Gebietskörperschaft nach Art 34 GG. Eine mit der Prüfung betraute Person kann sich bei einer Verletzung der Verschwiegenheitspflicht nach §§ 203 Abs 2 Nr 1, 204, 353b StGB strafbar machen.

Zweiter Teil
Gerichtliche Auflösung

§ 396 Voraussetzungen

(1) ¹**Gefährdet eine Aktiengesellschaft oder Kommanditgesellschaft auf Aktien durch gesetzwidriges Verhalten ihrer Verwaltungsträger das Gemeinwohl und sorgen der Aufsichtsrat und die Hauptversammlung nicht für eine Abberufung der Verwaltungsträger, so kann die Gesellschaft auf Antrag der zuständigen obersten Landesbehörde des Landes, in dem die Gesellschaft ihren Sitz hat, durch Urteil aufgelöst werden.** ²**Ausschließlich zuständig für die Klage ist das Landgericht, in dessen Bezirk die Gesellschaft ihren Sitz hat.**

(2) ¹**Nach der Auflösung findet die Abwicklung nach den §§ 264 bis 273 statt.** ²**Den Antrag auf Abberufung oder Bestellung der Abwickler aus einem wichtigen Grund kann auch die in Absatz 1 Satz 1 bestimmte Behörde stellen.**

Übersicht

	Rn		Rn
I. Allgemeines	1	3. Keine Abberufung der Verwaltungsträger	4
II. Voraussetzungen der Auflösung	2	4. Verhältnismäßigkeit	5
1. Gefährdung des Gemeinwohls	2	III. Verfahren	6
2. Gesetzeswidriges Verhalten	3		

Literatur: *Hofmann* Zur Auflösung einer GmbH, GmbHR 1975, 217; *Konow* Die gerichtliche Auflösung der GmbH, GmbHR 1973, 217.

I. Allgemeines

1 § 396 hat keine praktische Bedeutung. Er soll es dem Staat ermöglichen, bei einem Missbrauch der Rechtsordnung die Auflösung einer jur Person herbeizuführen, sofern die Verwaltungsträger der AG durch gesetzwidriges Verhalten das Gemeinwohl gefährden. Neben der Auflösung nach dem AktG besteht auch die Möglichkeit eines Verbots nach den Vorschriften des VereinsG, sofern die AG gegen die verfassungsmäßige Ordnung oder den Gedanken der Völkerverständigung verstößt oder Strafnormen verletzt, die dem Staatsschutz dienen. Das Verbotsverfahren nach den vereinsrechtlichen Vorschriften (§§ 2, 17 Nr 1 VereinsG) ist gegenüber dem Auflösungsverfahren nach § 396 vorrangig (MünchKomm AktG/*Kropff* Rn 4). Für Kreditinstitute und Versicherungen bestehen daneben Sonderregelungen in § 38 KWG bzw § 87 VAG.

II. Voraussetzungen der Auflösung

2 **1. Gefährdung des Gemeinwohls.** Eine solche ist anzunehmen, wenn durch das gesetzes- oder sittenwidrige Verhalten erhebliche Nachteile für die rechtlich geschützten Interessen der Allgemeinheit oder jedenfalls breiter Bevölkerungskreise eingetreten sind oder drohen. Gefahren allein für die AG selbst oder deren Aktionäre reichen für eine Auflösung nicht.

3 **2. Gesetzeswidriges Verhalten.** Gesetzeswidriges Verhalten liegt nicht nur bei einem Verstoß gegen ein förmliches Gesetz, sondern bei jeder Verletzung irgendeiner Rechtsnorm im materiellen Sinne vor, also auch bei Verstößen gegen Rechtsverordnungen oder sonstige untergesetzliche Rechtsvorschriften. Ein bloßer Verstoß gegen die Satzung der AG (§ 2) genügt hingegen nicht. Setzt der Gesetzesverstoß Verschulden (Vorsatz oder Fahrlässigkeit) voraus, muss auch dieses vorliegen. Die Verletzung gesetzlicher Vorschriften muss gerade durch die Verwaltungsträger erfolgen. Dies sind Vorstand und AR, nicht aber die HV oder ein Großaktionär. Ein Verstoß kann auch schon darin liegen, dass Verwaltungsträger (systematisch) von Mitarbeitern begangene Rechtsverletzungen billigen oder hiergegen nicht einschreiten.

4 **3. Keine Abberufung der Verwaltungsträger.** Die Auflösung der AG ist nur das letzte Mittel. Sie ist nur dann zulässig, wenn durch die zuständigen Organe keine Abhilfe erfolgt und AR oder HV die Verwaltungsträger, denen gesetzwidriges oder gemeinwohlgefährdendes Verhalten vorgeworfen wird, nicht abberufen. Erfolgt die Abberufung erst während des laufenden Auflösungsverfahrens, wird diesem die Grundlage entzogen und die Auflösung hat zu unterbleiben.

5 **4. Verhältnismäßigkeit.** Der Verhältnismäßigkeitsgrundsatz und das Übermaßverbot sind zu beachten. Der Gesetzesverstoß darf nicht anders als durch Auflösung zu beseitigen sein. Dies setzt zunächst eine klare Aufforderung an die AG voraus, ein bestimmtes gesetzwidriges Verhalten abzustellen. Der Weg des Auflösungsverfahrens darf erst beschritten werden, wenn andere Einzelmaßnahmen, wie Straf- und Gewerbeuntersagungsverfahren oder behördliche Einzelanordnungen erfolglos geblieben sind.

III. Verfahren

Das Auflösungsverfahren wird durch die für den Sitz der AG zuständige oberste Landesbehörde durch einen Antrag in Form einer Klageschrift eingeleitet. Für die Entscheidung zuständig ist die KfH des für den Sitz der AG zuständigen LG. Die Auflösung der AG wird durch Gestaltungsurteil ausgesprochen. Die AG ist dann nach §§ 264–273 abzuwickeln. Abwickler sind die Vorstandsmitglieder (§ 265 Abs 1), jedoch kann die oberste Landesbehörde die Abberufung und Bestellung anderer Abwickler verlangen, wenn dafür ein wichtiger Grund vorliegt, insb wenn die Auflösung durch gesetzeswidriges Verhalten der Vorstandsmitglieder veranlasst war. Die Auflösung ist keine Enteignung iSv Art 14 GG. 6

§ 397 Anordnungen bei der Auflösung

Ist die Auflösungsklage erhoben, so kann das Gericht auf Antrag der in § 396 Abs. 1 Satz 1 bestimmten Behörde durch einstweilige Verfügung die nötigen Anordnungen treffen.

Übersicht

	Rn		Rn
I. Regelungsgegenstand	1	III. Verfahren	3
II. Voraussetzungen	2		

I. Regelungsgegenstand

§ 397 ermöglicht es, bereits während des Auflösungsverfahrens Maßnahmen zur Sicherung der mit § 396 verfolgten Ziele zu treffen, um eine Gefährdung des Gemeinwohls abzuwehren. 1

II. Voraussetzungen

Die Anfechtungsklage muss erhoben sein. Dies ist erst mit Zustellung der Klageschrift, nicht schon mit ihrer Einreichung der Fall (§ 253 Abs 1 ZPO). Der Antrag auf einstweilige Anordnung kann aber bereits in der Klageschrift enthalten sein. Antragsberechtigt ist die für den Sitz der AG zuständige oberste Landesbehörde. Die beantragte Maßnahme muss verhältnismäßig, dh geeignet, erforderlich und angemessen sein, um einer Gemeinwohlgefährdung vorläufig abzuhelfen. Die Anordnung muss aktienrechtlich zulässig sein und darf der endgültigen Sachentscheidung nicht vorgreifen, dh sie muss durch eine spätere Entscheidung wieder rückgängig gemacht werden können. Unzulässig ist es, Entscheidungen des Vorstands oder AR an die Zustimmung der Behörde zu binden. Hingegen können dem Vorstand bestimmte Geschäftsführungsmaßnahmen untersagt werden. Das Gericht kann auch Verwaltungsträger beurlauben oder abberufen (*Hüffer* AktG Rn 3). 2

III. Verfahren

3 Die Anordnungen sind durch einstweilige Verfügung zu treffen. Zuständig ist das Gericht der Hauptsache. Es entscheidet nach eigenem Ermessen (§ 938 Abs 1 ZPO), darf aber über die beantragten Maßnahmen nicht hinausgehen (§ 308 Abs 1 ZPO). Neben § 397 brauchen die Voraussetzungen des § 940 ZPO nicht gesondert geprüft werden. Mit Beendigung des Auflösungsverfahrens treten die einstweiligen Verfügungen nicht automatisch außer Kraft, sie können vom Gericht aber befristet werden.

§ 398 Eintragung

¹Die Entscheidungen des Gerichts sind dem Registergericht mitzuteilen. ²Dieses trägt sie, soweit sie eintragungspflichtige Rechtsverhältnisse betreffen, in das Handelsregister ein.

Übersicht

	Rn
I. Mitteilungspflicht	1
II. Eintragung	2

I. Mitteilungspflicht

1 Nach S 1 hat das Prozessgericht sämtliche Entscheidungen dem HR mitzuteilen, gleich ob sie konstitutiv oder deklaratorisch wirken. Mitzuteilen sind Endentscheidungen im Hauptsacheverfahren nach § 396 sowie einstweilige Verfügungen nach § 397, unabhängig davon, ob die Klage abgewiesen oder ihr stattgegeben wurde und unabhängig von der Rechtskraft. Der Eintritt der Rechtskraft ist gesondert mitzuteilen. Keine Mitteilungspflicht besteht bei prozessleitenden Verfügungen. Entgegen dem Gesetzeswortlaut ist auch die Tatsache der Klageerhebung selbst schon mitzuteilen.

II. Eintragung

2 Das HR hat Entscheidungen einzutragen, sofern sie eintragungspflichtige Rechtsverhältnisse betreffen. Einzutragen sind alle Umstände, deren Eintragung deklaratorische oder konstitutive Wirkung besitzt. Nichteintragungspflichtige Rechtsverhältnisse, bspw die Abweisung einer Klage, sind nicht einzutragen.

Dritter Teil
Straf- und Bußgeldvorschriften. Schlussvorschriften

§ 399 Falsche Angaben

(1) Mit Freiheitsstrafe bis zu drei Jahren oder mit Geldstrafe wird bestraft, wer

1. als Gründer oder als Mitglied des Vorstands oder des Aufsichtsrats zum Zweck der Eintragung der Gesellschaft über die Übernahme der Aktien, die Einzahlung auf Aktien, die Verwendung eingezahlter Beträge, den Ausgabebetrag der Aktien, über Sondervorteile, Gründungsaufwand, Sacheinlagen und Sachübernahmen oder in der nach § 37a Abs. 2 abzugebenden Versicherung,

2. als Gründer oder als Mitglied des Vorstands oder des Aufsichtsrats im Gründungsbericht, im Nachgründungsbericht oder im Prüfungsbericht,
3. in der öffentlichen Ankündigung nach § 47 Nr. 3,
4. als Mitglied des Vorstands oder des Aufsichtsrats zum Zweck der Eintragung einer Erhöhung des Grundkapitals (§§ 182 bis 206) über die Einbringung des bisherigen, die Zeichnung oder Einbringung des neuen Kapitals, den Ausgabebetrag der Aktien, die Ausgabe der Bezugsaktien, über Sacheinlagen in der Bekanntmachung nach § 183a Abs. 2 Satz 1 in Verbindung mit § 37a Abs. 2 oder in der nach § 184 Abs. 1 Satz 3 abzugebenden Versicherung,
5. als Abwickler zum Zweck der Eintragung der Fortsetzung der Gesellschaft in dem nach § 274 Abs. 3 zu führenden Nachweis oder
6. als Mitglied des Vorstands einer Aktiengesellschaft oder des Leitungsorgans einer ausländischen juristischen Person in der nach § 37 Abs. 2 Satz 1 oder § 81 Abs. 3 Satz 1 abzugebenden Versicherung oder als Abwickler in der nach § 266 Abs. 3 Satz 1 abzugebenden Versicherung

falsche Angaben macht oder erhebliche Umstände verschweigt.

(2) Ebenso wird bestraft, wer als Mitglied des Vorstands oder des Aufsichtsrats zum Zweck der Eintragung einer Erhöhung des Grundkapitals die in § 210 Abs. 1 Satz 2 vorgeschriebene Erklärung der Wahrheit zuwider abgibt.

Übersicht

	Rn		Rn
I. Allgemeines	1	ff) Sacheinlagen und Sachübernahmen	13
II. Tathandlungen	2	gg) Nach § 37a Abs 2 abzugebende Erklärung	14
1. Gründungsschwindel durch unrichtige Anmeldung (Abs 1 Nr 1)	2	2. Gründungsschwindel durch unrichtige Berichte (Abs 1 Nr 2)	15
a) Täter	2	3. Schwindel bei öffentlicher Ankündigung von Aktien (Abs 1 Nr 3)	16
b) Falsche Angaben und Verschweigen erheblicher Umstände	4	4. Kapitalerhöhungsschwindel (Abs 1 Nr 4)	19
c) Bezugsgegenstand der falschen Angaben	7	5. Abwicklungsschwindel (Abs 1 Nr 5)	20
aa) Übernahme der Aktien	8	6. Abgabe unrichtiger Versicherungen (Abs 1 Nr 6)	21
bb) Einzahlung auf Aktien	9	7. Abgabe wahrheitswidriger Erklärungen (Abs 2)	22
cc) Verwendung eingezahlter Beträge	10	III. Verschulden	23
dd) Ausgabebetrag der Aktien	11		
ee) Sondervorteile	12		

Literatur: *Benner* Kriminalität im Wertpapierhandel, in Wabnitz/Janovsky, Handbuch des Wirtschafts- und Steuerstrafrechts, 3. Aufl 2007; *Ceffinato* Die verdeckte Sacheinlage nach der Reform des GmbHG aus strafrechtlicher Sicht, wistra 2010, 171; *Erbs/Kohlhaas* Strafrechtliche Nebengesetze, Loseblatt, Stand 193. Ergänzungslieferung, 2013; *Müller-Gugenberger/Bieneck* Wirtschaftsstrafrecht, 5. Aufl 2011; *Park* Kapitalmarktstrafrecht, 3. Aufl 2013; *Ransiek* Gesellschaftsrechtliche Bilanz-, Prüfer- und Falschangabedelikte, in Achenbach/Ransiek, Handbuch Wirtschaftsstrafrecht, 3. Aufl 2011.

§ 399

I. Allgemeines

1 § 399 stellt die Abgabe bestimmter wahrheitswidriger Erklärungen zum Zwecke der Eintragung der Gründung oder der Kapitalerhöhung bei einer AG ins HR oder in Berichten über die Gründung bzw Kapitalerhöhung unter Strafe. Damit soll verhindert werden, dass Aktien in Umlauf kommen, die nur Scheinwerte darstellen. Schutzzweck ist das Vertrauen der Allgemeinheit in die Richtigkeit der Handelsregistereintragung, ihrer Grundlagen und der öffentlichen Ankündigungen (*BGHZ* 105, 121, 126), nach aA das Vermögen (KK-AktG/*Altenhain* § 399 Rn 11). § 399 ist Schutzgesetz iSv § 823 Abs 2 BGB zugunsten der AG, Aktionären, Gläubigern und Personen, die in rechtliche oder wirtschaftliche Beziehung mit der AG treten. Vom Schutzbereich erfasst sind auch stille Gesellschafter einer AG (KK-AktG/*Altenhain* § 399 Rn 12; aA *OLG München* NZG 2004, 230, 232). Voraussetzung ist aber, dass der Geschädigte die Vermögensdisposition gerade im Vertrauen auf die Richtigkeit der Angaben zum HR gemacht hat (*BGH* NZG 2005, 976, 978), was voraussetzt, dass er die anzumeldenden Umstände kannte (*BGHZ* 105, 121, 126; *Brandes* WM 1992, 465, 477).

II. Tathandlungen

2 **1. Gründungsschwindel durch unrichtige Anmeldung (Abs 1 Nr 1). – a) Täter.** Nr 1 ist ein echtes Sonderdelikt. Als Täter kommen lediglich Gründer, Mitglieder des Vorstandes oder Mitglieder des AR in Frage. Andere Personen können nicht Mittäter oder mittelbare Täter, sondern nur Anstifter oder Gehilfen sein. Eine Beihilfehandlung kann auch in der unrichtigen Ausstellung einer Bankbestätigung nach § 37 Abs 1 liegen (*BGH* NZG 2005, 976, 977; *Döser* NJW 2006, 881).

3 **Gründer** ist, wer die Satzung der Gesellschaft festgestellt und mindestens eine Aktie übernommen hat (§§ 28, 280 Abs 3). Bei der offenen Stellvertretung ist der Vertretene Gründer, bei der verdeckten Treuhand dagegen der Strohmann, da nur dieser rechtlich verpflichtet wird (KK-AktG/*Altenhain* § 399 Rn 20). Die Nachgründung nach § 52 fällt hingegen nicht unter Nr 1 (*Ransiek* VIII 3 Rn 17; aA KölnKommAktG/*Geilen* § 399 Rn 71). Zu Mitgliedern des Vorstandes gehören auch stellvertretende Vorstände (§ 94). Mitgliedern des Vorstandes und des AR stehen auch die Personen gleich, die diese Organstellung faktisch einnehmen, sei es aufgrund eines unwirksamen Bestellungsaktes, sei es, dass sie, ohne bestellt zu sein, sich wie ein Organmitglied gerieren (*BGH* NJW 1997, 1936; *Dierlamm* NStZ 1996, 153, 156). Nicht erforderlich ist, dass das satzungsmäßig bestimmte Organ völlig aus seiner Rechtsstellung verdrängt wird (*BGH* NZG 2005, 816).

4 **b) Falsche Angaben und Verschweigen erheblicher Umstände.** **Angaben** sind Aussagen über Tatsachen, deren Richtigkeit durch Beweismittel nachgeprüft werden kann. Tatsachen können äußere oder innere Geschehnisse der Vergangenheit oder Gegenwart sein. Hierzu gehören auch Schätzungen, Bewertungen und Prognosen, sofern sie auf einer Tatsachengrundlage basieren. Keine Angaben sind Meinungsäußerungen und Werturteile, die durch Elemente der Stellungnahme und des Dafürhaltens gekennzeichnet sind. Enthalten Aussagen sowohl Tatsachenbehauptungen als auch Meinungsäußerungen, kommt es auf den Kern oder die Prägung der Aussage an (*BGH* ZIP 2006, 317, 323).

Falsche Angaben § 399

Falsch sind Angaben, wenn sie objektiv unwahr sind oder ihnen nach dem objektiven Empfängerhorizont eine andere Bedeutung zuzumessen ist. Die Erklärung, eine Bareinzahlung auf Aktien sei erfolgt, obgleich eine Rückzahlung vereinbart war, ist zwar zunächst objektiv richtig, sie wird aber dadurch falsch, dass der Empfängerhorizont unter einer Bareinzahlung nur eine solche versteht, die endgültig zur freien Verfügung des Vorstandes verbleibt. Werturteile und Prognosen sind immer mit Unsicherheiten behaftet. Sie können nur dann als falsch angesehen werden, wenn sie evident unrichtig, dh nach Beurteilung aller einschlägigen Fachleute unvertretbar sind. 5

Das **Verschweigen erheblicher Umstände** wird der unrichtigen Angaben von Tatsachen gleich gestellt. Die Erheblichkeit ist anhand der Bedeutung für die Gesamtwürdigung der Aussage zu beurteilen. Erheblich sind solche Angaben, die gesetzlich vorgeschrieben oder die sonst für die Beurteilung und das Vertrauen eines Dritten von Bedeutung sind. Maßgeblicher Zeitpunkt für die Beurteilung ist der Zugang der Erklärung beim Registergericht. Bis zur Eintragung ins HR besteht eine Pflicht, unrichtige oder lückenhafte Angaben zu berichtigen oder zu ergänzen, wenn sich tatsächliche Umstände nach Anmeldung, jedoch noch vor Eintragung ins HR geändert haben (*BGH* wistra 1993, 225). 6

c) Bezugsgegenstand der falschen Angaben. Die falschen Angaben müssen sich auf die in Nr 1 genannten Geschäftsvorfälle beziehen. 7

aa) Übernahme der Aktien. Bei **Übernahme der Aktien,** die in derselben Urkunde wie die Feststellung der Satzung beurkundet wird (§ 23 Abs 2), sind Gründer, Nennbetrag, Ausgabebetrag und Gattung der Aktien, die jeder Gründer übernimmt, anzugeben. Falsch sind Angaben, wenn über Nennbetrag oder Gattung der übernommenen Aktien getäuscht wird oder nicht existente oder an der Gründung nicht beteiligte Personen angegeben werden. Das Vorschieben eines Strohmanns stellt keine falsche Angabe dar, denn der Strohmann wird Gründer. 8

bb) Einzahlung auf Aktien. Bei Anmeldung ist nach § 37 Abs 1 zu erklären, dass die Voraussetzungen des § 36 Abs 2 erfüllt und der Ausgabebetrag der Aktien ordnungsgemäß iSv § 54 Abs 3 einbezahlt ist. Falsch sind Angaben, wenn eine Einzahlung nicht, nicht in dem angegebenen Umfang oder nicht in der erklärten Art erfolgt ist, zB anstelle von Bareinzahlung durch Aufrechnung (*RGSt* 53, 149), wenn die Einzahlung sofort zurückgezahlt werden soll, es sich also um bloßes „Vorzeigegeld" handelt (*BGH* NZG 2005, 976, 979; 2006, 24), die AG die Einlage im Wege eines Darlehens vorstreckt oder diese in sonstiger Weise mithaftet (MünchKommAktG/*Schaal* Rn 75) oder eine verdeckte Sacheinlage vorliegt (GroßkommAktG/*Otto* § 399 Rn 66; aA *LG Koblenz* ZIP 1991, 1284, 1290). Zwar erfolgt nach § 27 Abs 3 eine Anrechnung des durch den Aktionär geleisteten Wertes auf die zu leistende Einlage, so dass bei Gleichwertigkeit die Einlagepflicht als erfüllt gilt. Dies ändert jedoch nichts daran, dass die gegenüber dem HR abzugebende Erklärung gleichwohl unrichtig war (*Bittmann* NStZ 2009, 113, 119; *Ceffinato* wistra 2010, 171, 173; aA *Altmeppen* ZIP 2009, 1545, 1549 f.; Spindler/Stilz AktG/*Hefendehl* § 399 Rn 101). 9

cc) Verwendung eingezahlter Beträge. Eingezahlte Beträge müssen nach § 36 Abs 2 endgültig zur freien Verfügung des Vorstandes stehen, dh sie müssen zunächst wirksam in das Gesellschaftsvermögen geflossen sein. Nicht erforderlich ist hingegen, dass der Betrag zum Zeitpunkt der Eintragung noch im Gesellschaftsvermögen vorhanden ist, er darf nur nicht an den Anleger zurückgeflossen sein (*BGH* NZG 2005, 976, 977). 10

Eine Abrede, die Mittel zu einem bestimmten Zweck zu verwenden, steht der Einzahlung jedenfalls dann nicht entgegen, wenn die Mittel nicht an den Einzahlenden zurückgeleistet werden (*BGH* NStZ 1996, 238, 239).

11 **dd) Ausgabebetrag der Aktien.** Der wahre Ausgabebetrag der Aktien muss aus dem HR erkennbar sein. Unrichtig sind Angaben dann, wenn der Ausgabebetrag niedriger als der Nennbetrag ist oder aber nicht mit dem angegebenen Ausgabewert übereinstimmt, insb bei Überbewertung von Sacheinlagen.

12 **ee) Sondervorteile.** Sondervorteile, die einem Aktionär in der Satzung nach § 26 Abs 1 eingeräumt werden, unabhängig davon, ob es sich um solche vermögensrechtlicher oder anderer Art handelt, sind vollständig anzugeben. Dasselbe gilt für den Gründungsaufwand (§ 26 Abs 2), der zulasten der AG und ihrer Aktionäre anderen als Entschädigung oder Belohnung für die Gründung oder ihre Vorbereitung gewährt wird. Fälle der Nachgründung fallen nicht hierunter, können aber durch Nr 2 erfasst sein.

13 **ff) Sacheinlagen und Sachübernahmen.** Sacheinlagen und Sachübernahmen sind die in § 27 Abs 1 genannten übertragbaren Sachen, Rechte und sonstigen Gegenstände mit bilanzfähigem Vermögenswert. Bei der Sachübernahme handelt es sich um einen schuldrechtlichen Vertrag mit einem Dritten, durch den der künftige AG Gegenstände übernimmt. Unrichtig sind Angaben, wenn ein Sondervorteil für einen Aktionär verschleiert als überhöhte Sacheinlage ausgewiesen wird (*RGSt* 18, 105, 110), ein Geschäft eingebracht, aber verschwiegen wird, dass ein großer Teil des Inventars vorverkauft wurde (*RGSt* 40, 285, 287), einzubringende Vermögensrechte erheblich überbewertet wurden (*RGSt* 49, 340, 341) oder bei einer Bareinlage die Rückzahlung eines Vorfinanzierungskredits vereinbart wird (*BGHZ* 96, 231, 241). Auch die verschleierte Sacheinlage gehört hierzu (*Ransiek* VIII 3 Rn 30).

14 **gg) Nach § 37a Abs 2 abzugebende Erklärung.** Bei einer Sachgründung ohne Gründungsprüfung haben die Anmeldenden nach § 37a Abs 2 zu versichern, dass ihnen weder Umstände bekannt sind, die den gewichteten Durchschnittskurs der einzubringenden Wertpapiere oder Geldmarktinstrumente während der letzten drei Monate vor ihrer tatsächlichen Einbringung erheblich beeinflusst haben könnten noch solche, die darauf hindeuten, dass der tatsächliche Wert der einzubringenden Vermögensgegenstände am Tag ihrer Einbringung aufgrund neuer oder neu bekannt gewordener Umstände erheblich niedriger ist als vom Sachverständigen angenommen. Die Anmeldenden haben alle Umstände zu offenbaren, aus denen sich die bloße Möglichkeit eines derartigen Einflusses oder niedrigeren Wertes ergeben könnte. Ob tatsächlich der Wert der Vermögensgegenstände erheblich beeinflusst oder niedriger als angenommen war, spielt hingegen keine Rolle.

15 **2. Gründungsschwindel durch unrichtige Berichte (Abs 1 Nr 2).** Die Tathandlung betrifft unrichtige Angaben in Berichten über die Gründung (§ 32), die Nachgründung (§ 52 Abs 3) oder die Prüfung der Gründungs- oder Nachgründungsberichte (§ 34 Abs 2). Welche Angaben in den Berichten zu machen sind, ergibt sich aus dem Gesetz. Da anders als bei Nr 1 nicht auf den Zweck der Eintragung im HR abgestellt ist, werden auch Angaben erfasst, die für die Eintragung unerheblich sind. Nr 2 ist jedoch einschränkend auszulegen und erfasst nur Angaben, die geeignet sind, das Vertrauen der Gläubiger oder interessierter Dritter in die Richtigkeit der Eintragungen im HR und ihrer Grundlagen zu erschüttern (*Erbs/Kohlhaas/Fuhrmann* § 399 Anm 5).

Für den Gründungsbericht sind lediglich die Gründer verantwortlich. Die Mitglieder des Vorstands und des AR sind zwar zur Prüfung des Gründungsberichts verpflichtet, dadurch kommt ihnen aber keine Täterqualität zu (GroßKomm AktG/*Otto* § 399 Rn 124). Hinsichtlich des Prüfungsberichts können sowohl Mitglieder des Vorstands als auch des AR, beim Nachgründungsbericht lediglich Mitglieder des AR Täter sein. Eine Berichtigungspflicht besteht dann, wenn nachträglich erkannt wird, dass Angaben im Bericht unvollständig oder unrichtig sind, nicht aber wenn sich die tatsächlichen Verhältnisse nach Weiterleitung des Berichtes geändert haben (*Ransiek* VIII 3 Rn 43).

3. Schwindel bei öffentlicher Ankündigung von Aktien (Abs 1 Nr 3). Täter der Nr 3 kann jedermann sein. Gegenstand der Ankündigung müssen Aktien sein, die bei ihrer Gründung geschaffen und erstmalig ausgegeben werden. Auf Wandelschuldverschreibungen oder junge Aktien bei einer Kapitalerhöhung ist Nr 3 wegen des strafrechtlichen Analogieverbotes nicht anzuwenden (*Erbs/Kohlhaas/Fuhrmann* § 399 Rn 6b). Durch den Verweis auf § 47 Nr 3 ergibt sich, dass Angaben der Ankündigung solche sein müssen, die zum Zweck der Gründung der Gesellschaft gemacht wurden (§ 46 Abs 1) oder sich auf Einlagen oder Sachübernahmen durch die Gründer beziehen und zu einer Schädigung der AG geführt haben (§ 46 Abs 2).   16

Eine öffentliche Ankündigung liegt vor, wenn sie sich an einen unbestimmten, individuell nicht festgelegten, größeren Adressatenkreis richtet, bspw die Kunden einer Bank. Zweck der Ankündigung muss die Einf der Aktien in den Verkehr sein. Damit ist nicht nur der Börsenhandel gemeint, es genügt jede Möglichkeit zum Erwerb der Aktien.   17

Strafbar sind unrichtige Angaben nur dann, wenn sie vor Eintragung der Gesellschaft in das HR oder in den ersten zwei Jahren nach Eintragung erfolgt sind. Diese Zweijahresgrenze ist Tatbestandsmerkmal, nicht nur objektive Bedingung der Strafbarkeit (GroßkommAktG/*Otto* Rn 144; aA MünchKommAktG/*Schaal* Rn 143).   18

4. Kapitalerhöhungsschwindel (Abs 1 Nr 4). Die Tathandlung entspricht derjenigen der Nr 1. Die unrichtigen oder unvollständigen Angaben beziehen sich jedoch auf die Einbringung des bisherigen Kapitals oder die Einzahlung auf Aktien (§§ 182 Abs 4, 203 Abs 3), die Zeichnung (§§ 188 Abs 1, Abs 3 Nr 1, 203 Abs 1) bzw die Einbringung neuen Kapitals (§§ 188 Abs 1, 2, 203 Abs 2), den Ausgabebetrag der Aktien (§§ 188 Abs 1, 2, 203 Abs 2, 37 Abs 1) oder Angaben über Sacheinlagen (§§ 188 Abs 3, 203 Abs 1, 195 Abs 1, 194). Die Angabe, dass sich die Leistung in der freien Verfügung des Vorstands befindet, sagt nichts darüber aus, dass dies zum Zeitpunkt der Registeranmeldung noch fortdauert (*BGH* NZG 2005, 976, 977).   19

5. Abwicklungsschwindel (Abs 1 Nr 5). Täter kann nur der Abwickler der aufgelösten AG (§ 265) sein. Die Tathandlung besteht in der unwahren Erklärung gegenüber dem HR, dass bei Fortsetzung der aufgelösten AG noch nicht mit der Verteilung des Vermögens an die Aktionäre begonnen wurde (§ 274 Abs 3). Begonnen ist mit der Verteilung, wenn mindestens ein Aktionär etwas von dem Gesellschaftsvermögen erhalten hat, mag die AG auch noch über das Grundkapital übersteigende Vermögenswerte verfügen. Umfasst werden aber auch alle sonstigen Erklärungen gegenüber dem HR, allerdings nur, wenn sie für die Eintragungsentscheidung von Bedeutung sind.   20

21 **6. Abgabe unrichtiger Versicherungen (Abs 1 Nr 6).** Täter kann der Vorstand oder Abwickler einer AG oder das Leitungsorgan einer ausländischen jur Person sein. Damit werden auch unrichtige Anmeldungen bei einer inländischen Zweigniederlassung einer ausländischen jur Personen erfasst. Strafbar ist die entgegen §§ 37 Abs 2 S 1, 81 Abs 3 S 1 oder 266 Abs 3 S 1 unrichtige Versicherung gegenüber dem Registergericht, dass der Vorstand weder innerhalb der letzten fünf Jahre wegen einer Insolvenzstraftat nach §§ 283–283d StGB rechtskräftig verurteilt noch ihm durch Gericht oder Verwaltungsbehörde die Ausübung eines Berufs oder Gewerbes untersagt (§ 76 Abs 3 S 3 und 4) und dass er über die unbeschränkte Auskunftspflicht gegenüber dem Registergericht belehrt wurde.

22 **7. Abgabe wahrheitswidriger Erklärungen (Abs 2).** Abs 2 erfasst unrichtige oder unvollständige Angaben bei einer Erhöhung des Grundkapitals aus Gesellschaftsmitteln. Nach § 210 Abs 1 ist der Beschl der HV über die Erhöhung des Grundkapitals sowie die zugrunde liegende Bilanz beizufügen. Ferner ist zu versichern, dass seit Stichtag der Bilanz keine Vermögensminderung eingetreten ist, die einer Kapitalerhöhung entgegenstünde, wenn sie am Tage der Anmeldung beschlossen worden wäre. Diese Erklärung ist unrichtig, wenn zwischenzeitlich eine Vermögensminderung eingetreten ist, die bei Anrechnung der Verluste auf die Rücklagen deren Verwendung nach § 208 Abs 2 unmöglich machen würde. Täter können der Vorstand und der Vorsitzende des AR sein, weil diese die Anmeldung abzugeben haben.

III. Verschulden

23 Eine Strafbarkeit setzt vorsätzliches Handeln voraus, wobei bedingter Vorsatz genügt. Ein Irrtum über einzelne Merkmale stellt einen vorsatzausschließenden Tatbestandsirrtum iSd § 16 Abs 1 StGB dar, so zB bei einem Irrtum über die Voraussetzungen der endgültig freien Verfügbarkeit des einbezahlten Kapitals (*BGH* NZG 2005, 976, 979), über die Unrichtigkeit oder Unvollständigkeit einer Angabe (*BGH* NStZ 1993, 442) oder über eine Offenbarungspflicht (MünchKommAktG/*Schaal* Rn 108).

§ 400 Unrichtige Darstellung

(1) Mit Freiheitsstrafe bis zu drei Jahren oder mit Geldstrafe wird bestraft, wer als Mitglied des Vorstands oder des Aufsichtsrats oder als Abwickler
1. die Verhältnisse der Gesellschaft einschließlich ihrer Beziehungen zu verbundenen Unternehmen in Darstellungen oder Übersichten über den Vermögensstand, in Vorträgen oder Auskünften in der Hauptversammlung unrichtig wiedergibt oder verschleiert, wenn die Tat nicht in § 331 Nr. 1 oder 1a des Handelsgesetzbuchs mit Strafe bedroht ist, oder
2. in Aufklärungen oder Nachweisen, die nach den Vorschriften dieses Gesetzes einem Prüfer der Gesellschaft oder eines verbundenen Unternehmens zu geben sind, falsche Angaben macht oder die Verhältnisse der Gesellschaft unrichtig wiedergibt oder verschleiert, wenn die Tat nicht in § 331 Nr. 4 des Handelsgesetzbuchs mit Strafe bedroht ist.

(2) Ebenso wird bestraft, wer als Gründer oder Aktionär in Aufklärungen oder Nachweisen, die nach den Vorschriften dieses Gesetzes einem Gründungsprüfer oder sonstigen Prüfer zu geben sind, falsche Angaben macht oder erhebliche Umstände verschweigt.

Unrichtige Darstellung § 400

Übersicht

	Rn		Rn
I. Allgemeines	1	e) Vorträge oder Auskünfte in Hauptversammlung	7
II. Tathandlungen	3	f) Tatbegehung durch Unterlassen	8
1. Unrichtige Wiedergabe von Gesellschaftsverhältnissen (Abs 1 Nr 1)	3	2. Falsche Angaben gegenüber Prüfern (Abs 1 Nr 2)	9
a) Verhältnisse der Gesellschaft	3	3. Falsche Angaben gegenüber Prüfern durch Gründer oder Aktionäre (Abs 2)	11
b) Unrichtige Wiedergabe	4		
c) Verschleiern	5		
d) Darstellungen und Übersichten über Vermögensstand	6	III. Subjektiver Tatbestand	12

Literatur: *Arnhold* Auslegungshilfen zur Bestimmung einer Geschäftslagetäuschung im Rahmen der §§ 331 Nr 1 HGB, 400 Abs 1 Nr 1 AktG, 82 Abs 2 Nr 2 GmbHG, 1993; *Fleischer* Das Haffa-Urteil auf dem Prüfstand, NJW 2003, 2584; *Gassmann* Abschöpfung illegitimer Tatvorteile und Ansprüche geschädigter Aktionäre, wistra 2004, 73; *Kiethe* Strafrechtlicher Anlegerschutz durch § 400 I Nr 1 AktG, NStZ 2004, 73; *Maul* Geschäfts- und Konzernlagetäuschungen als Bilanzdelikte, DB 1989, 185; *Spindler* Haftung für fehlerhafte und unterlassene Kapitalmarktinformationen – ein (weiterer) Meilenstein, NZG 2012, 575; *Trescher* Strafrechtliche Aspekte der Berichterstattung des Aufsichtsrats, DB 1998, 1016; vgl auch die Nachweise bei § 399.

I. Allgemeines

§ 400 schützt das Vertrauen in die Richtigkeit und Vollständigkeit bestimmter Angaben über die Gesellschaftsverhältnisse. Die in § 400 verwendeten Begriffe sind hinreichend bestimmt und führen nicht zu einer Verfassungswidrigkeit der Vorschrift (*BVerfG* ZIP 2006, 1096; WM 2006, 1839 zu § 331 Nr 1 HGB). § 400 ist Schutzgesetz iSv § 823 Abs 2 BGB zugunsten der Gesellschaft, aktuellen und potentiellen Gläubigern sowie sonstigen Vertragspartnern, Aktionären und Arbeitnehmern, sofern diese im Vertrauen auf die Richtigkeit der relevanten Angaben einen Schaden erlitten haben. Für den Kausalzusammenhang ist der Geschädigte nach allg Grundsätzen beweispflichtig (*OLG München* NZG 2002, 1111). Wird ein Schadensersatzanspruch auf unrichtige Angaben in der HV gestützt, muss der Geschädigte von diesen Angaben Kenntnis gehabt haben (*BGH* NJW 2001, 3622, 3624). § 400 ist abstraktes Gefährdungsdelikt, setzt also weder den Erfolg einer Täuschung noch den Eintritt eines Schadens voraus. Vollendung tritt bereits mit der unrichtigen Wiedergabe oder Verschleierung ein, selbst dann, wenn noch niemand davon Kenntnis genommen hat. **1**

§ 400 ist Sonderdelikt. Die Tathandlungen des Abs 1 können nur von Mitgliedern des Vorstands, auch stellvertretenden Vorstandsmitgliedern, des AR oder Abwicklern begangen werden. Bei Abs 2 können lediglich Gründer oder Aktionäre taugliche Täter sein. Andere als die genannten Personen können weder Täter noch Mittäter oder mittelbare Täter, sondern allenfalls Anstifter oder Gehilfen sein. **2**

II. Tathandlungen

1. Unrichtige Wiedergabe von Gesellschaftsverhältnissen (Abs 1 Nr 1). – a) Verhältnisse der Gesellschaft. Verhältnisse der Gesellschaft sind alle Umstände, die für die Vermögenslage der AG oder die für die Beurteilung ihrer Situation und ihrer Entwicklung im wirtschaftlichen, politischen und sozialen Umfeld von Bedeutung sind. **3**

§ 400 Unrichtige Darstellung

Die Beziehung zu verbundenen Unternehmen ist nur beispielhaft herausgestellt. Der Begriff geht zwar über die rein wirtschaftlichen Umstände hinaus, wg des Schutzzweckes der Vorschrift ist aber ein Zusammenhang mit der Geschäftslage der AG erforderlich (*Ransiek* VIII 1 Rn 69; **aA** MünchKommAktG/*Schaal* § 400 Rn 17).

4 b) Unrichtige Wiedergabe. Eine unrichtige Wiedergabe liegt dann vor, wenn die geschilderten Verhältnisse nicht der tatsächlich bestehenden Sachlage entsprechen, sie also entweder nicht mit der Wirklichkeit übereinstimmen oder der Erklärung aus Sicht des Empfängerhorizonts eine andere Bedeutung zuzumessen ist. Dies entspricht dem Machen falscher Angaben iSv § 399 Abs 1 Nr 1 (vgl § 399 Rn 4 ff). Bewertungen, Schätzungen und Prognosen sind unrichtig, wenn sie entweder auf objektiv unrichtigen Tatsachengrundlagen beruhen oder aber die tatsächlichen oder rechtlichen Schlussfolgerungen objektiv falsch sind. Letzteres ist nur dann der Fall, wenn die Schlussfolgerung oder Beurteilung nach einheitlichem Konsens der einschlägigen Verkehrskreise unvertretbar ist. Die Unrichtigkeit kann auch in dem Verschweigen von Umständen liegen, wenn der Eindruck einer umfassenden, abschließenden Darstellung erweckt wird, obwohl erhebliche Umstände verheimlicht wurden. Ist das Fehlen bestimmter Angaben erkennbar, wird nichts verheimlicht. Eine unrichtige Wiedergabe liegt zB vor, wenn fiktive Gegenstände in die Bilanz aufgenommen oder Verbindlichkeiten verschwiegen, erforderliche Abschreibungen unterlassen, Vermögensgegenstände nicht in die Bilanz aufgenommen, sondern als stille Reserven behandelt (*RGSt* 62, 357, 359) oder Gewinne voraktiviert werden. § 400 ist jedoch einschränkend dahin auszulegen, dass solche unrichtigen Angaben nicht erfasst werden, die für die Entscheidung von Anlegern, mit der AG in rechtliche Beziehungen zu treten, völlig irrelevant sind (*OLG Frankfurt* NStZ-RR 2002, 275, 276).

5 c) Verschleiern. Verhältnisse der Gesellschaft werden **verschleiert,** wenn der Tatsachenkern zwar der Wahrheit entspricht, sie jedoch ihrem äußeren Anschein nach anders dargestellt werden, als sie in Wahrheit sind, insb wenn die tatsächliche Sachlage nur undeutlich oder unkenntlich bleibt und dies zu einer unrichtigen oder verfälschten Beurteilung der Sachlage führt.

6 d) Darstellungen und Übersichten über Vermögensstand. Die falsche Wiedergabe oder Verschleierung muss in **Darstellungen oder Übersichten über den Vermögensstand** geschehen. Übersichten sind Bilanzen oder andere Zusammenstellungen in Tabellenform, während Darstellung die Wiedergabe in Berichtsform ist (*BGH* NJW 2005, 445, 447). Zu den Übersichten über den Vermögensstand gehören auch im Laufe eines Geschäftsjahres aufgestellte Abschlüsse (Liquiditäts-, Zwischen- und Übersichtsbilanzen), Gewinn- und Verlustrechnungen, Zwischenberichte, insb Quartalsberichte, nicht aber der Jahresabschluss, der allein von § 331 Nr 1 HGB erfasst wird. Eine Darstellung oder Übersicht über den Vermögensstand muss jedoch so umfassend sein, dass sie ein Gesamtbild über die wirtschaftliche Lage des Unternehmens ermöglicht und den Eindruck der Vollständigkeit erweckt (*BGH* NJW 2004, 2971; 2005, 445, 447); eine Darstellung bloß einzelner Aspekte der Vermögenslage genügt nicht (*OLG München* NJW 2003, 144, 146; *BGH* NJW 2012, 1800, 1802), ebenso wenig die Bekanntgabe von Gewinnerwartungen (*OLG Düsseldorf* WM 2009, 1655, 1656). Die Wiedergabe der wesentlichen Positionen eines (Jahres- oder Zwischen-)Abschlusses oder der wesentlichen Ergebnisse der Gewinn- und Verlustrechnung reicht aus. Sind diese Voraussetzungen erfüllt, können auch Ad-hoc-Meldungen als Darstellung über den Vermögensstand anzusehen sein.

e) Vorträge oder Auskünfte in Hauptversammlung. Die unrichtige Darstellung kann 7
auch durch **Vorträge oder Auskünfte in der HV** erfolgen. Vortrag ist jeder Redebeitrag oder jede Stellungnahme zu den Verhältnissen der AG, insb Auskünfte, Antworten auf Fragen von Aktionären. Tatbestandsmäßig ist auch die unrichtige Beantwortung einer Frage, hinsichtlich derer ein Auskunftsverweigerungsrecht bestanden hätte, nicht hingegen das Gebrauchmachen von einem (nicht) bestehenden Auskunftsverweigerungsrecht. Unrichtige Auskünfte außerhalb der HV werden vom Tatbestand nicht umfasst.

f) Tatbegehung durch Unterlassen. Auch eine Tatbegehung durch Unterlassen ist 8
möglich, zB wenn ein Mitglied des Vorstands oder AR in seiner Anwesenheit getätigten unrichtigen Angaben eines anderen Mitglieds nicht widerspricht (*BGH* NJW 2001, 3622, 3624; GroßkommAktG/*Otto* § 400 Rn 17, 44) oder wenn der Vorstand entgegen § 90 Abs 1 S 3 den AR nicht über einen wichtigen Anlass unterrichtet. Vom Tatbestand nicht umfasst ist es, wenn der Täter jede Äußerung unterlässt oder er von einem Schweigerecht Gebrauch macht, selbst wenn dies objektiv nicht besteht (MünchKomm AktG/*Schaal* Rn 39).

2. Falsche Angaben gegenüber Prüfern (Abs 1 Nr 2). Der Begriff der falschen Angaben entspricht demjenigen in § 399 Abs 1 und umfasst alle Aussagen über Tatsachen. 9
Diese können auch in Werturteilen, Schätzungen, Bewertungen oder Prognosen enthalten sein.

Das Verschweigen erheblicher Umstände ist jedenfalls dann tatbestandsmäßig, wenn 10
eine Auskunft den Eindruck erweckt, vollständig zu sein. Die offene Verweigerung bestimmter Angaben ist hingegen nicht vom Tatbestand umfasst. Die Tathandlung bezieht sich auf Aufklärungen oder Nachweise, die nach aktienrechtlichen Vorschriften einem Prüfer der Gesellschaft oder eines verbundenen Unternehmens zu geben sind. Auskünfte außerhalb gesetzlicher Auskunftspflichten werden davon nicht umfasst. Aufklärungen sind Erklärungen aller Art, die für die Prüfung relevante Informationen erhalten. Nachweise sind Unterlagen, zB Bücher, Schriften oder Urkunden, die den zu prüfenden Bereich betreffen. Aufgrund des Vorrangs des § 333 Nr 4 HGB bezieht sich der Anwendungsbereich auf Zwischenprüfungen sowie Sonderprüfungen nach §§ 145 Abs 2 und 3, 258 Abs 5.

3. Falsche Angaben gegenüber Prüfern durch Gründer oder Aktionäre (Abs 2)
Dadurch wird der Täterkreis für das Machen falscher Angaben oder das Verschweigen erheblicher Umstände iSv Abs 1 Nr 1 auf Gründer und Aktionäre bei der Gründungsprüfung erweitert und umfasst die Aufklärungen und Nachweise nach §§ 34 11
Abs 1, 35 Abs 1.

III. Subjektiver Tatbestand

Die Tathandlungen können nur vorsätzlich begangen werden, wobei bedingter Vorsatz genügt. Ausreichend ist, wenn der Täter die Unrichtigkeit oder den verschleiernden Charakter nur für möglich hält, die Erklärungen aber gleichwohl abgibt. Im Falle 12
eines Irrtums gelten die allg Regeln der §§ 16, 17 StGB. Ein vorsatzausschließender Tatbestandsirrtum iSv § 16 StGB liegt vor, wenn sich der Täter über Tatsachen irrt und der Überzeugung ist, sie seien richtig, wenn er die Unrichtigkeit von Schlussfolgerungen nicht erkennt oder wenn er eine Erklärung nur deshalb für richtig erachtet, weil er sich über Inhalt und Umfang derjenigen Vorschriften irrt, die Grundlage der Rich-

tigkeitsbeurteilung sind, zB über die Bewertungsmaßstäbe bei der Bilanzierung bestimmter Posten (GroßkommAktG/*Otto* § 400 Rn 53). Ein Verbotsirrtum iSv § 17 StGB liegt hingegen vor, wenn der Täter sich lediglich über die Rechtswidrigkeit seines Verhaltens irrt, er bspw meint, Angaben verschweigen zu dürfen, wenn andernfalls der Zusammenbruch des Unternehmens droht oder er glaubt, ein Mehrheitsbeschluss im Vorstand binde ihn.

§ 401 Pflichtverletzung bei Verlust, Überschuldung oder Zahlungsunfähigkeit

(1) Mit Freiheitsstrafe bis zu drei Jahren oder mit Geldstrafe wird bestraft, wer es als Mitglied des Vorstands entgegen § 92 Abs. 1 unterlässt, bei einem Verlust in Höhe der Hälfte des Grundkapitals die Hauptversammlung einzuberufen und ihr dies anzuzeigen.

(2) Handelt der Täter fahrlässig, so ist die Strafe Freiheitsstrafe bis zu einem Jahr oder Geldstrafe.

Übersicht

	Rn		Rn
I. Allgemeines	1	III. Täterschaft und Teilnahme	4
II. Unterlassene Verlustanzeige	2	IV. Vorsatz und Fahrlässigkeit	6

Literatur: *Bisson* Die Strafbarkeit des Geschäftsführers oder Liquidators einer GmbH wegen Insolvenzverschleppung, GmbHR 2005, 843; *Pelz* Strafrecht in Krise und Insolvenz, 2. Aufl 2010; vgl auch die Nachweise zu § 92.

I. Allgemeines

1 § 401 stellt die vorsätzliche oder fahrlässige Unterlassung der Verlustanzeige nach § 92 Abs 1 unter Strafe. Die Insolvenzverschleppung ist nunmehr in § 15a Abs 4 InsO unter Strafe gestellt. Geschütztes Rechtsgut sind die Vermögensinteressen der AG und ihrer Aktionäre. § 401 ist ein echtes Unterlassungsdelikt, dh die Strafbarkeit setzt stets voraus, dass die Erfüllung der Handlungspflicht möglich und zumutbar ist.

II. Unterlassene Verlustanzeige

2 Ist bei der AG ein Verlust in Höhe der Hälfte des Grundkapitals eingetreten (vgl § 92 Rn 6), ist unverzüglich die HV einzuberufen und ihr der Verlust anzuzeigen. Sofern nicht Ausnahmen im Gesetz oder der Satzung (§ 121 Abs 2) vorgesehen sind, kann lediglich der Vorstand als Gesamtorgan die HV einberufen. Entscheidet sich der Gesamtvorstand entgegen seiner gesetzlichen Verpflichtung gegen eine Verlustanzeige, machen sich die diesen Beschl unterstützenden Mitglieder des Vorstands nach Nr 1 strafbar. Den anderen Vorstandsmitgliedern ist die Pflichterfüllung noch nicht unmöglich, vielmehr haben sie gegenüber dem AR auf die Einberufung der HV gem § 111 Abs 3 hinzuwirken. Ist allen Aktionären die Verlustsituation bekannt und verzichten diese auf die Einberufung der HV, liegt ein tatbestandsausschließendes Einverständnis vor. Dies setzt aber einen überschaubaren Kreis von Aktionären voraus.

3 *(zz nicht belegt)*

III. Täterschaft und Teilnahme

§ 401 ist Sonderdelikt. Täter kann nur ein Mitglied des Vorstands, bei der KGaA ein geschäftsführender Gesellschafter sein. Andere Personen, insb Mitglieder des AR oder Aktionäre, können sich allenfalls wg Anstiftung oder Beihilfe strafbar machen (*BGHSt* 14, 280, 282). Die Verantwortlichkeit beginnt mit Bestellung zum Vorstand und endet mit Abberufung oder Niederlegung. Auf den Zeitpunkt der Eintragung im HR kommt es nicht an. Die Pflicht entfällt, wenn vor Ablauf der Anzeigefrist das Vorstandsamt niedergelegt wird, sofern dies nicht zur Unzeit geschieht und damit die Amtsniederlegung unwirksam ist. 4

Täter kann auch ein faktischer Vorstand oder Abwickler sein, der, ohne formell wirksam vom AR bestellt worden zu sein, die Aktivitäten der Gesellschaft tatsächlich steuert, maßgeblichen Einfluss auf die gesamten Geschäftsvorgänge besitzt und alle wesentlichen Entscheidungen trifft (zu den Kriterien vgl *Dierlamm* NStZ 1996, 153, 156; *BGH* NJW 1997, 66, 67). Der faktische Vorstand braucht den satzungsmäßigen allerdings nicht vollständig zu verdrängen (*BGH* BB 2005, 1867, 1868). 5

IV. Vorsatz und Fahrlässigkeit

Für Abs 1 ist mindestens bedingter Vorsatz erforderlich. Irrt sich der Täter über das Vorliegen des Verlustes, liegt ein den Vorsatz ausschließender Tatbestandsirrtum gem § 16 StGB vor (*BGH* wistra 1988, 69, 70). Irrt der Täter über die Handlungspflicht, handelt es sich um einen Gebotsirrtum iSv § 17 StGB, der eine Strafbarkeit nur dann entfallen lässt, wenn der Irrtum unvermeidbar war. 6

Nach überwiegender Meinung kann ein Fahrlässigkeitsvorwurf dann erhoben werden, wenn der Vorstand es unterlässt, die wirtschaftliche Lage der Gesellschaft und ihrer Überschuldung regelmäßig zu prüfen bzw den Jahresabschluss fortzuschreiben oder wenn er elementare kaufmännische Grundsätze verletzt (*BGH* NJW 1981, 354, 355; wistra 1988, 69, 70). 7

§ 402 Falsche Ausstellung von Berechtigungsnachweisen

(1) Wer Bescheinigungen, die zum Nachweis des Stimmrechts in einer Hauptversammlung oder in einer gesonderten Versammlung dienen sollen, falsch ausstellt oder verfälscht, wird mit Freiheitsstrafe bis zu drei Jahren oder mit Geldstrafe bestraft, wenn die Tat nicht in anderen Vorschriften über Urkundenstraftaten mit schwererer Strafe bedroht ist.

(2) Ebenso wird bestraft, wer von einer falschen oder verfälschten Bescheinigung der in Absatz 1 bezeichneten Art zur Ausübung des Stimmrechts Gebrauch macht.

(3) Der Versuch ist strafbar.

Übersicht

	Rn		Rn
I. Allgemeines	1	III. Gebrauchmachen von einer falschen oder verfälschten Bescheinigung	6
II. Falsches Ausstellen oder Verfälschen einer Bescheinigung	2	IV. Sonstiges	8

I. Allgemeines

1 § 402 schützt die Sicherheit und Zuverlässigkeit des Beweisverkehrs und ist Schutzgesetz iSv § 823 Abs 2 BGB zu Gunsten der AG, ihrer Aktionäre und außenstehender Dritter (GroßKomm AktG/*Otto* Rn 3).

II. Falsches Ausstellen oder Verfälschen einer Bescheinigung

2 Abs 1 enthält zwei Tatmodalitäten, das falsche Ausstellen von Bescheinigungen, die dem Nachweis des Stimmrechts in der HV oder einer gesonderten Versammlung dienen sollen, sowie das Verfälschen derartiger Bescheinigungen.

3 Der Aktionär hat seine Berechtigung zur Teilnahme an der HV und zur Stimmabgabe nachzuweisen. Eine Hinterlegung der Aktien ist nicht erforderlich. Einzelheiten über die Art des Nachweises regelt die Satzung (§ 123 Abs 3 S 1). Bei börsennotierten AG genügt der Nachweise durch eine depotführende Bank (§ 123 Abs 3 S 2). Die Bescheinigung muss zum Nachweis des Stimmrechts in einer HV oder gesonderten Versammlung (§ 138) dienen. Daher fallen Bescheinigungen über stimmrechtslose Vorzugsaktien oder Bescheinigungen zu anderen Zwecken nicht in den Schutzbereich des § 402 (GroßKomm AktG/*Otto* Rn 11).

4 Eine Bescheinigung ist falsch ausgestellt, wenn sie den Anschein erweckt, sie stamme von einem anderen als dem wirklichen Aussteller, oder wenn sie inhaltlich unwahr ist, zB die Zahl oder die Art der Aktien unrichtig angibt. Mit dem Ausstellen der Bescheinigung ist die Tat vollendet.

5 Das Verfälschen ist die nachträgliche inhaltliche Änderung der Urkunde. Verfälschen kann auch der ursprüngliche Aussteller, wenn hierdurch die Bescheinigung inhaltlich unrichtig wird.

III. Gebrauchmachen von einer falschen oder verfälschten Bescheinigung

6 Abs 2 stellt das Gebrauchmachen von einer falschen oder verfälschten Bescheinigung zum Zwecke der Ausübung des Stimmrechts unter Strafe. Das Gebrauchmachen ist vollendet, wenn ein Dritter die Möglichkeit der Kenntnisnahme von der Bescheinigung hat; ob der Dritte sie tatsächlich wahrgenommen hat, ist unerheblich.

7 Wird einem Dritten eine echte und inhaltlich wahre Bescheinigung übergeben, macht er aber nicht die § 129 erforderlichen Angaben, liegt kein Fall des Abs 2 vor, sondern entweder eine mittelbare Falschbeurkundung (§ 271 StGB) oder eine Ordnungswidrigkeit nach § 405 Abs 2.

IV. Sonstiges

8 Beide Tatmodalitäten erfordern vorsätzliches Handeln, wobei bedingter Vorsatz genügt. Bei Abs 2 muss der Täter in der Absicht handeln, durch den Gebrauch der Bescheinigung das Stimmrecht auszuüben. Aufgrund der Subsidiaritätsklausel tritt § 402 hinter Urkundenfälschung (§ 267 StGB), mittelbarer Falschbeurkundung (§§ 271, 272 StGB) und Falschbeurkundung im Amt (§ 348 StGB) zurück.

§ 403 Verletzung der Berichtspflicht

(1) Mit Freiheitsstrafe bis zu drei Jahren oder mit Geldstrafe wird bestraft, wer als Prüfer oder als Gehilfe eines Prüfers über das Ergebnis der Prüfung falsch berichtet oder erhebliche Umstände im Bericht verschweigt.

(2) Handelt der Täter gegen Entgelt oder in der Absicht, sich oder einen anderen zu bereichern oder einen anderen zu schädigen, so ist die Strafe Freiheitsstrafe bis zu fünf Jahren oder Geldstrafe.

Übersicht

	Rn		Rn
I. Allgemeines	1	IV. Tathandlung	4
II. Täter	2	V. Vorsatz	6
III. Prüfung	3	VI. Qualifikation (Abs 2)	7

Literatur: *Dierlamm* Verletzung der Berichtspflicht gem § 332 HGB – eine Analyse des gesetzlichen Tatbestandes, NStZ 2000, 131 *Graf* Neue Strafbarkeitsrisiken für den Wirtschaftsprüfer durch das KonTraG, BB 2001, 562; *Hilber/Hartung* Auswirkungen des Sarbanes-Oxley Act auf deutsche WP-Gesellschaften, BB 2003, 1054; *Schramm* Interessenkonflikte bei Wirtschaftsprüfern, Steuerberatern und Rechtsanwälten unter dem besonderen Aspekt der beruflichen Verschwiegenheit, DStR 2003, 1316.

I. Allgemeines

Rechtsgut des § 403 ist das aktienrechtliche Prüfungssystem. § 403 ist Schutzgesetz iSv § 823 Abs 2 BGB zugunsten der AG, Aktionären, Gesellschaftsgläubigern und sonstigen Dritten (*OLG Karlsruhe* WM 1985, 940, 944). **1**

II. Täter

§ 403 ist ein Sonderdelikt. Täter können nur Prüfer oder ihre Gehilfen sein, wobei Prüfer nicht in jedem Falle Wirtschaftsprüfer sein müssen. Vom Schutzbereich des § 403 umfasst sind aber nur gesetzliche Prüfungen, nicht hingegen freiwillige Prüfungen (*Park/Janssen* Kapitalmarktstrafrecht, § 403 AktG Rn 10). Prüfer sind Gründungs- und Nachgründungsprüfer (§§ 33, 52 Abs 4), Sonderprüfer (§§ 142 Abs 1, 258), Vertragsprüfer (§§ 293b Abs 1, 315, 320 Abs 3) sowie Prüfer, die über die Angemessenheit der Barabfindung befinden (§ 327c). Gehilfe eines Prüfers sind Personen, die den Prüfer bei seiner Tätigkeit unterstützen, unabhängig von der Art ihrer Unterstützung (*Erbs/Kohlhaas/Fuhrmann* § 403 AktG Anm 2; enger GroßKomm AktG/*Otto* § 403 Rn 8). Bei Prüfungsgesellschaften sind Prüfer die jeweiligen Organmitglieder iSd § 14 Abs 1 StGB, daneben auch der angestellte WP, der mit Prüfung beauftragt ist (§ 14 Abs 2 StGB). **2**

III. Prüfung

Prüfungen iSv § 403 sind nur diejenigen Untersuchungen, die im AktG als solche bezeichnet sind, nämlich Gründungs- und Nachgründungsprüfung (§§ 34 Abs 2, 52 Abs 3), Kapitalerhöhungsprüfung (§§ 183 Abs 3, 194 Abs 4, 205 Abs 3), Sonderprüfung (§§ 142, 258), Eingliederungsprüfung (§ 320 Abs 3), Prüfung von Beherrschungs- und Gewinnabführungsverträgen sowie Beziehung zu verbundenen Unternehmen (§§ 293b Abs 1, 315) und die Prüfung über die Angemessenheit der Barabfindung **3**

(§ 327c). Die Abschlussprüfung nach § 313 fällt nicht hierunter, sondern wird von § 332 HGB erfasst. Der notwendige Inhalt der Berichte ergibt sich aus den og Vorschriften, bei der Sonderprüfung aus dem Prüfungsgegenstand nach § 142 Abs 1.

IV. Tathandlung

4   Tathandlung ist das falsche Berichten und das Verschweigen erheblicher Umstände. Unrichtig ist ein Bericht, wenn das Ergebnis der Prüfung von dem Prüfungsfeststellungen abweicht. Hingegen ist es unerheblich, ob der Prüfungsbericht die Wirklichkeit richtig wiedergibt, denn § 403 schützt nicht die Richtigkeit der Prüfung, sondern nur die Richtigkeit der Berichterstattung über die Prüfung (*OLG Karlsruhe* WM 1985, 940, 944). Wird im Prüfungsbericht ein Mangel verschwiegen, den der Prüfer festgestellt hat, der in Wirklichkeit aber nicht vorliegt, ist der Prüfungsbericht unrichtig. Anders hingegen, wenn der Prüfer einen vorhandenen Mangel nicht erkennt (GroßKomm AktG/*Otto* § 403 Rn 18). Ein unrichtiger Bericht liegt auch dann vor, wenn der Prüfer tatsächlich nicht geprüft, sondern sich auf ihm gemachte Angaben verlassen hat, selbst wenn diese zutreffend sind (*Erbs/Kohlhaas/Fuhrmann* § 403 AktG Anm 4). Vom Tatbestand umfasst sind nicht nur Fehler im schriftlichen Prüfungsbericht, sondern auch bei dessen mündlicher Erläuterung (MünchKomm AktG/*Schaal* Rn 28; **aA** GroßKomm AktG/*Otto* Rn 21).

5   Werden für die Gesamtaussage des Berichts erhebliche Umstände nicht oder nur unvollständig wiedergegeben, liegt ein Verschweigen vor. Welche Umstände erheblich sind, lässt sich nur im Einzelfall entscheiden; die gesetzlich vorgeschriebenen Mindestangaben im Prüfungsbericht sind jedoch stets erheblich.

V. Vorsatz

6   Strafbar ist lediglich vorsätzliches Verhalten, wobei bedingter Vorsatz ausreicht. Der Täter muss um die Unrichtigkeit oder Unvollständigkeit des Berichts wissen oder jedenfalls damit rechnen. Dies gilt auch für das Merkmal der Erheblichkeit.

VI. Qualifikation (Abs 2)

7   Gegen Entgelt handelt derjenige, der sich in seinem Tun von einer vermögenswerten Gegenleistung (§ 11 Abs 2 Nr 9 StGB) leiten lässt, sofern sie für die Begehung der Tat im Voraus vereinbart war. Das Honorar für die Prüfung selbst fällt nicht hierunter. Bereicherungsabsicht liegt vor, wenn der Täter sich oder einem anderen einen rechtswidrigen Vermögensvorteil verschaffen will. Schädigungsabsicht besteht, wenn einer anderen Person ein Nachteil zugefügt werden soll.

§ 404 Verletzung der Geheimhaltungspflicht

(1) Mit Freiheitsstrafe bis zu einem Jahr, bei börsennotierten Gesellschaften bis zu zwei Jahren, oder mit Geldstrafe wird bestraft, wer ein Geheimnis der Gesellschaft, namentlich ein Betriebs- oder Geschäftsgeheimnis, das ihm in seiner Eigenschaft als
1. Mitglied des Vorstands oder des Aufsichtsrats oder Abwickler,
2. Prüfer oder Gehilfe eines Prüfers
bekannt geworden ist, unbefugt offenbart; im Falle der Nummer 2 jedoch nur, wenn die Tat nicht in § 333 des Handelsgesetzbuchs mit Strafe bedroht ist.

§ 404 Verletzung der Geheimhaltungspflicht

(2) ¹Handelt der Täter gegen Entgelt oder in der Absicht, sich oder einen anderen zu bereichern oder einen anderen zu schädigen, so ist die Strafe Freiheitsstrafe bis zu zwei Jahren, bei börsennotierten Gesellschaften bis zu drei Jahren, oder Geldstrafe. ²Ebenso wird bestraft, wer ein Geheimnis der in Absatz 1 bezeichneten Art, namentlich ein Betriebs- oder Geschäftsgeheimnis, das ihm unter den Voraussetzungen des Absatzes 1 bekannt geworden ist, unbefugt verwertet.

(3) ¹Die Tat wird nur auf Antrag der Gesellschaft verfolgt. ²Hat ein Mitglied des Vorstands oder ein Abwickler die Tat begangen, so ist der Aufsichtsrat, hat ein Mitglied des Aufsichtsrats die Tat begangen, so sind der Vorstand oder die Abwickler antragsberechtigt.

Übersicht

	Rn		Rn
I. Allgemeines	1	3. Verwertung	4
II. Tathandlungen	2	4. Unbefugt	5
1. Geheimnis	2	III. Qualifikation	6
2. Offenbaren	3	IV. Strafrahmen, Strafantrag	7

Literatur: *Dannecker* Der Schutz von Geschäfts- und Betriebsgeheimnissen, BB 1987, 1614; *Flore* Verschwiegenheitspflicht der Aufsichtsratsmitglieder, BB 1993, 133; *Frey/Roschmann* Geheimhaltungsverpflichtungen der Vorstandsmitglieder von Aktiengesellschaften bei Unternehmenskäufen, AG 1996, 449; *Hartung/Hilber* Auswirkungen des Sarbanes-Oxley Act auf deutsche WP-Gesellschaften, BB 2003, 1054; *Körber* Geschäftsleitung der Zielgesellschaft und due diligence bei Paketerwerb und Unternehmenskauf, NZG 2002, 263; *Krause* Strafrechtliche Haftung des Aufsichtsrats, NStZ 2011, 57; *Schroeder* Darf der Vorstand der Aktiengesellschaft dem Aktienkäufer eine Due Diligence gestatten?, DB 1997, 2161; *Ziemons* Die Weitergabe von Unternehmensinterna an Dritte durch den Vorstand einer Aktiengesellschaft, AG 1999, 492.

I. Allgemeines

Durch § 404 wird die Verletzung von Geheimhaltungspflichten des Vorstands (§ 93 Abs 1 S 2), des AR (§ 116 S 2), der Abwickler (§ 268 Abs 2 S 1) sowie der Prüfer und ihrer Gehilfen (§ 323 Abs 1 HGB, §§ 49, 144, 258 Abs 5) unter Strafe gestellt. § 404 ist Schutzgesetz iSd § 823 Abs 2 BGB zugunsten der AG (*BGHZ* 110, 342, 360). § 404 ist echtes Sonderdelikt. Täter können lediglich Mitglieder des Vorstandes, des AR, Abwickler, Prüfer oder Gehilfen eines Prüfers sein. 1

II. Tathandlungen

1. Geheimnis. Der Geheimnisbegriff entspricht dem des § 17 UWG und umfasst alle Tatsachen, die im Zusammenhang mit dem Betrieb der AG stehen, nur einem eng begrenzten Personenkreis bekannt sind und nach dem Willen der AG geheim gehalten werden sollen (vgl § 93 Rn 47 ff). Das Geheimnis muss dem Täter in seiner Eigenschaft als Vorstand, AR, Abwickler, Prüfer oder Prüfungsgehilfe bekannt geworden sein. Nicht hierunter fallen Geheimnisse, die dem Täter bereits vor Erlangung seiner Position bekannt waren (GroßkommAktG/*Otto* Rn 8) oder deren Kenntnis er privat oder zufällig erlangt hat. Zum Zeitpunkt der Offenbarung muss der Täter die Organ- oder Funktionsstellung nicht mehr bekleiden, sofern er das Wissen nur in dieser Eigenschaft erworben hat. Bei Prüfern und deren Gehilfen ist § 333 HGB vorrangig. 2

3 **2. Offenbaren.** Offenbart wird ein Geheimnis, wenn es einem Außenstehenden, dem das Geheimnis bislang noch nicht bekannt war, mitgeteilt oder sonst bekannt bzw zugänglich gemacht wird. Dies kann auch durch eine tatsächliche Handlung geschehen, zB durch Liegenlassen eines Schriftstückes.

4 **3. Verwertung.** § 404 Abs 2 S 2 stellt auch die unbefugte Verwertung eines Geheimnisses, das dem Täter unter den Voraussetzungen des Abs 1 bekannt geworden ist, unter Strafe. Unter Verwertung ist jede Tätigkeit zu verstehen, die darauf gerichtet ist, das Geheimnis mit der Absicht auf Gewinnerzielung wirtschaftlich auszunutzen.

5 **4. Unbefugt.** Unbefugt handelt der Täter dann, wenn ihm kein Rechtfertigungsgrund zur Seite steht. Eine Befugnis liegt vor, wenn das zuständige Organ der AG in die Offenbarung einwilligt. Das gleiche gilt bei gesetzlichen Aussagepflichten, allerdings müssen Zeugnisverweigerungsrechte in Anspruch genommen werden. Aus § 404 selbst lässt sich ein Zeugnisverweigerungsrecht nicht ableiten (*BVerfGE* 76, 363, 387), ein solches kann sich aber aus § 53 Abs 1 Nr 3 StPO, §§ 383 Abs 1 Nr 6, 384 Nr 3 ZPO ergeben. Arbeitnehmervertreter im AR unterliegen in gleichem Maße wie Anteilseignervertreter der Verschwiegenheitspflicht. Ohne bes Befugnis sind sie nicht berechtigt, Geheimnisse an die Beschäftigten oder den Betriebsrat weiterzugeben (*Edenfeld/Neufang* AG 1999, 49, 53). Missstände und strafbare Handlungen in der AG außerhalb von § 138 StGB berechtigen zur Unterrichtung von Behörden erst dann, wenn zuvor erfolglos auf Beseitigung gedrängt wurde, außer es handelt sich um schwerwiegende Straftaten, oder solche die von Organmitgliedern selbst begangen wurden (*BAG* NJW 2007, 2204, 2205). Prüfer und ihre Gehilfen sind auf die Niederlegung des Mandats beschränkt (*Benner* Kap 9 Rn 215). Bei Unternehmensverkäufen führt eine Güterabwägung dazu, dass die Informationsweitergabe im Rahmen einer Due Diligence nicht unbefugt ist.

III. Qualifikation

6 Die Qualifizierungstatbestände des Abs 2 S 1 sind mit denjenigen des § 403 Abs 2 identisch.

IV. Strafrahmen, Strafantrag

7 Der Strafrahmen beim Verrat von Geheimnissen einer börsennotierten AG ist höher als bei einer nicht börsennotierten. Börsennotiert sind Gesellschaften, deren Aktien im amtlichen Markt gehandelt werden, nicht jedoch im Freiverkehr (§ 3 Abs 2). § 404 setzt einen Strafantrag der AG voraus. Dieser ist innerhalb von drei Monaten ab Kenntnis von der Tat und der Person des Täters zu stellen (§ 77b StGB). S 2 stellt zur Vermeidung von Interessenkollisionen eine Sonderregelung dar, wenn die Tat von Organmitgliedern begangen wird.

§ 405 Ordnungswidrigkeiten

(1) **Ordnungswidrig handelt, wer als Mitglied des Vorstands oder des Aufsichtsrats oder als Abwickler**
1. **Namensaktien ausgibt, in denen der Betrag der Teilleistung nicht angegeben ist, oder Inhaberaktien ausgibt, bevor auf sie der Ausgabebetrag voll geleistet ist,**
2. **Aktien oder Zwischenscheine ausgibt, bevor die Gesellschaft oder im Fall einer Kapitalerhöhung die Durchführung der Erhöhung des Grundkapitals oder im Fall einer bedingten Kapitalerhöhung oder einer Kapitalerhöhung aus Gesellschafts-**

mitteln der Beschluss über die bedingte Kapitalerhöhung oder die Kapitalerhöhung aus Gesellschaftsmitteln eingetragen ist,
3. Aktien oder Zwischenscheine ausgibt, die auf einen geringeren als den nach § 8 Abs. 2 Satz 1 zulässigen Mindestnennbetrag lauten oder auf die bei einer Gesellschaft mit Stückaktien ein geringerer anteiliger Betrag des Grundkapitals als der nach § 8 Abs. 3 Satz 3 zulässige Mindestbetrag entfällt, oder
4. a) entgegen § 71 Abs. 1 Nr. 1 bis 4 oder Abs. 2 eigene Aktien der Gesellschaft erwirbt oder, in Verbindung mit § 71e Abs. 1, als Pfand nimmt,
   b) zu veräußernde eigene Aktien (§ 71c Abs. 1 und 2) nicht anbietet oder
   c) die zur Vorbereitung der Beschlussfassung über die Einziehung eigener Aktien (§ 71c Abs. 3) erforderlichen Maßnahmen nicht trifft.
5. *(aufgehoben)*

(2) Ordnungswidrig handelt auch, wer als Aktionär oder als Vertreter eines Aktionärs die nach § 129 in das Verzeichnis aufzunehmenden Angaben nicht oder nicht richtig macht.

(2a) Ordnungswidrig handelt, wer entgegen § 67 Abs. 4 Satz 2, auch in Verbindung mit Satz 3, eine Mitteilung nicht oder nicht richtig macht.

(3) Ordnungswidrig handelt ferner, wer
1. Aktien eines anderen, zu dessen Vertretung er nicht befugt ist, ohne dessen Einwilligung zur Ausübung von Rechten in der Hauptversammlung oder in einer gesonderten Versammlung benutzt,
2. zur Ausübung von Rechten in der Hauptversammlung oder in einer gesonderten Versammlung Aktien eines anderen benutzt, die er sich zu diesem Zweck durch Gewähren oder Versprechen besonderer Vorteile verschafft hat,
3. Aktien zu dem in Nummer 2 bezeichneten Zweck gegen Gewähren oder Versprechen besonderer Vorteile einem anderen überlässt,
4. Aktien eines anderen, für die er oder der von ihm Vertretene das Stimmrecht nach § 135 nicht ausüben darf, zur Ausübung des Stimmrechts benutzt,
5. Aktien, für die er oder der von ihm Vertretene das Stimmrecht nach § 20 Abs. 7, § 21 Abs. 4, §§ 71b, 71d Satz 4, § 134 Abs. 1, §§ 135, 136, 142 Abs. 1 Satz 2, § 285 Abs. 1 nicht ausüben darf, einem anderen zum Zweck der Ausübung des Stimmrechts überlässt oder solche ihm überlassene Aktien zur Ausübung des Stimmrechts benutzt,
6. besondere Vorteile als Gegenleistung dafür fordert, sich versprechen lässt oder annimmt, dass er bei einer Abstimmung in der Hauptversammlung oder in einer gesonderten Versammlung nicht oder in einem bestimmten Sinne stimme oder
7. besondere Vorteile als Gegenleistung dafür anbietet, verspricht oder gewährt, dass jemand bei einer Abstimmung in der Hauptversammlung oder in einer gesonderten Versammlung nicht oder in einem bestimmten Sinne stimme.

(3a) Ordnungswidrig handelt, wer vorsätzlich oder leichtfertig
1. entgegen § 121 Abs. 4a Satz 1, auch in Verbindung mit § 124 Abs. 1 Satz 3, die Einberufung nicht, nicht richtig, nicht vollständig oder nicht rechtzeitig zuleitet oder
2. entgegen § 124a Angaben nicht, nicht richtig oder nicht vollständig zugänglich macht.

(4) Die Ordnungswidrigkeit kann mit einer Geldbuße bis zu fünfundzwanzigtausend Euro geahndet werden.

§ 405

Übersicht

	Rn		Rn
I. Allgemeines	1	7. Aktienbenutzung nach Gewähren oder Versprechen eines besonderen Vorteils (Abs 3 Nr 2)	12
II. Täter und Teilnehmer	2		
III. Tathandlungen	4		
1. Ausgabe von Inhaber- oder Namensaktien (Abs 1 Nr 1)	4	8. Aktienüberlassung nach Gewähren oder Versprechen eines besonderen Vorteils (Abs 3 Nr 3)	13
2. Ausgabe von Aktien oder Zwischenscheinen vor Eintragung (Abs 1 Nr 2)	5	9. Aktienmissbrauch zur Ausübung des Stimmrechts (Abs 3 Nr 4)	14
3. Ausgabe von Aktien oder Zwischenscheinen, die den Mindestnennbetrag nicht erreichen (Abs 1 Nr 3)	7	10. Aktienmissbrauch durch Überlassen oder Benutzen von Aktien, die einem Stimmrechtsverbot unterliegen (Abs 3 Nr 5)	15
4. Zuwiderhandlung bei Erwerb und Veräußerung eigener Aktien (§ 1 Nr 4)	8	11. Stimmenverkauf (Abs 3 Nr 6)	16
		12. Stimmenkauf (Abs 3 Nr 7)	17
5. Unterlassene oder unrichtige Angaben zum Teilnehmerverzeichnis (Abs 2)	9	13. Fehlerhafte Einberufung (Abs 3a Nr 1)	18
6. Aktienmissbrauch ohne Vertretungsbefugnis und Einwilligung (§ 3 Nr 1)	10	14. Veröffentlichung auf der Internetseite der Gesellschaft (Abs 3a Nr 2)	20
		IV. Subjektiver Tatbestand	21
		V. Sanktion	22

I. Allgemeines

1 § 405 ist eine Blankettnorm und enthält Verweisungen auf andere Normen oder auf Begriffe, deren Bedeutung sich aus anderen Vorschriften ergibt. Die Tatbestände des § 405 können nur geahndet werden, wenn sie vollendet sind (§ 13 Abs 2 OWiG). Sie setzen vorsätzliches Verhalten voraus (§ 10 OWiG).

II. Täter und Teilnehmer

2 § 405 ist nach Tätergruppen gegliedert. Bei Abs 1 und 2 handelt es sich um echte Sonderdelikte. Die Tathandlungen des Abs 1 können nur von Vorständen, AR oder Abwicklern und ihren Stellvertretern begangen werden. Täter können auch Personen sein, die zwar nicht rechtswirksam zu diesen Ämtern bestellt wurden, ihre Aufgaben aber faktisch wahrnehmen. Hinsichtlich des Abs 2 können nur Aktionäre oder ihre Vertreter taugliche Täter sein. Vertreter ist jeder, der vom Aktionär ermächtigt wurde, ihn bei der Wahrnehmung seiner Rechte zu vertreten. Sind mehrere an der Tat als Täter, Anstifter oder Gehilfen beteiligt, so können alle geahndet werden, sofern nur ein Beteiligter die geforderten Merkmale aufweist (§ 14 Abs 1 OWiG). Die Tatmodalitäten des Abs 3 können von jedermann begangen werden. Bei Abs 3a kommen als Täter Mitglieder des Vorstands oder des AR in Betracht, je nach dem, welches Organ nach § 121 Abs 3 S 2 zu einer HV einlädt.

3 Handelt es sich bei dem Täter um eine jur Person oder Personengesellschaft, richtet sich die Ahndung nach § 9 OWiG. In diesen Fällen kann auch gegen das Unternehmen selbst eine Geldbuße festgesetzt werden (§ 30 OWiG).

III. Tathandlungen

1. Ausgabe von Inhaber- oder Namensaktien (Abs 1 Nr 1). Die Tathandlung liegt zum einen in der Ausgabe von Namensaktien, bei denen nur ein Teilbetrag des Nennbetrags oder des höheren Ausgabebetrags geleistet, dies aber entgegen § 10 Abs 2 S 2 aber nicht angegeben, zum anderen in der Ausgabe von Inhaberaktien bevor der Nennbetrag oder höhere Ausgabebetrag voll geleistet wurde. Die volle Leistung ist erst erbracht, wenn die nach Gesetz oder Satzung zu entrichtende Bar- oder Sachleistung vollständig dem Vorstand zur Verfügung gestellt wurde (§ 36a). Die Ausgabe der Aktie ist vollendet, wenn der Täter unter endgültiger Aufgabe seiner eigenen Verfügungsgewalt alles Erforderliche getan hat, um die Aktie in Umlauf zu bringen. Dies ist bei Abgabe der Aktie an eine Bank oder eine sonstige Stelle zum Zwecke der Ausgabe oder Emission erst dann der Fall, wenn die Aktie von der Bank an den ersten Aktionär weitergegeben wurde.

2. Ausgabe von Aktien oder Zwischenscheinen vor Eintragung (Abs 1 Nr 2). Verboten ist die Ausgabe von Aktien oder Zwischenscheinen

– vor Eintragung der Gesellschaft in das HR (§ 41 Abs 4),
– vor Eintragung der Durchführung der Erhöhung des Grundkapitals in das HR (§ 191),
– aus einer bedingten Kapitalerhöhung vor Eintragung des Beschl über die bedingte Kapitalerhöhung ins HR (§§ 197, 203 Abs 1),
– aus einer Kapitalerhöhung aus Gesellschaftsmitteln vor Eintragung des Beschl über die Erhöhung des Grundkapitals in das HR (§ 219).

Eine Zuwiderhandlung liegt auch vor, wenn die Kapitalerhöhung auf einem unwirksamen Beschl der HV beruht (*RGSt* 30, 354, 355).

3. Ausgabe von Aktien oder Zwischenscheinen, die den Mindestnennbetrag nicht erreichen (Abs 1 Nr 3). Die Tathandlung besteht in der Ausgabe von Aktien oder Zwischenscheinen, die auf einen Nennbetrag von weniger als 1 EUR (§ 8 Abs 2) lauten oder auf die bei Stückaktien ein geringerer anteiliger Betrag des Grundkapitals als 1 EUR entfällt (§ 8 Abs 3 S 3).

4. Zuwiderhandlung bei Erwerb und Veräußerung eigener Aktien (§ 1 Nr 4). Durch diese Vorschrift soll den Gefahren der Kursmanipulation oder der Täuschung über die wirtschaftliche Situation entgegen gewirkt werden, die mit dem Besitz oder dem Erwerb eigener Aktien durch die Gesellschaft verbunden sind. Eigene Aktien sind die in einer Urkunde, einem Zwischenschein oder noch nicht beurkundeten Aktienrechte, die von der Gesellschaft bereits einmal ausgegeben wurden. Dies setzt voraus, dass zuvor ein fremdes Aktionärsrecht bestanden hat. Tathandlungen sind

– Erwerb eigener Aktien, auch bei Sicherungsübereignung, sofern dieser nicht nach § 71 Abs 1 Nr 1–4, Abs 2 ausnahmsweise zulässig ist,
– Inpfandnahme eigener Aktien, auch durch Legitimationsübertragung, entgegen § 71 Abs 1 und 2,
– Nichtanbieten eigener Aktien entgegen § 71c Abs 1 und 2,
– Nichttreffen der zur Vorbereitung der Beschlussfassung über die Einziehung eigener Aktien erforderlichen Maßnahmen entgegen § 71c Abs 3.

5. Unterlassene oder unrichtige Angaben zum Teilnehmerverzeichnis (Abs 2)

9 Geahndet werden fehlerhafte oder unterlassene Angaben, die ein Aktionär zur Eintragung in das Teilnehmerverzeichnis einer HV nach § 129 Abs 1 S 2 machen muss. Dies sind Name und Wohnort, Gattung der Aktien sowie Nennbetrag oder Stückzahl. Vollendet ist die Tat, wenn der Täter die erste falsche Angabe gemacht hat bzw aufhört, Angaben zu machen, obgleich sie noch nicht vollständig sind.

10 **6. Aktienmissbrauch ohne Vertretungsbefugnis und Einwilligung (§ 3 Nr 1).** Die Tathandlung besteht in der Benutzung von Aktien eines anderen zur Ausübung von Rechten in der HV (§§ 118 ff) oder in einer gesonderten Versammlung (§ 138) ohne Vertretungsbefugnis oder Einwilligung des Aktionärs. Als Aktien gelten auch Zwischenscheine oder Aktionärsrechte von Gesellschaften, die keine Aktien ausgegeben haben. Es muss sich um fremde Aktien handeln. Benutzt werden Aktionärsrechte, wenn vom Teilnahmerecht (GroßkommAktG/*Otto* Rn 67, str), Stimmrecht (§§ 133 ff), Auskunftsrecht (§ 131) oder von Minderheitenrechten (§§ 50, 93 Abs 4, 116, 117 Abs 4, 302 Abs 3, 309 Abs 3) Gebrauch gemacht wurde.

11 Die Benutzung muss ohne Vertretungsbefugnis (gesetzliche oder rechtsgeschäftliche Vollmacht) und ohne ausdrückliche oder stillschweigende Einwilligung geschehen. Verwahrung, Pfandrecht oder Pfändungsrecht gewähren grds kein Vertretungsrecht, außer der Verwahrer oder Pfandnehmer hat das Recht, andere Stücke statt der hinterlegten oder gepfändeten zurückzugeben (§ 700 Abs 2 BGB, §§ 13, 15 DepotG). Derjenige, der zwischen Anmeldung und HV seine Aktien veräußert hat, gilt gegenüber der AG dennoch als vertretungsbefugt (§ 123 Abs 3 S 4), so dass dessen Stimmabgabe nicht ohne Vertretungsbefugnis erfolgt (*Seibert* WM 2005, 157, 158). Für die Wahrnehmung des Stimmrechts von Banken gilt die Spezialregelung des Abs 3 Nr 4.

12 **7. Aktienbenutzung nach Gewähren oder Versprechen eines besonderen Vorteils (Abs 3 Nr 2).** Es handelt sich um einen zweiaktigen Tatbestand, bei dem sich der Täter zunächst Aktien durch Gewähren oder Versprechen bes Vorteile verschafft und diese dann zur Ausübung von Rechten in der HV oder einer gesonderten Versammlung benutzt. Vorteil ist wie bei den Bestechungsdelikten jede entgeltliche oder unentgeltliche Leistung, auf die der Verleiher keinen Anspruch hat und die ihn materiell oder immateriell besser stellt. Mittelbare Vorteile genügen, daher fällt auch der Abschluss eines Vertrages, aufgrund dessen erst eine Gegenleistung erlangt werden kann, hierunter. Der Vorteil muss die Gegenleistung für die Übertragung der Rechte darstellen. Um einen bes Vorteil handelt es sich nur dann, wenn er nicht allen Aktionären der AG zugute kommt und er sich nicht aus der Ausübung der übertragenen Rechte selbst ergibt. Ein bes Vorteil kann in dem Inaussichtstellen eines AR-Postens liegen. Auch die Verschaffung von Aktien durch eine Wertpapierleihe zum Zwecke des Erreichens einer 95 %-Mehrheit beim Squeeze-out kann hierunter fallen (*Kümpel* Bank- und Kapitalmarktrecht, 3. Aufl Rn 13.51; **aA** *Kort* DB 2006, 1546), selbst wenn es zu einer Eigentumsübertragung an den Entleiher kommt. Dies gilt insb dann, wenn trotz der Eigentumsübertragung der gesamte wirtschaftliche Wert der Aktie beim Verleiher bleibt. Vollendet ist die Tat erst dann, wenn der Täter beginnt, die Aktien zur Ausübung der übertragenen Rechte zu benutzen. Versprochen ist der Vorteil, wenn er dem Verleiher zugesagt wurde; die Gewährung liegt in dessen Hingabe.

Ordnungswidrigkeiten §405

8. Aktienüberlassung nach Gewähren oder Versprechen eines besonderen Vorteils 13
(Abs 3 Nr 3). Diese Tatmodalität stellt das Gegenstück zur Nr 2 dar und betrifft den Aktieninhaber, der Aktien gegen Gewähren oder Versprechen eines Vorteils einem anderen überlässt.

9. Aktienmissbrauch zur Ausübung des Stimmrechts (Abs 3 Nr 4). Es handelt sich 14 um eine Sondervorschrift zu Abs 3 Nr 1 für Kreditinstitute und die in § 135 Abs 9 genannten Personengruppen. Erfasst wird die Ausübung des Stimmrechts ohne Vorliegen einer dem § 135 entspr Vollmacht oder unter Überschreitung der erteilten Weisungen.

10. Aktienmissbrauch durch Überlassen oder Benutzen von Aktien, die einem Stimm- 15 **rechtsverbot unterliegen (Abs 3 Nr 5).** Die Vorschrift dient der Durchsetzung des Stimmrechtsverbots aus den §§ 20 Abs 7, 21 Abs 4, 71b, 71d S 4, 134 Abs 1, 135, 136, 142 Abs 1 S 2, 285 Abs 1. Die Tathandlung umfasst zwei Tatmodalitäten, zum einen das Überlassen von Aktien an einen anderen, sofern der Überlassende oder der von ihm Vertretene einem Stimmrechtsverbot unterliegt, zum anderen die Ausübung eines Stimmrechts aus derartigen Aktien. In der ersten Tatmodalität des Überlassens kommt es nicht darauf an, ob das Stimmrecht aus diesen Aktien ausgeübt wurde oder nicht.

11. Stimmenverkauf (Abs 3 Nr 6). Die Vorschrift ist den Bestechungsdelikten (§§ 299 16 Abs 1, 331, 332 StGB) nachgebildet. Die Tathandlung besteht im Fordern, Sichversprechenlassen oder Annehmen eines Vorteils als Gegenleistung für ein bestimmtes Abstimmungsverhalten (Unrechtsvereinbarung). Sichversprechenlassen ist die Annahme des Angebots einer Vorteilsgewährung, während die Annahme die physische Entgegennahme darstellt. Die Tathandlung muss ein bestimmtes Abstimmungsverhalten zum Ziel haben, dh der Täter sich verpflichtet, nicht oder in einem bestimmten Sinn abzustimmen. Wie er tatsächlich abstimmt, ist hingegen unerheblich. Das Abstimmungsverhalten im Rahmen von Stimmrechtsvereinbarungen wird von Abs 3 Nr 6 nicht erfasst, da die Bildung von Konsortial-, Pool- oder sonstigen Stimmrechtsverträgen allg als zulässig angesehen wird (GroßKomm AktG/*Otto* § 405 Rn 130).

12. Stimmenkauf (Abs 3 Nr 7). Der Stimmenkauf stellt das spiegelbildliche Gegen- 17 stück zu Nr 6 für den Käufer dar. Die Tathandlung besteht im Anbieten eines Vorteils, dem Versprechen oder der Gewährung.

13. Fehlerhafte Einberufung (Abs 3a Nr 1). Börsennotierte Gesellschaften haben 18 nach § 121 Abs 4a die Einberufung der HV spätestens zum Zeitpunkt der Bekanntmachung solchen Medien zur Veröffentlichung zu leiten, bei denen anzunehmen ist, dass sie diese Information in der gesamten Europäischen Union verbreiten. Dasselbe gilt nach § 124 Abs 1 S 3 für Ergänzungsverlangen von Minderheitsaktionären. Davon kann nur dann abgesehen werden, wenn die Gesellschaft ausschließlich Namensaktien ausgegeben haben und die die Aktionäre mit eingeschriebenem Brief einladen. Bußgeldbewehrt ist die unterlassene, nicht richtige, nicht vollständige und nicht rechtzeitige Zuleitung zu Medien, die die Information voraussichtlich in der gesamten EU verbreiten. Die Zuleitung an mindestens ein Medium (Presse, Rundfunk, Fernsehen, elektronische Medien) genügt, sofern nur davon ausgegangen werden kann, dass die Mitteilung im gesamten Gebiet der EU verbreitet wird.

Pelz 2551

19 Die Zuleitung an die Medien hat spätestens zum Zeitpunkt der Bekanntmachung in den Gesellschaftsblättern nach § 121 Abs 4 S 1 zu erfolgen. Damit soll ein weitgehend gleichzeitiges Bekanntwerden im gesamten Gemeinschaftsgebiet gewährleistet werden. Zuzuleiten zur Veröffentlichung sind den Medien die gesamten Angaben nach § 121 Abs 3 bzw die Angaben bei Ergänzungsverlangen nach § 124 Abs 1 S 1.

20 **14. Veröffentlichung auf der Internetseite der Gesellschaft (Abs 3a Nr 2).** Ordnungswidrig handelt, wer auf der Internetseite der Gesellschaft nach § 124a zu veröffentlichende Informationen nicht, nicht richtig oder nicht vollständig zugänglich macht. Nach § 124a sind der Inhalt der Einberufung der HV, Erläuterungen, wenn zu einem Tagesordnungspunkt kein Beschl gefasst werden soll, die der Versammlung zugänglich zu machenden Unterlagen, die Gesamtzahl der Aktien und der Stimmrechte zum Zeitpunkt der Einberufung einschließlich getrennter Angaben zur Gesamtzahl für jede Aktiengattung, die bei der Stimmabgabe durch Vertretung oder mittels Briefwahl zu verwendenden Formulare sowie Ergänzungsverlangen von Minderheitsaktionären nach § 122 Abs 3 anzugeben. Da nur vorsätzliche Verstöße geahndet werden können, sind Unterbrechungen, die nicht vorsätzlich herbeigeführt worden sind, nicht tatbestandsmäßig, selbst dann nicht, wenn grobe Fahrlässigkeit vorliegt (aA BT-Drucks 16/11642, 43). Technisch notwendige Unterbrechungen, zB zur Systemwartung, sind ebenfalls nicht tatbestandsmäßig (BT-Drucks 16/11642, 43).

IV. Subjektiver Tatbestand

21 Verstöße gegen die genannten Vorschriften sind nach § 10 OWiG nur dann als Ordnungswidrigkeit verfolgbar, wenn sie vorsätzlich begangen worden sind. Bedingter Vorsatz ist dabei ausreichend.

V. Sanktion

22 Die Ordnungswidrigkeit kann mit Bußgeld bis zu 25 000 EUR geahndet werden. Für die Verfolgung zuständig ist die sachlich zuständige oberste Landesbehörde bzw die von der jeweiligen Landesregierung durch Rechtsverordnung bestimmte Verwaltungsbehörde (§ 36 OWiG).

§ 406

(aufgehoben)

1 § 406 wurde durch das ARUG mit Wirkung zum 1.9.2009 aufgehoben, nachdem die Verpflichtung zur Unterrichtung der BaFin weggefallen ist.

§ 407 Zwangsgelder

(1) ¹Vorstandsmitglieder oder Abwickler, die § 52 Abs. 2 Satz 2 bis 4, § 71c, § 73 Abs. 3 Satz 2, §§ 80, 90, 104 Abs. 1, § 111 Abs. 2, § 145, §§ 170, 171 Abs. 3 oder Abs. 4 Satz 1 in Verbindung mit Abs. 3, §§ 175, 179a Abs. 2 Satz 1 bis 3, 214 Abs. 1, § 246 Abs. 4, §§ 248a, 259 Abs. 5, § 268 Abs. 4, § 270 Abs. 1, § 273 Abs. 2, §§ 293f, 293g Abs. 1, § 312 Abs. 1, § 313 Abs. 1, § 314 Abs. 1 nicht befolgen, sind hierzu vom Registergericht durch Festsetzung von Zwangsgeld anzuhalten; § 14 des Handelsgesetzbuchs bleibt unberührt. ²Das einzelne Zwangsgeld darf den Betrag von fünftausend Euro nicht übersteigen.

§ 407 Zwangsgelder

(2) Die Anmeldungen zum Handelsregister nach den §§ 36, 45, 52, 181 Abs. 1, §§ 184, 188, 195, 210, 223, 237 Abs. 4, §§ 274, 294 Abs. 1, § 319 Abs. 3 werden durch Festsetzung von Zwangsgeld nicht erzwungen.

Übersicht

	Rn		Rn
I. Allgemeines	1	2. Erzwingbare Handlung	3
II. Zwangsgeldbewehrung	2	3. Zwangsgeld	5
1. Normadressaten	2	4. Festsetzungsverfahren	7

I. Allgemeines

§ 407 dient dem Zweck, Vorstandsmitglieder und Abwickler zur Befolgung bestimmter, enumerativ aufgezählter Vorschriften zur Einreichung ins HR zu zwingen. Er ergänzt insoweit § 14 HGB. Parallele Vorschriften finden sich in § 316 UmwG und § 21 PublG. **1**

II. Zwangsgeldbewehrung

1. Normadressaten. Zwangsgeld kann lediglich gegen Vorstandsmitglieder oder Abwickler verhängt werden, nicht aber gegen AR-Mitglieder oder die Gesellschaft selbst (*BayObLGZ* 2000, 11, 14). Müssen zu einer Maßnahme mehrere Vorstandsmitglieder oder Abwickler mitwirken, kann gegen jedes Mitglied ein Zwangsgeld verhängt werden. Gegen Stellvertreter von Vorstandsmitgliedern findet ein Zwangsgeldverfahren nur dann statt, wenn sie für die erzwungene Maßnahme zuständig sind. **2**

2. Erzwingbare Handlung. Zwangsgelder können nur zur Durchsetzung der enumerativ aufgezählten Pflichten verhängt werden. Dies betrifft die Auslegung des Nachgründungsvertrags und die Erteilung von Abschriften an Aktionäre (§ 52 Abs 2 S 2–4), Veräußerung und Einziehung eigener Aktien (§ 71c), Anzeige der Aushändigung oder Hinterlegung neuer Aktien (§ 73 Abs 3 S 2), Angaben auf Geschäftsbriefen (§ 80), Erstattung von Berichten an den AR (§ 90), Antrag auf Ergänzung des AR (§ 104 Abs 1), Einsichts- und Prüfungsrechte des AR (§ 111 Abs 2), Erstattung und Unterstützung der Sonderprüfung (§ 145), Vorlage von Jahresabschluss, Lagebericht und Gewinnverwendungsvorschlag an AR (§ 170), Bestimmung einer Nachfrist für Zuleitung des Prüfungsberichts (§ 171 Abs 3), Einberufung der HV und Information der Aktionäre (§ 175), Auslegung eines Vertrags bei Vermögensübertragung und Erteilung von Abschriften an Aktionäre (§ 179a Abs 2 S 1–3), Aufforderung an Aktionäre zur Abholung neuer Aktien (§ 214 Abs 1), Bekanntmachung der Erhebung der Anfechtungsklage (§ 246 Abs 4), Bekanntgabe der abschließenden Feststellungen der Sonderprüfer (§ 259 Abs 5), Pflichtangaben auf Geschäftsbriefen bei Abwicklung (§ 268 Abs 4), Aufstellung der Eröffnungsbilanz sowie Jahresabschluss und Lagebericht bei Abwicklung (§ 270 Abs 1), Hinterlegung von Geschäftsbüchern (§ 273 Abs 2), Auslegung von Unternehmensverträgen in HV (§§ 293f, 293g Abs 1), Aufstellung des Berichts über Beziehung zu verbundenen Unternehmen (§ 312 Abs 1), Vorlage des Berichts über Beziehung zu verbundenen Unternehmen an Abschlussprüfer (§ 313 Abs 1) oder AR (§ 314 Abs 1). **3**

Die in § 407 Abs 2 genannten Anmeldungen zum HR können nicht durch Festsetzung von Zwangsgeld erzwungen werden. Die Einreichung von Schriftstücken oder Zeichnung von Unterlagen kann entgegen Abs 2 allerdings dann erzwungen werden, wenn **4**

Pelz

eine Eintragung in das HR erfolgt ist, aber die erforderlichen Unterlagen fehlen. Ist noch keine Eintragung erfolgt, hat das HR durch Zwischenverfügung auf das Fehlen der Unterlagen hinzuweisen. Werden diese nicht vorgelegt, ist die Anmeldung zurückzuweisen. Einer Erzwingung bedarf es in diesen Fällen deshalb nicht, weil die Unwirksamkeit der einzutragenden Rechtsänderung als Sanktion ausreicht.

5 **3. Zwangsgeld.** Das Zwangsgeld ist weder Strafe noch Bußgeld, sondern eine Beugemaßnahme. Der Mindestbetrag liegt bei 5 EUR, der Höchstbetrag bei 5 000 EUR. Zwangsgeld kann wg derselben Pflichtverletzung mehrmals verhängt werden, jedoch darf auch bei einer andauernden Pflichtverletzung der Höchstbetrag insgesamt nicht überschritten werden.

6 Die Bemessung richtet sich nach der Bedeutung der durchzusetzenden Maßnahmen und nach den wirtschaftlichen Verhältnissen des Verpflichteten. Verschulden ist nicht erforderlich. Für die Bemessung der Bußgeldhöhe kann aber auch das Maß der Pflichtverletzung eine Rolle spielen.

7 **4. Festsetzungsverfahren.** Sachlich und örtlich zuständig ist das für den Sitz der AG zuständige Amtsgericht (§ 125 Abs 1 FGG), funktional der Rechtspfleger (§ 3 Nr 2 lit d RPflG). Sobald das HR Kenntnis von einer Pflichtverletzung erlangt, hat es in einer Einleitungsverfügung die Verpflichtung des Adressaten genau zu bezeichnen, eine Frist zu bestimmen, innerhalb der die Handlung vorzunehmen oder ihre Unterlassung zu rechtfertigen ist und ein ziffernmäßig bestimmtes Zwangsgeld (nicht nur Höchstbetrag) anzudrohen.

8 Gegen die Einleitungsverfügung ist Einspruch zulässig (§§ 132 Abs 1 S 1, 134 FGG), die Erinnerung nach § 11 RPflG nur dann, wenn die Unzulässigkeit des Verfahrens geltend gemacht wird. Wird die Handlung nicht vorgenommen und der Einspruch nicht oder verspätet erhoben oder verwirft das Amtsgericht den Einspruch als unbegründet, setzt es ein Zwangsgeld fest und droht zugleich ein erneutes Zwangsgeld an (§§ 133 Abs 1, 135 FGG). Gegen die Festsetzung des Zwangsgelds oder die Verwerfung des Einspruchs ist sofortige Beschwerde möglich (§ 139 Abs 1 FGG).

9 Die AG ist bei konstitutiv wirkenden Eintragungen im Einspruchs- oder Beschwerdeverfahren beteiligt (*BGHZ* 105, 324, 327; 117, 323, 325), im Fall deklaratorischer Eintragungen ist sie jedenfalls einspruchs- und beschwerdeberechtigt (*BGHZ* 25, 154, 156).

§ 408 Strafbarkeit persönlich haftender Gesellschafter einer Kommanditgesellschaft auf Aktien

¹**Die §§ 399 bis 407 gelten sinngemäß für die Kommanditgesellschaft auf Aktien.** ²**Soweit sie Vorstandsmitglieder betreffen, gelten sie bei der Kommanditgesellschaft auf Aktien für die persönlich haftenden Gesellschafter.**

1 § 408 ist eine Verweisungsvorschrift und stellt in S 1 klar, dass die Straf- und Bußgeldsowie die Zwangsgeldvorschriften der §§ 399–407 auch dann Anwendung finden, wenn sich eine Handlung oder Unterlassung gegen eine KGaA richtet oder diese davon betroffen ist. S 2 enthält eine Folgeregelung. Persönlich haftende Gesellschafter einer KGaA werden entspr ihrer Funktion (§§ 282, 283) für die Anwendung der §§ 399–407 den Vorständen einer AG gleichgestellt. Die Verantwortlichkeit von Gründer, AR,

Abwickler und Prüfer oder Prüfungsgehilfen einer KGaA ergibt sich bereits unmittelbar aus S 1. Ist persönlich haftender Gesellschafter eine KGaA ihrerseits eine jur Person, bestimmt sich die straf- oder bußgeldrechtliche Verantwortlichkeit nach § 14 Abs 1 StGB, § 9 Abs 1 OWiG.

§ 409 Geltung in Berlin

(gegenstandslos)

§ 410 Inkrafttreten

Dieses Gesetz tritt am 1. Januar 1966 in Kraft.

Anhang zu § 410
§ 20a WpHG

§ 20a Verbot der Marktmanipulation

(1) [1]Es ist verboten,
1. unrichtige oder irreführende Angaben über Umstände zu machen, die für die Bewertung eines Finanzinstruments erheblich sind, oder solche Umstände entgegen bestehenden Rechtsvorschriften zu verschweigen, wenn die Angaben oder das Verschweigen geeignet sind, auf den inländischen Börsen- oder Marktpreis eines Finanzinstruments oder auf den Preis eines Finanzinstruments an einem organisierten Markt in einem anderen Mitgliedstaat der Europäischen Union oder in einem anderen Vertragsstaat des Abkommens über den Europäischen Wirtschaftsraum einzuwirken,
2. Geschäfte vorzunehmen oder Kauf- oder Verkaufsaufträge zu erteilen, die geeignet sind, falsche oder irreführende Signale für das Angebot, die Nachfrage oder den Börsen- oder Marktpreis von Finanzinstrumenten zu geben oder ein künstliches Preisniveau herbeizuführen oder
3. sonstige Täuschungshandlungen vorzunehmen, die geeignet sind, auf den inländischen Börsen- oder Marktpreis eines Finanzinstruments oder auf den Preis eines Finanzinstruments an einem organisierten Markt in einem anderen Mitgliedstaat der Europäischen Union oder in einem anderen Vertragsstaat des Abkommens über den Europäischen Wirtschaftsraum einzuwirken.

[2]Satz 1 gilt für Finanzinstrumente, die
1. an einer inländischen Börse zum Handel zugelassen oder in den regulierten Markt oder in den Freiverkehr einbezogen sind oder
2. in einem anderen Mitgliedstaat der Europäischen Union oder einem anderen Vertragsstaat des Abkommens über den Europäischen Wirtschaftsraum zum Handel an einem organisierten Markt zugelassen sind.

³Der Zulassung zum Handel an einem organisierten Markt oder der Einbeziehung in den regulierten Markt oder in den Freiverkehr steht es gleich, wenn der Antrag auf Zulassung oder Einbeziehung gestellt oder öffentlich angekündigt ist.

(2) ¹Das Verbot des Absatzes 1 Satz 1 Nr. 2 gilt nicht, wenn die Handlung mit der zulässigen Marktpraxis auf dem betreffenden organisierten Markt oder in dem betreffenden Freiverkehr vereinbar ist und der Handelnde hierfür legitime Gründe hat. ²Als zulässige Marktpraxis gelten nur solche Gepflogenheiten, die auf dem jeweiligen Markt nach vernünftigem Ermessen erwartet werden können und von der Bundesanstalt als zulässige Marktpraxis im Sinne dieser Vorschrift anerkannt werden. ³Eine Marktpraxis ist nicht bereits deshalb unzulässig, weil sie zuvor nicht ausdrücklich anerkannt wurde.

(3) ¹Der Handel mit eigenen Aktien im Rahmen von Rückkaufprogrammen sowie Maßnahmen zur Stabilisierung des Preises von Finanzinstrumenten stellen in keinem Fall einen Verstoß gegen das Verbot des Absatzes 1 Satz 1 dar, soweit diese nach Maßgabe der Verordnung (EG) Nr. 2273/2003 der Kommission vom 22. Dezember 2003 zur Durchführung der Richtlinie 2003/6/EG des Europäischen Parlaments und des Rates – Ausnahmeregelungen für Rückkaufprogramme und Kursstabilisierungsmaßnahmen (ABl. EU Nr. L 336 S. 33) erfolgen. ²Für Finanzinstrumente, die in den Freiverkehr oder in den geregelten Markt einbezogen sind, gelten die Vorschriften der Verordnung (EG) Nr. 2273/2003 entsprechend.

(4) Die Absätze 1 bis 3 gelten entsprechend für
1. Waren im Sinne des § 2 Abs. 2c,
2. Emissionsberechtigungen im Sinne des § 3 Nummer 3 des Treibhausgas-Emissionshandelsgesetzes und
3. ausländische Zahlungsmittel im Sinne des § 51 des Börsengesetzes,

die an einer inländischen Börse oder einem vergleichbaren Markt in einem anderen Mitgliedstaat der Europäischen Union oder in einem anderen Vertragsstaat des Abkommens über den Europäischen Wirtschaftsraum gehandelt werden.

(5) ¹Das Bundesministerium der Finanzen kann durch Rechtsverordnung, die der Zustimmung des Bundesrates bedarf, nähere Bestimmungen erlassen über
1. Umstände, die für die Bewertung von Finanzinstrumenten erheblich sind,
2. falsche oder irreführende Signale für das Angebot, die Nachfrage oder den Börsen- oder Marktpreis von Finanzinstrumenten oder das Vorliegen eines künstlichen Preisniveaus,
3. das Vorliegen einer sonstigen Täuschungshandlung,
4. Handlungen und Unterlassungen, die in keinem Fall einen Verstoß gegen das Verbot des Absatzes 1 Satz 1 darstellen, und
5. Handlungen, die als zulässige Marktpraxis gelten, und das Verfahren zur Anerkennung einer zulässigen Marktpraxis.

²Das Bundesministerium der Finanzen kann die Ermächtigung durch Rechtsverordnung auf die Bundesanstalt für Finanzdienstleistungsaufsicht übertragen. ³Diese erlässt die Vorschriften im Einvernehmen mit den Börsenaufsichtsbehörden der Länder.

(6) Bei Journalisten, die in Ausübung ihres Berufes handeln, ist das Vorliegen der Voraussetzungen nach Absatz 1 Satz 1 Nr. 1 unter Berücksichtigung ihrer berufsständischen Regeln zu beurteilen, es sei denn, dass diese Personen aus den unrichtigen oder irreführenden Angaben direkt oder indirekt einen Nutzen ziehen oder Gewinne schöpfen.

Übersicht

	Rn		Rn
I. Einführung	1	2. Verschweigen von Umständen (Abs 1 S 1 Nr 1 Alt 2)	13
II. Schutzbereich	3	3. Sonderfall Journalisten (Abs 6)	14
1. Gegenständlicher Schutzbereich	3	4. Manipulation durch Geschäfte oder Aufträge (Abs 1 S 1 Nr 2)	15
a) Finanzinstrumente	3	a) Geschäfte	16
b) Waren und ausländische Zahlungsmittel	4	b) Kauf- und Verkaufsaufträge	17
2. Räumlicher Schutzbereich	5	c) Irreführungs- oder Preismanipulationseignung	18
III. Tathandlungen	6	d) Zulässige Marktpraxis	21
1. Machen unrichtiger oder irreführender Angaben (Abs 1 S 1 Nr 1 Alt 1)	6	5. Sonstige Täuschungshandlungen (§ 20a Abs 1 S 1 Nr 3)	23
a) Angaben	6	6. Rückkauf- und Preisstabilisierungsprogramme (Abs 3)	26
b) Umstände	7	IV. Rechtsfolgen von Verstößen	27
c) Unrichtig	8	1. Straftaten und Ordnungswidrigkeiten	27
d) Irreführend	9	2. Zivilrechtliche Folgen	28
e) Machen von Angaben	10		
f) Bewertungserhebliche Umstände	11		
g) Eignung zur Kursbeeinflussung	12		

Literatur: *Assmann/Schneider* Wertpapierhandelsgesetz, 6. Aufl 2012; *Brammsen* Marktmanipulation (§ 38 Abs 2 WpHG) „über die Bande" – Das perfekte „Delikt"?, WM 2012, 2134; *Fleischer* Statthaftigkeit und Grenzen der Kursstabilisierung, ZIP 2003, 2045; *Fuchs* WpHG, 2009; *Grüger* Kurspflegemaßnahmen durch den Erwerb eigener Aktion – Verstoß gegen das Verbot der Marktmanipulation nach § 20a WpHG?, BKR 2010, 221; *ders* Veräußerung von Aktien entgegen einer Lock-up-Vereinbarung – Bedeutung und Funktion von Lock-up-Vereinbarungen sowie Konsequenzen des Verstoßes gegen Lock-up-Vereinbarungen, WM 2010, 247; *ders* Kurspflegemaßnahmen durch Banken – zulässige Marktpraxis oder Verstoß gegen das Verbot der Marktmanipulation nach § 20a Abs 1 WpHG?, BKR 2007, 437; *Hirte/Müllers* Kölner Kommentar zum WpHG, 2. Aufl 2013; *Knauth/Käsler* § 20a WpHG und die Verordnung zur Konkretisierung des Marktmanipulationsverbotes (MaKonV), WM 2006, 1041; *Krug* Gestaltungsfragen bei marktpreisnahen Bezugsemissionen, BKR 2005, 302; *Kudlich* Zur Frage des erforderlichen Einwirkungserfolgs bei handelsgestützten Marktpreismanipulationen, wistra 2011, 361; *Kutzner* Das Verbot der Kurs- und Marktpreismanipulation nach § 20a WpHG, WM 2005, 1401; *Leppert/Stürwald* Aktienrückkauf und Kursstabilisierung, ZBB 2004, 302; *Park* Kapitalmarktstrafrecht, 3. Aufl 2013; *Pfüller/Anders* Die Verordnung zur Konkretisierung des Verbotes der Kurs- und Marktpreismanipulation nach § 20a WpHG, WM 2003, 2445; *Schröder* Strafrechtliche Risiken für den investigativen Journalismus? – Die Meinungs- und Pressefreiheit und das Wertpapierhandelsgesetz, NJW 2009, 465; *Schwark/Zimmer* Kapitalmarktrechts-Kommentar, 4. Aufl 2010; *Spindler* Haftung für fehlerhafte und unterlassene Kapitalmarktinformationen – ein (weiterer) Meilenstein, NZG 2012, 575; *Sturm* Die kapitalmarktrechtlichen Grenzen journalistischer Arbeit, ZBB 2010, 20; *Trüg* Ist der Leerverkauf von Wertpapieren strafbar?, NJW 2009, 3202; *Vogel* Kurspflege, WM 2003, 2437; *Wagner* Schadensberechnung im Kapitalmarktrecht, ZGR 2008, 495; *Weber* Konkretisierung des Verbotes der Kurs- und Marktpreismanipulation, NZG 2004, 23; *Zimmer/Beisken* Die Regulierung von Leerverkäufen de lege lata und de lege ferenda, WM 2010, 485; *Ziouvas* Das neue Recht gegen Kurs- und Marktpreismanipulation im 4. Finanzmarktförderungsgesetz, ZGR 2003, 113.

§ 20a WpHG/Anh § 410

I. Einführung

1 § 20a enthält ein öffentlich-rechtliches Verbot der Marktmanipulation, dessen Einhaltung nach § 4 Abs 2 die BaFin zu überwachen hat. Dabei ist die BaFin bereits bei jedem objektiven Verstoß gegen § 20a zum Einschreiben berechtigt (aA Assmann/Schneider WpHG/*Vogel* § 20a Rn 3: nur bei vorsätzlichem Verstoß). § 20a ersetzt iVm §§ 38, 39 WpHG die bisherige Regelung des Kursbetruges in § 88 BörsG. § 20a Abs 5 enthält eine Verordnungsermächtigung zur näheren Konkretisierung der dort in Ziff 1–5 genannten unbestimmten Begriffe. Das BMF hat hiervon durch die Verordnung zur Konkretisierung des Verbotes der Marktmanipulation (MaKonV) vom 1.3.2005 Gebrauch gemacht. Die MaKonV beschreibt Verhaltensweisen, die stets bzw im Regelfall als unzulässig anzusehen sind und solche, die nur Anhaltspunkte für eine Manipulation darstellen können, wobei dann eine Einzelfallbetrachtung anzustellen ist. Das Verbot der Marktmanipulation ergibt sich bereits unmittelbar aus dem Gesetz; die MaKonV dient nur der näheren, nicht abschließenden Konkretisierung und soll eine Orientierungshilfe geben. Die in § 20a verwendeten Begriffe sollen nach Meinung des *BGH* trotz aller Unschärfe noch hinreichend bestimmt sein, so dass die Vorschrift nicht nach Art 103 Abs 2 GG verfassungswidrig ist (*BGH* NJW 2005, 302, 304; *Vogel* WM 2003, 2437, 2438; aA *Park/Sorgenfrei* § 20a WpHG Rn 19; *Schwark* in Schwark/Zimmer § 20a WpHG Rn 5f).

2 Auf Geschäfte, die aus geld- oder währungspolitischen Gründen oder im Rahmen öffentlicher Schuldenverwaltung von den in § 1 Abs 3 genannten Einrichtungen durchgeführt werden, findet § 20a keine Anwendung.

II. Schutzbereich

3 **1. Gegenständlicher Schutzbereich. – a) Finanzinstrumente.** Das Verbot der Marktmanipulation gilt nur für Finanzinstrumente. Hierzu zählen nach § 2 Abs 2b Wertpapiere, Geldmarktinstrumente und Derivate iSv § 2 Abs 1, 1a und 2, daneben aber auch Rechte auf die Zeichnung von Wertpapieren sowie alle anderen Instrumente. Voraussetzung ist nach S 2 jedoch, dass die Finanzinstrumente zum Börsenhandel zugelassen, dh börsenüberwacht sind. Dem stehen nach S 3 Instrumente gleich, hinsichtlich derer der Antrag auf Zulassung oder Einbeziehung gestellt oder öffentlich angekündigt ist. Damit werden auch Manipulationen bei der Ausgabe von Wertpapieren oder beim Ausgabepreis mit umfasst.

4 **b) Waren und ausländische Zahlungsmittel.** Abs 4 dehnt das Manipulationsverbot auch auf Waren und ausländische Zahlungsmittel aus. Waren sind alle beweglichen Gegenstände, die zum börsen- oder marktmäßigen Handel geeignet sind, wie Edelmetalle, Energie, Getreide, etc, nicht jedoch Grundstücke. Ausländische Zahlungsmittel iSv § 63 Abs 2 BörsG sind Geldsorten, Banknoten und ähnliches, aber auch Auszahlungen, Anweisungen und Schecks.

5 **2. Räumlicher Schutzbereich.** Die Finanzinstrumente, Waren oder ausländischen Zahlungsmittel müssen an einer inländischen Börse zum Handel zugelassen, in den geregelten Markt oder den freien Verkehr einbezogen oder aber zum Handel an einem organisierten Markt in einem EU-Mitgliedstaat oder EWR-Vertragsstaat zugelassen sein. § 20a erfasst nur auf staatlich regulierten Märkten gehandelte Finanzinstrumente, Waren und ausländische Währungen, nicht jedoch den grauen Kapitalmarkt. Hingegen ist es unerheblich, ob die verbotenen Handlungen auf einem organi-

sierten Markt oder im außerbörslichen Handel stattfinden, sofern die betroffenen Finanzinstrumente nur der Börsenüberwachung unterliegen (Assmann/Schneider WpHG/*Vogel* § 20a Rn 41). § 20a findet daher Anwendung auf alle Manipulationshandlungen, die in Deutschland begangen werden und die Auswirkungen auf Finanzinstrumente besitzen, die an einer inländischen Börse oder einer Börse eines EU-Mitgliedstaates bzw EWR-Vertragsstaates gehandelt werden. Bei Auslandstaten ist § 20a aufgrund des § 1 Abs 2 hingegen nur dann anwendbar, wenn sie Finanzinstrumente betreffen, die an einer inländischen Börse gehandelt werden.

III. Tathandlungen

1. Machen unrichtiger oder irreführender Angaben (Abs 1 S 1 Nr 1 Alt 1). – a) Angaben. Angaben sind Erklärungen über das Vorliegen oder Nichtvorliegen von Umständen aller Art. Die Art und Weise der Erklärung ist unerheblich, dies kann in Prospekten, Bilanzen, Geschäftsberichten, aber auch Meldungen in Rundfunk, Fernsehen, Pressekonferenzen oder über Internet geschehen. 6

b) Umstände. Der Begriff der **Umstände** ist weiter als der Begriff der Tatsachen und umfasst auch Bewertungen und Prognosen. Voraussetzung ist jedoch, dass sie einen Tatsachenkern haben und dem Beweis zugänglich sind. Nach § 2 Abs 1 S 1 MaKonV gehören hierzu auch Werturteile oder Meinungsäußerungen (zB Analystenempfehlungen), dies jedoch nur dann, wenn sie sich aus einem Tatsachenkern plausibel ableiten lassen (*Knauth/Käsler* WM 2006, 1041, 1044; aA Assmann/Schneider WpHG/*Vogel* § 20a Rn 70). Reine Werturteile ohne Tatsachenkern oder bloße Gerüchte stellen keine Umstände dar, können aber Mittel einer sonstigen Täuschung iSd Nr 3 sein. 7

c) Unrichtig. Unrichtig sind Angaben, wenn sie nicht der Wahrheit entsprechen und nicht vorhandene Umstände als vorhanden oder vorhandene als nicht vorhanden bezeichnen. Es kommt dabei nicht darauf an, ob die Umstände vorteilhaft oder nachteilig sind; erfasst werden Angaben, die geeignet sind, den Marktpreis herauf- (pump and dump) oder herabzusetzen (Kurs-bashing) oder ihn beizubehalten. Für die Beurteilung maßgebend ist dabei der objektive Empfängerhorizont der angesprochenen Verkehrskreise. Bei Werturteilen oder Prognosen liegt eine Unrichtigkeit dann vor, wenn die zugrunde liegenden Tatsachen objektiv unwahr oder die Werturteile und Prognosen schlechterdings unvertretbar sind bzw ohne jede Tatsachenprüfung ins Blaue abgegeben wurden. Auch unvollständige Angaben können zur Unrichtigkeit führen, wenn dadurch ein falsches Gesamtbild entsteht. 8

d) Irreführend. Irreführend sind Angaben dann, wenn sie zwar objektiv zutr, aufgrund ihrer Darstellung aber geeignet sind, eine andere Vorstellung von dem Gemeinten zu erwecken und einen nicht ganz unbeachtlichen Teil der angesprochenen Verkehrskreise zu täuschen (*BGH* wistra 2011, 467). Maßgebend ist dabei der Verständnishorizont eines durchschnittlich informierten und situationsadäquat aufmerksamen Anlegers (Assmann/Schneider WpHG/*Vogel* § 20a Rn 62). 9

e) Machen von Angaben. Angaben sind **gemacht**, wenn sie kundgegeben und mindestens einer Person so zugegangen sind, dass diese von ihr Kenntnis nehmen konnte. Die tatsächliche Kenntnisnahme hingegen ist nicht erforderlich. Unrichtige oder irreführende Angaben können auch durch Unterlassen (§ 13 StGB) gemacht werden, wenn eine Aktualisierungs- oder Berichtigungspflicht besteht (Assmann/Schneider WpHG/*Vogel* § 20a Rn 67). 10

11 f) Bewertungserhebliche Umstände. Welche Umstände bewertungserheblich sind, hängt von der Verkehrsauffassung der angesprochenen Verkehrskreise ab. Es kommt darauf an, ob die Information Einfluss auf die Investitionsentscheidung eines vernünftigen Anlegers mit durchschnittlicher Börsenkenntnis nehmen wird (*BGH* wistra 2011, 467; aA *Brammsen* WM 2012, 2134, 2140: der im jeweiligen Einzelfall fehlinformierte Anleger). Bewertungserheblich sind nach § 2 Abs 2 MaKonV neben Insiderinformationen stets Entscheidungen und Kontrollerwerbe iSv §§ 10, 35 WpÜG. Gem § 2 Abs 3 MaKonV sind bewertungserheblich Kooperationen, Erwerb oder Veräußerung wesentlicher Beteiligungen, Abschluss, Änderung oder Kündigung von Beherrschungs- und Gewinnabführungsverträgen oder sonstigen bedeutsamen Verträgen (Nr 1), Liquiditätsprobleme, Überschuldung oder Verlustanzeige (Nr 2), bedeutende Erfindungen, Erteilung oder Verlust bedeutender Patente und Gewährung wichtiger Lizenzen (Nr 3), Rechtsstreitigkeiten und Kartellverfahren von bes Bedeutung (Nr 4), Veränderungen in personellen Schlüsselpositionen (Nr 5) sowie strategische Unternehmensentscheidungen (Nr 6). Die in § 2 Abs 4 MaKonV aufgezählten Umstände stellen Indizien für Angaben dar, die regelmäßig bewertungserheblich sind. Auch zukünftige Umstände können bewertungserheblich sein, wenn eine hinreichende Wahrscheinlichkeit für ihren Eintritt besteht (§ 2 Abs 1 S 2 MaKonV).

12 g) Eignung zur Kursbeeinflussung. Die Umstände müssen lediglich zur Einwirkung auf den Börsen- oder Marktpreis **geeignet** sein, eine tatsächliche Beeinflussung ist nicht erforderlich. Der Rückschluss von einem ex post festgestellten Kursverlauf auf eine Einwirkungseignung ist jedoch möglich.

13 2. Verschweigen von Umständen (Abs 1 S 1 Nr 1 Alt 2). Dem Machen unrichtiger oder irreführender Angaben wird gleichgestellt das Verschweigen bewertungserheblicher Umstände, sofern eine Rechtspflicht zur Offenbarung besteht. Offenbarungspflichten müssen sich aus materiellen Rechtsvorschriften ergeben, also aus Gesetzen, Rechtsverordnungen sowie unmittelbar geltendem Gemeinschaftsrecht. Nicht umgesetzte Richtlinien hingegen können mangels unmittelbarer Wirkung keine Offenbarungspflicht begründen. Gesetzliche Offenbarungspflichten können sich insb aus kapitalmarktrechtlichen Publizitätspflichten (§§ 15, 15a WpHG, §§ 10, 35 WpÜG), insb der Pflicht zu Ad-hoc-Meldungen, Publizitätspflichten bei Börsenzulassungen und Neuemissionen, gesellschaftsrechtlichen Publizitätspflichten, zB §§ 299 Abs 1, 400 Abs 2 AktG, bilanzrechtlichen Publizitätspflichten oder Handelsregisterpublizitätspflichten, ergeben. Sonstige Melde- und Anzeigepflichten, bspw aus dem Umwelt- oder Produktsicherheitsrecht, fallen aufgrund des nichtkapitalmarktrechtlichen Schutzzweckes nicht hierunter (BT-Drucks 14/8017, 250).

14 3. Sonderfall Journalisten (Abs 6). Die Verantwortlichkeit von Journalisten für Verstöße gegen Abs 1 Nr 1 ist aufgehoben, wenn sie in Ausübung ihres Berufs handeln und ihre berufsständischen Regeln beachten, außer sie würden aus unrichtigen oder irreführenden Angaben direkt oder indirekt einen Nutzen ziehen oder Gewinn schöpfen. Wer als Journalist zu qualifizieren ist, bestimmt sich nicht nach dem Hauptberuf, sondern nach der Art der ausgeübten Tätigkeit. Hierunter können auch mit journalistischen Aufgaben betraute Mitarbeiter von Unternehmen fallen, wenngleich die Haftungsprivilegierung in diesem Fall nur den Mitarbeiter, nicht das Unternehmen selbst trifft. Erforderlich ist jedoch die Zielsetzung, auf die öffentliche Meinungsbildung einzuwirken. Es muss auch ein Mindestmaß redaktioneller Bearbeitung vorliegen. Die bloße Werbung oder Kundenberatung fällt nicht hierunter. Der Journalist muss die üblichen berufsständischen Regeln für Journalisten, insb Sorgfalts-, Recherche-, Prüfungs- und Wahrheitspflicht beachtet haben, ebenso die Neutralitätspflicht sowie die Pflicht, Interessenkonflikte zu vermeiden. Werden die Grundsätze des Pressekodex beachtet, liegt kein Verstoß gegen Abs 1 S 1 Nr 1 vor (*Schröder* NJW 2009, 465, 469). Mutmaßungen, Meinungen oder Gerüchte müssen als solche gekennzeichnet werden. Die volle Verantwortlichkeit bleibt jedoch erhalten, wenn der Journalist direkt oder indirekt einen Nutzen oder einen Gewinn geschöpft hat. Der Nutzen muss jedoch im Zusammenhang mit der Marktpreisbeeinflussung stehen und liegt nicht bereits im Honorar für eine Veröffentlichung selbst.

4. Manipulation durch Geschäfte oder Aufträge (Abs 1 S 1 Nr 2). Im Gegensatz zu 15 Nr 1, die nur erklärungsbedingte Manipulationen umfasst, bezieht sich Nr 2 auf handelsgestützte Manipulationen. Danach können Marktgeschäfte, selbst wenn sie aus sachlichen Gründen durchgeführt werden sollen, schon dann unzulässig werden, wenn sie von anderen Marktteilnehmern falsch gedeutet werden können. Da zudem auch die Ausnahmeregelung der anerkannten Marktpraxis keine sichere Vorhersage erlaubt, ob ein Verhalten zulässig ist oder nicht, begegnet die Regelung im Hinblick auf den Bestimmtheitsgrundsatz des Art 103 Abs 2 GG Bedenken (*Bisson/Kunz* BKR 2005, 186, 188; *Knauth/Käsler* WM 2006, 1041, 1048).

a) Geschäfte. Geschäfte sind alle Transaktionen mit Finanzinstrumenten, insb Kauf 16 und Verkauf, Verpfändung, Abtretung, Treuhandschaften, Übereignungen, aber auch Leihgeschäfte. Unerheblich ist, ob das Geschäft im eigenen oder fremden Namen bzw auf eigene oder fremde Rechnung durchgeführt wurde. Das Geschäft muss vollendet, dh ausgeführt sein. Bloße Aufträge zu Geschäften reichen noch nicht.

b) Kauf- und Verkaufsaufträge. Kauf- und Verkaufsaufträge sind nicht im streng 17 zivilrechtlichen, sondern im kapitalmarktrechtlichen Sinn zu sehen. Sie erfassen alle auf den Erwerb bzw die Veräußerung von Finanzinstrumenten gerichtete Aufträge, also auch bspw den Vermittlungsauftrag an den Skontroführer im Parketthandel bzw den Erwerb iRd Wertpapierleihe. Erteilt ist ein Auftrag, wenn er dem Auftragnehmer zugegangen ist.

c) Irreführungs- oder Preismanipulationseignung. Das Geschäft oder der Auftrag 18 muss geeignet sein, entweder falsche oder irreführende Signale für das Angebot, die Nachfrage oder den Preis von Finanzinstrumenten zu geben oder ein künstliches Preisniveau herbeizuführen. Ein derartiges Signal liegt vor, wenn das Geschäft bzw der Auftrag geeignet ist, das Angebots- oder Nachfrageverhalten auf dem Markt oder den Preis zu beeinflussen, insb wenn über den tatsächlichen Hintergrund getäuscht wird und ein übliches und legitimes Geschäft vorgespiegelt wird. Unerheblich ist, ob das Angebot bzw die Nachfrage verstärkt bzw abgeschwächt wird oder gleich bleibt bzw ob sich der Preis nach oben, nach unten oder zur Seite bewegt. Dies betrifft ua Scheingeschäfte (wash sales) oder Karussellgeschäfte (circular trading), bei denen nach wirtschaftlicher Betrachtung kein Eigentümerwechsel stattfindet, sondern lediglich ein hohes Angebot suggeriert werden soll, häufig mit dem Ziel, einen niedrigen Börsenkurs zu erreichen, zB im Vorfeld eines Squeeze-out (*Schlitt* NZG 2006, 925, 930). Leerverkäufe stellen grds weder eine Irreführung dar noch werden falsche Signale ausgesendet. Der Leerverkäufer spekuliert vielmehr auf sinkende Kurse, gibt aber kein Signal in Bezug auf eine bestimmte Kursentwicklung ab. Dies gilt auch dann, wenn Leerverkäufe in großem Umfang durchgeführt werden (*Trüg* NJW 2009, 3202, 3205; **aA** *Zimmer/Beisken* WM 2010, 247, 248). Allerdings schließt dies nicht aus, dass großvolumige Leerverkäufe alleine mit der subjektiven Zwecksetzung durchgeführt werden, den Kurs eines Finanzinstruments zu beeinflussen (*Zimmer/Beisken* WM 2010, 247, 248; *Brammsen* WM 2012, 2134, 2139). Veräußerungen von Aktien entgegen einer Lock-up Verpflichtung verstoßen jedoch nicht gegen diese Vorschrift. Bei einem Verkaufgeschäft erklärt der Veräußerer auch nicht stillschweigend, dass er im Innenverhältnis zur Veräußerung befugt, insb nicht durch eine Lock-up Vereinbarung gebunden ist (**aA** *Grüger* WM 2010, 247, 250).

19 § 3 Abs 1 MaKonV enthält Anzeichen für eine Irreführung bzw Preisbeeinflussung. In Nr 1 sind Indikatoren zusammengefasst, die auf eine erhebliche Preisbeeinflussung hindeuten. Anders als bei § 20a Abs 1 Nr 2 WpHG genügt eine Preisbeeinflussung nicht, vielmehr muss diese die Schwelle zur Erheblichkeit überschreiten, was bei einer Preisbewegung von 2–3 % (*Knauth/Käsle* WM 2006, 1041, 1045) oder je nach Einzelfall von 2, 5 oder 10 % (Assmann/Schneider WpHG/*Vogel* § 20a Rn 155) anzunehmen ist. Anzeichen einer Preisbeeinflussung sind ua Geschäfte, die an einem Markt einen bedeutenden Anteil am Tagesgeschäftsvolumen ausmachen, wobei die Platzierung von Großorders alleine jedoch neutral ist, sofern nicht weitere Umstände hinzutreten (Assmann/Schneider WpHG/*Vogel* § 20a Rn 156; **aA** *Knauth/Käsler* WM 2006, 1041, 1046). Indiz sind weiter Aufträge oder Geschäfte, durch die Personen erhebliche Preisänderungen bei Finanzinstrumenten bewirken, von denen sie bedeutende Kauf- oder Verkaufspositionen innehaben oder Aufträge, mit denen innerhalb kurzer Frist Positionen umgekehrt werden. Der Erwerb von Bezugsrechten oder Aktien bei einer Kapitalerhöhung oder einem Übernahmeversuch fällt jedenfalls dann nicht hierunter, wenn der Erwerb von Aktien tatsächlich beabsichtigt ist bzw über die beabsichtigte Übernahme nicht getäuscht wird (*Krug* BKR 2005, 302, 308; *Knauth/Käsler* WM 2006, 1041, 1046). Eine Manipulationsgefahr besteht auch bei Geschäften bzw Aufträgen, die durch ihre Häufung innerhalb eines kurzen Abschnitts des Börsentages eine erhebliche Preisänderung bewirken, die nahe zum Zeitpunkt der Feststellung eines Referenzpreises erfolgen oder die vor der Ausführung zurückgenommen werden. Schließlich werden auch Geschäfte erfasst, die zu keinem Wechsel des wirtschaftlichen Eigentums führen.

20 § 3 Abs 2 MaKonV enthält Regelbeispiele für Geschäfte mit Manipulationsabsicht. Dies betrifft Aufträge und Geschäfte, die geeignet sind, über das Angebot oder die Nachfrage bei einem Finanzinstrument im Zeitpunkt der Feststellung des Referenzpreises zu täuschen (insb Market the Close), die aufgrund Absprachen zu den wesentlichen gleichen Stückzahlen und Preisen von verschiedenen Personen erteilt werden (Prearranged Trades), auch wenn damit nicht in erster Linie keine Kurspreiseinwirkung, sondern steuerliche Vorteile bewirkt werden sollten (*OLG Stuttgart* NJW 2011, 3667, 3668) sowie von solchen, die den unzutreffenden Eindruck wirtschaftlich begründeter Umsätze erwecken.

21 **d) Zulässige Marktpraxis.** Da § 20a Abs 1 S 1 Nr 2 auch übliche Geschäfte erfasst, nimmt Abs 2 solche Geschäfte vom Manipulationsverbot aus, die zum einen mit der zulässigen Marktpraxis vereinbar ist und für die es zum anderen legitime Gründe gibt. Dass der Betroffene die Darlegungs- und Beweislast für das Vorliegen legitimer Gründe hat, wird für das Überwachungsverfahren der BaFin als hinnehmbar angese-

hen (Assmann/Schneider WpHG/*Vogel* § 20a Rn 172; krit *Knauth/Käsler* WM 2006, 1041, 1048), während dies für das Straf- oder Bußgeldverfahren nicht der Fall ist. Zulässig sind nur solche Marktpraktiken, die auf dem jeweiligen Markt nach vernünftigem Ermessen erwartet werden können und von der BaFin nach §§ 7–10 MaKonV als zulässige Marktpraxis explizit anerkannt wurden. Allerdings macht nach S 3 die fehlende Anerkennung alleine eine Marktpraxis noch nicht unzulässig. Dies betrifft nicht nur Marktpraktiken, hinsichtlich derer zwar ein Verfahren auf Anerkennung läuft, jedoch der förmliche Entscheid noch nicht vorliegt, sondern jede Art von Marktpraxis. Zulässig ist eine Marktpraxis dann, wenn sie mit den bestehenden Gepflogenheiten an einem Markt und dessen anerkannten Prinzipien, Strukturen, Mechanismen und Funktionsbedingungen vereinbar ist.

Weitere Voraussetzung ist, dass der Handelnde für eine Marktpraxis legitime Gründe hat. Eine bes Bedeutung kommt dieser Einschränkung nicht zu, sie will lediglich die Berufung auf eine Marktpraxis dann ausschließen, wenn der Handelnde aus kapitalmarktfremden Gründen, namentlich zum Zwecke einer Preisbeeinflussung tätig wird (Assmann/Schneider WpHG/*Vogel* § 20a Rn 179). 22

5. Sonstige Täuschungshandlungen (§ 20a Abs 1 S 1 Nr 3). Nr 3 stellt einen Auffangtatbestand dar für solche Handlungen, die nicht bereits unter Nr 1 und 2 fallen. Sonstige Täuschungshandlungen sind alle Handlungen, die einen verständigen, durchschnittlich erfahrenen und vorsichtigen Anleger auf dem betr Markt über die dort bestehenden wirtschaftlichen Verhältnisse in die Irre zu führen oder die den Preis eines Finanzinstruments hoch- oder herunterzutreiben oder beizubehalten geeignet sind. Der Begriff der wirtschaftlichen Verhältnisse geht über denjenigen der Tatsachen und Umstände hinaus und umfasst auch reine Werturteile ohne Tatsachengrundlage und positive wie negative Gerüchte. Als sonstige Täuschungshandlung gilt nach § 4 Abs 3 Nr 2 MaKonV das Scalping, dh die Empfehlung zum Kauf von Wertpapieren mit der Absicht, den eigenen Bestand bei aufgrund der Empfehlung steigenden Kursen wieder zu verkaufen (*BGH* NJW 2005, 302, 303; *OLG München* NJW 2011, 364, 365). Das Cornering oder Abusive Squeeze, dh die Preisbeeinflussung, nachdem Kontrolle über ein Wertpapier erlangt wurde, wird von § 4 Abs 3 Nr 1 MaKonV erfasst. Die Täuschung bei diesen Verhaltensweisen liegt darin, dass in der Empfehlung konkludent erklärt wird, sie sei nicht mit dem Ziel der sachfremden Kursbeeinflussung zu eigennützigen Zwecken bemakelt bzw dass der bestehende Interessenkonflikt nicht aufgedeckt wird. Erfasst wird auch die Sicherung einer marktbeherrschenden Stellung, wenn dadurch unfaire Handelspraktiken hervorgerufen werden. Betreut ein Emittent oder ein mit ihm verbundenes Unternehmen von ihm ausgegebene Finanzinstrumente durch das Einstellen von Kauf- oder Verkaufsanträgen, um einen Handel zu ermöglichen (so zB im Optionsscheinhandel), liegt keine marktbeherrschende Stellung idS vor. Hingegen stellt das Frontrunning, dh der Kauf- oder Verkauf von Wertpapieren in Kenntnis des Vorliegens von Kauf- oder Verkauforders von Dritten, keine sonstige Täuschungshandlung, sondern stellt allenfalls einen Insiderverstoß dar (*Schäfer* BKR 2004, 78, 79). 23

Dass es sich bei den Tathandlungen nach Abs 1 Nr 3 stets um Begehungsdelikte handelt (*OLG München* NJW 2011, 3664, 3665), ist wenig überzeugend. Beim Scalping besteht beispielsweise das Unrecht der Handlung nicht in der Empfehlung eines Wertpapiers mit der Absicht, selbst von der dadurch ausgelösten Kursreaktion zu partizie- 24 ren, sondern darin, das Halten einer eigenen Aktienposition nicht in hinreichender Form offengelegt zu haben. Insoweit liegt das Schwergewicht des Vorwurfs auf einem Unterlassen, nicht einem Tun, zumal bei einer Offenlegung des Interessenkonflikts die Ausnutzung der Kursbewegung zulässig wäre.

25 Nach § 4 Abs 2 Nr 3 MaKonV muss ein bestehender Interessenkonflikt in angemessener und wirksamer Weise offenbart werden. Grundsätzlich ist ein Interessenkonflikt in eindeutiger Weise offenzulegen. Im Einzelfall kann auch eine weniger präzise Offenlegung ausreichend sein, wenn für die anderen Marktteilnehmer noch erkennbar ist, dass derjenige, der eine Meldung veranlasst, eigennützige Motive verfolgt und für jedermann erkennbar nicht von einer objektiven und unvoreingenommenen Berichterstattung ausgegangen werden kann (**aA** *OLG München* NJW 2011, 3364, 3365).

26 **6. Rückkauf- und Preisstabilisierungsprogramme (Abs 3).** Obgleich der Handel mit eigenen Aktien im Rahmen von Rückkaufprogrammen sowie Preisstabilisierungsmaßnahmen Einfluss auf die Preisbildung nimmt, unterfällt er nicht dem Verbot der Marktpreismanipulation, sofern die Vorgaben der Marktmissbrauchs-Richtlinie und deren Durchführungs-VO beachtet werden. Art 3 VO (EG) Nr 2273/2003 lässt Rückkaufprogramme zu, sofern diese einzig und allein dem Zweck einer Kapitalherabsetzung, der Erfüllung von Verbindlichkeiten aus Schuldtiteln, die in Beteiligungskapital umgewandelt werden können, oder der Erfüllung von Verpflichtungen aus Belegschaftsaktienprogrammen dienen. Aktienrückkaufprogramme zu anderen Zwecken, insb um Schaden von der Gesellschaft abzuwenden, anlassbezogene Kurspflege zu betreiben oder eine Übernahme abzuwenden, sind nicht per se zulässig, sondern nur dann, wenn die erforderliche Publizität und Transparenz analog Art 4 und 5 VO (EG) Nr 2273/2003 gewährleistet sind (Assmann/Schneider WpHG/*Vogel* § 20a Rn 252). Preisstabilisierungsmaßnahmen dürfen nach VO (EG) Nr 2273/2003 nur von Wertpapierdienstleistungsunternehmen durchgeführt werden und sind lediglich bei öffentlich angekündigten Erst- oder Zweitplatzierungen von Wertpapieren zulässig, sofern alleiniges Ziel die im Voraus zeitig befristete Preisstützung ist. Stabilisierungsmaßnahmen dürfen lediglich für einen Zeitraum von 30 Kalendertagen ab Aufnahme des Handels durchgeführt werden. Die Überzeichnung sowie eine Greenshoe-Option bei einer erhöhten Nachfrage sind nach Art 2 Nr 12 VO (EG) Nr 2273/2003 zulässig. Andere Kurspflegemaßnahmen als die ausdrücklich zugelassenen Save harbours sind unzulässig (Assmann/Schneider WpHG/*Vogel* § 20a Rn 300). Unzulässig sollen auch Kurspflege- oder -stabilisierungsmaßnahmen im Vorfeld zu einer Emission sein (*Grüger* BKR 2010, 221, 228f.). Allerdings wird die Tätigkeit von „Designated Sponsors", „Market Markers", Skontoführern und der Pakethandel gewohnheitsrechtlich als zulässig angesehen, sofern keine sonstigen Manipulationshandlungen vorgenommen werden.

IV. Rechtsfolgen von Verstößen

27 **1. Straftaten und Ordnungswidrigkeiten.** Der vorsätzliche oder leichtfertige Verstoß gegen § 20a Abs 1 S 1 Nr 1 stellt eine Ordnungswidrigkeit nach § 39 Abs 2 Nr 11 WpHG dar, während der Verstoß gegen § 20a Abs 1 S 1 Nr 2 und 3 nur im Fall einer vorsätzlichen Begehung nach § 39 Abs 1 Nr 1 und 2 WpHG bußgeldbewehrt ist. Wird einer der oben genannten Verstöße vorsätzlich begangen und kommt es zu einer Auswirkung auf den Börsen- oder Marktpreis eines Finanzinstruments, wird die Tat zu einer Straftat nach § 38 Abs 2 WpHG hoch gestuft. Erforderlich für den Kausalitäts-

nachweis im Falle handelsgestützter Manipulationen ist jedoch, dass diese über das Geschäft zwischen den beiden manipulativ zusammenwirkenden Akteuren hinausgehen und eine Einwirkung auf Geschäfte dritter Marktteilnehmer feststellbar ist (*Kudlich* wistra 2011, 361, 364).

2. Zivilrechtliche Folgen. Zivilrechtlich hat die Rspr (*BGHZ* 160, 134, 139 ff = NJW 2004, 2664; *BVerfG* NJW 2003, 501) zu der Vorgängervorschrift des § 88 BörsG ausgeführt, dass diese lediglich die Funktionsfähigkeit der Kapitalmärkte, nicht jedoch den einzelnen Kapitalmarktteilnehmer schützen will und daher kein Schutzgesetz iSv § 823 Abs 2 BGB darstellt. Anders als bei §§ 37b, 37c WpHG hat der Gesetzgeber bei der Verletzung von § 20a WpHG gerade keine Schadensersatzpflicht vorgesehen. Deshalb hat der BGH für § 20a Abs 1 WpHG eine Schutzgesetzeigenschaft verneint (*BGH* NJW 2012, 1800; ebenso Assmann/Schneider WpHG/*Vogel* § 20a Rn 31). Schadensersatzansprüche können sich aber unter dem Blickwinkel des § 826 BGB ergeben. Unter Verstoß gegen § 20a vorgenommene Rechtsgeschäfte sind nach § 134 BGB nichtig, sofern beide Parteien hiergegen verstoßen haben; hingegen bleiben sie wirksam, wenn nur einer Partei eine Verletzung zur Last fällt.

28

Stichwortverzeichnis

Fettgedruckte Zahlen bezeichnen die Paragraphen
des Aktiengesetzes/anderer Gesetze, magere die Randnummern.
Einl = Einleitung, Vor = Vorbemerkung, Anh = Anhang.

Abberufung
– Aufsichtsratsmitglied **103** 1 ff.
– gerichtliche **103** 9 ff.
Abfindung 293a 16; **305; Anh 305** 1; 3
– Angemessenheit **293b** 5; **305** 19
– Barabfindung **320b** 7 f.
– bei Eingliederung **320b** 1 ff.
– bei Vertragsaufhebung **296** 13
– Fälligkeitszinsen **320b** 9
Abfindungsergänzungsanspruch 305 57
Abgeleitete Firma 4 8 f.
– Firmeneinheit **4** 8
– Nachfolgezusatz **4** 9
Abhängigkeit 17
– Begriff **17** 1 ff.
– Beherrschungsmittel **17** 7 ff.
– bei Mehrheitsbeteiligung **17** 7 f.
– bei Minderheitsbeteiligung **17** 9 ff.
– Dauer **17** 5 f.
– Entherrschungsvertrag **17** 32 ff.
– Gemeinschaftsunternehmen **17** 24
– mehrfache **17** 23
– mehrstufige **17** 22
– mittelbare **17** 22
– Umfang **17** 4
– unmittelbare **17** 22
– Vermutung **17** 26 ff.
Abhängigkeitsbericht
– Aufnahme in Lagebericht **312** 36
– Befreiung bei Gewinnabführungsvertrag **316** 1 ff.
– Berichtspflicht **312** 4 ff., 8
– Inhalt **312** 14 ff., 23 ff.
– Maßnahmen **312** 17
– mehrstufige Unternehmensverbindungen **316** 5
– Nachteilsausgleich **312** 27
– Negativbericht **312** 7
– Prüfung durch Abschlussprüfer *s. Prüfung des Abhängigkeitsberichts durch Abschlussprüfer*
– Prüfung durch Aufsichtsrat *s. Prüfung des Abhängigkeitsberichts durch Aufsichtsrat*
– Rechtsfolgen **312** 11 ff.
– Rechtsgeschäfte **312** 14 ff.

– Schlusserklärung **312** 34 ff.
– Verantwortlichkeit des Vorstands **312** 8, 12 f.
– verbundene Unternehmen **312** 20, 30
– Zwangsgeld **312** 11
Ablaufhemmung 54 16
Abschlagszahlung 59 2 ff.
– Bilanzgewinn **59** 7
– Jahresüberschuss **59** 3
Abschluss
– Richtlinien **Einl** 19
Abschlussprüfer
– Erklärung über Unabhängigkeit **Anh 161** 78 f.
– erster **30** 1, 8
– Managementletter **111** 17
– Prüfungsauftrag **111** 15 f.
– Unterrichtungsvereinbarung **Anh 161** 80 ff.
Abschlussprüfung Vor 394 9 ff.
Abschlussvertretung
– Aufsichtsrat **112** 5
Abschreibungen 58 6
Abwicklung 262 2
Abwicklungserlös 11 9
Abwicklungsverlust 302 16
Acting in Concert
– Aufsichtsratswahl **101** 9
Actio pro societate *s. Prozessstandschaft*
Ad-hoc-Meldung 92 7; **400** 6
Ad-hoc-Publizität Anh 93 § 15 WpHG 1 ff.
– Befreiung von **Anh 93 § 15 WpHG** 9 ff.
– Haftung **Anh 93 §§ 37b, 37c WpHG** 1 ff.
– Verletzung **Anh 93 § 15 WpHG** 12; **§§ 37b, 37c WpHG** 1 ff.
– Vorabmitteilung **Anh 93 § 15 WpHG** 11
ADHGB Einl 2
AG *s. Aktiengesellschaft*
AG-Mantel 23 33; **179** 22 ff.
Agio 54 4, 10; **63** 2; **221** 2
Aktie 1 6
– Kraftloserklärung durch Gesellschaft **73**
– Kraftloserklärung im Aufgebotsverfahren **72**
– Nießbrauch **134** 26
– Rechtsgemeinschaft **69**

2567

- Übernahme **28** 2; **29** 1 f.; **34** 2
- Umwandlung **24** 1 ff., 6 ff.
- Unterzeichnung **13** 1 f.

Aktienanleihe s. *Umtauschanleihe*
Aktienart 23 36
Aktienbesitzzeit 70
Aktienform 23 35
Aktiengattung 11 1, 6, 12; **12** 1; **23** 3, 5; **53a** 5, 7
- Angabe im Anhang **160** 6 f.
- Angabe in Bilanz **152** 3
- Benachteiligung von ~en **179** 55
- Gattungssonderbeschluss **11** 7
- Nebenleistungspflichten **53a** 7
- Schaffung von ~en **11** 11 f.
- Stammaktien **11** 6
- verschiedene ~en **179** 54; **216** 4 ff.
- Vorzugsaktien **11** 6

Aktiengesellschaft 10 4
- Eintragung **39** 1 ff.; **40** 1
- Errichtung **29** 1 f.; **38** 4
- für Kapitalanlagegesellschaften **10** 4
- Spaltgesellschaft **12** 2
- Versicherungsgesellschaft **10** 6

Aktiengesellschaft & Co KG 1 6
Aktiengesetz 1937 Einl 4 f.
Aktiengesetz 1965 Einl 6
Aktienmindestnennbetrag 1 20; **6** 8; **8** 16
Aktienoptionen
- Absicherung durch bedingtes Kapital **192** 14 ff.
- Angabe im Corporate Governance Bericht **Anh 161** 74
- Aufsichtsratsmitglieder **192** 18
- Begünstigte **192** 16 ff.
- Vergütung Aufsichtsrat **113** 8
- Vorstandsvergütung **87** 10 ff.

Aktienrecht
- Entwicklung **Einl** 1 ff.
- Rechtsquellen **Einl** 11 ff.

Aktienrechtsnovelle 2011 Einl 10c
Aktienregister 67
- Auskunftsrecht **67** 39 ff.
- eintragungsfähige Angaben **67** 10 ff.
- eintragungspflichtige Angaben **67** 8
- Ersteintragung **67** 7
- Form des Aktienregisters **67** 3
- Löschung **67** 26
- Neueintragung **67** 26
- Pflicht zur Führung **67** 4 ff.
- Umschreibung **67** 23 ff.
- Wirkungen der Eintragung **67** 12 ff.

Aktiensplit 215 9
Aktienübernahme 23 14 ff.; **56** 8
- Verhältnis zur Satzungsfeststellung **23** 5

Aktienumtausch 8 11
Aktienumwandlung
- Aktionärsverlangen **24** 1 ff.
- Hauptversammlungsbeschluss **24** 1, 6 ff.

Aktienurkunde 1 21; **8** 9; **10** 1 f.; **13** 3; **214** 2 ff.
- Aufforderung zur Abholung neuer Aktien **214** 2 ff.
- Ausgabe bei Kapitalerhöhung aus Gesellschaftsmitteln **219** 2 ff.
- Ausgabebetrag **10** 1
- Verbriefung **10** 3

Aktionäre
- außenstehende **304** 7, 11 ff.; **307** 1 ff.
- Vorzugs~ **140** 1 ff.

Aktionärsantrag 126 1 ff.
Aktionärsforum 127a 1 ff.
- acting in concert **127a** 5

Aktionärsforumsverordnung 127a 9
Aktionärsrechte 11 4, 8
- Informations- und Auskunftsrechte **11** 8
- Mitverwaltungs- oder Vermögensrechte **11** 4, 12

Aktionärsrechterichtlinie Einl 21a
Aktionärsvereinigung
- Stimmrechtsvollmacht **135** 27

Altgläubiger 92 30
Amtsauflösung 262 13
Amtsauflösungsverfahren 8 5
Amtslöschung 181 37 ff.; **241** 22 f.; **275** 29
Amtsniederlegung
- Aufsichtsrat **103** 17 f.
- Vorstand **84** 41

Amtszeit
- Aufsichtsratsmitglieder **102** 1 ff.

Anerkennungsprämien 87 8
Anfechtung
- Abkaufsfälle **246** 39
- Abstimmungsreihenfolge **251** 2
- Anfechtungsbefugnis **245** 1 ff.
- Anfechtungsfrist **246** 7 ff.
- Anfechtungsgründe **243** 2 ff.
- Anfechtungsklage **246** 1 ff.
- Auskunftsverweigerung **131** 34
- Ausschluss **243** 20
- Bekanntmachung der Verfahrensbeendigung **248a** 1 ff.
- Bestätigung **244** 1 ff.
- Bezugsrechtsausschluss **255** 1, 4
- bindende Wahlvorschläge **251** 3
- Drittwirkung **248** 5
- einheitliche gemischte Bar- und Sachkapitalerhöhung **255** 4
- einstweiliger Rechtsschutz **246** 47
- Freigabeverfahren **246a** 1 ff.; **264** 1 ff.
- gekreuzter Bezugsrechtsausschluss **255** 4

Stichwortverzeichnis **Anmeldung**

- Gestaltungswirkung 248 5 ff.
- Gewinnverwendungsbeschluss 254 1 ff.
- Informationspflichtverletzung 243 9
- Inhaltsfehler 243 10 ff.
- inter omnes-Wirkung 248 4
- inter partes-Wirkung 248
- Kapitalerhöhung 255 1 ff.
- Kapitalerhöhung gegen Sacheinlage 255 3
- Kausalität 243 8 f.
- klageabweisendes Urteil 248 20 ff.
- materielle Rechtskraft 248 1
- Missbrauch 245 19 ff.
- Mitteilung von Wahlvorschlägen 251 2
- Mitwirkungsrecht 243 9 f.
- positive Beschlussfeststellungsklage 246 45 ff.; 248 6
- Rechtskrafterstreckung 248 4
- Registerverfahren 248 15 ff.
- Relevanz 243 8 f.
- Schiedsfähigkeit 246 29
- Streitgegenstand 246 2
- Teilnahmerecht 243 9 f.
- Teilnichtigkeit 248 13
- Umwandlungsmaßnahmen 246 15; 248 12
- Unternehmensvertrag 248 11
- Urteilswirkung 248 1 ff.; 248a 1 ff.
- Verfahrensfehler 243 6 ff.
- Wahl von Aufsichtsratsmitgliedern 251 1 ff.
- Wirkung auf Durchführungsmaßnahme 248 7

Anfechtungsbefugnis 245 1 ff.
- Aktionärseigenschaft 245 4
- Aufsichtsratswahl 251 8 ff.
- Bekanntmachungsfehler 245 14
- Betriebsräte 251 9
- Einberufungsfehler 245 14
- einzelnes Organmitglied 245 18
- Erscheinen auf Hauptversammlung 245 10
- fehlende 245 3
- Gewerkschaften 251 9
- Missbrauch 245 19 ff.
- Nachweis 245 8
- Sonderfälle 245 7
- Sondervorteil 245 14
- Vorstand 245 15 ff.
- Widerspruch 245 11

Anfechtungsfrist
- Einreichung bei unzuständigem Gericht 246 11
- Fristberechnung 246 8
- Fristwahrung 246 9 f.
- Nachschieben von Gründen 246 13
- Prozesskostenhilfe 246 12
- Rechtsnatur 246 7

Anfechtungsgründe
- Gesetzesverletzung 243 3
- Gleichbehandlungsgebot 243 13
- Informationspflichtverletzung 243 9
- Inhaltsfehler 243 10 ff.
- Kausalität 243 8 f.
- materielle Beschlusskontrolle 243 16
- Mitwirkungsrecht 243 9 f.
- Relevanz 243 8 f.
- sachliche Rechtfertigung 243 14
- Satzungsverletzung 243 4
- Sondervorteil 243 16 ff.
- Teilnahmerecht 243 9 f.
- Treuepflicht 243 12
- Verfahrensfehler 243 6 ff.
- Vertragsverletzung 243 5

Anfechtungsklage 246 1 ff.
- Abkaufsfälle 246 39
- Abwicklung 246 16
- Anfechtungsfrist 246 7 ff.
- Bekanntmachung der Verfahrensbeendigung 248a 1 ff.
- Bekanntmachungspflicht 246 31
- Beklagtenpartei 246 14 ff.
- Beweislast 246 42
- Darlegungslast 246 42
- Dispositionsmaxime 246 36 ff.
- Freigabeverfahren 246a 1 ff.
- GmbH 246 5
- Insolvenz 246 17
- Nachschieben von Gründen 246 13
- Nebenintervention 246 32 ff.
- notwendige Streitgenossenschaft 246 26 f.
- Personengesellschaft 246 6
- Prozessverbindung 246 26 f.
- Rechtsschutzbedürfnis 246 41
- Streitgegenstand 246 2
- Streitwert 247 1 ff.
- Umwandlungsmaßnahmen 246 15; 248 12
- Vertretung 246 18
- Zuständigkeit 246 22 ff.
- Zustellung 246 18

Anforderungsberichte 90 15
Angaben
- falsche 399 4; 400 4; **Anh 410** § 20a **WpHG** 6 ff.
- vertrauliche 93 48 ff.

Angemessene Informationsgrundlage
- Haftung 93 13 ff.

Angemessenheit Anh 305 3
Anmeldepflicht 81 2
Anmeldung 36 2 f.; 37 1; 37a 1
- Anlagen 37 6
- Anmelder 36 1 ff.
- ausgeschiedene Vorstände 81 4

2569

- Bankbestätigung **37** 2 f.
- Eingliederungsbeginn **319** 15
- Eingliederungsende **327** 13
- Einlageleistung zur freien Verfügung **36** 1, 4 ff., 8 f.; **36a** 1 ff.; **37** 2; **38** 2
- Registerkontrolle **38** 4
- Vorstandsmitglieder **37** 4 f.

Anstellungsvertrag
- Vorstand **84** 14 f.

Anteilsmehrheit 16 8 ff.

Anteilsvertreter
- Wahlverfahren **101** 5 ff.

APV-Methode Anh 305 13

Äquivalenzprinzip Anh 305 26; **37**

Arbeitnehmeraktien 186 40; **192** 14; **194** 5; **202** 18 ff.; **203** 4; **204** 10 ff.; **205** 9

Arbeitnehmervertreter 116 2

Arbeitsdirektor 76 31, 37; **77** 10 f., 15, 29; **84** 42; **85** 2

Arbitriumwert Anh 305 4

ARUG 23 40

Audit Committee 107 20; **Anh 161** 36; 40; 42; **171** 2

Aufbewahrungspflichten 91 4

Aufgeld s. Agio

Auflösung 179a 25; **262** 1 f.; **396** 1 ff.; **397** 1 ff.
- Rücklagen **58** 5 f.
- übertragende **179a** 25

Auflösungsverfahren 7 5

Aufrechnung
- bei Verlustübernahmeverpflichtung **302** 18

Aufsatzpunkt der Planung Anh 305 25

Aufsichtsrat
- Amtsniederlegung **103** 17 f.
- Auslagenersatz **113** 14
- Beratung des Vorstands **111** 4
- Bericht **Anh 161** 62; **171** 8 ff.
- Beschlussfassung **108** 3 ff.
- Bestellung des Vorstands **84** 4
- D&O-Versicherung **Anh 161** 5
- Effizienz **116** 6; **Anh 161** 66
- ehemalige Vorstandsmitglieder **Anh 161** 50
- Ehrenvorsitzender **307** 11
- eigenständige Wahrnehmung **111** 29
- Einberufungsregeln **110** 1 ff.
- Einsichts- und Prüfungsrechte **111** 11
- erster Aufsichtsrat **30** 1 ff., 6 f.; **31** 1 ff., 9; **37** 6
- Geschäftsordnung **107** 27 f.; **Anh 161** 35
- Gründungshaftung **48** 6 f.
- Haftung **53** 3
- Interessenkonflikt **Anh 161** 63 ff.
- Mitbestimmung **30** 1 f., 7; **31** 1 ff., 5 ff., 9
- neutrales Mitglied **104** 10
- Parallelmandate **Anh 161** 56
- persönliche Wählbarkeitsvoraussetzungen **250** 8 f.
- Präsenzsitzung **110** 3
- Prüfung des Jahresabschlusses **171** 2 ff.
- Selbstorganisation **107** 1 ff.
- Teilnahmeregelungen **Anh 161** 5
- Überprüfung der Geschäftsführung **171** 9
- Überwachungspflicht **111** 2 ff.
- unabhängige Mitglieder **Anh 161** 49
- unternehmerische Entscheidungen **116** 13
- Vergütung **113** 1 ff.; **Anh 161** 59 ff.
- Vorsitzender des ~s **107** 2 ff.
- Willensbildung **108** 2
- zweiter Aufsichtsrat **30** 7; **31** 5 f.

Aufsichtsratsausschuss 107 18 ff.
- Arten **107** 19
- Besetzung **107** 23
- Einrichtung **Anh 161** 39
- Einsetzung **107** 21
- erhöhte Bezüge **Anh 161** 58
- Nominierungsausschuss **Anh 161** 43
- Prüfungsausschuss **Anh 161** 40

Aufsichtsratsbeschluss
- Abstimmungsmodalitäten **108** 9
- fehlerhafte **108** 17
- Mehrheitsentscheidung **108** 10
- Mitbestimmung **108** 5
- Satzung **108** 6
- Stimmverbote **108** 4, 11
- Teilnahme **108** 4

Aufsichtsratsersatzbestellung
- Befristung **Anh 161** 53
- gerichtlich **104** 4 ff.

Aufsichtsratsersatzmitglieder 104 11 ff.
- Abberufung **103** 1 ff.
- Amtszeit **101** 18; **102** 1 ff., 6
- Anzahl **95** 1 ff.
- Ausschlussgründe **100** 3 ff.
- Bestellung **101** 1 ff.
- Business Judgement Rule **116** 9
- Entsenderechte **101** 10 ff.
- Ersatzmitglieder **101** 16 ff.; **102** 6
- Fähigkeiten **116** 2, 5
- Höchstzahl **95** 5
- Interessenkonflikt **100** 7
- Mandatshöchstzahl **100** 3 ff.
- Mindestqualifikation **100** 2
- Mindestzahl **95** 4
- mittelbare Zahlungen **114** 6
- nahestehende Personen **115** 3
- persönliche Voraussetzungen **100** 1 ff.
- Rechtsstellung **101** 2
- Treupflicht **116** 8
- Überwachung **116** 6

- Verschwiegenheitspflicht **116** 20
- Wiederbestellung **102** 5
Aufsichtsratsmandat
- Unvereinbarkeit **105** 1 ff.
Aufsichtsratssitzung
- Ausschluss **109** 6
- Beschlussfassung **108** 8 ff.
- gesetzlicher Mindestturnus **110** 10
- Sitzungsprotokoll **107** 14 ff.
- Tagesordnung **110** 4
- Teilnahmeregelungen **109** 1 ff.
- Telefonkonferenz **110** 4
- Vermerk über Teilnahme **Anh 161** 62
Aufsichtsratsvorsitzender 107 2 ff.
- Amtszeit **107** 5 f.
- Bestellung **107** 3 ff.
- Kommunikation mit Vorstand **Anh 161** 37 f.
- Kompetenzen **107** 7
- Prüfungsausschuss **Anh 161** 36
- Sorgfaltsmaßstab **116** 3
- Stellvertreter **107** 10; **Anh 161** 58
- Vergütung **113** 3; **Anh 161** 58
- Vorschläge **Anh 161** 54
Aufsichtsratswahl
- Anfechtung **251** 1 ff.
- Anfechtungsbefugnis **251** 8
- Bestätigungsbeschluss **251** 7
- Empfehlung zu Einzelwahl **Anh 161** 52
- Nichtigkeit **250** 1 ff.
- Wahlvorschlag **Anh 161** 46; 48
Aufsichtsratszusammensetzung 96 1 ff.
- Bekanntmachung **106** 1 ff.
- Diversity **Anh 161** 45
- Diversity, sonstige Ziele **Anh 161** 44
- Hinweisbekanntmachung **106** 3
- unabhängige Mitglieder **Anh 161** 49
Ausfallhaftung 41 34
Ausgabe von Aktien und Zwischenscheinen 41 13
Ausgabebetrag 9 1 f.; **10** 6; **221** 117
Ausgabenersparniswert Anh 305 15
Ausgeschiedene Vorstandsmitglieder
- Beweislast **93** 29
Ausgleich 293a 16; **304** 1 ff.
- Angemessenheit **293b** 5; **304** 1 ff.
- Anpassung **304** 45 ff.
- bei Vertragsaufhebung **296** 13
- Fälligkeit **304** 9
- fester **304** 19 ff.
- variabler **304** 36 ff.
- Verzinsung **304** 10
Ausgleichsanspruch s. *Verlustübernahme*
Ausgründung 179 16
Auskunftsanspruch Vor 394 3; **394** 5

Auskunftsrecht 131 1 ff.
- Auskunftserzwingungsverfahren **132** 1 ff.
- Auskunftsverweigerung **131** 19 ff.
- Beschränkung **131** 18
- Einsicht in Unterlagen **131** 17
- Gehälter **131** 13
- Internetauskunft **131** 26
- Minderheitsbeteiligungen **131** 10, 14
- verbundene Unternehmen **131** 8 f.
Ausländische Gesellschaft Einl 27, 33; **3** 4
Auslandskonto 54 13
Auslegung
- richtlinienkonforme **Einl** 13
Ausschluss
- Aufsichtsratssitzung **109** 6
- Bekanntmachung **64** 9
- Bezugsrecht s. *Bezugsrechtsauschluss*
Ausschluss von Minderheitsaktionären 327a 1 ff.
- Spruchverfahren **327f** 8 ff.
- Verfassungsmäßigkeit **327a** 3
Ausschluss von Minderheitsaktionären (Barabfindung) 327b 1 ff.
- Bezugsrechte **327b** 6 ff.
- Gewährleistung **327b** 15 ff.
- Höhe **327b** 9 ff.
- Prüfung **327c** 7 ff.
- Verzinsung **327b** 13 f.
Ausschluss von Minderheitsaktionären (Hauptaktionär) 327a 7 ff.
- Begriff **327a** 8 ff.
- Übertragungsbericht **327c** 3 ff.; **327d** 3
Ausschluss von Minderheitsaktionären (Hauptversammlung) 327a 16 ff.
- Anfechtung **327f** 2 ff.
- Beschluss **327a** 16 ff.
- Einberufung **327a** 14 ff.
- Eintragung Beschluss **327c** 2 ff.
- Mehrheit **327a** 16
- Unterlagen **327c** 11 ff.; **327d** 2
Ausschluss von Minderheitsaktionären (Übernahmerecht) 327a 2
- Abfindung **Anh 327a §§ 39a-c WpÜG** 9 ff.
- Ausschlussverfahren **Anh 327a §§ 39a-c WpÜG** 15 ff.
- Sell-out **Anh 327a §§ 39a-c WpÜG** 22 ff.
- Verhältnis zum aktienrechtlichen Squeeze-Out **Anh 327a §§ 39a-c WpÜG** 8
Ausschüttungsanspruch 58 31
Ausschüttungspolitik Anh 305 35
Ausschüttungsquote Anh 305 35
Ausschüttungsverbot Vor 53a 6
Außen-GbR
- Unternehmenseigenschaft **15** 12

2571

Bagatellgrenze Anh 305 18
Bankenvollmacht 135 1 ff.
- Ausübung **135** 18
- Ausübungspflicht **135** 33 ff.
- Dokumentation **135** 14
- eigene Hauptversammlung **135** 6
- Ersatzvollmacht **135** 17
- Erteilung **135** 10
- Legitimationsübertragung **135** 24 f.
- Nachweis **135** 19
- Übernahmeangebot **135** 16
- Untervollmacht **135** 17
- Vollmachtsübertragung **135** 17
- Weisung **135** 20
- Weisungserfordernis **135** 6 ff.
- Widerruf **135** 12
Barabfindung 53a 8
- Verzinsung **305** 11
Barauszahlung (Dividende) 58 29
- eigene Aktien **58** 30
- Sachleistungen **58** 30
Bareinlage
- Anmeldung **188** 5 f.; **203** 19
- Bankbestätigung **37** 2 f.
- freie Verfügung **188** 5, 7, 12
- Leistung zur freien Verfügung **36** 1, 4 ff., 8 f.; **36a** 1 f.; **37** 2; **38** 2
- Mindestbetrag **36a** 1 f.; **37** 2
- Mindesthöhe **188** 5, 22
- Sicherung **38** 2
- Voreinzahlung **188** 9
Bareinzahlung 54 10; **399** 5, 9 ff.
Barwert Anh 305 13
Basiszinssatz Anh 305 38; 40
Bedeutende Geschäfte 90 12
Bedeutung Anh 305 50
Bedingte Kapitalerhöhung 192 1 ff., 19
- Aktienausgabe **199** 2 ff.
- Anmeldung **195** 2 ff.
- Arbeitnehmeraktien **192** 14 ff.
- Begrenzung **192** 22 ff.
- Bekanntmachung **196** 1
- Bezugsrecht **192** 4, 20, 30
- Erhöhungsbeschluss **192** 5, 19; **193** 1 ff.
- gegen Sacheinlage **194** 3, 9
- Umtauschrecht **192** 1 f., 30
- verbotene Aktienausgabe **197**
- Wandelschuldverschreibungen **192** 7 f., 18, 21; **193** 8; **194** 4
- Zwecke **192** 6 ff.
Bedingtes Kapital 214 6; **218** 2 ff.
- Angabe in Bilanz **152** 4
- bei Kapitalerhöhung aus Gesellschaftsmitteln **218** 2 ff.

- zur Erfüllung von Rechten gem § 221 **218** 8; **221** 13, 51 ff., 100, 130 f., 136 f.
Befristung 250 1
Beherrschungs- und Gewinnabführungsvertrag 216 30
Beherrschungsvertrag 57 38; **291** 1 ff.; *s.a. Unternehmensvertrag*
- atypischer **291** 12 f.
- Aufhebung **296** 1 ff.
- Auslegung **291** 11
- Beendigung **296** 1 ff.; **297** 1 ff.; **303** 1 ff.; **304** 49
- Bezeichnung als **291** 8; **293** 15
- fehlerhafter **291** 15
- GmbH **291** 4
- Inhalt **291** 6
- isolierter **291** 9; **300** 15; **301** 4
- Mehrmütter~ **291** 14; **294** 4; **295** 4
- Personengesellschaft **291** 4
- Rücklagenzuführung **300** 14 ff.
- Rückwirkung **294** 17
- Verlustausgleich **302** 5 ff.
- Weisungsrecht **291** 6 f.; **299** 1 ff.; *s.a. Weisungsrecht*
Bekanntmachung
- Aufsichtsratszusammensetzung **106** 1 ff.
- Form **23** 38
- freiwillige **23** 38; **25** 1, 7
- Pflicht~ **25** 1 ff., 7
Belastbarkeitsgrundsatz Anh 305 25
Benchmark-Analyse Anh 305 26
Beratervertrag
- Aufsichtsrat **113** 5; **114** 1
- Rückgewähranspruch **114** 9
- zuzurechnende Gesellschaften **114** 5
Berechtigungsnachweis 123 6 ff.
Bereicherungsanspruch 66 6
Bereichsvorstand 77 16
Bereinigungen Anh 305 25
Bericht des Vorstands
- Ausnutzung genehmigtes Kapital **202** 15 ff.; **203** 13, 31
- Ausschluss des Bezugsrechts **186** 24 ff., 47; **192** 20
Berichterstattung
- Unternehmensplanung **90** 8
Berichtspflicht 394 4; **395** 6; **403**
- Durchsetzung **90** 19
- Vorstand **90** 1 ff.
Berufsverbote
- Bestellungshindernis **76** 34
Beschluss
- Abstimmungsergebnis **133** 10 ff.
- Additionsmethode **133** 11
- Antrag **133** 4

Stichwortverzeichnis **Binnenhaftung**

- Beschlussfähigkeit **133** 5
- Bestätigung eines anfechtbaren **244** 1 ff.
- Scheinbeschluss **241** 3; **249** 16
- Sonderbeschluss **138** 1 ff.
- Stimmabgabe **133** 6 ff.
- Stimmenmehrheit **133** 13 ff.
- Subtraktionsmethode **133** 12
- unwirksam **241** 4; **249** 16
- Verfahren **133** 4 ff.

Beschlussanfechtung 53a 9, 17; *s.a. Anfechtung*

Beschlussfassung
- Aufsichtsrat **108** 3 ff.
- ohne Sitzung **108** 15
- Teilnahme **108** 4

Beschlusskontrolle
- materielle **293** 16

Beschlussmängel
- bei Gründung **23** 44 ff.
- bei Satzungsänderung **179** 59; **181** 17 ff.
- bei Vermögensübertragung **179a** 21
- Vorstandsbeschluss **77** 22

Beschlussunfähigkeit des Aufsichtsrats
- Ersatzbestellung **104** 2 f.

Besondere Vertreter 147 10 ff.

Besserungsscheine
- Angabe im Anhang **160** 9

Bestätigungsbeschluss
- Wahl von Aufsichtsratsmitgliedern **251** 7

Bestellscheine 80 5

Bestellungshindernis
- Vorstand **76** 34

Bestimmtheitsmaß Anh 305 46
Betafaktor Anh 305 40; 45
Beteiligtenfähigkeit 1 5
Beteiligung 53a 5; **56** 5
- wechselseitige **56** 5

Beteiligungserwerb 179 16
Beteiligungsquote 53a 5
Betriebsführungsvertrag 291 26; **292** 21
Betriebsnotwendiges Vermögen Anh 305 36
Betriebspachtvertrag 292 18 ff., 25
Betriebsräte
- Anfechtungsbefugnis **251** 9

Betriebsstätte 5 4
Betriebsüberlassungsvertrag 291 26; **292** 20 ff.
Beurteilungsunterschied Anh 305 50
Beweislast
- Vertreter des herrschenden Unternehmens **309** 19 f.
- Verwaltungsmitglieder der abhängigen Gesellschaft **310** 4

Beweislastverteilung 93 26
Beweismaß Anh 305 6

Bewertungserheblicher Umstand Anh 410 § 20a WpHG 11
Bewertungsmethoden Anh 305 12
Bewertungsobjekt Anh 305 37
Bewertungsrelevante Überschüsse Anh 305 21
Bewertungsstandards Anh 305 19
Bewertungsstichtag Anh 305 9; 37
Bezugsrecht 11 12; **56** 3; **221** 55 ff., 100, 118 f.
- Ausübung **56** 3
- bei genehmigtem Kapital **203** 5 ff.
- bei Kapitalerhöhung gegen Einlagen **186** 2 ff.
- mittelbares **186** 52 ff.
- Zusicherung von ~en **187** 3 ff.; **203** 15

Bezugsrechtsausschluss 60 6; **221** 118 f.
- Anfechtbarkeit **255** 1, 4
- Ausgabe- und Mindestbetrag **255** 5
- einheitliche gemischte Bar- und Sachkapitalerhöhung **255** 4
- gekreuzter **255** 4
- genehmigtes Kapital **203** 5 ff.
- Kapitalerhöhung gegen Einlagen **186** 20 ff.
- Kapitalerhöhung gegen Sacheinlage **255** 3
- mittelbares Bezugsrecht **255** 4
- sachliche Rechtfertigung **186** 28 ff.; **203** 10 ff.
- Sondervorteil **255** 4
- Teilausschluss **186** 49
- Vorstandsentscheidung **203** 5, 13, 29; **204** 3
- Zustimmung des Aufsichtsrats **202** 5, 13; **204** 6

Bilanzausschuss 170 3
Bilanzausschüttung
- Ausschüttungszwang **58** 23

Bilanzeid 91 6 f.
Bilanzgewinn 158 6; **170** 11
- Angabe in GuV **158** 6
- Feststellung **172** 7
- Kapitalerhöhung aus Gesellschaftsmitteln **208** 4
- Rücklagenbildung **58** 25
- Verwendung **174** 1 ff.
- Verwendungsvorschlag **170** 6 ff.

Bilanzgewinnanspruch 58 21 f.
Bilanzgewinnausschüttung 58 23 f.
Bilanzierung 57 26
Bilanzrichtlinie Einl 19
Bilanzverlust 158 6
Bilanzwert Anh 305 15
Bild- und Tonübertragung 118 9, 11; **129** 49; **130** 38 f.
BiLiRiG 58 1, 12, 18
Binnenhaftung
- Vorstand **93** 17

2573

Black & Scholes Formel 221 70
Bonus 58 29
Börse 3 6; 10 8
- Börsenhandel 13 2
- Börsennotierung 3 6
- Kapitalmarktrecht 3 6
Börsennotierte Gesellschaft
- Bekanntmachungspflicht 149 1 ff.
Börsenwert Anh 305 5
Börsenwert-Multiplikatoren Anh 305 14
Börsenwertmethode Anh 305 14; 49
Bottom-up-Planungen Anh 305 27
Bremer Vulkan-Entscheidung 311 28
Brutto-Verfahren Anh 305 13
Bruttomethode 270 15
Buchführungspflicht 91 2 ff.
Buchwert Anh 305 15
Bundesanleihen Anh 305 41
Bundesrepublik Deutschland
- Unternehmenseigenschaft 15 13
Bürgschaft
- herrschendes Unternehmen 303 16
Business Combination Agreement
  Anh 76 § 33 WpÜG 4
Business Judgement Rule 93 9 ff.

Call Options s. *Rückkaufsrechte*
Cartesio-Entscheidung Einl 28, 28b; 45 12a
Cash-Management 57 19
Cash-Pooling 57 19, 38
Centros-Entscheidung Einl 24a, 26
Change of Control-Klauseln 87 3
Chief Exccecutive Officers (CEO) 77 20; 84 24
Comparable Company Approach
  Anh 305 14
Compliance 161 91 ff., 104 ff.
Corporate Governance 58 1; 161
- Begriff 161 64 ff.
- Compliance 161 91 ff., 104 ff.
- Deutscher Corporate Governance Kodex
  Anh 161 1
- Deutschland 161 67 f.
- Entsprechenserklärung 161 4 f.
- Europa 161 79 f., 89 f.
- Herkunft 161 64 ff.
- Historie 161 2
- rechtspolitische Diskussion 161 2
- Regierungskommission 161 69 f.
- USA 161 79 ff.
Corporate Governance Bericht Anh 161 7
- Inhalt Anh 161 47; 70; 74
Corporate Governance Kodex Einl 9
Coupon s. *Dividendenschein*

D&O-Versicherung
- Abschlusskompetenz 112 2
- Prämien 87 3; 113 13
- Selbstbehalt für AR Anh 161 6
Daily Mail-Entscheidung Einl 28
Darlehen 57 5; 66 10
- an Aktionäre 57 12
- Dritter 57 25
- kapitalersetzende s. *Kapitalersetzende Darlehen*
DCF-Methoden Anh 305 13
DCGK Einl 9; s.a. *Corporate Governance*
Debt Beta Anh 305 46
Deliktsfähigkeit 1 12
Delisting 119 27; 305 5;
  Anh 306 § 1 SpruchG 6
- Entscheidungskompetenz 76 23
Derivate Anh 93 § 12 WpHG 3
Desinvestition 53a 15
Detailplanungsphase Anh 305 29
Deutscher Corporate Governance Kodex
  Anh 161 1
Differenzhaftung 41 33
Director's Dealings 88 7; Anh 93 § 15a
  WpHG 1 ff.
Diversifikationsprinzip Anh 305 40
Diversity
- Besetzung von Führungsfunktionen
  Anh 161 9
- Merkmale Anh 161 9
- Zusammensetzung des Aufsichtsrates
  Anh 161 44 f.
- Zusammensetzung des Vorstandes
  Anh 161 31
Dividenden 62 8
Dividenden- und Erneuerungsscheine 58 33; 64 15
Dividendenanspruch 58 27; Anh 305 35
- Übertragung 58 28
Dividendenschein 58 32 ff.; 64 13
- Verlust 58 34
Doppelsitz 5 6
Doppelvertretungen 78 3
Drittbezug Anh 93 § 13 WpHG 5
Drittemissionen 221 10 ff., 49, 74, 124
Duldungsvollmacht 78 8
Durchgriff 1 26, 32
- faktisches Organ 1 32
- gesellschafterfreundlicher 1 33
- Haftungs~ 1 26, 29
- konzernrechtlicher 1 27
- Leitungsmacht 1 27
- Missbrauch 1 26
- Trennungsgrundsatz 1 26
- Unterkapitalisierung 1 30

- Vermögensvermischung **1** 30
- Zurechnungs~ **1** 26, 28

EG-Richtlinien Einl 12 ff.
Ehegatten **57** 8; **89** 6
Ehrenmitglieder
- Vergütung **113** 2

EHUG Einl 10
- Aufsichtsratszusammensetzung **106** 1 ff.

Eigene Aktien **71** 1 ff.
- Abfindung von Aktionären **71** 20 ff.
- Angabe im Anhang **160** 4 f.
- Belegschaftsaktien **71** 16 ff.
- Einkaufskommission **71** 24
- Einziehungspflicht **71c** 11 ff.
- Ermächtigungsbeschluss **71** 30 ff.
- Erwerb durch Dritte **71d**
- Erwerb für Wertpapierhandel **71** 28
- Erwerb zur Einziehung **71** 27
- für Erfüllung der Bezugsrechte **221** 54
- Gesamtrechtsnachfolge **71** 26
- Gleichbehandlung bei Veräußerung **71** 41 ff.
- Gleichbehandlung beim Erwerb **71** 36 ff.
- Inpfandnahme **71e**
- Kapitalgrenze **71** 46
- Kapitalmarktrecht **71** 51
- mittelbare Stellvertretung **71a** 12 ff.
- Rechte aus eigenen Aktien **71b**
- Schadensabwehr **71** 8 ff.
- Teilnahme an Kapitalerhöhung aus Gesellschaftsmitteln **212** 3; **215** 2
- Umgehungsgeschäfte **71a**
- unentgeltlicher Erwerb **71** 24
- Veräußerungspflicht **71c** 2 ff.
- Verbot des Erwerbs **71** 2 ff.
- verbotene Finanzierungsgeschäfte **71a** 2
- Zehnprozentgrenze **71** 45

Eigener Betafaktor Anh 305 47
Eigenkapitalanteil **58** 18
Eigenkapitalersetzende Darlehen s. *Kapitalersetzende Darlehen*
Einberufung
- Leica-Urteil **121** 13a

Einberufungsfrist **123** 3 ff.
Einberufungsregeln
- Aufsichtsrat **110** 1 ff.
- Aufsichtsratsausschuss **110** 2

Einberufungsverlangen **122** 1
Einflussnahme
- schädigende **117** 1

Eingliederung **319** ff.
- Anmeldung zur Eintragung **319** 15; **327** 12

- Auskunftsrecht der Aktionäre **319** 13; **326** 1 ff.
- Beendigung **327** 1 ff.
- Eingliederungsbericht **319** 10 ff.
- Eingliederungsbeschluss **319** 5
- finanzielle **291** 37
- Folgepflicht **323** 4
- Gewinnabführung **324** 3 ff.
- Haftung der Hauptgesellschaft **322**; s.a. dort
- Informationspflichten **319** 9 ff.
- KGaA **319** 3
- Leitungsmacht der Hauptgesellschaft **323** 1 ff.
- Mehrheitseingliederung **320** ff.; s.a. dort
- Mehrstufigkeit **319** 8; **320b** 8
- Nachhaftung und Grenzen **327** 13
- Negativerklärung **319** 16 f.
- Registersperre **319** 18
- Rücklage **324** 1 f.
- Sicherheitsleistung, Anspruch auf **321** 5 ff.
- Unbedenklichkeitsverfahren **319** 19 ff.
- Verlustausgleich **324** 6
- Weisungsrecht **323** 1 ff.
- Zustimmungsbeschluss **319** 6 ff.

Einheitsgründung **2** 1
- Stufengründung **2** 1

Einlage Vor **53a** 7; **54** 1 f.; **57** 4
- Einforderung **54** 10
- freie Verfügbarkeit **54** 14
- Geldeinlagepflicht Vor **53a** 5
- Kontoführung **54** 13
- Mindestbetrag **54** 15
- Unter-Pari-Emission **54** 1
- Zahlungen **54** 11
- Zahlungsmittel **54** 11

Einlageforderung **63** 8, 11
- Verjährung **54** 16
- Vertragsstrafe **63** 11 f.
- Zinspflicht **63** 10

Einlageleistung **54** 12; **134** 13 ff.
Einlagenrückgewähr **57** 5
- Kursgarantie **57** 18
- verdeckte **57** 15 ff.
- Wiederkaufsverpflichtung **57** 18

Einlagepflicht **54** 1, 3; **66** 5
- Abtretung **66** 12
- Aufrechnung **66** 6 ff.
- Bankenkonsortium **54** 7
- Befreiung **66** 3
- Darlehen **54** 7
- Einziehung von Aktien **66** 15
- Geldeinlagepflicht **54** 10
- Kapitalherabsetzung **66** 15
- Kreditaufnahme **66** 4

2575

- Leistung an Dritte 66 13
- Sicherheitsleistung 54 6
- Stundung 66 5
- Teilleistungen 54 5
- vereinfachte Kapitalherabsetzung 66 16
- Verwirkung 66 5
- Zwangsvollstreckung 66 14

Einlagerückgewähr Vor 53a 7
- Einlageforderungen Vor 53a 7
- Gründungsstadium 57 6

Einlagezahlung 54 12
- Konto 54 12

Einmann-AG s. *Einpersonen-AG*

Einmanngründung 2 3

Einpersonen-AG Einl 20; 42 2 ff.
- gehören von Aktienanteilen 42 7
- Mitteilungspflicht 42 2, 6 ff.
- Organisation 42 4
- Trennungsprinzip 42 5

Einpersonengesellschaft Einl 20; *s.a. Einpersonen-AG*

Einpersonengründung 41 40 ff.
- Satzungsfeststellung 23 3
- Vor-AG 41 41 ff.

Einsichts- und Prüfungsrechte 111 11

Einstimmigkeitsklausel 179 38

Einstweilige Verfügung 397 3; 398 1

Eintragung der AG
- Rechtsfolgen 41 25 ff.

Eintrittsrecht der AG 88 11

Eintrittswahrscheinlichkeit Anh 305 26

Einwilligungsvorbehalt
- Kreditgewährung 89 7

Einzelabschluss nach IFRS 170 4; 171 14; 173 4

Einzelbewertungsverfahren Anh 305 56

Einzelermächtigung 78 18
- Bestimmtheitsgrundsatz 78 20

Einzelklagebefugnis 309 22 f.; 310 6

Einzelvertretung 78 16

Einzelwertorientierte Verfahren Anh 305 15

Einziehung von Aktien s. *Kapitalherabsetzung durch Einziehung*

Einziehungsentgelt 57 12; 237 23 ff.

Einziehungsverfahren (ordentliches) 237 30 ff.
- Gläubigerschutz 237 36

Einziehungsverfahren (vereinfachtes) 237 37 ff.
- Gläubigerschutz 237 47 ff.

Emittentenhaftung 47 9 ff.

Empfangsberechtigte Person 78 14

Empfehlungscharakter Anh 305 19

Enforcement 256 21

Entherrschungsvertrag 17 32 ff.

Entity Approach Anh 305 13

Entlastung 120 1 ff.
- Einzelentlastung 120 7
- Gesamtentlastung 120 6

Entsandte Aufsichtsratsmitglieder
- gerichtliche Abberufung 103 16

Entsenderechte 101 10 ff.

Entsendungsrechte
- Übernahme Anh 76 § 33b WpÜG 3 ff.

Entsprechenserklärung 161 1, 3, 5
- Aktualisierung 161 31 ff.
- Anfechtbarkeit der Entlastungsbeschlüsse 161 47 ff.
- Anregungen 161
- Außenhaftung 161 57 ff.
- Begründung 161 23
- Beschlussfassung 161 7 ff., 43
- Bindung 161 37
- Börsengang 161 30
- Corporate Governance 161 50 ff.
- Fehler der Beschlussfassung 161 43
- Fehler der ~ 161 44 ff.
- Form 161 34
- Formulierungsbeispiele 161 19 f.
- gesellschaftsinterne Umsetzung 161 38 ff.
- Höchstfrist 161 26
- Inhalt 161 11 ff.
- Innenhaftung 161 50 ff.
- IPO 161 30
- Kompetenzordnung 161 6
- Normadressaten 161 4
- Ordnungswidrigkeit 161 61
- Pflichtenadressaten 161 5
- Publizität 161 35 f.
- relevante Kodexfassung 161 24
- Strafbarkeit 161 62
- unterjährige Aktualisierung 161 31 ff.
- zeitlicher Bezugspunkt 161 27 ff.
- Zeitpunkt 161 25 f.
- Zeitraum 161 25
- Zugänglichmachung, inaktueller Anh 161 8
- Zuständigkeit 161 6

Entsprechungserklärung
- Verfassungsmäßigkeit 161 3

Entziehbare Überschüsse Anh 305 33

Equity Approach Anh 305 13

Equity Kicker 221 2

Erbengemeinschaft
- Unternehmenseigenschaft 15 12

Erfolgschancen Anh 305 11

Ergänzung des Aufsichtsrats
- gerichtliche 104 4 ff.

Ergebnisgemeinschaft 292 4

Erhebungszeitraum Anh 305 46

Erklärungsvertreter
– Aufsichtsrat **112** 5
Erläuterungsbericht 270 16
Ermittlung des Börsenwerts   Anh 305 51
Erneuerungsschein 58 35
Ersatzansprüche 147 1 ff.
– Hemmung der Verjährung **148** 10
Ersatzbestellung
– Aufsichtsrat **104** 1 ff.
– Vorstand **85** 1 ff.
Ersatzmitglied
– Aufsichtsrat **104** 11 ff.
Ersetzungsbefugnis 221 2
Erster Aufsichtsrat
– Vergütung **113** 18
Ertragskraft   Anh 305 11
Ertragswertmethode   Anh 305 13
Erwartete Rendite   Anh 305 26
Erwarteter Überschuss   Anh 305 26
Erwartungswert   Anh 305 26
Erwartungswertansatz   Anh 305 40
Erwartungswerttreue   Anh 305 26
Erwerb eigener Titel   221 123
Erwiesene Ertragskraft   Anh 305 25
Europäische Aktiengesellschaft   Einl 34 ff.
– Gründung **Einl** 36
– Rechtsgrundlagen **Einl** 35
Europäisches Verhinderungsverbot
  Anh 76 § 33a WpÜG 1 ff.
– Ausnahmen **Anh 76 § 33a WpÜG** 3 ff.
Euroumstellung 6 5 f., 9
– Aktienmindestnennbetrag **6** 8
– bei Kapitalerhöhung aus Gesellschaftsmitteln und teileingezahlten Aktien **215** 10
– unechte nennwertlose Aktie **6** 8
– Verfahren **6** 7
EWR-Gesellschaften   Einl 27
Ex post-Betrachtung   Anh 305 24
Ex post-Plausibilisierung   Anh 305 10
Exchangeable s. *Umtauschanleihe*

Faccini Dori-Entscheidung   Einl 13
Fair Value Option   221 75
Faktischer Beherrschungsvertrag   311 3, 11
Faktischer Konzern   53a 11; **221** 139; **311** ff.
– Abhängigkeitsbericht *s. dort*
– Haftung der Verwaltung der abhängigen Gesellschaft **318**; *s.a. dort*
– Haftung der Verwaltung der herrschenden Gesellschaft **317**; *s.a. dort*
– Haftung des herrschenden Unternehmens **317**; *s.a. dort*
– Nachteilsausgleich *s. dort*

Familiengesellschaft
– Unternehmenseigenschaft **15** 20
Fehlbetrag
– nicht durch Eigenkapital gedeckter **92** 9, 18
Fehlerhafte Bestellung
– Aufsichtsratsmitglied **101** 3
Fehlerhafte Gesellschaft 275 1
Feststellung des Jahresabschlusses 172 2 ff.
– Anfechtbarkeit **257** 1 ff.
– Beschlussmängel **172** 8 f.
– Bilanzgewinn **172** 7
– Billigung durch den Aufsichtsrat **171** 11; **172** 3
– Feststellung durch die Hauptversammlung **172** 5 f.; **173** 1 ff.
– Heilung der Nichtigkeit **256** 19
– Mitwirkung des Aufsichtsrats **256** 12
– Mitwirkung des Vorstands **256** 11
– nachträgliche Änderung **172** 12 ff.
– Nachtragsprüfung **173** 7 f.; **253** 2
– Nichtigkeit **256** 1 ff.
– Wirkungen **172** 7
Finanzielle Nettozuflüsse an die Anteilseigner   Anh 305 21
Finanzierungsverantwortung 57 10, 21, 40
Finanzinstrumente   Anh 93 § 12 WpHG 2
Finanzkalender   Anh 161 71
Finanzkrise   Einl 10a
Finanzmarktkrise 93 21a
Finanzmarktstabilisierungsfonds 93 21a
Finanzplankredit 57 23
Finanzplanung 76 10
Firma 4 1; **23** 27
– abgeleitete **4** 8
– Amtsauflösung **4** 3
– Änderung **4** 3
– Fantasie~ **4** 6
– Firmeneinheit **4** 8
– Firmenfähigkeit **4** 2
– Firmenkern **4** 5
– Firmenrecht **4** 1
– frühere **4** 10
– gemischte **4** 6
– Grundtypenvermischung **4** 7
– Handelsrechtsreformgesetz **4** 1
– irreführende **4** 3, 5
– Personenfirma **4** 6
– Rechtsformzusatz **4** 5, 7, 9
– Sachfirma **4** 5 f.
– Schutz **4** 4
– Zweigniederlassung **4** 9
Flow-to-Equity-Methode   Anh 305 13
Formelle Bilanzkontinuität 270 8
Formkaufmann 3 1

Formwechsel

Formwechsel 180 8; 221 136
Fortführungsprognose 92 6, 17 ff.
Fortsetzung 274 1
Fortsetzungsbeschluss 12 4; 274 1, 8
Fragerecht 131 1 ff.
Frauenquote 96 7a
Free Cashflow Anh 305 13
Freie Schätzung Anh 305 39
Freie Veräußerbarkeit Anh 305 36
Freigabeverfahren 246a 1 ff.; 264 1 ff.
Freiverkehr Anh 305 54
Fremdkapital
– Ausgestaltung als 221 110
Fremdorganschaft 78 2
Früherkennung
– bestandsgefährdende Risiken 91 8 ff.
Führungslosigkeit 78 14
Fungibilitätsabschlag Anh 305 39
Funktion des Kapitalisierungszinssatzes Anh 305 37
Funktionale Abgrenzung Anh 305 36
Fusionsrichtlinie Einl 16

Gebietskörperschaft Vor 394 5; 394 1; 395 2
Gebrauchswert Anh 305 13
Gegenantrag 126 5 ff.
Gegenseitigkeit
– Gegenseitigkeitsverhältnis 54 3
Gegenwartswert Anh 305 13
Geheimhaltungspflicht 404 1
Geheimnisse 93 48 ff.; 394 11; 395 3; 404 2
Gelatine-Entscheidung 76 23; 119 14
Gemeinderat 395 5
Gemeinsamer Vertreter
Anh 306 § 6 SpruchG 1 ff.; § 6a SpruchG 1 ff.; § 6b SpruchG 1; § 6c SpruchG 1
Gemeinschaftsrecht Einl 12
Gemeinschaftsunternehmen 17 24; 18 11
– Beherrschungsvertrag 293 23; 293b 3; 302 5
Gemeinwohl 396 2; 397 2
Gemischtwirtschaftlich Vor 394 1
Gemischtwirtschaftliche Unternehmen 1 14
Genehmigtes Kapital 8 16; 60 8; 202 1 ff.
– Änderung der Ermächtigung 202 9
– Angabe im Anhang 160 7
– Arbeitnehmeraktien 202 19 ff.; 203 38; 204 10 ff.; 205 9
– Ausnutzung der Ermächtigung 202 15 ff.
– ausstehende Einlagen 203 34 ff.
– Bezugsrechtsausschluss 203 5 ff., 25 ff.
– Durchführung der Kapitalerhöhung 203 2 ff.; 204 14

– Ermächtigung des Vorstands 202 4 ff.; 204 3
– Frist 202 11
– Höhe 202 12 ff.
– Inhalt der Aktienrechte 204 2 ff.
– Pflicht zur Vorabinformation 202 15 ff.; 203 13, 31
– Prüfung durch Registergericht 203 21
– Sacheinlage 205 2 ff.
– Sonderbeschlüsse 202 7 ff.
– Vorzugsaktien 204 8 f.
Generalvollmacht 78 8
Genossenschaft
– Unternehmenseigenschaft 15 11
Genossenschaftliche AG 60 5
Genussrechte 53a 8; 292 13; 304 14
– Abgrenzung 221 91 ff.
– Abgrenzung zu Darlehen 221 98
– Abgrenzung zu Gewinnabführungsverträgen 221 93
– Abgrenzung zu Gewinnschuldverschreibungen 221 92
– Abgrenzung zu Vorzugsaktien 221 91
– Abgrenzung zur Stillen Gesellschaft 221 94
– aktiengleiche/aktienähnliche 221 90
– Angabe im Anhang 160 9
– Angabe in Bilanz 152 6
– Angabe in GuV 158 7
– Anwendbarkeit des § 218 218 6; s.a. Wandelgenussrechte
– Arbeitnehmerbeteiligung s. Mitarbeiterbeteiligung
– Ausgabe durch börsennotierte Unternehmen 221 85
– Ausgabebetrag 221 117
– Ausgestaltung als Fremdkapital 221 110
– Ausschluss des Bezugsrechts 221 118 f.
– Begriff/Abgrenzung 221 83, 88, 91 f.
– Bekanntmachung des Hauptversammlungsbeschlusses 221 41, 117
– Beteiligung am Gewinn 221 98
– Beteiligung am Liquidationserlös 221 99
– Bezugsrecht der Aktionäre 221 55 ff., 118 f.
– Bezugsrechte auf Aktien 221 100
– Bilanzierung nach HGB 221 103 ff.
– Bilanzierung nach IAS/IFRS 221 109
– Dauerschuldverhältnis 221 94
– Eigenkapital, Ausgestaltung als 221 87, 90, 102 ff.
– Eingliederung 221 137
– Einkommensteuer 221 112 ff.
– Ermächtigungsbeschluss der Hauptversammlung 221, 117
– Erwerb eigener Titel 221 126
– faktische Konzernierung 221 139

2578

Stichwortverzeichnis **Gewerberecht**

- Fondskonstruktionen **221** 84
- Formwechsel **221** 136
- Genussrechtsbedingungen **221** 97
- Gewerbesteuer **221** 115
- Gewinnbeteiligung/Verzinsung **221** 98
- Hauptversammlungsbeschluss **221** 19, 21, 117 ff.
- Hinterlegung des Hauptversammlungsbeschlusses **221** 41, 117
- Informations-/Auskunftsrechte **221** 89, 91
- inhaltliche Ausgestaltung **221** 88 f., 97 f.
- Inhaltskontrolle **221** 96
- Kapitalmaßnahmen **216** 29; **221** 127, 135
- keine mitgliedschaftlichen Verwaltungsbefugnisse **221** 88, 97
- Klöckner-Entscheidung **221** 90, 95 f., 102
- Konzernrecht **221** 137 ff.
- Kündigungsrecht **221** 108
- materieller Eigenkapitalbegriff **221** 103
- Mitarbeiterbeteiligung **221** 86, 114
- Mittelstandsfinanzierung **221** 84, 101
- Nachrangigkeit **221** 105
- Optionsgenussrechte **221** 87, 100
- Rangrücktritt **221** 99
- Rechte der Genussrechtsinhaber **221** 88 f., 97, 117
- Sanierungsmittel **221** 87, 101, 142
- schuldrechtliche Natur **221** 1, 88, 94
- Sorgfaltspflichten des Vorstands, Schadensersatzansprüche **221** 95
- Spaltung **221** 136
- Squeeze-Out **221** 140
- steuerliche Behandlung **221** 112 ff.
- steuerliche Behandlung als Eigenkapital **221** 113
- Stille Gesellschaft **221** 94
- Stimmrecht **221** 88
- Teilnahme an Hauptversammlungen **221** 88, 91
- Übernahmeangebote **221** 141
- Übertragung einzelner Rechte **221** 122
- Umsatzsteuer **221** 116
- Umwandlung von Kreditforderungen (Sanierung) **221** 87
- Umwandlung/Verschmelzung **221** 136
- Unterbilanzgenussscheine **221** 87
- Unternehmensverträge **221** 138
- Verbriefung **221** 120
- Verlustteilnahme **221** 94
- Vertragsfreiheit **221** 1, 97
- Verwässerung **221** 127, 135
- Wandelgenussrechte **218** 6; **221** 87, 100, 117, 141 f.

Gerichtliche Ersatzbestellung 85 1 ff.

Gerichtsstand
- Spruchstellenverfahren **14** 3
- Zuständigkeit **14** 1

Gesamtbewertungsverfahren Anh 305 21

Gesamtbezüge
- angemessene **87** 2 ff.
- Üblichkeit **87** 6a

Gesamtgeschäftsführung 77 5
- Mehrheitsprinzip **77** 8
- Zustimmung **77** 5

Gesamtrechtsnachfolge 41 25 f.

Gesamtvertretung 78 1, 10
- halbseitige **78** 16
- unechte **78** 17

Geschäftemachen 88 6

Geschäftsbriefe 80 2 ff.

Geschäftschancen 88 8

Geschäftsführung 77 2
- Gestaltung **77** 7
- Stichentscheid **77** 9
- Vetorecht **77** 11

Geschäftsführungsbefugnis
- Beschränkung **82** 10

Geschäftsführungsverbot
- Aufsichtsrat **111** 20

Geschäftsführungsvertrag 291 23; **301** 2; **302** 5

Geschäftsmäßig Handelnde
- Stimmrechtsvollmacht **135** 29

Geschäftsordnung 129 2 ff.
- Aufsichtsrat **107** 27 f.; **Anh 161** 35
- Vorstand **Anh 161** 11

Geschäftstätigkeit Anh 305 36

Geschäftsverteilung 77 14
- Leitungsorganisation **76** 20

Geschichte des Aktienrechts Einl 1

Gesellschaft bürgerlichen Rechts 2 6

Gesellschaft/Gesellschafter 53 4

Gesellschaftervereinbarung 54 8

Gesellschaftsblätter
- gesetzliche **25** 1 f., 4 ff.
- weitere **25** 1, 3 ff.

Gesellschaftsfremde Sonderinteressen 53a 13

Gesellschaftsstatut Einl 23 ff.

Gesellschaftsvermögen 179a 1
- Übertragung **179a** 1 ff.

Gesellschaftsvertrag 23 3

Gesellschaftszweck 23 29; **179** 13
- Abgrenzung zum Unternehmensgegenstand **23** 29
- Änderung **179** 13

Gesetzliche Rücklage 150 1 ff.
- Kapitalerhöhung aus Gesellschaftsmitteln **208** 6

Gestaltungsfreiheit 54 9

Gewerberecht 3 2

2579

Gewerkschaften
- Anfechtungsbefugnis 251 9
- Unternehmenseigenschaft 15 17

Gewinn und Verlust-Gliederung 152 1 ff.

Gewinnabführung
- Höchstbetrag 301 1 ff., 6

Gewinnabführungsvertrag 57 38; 58 27
- Beendigung 291 1 ff., 38; 296 1 ff.; 297 1 ff.; 303 1 ff.; 304 50; s.a. Unternehmensvertrag
- Begriff 291 16
- fehlerhafter 291 15
- isolierter 291 18
- Rückwirkung 291 18; 294 17
- Saldierungsverbot 158 9
- verdeckter 291 21
- Verlustausgleichspflicht 302 5 f.
- zugunsten Dritter 291 20
- zugunsten mehrerer 291 22

Gewinnausschüttung 58 21

Gewinnbeteiligung
- Beginn neuer Aktien bei Kapitalerhöhung aus Gesellschaftsmitteln 217 2 ff.
- bei teileingezahlten Aktien 215 5; 216 12 ff.
- gewinnabhängige/gewinnorientierte Verzinsung 221 98
- verhältnismäßige Erhöhung bei Kapitalerhöhung aus Gesellschaftsmitteln 216 12 ff.

Gewinnbezugsrecht 53a 8; 60 7

Gewinngemeinschaft 292 2 ff.; 293 2

Gewinnrücklage 150 1; 152 8; 158 4 f.; 170 9; 301 9 f.; 302 9
- Auflösung 58 26
- Kapitalerhöhung aus Gesellschaftsmitteln 208 2 ff.
- übermäßige Einstellung 254 5 ff.

Gewinnschuldverschreibung
- Abgrenzung, Begriff 221 3
- Anfechtbarkeit des Hauptversammlungsbeschlusses 221 42
- Anleihebedingungen 221 23, 29, 129
- Aufsichtsrat, Zustimmung 221 31
- Ausgabe der Anleihen 221 43
- Ausgabebetrag, Ausgabepreis 221 63, 73
- Auslandsemission 221 62
- Ausschluss des Bezugsrechts der Aktionäre 221 59 ff.
- Befristung 221 27
- Beschlusserfordernis 221 19 ff.
- Bezugsrecht der Aktionäre 221 55 ff., 59 ff.
- Bilanzierung 221 82
- Börsennotierung 221 121
- Dividendenbezug als Basis für Gewinnbeteiligung 221 5, 74, 124
- Einkommensteuer 221 82
- Ermächtigungsbeschluss der Hauptversammlung 221 20 f., 64
- Ermächtigungsfrist 221 27
- Ermessen der Hauptversammlung 221 32
- Erwerb eigener Titel 221 125
- faktische Konzernierung 221 139
- fehlerhafter Bezugsrechtsausschluss 221 73
- Formwechsel 221 136
- Gesamtkapitalrendite als Basis für Gewinnbeteiligung 221 5
- Gesamtkonzernergebnis als Basis für Gewinnbeteiligung 221 7
- Gestaltungsspielraum für Vorstand 221 23
- Gewinn einer Unternehmenssparte als Basis für Gewinnbeteiligung 221 6
- Gewinn verbundener Unternehmen 221 7
- gewinnabhängige Verzinsung 221 4
- Gewinnbeteiligung 221 4 ff.
- gewinnorientierte Verzinsung 221 5
- Handelsregister (keine Eintragungsfähigkeit) 221 41
- Hauptversammlungsbeschluss 221 19 ff.
- Inhaberpapiere 221 120
- Inhalt des Hauptversammlungsbeschlusses 221 23
- Inhaltskontrolle 221 96
- Kapitalmaßnahmen 216 27; s.a. Verwässerung
- Konzernfinanzierungsinteresse 221 7, 127 f.
- Mehrheit Hauptversammlungsbeschluss 221 37 f.
- Mischformen 221 8
- mittelbares Bezugsrecht 221 72
- Namens-/Orderpapiere 221 120
- Nichtigkeit des Hauptversammlungsbeschlusses 221 42
- sachliche Rechtfertigung für Bezugsrechtsausschluss 221 66, 68
- Siemens/Nold-Entscheidung 221 64
- Sonderbeschluss 221 37, 39
- Spaltung 221 136
- Squeeze-Out 221 140 f.
- Tracking Stocks 221 6
- Übertragung 221 121
- Umwandlung 221 136
- Unternehmensverträge 221 138
- Verbriefung 221 120, 123
- Vertragsfreiheit 221 1
- Verwässerung, Schutz der Anleihegläubiger 221 69, 127, 134
- Vorstandsbericht für Ausschluss des Bezugsrechts 221 61 ff.
- Zustimmungsbeschluss der Hauptversammlung 221 20, 22

Gewinnverteilung 11 9; **59** 3; **60** 1, 10
- Agio **60** 3; *s.a. dort*
- bei Satzungsänderung **60** 6
- Einlagen **60** 3
- Gewinnabführungsvertrag **60** 9
- Kapitalerhöhung **60** 6
- Kapitalerhöhung aus Gesellschaftsmitteln **60** 8
- Vorzugsaktien **60** 5
- zeitanteilige **60** 3

Gewinnverwendung 58 1
- Rücklagen **58** 1

Gewinnverwendungsbeschluss 58 4, 27, 31; **174** 1 ff.; **217** 7
- Akzessorität zum Jahresabschluss **253** 3
- Anfechtbarkeit **254** 1 ff.
- Heilung der Nichtigkeit **253** 4
- Neuaufstellung des Jahresabschlusses **253** 4
- Nichtigkeit **253** 1 ff.

Gewinnverwendungsvorschlag 170 6 ff.
Gewinnverzicht 60 9
Gewinnvortrag 58 23; **150** 1; **158** 2; **170** 10; **302** 10
- übermäßiger **254** 5 ff.

Gezeichnetes Kapital 152 2
Girmes-Fall 53a 13
Gläubigeraufruf 267 1
Gläubigerschutz 1 15; **303** 1 ff.
Gleichbehandlung 11 3; **Vor 53a** 1, 3; **53a** 3; **63** 5; **293** 16
- Anfechtung **53a** 9
- Ausgabekurs **53a** 10
- Bezugsrechtsausschluss **53a** 6
- faktischer Konzern **53a** 11
- Hauptversammlungsbeschlüsse **53a** 8
- Höchststimmrecht **53a** 6
- Individualgeschäfte **53a** 10
- Vertragskonzern **53a** 11

Gleichbehandlungsgebot Vor 53a 2; **53a** 2; **293** 16; **Anh 305** 1
Gleichbehandlungsgrundsatz Anh 305 54
Gleichgewichtszustand Anh 305 48
Gleichordnungskonzern 18 16 ff.
Gleichordnungskonzernvertrag 291 29
Globalaktie 8 9
- interimistische **8** 9

Globalurkunde 8 9; **10** 5
GmbH
- Unternehmenseigenschaft **15** 11

Golden Shares-Entscheidungen Einl 22
Gratisaktien
- Kapitalerhöhung aus Gesellschaftsmitteln **208** 4

Greenshoe 255 7
Grenzpreis Anh 305 4

Grenzwert Anh 305 4
Gründer
- Begriff **28** 1 ff.; **399** 3, 8
- Haftung *s. Gründerhaftung*
- Verantwortlichkeit **46**; *s.a. Gründerhaftung*

Gründerfähigkeit 2 4, 7
- beschränkt Geschäftsfähige **2** 8
- Bevollmächtigte **2** 10
- Erbengemeinschaft **2** 7
- juristische Person **2** 4
- OHG oder KG **2** 4
- Strohmänner **2** 11 f.
- Testamentsvollstrecker **2** 7
- Vormundschaftsgericht **2** 8

Gründergenossen 47 1
Gründergenossenhaftung 47 1, 5, 8
- Verjährung **51** 1 f.
- wegen Empfangs einer verheimlichten Vergütung **47** 5 ff.
- wegen Mitwirkung bei Schädigung der Gesellschaft **47** 8

Gründerhaftung 41 24, 31 ff.; **46** 1
- Ansprüche Dritter **46** 5
- Ausfall **46** 17
- bei Leistungsunfähigkeit des Gründers **46** 16 ff.
- bei Schädigung der Gesellschaft **46** 13 ff.
- bei unrichtigen oder unvollständigen Angaben **46** 7 ff.
- Entwicklung **41** 31 f.
- Gerichtsstand **46** 6
- Gläubiger **46** 4
- Hintermänner **46** 3
- Schuldner **46** 3
- Umfang **46** 12, 15, 19
- unrichtige Angaben **46** 7 f.
- unvollständige Angaben **46** 7 f.
- Verantwortlichkeit anderer Personen **47** 1 ff.
- Verantwortlichkeit von Vorstand und Aufsichtsrat **48** 1 ff.
- Vergleich **50** 1 ff.
- Verjährung **51** 1 f.
- Verzicht **50** 1 ff.
- Voraussetzungen **46** 7 ff.

Grundfreiheiten des EG-Vertrages Einl 22
Grundkapital 1 15, 19; **7** 3 f.; **23** 34 f.; **152** 2
- Änderung **179** 18
- Betrag des Grundkapitals **1** 15
- festes Grundkapital **7** 1
- Gründungsprüfung **1** 15
- Stufengründung **1** 15
- Über-Pari-Emission **1** 15
- Unter-Pari-Emission **1** 15
- Verlust **92** 5 ff.

2581

Grundlagengeschäfte 76 23
Grundsatz der Methodengleichheit
  Anh 305 17
Grundsatz der Überprüfbarkeit Anh 305 7
Grundsatz der Wertirrelevanz der Länge des Detailplanungszeitraums Anh 305 29
Gründung
– nach ausländischem Recht Einl 33
– SE **Einl** 36
– Vorvertrag **41** 3
Gründungsaufwand
– Begriff **26** 7 f.
– Gründungsbericht **26** 1, 9; **32** 1, 7; **33** 1; **34** 1
– Gründungsprüfung **26** 1, 9; **33** 1, 3 ff.; **34** 1 f.
– Registerkontrolle **26** 1, 9, 11; **37** 6
– Satzungspublizität **26** 1, 9, 11, 14 f.
– verschleierter Gründungsaufwand **26** 10
– Verträge und Ausführungsgeschäfte **26** 12
Gründungsbericht 399 15
– allgemeine Angaben **32** 1, 3
– Erstattung **32** 2
– Registerkontrolle **37** 6; **38** 3, 5
– Sacheinlagen und Sachübernahmen **32** 1, 4 f.; **33** 1; **33a** 1 f., 4; **34** 1
– Sondervorteile und Gründungsaufwand **32** 1, 7; **33** 1; **34** 1
– Strohmanngründung **32** 1, 6; **33** 1
Gründungsmangel 23 45 ff.
Gründungsprüfer
– eigentliche Gründungsprüfer **33** 1, 5 f.; **35** 1 ff.
– Haftung **50** 1 ff.
– Urkundsnotar **33** 1, 4
Gründungsprüfung
– externe Gründungsprüfung **33** 1, 3 ff., 7; **33a** 1 ff., 7 ff.; **34** 1 ff.; **35** 1 ff.
– interne Gründungsprüfung **33** 1 f.; **33a** 1 f., 4; **34** 1 ff.
– Nachgründung **52** 14
– Prüfungsbericht **34** 3
– Prüfungsgegenstand **34** 2
– Registerkontrolle **37** 6; **38** 2, 5 f.
Gründungsschwindel 399 2 ff.
Gründungstheorie Einl 25, 29a; **5** 2; **45** 11, 18; **262** 9
Gründungsvorschriften
– Anwendung auf Mantelkauf und Mantelverwendung **179** 25
Gütergemeinschaft
– Unternehmenseigenschaft **15** 12
Gutgläubiger Erwerb 64 17
Gutgläubigkeit
– Haftung **93** 16

Haftung 56 16
– angemessene Informationsgrundlage **93** 13 ff.
– Aufsichtsrat **117** 6
– Aufsichtsratsausschüsse **116** 7
– Beweislastverteilung **93** 26
– Einflussnahme **117** 1 ff.
– Finanzmarktkrise **93** 21a
– gegenüber Aktionären **93** 55
– gegenüber Dritten **93** 56
– gegenüber Gläubigern **93** 43 ff.
– gesamtschuldnerische **93** 30 ff.
– gesetzliche Vertreter des herrschenden Unternehmens **309** 15 ff.
– Gutgläubigkeit **93** 16
– herrschendes Unternehmen **309** 28 ff.
– Interessenkonflikte **93** 14
– Kausalität **93** 23
– Mehrheitsbeschlüsse **116** 10
– Schaden **93** 22
– Sondertatbestände **93** 41 f.
– Übernahmeverschulden **116** 11
– unternehmerische Entscheidung **93** 11 f.
– Vergleich **93** 36
– Verjährung **93** 54
– Verschulden **93** 21b
– Verwaltungsmitglieder der abhängigen Gesellschaft **310** 2 ff.
– Verzicht **93** 36
– Vorstand **56** 16; **117** 6
Haftung der Hauptgesellschaft 322
– Aufrechnung **322** 9
– Bilanzierung **322** 5
– Einwendungen **322** 6
– Inhalt **322** 1 ff.
– Verjährung **322** 6 f.
– Zwangsvollstreckung **322** 10
Haftung der Verwaltung der abhängigen Gesellschaft
– Aufsichtsratsmitglieder **318** 9
– Geltendmachung durch Aktionäre **309** 22 f.; **318** 6 f.
– Vergleich, Verzicht, Verjährung **309** 21, 26; **318** 8
– Voraussetzungen **318** 2 ff.
– Vorstandsmitglieder **318** 2 ff.
Haftung der Verwaltung der herrschenden Gesellschaft
– Geltendmachung durch Aktionäre **309** 22 f.; **317** 16
– geschäftsführende Organe **317** 15
– Vergleich, Verzicht, Verjährung **309** 21, 26; **317** 19
– Voraussetzungen **317** 3 ff., 14

Haftung des herrschenden Unternehmens
- bei mehrstufigen Unternehmen **317** 9
- eigener Schaden des Aktionärs **317** 18
- Geltendmachung durch Aktionäre **309** 22 f.; **317** 16
- Nachteil **317** 4
- Vergleich, Verzicht, Verjährung **309** 21, 26; **317** 19
- Voraussetzungen **317** 3 ff.

Haftungsausschluss **93** 32
Haftungsbeschränkung **1** 25
Haftungsklage
- Bekanntmachung **149** 1 ff.

Halb-strenge Informationseffizienz **Anh 305** 50
Handelndenhaftung **41** 16 ff.
- Erlöschen **41** 23
- Handelnde **41** 18
- Inhalt **41** 21
- Regress **41** 22
- Zeitraum **41** 17, 23

Handelsgesellschaften
- Unternehmenseigenschaft **15** 12

Handelsregister **81** 1 ff.
- Eintragung der AG **41** 25 ff.
- Eintragung des Nachgründungsvertrages **52** 16 ff., 21
- Eintragung einer Satzungsänderung **181** 1 ff., 14 f., 24
- Löschung einer Eintragung **181** 37 ff.

Handelswert **Anh 305** 14; 49
Handlungsbevollmächtigte **89** 4
Handlungsfähigkeit **1** 11
- ultra-vires-Lehre **1** 11

Hauptversammlung **58** 17; **118** 1
- Abschlussprüfer **176** 8 ff.
- Abstimmung **129** 47
- Abstimmungsreihenfolge **137** 1 ff.
- Auskunft **293g** 5 ff.
- Beschluss **133** 1 ff.
- Billigung des Konzernabschlusses **173** 3
- Einberufung **92** 7
- Feststellung des Jahresabschlusses **172** 5 f.; **173** 1 ff.
- gesonderte Abstimmung **138** 3, 5
- gesonderte Versammlung **138** 3 f.
- Leitfaden **129** 37 ff.
- Online-Teilnahme **118** 5a
- ordentliche **175** 1 f.
- Ordnungsmaßnahmen **129** 46; **131** 18
- Rederecht **118** 6
- Sonderbeschluss **138** 1 ff.
- ungeschriebene Zuständigkeit **119** 12 ff.
- Vertretungskompetenz **119** 11
- Vorlagen **175** 6 f.; **176** 2
- Wiedereröffnung **129** 48
- Zeit **121** 27
- Zugänglichkeitmachung **175** 9
- Zuständigkeit **119** 1 ff.
- Zustimmung zu Unternehmensvertrag **293** 1 ff.

Hauptversammlungsbeschluss
- Ausführung **83** 1 ff., 5 f.
- Satzungsänderung **179** 1 ff.
- über den Ertrag aus höherer Bewertung (Verwendungsbeschluss) **261** 7 f.
- Vermögensübertragung **179a** 13 ff.
- Vorbereitung **83** 1 ff.

Hauptversammlungszustimmung
- Verträge **83** 3

Hauptverwaltung **5** 4
Heilung
- bedingte Kapitalerhöhung **56** 4
- der Nichtigkeit **64** 18
- genehmigtes Kapital **56** 4
- von Mängeln **56** 4

Hemmung **65** 8
Herabsetzung
- Vorstandsvergütung **87** 13

Hilfsgeschäfte **23** 30; **52** 23
Hilfsverpflichtungen **54** 6
Hinterlegungsbescheinigung **402** 1
Hintermänner **46** 3
Hinweisbekanntmachung
- Aufsichtsratszusammensetzung **106** 3
- Registergericht **106** 3

Historische Betafaktoren **Anh 305** 45
Historische Kapitalmarktdaten **Anh 305** 45
Höchststimmrecht **11** 10, 13; **12** 1; **60** 5; **134** 4 ff.
- Beseitigung **134** 7
- Einführung **134** 7
- Kapitalmehrheit **134** 6
- Minderheitsquote **134** 6
- sachliche Rechtfertigung **134** 7
- Stimmbindungsvertrag **136** 23
- Zurechnung Dritter **134** 8

Höchstzahl
- Aufsichtsratsmitglieder **95** 5

Hockey-Stick-Planung **Anh 305** 26
Holding
- faktische **77** 19
- Unternehmenseigenschaft **15** 20

Holzmüller-Entscheidung **76** 23; **119** 12
- qualitative Kriterien **119** 23
- quantitative Mindestgrenze **119** 21
- Verfahren **119** 26

Huckepack Emission **221** 18
Hybrides Finanzinstrument
- Risiko/Renditeverteilung **221** 1

2583

IAS (International Accounting Standards)
Einl 19
IAS-Verordnung Einl 19
Identitätsgrundsatz 221 9
Identitätstheorie 41 25
Income Approach Anh 305 13
Indirekte Anteilsbewertung Anh 305 21
Individualgeschäfte 57 5
Individualrechte 11 4
Inflation Anh 305 48
Informationsabgrenzungsfunktion
Anh 305 10
Informationsasymmetrien Anh 305 50
Informationseffizienzhypothese Anh 305 50
Informationsmanagement 76 10
Informationsmängel Anh 306 § 1 SpruchG 7
Informationspflicht
– Verletzung 293 28
Informationsrechte
– Auskunftsrechte 221 89, 91
Informationsweitergabe 78 5
Inhaberaktie 10 4, 6
Inhaberpapiere 221 120
Inhaltskontrolle 221 96
Inkompatibilität 105 2 ff.
– Generalhandlungsbevollmächtigter 105 2
– Prokurist 105 2
– Vorstandsmitglieder 105 2
Innerer Wert Anh 305 5; 50
Insidergeschäfte
– Verbot Anh 93 § 14 WpHG 1 ff.
Insiderinformationen
Anh 93 § 13 WpHG 1 ff.
– Kursbeeinflussungspotential
Anh 93 § 13 WpHG 6 ff.
– Kurserheblichkeit Anh 93 § 13 WpHG 8
– nicht öffentlich bekannt
Anh 93 § 13 WpHG 3
Insiderpapiere Anh 93 § 12 WpHG 2 ff.
Insiderverzeichnisse Anh 93 § 15b
WpHG 1 ff.
Insolvenz 63 9; 66 12
– der AG 63 9
– des Aktionärs 63 9
– Kündigung 87 17
Insolvenzantrag 92 9, 24 ff.; 401 3
Insolvenzverfahren über das Gesellschaftsvermögen 262 11
Inspire Art-Entscheidung Einl 30, 33
Integriertes Planungsmodell Anh 305 27
Interessenkonflikte 89 1; Vor 394 7
– Aufsichtsrat Anh 161 63 ff.
– Haftung 93 14
– Stellungnahme Anh 76 § 27 WpÜG 2
– Vorstand Anh 161 28

Internationales Gesellschaftsrecht Einl 23 ff.
– ausländischer Konzerngesellschaften 58 14
– RefE Einl 29a
Internationales Privatrecht Einl 23 ff.; 3 4;
5 2; *s.a. Internationales Gesellschaftsrecht, Gesellschaftsstatut*
– internationale Sitzverlegung 5 6
– Personalstatut 3 4
– Verwaltungssitz 5 10
– Zweigniederlassung 3 4

Jahresabschluss 58 18; *s.a. Feststellung des Jahresabschlusses*
– Änderung 172 12 ff.
– Anfechtbarkeit 257 1 ff.
– Bewertungsfehler 256 16 ff.
– Billigung durch den Aufsichtsrat 171 11;
172 3
– Enforcement 256 21
– Gliederungsfehler 256 14 f.
– Heilung der Nichtigkeit 256 19
– Klage auf Nichtigkeit 256 20
– Korrektur aufgrund Sonderprüfung
261 1 ff.
– Nachtragsprüfung 173 7 f.; 253 2
– Nichtigkeit 256 1 ff.
– Prüfung 256 5 ff.
– Sonderprüfung 258 1 ff.
– Überbewertung 256 17
– Unterbewertung 256 18
– Unterzeichnung 172 10
– Vorlage an Aufsichtsrat 170 2
Jahresabschlussrichtlinie Einl 19
Jahresfehlbetrag 302 6 ff., 12 ff.
Jahresüberschuss 58 5
– berichtigter 300 5
– Kapitalerhöhung aus Gesellschaftsmitteln
208 3
Journalist Anh 410 § 20a WpHG 14

Kaduzierung 64 1
– Aktienurkunde 64 15
– Androhung 64 6
– Ausschließung 64 2
– Befristung und Verjährung 65 8
– Bekanntmachung 64 7
– Einlage 64 14
– erneute 65 3
– Geldeinlage 64 3
– gemischte Einlagen 64 3
– Gleichbehandlung 64 8
– Haftung 64 16
– Haftung der Vormänner 65 1 f.

- Inhaberaktien **64** 4
- Mitgliedschaft **64** 11 ff.
- Nachfristsetzung **64** 6
- Nichtigkeit **64** 17 f.
- nur Namensaktien **64** 4
- Rückgriff **65** 4
- Rückgriffsschuldner **65** 7
- Sacheinlagepflicht **64** 3
- Stufenrückgriff **65** 5
- subjektloses Recht **64** 12
- Verfahrensmängel **65** 16
- Verkauf der Aktie **65** 17
- Verlustigerklärung **64** 9
- Vermutung **65** 6
- Voraussetzungen **64** 6
- Zeitpunkt **64** 10
- Zuständigkeit **64** 5

Kanalinsel-Entscheidung Einl 24a

Kapitalanlagegesellschaften
- Einberufungsbefugnis Aufsichtsratssitzung **110** 5

Kapitalaufbringung 9 1; **Vor 53a** 3, 6 f.; **56** 2, 5, 7 f.; **63** 1; **65** 1; **66** 1
- Bareinlagen **63** 2
- bedingte Kapitalerhöhung **56** 6
- Bezugsrechte **56** 6
- Einforderung **63** 1
- Einlageforderungen **66** 2
- Emissionskonsortium **56** 9
- Mitgliedschaftsrechte **Vor 53a** 3
- Nebenleistungen **66** 2
- Sacheinlagepflichten **63** 3
- Übernahmevertrag **56** 9
- verdeckte Sacheinlage **63** 3
- Zusammenhang mit Kapitalerhaltung **57** 1

Kapitalaufbringung (Mängel) 56 7, 10 ff., 16
- Rechte der AG **56** 13 f.

Kapitalerhaltung Vor 53a 3, 6; **56** 15; **57** 8, 15
- Adressaten **57** 7
- Anteilskäufe **57** 13
- Auskauf opponierender Aktionäre **57** 20
- Dividende **57** 12
- Einziehungsentgelte **57** 28
- Erwerb eigener Aktien **57** 27
- Finanzierungsverantwortung **57** 3
- Gläubigerschutz **57** 2
- Kapitalaufbringung **57** 1
- Kapitalschutz **56** 15
- MBO **57** 13; s.a. Management Buy-Out
- Prospekthaftung **57** 20 f.
- Rechtsfolgen s. Kapitalerhaltung (Rechtsfolgen)
- verbundener Unternehmen **57** 10
- verdeckte Zuwendungen **57** 11
- Verzinsungsverbot **57** 29

Kapitalerhaltung im Konzern
- faktischer Konzern **57** 39
- Unternehmensvertrag **57** 38

Kapitalerhaltung (Rechtsfolgen)
- Nichtigkeit **57** 34
- Rechtsfolgen Schadensersatz **57** 37
- Sicherheiten **57** 36
- Vindikation **57** 49

Kapitalerhöhung 8 16; **9** 1, 4, 6; **47** 12; **54** 1; **60** 4; **180** 5, 9; **300** 8 f.; **304** 45 ff.
- Abschlagszahlungen **57** 12
- Anfechtbarkeit **255** 1 ff.
- Ausgabe und Mindestbetrag **255** 5 ff.
- Barkapitalerhöhung **7** 4
- bedingte Kapitalerhöhungen **9** 7
- genehmigtes Kapital **9** 7
- Kapitalherabsetzung **7** 4
- Nachgründung **52** 10
- Sacheinlagen **9** 7

Kapitalerhöhung aus Gesellschaftsmitteln 9 5; **207** 1 ff.
- Aktiensplit **215** 9
- Aktienurkunden **214** 2 ff.
- Anmeldung **207** 6
- Anmeldung zum Handelsregister **211** 4
- Anschaffungskosten der neuen Aktien **220** 2 ff.
- Aufforderung zur Abholung neuer Aktien **214** 2 ff.
- Aufhebung und Änderung **207** 8
- Ausgabe neuer Aktien **207** 2; **214** 8; **218** 2 ff.
- bedingtes Kapital **214** 6
- Bedingung **207** 5
- Befristung **207** 5
- Begebungsvertrag **214** 8; **218** 2 ff.
- Beherrschungs- und Gewinnabführungsverträge **216** 30
- Beschlussinhalt **207** 3 f.
- Beteiligung am Liquidationserlös bei teileingezahlten Aktien **216** 17
- Bezugsrechte, keine Entstehung von Bezugsrechten **212** 2
- Bilanzgewinn **208** 4
- dingliche Rechte Dritter **212** 4
- eigene Aktien, Teilnahme an Kapitalerhöhung **212** 3; **215** 3
- Eintragung **210** 10
- Eintragung im Handelsregister **211** 1 ff.; **212** 7
- Einzelrechte (unverändertes Verhältnis) **216** 2
- Erhöhung der Aktiennennbeträge **214** 20
- Erhöhungsbetrag **207** 3
- Erhöhungsbilanz **209** 5 ff.

2585

Kapitalerhöhung gegen Einlagen

- Erhöhungsverhältnis **207** 5
- Erklärung zur Vermögensminderung **210** 4
- Euroumstellung **215** 10
- gesetzliche Rücklage **208** 6
- Gewinnbeteiligung, Beginn **217** 2 ff.
- Gewinnbeteiligung bei teileingezahlten Aktien **215** 5; **216** 12 ff.
- Gewinnrücklagen **208** 2
- Gewinnverwendungsbeschluss **217** 7
- Gratisaktien **208** 4
- gutgläubiger Erwerb verbotswidrig ausgegebener Urkunden **219** 5
- Heilung durch Eintragung im Handelsregister **211** 3
- Informationsrechte **209** 4, 9
- Jahresüberschuss **208** 3
- letzte Jahresbilanz **209** 2 ff.
- Mehrstimmrechte **216** 8
- Nebenleistungspflichten **216** 20, 32
- ohne Ausgabe neuer Aktien **220** 6
- Prüfung durch Registergericht **210** 7 f.
- Rechte gem § 221 **216** 27 ff.
- Rechtsbeziehungen zu Dritten **216** 18 ff.
- rückwirkende Gewinnbeteiligung **217** 4
- Satzungsänderung **208** 1; **210** 6
- „Schütt-aus-hol-zurück"-Verfahren **207** 1
- Sonderbeschluss **207** 2
- Spitzen bei teileingezahlten Aktien **215** 13
- steuerliche Behandlung **220** 7
- Stimmrecht bei teileingezahlten Aktien **215** 5
- stock dividend **208** 4
- Stückaktien **215** 6
- Tantiemen **216** 25
- teileingezahlte Aktien **215** 4
- Teilrechte **207** 3; **212** 3; **213** 2 ff.; **214** 17 f.; **220** 4
- umwandlungsfähiges Eigenkapital **208** 2 ff.
- Unterbilanz, keine Unterbilanzhaftung **211** 6
- unverbriefte Aktien **214** 14 ff.
- Verbot vorzeitiger Ausgabe von Aktien **219** 2 ff.
- Verbriefung **214** 8; **215** 7
- verhältnismäßige Berechtigung der Aktionäre **212** 3
- verhältnismäßige Erhöhung der Rechte **216** 2, 5 ff.
- Verknüpfung mit regulärer Kapitalerhöhung **207** 5, 9
- Vermeidung von Spitzen **215** 13
- verschiedene Aktiengattungen **216** 4 ff.
- Verteilungsmaßstab, Verhältniszahl **212** 3; **214** 6
- vinkulierte Aktien **216** 3

- Voraussetzungen **207** 1 ff.
- Vorzugsaktien **207** 2; **216** 6
- Wirksamwerden durch Eintragung **211** 2
- zugrunde gelegte Bilanz **207** 7; **209** 1 ff.
- Zuordnung der neuen Aktien **212** 3; **214** 6
- zweckgebundene Rücklagen **208** 8; **210** 8

Kapitalerhöhung gegen Einlagen 182 1 ff.
- Ablauf **182** 9 ff.
- Änderung des Erhöhungsbeschlusses **182** 27
- Anfechtbarkeit **255** 1 ff.
- Anmeldung und Eintragung **182**; **189**
- Aufhebung des Erhöhungsbeschlusses **182** 27
- Auflösung und Insolvenz **182** 47 f.
- Ausgabe von Aktien **191** 3 ff.
- Ausgabebetrag **182** 34 ff.
- ausstehende Einlagen **182** 38 ff.; **203** 34 ff.
- Bekanntmachung der Eintragung **190** 1
- Bezugsberechtigter *s. dort*
- Bezugsrecht *s. dort*
- Bezugsrechtsausschluss *s. dort*
- Durchführung **188** 4 ff.
- Erhöhungsbeschluss **182** 12 ff.
- Sonderbeschluss **182** 29 ff.
- Wirksamwerden **189** 2
- Zeichnung der Aktien **185** 4 ff.

Kapitalerhöhungsschwindel 399 19
Kapitalersatz 221 142
Kapitalersatzfunktion 57 23
Kapitalersetzende Aktionärsdarlehen
  57 21; *s.a. Kapitalersetzende Darlehen*
Kapitalersetzende Darlehen 57 21 f., 24 f.; **92** 6, 12, 22
- Angabe in Bilanz **152** 6
- Beherrschungsvertrag **57** 41
- Finanzierungs-Leasing **57** 23
- Finanzierungsverantwortung **57** 22
- im Konzern **57** 40
- quasi-Eigenkapital **57** 26
- Überbrückungsdarlehen **57** 23

Kapitalherabsetzung 53a 8; **58** 27; **66** 1; **221** 128, 131a; **300** 11; **304** 47
- analoge Anwendung des § 216 Abs 3 **216** 31
- Angabe in GuV **158** 7

Kapitalherabsetzung durch Einziehung
- Durchführung **239** 2
- Durchführung, Anmeldung und Eintragung **239** 2 ff.
- Einziehung durch den Vorstand **237** 50 f.
- Einziehungsentgelt **237** 23 ff.
- keine Rückwirkung **238** 13
- Liquidation und Insolvenz **237** 1
- nach Erwerb **237** 27 ff.

Stichwortverzeichnis **Konzernbetrachtung**

- ordentliches Einziehungsverfahren **237** 30 ff.
- Rechtsfolgen bei Fehlern **237** 52 ff.
- vereinfachtes Einziehungsverfahren **237** 37 ff.
- Wirksamwerden **238** 1 ff.
- Wirkungen **238** 10 ff.
- Zwangseinziehung, Anordnung **237** 7 ff.
- Zwangseinziehung, Gestattung **237** 17 ff.

Kapitalherabsetzungsbeschluss 57 12
Kapitalisierung Anh 305 37
Kapitalmarkt 3 6
- Einlagensicherungsrichtlinie **3** 6
- geregelter Markt **3** 6
- neuer Markt **3** 6

Kapitalmarkteffizienz Anh 305 49
Kapitalmaßnahmen 216 29; **221** 127, 135
Kapitalmehrheit 182 13 f.; **186** 22; **193** 1; **202** 6; **207** 2
Kapitalrichtlinie Einl 15; **56** 1
Kapitalrücklage 150 1; **152** 7; **158** 3; **208** 2, 6; **300** 1; **302** 10
Kapitalstrukturrisiko Anh 305 40
Kapitalwertkalkül Anh 305 13
Kaufmann
- Unternehmenseigenschaft **15** 9

Kausalität 93 23
Keinpersonen-AG Einl 7; **42** 9
Kennzeichnungsfähigkeit 4 5
KGaA 278 ff.
- Abwicklung **290** 1 ff.
- anwendbares Recht und Verweisungstechnik **278** 4 ff.
- Auflösung **289** 1 ff.
- Aufsichtsrat **278** 10, 42; **287** 1 ff.
- Ausscheiden eines Komplementärs **289** 13 ff.
- Begründung und Beendigung der Komplementärstellung **278** 17 ff.
- Eingliederung **319** 3
- Einlagen der Komplementäre **278** 24 ff.
- Entnahmebeschränkungen **288** 5 ff.
- Entziehung der Geschäftsführungs- und Vertretungsmacht **278** 49 ff.
- Feststellung der Satzung **280** 1 ff.
- Firma **279** 1 ff.
- Geschäftsführung **278** 38 ff.
- Gestaltungsfreiheit **278** 11
- Gründungsvorschriften **280** 4 ff.
- Haftung der Komplementäre **278** 20 ff.
- Hauptversammlung **285** 1 ff.
- Inkompatibilität **287** 9 f.
- Jahresabschluss **286** 1 ff.
- Kapitalgesellschaft & Co. KGaA **278** 13 ff.
- Kommanditaktionäre **278** 33 ff.
- Konzernrecht **278** 52 ff.
- Kreditbeschränkungen **288** 9
- Mitbestimmung **287** 11 ff.
- personelle Anforderungen an Komplementäre **278** 12 ff.
- Pflichten der Komplementäre **283** 3 ff.
- Satzungsänderung **281** 9
- Satzungsgestaltung bzgl Geschäftsführung und Vertretung **278** 44 ff.
- Satzungsinhalt **281** 1 ff.
- Verhältnis der Komplementäre untereinander **278** 26 ff.
- Vermögenseinlage phG **281** 5
- Vertretung **278** 41 ff.
- Wesen und Gesellschafter **278** 1 ff.
- Wettbewerbsverbot **284** 1 ff.
- Zustimmung der Komplementäre zu HV-Beschlüssen **285** 8 ff.

Klagezulassungsverfahren 148 1 ff.
- Beiladung **148** 11, 14

Kleine Aktiengesellschaft Einl 7; **42** 3
Klöckner-Entscheidung 221 90, 95 f., 102
Kollegialentscheidungen 93 20
Kollusion 57 35
Kommanditaktionär *s. KGaA*
Kommanditgesellschaft auf Aktien 278 ff.; *s.a. KGaA*
Kompensationsebene Anh 305 3
Komplementär *s. KGaA*
Konfusion 64 12
Konsortialbindung 57 22
Konsortialvertrag 136 22, 25
- Stimmvereinbarung **101** 9

Kontoführung 54 13
Kontokorrent 66 8
KonTraG Einl 8
Kontrollumfang 111 3
Kontrollwert Anh 305 49
Konzern 18
- Beraterverträge **114** 12
- Berichtspflichten des Vorstands **90** 13
- einheitliche Leitung **18** 4 ff., 17 f.
- Gleichordnungskonzern **18** 16 ff.
- Konzern im Konzern **18** 7
- mehrfache Konzernierung **18** 10 ff.
- mehrstufiger **293** 24; **303** 18; **304** 40 ff.; **305** 17
- Unterordnungskonzern **18** 3 ff.
- Vermutung **18** 13 ff.
- Zusammenfassung **18** 8

Konzernabschluss
- Billigung durch Aufsichtsrat **171** 12
- Billigung durch Hauptversammlung **173** 3

Konzernabschlussrichtlinie Einl 19
Konzernbetrachtung Anh 305 27

2587

Konzerninteresse 76 26
Konzernklausel 119 26; 179 16 f.
Konzernleitungsmacht 76 24
Konzernleitungspflicht 76 24
- Tochtergesellschaft 76 26
Konzernplanung Anh 305 27
Konzernrecht 15 1 ff.; 221 137 ff.
Konzernüberschuss 58 14
Konzernumlagen 57 38
Konzernvermutung 18 13 ff.
Konzessionssystem Einl 2 f.
Körperschaftliche Struktur 1 1
- „Familien-AG" 1 2
- kleine Aktiengesellschaften 1 2
- personalistische Verfassung 1 3
- Treuepflichten 1 3
Körperschaftsteuer 3 1
Kreditbegriff 89 2
Kreditgewährung
- Aufsichtsratsmitglieder 115 1 ff.
- Vorstandsmitglieder 89 1 ff.
Kreditinstitute
- Einberufungsbefugnis für Aufsichtsratssitzung 110 5
- Risikomanagement 91 14
- Stimmrecht 135 1 ff.
- Stimmrechtsvollmacht 135 1 ff.
- Stimmverbot 136 20
Kreditunwürdigkeit 57 40 f.
Kündigung 262 7
Künftiger Betafaktor Anh 305 45

Lage der Gesellschaft 90 11
Lagebericht
- Ausweisung der Aufsichtsratsvergütung Anh 161 60 f.
- Vorlage an Aufsichtsrat 170 2
Landwirtschaft
- genossenschaftliche Zwecke 55 2
Laufende Geschäfte 52 23
Laufzeitäquivalenz Anh 305 41
Legalitätspflicht 93 7
Legitimationsübertragung 134 26
- Bankenvollmacht 135 24 f.
- Stimmrecht 134 26
Leitung
- des abhängigen Unternehmens 18 4 ff.
Leitungsermessen 76 11
- Arbeitnehmerinteressen 76 12
- Gemeinwohl 76 12
- Konzern 76 24 f.
- Shareholder Value 76 14 f.
- Unternehmensinteresse 76 13
- Vorstand der Tochtergesellschaft 76 27 f.

Leitungsmacht 308; s.a. Weisungsrecht
Limitierte Vorzugsaktie 139 8
Linotype-Urteil 53a 16
Liquidation 56 14
- Liquidationserlös 56 14
Liquidation Approach Anh 305 15
Liquidationsplan Anh 305 62
Liquidationswert 92 6; Anh 305 5
Liquidationswertmethode Anh 305 56
Liquidität Anh 305 47; 54
Liquiditätsplan 92 14
Listing
- Entscheidungskompetenz 76 23
Lizenzvertrag 292 17
Löschung einer Eintragung 181 37 ff.

Macrotron-Entscheidung 119 27
Management Buy-Out (MBO) 57 13 f.
- Neugesellschaft 57 14
- Zielgesellschaft 57 14
Managementletter 111 17
Mantelgründung 23 33; 179 22 ff.
Mantelkauf 179 22 ff.
- Anwendung der Gründungsvorschriften 179 25
Mantelverwendung 179 22 ff.
- Anwendung der Gründungsvorschriften 179 25
Market Approach Anh 305 14
Market Capitalization Approach Anh 305 14
Marktenge Anh 305 54
Marktkapitalisierungswert Anh 305 49 f.
Marktmanipulation Anh 305 54; Anh 410 § 20a WpHG 1 ff.
Marktrisikoprämie Anh 305 40
Marktwert Anh 305 5
Marktwertorientierte Verfahren Anh 305 14
Maßnahmen der Geschäftsleitung Anh 305 11
Materielle Beschlusskontrolle 243 16
Mediatisierungseffekt 119 25
Mehrerlös 65 14
Mehrfachaktie 8 9
Mehrheitsbeteiligung 16
- Anteilsmehrheit 16 8 ff.
- Berechnung 16 9 ff., 19
- rechtsformübergreifendes Konzept 16 3
- Stimmenmehrheit 16 18 ff.
- von Kapitalgesellschaften 16 4 f.
- von Personengesellschaften 16 6 f.
- Zuordnung von Anteilen und Stimmen 16 12, 20 ff.
- Zurechnung von Anteilen und Stimmen 16 13 ff.

2588

Mehrheitseingliederung 320 ff.
- Abfindungsanspruch **320b** 1 ff.
- Anfechtung des Eingliederungsbeschlusses **320b** 11 f.
- Anfechtung des Zustimmungsbeschlusses **320b** 11 f.
- Auskunftsrecht **320** 11
- Eingliederungsbericht **320** 8
- Eingliederungsbeschluss **320** 4 f.
- Eingliederungsprüfung **320** 12 f.
- Informationspflichten **320** 6 f.
- Negativerklärung **320** 3
- Registersperre **320** 3
- Spruchverfahren **320b** 13
- Übergang der Aktien **320a** 1 f.
- Zustimmungsbeschluss **320** 2, 7

Mehrheitsklauseln 179 35 ff.
- Reichweite **179** 26 ff.

Mehrleistung 54 15
Mehrmütterorganschaft 304 5
Mehrstimmrecht 12 1, 4
- bei Kapitalerhöhung aus Gesellschaftsmitteln **216** 8
- Mehrstimmrechtsaktien **12** 4
- Spruchstellenverfahren **12** 5
- Übernahme **Anh 76 § 33b WpÜG** 3 ff.

Mehrstimmrechtsaktie 11 2
Mehrstufige Unternehmensverbindungen 293 24; 303 18; 304 40 ff.; 305 17; *s.a. Konzern*
Mehrvertretung 78 7
Meistbegünstigungsgebot Anh 305 17
Meistbegünstigungsgrundsatz Anh 305 17
Meldepflichten 54 9
Methodenänderungen Anh 305 19
Methodenanpassungen Anh 305 20
Methodenauswahl Anh 305 16
Methodenfreie Schätzung Anh 305 16
Methodenkonsistenz Anh 305 16
Methodenverbesserungen Anh 305 20
Mezzanine Kapital 221 2
Minderheitenrechte 11 4
Minderheitenschutz 53a 4
Minderheitsabschlag Anh 305 32
Minderheitsbesitz Anh 305 54
Mindestausschüttung 254 4
Mindestbetrag 8 16
Mindestdividende 254 4; Anh 305 35
Mindestkapital
- Mindestgrundkapital **Vor 53a** 8

Mindestnennbetrag 7 1; 8 1 f., 6 ff., 21
- Grundkapital **7** 5
- Hypothekenbanken **7** 2
- Kapitalerhöhung **8** 4 f.
- Mindest-Grundkapital **7** 3
- Nichtigkeit der Aktien **8** 8
- Schiffspfandbriefbanken **7** 2
- Unternehmensbeteiligungsgesellschaft **7** 2

Mindestpreis 65 13
Mindestqualifikation
- Aufsichtsratsmitglieder **100** 2

Mindestzahl
- Aufsichtsratsmitglieder **95** 4

Mischformen 221 8
Missbrauch der juristischen Person 1 29
Missbrauch der Vertretungsmacht 57 36; 82 4
Mitarbeiterbeteiligung 221 17, 32, 62, 67, 69, 86, 114
Mitberechtigung an Aktien 8 12
- Unterbeteiligung **8** 12

Mitbestimmung Einl 6; 76 31; 77 6, 29; 78 9; 84 42
- Arbeitsdirektor **76** 31; **77** 10 f., 15, 29; **84** 42; **85** 2
- Aufsichtsratsorganisation **107** 12 f.
- Aufsichtsratszusammensetzung **96** 2 ff.
- gerichtliche Aufsichtsratsabberufung **103** 15
- Gesamtgeschäftsführung **77** 6
- Inkompatibilität **105** 5
- persönliche Eigenschaften **100** 9
- SE **Einl** 37
- Stellvertreter **94** 3
- Wahl der Aufsichtsratsvertreter **101** 8

Mitbestimmungsvereinbarung 96 9
Mitgliedschaft 1 22 f.; Vor 53a 3 f.
- Aktienurkunde **1** 22
- Austritt **1** 23
- Dividendenanspruch **Vor 53a** 5
- Sonderrechte **Vor 53a** 3
- subjektives Recht **1** 23
- Übertragung **1** 22

Mitgliedschaft (Ende)
- Kaduzierung **11** 13
- Zwangseinziehung **11** 13

Mitgliedschaftsrecht 1 21; 11 1; Vor 53a 4
Mitteilungspflichten 20 1 ff.; 125 2 ff.; 128 1 ff.
- eigene Anteile **20** 10; Anh 22 § 21 WpHG 3
- Finanzinstrumente Anh 22 § 25 WpHG 2 ff.
- GbR **20** 6
- Gesamtzahl der Stimmrechte **Anh 22 § 26a WpHG**
- Handelsbestand **Anh 22 § 23 WpHG** 2
- Kettenzurechnung **Anh 22 § 22 WpHG** 2
- Rechtsverlust **Anh 22 § 28 WpHG** 1
- vinkulierte Namensaktien **20** 12
- Vor-AG **20** 5
- Zurechnung **Anh 22 § 22 WpHG** 9

Mittelbares Bezugsrecht 221 72

2589

Mittlere Werte Anh 305 26
MoMiG Einl 10a; **1** 15; **5** 1, 10; **14** 1; **45** 13a; **57** 12, 19, 21; **78** 14; **79** 1
Multiplikatoren-Verfahren Anh 305 14

Nachbezugsrecht 11 9
Nacherwerbspreis Anh 305 54
Nachgründung 52 1 ff.
– Ausführungsgeschäfte **52** 22
– bei unwirksamer Sachgründung **52** 26
– entsprechende Anwendung der Nachgründungsvorschriften **52** 9 ff.
– Ersatzansprüche **53** 1 ff.
– Erwerb an der Börse **52** 25
– Form **52** 19
– Haftung **53** 1 ff.
– laufende Geschäfte **52** 23
– Registereintragung **52** 16 ff., 21
– Tatbestand **52** 2 ff.
– Vergütung **52** 7
– Vertragsgegenstände **52** 5
– Vertragsparteien **52** 3
– Wirksamkeitserfordernisse **52** 12 ff.
– Zwangsvollstreckung **52** 24
– Zweijahresfrist **52** 6
Nachgründungsbericht 52 13; **399** 15
Nachgründungsvertrag 52 2
Nachhaftung
– bei Eingliederung **327** 13
Nachholung 300 6
Nachschussleistungen 54 6
Nachschusspflicht 54 4
Nachteilsausgleich 57 39
– Ausgleichsanspruch **311** 47
– Austrittsrecht **311** 32
– Cash Pooling **311** 36
– Isolierbarkeit des Nachteils **311** 27 ff.
– Konzerneffekt **311** 34
– Konzernfinanzierung **311** 35
– Konzernumlagen **311** 38
– Leistungsstörungen **311** 56
– Nachteilsbegriff **311** 23 ff.
– Nachteilsfeststellung **311** 39 ff.
– Rechtsgeschäft oder Maßnahme **311** 40 ff., 45 f.
– Sicherheiten **311** 37
– Veranlassung **311** 12
– Veranlassung bei Doppelmandaten **311** 17 ff.
– Veranlassung bei Gemeinschaftsunternehmen **311** 21
– Veranlassung bei Vertretung **311** 19
– Veranlassungsvermutung **311** 15

– Vorteil **311** 48 ff.
– Zustimmung zur Festlegung **311** 53
Nachtragsabwicklung 273 1, 10
Nachtragsprüfung 173 7 f.; **253** 2
Nachzahlungsvorzug 139 5
– Unselbständigkeit **140** 9 f.
– Verjährung **139** 7
– Verwirkung **139** 7
Nahe Verwandte 57 8
Naked Warrants 221 17, 32, 74
– Huckepack Emission **221** 18
– Mitarbeiterbeteiligung **221** 17
Namens-/Orderpapiere 221 120
Namensaktie 10 4, 6; **13** 3; **68** 1 ff.; **180** 6 ff.
– Anwendung des Wechselrechts **68** 7
– Bekanntmachung **64** 6
– Indossament **68** 8
– Nachfristsetzung **64** 6
– Namenspapier **10** 4
– Übertragung **68** 1 ff.
– vinkulierte **55** 1, 3; **64** 6; **180** 6 ff.
NaStraG Einl 9
Nebenabreden
– Gegenstand **23** 52
– Rechtsnatur **23** 50 f.
– satzungsergänzende **23** 50 ff.
– Schranken **23** 52 f.
– Verhältnis zur Satzung **23** 54
Nebenleistungen
– Vergütung **61** 1 ff.
Nebenleistungsgesellschaften 60 5
Nebenleistungspflichten 53a 7; **216** 20, 32
Nebenordnung 54 9
Nebenpflicht 55 6 f., 12
– Beendigung **55** 10
– Entgelt **55** 4
– genossenschaftsähnliche **55** 2
– Insolvenz **55** 11
– Kündigung **55** 10
– Leistungsstörung **55** 9
– Nebenleistungspflichten **55** 5
– Sonderrecht **55** 3
– Vertragsstrafe **55** 3, 8
Nebenverpflichtungen 180 2 f.
– Auferlegung **180** 2
– Kapitalerhöhung **180** 5
Negative Betafaktoren Anh 305 47
Negativerklärung 243 27
Nelson/Siegel/Svensson-Methode Anh 305 41
Nennbetragsaktie 6 1; **8** 1, 3, 17 f.; **11** 1, 10; **54** 4
– Mindestnennbetrag **8** 4
Nennbetragsglättung 6 5
Nennwert- und Stückaktie 1 17

Nennwertaktie 6 1, 3; **60** 2
- Registergericht **6** 4
Netto-Verfahren Anh 305 13
Nettomethode 221 74; **270** 15
Neue Sitztheorie Einl 26
Neugläubiger 92 31
Neugründung
- wirtschaftliche **179** 24
Neustückelung von Aktien 8 11
Neutraler Wert Anh 305 22
Neutrales Mitglied
- Aufsichtsrat **104** 10
Neutrales Vermögen Anh 305 36
Neutralitätspflicht Anh 76 § 33 WpÜG 1 ff.
- Ausnahmen **Anh 76 § 33 WpÜG** 5 ff.
- Durchbrechung **Anh 76 § 33b WpÜG** 1 ff.
- Gegenseitigkeitserfordernis **Anh 76 § 33c WpÜG** 1 ff.
- konkurrierendes Angebot **Anh 76 § 33 WpÜG** 6
- Maßnahmen **Anh 76 § 33 WpÜG** 3 f.
- opt in **Anh 76 § 33a WpÜG** 1; **§ 33b WpÜG** 1
- Satzung **Anh 76 § 33a WpÜG** 1 ff.
- Wahlmöglichkeit **Anh 76 § 33a WpÜG** 1 ff.
- white knight **Anh 76 § 33 WpÜG** 6
Nicht betriebsnotwendiges Vermögen Anh 305 36
Nicht durch Eigenkapital gedeckter Fehlbetrag 92 9, 18
Nichtigkeit 57 35; **241** 1 f.
- allgemeine Feststellungsklage **249** 14 f.
- Amtslöschungsverfahren **241** 22 f.
- anderweitige Geltendmachung **249** 13
- Anfechtungsurteil **241** 19
- Bekanntmachung **249** 12
- Beschlüsse des AR **241** 27
- Beurkundung **241** 12 ff.
- Einberufung **241** 7, 9
- Feststellung der Zusammensetzung des Aufsichtsrats **250** 4
- Freigabeverfahren **246a** 1 ff.
- Gestaltungswirkung **249** 12
- Gewinnverwendungsbeschluss **253** 1 ff.
- Gläubigerschutz **241** 16 f.
- Gründe **241** 6 f.
- Heilung **244** 3 ff.; **248** 1 ff.
- inter omnes-Wirkung **249** 12
- Klage **249** 1 ff.
- Missachtung von bindenden Wahlvorschlägen **250** 5
- öffentliches Interesse **241** 17
- persönliche Wählbarkeitsvoraussetzungen **250** 8 f.
- Rechtskraft **249** 12

- Scheinbeschluss **241** 3; **249** 16
- Sittenwidrigkeit **241** 18
- Teilnichtigkeit **249** 12
- Überkreuzverflechtung **250**
- Überschreitung der gesetzlichen Höchstzahl der Aufsichtsratsmitglieder **250** 6
- Unvereinbarkeit mit dem Wesen **241** 14 ff.
- Urteilswirkung **249** 12
- Wahl von Aufsichtsratsmitgliedern **250** 1 ff.
Nichtigkeitsgründe 241 6 f.
Nichtigkeitsklage 53a 9; **249** 1 ff.
- allgemeine Feststellungsklage **249** 14 f.
- anderweitige Geltendmachung **249** 13
- Bekanntmachung **249** 12
- Ersetzungsverfahren **249** 9
- Feststellungsinteresse **249** 8
- Freigabeverfahren **246a** 1 ff.; **249** 9
- Frist **249** 10
- Gerichtszuständigkeit **249** 9
- Gestaltungswirkung **249** 12
- inter omnes-Wirkung **249** 12
- Klageart **249** 8
- Klagebefugnis **249** 3 ff.
- Klagebekanntmachung **249** 9
- Nebenintervention **249** 9
- Prozessverbindung **249** 11
- Rechtskraft **249** 12
- Rechtsschutzinteresse **249** 8
- Rechtsschutzziel **249** 8
- Scheinbeschluss **249** 16
- Schiedsfähigkeit **249** 9
- Streitgegenstand **249** 8
- Streitgenossenschaft **249** 9
- Streitwert **249** 9
- Teilnichtigkeit **249** 12
- unwirksamer Beschluss **249** 16
- Urteilswirkung **249** 12
- Verfahren **249** 9 ff.
Niederlassungsfreiheit Einl 27
Niederschrift 130 2 f.
- Anlagen **130** 40 ff.
- Inhalt **130** 13 ff.
- private **130** 30 f.
- Unterschrift **130** 46 ff.
Nießbrauch 134 26
Noise trading Anh 305 50
Normalisierter Wert Anh 305 22
Normalisierungen Anh 305 25
Normierter Wert Anh 305 22
Normzwecklehre 1 29
Notarielle Beurkundung 23 6 ff.
- im Ausland **23** 7 ff.
- Kosten **23** 49
Notarielle Beurkundungspflicht 130 4 ff.
Notgeschäftsführung 77 5

Notvorstand 80 9; **85** 1 ff.
Nullausgleich 304 32

Objektivierter Unternehmenswert
  Anh 305 22
Objektivierung Anh 305 7
Offene Vorratsgründung 275 12
Offenheit
– uneingeschränkte **90** 4
Offenlegungspflicht 87 18
Offensichtlichkeit 52 17
Öffentliche Angebote
– Stellungnahme **Anh 76 § 27 WpÜG** 1 ff.
– Zielgesellschaften **Anh 76 § 27 WpÜG** 1
Öffentliche Hand Vor 394 2 ff.
Öffentliche Unternehmen Vor 394 1 ff.
Operatives Risiko Anh 305 40
Optionsanleihen 221 2, 9 ff.; *s.a. Wandelanleihen*
– Anwendbarkeit des § 218 **218** 6
– ausländischer Tochtergesellschaft („Warrant Anleihen") **221** 10 ff., 49
– Begriff **221** 2
– Bezugserklärung **221** 45
– Einlage, Gegenleistung **221** 48
– Inzahlungnahme der Anleihe auf Verlangen des Gläubigers **221** 48
– Optionsrecht/selbständiges Recht **221** 122
– Warrant Anleihen **221** 10 ff., 49
Optionsgenussrechte 221 87, 100
Optionsrecht
– selbständiges Recht **211** 6
Ordentliche Kapitalherabsetzung
– Aktienspitzen **222** 31 f.; **224** 6 ff.
– Anmeldung der Durchführung **227** 6 ff.
– Anmeldung des Beschlusses **223** 1 ff.
– Auswirkungen (Bilanz und GuVRechnung) **224** 3
– Auswirkungen (Mitgliedschaftsrechte) **224** 4 ff.
– Begriff **222** 3
– Durchführung **227** 2 ff.
– Fehler des Herabsetzungsbeschlusses **222** 22 ff.; **224** 15
– Gläubigerschutz (Auszahlungssperre) **225** 17 ff.
– Gläubigerschutz (Sicherheitsleistung) **225** 3 ff.
– Herabsetzung unter den Mindestnennbetrag **228** 4 f.
– Herabsetzungsarten (Herabsetzung des Nennbetrags) **222** 27
– Herabsetzungsarten (Zusammenlegung) **222** 28

– Herabsetzungsbeschluss **222** 7 ff.
– Herabsetzungsbetrag **222** 11
– Insolvenzverfahren **222** 34
– keine sachliche Rechtfertigung **222** 15
– Kraftloserklärung **226** 6 ff.
– Liquidation **222** 33
– schuldrechtliche Vereinbarungen **224** 9 ff.
– Sonderbeschluss **222** 19 f.
– Teilrechte **224** 6 f.
– Verhältnis zur Satzungsänderung **222** 4
– Wirksamwerden **224** 1 ff.
– Zweck der Herabsetzung **222** 21
Organ
– faktisches **399** 3; **401** 5; **405** 2
Organgesellschaft 291 35
Organisationsverantwortung 76 10
Organschaft
– steuerliche **291** 34 ff.
Organschaftsvertrag 291 18
Organträger 291 36
Outsourcing
– Grenzen **76** 21

Paketzuschläge Anh 305 32
Parteien
– Unternehmenseigenschaft **15** 17
Parteifähigkeit 1 7 f.; **78** 4
– Gerichtsstand **1** 10
– Prozesskostenhilfe **1** 9
Partiarischer Austauschvertrag 292 12, 17
Partiarisches Darlehen 292 12, 17
Partizipationsebene Anh 305 3
Partnerschaftsgesellschaft
– Unternehmenseigenschaft **15** 12
Patronatserklärung 92 21
Pauschalmethode 304 25
PCGK Einl 10b
Peer Group Anh 305 47
Penny-Stocks 1 20; **8** 16
Personalplanung 76 10
Persönliche Steuern Anh 305 34
Persönliche Voraussetzungen
– Aufsichtsratsmitglieder **100** 1 ff.
Persönlichkeitsrecht 4 4
Pessimistische, optimistische oder ambitionierte Planungen Anh 305 26
Pfändung von Einlageforderungen 66 14
Pflichtverletzung 93 19
– Ausschluss **93** 9 ff.
– Kollegialentscheidungen **93** 20
Pflichtwandelanleihe 221 27a, 76
Phantom Stocks 87 2; **113** 12
Phase der ewigen Rente Anh 305 29
Phasengleiche Bilanzierung 58 15

Phasengleicher Ausweis 58 14
Phasenmethode 304 25
Planung Anh 305 9
Planungshorizont Anh 305 29
Planungstreue Anh 305 26
Planungszeitraum Anh 305 29
Plausibilitätsprüfung Anh 305 10
Poolvertrag 136 22, 25
- Stimmvereinbarung 101 9
Positive Beschlussfeststellungsklage 246 45 f.; 248 6
Präsenzsitzung
- Aufsichtsrat 110 3
Preisdruck Anh 305 62
Preisstabilisierung Anh 410 § 20a WpHG 22
Preisvergleichsorientierte Verfahren Anh 305 14
Primat des Rechts Anh 305 7
Prinzip der Wertbegründung Anh 305 10
Prognose Anh 305 18; 399 4; Anh 410 § 20a WpHG 8
Prokurist 89 4
- unechte Gesamtvertretung 78 17
Prospekthaftung 47 13 f.
Proxy Solicitation 134 23
Proxy Voting 134 23; Anh 161 3
Prozessfähigkeit 78 4
Prozessstandschaft 62 11; 309 22; 310 6
Prüferbefähigungsrichtlinie Einl 19
Prüfung des Abhängigkeitsberichts durch Abschlussprüfer 313 f.
- Bestätigungsvermerk 313 17 ff.
- Nachteilsausgleich 313 6 ff.
- Prüfungsgegenstand 313 3 ff.
- Publizität 313 14
- Umfang 313 15 f.
- Verfahren 313 9 ff.
- Zeitpunkt 313 4
Prüfung des Abhängigkeitsberichts durch Aufsichtsrat
- Bericht an Hauptversammlung 314 6
- Schlusserklärung 314 7
- Umfang 314 5
- Verfahren 314 1 ff.
Prüfung in der Sache Anh 305 24
Prüfungsausschuss 171 2
- Einrichtung Anh 161 40
- Vorsitzender Anh 161 36
Prüfungsbericht 170 2
Prüfungsrecht Vor 394 9 ff.
Publizitätsrichtlinie Einl 14; 80 1; 275 2

Qualifiziert faktischer Konzern 311 27 ff.
Quotaler Anteilswert Anh 305 21

R2 Anh 305 46
Rangrücktritt 92 6, 22
Rat 394 1, 5; 395 5
Raw vs adjusted Beta Anh 305 46
Realisationsprinzip 270 11
Realwachstum Anh 305 48
Rechnungshof Vor 394 14
Rechnungslegung Anh 305 33
Rechtlicher Bewertungsstichtag Anh 305 9
Rechtsfähigkeit 1 4
- im öffentlichen Recht 1 14
- Persönlichkeitsrecht 1 5
Rechtsformwechsel 304 48
Rechtsfrage Anh 305 7
Rechtskrafterstreckung
- Haftungsklage 148 18 ff.
- Urteil bei Haftungsklage 148 19
- Vergleich bei Haftungsklage 148 20
Rechtsnormcharakter Anh 305 19
Rechtspersönlichkeit 1 4
Rechtsschein 1 31
Rechtsscheinhaftung 1 31
- Existenzvernichtungshaftung 1 31
- qualifizierter faktischer Konzern 1 31
Rechtsverhältnisse 53 4
Rechtsvorgänger des Aktionärs 63 6
Record Date 123 8
Rederecht 131 18
Referenzindex Anh 305 46
Referenzzeitraum Anh 305 51 f.
Regelberichterstattung 90 7
Regelungsmechanismus 161 3
Register 43 1 f.
Registergericht 8 4; 56 7
Registerkontrolle
- Anmeldung und Errichtung 38 4
- Sacheinlagen und Sachübernahmen 38 2 ff., 6
- Satzung 38 4, 7
- Verfahren 36 2 f.; 36a 2; 38 1 ff.; 39 1 ff.; 40 1
Regress 65 3
Rentabilität
- Leitungsermessen 76 11
Reserven
- stille 92 6; 300 1; 301 1; 304 22
Residual Income Approach Anh 305 13
Richtigkeitsurteil Anh 305 8
Richtlinien (EG) Einl 12 ff.
Richtlinienkonforme Auslegung Einl 13
Risikoangleichungsfunktion Anh 305 37
Risikoäquivalente Renditeforderungen Anh 305 40
Risikoarme Wertpapiere Anh 305 41
Risikoaversion Anh 305 38

2593

Risikoaversion der Marktteilnehmer Anh 305 40
Risikolose Rendite Anh 305 41
Risikoloser Zinssatz Anh 305 38
Risikomanagement 91 12
Risikoprämie Anh 305 42
Risikozuschlag Anh 305 38
Risikozuschlagsmethode Anh 305 38
Rosinentheorie Anh 305 20
Rückabwicklung 57 34
– Strohmann 57 35
Rückgewähranspruch 62 11
– Anfechtung 62 14
– Aufrechnung 62 14
– Befriedigung 62 12
– Bilanzgewinn 62 8
– Dritte 62 6
– Einwendungen 62 14
– guter Glaube 62 9
– Insolvenz 62 15
– Rückabwicklung einer Sachleistung 62 7
– Rückzahlung 62 7
– Schuldner 62 5
– Schutz gutgläubiger Aktionäre 62 8
– Verjährung 62 14, 16 f.
– Zuständigkeit 62 10
Rückgewährpflicht 62 1, 3
– Gewinnverwendungsbeschluss 62 4
– verdeckte Einlagenrückgewähr 62 3
– verdeckte Gewinnausschüttungen 62 4
– Zweite EG-Richtlinie 62 1
Rückgriff
– Erfüllung 65 9, 11
– Unverkäuflichkeit 65 15
– Verfahren 65 12
– Verkauf 65 13
– Zwangsvollstreckung 65 10
Rückkaufprogramm Anh 410 § 20a WpHG 22
Rückkaufsrechte 221 36
Rücklage
– gesetzliche 300 1 ff.; 302 10; 304 27
Rücklage für eigene Aktien 58 7
Rücklagen 256 9
Rücklagenbildung 58 1, 8, 17, 20; 59 3
– Abschlag 58 25
– Dividendenpolitik 58 3
– durch die Hauptversammlung 58 2, 4
– Entscheidung durch die Verwaltung 58 18
– Gewinn- und Verlustvortrag 58 7
– Gewinnrücklagen 58 5
– Hälfte des Grundkapitals 58 9
– Höchstsatz 58 8 ff.
– im Konzern 58 11 ff.
– Kapitalrücklage 58 5

– Satzungsregelung 58 4
– Sonderprüfung 58 13
– Sonderrücklage 58 7
Rücklagenbildung im Konzern
– Gewinnabführungsvertrag 58 16
– Otto-Urteil 58 15
– Vertragskonzern 58 16
Rückrechnungszeitpunkt Anh 305 51
Rückstellungen 270 15
Ruhen des Gewinnbezugsrechts 60 9
Rumpfwirtschaftsjahr 300 7

Sachdividende 58 29
– Vorzug 139 5
Sacheinlage 54 10; 56 9; 57 4; 63 3; 66 9; 399 13
– Begriff 27 2
– Bewertung 26 10; 27 4, 13 f.; 36a 4; 38 2 f., 6
– Erhöhungsbeschluss 183 13 ff.; 194 6; 205 1 ff.
– fingierte Sacheinlage 27 9
– gemischte Sacheinlage 27 10
– Gründungsbericht 27 1; 32 1, 4 f.; 33 1; 33a 1 f., 4; 34 1
– Gründungsprüfung 27 1; 33 1, 3 ff.; 33a 1 ff.; 34 1 ff.
– Leistung zur freien Verfügung 36 8; 36a 1, 3 f.; 37 2; 38 2
– Leistungszeitpunkt 36a 3; 37 2
– Mischeinlage 27 10; 36 8
– Registerkontrolle 27 1, 18; 37 6; 38 2 f., 6
– Sacheinlagevereinbarung 27 3, 5
– Satzungspublizität 27 1, 15 ff., 24
– Sicherung 38 2
– Überbewertung 9 3
– verdeckte 27 25 ff.
Sachkapitalerhöhung
– Differenzhaftung 183 30 f.
– Prüfung 183 25 f.; 194 9; 205 6
– verdeckte Sacheinlage 183 3
Sachliche Rechtfertigung 243 15
Sachübernahme
– Begriff 27 6
– Bewertung 26 10; 27 13 f.; 38 2 f., 6
– Gründungsbericht 27 1; 32 1, 4 f.; 33 1; 33a 1 f., 4; 34 1
– Gründungsprüfung 27 1; 33 1, 3 ff.; 33a 1 f., 4 ff.; 34 1 ff.
– Registerkontrolle 27 1, 18; 37 6; 38 2 f., 6
– Sachübernahmevereinbarung 27 7
– Satzungspublizität 27 1, 15 ff., 24; 399 13
Sachverständige
– Teilnahme Aufsichtsratssitzung 109 4
Sachwalter 62 15

Saldierung im Konzern 58 14
Sanierung 57 22
Sanierungsdarlehen 57 22
Sanierungsmittel 221 62, 87, 101, 142
Sanierungsprivileg (§ 32a GmbHG) 221 142
Satzung
– Abweichung von der ~ 23 41
– Änderbarkeitsgrundsatz 179 3
– Änderung 179 1 ff.; 181 2 ff.
– Auslegung 23 22 ff.
– Begriff 23 2
– Bestandteile 23 18 ff.
– Durchbrechung 179 9 ff.
– Ergänzung 23 42
– Feststellung 23 3, 6 ff.; 28 2; 29 1; 41 5
– Feststellung durch Vertreter 23 10
– Mehrheitsklauseln 179 36 ff.
– Nebenabreden 23 50
– notwendiger Inhalt 23 26 ff.
– Rechtsfolgen bei Verstoß gegen § 23 Abs 5 23 43
– Satzungsstrenge 23 40
– Unabänderlichkeitsklauseln 179 3
– Verletzung 179 11
– Zeichnung 23 2 ff.; 54 9; 79 1; 179 1 ff.
Satzungsänderung
– Anmeldepflicht 181 5
– Anmeldung 181 2 ff.
– Aufhebung 179 50
– Bedingung 179 44 ff.
– Befristung 179 44 ff.
– beizufügende Urkunden 181 7 ff.
– Bekanntmachung 181 26 ff.
– Beschlussgegenstände 179 13 ff.
– Eintragung 181 1 ff., 14 f., 24
– Eintragungsvoraussetzungen 181 14
– Erzwingung 179 51
– faktische 179 12
– Fassungsänderung 179 28 ff.
– Gesellschaftszweck 179 13
– Grenzen 179 43 ff.
– Grundkapital 179 18
– Heilung 181 33 f.
– Löschung 181 37 ff.
– Mehrheitserfordernisse 179 32 ff., 58; **179a** 18
– Rechtsmittel 181 30
– Regelungsgegenstand 179 1
– Registerkontrolle 181 14 ff.
– Rücknahme 181 13
– Rückwirkung 179 47 ff.
– Umwandlung 179 21
– Unternehmensgegenstand 179 13
– Unternehmensverträge 179 20
– Verfahren 179 27 ff.

– Verfahrensmängel 181 35 f.
– weitere Erfordernisse 179 39 ff.
– Wirkung der Eintragung 181 31 ff.
– Zuständigkeit 179 27 ff.
– Zustimmungserfordernisse 179 1 ff., 39, 42; 300 10
Satzungsbestimmungen
– Abgrenzung 23 18
– formelle 23 20, 24; 179 6 f.
– indifferente 23 18, 21, 25
– materielle 23 18 ff., 22; 179 5 ff.
Satzungsdurchbrechung 179 9 f.
Satzungsergänzende Nebenabreden 23 50 ff.
Satzungsermächtigung 59 2
Satzungsfeststellung
– Verhältnis zur Aktienübernahme 23 3, 5 ff.; 41 5
Satzungssitz 14 1
Satzungsstrenge 23 40
Satzungsverletzung 179 11
Satzungsvorbehalt 180 4
Scalping Anh 93 § 13 WpHG 5
Schaden 93 22
Schadensersatzansprüche 117 5; 147 3
– Geltendmachung 93 35a
Schädigung der Gesellschaft 46 13
Schätzung Anh 305 6
Scheinbeschluss 241 3; 249 16
Scheingenauigkeit Anh 305 39
Scheingründung
– Einmanngründung 2 12
– Strohmanngründung 2 12
Schiedspreis Anh 305 4
Schiedswert Anh 305 4
Schmiergeldzahlungen 76 17
Schriftformerfordernis
– Geschäftsordnung 77 27
Schuldenhaftung 1 24 f.
Schuldübernahme
– Verbot 41 28 f.
Schuldverschreibung 304 14
Schütt-aus-hol-zurück-Verfahren 207 1
Schutzklausel 160 12; 259 2
Schutzvorschriften
– Sonderanknüpfung Einl 29
Schwester-Gesellschaft 57 10
SE (Societas Europaea) *s. Europäische Aktiengesellschaft*
Selbstorganisation
– Aufsichtsrat 107 1 ff.
Selbstzeichnung 56 8
Seriennummer 13 3
SEVIC-Entscheidung Einl 31
Shareholder Value 76 14 f.
Sicherheiten 57 12 f., 17

Sicherheitsäquivalenzmethode Anh 305 38
Sicherheitsleistung 303 4 ff., 14
Siemens-Nold Entscheidung 221 64
Sitz
– Auflösungsverfahren 5 5
– Betriebsverlegung 5 5
– Doppelsitz 5 1, 6, 8
– Gerichtsstand 5 2, 5
– Gesellschaftssitz 14 2
– Registergericht 5 1, 4
– Satzungsbestimmung 5 4
– Satzungssitz 5 1
– Sitzverlegung 5 3
– Spaltgesellschaft 14 2
– Verschmelzung 5 7 f.
– Verwaltungssitz 5 1 f.; 23 27; 179 19
Sitztheorie Einl 24; 45 11, 17; 262 9
– Drittstaaten Einl 27a; 45 16
– Neue Einl 24a
Sitzungsgeld
– Aufsichtsrat 113 13
Sitzungsprotokoll
– Aufsichtsratssitzung 107 14 ff.
Sitzverlegung 45 13a
– Änderungen durch das MoMiG 45 13
– Bekanntmachung 45 10
– Eintragung 45 5
– grenzüberschreitende Einl 26; 45 11 ff.
– im Inland 45 1
– innerhalb des Gerichtsbezirkes 45 9
– ins Ausland 45 12 f.; 262 9
– Prüfung 45 6
– Registerverfahren 45 2
– Satzungssitz Einl 26 f., 27b f.; 45 12, 14
– Verwaltungssitz Einl 26 ff.; 45 13 f.
– Wegzug 45 12 ff.
– Zuzug Einl 26 ff.; 45 1 ff., 15
Sitzverlegungsrichtlinie Einl 18
Societas Europaea Einl 34; s.a. *Europäische Aktiengesellschaft*
Sonderberichte 90 14
Sonderbeschluss 138 1 ff.; 179 52 ff.; 221 37, 39; 302 30 ff.
– Anfechtbarkeit 138 7
– Benachteiligung einer Gattung 179 55
– Fehlerhaftigkeit 138 59
– genehmigtes Kapital 202 7; 204 8
– gesonderte Abstimmung 138 3, 5
– gesonderte Versammlung 138 3 f.
– Kapitalerhöhung aus Gesellschaftsmitteln 207 2
– Kapitalerhöhung gegen Einlagen 182 29 ff.
– Mehrheitserfordernisse 179 58
– Minderheitsrechte 138 6

– Nichtigkeit 138 7
– Unmittelbarkeit 179 56
– Unwirksamkeit 138 7
– Verfahren 138 2 ff.; 179 57
– verschiedene Aktiengattungen 179 54
Sonderinteressen
– gesellschaftsfremde 53a 13
Sonderposten mit Rücklagenanteil 58 18
Sonderprüfer
– Antrag der HV auf Bestellung 258 16
– Auslagenersatz und Vergütung 258 28
– Auswahl 258 26
– Befangenheit 258 27
– Bestellung durch Gericht 258 12
– Pflichten 258 28
– Verantwortlichkeit 258 28
– Vertragsverhältnis 258 28
Sonderprüfung
– Enforcement 258 5; 261a 1
– Ertrag aus höherer Bewertung (Verwendungsbeschluss) 261 7
– Folgen der Unterbewertung 260 2
– Kosten 258 25
– Mitteilung an BaFin 261a 1
– Unterbewertung 258 1 ff.
– Verhältnis zu anderen Prüfungen 258 3 ff.
Sonderprüfung im faktischen Konzern
– Bericht 315 12
– formalisierte Gründe 315 2 ff.
– Gegenstand 315 11
– gerichtliche Prüferbestellung 315 14
– Quorum 315 5 ff.
– Verfahren 315 9 f.
Sonderprüfungsbericht
– abschließende Feststellung 259 5 ff.
– Antrag auf gerichtliche Entscheidung 260 2 ff.
– Form 259 2
– gerichtliche Entscheidung 260 6 f.
– Inhalt 259 2 f., 5 ff.
– Publizität 259 11
– Schutzklausel 259 2
– weitere Behandlung 259 4
– Zufallsfunde 259 3
Sonderprüfungsgegenstand
– fehlerhafter Anhang 258 14
– Unterbewertung 258 13
Sonderrecht 11 5; 179 26
– Entsenderecht 11 5
Sonderrücklage für bedingtes Kapital bei Kapitalerhöhung 218 7 ff.
Sondervermögenstheorie 41 41
Sondervorteil 243 17 ff.; 255 2
– Begriff 26 2 ff.
– Gründungsbericht 26 1, 6; 32 1, 7; 33 1; 34 1

– Gründungsprüfung **26** 1, 6; **33** 1, 3 ff.;
 34 1 f.
– Registerkontrolle **26** 1, 6, 11; **37** 6
– Satzungspublizität **26** 1, 6, 11 ff.
– Verträge und Ausführungsgeschäfte **26** 6, 12
Sondervotum
– Stellungnahme **Anh 76 § 27 WpÜG** 2
Sorgfaltspflicht 93 2 ff.
Spaltgesellschaft 5 9; **85** 3
Spaltung 221 136
Spaltungsrichtlinie Einl 16
Spekulation Anh 305 26
Spenden 76 16
Sperrjahr 272 3
Sperrminorität 57 22
Splitteraktie 8 3
Splitting-/Differenzmethode 221 74 f.
Sponsoring 76 16
Spot Rates Anh 305 41
SpruchG Einl 9; **Anh 306 § 1 SpruchG** ff.
Spruchverfahren Anh 306 § 1 SpruchG ff.
– Amtsermittlung **Anh 306 § 8 SpruchG** 5
– Antrag **Anh 306 § 4 SpruchG** 1
– Antragsbegründung
 Anh 306 § 4 SpruchG 6 ff.
– Antragsberechtigung
 Anh 306 § 3 SpruchG 1 ff.
– Antragsfrist **Anh 306 § 4 SpruchG** 3 ff.
– Antragsgegner **Anh 306 § 5 SpruchG** 1 ff.
– Anwendbarkeit des FGG
 Anh 306 § 17 SpruchG 1
– Anwendungsbereich
 Anh 306 § 1 SpruchG 1 ff.
– Aussetzung **Anh 306 § 11 SpruchG** 5
– Beschwerde **Anh 306 § 12 SpruchG** 1 ff.
– Bewertungsrüge **Anh 306 § 4 SpruchG** 9
– Erledigung **Anh 306 § 11 SpruchG** 5
– gemeinsamer Vertreter
 Anh 306 § 6 SpruchG 1 ff.; **§ 6a SpruchG** 1 ff.;
 § 6b SpruchG 1; **§ 6c SpruchG** 1
– gerichtliche Entscheidung
 Anh 306 § 11 SpruchG 1 ff.;
 § 13 SpruchG 1 f.
– inter omnes-Wirkung
 Anh 306 § 13 SpruchG 2
– Kosten **Anh 306 § 15 SpruchG** 1 ff.
– Präklusion **Anh 306 § 10 SpruchG** 1 ff.
– sachverständiger Prüfer
 Anh 306 § 8 SpruchG 2 ff.
– Unterbrechung **Anh 306 § 11 SpruchG** 5
– Verfahrensförderungspflicht
 Anh 306 § 9 SpruchG 1 ff.
– Vergleich **Anh 306 § 11 SpruchG** 2, 4
– Vollstreckbarkeit **Anh 306 § 13 SpruchG** 1;
 § 16 SpruchG 1

– zeitliche Anwendbarkeit des SpruchG
 Anh 306 § 17 SpruchG 2
– Zuständigkeit **Anh 306 § 2 SpruchG** 1 ff.;
 § 16 SpruchG 1 f.
Squeeze-Out 53a 16; **221** 140 f.;
 327a 1 ff.; *s.a. Ausschluss von Minderheitsaktionären*
– übernahmerechtlich
 Anh 306 § 1 SpruchG 2
Stammaktie 53a 6
Statusverfahren
– Antragsberechtigte **98** 4 ff.
– Bekanntmachung des Vorstands **97** 1 ff.
– gerichtliche Entscheidung **98** 1 ff.
– Verfahren **99** 1 ff.
– zuständiges Gericht **98** 2
Stehenlassen 57 24, 41
Stellungnahme
– Betriebsrat **Anh 76 § 27 WpÜG** 5
– Mindestangaben **Anh 76 § 27 WpÜG** 3, 5
– öffentliche Angebote
 Anh 76 § 27 WpÜG 1 ff.
Stellvertretendes Vorstandsmitglied 80 7;
 94 1 ff.
Stellvertreter
– Vorstandsmitglied **94** 1 ff.
Stenografische Mitschriften 129 50; **130** 37
Steuerberatungsgesellschaften 10 4
Stichtagsprinzip Anh 305 10; **20**
Stiftung
– Unternehmenseigenschaft **15** 11, 17
Stille Beteiligung
– an AG/KGaA **292** 11; **294** 5
– Angabe in Bilanz **152** 6
Stille Gesellschaft
– Abgrenzung zu Genussrechten **221** 94
Stille Reserven 92 6; **300** 1; **301** 1; **304** 22
Stille Rücklagen 58 6
Stimmbindung
– Zusammensetzung des Aufsichtsrats **96** 10
Stimmbindungsvertrag 8 13; **23** 52; **136** 22 ff.
– Form **136** 22
– Höchststimmrecht **136** 23
– Inhalt **136** 22
– Konsortialvertrag **136** 22, 25
– Nichtaktionäre **136** 23
– Poolvertrag **136** 22, 25
– Stimmverbot **136** 13
– Übernahme **Anh 76 § 33b WpÜG** 4 ff.
– Vinkulierung **136** 23
– Vollstreckung **136** 28
– vorläufige Durchsetzbarkeit **136** 29
Stimmenmehrheit 16 18 ff.
Stimmkraft 134 3
Stimmrecht 12 3; **134** 1 ff.; **221** 88

Stimmrechtsausschluss
- Abhängigkeit von Einlageleistung **134** 13 ff.
- alternative Anträge **134** 32
- Ausschluss **136** 1 ff.
- Ausübungsform **134** 27 ff.
- Bankenvollmacht **135** 1 ff.
- Blockabstimmung **134** 31
- Bote **134** 25
- Ermittlung des Abstimmungsergebnisses **134** 28
- geheime Abstimmung **134** 29
- Höchststimmrecht **134** 4 ff.
- Insolvenzverwalter **134** 24
- Kreditinstitute **135** 1 ff.
- Legitimationsübertragung **134** 26
- Nießbrauch **134** 26
- Partei kraft Amtes **134** 24
- Stimmkraft **134** 3
- Stimmrechtsvollmacht **134** 16 ff.
- Stimmverbot **136** 1 ff.
- Testamentsvollstrecker **134** 24
- Treuhand **134** 26
- Treupflicht **134** 2
- verhältnismäßige Erhöhung bei Kapitalerhöhung aus Gesellschaftsmitteln **216** 16
- Weisungserfordernis **135** 6 ff.
- Zusammenfassung der Abstimmung **134** 30 ff.

Stimmrechtsausschluss 136 1 ff.
- Vorzugsaktien **139** 4; **140** 2

Stimmrechtsbündelung 53a 14

Stimmrechtsverbot 136 1 ff.; s.a. Stimmrechtsausschluss
- Aktionäre **147** 6
- Angabe Vorstandsvergütung **136** 9
- Befreiung von Verbindlichkeit **136** 6
- Drittgesellschaften **136** 15 ff.
- Entlastung **136** 3 ff.
- Geltendmachung Anspruch **136** 7 f.
- Insolvenzverwalter **136** 12
- Kreditinstitut **136** 20
- Legitimationszession **136** 12
- nahestehende Personen **136** 14
- Partei kraft Amtes **136** 12
- Rechtsgemeinschaft **136** 19
- Stimmbindungsvertrag **136** 13
- Testamentsvollstrecker **136** 12
- Treuhand **136** 12
- unechte Stellvertretung **136** 12
- Vertretung **136** 12
- Zurechnung auf Dritte **136** 15 ff.

Stimmrechtsvertreter der AG 134 22

Stimmrechtsvollmacht 134 16 ff.
- Abspaltungsverbot **134** 16
- Angestellte der AG **134** 21
- Erbengemeinschaft **134** 16
- Form **134** 18
- Gesamtvollmacht **134** 16
- Handlungsvollmacht **134** 21
- Insichgeschäft **134** 21
- Nachweis **134** 20
- Prokura **134** 21
- Proxy Solicitation **134** 23
- Proxy Voting **134** 23
- Stimmrechtsvertreter der AG **134** 22
- Übernahmeangebot **134** 19
- Untervollmacht **134** 20
- Verwaltungsmitglieder **134** 21
- Verwaltungsvollmacht **134** 22
- Vollmachtsmangel **134** 17

Stimmverbot
- Vorstandsdoppelmandate **76** 29

Stimmvereinbarungen
- Aufsichtsratswahl **101** 9; s.a. Stimmbindungsvertrag
- Konsortialvertrag **101** 9
- Poolvertrag **101** 9

Stock Appreciation Rights 113 12

Stock Dividend
- Kapitalerhöhung aus Gesellschaftsmitteln **208** 4

Stock Options s.a. Mitarbeiterbeteiligung
- Angabe im Anhang **160** 8
- Vergütung Aufsichtsrat **113** 8
- Vorstandsvergütung **87** 10

Strafrechtliche Verantwortlichkeit 1 13

Strohmänner 2 3, 11; **57** 8; **89** 6

Stückaktie 6 9; **8** 1, 3, 15 ff.; **9** 2; **10** 2; **11** 1, 10; **54** 4; **60** 2; **215** 6
- echte nennwertlose Aktie **1** 19
- nennwertlose Aktie **1** 18
- Quotenaktie **1** 18a
- unechte nennwertlose Aktie **1** 18, 20

Stufenregress 65 11

Subjektlosigkeit 64 12

Substanzwert Anh 305 15

Suspendierung
- Vorstand **84** 36

System der Normativbedingungen Einl 2

Systematisches Risiko Anh 305 40

Tagesordnung
- Aufsichtsratssitzung **110** 4
- Bekanntmachung **124** 2 ff.
- Bindungswirkung **121** 11c; **124** 5 f.
- ordnungsgemäße Erledigung **129** 45

Talon 58 35 f.

Tantiemeanspruch 304 14

Tantiemen 216 25

Tantiemezahlungen 62 8
Tatfrage Anh 305 7
Täuschungshandlung Anh 410 § 20a
  WpHG 21
Tauschwert Anh 305 14; 49
(Tax-)CAPM Anh 305 40
Technischer Bewertungsstichtag Anh 305 9
Teilausschüttungsprämisse Anh 305 35
Teilausschüttungsquoten Anh 305 35
Teilbeherrschungsvertrag 291 13
Teileingezahlte Aktien 8 14
– Teilnahme an Kapitalerhöhung 215 4 ff.
Teilgewinnabführungsvertrag 292 7 ff.; 294 5;
  300 12 ff.; 301 3
Teilnahme
– Anmeldung 123 5
– Berechtigungsnachweis 123 6 ff.
– Hauptversammlung 118 6 ff.; 221 88, 91
– Voraussetzungen 123 4 ff.
Teilnahmepflicht 118 8
Teilnahmerecht 118 6
Teilnahmeregelungen
– Aufsichtsrat Anh 161 5
– Aufsichtsratsausschusssitzungen 109 1
– Aufsichtsratssitzungen 109 1 ff.
Teilnahmeverzeichnis 129 16 ff.
Teilnichtigkeit 248 13
Teilrechte 212 3; 213 2 ff.; 214 17 f.; 220 4
– Anschaffungskosten, Bilanzierung 220 4
– Ausübungssperre 213 4
– bei Kapitalerhöhung aus Gesellschaftsmitteln 213 2 ff.; 214 17 ff.
– Handel mit Teilrechten 213 5
– Rechtsnatur 213 4
– steuerliche Behandlung bei Kapitalerhöhung aus Gesellschaftsmitteln 220 7
– Übertragbarkeit, Vererblichkeit 213 5
– Verbriefung, nicht möglich 213 5; 214 18
– Vereinigung 213 6
– Zusammenfassung von Teilrechten 213 7
Telefonkonferenz
– Aufsichtsratssitzung 110 4
Thesaurierung Anh 305 35
Tochtergesellschaften
– Nachgründung 52 11
Top-down-Planungen Anh 305 27
Trabrennbahn-Entscheidung 45 16
Trabrennbahn-Urteil Einl 24b
Tracking Stocks 11 12; 221 6
Trading Multiples Anh 305 14
Trägheitsprojektion Anh 305 25
Transaction Multiples Anh 305 14
Transaktionsmultiplikatoren Anh 305 14
TransPuG Einl 9
Trendfortschreibungsphase Anh 305 29

Trennungsgrundsatz 1 25, 29; 54 9
– Durchgriffslehre 1 25
– Normanwendungslehre 1 25
Trennungsprinzip 302 1
Treuepflicht 243 12
– Haftung 93 6
Treuhand 134 26
– Stimmrecht 134 26
Treuhandanstalt 57 22
Treuhänder 2 11; 57 8
Treuhandschaft 8 13
Treupflicht Vor 53a 4; 53a 4, 12 f., 17
– Beschlusskontrolle 53a 14
– Linotype-Urteil 53a 15 f.
– missbräuchliche Anfechtungsklagen 53a 14
– Vertragsveränderungen 53a 12
Treupflichten 93 47; 116 8; 117 1
– Vorstand 88 1
Typisierter Unternehmenswert Anh 305 22

Über-Pari-Emission 9 4 f.
– Agio 9 5
– Ausgabebeträge 9 8
Überbewertung 256 17
Übergangsregelung 12 4
Übergewinnverfahren Anh 305 13
Übernahmeangebot 53a 6, 11; 221 141
– Schutz der Anleihegläubiger 221 32, 141
Übernahmehindernisse
– Durchbrechungen Anh 76 § 33b WpÜG 3 ff.
Übernahmerichtlinie Einl 21
Übernahmeverschulden 93 21b
Überprüfbarkeitsgrundsatz Anh 305 7
Überschuldung 57 23; 92 17 ff.; 401 3;
  Anh 410 § 20a WpHG 11
Überschuldungsstatus 92 18
Überschussabgrenzungsfunktion Anh 305 10
Überschussorientierte Verfahren Anh 305 13
Überseering-Entscheidung Einl 27
Übertragung 221 121 f.
Übertragungsbeschränkungen
– Übernahme Anh 76 § 33b WpÜG 3 ff.
Übertragungsvertrag 179a 4 ff.
Überwachung
– präventive 111 4
Überwachungsintensität 111 5 f.; 116 5
Überwachungsmittel 111 7
Überwachungspflicht
– Aufsichtsrat 111 2 ff.
– Haftung 93 5
– Konzern 111 9
Überwachungssystem
– Risiken 91 11
Überwälzungsfähigkeit Anh 305 48
UMAG Einl 10

Umfeldzustände Anh 305 11
Umgehungsversuch 66 6, 9
Umstand
- bewertungserheblicher **Anh 410 § 20a WpHG** 11
Umstellung auf den Euro s. *Euroumstellung*
Umtauschanleihe 221 9 ff., 33
- analoge Anwendung des § 221 **221** 9 ff.
- auf Aktien verbundener Unternehmen **221** 10 ff., 15
- ausländischer Tochtergesellschaft, analoge Anwendung des § 221 **221** 10
- Identitätsgrundsatz **221** 9
Umtauschrelation Anh 305 17
Umwandlung 180 8
- Nachgründung 52 9
- Verschmelzung **221** 136
Unabänderlichkeitsklausel 179 3
Unabhängigkeit
- Aufsichtsratsmitglieder **Anh 161** 49
Unechte nennwertlose Aktie 8 1, 15
- Stückaktie 6 9
Ungesicherte Kredite 57 19
Unmittelbare Typisierung Anh 305 34
Unrichtige Angaben 46 7 f.
Unsystematisches Risiko Anh 305 40
Unteilbarkeit von Aktien 8 10, 13
- selbstständige Aktien 8 14
- Vereinigung 8 14
Unter-Pari-Emission 9 1 f., 4
- Sacheinlagen 9 3
Unterbesetzung
- Aufsichtsrat (Ersatzbestellung) **104** 2 f.
- Vorstand **78** 12
Unterbewertung
- Nichtigkeit **256** 18
- Sonderprüfung **258** 2 f.
Unterbilanz 57 23
Unterbilanzhaftung 41 31, 33
- Fälligkeit 41 36
- keine ~ bei Kapitalerhöhung aus Gesellschaftsmitteln **221** 6
- Umfang 41 35
- Verjährung 41 36
Untergrenze der Abfindung Anh 305 49
Unterkapitalisierung 57 23
Unterlagen
- Auslegung **293f** 2 ff.; **293g** 2 ff.
Unternehmen
- abhängiges 15 22
- herrschendes 15 6 ff.
Unternehmensbegriff 15 6 ff.
- organisationsrechtliches 15 8
- rechtsformübergreifendes Konzept 15 3
- teleologisch 15 6

Unternehmensbeteiligungsgesellschaft 7 2
Unternehmensbewertung 293e 5; 305 19
- Ertragswert 293e 6; 304 19 ff.
- Liquidationswert 293e 7
Unternehmenseigenschaft
- anderweitiges Interesse 15 6, 9 ff.
- juristische Person 15 11
- kraft einzelner Beteiligung 15 16 f.
- kraft Zurechnung 15 18
- natürliche Person 15 9 f.
- öffentliche Hand 15 13 ff.
Unternehmensgegenstand 3 5; 23 28 ff.; 179 14 f.; 275 7
- Abgrenzung zum Gesellschaftszweck 23 29
- Änderung 179 14
- Geschäftsführung 77 3
- Hilfsgeschäfte 23 30
- Holdinggesellschaften 23 31
- Individualisierung 23 30 f.
- Negativklauseln 23 30
- Überschreitung 179 15
- Unternehmensbeteiligungsgesellschaft 3 6
- unzulässiger 23 32
- Versicherungsunternehmen 3 6
- Vorratsgründung 23 33
Unternehmensinteresse
- Stellungnahme **Anh 76 § 27 WpÜG** 2
Unternehmenskrise 57 21
Unternehmensplanung
- Berichterstattung 90 8
Unternehmensregister
- Aufsichtsratszusammensetzung **106** 3
Unternehmensverbindungen 62 6
Unternehmensvertrag **221** 138; 291 1 ff.; *s.a. Gewinnabführungsvertrag, Beherrschungsvertrag*
- Abfindung 293a 16; **305**; *s.a. dort*
- Änderung 293 1; 295 1 ff.; 299 7
- Aufhebung 296 1 ff.; 299 7
- Ausgleich 293a 16; 304 1 ff.; *s.a. dort*
- Auslegung **293f** 2 ff.; **293g** 2 ff.
- Bedingung/Befristung 293 37
- Bericht 293a 1 ff.
- Beteiligung des Aufsichtsrates 293 11
- Beteiligungsveräußerung 297 9
- Bezeichnung des Vertragstyps 293 15; 298 4
- Eintragung ins Handelsregister 294 1 ff.; 296 12; 297 17
- Erfüllungsverweigerung 297 8
- Gesamtrechtsnachfolge 295 7
- Inhalt der Anmeldung zum HR 294 4 ff.; 298 1 ff.
- Insolvenzverfahren 297 9
- Kündigung 297 1 ff.; 299 7

- Parteiwechsel **295** 4
- Prüfung **293b** 1 ff.; **293c** 1 ff.; **293d** 1 ff.
- Rücktritt **297** 21
- satzungsmäßiges Verbot **293** 7
- Schriftform **293** 30 ff., 34
- Sicherheitsleistung bei Beendigung **303** 11
- Teilkündigung **297** 15
- Verlängerung **295** 6
- Vertragsbeitritt **295** 4, 12
- Vertragsverletzung **297** 8
- Zustimmungspflicht der Aktionäre **293** 12

Unternehmenswert **Anh 305** 8
Unternehmenszweck **Anh 305** 36
Unternehmerische Entscheidung
- Haftung **93** 11 f.

Unterordnungskonzern **18** 3 ff.
Untunlichkeit **65** 13
Unvollständige Angaben **46** 7 f.
Unwirksamkeit **64** 17

Value in Exchange **Anh 305** 14
Value in Use **Anh 305** 13
VEBA/Gelsenberg-Entscheidung **15** 13
Verbindungsgebot **120** 16
Verbot der reformatio in peius **Anh 305** 20
Verbriefung **13** 1, 4
- Verbriefungsanspruch **10** 3

Verbundene Unternehmen **15** 1
Verdeckte Sacheinlage **66** 4, 6
Verdeckte Vorratsgründung **275** 12
Verein
- Unternehmenseigenschaft **15** 11

Vereinfachte Kapitalherabsetzung
- Ausgleich von Wertminderungen und Verlustdeckung **229** 6 f.
- Ausschüttungsverbot **230** 2 ff.
- Beschränkung der Einstellung in die Rücklagen **231** 2
- Beschränkung der Gewinnausschüttung **233** 8 ff.
- Einstellung in die Kapitalrücklage **229** 8
- Rücklagenauflösung **229** 11 ff.
- Rückwirkung **234** 1 ff.
- Rückwirkung (gleichzeitige Kapitalerhöhung) **235** 2 ff.
- Rückwirkung (Offenlegung des Jahresabschlusses) **236** 1 ff.
- Verbot der Gewinnausschüttung **233** 2 ff.
- Verwendung zu hoch prognostizierter Verluste **232** 1 ff.
- Verwendungsgebot **230** 7 ff.

Verfahrensökonomie **Anh 305** 16

Verfolgungsrecht
- Aktionäre **309** 22 f.; **310** 6
- Gesellschaftsgläubiger **309** 24; **310** 6
- Insolvenzverwalter **309** 25

Vergangenheitsanalyse **Anh 305** 11
Vergleich **50** 1 ff.; **66** 4; **302** 28 ff.
- Sperrfrist **50** 5

Vergleichsobjekt **Anh 305** 37
Vergütung
- Aufsichtsrat **114** 2 ff.; **Anh 161** 59 ff.
- Herabsetzung **113** 19
- Nachhaltigkeit **87** 9a
- Vorstand **87** 1 ff.; **Anh 161** 12 ff.

Vergütungsbericht **Anh 161** 24 f.
- Inhalt **Anh 161** 26
- Mustertabellen **Anh 161** 27
- Vergütungssystem **Anh 161** 24

Vergütungsexperte
- externer **Anh 161** 13

Vergütungssystem **Anh 161** 23
Verhandlungsmodell **Anh 305** 7; 17
Verhinderungsverbot **Anh 76** § **33 WpÜG** 1 ff.
- Ausnahmen **Anh 76** § **33 WpÜG** 5 ff.
- Durchbrechung **Anh 76** § **33b WpÜG** 1 ff.
- europäisches **Anh 76** § **33a WpÜG** 1 ff.
- Gegenseitigkeitserfordernis **Anh 76** § **33c WpÜG** 1 ff.
- konkurrierendes Angebot **Anh 76** § **33 WpÜG** 6
- Maßnahmen **Anh 76** § **33 WpÜG** 3 f.
- Satzung **Anh 76** § **33a WpÜG** 1 ff.
- Wahlmöglichkeit **Anh 76** § **33a WpÜG** 1 ff.
- white knight **Anh 76** § **33 WpÜG** 6

Verjährung **58** 28; **65** 8; **302** 32
- Ansprüche gegen gesetzliche Vertreter des herrschenden Unternehmens **309** 26
- Ansprüche gegen herrschendes Unternehmen **309** 26
- Ansprüche gegen Verwaltungsmitglieder der abhängigen Gesellschaft **310** 6
- von Einlageforderungen **54** 1

Verkäuferperspektive **Anh 305** 4
Verkehrsfähigkeit **Anh 305** 54
Verkehrswert **Anh 305** 3; 49
VerkProspG **47** 14
Verlängerungsbeschluss **262** 6
Verlängerungsklausel **84** 17; **262** 4
Verlust
- vorvertraglicher **301** 2

Verlustanzeige **92** 5 ff.; **401** 2; **Anh 410** § **20a WpHG** 11
Verlustdeckungshaftung
- ausnahmsweise Außenhaftung **41** 38 f.
- Innenhaftung **41** 31, 37

2601

Verlustgemeinschaft 292 4
Verlustübernahme 302 1 ff.
Verlustübernahmevertrag 291 19
Verlustvortrag 158 2
Vermittlungsausschuss 107 20
Vermögen
– neutrales 304 28
– nicht betriebsnotwendiges 304 28
Vermögensbindung 62 2; 291 32
Vermögenslosigkeit
– Unternehmensvertrag 303 17
Vermögensübertragung
– Abgrenzung zum Umwandlungsrecht 179a 6
– Beschluss 179a 17 ff.
– gesamtes Vermögen 179a 5
– Informationspflichten 179a 22
– Liquidationsgesellschaft 179a 1
– übertragende Auflösung 179a 25
– Verhältnis zur Auflösung 179a 24
– Verhältnis zur Satzungsänderung 179a 16
– Vertrag 179a 4
– Vertragsinhalt 179a 7 ff.
– Zustimmungserfordernis 179a 1 ff., 13
Vermutung
– der Abhängigkeit 17 26 ff.
– des Konzerns 18 13 ff.
Versammlungsgebundenheit 118 4
Versammlungsleiter 129 38
Verschmelzung
– grenzüberschreitende Einl 16 f., 31 f., 38 ff.; 180 8
Verschmelzungsrichtlinie Einl 16 ff.
Verschmelzungswertrelation 304 38; 305 19; Anh 305 17
Verschuldenszurechnung 78 6
Verschweigen 399 6
Verschwiegenheit
– Aufsichtsratssitzung 109 5
Verschwiegenheitspflicht
– Aufsichtsratsmitglied 116 20
– Grenzen 93 47 ff., 51; 394 1, 12; 395 2 ff.
Versicherungsunternehmen
– Einberufungsbefugnis Aufsichtsratssitzung 110 5
Versicherungsverein auf Gegenseitigkeit
– Unternehmenseigenschaft 15 11
Versicherungswirtschaft 63 5
Versteigerung 65 13
Verteilungsschlüssel
– Gewinnverteilungsschlüssel 60 2
Verteilungsverbot 272 4
Verträge
– Zustimmung der Hauptversammlung 83 3

Vertragskonzern 53a 11
Vertragsstrafe 54 6
Vertrauensentzug
– Vorstand 84 33
Vertretbarkeitspostulat Anh 305 8
Vertretung
– gegenüber Vorstand 112 1
– gemeinschaftliche 78 16
– Missbrauch der Vertretungsmacht 82 4
– Vorstand 77 2; 78 1
Vertretungsmacht
– Beschränkungsverbot 82 1 ff.
– nahestehende Personen 82 8
Vertretungsmängel
– Aufsichtsrat 112 9 ff.
Vertretungsregelung 78 15
Verwaltungsvollmacht 134 22
Verwässerung
– Schutz der Anleihegläubiger 221 69, 127, 134
Verwertungsaktien 56 2, 8
Verwertungserlös 65 14
Verwertungsgesellschaften 23 39
Verzicht
– Sperrfrist 50 1 ff., 5; 302 28 ff.
Verzug 63 11
Vinkulierte Namensaktien
– Einführung und Aufhebung 68 16
– Erteilung der Zustimmung 68 20
– Reichweite 68 13 ff.
– Zuständigkeit 68 11 ff., 20; 216 3
Vinkulierung
– Anwendungsbereich 180 7
– Formwechsel 180 8
– Kapitalerhöhung 180 9
– Übernahme Anh 76 § 33b WpÜG 3 ff.
– Umwandlung 180 8
– Verschmelzung 180 8
– Zustimmungserfordernis 180 1, 6 ff., 10
Vinkulierungsklausel 180 9
Vollausschüttung 304 27
Vollständigkeitserklärung Anh 305 25
Vollständigkeitsgebot Anh 305 25
Vollwertigkeit 66 12
Vor-AG
– Auflösung 41 7
– Aufsichtsrat 41 9
– Gesellschaft bürgerlichen Rechts 4 2
– Gründerversammlung 41 10
– Haftung 41 15
– Handelndenhaftung 41 16
– Rechtsgrundlagen 41 7
– Rechtsnatur 41 5
– Sachgründung 3 3
– unechte Vorgesellschaft 41 39

- Verhältnis zur entstandenen AG **41** 25 ff.
- Vertretung **41** 14
- Vorstand **41** 8
- Zweck **3** 3; **41** 5 ff.; **78** 1, 6; **80** 1; **82** 1
Vorabdividende **60** 4
Vorbelastungshaftung **41** 33
Vorbelastungsverbot **41** 14, 31
Vordrucke **80** 6
Vorgesellschaft
- unechte **41** 39
- Unternehmenseigenschaft **15** 11; **41** 5 ff.; s.a. Vor-AG
Vorgründungsgesellschaft **41** 3 f.
Vorgründungsvertrag **41** 3
Vorhandene Ertragskraft **Anh 305** 25
Vormann **65** 4
Vorrang der unternehmenseigenen Planung **Anh 305** 27
Vorratsaktien **11** 10; **56** 1
- Angabe im Anhang **160** 2 f.
Vorratsbeschluss **Anh 76** § 33 WpÜG 9 ff.
Vorratsgründung **23** 33
Vorschlagspflicht **124** 16 ff.
Vorsichtsprinzip **270** 11
VorstAG **Einl** 10b
Vorstand
- Abberufung **84** 1 ff.
- Abfindungshöhe **Anh 161 20 ff.**
- Aktienregister **76** 9
- Amtsniederlegung **84** 41
- Anstellungsvertrag **84** 14 f.
- Arbeitnehmereigenschaft **84** 15
- Ausführungspflicht HV-Beschlüsse **83** 5 f.
- Ausschuss **77** 17
- Bereichsvorstand **77** 16
- Berichtspflicht **90** 1 ff.
- Bestellung **84** 1 ff.
- Bestellungsdauer **84** 8
- Bestellungsfehler **84** 13
- Bestellungshindernisse **76** 34
- Bestellungspflicht **78** 14 d
- Bezeichnung **76** 3
- Chief Executive Officer (CEO) **77** 20; **84** 24
- D&O-Versicherung **93** 40a
- Delegation **76** 8
- Ehrenmitgliedschaft **76** 3
- Eigenverantwortung **76** 18
- Einberufungsrecht Aufsichtsratssitzung **110** 8 f.
- erster Vorstand **30** 1, 6 f.; **37** 6
- Executive Committee **76** 5
- fehlendes Mitglied **85** 2 f.
- Gesamtleitung **76** 20
- Gesamtverantwortung **76** 7; **77** 12

- Gesamtvertretung **78** 1
- Geschäftsführung **77** 2
- Geschäftsordnung **77** 24 ff.; **Anh 161** 11
- Geschäftsverteilung **77** 14
- gesetzliche Leitungsaufgaben **76** 9
- grobe Pflichtverletzung **84** 30
- Gründungshaftung **48** 6 f.
- Haftung **53** 3
- Informationsanspruch **77** 12
- Interessenkollision **77** 23
- Interessenkonflikte **Anh 161** 28
- Interventionsrecht **77** 13
- Konzernanstellungsvertrag **84** 21
- Konzernkoordinierungspflicht **76** 25
- Kündigung des Anstellungsvertrags **84** 37 ff.
- Leitungsausschuss **77** 19
- Leitungsorganisation **76** 19
- Mitgliederzahl **23** 37; **76** 30; **Anh 161** 10
- organisatorische Vorgaben **111** 8
- persönliche Eignung **76** 33 f.
- Ressortzuständigkeit **77** 15; **Anh 161** 11
- Spartenorganisation **76** 19; **77** 16
- stellvertretendes Mitglied **80** 7; **94** 1 ff.
- Stimmverbote **77** 23
- Suspendierung **84** 36
- Treuepflichten **76** 4
- Überwachungsausschuss **77** 18
- Unterbesetzung **76** 32; **78** 12
- Vergütung **87** 1 ff.; **Anh 161 12 ff.**
- Versicherung **81** 5
- Versorgungszusagen **Anh 161** 19
- Vertragsdauer **84** 17
- Vertrauensentzug **84** 33
- Vertretung **77** 2; **78** 1 ff.
- Vetorecht **77** 11
- Vorbereitungspflicht für Hauptversammlungsbeschlüsse **83** 2 ff.
- Vorlagepflicht **77** 13
- Wettbewerbsverbot **88** 1 ff.
- Widerruf der Bestellung **84** 25
- Widerspruchsrecht **77** 13
- Wiederbestellung **84** 10; **Anh 161** 33
- Zusammensetzung **81** 2 f.
Vorstandsausschüsse
- faktische Holding **77** 17, 19
Vorstandsbeschlüsse **77** 21
Vorstandsdoppelmandate **76** 28
Vorstandsfähigkeit **84** 7
Vorstandsmitglieder **56** 16
- Altersgrenze **Anh 161** 34
- Kreditgewährung **89** 1 ff.
- Stellvertreter **94** 1 ff.
- verhindert **105** 6
- Vertretung durch Aufsichtsratsmitglied **105** 6

2603

Vorstandssprecher 77 20; 84 24; **Anh 161** 10
Vorstandsvertretung
– Aufsichtsratsmitglied 105 6
Vorstandsvorsitzender 77 20; 84 22 ff.;
 Anh 161 10
VorstKoÄG Einl 10h
Vorvertrag 41 3
Vorzug
– Aufhebung und Beschränkung 141 1 ff.
– Bedingung 139 5
– Befristung 139 5
– Kapitalerhöhung 141 4
– Kapitalherabsetzung 141 5
– Mehrdividende 139 6
– Nachzahlungsvorzug 139 5
– partizipierende Dividende 139 8
– Sachdividende 139 5
– Stimmrechtsausschluss 139 4; 140 2
– Verjährung 139 7
– Verwirkung 139 7
– Vorbehalt 139 5
– Vorzugsdividende 139 5
Vorzugsaktien 11 1 f., 12; 12 1; 53a 6; 216 6
– Abgrenzung zu Genussrechten 221 91
Vorzugsaktien ohne Stimmrecht
– Aufhebung und Beschränkung des Vorzugs 141 1 ff.
– Aufleben des Stimmrechts 140 5 ff.
– Entstehung 139 3
– Höchstgrenze der Ausgabe 139 9
– Inhalt 139 2
– Kapitalerhöhung 141 4
– Kapitalerhöhung aus Gesellschaftsmitteln 207 2
– Kapitalherabsetzung 141 5
– limitierte 139 8
– Mehrdividende 139 6
– Nachzahlungsvorzug 139 5
– Rechte der Vorzugsaktionäre 140 1 ff.
– Sachdividende 139 5
– Stimmrechtsausschluss 139 4; 140 2
– Umwandlung in Stammaktien 141 6
– Vorzug 139 5
– Vorzugsdividende 139 1 ff., 5
Vorzugsaktionäre 140 1 ff.
Vorzugsdividende 139 5
Vorzugsweise Befriedigung 303 15
VW-Beschluss 15 13 f.
VW-Gesetz Einl 10a, 22

WACC-Methode Anh 305 13
Wachstumsabschlag Anh 305 30; 48
Wachstumsmodell Anh 305 48
Wahlen 133 17

Wahlschuld 221 2
Wahlvorschlag 127 1
Wahrscheinlichkeit Anh 305 26
Wandelanleihen, Optionsanleihen
– Abgrenzung, Begriff 221 2
– Agio 221 2
– Anfechtbarkeit des Hauptversammlungsbeschlusses 221 42
– Anhang 221 74
– Anleihebedingungen 221 23, 28 f., 32 f., 36, 129
– Arbeitnehmerbeteiligung s. *Mitarbeiterbeteiligung*
– auf Aktien einer abhängigen AG 221 16
– auf Aktien verbundener Unternehmen 221 10 ff., 15, 49
– Aufsichtsrat, Zustimmung 221 31
– Ausgabe der Anleihen 221 43
– Ausgabebetrag, Ausgabepreis 221 28, 63, 73
– ausländischer Tochtergesellschaft, analoge Anwendung des § 221 221 10 ff., 49
– Auslandsemission 221 62
– Ausschluss des Bezugsrechts der Aktionäre 221 59 ff.
– Ausübung der Bezugs-/Umtauschrechte 221 44 f., 142
– Ausübung des Bezugsrechts, steuerliche Erfolgsneutralität 221 77, 79 f.
– bedingtes Kapital 218 8; 221 13, 51, 130 f., 136 f.
– Befristung 221 27
– Bekanntmachung des Hauptversammlungsbeschlusses 221 40 f.
– Beschlusserfordernis 221 19 ff.
– Bezugserklärung 221 45
– Bezugsrecht der Aktionäre 221 55 ff., 59 ff.
– Bezugsverhältnis 221 28 f., 63, 131
– Bilanzierung 221 74 ff.
– Black & Scholes Formel 221 70
– Börsennotierung 221 121
– Call Options 221 36
– Drittemissionen 221 10 ff., 49, 74, 124
– eigene Aktien für Erfüllung der Bezugsrechte 221 54
– Eingliederung 221 137
– Einkommensteuer 221 76 ff.
– Einlage 221 46
– Equity Kicker 221 2
– Erfüllung der Bezugsrechte 221 44, 50
– Ermächtigungsbeschluss der Hauptversammlung 221 20 f., 64
– Ermächtigungsfrist 221 27
– Ermessen der Hauptversammlung 221 32
– Ersetzungsbefugnis 221 2

- Erwerb eigener Titel **221** 123
- Fair Value Option **221** 75
- Faktische Konzernierung **221** 139
- Finanztermingeschäft **221** 122
- Formwechsel **221** 136
- genehmigtes Kapital für Erfüllung der Bezugsrechte **221** 53
- Gestaltungsspielraum für Vorstand **221** 23
- Gewerbesteuer **221** 80
- Handelsregister, keine Eintragungsfähigkeit **221** 41
- Hauptversammlungsbeschluss **221** 19 ff.
- hybrides Finanzinstrument, Risiko/Renditeverteilung **221** 1
- Identitätsgrundsatz **221** 9
- Inhaberpapiere **221** 120
- Inhalt des Hauptversammlungsbeschlusses **221** 23 ff.
- Inhaltskontrolle **221** 32a, 96
- Kapitalersatz **221** 142
- Kapitalherabsetzung **221** 128, 131a
- Kapitalmaßnahmen **216** 28; **221** 127 ff.; *s.a. Verwässerung*
- Kapitalschnitt **221** 131a
- Kassageschäft **221** 122
- Mehrheit für Hauptversammlungsbeschluss **221** 37 f.
- Mezzanine Kapital **221** 2
- Mischformen **221** 8
- Mitarbeiterbeteiligung **221** 17, 32, 62, 67, 69
- mittelbares Bezugsrecht **221** 72
- Naked Warrants **221** 17, 32, 74
- Namens-/Orderpapiere **221** 120
- Nettomethode **221** 74
- Nichtigkeit des Hauptversammlungsbeschlusses **221** 42
- niedrigverzinsliche Anleihe **221** 2, 74 f., 77, 79
- Pflichtwandelanleihe **221** 27a, 76
- Rückkaufsrechte **221** 36
- Sacheinlage (besondere Form) **221** 2, 47
- sachliche Rechtfertigung für Bezugsrechtsausschluss **221** 66 ff.
- Sanierungsmittel **221** 62, 142
- Sanierungsprivileg (§ 32a GmbHG) **221** 142
- Schadensersatz bei Nichterfüllung der Bezugsrechte **221** 44, 50, 130
- selbständige Übertragung des Optionsrechts **221** 122
- Siemens/Nold-Entscheidung **221** 64
- Sonderbeschluss **221** 37, 39
- Spaltung **221** 136
- Splitting-/Differenzmethode **221** 74 f.
- Squeeze-Out **221** 140 f.
- Stock Options *s. Mitarbeiterbeteiligung*
- Übernahmeangebote (Schutz der Anleihegläubiger) **221** 32, 141
- Übertragung **221** 121 f.
- Umtauscherklärung **221** 45
- Umtauschverhältnis **221** 28 f., 63, 131
- Umwandlung **221** 136
- Unternehmensverträge **221** 138
- Veräußerungsgewinne (steuerliche Behandlung) **221** 79 f.
- Verbriefung **221** 120, 123
- verbundene Unternehmen (fremdnütziges/eigennütziges Modell) **221** 14, 49
- Vertragsfreiheit **221** 1
- Verwässerung (Schutz der Anleihegläubiger) **218** 1; **221** 29, 69, 127 ff.
- Vorstandsbericht bei Ausschluss des Bezugsrechts **221** 61 ff.
- Wahlschuld **221** 2
- Zeichnungsangebot **221** 45
- Zeichnungsvertrag **221** 45, 50
- Zustimmungsbeschluss der Hauptversammlung **221** 20, 22
- Zwei-Wirtschaftsgüter-Theorie **221** 76

Wandelgenussrechte **218** 6; **221** 87, 100, 117, 141 f.

Wandelschuldpapiere
- Angabe im Anhang **160** 8

Wandelschuldverschreibungen **47** 12
- Vergütung **87** 12; **113** 11

Warrant Anleihen **221** 10 ff., 49

Wechselseitige Beteiligungen
- Angabe im Anhang **160** 10
- beidseitig qualifizierte **19** 9
- Dreiecks-/Ringbeteiligungen **19** 10 f.
- einfache **19** 4 ff.; **328** 1 ff.
- einseitig qualifizierte **19** 7 f.
- Gefahren **19** 2
- Rechtsfolgen **328** 9 ff.

Wegzug **Einl** 28; **45** 13 f.
- rechtsformwahrend **Einl** 28 f.; **45** 12
- rechtsformwechselnd **Einl** 28b; **45** 12a

Weisung **92** 3; **Vor 394** 6, 8 ff.; **394** 6

Weisungsrecht
- Aufsichtsrat **308** 28 f.
- bei Eingliederung **323** 1 ff.
- Bevollmächtigung des herrschenden Unternehmens **308** 14
- Delegation **308** 5 f.
- Folgepflicht **308** 25
- Haftung **308** 24, 27
- Konzerninteresse **308** 21
- Leitungsbegriff **308** 11 f.

2605

- mehrstufige Unternehmensverbindungen 308 6
- nachteilige Weisung 308 21
- öffentliche Interessen 308 23
- Prüfungspflicht des Vorstands 308 26
- Schranken 308 17
- Übertragung der Weisungsbefugnis 308 7
- Umfang 308 15 ff.
- Vorstands-Doppelmandate 308 13
- Weisungsberechtigter 308 4 ff.
- Weisungsempfänger 308 8 f.
- zustimmungspflichtige Geschäfte 308 28 f.

Weitere Erfordernisse 179 29 ff.; **179a** 19
Wertabgrenzungsfunktion Anh 305 10
Wertabschlag Anh 305 54
Wertaufholung 58 18 ff.
Wertausgleich 62 7
Wertkonzept Anh 305 4; 49
Wertobergrenze Anh 305 50
Wertpapiere
- Angabe im Anhang 160 8

Werturteil 399 4; **Anh 410 § 20a WpHG** 8
Wettbewerbsverbot
- nachvertragliches 88 15
- Vorstand 23 50, 52; 88 1 ff.

Widerruf 78 21
Widerruf der Bestellung
- Vorstand 84 25

Widerspruch 302 31
Wiederanlagemöglichkeiten Anh 305 35
Wiederanlageprämisse Anh 305 35
Wiederaufbauhilfe 291 8
Wiederbeschaffungswert Anh 305 15
Wiederbestellung
- Vorstand 84 10; Anh 161 33

Willkürfreiheit Anh 305 7
Willkürverbot 53a 1
Wirtschaftliche Neugründung 179 24
- Mantelverwendung 179 24
- Nachgründung 179 25d
- Unterlassen der Offenlegung 179 25a

Wirtschaftsführungs- und Buchprüfungsgesellschaften 10 4
Wirtschaftszweig 3 6
Wissenszurechnung 78 5
WpÜG
- Anwendungsbereich **Anh 76 § 27 WpÜG** 1

Wurzeltheorie Anh 305 10

Zahlstelle
- fehlende Eignung als 46 9

Zahlung auf debitorisches Konto 66 13
Zahlungsanspruch 59 5

Zahlungsaufforderung
- Adressaten 63 6 f.
- Ermessen 63 5
- gutgläubige Erwerber 63 4, 7

Zahlungseinstellung 92 10
Zahlungsmittel 54 11
Zahlungsstockung 92 13
Zahlungsunfähigkeit 92 10 ff.; **401** 3; **Anh 410 § 20a WpHG** 11
- drohende 92 9

Zahlungsverbot 92 33 ff.
Zeichnung 79 1; **81** 6
Zeichnungsangebot 221 45
Zeichnungsscheine 9 1
Zeichnungsvertrag 221 45, 50
Zeitliche Angleichungsfunktion Anh 305 37
Zeitwerte Anh 305 15
Zerobondzinssätze Anh 305 41
Zerschlagungsgeschwindigkeit Anh 305 56
Zerschlagungsintensität Anh 305 56
Zielplanungen Anh 305 26
Zukunftserfolgsprinzip Anh 305 24 f.
Zulässige Marktpraxis Anh 410 § 20a WpHG 19
Zurückbehaltungsrecht 66 9
Zusammenlegung von Aktien 8 14
Zusammensetzung des Aufsichtsrats
- Bekanntmachung 97 1 ff.
- Mitbestimmungsvereinbarung 96 9
- Satzung 96 8

Zustellung 78 14
Zustimmung
- Beraterverträge 114 7

Zustimmung aller betroffenen Aktionäre
- Rechtsfolgen des Fehlens 180 11 f.
- zu Auferlegung von Nebenverpflichtungen 180 2 ff.
- zu Vinkulierung von Namensaktien 180 1 ff., 6 ff.

Zustimmungsvorbehalt 111 21 ff.; **Anh 161** 29
Zuzug Einl 27; **45** 15
Zwangseinziehung 237 6 ff.; *s.a. Kapitalherabsetzung durch Einziehung*
Zwangsgeld 407 1
Zweigniederlassung
- Änderungen durch das EHUG 43 2
- Korrektur der Registerblätter 43 2
- mit Sitz im Ausland 44 1
- mit Sitz im Inland **Einl** 30; **14** 1; **43** 1 f.

Zweigniederlassungsrichtlinie Einl 14; **80** 1
Zweiphasenmodell Anh 305 29
Zwischenabschluss 92 5
Zwischenscheine
- Anteilscheine 8 19 ff.; **10** 7

Zwischenurteil 92 5